VADE MECUM DE LEGISLAÇÃO

CONCURSOS E OAB

NOVO CPC CED

EDITORA FOCO

Coordenadores: Wander Garcia e Alexandre Gialluca

Organizadores: Alessandro Sanchez, Alessandro Spilborghs, Arthur Trigueiros, Cristiano Rodrigues, Fabiano Melo, Gustavo Nicolau, Marcelo Novelino, Nathalia Masson, Nestor Távora, Rodrigo Freire, Silvio Maciel e Vólia Bomfim.

Organização geral: Paula Tseng

Editor: Márcio Dompieri

Gerente Editorial: Paula Tseng

Equipe Editora Foco: Georgia Dias, Ivo Shigueru Tomita e Ladislau Lima

Revisora e analista de legislação: Érica Coutinho

Arte: R2 Editorial – Eric Tenan Barioni (Criação e *design* da capa);
Jovani Ribeiro (Projeto e produção gráfica); Danielle David (Coordenação da produção);
Ricardo Queiroz e Priscila Fosco (Diagramação).

Impressão miolo e capa: PROL Gráfica

Dados Internacionais de Catalogação na Publicação (CIP)
(Câmara Brasileira do Livro, SP, Brasil)

Vade Mecum de legislação / Wander Garcia, Alexandre Gialluca, coordenadores ; Paula Tseng, organizadora. -- 3. ed. -- Indaiatuba, SP : Editora Foco Jurídico, 2016. -- (Vade Mecum)

1. Direito - Brasil 2. Direito - Manuais 3. Manuais, vademécuns etc. I. Garcia, Wander. II. Gialluca, Alexandre. III. Tseng, Paula. IV. Série.

ISBN: 978-85-8242-142-0

15-11322 CDU-34(81)(02)

Índices para Catálogo Sistemático:

1. Direito : Brasil : Vademécuns 34(81)(02)
2. Vademécuns : Direito : Brasil 34(81)(02)

Impresso no Brasil (01.2016)
Data de Fechamento (12.01.2016)

Atualizações e erratas: A presente obra é vendida como está, com atualização periódica até 05/12/2016. As atualizações voluntárias e erratas são disponibilizadas no site www.editorafoco.com.br, na seção Atualizações. Esforçamo-nos ao máximo para entregar ao leitor uma obra com a melhor qualidade possível e sem erros técnicos ou de conteúdo. No entanto, nem sempre isso ocorre, seja por motivo de alteração de *software*, interpretação ou falhas de diagramação e revisão. Sendo assim, disponibilizamos em nosso site a seção mencionada (Atualizações), na qual relataremos, com a devida correção, os erros encontrados na obra. Solicitamos, outrossim, que o leitor faça a gentileza de colaborar com a perfeição da obra, comunicando eventual erro encontrado por meio de mensagem para contato@editorafoco.com.br.

FSC www.fsc.org
MISTO
Papel produzido a partir de fontes responsáveis

2016

Al. Júpiter, 578 – Galpão 01 – American Park Distrito Industrial
CEP 13347-653 – Indaiatuba – SP
E-mail: contato@editorafoco.com.br

www.editorafoco.com.br

SOBRE OS COORDENADORES

Alexandre Gialluca

Advogado. Palestrante. Especialista em Direito Notarial e Registral. Professor de Direito Empresarial exclusivo da Rede LFG e Ex-Coordenador dos Cursos Jurídicos e OAB da Rede LFG.

(Twitter: @AleGialluca)

Wander Garcia

Doutor e Mestre em Direito pela PUC/SP. Um dos maiores especialistas em Concursos Públicos e Exame de Ordem do País, é autor *best seller* com mais de 1 milhão de livros vendidos na área. Também é diretor da Editora FOCO e atuou como professor e coordenador nos maiores cursos preparatórios do País, como LFG, Damásio e IEDI.

(Twitter: @wander_garcia)

SOBRE OS ORGANIZADORES

Alessandro Sanchez

Mestre em Direito. Professor de Direito Empresarial, Filosofia do Direito e Ética Profissional na rede de ensino LFG. Nessa mesma instituição é Coordenador do curso para a 2ª fase e da Pós-Graduação em Direito Empresarial. Palestrante e Conferencista. advogado e autor de diversas obras jurídicas.

(Twitter: @Prof_SANCHEZ)

Alessandro Spilborghs

Pós-graduado em Direito Tributário e Mestre em Direito Político e Econômico pela Universidade Presbiteriana Mackenzie. Professor de Direito Tributário e Processo Tributário exclusivo da Rede LFG/Anhanguera. Professor de cursos de pós-graduação. Advogado e consultor.

Arthur Trigueiros

Procurador do Estado de São Paulo. Professor da Rede LFG e do IEDI. Autor de diversas obras de preparação para Concursos Públicos e Exame de Ordem. Pós-graduado em Direito.

(Twitter: @proftrigueiros)

Cristiano Rodrigues

Advogado. Mestre em Ciências Penais pela Universidade Candido Mendes do Rio de Janeiro – UCAM-RJ, Doutorando em Ciências Criminais pela Universidade de Coimbra – Portugal. Professor exclusivo da Rede LFG de ensino. Professor de diversos cursos de Pós-graduação em Direito no Brasil. Professor Conferencista em vários congressos jurídicos nacionais e internacionais. Autor de diversas obras jurídico-penais.

(Twitter: @prof_crodrigues)

Fabiano Melo

Professor dos cursos de graduação e pós-graduação em Direito e Administração da Pontifícia Universidade Católica de Minas Gerais (PUC/Minas). Professor de Direito Ambiental e Direitos Humanos da Rede LFG/Kroton. Professor convidado em cursos de pós-graduação no país. Apresentador do Programa Prova Final da TV Justiça. Conferencista e autor de obras jurídicas.

(Twitter: @fabiano_prof)

Gustavo Nicolau

Advogado. Mestre e Doutor pela Faculdade de Direito da USP. Professor de Direito Civil da Universidade Mackenzie e da Rede LFG.

(Twitter: @gustavo_nicolau)

Marcelo Novelino

Doutor em Direito Público pela UERJ. Assessor de Ministro do Supremo Tribunal Federal. Procurador Federal (cedido ao STF). Professor e Coordenador da Pós-Graduação em Direito Constitucional da Universidade Anhanguera-Uniderp/LFG. Professor de Direito Constitucional da Rede de Ensino LFG.

(Twitter: @MNovelino)

Nathalia Masson

Mestre em Teoria Geral do Estado e Direito Constitucional pela PUC-RJ. Professora de Direito Constitucional e autora de diversas obras jurídicas.

(Twitter: @ProfNathMasson)

Nestor Távora

Ex-Defensor Público/AL. Advogado. Mestre em Direito Público pela Universidade Federal da Bahia. Especialista em Ciências Criminais pelas Faculdades Jorge Amado. Professor da Escola de Magistrados da Bahia. Professor da Fundação Escola Superior do Ministério Público da Bahia. Professor da Escola Superior de Advocacia Orlando Gomes. Professor da Faculdade Baiana de Direito nos cursos de graduação e Pós-Graduação. Professor da rede de ensino LFG.

(Twitter: @nestortavora)

Rodrigo da Cunha Lima Freire

Mestre e Doutor em Direito Processual Civil pela Pontifícia Universidade Católica de São Paulo (PUC/SP). Professor das Faculdades Metropolitanas Unidas (FMU). Professor da Rede de Ensino LFG. Membro do IBDP – Instituto Brasileiro de Direito Processual, da ANNEP – Associação Norte e Nordeste de Professores de Processo, do CEAPRO – Centro de Estudos Avançados de Processo e da Comissão de Direito Processual Civil da OAB/SP.

(Twitter: @RodrigoCunhaCPC)

Silvio Maciel

Mestre em Direito pela PUC-SP. Professor da Rede LFG desde 2005 e professor universitário. Autor de obras jurídicas na área de Direito Penal. Advogado.

(Twitter: @macielsilvio)

Vólia Bomfim

Pós-graduada *lato sensu* em Direito do Trabalho, Processo do Trabalho e Processo Civil pela UGF. Mestre em Direito Público pela UNESA. Doutora em Direito e Economia pela UGF. Desembargadora do Trabalho no Rio de Janeiro. Coordenadora do Curso de Direito da Unigranrio, Professora. Autora de diversas obras jurídicas.

(Twitter: @VoliaBomfim)

APRESENTAÇÃO

Este Vade Mecum foi coordenado e organizado por profissionais com grande experiência acadêmica e profissional, que tomaram todo o cuidado para organizar, inserir remissões e criar índices com a maior pertinência possível, de modo a tornar o estudo e a pesquisa da legislação nacional produtiva e eficaz.

Tudo sem contar o enorme custo-benefício de juntar tanto conteúdo num volume apenas, reduzindo custos e gasto de papel, de modo a gerar para o consumidor economia, respeito ao meio ambiente e praticidade.

Agradecemos a colaboração dos Professores Andre Roque, Fernando Gajardoni, Ivo Tomita, Luiz Dellore e Zulmar Duarte, que contribuíram com as notas remissivas do Novo Código de Processo Civil.

Pesquisando ou estudando pela obra o leitor certamente estará muito mais preparado para enfrentar os desafios profissionais, bem como os desafios das provas e exames.

Boa leitura e sucesso!

Alexandre Gialluca e Wander Garcia
Coordenadores

Paula Tseng
Organizadora Geral

VADE MECUM DE LEGISLAÇÃO FOCO

ÍNDICE PRÁTICO

VADE MECUM DE LEGISLAÇÃO FOCO

CONSTITUIÇÃO, 1

LEI DE INTRODUÇÃO ÀS NORMAS DO DIREITO BRASILEIRO – LINDB, 93

CÓDIGOS

* Informamos que as normas com asteriscos estão parciais no produto.

** As Emendas Constitucionais alteradoras não constam na obra impressa, mas o conteúdo alterado foi processado no texto.

ESTATUTOS, 757

OAB E DIPLONAS NORMATIVOS CORRELATOS, 881

LEGISLAÇÃO COMPLEMENTAR SELECIONADA, 925

LEGISLAÇÃO INTERNACIONAL SELECIONADA, 1551

SÚMULAS – ORIENTAÇÕES JURISPRUDENCIAIS – PRECEDENTES NORMATIVOS DO TST, 1635

SÚMULAS, 1635

ORIENTAÇÕES JURISPRUDENCIAIS, 1685

PRECEDENTES NORMATIVOS DO TST, 1709

ÍNDICE CRONOLÓGICO GERAL, 1713

CONSTITUIÇÃO DA REPÚBLICA FEDERATIVA DO BRASIL

VADE MECUM
DE LEGISLAÇÃO

FOCO

ÍNDICE SISTEMÁTICO DA CONSTITUIÇÃO DA REPÚBLICA FEDERATIVA DO BRASIL

TÍTULO V – DA DEFESA DO ESTADO E DAS INSTITUIÇÕES DEMOCRÁTICAS

TÍTULO VI – DA TRIBUTAÇÃO E DO ORÇAMENTO

TÍTULO VII – DA ORDEM ECONÔMICA E FINANCEIRA

TÍTULO VIII – DA ORDEM SOCIAL

TÍTULO IX – DAS DISPOSIÇÕES CONSTITUCIONAIS GERAIS

ATO DAS DISPOSIÇÕES CONSTITUCIONAIS TRANSITÓRIAS

CONSTITUIÇÃO DA REPÚBLICA FEDERATIVA DO BRASIL

Promulgada em 05.10.1988

Preâmbulo

Nós, representantes do povo brasileiro, reunidos em Assembleia Nacional Constituinte para instituir um Estado Democrático, destinado a assegurar o exercício dos direitos sociais e individuais, a liberdade, a segurança, o bem-estar, o desenvolvimento, a igualdade e a justiça como valores supremos de uma sociedade fraterna, pluralista e sem preconceitos, fundada na harmonia social e comprometida, na ordem interna e internacional, com a solução pacífica das controvérsias, promulgamos, sob a proteção de Deus, a seguinte Constituição da República Federativa do Brasil.

Título I
Dos princípios fundamentais

Art. 1º A República Federativa do Brasil, formada pela união indissolúvel dos Estados e Municípios e do Distrito Federal, constitui-se em Estado Democrático de Direito e tem como fundamentos:

I – a soberania;

→ Arts. 5º, 13, 14, 20, 21, 27, § 4º, 34, 61, § 2º, e 84, da CF/1988.

→ *v.* Arts. 201, 210 e 211 do CPC/1973.

→ *v.* Arts. 236, § 2º e 960, do NCPC.

→ *v.* Arts. 780 a 790 do CPP.

→ *v.* Art. 1º da Lei 9.709/1998.

→ *v.* Resolução do STJ 9/2005.

II – a cidadania;

→ *v.* Arts. 5º, LXXVII e 205 da CF/1988.

→ *v.* Lei 9.265/1996 – Gratuidade dos atos necessários ao exercício da cidadania.

III – a dignidade da pessoa humana;

→ *v.* Súmulas Vinculantes 11, 14 do STF.

→ *v.* Arts. 34, VII, b, 226, § 7º, 227 e 230 da CF/1988.

→ *v.* Art. 350 do CP.

→ *v.* Art. 284 do CPP.

→ *v.* Art. 234, § 1º, do CPPM.

→ *v.* Lei 11.340/2006 – Lei Maria da Penha.

→ *v.* Art. 4º, *a*, da Lei 4.898/1965.

→ *v.* Decreto 678/1992 – Promulga a Convenção Americana sobre Direitos Humanos – Pacto de São José da Costa Rica.

→ *v.* Decreto 592/1992 – Pacto Internacional sobre Direitos Civis e Políticos.

→ *v.* ADIn 3.510 (*D.J.E.* 5.6.2008), o STF decidiu pela constitucionalidade do art. 5º da Lei 11.105/2005 – Lei de Biossegurança, sob a justificativa de que as pesquisas com células-tronco embrionárias não violam o princípio da dignidade da pessoa humana.

IV – os valores sociais do trabalho e da livre-iniciativa;

→ *v.* Art. 170 da CF/1988.

V – o pluralismo político.

→ *v.* Lei 9.096/1995 – Lei dos Partidos Políticos.

→ *v.* Lei 9.504/1997 – Estabelece normas para as eleições.

Parágrafo único. Todo o poder emana do povo, que o exerce por meio de representantes eleitos ou diretamente, nos termos desta Constituição.

Art. 2º São Poderes da União, independentes e harmônicos entre si, o Legislativo, o Executivo e o Judiciário.

→ *v.* Súmulas 638 e 649 do STF.

→ *v.* Arts. 34, V e VI, 60, § 4º, III, 68, 99, 105, I, *g*, da CF/1988.

Art. 3º Constituem objetivos fundamentais da República Federativa do Brasil:

I – construir uma sociedade livre, justa e solidária;

II – garantir o desenvolvimento nacional;

→ *v.* Arts. 23, parágrafo único, e 174 da CF/1988.

III – erradicar a pobreza e a marginalização e reduzir as desigualdades sociais e regionais;

→ *v.* Arts. 79 a 82 do ADCT.

→ *v.* LC 111/2001 – Fundo de Combate e Erradicação da Pobreza.

IV – promover o bem de todos, sem preconceitos de origem, raça, sexo, cor, idade e quaisquer outras formas de discriminação.

→ *v.* Lei 11.340/2011 – Lei Maria da Penha.

→ *v.* Lei 8.081/1990 – Crimes e penas aplicáveis aos atos discriminatórios ou de preconceito de raça, cor, religião, etnia ou procedência nacional, praticados pelos meios de comunicação ou por publicação de qualquer natureza.

→ *v.* Lei 7.716/1989 – Define os crimes resultantes de preconceito de raça ou de cor.

→ *v.* Decreto 7.388/2010 – Composição, estruturação, competências e funcionamento do Conselho Nacional de Combate à Discriminação – CNCD.

Art. 4º A República Federativa do Brasil rege-se nas suas relações internacionais pelos seguintes princípios:

I – independência nacional;

→ *v.* Arts. 91, 136 e 137 da CF/1988.

→ *v.* Lei 8.183/1991 – Organização e o funcionamento do Conselho de Defesa Nacional.

II – prevalência dos direitos humanos;

→ *v.* Decreto 678/1992 – Convenção Americana sobre Direitos Humanos – Pacto de São José da Costa Rica.

III – autodeterminação dos povos;

IV – não intervenção;

V – igualdade entre os Estados;

→ *v.* Decreto 3.810/2001 – Promulga o Acordo de Assistência Judiciária em Matéria Penal entre o Governo da República Federativa do Brasil e o Governo dos Estados Unidos da América.

VI – defesa da paz;

VII – solução pacífica dos conflitos;

VIII – repúdio ao terrorismo e ao racismo;

→ *v.* Decreto 6.5810/1969 – Convenção Internacional sobre a Eliminação de todas as formas de Discriminação Racial.

IX – cooperação entre os povos para o progresso da humanidade;

X – concessão de asilo político.

→ *v.* Arts. 28, 29 e 30 da Lei 6.815/1980.

→ *v.* Art. 3º, II, da Lei 9.474/1997.

Parágrafo único. A República Federativa do Brasil buscará a integração econômica, política, social e cultural dos povos da América Latina, visando à formação de uma comunidade latino-americana de nações.

→ *v.* Tratado de Assunção – Mercosul e o Tratado Constitutivo da União de Nações sul-americanas – Unasul.

Título II
Dos direitos e garantias fundamentais

Capítulo I
DOS DIREITOS E DEVERES INDIVIDUAIS E COLETIVOS

Art. 5º Todos são iguais perante a lei, sem distinção de qualquer natureza, garantindo-se aos brasileiros e aos estrangeiros residentes no País a inviolabilidade do direito à vida, à liberdade, à igualdade, à segurança e à propriedade, nos termos seguintes:

→ *v.* Súmula Vinculante 6 do STF.

→ *v.* Súmula 683 do STF.

→ *v.* Arts. 7º, XXX, 19, III, 37, XXI, 150, II, da CF/1988.

→ *v.* Lei 13.185/2015 – Lei do *Bullying*.

→ *v.* Art. 4º, I, do CDC.

→ *v.* Art. 125, I, do CPC/1973.

→ *v.* Art. 139, I, do NCPC.

→ *v.* Lei 13.146/2015 – Estatuto da Pessoa com Deficiência.

→ *v.* Lei 8.899/1994 – Concede passe livre às pessoas portadoras de deficiência no sistema de transporte coletivo interestadual.

→ *v.* Lei 1.060/1950 – Estabelece normas para a concessão de assistência judiciária aos necessitados.

I – homens e mulheres são iguais em direitos e obrigações, nos termos desta Constituição;

→ *v.* Art. 372 da CLT.

II – ninguém será obrigado a fazer ou deixar de fazer alguma coisa senão em virtude de lei;

→ *v.* Súmulas 636 e 686 do STF.

III – ninguém será submetido a tortura nem a tratamento desumano ou degradante;

→ *v.* Súmula Vinculante 11 do STF.

→ *v.* Art. 350 do CP.

→ *v.* Art. 284 do CPP.

→ *v.* Art. 234, § 1º, do CPPM.

→ *v.* Lei 13.185/2015 – Lei do *Bullying*

→ *v.* Lei 9.455/1997 – Define os crimes de tortura.

→ *v.* art. 4º, *a*, da Lei 4.898/1965.

IV – é livre a manifestação do pensamento, sendo vedado o anonimato;

→ *v.* Art. 220, § 1º, da CF/1988.

→ *v.* ADPF 130 (*D.J.E.* 6.11.2009), o STF decidiu que todo o conjunto de dispositivos da Lei de Imprensa – Lei 5.250/1967, não foi recepcionado pela CF/1988.

V – é assegurado o direito de resposta, proporcional ao agravo, além da indenização por dano material, moral ou à imagem;

→ *v.* Súmulas 37, 362 e 403 do STJ.

→ *v.* Lei 13.188/2015 – Dispõe sobre o direito de resposta ou retificação do ofendido em matéria divulgada, publicada ou transmitida por veículo de comunicação social.

→ *v.* Art. 6º da Lei 8.159/1991.

VI – é inviolável a liberdade de consciência e de crença, sendo assegurado o livre exercício dos cultos religiosos e garantida, na forma da lei, a proteção aos locais de culto e a suas liturgias;

→ *v.* Art. 198, I, da CF/1988.

→ *v.* Art. 208 do CP.

VII – é assegurada, nos termos da lei, a prestação de assistência religiosa nas entidades civis e militares de internação coletiva;

VIII – ninguém será privado de direitos por motivo de crença religiosa ou de convicção filosófica ou política, salvo se as invocar para eximir-se de obrigação legal a todos imposta e recusar-se a cumprir prestação alternativa, fixada em lei;

→ *v.* Art. 143 da CF/1988.

→ *v.* Art. 438 do CPP.

→ *v.* Lei 13.185/2015 – Lei do *Bullying*.

IX – é livre a expressão da atividade intelectual, artística, científica e de comunicação, independentemente de censura ou licença;

→ *v.* Art. 220 da CF/1988.

→ *v.* Lei 9.610/1998 – Direitos Autorais.

X – são invioláveis a intimidade, a vida privada, a honra e a imagem das pessoas, assegurado o direito a indenização pelo dano material ou moral decorrente de sua violação;

→ *v.* Súmula Vinculante 11 do STF.

→ *v.* Súmula 714 do STF.

→ *v.* Súmulas 227 e 403 do STJ.

→ *v.* Arts. 20 e 21 do CC.

→ *v.* Lei 13.185/2015 – *Lei do Bullying*.

→ *v.* art. 4º, *a*, da Lei 4.898/1965.

XI – a casa é asilo inviolável do indivíduo, ninguém nela podendo penetrar sem consentimento do morador, salvo em caso de flagrante delito ou desastre, ou para prestar socorro, ou, durante o dia, por determinação judicial;

→ *v.* Art. 150 do CP.

→ *v.* Art. 283, § 2º, 301 e ss. do CPP.

→ *v.* Art. 7º, II, da Lei 8.906/1994.

XII – é inviolável o sigilo da correspondência e das comunicações telegráficas, de dados e das comunicações telefônicas, salvo, no último caso, por ordem judicial, nas hipóteses e na forma que a lei estabelecer para fins de investigação criminal ou instrução processual penal;

→ *v.* Arts. 136, 139, iii da cf/1988.

→ *v.* Arts. 151 e 152 do CP.

→ *v.* LC 105/2001 – Sigilo das operações de instituições financeiras.

→ *v.* Decreto 3.724/2001 – Regulamenta o art. 6º da LC 105/2001, relativamente à requisição, acesso e uso, pela Secretaria da Receita Federal, de informações referentes a operações e serviços das instituições financeiras e das entidades a elas equiparadas.

→ *v.* Lei 9.296/1996 – Regulamenta o inciso XII, parte final, do art. 5º da CF/1988.

→ *v.* Lei 4.117/1962 – Código Brasileiro de Telecomunicações.

XIII – é livre o exercício de qualquer trabalho, ofício ou profissão, atendidas as qualificações profissionais que a lei estabelecer;

→ *v.* Arts. 7º, II, §§ 6º e 7º da Lei 8.906/1994.

XIV – é assegurado a todos o acesso à informação e resguardado o sigilo da fonte, quando necessário ao exercício profissional;

→ *v.* Art. 154 do CP.

→ *v.* Lei 12.527/2011 – Lei de Acesso à Informação.

→ *v.* Decreto 7.724/2012 – Regulamenta a Lei de Acesso à Informação.

XV – é livre a locomoção no território nacional em tempo de paz, podendo qualquer pessoa, nos termos da lei, nele entrar, permanecer ou dele sair com seus bens;

→ *v.* Arts. 137 e 139 da CF/1988.

XVI – todos podem reunir-se pacificamente, sem armas, em locais abertos ao público, independentemente de autorização, desde que não frustrem outra reunião anteriormente convocada para o mesmo local, sendo apenas exigido prévio aviso à autoridade competente;

→ *v.* Art. 139, IV, da CF/1988.

XVII – é plena a liberdade de associação para fins lícitos, vedada a de caráter paramilitar;

XVIII – a criação de associações e, na forma da lei, a de cooperativas independem de autorização, sendo vedada a interferência estatal em seu funcionamento;

XIX – as associações só poderão ser compulsoriamente dissolvidas ou ter suas atividades suspensas por decisão judicial, exigindo-se, no primeiro caso, o trânsito em julgado;

→ *v.* Art. 3º do Dec.-lei 41/1966.

XX – ninguém poderá ser compelido a associar-se ou a permanecer associado;

XXI – as entidades associativas, quando expressamente autorizadas, têm legitimidade para representar seus filiados judicial ou extrajudicialmente;

→ *v.* Súmula 629 do STF.

→ *v.* Art. 82, IV, do CDC.

→ *v.* Art. 6º do CPC/1973.

→ *v.* Art. 18 do NCPC.

→ *v.* Art. 5º, V, da Lei 7.347/1985.

XXII – é garantido o direito de propriedade;

→ *v.* Art. 1.228, § 1º, do CC.

XXIII – a propriedade atenderá a sua função social;

→ *v.* Arts. 182, § 2º, e 186 da CF/1988.

→ *v.* Art. 9º da Lei 8.629/1993.

→ *v.* Lei 4.132/1962 – Desapropriação por interesse social.

XXIV – a lei estabelecerá o procedimento para desapropriação por necessidade ou utilidade pública, ou por interesse social, mediante justa e prévia indenização em dinheiro, ressalvados os casos previstos nesta Constituição;

→ *v.* Súmulas 23, 111, 164, 345, 378, 416, 561, 618 e 652 do STF.

→ *v.* Súmulas 12, 56, 69, 70, 101, 113 e 114 do STJ.

→ *v.* Arts. 184 e 185 da CF/1988.

→ *v.* Art. 1.275, V, do CC.

→ *v.* Lei 4.132/1962 – Desapropriação por interesse social.

→ *v.* Decreto 3.365/1941 – Desapropriações por utilidade pública.

XXV – no caso de iminente perigo público, a autoridade competente poderá usar de propriedade particular, assegurada ao proprietário indenização ulterior, se houver dano;

→ *v.* Art. 22, III, da CF/1988.

XXVI – a pequena propriedade rural, assim definida em lei, desde que trabalhada pela família, não será objeto de penhora para pagamento de débitos decorrentes de sua atividade produtiva, dispondo a lei sobre os meios de financiar o seu desenvolvimento;

XXVII – aos autores pertence o direito exclusivo de utilização, publicação ou reprodução de suas obras, transmissível aos herdeiros pelo tempo que a lei fixar;

→ *v.* Lei 9.610/1998 – Direitos Autorais.

XXVIII – são assegurados, nos termos da lei:

a) a proteção às participações individuais em obras coletivas e à reprodução da imagem e voz humanas, inclusive nas atividades desportivas;

b) o direito de fiscalização do aproveitamento econômico das obras que criarem ou de que participarem aos criadores, aos intérpretes e às respectivas representações sindicais e associativas;

XXIX – a lei assegurará aos autores de inventos industriais privilégio temporário para sua utilização, bem como proteção às criações industriais, à propriedade das marcas, aos nomes de empresas e a outros signos distintivos, tendo em vista o interesse social e o desenvolvimento tecnológico e econômico do País;

→ *v.* Lei 9.279/1996 – Lei de Propriedade Industrial.

XXX – é garantido o direito de herança;

→ *v.* Art. 1.784 e ss. do CC.

→ *v.* Art. 987 e ss. do CPC/1973.

→ *v.* Arts. 615 e ss., do NCPC.

XXXI – a sucessão de bens de estrangeiros situados no País será regulada pela lei brasileira em benefício do cônjuge ou dos filhos brasileiros, sempre que não lhes seja mais favorável a lei pessoal do *de cujus*;

XXXII – o Estado promoverá, na forma da lei, a defesa do consumidor;

→ *v.* Lei 8.078/1990 – Proteção do consumidor.

→ *v.* Decreto 7.962/2013 – Regulamenta a Lei 8.078/1990, para dispor sobre a contratação no comércio eletrônico.

→ *v.* Art. 21 da Lei 7.347/1985.

XXXIII – todos têm direito a receber dos órgãos públicos informações de seu interesse particular, ou de interesse coletivo ou geral, que serão prestadas no prazo da lei, sob pena de responsabilidade, ressalvadas aquelas cujo sigilo seja imprescindível à segurança da sociedade e do Estado;

→ *v.* Súmula Vinculante 14 do STF.

→ *v.* Súmula 2 do STJ.

→ *v.* Lei 12.527/2011 – Lei de Acesso à Informação.

→ *v.* Decreto 7.724/2012 – Regulamenta a Lei de Acesso à Informação.

→ *v.* Arts. 6º, parágrafo único, e 7º, XIII e XIV, da Lei 8.906/1994.

XXXIV – são a todos assegurados, independentemente do pagamento de taxas:

a) o direito de petição aos Poderes Públicos em defesa de direitos ou contra ilegalidade ou abuso de poder;

→ *v.* Súmula Vinculante 21 do STF.

→ *v.* Súmula 373 do STJ.

→ *v.* Art. 5º, LV, da CF/1988.

b) a obtenção de certidões em repartições públicas, para defesa de direitos e esclarecimento de situações de interesse pessoal;

→ *v.* Lei 9.051/1995 – Expedição de certidões para a defesa de direitos e esclarecimentos de situações.

→ *v.* Art. 42 da Lei 9.784/1999.

→ *v.* Art. 116, V, *b*, da Lei 8.112/1990.

XXXV – a lei não excluirá da apreciação do Poder Judiciário lesão ou ameaça a direito;

→ *v.* Súmula Vinculante 28 do STF.

→ *v.* Súmula 202 do STJ.

→ *v.* Súmula 213 do TFR.

→ *v.* Art. 217, § 1º, da CF/1988.

XXXVI – a lei não prejudicará o direito adquirido, o ato jurídico perfeito e a coisa julgada;

→ *v.* Súmulas Vinculantes 1 e 9 do STF.

→ *v.* Súmulas 654, 667, 678 e 684 do STF.

→ *v.* Art. 467 do CPC/1973.

→ *v.* Art. 502 do NCPC.

→ *v.* Art. 6º da LINDB.

XXXVII – não haverá juízo ou tribunal de exceção;

→ *v.* Art. 5º, LIII, da CF/1988.

XXXVIII – é reconhecida a instituição do júri, com a organização que lhe der a lei, assegurados:

→ *v.* Súmula Vinculante 45 do STF.

→ *v.* Súmula 721 do STF.

→ *v.* Arts. 74, 406 a 497 do CPP.

a) a plenitude de defesa;

b) o sigilo das votações;

c) a soberania dos veredictos;

d) a competência para o julgamento dos crimes dolosos contra a vida;

XXXIX – não há crime sem lei anterior que o defina, nem pena sem prévia cominação legal;

→ *v.* Art. 1º do CP.

XL – a lei penal não retroagirá, salvo para beneficiar o réu;

XLI – a lei punirá qualquer discriminação atentatória dos direitos e liberdades fundamentais;

XLII – a prática do racismo constitui crime inafiançável e imprescritível, sujeito à pena de reclusão, nos termos da lei;

→ *v.* Lei 13.185/2015 – Lei do *Bullying*.

→ *v.* Lei 7.716/1989 – Define os crimes resultantes de preconceito de raça ou de cor.

XLIII – a lei considerará crimes inafiançáveis e insuscetíveis de graça ou anistia a prática da tortura, o tráfico ilícito de entorpecentes e drogas afins, o terrorismo e os definidos como crimes hediondos, por eles respondendo os mandantes, os executores e os que, podendo evitá-los, se omitirem;

→ *v.* Súmula 512 do STJ.

→ *v.* Lei 11.343/2006 – Lei de Drogas.

→ *v.* Lei 9.455/1997 – Crimes de Tortura.

→ *v.* Lei 8.072/1990 – Crimes Hediondos.

XLIV – constitui crime inafiançável e imprescritível a ação de grupos armados, civis ou militares, contra a ordem constitucional e o Estado Democrático;

XLV – nenhuma pena passará da pessoa do condenado, podendo a obrigação de reparar o dano e a decretação do perdimento de bens ser, nos termos da lei, estendidas aos sucessores e contra eles executadas, até o limite do valor do patrimônio transferido;

XLVI – a lei regulará a individualização da pena e adotará, entre outras, as seguintes:

→ *v.* Súmulas Vinculantes 9 e 26 do STF.

→ *v.* Arts. 33 e 59 do CP.

→ *v.* Lei 12.433/2011 – Remição de parte do tempo de execução da pena por estudo ou por trabalho.

→ *v.* Art. 2º da Lei 8.072/1990.

→ *v.* Arts. 58, 66, III, *b* e 127 da Lei 7.210/1984.

a) privação ou restrição da liberdade;

b) perda de bens;

→ *v.* Súmula 527 do STJ.

c) multa;

d) prestação social alternativa;

e) suspensão ou interdição de direitos;

XLVII – não haverá penas:

→ *v.* Súmula Vinculante 26 do STF.

→ *v.* Arts. 33 e 59 do CP.

→ *v.* Art. 2º da Lei 8.072/1990.

→ *v.* Art. 63, III, *b*, da Lei 7.210/1984.

a) de morte, salvo em caso de guerra declarada, nos termos do art. 84, XIX;

b) de caráter perpétuo;

c) de trabalhos forçados;

d) de banimento;

e) cruéis;

XLVIII – a pena será cumprida em estabelecimentos distintos, de acordo com a natureza do delito, a idade e o sexo do apenado;

XLIX – é assegurado aos presos o respeito à integridade física e moral;

→ *v.* Súmula Vinculante 11 do STF.

→ *v.* Art. 350 do CP.

→ *v.* Art. 284 do CPP.

→ *v.* Art. 234, § 1º, do CPPM.

→ *v.* Art. 4º, *a*, da Lei 4.898/1965.

L – às presidiárias serão asseguradas condições para que possam permanecer com seus filhos durante o período de amamentação;

→ *v.* Art. 9º do ECA.

LI – nenhum brasileiro será extraditado, salvo o naturalizado, em caso de crime comum, praticado antes da naturalização, ou de comprovado envolvimento em tráfico ilícito de entorpecentes e drogas afins, na forma da lei;

→ *v.* Art. 12, II, da CF/1988.

LII – não será concedida extradição de estrangeiro por crime político ou de opinião;

→ *v.* Art. 77, VII, da Lei 6.815/1980.

LIII – ninguém será processado nem sentenciado senão pela autoridade competente;

→ *v.* Art. 5º, XXXVII, da CF/1988.

→ *v.* Súmula 704 do STF.

→ *v.* Art. 399, § 2º, do CPP.

LIV – ninguém será privado da liberdade ou de seus bens sem o devido processo legal;

→ *v.* Súmulas Vinculantes 3, 5 e 14 do STF.

→ *v.* Súmula 704 do STF.

→ *v.* Súmula 265 do STJ.

→ *v.* Lei 9.784/1999 – Regula o processo administrativo no âmbito da Administração Pública Federal.

→ *v.* Arts. 6º, parágrafo único e 7º, XIII e XIV, da Lei 8.906/1994.

→ *v.* Art. 110 do ECA.

LV – aos litigantes, em processo judicial ou administrativo, e aos acusados em geral são assegurados o contraditório e ampla defesa, com os meios e recursos a ela inerentes;

→ *v.* Súmulas Vinculantes 3, 14, 21, 24 e 28 do STF.

→ *v.* Súmulas 701, 704, 705, 707, 708 e 712 do STF.

→ *v.* Súmulas 196, 265, 312 e 373 do STJ.

→ *v.* Art. 261 do CPP.

→ *v.* Art. 2º da Lei 9.784/1999.

→ *v.* Arts. 6º, parágrafo único e 7º, XIII e XIV, da Lei 8.906/1994.

LVI – são inadmissíveis, no processo, as provas obtidas por meios ilícitos;

→ *v.* Art. 157 do CPP.

LVII – ninguém será considerado culpado até o trânsito em julgado de sentença penal condenatória;

→ *v.* Súmula 9 do STJ.

→ *v.* Art. 8º, § 2º, do Pacto de São José da Costa Rica.

LVIII – o civilmente identificado não será submetido a identificação criminal, salvo nas hipóteses previstas em lei;

→ *v.* Lei 12.037/2009 – Identificação criminal do civilmente identificado.

→ *v.* Lei 12.654/2012 – Prevê a coleta de perfil genético como forma de identificação criminal.

LIX – será admitida ação privada nos crimes de ação pública, se esta não for intentada no prazo legal;

→ *v.* Art. 100, § 3º, do CP.

→ *v.* Art. 29 do CPP.

LX – a lei só poderá restringir a publicidade dos atos processuais quando a defesa da intimidade ou o interesse social o exigirem;

→ *v.* Art. 93, IX, da CF/1988.

→ *v.* Art. 155 do CPC/1973.

→ *v.* Art. 189 do NCPC.

→ *v.* Arts. 20 e 792 do CPP.

→ *v.* Art. 143 do ECA.

LXI – ninguém será preso senão em flagrante delito ou por ordem escrita e fundamentada de autoridade judiciária competente, salvo nos casos de transgressão militar ou crime propriamente militar, definidos em lei;

→ *v.* Súmula 9 do STJ.

→ *v.* Arts. 283 e 301 a 310 do CPP.

→ *v.* Decreto 1.001/1969 – Código Penal Militar.

→ *v.* Decreto 1.002/1969 – Código de Processo Penal Militar.

LXII – a prisão de qualquer pessoa e o local onde se encontre serão comunicados imediatamente ao juiz competente e à família do preso ou à pessoa por ele indicada;

→ *v.* Art. 306 do CPP.

LXIII – o preso será informado de seus direitos, entre os quais o de permanecer calado, sendo-lhe assegurada a assistência da família e de advogado;

→ *v.* Art. 289-A, § 4º, do CPP.

→ v. Resolução do CFOAB 2/2015 – Novo Código de Ética e Disciplina da OAB.

→ v. Provimento do CFOAB 166/2015 – Advocacia *Pro Bono*.

LXIV – o preso tem direito à identificação dos responsáveis por sua prisão ou por seu interrogatório policial;

LXV – a prisão ilegal será imediatamente relaxada pela autoridade judiciária;

→ v. Súmula 697 do STF.

→ v. Art. 310, I, do CPP.

LXVI – ninguém será levado à prisão ou nela mantido, quando a lei admitir a liberdade provisória, com ou sem fiança;

→ v. Art. 310, III e 321 a 350 do CPP.

LXVII – não haverá prisão civil por dívida, salvo a do responsável pelo inadimplemento voluntário e inescusável de obrigação alimentícia e a do depositário infiel;

→ v. Súmula Vinculante 25 do STF.

→ v. Súmulas 304, 309 e 419 do STJ.

→ v. Arts. 647 a 652 do CC.

→ v. Art. 733, § 1º, do CPC/1973.

→ v. Art. 528, § 3º, do NCPC.

→ v. Lei 5.478/1968 – Lei de Alimentos.

→ v. Art. 7º, § 7º, do Pacto de São José da Costa Rica.

→ v. Art. 11 do Pacto Internacional sobre Direitos Civis e Políticos.

LXVIII – conceder-se-á *habeas corpus* sempre que alguém sofrer ou se achar ameaçado de sofrer violência ou coação em sua liberdade de locomoção, por ilegalidade ou abuso de poder;

→ v. Súmulas 693 a 695 do STF.

→ v. Art. 654 do CPP.

→ v. Art. 1º, § 1º, da Lei 8.906/1994.

LXIX – conceder-se-á mandado de segurança para proteger direito líquido e certo, não amparado por *habeas corpus* ou *habeas data*, quando o responsável pela ilegalidade ou abuso de poder for autoridade pública ou agente de pessoa jurídica no exercício de atribuições do Poder Público;

→ v. Súmulas 267 a 271, 430, 510, 512, 622, 625, 627, 628, 631 e 632 do STF.

→ v. Lei 12.016/2009 – Mandado de Segurança.

LXX – o mandado de segurança coletivo pode ser impetrado por:

→ v. Súmula 630 do STF.

→ v. Lei 12.016/2009 – Mandado de Segurança.

a) partido político com representação no Congresso Nacional;

b) organização sindical, entidade de classe ou associação legalmente constituída e em funcionamento há pelo menos um ano, em defesa dos interesses de seus membros ou associados;

→ v. Súmula 629 do STF.

LXXI – conceder-se-á mandado de injunção sempre que a falta de norma regulamentadora torne inviável o exercício dos direitos e liberdades constitucionais e das prerrogativas inerentes à nacionalidade, à soberania e à cidadania;

→ v. Art. 24, parágrafo único, da Lei 8.038/1990.

LXXII – conceder-se-á *habeas data*:

→ v. Lei 12.528/2012 – Comissão Nacional da Verdade.

→ v. Lei 9.507/1997 – Regula o direito de acesso a informações e disciplina o rito processual do *habeas data*.

→ v. Decreto 7.919/2013 – Remaneja temporariamente cargos em comissão para atividades da Comissão Nacional da Verdade.

a) para assegurar o conhecimento de informações relativas à pessoa do impetrante, constantes de registros ou bancos de dados de entidades governamentais ou de caráter público;

→ v. Súmula 2 do STJ.

b) para a retificação de dados, quando não se prefira fazê-lo por processo sigiloso, judicial ou administrativo;

LXXIII – qualquer cidadão é parte legítima para propor ação popular que vise a anular ato lesivo ao patrimônio público ou de entidade de que o Estado participe, à moralidade administrativa, ao meio ambiente e ao patrimônio histórico e cultural, ficando o autor, salvo comprovada má-fé, isento de custas judiciais e do ônus da sucumbência;

→ v. Súmula 101 do STF.

→ v. Lei 4.717/1965 – Ação popular.

LXXIV – o Estado prestará assistência jurídica integral e gratuita aos que comprovarem insuficiência de recursos;

→ v. Súmula 110 do STJ.

→ v. Art. 134 da CF/1988.

→ v. Lei 1.060/1950 – Lei de Assistência Judiciária.

LXXV – o Estado indenizará o condenado por erro judiciário, assim como o que ficar preso além do tempo fixado na sentença;

→ v. Art. 37, § 6º, da CF/1988.

→ v. Art. 630 do CPP.

LXXVI – são gratuitos para os reconhecidamente pobres, na forma da lei:

→ v. Lei 9.265/1996 – Gratuidade dos atos necessários ao exercício da cidadania.

→ v. Lei 6.015/1973 – Registros Públicos.

a) o registro civil de nascimento;

b) a certidão de óbito;

LXXVII – são gratuitas as ações de *habeas corpus* e *habeas data*, e, na forma da lei, os atos necessários ao exercício da cidadania;

→ v. Lei 9.265/1996 – Gratuidade dos atos necessários ao exercício da cidadania.

LXXVIII – a todos, no âmbito judicial e administrativo, são assegurados a razoável duração do processo e os meios que garantam a celeridade da sua tramitação.

→ Inciso LXXVIII acrescentado pela EC 45/2004.

→ v. Art. 125, II, do CPC/1973.

→ v. Art. 139, II, do NCPC.

→ v. Lei 9.265/1996 – Gratuidade dos atos necessários ao exercício da cidadania.

→ v. Arts. 2º e 62 da Lei 9.099/1995.

→ v. Art. 8º, § 1º, do Pacto de São José da Costa Rica.

§ 1º As normas definidoras dos direitos e garantias fundamentais têm aplicação imediata.

§ 2º Os direitos e garantias expressos nesta Constituição não excluem outros decorrentes do regime e dos princípios por ela adotados, ou dos tratados internacionais em que a República Federativa do Brasil seja parte.

§ 3º Os tratados e convenções internacionais sobre direitos humanos que forem aprovados, em cada Casa do Congresso Nacional, em dois turnos, por três quintos dos votos dos respectivos membros, serão equivalentes às emendas constitucionais.

→ § 3º acrescentado pela EC 45/2004.

→ v. Lei 13.146/2015 – Estatuto da Pessoa com Deficiência.

→ v. Decreto Legislativo 186/2008 – Aprova o texto da Convenção sobre os Direitos das Pessoas com Deficiência e de seu Protocolo Facultativo.

→ v. Decreto 6.949/2009 – Promulga a Convenção Internacional sobre os Direitos das Pessoas com Deficiência e seu Protocolo Facultativo.

§ 4º O Brasil se submete à jurisdição de Tribunal Penal Internacional a cuja criação tenha manifestado adesão.

→ § 4º acrescentado pela EC 45/2004.

→ v. Decreto 4.388/2002 – Promulga o Estatuto de Roma do Tribunal Penal Internacional.

Capítulo II
DOS DIREITOS SOCIAIS

→ v. Lei 13.189/2015 – Institui o Programa de Proteção ao Emprego (PPE).

Art. 6º São direitos sociais a educação, a saúde, a alimentação, o trabalho, a moradia, o transporte, o lazer, a segurança, a previdência social, a proteção à maternidade e à infância, a assistência aos desamparados, na forma desta Constituição.

→ Artigo com redação alterada pela EC 90/2015.

→ v. Lei 11.888/2008 – Assegura às famílias de baixa renda assistência técnica pública e gratuita para o projeto e a construção de habitação de interesse social.

→ v. Lei 11.096/2005 – Institui o Programa Universidade para todos – PROUNI.

Art. 7º São direitos dos trabalhadores urbanos e rurais, além de outros que visem à melhoria de sua condição social:

I – relação de emprego protegida contra despedida arbitrária ou sem justa causa, nos termos de lei complementar, que preverá indenização compensatória, dentre outros direitos;

→ v. Art. 10 do ADCT.

II – seguro-desemprego, em caso de desemprego involuntário;

→ v. Lei 10.779/2003 – Concessão do benefício de seguro-desemprego, durante o período de defeso, ao pescador profissional que exerce a atividade pesqueira de forma artesanal.

→ v. Lei 8.900/1994 – Benefício do seguro-desemprego e altera a Lei 7.998/1990.

→ v. Lei 7.998/1990 – Regula o Programa do Seguro-Desemprego, o Abono Salarial, institui o Fundo de Amparo ao Trabalhador (FAT).

III – fundo de garantia do tempo de serviço;

→ v. Súmula 514 do STJ.

→ v. Lei 8.036/1990 – Fundo de Garantia do Tempo de Serviço.

→ v. Súmula 353 do STJ.

IV – salário mínimo, fixado em lei, nacionalmente unificado, capaz de atender a suas necessidades vitais básicas e às de sua família com moradia, alimentação, educação, saúde, lazer, vestuário, higiene, transporte e previdência social, com reajustes periódicos que lhe preservem o poder aquisitivo, sendo vedada sua vinculação para qualquer fim;

→ v. Súmulas Vinculantes 4, 6, 15 e 16 do STF.

→ v. Súmula 201 do STJ.

V – piso salarial proporcional à extensão e à complexidade do trabalho;

→ v. LC 103/2000 – Autoriza os Estados e o Distrito Federal a instituir o piso salarial.

VI – irredutibilidade do salário, salvo o disposto em convenção ou acordo coletivo;

VII – garantia de salário, nunca inferior ao mínimo, para os que percebem remuneração variável;

→ v. Lei 8.716/1993 – Garantia do salário mínimo.

VIII – décimo terceiro salário com base na remuneração integral ou no valor da aposentadoria;

→ v. Lei 4.090/1962 – Institui a Gratificação de Natal para os Trabalhadores.

IX – remuneração do trabalho noturno superior à do diurno;

→ v. Art. 73 da CLT.

X – proteção do salário na forma da lei, constituindo crime sua retenção dolosa;

XI – participação nos lucros, ou resultados, desvinculada da remuneração, e, excepcionalmente, participação na gestão da empresa, conforme definido em lei;

→ v. Art. 621 da CLT.

→ v. Lei 10.101/2000 – Participação dos trabalhadores nos lucros ou resultados da empresa.

XII – salário-família pago em razão do dependente do trabalhador de baixa renda nos termos da lei;

→ Inciso XII com redação alterada pela EC 20/1998.

→ v. Lei 8.213/1991 – Planos de Benefícios da Previdência Social.

→ v. Lei 4.266/1963 – Institui o salário família do trabalhador.

XIII – duração do trabalho normal não superior a oito horas diárias e quarenta e quatro semanais, facultada a compensação de horários e a redução da jornada, mediante acordo ou convenção coletiva de trabalho;

→ v. Arts. 58 e 58-A da CLT.

XIV – jornada de seis horas para o trabalho realizado em turnos ininterruptos de revezamento, salvo negociação coletiva;

→ v. Súmula 675 do STF.

→ v. Súmula 423 do TST.

XV – repouso semanal remunerado, preferencialmente aos domingos;

→ v. Arts. 67 e 68 da CLT.

XVI – remuneração do serviço extraordinário superior, no mínimo, em cinquenta por cento à do normal;

→ v. Art. 59 da CLT.

XVII – gozo de férias anuais remuneradas com, pelo menos, um terço a mais do que o salário normal;

→ v. Súmula 386 do STJ.

→ v. Arts. 129 a 146 da CLT.

XVIII – licença à gestante, sem prejuízo do emprego e do salário, com a duração de cento e vinte dias;

→ v. Arts. 392 a 397 da CLT.

→ v. Lei 11.770/2008 – Programa Empresa Cidadã, destinado à prorrogação da licença-maternidade mediante concessão de incentivo fiscal.

→ v. ADIn 1.946-5 (*D.O.U.* 3.6.2003), o STF julgou a ação parcialmente procedente "para dar ao art. 14 da EC 20/1998, sem redução de texto, interpretação conforme a CF, para excluir sua aplicação ao salário da licença à gestante a que se refere o art. 7º, inciso XVIII da referida Carta".

XIX – licença-paternidade, nos termos fixados em lei;

→ v. Art. 208 da Lei 8.112/1990.

XX – proteção do mercado de trabalho da mulher, mediante incentivos específicos, nos termos da lei;

→ v. Arts. 372 a 377 da CLT.

→ v. Lei 13.189/2015 – Institui o Programa de Proteção ao Emprego (PPE).

→ v. Lei 9.029/1995 – Proíbe a exigência de atestados de gravidez e esterilização, e outras práticas discriminatórias, para efeitos admissionais ou de permanência da relação jurídica de trabalho.

XXI – aviso-prévio proporcional ao tempo de serviço, sendo no mínimo de trinta dias, nos termos da lei;

→ v. Arts. 391-A e 487 da CLT.

→ v. Lei 12.506/2011 – Aviso-prévio.

XXII – redução dos riscos inerentes ao trabalho, por meio de normas de saúde, higiene e segurança;

→ v. Arts. 154 a 188 da CLT.

XXIII – adicional de remuneração para as atividades penosas, insalubres ou perigosas, na forma da lei;

→ v. Súmula Vinculante 4 do STF.

→ v. Arts. 60 e 189 e ss. da CLT.

XXIV – aposentadoria;

→ v. LC 142/2013 – Regulamenta o § 1º do art. 201 da Constituição Federal, publicada em 9.5.2013, em vigor após decorridos 6 (seis) meses de sua publicação oficial.

→ v. Lei 8.213/1991 – Planos de Benefícios da Previdência Social.

→ v. Lei 8.212/1991 –Seguridade Social e Plano de Custeio.

→ v. Decreto 3.048/1999 – Regulamento da Previdência Social.

XXV – assistência gratuita aos filhos e dependentes desde o nascimento até 5 (cinco) anos de idade em creches e pré-escolas;

→ Inciso XXV com redação alterada pela EC 53/2006.

→ v. Art. 208, IV, da CF/1988.

XXVI – reconhecimento das convenções e acordos coletivos de trabalho;

→ v. Art. 611 da CLT.

XXVII – proteção em face de automação, na forma da lei;

XXVIII – seguro contra acidentes de trabalho, a cargo do empregador, sem excluir a indenização a que este está obrigado, quando incorrer em dolo ou culpa;

→ v. Súmulas Vinculantes 22 e 23 do STF.

→ v. Arts. 109, I, e 114 da CF/1988.

XXIX – ação, quanto aos créditos resultantes das relações de trabalho, com prazo prescricional de 5 (cinco) anos para os trabalhadores urbanos e rurais, até o limite de 2 (dois) anos após a extinção do contrato de trabalho;

→ *Caput* do inciso XXIX com redação alterada pela EC 28/2000.

→ v. Súmula 362 do TST.

→ v. Art. 11 da CLT.

a) (Revogada pela EC 28/2000);

b) (Revogada pela EC 28/2000).

XXX – proibição de diferença de salários, de exercício de funções e de critério de admissão por motivo de sexo, idade, cor ou estado civil;

→ v. Súmula 683 do STF.

→ v. Art. 5º, *caput*, da CF/1988.

→ v. Arts. 372 a 377 da CLT.

XXXI – proibição de qualquer discriminação no tocante a salário e critérios de admissão do trabalhador portador de deficiência;

→ v. Art. 2º, parágrafo único, III, da Lei 7.853/1989.

XXXII – proibição de distinção entre trabalho manual, técnico e intelectual ou entre os profissionais respectivos;

XXXIII – proibição de trabalho noturno, perigoso ou insalubre a menores de dezoito e de qualquer trabalho a menores de dezesseis anos, salvo na condição de aprendiz, a partir de quatorze anos;

→ Inciso XXXIII com redação alterada pela EC 20/1998.

→ v. Arts. 402, 403 e 428 a 433 da CLT.

→ v. Decreto 5.598/2005 – Regulamenta a contratação de aprendizes.

XXXIV – igualdade de direitos entre o trabalhador com vínculo empregatício permanente e o trabalhador avulso.

Parágrafo único. São assegurados à categoria dos trabalhadores domésticos os direitos previstos nos incisos IV, VI, VII, VIII, X, XIII, XV, XVI, XVII, XVIII, XIX, XXI, XXII, XXIV, XXVI, XXX, XXXI e XXXIII e, atendidas as condições estabelecidas em lei e observada a simplificação do cumprimento das obrigações tributárias, principais e acessórias, decorrentes da relação de trabalho e suas peculiaridades, os previstos nos incisos I, II, III, IX, XII, XXV e XXVIII, bem como a sua integração à previdência social.

→ Parágrafo único com redação alterada pela EC 72/2013.

→ v. LC 150/2015 – Lei do Trabalho Doméstico.

Art. 8º É livre a associação profissional ou sindical, observado o seguinte:

I – a lei não poderá exigir autorização do Estado para a fundação de sindicato, ressalvado o registro no órgão competente, vedadas ao Poder Público a interferência e a intervenção na organização sindical;

→ v. Súmula 677 do STF.

→ v. Súmula 4 do STJ.

→ v. Art. 511 e ss. da CLT.

II – é vedada a criação de mais de uma organização sindical, em qualquer grau, representativa de categoria profissional ou econômica, na mesma base territorial, que será definida pelos trabalhadores ou empregadores interessados, não podendo ser inferior à área de um Município;

→ v. Súmula 677 do STF.

III – ao sindicato cabe a defesa dos direitos e interesses coletivos ou individuais da categoria, inclusive em questões judiciais ou administrativas;

→ v. Súmulas 629 e 630 do STF.

→ v. Art. 81, parágrafo único, II, do CDC.

IV – a assembleia geral fixará a contribuição que, em se tratando de categoria profissional, será descontada em folha, para custeio do sistema confederativo da representação sindical respectiva, independentemente da contribuição prevista em lei;

→ v. Súmula 666 do STF.

→ v. Súmula 396 do STJ.

→ v. Art. 578 da CLT.

V – ninguém será obrigado a filiar-se ou a manter-se filiado a sindicato;

VI – é obrigatória a participação dos sindicatos nas negociações coletivas de trabalho;

VII – o aposentado filiado tem direito a votar e ser votado nas organizações sindicais;

VIII – é vedada a dispensa do empregado sindicalizado a partir do registro da candidatura a cargo de direção ou representação sindical e, se eleito, ainda que suplente, até um ano após o final do mandato, salvo se cometer falta grave nos termos da lei.

→ v. Súmula 197 do STF.

→ v. Súmula 369 do TST.

→ v. Art. 543 da CLT.

Parágrafo único. As disposições deste artigo aplicam-se à organização de sindicatos rurais e de colônias de pescadores, atendidas as condições que a lei estabelecer.

→ v. Lei 11.699/2008 – Colônias, Federações e Confederação Nacional dos Pescadores.

Art. 9º É assegurado o direito de greve, competindo aos trabalhadores decidir sobre a oportunidade de exercê-lo e sobre os interesses que devam por meio dele defender.

→ v. Art. 114, II, da CF/1988.

→ v. Lei 7.783/1989 – Lei de Greve.

§ 1º A lei definirá os serviços ou atividades essenciais e disporá sobre o atendimento das necessidades inadiáveis da comunidade.

→ v. Art. 10 da Lei 7.783/1989.

§ 2º Os abusos cometidos sujeitam os responsáveis às penas da lei.

→ v. Art. 201 do CP.

Art. 10. É assegurada a participação dos trabalhadores e empregadores nos colegiados dos órgãos públicos em que seus interesses profissionais ou previdenciários sejam objeto de discussão e deliberação.

Art. 11. Nas empresas de mais de duzentos empregados, é assegurada a eleição de um representante destes com a finalidade exclusiva de promover-lhes o entendimento direto com os empregadores.

→ v. Art. 543 da CLT.

Capítulo III
DA NACIONALIDADE

Art. 12. São brasileiros:

I – natos:

a) os nascidos na República Federativa do Brasil, ainda que de pais estrangeiros, desde que estes não estejam a serviço de seu país;

b) os nascidos no estrangeiro, de pai brasileiro ou mãe brasileira, desde que qualquer deles esteja a serviço da República Federativa do Brasil;

c) os nascidos no estrangeiro de pai brasileiro ou de mãe brasileira, desde que sejam registrados em repartição brasileira competente ou venham a residir na República Federativa do Brasil e optem, em qualquer tempo, depois de atingida a maioridade, pela nacionalidade brasileira;

→ Alínea *c* com redação alterada pela EC 54/2007.

II – naturalizados:

→ v. Art. 111 e ss. da Lei 6.815/1980.

→ v. Art. 119 do Decreto 86.715/1981.

a) os que, na forma da lei, adquiram a nacionalidade brasileira, exigidas aos originários de países de língua portuguesa apenas residência por um ano ininterrupto e idoneidade moral;

b) os estrangeiros de qualquer nacionalidade residentes na República Federativa do Brasil há mais de quinze anos ininterruptos e sem condenação penal, desde que requeiram a nacionalidade brasileira.

→ Alínea *b* com redação alterada pela EC de Revisão 3/1994.

§ 1º Aos portugueses com residência permanente no País, se houver reciprocidade em favor de brasileiros, serão atribuídos os direitos inerentes ao brasileiro, salvo os casos previstos nesta Constituição.

→ § 1º com redação alterada pela EC de Revisão 3/1994.

§ 2º A lei não poderá estabelecer distinção entre brasileiros natos e naturalizados, salvo nos casos previstos nesta Constituição.

§ 3º São privativos de brasileiro nato os cargos:

I – de Presidente e Vice-Presidente da República;

II – de Presidente da Câmara dos Deputados;

III – de Presidente do Senado Federal;

IV – de Ministro do Supremo Tribunal Federal;

V – da carreira diplomática;

VI – de oficial das Forças Armadas;

VII – de Ministro de Estado da Defesa.

→ Inciso VII acrescentado pela EC 23/1999.

§ 4º Será declarada a perda da nacionalidade do brasileiro que:

I – tiver cancelada sua naturalização, por sentença judicial, em virtude de atividade nociva ao interesse nacional;

II – adquirir outra nacionalidade, salvo nos casos:

→ Inciso II com redação alterada pela EC de Revisão 3/1994.

→ v. Decreto 3453/2000 – Delega competência ao Ministro de Estado da Justiça para declarar a perda e a reaquisição da nacionalidade brasileira.

→ v. Lei 818/1949 – Regula a aquisição, a perda e a reaquisição da nacionalidade, e a perda dos direitos políticos.

a) de reconhecimento de nacionalidade originária pela lei estrangeira;

b) de imposição de naturalização, pela norma estrangeira, ao brasileiro residente em Estado estrangeiro, como condição para permanência em seu território ou para o exercício de direitos civis.

Art. 13. A língua portuguesa é o idioma oficial da República Federativa do Brasil.

→ v. Art. 224 da CF/1988.

→ v. Art. 157 do CPC/1973.

→ v. Art. 192, parágrafo único, do NCPC.

→ v. Decreto 6.583/2008 – Acordo Ortográfico da Língua Portuguesa, assinado em Lisboa, em 16 de dezembro de 1990.

§ 1º São símbolos da República Federativa do Brasil a bandeira, o hino, as armas e o selo nacionais.

→ v. Lei 5.700/1971 – Forma e a apresentação dos Símbolos Nacionais.

§ 2º Os Estados, o Distrito Federal e os Municípios poderão ter símbolos próprios.

Capítulo IV
DOS DIREITOS POLÍTICOS

Art. 14. A soberania popular será exercida pelo sufrágio universal e pelo voto direto e secreto, com valor igual para todos, e, nos termos da lei, mediante:

→ v. Lei 9.709/1998 – Regulamenta a execução do disposto nos incisos I, II e III, do art. 14 da CF/1988.

I – plebiscito;

→ v. Art. 49, XV, da CF/1988.

→ v. Art. 2º do ADCT.

→ v. EC 2/1992 – Plebiscito previsto no art. 2º do ADCT.

II – referendo;

→ v. Art. 49, XV, da CF/1988.

III – iniciativa popular.

→ v. Art. 61, § 2º, da CF/1988.

§ 1º O alistamento eleitoral e o voto são:

→ v. Art. 42 da Lei 4.737/1965.

I – obrigatórios para os maiores de dezoito anos;

II – facultativos para:

a) os analfabetos;

b) os maiores de setenta anos;

c) os maiores de dezesseis e menores de dezoito anos.

§ 2º Não podem alistar-se como eleitores os estrangeiros e, durante o período do serviço militar obrigatório, os conscritos.

§ 3º São condições de elegibilidade, na forma da lei:

I – a nacionalidade brasileira;

II – o pleno exercício dos direitos políticos;

III – o alistamento eleitoral;

IV – o domicílio eleitoral na circunscrição;

V – a filiação partidária;

→ v. Lei 9.096/1995 – Partidos políticos.

→ v. Art. 87 e ss. da Lei 4.737/1965.

VI – a idade mínima de:

a) trinta e cinco anos para Presidente e Vice-Presidente da República e Senador;

b) trinta anos para Governador e Vice-Governador de Estado e do Distrito Federal;

c) vinte e um anos para Deputado Federal, Deputado Estadual ou Distrital, Prefeito, Vice-Prefeito e juiz de paz;

d) dezoito anos para Vereador.

§ 4º São inelegíveis os inalistáveis e os analfabetos.

§ 5º O Presidente da República, os Governadores de Estado e do Distrito Federal, os Prefeitos e quem os houver sucedido ou substituído no curso dos mandatos poderão ser reeleitos para um único período subsequente.

→ § 5º com redação alterada pela EC 16/1997.

§ 6º Para concorrerem a outros cargos, o Presidente da República, os Governadores de Estado e do Distrito Federal e os Prefeitos devem renunciar aos respectivos mandatos até seis meses antes do pleito.

§ 7º São inelegíveis, no território de jurisdição do titular, o cônjuge e os parentes consangüíneos ou afins, até o segundo grau ou por adoção, do Presidente da República, de Governador de Estado ou Território, do Distrito Federal, de Prefeito ou de quem os haja substituído dentro dos seis meses anteriores ao pleito, salvo se já titular de mandato eletivo e candidato à reeleição.

→ v. Súmula Vinculante 18 do STF.

→ v. Súmula 6 do TSE.

§ 8º O militar alistável é elegível, atendidas as seguintes condições:

I – se contar menos de dez anos de serviço, deverá afastar-se da atividade;

II – se contar mais de dez anos de serviço, será agregado pela autoridade superior e, se eleito, passará automaticamente, no ato da diplomação, para a inatividade.

§ 9º Lei complementar estabelecerá outros casos de inelegibilidade e os prazos de sua cessação, a fim de proteger a probidade administrativa, a moralidade para o exercício do mandato, considerada a vida pregressa do candidato, e a normalidade e legitimidade das eleições contra a influência do poder econômico ou o abuso do exercício de função, cargo ou emprego na administração direta ou indireta.

→ § 9º com redação alterada pela EC de Revisão 4/1994.

→ v. Art. 37, § 4º, da CF/1988

→ v. LC 135/2010 – Lei Ficha Limpa.

→ v. LC 64/1990 – Lei das Inelegibilidades.

§ 10. O mandato eletivo poderá ser impugnado ante a Justiça Eleitoral no prazo de quinze dias contados da diplomação, instruída a ação com provas de abuso do poder econômico, corrupção ou fraude.

§ 11. A ação de impugnação de mandato tramitará em segredo de justiça, respondendo o autor, na forma da lei, se temerária ou de manifesta má-fé.

Art. 15. É vedada a cassação de direitos políticos, cuja perda ou suspensão só se dará nos casos de:

I – cancelamento da naturalização por sentença transitada em julgado;

II – incapacidade civil absoluta;

III – condenação criminal transitada em julgado, enquanto durarem seus efeitos;

→ v. Art. 92, I, do CP.

IV – recusa de cumprir obrigação a todos imposta ou prestação alternativa, nos termos do art. 5º, VIII;

→ v. Lei 8.239/1991 – Prestação de Serviço Alternativo ao Serviço Militar Obrigatório.

V – improbidade administrativa, nos termos do art. 37, § 4º.

→ v. Lei 8.429/1992 – Lei de Improbidade Administrativa.

Art. 16. A lei que alterar o processo eleitoral entrará em vigor na data de sua publicação, não se aplicando à eleição que ocorra até 1 (um) ano da data de sua vigência.

→ Artigo com redação alterada pela EC 4/1993.

→ v. Lei 9.504/1997 – Estabelece normas para as eleições.

Capítulo V
DOS PARTIDOS POLÍTICOS

Art. 17. É livre a criação, fusão, incorporação e extinção de partidos políticos, resguardados a soberania nacional, o regime democrático, o pluripartidarismo, os direitos fundamentais da pessoa humana e observados os seguintes preceitos:

→ v. Art. 2º da Lei 9.096/1995.

I – caráter nacional;

II – proibição de recebimento de recursos financeiros de entidade ou governo estrangeiros ou de subordinação a estes;

→ v. Art. 31, I, da Lei 9.096/1995.

III – prestação de contas à Justiça Eleitoral;

IV – funcionamento parlamentar de acordo com a lei.

§ 1º É assegurada aos partidos políticos autonomia para definir sua estrutura interna, organização e funcionamento e para adotar os critérios de escolha e o regime de suas coligações eleitorais, sem obrigatoriedade de vinculação entre as candidaturas em âmbito nacional, estadual, distrital ou municipal, devendo seus estatutos estabelecer normas de disciplina e fidelidade partidária.

→ § 1º com redação alterada pela EC 52/2006.

→ v. Art. 3º da Lei 9.096/1995.

→ v. Resolução do TSE 22.610/2007 – Infidelidade partidária.

→ v. ADIn 3.685-8 (*D.O.U.* 31.3.2006), o STF "julgou procedente a ação para fixar que o § 1º do art. 17 da Constituição, com a redação dada pela EC 52, de 8 de março de 2006, não se aplica às eleições de 2006".

§ 2º Os partidos políticos, após adquirirem personalidade jurídica, na forma da lei civil, registrarão seus estatutos no Tribunal Superior Eleitoral.

→ v. Art. 7º da Lei 9.096/1995.

§ 3º Os partidos políticos têm direito a recursos do fundo partidário e acesso gratuito ao rádio e à televisão, na forma da lei.

→ v. Art. 7º, § 2º, da Lei 9.096/1995.

→ v. Art. 240 e ss. da Lei 4.737/1965.

§ 4º É vedada a utilização pelos partidos políticos de organização paramilitar.

→ v. Art. 6º da Lei 9.096/1995.

Título III
Da organização do Estado

Capítulo I
DA ORGANIZAÇÃO POLÍTICO-ADMINISTRATIVA

Art. 18. A organização político-administrativa da República Federativa do Brasil compreende a União, os Estados, o Distrito Federal e os Municípios, todos autônomos, nos termos desta Constituição.

§ 1º Brasília é a Capital Federal.

§ 2º Os Territórios Federais integram a União, e sua criação, transformação em Estado ou reintegração ao Estado de origem serão reguladas em lei complementar.

§ 3º Os Estados podem incorporar-se entre si, subdividir-se ou desmembrar-se para se anexarem a outros, ou formarem novos Estados ou Territórios Federais, mediante aprovação da população diretamente interessada, através de plebiscito, e do Congresso Nacional, por lei complementar.

→ v. Art. 3º da Lei 9.709/1998.

§ 4º A criação, a incorporação, a fusão e o desmembramento de Municípios far-se-ão por lei estadual, dentro do período determinado por lei complementar federal, e dependerão de consulta prévia, mediante plebiscito, às populações dos Municípios envolvidos, após divulgação dos Estudos de Viabilidade Municipal, apresentados e publicados na forma da lei.

→ § 4º com redação alterada pela EC 15/1996.

→ v. Art. 96 do ADCT.

Art. 19. É vedado à União, aos Estados, ao Distrito Federal e aos Municípios:

I – estabelecer cultos religiosos ou igrejas, subvencioná-los, embaraçar-lhes o funcionamento ou manter com eles ou seus representantes relações de dependência ou aliança, ressalvada, na forma da lei, a colaboração de interesse público;

II – recusar fé aos documentos públicos;

III – criar distinções entre brasileiros ou preferências entre si.

Capítulo II
DA UNIÃO

Art. 20. São bens da União:

→ v. Dec.-lei 9.760/1946 – Bens imóveis da União.

I – os que atualmente lhe pertencem e os que lhe vierem a ser atribuídos;

→ v. Súmula 650 do STF.

II – as terras devolutas indispensáveis à defesa das fronteiras, das fortificações e construções militares, das vias federais de comunicação e à preservação ambiental, definidas em lei;

→ v. Súmula 477 do STF.

→ v. Art. 5º do Dec.-lei 9.760/1946.

III – os lagos, rios e quaisquer correntes de água em terrenos de seu domínio, ou que banhem mais de um Estado, sirvam de limites com outros países, ou se estendam a território estrangeiro ou dele provenham, bem como os terrenos marginais e as praias fluviais;

IV – as ilhas fluviais e lacustres nas zonas limítrofes com outros países; as praias marítimas; as ilhas oceânicas e as costeiras, excluídas, destas, as que contenham a sede de Municípios, exceto aquelas áreas afetadas ao serviço público e a unidade ambiental federal, e as referidas no art. 26, II;

→ Inciso IV com redação alterada pela EC 46/2005.

V – os recursos naturais da plataforma continental e da zona econômica exclusiva;

→ v. Arts. 6º e 11 da Lei 8.617/1993.

VI – o mar territorial;

→ v. Art. 1º da Lei 8.617/1993.

VII – os terrenos de marinha e seus acrescidos;

→ v. Súmula 496 do STJ.

→ v. Art. 2º do Dec.-lei 9.760/1946.

VIII – os potenciais de energia hidráulica;

IX – os recursos minerais, inclusive os do subsolo;

→ v. Art. 176, § 2º, da CF/1988.

X – as cavidades naturais subterrâneas e os sítios arqueológicos e pré-históricos;

XI – as terras tradicionalmente ocupadas pelos índios.

→ v. Súmula 650 do STF.

→ v. Art. 231 da CF/1988.

→ v. Decreto 1.775/1996 – Procedimento administrativo de demarcação das terras indígenas.

§ 1º É assegurada, nos termos da lei, aos Estados, ao Distrito Federal e aos Municípios, bem como a órgãos da administração direta da União, participação no resultado da exploração de petróleo ou gás natural, de recursos hídricos para fins de geração de energia elétrica e de outros recursos minerais no respectivo território, plataforma continental, mar territorial ou zona econômica exclusiva, ou compensação financeira por essa exploração.

§ 2º A faixa de até cento e cinquenta quilômetros de largura, ao longo das fronteiras terrestres, designada como faixa de fronteira, é considerada fundamental para defesa do território nacional, e sua ocupação e utilização serão reguladas em lei.

Art. 21. Compete à União:

I – manter relações com Estados estrangeiros e participar de organizações internacionais;

II – declarar a guerra e celebrar a paz;

III – assegurar a defesa nacional;

IV – permitir, nos casos previstos em lei complementar, que forças estrangeiras transitem pelo território nacional ou nele permaneçam temporariamente;

V – decretar o estado de sítio, o estado de defesa e a intervenção federal;

VI – autorizar e fiscalizar a produção e o comércio de material bélico;

VII – emitir moeda;

VIII – administrar as reservas cambiais do País e fiscalizar as operações de natureza financeira, especialmente as de crédito, câmbio e capitalização, bem como as de seguros e de previdência privada;

IX – elaborar e executar planos nacionais e regionais de ordenação do território e de desenvolvimento econômico e social;

→ *v.* Lei 9.491/1997 – Programa Nacional de Desestatização.

X – manter o serviço postal e o correio aéreo nacional;

→ *v.* Lei 6.538/1978 – Serviços postais.

XI – explorar, diretamente ou mediante autorização, concessão ou permissão, os serviços de telecomunicações, nos termos da lei, que disporá sobre a organização dos serviços, a criação de um órgão regulador e outros aspectos institucionais;

→ Inciso XI com redação alterada pela EC 8/1995.

→ *v.* Lei 4.117/1962 – Código Brasileiro de Telecomunicações.

→ *v.* Lei 9.295/1996 – Serviços de telecomunicações e sua organização e sobre o órgão regulador.

XII – explorar, diretamente ou mediante autorização, concessão ou permissão:

a) os serviços de radiodifusão sonora e de sons e imagens;

→ Alínea *a* com redação alterada pela EC 8/1995.

b) os serviços e instalações de energia elétrica e o aproveitamento energético dos cursos de água, em articulação com os Estados onde se situam os potenciais hidroenergéticos;

c) a navegação aérea, aeroespacial e a infraestrutura aeroportuária;

→ *v.* Lei 7.565/1986 – Código Brasileiro de Aeronáutica.

d) os serviços de transporte ferroviário e aquaviário entre portos brasileiros e fronteiras nacionais, ou que transponham os limites de Estado ou Território;

→ *v.* Lei 12.815/2013 – Exploração direta e indireta, pela União, de portos e instalações portuárias e sobre as atividades desempenhadas pelos operadores portuários.

→ *v.* Lei 9.432/1997 – Ordenação do transporte aquaviário.

e) os serviços de transporte rodoviário interestadual e internacional de passageiros;

→ *v.* Lei 9.277/1996 – Autoriza a União a delegar aos municípios, estados da Federação e ao Distrito Federal a administração e exploração de rodovias e portos federais.

f) os portos marítimos, fluviais e lacustres;

XIII – organizar e manter o Poder Judiciário, o Ministério Público do Distrito Federal e dos Territórios e a Defensoria Pública dos Territórios;

→ Inciso XIII com redação alterada pela EC 69/2012.

XIV – organizar e manter a polícia civil, a polícia militar e o corpo de bombeiros militar do Distrito Federal, bem como prestar assistência financeira ao Distrito Federal para a execução de serviços públicos, por meio de fundo próprio;

→ Inciso XIV com redação alterada pela EC 19/1998.

→ *v.* Súmula 647 do STF.

XV – organizar e manter os serviços oficiais de estatística, geografia, geologia e cartografia de âmbito nacional;

XVI – exercer a classificação, para efeito indicativo, de diversões públicas e de programas de rádio e televisão;

→ *v.* Art. 23 do ADCT.

XVII – conceder anistia;

XVIII – planejar e promover a defesa permanente contra as calamidades públicas, especialmente as secas e as inundações;

XIX – instituir sistema nacional de gerenciamento de recursos hídricos e definir critérios de outorga de direitos de seu uso;

→ *v.* Lei 9.433/1997 – Política Nacional de Recursos Hídricos.

XX – instituir diretrizes para o desenvolvimento urbano, inclusive habitação, saneamento básico e transportes urbanos;

→ *v.* Lei 12.587/2012 – Política Nacional de Mobilidade Urbana.

→ *v.* Lei 11.445/2007 – Diretrizes Nacionais para o Saneamento Básico.

XXI – estabelecer princípios e diretrizes para o sistema nacional de viação;

→ *v.* Lei 12.379/2011 – Sistema Nacional de Aviação.

XXII – executar os serviços de polícia marítima, aeroportuária e de fronteiras;

→ Inciso XXII com redação alterada pela EC 19/1998.

→ *v.* Decreto 1.265/1994 –Política Marítima Nacional – PMN.

XXIII – explorar os serviços e instalações nucleares de qualquer natureza e exercer monopólio estatal sobre a pesquisa, a lavra, o enriquecimento e reprocessamento, a industrialização e o comércio de minérios nucleares e seus derivados, atendidos os seguintes princípios e condições:

a) toda atividade nuclear em território nacional somente será admitida para fins pacíficos e mediante aprovação do Congresso Nacional;

b) sob regime de permissão, são autorizadas a comercialização e a utilização de radioisótopos para a pesquisa e usos médicos, agrícolas e industriais;

→ Alínea *b* com redação alterada pela EC 49/2006.

c) sob regime de permissão, são autorizadas a produção, comercialização e utilização de radioisótopos de meia-vida igual ou inferior a duas horas;

→ Alínea *c* acrescentada pela EC 49/2006.

d) a responsabilidade civil por danos nucleares independe da existência de culpa;

→ Alínea *d* acrescentada pela EC. 49/2006.

XXIV – organizar, manter e executar a inspeção do trabalho;

XXV – estabelecer as áreas e as condições para o exercício da atividade de garimpagem, em forma associativa.

→ *v.* Lei 11.685/2008 – Estatuto do Garimpeiro.

Art. 22. Compete privativamente à União legislar sobre:

→ *v.* Súmula Vinculante 46 do STF.

I – direito civil, comercial, penal, processual, eleitoral, agrário, marítimo, aeronáutico, espacial e do trabalho;

→ *v.* Súmula 722 do STF.

II – desapropriação;

→ *v.* Art. 1.275, V, do CC.

→ *v.* Dec.-lei 3.365/1941 – Desapropriações por utilidade pública.

→ *v.* Lei 4.132/1962 – Desapropriação por interesse social.

III – requisições civis e militares, em caso de iminente perigo e em tempo de guerra;

IV – águas, energia, informática, telecomunicações e radiodifusão;

→ *v.* Lei 9.295/1996 – Serviços de telecomunicações e sua organização e sobre o órgão regulador.

→ *v.* Lei 4.117/1962 – Código Brasileiro de Telecomunicações.

V – serviço postal;

→ *v.* Lei 6.538/1978 – Serviços postais.

VI – sistema monetário e de medidas, títulos e garantias dos metais;

VII – política de crédito, câmbio, seguros e transferência de valores;

→ *v.* Súmula Vinculante 32 do STF.

→ *v.* Lei 4.595/1964 – Política e as Instituições Monetárias, Bancárias e Creditícias, Cria o Conselho Monetário Nacional.

VIII – comércio exterior e interestadual;

IX – diretrizes da política nacional de transportes;

X – regime dos portos, navegação lacustre, fluvial, marítima, aérea e aeroespacial;

→ *v.* Lei 9.984/2000 – Criação da Agência Nacional de Águas – ANA.

→ *v.* Lei 9.277/1996 – Autoriza a União a delegar aos municípios, estados da Federação e ao Distrito Federal a administração e exploração de rodovias e portos federais.

XI – trânsito e transporte;

XII – jazidas, minas, outros recursos minerais e metalurgia;

XIII – nacionalidade, cidadania e naturalização;

→ *v.* Art. 12 da CF/1988.

XIV – populações indígenas;

→ *v.* Art. 231 da CF/1988.

→ *v.* Lei 6.001/1973 – Estatuto do Índio.

XV – emigração e imigração, entrada, extradição e expulsão de estrangeiros;

→ *v.* Súmula 1 do STF.

→ *v.* Decreto 4.975/2004 – Promulga o Acordo de Extradição entre os Estados Partes do Mercosul.

→ *v.* Lei 6.815/1980 – Estatuto do Estrangeiro.

XVI – organização do sistema nacional de emprego e condições para o exercício de profissões;

XVII – organização judiciária, do Ministério Público do Distrito Federal e dos Territórios e da Defensoria Pública dos Territórios, bem como organização administrativa destes;

→ Inciso XVII com redação alterada pela EC 69/2012.

→ *v.* Lei 11.697/2008 – Organização Judiciária dos Distrito Federal e dos Territórios.

XVIII – sistema estatístico, sistema cartográfico e de geologia nacionais;

XIX – sistemas de poupança, captação e garantia da poupança popular;

XX – sistemas de consórcios e sorteios;

→ v. Súmula Vinculante 2 do STF.

XXI – normas gerais de organização, efetivos, material bélico, garantias, convocação e mobilização das polícias militares e corpos de bombeiros militares;

XXII – competência da polícia federal e das polícias rodoviária e ferroviária federais;

XXIII – seguridade social;

→ v. Lei 8.212/1991 – Seguridade Social e Plano de Custeio.

XXIV – diretrizes e bases da educação nacional;

→ v. Lei 9.394/1996 – Diretrizes e Bases da Educação Nacional.

XXV – registros públicos;

→ v. Lei 6.015/1973 – Registros Públicos.

XXVI – atividades nucleares de qualquer natureza;

→ v. Lei 6.453/1977 – Responsabilidade civil por danos nucleares e a responsabilidade criminal por atos relacionados com atividades nucleares.

XXVII – normas gerais de licitação e contratação, em todas as modalidades, para as administrações públicas diretas, autárquicas e fundacionais da União, Estados, Distrito Federal e Municípios, obedecido o disposto no art. 37, XXI, e para as empresas públicas e sociedades de economia mista, nos termos do art. 173, § 1º, III;

→ Inciso XXVII com redação alterada pela EC 19/1998.

→ v. Lei 12.598/2012 – Estabelece normas especiais para as compras, as contratações e o desenvolvimento de produtos e de sistemas de defesa; dispõe sobre regras de incentivo à área estratégica de defesa.

→ v. Lei 8.666/1993 – Licitações e contratos.

XXVIII – defesa territorial, defesa aeroespacial, defesa marítima, defesa civil e mobilização nacional;

XXIX – propaganda comercial.

Parágrafo único. Lei complementar poderá autorizar os Estados a legislar sobre questões específicas das matérias relacionadas neste artigo.

Art. 23. É competência comum da União, dos Estados, do Distrito Federal e dos Municípios:

I – zelar pela guarda da Constituição, das leis e das instituições democráticas e conservar o patrimônio público;

II – cuidar da saúde e assistência pública, da proteção e garantia das pessoas portadoras de deficiência;

→ v. Art. 203, V, da CF/1988.

→ v. Lei 13.146/2015 – Estatuto da Pessoa com Deficiência.

→ v. Lei 10.098/2000 – Normas gerais e critérios básicos para a promoção da acessibilidade das pessoas portadoras de deficiência ou com mobilidade reduzida.

→ v. Lei 10.048/2000 – Dá prioridade de atendimento às pessoas que especifica.

→ v. Lei 7.853/1989 – Tutela dos direitos difusos ou coletivos dos portadores de deficiência sobre o apoio a essas pessoas e sua integração social.

III – proteger os documentos, as obras e outros bens de valor histórico, artístico e cultural, os monumentos, as paisagens naturais notáveis e os sítios arqueológicos;

→ v. LC 140/2011 – Fixa normas, nos termos dos incisos III, VI e VII do *caput* e do parágrafo único do art. 23 da CF/1988, para a cooperação entre a União, os Estados, o Distrito Federal e os Municípios.

IV – impedir a evasão, a destruição e a descaracterização de obras de arte e de outros bens de valor histórico, artístico e cultural;

V – proporcionar os meios de acesso à cultura, à educação, à ciência, à tecnologia, à pesquisa e à inovação;

→ Inciso V com redação alterada pela EC 85/2015.

→ v. Decreto 6.226/2007 – Institui o Programa Mais Cultura.

VI – proteger o meio ambiente e combater a poluição em qualquer de suas formas;

→ v. LC 140/2011 – Fixa normas, nos termos dos incisos III, VI e VII do *caput* e do parágrafo único do art. 23 da CF/1988, para a cooperação entre a União, os Estados, o Distrito Federal e os Municípios.

→ v. Lei 9.605/1998 – Lei de crimes ambientais.

→ v. Lei 6.938/1981 – Política Nacional do Meio Ambiente.

VII – preservar as florestas, a fauna e a flora;

→ v. LC 140/2011 – Fixa normas, nos termos dos incisos III, VI e VII do *caput* e do parágrafo único do art. 23 da CF/1988, para a cooperação entre a União, os Estados, o Distrito Federal e os Municípios.

→ v. Lei 12.651/2012 – Código Florestal.

→ v. Lei 5.197/1967 – Proteção à fauna.

VIII – fomentar a produção agropecuária e organizar o abastecimento alimentar;

IX – promover programas de construção de moradias e a melhoria das condições habitacionais e de saneamento básico;

→ v. Lei 11.977/2009 – Programa minha casa minha vida.

→ v. Lei 11.445/2007 – Diretrizes Nacionais para o saneamento básico.

X – combater as causas da pobreza e os fatores de marginalização, promovendo a integração social dos setores desfavorecidos;

→ v. LC 111/2001 – Fundo de Combate e Erradicação da Pobreza.

→ v. Arts. 79 a 82 do ADCT.

XI – registrar, acompanhar e fiscalizar as concessões de direitos de pesquisa e exploração de recursos hídricos e minerais em seus territórios;

XII – estabelecer e implantar política de educação para a segurança do trânsito.

Parágrafo único. Leis complementares fixarão normas para a cooperação entre a União e os Estados, o Distrito Federal e os Municípios, tendo em vista o equilíbrio do desenvolvimento e do bem-estar em âmbito nacional.

→ Parágrafo único com redação alterada pela EC 53/2006.

→ v. LC 140/2011 – Fixa normas, nos termos dos incisos III, VI e VII do *caput* e do parágrafo único do art. 23 da CF/1988, para a cooperação entre a União, os Estados, o Distrito Federal e os Municípios.

Art. 24. Compete à União, aos Estados e ao Distrito Federal legislar concorrentemente sobre:

I – direito tributário, financeiro, penitenciário, econômico e urbanístico;

II – orçamento;

→ v. Lei 4.320/1964 – Estatui Normas Gerais de Direito Financeiro para elaboração e controle dos orçamentos e balanços da União, dos Estados, dos Municípios e do Distrito Federal.

III – juntas comerciais;

IV – custas dos serviços forenses;

→ v. Súmula 178 do STJ.

V – produção e consumo;

VI – florestas, caça, pesca, fauna, conservação da natureza, defesa do solo e dos recursos naturais, proteção do meio ambiente e controle da poluição;

VII – proteção ao patrimônio histórico, cultural, artístico, turístico e paisagístico;

VIII – responsabilidade por dano ao meio ambiente, ao consumidor, a bens e direitos de valor artístico, estético, histórico, turístico e paisagístico;

→ v. Lei 8.078/1990 – Proteção do consumidor.

→ v. Lei 7.347/1985 – Lei de Ação Civil Pública.

→ v. Decreto 7.962/2013 – Regulamenta a Lei 8.078/1990, para dispor sobre a contratação no comércio eletrônico.

IX – educação, cultura, ensino, desporto, ciência, tecnologia, pesquisa, desenvolvimento e inovação;

→ Inciso IX com redação alterada pela EC 85/2015.

X – criação, funcionamento e processo do juizado de pequenas causas;

→ v. Lei 10.259/2001 – Juizados Especiais Cíveis e Criminais no âmbito da Justiça Federal.

→ v. Lei 9.099/1995 – Juizados Especiais Cíveis e Criminais.

XI – procedimentos em matéria processual;

XII – previdência social, proteção e defesa da saúde;

→ v. Lei 8.213/1991 – Planos de Benefícios da Previdência Social.

XIII – assistência jurídica e defensoria pública;

→ v. Art. 134 da CF/1988.

→ v. LC 80/1994 – Organiza a Defensoria Pública da União, do Distrito Federal e dos Territórios e prescreve normas gerais para sua organização nos Estados.

→ v. Lei 1.060/1950 – Lei de Assistência Judiciária.

XIV – proteção e integração social das pessoas portadoras de deficiência;

→ v. Lei 13.146/2015 – Estatuto da Pessoa com Deficiência.

→ v. Lei 7.853/1989 – Tutela dos direitos difusos ou coletivos dos portadores de deficiência sobre o apoio a essas pessoas e sua integração social.

XV – proteção à infância e à juventude;

→ v. Lei 8.069/1990 – Estatuto da Criança e do Adolescente.

XVI – organização, garantias, direitos e deveres das polícias civis.

§ 1º No âmbito da legislação concorrente, a competência da União limitar-se-á a estabelecer normas gerais.

§ 2º A competência da União para legislar sobre normas gerais não exclui a competência suplementar dos Estados.

§ 3º Inexistindo lei federal sobre normas gerais, os Estados exercerão a competência legislativa plena, para atender a suas peculiaridades.

§ 4º A superveniência de lei federal sobre normas gerais suspende a eficácia da lei estadual, no que lhe for contrário.

→ v. Art. 1º, § 3º da Lei 13.116/2015.

Capítulo III
DOS ESTADOS FEDERADOS

Art. 25. Os Estados organizam-se e regem-se pelas Constituições e leis que adotarem, observados os princípios desta Constituição.

→ v. Súmula 681 do STF.

§ 1º São reservadas aos Estados as competências que não lhes sejam vedadas por esta Constituição.

§ 2º Cabe aos Estados explorar diretamente, ou mediante concessão, os serviços locais de gás canalizado, na forma da lei, vedada a edição de medida provisória para a sua regulamentação.

→ § 2º com redação alterada pela EC 5/1995.

→ *v.* Lei 9.478/1997 – Política energética nacional, as atividades relativas ao monopólio do petróleo, institui o Conselho Nacional de Política Energética e a Agência Nacional do Petróleo.

§ 3º Os Estados poderão, mediante lei complementar, instituir regiões metropolitanas, aglomerações urbanas e microrregiões, constituídas por agrupamentos de municípios limítrofes, para integrar a organização, o planejamento e a execução de funções públicas de interesse comum.

Art. 26. Incluem-se entre os bens dos Estados:

→ *v.* Arts. 98 a 103 do CC.

I – as águas superficiais ou subterrâneas, fluentes, emergentes e em depósito, ressalvadas, neste caso, na forma da lei, as decorrentes de obras da União;

→ *v.* Lei 9.984/2000 – Criação da Agência Nacional de Águas – ANA.

→ *v.* Art. 29, II, do Decreto 24.643/1934.

II – as áreas, nas ilhas oceânicas e costeiras, que estiverem no seu domínio, excluídas aquelas sob domínio da União, Municípios ou terceiros;

III – as ilhas fluviais e lacustres não pertencentes à União;

IV – as terras devolutas não compreendidas entre as da União.

Art. 27. O número de Deputados à Assembleia Legislativa corresponderá ao triplo da representação do Estado na Câmara dos Deputados e, atingindo o número de trinta e seis, será acrescido de tantos quantos forem os Deputados Federais acima de doze.

§ 1º Será de quatro anos o mandato dos Deputados Estaduais, aplicando-se-lhes as regras desta Constituição sobre sistema eleitoral, inviolabilidade, imunidades, remuneração, perda de mandato, licença, impedimentos e incorporação às Forças Armadas.

§ 2º O subsídio dos Deputados Estaduais será fixado por lei de iniciativa da Assembleia Legislativa, na razão de, no máximo, setenta e cinco por cento daquele estabelecido, em espécie, para os Deputados Federais, observado o que dispõem os arts. 39, § 4º, 57, § 7º, 150, II, 153, III, e 153, § 2º, I.

→ § 2º com redação alterada pela EC 19/1998.

§ 3º Compete às Assembleias Legislativas dispor sobre seu regimento interno, polícia e serviços administrativos de sua secretaria, e prover os respectivos cargos.

§ 4º A lei disporá sobre a iniciativa popular no processo legislativo estadual.

Art. 28. A eleição do Governador e do Vice-Governador de Estado, para mandato de quatro anos, realizar-se-á no primeiro domingo de outubro, em primeiro turno, e no último domingo de outubro, em segundo turno, se houver, do ano anterior ao do término do mandato de seus antecessores, e a posse ocorrerá em primeiro de janeiro do ano subsequente, observado, quanto ao mais, o disposto no art. 77.

→ *Caput* com redação alterada pela EC 16/1997.

§ 1º Perderá o mandato o Governador que assumir outro cargo ou função na administração pública direta ou indireta, ressalvada a posse em virtude de concurso público e observado o disposto no art. 38, I, IV e V.

→ Anterior parágrafo único renumerado para § 1º pela EC 19/1998.

§ 2º Os subsídios do Governador, do Vice-Governador e dos Secretários de Estado serão fixados por lei de iniciativa da Assembleia Legislativa, observado o que dispõem os arts. 37, XI, 39, § 4º, 150, II, 153, III, e 153, § 2º, I.

→ § 2º acrescentado pela EC 19/1998.

Capítulo IV
DOS MUNICÍPIOS

Art. 29. O Município reger-se-á por lei orgânica, votada em dois turnos, com o interstício mínimo de dez dias, e aprovada por dois terços dos membros da Câmara Municipal, que a promulgará, atendidos os princípios estabelecidos nesta Constituição, na Constituição do respectivo Estado e os seguintes preceitos:

I – eleição do Prefeito, do Vice-Prefeito e dos Vereadores, para mandato de quatro anos, mediante pleito direto e simultâneo realizado em todo o País;

II – eleição do Prefeito e do Vice-Prefeito realizada no primeiro domingo de outubro do ano anterior ao término do mandato dos que devam suceder, aplicadas as regras do art. 77 no caso de Municípios com mais de duzentos mil eleitores;

→ Inciso II com redação alterada pela EC 16/1997.

III – posse do Prefeito e do Vice-Prefeito no dia 1º de janeiro do ano subsequente ao da eleição;

IV – para a composição das Câmaras Municipais, será observado o limite máximo de:

→ Inciso IV com redação alterada pela EC 58/2009 (*D.O.U.* 24.9.2009), em vigor na data de sua promulgação, produzindo efeitos a partir do processo eleitoral de 2008.

→ *v.* ADIn 4.307-2 (*D.O.U.* 27.11.2009), o STF deferiu medida cautelar com efeito *ex tunc*, para sustar os efeitos do inciso I do art. 3º da EC 58/2009, que deu nova redação ao inciso IV do art. 29 da CF/1988.

a) 9 (nove) Vereadores, nos Municípios de até 15.000 (quinze mil) habitantes;

b) 11 (onze) Vereadores, nos Municípios de mais de 15.000 (quinze mil) habitantes e de até 30.000 (trinta mil) habitantes;

c) 13 (treze) Vereadores, nos Municípios com mais de 30.000 (trinta mil) habitantes e de até 50.000 (cinquenta mil) habitantes;

d) 15 (quinze) Vereadores, nos Municípios de mais de 50.000 (cinquenta mil) habitantes e de até 80.000 (oitenta mil) habitantes;

e) 17 (dezessete) Vereadores, nos Municípios de mais de 80.000 (oitenta mil) habitantes e de até 120.000 (cento e vinte mil) habitantes;

f) 19 (dezenove) Vereadores, nos Municípios de mais de 120.000 (cento e vinte mil) habitantes e de até 160.000 (cento e sessenta mil) habitantes;

g) 21 (vinte e um) Vereadores, nos Municípios de mais de 160.000 (cento e sessenta mil) habitantes e de até 300.000 (trezentos mil) habitantes;

h) 23 (vinte e três) Vereadores, nos Municípios de mais de 300.000 (trezentos mil) habitantes e de até 450.000 (quatrocentos e cinquenta mil) habitantes;

i) 25 (vinte e cinco) Vereadores, nos Municípios de mais de 450.000 (quatrocentos e cinquenta mil) habitantes e de até 600.000 (seiscentos mil) habitantes;

j) 27 (vinte e sete) Vereadores, nos Municípios de mais de 600.000 (seiscentos mil) habitantes e de até 750.000 (setecentos e cinquenta mil) habitantes;

k) 29 (vinte e nove) Vereadores, nos Municípios de mais de 750.000 (setecentos e cinquenta mil) habitantes e de até 900.000 (novecentos mil) habitantes;

l) 31 (trinta e um) Vereadores, nos Municípios de mais de 900.000 (novecentos mil) habitantes e de até 1.050.000 (um milhão e cinquenta mil) habitantes;

m) 33 (trinta e três) Vereadores, nos Municípios de mais de 1.050.000 (um milhão e cinquenta mil) habitantes e de até 1.200.000 (um milhão e duzentos mil) habitantes;

n) 35 (trinta e cinco) Vereadores, nos Municípios de mais de 1.200.000 (um milhão e duzentos mil) habitantes e de até 1.350.000 (um milhão e trezentos e cinquenta mil) habitantes;

o) 37 (trinta e sete) Vereadores, nos Municípios de 1.350.000 (um milhão e trezentos e cinquenta mil) habitantes e de até 1.500.000 (um milhão e quinhentos mil) habitantes;

p) 39 (trinta e nove) Vereadores, nos Municípios de mais de 1.500.000 (um milhão e quinhentos mil) habitantes e de até 1.800.000 (um milhão e oitocentos mil) habitantes;

q) 41 (quarenta e um) Vereadores, nos Municípios de mais de 1.800.000 (um milhão e oitocentos mil) habitantes e de até 2.400.000 (dois milhões e quatrocentos mil) habitantes;

r) 43 (quarenta e três) Vereadores, nos Municípios de mais de 2.400.000 (dois milhões e quatrocentos mil) habitantes e de até 3.000.000 (três milhões) de habitantes;

s) 45 (quarenta e cinco) Vereadores, nos Municípios de mais de 3.000.000 (três milhões) de habitantes e de até 4.000.000 (quatro milhões) de habitantes;

t) 47 (quarenta e sete) Vereadores, nos Municípios de mais de 4.000.000 (quatro milhões) de habitantes e de até 5.000.000 (cinco milhões) de habitantes;

u) 49 (quarenta e nove) Vereadores, nos Municípios de mais de 5.000.000 (cinco milhões) de habitantes e de até 6.000.000 (seis milhões) de habitantes;

v) 51 (cinquenta e um) Vereadores, nos Municípios de mais de 6.000.000 (seis milhões) de habitantes e de até 7.000.000 (sete milhões) de habitantes;

w) 53 (cinquenta e três) Vereadores, nos Municípios de mais de 7.000.000 (sete milhões) de habitantes e de até 8.000.000 (oito milhões) de habitantes; e

x) 55 (cinquenta e cinco) Vereadores, nos Municípios de mais de 8.000.000 (oito milhões) de habitantes;

V – subsídios do Prefeito, do Vice-Prefeito e dos Secretários Municipais fixados por lei de iniciativa da Câmara Municipal, observado o que dispõem os arts. 37, XI, 39, § 4º, 150, II, 153, III, e 153, § 2º, I;

→ Inciso V com redação alterada pela EC 19/1998.

VI – o subsídio dos Vereadores será fixado pelas respectivas Câmaras Municipais em cada legislatura para a subsequente, observado o que dispõe esta Constituição, observados os critérios estabelecidos na respectiva Lei Orgânica e os seguintes limites máximos:

→ Inciso VI com redação alterada pela EC 25/2000.

a) em Municípios de até dez mil habitantes, o subsídio máximo dos Vereadores corresponderá a vinte por cento do subsídio dos Deputados Estaduais;

b) em Municípios de dez mil e um a cinquenta mil habitantes, o subsídio máximo dos Vereadores corresponderá a trinta por cento do subsídio dos Deputados Estaduais;

c) em Municípios de cinquenta mil e um a cem mil habitantes, o subsídio máximo dos Vereadores corresponderá a quarenta por cento do subsídio dos Deputados Estaduais;

d) em Municípios de cem mil e um a trezentos mil habitantes, o subsídio máximo dos Vereadores corresponderá a cinquenta por cento do subsídio dos Deputados Estaduais;

e) em Municípios de trezentos mil e um a quinhentos mil habitantes, o subsídio máximo dos Vereadores corresponderá a sessenta por cento do subsídio dos Deputados Estaduais;

f) em Municípios de mais de quinhentos mil habitantes, o subsídio máximo dos Vereadores corresponderá a setenta e cinco por cento do subsídio dos Deputados Estaduais;

VII – o total da despesa com a remuneração dos Vereadores não poderá ultrapassar o montante de cinco por cento da receita do município;

→ Inciso VII acrescentado pela EC 1/1992.

VIII – inviolabilidade dos Vereadores por suas opiniões, palavras e votos no exercício do mandato e na circunscrição do Município;

→ Inciso VIII renumerado pela EC 1/1992.

IX – proibições e incompatibilidades, no exercício da vereança, similares, no que couber, ao disposto nesta Constituição para os membros do Congresso Nacional e, na Constituição do respectivo Estado, para os membros da Assembleia Legislativa;

→ Anterior inciso VII renumerado para Inciso IX pela EC 1/1992.

X – julgamento do Prefeito perante o Tribunal de Justiça;

→ Inciso X renumerado pela EC 1/1992.

→ *V.* Súmulas 702 e 703 do STF.

→ *V.* Súmula 209 do STJ.

→ *V.* Art. 1º do Dec.-lei 201/1967.

XI – organização das funções legislativas e fiscalizadoras da Câmara Municipal;

→ Inciso XI renumerado pela EC 1/1992.

XII – cooperação das associações representativas no planejamento municipal;

→ Inciso XII renumerado pela EC 1/1992.

XIII – iniciativa popular de projetos de lei de interesse específico do Município, da cidade ou de bairros, através de manifestação de, pelo menos, cinco por cento do eleitorado;

→ Inciso XIII renumerado pela EC 1/1992.

XIV – perda do mandato do Prefeito, nos termos do art. 28, parágrafo único.

→ Inciso XII renumerado pela EC 1/1992.

Art. 29-A. O total da despesa do Poder Legislativo Municipal, incluídos os subsídios dos Vereadores e excluídos os gastos com inativos, não poderá ultrapassar os seguintes percentuais, relativos ao somatório da receita tributária e das transferências previstas no § 5º do art. 153 e nos arts. 158 e 159, efetivamente realizado no exercício anterior:

→ *Caput* acrescentado pela EC 25/2000.

I – 7% (sete por cento) para Municípios com população de até 100.000 (cem mil) habitantes;

→ Inciso I com redação alterada pela EC 58/2009.

II – 6% (seis por cento) para Municípios com população entre 100.000 (cem mil) e 300.000 (trezentos mil) habitantes;

→ Inciso II com redação alterada pela EC 58/2009.

III – 5% (cinco por cento) para Municípios com população entre 300.001 (trezentos mil e um) e 500.000 (quinhentos mil) habitantes;

→ Inciso III com redação alterada pela EC 58/2009.

IV – 4,5% (quatro inteiros e cinco décimos por cento) para Municípios com população entre 500.001 (quinhentos mil e um) e 3.000.000 (três milhões) de habitantes;

→ Inciso IV com redação alterada pela EC 58/2009.

V – 4% (quatro por cento) para Municípios com população entre 3.000.001 (três milhões e um) e 8.000.000 (oito milhões) de habitantes;

→ Inciso V acrescentado pela EC 58/2009.

VI – 3,5% (três inteiros e cinco décimos por cento) para Municípios com população acima de 8.000.001 (oito milhões e um) habitantes.

→ Inciso VI acrescentado pela EC 58/2009.

§ 1º A Câmara Municipal não gastará mais de setenta por cento de sua receita com folha de pagamento, incluído o gasto com o subsídio de seus Vereadores.

→ § 1º acrescentado pela EC 25/2000.

§ 2º Constitui crime de responsabilidade do Prefeito Municipal:

→ § 2º acrescentado pela EC 25/2000.

I – efetuar repasse que supere os limites definidos neste artigo;

II – não enviar o repasse até o dia vinte de cada mês; ou

III – enviá-lo a menor em relação à proporção fixada na Lei Orçamentária.

§ 3º Constitui crime de responsabilidade do Presidente da Câmara Municipal o desrespeito ao § 1º deste artigo.

→ § 3º acrescentado pela EC 25/2000.

Art. 30. Compete aos Municípios:

I – legislar sobre assuntos de interesse local;

→ *V.* Súmula 645 do STF.

II – suplementar a legislação federal e a estadual no que couber;

III – instituir e arrecadar os tributos de sua competência, bem como aplicar suas rendas, sem prejuízo da obrigatoriedade de prestar contas e publicar balancetes nos prazos fixados em lei;

→ *V.* Art. 156 da CF/1988.

IV – criar, organizar e suprimir distritos, observada a legislação estadual;

V – organizar e prestar, diretamente ou sob regime de concessão ou permissão, os serviços públicos de interesse local, incluído o de transporte coletivo, que tem caráter essencial;

VI – manter, com a cooperação técnica e financeira da União e do Estado, programas de educação infantil e de ensino fundamental;

→ Inciso VI com redação alterada pela EC 53/2006.

VII – prestar, com cooperação técnica e financeira da União e do Estado, serviços de atendimento à saúde da população;

VIII – promover, no que couber, adequado ordenamento territorial, mediante planejamento e controle do uso, do parcelamento e da ocupação do solo urbano;

→ *V.* Art. 182 da CF/1988.

→ *V.* Lei 12.587/2012 – Política Nacional de Mobilidade Urbana.

→ *V.* Lei 10.257/2001 – Estatuto da Cidade.

IX – promover a proteção do patrimônio histórico-cultural local, observada a legislação e a ação fiscalizadora federal e estadual.

Art. 31. A fiscalização do Município será exercida pelo Poder Legislativo Municipal, mediante controle externo, e pelos sistemas de controle interno do Poder Executivo Municipal, na forma da lei.

§ 1º O controle externo da Câmara Municipal será exercido com o auxílio dos Tribunais de Contas dos Estados ou do Município ou dos Conselhos ou Tribunais de Contas dos Municípios, onde houver.

§ 2º O parecer prévio, emitido pelo órgão competente sobre as contas que o Prefeito deve anualmente prestar, só deixará de prevalecer por decisão de dois terços dos membros da Câmara Municipal.

§ 3º As contas dos Municípios ficarão, durante sessenta dias, anualmente, à disposição de qualquer contribuinte, para exame e apreciação, o qual poderá questionar-lhes a legitimidade, nos termos da lei.

§ 4º É vedada a criação de Tribunais, Conselhos ou órgãos de Contas Municipais.

Capítulo V
DO DISTRITO FEDERAL E DOS TERRITÓRIOS

Seção I
Do Distrito Federal

Art. 32. O Distrito Federal, vedada sua divisão em Municípios, reger-se-á por lei orgânica, votada em dois turnos com interstício mínimo de dez dias, e aprovada por dois terços da Câmara Legislativa, que a promulgará, atendidos os princípios estabelecidos nesta Constituição.

§ 1º Ao Distrito Federal são atribuídas as competências legislativas reservadas aos Estados e Municípios.

→ *V.* Súmula 642 do STF.

§ 2º A eleição do Governador e do Vice-Governador, observadas as regras do art. 77, e dos Deputados Distritais coincidirá com a dos Governadores e Deputados Estaduais, para mandato de igual duração.

§ 3º Aos Deputados Distritais e à Câmara Legislativa aplica-se o disposto no art. 27.

§ 4º Lei federal disporá sobre a utilização, pelo Governo do Distrito Federal, das polícias civil e militar e do corpo de bombeiros militar.

→ v. Lei 7.479/1986 – Estatuto dos Bombeiros Militares do Corpo de Bombeiros do Distrito Federal.

→ v. Lei 6.450/1977 – Organização básica da Polícia Militar do Distrito Federal.

→ v. Dec.-lei 667/1969 – Reorganiza as Polícias Militares e os Corpos de Bombeiros Militares dos Estados, dos Território e do Distrito Federal.

Seção II
Dos Territórios

Art. 33. A lei disporá sobre a organização administrativa e judiciária dos Territórios.

→ v. Lei 11.697/2008 – Organização judiciária do Distrito Federal e dos Territórios.

§ 1º Os Territórios poderão ser divididos em Municípios, aos quais se aplicará, no que couber, o disposto no Capítulo IV deste Título.

§ 2º As contas do Governo do Território serão submetidas ao Congresso Nacional, com parecer prévio do Tribunal de Contas da União.

§ 3º Nos Territórios Federais com mais de cem mil habitantes, além do Governador nomeado na forma desta Constituição, haverá órgãos judiciários de primeira e segunda instância, membros do Ministério Público e defensores públicos federais; a lei disporá sobre as eleições para a Câmara Territorial e sua competência deliberativa.

Capítulo VI
DA INTERVENÇÃO

Art. 34. A União não intervirá nos Estados nem no Distrito Federal, exceto para:

I – manter a integridade nacional;

→ v. Art. 1º, *caput*, da CF/1988.

II – repelir invasão estrangeira ou de uma unidade da Federação em outra;

III – por termo a grave comprometimento da ordem pública;

IV – garantir o livre exercício de qualquer dos Poderes nas unidades da Federação;

→ v. Art. 36, I, da CF/1988.

V – reorganizar as finanças da unidade da Federação que:

→ v. Art. 10 da LC 63/1990.

a) suspender o pagamento da dívida fundada por mais de dois anos consecutivos, salvo motivo de força maior;

b) deixar de entregar aos Municípios receitas tributárias fixadas nesta Constituição, dentro dos prazos estabelecidos em lei;

VI – prover a execução de lei federal, ordem ou decisão judicial;

→ v. Súmula 637 do STF.

→ v. Art. 36, II, III, e § 3º da CF/1988.

VII – assegurar a observância dos seguintes princípios constitucionais:

→ v. Art. 36, III, e § 3º da CF/1988.

→ v. Lei 12.562/2011 – Processo e julgamento da representação interventiva perante o STF.

a) forma republicana, sistema representativo e regime democrático;

b) direitos da pessoa humana;

c) autonomia municipal;

d) prestação de contas da administração pública, direta e indireta;

e) aplicação do mínimo exigido da receita resultante de impostos estaduais, compreendida a proveniente de transferências, na manutenção e desenvolvimento do ensino e nas ações e serviços públicos de saúde.

→ Alínea *e* com redação alterada pela EC 29/2000.

Art. 35. O Estado não intervirá em seus Municípios, nem a União nos Municípios localizados em Território Federal, exceto quando:

I – deixar de ser paga, sem motivo de força maior, por dois anos consecutivos, a dívida fundada;

II – não forem prestadas contas devidas, na forma da lei;

III – não tiver sido aplicado o mínimo exigido da receita municipal na manutenção e desenvolvimento do ensino e nas ações e serviços públicos de saúde;

→ Inciso III com redação alterada pela EC 29/2000.

IV – o Tribunal de Justiça der provimento a representação para assegurar a observância de princípios indicados na Constituição Estadual, ou para prover a execução de lei, de ordem ou de decisão judicial.

Art. 36. A decretação da intervenção dependerá:

I – no caso do art. 34, IV, de solicitação do Poder Legislativo ou do Poder Executivo coacto ou impedido, ou de requisição do Supremo Tribunal Federal, se a coação for exercida contra o Poder Judiciário;

II – no caso de desobediência a ordem ou decisão judiciária, de requisição do Supremo Tribunal Federal, do Superior Tribunal de Justiça ou do Tribunal Superior Eleitoral;

III – de provimento, pelo Supremo Tribunal Federal, de representação do Procurador-Geral da República, na hipótese do art. 34, VII, e no caso de recusa a execução de lei federal.

→ Inciso III com redação alterada pela EC 45/2004.

→ v. Lei 12.562/2011 – Regulamenta o inciso III do art. 36 da CF/1988.

IV – *(Revogado pela EC 45/2004).*

§ 1º O decreto de intervenção, que especificará a amplitude, o prazo e as condições de execução e que, se couber, nomeará o interventor, será submetido à apreciação do Congresso Nacional ou da Assembleia Legislativa do Estado, no prazo de vinte e quatro horas.

§ 2º Se não estiver funcionando o Congresso Nacional ou a Assembleia Legislativa, far-se-á convocação extraordinária, no mesmo prazo de vinte e quatro horas.

§ 3º Nos casos do art. 34, VI e VII, ou do art. 35, IV, dispensada a apreciação pelo Congresso Nacional ou pela Assembleia Legislativa, o decreto limitar-se-á a suspender a execução do ato impugnado, se essa medida bastar ao restabelecimento da normalidade.

§ 4º Cessados os motivos da intervenção, as autoridades afastadas de seus cargos a estes voltarão, salvo impedimento legal.

Capítulo VII
DA ADMINISTRAÇÃO PÚBLICA

Seção I
Disposições gerais

Art. 37. A administração pública direta e indireta de qualquer dos Poderes da União, dos Estados, do Distrito Federal e dos Municípios obedecerá aos princípios de legalidade, impessoalidade, moralidade, publicidade e eficiência e, também, ao seguinte:

→ *Caput* com redação alterada pela EC 19/1998.

→ v. Súmulas 346 e 473 do STF.

→ v. Art. 19 do ADCT.

→ v. Lei 8.730/1993 – Estabelece a obrigatoriedade da declaração de bens e rendas para o exercício de cargos, empregos e funções nos Poderes Executivo, Legislativo e Judiciário.

→ v. Lei 8.727/1993 – Estabelece diretrizes para a consolidação e o reescalonamento, pela União, de dívidas internas das administrações direta e indireta dos Estados, do Distrito Federal e dos Municípios.

→ v. Lei 8.112/1990 – Regime jurídico dos servidores públicos civis da União, das autarquias e das fundações públicas federais.

I – os cargos, empregos e funções públicas são acessíveis aos brasileiros que preencham os requisitos estabelecidos em lei, assim como aos estrangeiros, na forma da lei;

→ Inciso I com redação alterada pela EC 19/1998.

→ v. Súmula Vinculante 44 do STF.

→ v. Súmulas 14, 16, 17, 683 e 686 do STF.

→ v. Súmula 266 do STJ.

II – a investidura em cargo ou emprego público depende de aprovação prévia em concurso público de provas ou de provas e títulos, de acordo com a natureza e a complexidade do cargo ou emprego, na forma prevista em lei, ressalvadas as nomeações para cargo em comissão declarado em lei de livre nomeação e exoneração;

→ Inciso II com redação alterada pela EC 19/1998.

→ v. Súmulas Vinculantes 13 e 43 do STF.

→ v. Súmula 685 do STF.

→ v. Súmula 266 do STJ.

→ v. Lei 9.962/2000 – Disciplina o regime de emprego público do pessoal da Administração federal direta, autárquica e fundacional.

→ v. Arts. 11 e 12 da Lei 8.112/1990.

III – o prazo de validade do concurso público será de até dois anos, prorrogável uma vez, por igual período;

→ v. Súmula 15 do STF.

→ v. Art. 12 da Lei 8.112/1990.

IV – durante o prazo improrrogável previsto no edital de convocação, aquele aprovado em concurso público de provas ou de provas e títulos será convocado com prioridade sobre novos concursados para assumir cargo ou emprego, na carreira;

→ v. Art. 12, § 2º, da Lei 8.112/1990.

V – as funções de confiança, exercidas exclusivamente por servidores ocupantes de cargo efetivo, e os cargos em comissão, a serem preenchidos por servidores de carreira nos casos, condições e percentuais mínimos previstos em lei, destinam-se apenas às atribuições de direção, chefia e assessoramento;

→ Inciso V com redação alterada pela EC 19/1998.

VI – é garantido ao servidor público civil o direito à livre associação sindical;

VII – o direito de greve será exercido nos termos e nos limites definidos em lei específica;

→ Inciso VII com redação alterada pela EC 19/1998.

VIII – a lei reservará percentual dos cargos e empregos públicos para as pessoas portadoras de deficiência e definirá os critérios de sua admissão;

→ *v.* Súmula 377 do STJ.

→ *v.* Lei 13.146/2015 – Estatuto da Pessoa com Deficiência.

→ *v.* Arts. 3º, 4º e 37 do Decreto 3.298/1999.

→ *v.* Art. 5º, § 2º, da Lei 8.112/1990.

→ *v.* Lei 7.853/1989 – Tutela dos direitos difusos ou coletivos dos portadores de deficiência sobre o apoio a essas pessoas e sua integração social.

IX – a lei estabelecerá os casos de contratação por tempo determinado para atender a necessidade temporária de excepcional interesse público;

→ *v.* Art. 30 da Lei 10.871/2004.

→ *v.* Lei 8.745/1993 – Contratação por tempo determinado para atender a necessidade temporária de excepcional interesse público.

X – a remuneração dos servidores públicos e o subsídio de que trata o § 4º do art. 39 somente poderão ser fixados ou alterados por lei específica, observada a iniciativa privativa em cada caso, assegurada revisão geral anual, sempre na mesma data e sem distinção de índices;

→ Inciso X com redação alterada pela EC 19/1998.

→ *v.* Súmula Vinculante 37 do STF.

→ *v.* Súmulas 339 e 672 do STF.

→ *v.* Lei 10.331/2001 – Regulamenta o inciso X do art. 39 da CF/1988.

→ *v.* Lei 7.706/1988 – Revisão dos vencimentos, salários, soldos e proventos dos servidores, civis e militares, da Administração Federal Direta, das autarquias, dos extintos Territórios Federais e das fundações públicas.

XI – a remuneração e o subsídio dos ocupantes de cargos, funções e empregos públicos da administração direta, autárquica e fundacional, dos membros de qualquer dos Poderes da União, dos Estados, do Distrito Federal e dos Municípios, dos detentores de mandato eletivo e dos demais agentes políticos e os proventos, pensões ou outra espécie remuneratória, percebidos cumulativamente ou não, incluídas as vantagens pessoais ou de qualquer outra natureza, não poderão exceder o subsídio mensal, em espécie, dos Ministros do Supremo Tribunal Federal, aplicando-se como limite, nos Municípios, o subsídio do Prefeito, e nos Estados e no Distrito Federal, o subsídio mensal do Governador no âmbito do Poder Executivo, o subsídio dos Deputados Estaduais e Distritais no âmbito do Poder Legislativo e o subsídio dos Desembargadores do Tribunal de Justiça, limitado a noventa inteiros e vinte e cinco centésimos por cento do subsídio mensal, em espécie, dos Ministros do Supremo Tribunal Federal, no âmbito do Poder Judiciário, aplicável este limite aos membros do Ministério Público, aos Procuradores e aos Defensores Públicos;

→ Inciso XI com redação alterada pela EC 41/2003.

→ *v.* Arts. 5º, § 8º, e 16 da Lei 12.618/2012.

→ *v.* Lei 8.852/1994 – Aplicação dos arts. 37, XI e XII, e 39, § 1º, da CF/1988.

→ *v.* Lei 8.448/1992 – Regulamenta os arts. 37, XI e 39, § 1º, da CF/1988.

→ *v.* Lei Delegada 13/1992 – Institui Gratificações de Atividade para os servidores civis do Poder Executivo.

→ *v.* ADIn 3.854-1 (*D.O.U.* 8.3.2007), o STF concedeu liminar "dando interpretação conforme a Constituição ao art. 37, XI, e § 12, da Constituição da República, o primeiro dispositivo, na redação da EC 41/2003, e o segundo, introduzido pela EC 47/2005, excluir a submissão dos membros da magistratura estadual ao subteto de remuneração".

XII – os vencimentos dos cargos do Poder Legislativo e do Poder Judiciário não poderão ser superiores aos pagos pelo Poder Executivo;

→ *v.* Lei 8.852/1994 – Aplicação dos arts. 37, XI e XII, e 39, § 1º, da CF/1988.

→ *v.* Art. 42 da Lei 8.112/1990.

XIII – é vedada a vinculação ou equiparação de quaisquer espécies remuneratórias para o efeito de remuneração de pessoal do serviço público;

→ Inciso XIII com redação alterada pela EC 19/1998.

XIV – os acréscimos pecuniários percebidos por servidor público não serão computados nem acumulados para fins de concessão de acréscimos ulteriores;

→ Inciso XIV com redação alterada pela EC 19/1998.

XV – o subsídio e os vencimentos dos ocupantes de cargos e empregos públicos são irredutíveis, ressalvado o disposto nos incisos XI e XIV deste artigo e nos arts. 39, § 4º, 150, II, 153, III, e 153, § 2º, I;

→ Inciso XV com redação alterada pela EC 19/1998.

XVI – é vedada a acumulação remunerada de cargos públicos, exceto, quando houver compatibilidade de horários, observado em qualquer caso o disposto no inciso XI:

→ *Caput* do inciso XVI com redação alterada pela EC 19/1998.

→ *v.* Arts. 118 a 120 da Lei 8.112/1990.

a) a de dois cargos de professor;

→ Alínea *a* com redação alterada pela EC 19/1998.

b) a de um cargo de professor com outro, técnico ou científico;

→ Alínea *b* com redação alterada pela EC 19/1998.

c) a de dois cargos ou empregos privativos de profissionais de saúde, com profissões regulamentadas;

→ Alínea *c* com redação alterada pela EC 34/2001.

XVII – a proibição de acumular estende-se a empregos e funções e abrange autarquias, fundações, empresas públicas, sociedades de economia mista, suas subsidiárias, e sociedades controladas, direta ou indiretamente, pelo poder público;

→ Inciso XVII com redação alterada pela EC 19/1998.

XVIII – a administração fazendária e seus servidores fiscais terão, dentro de suas áreas de competência e jurisdição, precedência sobre os demais setores administrativos, na forma da lei;

XIX – somente por lei específica poderá ser criada autarquia e autorizada a instituição de empresa pública, de sociedade de economia mista e de fundação, cabendo à lei complementar, neste último caso, definir as áreas de sua atuação;

→ Inciso XIX com redação alterada pela EC 19/1998.

XX – depende de autorização legislativa, em cada caso, a criação de subsidiárias das entidades mencionadas no inciso anterior, assim como a participação de qualquer delas em empresa privada;

XXI – ressalvados os casos especificados na legislação, as obras, serviços, compras e alienações serão contratados mediante processo de licitação pública que assegure igualdade de condições a todos os concorrentes, com cláusulas que estabeleçam obrigações de pagamento, mantidas as condições efetivas da proposta, nos termos da lei, o qual somente permitirá as exigências de qualificação técnica e econômica indispensáveis à garantia do cumprimento das obrigações.

→ *v.* Súmula 333 do STJ.

→ *v.* Arts. 1º, parágrafo único, 3º e 4º, parágrafo único, da Lei 8.666/1993.

XXII – as administrações tributárias da União, dos Estados, do Distrito Federal e dos Municípios, atividades essenciais ao funcionamento do Estado, exercidas por servidores de carreiras específicas, terão recursos prioritários para a realização de suas atividades e atuarão de forma integrada, inclusive com o compartilhamento de cadastros e de informações fiscais, na forma da lei ou convênio.

→ Inciso XXII acrescentado pela EC 42/2003.

§ 1º A publicidade dos atos, programas, obras, serviços e campanhas dos órgãos públicos deverá ter caráter educativo, informativo ou de orientação social, dela não podendo constar nomes, símbolos ou imagens que caracterizem promoção pessoal de autoridades ou servidores públicos.

→ *v.* Lei 8.389/1991 – Institui o Conselho de Comunicação Social.

→ *v.* Decreto 6.555/2008 – Ações de comunicação do Poder Executivo Federal.

§ 2º A não observância do disposto nos incisos II e III implicará a nulidade do ato e a punição da autoridade responsável, nos termos da lei.

→ *v.* Lei 8.429/1992 – Lei de Improbidade Administrativa.

→ *v.* Arts. 116 a 142 da Lei 8.112/1990.

§ 3º A lei disciplinará as formas de participação do usuário na administração pública direta e indireta, regulando especialmente:

→ § 3º com redação alterada pela EC 19/1998.

I – as reclamações relativas à prestação dos serviços públicos em geral, asseguradas a manutenção de serviços de atendimento ao usuário e a avaliação periódica, externa e interna, da qualidade dos serviços;

II – o acesso dos usuários a registros administrativos e a informações sobre atos de governo, observado o disposto no art. 5º, X e XXXIII;

→ *v.* Lei 12.527/2011 – Lei de Acesso à Informação.

→ *v.* Decreto 7.724/2012 – Regulamenta a Lei de Acesso à Informação.

III – a disciplina da representação contra o exercício negligente ou abusivo de cargo, emprego ou função na administração pública.

§ 4º Os atos de improbidade administrativa importarão a suspensão dos direitos políticos, a perda da função pública, a indisponibilidade dos bens e o ressarcimento ao erário, na forma e gradação previstas em lei, sem prejuízo da ação penal cabível.

→ *v.* Art. 15, V, da CF/1988.

→ *v.* Arts. 312 a 327 do CP.

→ *v.* Arts. 81 a 99 da Lei 8.666/1993.

→ *v.* Arts. 12 e 19 a 22 da Lei 8.429/1992.

→ v. Art. 3º da Lei 8.137/1990.

→ v. Arts. 127 a 142 da Lei 8.112/1990.

→ v. Lei 8.026/1990 – Aplicação da pena de demissão a funcionário público.

→ v. Dec.-lei 3.240/1941 – Sujeita a sequestro os bens de pessoas indiciadas por crimes de que resulta prejuízo para a fazenda pública.

§ 5º A lei estabelecerá os prazos de prescrição para ilícitos praticados por qualquer agente, servidor ou não, que causem prejuízos ao erário, ressalvadas as respectivas ações de ressarcimento.

→ v. Art. 23 da Lei 8.429/1992.

→ v. Art. 142 da Lei 8.112/1990.

§ 6º As pessoas jurídicas de direito público e as de direito privado prestadoras de serviços públicos responderão pelos danos que seus agentes, nessa qualidade, causarem a terceiros, assegurado o direito de regresso contra o responsável nos casos de dolo ou culpa.

→ v. Art. 43 do CC.

→ v. Lei 10.744/2003 – Assunção, pela União, de responsabilidades civis perante terceiros no caso de atentados terroristas.

→ v. Lei 6.453/1977 – Responsabilidade civil por danos nucleares e a responsabilidade criminal por atos relacionados com atividades nucleares.

§ 7º A lei disporá sobre os requisitos e as restrições ao ocupante de cargo ou emprego da administração direta e indireta que possibilite o acesso a informações privilegiadas.

→ § 7º acrescentado pela EC 19/1998.

§ 8º A autonomia gerencial, orçamentária e financeira dos órgãos e entidades da administração direta e indireta poderá ser ampliada mediante contrato, a ser firmado entre seus administradores e o poder público, que tenha por objeto a fixação de metas de desempenho para o órgão ou entidade, cabendo à lei dispor sobre:

→ § 8º acrescentado pela EC 19/1998.

I – o prazo de duração do contrato;

II – os controles e critérios de avaliação de desempenho, direitos, obrigações e responsabilidade dos dirigentes;

III – a remuneração do pessoal.

§ 9º O disposto no inciso XI aplica-se às empresas públicas e às sociedades de economia mista, e suas subsidiárias, que receberem recursos da União, dos Estados, do Distrito Federal ou dos Municípios para pagamento de despesas de pessoal ou de custeio em geral.

→ § 9º acrescentado pela EC 19/1998.

§ 10. É vedada a percepção simultânea de proventos de aposentadoria decorrentes do art. 40 ou dos arts. 42 e 142 com a remuneração de cargo, emprego ou função pública, ressalvados os cargos acumuláveis na forma desta Constituição, os cargos eletivos e os cargos em comissão declarados em lei de livre nomeação e exoneração.

→ § 10 acrescentado pela EC 20/1998.

§ 11. Não serão computadas, para efeito dos limites remuneratórios de que trata o inciso XI do *caput* deste artigo, as parcelas de caráter indenizatório previstas em lei.

→ § 11 acrescentado pela EC 47/2005 (*D.O.U.* 6.7.2005), em vigor na data de sua publicação, produzindo efeitos retroativos à data de vigência da EC 41/2003 (*D.O.U.* 31.12.2003).

§ 12. Para os fins do disposto no inciso XI do *caput* deste artigo, fica facultado aos Estados e ao Distrito Federal fixar, em seu âmbito, mediante emenda às respectivas Constituições e Lei Orgânica, como limite único, o subsídio mensal dos Desembargadores do respectivo Tribunal de Justiça, limitado a noventa inteiros e vinte e cinco centésimos por cento do subsídio mensal dos Ministros do Supremo Tribunal Federal, não se aplicando o disposto neste parágrafo aos subsídios dos Deputados Estaduais e Distritais e dos Vereadores.

→ § 12 acrescentado pela EC 47/2005 – Publicado *D.O.U.* 6.7.2005, em vigor na data de sua publicação, produzindo efeitos retroativos à data de vigência da EC 41/2003 – publicado *D.O.U.* 31.12.2003.

→ v. ADIn 3.854-1 (*D.O.U.* 8.3.2007), o STF concedeu liminar "dando interpretação conforme a Constituição ao art. 37, XI, e § 12, da Constituição da República, o primeiro dispositivo, na redação da EC 41/2003, e o segundo, introduzido pela EC 47/2005, excluir a submissão dos membros da magistratura estadual ao subteto de remuneração".

Art. 38. Ao servidor público da administração direta, autárquica e fundacional, no exercício de mandato eletivo, aplicam-se as seguintes disposições:

→ *Caput* com redação alterada pela EC 19/1998.

→ v. Lei 8.112/1990 – Regime jurídico dos servidores públicos civis da União, das autarquias e das fundações públicas federais.

I – tratando-se de mandato eletivo federal, estadual ou distrital, ficará afastado de seu cargo, emprego ou função;

II – investido no mandato de Prefeito, será afastado do cargo, emprego ou função, sendo-lhe facultado optar pela sua remuneração;

III – investido no mandato de Vereador, havendo compatibilidade de horários, perceberá as vantagens de seu cargo, emprego ou função, sem prejuízo da remuneração do cargo eletivo, e, não havendo compatibilidade, será aplicada a norma do inciso anterior;

IV – em qualquer caso que exija o afastamento para o exercício de mandato eletivo, seu tempo de serviço será contado para todos os efeitos legais, exceto para promoção por merecimento;

V – para efeito de benefício previdenciário, no caso de afastamento, os valores serão determinados como se no exercício estivesse.

Seção II
Dos servidores públicos

→ Rubrica alterada pela EC 18/1998.

Art. 39. A União, os Estados, o Distrito Federal e os Municípios instituirão conselho de política de administração e remuneração de pessoal, integrado por servidores designados pelos respectivos Poderes.

→ Artigo com redação alterada pela EC 19/1998.

→ v. Súmula 97 do STJ.

→ v. Art. 24 do ADCT.

→ v. Lei 8.448/1992 – Regulamenta os arts. 37, XI e 39, § 1º, da CF/1988.

→ v. Lei 8.112/1990 – Regime jurídico dos servidores públicos civis da União, das autarquias e das fundações públicas federais.

→ v. ADIn 2.135-4 (*D.O.U.* 14.8.2007), o STF, por maioria, deferiu a liminar, com efeitos *ex nunc*, para suspender a eficácia do art. 39, *caput*, da CF (redação alterada pela EC 19/1998), passando a vigorar a redação original: "Art. 39. A União, os Estados, o Distrito Federal e os Municípios instituirão, no âmbito de sua competência, regime jurídico único e planos de carreira para os servidores da administração pública direta, das autarquias e das fundações públicas."

§ 1º A fixação dos padrões de vencimento e dos demais componentes do sistema remuneratório observará:

→ v. Súmula Vinculante 4 do STF.

→ v. Lei 9.367/1996 – Fixa critérios para a progressiva unificação das tabelas de vencimentos dos servidores.

→ v. Lei 8.852/1994 – Aplicação dos arts. 37, XI e XII, e 39, § 1º, da CF/1988.

I – a natureza, o grau de responsabilidade e a complexidade dos cargos componentes de cada carreira;

II – os requisitos para a investidura;

III – as peculiaridades dos cargos.

§ 2º A União, os Estados e o Distrito Federal manterão escolas de governo para a formação e o aperfeiçoamento dos servidores públicos, constituindo-se a participação nos cursos um dos requisitos para a promoção na carreira, facultada, para isso, a celebração de convênios ou contratos entre os entes federados.

§ 3º Aplica-se aos servidores ocupantes de cargo público o disposto no art. 7º, IV, VII, VIII, IX, XII, XIII, XV, XVI, XVII, XVIII, XIX, XX, XXII e XXX, podendo a lei estabelecer requisitos diferenciados de admissão quando a natureza do cargo o exigir.

→ v. Súmulas Vinculantes 4 e 16 do STF.

→ v. Súmulas 14 e 683 do STF.

§ 4º O membro de Poder, o detentor de mandato eletivo, os Ministros de Estado e os Secretários Estaduais e Municipais serão remunerados exclusivamente por subsídio fixado em parcela única, vedado o acréscimo de qualquer gratificação, adicional, abono, prêmio, verba de representação ou outra espécie remuneratória, obedecido, em qualquer caso, o disposto no art. 37, X e XI.

→ v. Lei 11.144/2005 – Subsídio do Procurador-Geral da República.

§ 5º Lei da União, dos Estados, do Distrito Federal e dos Municípios poderá estabelecer a relação entre a maior e a menor remuneração dos servidores públicos, obedecido, em qualquer caso, o disposto no art. 37, XI.

§ 6º Os Poderes Executivo, Legislativo e Judiciário publicarão anualmente os valores do subsídio e da remuneração dos cargos e empregos públicos.

§ 7º Lei da União, dos Estados, do Distrito Federal e dos Municípios disciplinará a aplicação de recursos orçamentários provenientes da economia com despesas correntes em cada órgão, autarquia e fundação, para aplicação no desenvolvimento de programas de qualidade e produtividade, treinamento e desenvolvimento, modernização, reaparelhamento e racionalização do serviço público, inclusive sob a forma de adicional ou prêmio de produtividade.

§ 8º A remuneração dos servidores públicos organizados em carreira poderá ser fixada nos termos do § 4º.

Art. 40. Aos servidores titulares de cargos efetivos da União, dos Estados, do Distrito Federal e dos Municípios, incluídas suas autarquias e fundações, é assegurado regime de previdência de caráter contributivo e solidário, mediante contribuição do respectivo ente público, dos servidores ativos e inativos e dos pensionistas, observados critérios que preservem o equilíbrio financeiro e atuarial e o disposto neste artigo.

→ *Caput* com redação alterada pela EC 41/2003.

→ *v.* Arts. 37, § 10, 73, § 3º e 93, VI, da CF/1988.

§ 1º Os servidores abrangidos pelo regime de previdência de que trata este artigo serão aposentados, calculados os seus proventos a partir dos valores fixados na forma dos §§ 3º e 17:

→ *Caput* do § 1º com redação alterada pela EC 41/2003.

I – por invalidez permanente, sendo os proventos proporcionais ao tempo de contribuição, exceto se decorrente de acidente em serviço, moléstia profissional ou doença grave, contagiosa ou incurável, na forma da lei;

→ Inciso I com redação alterada pela EC 41/2003.

II – compulsoriamente, com proventos proporcionais ao tempo de contribuição, aos 70 (setenta) anos de idade, ou aos 75 (setenta e cinco) anos de idade, na forma de lei complementar;

→ Inciso II com redação alterada pela EC 88/2015.

→ *v.* Art. 100 do ADCT.

→ *v.* Súmula 36 do STF.

→ *v.* LC 152/2015 – Aposentadoria compulsória dos servidores públicos.

III – voluntariamente, desde que cumprido tempo mínimo de dez anos de efetivo exercício no serviço público e cinco anos no cargo efetivo em que se dará a aposentadoria, observadas as seguintes condições:

→ Inciso III acrescentado pela EC 20/1998.

a) sessenta anos de idade e trinta e cinco de contribuição, se homem, e cinquenta e cinco anos de idade e trinta de contribuição, se mulher;

→ *v.* Art. 17, § 2º, IV, da Lei 12.618/2012.

b) sessenta e cinco anos de idade, se homem, e sessenta anos de idade, se mulher, com proventos proporcionais ao tempo de contribuição.

§ 2º Os proventos de aposentadoria e as pensões, por ocasião de sua concessão, não poderão exceder a remuneração do respectivo servidor, no cargo efetivo em que se deu a aposentadoria ou que serviu de referência para a concessão da pensão.

→ § 2º com redação alterada pela EC 20/1998.

§ 3º Para o cálculo dos proventos de aposentadoria, por ocasião da sua concessão, serão consideradas as remunerações utilizadas como base para as contribuições do servidor aos regimes de previdência de que tratam este artigo e o art. 201, na forma da lei.

→ § 3º com redação alterada pela EC 41/2003.

→ *v.* Art. 1º da Lei 10.887/2004.

§ 4º É vedada a adoção de requisitos e critérios diferenciados para a concessão de aposentadoria aos abrangidos pelo regime de que trata este artigo, ressalvados, nos termos definidos em leis complementares, os casos de servidores:

→ § 4º com redação alterada pela EC 47/2005.

→ *v.* Súmula 680 do STF.

→ *v.* Art. 17, § 2º, III, da Lei 12.618/2012.

I – portadores de deficiência;

II – que exerçam atividades de risco;

III – cujas atividades sejam exercidas sob condições especiais que prejudiquem a saúde ou a integridade física.

→ *v.* Súmula Vinculante 33 do STF.

§ 5º Os requisitos de idade e de tempo de contribuição serão reduzidos em cinco anos, em relação ao disposto no § 1º, III, *a*, para o professor que comprove exclusivamente tempo de efetivo exercício das funções de magistério na educação infantil e no ensino fundamental e médio.

→ § 5º com redação alterada pela EC 20/1998.

→ *v.* Súmula 726 do STF.

→ *v.* Arts. 3º, § 3º, 17, § 2º, III, da Lei 12.618/2012.

§ 6º Ressalvadas as aposentadorias decorrentes dos cargos acumuláveis na forma desta Constituição, é vedada a percepção de mais de uma aposentadoria à conta do regime de previdência previsto neste artigo.

→ § 6º com redação alterada pela EC 20/1998.

§ 7º Lei disporá sobre a concessão do benefício de pensão por morte, que será igual:

→ § 7º com redação alterada pela EC 41/2003.

I – ao valor da totalidade dos proventos do servidor falecido, até o limite máximo estabelecido para os benefícios do regime geral de previdência social de que trata o art. 201, acrescido de setenta por cento da parcela excedente a este limite, caso aposentado à data do óbito; ou

II – ao valor da totalidade da remuneração do servidor no cargo efetivo em que se deu o falecimento, até o limite máximo estabelecido para os benefícios do regime geral de previdência social de que trata o art. 201, acrescido de setenta por cento da parcela excedente a este limite, caso em atividade na data do óbito.

§ 8º É assegurado o reajustamento dos benefícios para preservar-lhes, em caráter permanente, o valor real, conforme critérios estabelecidos em lei.

→ § 8º com redação alterada pela EC 41/2003.

→ *v.* Súmula Vinculante 20 do STF.

→ *v.* Art. 7º da EC 41/2003.

§ 9º O tempo de contribuição federal, estadual ou municipal será contado para efeito de aposentadoria e o tempo de serviço correspondente para efeito de disponibilidade.

→ § 9º acrescentado pela EC 20/1998.

§ 10. A lei não poderá estabelecer qualquer forma de contagem de tempo de contribuição fictício.

→ § 10 acrescentado pela EC 20/1998.

§ 11. Aplica-se o limite fixado no art. 37, XI, à soma total dos proventos de inatividade, inclusive quando decorrentes da acumulação de cargos ou empregos públicos, bem como de outras atividades sujeitas a contribuição para o regime geral de previdência social, e ao montante resultante da adição de proventos de inatividade com remuneração de cargo acumulável na forma desta Constituição, cargo em comissão declarado em lei de livre nomeação e exoneração, e de cargo eletivo.

→ § 11 acrescentado pela EC 20/1998.

§ 12. Além do disposto neste artigo, o regime de previdência dos servidores públicos titulares de cargo efetivo observará, no que couber, os requisitos e critérios fixados para o regime geral de previdência social.

→ § 12 acrescentado pela EC 20/1998.

§ 13. Ao servidor ocupante, exclusivamente, de cargo em comissão declarado em lei de livre nomeação e exoneração bem como de outro cargo temporário ou de emprego público, aplica-se o regime geral de previdência social.

→ § 13 acrescentado pela EC 20/1998.

§ 14. A União, os Estados, o Distrito Federal e os Municípios, desde que instituam regime de previdência complementar para os seus respectivos servidores titulares de cargo efetivo, poderão fixar, para o valor das aposentadorias e pensões a serem concedidas pelo regime de que trata este artigo, o limite máximo estabelecido para os benefícios do regime geral de previdência social de que trata o art. 201.

→ § 14 acrescentado pela EC 20/1998.

→ *v.* Arts. 1º e 27 da Lei 12.618/2012.

§ 15. O regime de previdência complementar de que trata o § 14 será instituído por lei de iniciativa do respectivo Poder Executivo, observado o disposto no art. 202 e seus parágrafos, no que couber, por intermédio de entidades fechadas de previdência complementar, de natureza pública, que oferecerão aos respectivos participantes planos de benefícios somente na modalidade de contribuição definida.

→ § 15 com redação alterada pela EC 41/2003.

→ *v.* Arts. 1º, 8º e 27 da Lei 12.618/2012.

§ 16. Somente mediante sua prévia e expressa opção, o disposto nos §§ 14 e 15 poderá ser aplicado ao servidor que tiver ingressado no serviço público até a data da publicação do ato de instituição do correspondente regime de previdência complementar.

→ § 16 acrescentado pela EC 20/1998.

→ *v.* Arts. 1º e 27 da Lei 12.618/2012.

§ 17. Todos os valores de remuneração considerados para o cálculo do benefício previsto no § 3º serão devidamente atualizados, na forma da lei.

→ § 17 acrescentado pela EC 41/2003.

§ 18. Incidirá contribuição sobre os proventos de aposentadorias e pensões concedidas pelo regime de que trata este artigo que superem o limite máximo estabelecido para os benefícios do regime geral de previdência social de que trata o art. 201, com percentual igual ao estabelecido para os servidores titulares de cargos efetivos.

→ § 18 acrescentado pela EC 41/2003.

§ 19. O servidor de que trata este artigo que tenha completado as exigências para aposentadoria voluntária estabelecidas no § 1º, III, *a*, e que opte por permanecer em atividade fará jus a um abono de permanência equivalente ao valor da sua contribuição previdenciária até completar as exigências para aposentadoria compulsória contidas no § 1º, II.

→ § 19 acrescentado pela EC 41/2003.

§ 20. Fica vedada a existência de mais de um regime próprio de previdência social para os servidores titulares de cargos efetivos, e de mais de uma unidade gestora do respectivo regime em cada ente estatal, ressalvado o disposto no art. 142, § 3º, X.

→ § 20 acrescentado pela EC 41/2003.

§ 21. A contribuição prevista no § 18 deste artigo incidirá apenas sobre as parcelas de proventos de aposentadoria e de pensão que superem o dobro do limite máximo estabelecido para os benefícios do regime geral de previdência social de que trata o art. 201 desta Constituição, quando o beneficiário, na forma da lei, for portador de doença incapacitante.

→ § 21 acrescentado pela EC 47/2005 (*D.O.U.* 6.7.2005), em vigor na data de sua publicação, produzindo efeitos retroativos à data da vigência da EC 41/2003 (*D.O.U.* 31.12.2003).

Art. 41. São estáveis após três anos de efetivo exercício os servidores nomeados para cargo de provimento efetivo em virtude de concurso público.

→ Artigo com redação alterada pela EC 19/1998.

§ 1º O servidor público estável só perderá o cargo:

→ *v.* Art. 247 da CF/1988.

I – em virtude de sentença judicial transitada em julgado;

→ *v.* Art. 22 da Lei 8.112/1990.

II – mediante processo administrativo em que lhe seja assegurada ampla defesa;

→ *v.* Súmulas 20 e 21 do STF.

→ *v.* Art. 5º, LV, da CF/1988.

→ *v.* Art. 22 da Lei 8.112/1990.

III – mediante procedimento de avaliação periódica de desempenho, na forma de lei complementar, assegurada ampla defesa.

§ 2º Invalidada por sentença judicial a demissão do servidor estável, será ele reintegrado, e o eventual ocupante da vaga, se estável, reconduzido ao cargo de origem, sem direito a indenização, aproveitado em outro cargo ou posto em disponibilidade com remuneração proporcional ao tempo de serviço.

→ *v.* Art. 28 da Lei 8.112/1990.

§ 3º Extinto o cargo ou declarada a sua desnecessidade, o servidor estável ficará em disponibilidade, com remuneração proporcional ao tempo de serviço, até seu adequado aproveitamento em outro cargo.

→ *v.* Súmulas 11 e 39 do STF.

→ *v.* Arts. 30 a 32 da Lei 8.112/1990.

§ 4º Como condição para a aquisição da estabilidade, é obrigatória a avaliação especial de desempenho por comissão instituída para essa finalidade.

Seção III
Dos militares dos Estados, do Distrito Federal e dos Territórios

→ Rubrica alterada pela EC 18/1998.

Art. 42. Os membros das Polícias Militares e Corpos de Bombeiros Militares, instituições organizadas com base na hierarquia e disciplina, são militares dos Estados, do Distrito Federal e dos Territórios.

→ *Caput* com redação alterada pela EC 18/1998.

→ *v.* MP 2.215-10/2001 – Reestruturação da remuneração dos militares das Forças Armadas.

§ 1º Aplicam-se aos militares dos Estados, do Distrito Federal e dos Territórios, além do que vier a ser fixado em lei, as disposições do art. 14, § 8º; do art. 40, § 9º; e do art. 142, §§ 2º e 3º, cabendo a lei estadual específica dispor sobre as matérias do art. 142, § 3º, inciso X, sendo as patentes dos oficiais conferidas pelos respectivos governadores.

→ § 1º com redação alterada pela EC 20/1998.

→ *v.* Súmula Vinculante 4 do STF.

§ 2º Aos pensionistas dos militares dos Estados, do Distrito Federal e dos Territórios aplica-se o que for fixado em lei específica do respectivo ente estatal.

→ § 2º com redação alterada pela EC 41/2003.

Seção IV
Das regiões

Art. 43. Para efeitos administrativos, a União poderá articular sua ação em um mesmo complexo geoeconômico e social, visando a seu desenvolvimento e à redução das desigualdades regionais.

§ 1º Lei complementar disporá sobre:

→ *v.* LC 129/2009 – Superintendência do Desenvolvimento do Centro-oeste – Sudeco.

→ *v.* LC 125/2007 – Superintendência do Desenvolvimento do Nordeste – Sudene.

→ *v.* LC 124/2007 – Superintendência do Desenvolvimento da Amazônia – Sudam.

→ *v.* LC 94/1998 – Programa Especial de Desenvolvimento do Entorno do Distrito Federal – Ride.

I – as condições para integração de regiões em desenvolvimento;

II – a composição dos organismos regionais que executarão, na forma da lei, os planos regionais, integrantes dos planos nacionais de desenvolvimento econômico e social, aprovados juntamente com estes.

§ 2º Os incentivos regionais compreenderão, além de outros, na forma da lei:

I – igualdade de tarifas, fretes, seguros e outros itens de custos e preços de responsabilidade do Poder Público;

II – juros favorecidos para financiamento de atividades prioritárias;

III – isenções, reduções ou diferimento temporário de tributos federais devidos por pessoas físicas ou jurídicas;

IV – prioridade para o aproveitamento econômico e social dos rios e das massas de água represadas ou represáveis nas regiões de baixa renda, sujeitas a secas periódicas.

§ 3º Nas áreas a que se refere o § 2º, IV, a União incentivará a recuperação de terras áridas e cooperará com os pequenos e médios proprietários rurais para o estabelecimento, em suas glebas, de fontes de água e de pequena irrigação.

Título IV
Da organização dos Poderes

→ Rubrica com redação alterada pela EC 80/2014.

Capítulo I
DO PODER LEGISLATIVO

Seção I
Do Congresso Nacional

Art. 44. O Poder Legislativo é exercido pelo Congresso Nacional, que se compõe da Câmara dos Deputados e do Senado Federal.

→ *v.* Arts. 2º, 59, 74, 85, II, da CF/1988.

Parágrafo único. Cada legislatura terá a duração de quatro anos.

Art. 45. A Câmara dos Deputados compõe-se de representantes do povo, eleitos, pelo sistema proporcional, em cada Estado, em cada Território e no Distrito Federal.

§ 1º O número total de Deputados, bem como a representação por Estado e pelo Distrito Federal, será estabelecido por lei complementar, proporcionalmente à população, procedendo-se aos ajustes necessários, no ano anterior às eleições, para que nenhuma daquelas unidades da Federação tenha menos de oito ou mais de setenta Deputados.

→ *v.* LC 78/1993 – Disciplina a fixação do número de Deputados.

§ 2º Cada Território elegerá quatro Deputados.

Art. 46. O Senado Federal compõe-se de representantes dos Estados e do Distrito Federal, eleitos segundo o princípio majoritário.

§ 1º Cada Estado e o Distrito Federal elegerão três Senadores, com mandato de oito anos.

§ 2º A representação de cada Estado e do Distrito Federal será renovada de quatro em quatro anos, alternadamente, por um e dois terços.

§ 3º Cada Senador será eleito com dois suplentes.

Art. 47. Salvo disposição constitucional em contrário, as deliberações de cada Casa e de suas Comissões serão tomadas por maioria dos votos, presente a maioria absoluta de seus membros.

Seção II
Das atribuições do Congresso Nacional

Art. 48. Cabe ao Congresso Nacional, com a sanção do Presidente da República, não exigida esta para o especificado nos arts. 49, 51 e 52, dispor sobre todas as matérias de competência da União, especialmente sobre:

I – sistema tributário, arrecadação e distribuição de rendas;

II – plano plurianual, diretrizes orçamentárias, orçamento anual, operações de crédito, dívida pública e emissões de curso forçado;

III – fixação e modificação do efetivo das Forças Armadas;

IV – planos e programas nacionais, regionais e setoriais de desenvolvimento;

V – limites do território nacional, espaço aéreo e marítimo e bens do domínio da União;

VI – incorporação, subdivisão ou desmembramento de áreas de Territórios ou Estados, ouvidas as respectivas Assembleias Legislativas;

VII – transferência temporária da sede do Governo Federal;

VIII – concessão de anistia;

IX – organização administrativa, judiciária, do Ministério Público e da Defensoria Pública da União e dos Territórios e organização judiciária e do Ministério Público do Distrito Federal;

→ Inciso IX com redação alterada pela EC 69/2012.

X – criação, transformação e extinção de cargos, empregos e funções públicas, observado o que estabelece o art. 84, VI, *b*;

→ Inciso X com redação alterada pela EC 32/2001.

XI – criação e extinção de Ministérios e órgãos da administração pública;

→ Inciso XI com redação alterada pela EC 32/2001.

XII – telecomunicações e radiodifusão;

→ *v.* Lei 9.472/1997 – Organização dos serviços de telecomunicações.

XIII – matéria financeira, cambial e monetária, instituições financeiras e suas operações;

XIV – moeda, seus limites de emissão, e montante da dívida mobiliária federal;

XV – fixação do subsídio dos Ministros do Supremo Tribunal Federal, observado o que dispõem os arts. 39, § 4º; 150, II; 153, III; e 153, § 2º, I.

→ Inciso XV com redação alterada pela EC 41/2003.

→ *v.* Lei 11.143/2005 – Subsídio de Ministro do STF.

Art. 49. É da competência exclusiva do Congresso Nacional:

I – resolver definitivamente sobre tratados, acordos ou atos internacionais que acarretem encargos ou compromissos gravosos ao patrimônio nacional;

II – autorizar o Presidente da República a declarar guerra, a celebrar a paz, a permitir que forças estrangeiras transitem pelo território nacional ou nele permaneçam temporariamente, ressalvados os casos previstos em lei complementar;

→ *v.* LC 97/1999 – Normas gerais para a organização, o preparo e o emprego das Forças Armadas.

→ *v.* LC 90/1997 – Determina os casos em que forças estrangeiras possam transitar pelo território nacional ou nele permanecer temporariamente.

→ *v.* Art. 6º, item 4, da Lei 1.079/1950.

III – autorizar o Presidente e o Vice-Presidente da República a se ausentarem do País, quando a ausência exceder a quinze dias;

IV – aprovar o estado de defesa e a intervenção federal, autorizar o estado de sítio, ou suspender qualquer uma dessas medidas;

V – sustar os atos normativos do Poder Executivo que exorbitem do poder regulamentar ou dos limites de delegação legislativa;

VI – mudar temporariamente sua sede;

VII – fixar idêntico subsídio para os Deputados Federais e os Senadores, observado o que dispõem os arts. 37, XI, 39, § 4º, 150, II, 153, III, e 153, § 2º, I;

→ Inciso VII com redação alterada pela EC 19/1998.

VIII – fixar os subsídios do Presidente e do Vice-Presidente da República e dos Ministros de Estado, observado o que dispõem os arts. 37, XI, 39, § 4º, 150, II, 153, III, e 153, § 2º, I;

→ Inciso VIII com redação alterada pela EC 19/1998.

IX – julgar anualmente as contas prestadas pelo Presidente da República e apreciar os relatórios sobre a execução dos planos de governo;

X – fiscalizar e controlar, diretamente, ou por qualquer de suas Casas, os atos do Poder Executivo, incluídos os da administração indireta;

XI – zelar pela preservação de sua competência legislativa em face da atribuição normativa dos outros Poderes;

XII – apreciar os atos de concessão e renovação de concessão de emissoras de rádio e televisão;

XIII – escolher dois terços dos membros do Tribunal de Contas da União;

XIV – aprovar iniciativas do Poder Executivo referentes a atividades nucleares;

XV – autorizar referendo e convocar plebiscito;

→ *v.* Art. 14, I e II, da CF/1988.

→ *v.* Arts. 1º a 12 da Lei 9.709/1998.

XVI – autorizar, em terras indígenas, a exploração e o aproveitamento de recursos hídricos e a pesquisa e lavra de riquezas minerais;

XVII – aprovar, previamente, a alienação ou concessão de terras públicas com área superior a dois mil e quinhentos hectares.

Art. 50. A Câmara dos Deputados e o Senado Federal, ou qualquer de suas Comissões, poderão convocar Ministro de Estado ou quaisquer titulares de órgãos diretamente subordinados à Presidência da República para prestarem, pessoalmente, informações sobre assunto previamente determinado, importando em crime de responsabilidade a ausência sem justificação adequada.

→ *Caput* com redação alterada pela EC de Revisão 2/1994.

§ 1º Os Ministros de Estado poderão comparecer ao Senado Federal, à Câmara dos Deputados, ou a qualquer de suas Comissões, por sua iniciativa e mediante entendimentos com a Mesa respectiva, para expor assunto de relevância de seu Ministério.

§ 2º As Mesas da Câmara dos Deputados e do Senado Federal poderão encaminhar pedidos escritos de informação a Ministros de Estado ou a qualquer das pessoas referidas no *caput* deste artigo, importando em crime de responsabilidade a recusa, ou o não atendimento, no prazo de trinta dias, bem como a prestação de informações falsas.

→ § 2º com redação alterada pela EC de Revisão 2/1994.

Seção III
Da Câmara dos Deputados

Art. 51. Compete privativamente à Câmara dos Deputados:

I – autorizar, por dois terços de seus membros, a instauração de processo contra o Presidente e o Vice-Presidente da República e os Ministros de Estado;

II – proceder à tomada de contas do Presidente da República, quando não apresentadas ao Congresso Nacional dentro de sessenta dias após a abertura da sessão legislativa;

III – elaborar seu regimento interno;

IV – dispor sobre sua organização, funcionamento, polícia, criação, transformação ou extinção dos cargos, empregos e funções de seus serviços, e a iniciativa de lei para fixação da respectiva remuneração, observados os parâmetros estabelecidos na lei de diretrizes orçamentárias;

→ Inciso IV com redação alterada pela EC 19/1998.

V – eleger membros do Conselho da República, nos termos do art. 89, VII.

Seção IV
Do Senado Federal

Art. 52. Compete privativamente ao Senado Federal:

→ *v.* Art. 100 do ADCT.

I – processar e julgar o Presidente e o Vice-Presidente da República nos crimes de responsabilidade, bem como os Ministros de Estado e os Comandantes da Marinha, do Exército e da Aeronáutica nos crimes da mesma natureza conexos com aqueles;

→ Inciso I com redação alterada pela EC 23/1999.

→ *v.* Lei 1.079/1950 – Crimes de responsabilidade.

II – processar e julgar os Ministros do Supremo Tribunal Federal, os membros do Conselho Nacional de Justiça e do Conselho Nacional do Ministério Público, o Procurador-Geral da República e o Advogado-Geral da União nos crimes de responsabilidade;

→ Inciso II com redação alterada pela EC 45/2004.

→ *v.* Lei 1.079/1950 – Crimes de responsabilidade.

III – aprovar previamente, por voto secreto, após arguição pública, a escolha de:

a) magistrados, nos casos estabelecidos nesta Constituição;

b) Ministros do Tribunal de Contas da União indicados pelo Presidente da República;

c) Governador de Território;

d) Presidente e Diretores do Banco Central;

e) Procurador-Geral da República;

f) titulares de outros cargos que a lei determinar;

IV – aprovar previamente, por voto secreto, após arguição em sessão secreta, a escolha dos chefes de missão diplomática de caráter permanente;

V – autorizar operações externas de natureza financeira, de interesse da União, dos Estados, do Distrito Federal, dos Territórios e dos Municípios;

VI – fixar, por proposta do Presidente da República, limites globais para o montante da dívida consolidada da União, dos Estados, do Distrito Federal e dos Municípios;

VII – dispor sobre limites globais e condições para as operações de crédito externo e interno da União, dos Estados, do Distrito Federal e dos Municípios, de suas autarquias e demais entidades controladas pelo Poder Público federal;

VIII – dispor sobre limites e condições para a concessão de garantia da União em operações de crédito externo e interno;

IX – estabelecer limites globais e condições para o montante da dívida mobiliária dos Estados, do Distrito Federal e dos Municípios;

X – suspender a execução, no todo ou em parte, de lei declarada inconstitucional por decisão definitiva do Supremo Tribunal Federal;

XI – aprovar, por maioria absoluta e por voto secreto, a exoneração, de ofício, do Procurador-Geral da República antes do término de seu mandato;

XII – elaborar seu regimento interno;

XIII – dispor sobre sua organização, funcionamento, polícia, criação, transformação ou extinção dos cargos, empregos e funções de seus serviços, e a iniciativa de lei para fixação da respectiva remuneração, observados os parâmetros estabelecidos na lei de diretrizes orçamentárias;

→ Inciso XIII com redação alterada pela EC 19/1998.

XIV – eleger membros do Conselho da República, nos termos do art. 89, VII;

XV – avaliar periodicamente a funcionalidade do Sistema Tributário Nacional, em sua estrutura e seus componentes, e o desempenho das administrações tributárias da União, dos Estados e do Distrito Federal e dos Municípios.

→ Inciso XV acrescentado pela EC 42/2003.

Parágrafo único. Nos casos previstos nos incisos I e II, funcionará como Presidente o do Supremo Tribunal Federal, limitando-se a condenação, que somente será proferida por dois terços dos votos do Senado Federal, à perda do cargo, com inabilitação, por oito anos, para o exercício de função pública, sem prejuízo das demais sanções judiciais cabíveis.

Seção V
Dos Deputados e dos Senadores

Art. 53. Os Deputados e Senadores são invioláveis, civil e penalmente, por quaisquer de suas opiniões, palavras e votos.

→ Artigo com redação alterada pela EC 35/2001.

→ *v.* Súmula 245 do STF.

→ *v.* Arts. 138 a 145 do CP.

§ 1º Os Deputados e Senadores, desde a expedição do diploma, serão submetidos a julgamento perante o Supremo Tribunal Federal.

§ 2º Desde a expedição do diploma, os membros do Congresso Nacional não poderão ser presos, salvo em flagrante de crime inafiançável. Nesse caso, os autos serão remetidos dentro de vinte e quatro horas à Casa respectiva, para que, pelo voto da maioria de seus membros, resolva sobre a prisão.

→ *v.* Art. 301 e ss. do CPP.

§ 3º Recebida a denúncia contra o Senador ou Deputado, por crime ocorrido após a diplomação, o Supremo Tribunal Federal dará ciência à Casa respectiva, que, por iniciativa de partido político nela representado e pelo voto da maioria de seus membros, poderá, até a decisão final, sustar o andamento da ação.

§ 4º O pedido de sustação será apreciado pela Casa respectiva no prazo improrrogável de quarenta e cinco dias do seu recebimento pela Mesa Diretora.

§ 5º A sustação do processo suspende a prescrição, enquanto durar o mandato.

§ 6º Os Deputados e Senadores não serão obrigados a testemunhar sobre informações recebidas ou prestadas em razão do exercício do mandato, nem sobre as pessoas que lhes confiaram ou deles receberam informações.

§ 7º A incorporação às Forças Armadas de Deputados e Senadores, embora militares e ainda que em tempo de guerra, dependerá de prévia licença da Casa respectiva.

§ 8º As imunidades de Deputados ou Senadores subsistirão durante o estado de sítio, só podendo ser suspensas mediante o voto de dois terços dos membros da Casa respectiva, nos casos de atos praticados fora do recinto do Congresso Nacional, que sejam incompatíveis com a execução da medida.

→ *v.* Art. 137 a 141 da CF/1988.

Art. 54. Os Deputados e Senadores não poderão:

I – desde a expedição do diploma:

a) firmar ou manter contrato com pessoa jurídica de direito público, autarquia, empresa pública, sociedade de economia mista ou empresa concessionária de serviço público, salvo quando o contrato obedecer a cláusulas uniformes;

b) aceitar ou exercer cargo, função ou emprego remunerado, inclusive os de que sejam demissíveis *ad nutum*, nas entidades constantes da alínea anterior;

II – desde a posse:

a) ser proprietários, controladores ou diretores de empresa que goze de favor decorrente de contrato com pessoa jurídica de direito público, ou nela exercer função remunerada;

b) ocupar cargo ou função de que sejam demissíveis *ad nutum*, nas entidades referidas no inciso I, *a*;

c) patrocinar causa em que seja interessada qualquer das entidades a que se refere o inciso I, *a*;

d) ser titulares de mais de um cargo ou mandato público eletivo.

Art. 55. Perderá o mandato o Deputado ou Senador:

I – que infringir qualquer das proibições estabelecidas no artigo anterior;

II – cujo procedimento for declarado incompatível com o decoro parlamentar;

III – que deixar de comparecer, em cada sessão legislativa, à terça parte das sessões ordinárias da Casa a que pertencer, salvo licença ou missão por esta autorizada;

IV – que perder ou tiver suspensos os direitos políticos;

V – quando o decretar a Justiça Eleitoral, nos casos previstos nesta Constituição;

VI – que sofrer condenação criminal em sentença transitada em julgado.

→ *v.* Art. 92, I, do CP.

§ 1º É incompatível com o decoro parlamentar, além dos casos definidos no regimento interno, o abuso das prerrogativas asseguradas a membro do Congresso Nacional ou a percepção de vantagens indevidas.

§ 2º Nos casos dos incisos I, II e VI, a perda do mandato será decidida pela Câmara dos Deputados ou pelo Senado Federal, por maioria absoluta, mediante provocação da respectiva Mesa ou de partido político representado no Congresso Nacional, assegurada ampla defesa.

→ § 2º com redação alterada pela EC 76/2013.

§ 3º Nos casos previstos nos incisos III a V, a perda será declarada pela Mesa da Casa respectiva, de ofício ou mediante provocação de qualquer de seus membros, ou de partido político representado no Congresso Nacional, assegurada ampla defesa.

§ 4º A renúncia de parlamentar submetido a processo que vise ou possa levar à perda do mandato, nos termos deste artigo, terá seus efeitos suspensos até as deliberações finais de que tratam os §§ 2º e 3º.

→ § 4º acrescentado pela EC de Revisão 6/1994.

Art. 56. Não perderá o mandato o Deputado ou Senador:

I – investido no cargo de Ministro de Estado, Governador de Território, Secretário de Estado, do Distrito Federal, de Território, de Prefeitura de Capital ou chefe de missão diplomática temporária;

II – licenciado pela respectiva Casa por motivo de doença, ou para tratar, sem remuneração, de interesse particular, desde que, neste caso, o afastamento não ultrapasse cento e vinte dias por sessão legislativa.

§ 1º O suplente será convocado nos casos de vaga, de investidura em funções previstas neste artigo ou de licença superior a cento e vinte dias.

§ 2º Ocorrendo vaga e não havendo suplente, far-se-á eleição para preenchê-la se faltarem mais de quinze meses para o término do mandato.

§ 3º Na hipótese do inciso I, o Deputado ou Senador poderá optar pela remuneração do mandato.

Seção VI
Das reuniões

Art. 57. O Congresso Nacional reunir-se-á, anualmente, na Capital Federal, de 2 de fevereiro a 17 de julho e de 1º de agosto a 22 de dezembro.

→ *Caput* com redação alterada pela EC 50/2006.

§ 1º As reuniões marcadas para essas datas serão transferidas para o primeiro dia útil subsequente, quando recaírem em sábados, domingos ou feriados.

§ 2º A sessão legislativa não será interrompida sem a aprovação do projeto de lei de diretrizes orçamentárias.

§ 3º Além de outros casos previstos nesta Constituição, a Câmara dos Deputados e o Senado Federal reunir-se-ão em sessão conjunta para:

I – inaugurar a sessão legislativa;

II – elaborar o regimento comum e regular a criação de serviços comuns às duas Casas;

III – receber o compromisso do Presidente e do Vice-Presidente da República;

IV – conhecer do veto e sobre ele deliberar.

§ 4º Cada uma das Casas reunir-se-á em sessões preparatórias, a partir de 1º de fevereiro, no primeiro ano da legislatura, para a posse de seus membros e eleição das respectivas Mesas, para mandato de 2 (dois) anos, vedada a recondução para o mesmo cargo na eleição imediatamente subsequente.

→ § 4º com redação alterada pela EC 50/2006.

§ 5º A Mesa do Congresso Nacional será presidida pelo Presidente do Senado Federal, e os demais cargos serão exercidos, alternadamente, pelos ocupantes de cargos equivalentes na Câmara dos Deputados e no Senado Federal.

§ 6º A convocação extraordinária do Congresso Nacional far-se-á:

→ *Caput* do § 6º com redação alterada pela EC 50/2006.

I – pelo Presidente do Senado Federal, em caso de decretação de estado de defesa ou de intervenção federal, de pedido de autorização para a decretação de estado de sítio e para o compromisso e a posse do Presidente e do Vice-Presidente da República;

II – pelo Presidente da República, pelos Presidentes da Câmara dos Deputados e do Senado Federal ou a requerimento da maioria dos membros de ambas as Casas, em caso de urgência ou interesse público relevante, em todas as hipóteses deste inciso com a aprovação da maioria absoluta de cada uma das Casas do Congresso Nacional.

→ Inciso II com redação alterada pela EC 50/2006.

§ 7º Na sessão legislativa extraordinária, o Congresso Nacional somente deliberará sobre a matéria para a qual foi convocado, ressalvada a hipótese do § 8º deste artigo, vedado o pagamento de parcela indenizatória, em razão da convocação.

→ § 7º com redação alterada pela EC 50/2006.

§ 8º Havendo medidas provisórias em vigor na data de convocação extraordinária do Congresso Nacional, serão elas automaticamente incluídas na pauta da convocação.

→ § 8º acrescentado pela EC 32/2001.

Seção VII
Das comissões

Art. 58. O Congresso Nacional e suas Casas terão comissões permanentes e temporárias, constituídas na forma e com as atribuições previstas no respectivo regimento ou no ato de que resultar sua criação.

§ 1º Na constituição das Mesas e de cada Comissão, é assegurada, tanto quanto possível, a representação proporcional dos partidos ou dos blocos parlamentares que participam da respectiva Casa.

§ 2º Às comissões, em razão da matéria de sua competência, cabe:

I – discutir e votar projeto de lei que dispensar, na forma do regimento, a competência do Plenário, salvo se houver recurso de um décimo dos membros da Casa;

II – realizar audiências públicas com entidades da sociedade civil;

III – convocar Ministro de Estado para prestar informações sobre assuntos inerentes a suas atribuições;

IV – receber petições, reclamações, representações ou queixas de qualquer pessoa contra atos ou omissões das autoridades ou entidades públicas;

V – solicitar depoimento de qualquer autoridade ou cidadão;

VI – apreciar programas de obras, planos nacionais, regionais e setoriais de desenvolvimento e sobre eles emitir parecer.

§ 3º As comissões parlamentares de inquérito, que terão poderes de investigação próprios das autoridades judiciais, além de outros previstos nos regimentos das respectivas Casas, serão criadas pela Câmara dos Deputados e pelo Senado Federal, em conjunto ou separadamente, mediante requerimento de um terço de seus membros, para a apuração de fato determinado e por prazo certo, sendo suas conclusões, se for o caso, encaminhadas ao Ministério Público, para que promova a responsabilidade civil ou criminal dos infratores.

→ *v.* Lei 10.001/2000 – Prioridade nos procedimentos a serem adotados pelo Ministério Público e por outros órgãos a respeito das conclusões das comissões parlamentares de inquérito.

→ *v.* Lei 1.579/1952 – Comissões Parlamentares de Inquérito.

§ 4º Durante o recesso, haverá uma Comissão representativa do Congresso Nacional, eleita por suas Casas na última sessão ordinária do período legislativo, com atribuições definidas no regimento comum, cuja composição reproduzirá, quanto possível, a proporcionalidade da representação partidária.

Seção VIII
Do processo legislativo

Subseção I
Disposição geral

Art. 59. O processo legislativo compreende a elaboração de:

I – emendas à Constituição;

II – leis complementares;

III – leis ordinárias;

IV – leis delegadas;

V – medidas provisórias;

→ *v.* Art. 73 do ADCT.

VI – decretos legislativos;

VII – resoluções.

Parágrafo único. Lei complementar disporá sobre a elaboração, redação, alteração e consolidação das leis.

→ *v.* LC 95/1998 – Elaboração, a redação, a alteração e a consolidação das leis.

Subseção II
Da Emenda à Constituição

Art. 60. A Constituição poderá ser emendada mediante proposta:

I – de um terço, no mínimo, dos membros da Câmara dos Deputados ou do Senado Federal;

II – do Presidente da República;

III – de mais da metade das Assembleias Legislativas das unidades da Federação, manifestando-se, cada uma delas, pela maioria relativa de seus membros.

§ 1º A Constituição não poderá ser emendada na vigência de intervenção federal, de estado de defesa ou de estado de sítio.

→ *v.* Arts. 34 a 36 e 136 a 141 da CF/1988.

§ 2º A proposta será discutida e votada em cada Casa do Congresso Nacional, em dois turnos, considerando-se aprovada se obtiver, em ambos, três quintos dos votos dos respectivos membros.

§ 3º A emenda à Constituição será promulgada pelas Mesas da Câmara dos Deputados e do Senado Federal, com o respectivo número de ordem.

§ 4º Não será objeto de deliberação a proposta de emenda tendente a abolir:

I – a forma federativa de Estado;

II – o voto direto, secreto, universal e periódico;

III – a separação dos Poderes;

IV – os direitos e garantias individuais.

§ 5º A matéria constante de proposta de emenda rejeitada ou havida por prejudicada não pode ser objeto de nova proposta na mesma sessão legislativa.

Subseção III
Das leis

Art. 61. A iniciativa das leis complementares e ordinárias cabe a qualquer membro ou Comissão da Câmara dos Deputados, do Senado Federal ou do Congresso Nacional, ao Presidente da República, ao Supremo Tribunal Federal, aos Tribunais Superiores, ao Procurador-Geral da República e aos cidadãos, na forma e nos casos previstos nesta Constituição.

→ *v.* Art. 14, III, da CF/1988.

→ *v.* Lei 9.709/1998 – Regulamenta a execução do disposto nos incisos I, II e III do art. 14 da CF/1988.

§ 1º São de iniciativa privativa do Presidente da República as leis que:

I – fixem ou modifiquem os efetivos das Forças Armadas;

II – disponham sobre:

a) criação de cargos, funções ou empregos públicos na administração direta e autárquica ou aumento de sua remuneração;

→ *v.* Súmulas 679 e 681 do STF.

b) organização administrativa e judiciária, matéria tributária e orçamentária, serviços públicos e pessoal da administração dos Territórios;

c) servidores públicos da União e Territórios, seu regime jurídico, provimento de cargos, estabilidade e aposentadoria;

→ Alínea *c* com redação alterada pela EC 18/1998.

d) organização do Ministério Público e da Defensoria Pública da União, bem como normas gerais para a organização do Ministério Público e da Defensoria Pública dos Estados, do Distrito Federal e dos Territórios;

e) criação e extinção de Ministérios e órgãos da administração pública, observado o disposto no art. 84, VI;

→ Alínea *e* com redação alterada pela EC 32/2001.

f) militares das Forças Armadas, seu regime jurídico, provimento de cargos, promoções, estabilidade, remuneração, reforma e transferência para a reserva.

→ Alínea *f* acrescentada pela EC 18/1998.

§ 2º A iniciativa popular pode ser exercida pela apresentação à Câmara dos Deputados de projeto de lei subscrito por, no mínimo, um por cento do eleitorado nacional, distribuído pelo menos por cinco Estados, com não menos de três décimos por cento dos eleitores de cada um deles.

Art. 62. Em caso de relevância e urgência, o Presidente da República poderá adotar medidas provisórias, com força de lei, devendo submetê-las de imediato ao Congresso Nacional.

→ Artigo com redação alterada pela EC 32/2001.

→ *v.* Súmula 651 do STF.

→ *v.* Art. 246 da CF/1988.

§ 1º É vedada a edição de medidas provisórias sobre matéria:

I – relativa a:

a) nacionalidade, cidadania, direitos políticos, partidos políticos e direito eleitoral;

b) direito penal, processual penal e processual civil;

c) organização do Poder Judiciário e do Ministério Público, a carreira e a garantia de seus membros;

d) planos plurianuais, diretrizes orçamentárias, orçamento e créditos adicionais e suplementares, ressalvado o previsto no art. 167, § 3º;

II – que vise a detenção ou sequestro de bens, de poupança popular ou qualquer outro ativo financeiro;

III – reservada a lei complementar;

IV – já disciplinada em projeto de lei aprovado pelo Congresso Nacional e pendente de sanção ou veto do Presidente da República.

§ 2º Medida provisória que implique instituição ou majoração de impostos, exceto os previstos nos arts. 153, I, II, IV, V, e 154, II, só produzirá efeitos no exercício financeiro seguinte se houver sido convertida em lei até o último dia daquele em que foi editada.

§ 3º As medidas provisórias, ressalvado o disposto nos §§ 11 e 12 perderão eficácia, desde a edição, se não forem convertidas em lei no prazo de sessenta dias, prorrogável, nos termos do § 7º, uma vez por igual período, devendo o Congresso Nacional disciplinar, por decreto legislativo, as relações jurídicas delas decorrentes.

§ 4º O prazo a que se refere o § 3º contar-se-á da publicação da medida provisória, suspendendo-se durante os períodos de recesso do Congresso Nacional.

§ 5º A deliberação de cada uma das Casas do Congresso Nacional sobre o mérito das medidas provisórias dependerá de juízo prévio sobre o atendimento de seus pressupostos constitucionais.

§ 6º Se a medida provisória não for apreciada em até quarenta e cinco dias contados de sua publicação, entrará em regime de urgência, subsequentemente, em cada uma das Casas do Congresso Nacional, ficando sobrestadas, até que se ultime a votação, todas as demais deliberações legislativas da Casa em que estiver tramitando.

§ 7º Prorrogar-se-á uma única vez por igual período a vigência de medida provisória que, no prazo de sessenta dias, contado de sua publicação, não tiver a sua votação encerrada nas duas Casas do Congresso Nacional.

§ 8º As medidas provisórias terão sua votação iniciada na Câmara dos Deputados.

§ 9º Caberá à comissão mista de Deputados e Senadores examinar as medidas provisórias e sobre elas emitir parecer, antes de serem apreciadas, em sessão separada, pelo plenário de cada uma das Casas do Congresso Nacional.

§ 10. É vedada a reedição, na mesma sessão legislativa, de medida provisória que tenha sido rejeitada ou que tenha perdido sua eficácia por decurso de prazo.

§ 11. Não editado o decreto legislativo a que se refere o § 3º até sessenta dias após a rejeição ou perda de eficácia de medida provisória, as relações jurídicas constituídas e decorrentes de atos praticados durante sua vigência conservar-se-ão por ela regidas.

§ 12. Aprovado projeto de lei de conversão alterando o texto original da medida provisória, esta manter-se-á integralmente em vigor até que seja sancionado ou vetado o projeto.

Art. 63. Não será admitido aumento da despesa prevista:

I – nos projetos de iniciativa exclusiva do Presidente da República, ressalvado o disposto no art. 166, §§ 3º e 4º;

II – nos projetos sobre organização dos serviços administrativos da Câmara dos Deputados, do Senado Federal, dos Tribunais Federais e do Ministério Público.

Art. 64. A discussão e votação dos projetos de lei de iniciativa do Presidente da República, do Supremo Tribunal Federal e dos Tribunais Superiores terão início na Câmara dos Deputados.

§ 1º O Presidente da República poderá solicitar urgência para apreciação de projetos de sua iniciativa.

§ 2º Se, no caso do § 1º, a Câmara dos Deputados e o Senado Federal não se manifestarem sobre a proposição, cada qual sucessivamente, em até quarenta e cinco dias, sobrestar-se-ão todas as demais deliberações legislativas da respectiva Casa, com exceção das que tenham prazo constitucional determinado, até que se ultime a votação.

→ § 2º com redação alterada pela EC 32/2001.

§ 3º A apreciação das emendas do Senado Federal pela Câmara dos Deputados far-se-á no prazo de dez dias, observado quanto ao mais o disposto no parágrafo anterior.

§ 4º Os prazos do § 2º não correm nos períodos de recesso do Congresso Nacional, nem se aplicam aos projetos de código.

Art. 65. O projeto de lei aprovado por uma Casa será revisto pela outra, em um só turno de discussão e votação, e enviado à sanção ou promulgação, se a Casa revisora o aprovar, ou arquivado, se o rejeitar.

Parágrafo único. Sendo o projeto emendado, voltará à Casa iniciadora.

Art. 66. A Casa na qual tenha sido concluída a votação enviará o projeto de lei ao Presidente da República, que, aquiescendo, o sancionará.

§ 1º Se o Presidente da República considerar o projeto, no todo ou em parte, inconstitucional ou contrário ao interesse público, vetá-lo-á total ou parcialmente, no prazo de quinze dias úteis, contados da data do recebimento, e comunicará, dentro de quarenta e oito horas, ao Presidente do Senado Federal os motivos do veto.

§ 2º O veto parcial somente abrangerá texto integral de artigo, de parágrafo, de inciso ou de alínea.

§ 3º Decorrido o prazo de quinze dias, o silêncio do Presidente da República importará sanção.

§ 4º O veto será apreciado em sessão conjunta, dentro de trinta dias a contar de seu recebimento, só podendo ser rejeitado pelo voto da maioria absoluta dos Deputados e Senadores.

→ § 4º com redação alterada pela EC 76/2013.

§ 5º Se o veto não for mantido, será o projeto enviado, para promulgação, ao Presidente da República.

§ 6º Esgotado sem deliberação o prazo estabelecido no § 4º, o veto será colocado na ordem do dia da sessão imediata, sobrestadas as demais proposições, até sua votação final.

→ § 6º com redação alterada pela EC 32/2001.

§ 7º Se a lei não for promulgada dentro de quarenta e oito horas pelo Presidente da República, nos casos dos §§ 3º e 5º, o Presidente do Senado a promulgará e, se este não fizer em igual prazo, caberá ao Vice-Presidente do Senado fazê-lo.

Art. 67. A matéria constante de projeto de lei rejeitado somente poderá constituir objeto de novo projeto, na mesma sessão legislativa, mediante proposta da maioria absoluta dos membros de qualquer das Casas do Congresso Nacional.

Art. 68. As leis delegadas serão elaboradas pelo Presidente da República, que deverá solicitar a delegação ao Congresso Nacional.

§ 1º Não serão objeto de delegação os atos de competência exclusiva do Congresso Nacional, os de competência privativa da Câmara dos Deputados ou do Senado Federal, a matéria reservada à lei complementar, nem a legislação sobre:

I – organização do Poder Judiciário e do Ministério Público, a carreira e a garantia de seus membros;

II – nacionalidade, cidadania, direitos individuais, políticos e eleitorais;

III – planos plurianuais, diretrizes orçamentárias e orçamentos.

§ 2º A delegação ao Presidente da República terá a forma de resolução do Congresso Nacional, que especificará seu conteúdo e os termos de seu exercício.

§ 3º Se a resolução determinar a apreciação do projeto pelo Congresso Nacional, este a fará em votação única, vedada qualquer emenda.

Art. 69. As leis complementares serão aprovadas por maioria absoluta.

Seção IX
Da fiscalização contábil, financeira e orçamentária

Art. 70. A fiscalização contábil, financeira, orçamentária, operacional e patrimonial da União e das entidades da administração direta e indireta, quanto à legalidade, legitimidade, economicidade, aplicação das subvenções e renúncia de receitas, será exercida pelo Congresso Nacional, mediante controle externo, e pelo sistema de controle interno de cada Poder.

Parágrafo único. Prestará contas qualquer pessoa física ou jurídica, pública ou privada, que utilize, arrecade, guarde, gerencie ou administre dinheiros, bens e valores públicos ou pelos quais a União responda, ou que, em nome desta, assuma obrigações de natureza pecuniária.

→ Parágrafo único com redação alterada pela EC 19/1998.

Art. 71. O controle externo, a cargo do Congresso Nacional, será exercido com o auxílio do Tribunal de Contas da União, ao qual compete:

→ v. Lei 8.443/1992 – Lei Orgânica do Tribunal de Contas da União.

→ v. Súmula 347 do STF.

I – apreciar as contas prestadas anualmente pelo Presidente da República, mediante parecer prévio que deverá ser elaborado em sessenta dias a contar de seu recebimento;

II – julgar as contas dos administradores e demais responsáveis por dinheiros, bens e valores públicos da administração direta e indireta, incluídas as fundações e sociedades instituídas e mantidas pelo Poder Público federal, e as contas daqueles que derem causa a perda, extravio ou outra irregularidade de que resulte prejuízo ao erário público;

III – apreciar, para fins de registro, a legalidade dos atos de admissão de pessoal, a qualquer título, na administração direta e indireta, incluídas as fundações instituídas e mantidas pelo Poder Público, excetuadas as nomeações para cargo de provimento em comissão, bem como a das concessões de aposentadorias, reformas e pensões, ressalvadas as melhorias posteriores que não alterem o fundamento legal do ato concessório;

→ v. Súmula Vinculante 3 do STF.

IV – realizar, por iniciativa própria, da Câmara dos Deputados, do Senado Federal, de Comissão técnica ou de inquérito, inspeções e auditorias de natureza contábil, financeira, orçamentária, operacional e patrimonial, nas unidades administrativas dos Poderes Legislativo, Executivo e Judiciário, e demais entidades referidas no inciso II;

V – fiscalizar as contas nacionais das empresas supranacionais de cujo capital social a União participe, de forma direta ou indireta, nos termos do tratado constitutivo;

VI – fiscalizar a aplicação de quaisquer recursos repassados pela União mediante convênio, acordo, ajuste ou outros instrumentos congêneres, a Estado, ao Distrito Federal ou a Município;

VII – prestar as informações solicitadas pelo Congresso Nacional, por qualquer de suas Casas, ou por qualquer das respectivas Comissões, sobre a fiscalização contábil, financeira, orçamentária, operacional e patrimonial e sobre resultados de auditorias e inspeções realizadas;

VIII – aplicar aos responsáveis, em caso de ilegalidade de despesa ou irregularidade de contas, as sanções previstas em lei, que estabelecerá, entre outras cominações, multa proporcional ao dano causado ao erário;

IX – assinar prazo para que o órgão ou entidade adote as providências necessárias ao exato cumprimento da lei, se verificada ilegalidade;

X – sustar, se não atendido, a execução do ato impugnado, comunicando a decisão à Câmara dos Deputados e ao Senado Federal;

XI – representar ao Poder competente sobre irregularidades ou abusos apurados.

§ 1º No caso de contrato, o ato de sustação será adotado diretamente pelo Congresso Nacional, que solicitará, de imediato, ao Poder Executivo as medidas cabíveis.

§ 2º Se o Congresso Nacional ou o Poder Executivo, no prazo de noventa dias, não efetivar as medidas previstas no parágrafo anterior, o Tribunal decidirá a respeito.

§ 3º As decisões do Tribunal de que resulte imputação de débito ou multa terão eficácia de título executivo.

§ 4º O Tribunal encaminhará ao Congresso Nacional, trimestral e anualmente, relatório de suas atividades.

Art. 72. A Comissão mista permanente a que se refere o art. 166, § 1º, diante de indícios de despesas não autorizadas, ainda que sob a forma de investimentos não programados ou de subsídios não aprovados, poderá solicitar à autoridade governamental responsável que, no prazo de cinco dias, preste os esclarecimentos necessários.

→ *v.* Art. 16, § 2º, do ADCT.

§ 1º Não prestados os esclarecimentos, ou considerados estes insuficientes, a Comissão solicitará ao Tribunal pronunciamento conclusivo sobre a matéria, no prazo de trinta dias.

§ 2º Entendendo o Tribunal irregular a despesa, a Comissão, se julgar que o gasto possa causar dano irreparável ou grave lesão à economia pública, proporá ao Congresso Nacional sua sustação.

Art. 73. O Tribunal de Contas da União, integrado por nove Ministros, tem sede no Distrito Federal, quadro próprio de pessoal e jurisdição em todo o território nacional, exercendo, no que couber, as atribuições previstas no art. 96.

§ 1º Os Ministros do Tribunal de Contas da União serão nomeados dentre brasileiros que satisfaçam os seguintes requisitos:

→ *v.* Arts. 49, XIII, e 84, XV, da CF/1988.

I – mais de trinta e cinco e menos de sessenta e cinco anos de idade;

II – idoneidade moral e reputação ilibada;

III – notórios conhecimentos jurídicos, contábeis, econômicos e financeiros ou de administração pública;

IV – mais de dez anos de exercício de função ou de efetiva atividade profissional que exija os conhecimentos mencionados no inciso anterior.

§ 2º Os Ministros do Tribunal de Contas da União serão escolhidos:

→ *v.* Súmula 653 do STF.

I – um terço pelo Presidente da República, com aprovação do Senado Federal, sendo dois alternadamente dentre auditores e membros do Ministério Público junto ao Tribunal, indicados em lista tríplice pelo Tribunal, segundo os critérios de antiguidade e merecimento;

II – dois terços pelo Congresso Nacional.

§ 3º Os Ministros do Tribunal de Contas da União terão as mesmas garantias, prerrogativas, impedimentos, vencimentos e vantagens dos Ministros do Superior Tribunal de Justiça, aplicando-se-lhes, quanto à aposentadoria e pensão, as normas constantes do art. 40.

→ § 3º com redação alterada pela EC 20/1998.

§ 4º O auditor, quando em substituição a Ministro, terá as mesmas garantias e impedimentos do titular e, quando no exercício das demais atribuições da judicatura, as de juiz de Tribunal Regional Federal.

→ *v.* Art. 4º, § 3º, da Lei 12.618/2012.

Art. 74. Os Poderes Legislativo, Executivo e Judiciário manterão, de forma integrada, sistema de controle interno com a finalidade de:

I – avaliar o cumprimento das metas previstas no plano plurianual, a execução dos programas de governo e dos orçamentos da União;

II – comprovar a legalidade e avaliar os resultados, quanto à eficácia e eficiência, da gestão orçamentária, financeira e patrimonial nos órgãos e entidades da administração federal, bem como da aplicação de recursos públicos por entidades de direito privado;

III – exercer o controle das operações de crédito, avais e garantias, bem como dos direitos e haveres da União;

IV – apoiar o controle externo no exercício de sua missão institucional.

§ 1º Os responsáveis pelo controle interno, ao tomarem conhecimento de qualquer irregularidade ou ilegalidade, dela darão ciência ao Tribunal de Contas da União, sob pena de responsabilidade solidária.

§ 2º Qualquer cidadão, partido político, associação ou sindicato é parte legítima para, na forma da lei, denunciar irregularidades ou ilegalidades perante o Tribunal de Contas da União.

→ *v.* Arts. 1º, XVI, e 53 da Lei 8.443/1992.

Art. 75. As normas estabelecidas nesta seção aplicam-se, no que couber, à organização, composição e fiscalização dos Tribunais de Contas dos Estados e do Distrito Federal, bem como dos Tribunais e Conselhos de Contas dos Municípios.

→ *v.* Súmula 653 do STF.

Parágrafo único. As Constituições estaduais disporão sobre os Tribunais de Contas respectivos, que serão integrados por sete Conselheiros.

Capítulo II
DO PODER EXECUTIVO

Seção I
Do Presidente e do Vice-Presidente da República

Art. 76. O Poder Executivo é exercido pelo Presidente da República, auxiliado pelos Ministros de Estado.

Art. 77. A eleição do Presidente e do Vice-Presidente da República realizar-se-á, simultaneamente, no primeiro domingo de outubro, em primeiro turno, e no último domingo de outubro, em segundo turno, se houver, do ano anterior ao do término do mandato presidencial vigente.

→ *Caput* com redação alterada pela EC 16/1997.

→ *v.* Arts. 28, 29, II e 32, § 2º, da CF/1988.

§ 1º A eleição do Presidente da República importará a do Vice-Presidente com ele registrado.

§ 2º Será considerado eleito Presidente o candidato que, registrado por partido político, obtiver a maioria absoluta de votos, não computados os em branco e os nulos.

§ 3º Se nenhum candidato alcançar maioria absoluta na primeira votação, far-se-á nova eleição em até vinte dias após a proclamação do resultado, concorrendo os dois candidatos mais votados e considerando-se eleito aquele que obtiver a maioria dos votos válidos.

§ 4º Se, antes de realizado o segundo turno, ocorrer morte, desistência ou impedimento legal de candidato, convocar-se-á, dentre os remanescentes, o de maior votação.

§ 5º Se, na hipótese dos parágrafos anteriores, remanescer, em segundo lugar, mais de um candidato com a mesma votação, qualificar-se-á o mais idoso.

Art. 78. O Presidente e o Vice-Presidente da República tomarão posse em sessão do Congresso Nacional, prestando o compromisso de manter, defender e cumprir a Constituição, observar as leis, promover o bem geral do povo brasileiro, sustentar a união, a integridade e a independência do Brasil.

Parágrafo único. Se, decorridos dez dias da data fixada para a posse, o Presidente ou o Vice-Presidente, salvo motivo de força maior, não tiver assumido o cargo, este será declarado vago.

Art. 79. Substituirá o Presidente, no caso de impedimento, e suceder-lhe-á, no de vaga, o Vice-Presidente.

Parágrafo único. O Vice-Presidente da República, além de outras atribuições que lhe forem conferidas por lei complementar, auxiliará o Presidente, sempre que por ele convocado para missões especiais.

Art. 80. Em caso de impedimento do Presidente e do Vice-Presidente, ou vacância dos respectivos cargos, serão sucessivamente chamados ao exercício da Presidência o Presidente da Câmara dos Deputados, o do Senado Federal e o do Supremo Tribunal Federal.

Art. 81. Vagando os cargos de Presidente e Vice-Presidente da República, far-se-á eleição noventa dias depois de aberta a última vaga.

§ 1º Ocorrendo a vacância nos últimos dois anos do período presidencial, a eleição para ambos os cargos será feita trinta dias depois da última vaga, pelo Congresso Nacional, na forma da lei.

§ 2º Em qualquer dos casos, os eleitos deverão completar o período de seus antecessores.

Art. 82. O mandato do Presidente da República é de quatro anos e terá início em primeiro de janeiro do ano seguinte ao da sua eleição.

→ Artigo com redação alterada pela EC 16/1997.

Art. 83. O Presidente e o Vice-Presidente da República não poderão, sem licença do Congresso Nacional, ausentar-se do País por período superior a quinze dias, sob pena de perda do cargo.

Seção II
Das atribuições do Presidente da República

Art. 84. Compete privativamente ao Presidente da República:

I – nomear e exonerar os Ministros de Estado;

II – exercer, com o auxílio dos Ministros de Estado, a direção superior da administração federal;

III – iniciar o processo legislativo, na forma e nos casos previstos nesta Constituição;

IV – sancionar, promulgar e fazer publicar as leis, bem como expedir decretos e regulamentos para sua fiel execução;

→ v. Art. 1º da LINDB.

V – vetar projetos de lei, total ou parcialmente;

→ v. Art. 66, §§ 1º a 7º, da CF/1988.

VI – dispor, mediante decreto, sobre:

→ Inciso VI com redação alterada pela EC 32/2001.

a) organização e funcionamento da administração federal, quando não implicar aumento de despesa nem criação ou extinção de órgãos públicos;

→ v. Lei 10.683/2003 – Organização da Presidência da República e dos Ministérios.

b) extinção de funções ou cargos públicos, quando vagos;

VII – manter relações com Estados estrangeiros e acreditar seus representantes diplomáticos;

VIII – celebrar tratados, convenções e atos internacionais, sujeitos a referendo do Congresso Nacional;

IX – decretar o estado de defesa e o estado de sítio;

X – decretar e executar a intervenção federal;

XI – remeter mensagem e plano de governo ao Congresso Nacional por ocasião da abertura da sessão legislativa, expondo a situação do País e solicitando as providências que julgar necessárias;

XII – conceder indulto e comutar penas, com audiência, se necessário, dos órgãos instituídos em lei;

→ v. Decreto 7.648/2011 – Concede indulto natalino e comutação de penas.

→ v. Decreto 1.860/1996 – Concede indulto especial condicional.

XIII – exercer o comando supremo das Forças Armadas, nomear os Comandantes da Marinha, do Exército e da Aeronáutica, promover seus oficiais-generais e nomeá-los para os cargos que lhes são privativos;

→ Inciso XIII com redação alterada pela EC 23/1999.

XIV – nomear, após aprovação pelo Senado Federal, os Ministros do Supremo Tribunal Federal e dos Tribunais Superiores, os Governadores de Territórios, o Procurador-Geral da República, o presidente e os diretores do Banco Central e outros servidores, quando determinado em lei;

XV – nomear, observado o disposto no art. 73, os Ministros do Tribunal de Contas da União;

XVI – nomear os magistrados, nos casos previstos nesta Constituição, e o Advogado-Geral da União;

XVII – nomear membros do Conselho da República, nos termos do art. 89, VII;

XVIII – convocar e presidir o Conselho da República e o Conselho de Defesa Nacional;

XIX – declarar guerra, no caso de agressão estrangeira, autorizado pelo Congresso Nacional ou referendado por ele, quando ocorrida no intervalo das sessões legislativas, e, nas mesmas condições, decretar, total ou parcialmente, a mobilização nacional;

→ v. Art. 5º, XLVII, *a*, da CF/1988.

→ v. Lei 11.631/2007 – Mobilização Nacional e cria o Sistema Nacional de Mobilização – SINAMOB.

XX – celebrar a paz, autorizado ou com o referendo do Congresso Nacional;

XXI – conferir condecorações e distinções honoríficas;

XXII – permitir, nos casos previstos em lei complementar, que forças estrangeiras transitem pelo território nacional ou nele permaneçam temporariamente;

→ v. LC 90/1997 – Determina os casos em que forças estrangeiras possam transitar pelo território nacional ou nele permanecer temporariamente.

→ v. Art. 6º, item 4, da Lei 1.079/1950.

XXIII – enviar ao Congresso Nacional o plano plurianual, o projeto de lei de diretrizes orçamentárias e as propostas de orçamento previstos nesta Constituição;

XXIV – prestar, anualmente, ao Congresso Nacional, dentro de sessenta dias após a abertura da sessão legislativa, as contas referentes ao exercício anterior;

XXV – prover e extinguir os cargos públicos federais, na forma da lei;

XXVI – editar medidas provisórias com força de lei, nos termos do art. 62;

XXVII – exercer outras atribuições previstas nesta Constituição.

Parágrafo único. O Presidente da República poderá delegar as atribuições mencionadas nos incisos VI, XII e XXV, primeira parte, aos Ministros de Estado, ao Procurador-Geral da República ou ao Advogado-Geral da União, que observarão os limites traçados nas respectivas delegações.

Seção III
Da responsabilidade do Presidente da República

Art. 85. São crimes de responsabilidade os atos do Presidente da República que atentem contra a Constituição Federal e, especialmente, contra:

→ v. Art. 2º da Lei 1.079/1950.

I – a existência da União;

→ v. Art. 5º da Lei 1.079/1950.

II – o livre exercício do Poder Legislativo, do Poder Judiciário, do Ministério Público e dos Poderes constitucionais das unidades da Federação;

→ v. Art. 6º da Lei 1.079/1950.

III – o exercício dos direitos políticos, individuais e sociais;

→ v. Art. 7º da Lei 1.079/1950.

IV – a segurança interna do País;

→ v. Art. 8º da Lei 1.079/1950.

V – a probidade na administração;

→ v. Art. 37, § 4º, da CF/1988.

→ v. Art. 9º da Lei 1.079/1950.

VI – a lei orçamentária;

→ v. Arts. 10 e 11 da Lei 1.079/1950.

VII – o cumprimento das leis e das decisões judiciais.

→ v. Art. 12 da Lei 1.079/1950.

Parágrafo único. Esses crimes serão definidos em lei especial, que estabelecerá as normas de processo e julgamento.

→ v. Súmula 722 do STF.

Art. 86. Admitida a acusação contra o Presidente da República, por dois terços da Câmara dos Deputados, será ele submetido a julgamento perante o Supremo Tribunal Federal, nas infrações penais comuns, ou perante o Senado Federal, nos crimes de responsabilidade.

§ 1º O Presidente ficará suspenso de suas funções:

I – nas infrações penais comuns, se recebida a denúncia ou queixa-crime pelo Supremo Tribunal Federal;

II – nos crimes de responsabilidade, após a instauração do processo pelo Senado Federal.

§ 2º Se, decorrido o prazo de cento e oitenta dias, o julgamento não estiver concluído, cessará o afastamento do Presidente, sem prejuízo do regular prosseguimento do processo.

§ 3º Enquanto não sobrevier sentença condenatória, nas infrações comuns, o Presidente da República não estará sujeito a prisão.

§ 4º O Presidente da República, na vigência de seu mandato, não pode ser responsabilizado por atos estranhos ao exercício de suas funções.

Seção IV
Dos Ministros de Estado

Art. 87. Os Ministros de Estado serão escolhidos dentre brasileiros maiores de vinte um anos e no exercício dos direitos políticos.

Parágrafo único. Compete ao Ministro de Estado, além de outras atribuições estabelecidas nesta Constituição e na lei:

I – exercer a orientação, coordenação e supervisão dos órgãos e entidades da administração federal na área de sua competência e referendar os atos e decretos assinados pelo Presidente da República;

II – expedir instruções para a execução das leis, decretos e regulamentos;

III – apresentar ao Presidente da República relatório anual de sua gestão no Ministério;

IV – praticar os atos pertinentes às atribuições que lhe forem outorgadas ou delegadas pelo Presidente da República.

Art. 88. A lei disporá sobre a criação e extinção de Ministérios e órgãos da administração pública.

→ Artigo com redação alterada pela EC 32/2001.

→ v. Lei 10.683/2003 – Organização da Presidência da República e dos Ministérios.

Seção V
Do Conselho da República e do Conselho de Defesa Nacional

Subseção I
Do Conselho da República

Art. 89. O Conselho da República é órgão superior de consulta do Presidente da República, e dele participam:

→ v. Lei 8.041/1990 – Organização e funcionamento do Conselho da República.

I – o Vice-Presidente da República;

II – o Presidente da Câmara dos Deputados;

III – o Presidente do Senado Federal;

IV – os líderes da maioria e da minoria na Câmara dos Deputados;

V – os líderes da maioria e da minoria no Senado Federal;

VI – o Ministro da Justiça;

VII – seis cidadãos brasileiros natos, com mais de trinta e cinco anos de idade, sendo dois nomeados pelo Presidente da República, dois eleitos pelo Senado Federal e dois eleitos pela Câmara dos Deputados, todos com mandato de três anos, vedada a recondução.

→ v. Arts. 51, V, 52, XIV e 84, XVII, da CF/1988.

Art. 90. Compete ao Conselho da República pronunciar-se sobre:

I – intervenção federal, estado de defesa e estado de sítio;

II – as questões relevantes para a estabilidade das instituições democráticas.

§ 1º O Presidente da República poderá convocar Ministro de Estado para participar da reunião do Conselho, quando constar da pauta questão relacionada com o respectivo Ministério.

§ 2º A lei regulará a organização e o funcionamento do Conselho da República.

→ v. Lei 8.041/1990 – Organização e funcionamento do Conselho da República.

Subseção II
Do Conselho de Defesa Nacional

Art. 91. O Conselho de Defesa Nacional é órgão de consulta do Presidente da República nos assuntos relacionados com a soberania nacional e a defesa do Estado democrático, e dele participam como membros natos:

I – o Vice-Presidente da República;

II – o Presidente da Câmara dos Deputados;

III – o Presidente do Senado Federal;

IV – o Ministro da Justiça;

V – o Ministro de Estado da Defesa;

→ Inciso V com redação alterada pela EC 23/1999.

VI – o Ministro das Relações Exteriores;

VII – o Ministro do Planejamento;

VIII – os Comandantes da Marinha, do Exército e da Aeronáutica.

→ Inciso VIII acrescentado pela EC 23/1999.

§ 1º Compete ao Conselho de Defesa Nacional:

I – opinar nas hipóteses de declaração de guerra e de celebração da paz, nos termos desta Constituição;

II – opinar sobre a decretação do estado de defesa, do estado de sítio e da intervenção federal;

III – propor os critérios e condições de utilização de áreas indispensáveis à segurança do território nacional e opinar sobre seu efetivo uso, especialmente na faixa de fronteira e nas relacionadas com a preservação e a exploração dos recursos naturais de qualquer tipo;

IV – estudar, propor e acompanhar o desenvolvimento de iniciativas necessárias a garantir a independência nacional e a defesa do Estado democrático.

§ 2º A lei regulará a organização e o funcionamento do Conselho de Defesa Nacional.

→ v. Lei 8.183/1991 – Organização e o funcionamento do Conselho de Defesa Nacional.

Capítulo III
DO PODER JUDICIÁRIO

Seção I
Disposições gerais

Art. 92. São órgãos do Poder Judiciário:

I – o Supremo Tribunal Federal;

→ v. Art. 102 da CF/1988.

I-A – o Conselho Nacional de Justiça;

→ Inciso I-A acrescentado pela EC 45/2004.

→ v. Art. 103-B da CF/1988.

→ v. Lei 11.364/2006 – Atividades de apoio ao Conselho Nacional de Justiça.

II – o Superior Tribunal de Justiça;

→ v. Art. 105 da CF/1988.

III – os Tribunais Regionais Federais e Juízes Federais;

→ v. Art. 108 da CF/1988.

IV – os Tribunais e Juízes do Trabalho;

→ v. Art. 114 da CF/1988.

V – os Tribunais e Juízes Eleitorais;

→ v. Art. 121 da CF/1988.

VI – os Tribunais e Juízes Militares;

→ v. Art. 124 da CF/1988.

VII – os Tribunais e Juízes dos Estados e do Distrito Federal e Territórios.

→ v. Art. 125 da CF/1988.

§ 1º O Supremo Tribunal Federal, o Conselho Nacional de Justiça e os Tribunais Superiores têm sede na Capital Federal.

→ § 1º acrescentado pela EC 45/2004.

§ 2º O Supremo Tribunal Federal e os Tribunais Superiores têm jurisdição em todo o território nacional.

→ § 2º acrescentado pela EC 45/2004.

Art. 93. Lei complementar, de iniciativa do Supremo Tribunal Federal, disporá sobre o Estatuto da Magistratura, observados os seguintes princípios:

→ v. LC 35/1979 – Lei Orgânica da Magistratura Nacional.

→ v. Súmula 731 do STF.

I – ingresso na carreira, cujo cargo inicial será o de juiz substituto, mediante concurso público de provas e títulos, com a participação da Ordem dos Advogados do Brasil em todas as fases, exigindo-se do bacharel em direito, no mínimo, 3 (três) anos de atividade jurídica e obedecendo-se, nas nomeações, à ordem de classificação;

→ Inciso I com redação alterada pela EC 45/2004.

II – promoção de entrância para entrância, alternadamente, por antiguidade e merecimento, atendidas as seguintes normas:

a) é obrigatória a promoção do juiz que figure por três vezes consecutivas ou cinco alternadas em lista de merecimento;

b) a promoção por merecimento pressupõe dois anos de exercício na respectiva entrância e integrar o juiz a primeira quinta parte da lista de antiguidade desta, salvo se não houver com tais requisitos quem aceite o lugar vago;

c) aferição do merecimento conforme o desempenho e pelos critérios objetivos de produtividade e presteza no exercício da jurisdição e pela frequência e aproveitamento em cursos oficiais ou reconhecidos de aperfeiçoamento;

→ Alínea *c* com redação alterada pela EC 45/2004.

d) na apuração de antiguidade, o tribunal somente poderá recusar o juiz mais antigo pelo voto fundamentado de dois terços de seus membros, conforme procedimento próprio, e assegurada ampla defesa, repetindo-se a votação até fixar-se a indicação;

→ Alínea *d* com redação alterada pela EC 45/2004.

e) não será promovido o juiz que, injustificadamente, retiver autos em seu poder além do prazo legal, não podendo devolvê-los ao cartório sem o devido despacho ou decisão;

→ Alínea *e* acrescentada pela EC 45/2004.

III – o acesso aos tribunais de segundo grau far-se-á por antiguidade e merecimento, alternadamente, apurados na última ou única entrância;

→ Inciso III com redação alterada pela EC 45/2004.

IV – previsão de cursos oficiais de preparação, aperfeiçoamento e promoção de magistrados, constituindo etapa obrigatória do processo de vitaliciamento a participação em curso oficial ou reconhecido por escola nacional de formação e aperfeiçoamento de magistrados;

→ Inciso IV com redação alterada pela EC 45/2004.

V – o subsídio dos Ministros dos Tribunais Superiores corresponderá a noventa e cinco por cento do subsídio mensal fixado para os Ministros do Supremo Tribunal Federal e os subsídios dos demais magistrados serão fixados em lei e escalonados, em nível federal e estadual, conforme as respectivas categorias da estrutura judiciária nacional, não podendo a diferença entre uma e outra ser superior a dez por cento ou inferior a cinco por cento, nem exceder a noventa e cinco por cento do subsídio mensal dos Ministros dos Tribunais Superiores, obedecido, em qualquer caso, o disposto nos arts. 37, XI, e 39, § 4º;

→ Inciso V com redação alterada pela EC 19/1998.

VI – a aposentadoria dos magistrados e a pensão de seus dependentes observarão o disposto no art. 40;

→ Inciso VI com redação alterada pela EC 20/1998.

VII – o juiz titular residirá na respectiva comarca, salvo autorização do tribunal;

→ Inciso VII com redação alterada pela EC 45/2004.

→ v. Resolução do CNJ 37/2007 – Obrigatoriedade de os Tribunais regulamentarem os casos excepcionais de Juízes residirem fora das respectivas comarcas.

VIII – o ato de remoção, disponibilidade e aposentadoria do magistrado, por interesse público, fundar-se-á em decisão por voto da maioria absoluta do respectivo tribunal ou do Conselho Nacional de Justiça, assegurada ampla defesa;

→ Inciso VIII com redação alterada pela EC 45/2004.

VIII-A – a remoção a pedido ou a permuta de magistrados de comarca de igual entrância atenderá, no que couber, ao disposto nas alíneas *a*, *b*, *c* e *e* do inciso II;

→ Inciso VIII-A acrescentado pela EC 45/2004.

→ v. Art. 95, II, da CF/1988.

IX – todos os julgamentos dos órgãos do Poder Judiciário serão públicos, e fundamentadas todas as decisões, sob pena de nulidade, podendo a lei limitar a presença, em determinados atos, às próprias partes e a seus advogados, ou somente a estes, em casos nos quais a preservação do direito à intimidade do interessado no sigilo não prejudique o interesse público à informação;

→ Inciso IX com redação alterada pela EC 45/2004.

→ v. Súmula 123 do STJ.

→ v. Art. 5º, XXXIII, da CF/1988.

→ v. Art. 459 do CPC/1973.

→ v. Art. 490 do NCPC.

X – as decisões administrativas dos tribunais serão motivadas e em sessão pública, sendo as disciplinares tomadas pelo voto da maioria absoluta de seus membros;

→ Inciso X com redação alterada pela EC 45/2004.

XI – nos tribunais com número superior a vinte e cinco julgadores, poderá ser constituído órgão especial, com o mínimo de onze e o máximo de vinte e cinco membros, para o exercício das atribuições administrativas e jurisdicionais delegadas da competência do tribunal pleno, provendo-se metade das vagas por antiguidade e a outra metade por eleição pelo tribunal pleno;

→ Inciso XI com redação alterada pela EC 45/2004.

XII – a atividade jurisdicional será ininterrupta, sendo vedado férias coletivas nos juízos e tribunais de segundo grau, funcionando, nos dias em que não houver expediente forense normal, juízes em plantão permanente;

→ Inciso XII acrescentado pela EC 45/2004.

XIII – o número de juízes na unidade jurisdicional será proporcional à efetiva demanda judicial e à respectiva população;

→ Inciso XIII acrescentado pela EC 45/2004.

XIV – os servidores receberão delegação para a prática de atos de administração e atos de mero expediente sem caráter decisório;

→ Inciso XIV acrescentado pela EC 45/2004.

XV – a distribuição de processos será imediata, em todos os graus de jurisdição.

→ Inciso XV acrescentado pela EC 45/2004.

Art. 94. Um quinto dos lugares dos Tribunais Regionais Federais, dos Tribunais dos Estados, e do Distrito Federal e Territórios será composto de membros, do Ministério Público, com mais de dez anos de carreira, e de advogados de notório saber jurídico e de reputação ilibada, com mais de dez anos de efetiva atividade profissional, indicados em lista sêxtupla pelos órgãos de representação das respectivas classes.

→ v. Arts. 104, parágrafo único, II e 115, I, da CF/1988.

Parágrafo único. Recebidas as indicações, o tribunal formará lista tríplice, enviando-a ao Poder Executivo, que, nos vinte dias subsequentes, escolherá um de seus integrantes para nomeação.

Art. 95. Os juízes gozam das seguintes garantias:

I – vitaliciedade, que, no primeiro grau, só será adquirida após dois anos de exercício, dependendo a perda do cargo, nesse período, de deliberação do tribunal a que o juiz estiver vinculado, e, nos demais casos, de sentença judicial transitada em julgado;

II – inamovibilidade, salvo por motivo de interesse público, na forma do art. 93, VIII;

III – irredutibilidade de subsídio, ressalvado o disposto nos arts. 37, X e XI, 39, § 4º, 150, II, 153, III, e 153, § 2º, I.

→ Inciso III com redação alterada pela EC 19/1998.

Parágrafo único. Aos juízes é vedado:

→ *Caput* do parágrafo único com redação alterada pela EC 45/2004.

I – exercer, ainda que em disponibilidade, outro cargo ou função, salvo uma de magistério;

II – receber, a qualquer título ou pretexto, custas ou participação em processo;

III – dedicar-se à atividade político-partidária;

→ v. Art. 16 da Lei 9.096/1995.

IV – receber, a qualquer título ou pretexto, auxílios ou contribuições de pessoas físicas, entidades públicas ou privadas, ressalvadas as exceções previstas em lei;

→ Inciso IV acrescentado pela EC 45/2004.

→ v. Art. 128, § 6º, da CF/1988.

V – exercer a advocacia no juízo ou tribunal do qual se afastou, antes de decorridos três anos do afastamento do cargo por aposentadoria ou exoneração.

→ Inciso V acrescentado EC 45/2004.

Art. 96. Compete privativamente:

I – aos tribunais:

a) eleger seus órgãos diretivos e elaborar seus regimentos internos, com observância das normas de processo e das garantias processuais das partes, dispondo sobre a competência e o funcionamento dos respectivos órgãos jurisdicionais e administrativos;

b) organizar suas secretarias e serviços auxiliares e os dos juízos que lhes forem vinculados, velando pelo exercício da atividade correicional respectiva;

c) prover, na forma prevista nesta Constituição, os cargos de juiz de carreira da respectiva jurisdição;

d) propor a criação de novas varas judiciárias;

e) prover, por concurso público de provas, ou provas e títulos, obedecido o disposto no art. 169, parágrafo único, os cargos necessários à administração da Justiça, exceto os de confiança assim definidos em lei;

f) conceder licença, férias e outros afastamentos a seus membros e aos juízes e servidores que lhes forem imediatamente vinculados;

II – ao Supremo Tribunal Federal, aos Tribunais Superiores e aos Tribunais de Justiça propor ao Poder Legislativo respectivo, observado o disposto no art. 169:

a) a alteração do número de membros dos tribunais inferiores;

b) a criação e a extinção de cargos e a remuneração dos seus serviços auxiliares e dos juízos que lhes forem vinculados, bem como a fixação do subsídio de seus membros e dos juízes, inclusive dos tribunais inferiores, onde houver;

→ Alínea *b* com redação alterada pela EC 41/2003.

c) a criação ou extinção dos tribunais inferiores;

d) a alteração da organização e da divisão judiciárias;

III – aos Tribunais de Justiça julgar os juízes estaduais e do Distrito Federal e Territórios, bem como os membros do Ministério Público, nos crimes comuns e de responsabilidade, ressalvada a competência da Justiça Eleitoral.

Art. 97. Somente pelo voto da maioria absoluta de seus membros ou dos membros do respectivo órgão especial poderão os tribunais declarar a inconstitucionalidade de lei ou ato normativo do Poder Público.

→ v. Súmula Vinculante 10 do STF.

→ v. Art. 480 do CPC/1973.

→ v. Art. 948 do NCPC.

Art. 98. A União, no Distrito Federal e nos Territórios, e os Estados criarão:

I – juizados especiais, providos por juízes togados, ou togados e leigos, competentes para a conciliação, o julgamento e a execução de causas cíveis de menor complexidade e infrações penais de menor potencial ofensivo, mediante os procedimentos oral e sumariíssimo, permitidos, nas hipóteses previstas em lei, a transação e o julgamento de recursos por turmas de juízes de primeiro grau;

→ v. Súmula Vinculante 27 do STF.

→ v. Súmula 376 do STJ.

→ v. Art. 109, I, da CF/1988

→ v. Lei 9.099/1995 – Juizados Especiais Cíveis e Criminais.

II – justiça de paz, remunerada, composta de cidadãos eleitos pelo voto direto, universal e secreto, com mandato de quatro anos e competência para, na forma da lei, celebrar casamentos, verificar, de ofício ou em face de impugnação apresentada, o processo de habilitação e exercer atribuições conciliatórias, sem caráter jurisdicional, além de outras previstas na legislação.

→ v. Art. 30 do ADCT.

§ 1º Lei federal disporá sobre a criação de juizados especiais no âmbito da Justiça Federal.

→ Anterior parágrafo único renumerado para § 1º pela EC 45/2004.

→ v. Lei 12.665/2012 – Criação de estrutura permanente para as Turmas Recursais dos Juizados Especiais Federais.

→ v. Lei 12.153/2009 – Juizados Especiais da Fazenda Pública no âmbito dos Estados, do Distrito Federal, dos Territórios e dos Municípios.

→ v. Lei 10.259/2001 – Juizados Especiais Cíveis e Criminais da Justiça Federal.

§ 2º As custas e emolumentos serão destinados exclusivamente ao custeio dos serviços afetos às atividades específicas da Justiça.

→ § 2º acrescentado pela EC 45/2004.

Art. 99. Ao Poder Judiciário é assegurada autonomia administrativa e financeira.

§ 1º Os tribunais elaborarão suas propostas orçamentárias dentro dos limites estipulados conjuntamente com os demais Poderes na lei de diretrizes orçamentárias.

§ 2º O encaminhamento da proposta, ouvidos os outros tribunais interessados, compete:

I – no âmbito da União, aos Presidentes do Supremo Tribunal Federal e dos Tribunais Superiores, com a aprovação dos respectivos tribunais;

II – no âmbito dos Estados e no do Distrito Federal e Territórios, aos Presidentes dos Tribunais de Justiça, com a aprovação dos respectivos tribunais.

§ 3º Se os órgãos referidos no § 2º não encaminharem as respectivas propostas orçamentárias dentro do prazo estabelecido na lei de diretrizes orçamentárias, o Poder Executivo considerará, para fins de consolidação da proposta orçamentária anual, os valores aprovados na lei orçamentária vigente, ajustados de acordo com os limites estipulados na forma do § 1º deste artigo.

→ § 3º acrescentado pela EC 45/2004.

§ 4º Se as propostas orçamentárias de que trata este artigo forem encaminhadas em desacordo com os limites estipulados na forma do § 1º, o Poder Executivo procederá aos ajustes necessários para fins de consolidação da proposta orçamentária anual.

→ § 4º acrescentado pela EC 45/2004.

§ 5º Durante a execução orçamentária do exercício, não poderá haver a realização de despesas ou a assunção de obrigações que extrapolem os limites estabelecidos na lei de diretrizes orçamentárias, exceto se previamente autorizadas, mediante abertura de créditos suplementares ou especiais.

→ § 5º acrescentado pela EC 45/2004.

Art. 100. Os pagamentos devidos pelas Fazendas Públicas Federal, Estaduais, Distrital e Municipais, em virtude de sentença judiciária, far-se-ão exclusivamente na ordem cronológica de apresentação dos precatórios e à conta dos créditos respectivos, proibida a designação de casos ou de pessoas nas dotações orçamentárias e nos créditos adicionais abertos para este fim.

→ Artigo com redação alterada pela EC 62/2009.

→ *v.* ADIs 4.357/DF (*D.J.E.* 26.9.2014) e 4.425/DF (*D.J.E.* 19.12.2013), o Plenário do STF, por maioria de votos, julgou parcialmente procedentes as ADIs.

→ *v.* Súmulas 655 e 733 do STF.

→ *v.* Súmula 339 do STJ.

→ *v.* Art. 97 do ADCT.

→ *v.* Arts. 730 e 731 do CPC/1973.

→ *v.* Art. 910 do NCPC.

§ 1º Os débitos de natureza alimentícia compreendem aqueles decorrentes de salários, vencimentos, proventos, pensões e suas complementações, benefícios previdenciários e indenizações por morte ou por invalidez, fundadas em responsabilidade civil, em virtude de sentença judicial transitada em julgado, e serão pagos com preferência sobre todos os demais débitos, exceto sobre aqueles referidos no § 2º deste artigo.

→ *v.* Súmula 144 do STJ.

§ 2º Os débitos de natureza alimentícia cujos titulares tenham 60 (sessenta) anos de idade ou mais na data de expedição do precatório, ou sejam portadores de doença grave, definidos na forma da lei, serão pagos com preferência sobre todos os demais débitos, até o valor equivalente ao triplo do fixado em lei para os fins do disposto no § 3º deste artigo, admitido o fracionamento para essa finalidade, sendo que o restante será pago na ordem cronológica de apresentação do precatório.

→ *v.* ADIs 4.357/DF (*D.J.E.* 26.9.2014) e 4.425/DF (*D.J.E.* 19.12.2013), o Plenário do STF, por maioria de votos, julgou parcialmente procedentes as ADIs, para declarar a inconstitucionalidade da "expressão 'na data de expedição do precatório', contida no art. 100, § 2º, da CF, com redação dada pela EC 62/2009, enquanto baliza temporal para a aplicação da preferência no pagamento de idosos, ultraja a isonomia (CF, art. 5º, *caput*) entre os cidadãos credores da Fazenda Pública, na medida em que discrimina, sem qualquer fundamento, aqueles que venham a alcançar a idade de sessenta anos não na data da expedição do precatório, mas sim posteriormente, enquanto pendente este e ainda não ocorrido o pagamento."

§ 3º O disposto no *caput* deste artigo relativamente à expedição de precatórios não se aplica aos pagamentos de obrigações definidas em leis como de pequeno valor que as Fazendas referidas devam fazer em virtude de sentença judicial transitada em julgado.

→ *v.* Arts. 78, 86 e 87 do ADCT.

→ *v.* Lei 10.099/2000 – Obrigações de Pequeno Valor para a Previdência Social.

→ *v.* Art. 17, § 1º, da Lei 10.259/2001.

→ *v.* Arts. 128 e 130 da Lei 8.213/1991.

§ 4º Para os fins do disposto no § 3º, poderão ser fixados, por leis próprias, valores distintos às entidades de direito público, segundo as diferentes capacidades econômicas, sendo o mínimo igual ao valor do maior benefício do regime geral de previdência social.

§ 5º É obrigatória a inclusão, no orçamento das entidades de direito público, de verba necessária ao pagamento de seus débitos, oriundos de sentenças transitadas em julgado, constantes de precatórios judiciários apresentados até 1º de julho, fazendo-se o pagamento até o final do exercício seguinte, quando terão seus valores atualizados monetariamente.

→ *v.* Súmula Vinculante 17 do STF.

§ 6º As dotações orçamentárias e os créditos abertos serão consignados diretamente ao Poder Judiciário, cabendo ao Presidente do Tribunal que proferir a decisão exequenda determinar o pagamento integral e autorizar, a requerimento do credor e exclusivamente para os casos de preterimento de seu direito de precedência ou de não alocação orçamentária do valor necessário à satisfação do seu débito, o sequestro da quantia respectiva.

§ 7º O Presidente do Tribunal competente que, por ato comissivo ou omissivo, retardar ou tentar frustrar a liquidação regular de precatórios incorrerá em crime de responsabilidade e responderá, também, perante o Conselho Nacional de Justiça.

§ 8º É vedada a expedição de precatórios complementares ou suplementares de valor pago, bem como o fracionamento, repartição ou quebra do valor da execução para fins de enquadramento de parcela do total ao que dispõe o § 3º deste artigo.

§ 9º No momento da expedição dos precatórios, independentemente de regulamentação, deles deverá ser abatido, a título de compensação, valor correspondente aos débitos líquidos e certos, inscritos ou não em dívida ativa e constituídos contra o credor original pela Fazenda Pública devedora, incluídas parcelas vincendas de parcelamentos, ressalvados aqueles cuja execução esteja suspensa em virtude de contestação administrativa ou judicial.

→ *v.* ADIs 4.357/DF (*D.J.E.* 26.9.2014) e 4.425/DF (*D.J.E.* 19.12.2013), o Plenário do STF, por maioria de votos, julgou parcialmente procedentes as ADIs, para declarar inconstitucional "A compensação dos débitos da Fazenda Pública inscritos em precatórios, previstos nos §§ 9º e 10 do art. 100 da Constituição Federal, incluídos pela EC 62/2009, embaraça a efetividade da jurisdição (CF, art. 5º, XXXV), desrespeita a coisa julgada material (CF, art. 5º, XXXVI), vulnera a Separação dos Poderes (CF, art. 2º) e ofende a isonomia entre o Poder Público e o particular (CF, art. 5º, *caput*), cânone essencial do Estado Democrático de Direito (CF, art. 1º, *caput*)."

§ 10. Antes da expedição dos precatórios, o Tribunal solicitará à Fazenda Pública devedora, para resposta em até 30 (trinta) dias, sob pena de perda do direito de abatimento, informação sobre os débitos que preencham as condições estabelecidas no § 9º, para os fins nele previstos.

→ *v.* ADIs 4.357/DF (*D.J.E.* 26.9.2014) e 4.425/DF (*D.J.E.* 19.12.2013), o Plenário do STF, por maioria de votos, julgou parcialmente procedentes as ADIs, para declarar inconstitucional "A compensação dos débitos da Fazenda Pública inscritos em precatórios, previstos nos §§ 9º e 10 do art. 100 da Constituição Federal, incluídos pela EC 62/2009, embaraça a efetividade da jurisdição (CF, art. 5º, XXXV), desrespeita a coisa julgada material (CF, art. 5º, XXXVI), vulnera a Separação dos Poderes (CF, art. 2º) e ofende a isonomia entre o Poder Público e o particular (CF, art. 5º, *caput*), cânone essencial do Estado Democrático de Direito (CF, art. 1º, *caput*)."

§ 11. É facultada ao credor, conforme estabelecido em lei da entidade federativa devedora, a entrega de créditos em precatórios para compra de imóveis públicos do respectivo ente federado.

§ 12. A partir da promulgação desta Emenda Constitucional, a atualização de valores de requisitórios, após sua expedição, até o efetivo pagamento, independentemente de sua natureza, será feita pelo índice oficial de remuneração básica da caderneta de poupança, e, para fins de compensação da mora, incidirão juros simples no mesmo percentual de juros incidentes sobre a caderneta de poupança, ficando excluída a incidência de juros compensatórios.

→ *v.* ADIs 4.357/DF (*D.J.E.* 26.9.2014) e 4.425/DF (*D.J.E.* 19.12.2013), o Plenário do STF, por maioria de votos, julgou nos seguintes termos – "Declaração de inconstitucionalidade parcial sem redução da expressão 'independentemente de sua natureza', contida no art. 100, § 12, da CF, incluído pela EC 62/2009, para determinar que, quanto aos precatórios de natureza tributária, sejam aplicados os mesmos juros de mora incidentes sobre todo e qualquer crédito tributário."

§ 13. O credor poderá ceder, total ou parcialmente, seus créditos em precatórios a terceiros, independentemente da concordância do devedor, não se aplicando ao cessionário o disposto nos §§ 2º e 3º.

§ 14. A cessão de precatórios somente produzirá efeitos após comunicação, por meio de petição protocolizada, ao tribunal de origem e à entidade devedora.

§ 15. Sem prejuízo do disposto neste artigo, lei complementar a esta Constituição Federal poderá estabelecer regime especial para pagamento de crédito de precatórios de Estados, Distrito Federal e Municípios, dispondo sobre vinculações à receita corrente líquida e forma e prazo de liquidação.

→ v. Art. 97 do ADCT.

→ v. ADIs 4.357/DF (*D.J.E.* 26.9.2014) e 4.425/DF (*D.J.E.* 19.12.2013), o Plenário do STF, por maioria de votos, julgou parcialmente procedentes as ADIs, para declarar inconstitucional "O regime 'especial' de pagamento de precatórios para Estados e Municípios criado pela EC 62/2009, ao veicular nova moratória na quitação dos débitos judiciais da Fazenda Pública e ao impor o contingenciamento de recursos para esse fim, viola a cláusula constitucional do Estado de Direito (CF, art. 1º, *caput*), o princípio da Separação de Poderes (CF, art. 2º), o postulado da isonomia (CF, art. 5º), a garantia do acesso à justiça e a efetividade da tutela jurisdicional (CF, art. 5º, XXXV), o direito adquirido e à coisa julgada (CF, art. 5º, XXXVI)."

§ 16. A seu critério exclusivo e na forma de lei, a União poderá assumir débitos, oriundos de precatórios, de Estados, Distrito Federal e Municípios, refinanciando-os diretamente.

Seção II
Do Supremo Tribunal Federal

Art. 101. O Supremo Tribunal Federal compõe-se de onze Ministros, escolhidos dentre cidadãos com mais de trinta e cinco e menos de sessenta e cinco anos de idade, de notável saber jurídico e reputação ilibada.

→ v. Lei 8.038/1990 – Institui normas procedimentais para os processos que especifica, perante o STJ e o STF.

Parágrafo único. Os Ministros do Supremo Tribunal Federal serão nomeados pelo Presidente da República, depois de aprovada a escolha pela maioria absoluta do Senado Federal.

Art. 102. Compete ao Supremo Tribunal Federal, precipuamente, a guarda da Constituição, cabendo-lhe:

I – processar e julgar, originariamente:

a) a ação direta de inconstitucionalidade de lei ou ato normativo federal ou estadual e a ação declaratória de constitucionalidade de lei ou ato normativo federal;

→ Alínea *a* com redação alterada pela EC 3/1993.

→ v. Súmula 642 do STF.

→ v. Art. 125, § 2º, da CF/1988.

→ v. Lei 9.868/1999 – Processo e julgamento da ADIn e ADC perante o STF.

b) nas infrações penais comuns, o Presidente da República, o Vice-Presidente, os membros do Congresso Nacional, seus próprios Ministros e o Procurador-Geral da República;

c) nas infrações penais comuns e nos crimes de responsabilidade, os Ministros de Estado e os Comandantes da Marinha, do Exército e da Aeronáutica, ressalvado o disposto no art. 52, I, os membros dos Tribunais Superiores, os do Tribunal de Contas da União e os chefes de missão diplomática de caráter permanente;

→ Alínea *c* com redação alterada pela EC 23/1999.

d) o *habeas corpus*, sendo paciente qualquer das pessoas referidas nas alíneas anteriores; o mandado de segurança e o *habeas data* contra atos do Presidente da República, das Mesas da Câmara dos Deputados e do Senado Federal, do Tribunal de Contas da União, do Procurador-Geral da República e do próprio Supremo Tribunal Federal;

→ v. Súmulas 510, 622, 624 e 692 do STF.

→ v. Art. 5º, LXIX da CF/1988.

e) o litígio entre Estado estrangeiro ou organismo internacional e a União, o Estado, o Distrito Federal ou o Território;

f) as causas e os conflitos entre a União e os Estados, a União e o Distrito Federal, ou entre uns e outros, inclusive as respectivas entidades da administração indireta;

→ v. Súmulas 503 e 517 do STF.

g) a extradição solicitada por Estado estrangeiro;

→ v. Súmulas 367, 421 e 692 do STF.

→ v. Art. 76 e ss. da Lei 6.815/1980.

h) (Revogada pela EC 45/2004).

i) o *habeas corpus*, quando o coator for Tribunal Superior ou quando o coator ou o paciente for autoridade ou funcionário cujos atos estejam sujeitos diretamente à jurisdição do Supremo Tribunal Federal, ou se trate de crime sujeito à mesma jurisdição em uma única instância;

→ Alínea *i* com redação alterada pela EC 22/1999.

→ v. Súmulas 208, 395, 606, 690 e 691, 693 a 695 do STF.

j) a revisão criminal e a ação rescisória de seus julgados;

→ v. Súmulas 249, 343 e 515 do STF.

l) a reclamação para a preservação de sua competência e garantia da autoridade de suas decisões;

→ v. Súmulas 368 e 734 do STF.

m) a execução de sentença nas causas de sua competência originária, facultada a delegação de atribuições para a prática de atos processuais;

n) a ação em que todos os membros da magistratura sejam direta ou indiretamente interessados, e aquela em que mais da metade dos membros do tribunal de origem estejam impedidos ou sejam direta ou indiretamente interessados;

→ v. Súmulas 623 e 731 do STF.

o) os conflitos de competência entre o Superior Tribunal de Justiça e quaisquer tribunais, entre Tribunais Superiores, ou entre estes e qualquer outro tribunal;

→ v. Arts. 115 e 118 do CPC/1973.

→ v. Arts. 66 e 953, do NCPC.

p) o pedido de medida cautelar das ações diretas de inconstitucionalidade;

q) o mandado de injunção, quando a elaboração da norma regulamentadora for atribuição do Presidente da República, do Congresso Nacional, da Câmara dos Deputados, do Senado Federal, das Mesas de uma dessas Casas Legislativas, do Tribunal de Contas da União, de um dos Tribunais Superiores, ou do próprio Supremo Tribunal Federal;

→ v. Art. 5º, LXXI, da CF/1988.

r) as ações contra o Conselho Nacional de Justiça e contra o Conselho Nacional do Ministério Público;

→ Alínea *r* acrescentada pela EC 45/2004.

→ v. Arts. 103-B e 130-A, da CF/1988.

II – julgar, em recurso ordinário:

→ v. Súmulas 272 e 299 do STF.

→ v. Arts. 539 e 540 do CPC/1973.

→ v. Arts. 1.027 e1.028, do NCPC.

a) o *habeas corpus*, o mandado de segurança, o *habeas data* e o mandado de injunção decididos em única instância pelos Tribunais Superiores, se denegatória a decisão;

→ v. Súmula 691 do STF.

b) o crime político;

III – julgar, mediante recurso extraordinário, as causas decididas em única ou última instância, quando a decisão recorrida:

→ v. Súmulas 279, 280 a 284, 286 a 289, 296, 356, 454, 456, 528, 634 a 638, 640 e 733 do STF.

a) contrariar dispositivo desta Constituição;

→ v. Súmula 735 do STF.

b) declarar a inconstitucionalidade de tratado ou lei federal;

c) julgar válida lei ou ato de governo local contestado em face desta Constituição;

d) julgar válida lei local contestada em face de lei federal.

→ Alínea *d* acrescentada pela EC 45/2004.

§ 1º A arguição de descumprimento de preceito fundamental, decorrente desta Constituição, será apreciada pelo Supremo Tribunal Federal, na forma da lei.

→ § 1º com redação alterada pela EC 3/1993.

→ v. Súmula 624 do STF.

→ v. Lei 9.882/1999 – Processo e julgamento da Arguição de Descumprimento de Preceito Fundamental.

§ 2º As decisões definitivas de mérito, proferidas pelo Supremo Tribunal Federal, nas ações diretas de inconstitucionalidade e nas ações declaratórias de constitucionalidade, produzirão eficácia contra todos e efeito vinculante, relativamente aos demais órgãos do Poder Judiciário e à administração pública direta e indireta, nas esferas federal, estadual e municipal.

→ § 2º com redação alterada pela EC 45/2004.

→ v. Art. 472 do CPC/1973.

→ v. Art. 506 do NCPC.

→ v. Arts. 27 e 28, parágrafo único, da Lei 9.868/1999.

§ 3º No recurso extraordinário o recorrente deverá demonstrar a repercussão geral das questões constitucionais discutidas no caso, nos termos da lei, a fim de que o Tribunal examine a admissão do recurso, somente podendo recusá-lo pela manifestação de dois terços de seus membros.

→ § 3º acrescentado pela EC 45/2004.

→ v. Arts. 543-A e 543-B do CPC/1973.

→ v. Arts. 1.035, 1.036, 1.039 e 1.040, do NCPC.

→ v. Arts. 322 a 329 do RISTF.

Art. 103. Podem propor a ação direta de inconstitucionalidade e a ação declaratória de constitucionalidade:

→ *Caput* com redação alterada pela EC 45/2004.

I – o Presidente da República;

II – a Mesa do Senado Federal;

III – a Mesa da Câmara dos Deputados;

IV – a Mesa de Assembleia Legislativa ou da Câmara Legislativa do Distrito Federal;

→ Inciso IV com redação alterada pela EC 45/2004.

V – o Governador de Estado ou do Distrito Federal;

→ Inciso V com redação alterada pela EC 45/2004.

VI – o Procurador-Geral da República;

VII – o Conselho Federal da Ordem dos Advogados do Brasil;

VIII – partido político com representação no Congresso Nacional;

IX – confederação sindical ou entidade de classe de âmbito nacional.

§ 1º O Procurador-Geral da República deverá ser previamente ouvido nas ações de inconstitucionalidade e em todos os processos de competência do Supremo Tribunal Federal.

§ 2º Declarada a inconstitucionalidade por omissão de medida para tornar efetiva norma constitucional, será dada ciência ao Poder competente para a adoção das providências necessárias e, em se tratando de órgão administrativo, para fazê-lo em trinta dias.

§ 3º Quando o Supremo Tribunal Federal apreciar a inconstitucionalidade, em tese, de norma legal ou ato normativo, citará, previamente, o Advogado-Geral da União, que defenderá o ato ou texto impugnado.

§ 4º *(Revogado pela EC 45/2004).*

Art. 103-A. O Supremo Tribunal Federal poderá, de ofício ou por provocação, mediante decisão de dois terços dos seus membros, após reiteradas decisões sobre matéria constitucional, aprovar súmula que, a partir de sua publicação na imprensa oficial, terá efeito vinculante em relação aos demais órgãos do Poder Judiciário e à administração pública direta e indireta, nas esferas federal, estadual e municipal, bem como proceder à sua revisão ou cancelamento, na forma estabelecida em lei.

→ Artigo acrescentado pela EC 45/2004.

→ *V.* Lei 11.417/2006 – Regulamenta o art. 103-A da CF/1988.

§ 1º A súmula terá por objetivo a validade, a interpretação e a eficácia de normas determinadas, acerca das quais haja controvérsia atual entre órgãos judiciários ou entre esses e a administração pública que acarrete grave insegurança jurídica e relevante multiplicação de processos sobre questão idêntica.

§ 2º Sem prejuízo do que vier a ser estabelecido em lei, a aprovação, revisão ou cancelamento de súmula poderá ser provocada por aqueles que podem propor a ação direta de inconstitucionalidade.

§ 3º Do ato administrativo ou decisão judicial que contrariar a súmula aplicável ou que indevidamente a aplicar, caberá reclamação ao Supremo Tribunal Federal que, julgando-a procedente, anulará o ato administrativo ou cassará a decisão judicial reclamada, e determinará que outra seja proferida com ou sem a aplicação da súmula, conforme o caso.

Art. 103-B. O Conselho Nacional de Justiça compõe-se de 15 (quinze) membros com mandato de 2 (dois) anos, admitida 1 (uma) recondução, sendo:

→ *Caput* com redação alterada pela EC 61/2009.

→ *V.* Lei 11.364/2006 – Atividades de apoio ao Conselho Nacional de Justiça.

I – o Presidente do Supremo Tribunal Federal;

→ Inciso I com redação alterada pela EC 61/2009.

II – um Ministro do Superior Tribunal de Justiça, indicado pelo respectivo tribunal;

→ Inciso II acrescentado pela EC 45/2004.

III – um Ministro do Tribunal Superior do Trabalho, indicado pelo respectivo tribunal;

→ Inciso III acrescentado pela EC 45/2004.

IV – um desembargador de Tribunal de Justiça, indicado pelo Supremo Tribunal Federal;

→ Inciso IV acrescentado pela EC 45/2004.

V – um juiz estadual, indicado pelo Supremo Tribunal Federal;

→ Inciso V acrescentado pela EC 45/2004.

VI – um juiz de Tribunal Regional Federal, indicado pelo Superior Tribunal de Justiça;

→ Inciso VI acrescentado pela EC 45/2004.

VII – um juiz federal, indicado pelo Superior Tribunal de Justiça;

→ Inciso VII acrescentado pela EC 45/2004.

VIII – um juiz de Tribunal Regional do Trabalho, indicado pelo Tribunal Superior do Trabalho;

→ Inciso VIII acrescentado pela EC 45/2004.

IX – um juiz do trabalho, indicado pelo Tribunal Superior do Trabalho;

→ Inciso IX acrescentado pela EC 45/2004.

X – um membro do Ministério Público da União, indicado pelo Procurador-Geral da República;

→ Inciso X acrescentado pela EC 45/2004.

XI – um membro do Ministério Público estadual, escolhido pelo Procurador-Geral da República dentre os nomes indicados pelo órgão competente de cada instituição estadual;

→ Inciso XI acrescentado pela EC 45/2004.

XII – dois advogados, indicados pelo Conselho Federal da Ordem dos Advogados do Brasil;

→ Inciso XII acrescentado pela EC 45/2004.

XIII – dois cidadãos, de notável saber jurídico e reputação ilibada, indicados um pela Câmara dos Deputados e outro pelo Senado Federal.

→ Inciso XIII acrescentado pela EC 45/2004.

§ 1º O Conselho será presidido pelo Presidente do Supremo Tribunal Federal e, nas suas ausências e impedimentos, pelo Vice-Presidente do Supremo Tribunal Federal.

→ § 1º com redação alterada pela EC 61/2009.

§ 2º Os demais membros do Conselho serão nomeados pelo Presidente da República, depois de aprovada a escolha pela maioria absoluta do Senado Federal.

→ § 2º com redação alterada pela EC 61/2009.

§ 3º Não efetuadas, no prazo legal, as indicações previstas neste artigo, caberá a escolha ao Supremo Tribunal Federal.

→ § 3º acrescentado pela EC 45/2004.

§ 4º Compete ao Conselho o controle da atuação administrativa e financeira do Poder Judiciário e do cumprimento dos deveres funcionais dos juízes, cabendo-lhe, além de outras atribuições que lhe forem conferidas pelo Estatuto da Magistratura:

→ § 4º acrescentado pela EC 45/2004.

I – zelar pela autonomia do Poder Judiciário e pelo cumprimento do Estatuto da Magistratura, podendo expedir atos regulamentares, no âmbito de sua competência, ou recomendar providências;

II – zelar pela observância do art. 37 e apreciar, de ofício ou mediante provocação, a legalidade dos atos administrativos praticados por membros ou órgãos do Poder Judiciário, podendo desconstituí-los, revê-los ou fixar prazo para que se adotem as providências necessárias ao exato cumprimento da lei, sem prejuízo da competência do Tribunal de Contas da União;

III – receber e conhecer das reclamações contra membros ou órgãos do Poder Judiciário, inclusive contra seus serviços auxiliares, serventias e órgãos prestadores de serviços notariais e de registro que atuem por delegação do poder público ou oficializados, sem prejuízo da competência disciplinar e correicional dos tribunais, podendo avocar processos disciplinares em curso e determinar a remoção, a disponibilidade ou a aposentadoria com subsídios ou proventos proporcionais ao tempo de serviço e aplicar outras sanções administrativas, assegurada ampla defesa;

IV – representar ao Ministério Público, no caso de crime contra a administração pública ou de abuso de autoridade;

V – rever, de ofício ou mediante provocação, os processos disciplinares de juízes e membros de tribunais julgados há menos de um ano;

VI – elaborar semestralmente relatório estatístico sobre processos e sentenças prolatadas, por unidade da Federação, nos diferentes órgãos do Poder Judiciário;

VII – elaborar relatório anual, propondo as providências que julgar necessárias, sobre a situação do Poder Judiciário no País e as atividades do Conselho, o qual deve integrar mensagem do Presidente do Supremo Tribunal Federal a ser remetida ao Congresso Nacional, por ocasião da abertura da sessão legislativa.

→ *V.* Art. 5º, § 1º, da Lei 11.364/2006.

§ 5º O Ministro do Superior Tribunal de Justiça exercerá a função de Ministro-Corregedor e ficará excluído da distribuição de processos no Tribunal, competindo-lhe, além das atribuições que lhe forem conferidas pelo Estatuto da Magistratura, as seguintes:

→ § 5º acrescentado pela EC 45/2004.

I – receber as reclamações e denúncias, de qualquer interessado, relativas aos magistrados e aos serviços judiciários;

II – exercer funções executivas do Conselho, de inspeção e de correição geral;

III – requisitar e designar magistrados, delegando-lhes atribuições, e requisitar servidores de juízos ou tribunais, inclusive nos Estados, Distrito Federal e Territórios.

§ 6º Junto ao Conselho oficiarão o Procurador-Geral da República e o Presidente do Conselho Federal da Ordem dos Advogados do Brasil.

→ § 6º acrescentado pela EC 45/2004.

§ 7º A União, inclusive no Distrito Federal e nos Territórios, criará ouvidorias de justiça, competentes para receber reclamações e denúncias de qualquer interessado contra membros ou órgãos do Poder Judiciário, ou contra seus serviços auxiliares, representando diretamente ao Conselho Nacional de Justiça.

→ § 7º acrescentado pela EC 45/2004.

Seção III
Do Superior Tribunal de Justiça

Art. 104. O Superior Tribunal de Justiça compõe-se de, no mínimo, trinta e três Ministros.

Parágrafo único. Os Ministros do Superior Tribunal de Justiça serão nomeados pelo Presidente da República, dentre brasileiros com mais de trinta e cinco e menos de sessenta e cinco anos, de notável saber jurídico e reputação ilibada, depois de aprovada a escolha pela maioria absoluta do Senado Federal, sendo:

→ *Caput* do parágrafo único com redação alterada pela EC 45/2004.

I – um terço dentre juízes dos Tribunais Regionais Federais e um terço dentre desembargadores dos Tribunais de Justiça, indicados em lista tríplice elaborada pelo próprio Tribunal;

II – um terço, em partes iguais, dentre advogados e membros do Ministério Público Federal, Estadual, do Distrito Federal e Territórios, alternadamente, indicados na forma do art. 94.

Art. 105. Compete ao Superior Tribunal de Justiça:

I – processar e julgar, originariamente:

a) nos crimes comuns, os Governadores dos Estados e do Distrito Federal, e, nestes e nos de responsabilidade, os desembargadores dos Tribunais de Justiça dos Estados e do Distrito Federal, os membros dos Tribunais de Contas dos Estados e do Distrito Federal, os dos Tribunais Regionais Federais, dos Tribunais Regionais Eleitorais e do Trabalho, os membros dos Conselhos ou Tribunais de Contas dos Municípios e os do Ministério Público da União que oficiem perante tribunais;

b) os mandados de segurança e os *habeas data* contra ato de Ministro de Estado, dos Comandantes da Marinha, do Exército e da Aeronáutica ou do próprio Tribunal;

→ Alínea *b* com redação alterada pela EC 23/1999.

→ *V.* Súmulas 41 e 177 do STJ.

→ *V.* Lei 9.507/1997 – Regula o direito de acesso a informações e disciplina o rito processual do *habeas data*.

→ *V.* Art. 21, VI, da LC 35/1979.

c) os *habeas corpus*, quando o coator ou paciente for qualquer das pessoas mencionadas na alínea *a*, ou quando o coator for tribunal sujeito à sua jurisdição, Ministro de Estado ou Comandante da Marinha, do Exército ou da Aeronáutica, ressalvada a competência da Justiça Eleitoral;

→ Alínea *c* com redação alterada pela EC 23/1999.

d) os conflitos de competência entre quaisquer tribunais, ressalvado o disposto no art. 102, I, *o*, bem como entre tribunal e juízes a ele não vinculados e entre juízes vinculados a tribunais diversos;

e) as revisões criminais e as ações rescisórias de seus julgados;

f) a reclamação para a preservação de sua competência e garantia da autoridade de suas decisões;

→ *V.* Arts. 187 e ss. do RISTJ.

g) os conflitos de atribuições entre autoridades administrativas e judiciárias da União, ou entre autoridades judiciárias de um Estado e administrativas de outro ou do Distrito Federal, ou entre as deste e da União;

h) o mandado de injunção, quando a elaboração da norma regulamentadora for atribuição de órgão, entidade ou autoridade federal, da administração direta ou indireta, excetuados os casos de competência do Supremo Tribunal Federal e dos órgãos da Justiça Militar, da Justiça Eleitoral, da Justiça do Trabalho e da Justiça Federal;

i) a homologação de sentenças estrangeiras e a concessão de *exequatur* às cartas rogatórias;

→ Alínea *i* acrescentada pela EC 45/2004.

→ *V.* Arts. 475-N, VI, 475-P, III, 483 e 484 do CPC/1973.

→ *V.* Arts. 515, VI, 516, III, 960, § 2º, 961 e 965, do NCPC.

→ *V.* Arts. 7º e 9º do CP.

→ *V.* Arts. 787 a 790 do CPP.

II – julgar, em recurso ordinário:

→ *V.* Arts. 539 e 540 do CPC/1973.

→ *V.* Arts. 1.027 e 1.028, do NCPC.

a) os *habeas corpus* decididos em única ou última instância pelos Tribunais Regionais Federais ou pelos Tribunais dos Estados, do Distrito Federal e Territórios, quando a decisão for denegatória;

b) os mandados de segurança decididos em única instância pelos Tribunais Regionais Federais ou pelos Tribunais dos Estados, do Distrito Federal e Territórios, quando denegatória a decisão;

c) as causas em que forem partes Estado estrangeiro ou organismo internacional, de um lado, e, do outro, Município ou pessoa residente ou domiciliada no País;

III – julgar, em recurso especial, as causas decididas, em única ou última instância, pelos Tribunais Regionais Federais ou pelos Tribunais dos Estados, do Distrito Federal e Territórios, quando a decisão recorrida:

→ *V.* Súmulas 5, 7, 86, 123, 203, 207 e 418 do STJ.

→ *V.* art. 257 do RISTJ.

a) contrariar tratado ou lei federal, ou negar-lhes vigência;

→ *V.* Súmula 518 do STJ.

b) julgar válido ato de governo local contestado em face de lei federal;

→ Alínea *b* com redação alterada pela EC 45/2004.

c) der a lei federal interpretação divergente da que lhe haja atribuído outro tribunal.

→ *V.* Súmula 13 do STJ.

Parágrafo único. Funcionarão junto ao Superior Tribunal de Justiça:

→ Parágrafo único com redação alterada pela EC 45/2004.

I – a escola nacional de formação e aperfeiçoamento de magistrados, cabendo-lhe, dentre outras funções, regulamentar os cursos oficiais para o ingresso e promoção na carreira;

II – o Conselho da Justiça Federal, cabendo-lhe exercer, na forma da lei, a supervisão administrativa e orçamentária da Justiça Federal de primeiro e segundo graus, como órgão central do sistema e com poderes correicionais, cujas decisões terão caráter vinculante.

→ *V.* Lei 11.798/2008 – Composição e a competência do Conselho da Justiça Federal.

Seção IV
Dos Tribunais Regionais Federais e dos Juízes Federais

Art. 106. São órgãos da Justiça Federal:

→ *V.* Lei 5.010/1966 – Organiza a Justiça Federal de primeira instância.

I – os Tribunais Regionais Federais;

→ *V.* EC 73/2013 – Cria os Tribunais Regionais Federais da 6ª, 7ª, 8ª e 9ª Regiões.

→ *V.* Art. 27, § 11, do ADCT.

II – os Juízes Federais.

Art. 107. Os Tribunais Regionais Federais compõem-se de, no mínimo, sete juízes, recrutados, quando possível, na respectiva região e nomeados pelo Presidente da República dentre brasileiros com mais de trinta e menos de sessenta e cinco anos, sendo:

→ *V.* Lei 7.727/1989 – Composição inicial dos Tribunais Regionais Federais.

I – um quinto dentre advogados com mais de dez anos de efetiva atividade profissional e membros do Ministério Público Federal com mais de dez anos de carreira;

II – os demais, mediante promoção de juízes federais com mais de cinco anos de exercício, por antiguidade e merecimento, alternadamente.

→ *V.* Art. 93, III, da CF/1988.

→ *V.* Art. 27, § 9º, do ADCT.

§ 1º A lei disciplinará a remoção ou permuta de juízes dos Tribunais Regionais Federais e determinará sua jurisdição e sede.

→ Anterior parágrafo único renumerado para § 1º pela EC 45/2004.

§ 2º Os Tribunais Regionais Federais instalarão a justiça itinerante, com a realização de audiências e demais funções da atividade jurisdicional, nos limites territoriais da respectiva jurisdição, servindo-se de equipamentos públicos e comunitários.

→ § 2º acrescentado pela EC 45/2004.

§ 3º Os Tribunais Regionais Federais poderão funcionar descentralizadamente, constituindo Câmaras regionais, a fim de assegurar o pleno acesso do jurisdicionado à justiça em todas as fases do processo.

→ § 3º acrescentado pela EC 45/2004.

Art. 108. Compete aos Tribunais Regionais Federais:

I – processar e julgar, originariamente:

a) os juízes federais da área de sua jurisdição, incluídos os da Justiça Militar e da Justiça do Trabalho, nos crimes comuns e de responsabilidade, e os membros do Ministério Público da União, ressalvada a competência da Justiça Eleitoral;

b) as revisões criminais e as ações rescisórias de julgados seus ou dos juízes federais da região;

c) os mandados de segurança e os *habeas data* contra ato do próprio Tribunal ou de juiz federal;

→ *V.* Lei 12.016/2009 – Mandado de Segurança.

→ *V.* Lei 9.507/1997 – Regula o direito de acesso a informações e disciplina o rito processual do *habeas data*.

d) os *habeas corpus*, quando a autoridade coatora for juiz federal;

e) os conflitos de competência entre juízes federais vinculados ao Tribunal;

II – julgar, em grau de recurso, as causas decididas pelos juízes federais e pelos juízes estaduais no exercício da competência federal da área de sua jurisdição.

→ *V.* Súmula 55 do STJ.

Art. 109. Aos juízes federais compete processar e julgar:

I – as causas em que a União, entidade autárquica ou empresa pública federal forem interessadas na condição de autoras, rés, assistentes ou oponentes, exceto as de falência, as de acidentes de trabalho e as sujeitas à Justiça Eleitoral e à Justiça do Trabalho;

→ *V.* Súmulas Vinculantes 22, 23, e 27 do STF.

→ *V.* Súmulas 15, 42, 66, 73, 82, 150, 173, 270, 324, 365, 374 e 489 do STJ.

→ *V.* Arts. 7º, XXVIII, e 114 da CF/1988.

II – as causas entre Estado estrangeiro ou organismo internacional e Município ou pessoa domiciliada ou residente no País;

III – as causas fundadas em tratado ou contrato da União com Estado estrangeiro ou organismo internacional;

IV – os crimes políticos e as infrações penais praticadas em detrimento de bens, serviços ou interesse da União ou de suas entidades autárquicas ou empresas públicas, excluídas as contravenções e ressalvada a competência da Justiça Militar e da Justiça Eleitoral;

→ *v.* Súmula Vinculante 36 do STF.

→ *v.* Súmulas 38, 62, 104, 147, 165 e 208 do STJ.

V – os crimes previstos em tratado ou convenção internacional, quando, iniciada a execução no País, o resultado tenha ou devesse ter ocorrido no estrangeiro, ou reciprocamente;

V-A – as causas relativas a direitos humanos a que se refere o § 5º deste artigo;

→ Inciso V-A acrescentado pela EC 45/2004.

VI – os crimes contra a organização do trabalho e, nos casos determinados por lei, contra o sistema financeiro e a ordem econômico-financeira;

VII – os *habeas corpus*, em matéria criminal de sua competência ou quando o constrangimento provier de autoridade cujos atos não estejam diretamente sujeitos a outra jurisdição;

VIII – os mandados de segurança e os *habeas data* contra ato de autoridade federal, excetuados os casos de competência dos tribunais federais;

IX – os crimes cometidos a bordo de navios ou aeronaves, ressalvada a competência da Justiça Militar;

X – os crimes de ingresso ou permanência irregular de estrangeiro, a execução de carta rogatória, após o *exequatur*, e de sentença estrangeira, após a homologação, as causas referentes à nacionalidade, inclusive a respectiva opção, e à naturalização;

→ *v.* Lei 6.815/1980 – Define a situação jurídica do estrangeiro no Brasil, cria o Conselho Nacional de Imigração.

XI – a disputa sobre direitos indígenas.

→ *v.* Súmula 140 do STJ.

§ 1º As causas em que a União for autora serão aforadas na seção judiciária onde tiver domicílio a outra parte.

§ 2º As causas intentadas contra a União poderão ser aforadas na seção judiciária em que for domiciliado o autor, naquela onde houver ocorrido o ato ou fato que deu origem à demanda ou onde esteja situada a coisa, ou, ainda, no Distrito Federal.

§ 3º Serão processadas e julgadas na justiça estadual, no foro do domicílio dos segurados ou beneficiários, as causas em que forem parte instituição de previdência social e segurado, sempre que a comarca não seja sede de vara do juízo federal, e, se verificada essa condição, a lei poderá permitir que outras causas sejam também processadas e julgadas pela justiça estadual.

→ *v.* Súmula 689 do STF.

→ *v.* Súmula 32 do STJ.

§ 4º Na hipótese do parágrafo anterior, o recurso cabível será sempre para o Tribunal Regional Federal na área de jurisdição do juiz de primeiro grau.

§ 5º Nas hipóteses de grave violação de direitos humanos, o Procurador-Geral da República, com a finalidade de assegurar o cumprimento de obrigações decorrentes de tratados internacionais de direitos humanos dos quais o Brasil seja parte, poderá suscitar, perante o Superior Tribunal de Justiça, em qualquer fase do inquérito ou processo, incidente de deslocamento de competência para a Justiça Federal.

→ § 5º acrescentado pela EC 45/2004.

Art. 110. Cada Estado, bem como o Distrito Federal, constituirá uma seção judiciária que terá por sede a respectiva Capital, e varas localizadas segundo o estabelecido em lei.

→ *v.* Lei 5.010/1966 – Organiza a Justiça Federal de primeira instância.

Parágrafo único. Nos Territórios Federais, a jurisdição e as atribuições cometidas aos juízes federais caberão aos juízes da justiça local, na forma da lei.

Seção V
Dos Tribunais e Juízes do Trabalho

Art. 111. São órgãos da Justiça do Trabalho:

→ *v.* Art. 743 e ss. da CLT.

→ *v.* Lei 7.701/1988 – Especialização de Turmas dos Tribunais do Trabalho em processos coletivos.

I – o Tribunal Superior do Trabalho;

II – os Tribunais Regionais do Trabalho;

III – Juízes do Trabalho.

→ Inciso III com redação alterada pela EC 24/1999.

§ 1º *(Revogado pela EC 45/2004).*

I – *(Revogado pela EC 24/1999);*

II – *(Revogado pela EC 24/1999).*

§ 2º *(Revogado pela EC 45/2004).*

§ 3º *(Revogado pela EC 45/2004).*

Art. 111-A. O Tribunal Superior do Trabalho compor-se-á de vinte e sete Ministros, escolhidos dentre brasileiros com mais de trinta e cinco e menos de sessenta e cinco anos, nomeados pelo Presidente da República após aprovação pela maioria absoluta do Senado Federal, sendo:

→ Artigo acrescentado pela EC 45/2004.

I – um quinto dentre advogados com mais de 10 (dez) anos de efetiva atividade profissional e membros do Ministério Público do Trabalho com mais de 10 (dez) anos de efetivo exercício, observado o disposto no art. 94;

II – os demais dentre juízes dos Tribunais Regionais do Trabalho, oriundos da magistratura da carreira, indicados pelo próprio Tribunal Superior.

§ 1º A lei disporá sobre a competência do Tribunal Superior do Trabalho.

§ 2º Funcionarão junto ao Tribunal Superior do Trabalho:

I – a Escola Nacional de Formação e Aperfeiçoamento de Magistrados do Trabalho, cabendo-lhe, dentre outras funções, regulamentar os cursos oficiais para o ingresso e promoção na carreira;

II – o Conselho Superior da Justiça do Trabalho, cabendo-lhe exercer, na forma da lei, a supervisão administrativa, orçamentária, financeira e patrimonial da Justiça do Trabalho de primeiro e segundo graus, como órgão central do sistema, cujas decisões terão efeito vinculante.

→ *v.* Art. 6º da EC 45/2004.

Art. 112. A lei criará varas da Justiça do Trabalho, podendo, nas comarcas não abrangidas por sua jurisdição, atribuí-la aos juízes de direito, com recurso para o respectivo Tribunal Regional do Trabalho.

→ Artigo com redação alterada pela EC 45/2004.

Art. 113. A lei disporá sobre a constituição, investidura, jurisdição, competência, garantias e condições de exercício dos órgãos da Justiça do Trabalho.

→ Artigo com redação alterada pela EC 24/1999.

→ *v.* Arts. 643 a 673 da CLT.

Art. 114. Compete à Justiça do Trabalho processar e julgar:

→ *Caput* com redação alterada pela EC 45/2004.

→ *v.* Súmulas Vinculantes 22 e 23 do STF.

→ *v.* Súmula 736 do STF.

→ *v.* Súmulas 97, 137, 349 e 367 do STJ.

→ *v.* Arts. 7º, XXVIII, e 109, I, da CF/1988.

I – as ações oriundas da relação de trabalho, abrangidos os entes de direito público externo e da administração pública direta e indireta da União, dos Estados, do Distrito Federal e dos Municípios;

→ Inciso I acrescentado pela EC 45/2004.

→ *v.* ADIn 3.395-6 (*D.J.U.* 4.2.2005), o STF concedeu liminar com efeito *ex tunc*, e decidiu que "o disposto no art. 114, I, da Constituição da República, não abrange as causas instauradas entre o Poder Público e servidor que lhe seja vinculado por relação jurídico-estatutária".

→ *v.* ADIn 3.684-0 (*D.J.U.* 3.8.2007), o STF, por unanimidade, deferiu a medida cautelar, "com efeito *ex tunc*. O disposto no art. 114, I, IV e IX, da Constituição da República, acrescidos pela EC 45, não atribui à Justiça do Trabalho competência para processar e julgar ações penais".

II – as ações que envolvam exercício do direito de greve;

→ Inciso II acrescentado pela EC 45/2004.

→ *v.* Art. 9º da CF/1988.

→ *v.* Lei 7.783/1989 – Lei de Greve.

III – as ações sobre representação sindical, entre sindicatos, entre sindicatos e trabalhadores, e entre sindicatos e empregadores;

→ Inciso III acrescentado pela EC 45/2004.

→ *v.* Lei 8.984/1995 – Estende a competência da Justiça do Trabalho.

IV – os mandados de segurança, *habeas corpus* e *habeas data*, quando o ato questionado envolver matéria sujeita à sua jurisdição;

→ Inciso IV acrescentado pela EC 45/2004.

→ *v.* Art. 5º, LXVIII, LXIX, LXXII, da CF/1988.

→ *v.* Lei 12.016/2009 – Mandado de Segurança.

→ *v.* Lei 9.507/1997 – Regula o direito de acesso a informações e disciplina o rito processual do *habeas data*.

→ *v.* ADIn 3.684-0 (*D.J.U.* 3.8.2007), o STF, por unanimidade, deferiu a medida cautelar, "com efeito *ex tunc*. O disposto no art. 114, I, IV e IX, da Constituição da República, acrescidos pela EC 45, não atribui à Justiça do Trabalho competência para processar e julgar ações penais".

V – os conflitos de competência entre órgãos com jurisdição trabalhista, ressalvado o disposto no art. 102, I, *o*;

→ Inciso V acrescentado pela EC 45/2004.

VI – as ações de indenização por dano moral ou patrimonial, decorrentes da relação de trabalho;

→ Inciso VI acrescentado pela EC 45/2004.

→ *v.* Arts. 7º, XXVIII, e 109, § 3º, da CF/1988.

VII – as ações relativas às penalidades administrativas impostas aos empregadores pelos órgãos de fiscalização das relações de trabalho;

→ Inciso VII acrescentado pela EC 45/2004.

VIII – a execução, de ofício, das contribuições sociais previstas no art. 195, I, *a*, e II, e seus acréscimos legais, decorrentes das sentenças que proferir;

→ Inciso VIII acrescentado pela EC 45/2004.

IX – outras controvérsias decorrentes da relação de trabalho, na forma da lei.

→ Inciso IX acrescentado pela EC 45/2004.

→ *v.* Súmula 736 do STF.

→ *v.* ADIn 3.684-0 (*D.J.U.* 3.8.2007), o STF, por unanimidade, deferiu a medida cautelar, "com efeito *ex tunc*. O disposto no art. 114, I, IV e IX, da Constituição da República, acrescidos pela EC 45, não atribui à Justiça do Trabalho competência para processar e julgar ações penais".

§ 1º Frustrada a negociação coletiva, as partes poderão eleger árbitros.

§ 2º Recusando-se qualquer das partes à negociação coletiva ou à arbitragem, é facultado às mesmas, de comum acordo, ajuizar dissídio coletivo de natureza econômica, podendo a Justiça do Trabalho decidir o conflito, respeitadas as disposições mínimas legais de proteção ao trabalho, bem como as convencionadas anteriormente.

→ § 2º com redação alterada pela EC 45/2004.

§ 3º Em caso de greve em atividade essencial, com possibilidade de lesão do interesse público, o Ministério Público do Trabalho poderá ajuizar dissídio coletivo, competindo à Justiça do Trabalho decidir o conflito.

→ § 3º com redação alterada pela EC 45/2004.

Art. 115. Os Tribunais Regionais do Trabalho compõem-se de, no mínimo, sete juízes, recrutados, quando possível, na respectiva região, e nomeados pelo Presidente da República dentre brasileiros com mais de trinta e menos de sessenta e cinco anos, sendo:

→ Artigo com redação alterada pela EC 45/2004.

→ *v.* Arts. 94 e 104 da CF/1988.

I – um quinto dentre advogados com mais de 10 (dez) anos de efetiva atividade profissional e membros do Ministério Público do Trabalho com mais de 10 (dez) anos de efetivo exercício, observado o disposto no art. 94;

II – os demais, mediante promoção de juízes do trabalho por antiguidade e merecimento, alternadamente.

§ 1º Os Tribunais Regionais do Trabalho instalarão a justiça itinerante, com a realização de audiências e demais funções de atividade jurisdicional, nos limites territoriais da respectiva jurisdição, servindo-se de equipamentos públicos e comunitários.

§ 2º Os Tribunais Regionais do Trabalho poderão funcionar descentralizadamente, constituindo Câmaras regionais, a fim de assegurar o pleno acesso do jurisdicionado à justiça em todas as fases do processo.

Art. 116. Nas Varas do Trabalho, a jurisdição será exercida por um juiz singular.

→ *Caput* com redação alterada pela EC 24/1999.

Parágrafo único. *(Revogado pela EC 24/1999).*

Art. 117. *(Revogado pela EC 24/1999).*

Seção VI
Dos Tribunais e Juízes Eleitorais

Art. 118. São órgãos da Justiça Eleitoral:

→ *v.* Lei 4.737/1965 – Código Eleitoral.

I – o Tribunal Superior Eleitoral;

→ *v.* Art. 22 da Lei 4.737/1965.

II – os Tribunais Regionais Eleitorais;

→ *v.* Art. 29 da Lei 4.737/1965.

III – os Juízes Eleitorais;

→ *v.* Art. 32 da Lei 4.737/1965.

IV – as Juntas Eleitorais.

→ *v.* Art. 36 da Lei 4.737/1965.

Art. 119. O Tribunal Superior Eleitoral compor-se-á, no mínimo, de sete membros, escolhidos:

I – mediante eleição, pelo voto secreto:

a) três juízes dentre os Ministros do Supremo Tribunal Federal;

b) dois juízes dentre os Ministros do Superior Tribunal de Justiça;

II – por nomeação do Presidente da República, dois juízes dentre seis advogados de notável saber jurídico e idoneidade moral, indicados pelo Supremo Tribunal Federal.

Parágrafo único. O Tribunal Superior Eleitoral elegerá seu Presidente e o Vice-Presidente dentre os Ministros do Supremo Tribunal Federal, e o Corregedor Eleitoral dentre os Ministros do Superior Tribunal de Justiça.

Art. 120. Haverá um Tribunal Regional Eleitoral na Capital de cada Estado e no Distrito Federal.

§ 1º Os Tribunais Regionais Eleitorais compor-se-ão:

I – mediante eleição, pelo voto secreto:

a) de dois juízes dentre os desembargadores do Tribunal de Justiça;

b) de dois juízes, dentre juízes de direito, escolhidos pelo Tribunal de Justiça;

II – de um juiz do Tribunal Regional Federal com sede na Capital do Estado ou no Distrito Federal, ou, não havendo, de juiz federal, escolhido, em qualquer caso, pelo Tribunal Regional Federal respectivo;

III – por nomeação, pelo Presidente da República, de dois juízes dentre seis advogados de notável saber jurídico e idoneidade moral, indicados pelo Tribunal de Justiça.

§ 2º O Tribunal Regional Eleitoral elegerá seu Presidente e o Vice-Presidente dentre os desembargadores.

Art. 121. Lei complementar disporá sobre a organização e competência dos tribunais, dos juízes de direito e das juntas eleitorais.

→ *v.* Súmula 368 do STJ.

§ 1º Os membros dos tribunais, os juízes de direito e os integrantes das juntas eleitorais, no exercício de suas funções, e no que lhes for aplicável, gozarão de plenas garantias e serão inamovíveis.

§ 2º Os juízes dos tribunais eleitorais, salvo motivo justificado, servirão por dois anos, no mínimo, e nunca por mais de dois biênios consecutivos, sendo os substitutos escolhidos na mesma ocasião e pelo mesmo processo, em número igual para cada categoria.

§ 3º São irrecorríveis as decisões do Tribunal Superior Eleitoral, salvo as que contrariarem esta Constituição e as denegatórias de *habeas corpus* ou mandado de segurança.

§ 4º Das decisões dos Tribunais Regionais Eleitorais somente caberá recurso quando:

I – forem proferidas contra disposição expressa desta Constituição ou de lei;

II – ocorrer divergência na interpretação de lei entre dois ou mais tribunais eleitorais;

III – versarem sobre inelegibilidade ou expedição de diplomas nas eleições federais ou estaduais;

IV – anularem diplomas ou decretarem a perda de mandatos eletivos federais ou estaduais;

V – denegarem *habeas corpus*, mandado de segurança, *habeas data* ou mandado de injunção.

Seção VII
Dos Tribunais e Juízes Militares

Art. 122. São órgãos da Justiça Militar:

I – o Superior Tribunal Militar;

II – os Tribunais e Juízes Militares instituídos por lei.

→ *v.* Lei 8.457/1992 – Organiza a Justiça Militar da União.

Art. 123. O Superior Tribunal Militar compor-se-á de quinze Ministros vitalícios, nomeados pelo Presidente da República, depois de aprovada a indicação pelo Senado Federal, sendo três dentre oficiais-generais da Marinha, quatro dentre oficiais-generais do Exército, três dentre oficiais-generais da Aeronáutica, todos da ativa e do posto mais elevado da carreira, e cinco dentre civis.

Parágrafo único. Os Ministros civis serão escolhidos pelo Presidente da República dentre brasileiros maiores de trinta e cinco anos, sendo:

I – três dentre advogados de notório saber jurídico e conduta ilibada, com mais de dez anos de efetiva atividade profissional;

II – dois, por escolha paritária, dentre juízes auditores e membros do Ministério Público da Justiça Militar.

Art. 124. À Justiça Militar compete processar e julgar os crimes militares definidos em lei.

→ *v.* Dec.-lei 1.001/1969 – Código Penal Militar.

→ *v.* Dec.-lei 1.002/1969 – Código de Processo Penal Militar.

Parágrafo único. A lei disporá sobre a organização, o funcionamento e a competência da Justiça Militar.

Seção VIII
Dos Tribunais e Juízes dos Estados

Art. 125. Os Estados organizarão sua Justiça, observados os princípios estabelecidos nesta Constituição.

§ 1º A competência dos tribunais será definida na Constituição do Estado, sendo a lei de organização judiciária de iniciativa do Tribunal de Justiça.

→ *v.* Súmula 721 do STF.

→ *v.* Art. 70 do ADCT.

§ 2º Cabe aos Estados a instituição de representação de inconstitucionalidade de leis ou atos normativos estaduais ou municipais em face da Constituição Estadual, vedada a atribuição da legitimação para agir a um único órgão.

§ 3º A lei estadual poderá criar, mediante proposta do Tribunal de Justiça, a Justiça Militar estadual, constituída, em primeiro grau, pelos juízes de direito e pelos Conselhos de Justiça e, em segundo grau, pelo próprio Tribunal de Justiça, ou por Tribunal de Justiça Militar nos Estados em que o efetivo militar seja superior a vinte mil integrantes.

→ § 3º com redação alterada pela EC 45/2004.

§ 4º Compete à Justiça Militar estadual processar e julgar os militares dos Estados, nos crimes militares definidos em lei e as ações judiciais contra atos disciplinares militares, ressalvada a competência do júri quando a vítima for civil, cabendo ao tribunal competente decidir sobre a perda do posto e da patente dos oficiais e da graduação das praças.

→ § 4º com redação alterada pela EC 45/2004.

→ *v.* Súmula 673 do STF.

→ *v.* Súmulas 53, 75, 78 e 90 do STJ.

→ *v.* Art. 9º, II, *a* e *c*, do CPM.

§ 5º Compete aos juízes de direito do juízo militar processar e julgar, singularmente, os crimes militares cometidos contra civis e as ações judiciais contra atos disciplinares militares, cabendo ao Conselho de Justiça, sob a presidência de juiz de direito, processar e julgar os demais crimes militares.

→ § 5º acrescentado pela EC 45/2004.

§ 6º O Tribunal de Justiça poderá funcionar descentralizadamente, constituindo Câmaras regionais, a fim de assegurar o pleno acesso do jurisdicionado à justiça em todas as fases do processo.

→ § 6º acrescentado pela EC 45/2004.

§ 7º O Tribunal de Justiça instalará a justiça itinerante, com a realização de audiências e demais funções da atividade jurisdicional, nos limites territoriais da respectiva jurisdição, servindo-se de equipamentos públicos e comunitários.

→ § 7º acrescentado pela EC 45/2004.

Art. 126. Para dirimir conflitos fundiários, o Tribunal de Justiça proporá a criação de varas especializadas, com competência exclusiva para questões agrárias.

→ *Caput* com redação alterada pela EC 45/2004.

Parágrafo único. Sempre que necessário à eficiente prestação jurisdicional, o juiz far-se-á presente no local do litígio.

Capítulo IV
DAS FUNÇÕES ESSENCIAIS À JUSTIÇA

→ Rubrica com redação alterada pela EC 80/2014.

Seção I
Do Ministério Público

Art. 127. O Ministério Público é instituição permanente, essencial à função jurisdicional do Estado, incumbindo-lhe a defesa da ordem jurídica, do regime democrático e dos interesses sociais e individuais indisponíveis.

→ *v.* LC 75/1993 – Organização, Atribuições e o Estatuto do Ministério Público da União.

→ *v.* Lei 8.625/1993 – Lei Orgânica Nacional do Ministério Público.

§ 1º São princípios institucionais do Ministério Público a unidade, a indivisibilidade e a independência funcional.

§ 2º Ao Ministério Público é assegurada autonomia funcional e administrativa, podendo, observado o disposto no art. 169, propor ao Poder Legislativo a criação e extinção de seus cargos e serviços auxiliares, provendo-os por concurso público de provas ou de provas e títulos, a política remuneratória e os planos de carreira; a lei disporá sobre sua organização e funcionamento.

→ § 2º com redação alterada pela EC 19/1998.

→ *v.* Lei 11.144/2005 – Subsídio do Procurador-Geral da República.

§ 3º O Ministério Público elaborará sua proposta orçamentária dentro dos limites estabelecidos na lei de diretrizes orçamentárias.

§ 4º Se o Ministério Público não encaminhar a respectiva proposta orçamentária dentro do prazo estabelecido na lei de diretrizes orçamentárias, o Poder Executivo considerará, para fins de consolidação da proposta orçamentária anual, os valores aprovados na lei orçamentária vigente, ajustados de acordo com os limites estipulados na forma do § 3º.

→ § 4º acrescentado pela EC 45/2004.

§ 5º Se a proposta orçamentária de que trata este artigo for encaminhada em desacordo com os limites estipulados na forma do § 3º, o Poder Executivo procederá aos ajustes necessários para fins de consolidação da proposta orçamentária anual.

→ § 5º acrescentado pela EC 45/2004.

§ 6º Durante a execução orçamentária do exercício, não poderá haver a realização de despesas ou a assunção de obrigações que extrapolem os limites estabelecidos na lei de diretrizes orçamentárias, exceto se previamente autorizadas, mediante a abertura de créditos suplementares ou especiais.

→ § 6º acrescentado pela EC 45/2004.

Art. 128. O Ministério Público abrange:

I – o Ministério Público da União, que compreende:

a) o Ministério Público Federal;

b) o Ministério Público do Trabalho;

c) o Ministério Público Militar;

d) o Ministério Público do Distrito Federal e Territórios;

II – os Ministérios Públicos dos Estados.

§ 1º O Ministério Público da União tem por chefe o Procurador-Geral da República, nomeado pelo Presidente da República dentre integrantes da carreira, maiores de trinta e cinco anos, após a aprovação de seu nome pela maioria absoluta dos membros do Senado Federal, para mandato de dois anos, permitida a recondução.

§ 2º A destituição do Procurador-Geral da República, por iniciativa do Presidente da República, deverá ser precedida de autorização da maioria absoluta do Senado Federal.

§ 3º Os Ministérios Públicos dos Estados e o do Distrito Federal e Territórios formarão lista tríplice dentre integrantes da carreira, na forma da lei respectiva, para escolha de seu Procurador-Geral, que será nomeado pelo Chefe do Poder Executivo, para mandato de dois anos, permitida uma recondução.

§ 4º Os Procuradores-Gerais nos Estados e no Distrito Federal e Territórios poderão ser destituídos por deliberação da maioria absoluta do Poder Legislativo, na forma da lei complementar respectiva.

§ 5º Leis complementares da União e dos Estados, cuja iniciativa é facultada aos respectivos Procuradores-Gerais, estabelecerão a organização, as atribuições e o estatuto de cada Ministério Público, observadas, relativamente a seus membros:

I – as seguintes garantias:

a) vitaliciedade, após dois anos de exercício, não podendo perder o cargo senão por sentença judicial transitada em julgado;

b) inamovibilidade, salvo por motivo de interesse público, mediante decisão do órgão colegiado competente do Ministério Público, pelo voto da maioria absoluta de seus membros, assegurada ampla defesa;

→ Alínea *b* com redação alterada pela EC 45/2004.

c) irredutibilidade de subsídio, fixado na forma do art. 39, § 4º, e ressalvado o disposto nos arts. 37, X e XI, 150, II, 153, III, 153, § 2º, I;

→ Alínea *c* com redação alterada pela EC 19/1998.

→ *v.* Lei 11.144/2005 – Subsídio do Procurador-Geral da República.

II – as seguintes vedações:

a) receber, a qualquer título e sob qualquer pretexto, honorários, percentagens ou custas processuais;

b) exercer a advocacia;

c) participar de sociedade comercial, na forma da lei;

d) exercer, ainda que em disponibilidade, qualquer outra função pública, salvo uma de magistério;

e) exercer atividade político-partidária;

→ Alínea *e* com redação alterada pela EC 45/2004.

→ *v.* Art. 16 da Lei 9.096/1995.

f) receber, a qualquer título ou pretexto, auxílios ou contribuições de pessoas físicas, entidades públicas ou privadas, ressalvadas as exceções previstas em lei.

→ Alínea *f* acrescentada pela EC 45/2004.

§ 6º Aplica-se aos membros do Ministério Público o disposto no art. 95, parágrafo único, V.

→ § 6º acrescentado pela EC 45/2004.

Art. 129. São funções institucionais do Ministério Público:

I – promover, privativamente, a ação penal pública, na forma da lei;

→ *v.* Súmula Vinculante 24 do STF.

→ *v.* Súmula 234 do STJ.

→ *v.* Art. 100, § 1º, do CP.

→ *v.* Art. 24 do CPP.

II – zelar pelo efetivo respeito dos Poderes Públicos e dos serviços de relevância pública aos direitos assegurados nesta Constituição, promovendo as medidas necessárias a sua garantia;

III – promover o inquérito civil e a ação civil pública, para a proteção do patrimônio público e social, do meio ambiente e de outros interesses difusos e coletivos;

→ *v.* Súmula 643 do STF.

→ *v.* Súmulas 329 e 470 do STJ.

→ *v.* Art. 1º da Lei 7.347/1985.

IV – promover a ação de inconstitucionalidade ou representação para fins de intervenção da União e dos Estados, nos casos previstos nesta Constituição;

→ *v.* Súmula 329 do STJ.

V – defender judicialmente os direitos e interesses das populações indígenas;

→ v. Súmula 140 do STJ.

→ v. Art. 231 da CF/1988.

VI – expedir notificações nos procedimentos administrativos de sua competência, requisitando informações e documentos para instruí-los, na forma da lei complementar respectiva;

→ v. Súmula 234 do STJ.

VII – exercer o controle externo da atividade policial, na forma da lei complementar mencionada no artigo anterior;

VIII – requisitar diligências investigatórias e a instauração de inquérito policial, indicados os fundamentos jurídicos de suas manifestações processuais;

IX – exercer outras funções que lhe forem conferidas, desde que compatíveis com sua finalidade, sendo-lhe vedada a representação judicial e a consultoria jurídica de entidades públicas.

§ 1º A legitimação do Ministério Público para as ações civis previstas neste artigo não impede a de terceiros, nas mesmas hipóteses, segundo o disposto nesta Constituição e na lei.

§ 2º As funções do Ministério Público só podem ser exercidas por integrantes da carreira, que deverão residir na comarca da respectiva lotação, salvo autorização do chefe da instituição.

→ § 2º com redação alterada pela EC 45/2004.

§ 3º O ingresso na carreira do Ministério Público far-se-á mediante concurso público de provas e títulos, assegurada a participação da Ordem dos Advogados do Brasil em sua realização, exigindo-se do bacharel em direito, no mínimo, 3 (três) anos de atividade jurídica e observando-se, nas nomeações, a ordem de classificação.

→ § 3º com redação alterada pela EC 45/2004.

§ 4º Aplica-se ao Ministério Público, no que couber, o disposto no art. 93.

→ § 4º com redação alterada pela EC 45/2004.

→ v. Súmula Vinculante 37 do STF.

§ 5º A distribuição de processos no Ministério Público será imediata.

→ § 5º acrescentado pela EC 45/2004.

Art. 130. Aos membros do Ministério Público junto aos Tribunais de Contas aplicam-se as disposições desta seção pertinentes a direitos, vedações e forma de investidura.

Art. 130-A. O Conselho Nacional do Ministério Público compõe-se de quatorze membros nomeados pelo Presidente da República, depois de aprovada a escolha pela maioria absoluta do Senado Federal, para um mandato de 2 (dois) anos, admitida uma recondução, sendo:

→ Artigo acrescentado pela EC 45/2004.

I – o Procurador-Geral da República, que o preside;

II – quatro membros do Ministério Público da União, assegurada a representação de cada uma de suas carreiras;

III – três membros do Ministério Público dos Estados;

IV – dois juízes, indicados um pelo Supremo Tribunal Federal e outro pelo Superior Tribunal de Justiça;

V – dois advogados, indicados pelo Conselho Federal da Ordem dos Advogados do Brasil;

VI – dois cidadãos de notável saber jurídico e reputação ilibada, indicados um pela Câmara dos Deputados e outro pelo Senado Federal.

§ 1º Os membros do Conselho oriundos do Ministério Público serão indicados pelos respectivos Ministérios Públicos, na forma da lei.

→ v. Lei 11.372/2006 – Forma de indicação dos membros do Conselho Nacional do Ministério Público oriundos do Ministério Público.

§ 2º Compete ao Conselho Nacional do Ministério Público o controle da atuação administrativa e financeira do Ministério Público e do cumprimento dos deveres funcionais de seus membros, cabendo-lhe:

I – zelar pela autonomia funcional e administrativa do Ministério Público, podendo expedir atos regulamentares, no âmbito de sua competência, ou recomendar providências;

II – zelar pela observância do art. 37 e apreciar, de ofício ou mediante provocação, a legalidade dos atos administrativos praticados por membros ou órgãos do Ministério Público da União e dos Estados, podendo desconstituí-los, revê-los ou fixar prazo para que se adotem as providências necessárias ao exato cumprimento da lei, sem prejuízo da competência dos Tribunais de Contas;

III – receber e conhecer das reclamações contra membros ou órgãos do Ministério Público da União ou dos Estados, inclusive contra seus serviços auxiliares, sem prejuízo da competência disciplinar e correicional da instituição, podendo avocar processos disciplinares em curso, determinar a remoção, a disponibilidade ou a aposentadoria com subsídios ou proventos proporcionais ao tempo de serviço e aplicar outras sanções administrativas, assegurada ampla defesa;

IV – rever, de ofício ou mediante provocação, os processos disciplinares de membros do Ministério Público da União ou dos Estados julgados há menos de 1 (um) ano;

V – elaborar relatório anual, propondo as providências que julgar necessárias sobre a situação do Ministério Público no País e as atividades do Conselho, o qual deve integrar a mensagem prevista no art. 84, XI.

§ 3º O Conselho escolherá, em votação secreta, um Corregedor nacional, dentre os membros do Ministério Público que o integram, vedada a recondução, competindo-lhe, além das atribuições que lhe forem conferidas pela lei, as seguintes:

I – receber reclamações e denúncias, de qualquer interessado, relativas aos membros do Ministério Público e dos seus serviços auxiliares;

II – exercer funções executivas do Conselho, de inspeção e correição geral;

III – requisitar e designar membros do Ministério Público, delegando-lhes atribuições, e requisitar servidores de órgãos do Ministério Público.

§ 4º O Presidente do Conselho Federal da Ordem dos Advogados do Brasil oficiará junto ao Conselho.

§ 5º Leis da União e dos Estados criarão ouvidorias do Ministério Público, competentes para receber reclamações e denúncias de qualquer interessado contra membros ou órgãos do Ministério Público, inclusive contra seus serviços auxiliares, representando diretamente ao Conselho Nacional do Ministério Público.

Seção II
Da Advocacia Pública

→ Rubrica alterada pela EC 19/1998.

Art. 131. A Advocacia-Geral da União é a instituição que, diretamente ou através de órgão vinculado, representa a União, judicial e extrajudicialmente, cabendo-lhe, nos termos da lei complementar que dispuser sobre sua organização e funcionamento, as atividades de consultoria e assessoramento jurídico do Poder Executivo.

→ v. LC 73/1993 – Lei Orgânica da Advocacia-Geral da União.

§ 1º A Advocacia-Geral da União tem por chefe o Advogado-Geral da União, de livre nomeação pelo Presidente da República dentre cidadãos maiores de trinta e cinco anos, de notável saber jurídico e reputação ilibada.

§ 2º O ingresso nas classes iniciais das carreiras da instituição de que trata este artigo far-se-á mediante concurso público de provas e títulos.

§ 3º Na execução da dívida ativa de natureza tributária, a representação da União cabe à Procuradoria-Geral da Fazenda Nacional, observado o disposto em lei.

→ v. Súmula 139 do STJ.

Art. 132. Os Procuradores dos Estados e do Distrito Federal, organizados em carreira, na qual o ingresso dependerá de concurso público de provas e títulos, com a participação da Ordem dos Advogados do Brasil em todas as suas fases, exercerão a representação judicial e a consultoria jurídica das respectivas unidades federadas.

→ Artigo com redação alterada pela EC 19/1998.

Parágrafo único. Aos procuradores referidos neste artigo é assegurada estabilidade após três anos de efetivo exercício, mediante avaliação de desempenho perante os órgãos próprios, após relatório circunstanciado das corregedorias.

Seção III
Da Advocacia

→ Rubrica com redação alterada pela EC 80/2014.

→ v. Resolução do CFOAB 2/2015 – Novo Código de Ética e Disciplina da OAB.

→ v. Provimento do CFOAB 166/2015 – Advocacia *Pro Bono*.

Art. 133. O advogado é indispensável à administração da justiça, sendo inviolável por seus atos e manifestações no exercício da profissão, nos limites da lei.

→ v. Súmula 345 do STJ.

→ v. Art. 5º, XIII, da CF/1988.

→ v. Art. 20, § 4º, do CPC/1973.

→ v. Art. 85, § 8º, do NCPC.

→ v. Lei 8.906/1994 – Estatuto da Advocacia e a Ordem dos Advogados do Brasil.

Seção IV
Da Defensoria Pública

→ Seção IV acrescentada pela EC 80/2014.

Art. 134. A Defensoria Pública é instituição permanente, essencial à função jurisdicional do Estado, incumbindo-lhe, como expressão e instrumento do regime democrático, fundamentalmente, a orientação jurídica, a promoção dos direitos humanos e a defesa, em todos os graus, judicial e extrajudicial, dos direitos individuais e coletivos, de forma integral e gratuita, aos necessitados, na forma do inciso LXXIV do art. 5º desta Constituição Federal.

→ *Caput* com redação alterada pela EC 80/2014.

→ v. Súmula 421 do STJ.

→ v. Art. 5º, II, da Lei 7.347/1985.

§ 1º Lei complementar organizará a Defensoria Pública da União e do Distrito Federal e dos Territórios e prescreverá normas gerais para sua organização nos Estados, em cargos de carreira, providos, na classe inicial, mediante concurso público de provas e títulos, assegurada a seus integrantes a garantia da inamovibilidade e vedado o exercício da advocacia fora das atribuições institucionais.

→ Anterior parágrafo único renumerado para § 1º pela EC 45/2004.

→ *v.* LC 80/1994 – Organiza a Defensoria Pública da União, do Distrito Federal e dos Territórios.

§ 2º Às Defensorias Públicas Estaduais são asseguradas autonomia funcional e administrativa e a iniciativa de sua proposta orçamentária dentro dos limites estabelecidos na lei de diretrizes orçamentárias e subordinação ao disposto no art. 99, § 2º.

→ § 2º acrescentado pela EC 45/2004.

§ 3º Aplica-se o disposto no § 2º às Defensorias Públicas da União e do Distrito Federal.

→ § 3º acrescentado pela EC 74/2013.

§ 4º São princípios institucionais da Defensoria Pública a unidade, a indivisibilidade e a independência funcional, aplicando-se também, no que couber, o disposto no art. 93 e no inciso II do art. 96 desta Constituição Federal.

→ § 4º acrescentado pela EC 80/2014.

Art. 135. Os servidores integrantes das carreiras disciplinadas nas Seções II e III deste Capítulo serão remunerados na forma do art. 39, § 4º.

→ Artigo com redação alterada pela EC 19/1998.

→ *v.* Art. 132 da CF/1988.

Título V
Da defesa do Estado e das instituições democráticas

Capítulo I
DO ESTADO DE DEFESA E DO ESTADO DE SÍTIO

Seção I
Do estado de defesa

Art. 136. O Presidente da República pode, ouvidos o Conselho da República e o Conselho de Defesa Nacional, decretar estado de defesa para preservar ou prontamente restabelecer, em locais restritos e determinados, a ordem pública ou a paz social ameaçadas por grave e iminente instabilidade institucional ou atingidas por calamidades de grandes proporções na natureza.

→ *v.* Arts. 89 a 91 da CF/1988.

→ *v.* Lei 8.183/1991 – Organização e o funcionamento do Conselho de Defesa Nacional.

→ *v.* Lei 8.041/1990 – Organização e funcionamento do Conselho da República.

§ 1º O decreto que instituir o estado de defesa determinará o tempo de sua duração, especificará as áreas a serem abrangidas e indicará, nos termos e limites da lei, as medidas coercitivas a vigorarem, dentre as seguintes:

I – restrições aos direitos de:

a) reunião, ainda que exercida no seio das associações;

b) sigilo de correspondência;

c) sigilo de comunicação telegráfica e telefônica;

II – ocupação e uso temporário de bens e serviços públicos, na hipótese de calamidade pública, respondendo a União pelos danos e custos decorrentes.

§ 2º O tempo de duração do estado de defesa não será superior a trinta dias, podendo ser prorrogado uma vez, por igual período, se persistirem as razões que justificaram a sua decretação.

§ 3º Na vigência do estado de defesa:

I – a prisão por crime contra o Estado, determinada pelo executor da medida, será por este comunicada imediatamente ao juiz competente, que a relaxará, se não for legal, facultado ao preso requerer exame de corpo de delito à autoridade policial;

II – a comunicação será acompanhada de declaração, pela autoridade, do estado físico e mental do detido no momento de sua autuação;

III – a prisão ou detenção de qualquer pessoa não poderá ser superior a dez dias, salvo quando autorizada pelo Poder Judiciário;

IV – é vedada a incomunicabilidade do preso.

§ 4º Decretado o estado de defesa ou sua prorrogação, o Presidente da República, dentro de vinte e quatro horas, submeterá o ato com a respectiva justificação ao Congresso Nacional, que decidirá por maioria absoluta.

§ 5º Se o Congresso Nacional estiver em recesso, será convocado, extraordinariamente, no prazo de cinco dias.

§ 6º O Congresso Nacional apreciará o decreto dentro de dez dias contados de seu recebimento, devendo continuar funcionando enquanto vigorar o estado de defesa.

§ 7º Rejeitado o decreto, cessa imediatamente o estado de defesa.

Seção II
Do estado de sítio

Art. 137. O Presidente da República pode, ouvidos o Conselho da República e o Conselho de Defesa Nacional, solicitar ao Congresso Nacional autorização para decretar o estado de sítio nos casos de:

I – comoção grave de repercussão nacional ou ocorrência de fatos que comprovem a ineficácia de medida tomada durante o estado de defesa;

II – declaração de estado de guerra ou resposta a agressão armada estrangeira.

Parágrafo único. O Presidente da República, ao solicitar autorização para decretar o estado de sítio ou sua prorrogação, relatará os motivos determinantes do pedido, devendo o Congresso Nacional decidir por maioria absoluta.

Art. 138. O decreto do estado de sítio indicará sua duração, as normas necessárias a sua execução e as garantias constitucionais que ficarão suspensas, e, depois de publicado, o Presidente da República designará o executor das medidas específicas e as áreas abrangidas.

§ 1º O estado de sítio, no caso do art. 137, I, não poderá ser decretado por mais de trinta dias, nem prorrogado, de cada vez, por prazo superior; no do inciso II, poderá ser decretado por todo o tempo que perdurar a guerra ou a agressão armada estrangeira.

§ 2º Solicitada autorização para decretar o estado de sítio durante o recesso parlamentar, o Presidente do Senado Federal, de imediato, convocará extraordinariamente o Congresso Nacional para se reunir dentro de cinco dias, a fim de apreciar o ato.

§ 3º O Congresso Nacional permanecerá em funcionamento até o término das medidas coercitivas.

Art. 139. Na vigência do estado de sítio decretado com fundamento no art. 137, I, só poderão ser tomadas contra as pessoas as seguintes medidas:

I – obrigação de permanência em localidade determinada;

II – detenção em edifício não destinado a acusados ou condenados por crimes comuns;

III – restrições relativas à inviolabilidade da correspondência, ao sigilo das comunicações, à prestação de informações e à liberdade de imprensa, radiodifusão e televisão, na forma da lei;

IV – suspensão da liberdade de reunião;

V – busca e apreensão em domicílio;

VI – intervenção nas empresas de serviços públicos;

VII – requisição de bens.

Parágrafo único. Não se inclui nas restrições do inciso III a difusão de pronunciamentos de parlamentares efetuados em suas Casas Legislativas, desde que liberada pela respectiva Mesa.

Seção III
Disposições gerais

Art. 140. A Mesa do Congresso Nacional, ouvidos os líderes partidários, designará Comissão composta de cinco de seus membros para acompanhar e fiscalizar a execução das medidas referentes ao estado de defesa e ao estado de sítio.

Art. 141. Cessado o estado de defesa ou o estado de sítio, cessarão também seus efeitos, sem prejuízo da responsabilidade pelos ilícitos cometidos por seus executores ou agentes.

Parágrafo único. Logo que cesse o estado de defesa ou o estado de sítio, as medidas aplicadas em sua vigência serão relatadas pelo Presidente da República, em mensagem ao Congresso Nacional, com especificação e justificação das providências adotadas, com relação nominal dos atingidos e indicação das restrições aplicadas.

Capítulo II
DAS FORÇAS ARMADAS

Art. 142. As Forças Armadas, constituídas pela Marinha, pelo Exército e pela Aeronáutica, são instituições nacionais permanentes e regulares, organizadas com base na hierarquia e na disciplina, sob a autoridade suprema do Presidente da República, e destinam-se à defesa da Pátria, à garantia dos poderes constitucionais e, por iniciativa de qualquer destes, da lei e da ordem.

→ *v.* Súmula Vinculante 36 do STF.

§ 1º Lei complementar estabelecerá as normas gerais a serem adotadas na organização, no preparo e no emprego das Forças Armadas.

§ 2º Não caberá *habeas corpus* em relação a punições disciplinares militares.

§ 3º Os membros das Forças Armadas são denominados militares, aplicando-se-lhes, além das que vierem a ser fixadas em lei, as seguintes disposições:

→ *Caput* do § 3º acrescentado pela EC 18/1998.

→ *v.* Arts. 42, 61, § 1º, I, da CF/1988.

→ *v.* LC 97/1999 – Normas gerais para a organização, o preparo e o emprego das Forças Armadas.

→ *v.* Lei 8.071/1990 – Efetivos do Exército em tempo de paz.

→ *v.* Dec.-lei 1.001/1969 – Código Penal Militar.

I – as patentes, com prerrogativas, direitos e deveres a elas inerentes, são conferidas pelo Presidente da República e asseguradas em plenitude aos oficiais da ativa, da reserva ou reformados, sendo-lhes privativos os títulos e postos militares e, juntamente com os demais membros, o uso dos uniformes das Forças Armadas;

→ Inciso I acrescentado pela EC 18/1998.

II – o militar em atividade que tomar posse em cargo ou emprego público civil permanente, ressalvada a hipótese prevista no art. 37, inciso XVI, alínea *c*, será transferido para a reserva, nos termos da lei;

→ Inciso II com redação alterada pela EC 77/2014.

III – o militar da ativa que, de acordo com a lei, tomar posse em cargo, emprego ou função pública civil temporária, não eletiva, ainda que da administração indireta, ressalvada a hipótese prevista no art. 37, inciso XVI, alínea *c*, ficará agregado ao respectivo quadro e somente poderá, enquanto permanecer nessa situação, ser promovido por antiguidade, contando-se-lhe o tempo de serviço apenas para aquela promoção e transferência para a reserva, sendo depois de dois anos de afastamento, contínuos ou não, transferido para a reserva, nos termos da lei;

→ Inciso III com redação alterada pela EC 77/2014.

IV – ao militar são proibidas a sindicalização e a greve;

→ Inciso IV acrescentado pela EC 18/1998.

V – o militar, enquanto em serviço ativo, não pode estar filiado a partidos políticos;

→ Inciso V acrescentado pela EC 18/1998.

→ *v.* Art. 16 da Lei 9.096/1995.

VI – o oficial só perderá o posto e a patente se for julgado indigno do oficialato ou com ele incompatível, por decisão de tribunal militar de caráter permanente, em tempo de paz, ou de tribunal especial, em tempo de guerra;

→ Inciso VI acrescentado pela EC 18/1998.

VII – o oficial condenado na justiça comum ou militar a pena privativa de liberdade superior a dois anos, por sentença transitada em julgado, será submetido ao julgamento previsto no inciso anterior;

→ Inciso VII acrescentado pela EC 18/1998.

VIII – aplica-se aos militares o disposto no art. 7º, incisos VIII, XII, XVII, XVIII, XIX e XXV, e no art. 37, incisos XI, XIII, XIV e XV, bem como, na forma da lei e com prevalência da atividade militar, no art. 37, inciso XVI, alínea *c*;

→ Inciso VIII com redação alterada pela EC 77/2014.

IX – *(Revogado pela EC 41/2003).*

X – a lei disporá sobre o ingresso nas Forças Armadas, os limites de idade, a estabilidade e outras condições de transferência do militar para a inatividade, os direitos, os deveres, a remuneração, as prerrogativas e outras situações especiais dos militares, consideradas as peculiaridades de suas atividades, inclusive aquelas cumpridas por força de compromissos internacionais e de guerra.

→ Inciso X acrescentado pela EC 18/1998.

→ *v.* Súmula Vinculante 4 do STF.

Art. 143. O serviço militar é obrigatório nos termos da lei.

→ *v.* Súmula Vinculante 6 do STF.

→ *v.* MP 2.215-10/2001 – Reestruturação da remuneração dos militares das Forças Armadas.

§ 1º Às Forças Armadas compete, na forma da lei, atribuir serviço alternativo aos que, em tempo de paz, após alistados, alegarem imperativo de consciência, entendendo-se como tal o decorrente de crença religiosa e de convicção filosófica ou política, para se eximirem de atividades de caráter essencialmente militar.

→ *v.* Art. 5º, VIII, da CF/1988.

→ *v.* Lei 8.239/1991 – Prestação de Serviço Alternativo ao Serviço Militar Obrigatório.

§ 2º As mulheres e os eclesiásticos ficam isentos do serviço militar obrigatório em tempo de paz, sujeitos, porém, a outros encargos que a lei lhes atribuir.

→ *v.* Art. 5º, VIII, da CF/1988.

→ *v.* Lei 8.239/1991 – Prestação de Serviço Alternativo ao Serviço Militar Obrigatório.

Capítulo III
DA SEGURANÇA PÚBLICA

Art. 144. A segurança pública, dever do Estado, direito e responsabilidade de todos, é exercida para a preservação da ordem pública e da incolumidade das pessoas e do patrimônio, através dos seguintes órgãos:

I – polícia federal;

II – polícia rodoviária federal;

III – polícia ferroviária federal;

IV – polícias civis;

V – polícias militares e corpos de bombeiros militares.

→ *v.* Dec.-lei 667/1969 – Reorganiza as Polícias Militares e os Corpos de Bombeiros Militares dos Estados, dos Território e do Distrito Federal.

§ 1º A polícia federal, instituída por lei como órgão permanente, organizado e mantido pela União e estruturado em carreira, destina-se a:

→ *Caput* do § 1º com redação alterada pela EC 19/1998.

I – apurar infrações penais contra a ordem política e social ou em detrimento de bens, serviços e interesses da União ou de suas entidades autárquicas e empresas públicas, assim como outras infrações cuja prática tenha repercussão interestadual ou internacional e exija repressão uniforme, segundo se dispuser em lei;

→ *v.* Lei 10.446/2002 – Infrações penais de repercussão interestadual ou internacional que exigem repressão uniforme, para os fins do disposto no inciso I do § 1º do art. 144 da CF/1988.

II – prevenir e reprimir o tráfico ilícito de entorpecentes e drogas afins, o contrabando e o descaminho, sem prejuízo da ação fazendária e de outros órgãos públicos nas respectivas áreas de competência;

→ *v.* Arts. 1º a 7º da Lei 11.343/2006.

→ *v.* Arts. 334 e 334-A do CP.

III – exercer as funções de polícia marítima, aeroportuária e de fronteiras;

→ Inciso III com redação alterada pela EC 19/1998.

IV – exercer, com exclusividade, as funções de polícia judiciária da União.

§ 2º A polícia rodoviária federal, órgão permanente, organizado e mantido pela União e estruturado em carreira, destina-se, na forma da lei, ao patrulhamento ostensivo das rodovias federais.

→ § 2º com redação alterada pela EC 19/1998.

§ 3º A polícia ferroviária federal, órgão permanente, organizado e mantido pela União e estruturado em carreira, destina-se, na forma da lei, ao patrulhamento ostensivo das ferrovias federais.

→ § 3º com redação alterada pela EC 19/1998.

§ 4º Às polícias civis, dirigidas por delegados de polícia de carreira, incumbem, ressalvada a competência da União, as funções de polícia judiciária e a apuração de infrações penais, exceto as militares.

§ 5º Às polícias militares cabem a polícia ostensiva e a preservação da ordem pública; aos corpos de bombeiros militares, além das atribuições definidas em lei, incumbe a execução de atividades de defesa civil.

§ 6º As polícias militares e corpos de bombeiros militares, forças auxiliares e reserva do Exército subordinam-se, juntamente com as polícias civis, aos Governadores dos Estados, do Distrito Federal e dos Territórios.

§ 7º A lei disciplinará a organização e o funcionamento dos órgãos responsáveis pela segurança pública, de maneira a garantir a eficiência de suas atividades.

§ 8º Os Municípios poderão constituir guardas municipais destinadas à proteção de seus bens, serviços e instalações, conforme dispuser a lei.

→ *v.* Lei 13.022/2014 – Estatuto Geral das Guardas Municipais.

§ 9º A remuneração dos servidores policiais integrantes dos órgãos relacionados neste artigo será fixada na forma do § 4º do art. 39.

→ § 9º acrescentado pela EC 19/1998.

§ 10. A segurança viária, exercida para a preservação da ordem pública e da incolumidade das pessoas e do seu patrimônio nas vias públicas:

→ § 10 acrescentado pela EC 82/2014.

I – compreende a educação, engenharia e fiscalização de trânsito, além de outras atividades previstas em lei, que assegurem ao cidadão o direito à mobilidade urbana eficiente; e

II – compete, no âmbito dos Estados, do Distrito Federal e dos Municípios, aos respectivos órgãos ou entidades executivos e seus agentes de trânsito, estruturados em Carreira, na forma da lei.

Título VI
Da tributação e do orçamento

Capítulo I
DO SISTEMA TRIBUTÁRIO NACIONAL

Seção I
Dos princípios gerais

Art. 145. A União, os Estados, o Distrito Federal e os Municípios poderão instituir os seguintes tributos:

→ *v.* Súmula 667 do STF.

I – impostos;

II – taxas, em razão do exercício do poder de polícia ou pela utilização, efetiva ou potencial, de serviços públicos específicos e divisíveis, prestados ao contribuinte ou postos a sua disposição;

→ *v.* Súmula Vinculante 19 do STF.

→ *v.* Súmulas 665 e 670 do STF.

→ v. Art. 77 e ss. do CTN.

→ v. Lei 7.940/1989 – Institui a Taxa de Fiscalização dos mercados de títulos e valores mobiliários.

III – contribuição de melhoria, decorrente de obras públicas.

§ 1º Sempre que possível, os impostos terão caráter pessoal e serão graduados segundo a capacidade econômica do contribuinte, facultado à administração tributária, especialmente para conferir efetividade a esses objetivos, identificar, respeitados os direitos individuais e nos termos da lei, o patrimônio, os rendimentos e as atividades econômicas do contribuinte.

→ v. Súmulas 656 e 668 do STF.

→ v. Lei 8.021/1990 – Identificação dos contribuintes para fins fiscais.

§ 2º As taxas não poderão ter base de cálculo própria de impostos.

→ v. Súmulas Vinculantes 19 e 29 do STF.

→ v. Súmulas 545, 595, 665 do STF.

Art. 146. Cabe à lei complementar:

I – dispor sobre conflitos de competência, em matéria tributária, entre a União, os Estados, o Distrito Federal e os Municípios;

→ v. Arts. 6º a 8º do CTN.

II – regular as limitações constitucionais ao poder de tributar;

→ v. Arts. 9º a 15 do CTN.

III – estabelecer normas gerais em matéria de legislação tributária, especialmente sobre:

→ v. Súmula Vinculante 8 do STF.

→ v. Art. 149 da CF/1988.

a) definição de tributos e de suas espécies, bem como, em relação aos impostos discriminados nesta Constituição, a dos respectivos fatos geradores, bases de cálculo e contribuintes;

b) obrigação, lançamento, crédito, prescrição e decadência tributários;

c) adequado tratamento tributário ao ato cooperativo praticado pelas sociedades cooperativas;

d) definição de tratamento diferenciado e favorecido para as microempresas e para as empresas de pequeno porte, inclusive regimes especiais ou simplificados no caso do imposto previsto no art. 155, II, das contribuições previstas no art. 195, I e §§ 12 e 13, e da contribuição a que se refere o art. 239.

→ Alínea *d* acrescentada pela EC 42/2003.

→ v. Art. 94 do ADCT.

Parágrafo único. A lei complementar de que trata o inciso III, *d*, também poderá instituir um regime único de arrecadação dos impostos e contribuições da União, dos Estados, do Distrito Federal e dos Municípios, observado que:

→ Parágrafo único acrescentado pela EC 42/2003.

I – será opcional para o contribuinte;

II – poderão ser estabelecidas condições de enquadramento diferenciadas por Estado;

III – o recolhimento será unificado e centralizado e a distribuição da parcela de recursos pertencentes aos respectivos entes federados será imediata, vedada qualquer retenção ou condicionamento;

IV – a arrecadação, a fiscalização e a cobrança poderão ser compartilhadas pelos entes federados, adotado cadastro nacional único de contribuintes.

Art. 146-A. Lei complementar poderá estabelecer critérios especiais de tributação, com o objetivo de prevenir desequilíbrios da concorrência, sem prejuízo da competência de a União, por lei, estabelecer normas de igual objetivo.

→ Artigo acrescentado pela EC 42/2003.

Art. 147. Competem à União, em Território Federal, os impostos estaduais e, se o Território não for dividido em Municípios, cumulativamente, os impostos municipais; ao Distrito Federal cabem os impostos municipais.

Art. 148. A União, mediante lei complementar, poderá instituir empréstimos compulsórios:

I – para atender a despesas extraordinárias, decorrentes de calamidade pública, de guerra externa ou sua iminência;

II – no caso de investimento público de caráter urgente e de relevante interesse nacional, observado o disposto no art. 150, III, *b*.

→ v. Art. 34, § 12, do ADCT.

Parágrafo único. A aplicação dos recursos provenientes de empréstimo compulsório será vinculada à despesa que fundamentou sua instituição.

Art. 149. Compete exclusivamente à União instituir contribuições sociais, de intervenção no domínio econômico e de interesse das categorias profissionais ou econômicas, como instrumento de sua atuação nas respectivas áreas, observado o disposto nos arts. 146, III, e 150, I e III, e sem prejuízo do previsto no art. 195, § 6º, relativamente às contribuições a que alude o dispositivo.

§ 1º Os Estados, o Distrito Federal e os Municípios instituirão contribuição, cobrada de seus servidores, para o custeio, em benefício destes, do regime previdenciário de que trata o art. 40, cuja alíquota não será inferior à da contribuição dos servidores titulares de cargos efetivos da União.

→ § 1º com redação alterada pela EC 41/2003.

§ 2º As contribuições sociais e de intervenção no domínio econômico de que trata o *caput* deste artigo:

→ *Caput* do § 2º acrescentado pela EC 33/2001.

I – não incidirão sobre as receitas decorrentes de exportação;

→ Inciso I acrescentado pela EC 33/2001.

II – incidirão também sobre a importação de produtos estrangeiros ou serviços;

→ Inciso II com redação alterada pela EC 42/2003.

III – poderão ter alíquotas:

→ Inciso III acrescentado pela EC 33/2001.

a) ad valorem, tendo por base o faturamento, a receita bruta ou o valor da operação e, no caso de importação, o valor aduaneiro;

b) específica, tendo por base a unidade de medida adotada.

§ 3º A pessoa natural destinatária das operações de importação poderá ser equiparada a pessoa jurídica, na forma da lei.

→ § 3º acrescentado pela EC 33/2001.

§ 4º A lei definirá as hipóteses em que as contribuições incidirão uma única vez.

→ § 4º acrescentado pela EC 33/2001.

Art. 149-A. Os Municípios e o Distrito Federal poderão instituir contribuição, na forma das respectivas leis, para o custeio do serviço de iluminação pública, observado o disposto no art. 150, I e III.

→ Artigo acrescentado pela EC 39/2002.

Parágrafo único. É facultada a cobrança da contribuição a que se refere o *caput*, na fatura de consumo de energia elétrica.

Seção II
Das limitações do poder de tributar

Art. 150. Sem prejuízo de outras garantias asseguradas ao contribuinte, é vedado à União, aos Estados, ao Distrito Federal e aos Municípios:

→ v. Art. 146 do CTN.

I – exigir ou aumentar tributo sem lei que o estabeleça;

→ v. Súmula 160 do STJ.

→ v. Art. 5º, II, da CF/1988.

→ v. Arts. 3º, 97, I e II, do CTN.

II – instituir tratamento desigual entre contribuintes que se encontrem em situação equivalente, proibida qualquer distinção em razão de ocupação profissional ou função por eles exercida, independentemente da denominação jurídica dos rendimentos, títulos ou direitos;

→ v. Súmula 658 do STF.

→ v. Art. 5º, I, da CF/1988.

III – cobrar tributos:

a) em relação a fatos geradores ocorridos antes do início da vigência da lei que os houver instituído ou aumentado;

→ v. Súmula 239 do STF.

→ v. Arts. 9º, II, e 106, do CTN.

b) no mesmo exercício financeiro em que haja sido publicada a lei que os instituiu ou aumentou;

→ v. Art. 195, § 6º, da CF/1988.

→ v. Súmula Vinculante 50 do STF

c) antes de decorridos noventa dias da data em que haja sido publicada a lei que os instituiu ou aumentou, observado o disposto na alínea *b*;

→ Alínea *c* acrescentada pela EC 42/2003.

→ v. Súmula Vinculante 50 do STF.

IV – utilizar tributo com efeito de confisco;

V – estabelecer limitações ao tráfego de pessoas ou bens, por meio de tributos interestaduais ou intermunicipais, ressalvada a cobrança de pedágio pela utilização de vias conservadas pelo Poder Público;

→ v. Art. 9º, III, do CTN.

VI – instituir impostos sobre:

a) patrimônio, renda ou serviços, uns dos outros;

→ v. Art. 9º, IV, *a*, do CTN.

b) templos de qualquer culto;

→ v. Art. 9º, IV, *b*, do CTN.

c) patrimônio, renda ou serviços dos partidos políticos, inclusive suas fundações, das entidades sindicais dos trabalhadores, das instituições de educação e de assistência social, sem fins lucrativos, atendidos os requisitos da lei;

→ v. Súmulas 724 e 730 do STF.

→ v. Art. 9º, IV, *c*, do CTN.

d) livros, jornais, periódicos e o papel destinado a sua impressão.

→ v. Súmula 657 do STF.

→ v. Art. 9º, IV, *d*, do CTN.

e) fonogramas e videofonogramas musicais produzidos no Brasil contendo obras musicais ou literomusicais de autores brasileiros e/ou obras em geral interpretadas por artistas brasileiros bem como os suportes materiais ou arquivos digitais que os contenham, salvo na etapa de replicação industrial de mídias ópticas de leitura a *laser*.

→ Alínea *e* acrescentada pela EC 75/2013.

§ 1º A vedação do inciso III, *b*, não se aplica aos tributos previstos nos arts. 148, I, 153, I, II, IV e V; e 154, II; e a vedação do inciso III, *c*, não se aplica aos tributos previstos nos arts. 148, I, 153, I, II, III e V; e 154, II, nem à fixação da base de cálculo dos impostos previstos nos arts. 155, III, e 156, I.

→ § 1º com redação alterada pela EC 42/2003.

§ 2º A vedação do inciso VI, *a*, é extensiva às autarquias e às fundações instituídas e mantidas pelo Poder Público, no que se refere ao patrimônio, à renda e aos serviços, vinculados a suas finalidades essenciais ou às delas decorrentes.

§ 3º As vedações do inciso VI, *a*, e do parágrafo anterior não se aplicam ao patrimônio, à renda e aos serviços, relacionados com exploração de atividades econômicas regidas pelas normas aplicáveis a empreendimentos privados, ou em que haja contraprestação ou pagamento de preços ou tarifas pelo usuário, nem exonera o promitente comprador da obrigação de pagar imposto relativamente ao bem imóvel.

§ 4º As vedações expressas no inciso VI, alíneas *b* e *c*, compreendem somente o patrimônio, a renda e os serviços, relacionados com as finalidades essenciais das entidades nelas mencionadas.

§ 5º A lei determinará medidas para que os consumidores sejam esclarecidos acerca dos impostos que incidam sobre mercadorias e serviços.

→ *v.* Lei 8.078/1990 – Proteção do consumidor.

§ 6º Qualquer subsídio ou isenção, redução de base de cálculo, concessão de crédito presumido, anistia ou remissão, relativos a impostos, taxas ou contribuições, só poderá ser concedido mediante lei específica, federal, estadual ou municipal, que regule exclusivamente as matérias acima enumeradas ou o correspondente tributo ou contribuição, sem prejuízo do disposto no art. 155, § 2º, XII, *g*.

→ § 6º com redação alterada pela EC 3/1993.

→ *v.* LC 24/1975 – Convênios para a concessão de isenções do imposto sobre operações relativas à circulação de mercadorias

§ 7º A lei poderá atribuir a sujeito passivo de obrigação tributária a condição de responsável pelo pagamento de imposto ou contribuição, cujo fato gerador deva ocorrer posteriormente, assegurada a imediata e preferencial restituição da quantia paga, caso não se realize o fato gerador presumido.

→ § 7º acrescentado pela EC 3/1993.

Art. 151. É vedado à União:

→ *v.* Art. 41 do ADCT.

I – instituir tributo que não seja uniforme em todo o território nacional ou que implique distinção ou preferência em relação a Estado, ao Distrito Federal ou a Município, em detrimento de outro, admitida a concessão de incentivos fiscais destinados a promover o equilíbrio do desenvolvimento socioeconômico entre as diferentes regiões do País;

→ *v.* Art. 10 do CTN.

→ *v.* Lei 9.440/1997 – Estabelece incentivos fiscais para o desenvolvimento regional.

II – tributar a renda das obrigações da dívida pública dos Estados, do Distrito Federal e dos Municípios, bem como a remuneração e os proventos dos respectivos agentes públicos, em níveis superiores aos que fixar para suas obrigações e para seus agentes;

III – instituir isenções de tributos da competência dos Estados, do Distrito Federal ou dos Municípios.

→ *v.* Súmula 575 do STF.

→ *v.* Súmula 95 do STJ.

Art. 152. É vedado aos Estados, ao Distrito Federal e aos Municípios estabelecer diferença tributária entre bens e serviços, de qualquer natureza, em razão de sua procedência ou destino.

→ *v.* Art. 11 do CTN.

Seção III
Dos impostos da União

Art. 153. Compete à União instituir impostos sobre:

I – importação de produtos estrangeiros;

→ *v.* Lei 9.449/1997 – Reduz o imposto de importação para os produtos que especifica.

→ *v.* Lei 8.032/1992 – Isenção ou redução de impostos de importação.

→ *v.* Lei 7.810/1989 – Redução de impostos na importação.

II – exportação, para o exterior, de produtos nacionais ou nacionalizados;

III – renda e proventos de qualquer natureza;

→ *v.* Súmulas 125 e 215 do STJ.

→ *v.* Arts. 27, § 2º, 28, § 2º, 29, V e VI, 48, XV, 49, VII e VIII, 95, III, 128, § 5º, I, *c*, da CF/1988.

→ *v.* Art. 34, § 2º, I, do ADCT.

→ *v.* Lei 9.532/1997 – Altera a legislação tributária federal.

→ *v.* Lei 9.430/1996 – Legislação tributária federal, as contribuições para a seguridade social, o processo administrativo de consulta.

→ *v.* Lei 9.316/1996 – Altera a legislação do imposto de renda e da contribuição social sobre o lucro líquido.

→ *v.* Lei 8.981/1995 – Altera a legislação tributária Federal.

→ *v.* Lei 8.849/1994 – Altera a legislação do imposto sobre a renda e proventos de qualquer natureza.

→ *v.* Lei 8.848/1994 – Altera a legislação do imposto sobre a renda e proventos de qualquer natureza.

→ *v.* Lei 8.166/1991 – Não incidência do Imposto de Renda sobre lucros ou dividendos distribuídos a residentes ou domiciliados no exterior, doados a instituições sem fins lucrativos.

→ *v.* Lei 8.034/1990 – Altera a legislação do Imposto de Renda das pessoas jurídicas.

IV – produtos industrializados;

→ *v.* Art. 34, § 2º, I, do ADCT.

→ *v.* Lei 9.493/1997 – Concede isenção do IPI na aquisição de equipamentos, máquinas, aparelhos e instrumentos, dispõe sobre período de apuração e prazo de recolhimento do referido imposto para as microempresas e empresas de pequeno porte, e estabelece suspensão do IPI na saída de bebidas alcoólicas, acondicionadas para venda a granel, dos estabelecimentos produtores e dos estabelecimentos equiparados a industrial.

→ *v.* Lei 9.363/1996 – Instituição de crédito presumido do Imposto sobre Produtos Industrializados, para ressarcimento do valor do PIS/PASEP e COFINS nos casos que especifica.

→ *v.* Lei 8.003/1990 – Altera a legislação dos impostos de importação e sobre produtos industrializados.

V – operações de crédito, câmbio e seguro, ou relativas a títulos ou valores mobiliários;

→ *v.* Súmula Vinculante 32 do STF.

→ *v.* Súmula 664 do STF.

→ *v.* Lei 8.894/1994 – Imposto sobre Operações de Crédito, Câmbio e Seguro, ou relativas a Títulos e Valores Mobiliários.

→ *v.* Decreto 6.306/2007 – Regulamenta o Imposto sobre Operações de Crédito, Câmbio e Seguro, ou relativas a Títulos ou Valores Mobiliários – IOF.

VI – propriedade territorial rural;

→ *v.* Súmula 139 do STJ.

→ *v.* Lei 9.321/1996 – Dispensa a comprovação de regularidade do recolhimento do Imposto sobre a Propriedade Territorial Rural (ITR) para fins de financiamento ao amparo do Programa Nacional de Fortalecimento da Agricultura Familiar – PRONAF.

→ *v.* Lei 8.847/1994 – Imposto sobre a Propriedade Territorial Rural (ITR).

VII – grandes fortunas, nos termos de lei complementar.

§ 1º É facultado ao Poder Executivo, atendidas as condições e os limites estabelecidos em lei, alterar as alíquotas dos impostos enumerados nos incisos I, II, IV e V.

→ *v.* Lei 8.088/1990 – Atualização do Bônus do Tesouro Nacional e dos depósitos de poupança.

§ 2º O imposto previsto no inciso III:

I – será informado pelos critérios da generalidade, da universalidade e da progressividade, na forma da lei;

II – *(Revogado pela EC 20/1998).*

§ 3º O imposto previsto no inciso IV:

I – será seletivo, em função da essencialidade do produto;

II – será não cumulativo, compensando-se o que for devido em cada operação com o montante cobrado nas anteriores;

III – não incidirá sobre produtos industrializados destinados ao exterior.

IV – terá reduzido seu impacto sobre a aquisição de bens de capital pelo contribuinte do imposto, na forma da lei.

→ Inciso IV acrescentado pela EC 42/2003.

§ 4º O imposto previsto no inciso VI do *caput*:

→ § 4º com redação alterada pela EC 42/2003.

I – será progressivo e terá suas alíquotas fixadas de forma a desestimular a manutenção de propriedades improdutivas;

II – não incidirá sobre pequenas glebas rurais, definidas em lei, quando as explore o proprietário que não possua outro imóvel;

III – será fiscalizado e cobrado pelos Municípios que assim optarem, na forma da lei, desde que não implique redução do imposto ou qualquer outra forma de renúncia fiscal.

→ *v.* Lei 11.250/2005 – Regulamenta o inciso III do § 4º do art. 153 da CF/1988.

§ 5º O ouro, quando definido em lei como ativo financeiro ou instrumento cambial, sujeita-se exclusivamente à incidência do imposto de que trata o inciso V do *caput* deste artigo, devido na operação de origem; a alíquota mínima será de um por cento, assegurada a transferência do montante da arrecadação nos seguintes termos:

I – trinta por cento para o Estado, o Distrito Federal ou o Território, conforme a origem;

II – setenta por cento para o Município de origem.

Art. 154. A União poderá instituir:

I – mediante lei complementar, impostos não previstos no artigo anterior, desde que sejam não cumulativos e não tenham fato gerador ou base de cálculo próprios dos discriminados nesta Constituição;

→ *v.* Art. 195, § 4º, da CF/1988.

→ *v.* Art. 74, § 2º, do ADCT.

II – na iminência ou no caso de guerra externa, impostos extraordinários, compreendidos ou não em sua competência tributária, os quais serão suprimidos, gradativamente, cessadas as causas de sua criação.

Seção IV
Dos impostos dos Estados e do Distrito Federal

Art. 155. Compete aos Estados e ao Distrito Federal instituir impostos sobre:

→ *Caput* com redação alterada pela EC 3/1993.

I – transmissão *causa mortis* e doação, de quaisquer bens ou direitos;

II – operações relativas à circulação de mercadorias e sobre prestações de serviços de transporte interestadual e intermunicipal e de comunicação, ainda que as operações e as prestações se iniciem no exterior;

→ *v.* Súmula 662 do STF.

→ *v.* Súmulas 87, 94, 135 e 457 do STJ.

→ *v.* Art. 60, § 2º, do ADCT.

→ *v.* LC 87/1996 – Imposto dos Estados e do Distrito Federal sobre operações relativas à circulação de mercadorias e sobre prestações de serviços de transporte interestadual e intermunicipal e de comunicação – Lei Kandir.

→ *v.* LC 63/1990 – Critérios e prazos de crédito das parcelas do produto da arrecadação de impostos de competência dos Estados e de transferências por estes recebidos, pertencentes aos Municípios.

→ *v.* LC 24/1975 – Convênios para a concessão de isenções do imposto sobre operações relativas à circulação de mercadorias.

→ *v.* Art. 17 da Lei 11.494/2007.

III – propriedade de veículos automotores.

§ 1º O imposto previsto no inciso I:

→ *Caput* do § 1º com redação alterada pela EC 3/1993.

I – relativamente a bens imóveis e respectivos direitos, compete ao Estado da situação do bem, ou ao Distrito Federal;

II – relativamente a bens móveis, títulos e créditos, compete ao Estado onde se processar o inventário ou arrolamento, ou tiver domicílio o doador, ou ao Distrito Federal;

III – terá a competência para sua instituição regulada por lei complementar:

a) se o doador tiver domicílio ou residência no exterior;

b) se o *de cujus* possuía bens, era residente ou domiciliado ou teve o seu inventário processado no exterior;

IV – terá suas alíquotas máximas fixadas pelo Senado Federal.

§ 2º O imposto previsto no inciso II atenderá ao seguinte:

→ *Caput* do § 2º com redação alterada pela EC 3/1993.

I – será não cumulativo, compensando-se o que for devido em cada operação relativa à circulação de mercadorias ou prestação de serviços com o montante cobrado nas anteriores pelo mesmo ou outro Estado ou pelo Distrito Federal;

II – a isenção ou não incidência, salvo determinação em contrário da legislação:

a) não implicará crédito para compensação com o montante devido nas operações ou prestações seguintes;

b) acarretará a anulação do crédito relativo às operações anteriores;

III – poderá ser seletivo, em função da essencialidade das mercadorias e dos serviços;

IV – resolução do Senado Federal, de iniciativa do Presidente da República ou de um terço dos Senadores, aprovada pela maioria absoluta de seus membros, estabelecerá as alíquotas aplicáveis às operações e prestações, interestaduais e de exportação;

V – é facultado ao Senado Federal:

a) estabelecer alíquotas mínimas nas operações internas, mediante resolução de iniciativa de um terço e aprovada pela maioria absoluta de seus membros;

b) fixar alíquotas máximas nas mesmas operações para resolver conflito específico que envolva interesse de Estados, mediante resolução de iniciativa da maioria absoluta e aprovada por dois terços de seus membros;

VI – salvo deliberação em contrário dos Estados e do Distrito Federal, nos termos do disposto no inciso XII, *g*, as alíquotas internas, nas operações relativas à circulação de mercadorias e nas prestações de serviços, não poderão ser inferiores às previstas para as operações interestaduais;

VII – nas operações e prestações que destinem bens e serviços a consumidor final, contribuinte ou não do imposto, localizado em outro Estado, adotar-se-á a alíquota interestadual e caberá ao Estado de localização do destinatário o imposto correspondente à diferença entre a alíquota interna do Estado destinatário e a alíquota interestadual;

→ *Caput* do inciso VII com redação alterada pela EC 87/2015, em vigor na data de sua publicação, produzindo efeitos no ano subsequente e após 90 (noventa) dias da data de publicação da referida EC – *D.O.U.* de 17.4.2015.

a) (Revogada pela EC 87/2015, em vigor na data de sua publicação, produzindo efeitos no ano subsequente e após 90 (noventa) dias da data de publicação da referida EC – D.O.U. *de 17.4.2015);*

b) (Revogada pela EC 87/2015, em vigor na data de sua publicação, produzindo efeitos no ano subsequente e após 90 (noventa) dias da data de publicação da referida EC – D.O.U. *de 17.4.2015);*

→ **Anterior redação:** VII – em relação às operações e prestações que destinem bens e serviços a consumidor final localizado em outro Estado, adotar-se-á: *a)* a alíquota interestadual, quando o destinatário for contribuinte do imposto; *b)* a alíquota interna, quando o destinatário não for contribuinte dele;

VIII – a responsabilidade pelo recolhimento do imposto correspondente à diferença entre a alíquota interna e a interestadual de que trata o inciso VII será atribuída:

→ *Caput* com redação alterada pela EC 87/2015, em vigor na data de sua publicação, produzindo efeitos no ano subsequente e após 90 (noventa) dias da data de publicação da referida EC – *D.O.U.* de 17.4.2015.

a) ao destinatário, quando este for contribuinte do imposto;

→ Alínea *a* acrescentada pela EC 87/2015, em vigor na data de sua publicação, produzindo efeitos no ano subsequente e após 90 (noventa) dias da data de publicação da referida EC – *D.O.U.* de 17.4.2015.

b) ao remetente, quando o destinatário não for contribuinte do imposto;

→ Alínea *b* acrescentada pela EC 87/2015, em vigor na data de sua publicação, produzindo efeitos no ano subsequente e após 90 (noventa) dias da data de publicação da referida EC – *D.O.U.* de 17.4.2015.

→ **Anterior redação:** VIII – na hipótese da alínea a do inciso anterior, caberá ao Estado da localização do destinatário o imposto correspondente à diferença entre a alíquota interna e a interestadual;

IX – incidirá também:

a) sobre a entrada de bem ou mercadoria importados do exterior por pessoa física ou jurídica, ainda que não seja contribuinte habitual do imposto, qualquer que seja a sua finalidade, assim como sobre o serviço prestado no exterior, cabendo o imposto ao Estado onde estiver situado o domicílio ou o estabelecimento do destinatário da mercadoria, bem ou serviço;

→ Alínea *a* com redação alterada pela EC 33/2001.

→ *v.* Súmulas 660 e 661 do STF.

→ *v.* Súmulas 155 e 198 do STJ.

b) sobre o valor total da operação, quando mercadorias forem fornecidas com serviços não compreendidos na competência tributária dos Municípios;

X – não incidirá:

a) sobre operações que destinem mercadorias para o exterior, nem sobre serviços prestados a destinatários no exterior, assegurada a manutenção e o aproveitamento do montante do imposto cobrado nas operações e prestações anteriores;

→ Alínea *a* com redação alterada pela EC 42/2003.

b) sobre operações que destinem a outros Estados petróleo, inclusive lubrificantes, combustíveis líquidos e gasosos dele derivados, e energia elétrica;

c) sobre o ouro, nas hipóteses definidas no art. 153, § 5º;

→ *v.* Lei 7.766/1999 – Ouro, ativo financeiro e seu tratamento tributário.

d) nas prestações de serviço de comunicação nas modalidades de radiodifusão sonora e de sons e imagens de recepção livre e gratuita;

→ Alínea *d* acrescentada pela EC 42/2003.

XI – não compreenderá, em sua base de cálculo, o montante do imposto sobre produtos industrializados, quando a operação, realizada entre contribuintes e relativa a produto destinado à industrialização ou à comercialização, configure fato gerador dos dois impostos;

XII – cabe à lei complementar:

a) definir seus contribuintes;

b) dispor sobre substituição tributária;

c) disciplinar o regime de compensação do imposto;

d) fixar, para efeito de sua cobrança e definição do estabelecimento responsável, o local das operações relativas à circulação de mercadorias e das prestações de serviços;

e) excluir da incidência do imposto, nas exportações para o exterior, serviços e outros produtos além dos mencionados no inciso X, *a*;

f) prever casos de manutenção de crédito, relativamente à remessa para outro Estado e exportação para o exterior, de serviços e de mercadorias;

g) regular a forma como, mediante deliberação dos Estados e do Distrito Federal, isenções, incentivos e benefícios fiscais serão concedidos e revogados;

h) definir os combustíveis e lubrificantes sobre os quais o imposto incidirá uma única vez, qualquer que seja a sua finalidade, hipótese em que não se aplicará o disposto no inciso X, *b*;

→ Alínea *h* acrescentada pela EC 33/2001.

i) fixar a base de cálculo, de modo que o montante do imposto a integre, também na importação do exterior de bem, mercadoria ou serviço.

→ Alínea *i* acrescentada pela EC 33/2001.

§ 3º À exceção dos impostos de que tratam o inciso II do *caput* deste artigo e o art. 153, I e II, nenhum outro imposto poderá incidir sobre operações relativas a energia elétrica, serviços de telecomunicações, derivados de petróleo, combustíveis e minerais do País.

→ § 3º com redação alterada pela EC 33/2001.

→ *v.* Súmula 659 do STF.

§ 4º Na hipótese do inciso XII, *h*, observar-se-á o seguinte:

→ § 4º acrescentado pela EC 33/2001.

I – nas operações com os lubrificantes e combustíveis derivados de petróleo, o imposto caberá ao Estado onde ocorrer o consumo;

II – nas operações interestaduais, entre contribuintes, com gás natural e seus derivados, e lubrificantes e combustíveis não incluídos no inciso I deste parágrafo, o imposto será repartido entre os Estados de origem e de destino, mantendo-se a mesma proporcionalidade que ocorre nas operações com as demais mercadorias;

III – nas operações interestaduais com gás natural e seus derivados, e lubrificantes e combustíveis não incluídos no inciso I deste parágrafo, destinadas a não contribuinte, o imposto caberá ao Estado de origem;

IV – as alíquotas do imposto serão definidas mediante deliberação dos Estados e Distrito Federal, nos termos do § 2º, XII, *g*, observando-se o seguinte:

a) serão uniformes em todo o território nacional, podendo ser diferenciadas por produto;

b) poderão ser específicas, por unidade de medida adotada, ou *ad valorem*, incidindo sobre o valor da operação ou sobre o preço que o produto ou seu similar alcançaria em uma venda em condições de livre concorrência;

c) poderão ser reduzidas e restabelecidas, não se lhes aplicando o disposto no art. 150, III, *b*.

§ 5º As regras necessárias à aplicação do disposto no § 4º, inclusive as relativas à apuração e à destinação do imposto, serão estabelecidas mediante deliberação dos Estados e do Distrito Federal, nos termos do § 2º, XII, *g*.

→ § 5º acrescentado pela EC 33/2001.

§ 6º O imposto previsto no inciso III:

→ § 6º acrescentado pela EC 42/2003.

I – terá alíquotas mínimas fixadas pelo Senado Federal;

II – poderá ter alíquotas diferenciadas em função do tipo e utilização.

Seção V
Dos impostos dos Municípios

Art. 156. Compete aos Municípios instituir impostos sobre:

→ *v.* Art. 167, § 4º, da CF/1988.

I – propriedade predial e territorial urbana;

→ *v.* Súmula 539 do STF.

→ *v.* Arts. 182, §§ 2º e 4º, e 186, da CF/1988.

→ *v.* Arts. 32 a 34 do CTN.

II – transmissão *inter vivos*, a qualquer título, por ato oneroso, de bens imóveis, por natureza ou acessão física, e de direitos reais sobre imóveis, exceto os de garantia, bem como cessão de direitos a sua aquisição;

→ *v.* Súmula 656 do STF.

III – serviços de qualquer natureza, não compreendidos no art. 155, II, definidos em lei complementar;

→ Inciso III com redação alterada pela EC 3/1993.

→ *v.* Arts. 35 a 42 do CTN.

IV – *(Revogado pela EC 3/1993).*

§ 1º Sem prejuízo da progressividade no tempo a que se refere o art. 182, § 4º, inciso II, o imposto previsto no inciso I poderá:

→ § 1º com redação alterada pela EC 29/2000.

→ *v.* Súmula 589 do STF.

I – ser progressivo em razão do valor do imóvel; e

II – ter alíquotas diferentes de acordo com a localização e o uso do imóvel.

§ 2º O imposto previsto no inciso II:

I – não incide sobre a transmissão de bens ou direitos incorporados ao patrimônio de pessoa jurídica em realização de capital, nem sobre a transmissão de bens ou direitos decorrentes de fusão, incorporação, cisão ou extinção de pessoa jurídica, salvo se, nesses casos, a atividade preponderante do adquirente for a compra e venda desses bens ou direitos, locação de bens imóveis ou arrendamento mercantil;

II – compete ao Município da situação do bem.

§ 3º Em relação ao imposto previsto no inciso III do *caput* deste artigo, cabe à lei complementar:

→ *Caput* do § 3º com redação alterada pela EC 37/2002.

I – fixar as suas alíquotas máximas e mínimas;

→ Inciso I com redação alterada pela EC 37/2002.

II – excluir da sua incidência exportações de serviços para o exterior;

→ Inciso II com redação alterada pela EC 3/1993.

III – regular a forma e as condições como isenções, incentivos e benefícios fiscais serão concedidos e revogados.

→ Inciso III acrescentado pela EC 37/2002.

§ 4º *(Revogado pela EC 3/1993).*

Seção VI
Da repartição das receitas tributárias

Art. 157. Pertencem aos Estados e ao Distrito Federal:

→ *v.* Art. 167, § 4º, da CF/1988.

I – o produto da arrecadação do imposto da União sobre renda e proventos de qualquer natureza, incidente na fonte, sobre rendimentos pagos, a qualquer título, por eles, suas autarquias e pelas fundações que instituírem e mantiverem;

→ *v.* Súmula 447 do STJ.

→ *v.* Art. 159, § 1º, da CF/1988.

II – vinte por cento do produto da arrecadação do imposto que a União instituir no exercício da competência que lhe é atribuída pelo art. 154, I.

→ *v.* Art. 72, § 1º, do ADCT.

Art. 158. Pertencem aos Municípios:

I – o produto da arrecadação do imposto da União sobre renda e proventos de qualquer natureza, incidente na fonte, sobre rendimentos pagos, a qualquer título, por eles, suas autarquias e pelas fundações que instituírem e mantiverem;

II – cinquenta por cento do produto da arrecadação do imposto da União sobre a propriedade territorial rural, relativamente aos imóveis neles situados, cabendo a totalidade na hipótese da opção a que se refere o art. 153, § 4º, III;

→ Inciso II com redação alterada pela EC 42/2003.

→ *v.* Súmula 139 do STJ.

→ *v.* Decreto 7.827/2012 – Regulamenta os procedimentos de condicionamento e restabelecimento das transferências de recursos provenientes das receitas de que tratam o inciso II do *caput* do art. 158, as alíneas *a* e *b* do inciso I e o inciso II do *caput* do art. 159 da CF/1988.

III – cinquenta por cento do produto da arrecadação do imposto do Estado sobre a propriedade de veículos automotores licenciados em seus territórios;

→ *v.* Art. 1º da LC 63/1990.

IV – vinte e cinco por cento do produto da arrecadação do imposto do Estado sobre operações relativas à circulação de mercadorias e sobre prestações de serviços de transporte interestadual e intermunicipal e de comunicação.

→ *v.* Art. 60, § 2º, do ADCT.

→ *v.* Art. 17 da Lei 11.494/2007.

→ *v.* LC 63/1990 – Critérios e prazos de crédito das parcelas do produto da arrecadação de impostos de competência dos Estados e de transferências por estes recebidos, pertencentes aos Municípios.

Parágrafo único. As parcelas de receita pertencentes aos Municípios, mencionadas no inciso IV, serão creditadas conforme os seguintes critérios:

I – três quartos, no mínimo, na proporção do valor adicionado nas operações relativas à circulação de mercadorias e nas prestações de serviços, realizadas em seus territórios;

II – até um quarto, de acordo com o que dispuser lei estadual ou, no caso dos Territórios, lei federal.

Art. 159. A União entregará:

→ *v.* Art. 72, § 2º e 4º do ADCT.

→ *v.* LC 62/1989 – Estabelece normas sobre o cálculo, a entrega e o controle das liberações dos recursos dos Fundos de Participação.

I – do produto da arrecadação dos impostos sobre renda e proventos de qualquer natureza e sobre produtos industrializados, 49% (quarenta e nove por cento), na seguinte forma:

→ *Caput* do inciso I com redação alterada pela EC 84/2014, em vigor na data de sua publicação, com efeitos financeiros a partir de 1º de janeiro do exercício subsequente – *D.O.U.* de 3.12.2014.

→ *v.* Arts. 34, § 2º, II, e 60, § 2º, do ADCT.

→ *v.* Art. 17 da Lei 11.494/2007.

a) vinte um inteiros e cinco décimos por cento ao Fundo de Participação dos Estados e do Distrito Federal;

b) vinte e dois inteiros e cinco décimos por cento ao Fundo de Participação dos Municípios;

c) três por cento, para aplicação em programas de financiamento ao setor produtivo das Regiões Norte, Nordeste e Centro-Oeste, através de suas instituições financeiras de caráter regional, de acordo com os planos regionais de desenvolvimento, ficando assegurada ao semiárido do Nordeste a metade dos recursos destinados à Região, na forma que a lei estabelecer;

→ *v.* Lei 7.827/1989 – Fundo Constitucional de Financiamento do Norte – FNO, Fundo Constitucional de Financiamento do Nordeste – FNE e o Fundo Constitucional de Financiamento do Centro-Oeste – FCO.

d) um por cento ao Fundo de Participação dos Municípios, que será entregue no primeiro decêndio do mês de dezembro de cada ano;

→ Alínea *d* acrescentada pela EC 55/2007.

e) 1% (um por cento) ao Fundo de Participação dos Municípios, que será entregue no primeiro decêndio do mês de julho de cada ano;

→ Alínea *e* acrescentada pela EC 84/2014, em vigor na data de sua publicação, com efeitos financeiros a partir de 1º de janeiro do exercício subsequente – *D.O.U.* de 3.12.2014.

II – do produto da arrecadação do imposto sobre produtos industrializados, dez por cento aos Estados e ao Distrito Federal, proporcionalmente ao valor das respectivas exportações de produtos industrializados;

→ *v.* Lei 8.016/1990 – Entrega das quotas de participação dos Estados e do Distrito Federal na arrecadação do Imposto sobre Produtos Industrializados.

III – do produto da arrecadação da contribuição de intervenção no domínio econômico prevista no art. 177, § 4º, 29% (vinte e nove por cento) para os Estados e o Distrito Federal, distribuídos na forma da lei, observada a destinação a que se refere o inciso II, *c*, do referido parágrafo.

→ Inciso III com redação alterada pela EC 44/2004.

→ *v.* Lei 10.336/2001 – Contribuição de Intervenção no Domínio Econômico incidente sobre a importação e a comercialização de petróleo e seus derivados, gás natural e seus derivados, e álcool etílico combustível (CIDE).

§ 1º Para efeito de cálculo da entrega a ser efetuada de acordo com o previsto no inciso I, excluir-se-á a parcela da arrecadação do imposto de renda e proventos de qualquer natureza pertencentes aos Estados, ao Distrito Federal e aos Municípios, nos termos do disposto nos arts. 157, I, e 158, I.

§ 2º A nenhuma unidade federada poderá ser destinada parcela superior a vinte por cento do montante a que se refere o inciso II, devendo o eventual excedente ser distribuído entre os demais participantes, mantido, em relação a esses, o critério de partilha nele estabelecido.

§ 3º Os Estados entregarão aos respectivos Municípios vinte e cinco por cento dos recursos que receberem nos termos do inciso II, observados os critérios estabelecidos no art. 158, parágrafo único, I e II.

§ 4º Do montante de recursos de que trata o inciso III que cabe a cada Estado, vinte e cinco por cento serão destinados aos seus Municípios, na forma da lei a que se refere o mencionado inciso.

→ § 4º acrescentado pela EC 42/2003.

Art. 160. É vedada a retenção ou qualquer restrição à entrega e ao emprego dos recursos atribuídos, nesta seção, aos Estados, ao Distrito Federal e aos Municípios, neles compreendidos adicionais e acréscimos relativos a impostos.

Parágrafo único. A vedação prevista neste artigo não impede a União e os Estados de condicionarem a entrega de recursos:

→ Parágrafo único com redação alterada pela EC 29/2000.

I – ao pagamento de seus créditos, inclusive de suas autarquias;

II – ao cumprimento do disposto no art. 198, § 2º, incisos II e III.

Art. 161. Cabe à lei complementar:

I – definir valor adicionado para fins do disposto no art. 158, parágrafo único, I;

→ *v.* LC 63/1990 – Critérios e prazos de crédito das parcelas do produto da arrecadação de impostos de competência dos Estados e de transferências por estes recebidos, pertencentes aos Municípios.

II – estabelecer normas sobre a entrega dos recursos de que trata o art. 159, especialmente sobre os critérios de rateio dos fundos previstos em seu inciso I, objetivando promover o equilíbrio socioeconômico entre Estados e entre Municípios;

→ *v.* Art. 34, § 2º, do ADCT.

→ *v.* LC 62/1989 – Estabelece normas sobre o cálculo, a entrega e o controle das liberações dos recursos dos Fundos de Participação.

III – dispor sobre o acompanhamento, pelos beneficiários, do cálculo das quotas e da liberação das participações previstas nos arts. 157, 158 e 159.

→ *v.* LC 62/1989 – Estabelece normas sobre o cálculo, a entrega e o controle das liberações dos recursos dos Fundos de Participação.

Parágrafo único. O Tribunal de Contas da União efetuará o cálculo das quotas referentes aos fundos de participação a que alude o inciso II.

Art. 162. A União, os Estados, o Distrito Federal e os Municípios divulgarão, até o último dia do mês subsequente ao da arrecadação, os montantes de cada um dos tributos arrecadados, os recursos recebidos, os valores de origem tributária entregues e a entregar e a expressão numérica dos critérios de rateio.

Parágrafo único. Os dados divulgados pela União serão discriminados por Estado e por Município; os dos Estados, por Município.

Capítulo II
DAS FINANÇAS PÚBLICAS

Seção I
Normas gerais

Art. 163. Lei complementar disporá sobre:

→ *v.* Lei 4.320/1964 – Estatui Normas Gerais de Direito Financeiro para elaboração e controle dos orçamentos e balanços da União, dos Estados, dos Municípios e do Distrito Federal.

I – finanças públicas;

→ *v.* LC 101/2000 – Estabelece normas de finanças públicas voltadas para a responsabilidade na gestão fiscal.

II – dívida pública externa e interna, incluída a das autarquias, fundações e demais entidades controladas pelo Poder Público;

→ *v.* Lei 8.388/1991 – Estabelece diretrizes para que a União possa realizar a consolidação e o reescalonamento de dívidas das administrações direta e indireta dos Estados, do Distrito Federal e dos Municípios.

III – concessão de garantias pelas entidades públicas;

IV – emissão e resgate de títulos da dívida pública;

→ *v.* Art. 34, § 2º, I, do ADCT.

V – fiscalização financeira da administração pública direta e indireta;

→ Inciso V com redação alterada pela EC 40/2003.

VI – operações de câmbio realizadas por órgãos e entidades da União, dos Estados, do Distrito Federal e dos Municípios;

→ *v.* Lei 4.131/1962 – Disciplina a aplicação do capital estrangeiro e as remessas de valores para o exterior.

→ *v.* Lei 1.807/1953 – Operações de câmbio.

→ *v.* Dec.-lei 9.602/1946 – Operações de câmbio.

→ *v.* Dec.-lei 9.025/1946 – Operações de câmbio e retorno de capitais estrangeiros.

VII – compatibilização das funções das instituições oficiais de crédito da União, resguardadas as características e condições operacionais plenas das voltadas ao desenvolvimento regional.

Art. 164. A competência da União para emitir moeda será exercida exclusivamente pelo Banco Central.

→ *v.* Lei 4.595/1964 – Política e as Instituições Monetárias, Bancárias e Creditícias, cria o Conselho Monetário Nacional.

→ *v.* Lei 9.069/1995 – Plano Real, Sistema Monetário Nacional, regras e condições de emissão do Real e os critérios para conversão das obrigações para o Real.

§ 1º É vedado ao Banco Central conceder, direta ou indiretamente, empréstimos ao Tesouro Nacional e a qualquer órgão ou entidade que não seja instituição financeira.

§ 2º O Banco Central poderá comprar e vender títulos de emissão do Tesouro Nacional, com o objetivo de regular a oferta de moeda ou a taxa de juros.

§ 3º As disponibilidades de caixa da União serão depositadas no Banco Central; as dos Estados, do Distrito Federal, dos Municípios e dos órgãos ou entidades do Poder Público e das empresas por ele controladas, em instituições financeiras oficiais, ressalvados os casos previstos em lei.

Seção II
Dos orçamentos

Art. 165. Leis de iniciativa do Poder Executivo estabelecerão:

I – o plano plurianual;

II – as diretrizes orçamentárias;

III – os orçamentos anuais.

§ 1º A lei que instituir o plano plurianual estabelecerá, de forma regionalizada, as diretrizes, objetivos e metas da administração pública federal para as despesas de capital e outras delas decorrentes e para as relativas aos programas de duração continuada.

§ 2º A lei de diretrizes orçamentárias compreenderá as metas e prioridades da administração pública federal, incluindo as despesas de capital para o exercício financeiro subsequente, orientará a elaboração da lei orçamentária anual, disporá sobre as alterações na legislação tributária e estabelecerá a política de aplicação das agências financeiras oficiais de fomento.

§ 3º O Poder Executivo publicará, até trinta dias após o encerramento de cada bimestre, relatório resumido da execução orçamentária.

§ 4º Os planos e programas nacionais, regionais e setoriais previstos nesta Constituição serão elaborados em consonância com o plano plurianual e apreciados pelo Congresso Nacional.

→ *v.* Lei 9.491/1997 – Programa Nacional de Desestatização.

§ 5º A lei orçamentária anual compreenderá:

I – o orçamento fiscal referente aos Poderes da União, seus fundos, órgãos e entidades da administração direta e indireta, inclusive fundações instituídas e mantidas pelo Poder Público;

II – o orçamento de investimento das empresas em que a União, direta ou indiretamente, detenha a maioria do capital social com direito a voto;

III – o orçamento da seguridade social, abrangendo todas as entidades e órgãos a ela vinculados, da administração direta ou indireta, bem como os fundos e fundações instituídos e mantidos pelo Poder Público.

§ 6º O projeto de lei orçamentária será acompanhado de demonstrativo regionalizado do efeito, sobre as receitas e despesas, decorrente de isenções, anistias, remissões, subsídios e benefícios de natureza financeira, tributária e creditícia.

§ 7º Os orçamentos previstos no § 5º, I e II, deste artigo, compatibilizados com o plano plurianual, terão entre suas funções a de reduzir desigualdades inter-regionais, segundo critério populacional.

→ *V.* Art. 35 do ADCT.

§ 8º A lei orçamentária anual não conterá dispositivo estranho à previsão da receita e à fixação da despesa, não se incluindo na proibição a autorização para abertura de créditos suplementares e contratação de operações de crédito, ainda que por antecipação de receita, nos termos da lei.

§ 9º Cabe à lei complementar:

I – dispor sobre o exercício financeiro, a vigência, os prazos, a elaboração e a organização do plano plurianual, da lei de diretrizes orçamentárias e da lei orçamentária anual;

II – estabelecer normas de gestão financeira e patrimonial da administração direta e indireta, bem como condições para a instituição e funcionamento de fundos.

→ *V.* Art. 71, § 1º, do ADCT.

III – dispor sobre critérios para a execução equitativa, além de procedimentos que serão adotados quando houver impedimentos legais e técnicos, cumprimento de restos a pagar e limitação das programações de caráter obrigatório, para a realização do disposto no § 11 do art. 166.

→ Inciso III acrescentado pela EC 86/2015, em vigor na data de sua publicação e produzirá efeitos a partir da execução orçamentária do exercício de 2014 – publicação do *D.O.U.* de 18.3.2015.

Art. 166. Os projetos de lei relativos ao plano plurianual, às diretrizes orçamentárias, ao orçamento anual e aos créditos adicionais serão apreciados pelas duas Casas do Congresso Nacional, na forma do regimento comum.

§ 1º Caberá a uma Comissão mista permanente de Senadores e Deputados:

→ *V.* Resolução do Congresso Nacional 1/2006 – Comissão Mista Permanente.

I – examinar e emitir parecer sobre os projetos referidos neste artigo e sobre as contas apresentadas anualmente pelo Presidente da República;

II – examinar e emitir parecer sobre os planos e programas nacionais, regionais e setoriais previstos nesta Constituição e exercer o acompanhamento e a fiscalização orçamentária, sem prejuízo da atuação das demais comissões do Congresso Nacional e de suas Casas, criadas de acordo com o art. 58.

§ 2º As emendas serão apresentadas na Comissão mista, que sobre elas emitirá parecer, e apreciadas, na forma regimental, pelo Plenário das duas Casas do Congresso Nacional.

§ 3º As emendas ao projeto de lei do orçamento anual ou aos projetos que o modifiquem somente podem ser aprovadas caso:

I – sejam compatíveis com o plano plurianual e com a lei de diretrizes orçamentárias;

II – indiquem os recursos necessários, admitidos apenas os provenientes de anulação de despesa, excluídas as que incidam sobre:

a) dotações para pessoal e seus encargos;

b) serviço da dívida;

c) transferências tributárias constitucionais para Estados, Municípios e Distrito Federal; ou

III – sejam relacionadas:

a) com a correção de erros ou omissões; ou

b) com os dispositivos do texto do projeto de lei.

§ 4º As emendas ao projeto de lei de diretrizes orçamentárias não poderão ser aprovadas quando incompatíveis com o plano plurianual.

§ 5º O Presidente da República poderá enviar mensagem ao Congresso Nacional para propor modificação nos projetos a que se refere este artigo enquanto não iniciada a votação, na Comissão mista, da parte cuja alteração é proposta.

§ 6º Os projetos de lei do plano plurianual, das diretrizes orçamentárias e do orçamento anual serão enviados pelo Presidente da República ao Congresso Nacional, nos termos da lei complementar a que se refere o art. 165, § 9º.

§ 7º Aplicam-se aos projetos mencionados neste artigo, no que não contrariar o disposto nesta seção, as demais normas relativas ao processo legislativo.

§ 8º Os recursos que, em decorrência de veto, emenda ou rejeição do projeto de lei orçamentária anual, ficarem sem despesas correspondentes poderão ser utilizados, conforme o caso, mediante créditos especiais ou suplementares, com prévia e específica autorização legislativa.

§ 9º As emendas individuais ao projeto de lei orçamentária serão aprovadas no limite de 1,2% (um inteiro e dois décimos por cento) da receita corrente líquida prevista no projeto encaminhado pelo Poder Executivo, sendo que a metade deste percentual será destinada a ações e serviços públicos de saúde.

→ § 9º acrescentado pela EC 86/2015, em vigor na data de sua publicação e produzirá efeitos a partir da execução orçamentária do exercício de 2014 – publicação do *D.O.U.* de 18.3.2015.

§ 10. A execução do montante destinado a ações e serviços públicos de saúde previsto no § 9º, inclusive custeio, será computada para fins do cumprimento do inciso I do § 2º do art. 198, vedada a destinação para pagamento de pessoal ou encargos sociais.

→ § 10 acrescentado pela EC 86/2015, em vigor na data de sua publicação e produzirá efeitos a partir da execução orçamentária do exercício de 2014 – publicação do *D.O.U.* de 18.3.2015.

§ 11. É obrigatória a execução orçamentária e financeira das programações a que se refere o § 9º deste artigo, em montante correspondente a 1,2% (um inteiro e dois décimos por cento) da receita corrente líquida realizada no exercício anterior, conforme os critérios para a execução equitativa da programação definidos na lei complementar prevista no § 9º do art. 165.

→ § 11 acrescentado pela EC 86/2015, em vigor na data de sua publicação e produzirá efeitos a partir da execução orçamentária do exercício de 2014 – publicação do *D.O.U.* de 18.3.2015.

§ 12. As programações orçamentárias previstas no § 9º deste artigo não serão de execução obrigatória nos casos dos impedimentos de ordem técnica.

→ § 12 acrescentado pela EC 86/2015, em vigor na data de sua publicação e produzirá efeitos a partir da execução orçamentária do exercício de 2014 – publicação do *D.O.U.* de 18.3.2015.

§ 13. Quando a transferência obrigatória da União, para a execução da programação prevista no §11 deste artigo, for destinada a Estados, ao Distrito Federal e a Municípios, independerá da adimplência do ente federativo destinatário e não integrará a base de cálculo da receita corrente líquida para fins de aplicação dos limites de despesa de pessoal de que trata o caput do art. 169.

→ § 13 acrescentado pela EC 86/2015, em vigor na data de sua publicação e produzirá efeitos a partir da execução orçamentária do exercício de 2014 – publicação do *D.O.U.* de 18.3.2015.

§ 14. No caso de impedimento de ordem técnica, no empenho de despesa que integre a programação, na forma do § 11 deste artigo, serão adotadas as seguintes medidas:

→ § 14 acrescentado pela EC 86/2015, em vigor na data de sua publicação e produzirá efeitos a partir da execução orçamentária do exercício de 2014 – publicação do *D.O.U.* de 18.3.2015.

I – até 120 (cento e vinte) dias após a publicação da lei orçamentária, o Poder Executivo, o Poder Legislativo, o Poder Judiciário, o Ministério Público e a Defensoria Pública enviarão ao Poder Legislativo as justificativas do impedimento;

II – até 30 (trinta) dias após o término do prazo previsto no inciso I, o Poder Legislativo indicará ao Poder Executivo o remanejamento da programação cujo impedimento seja insuperável;

III – até 30 de setembro ou até 30 (trinta) dias após o prazo previsto no inciso II, o Poder Executivo encaminhará projeto de lei sobre o remanejamento da programação cujo impedimento seja insuperável;

IV – se, até 20 de novembro ou até 30 (trinta) dias após o término do prazo previsto no inciso III, o Congresso Nacional não deliberar sobre o projeto, o remanejamento será implementado por ato do Poder Executivo, nos termos previstos na lei orçamentária.

§ 15. Após o prazo previsto no inciso IV do § 14, as programações orçamentárias previstas no § 11 não serão de execução obrigatória nos casos dos impedimentos justificados na notificação prevista no inciso I do § 14.

→ § 15 acrescentado pela EC 86/2015, em vigor na data de sua publicação e produzirá efeitos a partir da execução orçamentária do exercício de 2014 – publicação do *D.O.U.* de 18.3.2015.

§ 16. Os restos a pagar poderão ser considerados para fins de cumprimento da execução financeira prevista no § 11 deste artigo, até o limite de 0,6% (seis décimos por cento) da receita corrente líquida realizada no exercício anterior.

→ § 16 acrescentado pela EC 86/2015, em vigor na data de sua publicação e produzirá efeitos a partir da execução orçamentária do exercício de 2014 – publicação do *D.O.U.* de 18.3.2015.

§ 17. Se for verificado que a reestimativa da receita e da despesa poderá resultar no não cumprimento da meta de resultado fiscal estabelecida na lei de diretrizes orçamentárias, o montante previsto no § 11 deste artigo poderá ser reduzido em até a mesma proporção da limitação incidente sobre o conjunto das despesas discricionárias.

→ § 17 acrescentado pela EC 86/2015, em vigor na data de sua publicação e produzirá efeitos a partir da execução orçamentária do exercício de 2014 – publicação do *D.O.U.* de 18.3.2015.

§ 18. Considera-se equitativa a execução das programações de caráter obrigatório que atenda de forma igualitária e impessoal às emendas apresentadas, independentemente da autoria.

→ § 18 acrescentado pela EC 86/2015, em vigor na data de sua publicação e produzirá efeitos a partir da execução orçamentária do exercício de 2014 – publicação do *D.O.U.* de 18.3.2015.

Art. 167. São vedados:

I – o início de programas ou projetos não incluídos na lei orçamentária anual;

II – a realização de despesas ou a assunção de obrigações diretas que excedam os créditos orçamentários ou adicionais;

III – a realização de operações de créditos que excedam o montante das despesas de capital, ressalvadas as autorizadas mediante créditos suplementares ou especiais com finalidade precisa, aprovados pelo Poder Legislativo por maioria absoluta;

→ v. Art. 37 do ADCT.

IV – a vinculação de receita de impostos a órgão, fundo ou despesa, ressalvadas a repartição do produto da arrecadação dos impostos a que se referem os arts. 158 e 159, a destinação de recursos para as ações e serviços públicos de saúde, para manutenção e desenvolvimento do ensino e para realização de atividades da administração tributária, como determinado, respectivamente, pelos arts. 198, § 2º, 212 e 37, XXII, e a prestação de garantias às operações de crédito por antecipação de receita, previstas no art. 165, § 8º, bem como o disposto no § 4º deste artigo;

→ Inciso IV com redação alterada pela EC 42/2003.

V – a abertura de crédito suplementar ou especial sem prévia autorização legislativa e sem indicação dos recursos correspondentes;

VI – a transposição, o remanejamento ou a transferência de recursos de uma categoria de programação para outra ou de um órgão para outro, sem prévia autorização legislativa;

VII – a concessão ou utilização de créditos ilimitados;

VIII – a utilização, sem autorização legislativa específica, de recursos dos orçamentos fiscal e da seguridade social para suprir necessidade ou cobrir déficit de empresas, fundações e fundos, inclusive dos mencionados no art. 165, § 5º;

IX – a instituição de fundos de qualquer natureza, sem prévia autorização legislativa;

X – a transferência voluntária de recursos e a concessão de empréstimos, inclusive por antecipação de receita, pelos Governos Federal e Estaduais e suas instituições financeiras, para pagamento de despesas com pessoal ativo, inativo e pensionista, dos Estados, do Distrito Federal e dos Municípios;

→ Inciso X acrescentado pela EC 19/1998.

XI – a utilização dos recursos provenientes das contribuições sociais de que trata o art. 195, I, *a*, e II, para a realização de despesas distintas do pagamento de benefícios do regime geral de previdência social de que trata o art. 201.

→ Inciso XI acrescentado pela EC 20/1998.

§ 1º Nenhum investimento cuja execução ultrapasse um exercício financeiro poderá ser iniciado sem prévia inclusão no plano plurianual, ou sem lei que autorize a inclusão, sob pena de crime de responsabilidade.

§ 2º Os créditos especiais e extraordinários terão vigência no exercício financeiro em que forem autorizados, salvo se o ato de autorização for promulgado nos últimos quatro meses daquele exercício, caso em que, reabertos nos limites de seus saldos, serão incorporados ao orçamento do exercício financeiro subsequente.

§ 3º A abertura de crédito extraordinário somente será admitida para atender a despesas imprevisíveis e urgentes, como as decorrentes de guerra, comoção interna ou calamidade pública, observado o disposto no art. 62.

§ 4º É permitida a vinculação de receitas próprias geradas pelos impostos a que se referem os arts. 155 e 156, e dos recursos de que tratam os arts. 157, 158 e 159, I, *a* e *b*, e II, para a prestação de garantia ou contragarantia à União e para pagamento de débitos para com esta.

→ § 4º acrescentado pela EC 3/1993.

§ 5º A transposição, o remanejamento ou a transferência de recursos de uma categoria de programação para outra poderão ser admitidos, no âmbito das atividades de ciência, tecnologia e inovação, com o objetivo de viabilizar os resultados de projetos restritos a essas funções, mediante ato do Poder Executivo, sem necessidade da prévia autorização legislativa prevista no inciso VI deste artigo.

→ § 5º acrescentado pela EC 85/2015.

Art. 168. Os recursos correspondentes às dotações orçamentárias, compreendidos os créditos suplementares e especiais, destinados aos órgãos dos Poderes Legislativo e Judiciário, do Ministério Público e da Defensoria Pública, ser-lhes-ão entregues até o dia 20 de cada mês, em duodécimos, na forma da lei complementar a que se refere o art. 165, § 9º.

→ Artigo com redação alterada pela EC 45/2004.

Art. 169. A despesa com pessoal ativo e inativo da União, dos Estados, do Distrito Federal e dos Municípios não poderá exceder os limites estabelecidos em lei complementar.

→ Artigo com redação alterada pela EC 19/1998.

→ v. LC 101/2000 – Estabelece normas de finanças públicas voltadas para a responsabilidade na gestão fiscal.

§ 1º A concessão de qualquer vantagem ou aumento de remuneração, a criação de cargos, empregos e funções ou alteração de estrutura de carreiras, bem como a admissão ou contratação de pessoal, a qualquer título, pelos órgãos e entidades da administração direta ou indireta, inclusive fundações instituídas e mantidas pelo poder público, só poderão ser feitas:

I – se houver prévia dotação orçamentária suficiente para atender às projeções de despesa de pessoal e aos acréscimos dela decorrentes;

II – se houver autorização específica na lei de diretrizes orçamentárias, ressalvadas as empresas públicas e as sociedades de economia mista.

§ 2º Decorrido o prazo estabelecido na lei complementar referida neste artigo para a adaptação aos parâmetros ali previstos, serão imediatamente suspensos todos os repasses de verbas federais ou estaduais aos Estados, ao Distrito Federal e aos Municípios que não observarem os referidos limites.

§ 3º Para o cumprimento dos limites estabelecidos com base neste artigo, durante o prazo fixado na lei complementar referida no *caput*, a União, os Estados, o Distrito Federal e os Municípios adotarão as seguintes providências:

I – redução em pelo menos vinte por cento das despesas com cargos em comissão e funções de confiança;

II – exoneração dos servidores não estáveis.

§ 4º Se as medidas adotadas com base no parágrafo anterior não forem suficientes para assegurar o cumprimento da determinação da lei complementar referida neste artigo, o servidor estável poderá perder o cargo, desde que ato normativo motivado de cada um dos Poderes especifique a atividade funcional, o órgão ou unidade administrativa objeto da redução de pessoal.

→ v. Lei 9.801/1999 – Normas gerais para perda de cargo público por excesso de despesa.

→ v. Art. 34 da Lei 8.112/1990.

§ 5º O servidor que perder o cargo na forma do parágrafo anterior fará jus a indenização correspondente a um mês de remuneração por ano de serviço.

§ 6º O cargo objeto da redução prevista nos parágrafos anteriores será considerado extinto, vedada a criação de cargo, emprego ou função com atribuições iguais ou assemelhadas pelo prazo de quatro anos.

§ 7º Lei federal disporá sobre as normas gerais a serem obedecidas na efetivação do disposto no § 4º.

→ v. Art. 247 da CF/1988.

Título VII
Da ordem econômica e financeira

Capítulo I
DOS PRINCÍPIOS GERAIS DA ATIVIDADE ECONÔMICA

→ v. Lei 13.189/2015 – Institui o Programa de Proteção ao Emprego (PPE).

Art. 170. A ordem econômica, fundada na valorização do trabalho humano e na livre-iniciativa, tem por fim assegurar a todos existência digna, conforme os ditames da justiça social, observados os seguintes princípios:

I – soberania nacional;

→ v. Art. 1º, I, da CF/1988.

II – propriedade privada;

→ v. Art. 5º, XXII, da CF/1988.

→ v. Arts. 1.228 a 1.368-A do CC.

III – função social da propriedade;

→ v. Lei 10.257/2001 – Estatuto da Cidade.

IV – livre concorrência;

→ v. Súmula Vinculante 49 do STF.

→ v. Súmula 646 do STF.

→ v. Lei 12.259/2011 – Estrutura o Sistema Brasileiro de Defesa da Concorrência.

V – defesa do consumidor;

→ v. Súmula 646 do STF.

→ v. Lei 12.259/2011 – Estrutura o Sistema Brasileiro de Defesa da Concorrência.

→ v. Lei 8.078/1990 – Proteção do consumidor.

→ v. Decreto 7.962/2013 – Regulamenta a Lei 8.078/1990, para dispor sobre a contratação no comércio eletrônico.

VI – defesa do meio ambiente, inclusive mediante tratamento diferenciado conforme o impacto ambiental dos produtos e serviços e de seus processos de elaboração e prestação;

→ Inciso VI com redação alterada pela EC 42/2003.

→ v. Art. 5º, LXXIII, da CF/1988.

→ v. Lei 7.347/1985 – Lei de Ação Civil Pública.

VII – redução das desigualdades regionais e sociais;

VIII – busca do pleno emprego;

→ v. Arts. 6º e 7º da CF/1988.

→ v. Art. 47 da Lei 11.101/2005.

IX – tratamento favorecido para as empresas de pequeno porte constituídas sob as leis brasileiras e que tenham sua sede e administração no País.

→ Inciso IX com redação alterada pela EC 6/1995.

→ v. LC 123/2006 – Institui o Estatuto Nacional da Microempresa e da Empresa de Pequeno Porte.

Parágrafo único. É assegurado a todos o livre exercício de qualquer atividade econômica, independentemente de autorização de órgãos públicos, salvo nos casos previstos em lei.

→ v. Súmula 646 do STF.

Art. 171. *(Revogado pela EC 6/1995).*

Art. 172. A lei disciplinará, com base no interesse nacional, os investimentos de capital estrangeiro, incentivará os reinvestimentos e regulará a remessa de lucros.

→ *v.* Lei 4.131/1962 – Disciplina a aplicação do capital estrangeiro e as remessas de valores para o exterior.

Art. 173. Ressalvados os casos previstos nesta Constituição, a exploração direta de atividade econômica pelo Estado só será permitida quando necessária aos imperativos da segurança nacional ou a relevante interesse coletivo, conforme definidos em lei.

§ 1º A lei estabelecerá o estatuto jurídico da empresa pública, da sociedade de economia mista e de suas subsidiárias que explorem atividade econômica de produção ou comercialização de bens ou de prestação de serviços, dispondo sobre:

→ § 1º com redação alterada pela EC 19/1998.

I – sua função social e formas de fiscalização pelo Estado e pela sociedade;

II – a sujeição ao regime jurídico próprio das empresas privadas, inclusive quanto aos direitos e obrigações civis, comerciais, trabalhistas e tributários;

III – licitação e contratação de obras, serviços, compras e alienações, observados os princípios da administração pública;

→ *v.* Art. 22, XXVII, da CF/1988.

IV – a constituição e o funcionamento dos conselhos de administração e fiscal, com a participação de acionistas minoritários;

V – os mandatos, a avaliação de desempenho e a responsabilidade dos administradores.

§ 2º As empresas públicas e as sociedades de economia mista não poderão gozar de privilégios fiscais não extensivos às do setor privado.

§ 3º A lei regulamentará as relações da empresa pública com o Estado e a sociedade.

§ 4º A lei reprimirá o abuso do poder econômico que vise à dominação dos mercados, à eliminação da concorrência e ao aumento arbitrário dos lucros.

→ *v.* Súmula Vinculante 49 do STF.

→ *v.* Súmula 646 do STF.

→ *v.* Lei 12.529/2011 – Estrutura o Sistema Brasileiro de Defesa da Concorrência.

→ *v.* Lei 8.176/1991 – Define crimes contra a ordem econômica e cria o Sistema de Estoques de Combustíveis.

→ *v.* Lei 8.137/1990 – Define crimes contra a ordem tributária, econômica e contra as relações de consumo.

§ 5º A lei, sem prejuízo da responsabilidade individual dos dirigentes da pessoa jurídica, estabelecerá a responsabilidade desta, sujeitando-a às punições compatíveis com sua natureza, nos atos praticados contra a ordem econômica e financeira e contra a economia popular.

Art. 174. Como agente normativo e regulador da atividade econômica, o Estado exercerá, na forma da lei, as funções de fiscalização, incentivo e planejamento, sendo este determinante para o setor público e indicativo para o setor privado.

§ 1º A lei estabelecerá as diretrizes e bases do planejamento do desenvolvimento nacional equilibrado, o qual incorporará e compatibilizará os planos nacionais e regionais de desenvolvimento.

§ 2º A lei apoiará e estimulará o cooperativismo e outras formas de associativismo.

→ *v.* Lei 9.867/1999 – Criação e o funcionamento de Cooperativas Sociais.

→ *v.* Lei 5.764/1971 – Define a Política Nacional de Cooperativismo.

§ 3º O Estado favorecerá a organização da atividade garimpeira em cooperativas, levando em conta a proteção do meio ambiente e a promoção econômico-social dos garimpeiros.

→ *v.* Lei 11.685/2008 – Estatuto do Garimpeiro.

→ *v.* Dec.-lei 1.985/1940 – Código de Minas.

§ 4º As cooperativas a que se refere o parágrafo anterior terão prioridade na autorização ou concessão para pesquisa e lavra dos recursos e jazidas de minerais garimpáveis, nas áreas onde estejam atuando, e naquelas fixadas de acordo com o art. 21, XXV, na forma da lei.

Art. 175. Incumbe ao Poder Público, na forma da lei, diretamente ou sob regime de concessão ou permissão, sempre através de licitação, a prestação de serviços públicos.

→ *v.* Súmula 407 do STJ.

→ *v.* Lei 9.427/1996 – Institui a Agência Nacional de Energia Elétrica – ANEEL.

→ *v.* Lei 8.987/1995 – Regime de concessão e permissão da prestação de serviços públicos.

→ *v.* Decreto 3.896/2001 – Regência dos serviços de telecomunicações.

→ *v.* Decreto 2.206/1997 – Aprova o Regulamento do serviço de TV a cabo.

Parágrafo único. A lei disporá sobre:

I – o regime das empresas concessionárias e permissionárias de serviços públicos, o caráter especial de seu contrato e de sua prorrogação, bem como as condições de caducidade, fiscalização e rescisão da concessão ou permissão;

II – os direitos dos usuários;

III – política tarifária;

IV – a obrigação de manter serviço adequado.

Art. 176. As jazidas, em lavra ou não, e demais recursos minerais e os potenciais de energia hidráulica constituem propriedade distinta da do solo, para efeito de exploração ou aproveitamento, e pertencem à União, garantida ao concessionário a propriedade do produto da lavra.

→ *v.* Dec.-lei 1.985/1940 – Código de Minas.

§ 1º A pesquisa e a lavra de recursos minerais e o aproveitamento dos potenciais a que se refere o *caput* deste artigo somente poderão ser efetuados mediante autorização ou concessão da União, no interesse nacional, por brasileiros ou empresa constituída sob as leis brasileiras e que tenham sua sede e administração no País, na forma da lei, que estabelecerá as condições específicas quando essas atividades se desenvolverem em faixa de fronteira ou terras indígenas.

→ § 1º com redação alterada pela EC 6/1995.

§ 2º É assegurada participação ao proprietário do solo nos resultados da lavra, na forma e no valor que dispuser a lei.

§ 3º A autorização de pesquisa será sempre por prazo determinado, e as autorizações e concessões previstas neste artigo não poderão ser cedidas ou transferidas, total ou parcialmente, sem prévia anuência do poder concedente.

§ 4º Não dependerá de autorização ou concessão o aproveitamento do potencial de energia renovável de capacidade reduzida.

Art. 177. Constituem monopólio da União:

I – a pesquisa e a lavra das jazidas de petróleo e gás natural e outros hidrocarbonetos fluidos;

→ *v.* Lei 12.276/2010 – Autoriza a União a ceder onerosamente à Petróleo Brasileiro S.A. – Petrobras o exercício das atividades de pesquisa e lavra de petróleo, de gás natural e de outros hidrocarbonetos fluidos.

II – a refinação do petróleo nacional ou estrangeiro;

→ *v.* Art. 45 do ADCT.

→ *v.* Art. 72 da Lei 9.478/1997.

III – a importação e exportação dos produtos e derivados básicos resultantes das atividades previstas nos incisos anteriores;

→ *v.* Lei 10.336/2001 – Contribuição de Intervenção no Domínio Econômico incidente sobre a importação e a comercialização de petróleo e seus derivados, gás natural e seus derivados, e álcool etílico combustível (Cide).

IV – o transporte marítimo do petróleo bruto de origem nacional ou de derivados básicos de petróleo produzidos no País, bem assim o transporte, por meio de conduto, de petróleo bruto, seus derivados e gás natural de qualquer origem;

→ *v.* Lei 11.909/2009 – Atividades relativas ao transporte de gás natural.

V – a pesquisa, a lavra, o enriquecimento, o reprocessamento, a industrialização e o comércio de minérios e minerais nucleares e seus derivados, com exceção dos radioisótopos cuja produção, comercialização e utilização poderão ser autorizadas sob regime de permissão, conforme as alíneas *b* e *c* do inciso XXIII do *caput* do art. 21 desta Constituição Federal.

→ Inciso V com redação alterada pela EC 49/2006.

§ 1º A União poderá contratar com empresas estatais ou privadas a realização das atividades previstas nos incisos I a IV deste artigo, observadas as condições estabelecidas em lei.

→ § 1º com redação alterada pela EC 9/1995.

§ 2º A lei a que se refere o § 1º disporá sobre:

→ § 2º acrescentado pela EC 9/1995.

I – a garantia do fornecimento dos derivados de petróleo em todo o território nacional;

II – as condições de contratação;

III – a estrutura e atribuições do órgão regulador do monopólio da União.

§ 3º A lei disporá sobre o transporte e a utilização de materiais radioativos no território nacional.

→ Anterior § 2º renumerado para § 3º pela EC 9/1995.

§ 4º A lei que instituir contribuição de intervenção no domínio econômico relativa às atividades de importação ou comercialização de petróleo e seus derivados, gás natural e seus derivados e álcool combustível deverá atender aos seguintes requisitos:

→ § 4º acrescentado pela EC 33/2001.

I – a alíquota da contribuição poderá ser:

a) diferenciada por produto ou uso;

b) reduzida e restabelecida por ato do Poder Executivo, não se lhe aplicando o disposto no art. 150, III, *b*;

II – os recursos arrecadados serão destinados:

a) ao pagamento de subsídios a preços ou transporte de álcool combustível, gás natural e seus derivados e derivados de petróleo;

b) ao financiamento de projetos ambientais relacionados com a indústria do petróleo e do gás;

c) ao financiamento de programas de infraestrutura de transportes.

Art. 178. A lei disporá sobre a ordenação dos transportes aéreo, aquático e terrestre, devendo, quanto à ordenação do transporte internacional, observar os acordos firmados pela União, atendido o princípio da reciprocidade.

→ Artigo com redação alterada pela EC 7/1995.

→ *v.* Lei 11.442/2007 – Transporte rodoviário de cargas por conta de terceiros e mediante remuneração.

→ *v.* Lei 7.565/1986 – Código Brasileiro de Aeronáutica.

→ v. Dec.-lei 116/1967 – Operações inerentes ao transporte de mercadorias por via d'água nos portos brasileiros, delimitando suas responsabilidades e tratando das faltas e avarias.

Parágrafo único. Na ordenação do transporte aquático, a lei estabelecerá as condições em que o transporte de mercadorias na cabotagem e a navegação interior poderão ser feitos por embarcações estrangeiras.

Art. 179. A União, os Estados, o Distrito Federal e os Municípios dispensarão às microempresas e às empresas de pequeno porte, assim definidas em lei, tratamento jurídico diferenciado, visando a incentivá-las pela simplificação de suas obrigações administrativas, tributárias, previdenciárias e creditícias, ou pela eliminação ou redução destas por meio de lei.

→ v. Art. 47, § 1º, do ADCT.

→ v. LC 123/2006 – Estatuto Nacional da Microempresa e da Empresa de Pequeno Porte.

Art. 180. A União, os Estados, o Distrito Federal e os Municípios promoverão e incentivarão o turismo como fator de desenvolvimento social e econômico.

Art. 181. O atendimento de requisição de documento ou informação de natureza comercial, feita por autoridade administrativa ou judiciária estrangeira, a pessoa física ou jurídica residente ou domiciliada no País dependerá de autorização do Poder competente.

Capítulo II
DA POLÍTICA URBANA

Art. 182. A política de desenvolvimento urbano, executada pelo Poder Público municipal, conforme diretrizes gerais fixadas em lei, tem por objetivo ordenar o pleno desenvolvimento das funções sociais da cidade e garantir o bem-estar de seus habitantes.

→ v. Art. 5º, XXII e XXIII, da CF/1988.

→ v. Lei 12.587/2012 – Política Nacional de Mobilidade Urbana.

→ v. Lei 10.257/2001 – Estatuto da Cidade.

§ 1º O plano diretor, aprovado pela Câmara Municipal, obrigatório para cidades com mais de vinte mil habitantes, é o instrumento básico da política de desenvolvimento e de expansão urbana.

§ 2º A propriedade urbana cumpre sua função social quando atende às exigências fundamentais de ordenação da cidade expressas no plano diretor.

→ v. Súmula 668 do STF.

§ 3º As desapropriações de imóveis urbanos serão feitas com prévia e justa indenização em dinheiro.

→ v. Súmulas 113 e 114 do STJ.

§ 4º É facultado ao Poder Público municipal, mediante lei específica para área incluída no plano diretor, exigir, nos termos da lei federal, do proprietário do solo urbano não edificado, subutilizado ou não utilizado, que promova seu adequado aproveitamento, sob pena, sucessivamente de:

→ v. Súmula 668 do STF.

I – parcelamento ou edificação compulsórios;

II – imposto sobre a propriedade predial e territorial urbana progressivo no tempo;

III – desapropriação com pagamento mediante títulos da dívida pública de emissão previamente aprovada pelo Senado Federal, com prazo de resgate de até dez anos, em parcelas anuais, iguais e sucessivas, assegurados o valor real da indenização e os juros legais.

Art. 183. Aquele que possuir como sua área urbana de até duzentos e cinquenta metros quadrados, por cinco anos, ininterruptamente e sem oposição, utilizando-a para sua moradia ou de sua família, adquirir-lhe-á o domínio, desde que não seja proprietário de outro imóvel urbano ou rural.

→ v. Art. 1.240 do CC.

→ v. Arts. 9º a 14 da Lei 10.257/2001.

→ v. Lei 5.709/1971 – Regula a Aquisição de Imóvel Rural por Estrangeiro Residente no País ou Pessoa Jurídica Estrangeira Autorizada a Funcionar no Brasil.

§ 1º O título de domínio e a concessão de uso serão conferidos ao homem ou à mulher, ou a ambos, independentemente do estado civil.

→ v. MP 2.220/2001 – Concessão de uso especial de que trata o § 1º do art. 183 da Constituição Federal.

§ 2º Esse direito não será reconhecido ao mesmo possuidor mais de uma vez.

§ 3º Os imóveis públicos não serão adquiridos por usucapião.

→ v. Art. 200 do Dec.-lei 9.760/1946.

Capítulo III
DA POLÍTICA AGRÍCOLA E FUNDIÁRIA E DA REFORMA AGRÁRIA

Art. 184. Compete à União desapropriar por interesse social, para fins de reforma agrária, o imóvel rural que não esteja cumprindo sua função social, mediante prévia e justa indenização em títulos da dívida agrária, com cláusula de preservação do valor real, resgatáveis no prazo de até vinte anos, a partir do segundo ano de sua emissão, e cuja utilização será definida em lei.

→ v. Lei 8.629/1993 – Regulamentação dos dispositivos constitucionais relativos à reforma agrária.

→ v. Lei 8.174/1991 – Política Agrícola.

→ v. Lei 4.504/1964 – Estatuto da Terra.

§ 1º As benfeitorias úteis e necessárias serão indenizadas em dinheiro.

§ 2º O decreto que declarar o imóvel como de interesse social, para fins de reforma agrária, autoriza a União a propor a ação de desapropriação.

§ 3º Cabe à lei complementar estabelecer procedimento contraditório especial, de rito sumário, para o processo judicial de desapropriação.

§ 4º O orçamento fixará anualmente o volume total de títulos da dívida agrária, assim como o montante de recursos para atender ao programa de reforma agrária no exercício.

§ 5º São isentas de impostos federais, estaduais e municipais as operações de transferência de imóveis desapropriados para fins de reforma agrária.

Art. 185. São insuscetíveis de desapropriação para fins de reforma agrária:

→ v. LC 76/1993 – Procedimento contraditório especial, de rito sumário, para o processo de desapropriação de imóvel rural, por interesse social, para fins de reforma agrária.

I – a pequena e média propriedade rural, assim definida em lei, desde que seu proprietário não possua outra;

II – a propriedade produtiva.

Parágrafo único. A lei garantirá tratamento especial à propriedade produtiva e fixará normas para o cumprimento dos requisitos relativos a sua função social.

Art. 186. A função social é cumprida quando a propriedade rural atende, simultaneamente, segundo critérios e graus de exigência estabelecidos em lei, aos seguintes requisitos:

→ v. Lei 8.629/1993 – Regulamentação dos dispositivos constitucionais relativos à reforma agrária.

I – aproveitamento racional e adequado;

II – utilização adequada dos recursos naturais disponíveis e preservação do meio ambiente;

III – observância das disposições que regulam as relações de trabalho;

IV – exploração que favoreça o bem-estar dos proprietários e dos trabalhadores.

Art. 187. A política agrícola será planejada e executada na forma da lei, com a participação efetiva do setor de produção, envolvendo produtores e trabalhadores rurais, bem como dos setores de comercialização, de armazenamento e de transportes, levando em conta, especialmente:

→ v. Lei 8.174/1991 – Política Agrícola.

I – os instrumentos creditícios e fiscais;

II – os preços compatíveis com os custos de produção e a garantia de comercialização;

III – o incentivo à pesquisa e à tecnologia;

IV – a assistência técnica e extensão rural;

V – o seguro agrícola;

VI – o cooperativismo;

VII – a eletrificação rural e irrigação;

VIII – a habitação para o trabalhador rural.

§ 1º Incluem-se no planejamento agrícola as atividades agroindustriais, agropecuárias, pesqueiras e florestais.

§ 2º Serão compatibilizadas as ações de política agrícola e de reforma agrária.

Art. 188. A destinação de terras públicas e devolutas será compatibilizada com a política agrícola e com o plano nacional de reforma agrária.

§ 1º A alienação ou a concessão, a qualquer título, de terras públicas com área superior a dois mil e quinhentos hectares a pessoa física ou jurídica, ainda que por interposta pessoa, dependerá de prévia aprovação do Congresso Nacional.

§ 2º Excetuam-se do disposto no parágrafo anterior as alienações ou as concessões de terras públicas para fins de reforma agrária.

Art. 189. Os beneficiários da distribuição de imóveis rurais pela reforma agrária receberão títulos de domínio ou de concessão de uso, inegociáveis pelo prazo de dez anos.

→ v. Lei 8.629/1993 – Regulamentação dos dispositivos constitucionais relativos à reforma agrária.

Parágrafo único. O título de domínio e a concessão de uso serão conferidos ao homem ou à mulher, ou a ambos, independentemente do estado civil, nos termos e condições previstos em lei.

Art. 190. A lei regulará e limitará a aquisição ou o arrendamento de propriedade rural por pessoa física ou jurídica estrangeira e estabelecerá os casos que dependerão de autorização do Congresso Nacional.

→ v. Lei 5.709/1971 – Regula a Aquisição de Imóvel Rural por Estrangeiro Residente no País ou Pessoa Jurídica Estrangeira Autorizada a Funcionar no Brasil.

Art. 191. Aquele que, não sendo proprietário de imóvel rural ou urbano, possua como seu, por cinco anos ininterruptos, sem oposição, área de terra, em zona rural, não superior a cinquenta hectares, tornando-a produtiva por seu trabalho ou de sua família, tendo nela sua moradia, adquirir-lhe-á a propriedade.

→ *v.* Art. 183 da CF/1988.

Parágrafo único. Os imóveis públicos não serão adquiridos por usucapião.

→ *v.* Art. 200 do Dec.-lei 7.960/1946.

Capítulo IV
DO SISTEMA FINANCEIRO NACIONAL

Art. 192. O sistema financeiro nacional, estruturado de forma a promover o desenvolvimento equilibrado do País e a servir aos interesses da coletividade, em todas as partes que o compõem, abrangendo as cooperativas de crédito, será regulado por leis complementares que disporão, inclusive, sobre a participação do capital estrangeiro nas instituições que o integram.

→ Artigo com redação alterada pela EC 40/2003.

→ *v.* Art. 52 do ADCT.

→ *v.* LC 105/2001 – Sigilo das operações de instituições financeiras.

→ *v.* Lei 4.595/1964 – Lei do Sistema Financeiro Nacional.

I a VIII – *(Revogados pela EC 40/2003).*

§ 1º *(Revogado pela EC 40/2003).*

§ 2º *(Revogado pela EC 40/2003).*

§ 3º *(Revogado pela EC 40/2003).*

Título VIII
Da ordem social

Capítulo I
DISPOSIÇÃO GERAL

→ *v.* Lei 13.189/2015 – Institui o Programa de Proteção ao Emprego (PPE).

Art. 193. A ordem social tem como base o primado do trabalho, e como objetivo o bem-estar e a justiça sociais.

Capítulo II
DA SEGURIDADE SOCIAL

Seção I
Disposições gerais

Art. 194. A seguridade social compreende um conjunto integrado de ações de iniciativa dos Poderes Públicos e da sociedade, destinadas a assegurar os direitos relativos à saúde, à previdência e à assistência social.

→ *v.* Lei 8.742/1993 – Organização da Assistência Social.

→ *v.* Lei 8.213/1991 – Planos de Benefícios da Previdência Social.

→ *v.* Lei 8.212/1991 –Seguridade Social e Plano de Custeio.

→ *v.* Decreto 3.048/1999 – Regulamento da Previdência Social.

Parágrafo único. Compete ao Poder Público, nos termos da lei, organizar a seguridade social, com base nos seguintes objetivos:

I – universalidade da cobertura e do atendimento;

II – uniformidade e equivalência dos benefícios e serviços às populações urbanas e rurais;

III – seletividade e distributividade na prestação dos benefícios e serviços;

IV – irredutibilidade do valor dos benefícios;

V – equidade na forma de participação no custeio;

VI – diversidade da base de financiamento;

VII – caráter democrático e descentralizado da administração, mediante gestão quadripartite, com participação dos trabalhadores, dos empregadores, dos aposentados e do Governo nos órgãos colegiados.

→ Inciso VII com redação alterada pela EC 20/1998.

Art. 195. A seguridade social será financiada por toda a sociedade, de forma direta e indireta, nos termos da lei, mediante recursos provenientes dos orçamentos da União, dos Estados, do Distrito Federal e dos Municípios, e das seguintes contribuições sociais:

→ *v.* Súmulas 658 e 659 do STF.

→ *v.* LC 70/1991 – Institui contribuição para financiamento da Seguridade Social, eleva a alíquota da contribuição social sobre o lucro das instituições financeiras.

→ *v.* Lei 9.477/1997 – Institui o Fundo de Aposentadoria Programada Individual – FAPI e o Plano de Incentivo à Aposentadoria Programada Individual.

→ *v.* Lei 7.894/1989 – Contribuições para o Finsocial e PIS/Pasep.

→ *v.* Lei 7.689/1988 – Institui contribuição social sobre o lucro das pessoas jurídicas.

I – do empregador, da empresa e da entidade a ela equiparada na forma da lei, incidentes sobre:

→ Inciso I com redação alterada pela EC 20/1998.

→ *v.* Súmulas 688 do STF.

a) a folha de salários e demais rendimentos do trabalho pagos ou creditados, a qualquer título, à pessoa física que lhe preste serviço, mesmo sem vínculo empregatício;

→ *v.* Arts. 114, VIII, e 167, XI, da CF/1988.

b) a receita ou o faturamento;

c) o lucro;

II – do trabalhador e dos demais segurados da previdência social, não incidindo contribuição sobre aposentadoria e pensão concedidas pelo regime geral de previdência social de que trata o art. 201;

→ Inciso II com redação alterada pela EC 20/1998.

→ *v.* Arts. 114, VIII, e 167, XI, da CF/1988.

III – sobre a receita de concursos de prognósticos.

→ *v.* Art. 4º da Lei 7.856/1989.

IV – do importador de bens ou serviços do exterior, ou de quem a lei a ele equiparar.

→ Inciso IV acrescentado pela EC 42/2003.

§ 1º As receitas dos Estados, do Distrito Federal e dos Municípios destinadas à seguridade social constarão dos respectivos orçamentos, não integrando o orçamento da União.

§ 2º A proposta de orçamento da seguridade social será elaborada de forma integrada pelos órgãos responsáveis pela saúde, previdência social e assistência social, tendo em vista as metas e prioridades estabelecidas na lei de diretrizes orçamentárias, assegurada a cada área a gestão de seus recursos.

§ 3º A pessoa jurídica em débito com o sistema da seguridade social, como estabelecido em lei, não poderá contratar com o Poder Público nem dele receber benefícios ou incentivos fiscais ou creditícios.

→ *v.* Art. 5º da Lei 12.453/2011.

§ 4º A lei poderá instituir outras fontes destinadas a garantir a manutenção ou expansão da seguridade social, obedecido o disposto no art. 154, I.

§ 5º Nenhum benefício ou serviço da seguridade social poderá ser criado, majorado ou estendido sem a correspondente fonte de custeio total.

§ 6º As contribuições sociais de que trata este artigo só poderão ser exigidas após decorridos noventa dias da data da publicação da lei que as houver instituído ou modificado, não se lhes aplicando o disposto no art. 150, III, *b*.

→ *v.* Súmula 669 do STF.

→ *v.* Arts. 74, § 4º, e 90 do ADCT.

→ *v.* Lei 9.311/1996 – Institui a Contribuição Provisória sobre Movimentação ou Transmissão de Valores e de Créditos e Direitos de Natureza Financeira – CPMF.

§ 7º São isentas de contribuição para a seguridade social as entidades beneficentes de assistência social que atendam às exigências estabelecidas em lei.

→ *v.* Súmula 659 do STF.

→ *v.* Súmula 352 do STJ.

§ 8º O produtor, o parceiro, o meeiro e o arrendatário rurais e o pescador artesanal, bem como os respectivos cônjuges, que exerçam suas atividades em regime de economia familiar, sem empregados permanentes, contribuirão para a seguridade social mediante a aplicação de uma alíquota sobre o resultado da comercialização da produção e farão jus aos benefícios nos termos da lei.

→ § 8º com redação alterada pela EC 20/1998.

→ *v.* Súmula 272 do STJ.

§ 9º As contribuições sociais previstas no inciso I do *caput* deste artigo poderão ter alíquotas ou bases de cálculo diferenciadas, em razão da atividade econômica, da utilização intensiva de mão de obra, do porte da empresa ou da condição estrutural do mercado de trabalho.

→ § 9º com redação alterada pela EC 47/2005.

§ 10. A lei definirá os critérios de transferência de recursos para o sistema único de saúde e ações de assistência social da União para os Estados, o Distrito Federal e os Municípios, e dos Estados para os Municípios, observada a respectiva contrapartida de recursos.

→ § 10 acrescentado pela EC 20/1998.

§ 11. É vedada a concessão de remissão ou anistia das contribuições sociais de que tratam os incisos I, *a*, e II deste artigo, para débitos em montante superior ao fixado em lei complementar.

→ § 11 acrescentado pela EC 20/1998.

§ 12. A lei definirá os setores de atividade econômica para os quais as contribuições incidentes na forma dos incisos I, *b*; e IV do *caput*, serão não cumulativas.

→ § 12 acrescentado pela EC 42/2003.

§ 13. Aplica-se o disposto no § 12 inclusive na hipótese de substituição gradual, total ou parcial, da contribuição incidente na forma do inciso I, *a*, pela incidente sobre a receita ou o faturamento.

→ § 13 acrescentado pela EC 42/2003.

Seção II
Da saúde

Art. 196. A saúde é direito de todos e dever do Estado, garantido mediante políticas sociais e econômicas que visem à redução do risco de doença e de outros agravos e ao acesso universal e igualitário às ações e serviços para sua promoção, proteção e recuperação.

→ *v.* Art. 2º da Lei 12.858/2013.

→ *v.* Lei 9.961/2000 – Cria a Agência Nacional de Saúde Suplementar – ANS.

→ *v.* Lei 9.797/1999 – Obrigatoriedade da cirurgia plástica reparadora da mama pela rede de unidades integrantes do Sistema Único de Saúde – SUS nos casos de mutilação decorrentes de tratamento de câncer.

→ *v.* Lei 9.313/1996 – Distribuição gratuita de medicamentos aos portadores do HIV e doentes de AIDS.

→ *v.* Lei 9.273/1996 – Torna obrigatória a inclusão de dispositivo de segurança que impeça a reutilização das seringas descartáveis.

→ *v.* Lei 8.147/1990 – Alíquota do Finsocial.

Art. 197. São de relevância pública as ações e serviços de saúde, cabendo ao Poder Público dispor, nos termos da lei, sobre sua regulamentação, fiscalização e controle, devendo sua execução ser feita diretamente ou através de terceiros e, também, por pessoa física ou jurídica de direito privado.

→ *v.* Lei 8.080/1990 – Condições para a promoção, proteção e recuperação da saúde, a organização e o funcionamento dos serviços correspondentes.

Art. 198. As ações e serviços públicos de saúde integram uma rede regionalizada e hierarquizada e constituem um sistema único, organizado de acordo com as seguintes diretrizes:

I – descentralização, com direção única em cada esfera de governo;

II – atendimento integral, com prioridade para as atividades preventivas, sem prejuízo dos serviços assistenciais;

III – participação da comunidade.

§ 1º O sistema único de saúde será financiado, nos termos do art. 195, com recursos do orçamento da seguridade social, da União, dos Estados, do Distrito Federal e dos Municípios, além de outras fontes.

→ Anterior parágrafo único renumerado para § 1º pela EC 29/2000.

§ 2º A União, os Estados, o Distrito Federal e os Municípios aplicarão, anualmente, em ações e serviços públicos de saúde recursos mínimos derivados da aplicação de percentuais calculados sobre:

→ *Caput* do § 2º acrescentado pela EC 29/2000.

I – no caso da União, a receita corrente líquida do respectivo exercício financeiro, não podendo ser inferior a 15% (quinze por cento);

→ Inciso I com redação alterada pela EC 86/2015, em vigor na data de sua publicação e produzirá efeitos a partir da execução orçamentária do exercício de 2014 – publicação do *D.O.U.* de 18.3.2015.

II – no caso dos Estados e do Distrito Federal, o produto da arrecadação dos impostos a que se refere o art. 155 e dos recursos de que tratam os arts. 157 e 159, inciso I, alínea *a*, e inciso II, deduzidas as parcelas que forem transferidas aos respectivos Municípios;

→ Inciso II acrescentado pela EC 29/2000.

III – no caso dos Municípios e do Distrito Federal, o produto da arrecadação dos impostos a que se refere o art. 156 e dos recursos de que tratam os arts. 158 e 159, inciso I, alínea *b* e § 3º.

→ Inciso III acrescentado pela EC 29/2000.

→ **Anterior redação:** § 2º A União, os Estados, o Distrito Federal e os Municípios aplicarão, anualmente, em ações e serviços públicos de saúde recursos mínimos derivados da aplicação de percentuais calculados sobre: (§ 2º acrescentado pela EC 29/2000). I – no caso da União, na forma definida nos termos da lei complementar prevista no § 3º; II – no caso dos Estados e do Distrito Federal, o produto da arrecadação dos impostos a que se refere o art. 155 e dos recursos de que tratam os arts. 157 e 159, inciso I, alínea a, e inciso II, deduzidas as parcelas que forem transferidas aos respectivos Municípios; III – no caso dos Municípios e do Distrito Federal, o produto da arrecadação dos impostos a que se refere o art. 156 e dos recursos de que tratam os arts. 158 e 159, inciso I, alínea *b* e § 3º.

§ 3º Lei complementar, que será reavaliada pelo menos a cada 5 (cinco) anos, estabelecerá:

→ *Caput* do § 3º acrescentado pela EC 29/2000.

→ *v.* LC 141/2012 – Regulamenta o § 3º do art. 198 da CF/1988.

I – os percentuais de que tratam os incisos II e III do § 2º;

→ Inciso I com redação alterada pela EC 86/2015, em vigor na data de sua publicação e produzirá efeitos a partir da execução orçamentária do exercício de 2014 – publicação do *D.O.U.* de 18.3.2015.

II – os critérios de rateio dos recursos da União vinculados à saúde destinados aos Estados, ao Distrito Federal e aos Municípios, e dos Estados destinados a seus respectivos Municípios, objetivando a progressiva redução das disparidades regionais;

→ Inciso II acrescentado pela EC 29/2000.

III – as normas de fiscalização, avaliação e controle das despesas com saúde nas esferas federal, estadual, distrital e municipal;

→ Inciso III acrescentado pela EC 29/2000.

IV – *(Revogado pela EC 86/2015, em vigor na data de sua publicação e produzirá efeitos a partir da execução orçamentária do exercício de 2014 – publicação do* D.O.U. *de 18.3.2015).*

→ **Anterior redação:** § 3º Lei complementar, que será reavaliada pelo menos a cada 5 (cinco) anos, estabelecerá: (§ 3º acrescentado pela EC 29/2000). I – os percentuais de que trata o § 2º; II – os critérios de rateio dos recursos da União vinculados à saúde destinados aos Estados, ao Distrito Federal e aos Municípios, e dos Estados destinados a seus respectivos Municípios, objetivando a progressiva redução das disparidades regionais; III – as normas de fiscalização, avaliação e controle das despesas com saúde nas esferas federal, estadual, distrital e municipal; IV – as normas de cálculo do montante a ser aplicado pela União.

§ 4º Os gestores locais do sistema único de saúde poderão admitir agentes comunitários de saúde e agentes de combate às endemias por meio de processo seletivo público, de acordo com a natureza e complexidade de suas atribuições e requisitos específicos para sua atuação.

→ § 4º acrescentado pela EC 51/2006.

§ 5º Lei federal disporá sobre o regime jurídico, o piso salarial profissional nacional, as diretrizes para os Planos de Carreira e a regulamentação das atividades de agente comunitário de saúde e agente de combate às endemias, competindo à União, nos termos da lei, prestar assistência financeira complementar aos Estados, ao Distrito Federal e aos Municípios, para o cumprimento do referido piso salarial.

→ § 5º com redação alterada pela EC 63/2010.

→ *v.* Lei 11.350/2000 – Regulamenta o § 5º do art. 198 da CF/1988.

§ 6º Além das hipóteses previstas no § 1º do art. 41 e no § 4º do art. 169 da Constituição Federal, o servidor que exerça funções equivalentes às de agente comunitário de saúde ou de agente de combate às endemias poderá perder o cargo em caso de descumprimento dos requisitos específicos, fixados em lei, para o seu exercício.

→ § 6º acrescentado pela EC 51/2006.

Art. 199. A assistência à saúde é livre à iniciativa privada.

§ 1º As instituições privadas poderão participar de forma complementar do sistema único de saúde, segundo diretrizes deste, mediante contrato de direito público ou convênio, tendo preferência as entidades filantrópicas e as sem fins lucrativos.

§ 2º É vedada a destinação de recursos públicos para auxílios ou subvenções às instituições privadas com fins lucrativos.

§ 3º É vedada a participação direta ou indireta de empresas ou capitais estrangeiros na assistência à saúde no País, salvo nos casos previstos em lei.

§ 4º A lei disporá sobre as condições e os requisitos que facilitem a remoção de órgãos, tecidos ou substâncias humanas para fins de transplante, pesquisa e tratamento, bem como a coleta, processamento e transfusão de sangue e seus derivados, sendo vedado todo tipo de comercialização.

→ *v.* Lei 10.205/2001 – Regulamenta o § 4º do art. 199 da CF/1988.

→ *v.* Lei 9.434/1997 – Remoção de órgãos, tecidos e partes do corpo humano para fins de transplante e tratamento.

→ *v.* Lei 8.501/1992 – Utilização de cadáver não reclamado, para fins de estudos ou pesquisas científicas.

Art. 200. Ao sistema único de saúde compete, além de outras atribuições, nos termos da lei:

I – controlar e fiscalizar procedimentos, produtos e substâncias de interesse para a saúde e participar da produção de medicamentos, equipamentos, imunobiológicos, hemoderivados e outros insumos;

→ *v.* Lei 9.431/1997 – Obrigatoriedade da manutenção de programa de controle de infecções hospitalares pelos hospitais do País.

II – executar as ações de vigilância sanitária e epidemiológica, bem como as de saúde do trabalhador;

III – ordenar a formação de recursos humanos na área de saúde;

IV – participar da formulação da política e da execução das ações de saneamento básico;

V – incrementar, em sua área de atuação, o desenvolvimento científico e tecnológico e a inovação;

→ Inciso V com redação alterada pela EC 85/2015.

VI – fiscalizar e inspecionar alimentos, compreendido o controle de seu teor nutricional, bem como bebidas e águas para consumo humano;

→ *v.* Decreto 4.680/2003 – Regulamenta o direito à informação, assegurado pela Lei 8.078/1990, quanto aos alimentos e ingredientes alimentares destinados ao consumo humano ou animal que contenham ou sejam produzidos a partir de organismos geneticamente modificados.

VII – participar do controle e fiscalização da produção, transporte, guarda e utilização de substâncias e produtos psicoativos, tóxicos e radioativos;

→ *v.* Lei 7.802/1989 – Pesquisa, experimentação, produção, embalagem e rotulagem, transporte, armazenamento, comercialização, propaganda comercial, utilização, importação, exportação, destino final dos resíduos e embalagens, registro, classificação, controle, inspeção e fiscalização de agrotóxicos, seus componentes e afins.

VIII – colaborar na proteção do meio ambiente, nele compreendido o do trabalho.

Seção III
Da previdência social

Art. 201. A previdência social será organizada sob a forma de regime geral, de caráter contributivo e de filiação obrigatória, observados critérios que preservem o equilíbrio financeiro e atuarial, e atenderá, nos termos da lei, a:

→ *Caput* com redação alterada pela EC 20/1998.

→ *v.* Art. 167, XI, da CF/1988.

→ *v.* Lei 8.213/1991 – Planos de Benefícios da Previdência Social.

→ *v.* Decreto 3.048/1999 – Aprova o Regulamento da Previdência Social.

I – cobertura dos eventos de doença, invalidez, morte e idade avançada;

II – proteção à maternidade, especialmente à gestante;

III – proteção ao trabalhador em situação de desemprego involuntário;

→ *v.* Lei 10.779/2003 – Concessão do benefício de seguro-desemprego, durante o período de defeso, ao pescador profissional que exerce a atividade pesqueira de forma artesanal.

→ *v.* Lei 8.900/1994 – Benefício do seguro-desemprego e altera a Lei 7.998/1990.

→ *v.* Lei 7.998/1990 – Regula o Programa do Seguro-Desemprego, o Abono Salarial, institui o Fundo de Amparo ao Trabalhador (FAT).

IV – salário-família e auxílio-reclusão para os dependentes dos segurados de baixa renda;

V – pensão por morte do segurado, homem ou mulher, ao cônjuge ou companheiro e dependentes, observado o disposto no § 2º.

→ *v.* Súmula 336 do STJ.

§ 1º É vedada a adoção de requisitos e critérios diferenciados para a concessão de aposentadoria aos beneficiários do regime geral de previdência social, ressalvados os casos de atividades exercidas sob condições especiais que prejudiquem a saúde ou a integridade física e quando se tratar de segurados portadores de deficiência, nos termos definidos em lei complementar.

→ § 1º com redação alterada pela EC 47/2005, *D.O.U.* 6.7.2005, em vigor na data de sua publicação, produzindo efeitos retroativos à data de vigência da EC 41/2003, *D.O.U.* 31.12.2003.

→ *v.* LC 142/2013 – Regulamenta o § 1º do art. 201 da Constituição Federal, publicada em 9.5.2013, em vigor após decorridos 6 (seis) meses de sua publicação oficial.

§ 2º Nenhum benefício que substitua o salário de contribuição ou o rendimento do trabalho do segurado terá valor mensal inferior ao salário mínimo.

→ § 2º com redação alterada pela EC 20/1998.

§ 3º Todos os salários de contribuição considerados para o cálculo de benefício serão devidamente atualizados, na forma da lei.

→ § 3º com redação alterada pela EC 20/1998.

§ 4º É assegurado o reajustamento dos benefícios para preservar-lhes, em caráter permanente, o valor real, conforme critérios definidos em lei.

→ § 4º com redação alterada pela EC 20/1998.

→ *v.* Súmulas 688 do STF.

§ 5º É vedada a filiação ao regime geral de previdência social, na qualidade de segurado facultativo, de pessoa participante de regime próprio de previdência.

→ § 5º com redação alterada pela EC 20/1998.

§ 6º A gratificação natalina dos aposentados e pensionistas terá por base o valor dos proventos do mês de dezembro de cada ano.

→ § 6º com redação alterada pela EC 20/1998.

§ 7º É assegurada aposentadoria no regime geral de previdência social, nos termos da lei, obedecidas as seguintes condições:

→ § 7º com redação alterada pela EC 20/1998.

I – trinta e cinco anos de contribuição, se homem, e trinta anos de contribuição, se mulher;

II – sessenta e cinco anos de idade, se homem, e sessenta anos de idade, se mulher, reduzido em cinco anos o limite para os trabalhadores rurais de ambos os sexos e para os que exerçam suas atividades em regime de economia familiar, nestes incluídos o produtor rural, o garimpeiro e o pescador artesanal.

§ 8º Os requisitos a que se refere o inciso I do parágrafo anterior serão reduzidos em cinco anos, para o professor que comprove exclusivamente tempo de efetivo exercício das funções de magistério na educação infantil e no ensino fundamental e médio.

→ § 8º com redação alterada pela EC 20/1998.

§ 9º Para efeito de aposentadoria, é assegurada a contagem recíproca do tempo de contribuição na administração pública e na atividade privada, rural e urbana, hipótese em que os diversos regimes de previdência social se compensarão financeiramente, segundo critérios estabelecidos em lei.

→ § 9º com redação alterada pela EC 20/1998.

→ *v.* Arts. 3º, § 1º, e 22 da Lei 12.618/2012.

→ *v.* Lei 9.796/1999 – Compensação financeira entre o Regime Geral de Previdência Social e os regimes de previdência dos servidores da União, dos Estados, do Distrito Federal e dos Municípios, nos casos de contagem recíproca de tempo de contribuição para efeito de aposentadoria.

§ 10. Lei disciplinará a cobertura do risco de acidente do trabalho, a ser atendida concorrentemente pelo regime geral de previdência social e pelo setor privado.

→ § 10 com redação alterada pela EC 20/1998.

§ 11. Os ganhos habituais do empregado, a qualquer título, serão incorporados ao salário para efeito de contribuição previdenciária e consequente repercussão em benefícios, nos casos e na forma da lei.

→ § 11 com redação alterada pela EC 20/1998.

§ 12. Lei disporá sobre sistema especial de inclusão previdenciária para atender a trabalhadores de baixa renda e àqueles sem renda própria que se dediquem exclusivamente ao trabalho doméstico no âmbito de sua residência, desde que pertencentes a famílias de baixa renda, garantindo-lhes acesso a benefícios de valor igual a um salário mínimo.

→ § 12 com redação alterada pela EC 47/2005, *D.O.U.* 6.7.2005, em vigor na data de sua publicação, produzindo efeitos retroativos à data de vigência da EC 41/2003, *D.O.U.* 31.12.2003.

→ *v.* LC 150/2015 – Lei do Trabalho Doméstico.

§ 13. O sistema especial de inclusão previdenciária de que trata o § 12 deste artigo terá alíquotas e carências inferiores às vigentes para os demais segurados do regime geral de previdência social.

→ § 13 com redação alterada pela EC 47/2005, *D.O.U.* 6.7.2005, em vigor na data de sua publicação, produzindo efeitos retroativos à data de vigência da EC 41/2003, *D.O.U.* 31.12.2003.

Art. 202. O regime de previdência privada, de caráter complementar e organizado de forma autônoma em relação ao regime geral de previdência social, será facultativo, baseado na constituição de reservas que garantam o benefício contratado, e regulado por lei complementar.

→ Artigo com redação alterada pela EC 20/1998.

→ *v.* LC 109/2001 – Regime de Previdência Complementar.

→ *v.* Lei 11.053/2004 – Tributação dos planos de benefícios de caráter previdenciário.

→ *v.* Decreto 7.123/2010 – Conselho Nacional de Previdência Complementar – CNPC e Câmara de Recursos da Previdência Complementar – CRPC.

→ *v.* Decreto 4.942/2003 – Processo administrativo para apuração de responsabilidade por infração à legislação no âmbito do regime da previdência complementar.

§ 1º A lei complementar de que trata este artigo assegurará ao participante de planos de benefícios de entidades de previdência privada o pleno acesso às informações relativas à gestão de seus respectivos planos.

§ 2º As contribuições do empregador, os benefícios e as condições contratuais previstas nos estatutos, regulamentos e planos de benefícios das entidades de previdência privada não integram o contrato de trabalho dos participantes, assim como, à exceção dos benefícios concedidos, não integram a remuneração dos participantes, nos termos da lei.

§ 3º É vedado o aporte de recursos a entidade de previdência privada pela União, Estados, Distrito Federal e Municípios, suas autarquias, fundações, empresas públicas, sociedades de economia mista e outras entidades públicas, salvo na qualidade de patrocinador, situação na qual, em hipótese alguma, sua contribuição normal poderá exceder a do segurado.

→ *v.* Art. 10 da Lei 12.618/2012.

§ 4º Lei complementar disciplinará a relação entre a União, Estados, Distrito Federal ou Municípios, inclusive suas autarquias, fundações, sociedades de economia mista e empresas controladas direta ou indiretamente, enquanto patrocinadoras de entidades fechadas de previdência privada, e suas respectivas entidades fechadas de previdência privada.

→ *v.* LC 108/2001 – Relação entre a União, os Estados, o Distrito Federal e os Municípios, suas autarquias, fundações, sociedades de economia mista e outras entidades públicas e suas respectivas entidades fechadas de previdência complementar.

§ 5º A lei complementar de que trata o parágrafo anterior aplicar-se-á, no que couber, às empresas privadas permissionárias ou concessionárias de prestação de serviços públicos, quando patrocinadoras de entidades fechadas de previdência privada.

§ 6º A lei complementar a que se refere o § 4º deste artigo estabelecerá os requisitos para a designação dos membros das diretorias das entidades fechadas de previdência privada e disciplinará a inserção dos participantes nos colegiados e instâncias de decisão em que seus interesses sejam objeto de discussão e deliberação.

Seção IV
Da assistência social

Art. 203. A assistência social será prestada a quem dela necessitar, independentemente da contribuição à seguridade social, e tem por objetivos:

→ *v.* Lei 8.742/1993 – Organização da Assistência Social.

→ *v.* Art. 11 do ECA.

I – a proteção à família, à maternidade, à infância, à adolescência e à velhice;

II – o amparo às crianças e adolescentes carentes;

III – a promoção da integração ao mercado de trabalho;

IV – a habilitação e reabilitação das pessoas portadoras de deficiência e a promoção de sua integração à vida comunitária;

V – a garantia de um salário mínimo de benefício mensal à pessoa portadora de deficiência e ao idoso que comprovem não possuir meios de prover à própria manutenção ou de tê-la provida por sua família, conforme dispuser a lei.

Art. 204. As ações governamentais na área da assistência social serão realizadas com recursos do orçamento da seguridade social, previstos no art. 195, além de outras fontes, e organizadas com base nas seguintes diretrizes:

I – descentralização político-administrativa, cabendo a coordenação e as normas gerais à esfera federal e a coordenação e a execução dos respectivos programas às esferas estadual e municipal, bem como a entidades beneficentes e de assistência social;

II – participação da população, por meio de organizações representativas, na formulação das políticas e no controle das ações em todos os níveis.

Parágrafo único. É facultado aos Estados e ao Distrito Federal vincular a programa de apoio à inclusão e promoção social até cinco décimos por cento de sua receita tributária líquida, vedada a aplicação desses recursos no pagamento de:

→ Parágrafo único acrescentado pela EC 42/2003.

I – despesas com pessoal e encargos sociais;

II – serviço da dívida;

III – qualquer outra despesa corrente não vinculada diretamente aos investimentos ou ações apoiados.

Capítulo III
DA EDUCAÇÃO, DA CULTURA E DO DESPORTO

Seção I
Da educação

→ *v.* Lei 13.005/2014 – Aprova o Plano Nacional de Educação – PNE.

Art. 205. A educação, direito de todos e dever do Estado e da família, será promovida e incentivada com a colaboração da sociedade, visando ao pleno desenvolvimento da pessoa, seu preparo para o exercício da cidadania e sua qualificação para o trabalho.

→ *v.* Lei 9.394/1996 – Diretrizes e Bases da Educação Nacional.

→ *v.* Decreto 5.773/2006 – Exercício das funções de regulação, supervisão e avaliação de instituições de educação superior e cursos superiores de graduação e sequenciais no sistema federal de ensino.

Art. 206. O ensino será ministrado com base nos seguintes princípios:

I – igualdade de condições para o acesso e permanência na escola;

II – liberdade de aprender, ensinar, pesquisar e divulgar o pensamento, a arte e o saber;

III – pluralismo de ideias e de concepções pedagógicas, e coexistência de instituições públicas e privadas de ensino;

IV – gratuidade do ensino público em estabelecimentos oficiais;

→ *v.* Súmula Vinculante 12 do STF.

→ *v.* Art. 242 da CF/1988.

V – valorização dos profissionais da educação escolar, garantidos, na forma da lei, planos de carreira, com ingresso exclusivamente por concurso público de provas e títulos, aos das redes públicas;

→ Inciso V com redação alterada pela EC 53/2006.

→ *v.* Lei 9.424/1996 – Fundo de Manutenção e Desenvolvimento do Ensino Fundamental e de Valorização do Magistério.

VI – gestão democrática do ensino público, na forma da lei;

VII – garantia de padrão de qualidade.

VIII – piso salarial profissional nacional para os profissionais da educação escolar pública, nos termos de lei federal.

→ Inciso VIII acrescentado pela EC 53/2006.

Parágrafo único. A lei disporá sobre as categorias de trabalhadores considerados profissionais da educação básica e sobre a fixação de prazo para a elaboração ou adequação de seus planos de carreira, no âmbito da União, dos Estados, do Distrito Federal e dos Municípios.

→ Parágrafo único acrescentado pela EC 53/2006.

Art. 207. As universidades gozam de autonomia didático-científica, administrativa e de gestão financeira e patrimonial, e obedecerão ao princípio de indissociabilidade entre ensino, pesquisa e extensão.

§ 1º É facultado às universidades admitir professores, técnicos e cientistas estrangeiros, na forma da lei.

→ § 1º acrescentado pela EC 11/1996.

§ 2º O disposto neste artigo aplica-se às instituições de pesquisa científica e tecnológica.

→ § 2º acrescentado pela EC 11/1996.

Art. 208. O dever do Estado com a educação será efetivado mediante a garantia de:

I – educação básica obrigatória e gratuita dos 4 (quatro) aos 17 (dezessete) anos de idade, assegurada inclusive sua oferta gratuita para todos os que a ela não tiveram acesso na idade própria;

→ Inciso I com redação alterada pela EC 59/2009.

II – progressiva universalização do ensino médio gratuito;

→ Inciso II com redação alterada pela EC 14/1996.

III – atendimento educacional especializado aos portadores de deficiência, preferencialmente na rede regular de ensino;

→ *v.* Lei 13.146/2015 – Estatuto da Pessoa com Deficiência.

→ *v.* Lei 10.845/2004 – Institui o Programa de Complementação ao Atendimento Educacional Especializado às Pessoas Portadoras de Deficiência.

IV – educação infantil, em creche e pré-escola, às crianças até 5 (cinco) anos de idade;

→ Inciso IV com redação alterada pela EC 53/2006.

V – acesso aos níveis mais elevados do ensino, da pesquisa e da criação artística, segundo a capacidade de cada um;

VI – oferta de ensino noturno regular, adequado às condições do educando;

VII – atendimento ao educando, em todas as etapas da educação básica, por meio de programas suplementares de material didático-escolar, transporte, alimentação e assistência à saúde.

→ Inciso VII com redação alterada pela EC 59/2009.

§ 1º O acesso ao ensino obrigatório e gratuito é direito público subjetivo.

§ 2º O não oferecimento do ensino obrigatório pelo Poder Público, ou sua oferta irregular, importa responsabilidade da autoridade competente.

§ 3º Compete ao Poder Público recensear os educandos no ensino fundamental, fazer-lhes a chamada e zelar, junto aos pais ou responsáveis, pela frequência à escola.

Art. 209. O ensino é livre à iniciativa privada, atendidas as seguintes condições:

I – cumprimento das normas gerais da educação nacional;

II – autorização e avaliação de qualidade pelo Poder Público.

Art. 210. Serão fixados conteúdos mínimos para o ensino fundamental, de maneira a assegurar formação básica comum e respeito aos valores culturais e artísticos, nacionais e regionais.

§ 1º O ensino religioso, de matrícula facultativa, constituirá disciplina dos horários normais das escolas públicas de ensino fundamental.

§ 2º O ensino fundamental regular será ministrado em língua portuguesa, assegurada às comunidades indígenas também a utilização de suas línguas maternas e processos próprios de aprendizagem.

Art. 211. A União, os Estados, o Distrito Federal e os Municípios organizarão em regime de colaboração seus sistemas de ensino.

→ *v.* Art. 60, § 1º, do ADCT.

§ 1º A União organizará o sistema federal de ensino e o dos Territórios, financiará as instituições de ensino públicas federais e exercerá, em matéria educacional, função redistributiva e supletiva, de forma a garantir equalização de oportunidades educacionais e padrão mínimo de qualidade do ensino mediante assistência técnica e financeira aos Estados, ao Distrito Federal e aos Municípios.

→ § 1º com redação alterada pela EC 14/1996.

§ 2º Os Municípios atuarão prioritariamente no ensino fundamental e na educação infantil.

→ § 2º com redação alterada pela EC 14/1996.

§ 3º Os Estados e o Distrito Federal atuarão prioritariamente no ensino fundamental e médio.

→ § 3º acrescentado pela EC 14/1996.

§ 4º Na organização de seus sistemas de ensino, a União, os Estados, o Distrito Federal e os Municípios definirão formas de colaboração, de modo a assegurar a universalização do ensino obrigatório.

→ § 4º com redação alterada pela EC 59/2009.

§ 5º A educação básica pública atenderá prioritariamente ao ensino regular.

→ § 5º acrescentado pela EC 53/2006.

Art. 212. A União aplicará, anualmente, nunca menos de dezoito, e os Estados, o Distrito Federal e os Municípios vinte e cinco por cento, no mínimo, da receita resultante de impostos, compreendida a proveniente de transferências, na manutenção e desenvolvimento do ensino.

→ *v.* Lei 9.424/1996 – Fundo de Manutenção e Desenvolvimento do Ensino Fundamental e de Valorização do Magistério.

§ 1º A parcela da arrecadação de impostos transferida pela União aos Estados, ao Distrito Federal e aos Municípios, ou pelos Estados aos respectivos Municípios, não é considerada, para efeito do cálculo previsto neste artigo, receita do governo que a transferir.

§ 2º Para efeito do cumprimento do disposto no *caput* deste artigo, serão considerados os sistemas de ensino federal, estadual e municipal e os recursos aplicados na forma do art. 213.

§ 3º A distribuição dos recursos públicos assegurará prioridade ao atendimento das necessidades do ensino obrigatório, no que se refere a universalização, garantia de padrão de qualidade e equidade, nos termos do plano nacional de educação.

→ § 3º com redação alterada pela EC 59/2009.

§ 4º Os programas suplementares de alimentação e assistência à saúde previstos no art. 208, VII, serão financiados com recursos provenientes de contribuições sociais e outros recursos orçamentários.

§ 5º A educação básica pública terá como fonte adicional de financiamento a contribuição social do salário-educação, recolhida pelas empresas na forma da lei.

→ § 5º com redação alterada pela EC 53/2006.

→ *v.* Decreto 6.003/2006 – Regulamenta a arrecadação, a fiscalização e a cobrança da contribuição social do salário-educação.

→ *v.* Súmula 732 do STF.

§ 6º As cotas estaduais e municipais da arrecadação da contribuição social do salário-educação serão distribuídas proporcionalmente ao número de alunos matriculados na educação básica nas respectivas redes públicas de ensino.

→ § 6º acrescentado pela EC 53/2006.

Art. 213. Os recursos públicos serão destinados às escolas públicas, podendo ser dirigidos a escolas comunitárias, confessionais ou filantrópicas, definidas em lei, que:

→ *v.* Art. 61 do ADCT.

→ *v.* Lei 9.394/1996 – Diretrizes e Bases da Educação Nacional.

I – comprovem finalidade não lucrativa e apliquem seus excedentes financeiros em educação;

II – assegurem a destinação de seu patrimônio a outra escola comunitária, filantrópica ou confessional, ou ao Poder Público, no caso de encerramento de suas atividades.

§ 1º Os recursos de que trata este artigo poderão ser destinados a bolsas de estudo para o ensino fundamental e médio, na forma da lei, para os que demonstrarem insuficiência de recursos, quando houver falta de vagas e cursos regulares da rede pública na localidade da residência do educando, ficando o Poder Público obrigado a investir prioritariamente na expansão de sua rede na localidade.

§ 2º As atividades de pesquisa, de extensão e de estímulo e fomento à inovação realizadas por universidades e/ou por instituições de educação profissional e tecnológica poderão receber apoio financeiro do Poder Público.

→ § 2º com redação alterada pela EC 85/2015.

→ *v.* Lei 8.436/1992 – Institucionaliza o Programa de Crédito Educativo para estudantes carentes.

Art. 214. A lei estabelecerá o plano nacional de educação, de duração decenal, com o objetivo de articular o sistema nacional de educação em regime de colaboração e definir diretrizes, objetivos, metas e estratégias de implementação para assegurar a manutenção e desenvolvimento do ensino em seus diversos níveis, etapas e modalidades por meio de ações integradas dos poderes públicos das diferentes esferas federativas que conduzam a:

→ *Caput* com redação alterada pela EC 59/2009.

→ *v.* Lei 9.394/1996 – Diretrizes e Bases da Educação Nacional.

I – erradicação do analfabetismo;

II – universalização do atendimento escolar;

III – melhoria da qualidade do ensino;

IV – formação para o trabalho;

V – promoção humanística, científica e tecnológica do País;

VI – estabelecimento de meta de aplicação de recursos públicos em educação como proporção do produto interno bruto.

→ Inciso VI acrescentado pela EC 59/2009.

→ *v.* Art. 2º da Lei 12.858/2013.

Seção II
Da cultura

Art. 215. O Estado garantirá a todos o pleno exercício dos direitos culturais e acesso às fontes da cultura nacional, e apoiará e incentivará a valorização e a difusão das manifestações culturais.

→ *v.* Lei 13.018/2014 – Institui a Política Nacional de Cultura Viva.

→ *v.* Lei 12.840/2013 – Distinção dos bens de valor cultural, artístico ou histórico aos museus.

→ *v.* Lei 8.685/1993 – Cria mecanismos de fomento à atividade audiovisual.

→ *v.* Lei 8.313/1991 – Institui o Programa Nacional de Apoio à Cultura (PRONAC).

→ *v.* MP 2.228-1/2001 – Estabelece princípios gerais da Política Nacional do Cinema, cria o Conselho Superior do Cinema e a Agência Nacional do Cinema – ANCINE, institui o Programa de Apoio ao Desenvolvimento do Cinema Nacional – PRODECINE, autoriza a criação de Fundos de Financiamento da Indústria Cinematográfica Nacional – FUNCINES, altera a legislação sobre a Contribuição para o Desenvolvimento da Indústria Cinematográfica Nacional.

§ 1º O Estado protegerá as manifestações das culturas populares, indígenas e afro-brasileiras, e das de outros grupos participantes do processo civilizatório nacional.

§ 2º A lei disporá sobre a fixação de datas comemorativas de alta significação para os diferentes segmentos étnicos nacionais.

§ 3º A lei estabelecerá o Plano Nacional de Cultura, de duração plurianual, visando ao desenvolvimento cultural do País e à integração das ações do poder público que conduzem à:

→ § 3º acrescentado pela EC 48/2005.

I – defesa e valorização do patrimônio cultural brasileiro;

II – produção, promoção e difusão de bens culturais;

III – formação de pessoal qualificado para a gestão da cultura em suas múltiplas dimensões;

IV – democratização do acesso aos bens de cultura;

V – valorização da diversidade étnica e regional.

Art. 216. Constituem patrimônio cultural brasileiro os bens de natureza material e imaterial, tomados individualmente ou em conjunto, portadores de referência à identidade, à ação, à memória dos diferentes grupos formadores da sociedade brasileira, nos quais se incluem:

→ *v.* Lei 12.840/2013 – Distinção dos bens de valor cultural, artístico ou histórico aos museus.

→ *v.* Art. 1º do Dec.-lei 25/1937.

I – as formas de expressão;

II – os modos de criar, fazer e viver;

III – as criações científicas, artísticas e tecnológicas;

→ *v.* Lei 9.610/1998 – Direitos Autorais.

IV – as obras, objetos, documentos, edificações e demais espaços destinados às manifestações artístico-culturais;

V – os conjuntos urbanos e sítios de valor histórico, paisagístico, artístico, arqueológico, paleontológico, ecológico e científico.

§ 1º O Poder Público, com a colaboração da comunidade, promoverá e protegerá o patrimônio cultural brasileiro, por meio de inventários, registros, vigilância, tombamento e desapropriação, e de outras formas de acautelamento e preservação.

→ *v.* Lei 7.347/1985 – Ação Civil Pública.

→ *v.* Lei 8.394/1991 – Preservação, organização e proteção dos acervos documentais privados dos presidentes da República.

§ 2º Cabem à administração pública, na forma da lei, a gestão da documentação governamental e as providências para franquear sua consulta a quantos dela necessitem.

→ *v.* Lei 12.527/2011 – Lei de Acesso à Informação.

→ *v.* Lei 8.159/1991 – Política nacional de arquivos públicos e privados.

§ 3º A lei estabelecerá incentivos para a produção e o conhecimento de bens e valores culturais.

→ *v.* Lei 8.313/1991 – Institui o Programa Nacional de Apoio à Cultura (PRONAC).

→ *v.* Lei 8.685/1993 – Cria mecanismos de fomento à atividade audiovisual.

§ 4º Os danos e ameaças ao patrimônio cultural serão punidos, na forma da lei.

→ *v.* Art. 163, parágrafo único, III, do CP.

→ *v.* Art. 5º da Lei 3.924/1961.

§ 5º Ficam tombados todos os documentos e os sítios detentores de reminiscências históricas dos antigos quilombos.

§ 6º É facultado aos Estados e ao Distrito Federal vincular a fundo estadual de fomento à cultura até cinco décimos por cento de sua receita tributária líquida, para o financiamento de programas e projetos culturais, vedada a aplicação desses recursos no pagamento de:

→ § 6º acrescentado pela EC 42/2003.

I – despesas com pessoal e encargos sociais;

II – serviço da dívida;

III – qualquer outra despesa corrente não vinculada diretamente aos investimentos ou ações apoiados.

Art. 216-A. O Sistema Nacional de Cultura, organizado em regime de colaboração, de forma descentralizada e participativa, institui um processo de gestão e promoção conjunta de políticas públicas de cultura, democráticas e permanentes, pactuadas entre os entes da Federação e a sociedade, tendo por objetivo promover o desenvolvimento humano, social e econômico com pleno exercício dos direitos culturais.

→ Artigo acrescentado pela EC 71/2012.

§ 1º O Sistema Nacional de Cultura fundamenta-se na política nacional de cultura e nas suas diretrizes, estabelecidas no Plano Nacional de Cultura, e rege-se pelos seguintes princípios:

I – diversidade das expressões culturais;

II – universalização do acesso aos bens e serviços culturais;

III – fomento à produção, difusão e circulação de conhecimento e bens culturais;

IV – cooperação entre os entes federados, os agentes públicos e privados atuantes na área cultural;

V – integração e interação na execução das políticas, programas, projetos e ações desenvolvidas;

VI – complementaridade nos papéis dos agentes culturais;

VII – transversalidade das políticas culturais;

VIII – autonomia dos entes federados e das instituições da sociedade civil;

IX – transparência e compartilhamento das informações;

X – democratização dos processos decisórios com participação e controle social;

XI – descentralização articulada e pactuada da gestão, dos recursos e das ações;

XII – ampliação progressiva dos recursos contidos nos orçamentos públicos para a cultura.

§ 2º Constitui a estrutura do Sistema Nacional de Cultura, nas respectivas esferas da Federação:

I – órgãos gestores da cultura;

II – conselhos de política cultural;

III – conferências de cultura;

IV – comissões intergestores;

V – planos de cultura;

VI – sistemas de financiamento à cultura;

VII – sistemas de informações e indicadores culturais;

VIII – programas de formação na área da cultura; e

IX – sistemas setoriais de cultura.

§ 3º Lei federal disporá sobre a regulamentação do Sistema Nacional de Cultura, bem como de sua articulação com os demais sistemas nacionais ou políticas setoriais de governo.

→ *v.* Lei 12.343/2012 – Institui o Plano Nacional de Cultura – PNC, cria o Sistema Nacional de Informações e Indicadores Culturais – SNIIC.

§ 4º Os Estados, o Distrito Federal e os Municípios organizarão seus respectivos sistemas de cultura em leis próprias.

Seção III
Do desporto

Art. 217. É dever do Estado fomentar práticas desportivas formais e não formais, como direito de cada um, observados:

→ *v.* Lei 9.615/1998 – Institui normas gerais sobre desporto.

I – a autonomia das entidades desportivas dirigentes e associações, quanto a sua organização e funcionamento;

II – a destinação de recursos públicos para a promoção prioritária do desporto educacional e, em casos específicos, para a do desporto de alto rendimento;

III – o tratamento diferenciado para o desporto profissional e o não profissional;

IV – a proteção e o incentivo às manifestações desportivas de criação nacional.

§ 1º O Poder Judiciário só admitirá ações relativas à disciplina e às competições desportivas após esgotarem-se as instâncias da justiça desportiva, regulada em lei.

§ 2º A justiça desportiva terá o prazo máximo de sessenta dias, contados da instauração do processo, para proferir decisão final.

§ 3º O Poder Público incentivará o lazer, como forma de promoção social.

→ *v.* Lei 10.671/2003 – Estatuto do Torcedor.

→ *v.* Lei 11.771/2008 – Política Nacional de Turismo.

Capítulo IV
DA CIÊNCIA, TECNOLOGIA E INOVAÇÃO

→ Rubrica com redação alterada pela EC 85/2015.

Art. 218. O Estado promoverá e incentivará o desenvolvimento científico, a pesquisa, a capacitação científica e tecnológica e a inovação.

→ *Caput* com redação alterada pela EC 85/2015.

§ 1º A pesquisa científica básica e tecnológica receberá tratamento prioritário do Estado, tendo em vista o bem público e o progresso da ciência, tecnologia e inovação.

→ § 1º com redação alterada pela EC 85/2015.

§ 2º A pesquisa tecnológica voltar-se-á preponderantemente para a solução dos problemas brasileiros e para o desenvolvimento do sistema produtivo nacional e regional.

§ 3º O Estado apoiará a formação de recursos humanos nas áreas de ciência, pesquisa, tecnologia e inovação, inclusive por meio do apoio às atividades de extensão tecnológica, e concederá aos que delas se ocupem meios e condições especiais de trabalho.

→ § 3º com redação alterada pela EC 85/2015.

§ 4º A lei apoiará e estimulará as empresas que invistam em pesquisa, criação de tecnologia adequada ao País, formação e aperfeiçoamento de seus recursos humanos e que pratiquem sistemas de remuneração que assegurem ao empregado, desvinculada do salário, participação nos ganhos econômicos resultantes da produtividade de seu trabalho.

→ *v.* Lei 11.196/2005 – Institui o Regime Especial de Tributação para a Plataforma de Exportação de Serviços de Tecnologia da Informação – REPES, o Regime Especial de Aquisição de Bens de Capital para Empresas Exportadoras – RECAP e o Programa de Inclusão Digital; dispõe sobre incentivos fiscais para a inovação tecnológica.

→ *v.* Lei 9.257/1996 – Conselho Nacional de Ciência e Tecnologia.

→ *v.* Lei 8.248/1991 – Capacitação e competitividade do setor de informática e automação.

§ 5º É facultado aos Estados e ao Distrito Federal vincular parcela de sua receita orçamentária a entidades públicas de fomento ao ensino e à pesquisa científica e tecnológica.

§ 6º O Estado, na execução das atividades previstas no *caput*, estimulará a articulação entre entes, tanto públicos quanto privados, nas diversas esferas de governo.

→ § 6º acrescentado pela EC 85/2015.

§ 7º O Estado promoverá e incentivará a atuação no exterior das instituições públicas de ciência, tecnologia e inovação, com vistas à execução das atividades previstas no *caput*.

→ § 7º acrescentado pela EC 85/2015.

Art. 219. O mercado interno integra o patrimônio nacional e será incentivado de modo a viabilizar o desenvolvimento cultural e socioeconômico, o bem-estar da população e a autonomia tecnológica do País, nos termos de lei federal.

Parágrafo único. O Estado estimulará a formação e o fortalecimento da inovação nas empresas, bem como nos demais entes, públicos ou privados, a constituição e a manutenção de parques e polos tecnológicos e de demais ambientes promotores da inovação, a atuação dos inventores independentes e a criação, absorção, difusão e transferência de tecnologia.

→ Parágrafo único acrescentado pela EC 85/2015.

Art. 219-A. A União, os Estados, o Distrito Federal e os Municípios poderão firmar instrumentos de cooperação com órgãos e entidades públicos e com entidades privadas, inclusive para o compartilhamento de recursos humanos especializados e capacidade instalada, para a execução de projetos de pesquisa, de desenvolvimento científico e tecnológico e de inovação, mediante contrapartida financeira ou não financeira assumida pelo ente beneficiário, na forma da lei.

→ Artigo acrescentado pela EC 85/2015.

Art. 219-B. O Sistema Nacional de Ciência, Tecnologia e Inovação será organizado em regime de colaboração entre entes, tanto públicos quanto privados, com vistas a promover o desenvolvimento científico e tecnológico e a inovação.

→ Artigo acrescentado pela EC 85/2015.

§ 1º Lei federal disporá sobre as normas gerais do Sistema Nacional de Ciência, Tecnologia e Inovação.

§ 2º Os Estados, o Distrito Federal e os Municípios legislarão concorrentemente sobre suas peculiaridades.

Capítulo V
DA COMUNICAÇÃO SOCIAL

Art. 220. A manifestação do pensamento, a criação, a expressão e a informação, sob qualquer forma, processo ou veículo não sofrerão qualquer restrição, observado o disposto nesta Constituição.

→ *v.* Arts. 36, 37, 43 e 44 do CDC.

→ *v.* Art. 7º da Lei 9.610/1998.

→ *v.* Art. 45 da Lei 9.504/1997.

→ *v.* Art. 2º da Lei 8.389/1991.

→ *v.* Art. 1º da Lei 7.524/1986.

§ 1º Nenhuma lei conterá dispositivo que possa constituir embaraço à plena liberdade de informação jornalística em qualquer veículo de comunicação social, observado o disposto no art. 5º, IV, V, X, XIII e XIV.

§ 2º É vedada toda e qualquer censura de natureza política, ideológica e artística.

§ 3º Compete à lei federal:

I – regular as diversões e espetáculos públicos, cabendo ao Poder Público informar sobre a natureza deles, as faixas etárias a que não se recomendem, locais e horários em que sua apresentação se mostre inadequada;

→ v. Arts. 74 a 80 do ECA.

II – estabelecer os meios legais que garantam à pessoa e à família a possibilidade de se defenderem de programas ou programações de rádio e televisão que contrariem o disposto no art. 221, bem como da propaganda de produtos, práticas e serviços que possam ser nocivos à saúde e ao meio ambiente.

→ v. Arts. 9º e 10 do CDC.

§ 4º A propaganda comercial de tabaco, bebidas alcoólicas, agrotóxicos, medicamentos e terapias estará sujeita a restrições legais, nos termos do inciso II do parágrafo anterior, e conterá, sempre que necessário, advertência sobre os malefícios decorrentes de seu uso.

→ v. Lei 9.294/1996 – Restrições ao uso e à propaganda de produtos fumígeros, bebidas alcoólicas, medicamentos, terapias e defensivos agrícolas.

§ 5º Os meios de comunicação social não podem, direta ou indiretamente, ser objeto de monopólio ou oligopólio.

→ v. Art. 36, II e IV, da Lei 12.529/2011.

§ 6º A publicação de veículo impresso de comunicação independe de licença de autoridade.

→ v. Art. 114, parágrafo único, da Lei 6.015/1973.

Art. 221. A produção e a programação das emissoras de rádio e televisão atenderão aos seguintes princípios:

I – preferência a finalidades educativas, artísticas, culturais e informativas;

II – promoção da cultura nacional e regional e estímulo à produção independente que objetive sua divulgação;

III – regionalização da produção cultural, artística e jornalística, conforme percentuais estabelecidos em lei;

IV – respeito aos valores éticos e sociais da pessoa e da família.

→ v. Art. 8º, III, da Lei 11.340/2006.

Art. 222. A propriedade de empresa jornalística e de radiodifusão sonora e de sons e imagens é privativa de brasileiros natos ou naturalizados há mais de dez anos, ou de pessoas jurídicas constituídas sob as leis brasileiras e que tenham sede no País.

→ Artigo com redação alterada pela EC 36/2002.

§ 1º Em qualquer caso, pelo menos setenta por cento do capital total e do capital votante das empresas jornalísticas e de radiodifusão sonora e de sons e imagens deverá pertencer, direta ou indiretamente, a brasileiros natos ou naturalizados há mais de dez anos, que exercerão obrigatoriamente a gestão das atividades e estabelecerão o conteúdo da programação.

§ 2º A responsabilidade editorial e as atividades de seleção e direção da programação veiculada são privativas de brasileiros natos ou naturalizados há mais de dez anos, em qualquer meio de comunicação social.

§ 3º Os meios de comunicação social eletrônica, independentemente da tecnologia utilizada para a prestação do serviço, deverão observar os princípios enunciados no art. 221, na forma de lei específica, que também garantirá a prioridade de profissionais brasileiros na execução de produções nacionais.

§ 4º Lei disciplinará a participação de capital estrangeiro nas empresas de que trata o § 1º.

→ v. Lei 10.610/2002 – Participação de capital estrangeiro nas empresas jornalísticas e de radiodifusão sonora e de sons e imagens.

§ 5º As alterações de controle societário das empresas de que trata o § 1º serão comunicadas ao Congresso Nacional.

Art. 223. Compete ao Poder Executivo outorgar e renovar concessão, permissão e autorização para o serviço de radiodifusão sonora e de sons e imagens, observado o princípio da complementaridade dos sistemas privado, público e estatal.

§ 1º O Congresso Nacional apreciará o ato no prazo do art. 64, §§ 2º e 4º, a contar do recebimento da mensagem.

§ 2º A não renovação da concessão ou permissão dependerá de aprovação de, no mínimo, dois quintos do Congresso Nacional, em votação nominal.

§ 3º O ato de outorga ou renovação somente produzirá efeitos legais após deliberação do Congresso Nacional, na forma dos parágrafos anteriores.

§ 4º O cancelamento da concessão ou permissão, antes de vencido o prazo, depende de decisão judicial.

§ 5º O prazo da concessão ou permissão será de dez anos para as emissoras de rádio e de quinze para as de televisão.

→ v. Decreto 52.795/1963 – Regulamento dos Serviços de Radiodifusão.

Art. 224. Para os efeitos do disposto neste capítulo, o Congresso Nacional instituirá, como seu órgão auxiliar, o Conselho de Comunicação Social, na forma da lei.

→ v. Lei 8.389/1991 – Institui o Conselho de Comunicação Social.

→ v. Lei 6.650/1979 – Criação, na Presidência da República, da Secretaria de Comunicação Social.

→ v. Decreto 6.555/2008 – Ações de comunicação do Poder Executivo Federal.

Capítulo VI
DO MEIO AMBIENTE

Art. 225. Todos têm direito ao meio ambiente ecologicamente equilibrado, bem de uso comum do povo e essencial à sadia qualidade de vida, impondo-se ao Poder Público e à coletividade o dever de defendê-lo e preservá-lo para as presentes e futuras gerações.

→ v. Lei 12.651/2012 – Código Florestal.

→ v. Lei 11.284/2006 – Gestão de florestas públicas para a produção sustentável; institui, na estrutura do Ministério do Meio Ambiente, o Serviço Florestal Brasileiro – SFB; cria o Fundo Nacional de Desenvolvimento Florestal – FNDF.

→ v. Lei 7.797/1989 – Fundo Nacional de Meio Ambiente.

→ v. Lei 7.735/1989 – Instituto Brasileiro do Meio Ambiente e dos Recursos Naturais Renováveis.

→ v. Lei 6.938/1981 – Política Nacional do Meio Ambiente.

→ v. Decreto 4.339/2002 – Institui princípios e diretrizes para a implementação da Política Nacional da Biodiversidade.

§ 1º Para assegurar a efetividade desse direito, incumbe ao Poder Público:

I – preservar e restaurar os processos ecológicos essenciais e prover o manejo ecológico das espécies e ecossistemas;

→ v. Lei 9.985/2000 – Sistema Nacional de Unidades de Conservação da Natureza.

II – preservar a diversidade e a integridade do patrimônio genético do País e fiscalizar as entidades dedicadas à pesquisa e manipulação de material genético;

→ v. Lei 13.123/2015 – Regulamenta o patrimônio genético.

→ v. Lei 11.105/2005 – Regulamenta os incisos II, IV e V do § 1º do art. 225 da CF/1988.

III – definir, em todas as unidades da Federação, espaços territoriais e seus componentes a serem especialmente protegidos, sendo a alteração e a supressão permitidas somente através de lei, vedada qualquer utilização que comprometa a integridade dos atributos que justifiquem sua proteção;

→ v. Lei 9.985/2000 – Sistema Nacional de Unidades de Conservação da Natureza.

IV – exigir, na forma da lei, para instalação de obra ou atividade potencialmente causadora de significativa degradação do meio ambiente, estudo prévio de impacto ambiental, a que se dará publicidade;

→ v. Lei 11.105/2005 – Regulamenta os incisos II, IV e V do § 1º do art. 225 da CF/1988.

V – controlar a produção, a comercialização e o emprego de técnicas, métodos e substâncias que comportem risco para a vida, a qualidade de vida e o meio ambiente;

→ v. Lei 11.105/2005 – Regulamenta os incisos II, IV e V do § 1º do art. 225 da CF/1988.

VI – promover a educação ambiental em todos os níveis de ensino e a conscientização pública para a preservação do meio ambiente;

VII – proteger a fauna e a flora, vedadas, na forma da lei, as práticas que coloquem em risco sua função ecológica, provoquem a extinção de espécies ou submetam os animais a crueldade.

→ v. Lei 11.794/2008 – Procedimentos para o uso científico de animais.

→ v. Lei 9.985/2000 – Sistema Nacional de Unidades de Conservação da Natureza.

→ v. Art. 2º, I, da Lei 6.938/1981.

→ v. Art. 1º da Lei 5.197/1967.

§ 2º Aquele que explorar recursos minerais fica obrigado a recuperar o meio ambiente degradado, de acordo com solução técnica exigida pelo órgão público competente, na forma da lei.

§ 3º As condutas e atividades consideradas lesivas ao meio ambiente sujeitarão os infratores, pessoas físicas ou jurídicas, a sanções penais e administrativas, independentemente da obrigação de reparar os danos causados.

→ v. Lei 9.605/1998 – Lei de crimes ambientais.

→ v. Lei 7.347/1985 – Ação Civil Pública.

→ v. Art. 14, § 1º, da Lei 6.938/1981.

§ 4º A Floresta Amazônica brasileira, a Mata Atlântica, a Serra do Mar, o Pantanal Mato-Grossense e a Zona Costeira são patrimônio nacional, e sua utilização far-se-á, na forma da lei, dentro de condições que assegurem a preservação do meio ambiente, inclusive quanto ao uso dos recursos naturais.

→ v. Lei 13.123/2015 – Regulamenta o patrimônio genético.

§ 5º São indisponíveis as terras devolutas ou arrecadadas pelos Estados, por ações discriminatórias, necessárias à proteção dos ecossistemas naturais.

§ 6º As usinas que operem com reator nuclear deverão ter sua localização definida em lei federal, sem o que não poderão ser instaladas.

Capítulo VII
DA FAMÍLIA, DA CRIANÇA, DO ADOLESCENTE, DO JOVEM E DO IDOSO

→ Rubrica com redação alterada pela EC 65/2010.

→ *v.* Lei 13.185/2015 – Lei do *Bullying*.

→ *v.* 13.010/2014 – Lei da Palmada (Lei Menino Bernardo).

Art. 226. A família, base da sociedade, tem especial proteção do Estado.

→ *v.* Lei 9.263/1996 – Lei do planejamento familiar (Art. 226, § 7º, da CF/1988)

§ 1º O casamento é civil e gratuita a celebração.

→ *v.* Resolução do CNJ 175/2013 – Habilitação, celebração de casamento civil, ou de conversão de união estável em casamento, entre pessoas de mesmo sexo.

→ *v.* Arts. 1.533 a 1.542 do CC.

→ *v.* Art. 67 e ss. da Lei 6.015/1973.

§ 2º O casamento religioso tem efeito civil, nos termos da lei.

→ *v.* Lei 1.110/1950 – Reconhecimento dos efeitos civis ao casamento religioso.

§ 3º Para efeito da proteção do Estado, é reconhecida a união estável entre o homem e a mulher como entidade familiar, devendo a lei facilitar sua conversão em casamento.

→ *v.* Súmula 336 do STJ.

→ *v.* Arts. 1.723 a 1.727 do CC.

→ *v.* Lei 9.278/1996 – Regula o § 3º do art. 226 da CF/1988.

→ *v.* Lei 8.971/1994 – Regula o direito dos companheiros a alimentos e à sucessão.

→ *v.* Resolução do CNJ 175/2013 – Habilitação, celebração de casamento civil, ou de conversão de união estável em casamento, entre pessoas de mesmo sexo.

§ 4º Entende-se, também, como entidade familiar a comunidade formada por qualquer dos pais e seus descendentes.

→ *v.* Súmula 364 do STJ.

→ *v.* Art. 25 do ECA.

§ 5º Os direitos e deveres referentes à sociedade conjugal são exercidos igualmente pelo homem e pela mulher.

→ *v.* Súmula 364 do STJ.

→ *v.* Art. 5º, I, da CF/1988.

→ *v.* Arts. 1.565 e 1.567 do CC.

§ 6º O casamento civil pode ser dissolvido pelo divórcio.

→ § 6º com redação alterada pela EC 66/2010.

→ *v.* Arts. 1.571, III, e 1.580 do CC.

§ 7º Fundado nos princípios da dignidade da pessoa humana e da paternidade responsável, o planejamento familiar é livre decisão do casal, competindo ao Estado propiciar recursos educacionais e científicos para o exercício desse direito, vedada qualquer forma coercitiva por parte de instituições oficiais ou privadas.

→ *v.* Lei 9.263/1996 – Lei do planejamento familiar (Art. 226, § 7º, da CF/1988).

§ 8º O Estado assegurará a assistência à família na pessoa de cada um dos que a integram, criando mecanismos para coibir a violência no âmbito de suas relações.

→ *v.* Lei 11.340/2006 – Lei Maria da Penha.

Art. 227. É dever da família, da sociedade e do Estado assegurar à criança, ao adolescente e ao jovem, com absoluta prioridade, o direito à vida, à saúde, à alimentação, à educação, ao lazer, à profissionalização, à cultura, à dignidade, ao respeito, à liberdade e à convivência familiar e comunitária, além de colocá-los a salvo de toda forma de negligência, discriminação, exploração, violência, crueldade e opressão.

→ *Caput* com redação alterada pela EC 65/2010.

→ *v.* Lei 11.692/2008 – Programa Nacional de Inclusão de Jovens – Projovem.

§ 1º O Estado promoverá programas de assistência integral à saúde da criança, do adolescente e do jovem, admitida a participação de entidades não governamentais, mediante políticas específicas e obedecendo aos seguintes preceitos:

→ *Caput* do § 1º com redação alterada pela EC 65/2010.

→ *v.* Lei 8.642/1993 – Programa Nacional de Atenção Integral à Criança e ao Adolescente – PRONAICA.

I – aplicação de percentual dos recursos públicos destinados à saúde na assistência materno-infantil;

II – criação de programas de prevenção e atendimento especializado para as pessoas portadoras de deficiência física, sensorial ou mental, bem como de integração social do adolescente e do jovem portador de deficiência, mediante o treinamento para o trabalho e a convivência, e a facilitação do acesso aos bens e serviços coletivos, com a eliminação de obstáculos arquitetônicos e de todas as formas de discriminação.

→ Inciso II com redação alterada pela EC 65/2010.

→ *v.* Arts. 7º a 14 do ECA.

§ 2º A lei disporá sobre normas de construção dos logradouros e dos edifícios de uso público e de fabricação de veículos de transporte coletivo, a fim de garantir acesso adequado às pessoas portadoras de deficiência.

→ *v.* Lei 13.146/2015 – Estatuto da Pessoa com Deficiência.

→ *v.* Lei 7.853/1989 – Tutela dos direitos difusos ou coletivos dos portadores de deficiência sobre o apoio a essas pessoas e sua integração social.

§ 3º O direito a proteção especial abrangerá os seguintes aspectos:

I – idade mínima de quatorze anos para admissão ao trabalho, observado o disposto no art. 7º, XXXIII;

→ *v.* Arts. 402, 403, 428 a 433 da CLT.

II – garantia de direitos previdenciários e trabalhistas;

III – garantia de acesso do trabalhador adolescente e jovem à escola;

→ Inciso III com redação alterada pela EC 65/2010.

IV – garantia de pleno e formal conhecimento da atribuição de ato infracional, igualdade na relação processual e defesa técnica por profissional habilitado, segundo dispuser a legislação tutelar específica;

V – obediência aos princípios de brevidade, excepcionalidade e respeito à condição peculiar de pessoa em desenvolvimento, quando da aplicação de qualquer medida privativa da liberdade;

VI – estímulo do Poder Público, através de assistência jurídica, incentivos fiscais e subsídios, nos termos da lei, ao acolhimento, sob a forma de guarda, de criança ou adolescente órfão ou abandonado;

→ *v.* Arts. 33 a 35 do ECA.

VII – programas de prevenção e atendimento especializado à criança, ao adolescente e ao jovem dependente de entorpecentes e drogas afins.

→ Inciso VII com redação alterada pela EC 65/2010.

§ 4º A lei punirá severamente o abuso, a violência e a exploração sexual da criança e do adolescente.

→ *v.* Arts. 217-A a 218-B do CP.

→ *v.* Arts. 225 e ss. do ECA.

§ 5º A adoção será assistida pelo Poder Público, na forma da lei, que estabelecerá casos e condições de sua efetivação por parte de estrangeiros.

→ *v.* Arts. 39 a 52-D do ECA.

§ 6º Os filhos, havidos ou não da relação do casamento, ou por adoção, terão os mesmos direitos e qualificações, proibidas quaisquer designações discriminatórias relativas à filiação.

§ 7º No atendimento dos direitos da criança e do adolescente levar-se-á em consideração o disposto no art. 204.

§ 8º A lei estabelecerá:

→ § 8º acrescentado pela EC 65/2010.

I – o estatuto da juventude, destinado a regular os direitos dos jovens;

→ *v.* Lei 12.852/2013 – Estatuto da Juventude.

II – o plano nacional de juventude, de duração decenal, visando à articulação das várias esferas do poder público para a execução de políticas públicas.

Art. 228. São penalmente inimputáveis os menores de dezoito anos, sujeitos às normas da legislação especial.

→ *v.* Art. 27 do CP.

→ *v.* Art. 104 do ECA.

Art. 229. Os pais têm o dever de assistir, criar e educar os filhos menores, e os filhos maiores têm o dever de ajudar e amparar os pais na velhice, carência ou enfermidade.

→ *v.* Art. 1.566, IV, do CC.

→ *v.* Art. 133 do CP.

→ *v.* Lei 11.804/2008 – Alimentos gravídicos.

→ *v.* Art. 22 do ECA.

→ *v.* Lei 11.698/2008 – Guarda compartilhada.

Art. 230. A família, a sociedade e o Estado têm o dever de amparar as pessoas idosas, assegurando sua participação na comunidade, defendendo sua dignidade e bem-estar e garantindo-lhes o direito à vida.

→ *v.* Lei 10.741/2003 – Estatuto do Idoso.

→ *v.* Lei 8.842/1994 – Política Nacional do Idoso, cria o Conselho Nacional do Idoso.

§ 1º Os programas de amparo aos idosos serão executados preferencialmente em seus lares.

§ 2º Aos maiores de sessenta e cinco anos é garantida a gratuidade dos transportes coletivos urbanos.

→ *v.* Art. 39 do Estatuto do Idoso.

Capítulo VIII
DOS ÍNDIOS

Art. 231. São reconhecidos aos índios sua organização social, costumes, línguas, crenças e tradições, e os direitos originários sobre as terras que tradicionalmente ocupam, competindo à União demarcá-las, proteger e fazer respeitar todos os seus bens.

→ *v.* Lei 6.001/1973 – Estatuto do Índio.

→ *v.* Convenção 169 da OIT – Povos indígenas e tribais.

§ 1º São terras tradicionalmente ocupadas pelos índios as por eles habitadas em caráter permanente, as utilizadas para suas atividades produtivas, as imprescindíveis à preservação dos recursos ambientais necessários a seu bem-estar e as necessárias a sua reprodução física e cultural, segundo seus usos, costumes e tradições.

§ 2º As terras tradicionalmente ocupadas pelos índios destinam-se a sua posse permanente, cabendo-lhes o usufruto exclusivo das riquezas do solo, dos rios e dos lagos nelas existentes.

§ 3º O aproveitamento dos recursos hídricos, incluídos os potenciais energéticos, a pesquisa e a lavra das riquezas minerais em terras indígenas só podem ser efetivados com autorização do Congresso Nacional, ouvidas as comunidades afetadas, ficando-lhes assegurada participação nos resultados da lavra, na forma da lei.

§ 4º As terras de que trata este artigo são inalienáveis e indisponíveis, e os direitos sobre elas, imprescritíveis.

§ 5º É vedada a remoção dos grupos indígenas de suas terras, salvo, *ad referendum* do Congresso Nacional, em caso de catástrofe ou epidemia que ponha em risco sua população, ou no interesse da soberania do País, após deliberação do Congresso Nacional, garantido, em qualquer hipótese, o retorno imediato logo que cesse o risco.

§ 6º São nulos e extintos, não produzindo efeitos jurídicos, os atos que tenham por objeto a ocupação, o domínio e a posse das terras a que se refere este artigo, ou a exploração das riquezas naturais do solo, dos rios e dos lagos nelas existentes, ressalvado relevante interesse público da União, segundo o que dispuser lei complementar, não gerando a nulidade e a extinção direito a indenização ou a ações contra a União, salvo, na forma da lei, quanto às benfeitorias derivadas da ocupação de boa-fé.

§ 7º Não se aplica às terras indígenas o disposto no art. 174, §§ 3º e 4º.

Art. 232. Os índios, suas comunidades e organizações são partes legítimas para ingressar em juízo em defesa de seus direitos e interesses, intervindo o Ministério Público em todos os atos do processo.

Título IX
Das disposições constitucionais gerais

Art. 233. *(Revogado pela EC 28/2000).*

Art. 234. É vedado à União, direta ou indiretamente, assumir, em decorrência da criação de Estado, encargos referentes a despesas com pessoal inativo e com encargos e amortizações da dívida interna ou externa da administração pública, inclusive da indireta.

→ *v.* Art. 13, §§ 6º e 7º, do ADCT.

Art. 235. Nos dez primeiros anos da criação de Estado, serão observadas as seguintes normas básicas:

I – a Assembleia Legislativa será composta de dezessete Deputados se a população do Estado for inferior a seiscentos mil habitantes, e de vinte e quatro, se igual ou superior a esse número, até um milhão e quinhentos mil;

II – o Governo terá no máximo dez Secretarias;

III – o Tribunal de Contas terá três membros, nomeados, pelo Governador eleito, dentre brasileiros de comprovada idoneidade e notório saber;

IV – o Tribunal de Justiça terá sete Desembargadores;

V – os primeiros Desembargadores serão nomeados pelo Governador eleito, escolhidos da seguinte forma:

a) cinco dentre os magistrados com mais de trinta e cinco anos de idade, em exercício na área do novo Estado ou do Estado originário;

b) dois dentre promotores, nas mesmas condições, e advogados de comprovada idoneidade e saber jurídico, com dez anos, no mínimo, de exercício profissional, obedecido o procedimento fixado na Constituição;

VI – no caso de Estado proveniente de Território Federal, os cinco primeiros Desembargadores poderão ser escolhidos dentre juízes de direito de qualquer parte do País;

VII – em cada Comarca, o primeiro Juiz de Direito, o primeiro Promotor de Justiça e o primeiro Defensor Público serão nomeados pelo Governador eleito após concurso público de provas e títulos;

VIII – até a promulgação da Constituição Estadual, responderão pela Procuradoria-Geral, pela Advocacia-Geral e pela Defensoria-Geral do Estado advogados de notório saber, com trinta e cinco anos de idade, no mínimo, nomeados pelo Governador eleito e demissíveis *ad nutum*;

IX – se o novo Estado for resultado de transformação de Território Federal, a transferência de encargos financeiros da União para pagamento dos servidores optantes que pertenciam à Administração Federal ocorrerá da seguinte forma:

a) no sexto ano de instalação, o Estado assumirá vinte por cento dos encargos financeiros para fazer face ao pagamento dos servidores públicos, ficando ainda o restante sob a responsabilidade da União;

b) no sétimo ano, os encargos do Estado serão acrescidos de trinta por cento e, no oitavo, dos restantes cinquenta por cento;

X – as nomeações que se seguirem às primeiras, para os cargos mencionados neste artigo, serão disciplinadas na Constituição Estadual;

XI – as despesas orçamentárias com pessoal não poderão ultrapassar cinquenta por cento da receita do Estado.

Art. 236. Os serviços notariais e de registro são exercidos em caráter privado, por delegação do Poder Público.

→ *v.* Lei 8.935/1994 – Serviços notariais e de registro – Lei dos cartórios.

§ 1º Lei regulará as atividades, disciplinará a responsabilidade civil e criminal dos notários, dos oficiais de registro e de seus prepostos, e definirá a fiscalização de seus atos pelo Poder Judiciário.

§ 2º Lei federal estabelecerá normas gerais para fixação de emolumentos relativos aos atos praticados pelos serviços notariais e de registro.

→ *v.* Lei 10.169/2000 – Emolumentos relativos aos atos praticados pelos serviços notariais e de registro.

§ 3º O ingresso na atividade notarial e de registro depende de concurso público de provas e títulos, não se permitindo que qualquer serventia fique vaga, sem abertura de concurso de provimento ou de remoção, por mais de seis meses.

Art. 237. A fiscalização e o controle sobre o comércio exterior, essenciais à defesa dos interesses fazendários nacionais, serão exercidos pelo Ministério da Fazenda.

Art. 238. A lei ordenará a venda e revenda de combustíveis de petróleo, álcool carburante e outros combustíveis derivados de matérias-primas renováveis, respeitados os princípios desta Constituição.

→ *v.* Lei 9.478/1997 – Política energética nacional, as atividades relativas ao monopólio do petróleo, institui o Conselho Nacional de Política Energética e a Agência Nacional do Petróleo.

Art. 239. A arrecadação decorrente das contribuições para o Programa de Integração Social, criado pela Lei Complementar 7, de 7 de setembro de 1970, e para o Programa de Formação do Patrimônio do Servidor Público, criado pela Lei Complementar 8, de 3 de dezembro de 1970, passa, a partir da promulgação desta Constituição, a financiar, nos termos que a lei dispuser, o programa do seguro-desemprego e o abono de que trata o § 3º deste artigo.

→ *v.* Art. 72, §§ 2º e 3º, do ADCT.

→ *v.* Lei 9.715/1998 – Programa de Integração Social e de Formação do Patrimônio do Servidor Público PIS/PASEP.

→ *v.* Lei 7.998/1990 – Regula o Programa do Seguro-Desemprego, o Abono Salarial, institui o Fundo de Amparo ao Trabalhador (FAT).

§ 1º Dos recursos mencionados no *caput* deste artigo, pelo menos quarenta por cento serão destinados a financiar programas de desenvolvimento econômico, através do Banco Nacional de Desenvolvimento Econômico e Social, com critérios de remuneração que lhes preservem o valor.

§ 2º Os patrimônios acumulados do Programa de Integração Social e do Programa de Formação do Patrimônio do Servidor Público são preservados, mantendo-se os critérios de saque nas situações previstas nas leis específicas, com exceção da retirada por motivo de casamento, ficando vedada a distribuição da arrecadação de que trata o *caput* deste artigo, para depósito nas contas individuais dos participantes.

§ 3º Aos empregados que percebam de empregadores que contribuem para o Programa de Integração Social ou para o Programa de Formação do Patrimônio do Servidor Público, até dois salários mínimos de remuneração mensal, é assegurado o pagamento de um salário mínimo anual, computado neste valor o rendimento das contas individuais, no caso daqueles que já participavam dos referidos programas, até a data da promulgação desta Constituição.

→ *v.* Lei 7.859/1989 – Regula a concessão e o pagamento do abono previsto no § 3º do art. 239 da Constituição Federal.

§ 4º O financiamento do seguro-desemprego receberá uma contribuição adicional da empresa cujo índice de rotatividade da força de trabalho superar o índice médio da rotatividade do setor, na forma estabelecida por lei.

Art. 240. Ficam ressalvadas do disposto no art. 195 as atuais contribuições compulsórias dos empregadores sobre a folha de salários, destinadas às entidades privadas de serviço social e de formação profissional vinculadas ao sistema sindical.

→ *v.* Súmula 499 do STJ.

Art. 241. A União, os Estados, o Distrito Federal e os Municípios disciplinarão por meio de lei os consórcios públicos e os convênios de cooperação entre os entes federados, autorizando a gestão associada de serviços públicos, bem como a transferência total ou parcial de encargos, serviços, pessoal e bens essenciais à continuidade dos serviços transferidos.

→ Artigo com redação alterada pela EC 19/1998.

Art. 242. O princípio do art. 206, IV, não se aplica às instituições educacionais oficiais criadas por lei estadual ou municipal e existentes na data da promulgação desta Constituição, que não sejam total ou preponderantemente mantidas com recursos públicos.

§ 1º O ensino da História do Brasil levará em conta as contribuições das diferentes culturas e etnias para a formação do povo brasileiro.

§ 2º O Colégio Pedro II, localizado na cidade do Rio de Janeiro, será mantido na órbita federal.

Art. 243. As propriedades rurais e urbanas de qualquer região do País onde forem localizadas culturas ilegais de plantas psicotrópicas ou a exploração de trabalho escravo na forma da lei serão expropriadas e destinadas à reforma agrária e a programas de habitação popular, sem qualquer indenização ao proprietário e sem prejuízo de outras sanções previstas em lei, observado, no que couber, o disposto no art. 5º.

→ Artigo com redação alterada pela EC 81/2014.

→ *v.* Art. 32, § 4º, da Lei 11.343/2006.

→ *v.* Lei 8.257/1991 – Expropriação das glebas nas quais se localizem culturas ilegais de plantas psicotrópicas.

→ *v.* Decreto 577/1992 – Expropriação das glebas, onde forem encontradas culturas ilegais de plantas psicotrópicas.

Parágrafo único. Todo e qualquer bem de valor econômico apreendido em decorrência do tráfico ilícito de entorpecentes e drogas afins e da exploração de trabalho escravo será confiscado e reverterá a fundo especial com destinação específica, na forma da lei.

Art. 244. A lei disporá sobre a adaptação dos logradouros, dos edifícios de uso público e dos veículos de transporte coletivo atualmente existentes a fim de garantir acesso adequado às pessoas portadoras de deficiência, conforme o disposto no art. 227, § 2º.

→ *v.* Lei 13.146/2015 – Estatuto da Pessoa com Deficiência.

→ *v.* Lei 8.899/1994 – Concede passe livre às pessoas portadoras de deficiência no sistema de transporte coletivo interestadual.

→ *v.* Lei 7.853/1989 – Tutela dos direitos difusos ou coletivos dos portadores de deficiência sobre o apoio a essas pessoas e sua integração social.

Art. 245. A lei disporá sobre as hipóteses e condições em que o Poder Público dará assistência aos herdeiros e dependentes carentes de pessoas vitimadas por crime doloso, sem prejuízo da responsabilidade civil do autor do ilícito.

→ *v.* LC 79/1994 – Fundo Penitenciário Nacional – FUNPEN.

Art. 246. É vedada a adoção de medida provisória na regulamentação de artigo da Constituição cuja redação tenha sido alterada por meio de emenda promulgada entre 1º de janeiro de 1995 até a promulgação desta emenda, inclusive.

→ Artigo com redação alterada pela EC 32/2001.

→ *v.* Art. 62 da CF/1988.

Art. 247. As leis previstas no inciso III do § 1º do art. 41 e no § 7º do art. 169 estabelecerão critérios e garantias especiais para a perda do cargo pelo servidor público estável que, em decorrência das atribuições de seu cargo efetivo, desenvolva atividades exclusivas de Estado.

→ Artigo acrescentado pela EC 19/1998.

Parágrafo único. Na hipótese de insuficiência de desempenho, a perda do cargo somente ocorrerá mediante processo administrativo em que lhe sejam assegurados o contraditório e a ampla defesa.

Art. 248. Os benefícios pagos, a qualquer título, pelo órgão responsável pelo regime geral de previdência social, ainda que à conta do Tesouro Nacional, e os não sujeitos ao limite máximo de valor fixado para os benefícios concedidos por esse regime observarão os limites fixados no art. 37, XI.

→ Artigo acrescentado pela EC 20/1998.

Art. 249. Com o objetivo de assegurar recursos para o pagamento de proventos de aposentadoria e pensões concedidas aos respectivos servidores e seus dependentes, em adição aos recursos dos respectivos tesouros, a União, os Estados, o Distrito Federal e os Municípios poderão constituir fundos integrados pelos recursos provenientes de contribuições e por bens, direitos e ativos de qualquer natureza, mediante lei que disporá sobre a natureza e administração desses fundos.

→ Artigo acrescentado pela EC 20/1998.

→ *v.* LC 101/2000 – Normas de finanças públicas voltadas para a responsabilidade na gestão fiscal.

→ *v.* Lei 9.717/1998 – Regras gerais para a organização e o funcionamento dos regimes próprios de previdência social dos servidores públicos da União, dos Estados, do Distrito Federal e dos Municípios, dos militares dos Estados e do Distrito Federal.

Art. 250. Com o objetivo de assegurar recursos para o pagamento dos benefícios concedidos pelo regime geral de previdência social, em adição aos recursos de sua arrecadação, a União poderá constituir fundo integrado por bens, direitos e ativos de qualquer natureza, mediante lei que disporá sobre a natureza e administração desse fundo.

→ Artigo acrescentado pela EC 20/1998.

Brasília, 5 de outubro de 1988.

Ulysses Guimarães, *Presidente*

Ato das Disposições Constitucionais Transitórias

Art. 1º O Presidente da República, o Presidente do Supremo Tribunal Federal e os membros do Congresso Nacional prestarão o compromisso de manter, defender e cumprir a Constituição, no ato e na data de sua promulgação.

Art. 2º No dia 7 de setembro de 1993 o eleitorado definirá, através de plebiscito, a forma (república ou monarquia constitucional) e o sistema de governo (parlamentarismo ou presidencialismo) que devem vigorar no País.

→ *v.* Lei 8.624/1993 – Regulamenta o art. 2º do ADCT.

→ A data do plebiscito foi alterada, pela EC 2/1992, para 21.4.1993.

§ 1º Será assegurada gratuidade na livre divulgação dessas formas e sistemas, através dos meios de comunicação de massa cessionários de serviço público.

§ 2º O Tribunal Superior Eleitoral, promulgada a Constituição, expedirá as normas regulamentadoras deste artigo.

Art. 3º A revisão constitucional será realizada após cinco anos, contados da promulgação da Constituição, pelo voto da maioria absoluta dos membros do Congresso Nacional, em sessão unicameral.

Art. 4º O mandato do atual Presidente da República terminará em 15 de março de 1990.

§ 1º A primeira eleição para Presidente da República após a promulgação da Constituição será realizada no dia 15 de novembro de 1989, não se lhe aplicando o disposto no art. 16 da Constituição.

§ 2º É assegurada a irredutibilidade da atual representação dos Estados e do Distrito Federal na Câmara dos Deputados.

§ 3º Os mandatos dos Governadores e dos Vice-Governadores eleitos em 15 de novembro de 1986 terminarão em 15 de março de 1991.

§ 4º Os mandatos dos atuais Prefeitos, Vice-Prefeitos e Vereadores terminarão no dia 1º de janeiro de 1989, com a posse dos eleitos.

Art. 5º Não se aplicam às eleições previstas para 15 de novembro de 1988 o disposto no art. 16 e as regras do art. 77 da Constituição.

§ 1º Para as eleições de 15 de novembro de 1988 será exigido domicílio eleitoral na circunscrição pelo menos durante os quatro meses anteriores ao pleito, podendo os candidatos que preencham este requisito, atendidas as demais exigências da lei, ter seu registro efetivado pela Justiça Eleitoral após a promulgação da Constituição.

§ 2º Na ausência de norma legal específica, caberá ao Tribunal Superior Eleitoral editar as normas necessárias à realização das eleições de 1988, respeitada a legislação vigente.

§ 3º Os atuais parlamentares federais e estaduais eleitos Vice-Prefeitos, se convocados a exercer a função de Prefeito, não perderão o mandato parlamentar.

§ 4º O número de vereadores por município será fixado, para a representação a ser eleita em 1988, pelo respectivo Tribunal Regional Eleitoral, respeitados os limites estipulados no art. 29, IV, da Constituição.

§ 5º Para as eleições de 15 de novembro de 1988, ressalvados os que já exercem mandato eletivo, são inelegíveis para qualquer cargo, no território de jurisdição do titular, o cônjuge e os parentes por consanguinidade ou afinidade, até o segundo grau, ou por adoção, do Presidente da República, do Governador do Estado, do Governador do Distrito Federal e do Prefeito que tenham exercido mais da metade do mandato.

Art. 6º Nos seis meses posteriores à promulgação da Constituição, parlamentares federais, reunidos em número não inferior a trinta, poderão requerer ao Tribunal Superior Eleitoral o registro de novo partido político, juntando ao requerimento o manifesto, o estatuto e o programa devidamente assinados pelos requerentes.

§ 1º O registro provisório, que será concedido de plano pelo Tribunal Superior Eleitoral, nos termos deste artigo, defere ao novo partido todos os direitos, deveres e prerrogativas dos atuais, entre eles o de participar, sob legenda própria, das eleições que vierem a ser realizadas nos doze meses seguintes a sua formação.

§ 2º O novo partido perderá automaticamente seu registro provisório se, no prazo de vinte e quatro meses, contados de sua formação, não obtiver registro definitivo no Tribunal Superior Eleitoral, na forma que a lei dispuser.

Art. 7º O Brasil propugnará pela formação de um tribunal internacional dos direitos humanos.

Art. 8º É concedida anistia aos que, no período de 18 de setembro de 1946 até a data da promulgação da Constituição, foram atingidos, em decorrência de motivação exclusivamente política, por atos de exceção, institucionais ou complementares, aos que foram abrangidos pelo Decreto Legislativo 18, de 15 de dezembro de 1961, e aos atingidos pelo Dec.-lei 864, de 12 de setembro de 1969, asseguradas as promoções, na inatividade, ao cargo, emprego, posto ou graduação a que teriam direito se estivessem em serviço ativo, obedecidos os prazos de permanência em atividade previstos nas leis e regulamentos vigentes, respeitadas as características e peculiaridades das carreiras dos servidores públicos civis e militares e observados os respectivos regimes jurídicos.

→ *v.* Súmula 674 do STF.

→ *v.* Lei 10.559/2002 – Regulamenta o art. 8º do ADCT.

→ *v.* Lei 6.683/1979 – Concede anistia.

§ 1º O disposto neste artigo somente gerará efeitos financeiros a partir da promulgação da Constituição, vedada a remuneração de qualquer espécie em caráter retroativo.

§ 2º Ficam assegurados os benefícios estabelecidos neste artigo aos trabalhadores do setor privado, dirigentes e representantes sindicais que, por motivos exclusivamente políticos, tenham sido punidos, demitidos ou compelidos ao afastamento das atividades remuneradas que exerciam, bem como aos que foram impedidos de exercer atividades profissionais em virtude de pressões ostensivas ou expedientes oficiais sigilosos.

§ 3º Aos cidadãos que foram impedidos de exercer, na vida civil, atividade profissional específica, em decorrência das Portarias Reservadas do Ministério da Aeronáutica n. S-50-GM5, de 19 de junho de 1964, e n. S-285-GM5 será concedida reparação de natureza econômica, na forma que dispuser lei de iniciativa do Congresso Nacional e a entrar em vigor no prazo de doze meses a contar da promulgação da Constituição.

§ 4º Aos que, por força de atos institucionais, tenham exercido gratuitamente mandato eletivo de vereador serão computados, para efeito de aposentadoria no serviço público e previdência social, os respectivos períodos.

§ 5º A anistia concedida nos termos deste artigo aplica-se aos servidores públicos civis e aos empregados em todos os níveis de governo ou em suas fundações, empresas públicas ou empresas mistas sob controle estatal, exceto nos Ministérios militares, que tenham sido punidos ou demitidos por atividades profissionais interrompidas em virtude de decisão de seus trabalhadores, bem como em decorrência do Dec.-lei 1.632, de 4 de agosto de 1978, ou por motivos exclusivamente políticos, assegurada a readmissão dos que foram atingidos a partir de 1979, observado o disposto no § 1º.

→ O Dec.-lei 1.632/1978 foi revogado pela Lei 7.783/1989.

Art. 9º Os que, por motivos exclusivamente políticos, foram cassados ou tiveram seus direitos políticos suspensos no período de 15 de julho a 31 de dezembro de 1969, por ato do então Presidente da República, poderão requerer ao Supremo Tribunal Federal o reconhecimento dos direitos e vantagens interrompidos pelos atos punitivos, desde que comprovem terem sido estes eivados de vício grave.

Parágrafo único. O Supremo Tribunal Federal proferirá a decisão no prazo de cento e vinte dias, a contar do pedido do interessado.

Art. 10. Até que seja promulgada a Lei Complementar a que se refere o art. 7º, I, da Constituição:

I – fica limitada a proteção nele referida ao aumento, para quatro vezes, da porcentagem prevista no art. 6º, *caput* e § 1º, da Lei 5.107, de 13 de setembro de 1966;

→ A Lei 5.107/1966 foi revogada pela Lei 7.839/1989, que foi revogada pela Lei 8.036/1990.

II – fica vedada a dispensa arbitrária ou sem justa causa:

a) do empregado eleito para cargo de direção de comissões internas de prevenção de acidentes, desde o registro de sua candidatura até um ano após o final de seu mandato;

→ *v.* Súmula 676 do STF.

b) da empregada gestante, desde a confirmação da gravidez até cinco meses após o parto.

→ *v.* LC 146/2014 – Estende a estabilidade provisória prevista na alínea *b* do inciso II do art. 10 do Ato das Disposições Constitucionais Transitórias à trabalhadora gestante, nos casos de morte desta, a quem detiver a guarda de seu filho.

§ 1º Até que a lei venha a disciplinar o disposto no art. 7º, XIX, da Constituição, o prazo da licença-paternidade a que se refere o inciso é de cinco dias.

§ 2º Até ulterior disposição legal, a cobrança das contribuições para o custeio das atividades dos sindicatos rurais será feita juntamente com a do imposto territorial rural, pelo mesmo órgão arrecadador.

§ 3º Na primeira comprovação do cumprimento das obrigações trabalhistas pelo empregador rural, na forma do art. 233, após a promulgação da Constituição, será certificada perante a Justiça do Trabalho a regularidade do contrato e das atualizações das obrigações trabalhistas de todo o período.

→ Art. 233 foi revogado pela EC 28/2000.

Art. 11. Cada Assembleia Legislativa, com poderes constituintes, elaborará a Constituição do Estado, no prazo de um ano, contado da promulgação da Constituição Federal, obedecidos os princípios desta.

Parágrafo único. Promulgada a Constituição do Estado, caberá à Câmara Municipal, no prazo de seis meses, votar a Lei Orgânica respectiva, em dois turnos de discussão e votação, respeitado o disposto na Constituição Federal e na Constituição Estadual.

Art. 12. Será criada, dentro de noventa dias da promulgação da Constituição, Comissão de Estudos Territoriais, com dez membros indicados pelo Congresso Nacional e cinco pelo Poder Executivo, com a finalidade de apresentar estudos sobre o território nacional e anteprojetos relativos a novas unidades territoriais, notadamente na Amazônia Legal e em áreas pendentes de solução.

§ 1º No prazo de um ano, a Comissão submeterá ao Congresso Nacional os resultados de seus estudos para, nos termos da Constituição, serem apreciados nos doze meses subsequentes, extinguindo-se logo após.

§ 2º Os Estados e os Municípios deverão no prazo de três anos, a contar da promulgação da Constituição, promover, mediante acordo ou arbitramento, a demarcação de suas linhas divisórias atualmente litigiosas, podendo para isso fazer alterações e compensações de área que atendam aos acidentes naturais, critérios históricos, conveniências administrativas e comodidade das populações limítrofes.

§ 3º Havendo solicitação dos Estados e Municípios interessados, a União poderá encarregar-se dos trabalhos demarcatórios.

§ 4º Se, decorrido o prazo de três anos, a contar da promulgação da Constituição, os trabalhos demarcatórios não tiverem sido concluídos, caberá à União determinar os limites das áreas litigiosas.

§ 5º Ficam reconhecidos e homologados os atuais limites do Estado do Acre com os Estados do Amazonas e de Rondônia, conforme levantamentos cartográficos e geodésicos realizados pela Comissão Tripartite integrada por representantes dos Estados e dos serviços técnico-especializados do Instituto Brasileiro de Geografia e Estatística.

Art. 13. É criado o Estado do Tocantins, pelo desmembramento da área descrita neste artigo, dando-se sua instalação no quadragésimo sexto dia após a eleição prevista no § 3º, mas não antes de 1º de janeiro de 1989.

§ 1º O Estado do Tocantins integra a Região Norte e limita-se com o Estado de Goiás pelas divisas norte dos Municípios de São Miguel do Araguaia, Porangatu, Formoso, Minaçu, Cavalcante, Monte Alegre de Goiás e Campos Belos, conservando a leste, norte e oeste as divisas atuais de Goiás com os Estados da Bahia, Piauí, Maranhão, Pará e Mato Grosso.

§ 2º O Poder Executivo designará uma das cidades do Estado para sua Capital provisória até a aprovação da sede definitiva do governo pela Assembleia Constituinte.

§ 3º O Governador, o Vice-Governador, os Senadores, os Deputados Federais e os Deputados Estaduais serão eleitos, em um único turno, até setenta e cinco dias após a promulgação da Constituição, mas não antes de 15 de novembro de 1988, a critério do Tribunal Superior Eleitoral, obedecidas, entre outras, as seguintes normas:

I – o prazo de filiação partidária dos candidatos será encerrado setenta e cinco dias antes da data das eleições;

II – as datas das convenções regionais partidárias destinadas a deliberar sobre coligações e escolha de candidatos, de apresentação de requerimento de registro dos candidatos escolhidos e dos demais procedimentos legais serão fixadas, em calendário especial, pela Justiça Eleitoral;

III – são inelegíveis os ocupantes de cargos estaduais ou municipais que não se tenham deles afastado, em caráter definitivo, setenta e cinco dias antes da data das eleições previstas neste parágrafo;

IV – ficam mantidos os atuais diretórios regionais dos partidos políticos do Estado de Goiás, cabendo às comissões executivas nacionais designar comissões provisórias no Estado do Tocantins, nos termos e para os fins previstos na lei.

§ 4º Os mandatos do Governador, do Vice-Governador, dos Deputados Federais e Estaduais eleitos na forma do parágrafo anterior extinguir-se-ão concomitantemente aos das demais unidades da Federação; o mandato do Senador eleito menos votado extinguir-se-á nessa mesma oportunidade, e os dos outros dois, juntamente com os dos Senadores eleitos em 1986, nos demais Estados.

§ 5º A Assembleia Estadual Constituinte será instalada no quadragésimo sexto dia da eleição de seus integrantes, mas não antes de 1º de janeiro de 1989, sob a presidência do Presidente do Tribunal Regional Eleitoral do Estado de Goiás, e dará posse, na mesma data, ao Governador e ao Vice-Governador eleitos.

§ 6º Aplicam-se à criação e instalação do Estado do Tocantins, no que couber, as normas legais disciplinadoras da divisão do Estado de Mato Grosso, observado o disposto no art. 234 da Constituição.

§ 7º Fica o Estado de Goiás liberado dos débitos e encargos decorrentes de empreendimentos no território do novo Estado, e autorizada a União, a seu critério, a assumir os referidos débitos.

Art. 14. Os Territórios Federais de Roraima e do Amapá são transformados em Estados Federados, mantidos seus atuais limites geográficos.

§ 1º A instalação dos Estados dar-se-á com a posse dos governadores eleitos em 1990.

§ 2º Aplicam-se à transformação e instalação dos Estados de Roraima e Amapá as normas e critérios seguidos na criação do Estado de Rondônia, respeitado o disposto na Constituição e neste Ato.

§ 3º O Presidente da República, até quarenta e cinco dias após a promulgação da Constituição, encaminhará à apreciação do Senado Federal os nomes dos governadores dos Estados de Roraima e do Amapá que exercerão o Poder Executivo até a instalação dos novos Estados com a posse dos governadores eleitos.

§ 4º Enquanto não concretizada a transformação em Estados, nos termos deste artigo, os Territórios Federais de Roraima e do Amapá serão beneficiados pela transferência de recursos prevista nos arts. 159, I, *a*, da Constituição, e 34, § 2º, II, deste Ato.

Art. 15. Fica extinto o Território Federal de Fernando de Noronha, sendo sua área reincorporada ao Estado de Pernambuco.

Art. 16. Até que se efetive o disposto no art. 32, § 2º, da Constituição, caberá ao Presidente da República, com a aprovação do Senado Federal, indicar o Governador e o Vice-Governador do Distrito Federal.

§ 1º A competência da Câmara Legislativa do Distrito Federal, até que se instale, será exercida pelo Senado Federal.

§ 2º A fiscalização contábil, financeira, orçamentária, operacional e patrimonial do Distrito Federal, enquanto não for instalada a Câmara Legislativa, será exercida pelo Senado Federal, mediante controle externo, com o auxílio do Tribunal de Contas do Distrito Federal, observado o disposto no art. 72 da Constituição.

§ 3º Incluem-se entre os bens do Distrito Federal aqueles que lhe vierem a ser atribuídos pela União na forma da lei.

Art. 17. Os vencimentos, a remuneração, as vantagens e os adicionais, bem como os proventos de aposentadoria que estejam sendo percebidos em desacordo com a Constituição serão imediatamente reduzidos aos limites dela decorrentes, não se admitindo, neste caso, invocação de direito adquirido ou percepção de excesso a qualquer título.

→ v. Art. 37 da CF/1988.

→ v. Art. 9º da EC 41/2003.

§ 1º É assegurado o exercício cumulativo de dois cargos ou empregos privativos de médico que estejam sendo exercidos por médico militar na administração pública direta ou indireta.

§ 2º É assegurado o exercício cumulativo de dois cargos ou empregos privativos de profissionais de saúde que estejam sendo exercidos na administração pública direta ou indireta.

Art. 18. Ficam extintos os efeitos jurídicos de qualquer ato legislativo ou administrativo, lavrado a partir da instalação da Assembleia Nacional Constituinte, que tenha por objeto a concessão de estabilidade a servidor admitido sem concurso público, da administração direta ou indireta, inclusive das fundações instituídas e mantidas pelo Poder Público.

Art. 19. Os servidores públicos civis da União, dos Estados, do Distrito Federal e dos Municípios, da administração direta, autárquica e das fundações públicas, em exercício na data da promulgação da Constituição, há pelo menos cinco anos continuados, e que não tenham sido admitidos na forma regulada no art. 37, da Constituição, são considerados estáveis no serviço público.

§ 1º O tempo de serviço dos servidores referidos neste artigo será contado como título quando se submeterem a concurso para fins de efetivação, na forma da lei.

§ 2º O disposto neste artigo não se aplica aos ocupantes de cargos, funções e empregos de confiança ou em comissão, nem aos que a lei declare de livre exoneração, cujo tempo de serviço não será computado para os fins do *caput* deste artigo, exceto se se tratar de servidor.

§ 3º O disposto neste artigo não se aplica aos professores de nível superior, nos termos da lei.

Art. 20. Dentro de cento e oitenta dias, proceder-se-á à revisão dos direitos dos servidores públicos inativos e pensionistas e à atualização dos proventos e pensões a eles devidos, a fim de ajustá-los ao disposto na Constituição.

Art. 21. Os juízes togados de investidura limitada no tempo, admitidos mediante concurso público de provas e títulos e que estejam em exercício na data da promulgação da Constituição, adquirem estabilidade, observado o estágio probatório, e passam a compor quadro em extinção, mantidas as competências, prerrogativas e restrições da legislação a que se achavam submetidos, salvo as inerentes à transitoriedade da investidura.

Parágrafo único. A aposentadoria dos juízes de que trata este artigo regular-se-á pelas normas fixadas para os demais juízes estaduais.

Art. 22. É assegurado aos defensores públicos investidos na função até a data de instalação da Assembleia Nacional Constituinte o direito de opção pela carreira, com a observância das garantias e vedações previstas no art. 134, parágrafo único, da Constituição.

→ O parágrafo único do art. 134 foi renumerado para § 1º pela EC 45/2004.

Art. 23. Até que se edite a regulamentação do art. 21, XVI, da Constituição, os atuais ocupantes do cargo de censor federal continuarão exercendo funções com este compatíveis, no Departamento de Polícia Federal, observadas as disposições constitucionais.

Parágrafo único. A lei referida disporá sobre o aproveitamento dos Censores Federais, nos termos deste artigo.

Art. 24. A União, os Estados, o Distrito Federal e os Municípios editarão leis que estabeleçam critérios para a compatibilização de seus quadros de pessoal ao disposto no art. 39 da Constituição e à reforma administrativa dela decorrente, no prazo de dezoito meses, contados da sua promulgação.

Art. 25. Ficam revogados, a partir de cento e oitenta dias da promulgação da Constituição, sujeito este prazo a prorrogação por lei, todos os dispositivos legais que atribuam ou deleguem a órgão do Poder Executivo competência assinalada pela Constituição ao Congresso Nacional, especialmente no que tange a:

I – ação normativa;

II – alocação ou transferência de recursos de qualquer espécie.

§ 1º Os decretos-leis em tramitação no Congresso Nacional e por este não apreciados até a promulgação da Constituição terão seus efeitos regulados da seguinte forma:

I – se editados até 2 de setembro de 1988, serão apreciados pelo Congresso Nacional no prazo de até cento e oitenta dias a contar da promulgação da Constituição, não computado o recesso parlamentar;

II – decorrido o prazo definido no inciso anterior, e não havendo apreciação, os decretos-leis ali mencionados serão considerados rejeitados;

III – nas hipóteses definidas nos incisos I e II, terão plena validade os atos praticados na vigência dos respectivos decretos-leis, podendo o Congresso Nacional, se necessário, legislar sobre os efeitos deles remanescentes.

§ 2º Os decretos-leis editados entre 3 de setembro de 1988 e a promulgação da Constituição serão convertidos, nesta data, em medidas provisórias, aplicando-se-lhes as regras estabelecidas no art. 62, parágrafo único.

→ v. Art. 62, § 3º, da CF/1988.

→ v. EC 32/2001, que alterou o citado art. 62.

→ v. Lei 7.763/1989 – Prorroga o prazo de dispositivos legais que menciona, com base no art. 25 do ADCT.

Art. 26. No prazo de um ano a contar da promulgação da Constituição, o Congresso Nacional promoverá, através de Comissão mista, exame analítico e pericial dos atos e fatos geradores do endividamento externo brasileiro.

§ 1º A Comissão terá a força legal de Comissão parlamentar de inquérito para os fins de requisição e convocação, e atuará com o auxílio do Tribunal de Contas da União.

§ 2º Apurada irregularidade, o Congresso Nacional proporá ao Poder Executivo a declaração de nulidade do ato e encaminhará o processo ao Ministério Público Federal, que formalizará, no prazo de sessenta dias, a ação cabível.

Art. 27. O Superior Tribunal de Justiça será instalado sob a Presidência do Supremo Tribunal Federal.

§ 1º Até que se instale o Superior Tribunal de Justiça, o Supremo Tribunal Federal exercerá as atribuições e competências definidas na ordem constitucional precedente.

§ 2º A composição inicial do Superior Tribunal de Justiça far-se-á:

I – pelo aproveitamento dos Ministros do Tribunal Federal de Recursos;

II – pela nomeação dos Ministros que sejam necessários para completar o número estabelecido na Constituição.

§ 3º Para os efeitos do disposto na Constituição, os atuais Ministros do Tribunal Federal de Recursos serão considerados pertencentes à classe de que provieram, quando de sua nomeação.

§ 4º Instalado o Tribunal, os Ministros aposentados do Tribunal Federal de Recursos tornar-se-ão, automaticamente, Ministros aposentados do Superior Tribunal de Justiça.

§ 5º Os Ministros a que se refere o § 2º, II, serão indicados em lista tríplice pelo Tribunal Federal de Recursos, observado o disposto no art. 104, parágrafo único, da Constituição.

§ 6º Ficam criados cinco Tribunais Regionais Federais, a serem instalados no prazo de seis meses a contar da promulgação da Constituição, com a jurisdição e sede que lhes fixar o Tribunal Federal de Recursos, tendo em conta o número de processos e sua localização geográfica.

→ v. Lei 9.967/2000 – Reestruturações dos Tribunais Regionais Federais das cinco Regiões.

§ 7º Até que se instalem os Tribunais Regionais Federais, o Tribunal Federal de Recursos exercerá a competência a eles atribuída em todo o território nacional, cabendo-lhe promover sua instalação e indicar os candidatos a todos os cargos da composição inicial, mediante lista tríplice, podendo desta constar juízes federais de qualquer região, observado o disposto no § 9º.

§ 8º É vedado, a partir da promulgação da Constituição, o provimento de vagas de Ministros do Tribunal Federal de Recursos.

§ 9º Quando não houver juiz federal que conte o tempo mínimo previsto no art. 107, II, da Constituição, a promoção poderá contemplar juiz com menos de cinco anos no exercício do cargo.

§ 10. Compete à Justiça Federal julgar as ações nela propostas até a data da promulgação da Constituição, e aos Tribunais Regionais Federais bem como ao Superior Tribunal de Justiça julgar as ações rescisórias das decisões até então proferidas pela Justiça Federal, inclusive daquelas cuja matéria tenha passado à competência de outro ramo do Judiciário.

→ v. Súmula 38 do STJ.

§ 11. São criados, ainda, os seguintes Tribunais Regionais Federais: o da 6ª Região, com sede em Curitiba, Estado do Paraná, e jurisdição nos Estados do Paraná, Santa Catarina e Mato Grosso do Sul; o da 7ª Região, com sede em Belo Horizonte, Estado de Minas Gerais, e jurisdição no Estado de Minas Gerais; o da 8ª Região, com sede em Salvador, Estado da Bahia, e jurisdição nos Estados da Bahia e Sergipe; e o da 9ª Região, com sede em Manaus, Estado do Amazonas, e jurisdição nos Estados do Amazonas, Acre, Rondônia e Roraima.

→ § 11 acrescentado pela EC 73/2013.

→ v. ADIn 5.017 (publicação no *D.J.* de 1.8.2013), o STF, em Medida Cautelar, concede liminar suspendendo os efeitos da Emenda Constitucional 73/2013.

Art. 28. Os juízes federais de que trata o art. 123, § 2º, da Constituição de 1967, com a redação dada pela Emenda Constitucional n. 7, de 1977, ficam investidos na titularidade de varas na Seção Judiciária para a qual tenham sido nomeados ou designados; na inexistência de vagas, proceder-se-á ao desdobramento das varas existentes.

Parágrafo único. Para efeito de promoção por antiguidade, o tempo de serviço desses juízes será computado a partir do dia de sua posse.

Art. 29. Enquanto não aprovadas as leis complementares relativas ao Ministério Público e à Advocacia-Geral da União, o Ministério Público Federal, a Procuradoria-Geral da Fazenda Nacional, as Consultorias Jurídicas dos Ministérios, as Procuradorias e Departamentos Jurídicos de autarquias federais com representação própria e os membros das Procuradorias das Universidades fundacionais públicas continuarão a exercer suas atividades na área das respectivas atribuições.

→ v. Arts. 128 e 131 da CF/1988.

→ v. LC 75/1993 – Organização, as atribuições e o Estatuto do Ministério Público da União.

→ v. LC 73/1993 – Lei Orgânica da Advocacia-Geral da União.

§ 1º O Presidente da República, no prazo de cento e vinte dias, encaminhará ao Congresso Nacional projeto de lei complementar dispondo sobre a organização e o funcionamento da Advocacia-Geral da União.

§ 2º Aos atuais Procuradores da República, nos termos da Lei Complementar, será facultada a opção, de forma irretratável, entre as carreiras do Ministério Público Federal e da Advocacia-Geral da União.

§ 3º Poderá optar pelo regime anterior, no que respeita às garantias e vantagens, o membro do Ministério Público admitido antes da promulgação da Constituição, observando-se, quanto às vedações, a situação jurídica na data desta.

§ 4º Os atuais integrantes do quadro suplementar dos Ministérios Públicos do Trabalho e Militar que tenham adquirido estabilidade nessas funções passam a integrar o quadro da respectiva carreira.

§ 5º Cabe à atual Procuradoria-Geral da Fazenda Nacional, diretamente ou por delegação, que pode ser ao Ministério Público Estadual, representar judicialmente a União nas causas de natureza fiscal, na área da respectiva competência, até a promulgação das Leis Complementares previstas neste artigo.

Art. 30. A legislação que criar a justiça de paz manterá os atuais juízes de paz até a posse dos novos titulares, assegurando-lhes os direitos e atribuições conferidos a estes, e designará o dia para a eleição prevista no art. 98, II, da Constituição.

Art. 31. Serão estatizadas as serventias do foro judicial, assim definidas em lei, respeitados os direitos dos atuais titulares.

Art. 32. O disposto no art. 236 não se aplica aos serviços notariais e de registro que já tenham sido oficializados pelo Poder Público, respeitando-se o direito de seus servidores.

→ v. Lei 8.935/1994 – Serviços notariais e de registro. (Lei dos cartórios).

Art. 33. Ressalvados os créditos de natureza alimentar, o valor dos precatórios judiciais pendentes de pagamento na data da promulgação da Constituição, incluído o remanescente de juros e correção monetária, poderá ser pago em moeda corrente, com atualização, em prestações anuais, iguais e sucessivas, no prazo máximo de oito anos, a partir de 1º de julho de 1989, por decisão editada pelo Poder Executivo até cento e oitenta dias da promulgação da Constituição.

→ v. Súmula 144 do STJ.

→ v. Art. 100 da CF/1988.

→ v. Arts. 78, 86 e 87 do ADCT.

→ v. EC 62/2009.

Parágrafo único. Poderão as entidades devedoras, para o cumprimento do disposto neste artigo, emitir, em cada ano, no exato montante do dispêndio, títulos de dívida pública não computáveis para efeito do limite global de endividamento.

Art. 34. O sistema tributário nacional entrará em vigor a partir do primeiro dia do quinto mês seguinte ao da promulgação da Constituição, mantido, até então, o da Constituição de 1967, com redação dada pela Emenda n. 1, de 1969, e pelas posteriores.

§ 1º Entrarão em vigor com a promulgação da Constituição os arts. 148, 149, 150, 154, I, 156, III, e 159, I, *c*, revogadas as disposições em contrário da Constituição de 1967 e das Emendas que a modificaram, especialmente de seu art. 25, III.

§ 2º O Fundo de Participação dos Estados e do Distrito Federal e o Fundo de Participação dos Municípios obedecerão às seguintes determinações:

I – a partir da promulgação da Constituição, os percentuais serão, respectivamente, de dezoito por cento e de vinte por cento, calculados sobre o produto da arrecadação dos impostos referidos no art. 153, III e IV, mantidos os atuais critérios de rateio até a entrada em vigor da lei complementar a que se refere o art. 161, II;

II – o percentual relativo ao Fundo de Participação dos Estados e do Distrito Federal será acrescido de um ponto percentual no exercício financeiro de 1989 e, a partir de 1990, inclusive, à razão de meio ponto por exercício, até 1992, inclusive, atingindo em 1993 o percentual estabelecido no art. 159, I, *a*;

III – o percentual relativo ao Fundo de Participação dos Municípios, a partir de 1989, inclusive, será elevado à razão de meio ponto percentual por exercício financeiro, até atingir o estabelecido no art. 159, I, *b*.

§ 3º Promulgada a Constituição, a União, os Estados, o Distrito Federal e os Municípios poderão editar as leis necessárias à aplicação do sistema tributário nacional nela previsto.

§ 4º As leis editadas nos termos do parágrafo anterior produzirão efeitos a partir da entrada em vigor do sistema tributário nacional previsto na Constituição.

§ 5º Vigente o novo sistema tributário nacional, fica assegurada a aplicação da legislação anterior, no que não seja incompatível com ele e com a legislação referida nos §§ 3º e 4º.

→ *V.* Súmula 198 do STJ.

§ 6º Até 31 de dezembro de 1989, o disposto no art. 150, III, *b*, não se aplica aos impostos de que tratam os arts. 155, I, *a* e *b*, e 156, II e III, que podem ser cobrados trinta dias após a publicação da lei que os tenha instituído ou aumentado.

→ Com o advento da EC 3/1993, a referência diz respeito ao art. 155, I e II.

§ 7º Até que sejam fixadas em lei complementar, as alíquotas máximas do imposto municipal sobre vendas a varejo de combustíveis líquidos e gasosos não excederão a três por cento.

§ 8º Se, no prazo de sessenta dias contados da promulgação da Constituição, não for editada a lei complementar necessária à instituição do imposto de que trata o art. 155, I, *b*, os Estados e o Distrito Federal, mediante convênio celebrado nos termos da Lei Complementar 24, de 7 de janeiro de 1975, fixarão normas para regular provisoriamente a matéria.

→ Com o advento da EC 3/1993, a referência diz respeito ao art. 155, I e II.

→ *V.* Súmula 144 do STJ.

→ *V.* LC 87/1996 – Imposto dos Estados e do Distrito Federal sobre operações relativas à circulação de mercadorias e sobre prestações de serviços de transporte interestadual e intermunicipal e de comunicação – Lei Kandir.

§ 9º Até que lei complementar disponha sobre a matéria, as empresas distribuidoras de energia elétrica, na condição de contribuintes ou de substitutos tributários, serão as responsáveis, por ocasião da saída do produto de seus estabelecimentos, ainda que destinado a outra unidade da Federação, pelo pagamento do imposto sobre operações relativas à circulação de mercadorias incidente sobre energia elétrica, desde a produção ou importação até a última operação, calculado o imposto sobre o preço então praticado na operação final e assegurado seu recolhimento ao Estado ou ao Distrito Federal, conforme o local onde deva ocorrer essa operação.

§ 10. Enquanto não entrar em vigor a lei prevista no art. 159, I, *c*, cuja promulgação se fará até 31 de dezembro de 1989, é assegurada a aplicação dos recursos previstos naquele dispositivo da seguinte maneira:

→ *V.* Lei 7.827/1989 – Institui o Fundo Constitucional de Financiamento do Norte – FNO, o Fundo Constitucional de Financiamento do Nordeste – FNE e o Fundo Constitucional de Financiamento do Centro-Oeste – FCO.

I – seis décimos por cento na Região Norte, através do Banco da Amazônia S.A.;

II – um inteiro e oito décimos por cento na Região Nordeste, através do Banco do Nordeste do Brasil S.A.;

III – seis décimos por cento na Região Centro-Oeste, através do Banco do Brasil S.A.

§ 11. Fica criado, nos termos da lei, o Banco de Desenvolvimento do Centro-Oeste, para dar cumprimento, na referida região, ao que determinam os arts. 159, I, *c*, e 192, § 2º, da Constituição.

→ O § 2º do art. 192 foi revogado pela EC 40/2003.

§ 12. A urgência prevista no art. 148, II, não prejudica a cobrança do empréstimo compulsório instituído, em benefício das Centrais Elétricas Brasileiras S.A. (Eletrobrás), pela Lei 4.156, de 28 de novembro de 1962, com as alterações posteriores.

Art. 35. O disposto no art. 165, § 7º, será cumprido de forma progressiva, no prazo de até dez anos, distribuindo-se os recursos entre as regiões macroeconômicas em razão proporcional à população, a partir da situação verificada no biênio 1986-1987.

§ 1º Para aplicação dos critérios de que trata este artigo, excluem-se das despesas totais as relativas:

I – aos projetos considerados prioritários no plano plurianual;

II – à segurança e defesa nacional;

III – à manutenção dos órgãos federais no Distrito Federal;

IV – ao Congresso Nacional, ao Tribunal de Contas da União e ao Poder Judiciário;

V – ao serviço da dívida da administração direta e indireta da União, inclusive fundações instituídas e mantidas pelo Poder Público federal.

§ 2º Até a entrada em vigor da Lei Complementar a que se refere o art. 165, § 9º, I e II, serão obedecidas as seguintes normas:

I – o projeto do plano plurianual, para vigência até o final do primeiro exercício financeiro do mandato presidencial subsequente, será encaminhado até quatro meses antes do encerramento do primeiro exercício financeiro e devolvido para sanção até o encerramento da sessão legislativa;

II – o projeto de lei de diretrizes orçamentárias será encaminhado até oito meses e meio antes do encerramento do exercício financeiro e devolvido para sanção até o encerramento do primeiro período da sessão legislativa;

III – o projeto de lei orçamentária da União será encaminhado até quatro meses antes do encerramento do exercício financeiro e devolvido para sanção até o encerramento da sessão legislativa.

Art. 36. Os fundos existentes na data da promulgação da Constituição, excetuados os resultantes de isenções fiscais que passem a integrar patrimônio privado e os que interessem à defesa nacional, extinguir-se-ão, se não forem ratificados pelo Congresso Nacional no prazo de dois anos.

Art. 37. A adaptação ao que estabelece o art. 167, III, deverá processar-se no prazo de cinco anos, reduzindo-se o excesso à base de, pelo menos, um quinto por ano.

Art. 38. Até a promulgação da lei complementar referida no art. 169, a União, os Estados, o Distrito Federal e os Municípios não poderão despender com pessoal mais do que sessenta e cinco por cento do valor das respectivas receitas correntes.

→ *V.* LC 101/2000 – Estabelece normas de finanças públicas voltadas para a responsabilidade na gestão fiscal.

Parágrafo único. A União, os Estados, o Distrito Federal e os Municípios, quando a respectiva despesa de pessoal exceder o limite previsto neste artigo, deverão retornar àquele limite, reduzindo o percentual excedente à razão de um quinto por ano.

Art. 39. Para efeito do cumprimento das disposições constitucionais que impliquem variações de despesas e receitas da União, após a promulgação da Constituição, o Poder Executivo deverá elaborar e o Poder Legislativo apreciar projeto de revisão da lei orçamentária referente ao exercício financeiro de 1989.

Parágrafo único. O Congresso Nacional deverá votar no prazo de doze meses a Lei Complementar prevista no art. 161, II.

Art. 40. É mantida a Zona Franca de Manaus, com suas características de área livre de comércio, de exportação e importação, e de incentivos fiscais, pelo prazo de vinte e cinco anos, a partir da promulgação da Constituição.

→ Referido prazo foi acrescido de mais 10 (dez) anos.

→ *V.* Art. 92 do ADCT.

→ *V.* Art. 94 do Decreto 7.212/2010.

Parágrafo único. Somente por lei federal podem ser modificados os critérios que disciplinaram ou venham a disciplinar a aprovação dos projetos na Zona Franca de Manaus.

Art. 41. Os Poderes Executivos da União, dos Estados, do Distrito Federal e dos Municípios reavaliarão todos os incentivos fiscais de natureza setorial ora em vigor, propondo aos Poderes Legislativos respectivos as medidas cabíveis.

→ *V.* Arts. 151, I, 155, XII, *g*, e 195, § 3º, da CF/1988.

§ 1º Considerar-se-ão revogados após dois anos, a partir da data da promulgação da Constituição, os incentivos que não forem confirmados por lei.

§ 2º A revogação não prejudicará os direitos que já tiverem sido adquiridos, àquela data, em relação a incentivos concedidos sob condição e com prazo certo.

§ 3º Os incentivos concedidos por convênio entre Estados, celebrados nos termos do art. 23, § 6º, da Constituição de 1967, com a redação da Emenda n. 1, de 17 de outubro de 1969, também deverão ser reavaliados e reconfirmados nos prazos deste artigo.

Art. 42. Durante 40 (quarenta) anos, a União aplicará dos recursos destinados à irrigação:

→ *Caput* com redação alterada pela EC 89/2015.

I – 20% (vinte por cento) na Região Centro-Oeste;

→ Inciso I com redação alterada pela EC 89/2015.

II – 50% (cinquenta por cento) na Região Nordeste, preferencialmente no Semiárido.

→ Inciso II com redação alterada pela EC 89/2015.

Parágrafo único. Dos percentuais previstos nos incisos I e II do *caput*, no mínimo 50% (cinquenta por cento) serão destinados a projetos de irrigação que beneficiem agricultores familiares que atendam aos requisitos previstos em legislação específica.

→ Parágrafo único acrescentado pela EC 89/2015.

Art. 43. Na data da promulgação da lei que disciplinar a pesquisa e a lavra de recursos e jazidas minerais, ou no prazo de um ano, a contar da promulgação da Constituição, tornar-se-ão sem efeito as autorizações, concessões e demais títulos atributivos de direitos minerários, caso os trabalhos de pesquisa ou de lavra não hajam sido comprovadamente iniciados nos prazos legais ou estejam inativos.

→ *v.* Lei 7.886/1989 – Regulamenta o art. 43 do ADCT.

Art. 44. As atuais empresas brasileiras titulares de autorização de pesquisa, concessão de lavra de recursos minerais e de aproveitamento dos potenciais de energia hidráulica em vigor terão quatro anos, a partir da promulgação da Constituição, para cumprir os requisitos do art. 176, § 1º.

§ 1º Ressalvadas as disposições de interesse nacional previstas no texto constitucional, as empresas brasileiras ficarão dispensadas do cumprimento do disposto no art. 176, § 1º, desde que, no prazo de até quatro anos da data da promulgação da Constituição, tenham o produto de sua lavra e beneficiamento destinado a industrialização no território nacional, em seus próprios estabelecimentos ou em empresa industrial controladora ou controlada.

§ 2º Ficarão também dispensadas do cumprimento do disposto no art. 176, § 1º, as empresas brasileiras titulares de concessão de energia hidráulica para uso em seu processo de industrialização.

§ 3º As empresas brasileiras referidas no § 1º, somente poderão ter autorizações de pesquisa e concessões de lavra ou potenciais de energia hidráulica, desde que a energia e o produto da lavra sejam utilizados nos respectivos processos industriais.

Art. 45. Ficam excluídas do monopólio estabelecido pelo art. 177, II, da Constituição as refinarias em funcionamento no País amparadas pelo art. 43 e nas condições do art. 45 da Lei 2.004, de 3 de outubro de 1953.

→ A Lei 2.004/1953 foi revogada pela Lei 9.478/1997.

Parágrafo único. Ficam ressalvados da vedação do art. 177, § 1º, os contratos de risco feitos com a Petróleo Brasileiro S.A. (Petrobrás), para pesquisa de petróleo, que estejam em vigor na data da promulgação da Constituição.

Art. 46. São sujeitos à correção monetária desde o vencimento, até seu efetivo pagamento, sem interrupção ou suspensão, os créditos junto a entidades submetidas aos regimes de intervenção ou liquidação extrajudicial, mesmo quando esses regimes sejam convertidos em falência.

Parágrafo único. O disposto neste artigo aplica-se também:

I – às operações realizadas posteriormente à decretação dos regimes referidos no *caput* deste artigo;

II – às operações de empréstimo, financiamento, refinanciamento, assistência financeira de liquidez, cessão ou sub-rogação de créditos ou cédulas hipotecárias, efetivação de garantia de depósitos do público ou de compra de obrigações passivas, inclusive as realizadas com recursos de fundos que tenham essas destinações;

III – aos créditos anteriores à promulgação da Constituição;

IV – aos créditos das entidades da administração pública anteriores à promulgação da Constituição, não liquidados até 1º de janeiro de 1988.

Art. 47. Na liquidação dos débitos, inclusive suas renegociações e composições posteriores, ainda que ajuizados, decorrentes de quaisquer empréstimos concedidos por bancos e por instituições financeiras, não existirá correção monetária desde que o empréstimo tenha sido concedido:

I – aos micro e pequenos empresários ou seus estabelecimentos no período de 28 de fevereiro de 1986 a 28 de fevereiro de 1987;

II – aos mini, pequenos e médios produtores rurais no período de 28 de fevereiro de 1986 a 31 de dezembro de 1987, desde que relativos a crédito rural.

§ 1º Consideram-se, para efeito deste artigo, microempresas as pessoas jurídicas e as firmas individuais com receitas anuais de até dez mil Obrigações do Tesouro Nacional, e pequenas empresas as pessoas jurídicas e as firmas individuais com receita anual de até vinte e cinco mil Obrigações do Tesouro Nacional.

→ *v.* Art. 179 da CF/1988.

→ *v.* LC 123/2006 – Institui o Estatuto Nacional da Microempresa e da Empresa de Pequeno Porte.

§ 2º A classificação de mini, pequeno e médio produtor rural será feita obedecendo-se às normas de crédito rural vigentes à época do contrato.

§ 3º A isenção da correção monetária a que se refere este artigo só será concedida nos seguintes casos:

I – se a liquidação do débito inicial, acrescido de juros legais e taxas judiciais, vier a ser efetivada no prazo de noventa dias, a contar da data da promulgação da Constituição;

II – se a aplicação dos recursos não contrariar a finalidade do financiamento, cabendo o ônus da prova à instituição credora;

III – se não for demonstrado pela instituição credora que o mutuário dispõe de meios para o pagamento de seu débito, excluído desta demonstração seu estabelecimento, a casa de moradia e os instrumentos de trabalho e produção;

IV – se o financiamento inicial não ultrapassar o limite de cinco mil Obrigações do Tesouro Nacional;

V – se o beneficiário não for proprietário de mais de cinco módulos rurais.

§ 4º Os benefícios de que trata este artigo não se estendem aos débitos já quitados e aos devedores que sejam constituintes.

§ 5º No caso de operações com prazos de vencimento posteriores à data-limite de liquidação da dívida, havendo interesse do mutuário, os bancos e as instituições financeiras promoverão, por instrumento próprio, alteração nas condições contratuais originais de forma a ajustá-las ao presente benefício.

§ 6º A concessão do presente benefício por bancos comerciais privados em nenhuma hipótese acarretará ônus para o Poder Público, ainda que através de refinanciamento e repasse de recursos pelo Banco Central.

§ 7º No caso de repasse a agentes financeiros oficiais ou cooperativas de crédito, o ônus recairá sobre a fonte de recursos originária.

Art. 48. O Congresso Nacional, dentro de cento e vinte dias da promulgação da Constituição, elaborará código de defesa do consumidor.

→ *v.* Lei 8.078/1990 – Código de Defesa do Consumidor.

Art. 49. A lei disporá sobre o instituto da enfiteuse em imóveis urbanos, sendo facultada aos foreiros, no caso de sua extinção, a remição dos aforamentos mediante aquisição do domínio direto, na conformidade do que dispuserem os respectivos contratos.

→ *v.* Art. 2.038 do CC.

§ 1º Quando não existir cláusula contratual, serão adotados os critérios e bases hoje vigentes na legislação especial dos imóveis da União.

§ 2º Os direitos dos atuais ocupantes inscritos ficam assegurados pela aplicação de outra modalidade de contrato.

§ 3º A enfiteuse continuará sendo aplicada aos terrenos de marinha e seus acrescidos, situados na faixa de segurança, a partir da orla marítima.

§ 4º Remido o foro, o antigo titular do domínio direto deverá, no prazo de noventa dias, sob pena de responsabilidade, confiar à guarda do registro de imóveis competente toda a documentação a ele relativa.

Art. 50. Lei agrícola a ser promulgada no prazo de um ano disporá, nos termos da Constituição, sobre os objetivos e instrumentos de política agrícola, prioridades, planejamento de safras, comercialização, abastecimento interno, mercado externo e instituição de crédito fundiário.

→ *v.* Lei 8.171/1991 – Política Agrícola.

Art. 51. Serão revistos pelo Congresso Nacional, através de Comissão mista, nos três anos a contar da data da promulgação da Constituição, todas as doações, vendas e concessões de terras públicas com área superior a três mil hectares, realizadas no período de 1º de janeiro de 1962 a 31 de dezembro de 1987.

§ 1º No tocante às vendas, a revisão será feita com base exclusivamente no critério de legalidade da operação.

§ 2º No caso de concessões e doações, a revisão obedecerá aos critérios de legalidade e de conveniência do interesse público.

§ 3º Nas hipóteses previstas nos parágrafos anteriores, comprovada a ilegalidade, ou havendo interesse público, as terras reverterão ao patrimônio da União, dos Estados, do Distrito Federal ou dos Municípios.

Art. 52. Até que sejam fixadas as condições do art. 192, são vedados:

→ *Caput* com redação alterada pela EC 40/2003.

I – a instalação, no País, de novas agências de instituições financeiras domiciliadas no exterior;

II – o aumento do percentual de participação, no capital de instituições financeiras com sede no País, de pessoas físicas ou jurídicas residentes ou domiciliadas no exterior.

Parágrafo único. A vedação a que se refere este artigo não se aplica às autorizações resultantes de acordos internacionais, de reciprocidade, ou de interesse do Governo brasileiro.

Art. 53. Ao ex-combatente que tenha efetivamente participado de operações bélicas durante a Segunda Guerra Mundial, nos termos da Lei 5.315, de 12 de setembro de 1967, serão assegurados os seguintes direitos:

→ *v.* Lei 8.059/1990 – Pensão especial devida aos ex-combatentes da Segunda Guerra Mundial e a seus dependentes.

I – aproveitamento no serviço público, sem a exigência de concurso com estabilidade;

II – pensão especial correspondente à deixada por segundo-tenente das Forças Armadas, que poderá ser requerida a qualquer tempo, sendo inacumulável com quaisquer rendimentos recebidos dos cofres públicos, exceto os benefícios previdenciários, ressalvado o direito de opção;

III – em caso de morte, pensão à viúva ou companheira ou dependente, de forma proporcional, de valor igual à do inciso anterior;

IV – assistência médica, hospitalar e educacional gratuita, extensiva aos dependentes;

V – aposentadoria com proventos integrais aos vinte e cinco anos de serviço efetivo, em qualquer regime jurídico;

VI – prioridade na aquisição da casa própria, para os que não a possuam ou para suas viúvas ou companheiras.

Parágrafo único. A concessão da pensão especial do inciso II substitui, para todos os efeitos legais, qualquer outra pensão já concedida ao ex-combatente.

Art. 54. Os seringueiros recrutados nos termos do Dec.-lei 5.813, de 14 de setembro de 1943, e amparados pelo Dec.-lei 9.882, de 16 de setembro de 1946, receberão, quando carentes, pensão mensal vitalícia no valor de dois salários mínimos.

→ *v.* Lei 7.986/1989 – Regulamenta a concessão do benefício previsto no art. 54 do ADCT.

§ 1º O benefício é estendido aos seringueiros que, atendendo a apelo do Governo brasileiro, contribuíram para o esforço de guerra, trabalhando na produção de borracha, na Região Amazônica, durante a Segunda Guerra Mundial.

§ 2º Os benefícios estabelecidos neste artigo são transferíveis aos dependentes reconhecidamente carentes.

§ 3º A concessão do benefício far-se-á conforme lei a ser proposta pelo Poder Executivo dentro de cento e cinquenta dias da promulgação da Constituição.

Art. 54-A. Os seringueiros de que trata o art. 54 deste Ato das Disposições Constitucionais Transitórias receberão indenização, em parcela única, no valor de R$ 25.000,00 (vinte e cinco mil reais).

→ Artigo acrescentado pela EC 78/2014.

Art. 55. Até que seja aprovada a lei de diretrizes orçamentárias, trinta por cento, no mínimo, do orçamento da seguridade social, excluído o seguro-desemprego, serão destinados ao setor de saúde.

Art. 56. Até que a lei disponha sobre o art. 195, I, a arrecadação decorrente de, no mínimo, cinco dos seis décimos percentuais correspondentes à alíquota da contribuição de que trata o Dec.-lei 1.940, de 25 de maio de 1982, alterada pelo Dec.-lei 2.049, de 1º de agosto de 1983, pelo Decreto 91.236, de 8 de maio de 1985, e pela Lei 7.611, de 8 de julho de 1987, passa a integrar a receita da seguridade social, ressalvados, exclusivamente no exercício de 1988, os compromissos assumidos com programas e projetos em andamento.

→ *v.* Súmula 658 do STF.

→ *v.* Lei 7.689/1988 – Institui contribuição social sobre o lucro das pessoas jurídicas.

Art. 57. Os débitos dos Estados e dos Municípios relativos às contribuições previdenciárias até 30 de junho de 1988 serão liquidados, com correção monetária, em cento e vinte parcelas mensais, dispensados os juros e multas sobre eles incidentes, desde que os devedores requeiram o parcelamento e iniciem seu pagamento no prazo de cento e oitenta dias a contar da promulgação da Constituição.

§ 1º O montante a ser pago em cada um dos dois primeiros anos não será inferior a cinco por cento do total do débito consolidado e atualizado, sendo o restante dividido em parcelas mensais de igual valor.

§ 2º A liquidação poderá incluir pagamentos na forma de cessão de bens e prestação de serviços, nos termos da Lei 7.578, de 23 de dezembro de 1986.

§ 3º Em garantia do cumprimento do parcelamento, os Estados e os Municípios consignarão, anualmente, nos respectivos orçamentos as dotações necessárias ao pagamento de seus débitos.

§ 4º Descumprida qualquer das condições estabelecidas para concessão do parcelamento, o débito será considerado vencido em sua totalidade, sobre ele incidindo juros de mora; nesta hipótese, parcela dos recursos correspondentes aos Fundos de Participação, destinada aos Estados e Municípios devedores, será bloqueada e repassada à previdência social para pagamento de seus débitos.

Art. 58. Os benefícios de prestação continuada, mantidos pela previdência social na data da promulgação da Constituição, terão seus valores revistos, a fim de que seja restabelecido o poder aquisitivo, expresso em número de salários mínimos, que tinham na data de sua concessão, obedecendo-se a esse critério de atualização até a implantação do plano de custeio e benefícios referidos no artigo seguinte.

→ *v.* Súmula 687 do STF.

Parágrafo único. As prestações mensais dos benefícios atualizadas de acordo com este artigo serão devidas e pagas a partir do sétimo mês a contar da promulgação da Constituição.

Art. 59. Os projetos de lei relativos à organização da seguridade social e aos planos de custeio e de benefício serão apresentados no prazo máximo de seis meses da promulgação da Constituição ao Congresso Nacional, que terá seis meses para apreciá-los.

Parágrafo único. Aprovados pelo Congresso Nacional, os planos serão implantados progressivamente nos dezoito meses seguintes.

Art. 60. Até o 14º (décimo quarto) ano a partir da promulgação desta Emenda Constitucional, os Estados, o Distrito Federal e os Municípios destinarão parte dos recursos a que se refere o *caput* do art. 212 da Constituição Federal à manutenção e desenvolvimento da educação básica e à remuneração condigna dos trabalhadores da educação, respeitadas as seguintes disposições:

→ Artigo com redação alterada pela EC 53/2006.

I – a distribuição dos recursos e de responsabilidades entre o Distrito Federal, os Estados e seus Municípios é assegurada mediante a criação, no âmbito de cada Estado e do Distrito Federal, de um Fundo de Manutenção e Desenvolvimento da Educação Básica e de Valorização dos Profissionais da Educação – FUNDEB, de natureza contábil;

II – os Fundos referidos no inciso I do *caput* deste artigo serão constituídos por 20% (vinte por cento) dos recursos a que se referem os incisos I, II e III do art. 155; o inciso II do *caput* do art. 157; os incisos II, III e IV do *caput* do art. 158; e as alíneas *a* e *b* do inciso I e o inciso II do *caput* do art. 159, todos da Constituição Federal, e distribuídos entre cada Estado e seus Municípios, proporcionalmente ao número de alunos das diversas etapas e modalidades da educação básica presencial, matriculados nas respectivas redes, nos respectivos âmbitos de atuação prioritária estabelecidos nos §§ 2º e 3º do art. 211 da Constituição Federal;

III – observadas as garantias estabelecidas nos incisos I, II, III e IV do *caput* do art. 208 da Constituição Federal e as metas de universalização da educação básica estabelecidas no Plano Nacional de Educação, a lei disporá sobre:

→ *v.* Lei 11.738/2008 – Piso salarial profissional nacional para os profissionais do magistério público da educação básica.

→ *v.* Lei 9.424/1996 – Fundo de Manutenção e Desenvolvimento do Ensino Fundamental e de Valorização do Magistério.

a) a organização dos Fundos, a distribuição proporcional de seus recursos, as diferenças e as ponderações quanto ao valor anual por aluno entre etapas e modalidades da educação básica e tipos de estabelecimento de ensino;

b) a forma de cálculo do valor anual mínimo por aluno;

c) os percentuais máximos de apropriação dos recursos dos Fundos pelas diversas etapas e modalidades da educação básica, observados os arts. 208 e 214 da Constituição Federal, bem como as metas do Plano Nacional de Educação;

d) a fiscalização e o controle dos Fundos;

e) prazo para fixar, em lei específica, piso salarial profissional nacional para os profissionais do magistério público da educação básica;

IV – os recursos recebidos à conta dos Fundos instituídos nos termos do inciso I do *caput* deste artigo serão aplicados pelos Estados e Municípios exclusivamente nos respectivos âmbitos de atuação prioritária, conforme estabelecido nos §§ 2º e 3º do art. 211 da Constituição Federal;

V – a União complementará os recursos dos Fundos a que se refere o inciso II do *caput* deste artigo sempre que, no Distrito Federal e em cada Estado, o valor por aluno não alcançar o mínimo definido nacionalmente, fixado em observância ao disposto no inciso VII do *caput* deste artigo, vedada a utilização dos recursos a que se refere o § 5º do art. 212 da Constituição Federal;

VI – até 10% (dez por cento) da complementação da União prevista no inciso V do *caput* deste artigo poderá ser distribuída para os Fundos por meio de programas direcionados para a melhoria da qualidade da educação, na forma da lei a que se refere o inciso III do *caput* deste artigo;

VII – a complementação da União de que trata o inciso V do *caput* deste artigo será de, no mínimo:

a) R$ 2.000.000.000,00 (dois bilhões de reais), no primeiro ano de vigência dos Fundos;

b) R$ 3.000.000.000,00 (três bilhões de reais), no segundo ano de vigência dos Fundos;

c) R$ 4.500.000.000,00 (quatro bilhões e quinhentos milhões de reais), no terceiro ano de vigência dos Fundos;

d) 10% (dez por cento) do total dos recursos a que se refere o inciso II do *caput* deste artigo, a partir do quarto ano de vigência dos Fundos;

VIII – a vinculação de recursos à manutenção e desenvolvimento do ensino estabelecida no art. 212 da Constituição Federal suportará, no máximo, 30% (trinta por cento) da complementação da União, considerando-se para os fins deste inciso os valores previstos no inciso VII do *caput* deste artigo;

IX – os valores a que se referem as alíneas *a*, *b*, e *c* do inciso VII do *caput* deste artigo serão atualizados, anualmente, a partir da promulgação desta Emenda Constitucional, de forma a preservar, em caráter permanente, o valor real da complementação da União;

X – aplica-se à complementação da União o disposto no art. 160 da Constituição Federal;

XI – o não cumprimento do disposto nos incisos V e VII do *caput* deste artigo importará crime de responsabilidade da autoridade competente;

XII – proporção não inferior a 60% (sessenta por cento) de cada Fundo referido no inciso I do *caput* deste artigo será destinada ao pagamento dos profissionais do magistério da educação básica em efetivo exercício.

§ 1º A União, os Estados, o Distrito Federal e os Municípios deverão assegurar, no financiamento da educação básica, a melhoria da qualidade de ensino, de forma a garantir padrão mínimo definido nacionalmente.

§ 2º O valor por aluno do ensino fundamental, no Fundo de cada Estado e do Distrito Federal, não poderá ser inferior ao praticado no âmbito do Fundo de Manutenção e Desenvolvimento do Ensino Fundamental e de Valorização do Magistério – FUNDEF, no ano anterior à vigência desta Emenda Constitucional.

§ 3º O valor anual mínimo por aluno do ensino fundamental, no âmbito do Fundo de Manutenção e Desenvolvimento da Educação Básica e de Valorização dos Profissionais da Educação – FUNDEB, não poderá ser inferior ao valor mínimo fixado nacionalmente no ano anterior ao da vigência desta Emenda Constitucional.

§ 4º Para efeito de distribuição de recursos dos Fundos a que se refere o inciso I do *caput* deste artigo, levar-se-á em conta a totalidade das matrículas no ensino fundamental e considerar-se-á para a educação infantil, para o ensino médio e para a educação de jovens e adultos 1/3 (um terço) das matrículas no primeiro ano, 2/3 (dois terços) no segundo ano e sua totalidade a partir do terceiro ano.

§ 5º A porcentagem dos recursos de constituição dos Fundos, conforme o inciso II do *caput* deste artigo, será alcançada gradativamente nos primeiros 3 (três) anos de vigência dos Fundos, da seguinte forma:

I – no caso dos impostos e transferências constantes do inciso II do *caput* do art. 155; do inciso IV do *caput* do art. 158; e das alíneas *a* e *b* do inciso I e do inciso II do *caput* do art. 159 da Constituição Federal:

a) 16,66% (dezesseis inteiros e sessenta e seis centésimos por cento), no primeiro ano;

b) 18,33% (dezoito inteiros e trinta e três centésimos por cento), no segundo ano;

c) 20% (vinte por cento), a partir do terceiro ano;

II – no caso dos impostos e transferências constantes dos incisos I e III do *caput* do art. 155; do inciso II do *caput* do art. 157; e dos incisos II e III do *caput* do art. 158 da Constituição Federal:

a) 6,66% (seis inteiros e sessenta e seis centésimos por cento), no primeiro ano;

b) 13,33% (treze inteiros e trinta e três centésimos por cento), no segundo ano;

c) 20% (vinte por cento), a partir do terceiro ano.

§ 6º *(Revogado pela EC 53/2006).*

§ 7º *(Revogado pela EC 53/2006).*

Art. 61. As entidades educacionais a que se refere o art. 213, bem como as fundações de ensino e pesquisa cuja criação tenha sido autorizada por lei, que preencham os requisitos dos incisos I e II do referido artigo e que, nos últimos três anos, tenham recebido recursos públicos, poderão continuar a recebê-los, salvo disposição legal em contrário.

Art. 62. A lei criará o Serviço Nacional de Aprendizagem Rural (SENAR) nos moldes da legislação relativa ao Serviço Nacional de Aprendizagem Industrial (SENAI) e ao Serviço Nacional de Aprendizagem do Comércio (SENAC), sem prejuízo das atribuições dos órgãos públicos que atuam na área.

→ *v.* Lei 8.315/1991 – Serviço Nacional de Aprendizagem Rural (Senar).

Art. 63. É criada uma Comissão composta de nove membros, sendo três do Poder Legislativo, três do Poder Judiciário e três do Poder Executivo, para promover as comemorações do centenário da proclamação da República e da promulgação da primeira Constituição republicana do país, podendo, a seu critério, desdobrar-se em tantas subcomissões quantas forem necessárias.

Parágrafo único. No desenvolvimento de suas atribuições, a Comissão promoverá estudos, debates e avaliações sobre a evolução política, social, econômica e cultural do País, podendo articular-se com os governos estaduais e municipais e com instituições públicas e privadas que desejem participar dos eventos.

Art. 64. A Imprensa Nacional e demais gráficas da União, dos Estados, do Distrito Federal e dos Municípios, da administração direta ou indireta, inclusive fundações instituídas e mantidas pelo Poder Público, promoverão edição popular do texto integral da Constituição, que será posta à disposição das escolas e dos cartórios, dos sindicatos, dos quartéis, das igrejas e de outras instituições representativas da comunidade, gratuitamente, de modo que cada cidadão brasileiro possa receber do Estado um exemplar da Constituição do Brasil.

Art. 65. O Poder Legislativo regulamentará, no prazo de doze meses, o art. 220, § 4º.

→ *v.* Lei 9.294/1996 – Restrições ao uso e à propaganda de produtos fumígeros, bebidas alcoólicas, medicamentos, terapias e defensivos agrícolas.

Art. 66. São mantidas as concessões de serviços públicos de telecomunicações atualmente em vigor, nos termos da lei.

→ *v.* Art. 21, XI e XII, da CF/1988.

→ *v.* Lei 9.472/1997 – Organização dos serviços de telecomunicações – ANATEL.

Art. 67. A União concluirá a demarcação das terras indígenas no prazo de cinco anos a partir da promulgação da Constituição.

→ *v.* Arts. 231 e 232 da CF/1988.

→ *v.* Decreto 1.775/1996 – Procedimento administrativo de demarcação das terras indígenas.

Art. 68. Aos remanescentes das comunidades dos quilombos que estejam ocupando suas terras é reconhecida a propriedade definitiva, devendo o Estado emitir-lhes os títulos respectivos.

→ *v.* Decreto 4.887/2003 – Procedimento para identificação, reconhecimento, delimitação, demarcação e titulação das terras ocupadas por remanescentes das comunidades dos quilombos.

Art. 69. Será permitido aos Estados manter consultorias jurídicas separadas de suas Procuradorias-Gerais ou Advocacias-Gerais, desde que, na data da promulgação da Constituição, tenham órgãos distintos para as respectivas funções.

Art. 70. Fica mantida a atual competência dos tribunais estaduais até que a mesma seja definida na Constituição do Estado, nos termos do art. 125, § 1º, da Constituição.

→ *v.* Art. 4º da EC 45/2004, que extinguiu os Tribunais de Alçada.

Art. 71. É instituído, nos exercícios financeiros de 1994 e 1995, bem assim nos períodos de 1º de janeiro de 1996 a 30 de junho de 1997 e 1º de julho de 1997 a 31 de dezembro de 1999, o Fundo Social de Emergência, com o objetivo de saneamento financeiro da Fazenda Pública Federal e de estabilização econômica, cujos recursos serão aplicados prioritariamente no custeio das ações dos sistemas de saúde e educação, incluindo a complementação de recursos de que trata o § 3º do art. 60 do Ato das Disposições Constitucionais Transitórias, benefícios previdenciários e auxílios assistenciais de prestação continuada, inclusive liquidação de passivo previdenciário, e despesas orçamentárias associadas a programas de relevante interesse econômico e social.

→ *Caput* com redação alterada pela EC 17/1997.

§ 1º Ao Fundo criado por este artigo não se aplica o disposto na parte final do inciso II do § 9º do art. 165 da Constituição.

→ § 1º acrescentado pela EC 10/1996.

§ 2º O Fundo criado por este artigo passa a ser denominado Fundo de Estabilização Fiscal a partir do início do exercício financeiro de 1996.

→ § 2º acrescentado pela EC 10/1996.

§ 3º O Poder Executivo publicará demonstrativo da execução orçamentária, de periodicidade bimestral, no qual se discriminarão as fontes e usos do Fundo criado por este artigo.

→ § 3º acrescentado pela EC 10/1996.

Art. 72. Integram o Fundo Social de Emergência:

→ *Caput* acrescentado pela EC de Revisão 1/1994.

I – o produto da arrecadação do imposto sobre renda e proventos de qualquer natureza incidente na fonte sobre pagamentos efetuados, a qualquer título, pela União, inclusive suas autarquias e fundações;

→ Inciso I acrescentado pela EC de Revisão 1/1994.

II – a parcela do produto da arrecadação do imposto sobre renda e proventos de qualquer natureza e do imposto sobre operações de crédito, câmbio e seguro, ou relativas a títulos e valores mobiliários, decorrente das alterações produzidas pela Lei 8.894, de 21 de junho de 1994, e pelas Leis 8.849 e 8.848, ambas de 28 de janeiro de 1994, e modificações posteriores;

→ Inciso II com redação alterada pela EC 10/1996.

III – a parcela do produto da arrecadação resultante da elevação da alíquota da contribuição social sobre o lucro dos contribuintes a que se refere o § 1º do art. 22 da Lei 8.212, de 24 de julho de 1991, a qual, nos exercícios financeiros de 1994 e 1995, bem assim no período de 1º de janeiro de 1996 a 30 de junho de 1997, passa a ser de trinta por cento, sujeita a alteração por lei ordinária, mantidas as demais normas da Lei 7.689, de 15 de dezembro de 1988;

→ Inciso III com redação alterada pela EC 10/1996.

IV – vinte por cento do produto da arrecadação de todos os impostos e contribuições da União, já instituídos ou a serem criados, excetuado o previsto nos incisos I, II e III, observado o disposto nos §§ 3º e 4º;

→ Inciso IV com redação alterada pela EC 10/1996.

V – a parcela do produto da arrecadação da contribuição de que trata a Lei Complementar n. 7, de 7 de setembro de 1970, devida pelas pessoas jurídicas a que se refere o inciso III deste artigo, a qual será calculada, nos exercícios financeiros de 1994 a 1995, bem assim nos períodos de 1º de janeiro de 1996 a 30 de junho de 1997 e de 1º de julho de 1997 a 31 de dezembro de 1999, mediante a aplicação da alíquota de setenta e cinco centésimos por cento, sujeita a alteração por lei ordinária posterior, sobre a receita bruta operacional, como definida na legislação do imposto sobre renda e proventos de qualquer natureza;

→ Inciso V com redação alterada pela EC 17/1997.

VI – outras receitas previstas em lei específica.

→ Inciso VI acrescentado pela EC de Revisão 1/1994.

§ 1º As alíquotas e a base de cálculo previstas nos incisos III e V aplicar-se-ão a partir do primeiro dia do mês seguinte aos noventa dias posteriores à promulgação desta Emenda.

→ § 1º acrescentado pela EC de Revisão 1/1994.

§ 2º As parcelas de que tratam os incisos I, II, III e V serão previamente deduzidas da base de cálculo de qualquer vinculação ou participação constitucional ou legal, não se lhes aplicando o disposto nos arts. 159, 212 e 239 da Constituição.

→ § 2º com redação alterada pela EC 10/1996.

§ 3º A parcela de que trata o inciso IV será previamente deduzida da base de cálculo das vinculações ou participações constitucionais previstas nos arts. 153, § 5º, 157, II, 212 e 239 da Constituição.

→ § 3º com redação alterada pela EC 10/1996.

§ 4º O disposto no parágrafo anterior não se aplica aos recursos previstos nos arts. 158, II, e 159 da Constituição.

→ § 4º com redação alterada pela EC 10/1996.

§ 5º A parcela dos recursos provenientes do imposto sobre renda e proventos de qualquer natureza, destinada ao Fundo Social de Emergência, nos termos do inciso II deste artigo, não poderá exceder a cinco inteiros e seis décimos por cento do total do produto da sua arrecadação.

→ § 5º com redação alterada pela EC 10/1996.

Art. 73. Na regulação do Fundo Social de Emergência não poderá ser utilizado o instrumento previsto no inciso V do art. 59 da Constituição.

→ Artigo acrescentado pela EC de Revisão 1/1994.

Art. 74. A União poderá instituir contribuição provisória sobre movimentação ou transmissão de valores e de créditos e direitos de natureza financeira.

→ Artigo acrescentado pela EC 12/1996.

→ *v.* Art. 90 do ADCT.

→ *v.* Lei 9.311/1996 – Institui a Contribuição Provisória sobre Movimentação ou Transmissão de Valores e de Créditos e Direitos de Natureza Financeira – CPMF.

§ 1º A alíquota da contribuição de que trata este artigo não excederá a vinte e cinco centésimos por cento, facultado ao Poder Executivo reduzi-la ou restabelecê-la, total ou parcialmente, nas condições e limites fixados em lei.

§ 2º À contribuição de que trata este artigo não se aplica o disposto nos arts. 153, § 5º, e 154, I, da Constituição.

§ 3º O produto da arrecadação da contribuição de que trata este artigo será destinado integralmente ao Fundo Nacional de Saúde, para financiamento das ações e serviços de saúde.

§ 4º A contribuição de que trata este artigo terá sua exigibilidade subordinada ao disposto no art. 195, § 6º, da Constituição, e não poderá ser cobrada por prazo superior a dois anos.

Art. 75. É prorrogada, por trinta e seis meses, a cobrança da contribuição provisória sobre movimentação ou transmissão de valores e de créditos e direitos de natureza financeira de que trata o art. 74, instituída pela Lei 9.311, de 24 de outubro de 1996, modificada pela Lei 9.539, de 12 de dezembro de 1997, cuja vigência é também prorrogada por idêntico prazo.

→ Artigo acrescentado pela EC 21/1999.

§ 1º Observado o disposto no § 6º do art. 195 da Constituição Federal, a alíquota da contribuição será de trinta e oito centésimos por cento, nos primeiros doze meses, e de trinta centésimos, nos meses subsequentes, facultado ao Poder Executivo reduzi-la total ou parcialmente, nos limites aqui definidos.

§ 2º O resultado do aumento da arrecadação, decorrente da alteração da alíquota, nos exercícios financeiros de 1999, 2000 e 2001, será destinado ao custeio da previdência social.

§ 3º É a União autorizada a emitir títulos da dívida pública interna, cujos recursos serão destinados ao custeio da saúde e da previdência social, em montante equivalente ao produto da arrecadação da contribuição, prevista e não realizada em 1999.

→ *v.* ADIn 2.031 (*D.O.U.* 5.11.2003), o STF julgou parcialmente procedente o pedido para declarar a inconstitucionalidade do § 3º do art. 75 do ADCT, incluído pela EC 21/1999.

Art. 76. São desvinculados de órgão, fundo ou despesa, até 31 de dezembro de 2015, 20% (vinte por cento) da arrecadação da União de impostos, contribuições sociais e de intervenção no domínio econômico, já instituídos ou que vierem a ser criados até a referida data, seus adicionais e respectivos acréscimos legais.

→ Artigo com redação alterada pela EC 68/2011.

§ 1º O disposto no *caput* não reduzirá a base de cálculo das transferências a Estados, Distrito Federal e Municípios, na forma do § 5º do art. 153, do inciso I do art. 157, dos incisos I e II do art. 158 e das alíneas *a*, *b* e *d* do inciso I e do inciso II do art. 159 da Constituição Federal, nem a base de cálculo das destinações a que se refere a alínea *c* do inciso I do art. 159 da Constituição Federal.

§ 2º Excetua-se da desvinculação de que trata o *caput* a arrecadação da contribuição social do salário educação a que se refere o § 5º do art. 212 da Constituição Federal.

§ 3º Para efeito do cálculo dos recursos para manutenção e desenvolvimento do ensino de que trata o art. 212 da Constituição Federal, o percentual referido no *caput* será nulo.

Art. 77. Até o exercício financeiro de 2004, os recursos mínimos aplicados nas ações e serviços públicos de saúde serão equivalentes:

→ Artigo acrescentado pela EC 29/2000.

I – no caso da União:

a) no ano 2000, o montante empenhado em ações e serviços públicos de saúde no exercício financeiro de 1999 acrescido de, no mínimo, cinco por cento;

b) do ano 2001 ao ano 2004, o valor apurado no ano anterior, corrigido pela variação nominal do Produto Interno Bruto – PIB;

II – no caso dos Estados e do Distrito Federal, doze por cento do produto da arrecadação dos impostos a que se refere o art. 155 e dos recursos de que tratam os arts. 157 e 159, inciso I, alínea *a*, e inciso II, deduzidas as parcelas que forem transferidas aos respectivos Municípios; e

III – no caso dos Municípios e do Distrito Federal, quinze por cento do produto da arrecadação dos impostos a que se refere o art. 156 e dos recursos de que tratam os arts. 158 e 159, inciso I, alínea *b* e § 3º.

§ 1º Os Estados, o Distrito Federal e os Municípios que apliquem percentuais inferiores aos fixados nos incisos II e III deverão elevá-los gradualmente, até o exercício financeiro de 2004, reduzida a diferença à razão de, pelo menos, um quinto por ano, sendo que, a partir de 2000, a aplicação será de pelo menos sete por cento.

§ 2º Dos recursos da União apurados nos termos deste artigo, quinze por cento, no mínimo, serão aplicados nos Municípios, segundo o critério populacional, em ações e serviços básicos de saúde, na forma da lei.

§ 3º Os recursos dos Estados, do Distrito Federal e dos Municípios destinados às ações e serviços públicos de saúde e os transferidos pela União para a mesma finalidade serão aplicados por meio de Fundo de Saúde que será acompanhado e fiscalizado por Conselho de Saúde, sem prejuízo do disposto no art. 74 da Constituição Federal.

§ 4º Na ausência da lei complementar a que se refere o art. 198, § 3º, a partir do exercício financeiro de 2005, aplicar-se-á à União, aos Estados, ao Distrito Federal e aos Municípios o disposto neste artigo.

Art. 78. Ressalvados os créditos definidos em lei como de pequeno valor, os de natureza alimentícia, os de que trata o art. 33 deste Ato das Disposições Constitucionais Transitórias e suas complementações e os que já tiverem os seus respectivos recursos liberados ou depositados em juízo, os precatórios pendentes na data de promulgação desta Emenda e os que decorram de ações iniciais ajuizadas até 31 de dezembro de 1999 serão liquidados pelo seu valor real, em moeda corrente, acrescido de juros legais, em prestações anuais, iguais e sucessivas, no prazo máximo de dez anos, permitida a cessão dos créditos.

→ Artigo acrescentado pela EC 30/2000.

→ v. Art. 100 da CF/1988.

→ v. Arts. 33, 86, 87 e 97 do ADCT.

→ v. ADIns 2.356 e 2.362 (*D.O.U.* 7.12.2010), o STF deferiu a cautelar para suspender a eficácia do art. 2º da EC 30/2000, que introduziu o art. 78 no ADCT.

§ 1º É permitida a decomposição de parcelas, a critério do credor.

§ 2º As prestações anuais a que se refere o *caput* deste artigo terão, se não liquidadas até o final do exercício a que se referem, poder liberatório do pagamento de tributos da entidade devedora.

§ 3º O prazo referido no *caput* deste artigo fica reduzido para dois anos, nos casos de precatórios judiciais originários de desapropriação de imóvel residencial do credor, desde que comprovadamente único à época da imissão na posse.

§ 4º O Presidente do Tribunal competente deverá, vencido o prazo ou em caso de omissão no orçamento, ou preterição ao direito de precedência, a requerimento do credor, requisitar ou determinar o sequestro de recursos financeiros da entidade executada, suficientes à satisfação da prestação.

Art. 79. É instituído, para vigorar até o ano de 2010, no âmbito do Poder Executivo Federal, o Fundo de Combate e Erradicação da Pobreza, a ser regulado por lei complementar com o objetivo de viabilizar a todos os brasileiros acesso a níveis dignos de subsistência, cujos recursos serão aplicados em ações suplementares de nutrição, habitação, educação, saúde, reforço de renda familiar e outros programas de relevante interesse social voltados para melhoria da qualidade de vida.

→ Artigo acrescentado pela EC 31/2000.

→ v. Art. 1º da EC 67/2010.

Parágrafo único. O Fundo previsto neste artigo terá Conselho Consultivo e de Acompanhamento que conte com a participação de representantes da sociedade civil, nos termos da lei.

Art. 80. Compõem o Fundo de Combate e Erradicação da Pobreza:

→ Artigo acrescentado pela EC 31/2000.

I – a parcela do produto da arrecadação correspondente a um adicional de oito centésimos por cento, aplicável de 18 de junho de 2000 a 17 de junho de 2002, na alíquota da contribuição social de que trata o art. 75 do Ato das Disposições Constitucionais Transitórias;

II – a parcela do produto da arrecadação correspondente a um adicional de cinco pontos percentuais na alíquota do Imposto sobre Produtos Industrializados – IPI, ou do imposto que vier a substituí-lo, incidente sobre produtos supérfluos e aplicável até a extinção do Fundo;

III – o produto da arrecadação do imposto de que trata o art. 153, inciso VII, da Constituição;

IV – dotações orçamentárias;

V – doações, de qualquer natureza, de pessoas físicas ou jurídicas do País ou do exterior;

VI – outras receitas, a serem definidas na regulamentação do referido Fundo.

§ 1º Aos recursos integrantes do Fundo de que trata este artigo não se aplica o disposto nos arts. 159 e 167, inciso IV, da Constituição, assim como qualquer desvinculação de recursos orçamentários.

§ 2º A arrecadação decorrente do disposto no inciso I deste artigo, no período compreendido entre 18 de junho de 2000 e o início da vigência da lei complementar a que se refere o art. 79, será integralmente repassada ao Fundo, preservado o seu valor real, em títulos públicos federais, progressivamente resgatáveis após 18 de junho de 2002, na forma da lei.

Art. 81. É instituído Fundo constituído pelos recursos recebidos pela União em decorrência da desestatização de sociedades de economia mista ou empresas públicas por ela controladas, direta ou indiretamente, quando a operação envolver a alienação do respectivo controle acionário a pessoa ou entidade não integrante da Administração Pública, ou de participação societária remanescente após a alienação, cujos rendimentos, gerados a partir de 18 de junho de 2002, reverterão ao Fundo de Combate e Erradicação da Pobreza.

→ Artigo acrescentado pela EC 31/2000.

§ 1º Caso o montante anual previsto nos rendimentos transferidos ao Fundo de Combate e Erradicação da Pobreza, na forma deste artigo, não alcance o valor de quatro bilhões de reais, far-se-á complementação na forma do art. 80, inciso IV, do Ato das Disposições Constitucionais Transitórias.

§ 2º Sem prejuízo do disposto no § 1º, o Poder Executivo poderá destinar ao Fundo a que se refere este artigo outras receitas decorrentes da alienação de bens da União.

§ 3º A constituição do Fundo a que se refere o *caput*, a transferência de recursos ao Fundo de Combate e Erradicação da Pobreza e as demais disposições referentes ao § 1º deste artigo serão disciplinadas em lei, não se aplicando o disposto no art. 165, § 9º, inciso II, da Constituição.

Art. 82. Os Estados, o Distrito Federal e os Municípios devem instituir Fundos de Combate à Pobreza, com os recursos de que trata este artigo e outros que vierem a destinar, devendo os referidos Fundos ser geridos por entidades que contem com a participação da sociedade civil.

→ *Caput* acrescentado pela EC 31/2000.

§ 1º Para o financiamento dos Fundos Estaduais e Distrital, poderá ser criado adicional de até dois pontos percentuais na alíquota do Imposto sobre Circulação de Mercadorias e Serviços – ICMS, sobre os produtos e serviços supérfluos e nas condições definidas na lei complementar de que trata o art. 155, § 2º, XII, da Constituição, não se aplicando, sobre este percentual, o disposto no art. 158, IV, da Constituição.

→ § 1º com redação alterada pela EC 42/2003.

§ 2º Para o financiamento dos Fundos Municipais, poderá ser criado adicional de até meio ponto percentual na alíquota do Imposto sobre Serviços ou do imposto que vier a substituí-lo, sobre serviços supérfluos.

→ § 2º acrescentado pela EC 31/2000.

Art. 83. Lei federal definirá os produtos e serviços supérfluos a que se referem os arts. 80, II, e 82, § 2º.

→ Artigo com redação alterada pela EC 42/2003.

Art. 84. A contribuição provisória sobre movimentação ou transmissão de valores e de créditos e direitos de natureza financeira, prevista nos arts. 74, 75 e 80, I, deste Ato das Disposições Constitucionais Transitórias, será cobrada até 31 de dezembro de 2004.

→ Artigo acrescentado pela EC 37/2002.

§ 1º Fica prorrogada, até a data referida no *caput* deste artigo, a vigência da Lei 9.311, de 24 de outubro de 1996, e suas alterações.

§ 2º Do produto da arrecadação da contribuição social de que trata este artigo será destinada a parcela correspondente à alíquota de:

I – vinte centésimos por cento ao Fundo Nacional de Saúde, para financiamento das ações e serviços de saúde;

II – dez centésimos por cento ao custeio da previdência social;

III – oito centésimos por cento ao Fundo de Combate e Erradicação da Pobreza, de que tratam os arts. 80 e 81 deste Ato das Disposições Constitucionais Transitórias.

§ 3º A alíquota da contribuição de que trata este artigo será de:

I – trinta e oito centésimos por cento, nos exercícios financeiros de 2002 e 2003;

II – *(Revogado pela EC 42/2003).*

Art. 85. A contribuição a que se refere o art. 84 deste Ato das Disposições Constitucionais Transitórias não incidirá, a partir do trigésimo dia da data de publicação desta Emenda Constitucional, nos lançamentos:

→ Artigo acrescentado pela EC 37/2002.

I – em contas-correntes de depósito especialmente abertas e exclusivamente utilizadas para operações de:

→ v. Arts 74, 75 e 90 do ADCT.

→ v. Art. 2º da Lei 10.892/2004.

a) câmaras e prestadoras de serviços de compensação e de liquidação de que trata o parágrafo único do art. 2º da Lei 10.214, de 27 de março de 2001;

b) companhias securitizadoras de que trata a Lei 9.514, de 20 de novembro de 1997;

c) sociedades anônimas que tenham por objeto exclusivo a aquisição de créditos oriundos de operações praticadas no mercado financeiro;

II – em contas-correntes de depósito, relativos a:

a) operações de compra e venda de ações, realizadas em recintos ou sistemas de negociação de bolsas de valores e no mercado de balcão organizado;

b) contratos referenciados em ações ou índices de ações, em suas diversas modalidades, negociados em bolsas de valores, de mercadorias e de futuros;

III – em contas de investidores estrangeiros, relativos a entradas no País e a remessas para o exterior de recursos financeiros empregados, exclusivamente, em operações e contratos referidos no inciso II deste artigo.

§ 1º O Poder Executivo disciplinará o disposto neste artigo no prazo de trinta dias da data de publicação desta Emenda Constitucional.

§ 2º O disposto no inciso I deste artigo aplica-se somente às operações relacionadas em ato do Poder Executivo, dentre aquelas que constituam o objeto social das referidas entidades.

§ 3º O disposto no inciso II deste artigo aplica-se somente a operações e contratos efetuados por intermédio de instituições financeiras, sociedades corretoras de títulos e valores mobiliários, sociedades distribuidoras de títulos e valores mobiliários e sociedades corretoras de mercadorias.

Art. 86. Serão pagos conforme disposto no art. 100 da Constituição Federal, não se lhes aplicando a regra de parcelamento estabelecida no *caput* do art. 78 deste Ato das Disposições Constitucionais Transitórias, os débitos da Fazenda Federal, Estadual, Distrital ou Municipal oriundos de sentenças transitadas em julgado, que preencham, cumulativamente, as seguintes condições:

→ Artigo acrescentado pela EC 37/2002.

I – ter sido objeto de emissão de precatórios judiciários;

II – ter sido definidos como de pequeno valor pela lei de que trata o § 3º do art. 100 da Constituição Federal ou pelo art. 87 deste Ato das Disposições Constitucionais Transitórias;

III – estar, total ou parcialmente, pendentes de pagamento na data da publicação desta Emenda Constitucional.

§ 1º Os débitos a que se refere o *caput* deste artigo, ou os respectivos saldos, serão pagos na ordem cronológica de apresentação dos respectivos precatórios, com precedência sobre os de maior valor.

§ 2º Os débitos a que se refere o *caput* deste artigo, se ainda não tiverem sido objeto de pagamento parcial, nos termos do art. 78 deste Ato das Disposições Constitucionais Transitórias, poderão ser pagos em duas parcelas anuais, se assim dispuser a lei.

§ 3º Observada a ordem cronológica de sua apresentação, os débitos de natureza alimentícia previstos neste artigo terão precedência para pagamento sobre todos os demais.

Art. 87. Para efeito do que dispõem o § 3º do art. 100 da Constituição Federal e o art. 78 deste Ato das Disposições Constitucionais Transitórias serão considerados de pequeno valor, até que se dê a publicação oficial das respectivas leis definidoras pelos entes da Federação, observado o disposto no § 4º do art. 100 da Constituição Federal, os débitos ou obrigações consignados em precatório judiciário, que tenham valor igual ou inferior a:

→ Artigo acrescentado pela EC 37/2002.

I – quarenta salários mínimos, perante a Fazenda dos Estados e do Distrito Federal;

II – trinta salários mínimos, perante a Fazenda dos Municípios.

Parágrafo único. Se o valor da execução ultrapassar o estabelecido neste artigo, o pagamento far-se-á, sempre, por meio de precatório, sendo facultada à parte exequente a renúncia ao crédito do valor excedente, para que possa optar pelo pagamento do saldo sem o precatório, da forma prevista no § 3º do art. 100.

Art. 88. Enquanto lei complementar não disciplinar o disposto nos incisos I e III do § 3º do art. 156 da Constituição Federal, o imposto a que se refere o inciso III do *caput* do mesmo artigo:

→ Artigo acrescentado pela EC 37/2002.

I – terá alíquota mínima de dois por cento, exceto para os serviços a que se referem os itens 32, 33 e 34 da Lista de Serviços anexa ao Decreto-lei 406, de 31 de dezembro de 1968;

II – não será objeto de concessão de isenções, incentivos e benefícios fiscais, que resulte, direta ou indiretamente, na redução da alíquota mínima estabelecida no inciso I.

Art. 89. Os integrantes da carreira policial militar e os servidores municipais do ex-Território Federal de Rondônia que, comprovadamente, se encontravam no exercício regular de suas funções prestando serviço àquele ex-Território na data em que foi transformado em Estado, bem como os servidores e os policiais militares alcançados pelo disposto no art. 36 da Lei Complementar 41, de 22 de dezembro de 1981, e aqueles admitidos regularmente nos quadros do Estado de Rondônia até a data de posse do primeiro Governador eleito, em 15 de março de 1987, constituirão, mediante opção, quadro em extinção da administração federal, assegurados os direitos e as vantagens a eles inerentes, vedado o pagamento, a qualquer título, de diferenças remuneratórias.

→ Artigo com redação alterada pela EC 60/2009.

§ 1º Os membros da Polícia Militar continuarão prestando serviços ao Estado de Rondônia, na condição de cedidos, submetidos às corporações da Polícia Militar, observadas as atribuições de função compatíveis com o grau hierárquico.

§ 2º Os servidores a que se refere o *caput* continuarão prestando serviços ao Estado de Rondônia na condição de cedidos, até seu aproveitamento em órgão ou entidade da administração federal direta, autárquica ou fundacional.

Art. 90. O prazo previsto no *caput* do art. 84 deste Ato das Disposições Constitucionais Transitórias fica prorrogado até 31 de dezembro de 2007.

→ Artigo acrescentado pela EC 42/2003.

→ *V.* Arts. 74 e 75 do ADCT.

→ *V.* Lei 9.311/1996 – Institui a Contribuição Provisória sobre Movimentação ou Transmissão de Valores e de Créditos e Direitos de Natureza Financeira – CPMF.

§ 1º Fica prorrogada, até a data referida no *caput* deste artigo, a vigência da Lei 9.311, de 24 de outubro de 1996, e suas alterações.

§ 2º Até a data referida no *caput* deste artigo, a alíquota da contribuição de que trata o art. 84 deste Ato das Disposições Constitucionais Transitórias será de trinta e oito centésimos por cento.

Art. 91. A União entregará aos Estados e ao Distrito Federal o montante definido em lei complementar, de acordo com critérios, prazos e condições nela determinados, podendo considerar as exportações para o exterior de produtos primários e semielaborados, a relação entre as exportações e as importações, os créditos decorrentes de aquisições destinadas ao ativo permanente e a efetiva manutenção e aproveitamento do crédito do imposto a que se refere o art. 155, § 2º, X, *a*.

→ Artigo acrescentado pela EC 42/2003.

§ 1º Do montante de recursos que cabe a cada Estado, setenta e cinco por cento pertencem ao próprio Estado, e vinte e cinco por cento, aos seus Municípios, distribuídos segundo os critérios a que se refere o art. 158, parágrafo único, da Constituição.

§ 2º A entrega de recursos prevista neste artigo perdurará, conforme definido em lei complementar, até que o imposto a que se refere o art. 155, II, tenha o produto de sua arrecadação destinado predominantemente, em proporção não inferior a oitenta por cento, ao Estado onde ocorrer o consumo das mercadorias, bens ou serviços.

§ 3º Enquanto não for editada a lei complementar de que trata o *caput*, em substituição ao sistema de entrega de recursos nele previsto, permanecerá vigente o sistema de entrega de recursos previsto no art. 31 e Anexo da Lei Complementar n. 87, de 13 de setembro de 1996, com a redação dada pela Lei Complementar n. 115, de 26 de dezembro de 2002.

§ 4º Os Estados e o Distrito Federal deverão apresentar à União, nos termos das instruções baixadas pelo Ministério da Fazenda, as informações relativas ao imposto de que trata o art. 155, II, declaradas pelos contribuintes que realizarem operações ou prestações com destino ao exterior.

Art. 92. São acrescidos dez anos ao prazo fixado no art. 40 deste Ato das Disposições Constitucionais Transitórias.

→ Artigo acrescentado pela EC 42/2003.

→ *V.* Art. 94 do Decreto 7.212/2010.

Art. 92-A. São acrescidos 50 (cinquenta) anos ao prazo fixado pelo art. 92 deste Ato das Disposições Constitucionais Transitórias.

→ Artigo acrescentado pela EC 83/2014.

Art. 93. A vigência do disposto no art. 159, III, e § 4º, iniciará somente após a edição da lei de que trata o referido inciso III.

→ Artigo acrescentado pela EC 42/2003.

Art. 94. Os regimes especiais de tributação para microempresas e empresas de pequeno porte próprios da União, dos Estados, do Distrito Federal e dos Municípios cessarão a partir da entrada em vigor do regime previsto no art. 146, III, *d*, da Constituição.

→ Artigo acrescentado pela EC 42/2003.

Art. 95. Os nascidos no estrangeiro entre 7 de junho de 1994 e a data da promulgação desta Emenda Constitucional, filhos de pai brasileiro ou mãe brasileira, poderão ser registrados em repartição diplomática ou consular brasileira competente ou em ofício de registro, se vierem a residir na República Federativa do Brasil.

→ Artigo acrescentado pela EC 54/2007.

→ *V.* Art. 12, I, *c*, da CF/1988.

Art. 96. Ficam convalidados os atos de criação, fusão, incorporação e desmembramento de Municípios, cuja lei tenha sido publicada até 31 de dezembro de 2006, atendidos os requisitos estabelecidos na legislação do respectivo Estado à época de sua criação.

→ Artigo acrescentado pela EC 57/2008.

Art. 97. Até que seja editada a lei complementar de que trata o § 15 do art. 100 da Constituição Federal, os Estados, o Distrito Federal e os Municípios que, na data de publicação desta Emenda Constitucional, estejam em mora na quitação de precatórios vencidos, relativos às suas administrações direta e indireta, inclusive os emitidos durante o período de vigência do regime especial instituído por este artigo, farão esses pagamentos de acordo com as normas a seguir estabelecidas, sendo inaplicável o disposto no art. 100 desta Constituição Federal, exceto em seus §§ 2º, 3º, 9º, 10, 11, 12, 13 e 14, e sem prejuízo dos acordos de juízos conciliatórios já formalizados na data de promulgação desta Emenda Constitucional.

→ Artigo acrescentado pela EC 62/2009.

→ *V.* ADIs 4.357/DF (*D.J.E.* 26.9.2014) e 4.425/DF (*D.J.E.* 19.12.2013), o Plenário do STF, por maioria de votos, julgou parcialmente procedentes as ADIs, para declarar inconstitucional "O regime 'especial' de pagamento de precatórios para Estados e Municípios criado pela

EC 62/2009, ao veicular nova moratória na quitação dos débitos judiciais da Fazenda Pública e ao impor o contingenciamento de recursos para esse fim, viola a cláusula constitucional do Estado de Direito (CF, art. 1º, *caput*), o princípio da Separação de Poderes (CF, art. 2º), o postulado da isonomia (CF, art. 5º), a garantia do acesso à justiça e a efetividade da tutela jurisdicional (CF, art. 5º, XXXV), o direito adquirido e à coisa julgada (CF, art. 5º, XXXVI)."

→ *v.* Art. 100 da CF/1988.

§ 1º Os Estados, o Distrito Federal e os Municípios sujeitos ao regime especial de que trata este artigo optarão, por meio de ato do Poder Executivo:

I – pelo depósito em conta especial do valor referido pelo § 2º deste artigo; ou

II – pela adoção do regime especial pelo prazo de até 15 (quinze) anos, caso em que o percentual a ser depositado na conta especial a que se refere o § 2º deste artigo corresponderá, anualmente, ao saldo total dos precatórios devidos, acrescido do índice oficial de remuneração básica da caderneta de poupança e de juros simples no mesmo percentual de juros incidentes sobre a caderneta de poupança para fins de compensação da mora, excluída a incidência de juros compensatórios, diminuído das amortizações e dividido pelo número de anos restantes no regime especial de pagamento.

§ 2º Para saldar os precatórios, vencidos e a vencer, pelo regime especial, os Estados, o Distrito Federal e os Municípios devedores depositarão mensalmente, em conta especial criada para tal fim, 1/12 (um doze avos) do valor calculado percentualmente sobre as respectivas receitas correntes líquidas, apuradas no segundo mês anterior ao mês de pagamento, sendo que esse percentual, calculado no momento de opção pelo regime e mantido fixo até o final do prazo a que se refere o § 14 deste artigo, será:

I – para os Estados e para o Distrito Federal:

a) de, no mínimo, 1,5% (um inteiro e cinco décimos por cento), para os Estados das regiões Norte, Nordeste e Centro-Oeste, além do Distrito Federal, ou cujo estoque de precatórios pendentes das suas administrações direta e indireta corresponder a até 35% (trinta e cinco por cento) do total da receita corrente líquida;

b) de, no mínimo, 2% (dois por cento), para os Estados das regiões Sul e Sudeste, cujo estoque de precatórios pendentes das suas administrações direta e indireta corresponder a mais de 35% (trinta e cinco por cento) da receita corrente líquida;

II – para Municípios:

a) de, no mínimo, 1% (um por cento), para Municípios das regiões Norte, Nordeste e Centro-Oeste, ou cujo estoque de precatórios pendentes das suas administrações direta e indireta corresponder a até 35% (trinta e cinco por cento) da receita corrente líquida;

b) de, no mínimo, 1,5% (um inteiro e cinco décimos por cento), para Municípios das regiões Sul e Sudeste, cujo estoque de precatórios pendentes das suas administrações direta e indireta corresponder a mais de 35 % (trinta e cinco por cento) da receita corrente líquida.

§ 3º Entende-se como receita corrente líquida, para os fins de que trata este artigo, o somatório das receitas tributárias, patrimoniais, industriais, agropecuárias, de contribuições e de serviços, transferências correntes e outras receitas correntes, incluindo as oriundas do § 1º do art. 20 da Constituição Federal, verificado no período compreendido pelo mês de referência e os 11 (onze) meses anteriores, excluídas as duplicidades, e deduzidas:

I – nos Estados, as parcelas entregues aos Municípios por determinação constitucional;

II – nos Estados, no Distrito Federal e nos Municípios, a contribuição dos servidores para custeio do seu sistema de previdência e assistência social e as receitas provenientes da compensação financeira referida no § 9º do art. 201 da Constituição Federal.

§ 4º As contas especiais de que tratam os §§ 1º e 2º serão administradas pelo Tribunal de Justiça local, para pagamento de precatórios expedidos pelos tribunais.

§ 5º Os recursos depositados nas contas especiais de que tratam os §§ 1º e 2º deste artigo não poderão retornar para Estados, Distrito Federal e Municípios devedores.

§ 6º Pelo menos 50% (cinquenta por cento) dos recursos de que tratam os §§ 1º e 2º deste artigo serão utilizados para pagamento de precatórios em ordem cronológica de apresentação, respeitadas as preferências definidas no § 1º, para os requisitórios do mesmo ano e no § 2º do art. 100, para requisitórios de todos os anos.

§ 7º Nos casos em que não se possa estabelecer a precedência cronológica entre 2 (dois) precatórios, pagar-se-á primeiramente o precatório de menor valor.

§ 8º A aplicação dos recursos restantes dependerá de opção a ser exercida por Estados, Distrito Federal e Municípios devedores, por ato do Poder Executivo, obedecendo à seguinte forma, que poderá ser aplicada isoladamente ou simultaneamente:

I – destinados ao pagamento dos precatórios por meio do leilão;

II – destinados a pagamento a vista de precatórios não quitados na forma do § 6º e do inciso I, em ordem única e crescente de valor por precatório;

III – destinados a pagamento por acordo direto com os credores, na forma estabelecida por lei própria da entidade devedora, que poderá prever criação e forma de funcionamento de câmara de conciliação.

§ 9º Os leilões de que trata o inciso I do § 8º deste artigo:

I – serão realizados por meio de sistema eletrônico administrado por entidade autorizada pela Comissão de Valores Mobiliários ou pelo Banco Central do Brasil;

II – admitirão a habilitação de precatórios, ou parcela de cada precatório indicada pelo seu detentor, em relação aos quais não esteja pendente, no âmbito do Poder Judiciário, recurso ou impugnação de qualquer natureza, permitida por iniciativa do Poder Executivo a compensação com débitos líquidos e certos, inscritos ou não em dívida ativa e constituídos contra devedor originário pela Fazenda Pública devedora até a data da expedição do precatório, ressalvados aqueles cuja exigibilidade esteja suspensa nos termos da legislação, ou que já tenham sido objeto de abatimento nos termos do § 9º do art. 100 da Constituição Federal;

III – ocorrerão por meio de oferta pública a todos os credores habilitados pelo respectivo ente federativo devedor;

IV – considerarão automaticamente habilitado o credor que satisfaça o que consta no inciso II;

V – serão realizados tantas vezes quanto necessário em função do valor disponível;

VI – a competição por parcela do valor total ocorrerá a critério do credor, com deságio sobre o valor desta;

VII – ocorrerão na modalidade deságio, associado ao maior volume ofertado cumulado ou não com o maior percentual de deságio, pelo maior percentual de deságio, podendo ser fixado valor máximo por credor, ou por outro critério a ser definido em edital;

VIII – o mecanismo de formação de preço constará nos editais publicados para cada leilão;

IX – a quitação parcial dos precatórios será homologada pelo respectivo Tribunal que o expediu.

§ 10. No caso de não liberação tempestiva dos recursos de que tratam o inciso II do § 1º e os §§ 2º e 6º deste artigo:

I – haverá o sequestro de quantia nas contas de Estados, Distrito Federal e Municípios devedores, por ordem do Presidente do Tribunal referido no § 4º, até o limite do valor não liberado;

II – constituir-se-á, alternativamente, por ordem do Presidente do Tribunal requerido, em favor dos credores de precatórios, contra Estados, Distrito Federal e Municípios devedores, direito líquido e certo, autoaplicável e independentemente de regulamentação, à compensação automática com débitos líquidos lançados por esta contra aqueles, e, havendo saldo em favor do credor, o valor terá automaticamente poder liberatório do pagamento de tributos de Estados, Distrito Federal e Municípios devedores, até onde se compensarem;

III – o chefe do Poder Executivo responderá na forma da legislação de responsabilidade fiscal e de improbidade administrativa;

IV – enquanto perdurar a omissão, a entidade devedora:

a) não poderá contrair empréstimo externo ou interno;

b) ficará impedida de receber transferências voluntárias;

V – a União reterá os repasses relativos ao Fundo de Participação dos Estados e do Distrito Federal e ao Fundo de Participação dos Municípios, e os depositará nas contas especiais referidas no § 1º, devendo sua utilização obedecer ao que prescreve o § 5º, ambos deste artigo.

§ 11. No caso de precatórios relativos a diversos credores, em litisconsórcio, admite-se o desmembramento do valor, realizado pelo Tribunal de origem do precatório, por credor, e, por este, a habilitação do valor total a que tem direito, não se aplicando, neste caso, a regra do § 3º do art. 100 da Constituição Federal.

§ 12. Se a lei a que se refere o § 4º do art. 100 não estiver publicada em até 180 (cento e oitenta) dias, contados da data de publicação desta Emenda Constitucional, será considerado, para os fins referidos, em relação a Estados, Distrito Federal e Municípios devedores, omissos na regulamentação, o valor de:

I – 40 (quarenta) salários mínimos para Estados e para o Distrito Federal;

II – 30 (trinta) salários mínimos para Municípios.

§ 13. Enquanto Estados, Distrito Federal e Municípios devedores estiverem realizando pagamentos de precatórios pelo regime especial, não poderão sofrer sequestro de valores, exceto no caso de não liberação tempestiva dos recursos de que tratam o inciso II do § 1º e o § 2º deste artigo.

§ 14. O regime especial de pagamento de precatório previsto no inciso I do § 1º vigorará enquanto o valor dos precatórios devidos for superior ao valor dos recursos vinculados, nos termos do § 2º, ambos deste artigo, ou pelo prazo fixo de até 15 (quinze) anos, no caso da opção prevista no inciso II do § 1º.

§ 15. Os precatórios parcelados na forma do art. 33 ou do art. 78 deste Ato das Disposições Constitucionais Transitórias e ainda pendentes de pagamento ingressarão no regime especial com o valor atualizado das parcelas não pagas relativas a cada precatório, bem como o saldo dos acordos judiciais e extrajudiciais.

§ 16. A partir da promulgação desta Emenda Constitucional, a atualização de valores de requisitórios, até o efetivo pagamento, independentemente de sua natureza, será feita pelo índice oficial de remuneração básica da caderneta de poupança, e, para fins de compensação da mora, incidirão juros simples no mesmo percentual de juros incidentes sobre a caderneta de poupança, ficando excluída a incidência de juros compensatórios.

§ 17. O valor que exceder o limite previsto no § 2º do art. 100 da Constituição Federal será pago, durante a vigência do regime especial, na forma prevista nos §§ 6º e 7º ou nos incisos I, II e III do § 8º deste artigo, devendo os valores dispendidos para o atendimento do disposto no § 2º do art. 100 da Constituição Federal serem computados para efeito do § 6º deste artigo.

§ 18. Durante a vigência do regime especial a que se refere este artigo, gozarão também da preferência a que se refere o § 6º os titulares originais de precatórios que tenham completado 60 (sessenta) anos de idade até a data da promulgação desta Emenda Constitucional.

Art. 98. O número de defensores públicos na unidade jurisdicional será proporcional à efetiva demanda pelo serviço da Defensoria Pública e à respectiva população.

➔ Artigo acrescentado pela EC 80/2014.

§ 1º No prazo de 8 (oito) anos, a União, os Estados e o Distrito Federal deverão contar com defensores públicos em todas as unidades jurisdicionais, observado o disposto no *caput* deste artigo.

§ 2º Durante o decurso do prazo previsto no § 1º deste artigo, a lotação dos defensores públicos ocorrerá, prioritariamente, atendendo as regiões com maiores índices de exclusão social e adensamento populacional.

Art. 99. Para efeito do disposto no inciso VII do § 2º do art. 155, no caso de operações e prestações que destinem bens e serviços a consumidor final não contribuinte localizado em outro Estado, o imposto correspondente à diferença entre a alíquota interna e a interestadual será partilhado entre os Estados de origem e de destino, na seguinte proporção:

➔ Artigo acrescentado pela EC 87/2015, em vigor na data de sua publicação, produzindo efeitos no ano subsequente e após 90 (noventa) dias da data de publicação da referida EC – *D.O.U.* de 17.4.2015.

I – para o ano de 2015: 20% (vinte por cento) para o Estado de destino e 80% (oitenta por cento) para o Estado de origem;

II – para o ano de 2016: 40% (quarenta por cento) para o Estado de destino e 60% (sessenta por cento) para o Estado de origem;

III – para o ano de 2017: 60% (sessenta por cento) para o Estado de destino e 40% (quarenta por cento) para o Estado de origem;

IV – para o ano de 2018: 80% (oitenta por cento) para o Estado de destino e 20% (vinte por cento) para o Estado de origem;

V – a partir do ano de 2019: 100% (cem por cento) para o Estado de destino.

Art. 100. Até que entre em vigor a lei complementar de que trata o inciso II do § 1º do art. 40 da Constituição Federal, os Ministros do Supremo Tribunal Federal, dos Tribunais Superiores e do Tribunal de Contas da União aposentar-se-ão, compulsoriamente, aos 75 (setenta e cinco) anos de idade, nas condições do art. 52 da Constituição Federal.

➔ Artigo acrescentado pela EC 88/2015.

➔ *v.* ADIn 5.316-1 (*D.O.U.* de 9.6.2015), o STF, na medida cautelar, decidiu que, preliminarmente, por maioria e nos termos do voto do Relator, assentou a admissibilidade da cumulação da ação direta de inconstitucionalidade com ação declaratória de constitucionalidade, (...). No mérito, o Tribunal, por maioria e nos termos do voto do Relator, deferiu a medida cautelar para: 1) suspender a aplicação da expressão "nas condições do art. 52 da Constituição Federal" contida no art. 100 do ADCT, introduzido pela EC 88/2015, por vulnerar as condições materiais necessárias ao exercício imparcial e independente da função jurisdicional, ultrajando a separação dos Poderes, cláusula pétrea inscrita no art. 60, § 4º, III, da CRFB; 2) fixar a interpretação, quanto à parte remanescente da EC 88/2015, de que o art. 100 do ADCT não pode ser estendido a outros agentes públicos até que seja editada a lei complementar a que alude o art. 40, § 1º, II, da CRFB, a qual, quanto à magistratura, é a lei complementar de iniciativa do Supremo Tribunal Federal nos termos do art. 93 da CRFB; 3) suspender a tramitação de todos os processos que envolvam a aplicação a magistrados do art. 40, § 1º, II da CRFB e do art. 100 do ADCT, até o julgamento definitivo da presente demanda, e 4) declarar sem efeito todo e qualquer pronunciamento judicial ou administrativo que afaste, amplie ou reduza a literalidade do comando previsto no art. 100 do ADCT e, com base neste fundamento, assegure a qualquer outro agente público o exercício das funções relativas a cargo efetivo após ter completado setenta anos de idade. (...)".

Brasília, 5 de outubro de 1988.
Ulysses Guimarães

EMENDAS À CONSTITUIÇÃO DA REPÚBLICA FEDERATIVA DO BRASIL SELECIONADAS

VADE MECUM DE LEGISLAÇÃO FOCO

EMENDAS À CONSTITUIÇÃO DA REPÚBLICA FEDERATIVA DO BRASIL SELECIONADAS

EMENDAS À CONSTITUIÇÃO DA REPÚBLICA FEDERATIVA DO BRASIL SELECIONADAS**

EMENDAS CONSTITUCIONAIS

EMENDA CONSTITUCIONAL N. 2, DE 25 DE AGOSTO DE 1992

Dispõe sobre o plebiscito previsto no art. 2º do Ato das Disposições Constitucionais Transitórias.

As Mesas da Câmara dos Deputados e do Senado Federal, nos termos do § 3º do artigo 60 da Constituição Federal, promulgam a seguinte Emenda ao texto constitucional:

Artigo único. O plebiscito de que trata o artigo 2º do Ato das Disposições Constitucionais Transitórias realizar-se-á no dia 21 de abril de 1993.

§ 1º A forma e o sistema de governo definidos pelo plebiscito terão vigência em 1º de janeiro de 1995.

§ 2º A lei poderá dispor sobre a realização do plebiscito, inclusive sobre a gratuidade da livre divulgação das formas e sistemas de governo, através dos meios de comunicação de massa concessionários ou permissionários de serviço público, assegurada igualdade de tempo e paridade de horários.

§ 3º A norma constante do parágrafo anterior não exclui a competência do Tribunal Superior Eleitoral para expedir instruções necessárias à realização da consulta plebiscitária.

Brasília, 25 de agosto de 1992.

Mesa da Câmara dos Deputados:
Ibsen Pinheiro
Presidente

Mesa do Senado Federal:
Mauro Benevides
Presidente

(Publicação no *D.O.U.* de 1.9.1992)

EMENDA CONSTITUCIONAL N. 3, DE 17 DE MARÇO DE 1993

Altera dispositivos da Constituição Federal.

As Mesas da Câmara dos Deputados e do Senado Federal, nos termos do § 3º do art. 60 da Constituição Federal, promulgam a seguinte Emenda ao texto constitucional:

(...)

Art. 2º A União poderá instituir, nos termos de lei complementar, com vigência até 31 de dezembro de 1994, imposto sobre movimentação ou transmissão de valores e de créditos e direitos de natureza financeira.

§ 1º A alíquota do imposto de que trata este artigo não excederá a vinte e cinco centésimos por cento, facultado ao Poder Executivo reduzi-la ou restabelecê-la, total ou parcialmente, nas condições e limites fixados em lei.

§ 2º Ao imposto de que trata este artigo não se aplica o art. 150, III, *b*, e VI, nem o disposto no § 5º do artigo 153 da Constituição.

§ 3º O produto da arrecadação do imposto de que trata este artigo não se encontra sujeito a qualquer modalidade de repartição com outra entidade federada.

§ 4º *(Revogado pela EC de Revisão 1/1994).*

Art. 3º A eliminação do adicional ao Imposto sobre a Renda, de competência dos Estados, decorrente desta Emenda Constitucional, somente produzirá efeitos a partir de 1º de janeiro de 1996, reduzindo-se a correspondente alíquota, pelo menos, a dois e meio por cento no exercício financeiro de 1995.

Art. 4º A eliminação do imposto sobre vendas a varejo de combustíveis líquidos e gasosos, de competência dos Municípios, decorrente desta Emenda Constitucional, somente produzirá efeitos a partir de 1º de janeiro de 1996, reduzindo-se a correspondente alíquota, pelo menos, a um e meio por cento no exercício financeiro de 1995.

Art. 5º Até 31 de dezembro de 1999, os Estados, o Distrito Federal e os Municípios somente poderão emitir títulos da dívida pública no montante necessário ao refinanciamento do principal devidamente atualizado de suas obrigações, representadas por essa espécie de títulos, ressalvado o disposto no art. 33, parágrafo único, do Ato das Disposições Constitucionais Transitórias.

Art. 6º Revogam-se o inciso IV e o § 4º do art. 156 da Constituição Federal.

Brasília, 17 de março de 1993.

Mesa da Câmara dos Deputados:
Inocêncio Oliveira
Presidente

Mesa do Senado Federal:
Senador Humberto Lucena
Presidente

(Publicação no *D.O.U.* de 18.3.1993)

EMENDA CONSTITUCIONAL N. 8, DE 15 DE AGOSTO DE 1995

Altera o inciso XI e a alínea a do inciso XII do art. 21 da Constituição Federal.

As Mesas da Câmara dos Deputados e do Senado Federal, nos termos do § 3º do art. 60 da Constituição Federal, promulgam a seguinte Emenda ao texto constitucional:

(...)

Art. 2º É vedada a adoção de medida provisória para regulamentar o disposto no inciso XI do art. 21 com a redação dada por esta emenda constitucional.

Brasília, 15 de agosto de 1995.

Mesa da Câmara dos Deputados:
Luís Eduardo
Presidente

Mesa do Senado Federal:
José Sarney
Presidente

(Publicação no *D.O.U.* de 16.8.1995)

EMENDA CONSTITUCIONAL N. 9, DE 9 DE NOVEMBRO DE 1995

Dá nova redação ao art. 177 da Constituição Federal, alterando e inserindo parágrafos.

As mesas da Câmara dos Deputados e do Senado Federal, nos termos do § 3º do art. 60 da Constituição Federal, promulgam a seguinte Emenda ao texto constitucional:

(...)

Art. 3º É vedada a edição de medida provisória para a regulamentação da matéria prevista nos incisos I a IV dos §§ 1º e 2º do art. 177 da Constituição Federal.

Brasília, 9 de novembro de 1995.

Mesa da Câmara dos Deputados:
Luís Eduardo
Presidente

Mesa do Senado Federal:
José Sarney
Presidente

(Publicação no *D.O.U.* de 10.11.1995)

EMENDA CONSTITUCIONAL N. 17, DE 22 DE NOVEMBRO DE 1997

Altera dispositivos dos arts. 71 e 72 do Ato das Disposições Constitucionais Transitórias, introduzidos pela Emenda Constitucional de Revisão n. 1, de 1994.

As Mesas da Câmara dos Deputados e do Senado Federal, nos termos do § 3º do art. 60 da Constituição Federal, promulgam a seguinte Emenda ao texto constitucional:

(...)

Art. 3º A União repassará aos Municípios, do produto da arrecadação do Imposto sobre a Renda e Proventos de Qualquer Natureza, tal como considerado na constituição dos fundos de que trata o art. 159, I, da Constituição, excluída a parcela referida no art. 72, I, do Ato das Disposições Constitucionais Transitórias, os seguintes percentuais:

** As Emendas Constitucionais alteradoras, incluindo as EC de Revisão, não constam na obra impressa, pois o conteúdo alterado já foi processado nas respectivas normas.

I – um inteiro e cinquenta e seis centésimos por cento, no período de 1º de julho de 1997 a 31 de dezembro de 1997;

II – um inteiro e oitocentos e setenta e cinco milésimos por cento, no período de 1º de janeiro de 1998 a 31 de dezembro de 1998;

III – dois inteiros e cinco décimos por cento, no período de 1º de janeiro de 1999 a 31 de dezembro de 1999.

Parágrafo único. O repasse dos recursos de que trata este artigo obedecerá à mesma periodicidade e aos mesmos critérios de repartição e normas adotadas no Fundo de Participação dos Municípios, observado o disposto no art. 160 da Constituição.

Art. 4º Os efeitos do disposto nos arts. 71 e 72 do Ato das Disposições Constitucionais Transitórias, com a redação dada pelos arts. 1º e 2º desta Emenda, são retroativos a 1º de julho de 1997.

Parágrafo único. As parcelas de recursos destinados ao Fundo de Estabilização Fiscal e entregues na forma do art. 159, I, da Constituição, no período compreendido entre 1º de julho de 1997 e a data de promulgação desta Emenda, serão deduzidas das cotas subsequentes, limitada a dedução a um décimo do valor total entregue em cada mês.

Art. 5º Observado o disposto no artigo anterior, a União aplicará as disposições do art. 3º desta Emenda retroativamente a 1º de julho de 1997.

Art. 6º Esta Emenda Constitucional entra em vigor na data de sua publicação.

Brasília, 22 de novembro de 1997.

Mesa da Câmara dos Deputados:
Michel Temer
Presidente

Mesa do Senado Federal:
Antonio Carlos Magalhães
Presidente

(Publicação no *D.O.U.* de 25.11.1997)

EMENDA CONSTITUCIONAL N. 19, DE 4 DE JUNHO DE 1998

Modifica o regime e dispõe sobre princípios e normas da Administração Pública, servidores e agentes políticos, controle de despesas e finanças públicas e custeio de atividades a cargo do Distrito Federal, e dá outras providências.

As Mesas da Câmara dos Deputados e do Senado Federal, nos termos do § 3º do art. 60 da Constituição Federal, promulgam esta Emenda ao texto constitucional:

(...)

Art. 25. Até a instituição do fundo a que se refere o inciso XIV do art. 21 da Constituição Federal, compete à União manter os atuais compromissos financeiros com a prestação de serviços públicos do Distrito Federal.

Art. 26. No prazo de dois anos da promulgação desta Emenda, as entidades da administração indireta terão seus estatutos revistos quanto à respectiva natureza jurídica, tendo em conta a finalidade e as competências efetivamente executadas.

Art. 27. O Congresso Nacional, dentro de cento e vinte dias da promulgação desta Emenda, elaborará lei de defesa do usuário de serviços públicos.

Art. 28. É assegurado o prazo de dois anos de efetivo exercício para aquisição da estabilidade aos atuais servidores em estágio probatório, sem prejuízo da avaliação a que se refere o § 4º do art. 41 da Constituição Federal.

Art. 29. Os subsídios, vencimentos, remuneração, proventos da aposentadoria e pensões e quaisquer outras espécies remuneratórias adequar-se-ão, a partir da promulgação desta Emenda, aos limites decorrentes da Constituição Federal, não se admitindo a percepção de excesso a qualquer título.

Art. 30. O projeto de lei complementar a que se refere o art. 163 da Constituição Federal será apresentado pelo Poder Executivo ao Congresso Nacional no prazo máximo de cento e oitenta dias da promulgação desta Emenda.

Art. 31. Os servidores públicos federais da administração direta e indireta, os servidores municipais e os integrantes da carreira policial militar dos ex-Territórios Federais do Amapá e de Roraima que comprovadamente encontravam-se no exercício regular de suas funções prestando serviços àqueles ex-Territórios na data em que foram transformados em Estados, os servidores e os policiais militares admitidos regularmente pelos governos dos Estados do Amapá e de Roraima no período entre a transformação e a efetiva instalação desses Estados em outubro de 1993 e, ainda, os servidores nesses Estados com vínculo funcional já reconhecido pela União integrarão, mediante opção, quadro em extinção da administração federal.

→ Artigo com redação alterada pela EC 79/2014.

§ 1º O enquadramento referido no *caput* para os servidores ou para os policiais militares admitidos regularmente entre a transformação e a instalação dos Estados em outubro de 1993 deverá dar-se no cargo em que foram originariamente admitidos ou em cargo equivalente.

§ 2º Os integrantes da carreira policial militar a que se refere o *caput* continuarão prestando serviços aos respectivos Estados, na condição de cedidos, submetidos às disposições estatutárias a que estão sujeitas as corporações das respectivas Polícias Militares, observados as atribuições de função compatíveis com seu grau hierárquico e o direito às devidas promoções.

§ 3º Os servidores a que se refere o *caput* continuarão prestando serviços aos respectivos Estados e a seus Municípios, na condição de cedidos, até seu aproveitamento em órgão ou entidade da administração federal direta, autárquica ou fundacional.

(...)

Art. 33. Consideram-se servidores não estáveis, para os fins do art. 169, § 3º, II, da Constituição Federal aqueles admitidos na administração direta, autárquica e fundacional sem concurso público de provas ou de provas e títulos após o dia 5 de outubro de 1983.

Art. 34. Esta Emenda Constitucional entra em vigor na data de sua promulgação.

Brasília, 4 de junho de 1998.

Mesa da Câmara dos Deputados:
Michel Temer
Presidente

Mesa do Senado Federal:
Antonio Carlos Magalhães
Presidente

(Publicação no *D.O.U.* de 5.6.1998)

EMENDA CONSTITUCIONAL N. 20, DE 15 DE DEZEMBRO DE 1998

→ v. Súmula Vinculante 34 do STF.

Modifica o sistema de previdência social, estabelece normas de transição e dá outras providências.

As Mesas da Câmara dos Deputados e do Senado Federal, nos termos do § 3º do art. 60 da Constituição Federal, promulgam a seguinte emenda ao texto constitucional:

(...)

Art. 3º É assegurada a concessão de aposentadoria e pensão, a qualquer tempo, aos servidores públicos e aos segurados do regime geral de previdência social, bem como aos seus dependentes, que, até a data da publicação desta Emenda, tenham cumprido os requisitos para a obtenção destes benefícios, com base nos critérios da legislação então vigente.

§ 1º O servidor de que trata este artigo, que tenha completado as exigências para aposentadoria integral e que opte por permanecer em atividade fará jus à isenção da contribuição previdenciária até completar as exigências para aposentadoria contidas no art. 40, § 1º, III, *a*, da Constituição Federal.

§ 2º Os proventos da aposentadoria a ser concedida aos servidores públicos referidos no *caput*, em termos integrais ou proporcionais ao tempo de serviço já exercido até a data de publicação desta Emenda, bem como as pensões de seus dependentes, serão calculados de acordo com a legislação em vigor à época em que foram atendidas as prescrições nela estabelecidas para a concessão destes benefícios ou nas condições da legislação vigente.

§ 3º São mantidos todos os direitos e garantias assegurados nas disposições constitucionais vigentes à data de publicação desta Emenda aos servidores e militares, inativos e pensionistas, aos anistiados e aos ex-combatentes, assim como àqueles que já cumpriram, até aquela data, os requisitos para usufruírem tais direitos, observado o disposto no art. 37, XI, da Constituição Federal.

Art. 4º Observado o disposto no art. 40, § 10, da Constituição Federal, o tempo de serviço considerado pela legislação vigente para efeito de aposentadoria, cumprido até que a lei discipline a matéria, será contado como tempo de contribuição.

Art. 5º O disposto no art. 202, § 3º, da Constituição Federal, quanto à exigência de paridade entre a contribuição da patrocinadora e a contribuição do segurado, terá vigência no prazo de dois anos a partir da publicação desta Emenda, ou, caso ocorra antes, na data de publicação da lei complementar a que se refere o § 4º do mesmo artigo.

Art. 6º As entidades fechadas de previdência privada patrocinadas por entidades públicas, inclusive empresas públicas e sociedades de economia mista, deverão rever, no prazo de dois anos, a contar da publicação desta Emenda, seus planos de benefícios e serviços, de modo a ajustá-los atuarialmente a seus ativos, sob pena de intervenção, sendo seus dirigentes e os de suas respectivas patrocinadoras responsáveis civil e criminalmente pelo descumprimento do disposto neste artigo.

Art. 7º Os projetos das leis complementares previstas no art. 202 da Constituição Federal deverão ser apresentados ao Congresso Nacional no prazo máximo de noventa dias após a publicação desta Emenda.

Art. 8º *(Revogado pela EC 41/2003).*

Art. 9º Observado o disposto no art. 4º desta Emenda e ressalvado o direito de opção à aposentadoria pelas normas por ela estabelecidas para o regime geral de previdência social, é assegurado o direito à aposentadoria ao segurado que se tenha filiado ao regime geral de previdência social, até a data de publicação desta Emenda, quando, cumulativamente, atender aos seguintes requisitos:

I – contar com cinquenta e três anos de idade, se homem, e quarenta e oito anos de idade, se mulher; e

II – contar tempo de contribuição igual, no mínimo, à soma de:

a) trinta e cinco anos, se homem, e trinta anos, se mulher; e

b) um período adicional de contribuição equivalente a vinte por cento do tempo que, na data da publicação desta Emenda, faltaria para atingir o limite de tempo constante da alínea anterior.

§ 1º O segurado de que trata este artigo, desde que atendido o disposto no inciso I do *caput*, e observado o disposto no art. 4º desta Emenda, pode aposentar-se com valores proporcionais ao tempo de contribuição, quando atendidas as seguintes condições:

I – contar tempo de contribuição igual, no mínimo, à soma de:

a) trinta anos, se homem, e vinte e cinco anos, se mulher; e

b) um período adicional de contribuição equivalente a quarenta por cento do tempo que, na data da publicação desta Emenda, faltaria para atingir o limite de tempo constante da alínea anterior;

II – o valor da aposentadoria proporcional será equivalente a setenta por cento do valor da aposentadoria a que se refere o *caput*, acrescido de cinco por cento por ano de contribuição que supere a soma a que se refere o inciso anterior, até o limite de cem por cento.

§ 2º O professor que, até a data da publicação desta Emenda, tenha exercido atividade de magistério e que opte por aposentar-se na forma do disposto no *caput*, terá o tempo de serviço exercido até a publicação desta Emenda contado com o acréscimo de dezessete por cento, se homem, e de vinte por cento, se mulher, desde que se aposente, exclusivamente, com tempo de efetivo exercício de atividade de magistério.

Art. 10. *(Revogado pela EC 41/2003).*

Art. 11. A vedação prevista no art. 37, § 10, da Constituição Federal, não se aplica aos membros de poder e aos inativos, servidores e militares, que, até a publicação desta Emenda, tenham ingressado novamente no serviço público por concurso público de provas ou de provas e títulos, e pelas demais formas previstas na Constituição Federal, sendo-lhes proibida a percepção de mais de uma aposentadoria pelo regime de previdência a que se refere o art. 40 da Constituição Federal, aplicando-se-lhes, em qualquer hipótese, o limite de que trata o § 11 deste mesmo artigo.

Art. 12. Até que produzam efeitos as leis que irão dispor sobre as contribuições de que trata o art. 195 da Constituição Federal, são exigíveis as estabelecidas em lei, destinadas ao custeio da seguridade social e dos diversos regimes previdenciários.

Art. 13. Até que a lei discipline o acesso ao salário-família e auxílio-reclusão para os servidores, segurados e seus dependentes, esses benefícios serão concedidos apenas àqueles que tenham renda bruta mensal igual ou inferior a R$ 360,00 (trezentos e sessenta reais), que, até a publicação da lei, serão corrigidos pelos mesmos índices aplicados aos benefícios do regime geral de previdência social.

Art. 14. O limite máximo para o valor dos benefícios do regime geral de previdência social de que trata o art. 201 da Constituição Federal é fixado em R$ 1.200,00 (um mil e duzentos reais), devendo, a partir da data da publicação desta Emenda, ser reajustado de forma a preservar, em caráter permanente, seu valor real, atualizado pelos mesmos índices aplicados aos benefícios do regime geral de previdência social.

→ *v.* ADIn 1.946-5, o STF decidiu o seguinte – "O Tribunal, por unanimidade, julgou parcialmente procedente o pedido formulado na inicial da ação para dar ao art. 14 da EC 20/1998, sem redução de texto, interpretação conforme a Constituição Federal, para excluir sua aplicação ao salário da licença à gestante a que se refere o art. 7º, inciso XVIII da referida Carta" – Publicado no *D.O.U.* 3.6.2003.

Art. 15. Até que a lei complementar a que se refere o art. 201, § 1º, da Constituição Federal, seja publicada, permanece em vigor o disposto nos arts. 57 e 58 da Lei 8.213, de 24 de julho de 1991, na redação vigente à data da publicação desta Emenda.

Art. 16. Esta Emenda Constitucional entra em vigor na data de sua publicação.

Art. 17. Revoga-se o inciso II do § 2º do art. 153 da Constituição Federal.

Brasília, 15 de dezembro de 1998.

Mesa da Câmara dos Deputados:
Michel Temer
Presidente

Mesa do Senado Federal:
Antonio Carlos Magalhães
Presidente

(Publicação no *D.O.U.* de 16.12.1998)

EMENDA CONSTITUCIONAL N. 24, DE 9 DE DEZEMBRO DE 1999

Altera dispositivos da Constituição Federal pertinentes à representação classista na Justiça do Trabalho.

As Mesas da Câmara dos Deputados e do Senado Federal, nos termos do § 3º do art. 60 da Constituição Federal, promulgam a seguinte Emenda ao texto constitucional:

(...)

Art. 2º É assegurado o cumprimento dos mandatos dos atuais ministros classistas temporários do Tribunal Superior do Trabalho e dos atuais juízes classistas temporários dos Tribunais Regionais do Trabalho e das Juntas de Conciliação e Julgamento.

Art. 3º Esta Emenda Constitucional entra em vigor na data de sua publicação.

Art. 4º Revoga-se o art. 117 da Constituição Federal.

Brasília, 9 de dezembro de 1999.

Mesa da Câmara dos Deputados:
Michel Temer
Presidente

Mesa do Senado Federal:
Antonio Carlos Magalhães
Presidente

(Publicação no *D.O.U.* de 10.12.1999)

EMENDA CONSTITUCIONAL N. 32, DE 11 DE SETEMBRO DE 2001

Altera dispositivos dos arts. 48, 57, 61, 62, 64, 66, 84, 88 e 246 da Constituição Federal, e dá outras providências.

As Mesas da Câmara dos Deputados e do Senado Federal, nos termos do § 3º do art. 60 da Constituição Federal, promulgam a seguinte Emenda ao texto constitucional:

(...)

Art. 2º As medidas provisórias editadas em data anterior à da publicação desta emenda continuam em vigor até que medida provisória ulterior as revogue explicitamente ou até deliberação definitiva do Congresso Nacional.

Art. 3º Esta Emenda Constitucional entra em vigor na data de sua publicação.

Brasília, 11 de setembro de 2001.

Mesa da Câmara dos Deputados:
Aécio Neves
Presidente

Mesa do Senado Federal:
Edison Lobão
Presidente Interino

(Publicação no *D.O.U.* de 12.9.2001)

EMENDA CONSTITUCIONAL N. 33, DE 11 DE DEZEMBRO DE 2001

Altera os arts. 149, 155 e 177 da Constituição Federal.

As Mesas da Câmara dos Deputados e do Senado Federal, nos termos do § 3º do art. 60 da Constituição Federal, promulgam a seguinte Emenda ao texto constitucional:

(...)

Art. 4º Enquanto não entrar em vigor a lei complementar de que trata o art. 155, § 2º, XII, *h*, da Constituição Federal, os Estados e o Distrito Federal, mediante convênio celebrado nos termos do § 2º, XII, *g*, do mesmo artigo, fixarão normas para regular provisoriamente a matéria.

Art. 5º Esta Emenda Constitucional entra em vigor na data de sua promulgação.

Brasília, 11 de dezembro de 2001.

Mesa da Câmara dos Deputados:
Aécio Neves
Presidente

Mesa do Senado Federal:
Ramez Tebet
Presidente

(Publicação no *D.O.U.* de 12.12.2001)

EMENDA CONSTITUCIONAL N. 41, DE 19 DE DEZEMBRO DE 2003

→ v. Súmula Vinculante 34 do STF.

Modifica os arts. 37, 40, 42, 48, 96, 149 e 201 da Constituição Federal, revoga o inciso IX do § 3º do art. 142 da Constituição Federal e dispositivos da Emenda Constitucional n. 20, de 15 de dezembro de 1998, e dá outras providências.

As Mesas da Câmara dos Deputados e do Senado Federal, nos termos do § 3º do art. 60 da Constituição Federal, promulgam a seguinte Emenda ao texto constitucional:

(...)

Art. 2º Observado o disposto no art. 4º da Emenda Constitucional n. 20, de 15 de dezembro de 1998, é assegurado o direito de opção pela aposentadoria voluntária com proventos calculados de acordo com o art. 40, §§ 3º e 17, da Constituição Federal, àquele que tenha ingressado regularmente em cargo efetivo na Administração Pública direta, autárquica e fundacional, até a data de publicação daquela Emenda, quando o servidor, cumulativamente:

→ v. Art. 3º da EC 47/2005.

I – tiver cinquenta e três anos de idade, se homem, e quarenta e oito anos de idade, se mulher;

II – tiver cinco anos de efetivo exercício no cargo em que se der a aposentadoria;

III – contar tempo de contribuição igual, no mínimo, à soma de:

a) trinta e cinco anos, se homem, e trinta anos, se mulher; e

b) um período adicional de contribuição equivalente a vinte por cento do tempo que, na data de publicação daquela Emenda, faltaria para atingir o limite de tempo constante da alínea *a* deste inciso.

§ 1º O servidor de que trata este artigo que cumprir as exigências para aposentadoria na forma do *caput* terá os seus proventos de inatividade reduzidos para cada ano antecipado em relação aos limites de idade estabelecidos pelo art. 40, § 1º, III, *a*, e § 5º da Constituição Federal, na seguinte proporção:

I – três inteiros e cinco décimos por cento, para aquele que completar as exigências para aposentadoria na forma do *caput* até 31 de dezembro de 2005;

II – cinco por cento, para aquele que completar as exigências para aposentadoria na forma do *caput* a partir de 1º de janeiro de 2006.

§ 2º Aplica-se ao magistrado e ao membro do Ministério Público e de Tribunal de Contas o disposto neste artigo.

§ 3º Na aplicação do disposto no § 2º deste artigo, o magistrado ou o membro do Ministério Público ou de Tribunal de Contas, se homem, terá o tempo de serviço exercido até a data de publicação da Emenda Constitucional n. 20, de 15 de dezembro de 1998, contado com acréscimo de dezessete por cento, observado o disposto no § 1º deste artigo.

§ 4º O professor, servidor da União, dos Estados, do Distrito Federal e dos Municípios, incluídas suas autarquias e fundações, que, até a data de publicação da Emenda Constitucional n. 20, de 15 de dezembro de 1998, tenha ingressado, regularmente, em cargo efetivo de magistério e que opte por aposentar-se na forma do disposto no *caput*, terá o tempo de serviço exercido até a publicação daquela Emenda contado com o acréscimo de dezessete por cento, se homem, e de vinte por cento, se mulher, desde que se aposente, exclusivamente, com tempo de efetivo exercício nas funções de magistério, observado o disposto no § 1º.

§ 5º O servidor de que trata este artigo, que tenha completado as exigências para aposentadoria voluntária estabelecidas no *caput*, e que opte por permanecer em atividade, fará jus a um abono de permanência equivalente ao valor da sua contribuição previdenciária até completar as exigências para aposentadoria compulsória contidas no art. 40, § 1º, II, da Constituição Federal.

§ 6º Às aposentadorias concedidas de acordo com este artigo aplica-se o disposto no art. 40, § 8º, da Constituição Federal.

Art. 3º É assegurada a concessão, a qualquer tempo, de aposentadoria aos servidores públicos, bem como pensão aos seus dependentes, que, até a data de publicação desta Emenda tenham cumprido todos os requisitos para obtenção desses benefícios, com base nos critérios da legislação então vigente.

§ 1º O servidor de que trata este artigo que opte por permanecer em atividade tendo completado as exigências para aposentadoria voluntária e que conte com, no mínimo, vinte e cinco anos de contribuição, se mulher, ou trinta anos de contribuição, se homem, fará jus a um abono de permanência equivalente ao valor da sua contribuição previdenciária até completar as exigências para aposentadoria compulsória contidas no art. 40, § 1º, II, da Constituição Federal.

§ 2º Os proventos da aposentadoria a ser concedida aos servidores públicos referidos no *caput*, em termos integrais ou proporcionais ao tempo de contribuição já exercido até a data de publicação desta Emenda, bem como as pensões de seus dependentes, serão calculados de acordo com a legislação em vigor à época em que foram atendidos os requisitos nela estabelecidos para a concessão desses benefícios ou nas condições da legislação vigente.

Art. 4º Os servidores inativos e os pensionistas da União, dos Estados, do Distrito Federal e dos Municípios, incluídas suas autarquias e fundações, em gozo de benefícios na data de publicação desta Emenda, bem como os alcançados pelo disposto no seu art. 3º, contribuirão para o custeio do regime de que trata o art. 40 da Constituição Federal com percentual igual ao estabelecido para os servidores titulares de cargos efetivos.

Parágrafo único. A contribuição previdenciária a que se refere o *caput* incidirá apenas sobre a parcela dos proventos e das pensões que supere:

I – cinquenta por cento do limite máximo estabelecido para os benefícios do regime geral de previdência social de que trata o art. 201 da Constituição Federal, para os servidores inativos e os pensionistas dos Estados, do Distrito Federal e dos Municípios;

→ v. ADIns 3.105-8 e 3.128-7 (*D.O.U.* 27.8.2004), o STF julgou inconstitucionais as expressões "cinquenta por cento do" e "sessenta por cento do", contidas nos incs. I e II do parágrafo único do art. 4º da EC 41/2003.

II – sessenta por cento do limite máximo estabelecido para os benefícios do regime geral de previdência social de que trata o art. 201 da Constituição Federal, para os servidores inativos e os pensionistas da União.

→ v. ADIns 3.105-8 e 3.128-7 (*D.O.U.* 27.8.2004), o STF julgou inconstitucionais as expressões "cinquenta por cento do" e "sessenta por cento do", contidas nos incs. I e II do parágrafo único do art. 4º da EC 41/2003.

Art. 5º O limite máximo para o valor dos benefícios do regime geral de previdência social de que trata o art. 201 da Constituição Federal é fixado em R$ 2.400,00 (dois mil e quatrocentos reais), devendo, a partir da data de publicação desta Emenda, ser reajustado de forma a preservar, em caráter permanente, seu valor real, atualizado pelos mesmos índices aplicados aos benefícios do regime geral de previdência social.

Art. 6º Ressalvado o direito de opção à aposentadoria pelas normas estabelecidas pelo art. 40 da Constituição Federal ou pelas regras estabelecidas pelo art. 2º desta Emenda, o servidor da União, dos Estados, do Distrito Federal e dos Municípios, incluídas suas autarquias e fundações, que tenha ingressado no serviço público até a data de publicação desta Emenda poderá aposentar-se com proventos integrais, que corresponderão à totalidade da remuneração do servidor no cargo efetivo em que se der a aposentadoria, na forma da lei, quando, observadas as reduções de idade e tempo de contribuição contidas no § 5º do art. 40 da Constituição Federal, vier a preencher, cumulativamente, as seguintes condições:

→ v. Arts. 2º e 3º da EC 47/2005.

I – sessenta anos de idade, se homem, e cinquenta e cinco anos de idade, se mulher;

II – trinta e cinco anos de contribuição, se homem, e trinta anos de contribuição, se mulher;

III – vinte anos de efetivo exercício no serviço público; e

IV – dez anos de carreira e cinco anos de efetivo exercício no cargo em que se der a aposentadoria.

Parágrafo único. *(Revogado pela EC 47/2005, em vigor na data de sua publicação, produzindo efeitos retroativos à data de vigência da EC 41/2003.)*

Art. 6º-A. O servidor da União, dos Estados, do Distrito Federal e dos Municípios, incluídas suas autarquias e fundações, que tenha ingressado no serviço público até a data de publicação desta Emenda Constitucional e que tenha se aposentado ou venha a se aposentar por invalidez permanente, com fundamento no inciso I do § 1º do art. 40 da Constituição Federal, tem direito a proventos de aposentadoria calculados com base na remuneração do cargo efetivo em que se der a aposentadoria, na forma da lei, não sendo aplicáveis as disposições constantes dos §§ 3º, 8º e 17 do art. 40 da Constituição Federal.

→ Artigo acrescentado pela EC 70/2012.

Parágrafo único. Aplica-se ao valor dos proventos de aposentadorias concedidas com base no *caput* o disposto no art. 7º desta Emenda Constitucional, observando-se igual critério de revisão às pensões derivadas dos proventos desses servidores.

Art. 7º Observado o disposto no art. 37, XI, da Constituição Federal, os proventos de aposentadoria dos servidores públicos titulares de cargo efetivo e as pensões dos seus dependentes pagos pela União, Estados, Distrito Federal e Municípios, incluídas suas autarquias e fundações, em fruição na data de publicação desta Emenda, bem como os proventos de aposentadoria dos servidores e as pensões dos dependentes abrangidos pelo art. 3º desta Emenda, serão revistos na mesma proporção e na mesma data, sempre que se modificar a remuneração dos servidores em atividade, sendo também estendidos aos aposentados e pensionistas quaisquer benefícios ou vantagens posteriormente concedidos aos servidores em atividade, inclusive quando decorrentes da transformação ou reclassificação do cargo ou função em que se deu a aposentadoria ou que serviu de referência para a concessão da pensão, na forma da lei.

Art. 8º Até que seja fixado o valor do subsídio de que trata o art. 37, XI, da Constituição Federal, será considerado, para os fins do limite fixado naquele inciso, o valor da maior remuneração atribuída por lei na data de publicação desta Emenda a Ministro do Supremo Tribunal Federal, a título de vencimento, de representação mensal e da parcela recebida em razão de tempo de serviço, aplicando-se como limite, nos Municípios, o subsídio do Prefeito, e nos Estados e no Distrito Federal, o subsídio mensal do Governador no âmbito do Poder Executivo, o subsídio dos Deputados Estaduais e Distritais no âmbito do Poder Legislativo e o subsídio dos Desembargadores do Tribunal de Justiça, limitado a noventa inteiros e vinte e cinco centésimos por cento da maior remuneração mensal de Ministro do Supremo Tribunal Federal a que se refere este artigo, no âmbito do Poder Judiciário, aplicável este limite aos membros do Ministério Público, aos Procuradores e aos Defensores Públicos.

Art. 9º Aplica-se o disposto no art. 17 do Ato das Disposições Constitucionais Transitórias aos vencimentos, remunerações e subsídios dos ocupantes de cargos, funções e empregos públicos da administração direta, autárquica e fundacional, dos membros de qualquer dos Poderes da União, dos Estados, do Distrito Federal e dos Municípios, dos detentores de mandato eletivo e dos demais agentes políticos e os proventos, pensões ou outra espécie remuneratória percebidos cumulativamente ou não, incluídas as vantagens pessoais ou de qualquer outra natureza.

Art. 10. Revogam-se o inciso IX do § 3º do art. 142 da Constituição Federal, bem como os arts. 8º e 10 da Emenda Constitucional n. 20, de 15 de dezembro de 1998.

Art. 11. Esta Emenda Constitucional entra em vigor na data de sua publicação.

Brasília, 19 de dezembro de 2003.

Mesa da Câmara dos Deputados:
João Paulo Cunha
Presidente

Mesa do Senado Federal:
José Sarney
Presidente

(Publicação no *D.O.U.* de 31.12.2003)

EMENDA CONSTITUCIONAL N. 42, DE 19 DE DEZEMBRO DE 2003

Altera o Sistema Tributário Nacional e dá outras providências.

→ V. Súmula Vinculante 50 do STF.

As Mesas da Câmara dos Deputados e do Senado Federal, nos termos do § 3º do art. 60 da Constituição Federal, promulgam a seguinte Emenda ao texto constitucional:

(...)

Art. 4º Os adicionais criados pelos Estados e pelo Distrito Federal até a data da promulgação desta Emenda, naquilo em que estiverem em desacordo com o previsto nesta Emenda, na Emenda Constitucional n. 31, de 14 de dezembro de 2000, ou na lei complementar de que trata o art. 155, § 2º, XII, da Constituição, terão vigência, no máximo, até o prazo previsto no art. 79 do Ato das Disposições Constitucionais Transitórias.

Art. 5º O Poder Executivo, em até sessenta dias contados da data da promulgação desta Emenda, encaminhará ao Congresso Nacional projeto de lei, sob o regime de urgência constitucional, que disciplinará os benefícios fiscais para a capacitação do setor de tecnologia da informação, que vigerão até 2019 nas condições que estiverem em vigor no ato da aprovação desta Emenda.

Art. 6º Fica revogado o inciso II do § 3º do art. 84 do Ato das Disposições Constitucionais Transitórias.

Brasília, 19 de dezembro de 2003.

Mesa da Câmara dos Deputados:
João Paulo Cunha
Presidente

Mesa do Senado Federal:
José Sarney
Presidente

(Publicação no *D.O.U.* de 31.12.2003)

EMENDA CONSTITUCIONAL N. 45, DE 8 DE DEZEMBRO DE 2004

Altera dispositivos dos arts. 5º, 36, 52, 92, 93, 95, 98, 99, 102, 103, 104, 105, 107, 109, 111, 112, 114, 115, 125, 126, 127, 128, 129, 134 e 168 da Constituição Federal, e acrescenta os arts. 103-A, 103-B, 111-A e 130-A, e dá outras providências.

As Mesas da Câmara dos Deputados e do Senado Federal, nos termos do § 3º do art. 60 da Constituição Federal, promulgam a seguinte Emenda ao texto constitucional:

(...)

Art. 3º A lei criará o Fundo de Garantia das Execuções Trabalhistas, integrado pelas multas decorrentes de condenações trabalhistas e administrativas oriundas da fiscalização do trabalho, além de outras receitas.

Art. 4º Ficam extintos os tribunais de Alçada, onde houver, passando os seus membros a integrar os Tribunais de Justiça dos respectivos Estados, respeitadas a antiguidade e classe de origem.

Parágrafo único. No prazo de 180 (cento e oitenta) dias, contado da promulgação desta Emenda, os Tribunais de Justiça, por ato administrativo, promoverão a integração dos membros dos tribunais extintos em seus quadros, fixando-lhes a competência e remetendo, em igual prazo, ao Poder Legislativo, proposta de alteração da organização e da divisão judiciária correspondentes, assegurados os direitos dos inativos e pensionistas e o aproveitamento dos servidores no Poder Judiciário estadual.

Art. 5º O Conselho Nacional de Justiça e o Conselho Nacional do Ministério Público serão instalados no prazo de 180 (cento e oitenta) dias a contar da promulgação desta Emenda, devendo a indicação ou escolha de seus membros ser efetuada até 30 (trinta) dias antes do termo final.

§ 1º Não efetuadas as indicações e escolha dos nomes para os Conselhos Nacional de Justiça e do Ministério Público dentro do prazo fixado no *caput* deste artigo, caberá, respectivamente, ao Supremo Tribunal Federal e ao Ministério Público da União realizá-las.

§ 2º Até que entre em vigor o Estatuto da Magistratura, o Conselho Nacional de Justiça, mediante resolução, disciplinará seu funcionamento e definirá as atribuições do Ministro-Corregedor.

Art. 6º O Conselho Superior da Justiça do Trabalho será instalado no prazo de 180 (cento e oitenta) dias, cabendo ao Tribunal Superior do Trabalho regulamentar seu funcionamento por resolução, enquanto não promulgada a lei a que se refere o art. 111-A, § 2º, II.

Art. 7º O Congresso Nacional instalará, imediatamente após a promulgação desta Emenda Constitucional, comissão especial mista, destinada a elaborar, em 180 (cento e oitenta) dias, os projetos de lei necessários à regulamentação da matéria nela tratada, bem como promover alterações na legislação federal objetivando tornar mais amplo o acesso à Justiça e mais célere a prestação jurisdicional.

Art. 8º As atuais súmulas do Supremo Tribunal Federal somente produzirão efeito vinculante após sua confirmação por dois terços de seus integrantes e publicação na imprensa oficial.

Art. 9º São revogados o inciso IV do art. 36; a alínea *h* do inciso I do art. 102; o § 4º do art. 103; e os §§ 1º a 3º do art. 111.

Art. 10. Esta Emenda Constitucional entra em vigor na data de sua publicação.

Brasília, 8 de dezembro de 2004.

Mesa da Câmara dos Deputados:
João Paulo Cunha
Presidente

Mesa do Senado Federal:
José Sarney
Presidente

(Publicação no *D.O.U.* de 31.12.2004)

EMENDA CONSTITUCIONAL N. 47, DE 5 DE JULHO DE 2005

→ V. Súmula Vinculante 34 do STF.

Altera os arts. 37, 40, 195 e 201 da Constituição Federal, para dispor sobre a previdência social, e dá outras providências.

As Mesas da Câmara dos Deputados e do Senado Federal, nos termos do § 3º do art. 60 da Constituição Federal, promulgam a seguinte Emenda ao texto constitucional:

(...)

Art. 2º Aplica-se aos proventos de aposentadorias dos servidores públicos que se aposentarem na forma do *caput* do art. 6º da Emenda Constitucional n. 41, de 2003, o disposto no art. 7º da mesma Emenda.

Art. 3º Ressalvado o direito de opção à aposentadoria pelas normas estabelecidas pelo art. 40 da Constituição Federal ou pelas regras estabelecidas pelos arts. 2º e 6º da Emenda Constitucional n. 41, de 2003, o servidor da União, dos Estados, do Distrito Federal e dos Municípios, incluídas suas autarquias e fundações, que tenha ingressado no serviço público até 16 de dezembro de 1998 poderá aposentar-se com proventos integrais, desde que preencha, cumulativamente, as seguintes condições:

I – trinta e cinco anos de contribuição, se homem, e trinta anos de contribuição, se mulher;

II – vinte e cinco anos de efetivo exercício no serviço público, quinze anos de carreira e cinco anos no cargo em que se der a aposentadoria;

III – idade mínima resultante da redução, relativamente aos limites do art. 40, § 1º, inciso III, alínea *a*, da Constituição Federal, de um ano de idade para cada ano de contribuição que exceder a condição prevista no inciso I do *caput* deste artigo.

Parágrafo único. Aplica-se ao valor dos proventos de aposentadorias concedidas com base neste artigo o disposto no art. 7º da Emenda Constitucional n. 41, de 2003, observando-se igual critério de revisão às pensões derivadas dos proventos de servidores falecidos que tenham se aposentado em conformidade com este artigo.

Art. 4º Enquanto não editada a lei a que se refere o § 11 do art. 37 da Constituição Federal, não será computada, para efeito dos limites remuneratórios de que trata o inciso XI do *caput* do mesmo artigo, qualquer parcela de caráter indenizatório, assim definida pela legislação em vigor na data de publicação da Emenda Constitucional n. 41, de 2003.

Art. 5º Revoga-se o parágrafo único do art. 6º da Emenda Constitucional n. 41, de 19 de dezembro de 2003.

Art. 6º Esta Emenda Constitucional entra em vigor na data de sua publicação, com efeitos retroativos à data de vigência da Emenda Constitucional n. 41, de 2003.

Brasília, 5 de julho de 2005.

Mesa da Câmara dos Deputados:
Severino Cavalcanti
Presidente

Mesa do Senado Federal:
Renan Calheiros
Presidente

(Publicação no *D.O.U.* de 6.7.2005)

EMENDA CONSTITUCIONAL N. 51, DE 14 DE FEVEREIRO DE 2006

Acrescenta os §§ 4º, 5º e 6º ao art. 198 da Constituição Federal.

As Mesas da Câmara dos Deputados e do Senado Federal, nos termos do art. 60 da Constituição Federal, promulgam a seguinte Emenda ao texto constitucional:

(...)

Art. 2º Após a promulgação da presente Emenda Constitucional, os agentes comunitários de saúde e os agentes de combate às endemias somente poderão ser contratados diretamente pelos Estados, pelo Distrito Federal ou pelos Municípios na forma do § 4º do art. 198 da Constituição Federal, observado o limite de gasto estabelecido na Lei Complementar de que trata o art. 169 da Constituição Federal.

Parágrafo único. Os profissionais que, na data de promulgação desta Emenda e a qualquer título, desempenharem as atividades de agente comunitário de saúde ou de agente de combate às endemias, na forma da lei, ficam dispensados de se submeter ao processo seletivo público a que se refere o § 4º do art. 198 da Constituição Federal, desde que tenham sido contratados a partir de anterior processo de Seleção Pública efetuado por órgãos ou entes da administração direta ou indireta de Estado, Distrito Federal ou Município ou por outras instituições com a efetiva supervisão e autorização da administração direta dos entes da federação.

→ v. Lei 11.350/2006 – Regulamenta o § 5º do art. 198 da CF/1988, dispõe sobre o aproveitamento de pessoal amparado pelo parágrafo único do art. 2º da EC 51/2006.

Art. 3º Esta Emenda Constitucional entra em vigor na data da sua publicação.

Brasília, 14 de fevereiro de 2006.

Mesa da Câmara dos Deputados:
Aldo Rebelo
Presidente

Mesa do Senado Federal:
Renan Calheiros
Presidente

(Publicação no *D.O.U.* de 15.2.2006)

EMENDA CONSTITUCIONAL N. 55, DE 20 DE SETEMBRO DE 2007

Altera o art. 159 da Constituição Federal, aumentando a entrega de recursos pela União ao Fundo de Participação dos Municípios.

As Mesas da Câmara dos Deputados e do Senado Federal, nos termos do § 3º do art. 60 da Constituição Federal, promulgam a seguinte Emenda ao texto constitucional:

(...)

Art. 2º No exercício de 2007, as alterações do art. 159 da Constituição Federal previstas nesta Emenda Constitucional somente se aplicam sobre a arrecadação dos impostos sobre renda e proventos de qualquer natureza e sobre produtos industrializados realizada a partir de 1º de setembro de 2007.

Art. 3º Esta Emenda Constitucional entra em vigor na data de sua publicação.

Mesa da Câmara dos Deputados:
Arlindo Chinaglia
Presidente

Mesa do Senado Federal:
Renan Calheiros
Presidente

(Publicação no *D.O.U.* de 21.9.2007)

EMENDA CONSTITUCIONAL N. 59, DE 11 DE NOVEMBRO DE 2009

Acrescenta § 3º ao art. 76 do Ato das Disposições Constitucionais Transitórias para reduzir, anualmente, a partir do exercício de 2009, o percentual da Desvinculação das Receitas da União incidente sobre os recursos destinados à manutenção e desenvolvimento do ensino de que trata o art. 212 da Constituição Federal, dá nova redação aos incisos I e VII do art. 208, de forma a prever a obrigatoriedade do ensino de quatro a dezessete anos e ampliar a abrangência dos programas suplementares para todas as etapas da educação básica, e dá nova redação ao § 4º do art. 211 e ao § 3º do art. 212 e ao caput do art. 214, com a inserção neste dispositivo de inciso VI.

As Mesas da Câmara dos Deputados e do Senado Federal, nos termos do § 3º do art. 60 da Constituição Federal, promulgam a seguinte Emenda ao texto constitucional:

(...)

Art. 6º O disposto no inciso I do art. 208 da Constituição Federal deverá ser implementado progressivamente, até 2016, nos termos do Plano Nacional de Educação, com apoio técnico e financeiro da União.

Art. 7º Esta Emenda Constitucional entra em vigor na data da sua publicação.

Brasília, em 11 de novembro de 2009.

Mesa da Câmara dos Deputados:
Michel Temer
Presidente

Mesa do Senado Federal:
José Sarney
Presidente

(Publicação no *D.O.U.* de 12.11.2009)

EMENDA CONSTITUCIONAL N. 62, DE 9 DE DEZEMBRO DE 2009

Altera o art. 100 da Constituição Federal e acrescenta o art. 97 ao Ato das Disposições Constitucionais Transitórias, instituindo regime especial de pagamento de precatórios pelos Estados, Distrito Federal e Municípios.

→ v. ADIs 4.357/DF (*D.J.E.* 26.9.2014) e 4.425/DF (*D.J.E.* 19.12.2013), o Plenário do STF, por maioria de votos, julgou parcialmente procedentes as ADIs, para declarar a inconstitucionalidade de parte da EC 62/2009.

As Mesas da Câmara dos Deputados e do Senado Federal, nos termos do § 3º do art. 60 da Constituição Federal, promulgam a seguinte Emenda ao texto constitucional:

(...)

Art. 3º A implantação do regime de pagamento criado pelo art. 97 do Ato das Disposições Constitucionais Transitórias deverá ocorrer no prazo de até 90 (noventa dias), contados da data da publicação desta Emenda Constitucional.

Art. 4º A entidade federativa voltará a observar somente o disposto no art. 100 da Constituição Federal:

I – no caso de opção pelo sistema previsto no inciso I do § 1º do art. 97 do Ato das Disposições Constitucionais Transitórias, quando o valor dos precatórios devidos for inferior ao dos recursos destinados ao seu pagamento;

II – no caso de opção pelo sistema previsto no inciso II do § 1º do art. 97 do Ato das Disposições Constitucionais Transitórias, ao final do prazo.

Art. 5º Ficam convalidadas todas as cessões de precatórios efetuadas antes da promulgação desta Emenda Constitucional, independentemente da concordância da entidade devedora.

Art. 6º Ficam também convalidadas todas as compensações de precatórios com tributos vencidos até 31 de outubro de 2009 da entidade devedora, efetuadas na forma do disposto no § 2º do art. 78 do ADCT, realizadas antes da promulgação desta Emenda Constitucional.

Art. 7º Esta Emenda Constitucional entra em vigor na data de sua publicação.

Brasília, 9 de dezembro de 2009.
Mesa da Câmara dos Deputados:
Michel Temer
Presidente
Mesa do Senado Federal:
Marconi Perillo
1º Vice-Presidente no exercício da presidência
(Publicação no *D.O.U.* de 10.12.2009)

EMENDA CONSTITUCIONAL N. 67, DE 22 DE DEZEMBRO DE 2010

Prorroga, por tempo indeterminado, o prazo de vigência do Fundo de Combate e Erradicação da Pobreza.

As Mesas da Câmara dos Deputados e do Senado Federal, nos termos do § 3º do art. 60 da Constituição Federal, promulgam a seguinte Emenda ao texto constitucional:

Art. 1º Prorrogam-se, por tempo indeterminado, o prazo de vigência do Fundo de Combate e Erradicação da Pobreza a que se refere o *caput* do art. 79 do Ato das Disposições Constitucionais Transitórias e, igualmente, o prazo de vigência da Lei Complementar 111, de 6 de julho de 2001, que "Dispõe sobre o Fundo de Combate e Erradicação da Pobreza, na forma prevista nos arts. 79, 80 e 81 do Ato das Disposições Constitucionais Transitórias".

Art. 2º Esta Emenda Constitucional entra em vigor na data de sua publicação.

Brasília, 22 de dezembro de 2010.
Mesa da Câmara dos Deputados:
Marco Maia
Presidente
Mesa do Senado Federal:
José Sarney
Presidente
(Publicação no *D.O.U.* de 23.12.2010)

EMENDA CONSTTUCIONAL N. 69, DE 29 DE MARÇO DE 2012

Altera os arts. 21, 22 e 48 da Constituição Federal, para transferir da União para o Distrito Federal as atribuições de organizar e manter a Defensoria Pública do Distrito Federal.

As Mesas da Câmara dos Deputados e do Senado Federal, nos termos do art. 60 da Constituição Federal, promulgam a seguinte Emenda ao texto constitucional:

(...)

Art. 2º Sem prejuízo dos preceitos estabelecidos na Lei Orgânica do Distrito Federal, aplicam-se à Defensoria Pública do Distrito Federal os mesmos princípios e regras que, nos termos da Constituição Federal, regem as Defensorias Públicas dos Estados.

Art. 3º O Congresso Nacional e a Câmara Legislativa do Distrito Federal, imediatamente após a promulgação desta Emenda Constitucional e de acordo com suas competências, instalarão comissões especiais destinadas a elaborar, em 60 (sessenta) dias, os projetos de lei necessários à adequação da legislação infraconstitucional à matéria nela tratada.

Art. 4º Esta Emenda Constitucional entra em vigor na data de sua publicação, produzindo efeitos quanto ao disposto no art. 1º após decorridos 120 (cento e vinte) dias de sua publicação oficial.

Brasília, 29 de março de 2012.
Mesa da Câmara dos Deputados:
Marco Maia
Presidente
Mesa do Senado Federal:
José Sarney
Presidente
(Publicação no *D.O.U.* de 30.3.2012)

EMENDA CONSTITUCIONAL N. 70, DE 29 DE MARÇO DE 2012

Acrescenta art. 6º-A à Emenda Constitucional 41, de 2003, para estabelecer critérios para o cálculo e a correção dos proventos da aposentadoria por invalidez dos servidores públicos que ingressaram no serviço público até a data da publicação daquela Emenda Constitucional.

As Mesas da Câmara dos Deputados e do Senado Federal, nos termos do § 3º do art. 60 da Constituição Federal, promulgam a seguinte Emenda ao texto constitucional:

(...)

Art. 2º A União, os Estados, o Distrito Federal e os Municípios, assim como as respectivas autarquias e fundações, procederão, no prazo de 180 (cento e oitenta) dias da entrada em vigor desta Emenda Constitucional, à revisão das aposentadorias, e das pensões delas decorrentes, concedidas a partir de 1º de janeiro de 2004, com base na redação dada ao § 1º do art. 40 da Constituição Federal pela Emenda Constitucional 20, de 15 de dezembro de 1998, com efeitos financeiros a partir da data de promulgação desta Emenda Constitucional.

Art. 3º Esta Emenda Constitucional entra em vigor na data de sua publicação.

Brasília, 29 de março de 2012.
Mesa da Câmara dos Deputados:
Marco Maia
Presidente
Mesa do Senado Federal:
José Sarney
Presidente
(Publicação no *D.O.U.* de 30.3.2012)

EMENDA CONSTITUCIONAL N. 73, DE 7 DE JUNHO DE 2013

Cria os Tribunais Regionais Federais da 6ª, 7ª, 8ª e 9ª Regiões.

→ *V.* ADIn 5.017 (publicação no *D.J.* de 1.8.2013), o STF, em Medida Cautelar, concede liminar suspendendo os efeitos da Emenda Constitucional 73/2013.

As Mesas da Câmara dos Deputados e do Senado Federal, nos termos do § 3º do art. 60, da Constituição Federal, promulgam a seguinte Emenda ao texto constitucional:

(...)

Art. 2º Os Tribunais Regionais Federais da 6ª, 7ª, 8ª e 9ª Regiões deverão ser instalados no prazo de 6 (seis) meses, a contar da promulgação desta Emenda Constitucional.

Art. 3º Esta Emenda Constitucional entra em vigor na data de sua publicação.

Brasília, 6 de junho de 2013.
Mesa da Câmara dos Deputados:
André Vargas
1º Vice-Presidente no exercício da presidência
Mesa do Senado Federal:
Romero Jucá
2º Vice-Presidente no exercício da presidência
(Publicação no *D.O.U.* de 7.6.2013)

EMENDA CONSTITUCIONAL N. 78, DE 14 DE MAIO 2014

Acrescenta art. 54-A ao Ato das Disposições Constitucionais Transitórias, para dispor sobre indenização devida aos seringueiros de que trata o art. 54 desse Ato.

As Mesas da Câmara dos Deputados e do Senado Federal, nos termos do § 3º do art. 60 da Constituição Federal, promulgam a seguinte Emenda ao texto constitucional:

Art. 1º O Ato das Disposições Constitucionais Transitórias passa a vigorar acrescido do seguinte art. 54-A:

"Art. 54-A. Os seringueiros de que trata o art. 54 deste Ato das Disposições Constitucionais Transitórias receberão indenização, em parcela única, no valor de R$ 25.000,00 (vinte e cinco mil reais)."

Art. 2º A indenização de que trata o art. 54-A do Ato das Disposições Constitucionais Transitórias somente se estende aos dependentes dos seringueiros que, na data de entrada em vigor desta Emenda Constitucional, detenham a condição de dependentes na forma do § 2º do art. 54 do Ato das Disposições Constitucionais Transitórias, devendo o valor de R$ 25.000,00 (vinte e cinco mil reais) ser rateado entre os pensionistas na proporção de sua cota-parte na pensão.

Art. 3º Esta Emenda Constitucional entra em vigor no exercício financeiro seguinte ao de sua publicação.

Brasília, em 14 de maio de 2014.
Mesa da Câmara dos Deputados:
Henrique Eduardo Alves
Presidente
Mesa do Senado Federal:
Renan Calheiros
Presidente
(Publicação no *D.O.U.* de 15.5.2014)

EMENDA CONSTITUCIONAL N. 79, DE 27 DE MAIO DE 2014

Altera o art. 31 da Emenda Constitucional 19, de 4 de junho de 1998, para prever a inclusão, em quadro em extinção da Administração Federal, de servidores e policiais militares admitidos pelos Estados do Amapá e de Roraima, na fase de instalação dessas unidades federadas, e dá outras providências.

As Mesas da Câmara dos Deputados e do Senado Federal, nos termos do § 3º do art. 60 da Constituição Federal, promulgam a seguinte Emenda ao texto constitucional:

Art. 1º O art. 31 da Emenda Constitucional 19, de 4 de junho de 1998, passa a vigorar com a seguinte redação:

"Art. 31. Os servidores públicos federais da administração direta e indireta, os servidores municipais e os integrantes da carreira policial militar dos ex-Territórios Federais do Amapá e de Roraima que comprovadamente encontravam-se no exercício regular de suas funções prestando serviços àqueles ex-Territórios na data em que foram transformados em Estados, os servidores e os policiais militares admitidos regularmente pelos governos dos Estados do Amapá e de Roraima no período entre a transformação e a efetiva instalação desses Estados em outubro de 1993 e, ainda, os servidores nesses Estados com vínculo funcional já reconhecido pela União integrarão, mediante opção, quadro em extinção da administração federal.

§ 1º O enquadramento referido no *caput* para os servidores ou para os policiais militares admitidos regularmente entre a transformação e a instalação dos Estados em outubro de 1993 deverá dar-se no cargo em que foram originariamente admitidos ou em cargo equivalente.

§ 2º Os integrantes da carreira policial militar a que se refere o *caput* continuarão prestando serviços aos respectivos Estados, na condição de cedidos, submetidos às disposições estatutárias a que estão sujeitas as corporações das respectivas Polícias Militares, observados as atribuições de função compatíveis com seu grau hierárquico e o direito às devidas promoções.

§ 3º Os servidores a que se refere o *caput* continuarão prestando serviços aos respectivos Estados e a seus Municípios, na condição de cedidos, até seu aproveitamento em órgão ou entidade da administração federal direta, autárquica ou fundacional."

Art. 2º Para fins do enquadramento disposto no *caput* do art. 31 da Emenda Constitucional 19, de 4 de junho de 1998, e no *caput* do art. 89 do Ato das Disposições Constitucionais Transitórias, é reconhecido o vínculo funcional, com a União, dos servidores regularmente admitidos nos quadros dos Municípios integrantes dos ex-Territórios do Amapá, de Roraima e de Rondônia em efetivo exercício na data de transformação desses ex-Territórios em Estados.

Art. 3º Os servidores dos ex-Territórios do Amapá, de Roraima e de Rondônia incorporados a quadro em extinção da União serão enquadrados em cargos de atribuições equivalentes ou assemelhadas, integrantes de planos de cargos e carreiras da União, no nível de progressão alcançado, assegurados os direitos, vantagens e padrões remuneratórios a eles inerentes.

Art. 4º Cabe à União, no prazo máximo de 180 (cento e oitenta) dias, contado a partir da data de publicação desta Emenda Constitucional, regulamentar o enquadramento de servidores estabelecido no art. 31 da Emenda Constitucional 19, de 4 de junho de 1998, e no art. 89 do Ato das Disposições Constitucionais Transitórias.

Parágrafo único. No caso de a União não regulamentar o enquadramento previsto no *caput*, o optante tem direito ao pagamento retroativo das diferenças remuneratórias desde a data do encerramento do prazo para a regulamentação referida neste artigo.

Art. 5º A opção para incorporação em quadro em extinção da União, conforme disposto no art. 31 da Emenda Constitucional 19, de 4 de junho de 1998, e no art. 89 do Ato das Disposições Constitucionais Transitórias, deverá ser formalizada pelos servidores e policiais militares interessados perante a administração, no prazo máximo de 180 (cento e oitenta) dias, contado a partir da regulamentação prevista no art. 4º.

Art. 6º Os servidores admitidos regularmente que comprovadamente se encontravam no exercício de funções policiais nas Secretarias de Segurança Pública dos ex-Territórios do Amapá, de Roraima e de Rondônia na data em que foram transformados em Estados serão enquadrados no quadro da Polícia Civil dos ex-Territórios, no prazo de 180 (cento e oitenta) dias, assegurados os direitos, vantagens e padrões remuneratórios a eles inerentes.

Art. 7º Aos servidores admitidos regularmente pela União nas Carreiras do Grupo Tributação, Arrecadação e Fiscalização de que trata a Lei 6.550, de 5 de julho de 1978, cedidos aos Estados do Amapá, de Roraima e de Rondônia são assegurados os mesmos direitos remuneratórios auferidos pelos integrantes das Carreiras correspondentes do Grupo Tributação, Arrecadação e Fiscalização da União de que trata a Lei 5.645, de 10 de dezembro de 1970.

Art. 8º Os proventos das aposentadorias, pensões, reformas e reservas remuneradas, originadas no período de outubro de 1988 a outubro de 1993, passam a ser mantidos pela União a partir da data de publicação desta Emenda Constitucional, vedado o pagamento, a qualquer título, de valores referentes a períodos anteriores a sua publicação.

Art. 9º É vedado o pagamento, a qualquer título, em virtude das alterações promovidas por esta Emenda Constitucional, de remunerações, proventos, pensões ou indenizações referentes a períodos anteriores à data do enquadramento, salvo o disposto no parágrafo único do art. 4º.

Art. 10. Esta Emenda Constitucional entra em vigor na data de sua publicação.

Brasília, em 27 de maio de 2014.

Mesa da Câmara dos Deputados:
Deputado Henrique Eduardo Alves
Presidente

Mesa do Senado Federal:
Senador Renan Calheiros
Presidente

(Publicação no *D.O.U.* de 28.5.2014)

EMENDA CONSTITUCIONAL N. 80, DE 4 DE JUNHO DE 2014

Altera o Capítulo IV – Das Funções Essenciais à Justiça, do Título IV – Da Organização dos Poderes, e acrescenta artigo ao Ato das Disposições Constitucionais Transitórias da Constituição Federal.

As Mesas da Câmara dos Deputados e do Senado Federal, nos termos do § 3º do art. 60 da Constituição Federal, promulgam a seguinte Emenda ao texto constitucional:

Art. 1º O Capítulo IV – Das Funções Essenciais à Justiça, do Título IV – Da Organização dos Poderes, passa a vigorar com as seguintes alterações:

"TÍTULO IV

DA ORGANIZAÇÃO DOS PODERES

(...)

CAPÍTULO IV

DAS FUNÇÕES ESSENCIAIS À JUSTIÇA

(...)

Seção III

Da Advocacia

(...)

Seção IV

Da Defensoria Pública

Art. 134. A Defensoria Pública é instituição permanente, essencial à função jurisdicional do Estado, incumbindo-lhe, como expressão e instrumento do regime democrático, fundamentalmente, a orientação jurídica, a promoção dos direitos humanos e a defesa, em todos os graus, judicial e extrajudicial, dos direitos individuais e coletivos, de forma integral e gratuita, aos necessitados, na forma do inciso LXXIV do art. 5º desta Constituição Federal.

(...)

§ 4º São princípios institucionais da Defensoria Pública a unidade, a indivisibilidade e a independência funcional, aplicando-se também, no que couber, o disposto no art. 93 e no inciso II do art. 96 desta Constituição Federal."

Art. 2º O Ato das Disposições Constitucionais Transitórias passa a vigorar acrescido do seguinte art. 98:

"Art. 98. O número de defensores públicos na unidade jurisdicional será proporcional à efetiva demanda pelo serviço da Defensoria Pública e à respectiva população.

§ 1º No prazo de 8 (oito) anos, a União, os Estados e o Distrito Federal deverão contar com defensores públicos em todas as unidades jurisdicionais, observado o disposto no *caput* deste artigo.

§ 2º Durante o decurso do prazo previsto no § 1º deste artigo, a lotação dos defensores públicos ocorrerá, prioritariamente, atendendo as regiões com maiores índices de exclusão social e adensamento populacional."

Art. 3º Esta Emenda Constitucional entra em vigor na data de sua publicação.

Brasília, em 4 de junho de 2014.

Mesa da Câmara dos Deputados:
Henrique Eduardo Alves
Presidente

Mesa do Senado Federal:
Renan Calheiros
Presidente

(Publicação no *D.O.U.* de 5.6.2014)

EMENDA CONSTITUCIONAL N. 81, DE 5 DE JUNHO DE 2014

Dá nova redação ao art. 243 da Constituição Federal.

As Mesas da Câmara dos Deputados e do Senado Federal, nos termos do § 3º do art. 60 da Constituição Federal, promulgam a seguinte Emenda ao texto constitucional:

Art. 1º O art. 243 da Constituição Federal passa a vigorar com a seguinte redação:

"Art. 243. As propriedades rurais e urbanas de qualquer região do País onde forem localizadas culturas ilegais de plantas psicotrópicas ou a exploração de trabalho escravo na forma da lei serão expropriadas e destinadas à reforma agrária e a programas de habitação popular, sem qualquer indenização ao proprietário e sem prejuízo de outras sanções previstas em lei, observado, no que couber, o disposto no art. 5º.

Parágrafo único. Todo e qualquer bem de valor econômico apreendido em decorrência do tráfico ilícito de entorpecentes e drogas afins e da exploração de trabalho escravo será confiscado e reverterá a fundo especial com destinação específica, na forma da lei."

Art. 2º Esta Emenda Constitucional entra em vigor na data de sua publicação.

Brasília, em 5 de junho de 2014.

Mesa da Câmara dos Deputados:
Henrique Eduardo Alves
Presidente

Mesa do Senado Federal:
Renan Calheiros
Presidente

(Publicação no *D.O.U.* de 6.6.2014)

EMENDA CONSTITUCIONAL N. 82, DE 16 DE JULHO DE 2014

Inclui o § 10 ao art. 144 da Constituição Federal, para disciplinar a segurança viária no âmbito dos Estados, do Distrito Federal e dos Municípios.

As Mesas da Câmara dos Deputados e do Senado Federal, nos termos do § 3º do art. 60 da Constituição Federal, promulgam a seguinte Emenda ao texto constitucional:

Art. 1º O art. 144 da Constituição Federal passa a vigorar acrescido do seguinte § 10:

"Art. 144. (...)

(...)

§ 10. A segurança viária, exercida para a preservação da ordem pública e da incolumidade das pessoas e do seu patrimônio nas vias públicas:

I – compreende a educação, engenharia e fiscalização de trânsito, além de outras atividades previstas em lei, que assegurem ao cidadão o direito à mobilidade urbana eficiente; e

II – compete, no âmbito dos Estados, do Distrito Federal e dos Municípios, aos respectivos órgãos ou entidades executivos e seus agentes de trânsito, estruturados em Carreira, na forma da lei."

Art. 2º Esta Emenda Constitucional entra em vigor na data de sua publicação.

Brasília, em 16 de julho de 2014.

Mesa da Câmara dos Deputados:
Henrique Eduardo Alves
Presidente

Mesa do Senado Federal:
Renan Calheiros
Presidente

(Publicação no *D.O.U.* de 17.7.2014)

EMENDA CONSTITUCIONAL N. 83, DE 5 DE AGOSTO DE 2014

Acrescenta o art. 92-A ao Ato das Disposições Constitucionais Transitórias – ADCT.

As Mesas da Câmara dos Deputados e do Senado Federal, nos termos do § 3º do art. 60 da Constituição Federal, promulgam a seguinte Emenda ao texto constitucional:

Art. 1º O Ato das Disposições Constitucionais Transitórias passa a vigorar acrescido do seguinte art. 92-A:

"Art. 92-A. São acrescidos 50 (cinquenta) anos ao prazo fixado pelo art. 92 deste Ato das Disposições Constitucionais Transitórias."

Art. 2º Esta Emenda Constitucional entra em vigor na data de sua publicação.

Brasília, em 5 de agosto de 2014.

Mesa da Câmara dos Deputados:
Henrique Eduardo Alves
Presidente

Mesa do Senado Federal:
Renan Calheiros
Presidente

(Publicação no *D.O.U.* de 6.8.2014)

EMENDA CONSTITUCIONAL N. 84, DE 2 DE DEZEMBRO DE 2014

Altera o art. 159 da Constituição Federal para aumentar a entrega de recursos pela União para o Fundo de Participação dos Municípios.

As Mesas da Câmara dos Deputados e do Senado Federal, nos termos do § 3º do art. 60 da Constituição Federal, promulgam a seguinte Emenda ao texto constitucional:

Art. 1º O art. 159 da Constituição Federal passa a vigorar com a seguinte redação:

"Art. 159. (...)

I – do produto da arrecadação dos impostos sobre renda e proventos de qualquer natureza e sobre produtos industrializados, 49% (quarenta e nove por cento), na seguinte forma:

(...)

e) 1% (um por cento) ao Fundo de Participação dos Municípios, que será entregue no primeiro decêndio do mês de julho de cada ano;

(...)"

Art. 2º Para os fins do disposto na alínea *e* do inciso I do *caput* do art. 159 da Constituição Federal, a União entregará ao Fundo de Participação dos Municípios o percentual de 0,5% (cinco décimos por cento) do produto da arrecadação dos impostos sobre renda e proventos de qualquer natureza e sobre produtos industrializados no primeiro exercício em que esta Emenda Constitucional gerar efeitos financeiros, acrescentando-se 0,5% (cinco décimos por cento) a cada exercício, até que se alcance o percentual de 1% (um por cento).

Art. 3º Esta Emenda Constitucional entra em vigor na data de sua publicação, com efeitos financeiros a partir de 1º de janeiro do exercício subsequente.

Brasília, em 2 de dezembro de 2014.

Mesa da Câmara dos Deputados:
Henrique Eduardo Alves
Presidente

Mesa do Senado Federal:
Renan Calheiros
Presidente

(Publicação no *D.O.U.* de 3.12.2014)

EMENDA CONSTITUCIONAL N. 85, DE 26 DE FEVEREIRO DE 2015

Altera e adiciona dispositivos na Constituição Federal para atualizar o tratamento das atividades de ciência, tecnologia e inovação.

As Mesas da Câmara dos Deputados e do Senado Federal, nos termos do § 3º do art. 60 da Constituição Federal, promulgam a seguinte Emenda ao texto constitucional:

Art. 1º A Constituição Federal passa a vigorar com as seguintes alterações:

"Art. 23. (...)

(...)

V – proporcionar os meios de acesso à cultura, à educação, à ciência, à tecnologia, à pesquisa e à inovação;

(...)"

"Art. 24. (...)

(...)

IX – educação, cultura, ensino, desporto, ciência, tecnologia, pesquisa, desenvolvimento e inovação;

(...)"

"Art. 167. (...)

(...)

§ 5º A transposição, o remanejamento ou a transferência de recursos de uma categoria de programação para outra poderão ser admitidos, no âmbito das atividades de ciência, tecnologia e inovação, com o objetivo de viabilizar os resultados de projetos restritos a essas funções, mediante ato do Poder Executivo, sem necessidade da prévia autorização legislativa prevista no inciso VI deste artigo."

"Art. 200. (...)

(...)

V – incrementar, em sua área de atuação, o desenvolvimento científico e tecnológico e a inovação;

(...)"

"Art. 213. (...)

(...)

§ 2º As atividades de pesquisa, de extensão e de estímulo e fomento à inovação realizadas por universidades e/ou por instituições de educação profissional e tecnológica poderão receber apoio financeiro do Poder Público."

"CAPÍTULO IV

DA CIÊNCIA, TECNOLOGIA E INOVAÇÃO"

"Art. 218. O Estado promoverá e incentivará o desenvolvimento científico, a pesquisa, a capacitação científica e tecnológica e a inovação.

§ 1º A pesquisa científica básica e tecnológica receberá tratamento prioritário do Estado, tendo em vista o bem público e o progresso da ciência, tecnologia e inovação.

(...)

§ 3º O Estado apoiará a formação de recursos humanos nas áreas de ciência, pesquisa, tecnologia e inovação, inclusive por meio do apoio às atividades de extensão tecnológica, e concederá aos que delas se ocupem meios e condições especiais de trabalho.

(...)

§ 6º O Estado, na execução das atividades previstas no *caput*, estimulará a articulação entre entes, tanto públicos quanto privados, nas diversas esferas de governo.

§ 7º O Estado promoverá e incentivará a atuação no exterior das instituições públicas de ciência, tecnologia e inovação, com vistas à execução das atividades previstas no *caput*."

"Art. 219. (...)

Parágrafo único. O Estado estimulará a formação e o fortalecimento da inovação nas empresas, bem como nos demais entes, públicos ou privados, a constituição e a manutenção de parques e polos tecnológicos e de demais ambientes promotores da inovação, a atuação dos inventores independentes e a criação, absorção, difusão e transferência de tecnologia."

Art. 2º O Capítulo IV do Título VIII da Constituição Federal passa a vigorar acrescido dos seguintes arts. 219-A e 219-B:

"Art. 219-A. A União, os Estados, o Distrito Federal e os Municípios poderão firmar instrumentos de cooperação com órgãos e entidades públicos e com entidades privadas, inclusive para o compartilhamento de recursos humanos especializados e capacidade instalada, para a execução de projetos de pesquisa, de desenvolvimento científico e tecnológico e de inovação, mediante contrapartida financeira ou não financeira assumida pelo ente beneficiário, na forma da lei."

Art. 219-B. O Sistema Nacional de Ciência, Tecnologia e Inovação será organizado em regime de colaboração entre entes, tanto públicos quanto privados, com vistas a promover o desenvolvimento científico e tecnológico e a inovação.

§ 1º Lei federal disporá sobre as normas gerais do Sistema Nacional de Ciência, Tecnologia e Inovação.

§ 2º Os Estados, o Distrito Federal e os Municípios legislarão concorrentemente sobre suas peculiaridades."

Art. 3º Esta Emenda Constitucional entra em vigor na data de sua publicação.

Brasília, em 26 de fevereiro de 2015.

Mesa da Câmara dos Deputados:
Eduardo Cunha
Presidente
Mesa do Senado Federal:
Renan Calheiros
Presidente
(Republicação no *D.O.U.* de 3.3.2015)

EMENDA CONSTITUCIONAL N. 86, DE 17 DE MARÇO DE 2015

Altera os arts. 165, 166 e 198 da Constituição Federal, para tornar obrigatória a execução da programação orçamentária que especifica.

As Mesas da Câmara dos Deputados e do Senado Federal, nos termos do § 3º do art. 60 da Constituição Federal, promulgam a seguinte Emenda ao texto constitucional:

Art. 1º Os arts. 165, 166 e 198 da Constituição Federal passam a vigorar com as seguintes alterações:

"Art. 165. (...)

(...)

§ 9º (...)

(...)

III – dispor sobre critérios para a execução equitativa, além de procedimentos que serão adotados quando houver impedimentos legais e técnicos, cumprimento de restos a pagar e limitação das programações de caráter obrigatório, para a realização do disposto no § 11 do art. 166."

"Art. 166. (...)

(...)

§ 9º As emendas individuais ao projeto de lei orçamentária serão aprovadas no limite de 1,2% (um inteiro e dois décimos por cento) da receita corrente líquida prevista no projeto encaminhado pelo Poder Executivo, sendo que a metade deste percentual será destinada a ações e serviços públicos de saúde.

§ 10. A execução do montante destinado a ações e serviços públicos de saúde previsto no § 9º, inclusive custeio, será computada para fins do cumprimento do inciso I do § 2º do art. 198, vedada a destinação para pagamento de pessoal ou encargos sociais.

§ 11. É obrigatória a execução orçamentária e financeira das programações a que se refere o § 9º deste artigo, em montante correspondente a 1,2% (um inteiro e dois décimos por cento) da receita corrente líquida realizada no exercício anterior, conforme os critérios para a execução equitativa da programação definidos na lei complementar prevista no § 9º do art. 165.

§ 12. As programações orçamentárias previstas no § 9º deste artigo não serão de execução obrigatória nos casos dos impedimentos de ordem técnica.

§ 13. Quando a transferência obrigatória da União, para a execução da programação prevista no §11 deste artigo, for destinada a Estados, ao Distrito Federal e a Municípios, independerá da adimplência do ente federativo destinatário e não integrará a base de cálculo da receita corrente líquida para fins de aplicação dos limites de despesa de pessoal de que trata o caput do art. 169.

§ 14. No caso de impedimento de ordem técnica, no empenho de despesa que integre a programação, na forma do § 11 deste artigo, serão adotadas as seguintes medidas:

I – até 120 (cento e vinte) dias após a publicação da lei orçamentária, o Poder Executivo, o Poder Legislativo, o Poder Judiciário, o Ministério Público e a Defensoria Pública enviarão ao Poder Legislativo as justificativas do impedimento;

II – até 30 (trinta) dias após o término do prazo previsto no inciso I, o Poder Legislativo indicará ao Poder Executivo o remanejamento da programação cujo impedimento seja insuperável;

III – até 30 de setembro ou até 30 (trinta) dias após o prazo previsto no inciso II, o Poder Executivo encaminhará projeto de lei sobre o remanejamento da programação cujo impedimento seja insuperável;

IV – se, até 20 de novembro ou até 30 (trinta) dias após o término do prazo previsto no inciso III, o Congresso Nacional não deliberar sobre o projeto, o remanejamento será implementado por ato do Poder Executivo, nos termos previstos na lei orçamentária.

§ 15. Após o prazo previsto no inciso IV do § 14, as programações orçamentárias previstas no § 11 não serão de execução obrigatória nos casos dos impedimentos justificados na notificação prevista no inciso I do § 14.

§ 16. Os restos a pagar poderão ser considerados para fins de cumprimento da execução financeira prevista no § 11 deste artigo, até o limite de 0,6% (seis décimos por cento) da receita corrente líquida realizada no exercício anterior.

§ 17. Se for verificado que a reestimativa da receita e da despesa poderá resultar no não cumprimento da meta de resultado fiscal estabelecida na lei de diretrizes orçamentárias, o montante previsto no § 11 deste artigo poderá ser reduzido em até a mesma proporção da limitação incidente sobre o conjunto das despesas discricionárias.

§ 18. Considera-se equitativa a execução das programações de caráter obrigatório que atenda de forma igualitária e impessoal às emendas apresentadas, independentemente da autoria."

"Art. 198. (...)

(...)

§ 2º (...)

I – no caso da União, a receita corrente líquida do respectivo exercício financeiro, não podendo ser inferior a 15% (quinze por cento);

(...)

§ 3º (...)

I – os percentuais de que tratam os incisos II e III do § 2º;

(...)

IV – (revogado).

(...)."

Art. 2º O disposto no inciso I do § 2º do art. 198 da Constituição Federal será cumprido progressivamente, garantidos, no mínimo:

I – 13,2% (treze inteiros e dois décimos por cento) da receita corrente líquida no primeiro exercício financeiro subsequente ao da promulgação desta Emenda Constitucional;

II – 13,7% (treze inteiros e sete décimos por cento) da receita corrente líquida no segundo exercício financeiro subsequente ao da promulgação desta Emenda Constitucional;

III – 14,1% (quatorze inteiros e um décimo por cento) da receita corrente líquida no terceiro exercício financeiro subsequente ao da promulgação desta Emenda Constitucional;

IV – 14,5% (quatorze inteiros e cinco décimos por cento) da receita corrente líquida no quarto exercício financeiro subsequente ao da promulgação desta Emenda Constitucional;

V – 15% (quinze por cento) da receita corrente líquida no quinto exercício financeiro subsequente ao da promulgação desta Emenda Constitucional.

Art. 3º As despesas com ações e serviços públicos de saúde custeados com a parcela da União oriunda da participação no resultado ou da compensação financeira pela exploração de petróleo e gás natural, de que trata o § 1º do art. 20 da Constituição Federal, serão computadas para fins de cumprimento do disposto no inciso I do § 2º do art. 198 da Constituição Federal.

Art. 4º Esta Emenda Constitucional entra em vigor na data de sua publicação e produzirá efeitos a partir da execução orçamentária do exercício de 2014.

Art. 5º Fica revogado o inciso IV do § 3º do art. 198 da Constituição Federal.

Brasília, em 17 de março de 2015.

Mesa da Câmara dos Deputados:
Eduardo Cunha
Presidente

Mesa do Senado Federal:
Renan Calheiros
Presidente

EMENDA CONSTITUCIONAL N. 87, DE 16 DE ABRIL DE 2015

Altera o § 2º do art. 155 da Constituição Federal e inclui o art. 99 no Ato das Disposições Constitucionais Transitórias, para tratar da sistemática de cobrança do imposto sobre operações relativas à circulação de mercadorias e sobre prestações de serviços de transporte interestadual e intermunicipal e de comunicação incidente sobre as operações e prestações que destinem bens e serviços a consumidor final, contribuinte ou não do imposto, localizado em outro Estado.

As Mesas da Câmara dos Deputados e do Senado Federal, nos termos do § 3º do art. 60 da Constituição Federal, promulgam a seguinte Emenda ao texto constitucional:

Art. 1º Os incisos VII e VIII do § 2º do art. 155 da Constituição Federal passam a vigorar com as seguintes alterações:

"Art. 155. (...)

(...)

§ 2º (...)

(...)

VII – nas operações e prestações que destinem bens e serviços a consumidor final, contribuinte ou não do imposto, localizado em outro Estado, adotar-se-á a alíquota interestadual e caberá ao Estado de localização do destinatário o imposto correspondente à diferença entre a alíquota interna do Estado destinatário e a alíquota interestadual;

a) (*revogada*);

b) (*revogada*);

VIII – a responsabilidade pelo recolhimento do imposto correspondente à diferença entre a alíquota interna e a interestadual de que trata o inciso VII será atribuída:

a) ao destinatário, quando este for contribuinte do imposto;

b) ao remetente, quando o destinatário não for contribuinte do imposto;

(...)"

Art. 2º O Ato das Disposições Constitucionais Transitórias passa a vigorar acrescido do seguinte art. 99:

"Art. 99. Para efeito do disposto no inciso VII do § 2º do art. 155, no caso de operações e prestações que destinem bens e serviços a consumidor final não contribuinte localizado em outro Estado, o imposto correspondente à diferença entre a alíquota interna e a interestadual será partilhado entre os Estados de origem e de destino, na seguinte proporção:

I – para o ano de 2015: 20% (vinte por cento) para o Estado de destino e 80% (oitenta por cento) para o Estado de origem;

II – para o ano de 2016: 40% (quarenta por cento) para o Estado de destino e 60% (sessenta por cento) para o Estado de origem;

III – para o ano de 2017: 60% (sessenta por cento) para o Estado de destino e 40% (quarenta por cento) para o Estado de origem;

IV – para o ano de 2018: 80% (oitenta por cento) para o Estado de destino e 20% (vinte por cento) para o Estado de origem;

V – a partir do ano de 2019: 100% (cem por cento) para o Estado de destino."

Art. 3º Esta Emenda Constitucional entra em vigor na data de sua publicação, produzindo efeitos no ano subsequente e após 90 (noventa) dias desta.

Brasília, em 16 de abril de 2015

Mesa da Câmara dos Deputados:

Eduardo Cunha

Presidente

Mesa do Senado Federal:

Renan Calheiros

Presidente

(Publicação no *D.O.U.* de 17.4.2015)

EMENDA CONSTITUCIONAL N. 88, DE 7 DE MAIO DE 2015

Altera o art. 40 da Constituição Federal, relativamente ao limite de idade para a aposentadoria compulsória do servidor público em geral, e acrescenta dispositivo ao Ato das Disposições Constitucionais Transitórias.

→ *v.* ADIn 5.316-1 (*D.O.U.* de 9.6.2015), o STF, na medida cautelar, decidiu que, preliminarmente, por maioria e nos termos do voto do Relator, assentou a admissibilidade da cumulação da ação direta de inconstitucionalidade com ação declaratória de constitucionalidade, (...). No mérito, o Tribunal, por maioria e nos termos do voto do Relator, deferiu a medida cautelar para: 1) suspender a aplicação da expressão "nas condições do art. 52 da Constituição Federal" contida no art. 100 do ADCT, introduzido pela EC 88/2015, por vulnerar as condições materiais necessárias ao exercício imparcial e independente da função jurisdicional, ultrajando a separação dos Poderes, cláusula pétrea inscrita no art. 60, § 4º, III, da CRFB; 2) fixar a interpretação, quanto à parte remanescente da EC 88/2015, de que o art. 100 do ADCT não pode ser estendido a outros agentes públicos até que seja editada a lei complementar a que alude o art. 40, § 1º, II, da CRFB, a qual, quanto à magistratura, é a lei complementar de iniciativa do Supremo Tribunal Federal nos termos do art. 93 da CRFB; 3) suspender a tramitação de todos os processos que envolvam a aplicação a magistrados do art. 40, § 1º, II da CRFB e do art. 100 do ADCT, até o julgamento definitivo da presente demanda, e 4) declarar sem efeito todo e qualquer pronunciamento judicial ou administrativo que afaste, amplie ou reduza a literalidade do comando previsto no art. 100 do ADCT e, com base neste fundamento, assegure a qualquer outro agente público o exercício das funções relativas a cargo efetivo após ter completado setenta anos de idade. (...)".

As Mesas da Câmara dos Deputados e do Senado Federal, nos termos do § 3º do art. 60 da Constituição Federal, promulgam a seguinte Emenda ao texto constitucional:

Art. 1º O art. 40 da Constituição Federal passa a vigorar com a seguinte alteração:

"Art. 40 (...)

§ 1º (...)

(...)

II – compulsoriamente, com proventos proporcionais ao tempo de contribuição, aos 70 (setenta) anos de idade, ou aos 75 (setenta e cinco) anos de idade, na forma de lei complementar;

(...)"

Art. 2º O Ato das Disposições Constitucionais Transitórias passa a vigorar acrescido do seguinte art. 100:

"Art. 100. Até que entre em vigor a lei complementar de que trata o inciso II do § 1º do art. 40 da Constituição Federal, os Ministros do Supremo Tribunal Federal, dos Tribunais Superiores e do Tribunal de Contas da União aposentar-se-ão, compulsoriamente, aos 75 (setenta e cinco) anos de idade, nas condições do art. 52 da Constituição Federal."

Art. 3º Esta Emenda Constitucional entra em vigor na data de sua publicação.

Brasília, em 7 de maio de 2015.

Mesa da Câmara dos Deputados:

Eduardo Cunha

Presidente

Mesa do Senado Federal:

Renan Calheiros

Presidente

(Publicação no *D.O.U.* de 8.5.2015)

EMENDA CONSTITUCIONAL N. 89, DE 15 DE SETEMBRO DE 2015

Dá nova redação ao art. 42 do Ato das Disposições Constitucionais Transitórias, ampliando o prazo em que a União deverá destinar às Regiões Centro-Oeste e Nordeste percentuais mínimos dos recursos destinados à irrigação.

As Mesas da Câmara dos Deputados e do Senado Federal, nos termos do art. 60 da Constituição Federal, promulgam a seguinte Emenda ao texto constitucional:

Art. 1º O art. 42 do Ato das Disposições Constitucionais Transitórias passa a vigorar com a seguinte redação:

"Art. 42. Durante 40 (quarenta) anos, a União aplicará dos recursos destinados à irrigação:

I – 20% (vinte por cento) na Região Centro-Oeste;

II – 50% (cinquenta por cento) na Região Nordeste, preferencialmente no Semiárido.

Parágrafo único. Dos percentuais previstos nos incisos I e II do *caput*, no mínimo 50% (cinquenta por cento) serão destinados a projetos de irrigação que beneficiem agricultores familiares que atendam aos requisitos previstos em legislação específica."

Art. 2º Esta Emenda Constitucional entra em vigor na data de sua publicação.

Brasília, em 15 de setembro de 2015.

Mesa da Câmara dos Deputados:

Eduardo Cunha

Presidente

Mesa do Senado Federal:

Renan Calheiros

Presidente

(Publicação no *D.O.U.* de 16.9.2015)

EMENDA CONSTITUCIONAL N. 90, DE 15 DE SETEMBRO DE 2015

Dá nova redação ao art. 6º da Constituição Federal, para introduzir o transporte como direito social.

As Mesas da Câmara dos Deputados e do Senado Federal, nos termos do art. 60 da Constituição Federal, promulgam a seguinte Emenda ao texto constitucional:

Artigo único. O art. 6º da Constituição Federal de 1988 passa a vigorar com a seguinte redação:

"Art. 6º São direitos sociais a educação, a saúde, a alimentação, o trabalho, a moradia, o transporte, o lazer, a segurança, a previdência social, a proteção à maternidade e à infância, a assistência aos desamparados, na forma desta Constituição."

Brasília, em 15 de setembro de 2015.

Mesa da Câmara dos Deputados:

Eduardo Cunha

Presidente

Mesa do Senado Federal:

Renan Calheiros

Presidente

(Publicação no *D.O.U.* de 16.9.2015)

ÍNDICE REMISSIVO DA CONSTITUIÇÃO DA REPÚBLICA FEDERATIVA DO BRASIL e ADCT

LEI DE INTRODUÇÃO ÀS NORMAS DO DIREITO BRASILEIRO

VADE MECUM
DE LEGISLAÇÃO
FOCO

LEI DE INTRODUÇÃO ÀS NORMAS DO DIREITO BRASILEIRO

DECRETO-LEI 4.657, DE 4 DE SETEMBRO DE 1942

Lei de Introdução às normas do Direito Brasileiro.

→ Ementa com redação alterada pela Lei 12.376/2010.

O Presidente da República, usando da atribuição que lhe confere o art. 180 da Constituição, decreta:

Art. 1º Salvo disposição contrária, a lei começa a vigorar em todo o país 45 (quarenta e cinco) dias depois de oficialmente publicada.

→ v. Art. 8º da LC 95/1998.

§ 1º Nos Estados estrangeiros, a obrigatoriedade da lei brasileira, quando admitida, se inicia 3 (três) meses depois de oficialmente publicada.

§ 2º *(Revogado pela Lei 12.036/2009).*

§ 3º Se, antes de entrar a lei em vigor, ocorrer nova publicação de seu texto, destinada a correção, o prazo deste artigo e dos parágrafos anteriores começará a correr da nova publicação.

§ 4º As correções a texto de lei já em vigor consideram-se lei nova.

Art. 2º Não se destinando à vigência temporária, a lei terá vigor até que outra a modifique ou revogue.

→ v. Art. 3º do CP.

§ 1º A lei posterior revoga a anterior quando expressamente o declare, quando seja com ela incompatível ou quando regule inteiramente a matéria de que tratava a lei anterior.

→ v. Art. 9º da LC 95/1998.

§ 2º A lei nova, que estabeleça disposições gerais ou especiais a par das já existentes, não revoga nem modifica a lei anterior.

§ 3º Salvo disposição em contrário, a lei revogada não se restaura por ter a lei revogadora perdido a vigência.

Art. 3º Ninguém se escusa de cumprir a lei, alegando que não a conhece.

→ v. Art. 21 do CP.

→ v. Art. 18 da LC 95/1998.

Art. 4º Quando a lei for omissa, o juiz decidirá o caso de acordo com a analogia, os costumes e os princípios gerais de direito.

→ v. Art. 3º do CPP.

Art. 5º Na aplicação da lei, o juiz atenderá aos fins sociais a que ela se dirige e às exigências do bem comum.

→ v. Art. 6º da Lei 9.099/1995.

Art. 6º A lei em vigor terá efeito imediato e geral, respeitados o ato jurídico perfeito, o direito adquirido e a coisa julgada.

→ *Caput* com redação alterada pela Lei 3.238/1957.

→ v. Art. 5º, XXXVI, da CF/1988.

§ 1º Reputa-se ato jurídico perfeito o já consumado segundo a lei vigente ao tempo em que se efetuou.

→ § 1º acrescentado pela Lei 3.238/1957.

→ v. Súmula Vinculante 1 do STF.

→ v. Art. 5º, XL, da CF/1988.

§ 2º Consideram-se adquiridos assim os direitos que o seu titular, ou alguém por ele, possa exercer, como aqueles cujo começo do exercício tenha termo pré-fixo, ou condição preestabelecida inalterável, a arbítrio de outrem.

→ § 2º acrescentado pela Lei 3.238/1957.

→ v. Arts. 115 a 120 do CC.

§ 3º Chama-se coisa julgada ou caso julgado a decisão judicial de que já não caiba recurso.

→ § 3º acrescentado pela Lei 3.238/1957.

→ v. Arts. 467 a 475 do CPC/1973.

→ v. Arts. 496, e 502 a 508, do NCPC.

Art. 7º A lei do país em que for domiciliada a pessoa determina as regras sobre o começo e o fim da personalidade, o nome, a capacidade e os direitos de família.

→ v. Arts. 1º a 10, 16, 70 a 78, e 1.511 a 1.783, do CC.

→ v. Arts. 50 a 66, e 77 a 94, da Lei 6.015/1973.

§ 1º Realizando-se o casamento no Brasil, será aplicada a lei brasileira quanto aos impedimentos dirimentes e às formalidades da celebração.

→ v. Arts. 1.517, 1.521, I a VII, 1.523 e 1.533 a 1.570 do CC.

→ v. Arts. 8º e 9º da Lei 1.110/1950.

§ 2º O casamento de estrangeiros poderá celebrar-se perante autoridades diplomáticas ou consulares do país de ambos os nubentes.

→ § 2º com redação alterada pela Lei 3.238/1957.

→ v. Art. 1.544 do CC.

§ 3º Tendo os nubentes domicílio diverso, regerá os casos de invalidade do matrimônio a lei do primeiro domicílio conjugal.

→ v. Arts. 1.548 a 1.564 do CC.

§ 4º O regime de bens, legal ou convencional, obedece à lei do país em que tiverem os nubentes domicílio, e, se este for diverso, à do primeiro domicílio conjugal.

→ v. Arts. 1.639, 1.640 e 1.653 do CC.

§ 5º O estrangeiro casado, que se naturalizar brasileiro, pode, mediante expressa anuência de seu cônjuge, requerer ao juiz, no ato de entrega do decreto de naturalização, se apostile ao mesmo a adoção do regime de comunhão parcial de bens, respeitados os direitos de terceiros e dada esta adoção ao competente registro.

→ § 5º com redação alterada pela Lei 6.515/1977.

→ v. Art. 12 da CF/1988.

→ v. Arts. 1.639, § 2º, 1.658 a 1.666 do CC.

§ 6º O divórcio realizado no estrangeiro, se um ou ambos os cônjuges forem brasileiros, só será reconhecido no Brasil depois de 1 (um) ano da data da sentença, salvo se houver sido antecedida de separação judicial por igual prazo, caso em que a homologação produzirá efeito imediato, obedecidas as condições estabelecidas para a eficácia das sentenças estrangeiras no país. O Superior Tribunal de Justiça, na forma de seu regimento interno, poderá reexaminar, a requerimento do interessado, decisões já proferidas em pedidos de homologação de sentenças estrangeiras de divórcio de brasileiros, a fim de que passem a produzir todos os efeitos legais.

→ § 6º com redação alterada pela Lei 12.036/2009.

→ v. Art. 105, I, *i*, CF/1988 (EC 45/2004 alterou a competência para homologação de sentença estrangeira).

→ v. Art. 483, parágrafo único, do CPC/1973.

→ v. Art. 960, § 2º, do NCPC.

§ 7º Salvo o caso de abandono, o domicílio do chefe da família estende-se ao outro cônjuge e aos filhos não emancipados, e o do tutor ou curador aos incapazes sob sua guarda.

§ 8º Quando a pessoa não tiver domicílio, considerar-se-á domiciliada no lugar de sua residência ou naquele em que se encontre.

Art. 8º Para qualificar os bens e regular as relações a eles concernentes, aplicar-se-á a lei do país em que estiverem situados.

§ 1º Aplicar-se-á a lei do país em que for domiciliado o proprietário, quanto aos bens móveis que ele trouxer ou se destinarem a transporte para outros lugares.

§ 2º O penhor regula-se pela lei do domicílio que tiver a pessoa, em cuja posse se encontre a coisa apenhada.

→ v. Arts. 1.431 a 1.472 do CC.

Art. 9º Para qualificar e reger as obrigações, aplicar-se-á a lei do país em que se constituírem.

§ 1º Destinando-se a obrigação a ser executada no Brasil e dependendo de forma essencial, será esta observada, admitidas as peculiaridades da lei estrangeira quanto aos requisitos extrínsecos do ato.

§ 2º A obrigação resultante do contrato reputa-se constituída no lugar em que residir o proponente.

→ v. Art. 435 do CC.

Art. 10. A sucessão por morte ou por ausência obedece à lei do país em que era domiciliado o defunto ou o desaparecido, qualquer que seja a natureza e a situação dos bens.

→ v. Arts. 6º, 7º, 26 a 36, 37 a 39, 1.784 a 1.990 do CC.

§ 1º A sucessão de bens de estrangeiros, situados no país, será regulada pela lei brasileira em benefício do cônjuge ou dos filhos brasileiros, ou de quem os represente, sempre que não lhes seja mais favorável a lei pessoal do *de cujus*.

→ § 1º com redação alterada pela Lei 9.047/1995.

→ v. Art. 5º, XXXI, da CF/1988.

→ v. Arts. 1.829, I e II, 1.830 a 1.832, 1.837, 1.838, 1.851 a 1.856 do CC.

→ v. Art. 17 do Decreto 3.200/1941.

§ 2º A lei do domicílio do herdeiro ou legatário regula a capacidade para suceder.

→ v. Art. 5º, XXX e XXXI, da CF/1988.

→ v. Arts. 1.787, e 1.798 a 1.803, do CC.

→ v. Arts. 89, 96, e 982 do CPC/1973.

→ v. Arts. 23, 48 e 610, do NCPC.

Art. 11. As organizações destinadas a fins de interesse coletivo, como as sociedades e as fundações, obedecem à lei do Estado em que se constituírem.

→ v. Arts. 44, II e III, 62 a 69, 981 a 1.141 do CC.

→ v. Art. 12, § 3º, do CPC/1973.

→ v. Art. 75, § 3º, do NCPC.

→ v. Decreto 2.427/1997 - Promulga a Convenção Interamericana sobre Personalidade e Capacidade de Pessoas Jurídicas no Direito Internacional Privado, concluída em La Paz, em 24 de maio de 1984.

§ 1º Não poderão, entretanto, ter no Brasil filiais, agências ou estabelecimentos antes de serem os atos constitutivos aprovados pelo Governo brasileiro, ficando sujeitas à lei brasileira.

→ v. Art. 170, parágrafo único, da CF/1988.

→ v. Art. 88, parágrafo único, do CPC/1973.

→ v. Art. 21, parágrafo único, do NCPC.

§ 2º Os Governos estrangeiros, bem como as organizações de qualquer natureza, que eles tenham constituído, dirijam ou hajam investido de funções públicas, não poderão adquirir no Brasil bens imóveis ou suscetíveis de desapropriação.

§ 3º Os Governos estrangeiros podem adquirir a propriedade dos prédios necessários à sede dos representantes diplomáticos ou dos agentes consulares.

Art. 12. É competente a autoridade judiciária brasileira, quando for o réu domiciliado no Brasil ou aqui tiver de ser cumprida a obrigação.

→ v. Arts. 88 a 90 do CPC/1973.

→ v. Arts. 21, 23 e 24, do NCPC.

§ 1º Só à autoridade judiciária brasileira compete conhecer das ações relativas a imóveis situados no Brasil.

→ v. Art. 89, I, do CPC/1973.

→ v. Art. 23, I, do NCPC.

§ 2º A autoridade judiciária brasileira cumprirá, concedido o *exequatur* e segundo a forma estabelecida pela lei brasileira, as diligências deprecadas por autoridade estrangeira competente, observando a lei desta, quanto ao objeto das diligências.

→ v. Arts. 105, I, *i*, e 109, X, da CF/1988.

→ v. Arts. 88, 89, 94, § 3º, 95, 202, § 3º, 211, 212, 231, § 1º, 338, do CPC/1973.

→ v. Arts. 21, 23, 46, § 3º, 47, 256, § 1º, 263, 268, 377 e 960, do NCPC.

→ v. Art. 15 da LINDB.

Art. 13. A prova dos fatos ocorridos em país estrangeiro rege-se pela lei que nele vigorar, quanto ao ônus e aos meios de produzir-se, não admitindo os tribunais brasileiros provas que a lei brasileira desconheça.

→ v. Arts. 332 a 334 do CPC/1973.

→ v. Arts. 369, 371 e 373, do NCPC.

Art. 14. Não conhecendo a lei estrangeira, poderá o juiz exigir de quem a invoca prova do texto e da vigência.

Art. 15. Será executada no Brasil a sentença proferida no estrangeiro, que reúna os seguintes requisitos:

a) haver sido proferida por juiz competente;

b) terem sido as partes citadas ou haver-se legalmente verificado a revelia;

c) ter passado em julgado e estar revestida das formalidades necessárias para a execução no lugar em que foi proferida;

d) estar traduzida por intérprete autorizado;

→ v. Art. 215, §§ 3º e 4º, do CC.

→ v. Arts. 157 do CPC/1973.

→ v. Art. 192, parágrafo único, do NCPC.

→ v. Arts. 129, 6, e 130, da Lei 6.015/1973.

e) ter sido homologada pelo Supremo Tribunal Federal.

→ Pela EC 45/2004 a competência para homologação de sentença estrangeira é do STJ.

→ v. Art. 105, I, *i*, da CF/1988.

Parágrafo único. *(Revogado pela Lei 12.036/2009).*

Art. 16. Quando, nos termos dos artigos precedentes, se houver de aplicar a lei estrangeira, ter-se-á em vista a disposição desta, sem considerar-se qualquer remissão por ela feita a outra lei.

Art. 17. As leis, atos e sentenças de outro país, bem como quaisquer declarações de vontade, não terão eficácia no Brasil, quando ofenderem a soberania nacional, a ordem pública e os bons costumes.

Art. 18. Tratando-se de brasileiros, são competentes as autoridades consulares brasileiras para lhes celebrar o casamento e os mais atos de Registro Civil e de tabelionato, inclusive o registro de nascimento e de óbito dos filhos de brasileiro ou brasileira nascidos no país da sede do Consulado.

→ *Caput* com redação alterada pela Lei 3.238/1957.

→ v. Art. 12, I, *a*, *b* e *c*, da CF/1988.

→ v. Art. 32 da Lei 6.015/1973.

→ v. Decreto 360/1935 – Aprova a Consolidação das Leis, decretos, circulares e decisões referentes ao exercício das funções consulares brasileiras.

§ 1º As autoridades consulares brasileiras também poderão celebrar a separação consensual e o divórcio consensual de brasileiros, não havendo filhos menores ou incapazes do casal e observados os requisitos legais quanto aos prazos, devendo constar da respectiva escritura pública as disposições relativas à descrição e à partilha dos bens comuns e à pensão alimentícia e, ainda, ao acordo quanto à retomada pelo cônjuge de seu nome de solteiro ou à manutenção do nome adotado quando se deu o casamento.

→ § 1º acrescentado pela Lei 12.874/2013, em vigor após decorridos 120 (cento e vinte) dias de sua publicação – *D.O.U.* 30.10.2013.

§ 2º É indispensável a assistência de advogado, devidamente constituído, que se dará mediante a subscrição de petição, juntamente com ambas as partes, ou com apenas uma delas, caso a outra constitua advogado próprio, não se fazendo necessário que a assinatura do advogado conste da escritura pública.

→ § 2º acrescentado pela Lei 12.874/2013, em vigor após decorridos 120 (cento e vinte) dias de sua publicação – *D.O.U.* 30.10.2013.

Art. 19. Reputam-se válidos todos os atos indicados no artigo anterior e celebrados pelos cônsules brasileiros na vigência do Dec.-lei 4.657, de 4 de setembro de 1942, desde que satisfaçam todos os requisitos legais.

→ Artigo acrescentado pela Lei 3.238/1957.

Parágrafo único. No caso em que a celebração desses atos tiver sido recusada pelas autoridades consulares, com fundamento no art. 18 do mesmo Decreto-lei, ao interessado é facultado renovar o pedido dentre em 90 (noventa) dias contados da data da publicação desta Lei.

Rio de Janeiro, 4 de setembro de 1942; 121º da Independência e 54º da República.

Getúlio Vargas

(Publicação no *D.O.U.* de 9.9.1942; retificado 8.10.1942 e 17.6.1943)

CÓDIGO CIVIL

VADE MECUM DE LEGISLAÇÃO FOCO

ÍNDICE SISTEMÁTICO DO CÓDIGO CIVIL

LEI 10.406, DE 10 DE JANEIRO DE 2002

PARTE GERAL

LIVRO I – DAS PESSOAS

TÍTULO I – DAS PESSOAS NATURAIS

TÍTULO II – DAS PESSOAS JURÍDICAS

TÍTULO III – DO DOMICÍLIO

LIVRO II – DOS BENS

TÍTULO ÚNICO – DAS DIFERENTES CLASSES DE BENS

LIVRO III – DOS FATOS JURÍDICOS

TÍTULO I – DO NEGÓCIO JURÍDICO

TÍTULO II – DOS ATOS JURÍDICOS LÍCITOS

TÍTULO III – DOS ATOS ILÍCITOS

TÍTULO IV – DA PRESCRIÇÃO E DA DECADÊNCIA

TÍTULO VII – DOS ATOS UNILATERAIS

TÍTULO VIII – DOS TÍTULOS DE CRÉDITO

TÍTULO IX – DA RESPONSABILIDADE CIVIL

TÍTULO X – DAS PREFERÊNCIAS E PRIVILÉGIOS CREDITÓRIOS

LIVRO II – DO DIREITO DE EMPRESA

TÍTULO I – DO EMPRESÁRIO

TÍTULOS I-A DA EMPRESA INDIVIDUAL DE RESPONSABILIDADE LIMITADA

TÍTULO II – DA SOCIEDADE

SUBTÍTULO I – DA SOCIEDADE NÃO PERSONIFICADA

SUBTÍTULO II – DA SOCIEDADE PERSONIFICADA

TÍTULO III – DO ESTABELECIMENTO

TÍTULO IV – DOS INSTITUTOS COMPLEMENTARES

LIVRO III – DO DIREITO DAS COISAS

TÍTULO I – DA POSSE

TÍTULO II – DOS DIREITOS REAIS

TÍTULO III – DA PROPRIEDADE

LIVRO IV - DO DIREITO DE FAMÍLIA

TÍTULO I - DO DIREITO PESSOAL

SUBTÍTULO I - DO CASAMENTO

SUBTÍTULO II - DAS RELAÇÕES DE PARENTESCO

TÍTULO II - DO DIREITO PATRIMONIAL

SUBTÍTULO I - DO REGIME DE BENS ENTRE OS CÔNJUGES

SUBTÍTULO II - DO USUFRUTO E DA ADMINISTRAÇÃO DOS BENS DE FILHOS MENORES

SUBTÍTULO III - DOS ALIMENTOS

SUBTÍTULO IV - DO BEM DE FAMÍLIA

TÍTULO III - DA UNIÃO ESTÁVEL

TÍTULO IV - DA TUTELA E DA CURATELA

LIVRO V - DO DIREITO DAS SUCESSÕES

TÍTULO I - DA SUCESSÃO EM GERAL

LEI 10.406, DE 10 DE JANEIRO DE 2002

Institui o Código Civil.

→ *V.* Lei 13.146/2015 – Estatuto da Pessoa com Deficiência.

O Presidente da República:

Faço saber que o Congresso Nacional decreta e eu sanciono a seguinte Lei:

PARTE GERAL

LIVRO I DAS PESSOAS

Título I Das pessoas naturais

Capítulo I DA PERSONALIDADE E DA CAPACIDADE

Art. 1º Toda pessoa é capaz de direitos e deveres na ordem civil.

→ *V.* Art. 7º do CPC/1973.

→ *V.* Arts. 70 e ss., do NCPC.

→ *V.* Art. 126, I, do CTN.

→ *V.* Art. 7º da LINDB.

→ *V.* Art. 1º da Convenção Americana de Direitos Humanos – Pacto de San Jose da Costa Rica.

Art. 2º A personalidade civil da pessoa começa do nascimento com vida; mas a lei põe a salvo, desde a concepção, os direitos do nascituro.

→ *V.* Arts. 542, 1.779, *caput*, e 1.952 do CC.

→ *V.* Arts. 877 e 878 do CPC/1973.

→ *V.* Arts. 124 a 128 do CP.

→ *V.* Art. 3º da Convenção Americana de Direitos Humanos – Pacto de San Jose da Costa Rica.

Art. 3º São absolutamente incapazes de exercer pessoalmente os atos da vida civil os menores de 16 (dezesseis) anos.

→ *Caput* com redação alterada pela Lei 13.146/2015, em vigor após decorridos 180 (cento e oitenta) dias de sua publicação oficial – *D.O.U.* de 7.7.2015);

→ *V.* Arts. 166, I, 974, 1.728 e 1.767 do CC.

I – (*Revogado pela Lei 13.146/2015, em vigor após decorridos 180 (cento e oitenta) dias de sua publicação oficial –* D.O.U. *de 7.7.2015*);

II – (*Revogado pela Lei 13.146/2015, em vigor após decorridos 180 (cento e oitenta) dias de sua publicação oficial –* D.O.U. *de 7.7.2015*);

III – (*Revogado pela Lei 13.146/2015, em vigor após decorridos 180 (cento e oitenta) dias de sua publicação oficial –* D.O.U. *de 7.7.2015*).

→ **Anterior redação: Art. 3º** São absolutamente incapazes de exercer pessoalmente os atos da vida civil: I – os menores de 16 (dezesseis) anos; II – os que, por enfermidade ou deficiência mental, não tiverem o necessário discernimento para a prática desses atos; III – os que, mesmo por causa transitória, não puderem exprimir sua vontade.

Art. 4º São incapazes, relativamente a certos atos ou à maneira de os exercer:

→ *Caput* com redação alterada pela Lei 13.146/2015, em vigor após decorridos 180 (cento e oitenta) dias de sua publicação oficial – *D.O.U.* de 7.7.2015.

→ *V.* Art. 105, 171, I, 195, 934 e 974 do CC.

→ *V.* Arts. 8º, 9º, e 405, § 1º do CPC/1973.

→ *V.* Arts. 71, 72, e 447, § 1º, do NCPC.

I – os maiores de 16 (dezesseis) e menores de 18 (dezoito) anos;

→ *V.* Arts. 5º, 9º, III, 180, 666, 1.517, 1.634, V, 1.690, 1.747, I, 1.860, parágrafo único, do CC.

→ *V.* Arts. 402, 403 e 428 da CLT.

→ *V.* Art. 2º do ECA.

II – os ébrios habituais e os viciados em tóxico;

→ Inciso II com redação alterada pela Lei 13.146/2015, em vigor após decorridos 180 (cento e oitenta) dias de sua publicação oficial – *D.O.U.* de 7.7.2015.

→ *V.* Art. 1.767, I e III, do CC.

→ *V.* Arts. 1.177 a 1.186 do CPC/1973.

→ *V.* Arts. 747 e ss., do NCPC.

III – aqueles que, por causa transitória ou permanente, não puderem exprimir sua vontade;

→ Inciso III com redação alterada pela Lei 13.146/2015, em vigor após decorridos 180 (cento e oitenta) dias de sua publicação oficial – *D.O.U.* de 7.7.2015.

→ *V.* Art. 1.767, IV, do CC.

→ *V.* Arts. 1.177 a 1.186 do CPC/1973.

→ *V.* Arts. 747 e ss., do NCPC.

IV – os pródigos.

→ *V.* Art. 1.782 do CC.

Parágrafo único. A capacidade dos indígenas será regulada por legislação especial.

→ Parágrafo único com redação alterada pela Lei Lei 13.146/2015, em vigor após decorridos 180 (cento e oitenta) dias de sua publicação oficial – *D.O.U.* de 7.7.2015.

→ *V.* Arts. 231 e 232 da CF/1988.

→ *V.* Arts. 8º, 9º e 37 da Lei 6.001/1973.

→ *V.* Art. 1º, parágrafo único, da Lei 5.371/1967.

→ V. Decreto 7.747/2012 – Política Nacional de Gestão Territorial e Ambiental de Terras Indígenas

→ **Anterior redação: Art. 4º** São incapazes, relativamente a certos atos, ou à maneira de os exercer: (...) II – os ébrios habituais, os viciados em tóxicos, e os que, por deficiência mental, tenham o discernimento reduzido; III – os excepcionais, sem desenvolvimento mental completo; (...) Parágrafo único. A capacidade dos índios será regulada por legislação especial.

Art. 5º A menoridade cessa aos 18 (dezoito) anos completos, quando a pessoa fica habilitada à prática de todos os atos da vida civil.

→ *V.* Art. 228 da CF/1988.

→ *V.* Arts. 1.635, II e III, e 1.763, I, do CC.

→ *V.* Art. 27 do CP.

→ *V.* Arts. 34, 50, parágrafo único, 52, do CPP.

→ *V.* Art. 792 da CLT

→ *V.* Art. 42 do ECA.

→ *V.* Art. 9º, I, da Lei 6.001/1973.

Parágrafo único. Cessará, para os menores, a incapacidade:

→ *V.* Art. 73 da Lei 4.375/1964.

I – pela concessão dos pais, ou de um deles na falta do outro, mediante instrumento público, independentemente de homologação judicial, ou por sentença do juiz, ouvido o tutor, se o menor tiver 16 (dezesseis) anos completos;

→ *V.* Arts. 9º, II, 1.635, II e 1.763, I, do CC.

→ *V.* Arts. 29, IV, 89 e 90 da Lei 6.015/1973.

II – pelo casamento;

→ *V.* Art. 1.517 do CC.

III – pelo exercício de emprego público efetivo;

→ *V.* Art. 37, I e II, da CF/1988.

→ *V.* Art. 5º, V, da Lei 8.112/1990.

IV – pela colação de grau em curso de ensino superior;

→ *V.* Art. 47, § 2º, da Lei 9.394/1996.

V – pelo estabelecimento civil ou comercial, ou pela existência de relação de emprego, desde que, em função deles, o menor com 16 (dezesseis) anos completos tenha economia própria.

→ *V.* Art. 972 do CC.

Art. 6º A existência da pessoa natural termina com a morte; presume-se esta, quanto aos ausentes, nos casos em que a lei autoriza a abertura de sucessão definitiva.

→ *V.* Arts. 9º, I, 12, parágrafo único, 22 a 39 do CC.

→ *V.* Arts. 1.159 a 1.169 do CPC/1973.

→ *V.* Arts. 744 e ss., do NCPC.

→ *V.* Art. 3º da Lei 9.434/1997.

Art. 7º Pode ser declarada a morte presumida, sem decretação de ausência:

I – se for extremamente provável a morte de quem estava em perigo de vida;

II – se alguém, desaparecido em campanha ou feito prisioneiro, não for encontrado até 2 (dois) anos após o término da guerra.

Parágrafo único. A declaração da morte presumida, nesses casos, somente poderá ser requerida depois de esgotadas as buscas e averiguações, devendo a sentença fixar a data provável do falecimento.

→ *V.* Arts. 22 a 39 do CC.

→ *V.* Art. 88 da Lei 6.015/1973.

Art. 8º Se dois ou mais indivíduos falecerem na mesma ocasião, não se podendo averiguar se algum dos comorientes precedeu aos outros, presumir-se-ão simultaneamente mortos.

Art. 9º Serão registrados em registro público:

I – os nascimentos, casamentos e óbitos;

→ *v.* Arts. 2º, 6º, 1.515, 1.516, 1.536, 1.543, 1.544 do CC.

→ *v.* Lei 13.114/2015 – Altera a Lei 6.015/1973.

→ *v.* Art. 80, parágrafo único, da Lei 6.015/1973.

→ *v.* Arts. 29, I a III, 33, 50, 51, 70 a 88 da Lei 6.015/1973.

→ *v.* Lei 12.662/2012 – Assegura a validade nacional à Declaração de Nascido Vivo – DNV.

II – a emancipação por outorga dos pais ou por sentença do juiz;

→ *v.* Arts. 29, IV, 89 a 94, da Lei 6.015/1973.

III – a interdição por incapacidade absoluta ou relativa;

→ *v.* Art. 29, V, da Lei 6.015/1973.

IV – a sentença declaratória de ausência e de morte presumida.

→ *v.* Arts. 29, VI, e 94 da Lei 6.015/1973.

Art. 10. Far-se-á averbação em registro público:

I – das sentenças que decretarem a nulidade ou anulação do casamento, o divórcio, a separação judicial e o restabelecimento da sociedade conjugal;

→ *v.* Arts. 1.561, 1.563 e 1.571, II a IV, do CC.

→ *v.* Arts. 29, § 1º, *a*, e 100 da Lei 6.015/1973.

II – dos atos judiciais ou extrajudiciais que declararem ou reconhecerem a filiação;

→ *v.* Arts. 1.607 a 1.617 do CC.

→ *v.* Arts. 26 e 27 do ECA.

→ *v.* Art. 29, § 1º, *b* e *d*, da Lei 6.015/1973.

III – *(Revogado pela Lei 12.010/2009).*

Capítulo II
DOS DIREITOS DA PERSONALIDADE

Art. 11. Com exceção dos casos previstos em lei, os direitos da personalidade são intransmissíveis e irrenunciáveis, não podendo o seu exercício sofrer limitação voluntária.

→ *v.* Arts. 1º, III, e 5º, X, da CF.

→ *v.* Art. 52 do CC.

Art. 12. Pode-se exigir que cesse a ameaça, ou a lesão, a direito da personalidade, e reclamar perdas e danos, sem prejuízo de outras sanções previstas em lei.

→ *v.* Art. 5º, XXXV, da CF/1988.

→ *v.* Art. 186 do CC.

Parágrafo único. Em se tratando de morto, terá legitimação para requerer a medida prevista neste artigo o cônjuge sobrevivente, ou qualquer parente em linha reta, ou colateral até o quarto grau.

Art. 13. Salvo por exigência médica, é defeso o ato de disposição do próprio corpo, quando importar diminuição permanente da integridade física, ou contrariar os bons costumes.

Parágrafo único. O ato previsto neste artigo será admitido para fins de transplante, na forma estabelecida em lei especial.

→ *v.* Art. 9º, § 3º, da Lei 9.434/1997.

Art. 14. É válida, com objetivo científico, ou altruístico, a disposição gratuita do próprio corpo, no todo ou em parte, para depois da morte.

→ *v.* Lei 8.501/1992 – Utilização de cadáver não reclamado, para fins de estudos ou pesquisas científicas.

→ *v.* Art. 3º da Lei 9.434/1997.

Parágrafo único. O ato de disposição pode ser livremente revogado a qualquer tempo.

→ *v.* Arts. 1.857, § 2º, e 1.858 do CC.

→ *v.* Art. 4º da Lei 9.434/1997.

Art. 15. Ninguém pode ser constrangido a submeter-se, com risco de vida, a tratamento médico ou a intervenção cirúrgica.

Art. 16. Toda pessoa tem direito ao nome, nele compreendidos o prenome e o sobrenome.

→ *v.* Art. 227, § 6º da CF/1988.

→ *v.* Arts. 19, 1.571, § 2º, e 1.578, do CC.

→ *v.* Arts. 30, 43 e 44 da Lei 6.815/1980

→ *v.* Arts. 54 a 58 da Lei 6.015/1973.

Art. 17. O nome da pessoa não pode ser empregado por outrem em publicações ou representações que a exponham ao desprezo público, ainda quando não haja intenção difamatória.

Art. 18. Sem autorização, não se pode usar o nome alheio em propaganda comercial.

Art. 19. O pseudônimo adotado para atividades lícitas goza da proteção que se dá ao nome.

→ *v.* Arts. 12, e 24, II, da Lei 9.610/1998.

Art. 20. Salvo se autorizadas, ou se necessárias à administração da justiça ou à manutenção da ordem pública, a divulgação de escritos, a transmissão da palavra, ou a publicação, a exposição ou a utilização da imagem de uma pessoa poderão ser proibidas, a seu requerimento e sem prejuízo da indenização que couber, se lhe atingirem a honra, a boa fama ou a respeitabilidade, ou se se destinarem a fins comerciais.

→ *v.* Súmula 403 do STJ.

→ *v.* Art. 5º, X e XXVIII, *a*, da CF/1988.

→ *v.* Art. 186 do CC.

→ *v.* Lei 9.610/1998 – Direitos autorais.

Parágrafo único. Em se tratando de morto ou de ausente, são partes legítimas para requerer essa proteção o cônjuge, os ascendentes ou os descendentes.

Art. 21. A vida privada da pessoa natural é inviolável, e o juiz, a requerimento do interessado, adotará as providências necessárias para impedir ou fazer cessar ato contrário a esta norma.

→ *v.* Art. 5º, X a XII do CF/1988.

→ *v.* LC 105/2001 – Sigilo das operações de instituições financeiras.

→ *v.* Art. 5º-A da Lei 12.037/2009.

→ *v.* Lei 9.296/1996 – Regulamenta o inciso XII, parte final, do art. 5º da CF/1988.

Capítulo III
DA AUSÊNCIA

Seção I
Da curadoria dos bens do ausente

Art. 22. Desaparecendo uma pessoa do seu domicílio sem dela haver notícia, se não houver deixado representante ou procurador a quem caiba administrar-lhe os bens, o juiz, a requerimento de qualquer interessado ou do Ministério Público, declarará a ausência, e nomear-lhe-á curador.

→ *v.* Arts. 6º, 9º, IV, 198, II, 1.571, § 1º e 1.785, do CC.

→ *v.* Arts. 9º, parágrafo único, 97, 215, § 1º, 1.159 a 1.169 do CPC/1973.

→ *v.* Arts. 72, parágrafo único, 49,242, § 1º, e 744 e ss., do NCPC.

→ *v.* Art. 29, VI, da Lei 6.015/1973.

Art. 23. Também se declarará a ausência, e se nomeará curador, quando o ausente deixar mandatário que não queira ou não possa exercer ou continuar o mandato, ou se os seus poderes forem insuficientes.

→ *v.* Art. 1.159 do CPC/1973.

→ *v.* Art. 744 do NCPC.

Art. 24. O juiz, que nomear o curador, fixar-lhe-á os poderes e obrigações, conforme as circunstâncias, observando, no que for aplicável, o disposto a respeito dos tutores e curadores.

→ *v.* Arts. 1.144, e 1.187 a 1.198, do CPC/1973.

→ *v.* Arts. 739, § 1º, e 759 e ss., do NCPC.

Art. 25. O cônjuge do ausente, sempre que não esteja separado judicialmente, ou de fato por mais de 2 (dois) anos antes da declaração da ausência, será o seu legítimo curador.

→ *v.* Arts. 1.120 a 1.124-A do CPC/1973.

→ *v.* Arts. 731 e ss., do NCPC.

§ 1º Em falta do cônjuge, a curadoria dos bens do ausente incumbe aos pais ou aos descendentes, nesta ordem, não havendo impedimento que os iniba de exercer o cargo.

§ 2º Entre os descendentes, os mais próximos precedem os mais remotos.

§ 3º Na falta das pessoas mencionadas, compete ao juiz a escolha do curador.

Seção II
Da sucessão provisória

Art. 26. Decorrido 1 (um) ano da arrecadação dos bens do ausente, ou, se ele deixou representante ou procurador, em se passando 3 (três) anos, poderão os interessados requerer que se declare a ausência e se abra provisoriamente a sucessão.

→ *v.* Arts. 1.163 a 1.167 do CPC/1973.

→ *v.* Art. 745 do NCPC.

→ *v.* Art. 104, parágrafo único, da Lei 6.015/1973.

Art. 27. Para o efeito previsto no artigo anterior, somente se consideram interessados:

I – o cônjuge não separado judicialmente;

II – os herdeiros presumidos, legítimos ou testamentários;

III – os que tiverem sobre os bens do ausente direito dependente de sua morte;

IV – os credores de obrigações vencidas e não pagas.

Art. 28. A sentença que determinar a abertura da sucessão provisória só produzirá efeito 180 (cento e oitenta) dias depois de publicada pela imprensa; mas, logo que passe em julgado, proceder-se-á à abertura do testamento, se houver, e ao inventário e partilha dos bens, como se o ausente fosse falecido.

→ *v.* Art. 1.165 do CPC/1973.

§ 1º Findo o prazo a que se refere o Art. 26, e não havendo interessados na sucessão provisória, cumpre ao Ministério Público requerê-la ao juízo competente.

→ *v.* Art. 1.163, § 2º do CPC/1973.

§ 2º Não comparecendo herdeiro ou interessado para requerer o inventário até 30 (trinta) dias depois de passar em julgado a sentença que mandar abrir a sucessão provisória, proceder-se-á à arrecadação dos bens do ausente pela forma estabelecida nos Arts. 1.819 a 1.823.

→ *v.* Arts. 1.142 a 1.158, e 1.166 do CPC/1973.

→ *v.* Arts. 738 e ss., do NCPC.

Art. 29. Antes da partilha, o juiz, quando julgar conveniente, ordenará a conversão dos bens móveis, sujeitos a deterioração ou a extravio, em imóveis ou em títulos garantidos pela União.

→ *v.* Arts. 79 e 81, 2.013 a 2.022 do CC.

→ *v.* Lei 10.179/2001 – Dispõe sobre os títulos da dívida pública de responsabilidade do Tesouro Nacional.

Art. 30. Os herdeiros, para se imitirem na posse dos bens do ausente, darão garantias da restituição deles, mediante penhores ou hipotecas equivalentes aos quinhões respectivos.

→ *v.* Arts. 1.196 a 1.199, 1.431 a 1.466, e 1.473 a 1.488 do CC.

→ *v.* Art. 1.167 do CPC/1973.

→ *v.* Art. 745, § 3º, do NCPC.

§ 1º Aquele que tiver direito à posse provisória, mas não puder prestar a garantia exigida neste artigo, será excluído, mantendo-se os bens que lhe deviam caber sob a administração do curador, ou de outro herdeiro designado pelo juiz, e que preste essa garantia.

§ 2º Os ascendentes, os descendentes e o cônjuge, uma vez provada a sua qualidade de herdeiros, poderão, independentemente de garantia, entrar na posse dos bens do ausente.

Art. 31. Os imóveis do ausente só se poderão alienar, não sendo por desapropriação, ou hipotecar, quando o ordene o juiz, para lhes evitar a ruína.

→ *v.* Arts. 5º, XXIV, XXV, 22, II, III, 182, § 3º, 184, 185, e 216, § 1º da CF/1988.

→ *v.* Lei 8.257/1991 – Dispõe sobre a expropriação das glebas nas quais se localizem culturas ilegais de plantas psicotrópicas.

→ *v.* Lei 4.132/1962 – Desapropriação por interesse social.

→ *v.* Dec.-lei 3.365/1941 – Desapropiações por utilidade pública.

Art. 32. Empossados nos bens, os sucessores provisórios ficarão representando ativa e passivamente o ausente, de modo que contra eles correrão as ações pendentes e as que de futuro àquele forem movidas.

→ *v.* Art. 1.792 do CC.

→ *v.* Art. 97 do CPC/1973.

→ *v.* Art. 49 do NCPC.

Art. 33. O descendente, ascendente ou cônjuge que for sucessor provisório do ausente, fará seus todos os frutos e rendimentos dos bens que a este couberem; os outros sucessores, porém, deverão capitalizar metade desses frutos e rendimentos, segundo o disposto no Art. 29, de acordo com o representante do Ministério Público, e prestar anualmente contas ao juiz competente.

→ *v.* Arts. 1.829, I a III, e 1.845 do CC.

Parágrafo único. Se o ausente aparecer, e ficar provado que a ausência foi voluntária e injustificada, perderá ele, em favor do sucessor, sua parte nos frutos e rendimentos.

Art. 34. O excluído, segundo o Art. 30, da posse provisória poderá, justificando falta de meios, requerer lhe seja entregue metade dos rendimentos do quinhão que lhe tocaria.

Art. 35. Se durante a posse provisória se provar a época exata do falecimento do ausente, considerar-se-á, nessa data, aberta a sucessão em favor dos herdeiros, que o eram àquele tempo.

Art. 36. Se o ausente aparecer, ou se lhe provar a existência, depois de estabelecida a posse provisória, cessarão para logo as vantagens dos sucessores nela imitidos, ficando, todavia, obrigados a tomar as medidas assecuratórias precisas, até a entrega dos bens a seu dono.

Seção III
Da sucessão definitiva

Art. 37. Dez anos depois de passada em julgado a sentença que concede a abertura da sucessão provisória, poderão os interessados requerer a sucessão definitiva e o levantamento das cauções prestadas.

→ *v.* Súmulas 331 e 445 do STF.

→ *v.* Arts. 27 e 1.571, § 1º, do CC.

→ *v.* Arts. 1.167, II, e 1.168 do CPC/1973.

→ *v.* Art. 745, §§ 3º e 4º, do NCPC.

Art. 38. Pode-se requerer a sucessão definitiva, também, provando-se que o ausente conta 80 (oitenta) anos de idade, e que de cinco datam as últimas notícias dele.

→ *v.* Art. 1.167, III, do CPC/1973.

Art. 39. Regressando o ausente nos dez anos seguintes à abertura da sucessão definitiva, ou algum de seus descendentes ou ascendentes, aquele ou estes haverão só os bens existentes no estado em que se acharem, os sub-rogados em seu lugar, ou o preço que os herdeiros e demais interessados houverem recebido pelos bens alienados depois daquele tempo.

→ *v.* Arts. 28, § 2º, 1.822, 1.829 a 1.844 do CC.

Parágrafo único. Se, nos dez anos a que se refere este artigo, o ausente não regressar, e nenhum interessado promover a sucessão definitiva, os bens arrecadados passarão ao domínio do Município ou do Distrito Federal, se localizados nas respectivas circunscrições, incorporando-se ao domínio da União, quando situados em território federal.

Título II
Das pessoas jurídicas

Capítulo I
DISPOSIÇÕES GERAIS

Art. 40. As pessoas jurídicas são de direito público, interno ou externo, e de direito privado.

→ *v.* Art. 11 da LINDB.

Art. 41. São pessoas jurídicas de direito público interno:

→ *v.* Art. 12, I e II, do CPC/1973.

→ *v.* Art. 75, I e II, do NCPC.

I – a União;

II – os Estados, o Distrito Federal e os Territórios;

III – os Municípios;

IV – as autarquias, inclusive as associações públicas;

→ Inciso IV com redação alterada pela Lei 11.107/2005.

→ *v.* Art. 5º, I, do Dec.-lei 200/1967.

V – as demais entidades de caráter público criadas por lei.

Parágrafo único. Salvo disposição em contrário, as pessoas jurídicas de direito público, a que se tenha dado estrutura de direito privado, regem-se, no que couber, quanto ao seu funcionamento, pelas normas deste Código.

→ *v.* LC 108/2001 – Relação entre a União, os Estados, o Distrito Federal e os Municípios, suas autarquias, fundações, sociedades de economia mista e outras entidades públicas e suas respectivas entidades fechadas de previdência complementar.

→ *v.* Art. 5º, II e IV, do Dec.-lei 200/1967.

Art. 42. São pessoas jurídicas de direito público externo os Estados estrangeiros e todas as pessoas que forem regidas pelo direito internacional público.

→ *v.* Arts. 4º, 102, I, *e*, 105, II, *c*, e 109 da CF/1988.

→ *v.* Art. 11 da LINBD.

Art. 43. As pessoas jurídicas de direito público interno são civilmente responsáveis por atos dos seus agentes que nessa qualidade causem danos a terceiros, ressalvado direito regressivo contra os causadores do dano, se houver, por parte destes, culpa ou dolo.

→ *v.* Arts. 21, XXIII, *d*, 37, § 6º, e 173, § 5º, da CF/1988.

→ *v.* Arts. 186, 927, parágrafo único, do CC.

→ *v.* Lei 4.619/1965 – Dispõe sobre a ação de regresso da União contra seus agentes.

Art. 44. São pessoas jurídicas de direito privado:

I – as associações;

II – as sociedades;

III – as fundações;

IV – as organizações religiosas;

→ Inciso IV acrescentado pela Lei 10.825/2003.

V – os partidos políticos;

→ Inciso V acrescentado pela Lei 10.825/2003.

→ *v.* Art. 17 da CF/1988.

VI – as empresas individuais de responsabilidade limitada.

→ Inciso VI acrescentado pela Lei 12.441/2011.

→ *v.* Art. 980-A do CC.

→ *v.* Instrução Normativa do Departamento Nacional de Registro do Comércio – DNRC 117/2011 – Aprova o Manual de Atos de Registro de Empresa Individual de Responsabilidade Limitada.

§ 1º São livres a criação, a organização, a estruturação interna e o funcionamento das organizações religiosas, sendo vedado ao poder público negar-lhes reconhecimento ou registro dos atos constitutivos e necessários ao seu funcionamento.

→ § 1º acrescentado pela Lei 10.825/2003.

§ 2º As disposições concernentes às associações aplicam-se subsidiariamente às sociedades que são objeto do Livro II da Parte Especial deste Código.

→ Anterior parágrafo único renumerado para § 2º pela Lei 10.825/2003.

§ 3º Os partidos políticos serão organizados e funcionarão conforme o disposto em lei específica.

→ § 3º acrescentado pela Lei 10.825/2003.

Art. 45. Começa a existência legal das pessoas jurídicas de direito privado com a inscrição do ato constitutivo no respectivo registro, precedida, quando necessário, de autorização ou aprovação do Poder Executivo, averbando-se no registro todas as alterações por que passar o ato constitutivo.

→ *v.* Arts. 985, 998, §§ 1º e 2º, 1.000, 1.002, 1.150 a 1.154, do CC.

→ *v.* Art. 7º da Lei 9.096/1995.

→ *v.* Lei 8.934/1994 – Registro Público de Empresas Mercantis e Atividades Afins.

→ *v.* Art. 1º, § 2º, da Lei 8.906/1994.

→ *v.* Art. 114 e ss. da Lei 6.015/1973.

Parágrafo único. Decai em 3 (três) anos o direito de anular a constituição das pessoas jurídicas de direito privado, por defeito do ato respectivo, contado o prazo da publicação de sua inscrição no registro.

Art. 46. O registro declarará:

I – a denominação, os fins, a sede, o tempo de duração e o fundo social, quando houver;

II – o nome e a individualização dos fundadores ou instituidores, e dos diretores;

III – o modo por que se administra e representa, ativa e passivamente, judicial e extrajudicialmente;

IV – se o ato constitutivo é reformável no tocante à administração, e de que modo;

V – se os membros respondem, ou não, subsidiariamente, pelas obrigações sociais;

VI – as condições de extinção da pessoa jurídica e o destino do seu patrimônio, nesse caso.

→ *v.* Arts. 985, 998, §§ 1º e 2º, 1.000, 1.150 a 1.154 do CC.

→ *v.* Arts. 115, 120 e 121 da Lei 6.015/1973.

→ *v.* Lei 8.934/1994 – Registro Público de Empresas Mercantis e Atividades Afins.

Art. 47. Obrigam a pessoa jurídica os atos dos administradores, exercidos nos limites de seus poderes definidos no ato constitutivo.

→ *v.* Arts. 43, 46, III, 50, 989 e 990, 997, VI, 1.010 a 1.021, 1.169 a 1.171 do CC.

→ *v.* Art. 12, I, II, VI a VIII, do CPC/1973.

→ *v.* Art 75 do NCPC.

Art. 48. Se a pessoa jurídica tiver administração coletiva, as decisões se tomarão pela maioria de votos dos presentes, salvo se o ato constitutivo dispuser de modo diverso.

→ *v.* Arts. 1.010 a 1.014 do CC.

Parágrafo único. Decai em 3 (três) anos o direito de anular as decisões a que se refere este artigo, quando violarem a lei ou estatuto, ou forem eivadas de erro, dolo, simulação ou fraude.

Art. 49. Se a administração da pessoa jurídica vier a faltar, o juiz, a requerimento de qualquer interessado, nomear-lhe-á administrador provisório.

→ *v.* Arts. 986 e 1.103 do CPC/1973.

→ *v.* Arts. 614 e 719, do NCPC.

Art. 50. Em caso de abuso da personalidade jurídica, caracterizado pelo desvio de finalidade, ou pela confusão patrimonial, pode o juiz decidir, a requerimento da parte, ou do Ministério Público quando lhe couber intervir no processo, que os efeitos de certas e determinadas relações de obrigações sejam estendidos aos bens particulares dos administradores ou sócios da pessoa jurídica.

→ *v.* Art. 596 do CPC/1973.

→ *v.* Art. 795 do NCPC.

→ *v.* Arts. 134, VII, e 135, III, do CTN.

→ *v.* Art. 28, §§ 2º a 5º, do CDC.

Art. 51. Nos casos de dissolução da pessoa jurídica ou cassada a autorização para seu funcionamento, ela subsistirá para os fins de liquidação, até que esta se conclua.

→ *v.* Arts. 1.033, I a V, 1.034, I e II, 1.035 a 1.038, e 1.125 do CC.

§ 1º Far-se-á, no registro onde a pessoa jurídica estiver inscrita, a averbação de sua dissolução.

§ 2º As disposições para a liquidação das sociedades aplicam-se, no que couber, às demais pessoas jurídicas de direito privado.

§ 3º Encerrada a liquidação, promover-se-á o cancelamento da inscrição da pessoa jurídica.

Art. 52. Aplica-se às pessoas jurídicas, no que couber, a proteção dos direitos da personalidade.

→ *v.* Súmula 227 do STJ.

→ *v.* Arts. 11 a 21 do CC.

Capítulo II
DAS ASSOCIAÇÕES

Art. 53. Constituem-se as associações pela união de pessoas que se organizem para fins não econômicos.

→ *v.* Art. 5º, XVII e XXI, do CF/1988.

→ *v.* Arts. 40, 44, I, IV e V, 45 a 52, 75, 2.031 e 2.033 do CC.

Parágrafo único. Não há, entre os associados, direitos e obrigações recíprocos.

Art. 54. Sob pena de nulidade, o estatuto das associações conterá:

I – a denominação, os fins e a sede da associação;

II – os requisitos para a admissão, demissão e exclusão dos associados;

III – os direitos e deveres dos associados;

IV – as fontes de recursos para sua manutenção;

V – o modo de constituição e de funcionamento dos órgãos deliberativos;

→ Inciso V com redação alterada pela Lei 11.127/2005.

VI – as condições para a alteração das disposições estatutárias e para a dissolução;

VII – a forma de gestão administrativa e de aprovação das respectivas contas.

→ Inciso VII acrescentado pela Lei 11.127/2005.

Art. 55. Os associados devem ter iguais direitos, mas o estatuto poderá instituir categorias com vantagens especiais.

Art. 56. A qualidade de associado é intransmissível, se o estatuto não dispuser o contrário.

Parágrafo único. Se o associado for titular de quota ou fração ideal do patrimônio da associação, a transferência daquela não importará, de per si, na atribuição da qualidade de associado ao adquirente ou ao herdeiro, salvo disposição diversa do estatuto.

Art. 57. A exclusão do associado só é admissível havendo justa causa, assim reconhecida em procedimento que assegure direito de defesa e de recurso, nos termos previstos no estatuto.

→ *Caput* com redação alterada pela Lei 11.127/2005.

Parágrafo único. *(Revogado pela Lei 11.127/2005).*

Art. 58. Nenhum associado poderá ser impedido de exercer direito ou função que lhe tenha sido legitimamente conferido, a não ser nos casos e pela forma previstos na lei ou no estatuto.

Art. 59. Compete privativamente à assembleia geral:

→ Artigo com redação alterada pela Lei 11.127/2005.

I – destituir os administradores;

II – alterar o estatuto.

Parágrafo único. Para as deliberações a que se referem os incisos I e II deste artigo é exigido deliberação da assembleia especialmente convocada para esse fim, cujo *quorum* será o estabelecido no estatuto, bem como os critérios de eleição dos administradores.

Art. 60. A convocação dos órgãos deliberativos far-se-á na forma do estatuto, garantido a 1/5 (um quinto) dos associados o direito de promovê-la.

→ Artigo com redação alterada pela Lei 11.127/2005.

Art. 61. Dissolvida a associação, o remanescente do seu patrimônio líquido, depois de deduzidas, se for o caso, as quotas ou frações ideais referidas no parágrafo único do Art. 56, será destinado à entidade de fins não econômicos designada no estatuto, ou, omisso este, por deliberação dos associados, à instituição municipal, estadual ou federal, de fins idênticos ou semelhantes.

§ 1º Por cláusula do estatuto ou, no seu silêncio, por deliberação dos associados, podem estes, antes da destinação do remanescente referida neste artigo, receber em restituição, atualizado o respectivo valor, as contribuições que tiverem prestado ao patrimônio da associação.

§ 2º Não existindo no Município, no Estado, no Distrito Federal ou no Território, em que a associação tiver sede, instituição nas condições indicadas neste artigo, o que remanescer do seu patrimônio se devolverá à Fazenda do Estado, do Distrito Federal ou da União.

→ *v.* Art. 1.218, VII, do CPC/1973.

Capítulo III
DAS FUNDAÇÕES

Art. 62. Para criar uma fundação, o seu instituidor fará, por escritura pública ou testamento, dotação especial de bens livres, especificando o fim a que se destina, e declarando, se quiser, a maneira de administrá-la.

→ *v.* Arts. 40, 44, III, 75, 215, 2.031 a 2.034, do CC.

→ *v.* Arts. 1.199 a 1.204 do CPC/1973.

→ *v.* Arts. 764 e 765, do NCPC.

→ *v.* Arts. 119 e 120 da Lei 6.015/1973.

Parágrafo único. A fundação somente poderá constituir-se para fins de:

→ Parágrafo único com redação alterada pela Lei 13.151/2015.

I – assistência social;

→ Inciso I acrescentado pela Lei 13.151/2015.

II – cultura, defesa e conservação do patrimônio histórico e artístico;

→ Inciso II acrescentado pela Lei 13.151/2015.

III – educação;

→ Inciso III acrescentado pela Lei 13.151/2015.

IV – saúde;

→ Inciso IV acrescentado pela Lei 13.151/2015.

V – segurança alimentar e nutricional;

→ Inciso V acrescentado pela Lei 13.151/2015.

VI – defesa, preservação e conservação do meio ambiente e promoção do desenvolvimento sustentável;

→ Inciso VI acrescentado pela Lei 13.151/2015.

VII – pesquisa científica, desenvolvimento de tecnologias alternativas, modernização de sistemas de gestão, produção e divulgação de informações e conhecimentos técnicos e científicos;

→ Inciso VII acrescentado pela Lei 13.151/2015.

VIII – promoção da ética, da cidadania, da democracia e dos direitos humanos;

→ Inciso VIII acrescentado pela Lei 13.151/2015.

IX – atividades religiosas; e

→ Inciso IX acrescentado pela Lei 13.151/2015.

X – (*Vetado*).

→ Inciso X acrescentado pela Lei 13.151/2015.

Art. 63. Quando insuficientes para constituir a fundação, os bens a ela destinados serão, se de outro modo não dispuser o instituidor, incorporados em outra fundação que se proponha a fim igual ou semelhante.

Art. 64. Constituída a fundação por negócio jurídico entre vivos, o instituidor é obrigado a transferir-lhe a propriedade, ou outro direito real, sobre os bens dotados, e, se não o fizer, serão registrados, em nome dela, por mandado judicial.

Art. 65. Aqueles a quem o instituidor cometer a aplicação do patrimônio, em tendo ciência do encargo, formularão logo, de acordo com as suas bases (Art. 62), o estatuto da fundação projetada, submetendo-o, em seguida, à aprovação da autoridade competente, com recurso ao juiz.

Parágrafo único. Se o estatuto não for elaborado no prazo assinado pelo instituidor, ou, não havendo prazo, em 180 (cento e oitenta) dias, a incumbência caberá ao Ministério Público.

→ *v.* Art. 66 do CC.

→ *v.* Arts. 82, III, 1.103 a 1.112, 1.199 a 1.204 do CPC/1973.

→ *v.* Arts. 178, III, 719 e ss., 764 e 765, do NCPC.

Art. 66. Velará pelas fundações o Ministério Público do Estado onde situadas.

→ *v.* Art. 25 da Lei 8.625/1993.

§ 1º Se funcionarem no Distrito Federal ou em Território, caberá o encargo ao Ministério Público do Distrito Federal e Territórios.

→ § 1º com redação alterada pela Lei 13.151/2015.

§ 2º Se estenderem a atividade por mais de um Estado, caberá o encargo, em cada um deles, ao respectivo Ministério Público.

Art. 67. Para que se possa alterar o estatuto da fundação é mister que a reforma:

I – seja deliberada por dois terços dos competentes para gerir e representar a fundação;

II – não contrarie ou desvirtue o fim desta;

III – seja aprovada pelo órgão do Ministério Público no prazo máximo de 45 (quarenta e cinco) dias, findo o qual ou no caso de o Ministério Público a denegar, poderá o juiz supri-la, a requerimento do interessado.

→ Inciso III com redação alterada pela Lei 13.151/2015.

→ *v.* Arts. 65 e 66 do CC.

→ *v.* Arts. 1.200 a 1.204 do CPC/1973.

→ *v.* Arts. 764 e 765, do NCPC.

Art. 68. Quando a alteração não houver sido aprovada por votação unânime, os administradores da fundação, ao submeterem o estatuto ao órgão do Ministério Público, requererão que se dê ciência à minoria vencida para impugná-la, se quiser, em dez dias.

Art. 69. Tornando-se ilícita, impossível ou inútil a finalidade a que visa a fundação, ou vencido o prazo de sua existência, o órgão do Ministério Público, ou qualquer interessado, lhe promoverá a extinção, incorporando-se o seu patrimônio, salvo disposição em contrário no ato constitutivo, ou no estatuto, em outra fundação, designada pelo juiz, que se proponha a fim igual ou semelhante.

Título III
Do domicílio

Art. 70. O domicílio da pessoa natural é o lugar onde ela estabelece a sua residência com ânimo definitivo.

→ *v.* Art. 5º, XI da CF.

→ *v.* Arts. 327, 1.566, II, 1.569, 1.657, 1.784 e 1.785 do CC.

→ *v.* Arts. 94 a 98, e 100, II e III, do CPC/1973.

→ *v.* Arts. 44 e ss., 53, do NCPC.

→ *v.* Arts. 7º, 10 e 12 do LINDB.

→ *v.* Art. 4º, I e III, da Lei 9.099/1995.

→ *v.* Art. 9º da Lei 5.709/1971.

Art. 71. Se, porém, a pessoa natural tiver diversas residências, onde, alternadamente, viva, considerar-se-á domicílio seu qualquer delas.

→ *v.* Súmula 483 do STF.

→ *v.* Art. 94, § 1º, do CPC/1973.

→ *v.* Art. 46, § 1º, do NCPC.

Art. 72. É também domicílio da pessoa natural, quanto às relações concernentes à profissão, o lugar onde esta é exercida.

Parágrafo único. Se a pessoa exercitar profissão em lugares diversos, cada um deles constituirá domicílio para as relações que lhe corresponderem.

Art. 73. Ter-se-á por domicílio da pessoa natural, que não tenha residência habitual, o lugar onde for encontrada.

→ *v.* Art. 94, § 2º, do CPC/1973.

→ *v.* Art. 46, § 2º, do NCPC.

→ *v.* Art. 7º, § 8º, da LINDB.

Art. 74. Muda-se o domicílio, transferindo a residência, com a intenção manifesta de o mudar.

Parágrafo único. A prova da intenção resultará do que declarar a pessoa às municipalidades dos lugares, que deixa, e para onde vai, ou, se tais declarações não fizer, da própria mudança, com as circunstâncias que a acompanharem.

→ *v.* Súmula 58 do STJ.

→ *v.* Art. 87 do CPC/1973.

→ *v.* Art. 43 do NCPC.

Art. 75. Quanto às pessoas jurídicas, o domicílio é:

I – da União, o Distrito Federal;

II – dos Estados e Territórios, as respectivas capitais;

III – do Município, o lugar onde funcione a administração municipal;

IV – das demais pessoas jurídicas, o lugar onde funcionarem as respectivas diretorias e administrações, ou onde elegerem domicílio especial no seu estatuto ou atos constitutivos.

→ *v.* Súmulas 363 e 518 do STF.

→ *v.* Arts. 99, I, II, e 100, IV, do CPC/1973.

→ *v.* Arts. 51 e 53, III, do NCPC.

§ 1º Tendo a pessoa jurídica diversos estabelecimentos em lugares diferentes, cada um deles será considerado domicílio para os atos nele praticados.

→ *v.* Arts. 1.142 a 1.149 do CC.

§ 2º Se a administração, ou diretoria, tiver a sede no estrangeiro, haver-se-á por domicílio da pessoa jurídica, no tocante às obrigações contraídas por cada uma das suas agências, o lugar do estabelecimento, sito no Brasil, a que ela corresponder.

→ *v.* Art. 88, I, parágrafo único, do CPC/1973.

→ *v.* Art. 21, I e parágrafo único, do NCPC.

Art. 76. Têm domicílio necessário o incapaz, o servidor público, o militar, o marítimo e o preso.

Parágrafo único. O domicílio do incapaz é o do seu representante ou assistente; o do servidor público, o lugar em que exercer permanentemente suas funções; o do militar, onde servir, e, sendo da Marinha ou da Aeronáutica, a sede do comando a que se encontrar imediatamente subordinado; o do marítimo, onde o navio estiver matriculado; e o do preso, o lugar em que cumprir a sentença.

Art. 77. O agente diplomático do Brasil, que, citado no estrangeiro, alegar extraterritorialidade sem designar onde tem, no país, o seu domicílio, poderá ser demandado no Distrito Federal ou no último ponto do território brasileiro onde o teve.

Art. 78. Nos contratos escritos, poderão os contratantes especificar domicílio onde se exercitem e cumpram os direitos e obrigações deles resultantes.

→ *v.* Súmula 335 do STF.

→ *v.* Art. 327 do CC.

LIVRO II
DOS BENS

Título único
Das diferentes classes de bens

Capítulo I
DOS BENS CONSIDERADOS EM SI MESMOS

Seção I
Dos bens imóveis

Art. 79. São bens imóveis o solo e tudo quanto se lhe incorporar natural ou artificialmente.

→ *v.* Súmula 329 do STF.

→ *v.* Súmula 238 do STJ.

→ *v.* Arts. 20, VIII a X, e 176, do CF/1988.

→ *v.* Arts. 92, 93, 95, 1.229 e 1.230 do CC.

→ *v.* Art. 145 do Decreto 24.643/1934.

Art. 80. Consideram-se imóveis para os efeitos legais:

I – os direitos reais sobre imóveis e as ações que os asseguram;

→ *v.* Súmula 329 do STF.

→ *v.* Arts. 1.225 a 1.227 do CC.

II – o direito à sucessão aberta.

→ *v.* Art. 1.784 do CC.

Art. 81. Não perdem o caráter de imóveis:

I – as edificações que, separadas do solo, mas conservando a sua unidade, forem removidas para outro local;

II – os materiais provisoriamente separados de um prédio, para nele se reempregarem.

→ *v.* Art. 84 do CC.

Seção II
Dos bens móveis

Art. 82. São móveis os bens suscetíveis de movimento próprio, ou de remoção por força alheia, sem alteração da substância ou da destinação econômico-social.

→ *v.* Arts. 1.267 e 1.268 do CC.

→ *v.* Arts. 649, II, e 655, III, do CPC/1973.

→ *v.* Arts. 833, II e 835, VI, do NCPC.

Art. 83. Consideram-se móveis para os efeitos legais:

I – as energias que tenham valor econômico;

→ v. Art. 155, § 3º, do CP.

II – os direitos reais sobre objetos móveis e as ações correspondentes;

→ v. Arts. 1.225 e 1.226 do CC.

III – os direitos pessoais de caráter patrimonial e respectivas ações.

→ v. Arts. 233 a 251 do CC.

Art. 84. Os materiais destinados a alguma construção, enquanto não forem empregados, conservam sua qualidade de móveis; readquirem essa qualidade os provenientes da demolição de algum prédio.

Seção III
Dos bens fungíveis e consumíveis

Art. 85. São fungíveis os móveis que podem substituir-se por outros da mesma espécie, qualidade e quantidade.

→ v. Arts. 369, 579, 586, 645 e 1.915 do CC.

Art. 86. São consumíveis os bens móveis cujo uso importa destruição imediata da própria substância, sendo também considerados tais os destinados à alienação.

→ v. Art. 1.392, § 1º, do CC.

Seção IV
Dos bens divisíveis

Art. 87. Bens divisíveis são os que se podem fracionar sem alteração na sua substância, diminuição considerável de valor, ou prejuízo do uso a que se destinam.

→ v. Arts. 258 e 504 do CC.

Art. 88. Os bens naturalmente divisíveis podem tornar-se indivisíveis por determinação da lei ou por vontade das partes.

→ v. Arts. 1.320, §§ 1º e 2º, e 1.386 do CC.

→ v. Art. 65 da Lei 4.504/1964.

Seção V
Dos bens singulares e coletivos

Art. 89. São singulares os bens que, embora reunidos, se consideram de per si, independentemente dos demais.

Art. 90. Constitui universalidade de fato a pluralidade de bens singulares que, pertinentes à mesma pessoa, tenham destinação unitária.

Parágrafo único. Os bens que formam essa universalidade podem ser objeto de relações jurídicas próprias.

→ v. Art. 1.143 do CC.

→ v. Arts. 36, § 5º, e 38, da Lei 7.565/1986.

Art. 91. Constitui universalidade de direito o complexo de relações jurídicas, de uma pessoa, dotadas de valor econômico.

→ v. Art. 1.791 do CC.

Capítulo II
DOS BENS RECIPROCAMENTE CONSIDERADOS

Art. 92. Principal é o bem que existe sobre si, abstrata ou concretamente; acessório, aquele cuja existência supõe a do principal.

→ v. Arts. 94, 184, 233, 287, 364, 1.209 e 1.255 do CC.

Art. 93. São pertenças os bens que, não constituindo partes integrantes, se destinam, de modo duradouro, ao uso, ao serviço ou ao aformoseamento de outro.

→ v. Arts. 79 e 92 do CC.

Art. 94. Os negócios jurídicos que dizem respeito ao bem principal não abrangem as pertenças, salvo se o contrário resultar da lei, da manifestação de vontade, ou das circunstâncias do caso.

Art. 95. Apesar de ainda não separados do bem principal, os frutos e produtos podem ser objeto de negócio jurídico.

→ v. Arts. 237, 1.214 a 1.216, e 1.232 do CC.

Art. 96. As benfeitorias podem ser voluptuárias, úteis ou necessárias.

→ v. Arts. 1.219 a 1.222, 1.248 a 1.259, 1.922, parágrafo único, do CC.

→ v. Art. 745, IV e § 1º, do CPC/1973.

→ v. Art. 917, IV e § 4º, do NCPC.

§ 1º São voluptuárias as de mero deleite ou recreio, que não aumentam o uso habitual do bem, ainda que o tornem mais agradável ou sejam de elevado valor.

§ 2º São úteis as que aumentam ou facilitam o uso do bem.

§ 3º São necessárias as que têm por fim conservar o bem ou evitar que se deteriore.

Art. 97. Não se consideram benfeitorias os melhoramentos ou acréscimos sobrevindos ao bem sem a intervenção do proprietário, possuidor ou detentor.

→ v. Arts. 1.248 a 1.259 do CC.

Capítulo III
DOS BENS PÚBLICOS

Art. 98. São públicos os bens do domínio nacional pertencentes às pessoas jurídicas de direito público interno; todos os outros são particulares, seja qual for a pessoa a que pertencerem.

→ v. Arts. 5º, LXXIII, 20, 26, 176 e 183, § 3º, do CF/1988.

→ v. Arts. 41, I a V, e 102, do CC.

→ v. Dec.-lei 9.760/1946 Bens imóveis da União e dá outras providências.

Art. 99. São bens públicos:

→ v. Súmula 477 do STF.

I – os de uso comum do povo, tais como rios, mares, estradas, ruas e praças;

II – os de uso especial, tais como edifícios ou terrenos destinados a serviço ou estabelecimento da administração federal, estadual, territorial ou municipal, inclusive os de suas autarquias;

III – os dominicais, que constituem o patrimônio das pessoas jurídicas de direito público, como objeto de direito pessoal, ou real, de cada uma dessas entidades.

Parágrafo único. Não dispondo a lei em contrário, consideram-se dominicais os bens pertencentes às pessoas jurídicas de direito público a que se tenha dado estrutura de direito privado.

Art. 100. Os bens públicos de uso comum do povo e os de uso especial são inalienáveis, enquanto conservarem a sua qualificação, na forma que a lei determinar.

→ v. Súmula 340 do STF.

→ v. Art. 191, parágrafo único, da CF/1988.

→ v. Art. 23 da Lei 9.636/1998.

→ v. Art. 200 do Dec.-lei 9.760/1946.

Art. 101. Os bens públicos dominicais podem ser alienados, observadas as exigências da lei.

→ v. Arts. 99 e 100 do CC.

→ v. Art. 17, I, *f*, da Lei 8.666/1993.

Art. 102. Os bens públicos não estão sujeitos a usucapião.

→ v. Súmula 340 do STF.

→ v. Arts. 183, § 3º, e 191, parágrafo único, da CF/1988.

Art. 103. O uso comum dos bens públicos pode ser gratuito ou retribuído, conforme for estabelecido legalmente pela entidade a cuja administração pertencerem.

→ v. Art. 98 do CC.

LIVRO III
DOS FATOS JURÍDICOS

Título I
Do negócio jurídico

Capítulo I
DISPOSIÇÕES GERAIS

Art. 104. A validade do negócio jurídico requer:

I – agente capaz;

→ v. Arts. 3º e 4º, 105, 166, I, e 177 a 184 do CC.

II – objeto lícito, possível, determinado ou determinável;

→ v. Arts. 106 e 166, II, do CC.

III – forma prescrita ou não defesa em lei.

→ v. Arts. 107 a 114, 166, IV, e 421 do CC.

Art. 105. A incapacidade relativa de uma das partes não pode ser invocada pela outra em benefício próprio, nem aproveita aos cointeressados capazes, salvo se, neste caso, for indivisível o objeto do direito ou da obrigação comum.

→ v. Arts. 4º, 87, 88, 257 a 263, e 314 do CC.

Art. 106. A impossibilidade inicial do objeto não invalida o negócio jurídico se for relativa, ou se cessar antes de realizada a condição a que ele estiver subordinado.

Art. 107. A validade da declaração de vontade não dependerá de forma especial, senão quando a lei expressamente a exigir.

Art. 108. Não dispondo a lei em contrário, a escritura pública é essencial à validade dos negócios jurídicos que visem à constituição, transferência, modificação ou renúncia de direitos reais sobre imóveis de valor superior a trinta vezes o maior salário mínimo vigente no País.

→ v. Arts. 107, 212 a 215, 1.225, VII, 1.227 e 1.245, do CC.

→ v. Arts. 10, 35 e 48 da Lei 10.257/2001.

→ v. Art. 38 da Lei 9.514/1997.

→ v. Art. 26 da Lei 6.766/1979.

Art. 109. No negócio jurídico celebrado com a cláusula de não valer sem instrumento público, este é da substância do ato.

→ v. Art. 107 do CC.

→ v. Art. 366 do CPC/1973.

→ v. Art. 406 do NCPC.

Art. 110. A manifestação de vontade subsiste ainda que o seu autor haja feito a reserva mental de não querer o que manifestou, salvo se dela o destinatário tinha conhecimento.

→ v. Arts. 104, 167 e 422 do CC.

Art. 111. O silêncio importa anuência, quando as circunstâncias ou os usos o autorizarem, e não for necessária a declaração de vontade expressa.

→ v. Arts. 112, 147, 326, 432, 539, 659 e 1.807 do CC.

→ v. Art. 319 do CPC/1973.

→ v. Art. 344 do NCPC.

→ v. Art. 39, III, do CDC.

→ v. Arts. 46, § 1º, 50 e 56, parágrafo único, da Lei 8.245/1991.

Art. 112. Nas declarações de vontade se atenderá mais à intenção nelas consubstanciada do que ao sentido literal da linguagem.

→ v. Súmula 530 do STJ.

→ v. Arts. 134, 819 e 1.899 do CC.

→ v. Art. 47 do CDC.

→ v. Art. 4º da Lei 9.610/1998.

Art. 113. Os negócios jurídicos devem ser interpretados conforme a boa-fé e os usos do lugar de sua celebração.

→ v. Arts. 164, 422 e 435 do CC.

→ v. Arts. 4º, III, e 51, IV, do CDC.

Art. 114. Os negócios jurídicos benéficos e a renúncia interpretam-se estritamente.

Capítulo II
DA REPRESENTAÇÃO

Art. 115. Os poderes de representação conferem-se por lei ou pelo interessado.

→ v. Arts. 46, III, 120, 653 a 692, 710, parágrafo único, 722, 1.324, 1.348, II, 1.634, V, 1.690, e 1.747, I, do CC.

Art. 116. A manifestação de vontade pelo representante, nos limites de seus poderes, produz efeitos em relação ao representado.

Art. 117. Salvo se o permitir a lei ou o representado, é anulável o negócio jurídico que o representante, no seu interesse ou por conta de outrem, celebrar consigo mesmo.

→ v. Arts. 119, 138, e 179, do CC.

Parágrafo único. Para esse efeito, tem-se como celebrado pelo representante o negócio realizado por aquele em quem os poderes houverem sido substabelecidos.

→ v. Súmula 60 do STJ.

→ v. Art. 667 do CC.

Art. 118. O representante é obrigado a provar às pessoas, com quem tratar em nome do representado, a sua qualidade e a extensão de seus poderes, sob pena de, não o fazendo, responder pelos atos que a estes excederem.

→ v. Arts. 149, 653, 665, 673, 679 e 700 do CC.

Art. 119. É anulável o negócio concluído pelo representante em conflito de interesses com o representado, se tal fato era ou devia ser do conhecimento de quem com aquele tratou.

→ v. Arts. 117, 138, e 171, do CC.

Parágrafo único. É de cento e oitenta dias, a contar da conclusão do negócio ou da cessação da incapacidade, o prazo de decadência para pleitear-se a anulação prevista neste artigo.

Art. 120. Os requisitos e os efeitos da representação legal são os estabelecidos nas normas respectivas; os da representação voluntária são os da Parte Especial deste Código.

→ v. Arts. 653 a 729, 1.634, V, e 1.690, do CC.

Capítulo III
DA CONDIÇÃO, DO TERMO E DO ENCARGO

Art. 121. Considera-se condição a cláusula que, derivando exclusivamente da vontade das partes, subordina o efeito do negócio jurídico a evento futuro e incerto.

→ v. Arts. 125, 127, 128, 135 e 136 do CC.

Art. 122. São lícitas, em geral, todas as condições não contrárias à lei, à ordem pública ou aos bons costumes; entre as condições defesas se incluem as que privarem de todo efeito o negócio jurídico, ou o sujeitarem ao puro arbítrio de uma das partes.

→ v. Súmulas 60 e 530 do STJ.

→ v. Arts. 489, 1.613 e 1.808, da CC.

→ v. Art. 51, IX, X, XI e XIII, do CDC.

Art. 123. Invalidam os negócios jurídicos que lhes são subordinados:

I – as condições física ou juridicamente impossíveis, quando suspensivas;

II – as condições ilícitas, ou de fazer coisa ilícita;

→ v. Art. 122 do CC.

III – as condições incompreensíveis ou contraditórias.

Art. 124. Têm-se por inexistentes as condições impossíveis, quando resolutivas, e as de não fazer coisa impossível.

Art. 125. Subordinando-se a eficácia do negócio jurídico à condição suspensiva, enquanto esta se não verificar, não se terá adquirido o direito, a que ele visa.

→ v. Arts. 135 e 332 do CC.

Art. 126. Se alguém dispuser de uma coisa sob condição suspensiva, e, pendente esta, fizer quanto àquela novas disposições, estas não terão valor, realizada a condição, se com ela forem incompatíveis.

Art. 127. Se for resolutiva a condição, enquanto esta se não realizar, vigorará o negócio jurídico, podendo exercer-se desde a conclusão deste o direito por ele estabelecido.

→ v. Arts. 474, 1.359 e 1.360, do CC.

→ v. Art. 12 do Dec.-lei 58/1937.

Art. 128. Sobrevindo a condição resolutiva, extingue-se, para todos os efeitos, o direito a que ela se opõe; mas, se aposta a um negócio de execução continuada ou periódica, a sua realização, salvo disposição em contrário, não tem eficácia quanto aos atos já praticados, desde que compatíveis com a natureza da condição pendente e conforme aos ditames de boa-fé.

→ v. Arts. 127, 422, 474, 1.359 e 1.360 do CC.

Art. 129. Reputa-se verificada, quanto aos efeitos jurídicos, a condição cujo implemento for maliciosamente obstado pela parte a quem desfavorecer, considerando-se, ao contrário, não verificada a condição maliciosamente levada a efeito por aquele a quem aproveita o seu implemento.

Art. 130. Ao titular do direito eventual, nos casos de condição suspensiva ou resolutiva, é permitido praticar os atos destinados a conservá-lo.

→ v. Art. 6º, § 2º, da LINDB.

Art. 131. O termo inicial suspende o exercício, mas não a aquisição do direito.

→ v. Arts. 125, 135 e 1.924 do CC.

→ v. Art. 6º da LINDB.

Art. 132. Salvo disposição legal ou convencional em contrário, computam-se os prazos, excluído o dia do começo, e incluído o do vencimento.

→ v. Arts. 175 a 184 do CPC/1973.

→ v. Arts. 190, e 216 a 224, do NCPC.

→ v. Art. 10 do CP.

→ v. Art. 798 do CPP.

→ v. Art. 775 da CLT.

→ v. Art. 210 do CTN.

§ 1º Se o dia do vencimento cair em feriado, considerar-se-á prorrogado o prazo até o seguinte dia útil.

§ 2º Meado considera-se, em qualquer mês, o seu décimo quinto dia.

§ 3º Os prazos de meses e anos expiram no dia de igual número do de início, ou no imediato, se faltar exata correspondência.

§ 4º Os prazos fixados por hora contar-se-ão de minuto a minuto.

Art. 133. Nos testamentos, presume-se o prazo em favor do herdeiro, e, nos contratos, em proveito do devedor, salvo, quanto a esses, se do teor do instrumento, ou das circunstâncias, resultar que se estabeleceu a benefício do credor, ou de ambos os contratantes.

→ v. Arts. 122 do CC.

Art. 134. Os negócios jurídicos entre vivos, sem prazo, são exequíveis desde logo, salvo se a execução tiver de ser feita em lugar diverso ou depender de tempo.

Art. 135. Ao termo inicial e final aplicam-se, no que couber, as disposições relativas à condição suspensiva e resolutiva.

→ v. Arts. 123, I, 124, a 130, do CC.

Art. 136. O encargo não suspende a aquisição nem o exercício do direito, salvo quando expressamente imposto no negócio jurídico, pelo disponente, como condição suspensiva.

Art. 137. Considera-se não escrito o encargo ilícito ou impossível, salvo se constituir o motivo determinante da liberalidade, caso em que se invalida o negócio jurídico.

Capítulo IV
DOS DEFEITOS DO NEGÓCIO JURÍDICO

Seção I
Do erro ou ignorância

Art. 138. São anuláveis os negócios jurídicos, quando as declarações de vontade emanarem de erro substancial que poderia ser percebido por pessoa de diligência normal, em face das circunstâncias do negócio.

→ v. Arts. 171, II, 177, 178, II, 441, 849, 1.559, 1.812, 1.909 e 2.027 do CC.

→ v. Arts. 352, 404, II, e 485, VIII, do CPC/1973.

→ v. Arts. 393, 446, II, e 966, do NCPC.

Art. 139. O erro é substancial quando:

I – interessa à natureza do negócio, ao objeto principal da declaração, ou a alguma das qualidades a ele essenciais;

II – concerne à identidade ou à qualidade essencial da pessoa a quem se refira a declaração de vontade, desde que tenha influído nesta de modo relevante;

→ v. Arts. 1.556, 1.557, 1.559, 1.560, III, e 1.903, do CC.

III – sendo de direito e não implicando recusa à aplicação da lei, for o motivo único ou principal do negócio jurídico.

→ v. Art. 3º da LINDB.

Art. 140. O falso motivo só vicia a declaração de vontade quando expresso como razão determinante.

Art. 141. A transmissão errônea da vontade por meios interpostos é anulável nos mesmos casos em que o é a declaração direta.

Art. 142. O erro de indicação da pessoa ou da coisa, a que se referir a declaração de vontade, não viciará o negócio quando, por seu contexto e pelas circunstâncias, se puder identificar a coisa ou pessoa cogitada.

Art. 143. O erro de cálculo apenas autoriza a retificação da declaração de vontade.

Art. 144. O erro não prejudica a validade do negócio jurídico quando a pessoa, a quem a manifestação de vontade se dirige, se oferecer para executá-la na conformidade da vontade real do manifestante.

→ *v.* Arts. 172 a 175 do CC.

Seção II
Do dolo

Art. 145. São os negócios jurídicos anuláveis por dolo, quando este for a sua causa.

→ *v.* Arts. 171, II, 178, II, 180 e 2.027, do CC.

→ *v.* Arts. 352, I e II, 404, II, 485, III, e 1.209 do CPC/1973.

→ *v.* Arts. 393, 446, II, e 966, III. do NCPC.

Art. 146. O dolo acidental só obriga à satisfação das perdas e danos, e é acidental quando, a seu despeito, o negócio seria realizado, embora por outro modo.

Art. 147. Nos negócios jurídicos bilaterais, o silêncio intencional de uma das partes a respeito de fato ou qualidade que a outra parte haja ignorado, constitui omissão dolosa, provando-se que sem ela o negócio não se teria celebrado.

→ *v.* Arts. 422, 441 a 446, 766 e 773 do CC.

Art. 148. Pode também ser anulado o negócio jurídico por dolo de terceiro, se a parte a quem aproveite dele tivesse ou devesse ter conhecimento; em caso contrário, ainda que subsista o negócio jurídico, o terceiro responderá por todas as perdas e danos da parte a quem ludibriou.

→ *v.* Arts. 402 a 405 do CC.

Art. 149. O dolo do representante legal de uma das partes só obriga o representado a responder civilmente até a importância do proveito que teve; se, porém, o dolo for do representante convencional, o representado responderá solidariamente com ele por perdas e danos.

→ *v.* Arts. 120, e 653 a 692 do CC.

→ *v.* Art. 678 do CCo.

Art. 150. Se ambas as partes procederem com dolo, nenhuma pode alegá-lo para anular o negócio, ou reclamar indenização.

Seção III
Da coação

Art. 151. A coação, para viciar a declaração da vontade, há de ser tal que incuta ao paciente fundado temor de dano iminente e considerável à sua pessoa, à sua família, ou aos seus bens.

→ *v.* Arts. 171, II, 177, 178, I, 183, 1.558, 1.559, 1.909 e 2.027 do CC.

→ *v.* Arts. 352 e 485, VIII, do CPC/1973.

→ *v.* Arts. 393, e 966, do NCPC.

Parágrafo único. Se disser respeito a pessoa não pertencente à família do paciente, o juiz, com base nas circunstâncias, decidirá se houve coação.

Art. 152. No apreciar a coação, ter-se-ão em conta o sexo, a idade, a condição, a saúde, o temperamento do paciente e todas as demais circunstâncias que possam influir na gravidade dela.

Art. 153. Não se considera coação a ameaça do exercício normal de um direito, nem o simples temor reverencial.

Art. 154. Vicia o negócio jurídico a coação exercida por terceiro, se dela tivesse ou devesse ter conhecimento a parte a que aproveite, e esta responderá solidariamente com aquele por perdas e danos.

→ *v.* Arts. 275 a 285, e 402 a 405 do CC.

Art. 155. Subsistirá o negócio jurídico, se a coação decorrer de terceiro, sem que a parte a que aproveite dela tivesse ou devesse ter conhecimento; mas o autor da coação responderá por todas as perdas e danos que houver causado ao coacto.

→ *v.* Arts. 402 a 405 do CC.

Seção IV
Do estado de perigo

Art. 156. Configura-se o estado de perigo quando alguém, premido da necessidade de salvar-se, ou a pessoa de sua família, de grave dano conhecido pela outra parte, assume obrigação excessivamente onerosa.

→ *v.* Arts. 157, § 2º, 171, II, e 178, II, do CC.

Parágrafo único. Tratando-se de pessoa não pertencente à família do declarante, o juiz decidirá segundo as circunstâncias.

Seção V
Da lesão

Art. 157. Ocorre a lesão quando uma pessoa, sob premente necessidade, ou por inexperiência, se obriga a prestação manifestamente desproporcional ao valor da prestação oposta.

→ *v.* Art. 171, II, do CC.

→ *v.* Arts. 39, V e 51, IV do CDC.

§ 1º Aprecia-se a desproporção das prestações segundo os valores vigentes ao tempo em que foi celebrado o negócio jurídico.

§ 2º Não se decretará a anulação do negócio, se for oferecido suplemento suficiente, ou se a parte favorecida concordar com a redução do proveito.

→ *v.* Art. 6º, V, do CDC.

Seção VI
Da fraude contra credores

Art. 158. Os negócios de transmissão gratuita de bens ou remissão de dívida, se os praticar o devedor já insolvente, ou por eles reduzido à insolvência, ainda quando o ignore, poderão ser anulados pelos credores quirografários, como lesivos dos seus direitos.

→ *v.* Arts. 171, II, 177, e 178, II do CC.

→ *v.* Arts. 591, 593, 600, I, 672, § 3º, 748, 768, 813, II, *b*, e 1.053 do CPC/1973.

→ *v.* Arts. 301, 774, I, 789, 792, e 856, § 3º, do NCPC.

→ *v.* Art. 179 do CP.

→ *v.* Art. 185 do CTN.

§ 1º Igual direito assiste aos credores cuja garantia se tornar insuficiente.

§ 2º Só os credores que já o eram ao tempo daqueles atos podem pleitear a anulação deles.

→ *v.* Súmula 195 do STJ.

→ *v.* Arts. 129, 130, 168 a 178 da Lei 11.101/2005.

Art. 159. Serão igualmente anuláveis os contratos onerosos do devedor insolvente, quando a insolvência for notória, ou houver motivo para ser conhecida do outro contratante.

→ *v.* Art. 216 da Lei 6.015/1973.

Art. 160. Se o adquirente dos bens do devedor insolvente ainda não tiver pago o preço e este for, aproximadamente, o corrente, desobrigar-se-á depositando-o em juízo, com a citação de todos os interessados.

→ *v.* Arts. 890 a 900 do CPC/1973.

→ *v.* Arts. 539 e ss., do NCPC.

Parágrafo único. Se inferior, o adquirente, para conservar os bens, poderá depositar o preço que lhes corresponda ao valor real.

Art. 161. A ação, nos casos dos arts. 158 e 159, poderá ser intentada contra o devedor insolvente, a pessoa que com ele celebrou a estipulação considerada fraudulenta, ou terceiros adquirentes que hajam procedido de má-fé.

Art. 162. O credor quirografário, que receber do devedor insolvente o pagamento da dívida ainda não vencida, ficará obrigado a repor, em proveito do acervo sobre que se tenha de efetuar o concurso de credores, aquilo que recebeu.

Art. 163. Presumem-se fraudatórias dos direitos dos outros credores as garantias de dívidas que o devedor insolvente tiver dado a algum credor.

Art. 164. Presumem-se, porém, de boa-fé e valem os negócios ordinários indispensáveis à manutenção de estabelecimento mercantil, rural, ou industrial, ou à subsistência do devedor e de sua família.

Art. 165. Anulados os negócios fraudulentos, a vantagem resultante reverterá em proveito do acervo sobre que se tenha de efetuar o concurso de credores.

Parágrafo único. Se esses negócios tinham por único objeto atribuir direitos preferenciais, mediante hipoteca, penhor ou anticrese, sua invalidade importará somente na anulação da preferência ajustada.

Capítulo V
DA INVALIDADE DO NEGÓCIO JURÍDICO

Art. 166. É nulo o negócio jurídico quando:

I – celebrado por pessoa absolutamente incapaz;

→ *v.* Arts. 3º e 104, I, do CC.

II – for ilícito, impossível ou indeterminável o seu objeto;

→ *v.* Arts. 104, II, 106, 123, 124 e 762 do CC.

III – o motivo determinante, comum a ambas as partes, for ilícito;

IV – não revestir a forma prescrita em lei;

→ *v.* Arts. 104, III, e 107 do CC.

V – for preterida alguma solenidade que a lei considere essencial para a sua validade;

VI – tiver por objetivo fraudar lei imperativa;

VII – a lei taxativamente o declarar nulo, ou proibir-lhe a prática, sem cominar sanção.

Art. 167. É nulo o negócio jurídico simulado, mas subsistirá o que se dissimulou, se válido for na substância e na forma.

§ 1º Haverá simulação nos negócios jurídicos quando:

I – aparentarem conferir ou transmitir direitos a pessoas diversas daquelas às quais realmente se conferem, ou transmitem;

II – contiverem declaração, confissão, condição ou cláusula não verdadeira;

III – os instrumentos particulares forem antedatados, ou pós-datados.

§ 2º Ressalvam-se os direitos de terceiros de boa-fé em face dos contraentes do negócio jurídico simulado.

Art. 168. As nulidades dos artigos antecedentes podem ser alegadas por qualquer interessado, ou pelo Ministério Público, quando lhe couber intervir.

Parágrafo único. As nulidades devem ser pronunciadas pelo juiz, quando conhecer do negócio jurídico ou dos seus efeitos e as encontrar provadas, não lhe sendo permitido supri-las, ainda que a requerimento das partes.

→ v. Art. 249 do CPC/1973.

→ v. Art. 282 do NCPC.

→ v. Art. 214 da Lei 6.015/1973.

Art. 169. O negócio jurídico nulo não é suscetível de confirmação, nem convalesce pelo decurso do tempo.

Art. 170. Se, porém, o negócio jurídico nulo contiver os requisitos de outro, subsistirá este quando o fim a que visavam as partes permitir supor que o teriam querido, se houvessem previsto a nulidade.

→ v. Súmula 530 do STJ.

Art. 171. Além dos casos expressamente declarados na lei, é anulável o negócio jurídico:

I – por incapacidade relativa do agente;

II – por vício resultante de erro, dolo, coação, estado de perigo, lesão ou fraude contra credores.

→ v. Súmula 195 do STJ.

Art. 172. O negócio anulável pode ser confirmado pelas partes, salvo direito de terceiro.

Art. 173. O ato de confirmação deve conter a substância do negócio celebrado e a vontade expressa de mantê-lo.

Art. 174. É escusada a confirmação expressa, quando o negócio já foi cumprido em parte pelo devedor, ciente do vício que o inquinava.

Art. 175. A confirmação expressa, ou a execução voluntária de negócio anulável, nos termos dos Arts. 172 a 174, importa a extinção de todas as ações, ou exceções, de que contra ele dispusesse o devedor.

Art. 176. Quando a anulabilidade do ato resultar da falta de autorização de terceiro, será validado se este a der posteriormente.

Art. 177. A anulabilidade não tem efeito antes de julgada por sentença, nem se pronuncia de ofício; só os interessados a podem alegar, e aproveita exclusivamente aos que a alegarem, salvo o caso de solidariedade ou indivisibilidade.

Art. 178. É de 4 (quatro) anos o prazo de decadência para pleitear-se a anulação do negócio jurídico, contado:

→ v. Arts. 205 a 211 do CC.

I – no caso de coação, do dia em que ela cessar;

II – no de erro, dolo, fraude contra credores, estado de perigo ou lesão, do dia em que se realizou o negócio jurídico;

III – no de atos de incapazes, do dia em que cessar a incapacidade.

Art. 179. Quando a lei dispuser que determinado ato é anulável, sem estabelecer prazo para pleitear-se a anulação, será este de 2 (dois) anos, a contar da data da conclusão do ato.

Art. 180. O menor, entre 16 (dezesseis) e 18 (dezoito) anos, não pode, para eximir-se de uma obrigação, invocar a sua idade se dolosamente a ocultou quando inquirido pela outra parte, ou se, no ato de obrigar-se, declarou-se maior.

Art. 181. Ninguém pode reclamar o que, por uma obrigação anulada, pagou a um incapaz, se não provar que reverteu em proveito dele a importância paga.

→ v. Art. 310 do CC.

Art. 182. Anulado o negócio jurídico, restituir-se-ão as partes ao estado em que antes dele se achavam, e, não sendo possível restituí-las, serão indenizadas com o equivalente.

Art. 183. A invalidade do instrumento não induz a do negócio jurídico sempre que este puder provar-se por outro meio.

Art. 184. Respeitada a intenção das partes, a invalidade parcial de um negócio jurídico não o prejudicará na parte válida, se esta for separável; a invalidade da obrigação principal implica a das obrigações acessórias, mas a destas não induz a da obrigação principal.

→ v. Art. 51, § 2º, do CDC.

Título II
Dos atos jurídicos lícitos

Art. 185. Aos atos jurídicos lícitos, que não sejam negócios jurídicos, aplicam-se, no que couber, as disposições do Título anterior.

Título III
Dos atos ilícitos

Art. 186. Aquele que, por ação ou omissão voluntária, negligência ou imprudência, violar direito e causar dano a outrem, ainda que exclusivamente moral, comete ato ilícito.

→ v. Súmulas 28, 491, 492 e 562 do STF.

→ v. Súmulas 37, 43, 221, 227, 246, 403 e 537 do STJ.

→ v. Arts. 12, 43, 927 a 954 do CC.

→ v. Arts. 18, 133, 150, 811 e 879 a 881 do CPC/1973.

→ v. Arts. 81, 143, 161, 302, e 77, VI e § 7º, do NCPC.

→ v. Arts. 6º VI, 8º, 12, 14 e 18 do CDC.

Art. 187. Também comete ato ilícito o titular de um direito que, ao exercê-lo, excede manifestamente os limites impostos pelo seu fim econômico ou social, pela boa-fé ou pelos bons costumes.

→ v. Art. 1.277 do CC.

Art. 188. Não constituem atos ilícitos:

I – os praticados em legítima defesa ou no exercício regular de um direito reconhecido;

II – a deterioração ou destruição da coisa alheia, ou a lesão a pessoa, a fim de remover perigo iminente.

→ v. Art. 929 do CC.

Parágrafo único. No caso do inciso II, o ato será legítimo somente quando as circunstâncias o tornarem absolutamente necessário, não excedendo os limites do indispensável para a remoção do perigo.

→ v. Arts. 929 e 930 do CC.

→ v. Arts. 23 a 25 do CP.

Título IV
Da prescrição e da decadência

Capítulo I
DA PRESCRIÇÃO

Seção I
Disposições gerais

Art. 189. Violado o direito, nasce para o titular a pretensão, a qual se extingue, pela prescrição, nos prazos a que aludem os arts. 205 e 206.

→ v. Súmula Vinculante 8 do STF.

→ v. Arts. 205, 206, 882 e 2.028 do CC.

→ v. Art. 96, II, da Lei 11.101/2005.

→ v. Lei 9.873/1999 – Estabelece prazo de prescrição para o exercício de ação punitiva pela Administração Pública Federal, direta e indireta.

Art. 190. A exceção prescreve no mesmo prazo em que a pretensão.

Art. 191. A renúncia da prescrição pode ser expressa ou tácita, e só valerá, sendo feita, sem prejuízo de terceiro, depois que a prescrição se consumar; tácita é a renúncia quando se presume de fatos do interessado, incompatíveis com a prescrição.

→ v. Art. 882 do CC.

Art. 192. Os prazos de prescrição não podem ser alterados por acordo das partes.

Art. 193. A prescrição pode ser alegada em qualquer grau de jurisdição, pela parte a quem aproveita.

→ v. Súmula 150 do STF.

→ v. Arts. 219, §§ 1º a 6º, 741, VI, 810, e 811, IV do CPC/1973.

→ v. Arts. 240, 302, e 310, do NCPC.

Art. 194. *(Revogado pela Lei 11.280/2006).*

Art. 195. Os relativamente incapazes e as pessoas jurídicas têm ação contra os seus assistentes ou representantes legais, que derem causa à prescrição, ou não a alegarem oportunamente.

→ v. Art. 208 do CC.

Art. 196. A prescrição iniciada contra uma pessoa continua a correr contra o seu sucessor.

Seção II
Das causas que impedem ou suspendem a prescrição

Art. 197. Não corre a prescrição:

I – entre os cônjuges, na constância da sociedade conjugal;

II – entre ascendentes e descendentes, durante o poder familiar;

III – entre tutelados ou curatelados e seus tutores ou curadores, durante a tutela ou curatela.

→ v. Arts. 1.728 a 1.783 do CC.

Art. 198. Também não corre a prescrição:

I – contra os incapazes de que trata o Art. 3º;

II – contra os ausentes do País em serviço público da União, dos Estados ou dos Municípios;

III – contra os que se acharem servindo nas Forças Armadas, em tempo de guerra.

Art. 199. Não corre igualmente a prescrição:

I – pendendo condição suspensiva;

II – não estando vencido o prazo;

III – pendendo ação de evicção.

→ v. Súmula 229 do STJ.

→ v. Arts. 447 a 457 do CC.

Art. 200. Quando a ação se originar de fato que deva ser apurado no juízo criminal, não correrá a prescrição antes da respectiva sentença definitiva.

→ v. Art. 475-N, II, do CPC/1973.

→ v. Art. 515, VI, do NCPC.

Art. 201. Suspensa a prescrição em favor de um dos credores solidários, só aproveitam os outros se a obrigação for indivisível.

→ v. Arts. 257 a 263 do CC.

Seção III
Das causas que interrompem a prescrição

Art. 202. A interrupção da prescrição, que somente poderá ocorrer uma vez, dar-se-á:

→ v. Art. 219 do CPC/1973.

→ v. Art. 240 do NCPC.

I – por despacho do juiz, mesmo incompetente, que ordenar a citação, se o interessado a promover no prazo e na forma da lei processual;

→ v. Súmula 154 do STF.

→ v. Art. 174 do CTN.

II – por protesto, nas condições do inciso antecedente;

III – por protesto cambial;

IV – pela apresentação do título de crédito em juízo de inventário ou em concurso de credores;

→ v. Art. 777 do CPC/1973.

V – por qualquer ato judicial que constitua em mora o devedor;

VI – por qualquer ato inequívoco, ainda que extrajudicial, que importe reconhecimento do direito pelo devedor.

Parágrafo único. A prescrição interrompida recomeça a correr da data do ato que a interrompeu, ou do último ato do processo para a interromper.

Art. 203. A prescrição pode ser interrompida por qualquer interessado.

→ v. Art. 193 do CC.

Art. 204. A interrupção da prescrição por um credor não aproveita aos outros; semelhantemente, a interrupção operada contra o codevedor, ou seu herdeiro, não prejudica aos demais coobrigados.

§ 1º A interrupção por um dos credores solidários aproveita aos outros; assim como a interrupção efetuada contra o devedor solidário envolve os demais e seus herdeiros.

§ 2º A interrupção operada contra um dos herdeiros do devedor solidário não prejudica os outros herdeiros ou devedores, senão quando se trate de obrigações e direitos indivisíveis.

§ 3º A interrupção produzida contra o principal devedor prejudica o fiador.

Seção IV
Dos prazos da prescrição

Art. 205. A prescrição ocorre em 10 (dez) anos, quando a lei não lhe haja fixado prazo menor.

Art. 206. Prescreve:

§ 1º Em 1 (um) ano:

I – a pretensão dos hospedeiros ou fornecedores de víveres destinados a consumo no próprio estabelecimento, para o pagamento da hospedagem ou dos alimentos;

II – a pretensão do segurado contra o segurador, ou a deste contra aquele, contado o prazo:

→ v. Súmula 101 do STJ.

→ v. Arts. 757 a 802 do CC.

a) para o segurado, no caso de seguro de responsabilidade civil, da data em que é citado para responder à ação de indenização proposta pelo terceiro prejudicado, ou da data que a este indeniza, com a anuência do segurador;

b) quanto aos demais seguros, da ciência do fato gerador da pretensão;

→ v. Súmulas 101 e 278 do STJ.

III – a pretensão dos tabeliães, auxiliares da justiça, serventuários judiciais, árbitros e peritos, pela percepção de emolumentos, custas e honorários;

IV – a pretensão contra os peritos, pela avaliação dos bens que entraram para a formação do capital de sociedade anônima, contado da publicação da ata da assembleia que aprovar o laudo;

V – a pretensão dos credores não pagos contra os sócios ou acionistas e os liquidantes, contado o prazo da publicação da ata de encerramento da liquidação da sociedade.

§ 2º Em 2 (dois) anos, a pretensão para haver prestações alimentares, a partir da data em que se vencerem.

→ v. Art. 23 da Lei 5.478/1968.

§ 3º Em 3 (três) anos:

I – a pretensão relativa a aluguéis de prédios urbanos ou rústicos;

II – a pretensão para receber prestações vencidas de rendas temporárias ou vitalícias;

→ v. Súmulas 291 e 427 do STJ.

III – a pretensão para haver juros, dividendos ou quaisquer prestações acessórias, pagáveis, em períodos não maiores de 1 (um) ano, com capitalização ou sem ela;

IV – a pretensão de ressarcimento de enriquecimento sem causa;

V – a pretensão de reparação civil;

→ v. Arts. 402 a 405, 927 e 943 do CC.

VI – a pretensão de restituição dos lucros ou dividendos recebidos de má-fé, correndo o prazo da data em que foi deliberada a distribuição;

VII – a pretensão contra as pessoas em seguida indicadas por violação da lei ou do estatuto, contado o prazo:

a) para os fundadores, da publicação dos atos constitutivos da sociedade anônima;

b) para os administradores, ou fiscais, da apresentação, aos sócios, do balanço referente ao exercício em que a violação tenha sido praticada, ou da reunião ou assembleia geral que dela deva tomar conhecimento;

c) para os liquidantes, da primeira assembleia semestral posterior à violação;

VIII – a pretensão para haver o pagamento de título de crédito, a contar do vencimento, ressalvadas as disposições de lei especial;

IX – a pretensão do beneficiário contra o segurador, e a do terceiro prejudicado, no caso de seguro de responsabilidade civil obrigatório.

→ v. Súmula 405 do STJ.

§ 4º Em 4 (quatro) anos, a pretensão relativa à tutela, a contar da data da aprovação das contas.

§ 5º Em 5 (cinco) anos:

I – a pretensão de cobrança de dívidas líquidas constantes de instrumento público ou particular;

II – a pretensão dos profissionais liberais em geral, procuradores judiciais, curadores e professores pelos seus honorários, contado o prazo da conclusão dos serviços, da cessação dos respectivos contratos ou mandato;

III – a pretensão do vencedor para haver do vencido o que despendeu em juízo.

→ v. Art. 20 do CPC/1973.

→ v. Arts. 84 e 85, do NCPC.

Capítulo II
DA DECADÊNCIA

Art. 207. Salvo disposição legal em contrário, não se aplicam à decadência as normas que impedem, suspendem ou interrompem a prescrição.

Art. 208. Aplica-se à decadência o disposto nos arts. 195 e 198, inciso I.

Art. 209. É nula a renúncia à decadência fixada em lei.

Art. 210. Deve o juiz, de ofício, conhecer da decadência, quando estabelecida por lei.

Art. 211. Se a decadência for convencional, a parte a quem aproveita pode alegá-la em qualquer grau de jurisdição, mas o juiz não pode suprir a alegação.

Título V
Da prova

Art. 212. Salvo o negócio a que se impõe forma especial, o fato jurídico pode ser provado mediante:

I – confissão;

→ v. Arts. 348 a 354 do CPC/1973.

→ v. Arts. 389 e ss., do NCPC.

II – documento;

→ v. Arts. 364 a 399 do CPC/1973.

→ v. Arts. 405 e ss., do NCPC.

III – testemunha;

→ v. Arts. 400 a 419 do CPC/1973.

→ v. Arts. 442 e ss. do NCPC.

IV – presunção;

→ v. Art. 335 do CPC/1973.

→ v. Art. 375 do NCPC.

V – perícia.

→ v. Arts. 420 a 439 do CPC/1973.

→ v. Arts. 464 e ss. do NCPC.

Art. 213. Não tem eficácia a confissão se provém de quem não é capaz de dispor do direito a que se referem os fatos confessados.

Parágrafo único. Se feita a confissão por um representante, somente é eficaz nos limites em que este pode vincular o representado.

Art. 214. A confissão é irrevogável, mas pode ser anulada se decorreu de erro de fato ou de coação.

→ v. Art. 352 do CPC/1973.

→ v. Art. 393 do NCPC.

Art. 215. A escritura pública, lavrada em notas de tabelião, é documento dotado de fé pública, fazendo prova plena.

§ 1º Salvo quando exigidos por lei outros requisitos, a escritura pública deve conter:

I – data e local de sua realização;

II – reconhecimento da identidade e capacidade das partes e de quantos hajam comparecido ao ato, por si, como representantes, intervenientes ou testemunhas;

III – nome, nacionalidade, estado civil, profissão, domicílio e residência das partes e demais comparecentes, com a indicação, quando necessário, do regime de bens do casamento, nome do outro cônjuge e filiação;

IV – manifestação clara da vontade das partes e dos intervenientes;

V – referência ao cumprimento das exigências legais e fiscais inerentes à legitimidade do ato;

VI – declaração de ter sido lida na presença das partes e demais comparecentes, ou de que todos a leram;

VII – assinatura das partes e dos demais comparecentes, bem como a do tabelião ou seu substituto legal, encerrando o ato.

→ v. Lei 7.433/1985 – Dispõe sobre os requisitos para a lavratura de escrituras públicas.

§ 2º Se algum comparecente não puder ou não souber escrever, outra pessoa capaz assinará por ele, a seu rogo.

§ 3º A escritura será redigida na língua nacional.

§ 4º Se qualquer dos comparecentes não souber a língua nacional e o tabelião não entender o idioma em que se expressa, deverá comparecer tradutor público para servir de intérprete, ou, não o havendo na localidade, outra pessoa capaz que, a juízo do tabelião, tenha idoneidade e conhecimento bastantes.

§ 5º Se algum dos comparecentes não for conhecido do tabelião, nem puder identificar-se por documento, deverão participar do ato pelo menos duas testemunhas que o conheçam e atestem sua identidade.

Art. 216. Farão a mesma prova que os originais as certidões textuais de qualquer peça judicial, do protocolo das audiências, ou de outro qualquer livro a cargo do escrivão, sendo extraídas por ele, ou sob a sua vigilância, e por ele subscritas, assim como os traslados de autos, quando por outro escrivão consertados.

→ v. Art. 365, I e III, do CPC/1973.

→ v. Art. 425, I e III, do NCPC.

→ v. Arts. 818 e 830 do CLT.

Art. 217. Terão a mesma força probante os traslados e as certidões, extraídos por tabelião ou oficial de registro, de instrumentos ou documentos lançados em suas notas.

Art. 218. Os traslados e as certidões considerar-se-ão instrumentos públicos, se os originais se houverem produzido em juízo como prova de algum ato.

Art. 219. As declarações constantes de documentos assinados presumem-se verdadeiras em relação aos signatários.

Parágrafo único. Não tendo relação direta, porém, com as disposições principais ou com a legitimidade das partes, as declarações enunciativas não eximem os interessados em sua veracidade do ônus de prová-las.

Art. 220. A anuência ou a autorização de outrem, necessária à validade de um ato, provar-se-á do mesmo modo que este, e constará, sempre que se possa, do próprio instrumento.

Art. 221. O instrumento particular, feito e assinado, ou somente assinado por quem esteja na livre disposição e administração de seus bens, prova as obrigações convencionais de qualquer valor; mas os seus efeitos, bem como os da cessão, não se operam, a respeito de terceiros, antes de registrado no registro público.

→ v. Arts. 127, 156 e 161 da Lei 6.015/1973.

Parágrafo único. A prova do instrumento particular pode suprir-se pelas outras de caráter legal.

Art. 222. O telegrama, quando lhe for contestada a autenticidade, faz prova mediante conferência com o original assinado.

Art. 223. A cópia fotográfica de documento, conferida por tabelião de notas, valerá como prova de declaração da vontade, mas, impugnada sua autenticidade, deverá ser exibido o original.

Parágrafo único. A prova não supre a ausência do título de crédito, ou do original, nos casos em que a lei ou as circunstâncias condicionarem o exercício do direito à sua exibição.

Art. 224. Os documentos redigidos em língua estrangeira serão traduzidos para o português para ter efeitos legais no País.

→ v. Decreto 13.609/1943 – Regulamento para o ofício de Tradutor Público e Intérprete Comercial no território da República.

Art. 225. As reproduções fotográficas, cinematográficas, os registros fonográficos e, em geral, quaisquer outras reproduções mecânicas ou eletrônicas de fatos ou de coisas fazem prova plena destes, se a parte, contra quem forem exibidos, não lhes impugnar a exatidão.

Art. 226. Os livros e fichas dos empresários e sociedades provam contra as pessoas a que pertencem, e, em seu favor, quando, escriturados sem vício extrínseco ou intrínseco, forem confirmados por outros subsídios.

Parágrafo único. A prova resultante dos livros e fichas não é bastante nos casos em que a lei exige escritura pública, ou escrito particular revestido de requisitos especiais, e pode ser ilidida pela comprovação da falsidade ou inexatidão dos lançamentos.

Art. 227. (Caput *revogado pela Lei 13.105/2015, em vigor após decorrido 1 (um) ano da data de sua publicação* – D.O.U. *de 17.3.2015* (v. *Art. 1.045 do NCPC*)).

→ Consta conforme publicação oficial.

Parágrafo único. Qualquer que seja o valor do negócio jurídico, a prova testemunhal é admissível como subsidiária ou complementar da prova por escrito.

→ **Anterior redação: Art. 227.** Salvo os casos expressos, a prova exclusivamente testemunhal só se admite nos negócios jurídicos cujo valor não ultrapasse o décuplo do maior salário mínimo vigente no País ao tempo em que foram celebrados.

Art. 228. Não podem ser admitidos como testemunhas:

→ v. Art. 206 do CPP.

I – os menores de 16 (dezesseis) anos;

II – (*Revogado pela Lei 13.146/2015, em vigor após decorridos 180 (cento e oitenta) dias de sua publicação oficial* – D.O.U. *de 7.7.2015*).

III – (*Revogado pela Lei 13.146/2015, em vigor após decorridos 180 (cento e oitenta) dias de sua publicação oficial* – D.O.U. *de 7.7.2015*).

IV – o interessado no litígio, o amigo íntimo ou o inimigo capital das partes;

V – os cônjuges, os ascendentes, os descendentes e os colaterais, até o terceiro grau de alguma das partes, por consanguinidade, ou afinidade.

Parágrafo único. Para a prova de fatos que só elas conheçam, pode o juiz admitir o depoimento das pessoas a que se refere este artigo.

→ **Anterior redação: Art. 228.** (...) II – aqueles que, por enfermidade ou retardamento mental, não tiverem discernimento para a prática dos atos da vida civil; III – os cegos e surdos, quando a ciência do fato que se quer provar dependa dos sentidos que lhes faltam; (...)

Art. 229. (*Revogado pela Lei 13.105/2015, em vigor após decorrido 1 (um) ano da data de sua publicação* – D.O.U. *de 17.3.2015* (v. *Art. 1.045 do NCPC*)).

→ **Anterior redação: Art. 229.** Ninguém pode ser obrigado a depor sobre fato: I – a cujo respeito, por estado ou profissão, deva guardar segredo; II – a que não possa responder sem desonra própria, de seu cônjuge, parente em grau sucessível, ou amigo íntimo; III – que o exponha, ou às pessoas referidas no inciso antecedente, a perigo de vida, de demanda, ou de dano patrimonial imediato.

Art. 230. (*Revogado pela Lei 13.105/2015, em vigor após decorrido 1 (um) ano da data de sua publicação* – D.O.U. *de 17.3.2015* (v. *Art. 1.045 do NCPC*)).

→ **Anterior redação: Art. 230.** As presunções, que não as legais, não se admitem nos casos em que a lei exclui a prova testemunhal.

Art. 231. Aquele que se nega a submeter-se a exame médico necessário não poderá aproveitar-se de sua recusa.

Art. 232. A recusa à perícia médica ordenada pelo juiz poderá suprir a prova que se pretendia obter com o exame.

→ v. Arts. 420 e ss. do CPC/1973.

→ v. Arts. 464 e ss., do NCPC.

PARTE ESPECIAL

LIVRO I
DO DIREITO DAS OBRIGAÇÕES

Título I
Das modalidades das obrigações

Capítulo I
DAS OBRIGAÇÕES DE DAR

Seção I
Das obrigações de dar coisa certa

Art. 233. A obrigação de dar coisa certa abrange os acessórios dela embora não mencionados, salvo se o contrário resultar do título ou das circunstâncias do caso.

→ v. Arts. 92 a 95, e 287 do CC.

→ v. Arts. 287, 461-A, 466, 621 a 628, do CPC/1973.

→ v. Arts. 495, 498, e 806 e ss., do NCPC.

Art. 234. Se, no caso do artigo antecedente, a coisa se perder, sem culpa do devedor, antes da tradição, ou pendente a condição suspensiva, fica resolvida a obrigação para ambas as partes; se a perda resultar de culpa do devedor, responderá este pelo equivalente e mais perdas e danos.

→ v. Arts. 125, 237, 328, 389, 402 a 405, 444, 490, 492, 493, 502, 1.267, do CC.

Art. 235. Deteriorada a coisa, não sendo o devedor culpado, poderá o credor resolver a obrigação, ou aceitar a coisa, abatido de seu preço o valor que perdeu.

→ *V.* Arts. 240, 451 e 452, do CC.

Art. 236. Sendo culpado o devedor, poderá o credor exigir o equivalente, ou aceitar a coisa no estado em que se acha, com direito a reclamar, em um ou em outro caso, indenização das perdas e danos.

→ *V.* Arts. 389, e 402 a 405, do CC.

Art. 237. Até a tradição pertence ao devedor a coisa, com os seus melhoramentos e acrescidos, pelos quais poderá exigir aumento no preço; se o credor não anuir, poderá o devedor resolver a obrigação.

Parágrafo único. Os frutos percebidos são do devedor, cabendo ao credor os pendentes.

→ *V.* Arts. 242, parágrafo único, 1.214 a 1.216, 1.245, § 1º, e 1.267, do CC.

Art. 238. Se a obrigação for de restituir coisa certa, e esta, sem culpa do devedor, se perder antes da tradição, sofrerá o credor a perda, e a obrigação se resolverá, ressalvados os seus direitos até o dia da perda.

Art. 239. Se a coisa se perder por culpa do devedor, responderá este pelo equivalente, mais perdas e danos.

→ *V.* Arts. 234, 389, e 402 a 405, do CC.

Art. 240. Se a coisa restituível se deteriorar sem culpa do devedor, recebê-la-á o credor, tal qual se ache, sem direito a indenização; se por culpa do devedor, observar-se-á o disposto no Art. 239.

Art. 241. Se, no caso do Art. 238, sobrevier melhoramento ou acréscimo à coisa, sem despesa ou trabalho do devedor, lucrará o credor, desobrigado de indenização.

Art. 242. Se para o melhoramento, ou aumento, empregou o devedor trabalho ou dispêndio, o caso se regulará pelas normas deste Código atinentes às benfeitorias realizadas pelo possuidor de boa-fé ou de má-fé.

Parágrafo único. Quanto aos frutos percebidos, observar-se-á, do mesmo modo, o disposto neste Código, acerca do possuidor de boa-fé ou de má-fé.

→ *V.* Arts. 1.214 a 1.216, e 1.219 a 1.222, do CC.

Seção II
Das obrigações de dar coisa incerta

Art. 243. A coisa incerta será indicada, ao menos, pelo gênero e pela quantidade.

→ *V.* Arts. 461-A, 629 a 631, do CPC/1973.

→ *V.* Arts. 498, e 811 a 813, do NCPC.

Art. 244. Nas coisas determinadas pelo gênero e pela quantidade, a escolha pertence ao devedor, se o contrário não resultar do título da obrigação; mas não poderá dar a coisa pior, nem será obrigado a prestar a melhor.

→ *V.* Art. 342 do CC.

→ *V.* Arts. 571, § 1º, e 629, do CPC/1973.

→ *V.* Arts. 800, § 1º, e 811, do NCPC.

Art. 245. Cientificado da escolha o credor, vigorará o disposto na Seção antecedente.

Art. 246. Antes da escolha, não poderá o devedor alegar perda ou deterioração da coisa, ainda que por força maior ou caso fortuito.

→ *V.* Art. 393 do CC.

Capítulo II
DAS OBRIGAÇÕES DE FAZER

Art. 247. Incorre na obrigação de indenizar perdas e danos o devedor que recusar a prestação a ele só imposta, ou só por ele exequível.

→ *V.* Arts. 85, 139, II, 389, 402 a 405, 463, 464 e 927 do CC.

→ *V.* Arts. 461, 466-A a 466-C, 632, 633, 638 e 644, do CPC/1973.

→ *V.* Arts. 497, 501, 815, 816 e 821, do NCPC.

→ *V.* Art. 84 do CDC.

Art. 248. Se a prestação do fato tornar-se impossível sem culpa do devedor, resolver-se-á a obrigação; se por culpa dele, responderá por perdas e danos.

→ *V.* Arts. 389, 402 a 405, e 927 do CC.

Art. 249. Se o fato puder ser executado por terceiro, será livre ao credor mandá-lo executar à custa do devedor, havendo recusa ou mora deste, sem prejuízo da indenização cabível.

→ *V.* Arts. 461, 632 a 637, e 644, do CPC/1973.

→ *V.* Arts. 497, e 815 a 820, do NCPC.

Parágrafo único. Em caso de urgência, pode o credor, independentemente de autorização judicial, executar ou mandar executar o fato, sendo depois ressarcido.

Capítulo III
DAS OBRIGAÇÕES DE NÃO FAZER

Art. 250. Extingue-se a obrigação de não fazer, desde que, sem culpa do devedor, se lhe torne impossível abster-se do ato, que se obrigou a não praticar.

→ *V.* Arts. 390 e 393 do CC.

Art. 251. Praticado pelo devedor o ato, a cuja abstenção se obrigara, o credor pode exigir dele que o desfaça, sob pena de se desfazer à sua custa, ressarcindo o culpado perdas e danos.

→ *V.* Arts. 389, 390, e 402 a 405, do CC.

→ *V.* Arts. 287, 461, e 642 a 645, do CPC/1973.

→ *V.* Arts. 497, 814, 822 e 823, do NCPC.

Parágrafo único. Em caso de urgência, poderá o credor desfazer ou mandar desfazer, independentemente de autorização judicial, sem prejuízo do ressarcimento devido.

Capítulo IV
DAS OBRIGAÇÕES ALTERNATIVAS

Art. 252. Nas obrigações alternativas, a escolha cabe ao devedor, se outra coisa não se estipulou.

→ *V.* Art. 342 do CC.

→ *V.* Art. 571 do CPC/1973.

→ *V.* Art. 800 do NCPC.

§ 1º Não pode o devedor obrigar o credor a receber parte em uma prestação e parte em outra.

→ *V.* Art. 314 do CC.

§ 2º Quando a obrigação for de prestações periódicas, a faculdade de opção poderá ser exercida em cada período.

§ 3º No caso de pluralidade de optantes, não havendo acordo unânime entre eles, decidirá o juiz, findo o prazo por este assinado para a deliberação.

§ 4º Se o título deferir a opção a terceiro, e este não quiser, ou não puder exercê-la, caberá ao juiz a escolha se não houver acordo entre as partes.

Art. 253. Se uma das duas prestações não puder ser objeto de obrigação ou se tornada inexequível, subsistirá o débito quanto à outra.

→ *V.* Arts. 106 e 166, II, do CC.

Art. 254. Se, por culpa do devedor, não se puder cumprir nenhuma das prestações, não competindo ao credor a escolha, ficará aquele obrigado a pagar o valor da que por último se impossibilitou, mais as perdas e danos que o caso determinar.

Art. 255. Quando a escolha couber ao credor e uma das prestações tornar-se impossível por culpa do devedor, o credor terá direito de exigir a prestação subsistente ou o valor da outra, com perdas e danos; se, por culpa do devedor, ambas as prestações se tornarem inexequíveis, poderá o credor reclamar o valor de qualquer das duas, além da indenização por perdas e danos.

Art. 256. Se todas as prestações se tornarem impossíveis sem culpa do devedor, extinguir-se-á a obrigação.

Capítulo V
DAS OBRIGAÇÕES DIVISÍVEIS E INDIVISÍVEIS

Art. 257. Havendo mais de um devedor ou mais de um credor em obrigação divisível, esta presume-se dividida em tantas obrigações, iguais e distintas, quantos os credores ou devedores.

→ *V.* Art. 265 do CC.

Art. 258. A obrigação é indivisível quando a prestação tem por objeto uma coisa ou um fato não suscetíveis de divisão, por sua natureza, por motivo de ordem econômica, ou dada a razão determinante do negócio jurídico.

→ *V.* Arts. 87 e 88 do CC.

Art. 259. Se, havendo 2 (dois) ou mais devedores, a prestação não for divisível, cada um será obrigado pela dívida toda.

→ *V.* Arts. 87, 88, 105 e 258 do CC.

Parágrafo único. O devedor, que paga a dívida, sub-roga-se no direito do credor em relação aos outros coobrigados.

→ *V.* Art. 346, III, do CC.

Art. 260. Se a pluralidade for dos credores, poderá cada um destes exigir a dívida inteira; mas o devedor ou devedores se desobrigarão, pagando:

I – a todos conjuntamente;

II – a um, dando este caução de ratificação dos outros credores.

Art. 261. Se um só dos credores receber a prestação por inteiro, a cada um dos outros assistirá o direito de exigir dele em dinheiro a parte que lhe caiba no total.

→ *V.* Art. 291 do CPC/1973.

→ *V.* Art. 328 do NCPC.

Art. 262. Se um dos credores remitir a dívida, a obrigação não ficará extinta para com os outros; mas estes só a poderão exigir, descontada a quota do credor remitente.

Parágrafo único. O mesmo critério se observará no caso de transação, novação, compensação ou confusão.

Art. 263. Perde a qualidade de indivisível a obrigação que se resolver em perdas e danos.

→ *V.* Arts. 402 a 405 do CC.

§ 1º Se, para efeito do disposto neste artigo, houver culpa de todos os devedores, responderão todos por partes iguais.

§ 2º Se for de um só a culpa, ficarão exonerados os outros, respondendo só esse pelas perdas e danos.

→ *V.* Art. 392 do CC.

Capítulo VI
DAS OBRIGAÇÕES SOLIDÁRIAS

Seção I
Disposições gerais

Art. 264. Há solidariedade, quando na mesma obrigação concorre mais de um credor, ou mais de um devedor, cada um com direito, ou obrigado, à dívida toda.

→ v. Arts. 77, III, do CPC/1973.

→ v. Art. 130, III, do NCPC.

Art. 265. A solidariedade não se presume; resulta da lei ou da vontade das partes.

→ v. Súmula 492 do STF.

→ v. Súmula 26 do STJ.

→ v. Art. 225, § 3º, da CF/1988.

→ v. Arts. 518, 585, 932, 942 e 867, do CC.

→ v. Art. 18, § 1º, do CPC/1973.

→ v. Art. 81, § 1º, do NCPC.

→ v. Arts. 124 e 125 do CTN.

→ v. Arts. 2º, § 2º, e 455 da CLT.

→ v. Arts. 7º, 12, 14, 18, 19, 25, § 1º, 28, § 1º e 34, do CDC.

→ v. Arts. 25, § 2º, 71, § 2º, da Lei 8.666/1993.

Art. 266. A obrigação solidária pode ser pura e simples para um dos cocredores ou codevedores, e condicional, ou a prazo, ou pagável em lugar diferente, para o outro.

→ v. Arts. 121 a 135, e 327 do CC.

Seção II
Da solidariedade ativa

Art. 267. Cada um dos credores solidários tem direito a exigir do devedor o cumprimento da prestação por inteiro.

Art. 268. Enquanto alguns dos credores solidários não demandarem o devedor comum, a qualquer daqueles poderá este pagar.

Art. 269. O pagamento feito a um dos credores solidários extingue a dívida até o montante do que foi pago.

Art. 270. Se um dos credores solidários falecer deixando herdeiros, cada um destes só terá direito a exigir e receber a quota do crédito que corresponder ao seu quinhão hereditário, salvo se a obrigação for indivisível.

Art. 271. Convertendo-se a prestação em perdas e danos, subsiste, para todos os efeitos, a solidariedade.

→ v. Arts. 402 a 405 do CC.

Art. 272. O credor que tiver remitido a dívida ou recebido o pagamento responderá aos outros pela parte que lhes caiba.

→ v. Art. 388 do CC.

Art. 273. A um dos credores solidários não pode o devedor opor as exceções pessoais oponíveis aos outros.

Art. 274. O julgamento contrário a um dos credores solidários não atinge os demais, mas o julgamento favorável aproveita-lhes, sem prejuízo de exceção pessoal que o devedor tenha direito de invocar em relação a qualquer deles.

→ Artigo com redação alterada pela Lei 13.105/2015, em vigor após decorrido 1 (um) ano da data de sua publicação – *D.O.U.* de 17.3.2015 (v. Art. 1.045 do NCPC).

→ **Anterior redação: Art. 274.** O julgamento contrário a um dos credores solidários não atinge os demais; o julgamento favorável aproveita-lhes, a menos que se funde em exceção pessoal ao credor que o obteve.

Seção III
Da solidariedade passiva

Art. 275. O credor tem direito a exigir e receber de um ou de alguns dos devedores, parcial ou totalmente, a dívida comum; se o pagamento tiver sido parcial, todos os demais devedores continuam obrigados solidariamente pelo resto.

→ v. Art. 204, § 1º, do CC.

Parágrafo único. Não importará renúncia da solidariedade a propositura de ação pelo credor contra um ou alguns dos devedores.

→ v. Art. 333, parágrafo único, do CC.

Art. 276. Se um dos devedores solidários falecer deixando herdeiros, nenhum destes será obrigado a pagar senão a quota que corresponder ao seu quinhão hereditário, salvo se a obrigação for indivisível; mas todos reunidos serão considerados como um devedor solidário em relação aos demais devedores.

→ v. Arts. 257 a 263, 314, 1.792 e 1.821, e 1.997 do CC.

Art. 277. O pagamento parcial feito por um dos devedores e a remissão por ele obtida não aproveitam aos outros devedores, senão até à concorrência da quantia paga ou relevada.

→ v. Arts. 257, e 385 a 388 do CC.

Art. 278. Qualquer cláusula, condição ou obrigação adicional, estipulada entre um dos devedores solidários e o credor, não poderá agravar a posição dos outros sem consentimento destes.

Art. 279. Impossibilitando-se a prestação por culpa de um dos devedores solidários, subsiste para todos o encargo de pagar o equivalente; mas pelas perdas e danos só responde o culpado.

→ v. Arts. 402 a 405 do CC.

Art. 280. Todos os devedores respondem pelos juros da mora, ainda que a ação tenha sido proposta somente contra um; mas o culpado responde aos outros pela obrigação acrescida.

→ v. Arts. 394 a 401, e 407, do CC.

Art. 281. O devedor demandado pode opor ao credor as exceções que lhe forem pessoais e as comuns a todos; não lhe aproveitando as exceções pessoais a outro codevedor.

Art. 282. O credor pode renunciar à solidariedade em favor de um, de alguns ou de todos os devedores.

Parágrafo único. Se o credor exonerar da solidariedade um ou mais devedores, subsistirá a dos demais.

Art. 283. O devedor que satisfez a dívida por inteiro tem direito a exigir de cada um dos codevedores a sua quota, dividindo-se igualmente por todos a do insolvente, se o houver, presumindo-se iguais, no débito, as partes de todos os codevedores.

→ v. Art. 346, III, do CC.

→ v. Arts. 77 e 80 do CPC/1973.

→ v. Arts. 130 e 132, do NCPC.

Art. 284. No caso de rateio entre os codevedores, contribuirão também os exonerados da solidariedade pelo credor, pela parte que na obrigação incumbia ao insolvente.

Art. 285. Se a dívida solidária interessar exclusivamente a um dos devedores, responderá este por toda ela para com aquele que pagar.

Título II
Da transmissão das obrigações

Capítulo I
DA CESSÃO DE CRÉDITO

Art. 286. O credor pode ceder o seu crédito, se a isso não se opuser a natureza da obrigação, a lei, ou a convenção com o devedor; a cláusula proibitiva da cessão não poderá ser oposta ao cessionário de boa-fé, se não constar do instrumento da obrigação.

→ v. Arts. 347, 348, 358, 497, parágrafo único, 498, e 1.749, III, do CC.

→ v. Art. 649, I, do CPC/1973.

→ v. Art. 833, I, do NCPC.

→ v. Arts. 22 e 51 da Lei 10.931/2004.

Art. 287. Salvo disposição em contrário, na cessão de um crédito abrangem-se todos os seus acessórios.

→ v. Arts. 83, III, 92, e 364 do CC.

Art. 288. É ineficaz, em relação a terceiros, a transmissão de um crédito, se não celebrar-se mediante instrumento público, ou instrumento particular revestido das solenidades do § 1º do Art. 654.

→ v. Art. 221 do CC.

→ v. Arts. 129, 9º, e 167, I, 9, 18, 20, 36, e II, 3, 8, 21, da Lei 6.015/1973.

Art. 289. O cessionário de crédito hipotecário tem o direito de fazer averbar a cessão no registro do imóvel.

Art. 290. A cessão do crédito não tem eficácia em relação ao devedor, senão quando a este notificada; mas por notificado se tem o devedor que, em escrito público ou particular, se declarou ciente da cessão feita.

→ v. Art. 377 do CC.

Art. 291. Ocorrendo várias cessões do mesmo crédito, prevalece a que se completar com a tradição do título do crédito cedido.

Art. 292. Fica desobrigado o devedor que, antes de ter conhecimento da cessão, paga ao credor primitivo, ou que, no caso de mais de uma cessão notificada, paga ao cessionário que lhe apresenta, com o título de cessão, o da obrigação cedida; quando o crédito constar de escritura pública, prevalecerá a prioridade da notificação.

Art. 293. Independentemente do conhecimento da cessão pelo devedor, pode o cessionário exercer os atos conservatórios do direito cedido.

Art. 294. O devedor pode opor ao cessionário as exceções que lhe competirem, bem como as que, no momento em que veio a ter conhecimento da cessão, tinha contra o cedente.

Art. 295. Na cessão por título oneroso, o cedente, ainda que não se responsabilize, fica responsável ao cessionário pela existência do crédito ao tempo em que lhe cedeu; a mesma responsabilidade lhe cabe nas cessões por título gratuito, se tiver procedido de má-fé.

Art. 296. Salvo estipulação em contrário, o cedente não responde pela solvência do devedor.

→ v. Arts. 748 e 750 do CPC/1973.

Art. 297. O cedente, responsável ao cessionário pela solvência do devedor, não responde por mais do que daquele recebeu, com os respectivos juros; mas tem de ressarcir-lhe as despesas da cessão e as que o cessionário houver feito com a cobrança.

Art. 298. O crédito, uma vez penhorado, não pode mais ser transferido pelo credor que tiver conhecimento da penhora; mas o devedor que o pagar, não tendo notificação dela, fica exonerado, subsistindo somente contra o credor os direitos de terceiro.

→ v. Art. 312 do CC.

→ v. Art. 240 da Lei 6.015/1973.

Capítulo II
DA ASSUNÇÃO DE DÍVIDA

Art. 299. É facultado a terceiro assumir a obrigação do devedor, com o consentimento expresso do credor, ficando exonerado o devedor primitivo, salvo se aquele, ao tempo da assunção, era insolvente e o credor o ignorava.

→ v. Arts. 568, III, 748 e 750, do CPC/1973.

→ v. Art. 779, III, do NCPC.

Parágrafo único. Qualquer das partes pode assinar prazo ao credor para que consinta na assunção da dívida, interpretando-se o seu silêncio como recusa.

Art. 300. Salvo assentimento expresso do devedor primitivo, consideram-se extintas, a partir da assunção da dívida, as garantias especiais por ele originariamente dadas ao credor.

Art. 301. Se a substituição do devedor vier a ser anulada, restaura-se o débito, com todas as suas garantias, salvo as garantias prestadas por terceiros, exceto se este conhecia o vício que inquinava a obrigação.

Art. 302. O novo devedor não pode opor ao credor as exceções pessoais que competiam ao devedor primitivo.

Art. 303. O adquirente de imóvel hipotecado pode tomar a seu cargo o pagamento do crédito garantido; se o credor, notificado, não impugnar em trinta dias a transferência do débito, entender-se-á dado o assentimento.

Título III
Do adimplemento e extinção das obrigações

Capítulo I
DO PAGAMENTO

Seção I
De quem deve pagar

Art. 304. Qualquer interessado na extinção da dívida pode pagá-la, usando, se o credor se opuser, dos meios conducentes à exoneração do devedor.

→ v. Arts. 247, 334, 346, III, do CC.

Parágrafo único. Igual direito cabe ao terceiro não interessado, se o fizer em nome e à conta do devedor, salvo oposição deste.

Art. 305. O terceiro não interessado, que paga a dívida em seu próprio nome, tem direito a reembolsar-se do que pagar; mas não se sub-roga nos direitos do credor.

→ v. Arts. 346, III, 347, I, 871, 872, e 884 a 886 do CC.

Parágrafo único. Se pagar antes de vencida a dívida, só terá direito ao reembolso no vencimento.

Art. 306. O pagamento feito por terceiro, com desconhecimento ou oposição do devedor, não obriga a reembolsar aquele que pagou, se o devedor tinha meios para ilidir a ação.

Art. 307. Só terá eficácia o pagamento que importar transmissão da propriedade, quando feito por quem possa alienar o objeto em que ele consistiu.

→ v. Arts. 879, 1.245, § 1º, 1.247, 1.267 e 1.268 do CC.

Parágrafo único. Se se der em pagamento coisa fungível, não se poderá mais reclamar do credor que, de boa-fé, a recebeu e consumiu, ainda que o solvente não tivesse o direito de aliená-la.

→ v. Art. 85 do CC.

Seção II
Daqueles a quem se deve pagar

Art. 308. O pagamento deve ser feito ao credor ou a quem de direito o represente, sob pena de só valer depois de por ele ratificado, ou tanto quanto reverter em seu proveito.

→ v. Arts. 260, 267, 662 e 873 do CC.

Art. 309. O pagamento feito de boa-fé ao credor putativo é válido, ainda provado depois que não era credor.

→ v. Arts. 686, 1.561 e 1.817 do CC.

Art. 310. Não vale o pagamento cientemente feito ao credor incapaz de quitar, se o devedor não provar que em benefício dele efetivamente reverteu.

→ v. Arts. 3º, 4º, 180, 181, 1.772 a 1.778, e 1.781 a 1.783 do CC.

Art. 311. Considera-se autorizado a receber o pagamento o portador da quitação, salvo se as circunstâncias contrariarem a presunção daí resultante.

→ v. Art. 320 do CC.

Art. 312. Se o devedor pagar ao credor, apesar de intimado da penhora feita sobre o crédito, ou da impugnação a ele oposta por terceiros, o pagamento não valerá contra estes, que poderão constranger o devedor a pagar de novo, ficando-lhe ressalvado o regresso contra o credor.

→ v. Arts. 671 a 676 do CPC/1973.

→ v. Arts. 862 a 864, do NCPC.

Seção III
Do objeto do pagamento e sua prova

Art. 313. O credor não é obrigado a receber prestação diversa da que lhe é devida, ainda que mais valiosa.

→ v. Art. 356 do CC.

Art. 314. Ainda que a obrigação tenha por objeto prestação divisível, não pode o credor ser obrigado a receber, nem o devedor a pagar, por partes, se assim não se ajustou.

→ v. Arts. 87, 88, 257, 258 e 263 do CC.

Art. 315. As dívidas em dinheiro deverão ser pagas no vencimento, em moeda corrente e pelo valor nominal, salvo o disposto nos artigos subsequentes.

→ v. Art. 333 do CC.

→ v. Art. 1º da Lei 10.192/2001.

→ v. Lei 9.069/1995 – Plano Real, o Sistema Monetário Nacional, estabelece as regras e condições de emissão do Real e os critérios para conversão das obrigações para o Real.

→ v. Dec-lei 857/1969 – Consolida e altera a legislação sobre moeda estrangeira de pagamento de obrigações exequíveis no Brasil.

Art. 316. É lícito convencionar o aumento progressivo de prestações sucessivas.

→ v. Arts. 1º, parágrafo único, II e III, e 2º, da Lei 10.192/2001.

→ v. Lei 6.899/1981 – Determina a aplicação da correção monetária nos débitos oriundos de decisão judicial.

Art. 317. Quando, por motivos imprevisíveis, sobrevier desproporção manifesta entre o valor da prestação devida e o do momento de sua execução, poderá o juiz corrigi-lo, a pedido da parte, de modo que assegure, quanto possível, o valor real da prestação.

→ v. Art. 478 do CC.

→ v. Art. 6º, V, do CDC.

→ v. Arts. 57, § 1º, II, e 65, II, *d*, da Lei 8.666/1993.

Art. 318. São nulas as convenções de pagamento em ouro ou em moeda estrangeira, bem como para compensar a diferença entre o valor desta e o da moeda nacional, excetuados os casos previstos na legislação especial.

→ v. Art. 1º, parágrafo único, da Lei 10.192/2001.

→ v. Art. 1º do Dec.-lei 857/1969.

Art. 319. O devedor que paga tem direito a quitação regular, e pode reter o pagamento, enquanto não lhe seja dada.

→ v. Art. 335, I, e 396 do CC.

Art. 320. A quitação, que sempre poderá ser dada por instrumento particular, designará o valor e a espécie da dívida quitada, o nome do devedor, ou quem por este pagou, o tempo e o lugar do pagamento, com a assinatura do credor, ou do seu representante.

→ v. Arts. 335, I e 909 do CC.

→ v. Arts. 205 a 208 do CTN.

→ v. Art. 477 da CLT.

→ v. Arts. 22, VI, e 44, I, da Lei 8.245/1991.

Parágrafo único. Ainda sem os requisitos estabelecidos neste artigo valerá a quitação, se de seus termos ou das circunstâncias resultar haver sido paga a dívida.

→ v. Arts. 401 a 403 do CPC/1973.

→ v. Art. 444 do NCPC.

Art. 321. Nos débitos, cuja quitação consista na devolução do título, perdido este, poderá o devedor exigir, retendo o pagamento, declaração do credor que inutilize o título desaparecido.

→ Art. 907, II, do CPC/1973.

Art. 322. Quando o pagamento for em quotas periódicas, a quitação da última estabelece, até prova em contrário, a presunção de estarem solvidas as anteriores.

Art. 323. Sendo a quitação do capital sem reserva dos juros, estes presumem-se pagos.

Art. 324. A entrega do título ao devedor firma a presunção do pagamento.

→ v. Art. 386 do CC.

Parágrafo único. Ficará sem efeito a quitação assim operada se o credor provar, em sessenta dias, a falta do pagamento.

Art. 325. Presumem-se a cargo do devedor as despesas com o pagamento e a quitação; se ocorrer aumento por fato do credor, suportará este a despesa acrescida.

Art. 326. Se o pagamento se houver de fazer por medida, ou peso, entender-se-á, no silêncio das partes, que aceitaram os do lugar da execução.

Seção IV
Do lugar do pagamento

Art. 327. Efetuar-se-á o pagamento no domicílio do devedor, salvo se as partes convencionarem diversamente, ou se o contrário resultar da lei, da natureza da obrigação ou das circunstâncias.

→ v. Art. 78 e 329 do CC.

Parágrafo único. Designados dois ou mais lugares, cabe ao credor escolher entre eles.

Art. 328. Se o pagamento consistir na tradição de um imóvel, ou em prestações relativas a imóvel, far-se-á no lugar onde situado o bem.

→ *V.* Arts. 341 e 493 do CC.

Art. 329. Ocorrendo motivo grave para que se não efetue o pagamento no lugar determinado, poderá o devedor fazê-lo em outro, sem prejuízo para o credor.

Art. 330. O pagamento reiteradamente feito em outro local faz presumir renúncia do credor relativamente ao previsto no contrato.

Seção V
Do tempo do pagamento

Art. 331. Salvo disposição legal em contrário, não tendo sido ajustada época para o pagamento, pode o credor exigi-lo imediatamente.

→ *V.* Arts. 134, 335, II, 397, 592 e 939 do CC.

→ *V.* Art. 164 do CTN.

→ *V.* Art. 52, § 2º, do CDC.

Art. 332. As obrigações condicionais cumprem-se na data do implemento da condição, cabendo ao credor a prova de que deste teve ciência o devedor.

→ v. Arts. 121 a 127, 129, e 130 do CC.

→ *V.* Art. 572 do CPC/1973.

→ *V.* Art. 514 do NCPC.

Art. 333. Ao credor assistirá o direito de cobrar a dívida antes de vencido o prazo estipulado no contrato ou marcado neste Código:

I – no caso de falência do devedor, ou de concurso de credores;

→ *V.* Art. 955 do CC.

→ *V.* Arts. 748 a 762 do CPC/1973.

→ *V.* Art. 49 da LC 109/2001.

→ *V.* Art. 77 da Lei 11.101/2005.

II – se os bens, hipotecados ou empenhados, forem penhorados em execução por outro credor;

→ *V.* Arts. 1.425 e 1.426 do CC.

III – se cessarem, ou se se tornarem insuficientes, as garantias do débito, fidejussórias, ou reais, e o devedor, intimado, se negar a reforçá-las.

Parágrafo único. Nos casos deste artigo, se houver, no débito, solidariedade passiva, não se reputará vencido quanto aos outros devedores solventes.

→ *V.* Arts. 275 e 285 do CC.

→ *V.* Arts. 127 a 128 da Lei 11.101/2005.

Capítulo II
DO PAGAMENTO EM CONSIGNAÇÃO

Art. 334. Considera-se pagamento, e extingue a obrigação, o depósito judicial ou em estabelecimento bancário da coisa devida, nos casos e forma legais.

→ *V.* Arts. 641, 753, § 1º, e 755 do CC.

→ *V.* Arts. 890 a 900 do CPC/1973.

→ *V.* Arts. 539 a 549, do NCPC.

→ *V.* Art. 164 do CTN.

→ *V.* Art. 67 da Lei 8.245/1991.

→ *V.* Arts. 33 e 38, § 1º, da Lei 6.766/1979.

→ *V.* Arts. 33 e 34 do Dec.-lei 3.365/1941.

→ *V.* Art. 17, parágrafo único, do Dec.-lei 58/1937.

Art. 335. A consignação tem lugar:

I – se o credor não puder, ou, sem justa causa, recusar receber o pagamento, ou dar quitação na devida forma;

→ *V.* Art. 327 do CC.

II – se o credor não for, nem mandar receber a coisa no lugar, tempo e condição devidos;

→ *V.* Arts. 327, 328, 331 a 333, 394 e 400 do CC.

III – se o credor for incapaz de receber, for desconhecido, declarado ausente, ou residir em lugar incerto ou de acesso perigoso ou difícil;

→ *V.* Arts. 3º, 4º, 22, 1.634, V, e 1.755 do CC.

IV – se ocorrer dúvida sobre quem deva legitimamente receber o objeto do pagamento;

→ *V.* Art. 898 do CPC/1973.

→ *V.* Art. 548 do NCPC.

V – se pender litígio sobre o objeto do pagamento.

→ *V.* Arts. 5º e 219 do CPC/1973.

→ *V.* Art. 240 do NCPC.

Art. 336. Para que a consignação tenha força de pagamento, será mister concorram, em relação às pessoas, ao objeto, modo e tempo, todos os requisitos sem os quais não é válido o pagamento.

→ *V.* Arts. 133, 304, 308, 332 e 876 do CC.

→ *V.* Art. 899 do CPC/1973.

→ *V.* Art. 545 do NCPC.

Art. 337. O depósito requerer-se-á no lugar do pagamento, cessando, tanto que se efetue, para o depositante, os juros da dívida e os riscos, salvo se for julgado improcedente.

→ *V.* Arts. 78, 327 e 341 do CC.

→ *V.* Arts. 111 e 891 do CPC/1973.

→ *V.* Arts. 62, 63, e 540, do NCPC.

Art. 338. Enquanto o credor não declarar que aceita o depósito, ou não o impugnar, poderá o devedor requerer o levantamento, pagando as respectivas despesas, e subsistindo a obrigação para todas as consequências de direito.

Art. 339. Julgado procedente o depósito, o devedor já não poderá levantá-lo, embora o credor consinta, senão de acordo com os outros devedores e fiadores.

Art. 340. O credor que, depois de contestar a lide ou aceitar o depósito, aquiescer no levantamento, perderá a preferência e a garantia que lhe competiam com respeito à coisa consignada, ficando para logo desobrigados os codevedores e fiadores que não tenham anuído.

Art. 341. Se a coisa devida for imóvel ou corpo certo que deva ser entregue no mesmo lugar onde está, poderá o devedor citar o credor para vir ou mandar recebê-la, sob pena de ser depositada.

Art. 342. Se a escolha da coisa indeterminada competir ao credor, será ele citado para esse fim, sob cominação de perder o direito e de ser depositada a coisa que o devedor escolher; feita a escolha pelo devedor, proceder-se-á como no artigo antecedente.

Art. 343. As despesas com o depósito, quando julgado procedente, correrão à conta do credor, e, no caso contrário, à conta do devedor.

Art. 344. O devedor de obrigação litigiosa exonerar-se-á mediante consignação, mas, se pagar a qualquer dos pretendidos credores, tendo conhecimento do litígio, assumirá o risco do pagamento.

Art. 345. Se a dívida se vencer, pendendo litígio entre credores que se pretendem mutuamente excluir, poderá qualquer deles requerer a consignação.

Capítulo III
DO PAGAMENTO COM SUB-ROGAÇÃO

Art. 346. A sub-rogação opera-se, de pleno direito, em favor:

I – do credor que paga a dívida do devedor comum;

→ *V.* Art. 350 do CC.

II – do adquirente do imóvel hipotecado, que paga a credor hipotecário, bem como do terceiro que efetiva o pagamento para não ser privado de direito sobre imóvel;

III – do terceiro interessado, que paga a dívida pela qual era ou podia ser obrigado, no todo ou em parte.

→ *V.* Arts. 259, 305, 786 e 831 do CC.

Art. 347. A sub-rogação é convencional:

I – quando o credor recebe o pagamento de terceiro e expressamente lhe transfere todos os seus direitos;

II – quando terceira pessoa empresta ao devedor a quantia precisa para solver a dívida, sob a condição expressa de ficar o mutuante sub-rogado nos direitos do credor satisfeito.

Art. 348. Na hipótese do inciso I do artigo antecedente, vigorará o disposto quanto à cessão do crédito.

Art. 349. A sub-rogação transfere ao novo credor todos os direitos, ações, privilégios e garantias do primitivo, em relação à dívida, contra o devedor principal e os fiadores.

Art. 350. Na sub-rogação legal o sub-rogado não poderá exercer os direitos e as ações do credor, senão até à soma que tiver desembolsado para desobrigar o devedor.

Art. 351. O credor originário, só em parte reembolsado, terá preferência ao sub-rogado, na cobrança da dívida restante, se os bens do devedor não chegarem para saldar inteiramente o que a um e outro dever.

Capítulo IV
DA IMPUTAÇÃO DO PAGAMENTO

Art. 352. A pessoa obrigada por dois ou mais débitos da mesma natureza, a um só credor, tem o direito de indicar a qual deles oferece pagamento, se todos forem líquidos e vencidos.

→ *V.* Arts. 134, 331, 332, 355 e 379 do CC.

→ *V.* Art. 163 do CTN.

Art. 353. Não tendo o devedor declarado em qual das dívidas líquidas e vencidas quer imputar o pagamento, se aceitar a quitação de uma delas, não terá direito a reclamar contra a imputação feita pelo credor, salvo provando haver ele cometido violência ou dolo.

Art. 354. Havendo capital e juros, o pagamento imputar-se-á primeiro nos juros vencidos, e depois no capital, salvo estipulação em contrário, ou se o credor passar a quitação por conta do capital.

→ *V.* Súmula 464 do STJ.

Art. 355. Se o devedor não fizer a indicação do Art. 352, e a quitação for omissa quanto à imputação, esta se fará nas dívidas líquidas e vencidas em primeiro lugar. Se as dívidas forem todas líquidas e vencidas ao mesmo tempo, a imputação far-se-á na mais onerosa.

Capítulo V
DA DAÇÃO EM PAGAMENTO

Art. 356. O credor pode consentir em receber prestação diversa da que lhe é devida.

→ *v.* Art. 313 do CC.

→ *v.* Art. 156, XI, do CTN.

Art. 357. Determinado o preço da coisa dada em pagamento, as relações entre as partes regular-se-ão pelas normas do contrato de compra e venda.

→ *v.* Arts. 286 a 298, e 533 do CC.

Art. 358. Se for título de crédito a coisa dada em pagamento, a transferência importará em cessão.

Art. 359. Se o credor for evicto da coisa recebida em pagamento, restabelecer-se-á a obrigação primitiva, ficando sem efeito a quitação dada, ressalvados os direitos de terceiros.

→ *v.* Arts. 447 a 457 do CC.

Capítulo VI
DA NOVAÇÃO

Art. 360. Dá-se a novação:

→ *v.* Art. 50, IX, da Lei 11.101/2005.

I – quando o devedor contrai com o credor nova dívida para extinguir e substituir a anterior;

II – quando novo devedor sucede ao antigo, ficando este quite com o credor;

III – quando, em virtude de obrigação nova, outro credor é substituído ao antigo, ficando o devedor quite com este.

Art. 361. Não havendo ânimo de novar, expresso ou tácito mas inequívoco, a segunda obrigação confirma simplesmente a primeira.

Art. 362. A novação por substituição do devedor pode ser efetuada independentemente de consentimento deste.

Art. 363. Se o novo devedor for insolvente, não tem o credor, que o aceitou, ação regressiva contra o primeiro, salvo se este obteve por má-fé a substituição.

→ *v.* Art. 955 do CC.

Art. 364. A novação extingue os acessórios e garantias da dívida, sempre que não houver estipulação em contrário. Não aproveitará, contudo, ao credor ressalvar o penhor, a hipoteca ou a anticrese, se os bens dados em garantia pertencerem a terceiro que não foi parte na novação.

→ *v.* Arts. 92 e 882 do CC.

Art. 365. Operada a novação entre o credor e um dos devedores solidários, somente sobre os bens do que contrair a nova obrigação subsistem as preferências e garantias do crédito novado. Os outros devedores solidários ficam por esse fato exonerados.

→ *v.* Arts. 275 a 285 do CC.

Art. 366. Importa exoneração do fiador a novação feita sem seu consenso com o devedor principal.

→ *v.* Súmula 214 do STJ.

Art. 367. Salvo as obrigações simplesmente anuláveis, não podem ser objeto de novação obrigações nulas ou extintas.

Capítulo VII
DA COMPENSAÇÃO

Art. 368. Se duas pessoas forem ao mesmo tempo credor e devedor uma da outra, as duas obrigações extinguem-se, até onde se compensarem.

→ *v.* Arts. 1.435, I, 1.707 e 1.919 do CC.

→ *v.* Arts. 326 e 745, § 1º, do CPC/1973.

→ *v.* Arts. 350 e 917, § 4º, do NCPC.

→ *v.* Art. 170 do CTN.

Art. 369. A compensação efetua-se entre dívidas líquidas, vencidas e de coisas fungíveis.

→ *v.* Arts. 85, 134, 331, 332, 355 e 379 do CC.

Art. 370. Embora sejam do mesmo gênero as coisas fungíveis, objeto das duas prestações, não se compensarão, verificando-se que diferem na qualidade, quando especificada no contrato.

Art. 371. O devedor somente pode compensar com o credor o que este lhe dever; mas o fiador pode compensar sua dívida com a de seu credor ao afiançado.

→ *v.* Art. 837 do CC.

Art. 372. Os prazos de favor, embora consagrados pelo uso geral, não obstam a compensação.

Art. 373. A diferença de causa nas dívidas não impede a compensação, exceto:

I – se provier de esbulho, furto ou roubo;

→ *v.* Arts. 155, 157 e 161, § 1º, II do CP.

II – se uma se originar de comodato, depósito ou alimentos;

→ *v.* Arts. 579 a 585, 627 a 652, e 1.694 a 1.710 do CC.

III – se uma for de coisa não suscetível de penhora.

→ *v.* Art. 1.711 do CC.

→ *v.* Arts. 649 e 650 do CPC/1973.

→ *v.* Arts. 833 e 834, do NCPC.

→ *v.* Art. 4º da Lei 8.009/1990.

Art. 374. *(Revogado pela Lei 10.677/2003).*

Art. 375. Não haverá compensação quando as partes, por mútuo acordo, a excluírem, ou no caso de renúncia prévia de uma delas.

Art. 376. Obrigando-se por terceiro uma pessoa, não pode compensar essa dívida com a que o credor dele lhe dever.

→ *v.* Art. 436 do CC.

Art. 377. O devedor que, notificado, nada opõe à cessão que o credor faz a terceiros dos seus direitos, não pode opor ao cessionário a compensação, que antes da cessão teria podido opor ao cedente. Se, porém, a cessão lhe não tiver sido notificada, poderá opor ao cessionário compensação do crédito que antes tinha contra o cedente.

→ *v.* Art. 290 do CC.

Art. 378. Quando as duas dívidas não são pagáveis no mesmo lugar, não se podem compensar sem dedução das despesas necessárias à operação.

→ *v.* Art. 327 do CC.

Art. 379. Sendo a mesma pessoa obrigada por várias dívidas compensáveis, serão observadas, no compensá-las, as regras estabelecidas quanto à imputação do pagamento.

Art. 380. Não se admite a compensação em prejuízo de direito de terceiro. O devedor que se torne credor do seu credor, depois de penhorado o crédito deste, não pode opor ao exequente a compensação, de que contra o próprio credor disporia.

Capítulo VIII
DA CONFUSÃO

Art. 381. Extingue-se a obrigação, desde que na mesma pessoa se confundam as qualidades de credor e devedor.

→ *v.* Arts. 262 e 1.436, IV e § 2º, do CC.

Art. 382. A confusão pode verificar-se a respeito de toda a dívida, ou só de parte dela.

Art. 383. A confusão operada na pessoa do credor ou devedor solidário só extingue a obrigação até a concorrência da respectiva parte no crédito, ou na dívida, subsistindo quanto ao mais a solidariedade.

Art. 384. Cessando a confusão, para logo se restabelece, com todos os seus acessórios, a obrigação anterior.

Capítulo IX
DA REMISSÃO DAS DÍVIDAS

Art. 385. A remissão da dívida, aceita pelo devedor, extingue a obrigação, mas sem prejuízo de terceiro.

→ *v.* Art. 158 do CC.

→ *v.* Art. 172 do CTN.

Art. 386. A devolução voluntária do título da obrigação, quando por escrito particular, prova desoneração do devedor e seus coobrigados, se o credor for capaz de alienar, e o devedor capaz de adquirir.

Art. 387. A restituição voluntária do objeto empenhado prova a renúncia do credor à garantia real, não a extinção da dívida.

→ *v.* Art. 1.436, III e § 1º, do CC.

Art. 388. A remissão concedida a um dos codevedores extingue a dívida na parte a ele correspondente; de modo que, ainda reservando o credor a solidariedade contra os outros, já lhes não pode cobrar o débito sem dedução da parte remitida.

→ *v.* Arts. 262 e 277 do CC.

Título IV
Do inadimplemento das obrigações

Capítulo I
DISPOSIÇÕES GERAIS

Art. 389. Não cumprida a obrigação, responde o devedor por perdas e danos, mais juros e atualização monetária segundo índices oficiais regularmente estabelecidos, e honorários de advogado.

→ *v.* Arts. 234, 236, 248, 249, 251, 254, 255, 395, 399, 400, 402 a 416, 475 e 477 do CC.

→ *v.* Art. 20 do CPC/1973.

→ *v.* Arts. 84 e 85, do NCPC.

→ *v.* Art. 84 do CDC.

→ *v.* Arts. 22 a 26 da Lei 8.906/1994.

Art. 390. Nas obrigações negativas o devedor é havido por inadimplente desde o dia em que executou o ato de que se devia abster.

→ *v.* Arts. 250 e 251 do CC.

Art. 391. Pelo inadimplemento das obrigações respondem todos os bens do devedor.

→ *v.* Arts. 591 e 649 do CPC/1973.

→ *v.* Arts. 789 e 833, do NCPC.

Art. 392. Nos contratos benéficos, responde por simples culpa o contratante, a quem o contrato aproveite, e por dolo aquele a quem não favoreça. Nos contratos onerosos, responde cada uma das partes por culpa, salvo as exceções previstas em lei.

→ v. Súmula 145 do STJ.

→ v. Arts. 582 e 667 do CC.

Art. 393. O devedor não responde pelos prejuízos resultantes de caso fortuito ou força maior, se expressamente não se houver por eles responsabilizado.

→ v. Arts. 399, 400, 625, 642, 735, 737, 753 e 936 do CC.

→ v. Art. 646 do CCo.

Parágrafo único. O caso fortuito ou de força maior verifica-se no fato necessário, cujos efeitos não era possível evitar ou impedir.

Capítulo II
DA MORA

Art. 394. Considera-se em mora o devedor que não efetuar o pagamento e o credor que não quiser recebê-lo no tempo, lugar e forma que a lei ou a convenção estabelecer.

→ v. Arts. 202, V, 327 a 330, e 331 a 333 do CC.

Art. 395. Responde o devedor pelos prejuízos a que sua mora der causa, mais juros, atualização dos valores monetários segundo índices oficiais regularmente estabelecidos, e honorários de advogado.

→ v. Arts. 280, 389 a 393, e 406 a 407 do CC.

→ v. Art. 161 do CTN.

→ v. Art. 52, II, e §§ 1º e 2º, do CDC.

Parágrafo único. Se a prestação, devido à mora, se tornar inútil ao credor, este poderá enjeitá-la, e exigir a satisfação das perdas e danos.

→ v. Arts. 402 a 405 do CC.

Art. 396. Não havendo fato ou omissão imputável ao devedor, não incorre este em mora.

→ v. Art. 393 do CC.

Art. 397. O inadimplemento da obrigação, positiva e líquida, no seu termo, constitui de pleno direito em mora o devedor.

→ v. Art. 408 do CC.

Parágrafo único. Não havendo termo, a mora se constitui mediante interpelação judicial ou extrajudicial.

→ Súmulas 72, 76 e 369 do STJ.

→ v. Arts. 331, 405, 562 e 1.925 do CC.

→ v. Art. 606 do CCo.

→ v. Arts. 867 a 873 do CPC/1973.

→ v. Arts. 301, 726 e 729, do NCPC.

→ v. Art. 32 da Lei 6.766/1979.

→ v. Art. 1º do Dec.-lei 745/1969.

→ v. Art. 14 do Dec.-lei 58/1937.

Art. 398. Nas obrigações provenientes de ato ilícito, considera-se o devedor em mora, desde que o praticou.

→ v. Súmula 54 do STJ.

→ v. Arts. 186 a 188, e 405 do CC.

Art. 399. O devedor em mora responde pela impossibilidade da prestação, embora essa impossibilidade resulte de caso fortuito ou de força maior, se estes ocorrerem durante o atraso; salvo se provar isenção de culpa, ou que o dano sobreviria ainda quando a obrigação fosse oportunamente desempenhada.

→ v. Arts. 393, 562 e 862 do CC.

Art. 400. A mora do credor subtrai o devedor isento de dolo à responsabilidade pela conservação da coisa, obriga o credor a ressarcir as despesas empregadas em conservá-la, e sujeita-o a recebê-la pela estimação mais favorável ao devedor, se o seu valor oscilar entre o dia estabelecido para o pagamento e o da sua efetivação.

→ v. Arts. 492, § 2º, e 611 do CC.

Art. 401. Purga-se a mora:

I – por parte do devedor, oferecendo este a prestação mais a importância dos prejuízos decorrentes do dia da oferta;

→ v. Súmula 122 do STF.

→ v. Art. 26, §§ 6º e 7º, da Lei 9.514/1997.

→ v. Art. 62 da Lei 8.245/1991.

→ v. Art. 32 da Lei 6.766/1979.

II – por parte do credor, oferecendo-se este a receber o pagamento e sujeitando-se aos efeitos da mora até a mesma data.

→ v. Art. 33 da Lei 6.766/1979.

Capítulo III
DAS PERDAS E DANOS

Art. 402. Salvo as exceções expressamente previstas em lei, as perdas e danos devidas ao credor abrangem, além do que ele efetivamente perdeu, o que razoavelmente deixou de lucrar.

→ v. Arts. 234, 247,251, 255, 389, 416, 927, e 944 a 954, do CC.

→ v. Arts. 32 e 107 da Lei 9.610/1998.

→ v. Arts. 33 e 64, § 2º, da Lei 8.245/1991.

Art. 403. Ainda que a inexecução resulte de dolo do devedor, as perdas e danos só incluem os prejuízos efetivos e os lucros cessantes por efeito dela direto e imediato, sem prejuízo do disposto na lei processual.

Art. 404. As perdas e danos, nas obrigações de pagamento em dinheiro, serão pagas com atualização monetária segundo índices oficiais regularmente estabelecidos, abrangendo juros, custas e honorários de advogado, sem prejuízo da pena convencional.

→ v. Súmula 562 do STF.

→ v. Arts. 406 a 416 do CC.

Parágrafo único. Provado que os juros da mora não cobrem o prejuízo, e não havendo pena convencional, pode o juiz conceder ao credor indenização suplementar.

Art. 405. Contam-se os juros de mora desde a citação inicial.

Capítulo IV
DOS JUROS LEGAIS

Art. 406. Quando os juros moratórios não forem convencionados, ou o forem sem taxa estipulada, ou quando provierem de determinação da lei, serão fixados segundo a taxa que estiver em vigor para a mora do pagamento de impostos devidos à Fazenda Nacional.

→ v. Súmula 596 do STF.

→ v. Súmulas 12, 379, 382 e 530 do STJ.

→ v. Arts. 323, 354, 405, 591 e 869 do CC.

→ v. Art. 161, § 1º, do CTN.

→ v. Art. 4º, IX, da Lei 4.595/1964.

→ v. Lei 4.414/1964 – Regula o pagamento de juros moratórios pela União, pelos Estados, Distrito Federal, Municípios e autarquias.

→ v. Art. 1º da Lei 1.521/1951.

→ v. Arts. 15-A e 15-B do Dec.-lei 3.365/1941.

→ v. Art. 1º do Decreto 22.626/1933.

Art. 407. Ainda que se não alegue prejuízo, é obrigado o devedor aos juros da mora que se contarão assim às dívidas em dinheiro, como às prestações de outra natureza, uma vez que lhes esteja fixado o valor pecuniário por sentença judicial, arbitramento, ou acordo entre as partes.

→ v. Art. 642 do CCo.

→ v. Art. 49, IV, da LC 109/2001.

→ v. Art. 124 da Lei 11.101/2005.

Capítulo V
DA CLÁUSULA PENAL

Art. 408. Incorre de pleno direito o devedor na cláusula penal, desde que, culposamente, deixe de cumprir a obrigação ou se constitua em mora.

→ v. Arts. 234, 236, 248, 249, 251, 254, 255, 395, 399, 400, 402 a 416, 475 e 477 do CC.

→ v. Art. 26, V, da Lei 6.766/1979.

→ v. Art. 2º, § 1º, do Dec.-lei 911/1969.

→ v. Art. 11, *f*, do Dec.-lei 58/1937.

Art. 409. A cláusula penal estipulada conjuntamente com a obrigação, ou em ato posterior, pode referir-se à inexecução completa da obrigação, à de alguma cláusula especial ou simplesmente à mora.

→ v. Art. 847 do CC.

Art. 410. Quando se estipular a cláusula penal para o caso de total inadimplemento da obrigação, esta converter-se-á em alternativa a benefício do credor.

Art. 411. Quando se estipular a cláusula penal para o caso de mora, ou em segurança especial de outra cláusula determinada, terá o credor o arbítrio de exigir a satisfação da pena cominada, juntamente com o desempenho da obrigação principal.

Art. 412. O valor da cominação imposta na cláusula penal não pode exceder o da obrigação principal.

→ v. Art. 51, § 1º, do CDC.

Art. 413. A penalidade deve ser reduzida equitativamente pelo juiz se a obrigação principal tiver sido cumprida em parte, ou se o montante da penalidade for manifestamente excessivo, tendo-se em vista a natureza e a finalidade do negócio.

Art. 414. Sendo indivisível a obrigação, todos os devedores, caindo em falta um deles, incorrerão na pena; mas esta só se poderá demandar integralmente do culpado, respondendo cada um dos outros somente pela sua quota.

→ v. Arts. 257 a 263 do CC.

Parágrafo único. Aos não culpados fica reservada a ação regressiva contra aquele que deu causa à aplicação da pena.

Art. 415. Quando a obrigação for divisível, só incorre na pena o devedor ou o herdeiro do devedor que a infringir, e proporcionalmente à sua parte na obrigação.

Art. 416. Para exigir a pena convencional, não é necessário que o credor alegue prejuízo.

Parágrafo único. Ainda que o prejuízo exceda ao previsto na cláusula penal, não pode o credor exigir indenização suplementar se assim não foi convencionado. Se o tiver sido, a pena vale como mínimo da indenização, competindo ao credor provar o prejuízo excedente.

Capítulo VI
DAS ARRAS OU SINAL

Art. 417. Se, por ocasião da conclusão do contrato, uma parte der à outra, a título de arras, dinheiro ou outro bem móvel, deverão as arras, em caso de execução, ser restituídas ou computadas na prestação devida, se do mesmo gênero da principal.

Art. 418. Se a parte que deu as arras não executar o contrato, poderá a outra tê-lo por desfeito, retendo-as; se a inexecução for de quem recebeu as arras, poderá quem as deu haver o contrato por desfeito, e exigir sua devolução mais o equivalente, com atualização monetária segundo índices oficiais regularmente estabelecidos, juros e honorários de advogado.

Art. 419. A parte inocente pode pedir indenização suplementar, se provar maior prejuízo, valendo as arras como taxa mínima. Pode, também, a parte inocente exigir a execução do contrato, com as perdas e danos, valendo as arras como o mínimo da indenização.

→ *v.* Arts. 402 a 405 do CC.

Art. 420. Se no contrato for estipulado o direito de arrependimento para qualquer das partes, as arras ou sinal terão função unicamente indenizatória. Neste caso, quem as deu perdê-las-á em benefício da outra parte; e quem as recebeu devolvê-las-á, mais o equivalente. Em ambos os casos não haverá direito a indenização suplementar.

Título V
Dos contratos em geral

Capítulo I
DISPOSIÇÕES GERAIS

Seção I
Preliminares

Art. 421. A liberdade de contratar será exercida em razão e nos limites da função social do contrato.

Art. 422. Os contratantes são obrigados a guardar, assim na conclusão do contrato, como em sua execução, os princípios de probidade e boa-fé.

→ *v.* Arts. 113, 128, 187, e 765 do CC.

→ *v.* Arts. 4º, III, e 51, IV, do CDC.

Art. 423. Quando houver no contrato de adesão cláusulas ambíguas ou contraditórias, dever-se-á adotar a interpretação mais favorável ao aderente.

→ *v.* Arts. 47 e 54 do CDC.

Art. 424. Nos contratos de adesão, são nulas as cláusulas que estipulem a renúncia antecipada do aderente a direito resultante da natureza do negócio.

→ *v.* Art. 51, I, do CDC.

Art. 425. É lícito às partes estipular contratos atípicos, observadas as normas gerais fixadas neste Código.

Art. 426. Não pode ser objeto de contrato a herança de pessoa viva.

→ *v.* Art. 1.793 do CC.

Seção II
Da formação dos contratos

Art. 427. A proposta de contrato obriga o proponente, se o contrário não resultar dos termos dela, da natureza do negócio, ou das circunstâncias do caso.

→ *v.* Arts. 30 a 35 do CDC.

Art. 428. Deixa de ser obrigatória a proposta:

I – se, feita sem prazo a pessoa presente, não foi imediatamente aceita. Considera-se também presente a pessoa que contrata por telefone ou por meio de comunicação semelhante;

II – se, feita sem prazo a pessoa ausente, tiver decorrido tempo suficiente para chegar a resposta ao conhecimento do proponente;

III – se, feita a pessoa ausente, não tiver sido expedida a resposta dentro do prazo dado;

IV – se, antes dela, ou simultaneamente, chegar ao conhecimento da outra parte a retratação do proponente.

Art. 429. A oferta ao público equivale a proposta quando encerra os requisitos essenciais ao contrato, salvo se o contrário resultar das circunstâncias ou dos usos.

→ *v.* Art. 30 e 31 do CDC.

Parágrafo único. Pode revogar-se a oferta pela mesma via de sua divulgação, desde que ressalvada esta faculdade na oferta realizada.

Art. 430. Se a aceitação, por circunstância imprevista, chegar tarde ao conhecimento do proponente, este comunicá-lo-á imediatamente ao aceitante, sob pena de responder por perdas e danos.

Art. 431. A aceitação fora do prazo, com adições, restrições, ou modificações, importará nova proposta.

Art. 432. Se o negócio for daqueles em que não seja costume a aceitação expressa, ou o proponente a tiver dispensado, reputar-se-á concluído o contrato, não chegando a tempo a recusa.

Art. 433. Considera-se inexistente a aceitação, se antes dela ou com ela chegar ao proponente a retratação do aceitante.

Art. 434. Os contratos entre ausentes tornam-se perfeitos desde que a aceitação é expedida, exceto:

I – no caso do artigo antecedente;

II – se o proponente se houver comprometido a esperar resposta;

III – se ela não chegar no prazo convencionado.

Art. 435. Reputar-se-á celebrado o contrato no lugar em que foi proposto.

Seção III
Da estipulação em favor de terceiro

Art. 436. O que estipula em favor de terceiro pode exigir o cumprimento da obrigação.

Parágrafo único. Ao terceiro, em favor de quem se estipulou a obrigação, também é permitido exigi-la, ficando, todavia, sujeito às condições e normas do contrato, se a ele anuir, e o estipulante não o inovar nos termos do Art. 438.

Art. 437. Se ao terceiro, em favor de quem se fez o contrato, se deixar o direito de reclamar-lhe a execução, não poderá o estipulante exonerar o devedor.

Art. 438. O estipulante pode reservar-se o direito de substituir o terceiro designado no contrato, independentemente da sua anuência e da do outro contratante.

Parágrafo único. A substituição pode ser feita por ato entre vivos ou por disposição de última vontade.

Seção IV
Da promessa de fato de terceiro

Art. 439. Aquele que tiver prometido fato de terceiro responderá por perdas e danos, quando este o não executar.

→ *v.* Arts. 402 a 405 do CC.

Parágrafo único. Tal responsabilidade não existirá se o terceiro for o cônjuge do promitente, dependendo da sua anuência o ato a ser praticado, e desde que, pelo regime do casamento, a indenização, de algum modo, venha a recair sobre os seus bens.

→ *v.* Arts. 1.658 a 1.686 do CC.

Art. 440. Nenhuma obrigação haverá para quem se comprometer por outrem, se este, depois de se ter obrigado, faltar à prestação.

Seção V
Dos vícios redibitórios

Art. 441. A coisa recebida em virtude de contrato comutativo pode ser enjeitada por vícios ou defeitos ocultos, que a tornem imprópria ao uso a que é destinada, ou lhe diminuam o valor.

→ *v.* Arts. 484, 568, 614, e 615 do CC.

→ *v.* Arts. 18, § 1º, 20, II, e 51, II, do CDC.

Parágrafo único. É aplicável a disposição deste artigo às doações onerosas.

→ *v.* Arts. 136 e 553 do CC.

Art. 442. Em vez de rejeitar a coisa, redibindo o contrato (Art. 441), pode o adquirente reclamar abatimento no preço.

→ *v.* Art. 18, §§ 1º a 6º, do CDC.

Art. 443. Se o alienante conhecia o vício ou defeito da coisa, restituirá o que recebeu com perdas e danos; se o não conhecia, tão somente restituirá o valor recebido, mais as despesas do contrato.

→ *v.* Arts. 402 a 405 do CC.

Art. 444. A responsabilidade do alienante subsiste ainda que a coisa pereça em poder do alienatário, se perecer por vício oculto, já existente ao tempo da tradição.

Art. 445. O adquirente decai do direito de obter a redibição ou abatimento no preço no prazo de 30 (trinta) dias se a coisa for móvel, e de 1 (um) ano se for imóvel, contado da entrega efetiva; se já estava na posse, o prazo conta-se da alienação, reduzido à metade.

→ *v.* Arts. 79 a 84, 207 a 210, 441 e 442 do CC.

→ *v.* Art. 26 do CDC.

§ 1º Quando o vício, por sua natureza, só puder ser conhecido mais tarde, o prazo contar-se-á do momento em que dele tiver ciência, até o prazo máximo de 180 (cento e oitenta) dias, em se tratando de bens móveis; e de 1 (um) ano, para os imóveis.

§ 2º Tratando-se de venda de animais, os prazos de garantia por vícios ocultos serão os estabelecidos em lei especial, ou, na falta desta, pelos usos locais, aplicando-se o disposto no parágrafo antecedente se não houver regras disciplinando a matéria.

Art. 446. Não correrão os prazos do artigo antecedente na constância de cláusula de garantia; mas o adquirente deve denunciar o defeito ao alienante nos 30 (trinta) dias seguintes ao seu descobrimento, sob pena de decadência.

→ *v.* Arts. 24 e 50 do CDC.

Seção VI
Da evicção

Art. 447. Nos contratos onerosos, o alienante responde pela evicção. Subsiste esta garantia ainda que a aquisição se tenha realizado em hasta pública.

→ *v.* Arts. 199, III, 359, 552, 568, 845, 1.005, 1.939, I, e 2.002 a 2.026 do CC.

→ *v.* Art. 70, I, do CPC/1973.

→ *v.* Art. 125, I, do NCPC.

Art. 448. Podem as partes, por cláusula expressa, reforçar, diminuir ou excluir a responsabilidade pela evicção.

Art. 449. Não obstante a cláusula que exclui a garantia contra a evicção, se esta se der, tem direito o evicto a receber o preço que pagou pela coisa evicta, se não soube do risco da evicção, ou, dele informado, não o assumiu.

Art. 450. Salvo estipulação em contrário, tem direito o evicto, além da restituição integral do preço ou das quantias que pagou:

I – à indenização dos frutos que tiver sido obrigado a restituir;

II – à indenização pelas despesas dos contratos e pelos prejuízos que diretamente resultarem da evicção;

III – às custas judiciais e aos honorários do advogado por ele constituído.

Parágrafo único. O preço, seja a evicção total ou parcial, será o do valor da coisa, na época em que se evenceu, e proporcional ao desfalque sofrido, no caso de evicção parcial.

Art. 451. Subsiste para o alienante esta obrigação, ainda que a coisa alienada esteja deteriorada, exceto havendo dolo do adquirente.

Art. 452. Se o adquirente tiver auferido vantagens das deteriorações, e não tiver sido condenado a indenizá-las, o valor das vantagens será deduzido da quantia que lhe houver de dar o alienante.

Art. 453. As benfeitorias necessárias ou úteis, não abonadas ao que sofreu a evicção, serão pagas pelo alienante.

→ v. Art. 96, §§ 2º e 3º do CC.

Art. 454. Se as benfeitorias abonadas ao que sofreu a evicção tiverem sido feitas pelo alienante, o valor delas será levado em conta na restituição devida.

Art. 455. Se parcial, mas considerável, for a evicção, poderá o evicto optar entre a rescisão do contrato e a restituição da parte do preço correspondente ao desfalque sofrido. Se não for considerável, caberá somente direito a indenização.

→ *v.* Arts. 442 e 450, parágrafo único, do CC.

Art. 456. (*Revogado pela Lei 13.105/2015, em vigor após decorrido 1 (um) ano da data de sua publicação* – D.O.U. *de 17.3.2015* (v. *Art. 1.045 do NCPC*)).

→ **Anterior redação: Art. 456.** Para poder exercitar o direito que da evicção lhe resulta, o adquirente notificará do litígio o alienante imediato, ou qualquer dos anteriores, quando e como lhe determinarem as leis do processo. **Parágrafo único.** Não atendendo o alienante à denunciação da lide, e sendo manifesta a procedência da evicção, pode o adquirente deixar de oferecer contestação, ou usar de recursos.

Art. 457. Não pode o adquirente demandar pela evicção, se sabia que a coisa era alheia ou litigiosa.

Seção VII
Dos contratos aleatórios

Art. 458. Se o contrato for aleatório, por dizer respeito a coisas ou fatos futuros, cujo risco de não virem a existir um dos contratantes assuma, terá o outro direito de receber integralmente o que lhe foi prometido, desde que de sua parte não tenha havido dolo ou culpa, ainda que nada do avençado venha a existir.

Art. 459. Se for aleatório, por serem objeto dele coisas futuras, tomando o adquirente a si o risco de virem a existir em qualquer quantidade, terá também direito o alienante a todo o preço, desde que de sua parte não tiver concorrido culpa, ainda que a coisa venha a existir em quantidade inferior à esperada.

Parágrafo único. Mas, se da coisa nada vier a existir, alienação não haverá, e o alienante restituirá o preço recebido.

Art. 460. Se for aleatório o contrato, por se referir a coisas existentes, mas expostas a risco, assumido pelo adquirente, terá igualmente direito o alienante a todo o preço, posto que a coisa já não existisse, em parte, ou de todo, no dia do contrato.

Art. 461. A alienação aleatória a que se refere o artigo antecedente poderá ser anulada como dolosa pelo prejudicado, se provar que o outro contratante não ignorava a consumação do risco, a que no contrato se considerava exposta a coisa.

Seção VIII
Do contrato preliminar

Art. 462. O contrato preliminar, exceto quanto à forma, deve conter todos os requisitos essenciais ao contrato a ser celebrado.

→ *v.* Art. 104, I e II, do CC.

→ *v.* Art. 26 da Lei 6.766/1979.

→ *v.* Art. 11 do Dec.-lei 58/1937.

Art. 463. Concluído o contrato preliminar, com observância do disposto no artigo antecedente, e desde que dele não conste cláusula de arrependimento, qualquer das partes terá o direito de exigir a celebração do definitivo, assinando prazo à outra para que o efetive.

→ *v.* Arts. 1.417 a 1.418 do CC.

→ *v.* Art. 25 da Lei 6.766/1979.

→ *v.* Art. 5º do Dec.-lei 58/1937.

Parágrafo único. O contrato preliminar deverá ser levado ao registro competente.

→ *v.* Súmulas 76 e 239 do STJ.

→ *v.* Arts. 167, I, 9, 18, 20, II, 3, 6, 169, 221, 223 e 225, da Lei 6.015/1973.

Art. 464. Esgotado o prazo, poderá o juiz, a pedido do interessado, suprir a vontade da parte inadimplente, conferindo caráter definitivo ao contrato preliminar, salvo se a isto se opuser a natureza da obrigação.

→ *v.* Arts. 466-A a 466-C do CPC/1973.

→ *v.* Art. 501 do NCPC.

Art. 465. Se o estipulante não der execução ao contrato preliminar, poderá a outra parte considerá-lo desfeito, e pedir perdas e danos.

→ *v.* Arts. 402 a 405 do CC.

Art. 466. Se a promessa de contrato for unilateral, o credor, sob pena de ficar a mesma sem efeito, deverá manifestar-se no prazo nela previsto, ou, inexistindo este, no que lhe for razoavelmente assinado pelo devedor.

Seção IX
Do contrato com pessoa a declarar

Art. 467. No momento da conclusão do contrato, pode uma das partes reservar-se a faculdade de indicar a pessoa que deve adquirir os direitos e assumir as obrigações dele decorrentes.

Art. 468. Essa indicação deve ser comunicada à outra parte no prazo de 5 (cinco) dias da conclusão do contrato, se outro não tiver sido estipulado.

Parágrafo único. A aceitação da pessoa nomeada não será eficaz se não se revestir da mesma forma que as partes usaram para o contrato.

Art. 469. A pessoa, nomeada de conformidade com os artigos antecedentes, adquire os direitos e assume as obrigações decorrentes do contrato, a partir do momento em que este foi celebrado.

Art. 470. O contrato será eficaz somente entre os contratantes originários:

I – se não houver indicação de pessoa, ou se o nomeado se recusar a aceitá-la;

II – se a pessoa nomeada era insolvente, e a outra pessoa o desconhecia no momento da indicação.

→ *v.* Art. 955 do CC.

Art. 471. Se a pessoa a nomear era incapaz ou insolvente no momento da nomeação, o contrato produzirá seus efeitos entre os contratantes originários.

→ *v.* Arts. 3º, 4º e 955 do CC.

Capítulo II
DA EXTINÇÃO DO CONTRATO

→ *v.* Arts. 166 a 184 do CC.

Seção I
Do distrato

Art. 472. O distrato faz-se pela mesma forma exigida para o contrato.

→ *v.* Arts. 107 e 885 do CC.

→ *v.* Arts. 9º, I, e 59, § 1º, I, da Lei 8.245/1991.

Art. 473. A resilição unilateral, nos casos em que a lei expressa ou implicitamente o permita, opera mediante denúncia notificada à outra parte.

→ *v.* Arts. 867 a 873 do CPC/1973.

→ *v.* Arts. 301, 726 e 729, do NCPC.

→ *v.* Art. 160 da Lei 6.015/1973.

Parágrafo único. Se, porém, dada a natureza do contrato, uma das partes houver feito investimentos consideráveis para a sua execução, a denúncia unilateral só produzirá efeito depois de transcorrido prazo compatível com a natureza e o vulto dos investimentos.

→ *v.* Art. 422 do CC.

Seção II
Da cláusula resolutiva

Art. 474. A cláusula resolutiva expressa opera de pleno direito; a tácita depende de interpelação judicial.

→ v. Arts. 476 a 477 do CC.

Art. 475. A parte lesada pelo inadimplemento pode pedir a resolução do contrato, se não preferir exigir-lhe o cumprimento, cabendo, em qualquer dos casos, indenização por perdas e danos.

→ v. Arts. 389, 402 a 405 do CC.

Seção III
Da exceção de contrato não cumprido

Art. 476. Nos contratos bilaterais, nenhum dos contratantes, antes de cumprida a sua obrigação, pode exigir o implemento da do outro.

→ v. Art. 491 do CC.

→ v. Art. 581 do CPC/1973.

→ v. Art. 788 do NCPC.

Art. 477. Se, depois de concluído o contrato, sobrevier a uma das partes contratantes diminuição em seu patrimônio capaz de comprometer ou tornar duvidosa a prestação pela qual se obrigou, pode a outra recusar-se à prestação que lhe incumbe, até que aquela satisfaça a que lhe compete ou dê garantia bastante de satisfazê-la.

→ v. Arts. 495, 590 e 810 do CC.

Seção IV
Da resolução por onerosidade excessiva

Art. 478. Nos contratos de execução continuada ou diferida, se a prestação de uma das partes se tornar excessivamente onerosa, com extrema vantagem para a outra, em virtude de acontecimentos extraordinários e imprevisíveis, poderá o devedor pedir a resolução do contrato. Os efeitos da sentença que a decretar retroagirão à data da citação.

→ v. Art. 317 do CC.

→ v. Art. 6º, V, do CDC.

→ v. Arts. 57, § 1º, II, e 65, II, *d*, da Lei 8.666/1993.

Art. 479. A resolução poderá ser evitada, oferecendo-se o réu a modificar equitativamente as condições do contrato.

Art. 480. Se no contrato as obrigações couberem a apenas uma das partes, poderá ela pleitear que a sua prestação seja reduzida, ou alterado o modo de executá-la, a fim de evitar a onerosidade excessiva.

Título VI
Das várias espécies de contrato

Capítulo I
DA COMPRA E VENDA

Seção I
Disposições gerais

Art. 481. Pelo contrato de compra e venda, um dos contratantes se obriga a transferir o domínio de certa coisa, e o outro, a pagar-lhe certo preço em dinheiro.

→ v. Arts. 107, 108, 483, 486 a 488, 1.245, 1.267 e 1.268 do CC.

→ v. Lei 6.766/1979 – Parcelamento do solo urbano e dá outras providências.

→ v. Dec-lei 58/1937 – Dispõe sobre o loteamento e a venda de terrenos para pagamento em prestações.

Art. 482. A compra e venda, quando pura, considerar-se-á obrigatória e perfeita, desde que as partes acordarem no objeto e no preço.

→ v. Arts. 417 a 420 do CC.

Art. 483. A compra e venda pode ter por objeto coisa atual ou futura. Neste caso, ficará sem efeito o contrato se esta não vier a existir, salvo se a intenção das partes era de concluir contrato aleatório.

→ v. Arts. 458 a 461 do CC.

→ v. Art. 2º, VII, VIII, e § 4º, da Lei 6.385/1976.

Art. 484. Se a venda se realizar à vista de amostras, protótipos ou modelos, entender-se-á que o vendedor assegura ter a coisa as qualidades que a elas correspondem.

Parágrafo único. Prevalece a amostra, o protótipo ou o modelo, se houver contradição ou diferença com a maneira pela qual se descreveu a coisa no contrato.

Art. 485. A fixação do preço pode ser deixada ao arbítrio de terceiro, que os contratantes logo designarem ou prometerem designar. Se o terceiro não aceitar a incumbência, ficará sem efeito o contrato, salvo quando acordarem os contratantes designar outra pessoa.

Art. 486. Também se poderá deixar a fixação do preço à taxa de mercado ou de bolsa, em certo e determinado dia e lugar.

Art. 487. É lícito às partes fixar o preço em função de índices ou parâmetros, desde que suscetíveis de objetiva determinação.

Art. 488. Convencionada a venda sem fixação de preço ou de critérios para a sua determinação, se não houver tabelamento oficial, entende-se que as partes se sujeitaram ao preço corrente nas vendas habituais do vendedor.

Parágrafo único. Na falta de acordo, por ter havido diversidade de preço, prevalecerá o termo médio.

Art. 489. Nulo é o contrato de compra e venda, quando se deixa ao arbítrio exclusivo de uma das partes a fixação do preço.

Art. 490. Salvo cláusula em contrário, ficarão as despesas de escritura e registro a cargo do comprador, e a cargo do vendedor as da tradição.

Art. 491. Não sendo a venda a crédito, o vendedor não é obrigado a entregar a coisa antes de receber o preço.

Art. 492. Até o momento da tradição, os riscos da coisa correm por conta do vendedor, e os do preço por conta do comprador.

→ v. Arts. 234, 246, 458, 1.254 e 1.267 do CC.

§ 1º Todavia, os casos fortuitos, ocorrentes no ato de contar, marcar ou assinalar coisas, que comumente se recebem, contando, pesando, medindo ou assinalando, e que já tiverem sido postas à disposição do comprador, correrão por conta deste.

→ v. Art. 393, parágrafo único, do CC.

§ 2º Correrão também por conta do comprador os riscos das referidas coisas, se estiver em mora de as receber, quando postas à sua disposição no tempo, lugar e pelo modo ajustados.

→ v. Arts. 394 e 400 do CC.

Art. 493. A tradição da coisa vendida, na falta de estipulação expressa, dar-se-á no lugar onde ela se encontrava, ao tempo da venda.

→ v. Arts. 327, 328, 1.254, 1.267 e 1.268, do CC

Art. 494. Se a coisa for expedida para lugar diverso, por ordem do comprador, por sua conta correrão os riscos, uma vez entregue a quem haja de transportá-la, salvo se das instruções dele se afastar o vendedor.

Art. 495. Não obstante o prazo ajustado para o pagamento, se antes da tradição o comprador cair em insolvência, poderá o vendedor sobrestar na entrega da coisa, até que o comprador lhe dê caução de pagar no tempo ajustado.

→ v. Arts. 477 e 955 do CC.

Art. 496. É anulável a venda de ascendente a descendente, salvo se os outros descendentes e o cônjuge do alienante expressamente houverem consentido.

→ v. Súmula 494 do STF.

→ v. Arts. 176 e 220 do CC.

Parágrafo único. Em ambos os casos, dispensa-se o consentimento do cônjuge se o regime de bens for o da separação obrigatória.

→ v. Art. 1.647 do CC.

Art. 497. Sob pena de nulidade, não podem ser comprados, ainda que em hasta pública:

I – pelos tutores, curadores, testamenteiros e administradores, os bens confiados à sua guarda ou administração;

→ v. Arts. 1.749, I, e 1.781 do CC.

II – pelos servidores públicos, em geral, os bens ou direitos da pessoa jurídica a que servirem, ou que estejam sob sua administração direta ou indireta;

III – pelos juízes, secretários de tribunais, arbitradores, peritos e outros serventuários ou auxiliares da justiça, os bens ou direitos sobre que se litigar em tribunal, juízo ou conselho, no lugar onde servirem, ou a que se estender a sua autoridade;

IV – pelos leiloeiros e seus prepostos, os bens de cuja venda estejam encarregados.

Parágrafo único. As proibições deste artigo estendem-se à cessão de crédito.

→ v. Arts. 286 a 298 do CC.

Art. 498. A proibição contida no inciso III do artigo antecedente, não compreende os casos de compra e venda ou cessão entre coerdeiros, ou em pagamento de dívida, ou para garantia de bens já pertencentes a pessoas designadas no referido inciso.

Art. 499. É lícita a compra e venda entre cônjuges, com relação a bens excluídos da comunhão.

→ v. Art. 226, § 5º, da CF/1988.

→ v. Arts. 1.647, 1.659, 1.668 e 1.674, do CC.

Art. 500. Se, na venda de um imóvel, se estipular o preço por medida de extensão, ou se determinar a respectiva área, e esta não corresponder, em qualquer dos casos, às dimensões dadas, o comprador terá o direito de exigir o complemento da área, e, não sendo isso possível, o de reclamar a resolução do contrato ou abatimento proporcional ao preço.

§ 1º Presume-se que a referência às dimensões foi simplesmente enunciativa, quando a diferença encontrada não exceder de 1/20 (um vigésimo) da área total enunciada, ressalvado ao comprador o direito de provar que, em tais circunstâncias, não teria realizado o negócio.

§ 2º Se em vez de falta houver excesso, e o vendedor provar que tinha motivos para ignorar a medida exata da área vendida, caberá ao comprador, à sua escolha, completar o valor correspondente ao preço ou devolver o excesso.

§ 3º Não haverá complemento de área, nem devolução de excesso, se o imóvel for vendido como coisa certa e discriminada, tendo sido apenas enunciativa a referência às suas dimensões, ainda que não conste, de modo expresso, ter sido a venda *ad corpus*.

Art. 501. Decai do direito de propor as ações previstas no artigo antecedente o vendedor ou o comprador que não o fizer no prazo de 1 (um) ano, a contar do registro do título.

Parágrafo único. Se houver atraso na imissão de posse no imóvel, atribuível ao alienante, a partir dela fluirá o prazo de decadência.

Art. 502. O vendedor, salvo convenção em contrário, responde por todos os débitos que gravem a coisa até o momento da tradição.

Art. 503. Nas coisas vendidas conjuntamente, o defeito oculto de uma não autoriza a rejeição de todas.

Art. 504. Não pode um condômino em coisa indivisível vender a sua parte a estranhos, se outro consorte a quiser, tanto por tanto. O condômino, a quem não se der conhecimento da venda, poderá, depositando o preço, haver para si a parte vendida a estranhos, se o requerer no prazo de 180 (cento e oitenta) dias, sob pena de decadência.

→ v. Arts. 87, 88, 1.314 e 1.794 do CC.

Parágrafo único. Sendo muitos os condôminos, preferirá o que tiver benfeitorias de maior valor e, na falta de benfeitorias, o de quinhão maior. Se as partes forem iguais, haverão a parte vendida os comproprietários, que a quiserem, depositando previamente o preço.

→ v. Art. 1.322 do CC.

→ v. Art. 34 da Lei 8.245/1991.

Seção II
Das cláusulas especiais à compra e venda

Subseção I
Da retrovenda

Art. 505. O vendedor de coisa imóvel pode reservar-se o direito de recobrá-la no prazo máximo de decadência de 3 (três) anos, restituindo o preço recebido e reembolsando as despesas do comprador, inclusive as que, durante o período de resgate, se efetuaram com a sua autorização escrita, ou para a realização de benfeitorias necessárias.

→ v. Arts. 79 a 81, 96, § 3º, e 207 a 210, do CC.

Art. 506. Se o comprador se recusar a receber as quantias a que faz jus, o vendedor, para exercer o direito de resgate, as depositará judicialmente.

→ v. Arts. 334 a 345 do CC.

→ v. Arts. 890 a 900 do CPC/1973.

→ v. Arts. 539 e ss., do NCPC.

Parágrafo único. Verificada a insuficiência do depósito judicial, não será o vendedor restituído no domínio da coisa, até e enquanto não for integralmente pago o comprador.

Art. 507. O direito de retrato, que é cessível e transmissível a herdeiros e legatários, poderá ser exercido contra o terceiro adquirente.

Art. 508. Se a duas ou mais pessoas couber o direito de retrato sobre o mesmo imóvel, e só uma o exercer, poderá o comprador intimar as outras para nele acordarem, prevalecendo o pacto em favor de quem haja efetuado o depósito, contanto que seja integral.

Subseção II
Da venda a contento e da sujeita a prova

Art. 509. A venda feita a contento do comprador entende-se realizada sob condição suspensiva, ainda que a coisa lhe tenha sido entregue; e não se reputará perfeita, enquanto o adquirente não manifestar seu agrado.

→ v. Arts. 121, 123, I, 126, 130, 234 e 492 do CC.

Art. 510. Também a venda sujeita a prova presume-se feita sob a condição suspensiva de que a coisa tenha as qualidades asseguradas pelo vendedor e seja idônea para o fim a que se destina.

Art. 511. Em ambos os casos, as obrigações do comprador, que recebeu, sob condição suspensiva, a coisa comprada, são as de mero comodatário, enquanto não manifeste aceitá-la.

Art. 512. Não havendo prazo estipulado para a declaração do comprador, o vendedor terá direito de intimá-lo, judicial ou extrajudicialmente, para que o faça em prazo improrrogável.

Subseção III
Da preempção ou preferência

Art. 513. A preempção, ou preferência, impõe ao comprador a obrigação de oferecer ao vendedor a coisa que aquele vai vender, ou dar em pagamento, para que este use de seu direito de prelação na compra, tanto por tanto.

→ v. Arts. 27 a 34 da Lei 8.245/1991.

→ v. Art. 167, II, 16, da Lei 6.015/1973.

Parágrafo único. O prazo para exercer o direito de preferência não poderá exceder a 180 (cento e oitenta) dias, se a coisa for móvel, ou a 2 (dois) anos, se imóvel.

→ v. Arts. 79 a 84, e 516, do CC.

Art. 514. O vendedor pode também exercer o seu direito de prelação, intimando o comprador, quando lhe constar que este vai vender a coisa.

Art. 515. Aquele que exerce a preferência está, sob pena de a perder, obrigado a pagar, em condições iguais, o preço encontrado, ou o ajustado.

Art. 516. Inexistindo prazo estipulado, o direito de preempção caducará, se a coisa for móvel, não se exercendo nos 3 (três) dias, e, se for imóvel, não se exercendo nos 60 (sessenta) dias subsequentes à data em que o comprador tiver notificado o vendedor.

→ v. Arts. 207 a 211, e 513, parágrafo único, do CC.

Art. 517. Quando o direito de preempção for estipulado a favor de 2 (dois) ou mais indivíduos em comum, só pode ser exercido em relação à coisa no seu todo. Se alguma das pessoas, a quem ele toque, perder ou não exercer o seu direito, poderão as demais utilizá-lo na forma sobredita.

Art. 518. Responderá por perdas e danos o comprador, se alienar a coisa sem ter dado ao vendedor ciência do preço e das vantagens que por ela lhe oferecem. Responderá solidariamente o adquirente, se tiver procedido de má-fé.

→ v. Arts. 402 a 405, do CC.

Art. 519. Se a coisa expropriada para fins de necessidade ou utilidade pública, ou por interesse social, não tiver o destino para que se desapropriou, ou não for utilizada em obras ou serviços públicos, caberá ao expropriado direito de preferência, pelo preço atual da coisa.

→ v. Arts. 1.228, § 3º, e 1.275 V, do CC.

→ v. Art. 35 do Dec.-lei 3.365/1941.

Art. 520. O direito de preferência não se pode ceder nem passa aos herdeiros.

Subseção IV
Da venda com reserva de domínio

Art. 521. Na venda de coisa móvel, pode o vendedor reservar para si a propriedade, até que o preço esteja integralmente pago.

→ v. Arts. 82 a 84, 523 e 1.204, do CC.

Art. 522. A cláusula de reserva de domínio será estipulada por escrito e depende de registro no domicílio do comprador para valer contra terceiros.

Art. 523. Não pode ser objeto de venda com reserva de domínio a coisa insuscetível de caracterização perfeita, para estremá-la de outras congêneres. Na dúvida, decide-se a favor do terceiro adquirente de boa-fé.

Art. 524. A transferência de propriedade ao comprador dá-se no momento em que o preço esteja integralmente pago. Todavia, pelos riscos da coisa responde o comprador, a partir de quando lhe foi entregue.

→ v. Art. 491 do CC.

Art. 525. O vendedor somente poderá executar a cláusula de reserva de domínio após constituir o comprador em mora, mediante protesto do título ou interpelação judicial.

→ v. Arts. 394 e 397, parágrafo único, do CC.

→ v. Arts. 867 a 873 do CPC/1973.

→ v. Arts. 301, 726 e 729, do NCPC.

Art. 526. Verificada a mora do comprador, poderá o vendedor mover contra ele a competente ação de cobrança das prestações vencidas e vincendas e o mais que lhe for devido; ou poderá recuperar a posse da coisa vendida.

→ v. Art. 1.071 do CPC/1973.

Art. 527. Na segunda hipótese do artigo antecedente, é facultado ao vendedor reter as prestações pagas até o necessário para cobrir a depreciação da coisa, as despesas feitas e o mais que de direito lhe for devido. O excedente será devolvido ao comprador; e o que faltar lhe será cobrado, tudo na forma da lei processual.

Art. 528. Se o vendedor receber o pagamento à vista, ou, posteriormente, mediante financiamento de instituição do mercado de capitais, a esta caberá exercer os direitos e ações decorrentes do contrato, a benefício de qualquer outro. A operação financeira e a respectiva ciência do comprador constarão do registro do contrato.

Subseção V
Da venda sobre documentos

Art. 529. Na venda sobre documentos, a tradição da coisa é substituída pela entrega do seu título representativo e dos outros documentos exigidos pelo contrato ou, no silêncio deste, pelos usos.

Parágrafo único. Achando-se a documentação em ordem, não pode o comprador recusar o pagamento, a pretexto de defeito de qualidade ou do estado da coisa vendida, salvo se o defeito já houver sido comprovado.

Art. 530. Não havendo estipulação em contrário, o pagamento deve ser efetuado na data e no lugar da entrega dos documentos.

Art. 531. Se entre os documentos entregues ao comprador figurar apólice de seguro que cubra os riscos do transporte, correm estes à conta do comprador, salvo se, ao ser concluído o contrato, tivesse o vendedor ciência da perda ou avaria da coisa.

Art. 532. Estipulado o pagamento por intermédio de estabelecimento bancário, caberá a este efetuá-lo contra a entrega dos documentos, sem obrigação de verificar a coisa vendida, pela qual não responde.

Parágrafo único. Nesse caso, somente após a recusa do estabelecimento bancário a efetuar o pagamento, poderá o vendedor pretendê-lo, diretamente do comprador.

Capítulo II
DA TROCA OU PERMUTA

Art. 533. Aplicam-se à troca as disposições referentes à compra e venda, com as seguintes modificações:

→ *v.* Arts. 481 a 532 do CC.

→ *v.* Art. 13 da Lei 9.637/1998.

I – salvo disposição em contrário, cada um dos contratantes pagará por metade as despesas com o instrumento da troca;

II – é anulável a troca de valores desiguais entre ascendentes e descendentes, sem consentimento dos outros descendentes e do cônjuge do alienante.

Capítulo III
DO CONTRATO ESTIMATÓRIO

Art. 534. Pelo contrato estimatório, o consignante entrega bens móveis ao consignatário, que fica autorizado a vendê-los, pagando àquele o preço ajustado, salvo se preferir, no prazo estabelecido, restituir-lhe a coisa consignada.

Art. 535. O consignatário não se exonera da obrigação de pagar o preço, se a restituição da coisa, em sua integridade, se tornar impossível, ainda que por fato a ele não imputável.

Art. 536. A coisa consignada não pode ser objeto de penhora ou sequestro pelos credores do consignatário, enquanto não pago integralmente o preço.

Art. 537. O consignante não pode dispor da coisa antes de lhe ser restituída ou de lhe ser comunicada a restituição.

Capítulo IV
DA DOAÇÃO

Seção I
Disposições gerais

Art. 538. Considera-se doação o contrato em que uma pessoa, por liberalidade, transfere do seu patrimônio bens ou vantagens para o de outra.

→ *v.* Art. 17, I, *b*, e II, *a*, da Lei 8.666/1993.

Art. 539. O doador pode fixar prazo ao donatário, para declarar se aceita ou não a liberalidade. Desde que o donatário, ciente do prazo, não faça, dentro dele, a declaração, entender-se-á que aceitou, se a doação não for sujeita a encargo.

→ *v.* Art. 111 do CC.

Art. 540. A doação feita em contemplação do merecimento do donatário não perde o caráter de liberalidade, como não o perde a doação remuneratória, ou a gravada, no excedente ao valor dos serviços remunerados ou ao encargo imposto.

→ *v.* Arts. 136 e 441, parágrafo único, do CC.

Art. 541. A doação far-se-á por escritura pública ou instrumento particular.

→ *v.* Arts. 107 e 108 do CC.

→ *v.* Art. 218 da Lei 6.015/1973.

Parágrafo único. A doação verbal será válida, se, versando sobre bens móveis e de pequeno valor, se lhe seguir incontinenti a tradição.

Art. 542. A doação feita ao nascituro valerá, sendo aceita pelo seu representante legal.

→ *v.* Arts. 2º e 1.779 do CC.

Art. 543. Se o donatário for absolutamente incapaz, dispensa-se a aceitação, desde que se trate de doação pura.

→ *v.* Arts. 3º, 4º e 1.748 do CC.

Art. 544. A doação de ascendentes a descendentes, ou de um cônjuge a outro, importa adiantamento do que lhes cabe por herança.

→ *v.* Arts. 2.002 a 2.005 do CC.

Art. 545. A doação em forma de subvenção periódica ao beneficiado extingue-se morrendo o doador, salvo se este outra coisa dispuser, mas não poderá ultrapassar a vida do donatário.

Art. 546. A doação feita em contemplação de casamento futuro com certa e determinada pessoa, quer pelos nubentes entre si, quer por terceiro a um deles, a ambos, ou aos filhos que, de futuro, houverem um do outro, não pode ser impugnada por falta de aceitação, e só ficará sem efeito se o casamento não se realizar.

→ *v.* Art. 1.639 do CC.

Art. 547. O doador pode estipular que os bens doados voltem ao seu patrimônio, se sobreviver ao donatário.

→ *v.* Arts. 127 e 1.359 do CC.

Parágrafo único. Não prevalece cláusula de reversão em favor de terceiro.

Art. 548. É nula a doação de todos os bens sem reserva de parte, ou renda suficiente para a subsistência do doador.

→ *v.* Art. 166, VII, do CC.

Art. 549. Nula é também a doação quanto à parte que exceder à de que o doador, no momento da liberalidade, poderia dispor em testamento.

→ *v.* Arts. 166, VII, 1.789, 1.846, 1.967, 2.001 a 2.007, do CC.

Art. 550. A doação do cônjuge adúltero ao seu cúmplice pode ser anulada pelo outro cônjuge, ou por seus herdeiros necessários, até 2 (dois) anos depois de dissolvida a sociedade conjugal.

→ *v.* Arts. 1.642, V, 1.801, III, do CC.

Art. 551. Salvo declaração em contrário, a doação em comum a mais de uma pessoa entende-se distribuída entre elas por igual.

Parágrafo único. Se os donatários, em tal caso, forem marido e mulher, subsistirá na totalidade a doação para o cônjuge sobrevivo.

Art. 552. O doador não é obrigado a pagar juros moratórios, nem é sujeito às consequências da evicção ou do vício redibitório. Nas doações para casamento com certa e determinada pessoa, o doador ficará sujeito à evicção, salvo convenção em contrário.

→ *v.* Arts. 395, 406, 407, e 441 a 457, do CC.

Art. 553. O donatário é obrigado a cumprir os encargos da doação, caso forem a benefício do doador, de terceiro, ou do interesse geral.

→ *v.* Arts. 436 a 438 do CC.

Parágrafo único. Se desta última espécie for o encargo, o Ministério Público poderá exigir sua execução, depois da morte do doador, se este não tiver feito.

Art. 554. A doação a entidade futura caducará se, em 2 (dois) anos, esta não estiver constituída regularmente.

Seção II
Da revogação da doação

Art. 555. A doação pode ser revogada por ingratidão do donatário, ou por inexecução do encargo.

→ *v.* Arts. 136, 137, 557 e 559, do CC.

Art. 556. Não se pode renunciar antecipadamente o direito de revogar a liberalidade por ingratidão do donatário.

Art. 557. Podem ser revogadas por ingratidão as doações:

I – se o donatário atentou contra a vida do doador ou cometeu crime de homicídio doloso contra ele;

→ *v.* Arts. 14, II, e 121 do CP.

II – se cometeu contra ele ofensa física;

III – se o injuriou gravemente ou o caluniou;

→ *v.* Arts. 138 a 140 do CP.

IV – se, podendo ministrá-los, recusou ao doador os alimentos de que este necessitava.

→ *v.* Art. 1.695 do CC.

Art. 558. Pode ocorrer também a revogação quando o ofendido, nos casos do artigo anterior, for o cônjuge, ascendente, descendente, ainda que adotivo, ou irmão do doador.

Art. 559. A revogação por qualquer desses motivos deverá ser pleiteada dentro de 1 (um) ano, a contar de quando chegue ao conhecimento do doador o fato que a autorizar, e de ter sido o donatário o seu autor.

→ *v.* Art. 555 do CC.

Art. 560. O direito de revogar a doação não se transmite aos herdeiros do doador, nem prejudica os do donatário. Mas aqueles podem prosseguir na ação iniciada pelo doador, continuando-a contra os herdeiros do donatário, se este falecer depois de ajuizada a lide.

Art. 561. No caso de homicídio doloso do doador, a ação caberá aos seus herdeiros, exceto se aquele houver perdoado.

Art. 562. A doação onerosa pode ser revogada por inexecução do encargo, se o donatário incorrer em mora. Não havendo prazo para o cumprimento, o doador poderá notificar judicialmente o donatário, assinando-lhe prazo razoável para que cumpra a obrigação assumida.

Art. 563. A revogação por ingratidão não prejudica os direitos adquiridos por terceiros, nem obriga o donatário a restituir os frutos percebidos antes da citação válida; mas sujeita-o a pagar os posteriores, e, quando não possa restituir em espécie as coisas doadas, a indenizá-la pelo meio-termo do seu valor.

→ v. Art. 1.360 do CC.

Art. 564. Não se revogam por ingratidão:

I – as doações puramente remuneratórias;

→ v. Art. 540 do CC.

II – as oneradas com encargo já cumprido;

III – as que se fizerem em cumprimento de obrigação natural;

→ v. Art. 882 do CC.

IV – as feitas para determinado casamento.

Capítulo V
DA LOCAÇÃO DE COISAS

→ v. Art. 1º, parágrafo único, da Lei 8.245/1991.

→ v. Arts. 92 a 95-A da Lei 4.504/1964.

→ v. Arts. 64 a 75, e 86 a 91, do Dec.-lei 9.760/1946.

Art. 565. Na locação de coisas, uma das partes se obriga a ceder à outra, por tempo determinado ou não, o uso e gozo de coisa não fungível, mediante certa retribuição.

→ v. Art. 85 do CC.

Art. 566. O locador é obrigado:

I – a entregar ao locatário a coisa alugada, com suas pertenças, em estado de servir ao uso a que se destina, e a mantê-la nesse estado, pelo tempo do contrato, salvo cláusula expressa em contrário;

→ v. Arts. 93 e 94 do CC.

→ v. Art. 22, I e III, da Lei 8.245/1991.

II – a garantir-lhe, durante o tempo do contrato, o uso pacífico da coisa.

→ v. Art. 568 do CC.

→ v. Art. 22, II, da Lei 8.245/1991.

Art. 567. Se, durante a locação, se deteriorar a coisa alugada, sem culpa do locatário, a este caberá pedir redução proporcional do aluguel, ou resolver o contrato, caso já não sirva a coisa para o fim a que se destinava.

→ v. Art. 26 da Lei 8.245/1991.

Art. 568. O locador resguardará o locatário dos embaraços e turbações de terceiros, que tenham ou pretendam ter direitos sobre a coisa alugada, e responderá pelos seus vícios, ou defeitos, anteriores à locação.

→ v. Arts. 441, 447, 1.196, 1.197 e 1.210, do CC.

Art. 569. O locatário é obrigado:

I – a servir-se da coisa alugada para os usos convencionados ou presumidos, conforme a natureza dela e as circunstâncias, bem como tratá-la com o mesmo cuidado como se sua fosse;

→ v. Art. 570 do CC.

→ v. Art. 23, II, da Lei 8.245/1991.

II – a pagar pontualmente o aluguel nos prazos ajustados, e, em falta de ajuste, segundo o costume do lugar;

→ v. Art. 23, I, da Lei 8.245/1991.

III – a levar ao conhecimento do locador as turbações de terceiros, que se pretendam fundadas em direito;

→ v. Arts. 1.196, 1.197 e 1.210, do CC.

IV – a restituir a coisa, finda a locação, no estado em que a recebeu, salvas as deteriorações naturais ao uso regular.

→ v. Art. 575 do CC.

Art. 570. Se o locatário empregar a coisa em uso diverso do ajustado, ou do a que se destina, ou se ela se danificar por abuso do locatário, poderá o locador, além de rescindir o contrato, exigir perdas e danos.

→ v. Arts. 402 a 405, 475, e 569, I, do CC.

Art. 571. Havendo prazo estipulado à duração do contrato, antes do vencimento não poderá o locador reaver a coisa alugada, senão ressarcindo ao locatário as perdas e danos resultantes, nem o locatário devolvê-la ao locador, senão pagando, proporcionalmente, a multa prevista no contrato.

→ v. Art. 4º da Lei 8.245/1991.

Parágrafo único. O locatário gozará do direito de retenção, enquanto não for ressarcido.

Art. 572. Se a obrigação de pagar o aluguel pelo tempo que faltar constituir indenização excessiva, será facultado ao juiz fixá-la em bases razoáveis.

→ v. Art. 442 do CC.

Art. 573. A locação por tempo determinado cessa de pleno direito findo o prazo estipulado, independentemente de notificação ou aviso.

→ v. Arts. 574, e 1.216 a 1.220, do CC.

Art. 574. Se, findo o prazo, o locatário continuar na posse da coisa alugada, sem oposição do locador, presumir-se-á prorrogada a locação pelo mesmo aluguel, mas sem prazo determinado.

→ v. Art. 56 da Lei 8.245/1991.

Art. 575. Se, notificado o locatário, não restituir a coisa, pagará, enquanto a tiver em seu poder, o aluguel que o locador arbitrar, e responderá pelo dano que ela venha a sofrer, embora proveniente de caso fortuito.

→ v. Arts. 395 e 399 do CC.

Parágrafo único. Se o aluguel arbitrado for manifestamente excessivo, poderá o juiz reduzi-lo, mas tendo sempre em conta o seu caráter de penalidade.

Art. 576. Se a coisa for alienada durante a locação, o adquirente não ficará obrigado a respeitar o contrato, se nele não for consignada a cláusula da sua vigência no caso de alienação, e não constar de registro.

→ v. Súmula 442 do STF.

→ v. Art. 8º da Lei 8.245/1991.

→ v. Arts. 167, I, 3, e 169, III, da Lei 6.015/1973.

§ 1º O registro a que se refere este artigo será o de Títulos e Documentos do domicílio do locador, quando a coisa for móvel; e será o Registro de Imóveis da respectiva circunscrição, quando imóvel.

§ 2º Em se tratando de imóvel, e ainda no caso em que o locador não esteja obrigado a respeitar o contrato, não poderá ele despedir o locatário, senão observado o prazo de 90 (noventa) dias após a notificação.

Art. 577. Morrendo o locador ou o locatário, transfere-se aos seus herdeiros a locação por tempo determinado.

→ v. Arts. 10 a 11 da Lei 8.245/1991.

Art. 578. Salvo disposição em contrário, o locatário goza do direito de retenção, no caso de benfeitorias necessárias, ou no de benfeitorias úteis, se estas houverem sido feitas com expresso consentimento do locador.

→ v. Súmula 158 do STF.

→ v. Art. 96, §§ 2º e 3º, do CC.

→ v. Arts. 35 e 36 da Lei 8.245/1991.

Capítulo VI
DO EMPRÉSTIMO

Seção I
Do comodato

Art. 579. O comodato é o empréstimo gratuito de coisas não fungíveis. Perfaz-se com a tradição do objeto.

→ v. Arts. 85 e 114 do CC.

Art. 580. Os tutores, curadores e em geral todos os administradores de bens alheios não poderão dar em comodato, sem autorização especial, os bens confiados à sua guarda.

→ v. Arts. 1.749 a 1.774 do CC.

Art. 581. Se o comodato não tiver prazo convencional, presumir-se-lhe-á o necessário para o uso concedido; não podendo o comodante, salvo necessidade imprevista e urgente, reconhecida pelo juiz, suspender o uso e gozo da coisa emprestada, antes de findo o prazo convencional, ou o que se determine pelo uso outorgado.

Art. 582. O comodatário é obrigado a conservar, como se sua própria fora, a coisa emprestada, não podendo usá-la senão de acordo com o contrato ou a natureza dela, sob pena de responder por perdas e danos. O comodatário constituído em mora, além de por ela responder, pagará, até restituí-la, o aluguel da coisa que for arbitrado pelo comodante.

→ v. Arts. 239 a 241, 399, e 402 a 405, do CC.

Art. 583. Se, correndo risco o objeto do comodato juntamente com outros do comodatário, antepuser este a salvação dos seus abandonando o do comodante, responderá pelo dano ocorrido, ainda que se possa atribuir a caso fortuito, ou força maior.

Art. 584. O comodatário não poderá jamais recobrar do comodante as despesas feitas com o uso e gozo da coisa emprestada.

Art. 585. Se duas ou mais pessoas forem simultaneamente comodatárias de uma coisa, ficarão solidariamente responsáveis para com o comodante.

Seção II
Do mútuo

Art. 586. O mútuo é o empréstimo de coisas fungíveis. O mutuário é obrigado a restituir ao mutuante o que dele recebeu em coisa do mesmo gênero, qualidade e quantidade.

→ v. Art. 86 do CC.

Art. 587. Este empréstimo transfere o domínio da coisa emprestada ao mutuário, por cuja conta correm todos os riscos dela desde a tradição.

→ v. Arts. 1.267 e 1.268 do CC.

Art. 588. O mútuo feito a pessoa menor, sem prévia autorização daquele sob cuja guarda estiver, não pode ser reavido nem do mutuário, nem de seus fiadores.

→ *V.* Arts. 3º, I, 4º, I, 1.690, 1.740 e 1.741, do CC.

Art. 589. Cessa a disposição do artigo antecedente:

I – se a pessoa, de cuja autorização necessitava o mutuário para contrair o empréstimo, o ratificar posteriormente;

→ *V.* Arts. 172, 175 e 1.691, do CC.

II – se o menor, estando ausente essa pessoa, se viu obrigado a contrair o empréstimo para os seus alimentos habituais;

III – se o menor tiver bens ganhos com o seu trabalho. Mas, em tal caso, a execução do credor não lhes poderá ultrapassar as forças;

IV – se o empréstimo reverteu em benefício do menor;

V – se o menor obteve o empréstimo maliciosamente.

Art. 590. O mutuante pode exigir garantia da restituição, se antes do vencimento o mutuário sofrer notória mudança em sua situação econômica.

→ *V.* Art. 333 do CC.

Art. 591. Destinando-se o mútuo a fins econômicos, presumem-se devidos juros, os quais, sob pena de redução, não poderão exceder a taxa a que se refere o Art. 406, permitida a capitalização anual.

→ *V.* Súmula 596 do STF.

→ *V.* Súmulas 60, 283 e 530 do STJ.

→ *V.* Arts. 406 e 407 do CC.

→ *V.* Arts. 4º e 5º da Lei 9.514/1997.

→ *V.* Lei 4.595/1964 – Política e as Instituições Monetárias, Bancárias e Creditícias, Cria o Conselho Monetário Nacional.

Art. 592. Não se tendo convencionado expressamente, o prazo do mútuo será:

I – até a próxima colheita, se o mútuo for de produtos agrícolas, assim para o consumo, como para semeadura;

II – de 30 (trinta) dias, pelo menos, se for de dinheiro;

III – do espaço de tempo que declarar o mutuante, se for de qualquer outra coisa fungível.

Capítulo VII
DA PRESTAÇÃO DE SERVIÇO

Art. 593. A prestação de serviço, que não estiver sujeita às leis trabalhistas ou a lei especial, reger-se-á pelas disposições deste Capítulo.

Art. 594. Toda a espécie de serviço ou trabalho lícito, material ou imaterial, pode ser contratada mediante retribuição.

Art. 595. No contrato de prestação de serviço, quando qualquer das partes não souber ler, nem escrever, o instrumento poderá ser assinado a rogo e subscrito por duas testemunhas.

Art. 596. Não se tendo estipulado, nem chegado a acordo as partes, fixar-se-á por arbitramento a retribuição, segundo o costume do lugar, o tempo de serviço e sua qualidade.

Art. 597. A retribuição pagar-se-á depois de prestado o serviço, se, por convenção, ou costume, não houver de ser adiantada, ou paga em prestações.

Art. 598. A prestação de serviço não se poderá convencionar por mais de 4 (quatro) anos, embora o contrato tenha por causa o pagamento de dívida de quem o presta, ou se destine à execução de certa e determinada obra. Neste caso, decorridos 4 (quatro) anos, dar-se-á por findo o contrato, ainda que não concluída a obra.

Art. 599. Não havendo prazo estipulado, nem se podendo inferir da natureza do contrato, ou do costume do lugar, qualquer das partes, a seu arbítrio, mediante prévio aviso, pode resolver o contrato.

Parágrafo único. Dar-se-á o aviso:

I – com antecedência de 8 (oito) dias, se o salário se houver fixado por tempo de 1 (um) mês, ou mais;

II – com antecipação de 4 (quatro) dias, se o salário se tiver ajustado por semana, ou quinzena;

III – de véspera, quando se tenha contratado por menos de 7 (sete) dias.

Art. 600. Não se conta no prazo do contrato o tempo em que o prestador de serviço, por culpa sua, deixou de servir.

Art. 601. Não sendo o prestador de serviço contratado para certo e determinado trabalho, entender-se-á que se obrigou a todo e qualquer serviço compatível com as suas forças e condições.

Art. 602. O prestador de serviço contratado por tempo certo, ou por obra determinada, não se pode ausentar, ou despedir, sem justa causa, antes de preenchido o tempo, ou concluída a obra.

Parágrafo único. Se se despedir sem justa causa, terá direito à retribuição vencida, mas responderá por perdas e danos. O mesmo dar-se-á, se despedido por justa causa.

Art. 603. Se o prestador de serviço for despedido sem justa causa, a outra parte será obrigada a pagar-lhe por inteiro a retribuição vencida, e por metade a que lhe tocaria de então ao termo legal do contrato.

Art. 604. Findo o contrato, o prestador de serviço tem direito a exigir da outra parte a declaração de que o contrato está findo. Igual direito lhe cabe, se for despedido sem justa causa, ou se tiver havido motivo justo para deixar o serviço.

Art. 605. Nem aquele a quem os serviços são prestados, poderá transferir a outrem o direito aos serviços ajustados, nem o prestador de serviços, sem aprazimento da outra parte, dar substituto que os preste.

Art. 606. Se o serviço for prestado por quem não possua título de habilitação, ou não satisfaça requisitos outros estabelecidos em lei, não poderá quem os prestou cobrar a retribuição normalmente correspondente ao trabalho executado. Mas se deste resultar benefício para a outra parte, o juiz atribuirá a quem o prestou uma compensação razoável, desde que tenha agido com boa-fé.

Parágrafo único. Não se aplica a segunda parte deste artigo, quando a proibição da prestação de serviço resultar de lei de ordem pública.

Art. 607. O contrato de prestação de serviço acaba com a morte de qualquer das partes. Termina, ainda, pelo escoamento do prazo, pela conclusão da obra, pela rescisão do contrato mediante aviso prévio, por inadimplemento de qualquer das partes ou pela impossibilidade da continuação do contrato, motivada por força maior.

Art. 608. Aquele que aliciar pessoas obrigadas em contrato escrito a prestar serviço a outrem pagará a este a importância que ao prestador de serviço, pelo ajuste desfeito, houvesse de caber durante 2 (dois) anos.

→ *V.* Art. 207 do CP.

→ *V.* Art. 195 da Lei 9.279/1996.

Art. 609. A alienação do prédio agrícola, onde a prestação dos serviços se opera, não importa a rescisão do contrato, salvo ao prestador opção entre continuá-lo com o adquirente da propriedade ou com o primitivo contratante.

Capítulo VIII
DA EMPREITADA

Art. 610. O empreiteiro de uma obra pode contribuir para ela só com seu trabalho ou com ele e os materiais.

§ 1º A obrigação de fornecer os materiais não se presume; resulta da lei ou da vontade das partes.

§ 2º O contrato para elaboração de um projeto não implica a obrigação de executá-lo, ou de fiscalizar-lhe a execução.

Art. 611. Quando o empreiteiro fornece os materiais, correm por sua conta os riscos até o momento da entrega da obra, a contento de quem a encomendou, se este não estiver em mora de receber. Mas se estiver, por sua conta correrão os riscos.

→ *V.* Arts. 234, 394 e 400 do CC.

Art. 612. Se o empreiteiro só forneceu mão de obra, todos os riscos em que não tiver culpa correrão por conta do dono.

Art. 613. Sendo a empreitada unicamente de lavor (Art. 610), se a coisa perecer antes de entregue, sem mora do dono nem culpa do empreiteiro, este perderá a retribuição, se não provar que a perda resultou de defeito dos materiais e que em tempo reclamara contra a sua quantidade ou qualidade.

Art. 614. Se a obra constar de partes distintas, ou for de natureza das que se determinam por medida, o empreiteiro terá direito a que também se verifique por medida, ou segundo as partes em que se dividir, podendo exigir o pagamento na proporção da obra executada.

§ 1º Tudo o que se pagou presume-se verificado.

§ 2º O que se mediu presume-se verificado se, em 30 (trinta) dias, a contar da medição, não forem denunciados os vícios ou defeitos pelo dono da obra ou por quem estiver incumbido da sua fiscalização.

Art. 615. Concluída a obra de acordo com o ajuste, ou o costume do lugar, o dono é obrigado a recebê-la. Poderá, porém, rejeitá-la, se o empreiteiro se afastou das instruções recebidas e dos planos dados, ou das regras técnicas em trabalhos de tal natureza.

→ *V.* Arts. 442 e 611 do CC.

Art. 616. No caso da segunda parte do artigo antecedente, pode quem encomendou a obra, em vez de enjeitá-la, recebê-la com abatimento no preço.

Art. 617. O empreiteiro é obrigado a pagar os materiais que recebeu, se por imperícia ou negligência os inutilizar.

Art. 618. Nos contratos de empreitada de edifícios ou outras construções consideráveis, o empreiteiro de materiais e execução responderá, durante o prazo irredutível de 5 (cinco) anos, pela solidez e segurança do trabalho, assim em razão dos materiais, como do solo.

Parágrafo único. Decairá do direito assegurado neste artigo o dono da obra que não propuser a ação contra o empreiteiro, nos 180 (cento e oitenta) dias seguintes ao aparecimento do vício ou defeito.

Art. 619. Salvo estipulação em contrário, o empreiteiro que se incumbir de executar uma obra, segundo plano aceito por quem a encomendou, não terá direito a exigir acréscimo no preço, ainda que sejam introduzidas modificações no projeto, a não ser que estas resultem de instruções escritas do dono da obra.

Parágrafo único. Ainda que não tenha havido autorização escrita, o dono da obra é obrigado a pagar ao empreiteiro os aumentos e acréscimos, segundo o que for arbitrado, se, sempre presente à obra, por continuadas visitas, não podia ignorar o que se estava passando, e nunca protestou.

→ *v.* Art. 422 do CC.

Art. 620. Se ocorrer diminuição no preço do material ou da mão de obra superior a 1/ 10 (um décimo) do preço global convencionado, poderá este ser revisto, a pedido do dono da obra, para que se lhe assegure a diferença apurada.

Art. 621. Sem anuência de seu autor, não pode o proprietário da obra introduzir modificações no projeto por ele aprovado, ainda que a execução seja confiada a terceiros, a não ser que, por motivos supervenientes ou razões de ordem técnica, fique comprovada a inconveniência ou a excessiva onerosidade de execução do projeto em sua forma originária.

Parágrafo único. A proibição deste artigo não abrange alterações de pouca monta, ressalvada sempre a unidade estética da obra projetada.

→ *v.* Arts. 478 e 479 do CC.

Art. 622. Se a execução da obra for confiada a terceiros, a responsabilidade do autor do projeto respectivo, desde que não assuma a direção ou fiscalização daquela, ficará limitada aos danos resultantes de defeitos previstos no Art. 618 e seu parágrafo único.

Art. 623. Mesmo após iniciada a construção, pode o dono da obra suspendê-la, desde que pague ao empreiteiro as despesas e lucros relativos aos serviços já feitos, mais indenização razoável, calculada em função do que ele teria ganho, se concluída a obra.

Art. 624. Suspensa a execução da empreitada sem justa causa, responde o empreiteiro por perdas e danos.

Art. 625. Poderá o empreiteiro suspender a obra:

I – por culpa do dono, ou por motivo de força maior;

II – quando, no decorrer dos serviços, se manifestarem dificuldades imprevisíveis de execução, resultantes de causas geológicas ou hídricas, ou outras semelhantes, de modo que torne a empreitada excessivamente onerosa, e o dono da obra se opuser ao reajuste do preço inerente ao projeto por ele elaborado, observados os preços;

III – se as modificações exigidas pelo dono da obra, por seu vulto e natureza, forem desproporcionais ao projeto aprovado, ainda que o dono se disponha a arcar com o acréscimo de preço.

Art. 626. Não se extingue o contrato de empreitada pela morte de qualquer das partes, salvo se ajustado em consideração às qualidades pessoais do empreiteiro.

Capítulo IX
DO DEPÓSITO

Seção I
Do depósito voluntário

Art. 627. Pelo contrato de depósito recebe o depositário um objeto móvel, para guardar, até que o depositante o reclame.

→ *v.* Arts. 82, e 643 a 645, do CC.

Art. 628. O contrato de depósito é gratuito, exceto se houver convenção em contrário, se resultante de atividade negocial ou se o depositário o praticar por profissão.

→ *v.* Art. 651 do CC.

Parágrafo único. Se o depósito for oneroso e a retribuição do depositário não constar de lei, nem resultar de ajuste, será determinada pelos usos do lugar, e, na falta destes, por arbitramento.

Art. 629. O depositário é obrigado a ter na guarda e conservação da coisa depositada o cuidado e diligência que costuma com o que lhe pertence, bem como a restituí-la, com todos os frutos e acrescidos, quando o exija o depositante.

Art. 630. Se o depósito se entregou fechado, colado, selado, ou lacrado, nesse mesmo estado se manterá.

Art. 631. Salvo disposição em contrário, a restituição da coisa deve dar-se no lugar em que tiver de ser guardada. As despesas de restituição correm por conta do depositante.

→ *v.* Arts. 327, 335, II, 643 e 644, do CC.

Art. 632. Se a coisa houver sido depositada no interesse de terceiro, e o depositário tiver sido cientificado deste fato pelo depositante, não poderá ele exonerar-se restituindo a coisa a este, sem consentimento daquele.

Art. 633. Ainda que o contrato fixe prazo à restituição, o depositário entregará o depósito logo que se lhe exija, salvo se tiver o direito de retenção a que se refere o Art. 644, se o objeto for judicialmente embargado, se sobre ele pender execução, notificada ao depositário, ou se houver motivo razoável de suspeitar que a coisa foi dolosamente obtida.

→ *v.* Art. 638 do CC.

Art. 634. No caso do artigo antecedente, última parte, o depositário, expondo o fundamento da suspeita, requererá que se recolha o objeto ao depósito público.

→ *v.* Art. 638 do CC.

Art. 635. Ao depositário será facultado, outrossim, requerer depósito judicial da coisa, quando, por motivo plausível, não a possa guardar, e o depositante não queira recebê-la.

→ *v.* Art. 335, I, do CC.

→ *v.* Arts. 890 a 900 do CPC/1973.

→ *v.* Arts. 539 e ss., do NCPC.

Art. 636. O depositário, que por força maior houver perdido a coisa depositada e recebido outra em seu lugar, é obrigado a entregar a segunda ao depositante, e ceder-lhe as ações que no caso tiver contra o terceiro responsável pela restituição da primeira.

Art. 637. O herdeiro do depositário, que de boa-fé vendeu a coisa depositada, é obrigado a assistir o depositante na reivindicação, e a restituir ao comprador o preço recebido.

→ *v.* Art. 879 do CC.

Art. 638. Salvo os casos previstos nos arts. 633 e 634, não poderá o depositário furtar-se à restituição do depósito, alegando não pertencer a coisa ao depositante, ou opondo compensação, exceto se noutro depósito se fundar.

→ *v.* Art. 373, II, do CC.

Art. 639. Sendo dois ou mais depositantes, e divisível a coisa, a cada um só entregará o depositário a respectiva parte, salvo se houver entre eles solidariedade.

→ *v.* Arts. 87, 88, 257, e 267 a 274, do CC.

Art. 640. Sob pena de responder por perdas e danos, não poderá o depositário, sem licença expressa do depositante, servir-se da coisa depositada, nem a dar em depósito a outrem.

→ *v.* Arts. 402 a 405, e 627, do CC.

Parágrafo único. Se o depositário, devidamente autorizado, confiar a coisa em depósito a terceiro, será responsável se agiu com culpa na escolha deste.

Art. 641. Se o depositário se tornar incapaz, a pessoa que lhe assumir a administração dos bens diligenciará imediatamente restituir a coisa depositada e, não querendo ou não podendo o depositante recebê-la, recolhê-la-á ao depósito público ou promoverá nomeação de outro depositário.

→ *v.* Art. 335, I e II, do CC.

→ *v.* Arts. 890 a 900 do CPC/1973.

→ *v.* Arts. 539 e ss. do NCPC.

Art. 642. O depositário não responde pelos casos de força maior; mas, para que lhe valha a escusa, terá de prová-los.

→ *v.* Art. 393 do CC.

Art. 643. O depositante é obrigado a pagar ao depositário as despesas feitas com a coisa, e os prejuízos que do depósito provierem.

Art. 644. O depositário poderá reter o depósito até que se lhe pague a retribuição devida, o líquido valor das despesas, ou dos prejuízos a que se refere o artigo anterior, provando imediatamente esses prejuízos ou essas despesas.

Parágrafo único. Se essas dívidas, despesas ou prejuízos não forem provados suficientemente, ou forem ilíquidos, o depositário poderá exigir caução idônea do depositante ou, na falta desta, a remoção da coisa para o depósito público, até que se liquidem.

Art. 645. O depósito de coisas fungíveis, em que o depositário se obrigue a restituir objetos do mesmo gênero, qualidade e quantidade, regular-se-á pelo disposto acerca do mútuo.

→ *v.* Arts. 85, e 586 a 592, do CC.

Art. 646. O depósito voluntário provar-se-á por escrito.

→ *v.* Art. 400 do CPC/1973.

→ *v.* Arts. 442 e 443, do NCPC.

Seção II
Do depósito necessário

Art. 647. É depósito necessário:

I – o que se faz em desempenho de obrigação legal;

→ v. Art. 648 do CC.

II – o que se efetua por ocasião de alguma calamidade, como o incêndio, a inundação, o naufrágio ou o saque.

Art. 648. O depósito a que se refere o inciso I do artigo antecedente, reger-se-á pela disposição da respectiva lei, e, no silêncio ou deficiência dela, pelas concernentes ao depósito voluntário.

Parágrafo único. As disposições deste artigo aplicam-se aos depósitos previstos no inciso II do artigo antecedente, podendo estes certificarem-se por qualquer meio de prova.

Art. 649. Aos depósitos previstos no artigo antecedente é equiparado o das bagagens dos viajantes ou hóspedes nas hospedarias onde estiverem.

Parágrafo único. Os hospedeiros responderão como depositários, assim como pelos furtos e roubos que perpetrarem as pessoas empregadas ou admitidas nos seus estabelecimentos.

Art. 650. Cessa, nos casos do artigo antecedente, a responsabilidade dos hospedeiros, se provarem que os fatos prejudiciais aos viajantes ou hóspedes não podiam ter sido evitados.

→ v. Arts. 393 e 642 do CC.

Art. 651. O depósito necessário não se presume gratuito. Na hipótese do Art. 649, a remuneração pelo depósito está incluída no preço da hospedagem.

Art. 652. Seja o depósito voluntário ou necessário, o depositário que não o restituir quando exigido será compelido a fazê-lo mediante prisão não excedente a 1 (um) ano, e ressarcir os prejuízos.

→ v. Súmula Vinculante 25 do STF.

→ v. Art. 5º, LXVII, da CF/1988.

→ v. Art. 7º, 7, da Convenção Americana de Direitos Humanos – Pacto de São José da Costa Rica.

Capítulo X
DO MANDATO

Seção I
Disposições gerais

Art. 653. Opera-se o mandato quando alguém recebe de outrem poderes para, em seu nome, praticar atos ou administrar interesses. A procuração é o instrumento do mandato.

→ v. Arts. 115 a 120 do CC.

→ v. Arts. 37, 44, 45, 202, II, 254 e 1.159 do CPC/1973.

→ v. Arts. 104, 111, 112, 260, II, 287, e 744, do NCPC.

Art. 654. Todas as pessoas capazes são aptas para dar procuração mediante instrumento particular, que valerá desde que tenha a assinatura do outorgante.

→ v. Arts. 5º, 107, 657 e 666, do CC.

§ 1º O instrumento particular deve conter a indicação do lugar onde foi passado, a qualificação do outorgante e do outorgado, a data e o objetivo da outorga com a designação e a extensão dos poderes conferidos.

§ 2º O terceiro com quem o mandatário tratar poderá exigir que a procuração traga a firma reconhecida.

→ v. Art. 38 do CPC/1973.

→ v. Art. 105 do NCPC.

→ v. Art. 158 da Lei 6.015/1973.

Art. 655. Ainda quando se outorgue mandato por instrumento público, pode substabelecer-se mediante instrumento particular.

Art. 656. O mandato pode ser expresso ou tácito, verbal ou escrito.

→ v. Arts. 653 e 1.324 do CC.

Art. 657. A outorga do mandato está sujeita à forma exigida por lei para o ato a ser praticado. Não se admite mandato verbal quando o ato deva ser celebrado por escrito.

→ v. Arts. 108, 109 e 654, do CC.

Art. 658. O mandato presume-se gratuito quando não houver sido estipulada retribuição, exceto se o seu objeto corresponder ao daqueles que o mandatário trata por ofício ou profissão lucrativa.

Parágrafo único. Se o mandato for oneroso, caberá ao mandatário a retribuição prevista em lei ou no contrato. Sendo estes omissos, será ela determinada pelos usos do lugar, ou, na falta destes, por arbitramento.

Art. 659. A aceitação do mandato pode ser tácita, e resulta do começo de execução.

Art. 660. O mandato pode ser especial a um ou mais negócios determinadamente, ou geral a todos os do mandante.

Art. 661. O mandato em termos gerais só confere poderes de administração.

§ 1º Para alienar, hipotecar, transigir, ou praticar outros quaisquer atos que exorbitem da administração ordinária, depende a procuração de poderes especiais e expressos.

→ v. Art. 38 do CPC/1973.

→ v. Art. 105 do NCPC.

§ 2º O poder de transigir não importa o de firmar compromisso.

→ v. Arts. 840 a 853 do CC.

→ v. Arts. 3º a 12 da Lei 9.307/1996.

Art. 662. Os atos praticados por quem não tenha mandato, ou o tenha sem poderes suficientes, são ineficazes em relação àquele em cujo nome foram praticados, salvo se este os ratificar.

→ v. Art. 892 do CC.

→ v. Art 37, parágrafo único, do CPC/1973.

→ v. Arts. 104, § 2º, do NCPC.

Parágrafo único. A ratificação há de ser expressa, ou resultar de ato inequívoco, e retroagirá à data do ato.

Art. 663. Sempre que o mandatário estipular negócios expressamente em nome do mandante, será este o único responsável; ficará, porém, o mandatário pessoalmente obrigado, se agir no seu próprio nome, ainda que o negócio seja de conta do mandante.

Art. 664. O mandatário tem o direito de reter, do objeto da operação que lhe foi cometida, quanto baste para pagamento de tudo que lhe for devido em consequência do mandato.

Art. 665. O mandatário que exceder os poderes do mandato, ou proceder contra eles, será considerado mero gestor de negócios, enquanto o mandante lhe não ratificar os atos.

→ v. Arts. 873 a 875 do CC.

Art. 666. O maior de 16 (dezesseis) e menor de 18 (dezoito) anos não emancipado pode ser mandatário, mas o mandante não tem ação contra ele senão de conformidade com as regras gerais, aplicáveis às obrigações contraídas por menores.

→ v. Arts. 4º, I, 180 e 181, do CC.

Seção II
Das obrigações do mandatário

Art. 667. O mandatário é obrigado a aplicar toda sua diligência habitual na execução do mandato, e a indenizar qualquer prejuízo causado por culpa sua ou daquele a quem substabelecer, sem autorização, poderes que devia exercer pessoalmente.

§ 1º Se, não obstante proibição do mandante, o mandatário se fizer substituir na execução do mandato, responderá ao seu constituinte pelos prejuízos ocorridos sob a gerência do substituto, embora provenientes de caso fortuito, salvo provando que o caso teria sobrevindo, ainda que não tivesse havido substabelecimento.

→ v. Art. 393 do CC.

§ 2º Havendo poderes de substabelecer, só serão imputáveis ao mandatário os danos causados pelo substabelecido, se tiver agido com culpa na escolha deste ou nas instruções dadas a ele.

§ 3º Se a proibição de substabelecer constar da procuração, os atos praticados pelo substabelecido não obrigam o mandante, salvo ratificação expressa, que retroagirá à data do ato.

§ 4º Sendo omissa a procuração quanto ao substabelecimento, o procurador será responsável se o substabelecido proceder culposamente.

Art. 668. O mandatário é obrigado a dar contas de sua gerência ao mandante, transferindo-lhe as vantagens provenientes do mandato, por qualquer título que seja.

Art. 669. O mandatário não pode compensar os prejuízos a que deu causa com os proveitos que, por outro lado, tenha granjeado ao seu constituinte.

Art. 670. Pelas somas que devia entregar ao mandante ou recebeu para despesa, mas empregou em proveito seu, pagará o mandatário juros, desde o momento em que abusou.

→ v. Arts. 406 e 677 do CC.

Art. 671. Se o mandatário, tendo fundos ou crédito do mandante, comprar, em nome próprio, algo que devera comprar para o mandante, por ter sido expressamente designado no mandato, terá este ação para obrigá-lo à entrega da coisa comprada.

Art. 672. Sendo dois ou mais os mandatários nomeados no mesmo instrumento, qualquer deles poderá exercer os poderes outorgados, se não forem expressamente declarados conjuntos, nem especificamente designados para atos diferentes, ou subordinados a atos sucessivos. Se os mandatários forem declarados conjuntos, não terá eficácia o ato praticado sem interferência de todos, salvo havendo ratificação, que retroagirá à data do ato.

→ v. Arts. 265, e 275 a 285, do CC.

Art. 673. O terceiro que, depois de conhecer os poderes do mandatário, com ele celebrar negócio jurídico exorbitante do mandato, não tem ação contra o mandatário, salvo se este lhe prometeu ratificação do mandante ou se responsabilizou pessoalmente.

→ *v.* Art. 662 do CC.

Art. 674. Embora ciente da morte, interdição ou mudança de estado do mandante, deve o mandatário concluir o negócio já começado, se houver perigo na demora.

→ Art. 45 do CPC/1973.

→ *v.* Art. 112 do NCPC.

Seção III
Das obrigações do mandante

Art. 675. O mandante é obrigado a satisfazer todas as obrigações contraídas pelo mandatário, na conformidade do mandato conferido, e adiantar a importância das despesas necessárias à execução dele, quando o mandatário lho pedir.

Art. 676. É obrigado o mandante a pagar ao mandatário a remuneração ajustada e as despesas da execução do mandato, ainda que o negócio não surta o esperado efeito, salvo tendo o mandatário culpa.

Art. 677. As somas adiantadas pelo mandatário, para a execução do mandato, vencem juros desde a data do desembolso.

Art. 678. É igualmente obrigado o mandante a ressarcir ao mandatário as perdas que este sofrer com a execução do mandato, sempre que não resultem de culpa sua ou de excesso de poderes.

Art. 679. Ainda que o mandatário contrarie as instruções do mandante, se não exceder os limites do mandato, ficará o mandante obrigado para com aqueles com quem o seu procurador contratou; mas terá contra este ação pelas perdas e danos resultantes da inobservância das instruções.

Art. 680. Se o mandato for outorgado por duas ou mais pessoas, e para negócio comum, cada uma ficará solidariamente responsável ao mandatário por todos os compromissos e efeitos do mandato, salvo direito regressivo, pelas quantias que pagar, contra os outros mandantes.

Art. 681. O mandatário tem sobre a coisa de que tenha a posse em virtude do mandato, direito de retenção, até se reembolsar do que no desempenho do encargo despendeu.

Seção IV
Da extinção do mandato

Art. 682. Cessa o mandato:

I – pela revogação ou pela renúncia;

→ *v.* Arts. 684, 687 e 688 do CC.

II – pela morte ou interdição de uma das partes;

→ *v.* Arts. 674, 690 e 691 do CC.

III – pela mudança de estado que inabilite o mandante a conferir os poderes, ou o mandatário para os exercer;

→ *v.* Art. 120, § 2º, da Lei 11.101/2005.

IV – pelo término do prazo ou pela conclusão do negócio.

Art. 683. Quando o mandato contiver a cláusula de irrevogabilidade e o mandante o revogar, pagará perdas e danos.

Art. 684. Quando a cláusula de irrevogabilidade for condição de um negócio bilateral, ou tiver sido estipulada no exclusivo interesse do mandatário, a revogação do mandato será ineficaz.

Art. 685. Conferido o mandato com a cláusula "em causa própria", a sua revogação não terá eficácia, nem se extinguirá pela morte de qualquer das partes, ficando o mandatário dispensado de prestar contas, e podendo transferir para si os bens móveis ou imóveis objeto do mandato, obedecidas as formalidades legais.

Art. 686. A revogação do mandato, notificada somente ao mandatário, não se pode opor aos terceiros que, ignorando-a, de boa-fé com ele trataram; mas ficam salvas ao constituinte as ações que no caso lhe possam caber contra o procurador.

Parágrafo único. É irrevogável o mandato que contenha poderes de cumprimento ou confirmação de negócios encetados, aos quais se ache vinculado.

Art. 687. Tanto que for comunicada ao mandatário a nomeação de outro, para o mesmo negócio, considerar-se-á revogado o mandato anterior.

Art. 688. A renúncia do mandato será comunicada ao mandante, que, se for prejudicado pela sua inoportunidade, ou pela falta de tempo, a fim de prover à substituição do procurador, será indenizado pelo mandatário, salvo se este provar que não podia continuar no mandato sem prejuízo considerável, e que não lhe era dado substabelecer.

Art. 689. São válidos, a respeito dos contratantes de boa-fé, os atos com estes ajustados em nome do mandante pelo mandatário, enquanto este ignorar a morte daquele ou a extinção do mandato, por qualquer outra causa.

→ *v.* Art. 686 do CC.

Art. 690. Se falecer o mandatário, pendente o negócio a ele cometido, os herdeiros, tendo ciência do mandato, avisarão o mandante, e providenciarão a bem dele, como as circunstâncias exigirem.

Art. 691. Os herdeiros, no caso do artigo antecedente, devem limitar-se às medidas conservatórias, ou continuar os negócios pendentes que se não possam demorar sem perigo, regulando-se os seus serviços dentro desse limite, pelas mesmas normas a que os do mandatário estão sujeitos.

Seção V
Do mandato judicial

Art. 692. O mandato judicial fica subordinado às normas que lhe dizem respeito, constantes da legislação processual, e, supletivamente, às estabelecidas neste Código.

→ *v.* Arts. 37, 38, 44, 45 e 254 do CPC/1973.

→ *v.* Arts. 104, 105, 111, 112 e 287, do NCPC.

→ *v.* Arts. 263 e 266 do CPP.

→ v, Arts. 5º, 22, § 5º, 25, V, 34, XIX, 40, III, e 42, da Lei 8.906/1994.

Capítulo XI
DA COMISSÃO

Art. 693. O contrato de comissão tem por objeto a aquisição ou a venda de bens pelo comissário, em seu próprio nome, à conta do comitente.

Art. 694. O comissário fica diretamente obrigado para com as pessoas com quem contratar, sem que estas tenham ação contra o comitente, nem este contra elas, salvo se o comissário ceder seus direitos a qualquer das partes.

Art. 695. O comissário é obrigado a agir de conformidade com as ordens e instruções do comitente, devendo, na falta destas, não podendo pedi-las a tempo, proceder segundo os usos em casos semelhantes.

Parágrafo único. Ter-se-ão por justificados os atos do comissário, se deles houver resultado vantagem para o comitente, e ainda no caso em que, não admitindo demora a realização do negócio, o comissário agiu de acordo com os usos.

Art. 696. No desempenho das suas incumbências o comissário é obrigado a agir com cuidado e diligência, não só para evitar qualquer prejuízo ao comitente, mas ainda para lhe proporcionar o lucro que razoavelmente se podia esperar do negócio.

Parágrafo único. Responderá o comissário, salvo motivo de força maior, por qualquer prejuízo que, por ação ou omissão, ocasionar ao comitente.

→ *v.* Art. 393 do CC.

Art. 697. O comissário não responde pela insolvência das pessoas com quem tratar, exceto em caso de culpa e no do artigo seguinte.

Art. 698. Se do contrato de comissão constar a cláusula *del credere*, responderá o comissário solidariamente com as pessoas com que houver tratado em nome do comitente, caso em que, salvo estipulação em contrário, o comissário tem direito a remuneração mais elevada, para compensar o ônus assumido.

→ *v.* Arts. 275 a 285 do CC.

Art. 699. Presume-se o comissário autorizado a conceder dilação do prazo para pagamento, na conformidade dos usos do lugar onde se realizar o negócio, se não houver instruções diversas do comitente.

Art. 700. Se houver instruções do comitente proibindo prorrogação de prazos para pagamento, ou se esta não for conforme os usos locais, poderá o comitente exigir que o comissário pague incontinenti ou responda pelas consequências da dilação concedida, procedendo-se de igual modo se o comissário não der ciência ao comitente dos prazos concedidos e de quem é seu beneficiário.

Art. 701. Não estipulada a remuneração devida ao comissário, será ela arbitrada segundo os usos correntes no lugar.

Art. 702. No caso de morte do comissário, ou, quando, por motivo de força maior, não puder concluir o negócio, será devida pelo comitente uma remuneração proporcional aos trabalhos realizados.

Art. 703. Ainda que tenha dado motivo à dispensa, terá o comissário direito a ser remunerado pelos serviços úteis prestados ao comitente, ressalvado a este o direito de exigir daquele os prejuízos sofridos.

Art. 704. Salvo disposição em contrário, pode o comitente, a qualquer tempo, alterar as instruções dadas ao comissário, entendendo-se por elas regidos também os negócios pendentes.

Art. 705. Se o comissário for despedido sem justa causa, terá direito a ser remunerado pelos trabalhos prestados, bem como a ser ressarcido pelas perdas e danos resultantes de sua dispensa.

→ *v.* Arts. 402 a 405 do CC.

Art. 706. O comitente e o comissário são obrigados a pagar juros um ao outro; o primeiro pelo que o comissário houver adiantado para cumprimento de suas ordens; e o segundo pela mora na entrega dos fundos que pertencerem ao comitente.

Art. 707. O crédito do comissário, relativo a comissões e despesas feitas, goza de privilégio geral, no caso de falência ou insolvência do comitente.

→ v. Art. 965 do CC.

Art. 708. Para reembolso das despesas feitas, bem como para recebimento das comissões devidas, tem o comissário direito de retenção sobre os bens e valores em seu poder em virtude da comissão.

Art. 709. São aplicáveis à comissão, no que couber, as regras sobre mandato.

Capítulo XII
DA AGÊNCIA E DISTRIBUIÇÃO

→ v. Lei 6.729/1979 – Dispõe sobre a concessão comercial entre produtores e distribuidores de veículos automotores de via terrestre.

→ v. Lei 4.886/1965 – Regula as atividades dos representantes comerciais autônomos.

Art. 710. Pelo contrato de agência, uma pessoa assume, em caráter não eventual e sem vínculos de dependência, a obrigação de promover, à conta de outra, mediante retribuição, a realização de certos negócios, em zona determinada, caracterizando-se a distribuição quando o agente tiver à sua disposição a coisa a ser negociada.

Parágrafo único. O proponente pode conferir poderes ao agente para que este o represente na conclusão dos contratos.

Art. 711. Salvo ajuste, o proponente não pode constituir, ao mesmo tempo, mais de um agente, na mesma zona, com idêntica incumbência; nem pode o agente assumir o encargo de nela tratar de negócios do mesmo gênero, à conta de outros proponentes.

Art. 712. O agente, no desempenho que lhe foi cometido, deve agir com toda diligência, atendo-se às instruções recebidas do proponente.

Art. 713. Salvo estipulação diversa, todas as despesas com a agência ou distribuição correm a cargo do agente ou distribuidor.

Art. 714. Salvo ajuste, o agente ou distribuidor terá direito à remuneração correspondente aos negócios concluídos dentro de sua zona, ainda que sem a sua interferência.

Art. 715. O agente ou distribuidor tem direito à indenização se o proponente, sem justa causa, cessar o atendimento das propostas ou reduzi-lo tanto que se torna antieconômica a continuação do contrato.

→ v. Arts. 187, 422 e 716 do CC.

Art. 716. A remuneração será devida ao agente também quando o negócio deixar de ser realizado por fato imputável ao proponente.

Art. 717. Ainda que dispensado por justa causa, terá o agente direito a ser remunerado pelos serviços úteis prestados ao proponente, sem embargo de haver este perdas e danos pelos prejuízos sofridos.

→ v. Arts. 402 a 405 do CC.

Art. 718. Se a dispensa se der sem culpa do agente, terá ele direito à remuneração até então devida, inclusive sobre os negócios pendentes, além das indenizações previstas em lei especial.

Art. 719. Se o agente não puder continuar o trabalho por motivo de força maior, terá direito à remuneração correspondente aos serviços realizados, cabendo esse direito aos herdeiros no caso de morte.

Art. 720. Se o contrato for por tempo indeterminado, qualquer das partes poderá resolvê-lo, mediante aviso prévio de 90 (noventa) dias, desde que transcorrido prazo compatível com a natureza e o vulto do investimento exigido do agente.

Parágrafo único. No caso de divergência entre as partes, o juiz decidirá da razoabilidade do prazo e do valor devido.

Art. 721. Aplicam-se ao contrato de agência e distribuição, no que couber, as regras concernentes ao mandato e à comissão e as constantes de lei especial.

Capítulo XIII
DA CORRETAGEM

Art. 722. Pelo contrato de corretagem, uma pessoa, não ligada a outra em virtude de mandato, de prestação de serviços ou por qualquer relação de dependência, obriga-se a obter para a segunda um ou mais negócios, conforme as instruções recebidas.

Art. 723. O corretor é obrigado a executar a mediação com diligência e prudência, e a prestar ao cliente, espontaneamente, todas as informações sobre o andamento do negócio.

→ Artigo com redação alterada pela Lei 12.236/2010.

→ v. Lei 6.530/1978 – Dá nova regulamentação à profissão de Corretor de Imóveis, disciplina o funcionamento de seus órgãos de fiscalização.

Parágrafo único. Sob pena de responder por perdas e danos, o corretor prestará ao cliente todos os esclarecimentos acerca da segurança ou do risco do negócio, das alterações de valores e de outros fatores que possam influir nos resultados da incumbência.

Art. 724. A remuneração do corretor, se não estiver fixada em lei, nem ajustada entre as partes, será arbitrada segundo a natureza do negócio e os usos locais.

Art. 725. A remuneração é devida ao corretor uma vez que tenha conseguido o resultado previsto no contrato de mediação, ou ainda que este não se efetive em virtude de arrependimento das partes.

Art. 726. Iniciado e concluído o negócio diretamente entre as partes, nenhuma remuneração será devida ao corretor; mas se, por escrito, for ajustada a corretagem com exclusividade, terá o corretor direito à remuneração integral, ainda que realizado o negócio sem a sua mediação, salvo se comprovada sua inércia ou ociosidade.

Art. 727. Se, por não haver prazo determinado, o dono do negócio dispensar o corretor, e o negócio se realizar posteriormente, como fruto da sua mediação, a corretagem lhe será devida; igual solução se adotará se o negócio se realizar após a decorrência do prazo contratual, mas por efeito dos trabalhos do corretor.

Art. 728. Se o negócio se concluir com a intermediação de mais de um corretor, a remuneração será paga a todos em partes iguais, salvo ajuste em contrário.

Art. 729. Os preceitos sobre corretagem constantes deste Código não excluem a aplicação de outras normas da legislação especial.

Capítulo XIV
DO TRANSPORTE

Seção I
Disposições gerais

Art. 730. Pelo contrato de transporte alguém se obriga, mediante retribuição, a transportar, de um lugar para outro, pessoas ou coisas.

Art. 731. O transporte exercido em virtude de autorização, permissão ou concessão, rege-se pelas normas regulamentares e pelo que for estabelecido naqueles atos, sem prejuízo do disposto neste Código.

Art. 732. Aos contratos de transporte, em geral, são aplicáveis, quando couber, desde que não contrariem as disposições deste Código, os preceitos constantes da legislação especial e de tratados e convenções internacionais.

Art. 733. Nos contratos de transporte cumulativo, cada transportador se obriga a cumprir o contrato relativamente ao respectivo percurso, respondendo pelos danos nele causados a pessoas e coisas.

→ v. Arts. 275 a 285, e 756, do CC.

§ 1º O dano, resultante do atraso ou da interrupção da viagem, será determinado em razão da totalidade do percurso.

§ 2º Se houver substituição de algum dos transportadores no decorrer do percurso, a responsabilidade solidária estender-se-á ao substituto.

Seção II
Do transporte de pessoas

Art. 734. O transportador responde pelos danos causados às pessoas transportadas e suas bagagens, salvo motivo de força maior, sendo nula qualquer cláusula excludente da responsabilidade.

→ v. Art. 927, parágrafo único, do CC.

Parágrafo único. É lícito ao transportador exigir a declaração do valor da bagagem a fim de fixar o limite da indenização.

Art. 735. A responsabilidade contratual do transportador por acidente com o passageiro não é elidida por culpa de terceiro, contra o qual tem ação regressiva.

→ v. Súmula 187 do STF.

Art. 736. Não se subordina às normas do contrato de transporte o feito gratuitamente, por amizade ou cortesia.

→ v. Súmula 145 do STJ.

Parágrafo único. Não se considera gratuito o transporte quando, embora feito sem remuneração, o transportador auferir vantagens indiretas.

Art. 737. O transportador está sujeito aos horários e itinerários previstos, sob pena de responder por perdas e danos, salvo motivo de força maior.

→ v. Arts. 393, e 402 a 405, do CC.

Art. 738. A pessoa transportada deve sujeitar-se às normas estabelecidas pelo transportador, constantes no bilhete ou afixadas à vista dos usuários, abstendo-se de quaisquer atos que causem incômodo ou prejuízo aos passageiros, danifiquem o veículo, ou dificultem ou impeçam a execução normal do serviço.

Parágrafo único. Se o prejuízo sofrido pela pessoa transportada for atribuível à transgressão de normas e instruções regulamentares, o juiz reduzirá equitativamente a indenização, na medida em que a vítima houver concorrido para a ocorrência do dano.

Art. 739. O transportador não pode recusar passageiros, salvo os casos previstos nos regulamentos, ou se as condições de higiene ou de saúde do interessado o justificarem.

→ *v.* Art. 39, II, do CDC.

Art. 740. O passageiro tem direito a rescindir o contrato de transporte antes de iniciada a viagem, sendo-lhe devida a restituição do valor da passagem, desde que feita a comunicação ao transportador em tempo de ser renegociada.

§ 1º Ao passageiro é facultado desistir do transporte, mesmo depois de iniciada a viagem, sendo-lhe devida a restituição do valor correspondente ao trecho não utilizado, desde que provado que outra pessoa haja sido transportada em seu lugar.

§ 2º Não terá direito ao reembolso do valor da passagem o usuário que deixar de embarcar, salvo se provado que outra pessoa foi transportada em seu lugar, caso em que lhe será restituído o valor do bilhete não utilizado.

§ 3º Nas hipóteses previstas neste artigo, o transportador terá direito de reter até 5% (cinco por cento) da importância a ser restituída ao passageiro, a título de multa compensatória.

Art. 741. Interrompendo-se a viagem por qualquer motivo alheio à vontade do transportador, ainda que em consequência de evento imprevisível, fica ele obrigado a concluir o transporte contratado em outro veículo da mesma categoria, ou, com a anuência do passageiro, por modalidade diferente, à sua custa, correndo também por sua conta as despesas de estada e alimentação do usuário, durante a espera de novo transporte.

Art. 742. O transportador, uma vez executado o transporte, tem direito de retenção sobre a bagagem de passageiro e outros objetos pessoais deste, para garantir-se do pagamento do valor da passagem que não tiver sido feito no início ou durante o percurso.

→ *v.* Art. 644 do CC.

Seção III
Do transporte de coisas

→ *v.* Arts. 566, 567, 575 a 577 e 587 do CCo.

→ *v.* Lei 11.442/2007 – Transporte rodoviário de cargas por conta de terceiros e mediante remuneração.

Art. 743. A coisa, entregue ao transportador, deve estar caracterizada pela sua natureza, valor, peso e quantidade, e o mais que for necessário para que não se confunda com outras, devendo o destinatário ser indicado ao menos pelo nome e endereço.

Art. 744. Ao receber a coisa, o transportador emitirá conhecimento com a menção dos dados que a identifiquem, obedecido o disposto em lei especial.

Parágrafo único. O transportador poderá exigir que o remetente lhe entregue, devidamente assinada, a relação discriminada das coisas a serem transportadas, em duas vias, uma das quais, por ele devidamente autenticada, ficará fazendo parte integrante do conhecimento.

→ *v.* Art. 575 do CCo.

Art. 745. Em caso de informação inexata ou falsa descrição no documento a que se refere o artigo antecedente, será o transportador indenizado pelo prejuízo que sofrer, devendo a ação respectiva ser ajuizada no prazo de 120 (cento e vinte) dias, a contar daquele ato, sob pena de decadência.

Art. 746. Poderá o transportador recusar a coisa cuja embalagem seja inadequada, bem como a que possa pôr em risco a saúde das pessoas, ou danificar o veículo e outros bens.

→ *v.* Art. 39, VIII, do CDC.

→ *v.* Art. 16, II, Lei 9.611/1998.

Art. 747. O transportador deverá obrigatoriamente recusar a coisa cujo transporte ou comercialização não sejam permitidos, ou que venha desacompanhada dos documentos exigidos por lei ou regulamento.

Art. 748. Até a entrega da coisa, pode o remetente desistir do transporte e pedi-la de volta, ou ordenar seja entregue a outro destinatário, pagando, em ambos os casos, os acréscimos de despesa decorrentes da contraordem, mais as perdas e danos que houver.

Art. 749. O transportador conduzirá a coisa ao seu destino, tomando todas as cautelas necessárias para mantê-la em bom estado e entregá-la no prazo ajustado ou previsto.

→ *v.* Arts. 494 e 734 do CC.

Art. 750. A responsabilidade do transportador, limitada ao valor constante do conhecimento, começa no momento em que ele, ou seus prepostos, recebem a coisa; termina quando é entregue ao destinatário, ou depositada em juízo, se aquele não for encontrado.

→ *v.* Súmula 161 do STF.

→ *v.* Art. 927, parágrafo único, do CC.

Art. 751. A coisa, depositada ou guardada nos armazéns do transportador, em virtude de contrato de transporte, rege-se, no que couber, pelas disposições relativas a depósito.

Art. 752. Desembarcadas as mercadorias, o transportador não é obrigado a dar aviso ao destinatário, se assim não foi convencionado, dependendo também de ajuste a entrega a domicílio, e devem constar do conhecimento de embarque as cláusulas de aviso ou de entrega a domicílio.

Art. 753. Se o transporte não puder ser feito ou sofrer longa interrupção, o transportador solicitará, incontinenti, instruções ao remetente, e zelará pela coisa, por cujo perecimento ou deterioração responderá, salvo força maior.

→ *v.* Art. 393, parágrafo único, do CC.

§ 1º Perdurando o impedimento, sem motivo imputável ao transportador e sem manifestação do remetente, poderá aquele depositar a coisa em juízo, ou vendê-la, obedecidos os preceitos legais e regulamentares, ou os usos locais, depositando o valor.

→ *v.* Arts. 334 a 345 do CC.

→ *v.* Arts. 890 a 900 do CPC/1973.

→ *v.* Arts. 539 e ss., do NCPC.

§ 2º Se o impedimento for responsabilidade do transportador, este poderá depositar a coisa, por sua conta e risco, mas só poderá vendê-la se perecível.

§ 3º Em ambos os casos, o transportador deve informar o remetente da efetivação do depósito ou da venda.

§ 4º Se o transportador mantiver a coisa depositada em seus próprios armazéns, continuará a responder pela sua guarda e conservação, sendo-lhe devida, porém, uma remuneração pela custódia, a qual poderá ser contratualmente ajustada ou se conformará aos usos adotados em cada sistema de transporte.

→ *v.* Decreto 1.102/1903 – Regras para o estabelecimento de empresas de armazens gerais, determinando os direitos e obrigações dessas empresas.

Art. 754. As mercadorias devem ser entregues ao destinatário, ou a quem apresentar o conhecimento endossado, devendo aquele que as receber conferi-las e apresentar as reclamações que tiver, sob pena de decadência dos direitos.

→ *v.* Súmula 109 do STJ.

→ *v.* Arts. 494 e 744 do CC.

Parágrafo único. No caso de perda parcial ou de avaria não perceptível à primeira vista, o destinatário conserva a sua ação contra o transportador, desde que denuncie o dano em 10 (dez) dias a contar da entrega.

→ *v.* Arts. 207 a 211 do CC.

Art. 755. Havendo dúvida acerca de quem seja o destinatário, o transportador deve depositar a mercadoria em juízo, se não lhe for possível obter instruções do remetente; se a demora puder ocasionar a deterioração da coisa, o transportador deverá vendê-la, depositando o saldo em juízo.

→ *v.* Arts. 890 a 900 do CPC/1973.

→ *v.* Arts. 539 e ss., do NCPC.

Art. 756. No caso de transporte cumulativo, todos os transportadores respondem solidariamente pelo dano causado perante o remetente, ressalvada a apuração final da responsabilidade entre eles, de modo que o ressarcimento recaia, por inteiro, ou proporcionalmente, naquele ou naqueles em cujo percurso houver ocorrido o dano.

Capítulo XV
DO SEGURO

Seção I
Disposições gerais

Art. 757. Pelo contrato de seguro, o segurador se obriga, mediante o pagamento do prêmio, a garantir interesse legítimo do segurado, relativo a pessoa ou a coisa, contra riscos predeterminados.

→ *v.* Súmula 465 do STJ.

→ *v.* Arts. 206, §§ 1º, II, e 3º, IX, 458 a 461, 768, 777 e 785, do CC.

Parágrafo único. Somente pode ser parte, no contrato de seguro, como segurador, entidade para tal fim legalmente autorizada.

Art. 758. O contrato de seguro prova-se com a exibição da apólice ou do bilhete do seguro, e, na falta deles, por documento comprobatório do pagamento do respectivo prêmio.

Art. 759. A emissão da apólice deverá ser precedida de proposta escrita com a declaração dos elementos essenciais do interesse a ser garantido e do risco.

→ *v.* Arts. 427 a 435 e 768 do CC.

Art. 760. A apólice ou o bilhete de seguro serão nominativos, à ordem ou ao portador, e mencionarão os riscos assumidos, o início e o fim de sua validade, o limite da garantia e o prêmio devido, e, quando for o caso, o nome do segurado e o do beneficiário.

→ *v.* Arts. 785, § 2º, 791 a 793, do CC.

Parágrafo único. No seguro de pessoas, a apólice ou o bilhete não podem ser ao portador.

Art. 761. Quando o risco for assumido em cosseguro, a apólice indicará o segurador que administrará o contrato e representará os demais, para todos os seus efeitos.

Art. 762. Nulo será o contrato para garantia de risco proveniente de ato doloso do segurado, do beneficiário, ou de representante de um ou de outro.

→ v. Arts. 677 e 678 do CCo.

Art. 763. Não terá direito a indenização o segurado que estiver em mora no pagamento do prêmio, se ocorrer o sinistro antes de sua purgação.

Art. 764. Salvo disposição especial, o fato de se não ter verificado o risco, em previsão do qual se faz o seguro, não exime o segurado de pagar o prêmio.

→ v. Art. 773 do CC.

→ v. Arts. 642 a 684 do CCo.

Art. 765. O segurado e o segurador são obrigados a guardar na conclusão e na execução do contrato, a mais estrita boa-fé e veracidade, tanto a respeito do objeto como das circunstâncias e declarações a ele concernentes.

→ v. Arts. 766, 768 e 773 do CC.

Art. 766. Se o segurado, por si ou por seu representante, fizer declarações inexatas ou omitir circunstâncias que possam influir na aceitação da proposta ou na taxa do prêmio, perderá o direito à garantia, além de ficar obrigado ao prêmio vencido.

→ v. Arts. 147, 149, 765 e 778 do CC.

Parágrafo único. Se a inexatidão ou omissão nas declarações não resultar de má-fé do segurado, o segurador terá direito a resolver o contrato, ou a cobrar, mesmo após o sinistro, a diferença do prêmio.

Art. 767. No seguro à conta de outrem, o segurador pode opor ao segurado quaisquer defesas que tenha contra o estipulante, por descumprimento das normas de conclusão do contrato, ou de pagamento do prêmio.

Art. 768. O segurado perderá o direito à garantia se agravar intencionalmente o risco objeto do contrato.

→ v. Arts. 757, 759, 765 e 769 do CC.

→ v. Arts. 677 e 678 do CCo.

Art. 769. O segurado é obrigado a comunicar ao segurador, logo que saiba, todo incidente suscetível de agravar consideravelmente o risco coberto, sob pena de perder o direito à garantia, se provar que silenciou de má-fé.

→ v. Arts. 422, 765, 768 e 770 do CC.

§ 1º O segurador, desde que o faça nos 15 (quinze) dias seguintes ao recebimento do aviso da agravação do risco sem culpa do segurado, poderá dar-lhe ciência, por escrito, de sua decisão de resolver o contrato.

§ 2º A resolução só será eficaz 30 (trinta) dias após a notificação, devendo ser restituída pelo segurador a diferença do prêmio.

Art. 770. Salvo disposição em contrário, a diminuição do risco no curso do contrato não acarreta a redução do prêmio estipulado; mas, se a redução do risco for considerável, o segurado poderá exigir a revisão do prêmio, ou a resolução do contrato.

Art. 771. Sob pena de perder o direito à indenização, o segurado participará o sinistro ao segurador, logo que o saiba, e tomará as providências imediatas para minorar-lhe as consequências.

→ v. Súmula 229 do STJ.

Parágrafo único. Correm à conta do segurador, até o limite fixado no contrato, as despesas de salvamento consequente ao sinistro.

→ v. Arts. 779 e 787 do CC.

Art. 772. A mora do segurador em pagar o sinistro obriga à atualização monetária da indenização devida segundo índices oficiais regularmente estabelecidos, sem prejuízo dos juros moratórios.

→ v. Arts. 394 a 401, 406 e 407, do CC.

Art. 773. O segurador que, ao tempo do contrato, sabe estar passado o risco de que o segurado se pretende cobrir, e, não obstante, expede a apólice, pagará em dobro o prêmio estipulado.

→ v. Arts. 422, 764 e 765 do CC.

Art. 774. A recondução tácita do contrato pelo mesmo prazo, mediante expressa cláusula contratual, não poderá operar mais de uma vez.

Art. 775. Os agentes autorizados do segurador presumem-se seus representantes para todos os atos relativos aos contratos que agenciarem.

→ v. Arts. 710 a 720 do CC.

Art. 776. O segurador é obrigado a pagar em dinheiro o prejuízo resultante do risco assumido, salvo se convencionada a reposição da coisa.

Art. 777. O disposto no presente Capítulo aplica-se, no que couber, aos seguros regidos por leis próprias.

Seção II
Do seguro de dano

Art. 778. Nos seguros de dano, a garantia prometida não pode ultrapassar o valor do interesse segurado no momento da conclusão do contrato, sob pena do disposto no art. 766, e sem prejuízo da ação penal que no caso couber.

→ v. Arts. 766, 781, 782 e 789 do CC.

→ v. Art. 677 do CCo.

Art. 779. O risco do seguro compreenderá todos os prejuízos resultantes ou consequentes, como sejam os estragos ocasionados para evitar o sinistro, minorar o dano, ou salvar a coisa.

Art. 780. A vigência da garantia, no seguro de coisas transportadas, começa no momento em que são pelo transportador recebidas, e cessa com a sua entrega ao destinatário.

→ v. Arts. 750 e 1.425, IV, do CC.

Art. 781. A indenização não pode ultrapassar o valor do interesse segurado no momento do sinistro, e, em hipótese alguma, o limite máximo da garantia fixado na apólice, salvo em caso de mora do segurador.

→ v. Arts. 394 a 401, 765, 776, 778, do CC.

Art. 782. O segurado que, na vigência do contrato, pretender obter novo seguro sobre o mesmo interesse, e contra o mesmo risco junto a outro segurador, deve previamente comunicar sua intenção por escrito ao primeiro, indicando a soma por que pretende segurar-se, a fim de se comprovar a obediência ao disposto no art. 778.

→ v. Arts. 765, 781 e 789 do CC.

Art. 783. Salvo disposição em contrário, o seguro de um interesse por menos do que valha acarreta a redução proporcional da indenização, no caso de sinistro parcial.

Art. 784. Não se inclui na garantia o sinistro provocado por vício intrínseco da coisa segurada, não declarado pelo segurado.

Parágrafo único. Entende-se por vício intrínseco o defeito próprio da coisa, que se não encontra normalmente em outras da mesma espécie.

Art. 785. Salvo disposição em contrário, admite-se a transferência do contrato a terceiro com a alienação ou cessão do interesse segurado.

§ 1º Se o instrumento contratual é nominativo, a transferência só produz efeitos em relação ao segurador mediante aviso escrito assinado pelo cedente e pelo cessionário.

§ 2º A apólice ou o bilhete à ordem só se transfere por endosso em preto, datado e assinado pelo endossante e pelo endossatário.

→ v. Art. 760 do CC.

Art. 786. Paga a indenização, o segurador sub-roga-se, nos limites do valor respectivo, nos direitos e ações que competirem ao segurado contra o autor do dano.

→ v. Súmulas 151, 188 e 257 do STF.

→ v. Arts. 346, III, 351 e 800, do CC.

→ v. Art. 728 do CCo.

§ 1º Salvo dolo, a sub-rogação não tem lugar se o dano foi causado pelo cônjuge do segurado, seus descendentes ou ascendentes, consanguíneos ou afins.

§ 2º É ineficaz qualquer ato do segurado que diminua ou extinga, em prejuízo do segurador, os direitos a que se refere este artigo.

Art. 787. No seguro de responsabilidade civil, o segurador garante o pagamento de perdas e danos devidos pelo segurado a terceiro.

→ v. Súmula 529 do STJ.

→ v. Arts. 402 a 405 do CC.

§ 1º Tão logo saiba o segurado das consequências de ato seu, suscetível de lhe acarretar a responsabilidade incluída na garantia, comunicará o fato ao segurador.

§ 2º É defeso ao segurado reconhecer sua responsabilidade ou confessar a ação, bem como transigir com o terceiro prejudicado, ou indenizá-lo diretamente, sem anuência expressa do segurador.

§ 3º Intentada a ação contra o segurado, dará este ciência da lide ao segurador.

§ 4º Subsistirá a responsabilidade do segurado perante o terceiro, se o segurador for insolvente.

→ v. Art. 955 do CC.

Art. 788. Nos seguros de responsabilidade legalmente obrigatórios, a indenização por sinistro será paga pelo segurador diretamente ao terceiro prejudicado.

→ v. Súmulas 246 e 257 do STJ.

Parágrafo único. Demandado em ação direta pela vítima do dano, o segurador não poderá opor a exceção de contrato não cumprido pelo segurado, sem promover a citação deste para integrar o contraditório.

→ v. Arts. 476 e 477 do CC.

→ v. Art. 70, III, do CPC/1973.

→ v. Art. 125, II, do NCPC.

Seção III
Do seguro de pessoa

Art. 789. Nos seguros de pessoas, o capital segurado é livremente estipulado pelo proponente, que pode contratar mais de um seguro sobre o mesmo interesse, com o mesmo ou diversos seguradores.

→ v. Arts. 778, 782, 794, 798 e 799 do CC.

Art. 790. No seguro sobre a vida de outros, o proponente é obrigado a declarar, sob pena de falsidade, o seu interesse pela preservação da vida do segurado.

Parágrafo único. Até prova em contrário, presume-se o interesse, quando o segurado é cônjuge, ascendente ou descendente do proponente.

Art. 791. Se o segurado não renunciar à faculdade, ou se o seguro não tiver como causa declarada a garantia de alguma obrigação, é lícita a substituição do beneficiário, por ato entre vivos ou de última vontade.

→ v. Arts. 438 e 760 do CC.

Parágrafo único. O segurador, que não for cientificado oportunamente da substituição, desobrigar-se-á pagando o capital segurado ao antigo beneficiário.

Art. 792. Na falta de indicação da pessoa ou beneficiário, ou se por qualquer motivo não prevalecer a que for feita, o capital segurado será pago por metade ao cônjuge não separado judicialmente, e o restante aos herdeiros do segurado, obedecida a ordem da vocação hereditária.

→ v. Arts. 1.798 a 1.803 do CC.

Parágrafo único. Na falta das pessoas indicadas neste artigo, serão beneficiários os que provarem que a morte do segurado os privou dos meios necessários à subsistência.

Art. 793. É válida a instituição do companheiro como beneficiário, se ao tempo do contrato o segurado era separado judicialmente, ou já se encontrava separado de fato.

→ v. Arts. 1.723 a 1.727 e 1.801, III, do CC.

Art. 794. No seguro de vida ou de acidentes pessoais para o caso de morte, o capital estipulado não está sujeito às dívidas do segurado, nem se considera herança para todos os efeitos de direito.

→ v. Arts. 585, III, e 649, VI, do CPC/1973.

→ v. Arts. 784, V, e 833, VI, do NCPC.

Art. 795. É nula, no seguro de pessoa, qualquer transação para pagamento reduzido do capital segurado.

→ v. Arts. 422, 840 a 850 do CC.

Art. 796. O prêmio, no seguro de vida, será conveniado por prazo limitado, ou por toda a vida do segurado.

Parágrafo único. Em qualquer hipótese, no seguro individual, o segurador não terá ação para cobrar o prêmio vencido, cuja falta de pagamento, nos prazos previstos, acarretará, conforme se estipular, a resolução do contrato, com a restituição da reserva já formada, ou a redução do capital garantido proporcionalmente ao prêmio pago.

Art. 797. No seguro de vida para o caso de morte, é lícito estipular-se um prazo de carência, durante o qual o segurador não responde pela ocorrência do sinistro.

Parágrafo único. No caso deste artigo o segurador é obrigado a devolver ao beneficiário o montante da reserva técnica já formada.

Art. 798. O beneficiário não tem direito ao capital estipulado quando o segurado se suicida nos primeiros 2 (dois) anos de vigência inicial do contrato, ou da sua recondução depois de suspenso, observado o disposto no parágrafo único do artigo antecedente.

→ v. Súmula 105 do STF.

→ v. Súmula 61 do STJ.

Parágrafo único. Ressalvada a hipótese prevista neste artigo, é nula a cláusula contratual que exclui o pagamento do capital por suicídio do segurado.

Art. 799. O segurador não pode eximir-se ao pagamento do seguro, ainda que da apólice conste a restrição, se a morte ou a incapacidade do segurado provier da utilização de meio de transporte mais arriscado, da prestação de serviço militar, da prática de esporte, ou de atos de humanidade em auxílio de outrem.

Art. 800. Nos seguros de pessoas, o segurador não pode sub-rogar-se nos direitos e ações do segurado, ou do beneficiário, contra o causador do sinistro.

→ v. Art. 786 do CC.

Art. 801. O seguro de pessoas pode ser estipulado por pessoa natural ou jurídica em proveito de grupo que a ela, de qualquer modo, se vincule.

→ v. Súmula 101 do STJ.

§ 1º O estipulante não representa o segurador perante o grupo segurado, e é o único responsável, para com o segurador, pelo cumprimento de todas as obrigações contratuais.

§ 2º A modificação da apólice em vigor dependerá da anuência expressa de segurados que representem 3/4 (três quartos) do grupo.

Art. 802. Não se compreende nas disposições desta Seção a garantia do reembolso de despesas hospitalares ou de tratamento médico, nem o custeio das despesas de luto e de funeral do segurado.

Capítulo XVI
DA CONSTITUIÇÃO DE RENDA

Art. 803. Pode uma pessoa, pelo contrato de constituição de renda, obrigar-se para com outra a uma prestação periódica, a título gratuito.

→ v. Arts. 804, 809 e 813 do CC.

Art. 804. O contrato pode ser também a título oneroso, entregando-se bens móveis ou imóveis à pessoa que se obriga a satisfazer as prestações a favor do credor ou de terceiros.

Art. 805. Sendo o contrato a título oneroso, pode o credor, ao contratar, exigir que o rendeiro lhe preste garantia real, ou fidejussória.

→ v. Arts. 1.419 a 1.430 do CC.

Art. 806. O contrato de constituição de renda será feito a prazo certo, ou por vida, podendo ultrapassar a vida do devedor mas não a do credor, seja ele o contratante, seja terceiro.

→ v. Art. 1.792 do CC.

Art. 807. O contrato de constituição de renda requer escritura pública.

→ v. Arts. 215 a 218 do CC.

→ v. Arts. 129 e 167, I, 8, da Lei 6.015/1973.

Art. 808. É nula a constituição de renda em favor de pessoa já falecida, ou que, nos 30 (trinta) dias seguintes, vier a falecer de moléstia que já sofria, quando foi celebrado o contrato.

Art. 809. Os bens dados em compensação da renda caem, desde a tradição, no domínio da pessoa que por aquela se obrigou.

Art. 810. Se o rendeiro, ou censuário, deixar de cumprir a obrigação estipulada, poderá o credor da renda acioná-lo, tanto para que lhe pague as prestações atrasadas como para que lhe dê garantias das futuras, sob pena de rescisão do contrato.

→ v. Arts. 475 a 477 do CC.

Art. 811. O credor adquire o direito à renda dia a dia, se a prestação não houver de ser paga adiantada, no começo de cada um dos períodos prefixos.

Art. 812. Quando a renda for constituída em benefício de duas ou mais pessoas, sem determinação da parte de cada uma, entende-se que os seus direitos são iguais; e, salvo estipulação diversa, não adquirirão os sobrevivos direito à parte dos que morrerem.

→ v. Arts. 257, 551, parágrafo único, e 1.942, do CC.

Art. 813. A renda constituída por título gratuito pode, por ato do instituidor, ficar isenta de todas as execuções pendentes e futuras.

→ v. Art. 649, I e IV, do CPC/1973.

→ v. Art. 833, I e IV, do NCPC.

Parágrafo único. A isenção prevista neste artigo prevalece de pleno direito em favor dos montepios e pensões alimentícias.

Capítulo XVII
DO JOGO E DA APOSTA

Art. 814. As dívidas de jogo ou de aposta não obrigam a pagamento; mas não se pode recobrar a quantia, que voluntariamente se pagou, salvo se foi ganha por dolo, ou se o perdente é menor ou interdito.

→ v. Art. 166, II, do CC.

→ v. Arts 50 a 58 do Dec-lei 3.688/1941.

§ 1º Estende-se esta disposição a qualquer contrato que encubra ou envolva reconhecimento, novação ou fiança de dívida de jogo; mas a nulidade resultante não pode ser oposta ao terceiro de boa-fé.

→ v. Arts. 360 a 367 do CC.

§ 2º O preceito contido neste artigo tem aplicação, ainda que se trate de jogo não proibido, só se excetuando os jogos e apostas legalmente permitidos.

§ 3º Excetuam-se, igualmente, os prêmios oferecidos ou prometidos para o vencedor em competição de natureza esportiva, intelectual ou artística, desde que os interessados se submetam às prescrições legais e regulamentares.

Art. 815. Não se pode exigir reembolso do que se emprestou para jogo ou aposta, no ato de apostar ou jogar.

Art. 816. As disposições dos arts. 814 e 815 não se aplicam aos contratos sobre títulos de bolsa, mercadorias ou valores, em que se estipulem a liquidação exclusivamente pela diferença entre o preço ajustado e a cotação que eles tiverem no vencimento do ajuste.

→ v. Lei 6.385/1976 – Mercado de Valores Mobiliários e cria a Comissão de Valores Mobiliários

Art. 817. O sorteio para dirimir questões ou dividir coisas comuns considera-se sistema de partilha ou processo de transação, conforme o caso.

→ *V.* Arts. 840 a 850, 858, 859, § 3º, e 2.013 a 2.022, do CC.

Capítulo XVIII
DA FIANÇA

Seção I
Disposições gerais

Art. 818. Pelo contrato de fiança, uma pessoa garante satisfazer ao credor uma obrigação assumida pelo devedor, caso este não a cumpra.

→ *V.* Arts. 333, III, 814, § 1º, 1.425, I, 1.642, IV, e 1.647, III, do CC.

→ *V.* Arts. 23, XI, 37, II e III, 40, V, 41 e 71, V e VI, da Lei 8.245/1991.

→ *V.* Art. 129, 3º, da Lei 6.015/1973.

→ *V.* Decreto 91.271/1985 – Veda a concessão, por entidades estatais, de aval, fiança e outras garantias.

→ *V.* Dec.-lei 3.010/1941 – Fiança bancária para indenização nos casos de acidente de trabalho.

Art. 819. A fiança dar-se-á por escrito, e não admite interpretação extensiva.

→ *V.* Súmula 214 do STJ.

→ *V.* Arts. 114, 823 e 830 do CC.

Art. 819-A. *(Vetado).*

→ Artigo acrescentado pela Lei 10.931/2004.

Art. 820. Pode-se estipular a fiança, ainda que sem consentimento do devedor ou contra a sua vontade.

Art. 821. As dívidas futuras podem ser objeto de fiança; mas o fiador, neste caso, não será demandado senão depois que se fizer certa e líquida a obrigação do principal devedor.

Art. 822. Não sendo limitada, a fiança compreenderá todos os acessórios da dívida principal, inclusive as despesas judiciais, desde a citação do fiador.

Art. 823. A fiança pode ser de valor inferior ao da obrigação principal e contraída em condições menos onerosas, e, quando exceder o valor da dívida, ou for mais onerosa que ela, não valerá senão até ao limite da obrigação afiançada.

Art. 824. As obrigações nulas não são suscetíveis de fiança, exceto se a nulidade resultar apenas de incapacidade pessoal do devedor.

→ *V.* Arts. 814, § 1º, e 837, do CC.

Parágrafo único. A exceção estabelecida neste artigo não abrange o caso de mútuo feito a menor.

→ *V.* Arts. 588 e 589, I a III, do CC.

Art. 825. Quando alguém houver de oferecer fiador, o credor não pode ser obrigado a aceitá-lo se não for pessoa idônea, domiciliada no município onde tenha de prestar a fiança, e não possua bens suficientes para cumprir a obrigação.

Art. 826. Se o fiador se tornar insolvente ou incapaz, poderá o credor exigir que seja substituído.

→ *V.* Arts. 333, III, e 955 do CC.

→ *V.* Art. 40 da Lei 8.245/1991.

Seção II
Dos efeitos da fiança

Art. 827. O fiador demandado pelo pagamento da dívida tem direito a exigir, até a contestação da lide, que sejam primeiro executados os bens do devedor.

→ *V.* Arts. 838 e 839 do CC.

→ *V.* Arts. 77 e 595 do CPC/1973.

→ *V.* Arts. 130 e 794, do NCPC.

Parágrafo único. O fiador que alegar o benefício de ordem, a que se refere este artigo, deve nomear bens do devedor, sitos no mesmo município, livres e desembargados, quantos bastem para solver o débito.

Art. 828. Não aproveita este benefício ao fiador:

→ *V.* Art. 838 do CC.

I – se ele o renunciou expressamente;

II – se se obrigou como principal pagador, ou devedor solidário;

→ *V.* Arts. 275 a 285 do CC.

III – se o devedor for insolvente, ou falido.

→ *V.* Art. 955 do CC.

Art. 829. A fiança conjuntamente prestada a um só débito por mais de uma pessoa importa o compromisso de solidariedade entre elas, se declaradamente não se reservarem o benefício de divisão.

→ *V.* Arts. 275 a 285 do CC.

→ *V.* Art. 77 do CPC/1973.

→ *V.* Art. 130 do NCPC.

Parágrafo único. Estipulado este benefício, cada fiador responde unicamente pela parte que, em proporção, lhe couber no pagamento.

Art. 830. Cada fiador pode fixar no contrato a parte da dívida que toma sob sua responsabilidade, caso em que não será por mais obrigado.

→ *V.* Arts. 114 e 823 do CC.

Art. 831. O fiador que pagar integralmente a dívida fica sub-rogado nos direitos do credor; mas só poderá demandar a cada um dos outros fiadores pela respectiva quota.

Parágrafo único. A parte do fiador insolvente distribuir-se-á pelos outros.

→ *V.* Art. 284 do CC.

Art. 832. O devedor responde também perante o fiador por todas as perdas e danos que este pagar, e pelos que sofrer em razão da fiança.

Art. 833. O fiador tem direito aos juros do desembolso pela taxa estipulada na obrigação principal, e, não havendo taxa convencionada, aos juros legais da mora.

→ *V.* Arts. 406 e 407 do CC.

→ *V.* Art. 161, § 1º, do CTN.

Art. 834. Quando o credor, sem justa causa, demorar a execução iniciada contra o devedor, poderá o fiador promover-lhe o andamento.

Art. 835. O fiador poderá exonerar-se da fiança que tiver assinado sem limitação de tempo, sempre que lhe convier, ficando obrigado por todos os efeitos da fiança, durante 60 (sessenta) dias após a notificação do credor.

→ *V.* Art. 39 da Lei 8.245/1991.

Art. 836. A obrigação do fiador passa aos herdeiros; mas a responsabilidade da fiança se limita ao tempo decorrido até a morte do fiador, e não pode ultrapassar as forças da herança.

Seção III
Da extinção da fiança

Art. 837. O fiador pode opor ao credor as exceções que lhe forem pessoais, e as extintivas da obrigação que competem ao devedor principal, se não provierem simplesmente de incapacidade pessoal, salvo o caso do mútuo feito a pessoa menor.

Art. 838. O fiador, ainda que solidário, ficará desobrigado:

→ *V.* Arts. 828 e 829 do CC.

I – se, sem consentimento seu, o credor conceder moratória ao devedor;

II – se, por fato do credor, for impossível a sub-rogação nos seus direitos e preferências;

→ *V.* Arts. 346, III, a 351 do CC.

III – se o credor, em pagamento da dívida, aceitar amigavelmente do devedor objeto diverso do que este era obrigado a lhe dar, ainda que depois venha a perdê-lo por evicção.

→ *V.* Arts. 447 a 457 do CC.

Art. 839. Se for invocado o benefício da excussão e o devedor, retardando-se a execução, cair em insolvência, ficará exonerado o fiador que o invocou, se provar que os bens por ele indicados eram, ao tempo da penhora, suficientes para a solução da dívida afiançada.

→ *V.* Art. 748 do CPC/1973.

Capítulo XIX
DA TRANSAÇÃO

Art. 840. É lícito aos interessados prevenirem ou terminarem o litígio mediante concessões mútuas.

→ *V.* Arts. 661, § 2º, 795, e 1.748, III, do CC.

→ *V.* Arts. 26, 53, 269, III, 475-N, III, 485, VIII, 741, VI, 756, 794, 820 e 992, II, do CPC/1973.

→ *V.* Arts. 90, 122, 319, II, 487, III, *b*, 515, 922, do NCPC.

→ *V.* Arts. 156, III, e 171 do CTN.

→ *V.* Art. 22, § 3º, da Lei 11.101/2005.

Art. 841. Só quanto a direitos patrimoniais de caráter privado se permite a transação.

→ *V.* Art. 846 do CC.

→ *V.* Art. 351 do CPC/1973.

→ *V.* Art. 392 do NCPC.

→ *V.* Art. 171 do CTN.

Art. 842. A transação far-se-á por escritura pública, nas obrigações em que a lei o exige, ou por instrumento particular, nas em que ela o admite; se recair sobre direitos contestados em juízo, será feita por escritura pública, ou por termo nos autos, assinado pelos transigentes e homologado pelo juiz.

→ *V.* Art. 269, III, e 447 a 449 do CPC/1973.

→ *V.* Arts. 487, III, *b*, e 359, do NCPC.

Art. 843. A transação interpreta-se restritivamente, e por ela não se transmitem, apenas se declaram ou reconhecem direitos.

→ *V.* Art. 114 do CC.

Art. 844. A transação não aproveita, nem prejudica senão aos que nela intervierem, ainda que diga respeito a coisa indivisível.

§ 1º Se for concluída entre o credor e o devedor, desobrigará o fiador.

§ 2º Se entre um dos credores solidários e o devedor, extingue a obrigação deste para com os outros credores.

§ 3º Se entre um dos devedores solidários e seu credor, extingue a dívida em relação aos codevedores.

Art. 845. Dada a evicção da coisa renunciada por um dos transigentes, ou por ele transferida à outra parte, não revive a obrigação extinta pela transação; mas ao evicto cabe o direito de reclamar perdas e danos.

Parágrafo único. Se um dos transigentes adquirir, depois da transação, novo direito sobre a coisa renunciada ou transferida, a transação feita não o inibirá de exercê-lo.

Art. 846. A transação concernente a obrigações resultantes de delito não extingue a ação penal pública.

→ Art. 74 da Lei 9.099/1995.

Art. 847. É admissível, na transação, a pena convencional.

→ *v.* Arts. 408 a 416 do CC.

Art. 848. Sendo nula qualquer das cláusulas da transação, nula será esta.

Parágrafo único. Quando a transação versar sobre diversos direitos contestados, independentes entre si, o fato de não prevalecer em relação a um não prejudicará os demais.

Art. 849. A transação só se anula por dolo, coação, ou erro essencial quanto à pessoa ou coisa controversa.

Parágrafo único. A transação não se anula por erro de direito a respeito das questões que foram objeto de controvérsia entre as partes.

→ *v.* Arts. 138, 139, III, 155 e 171, do CC.

Art. 850. É nula a transação a respeito do litígio decidido por sentença passada em julgado, se dela não tinha ciência algum dos transatores, ou quando, por título ulteriormente descoberto, se verificar que nenhum deles tinha direito sobre o objeto da transação.

Capítulo XX
DO COMPROMISSO

Art. 851. É admitido compromisso, judicial ou extrajudicial, para resolver litígios entre pessoas que podem contratar.

→ *v.* Art. 661, § 2º, do CC.

→ *v.* Art. 9º da Lei 9.307/1996.

Art. 852. É vedado compromisso para solução de questões de estado, de direito pessoal de família e de outras que não tenham caráter estritamente patrimonial.

→ *v.* Art. 1º da Lei 9.307/1996.

Art. 853. Admite-se nos contratos a cláusula compromissória, para resolver divergências mediante juízo arbitral, na forma estabelecida em lei especial.

→ Art. 3º da Lei 9.307/1996.

Título VII
Dos atos unilaterais

Capítulo I
DA PROMESSA DE RECOMPENSA

Art. 854. Aquele que, por anúncios públicos, se comprometer a recompensar, ou gratificar, a quem preencha certa condição, ou desempenhe certo serviço, contrai obrigação de cumprir o prometido.

→ *v.* Súmula 15 do STF.

→ *v.* Art. 427 do CC.

Art. 855. Quem quer que, nos termos do artigo antecedente, fizer o serviço, ou satisfizer a condição, ainda que não pelo interesse da promessa, poderá exigir a recompensa estipulada.

Art. 856. Antes de prestado o serviço ou preenchida a condição, pode o promitente revogar a promessa, contanto que o faça com a mesma publicidade; se houver assinado prazo à execução da tarefa, entender-se-á que renuncia o arbítrio de retirar, durante ele, a oferta.

Parágrafo único. O candidato de boa-fé, que houver feito despesas, terá direito a reembolso.

Art. 857. Se o ato contemplado na promessa for praticado por mais de um indivíduo, terá direito à recompensa o que primeiro o executou.

→ *v.* Art. 817 do CC.

Art. 858. Sendo simultânea a execução, a cada um tocará quinhão igual na recompensa; se esta não for divisível, conferir-se-á por sorteio, e o que obtiver a coisa dará ao outro o valor de seu quinhão.

→ *v.* Art. 817 do CC.

Art. 859. Nos concursos que se abrirem com promessa pública de recompensa, é condição essencial, para valerem, a fixação de um prazo, observadas também as disposições dos parágrafos seguintes.

§ 1º A decisão da pessoa nomeada, nos anúncios, como juiz, obriga os interessados.

§ 2º Em falta de pessoa designada para julgar o mérito dos trabalhos que se apresentarem, entender-se-á que o promitente se reservou essa função.

§ 3º Se os trabalhos tiverem mérito igual, proceder-se-á de acordo com os Arts. 857 e 858.

Art. 860. As obras premiadas, nos concursos de que trata o artigo antecedente, só ficarão pertencendo ao promitente, se assim for estipulado na publicação da promessa.

Capítulo II
DA GESTÃO DE NEGÓCIOS

Art. 861. Aquele que, sem autorização do interessado, intervém na gestão de negócio alheio, dirigi-lo-á segundo o interesse e a vontade presumível de seu dono, ficando responsável a este e às pessoas com que tratar.

→ *v.* Arts. 665, 866, 869, 873 e 874 do CC.

→ *v.* Arts. 6º, 52, parágrafo único, e 100, V, *b*, do CPC/1973.

→ *v.* Arts. 18, 121, parágrafo único, 53, IV, *b*, do NCPC.

Art. 862. Se a gestão foi iniciada contra a vontade manifesta ou presumível do interessado, responderá o gestor até pelos casos fortuitos, não provando que teriam sobrevindo, ainda quando se houvesse abstido.

Art. 863. No caso do artigo antecedente, se os prejuízos da gestão excederem o seu proveito, poderá o dono do negócio exigir que o gestor restitua as coisas ao estado anterior, ou o indenize da diferença.

Art. 864. Tanto que se possa, comunicará o gestor ao dono do negócio a gestão que assumiu, aguardando-lhe a resposta, se da espera não resultar perigo.

Art. 865. Enquanto o dono não providenciar, velará o gestor pelo negócio, até o levar a cabo, esperando, se aquele falecer durante a gestão, as instruções dos herdeiros, sem se descuidar, entretanto, das medidas que o caso reclame.

Art. 866. O gestor envidará toda sua diligência habitual na administração do negócio, ressarcindo ao dono o prejuízo resultante de qualquer culpa na gestão.

→ *v.* Arts. 402 a 405, 667, 862 e 868 do CC.

Art. 867. Se o gestor se fizer substituir por outrem, responderá pelas faltas do substituto, ainda que seja pessoa idônea, sem prejuízo da ação que a ele, ou ao dono do negócio, contra ela possa caber.

→ *v.* Arts. 275 a 285 do CC.

Parágrafo único. Havendo mais de um gestor, solidária será a sua responsabilidade.

Art. 868. O gestor responde pelo caso fortuito quando fizer operações arriscadas, ainda que o dono costumasse fazê-las, ou quando preterir interesse deste em proveito de interesses seus.

Parágrafo único. Querendo o dono aproveitar-se da gestão, será obrigado a indenizar o gestor das despesas necessárias, que tiver feito, e dos prejuízos, que por motivo da gestão, houver sofrido.

Art. 869. Se o negócio for utilmente administrado, cumprirá ao dono as obrigações contraídas em seu nome, reembolsando ao gestor as despesas necessárias ou úteis que houver feito, com os juros legais, desde o desembolso, respondendo ainda pelos prejuízos que este houver sofrido por causa da gestão.

→ *v.* Arts. 305, 406, 407, 861, 868, parágrafo único, 870, 873, e 884 a 886 do CC.

§ 1º A utilidade, ou necessidade, da despesa, apreciar-se-á não pelo resultado obtido, mas segundo as circunstâncias da ocasião em que se fizerem.

§ 2º Vigora o disposto neste artigo, ainda quando o gestor, em erro quanto ao dono do negócio, der a outra pessoa as contas da gestão.

Art. 870. Aplica-se a disposição do artigo antecedente, quando a gestão se proponha a acudir a prejuízos iminentes, ou redunde em proveito do dono do negócio ou da coisa; mas a indenização ao gestor não excederá, em importância, as vantagens obtidas com a gestão.

→ *v.* Arts. 874, 884 e 886 do CC.

Art. 871. Quando alguém, na ausência do indivíduo obrigado a alimentos, por ele os prestar a quem se devem, poder-lhes-á reaver do devedor a importância, ainda que este não ratifique o ato.

Art. 872. Nas despesas do enterro, proporcionadas aos usos locais e à condição do falecido, feitas por terceiro, podem ser cobradas da pessoa que teria a obrigação de alimentar a que veio a falecer, ainda mesmo que esta não tenha deixado bens.

Parágrafo único. Cessa o disposto neste artigo e no antecedente, em se provando que o gestor fez essas despesas com o simples intento de bem-fazer.

Art. 873. A ratificação pura e simples do dono do negócio retroage ao dia do começo da gestão, e produz todos os efeitos do mandato.

→ *v.* Arts. 172, 308, 653 a 691, 1.205, II, do CC.

Art. 874. Se o dono do negócio, ou da coisa, desaprovar a gestão, considerando-a contrária aos seus interesses, vigorará o disposto nos arts. 862 e 863, salvo o estabelecido nos arts. 869 e 870.

Art. 875. Se os negócios alheios forem conexos ao do gestor, de tal arte que se não possam gerir separadamente, haver-se-á o gestor por sócio daquele cujos interesses agenciar de envolta com os seus.

Parágrafo único. No caso deste artigo, aquele em cujo benefício interveio o gestor só é obrigado na razão das vantagens que lograr.

Capítulo III
DO PAGAMENTO INDEVIDO

Art. 876. Todo aquele que recebeu o que lhe não era devido fica obrigado a restituir; obrigação que incumbe àquele que recebe dívida condicional antes de cumprida a condição.

Art. 877. Àquele que voluntariamente pagou o indevido incumbe a prova de tê-lo feito por erro.

→ v. Arts. 138 a 144 do CC.

Art. 878. Aos frutos, acessões, benfeitorias e deteriorações sobrevindas à coisa dada em pagamento indevido, aplica-se o disposto neste Código sobre o possuidor de boa-fé ou de má-fé, conforme o caso.

→ v. Arts. 1.214, e 1.216 a 1.220 do CC.

Art. 879. Se aquele que indevidamente recebeu um imóvel o tiver alienado em boa-fé, por título oneroso, responde somente pela quantia recebida; mas, se agiu de má-fé, além do valor do imóvel, responde por perdas e danos.

→ v. Arts. 402 a 405, e 538 a 564 do CC.

Parágrafo único. Se o imóvel foi alienado por título gratuito, ou se, alienado por título oneroso, o terceiro adquirente agiu de má-fé, cabe ao que pagou por erro o direito de reivindicação.

Art. 880. Fica isento de restituir pagamento indevido aquele que, recebendo-o como parte de dívida verdadeira, inutilizou o título, deixou prescrever a pretensão ou abriu mão das garantias que asseguravam seu direito; mas aquele que pagou dispõe de ação regressiva contra o verdadeiro devedor e seu fiador.

Art. 881. Se o pagamento indevido tiver consistido no desempenho de obrigação de fazer ou para eximir-se da obrigação de não fazer, aquele que recebeu a prestação fica na obrigação de indenizar o que a cumpriu, na medida do lucro obtido.

→ v. Arts. 247 a 251 do CC.

Art. 882. Não se pode repetir o que se pagou para solver dívida prescrita, ou cumprir obrigação judicialmente inexigível.

Art. 883. Não terá direito à repetição aquele que deu alguma coisa para obter fim ilícito, imoral, ou proibido por lei.

Parágrafo único. No caso deste artigo, o que se deu reverterá em favor de estabelecimento local de beneficência, a critério do juiz.

Capítulo IV
DO ENRIQUECIMENTO SEM CAUSA

Art. 884. Aquele que, sem justa causa, se enriquecer à custa de outrem, será obrigado a restituir o indevidamente auferido, feita a atualização dos valores monetários.

Parágrafo único. Se o enriquecimento tiver por objeto coisa determinada, quem a recebeu é obrigado a restituí-la, e, se a coisa não mais subsistir, a restituição se fará pelo valor do bem na época em que foi exigido.

Art. 885. A restituição é devida, não só quando não tenha havido causa que justifique o enriquecimento, mas também se esta deixou de existir.

Art. 886. Não caberá a restituição por enriquecimento, se a lei conferir ao lesado outros meios para se ressarcir do prejuízo sofrido.

Título VIII
Dos títulos de crédito

Capítulo I
DISPOSIÇÕES GERAIS

Art. 887. O título de crédito, documento necessário ao exercício do direito literal e autônomo nele contido, somente produz efeito quando preencha os requisitos da lei.

→ v. Arts. 206, § 3º, VIII, 223 e 889, do CC.

Art. 888. A omissão de qualquer requisito legal, que tire ao escrito a sua validade como título de crédito, não implica a invalidade do negócio jurídico que lhe deu origem.

→ v. Arts. 166 a 184 do CC.

Art. 889. Deve o título de crédito conter a data da emissão, a indicação precisa dos direitos que confere, e a assinatura do emitente.

§ 1º É à vista o título de crédito que não contenha indicação de vencimento.

→ v. Art. 331 do CC.

§ 2º Considera-se lugar de emissão e de pagamento, quando não indicado no título, o domicílio do emitente.

→ v. Art. 327 do CC.

§ 3º O título poderá ser emitido a partir dos caracteres criados em computador ou meio técnico equivalente e que constem da escrituração do emitente, observados os requisitos mínimos previstos neste artigo.

Art. 890. Consideram-se não escritas no título a cláusula de juros, a proibitiva de endosso, a excludente de responsabilidade pelo pagamento ou por despesas, a que dispense a observância de termos e formalidade prescritas, e a que, além dos limites fixados em lei, exclua ou restrinja direitos e obrigações.

→ v. Art. 17, § 1º, Lei 7.357/1985.

→ v. Art. 44 do Decreto 2.044/1908.

Art. 891. O título de crédito, incompleto ao tempo da emissão, deve ser preenchido de conformidade com os ajustes realizados.

Parágrafo único. O descumprimento dos ajustes previstos neste artigo pelos que deles participaram, não constitui motivo de oposição ao terceiro portador, salvo se este, ao adquirir o título, tiver agido de má-fé.

→ v. Art. 16 da Lei 7.357/1985.

→ v. Art. 10, Anexo I, do Decreto 57.663/1966.

Art. 892. Aquele que, sem ter poderes, ou excedendo os que tem, lança a sua assinatura em título de crédito, como mandatário ou representante de outrem, fica pessoalmente obrigado, e, pagando o título, tem ele os mesmos direitos que teria o suposto mandante ou representado.

→ v. Arts. 661 a 663 e 665 do CC.

→ v. Art. 46 do Decreto 2.044/1908.

Art. 893. A transferência do título de crédito implica a de todos os direitos que lhe são inerentes.

→ v. Art. 20 da Lei 7.357/1985.

→ v. Art. 14, Anexo I, do Decreto 57.663/1966.

Art. 894. O portador de título representativo de mercadoria tem o direito de transferi-lo, de conformidade com as normas que regulam a sua circulação, ou de receber aquela independentemente de quaisquer formalidades, além da entrega do título devidamente quitado.

→ v. Arts. 319 a 321 do CC.

Art. 895. Enquanto o título de crédito estiver em circulação, só ele poderá ser dado em garantia, ou ser objeto de medidas judiciais, e não, separadamente, os direitos ou mercadorias que representa.

→ v. Arts. 822 a 825 do CPC/1973.

→ v. Art. 301 do NCPC.

Art. 896. O título de crédito não pode ser reivindicado do portador que o adquiriu de boa-fé e na conformidade das normas que disciplinam a sua circulação.

→ v. Art. 422 do CC.

→ v. Art. 24 da Lei 7.357/1985.

Art. 897. O pagamento de título de crédito, que contenha obrigação de pagar soma determinada, pode ser garantido por aval.

→ v. Arts. 899 e 900 do CC.

Parágrafo único. É vedado o aval parcial.

→ v. Arts. 29 a 31 da Lei 7.357/1985.

→ v. Art. 12 da Lei 5.474/1968.

→ v. Arts. 30 a 32, Anexo I, do Decreto 57.663/1966.

Art. 898. O aval deve ser dado no verso ou no anverso do próprio título.

§ 1º Para a validade do aval, dado no anverso do título, é suficiente a simples assinatura do avalista.

§ 2º Considera-se não escrito o aval cancelado.

Art. 899. O avalista equipara-se àquele cujo nome indicar; na falta de indicação, ao emitente ou devedor final.

→ v. Súmula 26 do STJ.

§ 1º Pagando o título, tem o avalista ação de regresso contra o seu avalizado e demais coobrigados anteriores.

§ 2º Subsiste a responsabilidade do avalista, ainda que nula a obrigação daquele a quem se equipara, a menos que a nulidade decorra de vício de forma.

Art. 900. O aval posterior ao vencimento produz os mesmos efeitos do anteriormente dado.

→ Art. 12 da Lei 5.474/1968.

Art. 901. Fica validamente desonerado o devedor que paga título de crédito ao legítimo portador, no vencimento, sem oposição, salvo se agiu de má-fé.

→ v. Arts. 309 a 311 do CC.

Parágrafo único. Pagando, pode o devedor exigir do credor, além da entrega do título, quitação regular.

Art. 902. Não é o credor obrigado a receber o pagamento antes do vencimento do título, e aquele que o paga, antes do vencimento, fica responsável pela validade do pagamento.

→ v. Arts. 315, 321 e 324 do CC.

§ 1º No vencimento, não pode o credor recusar pagamento, ainda que parcial.

§ 2º No caso de pagamento parcial, em que se não opera a tradição do título, além da quitação em separado, outra deverá ser firmada no próprio título.

→ v. Art. 40, Anexo I, do Decreto 57.663/1966.

→ v. Art. 22 do Decreto 2.044/1908.

Art. 903. Salvo disposição diversa em lei especial, regem-se os títulos de crédito pelo disposto neste Código.

Capítulo II
DO TÍTULO AO PORTADOR

Art. 904. A transferência de título ao portador se faz por simples tradição.

Art. 905. O possuidor de título ao portador tem direito à prestação nele indicada, mediante a sua simples apresentação ao devedor.

→ v. Art. 311 do CC.

Parágrafo único. A prestação é devida ainda que o título tenha entrado em circulação contra a vontade do emitente.

Art. 906. O devedor só poderá opor ao portador exceção fundada em direito pessoal, ou em nulidade de sua obrigação.

Art. 907. É nulo o título ao portador emitido sem autorização de lei especial.

Art. 908. O possuidor de título dilacerado, porém identificável, tem direito a obter do emitente a substituição do anterior, mediante a restituição do primeiro e o pagamento das despesas.

Art. 909. O proprietário, que perder ou extraviar título, ou for injustamente desapossado dele, poderá obter novo título em juízo, bem como impedir sejam pagos a outrem capital e rendimentos.

→ v. Arts. 321 e 1.268 do CC.

→ v. Arts. 907 a 913 do CPC/1973.

→ v. Art. 259, II, do NCPC.

Parágrafo único. O pagamento, feito antes de ter ciência da ação referida neste artigo, exonera o devedor, salvo se se provar que ele tinha conhecimento do fato.

Capítulo III
DO TÍTULO À ORDEM

Art. 910. O endosso deve ser lançado pelo endossante no verso ou anverso do próprio título.

§ 1º Pode o endossante designar o endossatário, e para validade do endosso, dado no verso do título, é suficiente a simples assinatura do endossante.

§ 2º A transferência por endosso completa-se com a tradição do título.

§ 3º Considera-se não escrito o endosso cancelado, total ou parcialmente.

Art. 911. Considera-se legítimo possuidor o portador do título à ordem com série regular e ininterrupta de endossos, ainda que o último seja em branco.

Parágrafo único. Aquele que paga o título está obrigado a verificar a regularidade da série de endossos, mas não a autenticidade das assinaturas.

Art. 912. Considera-se não escrita no endosso qualquer condição a que o subordine o endossante.

Parágrafo único. É nulo o endosso parcial.

Art. 913. O endossatário de endosso em branco pode mudá-lo para endosso em preto, completando-o com o seu nome ou de terceiro; pode endossar novamente o título, em branco ou em preto; ou pode transferi-lo sem novo endosso.

Art. 914. Ressalvada cláusula expressa em contrário, constante do endosso, não responde o endossante pelo cumprimento da prestação constante do título.

§ 1º Assumindo responsabilidade pelo pagamento, o endossante se torna devedor solidário.

→ v. Arts. 275 a 285 do CC.

§ 2º Pagando o título, tem o endossante ação de regresso contra os coobrigados anteriores.

Art. 915. O devedor, além das exceções fundadas nas relações pessoais que tiver com o portador, só poderá opor a este as exceções relativas à forma do título e ao seu conteúdo literal, à falsidade da própria assinatura, a defeito de capacidade ou de representação no momento da subscrição, e à falta de requisito necessário ao exercício da ação.

Art. 916. As exceções, fundadas em relação do devedor com os portadores precedentes, somente poderão ser por ele opostas ao portador, se este, ao adquirir o título, tiver agido de má-fé.

Art. 917. A cláusula constitutiva de mandato, lançada no endosso, confere ao endossatário o exercício dos direitos inerentes ao título, salvo restrição expressamente estatuída.

§ 1º O endossatário de endosso-mandato só pode endossar novamente o título na qualidade de procurador, com os mesmos poderes que recebeu.

§ 2º Com a morte ou a superveniente incapacidade do endossante, não perde eficácia o endosso-mandato.

§ 3º Pode o devedor opor ao endossatário de endosso-mandato somente as exceções que tiver contra o endossante.

Art. 918. A cláusula constitutiva de penhor, lançada no endosso, confere ao endossatário o exercício dos direitos inerentes ao título.

§ 1º O endossatário de endosso-penhor só pode endossar novamente o título na qualidade de procurador.

§ 2º Não pode o devedor opor ao endossatário de endosso-penhor as exceções que tinha contra o endossante, salvo se aquele tiver agido de má-fé.

Art. 919. A aquisição de título à ordem, por meio diverso do endosso, tem efeito de cessão civil.

→ v. Arts. 286 a 298 do CC.

Art. 920. O endosso posterior ao vencimento produz os mesmos efeitos do anterior.

Capítulo IV
DO TÍTULO NOMINATIVO

Art. 921. É título nominativo o emitido em favor de pessoa cujo nome conste no registro do emitente.

Art. 922. Transfere-se o título nominativo mediante termo, em registro do emitente, assinado pelo proprietário e pelo adquirente.

Art. 923. O título nominativo também pode ser transferido por endosso que contenha o nome do endossatário.

§ 1º A transferência mediante endosso só tem eficácia perante o emitente, uma vez feita a competente averbação em seu registro, podendo o emitente exigir do endossatário que comprove a autenticidade da assinatura do endossante.

§ 2º O endossatário, legitimado por série regular e ininterrupta de endossos, tem o direito de obter a averbação no registro do emitente, comprovada a autenticidade das assinaturas de todos os endossantes.

§ 3º Caso o título original contenha o nome do primitivo proprietário, tem direito o adquirente a obter do emitente novo título, em seu nome, devendo a emissão do novo título constar no registro do emitente.

Art. 924. Ressalvada proibição legal, pode o título nominativo ser transformado em à ordem ou ao portador, a pedido do proprietário e à sua custa.

→ v. Arts. 904 a 920 do CC.

Art. 925. Fica desonerado de responsabilidade o emitente que de boa-fé fizer a transferência pelos modos indicados nos artigos antecedentes.

Art. 926. Qualquer negócio ou medida judicial, que tenha por objeto o título, só produz efeito perante o emitente ou terceiros, uma vez feita a competente averbação no registro do emitente.

Título IX
Da responsabilidade civil

Capítulo I
DA OBRIGAÇÃO DE INDENIZAR

Art. 927. Aquele que, por ato ilícito (arts. 186 e 187), causar dano a outrem, fica obrigado a repará-lo.

→ v. Súmulas 37, 43, 221, 227, 246, 326 e 537 do STJ.

→ v. Arts. 188, 934 e 942 a 954 do CC.

Parágrafo único. Haverá obrigação de reparar o dano, independentemente de culpa, nos casos especificados em lei, ou quando a atividade normalmente desenvolvida pelo autor do dano implicar, por sua natureza, risco para os direitos de outrem.

→ v. Art. 37, § 6º, da CF/1988.

→ v. Arts. 18, 133, 150, e 1.069 do CPC/1973.

→ v. Arts. 81, 143, 161 e 718, do NCPC.

→ v. Arts. 6º, VI, 12, 18 e 101 do CDC.

→ v. Arts. 121 a 126 da Lei 8.112/1990.

Art. 928. O incapaz responde pelos prejuízos que causar, se as pessoas por ele responsáveis não tiverem obrigação de fazê-lo ou não dispuserem de meios suficientes.

→ v. Arts. 3º e 4º do CC.

Parágrafo único. A indenização prevista neste artigo, que deverá ser equitativa, não terá lugar se privar do necessário o incapaz ou as pessoas que dele dependem.

→ v. Art. 116 do ECA.

Art. 929. Se a pessoa lesada, ou o dono da coisa, no caso do inciso II do art. 188, não forem culpados do perigo, assistir-lhes-á direito à indenização do prejuízo que sofreram.

→ v. Arts. 186, 188, I e II, e 927, parágrafo único, do CC.

Art. 930. No caso do inciso II do Art. 188, se o perigo ocorrer por culpa de terceiro, contra este terá o autor do dano ação regressiva para haver a importância que tiver ressarcido ao lesado.

Parágrafo único. A mesma ação competirá contra aquele em defesa de quem se causou o dano (Art. 188, inciso I).

Art. 931. Ressalvados outros casos previstos em lei especial, os empresários individuais e as empresas respondem independentemente de culpa pelos danos causados pelos produtos postos em circulação.

→ v. Arts. 7º, parágrafo único, 8º, 12, 14, 17, 18, 19, 23 a 25 e 35, III, do CDC.

Art. 932. São também responsáveis pela reparação civil:

→ *V.* Arts. 186, 275 a 285, 927, 933, 934 e 942 do CC.

I – os pais, pelos filhos menores que estiverem sob sua autoridade e em sua companhia;

II – o tutor e o curador, pelos pupilos e curatelados, que se acharem nas mesmas condições;

III – o empregador ou comitente, por seus empregados, serviçais e prepostos, no exercício do trabalho que lhes competir, ou em razão dele;

→ *V.* Súmula 341 do STF.

IV – os donos de hotéis, hospedarias, casas ou estabelecimentos onde se albergue por dinheiro, mesmo para fins de educação, pelos seus hóspedes, moradores e educandos;

V – os que gratuitamente houverem participado nos produtos do crime, até a concorrente quantia.

→ *V.* Súmula 492 do STF.

Art. 933. As pessoas indicadas nos incisos I a V do artigo antecedente, ainda que não haja culpa de sua parte, responderão pelos atos praticados pelos terceiros ali referidos.

Art. 934. Aquele que ressarcir o dano causado por outrem pode reaver o que houver pago daquele por quem pagou, salvo se o causador do dano for descendente seu, absoluta ou relativamente incapaz.

→ *V.* Súmulas 187 e 188 do STF.

→ *V.* Art. 70, III, do CPC/1973.

→ *V.* Art. 125, II, do NCPC.

Art. 935. A responsabilidade civil é independente da criminal, não se podendo questionar mais sobre a existência do fato, ou sobre quem seja o seu autor, quando estas questões se acharem decididas no juízo criminal.

→ *V.* Arts. 110, e 265, IV, do CPC/1973.

→ *V.* Arts. 315, e 313, V, do NCPC.

Art. 936. O dono, ou detentor, do animal ressarcirá o dano por este causado, se não provar culpa da vítima ou força maior.

→ *V.* Arts. 393, 945 e 1.297, § 3º, do CC.

Art. 937. O dono de edifício ou construção responde pelos danos que resultarem de sua ruína, se esta provier de falta de reparos, cuja necessidade fosse manifesta.

→ *V.* Arts. 618, 927, parágrafo único, 929 e 930 do CC.

Art. 938. Aquele que habitar prédio, ou parte dele, responde pelo dano proveniente das coisas que dele caírem ou forem lançadas em lugar indevido.

Art. 939. O credor que demandar o devedor antes de vencida a dívida, fora dos casos em que a lei o permita, ficará obrigado a esperar o tempo que faltava para o vencimento, a descontar os juros correspondentes, embora estipulados, e a pagar as custas em dobro.

Art. 940. Aquele que demandar por dívida já paga, no todo ou em parte, sem ressalvar as quantias recebidas ou pedir mais do que for devido, ficará obrigado a pagar ao devedor, no primeiro caso, o dobro do que houver cobrado e, no segundo, o equivalente do que dele exigir, salvo se houver prescrição.

→ *V.* Arts. 16 a 18 e 267, § 4º, do CPC/1973.

→ *V.* Arts. 79 a 81, e 485, § 4º, do NCPC.

Art. 941. As penas previstas nos arts. 939 e 940 não se aplicarão quando o autor desistir da ação antes de contestada a lide, salvo ao réu o direito de haver indenização por algum prejuízo que prove ter sofrido.

Art. 942. Os bens do responsável pela ofensa ou violação do direito de outrem ficam sujeitos à reparação do dano causado; e, se a ofensa tiver mais de um autor, todos responderão solidariamente pela reparação.

→ *V.* Súmulas 221 e 246 do STJ.

Parágrafo único. São solidariamente responsáveis com os autores os coautores e as pessoas designadas no art. 932.

→ *V.* Arts. 264 a 285 do CC.

Art. 943. O direito de exigir reparação e a obrigação de prestá-la transmitem-se com a herança.

Capítulo II
DA INDENIZAÇÃO

Art. 944. A indenização mede-se pela extensão do dano.

→ *V.* Súmula 37 do STJ.

→ *V.* Arts. 948 a 954 do CC.

Parágrafo único. Se houver excessiva desproporção entre a gravidade da culpa e o dano, poderá o juiz reduzir, equitativamente, a indenização.

→ *V.* Súmulas 491 e 562 do STF.

→ *V.* Súmulas 43, 54, e 246 do STJ.

→ *V.* Arts. 738, parágrafo único, 787, 884 a 886, do CC.

→ *V.* Art. 5º da LINDB.

Art. 945. Se a vítima tiver concorrido culposamente para o evento danoso, a sua indenização será fixada tendo-se em conta a gravidade de sua culpa em confronto com a do autor do dano.

→ *V.* Súmula 28 do STF.

Art. 946. Se a obrigação for indeterminada, e não houver na lei ou no contrato disposição fixando a indenização devida pelo inadimplente, apurar-se-á o valor das perdas e danos na forma que a lei processual determinar.

Art. 947. Se o devedor não puder cumprir a prestação na espécie ajustada, substituir-se-á pelo seu valor, em moeda corrente.

Art. 948. No caso de homicídio, a indenização consiste, sem excluir outras reparações:

I – no pagamento das despesas com o tratamento da vítima, seu funeral e o luto da família;

II – na prestação de alimentos às pessoas a quem o morto os devia, levando-se em conta a duração provável da vida da vítima.

→ *V.* Súmulas 490 e 491 do STF.

→ *V.* Arts. 1.694 a 1.710 do CC.

Art. 949. No caso de lesão ou outra ofensa à saúde, o ofensor indenizará o ofendido das despesas do tratamento e dos lucros cessantes até ao fim da convalescença, além de algum outro prejuízo que o ofendido prove haver sofrido.

→ *V.* Arts. 402 a 405 do CC.

Art. 950. Se da ofensa resultar defeito pelo qual o ofendido não possa exercer o seu ofício ou profissão, ou se lhe diminua a capacidade de trabalho, a indenização, além das despesas do tratamento e lucros cessantes até ao fim da convalescença, incluirá pensão correspondente à importância do trabalho para que se inabilitou, ou da depreciação que ele sofreu.

→ *V.* Súmula 490 do STF.

Parágrafo único. O prejudicado, se preferir, poderá exigir que a indenização seja arbitrada e paga de uma só vez.

Art. 951. O disposto nos arts. 948, 949 e 950 aplica-se ainda no caso de indenização devida por aquele que, no exercício de atividade profissional, por negligência, imprudência ou imperícia, causar a morte do paciente, agravar-lhe o mal, causar-lhe lesão, ou inabilitá-lo para o trabalho.

→ *V.* Súmula Vinculante 22 do STF.

→ *V.* Súmula 341 do STF.

→ *V.* Súmula 37 do STJ.

→ *V.* Arts. 14, § 4º, e 17, do CDC.

Art. 952. Havendo usurpação ou esbulho do alheio, além da restituição da coisa, a indenização consistirá em pagar o valor das suas deteriorações e o devido a título de lucros cessantes; faltando a coisa, dever-se-á reembolsar o seu equivalente ao prejudicado.

→ *V.* Súmula 562 do STF.

Parágrafo único. Para se restituir o equivalente, quando não exista a própria coisa, estimar-se-á ela pelo seu preço ordinário e pelo de afeição, contanto que este não se avantaje àquele.

Art. 953. A indenização por injúria, difamação ou calúnia consistirá na reparação do dano que delas resulte ao ofendido.

→ *V.* Arts. 138 a 140 do CP.

Parágrafo único. Se o ofendido não puder provar prejuízo material, caberá ao juiz fixar, equitativamente, o valor da indenização, na conformidade das circunstâncias do caso.

Art. 954. A indenização por ofensa à liberdade pessoal consistirá no pagamento das perdas e danos que sobrevierem ao ofendido, e se este não puder provar prejuízo, tem aplicação o disposto no parágrafo único do artigo antecedente.

→ *V.* Arts. 402 a 405 do CC.

Parágrafo único. Consideram-se ofensivos da liberdade pessoal:

→ *V.* Súmula Vinculante 11 do STF.

I – o cárcere privado;

II – a prisão por queixa ou denúncia falsa e de má-fé;

III – a prisão ilegal.

→ *V.* Art. 5º, LXV, da CF/1988.

Título X
Das preferências e privilégios creditórios

Art. 955. Procede-se à declaração de insolvência toda vez que as dívidas excedam à importância dos bens do devedor.

→ *V.* Arts. 333, I, 748 a 786-A, do CPC/1973.

→ *V.* Art. 373, I, do NCPC.

Art. 956. A discussão entre os credores pode versar quer sobre a preferência entre eles disputada, quer sobre a nulidade, simulação, fraude, ou falsidade das dívidas e contratos.

→ *V.* Arts. 158 a 167, 171, e 958 do CC.

→ *V.* Arts. 768 a 773 do CPC/1973.

Art. 957. Não havendo título legal à preferência, terão os credores igual direito sobre os bens do devedor comum.

Art. 958. Os títulos legais de preferência são os privilégios e os direitos reais.

Art. 959. Conservam seus respectivos direitos os credores, hipotecários ou privilegiados:

I – sobre o preço do seguro da coisa gravada com hipoteca ou privilégio, ou sobre a indenização devida, havendo responsável pela perda ou danificação da coisa;

II – sobre o valor da indenização, se a coisa obrigada a hipoteca ou privilégio for desapropriada.

Art. 960. Nos casos a que se refere o artigo antecedente, o devedor do seguro, ou da indenização, exonera-se pagando sem oposição dos credores hipotecários ou privilegiados.

Art. 961. O crédito real prefere ao pessoal de qualquer espécie; o crédito pessoal privilegiado, ao simples; e o privilégio especial, ao geral.

→ *v.* Art. 186 do CTN.

Art. 962. Quando concorrerem aos mesmos bens, e por título igual, dois ou mais credores da mesma classe especialmente privilegiados, haverá entre eles rateio proporcional ao valor dos respectivos créditos, se o produto não bastar para o pagamento integral de todos.

Art. 963. O privilégio especial só compreende os bens sujeitos, por expressa disposição de lei, ao pagamento do crédito que ele favorece; e o geral, todos os bens não sujeitos a crédito real nem a privilégio especial.

→ *v.* Arts. 964 e 965 do CC.

→ *v.* Art. 83, IV e V, da Lei 11.101/2005.

Art. 964. Têm privilégio especial:

I – sobre a coisa arrecadada e liquidada, o credor de custas e despesas judiciais feitas com a arrecadação e liquidação;

II – sobre a coisa salvada, o credor por despesas de salvamento;

III – sobre a coisa beneficiada, o credor por benfeitorias necessárias ou úteis;

IV – sobre os prédios rústicos ou urbanos, fábricas, oficinas, ou quaisquer outras construções, o credor de materiais, dinheiro, ou serviços para a sua edificação, reconstrução, ou melhoramento;

V – sobre os frutos agrícolas, o credor por sementes, instrumentos e serviços à cultura, ou à colheita;

VI – sobre as alfaias e utensílios de uso doméstico, nos prédios rústicos ou urbanos, o credor de aluguéis, quanto às prestações do ano corrente e do anterior;

VII – sobre os exemplares da obra existente na massa do editor, o autor dela, ou seus legítimos representantes, pelo crédito fundado contra aquele no contrato da edição;

VIII – sobre o produto da colheita, para a qual houver concorrido com o seu trabalho, e precipuamente a quaisquer outros créditos, ainda que reais, o trabalhador agrícola, quanto à dívida dos seus salários.

IX – sobre os produtos do abate, o credor por animais.

→ Inciso IX acrescentado pela Lei 13.176/2015.

Art. 965. Goza de privilégio geral, na ordem seguinte, sobre os bens do devedor:

I – o crédito por despesa de seu funeral, feito segundo a condição do morto e o costume do lugar;

II – o crédito por custas judiciais, ou por despesas com a arrecadação e liquidação da massa;

III – o crédito por despesas com o luto do cônjuge sobrevivo e dos filhos do devedor falecido, se foram moderadas;

IV – o crédito por despesas com a doença de que faleceu o devedor, no semestre anterior à sua morte;

V – o crédito pelos gastos necessários à mantença do devedor falecido e sua família, no trimestre anterior ao falecimento;

VI – o crédito pelos impostos devidos à Fazenda Pública, no ano corrente e no anterior;

VII – o crédito pelos salários dos empregados do serviço doméstico do devedor, nos seus derradeiros 6 (seis) meses de vida;

VIII – os demais créditos de privilégio geral.

LIVRO II
DO DIREITO DE EMPRESA

Título I
Do empresário

Capítulo I
DA CARACTERIZAÇÃO E DA INSCRIÇÃO

Art. 966. Considera-se empresário quem exerce profissionalmente atividade econômica organizada para a produção ou a circulação de bens ou de serviços.

→ *v.* Arts. 972, 974, 980-A, 982 a 984, do CC.

Parágrafo único. Não se considera empresário quem exerce profissão intelectual, de natureza científica, literária ou artística, ainda com o concurso de auxiliares ou colaboradores, salvo se o exercício da profissão constituir elemento de empresa.

→ *v.* Art. 982 do CC.

→ *v.* Lei 5.764/1971 – Política Nacional de Cooperativismo, institui o regime jurídico das sociedades cooperativas.

Art. 967. É obrigatória a inscrição do empresário no Registro Público de Empresas Mercantis da respectiva sede, antes do início de sua atividade.

→ *v.* Arts. 982, 985, e 1.150 a 1.154 do CC.

→ *v.* Arts. 48, 51, V, 97, § 1º, e 161, da Lei 11.101/2005.

→ *v.* Arts. 2º, 32, II, e 35 a 38, da Lei 8.934/1994.

Art. 968. A inscrição do empresário far-se-á mediante requerimento que contenha:

→ *v.* Arts. 971 e 984 do CC.

I – o seu nome, nacionalidade, domicílio, estado civil e, se casado, o regime de bens;

→ *v.* Art. 12 da CF/1988.

→ *v.* Arts. 16 a 19, 70 a 72, 75, IV, §§ 1º e 2º, e 1.639 a 1.688, do CC.

II – a firma, com a respectiva assinatura autógrafa que poderá ser substituída pela assinatura autenticada com certificação digital ou meio equivalente que comprove a sua autenticidade, ressalvado o disposto no inciso I do § 1º do art. 4º da Lei Complementar 123, de 14 de dezembro de 2006;

→ Inciso II com redação alterada pela LC 147/2014.

III – o capital;

IV – o objeto e a sede da empresa.

→ *v.* Art. 35, III, da Lei 8.934/1994.

§ 1º Com as indicações estabelecidas neste artigo, a inscrição será tomada por termo no livro próprio do Registro Público de Empresas Mercantis, e obedecerá a número de ordem contínuo para todos os empresários inscritos.

§ 2º À margem da inscrição, e com as mesmas formalidades, serão averbadas quaisquer modificações nela ocorrentes.

§ 3º Caso venha a admitir sócios, o empresário individual poderá solicitar ao Registro Público de Empresas Mercantis a transformação de seu registro de empresário para registro de sociedade empresária, observado, no que couber, o disposto nos arts. 1.113 a 1.115 deste Código.

→ § 3º acrescentado pela LC 128/2008.

§ 4º O processo de abertura, registro, alteração e baixa do microempreendedor individual de que trata o Art. 18-A da Lei Complementar 123, de 14 de dezembro de 2006, bem como qualquer exigência para o início de seu funcionamento deverão ter trâmite especial e simplificado, preferentemente eletrônico, opcional para o empreendedor, na forma a ser disciplinada pelo Comitê para Gestão da Rede Nacional para a Simplificação do Registro e da Legalização de Empresas e Negócios – CGSIM, de que trata o inciso III do art. 2º da mesma Lei.

→ § 4º acrescentado pela Lei 12.470/2011.

§ 5º Para fins do disposto no § 4º, poderão ser dispensados o uso da firma, com a respectiva assinatura autógrafa, o capital, requerimentos, demais assinaturas, informações relativas à nacionalidade, estado civil e regime de bens, bem como remessa de documentos, na forma estabelecida pelo CGSIM.

→ § 5º acrescentado pela Lei 12.470/2011.

Art. 969. O empresário que instituir sucursal, filial ou agência, em lugar sujeito à jurisdição de outro Registro Público de Empresas Mercantis, neste deverá também inscrevê-la, com a prova da inscrição originária.

Parágrafo único. Em qualquer caso, a constituição do estabelecimento secundário deverá ser averbada no Registro Público de Empresas Mercantis da respectiva sede.

Art. 970. A lei assegurará tratamento favorecido, diferenciado e simplificado ao empresário rural e ao pequeno empresário, quanto à inscrição e aos efeitos daí decorrentes.

→ *v.* Art. 179 da CF/1988.

→ *v.* Art. 1.179, § 2º, do CC.

→ *v.* Art. 68 da LC 123/2006.

Art. 971. O empresário, cuja atividade rural constitua sua principal profissão, pode, observadas as formalidades de que tratam o art. 968 e seus parágrafos, requerer inscrição no Registro Público de Empresas Mercantis da respectiva sede, caso em que, depois de inscrito, ficará equiparado, para todos os efeitos, ao empresário sujeito a registro.

Capítulo II
DA CAPACIDADE

Art. 972. Podem exercer a atividade de empresário os que estiverem em pleno gozo da capacidade civil e não forem legalmente impedidos.

→ *v.* Arts. 3º a 5º do CC.

→ *v.* Art. 36, I, da LC 35/1979.

→ *v.* Arts. 102 e 181, I, da Lei 11.101/2005.

Art. 973. A pessoa legalmente impedida de exercer atividade própria de empresário, se a exercer, responderá pelas obrigações contraídas.

Art. 974. Poderá o incapaz, por meio de representante ou devidamente assistido, continuar a empresa antes exercida por ele enquanto capaz, por seus pais ou pelo autor de herança.

→ *v.* Arts. 3º a 5º do CC.

§ 1º Nos casos deste artigo, precederá autorização judicial, após exame das circunstâncias e dos riscos da empresa, bem como da conveniência em continuá-la, podendo a autorização ser revogada pelo juiz, ouvidos os pais, tutores ou representantes legais do menor ou do interdito, sem prejuízo dos direitos adquiridos por terceiros.

§ 2º Não ficam sujeitos ao resultado da empresa os bens que o incapaz já possuía, ao tempo da sucessão ou da interdição, desde que estranhos ao acervo daquela, devendo tais fatos constar do alvará que conceder a autorização.

§ 3º O Registro Público de Empresas Mercantis a cargo das Juntas Comerciais deverá registrar contratos ou alterações contratuais de sociedade que envolva sócio incapaz, desde que atendidos, de forma conjunta, os seguintes pressupostos:

→ § 3º acrescentado pela Lei 12.399/2011.

I – o sócio incapaz não pode exercer a administração da sociedade;

II – o capital social deve ser totalmente integralizado;

III – o sócio relativamente incapaz deve ser assistido e o absolutamente incapaz deve ser representado por seus representantes legais.

Art. 975. Se o representante ou assistente do incapaz for pessoa que, por disposição de lei, não puder exercer atividade de empresário, nomeará, com a aprovação do juiz, um ou mais gerentes.

→ *v.* Arts 1.172 a 1.176 do CC.

§ 1º Do mesmo modo será nomeado gerente em todos os casos em que o juiz entender ser conveniente.

§ 2º A aprovação do juiz não exime o representante ou assistente do menor ou do interdito da responsabilidade pelos atos dos gerentes nomeados.

Art. 976. A prova da emancipação e da autorização do incapaz, nos casos do art. 974, e a de eventual revogação desta, serão inscritas ou averbadas no Registro Público de Empresas Mercantis.

→ *v.* Art. 5º do CC.

→ *v.* Art. 32, II, *e*, da Lei 8.934/1994.

Parágrafo único. O uso da nova firma caberá, conforme o caso, ao gerente; ou ao representante do incapaz; ou a este, quando puder ser autorizado.

Art. 977. Faculta-se aos cônjuges contratar sociedade, entre si ou com terceiros, desde que não tenham casado no regime da comunhão universal de bens, ou no da separação obrigatória.

Art. 978. O empresário casado pode, sem necessidade de outorga conjugal, qualquer que seja o regime de bens, alienar os imóveis que integrem o patrimônio da empresa ou gravá-los de ônus real.

Art. 979. Além de no Registro Civil, serão arquivados e averbados, no Registro Público de Empresas Mercantis, os pactos e declarações antenupciais do empresário, o título de doação, herança, ou legado, de bens clausulados de incomunicabilidade ou inalienabilidade.

→ v. Decreto 8.270/2014 – Institui o Sistema Nacional de Informações de Registro Civil – SIRC.

→ *v.* Arts. 538, 1.657, 1.661, 1.784, 1848, 1.911 e 1.912 do CC.

→ *v.* Arts. 167, I, 12, e II, 1, 244 e 245 da Lei 6.015/1973.

Art. 980. A sentença que decretar ou homologar a separação judicial do empresário e o ato de reconciliação não podem ser opostos a terceiros, antes de arquivados e averbados no Registro Público de Empresas Mercantis.

→ *v.* Art. 167, II, 5, 10 e 14, da Lei 6.015/1973.

Título I-A
Da empresa individual de responsabilidade limitada

→ Título I-A acrescentado pela Lei 12.441/2011.

Art. 980-A. A empresa individual de responsabilidade limitada será constituída por uma única pessoa titular da totalidade do capital social, devidamente integralizado, que não será inferior a 100 (cem) vezes o maior salário mínimo vigente no País.

→ Artigo acrescentado pela Lei 12.441/2011.

→ *v.* Art. 44, VI, do CC.

§ 1º O nome empresarial deverá ser formado pela inclusão da expressão "EIRELI" após a firma ou a denominação social da empresa individual de responsabilidade limitada.

§ 2º A pessoa natural que constituir empresa individual de responsabilidade limitada somente poderá figurar em uma única empresa dessa modalidade.

§ 3º A empresa individual de responsabilidade limitada também poderá resultar da concentração das quotas de outra modalidade societária num único sócio, independentemente das razões que motivaram tal concentração.

§ 4º *(Vetado).*

§ 5º Poderá ser atribuída à empresa individual de responsabilidade limitada constituída para a prestação de serviços de qualquer natureza a remuneração decorrente da cessão de direitos patrimoniais de autor ou de imagem, nome, marca ou voz de que seja detentor o titular da pessoa jurídica, vinculados à atividade profissional.

§ 6º Aplicam-se à empresa individual de responsabilidade limitada, no que couber, as regras previstas para as sociedades limitadas.

Título II
Da sociedade

Capítulo Único
DISPOSIÇÕES GERAIS

Art. 981. Celebram contrato de sociedade as pessoas que reciprocamente se obrigam a contribuir, com bens ou serviços, para o exercício de atividade econômica e a partilha, entre si, dos resultados.

→ *v.* Arts. 44, II, 45 a 52, 966 e 986, do CC.

Parágrafo único. A atividade pode restringir-se à realização de um ou mais negócios determinados.

Art. 982. Salvo as exceções expressas, considera-se empresária a sociedade que tem por objeto o exercício de atividade própria de empresário sujeito a registro (art. 967); e, simples, as demais.

Parágrafo único. Independentemente de seu objeto, considera-se empresária a sociedade por ações; e, simples, a cooperativa.

→ *v.* Lei 6.404/1976 – Sociedade por Ações.

→ *v.* Lei 5.764/1971 – Política Nacional de Cooperativismo, institui o regime jurídico das sociedades cooperativas.

Art. 983. A sociedade empresária deve constituir-se segundo um dos tipos regulados nos arts. 1.039 a 1.092; a sociedade simples pode constituir-se de conformidade com um desses tipos, e, não o fazendo, subordina-se às normas que lhe são próprias.

Parágrafo único. Ressalvam-se as disposições concernentes à sociedade em conta de participação e à cooperativa, bem como as constantes de leis especiais que, para o exercício de certas atividades, imponham a constituição da sociedade segundo determinado tipo.

→ *v.* Arts. 991 a 996, e 1.093 a 1.096, do CC.

Art. 984. A sociedade que tenha por objeto o exercício de atividade própria de empresário rural e seja constituída, ou transformada, de acordo com um dos tipos de sociedade empresária, pode, com as formalidades do Art. 968, requerer inscrição no Registro Público de Empresas Mercantis da sua sede, caso em que, depois de inscrita, ficará equiparada, para todos os efeitos, à sociedade empresária.

Parágrafo único. Embora já constituída a sociedade segundo um daqueles tipos, o pedido de inscrição se subordinará, no que for aplicável, às normas que regem a transformação.

→ *v.* Art. 971 do CC.

Art. 985. A sociedade adquire personalidade jurídica com a inscrição, no registro próprio e na forma da lei, dos seus atos constitutivos (arts. 45 e 1.150).

→ *v.* Arts. 1.150 a 1.154 do CC.

→ *v.* Arts. 2º, 32, II, e 35 a 38, da Lei 8.934/1994.

→ *v.* Arts. 114 a 126 da Lei 6.015/1973.

Subtítulo I
DA SOCIEDADE NÃO PERSONIFICADA

Capítulo I
DA SOCIEDADE EM COMUM

Art. 986. Enquanto não inscritos os atos constitutivos, reger-se-á a sociedade, exceto por ações em organização, pelo disposto neste Capítulo, observadas, subsidiariamente e no que com ele forem compatíveis, as normas da sociedade simples.

→ *v.* Arts. 997 a 1.038 do CC.

Art. 987. Os sócios, nas relações entre si ou com terceiros, somente por escrito podem provar a existência da sociedade, mas os terceiros podem prová-la de qualquer modo.

→ *v.* Arts. 12, § 2º, e 332, do CPC/1973.

→ *v.* Arts. 75, § 2º, e 369, do NCPC.

Art. 988. Os bens e dívidas sociais constituem patrimônio especial, do qual os sócios são titulares em comum.

→ *v.* Art. 91 do CC.

Art. 989. Os bens sociais respondem pelos atos de gestão praticados por qualquer dos sócios, salvo pacto expresso limitativo de poderes, que somente terá eficácia contra o terceiro que o conheça ou deva conhecer.

Art. 990. Todos os sócios respondem solidária e ilimitadamente pelas obrigações sociais, excluído do benefício de ordem, previsto no art. 1.024, aquele que contratou pela sociedade.

→ *v.* Arts. 275 a 285, 986 e 1.011, do CC.

Capítulo II
DA SOCIEDADE EM CONTA DE PARTICIPAÇÃO

Art. 991. Na sociedade em conta de participação, a atividade constitutiva do objeto social é exercida unicamente pelo sócio ostensivo, em seu nome individual e sob sua própria e exclusiva responsabilidade, participando os demais dos resultados correspondentes.

→ *v.* Art. 983, parágrafo único, do CC.

→ *v.* Art. 7º do Dec.-lei 2.303/1986.

Parágrafo único. Obriga-se perante terceiro tão somente o sócio ostensivo; e, exclusivamente perante este, o sócio participante, nos termos do contrato social.

Art. 992. A constituição da sociedade em conta de participação independe de qualquer formalidade e pode provar-se por todos os meios de direito.

Art. 993. O contrato social produz efeito somente entre os sócios, e a eventual inscrição de seu instrumento em qualquer registro não confere personalidade jurídica à sociedade.

Parágrafo único. Sem prejuízo do direito de fiscalizar a gestão dos negócios sociais, o sócio participante não pode tomar parte nas relações do sócio ostensivo com terceiros, sob pena de responder solidariamente com este pelas obrigações em que intervier.

→ *v.* Arts. 275 a 285, 996, 1.020 e 1.021 do CC.

Art. 994. A contribuição do sócio participante constitui, com a do sócio ostensivo, patrimônio especial, objeto da conta de participação relativa aos negócios sociais.

§ 1º A especialização patrimonial somente produz efeitos em relação aos sócios.

§ 2º A falência do sócio ostensivo acarreta a dissolução da sociedade e a liquidação da respectiva conta, cujo saldo constituirá crédito quirografário.

§ 3º Falindo o sócio participante, o contrato social fica sujeito às normas que regulam os efeitos da falência nos contratos bilaterais do falido.

→ *v.* Art. 117 da Lei 11.101/2005.

Art. 995. Salvo estipulação em contrário, o sócio ostensivo não pode admitir novo sócio sem o consentimento expresso dos demais.

Art. 996. Aplica-se à sociedade em conta de participação, subsidiariamente e no que com ela for compatível, o disposto para a sociedade simples, e a sua liquidação rege-se pelas normas relativas à prestação de contas, na forma da lei processual.

→ *v.* Arts. 1.002, 1.004, 1.005, 1.007, 1.008, 1.010, 1.028 a 1.033, e 1.035, do CC.

→ *v.* Arts. 914 a 919 do CPC/1973.

→ *v.* Arts. 550 a 553, do NCPC.

Parágrafo único. Havendo mais de um sócio ostensivo, as respectivas contas serão prestadas e julgadas no mesmo processo.

Subtítulo II
DA SOCIEDADE PERSONIFICADA

Capítulo I
DA SOCIEDADE SIMPLES

Seção I
Do contrato social

Art. 997. A sociedade constitui-se mediante contrato escrito, particular ou público, que, além de cláusulas estipuladas pelas partes, mencionará:

I – nome, nacionalidade, estado civil, profissão e residência dos sócios, se pessoas naturais, e a firma ou a denominação, nacionalidade e sede dos sócios, se jurídicas;

II – denominação, objeto, sede e prazo da sociedade;

→ *v.* Arts. 966, parágrafo único, e 982, do CC.

→ *v.* Art. 16, § 1º, da Lei 8.906/1994.

III – capital da sociedade, expresso em moeda corrente, podendo compreender qualquer espécie de bens, suscetíveis de avaliação pecuniária;

IV – a quota de cada sócio no capital social, e o modo de realizá-la;

V – as prestações a que se obriga o sócio, cuja contribuição consista em serviços;

→ *v.* Arts. 1.004 a 1.006 do CC.

VI – as pessoas naturais incumbidas da administração da sociedade, e seus poderes e atribuições;

VII – a participação de cada sócio nos lucros e nas perdas;

→ *v.* Art. 1.007 do CC.

VIII – se os sócios respondem, ou não, subsidiariamente, pelas obrigações sociais.

→ *v.* Arts. 1.023 e 1.024 do CC.

Parágrafo único. É ineficaz em relação a terceiros qualquer pacto separado, contrário ao disposto no instrumento do contrato.

Art. 998. Nos 30 (trinta) dias subsequentes à sua constituição, a sociedade deverá requerer a inscrição do contrato social no Registro Civil das Pessoas Jurídicas do local de sua sede.

→ *v.* Decreto 8.270/2014 – Institui o Sistema Nacional de Informações de Registro Civil – SIRC.

→ *v.* Arts. 1.151 e 1.153 do CC.

→ *v.* Arts. 114 a 126 da Lei 6.015/1973.

§ 1º O pedido de inscrição será acompanhado do instrumento autenticado do contrato, e, se algum sócio nele houver sido representado por procurador, o da respectiva procuração, bem como, se for o caso, da prova de autorização da autoridade competente.

→ *v.* Art. 1.123 do CC.

§ 2º Com todas as indicações enumeradas no artigo antecedente, será a inscrição tomada por termo no livro de registro próprio, e obedecerá a número de ordem contínua para todas as sociedades inscritas.

Art. 999. As modificações do contrato social, que tenham por objeto matéria indicada no Art. 997, dependem do consentimento de todos os sócios; as demais podem ser decididas por maioria absoluta de votos, se o contrato não determinar a necessidade de deliberação unânime.

Parágrafo único. Qualquer modificação do contrato social será averbada, cumprindo-se as formalidades previstas no artigo antecedente.

Art. 1.000. A sociedade simples que instituir sucursal, filial ou agência na circunscrição de outro Registro Civil das Pessoas Jurídicas, neste deverá também inscrevê-la, com a prova da inscrição originária.

→ *v.* Decreto 8.270/2014 – Institui o Sistema Nacional de Informações de Registro Civil – SIRC.

Parágrafo único. Em qualquer caso, a constituição da sucursal, filial ou agência deverá ser averbada no Registro Civil da respectiva sede.

Seção II
Dos direitos e obrigações dos sócios

Art. 1.001. As obrigações dos sócios começam imediatamente com o contrato, se este não fixar outra data, e terminam quando, liquidada a sociedade, se extinguirem as responsabilidades sociais.

Art. 1.002. O sócio não pode ser substituído no exercício das suas funções, sem o consentimento dos demais sócios, expresso em modificação do contrato social.

→ *v.* Art. 999 do CC.

Art. 1.003. A cessão total ou parcial de quota, sem a correspondente modificação do contrato social com o consentimento dos demais sócios, não terá eficácia quanto a estes e à sociedade.

Parágrafo único. Até 2 (dois) anos depois de averbada a modificação do contrato, responde o cedente solidariamente com o cessionário, perante a sociedade e terceiros, pelas obrigações que tinha como sócio.

→ *v.* Arts. 275, 999 e 1.057, do CC.

Art. 1.004. Os sócios são obrigados, na forma e prazo previstos, às contribuições estabelecidas no contrato social, e aquele que deixar de fazê-lo, nos 30 (trinta) dias seguintes ao da notificação pela sociedade, responderá perante esta pelo dano emergente da mora.

→ *v.* Arts. 394 a 401, e 997, VI, do CC.

Parágrafo único. Verificada a mora, poderá a maioria dos demais sócios preferir, à indenização, a exclusão do sócio remisso, ou reduzir-lhe a quota ao montante já realizado, aplicando-se, em ambos os casos, o disposto no § 1º do art. 1.031.

→ *v.* Art. 1.030 do CC.

Art. 1.005. O sócio que, a título de quota social, transmitir domínio, posse ou uso, responde pela evicção; e pela solvência do devedor, aquele que transferir crédito.

Art. 1.006. O sócio, cuja contribuição consista em serviços, não pode, salvo convenção em contrário, empregar-se em atividade estranha à sociedade, sob pena de ser privado de seus lucros e dela excluído.

→ *v.* Art. 1.030 do CC.

Art. 1.007. Salvo estipulação em contrário, o sócio participa dos lucros e das perdas, na proporção das respectivas quotas, mas aquele, cuja contribuição consiste em serviços, somente participa dos lucros na proporção da média do valor das quotas.

→ *v.* Arts. 997, VII, e 1.008, do CC.

Art. 1.008. É nula a estipulação contratual que exclua qualquer sócio de participar dos lucros e das perdas.

→ *v.* *Art.* 997, VII, do CC.

Art. 1.009. A distribuição de lucros ilícitos ou fictícios acarreta responsabilidade solidária dos administradores que a realizarem e dos sócios que os receberem, conhecendo ou devendo conhecer-lhes a ilegitimidade.

→ V. Arts. 264 a 285 do CC.

Seção III
Da administração

Art. 1.010. Quando, por lei ou pelo contrato social, competir aos sócios decidir sobre os negócios da sociedade, as deliberações serão tomadas por maioria de votos, contados segundo o valor das quotas de cada um.

→ V. Art. 1.072 do CC.

§ 1º Para formação da maioria absoluta são necessários votos correspondentes a mais de metade do capital.

§ 2º Prevalece a decisão sufragada por maior número de sócios no caso de empate, e, se este persistir, decidirá o juiz.

§ 3º Responde por perdas e danos o sócio que, tendo em alguma operação interesse contrário ao da sociedade, participar da deliberação que a aprove graças a seu voto.

→ V. Arts. 402 a 405 do CC.

Art. 1.011. O administrador da sociedade deverá ter, no exercício de suas funções, o cuidado e a diligência que todo homem ativo e probo costuma empregar na administração de seus próprios negócios.

→ V. Arts. 653 a 691 do CC.

→ V. Art. 153 da Lei 6.404/1976.

§ 1º Não podem ser administradores, além das pessoas impedidas por lei especial, os condenados a pena que vede, ainda que temporariamente, o acesso a cargos públicos; ou por crime falimentar, de prevaricação, peita ou suborno, concussão, peculato; ou contra a economia popular, contra o sistema financeiro nacional, contra as normas de defesa da concorrência, contra as relações de consumo, a fé pública ou a propriedade, enquanto perdurarem os efeitos da condenação.

§ 2º Aplicam-se à atividade dos administradores, no que couber, as disposições concernentes ao mandato.

Art. 1.012. O administrador, nomeado por instrumento em separado, deve averbá-lo à margem da inscrição da sociedade, e, pelos atos que praticar, antes de requerer a averbação, responde pessoal e solidariamente com a sociedade.

→ V. Arts. 275 a 285, 999, 1.010 e 1.019 do CC.

Art. 1.013. A administração da sociedade, nada dispondo o contrato social, compete separadamente a cada um dos sócios.

§ 1º Se a administração competir separadamente a vários administradores, cada um pode impugnar operação pretendida por outro, cabendo a decisão aos sócios, por maioria de votos.

→ V. Art. 1.010 do CC.

§ 2º Responde por perdas e danos perante a sociedade o administrador que realizar operações, sabendo ou devendo saber que estava agindo em desacordo com a maioria.

→ V. Arts. 402 a 405 do CC.

Art. 1.014. Nos atos de competência conjunta de vários administradores, torna-se necessário o concurso de todos, salvo nos casos urgentes, em que a omissão ou retardo das providências possa ocasionar dano irreparável ou grave.

Art. 1.015. No silêncio do contrato, os administradores podem praticar todos os atos pertinentes à gestão da sociedade; não constituindo objeto social, a oneração ou a venda de bens imóveis depende do que a maioria dos sócios decidir.

Parágrafo único. O excesso por parte dos administradores somente pode ser oposto a terceiros se ocorrer pelo menos uma das seguintes hipóteses:

I – se a limitação de poderes estiver inscrita ou averbada no registro próprio da sociedade;

II – provando-se que era conhecida do terceiro;

III – tratando-se de operação evidentemente estranha aos negócios da sociedade.

Art. 1.016. Os administradores respondem solidariamente perante a sociedade e os terceiros prejudicados, por culpa no desempenho de suas funções.

→ V. Arts. 275 a 285, 990, e 1.023, do CC.

Art. 1.017. O administrador que, sem consentimento escrito dos sócios, aplicar créditos ou bens sociais em proveito próprio ou de terceiros, terá de restituí-los à sociedade, ou pagar o equivalente, com todos os lucros resultantes, e, se houver prejuízo, por ele também responderá.

→ V. Arts. 402 a 405 do CC.

Parágrafo único. Fica sujeito às sanções o administrador que, tendo em qualquer operação interesse contrário ao da sociedade, tome parte na correspondente deliberação.

Art. 1.018. Ao administrador é vedado fazer-se substituir no exercício de suas funções, sendo-lhe facultado, nos limites de seus poderes, constituir mandatários da sociedade, especificados no instrumento os atos e operações que poderão praticar.

→ V. Arts. 653 a 659, e 662 a 691, do CC.

Art. 1.019. São irrevogáveis os poderes do sócio investido na administração por cláusula expressa do contrato social, salvo justa causa, reconhecida judicialmente, a pedido de qualquer dos sócios.

Parágrafo único. São revogáveis, a qualquer tempo, os poderes conferidos a sócio por ato separado, ou a quem não seja sócio.

Art. 1.020. Os administradores são obrigados a prestar aos sócios contas justificadas de sua administração, e apresentar-lhes o inventário anualmente, bem como o balanço patrimonial e o de resultado econômico.

→ V. Arts. 1.187 a 1.189 do CC.

Art. 1.021. Salvo estipulação que determine época própria, o sócio pode, a qualquer tempo, examinar os livros e documentos, e o estado da caixa e da carteira da sociedade.

Seção IV
Das relações com terceiros

Art. 1.022. A sociedade adquire direitos, assume obrigações e procede judicialmente, por meio de administradores com poderes especiais, ou, não os havendo, por intermédio de qualquer administrador.

→ V. Arts. 12, VI, e 215, § 1º, do CPC/1973.

→ V. Arts. 75, VIII, e 242, § 1º, do NCPC.

Art. 1.023. Se os bens da sociedade não lhe cobrirem as dívidas, respondem os sócios pelo saldo, na proporção em que participem das perdas sociais, salvo cláusula de responsabilidade solidária.

→ V. Arts. 275 a 285 do CC.

→ V. Arts. 592, II, e 596, do CPC/1973.

→ V. Arts. 790, II, e 795, do NCPC.

Art. 1.024. Os bens particulares dos sócios não podem ser executados por dívidas da sociedade, senão depois de executados os bens sociais.

Art. 1.025. O sócio, admitido em sociedade já constituída, não se exime das dívidas sociais anteriores à admissão.

Art. 1.026. O credor particular de sócio pode, na insuficiência de outros bens do devedor, fazer recair a execução sobre o que a este couber nos lucros da sociedade, ou na parte que lhe tocar em liquidação.

Parágrafo único. Se a sociedade não estiver dissolvida, pode o credor requerer a liquidação da quota do devedor, cujo valor, apurado na forma do art. 1.031, será depositado em dinheiro, no juízo da execução, até noventa dias após aquela liquidação.

→ V. Art. 1.030, parágrafo único, do CC.

Art. 1.027. Os herdeiros do cônjuge de sócio, ou o cônjuge do que se separou judicialmente, não podem exigir desde logo a parte que lhes couber na quota social, mas concorrer à divisão periódica dos lucros, até que se liquide a sociedade.

Seção V
Da resolução da sociedade em relação a um sócio

Art. 1.028. No caso de morte de sócio, liquidar-se-á sua quota, salvo:

I – se o contrato dispuser diferentemente;

II – se os sócios remanescentes optarem pela dissolução da sociedade;

→ V. Arts. 1.033 a 1.038 do CC.

III – se, por acordo com os herdeiros, regular-se a substituição do sócio falecido.

Art. 1.029. Além dos casos previstos na lei ou no contrato, qualquer sócio pode retirar-se da sociedade; se de prazo indeterminado, mediante notificação aos demais sócios, com antecedência mínima de 60 (sessenta) dias; se de prazo determinado, provando judicialmente justa causa.

Parágrafo único. Nos 30 (trinta) dias subsequentes à notificação, podem os demais sócios optar pela dissolução da sociedade.

Art. 1.030. Ressalvado o disposto no Art. 1.004 e seu parágrafo único, pode o sócio ser excluído judicialmente, mediante iniciativa da maioria dos demais sócios, por falta grave no cumprimento de suas obrigações, ou, ainda, por incapacidade superveniente.

Parágrafo único. Será de pleno direito excluído da sociedade o sócio declarado falido, ou aquele cuja quota tenha sido liquidada nos termos do parágrafo único do art. 1.026.

→ V. Art. 1.080 do CC.

Art. 1.031. Nos casos em que a sociedade se resolver em relação a um sócio, o valor da sua quota, considerada pelo montante efetivamente realizado, liquidar-se-á, salvo disposição contratual em contrário, com base na situação patrimonial da sociedade, à data da resolução, verificada em balanço especialmente levantado.

→ *V.* Arts. 1.030 e 1.077 do CC.

§ 1º O capital social sofrerá a correspondente redução, salvo se os demais sócios suprirem o valor da quota.

§ 2º A quota liquidada será paga em dinheiro, no prazo de 90 (noventa) dias, a partir da liquidação, salvo acordo, ou estipulação contratual em contrário.

Art. 1.032. A retirada, exclusão ou morte do sócio, não o exime, ou a seus herdeiros, da responsabilidade pelas obrigações sociais anteriores, até 2 (dois) anos após averbada a resolução da sociedade; nem nos dois primeiros casos, pelas posteriores e em igual prazo, enquanto não se requerer a averbação.

Seção VI
Da dissolução

Art. 1.033. Dissolve-se a sociedade quando ocorrer:

I – o vencimento do prazo de duração, salvo se, vencido este e sem oposição de sócio, não entrar a sociedade em liquidação, caso em que se prorrogará por tempo indeterminado;

II – o consenso unânime dos sócios;

III – a deliberação dos sócios, por maioria absoluta, na sociedade de prazo indeterminado;

IV – a falta de pluralidade de sócios, não reconstituída no prazo de 180 (cento e oitenta) dias;

V – a extinção, na forma da lei, de autorização para funcionar.

→ *V.* Arts. 1.037 e 1.123 do CC.

Parágrafo único. Não se aplica o disposto no inciso IV caso o sócio remanescente, inclusive na hipótese de concentração de todas as cotas da sociedade sob sua titularidade, requeira, no Registro Público de Empresas Mercantis, a transformação do registro da sociedade para empresário individual ou para empresa individual de responsabilidade limitada, observado, no que couber, o disposto nos arts. 1.113 a 1.115 deste Código.

→ Parágrafo único com redação alterada pela Lei 12.441/2011.

Art. 1.034. A sociedade pode ser dissolvida judicialmente, a requerimento de qualquer dos sócios, quando:

I – anulada a sua constituição;

II – exaurido o fim social, ou verificada a sua inexequibilidade.

Art. 1.035. O contrato pode prever outras causas de dissolução, a serem verificadas judicialmente quando contestadas.

Art. 1.036. Ocorrida a dissolução, cumpre aos administradores providenciar imediatamente a investidura do liquidante, e restringir a gestão própria aos negócios inadiáveis, vedadas novas operações, pelas quais responderão solidária e ilimitadamente.

Parágrafo único. Dissolvida de pleno direito a sociedade, pode o sócio requerer, desde logo, a liquidação judicial.

Art. 1.037. Ocorrendo a hipótese prevista no inciso V do art. 1.033, o Ministério Público, tão logo lhe comunique a autoridade competente, promoverá a liquidação judicial da sociedade, se os administradores não o tiverem feito nos 30 (trinta) dias seguintes à perda da autorização, ou se o sócio não houver exercido a faculdade assegurada no parágrafo único do artigo antecedente.

Parágrafo único. Caso o Ministério Público não promova a liquidação judicial da sociedade nos 15 (quinze) dias subsequentes ao recebimento da comunicação, a autoridade competente para conceder a autorização nomeará interventor com poderes para requerer a medida e administrar a sociedade até que seja nomeado o liquidante.

Art. 1.038. Se não estiver designado no contrato social, o liquidante será eleito por deliberação dos sócios, podendo a escolha recair em pessoa estranha à sociedade.

§ 1º O liquidante pode ser destituído, a todo tempo:

I – se eleito pela forma prevista neste artigo, mediante deliberação dos sócios;

II – em qualquer caso, por via judicial, a requerimento de um ou mais sócios, ocorrendo justa causa.

§ 2º A liquidação da sociedade se processa de conformidade com o disposto no Capítulo IX, deste Subtítulo.

Capítulo II
DA SOCIEDADE EM NOME COLETIVO

Art. 1.039. Somente pessoas físicas podem tomar parte na sociedade em nome coletivo, respondendo todos os sócios, solidária e ilimitadamente, pelas obrigações sociais.

→ *V.* Arts. 275 a 285, e 1.024, do CC.

Parágrafo único. Sem prejuízo da responsabilidade perante terceiros, podem os sócios, no ato constitutivo, ou por unânime convenção posterior, limitar entre si a responsabilidade de cada um.

→ *V.* Arts. 997, VII, 1.007, 1.008 e 1.040, do CC.

Art. 1.040. A sociedade em nome coletivo se rege pelas normas deste Capítulo e, no que seja omisso, pelas do Capítulo antecedente.

Art. 1.041. O contrato deve mencionar, além das indicações referidas no art. 997, a firma social.

→ *V.* Art. 1.157 do CC.

Art. 1.042. A administração da sociedade compete exclusivamente a sócios, sendo o uso da firma, nos limites do contrato, privativo dos que tenham os necessários poderes.

→ *V.* Arts. 1.011 a 1.021 do CC.

Art. 1.043. O credor particular de sócio não pode, antes de dissolver-se a sociedade, pretender a liquidação da quota do devedor.

Parágrafo único. Poderá fazê-lo quando:

I – a sociedade houver sido prorrogada tacitamente;

II – tendo ocorrido prorrogação contratual, for acolhida judicialmente oposição do credor, levantada no prazo de 90 (noventa) dias, contado da publicação do ato dilatório.

Art. 1.044. A sociedade se dissolve de pleno direito por qualquer das causas enumeradas no art. 1.033 e, se empresária, também pela declaração da falência.

→ *V.* Arts. 966, 982, 983, 1.034, 1.035, 1.040 e 1.087, do CC.

→ *V.* Arts. 94, 99 e 100, da Lei 11.101/2005.

Capítulo III
DA SOCIEDADE EM COMANDITA SIMPLES

Art. 1.045. Na sociedade em comandita simples tomam parte sócios de duas categorias: os comanditados, pessoas físicas, responsáveis solidária e ilimitadamente pelas obrigações sociais; e os comanditários, obrigados somente pelo valor de sua quota.

→ *V.* Arts. 275 a 285, e 1.024, do CC.

Parágrafo único. O contrato deve discriminar os comanditados e os comanditários.

Art. 1.046. Aplicam-se à sociedade em comandita simples as normas da sociedade em nome coletivo, no que forem compatíveis com as deste Capítulo.

Parágrafo único. Aos comanditados cabem os mesmos direitos e obrigações dos sócios da sociedade em nome coletivo.

Art. 1.047. Sem prejuízo da faculdade de participar das deliberações da sociedade e de lhe fiscalizar as operações, não pode o comanditário praticar qualquer ato de gestão, nem ter o nome na firma social, sob pena de ficar sujeito às responsabilidades de sócio comanditado.

→ *V.* Art. 1.157 do CC.

Parágrafo único. Pode o comanditário ser constituído procurador da sociedade, para negócio determinado e com poderes especiais.

Art. 1.048. Somente após averbada a modificação do contrato, produz efeito, quanto a terceiros, a diminuição da quota do comanditário, em consequência de ter sido reduzido o capital social, sempre sem prejuízo dos credores preexistentes.

Art. 1.049. O sócio comanditário não é obrigado à reposição de lucros recebidos de boa-fé e de acordo com o balanço.

Parágrafo único. Diminuído o capital social por perdas supervenientes, não pode o comanditário receber quaisquer lucros, antes de reintegrado aquele.

Art. 1.050. No caso de morte de sócio comanditário, a sociedade, salvo disposição do contrato, continuará com os seus sucessores, que designarão quem os represente.

Art. 1.051. Dissolve-se de pleno direito a sociedade:

I – por qualquer das causas previstas no art. 1.044;

II – quando por mais de 180 (cento e oitenta) dias perdurar a falta de uma das categorias de sócio.

Parágrafo único. Na falta de sócio comanditado, os comanditários nomearão administrador provisório para praticar, durante o período referido no inciso II e sem assumir a condição de sócio, os atos de administração.

Capítulo IV
DA SOCIEDADE LIMITADA

Seção I
Disposições preliminares

Art. 1.052. Na sociedade limitada, a responsabilidade de cada sócio é restrita ao valor de suas quotas, mas todos respondem solidariamente pela integralização do capital social.

→ *v.* Arts. 275 a 285, 1.055 e 1.058, do CC.

Art. 1.053. A sociedade limitada rege-se, nas omissões deste Capítulo, pelas normas da sociedade simples.

→ *v.* Arts. 997 a 1.038, e 1.044, do CC.

Parágrafo único. O contrato social poderá prever a regência supletiva da sociedade limitada pelas normas da sociedade anônima.

→ *v.* Lei 6.404/1976 – Sociedades por Ações.

Art. 1.054. O contrato mencionará, no que couber, as indicações do art. 997, e, se for o caso, a firma social.

→ *v.* Arts. 1.064 e 1.158 do CC.

Seção II
Das quotas

Art. 1.055. O capital social divide-se em quotas, iguais ou desiguais, cabendo uma ou diversas a cada sócio.

§ 1° Pela exata estimação de bens conferidos ao capital social respondem solidariamente todos os sócios, até o prazo de 5 (cinco) anos da data do registro da sociedade.

§ 2° É vedada contribuição que consista em prestação de serviços.

Art. 1.056. A quota é indivisível em relação à sociedade, salvo para efeito de transferência, caso em que se observará o disposto no artigo seguinte.

§ 1° No caso de condomínio de quota, os direitos a ela inerentes somente podem ser exercidos pelo condômino representante, ou pelo inventariante do espólio de sócio falecido.

§ 2° Sem prejuízo do disposto no art. 1.052, os condôminos de quota indivisa respondem solidariamente pelas prestações necessárias à sua integralização.

→ *v.* Arts. 275 a 285 do CC.

Art. 1.057. Na omissão do contrato, o sócio pode ceder sua quota, total ou parcialmente, a quem seja sócio, independentemente de audiência dos outros, ou a estranho, se não houver oposição de titulares de mais de 1/4 (um quarto) do capital social.

Parágrafo único. A cessão terá eficácia quanto à sociedade e terceiros, inclusive para os fins do parágrafo único do art. 1.003, a partir da averbação do respectivo instrumento, subscrito pelos sócios anuentes.

→ *v.* Art. 1.081, § 2°, do CC.

Art. 1.058. Não integralizada a quota de sócio remisso, os outros sócios podem, sem prejuízo do disposto no art. 1.004 e seu parágrafo único, tomá-la para si ou transferi-la a terceiros, excluindo o primitivo titular e devolvendo-lhe o que houver pago, deduzidos os juros da mora, as prestações estabelecidas no contrato mais as despesas.

→ *v.* Arts. 394 a 399, 406 e 407, do CC.

Art. 1.059. Os sócios serão obrigados à reposição dos lucros e das quantias retiradas, a qualquer título, ainda que autorizados pelo contrato, quando tais lucros ou quantia se distribuírem com prejuízo do capital.

Seção III
Da administração

Art. 1.060. A sociedade limitada é administrada por uma ou mais pessoas designadas no contrato social ou em ato separado.

Parágrafo único. A administração atribuída no contrato a todos os sócios não se estende de pleno direito aos que posteriormente adquiram essa qualidade.

Art. 1.061. A designação de administradores não sócios dependerá de aprovação da unanimidade dos sócios, enquanto o capital não estiver integralizado, e de 2/3 (dois terços), no mínimo, após a integralização.

→ Artigo com redação alterada pela Lei 12.375/2010.

→ *v.* Art. 1.076 do CC.

Art. 1.062. O administrador designado em ato separado investir-se-á no cargo mediante termo de posse no livro de atas da administração.

§ 1° Se o termo não for assinado nos 30 (trinta) dias seguintes à designação, esta se tornará sem efeito.

§ 2° Nos 10 (dez) dias seguintes ao da investidura, deve o administrador requerer seja averbada sua nomeação no registro competente, mencionando o seu nome, nacionalidade, estado civil, residência, com exibição de documento de identidade, o ato e a data da nomeação e o prazo de gestão.

Art. 1.063. O exercício do cargo de administrador cessa pela destituição, em qualquer tempo, do titular, ou pelo término do prazo se, fixado no contrato ou em ato separado, não houver recondução.

§ 1° Tratando-se de sócio nomeado administrador no contrato, sua destituição somente se opera pela aprovação de titulares de quotas correspondentes, no mínimo, a 2/3 (dois terços) do capital social, salvo disposição contratual diversa.

§ 2° A cessação do exercício do cargo de administrador deve ser averbada no registro competente, mediante requerimento apresentado nos 10 (dez) dias seguintes ao da ocorrência.

§ 3° A renúncia de administrador torna-se eficaz, em relação à sociedade, desde o momento em que esta toma conhecimento da comunicação escrita do renunciante; e, em relação a terceiros, após a averbação e publicação.

Art. 1.064. O uso da firma ou denominação social é privativo dos administradores que tenham os necessários poderes.

Art. 1.065. Ao término de cada exercício social, proceder-se-á à elaboração do inventário, do balanço patrimonial e do balanço de resultado econômico.

→ *v.* Arts. 1.179 a 1.195 do CC.

Seção IV
Do conselho fiscal

Art. 1.066. Sem prejuízo dos poderes da assembleia dos sócios, pode o contrato instituir conselho fiscal composto de 3 (três) ou mais membros e respectivos suplentes, sócios ou não, residentes no País, eleitos na assembleia anual prevista no art. 1.078.

§ 1° Não podem fazer parte do conselho fiscal, além dos inelegíveis enumerados no § 1° do art. 1.011, os membros dos demais órgãos da sociedade ou de outra por ela controlada, os empregados de quaisquer delas ou dos respectivos administradores, o cônjuge ou parente destes até o terceiro grau.

§ 2° É assegurado aos sócios minoritários, que representarem pelo menos 1/5 (um quinto) do capital social, o direito de eleger, separadamente, um dos membros do conselho fiscal e o respectivo suplente.

Art. 1.067. O membro ou suplente eleito, assinando termo de posse lavrado no livro de atas e pareceres do conselho fiscal, em que se mencione o seu nome, nacionalidade, estado civil, residência e a data da escolha, ficará investido nas suas funções, que exercerá, salvo cessação anterior, até a subsequente assembleia anual.

Parágrafo único. Se o termo não for assinado nos 30 (trinta) dias seguintes ao da eleição, esta se tornará sem efeito.

Art. 1.068. A remuneração dos membros do conselho fiscal será fixada, anualmente, pela assembleia dos sócios que os eleger.

Art. 1.069. Além de outras atribuições determinadas na lei ou no contrato social, aos membros do conselho fiscal incumbem, individual ou conjuntamente, os deveres seguintes:

I – examinar, pelo menos trimestralmente, os livros e papéis da sociedade e o estado da caixa e da carteira, devendo os administradores ou liquidantes prestar-lhes as informações solicitadas;

II – lavrar no livro de atas e pareceres do conselho fiscal o resultado dos exames referidos no inciso I deste artigo;

III – exarar no mesmo livro e apresentar à assembleia anual dos sócios parecer sobre os negócios e as operações sociais do exercício em que servirem, tomando por base o balanço patrimonial e o de resultado econômico;

IV – denunciar os erros, fraudes ou crimes que descobrirem, sugerindo providências úteis à sociedade;

V – convocar a assembleia dos sócios se a diretoria retardar por mais de 30 (trinta) dias a sua convocação anual, ou sempre que ocorram motivos graves e urgentes;

VI – praticar, durante o período da liquidação da sociedade, os atos a que se refere este artigo, tendo em vista as disposições especiais reguladoras da liquidação.

→ *v.* Arts. 1.073, II, 1.078, e 1.102 a 1.112, do CC.

Art. 1.070. As atribuições e poderes conferidos pela lei ao conselho fiscal não podem ser outorgados a outro órgão da sociedade, e a responsabilidade de seus membros obedece à regra que define a dos administradores (art. 1.016).

Parágrafo único. O conselho fiscal poderá escolher para assisti-lo no exame dos livros, dos balanços e das contas, contabilista legalmente habilitado, mediante remuneração aprovada pela assembleia dos sócios.

Seção V
Das deliberações dos sócios

Art. 1.071. Dependem da deliberação dos sócios, além de outras matérias indicadas na lei ou no contrato:

I – a aprovação das contas da administração;

→ *v.* Arts. 1.065 e 1.071, I, do CC.

II – a designação dos administradores, quando feita em ato separado;

→ v. Arts. 1.062 e 1.076, II, do CC.

III – a destituição dos administradores;

→ v. Arts. 1.063, § 1º, e 1.076, II, do CC.

IV – o modo de sua remuneração, quando não estabelecido no contrato;

→ v. Art. 1.076, II, do CC.

V – a modificação do contrato social;

→ v. Art. 1.076, I, do CC.

VI – a incorporação, a fusão e a dissolução da sociedade, ou a cessação do estado de liquidação;

→ v. Arts. 1.076, I, 1.102 a 1.222, do CC.

VII – a nomeação e destituição dos liquidantes e o julgamento das suas contas;

VIII – o pedido de concordata.

→ v. Arts. 1.072, § 4º, e 1.076, II, do CC.

→ v. Arts. 47 a 72, 97, I e 161, da Lei 11.101/2005.

Art. 1.072. As deliberações dos sócios, obedecido o disposto no art. 1.010, serão tomadas em reunião ou em assembleia, conforme previsto no contrato social, devendo ser convocadas pelos administradores nos casos previstos em lei ou no contrato.

§ 1º A deliberação em assembleia será obrigatória se o número dos sócios for superior a 10 (dez).

§ 2º Dispensam-se as formalidades de convocação previstas no § 3º do art. 1.152, quando todos os sócios comparecerem ou se declararem, por escrito, cientes do local, data, hora e ordem do dia.

§ 3º A reunião ou a assembleia tornam-se dispensáveis quando todos os sócios decidirem, por escrito, sobre a matéria que seria objeto delas.

§ 4º No caso do inciso VIII do artigo antecedente, os administradores, se houver urgência e com autorização de titulares de mais da metade do capital social, podem requerer concordata preventiva.

→ v. Arts. 47 a 72 da Lei 11.101/2005.

§ 5º As deliberações tomadas de conformidade com a lei e o contrato vinculam todos os sócios, ainda que ausentes ou dissidentes.

→ v. Art. 1.080 do CC.

§ 6º Aplica-se às reuniões dos sócios, nos casos omissos no contrato, o disposto na presente Seção sobre a assembleia.

Art. 1.073. A reunião ou a assembleia podem também ser convocadas:

→ v. Art. 1.152, § 3º, do CC.

I – por sócio, quando os administradores retardarem a convocação, por mais de 60 (sessenta) dias, nos casos previstos em lei ou no contrato, ou por titulares de mais de 1/5 (um quinto) do capital, quando não atendido, no prazo de 8 (oito) dias, pedido de convocação fundamentado, com indicação das matérias a serem tratadas;

II – pelo conselho fiscal, se houver, nos casos a que se refere o inciso V do art. 1.069.

Art. 1.074. A assembleia dos sócios instala-se com a presença, em primeira convocação, de titulares de no mínimo 3/4 (três quartos) do capital social, e, em segunda, com qualquer número.

§ 1º O sócio pode ser representado na assembleia por outro sócio, ou por advogado, mediante outorga de mandato com especificação dos atos autorizados, devendo o instrumento ser levado a registro, juntamente com a ata.

§ 2º Nenhum sócio, por si ou na condição de mandatário, pode votar matéria que lhe diga respeito diretamente.

Art. 1.075. A assembleia será presidida e secretariada por sócios escolhidos entre os presentes.

§ 1º Dos trabalhos e deliberações será lavrada, no livro de atas da assembleia, ata assinada pelos membros da mesa e por sócios participantes da reunião, quantos bastem à validade das deliberações, mas sem prejuízo dos que queiram assiná-la.

§ 2º Cópia da ata autenticada pelos administradores, ou pela mesa, será, nos 20 (vinte) dias subsequentes à reunião, apresentada ao Registro Público de Empresas Mercantis para arquivamento e averbação.

§ 3º Ao sócio, que a solicitar, será entregue cópia autenticada da ata.

Art. 1.076. Ressalvado o disposto no art. 1.061 e no § 1º do art. 1.063, as deliberações dos sócios serão tomadas:

I – pelos votos correspondentes, no mínimo, a 3/4 (três quartos) do capital social, nos casos previstos nos incisos V e VI do art. 1.071;

II – pelos votos correspondentes a mais de metade do capital social, nos casos previstos nos incisos II, III, IV e VIII do art. 1.071;

III – pela maioria de votos dos presentes, nos demais casos previstos na lei ou no contrato, se este não exigir maioria mais elevada.

Art. 1.077. Quando houver modificação do contrato, fusão da sociedade, incorporação de outra, ou dela por outra, terá o sócio que dissentiu o direito de retirar-se da sociedade, nos trinta dias subsequentes à reunião, aplicando-se, no silêncio do contrato social antes vigente, o disposto no art. 1.031.

→ v. Arts. 1.113 a 1.128 do CC.

Art. 1.078. A assembleia dos sócios deve realizar-se ao menos uma vez por ano, nos 4 (quatro) meses seguintes ao término do exercício social, com o objetivo de:

I – tomar as contas dos administradores e deliberar sobre o balanço patrimonial e o de resultado econômico;

II – designar administradores, quando for o caso;

III – tratar de qualquer outro assunto constante da ordem do dia.

§ 1º Até 30 (trinta) dias antes da data marcada para a assembleia, os documentos referidos no inciso I deste artigo devem ser postos, por escrito, e com a prova do respectivo recebimento, à disposição dos sócios que não exerçam a administração.

§ 2º Instalada a assembleia, proceder-se-á à leitura dos documentos referidos no parágrafo antecedente, os quais serão submetidos, pelo presidente, a discussão e votação, nesta não podendo tomar parte os membros da administração e, se houver, os do conselho fiscal.

§ 3º A aprovação, sem reserva, do balanço patrimonial e do de resultado econômico, salvo erro, dolo ou simulação, exonera de responsabilidade os membros da administração e, se houver, os do conselho fiscal.

→ v. Arts. 138 a 150, e 167, do CC.

§ 4º Extingue-se em 2 (dois) anos o direito de anular a aprovação a que se refere o parágrafo antecedente.

Art. 1.079. Aplica-se às reuniões dos sócios, nos casos omissos no contrato, o estabelecido nesta Seção sobre a assembleia, obedecido o disposto no § 1º do art. 1.072.

Art. 1.080. As deliberações infringentes do contrato ou da lei tornam ilimitada a responsabilidade dos que expressamente as aprovaram.

Seção VI
Do aumento e da redução do capital

Art. 1.081. Ressalvado o disposto em lei especial, integralizadas as quotas, pode ser o capital aumentado, com a correspondente modificação do contrato.

§ 1º Até 30 (trinta) dias após a deliberação, terão os sócios preferência para participar do aumento, na proporção das quotas de que sejam titulares.

§ 2º À cessão do direito de preferência, aplica-se o disposto no *caput* do art. 1.057.

§ 3º Decorrido o prazo da preferência, e assumida pelos sócios, ou por terceiros, a totalidade do aumento, haverá reunião ou assembleia dos sócios, para que seja aprovada a modificação do contrato.

Art. 1.082. Pode a sociedade reduzir o capital, mediante a correspondente modificação do contrato:

I – depois de integralizado, se houver perdas irreparáveis;

II – se excessivo em relação ao objeto da sociedade.

Art. 1.083. No caso do inciso I do artigo antecedente, a redução do capital será realizada com a diminuição proporcional do valor nominal das quotas, tornando-se efetiva a partir da averbação, no Registro Público de Empresas Mercantis, da ata da assembleia que a tenha aprovado.

Art. 1.084. No caso do inciso II do art. 1.082, a redução do capital será feita restituindo-se parte do valor das quotas aos sócios, ou dispensando-se as prestações ainda devidas, com diminuição proporcional, em ambos os casos, do valor nominal das quotas.

§ 1º No prazo de 90 (noventa) dias, contado da data da publicação da ata da assembleia que aprovar a redução, o credor quirografário, por título líquido anterior a essa data, poderá opor-se ao deliberado.

§ 2º A redução somente se tornará eficaz se, no prazo estabelecido no parágrafo antecedente, não for impugnada, ou se provado o pagamento da dívida ou o depósito judicial do respectivo valor.

§ 3º Satisfeitas as condições estabelecidas no parágrafo antecedente, proceder-se-á à averbação, no Registro Público de Empresas Mercantis, da ata que tenha aprovado a redução.

Seção VII
Da resolução da sociedade em relação a sócios minoritários

Art. 1.085. Ressalvado o disposto no art. 1.030, quando a maioria dos sócios, representativa de mais da metade do capital social, entender que um ou mais sócios estão pondo em risco a continuidade da empresa, em virtude de atos de inegável gravidade, poderá excluí-los da sociedade, mediante alteração do contrato social, desde que prevista neste a exclusão por justa causa.

Parágrafo único. A exclusão somente poderá ser determinada em reunião ou assembleia especialmente convocada para esse fim, ciente o acusado em tempo hábil para permitir seu comparecimento e o exercício do direito de defesa.

Art. 1.086. Efetuado o registro da alteração contratual, aplicar-se-á o disposto nos arts. 1.031 e 1.032.

Seção VIII
Da dissolução

Art. 1.087. A sociedade dissolve-se, de pleno direito, por qualquer das causas previstas no art. 1.044.

→ *v.* Arts. 1.033 a 1.038 do CC.

Capítulo V
DA SOCIEDADE ANÔNIMA

Seção Única
Da caracterização

Art. 1.088. Na sociedade anônima ou companhia, o capital divide-se em ações, obrigando-se cada sócio ou acionista somente pelo preço de emissão das ações que subscrever ou adquirir.

→ *v.* Art. 982, parágrafo único, e 1.160 do CC.

→ *v.* Art. 1º da Lei 6.404/1976.

Art. 1.089. A sociedade anônima rege-se por lei especial, aplicando-se-lhe, nos casos omissos, as disposições deste Código.

→ *v.* Lei 6.404/1976 – Sociedade por Ações.

Capítulo VI
DA SOCIEDADE EM COMANDITA POR AÇÕES

Art. 1.090. A sociedade em comandita por ações tem o capital dividido em ações, regendo-se pelas normas relativas à sociedade anônima, sem prejuízo das modificações constantes deste Capítulo, e opera sob firma ou denominação.

→ *v.* Arts. 982, parágrafo único, e 1.161, do CC.

Art. 1.091. Somente o acionista tem qualidade para administrar a sociedade e, como diretor, responde subsidiária e ilimitadamente pelas obrigações da sociedade.

§ 1º Se houver mais de um diretor, serão solidariamente responsáveis, depois de esgotados os bens sociais.

§ 2º Os diretores serão nomeados no ato constitutivo da sociedade, sem limitação de tempo, e somente poderão ser destituídos por deliberação de acionistas que representem no mínimo 2/3 (dois terços) do capital social.

§ 3º O diretor destituído ou exonerado continua, durante 2 (dois) anos, responsável pelas obrigações sociais contraídas sob sua administração.

Art. 1.092. A assembleia geral não pode, sem o consentimento dos diretores, mudar o objeto essencial da sociedade, prorrogar-lhe o prazo de duração, aumentar ou diminuir o capital social, criar debêntures, ou partes beneficiárias.

Capítulo VII
DA SOCIEDADE COOPERATIVA

Art. 1.093. A sociedade cooperativa reger-se-á pelo disposto no presente Capítulo, ressalvada a legislação especial.

→ *v.* Arts. 982, parágrafo único, e 1.159, do CC.

→ *v.* Lei 5.764/1971 – Política Nacional de Cooperativismo, institui o regime jurídico das sociedades cooperativas.

Art. 1.094. São características da sociedade cooperativa:

→ *v.* Art. 3º da Lei 5.764/1971.

I – variabilidade, ou dispensa do capital social;

II – concurso de sócios em número mínimo necessário a compor a administração da sociedade, sem limitação de número máximo;

→ *v.* Art. 6º da Lei 5.764/1974.

III – limitação do valor da soma de quotas do capital social que cada sócio poderá tomar;

→ *v.* Art. 24, §§ 1º e 2º, da Lei 5.764/1974.

IV – intransferibilidade das quotas do capital a terceiros estranhos à sociedade, ainda que por herança;

V – *quorum*, para a assembleia geral funcionar e deliberar, fundado no número de sócios presentes à reunião, e não no capital social representado;

VI – direito de cada sócio a um só voto nas deliberações, tenha ou não capital a sociedade, e qualquer que seja o valor de sua participação;

VII – distribuição dos resultados, proporcionalmente ao valor das operações efetuadas pelo sócio com a sociedade, podendo ser atribuído juro fixo ao capital realizado;

VIII – indivisibilidade do fundo de reserva entre os sócios, ainda que em caso de dissolução da sociedade.

Art. 1.095. Na sociedade cooperativa, a responsabilidade dos sócios pode ser limitada ou ilimitada.

§ 1º É limitada a responsabilidade na cooperativa em que o sócio responde somente pelo valor de suas quotas e pelo prejuízo verificado nas operações sociais, guardada a proporção de sua participação nas mesmas operações.

§ 2º É ilimitada a responsabilidade na cooperativa em que o sócio responde solidária e ilimitadamente pelas obrigações sociais.

Art. 1.096. No que a lei for omissa, aplicam-se as disposições referentes à sociedade simples, resguardadas as características estabelecidas no art. 1.094.

Capítulo VIII
DAS SOCIEDADES COLIGADAS

Art. 1.097. Consideram-se coligadas as sociedades que, em suas relações de capital, são controladas, filiadas, ou de simples participação, na forma dos artigos seguintes.

Art. 1.098. É controlada:

→ *v.* Arts. 116 e 243, § 2º, da Lei 6.404/1976.

I – a sociedade de cujo capital outra sociedade possua a maioria dos votos nas deliberações dos quotistas ou da assembleia geral e o poder de eleger a maioria dos administradores;

II – a sociedade cujo controle, referido no inciso antecedente, esteja em poder de outra, mediante ações ou quotas possuídas por sociedades ou sociedades por esta já controladas.

Art. 1.099. Diz-se coligada ou filiada a sociedade de cujo capital outra sociedade participa com 10% (dez por cento) ou mais, do capital da outra, sem controlá-la.

→ *v.* Art. 243, § 1º, da Lei 6.404/1976.

Art. 1.100. É de simples participação a sociedade de cujo capital outra sociedade possua menos de 10% (dez por cento) do capital com direito de voto.

Art. 1.101. Salvo disposição especial de lei, a sociedade não pode participar de outra, que seja sua sócia, por montante superior, segundo o balanço, ao das próprias reservas, excluída a reserva legal.

→ Art. 244 da Lei 6.404/1976.

Parágrafo único. Aprovado o balanço em que se verifique ter sido excedido esse limite, a sociedade não poderá exercer o direito de voto correspondente às ações ou quotas em excesso, as quais devem ser alienadas nos 180 (cento e oitenta) dias seguintes àquela aprovação.

Capítulo IX
DA LIQUIDAÇÃO DA SOCIEDADE

Art. 1.102. Dissolvida a sociedade e nomeado o liquidante na forma do disposto neste Livro, procede-se à sua liquidação, de conformidade com os preceitos deste Capítulo, ressalvado o disposto no ato constitutivo ou no instrumento da dissolução.

→ *v.* Arts. 1.036, parágrafo único, 1.038, § 2º, e 1.069, VI, do CC.

→ *v.* Arts. 592, II, e 596, do CPC/1973.

→ *v.* Arts. 790, II, e 795, do NCPC.

Parágrafo único. O liquidante, que não seja administrador da sociedade, investir-se-á nas funções, averbada a sua nomeação no registro próprio.

Art. 1.103. Constituem deveres do liquidante:

→ *v.* Art. 213 da Lei 6.404/1976.

I – averbar e publicar a ata, sentença ou instrumento de dissolução da sociedade;

II – arrecadar os bens, livros e documentos da sociedade, onde quer que estejam;

III – proceder, nos 15 (quinze) dias seguintes ao da sua investidura e com a assistência, sempre que possível, dos administradores, à elaboração do inventário e do balanço geral do ativo e do passivo;

IV – ultimar os negócios da sociedade, realizar o ativo, pagar o passivo e partilhar o remanescente entre os sócios ou acionistas;

V – exigir dos quotistas, quando insuficiente o ativo à solução do passivo, a integralização de suas quotas e, se for o caso, as quantias necessárias, nos limites da responsabilidade de cada um e proporcionalmente à respectiva participação nas perdas, repartindo-se, entre os sócios solventes e na mesma proporção, o devido pelo insolvente;

VI – convocar assembleia dos quotistas, cada 6 (seis) meses, para apresentar relatório e balanço do estado da liquidação, prestando conta dos atos praticados durante o semestre, ou sempre que necessário;

VII – confessar a falência da sociedade e pedir concordata, de acordo com as formalidades prescritas para o tipo de sociedade liquidanda;

VIII – finda a liquidação, apresentar aos sócios o relatório da liquidação e as suas contas finais;

IX – averbar a ata da reunião ou da assembleia, ou o instrumento firmado pelos sócios, que considerar encerrada a liquidação.

Parágrafo único. Em todos os atos, documentos ou publicações, o liquidante empregará a firma ou denominação social sempre seguida da cláusula "em liquidação" e de sua assinatura individual, com a declaração de sua qualidade.

Art. 1.104. As obrigações e a responsabilidade do liquidante regem-se pelos preceitos peculiares às dos administradores da sociedade liquidanda.

→ v. Art. 1.011 do CC.

Art. 1.105. Compete ao liquidante representar a sociedade e praticar todos os atos necessários à sua liquidação, inclusive alienar bens móveis ou imóveis, transigir, receber e dar quitação.

→ v. Art. 211 da Lei 6.404/1976.

Parágrafo único. Sem estar expressamente autorizado pelo contrato social, ou pelo voto da maioria dos sócios, não pode o liquidante gravar de ônus reais os móveis e imóveis, contrair empréstimos, salvo quando indispensáveis ao pagamento de obrigações inadiáveis, nem prosseguir, embora para facilitar a liquidação, na atividade social.

Art. 1.106. Respeitados os direitos dos credores preferenciais, pagará o liquidante as dívidas sociais proporcionalmente, sem distinção entre vencidas e vincendas, mas, em relação a estas, com desconto.

→ v. Arts. 955 a 965 do CC.

→ v. Art. 83 da Lei 11.101/2005.

Parágrafo único. Se o ativo for superior ao passivo, pode o liquidante, sob sua responsabilidade pessoal, pagar integralmente as dívidas vencidas.

Art. 1.107. Os sócios podem resolver, por maioria de votos, antes de ultimada a liquidação, mas depois de pagos os credores, que o liquidante faça rateios por antecipação da partilha, à medida em que se apurem os haveres sociais.

Art. 1.108. Pago o passivo e partilhado o remanescente, convocará o liquidante assembleia dos sócios para a prestação final de contas.

Art. 1.109. Aprovadas as contas, encerra-se a liquidação, e a sociedade se extingue, ao ser averbada no registro próprio a ata da assembleia.

Parágrafo único. O dissidente tem o prazo de 30 (trinta) dias, a contar da publicação da ata, devidamente averbada, para promover a ação que couber.

Art. 1.110. Encerrada a liquidação, o credor não satisfeito só terá direito a exigir dos sócios, individualmente, o pagamento do seu crédito, até o limite da soma por eles recebida em partilha, e a propor contra o liquidante ação de perdas e danos.

→ v. Arts. 402 a 404 do CC.

Art. 1.111. No caso de liquidação judicial, será observado o disposto na lei processual.

→ v. Art. 1.218, VII, do CPC/1973.

Art. 1.112. No curso de liquidação judicial, o juiz convocará, se necessário, reunião ou assembleia para deliberar sobre os interesses da liquidação, e as presidirá, resolvendo sumariamente as questões suscitadas.

Parágrafo único. As atas das assembleias serão, em cópia autêntica, apensadas ao processo judicial.

Capítulo X
DA TRANSFORMAÇÃO, DA INCORPORAÇÃO, DA FUSÃO E DA CISÃO DAS SOCIEDADES

Art. 1.113. O ato de transformação independe de dissolução ou liquidação da sociedade, e obedecerá aos preceitos reguladores da constituição e inscrição próprios do tipo em que vai converter-se.

→ v. Arts. 968, § 3º, e 1.033, parágrafo único, do CC.

→ v. Arts. 220 a 222 da Lei 6.404/1976.

Art. 1.114. A transformação depende do consentimento de todos os sócios, salvo se prevista no ato constitutivo, caso em que o dissidente poderá retirar-se da sociedade, aplicando-se, no silêncio do estatuto ou do contrato social, o disposto no art. 1.031.

Art. 1.115. A transformação não modificará nem prejudicará, em qualquer caso, os direitos dos credores.

Parágrafo único. A falência da sociedade transformada somente produzirá efeitos em relação aos sócios que, no tipo anterior, a eles estariam sujeitos, se o pedirem os titulares de créditos anteriores à transformação, e somente a estes beneficiará.

Art. 1.116. Na incorporação, uma ou várias sociedades são absorvidas por outra, que lhes sucede em todos os direitos e obrigações, devendo todas aprová-la, na forma estabelecida para os respectivos tipos.

→ v. Art. 227 da Lei 6.404/1976.

Art. 1.117. A deliberação dos sócios da sociedade incorporada deverá aprovar as bases da operação e o projeto de reforma do ato constitutivo.

→ v. Arts. 1.071, VI, e 1.076, I, do CC.

→ v. Art. 227 da Lei 6.404/1976.

§ 1º A sociedade que houver de ser incorporada tomará conhecimento desse ato, e, se o aprovar, autorizará os administradores a praticar o necessário à incorporação, inclusive a subscrição em bens pelo valor da diferença que se verificar entre o ativo e o passivo.

§ 2º A deliberação dos sócios da sociedade incorporadora compreenderá a nomeação dos peritos para a avaliação do patrimônio líquido da sociedade, que tenha de ser incorporada.

Art. 1.118. Aprovados os atos da incorporação, a incorporadora declarará extinta a incorporada, e promoverá a respectiva averbação no registro próprio.

Art. 1.119. A fusão determina a extinção das sociedades que se unem, para formar sociedade nova, que a elas sucederá nos direitos e obrigações.

→ v. Art. 228 da Lei 6.404/1976.

Art. 1.120. A fusão será decidida, na forma estabelecida para os respectivos tipos, pelas sociedades que pretendam unir-se.

§ 1º Em reunião ou assembleia dos sócios de cada sociedade, deliberada a fusão e aprovado o projeto do ato constitutivo da nova sociedade, bem como o plano de distribuição do capital social, serão nomeados os peritos para a avaliação do patrimônio da sociedade.

§ 2º Apresentados os laudos, os administradores convocarão reunião ou assembleia dos sócios para tomar conhecimento deles, decidindo sobre a constituição definitiva da nova sociedade.

§ 3º É vedado aos sócios votar o laudo de avaliação do patrimônio da sociedade de que façam parte.

Art. 1.121. Constituída a nova sociedade, aos administradores incumbe fazer inscrever, no registro próprio da sede, os atos relativos à fusão.

Art. 1.122. Até 90 (noventa) dias após publicados os atos relativos à incorporação, fusão ou cisão, o credor anterior, por ela prejudicado, poderá promover judicialmente a anulação deles.

§ 1º A consignação em pagamento prejudicará a anulação pleiteada.

§ 2º Sendo ilíquida a dívida, a sociedade poderá garantir-lhe a execução, suspendendo-se o processo de anulação.

§ 3º Ocorrendo, no prazo deste artigo, a falência da sociedade incorporadora, da sociedade nova ou da cindida, qualquer credor anterior terá direito a pedir a separação dos patrimônios, para o fim de serem os créditos pagos pelos bens das respectivas massas.

→ v. Art. 2.033 do CC.

Capítulo XI
DA SOCIEDADE DEPENDENTE DE AUTORIZAÇÃO

Seção I
Disposições gerais

Art. 1.123. A sociedade que dependa de autorização do Poder Executivo para funcionar reger-se-á por este título, sem prejuízo do disposto em lei especial.

Parágrafo único. A competência para a autorização será sempre do Poder Executivo federal.

→ v. Arts. 1.033, V, 1.037, e 1.133, do CC.

Art. 1.124. Na falta de prazo estipulado em lei ou em ato do poder público, será considerada caduca a autorização se a sociedade não entrar em funcionamento nos 12 (doze) meses seguintes à respectiva publicação.

Art. 1.125. Ao Poder Executivo é facultado, a qualquer tempo, cassar a autorização concedida a sociedade nacional ou estrangeira que infringir disposição de ordem pública ou praticar atos contrários aos fins declarados no seu estatuto.

Seção II
Da sociedade nacional

Art. 1.126. É nacional a sociedade organizada de conformidade com a lei brasileira e que tenha no País a sede de sua administração.

→ v. Art. 75, IV, do CC.

Parágrafo único. Quando a lei exigir que todos ou alguns sócios sejam brasileiros, as ações da sociedade anônima revestirão, no silêncio da lei, a forma nominativa. Qualquer que seja o tipo da sociedade, na sua sede ficará arquivada cópia autêntica do documento comprobatório da nacionalidade dos sócios.

Art. 1.127. Não haverá mudança de nacionalidade de sociedade brasileira sem o consentimento unânime dos sócios ou acionistas.

Art. 1.128. O requerimento de autorização de sociedade nacional deve ser acompanhado de cópia do contrato, assinada por todos os sócios, ou, tratando-se de sociedade anônima, de cópia, autenticada pelos fundadores, dos documentos exigidos pela lei especial.

→ v. Art. 1.131 do CC.

Parágrafo único. Se a sociedade tiver sido constituída por escritura pública, bastará juntar-se ao requerimento a respectiva certidão.

Art. 1.129. Ao Poder Executivo é facultado exigir que se procedam a alterações ou aditamento no contrato ou no estatuto, devendo os sócios, ou, tratando-se de sociedade anônima, os fundadores, cumprir as formalidades legais para revisão dos atos constitutivos, e juntar ao processo prova regular.

→ v. Art. 1.131 do CC.

Art. 1.130. Ao Poder Executivo é facultado recusar a autorização, se a sociedade não atender às condições econômicas, financeiras ou jurídicas especificadas em lei.

→ v. Art. 1.135, parágrafo único, do CC.

Art. 1.131. Expedido o decreto de autorização, cumprirá à sociedade publicar os atos referidos nos arts. 1.128 e 1.129, em 30 (trinta) dias, no órgão oficial da União, cujo exemplar representará prova para inscrição, no registro próprio, dos atos constitutivos da sociedade.

Parágrafo único. A sociedade promoverá, também no órgão oficial da União e no prazo de 30 (trinta) dias, a publicação do termo de inscrição.

Art. 1.132. As sociedades anônimas nacionais, que dependam de autorização do Poder Executivo para funcionar, não se constituirão sem obtê-la, quando seus fundadores pretenderem recorrer a subscrição pública para a formação do capital.

§ 1º Os fundadores deverão juntar ao requerimento cópias autênticas do projeto do estatuto e do prospecto.

§ 2º Obtida a autorização e constituída a sociedade, proceder-se-á à inscrição dos seus atos constitutivos.

Art. 1.133. Dependem de aprovação as modificações do contrato ou do estatuto de sociedade sujeita a autorização do Poder Executivo, salvo se decorrerem de aumento do capital social, em virtude de utilização de reservas ou reavaliação do ativo.

Seção III
Da sociedade estrangeira

Art. 1.134. A sociedade estrangeira, qualquer que seja o seu objeto, não pode, sem autorização do Poder Executivo, funcionar no País, ainda que por estabelecimentos subordinados, podendo, todavia, ressalvados os casos expressos em lei, ser acionista de sociedade anônima brasileira.

→ v. Art. 1.141, § 1º, do CC.

→ v. Decreto 5.664/2006 – Delega competência ao Ministro de Estado do Desenvolvimento, Indústria e Comércio Exterior para autorizar o funcionamento no Brasil de sociedade estrangeira.

→ v. Art. 32, II, *c*, da Lei 8.934/1994.

§ 1º Ao requerimento de autorização devem juntar-se:

I – prova de se achar a sociedade constituída conforme a lei de seu país;

II – inteiro teor do contrato ou do estatuto;

III – relação dos membros de todos os órgãos da administração da sociedade, com nome, nacionalidade, profissão, domicílio e, salvo quanto a ações ao portador, o valor da participação de cada um no capital da sociedade;

IV – cópia do ato que autorizou o funcionamento no Brasil e fixou o capital destinado às operações no território nacional;

V – prova de nomeação do representante no Brasil, com poderes expressos para aceitar as condições exigidas para a autorização;

VI – último balanço.

§ 2º Os documentos serão autenticados, de conformidade com a lei nacional da sociedade requerente, legalizados no consulado brasileiro da respectiva sede e acompanhados de tradução em vernáculo.

Art. 1.135. É facultado ao Poder Executivo, para conceder a autorização, estabelecer condições convenientes à defesa dos interesses nacionais.

Parágrafo único. Aceitas as condições, expedirá o Poder Executivo decreto de autorização, do qual constará o montante de capital destinado às operações no País, cabendo à sociedade promover a publicação dos atos referidos no art. 1.131 e no § 1º do art. 1.134.

Art. 1.136. A sociedade autorizada não pode iniciar sua atividade antes de inscrita no registro próprio do lugar em que se deva estabelecer.

§ 1º O requerimento de inscrição será instruído com exemplar da publicação exigida no parágrafo único do artigo antecedente, acompanhado de documento do depósito em dinheiro, em estabelecimento bancário oficial, do capital ali mencionado.

§ 2º Arquivados esses documentos, a inscrição será feita por termo em livro especial para as sociedades estrangeiras, com número de ordem contínuo para todas as sociedades inscritas; no termo constarão:

I – nome, objeto, duração e sede da sociedade no estrangeiro;

II – lugar da sucursal, filial ou agência, no País;

III – data e número do decreto de autorização;

IV – capital destinado às operações no País;

V – individuação do seu representante permanente.

§ 3º Inscrita a sociedade, promover-se-á a publicação determinada no parágrafo único do art. 1.131.

Art. 1.137. A sociedade estrangeira autorizada a funcionar ficará sujeita às leis e aos tribunais brasileiros, quanto aos atos ou operações praticados no Brasil.

→ v. Arts. 9º e 12 da LINDB.

Parágrafo único. A sociedade estrangeira funcionará no território nacional com o nome que tiver em seu país de origem, podendo acrescentar as palavras "do Brasil" ou "para o Brasil".

Art. 1.138. A sociedade estrangeira autorizada a funcionar é obrigada a ter, permanentemente, representante no Brasil, com poderes para resolver quaisquer questões e receber citação judicial pela sociedade.

Parágrafo único. O representante somente pode agir perante terceiros depois de arquivado e averbado o instrumento de sua nomeação.

Art. 1.139. Qualquer modificação no contrato ou no estatuto dependerá da aprovação do Poder Executivo, para produzir efeitos no território nacional.

Art. 1.140. A sociedade estrangeira deve, sob pena de lhe ser cassada a autorização, reproduzir no órgão oficial da União, e do Estado, se for o caso, as publicações que, segundo a sua lei nacional, seja obrigada a fazer relativamente ao balanço patrimonial e ao de resultado econômico, bem como aos atos de sua administração.

→ v. Arts. 1.188 e 1.189 do CC.

Parágrafo único. Sob pena, também, de lhe ser cassada a autorização, a sociedade estrangeira deverá publicar o balanço patrimonial e o de resultado econômico das sucursais, filiais ou agências existentes no País.

Art. 1.141. Mediante autorização do Poder Executivo, a sociedade estrangeira admitida a funcionar no País pode nacionalizar-se, transferindo sua sede para o Brasil.

§ 1º Para o fim previsto neste artigo, deverá a sociedade, por seus representantes, oferecer, com o requerimento, os documentos exigidos no art. 1.134, e ainda a prova da realização do capital, pela forma declarada no contrato, ou no estatuto, e do ato em que foi deliberada a nacionalização.

§ 2º O Poder Executivo poderá impor as condições que julgar convenientes à defesa dos interesses nacionais.

§ 3º Aceitas as condições pelo representante, proceder-se-á, após a expedição do decreto de autorização, à inscrição da sociedade e publicação do respectivo termo.

Título III
Do estabelecimento

Capítulo Único
DISPOSIÇÕES GERAIS

Art. 1.142. Considera-se estabelecimento todo complexo de bens organizado, para exercício da empresa, por empresário, ou por sociedade empresária.

→ v. Súmula 451 do STJ.

→ v. Art. 90 do CC.

Art. 1.143. Pode o estabelecimento ser objeto unitário de direitos e de negócios jurídicos, translativos ou constitutivos, que sejam compatíveis com a sua natureza.

→ v. Art. 1.164, parágrafo único, do CC.

Art. 1.144. O contrato que tenha por objeto a alienação, o usufruto ou arrendamento do estabelecimento, só produzirá efeitos quanto a terceiros depois de averbado à margem da inscrição do empresário, ou da sociedade empresária, no Registro Público de Empresas Mercantis, e de publicado na imprensa oficial.

Art. 1.145. Se ao alienante não restarem bens suficientes para solver o seu passivo, a eficácia da alienação do estabelecimento depende do pagamento de todos os credores, ou do consentimento destes, de modo expresso ou tácito, em 30 (trinta) dias a partir de sua notificação.

→ v. Arts. 66, 94 e 129, VI da Lei 11.101/2005.

Art. 1.146. O adquirente do estabelecimento responde pelo pagamento dos débitos anteriores à transferência, desde que regularmente contabilizados, continuando o devedor primitivo solidariamente obrigado pelo prazo de 1 (um) ano, a partir, quanto aos créditos vencidos, da publicação, e, quanto aos outros, da data do vencimento.

Art. 1.147. Não havendo autorização expressa, o alienante do estabelecimento não pode fazer concorrência ao adquirente, nos 5 (cinco) anos subsequentes à transferência.

→ *v.* Art. 422 do CC.

Parágrafo único. No caso de arrendamento ou usufruto do estabelecimento, a proibição prevista neste artigo persistirá durante o prazo do contrato.

Art. 1.148. Salvo disposição em contrário, a transferência importa a sub-rogação do adquirente nos contratos estipulados para exploração do estabelecimento, se não tiverem caráter pessoal, podendo os terceiros rescindir o contrato em 90 (noventa) dias a contar da publicação da transferência, se ocorrer justa causa, ressalvada, neste caso, a responsabilidade do alienante.

Art. 1.149. A cessão dos créditos referentes ao estabelecimento transferido produzirá efeito em relação aos respectivos devedores, desde o momento da publicação da transferência, mas o devedor ficará exonerado se de boa-fé pagar ao cedente.

→ *v.* Arts. 164, e 286 a 298, do CC.

Título IV
Dos institutos complementares

Capítulo I
DO REGISTRO

Art. 1.150. O empresário e a sociedade empresária vinculam-se ao Registro Público de Empresas Mercantis a cargo das Juntas Comerciais, e a sociedade simples ao Registro Civil das Pessoas Jurídicas, o qual deverá obedecer às normas fixadas para aquele registro, se a sociedade simples adotar um dos tipos de sociedade empresária.

→ v. Decreto 8.270/2014 – Institui o Sistema Nacional de Informações de Registro Civil – SIRC.

→ *v.* Arts. 967, 971, 982 a 984, 997, e 998, do CC.

→ *v.* Lei 8.934/1994 – Registro Público de Empresas Mercantis e Atividades Afins.

→ *v.* Art. 114 da Lei 6.015/1973.

Art. 1.151. O registro dos atos sujeitos à formalidade exigida no artigo antecedente será requerido pela pessoa obrigada em lei, e, no caso de omissão ou demora, pelo sócio ou qualquer interessado.

§ 1º Os documentos necessários ao registro deverão ser apresentados no prazo de 30 (trinta) dias, contado da lavratura dos atos respectivos.

§ 2º Requerido além do prazo previsto neste artigo, o registro somente produzirá efeito a partir da data de sua concessão.

§ 3º As pessoas obrigadas a requerer o registro responderão por perdas e danos, em caso de omissão ou demora.

→ *v.* Arts. 402 a 405 do CC.

Art. 1.152. Cabe ao órgão incumbido do registro verificar a regularidade das publicações determinadas em lei, de acordo com o disposto nos parágrafos deste artigo.

§ 1º Salvo exceção expressa, as publicações ordenadas neste Livro serão feitas no órgão oficial da União ou do Estado, conforme o local da sede do empresário ou da sociedade, e em jornal de grande circulação.

§ 2º As publicações das sociedades estrangeiras serão feitas nos órgãos oficiais da União e do Estado onde tiverem sucursais, filiais ou agências.

§ 3º O anúncio de convocação da assembleia de sócios será publicado por três vezes, ao menos, devendo mediar, entre a data da primeira inserção e a da realização da assembleia, o prazo mínimo de 8 (oito) dias, para a primeira convocação, e de 5 (cinco) dias, para as posteriores.

Art. 1.153. Cumpre à autoridade competente, antes de efetivar o registro, verificar a autenticidade e a legitimidade do signatário do requerimento, bem como fiscalizar a observância das prescrições legais concernentes ao ato ou aos documentos apresentados.

→ *v.* Arts. 37, 40 e 65 da Lei 6.404/1976.

Parágrafo único. Das irregularidades encontradas deve ser notificado o requerente, que, se for o caso, poderá saná-las, obedecendo às formalidades da lei.

Art. 1.154. O ato sujeito a registro, ressalvadas disposições especiais da lei, não pode, antes do cumprimento das respectivas formalidades, ser oposto a terceiro, salvo prova de que este o conhecia.

Parágrafo único. O terceiro não pode alegar ignorância, desde que cumpridas as referidas formalidades.

Capítulo II
DO NOME EMPRESARIAL

Art. 1.155. Considera-se nome empresarial a firma ou a denominação adotada, de conformidade com este Capítulo, para o exercício de empresa.

→ *v.* Arts. 33 e 34 da Lei 8.934/1994.

Parágrafo único. Equipara-se ao nome empresarial, para os efeitos da proteção da lei, a denominação das sociedades simples, associações e fundações.

Art. 1.156. O empresário opera sob firma constituída por seu nome, completo ou abreviado, aditando-lhe, se quiser, designação mais precisa da sua pessoa ou do gênero de atividade.

Art. 1.157. A sociedade em que houver sócios de responsabilidade ilimitada operará sob firma, na qual somente os nomes daqueles poderão figurar, bastando para formá-la aditar ao nome de um deles a expressão "e companhia" ou sua abreviatura.

Parágrafo único. Ficam solidária e ilimitadamente responsáveis pelas obrigações contraídas sob a firma social aqueles que, por seus nomes, figurarem na firma da sociedade de que trata este artigo.

→ *v.* Arts. 275 a 285 do CC.

Art. 1.158. Pode a sociedade limitada adotar firma ou denominação, integradas pela palavra final "limitada" ou a sua abreviatura.

§ 1º A firma será composta com o nome de um ou mais sócios, desde que pessoas físicas, de modo indicativo da relação social.

§ 2º A denominação deve designar o objeto da sociedade, sendo permitido nela figurar o nome de um ou mais sócios.

§ 3º A omissão da palavra "limitada" determina a responsabilidade solidária e ilimitada dos administradores que assim empregarem a firma ou a denominação da sociedade.

→ *v.* Arts. 275 a 285 do CC.

Art. 1.159. A sociedade cooperativa funciona sob denominação integrada pelo vocábulo "cooperativa".

→ *v.* Art. 5º da Lei 5.764/1971.

Art. 1.160. A sociedade anônima opera sob denominação designativa do objeto social, integrada pelas expressões "sociedade anônima" ou "companhia", por extenso ou abreviadamente.

Parágrafo único. Pode constar da denominação o nome do fundador, acionista, ou pessoa que haja concorrido para o bom êxito da formação da empresa.

Art. 1.161. A sociedade em comandita por ações pode, em lugar de firma, adotar denominação designativa do objeto social, aditada da expressão "comandita por ações".

→ *v.* Arts. 1.090 a 1.092 do CC.

Art. 1.162. A sociedade em conta de participação não pode ter firma ou denominação.

→ *v.* Arts. 991 a 996 do CC.

Art. 1.163. O nome de empresário deve distinguir-se de qualquer outro já inscrito no mesmo registro.

→ *v.* Art. 35, V, da Lei 8.934/1994.

Parágrafo único. Se o empresário tiver nome idêntico ao de outros já inscritos, deverá acrescentar designação que o distinga.

Art. 1.164. O nome empresarial não pode ser objeto de alienação.

Parágrafo único. O adquirente de estabelecimento, por ato entre vivos, pode, se o contrato o permitir, usar o nome do alienante, precedido do seu próprio, com a qualificação de sucessor.

Art. 1.165. O nome de sócio que vier a falecer, for excluído ou se retirar, não pode ser conservado na firma social.

Art. 1.166. A inscrição do empresário, ou dos atos constitutivos das pessoas jurídicas, ou as respectivas averbações, no registro próprio, asseguram o uso exclusivo do nome nos limites do respectivo Estado.

Parágrafo único. O uso previsto neste artigo estender-se-á a todo o território nacional, se registrado na forma da lei especial.

Art. 1.167. Cabe ao prejudicado, a qualquer tempo, ação para anular a inscrição do nome empresarial feita com violação da lei ou do contrato.

Art. 1.168. A inscrição do nome empresarial será cancelada, a requerimento de qualquer interessado, quando cessar o exercício da atividade para que foi adotado, ou quando ultimar-se a liquidação da sociedade que o inscreveu.

Capítulo III
DOS PREPOSTOS

Seção I
Disposições gerais

Art. 1.169. O preposto não pode, sem autorização escrita, fazer-se substituir no desempenho da preposição, sob pena de responder pessoalmente pelos atos do substituto e pelas obrigações por ele contraídas.

Art. 1.170. O preposto, salvo autorização expressa, não pode negociar por conta própria ou de terceiro, nem participar, embora indiretamente, de operação do mesmo gênero da que lhe foi cometida, sob pena de responder por perdas e danos e de serem retidos pelo preponente os lucros da operação.

Art. 1.171. Considera-se perfeita a entrega de papéis, bens ou valores ao preposto, encarregado pelo preponente, se os recebeu sem protesto, salvo nos casos em que haja prazo para reclamação.

→ *v.* Arts. 617 e 618 do CCo.

Seção II
Do gerente

Art. 1.172. Considera-se gerente o preposto permanente no exercício da empresa, na sede desta, ou em sucursal, filial ou agência.

Art. 1.173. Quando a lei não exigir poderes especiais, considera-se o gerente autorizado a praticar todos os atos necessários ao exercício dos poderes que lhe foram outorgados.

Parágrafo único. Na falta de estipulação diversa, consideram-se solidários os poderes conferidos a dois ou mais gerentes.

Art. 1.174. As limitações contidas na outorga de poderes, para serem opostas a terceiros, dependem do arquivamento e averbação do instrumento no Registro Público de Empresas Mercantis, salvo se provado serem conhecidas da pessoa que tratou com o gerente.

Parágrafo único. Para o mesmo efeito e com idêntica ressalva, deve a modificação ou revogação do mandato ser arquivada e averbada no Registro Público de Empresas Mercantis.

Art. 1.175. O preponente responde com o gerente pelos atos que este pratique em seu próprio nome, mas à conta daquele.

Art. 1.176. O gerente pode estar em juízo em nome do preponente, pelas obrigações resultantes do exercício da sua função.

→ *v.* Art. 215, § 1º, do CPC/1973.

→ *v.* Art. 242, § 1º, do NCPC.

→ *v.* Art. 843, § 1º, da CLT.

Seção III
Do contabilista e outros auxiliares

Art. 1.177. Os assentos lançados nos livros ou fichas do preponente, por qualquer dos prepostos encarregados de sua escrituração, produzem, salvo se houver procedido de má-fé, os mesmos efeitos como se o fossem por aquele.

Parágrafo único. No exercício de suas funções, os prepostos são pessoalmente responsáveis, perante os preponentes, pelos atos culposos; e, perante terceiros, solidariamente com o preponente, pelos atos dolosos.

Art. 1.178. Os preponentes são responsáveis pelos atos de quaisquer prepostos, praticados nos seus estabelecimentos e relativos à atividade da empresa, ainda que não autorizados por escrito.

Parágrafo único. Quando tais atos forem praticados fora do estabelecimento, somente obrigarão o preponente nos limites dos poderes conferidos por escrito, cujo instrumento pode ser suprido pela certidão ou cópia autêntica do seu teor.

Capítulo IV
DA ESCRITURAÇÃO

Art. 1.179. O empresário e a sociedade empresária são obrigados a seguir um sistema de contabilidade, mecanizado ou não, com base na escrituração uniforme de seus livros, em correspondência com a documentação respectiva, e a levantar anualmente o balanço patrimonial e o de resultado econômico.

→ *v.* Art. 68 da LC 123/2006.

→ *v.* Decreto 6.022/2007 – Sistema Público de Escrituração Digital – Sped.

→ *v.* Dec.-lei 305/1967 – Legalização dos Livros de escrituração das operação mercantis.

§ 1º Salvo o disposto no art. 1.180, o número e a espécie de livros ficam a critério dos interessados.

§ 2º É dispensado das exigências deste artigo o pequeno empresário a que se refere o Art. 970.

Art. 1.180. Além dos demais livros exigidos por lei, é indispensável o Diário, que pode ser substituído por fichas no caso de escrituração mecanizada ou eletrônica.

→ *v.* Arts. 100 a 105 da Lei 6.404/1976.

Parágrafo único. A adoção de fichas não dispensa o uso de livro apropriado para o lançamento do balanço patrimonial e do de resultado econômico.

Art. 1.181. Salvo disposição especial de lei, os livros obrigatórios e, se for o caso, as fichas, antes de postos em uso, devem ser autenticados no Registro Público de Empresas Mercantis.

Parágrafo único. A autenticação não se fará sem que esteja inscrito o empresário, ou a sociedade empresária, que poderá fazer autenticar livros não obrigatórios.

Art. 1.182. Sem prejuízo do disposto no art. 1.174, a escrituração ficará sob a responsabilidade de contabilista legalmente habilitado, salvo se nenhum houver na localidade.

Art. 1.183. A escrituração será feita em idioma e moeda corrente nacionais e em forma contábil, por ordem cronológica de dia, mês e ano, sem intervalos em branco, nem entrelinhas, borrões, rasuras, emendas ou transportes para as margens.

→ *v.* Art. 226 do CC.

→ *v.* Art. 379 do CPC/1973.

→ *v.* Art. 418, do NCPC.

Parágrafo único. É permitido o uso de código de números ou de abreviaturas, que constem de livro próprio, regularmente autenticado.

Art. 1.184. No Diário serão lançadas, com individuação, clareza e caracterização do documento respectivo, dia a dia, por escrita direta ou reprodução, todas as operações relativas ao exercício da empresa.

§ 1º Admite-se a escrituração resumida do Diário, com totais que não excedam o período de 30 (trinta) dias, relativamente a contas cujas operações sejam numerosas ou realizadas fora da sede do estabelecimento, desde que utilizados livros auxiliares regularmente autenticados, para registro individualizado, e conservados os documentos que permitam a sua perfeita verificação.

§ 2º Serão lançados no Diário o balanço patrimonial e o de resultado econômico, devendo ambos ser assinados por técnico em Ciências Contábeis legalmente habilitado e pelo empresário ou sociedade empresária.

→ *v.* Arts. 1.180 e 1.182 do CC.

Art. 1.185. O empresário ou sociedade empresária que adotar o sistema de fichas de lançamentos poderá substituir o livro Diário pelo livro Balancetes Diários e Balanços, observadas as mesmas formalidades extrínsecas exigidas para aquele.

Art. 1.186. O livro Balancetes Diários e Balanços será escriturado de modo que registre:

I – a posição diária de cada uma das contas ou títulos contábeis, pelo respectivo saldo, em forma de balancetes diários;

II – o balanço patrimonial e o de resultado econômico, no encerramento do exercício.

Art. 1.187. Na coleta dos elementos para o inventário serão observados os critérios de avaliação a seguir determinados:

I – os bens destinados à exploração da atividade serão avaliados pelo custo de aquisição, devendo, na avaliação dos que se desgastam ou depreciam com o uso, pela ação do tempo ou outros fatores, atender-se à desvalorização respectiva, criando-se fundos de amortização para assegurar-lhes a substituição ou a conservação do valor;

II – os valores mobiliários, matéria-prima, bens destinados à alienação, ou que constituem produtos ou artigos da indústria ou comércio da empresa, podem ser estimados pelo custo de aquisição ou de fabricação, ou pelo preço corrente, sempre que este for inferior ao preço de custo, e quando o preço corrente ou venal estiver acima do valor do custo de aquisição, ou fabricação, e os bens forem avaliados pelo preço corrente, a diferença entre este e o preço de custo não será levada em conta para a distribuição de lucros, nem para as percentagens referentes a fundos de reserva;

III – o valor das ações e dos títulos de renda fixa pode ser determinado com base na respectiva cotação da Bolsa de Valores; os não cotados e as participações não acionárias serão considerados pelo seu valor de aquisição;

IV – os créditos serão considerados de conformidade com o presumível valor de realização, não se levando em conta os prescritos ou de difícil liquidação, salvo se houver, quanto aos últimos, previsão equivalente.

Parágrafo único. Entre os valores do ativo podem figurar, desde que se preceda, anualmente, à sua amortização:

I – as despesas de instalação da sociedade, até o limite correspondente a 10% (dez por cento) do capital social;

II – os juros pagos aos acionistas da sociedade anônima, no período antecedente ao início das operações sociais, à taxa não superior a 12% (doze por cento) ao ano, fixada no estatuto;

III – a quantia efetivamente paga a título de aviamento de estabelecimento adquirido pelo empresário ou sociedade.

Art. 1.188. O balanço patrimonial deverá exprimir, com fidelidade e clareza, a situação real da empresa e, atendidas as peculiaridades desta, indicará, distintamente, o ativo e o passivo.

→ *v.* Arts. 1.053, parágrafo único, e 1.097 a 1.101 do CC.

Parágrafo único. Lei especial disporá sobre as informações que acompanharão o balanço patrimonial, em caso de sociedades coligadas.

Art. 1.189. O balanço de resultado econômico, ou demonstração da conta de lucros e perdas, acompanhará o balanço patrimonial e dele constarão crédito e débito, na forma da lei especial.

Art. 1.190. Ressalvados os casos previstos em lei, nenhuma autoridade, juiz ou tribunal, sob qualquer pretexto, poderá fazer ou ordenar diligência para verificar se o empresário ou a sociedade empresária observam, ou não, em seus livros e fichas, as formalidades prescritas em lei.

Art. 1.191. O juiz só poderá autorizar a exibição integral dos livros e papéis de escrituração quando necessária para resolver questões relativas a sucessão, comunhão ou sociedade, administração ou gestão à conta de outrem, ou em caso de falência.

→ *v.* Súmulas 260, 390 e 439 do STF.

→ *v.* Arts. 355 a 359, 378, 379, e 382 do CPC/1973.

→ *v.* Arts. 396 a 400, 417, 418 e 421, do NCPC.

§ 1º O juiz ou tribunal que conhecer de medida cautelar ou de ação pode, a requerimento ou de ofício, ordenar que os livros de qualquer das partes, ou de ambas, sejam examinados na presença do empresário ou da sociedade empresária a que pertencerem, ou de pessoas por estes nomeadas, para deles se extrair o que interessar à questão.

§ 2º Achando-se os livros em outra jurisdição, nela se fará o exame, perante o respectivo juiz.

Art. 1.192. Recusada a apresentação dos livros, nos casos do artigo antecedente, serão apreendidos judicialmente e, no do seu § 1º, ter-se-á como verdadeiro o alegado pela parte contrária para se provar pelos livros.

→ *v.* Arts. 355, 358 e 359 do CPC/1973.

→ *v.* Arts. 396, 399 e 400, do NCPC.

Parágrafo único. A confissão resultante da recusa pode ser elidida por prova documental em contrário.

Art. 1.193. As restrições estabelecidas neste Capítulo ao exame da escrituração, em parte ou por inteiro, não se aplicam às autoridades fazendárias, no exercício da fiscalização do pagamento de impostos, nos termos estritos das respectivas leis especiais.

Art. 1.194. O empresário e a sociedade empresária são obrigados a conservar em boa guarda toda a escrituração, correspondência e mais papéis concernentes à sua atividade, enquanto não ocorrer prescrição ou decadência no tocante aos atos neles consignados.

Art. 1.195. As disposições deste Capítulo aplicam-se às sucursais, filiais ou agências, no Brasil, do empresário ou sociedade com sede em país estrangeiro.

LIVRO III
DO DIREITO DAS COISAS

Título I
Da posse

Capítulo I
DA POSSE E SUA CLASSIFICAÇÃO

Art. 1.196. Considera-se possuidor todo aquele que tem de fato o exercício, pleno ou não, de algum dos poderes inerentes à propriedade.

→ *v.* Art. 1.228 do CC.

Art. 1.197. A posse direta, de pessoa que tem a coisa em seu poder, temporariamente, em virtude de direito pessoal, ou real, não anula a indireta, de quem aquela foi havida, podendo o possuidor direto defender a sua posse contra o indireto.

Art. 1.198. Considera-se detentor aquele que, achando-se em relação de dependência para com outro, conserva a posse em nome deste e em cumprimento de ordens ou instruções suas.

Parágrafo único. Aquele que começou a comportar-se do modo como prescreve este artigo, em relação ao bem e à outra pessoa, presume-se detentor, até que prove o contrário.

→ *v.* Arts. 62 a 69 do CPC/1973.

→ *v.* Art. 338 do NCPC.

Art. 1.199. Se duas ou mais pessoas possuírem coisa indivisa, poderá cada uma exercer sobre ela atos possessórios, contanto que não excluam os dos outros compossuidores.

→ *v.* Arts. 87, 88, e 1.314, 1.327 a 1.330 do CC.

Art. 1.200. É justa a posse que não for violenta, clandestina ou precária.

Art. 1.201. É de boa-fé a posse, se o possuidor ignora o vício, ou o obstáculo que impede a aquisição da coisa.

→ *v.* Arts. 1.214, 1.217, 1.219 e 1.222, do CC.

Parágrafo único. O possuidor com justo título tem por si a presunção de boa-fé, salvo prova em contrário, ou quando a lei expressamente não admite esta presunção.

Art. 1.202. A posse de boa-fé só perde este caráter no caso e desde o momento em que as circunstâncias façam presumir que o possuidor não ignora que possui indevidamente.

Art. 1.203. Salvo prova em contrário, entende-se manter a posse o mesmo caráter com que foi adquirida.

→ *v.* Arts. 1.206 e 1.208 do CC.

Capítulo II
DA AQUISIÇÃO DA POSSE

Art. 1.204. Adquire-se a posse desde o momento em que se torna possível o exercício, em nome próprio, de qualquer dos poderes inerentes à propriedade.

→ *v.* Art. 1.228 do CC.

Art. 1.205. A posse pode ser adquirida:

I – pela própria pessoa que a pretende ou por seu representante;

→ Arts. 115 a 120 do CC.

II – por terceiro sem mandato, dependendo de ratificação.

→ *v.* Art. 873 do CC.

Art. 1.206. A posse transmite-se aos herdeiros ou legatários do possuidor com os mesmos caracteres.

→ *v.* Arts. 1.203 e 1.784 do CC.

Art. 1.207. O sucessor universal continua de direito a posse do seu antecessor; e ao sucessor singular é facultado unir sua posse à do antecessor, para os efeitos legais.

→ *v.* Arts. 1.243 e 1.784 do CC.

Art. 1.208. Não induzem posse os atos de mera permissão ou tolerância assim como não autorizam a sua aquisição os atos violentos, ou clandestinos, senão depois de cessar a violência ou a clandestinidade.

→ *v.* Arts. 1.200 do CC.

Art. 1.209. A posse do imóvel faz presumir, até prova contrária, a das coisas móveis que nele estiverem.

→ *v.* Arts. 79 a 80, e 92, do CC.

Capítulo III
DOS EFEITOS DA POSSE

Art. 1.210. O possuidor tem direito a ser mantido na posse em caso de turbação, restituído no de esbulho, e segurado de violência iminente, se tiver justo receio de ser molestado.

→ *v.* Súmula 487 do STF.

→ *v.* Arts. 920 a 930 do CPC/1973.

→ *v.* Arts. 554 a 566, do NCPC.

→ *v.* Art. 3º, I e IV, da Lei 9.099/1995.

§ 1º O possuidor turbado, ou esbulhado, poderá manter-se ou restituir-se por sua própria força, contanto que o faça logo; os atos de defesa, ou de desforço, não podem ir além do indispensável à manutenção, ou restituição da posse.

→ *v.* Arts. 23, II, 25, e 161, I e II, do CP.

§ 2º Não obsta à manutenção ou reintegração na posse a alegação de propriedade, ou de outro direito sobre a coisa.

→ *v.* Súmula 487 do STF.

→ *v.* Art. 923 do CPC/1973.

→ *v.* Art. 557 do NCPC.

Art. 1.211. Quando mais de uma pessoa se disser possuidora, manter-se-á provisoriamente a que tiver a coisa, se não estiver manifesto que a obteve de alguma das outras por modo vicioso.

Art. 1.212. O possuidor pode intentar a ação de esbulho, ou a de indenização, contra o terceiro, que recebeu a coisa esbulhada sabendo que o era.

Art. 1.213. O disposto nos artigos antecedentes não se aplica às servidões não aparentes, salvo quando os respectivos títulos provierem do possuidor do prédio serviente, ou daqueles de quem este o houve.

Art. 1.214. O possuidor de boa-fé tem direito, enquanto ela durar, aos frutos percebidos.

→ *v.* Art. 95 do CC.

Parágrafo único. Os frutos pendentes ao tempo em que cessar a boa-fé devem ser restituídos, depois de deduzidas as despesas da produção e custeio; devem ser também restituídos os frutos colhidos com antecipação.

→ *v.* Arts. 1.201 e 1.216 do CC.

Art. 1.215. Os frutos naturais e industriais reputam-se colhidos e percebidos, logo que são separados; os civis reputam-se percebidos dia por dia.

→ *v.* Arts. 1.396 a 1.398 do CC.

Art. 1.216. O possuidor de má-fé responde por todos os frutos colhidos e percebidos, bem como pelos que, por culpa sua, deixou de perceber, desde o momento em que se constituiu de má-fé; tem direito às despesas da produção e custeio.

→ *v.* Arts. 878, 1.201, parágrafo único, 1.214 e 1.232 do CC.

Art. 1.217. O possuidor de boa-fé não responde pela perda ou deterioração da coisa, a que não der causa.

→ *v.* Arts. 393, parágrafo único, 1.201, parágrafo único, e 1.218, do CC.

Art. 1.218. O possuidor de má-fé responde pela perda, ou deterioração da coisa, ainda que acidentais, salvo se provar que de igual modo se teriam dado, estando ela na posse do reivindicante.

→ v. Arts. 393, parágrafo único, 1.201, parágrafo único, e 1.217, do CC.

Art. 1.219. O possuidor de boa-fé tem direito à indenização das benfeitorias necessárias e úteis, bem como, quanto às voluptuárias, se não lhe forem pagas, a levantá-las, quando o puder sem detrimento da coisa, e poderá exercer o direito de retenção pelo valor das benfeitorias necessárias e úteis.

→ v. Súmula 158 do STF.

→ v. Arts. 96, 97, 242, 878, e 1.201, parágrafo único, do CC.

→ v. Art. 27, § 4º, da Lei 9.514/1997.

→ v. Art. 34 da Lei 6.766/1979.

Art. 1.220. Ao possuidor de má-fé serão ressarcidas somente as benfeitorias necessárias; não lhe assiste o direito de retenção pela importância destas, nem o de levantar as voluptuárias.

→ Arts. 96, 242, 878, do CC.

Art. 1.221. As benfeitorias compensam-se com os danos, e só obrigam ao ressarcimento se ao tempo da evicção ainda existirem.

→ v. Arts. 96, e 368 a 380, do CC.

Art. 1.222. O reivindicante, obrigado a indenizar as benfeitorias ao possuidor de má-fé, tem o direito de optar entre o seu valor atual e o seu custo; ao possuidor de boa-fé indenizará pelo valor atual.

→ v. Arts. 96, 242, 878 e 1.254, do CC.

Capítulo IV
DA PERDA DA POSSE

Art. 1.223. Perde-se a posse quando cessa, embora contra a vontade do possuidor, o poder sobre o bem, ao qual se refere o art. 1.196.

→ v. Art. 1.275 do CC.

Art. 1.224. Só se considera perdida a posse para quem não presenciou o esbulho, quando, tendo notícia dele, se abstém de retornar a coisa, ou, tentando recuperá-la, é violentamente repelido.

→ v. Art. 1.210, § 1º, do CC.

Título II
Dos direitos reais

Capítulo Único
DISPOSIÇÕES GERAIS

Art. 1.225. São direitos reais:

→ v. Arts. 94 e 95 do CPC/1973.

→ v. Arts. 46 e 47, do NCPC.

I – a propriedade;

→ v. Arts. 1.228 a 1.368 do CC.

II – a superfície;

→ v. Arts. 1.369 a 1.377 do CC.

III – as servidões;

→ v. Arts. 1.378 a 1.389 do CC.

IV – o usufruto;

→ v. Arts. 1.390 a 1.411 do CC.

V – o uso;

→ v. Arts. 1.412 a 1.413 do CC.

VI – a habitação;

→ v. Arts. 1.414 a 1.416 do CC.

VII – o direito do promitente comprador do imóvel;

→ v. Arts. 1.417 e 1.418 do CC.

VIII – o penhor;

→ v. Arts. 1.431 a 1.472 do CC.

IX – a hipoteca;

→ v. Arts. 1.473 a 1.505 do CC.

X – a anticrese;

→ v. Arts. 1.506 a 1.510 do CC.

XI – a concessão de uso especial para fins de moradia;

→ Inciso XI acrescentado pela Lei 11.481/2007.

XII – a concessão de direito real de uso; e

→ Inciso XII com redação alterada pela MP 700/2015.

XIII – os direitos oriundos da imissão provisória na posse, quando concedida à União, aos Estados, ao Distrito Federal, aos Municípios ou às suas entidades delegadas e respectiva cessão e promessa de cessão.

→ Inciso XIII acrescentado pela MP 700/2015.

Art. 1.226. Os direitos reais sobre coisas móveis, quando constituídos, ou transmitidos por atos entre vivos, só se adquirem com a tradição.

→ v. Arts. 1.267 e 1.268 do CC.

Art. 1.227. Os direitos reais sobre imóveis constituídos, ou transmitidos por atos entre vivos, só se adquirem com o registro no Cartório de Registro de Imóveis dos referidos títulos (arts. 1.245 a 1.247), salvo os casos expressos neste Código.

→ v. Arts. 167 a 169 da Lei 6.015/1073.

Título III
Da propriedade

Capítulo I
DA PROPRIEDADE EM GERAL

Seção I
Disposições preliminares

Art. 1.228. O proprietário tem a faculdade de usar, gozar e dispor da coisa, e o direito de reavê-la do poder de quem quer que injustamente a possua ou detenha.

→ v. Art. 5º, XXII a XXVI, da CF/1988.

→ v. Arts. 1.196 a 1.198 do CC.

→ v. Arts. 62 e 461-A, do CPC/1973.

→ v. Arts. 338 e 498, do NCPC.

§ 1º O direito de propriedade deve ser exercido em consonância com as suas finalidades econômicas e sociais e de modo que sejam preservados, de conformidade com o estabelecido em lei especial, a flora, a fauna, as belezas naturais, o equilíbrio ecológico e o patrimônio histórico e artístico, bem como evitada a poluição do ar e das águas.

→ v. Arts. 5º, XXIII, LXXIII, 170, 182, § 2º, 186, e 225, §§ 1º a 6º, da CF/1988.

→ v. Arts. 1º a 4º da Lei 10.257/2001.

→ v. Lei 9.605/1998 – Sanções penais e administrativas derivadas de condutas e atividades lesivas ao meio ambiente.

§ 2º São defesos os atos que não trazem ao proprietário qualquer comodidade, ou utilidade, e sejam animados pela intenção de prejudicar outrem.

→ v. Arts. 1.227, 1.299 e 1.313, do CC.

§ 3º O proprietário pode ser privado da coisa, nos casos de desapropriação, por necessidade ou utilidade pública ou interesse social, bem como no de requisição, em caso de perigo público iminente.

→ v. Arts. 5º, XXIV, 22, II, 182, §§ 3º e 4º, e 184, §§ 1º a 5º, da CF/1988.

→ v. Arts. 519 e 1.275, V, do CC.

→ v. Lei 8.629/1993 – Regulamentação dos dispositivos constitucionais relativos à reforma agrária.

→ v. Lei 4.132/1962 – Desapropriação por interesse social.

→ v. Lei 8.257/1991 – Expropriação das glebas nas quais se localizem culturas ilegais de plantas psicotrópicas.

→ v. Dec.-lei 4.812/1942 – Requisição de bens imóveis e móveis, necessários às forças armadas e à defesa passiva da população.

→ v. Dec.-lei 3.365/1941 – Desapropriações por utilidade pública.

§ 4º O proprietário também pode ser privado da coisa se o imóvel reivindicado consistir em extensa área, na posse ininterrupta e de boa-fé, por mais de 5 (cinco) anos, de considerável número de pessoas, e estas nela houverem realizado, em conjunto ou separadamente, obras e serviços considerados pelo juiz de interesse social e econômico relevante.

→ v. Arts. 2.029 e 2.030 do CC.

§ 5º No caso do parágrafo antecedente, o juiz fixará a justa indenização devida ao proprietário; pago o preço, valerá a sentença como título para o registro do imóvel em nome dos possuidores.

Art. 1.229. A propriedade do solo abrange a do espaço aéreo e subsolo correspondentes, em altura e profundidade úteis ao seu exercício, não podendo o proprietário opor-se a atividades que sejam realizadas, por terceiros, a uma altura ou profundidade tais, que não tenha ele interesse legítimo em impedi-las.

→ v. Arts. 22, XII, e 176 da CF/1988.

→ v. Arts. 79 e 1.286 do CC.

→ v. Arts. 3º, I, 4º, e 84 do Dec.-lei 227/1967.

Art. 1.230. A propriedade do solo não abrange as jazidas, minas e demais recursos minerais, os potenciais de energia hidráulica, os monumentos arqueológicos e outros bens referidos por leis especiais.

→ v. Súmula 238 do STJ.

→ v. Arts. 23, III e IV, 24, VII, 176 e 216 da CF/1988.

→ v. Arts. 3º, I, 4º, e 84 do Dec.-lei 227/1967.

Parágrafo único. O proprietário do solo tem o direito de explorar os recursos minerais de emprego imediato na construção civil, desde que não submetidos a transformação industrial, obedecido o disposto em lei especial.

Art. 1.231. A propriedade presume-se plena e exclusiva, até prova em contrário.

→ v. Arts. 1.228, 1.328 e 1.359 do CC.

Art. 1.232. Os frutos e mais produtos da coisa pertencem, ainda quando separados, ao seu proprietário, salvo se, por preceito jurídico especial, couberem a outrem.

Seção II
Da descoberta

Art. 1.233. Quem quer que ache coisa alheia perdida há de restituí-la ao dono ou legítimo possuidor.

Parágrafo único. Não o conhecendo, o descobridor fará por encontrá-lo, e, se não o encontrar, entregará a coisa achada à autoridade competente.

→ v. Arts. 1.170 a 1.176 do CPC/1973.

→ v. Art. 746 do NCPC.

Art. 1.234. Aquele que restituir a coisa achada, nos termos do artigo antecedente, terá direito a uma recompensa não inferior a 5% (cinco por cento) do seu valor, e à indenização pelas despesas que houver feito com a conservação e transporte da coisa, se o dono não preferir abandoná-la.

Parágrafo único. Na determinação do montante da recompensa, considerar-se-á o esforço desenvolvido pelo descobridor para encontrar o dono, ou o legítimo possuidor, as possibilidades que teria este de encontrar a coisa e a situação econômica de ambos.

Art. 1.235. O descobridor responde pelos prejuízos causados ao proprietário ou possuidor legítimo, quando tiver procedido com dolo.

Art. 1.236. A autoridade competente dará conhecimento da descoberta através da imprensa e outros meios de informação, somente expedindo editais se o seu valor os comportar.

Art. 1.237. Decorridos 60 (sessenta) dias da divulgação da notícia pela imprensa, ou do edital, não se apresentando quem comprove a propriedade sobre a coisa, será esta vendida em hasta pública e, deduzidas do preço as despesas, mais a recompensa do descobridor, pertencerá o remanescente ao Município em cuja circunscrição se deparou o objeto perdido.

→ v. Arts. 1.170 a 1.176 do CPC/1973.

→ v. Art. 746 do NCPC.

Parágrafo único. Sendo de diminuto valor, poderá o Município abandonar a coisa em favor de quem a achou.

Capítulo II
DA AQUISIÇÃO DA PROPRIEDADE IMÓVEL

Seção I
Da usucapião

Art. 1.238. Aquele que, por 15 (quinze) anos, sem interrupção, nem oposição, possuir como seu um imóvel, adquire-lhe a propriedade, independentemente de título e boa-fé; podendo requerer ao juiz que assim o declare por sentença, a qual servirá de título para o registro no Cartório de Registro de Imóveis.

→ v. Súmulas 237, 263, 340, 391 e 445 do STF.

→ v. Súmulas 11, 119 e 193 do STJ.

→ v. Arts. 183, § 3º, 191, parágrafo único, e 231, § 4º, da CF/1988.

→ v. Arts. 1.379, parágrafo único, 2.028 e 2.029, do CC.

→ v. Arts. 941 a 945 do CPC/1973.

→ v. Arts. 246, § 3º e 259, I, do NCPC.

Parágrafo único. O prazo estabelecido neste artigo reduzir-se-á a 10 (dez) anos se o possuidor houver estabelecido no imóvel a sua moradia habitual, ou nele realizado obras ou serviços de caráter produtivo.

Art. 1.239. Aquele que, não sendo proprietário de imóvel rural ou urbano, possua como sua, por 5 (cinco) anos ininterruptos, sem oposição, área de terra em zona rural não superior a 50 (cinquenta) hectares, tornando-a produtiva por seu trabalho ou de sua família, tendo nela sua moradia, adquirir-lhe-á a propriedade.

→ v. Súmula 11 do STJ.

→ v. Arts. 190 e 191 da CF/1988.

→ v. Art. 98 da Lei 4.504/1964.

Art. 1.240. Aquele que possuir, como sua, área urbana de até 250 (duzentos e cinquenta) metros quadrados, por 5 (cinco) anos ininterruptamente e sem oposição, utilizando-a para sua moradia ou de sua família, adquirir-lhe-á o domínio, desde que não seja proprietário de outro imóvel urbano ou rural.

→ v. Art. 183, §§ 1º e 3º da CF/1988.

→ v. Arts. 9º a 14, da Lei 10.257/2001.

§ 1º O título de domínio e a concessão de uso serão conferidos ao homem ou à mulher, ou a ambos, independentemente do estado civil.

§ 2º O direito previsto no parágrafo antecedente não será reconhecido ao mesmo possuidor mais de uma vez.

Art. 1.240-A. Aquele que exercer, por 2 (dois) anos ininterruptamente e sem oposição, posse direta, com exclusividade, sobre imóvel urbano de até 250m² (duzentos e cinquenta metros quadrados) cuja propriedade divida com ex-cônjuge ou ex-companheiro que abandonou o lar, utilizando-o para sua moradia ou de sua família, adquirir-lhe-á o domínio integral, desde que não seja proprietário de outro imóvel urbano ou rural.

→ Artigo acrescentado pela Lei 12.424/2011.

§ 1º O direito previsto no *caput* não será reconhecido ao mesmo possuidor mais de uma vez.

§ 2º *(Vetado).*

→ § 2º acrescentado pela Lei 12.424/2011.

Art. 1.241. Poderá o possuidor requerer ao juiz seja declarada adquirida, mediante usucapião, a propriedade imóvel.

Parágrafo único. A declaração obtida na forma deste artigo constituirá título hábil para o registro no Cartório de Registro de Imóveis.

Art. 1.242. Adquire também a propriedade do imóvel aquele que, contínua e incontestadamente, com justo título e boa-fé, o possuir por 10 (dez) anos.

→ v. Art. 1.379 do CC.

Parágrafo único. Será de 5 (cinco) anos o prazo previsto neste artigo se o imóvel houver sido adquirido, onerosamente, com base no registro constante do respectivo cartório, cancelada posteriormente, desde que os possuidores nele tiverem estabelecido a sua moradia, ou realizado investimentos de interesse social e econômico.

→ v. Art. 2.029 do CC.

→ v. Art. 214, § 5º, da Lei 6.015/1973.

Art. 1.243. O possuidor pode, para o fim de contar o tempo exigido pelos artigos antecedentes, acrescentar à sua posse a dos seus antecessores (art. 1.207), contanto que todas sejam contínuas, pacíficas e, nos casos do art. 1.242, com justo título e de boa-fé.

→ v. Art. 1.262 do CC.

Art. 1.244. Estende-se ao possuidor o disposto quanto ao devedor acerca das causas que obstam, suspendem ou interrompem a prescrição, as quais também se aplicam à usucapião.

→ v. Arts. 197 a 204 do CC.

Seção II
Da aquisição pelo registro do título

Art. 1.245. Transfere-se entre vivos a propriedade mediante o registro do título translativo no Registro de Imóveis.

→ v. Arts. 1.227, 1.246, 1.247 e 1.275, parágrafo único, do CC.

→ v. Arts. 167, I e II, 2 e 15, 168 e 169, da Lei 6.015/1973.

§ 1º Enquanto não se registrar o título translativo, o alienante continua a ser havido como dono do imóvel.

§ 2º Enquanto não se promover, por meio de ação própria, a decretação de invalidade do registro, e o respectivo cancelamento, o adquirente continua a ser havido como dono do imóvel.

Art. 1.246. O registro é eficaz desde o momento em que se apresentar o título ao oficial do registro, e este o prenotar no protocolo.

→ v. Arts. 174, 175, 182 a 186 e 205 da Lei 6.015/1973.

Art. 1.247. Se o teor do registro não exprimir a verdade, poderá o interessado reclamar que se retifique ou anule.

→ v. Arts. 212, 213, 216 e 248 da Lei 6.015/1973.

Parágrafo único. Cancelado o registro, poderá o proprietário reivindicar o imóvel, independentemente da boa-fé ou do título do terceiro adquirente.

Seção III
Da aquisição por acessão

Art. 1.248. A acessão pode dar-se:

I – por formação de ilhas;

→ v. Art. 1.249 do CC.

II – por aluvião;

→ v. Art. 1.250 do CC.

III – por avulsão;

→ v. Art. 1.251 do CC.

IV – por abandono de álveo;

→ v. Art. 1.252 do CC.

V – por plantações ou construções.

→ v. Art. 1.253 do CC.

Subseção I
Das ilhas

Art. 1.249. As ilhas que se formarem em correntes comuns ou particulares pertencem aos proprietários ribeirinhos fronteiros, observadas as regras seguintes:

→ v. Arts. 8º, e 23 a 25 do Decreto 24.643/1934.

I – as que se formarem no meio do rio consideram-se acréscimos sobrevindos aos terrenos ribeirinhos fronteiros de ambas as margens, na proporção de suas testadas, até a linha que dividir o álveo em duas partes iguais;

II – as que se formarem entre a referida linha e uma das margens consideram-se acréscimos aos terrenos ribeirinhos fronteiros desse mesmo lado;

III – as que se formarem pelo desdobramento de um novo braço do rio continuam a pertencer aos proprietários dos terrenos à custa dos quais se constituíram.

Subseção II
Da aluvião

Art. 1.250. Os acréscimos formados, sucessiva e imperceptivelmente, por depósitos e aterros naturais ao longo das margens das correntes, ou pelo desvio das águas destas, pertencem aos donos dos terrenos marginais, sem indenização.

Parágrafo único. O terreno aluvial, que se formar em frente de prédios de proprietários diferentes, dividir-se-á entre eles, na proporção da testada de cada um sobre a antiga margem.

Subseção III
Da avulsão

Art. 1.251. Quando, por força natural violenta, uma porção de terra se destacar de um prédio e se juntar a outro, o dono deste adquirirá a propriedade do acréscimo, se indenizar o dono do primeiro ou, sem indenização, se, em 1 (um) ano, ninguém houver reclamado.

Parágrafo único. Recusando-se ao pagamento de indenização, o dono do prédio a que se juntou a porção de terra deverá aquiescer a que se remova a parte acrescida.

Subseção IV
Do álveo abandonado

Art. 1.252. O álveo abandonado de corrente pertence aos proprietários ribeirinhos das duas margens, sem que tenham indenização os donos dos terrenos por onde as águas abrirem novo curso, entendendo-se que os prédios marginais se estendem até o meio do álveo.

Subseção V
Das construções e plantações

Art. 1.253. Toda construção ou plantação existente em um terreno presume-se feita pelo proprietário e à sua custa, até que se prove o contrário.

Art. 1.254. Aquele que semeia, planta ou edifica em terreno próprio com sementes, plantas ou materiais alheios, adquire a propriedade destes; mas fica obrigado a pagar-lhes o valor, além de responder por perdas e danos, se agiu de má-fé.

→ v. Arts. 402 a 405, e 1.214 a 1.222, do CC.

Art. 1.255. Aquele que semeia, planta ou edifica em terreno alheio perde, em proveito do proprietário, as sementes, plantas e construções; se procedeu de boa-fé, terá direito a indenização.

Parágrafo único. Se a construção ou a plantação exceder consideravelmente o valor do terreno, aquele que, de boa-fé, plantou ou edificou, adquirirá a propriedade do solo, mediante pagamento da indenização fixada judicialmente, se não houver acordo.

Art. 1.256. Se de ambas as partes houve má-fé, adquirirá o proprietário as sementes, plantas e construções, devendo ressarcir o valor das acessões.

Parágrafo único. Presume-se má-fé no proprietário, quando o trabalho de construção, ou lavoura, se fez em sua presença e sem impugnação sua.

Art. 1.257. O disposto no artigo antecedente aplica-se ao caso de não pertencerem as sementes, plantas ou materiais a quem de boa-fé os empregou em solo alheio.

Parágrafo único. O proprietário das sementes, plantas ou materiais poderá cobrar do proprietário do solo a indenização devida, quando não puder havê-la do plantador ou construtor.

Art. 1.258. Se a construção, feita parcialmente em solo próprio, invade solo alheio em proporção não superior à vigésima parte deste, adquire o construtor de boa-fé a propriedade da parte do solo invadido, se o valor da construção exceder o dessa parte, e responde por indenização que represente, também, o valor da área perdida e a desvalorização da área remanescente.

Parágrafo único. Pagando em décuplo as perdas e danos previstos neste artigo, o construtor de má-fé adquire a propriedade da parte do solo que invadiu, se em proporção à vigésima parte deste e o valor da construção exceder consideravelmente o dessa parte e não se puder demolir a porção invasora sem grave prejuízo para a construção.

Art. 1.259. Se o construtor estiver de boa-fé, e a invasão do solo alheio exceder a vigésima parte deste, adquire a propriedade da parte do solo invadido, e responde por perdas e danos que abranjam o valor que a invasão acrescer à construção, mais o da área perdida e o da desvalorização da área remanescente; se de má-fé, é obrigado a demolir o que nele construiu, pagando as perdas e danos apurados, que serão devidos em dobro.

Capítulo III
DA AQUISIÇÃO DA PROPRIEDADE MÓVEL

Seção I
Da usucapião

Art. 1.260. Aquele que possuir coisa móvel como sua, contínua e incontestadamente durante 3 (três) anos, com justo título e boa-fé, adquirir-lhe-á a propriedade.

→ v. Súmula 340 do STF.

→ v. Art. 1.208 do CC.

Art. 1.261. Se a posse da coisa móvel se prolongar por 5 (cinco) anos, produzirá usucapião, independentemente de título ou boa-fé.

Art. 1.262. Aplica-se à usucapião das coisas móveis o disposto nos arts. 1.243 e 1.244.

Seção II
Da ocupação

Art. 1.263. Quem se assenhorear de coisa sem dono para logo lhe adquire a propriedade, não sendo essa ocupação defesa por lei.

Seção III
Do achado do tesouro

Art. 1.264. O depósito antigo de coisas preciosas, oculto e de cujo dono não haja memória, será dividido por igual entre o proprietário do prédio e o que achar o tesouro casualmente.

→ v. Art. 1.392, § 3º, do CC.

Art. 1.265. O tesouro pertencerá por inteiro ao proprietário do prédio, se for achado por ele, ou em pesquisa que ordenou, ou por terceiro não autorizado.

Art. 1.266. Achando-se em terreno aforado, o tesouro será dividido por igual entre o descobridor e o enfiteuta, ou será deste por inteiro quando ele mesmo seja o descobridor.

Seção IV
Da tradição

Art. 1.267. A propriedade das coisas não se transfere pelos negócios jurídicos antes da tradição.

→ v. Arts. 234, 237, 238, 291, 328, 431, 444, 492, 495, 541, parágrafo único, 579, 587, 809, e 1.226, do CC.

Parágrafo único. Subentende-se a tradição quando o transmitente continua a possuir pelo constituto possessório; quando cede ao adquirente o direito à restituição da coisa, que se encontra em poder de terceiro; ou quando o adquirente já está na posse da coisa, por ocasião do negócio jurídico.

Art. 1.268. Feita por quem não seja proprietário, a tradição não aliena a propriedade, exceto se a coisa, oferecida ao público, em leilão ou estabelecimento comercial, for transferida em circunstâncias tais que, ao adquirente de boa-fé, como a qualquer pessoa, o alienante se afigurar dono.

→ v. Art. 171, § 2º, I, do CP.

§ 1º Se o adquirente estiver de boa-fé e o alienante adquirir depois a propriedade, considera-se realizada a transferência desde o momento em que ocorreu a tradição.

→ v. Arts. 1.420, § 1º, e 1.912, do CC.

§ 2º Não transfere a propriedade a tradição, quando tiver por título um negócio jurídico nulo.

→ v. Arts. 166 e 167 do CC.

Seção V
Da especificação

Art. 1.269. Aquele que, trabalhando em matéria-prima em parte alheia, obtiver espécie nova, desta será proprietário, se não se puder restituir à forma anterior.

Art. 1.270. Se toda a matéria for alheia, e não se puder reduzir à forma precedente, será do especificador de boa-fé a espécie nova.

§ 1º Sendo praticável a redução, ou quando impraticável, se a espécie nova se obteve de má-fé, pertencerá ao dono da matéria-prima.

§ 2º Em qualquer caso, inclusive o da pintura em relação à tela, da escultura, escritura e outro qualquer trabalho gráfico em relação à matéria-prima, a espécie nova será do especificador, se o seu valor exceder consideravelmente o da matéria-prima.

Art. 1.271. Aos prejudicados, nas hipóteses dos arts. 1.269 e 1.270, se ressarcirá o dano que sofrerem, menos ao especificador de má-fé, no caso do § 1º do artigo antecedente, quando irredutível a especificação.

Seção VI
Da confusão, da comissão e da adjunção

→ Consta "Comissão" conforme publicação oficial. O correto seria "Comistão".

Art. 1.272. As coisas pertencentes a diversos donos, confundidas, misturadas ou adjuntadas sem o consentimento deles, continuam a pertencer-lhes, sendo possível separá-las sem deterioração.

→ v. Art. 92 do CC.

§ 1º Não sendo possível a separação das coisas, ou exigindo dispêndio excessivo, subsiste indiviso o todo, cabendo a cada um dos donos quinhão proporcional ao valor da coisa com que entrou para a mistura ou agregado.

§ 2º Se uma das coisas puder considerar-se principal, o dono sê-lo-á do todo, indenizando os outros.

Art. 1.273. Se a confusão, comissão ou adjunção se operou de má-fé, à outra parte caberá escolher entre adquirir a propriedade do todo, pagando o que não for seu, abatida a indenização que lhe for devida, ou renunciar ao que lhe pertencer, caso em que será indenizado.

Art. 1.274. Se da união de matérias de natureza diversa se formar espécie nova, à confusão, comissão ou adjunção aplicam-se as normas dos arts. 1.272 e 1.273.

Capítulo IV
DA PERDA DA PROPRIEDADE

Art. 1.275. Além das causas consideradas neste Código, perde-se a propriedade:

I – por alienação;

→ *v.* Art. 108 do CC.

II – pela renúncia;

→ *v.* Art. 108 do CC.

III – por abandono;

IV – por perecimento da coisa;

V – por desapropriação.

→ *v.* Art. 1.228, §§ 2º e 3º, do CC.

Parágrafo único. Nos casos dos incisos I e II, os efeitos da perda da propriedade imóvel serão subordinados ao registro do título transmissivo ou do ato renunciativo no Registro de Imóveis.

→ *v.* Art. 167 da Lei 6.015/1973.

Art. 1.276. O imóvel urbano que o proprietário abandonar, com a intenção de não mais o conservar em seu patrimônio, e que se não encontrar na posse de outrem, poderá ser arrecadado, como bem vago, e passar, 3 (três) anos depois, à propriedade do Município ou à do Distrito Federal, se se achar nas respectivas circunscrições.

→ *v.* Arts. 79, 80, I, e 81, do CC.

→ *v.* Arts. 1.170 e 1.176 do CPC/1973.

→ *v.* Art. 746 do NCPC.

→ *v.* Art. 32 do CTN.

§ 1º O imóvel situado na zona rural, abandonado nas mesmas circunstâncias, poderá ser arrecadado, como bem vago, e passar, 3 (três) anos depois, à propriedade da União, onde quer que ele se localize.

§ 2º Presumir-se-á de modo absoluto a intenção a que se refere este artigo, quando, cessados os atos de posse, deixar o proprietário de satisfazer os ônus fiscais.

Capítulo V
DOS DIREITOS DE VIZINHANÇA

→ *v.* Arts. 36 a 38 da Lei 10.257/2001.

Seção I
Do uso anormal da propriedade

Art. 1.277. O proprietário ou o possuidor de um prédio tem o direito de fazer cessar as interferências prejudiciais à segurança, ao sossego e à saúde dos que o habitam, provocadas pela utilização de propriedade vizinha.

→ *v.* Art. 1.228, § 2º, do CC.

→ *v.* Arts. 1º e 2º da Lei 12.651/2012.

→ *v.* Art. 19 da Lei 4.591/1964.

Parágrafo único. Proíbem-se as interferências considerando-se a natureza da utilização, a localização do prédio, atendidas as normas que distribuem as edificações em zonas, e os limites ordinários de tolerância dos moradores da vizinhança.

Art. 1.278. O direito a que se refere o artigo antecedente não prevalece quando as interferências forem justificadas por interesse público, caso em que o proprietário ou o possuidor, causador delas, pagará ao vizinho indenização cabal.

Art. 1.279. Ainda que por decisão judicial devam ser toleradas as interferências, poderá o vizinho exigir a sua redução, ou eliminação, quando estas se tornarem possíveis.

Art. 1.280. O proprietário ou o possuidor tem direito a exigir do dono do prédio vizinho a demolição, ou a reparação deste, quando ameace ruína, bem como que lhe preste caução pelo dano iminente.

→ *v.* Art. 937 do CC.

→ *v.* Arts. 934 a 940 do CPC/1973.

Art. 1.281. O proprietário ou o possuidor de um prédio, em que alguém tenha direito de fazer obras, pode, no caso de dano iminente, exigir do autor delas as necessárias garantias contra o prejuízo eventual.

→ *v.* Arts. 1.311 a 1.313 do CC.

→ *v.* Arts. 9º, IV, e 26, da Lei 8.245/1991.

Seção II
Das árvores limítrofes

Art. 1.282. A árvore, cujo tronco estiver na linha divisória, presume-se pertencer em comum aos donos dos prédios confinantes.

→ *v.* Art. 1.327 do CC.

Art. 1.283. As raízes e os ramos de árvore, que ultrapassarem a estrema do prédio, poderão ser cortados, até o plano vertical divisório, pelo proprietário do terreno invadido.

Art. 1.284. Os frutos caídos de árvore do terreno vizinho pertencem ao dono do solo onde caíram, se este for de propriedade particular.

Seção III
Da passagem forçada

Art. 1.285. O dono do prédio que não tiver acesso a via pública, nascente ou porto, pode, mediante pagamento de indenização cabal, constranger o vizinho a lhe dar passagem, cujo rumo será judicialmente fixado, se necessário.

→ *v.* Súmula 415 do STF.

→ *v.* Art. 1.388, II do CC.

§ 1º Sofrerá o constrangimento o vizinho cujo imóvel mais natural e facilmente se prestar à passagem.

§ 2º Se ocorrer alienação parcial do prédio, de modo que uma das partes perca o acesso a via pública, nascente ou porto, o proprietário da outra deve tolerar a passagem.

§ 3º Aplica-se o disposto no parágrafo antecedente ainda quando, antes da alienação, existia passagem através de imóvel vizinho, não estando o proprietário deste constrangido, depois, a dar uma outra.

Seção IV
Da passagem de cabos e tubulações

Art. 1.286. Mediante recebimento de indenização que atenda, também, à desvalorização da área remanescente, o proprietário é obrigado a tolerar a passagem, através de seu imóvel, de cabos, tubulações e outros condutos subterrâneos de serviços de utilidade pública, em proveito de proprietários vizinhos, quando de outro modo for impossível ou excessivamente onerosa.

Parágrafo único. O proprietário prejudicado pode exigir que a instalação seja feita de modo menos gravoso ao prédio onerado, bem como, depois, seja removida, à sua custa, para outro local do imóvel.

Art. 1.287. Se as instalações oferecerem grave risco, será facultado ao proprietário do prédio onerado exigir a realização de obras de segurança.

Seção V
Das águas

Art. 1.288. O dono ou o possuidor do prédio inferior é obrigado a receber as águas que correm naturalmente do superior, não podendo realizar obras que embaracem o seu fluxo; porém a condição natural e anterior do prédio inferior não pode ser agravada por obras feitas pelo dono ou possuidor do prédio superior.

→ *v.* Arts. 69 e 70 do Decreto 24.643/1934.

Art. 1.289. Quando as águas, artificialmente levadas ao prédio superior, ou aí colhidas, correrem dele para o inferior, poderá o dono deste reclamar que se desviem, ou se lhe indenize o prejuízo que sofrer.

→ *v.* Art. 92 do Decreto 24.643/1934.

Parágrafo único. Da indenização será deduzido o valor do benefício obtido.

Art. 1.290. O proprietário de nascente, ou do solo onde caem águas pluviais, satisfeitas as necessidades de seu consumo, não pode impedir, ou desviar o curso natural das águas remanescentes pelos prédios inferiores.

→ *v.* Arts. 70. 74, 90, 102, 103, 106 e 107, do Decreto 24.643/1934.

Art. 1.291. O possuidor do imóvel superior não poderá poluir as águas indispensáveis às primeiras necessidades da vida dos possuidores dos imóveis inferiores; as demais, que poluir, deverá recuperar, ressarcindo os danos que estes sofrerem, se não for possível a recuperação ou o desvio do curso artificial das águas.

Art. 1.292. O proprietário tem direito de construir barragens, açudes, ou outras obras para represamento de água em seu prédio; se as águas represadas invadirem prédio alheio, será o seu proprietário indenizado pelo dano sofrido, deduzido o valor do benefício obtido.

→ *v.* Art. 119 do Decreto 24.643/1934.

Art. 1.293. É permitido a quem quer que seja, mediante prévia indenização aos proprietários prejudicados, construir canais, através de prédios alheios, para receber as águas a que tenha direito, indispensáveis às primeiras necessidades da vida, e, desde que não cause prejuízo considerável à agricultura e à indústria, bem como para o escoamento de águas supérfluas ou acumuladas, ou a drenagem de terrenos.

→ *v.* Arts. 117 a 138 do Decreto 24.643/1934.

§ 1º Ao proprietário prejudicado, em tal caso, também assiste direito a ressarcimento pelos danos que de futuro lhe advenham da infiltração ou irrupção das águas, bem como da deterioração das obras destinadas a canalizá-las.

§ 2º O proprietário prejudicado poderá exigir que seja subterrânea a canalização que atravessa áreas edificadas, pátios, hortas, jardins ou quintais.

§ 3º O aqueduto será construído de maneira que cause o menor prejuízo aos proprietários dos imóveis vizinhos, e a expensas do seu dono, a quem incumbem também as despesas de conservação.

Art. 1.294. Aplica-se ao direito de aqueduto o disposto nos arts. 1.286 e 1.287.

Art. 1.295. O aqueduto não impedirá que os proprietários cerquem os imóveis e construam sobre ele, sem prejuízo para a sua segurança e conservação; os proprietários dos imóveis poderão usar das águas do aqueduto para as primeiras necessidades da vida.

→ *v.* Art. 130 do Decreto 24.643/1934.

Art. 1.296. Havendo no aqueduto águas supérfluas, outros poderão canalizá-las, para os fins previstos no art. 1.293, mediante pagamento de indenização aos proprietários prejudicados e ao dono do aqueduto, de importância equivalente às despesas que então seriam necessárias para a condução das águas até o ponto de derivação.

→ v. Art. 134 do Decreto 24.643/1934.

Parágrafo único. Têm preferência os proprietários dos imóveis atravessados pelo aqueduto.

Seção VI
Dos limites entre prédios e do direito de tapagem

Art. 1.297. O proprietário tem direito a cercar, murar, valar ou tapar de qualquer modo o seu prédio, urbano ou rural, e pode constranger o seu confinante a proceder com ele à demarcação entre os dois prédios, a aviventar rumos apagados e a renovar marcos destruídos ou arruinados, repartindo-se proporcionalmente entre os interessados as respectivas despesas.

→ v. Arts. 25, 946 a 966, do CPC/1973.

→ v. Arts. 89, 569 a 587, do NCPC.

→ v. Art. 167, I, 23, da Lei 6.015/1973.

§ 1º Os intervalos, muros, cercas e os tapumes divisórios, tais como sebes vivas, cercas de arame ou de madeira, valas ou banquetas, presumem-se, até prova em contrário, pertencer a ambos os proprietários confinantes, sendo estes obrigados, de conformidade com os costumes da localidade, a concorrer, em partes iguais, para as despesas de sua construção e conservação.

→ v. Arts. 1.328 e 1.330 do CC.

§ 2º As sebes vivas, as árvores, ou plantas quaisquer, que servem de marco divisório, só podem ser cortadas, ou arrancadas, de comum acordo entre proprietários.

§ 3º A construção de tapumes especiais para impedir a passagem de animais de pequeno porte, ou para outro fim, pode ser exigida de quem provocou a necessidade deles, pelo proprietário, que não está obrigado a concorrer para as despesas.

→ v. Art. 1.313, II, do CC.

Art. 1.298. Sendo confusos, os limites, em falta de outro meio, se determinarão de conformidade com a posse justa; e, não se achando ela provada, o terreno contestado se dividirá por partes iguais entre os prédios, ou, não sendo possível a divisão cômoda, se adjudicará a um deles, mediante indenização ao outro.

Seção VII
Do direito de construir

Art. 1.299. O proprietário pode levantar em seu terreno as construções que lhe aprouver, salvo o direito dos vizinhos e os regulamentos administrativos.

→ v. Art. 1.228, § 2º, do CC.

→ v. Arts. 934 a 940 do CPC/1973.

→ v. Arts. 28 a 31, e 35, da Lei 10.257/2001.

Art. 1.300. O proprietário construirá de maneira que o seu prédio não despeje águas, diretamente, sobre o prédio vizinho.

Art. 1.301. É defeso abrir janelas, ou fazer eirado, terraço ou varanda, a menos de metro e meio do terreno vizinho.

→ Súmulas 120 e 414 do STF.

→ v. Arts. 934 a 940 do CPC/1973.

§ 1º As janelas cuja visão não incida sobre a linha divisória, bem como as perpendiculares, não poderão ser abertas a menos de 75 (setenta e cinco) centímetros.

§ 2º As disposições deste artigo não abrangem as aberturas para luz ou ventilação, não maiores de 10 (dez) centímetros de largura sobre 20 (vinte) de comprimento e construídas a mais de 2 (dois) metros de altura de cada piso.

Art. 1.302. O proprietário pode, no lapso de ano e dia após a conclusão da obra, exigir que se desfaça janela, sacada, terraço ou goteira sobre o seu prédio; escoado o prazo, não poderá, por sua vez, edificar sem atender ao disposto no artigo antecedente, nem impedir, ou dificultar, o escoamento das águas da goteira, com prejuízo para o prédio vizinho.

Parágrafo único. Em se tratando de vãos, ou aberturas para luz, seja qual for a quantidade, altura e disposição, o vizinho poderá, a todo tempo, levantar a sua edificação, ou contramuro, ainda que lhes vede a claridade.

Art. 1.303. Na zona rural, não será permitido levantar edificações a menos de 3 (três) metros do terreno vizinho.

Art. 1.304. Nas cidades, vilas e povoados cuja edificação estiver adstrita a alinhamento, o dono de um terreno pode nele edificar, madeirando na parede divisória do prédio contíguo, se ela suportar a nova construção; mas terá de embolsar ao vizinho metade do valor da parede e do chão correspondentes.

Art. 1.305. O confinante, que primeiro construir, pode assentar a parede divisória até meia espessura no terreno contíguo, sem perder por isso o direito a haver meio valor dela se o vizinho a travejar, caso em que o primeiro fixará a largura e a profundidade do alicerce.

Parágrafo único. Se a parede divisória pertencer a um dos vizinhos, e não tiver capacidade para ser travejada pelo outro, não poderá este fazer-lhe alicerce ao pé sem prestar caução àquele, pelo risco a que expõe a construção anterior.

Art. 1.306. O condômino da parede-meia pode utilizá-la até ao meio da espessura, não pondo em risco a segurança ou a separação dos 2 (dois) prédios, e avisando previamente o outro condômino das obras que ali tenciona fazer; não pode sem consentimento do outro, fazer, na parede-meia, armários, ou obras semelhantes, correspondendo a outras, da mesma natureza, já feitas do lado oposto.

Art. 1.307. Qualquer dos confinantes pode altear a parede divisória, se necessário reconstruindo-a, para suportar o alteamento; arcará com todas as despesas, inclusive de conservação, ou com metade, se o vizinho adquirir meação também na parte aumentada.

Art. 1.308. Não é lícito encostar à parede divisória chaminés, fogões, fornos ou quaisquer aparelhos ou depósitos suscetíveis de produzir infiltrações ou interferências prejudiciais ao vizinho.

Parágrafo único. A disposição anterior não abrange as chaminés ordinárias e os fogões de cozinha.

Art. 1.309. São proibidas construções capazes de poluir, ou inutilizar, para uso ordinário, a água do poço, ou nascente alheia, a elas preexistentes.

→ v. Arts. 1.228, § 1º, e 1.291, do CC.

Art. 1.310. Não é permitido fazer escavações ou quaisquer obras que tirem ao poço ou à nascente de outrem a água indispensável às suas necessidades normais.

→ v. Arts. 96 a 98 do Decreto 24.643/1934.

Art. 1.311. Não é permitida a execução de qualquer obra ou serviço suscetível de provocar desmoronamento ou deslocação de terra, ou que comprometa a segurança do prédio vizinho, senão após haverem sido feitas as obras acautelatórias.

Parágrafo único. O proprietário do prédio vizinho tem direito a ressarcimento pelos prejuízos que sofrer, não obstante haverem sido realizadas as obras acautelatórias.

→ v. Arts. 927, parágrafo único, e 1.281, do CC.

Art. 1.312. Todo aquele que violar as proibições estabelecidas nesta Seção é obrigado a demolir as construções feitas, respondendo por perdas e danos.

→ v. Arts. 402 a 405, e 1.302, do CC.

Art. 1.313. O proprietário ou ocupante do imóvel é obrigado a tolerar que o vizinho entre no prédio, mediante prévio aviso, para:

→ v. Art. 1.228, § 2º, do CC.

I – dele temporariamente usar, quando indispensável à reparação, construção, reconstrução ou limpeza de sua casa ou do muro divisório;

II – apoderar-se de coisas suas, inclusive animais que aí se encontrem casualmente.

→ v. Arts. 1.281 e 1.297, § 3º, do CC.

§ 1º O disposto neste artigo aplica-se aos casos de limpeza ou reparação de esgotos, goteiras, aparelhos higiênicos, poços e nascentes e ao aparo de cerca viva.

§ 2º Na hipótese do inciso II, uma vez entregues as coisas buscadas pelo vizinho, poderá ser impedida a sua entrada no imóvel.

§ 3º Se do exercício do direito assegurado neste artigo provier dano, terá o prejudicado direito a ressarcimento.

Capítulo VI
DO CONDOMÍNIO GERAL

Seção I
Do condomínio voluntário

Subseção I
Dos direitos e deveres dos condôminos

Art. 1.314. Cada condômino pode usar da coisa conforme sua destinação, sobre ela exercer todos os direitos compatíveis com a indivisão, reivindicá-la de terceiro, defender a sua posse e alhear a respectiva parte ideal, ou gravá-la.

→ v. Arts. 504, 1.199, 1.331 a 1.358, e 1.791, parágrafo único, do CC.

→ v. Art. 934, II, do CPC/1973.

→ v. Art. 156 do CP.

Parágrafo único. Nenhum dos condôminos pode alterar a destinação da coisa comum, nem dar posse, uso ou gozo dela a estranhos, sem o consenso dos outros.

Art. 1.315. O condômino é obrigado, na proporção de sua parte, a concorrer para as despesas de conservação ou divisão da coisa, e a suportar os ônus a que estiver sujeita.

Parágrafo único. Presumem-se iguais as partes ideais dos condôminos.

→ v. Arts. 1320 a 1.322 do CC.

Art. 1.316. Pode o condômino eximir-se do pagamento das despesas e dívidas, renunciando à parte ideal.

→ V. Art. 114 do CC.

§ 1º Se os demais condôminos assumem as despesas e as dívidas, a renúncia lhes aproveita, adquirindo a parte ideal de quem renunciou, na proporção dos pagamentos que fizerem.

→ V. Art. 1.318 do CC.

§ 2º Se não há condômino que faça os pagamentos, a coisa comum será dividida.

→ V. Arts. 1.320 a 1.322 do CC.

Art. 1.317. Quando a dívida houver sido contraída por todos os condôminos, sem se discriminar a parte de cada um na obrigação, nem se estipular solidariedade, entende-se que cada qual se obrigou proporcionalmente ao seu quinhão na coisa comum.

→ V. Arts. 275 a 285 do CC.

Art. 1.318. As dívidas contraídas por um dos condôminos em proveito da comunhão, e durante ela, obrigam o contratante; mas terá este ação regressiva contra os demais.

→ V. Arts. 1.316, § 2º, do CC.

→ V. Art. 70, III, do CPC/1973.

→ V. Art. 125, II, do NCPC.

Art. 1.319. Cada condômino responde aos outros pelos frutos que percebeu da coisa e pelo dano que lhe causou.

→ V. Art. 1.326 do CC.

Art. 1.320. A todo tempo será lícito ao condômino exigir a divisão da coisa comum, respondendo o quinhão de cada um pela sua parte nas despesas da divisão.

→ V. Arts. 946 a 949 do CPC/1973.

→ V. Arts. 569, 570 e 572, do NCPC.

→ V. Art. 167, I, 23, da Lei 6.015/1973.

§ 1º Podem os condôminos acordar que fique indivisa a coisa comum por prazo não maior de 5 (cinco) anos, suscetível de prorrogação ulterior.

§ 2º Não poderá exceder de 5 (cinco) anos a indivisão estabelecida pelo doador ou pelo testador.

§ 3º A requerimento de qualquer interessado e se graves razões o aconselharem, pode o juiz determinar a divisão da coisa comum antes do prazo.

Art. 1.321. Aplicam-se à divisão do condomínio, no que couber, as regras de partilha de herança (arts. 2.013 a 2.022).

Art. 1.322. Quando a coisa for indivisível, e os consortes não quiserem adjudicá-la a um só, indenizando os outros, será vendida e repartido o apurado, preferindo-se, na venda, em condições iguais de oferta, o condômino ao estranho, e entre os condôminos aquele que tiver na coisa benfeitorias mais valiosas, e, não as havendo, o de quinhão maior.

→ V. Arts. 87, 88, 96, 504 e 2.019 do CC.

→ V. Art. 53 da Lei 6.766/1979.

Parágrafo único. Se nenhum dos condôminos tem benfeitorias na coisa comum e participam todos do condomínio em partes iguais, realizar-se-á licitação entre estranhos e, antes de adjudicada a coisa àquele que ofereceu maior lanço, proceder-se-á à licitação entre os condôminos, a fim de que a coisa seja adjudicada a quem afinal oferecer melhor lanço, preferindo, em condições iguais, o condômino ao estranho.

Subseção II
Da administração do condomínio

Art. 1.323. Deliberando a maioria sobre a administração da coisa comum, escolherá o administrador, que poderá ser estranho ao condomínio; resolvendo alugá-la, preferir-se-á, em condições iguais, o condômino ao que não o é.

→ V. Arts. 1.324 e 1.325 do CC.

→ V. Art. 1.112, IV, do CPC/1973.

→ V. Art. 725, IV, do NCPC.

Art. 1.324. O condômino que administrar sem oposição dos outros presume-se representante comum.

→ V. Arts. 115 a 120 do CC.

Art. 1.325. A maioria será calculada pelo valor dos quinhões.

§ 1º As deliberações serão obrigatórias, sendo tomadas por maioria absoluta.

§ 2º Não sendo possível alcançar maioria absoluta, decidirá o juiz, a requerimento de qualquer condômino, ouvidos os outros.

§ 3º Havendo dúvida quanto ao valor do quinhão, será este avaliado judicialmente.

Art. 1.326. Os frutos da coisa comum, não havendo em contrário estipulação ou disposição de última vontade, serão partilhados na proporção dos quinhões.

→ V. Arts. 1.315, parágrafo único, e 1.325, § 3º, do CC.

Seção II
Do condomínio necessário

Art. 1.327. O condomínio por meação de paredes, cercas, muros e valas regula-se pelo disposto neste Código (arts. 1.297 e 1.298; 1.304 a 1.307).

→ V. Arts. 1.282 e 1.392, § 3º, do CC.

Art. 1.328. O proprietário que tiver direito a estremar um imóvel com paredes, cercas, muros, valas ou valados, tê-lo-á igualmente a adquirir meação na parede, muro, valado ou cerca do vizinho, embolsando-lhe metade do que atualmente valer a obra e o terreno por ela ocupado (art. 1.297).

→ V. Art. 1.329 do CC.

Art. 1.329. Não convindo os dois no preço da obra, será este arbitrado por peritos, a expensas de ambos os confinantes.

Art. 1.330. Qualquer que seja o valor da meação, enquanto aquele que pretender a divisão não o pagar ou depositar, nenhum uso poderá fazer na parede, muro, vala, cerca ou qualquer outra obra divisória.

Capítulo VII
DO CONDOMÍNIO EDILÍCIO

Seção I
Disposições gerais

Art. 1.331. Pode haver, em edificações, partes que são propriedade exclusiva, e partes que são propriedade comum dos condôminos.

→ V. Art. 1.339 do CC.

§ 1º As partes suscetíveis de utilização independente, tais como apartamentos, escritórios, salas, lojas e sobrelojas, com as respectivas frações ideais no solo e nas outras partes comuns, sujeitam-se a propriedade exclusiva, podendo ser alienadas e gravadas livremente por seus proprietários, exceto os abrigos para veículos, que não poderão ser alienados ou alugados a pessoas estranhas ao condomínio, salvo autorização expressa na convenção de condomínio.

→ § 1º com redação alterada pela Lei 12.607/2012.

→ V. Art. 1.338 do CC.

§ 2º O solo, a estrutura do prédio, o telhado, a rede geral de distribuição de água, esgoto, gás e eletricidade, a calefação e refrigeração centrais, e as demais partes comuns, inclusive o acesso ao logradouro público, são utilizados em comum pelos condôminos, não podendo ser alienados separadamente, ou divididos.

§ 3º A cada unidade imobiliária caberá, como parte inseparável, uma fração ideal no solo e nas outras partes comuns, que será identificada em forma decimal ou ordinária no instrumento de instituição do condomínio.

→ § 3º com redação alterada pela Lei 10.931/2004.

§ 4º Nenhuma unidade imobiliária pode ser privada do acesso ao logradouro público.

§ 5º O terraço de cobertura é parte comum, salvo disposição contrária da escritura de constituição do condomínio.

→ V. Art. 1.344 do CC.

Art. 1.332. Institui-se o condomínio edilício por ato entre vivos ou testamento, registrado no Cartório de Registro de Imóveis, devendo constar daquele ato, além do disposto em lei especial:

→ V. Art. 167, I, 17, da Lei 6.015/1973.

→ V. Art. 7º da Lei 4.591/1964.

I – a discriminação e individualização das unidades de propriedade exclusiva, estremadas uma das outras e das partes comuns;

II – a determinação da fração ideal atribuída a cada unidade, relativamente ao terreno e partes comuns;

III – o fim a que as unidades se destinam.

Art. 1.333. A convenção que constitui o condomínio edilício deve ser subscrita pelos titulares de, no mínimo, 2/3 (dois terços) das frações ideais e torna-se, desde logo, obrigatória para os titulares de direito sobre as unidades, ou para quantos sobre elas tenham posse ou detenção.

→ V. Súmula 260 do STJ.

→ V. Art. 9º, § 2º, da Lei 4.591/1964.

Parágrafo único. Para ser oponível contra terceiros, a convenção do condomínio deverá ser registrada no Cartório de Registro de Imóveis.

Art. 1.334. Além das cláusulas referidas no art. 1.332 e das que os interessados houverem por bem estipular, a convenção determinará:

I – a quota proporcional e o modo de pagamento das contribuições dos condôminos para atender às despesas ordinárias e extraordinárias do condomínio;

II – sua forma de administração;

III – a competência das assembleias, forma de sua convocação e *quorum* exigido para as deliberações;

IV – as sanções a que estão sujeitos os condôminos, ou possuidores;

V – o regimento interno.

§ 1º A convenção poderá ser feita por escritura pública ou por instrumento particular.

§ 2º São equiparados aos proprietários, para os fins deste artigo, salvo disposição em contrário, os promitentes compradores e os cessionários de direitos relativos às unidades autônomas.

→ v. Arts. 286 a 298, e 1.417 e 1.418, do CC.

Art. 1.335. São direitos do condômino:

I – usar, fruir e livremente dispor das suas unidades;

→ v. Art. 19 da Lei 4.591/1964.

II – usar das partes comuns, conforme a sua destinação, e contanto que não exclua a utilização dos demais compossuidores;

→ v. Arts. 19 e 20 da Lei 4.591/1964.

III – votar nas deliberações da assembleia e delas participar, estando quite.

→ v. Arts. 19, 20 e 24, da Lei 4.591/1964.

Art. 1.336. São deveres do condômino:

I – contribuir para as despesas do condomínio na proporção das suas frações ideais, salvo disposição em contrário na convenção;

→ Inciso I com redação alterada pela Lei 10.931/2004.

→ v. Art. 12 da Lei 4.591/1964.

II – não realizar obras que comprometam a segurança da edificação;

→ v. Art. 10, III e IV, da Lei 4.591/1964.

III – não alterar a forma e a cor da fachada, das partes e esquadrias externas;

→ v. Art. 10, I e II, da Lei 4.591/1964.

IV – dar às suas partes a mesma destinação que tem a edificação, e não as utilizar de maneira prejudicial ao sossego, salubridade e segurança dos possuidores, ou aos bons costumes.

→ v. Art. 10, III, da Lei 4.591/1964.

§ 1º O condômino que não pagar a sua contribuição ficará sujeito aos juros moratórios convencionados ou, não sendo previstos, os de 1% (um por cento) ao mês e multa de até 2% (dois por cento) sobre o débito.

§ 2º O condômino, que não cumprir qualquer dos deveres estabelecidos nos incisos II a IV, pagará a multa prevista no ato constitutivo ou na convenção, não podendo ela ser superior a cinco vezes o valor de suas contribuições mensais, independentemente das perdas e danos que se apurarem; não havendo disposição expressa, caberá à assembleia geral, por 2/3 (dois terços) no mínimo dos condôminos restantes, deliberar sobre a cobrança da multa.

→ v. Arts. 402 a 405 do CC.

→ v. Art. 21 da Lei 4.591/1964.

Art. 1.337. O condômino, ou possuidor, que não cumpre reiteradamente com os seus deveres perante o condomínio poderá, por deliberação de 3/4 (três quartos) dos condôminos restantes, ser constrangido a pagar multa correspondente até ao quíntuplo do valor atribuído à contribuição para as despesas condominiais, conforme a gravidade das faltas e a reiteração, independentemente das perdas e danos que se apurem.

→ v. Arts. 402 a 405 do CC.

→ v. Art. 21 da Lei 4.591/1964.

Parágrafo único. O condômino ou possuidor que, por seu reiterado comportamento antissocial, gerar incompatibilidade de convivência com os demais condôminos ou possuidores, poderá ser constrangido a pagar multa correspondente ao décuplo do valor atribuído à contribuição para as despesas condominiais, até ulterior deliberação da assembleia.

Art. 1.338. Resolvendo o condômino alugar área no abrigo para veículos, preferir-se-á, em condições iguais, qualquer dos condôminos a estranhos, e, entre todos, os possuidores.

Art. 1.339. Os direitos de cada condômino às partes comuns são inseparáveis de sua propriedade exclusiva; são também inseparáveis das frações ideais correspondentes as unidades imobiliárias, com as suas partes acessórias.

→ v. Art. 1.331 do CC.

→ v. Arts. 3º e 4º da Lei 4.591/1964.

§ 1º Nos casos deste artigo é proibido alienar ou gravar os bens em separado.

§ 2º É permitido ao condômino alienar parte acessória de sua unidade imobiliária a outro condômino, só podendo fazê-lo a terceiro se essa faculdade constar do ato constitutivo do condomínio, e se a ela não se opuser a respectiva assembleia geral.

Art. 1.340. As despesas relativas a partes comuns de uso exclusivo de um condômino, ou de alguns deles, incumbem a quem delas se serve.

Art. 1.341. A realização de obras no condomínio depende:

→ v. Art. 96 do CC.

→ v. Art. 12, § 4º, da Lei 4.591/1964.

I – se voluptuárias, de voto de 2/3 (dois terços) dos condôminos;

II – se úteis, de voto da maioria dos condôminos.

§ 1º As obras ou reparações necessárias podem ser realizadas, independentemente de autorização, pelo síndico, ou, em caso de omissão ou impedimento deste, por qualquer condômino.

§ 2º Se as obras ou reparos necessários forem urgentes e importarem em despesas excessivas, determinada sua realização, o síndico ou o condômino que tomou a iniciativa delas dará ciência à assembleia, que deverá ser convocada imediatamente.

§ 3º Não sendo urgentes, as obras ou reparos necessários, que importarem em despesas excessivas, somente poderão ser efetuadas após autorização da assembleia, especialmente convocada pelo síndico, ou, em caso de omissão ou impedimento deste, por qualquer dos condôminos.

§ 4º O condômino que realizar obras ou reparos necessários será reembolsado das despesas que efetuar, não tendo direito à restituição das que fizer com obras ou reparos de outra natureza, embora de interesse comum.

Art. 1.342. A realização de obras, em partes comuns, em acréscimo às já existentes, a fim de lhes facilitar ou aumentar a utilização, depende da aprovação de 2/3 (dois terços) dos votos dos condôminos, não sendo permitidas construções, nas partes comuns, suscetíveis de prejudicar a utilização, por qualquer dos condôminos, das partes próprias, ou comuns.

Art. 1.343. A construção de outro pavimento, ou, no solo comum, de outro edifício, destinado a conter novas unidades imobiliárias, depende da aprovação da unanimidade dos condôminos.

→ v. Art. 1.351 do CC.

Art. 1.344. Ao proprietário do terraço de cobertura incumbem as despesas da sua conservação, de modo que não haja danos às unidades imobiliárias inferiores.

→ v. Arts. 1.331, § 5º, e 1.340, do CC.

Art. 1.345. O adquirente de unidade responde pelos débitos do alienante, em relação ao condomínio, inclusive multas e juros moratórios.

Art. 1.346. É obrigatório o seguro de toda a edificação contra o risco de incêndio ou destruição, total ou parcial.

→ v. Arts. 13 a 18 da Lei 4.591/1964.

Seção II
Da administração do condomínio

Art. 1.347. A assembleia escolherá um síndico, que poderá não ser condômino, para administrar o condomínio, por prazo não superior a 2 (dois) anos, o qual poderá renovar-se.

→ v. Art. 22 da Lei 4.591/1964.

Art. 1.348. Compete ao síndico:

→ v. Art. 12, IX, do CPC/1973.

→ v. Art. 75, XI, do NCPC.

→ v. Art. 22, §§ 1º a 6º, da Lei 4.591/1964.

I – convocar a assembleia dos condôminos;

II – representar, ativa e passivamente, o condomínio, praticando, em juízo ou fora dele, os atos necessários à defesa dos interesses comuns;

III – dar imediato conhecimento à assembleia da existência de procedimento judicial ou administrativo, de interesse do condomínio;

IV – cumprir e fazer cumprir a convenção, o regimento interno e as determinações da assembleia;

V – diligenciar a conservação e a guarda das partes comuns e zelar pela prestação dos serviços que interessem aos possuidores;

VI – elaborar o orçamento da receita e da despesa relativa a cada ano;

VII – cobrar dos condôminos as suas contribuições, bem como impor e cobrar as multas devidas;

VIII – prestar contas à assembleia, anualmente e quando exigidas;

IX – realizar o seguro da edificação.

§ 1º Poderá a assembleia investir outra pessoa, em lugar do síndico, em poderes de representação.

§ 2º O síndico pode transferir a outrem, total ou parcialmente, os poderes de representação ou as funções administrativas, mediante aprovação da assembleia, salvo disposição em contrário da convenção.

Art. 1.349. A assembleia, especialmente convocada para o fim estabelecido no § 2º do artigo antecedente, poderá, pelo voto da maioria absoluta de seus membros, destituir o síndico que praticar irregularidades, não prestar contas, ou não administrar convenientemente o condomínio.

→ v. Art. 22, § 5º, da Lei 4.591/1964.

Art. 1.350. Convocará o síndico, anualmente, reunião da assembleia dos condôminos, na forma prevista na convenção, a fim de aprovar o orçamento das despesas, as contribuições dos condôminos e a prestação de contas, e eventualmente eleger-lhe o substituto e alterar o regimento interno.

§ 1º Se o síndico não convocar a assembleia, 1/4 (um quarto) dos condôminos poderá fazê-lo.

→ v. Art. 25 da Lei 4.591/1964.

§ 2º Se a assembleia não se reunir, o juiz decidirá, a requerimento de qualquer condômino.

→ v. Art. 27 da Lei 4.591/1964.

Art. 1.351. Depende da aprovação de 2/3 (dois terços) dos votos dos condôminos a alteração da convenção; a mudança da destinação do edifício, ou da unidade imobiliária, depende da aprovação pela unanimidade dos condôminos.

→ Artigo com redação alterada pela Lei 10.931/2004.

→ *v.* Art. 1.343 do CC.

Art. 1.352. Salvo quando exigido *quorum* especial, as deliberações da assembleia serão tomadas, em primeira convocação, por maioria de votos dos condôminos presentes que representem pelo menos metade das frações ideais.

Parágrafo único. Os votos serão proporcionais às frações ideais no solo e nas outras partes comuns pertencentes a cada condômino, salvo disposição diversa da convenção de constituição do condomínio.

→ *v.* Art. 24, § 3º, da Lei 4.591/1964.

Art. 1.353. Em segunda convocação, a assembleia poderá deliberar por maioria dos votos dos presentes, salvo quando exigido *quorum* especial.

Art. 1.354. A assembleia não poderá deliberar se todos os condôminos não forem convocados para a reunião.

Art. 1.355. Assembleias extraordinárias poderão ser convocadas pelo síndico ou por 1/ 4 (um quarto) dos condôminos.

Art. 1.356. Poderá haver no condomínio um conselho fiscal, composto de 3 (três) membros, eleitos pela assembleia, por prazo não superior a 2 (dois) anos, ao qual compete dar parecer sobre as contas do síndico.

→ *v.* Art. 23 da Lei 4.591/1964.

Seção III
Da extinção do condomínio

Art. 1.357. Se a edificação for total ou consideravelmente destruída, ou ameace ruína, os condôminos deliberarão em assembleia sobre a reconstrução, ou venda, por votos que representem metade mais uma das frações ideais.

§ 1º Deliberada a reconstrução, poderá o condômino eximir-se do pagamento das despesas respectivas, alienando os seus direitos a outros condôminos, mediante avaliação judicial.

§ 2º Realizada a venda, em que se preferirá, em condições iguais de oferta, o condômino ao estranho, será repartido o apurado entre os condôminos, proporcionalmente ao valor das suas unidades imobiliárias.

Art. 1.358. Se ocorrer desapropriação, a indenização será repartida na proporção a que se refere o § 2º do artigo antecedente.

→ *v.* Art. 18 da Lei 4.591/1964.

Capítulo VIII
DA PROPRIEDADE RESOLÚVEL

Art. 1.359. Resolvida a propriedade pelo implemento da condição ou pelo advento do termo, entendem-se também resolvidos os direitos reais concedidos na sua pendência, e o proprietário, em cujo favor se opera a resolução, pode reivindicar a coisa do poder de quem a possua ou detenha.

→ *v.* Arts. 127, 128, 135, 507, 513, 547, 1.228 e 1.953, do CC.

Art. 1.360. Se a propriedade se resolver por outra causa superveniente, o possuidor, que a tiver adquirido por título anterior à sua resolução, será considerado proprietário perfeito, restando à pessoa, em cujo benefício houve a resolução, ação contra aquele cuja propriedade se resolveu para haver a própria coisa ou o seu valor.

Capítulo IX
DA PROPRIEDADE FIDUCIÁRIA

Art. 1.361. Considera-se fiduciária a propriedade resolúvel de coisa móvel infungível que o devedor, com escopo de garantia, transfere ao credor.

→ *v.* Súmulas 28 e 92 do STJ.

→ *v.* Art. 85 do CC.

→ *v.* Arts. 129, 5, 130 e 131, da Lei 6.015/1073.

§ 1º Constitui-se a propriedade fiduciária com o registro do contrato, celebrado por instrumento público ou particular, que lhe serve de título, no Registro de Títulos e Documentos do domicílio do devedor, ou, em se tratando de veículos, na repartição competente para o licenciamento, fazendo-se a anotação no certificado de registro.

§ 2º Com a constituição da propriedade fiduciária, dá-se o desdobramento da posse, tornando-se o devedor possuidor direto da coisa.

→ *v.* Art. 1.197 do CC.

§ 3º A propriedade superveniente, adquirida pelo devedor, torna eficaz, desde o arquivamento, a transferência da propriedade fiduciária.

→ *v.* Art. 49, § 3º, da Lei 11.101/2005.

→ *v.* Art. 3º, §§ 1º a 8º, do Dec.-lei 911/1969.

→ *v.* Art. 32, § 2º, da Lei 4.591/1964.

Art. 1.362. O contrato, que serve de título à propriedade fiduciária, conterá:

I – o total da dívida, ou sua estimativa;

II – o prazo, ou a época do pagamento;

III – a taxa de juros, se houver;

IV – a descrição da coisa objeto da transferência, com os elementos indispensáveis à sua identificação.

Art. 1.363. Antes de vencida a dívida, o devedor, a suas expensas e risco, pode usar a coisa segundo sua destinação, sendo obrigado, como depositário:

I – a empregar na guarda da coisa a diligência exigida por sua natureza;

II – a entregá-la ao credor, se a dívida não for paga no vencimento.

Art. 1.364. Vencida a dívida, e não paga, fica o credor obrigado a vender, judicial ou extrajudicialmente, a coisa a terceiros, a aplicar o preço no pagamento de seu crédito e das despesas de cobrança, e a entregar o saldo, se houver, ao devedor.

→ *v.* Súmulas 72 e 245 do STJ.

Art. 1.365. É nula a cláusula que autoriza o proprietário fiduciário a ficar com a coisa alienada em garantia, se a dívida não for paga no vencimento.

→ *v.* Art. 1.428 do CC.

Parágrafo único. O devedor pode, com a anuência do credor, dar seu direito eventual à coisa em pagamento da dívida, após o vencimento desta.

Art. 1.366. Quando, vendida a coisa, o produto não bastar para o pagamento da dívida e das despesas de cobrança, continuará o devedor obrigado pelo restante.

Art. 1.367. A propriedade fiduciária em garantia de bens móveis ou imóveis sujeita-se às disposições do Capítulo I do Título X do Livro III da Parte Especial deste Código e, no que for específico, à legislação especial pertinente, não se equiparando, para quaisquer efeitos, à propriedade plena de que trata o art. 1.231.

→ Artigo com redação alterada pela Lei 13.043/2014.

Art. 1.368. O terceiro, interessado ou não, que pagar a dívida, se sub-rogará de pleno direito no crédito e na propriedade fiduciária.

→ *v.* Arts. 346 a 351 do CC.

Art. 1.368-A. As demais espécies de propriedade fiduciária ou de titularidade fiduciária submetem-se à disciplina específica das respectivas leis especiais, somente se aplicando as disposições deste Código naquilo que não for incompatível com a legislação especial.

→ Artigo acrescentado pela Lei 10.931/2004.

Art. 1.368-B. A alienação fiduciária em garantia de bem móvel ou imóvel confere direito real de aquisição ao fiduciante, seu cessionário ou sucessor.

→ Artigo acrescentado pela Lei 13.043/2014.

Parágrafo único. O credor fiduciário que se tornar proprietário pleno do bem, por efeito de realização da garantia, mediante consolidação da propriedade, adjudicação, dação ou outra forma pela qual lhe tenha sido transmitida a propriedade plena, passa a responder pelo pagamento dos tributos sobre a propriedade e a posse, taxas, despesas condominiais e quaisquer outros encargos, tributários ou não, incidentes sobre o bem objeto da garantia, a partir da data em que vier a ser imitido na posse direta do bem.

Título IV
Da superfície

Art. 1.369. O proprietário pode conceder a outrem o direito de construir ou de plantar em seu terreno, por tempo determinado, mediante escritura pública devidamente registrada no Cartório de Registro de Imóveis.

→ *v.* Arts. 1.225, II, e 1.473, § 2º, do CC.

→ *v.* Arts. 21 a 24 da Lei 10.257/2001.

→ *v.* Art. 167, I, 39, da Lei 6.015/1973.

Parágrafo único. O direito de superfície não autoriza obra no subsolo, salvo se for inerente ao objeto da concessão.

→ *v.* Art. 21, § 1º, da Lei 10.257/2001.

Art. 1.370. A concessão da superfície será gratuita ou onerosa; se onerosa, estipularão as partes se o pagamento será feito de uma só vez, ou parceladamente.

→ *v.* Art. 21, § 2º, da Lei 10.257/2001.

Art. 1.371. O superficiário responderá pelos encargos e tributos que incidirem sobre o imóvel.

→ *v.* Art. 21, § 3º, da Lei 10.257/2001.

Art. 1.372. O direito de superfície pode transferir-se a terceiros e, por morte do superficiário, aos seus herdeiros.

Parágrafo único. Não poderá ser estipulado pelo concedente, a nenhum título, qualquer pagamento pela transferência.

→ *v.* Art. 21, §§ 4º e 5º, da Lei 10.257/2001.

Art. 1.373. Em caso de alienação do imóvel ou do direito de superfície, o superficiário ou o proprietário tem direito de preferência, em igualdade de condições.

→ *v.* Art. 22 da Lei 10.257/2001.

Art. 1.374. Antes do termo final, resolver-se-á a concessão se o superficiário der ao terreno destinação diversa daquela para que foi concedida.

→ *v.* Arts. 23 e 24, § 1º, da Lei 10.257/2001.

Art. 1.375. Extinta a concessão, o proprietário passará a ter a propriedade plena sobre o terreno, construção ou plantação, independentemente de indenização, se as partes não houverem estipulado o contrário.

→ *v.* Art. 24 da Lei 10.257/2001.

Art. 1.376. No caso de extinção do direito de superfície em consequência de desapropriação, a indenização cabe ao proprietário e ao superficiário, no valor correspondente ao direito real de cada um.

Art. 1.377. O direito de superfície, constituído por pessoa jurídica de direito público interno, rege-se por este Código, no que não for diversamente disciplinado em lei especial.

→ *v.* Art. 41 do CC.

Título V
Das servidões

Capítulo I
DA CONSTITUIÇÃO DAS SERVIDÕES

Art. 1.378. A servidão proporciona utilidade para o prédio dominante, e grava o prédio serviente, que pertence a diverso dono, e constitui-se mediante declaração expressa dos proprietários, ou por testamento, e subsequente registro no Cartório de Registro de Imóveis.

→ Súmula 415 do STF.

→ Súmula 56 do STJ.

→ *v.* Arts. 1.225, III, 1.227 e 1.285, do CC.

→ *v.* Art. 167, I, 6, da Lei 6.015/1973.

Art. 1.379. O exercício incontestado e contínuo de uma servidão aparente, por 10 (dez) anos, nos termos do art. 1.242, autoriza o interessado a registrá-la em seu nome no Registro de Imóveis, valendo-lhe como título a sentença que julgar consumado a usucapião.

Parágrafo único. Se o possuidor não tiver título, o prazo da usucapião será de 20 (vinte) anos.

→ *v.* Arts. 941 a 945 do CPC/1973.

→ *v.* Arts. 246, § 3º, e 259, do NCPC.

→ *v.* Art. 167, I, 28, da Lei 6.015/1973.

Capítulo II
DO EXERCÍCIO DAS SERVIDÕES

Art. 1.380. O dono de uma servidão pode fazer todas as obras necessárias à sua conservação e uso, e, se a servidão pertencer a mais de um prédio, serão as despesas rateadas entre os respectivos donos.

Art. 1.381. As obras a que se refere o artigo antecedente devem ser feitas pelo dono do prédio dominante, se o contrário não dispuser expressamente o título.

Art. 1.382. Quando a obrigação incumbir ao dono do prédio serviente, este poderá exonerar-se, abandonando, total ou parcialmente, a propriedade ao dono do dominante.

Parágrafo único. Se o proprietário do prédio dominante se recusar a receber a propriedade do serviente, ou parte dela, caber-lhe-á custear as obras.

Art. 1.383. O dono do prédio serviente não poderá embaraçar de modo algum o exercício legítimo da servidão.

→ *v.* Art. 1.210 do CC.

Art. 1.384. A servidão pode ser removida, de um local para outro, pelo dono do prédio serviente e à sua custa, se em nada diminuir as vantagens do prédio dominante, ou pelo dono deste e à sua custa, se houver considerável incremento da utilidade e não prejudicar o prédio serviente.

Art. 1.385. Restringir-se-á o exercício da servidão às necessidades do prédio dominante, evitando-se, quanto possível, agravar o encargo ao prédio serviente.

§ 1º Constituída para certo fim, a servidão não se pode ampliar a outro.

§ 2º Nas servidões de trânsito, a de maior inclui a de menor ônus, e a menor exclui a mais onerosa.

§ 3º Se as necessidades da cultura, ou da indústria, do prédio dominante impuserem à servidão maior largueza, o dono do serviente é obrigado a sofrê-la; mas tem direito a ser indenizado pelo excesso.

Art. 1.386. As servidões prediais são indivisíveis, e subsistem, no caso de divisão dos imóveis, em benefício de cada uma das porções do prédio dominante, e continuam a gravar cada uma das do prédio serviente, salvo se, por natureza, ou destino, só se aplicarem a certa parte de um ou de outro.

→ *v.* Arts. 87 e 88 do CC.

Capítulo III
DA EXTINÇÃO DAS SERVIDÕES

Art. 1.387. Salvo nas desapropriações, a servidão, uma vez registrada, só se extingue, com respeito a terceiros, quando cancelada.

→ *v.* Arts. 256 e 257 da Lei 6.015/1973.

Parágrafo único. Se o prédio dominante estiver hipotecado, e a servidão se mencionar no título hipotecário, será também preciso, para a cancelar, o consentimento do credor.

Art. 1.388. O dono do prédio serviente tem direito, pelos meios judiciais, ao cancelamento do registro, embora o dono do prédio dominante lho impugne:

I – quando o titular houver renunciado a sua servidão;

II – quando tiver cessado, para o prédio dominante, a utilidade ou a comodidade, que determinou a constituição da servidão;

III – quando o dono do prédio serviente resgatar a servidão.

Art. 1.389. Também se extingue a servidão, ficando ao dono do prédio serviente a faculdade de fazê-la cancelar, mediante a prova da extinção:

I – pela reunião dos dois prédios no domínio da mesma pessoa;

II – pela supressão das respectivas obras por efeito de contrato, ou de outro título expresso;

III – pelo não uso, durante 10 (dez) anos contínuos.

Título VI
Do usufruto

Capítulo I
DISPOSIÇÕES GERAIS

→ *v.* Arts. 615, II, 619, 647, IV, 708, III, 716 a 724, e 1.112, VI, do CPC/1973.

→ *v.* Arts. 725, VI, 799, I, 804, 825, III, 867 a 869, do NCPC.

→ *v.* Art. 7º da Lei 8.245/1991.

→ *v.* Art. 167, I, 7, da Lei 6.015/1973.

Art. 1.390. O usufruto pode recair em um ou mais bens, móveis ou imóveis, em um patrimônio inteiro, ou parte deste, abrangendo-lhe, no todo ou em parte, os frutos e utilidades.

→ *v.* Arts. 1.225, IV, 1.413, 1.416, 1.689, I, 1.693, 1.816, parágrafo único, 1.921 e 1.946 do CC.

Art. 1.391. O usufruto de imóveis, quando não resulte de usucapião, constituir-se-á mediante registro no Cartório de Registro de Imóveis.

→ *v.* Arts. 1.227, 1.652, I, e 1.689, I, do CC.

→ *v.* Arts. 167, I, 7, da Lei 6.015/1973.

Art. 1.392. Salvo disposição em contrário, o usufruto estende-se aos acessórios da coisa e seus acrescidos.

→ *v.* Arts. 92, 94 e 97 do CC.

§ 1º Se, entre os acessórios e os acrescidos, houver coisas consumíveis, terá o usufrutuário o dever de restituir, findo o usufruto, as que ainda houver e, das outras, o equivalente em gênero, qualidade e quantidade, ou, não sendo possível, o seu valor, estimado ao tempo da restituição.

→ *v.* Arts. 85, 86 e 1.395 do CC.

§ 2º Se há no prédio em que recai o usufruto florestas ou os recursos minerais a que se refere o art. 1.230, devem o dono e o usufrutuário prefixar-lhe a extensão do gozo e a maneira de exploração.

§ 3º Se o usufruto recai sobre universalidade ou quota-parte de bens, o usufrutuário tem direito à parte do tesouro achado por outrem, e ao preço pago pelo vizinho do prédio usufruído, para obter meação em parede, cerca, muro, vala ou valado.

→ *v.* Arts. 90, 91, 1.264 a 1.266, 1.297, § 1º, e 1.328 do CC.

Art. 1.393. Não se pode transferir o usufruto por alienação; mas o seu exercício pode ceder-se por título gratuito ou oneroso.

→ *v.* Arts. 1.399 e 1.410, VI, do CC.

Capítulo II
DOS DIREITOS DO USUFRUTUÁRIO

Art. 1.394. O usufrutuário tem direito à posse, uso, administração e percepção dos frutos.

→ *v.* Arts. 1.196, 1.197, 1.392, 1.396, 1.398, 1.399, e 1.401 a 1.404, do CC.

Art. 1.395. Quando o usufruto recai em títulos de crédito, o usufrutuário tem direito a perceber os frutos e a cobrar as respectivas dívidas.

Parágrafo único. Cobradas as dívidas, o usufrutuário aplicará, de imediato, a importância em títulos da mesma natureza, ou em títulos da dívida pública federal, com cláusula de atualização monetária segundo índices oficiais regularmente estabelecidos.

→ *v.* Art. 1.410, VII, do CC.

Art. 1.396. Salvo direito adquirido por outrem, o usufrutuário faz seus os frutos naturais, pendentes ao começar o usufruto, sem encargo de pagar as despesas de produção.

→ *v.* Arts. 1.214 e 1.215 do CC.

Parágrafo único. Os frutos naturais, pendentes ao tempo em que cessa o usufruto, pertencem ao dono, também sem compensação das despesas.

Art. 1.397. As crias dos animais pertencem ao usufrutuário, deduzidas quantas bastem para inteirar as cabeças de gado existentes ao começar o usufruto.

Art. 1.398. Os frutos civis, vencidos na data inicial do usufruto, pertencem ao proprietário, e ao usufrutuário os vencidos na data em que cessa o usufruto.

→ v. Art. 1.215 do CC.

Art. 1.399. O usufrutuário pode usufruir em pessoa, ou mediante arrendamento, o prédio, mas não mudar-lhe a destinação econômica, sem expressa autorização do proprietário.

→ v. Art. 1.393 do CC.

Capítulo III
DOS DEVERES DO USUFRUTUÁRIO

Art. 1.400. O usufrutuário, antes de assumir o usufruto, inventariará, à sua custa, os bens que receber, determinando o estado em que se acham, e dará caução, fidejussória ou real, se lha exigir o dono, de velar-lhes pela conservação, e entregá-los findo o usufruto.

→ v. Art. 1.402 do CC.

Parágrafo único. Não é obrigado à caução o doador que se reservar o usufruto da coisa doada.

→ v. Art. 548 do CC.

Art. 1.401. O usufrutuário que não quiser ou não puder dar caução suficiente perderá o direito de administrar o usufruto; e, neste caso, os bens serão administrados pelo proprietário, que ficará obrigado, mediante caução, a entregar ao usufrutuário o rendimento deles, deduzidas as despesas de administração, entre as quais se incluirá a quantia fixada pelo juiz como remuneração do administrador.

Art. 1.402. O usufrutuário não é obrigado a pagar as deteriorações resultantes do exercício regular do usufruto.

→ v. Art. 1.400 do CC.

Art. 1.403. Incumbem ao usufrutuário:

I – as despesas ordinárias de conservação dos bens no estado em que os recebeu;

II – as prestações e os tributos devidos pela posse ou rendimento da coisa usufruída.

Art. 1.404. Incumbem ao dono as reparações extraordinárias e as que não forem de custo módico; mas o usufrutuário lhe pagará os juros do capital despendido com as que forem necessárias à conservação, ou aumentarem o rendimento da coisa usufruída.

→ v. Art. 20 da Lei 8.245/1991.

§ 1° Não se consideram módicas as despesas superiores a 2/3 (dois terços) do líquido rendimento em 1 (um) ano.

§ 2° Se o dono não fizer as reparações a que está obrigado, e que são indispensáveis à conservação da coisa, o usufrutuário pode realizá-las, cobrando daquele a importância despendida.

Art. 1.405. Se o usufruto recair num patrimônio, ou parte deste, será o usufrutuário obrigado aos juros da dívida que onerar o patrimônio ou a parte dele.

→ v. Art. 90 e 91 do CC.

Art. 1.406. O usufrutuário é obrigado a dar ciência ao dono de qualquer lesão produzida contra a posse da coisa, ou os direitos deste.

→ v. Art. 1.197 do CC.

Art. 1.407. Se a coisa estiver segurada, incumbe ao usufrutuário pagar, durante o usufruto, as contribuições do seguro.

§ 1° Se o usufrutuário fizer o seguro, ao proprietário caberá o direito dele resultante contra o segurador.

§ 2° Em qualquer hipótese, o direito do usufrutuário fica sub-rogado no valor da indenização do seguro.

Art. 1.408. Se um edifício sujeito a usufruto for destruído sem culpa do proprietário, não será este obrigado a reconstruí-lo, nem o usufruto se restabelecerá, se o proprietário reconstruir à sua custa o prédio; mas se a indenização do seguro for aplicada à reconstrução do prédio, restabelecer-se-á o usufruto.

→ v. Art. 1.407 do CC.

Art. 1.409. Também fica sub-rogada no ônus do usufruto, em lugar do prédio, a indenização paga, se ele for desapropriado, ou a importância do dano, ressarcido pelo terceiro responsável no caso de danificação ou perda.

→ v. Art. 31 do Dec.-lei 3.365/1941.

Capítulo IV
DA EXTINÇÃO DO USUFRUTO

Art. 1.410. O usufruto extingue-se, cancelando-se o registro no Cartório de Registro de Imóveis:

→ v. Art. 1.112, VI, do CPC/1973.

→ v. Art. 725, VI, do NCPC.

→ v. Art. 250, II, da Lei 6.015/1973.

I – pela renúncia ou morte do usufrutuário;

II – pelo termo de sua duração;

→ v. Art. 1.921 do CC.

III – pela extinção da pessoa jurídica, em favor de quem o usufruto foi constituído, ou, se ela perdurar, pelo decurso de 30 (trinta) anos da data em que se começou a exercer;

IV – pela cessação do motivo de que se origina;

V – pela destruição da coisa, guardadas as disposições dos arts. 1.407, 1.408, 2ª parte, e 1.409;

→ v. Arts. 1.392, § 1°, e 1.395 do CC.

VI – pela consolidação;

VII – por culpa do usufrutuário, quando aliena, deteriora, ou deixa arruinar os bens, não lhes acudindo com os reparos de conservação, ou quando, no usufruto de títulos de crédito, não dá às importâncias recebidas a aplicação prevista no parágrafo único do art. 1.395;

VIII – pelo não uso, ou não fruição, da coisa em que o usufruto recai (arts. 1.390 e 1.399).

Art. 1.411. Constituído o usufruto em favor de duas ou mais pessoas, extinguir-se-á a parte em relação a cada uma das que falecerem, salvo se, por estipulação expressa, o quinhão desses couber ao sobrevivente.

→ v. Art. 1.946 do CC.

Título VII
Do uso

Art. 1.412. O usuário usará da coisa e perceberá os seus frutos, quanto o exigirem as necessidades suas e de sua família.

→ v. Arts. 167, I, 7, e 220, II, da Lei 6.015/1973.

§ 1° Avaliar-se-ão as necessidades pessoais do usuário conforme a sua condição social e o lugar onde viver.

§ 2° As necessidades da família do usuário compreendem as de seu cônjuge, dos filhos solteiros e das pessoas de seu serviço doméstico.

Art. 1.413. São aplicáveis ao uso, no que não for contrário à sua natureza, as disposições relativas ao usufruto.

→ v. Arts. 1.390 a 1.411 do CC.

Título VIII
Da habitação

Art. 1.414. Quando o uso consistir no direito de habitar gratuitamente casa alheia, o titular deste direito não a pode alugar, nem emprestar, mas simplesmente ocupá-la com sua família.

→ v. Art. 1.831 do CC.

→ v. Art. 7° da Lei 9.278/1996.

→ v. Art. 167, I, 7, da Lei 6.015/1973.

Art. 1.415. Se o direito real de habitação for conferido a mais de uma pessoa, qualquer delas que sozinha habite a casa não terá de pagar aluguel à outra, ou às outras, mas não as pode inibir de exercerem, querendo, o direito, que também lhes compete, de habitá-la.

Art. 1.416. São aplicáveis à habitação, no que não for contrário à sua natureza, as disposições relativas ao usufruto.

→ v. Arts. 1.390 a 1.411 do CC.

Título IX
Do direito do promitente comprador

Art. 1.417. Mediante promessa de compra e venda, em que se não pactuou arrependimento, celebrada por instrumento público ou particular, e registrada no Cartório de Registro de Imóveis, adquire o promitente comprador direito real à aquisição do imóvel.

→ v. Súmulas 166 e 412 do STF.

→ v. Súmulas 76 e 84 do STJ.

→ v. Art. 1.225, VII, do CC.

→ v. Art. 25 da Lei 6.766/1979.

→ v. Art. 167, I, 20, da Lei 6.015/1973.

→ v. Arts. 32, § 2°, e 35, § 4°, da Lei 4.591/1964.

→ v. Arts. 5° e 22 do Dec.-lei 58/1937.

Art. 1.418. O promitente comprador, titular de direito real, pode exigir do promitente vendedor, ou de terceiros, a quem os direitos deste forem cedidos, a outorga da escritura definitiva de compra e venda, conforme o disposto no instrumento preliminar; e, se houver recusa, requerer ao juiz a adjudicação do imóvel.

→ v. Súmula 413 do STF.

→ v. Súmula 239 do STJ.

→ v. Art. 464 do CC.

→ v. Arts. 466-A a 466-C do CPC/1973.

→ v. Art. 501 do NCPC.

Título X
Do penhor, da hipoteca e da anticrese

Capítulo I
DISPOSIÇÕES GERAIS

Art. 1.419. Nas dívidas garantidas por penhor, anticrese ou hipoteca, o bem dado em garantia fica sujeito, por vínculo real, ao cumprimento da obrigação.

→ v. Arts. 961 e 1.361 a 1.368-A, do CC.

→ v. Arts. 50, § 1º, 129, III, e 163, § 4º, da Lei 11.101/2005.

Art. 1.420. Só aquele que pode alienar poderá empenhar, hipotecar ou dar em anticrese; só os bens que se podem alienar poderão ser dados em penhor, anticrese ou hipoteca.

→ v. Arts. 1.647, I, 1.691, 1.717 e 1.848, do CC.

→ v. Arts. 167, II, 11, e 247 da Lei 6.015/1973.

§ 1º A propriedade superveniente torna eficaz, desde o registro, as garantias reais estabelecidas por quem não era dono.

→ v. Arts. 845, 1.268 e 1.912 do CC.

→ v. Art. 168 da Lei 6.015/1973.

§ 2º A coisa comum a dois ou mais proprietários não pode ser dada em garantia real, na sua totalidade, sem o consentimento de todos; mas cada um pode individualmente dar em garantia real a parte que tiver.

→ v. Arts. 87 e 1.314 do CC.

Art. 1.421. O pagamento de uma ou mais prestações da dívida não importa exoneração correspondente da garantia, ainda que esta compreenda vários bens, salvo disposição expressa no título ou na quitação.

→ Art. 7º do Decreto 22.626/1933.

Art. 1.422. O credor hipotecário e o pignoratício têm o direito de excutir a coisa hipotecada ou empenhada, e preferir, no pagamento, a outros credores, observada, quanto à hipoteca, a prioridade no registro.

→ v. Arts. 958 a 960, e 1.493 do CC.

→ v. Arts. 585, III, 655, § 1º, e 709, II, do CPC/1973.

→ v. Arts. 784, V, 835, § 3º, e 905, II, do NCPC.

→ v. Art. 83 da Lei 11.101/2005.

Parágrafo único. Excetuam-se da regra estabelecida neste artigo as dívidas que, em virtude de outras leis, devam ser pagas precipuamente a quaisquer outros créditos.

Art. 1.423. O credor anticrético tem direito a reter em seu poder o bem, enquanto a dívida não for paga; extingue-se esse direito decorridos 15 (quinze) anos da data de sua constituição.

→ v. Arts. 1.507 a 1.509 do CC.

→ v. Arts. 167, I, 11, e 168, da Lei 6.015/1973.

Art. 1.424. Os contratos de penhor, anticrese ou hipoteca declararão, sob pena de não terem eficácia:

I – o valor do crédito, sua estimação, ou valor máximo;

II – o prazo fixado para pagamento;

III – a taxa dos juros, se houver;

IV – o bem dado em garantia com as suas especificações.

Art. 1.425. A dívida considera-se vencida:

I – se, deteriorando-se, ou depreciando-se o bem dado em segurança, desfalcar a garantia, e o devedor, intimado, não a reforçar ou substituir;

II – se o devedor cair em insolvência ou falir;

→ v. Arts. 333, II, e 955 do CC.

→ v. Art. 751, I, do CPC/1973.

→ v. Arts. 77, 124, 129, e 163, § 4º, da Lei 11.101/2005.

III – se as prestações não forem pontualmente pagas, toda vez que deste modo se achar estipulado o pagamento. Neste caso, o recebimento posterior da prestação atrasada importa renúncia do credor ao seu direito de execução imediata;

→ v. Art. 401, I, do CC.

IV – se perecer o bem dado em garantia, e não for substituído;

V – se se desapropriar o bem dado em garantia, hipótese na qual se depositará a parte do preço que for necessária para o pagamento integral do credor.

→ v. Art. 959, II, do CC.

→ v. Art. 31 do Dec.-lei 3.365/1941.

§ 1º Nos casos de perecimento da coisa dada em garantia, esta se sub-rogará na indenização do seguro, ou no ressarcimento do dano, em benefício do credor, a quem assistirá sobre ela preferência até seu completo reembolso.

§ 2º Nos casos dos incisos IV e V, só se vencerá a hipoteca antes do prazo estipulado, se o perecimento, ou a desapropriação recair sobre o bem dado em garantia, e esta não abranger outras; subsistindo, no caso contrário, a dívida reduzida, com a respectiva garantia sobre os demais bens, não desapropriados ou destruídos.

Art. 1.426. Nas hipóteses do artigo anterior, de vencimento antecipado da dívida, não se compreendem os juros correspondentes ao tempo ainda não decorrido.

Art. 1.427. Salvo cláusula expressa, o terceiro que presta garantia real por dívida alheia não fica obrigado a substituí-la, ou reforçá-la, quando, sem culpa sua, se perca, deteriore, ou desvalorize.

Art. 1.428. É nula a cláusula que autoriza o credor pignoratício, anticrético ou hipotecário a ficar com o objeto da garantia, se a dívida não for paga no vencimento.

→ v. Arts. 1.365 e 1.435, V, do CC.

Parágrafo único. Após o vencimento, poderá o devedor dar a coisa em pagamento da dívida.

Art. 1.429. Os sucessores do devedor não podem remir parcialmente o penhor ou a hipoteca na proporção dos seus quinhões; qualquer deles, porém, pode fazê-lo no todo.

Parágrafo único. O herdeiro ou sucessor que fizer a remição fica sub-rogado nos direitos do credor pelas quotas que houver satisfeito.

→ v. Art. 651 do CPC/1973.

→ v. Art. 826 do NCPC.

Art. 1.430. Quando, excutido o penhor, ou executada a hipoteca, o produto não bastar para pagamento da dívida e despesas judiciais, continuará o devedor obrigado pessoalmente pelo restante.

→ v. Art. 957 do CC.

→ v. Arts. 774 a 776 do CPC/1973.

→ v. Art. 83, VI, da Lei 11.101/2005.

Capítulo II
DO PENHOR

Seção I
Da constituição do penhor

Art. 1.431. Constitui-se o penhor pela transferência efetiva da posse que, em garantia do débito ao credor ou a quem o represente, faz o devedor, ou alguém por ele, de uma coisa móvel, suscetível de alienação.

Parágrafo único. No penhor rural, industrial, mercantil e de veículos, as coisas empenhadas continuam em poder do devedor, que as deve guardar e conservar.

Art. 1.432. O instrumento do penhor deverá ser levado a registro, por qualquer dos contratantes; o do penhor comum será registrado no Cartório de Títulos e Documentos.

→ v. Arts. 221, 1.438, 1.452, e 1.462 do CC.

→ v. Arts. 127, II e IV, 129, 2º, 167, I, 4 e 15, e 219, da Lei 6.015/1973.

Seção II
Dos direitos do credor pignoratício

Art. 1.433. O credor pignoratício tem direito:

I – à posse da coisa empenhada;

II – à retenção dela, até que o indenizem das despesas devidamente justificadas, que tiver feito, não sendo ocasionadas por culpa sua;

→ v. Arts. 964, III, e 1.219, do CC.

III – ao ressarcimento do prejuízo que houver sofrido por vício da coisa empenhada;

IV – a promover a execução judicial, ou a venda amigável, se lhe permitir expressamente o contrato, ou lhe autorizar o devedor mediante procuração;

V – a apropriar-se dos frutos da coisa empenhada que se encontra em seu poder;

VI – a promover a venda antecipada, mediante prévia autorização judicial, sempre que haja receio fundado de que a coisa empenhada se perca ou deteriore, devendo o preço ser depositado. O dono da coisa empenhada pode impedir a venda antecipada, substituindo-a, ou oferecendo outra garantia real idônea.

Art. 1.434. O credor não pode ser constrangido a devolver a coisa empenhada, ou uma parte dela, antes de ser integralmente pago, podendo o juiz, a requerimento do proprietário, determinar que seja vendida apenas uma das coisas, ou parte da coisa empenhada, suficiente para o pagamento do credor.

Seção III
Das obrigações do credor pignoratício

Art. 1.435. O credor pignoratício é obrigado:

I – à custódia da coisa, como depositário, e a ressarcir ao dono a perda ou deterioração de que for culpado, podendo ser compensada na dívida, até a concorrente quantia, a importância da responsabilidade;

→ v. Arts. 368 a 380, 627 a 652, e 1.431, parágrafo único, do CC.

II – à defesa da posse da coisa empenhada e a dar ciência, ao dono dela, das circunstâncias que tornarem necessário o exercício de ação possessória;

→ v. Arts. 1.197 e 1.210 do CC.

III – a imputar o valor dos frutos, de que se apropriar (Art. 1.433, inciso V) nas despesas de guarda e conservação, nos juros e no capital da obrigação garantida, sucessivamente;

IV – a restituí-la, com os respectivos frutos e acessões, uma vez paga a dívida;

V – a entregar o que sobeje do preço, quando a dívida for paga, no caso do inciso IV do art. 1.433.

→ *v.* Arts. 1.428 e 1.436, V, do CC.

Seção IV
Da extinção do penhor

Art. 1.436. Extingue-se o penhor:

I – extinguindo-se a obrigação;

→ *v.* Art. 1.435, IV, do CC.

II – perecendo a coisa;

→ *v.* Art. 1.435, I, do CC.

III – renunciando o credor;

IV – confundindo-se na mesma pessoa as qualidades de credor e de dono da coisa;

→ *v.* Arts. 381 a 384 do CC.

V – dando-se a adjudicação judicial, a remissão ou a venda da coisa empenhada, feita pelo credor ou por ele autorizada.

→ *v.* Arts. 1.435, V, e 1.445, do CC.

§ 1º Presume-se a renúncia do credor quando consentir na venda particular do penhor sem reserva de preço, quando restituir a sua posse ao devedor, ou quando anuir à sua substituição por outra garantia.

→ *v.* Art. 387 do CC.

§ 2º Operando-se a confusão tão somente quanto a parte da dívida pignoratícia, subsistirá inteiro o penhor quanto ao resto.

→ *v.* Arts. 381 a 384 do CC.

Art. 1.437. Produz efeitos a extinção do penhor depois de averbado o cancelamento do registro, à vista da respectiva prova.

→ *v.* Art. 250, III, da Lei 6.015/1973.

Seção V
Do penhor rural

Subseção I
Disposições gerais

→ *v.* Dec.-lei 167/1967 – Títulos de crédito rural.

→ *v.* Lei 4.829/1965 – Institucionaliza o crédito rural.

→ *v.* Lei 2.666/1955 – Penhor dos produtos agrícolas.

→ *v.* Lei 492/1937 – Penhor rural e a cédula pignoratícia.

Art. 1.438. Constitui-se o penhor rural mediante instrumento público ou particular, registrado no Cartório de Registro de Imóveis da circunscrição em que estiverem situadas as coisas empenhadas.

→ *v.* Art. 167, I, 4, 13, 14 e 29, da Lei 6.015/1973.

Parágrafo único. Prometendo pagar em dinheiro a dívida, que garante com penhor rural, o devedor poderá emitir, em favor do credor, cédula rural pignoratícia, na forma determinada em lei especial.

→ *v.* Arts. 14 a 19 da Lei 492/1937.

Art. 1.439. O penhor agrícola e o penhor pecuário não podem ser convencionados por prazos superiores aos das obrigações garantidas.

→ *Caput* com redação alterada pela Lei 12.873/2013.

§ 1º Embora vencidos os prazos, permanece a garantia, enquanto subsistirem os bens que a constituem.

§ 2º A prorrogação deve ser averbada à margem do registro respectivo, mediante requerimento do credor e do devedor.

Art. 1.440. Se o prédio estiver hipotecado, o penhor rural poderá constituir-se independentemente da anuência do credor hipotecário, mas não lhe prejudica o direito de preferência, nem restringe a extensão da hipoteca, ao ser executada.

Art. 1.441. Tem o credor direito a verificar o estado das coisas empenhadas, inspecionando-as onde se acharem, por si ou por pessoa que credenciar.

Subseção II
Do penhor agrícola

Art. 1.442. Podem ser objeto de penhor:

I – máquinas e instrumentos de agricultura;

II – colheitas pendentes, ou em via de formação;

III – frutos acondicionados ou armazenados;

→ *v.* Art. 1.443 do CC.

IV – lenha cortada e carvão vegetal;

V – animais do serviço ordinário de estabelecimento agrícola.

Art. 1.443. O penhor agrícola que recai sobre colheita pendente, ou em via de formação, abrange a imediatamente seguinte, no caso de frustrar-se ou ser insuficiente a que se deu em garantia.

Parágrafo único. Se o credor não financiar a nova safra, poderá o devedor constituir com outrem novo penhor, em quantia máxima equivalente à do primeiro; o segundo penhor terá preferência sobre o primeiro, abrangendo este apenas o excesso apurado na colheita seguinte.

Subseção III
Do penhor pecuário

→ *v.* Art. 127, IV, da Lei 6.015/1973.

→ *v.* Art. 61 do Dec.-lei 167/1967.

→ *v.* Lei 4.829/1965 – Institucionaliza o crédito rural.

Art. 1.444. Podem ser objeto de penhor os animais que integram a atividade pastoril, agrícola ou de lacticínios.

→ *v.* Art. 1.439 do CC.

Art. 1.445. O devedor não poderá alienar os animais empenhados sem prévio consentimento, por escrito, do credor.

→ *v.* Art. 171, § 2º, III, do CP.

→ *v.* Arts. 12 e 35 da Lei 492/1937.

Parágrafo único. Quando o devedor pretende alienar o gado empenhado ou, por negligência, ameace prejudicar o credor, poderá este requerer se depositem os animais sob a guarda de terceiro, ou exigir que se lhe pague a dívida de imediato.

Art. 1.446. Os animais da mesma espécie, comprados para substituir os mortos, ficam sub-rogados no penhor.

Parágrafo único. Presume-se a substituição prevista neste artigo, mas não terá eficácia contra terceiros, se não constar de menção adicional ao respectivo contrato, a qual deverá ser averbada.

→ *v.* Art. 12, §§ 2º e 3º, da Lei 492/1937.

Seção VI
Do penhor industrial e mercantil

Art. 1.447. Podem ser objeto de penhor máquinas, aparelhos, materiais, instrumentos, instalados e em funcionamento, com os acessórios ou sem eles; animais, utilizados na indústria; sal e bens destinados à exploração das salinas; produtos de suinocultura, animais destinados à industrialização de carnes e derivados; matérias-primas e produtos industrializados.

→ *v.* Art. 25, III e IV, da Lei 4.829/1965.

→ *v.* Art. 20 do Dec.-lei 413/1969.

Parágrafo único. Regula-se pelas disposições relativas aos armazéns gerais o penhor das mercadorias neles depositadas.

→ *v.* Decreto 1.102/1903 – Armazéns Gerais.

Art. 1.448. Constitui-se o penhor industrial, ou o mercantil, mediante instrumento público ou particular, registrado no Cartório de Registro de Imóveis da circunscrição onde estiverem situadas as coisas empenhadas.

Parágrafo único. Prometendo pagar em dinheiro a dívida, que garante com penhor industrial ou mercantil, o devedor poderá emitir, em favor do credor, cédula do respectivo crédito, na forma e para os fins que a lei especial determinar.

→ *v.* Art. 167, I, 4, da Lei 6.015/1973.

Art. 1.449. O devedor não pode, sem o consentimento por escrito do credor, alterar as coisas empenhadas ou mudar-lhes a situação, nem delas dispor. O devedor que, anuindo o credor, alienar as coisas empenhadas, deverá repor outros bens da mesma natureza, que ficarão sub-rogados no penhor.

Art. 1.450. Tem o credor direito a verificar o estado das coisas empenhadas, inspecionando-as onde se acharem, por si ou por pessoa que credenciar.

→ *v.* Art. 1.431, parágrafo único, 1.441 e 1.464 do CC.

Seção VII
Do penhor de direitos e títulos de crédito

Art. 1.451. Podem ser objeto de penhor direitos, suscetíveis de cessão, sobre coisas móveis.

→ *v.* Art. 83, II do CC.

Art. 1.452. Constitui-se o penhor de direito mediante instrumento público ou particular, registrado no Registro de Títulos e Documentos.

Parágrafo único. O titular de direito empenhado deverá entregar ao credor pignoratício os documentos comprobatórios desse direito, salvo se tiver interesse legítimo em conservá-los.

Art. 1.453. O penhor de crédito não tem eficácia senão quando notificado ao devedor; por notificado tem-se o devedor que, em instrumento público ou particular, declarar-se ciente da existência do penhor.

Art. 1.454. O credor pignoratício deve praticar os atos necessários à conservação e defesa do direito empenhado e cobrar os juros e mais prestações acessórias compreendidas na garantia.

Art. 1.455. Deverá o credor pignoratício cobrar o crédito empenhado, assim que se torne exigível. Se este consistir numa prestação pecuniária, depositará a importância recebida, de acordo com o devedor pignoratício, ou onde o juiz determinar; se consistir na entrega da coisa, nesta se sub-rogará o penhor.

Parágrafo único. Estando vencido o crédito pignoratício, tem o credor direito a reter, da quantia recebida, o que lhe é devido, restituindo o restante ao devedor; ou a excutir a coisa a ele entregue.

Art. 1.456. Se o mesmo crédito for objeto de vários penhores, só ao credor pignoratício, cujo direito prefira aos demais, o devedor deve pagar; responde por perdas e danos aos demais credores o credor preferente que, notificado por qualquer um deles, não promover oportunamente a cobrança.

→ *v.* Arts. 402 a 405 do CC.

Art. 1.457. O titular do crédito empenhado só pode receber o pagamento com a anuência, por escrito, do credor pignoratício, caso em que o penhor se extinguirá.

Art. 1.458. O penhor, que recai sobre título de crédito, constitui-se mediante instrumento público ou particular ou endosso pignoratício, com a tradição do título ao credor, regendo-se pelas Disposições Gerais deste Título e, no que couber, pela presente Seção.

→ *v.* Arts. 127, III, e 129, 2º, da Lei 6.015/1973.

Art. 1.459. Ao credor, em penhor de título de crédito, compete o direito de:

I – conservar a posse do título e recuperá-la de quem quer que o detenha;

II – usar dos meios judiciais convenientes para assegurar os seus direitos, e os do credor do título empenhado;

III – fazer intimar ao devedor do título que não pague ao seu credor, enquanto durar o penhor;

→ *v.* Art. 1.460 do CC.

IV – receber a importância consubstanciada no título e os respectivos juros, se exigíveis, restituindo o título ao devedor, quando este solver a obrigação.

→ *v.* Arts. 319, 324 e 1.433 do CC.

Art. 1.460. O devedor do título empenhado que receber a intimação prevista no inciso III do artigo antecedente, ou se der por ciente do penhor, não poderá pagar ao seu credor. Se o fizer, responderá solidariamente por este, por perdas e danos, perante o credor pignoratício.

Parágrafo único. Se o credor der quitação ao devedor do título empenhado, deverá saldar imediatamente a dívida, em cuja garantia se constituiu o penhor.

→ *v.* Arts. 275 a 283, e 402 a 405, do CC.

Seção VIII
Do penhor de veículos

Art. 1.461. Podem ser objeto de penhor os veículos empregados em qualquer espécie de transporte ou condução.

→ *v.* Art. 1.473, VI e VII, do CC.

Art. 1.462. Constitui-se o penhor, a que se refere o artigo antecedente, mediante instrumento público ou particular, registrado no Cartório de Títulos e Documentos do domicílio do devedor, e anotado no certificado de propriedade.

→ *v.* Art. 129, 7, da Lei 6.015/1973.

Parágrafo único. Prometendo pagar em dinheiro a dívida garantida com o penhor, poderá o devedor emitir cédula de crédito, na forma e para os fins que a lei especial determinar.

Art. 1.463. Não se fará o penhor de veículos sem que estejam previamente segurados contra furto, avaria, perecimento e danos causados a terceiros.

→ *v.* Arts. 757 a 788 do CC.

Art. 1.464. Tem o credor direito a verificar o estado do veículo empenhado, inspecionando-o onde se achar, por si ou por pessoa que credenciar.

Art. 1.465. A alienação, ou a mudança, do veículo empenhado sem prévia comunicação ao credor importa no vencimento antecipado do crédito pignoratício.

Art. 1.466. O penhor de veículos só se pode convencionar pelo prazo máximo de 2 (dois) anos, prorrogável até o limite de igual tempo, averbada a prorrogação à margem do registro respectivo.

Seção IX
Do penhor legal

Art. 1.467. São credores pignoratícios, independentemente de convenção:

I – os hospedeiros, ou fornecedores de pousada ou alimento, sobre as bagagens, móveis, joias ou dinheiro que os seus consumidores ou fregueses tiverem consigo nas respectivas casas ou estabelecimentos, pelas despesas ou consumo que aí tiverem feito;

→ *v.* Arts. 932, IV, 933, e 1.419, do CC.

II – o dono do prédio rústico ou urbano, sobre os bens móveis que o rendeiro ou inquilino tiver guarnecendo o mesmo prédio, pelos aluguéis ou rendas.

Art. 1.468. A conta das dívidas enumeradas no inciso I do artigo antecedente será extraída conforme a tabela impressa, prévia e ostensivamente exposta na casa, dos preços de hospedagem, da pensão ou dos gêneros fornecidos, sob pena de nulidade do penhor.

Art. 1.469. Em cada um dos casos do art. 1.467, o credor poderá tomar em garantia um ou mais objetos até o valor da dívida.

Art. 1.470. Os credores, compreendidos no art. 1.467, podem fazer efetivo o penhor, antes de recorrerem à autoridade judiciária, sempre que haja perigo na demora, dando aos devedores comprovante dos bens de que se apossarem.

Art. 1.471. Tomado o penhor, requererá o credor, ato contínuo, a sua homologação judicial.

→ *v.* Arts. 874 a 876 do CPC/1973.

→ *v.* Arts. 703, *caput* e § 1º, 704, e 706, *caput* e § 1º, do NCPC.

Art. 1.472. Pode o locatário impedir a constituição do penhor mediante caução idônea.

→ *v.* Arts. 37 a 39 da Lei 8.245/1991.

Capítulo III
DA HIPOTECA

Seção I
Disposições gerais

Art. 1.473. Podem ser objeto de hipoteca:

I – os imóveis e os acessórios dos imóveis conjuntamente com eles;

→ *v.* Arts. 79 a 81, 92 a 97, e 1.331, § 1º, do CC.

II – o domínio direto;

→ *v.* Art. 2.038 do CC.

III – o domínio útil;

→ *v.* Art. 2.038 do CC.

IV – as estradas de ferro;

→ *v.* Arts. 1.502 a 1.505 do CC.

V – os recursos naturais a que se refere o art. 1.230, independentemente do solo onde se acham;

VI – os navios;

VII – as aeronaves.

VIII – o direito de uso especial para fins de moradia;

→ Inciso VIII acrescentado pela Lei 11.481/2007.

IX – o direito real de uso;

→ Inciso IX acrescentado pela Lei 11.481/2007.

X – a propriedade superficiária; e

→ Inciso X com redação alterada pela MP 700/2015.

XI – os direitos oriundos da imissão provisória na posse, quando concedida à União, aos Estados, ao Distrito Federal, aos Municípios ou às suas entidades delegadas e respectiva cessão e promessa de cessão.

→ Inciso XI acrescentado pela MP 700/2015.

§ 1º A hipoteca dos navios e das aeronaves reger-se-á pelo disposto em lei especial.

§ 2º Os direitos de garantia instituídos nas hipóteses dos incisos IX e X do *caput* deste artigo ficam limitados à duração da concessão ou direito de superfície, caso tenham sido transferidos por período determinado.

→ § 2º acrescentado pela Lei 11.481/2007.

Art. 1.474. A hipoteca abrange todas as acessões, melhoramentos ou construções do imóvel. Subsistem os ônus reais constituídos e registrados, anteriormente à hipoteca, sobre o mesmo imóvel.

→ *v.* Arts. 96 e 97, 1.248 e 1.259, do CC.

Art. 1.475. É nula a cláusula que proíbe ao proprietário alienar imóvel hipotecado.

→ *v.* Art. 166, VII, do CC.

Parágrafo único. Pode convencionar-se que vencerá o crédito hipotecário, se o imóvel for alienado.

Art. 1.476. O dono do imóvel hipotecado pode constituir outra hipoteca sobre ele, mediante novo título, em favor do mesmo ou de outro credor.

Art. 1.477. Salvo o caso de insolvência do devedor, o credor da segunda hipoteca, embora vencida, não poderá executar o imóvel antes de vencida a primeira.

Parágrafo único. Não se considera insolvente o devedor por faltar ao pagamento das obrigações garantidas por hipotecas posteriores à primeira.

→ *v.* Arts. 748 a 786-A do CPC/1973.

Art. 1.478. Se o devedor da obrigação garantida pela primeira hipoteca não se oferecer, no vencimento, para pagá-la, o credor da segunda pode promover-lhe a extinção, consignando a importância e citando o primeiro credor para recebê-la e o devedor para pagá-la; se este não pagar, o segundo credor, efetuando o pagamento, se sub-rogará nos direitos da hipoteca anterior, sem prejuízo dos que lhe competirem contra o devedor comum.

Parágrafo único. Se o primeiro credor estiver promovendo a execução da hipoteca, o credor da segunda depositará a importância do débito e as despesas judiciais.

→ *v.* Arts. 270 a 273 da Lei 6.015/1973.

Art. 1.479. O adquirente do imóvel hipotecado, desde que não se tenha obrigado pessoalmente a pagar as dívidas aos credores hipotecários, poderá exonerar-se da hipoteca, abandonando-lhes o imóvel.

→ v. Art. 303 do CC.

Art. 1.480. O adquirente notificará o vendedor e os credores hipotecários, deferindo-lhes, conjuntamente, a posse do imóvel, ou o depositará em juízo.

Parágrafo único. Poderá o adquirente exercer a faculdade de abandonar o imóvel hipotecado, até as 24 (vinte e quatro) horas subsequentes à citação, com que se inicia o procedimento executivo.

Art. 1.481. Dentro em 30 (trinta) dias, contados do registro do título aquisitivo, tem o adquirente do imóvel hipotecado o direito de remi-lo, citando os credores hipotecários e propondo importância não inferior ao preço por que o adquiriu.

§ 1º Se o credor impugnar o preço da aquisição ou a importância oferecida, realizar-se-á licitação, efetuando-se a venda judicial a quem oferecer maior preço, assegurada preferência ao adquirente do imóvel.

§ 2º Não impugnado pelo credor, o preço da aquisição ou o preço proposto pelo adquirente, haver-se-á por definitivamente fixado para a remissão do imóvel, que ficará livre de hipoteca, uma vez pago ou depositado o preço.

→ Consta a expressão "remissão" conforme publicação oficial. O correto é "remição".

§ 3º Se o adquirente deixar de remir o imóvel, sujeitando-o a execução, ficará obrigado a ressarcir os credores hipotecários da desvalorização que, por sua culpa, o mesmo vier a sofrer, além das despesas judiciais da execução.

§ 4º Disporá de ação regressiva contra o vendedor o adquirente que ficar privado do imóvel em consequência de licitação ou penhora, o que pagar a hipoteca, o que, por causa de adjudicação ou licitação, desembolsar com o pagamento da hipoteca importância excedente à da compra e o que suportar custas e despesas judiciais.

→ v. Arts. 346, II, e 1.499, V, do CC.

→ v. Art. 266 da Lei 6.015/1973.

Art. 1.482. *(Revogado pela Lei 13.105/2015, em vigor após decorrido 1 (um) ano da data de sua publicação – D.O.U. de 17.3.2015 (v. Art. 1.045 do NCPC)).*

→ **Anterior redação: Art. 1.482.** Realizada a praça, o executado poderá, até a assinatura do auto de arrematação ou até que seja publicada a sentença de adjudicação, remir o imóvel hipotecado, oferecendo preço igual ao da avaliação, se não tiver havido licitantes, ou ao do maior lance oferecido. Igual direito caberá ao cônjuge, aos descendentes ou ascendentes do executado.

Art. 1.483. *(Revogado pela Lei 13.105/2015, em vigor após decorrido 1 (um) ano da data de sua publicação – D.O.U. de 17.3.2015 (v. Art. 1.045 do NCPC))*

→ **Anterior redação: Art. 1.483.** No caso de falência, ou insolvência, do devedor hipotecário, o direito de remição defere-se à massa, ou aos credores em concurso, não podendo o credor recusar o preço da avaliação do imóvel. **Parágrafo único.** Pode o credor hipotecário, para pagamento de seu crédito, requerer a adjudicação do imóvel avaliado em quantia inferior àquele, desde que dê quitação pela sua totalidade.

Art. 1.484. É lícito aos interessados fazer constar das escrituras o valor entre si ajustado dos imóveis hipotecados, o qual, devidamente atualizado, será a base para as arrematações, adjudicações e remições, dispensada a avaliação.

→ v. Arts. 684, I, 685-A e 685-B, do CPC/1973.

→ v. Arts. 871, I, e 876, do NCPC.

Art. 1.485. Mediante simples averbação, requerida por ambas as partes, poderá prorrogar-se a hipoteca, até 30 (trinta) anos da data do contrato. Desde que perfaça esse prazo, só poderá subsistir o contrato de hipoteca reconstituindo-se por novo título e novo registro; e, nesse caso, lhe será mantida a precedência, que então lhe competir.

→ Artigo com redação alterada pela Lei 10.931/2004.

→ v. Art. 238 do Lei 6.015/1973.

Art. 1.486. Podem o credor e o devedor, no ato constitutivo da hipoteca, autorizar a emissão da correspondente cédula hipotecária, na forma e para os fins previstos em lei especial.

Art. 1.487. A hipoteca pode ser constituída para garantia de dívida futura ou condicionada, desde que determinado o valor máximo do crédito a ser garantido.

§ 1º Nos casos deste artigo, a execução da hipoteca dependerá de prévia e expressa concordância do devedor quanto à verificação da condição, ou ao montante da dívida.

§ 2º Havendo divergência entre o credor e o devedor, caberá àquele fazer prova de seu crédito. Reconhecido este, o devedor responderá, inclusive, por perdas e danos, em razão da superveniente desvalorização do imóvel.

→ v. Arts. 402 a 405 do CC.

Art. 1.488. Se o imóvel, dado em garantia hipotecária, vier a ser loteado, ou se nele se constituir condomínio edilício, poderá o ônus ser dividido, gravando cada lote ou unidade autônoma, se o requererem ao juiz o credor, o devedor ou os donos, obedecida a proporção entre o valor de cada um deles e o crédito.

→ v. Arts. 1.331 a 1.358 do CC.

§ 1º O credor só poderá se opor ao pedido de desmembramento do ônus, provando que o mesmo importa em diminuição de sua garantia.

§ 2º Salvo convenção em contrário, todas as despesas judiciais ou extrajudiciais necessárias ao desmembramento do ônus correm por conta de quem o requerer.

§ 3º O desmembramento do ônus não exonera o devedor originário da responsabilidade a que se refere o art. 1.430, salvo anuência do credor.

Seção II
Da hipoteca legal

→ v. Arts. 1.490 a 1.492 do CC.

→ v. Arts. 1.136, 1.188, 1.189, e 1.205 a 1.210, do CPC/1973.

→ v. Art. 759, § 1º, do NCPC.

→ v. Art. 274 da Lei 6.015/1973.

Art. 1.489. A lei confere hipoteca:

I – às pessoas de direito público interno (art. 41) sobre os imóveis pertencentes aos encarregados da cobrança, guarda ou administração dos respectivos fundos e rendas;

II – aos filhos, sobre os imóveis do pai ou da mãe que passar a outras núpcias, antes de fazer o inventário do casal anterior;

→ v. Arts. 1.523, I, e 1.641, I, do CC.

III – ao ofendido, ou aos seus herdeiros, sobre os imóveis do delinquente, para satisfação do dano causado pelo delito e pagamento das despesas judiciais;

→ v. Arts. 186 e 927 do CC.

IV – ao coerdeiro, para garantia do seu quinhão ou torna da partilha, sobre o imóvel adjudicado ao herdeiro reponente;

→ v. Art. 2.019 do CC.

V – ao credor sobre o imóvel arrematado, para garantia do pagamento do restante do preço da arrematação.

Art. 1.490. O credor da hipoteca legal, ou quem o represente, poderá, provando a insuficiência dos imóveis especializados, exigir do devedor que seja reforçado com outros.

→ v. Art. 1.208 do CPC/1973.

Art. 1.491. A hipoteca legal pode ser substituída por caução de títulos da dívida pública federal ou estadual, recebidos pelo valor de sua cotação mínima no ano corrente; ou por outra garantia, a critério do juiz, a requerimento do devedor.

→ v. Lei 10.179/2001 – Títulos da dívida pública de responsabilidade do Tesouro Nacional, consolidando a legislação em vigor sobre a matéria.

Seção III
Do registro da hipoteca

Art. 1.492. As hipotecas serão registradas no cartório do lugar do imóvel, ou no de cada um deles, se o título se referir a mais de um.

→ v. Arts. 167, I, 2, e 169, II, da Lei 6.015/1973.

Parágrafo único. Compete aos interessados, exibido o título, requerer o registro da hipoteca.

→ v. Art. 1.497 do CC.

Art. 1.493. Os registros e averbações seguirão a ordem em que forem requeridas, verificando-se ela pela da sua numeração sucessiva no protocolo.

→ v. Arts. 182 e 186 da Lei 6.015/1973.

Parágrafo único. O número de ordem determina a prioridade, e esta a preferência entre as hipotecas.

Art. 1.494. Não se registrarão no mesmo dia duas hipotecas, ou uma hipoteca e outro direito real, sobre o mesmo imóvel, em favor de pessoas diversas, salvo se as escrituras, do mesmo dia, indicarem a hora em que foram lavradas.

→ v. Arts. 190 a 192 da Lei 6.015/1973.

Art. 1.495. Quando se apresentar ao oficial do registro título de hipoteca que mencione a constituição de anterior, não registrada, sobrestará ele na inscrição da nova, depois de a prenotar, até 30 (trinta) dias, aguardando que o interessado inscreva a precedente; esgotado o prazo, sem que se requeira a inscrição desta, a hipoteca ulterior será registrada e obterá preferência.

→ v. Art. 189 do Lei 6.015/1973.

Art. 1.496. Se tiver dúvida sobre a legalidade do registro requerido, o oficial fará, ainda assim, a prenotação do pedido. Se a dúvida, dentro em 90 (noventa) dias, for julgada improcedente, o registro efetuar-se-á com o mesmo número que teria na data da prenotação; no caso contrário, cancelada esta, receberá o registro o número correspondente à data em que se tornar a requerer.

→ v. Arts. 198 a 207 da Lei 6.015/1973.

Art. 1.497. As hipotecas legais, de qualquer natureza, deverão ser registradas e especializadas.

§ 1º O registro e a especialização das hipotecas legais incumbem a quem está obrigado a prestar a garantia, mas os interessados podem promover a inscrição delas, ou solicitar ao Ministério Público que o faça.

§ 2º As pessoas, às quais incumbir o registro e a especialização das hipotecas legais, estão sujeitas a perdas e danos pela omissão.

→ *V.* Arts. 402 a 405 do CC.

→ *V.* Arts. 1.205 a 1.210 do CPC/1973.

Art. 1.498. Vale o registro da hipoteca, enquanto a obrigação perdurar; mas a especialização, em completando 20 (vinte) anos, deve ser renovada.

Seção IV
Da extinção da hipoteca

Art. 1.499. A hipoteca extingue-se:

I – pela extinção da obrigação principal;

II – pelo perecimento da coisa;

III – pela resolução da propriedade;

→ *V.* Arts. 1.359 e 1.360 do CC.

IV – pela renúncia do credor;

V – pela remição;

→ *V.* Arts. 1.479 e 1.481, § 2º, do CC.

VI – pela arrematação ou adjudicação.

→ *V.* Arts. 685-A e 686 a 707 do CPC/1973.

→ *V.* Arts. 876, e 879 a 903, do NCPC.

Art. 1.500. Extingue-se ainda a hipoteca com a averbação, no Registro de Imóveis, do cancelamento do registro, à vista da respectiva prova.

→ *V.* Arts. 167, II, 2, e 251 da Lei 6.015/1973.

Art. 1.501. Não extinguirá a hipoteca, devidamente registrada, a arrematação ou adjudicação, sem que tenham sido notificados judicialmente os respectivos credores hipotecários, que não forem de qualquer modo partes na execução.

→ *V.* Arts. 585, III, 593, 619, 698, e 1.047, II, do CPC/1973.

→ *V.* Arts. 674, § 2º, IV, 784, V, 792, 804 e 889, V, do NCPC.

→ *V.* Arts. 77, 124, parágrafo único, e 142, da Lei 11.101/2005.

Seção V
Da hipoteca de vias férreas

Art. 1.502. As hipotecas sobre as estradas de ferro serão registradas no Município da estação inicial da respectiva linha.

→ *V.* Art. 171 da Lei 6.015/1973.

→ *V.* Dec.-lei 3.109/1941 – Registro de alienações de Estradas de Ferro.

Art. 1.503. Os credores hipotecários não podem embaraçar a exploração da linha, nem contrariar as modificações, que a administração deliberar, no leito da estrada, em suas dependências, ou no seu material.

Art. 1.504. A hipoteca será circunscrita à linha ou às linhas especificadas na escritura e ao respectivo material de exploração, no estado em que ao tempo da execução estiverem; mas os credores hipotecários poderão opor-se à venda da estrada, à de suas linhas, de seus ramais ou de parte considerável do material de exploração; bem como à fusão com outra empresa, sempre que com isso a garantia do débito enfraquecer.

Art. 1.505. Na execução das hipotecas será intimado o representante da União ou do Estado, para, dentro em 15 (quinze) dias, remir a estrada de ferro hipotecada, pagando o preço da arrematação ou da adjudicação.

Capítulo IV
DA ANTICRESE

Art. 1.506. Pode o devedor ou outrem por ele, com a entrega do imóvel ao credor, ceder-lhe o direito de perceber, em compensação da dívida, os frutos e rendimentos.

→ *V.* Art. 167, I, 11, da Lei 6.015/1973.

§ 1º É permitido estipular que os frutos e rendimentos do imóvel sejam percebidos pelo credor à conta de juros, mas se o seu valor ultrapassar a taxa máxima permitida em lei para as operações financeiras, o remanescente será imputado ao capital.

→ *V.* Art. 406 do CC.

§ 2º Quando a anticrese recair sobre bem imóvel, este poderá ser hipotecado pelo devedor ao credor anticrético, ou a terceiros, assim como o imóvel hipotecado poderá ser dado em anticrese.

Art. 1.507. O credor anticrético pode administrar os bens dados em anticrese e fruir seus frutos e utilidades, mas deverá apresentar anualmente balanço, exato e fiel, de sua administração.

§ 1º Se o devedor anticrético não concordar com o que se contém no balanço, por ser inexato, ou ruinosa a administração, poderá impugná-lo, e, se o quiser, requerer a transformação em arrendamento, fixando o juiz o valor mensal do aluguel, o qual poderá ser corrigido anualmente.

§ 2º O credor anticrético pode, salvo pacto em sentido contrário, arrendar os bens dados em anticrese a terceiro, mantendo, até ser pago, direito de retenção do imóvel, embora o aluguel desse arrendamento não seja vinculativo para o devedor.

Art. 1.508. O credor anticrético responde pelas deteriorações que, por culpa sua, o imóvel vier a sofrer, e pelos frutos e rendimentos que, por sua negligência, deixar de perceber.

→ *V.* Art. 569, IV, do CC.

Art. 1.509. O credor anticrético pode vindicar os seus direitos contra o adquirente dos bens, os credores quirografários e os hipotecários posteriores ao registro da anticrese.

→ *V.* Art. 961, 1.423, e 1.507, § 2º, do CC.

§ 1º Se executar os bens por falta de pagamento da dívida, ou permitir que outro credor o execute, sem opor o seu direito de retenção ao exequente, não terá preferência sobre o preço.

§ 2º O credor anticrético não terá preferência sobre a indenização do seguro, quando o prédio seja destruído, nem, se forem desapropriados os bens, com relação à desapropriação.

Art. 1.510. O adquirente dos bens dados em anticrese poderá remi-los, antes do vencimento da dívida, pagando a sua totalidade à data do pedido de remição e imitir-se-á, se for o caso, na sua posse.

LIVRO IV
DO DIREITO DE FAMÍLIA

Título I
Do direito pessoal

Subtítulo I
DO CASAMENTO

Capítulo I
DISPOSIÇÕES GERAIS

Art. 1.511. O casamento estabelece comunhão plena de vida, com base na igualdade de direitos e deveres dos cônjuges.

→ *V.* Arts. 5º, II, e 226, §§ 1º e 2º, da CF/1988.

→ *V.* Arts. 1.530 a 1.543 do CC.

Art. 1.512. O casamento é civil e gratuita a sua celebração.

→ *V.* Art. 226, § 1º, da CF/1988.

→ *V.* Arts. 1.533 a 1.542 do CC.

Parágrafo único. A habilitação para o casamento, o registro e a primeira certidão serão isentos de selos, emolumentos e custas, para as pessoas cuja pobreza for declarada, sob as penas da lei.

→ *V.* Art. 30 da Lei 6.015/1973.

Art. 1.513. É defeso a qualquer pessoa, de direito público ou privado, interferir na comunhão de vida instituída pela família.

→ *V.* Arts. 5º, X e XI, e 226, § 7º, da CF/1988.

→ *V.* Art. 1.565, § 1º, do CC.

Art. 1.514. O casamento se realiza no momento em que o homem e a mulher manifestam, perante o juiz, a sua vontade de estabelecer vínculo conjugal, e o juiz os declara casados.

→ *V.* Arts. 1.535, 1538 e 1.542 do CC.

Art. 1.515. O casamento religioso, que atender às exigências da lei para a validade do casamento civil, equipara-se a este, desde que registrado no registro próprio, produzindo efeitos a partir da data de sua celebração.

→ *V.* Art. 226, § 2º, da CF/1988.

→ *V.* Arts. 1.516 e 1.532 do CC.

→ *V.* Arts. 71 a 75 da Lei 6.015/1973.

Art. 1.516. O registro do casamento religioso submete-se aos mesmos requisitos exigidos para o casamento civil.

§ 1º O registro civil do casamento religioso deverá ser promovido dentro de 90 (noventa) dias de sua realização, mediante comunicação do celebrante ao ofício competente, ou por iniciativa de qualquer interessado, desde que haja sido homologada previamente a habilitação regulada neste Código. Após o referido prazo, o registro dependerá de nova habilitação.

→ v. Decreto 8.270/2014 – Institui o Sistema Nacional de Informações de Registro Civil – SIRC.

→ *V.* Arts. 72 a 74 da Lei 6.015/1973.

§ 2º O casamento religioso, celebrado sem as formalidades exigidas neste Código, terá efeitos civis se, a requerimento do casal, for registrado, a qualquer tempo, no registro civil, mediante prévia habilitação perante a autoridade competente e observado o prazo do art. 1.532.

→ *V.* Arts. 1.525 a 1.532 do CC.

§ 3º Será nulo o registro civil do casamento religioso se, antes dele, qualquer dos consorciados houver contraído com outrem casamento civil.

→ *V.* Art. 1.521, VI, do CC.

Capítulo II
DA CAPACIDADE PARA O CASAMENTO

Art. 1.517. O homem e a mulher com dezesseis anos podem casar, exigindo-se autorização de ambos os pais, ou de seus representantes legais, enquanto não atingida a maioridade civil.

→ *v.* Arts. 4º, I, 5º, 1.519, 1.550, II, 1.551, 1.634, III, e 1.747, I, do CC.

Parágrafo único. Se houver divergência entre os pais, aplica-se o disposto no parágrafo único do art. 1.631.

Art. 1.518. Até a celebração do casamento podem os pais ou tutores revogar a autorização.

→ Artigo com redação alterada pela Lei 13.146/2015, em vigor após decorridos 180 (cento e oitenta) dias de sua publicação oficial – *D.O.U.* de 7.7.2015.

→ v. Arts. 5º, parágrafo único, II, 1.535, 1.541, § 4º, 1.635, e 1.763, I, do CC.

→ **Anterior redação: Art. 1.518.** Até à celebração do casamento podem os pais, tutores ou curadores revogar a autorização.

Art. 1.519. A denegação do consentimento, quando injusta, pode ser suprida pelo juiz.

→ *v.* Art. 9º, I, do CPC/1973.

→ *v.* Art. 72, I, do NCPC.

→ *v.* Arts. 142 e 148, parágrafo único, *c*, do ECA.

Art. 1.520. Excepcionalmente, será permitido o casamento de quem ainda não alcançou a idade núbil (art. 1.517), para evitar imposição ou cumprimento de pena criminal ou em caso de gravidez.

→ *v.* Arts. 1.550, I, e 1.551.

→ *v.* Art. 68 da Lei 6.015/1973.

Capítulo III
DOS IMPEDIMENTOS

Art. 1.521. Não podem casar:

I – os ascendentes com os descendentes, seja o parentesco natural ou civil;

→ *v.* Arts. 1.591 e 1.593 do CC.

II – os afins em linha reta;

→ *v.* Arts. 1.591 e 1.595 do CC.

III – o adotante com quem foi cônjuge do adotado e o adotado com quem o foi do adotante;

→ *v.* Art. 41 do ECA.

IV – os irmãos, unilaterais ou bilaterais, e demais colaterais, até o terceiro grau inclusive;

→ v. Arts. 1.592 e 1.594 do CC.

→ *v.* Art. 2º do Dec.-lei 3.200/1941.

V – o adotado com o filho do adotante;

VI – as pessoas casadas;

→ *v.* Arts. 235 a 237 do CP.

VII – o cônjuge sobrevivente com o condenado por homicídio ou tentativa de homicídio contra o seu consorte.

→ *v.* Arts. 14 e 121, do CP.

Art. 1.522. Os impedimentos podem ser opostos, até o momento da celebração do casamento, por qualquer pessoa capaz.

→ *v.* Arts. 1.529 e 1.530 do CC.

Parágrafo único. Se o juiz, ou o oficial de registro, tiver conhecimento da existência de algum impedimento, será obrigado a declará-lo.

Capítulo IV
DAS CAUSAS SUSPENSIVAS

Art. 1.523. Não devem casar:

I – o viúvo ou a viúva que tiver filho do cônjuge falecido, enquanto não fizer inventário dos bens do casal e der partilha aos herdeiros;

→ *v.* Arts. 1.489, II, e 1.641, I, do CC.

II – a viúva, ou a mulher cujo casamento se desfez por ser nulo ou ter sido anulado, até 10 (dez) meses depois do começo da viuvez, ou da dissolução da sociedade conjugal;

→ *v.* Arts. 1.598 e 1.641, I, do CC.

III – o divorciado, enquanto não houver sido homologada ou decidida a partilha dos bens do casal;

IV – o tutor ou o curador e os seus descendentes, ascendentes, irmãos, cunhados ou sobrinhos, com a pessoa tutelada ou curatelada, enquanto não cessar a tutela ou curatela, e não estiverem saldadas as respectivas contas.

Parágrafo único. É permitido aos nubentes solicitar ao juiz que não lhes sejam aplicadas as causas suspensivas previstas nos incisos I, III e IV deste artigo, provando-se a inexistência de prejuízo, respectivamente, para o herdeiro, para o ex-cônjuge e para a pessoa tutelada ou curatelada; no caso do inciso II, a nubente deverá provar nascimento de filho, ou inexistência de gravidez, na fluência do prazo.

Art. 1.524. As causas suspensivas da celebração do casamento podem ser arguidas pelos parentes em linha reta de um dos nubentes, sejam consanguíneos ou afins, e pelos colaterais em segundo grau, sejam também consanguíneos ou afins.

→ *v.* Arts. 1.529, e 1.591 a 1.595, do CC.

Capítulo V
DO PROCESSO DE HABILITAÇÃO PARA O CASAMENTO

Art. 1.525. O requerimento de habilitação para o casamento será firmado por ambos os nubentes, de próprio punho, ou, a seu pedido, por procurador, e deve ser instruído com os seguintes documentos:

→ *v.* Arts. 67 e 69 da Lei 6.015/1973.

→ *v.* Lei 1.110/1950 – Reconhecimento dos efeitos civis ao casamento religioso.

I – certidão de nascimento ou documento equivalente;

→ *v.* Arts. 1.517 e 1.550, I, do CC.

II – autorização por escrito das pessoas sob cuja dependência legal estiverem, ou ato judicial que a supra;

→ *v.* Arts. 1.517 e 1.519, do CC.

III – declaração de duas testemunhas maiores, parentes ou não, que atestem conhecê-los e afirmem não existir impedimento que os iniba de casar;

→ *v.* Arts. 228 e 1.521 do CC.

IV – declaração do estado civil, do domicílio e da residência atual dos contraentes e de seus pais, se forem conhecidos;

V – certidão de óbito do cônjuge falecido, de sentença declaratória de nulidade ou de anulação de casamento, transitada em julgado, ou do registro da sentença de divórcio.

Art. 1.526. A habilitação será feita pessoalmente perante o oficial do Registro Civil, com a audiência do Ministério Público.

→ Artigo com redação alterada pela Lei 12.133/2009.

→ *v.* Decreto 8.270/2014 – Institui o Sistema Nacional de Informações de Registro Civil – SIRC.

→ *v.* Art. 12 da Lei 8.935/1994.

→ *v.* Art. 67, § 1º, da Lei 6.015/1973.

Parágrafo único. Caso haja impugnação do oficial, do Ministério Público ou de terceiro, a habilitação será submetida ao juiz.

Art. 1.527. Estando em ordem a documentação, o oficial extrairá o edital, que se afixará durante 15 (quinze) dias nas circunscrições do Registro Civil de ambos os nubentes, e, obrigatoriamente, se publicará na imprensa local, se houver.

→ *v.* Decreto 8.270/2014 – Institui o Sistema Nacional de Informações de Registro Civil – SIRC.

→ *v.* Art. 67, §§ 3º e 4º, da Lei 6.015/1973.

Parágrafo único. A autoridade competente, havendo urgência, poderá dispensar a publicação.

Art. 1.528. É dever do oficial do registro esclarecer os nubentes a respeito dos fatos que podem ocasionar a invalidade do casamento, bem como sobre os diversos regimes de bens.

→ *v.* Arts. 1.517, 1.521, 1.548 a 1.564, 1.639 a 1.688, do CC.

→ *v.* Art. 28 da Lei 6.015/1973.

Art. 1.529. Tanto os impedimentos quanto as causas suspensivas serão opostos em declaração escrita e assinada, instruída com as provas do fato alegado, ou com a indicação do lugar onde possam ser obtidas.

→ *v.* Arts. 1.521 a 1.524 do CC.

Art. 1.530. O oficial do registro dará aos nubentes ou a seus representantes nota da oposição, indicando os fundamentos, as provas e o nome de quem a ofereceu.

Parágrafo único. Podem os nubentes requerer prazo razoável para fazer prova contrária aos fatos alegados, e promover as ações civis e criminais contra o oponente de má-fé.

→ *v.* Arts. 67, § 5º, da Lei 6.015/1973.

Art. 1.531. Cumpridas as formalidades dos arts. 1.526 e 1.527 e verificada a inexistência de fato obstativo, o oficial do registro extrairá o certificado de habilitação.

Art. 1.532. A eficácia da habilitação será de 90 (noventa) dias, a contar da data em que foi extraído o certificado.

Capítulo VI
DA CELEBRAÇÃO DO CASAMENTO

Art. 1.533. Celebrar-se-á o casamento, no dia, hora e lugar previamente designados pela autoridade que houver de presidir o ato, mediante petição dos contraentes, que se mostrem habilitados com a certidão do art. 1.531.

→ *v.* Arts. 1.515, 1.516, e 1.542 do CC.

→ *v.* Arts. 238 e 239 do CP.

→ *v.* Arts. 70, 71, 73 a 75 da Lei 6.015/1973.

Art. 1.534. A solenidade realizar-se-á na sede do cartório, com toda publicidade, a portas abertas, presentes pelo menos duas testemunhas, parentes ou não dos contraentes, ou, querendo as partes e consentindo a autoridade celebrante, noutro edifício público ou particular.

→ *v.* Art. 228 do CC.

→ *v.* Art. 239 do CP.

→ *v.* Art. 42 da Lei 6.015/1973.

§ 1º Quando o casamento for em edifício particular, ficará este de portas abertas durante o ato.

§ 2º Serão quatro as testemunhas na hipótese do parágrafo anterior e se algum dos contraentes não souber ou não puder escrever.

Art. 1.535. Presentes os contraentes, em pessoa ou por procurador especial, juntamente com as testemunhas e o oficial do registro, o presidente do ato, ouvida aos nubentes a afirmação de que pretendem casar por livre e espontânea vontade, declarará efetuado o casamento, nestes termos:

"De acordo com a vontade que ambos acabais de afirmar perante mim, de vos receberdes por marido e mulher, eu, em nome da lei, vos declaro casados."

→ *v.* Arts. 1.514, 1.538 e 1.542 do CC.

Art. 1.536. Do casamento, logo depois de celebrado, lavrar-se-á o assento no livro de registro. No assento, assinado pelo presidente do ato, pelos cônjuges, as testemunhas, e o oficial do registro, serão exarados:

→ *v.* Art. 70 da Lei 6.015/1973.

I – os prenomes, sobrenomes, datas de nascimento, profissão, domicílio e residência atual dos cônjuges;

→ *v.* Art. 1.565, § 1º, do CC.

II – os prenomes, sobrenomes, datas de nascimento ou de morte, domicílio e residência atual dos pais;

III – o prenome e sobrenome do cônjuge precedente e a data da dissolução do casamento anterior;

IV – a data da publicação dos proclamas e da celebração do casamento;

V – a relação dos documentos apresentados ao oficial do registro;

VI – o prenome, sobrenome, profissão, domicílio e residência atual das testemunhas;

VII – o regime do casamento, com a declaração da data e do cartório em cujas notas foi lavrada a escritura antenupcial, quando o regime não for o da comunhão parcial, ou o obrigatoriamente estabelecido.

→ *v.* Arts. 1.641 e 1.653 do CC.

Art. 1.537. O instrumento da autorização para casar transcrever-se-á integralmente na escritura antenupcial.

→ *v.* Arts. 215, 220, 1.517 a 1.520, 1.525, II, 1.634, III, 1.639, 1.653 e 1.690, parágrafo único, do CC.

Art. 1.538. A celebração do casamento será imediatamente suspensa se algum dos contraentes:

I – recusar a solene afirmação da sua vontade;

II – declarar que esta não é livre e espontânea;

III – manifestar-se arrependido.

Parágrafo único. O nubente que, por algum dos fatos mencionados neste artigo, der causa à suspensão do ato, não será admitido a retratar-se no mesmo dia.

Art. 1.539. No caso de moléstia grave de um dos nubentes, o presidente do ato irá celebrá-lo onde se encontrar o impedido, sendo urgente, ainda que à noite, perante 2 (duas) testemunhas que saibam ler e escrever.

→ *v.* Art. 1.527, parágrafo único, do CC.

§ 1º A falta ou impedimento da autoridade competente para presidir o casamento suprir-se-á por qualquer dos seus substitutos legais, e a do oficial do Registro Civil por outro *ad hoc*, nomeado pelo presidente do ato.

§ 2º O termo avulso, lavrado pelo oficial *ad hoc*, será registrado no respectivo registro dentro em 5 (cinco) dias, perante duas testemunhas, ficando arquivado.

→ *v.* Art. 1.534, §§ 1º e 2º, do CC.

Art. 1.540. Quando algum dos contraentes estiver em iminente risco de vida, não obtendo a presença da autoridade à qual incumba presidir o ato, nem a de seu substituto, poderá o casamento ser celebrado na presença de seis testemunhas, que com os nubentes não tenham parentesco em linha reta, ou, na colateral, até segundo grau.

→ *v.* Arts. 1.527, parágrafo único, 1.591 e 1.592, do CC.

→ *v.* Art. 76 da Lei 6.015/1973.

Art. 1.541. Realizado o casamento, devem as testemunhas comparecer perante a autoridade judicial mais próxima, dentro em 10 (dez) dias, pedindo que lhes tome por termo a declaração de:

I – que foram convocadas por parte do enfermo;

II – que este parecia em perigo de vida, mas em seu juízo;

III – que, em sua presença, declararam os contraentes, livre e espontaneamente, receber-se por marido e mulher.

→ *v.* Art. 76 da Lei 6.015/1973.

§ 1º Autuado o pedido e tomadas as declarações, o juiz procederá às diligências necessárias para verificar se os contraentes podiam ter-se habilitado, na forma ordinária, ouvidos os interessados que o requererem, dentro em 15 (quinze) dias.

§ 2º Verificada a idoneidade dos cônjuges para o casamento, assim o decidirá a autoridade competente, com recurso voluntário às partes.

§ 3º Se da decisão não se tiver recorrido, ou se ela passar em julgado, apesar dos recursos interpostos, o juiz mandará registrá-la no livro do Registro dos Casamentos.

§ 4º O assento assim lavrado retrotrairá os efeitos do casamento, quanto ao estado dos cônjuges, à data da celebração.

§ 5º Serão dispensadas as formalidades deste e do artigo antecedente, se o enfermo convalescer e puder ratificar o casamento na presença da autoridade competente e do oficial do registro.

Art. 1.542. O casamento pode celebrar-se mediante procuração, por instrumento público, com poderes especiais.

→ *v.* Arts. 657 a 661 do CC.

§ 1º A revogação do mandato não necessita chegar ao conhecimento do mandatário; mas, celebrado o casamento sem que o mandatário ou o outro contraente tivessem ciência da revogação, responderá o mandante por perdas e danos.

→ *v.* Arts. 402 a 405, e 1.550, V, e parágrafo único, do CC.

§ 2º O nubente que não estiver em iminente risco de vida poderá fazer-se representar no casamento nuncupativo.

→ *v.* Art. 1.540 do CC.

§ 3º A eficácia do mandato não ultrapassará 90 (noventa) dias.

§ 4º Só por instrumento público se poderá revogar o mandato.

Capítulo VII
DAS PROVAS DO CASAMENTO

Art. 1.543. O casamento celebrado no Brasil prova-se pela certidão do registro.

Parágrafo único. Justificada a falta ou perda do registro civil, é admissível qualquer outra espécie de prova.

→ *v.* Arts. 9º, I, 1.515, 1.516 e 1.536 do CC.

→ *v.* Arts. 70 e 74 da Lei 6.015/1973.

→ *v.* Art. 3º, § 1º, da Lei 1.110/1950.

Art. 1.544. O casamento de brasileiro, celebrado no estrangeiro, perante as respectivas autoridades ou os cônsules brasileiros, deverá ser registrado em 180 (cento e oitenta) dias, a contar da volta de um ou de ambos os cônjuges ao Brasil, no cartório do respectivo domicílio, ou, em sua falta, no 1º Ofício da Capital do Estado em que passarem a residir.

→ *v.* Arts. 13, 18 e 19, da LINDB.

Art. 1.545. O casamento de pessoas que, na posse do estado de casadas, não possam manifestar vontade, ou tenham falecido, não se pode contestar em prejuízo da prole comum, salvo mediante certidão do Registro Civil que prove que já era casada alguma delas, quando contraiu o casamento impugnado.

→ *v.* Decreto 8.270/2014 – Institui o Sistema Nacional de Informações de Registro Civil – SIRC.

Art. 1.546. Quando a prova da celebração legal do casamento resultar de processo judicial, o registro da sentença no livro do Registro Civil produzirá, tanto no que toca aos cônjuges como no que respeita aos filhos, todos os efeitos civis desde a data do casamento.

→ *v.* Decreto 8.270/2014 – Institui o Sistema Nacional de Informações de Registro Civil – SIRC.

Art. 1.547. Na dúvida entre as provas favoráveis e contrárias, julgar-se-á pelo casamento, se os cônjuges, cujo casamento se impugna, viverem ou tiverem vivido na posse do estado de casados.

Capítulo VIII
DA INVALIDADE DO CASAMENTO

Art. 1.548. É nulo o casamento contraído:

I – (*Revogado pela Lei 13.146/2015, em vigor após decorridos 180 (cento e oitenta) dias de sua publicação oficial* – D.O.U. *de 7.7.2015*);

II – por infringência de impedimento.

→ v. Arts. 1.521, 1.522, e 1.561, do CC.

→ **Anterior redação: Art. 1.548.** (...) I – pelo enfermo mental sem o necessário discernimento para os atos da vida civil; (...)

Art. 1.549. A decretação de nulidade de casamento, pelos motivos previstos no artigo antecedente, pode ser promovida mediante ação direta, por qualquer interessado, ou pelo Ministério Público.

→ *v.* Arts. 81 e 82, II, do CPC/1973.

→ *v.* Art. 177 do NCPC.

Art. 1.550. É anulável o casamento:

I – de quem não completou a idade mínima para casar;

→ *v.* Arts. 1.517, 1.520, 1.551 e 1.555 do CC.

II – do menor em idade núbil, quando não autorizado por seu representante legal;

→ v. Arts. 1.517, 1.519 e 1.520 do CC.

III – por vício da vontade, nos termos dos arts. 1.556 a 1.558;

→ *v.* Art. 1.560, IV, do CC.

IV – do incapaz de consentir ou manifestar, de modo inequívoco, o consentimento;

→ *v.* Arts. 3º, 4º, II e III, e 1.560, I, do CC.

V – realizado pelo mandatário, sem que ele ou o outro contraente soubesse da revogação do mandato, e não sobrevindo coabitação entre os cônjuges;

→ *v.* Arts. 1.542 e 1560, § 2º, do CC.

VI – por incompetência da autoridade celebrante.

→ *v.* Arts. 1.554 e 1.560, II, do CC.

§ 1º Equipara-se à revogação a invalidade do mandato judicialmente decretada.

→ Anterior parágrafo único renumerado para § 1º pela Lei 13.146/2015, em vigor após decorridos 180 (cento e oitenta) dias de sua publicação oficial – *D.O.U.* de 7.7.2015.

§ 2º A pessoa com deficiência mental ou intelectual em idade núbia poderá contrair matrimônio, expressando sua vontade diretamente ou por meio de seu responsável ou curador.

→ § 2º com redação alterada pela Lei 13.146/2015, em vigor após decorridos 180 (cento e oitenta) dias de sua publicação oficial – *D.O.U.* de 7.7.2015.

→ **Anterior redação: Art. 1550.** (...) **Parágrafo único.** Equipara-se à revogação a invalidade do mandato judicialmente decretada.

Art. 1.551. Não se anulará, por motivo de idade, o casamento de que resultou gravidez.

→ *v.* Arts. 1.517, 1.520 e 1.550, I, do CC.

Art. 1.552. A anulação do casamento dos menores de 16 (dezesseis) anos será requerida:

I – pelo próprio cônjuge menor;

II – por seus representantes legais;

III – por seus ascendentes.

→ *v.* Arts. 1.517, 1.550, I, e 1.551 do CC.

Art. 1.553. O menor que não atingiu a idade núbil poderá, depois de completá-la, confirmar seu casamento, com a autorização de seus representantes legais, se necessária, ou com suprimento judicial.

→ *v.* Art. 1.517 do CC.

Art. 1.554. Subsiste o casamento celebrado por aquele que, sem possuir a competência exigida na lei, exercer publicamente as funções de juiz de casamentos e, nessa qualidade, tiver registrado o ato no Registro Civil.

→ *v.* Decreto 8.270/2014 – Institui o Sistema Nacional de Informações de Registro Civil – SIRC.

→ *v.* Art. 1.550, VI, do CC.

Art. 1.555. O casamento do menor em idade núbil, quando não autorizado por seu representante legal, só poderá ser anulado se a ação for proposta em 180 (cento e oitenta) dias, por iniciativa do incapaz, ao deixar de sê-lo, de seus representantes legais ou de seus herdeiros necessários.

→ *v.* Arts. 1.517, 1.550, I, 1.551, e 1.560, I, do CC.

§ 1º O prazo estabelecido neste artigo será contado do dia em que cessou a incapacidade, no primeiro caso; a partir do casamento, no segundo; e, no terceiro, da morte do incapaz.

§ 2º Não se anulará o casamento quando à sua celebração houverem assistido os representantes legais do incapaz, ou tiverem, por qualquer modo, manifestado sua aprovação.

Art. 1.556. O casamento pode ser anulado por vício da vontade, se houve por parte de um dos nubentes, ao consentir, erro essencial quanto à pessoa do outro.

→ *v.* Arts. 138, 139, II, 1.550, III, e 1.557, do CC.

→ *v.* Art. 236 do CP.

Art. 1.557. Considera-se erro essencial sobre a pessoa do outro cônjuge:

→ *v.* Arts. 139, II, 1.556 e 1.560, III, do CC.

I – o que diz respeito à sua identidade, sua honra e boa fama, sendo esse erro tal que o seu conhecimento ulterior torne insuportável a vida em comum ao cônjuge enganado;

II – a ignorância de crime, anterior ao casamento, que, por sua natureza, torne insuportável a vida conjugal;

III – a ignorância, anterior ao casamento, de defeito físico irremediável que não caracterize deficiência ou de moléstia grave e transmissível, por contágio ou por herança, capaz de pôr em risco a saúde do outro cônjuge ou de sua descendência;

→ Inciso III com redação alterada pela Lei 13.146/2015, em vigor após decorridos 180 (cento e oitenta) dias de sua publicação oficial – *D.O.U.* de 7.7.2015.

IV – (*Revogado pela Lei 13.146/2015, em vigor após decorridos 180 (cento e oitenta) dias de sua publicação oficial* – D.O.U. *de 7.7.2015*).

→ **Anterior redação: Art. 1.557.** (...) III – a ignorância, anterior ao casamento, de defeito físico irremediável, ou de moléstia grave e transmissível, pelo contágio ou herança, capaz de pôr em risco a saúde do outro cônjuge ou de sua descendência; IV – a ignorância, anterior ao casamento, de doença mental grave que, por sua natureza, torne insuportável a vida em comum ao cônjuge enganado.

Art. 1.558. É anulável o casamento em virtude de coação, quando o consentimento de um ou de ambos os cônjuges houver sido captado mediante fundado temor de mal considerável e iminente para a vida, a saúde e a honra, sua ou de seus familiares.

→ *v.* Arts. 151, 152, 1.550, III, e 1.560, IV, do CC.

Art. 1.559. Somente o cônjuge que incidiu em erro, ou sofreu coação, pode demandar a anulação do casamento; mas a coabitação, havendo ciência do vício, valida o ato, ressalvadas as hipóteses dos incisos III e IV do art. 1.557.

→ *v.* Arts. 138, 139, II, 151 a 155, do CC.

Art. 1.560. O prazo para ser intentada a ação de anulação do casamento, a contar da data da celebração, é de:

I – 180 (cento e oitenta) dias, no caso do inciso IV do Art. 1.550;

II – 2 (dois) anos, se incompetente a autoridade celebrante;

→ *v.* Art. 1.550, VI, do CC.

III – 3 (três) anos, nos casos dos incisos I a IV do art. 1.557;

→ *v.* Arts. 1.556 e 1.559 do CC.

IV – 4 (quatro) anos, se houver coação.

→ *v.* Arts. 1.558 e 1.559 do CC.

§ 1º Extingue-se, em 180 (cento e oitenta) dias, o direito de anular o casamento dos menores de 16 (dezesseis) anos, contado o prazo para o menor do dia em que perfez essa idade; e da data do casamento, para seus representantes legais ou ascendentes.

→ *v.* Arts. 1.517 e 1.552 do CC.

§ 2º Na hipótese do inciso V do art. 1.550, o prazo para anulação do casamento é de 180 (cento e oitenta) dias, a partir da data em que o mandante tiver conhecimento da celebração.

Art. 1.561. Embora anulável ou mesmo nulo, se contraído de boa-fé por ambos os cônjuges, o casamento, em relação a estes como aos filhos, produz todos os efeitos até o dia da sentença anulatória.

→ *v.* Arts. 1.563, 1.564, 1.595, § 2º, 1.596, 1.597 e 1.617, do CC.

§ 1º Se um dos cônjuges estava de boa-fé ao celebrar o casamento, os seus efeitos civis só a ele e aos filhos aproveitarão.

§ 2º Se ambos os cônjuges estavam de má-fé ao celebrar o casamento, os seus efeitos civis só aos filhos aproveitarão.

Art. 1.562. Antes de mover a ação de nulidade do casamento, a de anulação, a de separação judicial, a de divórcio direto ou a de dissolução de união estável, poderá requerer a parte, comprovando sua necessidade, a separação de corpos, que será concedida pelo juiz com a possível brevidade.

→ *v.* Arts. 1.575, 1.580 e 1.585, do CC.

→ *v.* Art. 888, VI, do CPC/1973.

→ *v.* Arts. 7º, § 1º, e 8º, da Lei 6.515/1977.

Art. 1.563. A sentença que decretar a nulidade do casamento retroagirá à data da sua celebração, sem prejudicar a aquisição de direitos, a título oneroso, por terceiros de boa-fé, nem a resultante de sentença transitada em julgado.

→ *v.* Art. 5º, XXXVI, da CF/1988.

→ *v.* Art. 100 da Lei 6.015/1973.

→ *v.* Art. 6º, §§ 2º e 3º, Dec.-lei 4.657/1942.

Art. 1.564. Quando o casamento for anulado por culpa de um dos cônjuges, este incorrerá:

I – na perda de todas as vantagens havidas do cônjuge inocente;

→ *v.* Art. 1.561, § 1º, do CC.

II – na obrigação de cumprir as promessas que lhe fez no contrato antenupcial.

→ *v.* Arts. 1.639, 1.653 e 1.657, do CC.

Capítulo IX
DA EFICÁCIA DO CASAMENTO

Art. 1.565. Pelo casamento, homem e mulher assumem mutuamente a condição de consortes, companheiros e responsáveis pelos encargos da família.

→ *v.* Arts. 1.511, 1.567, 1.568 e 1.595, §§ 1º e 2º, do CC.

§ 1º Qualquer dos nubentes, querendo, poderá acrescer ao seu o sobrenome do outro.

→ *v.* Arts. 1.571, § 2º, e 1.578, do CC.

§ 2º O planejamento familiar é de livre decisão do casal, competindo ao Estado propiciar recursos educacionais e financeiros para o exercício desse direito, vedado qualquer tipo de coerção por parte de instituições privadas ou públicas.

→ *v.* Art. 226, § 7º, da CF/1988.

→ *v.* Lei 9.263/1996 – Regula o § 7º do art. 226 da Constituição Federal, que trata do planejamento familiar, estabelece penalidades.

Art. 1.566. São deveres de ambos os cônjuges:

→ *v.* Art. 226, § 5º, da CF/1988.

→ *v.* Arts. 1.511, 1.513 e 1.572 do CC.

I – fidelidade recíproca;

→ v. Arts. 1.573, I, e 1.576, do CC.

II – vida em comum, no domicílio conjugal;

→ v. Arts. 1.511, 1.562, 1.566, II, 1.569, e 1.573, III e IV, do CC.

III – mútua assistência;

→ v. Arts. 1.565, 1.568, 1.573, III, 1.694, 1.695, 1.699, 1.702, 1.704, 1.708 e 1.709, do CC.

→ v. Art. 244 do CP.

IV – sustento, guarda e educação dos filhos;

→ v. Arts. 226, § 5º, 227 e 229, da CF/1988.

→ v. Arts. 244, 245 e 246 do CP.

→ v. Arts. 19 a 24 do ECA.

→ v. Arts. 1.568, 1.583 a 1.590, 1.630 a 1.638, e 1.694 a 1.710, do CC.

V – respeito e consideração mútuos.

→ v. Arts. 1.573, III, e 1.724 do CC.

Art. 1.567. A direção da sociedade conjugal será exercida, em colaboração, pelo marido e pela mulher, sempre no interesse do casal e dos filhos.

→ v. Art. 226, § 5º, da CF/1988.

→ v. Arts. 1.570, 1.631, parágrafo único, 1.642, 1.643, 1.647, 1.648 e 1.651, do CC.

Parágrafo único. Havendo divergência, qualquer dos cônjuges poderá recorrer ao juiz, que decidirá tendo em consideração aqueles interesses.

Art. 1.568. Os cônjuges são obrigados a concorrer, na proporção de seus bens e dos rendimentos do trabalho, para o sustento da família e a educação dos filhos, qualquer que seja o regime patrimonial.

→ v. Art. 226, § 5º, da CF/1988.

→ v. Art. 1.688 do CC.

Art. 1.569. O domicílio do casal será escolhido por ambos os cônjuges, mas um e outro podem ausentar-se do domicílio conjugal para atender a encargos públicos, ao exercício de sua profissão, ou a interesses particulares relevantes.

→ Arts. 70 a 78, 1.566, II, e 1.573, IV, do CC.

Art. 1.570. Se qualquer dos cônjuges estiver em lugar remoto ou não sabido, encarcerado por mais de 180 (cento e oitenta) dias, interditado judicialmente ou privado, episodicamente, de consciência, em virtude de enfermidade ou de acidente, o outro exercerá com exclusividade a direção da família, cabendo-lhe a administração dos bens.

→ v. Arts. 25 e 1.651 do CC.

Capítulo X
DA DISSOLUÇÃO DA SOCIEDADE E DO VÍNCULO CONJUGAL

Art. 1.571. A sociedade conjugal termina:

→ v. Art. 226, § 6º, da CF/1988.

I – pela morte de um dos cônjuges;

→ v. Art. 6º do CC.

II – pela nulidade ou anulação do casamento;

→ v. Arts. 1.548 a 1.564 do CC.

III – pela separação judicial;

IV – pelo divórcio.

→ v. Art. 226, § 6º, da CF/1988.

→ v. Arts. 1.579 a 1.582 do CC.

§ 1º O casamento válido só se dissolve pela morte de um dos cônjuges ou pelo divórcio, aplicando-se a presunção estabelecida neste Código quanto ao ausente.

→ v. Arts. 6º, 7º, I e II, 22 a 39 do CC.

§ 2º Dissolvido o casamento pelo divórcio direto ou por conversão, o cônjuge poderá manter o nome de casado; salvo, no segundo caso, dispondo em contrário a sentença de separação judicial.

→ v. Arts. 1.565, § 1º, e 1.578, do CC.

Art. 1.572. Qualquer dos cônjuges poderá propor a ação de separação judicial, imputando ao outro qualquer ato que importe grave violação dos deveres do casamento e torne insuportável a vida em comum.

→ v. Arts. 1.566, 1.571, III, e 1.573, I a VI, do CC.

→ v. Art. 5º da Lei 6.515/1977.

§ 1º A separação judicial pode também ser pedida se um dos cônjuges provar ruptura da vida em comum há mais de 1 (um) ano e a impossibilidade de sua reconstituição.

§ 2º O cônjuge pode ainda pedir a separação judicial quando o outro estiver acometido de doença mental grave, manifestada após o casamento, que torne impossível a continuação da vida em comum, desde que, após uma duração de 2 (dois) anos, a enfermidade tenha sido reconhecida de cura improvável.

§ 3º No caso do § 2º, reverterão ao cônjuge enfermo, que não houver pedido a separação judicial, os remanescentes dos bens que levou para o casamento, e se o regime dos bens adotado o permitir, a meação dos adquiridos na constância da sociedade conjugal.

Art. 1.573. Podem caracterizar a impossibilidade da comunhão de vida a ocorrência de algum dos seguintes motivos:

I – adultério;

→ v. Art. 1.566, I, do CC.

II – tentativa de morte;

→ v. Arts. 14, II, e 121, do CP.

III – sevícia ou injúria grave;

IV – abandono voluntário do lar conjugal, durante um ano contínuo;

→ v. Art. 1.566, II, do CC.

V – condenação por crime infamante;

VI – conduta desonrosa.

→ v. Art. 1.566, V, do CC.

Parágrafo único. O juiz poderá considerar outros fatos que tornem evidente a impossibilidade da vida em comum.

→ v. Arts. 1.566, e 1.572, §§ 1º e 3º, do CC.

Art. 1.574. Dar-se-á a separação judicial por mútuo consentimento dos cônjuges se forem casados por mais de 1 (um) ano e o manifestarem perante o juiz, sendo por ele devidamente homologada a convenção.

→ v. Art. 226, § 6º, da CF/1988.

→ v. Arts. 982 a 1.045 do CPC/1973.

→ v. Arts. 610 a 673, do NCPC.

Parágrafo único. O juiz pode recusar a homologação e não decretar a separação judicial se apurar que a convenção não preserva suficientemente os interesses dos filhos ou de um dos cônjuges.

Art. 1.575. A sentença de separação judicial importa a separação de corpos e a partilha de bens.

→ v. Art. 226, § 6º, da CF/1988.

→ v. Arts. 980, 1.562, 1.572, § 3º, 1.580, 1.581, 1.585, 1.639 a 1.688, do CC.

Parágrafo único. A partilha de bens poderá ser feita mediante proposta dos cônjuges e homologada pelo juiz ou por este decidida.

Art. 1.576. A separação judicial põe termo aos deveres de coabitação e fidelidade recíproca e ao regime de bens.

→ v. Art. 226, § 6º, da CF/1988.

→ v. Arts. 1.575, parágrafo único, e 1.639 a 1.688, do CC.

Parágrafo único. O procedimento judicial da separação caberá somente aos cônjuges, e, no caso de incapacidade, serão representados pelo curador, pelo ascendente ou pelo irmão.

Art. 1.577. Seja qual for a causa da separação judicial e o modo como esta se faça, é lícito aos cônjuges restabelecer, a todo tempo, a sociedade conjugal, por ato regular em juízo.

Parágrafo único. A reconciliação em nada prejudicará o direito de terceiros, adquirido antes e durante o estado de separado, seja qual for o regime de bens.

→ v. Art. 5º, XXXVI, da CF.

→ v. Art. 6º, § 2º, da LINDB.

→ v. Arts. 101 e 107, § 2º, da Lei 6.015/1973.

Art. 1.578. O cônjuge declarado culpado na ação de separação judicial perde o direito de usar o sobrenome do outro, desde que expressamente requerido pelo cônjuge inocente e se a alteração não acarretar:

I – evidente prejuízo para a sua identificação;

II – manifesta distinção entre o seu nome de família e o dos filhos havidos da união dissolvida;

III – dano grave reconhecido na decisão judicial.

§ 1º O cônjuge inocente na ação de separação judicial poderá renunciar, a qualquer momento, ao direito de usar o sobrenome do outro.

§ 2º Nos demais casos caberá a opção pela conservação do nome de casado.

→ v. Arts. 1.565, § 1º, e 1.571, § 2º, do CC.

Art. 1.579. O divórcio não modificará os direitos e deveres dos pais em relação aos filhos.

→ v. Art. 229 da CF/1988.

→ v. Arts. 1.586, 1.634, 1.636 e 1.703 do CC.

Parágrafo único. Novo casamento de qualquer dos pais, ou de ambos, não poderá importar restrições aos direitos e deveres previstos neste artigo.

Art. 1.580. Decorrido 1 (um) ano do trânsito em julgado da sentença que houver decretado a separação judicial, ou da decisão concessiva da medida cautelar de separação de corpos, qualquer das partes poderá requerer sua conversão em divórcio.

→ v. Art. 226, § 6º, da CF/1988.

→ v. Arts. 1.523, III, 1.562, 1.571, IV e § 2º, e 1.575, do CC.

§ 1º A conversão em divórcio da separação judicial dos cônjuges será decretada por sentença, da qual não constará referência à causa que a determinou.

§ 2º O divórcio poderá ser requerido, por um ou por ambos os cônjuges, no caso de comprovada separação de fato por mais de 2 (dois) anos.

Art. 1.581. O divórcio pode ser concedido sem que haja prévia partilha de bens.

→ *v.* Arts. 1.523, III, 1.575 e 1.576 do CC.

→ *v.* Arts. 1.120 a 1.124-A do CPC/1973.

→ *v.* Arts. 731 e733, do NCPC.

Art. 1.582. O pedido de divórcio somente competirá aos cônjuges.

→ *v.* Art. 226, § 6º, da CF/1988.

Parágrafo único. Se o cônjuge for incapaz para propor a ação ou defender-se, poderá fazê-lo o curador, o ascendente ou o irmão.

Capítulo XI
DA PROTEÇÃO DA PESSOA DOS FILHOS

Art. 1.583. A guarda será unilateral ou compartilhada.

→ *Caput* com redação alterada pela Lei 11.698/2008.

§ 1º Compreende-se por guarda unilateral a atribuída a um só dos genitores ou a alguém que o substitua (art. 1.584, § 5º) e, por guarda compartilhada a responsabilização conjunta e o exercício de direitos e deveres do pai e da mãe que não vivam sob o mesmo teto, concernentes ao poder familiar dos filhos comuns.

→ § 1º acrescentado pela 11.698/2008.

§ 2º Na guarda compartilhada, o tempo de convívio com os filhos deve ser dividido de forma equilibrada com a mãe e com o pai, sempre tendo em vista as condições fáticas e os interesses dos filhos.

→ *Caput* do § 2º com redação alterada pela Lei 13.058/2014.

I – (*Revogado pela Lei 13.058/2014*);

II – (*Revogado pela Lei 13.058/2014*);

III – (*Revogado pela Lei 13.058/2014*).

§ 3º Na guarda compartilhada, a cidade considerada base de moradia dos filhos será aquela que melhor atender aos interesses dos filhos.

→ § 3º com redação alterada pela Lei 13.058/2014.

§ 4º (*Vetado*).

→ § 4º acrescentado pela Lei 11.698/2008.

§ 5º A guarda unilateral obriga o pai ou a mãe que não a detenha a supervisionar os interesses dos filhos, e, para possibilitar tal supervisão, qualquer dos genitores sempre será parte legítima para solicitar informações e/ou prestação de contas, objetivas ou subjetivas, em assuntos ou situações que direta ou indiretamente afetem a saúde física e psicológica e a educação de seus filhos.

→ § 5º acrescentado pela Lei 13.058/2014.

Art. 1.584. A guarda, unilateral ou compartilhada, poderá ser:

→ *Caput* com redação alterada pela Lei 11.698/2008.

I – requerida, por consenso, pelo pai e pela mãe, ou por qualquer deles, em ação autônoma de separação, de divórcio, de dissolução de união estável ou em medida cautelar;

→ Inciso I acrescentado pela Lei 11.698/2008.

II – decretada pelo juiz, em atenção a necessidades específicas do filho, ou em razão da distribuição de tempo necessário ao convívio deste com o pai e com a mãe.

→ Inciso II acrescentado pela Lei 11.698/2008.

§ 1º Na audiência de conciliação, o juiz informará ao pai e à mãe o significado da guarda compartilhada, a sua importância, a similitude de deveres e direitos atribuídos aos genitores e as sanções pelo descumprimento de suas cláusulas.

→ § 1º acrescentado pela Lei 11.698/2008.

§ 2º Quando não houver acordo entre a mãe e o pai quanto à guarda do filho, encontrando-se ambos os genitores aptos a exercer o poder familiar, será aplicada a guarda compartilhada, salvo se um dos genitores declarar ao magistrado que não deseja a guarda do menor.

→ § 2º com redação alterada pela Lei 13.058/2014.

§ 3º Para estabelecer as atribuições do pai e da mãe e os períodos de convivência sob guarda compartilhada, o juiz, de ofício ou a requerimento do Ministério Público, poderá basear-se em orientação técnico-profissional ou de equipe interdisciplinar, que deverá visar à divisão equilibrada do tempo com o pai e com a mãe.

→ § 3º com redação alterada pela Lei 13.058/2014.

§ 4º A alteração não autorizada ou o descumprimento imotivado de cláusula de guarda unilateral ou compartilhada poderá implicar a redução de prerrogativas atribuídas ao seu detentor.

→ § 4º com redação alterada pela Lei 13.058/2014.

§ 5º Se o juiz verificar que o filho não deve permanecer sob a guarda do pai ou da mãe, deferirá a guarda à pessoa que revele compatibilidade com a natureza da medida, considerados, de preferência, o grau de parentesco e as relações de afinidade e afetividade.

→ § 5º com redação alterada pela Lei 13.058/2014.

§ 6º Qualquer estabelecimento público ou privado é obrigado a prestar informações a qualquer dos genitores sobre os filhos destes, sob pena de multa de R$ 200,00 (duzentos reais) a R$ 500,00 (quinhentos reais) por dia pelo não atendimento da solicitação.

→ § 6º acrescentado pela Lei 13.058/2014.

Art. 1.585. Em sede de medida cautelar de separação de corpos, em sede de medida cautelar de guarda ou em outra sede de fixação liminar de guarda, a decisão sobre guarda de filhos, mesmo que provisória, será proferida preferencialmente após a oitiva de ambas as partes perante o juiz, salvo se a proteção aos interesses dos filhos exigir a concessão de liminar sem a oitiva da outra parte, aplicando-se as disposições do art. 1.584,

→ Artigo com redação alterada pela Lei 13.058/2014.

Art. 1.586. Havendo motivos graves, poderá o juiz, em qualquer caso, a bem dos filhos, regular de maneira diferente da estabelecida nos artigos antecedentes a situação deles para com os pais.

Art. 1.587. No caso de invalidade do casamento, havendo filhos comuns, observar-se-á o disposto nos arts. 1.584 e 1.586.

Art. 1.588. O pai ou a mãe que contrair novas núpcias não perde o direito de ter consigo os filhos, que só lhe poderão ser retirados por mandado judicial, provado que não são tratados convenientemente.

→ *v.* Art. 1.579, parágrafo único, 1.634 e 1.636, do CC.

Art. 1.589. O pai ou a mãe, em cuja guarda não estejam os filhos, poderá visitá-los e tê-los em sua companhia, segundo o que acordar com o outro cônjuge, ou for fixado pelo juiz, bem como fiscalizar sua manutenção e educação.

Parágrafo único. O direito de visita estende-se a qualquer dos avós, a critério do juiz, observados os interesses da criança ou do adolescente.

→ Parágrafo único acrescentado pela Lei 12.398/2011.

Art. 1.590. As disposições relativas à guarda e prestação de alimentos aos filhos menores estendem-se aos maiores incapazes.

→ *v.* Arts. 3º, II e III, 4º, II e III, 1.584 a 1.589, e 1.703, do CC.

Subtítulo II
DAS RELAÇÕES DE PARENTESCO

Capítulo I
DISPOSIÇÕES GERAIS

Art. 1.591. São parentes em linha reta as pessoas que estão umas para com as outras na relação de ascendentes e descendentes.

Art. 1.592. São parentes em linha colateral ou transversal, até o quarto grau, as pessoas provenientes de um só tronco, sem descenderem uma da outra.

Art. 1.593. O parentesco é natural ou civil, conforme resulte de consanguinidade ou outra origem.

Art. 1.594. Contam-se, na linha reta, os graus de parentesco pelo número de gerações, e, na colateral, também pelo número delas, subindo de um dos parentes até ao ascendente comum, e descendo até encontrar o outro parente.

Art. 1.595. Cada cônjuge ou companheiro é aliado aos parentes do outro pelo vínculo da afinidade.

§ 1º O parentesco por afinidade limita-se aos ascendentes, aos descendentes e aos irmãos do cônjuge ou companheiro.

§ 2º Na linha reta, a afinidade não se extingue com a dissolução do casamento ou da união estável.

Capítulo II
DA FILIAÇÃO

Art. 1.596. Os filhos, havidos ou não da relação de casamento, ou por adoção, terão os mesmos direitos e qualificações, proibidas quaisquer designações discriminatórias relativas à filiação.

→ *v.* Art. 227, § 6º, da CF/1988.

→ *v.* Art. 20 do ECA.

Art. 1.597. Presumem-se concebidos na constância do casamento os filhos:

I – nascidos 180 (cento e oitenta) dias, pelo menos, depois de estabelecida a convivência conjugal;

→ *v.* Art. 1.598 do CC.

II – nascidos nos 300 (trezentos) dias subsequentes à dissolução da sociedade conjugal, por morte, separação judicial, nulidade e anulação do casamento;

→ *v.* Art. 1.523, II, do CC.

III – havidos por fecundação artificial homóloga, mesmo que falecido o marido;

IV – havidos, a qualquer tempo, quando se tratar de embriões excedentários, decorrentes de concepção artificial homóloga;

V – havidos por inseminação artificial heteróloga, desde que tenha prévia autorização do marido.

Art. 1.598. Salvo prova em contrário, se, antes de decorrido o prazo previsto no inciso II do art. 1.523, a mulher contrair novas núpcias e lhe nascer algum filho, este se presume do primeiro marido, se nascido dentro dos 300 (trezentos) dias a contar da data do falecimento deste e, do segundo, se o nascimento ocorrer após esse período e já decorrido o prazo a que se refere o inciso I do art. 1.597.

Art. 1.599. A prova da impotência do cônjuge para gerar, à época da concepção, ilide a presunção da paternidade.

Art. 1.600. Não basta o adultério da mulher, ainda que confessado, para ilidir a presunção legal da paternidade.

Art. 1.601. Cabe ao marido o direito de contestar a paternidade dos filhos nascidos de sua mulher, sendo tal ação imprescritível.

→ *v.* Art. 1.596 do CC.

→ *v.* Art. 27 do ECA.

Parágrafo único. Contestada a filiação, os herdeiros do impugnante têm direito de prosseguir na ação.

Art. 1.602. Não basta a confissão materna para excluir a paternidade.

→ *v.* Arts. 1.600 e 1.601 do CC.

Art. 1.603. A filiação prova-se pela certidão do termo de nascimento registrada no Registro Civil.

→ *v.* Decreto 8.270/2014 – Institui o Sistema Nacional de Informações de Registro Civil – SIRC.

→ *v.* Art. 9º, I, da CC.

→ *v.* Arts. 50 a 66 da Lei 6.015/1973.

Art. 1.604. Ninguém pode vindicar estado contrário ao que resulta do registro de nascimento, salvo provando-se erro ou falsidade do registro.

→ *v.* Arts. 113 e 114 da Lei 6.015/1973.

Art. 1.605. Na falta, ou defeito, do termo de nascimento, poderá provar-se a filiação por qualquer modo admissível em direito:

I – quando houver começo de prova por escrito, proveniente dos pais, conjunta ou separadamente;

II – quando existirem veementes presunções resultantes de fatos já certos.

→ *v.* Arts. 212 e 232 do CC.

→ *v.* Art. 332 do CPC/1973.

→ *v.* Art. 369 do NCPC.

Art. 1.606. A ação de prova de filiação compete ao filho, enquanto viver, passando aos herdeiros, se ele morrer menor ou incapaz.

→ *v.* Art. 20 do ECA.

→ *v.* Arts. 2º, 5º e 6º, da Lei 8.560/1992.

→ *v.* Art. 102, 2º, da Lei 6.015/1973.

Parágrafo único. Se iniciada a ação pelo filho, os herdeiros poderão continuá-la, salvo se julgado extinto o processo.

→ *v.* Súmula 149 do STF.

Capítulo III
DO RECONHECIMENTO DOS FILHOS

Art. 1.607. O filho havido fora do casamento pode ser reconhecido pelos pais, conjunta ou separadamente.

→ *v.* Art. 227, § 6º, da CF.

→ *v.* Art. 26 do ECA.

→ *v.* Art. 59 da Lei 6.015/1973.

Art. 1.608. Quando a maternidade constar do termo do nascimento do filho, a mãe só poderá contestá-la, provando a falsidade do termo, ou das declarações nele contidas.

→ *v.* Arts. 113 e 114 da Lei 6.015/1973.

Art. 1.609. O reconhecimento dos filhos havidos fora do casamento é irrevogável e será feito:

→ *v.* Art. 1.610 do CC.

→ *v.* Art. 26 do ECA.

→ *v.* Art. 1º, I a IV, da Lei 8.560/1992.

→ *v.* Art. 59 da Lei 6.015/1973.

I – no registro do nascimento;

II – por escritura pública ou escrito particular, a ser arquivado em cartório;

III – por testamento, ainda que incidentalmente manifestado;

IV – por manifestação direta e expressa perante o juiz, ainda que o reconhecimento não haja sido o objeto único e principal do ato que o contém.

Parágrafo único. O reconhecimento pode preceder o nascimento do filho ou ser posterior ao seu falecimento, se ele deixar descendentes.

Art. 1.610. O reconhecimento não pode ser revogado, nem mesmo quando feito em testamento.

→ *v.* Art. 1.609, III, do CC.

Art. 1.611. O filho havido fora do casamento, reconhecido por um dos cônjuges, não poderá residir no lar conjugal sem o consentimento do outro.

Art. 1.612. O filho reconhecido, enquanto menor, ficará sob a guarda do genitor que o reconheceu, e, se ambos o reconheceram e não houver acordo, sob a de quem melhor atender aos interesses do menor.

→ *v.* Arts. 1.584, 1.586 e 1.633, do CC.

Art. 1.613. São ineficazes a condição e o termo apostos ao ato de reconhecimento do filho.

→ *v.* Arts. 121, 131, 132 e 135 do CC.

Art. 1.614. O filho maior não pode ser reconhecido sem o seu consentimento, e o menor pode impugnar o reconhecimento, nos 4 (quatro) anos que se seguirem à maioridade, ou à emancipação.

→ *v.* Art. 27 do ECA.

→ *v.* Art. 4º da Lei 8.560/1992.

Art. 1.615. Qualquer pessoa, que justo interesse tenha, pode contestar a ação de investigação de paternidade, ou maternidade.

→ *v.* Súmula 149 do STF.

→ *v.* Art. 1.606 do CC.

→ *v.* Art. 20 do ECA.

Art. 1.616. A sentença que julgar procedente a ação de investigação produzirá os mesmos efeitos do reconhecimento; mas poderá ordenar que o filho se crie e eduque fora da companhia dos pais ou daquele que lhe contestou essa qualidade.

→ *v.* Arts. 29, § 1º, *d*, e 109, § 4º, da Lei 6.015/1973.

Art. 1.617. A filiação materna ou paterna pode resultar de casamento declarado nulo, ainda mesmo sem as condições do putativo.

→ *v.* Arts. 1.548, 1.550, 1.556, 1.558 e 1.561 do CC.

Capítulo IV
DA ADOÇÃO

→ *v.* Arts. 39 a 52-D do ECA.

Art. 1.618. A adoção de crianças e adolescentes será deferida na forma prevista pela Lei 8.069, de 13 de julho de 1990 – Estatuto da Criança e do Adolescente.

→ *Caput* com redação alterada pela Lei 12.010/2009.

Parágrafo único. *(Revogado pela Lei 12.010/2009).*

Art. 1.619. A adoção de maiores de 18 (dezoito) anos dependerá da assistência efetiva do poder público e de sentença constitutiva, aplicando-se, no que couber, as regras gerais da Lei 8.069, de 13 de julho de 1990 – Estatuto da Criança e do Adolescente.

→ Artigo com redação alterada pela Lei 12.010/2009.

Arts. 1.620 a 1.629. *(Revogados pela Lei 12.010/2009).*

Capítulo V
DO PODER FAMILIAR

Seção I
Disposições gerais

Art. 1.630. Os filhos estão sujeitos ao poder familiar, enquanto menores.

→ *v.* Arts. 226, § 5º, e 227, § 6º, da CF/1988.

Art. 1.631. Durante o casamento e a união estável, compete o poder familiar aos pais; na falta ou impedimento de um deles, o outro o exercerá com exclusividade.

→ *v.* Arts. 1.511, 1.567, 1.589, 1.635, V, 1.637, e 1.690, do CC.

Parágrafo único. Divergindo os pais quanto ao exercício do poder familiar, é assegurado a qualquer deles recorrer ao juiz para solução do desacordo.

→ *v.* Arts. 1.517, parágrafo único, do CC.

Art. 1.632. A separação judicial, o divórcio e a dissolução da união estável não alteram as relações entre pais e filhos senão quanto ao direito, que aos primeiros cabe, de terem em sua companhia os segundos.

Art. 1.633. O filho, não reconhecido pelo pai, fica sob poder familiar exclusivo da mãe; se a mãe não for conhecida ou capaz de exercê-lo, dar-se-á tutor ao menor.

→ *v.* Arts. 1.612 e 1.728 do CC.

Seção II
Do exercício do poder familiar

Art. 1.634. Compete a ambos os pais, qualquer que seja a sua situação conjugal, o pleno exercício do poder familiar, que consiste em, quanto aos filhos:

→ *Caput* com redação alterada pela Lei 13.058/2014.

I – dirigir-lhes a criação e a educação;

→ Inciso I com redação alterada pela Lei 13.058/2014.

II – exercer a guarda unilateral ou compartilhada nos termos do art. 1.584;

→ Inciso II com redação alterada pela Lei 13.058/2014.

III – conceder-lhes ou negar-lhes consentimento para casarem;

→ Inciso III com redação alterada pela Lei 13.058/2014.

IV – conceder-lhes ou negar-lhes consentimento para viajarem ao exterior;

→ Inciso IV com redação alterada pela Lei 13.058/2014.

V – conceder-lhes ou negar-lhes consentimento para mudarem sua residência permanente para outro Município;

→ Inciso V com redação alterada pela Lei 13.058/2014.

VI – nomear-lhes tutor por testamento ou documento autêntico, se o outro dos pais não lhe sobreviver, ou o sobrevivo não puder exercer o poder familiar;

→ Inciso VI com redação alterada pela Lei 13.058/2014.

VII – representá-los judicial e extrajudicialmente até os 16 (dezesseis) anos, nos atos da vida civil, e assisti-los, após essa idade, nos atos em que forem partes, suprindo-lhes o consentimento;

→ Inciso VII com redação alterada pela Lei 13.058/2014.

VIII – reclamá-los de quem ilegalmente os detenha;

→ Inciso VIII acrescentado pela Lei 13.058/2014.

IX – exigir que lhes prestem obediência, respeito e os serviços próprios de sua idade e condição.

→ Inciso IX acrescentado pela Lei 13.058/2014.

Seção III
Da suspensão e extinção do poder familiar

Art. 1.635. Extingue-se o poder familiar:

I – pela morte dos pais ou do filho;

II – pela emancipação, nos termos do art. 5º, parágrafo único;

III – pela maioridade;

IV – pela adoção;

V – por decisão judicial, na forma do artigo 1.638.

Art. 1.636. O pai ou a mãe que contrai novas núpcias, ou estabelece união estável, não perde, quanto aos filhos do relacionamento anterior, os direitos ao poder familiar, exercendo-os sem qualquer interferência do novo cônjuge ou companheiro.

→ *v.* Art. 226, § 5º, da CF/1988.

→ *v.* Art. 1.588 do CC.

Parágrafo único. Igual preceito ao estabelecido neste artigo aplica-se ao pai ou à mãe solteiros que casarem ou estabelecerem união estável.

Art. 1.637. Se o pai, ou a mãe, abusar de sua autoridade, faltando aos deveres a eles inerentes ou arruinando os bens dos filhos, cabe ao juiz, requerendo algum parente, ou o Ministério Público, adotar a medida que lhe pareça reclamada pela segurança do menor e seus haveres, até suspendendo o poder familiar, quando convenha.

Parágrafo único. Suspende-se igualmente o exercício do poder familiar ao pai ou à mãe condenados por sentença irrecorrível, em virtude de crime cuja pena exceda a 2 (dois) anos de prisão.

→ *v.* Arts. 1.638, IV, e 1.691, do CC.

→ *v.* Art. 244 do CP.

→ *v.* Arts. 22, 24, 129, X, 130, 155 a 163, do ECA.

→ *v.* Art. 6º, VII, da Lei 12.318/2010.

Art. 1.638. Perderá por ato judicial o poder familiar o pai ou a mãe que:

→ *v.* Art. 1.635, V, do CC.

I – castigar imoderadamente o filho;

→ *v.* Art. 136 do CP.

II – deixar o filho em abandono;

→ *v.* Arts. 244 e 246 do CP.

III – praticar atos contrários à moral e aos bons costumes;

→ *v.* Arts. 245 e 247, do CP.

IV – incidir, reiteradamente, nas faltas previstas no artigo antecedente.

→ *v.* Art. 1.637 do CC.

Título II
Do direito patrimonial

Subtítulo I
DO REGIME DE BENS ENTRE OS CÔNJUGES

Capítulo I
DISPOSIÇÕES GERAIS

Art. 1.639. É lícito aos nubentes, antes de celebrado o casamento, estipular, quanto aos seus bens, o que lhes aprouver.

§ 1º O regime de bens entre os cônjuges começa a vigorar desde a data do casamento.

§ 2º É admissível alteração do regime de bens, mediante autorização judicial em pedido motivado de ambos os cônjuges, apurada a procedência das razões invocadas e ressalvados os direitos de terceiros.

Art. 1.640. Não havendo convenção, ou sendo ela nula ou ineficaz, vigorará, quanto aos bens entre os cônjuges, o regime da comunhão parcial.

→ *v.* Arts. 1.653, 1.655, 1.657, e 1.658 a 1.666, do CC.

Parágrafo único. Poderão os nubentes, no processo de habilitação, optar por qualquer dos regimes que este código regula. Quanto à forma, reduzir-se-á a termo a opção pela comunhão parcial, fazendo-se o pacto antenupcial por escritura pública, nas demais escolhas.

→ *v.* Art. 1.528 do CC.

Art. 1.641. É obrigatório o regime da separação de bens no casamento:

→ *v.* Súmula 377 do STF.

I – das pessoas que o contraírem com inobservância das causas suspensivas da celebração do casamento;

→ *v.* Arts. 1.523 e 1.524 do CC.

II – da pessoa maior de 70 (setenta) anos;

→ Inciso II com redação alterada pela Lei 12.344/2010.

III – de todos os que dependerem, para casar, de suprimento judicial.

Art. 1.642. Qualquer que seja o regime de bens, tanto o marido quanto a mulher podem livremente:

→ *v.* Arts. 1.643 e 1.647 do CC.

I – praticar todos os atos de disposição e de administração necessários ao desempenho de sua profissão, com as limitações estabelecidas no inciso I do art. 1.647;

II – administrar os bens próprios;

III – desobrigar ou reivindicar os imóveis que tenham sido gravados ou alienados sem o seu consentimento ou sem suprimento judicial;

IV – demandar a rescisão dos contratos de fiança e doação, ou a invalidação do aval, realizados pelo outro cônjuge com infração do disposto nos incisos III e IV do art. 1.647;

V – reivindicar os bens comuns, móveis ou imóveis, doados ou transferidos pelo outro cônjuge ao concubino, desde que provado que os bens não foram adquiridos pelo esforço comum destes, se o casal estiver separado de fato por mais de 5 (cinco) anos;

→ *v.* Arts. 1.645 e 1.647, parágrafo único, do CC.

VI – praticar todos os atos que não lhes forem vedados expressamente.

Art. 1.643. Podem os cônjuges, independentemente de autorização um do outro:

I – comprar, ainda a crédito, as coisas necessárias à economia doméstica;

II – obter, por empréstimo, as quantias que a aquisição dessas coisas possa exigir.

Art. 1.644. As dívidas contraídas para os fins do artigo antecedente obrigam solidariamente ambos os cônjuges.

Art. 1.645. As ações fundadas nos incisos III, IV e V do art. 1.642 competem ao cônjuge prejudicado e a seus herdeiros.

Art. 1.646. No caso dos incisos III e IV do art. 1.642, o terceiro, prejudicado com a sentença favorável ao autor, terá direito regressivo contra o cônjuge, que realizou o negócio jurídico, ou seus herdeiros.

Art. 1.647. Ressalvado o disposto no art. 1.648, nenhum dos cônjuges pode, sem autorização do outro, exceto no regime da separação absoluta:

I – alienar ou gravar de ônus real os bens imóveis;

→ *v.* Arts. 220, 498, 499, 1.642, III, 1.645 e 1.650, do CC.

→ *v.* Art. 18, VII, da Lei 6.766/1979.

→ *v.* Art. 17, § 2º, do Dec.-lei 70/1966.

→ *v.* Art. 11, § 2º, do Dec.-lei 58/1937.

II – pleitear, como autor ou réu, acerca desses bens ou direitos;

→ *v.* Arts. 10 e 11, parágrafo único, do CPC/1973.

→ *v.* Arts. 73 e 74 do NCPC.

III – prestar fiança ou aval;

→ *v.* Súmula 332 do STJ.

→ *v.* Arts. 818 e 1.642, IV, do CC.

IV – fazer doação, não sendo remuneratória, de bens comuns, ou dos que possam integrar futura meação.

→ *v.* Arts. 544, 550, 1.642, III e IV, e 1.675, do CC.

Parágrafo único. São válidas as doações nupciais feitas aos filhos quando casarem ou estabelecerem economia separada.

Art. 1.648. Cabe ao juiz, nos casos do artigo antecedente, suprir a outorga, quando um dos cônjuges a denegue sem motivo justo, ou lhe seja impossível concedê-la.

→ *v.* Art. 1.567, parágrafo único, e 1.570, do CC.

Art. 1.649. A falta de autorização, não suprida pelo juiz, quando necessária (art. 1.647), tornará anulável o ato praticado, podendo o outro cônjuge pleitear-lhe a anulação, até 2 (dois) anos depois de terminada a sociedade conjugal.

→ *v.* Art. 176 do CC.

Parágrafo único. A aprovação torna válido o ato, desde que feita por instrumento público, ou particular, autenticado.

Art. 1.650. A decretação de invalidade dos atos praticados sem outorga, sem consentimento, ou sem suprimento do juiz, só poderá ser demandada pelo cônjuge a quem cabia concedê-la, ou por seus herdeiros.

Art. 1.651. Quando um dos cônjuges não puder exercer a administração dos bens que lhe incumbe, segundo o regime de bens, caberá ao outro:

I – gerir os bens comuns e os do consorte;

II – alienar os bens móveis comuns;

III – alienar os imóveis comuns e os móveis ou imóveis do consorte, mediante autorização judicial.

Art. 1.652. O cônjuge, que estiver na posse dos bens particulares do outro, será para com este e seus herdeiros responsável:

I – como usufrutuário, se o rendimento for comum;

→ v. Arts. 1.400 a 1.409 do CC.

II – como procurador, se tiver mandato expresso ou tácito para os administrar;

→ v. Arts. 667 a 674 do CC.

III – como depositário, se não for usufrutuário, nem administrador.

Capítulo II
DO PACTO ANTENUPCIAL

Art. 1.653. É nulo o pacto antenupcial se não for feito por escritura pública, e ineficaz se não lhe seguir o casamento.

→ v. Arts. 108, 166, IV, 215, 1.536, VII, 1.537 e 1.564, II, do CC.

→ v. Arts. 167, I, 12, e 178, V, da Lei 6.015/1973.

Art. 1.654. A eficácia do pacto antenupcial, realizado por menor, fica condicionada à aprovação de seu representante legal, salvo as hipóteses de regime obrigatório de separação de bens.

→ v. Arts. 1.517, 1.519, 1.520, 1.641 e 1.653, do CC.

Art. 1.655. É nula a convenção ou cláusula dela que contravenha disposição absoluta de lei.

→ v. Art. 166, VII, do CC.

Art. 1.656. No pacto antenupcial, que adotar o regime de participação final nos aquestos, poder-se-á convencionar a livre disposição dos bens imóveis, desde que particulares.

→ v. Arts. 1.672 a 1.686 do CC.

Art. 1.657. As convenções antenupciais não terão efeito perante terceiros senão depois de registradas, em livro especial, pelo oficial do Registro de Imóveis do domicílio dos cônjuges.

→ v. Arts. 167, I, 12, II, 1, 178, V, 224 e 245, da Lei 6.015/1973.

Capítulo III
DO REGIME DE COMUNHÃO PARCIAL

Art. 1.658. No regime de comunhão parcial, comunicam-se os bens que sobrevierem ao casal, na constância do casamento, com as exceções dos artigos seguintes.

Art. 1.659. Excluem-se da comunhão:

I – os bens que cada cônjuge possuir ao casar, e os que lhe sobrevierem, na constância do casamento, por doação ou sucessão, e os sub-rogados em seu lugar;

II – os bens adquiridos com valores exclusivamente pertencentes a um dos cônjuges em sub-rogação dos bens particulares;

III – as obrigações anteriores ao casamento;

IV – as obrigações provenientes de atos ilícitos, salvo reversão em proveito do casal;

→ v. Súmula 251 do STJ.

→ v. Art. 942 do CC.

V – os bens de uso pessoal, os livros e instrumentos de profissão;

VI – os proventos do trabalho pessoal de cada cônjuge;

VII – as pensões, meios-soldos, montepios e outras rendas semelhantes.

Art. 1.660. Entram na comunhão:

I – os bens adquiridos na constância do casamento por título oneroso, ainda que só em nome de um dos cônjuges;

II – os bens adquiridos por fato eventual, com ou sem o concurso de trabalho ou despesa anterior;

III – os bens adquiridos por doação, herança ou legado, em favor de ambos os cônjuges;

IV – as benfeitorias em bens particulares de cada cônjuge;

V – os frutos dos bens comuns, ou dos particulares de cada cônjuge, percebidos na constância do casamento, ou pendentes ao tempo de cessar a comunhão.

Art. 1.661. São incomunicáveis os bens cuja aquisição tiver por título uma causa anterior ao casamento.

→ v. Art. 1.659, II, do CC.

Art. 1.662. No regime da comunhão parcial, presumem-se adquiridos na constância do casamento os bens móveis, quando não se provar que o foram em data anterior.

→ v. Arts. 82 a 84 do CC.

Art. 1.663. A administração do patrimônio comum compete a qualquer dos cônjuges.

§ 1º As dívidas contraídas no exercício da administração obrigam os bens comuns e particulares do cônjuge que os administra, e os do outro na razão do proveito que houver auferido.

§ 2º A anuência de ambos os cônjuges é necessária para os atos, a título gratuito, que impliquem cessão do uso ou gozo dos bens comuns.

§ 3º Em caso de malversação dos bens, o juiz poderá atribuir a administração a apenas um dos cônjuges.

Art. 1.664. Os bens da comunhão respondem pelas obrigações contraídas pelo marido ou pela mulher para atender aos encargos da família, às despesas de administração e às decorrentes de imposição legal.

→ v. Arts. 1.643, I e II, e 1.663, § 1º, do CC.

Art. 1.665. A administração e a disposição dos bens constitutivos do patrimônio particular competem ao cônjuge proprietário, salvo convenção diversa em pacto antenupcial.

→ v. Arts. 1.639, 1.642, II, 1.647, I, e 1.663, do CC.

Art. 1.666. As dívidas, contraídas por qualquer dos cônjuges na administração de seus bens particulares e em benefício destes, não obrigam os bens comuns.

Capítulo IV
DO REGIME DE COMUNHÃO UNIVERSAL

Art. 1.667. O regime de comunhão universal importa a comunicação de todos os bens presentes e futuros dos cônjuges e suas dívidas passivas, com as exceções do artigo seguinte.

→ v. Arts. 977, 978, 1.640 e 1.783 do CC.

Art. 1.668. São excluídos da comunhão:

I – os bens doados ou herdados com a cláusula de incomunicabilidade e os sub-rogados em seu lugar;

II – os bens gravados de fideicomisso e o direito do herdeiro fideicomissário, antes de realizada a condição suspensiva;

III – as dívidas anteriores ao casamento, salvo se provierem de despesas com seus aprestos, ou reverterem em proveito comum;

IV – as doações antenupciais feitas por um dos cônjuges ao outro com a cláusula de incomunicabilidade;

V – os bens referidos nos incisos V a VII do art. 1.659.

Art. 1.669. A incomunicabilidade dos bens enumerados no artigo antecedente não se estende aos frutos, quando se percebam ou vençam durante o casamento.

Art. 1.670. Aplica-se ao regime da comunhão universal o disposto no Capítulo antecedente, quanto à administração dos bens.

Art. 1.671. Extinta a comunhão, e efetuada a divisão do ativo e do passivo, cessará a responsabilidade de cada um dos cônjuges para com os credores do outro.

→ v. Arts. 1.571 a 1.582, e 1.639, § 1º, do CC.

Capítulo V
DO REGIME DE PARTICIPAÇÃO FINAL NOS AQUESTOS

Art. 1.672. No regime de participação final nos aquestos, cada cônjuge possui patrimônio próprio, consoante disposto no artigo seguinte, e lhe cabe, à época da dissolução da sociedade conjugal, direito à metade dos bens adquiridos pelo casal, a título oneroso, na constância do casamento.

→ v. Arts. 1.571, 1.656 e 1.673 do CC.

Art. 1.673. Integram o patrimônio próprio os bens que cada cônjuge possuía ao casar e os por ele adquiridos, a qualquer título, na constância do casamento.

Parágrafo único. A administração desses bens é exclusiva de cada cônjuge, que os poderá livremente alienar, se forem móveis.

Art. 1.674. Sobrevindo a dissolução da sociedade conjugal, apurar-se-á o montante dos aquestos, excluindo-se da soma dos patrimônios próprios:

→ v. Art. 1.571 do CC.

I – os bens anteriores ao casamento e os que em seu lugar se sub-rogaram;

II – os que sobrevieram a cada cônjuge por sucessão ou liberalidade;

III – as dívidas relativas a esses bens.

Parágrafo único. Salvo prova em contrário, presumem-se adquiridos durante o casamento os bens móveis.

Art. 1.675. Ao determinar-se o montante dos aquestos, computar-se-á o valor das doações feitas por um dos cônjuges, sem a necessária autorização do outro; nesse caso, o bem poderá ser reivindicado pelo cônjuge prejudicado ou por seus herdeiros, ou declarado no monte partilhável, por valor equivalente ao da época da dissolução.

Art. 1.676. Incorpora-se ao monte o valor dos bens alienados em detrimento da meação, se não houver preferência do cônjuge lesado, ou de seus herdeiros, de os reivindicar.

Art. 1.677. Pelas dívidas posteriores ao casamento, contraídas por um dos cônjuges, somente este responderá, salvo prova de terem revertido, parcial ou totalmente, em benefício do outro.

Art. 1.678. Se um dos cônjuges solveu uma dívida do outro com bens do seu patrimônio, o valor do pagamento deve ser atualizado e imputado, na data da dissolução, à meação do outro cônjuge.

Art. 1.679. No caso de bens adquiridos pelo trabalho conjunto, terá cada um dos cônjuges uma quota igual no condomínio ou no crédito por aquele modo estabelecido.

Art. 1.680. As coisas móveis, em face de terceiros, presumem-se do domínio do cônjuge devedor, salvo se o bem for de uso pessoal do outro.

→ *V.* Arts. 82 a 84, e 1.674, parágrafo único, do CC.

Art. 1.681. Os bens imóveis são de propriedade do cônjuge cujo nome constar no registro.

Parágrafo único. Impugnada a titularidade, caberá ao cônjuge proprietário provar a aquisição regular dos bens.

Art. 1.682. O direito à meação não é renunciável, cessível ou penhorável na vigência do regime matrimonial.

Art. 1.683. Na dissolução do regime de bens por separação judicial ou por divórcio, verificar-se-á o montante dos aquestos à data em que cessou a convivência.

Art. 1.684. Se não for possível nem conveniente a divisão de todos os bens em natureza, calcular-se-á o valor de alguns ou de todos para reposição em dinheiro ao cônjuge não proprietário.

Parágrafo único. Não se podendo realizar a reposição em dinheiro, serão avaliados e, mediante autorização judicial, alienados tantos bens quantos bastarem.

Art. 1.685. Na dissolução da sociedade conjugal por morte, verificar-se-á a meação do cônjuge sobrevivente de conformidade com os artigos antecedentes, deferindo-se a herança aos herdeiros na forma estabelecida neste Código.

Art. 1.686. As dívidas de um dos cônjuges, quando superiores à sua meação, não obrigam ao outro, ou a seus herdeiros.

Capítulo VI
DO REGIME DE SEPARAÇÃO DE BENS

Art. 1.687. Estipulada a separação de bens, estes permanecerão sob a administração exclusiva de cada um dos cônjuges, que os poderá livremente alienar ou gravar de ônus real.

→ *V.* Súmula 377 do STF.

→ *V.* Arts. 977, 978, 1.652, 1.653, 1.831 e 1.838 do CC.

Art. 1.688. Ambos os cônjuges são obrigados a contribuir para as despesas do casal na proporção dos rendimentos de seu trabalho e de seus bens, salvo estipulação em contrário no pacto antenupcial.

→ *V.* Arts. 1.565 a 1.568, do CC.

Subtítulo II
DO USUFRUTO E DA ADMINISTRAÇÃO DOS BENS DE FILHOS MENORES

Art. 1.689. O pai e a mãe, enquanto no exercício do poder familiar:

I – são usufrutuários dos bens dos filhos;

→ *V.* Arts. 1.390 a 1.411, do CC.

II – têm a administração dos bens dos filhos menores sob sua autoridade.

→ *V.* Arts. 3º, I, 4º, I, e 1.690, parágrafo único, do CC.

Art. 1.690. Compete aos pais, e na falta de um deles ao outro, com exclusividade, representar os filhos menores de 16 (dezesseis) anos, bem como assisti-los até completarem a maioridade ou serem emancipados.

→ *V.* Art. 1.634, V, do CC.

Parágrafo único. Os pais devem decidir em comum as questões relativas aos filhos e a seus bens; havendo divergência, poderá qualquer deles recorrer ao juiz para a solução necessária.

Art. 1.691. Não podem os pais alienar, ou gravar de ônus real os imóveis dos filhos, nem contrair, em nome deles, obrigações que ultrapassem os limites da simples administração, salvo por necessidade ou evidente interesse da prole, mediante prévia autorização do juiz.

Parágrafo único. Podem pleitear a declaração de nulidade dos atos previstos neste artigo:

I – os filhos;

II – os herdeiros;

III – o representante legal.

Art. 1.692. Sempre que no exercício do poder familiar colidir o interesse dos pais com o do filho, a requerimento deste ou do Ministério Público o juiz lhe dará curador especial.

→ *V.* Arts. 142, parágrafo único, e 148, parágrafo único, do ECA.

Art. 1.693. Excluem-se do usufruto e da administração dos pais:

I – os bens adquiridos pelo filho havido fora do casamento, antes do reconhecimento;

II – os valores auferidos pelo filho maior de 16 (dezesseis) anos, no exercício de atividade profissional e os bens com tais recursos adquiridos;

→ *V.* Art. 589, III, do CC.

III – os bens deixados ou doados ao filho, sob a condição de não serem usufruídos, ou administrados, pelos pais;

→ *V.* Arts. 1.816 e 1.848 do CC.

IV – os bens que aos filhos couberem na herança, quando os pais forem excluídos da sucessão.

→ *V.* Arts. 1.814, 1.816, e 1.961 a 1.965, do CC.

Subtítulo III
DOS ALIMENTOS

→ *V.* Súmulas 379 e 655 do STF.

→ *V.* Súmulas 1, 144, 309, 336 e 358 do STJ.

→ *V.* Lei 11.804/2008 – Direito a alimentos gravídicos e a forma como ele será exercido.

→ *V.* Lei 5.478/1968 – Alimentos.

→ *V.* Decreto 2.428/1997 – Promulga a Convenção Interamericana sobre Obrigação Alimentar, concluída em Montevidéu, em 15 de julho de 1989.

Art. 1.694. Podem os parentes, os cônjuges ou companheiros pedir uns aos outros os alimentos de que necessitem para viver de modo compatível com a sua condição social, inclusive para atender às necessidades de sua educação.

→ *V.* Arts. 1.697, 1.698, 1.700, 1.701, 1.740, I, e 1.920, do CC.

§ 1º Os alimentos devem ser fixados na proporção das necessidades do reclamante e dos recursos da pessoa obrigada.

→ *V.* Art. 1.699 do CC.

§ 2º Os alimentos serão apenas os indispensáveis à subsistência, quando a situação de necessidade resultar de culpa de quem os pleiteia.

Art. 1.695. São devidos os alimentos quando quem os pretende não tem bens suficientes, nem pode prover, pelo seu trabalho, à própria mantença, e aquele, de quem se reclamam, pode fornecê-los, sem desfalque do necessário ao seu sustento.

Art. 1.696. O direito à prestação de alimentos é recíproco entre pais e filhos, e extensivo a todos os ascendentes, recaindo a obrigação nos mais próximos em grau, uns em falta de outros.

→ *V.* Art. 229 do CF/1988.

→ *V.* Art. 1.698 do CC.

→ *V.* Art. 244 do CP.

Art. 1.697. Na falta dos ascendentes cabe a obrigação aos descendentes, guardada a ordem de sucessão e, faltando estes, aos irmãos, assim germanos como unilaterais.

→ *V.* Art. 871 do CC.

Art. 1.698. Se o parente, que deve alimentos em primeiro lugar, não estiver em condições de suportar totalmente o encargo, serão chamados a concorrer os de grau imediato; sendo várias as pessoas obrigadas a prestar alimentos, todas devem concorrer na proporção dos respectivos recursos, e, intentada ação contra uma delas, poderão as demais ser chamadas a integrar a lide.

→ *V.* Arts. 46, 47 e 77, III, do CPC/1973.

→ *V.* Arts. 113 a 115, e 130, III, do NCPC.

→ *V.* Arts. 12 a 14 da Lei 10.741/2003.

Art. 1.699. Se, fixados os alimentos, sobrevier mudança na situação financeira de quem os supre, ou na de quem os recebe, poderá o interessado reclamar ao juiz, conforme as circunstâncias, exoneração, redução ou majoração do encargo.

→ *V.* Art. 1.694, § 1º, do CC.

→ *V.* Arts. 13 e 15 da Lei 5.478/1968.

Art. 1.700. A obrigação de prestar alimentos transmite-se aos herdeiros do devedor, na forma do art. 1.694.

→ *V.* Art. 23 da Lei 6.515/1977.

Art. 1.701. A pessoa obrigada a suprir alimentos poderá pensionar o alimentando, ou dar-lhe hospedagem e sustento, sem prejuízo do dever de prestar o necessário à sua educação, quando menor.

→ *V.* Art. 25 da Lei 5.478/1968.

Parágrafo único. Compete ao juiz, se as circunstâncias o exigirem, fixar a forma do cumprimento da prestação.

Art. 1.702. Na separação judicial litigiosa, sendo um dos cônjuges inocente e desprovido de recursos, prestar-lhe-á o outro a pensão alimentícia que o juiz fixar, obedecidos os critérios estabelecidos no art. 1.694.

→ *V.* Art. 19 da Lei 6.515/1977.

Art. 1.703. Para a manutenção dos filhos, os cônjuges separados judicialmente contribuirão na proporção de seus recursos.

→ *V.* Art. 20 da Lei 6.515/1977.

Art. 1.704. Se um dos cônjuges separados judicialmente vier a necessitar de alimentos, será o outro obrigado a prestá-los mediante pensão a ser fixada pelo juiz, caso não tenha sido declarado culpado na ação de separação judicial.

→ Art. 19 da Lei 6.515/1977.

Parágrafo único. Se o cônjuge declarado culpado vier a necessitar de alimentos, e não tiver parentes em condições de prestá-los, nem aptidão para o trabalho, o outro cônjuge será obrigado a assegurá-los, fixando o juiz o valor indispensável à sobrevivência.

Art. 1.705. Para obter alimentos, o filho havido fora do casamento pode acionar o genitor, sendo facultado ao juiz determinar, a pedido de qualquer das partes, que a ação se processe em segredo de justiça.

→ v. Art. 227, § 6º, da CF/1988.

→ v. Art. 7º da Lei 8.560/1992.

Art. 1.706. Os alimentos provisionais serão fixados pelo juiz, nos termos da lei processual.

→ v. Arts. 852 a 854 do CPC/1973.

Art. 1.707. Pode o credor não exercer, porém lhe é vedado renunciar o direito a alimentos, sendo o respectivo crédito insuscetível de cessão, compensação ou penhora.

→ v. Art. 379 do STF.

→ v. Arts. 206, § 2º, 286 a 298, e 368 a 380, do CC.

Art. 1.708. Com o casamento, a união estável ou o concubinato do credor, cessa o dever de prestar alimentos.

Parágrafo único. Com relação ao credor cessa, também, o direito a alimentos, se tiver procedimento indigno em relação ao devedor.

→ v. Arts. 1.723, 1.727 e 1.814, I e II, do CC.

Art. 1.709. O novo casamento do cônjuge devedor não extingue a obrigação constante da sentença de divórcio.

Art. 1.710. As prestações alimentícias, de qualquer natureza, serão atualizadas segundo índice oficial regularmente estabelecido.

Subtítulo IV
DO BEM DE FAMÍLIA

→ v. Súmulas 205 e 364 do STJ.

→ v. Arts. 260 a 265 da Lei 6.015/1973.

→ v. Lei 8.009/1990 – Impenhorabilidade do bem de família.

→ v. Dec.-lei 3.200/1941 – Organização e proteção da família.

Art. 1.711. Podem os cônjuges, ou a entidade familiar, mediante escritura pública ou testamento, destinar parte de seu patrimônio para instituir bem de família, desde que não ultrapasse 1/3 (um terço) do patrimônio líquido existente ao tempo da instituição, mantidas as regras sobre a impenhorabilidade do imóvel residencial estabelecida em lei especial.

Parágrafo único. O terceiro poderá igualmente instituir bem de família por testamento ou doação, dependendo a eficácia do ato da aceitação expressa de ambos os cônjuges beneficiados ou da entidade familiar beneficiada.

Art. 1.712. O bem de família consistirá em prédio residencial urbano ou rural, com suas pertenças e acessórios, destinando-se em ambos os casos a domicílio familiar, e poderá abranger valores mobiliários, cuja renda será aplicada na conservação do imóvel e no sustento da família.

→ v. Arts. 92, 93 e 1.717 do CC.

Art. 1.713. Os valores mobiliários, destinados aos fins previstos no artigo antecedente, não poderão exceder o valor do prédio instituído em bem de família, à época de sua instituição.

§ 1º Deverão os valores mobiliários ser devidamente individualizados no instrumento de instituição do bem de família.

§ 2º Se se tratar de títulos nominativos, a sua instituição como bem de família deverá constar dos respectivos livros de registro.

§ 3º O instituidor poderá determinar que a administração dos valores mobiliários seja confiada a instituição financeira, bem como disciplinar a forma de pagamento da respectiva renda aos beneficiários, caso em que a responsabilidade dos administradores obedecerá às regras do contrato de depósito.

Art. 1.714. O bem de família, quer instituído pelos cônjuges ou por terceiro, constitui-se pelo registro de seu título no Registro de Imóveis.

→ v. Arts. 167, I, 1, e 260 a 265, da Lei 6.015/1973.

→ v. Arts. 8º, § 5º, 19 e 23, do Dec.-lei 3.200/1941.

Art. 1.715. O bem de família é isento de execução por dívidas posteriores à sua instituição, salvo as que provierem de tributos relativos ao prédio, ou de despesas de condomínio.

→ v. Arts. 649, I, e 650 do CPC/1973.

→ v. Arts. 833, I, e 834, do NCPC.

→ v. Arts. 1º e 3º da Lei 8.009/1990.

Parágrafo único. No caso de execução pelas dívidas referidas neste artigo, o saldo existente será aplicado em outro prédio, como bem de família, ou em títulos da dívida pública, para sustento familiar, salvo se motivos relevantes aconselharem outra solução, a critério do juiz.

Art. 1.716. A isenção de que trata o artigo antecedente durará enquanto viver um dos cônjuges, ou, na falta destes, até que os filhos completem a maioridade.

→ v. Arts. 1.715 e 1.722 do CC.

Art. 1.717. O prédio e os valores mobiliários, constituídos como bem da família, não podem ter destino diverso do previsto no art. 1.712 ou serem alienados sem o consentimento dos interessados e seus representantes legais, ouvido o Ministério Público.

→ v. Art. 1.719 do CC.

Art. 1.718. Qualquer forma de liquidação da entidade administradora, a que se refere o § 3º do art. 1.713, não atingirá os valores a ela confiados, ordenando o juiz a sua transferência para outra instituição semelhante, obedecendo-se, no caso de falência, ao disposto sobre pedido de restituição.

Art. 1.719. Comprovada a impossibilidade da manutenção do bem de família nas condições em que foi instituído, poderá o juiz, a requerimento dos interessados, extingui-lo ou autorizar a sub-rogação dos bens que o constituem em outros, ouvidos o instituidor e o Ministério Público.

Art. 1.720. Salvo disposição em contrário do ato de instituição, a administração do bem de família compete a ambos os cônjuges, resolvendo o juiz em caso de divergência.

Parágrafo único. Com o falecimento de ambos os cônjuges, a administração passará ao filho mais velho, se for maior, e, do contrário, a seu tutor.

→ v. Arts. 1.567, 1.728, I, 1.740 e 1.741, do CC.

Art. 1.721. A dissolução da sociedade conjugal não extingue o bem de família.

Parágrafo único. Dissolvida a sociedade conjugal pela morte de um dos cônjuges, o sobrevivente poderá pedir a extinção do bem de família, se for o único bem do casal.

→ v. Arts. 1.571, I, 1.761 e 1.722 do CC.

Art. 1.722. Extingue-se, igualmente, o bem de família com a morte de ambos os cônjuges e a maioridade dos filhos, desde que não sujeitos a curatela.

→ v. Arts. 1.716, 1.721 e 1.767 do CC.

Título III
Da união estável

Art. 1.723. É reconhecida como entidade familiar a união estável entre o homem e a mulher, configurada na convivência pública, contínua e duradoura e estabelecida com o objetivo de constituição de família.

→ v. ADPF 132 e ADIn 4.277 (*DJE* 14.10.2011), o STF decidiu que: "(...) Ante a possibilidade de interpretação em sentido preconceituoso ou discriminatório do art. 1.723 do Código Civil, não resolúvel à luz dele próprio, faz-se necessária a utilização da técnica de 'interpretação conforme à Constituição'. Isso para excluir do dispositivo em causa qualquer significado que impeça o reconhecimento da união contínua, pública e duradoura entre pessoas do mesmo sexo como família. Reconhecimento que é de ser feito segundo as mesmas regras e com as mesmas consequências da união estável heteroafetiva (...)".

→ v. Súmula 382 do STF.

→ v. Art. 226, § 3º, do CF/1988.

→ v. Lei 9.278/1996 – Regula o § 3º do art. 226 da Constituição Federal.

§ 1º A união estável não se constituirá se ocorrerem os impedimentos do art. 1.521; não se aplicando a incidência do inciso VI no caso de a pessoa casada se achar separada de fato ou judicialmente.

§ 2º As causas suspensivas do art. 1.523 não impedirão a caracterização da união estável.

→ v. Arts. 793 e 1.727 do CC.

Art. 1.724. As relações pessoais entre os companheiros obedecerão aos deveres de lealdade, respeito e assistência, e de guarda, sustento e educação dos filhos.

→ v. Arts. 1.566, 1.583 a 1.590, e 1.694 a 1.710, do CC.

→ v. Art. 2º da Lei 9.278/1996.

Art. 1.725. Na união estável, salvo contrato escrito entre os companheiros, aplica-se às relações patrimoniais, no que couber, o regime da comunhão parcial de bens.

→ v. Arts. 1.641, I e II, e 1.658 a 1.666, do CC.

Art. 1.726. A união estável poderá converter-se em casamento, mediante pedido dos companheiros ao juiz e assento no Registro Civil.

→ v. Decreto 8.270/2014 – Institui o Sistema Nacional de Informações de Registro Civil – SIRC.

→ v. Art. 226, § 3º, da CF/1988.

Art. 1.727. As relações não eventuais entre o homem e a mulher, impedidos de casar, constituem concubinato.

→ v. Arts. 550, 1.521, e 1.723, § 1º, do CC.

Título IV
Da tutela e da curatela

Capítulo I
DA TUTELA

Seção I
Dos tutores

Art. 1.728. Os filhos menores são postos em tutela:

→ v. Arts. 3º, I, e 4º, I, do CC.

I – com o falecimento dos pais, ou sendo estes julgados ausentes;

→ v. Arts. 22 a 39 do CC.

II – em caso de os pais decaírem do poder familiar.

→ v. Arts. 1.635, V, e 1.636 a 1.638, do CC.

Art. 1.729. O direito de nomear tutor compete aos pais, em conjunto.

→ *v.* Art. 226, § 5º, CF/1988.

→ *v.* Arts. 1.634, IV, e 1.857, § 2º, do CC.

Parágrafo único. A nomeação deve constar de testamento ou de qualquer outro documento autêntico.

Art. 1.730. É nula a nomeação de tutor pelo pai ou pela mãe que, ao tempo de sua morte, não tinha o poder familiar.

Art. 1.731. Em falta de tutor nomeado pelos pais incumbe a tutela aos parentes consanguíneos do menor, por esta ordem:

I – aos ascendentes, preferindo o de grau mais próximo ao mais remoto;

II – aos colaterais até o terceiro grau, preferindo os mais próximos aos mais remotos, e, no mesmo grau, os mais velhos aos mais moços; em qualquer dos casos, o juiz escolherá entre eles o mais apto a exercer a tutela em benefício do menor.

→ *v.* Arts. 1.591 a 1.594 do CC.

Art. 1.732. O juiz nomeará tutor idôneo e residente no domicílio do menor:

→ *v.* Arts. 1.187 a 1.191 do CC.

I – na falta de tutor testamentário ou legítimo;

→ *v.* Arts. 1.729, parágrafo único, e 1.731, do CC.

II – quando estes forem excluídos ou escusados da tutela;

→ *v.* Arts. 1.735, 1.736, 1.764, II, e 1.766 do CC.

III – quando removidos por não idôneos o tutor legítimo e o testamentário.

→ *v.* Arts. 1.735, 1.737 a 1.739, e 1.764, III, do CC.

→ *v.* Arts. 1.194 a 1.197 do CPC/1973.

→ *v.* Arts. 761 a 762, do NCPC.

Art. 1.733. Aos irmãos órfãos dar-se-á um só tutor.

§ 1º No caso de ser nomeado mais de um tutor por disposição testamentária sem indicação de precedência, entende-se que a tutela foi cometida ao primeiro, e que os outros lhe sucederão pela ordem de nomeação, se ocorrer morte, incapacidade, escusa ou qualquer outro impedimento.

§ 2º Quem institui um menor herdeiro, ou legatário seu, poderá nomear-lhe curador especial para os bens deixados, ainda que o beneficiário se encontre sob o poder familiar, ou tutela.

→ *v.* Arts. 1.689, 1.735, a 1.737, e 1.897, do CC.

Art. 1.734. As crianças e os adolescentes cujos pais forem desconhecidos, falecidos ou que tiverem sido suspensos ou destituídos do poder familiar terão tutores nomeados pelo Juiz ou serão incluídos em programa de colocação familiar, na forma prevista pela Lei 8.069, de 13 de julho de 1990 – Estatuto da Criança e do Adolescente.

→ Artigo com redação alterada pela Lei 12.010/2009.

→ *v.* Art. 1.752 do CC.

Seção II
Dos incapazes de exercer a tutela

Art. 1.735. Não podem ser tutores e serão exonerados da tutela, caso a exerçam:

I – aqueles que não tiverem a livre administração de seus bens;

II – aqueles que, no momento de lhes ser deferida a tutela, se acharem constituídos em obrigação para com o menor, ou tiverem que fazer valer direitos contra este, e aqueles cujos pais, filhos ou cônjuges tiverem demanda contra o menor;

→ *v.* Art. 1.751 do CC.

III – os inimigos do menor, ou de seus pais, ou que tiverem sido por estes expressamente excluídos da tutela;

IV – os condenados por crime de furto, roubo, estelionato, falsidade, contra a família ou os costumes, tenham ou não cumprido pena;

V – as pessoas de mau procedimento, ou falhas em probidade, e as culpadas de abuso em tutorias anteriores;

VI – aqueles que exercerem função pública incompatível com a boa administração da tutela.

→ *v.* Arts. 1.187 a 1.198 do CPC/1973.

→ *v.* Arts. 759 a 763 do NCPC.

Seção III
Da escusa dos tutores

Art. 1.736. Podem escusar-se da tutela:

I – mulheres casadas;

II – maiores de 60 (sessenta) anos;

III – aqueles que tiverem sob sua autoridade mais de três filhos;

IV – os impossibilitados por enfermidade;

V – aqueles que habitarem longe do lugar onde se haja de exercer a tutela;

VI – aqueles que já exercerem tutela ou curatela;

VII – militares em serviço.

Art. 1.737. Quem não for parente do menor não poderá ser obrigado a aceitar a tutela, se houver no lugar parente idôneo, consanguíneo ou afim, em condições de exercê-la.

Art. 1.738. A escusa apresentar-se-á nos 10 (dez) dias subsequentes à designação, sob pena de entender-se renunciado o direito de alegá-la; se o motivo escusatório ocorrer depois de aceita a tutela, os 10 (dez) dias contar-se-ão do em que ele sobrevier.

→ *v.* Art. 1.192, parágrafo único, do CPC/1973.

→ *v.* Art. 760 do NCPC.

Art. 1.739. Se o juiz não admitir a escusa, exercerá o nomeado a tutela, enquanto o recurso interposto não tiver provimento, e responderá desde logo pelas perdas e danos que o menor venha a sofrer.

→ *v.* Art. 1.732, II, do CC.

→ *v.* Art. 1.193 do CPC/1973.

→ *v.* Art.760, § 2º, do NCPC.

Seção IV
Do exercício da tutela

Art. 1.740. Incumbe ao tutor, quanto à pessoa do menor:

I – dirigir-lhe a educação, defendê-lo e prestar-lhe alimentos, conforme os seus haveres e condição;

II – reclamar do juiz que providencie, como houver por bem, quando o menor haja mister correção;

III – adimplir os demais deveres que normalmente cabem aos pais, ouvida a opinião do menor, se este já contar 12 (doze) anos de idade.

Art. 1.741. Incumbe ao tutor, sob a inspeção do juiz, administrar os bens do tutelado, em proveito deste, cumprindo seus deveres com zelo e boa-fé.

Art. 1.742. Para fiscalização dos atos do tutor, pode o juiz nomear um protutor.

Art. 1.743. Se os bens e interesses administrativos exigirem conhecimentos técnicos, forem complexos, ou realizados em lugares distantes do domicílio do tutor, poderá este, mediante aprovação judicial, delegar a outras pessoas físicas ou jurídicas o exercício parcial da tutela.

Art. 1.744. A responsabilidade do juiz será:

I – direta e pessoal, quando não tiver nomeado o tutor, ou não o houver feito oportunamente;

II – subsidiária, quando não tiver exigido garantia legal do tutor, nem o removido, tanto que se tornou suspeito.

→ *v.* Art. 133, II, do CPC/1973.

→ *v.* Art.143, II, do NCPC.

Art. 1.745. Os bens do menor serão entregues ao tutor mediante termo especificado deles e seus valores, ainda que os pais o tenham dispensado.

→ *v.* Arts. 1.743 e 1.746 do CC.

Parágrafo único. Se o patrimônio do menor for de valor considerável, poderá o juiz condicionar o exercício da tutela à prestação de caução bastante, podendo dispensá-la se o tutor for de reconhecida idoneidade.

Art. 1.746. Se o menor possuir bens, será sustentado e educado a expensas deles, arbitrando o juiz para tal fim as quantias que lhe pareçam necessárias, considerado o rendimento da fortuna do pupilo quando o pai ou a mãe não as houver fixado.

Art. 1.747. Compete mais ao tutor:

I – representar o menor, até os 16 (dezesseis) anos, nos atos da vida civil, e assisti-lo, após essa idade, nos atos em que for parte;

→ *v.* Arts. 3º, I, 4º, I, 115 a 120, 166, I, e 171, I, do CC.

II – receber as rendas e pensões do menor, e as quantias a ele devidas;

→ *v.* Art. 1.753, § 2º, do CC.

III – fazer-lhe as despesas de subsistência e educação, bem como as de administração, conservação e melhoramentos de seus bens;

→ *v.* Art. 1.754 do CC.

IV – alienar os bens do menor destinados a venda;

→ *v.* Art. 1.750 do CC.

V – promover-lhe, mediante preço conveniente, o arrendamento de bens de raiz.

Art. 1.748. Compete também ao tutor, com autorização do juiz:

I – pagar as dívidas do menor;

II – aceitar por ele heranças, legados ou doações, ainda que com encargos;

III – transigir;

IV – vender-lhe os bens móveis, cuja conservação não convier, e os imóveis nos casos em que for permitido;

→ *v.* Arts. 1.750, 1.753, § 2º, e 1.754, do CC.

V – propor em juízo as ações, ou nelas assistir o menor, e promover todas as diligências a bem deste, assim como defendê-lo nos pleitos contra ele movidos.

→ *v.* Art. 580 do CC.

Parágrafo único. No caso de falta de autorização, a eficácia de ato do tutor depende da aprovação ulterior do juiz.

Art. 1.749. Ainda com a autorização judicial, não pode o tutor, sob pena de nulidade:

I – adquirir por si, ou por interposta pessoa, mediante contrato particular, bens móveis ou imóveis pertencentes ao menor;

→ *v.* Arts. 79 a 84, e 497, I, do CC.

II – dispor dos bens do menor a título gratuito;

→ *v.* Art. 580 do CC.

III – constituir-se cessionário de crédito ou de direito, contra o menor.

→ *v.* Arts. 497, I, e 498, do CC.

Art. 1.750. Os imóveis pertencentes aos menores sob tutela somente podem ser vendidos quando houver manifesta vantagem, mediante prévia avaliação judicial e aprovação do juiz.

→ v. Arts. 1.747 e 1.748, IV, do CC.

→ v. Arts. 1.112, III, 1.113 a 1.119, do CPC/1973.

→ v. Art. 725, III, e 730, do NCPC.

Art. 1.751. Antes de assumir a tutela, o tutor declarará tudo o que o menor lhe deva, sob pena de não lhe poder cobrar, enquanto exerça a tutoria, salvo provando que não conhecia o débito quando a assumiu.

Art. 1.752. O tutor responde pelos prejuízos que, por culpa, ou dolo, causar ao tutelado; mas tem direito a ser pago pelo que realmente despender no exercício da tutela, salvo no caso do art. 1.734, e a perceber remuneração proporcional à importância dos bens administrados.

§ 1º Ao protutor será arbitrada uma gratificação módica pela fiscalização efetuada.

→ v. Art. 1.742 do CC.

§ 2º São solidariamente responsáveis pelos prejuízos as pessoas às quais competia fiscalizar a atividade do tutor, e as que concorreram para o dano.

→ v. Arts. 402 a 405 do CC.

Seção V
Dos bens do tutelado

Art. 1.753. Os tutores não podem conservar em seu poder dinheiro dos tutelados, além do necessário para as despesas ordinárias com o seu sustento, a sua educação e a administração de seus bens.

→ v. Art. 1.746 do CC.

§ 1º Se houver necessidade, os objetos de ouro e prata, pedras preciosas e móveis serão avaliados por pessoa idônea e, após autorização judicial, alienados, e o seu produto convertido em títulos, obrigações e letras de responsabilidade direta ou indireta da União ou dos Estados, atendendo-se preferentemente à rentabilidade, e recolhidos ao estabelecimento bancário oficial ou aplicado na aquisição de imóveis, conforme for determinado pelo juiz.

→ v. Art. 1.754, II, do CC.

§ 2º O mesmo destino previsto no parágrafo antecedente terá o dinheiro proveniente de qualquer outra procedência.

§ 3º Os tutores respondem pela demora na aplicação dos valores acima referidos, pagando os juros legais desde o dia em que deveriam dar esse destino, o que não os exime da obrigação, que o juiz fará efetiva, da referida aplicação.

→ v. Arts. 406 a 407 do CC.

Art. 1.754. Os valores que existirem em estabelecimento bancário oficial, na forma do artigo antecedente, não se poderão retirar, senão mediante ordem do juiz, e somente:

I – para as despesas com o sustento e educação do tutelado, ou a administração de seus bens;

II – para se comprarem bens imóveis e títulos, obrigações ou letras, nas condições previstas no § 1º do artigo antecedente;

→ v. Arts. 79 a 81, 887 a 926, do CC.

III – para se empregarem em conformidade com o disposto por quem os houver doado, ou deixado;

IV – para se entregarem aos órfãos, quando emancipados, ou maiores, ou, mortos eles, aos seus herdeiros.

Seção VI
Da prestação de contas

Art. 1.755. Os tutores, embora o contrário tivessem disposto os pais dos tutelados, são obrigados a prestar contas da sua administração.

Art. 1.756. No fim de cada ano de administração, os tutores submeterão ao juiz o balanço respectivo, que, depois de aprovado, se anexará aos autos do inventário.

Art. 1.757. Os tutores prestarão contas de 2 (dois) em 2 (dois) anos, e também quando, por qualquer motivo, deixarem o exercício da tutela ou toda vez que o juiz achar conveniente.

Parágrafo único. As contas serão prestadas em juízo, e julgadas depois da audiência dos interessados, recolhendo o tutor imediatamente a estabelecimento bancário oficial os saldos, ou adquirindo bens imóveis, ou títulos, obrigações ou letras, na forma do § 1º do Art. 1.753.

→ v. Arts. 914 a 919 do CC.

Art. 1.758. Finda a tutela pela emancipação ou maioridade, a quitação do menor não produzirá efeito antes de aprovadas as contas pelo juiz, subsistindo inteira, até então, a responsabilidade do tutor.

→ v. Arts. 5º, parágrafo único, e 206, § 4º, do CC.

Art. 1.759. Nos casos de morte, ausência, ou interdição do tutor, as contas serão prestadas por seus herdeiros ou representantes.

→ v. Art. 1.757 do CC.

Art. 1.760. Serão levadas a crédito do tutor todas as despesas justificadas e reconhecidamente proveitosas ao menor.

Art. 1.761. As despesas com a prestação das contas serão pagas pelo tutelado.

Art. 1.762. O alcance do tutor, bem como o saldo contra o tutelado, são dívidas de valor e vencem juros desde o julgamento definitivo das contas.

→ v. Arts. 406 e 407 do CC.

Seção VII
Da cessação da tutela

Art. 1.763. Cessa a condição de tutelado:

I – com a maioridade ou a emancipação do menor;

→ v. Art. 5º do CC.

II – ao cair o menor sob o poder familiar, no caso de reconhecimento ou adoção.

→ v. Arts. 1.607, 1.609, e 1.618 a 1.630, do CC.

Art. 1.764. Cessam as funções do tutor:

I – ao expirar o termo, em que era obrigado a servir;

→ v. Art. 1.765 do CC.

II – ao sobrevir escusa legítima;

→ v. Arts. 1.735 a 1.739 do CC.

III – ao ser removido.

→ v. Arts. 1.735, 1.736, e 1.766. do CC.

Art. 1.765. O tutor é obrigado a servir por espaço de 2 (dois) anos.

Parágrafo único. Pode o tutor continuar no exercício da tutela, além do prazo previsto neste artigo, se o quiser e o juiz julgar conveniente ao menor.

→ Art. 1.198 do CC.

Art. 1.766. Será destituído o tutor, quando negligente, prevaricador ou incurso em incapacidade.

→ v. Art. 1.735 do CC.

Capítulo II
DA CURATELA

Seção I
Dos interditos

Art. 1.767. Estão sujeitos a curatela:

I – aqueles que, por causa transitória ou permanente, não puderem exprimir sua vontade;

→ Inciso I com redação alterada pela Lei 13.146/2015, em vigor após decorridos 180 (cento e oitenta) dias de sua publicação oficial – *D.O.U.* de 7.7.2015.

→ v. Arts. 1.777 e 1.780 do CC.

II – (*Revogado pela Lei 13.146/2015, em vigor após decorridos 180 (cento e oitenta) dias de sua publicação oficial* – D.O.U. *de 7.7.2015*);

III – os ébrios habituais e os viciados em tóxico;

→ Inciso III com redação alterada pela Lei 13.146/2015, em vigor após decorridos 180 (cento e oitenta) dias de sua publicação oficial – *D.O.U.* de 7.7.2015.

IV – (*Revogado pela Lei 13.146/2015, em vigor após decorridos 180 (cento e oitenta) dias de sua publicação oficial* – D.O.U. *de 7.7.2015*);

V – os pródigos.

→ v. Art. 1.782 do CC.

→ **Anterior redação: Art. 1.767.** (...) I – aqueles que, por enfermidade ou deficiência mental, não tiverem o necessário discernimento para os atos da vida civil; II – aqueles que, por outra causa duradoura, não puderem exprimir a sua vontade; III – os deficientes mentais, os ébrios habituais e os viciados em tóxicos; IV – os excepcionais sem completo desenvolvimento mental; (...)

Art. 1.768. O processo que define os termos da curatela deve ser promovido:

→ *Caput* com redação alterada pela Lei 13.146/2015, em vigor após decorridos 180 (cento e oitenta) dias de sua publicação oficial – *D.O.U.* de 7.7.2015.

I – pelos pais ou tutores;

II – pelo cônjuge, ou por qualquer parente;

III – pelo Ministério Público.

IV – pela própria pessoa.

→ Inciso IV acrescentado pela Lei Lei 13.146/2015, em vigor após decorridos 180 (cento e oitenta) dias de sua publicação oficial – *D.O.U.* de 7.7.2015.

→ **Anterior redação: Art. 1.768.** A interdição deve ser promovida: (...)

Art. 1.769. O Ministério Público somente promoverá o processo que define os termos da curatela:

→ *Caput* com redação alterada pela Lei 13.146/2015, em vigor após decorridos 180 (cento e oitenta) dias de sua publicação oficial – *D.O.U.* de 7.7.2015.

I – nos casos de deficiência mental ou intelectual;

→ Inciso I com redação alterada pela Lei 13.146/2015, em vigor após decorridos 180 (cento e oitenta) dias de sua publicação oficial – *D.O.U.* de 7.7.2015.

II – se não existir ou não promover a interdição alguma das pessoas designadas nos incisos I e II do artigo antecedente;

III – se, existindo, forem menores ou incapazes as pessoas mencionadas no inciso II.

→ Inciso III com redação alterada pela Lei 13.146/2015, em vigor após decorridos 180 (cento e oitenta) dias de sua publicação oficial – *D.O.U.* de 7.7.2015.

→ **Anterior redação: Art. 1.769.** O Ministério Público só promoverá interdição: I – em caso de doença mental grave; (...) III – se, existindo, forem incapazes as pessoas mencionadas no inciso antecedente.

Art. 1.770. (*Revogado pela Lei 13.105/2015, em vigor após decorrido 1 (um) ano da data de sua publicação* – D.O.U. *de 17.3.2015* (*v. Art. 1.045 do NCPC*)).

→ **Anterior redação: Art. 1.770.** Nos casos em que a interdição for promovida pelo Ministério Público, o juiz nomeará defensor ao suposto incapaz; nos demais casos o Ministério Público será o defensor.

Art. 1.771. Antes de se pronunciar acerca dos termos da curatela, o juiz, que deverá ser assistido por equipe multidisciplinar, entrevistará pessoalmente o interditando.

→ Artigo com redação alterada pela Lei 13.146/2015, em vigor após decorridos 180 (cento e oitenta) dias de sua publicação oficial – *D.O.U.* de 7.7.2015.

→ **Anterior redação: Art. 1.771.** Antes de pronunciar-se acerca da interdição, o juiz, assistido por especialistas, examinará pessoalmente o arguido de incapacidade.

Art. 1.772. O juiz determinará, segundo as potencialidades da pessoa, os limites da curatela, circunscritos às restrições constantes do art. 1.782, e indicará curador.

→ *Caput* com redação alterada pela Lei 13.146/2015, em vigor após decorridos 180 (cento e oitenta) dias de sua publicação oficial – *D.O.U.* de 7.7.2015.

Parágrafo único. Para a escolha do curador, o juiz levará em conta a vontade e as preferências do interditando, a ausência de conflito de interesses e de influência indevida, a proporcionalidade e a adequação às circunstâncias da pessoa.

→ Parágrafo único acrescentado pela Lei 13.146/2015, em vigor após decorridos 180 (cento e oitenta) dias de sua publicação oficial – *D.O.U.* de 7.7.2015.

→ **Anterior redação: Art. 1.772.** Pronunciada a interdição das pessoas a que se referem os incisos III e IV do art. 1.767, o juiz assinará, segundo o estado ou o desenvolvimento mental do interdito, os limites da curatela, que poderão circunscrever-se às restrições constantes do Art. 1.782.

Art. 1.773. (*Revogado pela Lei 13.105/2015, em vigor após decorrido 1 (um) ano da data de sua publicação* – D.O.U. *de 17.3.2015* (*v. Art. 1.045 do NCPC*)).

→ **Anterior redação: Art. 1.773.** A sentença que declara a interdição produz efeitos desde logo, embora sujeita a recurso.

Art. 1.774. Aplicam-se à curatela as disposições concernentes à tutela, com as modificações dos artigos seguintes.

→ *v.* Arts. 1.728 a 1.766 do CC.

Art. 1.775. O cônjuge ou companheiro, não separado judicialmente ou de fato, é, de direito, curador do outro, quando interdito.

→ *v.* Arts. 1.570 e 1.783 do CC.

§ 1º Na falta do cônjuge ou companheiro, é curador legítimo o pai ou a mãe; na falta destes, o descendente que se demonstrar mais apto.

§ 2º Entre os descendentes, os mais próximos precedem aos mais remotos.

§ 3º Na falta das pessoas mencionadas neste artigo, compete ao juiz a escolha do curador.

Art. 1.775-A. Na nomeação de curador para a pessoa com deficiência, o juiz poderá estabelecer curatela compartilhada a mais de uma pessoa.

→ Artigo acrescentado pela Lei 13.146/2015, em vigor após decorridos 180 (cento e oitenta) dias de sua publicação oficial – *D.O.U.* de 7.7.2015.

Art. 1.776. (*Revogado pela Lei 13.146/2015, em vigor após decorridos 180 (cento e oitenta) dias de sua publicação oficial* – D.O.U. *de 7.7.2015*).

→ **Anterior redação: Art. 1.776.** Havendo meio de recuperar o interdito, o curador promover-lhe-á o tratamento em estabelecimento apropriado.

Art. 1.777. As pessoas referidas no inciso I do art. 1.767 receberão todo o apoio necessário para ter preservado o direito à convivência familiar e comunitária, sendo evitado o seu recolhimento em estabelecimento que os afaste desse convívio.

→ Artigo com redação alterada pela Lei 13.146/2015, em vigor após decorridos 180 (cento e oitenta) dias de sua publicação oficial – *D.O.U.* de 7.7.2015.

→ **Anterior redação: Art. 1.777.** Os interditos referidos nos incisos I, III e IV do art. 1.767 serão recolhidos em estabelecimentos adequados, quando não se adaptarem ao convívio doméstico.

Art. 1.778. A autoridade do curador estende-se à pessoa e aos bens dos filhos do curatelado, observado o art. 5º.

Seção II
Da curatela do nascituro e do enfermo ou portador de deficiência física

Art. 1.779. Dar-se-á curador ao nascituro, se o pai falecer estando grávida a mulher, e não tendo o poder familiar.

→ *v.* Art. 2º do CC.

Parágrafo único. Se a mulher estiver interdita, seu curador será o do nascituro.

Art. 1.780. (*Revogado pela Lei 13.146/2015, em vigor após decorridos 180 (cento e oitenta) dias de sua publicação oficial* – D.O.U. *de 7.7.2015*).

→ **Anterior redação: Art. 1.780.** A requerimento do enfermo ou portador de deficiência física, ou, na impossibilidade de fazê-lo, de qualquer das pessoas a que se refere o art. 1.768, dar-se-lhe-á curador para cuidar de todos ou alguns de seus negócios ou bens.

Seção III
Do exercício da curatela

Art. 1.781. As regras a respeito do exercício da tutela aplicam-se ao da curatela, com a restrição do art. 1.772 e as desta Seção.

→ *v.* Arts. 1.728 a 1.766 do CC.

Art. 1.782. A interdição do pródigo só o privará de, sem curador, emprestar, transigir, dar quitação, alienar, hipotecar, demandar ou ser demandado, e praticar, em geral, os atos que não sejam de mera administração.

→ *v.* Arts. 4º, IV, e 1.767, V, do CC.

Art. 1.783. Quando o curador for o cônjuge e o regime de bens do casamento for de comunhão universal, não será obrigado à prestação de contas, salvo determinação judicial.

→ *v.* Arts. 1.570, e 1.667 a 1.671 do CC.

Capítulo III
DA TOMADA DE DECISÃO APOIADA

→ Capítulo III acrescentado pela Lei 13.146/2015.

→ *v.* Lei 13.146/2015 – Estatuto da Pessoa com Deficiência.

Art. 1.783-A. A tomada de decisão apoiada é o processo pelo qual a pessoa com deficiência elege pelo menos 2 (duas) pessoas idôneas, com as quais mantenha vínculos e que gozem de sua confiança, para prestar-lhe apoio na tomada de decisão sobre atos da vida civil, fornecendo-lhes os elementos e informações necessários para que possa exercer sua capacidade.

→ Artigo acrescentado pela Lei 13.146/2015, em vigor após decorridos 180 (cento e oitenta) dias de sua publicação oficial – *D.O.U.* de 7.7.2015.

§ 1º Para formular pedido de tomada de decisão apoiada, a pessoa com deficiência e os apoiadores devem apresentar termo em que constem os limites do apoio a ser oferecido e os compromissos dos apoiadores, inclusive o prazo de vigência do acordo e o respeito à vontade, aos direitos e aos interesses da pessoa que devem apoiar.

§ 2º O pedido de tomada de decisão apoiada será requerido pela pessoa a ser apoiada, com indicação expressa das pessoas aptas a prestarem o apoio previsto no caput deste artigo.

§ 3º Antes de se pronunciar sobre o pedido de tomada de decisão apoiada, o juiz, assistido por equipe multidisciplinar, após oitiva do Ministério Público, ouvirá pessoalmente o requerente e as pessoas que lhe prestarão apoio.

§ 4º A decisão tomada por pessoa apoiada terá validade e efeitos sobre terceiros, sem restrições, desde que esteja inserida nos limites do apoio acordado.

§ 5º Terceiro com quem a pessoa apoiada mantenha relação negocial pode solicitar que os apoiadores contra-assinem o contrato ou acordo, especificando, por escrito, sua função em relação ao apoiado.

§ 6º Em caso de negócio jurídico que possa trazer risco ou prejuízo relevante, havendo divergência de opiniões entre a pessoa apoiada e um dos apoiadores, deverá o juiz, ouvido o Ministério Público, decidir sobre a questão.

§ 7º Se o apoiador agir com negligência, exercer pressão indevida ou não adimplir as obrigações assumidas, poderá a pessoa apoiada ou qualquer pessoa apresentar denúncia ao Ministério Público ou ao juiz.

§ 8º Se procedente a denúncia, o juiz destituirá o apoiador e nomeará, ouvida a pessoa apoiada e se for de seu interesse, outra pessoa para prestação de apoio.

§ 9º A pessoa apoiada pode, a qualquer tempo, solicitar o término de acordo firmado em processo de tomada de decisão apoiada.

§ 10. O apoiador pode solicitar ao juiz a exclusão de sua participação do processo de tomada de decisão apoiada, sendo seu desligamento condicionado à manifestação do juiz sobre a matéria.

§ 11. Aplicam-se à tomada de decisão apoiada, no que couber, as disposições referentes à prestação de contas na curatela.

LIVRO V
DO direito das sucessões

Título I
Da sucessão em geral

Capítulo I
DISPOSIÇÕES GERAIS

Art. 1.784. Aberta a sucessão, a herança transmite-se, desde logo, aos herdeiros legítimos e testamentários.

→ *v.* Art. 5º, XXX e XXXI, da CF/1988.

→ *v.* Arts. 25. 80, II, 91, 426, 1.206, 1.207, 1.789, 1.791, 1.829 a 1.844, e 1.923, do CC.

Art. 1.785. A sucessão abre-se no lugar do último domicílio do falecido.

→ *V.* Arts. 70 a 78 do CC.

→ *V.* Arts. 89, II, e 96 do CPC/1973.

→ *V.* Art. 23, II, 48, do NCPC.

Art. 1.786. A sucessão dá-se por lei ou por disposição de última vontade.

→ *V.* Arts. 426, e 1.857 a 1.859, do CC.

Art. 1.787. Regula a sucessão e a legitimação para suceder a lei vigente ao tempo da abertura daquela.

→ *V.* Art. 96 do CPC/1973.

→ *V.* Art. 48 do NCPC.

→ *V.* Art. 10 da LINDB.

Art. 1.788. Morrendo a pessoa sem testamento, transmite a herança aos herdeiros legítimos; o mesmo ocorrerá quanto aos bens que não forem compreendidos no testamento; e subsiste a sucessão legítima se o testamento caducar, ou for julgado nulo.

→ *V.* Arts. 1.829, 1.906, 1.908, 1.939, 1.940, e 1.969 a 1.975 do CC.

Art. 1.789. Havendo herdeiros necessários, o testador só poderá dispor da metade da herança.

→ *V.* Arts. 426, 544, 549, 550, 1.829, 1.830, 1.845, e 1.961 a 1.965, do CC.

Art. 1.790. A companheira ou o companheiro participará da sucessão do outro, quanto aos bens adquiridos onerosamente na vigência da união estável, nas condições seguintes:

→ *V.* Arts. 1.723 a 1.727 do CC.

→ *V.* Art. 7º, parágrafo único, da Lei 9.278/1996.

I – se concorrer com filhos comuns, terá direito a uma quota equivalente à que por lei for atribuída ao filho;

II – se concorrer com descendentes só do autor da herança, tocar-lhe-á a metade do que couber a cada um daqueles;

III – se concorrer com outros parentes sucessíveis, terá direito a 1/3 (um terço) da herança;

IV – não havendo parentes sucessíveis, terá direito à totalidade da herança.

Capítulo II
DA HERANÇA E DE SUA ADMINISTRAÇÃO

Art. 1.791. A herança defere-se como um todo unitário, ainda que vários sejam os herdeiros.

Parágrafo único. Até a partilha, o direito dos coerdeiros, quanto à propriedade e posse da herança, será indivisível, e regular-se-á pelas normas relativas ao condomínio.

→ *V.* Arts. 80, II, 88, 91, 1.196, 1.206, e 1.314 a 1.322 do CC.

Art. 1.792. O herdeiro não responde por encargos superiores às forças da herança; incumbe-lhe, porém, a prova do excesso, salvo se houver inventário que a escuse, demonstrando o valor dos bens herdados.

→ *V.* Arts. 836, 1.821 e 1.997 do CC.

Art. 1.793. O direito à sucessão aberta, bem como o quinhão de que disponha o coerdeiro, pode ser objeto de cessão por escritura pública.

→ *V.* Art. 426 do CC.

§ 1º Os direitos, conferidos ao herdeiro em consequência de substituição ou de direito de acrescer, presumem-se não abrangidos pela cessão feita anteriormente.

→ *V.* Arts. 1.941 a 1.960 do CC.

§ 2º É ineficaz a cessão, pelo coerdeiro, de seu direito hereditário sobre qualquer bem da herança considerado singularmente.

→ *V.* Arts. 89 e 91 do CC.

§ 3º Ineficaz é a disposição, sem prévia autorização do juiz da sucessão, por qualquer herdeiro, de bem componente do acervo hereditário, pendente a indivisibilidade.

→ *V.* Art. 992, I, do CPC/1973.

→ *V.* Art. 619, I, do NCPC.

Art. 1.794. O coerdeiro não poderá ceder a sua quota hereditária a pessoa estranha à sucessão, se outro coerdeiro a quiser, tanto por tanto.

Art. 1.795. O coerdeiro, a quem não se der conhecimento da cessão, poderá, depositado o preço, haver para si a quota cedida a estranho, se o requerer até 180 (cento e oitenta) dias após a transmissão.

→ *V.* Arts. 504 e 1.794 do CC.

Parágrafo único. Sendo vários os coerdeiros a exercer a preferência, entre eles se distribuirá o quinhão cedido, na proporção das respectivas quotas hereditárias.

Art. 1.796. No prazo de 30 (trinta) dias, a contar da abertura da sucessão, instaurar-se-á inventário do patrimônio hereditário, perante o juízo competente no lugar da sucessão, para fins de liquidação e, quando for o caso, de partilha da herança.

→ *V.* Arts. 1.785, 1.989, 2.013 e 2.022 do CC.

→ *V.* Arts. 89, II, 96, 982 e 983, do CPC/1973.

→ *V.* Arts. 23, II, 48, 610 e 611, do NCPC.

Art. 1.797. Até o compromisso do inventariante, a administração da herança caberá, sucessivamente:

I – ao cônjuge ou companheiro, se com o outro convivia ao tempo da abertura da sucessão;

→ *V.* Art. 1.723 do CC.

II – ao herdeiro que estiver na posse e administração dos bens, e, se houver mais de um nessas condições, ao mais velho;

III – ao testamenteiro;

→ *V.* Art 1.977 do CC.

IV – a pessoa de confiança do juiz, na falta ou escusa das indicadas nos incisos antecedentes, ou quando tiverem de ser afastadas por motivo grave levado ao conhecimento do juiz.

→ *V.* Arts. 12, § 1º, 985 e 986 do CPC/1973.

→ *V.* Arts. 75, § 1º, 613 e 614, do NCPC.

Capítulo III
DA VOCAÇÃO HEREDITÁRIA

Art. 1.798. Legitimam-se a suceder as pessoas nascidas ou já concebidas no momento da abertura da sucessão.

→ *V.* Arts. 1.784, 1.787, 1.799, I, e 1.906, do CC.

Art. 1.799. Na sucessão testamentária podem ainda ser chamados a suceder:

I – os filhos, ainda não concebidos, de pessoas indicadas pelo testador, desde que vivas estas ao abrir-se a sucessão;

→ *V.* Arts. 1.800 e 1.952 do CC.

II – as pessoas jurídicas;

→ *V.* Arts. 40 a 61 do CC.

III – as pessoas jurídicas, cuja organização for determinada pelo testador sob a forma de fundação.

→ *V.* Arts. 62 a 69, 1.947 e 1.960 do CC.

Art. 1.800. No caso do inciso I do artigo antecedente, os bens da herança serão confiados, após a liquidação ou partilha, a curador nomeado pelo juiz.

§ 1º Salvo disposição testamentária em contrário, a curatela caberá à pessoa cujo filho o testador esperava ter por herdeiro, e, sucessivamente, às pessoas indicadas no art. 1.775.

§ 2º Os poderes, deveres e responsabilidades do curador, assim nomeado, regem-se pelas disposições concernentes à curatela dos incapazes, no que couber.

§ 3º Nascendo com vida o herdeiro esperado, ser-lhe-á deferida a sucessão, com os frutos e rendimentos relativos à deixa, a partir da morte do testador.

§ 4º Se, decorridos 2 (dois) anos após a abertura da sucessão, não for concebido o herdeiro esperado, os bens reservados, salvo disposição em contrário do testador, caberão aos herdeiros legítimos.

Art. 1.801. Não podem ser nomeados herdeiros nem legatários:

I – a pessoa que, a rogo, escreveu o testamento, nem o seu cônjuge ou companheiro, ou os seus ascendentes e irmãos;

→ *V.* Arts. 1.802, 1.865 e 1.868 do CC.

II – as testemunhas do testamento;

III – o concubino do testador casado, salvo se este, sem culpa sua, estiver separado de fato do cônjuge há mais de 5 (cinco) anos;

→ *V.* Súmula 447 do STF.

→ *V.* Arts. 1.723, § 1º, e 1.727, do CC.

IV – o tabelião, civil ou militar, ou o comandante ou escrivão, perante quem se fizer, assim como o que fizer ou aprovar o testamento.

Art. 1.802. São nulas as disposições testamentárias em favor de pessoas não legitimadas a suceder, ainda quando simuladas sob a forma de contrato oneroso, ou feitas mediante interposta pessoa.

Parágrafo único. Presumem-se pessoas interpostas os ascendentes, os descendentes, os irmãos e o cônjuge ou companheiro do não legitimado a suceder.

→ *V.* Arts. 167, 1.799 e 1.801, do CC.

Art. 1.803. É lícita a deixa ao filho do concubino, quando também o for do testador.

→ Súmula 447 do STF.

Capítulo IV
DA ACEITAÇÃO E RENÚNCIA DA HERANÇA

Art. 1.804. Aceita a herança, torna-se definitiva a sua transmissão ao herdeiro, desde a abertura da sucessão.

→ *V.* Art. 1.784 do CC.

Parágrafo único. A transmissão tem-se por não verificada quando o herdeiro renuncia à herança.

Art. 1.805. A aceitação da herança, quando expressa, faz-se por declaração escrita; quando tácita, há de resultar tão somente de atos próprios da qualidade de herdeiro.

→ *V.* Arts. 80, 108 e 1.807, do CC.

§ 1º Não exprimem aceitação de herança os atos oficiosos, como o funeral do finado, os meramente conservatórios, ou os de administração e guarda provisória.

§ 2º Não importa igualmente aceitação a cessão gratuita, pura e simples, da herança, aos demais coerdeiros.

Art. 1.806. A renúncia da herança deve constar expressamente de instrumento público ou termo judicial.

→ *v.* Arts. 104, III, 108, 114, 166, VI, e 215, do CC.

Art. 1.807. O interessado em que o herdeiro declare se aceita, ou não, a herança, poderá, 20 (vinte) dias após aberta a sucessão, requerer ao juiz prazo razoável, não maior de 30 (trinta) dias, para, nele, se pronunciar o herdeiro, sob pena de se haver a herança por aceita.

Art. 1.808. Não se pode aceitar ou renunciar a herança em parte, sob condição ou a termo.

→ *v.* Arts. 121, 131, 133 e 135 do CC.

§ 1º O herdeiro, a quem se testarem legados, pode aceitá-los, renunciando a herança; ou, aceitando-a, repudiá-los.

→ *v.* Arts. 1.912 e 1.946 do CC.

§ 2º O herdeiro, chamado, na mesma sucessão, a mais de um quinhão hereditário, sob títulos sucessórios diversos, pode livremente deliberar quanto aos quinhões que aceita e aos que renuncia.

Art. 1.809. Falecendo o herdeiro antes de declarar se aceita a herança, o poder de aceitar passa-lhe aos herdeiros, a menos que se trate de vocação adstrita a uma condição suspensiva, ainda não verificada.

→ *v.* Arts. 1.897 e 1.933 do CC.

Parágrafo único. Os chamados à sucessão do herdeiro falecido antes da aceitação, desde que concordem em receber a segunda herança, poderão aceitar ou renunciar a primeira.

Art. 1.810. Na sucessão legítima, a parte do renunciante acresce à dos outros herdeiros da mesma classe e, sendo ele o único desta, devolve-se aos da subsequente.

→ *v.* Arts. 1.829, 1.836, 1.838, 1.839, 1.844 e 1.856 do CC.

Art. 1.811. Ninguém pode suceder, representando herdeiro renunciante. Se, porém, ele for o único legítimo da sua classe, ou se todos os outros da mesma classe renunciarem a herança, poderão os filhos vir à sucessão, por direito próprio, e por cabeça.

→ *v.* Arts. 1.835, 1.851 e 1.856 do CC.

Art. 1.812. São irrevogáveis os atos de aceitação ou de renúncia da herança.

Art. 1.813. Quando o herdeiro prejudicar os seus credores, renunciando à herança, poderão eles, com autorização do juiz, aceitá-la em nome do renunciante.

§ 1º A habilitação dos credores se fará no prazo de 30 (trinta) dias seguintes ao conhecimento do fato.

→ *v.* Arts. 158 a 165 do CC.

→ *v.* Art. 129, V, da Lei 11.101/2005.

§ 2º Pagas as dívidas do renunciante, prevalece a renúncia quanto ao remanescente, que será devolvido aos demais herdeiros.

Capítulo V
DOS EXCLUÍDOS DA SUCESSÃO

Art. 1.814. São excluídos da sucessão os herdeiros ou legatários:

→ *v.* Arts. 1.939, IV, 1.961 a 1.965 do CC.

I – que houverem sido autores, coautores ou partícipes de homicídio doloso, ou tentativa deste, contra a pessoa de cuja sucessão se tratar, seu cônjuge, companheiro, ascendente ou descendente;

→ *v.* Arts. 14, II, e 121 do CP.

II – que houverem acusado caluniosamente em juízo o autor da herança ou incorrerem em crime contra a sua honra, ou de seu cônjuge ou companheiro;

→ *v.* Arts. 138 a 140 do CP.

III – que, por violência ou meios fraudulentos, inibirem ou obstarem o autor da herança de dispor livremente de seus bens por ato de última vontade.

Art. 1.815. A exclusão do herdeiro ou legatário, em qualquer desses casos de indignidade, será declarada por sentença.

Parágrafo único. O direito de demandar a exclusão do herdeiro ou legatário extingue-se em 4 (quatro) anos, contados da abertura da sucessão.

→ *v.* Art. 1.939, IV, do CC.

Art. 1.816. São pessoais os efeitos da exclusão; os descendentes do herdeiro excluído sucedem, como se ele morto fosse antes da abertura da sucessão.

Parágrafo único. O excluído da sucessão não terá direito ao usufruto ou à administração dos bens que a seus sucessores couberem na herança, nem à sucessão eventual desses bens.

Art. 1.817. São válidas as alienações onerosas de bens hereditários a terceiros de boa-fé, e os atos de administração legalmente praticados pelo herdeiro, antes da sentença de exclusão; mas aos herdeiros subsiste, quando prejudicados, o direito de demandar-lhe perdas e danos.

→ *v.* Arts. 402 a 405, 1.360 e 1.827, parágrafo único, do CC.

Parágrafo único. O excluído da sucessão é obrigado a restituir os frutos e rendimentos que dos bens da herança houver percebido, mas tem direito a ser indenizado das despesas com a conservação deles.

Art. 1.818. Aquele que incorreu em atos que determinem a exclusão da herança será admitido a suceder, se o ofendido o tiver expressamente reabilitado em testamento, ou em outro ato autêntico.

Parágrafo único. Não havendo reabilitação expressa, o indigno, contemplado em testamento do ofendido, quando o testador, ao testar, já conhecia a causa da indignidade, pode suceder no limite da disposição testamentária.

Capítulo VI
DA HERANÇA JACENTE

Art. 1.819. Falecendo alguém sem deixar testamento nem herdeiro legítimo notoriamente conhecido, os bens da herança, depois de arrecadados, ficarão sob a guarda e administração de um curador, até a sua entrega ao sucessor devidamente habilitado ou à declaração de sua vacância.

→ *v.* Art. 28, § 2º, do CC.

→ *v.* Arts. 12, IV, 96, e 1.142 a 1.158 do CPC/1973.

→ *v.* Arts. 75, VI, 48, 738 a 743, do NCPC.

Art. 1.820. Praticadas as diligências de arrecadação e ultimado o inventário, serão expedidos editais na forma da lei processual, e, decorrido 1 (um) ano de sua primeira publicação, sem que haja herdeiro habilitado, ou penda habilitação, será a herança declarada vacante.

Art. 1.821. É assegurado aos credores o direito de pedir o pagamento das dívidas reconhecidas, nos limites das forças da herança.

→ *v.* Art. 1.154 do CPC/1973.

→ *v.* Art. 741, § 4º, do NCPC.

Art. 1.822. A declaração de vacância da herança não prejudicará os herdeiros que legalmente se habilitarem; mas, decorridos 5 (cinco) anos da abertura da sucessão, os bens arrecadados passarão ao domínio do Município ou do Distrito Federal, se localizados nas respectivas circunscrições, incorporando-se ao domínio da União quando situados em território federal.

→ *v.* Art. 1.844 do CC.

Parágrafo único. Não se habilitando até a declaração de vacância, os colaterais ficarão excluídos da sucessão.

Art. 1.823. Quando todos os chamados a suceder renunciarem à herança, será esta desde logo declarada vacante.

→ *v.* Arts. 1.804, parágrafo único, 1.806, 1.812 e 1.822, do CC.

Capítulo VII
DA PETIÇÃO DE HERANÇA

Art. 1.824. O herdeiro pode, em ação de petição de herança, demandar o reconhecimento de seu direito sucessório, para obter a restituição da herança, ou de parte dela, contra quem, na qualidade de herdeiro, ou mesmo sem título, a possua.

→ *v.* Súmula 149 do STF.

→ *v.* Art. 205 do CC.

→ *v.* Art. 1.001 do CPC/1973.

→ *v.* Art. 628 do NCPC.

Art. 1.825. A ação de petição de herança, ainda que exercida por um só dos herdeiros, poderá compreender todos os bens hereditários.

→ *v.* Art. 1.791, parágrafo único, do CC.

Art. 1.826. O possuidor da herança está obrigado à restituição dos bens do acervo, fixando-se-lhe a responsabilidade segundo a sua posse, observado o disposto nos arts. 1.214 a 1.222.

Parágrafo único. A partir da citação, a responsabilidade do possuidor se há de aferir pelas regras concernentes à posse de má-fé e à mora.

→ *v.* Arts. 394 a 401, 405, 1.220 e 1.222, do CC.

Art. 1.827. O herdeiro pode demandar os bens da herança, mesmo em poder de terceiros, sem prejuízo da responsabilidade do possuidor originário pelo valor dos bens alienados.

Parágrafo único. São eficazes as alienações feitas, a título oneroso, pelo herdeiro aparente a terceiro de boa-fé.

Art. 1.828. O herdeiro aparente, que de boa-fé houver pago um legado, não está obrigado a prestar o equivalente ao verdadeiro sucessor, ressalvado a este o direito de proceder contra quem o recebeu.

→ *v.* Art. 1.934 do CC.

Título II
Da sucessão legítima

Capítulo I
DA ORDEM DA VOCAÇÃO HEREDITÁRIA

Art. 1.829. A sucessão legítima defere-se na ordem seguinte:

→ *v.* Arts. 1.790, 1.845 a 1.850, e 1.961 a 1.965, do CC.

I – aos descendentes, em concorrência com o cônjuge sobrevivente, salvo se casado este com o falecido no regime da comunhão universal, ou

CC

no da separação obrigatória de bens (art. 1.640, parágrafo único); ou se, no regime da comunhão parcial, o autor da herança não houver deixado bens particulares;

→ O regime de separação obrigatória está previsto no art. 1.641 do CC.

→ v. Art. 227, § 6º, da CF/1988.

→ v. Arts. 1.641, 1.658 a 1.685, 1.687 e 1.688, e 1.832 a 1.835, do CC.

II – aos ascendentes, em concorrência com o cônjuge;

→ v. Arts. 1.836, 1.837 e 1.845 do CC.

III – ao cônjuge sobrevivente;

→ v. Arts. 1.830 a 1.832, 1.836, 1.838 e 1.845 do CC.

IV – aos colaterais.

→ v. Arts. 1.529, 1.594, 1.839 a 1.843, e 2.041, do CC.

Art. 1.830. Somente é reconhecido direito sucessório ao cônjuge sobrevivente se, ao tempo da morte do outro, não estavam separados judicialmente, nem separados de fato há mais de 2 (dois) anos, salvo prova, neste caso, de que essa convivência se tornara impossível sem culpa do sobrevivente.

Art. 1.831. Ao cônjuge sobrevivente, qualquer que seja o regime de bens, será assegurado, sem prejuízo da participação que lhe caiba na herança, o direito real de habitação relativamente ao imóvel destinado à residência da família, desde que seja o único daquela natureza a inventariar.

→ v. Arts. 1.414 a 1.416 do CC.

→ v. Art. 7º, parágrafo único, da Lei 9.278/1996.

Art. 1.832. Em concorrência com os descendentes (art. 1.829, inciso I) caberá ao cônjuge quinhão igual ao dos que sucederem por cabeça, não podendo a sua quota ser inferior à quarta parte da herança, se for ascendente dos herdeiros com que concorrer.

Art. 1.833. Entre os descendentes, os em grau mais próximo excluem os mais remotos, salvo o direito de representação.

Art. 1.834. Os descendentes da mesma classe têm os mesmos direitos à sucessão de seus ascendentes.

→ v. Arts. 1.561 e 1.609 do CC.

→ v. Art. 41 do ECA.

Art. 1.835. Na linha descendente, os filhos sucedem por cabeça, e os outros descendentes, por cabeça ou por estirpe, conforme se achem ou não no mesmo grau.

→ v. Arts. 1.810, 1.811, 1.816 e 1.852 do CC.

Art. 1.836. Na falta de descendentes, são chamados à sucessão os ascendentes, em concorrência com o cônjuge sobrevivente.

§ 1º Na classe dos ascendentes, o grau mais próximo exclui o mais remoto, sem distinção de linhas.

§ 2º Havendo igualdade em grau e diversidade em linha, os ascendentes da linha paterna herdam a metade, cabendo a outra aos da linha materna.

Art. 1.837. Concorrendo com ascendente em primeiro grau, ao cônjuge tocará 1/3 (um terço) da herança; caber-lhe-á a metade desta se houver um só ascendente, ou se maior for aquele grau.

→ v. Art. 1.830 do CC.

Art. 1.838. Em falta de descendentes e ascendentes, será deferida a sucessão por inteiro ao cônjuge sobrevivente.

→ v. Art. 1.830 do CC.

Art. 1.839. Se não houver cônjuge sobrevivente, nas condições estabelecidas no art. 1.830, serão chamados a suceder os colaterais até o quarto grau.

→ v. Arts. 1.592, 1.594, 1.830, 1.840 e 1.850 do CC.

Art. 1.840. Na classe dos colaterais, os mais próximos excluem os mais remotos, salvo o direito de representação concedido aos filhos de irmãos.

Art. 1.841. Concorrendo à herança do falecido irmãos bilaterais com irmãos unilaterais, cada um destes herdará metade do que cada um daqueles herdar.

Art. 1.842. Não concorrendo à herança irmão bilateral, herdarão, em partes iguais, os unilaterais.

Art. 1.843. Na falta de irmãos, herdarão os filhos destes e, não os havendo, os tios.

§ 1º Se concorrerem à herança somente filhos de irmãos falecidos, herdarão por cabeça.

§ 2º Se concorrem filhos de irmãos bilaterais com filhos de irmãos unilaterais, cada um destes herdará a metade do que herdar cada um daqueles.

§ 3º Se todos forem filhos de irmãos bilaterais, ou todos de irmãos unilaterais, herdarão por igual.

Art. 1.844. Não sobrevivendo cônjuge, ou companheiro, nem parente algum sucessível, ou tendo eles renunciado a herança, esta se devolve ao Município ou ao Distrito Federal, se localizada nas respectivas circunscrições, ou à União, quando situada em território federal.

→ v. Arts. 1.790, IV, e 1.822 do CC.

Capítulo II
DOS HERDEIROS NECESSÁRIOS

Art. 1.845. São herdeiros necessários os descendentes, os ascendentes e o cônjuge.

→ v. Arts. 544, 1.814, 1.829, 1.830, 1.847, e 1.961 a 1.965 do CC.

Art. 1.846. Pertence aos herdeiros necessários, de pleno direito, a metade dos bens da herança, constituindo a legítima.

→ v. Arts. 544, 549, 1.789, 1.814, 1.857, § 1º, e 1.961, do CC.

Art. 1.847. Calcula-se a legítima sobre o valor dos bens existentes na abertura da sucessão, abatidas as dívidas e as despesas do funeral, adicionando-se, em seguida, o valor dos bens sujeitos a colação.

→ v. Arts. 544, 1.998, e 2.002 a 2.012, do CC.

Art. 1.848. Salvo se houver justa causa, declarada no testamento, não pode o testador estabelecer cláusula de inalienabilidade, impenhorabilidade, e de incomunicabilidade, sobre os bens da legítima.

→ v. Art. 2.042 do CC.

§ 1º Não é permitido ao testador estabelecer a conversão dos bens da legítima em outros de espécie diversa.

§ 2º Mediante autorização judicial e havendo justa causa, podem ser alienados os bens gravados, convertendo-se o produto em outros bens, que ficarão sub-rogados nos ônus dos primeiros.

→ v. Súmula 49 do STF.

→ v. Arts. 1.922 e 2.042 do CC.

→ v. Art. 649 do CPC/1973.

→ v. Art. 833 do NCPC.

→ v. Art. 167, II, 11, da Lei 6.015/1973.

Art. 1.849. O herdeiro necessário, a quem o testador deixar a sua parte disponível, ou algum legado, não perderá o direito à legítima.

→ v. Art. 1.789 do CC.

Art. 1.850. Para excluir da sucessão os herdeiros colaterais, basta que o testador disponha de seu patrimônio sem os contemplar.

→ v. Arts. 1.906 e 1.908 do CC.

Capítulo III
DO DIREITO DE REPRESENTAÇÃO

Art. 1.851. Dá-se o direito de representação, quando a lei chama certos parentes do falecido a suceder em todos os direitos, em que ele sucederia, se vivo fosse.

→ v. Arts. 1.810, 1.811, 1.816, 1.833, 1.854 a 1.856, do CC.

Art. 1.852. O direito de representação dá-se na linha reta descendente, mas nunca na ascendente.

Art. 1.853. Na linha transversal, somente se dá o direito de representação em favor dos filhos de irmãos do falecido, quando com irmãos deste concorrerem.

Art. 1.854. Os representantes só podem herdar, como tais, o que herdaria o representado, se vivo fosse.

Art. 1.855. O quinhão do representado partir-se-á por igual entre os representantes.

→ v. Arts. 1.851 e 1.854 do CC.

Art. 1.856. O renunciante à herança de uma pessoa poderá representá-la na sucessão de outra.

→ v. Arts. 1.806, 1.810, 1.811 e 1.851 do CC.

Título III
Da sucessão testamentária

Capítulo I
DO TESTAMENTO EM GERAL

Art. 1.857. Toda pessoa capaz pode dispor, por testamento, da totalidade dos seus bens, ou de parte deles, para depois de sua morte.

→ v. Arts. 1.862, 1.881 e 1.886 do CC.

§ 1º A legítima dos herdeiros necessários não poderá ser incluída no testamento.

→ v. Arts. 1.845 a 1.848 do CC.

§ 2º São válidas as disposições testamentárias de caráter não patrimonial, ainda que o testador somente a elas se tenha limitado.

→ v. Arts. 1.729, parágrafo único, 1.881 e 1.969 do CC.

→ v. Art. 26 do ECA.

Art. 1.858. O testamento é ato personalíssimo, podendo ser mudado a qualquer tempo.

→ v. Art. 1.969 do CC.

Art. 1.859. Extingue-se em 5 (cinco) anos o direito de impugnar a validade do testamento, contado o prazo da data do seu registro.

→ v. Arts. 1.900, 1.903 e 1.909 do CC.

→ v. Arts. 1.125 a 1.128, 1.133 e 1.134 do CPC/1973.

→ v. Arts. 735, 736, 737, §§ 2º e 3º, do NCPC.

Capítulo II
DA CAPACIDADE DE TESTAR

Art. 1.860. Além dos incapazes, não podem testar os que, no ato de fazê-lo, não tiverem pleno discernimento.

→ v. Arts. 1.767, 1.866, 1.867, 1.872 e 1.873 do CC.

Parágrafo único. Podem testar os maiores de 16 (dezesseis) anos.

Art. 1.861. A incapacidade superveniente do testador não invalida o testamento, nem o testamento do incapaz se valida com a superveniência da capacidade.

Capítulo III
DAS FORMAS ORDINÁRIAS DO TESTAMENTO

Seção I
Disposições gerais

Art. 1.862. São testamentos ordinários:

→ v. Arts. 1.864 a 1.880 do CC.

I – o público;

II – o cerrado;

III – o particular.

Art. 1.863. É proibido o testamento conjuntivo, seja simultâneo, recíproco ou correspectivo.

→ v. Art. 426 do CC.

Seção II
Do testamento público

Art. 1.864. São requisitos essenciais do testamento público:

I – ser escrito por tabelião ou por seu substituto legal em seu livro de notas, de acordo com as declarações do testador, podendo este servir-se de minuta, notas ou apontamentos;

II – lavrado o instrumento, ser lido em voz alta pelo tabelião ao testador e a duas testemunhas, a um só tempo; ou pelo testador, se o quiser, na presença destas e do oficial;

→ v. Art. 228 do CC.

III – ser o instrumento, em seguida à leitura, assinado pelo testador, pelas testemunhas e pelo tabelião.

→ v. Art. 1.865 do CC.

Parágrafo único. O testamento público pode ser escrito manualmente ou mecanicamente, bem como ser feito pela inserção da declaração de vontade em partes impressas de livro de notas, desde que rubricadas todas as páginas pelo testador, se mais de uma.

Art. 1.865. Se o testador não souber, ou não puder assinar, o tabelião ou seu substituto legal assim o declarará, assinando, neste caso, pelo testador, e, a seu rogo, uma das testemunhas instrumentárias.

Art. 1.866. O indivíduo inteiramente surdo, sabendo ler, lerá o seu testamento, e, se não o souber, designará quem o leia em seu lugar, presentes as testemunhas.

Art. 1.867. Ao cego só se permite o testamento público, que lhe será lido, em voz alta, duas vezes, uma pelo tabelião ou por seu substituto legal, e a outra por uma das testemunhas, designada pelo testador, fazendo-se de tudo circunstanciada menção no testamento.

Seção III
Do testamento cerrado

Art. 1.868. O testamento escrito pelo testador, ou por outra pessoa, a seu rogo, e por aquele assinado, será válido se aprovado pelo tabelião ou seu substituto legal, observadas as seguintes formalidades:

→ v. Arts. 228, 1.870 e 1.871 do CC.

→ v. Art. 7º, II, da Lei 8.935/1994.

I – que o testador o entregue ao tabelião em presença de duas testemunhas;

II – que o testador declare que aquele é o seu testamento e quer que seja aprovado;

III – que o tabelião lavre, desde logo, o auto de aprovação, na presença de duas testemunhas, e o leia, em seguida, ao testador e testemunhas;

IV – que o auto de aprovação seja assinado pelo tabelião, pelas testemunhas e pelo testador.

Parágrafo único. O testamento cerrado pode ser escrito mecanicamente, desde que seu subscritor numere e autentique, com a sua assinatura, todas as páginas.

→ v. Art. 1.972 do CC.

→ v. Arts. 1.125 a 1.128 e 1.130 do CPC/1973.

→ v. Arts. 735 a 737, do NCPC.

Art. 1.869. O tabelião deve começar o auto de aprovação imediatamente depois da última palavra do testador, declarando, sob sua fé, que o testador lhe entregou para ser aprovado na presença das testemunhas; passando a cerrar e coser o instrumento aprovado.

Parágrafo único. Se não houver espaço na última folha do testamento, para início da aprovação, o tabelião aporá nele o seu sinal público, mencionando a circunstância no auto.

Art. 1.870. Se o tabelião tiver escrito o testamento a rogo do testador, poderá, não obstante, aprová-lo.

Art. 1.871. O testamento pode ser escrito em língua nacional ou estrangeira, pelo próprio testador, ou por outrem, a seu rogo.

→ v. Art. 1.868 do CC.

Art. 1.872. Não pode dispor de seus bens em testamento cerrado quem não saiba ou não possa ler.

Art. 1.873. Pode fazer testamento cerrado o surdo-mudo, contanto que o escreva todo, e o assine de sua mão, e que, ao entregá-lo ao oficial público, ante as duas testemunhas, escreva, na face externa do papel ou do envoltório, que aquele é o seu testamento, cuja aprovação lhe pede.

Art. 1.874. Depois de aprovado e cerrado, será o testamento entregue ao testador, e o tabelião lançará, no seu livro, nota do lugar, dia, mês e ano em que o testamento foi aprovado e entregue.

→ v. Art. 1.972 do CC.

Art. 1.875. Falecido o testador, o testamento será apresentado ao juiz, que o abrirá e o fará registrar, ordenando seja cumprido, se não achar vício externo que o torne eivado de nulidade ou suspeito de falsidade.

Seção IV
Do testamento particular

Art. 1.876. O testamento particular pode ser escrito de próprio punho ou mediante processo mecânico.

§ 1º Se escrito de próprio punho, são requisitos essenciais à sua validade seja lido e assinado por quem o escreveu, na presença de pelo menos três testemunhas, que o devem subscrever.

→ v. Arts. 228 e 1.880 do CC.

§ 2º Se elaborado por processo mecânico, não pode conter rasuras ou espaços em branco, devendo ser assinado pelo testador, depois de o ter lido na presença de pelo menos três testemunhas, que o subscreverão.

Art. 1.877. Morto o testador, publicar-se-á em juízo o testamento, com citação dos herdeiros legítimos.

→ v. Arts. 1.130 a 1.133 do CPC/1973.

→ v. Art. 737 do NCPC.

Art. 1.878. Se as testemunhas forem contestes sobre o fato da disposição, ou, ao menos, sobre a sua leitura perante elas, e se reconhecerem as próprias assinaturas, assim como a do testador, o testamento será confirmado.

Parágrafo único. Se faltarem testemunhas, por morte ou ausência, e se pelo menos uma delas o reconhecer, o testamento poderá ser confirmado, se, a critério do juiz, houver prova suficiente de sua veracidade.

Art. 1.879. Em circunstâncias excepcionais declaradas na cédula, o testamento particular de próprio punho e assinado pelo testador, sem testemunhas, poderá ser confirmado, a critério do juiz.

Art. 1.880. O testamento particular pode ser escrito em língua estrangeira, contanto que as testemunhas a compreendam.

→ v. Art. 1.876 do CC.

Capítulo IV
DOS CODICILOS

Art. 1.881. Toda pessoa capaz de testar poderá, mediante escrito particular seu, datado e assinado, fazer disposições especiais sobre o seu enterro, sobre esmolas de pouca monta a certas e determinadas pessoas, ou, indeterminadamente, aos pobres de certo lugar, assim como legar móveis, roupas ou joias, de pouco valor, de seu uso pessoal.

→ v. Arts. 1.860 e 1.998 do CC.

Art. 1.882. Os atos a que se refere o artigo antecedente, salvo direito de terceiro, valerão como codicilos, deixe ou não testamento o autor.

Art. 1.883. Pelo modo estabelecido no art. 1.881, poder-se-ão nomear ou substituir testamenteiros.

Art. 1.884. Os atos previstos nos artigos antecedentes revogam-se por atos iguais, e consideram-se revogados, se, havendo testamento posterior, de qualquer natureza, este os não confirmar ou modificar.

Art. 1.885. Se estiver fechado o codicilo, abrir-se-á do mesmo modo que o testamento cerrado.

Capítulo V
DOS TESTAMENTOS ESPECIAIS

Seção I
Disposições gerais

Art. 1.886. São testamentos especiais:

I – o marítimo;

II – o aeronáutico;

III – o militar.

→ v. Arts. 1.887 a 1.896 do CC.

→ v. Arts. 1.130 a 1.134 do CPC/1973.

→ v. Art. 737 do NCPC.

Art. 1.887. Não se admitem outros testamentos especiais além dos contemplados neste Código.

→ v. Arts. 1.886, I a III, 1.888 a 1.896 do CC.

Seção II
Do testamento marítimo e do testamento aeronáutico

Art. 1.888. Quem estiver em viagem, a bordo de navio nacional, de guerra ou mercante, pode testar perante o comandante, em presença de duas testemunhas, por forma que corresponda ao testamento público ou ao cerrado.

Parágrafo único. O registro do testamento será feito no diário de bordo.

→ v. Arts. 1.801, I, 1.864 a 1.875, do CC.

→ v. Arts. 1.130 a 1.134, I, do CPC/1973.

→ v. Art.737 do NCPC.

Art. 1.889. Quem estiver em viagem, a bordo de aeronave militar ou comercial, pode testar perante pessoa designada pelo comandante, observado o disposto no artigo antecedente.

→ v. Art. 1.888 do CC.

Art. 1.890. O testamento marítimo ou aeronáutico ficará sob a guarda do comandante, que o entregará às autoridades administrativas do primeiro porto ou aeroporto nacional, contra recibo averbado no diário de bordo.

→ v. Art. 1.801, I, do CC.

Art. 1.891. Caducará o testamento marítimo, ou aeronáutico, se o testador não morrer na viagem, nem nos 90 (noventa) dias subsequentes ao seu desembarque em terra, onde possa fazer, na forma ordinária, outro testamento.

Art. 1.892. Não valerá o testamento marítimo, ainda que feito no curso de uma viagem, se, ao tempo em que se fez, o navio estava em porto onde o testador pudesse desembarcar e testar na forma ordinária.

Seção III
Do testamento militar

Art. 1.893. O testamento dos militares e demais pessoas a serviço das Forças Armadas em campanha, dentro do País ou fora dele, assim como em praça sitiada, ou que esteja de comunicações interrompidas, poderá fazer-se, não havendo tabelião ou seu substituto legal, ante duas, ou três testemunhas, se o testador não puder, ou não souber assinar, caso em que assinará por ele uma delas.

§ 1º Se o testador pertencer a corpo ou seção de corpo destacado, o testamento será escrito pelo respectivo comandante, ainda que de graduação ou posto inferior.

§ 2º Se o testador estiver em tratamento em hospital, o testamento será escrito pelo respectivo oficial de saúde, ou pelo diretor do estabelecimento.

§ 3º Se o testador for o oficial mais graduado, o testamento será escrito por aquele que o substituir.

Art. 1.894. Se o testador souber escrever, poderá fazer o testamento de seu punho, contanto que o date e assine por extenso, e o apresente aberto ou cerrado, na presença de duas testemunhas ao auditor, ou ao oficial de patente, que lhe faça as vezes neste mister.

Parágrafo único. O auditor, ou o oficial a quem o testamento se apresente notará, em qualquer parte dele, lugar, dia, mês e ano, em que lhe for apresentado, nota esta que será assinada por ele e pelas testemunhas.

Art. 1.895. Caduca o testamento militar, desde que, depois dele, o testador esteja, 90 (noventa) dias seguidos, em lugar onde possa testar na forma ordinária, salvo se esse testamento apresentar as solenidades prescritas no parágrafo único do artigo antecedente.

→ v. Art. 1.894, parágrafo único, CC.

Art. 1.896. As pessoas designadas no art. 1.893, estando empenhadas em combate, ou feridas, podem testar oralmente, confiando a sua última vontade a duas testemunhas.

Parágrafo único. Não terá efeito o testamento se o testador não morrer na guerra ou convalescer do ferimento.

→ v. Art. 1.893 do CC.

Capítulo VI
DAS DISPOSIÇÕES TESTAMENTÁRIAS

Art. 1.897. A nomeação de herdeiro, ou legatário, pode fazer-se pura e simplesmente, sob condição, para certo fim ou modo, ou por certo motivo.

→ v. Arts. 62, 80, II, 120 a 130, 136, 137, 1.693, III, e 1.733, § 2º, do CC.

Art. 1.898. A designação do tempo em que deva começar ou cessar o direito do herdeiro, salvo nas disposições fideicomissárias, ter-se-á por não escrita.

→ v. Arts. 131 e 135, 1.924, 1.928, 1.951 a 1.960 do CC.

Art. 1.899. Quando a cláusula testamentária for suscetível de interpretações diferentes, prevalecerá a que melhor assegure a observância da vontade do testador.

Art. 1.900. É nula a disposição:

→ v. Arts. 1.859, 1.903 e 1.909 do CC.

I – que institua herdeiro ou legatário sob a condição captatória de que este disponha, também por testamento, em benefício do testador, ou de terceiro;

II – que se refira a pessoa incerta, cuja identidade não se possa averiguar;

III – que favoreça a pessoa incerta, cometendo a determinação de sua identidade a terceiro;

IV – que deixe a arbítrio do herdeiro, ou de outrem, fixar o valor do legado;

V – que favoreça as pessoas a que se referem os arts. 1.801 e 1.802.

→ v. Arts. 1.803 e 1.859 do CC.

Art. 1.901. Valerá a disposição:

I – em favor de pessoa incerta que deva ser determinada por terceiro, dentre duas ou mais pessoas mencionadas pelo testador, ou pertencentes a uma família, ou a um corpo coletivo, ou a um estabelecimento por ele designado;

II – em remuneração de serviços prestados ao testador, por ocasião da moléstia de que faleceu, ainda que fique ao arbítrio do herdeiro ou de outrem determinar o valor do legado.

Art. 1.902. A disposição geral em favor dos pobres, dos estabelecimentos particulares de caridade, ou dos de assistência pública, entender-se-á relativa aos pobres do lugar do domicílio do testador ao tempo de sua morte, ou dos estabelecimentos aí sitos, salvo se manifestamente constar que tinha em mente beneficiar os de outra localidade.

Parágrafo único. Nos casos deste artigo, as instituições particulares preferirão sempre às públicas.

Art. 1.903. O erro na designação da pessoa do herdeiro, do legatário, ou da coisa legada anula a disposição, salvo se, pelo contexto do testamento, por outros documentos, ou por fatos inequívocos, se puder identificar a pessoa ou coisa a que o testador queria referir-se.

Art. 1.904. Se o testamento nomear dois ou mais herdeiros, sem discriminar a parte de cada um, partilhar-se-á por igual, entre todos, a porção disponível do testador.

→ v. Art. 1.789 do CC.

Art. 1.905. Se o testador nomear certos herdeiros individualmente e outros coletivamente, a herança será dividida em tantas quotas quantos forem os indivíduos e os grupos designados.

Art. 1.906. Se forem determinadas as quotas de cada herdeiro, e não absorverem toda a herança, o remanescente pertencerá aos herdeiros legítimos, segundo a ordem da vocação hereditária.

→ v. Arts. 1.788, 1.829, 1.850 e 1.908, do CC.

Art. 1.907. Se forem determinados os quinhões de uns e não os de outros herdeiros, distribuir-se-á por igual a estes últimos o que restar, depois de completas as porções hereditárias dos primeiros.

→ v. Arts. 1.788, 1.850 e 1.904, do CC.

Art. 1.908. Dispondo o testador que não caiba ao herdeiro instituído certo e determinado objeto, dentre os da herança, tocará ele aos herdeiros legítimos.

→ v. Arts. 1.788, 1.850 e 1.906, do CC.

Art. 1.909. São anuláveis as disposições testamentárias inquinadas de erro, dolo ou coação.

→ v. Arts. 138 a 155, 177, 178, 185, 1.859 e 1.903 do CC.

Parágrafo único. Extingue-se em 4 (quatro) anos o direito de anular a disposição, contados de quando o interessado tiver conhecimento do vício.

Art. 1.910. A ineficácia de uma disposição testamentária importa a das outras que, sem aquela, não teriam sido determinadas pelo testador.

→ v. Art. 184 do CC.

Art. 1.911. A cláusula de inalienabilidade, imposta aos bens por ato de liberalidade, implica impenhorabilidade e incomunicabilidade.

Parágrafo único. No caso de desapropriação de bens clausulados, ou de sua alienação, por conveniência econômica do donatário ou do herdeiro, mediante autorização judicial, o produto da venda converter-se-á em outros bens, sobre os quais incidirão as restrições apostas aos primeiros.

→ v. Súmula 49 do STF.

→ v. Arts. 979, 1.693, III, 1.733 e 1.848 do CC.

→ v. Arts. 649 e 650 do CPC/1973.

→ v. Arts. 833 e 834, do NCPC.

→ v. Arts. 167, II, 11, e 247 da Lei 6.015/1973.

Capítulo VII
DOS LEGADOS

Seção I
Disposições gerais

Art. 1.912. É ineficaz o legado de coisa certa que não pertença ao testador no momento da abertura da sucessão.

→ v. Arts. 1.268, 1.420, § 1º, 1.913, 1.914, 1.916 e 1.939, II, do CC.

Art. 1.913. Se o testador ordenar que o herdeiro ou legatário entregue coisa de sua propriedade a outrem, não o cumprindo ele, entender-se-á que renunciou à herança ou ao legado.

Art. 1.914. Se tão somente em parte a coisa legada pertencer ao testador, ou, no caso do artigo antecedente, ao herdeiro ou ao legatário, só quanto a essa parte valerá o legado.

→ *V.* Arts. 1.912, 1.913, 1.916 e 1.939, II, do CC.

Art. 1.915. Se o legado for de coisa que se determine pelo gênero, será o mesmo cumprido, ainda que tal coisa não exista entre os bens deixados pelo testador.

→ *V.* Arts. 85, 1.929 a 1.931 do CC.

Art. 1.916. Se o testador legar coisa sua, singularizando-a, só terá eficácia o legado se, ao tempo do seu falecimento, ela se achava entre os bens da herança; se a coisa legada existir entre os bens do testador, mas em quantidade inferior à do legado, este será eficaz apenas quanto à existente.

→ *V.* Art. 1.939 do CC.

Art. 1.917. O legado de coisa que deva encontrar-se em determinado lugar só terá eficácia se nele for achada, salvo se removida a título transitório.

Art. 1.918. O legado de crédito, ou de quitação de dívida, terá eficácia somente até a importância desta, ou daquele, ao tempo da morte do testador.

§ 1º Cumpre-se o legado, entregando o herdeiro ao legatário o título respectivo.

§ 2º Este legado não compreende as dívidas posteriores à data do testamento.

Art. 1.919. Não o declarando expressamente o testador, não se reputará compensação da sua dívida o legado que ele faça ao credor.

→ *V.* Arts. 368 a 380 do CC.

Parágrafo único. Subsistirá integralmente o legado, se a dívida lhe foi posterior, e o testador a solveu antes de morrer.

Art. 1.920. O legado de alimentos abrange o sustento, a cura, o vestuário e a casa, enquanto o legatário viver, além da educação, se ele for menor.

→ *V.* Arts. 1.694, § 1º, e 1.928, parágrafo único, do CC.

Art. 1.921. O legado de usufruto, sem fixação de tempo, entende-se deixado ao legatário por toda a sua vida.

→ *V.* Art. 1.410 do CC.

Art. 1.922. Se aquele que legar um imóvel lhe ajuntar depois novas aquisições, estas, ainda que contíguas, não se compreendem no legado, salvo expressa declaração em contrário do testador.

Parágrafo único. Não se aplica o disposto neste artigo às benfeitorias necessárias, úteis ou voluptuárias feitas no prédio legado.

→ *V.* Arts. 92, 96 e 1.937 do CC.

Seção II
Dos efeitos do legado e do seu pagamento

Art. 1.923. Desde a abertura da sucessão, pertence ao legatário a coisa certa, existente no acervo, salvo se o legado estiver sob condição suspensiva.

§ 1º Não se defere de imediato a posse da coisa, nem nela pode o legatário entrar por autoridade própria.

§ 2º O legado de coisa certa existente na herança transfere também ao legatário os frutos que produzir, desde a morte do testador, exceto se dependente de condição suspensiva, ou de termo inicial.

→ *V.* Arts. 121, 125, 131, 1.784, 1.900, I, 1.924 e 1.937, do CC.

Art. 1.924. O direito de pedir o legado não se exercerá, enquanto se litigue sobre a validade do testamento, e, nos legados condicionais, ou a prazo, enquanto esteja pendente a condição ou o prazo não se vença.

→ *V.* Arts. 121, 125, 131 e 1.923 do CC.

Art. 1.925. O legado em dinheiro só vence juros desde o dia em que se constituir em mora a pessoa obrigada a prestá-lo.

→ *V.* Arts. 392 a 401, 406, 407, e 1.923, § 2º, do CC.

Art. 1.926. Se o legado consistir em renda vitalícia ou pensão periódica, esta ou aquela correrá da morte do testador.

→ *V.* Art. 1.920 do CC.

Art. 1.927. Se o legado for de quantidades certas, em prestações periódicas, datará da morte do testador o primeiro período, e o legatário terá direito a cada prestação, uma vez encetado cada um dos períodos sucessivos, ainda que venha a falecer antes do termo dele.

Art. 1.928. Sendo periódicas as prestações, só no termo de cada período se poderão exigir.

Parágrafo único. Se as prestações forem deixadas a título de alimentos, pagar-se-ão no começo de cada período, sempre que outra coisa não tenha disposto o testador.

Art. 1.929. Se o legado consiste em coisa determinada pelo gênero, ao herdeiro tocará escolhê-la, guardando o meio-termo entre as congêneres da melhor e pior qualidade.

→ *V.* Arts. 1.915 e 1.931 do CC.

Art. 1.930. O estabelecido no artigo antecedente será observado, quando a escolha for deixada a arbítrio de terceiro; e, se este não a quiser ou não a puder exercer, ao juiz competirá fazê-la, guardado o disposto na última parte do artigo antecedente.

→ *V.* Art. 1.929 do CC.

Art. 1.931. Se a opção foi deixada ao legatário, este poderá escolher, do gênero determinado, a melhor coisa que houver na herança; e, se nesta não existir coisa de tal gênero, dar-lhe-á de outra congênere o herdeiro, observada a disposição na última parte do art. 1.929.

→ *V.* Arts. 244 e 252 do CC.

Art. 1.932. No legado alternativo, presume-se deixada ao herdeiro a opção.

→ *V.* Arts. 252, 256 e 1.940 do CC.

Art. 1.933. Se o herdeiro ou legatário a quem couber a opção falecer antes de exercê-la, passará este poder aos seus herdeiros.

→ *V.* Art. 1.809 do CC.

Art. 1.934. No silêncio do testamento, o cumprimento dos legados incumbe aos herdeiros e, não os havendo, aos legatários, na proporção do que herdaram.

Parágrafo único. O encargo estabelecido neste artigo, não havendo disposição testamentária em contrário, caberá ao herdeiro ou legatário incumbido pelo testador da execução do legado; quando indicados mais de um, os onerados dividirão entre si o ônus, na proporção do que recebam da herança.

Art. 1.935. Se algum legado consistir em coisa pertencente a herdeiro ou legatário (art. 1.913), só a ele incumbirá cumpri-lo, com regresso contra os coerdeiros, pela quota de cada um, salvo se o contrário expressamente dispôs o testador.

→ *V.* Art. 70, III, do CPC/1973.

→ *V.* Art. 125, II, do NCPC.

Art. 1.936. As despesas e os riscos da entrega do legado correm à conta do legatário, se não dispuser diversamente o testador.

Art. 1.937. A coisa legada entregar-se-á, com seus acessórios, no lugar e estado em que se achava ao falecer o testador, passando ao legatário com todos os encargos que a onerarem.

→ *V.* Arts. 92, 1.922 e 1.923 do CC.

Art. 1.938. Nos legados com encargo, aplica-se ao legatário o disposto neste Código quanto às doações de igual natureza.

→ *V.* Arts. 553, 555 e 562 do CC.

Seção III
Da caducidade dos legados

Art. 1.939. Caducará o legado:

→ *V.* Art. 1.788 do CC.

I – se, depois do testamento, o testador modificar a coisa legada, ao ponto de já não ter a forma nem lhe caber a denominação que possuía;

II – se o testador, por qualquer título, alienar no todo ou em parte a coisa legada; nesse caso, caducará até onde ela deixou de pertencer ao testador;

→ *V.* Arts. 1.912 e 1.914 do CC.

III – se a coisa perecer ou for evicta, vivo ou morto o testador, sem culpa do herdeiro ou legatário incumbido do seu cumprimento;

→ *V.* Arts. 447 a 457 do CC.

IV – se o legatário for excluído da sucessão, nos termos do art. 1.815;

V – se o legatário falecer antes do testador.

Art. 1.940. Se o legado for de duas ou mais coisas alternativamente, e algumas delas perecerem, subsistirá quanto às restantes; perecendo parte de uma, valerá, quanto ao seu remanescente, o legado.

→ *V.* Art. 1.932 do CC.

Capítulo VIII
DO DIREITO DE ACRESCER ENTRE HERDEIROS E LEGATÁRIOS

Art. 1.941. Quando vários herdeiros, pela mesma disposição testamentária, forem conjuntamente chamados à herança em quinhões não determinados, e qualquer deles não puder ou não quiser aceitá-la, a sua parte acrescerá à dos coerdeiros, salvo o direito do substituto.

→ *V.* Arts. 1.943 e 1947 do CC.

Art. 1.942. O direito de acrescer competirá aos colegatários, quando nomeados conjuntamente a respeito de uma só coisa, determinada e certa, ou quando o objeto do legado não puder ser dividido sem risco de desvalorização.

→ *V.* Arts. 87, 1.929 e 1.943 do CC.

Art. 1.943. Se um dos coerdeiros ou colegatários, nas condições do artigo antecedente, morrer antes do testador; se renunciar a herança ou legado, ou destes for excluído, e, se a condição sob a qual foi instituído não se verificar, acrescerá o seu quinhão, salvo o direito do substituto, à parte dos coerdeiros ou colegatários conjuntos.

→ *V.* Arts. 1.809, 1.941, 1.942 e 1.947 do CC.

Parágrafo único. Os coerdeiros ou colegatários, aos quais acresceu o quinhão daquele que não quis ou não pôde suceder, ficam sujeitos às obrigações ou encargos que o oneravam.

Art. 1.944. Quando não se efetua o direito de acrescer, transmite-se aos herdeiros legítimos a quota vaga do nomeado.

Parágrafo único. Não existindo o direito de acrescer entre os colegatários, a quota do que faltar acresce ao herdeiro ou ao legatário incumbido de satisfazer esse legado, ou a todos os herdeiros, na proporção dos seus quinhões, se o legado se deduziu da herança.

Art. 1.945. Não pode o beneficiário do acréscimo repudiá-lo separadamente da herança ou legado que lhe caiba, salvo se o acréscimo comportar encargos especiais impostos pelo testador; nesse caso, uma vez repudiado, reverte o acréscimo para a pessoa a favor de quem os encargos foram instituídos.

Art. 1.946. Legado um só usufruto conjuntamente a duas ou mais pessoas, a parte da que faltar acresce aos colegatários.

Parágrafo único. Se não houver conjunção entre os colegatários, ou se, apesar de conjuntos, só lhes foi legada certa parte do usufruto, consolidar-se-ão na propriedade as quotas dos que faltarem, à medida que eles forem faltando.

Capítulo IX
DAS SUBSTITUIÇÕES

Seção I
Da substituição vulgar e da recíproca

Art. 1.947. O testador pode substituir outra pessoa ao herdeiro ou ao legatário nomeado, para o caso de um ou outro não querer ou não poder aceitar a herança ou o legado, presumindo-se que a substituição foi determinada para as duas alternativas, ainda que o testador só a uma se refira.

→ *v.* Art. 1.799 do CC.

Art. 1.948. Também é lícito ao testador substituir muitas pessoas por uma só, ou vice-versa, e ainda substituir com reciprocidade ou sem ela.

Art. 1.949. O substituto fica sujeito à condição ou encargo imposto ao substituído, quando não for diversa a intenção manifestada pelo testador, ou não resultar outra coisa da natureza da condição ou do encargo.

Art. 1.950. Se, entre muitos coerdeiros ou legatários de partes desiguais, for estabelecida substituição recíproca, a proporção dos quinhões fixada na primeira disposição entender-se-á mantida na segunda; se, com as outras anteriormente nomeadas, for incluída mais alguma pessoa na substituição, o quinhão vago pertencerá em partes iguais aos substitutos.

Seção II
Da substituição fideicomissária

Art. 1.951. Pode o testador instituir herdeiros ou legatários, estabelecendo que, por ocasião de sua morte, a herança ou o legado se transmita ao fiduciário, resolvendo-se o direito deste, por sua morte, a certo tempo ou sob certa condição, em favor de outrem, que se qualifica de fideicomissário.

→ *v.* Arts. 27, III, 1.668, II, 1.898, e 1.952 a 1.960 do CC.

→ *v.* Art. 167, I, 25, e II, 11, da Lei 6.015/1973.

Art. 1.952. A substituição fideicomissária somente se permite em favor dos não concebidos ao tempo da morte do testador.

Parágrafo único. Se, ao tempo da morte do testador, já houver nascido o fideicomissário, adquirirá este a propriedade dos bens fideicometidos, convertendo-se em usufruto o direito do fiduciário.

→ *v.* Arts. 1.390 a 1.411, 1.784, 1.799, I, 1.800, § 4º, e 1.959 do CC.

Art. 1.953. O fiduciário tem a propriedade da herança ou legado, mas restrita e resolúvel.

Parágrafo único. O fiduciário é obrigado a proceder ao inventário dos bens gravados, e a prestar caução de restituí-los se o exigir o fideicomissário.

Art. 1.954. Salvo disposição em contrário do testador, se o fiduciário renunciar a herança ou o legado, defere-se ao fideicomissário o poder de aceitar.

→ *v.* Arts. 1.806, 1.943 e 1.944, do CC.

Art. 1.955. O fideicomissário pode renunciar a herança ou o legado, e, neste caso, o fideicomisso caduca, deixando de ser resolúvel a propriedade do fiduciário, se não houver disposição contrária do testador.

→ *v.* Arts. 1.805, 1.806, 1.813 e 1.958, do CC.

Art. 1.956. Se o fideicomissário aceitar a herança ou o legado, terá direito à parte que, ao fiduciário, em qualquer tempo acrescer.

Art. 1.957. Ao sobrevir a sucessão, o fideicomissário responde pelos encargos da herança que ainda restarem.

Art. 1.958. Caduca o fideicomisso se o fideicomissário morrer antes do fiduciário, ou antes de realizar-se a condição resolutória do direito deste último; nesse caso, a propriedade consolida-se no fiduciário, nos termos do art. 1.955.

Art. 1.959. São nulos os fideicomissos além do segundo grau.

Art. 1.960. A nulidade da substituição ilegal não prejudica a instituição, que valerá sem o encargo resolutório.

Capítulo X
DA DESERDAÇÃO

Art. 1.961. Os herdeiros necessários podem ser privados de sua legítima, ou deserdados, em todos os casos em que podem ser excluídos da sucessão.

→ *v.* Arts. 1.789, 1.814 a 1.818, 1.846, e 1.962 a 1.964, do CC.

Art. 1.962. Além das causas mencionadas no art. 1.814, autorizam a deserdação dos descendentes por seus ascendentes:

I – ofensa física;

II – injúria grave;

III – relações ilícitas com a madrasta ou com o padrasto;

IV – desamparo do ascendente em alienação mental ou grave enfermidade.

Art. 1.963. Além das causas enumeradas no art. 1.814, autorizam a deserdação dos ascendentes pelos descendentes:

I – ofensa física;

II – injúria grave;

III – relações ilícitas com a mulher ou companheira do filho ou a do neto, ou com o marido ou companheiro da filha ou o da neta;

IV – desamparo do filho ou neto com deficiência mental ou grave enfermidade.

Art. 1.964. Somente com expressa declaração de causa pode a deserdação ser ordenada em testamento.

Art. 1.965. Ao herdeiro instituído, ou àquele a quem aproveite a deserdação, incumbe provar a veracidade da causa alegada pelo testador.

Parágrafo único. O direito de provar a causa da deserdação extingue-se no prazo de 4 (quatro) anos, a contar da data da abertura do testamento.

Capítulo XI
DA REDUÇÃO DAS DISPOSIÇÕES TESTAMENTÁRIAS

Art. 1.966. O remanescente pertencerá aos herdeiros legítimos, quando o testador só em parte dispuser da quota hereditária disponível.

→ *v.* Arts. 1.788, 1.829, 1.845 a 1.850, 1.906 e 1.908, do CC.

Art. 1.967. As disposições que excederem a parte disponível reduzir-se-ão aos limites dela, de conformidade com o disposto nos parágrafos seguintes.

→ *v.* Arts. 549 e 1.847 do CC.

§ 1º Em se verificando excederem as disposições testamentárias a porção disponível, serão proporcionalmente reduzidas as quotas do herdeiro ou herdeiros instituídos, até onde baste, e, não bastando, também os legados, na proporção do seu valor.

§ 2º Se o testador, prevenindo o caso, dispuser que se inteirem, de preferência, certos herdeiros e legatários, a redução far-se-á nos outros quinhões ou legados, observando-se a seu respeito a ordem estabelecida no parágrafo antecedente.

Art. 1.968. Quando consistir em prédio divisível o legado sujeito a redução, far-se-á esta dividindo-o proporcionalmente.

§ 1º Se não for possível a divisão, e o excesso do legado montar a mais de um 1/4 (um quarto) do valor do prédio, o legatário deixará inteiro na herança o imóvel legado, ficando com o direito de pedir aos herdeiros o valor que couber na parte disponível; se o excesso não for de mais de 1/4 (um quarto), aos herdeiros fará tornar em dinheiro o legatário, que ficará com o prédio.

§ 2º Se o legatário for ao mesmo tempo herdeiro necessário, poderá inteirar sua legítima no mesmo imóvel, de preferência aos outros, sempre que ela e a parte subsistente do legado lhe absorverem o valor.

→ *v.* Arts. 87 e 88 do CC.

Capítulo XII
DA REVOGAÇÃO DO TESTAMENTO

Art. 1.969. O testamento pode ser revogado pelo mesmo modo e forma como pode ser feito.

→ *v.* Art. 1.858 do CC.

Art. 1.970. A revogação do testamento pode ser total ou parcial.

Parágrafo único. Se parcial, ou se o testamento posterior não contiver cláusula revogatória expressa, o anterior subsiste em tudo que não for contrário ao posterior.

Art. 1.971. A revogação produzirá seus efeitos, ainda quando o testamento, que a encerra, vier a caducar por exclusão, incapacidade ou renúncia do herdeiro nele nomeado; não valerá, se o testamento revogatório for anulado por omissão ou infração de solenidades essenciais ou por vícios intrínsecos.

→ *v.* Arts. 1.891 e 1.895 do CC.

Art. 1.972. O testamento cerrado que o testador abrir ou dilacerar, ou for aberto ou dilacerado com seu consentimento, haver-se-á como revogado.

Capítulo XIII
DO ROMPIMENTO DO TESTAMENTO

Art. 1.973. Sobrevindo descendente sucessível ao testador, que não o tinha ou não o conhecia quando testou, rompe-se o testamento em todas as suas disposições, se esse descendente sobreviver ao testador.

Art. 1.974. Rompe-se também o testamento feito na ignorância de existirem outros herdeiros necessários.

Art. 1.975. Não se rompe o testamento, se o testador dispuser da sua metade, não contemplando os herdeiros necessários de cuja existência saiba, ou quando os exclua dessa parte.

→ *v.* Arts. 1.789, 1.845 a 1.847, e 1.961 a 1.965, do CC.

Capítulo XIV
DO TESTAMENTEIRO

Art. 1.976. O testador pode nomear um ou mais testamenteiros, conjuntos ou separados, para lhe darem cumprimento às disposições de última vontade.

→ *v.* Arts. 1.883 e 1.986 do CC.

Art. 1.977. O testador pode conceder ao testamenteiro a posse e a administração da herança, ou de parte dela, não havendo cônjuge ou herdeiros necessários.

→ *v.* Art. 990, IV, do CPC/1973.

→ *v.* Art. 617, V, do NCPC.

Parágrafo único. Qualquer herdeiro pode requerer partilha imediata, ou devolução da herança, habilitando o testamenteiro com os meios necessários para o cumprimento dos legados, ou dando caução de prestá-los.

Art. 1.978. Tendo o testamenteiro a posse e a administração dos bens, incumbe-lhe requerer inventário e cumprir o testamento.

→ *v.* Arts. 987, 988, IV, e 1.137, IV, CPC/1973.

→ *v.* Arts. 615 e ss., do NCPC.

Art. 1.979. O testamenteiro nomeado, ou qualquer parte interessada, pode requerer, assim como o juiz pode ordenar, de ofício, ao detentor do testamento, que o leve a registro.

→ *v.* Arts. 1.127 e 1.129, parágrafo único, do CPC/1973.

→ *v.* Art. 735 do NCPC.

Art. 1.980. O testamenteiro é obrigado a cumprir as disposições testamentárias, no prazo marcado pelo testador, e a dar contas do que recebeu e despendeu, subsistindo sua responsabilidade enquanto durar a execução do testamento.

→ *v.* Art. 1.983, parágrafo único, do CC.

Art. 1.981. Compete ao testamenteiro, com ou sem o concurso do inventariante e dos herdeiros instituídos, defender a validade do testamento.

Art. 1.982. Além das atribuições exaradas nos artigos antecedentes, terá o testamenteiro as que lhe conferir o testador, nos limites da lei.

→ *v.* Arts. 1.135 e 1.137 do CPC/1973.

→ *v.* Art. 735, § 5º, do NCPC.

Art. 1.983. Não concedendo o testador prazo maior, cumprirá o testamenteiro o testamento e prestará contas em 180 (cento e oitenta) dias, contados da aceitação da testamentaria.

Parágrafo único. Pode esse prazo ser prorrogado se houver motivo suficiente.

Art. 1.984. Na falta de testamenteiro nomeado pelo testador, a execução testamentária compete a um dos cônjuges, e, em falta destes, ao herdeiro nomeado pelo juiz.

→ *v.* Art. 990 do CPC/1973.

→ *v.* Art. 617 do NCPC.

Art. 1.985. O encargo da testamentaria não se transmite aos herdeiros do testamenteiro, nem é delegável; mas o testamenteiro pode fazer-se representar em juízo e fora dele, mediante mandatário com poderes especiais.

→ *v.* Arts. 653 e 660 a 692 do CC.

Art. 1.986. Havendo simultaneamente mais de um testamenteiro, que tenha aceitado o cargo, poderá cada qual exercê-lo, em falta dos outros; mas todos ficam solidariamente obrigados a dar conta dos bens que lhes forem confiados, salvo se cada um tiver, pelo testamento, funções distintas, e a elas se limitar.

→ *v.* Arts. 264 a 285, e 1.976 do CC.

→ *v.* Art. 1.135 do CPC/1973.

→ *v.* Art.735, § 5º, do NCPC.

Art. 1.987. Salvo disposição testamentária em contrário, o testamenteiro, que não seja herdeiro ou legatário, terá direito a um prêmio, que, se o testador não o houver fixado, será de 1 (um) a 5% (cinco por cento), arbitrado pelo juiz, sobre a herança líquida, conforme a importância dela e maior ou menor dificuldade na execução do testamento.

Parágrafo único. O prêmio arbitrado será pago à conta da parte disponível, quando houver herdeiro necessário.

Art. 1.988. O herdeiro ou o legatário nomeado testamenteiro poderá preferir o prêmio à herança ou ao legado.

Art. 1.989. Reverterá à herança o prêmio que o testamenteiro perder, por ser removido ou por não ter cumprido o testamento.

→ *v.* Arts. 1.796, 1.978 e 1.987 do CC.

→ *v.* Art. 1.140, I, do CPC/1973.

Art. 1.990. Se o testador tiver distribuído toda a herança em legados, exercerá o testamenteiro as funções de inventariante.

→ *v.* Arts. 1.912 a 1.938, e 1.991, do CC.

→ *v.* Arts. 990, IV, 991 e 992, do CPC/1973.

→ *v.* Arts. 617 e ss., do NCPC.

Título IV
Do inventário e da partilha

Capítulo I
DO INVENTÁRIO

Art. 1.991. Desde a assinatura do compromisso até a homologação da partilha, a administração da herança será exercida pelo inventariante.

→ Súmula 542 do STF.

→ *v.* Arts. 1.785, 1.796, 1.977, 1.981 e 1.990 do CC.

→ *v.* Arts. 990 e ss. do CPC/1973.

→ *v.* Arts. 617 e ss., do NCPC.

Capítulo II
DOS SONEGADOS

Art. 1.992. O herdeiro que sonegar bens da herança, não os descrevendo no inventário quando estejam em seu poder, ou, com o seu conhecimento, no de outrem, ou que os omitir na colação, a que os deva levar, ou que deixar de restituí-los, perderá o direito que sobre eles lhe cabia.

→ *v.* Arts. 2.003 e 2.022, do CC.

Art. 1.993. Além da pena cominada no artigo antecedente, se o sonegador for o próprio inventariante, remover-se-á, em se provando a sonegação, ou negando ele a existência dos bens, quando indicados.

→ *v.* Art. 1.992 do CC.

Art. 1.994. A pena de sonegados só se pode requerer e impor em ação movida pelos herdeiros ou pelos credores da herança.

→ *v.* Art. 2.022 do CC.

Parágrafo único. A sentença que se proferir na ação de sonegados, movida por qualquer dos herdeiros ou credores, aproveita aos demais interessados.

Art. 1.995. Se não se restituírem os bens sonegados, por já não os ter o sonegador em seu poder, pagará ele a importância dos valores que ocultou, mais as perdas e danos.

→ *v.* Arts. 402 a 405 do CC.

Art. 1.996. Só se pode arguir de sonegação o inventariante depois de encerrada a descrição dos bens, com a declaração, por ele feita, de não existirem outros por inventariar e partir, assim como arguir o herdeiro, depois de declarar-se no inventário que não os possui.

→ *v.* Art. 994 do CPC/1973.

→ *v.* Art. 621 do NCPC.

Capítulo III
DO PAGAMENTO DAS DÍVIDAS

Art. 1.997. A herança responde pelo pagamento das dívidas do falecido; mas, feita a partilha, só respondem os herdeiros, cada qual em proporção da parte que na herança lhe coube.

→ *v.* Arts. 91, 276, 836, 1.700, 1.792 e 1.821, do CC.

→ *v.* Arts. 597, 703, III, 1.017 a 1.021 e 1.031, do CPC/1973.

→ *v.* Arts. 796, 900, §2º, 642 a 659, do NCPC.

§ 1º Quando, antes da partilha, for requerido no inventário o pagamento de dívidas constantes de documentos, revestidos de formalidades legais, constituindo prova bastante da obrigação, e houver impugnação, que não se funde na alegação de pagamento, acompanhada de prova valiosa, o juiz mandará reservar, em poder do inventariante, bens suficientes para solução do débito, sobre os quais venha a recair oportunamente a execução.

→ *v.* Art. 1.018, parágrafo único, do CPC/1973.

→ *v.* Art. 643, parágrafo único, do NCPC.

§ 2º No caso previsto no parágrafo antecedente, o credor será obrigado a iniciar a ação de cobrança no prazo de 30 (trinta) dias, sob pena de se tornar de nenhum efeito a providência indicada.

Art. 1.998. As despesas funerárias, haja ou não herdeiros legítimos, sairão do monte da herança; mas as de sufrágios por alma do falecido só obrigarão a herança quando ordenadas em testamento ou codicilo.

→ v. Arts. 965, I, 1.847 e 1.851 do CC.

Art. 1.999. Sempre que houver ação regressiva de uns contra outros herdeiros, a parte do coerdeiro insolvente dividir-se-á em proporção entre os demais.

Art. 2.000. Os legatários e credores da herança podem exigir que do patrimônio do falecido se discrimine o do herdeiro, e, em concurso com os credores deste, ser-lhes-ão preferidos no pagamento.

Art. 2.001. Se o herdeiro for devedor ao espólio, sua dívida será partilhada igualmente entre todos, salvo se a maioria consentir que o débito seja imputado inteiramente no quinhão do devedor.

Capítulo IV
DA COLAÇÃO

Art. 2.002. Os descendentes que concorrerem à sucessão do ascendente comum são obrigados, para igualar as legítimas, a conferir o valor das doações que dele em vida receberam, sob pena de sonegação.

→ v. Arts. 2.010 e 2.011 do CC.

Parágrafo único. Para cálculo da legítima, o valor dos bens conferidos será computado na parte indisponível, sem aumentar a disponível.

→ v. Arts. 544, 549, 1.829, I, 1.846, 1.847, 2.010 e 2.011, do CC.

Art. 2.003. A colação tem por fim igualar, na proporção estabelecida neste Código, as legítimas dos descendentes e do cônjuge sobrevivente, obrigando também os donatários que, ao tempo do falecimento do doador, já não possuírem os bens doados.

Parágrafo único. Se, computados os valores das doações feitas em adiantamento de legítima, não houver no acervo bens suficientes para igualar as legítimas dos descendentes e do cônjuge, os bens assim doados serão conferidos em espécie, ou, quando deles já não disponha o donatário, pelo seu valor ao tempo da liberalidade.

Art. 2.004. O valor de colação dos bens doados será aquele, certo ou estimativo, que lhes atribuir o ato de liberalidade.

→ v. Art. 1.014, parágrafo único, do CPC.

→ v. Art. 639, parágrafo único, do NCPC.

§ 1º Se do ato de doação não constar valor certo, nem houver estimação feita naquela época, os bens serão conferidos na partilha pelo que então se calcular valessem ao tempo da liberalidade.

§ 2º Só o valor dos bens doados entrará em colação; não assim o das benfeitorias acrescidas, as quais pertencerão ao herdeiro donatário, correndo também à conta deste os rendimentos ou lucros, assim como os danos e perdas que eles sofrerem.

→ v. Arts. 96, e 402 e 405, do CC.

Art. 2.005. São dispensadas da colação as doações que o doador determinar saiam da parte disponível, contanto que não a excedam, computado o seu valor ao tempo da doação.

Parágrafo único. Presume-se imputada na parte disponível a liberalidade feita a descendente que, ao tempo do ato, não seria chamado à sucessão na qualidade de herdeiro necessário.

Art. 2.006. A dispensa da colação pode ser outorgada pelo doador em testamento, ou no próprio título de liberalidade.

Art. 2.007. São sujeitas à redução as doações em que se apurar excesso quanto ao que o doador poderia dispor, no momento da liberalidade.

§ 1º O excesso será apurado com base no valor que os bens doados tinham, no momento da liberalidade.

§ 2º A redução da liberalidade far-se-á pela restituição ao monte do excesso assim apurado; a restituição será em espécie, ou, se não mais existir o bem em poder do donatário, em dinheiro, segundo o seu valor ao tempo da abertura da sucessão, observadas, no que forem aplicáveis, as regras deste Código sobre a redução das disposições testamentárias.

§ 3º Sujeita-se a redução, nos termos do parágrafo antecedente, a parte da doação feita a herdeiros necessários que exceder a legítima e mais a quota disponível.

§ 4º Sendo várias as doações a herdeiros necessários, feitas em diferentes datas, serão elas reduzidas a partir da última, até a eliminação do excesso.

Art. 2.008. Aquele que renunciou a herança ou dela foi excluído, deve, não obstante, conferir as doações recebidas, para o fim de repor o que exceder o disponível.

→ v. Arts. 1.804, parágrafo único, 1.806, e 1.961, do CC.

→ v. Arts. 991, VI e 1.015 do CPC/1973.

→ v. Art. 618, VI, e 640, do NCPC.

Art. 2.009. Quando os netos, representando os seus pais, sucederem aos avós, serão obrigados a trazer à colação, ainda que não o hajam herdado, o que os pais teriam de conferir.

Art. 2.010. Não virão à colação os gastos ordinários do ascendente com o descendente, enquanto menor, na sua educação, estudos, sustento, vestuário, tratamento nas enfermidades, enxoval, assim como as despesas de casamento, ou as feitas no interesse de sua defesa em processo-crime.

→ v. Art. 1.694 do CC.

Art. 2.011. As doações remuneratórias de serviços feitos ao ascendente também não estão sujeitas a colação.

Art. 2.012. Sendo feita a doação por ambos os cônjuges, no inventário de cada um se conferirá por metade.

→ v. Art. 2.004 do CC.

Capítulo V
DA PARTILHA

Art. 2.013. O herdeiro pode sempre requerer a partilha, ainda que o testador o proíba, cabendo igual faculdade aos seus cessionários e credores.

→ v. Arts. 1.022 a 1.030 do CPC/1973.

→ v. Arts. 647 e ss., do NCPC.

Art. 2.014. Pode o testador indicar os bens e valores que devem compor os quinhões hereditários, deliberando ele próprio a partilha, que prevalecerá, salvo se o valor dos bens não corresponder às quotas estabelecidas.

→ v. Art. 2.018 do CC.

Art. 2.015. Se os herdeiros forem capazes, poderão fazer partilha amigável, por escritura pública, termo nos autos do inventário, ou escrito particular, homologado pelo juiz.

Art. 2.016. Será sempre judicial a partilha, se os herdeiros divergirem, assim como se algum deles for incapaz.

→ v. Súmula 265 do STF.

→ v. Arts. 3º a 5º do CC.

→ v. Arts. 1.022 e 1.029 do CPC/1973.

→ v. Arts. 647 e ss. do NCPC.

Art. 2.017. No partilhar os bens, observar-se-á, quanto ao seu valor, natureza e qualidade, a maior igualdade possível.

Art. 2.018. É válida a partilha feita por ascendente, por ato entre vivos ou de última vontade, contanto que não prejudique a legítima dos herdeiros necessários.

→ v. Arts. 426, 544, 1.789, 1.845 a 1.847, e 2.014, do CC.

Art. 2.019. Os bens insuscetíveis de divisão cômoda, que não couberem na meação do cônjuge sobrevivente ou no quinhão de um só herdeiro, serão vendidos judicialmente, partilhando-se o valor apurado, a não ser que haja acordo para serem adjudicados a todos.

§ 1º Não se fará a venda judicial se o cônjuge sobrevivente ou um ou mais herdeiros requererem lhes seja adjudicado o bem, repondo aos outros, em dinheiro, a diferença, após avaliação atualizada.

§ 2º Se a adjudicação for requerida por mais de um herdeiro, observar-se-á o processo da licitação.

→ v. Art. 1.117, I, do CPC/1973.

Art. 2.020. Os herdeiros em posse dos bens da herança, o cônjuge sobrevivente e o inventariante são obrigados a trazer ao acervo os frutos que perceberam, desde a abertura da sucessão; têm direito ao reembolso das despesas necessárias e úteis que fizeram, e respondem pelo dano a que, por dolo ou culpa, deram causa.

Art. 2.021. Quando parte da herança consistir em bens remotos do lugar do inventário, litigiosos, ou de liquidação morosa ou difícil, poderá proceder-se, no prazo legal, à partilha dos outros, reservando-se aqueles para uma ou mais sobrepartilhas, sob a guarda e a administração do mesmo ou diverso inventariante, e consentimento da maioria dos herdeiros.

→ v. Arts. 1.040, III e IV, e 1.041, do CPC/1973.

→ v. Arts. 669, III e IV, e 670, do NCPC.

Art. 2.022. Ficam sujeitos à sobrepartilha os bens sonegados e quaisquer outros bens da herança de que se tiver ciência após a partilha.

→ v. Art. 1.040, I e II, do CPC/1973.

→ v. Art. 669, I e II, do NCPC.

Capítulo VI
DA GARANTIA DOS QUINHÕES HEREDITÁRIOS

Art. 2.023. Julgada a partilha, fica o direito de cada um dos herdeiros circunscrito aos bens do seu quinhão.

→ *v.* Art. 2.013 do CC.

Art. 2.024. Os coerdeiros são reciprocamente obrigados a indenizar-se no caso de evicção dos bens aquinhoados.

→ *v.* Arts. 447 a 457, e 2.017 do CC.

Art. 2.025. Cessa a obrigação mútua estabelecida no artigo antecedente, havendo convenção em contrário, e bem assim dando-se a evicção por culpa do evicto, ou por fato posterior à partilha.

Art. 2.026. O evicto será indenizado pelos coerdeiros na proporção de suas quotas hereditárias, mas, se algum deles se achar insolvente, responderão os demais na mesma proporção, pela parte desse, menos a quota que corresponderia ao indenizado.

Capítulo VII
DA ANULAÇÃO DA PARTILHA

Art. 2.027. A partilha é anulável pelos vícios e defeitos que invalidam, em geral, os negócios jurídicos.

→ *Caput* com redação alterada pela Lei 13.105/2015, em vigor após decorrido 1 (um) ano da data de sua publicação – *D.O.U.* de 17.3.2015 (*v.* Art. 1.045 do NCPC).

→ *v.* Arts. 104, 171, 178, I e II, 441 a 444 do CC.

→ *v.* Art. 1.029 do CPC/1973.

→ *v.* Art. 657 do NCPC.

Parágrafo único. Extingue-se em 1 (um) ano o direito de anular a partilha.

→ **Anterior redação: Art. 2.027.** A partilha, uma vez feita e julgada, só é anulável pelos vícios e defeitos que invalidam, em geral, os negócios jurídicos. **Parágrafo único.** Extingue-se em 1 (um) ano o direito de anular a partilha.

LIVRO COMPLEMENTAR
DAS DISPOSIÇÕES FINAIS E TRANSITÓRIAS

Art. 2.028. Serão os da lei anterior os prazos, quando reduzidos por este Código, e se, na data de sua entrada em vigor, já houver transcorrido mais da metade do tempo estabelecido na lei revogada.

Art. 2.029. Até 2 (dois) anos após a entrada em vigor deste Código, os prazos estabelecidos no parágrafo único do art. 1.238 e no parágrafo único do art. 1.242 serão acrescidos de 2 (dois) anos, qualquer que seja o tempo transcorrido na vigência do anterior, Lei 3.071, de 1º de janeiro de 1916.

→ *v.* Arts. 1.238, parágrafo único, 1.242, parágrafo único, e 2.028 do CC.

Art. 2.030. O acréscimo de que trata o artigo antecedente, será feito nos casos a que se refere o § 4º do art. 1.228.

→ *v.* Arts. 5º, XXIII, 170, III, 182, § 2º, e 186 da CF/1988.

Art. 2.031. As associações, sociedades e fundações, constituídas na forma das leis anteriores, bem como os empresários, deverão se adaptar às disposições deste Código até 11 de janeiro de 2007.

→ *Caput* com redação alterada pela Lei 11.127/2005.

Parágrafo único. O disposto neste artigo não se aplica às organizações religiosas nem aos partidos políticos.

→ Parágrafo único acrescentado pela Lei 10.825/2003.

Art. 2.032. As fundações, instituídas segundo a legislação anterior, inclusive as de fins diversos dos previstos no parágrafo único do art. 62, subordinam-se, quanto ao seu funcionamento, ao disposto neste Código.

Art. 2.033. Salvo o disposto em lei especial, as modificações dos atos constitutivos das pessoas jurídicas referidas no art. 44, bem como a sua transformação, incorporação, cisão ou fusão, regem-se desde logo por este Código.

→ *v.* Arts. 1.033 a 1.038, e 1.102 a 1.112, do CC.

Art. 2.034. A dissolução e a liquidação das pessoas jurídicas referidas no artigo antecedente, quando iniciadas antes da vigência deste Código, obedecerão ao disposto nas leis anteriores.

Art. 2.035. A validade dos negócios e demais atos jurídicos, constituídos antes da entrada em vigor deste Código, obedece ao disposto nas leis anteriores, referidas no art. 2.045, mas os seus efeitos, produzidos após a vigência deste Código, aos preceitos dele se subordinam, salvo se houver sido prevista pelas partes determinada forma de execução.

→ *v.* Art. 5º, XXXVI, da CF/1988.

Parágrafo único. Nenhuma convenção prevalecerá se contrariar preceitos de ordem pública, tais como os estabelecidos por este Código para assegurar a função social da propriedade e dos contratos.

Art. 2.036. A locação de prédio urbano, que esteja sujeita à lei especial, por esta continua a ser regida.

→ *v.* Lei 8.245/1990 – Locações dos imóveis urbanos e os procedimentos a elas pertinentes.

Art. 2.037. Salvo disposição em contrário, aplicam-se aos empresários e sociedades empresárias as disposições de lei não revogadas por este Código, referentes a comerciantes, ou a sociedades comerciais, bem como a atividades mercantis.

→ *v.* Arts. 966 a 1.195 do CC.

Art. 2.038. Fica proibida a constituição de enfiteuses e subenfiteuses, subordinando-se as existentes, até sua extinção, às disposições do Código Civil anterior, Lei 3.071, de 1º de janeiro de 1916, e leis posteriores.

§ 1º Nos aforamentos a que se refere este artigo é defeso:

I – cobrar laudêmio ou prestação análoga nas transmissões de bem aforado, sobre o valor das construções ou plantações;

II – constituir subenfiteuse.

§ 2º A enfiteuse dos terrenos de marinha e acrescidos regula-se por lei especial.

Art. 2.039. O regime de bens nos casamentos celebrados na vigência do Código Civil anterior, Lei 3.071, de 1º de janeiro de 1916, é o por ele estabelecido.

→ *v.* Art. 5º, XXXVI, da CF/1988.

→ *v.* Art. 6º, §§ 1º a 3º, da LINDB.

→ *v.* Arts. 1.639 a 1.688 do CC.

Art. 2.040. A hipoteca legal dos bens do tutor ou curador, inscrita em conformidade com o inciso IV do art. 827 do Código Civil anterior, Lei 3.071, de 1º de janeiro de 1916, poderá ser cancelada, obedecido o disposto no parágrafo único do art. 1.745 deste Código.

→ *v.* Arts. 1.489, 1.774 e 1.781, do CC.

→ *v.* Art. 251 da Lei 6.015/1973.

Art. 2.041. As disposições deste Código relativas à ordem da vocação hereditária (arts. 1.829 a 1.844) não se aplicam à sucessão aberta antes de sua vigência, prevalecendo o disposto na lei anterior (Lei 3.071, de 1º de janeiro de 1916).

→ *v.* Arts. 1.784 e 1.787 do CC.

Art. 2.042. Aplica-se o disposto no *caput* do art. 1.848, quando aberta a sucessão no prazo de 1 (um) ano após a entrada em vigor deste Código, ainda que o testamento tenha sido feito na vigência do anterior, Lei 3.071, de 1º de janeiro de 1916; se, no prazo, o testador não aditar o testamento para declarar a justa causa de cláusula aposta à legítima, não subsistirá a restrição.

Art. 2.043. Até que por outra forma se disciplinem, continuam em vigor as disposições de natureza processual, administrativa ou penal, constantes de leis cujos preceitos de natureza civil hajam sido incorporados a este Código.

Art. 2.044. Este Código entrará em vigor 1 (um) ano após a sua publicação.

Art. 2.045. Revogam-se a Lei 3.071, de 1º de janeiro de 1916 – Código Civil e a Parte Primeira do Código Comercial, Lei 556, de 25 de junho de 1850.

→ *v.* Art. 2.035 do CC.

Art. 2.046. Todas as remissões, em diplomas legislativos, aos Códigos referidos no artigo antecedente, consideram-se feitas às disposições correspondentes deste Código.

Brasília, 10 de janeiro de 2002; 181º da Independência e 114º da República.

Fernando Henrique Cardoso

(Publicação no *D.O.U.* de 11.1.2002)

ÍNDICE REMISSIVO DO CÓDIGO CIVIL

P

CÓDIGO COMERCIAL

VADE MECUM DE LEGISLAÇÃO FOCO

ÍNDICE SISTEMÁTICO DO CÓDIGO COMERCIAL

LEI 556, DE 25 DE JUNHO DE 1850

PARTE PRIMEIRA DO COMÉRCIO EM GERAL

PARTE SEGUNDA DO COMÉRCIO MARÍTIMO

TÍTULO I – DAS EMBARCAÇÕES

TÍTULO II – DOS PROPRIETÁRIOS, COMPARTES E CAIXAS DE NAVIOS

TÍTULO III – DOS CAPITÃES OU MESTRES DE NAVIO

TÍTULO IV – DO PILOTO E CONTRAMESTRE

TÍTULO V – DO AJUSTE E SOLDADAS DOS OFICIAIS E GENTE DA TRIPULAÇÃO, SEUS DIREITOS E OBRIGAÇÕES

TÍTULO VI – DOS FRETAMENTOS

TÍTULO VII – DO CONTRATO DE DINHEIRO A RISCO OU CÂMBIO MARÍTIMO

TÍTULO VIII – DOS SEGUROS MARÍTIMOS

TÍTULO IX – DO NALFRÁGIO E SALVADOS

TÍTULO X – DAS ARRIBADAS FORÇADAS

TÍTULO XI – DO DANO CAUSADO POR ABALROAÇÃO

TÍTULO XII – DO ABANDONO

TÍTULO XIII – DAS AVARIAS

PARTE TERCEIRA DAS QUEBRAS

TÍTULO ÚNICO – DA ADMINISTRAÇÃO DA JUSTIÇA NOS NEGÓCIOS E CAUSAS COMERCIAIS

CÓDIGO COMERCIAL

LEI 556,
DE 25 DE JUNHO DE 1850

Código Comercial

Dom PEDRO SEGUNDO, por graça de DEUS e unânime aclamação dos povos, Imperador Constitucional e defensor perpétuo do Brasil

Fazemos saber a todos que a Assembleia Geral votou e nós queremos a Lei seguinte:

PARTE PRIMEIRA
Do comércio em geral

Arts. 1º a 456. *(Revogados pela Lei 10.406/2002).*

PARTE SEGUNDA
Do comércio marítimo

→ v. Art. 2.035, parágrafo único, do CC: "Nenhuma convenção prevalecerá se contrariar preceitos de ordem pública, tais como os estabelecidos por este Código para assegurar a função social da propriedade e dos contratos."

→ v. Art. 5º da LINDB: "Na aplicação da lei, o juiz atenderá aos fins sociais a que ela se dirige e às exigências do bem comum."

→ v. Lei 10.826/2003 – Dispõe sobre registro, posse e comercialização de armas de fogo e munição, sobre o Sistema Nacional de Armas – Sinarm.

→ v. Le1 9.966/2000 – Dispõe sobre a prevenção, o controle e a fiscalização da poluição causada por lançamento de óleo e outras substâncias nocivas ou perigosas em águas sob jurisdição nacional.

→ v. Decreto 2.596/1998 – Regulamenta a Lei 9.537/1997, que dispõe sobre a segurança do tráfego aquaviário em águas sob jurisdição nacional.

→ v. Decreto 2.256/1997 – Regulamenta o Registro Especial Brasileiro – REB, para embarcações de que trata a Lei 9.432/1997.

→ v. Lei 9.537/1997 – Dispõe sobre a segurança do tráfego aquaviário em águas sob jurisdição nacional.

→ v. Lei 9.432/1997 – Dispõe sobre a ordenação do transporte aquaviário.

→ v. Lei 7.652/1988 – Dispõe sobre o registro da Propriedade Marítima.

→ v. Decreto-lei 666/1969 – Institui a obrigatoriedade de transporte em navio de bandeira brasileira.

→ v. Decreto 64.387/1969 – Regulamenta o Decreto-lei 116/1967.

→ v. Decreto 64.385/1969 – Regulamenta o Decreto-lei 190/1967.

→ v. Decreto-lei 190/1967 – Dispõe sobre o despacho de embarcações.

→ v. Decreto-lei 116/1967 – Dispõe sobre as operações inerentes ao transporte de mercadorias por via d'água nos portos brasileiros, delimitando suas responsabilidades e tratando das faltas e avarias.

→ v. Lei 2.180/1954 – Dispõe sobre o Tribunal Marítimo.

Título I
Das embarcações

Art. 457. Somente podem gozar das prerrogativas e favores concedidos a embarcações brasileiras, as que verdadeiramente pertencerem a súditos do Império, sem que algum estrangeiro nelas possua parte ou interesse.

Provando-se que alguma embarcação, registrada debaixo do nome de brasileiro, pertence no todo ou em parte a estrangeiro, ou que este tem nela algum interesse, será apreendida como perdida; e metade do seu produto aplicado para o denunciante, havendo-o, e a outra metade a favor do cofre do Tribunal do Comércio respectivo.

Os súditos brasileiros domiciliados em país estrangeiro não podem possuir embarcação brasileira; salvo se nela for comparte alguma casa comercial brasileira estabelecida no Império.

→ v. Art. 22, I da CF/1988.

Art. 458. Acontecendo que alguma embarcação brasileira passe por algum título a domínio de estrangeiro no todo ou em parte, não poderá navegar com a natureza de propriedade brasileira, enquanto não for alienada a súdito do Império.

→ v. Art. 11 da Lei 9.432/1997.

Art. 459. É livre construir as embarcações pela forma e modo que mais conveniente parecer; nenhuma, porém, poderá aparelhar-se sem se reconhecer previamente, por vistoria feita na conformidade dos regulamentos do Governo, que se acha navegável.

O auto original da vistoria será depositado na secretaria do Tribunal do Comércio respectivo; e antes deste depósito nenhuma embarcação será admitida a registro.

→ v. Art. 3º da Lei 7.652/1988.

Art. 460. Toda embarcação brasileira destinada à navegação do alto-mar, com exceção somente das que se empregarem exclusivamente nas pescarias das costas, deve ser registrada no Tribunal do Comércio do domicílio do seu proprietário ostensivo ou armador (art. 484), e sem constar do registro não será admitida a despacho.

→ v. Art. 466, 1, do CCo.

→ v. Art. 3º da Lei 7.652/1988.

Art. 461. O registro deve conter:

1. a declaração do lugar onde a embarcação foi construída, o nome do construtor, e a qualidade das madeiras principais;

2. as dimensões da embarcação em palmos e polegadas, e a sua capacidade em toneladas, comprovadas por certidão de arqueação com referência à sua data;

3. a armação de que usa, e quantas cobertas tem;

4. o dia em que foi lançada ao mar;

5. o nome de cada um dos donos ou compartes, e os seus respectivos domicílios;

6. menção especificada do quinhão de cada comparte, se for de mais de um proprietário, e a época da sua respectiva aquisição, com referência à natureza e data do título, que deverá acompanhar a petição para o registro. O nome da embarcação registrada e do seu proprietário ostensivo ou armador serão publicados por anúncios nos periódicos do lugar.

Art. 462. Se a embarcação for de construção estrangeira, além das especificações sobreditas, deverá declarar-se no registro a nação a que pertencia, o nome que tinha e o que tomou, e o título por que passou a ser de propriedade brasileira; podendo omitir-se, quando não conste dos documentos, o nome do construtor.

Art. 463. O proprietário armador prestará juramento por si ou por seu procurador, nas mãos do presidente do tribunal, de que a sua declaração é verídica, e de que todos os proprietários da embarcação são verdadeiramente súditos brasileiros, obrigando-se por termo a não fazer uso ilegal do registro, e a entregá-lo dentro de 1 (um) ano no mesmo tribunal, no caso da embarcação ser vendida, perdida ou julgada incapaz de navegar; pena de incorrer na multa no mesmo termo declarada, que o tribunal arbitrará.

Nos lugares onde não houver Tribunal do Comércio, todas as diligências sobreditas serão praticadas perante o juiz de direito do comércio, que enviará ao tribunal competente as devidas participações, acompanhadas dos documentos respectivos.

Art. 464. Todas as vezes que qualquer embarcação mudar de proprietário ou de nome, será o seu registro apresentado no Tribunal do Comércio respectivo para as competentes anotações.

→ v. Art. 4º da Lei 7.652/1988.

Art. 465. Sempre que a embarcação mudar de capitão, será esta alteração anotada no registro, pela autoridade que tiver a seu cargo a matrícula dos navios, no porto onde a mudança tiver lugar.

Art. 466. Toda a embarcação brasileira em viagem é obrigada a ter a bordo:

1. o seu registro (art. 460);

2. o passaporte do navio;

3. o rol da equipagem ou matrícula;

4. a guia ou manifesto da Alfândega do porto brasileiro donde houver saído, feito na conformidade das leis, regulamentos e instruções fiscais;

5. a carta de fretamento nos casos em que este tiver lugar, e os conhecimentos da carga existente a bordo, se alguma existir;

6. os recibos das despesas dos portos donde sair, compreendidas as de pilotagem, ancoragem e mais direitos ou impostos de navegação;

7. um exemplar do Código Comercial.

Art. 467. A matrícula deve ser feita no porto do armamento da embarcação, e conter:

1. os nomes do navio, capitão, oficiais e gente da tripulação, com declaração de suas idades, estado, naturalidade e domicílio, e o emprego de cada um a bordo;

2. o porto da partida e o do destino, e a torna-viagem, se esta for determinada;

3. as soldadas ajustadas, especificando-se, se são por viagem ou ao mês, por quantia certa ou a frete, quinhão ou lucro na viagem;

4. as quantias adiantadas, que se tiverem pago ou prometido pagar por conta das soldadas;

5. a assinatura do capitão, e de todos os oficiais do navio e mais indivíduos da tripulação que souberem escrever (arts. 511 e 512).

Art. 468. As alienações ou hipotecas de embarcações brasileiras destinadas à navegação do alto-mar, só podem fazer-se por escritura pública, na qual se deverá inserir o teor do seu registro, com todas as anotações que nele houver (arts. 472 e 474); pena de nulidade.

Todos os aprestos, aparelhos e mais pertences existentes a bordo de qualquer navio ao tempo da sua venda, deverão entender-se compreendidos nesta, ainda que deles se não faça expressa menção; salvo havendo no contrato convenção em contrário.

→ *v.* Art. 1.473, VI, do CC.

→ *v.* Arts. 12 a 14 da Lei 7.652/1988.

Art. 469. Vendendo-se algum navio em viagem, pertencem ao comprador os fretes que vencerem nesta viagem; mas se na data do contrato o navio tiver chegado ao lugar do seu destino, serão do vendedor; salvo convenção em contrário.

Art. 470. No caso de venda voluntária, a propriedade da embarcação passa para o comprador com todos os seus encargos; salvo os direitos dos credores privilegiados que nela tiverem hipoteca tácita. Tais são:

→ *v.* Art. 472 do CCo.

1. os salários devidos por serviços prestados ao navio, compreendidos os de salvados e pilotagem;

2. todos os direitos de porto e impostos de navegação;

3. os vencimentos de depositários e despesas necessárias feitas na guarda do navio, compreendido o aluguel dos armazéns de depósito dos aprestos e aparelhos do mesmo navio;

4. todas as despesas do custeio do navio e seus pertences, que houverem sido feitas para sua guarda e conservação depois da última viagem e durante a sua estadia no porto da venda;

5. as soldadas do capitão, oficiais e gente da tripulação, vencidas na última viagem;

6. o principal e prêmio das letras de risco tomadas pelo capitão sobre o casco e aparelho ou sobre os fretes (art. 651) durante a última viagem, sendo o contrato celebrado e assinado antes do navio partir do porto onde tais obrigações forem contraídas;

7. o principal e prêmio de letras de risco, tomadas sobre o casco e aparelhos, ou fretes, antes de começar a última viagem, no porto da carga (art. 515);

8. as quantias emprestadas ao capitão, ou dívidas por ele contraídas para o conserto e custeio do navio, durante a última viagem, com os respectivos prêmios de seguro, quando em virtude de tais empréstimos o capitão houver evitado firmar letras de risco (art. 515);

9. faltas na entrega da carga, prêmios de seguro sobre o navio ou fretes, e avarias ordinárias, e tudo o que respeitar à última viagem somente.

Art. 471. São igualmente privilegiadas, ainda que contraídas fossem anteriormente à última viagem:

1. as dívidas provenientes do contrato da construção do navio e juros respectivos, por tempo de 3 (três) anos, a contar do dia em que a construção ficar acabada;

2. as despesas do conserto do navio e seus aparelhos, e juros respectivos, por tempo dos 2 (dois) últimos anos, a contar do dia em que o conserto terminou.

Art. 472. Os créditos provenientes das dívidas especificadas no artigo precedente, e nos ns. 4, 6, 7 e 8 do art. 470, só serão considerados como privilegiados quando tiverem sido lançados no Registro do Comércio em tempo útil (art. 10, n. 2) e as suas importâncias se acharem anotadas no registro da embarcação (art. 468).

As mesmas dívidas, sendo contraídas fora do Império, só serão atendidas achando-se autenticadas com o – Visto – do respectivo cônsul.

Art. 473. Os credores contemplados nos arts. 470 e 471 preferem entre si pela ordem dos números em que estão colocados; as dívidas, contempladas debaixo do mesmo número e contraídas no mesmo porto, precederão entre si pela ordem em que ficam classificadas, e entrarão em concurso sendo de idêntica natureza; porém, se dívidas idênticas se fizerem por necessidade em outros portos, ou no mesmo porto a que voltar o navio, as posteriores preferirão às anteriores.

Art. 474. Em seguimento dos créditos mencionados nos arts. 470 e 471, são também privilegiados o preço da compra do navio não pago, e os juros respectivos, por tempo de 3 (três) anos, a contar da data do instrumento do contrato; contanto, porém, que tais créditos constem de documentos inscritos lançados no Registro do Comércio em tempo útil, e a sua importância se ache anotada no registro da embarcação.

Art. 475. No caso de quebra ou insolvência do armador do navio, todos os créditos a cargo da embarcação, que se acharem nas precisas circunstâncias dos arts. 470, 471 e 474, preferirão sobre o preço do navio a outros credores da massa.

Art. 476. O vendedor de embarcação é obrigado a dar ao comprador uma nota por ele assinada de todos os créditos privilegiados a que a mesma embarcação possa achar-se obrigada (arts. 470, 471 e 474), a qual deverá ser incorporada na escritura da venda em seguimento do registro da embarcação. A falta de declaração de algum crédito privilegiado induz presunção de má-fé da parte do vendedor, contra o qual o comprador poderá intentar a ação criminal que seja competente, se for obrigado ao pagamento de algum crédito não declarado.

→ *v.* Art. 299 do CP.

Art. 477. Nas vendas judiciais extingue-se toda a responsabilidade da embarcação para com todos e quaisquer credores, desde a data do termo da arrematação, e fica subsistindo somente sobre o preço, enquanto este se não levanta.

Todavia, se do registro do navio constar que este está obrigado por algum crédito privilegiado, o preço da arrematação será conservado em depósito, em tanto quanto baste para solução dos créditos privilegiados constantes do registro; e não poderá levantar-se antes de expirar o prazo da prescrição dos créditos privilegiados, ou se mostrar que estão todos pagos, ainda mesmo que o exequente seja credor privilegiado, salvo prestando fiança idônea; pena de nulidade do levantamento do depósito; competindo ao credor prejudicado ação para haver de quem indevidamente houver recebido, e de perdas e danos solidariamente contra o juiz e escrivão que tiverem passado e assinado a ordem ou mandado.

Art. 478. Ainda que as embarcações sejam reputadas bens móveis, contudo, nas vendas judiciais, se guardarão as regras que as leis prescrevem para as arrematações dos bens de raiz; devendo as ditas vendas, além da afixação dos editais nos lugares públicos, e particularmente nas praças do comércio, ser publicadas por três anúncios insertos, com o intervalo de 8 (oito) dias, nos jornais do lugar, que habitualmente publicarem anúncios, e, não os havendo, nos do lugar mais vizinho.

Nas mesmas vendas, as custas judiciais do processo da execução e arrematação preferem a todos os créditos privilegiados.

Art. 479. Enquanto durar a responsabilidade da embarcação por obrigações privilegiadas, pode esta ser embargada e detida, a requerimento de credores que apresentarem títulos legais (arts. 470, 471 e 474), em qualquer porto do Império onde se achar, estando sem carga ou não tendo recebido a bordo mais da quarta parte da que corresponder à sua lotação; o embargo, porém, não será admissível achando-se a embarcação com os despachos necessários para poder ser declarada desimpedida, qualquer que seja o estado da carga; salvo se a dívida proceder de fornecimentos feitos no mesmo porto, e para a mesma viagem.

Art. 480. Nenhuma embarcação pode ser embargada ou detida por dívida não privilegiada; salvo no porto da sua matrícula; e mesmo neste, unicamente nos casos em que os devedores são por direito obrigados a prestar caução em juízo, achando-se previamente intentadas as ações competentes.

→ *v.* Art. 5º, *caput*, da CF/1988: "Todos são iguais perante a lei, sem distinção de qualquer natureza, garantindo-se aos brasileiros e aos estrangeiros residentes no País a inviolabilidade do direito à vida, à liberdade, à igualdade, à segurança e à propriedade, (...)."

→ *v.* Art. 2.035, parágrafo único, do CC: "Nenhuma convenção prevalecerá se contrariar preceitos de ordem pública, tais como os estabelecidos por este Código para assegurar a função social da propriedade e dos contratos".

→ *v.* Art. 5º da LINDB: "Na aplicação da lei, o juiz atenderá aos fins sociais a que ela se dirige e às exigências do bem comum."

Art. 481. Nenhuma embarcação, depois de ter recebido mais da quarta parte da carga correspondente à sua lotação, pode ser embargada ou detida por dívidas particulares do armador, exceto se estas tiverem sido contraídas para aprontar o navio para a mesma viagem, e o devedor não tiver outros bens com que possa pagar; mas, mesmo neste caso, se mandará levantar o embargo, dando os mais compartes fiança pelo valor de seus respectivos quinhões, assinando o capitão termo de voltar ao mesmo lugar finda a viagem, e prestando os interessados na expedição fiança idônea à satisfação da dívida, no caso da embarcação não voltar por qualquer incidente, ainda que seja de força maior. O capitão que deixar de cumprir o referido termo responderá pessoalmente pela dívida, salvo o caso de força maior, e a sua falta será qualificada de barataria.

→ *v.* Art. 393, parágrafo único, do CC.

→ *v.* Art. 712 do CCo.

Art. 482. Os navios estrangeiros surtos nos portos do Brasil não podem ser embargados nem detidos, ainda mesmo que se achem sem carga, por dívidas que não forem contraídas no território brasileiro em utilidade dos mesmos navios ou da sua carga; salvo provindo a dívida de letras de risco ou de câmbio sacadas em país estrangeiro no caso do art. 651, e vencidas em algum lugar do Império.

Art. 483. Nenhum navio pode ser detido ou embargado, nem executado na sua totalidade por dívidas particulares de um comparte; poderá, porém, ter lugar a execução no valor do quinhão do devedor, sem prejuízo da livre navegação do mesmo navio, prestando os mais compartes fiança idônea.

Título II
Dos proprietários, compartes e caixas de navios

Art. 484. Todos os cidadãos brasileiros podem adquirir e possuir embarcações brasileiras; mas a sua armação e expedição só pode girar debaixo do nome e responsabilidade de um proprietário ou comparte, armador ou caixa, que tenha as qualidades requeridas para ser comerciante (arts. 1º e 4º).

Art. 485. Quando os compartes de um navio fazem dele uso comum, esta sociedade ou parceria marítima regula-se pelas disposições das sociedades comerciais (Parte I, Título XV); salvo as determinações contidas no presente Título.

→ V. Art. 927 do CC.

Art. 486. Nas parcerias ou sociedades de navios, o parecer da maioria no valor dos interesses prevalece contra o da minoria nos mesmos interesses, ainda que esta seja representada pelo maior número de sócios e aquela por um só. Os votos computam-se na proporção dos quinhões; o menor quinhão será contado por um voto; no caso de empate decidirá a sorte, se os sócios não preferirem cometer a decisão a um terceiro.

Art. 487. Achando-se um navio necessitado de conserto, e convindo neste a maioria, os sócios dissidentes, se não quiserem anuir, serão obrigados a vender os seus quinhões aos outros compartes, estimando-se o preço antes de principiar-se o conserto; se estes não quiserem comprar, proceder-se-á à venda em hasta pública.

Art. 488. Se o menor número entender que a embarcação necessita de conserto e a maioria se opuser, a minoria tem direito para requerer que se proceda a vistoria judicial; decidindo-se que o conserto é necessário, todos os compartes são obrigados a contribuir para ele.

Art. 489. Se algum comparte na embarcação quiser vender o seu quinhão, será obrigado a afrontar os outros parceiros; estes têm direito a preferir na compra em igualdade de condições, contanto que efetuem a entrega do preço à vista, ou o consignem em juízo no caso de contestação. Resolvendo-se a venda do navio por deliberação da maioria, a minoria pode exigir que se faça em hasta pública.

→ V. Art. 1.003 do CC.

→ V. Arts. 1.113 a 1.119 do CPC/1973.

→ V. Art. 730 do NCPC.

Art. 490. Todos os compartes têm direito de preferir no fretamento a qualquer terceiro, em igualdade de condições; concorrendo na preferência para a mesma viagem dois ou mais compartes, preferirá o que tiver maior parte de interesses na embarcação; no caso de igualdade de interesses decidirá a sorte; todavia, esta preferência não dá direito para exigir que se varie o destino da viagem acordada pela maioria.

Art. 491. Toda a parceria ou sociedade de navio é administrada por um ou mais caixas, que representa em juízo e fora dele a todos os interessados, e os responsabiliza; salvo as restrições contidas no instrumento social, ou nos poderes do seu mandato, competentemente registrados (art. 10, n. 2).

Art. 492. O caixa deve ser nomeado dentre os compartes; salvo se todos convierem na nomeação de pessoa estranha à parceria; em todos os casos é necessário que o caixa tenha as qualidades exigidas no art. 484.

Art. 493. Ao caixa, não havendo estipulação em contrário, pertence nomear, ajustar e despedir o capitão e mais oficiais do navio, dar todas as ordens, e fazer todos os contratos relativos à administração, fretamento e viagens da embarcação; obrando sempre em conformidade do acordo da maioria e do seu mandato, debaixo de sua responsabilidade pessoal para com os compartes pelo que obrar contra o mesmo acordo, ou mandato.

Art. 494. Todos os proprietários e compartes são solidariamente responsáveis pelas dívidas que o capitão contrair para consertar, habilitar e aprovisionar o navio; sem que esta responsabilidade possa ser ilidida, alegando-se que o capitão excedeu os limites das suas faculdades, ou instruções, se os credores provarem que a quantia pedida foi empregada a benefício do navio (art. 517). Os mesmos proprietários e compartes são solidariamente responsáveis pelos prejuízos que o capitão causar a terceiro por falta da diligência que é obrigado a empregar para boa guarda, acondicionamento e conservação dos efeitos recebidos a bordo (art. 519). Esta responsabilidade cessa, fazendo aqueles abandono do navio e fretes vencidos e a vencer na respectiva viagem. Não é permitido o abandono ao proprietário ou comparte que for ao mesmo tempo capitão do navio.

Art. 495. O caixa é obrigado a dar aos proprietários ou compartes, no fim de cada viagem, uma conta da sua gestão, tanto relativa ao estado do navio e parceria, como da viagem finda, acompanhada dos documentos competentes, e a pagar sem demora o saldo líquido que a cada um couber; os proprietários ou compartes são obrigados a examinar a conta do caixa logo que lhes for apresentada, e a pagar sem demora a quota respectiva aos seus quinhões. A aprovação das contas do caixa dada pela maioria dos compartes do navio não obsta a que a minoria dos sócios intente contra eles as ações que julgar competentes.

Título III
Dos capitães ou mestres de navio

Art. 496. Para ser capitão ou mestre de embarcação brasileira, palavras sinônimas neste Código para todos os efeitos de direito, requer-se ser cidadão brasileiro, domiciliado no Império, com capacidade civil para poder contratar validamente.

Art. 497. O capitão é o comandante da embarcação; toda a tripulação lhe está sujeita, e é obrigada a obedecer e cumprir as suas ordens em tudo quanto for relativo ao serviço do navio.

Art. 498. O capitão tem a faculdade de impor penas correcionais aos indivíduos da tripulação que perturbarem a ordem do navio, cometerem faltas de disciplina, ou deixarem de fazer o serviço que lhes competir; e até mesmo de proceder à prisão por motivo de insubordinação, ou de qualquer outro crime cometido a bordo, ainda mesmo que o delinquente seja passageiro; formando os necessários processos, os quais é obrigado a entregar com os presos às autoridades competentes no primeiro porto do Império aonde entrar.

→ V. Arts. 545, 4, e 555, 1, do CCo.

Art. 499. Pertence ao capitão escolher e ajustar a gente da equipagem, e despedi-la, nos casos em que a despedida possa ter lugar (art. 555), obrando de concerto com o dono ou armador, caixa, ou consignatário do navio, nos lugares onde estes se acharem presentes. O capitão não pode ser obrigado a receber na equipagem indivíduo algum contra a sua vontade.

Art. 500. O capitão que seduzir ou desencaminhar marinheiro matriculado em outra embarcação será punido com a multa de cem mil-réis por cada indivíduo que desencaminhar, e obrigado a entregar o marinheiro seduzido, existindo a bordo do seu navio; e se a embarcação por esta falta deixar de fazer-se à vela, será responsável pelas estadias da demora.

Art. 501. O capitão é obrigado a ter escrituração regular de tudo quanto diz respeito à administração do navio, e à sua navegação; tendo para este fim três livros distintos, encadernados e rubricados pela autoridade a cargo de quem estiver a matrícula dos navios; pena de responder por perdas e danos que resultarem da sua falta de escrituração regular.

Art. 502. No primeiro, que se denominará – *Livro da Carga* – assentará diariamente as entradas e saídas da carga, com declaração específica das marcas e números dos volumes, nomes dos carregadores e consignatários, portos da carga e descarga, fretes ajustados, e quaisquer outras circunstâncias ocorrentes que possam servir para futuros esclarecimentos. No mesmo livro se lançarão também os nomes dos passageiros, com declaração do lugar do seu destino, preço e condições da passagem, e a relação da sua bagagem.

Art. 503. O segundo livro será da – *Receita e Despesa da Embarcação*; e nele, debaixo de competentes títulos, se lançará, em forma de contas correntes, tudo quanto o capitão receber e despender respectivamente à embarcação; abrindo-se assento a cada um dos indivíduos da tripulação, com declaração de seus vencimentos, e de qualquer ônus a que se achem obrigados, e a cargo do que receberem por conta de suas soldadas.

→ V. Art. 544 do CCo.

Art. 504. No terceiro livro, que será denominado – *Diário da Navegação* – se assentarão diariamente, enquanto o navio se achar em algum porto, os trabalhos que tiverem lugar a bordo, e os consertos ou reparos do navio. No mesmo livro se assentará também toda a derrota da viagem, notando-se diariamente as observações que os capitães e os pilotos são obrigados a fazer, todas as ocorrências interessantes à navegação, acontecimentos extraordinários que possam ter lugar a bordo, e com especialidade os temporais, e os danos ou avarias que o navio ou a carga possam sofrer, as deliberações que se tomarem por acordo dos oficiais da embarcação, e os competentes protestos.

→ V. Art. 109, IX, da CF/1988.

→ V. Arts. 526 e 539 do CCo.

Art. 505. Todos os processos testemunháveis e protestos formados a bordo, tendentes a comprovar sinistros, avarias, ou quaisquer perdas, devem ser ratificados com juramento do capitão perante a autoridade competente do primeiro lugar onde chegar; a qual deverá interrogar o mesmo capitão, oficiais, gente da equipagem (art. 545, n. 7) e passageiros sobre a veracidade dos fatos e suas circunstâncias, tendo presente o Diário da Navegação, se houver sido salvo.

→ v. Art. 1.218, VIII, do CPC/1973.

→ v. Art. 730 do NCPC.

Art. 506. Na véspera da partida do porto da carga, fará o capitão inventariar, em presença do piloto e contramestre, as amarras, âncoras, velames e mastreação, com declaração do estado em que se acharem. Este inventário será assinado pelo capitão, piloto e contramestre. Todas as alterações que durante a viagem sofrer qualquer dos sobreditos artigos serão anotadas no Diário da Navegação, e com as mesmas assinaturas.

Art. 507. O capitão é obrigado a permanecer a bordo desde o momento em que começa a viagem de mar, até a chegada do navio a surgidouro seguro e bom porto; e a tomar os pilotos e práticos necessários em todos os lugares em que os regulamentos, o uso e prudência o exigirem; pena de responder por perdas e danos que da sua falta resultarem.

Art. 508. É proibido ao capitão abandonar a embarcação, por maior perigo que se ofereça, fora do caso de naufrágio; e julgando-se indispensável o abandono, é obrigado a empregar a maior diligência possível para salvar todos os efeitos do navio e carga, e com preferência os papéis e livros da embarcação, dinheiro e mercadorias de maior valor. Se apesar de toda a diligência os objetos tirados do navio, ou os que nele ficarem se perderem ou forem roubados sem culpa sua, o capitão não será responsável.

Art. 509. Nenhuma desculpa poderá desonerar o capitão que alterar a derrota que era obrigado a seguir, ou que praticar algum ato extraordinário de que possa provir dano ao navio ou à carga, sem ter precedido deliberação tomada em junta composta de todos os oficiais da embarcação, e na presença dos interessados do navio ou na carga, se algum se achar a bordo. Em tais deliberações, e em todas as mais que for obrigado a tomar com acordo dos oficiais do navio, o capitão tem voto de qualidade, e até mesmo poderá obrar contra o vencido, debaixo de sua responsabilidade pessoal, sempre que o julgar conveniente.

→ v. Arts. 680 e 770 do CCo.

Art. 510. É proibido ao capitão entrar em porto estranho ao do seu destino; e, se ali for levado por força maior (art. 740), é obrigado a sair no primeiro tempo oportuno que se oferecer; pena de responder pelas perdas e danos que da demora resultarem ao navio ou à carga (art. 748).

→ v. Arts. 393, parágrafo único, 402 a 405 do CC.

Art. 511. O capitão que entrar em porto estrangeiro é obrigado a apresentar-se ao cônsul do Império nas primeiras 24 (vinte e quatro) horas úteis, e a depositar nas suas mãos a guia ou manifesto da Alfândega, indo de algum porto do Brasil, e a matrícula; e a declarar, e fazer anotar nesta pelo mesmo cônsul, no ato da apresentação, toda e qualquer alteração que tenha ocorrido sobre o mar na tripulação do navio; e antes da saída as que ocorrerem durante a sua estada no mesmo porto.

Quando a entrada for em porto do Império, o depósito do manifesto terá lugar na Alfândega respectiva, havendo-a, e o da matrícula na repartição onde esta se costuma fazer com as sobreditas declarações.

Art. 512. Na volta da embarcação ao porto donde saiu, ou naquele onde largar o seu comando, é o capitão obrigado a apresentar a matrícula original na repartição encarregada da matrícula dos navios, dentro de 24 (vinte e quatro) horas úteis depois que der fundo, e a fazer as mesmas declarações ordenadas no artigo precedente.

Passados 8 (oito) dias depois do referido tempo, prescreve qualquer ação de procedimento, que possa ter lugar contra o capitão por faltas por ele cometidas na matrícula durante a viagem.O capitão que não apresentar todos os indivíduos matriculados, ou não fizer constar devidamente a razão da falta, será multado, pela autoridade encarregada da matrícula dos navios, em cem mil-réis por cada pessoa que apresentar de menos, com recurso para o Tribunal do Comércio competente.

→ v. Arts. 189 e 967 do CC.

Art. 513. Não se achando presentes os proprietários, seus mandatários ou consignatários, incumbe ao capitão ajustar fretamentos, segundo as instruções que tiver recebido (art. 569).

Art. 514. O capitão, nos portos onde residirem os donos, seus mandatários ou consignatários, não pode, sem autorização especial destes, fazer despesa alguma extraordinária com a embarcação.

Art. 515. É permitido ao capitão em falta de fundos, durante a viagem, não se achando presente algum dos proprietários da embarcação, seus mandatários ou consignatários, e na falta deles algum interessado na carga, ou mesmo se, achando-se presentes, não providenciarem, contrair dívidas, tomar dinheiro a risco sobre o casco e pertences do navio e remanescentes dos fretes depois de pagas as soldadas, e até mesmo, na falta absoluta de outro recurso, vender mercadorias da carga, para o reparo ou provisão da embarcação; declarando nos títulos das obrigações que assinar a causa de que estas procedem (art. 517).

As mercadorias da carga que em tais casos se venderem serão pagas aos carregadores pelo preço que outras de igual qualidade obtiverem no porto da descarga, ou pelo que por arbitradores se estimar no caso da venda ter compreendido todas as da mesma qualidade (art. 621).

→ v. Art. 1.218, X, do CPC/1973.

→ v. Art. 1.046, §§ 2º e 3º, do NCPC.

Art. 516. Para poder ter lugar alguma das providências autorizadas no artigo precedente, é indispensável:

1. que o capitão prove falta absoluta de fundos em seu poder pertencentes à embarcação;

2. que não se ache presente o proprietário da embarcação, ou mandatário seu ou consignatário, e na sua falta algum dos interessados na carga; ou que, estando presentes, se dirigiu a eles e não providenciaram;

3. que a deliberação seja tomada de acordo com os oficiais da embarcação, lavrando-se no Diário da Navegação termo da necessidade da medida tomada (art. 504).

A justificação destes requisitos será feita perante o juiz de direito do comércio do porto onde se tomar o dinheiro a risco ou se venderem as mercadorias, e por ele julgada procedente, e nos portos estrangeiros perante os cônsules do Império.

→ v. Art. 1.218, X, do CPC/1973.

→ v. Art. 1.046, §§ 2º e 3º, do NCPC.

Art. 517. O capitão que, nos títulos ou instrumentos das obrigações procedentes de despesas por ele feitas para fabrico, habilitação ou abastecimento da embarcação, deixar de declarar a causa de que procedem, ficará pessoalmente obrigado para com as pessoas com quem contratar; sem prejuízo da ação que estas possam ter contra os donos do navio provando que as quantias devidas foram efetivamente aplicadas a benefício deste (art. 494).

Art. 518. O capitão que tomar dinheiro sobre o casco do navio e seus pertences, empenhar ou vender mercadorias, fora dos casos em que por este Código lhe é permitido, e o que for convencido de fraude em suas contas, além das indenizações de perdas e danos, ficará sujeito à ação criminal que no caso couber.

→ v. Arts. 515 e 651 do CCo.

Art. 519. O capitão é considerado verdadeiro depositário da carga e de quaisquer efeitos que receber a bordo, e como tal está obrigado à sua guarda, bom acondicionamento e conservação, e à sua pronta entrega à vista dos conhecimentos (arts. 586 e 587).

A responsabilidade do capitão a respeito da carga principia a correr desde o momento em que a recebe, e continua até o ato da sua entrega no lugar que se houver convencionado, ou que estiver em uso no porto da descarga.

Art. 520. O capitão tem direito para ser indenizado pelos donos de todas as despesas necessárias que fizer em utilidade da embarcação com fundos próprios ou alheios, contanto que não tenha excedido as suas instruções, nem as faculdades que por sua natureza são inerentes à sua qualidade de capitão.

Art. 521. É proibido ao capitão pôr carga alguma no convés da embarcação sem ordem ou consentimento por escrito dos carregadores; pena de responder pessoalmente por todo o prejuízo que daí possa resultar.

→ v. Art. 790 do CCo.

Art. 522. Estando a embarcação fretada por inteiro, se o capitão receber carga de terceiro, o afretador tem direito a fazê-la desembarcar.

→ v. Art. 570 do CCo.

Art. 523. O capitão, ou qualquer outro indivíduo da tripulação, que carregar na embarcação, ainda mesmo a pretexto de ser na sua câmara ou nos seus agasalhados, mercadorias de sua conta particular, sem consentimento por escrito do dono do navio ou dos afretadores, pode ser obrigado a pagar frete dobrado.

Art. 524. O capitão que navega em parceria a lucro comum sobre a carga não pode fazer comércio algum por sua conta particular a não haver convenção em contrário; pena de correrem por conta dele todos os riscos e perdas, e de pertencerem aos demais parceiros os lucros que houver.

Art. 525. É proibido ao capitão fazer com os carregadores ajustes públicos ou secretos que revertam em benefício seu particular, debaixo de qualquer título ou pretexto que seja; pena de correr por conta dele e dos carregadores todo o risco que acontecer, e de pertencer ao dono do navio todo o lucro que houver.

Art. 526. É obrigação do capitão resistir por todos os meios que lhe ditar a sua prudência a toda e qualquer violência que possa intentar-se contra a embarcação, seus pertences e carga; e se for obrigado a fazer entrega de tudo ou de parte, deverá munir-se com os competentes protestos e justificações no mesmo porto, ou no primeiro onde chegar (arts. 504 e 505).

Art. 527. O capitão não pode reter a bordo os efeitos da carga a título de segurança do frete; mas tem direito de exigir dos donos ou consignatários, no ato da entrega da carga, que depositem ou afiancem a importância do frete, avarias grossas e despesas a seu cargo; e na falta de pronto pagamento, depósito, ou fiança, poderá requerer embargo pelos fretes, avarias e despesas sobre as mercadorias da carga, enquanto estas se acharem em poder dos donos ou consignatários, ou estejam fora das estações públicas ou dentro delas; e mesmo para requerer a sua venda imediata, se forem de fácil deterioração, ou de guarda arriscada ou dispendiosa.

A ação de embargo prescreve passados 30 (trinta) dias a contar da data do último dia da descarga.

→ *v.* Arts. 191 e 818 do CC.

→ *v.* Arts. 585 e 764 do CCo.

Art. 528. Quando por ausência do consignatário, ou por se não apresentar o portador do conhecimento à ordem, o capitão ignorar a quem deva competentemente fazer a entrega, solicitará do juiz de direito do comércio, e onde o não houver da autoridade local a quem competir, que nomeie depositário para receber os gêneros, e pagar os fretes devidos por conta de quem pertencer.

Art. 529. O capitão é responsável por todas as perdas e danos que, por culpa sua, omissão ou imperícia, sobrevierem ao navio ou à carga; sem prejuízo das ações criminais a que a sua malversação ou dolo possa dar lugar (art. 608).

O capitão é também civilmente responsável pelos furtos, ou quaisquer danos praticados a bordo pelos indivíduos da tripulação nos objetos da carga, enquanto esta se achar debaixo da sua responsabilidade.

→ *v.* Arts. 186 e 927 do CC.

→ *v.* Art. 608 do CCo.

Art. 530. Serão pagas pelo capitão todas as multas que forem impostas à embarcação por falta de exata observância das leis e regulamentos das Alfândegas e polícia dos portos; e igualmente os prejuízos que resultarem de discórdias entre os indivíduos da mesma tripulação no serviço desta, se não provar que empregou todos os meios convenientes para as evitar.

Art. 531. O capitão que, fora do caso de inavegabilidade legalmente provada, vender o navio sem autorização especial dos donos, ficará responsável por perdas e danos, além da nulidade da venda, e do procedimento criminal que possa ter lugar.

Art. 532. O capitão que, sendo contratado para uma viagem certa, deixar de a concluir sem causa justificada, responderá aos proprietários, afretadores e carregadores pelas perdas e danos que dessa falta resultarem.

Em reciprocidade, o capitão, que sem justa causa for despedido antes de finda a viagem, será pago da sua soldada por inteiro, posto à custa do proprietário ou afretador no lugar onde começou a viagem, e indenizado de quaisquer vantagens que possa ter perdido pela despedida.

Pode, porém, ser despedido antes da viagem começada, sem direito a indenização, não havendo ajuste em contrário.

Art. 533. Sendo a embarcação fretada para porto determinado, só pode o capitão negar-se a fazer a viagem, sobrevindo peste, guerra, bloqueio ou impedimento legítimo da embarcação sem limitação de tempo.

Art. 534. Acontecendo falecer algum passageiro ou indivíduo da tripulação durante a viagem, o capitão procederá a inventário de todos os bens que o falecido deixar, com assistência dos oficiais da embarcação e de duas testemunhas, que serão com preferência passageiros, pondo tudo em boa arrecadação, e logo que chegar ao porto da saída fará entrega do inventário e bens às autoridades competentes.

Art. 535. Finda a viagem, o capitão é obrigado a dar sem demora contas da sua gestão ao dono ou caixa do navio, com entrega do dinheiro que em si tiver, livros e todos os mais papéis. E o dono ou caixa é obrigado a ajustar as contas do capitão logo que as receber, e a pagar a soma que lhe for devida. Havendo contestação sobre a conta, o capitão tem direito para ser pago imediatamente das soldadas vencidas, prestando fiança de as repor, a haver lugar.

Art. 536. Sendo o capitão o único proprietário da embarcação, será simultaneamente responsável aos afretadores e carregadores por todas as obrigações impostas aos capitães e aos armadores.

Art. 537. Toda a obrigação pela qual o capitão, sendo comparte do navio, for responsável à parceria, tem privilégio sobre o quinhão e lucros que o mesmo tiver no navio e fretes.

Título IV
Do piloto e contramestre

Art. 538. A habilitação e deveres dos pilotos e contramestres são prescritos nos regulamentos de Marinha.

Art. 539. O piloto, quando julgar necessário mudar de rumo, comunicará ao capitão as razões que assim o exigem; e se este se opuser, desprezando as suas observações, que em tal caso deverá renovar-lhe na presença dos mais oficiais do navio, lançará o seu protesto no Diário da Navegação (art. 504), o qual deverá ser por todos assinado, e obedecerá às ordens do capitão, sobre quem recairá toda a responsabilidade.

→ *v.* Art. 509 do CCo.

Art. 540. O piloto, que, por imperícia, omissão ou malícia, perder o navio ou lhe causar dano, será obrigado a ressarcir o prejuízo que sofrer o mesmo navio ou a carga; além de incorrer nas penas criminais que possam ter lugar; a responsabilidade do piloto não exclui a do capitão nos casos do art. 529.

→ *v.* Art. 932 do CC.

Art. 541. Por morte ou impedimento do capitão recai o comando do navio no piloto, e na falta ou impedimento deste no contramestre, com todas as prerrogativas, faculdades, obrigações e responsabilidades inerentes ao lugar de capitão.

Art. 542. O contramestre que, recebendo ou entregando fazendas, não exige e entrega ao capitão as ordens, recibos, ou outros quaisquer documentos justificativos do seu ato, responde por perdas e danos daí resultantes.

Título V
Do ajuste e soldadas dos oficiais e gente da tripulação, seus direitos e obrigações

Art. 543. O capitão é obrigado a dar às pessoas da tripulação, que o exigirem, uma nota por ele assinada, em que se declare a natureza do ajuste e preço da soldada, e a lançar na mesma nota as quantias que se forem pagando por conta.

As condições do ajuste entre o capitão e a gente da tripulação, na falta de outro título do contrato, provam-se pelo rol da equipagem ou matrícula; subentendendo-se sempre compreendido no ajuste o sustento da tripulação.

Não constando pela matrícula, nem por outro escrito do contrato, o tempo determinado do ajuste, entende-se sempre que foi por viagem redonda ou de ida e volta ao lugar em que teve lugar a matrícula.

→ *v.* Arts. 248 a 252 da CLT.

→ *v.* Art. 7º, parágrafo único, da Lei 9.537/1997.

→ *v.* Decreto 6.766/2009 – Promulga a Convenção n. 178 relativa à Inspeção das Condições de Vida e de Trabalho dos Trabalhadores Marítimos, assinada em Genebra, em 22 de outubro de 1996.

→ *v.* Decreto 3.168/1999 – Promulga a Convenção n. 146 da Organização Internacional do Trabalho – OIT, sobre Férias Remuneradas Anuais da Gente do Mar, concluída em Genebra, em 29 de outubro de 1976.

→ *v.* Decreto 447/1992 – Promulga a Convenção n. 147 da Organização Internacional do Trabalho – OIT, sobre Normas Mínimas da Marinha Mercante.

→ *v.* Decreto 128/1991 – Promulga a Convenção n. 145, da Organização Internacional do Trabalho – OIT, sobre a Continuidade do Emprego da Gente do Mar.

Art. 544. Achando-se o Livro da Receita e Despesa do navio conforme à matrícula (art. 467), e escriturado com regularidade (art. 503), fará inteira fé para solução de quaisquer dúvidas que possam suscitar-se sobre as condições do contrato das soldadas; quanto, porém, às quantias entregues por conta, prevalecerão, em caso de dúvida, os assentos lançados nas notas de que trata o artigo precedente.

Art. 545. São obrigações dos oficiais e gente da tripulação:

1. ir para bordo prontos para seguir viagem no tempo ajustado; pena de poderem ser despedidos;

2. não sair do navio nem passar a noite fora sem licença do capitão; pena de perdimento de 1 (um) mês de soldada;

3. não retirar os seus efeitos de bordo sem serem visitados pelo capitão, ou pelo seu segundo, debaixo da mesma pena;

4. obedecer sem contradição ao capitão e mais oficiais nas suas respectivas qualidades, e abster-se de brigas; debaixo das penas declaradas nos arts. 498 e 555;

5. auxiliar o capitão, em caso de ataque do navio, ou desastre sobrevindo à embarcação ou à carga, seja qual for a natureza do sinistro; pena de perdimento das soldadas vencidas;

6. finda a viagem, fundear e desaparelhar o navio, conduzi-lo a surgidouro seguro, e amarrá-lo, sempre que o capitão o exigir; pena de perdimento das soldadas vencidas;

7. prestar os depoimentos necessários para ratificação dos processos testemunháveis, e protestos formados a bordo (art. 505), recebendo pelos dias da demora uma indenização proporcional às soldadas que venciam; faltando a este dever não terão ação para demandar as soldadas vencidas.

Art. 546. Os oficiais e quaisquer outros indivíduos da tripulação, que, depois de matriculados, abandonarem a viagem antes de começada, ou se ausentarem antes de acabada, podem ser compelidos com prisão ao cumprimento do contrato, a repor o que se lhes houver pago adiantado, e a servir 1 (um) mês sem receberem soldada.

Art. 547. Se depois de matriculada a equipagem se romper a viagem no porto da matrícula por fato do dono, capitão, ou afretador, a todos os indivíduos da tripulação justos ao mês se abonará a soldada de 1 (um) mês, além da que tiverem vencido; aos que estiverem contratados por viagem abonar-se-á metade da soldada ajustada.

Se, porém, o rompimento da viagem tiver lugar depois da saída do porto da matrícula, os indivíduos justos ao mês têm direito a receber, não só pelo tempo vencido, mas também pelo que seria necessário para regressarem ao porto da saída, ou para chegarem ao do destino, fazendo-se a conta por aquele que se achar mais próximo; aos contratados por viagem redonda se pagará como se a viagem se achasse terminada.

Tanto os indivíduos da equipagem justos por viagem, como os justos ao mês, têm direito a que se lhes pague a despesa da passagem do porto da despedida para aquele onde ou para onde se ajustarem, que for mais próximo. Cessa esta obrigação sempre que os indivíduos da equipagem podem encontrar soldada no porto da despedida.

Art. 548. Rompendo-se a viagem por causa de força maior, a equipagem, se a embarcação se achar no porto do ajuste, só tem direito a exigir as soldadas vencidas.

São causas de força maior:

1. declaração de guerra, ou interdito de comércio entre o porto da saída e o porto do destino da viagem;

2. declaração de bloqueio do porto, ou peste declarada nele existente;

3. proibição de admissão no mesmo porto dos gêneros carregados na embarcação;

4. detenção ou embargo da embarcação (no caso de se não admitir fiança ou não ser possível dá-la), que exceda ao tempo de 90 (noventa) dias;

5. inavegabilidade da embarcação acontecida por sinistro.

Art. 549. Se o rompimento da viagem por causa de força maior acontecer achando-se a embarcação em algum porto de arribada, a equipagem contratada ao mês só tem direito a ser paga pelo tempo vencido desde a saída do porto até o dia em que for despedida, e a equipagem justa por viagem não tem direito a soldada alguma se a viagem não se conclui.

Art. 550. No caso de embargo ou detenção, os indivíduos da tripulação justos ao mês vencerão metade de suas soldadas durante o impedimento, não excedendo este de 90 (noventa) dias; findo este prazo caduca o ajuste. Aqueles, porém, que forem justos por viagem redonda são obrigados a cumprir seus contratos até o fim da viagem.

Todavia, se o proprietário da embarcação vier a receber indenização pelo embargo ou detenção, será obrigado a pagar as soldadas por inteiro aos que forem justos ao mês, e aos de viagem redonda na devida proporção.

Art. 551. Quando o proprietário, antes de começada a viagem, der à embarcação destino diferente daquele que tiver sido declarado no contrato, terá lugar novo ajuste; e os que se não ajustarem só terão direito a receber o vencido, ou a reter o que tiverem recebido adiantado.

→ v. Art. 561 do CCo.

Art. 552. Se depois da chegada da embarcação ao porto do seu destino, e ultimada a descarga, o capitão, em lugar de fazer o seu retorno, fretar ou carregar a embarcação para ir a outro destino, é livre aos indivíduos da tripulação ajustarem-se de novo ou retirarem-se, não havendo no contrato estipulação em contrário.

Todavia, se o capitão, fora do Império, achar a bem navegar para outro porto livre, e nele carregar ou descarregar, a tripulação não pode despedir-se, posto que a viagem se prolongue além do ajuste; recebendo os indivíduos justos por viagem um aumento de soldada na proporção da prolongação.

Art. 553. Sendo a tripulação justa a partes ou quinhão no frete, não lhe será devida indenização alguma pelo rompimento, retardação ou prolongação da viagem causada por força maior; mas se o rompimento, retardação ou prolongação provier de fato dos carregadores, terá parte nas indenizações que se concederem ao navio; fazendo-se a divisão entre os donos do navio e a gente da tripulação, na mesma proporção em que o frete deveria ser dividido.

Se o rompimento, retardação ou prolongação provier de fato do capitão ou proprietário do navio, estes serão obrigados às indenizações proporcionais respectivas.

Quando a viagem for mudada para porto mais vizinho, ou abreviada por outra qualquer causa, os indivíduos da tripulação justos por viagem serão pagos por inteiro.

Art. 554. Se alguém da tripulação depois de matriculado for despedido sem justa causa, terá direito de haver a soldada contratada por inteiro, sendo redonda, e se for ao mês far-se-á a conta pelo termo médio do tempo que costuma gastar-se nas viagens para o porto do ajuste. Em tais casos o capitão não tem direito para exigir do dono do navio as indenizações que for obrigado a pagar; salvo tendo obrado com sua autorização.

Art. 555. São causas justas para a despedida:

1. perpetração de algum crime, ou desordem grave que perturbe a ordem da embarcação, reincidência em insubordinação, falta de disciplina ou de cumprimento de deveres (art. 498);

2. embriaguez habitual;

3. ignorância do mister para que o despedido se tiver ajustado;

4. qualquer ocorrência que o inabilite para desempenhar as suas obrigações, com exceção do caso prevenido no art. 560.

Art. 556. Os oficiais e gente da tripulação podem despedir-se, antes de começada a viagem, nos casos seguintes:

1. quando o capitão muda do destino ajustado (art. 551);

2. se depois do ajuste o Império é envolvido em guerra marítima, ou há notícias certas de peste no lugar do destino;

3. se assoldadados para ir em comboio, este não tem lugar;

4. morrendo o capitão, ou sendo despedido.

Art. 557. Nenhum indivíduo da tripulação pode intentar litígio contra o navio ou capitão, antes de terminada a viagem; todavia, achando-se o navio em bom porto, os indivíduos maltratados, ou a quem o capitão houver faltado com o devido sustento, poderão demandar a rescisão do contrato.

Art. 558. Sendo a embarcação apresada, ou naufragando, a tripulação não tem direito às soldadas vencidas na viagem do sinistro, nem o dono do navio a reclamar as que tiver pago adiantadas.

Art. 559. Se a embarcação aprisionada se recuperar achando-se ainda a tripulação a bordo, será esta paga de suas soldadas por inteiro.

Salvando-se do naufrágio alguma parte do navio ou da carga, a tripulação terá direito a ser paga das soldadas vencidas na última viagem, com preferência a outra qualquer dívida anterior, até onde chegar o valor da parte do navio que se puder salvar; e não chegando esta, ou se nenhuma parte se tiver salvado, pelos fretes da carga salva.

Entende-se última viagem, o tempo decorrido desde que a embarcação principiou a receber o lastro ou carga que tiver a bordo na ocasião do apresamento, ou naufrágio.

Se a tripulação estiver justa a partes, será paga somente pelos fretes dos salvados, e em devida proporção de rateio com o capitão.

Art. 560. Não deixará de vencer a soldada ajustada qualquer indivíduo da tripulação que adoecer durante a viagem em serviço do navio, e o curativo será por conta deste; se, porém, a doença for adquirida fora do serviço do navio, cessará o vencimento da soldada enquanto ela durar, e a despesa do curativo será por conta das soldadas vencidas; e se estas não chegarem, por seus bens ou pelas soldadas que possam vir a vencer.

Art. 561. Falecendo algum indivíduo da tripulação durante a viagem, a despesa do seu enterro será paga por conta do navio; e seus herdeiros têm direito à soldada devida até o dia do falecimento, estando justo ao mês; até o porto do destino se a morte acontecer em caminho para ele, sendo o ajuste por viagem; e à de ida e volta acontecendo em torna-viagem, se o ajuste for por viagem redonda.

Art. 562. Qualquer que tenha sido o ajuste, o indivíduo da tripulação que for morto em defesa da embarcação será considerado como vivo para todos os vencimentos e quaisquer interesses que possam vir aos da sua classe, até que a mesma embarcação chegue ao porto do seu destino.

O mesmo benefício gozará o que for aprisionado em ato de defesa da embarcação, se esta chegar a salvamento.

Art. 563. Acabada a viagem, a tripulação tem ação para exigir o seu pagamento dentro de 3 (três) dias depois de ultimada a descarga, com os juros da lei no caso de mora (art. 449, n. 4).

Ajustando-se os oficiais e gente da tripulação para diversas viagens, poderão, terminada cada viagem, exigir as soldadas vencidas.

Art. 564. Todos os indivíduos da equipagem têm hipoteca tácita no navio e fretes para serem pagos das soldadas vencidas na última viagem com preferência a outras dívidas menos privilegiadas; e em nenhum caso o réu será ouvido sem depositar a quantia pedida.

Entender-se-á por equipagem ou tripulação para o dito efeito, e para todos os mais dispostos neste Título, o capitão, oficiais, marinheiros e todas as mais pessoas empregadas no serviço do navio, menos os sobrecargas.

→ v. Art. 1.473, VI, do CC.

→ v. Art. 759 do CCo.

Art. 565. O navio e frete respondem para com os donos da carga pelos danos que sofrerem por delitos, culpa ou omissão culposa do capitão ou gente da tripulação, perpetrados em serviço do navio; salvas as ações dos proprietários da embarcação contra o capitão, e deste contra a gente da tripulação.

O salário do capitão e as soldadas da equipagem são hipoteca especial nestas ações.

Título VI
Dos fretamentos

Capítulo I
DA NATUREZA E FORMA DO CONTRATO DE FRETAMENTO E DAS CARTAS-PARTIDAS

Art. 566. O contrato de fretamento de qualquer embarcação, quer seja na sua totalidade ou em parte, para uma ou mais viagens, quer seja à carga, colheita ou prancha, o que tem lugar quando o capitão recebe carga de quantos se apresentam, deve provar-se por escrito. No primeiro caso o instrumento que se chama *carta-partida* ou *carta de fretamento*, deve ser assinado pelo fretador e afretador, e por quaisquer outras pessoas que intervenham no contrato, do qual se dará a cada uma das partes um exemplar; e no segundo, o instrumento chama-se *conhecimento*, e basta ser assinado pelo capitão e o carregador. Entende-se por fretador o que dá, e por afretador o que toma a embarcação a frete.

Art. 567. A carta-partida deve enunciar:

1. o nome do capitão e o do navio, o porte deste, a nação a que pertence, e o porto do seu registro (art. 460);

2. o nome do fretador e o do afretador, e seus respectivos domicílios; se o fretamento for por conta de terceiro deverá também declarar-se o seu nome e domicílio;

3. a designação da viagem, se é redonda ou ao mês, para uma ou mais viagens, e se estas são de ida e volta ou somente para ida ou volta, e finalmente se a embarcação se freta no todo ou em parte;

4. o gênero e quantidade da carga que o navio deve receber, designada por toneladas, números, peso ou volume, e por conta de quem a mesma será conduzida para bordo, e deste para terra;

5. o tempo da carga e descarga, portos de escala quando a haja, as estadias e sobreestadias ou demoras, e a forma por que estas se hão de vencer e contar;

6. o preço do frete, quanto há de pagar-se de primagem ou gratificação, e de estadias e sobreestadias, e a forma, tempo e lugar do pagamento;

7. se há lugares reservados no navio, além dos necessários para uso e acomodação do pessoal e material do serviço da embarcação;

8. todas as mais estipulações em que as partes se acordarem.

Art. 568. As cartas de fretamento devem ser lançadas no Registro do Comércio, dentro de 15 (quinze) dias a contar da saída da embarcação nos lugares da residência dos Tribunais do Comércio, e nos outros, dentro do prazo que estes designarem (art. 31).

→ *v.* Art. 10, I, da Lei 8.935/1994.

Art. 569. A carta de fretamento valerá como instrumento público tendo sido feita por intervenção e com assinatura de algum corretor de navios, ou na falta de corretor por tabelião que porte por fé ter sido passada na sua presença e de duas testemunhas com ele assinadas. A carta de fretamento que não for autenticada por alguma das duas referidas formas, obrigará as próprias partes mas não dará direito contra terceiro.

As cartas de fretamento assinadas pelo capitão valem ainda que este tenha excedido as faculdades das suas instruções; salvo o direito dos donos do navio por perdas e danos contra ele pelos abusos que cometer.

→ *v.* Art. 513 do CCo.

Art. 570. Fretando-se o navio por inteiro, entende-se que fica somente reservada a câmara do capitão, os agasalhados da equipagem, e as acomodações necessárias para o material da embarcação.

→ *v.* Arts. 522, 567, 7, e 596, do CCo.

Art. 571. Dissolve-se o contrato de fretamento, sem que haja lugar a exigência alguma de parte a parte:

1. se a saída da embarcação for impelida, antes da partida, por força maior sem limitação de tempo;

2. sobrevindo, antes de principiada a viagem, declaração de guerra, ou interdito de comércio com o país para onde a embarcação é destinada, em consequência do qual o navio e a carga conjuntamente não sejam considerados como propriedade neutra;

3. proibição de exportação de todas ou da maior parte das fazendas compreendidas na carta de fretamento do lugar donde a embarcação deva partir, ou de importação no de seu destino;

4. declaração de bloqueio do porto da carga ou do seu destino, antes da partida do navio.

Em todos os referidos casos as despesas da descarga serão por conta do afretador ou carregadores.

Art. 572. Se o interdito de comércio com o porto do destino do navio acontece durante a sua viagem, e se por este motivo o navio é obrigado a voltar com a carga, deve-se somente o frete pela ida, ainda que o navio tivesse sido fretado por ida e volta.

Art. 573. Achando-se um navio fretado em lastro para outro porto onde deva carregar, dissolve-se o contrato, se chegando a esse porto sobrevier algum dos impedimentos designados nos arts. 571 e 572, sem que possa ter lugar indenização alguma por nenhuma das partes, quer o impedimento venha só do navio, quer do navio e carga. Se, porém, o impedimento nascer da carga e não do navio, o afretador será obrigado a pagar metade do frete ajustado.

Art. 574. Poderá igualmente rescindir-se o contrato de fretamento a requerimento do afretador, se o capitão lhe tiver ocultado a verdadeira bandeira da embarcação; ficando este pessoalmente responsável ao mesmo afretador por todas as despesas da carga e descarga, e por perdas e danos, se o valor do navio não chegar para satisfazer o prejuízo.

Capítulo II
DOS CONHECIMENTOS

Art. 575. O conhecimento deve ser datado, e declarar:

1. o nome do capitão, e o do carregador e consignatário (podendo omitir-se o nome deste se for à ordem), e o nome e porte do navio;

2. a qualidade e a quantidade dos objetos da carga, suas marcas e números, anotados à margem;

3. o lugar da partida e o do destino, com declaração das escalas, havendo-as;

4. o preço do frete e primagem, se esta for estipulada, e o lugar e forma do pagamento;

5. a assinatura do capitão (art. 577), e a do carregador.

→ *v.* Arts. 586 e 587 do CCo.

Art. 576. Sendo a carga tomada em virtude de carta de fretamento, o portador do conhecimento não fica responsável por alguma condição ou obrigação especial contida na mesma carta, se o conhecimento não tiver a cláusula – *segundo a carta de fretamento.*

Art. 577. O capitão é obrigado a assinar todas as vias de um mesmo conhecimento que o carregador exigir, devendo ser todas do mesmo teor e da mesma data, e conter o número da via. Uma via ficará em poder do capitão, as outras pertencem ao carregador.

Se o capitão for ao mesmo tempo o carregador, os conhecimentos respectivos serão assinados por duas pessoas da tripulação a ele imediatas no comando do navio, e uma via será depositada nas mãos do armador ou do consignatário.

Art. 578. Os conhecimentos serão assinados e entregues dentro de 24 (vinte e quatro) horas, depois de ultimada a carga, em resgate dos recibos provisórios; pena de serem responsáveis por todos os danos que resultarem do retardamento da viagem, tanto o capitão como os carregadores que houverem sido remissos na entrega dos mesmos conhecimentos.

Art. 579. Seja qual for a natureza do conhecimento, não poderá o carregador variar a consignação por via de novos conhecimentos, sem que faça prévia entrega ao capitão de todas as vias que este houver assinado.

O capitão que assinar novos conhecimentos sem ter recolhido todas as vias do primeiro ficará responsável aos portadores legítimos que se apresentarem com alguma das mesmas vias.

Art. 580. Alegando-se extravio dos primeiros conhecimentos, o capitão não será obrigado a assinar segundos, sem que o carregador preste fiança à sua satisfação pelo valor da carga neles declarada.

Art. 581. Falecendo o capitão da embarcação antes de fazer-se à vela, ou deixando de exercer o seu ofício, os carregadores têm direito para exigir do sucessor que revalide com a sua assinatura os conhecimentos por aquele assinados, conferindo-se a carga com os mesmos conhecimentos; o capitão que os assinar sem esta conferência responderá pelas faltas; salvo se os carregadores convierem que ele declare nos conhecimentos que não conferiu a carga.

No caso de morte do capitão ou de ter sido despedido sem justa causa, serão pagas pelo dono do navio as despesas da conferência; mas se a despedida provier de fato do capitão, serão por conta deste.

Art. 582. Se as fazendas carregadas não tiverem sido entregues por número, peso ou medida, ou no caso de haver dúvida na contagem, o capitão pode declarar nos conhecimentos, que o mesmo número, peso ou medida lhe são desconhecidos; mas se o carregador não convier nesta declaração deverá proceder-se a nova contagem, correndo a despesa por conta de quem a tiver ocasionado.

Convindo o carregador na sobredita declaração, o capitão ficará somente obrigado a entregar no porto da descarga os efeitos que se acharem dentro da embarcação pertencentes ao mesmo carregador, sem que este tenha direito para exigir mais carga; salvo se provar que houve desvio da parte do capitão ou da tripulação.

Art. 583. Constando ao capitão que há diversos portadores das diferentes vias de um conhecimento das mesmas fazendas, ou tendo-se feito sequestro, arresto ou penhora nelas, é obrigado a pedir depósito judicial, por conta de quem pertencer.

→ *v.* Art. 528 do CCo.

Art. 584. Nenhuma penhora ou embargo de terceiro, que não for portador de alguma das vias de conhecimento, pode, fora do caso de reivindicação segundo as disposições deste Código (art. 874, n. 2), privar o portador do mesmo conhecimento da faculdade de requerer o depósito ou venda judicial das fazendas no caso sobredito; salvo o direito do exequente ou de terceiro opoente sobre o preço da venda.

Art. 585. O capitão pode requerer o depósito judicial todas as vezes que os portadores de conhecimentos se não apresentarem para receber a carga imediatamente que ele der princípio à descarga, e nos casos em que o consignatário esteja ausente ou seja falecido.

Art. 586. O conhecimento concebido nos termos enunciados no art. 575 faz inteira prova entre todas as partes interessadas na carga e frete, e entre elas e os seguradores; ficando salva a estes e aos donos do navio a prova em contrário.

Art. 587. O conhecimento feito em forma regular (art. 575) tem força e é acionável como escritura pública.

Sendo passado *à ordem* é transferível e negociável por via de endosso.

Art. 588. Contra os conhecimentos só pode opor-se falsidade, quitação, embargo, arresto ou penhora e depósito judicial, ou perdimento dos efeitos carregados por causa justificada.

Art. 589. Nenhuma ação entre o capitão e os carregadores ou seguradores será admissível em juízo se não for logo acompanhada do conhecimento original. A falta deste não pode ser suprida pelos recibos provisórios da carga; salvo provando-se que o carregador fez diligência para obtê-lo e que, fazendo-se o navio à vela sem o capitão o haver passado, interpôs competente protesto dentro dos primeiros 3 (três) dias úteis, contados da saída do navio, com intimação do armador, consignatário ou outro qualquer interessado, e na falta destes por editais; ou sendo a questão de seguros sobre sinistro acontecido no porto da carga, se provar que o mesmo sinistro aconteceu antes do conhecimento poder ser assinado.

Capítulo III
DOS DIREITOS E OBRIGAÇÕES DO FRETADOR E AFRETADOR

Art. 590. O fretador é obrigado a ter o navio prestes para receber a carga, e o afretador a efetuá-la no tempo marcado no contrato.

Art. 591. Não se tendo determinado na carta de fretamento o tempo em que deve começar a carregar-se, entende-se que principia a correr desde o dia em que o capitão declarar que está pronto para receber a carga; se o tempo que deve durar a carga e a descarga não estiver fixado, ou quanto se há de pagar de primagem e estadias e sobreestadias, e o tempo e modo do pagamento, será tudo regulado pelo uso do porto onde uma ou outra deva efetuar-se.

Art. 592. Vencido o prazo, e o das estadias e sobreestadias que se tiverem ajustado, e, na falta de ajuste, as do uso no porto da carga, sem que o afretador tenha carregado efeitos alguns, terá o capitão a escolha, ou de resilir do contrato e exigir do afretador metade do frete ajustado e primagem com estadias e sobreestadias, ou de empreender a viagem sem carga, e finda ela exigir dele o frete por inteiro e primagem, com as avarias que forem devidas, estadias e sobreestadias.

Art. 593. Quando o afretador carrega só parte da carga no tempo aprazado, o capitão, vencido o tempo das estadias e sobreestadias, tem direito, ou de proceder a descarga por conta do mesmo afretador e pedir meio frete, ou de empreender a viagem com a parte da carga que tiver a bordo para haver o frete por inteiro no porto do seu destino, com as mais despesas declaradas no artigo antecedente.

Art. 594. Renunciando o afretador ao contrato antes de começarem a correr os dias suplementares da carga, será obrigado a pagar metade do frete e primagem.

Art. 595. Sendo o navio fretado por inteiro, o afretador pode obrigar o fretador a que faça sair o navio logo que tiver metido a bordo carga suficiente para pagamento do frete e primagem, estadias e sobreestadias, ou prestado fiança ao pagamento. O capitão neste caso não pode tomar carga de terceiro sem consentimento por escrito do afretador, nem recusar-se à saída; salvo por falta de prontificação do navio, que, segundo as cláusulas do fretamento, não possa ser imputável ao fretador.

Art. 596. Tendo o fretador direito de fazer sair o navio sem carga ou só com parte dela (arts. 592 e 593), poderá, para segurança do frete e de outras indenizações a que haja lugar, completar a carga por outros carregadores, independente de consentimento do afretador; mas o benefício do novo frete pertencerá a este.

Art. 597. Se o fretador houver declarado na carta-partida maior capacidade daquela que o navio na realidade tiver, não excedendo da décima parte, o afretador terá opção para anular o contrato, ou exigir correspondente abatimento no frete, com indenização de perdas e danos; salvo se a declaração estiver conforme à lotação do navio.

Art. 598. O fretador pode fazer descarregar à custa do afretador os efeitos que este introduzir no navio além da carga ajustada na carta de fretamento; salvo prestando-se aquele a pagar o frete correspondente, se o navio os puder receber.

Art. 599. Os carregadores ou afretadores respondem pelos danos que resultarem, se, sem ciência e consentimento do capitão, introduzirem no navio fazendas, cuja saída ou entrada for proibida, e de qualquer outro fato ilícito que praticarem ao tempo da carga ou descarga; e, ainda que as fazendas sejam confiscadas, serão obrigados a pagar o frete e primagem por inteiro, e a avaria grossa.

→ V. Art. 764 do CCo.

Art. 600. Provando-se que o capitão consentiu na introdução das fazendas proibidas, ou que, chegando ao seu conhecimento em tempo, as não fez descarregar, ou sendo informado depois da viagem começada as não denunciar no ato da primeira visita da Alfândega que receber a bordo no porto do seu destino, ficará solidariamente obrigado para com todos os interessados por perdas e danos que resultarem ao navio ou à carga, e sem ação para haver o frete, nem indenização alguma do carregador, ainda que esta se tenha estipulado.

Art. 601. Estando o navio a frete de carga geral, não pode o capitão, depois que tiver recebido alguma parte da carga, recusar-se a receber a mais que se lhe oferecer por frete igual, não achando outro mais vantajoso; pena de poder ser compelido pelos carregadores dos efeitos recebidos a que se faça à vela com o primeiro vento favorável, e de pagar as perdas e danos que da demora resultarem.

Art. 602. Se o capitão, quando tomar frete à colheita ou à prancha, fixar o tempo durante o qual a embarcação estará à carga, findo o tempo marcado será obrigado a partir com o primeiro vento favorável; pena de responder pelas perdas e danos que resultarem do retardamento da viagem; salvo convindo na demora a maioria dos carregadores em relação ao valor do frete.

Art. 603. Não tendo o capitão fixado o tempo da partida, é obrigado a sair com o primeiro vento favorável depois que tiver recebido mais de 2/3 (dois terços) da carga correspondente à lotação do navio, se assim o exigir a maioria dos carregadores em relação ao valor do frete, sem que nenhum dos outros possa retirar as fazendas que tiver a bordo.

Art. 604. Se o capitão, no caso do artigo antecedente, não puder obter mais de 2/3 (dois terços) da carga dentro de 1 (um) mês depois que houver posto o navio a frete geral, poderá sub-rogar outra embarcação para transporte da carga que tiver a bordo, contanto que seja igualmente apta para fazer a viagem, pagando a despesa da baldeação da carga, e o aumento de frete e do prêmio do seguro; será, porém, lícito aos carregadores retirar de bordo as suas fazendas, sem pagar frete, sendo por conta deles a despesa de desarrumação e descarga, restituindo os recibos provisórios ou conhecimentos, e dando fiança pelos que tiverem remetido. Se o capitão não puder achar navio, e os carregadores não quiserem descarregar, será obrigado a sair 60 (sessenta) dias depois que houver posto o navio à carga, com a que tiver a bordo.

Art. 605. Não tendo a embarcação capacidade para receber toda a carga contratada com diversos carregadores ou afretadores, terá preferência a que se achar a bordo, e depois a que tiver prioridade na data dos contratos; e se estes forem todos da mesma data haverá lugar a rateio, ficando o capitão responsável pela indenização dos danos causados.

Art. 606. Fretando-se a embarcação para ir receber carga em outro porto, logo que lá chegar, deverá o capitão apresentar-se sem demora ao consignatário, exigindo dele que lhe declare por escrito na carta de fretamento o dia, mês e ano de sua apresentação; pena de não principiar a correr o tempo do fretamento antes da sua apresentação.

Recusando o consignatário fazer na carta de fretamento a declaração requerida, deverá protestar e fazer-lhe intimar o protesto, e avisar o afretador. Se passado o tempo devido para a carga, e o da demora ou de estadias e sobreestadias, o consignatário não tiver carregado o navio, o capitão, fazendo-o previamente intimar por via de novo protesto para efetuar a entrega da carga dentro do tempo ajustado, e não cumprindo ele, nem tendo recebido ordens do afretador, fará diligência para contratar carga por conta deste para o porto do seu destino; e com carga ou sem ela seguirá para ele, onde o afretador será obrigado a pagar-lhe o frete por inteiro com as demoras vencidas, fazendo encontro dos fretes da carga tomada por sua conta, se alguma houver tomado (art. 596).

Art. 607. Sendo um navio embargado na partida, em viagem, ou no lugar da descarga, por fato ou negligência do afretador ou de algum dos carregadores, ficará o culpado obrigado, para com o fretador ou capitão e os mais carregadores, pelas perdas e danos que o navio ou as fazendas vierem a sofrer provenientes desse fato.

Art. 608. O capitão é responsável ao dono do navio e ao afretador e carregadores por perdas e danos, se por culpa sua o navio for embargado ou retardado na partida, durante a viagem, ou no lugar do seu destino.

Art. 609. Se antes de começada a viagem ou no curso dela, a saída da embarcação for impedida temporariamente por embargo ou força maior, subsistirá o contrato, sem haver lugar a indenizações de perdas e danos pelo retardamento. O carregador neste caso poderá descarregar os seus efeitos durante a demora, pagando a despesa, e prestando fiança de os tornar a carregar logo que cesse o impedimento, ou de pagar o frete por inteiro e estadias e sobreestadias, não os reembarcando.

→ v. Art. 393 do CC.

Art. 610. Se o navio não puder entrar no porto do seu destino por declaração de guerra, interdito de comércio, ou bloqueio, o capitão é obrigado a seguir imediatamente para aquele que tenha sido prevenido na sua carta de ordens. Não se achando prevenido, procurará o porto mais próximo que não estiver impedido; e daí fará os avisos competentes ao fretador e afretadores, cujas ordens deve esperar por tanto tempo quanto seja necessário para receber a resposta. Não recebendo esta, o capitão deve voltar para o porto da saída com a carga.

Art. 611. Sendo arrestado um navio no curso da viagem por ordem de uma potência, nenhum frete será devido pelo tempo da detenção sendo fretado ao mês, nem aumento de frete se for por viagem. Quando o navio for fretado para 2 (dois) ou mais portos e acontecer que em um deles se saiba ter sido declarada guerra contra a potência a que pertence o navio ou a carga, o capitão, se nem esta nem aquele forem livres, quando não possa partir em comboio ou por algum outro modo seguro, deverá ficar no porto da notícia até receber ordens do dono do navio ou do afretador. Se só o navio não for livre, o fretador pode resilir do contrato, com direito ao frete vencido, estadias e sobreestadias e avaria grossa, pagando as despesas da descarga. Se, pelo contrário, só a carga não for livre, o afretador tem direito para rescindir o contrato, pagando a despesa da descarga, e o capitão procederá na conformidade dos arts. 592 e 596.

Art. 612. Sendo o navio obrigado a voltar ao porto da saída, ou a arribar a outro qualquer por perigo de piratas ou de inimigos, podem os carregadores ou consignatários convir na sua total descarga, pagando as despesas desta e o frete da ida por inteiro, e prestando a fiança determinada no art. 609. Se o fretamento for ao mês, o frete é devido somente pelo tempo que o navio tiver sido empregado.

Art. 613. Se o capitão for obrigado a consertar a embarcação durante a viagem, o afretador, carregadores, ou consignatários, não querendo esperar pelo conserto, podem retirar as suas fazendas pagando todo o frete, estadias e sobreestadias e avaria grossa, havendo-a, as despesas da descarga e desarrumação.

Art. 614. Não admitindo o navio conserto, o capitão é obrigado a fretar por sua conta, e sem poder exigir aumento algum do frete, uma ou mais embarcações para transportar a carga ao lugar do destino. Se o capitão não puder fretar outro ou outros navios dentro de 60 (sessenta) dias depois que o navio for julgado inavegável, e quando o conserto for impraticável, deverá requerer depósito judicial da carga e interpor os competentes protestos para sua ressalva; neste caso o contrato ficará resciso, e somente se deverá o frete vencido. Se, porém, os afretadores ou carregadores provarem que o navio condenado por incapaz estava inavegável quando se fez à vela, não serão obrigados a frete algum, e terão ação de perdas e danos contra o fretador. Esta prova é admissível não obstante e contra os certificados da visita da saída.

Art. 615. Ajustando-se os fretes por peso, sem se designar se é líquido ou bruto, deverá entender-se que é peso bruto; compreendendo-se nele qualquer espécie de capa, caixa ou vasilha em que as fazendas se acharem acondicionadas.

Art. 616. Quando o frete for justo por número, peso ou medida, e houver condição de que a carga será entregue no portaló do navio, o capitão tem direito de requerer que os efeitos sejam contados, medidos ou pesados a bordo do mesmo navio antes da descarga; e procedendo-se a esta diligência não responderá por faltas que possam aparecer em terra; se, porém, as fazendas se descarregarem sem se contarem, medirem ou pesarem, o consignatário terá direito de verificar em terra a identidade, número, medição ou peso, e o capitão será obrigado a conformar-se com o resultado desta verificação.

Art. 617. Nos gêneros que por sua natureza são suscetíveis de aumento ou diminuição, independentemente de má arrumação ou falta de estiva, ou de defeito no vasilhame, como é, por exemplo, o sal, será por conta do dono qualquer diminuição ou aumento que os mesmos gêneros tiverem dentro do navio; e em um e outro caso deve-se frete do que se numerar, medir ou pesar no ato da descarga.

Art. 618. Havendo presunção de que as fazendas foram danificadas, roubadas ou diminuídas, o capitão é obrigado, e o consignatário e quaisquer outros interessados têm direito a requerer que sejam judicialmente visitadas e examinadas, e os danos estimados a bordo antes da descarga, ou dentro em 24 (vinte e quatro) horas depois; e ainda que este procedimento seja requerido pelo capitão não prejudicará os seus meios de defesa.

Se as fazendas forem entregues sem o referido exame, os consignatários têm direito de fazer proceder a exame judicial no preciso termo de 48 (quarenta e oito) horas depois da descarga; e passado este prazo não haverá mais lugar a reclamação alguma.

Todavia, não sendo a avaria ou diminuição visível por fora, o exame judicial poderá validamente fazer-se dentro de 10 (dez) dias depois que as fazendas passarem às mãos dos consignatários, nos termos do art. 211.

Art. 619. O capitão ou fretador não pode reter fazendas no navio a pretexto de falta de pagamento de frete, avaria grossa ou despesas; poderá, porém, precedendo competente protesto, requerer o depósito de fazendas equivalentes, e pedir a venda delas, ficando-lhe direito salvo pelo resto contra o carregador, no caso de insuficiência do depósito.

A mesma disposição tem lugar quando o consignatário recusa receber a carga.

Nos dois referidos casos, se a avaria grossa não puder ser regulada imediatamente, é lícito ao capitão exigir o depósito judicial da soma que se arbitrar.

Art. 620. O capitão que entregar fazendas antes de receber o frete, avaria grossa e despesas, sem pôr em prática os meios do artigo precedente, ou os que lhe facultarem as leis ou usos do lugar da descarga, não terá ação para exigir o pagamento do carregador ou afretador, provando este que carregou as fazendas por conta de terceiro.

Art. 621. Pagam frete por inteiro as fazendas que se deteriorarem por avaria, ou diminuírem por mau acondicionamento das vasilhas, caixas, capas ou outra qualquer cobertura em que forem carregadas, provando o capitão que o dano não procedeu de falta de arrumação ou de estiva (art. 624).

Pagam igualmente frete por inteiro as fazendas que o capitão é obrigado a vender nas circunstâncias previstas no art. 515.

O frete das fazendas alijadas para salvação comum do navio e da carga abona-se por inteiro como avaria grossa (art. 764).

Art. 622. Não se deve frete das mercadorias perdidas por naufrágio ou varação, roubo de piratas ou presa de inimigo, e, tendo-se pago adiantado, repete-se; salvo convenção em contrário.

Todavia, resgatando-se o navio e fazendas, ou salvando-se do naufrágio, deve-se o frete correspondente até o lugar da presa, ou naufrágio; e será pago por inteiro se o capitão conduzir as fazendas salvas até o lugar do destino, contribuindo este ao fretador por avaria grossa no dano, ou resgate.

Art. 623. Salvando-se no mar ou nas praias, sem cooperação da tripulação, fazendas que fizeram parte da carga, e sendo depois de salvas entregues por pessoas estranhas, não se deve por elas frete algum.

Art. 624. O carregador não pode abandonar as fazendas ao frete. Todavia pode ter lugar o abandono dos líquidos, cujas vasilhas se achem vazias ou quase vazias.

Art. 625. A viagem para todos os efeitos do vencimento de fretes, se outra coisa se não ajustar, começa a correr desde o momento em que a carga fica debaixo da responsabilidade do capitão.

Art. 626. Os fretes e avarias grossas têm hipoteca tácita e especial nos efeitos que fazem objeto da carga, durante 30 (trinta) dias depois da entrega, se antes desse termo não houverem passado para o domínio de terceiro.

Art. 627. A dívida de fretes, primagem, estadias e sobreestadias, avarias e despesas da carga prefere a todas as outras sobre o valor dos efeitos carregados; salvo os casos de que trata o art. 470, n. 1.

Art. 628. O contrato de fretamento de um navio estrangeiro exequível no Brasil, há de ser determinado e julgado pelas regras estabelecidas neste Código, quer tenha sido ajustado dentro do Império, quer em país estrangeiro.

Capítulo IV
DOS PASSAGEIROS

Art. 629. O passageiro de um navio deve achar-se a bordo no dia e hora que o capitão designar, quer no porto da partida, quer em qualquer outro de escala ou arribada; pena de ser obrigado ao pagamento do preço da sua passagem por inteiro, se o navio se fizer de vela sem ele.

Art. 630. Nenhum passageiro pode transferir a terceiro, sem consentimento do capitão, o seu direito de passagem.

Resilindo o passageiro do contrato antes da viagem começada, o capitão tem direito à metade do preço da passagem; e ao pagamento por inteiro, se aquele a não quiser continuar depois de começada.

Se o passageiro falecer antes da viagem começada, deve-se só metade do preço da passagem.

Art. 631. Se a viagem for suspensa ou interrompida por causa de força maior, no porto da partida, rescinde-se o contrato, sem que nem o capitão nem o passageiro tenham direito a indenização alguma; tendo lugar a suspensão ou interrupção em outro qualquer porto de escala ou arribada, deve somente o preço correspondente à viagem feita.

Interrompendo-se a viagem depois de começada por demora de conserto do navio, o passageiro pode tomar passagem em outro, pagando o preço correspondente à viagem feita. Se quiser esperar pelo conserto, o capitão não é obrigado ao seu sustento; salvo se o passageiro não encontrar outro navio em que comodamente se possa transportar, ou o preço da nova passagem exceder o da primeira, na proporção da viagem andada.

→ *v.* Art. 393 do CC.

Art. 632. O capitão tem hipoteca privilegiada para pagamento do preço da passagem em todos os efeitos que o passageiro tiver a bordo, e direito de os reter enquanto não for pago.

O capitão só responde pelo dano sobrevindo aos efeitos que o passageiro tiver a bordo debaixo da sua imediata guarda, quando o dano provier de fato seu ou da tripulação.

→ *v.* Art. 14 do CDC.

Título VII
Do contrato de dinheiro a risco ou câmbio marítimo

Art. 633. O contrato de empréstimo a risco ou câmbio marítimo, pelo qual o dador estipula do tomador um prêmio certo e determinado por preço dos riscos de mar que toma sobre si, ficando com hipoteca especial no objeto sobre que recai o empréstimo, e sujeitando-se a perder o capital e prêmio se o dito objeto vier a perecer por efeito dos riscos tomados no tempo e lugar convencionados, só pode provar-se por instrumento público ou particular, o qual será registrado no Tribunal do Comércio dentro de 8 (oito) dias da data da escritura ou letra. Se o contrato tiver lugar em país estrangeiro por súditos brasileiros, o instrumento deverá ser autenticado com o – *visto* – do cônsul do Império, se aí o houver, e em todo o caso anotado no verso do registro da embarcação, se versar sobre o navio ou fretes. Faltando no instrumento do contrato alguma das sobreditas formalidades, ficará este subsistindo entre as próprias partes, mas não estabelecerá direitos contra terceiro.

É permitido fazer empréstimo a risco não só em dinheiro, mas também em efeitos próprios para o serviço e consumo do navio, ou que possam ser objeto de comércio; mas em tais casos a coisa emprestada deve ser estimada em valor fixo para ser paga com dinheiro.

Art. 634. O instrumento do contrato de dinheiro a risco deve declarar:

1. a data e o lugar em que o empréstimo se faz;

2. o capital emprestado, e o preço do risco, aquele e este especificados separadamente;

3. o nome do dador e o do tomador, com o do navio e o do seu capitão;

4. o objeto ou efeito sobre que recai o empréstimo;

5. os riscos tomados, com menção específica de cada um;

6. se o empréstimo tem lugar por uma ou mais viagens, qual a viagem, e por que termo;

7. a época do pagamento por embolso, e o lugar onde deva efetuar-se;

8. qualquer outra cláusula em que as partes convenham, contanto que não seja oposta à natureza deste contrato, ou proibida por lei.

O instrumento em que faltar alguma das declarações enunciadas será considerado como simples crédito de dinheiro de empréstimo ao prêmio da lei, sem hipoteca nos efeitos sobre que tiver sido dada, nem privilégio algum.

Art. 635. A escritura ou letra de risco exarada à ordem tem força de letra de câmbio contra o tomador e garantes, e é transferível e exequível por via de endosso, com os mesmos direitos e pelas mesmas ações que as letras de câmbio.

O cessionário toma o lugar de endossador, tanto a respeito do capital como do prêmio e dos riscos, mas a garantia da solvabilidade do tomador é restrita ao capital; salvo condição em contrário quanto ao prêmio.

Art. 636. Não sendo a escritura ou letra de risco passada à ordem, só pode ser transferida por cessão, com as mesmas formalidades e efeitos das cessões civis, sem outra responsabilidade da parte do cedente, que não seja a de garantir a existência da dívida.

Art. 637. Se no instrumento do contrato se não tiver feito menção específica dos riscos com reserva de algum, ou deixar de se estipular o tempo, entende-se que o dador do dinheiro tomará sobre si todos aqueles riscos marítimos, e pelo mesmo tempo que geralmente costumam receber os seguradores.

Art. 638. Não se declarando na escritura ou letra de risco que o empréstimo é só por ida ou só por volta, ou por uma e outra, o pagamento, recaindo o empréstimo sobre fazendas, é exequível no lugar do destino destas, declarado nos conhecimentos ou fretamento, e se recair sobre o navio, no fim de 2 (dois) meses depois da chegada ao porto do destino, se não aparelhar de volta.

Art. 639. O empréstimo a risco pode recair:

1. sobre o casco, fretes e pertences do navio;

2. sobre a carga;

3. sobre a totalidade destes objetos, conjunta ou separadamente, ou sobre uma parte determinada de cada um deles.

Art. 640. Recaindo o empréstimo a risco sobre o casco e pertences do navio, abrange na sua responsabilidade o frete da viagem respectiva.

Quando o contrato é celebrado sobre o navio e carga, o privilégio do dador é solidário sobre uma e outra coisa.

Se o empréstimo for feito sobre a carga ou sobre um objeto determinado do navio ou da carga, os seus efeitos não se estendem além desse objeto ou da carga.

Art. 641. Para o contrato surtir o seu efeito legal, é necessário que exista dentro do navio no momento do sinistro a importância da soma dada de empréstimo a risco, em fazendas ou no seu equivalente.

Art. 642. Quando o objeto sobre que se toma dinheiro a risco não chega a pôr-se efetivamente em risco por não se efetuar a viagem, rescinde-se o contrato; e o dador neste caso tem direito para haver o capital com os juros da lei desde o dia da entrega do dinheiro ao tomador, sem outro algum prêmio, e goza do privilégio de preferência quanto ao capital somente.

Art. 643. O tomador que não carregar efeitos no valor total da soma tomada a risco é obrigado a restituir o remanescente ao dador antes da partida do navio, ou todo se nenhum empregar; e se não restituir, dá-se ação pessoal contra o tomador pela parte descoberta, ainda que a parte coberta ou empregada venha a perder-se (art. 655).

O mesmo terá lugar quando o dinheiro a risco for tomado para habilitar o navio, se o tomador não chegar a fazer uso dele ou da coisa estimável, em todo ou em parte.

Art. 644. Quando no instrumento de risco sobre fazendas houver a faculdade de – *tocar e fazer escala* – ficam obrigados ao contrato, não só o dinheiro carregado em espécie para ser empregado na viagem, e as fazendas carregadas no lugar da partida, mas também as que forem carregadas em retorno por conta do tomador, sendo o contrato feito de ida e volta; e o tomador neste caso tem faculdade de trocá-las ou vendê-las e comprovar outras em todos os portos de escala.

Art. 645. Se ao tempo do sinistro parte dos efeitos objeto de risco já se achar em terra, a perda do dador será reduzida ao que tiver ficado dentro do navio; e se os efeitos salvos forem transportados em outro navio para o porto do destino originário (art. 614), neste continuam os riscos do dador.

Art. 646. O dador a risco sobre efeitos carregados em navio nominativamente designado no contrato não responde pela perda desses efeitos, ainda mesmo que seja acontecida por perigo de mar, se forem transferidos ou baldeados para outro navio, salvo provando-se legalmente que a baldeação tivera lugar por força maior.

Art. 647. Em caso de sinistro, salvando-se alguns efeitos da carga objeto de risco, a obrigação do pagamento de dinheiro a risco fica reduzida ao valor dos mesmos objetos estimado pela forma determinada nos arts. 694 e segs. O dador neste caso tem direito para ser pago do principal e prêmio por esse mesmo valor até onde alcançar, deduzidas as despesas de salvados, e as soldadas vencidas nessa viagem.

Sendo o dinheiro dado sobre o navio, o privilégio do dador compreende não só os fragmentos náufragos do mesmo navio, mas também o frete adquirido pelas fazendas salvas, deduzidas as despesas de salvados, e as soldadas vencidas na viagem respectiva, não havendo dinheiro a risco ou seguro especial sobre esse frete.

Art. 648. Havendo sobre o mesmo navio ou sobre a mesma carga um contrato de risco e outro de seguro (art. 650), o produto dos efeitos salvos será dividido entre o segurador e o dador a risco pelo seu capital somente na proporção de seus respectivos interesses.

Art. 649. Não precedendo ajuste em contrário, o dador conserva seus direitos íntegros contra o tomador, ainda mesmo que a perda ou dano da coisa objeto do risco provenha de alguma das causas enumeradas no art. 711.

Art. 650. Quando alguns, mas não todos os riscos, ou uma parte somente do navio ou da carga se acham seguros, pode contrair-se empréstimo a risco pelos riscos ou parte não segura até à concorrência do seu valor por inteiro (art. 682).

Art. 651. As letras mercantis provenientes de dinheiro recebido pelo capitão para despesas indispensáveis do navio ou da carga nos termos dos arts. 515 e 516, e os prêmios do seguro correspondente, quando a sua importância houver sido realmente segurada, têm o privilégio de letras de empréstimo a risco, se contiverem declaração expressa de que o importe foi destinado para as referidas despesas; e são exequíveis, ainda mesmo que tais objetos se percam por qualquer evento posterior, provando o dador que o dinheiro foi efetivamente empregado em benefício do navio ou da carga (arts. 515 e 517).

Art. 652. O empréstimo de dinheiro a risco sobre o navio tomado pelo capitão no lugar do domicílio do dono, sem autorização escrita deste, produz ação e privilégio somente na parte que o capitão possa ter no navio e frete; e não obriga o dono, ainda mesmo que se pretenda provar que o dinheiro foi aplicado em benefício da embarcação.

Art. 653. O empréstimo a risco sobre fazendas, contraído antes da viagem começada, deve ser mencionado nos conhecimentos e no manifesto da carga, com designação da pessoa a quem o capitão deve participar a chegada feliz no lugar do destino. Omitida aquela declaração, o consignatário, tendo aceitado letras de câmbio, ou feito adiantamento na fé dos conhecimentos, preferirá ao portador da letra de risco. Na falta de designação a quem deva participar a chegada, o capitão pode descarregar as fazendas, sem responsabilidade alguma pessoal para com o portador da letra de risco.

Art. 654. Se entre o dador a risco e o capitão se der algum conluio por cujo meio os armadores ou carregadores sofram prejuízo, será este indenizado solidariamente pelo dador e pelo capitão, contra os quais poderá intentar-se a ação criminal que competente seja.

Art. 655. Incorre no crime de estelionato o tomador que receber dinheiro a risco por valor maior que o do objeto do risco, ou quando este não tenha sido efetivamente embarcado (art. 643); e no mesmo crime incorre também o dador que, não podendo ignorar esta circunstância, a não declarar à pessoa a quem endossar a letra de risco. No primeiro caso o tomador, e no segundo o dador respondem solidariamente pela importância da letra, ainda quando tenha perecido o objeto do risco.

Art. 656. É nulo o contrato de câmbio marítimo:

1. sendo o empréstimo feito a gente da tripulação;

2. tendo o empréstimo somente por objeto o frete a vencer, ou o lucro esperado de alguma negociação, ou um e outro simultânea e exclusivamente;

3. quando o dador não corre algum risco dos objetos sobre os quais se deu o dinheiro;

4. quando recai sobre objetos, cujos riscos já têm sido tomados por outrem no seu inteiro valor (art. 650);

5. faltando o registro, ou as formalidades exigidas no art. 516 para o caso de que aí se trata.

Em todos os referidos casos, ainda que o contrato não surta os seus efeitos legais, o tomador responde pessoalmente pelo principal mutuado e juros legais, posto que a coisa objeto do contrato tenha perecido no tempo e no lugar dos riscos.

Art. 657. O privilégio do dador a risco sobre o navio compreende proporcionalmente, não só os fragmentos náufragos do mesmo navio, mas também o frete adquirido pelas fazendas salvas, deduzidas as despesas de salvados e as soldadas devidas por essa viagem, não havendo seguro ou risco especial sobre o mesmo frete.

Art. 658. Se o contrato a risco compreender navio e carga, as fazendas conservadas são hipoteca do dador, ainda que o navio pereça; o mesmo é, *vice-versa*, quando o navio se salva e as fazendas se perdem.

Art. 659. É livre aos contraentes estipular o prêmio na quantidade, e o modo de pagamento que bem lhes pareça; mas uma vez concordado, a superveniência de risco não dá direito à exigência de aumento ou diminuição de prêmio; salvo se outra coisa for acordada no contrato.

Art. 660. Não estando fixada a época do pagamento, será este reputado vencido apenas tiverem cessado os riscos. Desse dia em diante correm para o dador os juros da lei sobre o capital e prêmio no caso de mora; a qual só pode provar-se pelo protesto.

Art. 661. O portador, na falta de pagamento no termo devido, é obrigado a protestar e a praticar todos os deveres dos portadores de letras de câmbio para vencimento dos juros, e conservação do direito regressivo sobre os garantes do instrumento de risco.

Art. 662. O dador de dinheiro a risco adquire hipoteca no objeto sobre que recai o empréstimo, mas fica sujeito a perder todo o direito à soma mutuada, perecendo o objeto hipotecado no tempo e lugar, e pelos riscos convencionados; e só tem direito ao embolso do principal e prêmio por inteiro no caso de chegada a salvamento.

Art. 663. Incumbe ao tomador provar a perda, e justificar que os feitos, objeto do empréstimo, existiam na embarcação na ocasião do sinistro.

Art. 664. Acontecendo presa ou desastre de mar ao navio ou fazendas sobre que recaiu o empréstimo a risco, o tomador tem obrigação de noticiar o acontecimento ao dador, apenas tal nova chegar ao seu conhecimento. Achando-se o tomador a esse tempo no navio, ou próximo aos objetos sobre que recaiu o empréstimo, é obrigado a empregar na sua reclamação e salvação as diligências próprias de um administrador exato; pena de responder por perdas e danos que da sua falta resultarem.

Art. 665. Quando sobre contrato de dinheiro a risco ocorra caso que se não ache prevenido neste Título, procurar-se-á a sua decisão por analogia, quanto seja compatível, no Título – *Dos seguros marítimos* – e *vice-versa*.

Título VIII
Dos seguros marítimos

Capítulo I
DA NATUREZA E FORMA DO CONTRATO DE SEGURO MARÍTIMO

Art. 666. O contrato de seguro marítimo, pelo qual o segurador, tomando sobre si a fortuna e riscos do mar, se obriga a indenizar ao segurado da perda ou dano que possa sobrevir ao objeto do seguro, mediante um prêmio ou soma determinada, equivalente ao risco tomado, só pode provar-se por escrito, a cujo instrumento se chama *apólice*; contudo julga-se subsistente para obrigar reciprocamente ao segurador e ao segurado desde o momento em que as partes se convierem, assinando ambas a minuta, a qual deve conter todas as declarações, cláusulas e condições da apólice.

Art. 667. A apólice de seguro deve ser assinada pelos seguradores, e conter:

1. o nome e domicílio do segurador e o do segurado; declarando este se segura por sua conta ou por conta de terceiro, cujo nome pode omitir-se; omitindo-se o nome do segurado, o terceiro que faz o seguro em seu nome fica pessoal e solidariamente responsável.

A apólice em nenhum caso pode ser concedida ao portador;

2. o nome, classe e bandeira do navio, e o nome do capitão; salvo não tendo o segurado certeza do navio (art. 670);

3. a natureza e qualidade do objeto seguro e o seu valor fixo ou estimado;

4. o lugar onde as mercadorias foram, deviam ou devam ser carregadas;

5. os portos ou ancoradouros, onde o navio deve carregar ou descarregar, e aqueles onde deva tocar por escala;

6. o porto donde o navio partiu, devia ou deve partir; e a época da partida, quando esta houver sido positivamente ajustada;

7. menção especial de todos os riscos que o segurador toma sobre si;

8. o tempo e o lugar em que os riscos devem começar e acabar;

9. o prêmio do seguro, e o lugar, época e forma do pagamento;

10. o tempo, lugar e forma do pagamento no caso de sinistro;

11. declaração de que as partes se sujeitam à decisão arbitral, quando haja contestação, se elas assim o acordarem;

12. a data do dia em que se concluiu o contrato, com declaração, se antes, se depois do meio-dia;

13. e geralmente todas as outras condições em que as partes convenham.

Uma apólice pode conter dois ou mais seguros diferentes.

Art. 668. Sendo diversos os seguradores, cada um deve declarar a quantia por que se obriga, e esta declaração será datada e assinada. Na falta de declaração, a assinatura importa em responsabilidade solidária por todo o valor segurado.

Se um dos seguradores se obrigar por certa e determinada quantia, os seguradores que depois dele assinarem sem declaração da quantia por que se obrigam, ficarão responsáveis cada um por outra igual soma.

Art. 669. O seguro pode recair sobre a totalidade de um objeto ou sobre parte dele somente; e pode ser feito antes da viagem começada ou durante o curso dela, de ida e volta, ou só por ida ou só por volta, por viagem inteira ou por tempo limitado dela, e contra os riscos de viagem e transporte por mar somente, ou compreender também os riscos de transportes por canais e rios.

Art. 670. Ignorando o segurado a espécie de fazendas que hão de ser carregadas, ou não tendo certeza do navio em que o devam ser, pode efetuar validamente o seguro debaixo do nome genérico – *fazendas* – no primeiro caso, e – *sobre um ou mais navios* – no segundo; sem que o segurado seja obrigado a designar o nome do navio, uma vez que na apólice declare que o ignora, mencionando a data e assinatura da última carta de aviso ou ordens que tenha recebido.

Art. 671. Efetuando-se o seguro debaixo do nome genérico de – *fazendas* – o segurado é obrigado a provar, no caso de sinistro, que efetivamente se embarcaram as fazendas no valor declarado na apólice; e se o seguro se tiver feito – *sobre um ou mais navios* – incumbe-lhe provar que as fazendas seguras foram efetivamente embarcadas no navio que sofreu o sinistro (art. 716).

Art. 672. A designação geral – *fazendas* – não compreende moeda de qualidade alguma, nem joias, ouro ou prata, pérolas ou pedras preciosas, nem munições de guerra; em seguros desta natureza é necessário que se declare a espécie do objeto sobre que recai o seguro.

Art. 673. Suscitando-se dúvida sobre a inteligência de alguma ou algumas das condições e cláusulas da apólice, a sua decisão será determinada pelas regras seguintes:

1. as cláusulas escritas terão mais força do que as impressas;

2. as que forem claras, e expuserem a natureza, objeto ou fim do seguro, servirão de regra para esclarecer as obscuras, e para fixar a intenção das partes na celebração do contrato;

3. o costume geral, observado em casos idênticos na praça onde se celebrou o contrato, prevalecerá a qualquer significação diversa que as palavras possam ter em uso vulgar;

4. em caso de ambiguidade que exija interpretação, será esta feita segundo as regras estabelecidas no art. 131.

Art. 674. A cláusula de fazer escala compreende a faculdade de carregar e descarregar fazendas no lugar da escala, ainda que esta condição não seja expressa na apólice (art. 667, n. 5).

Art. 675. A apólice de seguro é transferível e exequível por via de endosso, substituindo o endossado ao segurado em todas as suas obrigações, direitos e ações (art. 363).

Art. 676. Mudando os efeitos segurados de proprietário durante o tempo do contrato, o seguro passa para o novo dono, independente de transferência da apólice; salvo condição em contrário.

Art. 677. O contrato de seguro é nulo:

1. sendo feito por pessoa que não tenha interesse no objeto segurado;

2. recaindo sobre algum dos objetos proibidos no art. 686;

3. sempre que se provar fraude ou falsidade por alguma das partes;

4. quando o objeto do seguro não chega a pôr-se efetivamente em risco;

5. provando-se que o navio saiu antes da época designada na apólice, ou que se demorou além dela, sem ter sido obrigado por força maior;

6. recaindo o seguro sobre objetos já segurados no seu inteiro valor, e pelos mesmos riscos. Se, porém, o primeiro seguro não abranger o valor da coisa por inteiro, ou houver sido efetuado com exceção de algum ou alguns riscos, o seguro prevalecerá na parte, e pelos riscos executados;

7. o seguro de lucro esperado, que não fixar soma determinada sobre o valor do objeto do seguro;

8. sendo o seguro de mercadorias que se conduzirem em cima do convés, não se tendo feito na apólice declaração expressa desta circunstância;

9. sobre objetos que na data do contrato se achavam já perdidos ou salvos, havendo presunção fundada de que o segurado ou segurador podia ter notícia do evento ao tempo em que se efetuou o seguro. Existe esta presunção, provando-se por alguma forma que a notícia tinha chegado ao lugar em que se fez o seguro, ou àquele donde se expediu a ordem para ele se efetuar ao tempo da data da apólice ou da expedição da mesma ordem, e que o segurado ou o segurador a sabia.

Se, porém, a apólice contiver a cláusula – *perdido ou não perdido* – ou *sobre boa ou má nova* – cessa a presunção; salvo provando-se fraude.

Art. 678. O seguro pode também anular-se:

1. quando o segurado oculta a verdade ou diz o que não é verdade;

2. quando faz declaração errônea, calando, falsificando ou alterando fatos ou circunstâncias, ou produzindo fatos ou circunstâncias não existentes, de tal natureza e importância que, a não se terem ocultado, falsificado ou produzido, os seguradores, ou não houveram admitido o seguro, ou o teriam efetuado debaixo de prêmio maior e mais restritas condições.

Art. 679. No caso de fraude da parte do segurado, além da nulidade do seguro, será este condenado a pagar ao segurador o prêmio estipulado em dobro. Quando a fraude estiver da parte do segurador, será este condenado a retornar o prêmio recebido, e a pagar ao segurado outra igual quantia.

Em um e outro caso pode-se intentar ação criminal contra o fraudulento.

Art. 680. A desviação voluntária da derrota da viagem, e a alteração na ordem das escalas, que não for obrigada por urgente necessidade ou força maior, anulará o seguro pelo resto da viagem (art. 509).

→ V. Art. 393 do CC.

Art. 681. Se o navio tiver vários pontos de escala designados na apólice, é lícito ao segurado alterar a ordem das escalas; mas em tal caso só poderá escalar em um único porto dos especificados na mesma apólice.

Art. 682. Quando o seguro versar sobre dinheiro dado a risco, deve declarar-se na apólice, não só o nome do navio, do capitão, e do tomador do dinheiro, como outrossim fazer-se menção dos riscos que este quer segurar e o dador excetuara, ou qual o valor descoberto sobre que é permitido o seguro (art. 650). Além desta declaração é necessário mencionar também na apólice a causa da dívida para que serviu o dinheiro.

Art. 683. Tendo-se efetuado sem fraude diversos seguros sobre o mesmo objeto, prevalecerá o mais antigo na data da apólice. Os seguradores cujas apólices forem posteriores são obrigados a restituir o prêmio recebido, retendo por indenização 0,5% (meio por cento) do valor segurado.

Art. 684. Em todos os casos em que o seguro se anular por fato que não resulte diretamente de força maior, o segurador adquire o prêmio por inteiro, se o objeto do seguro se tiver posto em risco; e se não se tiver posto em risco, retém 0,5% (meio por cento) do valor segurado.

Anulando-se, porém, algum seguro por viagem redonda com prêmio ligado, o segurador adquire metade (tão somente) do prêmio ajustado.

Capítulo II
DAS COISAS QUE PODEM SER OBJETO DE SEGURO MARÍTIMO

Art. 685. Toda e qualquer coisa, todo e qualquer interesse apreciável a dinheiro, que tenha sido posto ou deva pôr-se a risco de mar, pode ser objeto de seguro marítimo, não havendo proibição em contrário.

Art. 686. É proibido o seguro:

1. sobre coisas, cujo comércio não seja lícito pelas leis do Império, e sobre os navios nacionais ou estrangeiros que nesse comércio se empregarem;

2. sobre a vida de alguma pessoa livre;

3. sobre soldadas a vencer de qualquer indivíduo da tripulação.

Art. 687. O segurador pode ressegurar por outros seguradores os mesmos objetos que ele tiver segurado, com as mesmas ou diferentes condições, e por igual, maior ou menor prêmio.

O segurado pode tornar a segurar, quando o segurador ficar insolvente, antes da notícia da terminação do risco, pedindo em juízo anulação da primeira apólice; e se a esse tempo existir risco pelo qual seja devida alguma indenização ao segurado, entrará este pela sua importância na massa do segurador falido.

Art. 688. Não se declarando na apólice de seguro de dinheiro a risco, se o seguro compreende o capital e o prêmio, entende-se que compreende só o capital, o qual, no caso de sinistro, será indenizado pela forma determinada no art. 647.

Art. 689. Pode segurar-se o navio, seu frete e fazendas na mesma apólice, mas neste caso há de determinar-se o valor de cada objeto distintamente; faltando esta especificação, o seguro ficará reduzido ao objeto definido na apólice somente.

Art. 690. Declarando-se genericamente na apólice, que se segura o navio sem outra alguma especificação, entende-se que o seguro compreende o casco e todos os pertences da embarcação, aprestos, aparelhos, mastreação e velame, lanchas, escaleres, botes, utensílios e vitualhas ou provisões; mas em nenhum caso os fretes nem o carregamento, ainda que este seja por conta do capitão, dono, ou armador do navio.

Art. 691. As apólices de seguro por ida e volta cobrem os riscos seguros que sobrevierem durante as estadias intermédias, ainda que esta cláusula seja omissa na apólice.

Capítulo III
DA AVALIAÇÃO DOS OBJETOS SEGUROS

Art. 692. O valor do objeto do seguro deve ser declarado na apólice em quantia certa, sempre que o segurado tiver dele conhecimento exato.

No seguro de navio, esta declaração é essencialmente necessária, e faltando ela o seguro julga-se improcedente.

Nos seguros sobre fazendas, não tendo o segurado conhecimento exato do seu verdadeiro importe, basta que o valor se declare por estimativa.

Art. 693. O valor declarado na apólice, quer tenha a cláusula – *valha mais ou valha menos* –, quer a não tenha, será considerado em juízo como ajustado e admitido entre as partes para todos os efeitos do seguro. Contudo, se o segurador alegar que a coisa segura valia ao tempo do contrato um quarto menos, ou daí para cima, do preço em que o segurado a estimou, será admitido a reclamar a avaliação; incumbindo-lhe justificar a reclamação pelos meios de prova admissíveis em comércio. Para este fim, e em ajuda de outras provas, poderá o segurador obrigar o segurado à exibição dos documentos ou das razões em que se fundara para o cálculo da avaliação que dera na apólice; e se presumirá ter havido dolo da parte do segurado se ele se negar a esta exibição.

Art. 694. Não se tendo declarado na apólice o valor certo do seguro sobre fazenda, será este determinado pelo preço da compra das mesmas fazendas, aumentado com as despesas que estas tiverem feito até o embarque, e mais o prêmio do seguro e a comissão de se efetuar, quando esta se tiver pago; por forma que, no caso de perda total, o segurado seja embolsado de todo o valor posto a risco. Na apólice de seguro sobre fretes sem valor fixo, será este determinado pela carta de fretamento, ou pelos conhecimentos, e pelo manifesto, ou livro da carga, cumulativamente em ambos os casos.

Art. 695. O valor do seguro sobre dinheiro a risco prova-se pelo contrato original, e o do seguro sobre despesas feitas com o navio ou carga durante a viagem (arts. 515 e 651) com as respectivas contas competentemente legalizadas.

Art. 696. O valor de mercadorias provenientes de fábricas, lavras ou fazendas do segurado, que não for determinado na apólice, será avaliado pelo preço que outras tais mercadorias poderiam obter no lugar do desembarque, sendo aí vendidas, aumentado na forma do art. 694.

Art. 697. As fazendas adquiridas por troca estimam-se pelo preço que poderiam obter no mercado do lugar da descarga aquelas que por elas se trocaram, aumentado na forma do art. 694.

Art. 698. A avaliação em seguros feitos sobre moeda estrangeira faz-se, reduzindo-se esta ao valor da moeda corrente no Império pelo curso que o câmbio tinha na data da apólice.

Art. 699. O segurador em nenhum caso pode obrigar o segurado a vender os objetos do seguro para determinar o seu valor.

Art. 700. Sempre que se provar que o segurado procedeu com fraude na declaração do valor declarado na apólice, ou na que posteriormente se fizer no caso de se não ter feito no ato do contrato (arts. 692 e 694), o juiz, reduzindo a estimação do objeto segurado ao seu verdadeiro valor, condenará o segurado a pagar ao segurador o dobro do prêmio estipulado.

Art. 701. A cláusula inserta na apólice – *valha mais ou valha menos* – não releva o segurado da condenação por fraude; nem pode ser valiosa sempre que se provar que o objeto seguro valia menos de um quarto que o preço fixado na apólice (arts. 692 e 693).

Capítulo IV
DO COMEÇO E FIM DOS RISCOS

Art. 702. Não constando da apólice do seguro o tempo em que os riscos devem começar e acabar, os riscos de seguro sobre navio principiam a correr por conta do segurador desde o momento em que a embarcação suspende a sua primeira âncora para velejar, e terminam depois que tem dado fundo e amarrado dentro do porto do seu destino, no lugar que aí for designado para descarregar, se levar carga, ou no lugar em que der fundo e amarrar, indo em lastro.

Art. 703. Segurando-se o navio por ida e volta, ou por mais de uma viagem, os riscos correm sem interrupção por conta do segurador, desde o começo da primeira viagem até o fim da última (art. 691).

Art. 704. No seguro de navios por estadia em algum porto, os riscos começam a correr desde que o navio dá fundo e se amarra no mesmo porto, e findam desde o momento em que suspende a sua primeira âncora para seguir viagem.

Art. 705. Sendo o seguro sobre mercadorias, os riscos têm princípio desde o momento em que elas se começam a embarcar nos cais ou à borda d'água do lugar da carga, e só terminam depois que são postas a salvo no lugar da descarga; ainda mesmo no caso do capitão ser obrigado a descarregá-las em algum porto de escala, ou de arribada forçada.

Art. 706. Fazendo-se seguro sobre fazendas a transportar alternadamente por mar e terra, rios ou canais, em navios, barcos, carros ou animais, os riscos começam logo que os efeitos são entregues no lugar onde devem ser carregados, e só expiram quando são descarregados a salvamento no lugar do destino.

Art. 707. Os riscos de seguro sobre frete têm o seu começo desde o momento e à medida que são recebidas a bordo as fazendas que pagam frete; e acabam logo que saem para fora do portaló do navio, e à proporção que vão saindo; salvo se por ajuste ou por uso do porto o navio for obrigado a receber a carga à beira d'água, e pô-la em terra por sua conta.

O risco do frete, neste caso, acompanha o risco das mercadorias.

Art. 708. A fortuna das somas mutuadas a risco principia e acaba para os seguradores na mesma época, e pela mesma forma que corre para o dador do dinheiro a risco; no caso, porém, de se não ter feito no instrumento do contrato a risco menção específica dos riscos tomados, ou se não houver estipulado o tempo, entende-se que os seguradores tomaram sobre si todos os riscos, e pelo mesmo tempo que geralmente costumam receber os dadores de dinheiro a risco.

Art. 709. No seguro de lucro esperado, os riscos acompanham a sorte das fazendas respectivas.

Capítulo V
DAS OBRIGAÇÕES RECÍPROCAS DO SEGURADOR E DO SEGURADO

Art. 710. São a cargo do segurador todas as perdas e danos que sobrevierem ao objeto seguro por algum dos riscos especificados na apólice.

Art. 711. O segurador não responde por dano ou avaria que aconteça por fato do segurado, ou por alguma das causas seguintes:

1. desviação voluntária da derrota ordinária e usual da viagem;

2. alteração voluntária na ordem das escalas designadas na apólice; salvo a exceção estabelecida no art. 680;

3. prolongação voluntária da viagem, além do último porto atermado na apólice. Encurtando-se a viagem, o seguro surte pleno efeito, se o porto onde ela findar for de escala declarada na apólice; sem que o segurado tenha direito para exigir redução do prêmio estipulado;

4. separação espontânea de comboio, ou de outro navio armado, tendo-se estipulado na apólice de ir em conserva dele;

5. diminuição e derramamento de líquido (art. 624);

6. falta de estiva, ou defeituosa arrumação da carga;

7. diminuição natural de gêneros, que por sua qualidade são suscetíveis de dissolução, diminuição ou quebra em peso ou medida entre o seu embarque e o desembarque; salvo tendo estado encalhado o navio, ou tendo sido descarregadas essas fazendas por ocasião de força maior; devendo-se, em tais casos, fazer dedução da diminuição ordinária que costuma haver em gêneros de semelhante natureza (art. 617);

8. quando a mesma diminuição natural acontecer em cereais, açúcar, café, farinhas, tabaco, arroz, queijos, frutas secas ou verdes, livros ou papel e outros gêneros de semelhante natureza, se a avaria não exceder a 10% (dez por cento) do valor seguro; salvo se a embarcação tiver estado encalhada, ou as mesmas fazendas tiverem sido descarregadas por motivo de força maior, ou o contrário se houver estipulado na apólice;

9. danificação de amarras, mastreação, velame ou outro qualquer pertence do navio, procedida do uso ordinário do seu destino;

10. vício intrínseco, má qualidade, ou mau acondicionamento do objeto seguro;

11. avaria simples ou particular, que, incluída a despesa de documentos justificativos, não exceda de 3% (três por cento) do valor segurado;

12. rebeldia do capitão ou da equipagem; salvo havendo estipulação em contrário declarada na apólice. Esta estipulação é nula sendo o seguro feito pelo capitão, por conta dele ou alheia, ou por terceiro por conta do capitão.

Art. 712. Todo e qualquer ato por sua natureza criminoso praticado pelo capitão no exercício do seu emprego, ou pela tripulação, ou por um e outra conjuntamente, do qual aconteça dano grave ao navio ou à carga, em oposição à presumida vontade legal do dono do navio, é rebeldia.

Art. 713. O segurador que toma o risco de rebeldia responde pela perda ou dano procedente do ato de rebeldia do capitão ou da equipagem, ou seja por consequência imediata, ou ainda casualmente, uma vez que a perda ou dano tenha acontecido dentro do tempo dos riscos tomados, e na viagem e portos da apólice.

Art. 714. A cláusula – *livre de avaria* – desobriga os seguradores das avarias simples ou particulares; a cláusula – *livre de todas as avarias* – desonera-os também das grossas. Nenhuma destas cláusulas, porém, os isenta nos casos em que tiver lugar o abandono.

→ v. Arts. 756 a 760 do CCo.

Art. 715. Nos seguros feitos com a cláusula – *livre de hostilidade* – o segurador é livre, se os efeitos segurados perecem ou se deterioram por efeito de hostilidade. O seguro, neste caso, cessa desde que foi retardada a viagem, ou mudada a derrota por causa das hostilidades.

Art. 716. Contendo o seguro sobre fazendas a cláusula – *carregadas em um ou mais navios* –, o seguro surte todos os efeitos, provando-se que as fazendas seguras foram carregadas por inteiro em um só navio, ou por partes em diversas embarcações.

Art. 717. Sendo necessário baldear-se a carga, depois de começada a viagem, para embarcação diferente da que tiver sido designada na apólice, por inavegabilidade ou força maior, os riscos continuam a correr por conta do segurador até o navio substituído chegar ao porto do destino, ainda mesmo que tal navio seja de diversa bandeira, não sendo esta inimiga.

Art. 718. Ainda que o segurador não responda pelos danos que resultam ao navio por falta de exata observância das leis e regulamentos das Alfândegas e polícia dos portos (art. 530), esta falta não o desonera de responder pelos que daí sobrevierem à carga.

Art. 719. O segurado deve sem demora participar ao segurador, e, havendo mais de um, somente ao primeiro na ordem da subscrição, todas as notícias que receber de qualquer sinistro acontecido ao navio ou à carga. A omissão culposa do segurado a este respeito, pode ser qualificada de presunção de má-fé.

Art. 720. Se passado 1 (um) ano a datar da saída do navio nas viagens para qualquer porto da América, ou 2 (dois) anos para outro qualquer porto do mundo, e, tendo expirado o tempo limitado na apólice, não houver notícia alguma do navio, presume-se este perdido, e o segurado pode fazer abandono ao segurador, e exigir o pagamento da apólice; o qual, todavia, será obrigado a restituir, se o navio se não houver perdido e se vier a provar que o sinistro aconteceu depois de ter expirado o termo dos riscos.

Art. 721. Nos casos de naufrágio ou varação, presa ou arresto de inimigo, o segurado é obrigado a empregar toda a diligência possível para salvar ou reclamar os objetos seguros, sem que para tais atos se faça necessária a procuração do segurador, do qual pode o segurado exigir o adiantamento do dinheiro preciso para a reclamação intentada ou que se possa intentar, sem que o mau sucesso desta prejudique ao embolso do segurado pelas despesas ocorridas.

Art. 722. Quando o segurado não pode fazer por si as devidas reclamações, por deverem ter lugar fora do Império, ou do seu domicílio, deve nomear para esse fim competente mandatário, avisando desta nomeação ao segurador (art. 719). Feita a nomeação e o aviso, cessa toda a sua responsabilidade, nem responde pelos atos do seu mandatário; ficando unicamente obrigado a fazer cessão ao segurador das ações que competirem, sempre que este o exigir.

Art. 723. O segurado, no caso de presa ou arresto de inimigo, só está obrigado a seguir os termos da reclamação até a promulgação da sentença da primeira instância.

Art. 724. Nos casos dos três artigos precedentes, o segurado é obrigado a obrar de acordo com os seguradores. Não havendo tempo para os consultar, obrará como melhor entender, correndo as despesas por conta dos mesmos seguradores.

Em caso de abandono admitido pelos seguradores, ou destes tomarem sobre si as diligências dos salvados ou das reclamações, cessam todas as sobreditas obrigações do capitão e do segurado.

Art. 725. O julgamento de um tribunal estrangeiro, ainda que baseado pareça em fundamentos manifestamente injustos, ou fatos notoriamente falsos ou desfigurados, não desonera o segurador, mostrando o segurado que empregou os meios ao seu alcance, e produziu as provas que lhe era possível prestar para prevenir a injustiça do julgamento.

Art. 726. Os objetos segurados que forem restituídos gratuitamente pelos apresadores voltam ao domínio de seus donos, ainda que a restituição tenha sido feita a favor do capitão ou de qualquer outra pessoa.

Art. 727. Todo o ajuste que se fizer com os apresadores no alto-mar para resgatar a coisa segura é nulo; salvo havendo para isso autorização por escrito na apólice.

Art. 728. Pagando o segurador um dano acontecido à coisa segura, ficará sub-rogado em todos os direitos e ações que ao segurado competirem contra terceiro; e o segurado não pode praticar ato algum em prejuízo do direito adquirido dos seguradores.

Art. 729. O prêmio do seguro é devido por inteiro, sempre que o segurado receber a indenização do sinistro.

Art. 730. O segurador é obrigado a pagar ao segurado as indenizações a que tiver direito, dentro de 15 (quinze) dias da apresentação da conta, instruída com os documentos respectivos; salvo se o prazo do pagamento tiver sido estipulado na apólice.

Título IX
Do naufrágio e salvados

Arts. 731 a 739. *(Revogados pela Lei 7.542/1986).*

Título X
Das arribadas forçadas

Art. 740. Quando um navio entra por necessidade em algum porto ou lugar distinto dos determinados na viagem a que se propusera, diz-se que fez arribada forçada (art. 510).

Art. 741. São causas justas para arribada forçada:

1. falta de víveres ou aguada;

2. qualquer acidente acontecido à equipagem, carga ou navio, que impossibilite este de continuar a navegar;

3. temor fundado de inimigo ou pirata.

Art. 742. Todavia, não será justificada a arribada:

1. se a falta de víveres ou de aguada proceder de não haver-se feito a provisão necessária segundo o costume e uso da navegação, ou de haver-se perdido e estragado por má arrumação ou descuido, ou porque o capitão vendesse alguma parte dos mesmos víveres ou aguada;

2. nascendo a inavegabilidade do navio de mau conserto, de falta de apercebimento ou equipação, ou de má arrumação da carga;

3. se o temor de inimigo ou pirata não for fundado em fatos positivos que não deixem dúvida.

Art. 743. Dentro das primeiras 24 (vinte e quatro) horas úteis da entrada no porto de arribada, deve o capitão apresentar-se à autoridade competente para lhe tomar o protesto da arribada, que justificará perante a mesma autoridade (arts. 505 e 512).

Art. 744. As despesas ocasionadas pela arribada forçada correm por conta do fretador ou do afretador, ou de ambos, segundo for a causa que as motivou, com direito regressivo contra quem pertencer.

Art. 745. Sendo a arribada justificada, nem o dono do navio nem o capitão respondem pelos prejuízos que puderem resultar à carga; se, porém, não for justificada, um e outro serão responsáveis solidariamente até a concorrência do valor do navio e frete.

Art. 746. Só pode autorizar-se descarga no porto de arribada, sendo indispensavelmente necessária para conserto no navio, ou reparo de avaria da carga (art. 614). O capitão, neste caso, é responsável pela boa guarda e conservação dos efeitos descarregados; salvo unicamente os casos de força maior, ou de tal natureza que não possam ser prevenidos.

A descarga será reputada legal em juízo quando tiver sido autorizada pelo juiz de direito do comércio. Nos países estrangeiros compete aos cônsules do Império dar a autorização necessária, e onde os não houver será requerida à autoridade local competente.

Art. 747. A carga avariada será reparada ou vendida, como parecer mais conveniente; mas em todo o caso deve preceder autorização competente.

Art. 748. O capitão não pode, debaixo de pretexto algum, diferir a partida do porto da arribada desde que cessa o motivo dela; pena de responder por perdas e danos resultantes da dilação voluntária (art. 510).

Título XI
Do dano causado por abalroação

Art. 749. Sendo um navio abalroado por outro, o dano inteiro causado ao navio abalroado e à sua carga será pago por aquele que tiver causado a abalroação, se esta tiver acontecido por falta de observância do regulamento do porto, imperícia, ou negligência do capitão ou da tripulação; fazendo-se a estimação por árbitros.

Art. 750. Todos os casos de abalroação serão decididos, na menor dilação possível, por peritos, que julgarão qual dos navios foi o causador do dano, conformando-se com as disposições do regulamento do porto, e os usos e prática do lugar. No caso dos árbitros declararem que não podem julgar com segurança qual navio foi culpado, sofrerá cada um o dano que tiver recebido.

Art. 751. Se, acontecendo a abalroação no alto-mar, o navio abalroado for obrigado a procurar porto de arribada para poder consertar, e se perder nessa derrota, a perda do navio presume-se causada pela abalroação.

Art. 752. Todas as perdas resultantes de abalroação pertencem à classe de avarias particulares ou simples; excetua-se o único caso em que o navio, para evitar dano maior de uma abalroação iminente, pica as suas amarras, e abalroa a outro para sua própria salvação (art. 764). Os danos que o navio ou a carga, neste caso, sofre, são repartidos pelo navio, frete e carga por avaria grossa.

Título XII
Do abandono

Art. 753. É lícito ao segurado fazer abandono dos objetos seguros, e pedir ao segurador a indenização de perda total nos seguintes casos:

1. presa ou arresto por ordem de potência estrangeira, 6 (seis) meses depois de sua intimação, se o arresto durar por mais deste tempo;

2. naufrágio, varação, ou outro qualquer sinistro de mar compreendido na apólice, de que resulte não poder o navio navegar, ou cujo conserto importe em três quartos ou mais do valor por que o navio foi segurado;

3. perda total do objeto seguro, ou deterioração que importe pelo menos três quartos do valor da coisa segurada (arts. 759 e 777);

4. falta de notícia do navio sobre que se fez o seguro, ou em que se embarcaram os efeitos seguros (art. 720).

Art. 754. O segurado não é obrigado a fazer abandono; mas se o não fizer nos casos em que este Código o permite, não poderá exigir do segurador indenização maior do que teria direito a pedir se houvera acontecido perda total; exceto nos casos de letra de câmbio passada pelo capitão (art. 515), de naufrágio, reclamação de presa, ou arresto de inimigo, e de abalroação.

Art. 755. O abandono só é admissível quando as perdas acontecem depois de começada a viagem.

Não pode ser parcial, deve compreender todos os objetos contidos na apólice. Todavia, se na mesma apólice se tiver segurado o navio e a carga, pode ter lugar o abandono de cada um dos dois objetos separadamente (art. 689).

Art. 756. Não é admissível o abandono por título de inavegabilidade, se o navio, sendo consertado, pode ser posto em estado de continuar a viagem até o lugar do destino; salvo se à vista das avaliações legais, a que se deve proceder, se vier no conhecimento de que as despesas do conserto excederiam pelo menos a três quartos do preço estimado na apólice.

Art. 757. No caso de inavegabilidade do navio, se o capitão, carregadores, ou pessoa que os represente não puderem fretar outro para transportar a carga ao seu destino dentro de 60 (sessenta) dias depois de julgada a inavegabilidade (art. 614), o segurado pode fazer abandono.

Art. 758. Quando nos casos de presa constar que o navio foi retomado antes de intimado o abandono, não é este admissível; salvo se o dano sofrido por causa da presa, e a despesa com o prêmio da retomada, ou salvagem importa em três quartos, pelo menos, do valor segurado, ou se em consequência da represa os efeitos seguros tiverem passado a domínio de terceiro.

Art. 759. O abandono do navio compreende os fretes das mercadorias que se puderem salvar, os quais serão considerados como pertencentes aos seguradores; salva a preferência que sobre os mesmos possa competir à equipagem por suas soldadas vencidas na viagem (art. 564), e a outros quaisquer credores privilegiados (art. 738).

Art. 760. Se os fretes se acharem seguros, os que forem devidos pelas mercadorias salvas, pertencerão aos seguradores dos mesmos fretes, deduzidas as despesas dos salvados, e as soldadas devidas à tripulação pela viagem (art. 559).

Título XIII
Das avarias

Capítulo I
DA NATUREZA E CLASSIFICAÇÃO DAS AVARIAS

Art. 761. Todas as despesas extraordinárias feitas a bem do navio ou da carga, conjunta ou separadamente, e todos os danos acontecidos àquele ou a esta, desde o embarque e partida até a sua volta e desembarque, são reputadas avarias.

Art. 762. Não havendo entre as partes convenção especial exarada na carta-partida ou no conhecimento, as avarias hão de qualificar-se, e regular-se pelas disposições deste Código.

Art. 763. As avarias são de duas espécies: avarias grossas ou comuns, e avarias simples ou particulares. A importância das primeiras é repartida proporcionalmente entre o navio, seu frete e a carga; e a das segundas é suportada, ou só pelo navio, ou só pela coisa que sofreu o dano ou deu causa à despesa.

Art. 764. São avarias grossas:

1. tudo o que se dá ao inimigo, corsário ou pirata por composição ou a título de resgate do navio e fazendas, conjunta ou separadamente;

2. as coisas alijadas para salvação comum;

3. os cabos, mastros, velas e outros quaisquer aparelhos deliberadamente cortados, ou partidos por força de vela para salvação do navio e carga;

4. as âncoras, amarras e quaisquer outras coisas abandonadas para salvamento ou benefício comum;

5. os danos causados pelo alijamento às fazendas restantes a bordo;

6. os danos feitos deliberadamente ao navio para facilitar a evacuação d'agua e os danos acontecidos por esta ocasião à carga;

7. o tratamento, curativo, sustento e indenizações da gente da tripulação ferida ou mutilada defendendo o navio;

8. a indenização ou resgate da gente da tripulação mandada ao mar ou à terra em serviço do navio e da carga, e nessa ocasião aprisionada ou retida;

9. as soldadas e sustento da tripulação durante arribada forçada;

10. os direitos de pilotagem, e outros de entrada e saída num porto de arribada forçada;

11. os aluguéis de armazéns em que se depositem, em porto de arribada forçada, as fazendas que não puderem continuar a bordo durante o conserto do navio;

12. as despesas da reclamação do navio e carga feitas conjuntamente pelo capitão numa só instância, e o sustento e soldadas da gente da tripulação durante a mesma reclamação, uma vez que o navio e carga sejam relaxados e restituídos;

13. os gastos de descarga, e salários para aliviar o navio e entrar numa barra ou porto, quando o navio é obrigado a fazê-lo por borrasca, ou perseguição de inimigo, e os danos acontecidos às fazendas pela descarga e recarga do navio em perigo;

14. os danos acontecidos ao corpo e quilha do navio, que premeditadamente se faz varar para prevenir perda total, ou presa do inimigo;

15. as despesas feitas para pôr a nado o navio encalhado, e toda a recompensa por serviços extraordinários feitos para prevenir a sua perda total, ou presa;

16. as perdas ou danos sobrevindos às fazendas carregadas em barcas ou lanchas, em consequência de perigo;

17. as soldadas e sustento da tripulação, se o navio depois da viagem começada é obrigado a suspendê-la por ordem de potência estrangeira, ou por superveniência de guerra; e isto por todo o tempo que o navio e carga forem impedidos;

18. o prêmio do empréstimo a risco, tomado para fazer face a despesas que devam entrar na regra de avaria grossa;

19. o prêmio do seguro das despesas de avaria grossa, e as perdas sofridas na venda da parte da carga no porto de arribada forçada para fazer face às mesmas despesas;

20. as custas judiciais para regular as avarias, e fazer a repartição das avarias grossas;

21. as despesas de uma quarentena extraordinária.

E, em geral, os danos causados deliberadamente em caso de perigo ou desastre imprevisto, e sofridos como consequência imediata destes eventos, bem como as despesas feitas em iguais circunstâncias, depois de deliberações motivadas (art. 509), em bem e salvamento comum do navio e mercadorias, desde a sua carga e partida até o seu retorno e descarga.

Art. 765. Não serão reputadas avarias grossas, posto que feitas voluntariamente e por deliberações motivadas para o bem do navio e carga, as despesas causadas por vício interno do navio, ou por falta ou negligência do capitão ou da gente da tripulação. Todas estas despesas são a cargo do capitão ou do navio (art. 565).

Art. 766. São avarias simples e particulares:

1. o dano acontecido às fazendas por borrasca, presa, naufrágio, ou encalhe fortuito, durante a viagem, e as despesas feitas para as salvar;

2. a perda de cabos, amarras, âncoras, velas e mastros, causada por borrasca ou outro acidente do mar;

3. as despesas de reclamação, sendo o navio e fazendas reclamadas separadamente;

4. o conserto particular de vasilhas, e as despesas feitas para conservar os efeitos avariados;

5. o aumento de frete e despesa de carga e descarga; quando declarado o navio inavegável, as fazendas são levadas ao lugar do destino por um ou mais navios (art. 614).

Em geral, as despesas feitas e o dano sofrido só pelo navio, ou só pela carga, durante o tempo dos riscos.

Art. 767. Se em razão de baixios ou bancos de areia conhecidos o navio não puder dar à vela do lugar da partida com a carga inteira, nem chegar ao lugar do destino sem descarregar parte da carga em barcas, as despesas feitas para aligeirar o navio não são reputadas avarias, e correm por conta do navio somente, não havendo na carta-partida ou nos conhecimentos estipulação em contrário.

→ *v.* Arts. 761, 763, 764 e 766, do CCo.

Art. 768. Não são igualmente reputadas avarias, mas simples despesas a cargo do navio, as despesas de pilotagem da costa e barras, e outras feitas por entrada e saída de abras ou rios; nem os direitos de licenças, visitas, tonelagem, marcas, ancoragem, e outros impostos de navegação.

Art. 769. Quando for indispensável lançar-se ao mar alguma parte da carga, deve começar-se pelas mercadorias e efeitos que estiverem em cima do convés; depois serão alijadas as mais pesadas e de menos valor, e dada igualdade, às que estiverem na coberta e mais à mão; fazendo-se toda a diligência possível para tomar nota das marcas e números dos volumes alijados.

Art. 770. Em seguimento da ata da deliberação que se houver tomado para o alijamento (art. 509) se fará declaração bem especificada das fazendas lançadas ao mar; e se pelo ato do alijamento algum dano tiver resultado ao navio ou à carga remanescente, se fará também menção deste acidente.

Art. 771. As danificações que sofrerem as fazendas postas a bordo de barcos para a sua condução ordinária, ou para aligeirar o navio em caso de perigo, serão reguladas pelas disposições estabelecidas neste Capítulo que lhes forem aplicáveis, segundo as diversas causas de que o dano resultar.

Capítulo II
DA LIQUIDAÇÃO, REPARTIÇÃO E CONTRIBUIÇÃO DA AVARIA GROSSA

Art. 772. Para que o dano sofrido pelo navio ou carga possa considerar-se avaria a cargo do segurador, é necessário que ele seja examinado por dois arbitradores peritos que declarem:

1. de que procedeu o dano;

2. a parte da carga que se acha avariada, e por que causa, indicando as suas marcas, números ou volumes;

3. tratando-se do navio ou dos seus pertences, quanto valem os objetos avariados, e em quanto poderá importar o seu conserto ou reposição.

Todas estas diligências, exames e vistorias serão determinadas pelo juiz de direito do respectivo distrito, e praticadas com citação dos interessados, por si ou seus procuradores; podendo o juiz, no caso de ausência das partes, nomear de ofício pessoa inteligente e idônea que as represente (art. 618).

As diligências, exames e vistorias sobre o casco do navio e seus pertences devem ser praticadas antes de dar-se princípio ao seu conserto, nos casos em que este possa ter lugar.

→ *v.* Súmula 261 do STF.

Art. 773. Os efeitos avariados serão sempre vendidos em público leilão a quem mais der, e pagos no ato da arrematação; e o mesmo se praticará com o navio, quando ele tenha de ser vendido segundo as disposições deste Código; em tais casos o juiz, se assim lhe parecer conveniente, ou se algum interessado o requerer, poderá determinar que o casco e cada um dos seus pertences se venda separadamente.

Art. 774. A estimação do preço para o cálculo da avaria será feita sobre a diferença entre e respectivo rendimento bruto das fazendas sãs e o das avariadas, vendidas a dinheiro no tempo da entrega; e em nenhum caso pelo seu rendimento líquido, nem por aquele que, demorada a venda ou sendo a prazo, poderiam vir a obter.

Art. 775. Se o dono ou consignatário não quiser vender a parte das mercadorias sãs, não pode ser compelido; e o preço para o cálculo será em tal caso o corrente que as mesmas fazendas, se vendidas fossem ao tempo da entrega, poderiam obter no mercado, certificado pelos preços correntes do lugar, ou, na falta destes, atestado, debaixo de juramento por dois comerciantes acreditados de fazendas do mesmo gênero.

Art. 776. O segurador não é obrigado a pagar mais de 2/3 (dois terços) do custo do conserto das avarias que tiverem acontecido ao navio segurado por fortuna do mar, contanto que o navio fosse estimado na apólice por seu verdadeiro valor, e os consertos não excedam de três quartos desse valor no dizer de arbitradores expertos. Julgando estes, porém, que pelos consertos o valor real do navio se aumentaria além do terço da soma que custariam, o segurador pagará as despesas, abatido o excedente valor do navio.

Art. 777. Excedendo as despesas a três quartos do valor do navio, julga-se este declarado inavegável a respeito dos seguradores; os quais, neste caso, serão obrigados, não tendo havido abandono, a pagar a soma segurada, abatendo-se nesta o valor do navio danificado ou dos seus fragmentos, segundo o dizer de arbitradores expertos.

→ v. Arts. 753, 3, do CCo.

Art. 778. Tratando-se de avaria particular das mercadorias, e achando-se estas estimadas na apólice por valor certo, o cálculo do dano será feito sobre o preço que as mercadorias avariadas alcançarem no porto da entrega e o da venda das não avariadas no mesmo lugar e tempo, sendo de igual espécie e qualidade, ou se todas chegaram avariadas, sobre o preço que outras semelhantes não avariadas alcançaram ou poderiam alcançar; e a diferença, tomada a proporção entre umas e outras, será a soma devida ao segurado.

Art. 779. Se o valor das mercadorias se não tiver fixado na apólice, a regra para achar-se a soma devida será a mesma do artigo precedente, contanto que primeiro se determine o valor das mercadorias não avariadas; o que se fará acrescentando às importâncias das faturas originais as despesas subsequentes (art. 694). E tomada a diferença proporcional entre o preço por que se venderam as não avariadas e as avariadas, se aplicará a proporção relativa à parte das fazendas avariadas pelo seu primeiro custo e despesas.

Art. 780. Contendo a apólice a cláusula de pagar-se avaria por marcas, volumes, caixas, sacas ou espécies, cada uma das partes designadas será considerada como um seguro separado para a forma da liquidação das avarias, ainda que essa parte se ache englobada no valor total do seguro (arts. 689 e 692).

Art. 781. Qualquer parte da carga, sendo objeto suscetível de avaliação separada, que se perca totalmente, ou que por algum dos riscos cobertos pela respectiva apólice fique tão danificada que não valha coisa alguma, será indenizada pelo segurador com perda total, ainda que relativamente ao todo ou à carga segura seja parcial, e o valor da parte perdida ou destruída pelo dano se ache incluído, ainda que indistintamente, no total do seguro.

Art. 782. Se a apólice contiver a cláusula de pagar avarias como perda de salvados, a diferença para menos do valor fixado na apólice, que resultar da venda líquida que os gêneros avariados produzirem no lugar onde se venderam, sem atenção alguma ao produto bruto que tenham no mercado do porto do seu destino, será a estimação da avaria.

Art. 783. A regulação, repartição ou rateio das avarias grossas serão feitos por árbitros, nomeados por ambas as partes, a instâncias do capitão.

Não se querendo as partes louvar, a nomeação de árbitros será feita pelo Tribunal do Comércio respectivo, ou pelo juiz de direito do comércio a que pertencer, nos lugares distantes do domicílio do mesmo tribunal.

Se o capitão for omisso em fazer efetuar o rateio das avarias grossas, pode a diligência ser promovida por outra qualquer pessoa que seja interessada.

→ v. Art. 1.218 , XIV, do CPC/1973.

→ v. Art. 1.046, §§ 2º e 3º, do NCPC.

Art. 784. O capitão tem direito para exigir, antes de abrir as escotilhas do navio, que os consignatários da carga prestem fiança idônea ao pagamento da avaria grossa, a que suas respectivas mercadorias forem obrigadas no rateio da contribuição comum.

→ v. Arts. 764 e 765 do CCo.

Art. 785. Recusando-se os consignatários a prestar a fiança exigida, pode o capitão requerer o depósito judicial dos efeitos obrigados à contribuição, até ser pago, ficando o preço da venda sub-rogado, para se efetuar por ele o pagamento da avaria grossa, logo que o rateio tiver lugar.

Art. 786. A regulação e repartição das avarias grossas deverá fazer-se no porto da entrega da carga. Todavia, quando, por dano acontecido depois da saída, o navio for obrigado a regressar ao porto da carga, as despesas necessárias para reparar os danos da avaria grossa podem ser neste ajustadas.

Art. 787. Liquidando-se as avarias grossas ou comuns no porto da entrega da carga, hão de contribuir para a sua composição:

1. a carga, incluindo o dinheiro, prata, ouro, pedras preciosas, e todos os mais valores que se acharem a bordo;

2. o navio e seus pertences, pela sua avaliação no porto da descarga, qualquer que seja o seu estado;

3. os fretes, por metade do seu valor também.

Não entram para a contribuição o valor dos víveres que existirem a bordo para mantimento do navio, a bagagem do capitão, tripulação e passageiros, que for do seu uso pessoal, nem os objetos tirados do mar por mergulhadores à custa do dono.

Art. 788. Quando a liquidação se fizer no porto da carga, o valor da mesma será estimado pelas respectivas faturas, aumentando-se ao preço da compra as despesas até o embarque; e quanto ao navio e frete se observarão as regras estabelecidas no artigo antecedente.

Art. 789. Quer a liquidação se faça no porto da carga, quer no da descarga, contribuirão para as avarias grossas as importâncias que forem ressarcidas por via da respectiva contribuição.

Art. 790. Os objetos carregados sobre o convés (arts. 521 e 677, n. 8), e os que tiverem sido embarcados sem conhecimento assinado pelo capitão (art. 599) e os que o proprietário ou seu representante, na ocasião do risco de mar, tiver mudado do lugar em que se achavam arrumados sem licença do capitão contribuem pelos respectivos valores, chegando a salvamento; mas o dono, no segundo caso, não tem direito para a indenização recíproca, ainda quando fiquem deteriorados, ou tenham sido alijados a benefício comum.

Art. 791. Salvando-se qualquer coisa em consequência de algum ato deliberado de que resultou avaria grossa, não pode quem sofreu o prejuízo causado por este ato exigir indenização alguma por contribuição dos objetos salvados, se estes por algum acidente não chegarem ao poder do dono ou consignatários, ou se, vindo ao seu poder, não tiverem valor algum; salvo os casos dos arts. 651 e 764, ns. 12 e 19.

Art. 792. No caso de alijamento, se o navio se tiver salvado do perigo que o motivou, mas, continuando a viagem, vier a perder-se depois, as fazendas salvas do segundo perigo são obrigadas a contribuir por avaria grossa para a perda das que foram alijadas na ocasião do primeiro.

Se o navio se perder no primeiro perigo e algumas fazendas se puderem salvar, estas não contribuem para a indenização das que foram alijadas na ocasião do desastre que causou o naufrágio.

Art. 793. A sentença que homologa a repartição das avarias grossas com condenação de cada um dos contribuintes tem força definitiva, e pode executar-se logo, ainda que dela se recorra.

Art. 794. Se, depois de pago o rateio, os donos recobrarem os efeitos indenizados por avaria grossa, serão obrigados a repor *pro rata* a todos os contribuintes o valor líquido dos efeitos recobrados. Não tendo sido contemplados no rateio para a indenização, não estão obrigados a entrar para a contribuição da avaria grossa com o valor dos gêneros recobrados depois da partilha em que deixaram de ser considerados.

Art. 795. Se o segurador tiver pago uma perda total, e depois vier a provar-se que ela foi só parcial, o segurado não é obrigado a restituir o dinheiro recebido; mas neste caso o segurador fica sub-rogado em todos os direitos e ações do segurado, e faz suas todas as vantagens que puderem resultar dos efeitos salvos.

Art. 796. Se, independente de qualquer liquidação ou exame, o segurador se ajustar em preço certo de indenização, obrigando-se por escrito na apólice, ou de outra qualquer forma, a pagar dentro de certo prazo, e depois se recusar ao pagamento, exigindo que o segurado prove satisfatoriamente o valor real do dano, não será este obrigado à prova, senão no único caso em que o segurador tenha em tempo reclamado o ajuste por fraude manifesta da parte do mesmo segurado.

PARTE TERCEIRA
Das quebras

Arts. 797 a 913. *(Revogados pelo Dec.-lei 7.661/1945).*

Título Único
Da administração da justiça nos negócios e causas comerciais

Arts. 1º a 30. *(Revogados pelo Dec.-lei 1.608/1939).*

→ v. Lei 13.105/2015 – Institui o Novo Código de Processo Civil, em vigor após decorrido 1 (um) ano da data de sua publicação oficial (Art. 1.045 do NCPC) – *D.O.U.* de 17.3.2015.

Mandamos, portanto, a todas as autoridades, a quem o conhecimento e execução da referida lei pertencer, que a cumpram e façam cumprir, e guardar tão inteiramente, como nela se contém. O Secretário de Estado dos Negócios da Justiça a faça imprimir, publicar e correr. Dada no Palácio do Rio de Janeiro, aos vinte e cinco de junho de mil oitocentos e cinquenta, vigésimo nono da Independência e do Império. Imperador, com rubrica e guarda. *Eusébio de Queirós Coutinho Matoso Câmara.*

Carta de Lei, pela qual V.M.I. manda executar o Decreto da Assembleia Geral, que houve por bem sancionar, sobre o Código Comercial do Império do Brasil, na forma acima declarada.

Para Vossa Majestade Imperial ver. *Antônio Álvares de Miranda Varejão* a fez. *Eusébio de Queirós Coutinho Matoso Câmara.*

Selada na Chancelaria do Império em 1º de julho de 1850. *Josino do Nascimento Silva.*

Publicada na Secretaria de Estado dos Negócios da Justiça em 1º de julho de 1850. *Josino do Nascimento Silva.*

Registrada a folha 8 do Livro 1º das Leis e Resoluções, Secretaria de Estado dos Negócios da Justiça, 1º de julho de 1850. *Manuel Antônio Ferreira da Silva.*

ÍNDICE REMISSIVO DO CÓDIGO COMERCIAL

D

E

F

G

H

I

J

L

M

CÓDIGO DE PROCESSO CIVIL DE 1973

VADE MECUM DE LEGISLAÇÃO FOCO

ÍNDICE SISTEMÁTICO DO CÓDIGO DE PROCESSO CIVIL DE 1973

LEI 5.869, DE 11 DE JANEIRO DE 1973

Livro I – DO PROCESSO DE CONHECIMENTO

TÍTULO I – DA JURISDIÇÃO E DA AÇÃO

TÍTULO II – DAS PARTES E DOS PROCURADORES

TÍTULO III – DO MINISTÉRIO PÚBLICO

TÍTULO IV – DOS ÓRGÃOS JUDICIÁRIOS E DOS AUXILIARES DA JUSTIÇA

TÍTULO V – DOS ATOS PROCESSUAIS

TÍTULO X – DOS RECURSOS

Livro II – DO PROCESSO DE EXECUÇÃO

TÍTULO I – DA EXECUÇÃO EM GERAL

TÍTULO II – DAS DIVERSAS ESPÉCIES DE EXECUÇÃO

TÍTULO III – DOS EMBARGOS DO DEVEDOR

TÍTULO IV – DA EXECUÇÃO POR QUANTIA CERTA CONTRA DEVEDOR INSOLVENTE

TÍTULO II – DOS PROCEDIMENTOS ESPECIAIS DE JURISDIÇÃO VOLUNTÁRIA

Livro V – DAS DISPOSIÇÕES FINAIS E TRANSITÓRIAS

EXPOSIÇÃO DE MOTIVOS DO CÓDIGO DE PROCESSO CIVIL DE 1973

→ O texto da Exposição de Motivos do CPC, elaborado por Alfredo Buzaid, Ministro da Justiça à época da promulgação desta lei adjetiva, faz menção à dispositivos que foram alterados ou revogados ao longo de sua vigência.

Excelentíssimos Senhores Membros do Congresso Nacional:

Nos termos do art. 56 da Constituição, tenho a honra de submeter à elevada deliberação de Vossas Excelências, acompanhado de Exposição de Motivos do Senhor Ministro de Estado da Justiça, o anexo projeto de lei de "Código de Processo Civil".

Brasília, 2 de agosto de 1972.

Emílio G. Médici

GM/473-B

Brasília, 31 de julho de 1972.

Excelentíssimo Senhor Presidente da República

"Convien decidersi a una riforma fondamentale o rinunciare alla speranza di un serio progresso" *(Chiovenda, La riforma del procedimento civile,* Roma, 1911, p. 4*)*.

Tenho a honra de apresentar à alta consideração de Vossa Excelência o projeto de Código de Processo Civil.

Capítulo I
REVISÃO OU CÓDIGO NOVO?

1. As palavras do insigne mestre italiano, que servem de epígrafe a esta Exposição de Motivos, constituem grave advertência ao legislador que aspira a reformar o Código de Processo Civil. Foi sob a inspiração e também sob o temor desse conselho que empreendemos a tarefa de redigir o projeto, a fim de pôr o sistema processual civil brasileiro em consonância com o progresso científico dos tempos atuais.

Ao iniciarmos os estudos depararam-se nas duas sugestões: rever o Código vigente ou elaborar Código novo. A primeira tinha a vantagem de não interromper a continuidade legislativa. O plano de trabalho, bem que compreendendo a quase totalidade dos preceitos legais, cingir-se-ia a manter tudo quanto estava conforme com os enunciados da ciência, emendando o que fosse necessário, preenchendo lacunas e suprimindo o supérfluo, que retarda o andamento dos feitos.

Mas a pouco e pouco nos convencemos de que era mais difícil corrigir o Código velho que escrever um novo. A emenda ao Código atual requeria um concerto de opiniões, precisamente nos pontos em que a fidelidade aos princípios não tolera transigências. E quando a dissensão é insuperável, a tendência é de resolvê-la mediante concessões, que não raro sacrificam a verdade científica a meras razões de oportunidade. O grande mal das reformas parciais é o de transformar o Código em mosaico, com coloridos diversos que traduzem as mais variadas direções. Dessas várias reformas tem experiência o país; mas, como observou LOPES DA COSTA, umas foram para melhor; mas em outras saiu a emenda pior que o soneto.[1]

Depois de demorada reflexão, verificamos que o problema era muito mais amplo, grave e profundo, atingindo a substância das instituições, a disposição ordenada das matérias e a íntima correlação entre a função do processo civil e a estrutura orgânica do Poder Judiciário. Justamente por isso a nossa tarefa não se limitou à mera revisão. Impunha-se refazer o Código em suas linhas fundamentais, dando-lhe novo plano de acordo com as conquistas modernas e as experiências dos povos cultos. Nossa preocupação foi a de realizar um trabalho unitário, assim no plano dos princípios, como no de suas aplicações práticas.

2. Propondo uma reforma total, pode parecer que queremos deitar abaixo as instituições do Código vigente, substituindo-as por outras inteiramente novas. Não. Introduzimos modificações substanciais, a fim de simplificar a estrutura do Código, facilitar-lhe o manejo, racionalizar-lhe o sistema e torná-lo um instrumento dúctil para a administração da justiça.

Bem presentes em nosso espírito estiveram as recomendações de NICETO ALCALÁ-ZAMORA Y CASTILLO, que classificou os princípios em duas espécies: "Suponiendo que se trate de sustitución plena de un código por otro, la primera questión que se plantea es la de si debe hacerse tabla rasa del pasado o si, por el contrario, conviene aprovechar, y en qué escala, elementos del texto precedente. Entran aqui en juego dos contrapuestos principios de técnica legislativa, que bien cabría denominar de conservación y de innovación, pero lo fundamental no son los nombres que reciban, sino el criterio conforme a cual funcionen. Como es natural, no se puede sentar de una vez para todas una pauta absoluta, y muchísimo menos proporciones o porcentajes, porque el predominio de uno de esos principios sobre el otro, dependrá de las deficiencias que presente el código de cuya derogación se trate, apreciadas por la persona o comisión llamadas a reformarlo. Cabría, sin embargo, aconsejar que el principio de conservación sirva para hacer menos perturbador el cambio y el de innovación para remediar los males advertidos durante la vigencia del ordenamiento anterior. Nada más dañino que alterar por completo la estructura y redacción de un código, si sus fallas e inconvenientes subsisten o se agravan en el que venga a reemplazarlo. El reformador no debe olvidar nunca que 'por muy viejo que sea un edificio siempre de su derribo se obtienen materiales para construcciones futuras'; y si, verbigracia, en el código antiguo existe una buena distribución de materiales o cuenta con preceptos de correcta formulación jurídica y gramatical, seria absurdo llevar el prurito innovador hasta prescindir por completo da aquélla e de éstos, suponiendo que al huir del precedente nacional quepa también escapar de los modelos extranjeros y con olvido de que la asimilación por jueces, abogados, secretarios etc., de un nuevo código civil, penal o mercantil es mucho más rápida y sencilia que la de nuevas leyes procesales, que son vividas a diario por las profesiones forenses y no meramente invocadas o aplicadas".[2]

Entram em jogo dois princípios antagônicos de técnica legislativa: o da *conservação* e o da *inovação*. Ambos se harmonizam, porque, se o primeiro torna menos perturbadora a mudança, o segundo remedeia os males observados durante a aplicação do Código. O reformador não deve olvidar que, por mais velho que seja um edifício, sempre se obtêm, quando demolido, materiais para construções futuras.

Capítulo II
DO SISTEMA DO CÓDIGO DE PROCESSO CIVIL VIGENTE

3. No Código de Processo Civil vigente podem distinguir-se quatro partes fundamentais. A primeira se ocupa com o chamado processo de conhecimento (arts. 1° a 297). A segunda, a maior de todas, abrange numerosos procedimentos especiais (arts. 298 a 781). A terceira é dedicada aos recursos e processos de competência originária dos tribunais (arts. 782 a 881). A quarta e última tem por objeto o processo de execução (arts. 882 a 1.030).

O processo de conhecimento, elaborou-o o legislador segundo os princípios modernos da ciência do processo. Serviram-lhe de paradigma os Códigos da Áustria, da Alemanha e de Portugal; nesses diplomas, bem como nos trabalhos preparatórios de revisão legislativa feitos na Itália, foi o legislador brasileiro buscar a soma de experiências e encontrar os altos horizontes, que a ciência pudera dilatar, a fim de construir uma sistemática de fecundos resultados práticos.[3]

1 LOPES DA COSTA. *Direito processual civil brasileiro*. 2. ed., vol. 1, 1959. pág. 29.

2 NICETO ALCALÁ-ZAMORA Y CASTILLO. *Principios técnicos y políticos de una reforma procesal*. Honduras, 1950. pág. 7 e ss.

3 ALFREDO BUZAID. Ensaio para uma revisão do sistema de recursos no Código de Processo Civil brasileiro. *Revista da Faculdade de Direito*, vol. 52. pág. 181 e ss.; JOSÉ FREDERICO MARQUES. *Instituições de direito processual civil*, vol. 1. pág. 66 e ss.; Alcides de Mendonça Lima. A recorribilidade dos despachos interlocutórios no Código de Processo Civil brasileiro. *Estudios jurídicos en memoria de Eduardo Couture*. Montevideo, 1957. pág. 483 e ss.

4. O legislador brasileiro não foi, porém, feliz nas outras partes. Manteve injustificavelmente uma série exaustiva de ações especiais, minuciosamente reguladas em cerca de quinhentos artigos, que compreendem quase a metade do Código.[4] Vergando ao peso da tradição, conservou as linhas básicas dos recursos que herdamos de Portugal, com as distinções sutis que os tornam de trato difícil. O processo de execução, que produz o sistema do direito anterior, não avançou senão algumas tímidas inovações.

Os princípios informativos do Código, embora louváveis do ponto de vista dogmático, não lograram plena efetivação. A extensão territorial do país, as promoções dos magistrados de entrância para entrância, o surto do progresso que deu lugar à formação de um grande parque industrial e o aumento da densidade demográfica vieram criar considerável embaraço à aplicação dos princípios da oralidade e da identidade da pessoa física do juiz, consagrados em termos rígidos no sistema do Código. Os inconvenientes resultavam não do sistema, mas de sua adaptação às nossas condições geográficas, a cujo respeito falharam as previsões do legislador. Não se duvidava, pois, da excelência do princípio da oralidade, mas se apontavam os males de uma aplicação irrestrita e incondicional à realidade brasileira.

Malgrado esses defeitos e outros que serão adiante indicados, reconhecemos que o Código de Processo Civil representa um assinalado esforço para adequar o direito brasileiro à nova orientação legislativa dos povos civilizados.

Capítulo III
DO MÉTODO DA REFORMA

I – *Os Modelos do Projeto*

5. Na elaboração do projeto tomamos por modelo os monumentos legislativos mais notáveis do nosso tempo. Não se veja nessa confissão mero espírito de mimetismo, que se compraz antes em repetir do que em criar, nem desapreço aos méritos de nosso desenvolvimento cultural. Um Código de Processo é uma instituição eminentemente técnica. E a técnica não é apanágio de um povo, senão conquista de valor universal.

O processo civil é um instrumento que o Estado põe à disposição dos litigantes, a fim de administrar justiça. Não se destina a simples definição de direitos na luta privada entre os contendores. Atua, como já observara BETTI, não no interesse de uma ou de outra parte, mas por meio do interesse de ambos. O interesse das partes não é senão um meio, que serve para conseguir a finalidade do processo na medida em que dá lugar àquele impulso destinado a satisfazer o interesse público da atuação da lei na composição dos conflitos. A aspiração de cada uma das partes é a de ter razão: a finalidade do processo é a de dar razão a quem efetivamente a tem. Ora, dar razão a quem a tem é, na realidade, não um interesse privado das partes, mas um interesse público de toda sociedade.[5]

Assim entendido, o processo civil é preordenado a assegurar a observância da lei; há de ter, pois, tantos atos quantos sejam necessários para alcançar essa finalidade. Diversamente de outros ramos da ciência jurídica, que traduzem a índole do povo através de longa tradição, o processo civil deve ser dotado exclusivamente de meios racionais, tendentes a obter a atuação do direito. As duas exigências que concorrem para aperfeiçoá-lo são a rapidez e a justiça. Força é, portanto, estruturá-lo de tal modo que ele se torne efetivamente apto a administrar, sem delongas, a justiça.

As nações mais adiantadas não se pejaram de exaltar os méritos dos Códigos de outros países. Na França, tão ciosa de sua elevada cultura, TISSIER reconheceu que o Código de Processo Civil da Áustria é "la meilleure procédure civile du continent".[6]

II – *Da Terminologia do Projeto*

6. Fiel a essa orientação, esforça-se o projeto por aplicar os princípios da técnica legislativa, um dos quais é o rigor da terminologia na linguagem jurídica.

Haja vista, por exemplo, o vocábulo "lide". No Código de Processo Civil vigente ora significa processo (art. 96), ora o mérito da causa (arts. 287, 684, IV, e 687, § 2º). O projeto só usa a palavra "lide" para designar o mérito da causa. Lide é, consoante a lição de CARNELUTTI, o conflito de interesses qualificado pela pretensão de um dos litigantes e pela resistência do outro. O julgamento desse conflito de pretensões, mediante o qual o juiz, acolhendo ou rejeitando o pedido, dá razão a uma das partes e nega-a à outra, constitui uma sentença definitiva de mérito. A lide é, portanto, o objeto principal do processo e nela se exprimem as aspirações em conflito de ambos os litigantes.[7]

Outra expressão, que o projeto eliminou, é instância. Dela se serve o Código de Processo Civil vigente para designar o instituto da suspensão, da absolvição e da cessação do processo (arts. 196-207). Todavia, a palavra é equívoca. Nas fontes romanas significa atividade, empenho, diligência e pedido.[8] Também exprime o exercício da ação desde a litiscontestação até a sentença.[9] Para PEREIRA E SOUSA e RAMALHO, a instância é o tempo dentro do qual se trata e determina a causa com a decisão final.[10] JOÃO MENDES JÚNIOR define-a como a existência fluente do litígio.[11]

JOÃO MONTEIRO distingue-lhe duas acepções: legítima discussão da causa até a sentença passada em julgado e grau de jurisdição.[12] No antigo direito português se dizia que com a apelação ou o agravo começava nova instância.[13] Mas, como já adverte JOÃO MENDES JÚNIOR,[14] não se deve confundir instância com grau de jurisdição, porque pode dar-se o caso de dois graus de jurisdição funcionando em uma só e mesma instância; assim a execução é uma outra instância no mesmo primeiro grau de jurisdição.[15] Finalmente, para MACHADO GUIMARÃES, ELIÉZER ROSA, JOSÉ ALBERTO DOS REIS e BARBOSA MAGALHÃES, instância significa processo, entendido como relação jurídica.[16]

Bastam estas considerações para se ver que a palavra *instância* é uma fonte de dúvidas e equívocos. O projeto a substitui por *processo* e, assim, no Capítulo VI do Livro I e Capítulo VI do Livro II, fala de *Formação, Suspensão* e *Extinção do Processo*, empregando este vocábulo porque ele traduz, com todo o rigor científico, o fenômeno jurídico que o Código define.

7. Ainda quanto à linguagem, cabe-nos explicar a denominação do Livro III. Empregamos aí a expressão *processo cautelar*. Cautelar não figura, nos nossos dicionários, como adjetivo, mas tão só como verbo, já em desuso. O projeto o adotou, porém, como adjetivo, a fim de qualificar um tipo de processo autônomo. Na tradição de nosso direito processual era a função cautelar distribuída, por três espécies de processos, designados por preparatórios, preventivos e incidentes.[17] O projeto, reconhecendo-lhe caráter autônomo, reuniu os vários procedimentos preparatórios, preventivos e incidentes sob fórmula geral, não tendo encontrado melhor vocábulo que o adjetivo cautelar para designar a função que exercem. A expressão processo cautelar tem a virtude de abranger todas as medidas preventivas, conservatórias e incidentes que o projeto ordena no Livro III, e, pelo vigor e amplitude do seu significado, traduz melhor que qualquer outra palavra a tutela legal.

4 O Prof. Hugo Alsina não escondeu a sua perplexidade, ao verificar que o Código regulou sessenta e um processos especiais, malgrado o confessado propósito de instituir um tipo único para as ações (HUGO ALSINA. El nuevo régimen procesal en el Brasil. *Revista Forense*, vol. 81. pág. 314).

5 BETTI. *Diritto processuale civile*. pág. 5.

6 TISSIER. *Le centenaire du Code de Procédure Civile*, 1906. pág. 43.

7 CARNELUTTI. *Sistema*, vol. 1. pág. 40; BETTI. *Diritto processuale civile*. pág. 445.

8 MATOS PEIXOTO. *Recurso extraordinário*. pág. 196; D. 22-1-33, pr.; D. 13-7-43, I.

9 PEREIRA. *Elucidarium*. pág. 536: *Instantia dicitur tempus exercendi iudicii, videlicet e litiscontestatione ad sententiam usque*. (Cf. também MANUEL DE ALMEIDA e SOUZA. *Segundas linhas*, nota 228.)

10 PEREIRA e SOUSA. *Primeiras linhas*, § 103; Ramalho, *Praxe*, § 122.

11 JOÃO MENDES JÚNIOR. *Direito judiciário*. pág. 241.

12 JOÃO MONTEIRO. *Processo civil*, § 78, nota 2.

13 Ord. Afons. III, 23, 3; Man. III, 18, I; Fil. III, 27, pr.

14 JOÃO MENDES JÚNIOR. *Direito judiciário*. pág. 482 e ss.

15 PEREIRA e SOUSA. *Primeiras linhas*, nota 780; MANUEL DE ALMEIDA E SOUZA. *Execução*, Cap. V, art. I; RAMALHO. *Praxe*, § 123; LIEBMAN. *Processo de execução*. pág. 83.

16 MACHADO GUIMARÃES. *A instância e a relação processual*. pág. 69; ELIÉZER ROSA. *Dicionário de processo civil*. pág. 238; JOSÉ ALBERTO DOS REIS, *Comentários ao Código de Processo Civil*, vol. 3. pág. 20 e ss.; BARBOSA MAGALHÃES, *Estudo sobre o novo Código de Processo Civil*. pág. 239 e ss.

17 Assim o Código de Processo do Estado de São Paulo (Título do Livro III); do Distrito Federal (Livro III, Título I); do Paraná (Lei 1.915, de 23 de fevereiro de 1920), Parte Especial, Título II; da Bahia com o título "Dos processos preventivos, assecuratórios e preparatórios" (Livro I, Título II, Capítulo V, Seção XVII); do Rio Grande do Sul (Parte segunda, Título IV); de Minas Gerais (Livro II, Título I).

As razões de nossa preferência por essa expressão se fundam também no precedente legislativo português, cujo Código de Processo Civil a consagrou (arts. 381 e ss.) e no uso corrente da doutrina nacional e portuguesa.[18] No direito italiano, argentino e uruguaio também a doutrina manifestou o seu assentimento à expressão processo cautelar.[19]

III – *Das Definições Legais*

8. À força de ser repetido, passou à categoria de adágio jurídico o conselho das fontes romanas, segundo o qual *omnis definitio injure civile periculosa est* (D. 50.17.202). Sem discutir o valor dessa recomendação, de cujo acerto não pomos dúvida, ousamos, contudo, em vários lugares do projeto, desatendê-la, formulando algumas definições, que reputamos estritamente necessárias.

O Código de Processo Civil vigente alude à conexão, ora para autorizar a reunião de ações (art. 116), ora para considerá-la critério de determinação da competência (art. 133, IV), ora como fundamento de prorrogação da competência (art. 148). Notando a falta de um conceito legal de conexão, o Professor FRANCISCO MORATO aconselhou que o legislador a definisse. PEDRO BATISTA MARTINS, autor do projeto do Código de Processo Civil atual, não lhe acolheu a sugestão. "O conceito de conexão", escrevia, "não pode ser realmente fixado em princípios apriorísticos e abstratos. Defini-lo seria um erro de consequências incalculáveis, porque bem poderia acontecer que a experiência viesse a apresentar novas figuras de conexão que se não pudessem ajustar às categorias discriminadas na lei".[20]

Os argumentos expedidos por este eminente escritor não procedem. A conexão pode e deve ser conceituada pelo legislador, precisamente para eliminar as vacilações da doutrina e da jurisprudência. O ideal é que a lei seja sempre clara e explícita. Adotando esta orientação, o projeto define não só a conexão (art. 108) como a continência (art. 109).

9. Também por falta de definição legal, o conceito de litispendência andou de envolta com o de prevenção de jurisdição. Sustentaram alguns escritores que a litispendência tem por efeito obstar a que, perante o mesmo juiz, seja reproduzida ação idêntica à anterior. A litispendência distingue-se da prevenção, porque esta tende a impedir que a mesma ação, iniciada perante juiz competente, seja renovada perante outro juiz, embora de igual competência. Assim a litispendência e a prevenção têm de comum que, em ambas, se dá o concurso de duas ações idênticas; e diferem entre si em que na litispendência há um só juiz, e na prevenção, mais de um.[21]

Para CARVALHO SANTOS, no entanto, há litispendência quando duas demandas são formuladas sobre o mesmo objeto, entre as mesmas partes, mas perante dois juízos diferentes.[22] LIEBMAN,[23] com observar que nenhuma dessas restrições se justifica, ressalta ainda que a doutrina portuguesa não apresentava ideias suficientemente claras acerca da litispendência e da prevenção.[24] Na doutrina estrangeira, nomeadamente alemã e italiana, a litispendência indica a existência de uma ação, produzindo a plenitude de seus efeitos, isto é, a situação jurídica em que se encontra uma causa submetida ao conhecimento do Poder Judiciário.[25]

A fim de dirimir as incertezas acima apontadas, o projeto formulou a definição de identificação de ações (art. 305, § 2º [atualmente previsto no § 2º do art. 301 do CPC]) e, em seguida, a de litispendência (art. 305, § 3º [atualmente previsto no § 3º do art. 301 do CPC]).

10. Para arrematar esta ordem de considerações, convém lembrar o conceito de coisa julgada. A atual Lei de Introdução ao Código Civil [atual Lei de Introdução às normas do Direito Brasileiro, após alteração da ementa pela Lei 12.376/2010] prescreve, no art. 6º, § 3º: "Chama-se coisa julgada ou caso julgado a decisão judicial de que já não caiba recurso". Esta disposição, que reproduz o art. 3º, da antiga Lei de Introdução, não está, porém, isenta de críticas. Senão, vejamos. O Projeto do Código Civil falava de recurso ordinário,[26] inspirando-se, por certo, na lição de PAULA BATISTA e de RAMALHO.[27] O Senado eliminou-lhe, entretanto, o epíteto.[28]

O direito brasileiro não distingue, para efeito de coisa julgada, recurso ordinário e recurso extraordinário. Uma sentença, enquanto pode ser modificada ou revogada mediante recurso, não passa em julgado; ou, em outras palavras, uma sentença passa em julgado quando não está mais sujeita a nenhum recurso.[29] Apesar da clareza destas ideias, reinam discrepâncias acerca da condição da sentença sujeita a recurso extraordinário, cujos reflexos repercutem substancialmente na doutrina geral da execução.

O projeto tentou solucionar esses problemas, perfilhando conceito de coisa julgada elaborado por LIEBMAN e seguido por vários autores nacionais.[30]

Capítulo IV
DO PLANO DA REFORMA

I – *Da Distribuição da Matéria*

11. O projeto está dividido em cinco livros. O primeiro se ocupa com o processo de conhecimento; o segundo, com o processo de execução; o terceiro, com o processo cautelar; o quarto, com os procedimentos especiais; e o quinto, com as disposições gerais e transitórias.

A matéria dos três primeiros livros corresponde à função jurisdicional de conhecimento, de execução e cautelar. A dogmática do processo civil moderno sanciona esta classificação.[31] O processo cautelar foi regulado no Livro III, porque é um *tertium genus*, que contém a um tempo as funções do processo de conhecimento e de execução.[32] O seu elemento específico é a prevenção.[33] O quarto livro abrange procedimentos especiais, distribuídos em dois títulos: os de jurisdição contenciosa e os de jurisdição voluntária. Estará certa a colocação dos procedimentos de jurisdição voluntária no Livro IV? O tema tem sido objeto de larga controvérsia. No direito alemão constitui objeto de lei especial *(Gesetz uber die Angelegenheiten der freiwilligen Gerichtsbarkeit*,[34] de 17 de maio de 1898), modificada por leis posteriores. Mas nem a lei alemã abrange toda a jurisdição voluntária, nem o Código de Processo Civil se absteve completamente de tratar dela.[35] Na Áustria, a lei de 1º de agosto de 1895, denominada *Jurisdiktionsnorm*, dedica o Capítulo III aos negócios não contenciosos (§§ 105 – 122), mas de modo também incompleto.

---

18 PONTES DE MIRANDA. *Comentários ao Código de Processo Civil*. 2. ed., vol. 7, pág. 293; LOPES DA COSTA, *Medidas preventivas*, 2. ed. pág. 17; JOSÉ ALBERTO DOS REIS. *A figura do processo cautelar*. pág. 9.

19 CALAMANDREI. *Introduzione allo studio sistematico dei provvedimenti cautelari, passim*; CARNELUTTI. *Diritto e processo*. pág. 353; LIEBMAN. *Manuale*, vol. 1. pág. 91; COUTURE. *Fundamentos del derecho procesal civil*. pág. 321.

20 PEDRO BATISTA MARTINS. *Comentários ao Código de Processo Civil*. Forense, vol. 2. pág. 45 e ss.

21 GUSMÃO. *Processo civil e comercial*. 4. ed., vol. 1, pág. 441. No mesmo sentido: João Monteiro. *Processo civil e comercial*, § 110, notas 6 e 8.

22 CARVALHO SANTOS. *Código de Processo Civil interpretado*. obs. n. 5 ao art. 182.

23 LIEBMAN. In: CHIOVENDA. *Instituições de direito processual civil*, vol. 2. pág. 386. No mesmo sentido: JOSÉ FREDERICO MARQUES. *Instituições de direito processual civil*, vol. 3. pág. 212 e ss.; MOACYR AMARAL SANTOS. *Primeiras linhas de direito processual civil*, vol. 2. pág. 145.

24 PEREIRA E SOUSA. *Primeiras linhas*, nota 291; MANUEL DE ALMEIDA E SOUZA. *Segundas linhas*, nota 291.

25 CHIOVENDA. *Saggi*, vol. 1. pág. 298; GOLDSCHMIDT, *Zivilprozessrecht*, § 55; Rosenberg, *Lehrbuch*, § 96; REDENTI. *Profili*. pág. 337; ZANZUCCHI. *Diritto processuale civile*, vol. 1. pág. 334.

26 *Trabalhos*, vol. 3. pág. 26, e vol. 4. pág. 27; RUY BARBOSA. *Parecer*. Rio, 1902. pág. 22.

27 PAULA BATISTA. *Teoria e prática do processo*, § 182; RAMALHO. *Praxe*, § 227.

28 BEVILÁQUA. *Código Civil*. obs. 6 ao art. 3º.

29 LUÍS EULÁLIO de BUENO VIDIGAL. Execução de sentença na pendência de recursos de revista e extraordinário. *Revista dos Tribunais*, vol. 321. pág. 11 e ss.

30 LIEBMAN. *Eficácia e autoridade da sentença*. págs. 153 e ss.; J. FREDERICO MARQUES. *Instituições de direito processual civil*, vol. 5. pág. 35; PEDRO BATISTA MARTINS. *Comentários ao Código de Processo Civil*. Forense, vol. 3. págs. 304 e ss.; MOACYR AMARAL SANTOS. *Primeiras linhas de direito processual civil*, vol. 3. págs. 58 e ss.

31 CARNELUTTI. *Diritto e processo*. pág. 353; LIEBMAN. *Manuale di diritto processuale civile*. Milão, 1957, vol. 1. pág. 31 e ss.; ROSENBERG. *Lehrbuch*. 8. ed. pág. 3; NICETO ALCALÁ-ZAMORA Y CASTILLO. *Principios técnicos y políticos de una reforma procesal*. Honduras, 1950. pág. 10.

32 CARNELUTTI. *Diritto e processo*. pág. 365.

33 NICETO ALCALÁ-ZAMORA Y CASTILLO, op. cit., pág. 11. Os autores alemães tratam geralmente das medidas cautelares no processo de execução (LENT-JAUERNIG, *Zwangsvolsstreckungs und Konkursrecht*. 9. ed., 1963. pág. 104).

34 Texto da lei em Schlegelberger. *Gesetz über die Angelegenheiten der freiwilligen Gerichtsbarkeit*, 1952, vol. 1. pág. 22 e ss.

35 NICETO ALCALÁ-ZAMORA Y CASTILLO. Premisas para determinar la índole de la llamada jurisdicción voluntaria. *Studi in onore di Redenti*, vol. 1. pág. 9.

12. Os autores, que trataram *ex professo* da matéria, reconhecem que a sistematização dos procedimentos de jurisdição voluntária está ainda por se fazer.[36] LOPES DA COSTA, em monografia fundamental sobre o tema, diz que "sobre ela não temos lei especial. Dela, o Código de Processo Civil trata de envolta com outros procedimentos especiais, de jurisdição contenciosa. Salvo a coisa julgada (art. 288), não diz quais as normas gerais do processo que não se aplicam à jurisdição voluntária".[37]

O voto de NICETO ALCALÁ-ZAMORA Y CASTILLO é de considerá-la objeto de lei especial, como na Alemanha; não sendo possível substituir a intervenção do juiz por notários, deveria figurar como apêndice ao Código de Processo Civil, com numeração própria.[38]

JOSÉ FREDERICO MARQUES, que escreveu também uma obra clássica sobre o tema, afirma que "a administração pública dos interesses privados, nem mesmo quando se realiza através da jurisdição voluntária, está afeta, no que diz com a sua regulamentação, às leis processuais. Cabe ao Direito Processual apenas a forma e o *modus faciendi* dos atos forenses da atividade de jurisdição voluntária".[39]

No projeto figura a jurisdição voluntária como título especial no Livro IV, porque, por larga tradição, em tais casos sempre coube ao juiz a função de administrar os interesses privados.

II – *Do Processo Oral*

13. O projeto manteve, quanto ao processo oral, o sistema vigente, mitigando-lhe o rigor, a fim de atender a peculiaridades da extensão territorial do país. O ideal seria atingir a oralidade em toda a sua pureza. Os elementos que a caracterizam são: *a*) a identidade da pessoa física do juiz, de modo que este dirija o processo desde o seu início até o julgamento; *b*) a concentração, isto é, que em uma ou em poucas audiências próximas se realize a produção das provas; *c*) a irrecorribilidade das decisões interlocutórias, evitando a cisão do processo ou a sua interrupção contínua, mediante recursos, que devolvem ao Tribunal o julgamento da decisão impugnada.[40] Falando de processo oral em sua pureza, cumpre esclarecer que se trata de um tipo ideal, resultante da experiência legislativa de vários povos e condensado pela doutrina em alguns princípios. Mas, na realidade, há diversos tipos de processo oral, dos quais dois são os mais importantes: o austríaco e o alemão. Entre estes, a diferença, que sobreleva notar, concerne ao princípio da concentração.[41]

Ocorre, porém, que o projeto, por amor aos princípios, não deve sacrificar as condições próprias da realidade nacional. O Código de Processo Civil se destina a servir ao Brasil. Atendendo a estas ponderações, julgamos de bom aviso limitar o sistema de processo oral, não só no que toca ao princípio da identidade da pessoa física do juiz, como também quanto à irrecorribilidade das decisões interlocutórias.

O Brasil não poderia consagrar uma aplicação rígida e inflexível de princípio da identidade, sobretudo porque, quando o juiz é promovido para comarca distante, tem grande dificuldade para retornar ao juízo de origem e concluir as audiências iniciadas. O projeto preservou o princípio da identidade física do juiz, salvo nos casos de remoção, promoção ou aposentadoria (art. 137 [atualmente previsto no art. 132 do CPC]). A exceção aberta à regra geral confirma-lhe a eficácia e o valor científico. "O que importa", diz CHIOVENDA, "é que a oralidade e a concentração sejam observadas rigorosamente como regra".[42]

15. Outro ponto é o da irrecorribilidade, em separado, das decisões interlocutórias. A aplicação deste princípio entre nós provou que os litigantes, impacientes de qualquer demora no julgamento do recurso, acabaram por engendrar esdrúxulas formas de impugnação. Podem ser lembradas, a título de exemplo, a correição parcial e o mandado de segurança. Não sendo possível modificar a natureza das coisas, o projeto preferiu admitir agravo de instrumento de todas as decisões interlocutórias. É mais uma exceção. O projeto a introduziu para ser fiel à realidade da prática nacional.

Finalmente, em alguns processos, especialmente naqueles em que toda prova é produzida em audiência, a oralidade se ostenta em sua plenitude.[43] Em outros se torna menos evidente, como nos casos em que a audiência é suprimida em virtude da antecipação do julgamento do mérito (art. 334 atualmente previsto no art. 330 do CPC). Os articulados, nestes casos, lhe esgotam toda a discussão. Pareceu-nos, então, supérfluo manter a audiência tão só para o debate oral. Não cremos, pois, que o projeto mereça, nesse ponto, qualquer censura por condensar, em vez de dilatar, a discussão e o julgamento do mérito.

→ Consta conforme publicação oficial.

III – *Das Inovações*

16. O projeto contém numerosas inovações. Não sendo possível, nos estreitos limites desta Exposição de Motivos, esmiudar as particularidades de cada uma, cingimo-nos a indicar as mais evidentes e persuasivas. O projeto enfrenta desassombradamente todos os problemas, tomando posição em face das controvérsias doutrinárias. Não foi seu intuito, porém, fazer obra acadêmica, antes solucionar com nitidez "los problemas que la realidad social, económica, cultural y social presenta al legislador".[44]

a) Das inovações constantes do Livro I

17. Posto que o processo civil seja, de sua índole, eminentemente dialético, é reprovável que as partes se sirvam dele, faltando ao dever, da verdade, agindo com deslealdade e empregando artifícios fraudulentos; porque tal conduta não se compadece com a dignidade de um instrumento que o Estado põe à disposição dos contendores para atuação do direito e realização da justiça. Tendo em conta estas razões ético-jurídicas, definiu o projeto como dever das partes: *a)* expor os fatos em juízo conforme a verdade; *b)* proceder com lealdade e boa-fé; *c)* não formular pretensões, nem alegar defesa, cientes de que são destituídas de fundamento; *d)* não produzir provas, nem praticar atos inúteis ou desnecessários à declaração ou defesa do direito (art. 17 [atualmente previsto no art. 14 do CPC]). E, em seguida, dispôs que "responde por perdas e danos todo aquele que pleitear de má-fé como autor, réu ou interveniente" (art. 19 [atualmente previsto no art. 16 do CPC]). No art. 20 [atualmente previsto no art. 16 do CPC, com redação a alterada pela Lei 6.771/1980], prescreveu: "Reputar-se-á litigante de má-fé aquele que: *a)* deduzir pretensão ou defesa, cuja falta de fundamento não possa razoavelmente desconhecer; *b)* alterar intencionalmente a verdade dos fatos; *c)* omitir intencionalmente fatos essenciais ao julgamento da causa; *d)* usar do processo com o intuito de conseguir objetivo ilegal; *e)* opuser resistência injustificada ao andamento do processo; *f)* proceder de modo temerário em qualquer incidente ou ato do processo; *g)* provocar incidentes manifestamente infundados".

O projeto adota o princípio do sucumbimento, pelo qual o vencido responde por custas e honorários advocatícios em benefício do vencedor (art. 23). "O fundamento desta condenação", como escreveu CHIOVENDA, "é o fato objetivo da derrota; e a justificação deste instituto está em que a atuação da lei não deve representar uma diminuição patrimonial para a parte a cujo favor se efetiva; por ser interesse do Estado que o emprego do processo não se resolva em prejuízo de quem tem razão e por ser, de outro turno, que os direitos tenham um valor tanto quanto possível nítido e constante".[45]

No capítulo "Da Intervenção de Terceiros", foi incluído o instituto do Chamamento ao Processo, à semelhança do Código de Processo Civil português (art. 330). O projeto admite o chamamento do devedor na ação intentada contra o fiador: dos outros fiadores, quando a ação for proposta contra um deles; e de todos os devedores solidários, quando o credor exigir de um ou de alguns deles, parcial ou totalmente, a dívida comum (art. 82 [atualmente prevista no art. 77 do CPC, com a redação alterada pela Lei 5.925/1973]). A vantagem deste instituto está em que a sentença, julgando procedente a ação, condenará os devedores, valendo como título executivo em favor do que satisfez a dívida, para exigi-la, por inteiro, do devedor principal, ou de cada um dos codevedores, a sua quota, na proporção que lhe tocar (art. 85 [atualmente previsto no art. 80 do CPC]).

O Ministério Público é considerado em sua dupla função de órgão agente e de órgão interveniente (art. 86 [atualmente previsto no art. 81 do CPC]). Quando exerce a ação civil nos casos prescritos em lei, competem-lhe os mesmos poderes e ônus das partes.

A competência é regulada no plano interno e internacional. Distribuiu-se a competência interna em razão do valor e da matéria (arts. 96 e ss. [atualmente prevista nos arts. 91 e seguintes do CPC]), da função (arts. 98 e ss. [atualmente prevista nos arts. 93 e seguintes do CPC]) e do território (arts. 99 e ss. [atualmente prevista nos arts. 94 e seguintes do CPC]).

36 FAZZALLARI. *La giurisdizione volontaria.* pág. 41.

37 LOPES DA COSTA. *A administração pública e a ordem jurídica privada.* pág. 1.

38 NICETO ALCALÁ-ZAMORA Y CASTILLO. *Principios técnicos y políticos de una reforma procesal.* pág. 11.

39 JOSÉ FREDERICO MARQUES. *Ensaio sobre a jurisdição voluntária.* 2. ed. pág. 109.

40 CHIOVENDA. *La riforma del procedimento civile*, separata. Roma, 1911. pág. 10 e ss.

41 CHIOVENDA. *La riforma...* cit. págs. 15 e ss.

42 CHIOVENDA. *La riforma...* cit. pág. 22.

43 CHIOVENDA. *La riforma.* cit., pág. 22.

44 COUTURE. *Proyecto de Código de Procedimiento Civil.* Montevideo, 1945. pág. 31.

45 CHIOVENDA. *Instituições de direito processual civil.* tradução brasileira, com notas de LIEBMAN, vol. 3. pág. 285.

18. O projeto consagra o princípio dispositivo (art. 266), mas reforça a autoridade do Poder Judiciário, armando-o de poderes para prevenir ou reprimir qualquer ato atentatório à dignidade da justiça (art. 130, III [atualmente prevista no art. 125, III, do CPC]). Este fenômeno ocorre mais frequentemente no processo de execução que no processo de conhecimento. É que o processo de conhecimento se desenvolve num sistema de igualdade entre as partes, segundo o qual ambas procuram alcançar uma sentença de mérito. Na execução, ao contrário, há desigualdade entre o exequente e o executado. O exequente tem posição de preeminência; o executado, estado de sujeição. Graças a essa situação de primado que a lei atribui ao exequente, realizam-se atos de execução forçada contra o devedor, que não pode impedi-los, nem subtrair-se a seus efeitos. A execução se presta, contudo, a manobras protelatórias, que arrastam os processos por anos, sem que o Poder Judiciário possa adimplir a prestação jurisdicional.

Para coibir abusos, considerou o projeto atentatório à dignidade da justiça o ato do executado: *a)* que frauda a execução; *b)* que se opõe maliciosamente à execução, empregando ardis e meios artificiosos; *c)* que resiste injustificadamente às ordens judiciais, a ponto de o juiz precisar requisitar a intervenção da força policial; *d)* que não indica ao juiz onde se encontram os bens sujeitos à execução (art. 612 [atualmente previstos nos incisos do art. 600 do CPC, com a redação alterada pela Lei 5.925/1973]). Se o executado, advertido pelo juiz, persevera na prática de qualquer desses atos, a sanção que o projeto lhe impõe é a de perder o direito de falar no processo (art. 613).

19. Modificação substancial no procedimento consta do Título VII, Capítulos IV e V. Findo o prazo para resposta do réu, sobem os autos à conclusão do juiz para diversas providências. Se o réu, reconhecendo o fato em que se funda a ação, outro lhe opuser impeditivo, modificativo, ou extintivo do direito do autor, este será ouvido no prazo de 10 (dez) dias, facultando-lhe o juiz a produção de prova documental (art. 330 [atualmente previsto no art. 326 do CPC]). Se o réu também alegar qualquer das matérias enumeradas no art. 305, o autor será ouvido no prazo de 10 (dez) dias. Verificando-se a existência de irregularidade ou de nulidade, o juiz mandará supri-la (art. 331 [atualmente previsto no art. 337 do CPC]). Se o réu não contestar a ação, reputar-se-ão verdadeiros os fatos afirmados pelo autor (art. 323). A revelia não produz, contudo, este efeito: *a)* se, havendo pluralidade de réus, algum deles contestar a ação; *b)* se o litígio versar sobre direitos indisponíveis; *c)* se a petição inicial não estiver instruída com instrumento público, que a lei considere indispensável à prova do ato (art. 324). E, finalmente, se o réu contestar o direito que constitui fundamento do pedido, o autor poderá requerer que o juiz profira sentença incidente, quando a declaração da existência ou da inexistência do direito depender, no todo ou em parte, do julgamento da lide (arts. 5º, 329 e 474).

Cumpridas as providências preliminares ou não havendo necessidade delas, o juiz profere julgamento conforme o estado do processo. Esta atribuição lhe permite, logo após os articulados, ou extinguir o processo ocorrendo qualquer das hipóteses previstas nos arts. 271 e 273, II, III, IV e V; ou decidir imediatamente a causa, quando ocorrer a revelia ou quando a questão de mérito for unicamente de direito, ou, sendo de direito e de fato, não houver necessidade de produzir provas em audiência (arts. 333 e 334 [atualmente prevista no art. 329 do CPC]). O que o processo ganha em condensação e celeridade, bem podem avaliar os que lidam no foro. Suprime-se a audiência, porque nela nada há de particular a discutir. Assim, não se pratica ato inútil. De outra parte, não sofre o processo paralisação, dormindo meses nas estantes dos cartórios, enquanto aguarda uma audiência, cuja realização nenhum proveito trará ao esclarecimento da causa, porque esta já se acha amplamente discutida na inicial e na resposta do réu.

Com a adoção desta nova técnica, bem se vê quanto ficou simplificado o sistema do processo civil.

20. A doutrina das provas sofreu importantes modificações. O art. 336 declara que "todos os meios legais, bem como os moralmente legítimos, ainda que não especificados neste Código, serão hábeis para provar a verdade dos fatos, em que se fundam a ação ou a defesa" [atualmente previsto no art. 332 do CPC]. Mas não é só. Permite o projeto que o juiz, em falta de normas jurídicas particulares, aplique as regras da experiência comum, subministradas pela observação do que ordinariamente acontece (art. 339 [atualmente previsto no art. 335 do CPC]).

Passa depois à disciplina particular das várias espécies de provas. Trata, em seções distintas, do depoimento pessoal e da confissão (arts. 346 e ss. [atualmente prevista nos arts. 349 e seguintes do CPC]). Disciplina com rigor a exibição de documento ou coisa, considerando em particular os motivos de escusa (art. 367 [atualmente prevista nos arts. 355 e seguintes do CPC]). Dispõe sobre a força probante dos documentos (arts. 368 e ss. [atualmente prevista nos arts. 354 e seguintes do CPC]), a arguição de falsidade (arts. 394 e ss. [atualmente prevista nos arts. 390 e seguintes do CPC]) e a oportunidade da produção da prova documental (arts. 400 e ss. [atualmente prevista no art. 396 do CPC]). E confere ao juiz o poder de inspeção direta e pessoal (arts. 444 e ss. [atualmente prevista nos arts. 440 e seguintes do CPC]).

b) Das inovações constantes do Livro II

21. Dentre as inovações constantes do Livro II, duas merecem especial relevo. A primeira respeitante à unidade do processo de execução; a segunda, à criação do instituto da insolvência civil.

O direito luso-brasileiro conhece dois meios de realizar a função executiva: *a)* pela *parata executio*; *b)* pela ação executiva. Esta se funda em título extrajudicial; aquela, em sentença condenatória.

Mas, como observa LIEBMAN, diferentes foram os resultados da evolução histórica nos países do continente europeu. O direito costumeiro francês reafirmou energicamente a equivalência das sentenças e dos instrumentos públicos (*lettres obligatoires faites par devant notaire ou passées sous Seel Royal*); e reconheceu a ambos a *exécution parée*. Este princípio foi acolhido pelas Ordenações reais e, depois, pelo *Code de Procédure Civile* napoleônico, de 1806, do qual passou para a maior parte das legislações modernas.[46] Adotaram, nos nossos dias, o sistema unificado os Códigos de Processo Civil da Itália (art. 474), da Alemanha (§§ 704 e 794), de Portugal (art. 46) e a Lei de Execução da Áustria (§ 1º).

O projeto segue esta orientação porque, na verdade, a ação executiva nada mais é do que uma espécie da execução geral; e assim parece aconselhável reunir os títulos executivos judiciais e extrajudiciais. Sob o aspecto prático são evidentes as vantagens que resultam dessa unificação, pois o projeto suprime a ação executiva e o executivo fiscal como ações autônomas.

22. O projeto distingue execução contra devedor solvente e execução contra o devedor insolvente. Enquanto o devedor possui bens livres e desembaraçados, o credor obtém a satisfação do seu direito em execução singular. Pela penhora adquire o credor um direito real sobre os bens penhorados, a exemplo do que dispõe o § 804 do Código de Processo alemão. Quando, porém, as dívidas excedem às importâncias dos bens do devedor, dar-se-á insolvência civil. A declaração de insolvência produz o vencimento antecipado das dívidas, a arrecadação dos bens do devedor e a execução por concurso universal (art. 763 [atualmente prevista no art. 751 do CPC]).

Neste sistema, o devedor civil se equipara ao comerciante. Se este tem direito à extinção das obrigações, decorrido o prazo de 5 (cinco) anos contados do encerramento da falência (Dec.-lei 7.661, art. 135, III [atualmente prevista no art. 158, III, da Lei 11.101/2005]), nenhuma razão justifica que o devedor civil continue sujeito aos longos prazos prescricionais, em cujo decurso fica praticamente inabilitado para a prática, em seu próprio nome, dos atos da vida civil.

Escrevendo sobre este tema, em 1952, formulamos votos no sentido de se instituir o concurso universal de credores, estendendo-se ao devedor civil os benefícios que a Lei de Falências concede ao comerciante.[47]

c) Das inovações constantes do Livro III

23. O Livro III, relativo ao processo cautelar, se divide em dois capítulos. O primeiro contém disposições gerais sobre medidas inominadas e o procedimento que deve ser observado assim em relação a estas como aos procedimentos cautelares específicos regulados no capítulo seguinte.

O projeto disciplina os seguintes procedimentos cautelares específicos: o arresto, o sequestro, a caução, a busca e apreensão, a produção antecipada de provas, os alimentos provisionais, o arrolamento de bens, o atentado, a posse em nome do nascituro, protestos, notificações e interpelações, justificação, nunciação de obra nova e outras medidas, como obras de conservação em coisa litigiosa, entrega de objeto e bens de uso pessoal da mulher e dos filhos, a posse provisória, a guarda e a educação dos filhos, o depósito de menor e o afastamento temporário de um dos cônjuges da morada do casal.

d) Das inovações constantes do Livro IV

24. O Livro IV está dividido em dois títulos: *a)* procedimentos de jurisdição contenciosa; *b)* procedimentos de jurisdição voluntária.

O primeiro abrange as ações de consignação, de depósito, de anulação e substituição de títulos ao portador, de prestação de contas, de usucapião de terras particulares, de divisão e

46 LIEBMAN. *Processo de execução*. n. 6, nota 10.

47 ALFREDO BUZAID. *Do concurso de credores no processo de execução*, pág. 358 e ss.

demarcação de terras, de inventário e partilha, de embargos de terceiros, de habilitação e de restauração de autos, bem como as ações possessórias e o juízo arbitral.

O segundo contém regras gerais sobre a jurisdição voluntária e procedimentos especiais. O art. 1.119 do projeto dispõe: "Quando este Código não estabelecer procedimento especial, regem a jurisdição voluntária as disposições constantes deste Capítulo" [atualmente prevista no art. 1.103 do CPC]. O projeto simplificou a matéria, porque submeteu às regras enunciadas na seção geral vários institutos que no Código de Processo Civil vigente são regulamentados em particular. O projeto só disciplinou, pois, de modo autônomo, os procedimentos que, por suas peculiaridades, demandavam tratamento especial. Eles ficaram reduzidos a nove e são: 1. das vendas judiciais; 2. do desquite por mútuo consentimento; 3. dos testamentos e codicilos; 4. da herança jacente; 5. dos bens dos ausentes; 6. das coisas vagas; 7. da curatela dos interditos; 8. das disposições comuns à tutela e curatela; e 9. da organização e fiscalização das fundações.

Notar-se-á, por outro lado, que o projeto não incluiu alguns procedimentos especiais que constam do Código de Processo Civil vigente, como, por exemplo, Averbações e Retificações do Registro Civil, Habilitação para o Casamento, Casamento em Iminente Risco de Vida, Bem de Família, Registro Torrens, Nulidade de Patente de Invenção e de Marca de indústria e Comércio, Loteamento e Venda de Imóveis a Prestações, Despejo, Locação Comercial regida pelo Dec. 24.150 [revogado pela Lei 8.245/1991, que dispõe sobrea Locação de Imóveis], Dissolução e Liquidação de Sociedades e outros. A exclusão foi intencional. No regime jurídico atual figuram tais institutos, ao mesmo tempo, em vários diplomas legais, onde têm regulamentação paralela. Essa fragmentação não se coaduna com a boa técnica legislativa, que recomenda, tanto quanto possível, tratamento unitário. O Código Civil e algumas leis extravagantes os disciplinam, estabelecendo regras de direito material. Por que então dividi-los, regulamentando-os parte no Código de Processo Civil e parte em leis especiais? Parece mais lógico incluir os procedimentos desses institutos em suas respectivas leis especiais, onde serão exauridos completa e satisfatoriamente.

e) Das inovações constantes do Livro V

25. O Livro V reúne disposições gerais e transitórias. Destas, ressaem duas inovações que devem ser postas em relevo.

Uma entende com o sistema de recursos. Declara o projeto que o novo sistema se aplica a todas as leis especiais, como as que regulam o mandado de segurança, a desapropriação, a ação popular e outras. O seu objetivo é implantar a harmonia no sistema jurídico nacional.

Outra concerne à incineração de autos arquivados. O foro está abarrotado de processos, cuja conservação é tão dispendiosa quanto desnecessária. A cremação não causa dano às partes, porque lhes foi ressalvado o direito de requerer o desentranhamento dos documentos e de microfilmar os autos. Nos processos onde há documentos de valor histórico, a autoridade competente os recolherá ao Arquivo Público.

Capítulo V
DOS RECURSOS

26. Não poderíamos encerrar esta Exposição de Motivos sem uma análise aprofundada do sistema de recursos, a fim de justificar a inovação preconizada pelo projeto. O direito brasileiro se ressente, entre outros, de dois defeitos fundamentais: *a)* sob o aspecto terminológico, o emprego de uma expressão única para designar institutos diferentes; *b)* sob o aspecto sistemático, uma quantidade excessiva de meios de impugnar as decisões.

O rigor da ciência jurídica depende substancialmente da pureza da linguagem não devendo designar com um nome comum institutos diversos, nem institutos iguais com nomes diferentes. O direito brasileiro, ao nomear os recursos, não observou essa exigência da técnica jurídica. Sob o nome comum de agravo de petição, reúne cinco recursos, cujas condições de admissibilidade são essencialmente diversas. Assim é que cabe: *a)* da decisão que põe termo ao processo, sem entrar no julgamento do mérito (Código de Processo Civil, art. 846); *b)* da decisão terminativa da instância e da sentença proferida sobre o pedido das partes (Dec.-lei 960, de 17 de novembro de 1938, art. 45); *c)* da decisão de mérito proferida em ações de acidente de trabalho e de alimentos (Lei 5.316, de 14 de novembro de 1967, art. 15, § 2º [revogada pela Lei 6.367/1976], e Lei 5.478, de 25 de julho de 1968, art. 14); *d)* nos casos expressamente indicados na Lei de Falências (Dec.-lei 7.661, de 21 de junho de 1945, arts. 18, § 3º; 19; 69, § 4º; 77, § 4º; 79, § 2º; 97; 137, § 4º, e 155, § 3º [revogada pela Lei 11.101/2005]); e *e)* da decisão que nega ou concede mandado de segurança (Lei 1.533, de 31 de dezembro de 1951, art. 12 [Revogada pela Lei 12.016/2009]).

27. Admitindo agravo de petição, quer de decisão terminativa, quer de decisão definitiva, quer de outras providências jurisdicionais de índole diversa, o legislador brasileiro abandonou a ideia de uniformidade. Ora, o sistema de recursos deve fundar-se, antes de mais nada, em um critério, qualquer que seja, contanto que seja um critério. O legislador poderá reduzir a uma denominação única todos os recursos, chamando-os simplesmente apelação, ou atendendo à natureza do provimento jurisdicional, conceder a apelação de sentença definitiva de mérito e agravo das demais decisões.

O legislador brasileiro não abraçou, porém, nenhum critério. Divorciado de qualquer preocupação científica ou sistemática, preferiu, em cada lei, as soluções puramente empíricas.

28. Sob o aspecto sistemático, o legislador mantém uma variedade considerável de recursos. Os autores nacionais não escondem a sua perplexidade diante de tamanha confusão legislativa e chegaram ao ponto de propor reformas substanciais, consideradas inadiáveis.[48] E. D. MONIZ DE ARAGÃO, animado do propósito de colaborar na tarefa de revisão legislativa, apresenta, num substancioso estudo, as linhas fundamentais de uma nova sistemática de recursos.[49]

Era indispensável apontar essa ausência de unidade, especialmente porque várias leis extravagantes serão atingidas pela reforma do Código, devendo submeter-se às normas que regem o novo sistema de recursos. Não se justificava que, tratando-se de ações, gozassem de um tratamento especial, com recursos próprios, diferentes daqueles aplicados às ações em geral. Na tarefa de uniformizar a teoria geral dos recursos, foi preciso não só refundi-los, atendendo a razões práticas, mas até suprimir alguns, cuja manutenção não mais se explica à luz da ciência. O projeto aboliu os agravos de petição e no auto do processo.

29. Duas razões principais nos levaram a eliminar o agravo de petição. A primeira é que deixou de ser um recurso próprio e específico, passando a recurso de conteúdo genérico e variável. Basta esta única circunstância para se ver que ele não deve subsistir no sistema geral, pelo menos com a função que atualmente exerce. Carecendo de precisão terminológica e de individuação científica, aplica-se indiferentemente a uma pluralidade de decisões, constituindo por isso fonte de graves incertezas.

A segunda razão é que o Código vigente admitiu apelação de sentença definitiva (art. 820 atualmente prevista nos arts. 513 e seguintes do CPC) e agravo de petição, de decisão terminativa (art. 846). O elemento que aproxima e, ao mesmo tempo, exclui os dois recursos é o mérito da causa. Quando o juiz o decide, cabe apelação; quando põe termo ao processo sem decidi-lo, cabe agravo de petição.[50]

O critério é lógico, mas não prático. Definir o que seja o mérito é um dos problemas mais árduos da ciência do processo e tendo o Código adotado um critério distintivo entre esses dois recursos, de índole eminentemente conceitual, manteve dúvidas que não foram dissipadas ao longo de trinta anos de sua aplicação.[51] Ainda não se tranquilizaram as opiniões, na doutrina e na jurisprudência, acerca do recurso hábil para impugnar as decisões que resolvem a questão de carência de ação, de legitimidade ad causam e de prescrição do direito.[52]

30. O projeto também aboliu o agravo no auto do processo. Uma das características do processo oral e concentrado é a irrecorribilidade em separado das decisões interlocutórias.[53] Esse é o sistema adotado por algumas legislações.[54]

48 E. D. MONIZ DE ARAGÃO. *Estudo sobre os embargos de nulidade e infringentes do julgado*. Curitiba, 1959. pág. 127; COSTA CARVALHO. *Direito judiciário civil*. 3. ed., vol. 4. pág. 39; CHRYSSOLITO DE GUSMÃO. *Direito judiciário e direito constitucional*. pág. 38; ALCIDES DE MENDONÇA LIMA. *Estudios en honor de Couture*. pág. 495; JOSÉ FREDERICO MARQUES. *Instituições*, vol. 4. pág. 13.

49 MONIZ DE ARAGÃO. *Dos recursos cíveis*. pág. 11 e ss.

50 LIEBMAN, nota in Chiovenda, *Instituições*, v. 3, pág. 295.

51 Alfredo Buzaid, *Do agravo de petição*, 2. ed., pág. 115 e ss.; E. D. MONIZ DE ARAGÃO. *Estudos sobre os embargos de nulidade e infringentes do julgado*. Curitiba, 1959. pág. 130.

52 ALFREDO BUZAID; *Do agravo de petição*; 2; ed. págs. 134 e ss.

53 CHIOVENDA. *Instituições*, vol. 3. pág. 81; *Saggi*, vol. 2. pág. 32.

54 Código de Processo Civil da Alemanha, § 511; da Áustria, § 462; da Hungria, § 479; da Basiléia, § 221; de Lucerna, § 443.

Assim, também, o entendimento da doutrina nacional.[55] De todas as figuras de agravo que herdamos de Portugal, aquela cuja índole se amolda ao princípio da irrecorribilidade em separado das interlocutórias é o agravo no auto do processo.[56]

Coube ao eminente processualista MACHADO GUIMARÃES, o mérito de haver sugerido a revivescência desse recurso, por entender que ele se harmonizava com o processo oral e concentrado.[57] Foi provavelmente sob a influência dessas ideias que MONIZ DE ARAGÃO conservou no projeto que escreveu, ao lado do agravo de instrumento, o agravo no auto do processo.[58]

Embora reconheçamos que esse recurso se ajuste aos princípios fundamentais que estruturam o Código, pareceu-nos melhor conceder, para os casos que ele especifica, o agravo de instrumento, que apresenta sobre o agravo no auto do processo algumas vantagens dignas de realce.

Nenhuma dessas figuras de agravo suspende o andamento do processo principal. O agravo no auto do processo, ínsito no bojo dos autos, aguarda a ascensão da causa do Tribunal, onde será conhecido como preliminar, no julgamento da apelação (Código de Processo Civil, art. 877 [atualmente prevista no art. 593 do CPC, na modalidade de agravo retido]). Só então é que se separará o gravame. O agravo de instrumento, sem interromper a marcha do processo, assegura, todavia, a verificação da decisão impugnada antes que o juiz profira sentença definitiva. O Tribunal corrigirá os erros cometidos pelo juiz, em cada oportunidade, sem embaraçar o andamento da ação.

31. Convém, ainda, tecer alguns comentários sobre a nomenclatura do Código vigente.

Os recursos de agravo de instrumento e no auto do processo (arts. 842 e 851) se fundam num critério meramente casuístico, que não exaure a totalidade dos casos que se apresentam na vida cotidiana dos tribunais. Daí a razão por que o dinamismo da vida judiciária teve de suprir as lacunas da ordem jurídica positiva, concedendo dois sucedâneos de recurso, a saber, a correição parcial e o mandado de segurança.

A experiência demonstrou que esses dois remédios foram úteis corrigindo injustiças ou ilegalidades flagrantes, mas representavam uma grave deformação no sistema, pelo uso de expedientes estranhos ao quadro de recursos.

É certo que, para obviar aos inconvenientes da interposição errônea de um recurso por outro, o Código vigente admite o seu conhecimento pela instância superior e ordena a remessa à câmara ou turma, desde que não esteja viciado por má-fé ou erro grosseiro (art. 810). O Código consagrou, nesse preceito legal, a teoria do "recurso indiferente" (Sowohl-s-auch-Theorie), como ensinam os autores alemães.[59]

Esta solução não serviu, porém, para melhorar o sistema, porque a frequência com que os recursos, erroneamente interpostos, não são conhecidos pelo Tribunal evidenciou que a aplicação do art. 810 tem valor limitadíssimo.

32. Por outro lado, o enunciado de algumas disposições gerais (Livro VII, Título I) denota imprecisão e ambiguidade justamente nos pontos em que a lei deveria ser exata e explícita. Haja vista, por exemplo, o art. 814, assim no que concerne à parte, como ao Ministério Público e ainda o art. 815, ao conceder recurso ao terceiro prejudicado.

O pressuposto do recurso é o estado de sucumbimento, cuja medida é dada pela existência de um prejuízo. Ora, esta ideia não aparece claramente no referido título, que sempre fala de parte, sem aludir, uma vez sequer, à circunstância de ser "vencida". O réu pode sofrer prejuízo, ainda quando o juiz lhe dá ganho de causa. É o que ocorre, quando o magistrado declara o autor carecedor da ação, ao invés de julgar improcedente a ação.[60]

Mas não é só. Prescreve o Código que compete ao órgão do Ministério Público o direito de recorrer "quando expresso em lei" (art. 814). O Ministério Público oficia, no processo civil, ora como parte, ora como fiscal da lei. A locução empregada pelo referido preceito, sem qualquer individuação, assim no Código como em Lei especial, deu lugar a fundas divergências, que era preciso afastar a bem da segurança dos negócios jurídicos e da missão atribuída ao Ministério Público.[61]

Em relação ao terceiro, o Código diz simplesmente que ele "poderá recorrer" (art. 815), deixando de mencionar os pressupostos de sua admissibilidade; a doutrina, diante de regra tão extensa, construiu duas soluções distintas: uma que permite o recurso como intervenção *ad coadjuvandum*[62] e outra, *ad infringendum*.[63]

33. Diversamente do Código vigente, o projeto simplifica o sistema de recursos. Concede apelação só de sentença; de todas as decisões interlocutórias, agravo de instrumento. Esta solução atende plenamente aos princípios fundamentais do Código, sem sacrificar o andamento da causa e sem retardar injustificavelmente a resolução de questões incidentes, muitas das quais são de importância decisiva para a apreciação do mérito. O critério que distingue os dois recursos é simples. Se o juiz põe termo ao processo, cabe apelação. Não importa indagar se decidiu ou não o mérito. A condição do recurso é que tenha havido julgamento final no processo. Cabe agravo de instrumento de toda a decisão, proferida no curso do processo, pela qual o juiz resolve questão incidente.

34. No sistema do projeto, o recurso extraordinário sobe por instrumento. Na verdade, partindo-se da ideia de que compete aos Tribunais estaduais e ao Tribunal Federal de Recursos o julgamento das causas em segundo grau de jurisdição, daí se segue que, perante a sua justiça, hão de exaurir-se os recursos ordinários conferidos pelo Código de Processo Civil. Ora, depois que a ação percorre os dois graus de jurisdição, é de se supor que a causa tenha sido amplamente apreciada, sob o duplo aspecto de fato e de direito; e, se apesar disso, a parte vencida ainda não se sente convencida e pretende interpor recurso extraordinário, é verdadeiramente paradoxal que o vencedor tenha de extrair carta de sentença, às suas expensas, para executar o julgado, só porque o recurso foi admitido pelo Presidente do Tribunal. Esta solução do direito vigente encerra uma inversão na ordem das coisas, impondo que o vencedor suporte ainda um ônus, depois de ter sido decretada a procedência do seu pedido. Mais lógico seria que o recurso extraordinário se processasse em separado, com a trasladação das peças por conta do recorrente.

Capítulo VI
DO PROCEDIMENTO SUMARÍSSIMO

37. No antigo direito luso-brasileiro, o procedimento era ordinário, sumário, sumaríssimo e executivo (cf. NEVES DE CASTRO, Manual do processo civil ordinário, 2ª ed., n. 2, nota 5; PEREIRA E SOUSA, Primeiras linhas sobre o processo civil, § 7º; CORREIA TELLES, Doutrina das ações, § 15; PAULA BATISTA, Processo civil, § 75; RAMALHO, Praxe, § 298; GUSMÃO, Processo civil e comercial, Cap. 17). A virtude do procedimento sumaríssimo está em que ele se desenvolve *simpliciter et de plano ac sine strepitu*. O que o caracteriza é a simplificação de atos, de modo que as demandas sejam processadas e decididas em curto espaço de tempo e com o mínimo de despesas.

A Constituição vigente estabelece que "para as causas ou litígios, que a lei definirá, poderão ser instituídos processos e julgamento de rito sumaríssimo, observados os critérios de descentralização, de economia e de comodidade das partes" (art. 112, parágrafo único [dispositivo alterado pela EC 7/1977]). Em cumprimento ao disposto neste preceito constitucional, dedica o projeto um capítulo ao procedimento sumaríssimo, cuja disciplina atendeu a dois critérios: *a)* o do valor das causas; *b)* o da matéria. Assim, obedecerão a esse tipo de procedimento os pleitos cujo valor não exceder 50 (cinquenta) vezes o maior salário mínimo vigente no País e também as causas, qualquer que seja o valor, enumeradas no art. 279.

→ Consta conforme publicação oficial.

55 FRANCISCO MORATO. A oralidade. *Revista Forense*, vol. 74. pág. 145; LUÍS MACHADO GUIMARÃES. O processo oral e o processo escrito. *Revista Forense*, vol. 74. pág. 166; ALCIDES DE MENDONÇA LIMA. *Estudios en honor de Couture*. pág. 483.

56 LIEBMAN. *Instituições*, vol. 3, pág. 295; E. D. MONIZ DE ARAGÃO. *Estudo* cit., pág. 129; ELIÉZER ROSA. *Dicionário*, verbete "Agravo no auto do processo"; JOSÉ OLYMPIO DE CASTRO FILHO. Agravo no auto do processo. *Revista Forense*, vol. 151. pág. 185; ALFREDO BUZAID. Agravio nel auto del proceso. *Revista de Derecho Procesal*, 1951, vol. 1, pág. 153 e ss.

57 ELIÉZER ROSA. *Revista Forense*, vol. 124. pág. 348.

58 MONIZ DE ARAGÃO, op. cit., pág. 30.

59 GOLDSCHMIDT. *Zivilprozessrecht*, § 64.

60 GOLDSCHMIDT, op. cit., § 64.

61 MONIZ DE ARAGÃO. *Estudo* cit., pág. 28; JOSÉ FREDERICO MARQUES. *Instituições*, vol. 4. pág. 81.

62 LIEBMAN. *Instituições*, vol. 3. pág. 387.

63 PEDRO LINS PALMEIRA. *Da intervenção de terceiros*. pág. 125; E. D. MONIZ DE ARAGÃO é partidário de um conceito amplo (*Estudo*, pág. 29).

Capítulo VII
CONCLUSÃO

38. Estas são, Senhor Presidente, as linhas fundamentais do Projeto de Código de Processo Civil. Pela sua leitura, ver-se-á que foram cumpridas as recomendações constantes da mensagem enviada ao Congresso, da qual peço vênia para transcrever o seguinte passo: "Na reforma das leis processuais, cujos projetos se encontram em vias de encaminhamento à consideração do Congresso Nacional, cuida-se, por isso, de modo todo especial, em conferir aos órgãos jurisdicionais os meios de que necessitam para que a prestação da justiça se efetue com a presteza indispensável à eficaz atuação do direito. Cogita-se, pois, de racionalizar o procedimento, assim na ordem civil como na penal, simplificando-lhe os termos de tal sorte que os trâmites processuais levem à prestação da sentença com economia de tempo e despesas para os litigantes. Evitar-se-á, assim, o retardamento na decisão das causas ou na execução dos direitos já reconhecidos em juízo. No tutelar-se por essa forma o interesse das partes e a dignidade da justiça, seguir-se-á, aliás, o caminho facultado pela Constituição vigente, quando no art. 112, parágrafo único, dispõe: 'Para as causas ou litígios, que a lei definirá, poderão ser instituídos processos e julgamento de rito sumaríssimo, observados os critérios de descentralização, de economia e de comodidade das partes" (*Diário do Congresso Nacional*, ano XXVII, n. I, p. 5).

Aproveito a oportunidade para renovar a Vossa Excelência protestos do mais profundo respeito.

Alfredo Buzaid
Ministro da Justiça

CÓDIGO DE PROCESSO CIVIL DE 1973

LEI 5.869,
DE 11 DE JANEIRO DE 1973

Institui o Código de Processo Civil.

→ *v.* Lei 13.105/2015 – Institui o Novo Código de Processo Civil, em vigor após decorrido 1 (um) ano da data de sua publicação oficial (Art. 1.045 do NCPC) – *D.O.U.* de 17.3.2015.

→ *v.* Lei 13.146/2015 – Estatuto da Pessoa com Deficiência.

O Presidente da República:

Faço saber que o Congresso Nacional decreta e eu sanciono a seguinte Lei:

LIVRO I
Do processo de conhecimento

Título I
Da jurisdição e da ação

Capítulo I
DA JURISDIÇÃO

Art. 1º A jurisdição civil, contenciosa e voluntária, é exercida pelos juízes, em todo o território nacional, conforme as disposições que este Código estabelece.

→ *v.* Arts. 5º, XXXV, XXXVII, LIII, LIV, 52, I e II, 71 e 93, IX, da CF/1988.

→ *v.* Arts. 1.103 a 1.210 do CPC.

→ *v.* Art. 4º da Lei 12.529/2011.

→ *v.* Lei 9.307/1996 – Dispõe sobre a arbitragem.

Art. 2º Nenhum juiz prestará a tutela jurisdicional senão quando a parte ou o interessado a requerer, nos casos e formas legais.

→ *v.* Art. 129, III, da CF/1988.

→ *v.* Arts. 81, 116. 262, 989, 1.129, 1.142 e 1.160 do CPC.

→ *v.* Art. 878 da CLT.

→ *v.* Art. 5º, I, da Lei 7.347/1985.

Capítulo II
DA AÇÃO

Art. 3º Para propor ou contestar ação é necessário ter interesse e legitimidade.

→ *v.* Súmula 77 do STJ.

→ *v.* Arts. 263, 267, VI, § 3º, 284, 295 do CPC.

Art. 4º O interesse do autor pode limitar-se à declaração:

→ *v.* Súmula 258 do STF.

→ *v.* Súmulas 181 e 242 do STJ.

→ *v.* Art. 5º, XXXV, da CF/1988.

I – da existência ou da inexistência de relação jurídica;

II – da autenticidade ou falsidade de documento.

Parágrafo único. É admissível a ação declaratória, ainda que tenha ocorrido a violação do direito.

→ *v.* Súmulas 287 e 461 do STJ.

Art. 5º Se, no curso do processo, se tornar litigiosa relação jurídica de cuja existência ou inexistência depender o julgamento da lide, qualquer das partes poderá requerer que o juiz a declare por sentença.

→ Artigo com redação alterada pela Lei 5.925/1973.

→ *v.* Arts. 325 e 470 do CPC.

Art. 6º Ninguém poderá pleitear, em nome próprio, direito alheio, salvo quando autorizado por lei.

→ *v.* Súmulas 286 do TST.

→ *v.* Arts. 127 e 129, IX, da CF/1988.

→ *v.* Art. 1.199 do CC/2002.

→ *v.* Arts. 81 e 82 do CDC.

→ *v.* Art. 132 da Lei 11.101/2005.

→ *v.* Art. 5º, I, da Lei 7.347/1985.

Título II
Das partes e dos procuradores

Capítulo I
DA CAPACIDADE PROCESSUAL

→ *v.* Lei 13.146/2015 – Estatuto da Pessoa com Deficiência.

Art. 7º Toda pessoa que se acha no exercício dos seus direitos tem capacidade para estar em juízo.

→ *v.* Art. 129, III, da CF/1988.

→ *v.* Arts. 2º e 5º do CC/2002.

→ *v.* Arts. 12, 36, 267, VI e 295, II, do CPC.

→ *v.* Art. 210 do ECA.

→ *v.* Art. 5º da Lei 7.347/1985.

→ *v.* Art. 8º da Lei 9.099/1995.

Art. 8º Os incapazes serão representados ou assistidos por seus pais, tutores ou curadores, na forma da lei civil.

→ *v.* Arts. 3º e 4º do CC/2002.

→ *v.* Art.82, I, do CPC.

→ *v.* Art.21 do ECA.

Art. 9º O juiz dará curador especial:

→ *v.* Arts. 1.778 e 1.779 do CC/2002.

→ *v.* Art. 4º, XVI, da LC 80/1994.

→ *v.* Art. 148, parágrafo único, *f*, do ECA.

I – ao incapaz, se não tiver representante legal, ou se os interesses deste colidirem com os daquele;

→ *v.* Art. 3º do CC/2002.

II – ao réu preso, bem como ao revel citado por edital ou com hora certa.

→ *v.* Arts. 221, III, e 231 do CPC.

Parágrafo único. Nas comarcas onde houver representante judicial de incapazes ou de ausentes, a este competirá a função de curador especial.

→ *v.* Art. 4º, XVI, da LC 80/1994.

Art. 10. O cônjuge somente necessitará do consentimento do outro para propor ações que versem sobre direitos reais imobiliários.

→ *Caput* com redação alterada pela Lei 8.952/1994.

→ *v.* Art. 5º, I, da CF/1988.

→ *v.* Art. 1.647 do CC/2002.

→ *v.* Art. 11, parágrafo único, do CPC.

§ 1º Ambos os cônjuges serão necessariamente citados para as ações:

→ Anterior parágrafo único renumerado pela Lei 8.952/1994.

I – que versem sobre direitos reais imobiliários;

→ Inciso I com redação alterada pela Lei 8.952/1994.

→ *v.* Art. 47 do CPC.

II – resultantes de fatos que digam respeito a ambos os cônjuges ou de atos praticados por eles;

→ Inciso II com redação alterada pela Lei 5.925/1973.

III – fundadas em dívidas contraídas pelo marido a bem da família, mas cuja execução tenha de recair sobre o produto do trabalho da mulher ou os seus bens reservados;

→ Inciso III com redação alterada pela Lei 5.925/1973.

→ *v.* Arts. 1.643 e 1.644 do CC/2002.

IV – que tenham por objeto o reconhecimento, a constituição ou a extinção de ônus sobre imóveis de um ou de ambos os cônjuges.

→ Inciso IV com redação alterada pela Lei 5.925/1973.

§ 2º Nas ações possessórias, a participação do cônjuge do autor ou do réu somente é indispensável nos casos de composse ou de ato por ambos praticado.

→ § 2º acrescentado pela Lei 8.952/1994.

Art. 11. A autorização do marido e a outorga da mulher podem suprir-se judicialmente, quando um cônjuge a recuse ao outro sem justo motivo, ou lhe seja impossível dá-la.

→ *v.* Art. 1.648 do CC/2002.

Parágrafo único. A falta, não suprida pelo juiz, da autorização ou da outorga, quando necessária, invalida o processo.

→ *v.* Arts. 13 e 267, IV, do CPC.

Art. 12. Serão representados em juízo, ativa e passivamente:

I – a União, os Estados, o Distrito Federal e os Territórios, por seus procuradores;

→ *v.* Dec.-lei 200/1967 – Dispõe sobre a organização da Administração Federal, estabelece diretrizes para a Reforma Administrativa.

→ *v.* Art. 102, I, da CF/1988.

II – o Município, por seu Prefeito ou procurador;

III – a massa falida, pelo síndico;

→ v. Art. 766, II, do CPC.

→ v. Art. 22, III, n, da Lei 11.101/2005.

IV – a herança jacente ou vacante, por seu curador;

→ v. Arts. 1.819 a 1.826 do CC/2002.

→ v. Art. 1.144, I, do CPC.

V – o espólio, pelo inventariante;

→ v. Art. 991, I, do CPC.

VI – as pessoas jurídicas, por quem os respectivos estatutos designarem, ou, não os designando, por seus diretores;

→ v. Art. 44 do CC/2002.

VII – as sociedades sem personalidade jurídica, pela pessoa a quem couber a administração dos seus bens;

VIII – a pessoa jurídica estrangeira, pelo gerente, representante ou administrador de sua filial, agência ou sucursal aberta ou instalada no Brasil (art. 88, parágrafo único);

→ v. Art. 11 da LINDB.

IX – o condomínio, pelo administrador ou pelo síndico.

→ v. Art. 1.314 do CC/2002.

§ 1º Quando o inventariante for dativo, todos os herdeiros e sucessores do falecido serão autores ou réus nas ações em que o espólio for parte.

→ v. Art. 47 do CPC.

§ 2º As sociedades sem personalidade jurídica, quando demandadas, não poderão opor a irregularidade de sua constituição.

→ v. Art. 45 do CC/2002.

→ v. Art. 82, III, do CDC.

§ 3º O gerente da filial ou agência presume-se autorizado, pela pessoa jurídica estrangeira, a receber citação inicial para o processo de conhecimento, de execução, cautelar e especial.

Art. 13. Verificando a incapacidade processual ou a irregularidade da representação das partes, o juiz, suspendendo o processo, marcará prazo razoável para ser sanado o defeito. Não sendo cumprido o despacho dentro do prazo, se a providência couber:

→ v. Arts. 236, § 2º, e 266 do CPC.

I – ao autor, o juiz decretará a nulidade do processo;

II – ao réu, reputar-se-á revel;

III – ao terceiro, será excluído do processo.

Capítulo II
DOS DEVERES DAS PARTES E DOS SEUS PROCURADORES

Seção I
Dos deveres

→ v. Resolução do CFOAB 2/2015 – Novo Código de Ética e Disciplina da OAB.

→ v. Provimento do CFOAB 166/2015 – Advocacia *Pro Bono*.

Art. 14. São deveres das partes e de todos aqueles que de qualquer forma participam do processo:

→ *Caput* com redação alterada pela Lei 10.358/2001.

I – expor os fatos em juízo conforme a verdade;

→ v. Art. 406 do CPC.

II – proceder com lealdade e boa-fé;

→ v. Art. 5º, LXXIII, da CF/1988.

III – não formular pretensões, nem alegar defesa, cientes de que são destituídas de fundamento;

IV – não produzir provas, nem praticar atos inúteis ou desnecessários à declaração ou defesa do direito;

V – cumprir com exatidão os provimentos mandamentais e não criar embaraços à efetivação de provimentos judiciais, de natureza antecipatória ou final.

→ Inciso V acrescentado pela Lei 10.358/2001.

Parágrafo único. Ressalvados os advogados que se sujeitam exclusivamente aos estatutos da OAB, a violação do disposto no inciso V deste artigo constitui ato atentatório ao exercício da jurisdição, podendo o juiz, sem prejuízo das sanções criminais, civis e processuais cabíveis, aplicar ao responsável multa em montante a ser fixado de acordo com a gravidade da conduta e não superior a 20% (vinte por cento) do valor da causa; não sendo paga no prazo estabelecido, contado do trânsito em julgado da decisão final da causa, a multa será inscrita sempre como dívida ativa da União ou do Estado.

→ Parágrafo único acrescentado pela Lei 10.358/2001.

→ v. ADIn 2.652-6, o STF decidiu: "(...), sem redução de texto, emprestar à expressão 'ressalvados os advogados que se sujeitam exclusivamente aos estatutos da OAB', contida no parágrafo único do art. 14 do CPC, com a redação imprimida pela Lei 10.358/2001, interpretação conforme a Carta, a abranger advogados do setor privado e do setor público" – publicado *D.O.U.* 20.5.2003.

→ v. Arts. 16 a 18 do CPC.

→ v. Arts. 31 a 33 da Lei 8.906/1994.

Art. 15. É defeso às partes e seus advogados empregar expressões injuriosas nos escritos apresentados no processo, cabendo ao juiz, de ofício ou a requerimento do ofendido, mandar riscá-las.

→ v. Art. 161 do CPC.

→ v. Arts. 138 a 140 do CP.

Parágrafo único. Quando as expressões injuriosas forem proferidas em defesa oral, o juiz advertirá o advogado que não as use, sob pena de lhe ser cassada a palavra.

Seção II
Da responsabilidade das partes por dano processual

Art. 16. Responde por perdas e danos aquele que pleitear de má-fé como autor, réu ou interveniente.

→ v. Arts. 186, 927 e 940 do CC/2002.

→ v. Art. 18, § 2º, do CPC.

Art. 17. Reputa-se litigante de má-fé aquele que:

→ *Caput* com redação alterada pela Lei 6.771/1980.

I – deduzir pretensão ou defesa contra texto expresso de lei ou fato incontroverso;

→ Inciso I com redação alterada pela Lei 6.771/1980.

→ v. Art. 334, II e III, do CPC.

II – alterar a verdade dos fatos;

→ Inciso II com redação alterada pela Lei 6.771/1980.

III – usar do processo para conseguir objetivo ilegal;

→ Inciso III com redação alterada pela Lei 6.771/1980.

→ v. Arts. 129 e 485, III, do CPC.

IV – opuser resistência injustificada ao andamento do processo;

→ Inciso IV com redação alterada pela Lei 6.771/1980.

→ v. Arts. 593, 600 e 881 do CPC.

V – proceder de modo temerário em qualquer incidente ou ato do processo;

→ Inciso V com redação alterada pela Lei 6.771/1980.

VI – provocar incidentes manifestamente infundados;

→ Inciso VI com redação alterada pela Lei 6.771/1980.

VII – interpuser recurso com intuito manifestamente protelatório.

→ Inciso VII acrescentado pela Lei 9.668/1998.

→ v. Art. 5º, LV, da CF/1988.

→ v. Art. 538, parágrafo único, do CPC.

Art. 18. O juiz ou tribunal, de ofício ou a requerimento, condenará o litigante de má-fé a pagar multa não excedente a 1% (um por cento) sobre o valor da causa e a indenizar a parte contrária dos prejuízos que esta sofreu, mais os honorários advocatícios e todas as despesas que efetuou.

→ *Caput* com redação alterada pela Lei 9.668/1998.

→ v. Arts. 14, V, e parágrafo único, e 20 do CPC.

→ v. Súmula Vinculante 47 do STF.

§ 1º Quando forem dois ou mais os litigantes de má-fé, o juiz condenará cada um na proporção do seu respectivo interesse na causa, ou solidariamente aqueles que se coligaram para lesar a parte contrária.

§ 2º O valor da indenização será desde logo fixado pelo juiz, em quantia não superior a 20% (vinte por cento) sobre o valor da causa, ou liquidado por arbitramento.

→ § 2º com redação alterada pela Lei 8.952/1994.

Seção III
Das despesas e das multas

→ v. Súmulas 517 e 519 do STJ.

Art. 19. Salvo as disposições concernentes à justiça gratuita, cabe às partes prover as despesas dos atos que realizam ou requerem no processo, antecipando-lhes o pagamento desde o início até sentença final; e bem ainda, na execução, até a plena satisfação do direito declarado pela sentença.

→ v. Art. 5º, LVI, da CF/1988.

→ v. Súmula 178 do STJ.

→ v. Súmula 79 do JEF.

→ v. Art. 3º da Lei 1.060/1950.

§ 1º O pagamento de que trata este artigo será feito por ocasião de cada ato processual.

§ 2º Compete ao autor adiantar as despesas relativas a atos, cuja realização o juiz determinar de ofício ou a requerimento do Ministério Público.

→ v. Arts. 81 a 83 do CPC.

Art. 20. A sentença condenará o vencido a pagar ao vencedor as despesas que antecipou e os honorários advocatícios. Essa verba honorária será devida, também, nos casos em que o advogado funcionar em causa própria.

→ *Caput* com redação alterada pela Lei 6.355/1976.

→ v. Súmula Vinculante 47 do STF.

→ v. Súmula 616 do STF.

→ v. Art. 500 do CPC.

→ v. Arts. 22 e 35 da Lei 8.906/1994.

→ v. Lei 6.899/1982 – Determina a aplicação da correção monetária nos débitos oriundos de decisão judicial e dá outras providências.

§ 1º O juiz, ao decidir qualquer incidente ou recurso, condenará nas despesas o vencido.

→ § 1º com redação alterada pela Lei 5.925/1973.

§ 2º As despesas abrangem não só as custas dos atos do processo, como também a indenização de viagem, diária de testemunha e remuneração do assistente técnico.

→ § 2º com redação alterada pela Lei 5.925/1973.

§ 3º Os honorários serão fixados entre o mínimo de 10% (dez por cento) e o máximo de 20% (vinte por cento) sobre o valor da condenação, atendidos:

→ § 3º com redação alterada pela Lei 5.925/1973.

a) o grau de zelo do profissional;

b) o lugar de prestação do serviço;

c) a natureza e importância da causa, o trabalho realizado pelo advogado e o tempo exigido para o seu serviço.

→ *v.* Súmulas 234 e 236 do STF.

→ *v.* Súmulas 110, 111 e 345 do STJ.

§ 4º Nas causas de pequeno valor, nas de valor inestimável, naquelas em que não houver condenação ou for vencida a Fazenda Pública, e nas execuções, embargadas ou não, os honorários serão fixados consoante apreciação equitativa do juiz, atendidas as normas das alíneas *a*, *b* e *c* do parágrafo anterior.

→ § 4º com redação alterada pela Lei 8.952/1994.

§ 5º Nas ações de indenização por ato ilícito contra pessoa, o valor da condenação será a soma das prestações vencidas com o capital necessário a produzir a renda correspondente às prestações vincendas (art. 602), podendo estas ser pagas, também mensalmente, na forma do § 2º do referido art. 602, inclusive em consignação na folha de pagamentos do devedor.

→ § 5º acrescentado pela Lei 6.745/1979.

Art. 21. Se cada litigante for em parte vencedor e vencido, serão recíproca e proporcionalmente distribuídos e compensados entre eles os honorários e as despesas.

→ *v.* Art. 500 do CPC.

Parágrafo único. Se um litigante decair de parte mínima do pedido, o outro responderá, por inteiro, pelas despesas e honorários.

Art. 22. O réu que, por não arguir na sua resposta fato impeditivo, modificativo ou extintivo do direito do autor, dilatar o julgamento da lide, será condenado nas custas a partir do saneamento do processo e perderá, ainda que vencedor na causa, o direito a haver do vencido honorários advocatícios.

→ Artigo com redação alterada pela Lei 5.925/1973.

→ *v.* Art. 193 do CC/2002.

→ *v.* Art. 219, § 5º, do CPC.

Art. 23. Concorrendo diversos autores ou diversos réus, os vencidos respondem pelas despesas e honorários em proporção.

Art. 24. Nos procedimentos de jurisdição voluntária, as despesas serão adiantadas pelo requerente, mas rateadas entre os interessados.

→ *v.* Arts. 1.103 a 1.210 do CPC.

Art. 25. Nos juízos divisórios, não havendo litígio, os interessados pagarão as despesas proporcionalmente aos seus quinhões.

→ *v.* Art. 946, II, do CPC.

Art. 26. Se o processo terminar por desistência ou reconhecimento do pedido, as despesas e os honorários serão pagos pela parte que desistiu ou reconheceu.

→ *v.* Arts. 267, VIII, e 269, V, do CPC.

§ 1º Sendo parcial a desistência ou o reconhecimento, a responsabilidade pelas despesas e honorários será proporcional à parte de que se desistiu ou que se reconheceu.

§ 2º Havendo transação e nada tendo as partes disposto quanto às despesas, estas serão divididas igualmente.

Art. 27. As despesas dos atos processuais, efetuados a requerimento do Ministério Público ou da Fazenda Pública, serão pagas a final pelo vencido.

→ *v.* Arts. 19 e 27 do CPC.

Art. 28. Quando, a requerimento do réu, o juiz declarar extinto o processo sem julgar o mérito (art. 267, § 2º), o autor não poderá intentar de novo a ação, sem pagar ou depositar em cartório as despesas e os honorários, em que foi condenado.

Art. 29. As despesas dos atos, que forem adiados ou tiverem de repetir-se, ficarão a cargo da parte, do serventuário, do órgão do Ministério Público ou do juiz que, sem justo motivo, houver dado causa ao adiamento ou à repetição.

Art. 30. Quem receber custas indevidas ou excessivas é obrigado a restituí-las, incorrendo em multa equivalente ao dobro de seu valor.

→ *v.* Art. 35 do CPC.

Art. 31. As despesas dos atos manifestamente protelatórios, impertinentes ou supérfluos serão pagas pela parte que os tiver promovido ou praticado, quando impugnados pela outra.

Art. 32. Se o assistido ficar vencido, o assistente será condenado nas custas em proporção à atividade que houver exercido no processo.

→ *v.* Arts. 50 a 55 do CPC.

Art. 33. Cada parte pagará a remuneração do assistente técnico que houver indicado; a do perito será paga pela parte que houver requerido o exame, ou pelo autor, quando requerido por ambas as partes ou determinado de ofício pelo juiz.

→ *v.* Art. 3º, VI, da Lei 1.060/1950.

Parágrafo único. O juiz poderá determinar que a parte responsável pelo pagamento dos honorários do perito deposite em juízo o valor correspondente a essa remuneração. O numerário, recolhido em depósito bancário à ordem do juízo e com correção monetária, será entregue ao perito após a apresentação do laudo, facultada a sua liberação parcial, quando necessária.

→ Parágrafo único acrescentado pela Lei 8.952/1994.

→ *v.* Súmulas 190 e 232 do STJ.

→ *v.* Art. 3º, V, da Lei 1.060/1950.

Art. 34. Aplicam-se à reconvenção, à oposição, à ação declaratória incidental e aos procedimentos de jurisdição voluntária, no que couber, as disposições constantes desta seção.

→ Artigo com redação alterada pela Lei 5.925/1973.

Art. 35. As sanções impostas às partes em consequência de má-fé serão contadas como custas e reverterão em benefício da parte contrária; as impostas aos serventuários pertencerão ao Estado.

Capítulo III
DOS PROCURADORES

Art. 36. A parte será representada em juízo por advogado legalmente habilitado. Ser-lhe-á lícito, no entanto, postular em causa própria, quando tiver habilitação legal ou, não a tendo, no caso de falta de advogado no lugar ou recusa ou impedimento dos que houver.

→ *v.* Súmulas 5 e 343 do STJ.

→ *v.* Arts. 5º, XXXIV e LV, 129, III, da CF/1988.

→ *v.* Art. 5º da Lei 7.347/1985.

→ *v.* Art. 82 do CDC.

→ *v.* Art. 210 do ECA.

→ *v.* Arts. 9º e 41, § 2º, da Lei 9.099/1995.

→ *v.* Arts. 1º e 3º, § 2º, da Lei 8.906/1994.

§ 1º *(Revogado pela Lei 9.649/1998).*

§ 2º *(Revogado pela Lei 9.649/1998).*

Art. 37. Sem instrumento de mandato, o advogado não será admitido a procurar em juízo. Poderá, todavia, em nome da parte, intentar ação, a fim de evitar decadência ou prescrição, bem como intervir, no processo, para praticar atos reputados urgentes. Nestes casos, o advogado se obrigará, independentemente de caução, a exibir o instrumento de mandato no prazo de 15 (quinze) dias, prorrogável até outros 15 (quinze), por despacho do juiz.

Parágrafo único. Os atos, não ratificados no prazo, serão havidos por inexistentes, respondendo o advogado por despesas e perdas e danos.

Art. 38. A procuração geral para o foro, conferida por instrumento público, ou particular assinado pela parte, habilita o advogado a praticar todos os atos do processo, salvo para receber a citação inicial, confessar, reconhecer a procedência do pedido, transigir, desistir, renunciar ao direito sobre que se funda a ação, receber, dar quitação e firmar compromisso.

→ *Caput* com redação alterada pela Lei 8.952/1994.

Parágrafo único. A procuração pode ser assinada digitalmente com base em certificado emitido por Autoridade Certificadora credenciada, na forma da lei específica.

→ Parágrafo único acrescentado pela Lei 11.419/2006.

Art. 39. Compete ao advogado, ou à parte quando postular em causa própria:

I – declarar, na petição inicial ou na contestação, o endereço em que receberá intimação;

II – comunicar ao escrivão do processo qualquer mudança de endereço.

Parágrafo único. Se o advogado não cumprir o disposto no n. I deste artigo, o juiz, antes de determinar a citação do réu, mandará que se supra a omissão no prazo de 48 (quarenta e oito) horas, sob pena de indeferimento da petição; se infringir o previsto no n. II, reputar-se-ão válidas as intimações enviadas, em carta registrada, para o endereço constante dos autos.

Art. 40. O advogado tem direito de:

→ *v.* Art. 7º da Lei 8.906/1994;

I – examinar, em cartório de justiça e secretaria de tribunal, autos de qualquer processo, salvo o disposto no art. 155;

II – requerer, como procurador, vista dos autos de qualquer processo pelo prazo de 5 (cinco) dias;

III – retirar os autos do cartório ou secretaria, pelo prazo legal, sempre que lhe competir falar neles por determinação do juiz, nos casos previstos em lei.

§ 1º Ao receber os autos, o advogado assinará carga no livro competente.

§ 2º Sendo comum às partes o prazo, só em conjunto ou mediante prévio ajuste por petição nos autos, poderão os seus procuradores retirar os autos, ressalvada a obtenção de cópias para a qual cada procurador poderá retirá-los pelo prazo de 1 (uma) hora independentemente de ajuste.

→ § 2º com redação alterada pela Lei 11.969/2009.

Capítulo IV
DA SUBSTITUIÇÃO DAS PARTES E DOS PROCURADORES

Art. 41. Só é permitida, no curso do processo, a substituição voluntária das partes nos casos expressos em lei.

→ v. Art. 6º do CPC.

Art. 42. A alienação da coisa ou do direito litigioso, a título particular, por ato entre vivos, não altera a legitimidade das partes.

→ v. Art. 593 do CPC.

§ 1º O adquirente ou o cessionário não poderá ingressar em juízo, substituindo o alienante, ou o cedente, sem que o consinta a parte contrária.

§ 2º O adquirente ou o cessionário poderá, no entanto, intervir no processo, assistindo o alienante ou o cedente.

§ 3º A sentença, proferida entre as partes originárias, estende os seus efeitos ao adquirente ou ao cessionário.

Art. 43. Ocorrendo a morte de qualquer das partes, dar-se-á a substituição pelo seu espólio ou pelos seus sucessores, observado o disposto no art. 265.

Art. 44. A parte, que revogar o mandato outorgado ao seu advogado, no mesmo ato constituirá outro que assuma o patrocínio da causa.

→ v. Arts.37, 38 e 42 da Lei 8.906/1994.

Art. 45. O advogado poderá, a qualquer tempo, renunciar ao mandato, provando que cientificou o mandante a fim de que este nomeie substituto. Durante os 10 (dez) dias seguintes, o advogado continuará a representar o mandante, desde que necessário para lhe evitar prejuízo.

→ Artigo com redação alterada pela Lei 8.952/1994.

→ v. Art. 682, I, do CC/2002.

Capítulo V
DO LITISCONSÓRCIO E DA ASSISTÊNCIA

Seção I
Do litisconsórcio

Art. 46. Duas ou mais pessoas podem litigar, no mesmo processo, em conjunto, ativa ou passivamente, quando:

I – entre elas houver comunhão de direitos ou de obrigações relativamente à lide;

II – os direitos ou as obrigações derivarem do mesmo fundamento de fato ou de direito;

III – entre as causas houver conexão pelo objeto ou pela causa de pedir;

IV – ocorrer afinidade de questões por um ponto comum de fato ou de direito.

Parágrafo único. O juiz poderá limitar o litisconsórcio facultativo quanto ao número de litigantes, quando este comprometer a rápida solução do litígio ou dificultar a defesa. O pedido de limitação interrompe o prazo para a resposta, que recomeça da intimação da decisão.

→ Parágrafo único acrescentado pela Lei 8.952/1994.

→ v. Art. 125 do CPC.

Art. 47. Há litisconsórcio necessário, quando, por disposição de lei ou pela natureza da relação jurídica, o juiz tiver de decidir a lide de modo uniforme para todas as partes; caso em que a eficácia da sentença dependerá da citação de todos os litisconsortes no processo.

Parágrafo único. O juiz ordenará ao autor que promova a citação de todos os litisconsortes necessários, dentro do prazo que assinar, sob pena de declarar extinto o processo.

Art. 48. Salvo disposição em contrário, os litisconsortes serão considerados, em suas relações com a parte adversa, como litigantes distintos; os atos e as omissões de um não prejudicarão nem beneficiarão os outros.

→ v. Art. 509 do CPC.

Art. 49. Cada litisconsorte tem o direito de promover o andamento do processo e todos devem ser intimados dos respectivos atos.

Seção II
Da assistência

Art. 50. Pendendo uma causa entre duas ou mais pessoas, o terceiro, que tiver interesse jurídico em que a sentença seja favorável a uma delas, poderá intervir no processo para assisti-la.

→ v. Art. 776 do CC/2002.

Parágrafo único. A assistência tem lugar em qualquer dos tipos de procedimento e em todos os graus da jurisdição; mas o assistente recebe o processo no estado em que se encontra.

Art. 51. Não havendo impugnação dentro de 5 (cinco) dias, o pedido do assistente será deferido. Se qualquer das partes alegar, no entanto, que falece ao assistente interesse jurídico para intervir a bem do assistido, o juiz:

I – determinará, sem suspensão do processo, o desentranhamento da petição e da impugnação, a fim de serem autuadas em apenso;

II – autorizará a produção de provas;

III – decidirá, dentro de 5 (cinco) dias, o incidente.

Art. 52. O assistente atuará como auxiliar da parte principal, exercerá os mesmos poderes e sujeitar-se-á aos mesmos ônus processuais que o assistido.

Parágrafo único. Sendo revel o assistido, o assistente será considerado seu gestor de negócios.

Art. 53. A assistência não obsta a que a parte principal reconheça a procedência do pedido, desista da ação ou transija sobre direitos controvertidos; casos em que, terminando o processo, cessa a intervenção do assistente.

→ v. Art. 1.055 do CPC.

Art. 54. Considera-se litisconsorte da parte principal o assistente, toda vez que a sentença houver de influir na relação jurídica entre ele e o adversário do assistido.

Parágrafo único. Aplica-se ao assistente litisconsorcial, quanto ao pedido de intervenção, sua impugnação e julgamento do incidente, o disposto no art. 51.

Art. 55. Transitada em julgado a sentença, na causa em que interveio o assistente, este não poderá, em processo posterior, discutir a justiça da decisão, salvo se alegar e provar que:

→ v. Arts. 469 e 472 do CPC.

I – pelo estado em que recebera o processo, ou pelas declarações e atos do assistido, fora impedido de produzir provas suscetíveis de influir na sentença;

II – desconhecia a existência de alegações ou de provas, de que o assistido, por dolo ou culpa, não se valeu.

Capítulo VI
DA INTERVENÇÃO DE TERCEIROS

Seção I
Da oposição

Art. 56. Quem pretender, no todo ou em parte, a coisa ou o direito sobre que controvertem autor e réu, poderá, até ser proferida a sentença, oferecer oposição contra ambos.

Art. 57. O opoente deduzirá o seu pedido, observando os requisitos exigidos para a propositura da ação (arts. 282 e 283). Distribuída a oposição por dependência, serão os opostos citados, na pessoa dos seus respectivos advogados, para contestar o pedido no prazo comum de 15 (quinze) dias.

Parágrafo único. Se o processo principal correr à revelia do réu, este será citado na forma estabelecida no Título V, Capítulo IV, Seção III, deste Livro.

Art. 58. Se um dos opostos reconhecer a procedência do pedido, contra o outro prosseguirá o opoente.

Art. 59. A oposição, oferecida antes da audiência, será apensada aos autos principais e correrá simultaneamente com a ação, sendo ambas julgadas pela mesma sentença.

Art. 60. Oferecida depois de iniciada a audiência, seguirá a oposição o procedimento ordinário, sendo julgada sem prejuízo da causa principal. Poderá o juiz, todavia, sobrestar no andamento do processo, por prazo nunca superior a 90 (noventa) dias, a fim de julgá-la conjuntamente com a oposição.

Art. 61. Cabendo ao juiz decidir simultaneamente a ação e a oposição, desta conhecerá em primeiro lugar.

Seção II
Da nomeação à autoria

Art. 62. Aquele que detiver a coisa em nome alheio, sendo-lhe demandada em nome próprio, deverá nomear à autoria o proprietário ou o possuidor.

Art. 63. Aplica-se também o disposto no artigo antecedente à ação de indenização, intentada pelo proprietário ou pelo titular de um direito sobre a coisa, toda vez que o responsável pelos prejuízos alegar que praticou o ato por ordem, ou em cumprimento de instruções de terceiro.

→ v. Arts. 932, III e 1.178 do CC/2002.

Art. 64. Em ambos os casos, o réu requererá a nomeação no prazo para a defesa; o juiz, ao deferir o pedido, suspenderá o processo e mandará ouvir o autor no prazo de 5 (cinco) dias.

Art. 65. Aceitando o nomeado, ao autor incumbirá promover-lhe a citação; recusando-o, ficará sem efeito a nomeação.

Art. 66. Se o nomeado reconhecer a qualidade que lhe é atribuída, contra ele correrá o processo; se a negar, o processo continuará contra o nomeante.

Art. 67. Quando o autor recusar o nomeado, ou quando este negar a qualidade que lhe é atribuída, assinar-se-á ao nomeante novo prazo para contestar.

Art. 68. Presume-se aceita a nomeação se:

I – o autor nada requereu, no prazo em que, a seu respeito, lhe competia manifestar-se;

II – o nomeado não comparecer, ou, comparecendo, nada alegar.

Art. 69. Responderá por perdas e danos aquele a quem incumbia a nomeação:

→ *v.* Art. 186 do CC/2002.

I – deixando de nomear à autoria, quando lhe competir;

II – nomeando pessoa diversa daquela em cujo nome detém a coisa demandada.

Seção III
Da denunciação da lide

Art. 70. A denunciação da lide é obrigatória:

I – ao alienante, na ação em que terceiro reivindica a coisa, cujo domínio foi transferido à parte, a fim de que esta possa exercer o direito que da evicção lhe resulta;

→ *v.* Arts. 447 a 457 do CC/2002.

→ *v.* Art. 280 do CPC.

II – ao proprietário ou ao possuidor indireto quando, por força de obrigação ou direito, em casos como o do usufrutuário, do credor pignoratício, do locatário, o réu, citado em nome próprio, exerça a posse direta da coisa demandada;

→ *v.* Art. 566 do CC/2002.

→ *v.* Art. 22, I, da Lei 8.245/1991.

III – àquele que estiver obrigado, pela lei ou pelo contrato, a indenizar, em ação regressiva, o prejuízo do que perder a demanda.

→ *v.* Súmula 537 do STJ.

→ *v.* Art. 101, II, do CDC.

Art. 71. A citação do denunciado será requerida, juntamente com a do réu, se o denunciante for o autor; e, no prazo para contestar, se o denunciante for o réu.

Art. 72. Ordenada a citação, ficará suspenso o processo.

§ 1º A citação do alienante, do proprietário, do possuidor indireto ou do responsável pela indenização far-se-á:

a) quando residir na mesma comarca, dentro de 10 (dez) dias;

b) quando residir em outra comarca, ou em lugar incerto, dentro de 30 (trinta) dias.

§ 2º Não se procedendo à citação no prazo marcado, a ação prosseguirá unicamente em relação ao denunciante.

Art. 73. Para os fins do disposto no art. 70, o denunciado, por sua vez, intimará do litígio o alienante, o proprietário, o possuidor indireto ou o responsável pela indenização e, assim, sucessivamente, observando-se, quanto aos prazos, o disposto no artigo antecedente.

→ *v.* Art. 231, § 1º, do CPC.

→ *v.* Art. 456 do CC/2002.

Art. 74. Feita a denunciação pelo autor, o denunciado, comparecendo, assumirá a posição de litisconsorte do denunciante e poderá aditar a petição inicial, procedendo-se em seguida à citação do réu.

Art. 75. Feita a denunciação pelo réu:

I – se o denunciado a aceitar e contestar o pedido, o processo prosseguirá entre o autor, de um lado, e de outro, como litisconsortes, o denunciante e o denunciado;

II – se o denunciado for revel, ou comparecer apenas para negar a qualidade que lhe foi atribuída, cumprirá ao denunciante prosseguir na defesa até final;

III – se o denunciado confessar os fatos alegados pelo autor, poderá o denunciante prosseguir na defesa.

Art. 76. A sentença, que julgar procedente a ação, declarará, conforme o caso, o direito do evicto, ou a responsabilidade por perdas e danos, valendo como título executivo.

→ *v.* Art. 256 do CC/2002.

→ *v.* Art. 101, II, do CDC.

Seção IV
Do chamamento ao processo

Art. 77. É admissível o chamamento ao processo:

→ Artigo com redação alterada pela Lei 5.925/1973.

→ *v.* Arts. 275 e 283 do CC/2002.

I – do devedor, na ação em que o fiador for réu;

II – dos outros fiadores, quando para a ação for citado apenas um deles;

III – de todos os devedores solidários, quando o credor exigir de um ou de alguns deles, parcial ou totalmente, a dívida comum.

Art. 78. Para que o juiz declare, na mesma sentença, as responsabilidades dos obrigados, a que se refere o artigo antecedente, o réu requererá, no prazo para contestar, a citação do chamado.

Art. 79. O juiz suspenderá o processo, mandando observar, quanto à citação e aos prazos, o disposto nos arts. 72 e 74.

Art. 80. A sentença, que julgar procedente a ação, condenando os devedores, valerá como título executivo, em favor do que satisfizer a dívida, para exigi-la, por inteiro, do devedor principal, ou de cada um dos codevedores a sua cota, na proporção que lhes tocar.

→ *v.* Art. 475-N, I, do CPC.

Título III
Do Ministério Público

Art. 81. O Ministério Público exercerá o direito de ação nos casos previstos em lei, cabendo-lhe, no processo, os mesmos poderes e ônus que às partes.

→ *v.* Arts. 127, § 1º, e 129, da CF/1988.

→ *v.* Arts. 22, 28, § 1º, 50, 65, parágrafo único, 166, 553, parágrafo único, 1.037, 1.497, § 1º, 1.549, 1.637, 1.692, 1.768, III, e 1.769, do CC/2002.

→ *v.* Arts. 116, 486, 487, III, 796 a 812, 914, I, 988, VIII, 1.112, II, 1.142, 1.194 e 1.218, VII, do CPC.

→ *v.* Arts. 51, § 4º, e 82 do CDC.

→ *v.* Art. 5º da Lei 7.347/1985.

Art. 82. Compete ao Ministério Público intervir:

I – nas causas em que há interesses de incapazes;

→ *v.* Arts. 3º e 4º, do CC/2002.

→ *v.* Art. 218 do CPC.

II – nas causas concernentes ao estado da pessoa, pátrio poder, tutela, curatela, interdição, casamento, declaração de ausência e disposições de última vontade;

III – nas ações que envolvam litígios coletivos pela posse da terra rural e nas demais causas em que há interesse público evidenciado pela natureza da lide ou qualidade da parte.

→ Inciso III com redação alterada pela Lei 9.415/1996.

→ *v.* Art. 226, § 3º, da CF/1988.

→ *v.* Art. 1.723 do CC/2002.

→ *v.* Art. 12, parágrafo único, da Lei 12.016/2009.

Art. 83. Intervindo como fiscal da lei, o Ministério Público:

I – terá vista dos autos depois das partes, sendo intimado de todos os atos do processo;

II – poderá juntar documentos e certidões, produzir prova em audiência e requerer medidas ou diligências necessárias ao descobrimento da verdade.

→ *v.* Art. 197 do CPC.

Art. 84. Quando a lei considerar obrigatória a intervenção do Ministério Público, a parte promover-lhe-á a intimação sob pena de nulidade do processo.

Art. 85. O órgão do Ministério Público será civilmente responsável quando, no exercício de suas funções, proceder com dolo ou fraude.

Título IV
Dos órgãos judiciários e dos auxiliares da justiça

Capítulo I
DA COMPETÊNCIA

→ *v.* Arts. 24 a 26 do Decreto 70.235/1972.

Art. 86. As causas cíveis serão processadas e decididas, ou simplesmente decididas, pelos órgãos jurisdicionais, nos limites de sua competência, ressalvada às partes a faculdade de instituírem juízo arbitral.

→ *v.* Súmulas 58, 100 e 394.

→ *v.* Art. 5º, XXXV, da CF/1988.

→ *v.* Lei 9.307/1996 – Arbitragem.

Art. 87. Determina-se a competência no momento em que a ação é proposta. São irrelevantes as modificações do estado de fato ou de direito ocorridas posteriormente, salvo quando suprimirem o órgão judiciário ou alterarem a competência em razão da matéria ou da hierarquia.

→ *v.* Art. 263 do CPC.

Capítulo II
DA COMPETÊNCIA INTERNACIONAL

Art. 88. É competente a autoridade judiciária brasileira quando:

→ *v.* Arts. 7º e 17 da LINDB.

I – o réu, qualquer que seja a sua nacionalidade, estiver domiciliado no Brasil;

II – no Brasil tiver de ser cumprida a obrigação;

III – a ação se originar de fato ocorrido ou de ato praticado no Brasil.

Parágrafo único. Para o fim do disposto no n. I, reputa-se domiciliada no Brasil a pessoa jurídica estrangeira que aqui tiver agência, filial ou sucursal.

Art. 89. Compete à autoridade judiciária brasileira, com exclusão de qualquer outra:

I – conhecer de ações relativas a imóveis situados no Brasil;

II – proceder a inventário e partilha de bens, situados no Brasil, ainda que o autor da herança seja estrangeiro e tenha residido fora do território nacional.

Art. 90. A ação intentada perante tribunal estrangeiro não induz litispendência, nem obsta a que a autoridade judiciária brasileira conheça da mesma causa e das que lhe são conexas.

→ v. Art. 105, I, *i*, da CF/1988.

Capítulo III
DA COMPETÊNCIA INTERNA

Seção I
Da competência em razão do valor e da matéria

Art. 91. Regem a competência em razão do valor e da matéria as normas de organização judiciária, ressalvados os casos expressos neste Código.

→ v. Súmulas 503 e 508 do STF.

→ v. Súmulas 41, 147, 177, 236 e 363 do STJ.

Art. 92. Compete, porém, exclusivamente ao juiz de direito processar e julgar:

→ v. Arts. 24, X, e 98, I, da CF/1988.

I – o processo de insolvência;

II – as ações concernentes ao estado e à capacidade da pessoa.

Seção II
Da competência funcional

Art. 93. Regem a competência dos tribunais as normas da Constituição da República e de organização judiciária. A competência funcional dos juízes de primeiro grau é disciplinada neste Código.

→ v. Súmulas 367 e 428 do STJ.

→ v. Art. 475-P do CPC.

→ v. Art. 25 do Decreto 70.235/1972.

Seção III
Da competência territorial

→ v. Art. 24 do Decreto 70.235/1972.

Art. 94. A ação fundada em direito pessoal e a ação fundada em direito real sobre bens móveis serão propostas, em regra, no foro do domicílio do réu.

→ v. Art. 12 da LINDB.

→ v. Arts. 127 e 159 do CTN.

§ 1º Tendo mais de um domicílio, o réu será demandado no foro de qualquer deles.

§ 2º Sendo incerto ou desconhecido o domicílio do réu, ele será demandado onde for encontrado ou no foro do domicílio do autor.

§ 3º Quando o réu não tiver domicílio nem residência no Brasil, a ação será proposta no foro do domicílio do autor. Se este também residir fora do Brasil, a ação será proposta em qualquer foro.

§ 4º Havendo dois ou mais réus, com diferentes domicílios, serão demandados no foro de qualquer deles, à escolha do autor.

Art. 95. Nas ações fundadas em direito real sobre imóveis é competente o foro da situação da coisa. Pode o autor, entretanto, optar pelo foro do domicílio ou de eleição, não recaindo o litígio sobre direito de propriedade, vizinhança, servidão, posse, divisão e demarcação de terras e nunciação de obra nova.

→ v. Súmula 218 do STF.

→ v. Súmulas 11 e 238 do STJ.

→ v. Art. 500 do CC/2002.

→ v. Art. 107 do CPC.

Art. 96. O foro do domicílio do autor da herança, no Brasil, é o competente para o inventário, a partilha, a arrecadação, o cumprimento de disposições de última vontade e todas as ações em que o espólio for réu, ainda que o óbito tenha ocorrido no estrangeiro.

→ v. Art. 73 do CC/2002.

Parágrafo único. É, porém, competente o foro:

I – da situação dos bens, se o autor da herança não possuía domicílio certo;

II – do lugar em que ocorreu o óbito, se o autor da herança não tinha domicílio certo e possuía bens em lugares diferentes.

Art. 97. As ações em que o ausente for réu correm no foro de seu último domicílio, que é também o competente para a arrecadação, o inventário, a partilha e o cumprimento de disposições testamentárias.

Art. 98. A ação em que o incapaz for réu se processará no foro do domicílio de seu representante.

→ v. Arts. 3º e 4º do CC/2002.

Art. 99. O foro da Capital do Estado ou do Território é competente:

I – para as causas em que a União for autora, ré ou interveniente;

→ v. Art. 109, § 1º, da CF/1988.

II – para as causas em que o Território for autor, réu ou interveniente.

→ v. Art. 110, parágrafo único, da CF/1988.

Parágrafo único. Correndo o processo perante outro juiz, serão os autos remetidos ao juiz competente da Capital do Estado ou Território, tanto que neles intervenha uma das entidades mencionadas neste artigo.

Excetuam-se:

I – o processo de insolvência;

II – os casos previstos em lei.

Art. 100. É competente o foro:

I – da residência da mulher, para a ação de separação dos cônjuges e a conversão desta em divórcio, e para a anulação de casamento;

→ Inciso I com redação alterada pela Lei 6.515/1977.

→ v. Arts. 5º, I, e 226, da CF/1988.

II – do domicílio ou da residência do alimentando, para a ação em que se pedem alimentos;

→ v. Art. 26 da Lei 5.478/1968.

III – do domicílio do devedor, para a ação de anulação de títulos extraviados ou destruídos;

→ v. Art. 907 do CPC.

IV – do lugar:

a) onde está a sede, para a ação em que for ré a pessoa jurídica;

b) onde se acha a agência ou sucursal, quanto às obrigações que ela contraiu;

c) onde exerce a sua atividade principal, para a ação em que for ré a sociedade, que carece de personalidade jurídica;

d) onde a obrigação deve ser satisfeita, para a ação em que se lhe exigir o cumprimento;

V – do lugar do ato ou fato:

a) para a ação de reparação do dano;

b) para a ação em que for réu o administrador ou gestor de negócios alheios.

Parágrafo único. Nas ações de reparação do dano sofrido em razão de delito ou acidente de veículos, será competente o foro do domicílio do autor ou do local do fato.

Art. 101. *(Revogado pela Lei 9.307/1996).*

Seção IV
Das modificações dza competência

Art. 102. A competência, em razão do valor e do território, poderá modificar-se pela conexão ou continência, observado o disposto nos artigos seguintes.

→ v. Arts. 253, 104 e 105 do CPC.

Art. 103. Reputam-se conexas duas ou mais ações, quando lhes for comum o objeto ou a causa de pedir.

→ v. Súmula 383 do STJ.

Art. 104. Dá-se a continência entre duas ou mais ações sempre que há identidade quanto às partes e à causa de pedir, mas o objeto de uma, por ser mais amplo, abrange o das outras.

Art. 105. Havendo conexão ou continência, o juiz, de ofício ou a requerimento de qualquer das partes, pode ordenar a reunião de ações propostas em separado, a fim de que sejam decididas simultaneamente.

Art. 106. Correndo em separado ações conexas perante juízes que têm a mesma competência territorial, considera-se prevento aquele que despachou em primeiro lugar.

Art. 107. Se o imóvel se achar situado em mais de um Estado ou comarca, determinar-se-á o foro pela prevenção, estendendo-se a competência sobre a totalidade do imóvel.

Art. 108. A ação acessória será proposta perante o juiz competente para a ação principal.

Art. 109. O juiz da causa principal é também competente para a reconvenção, a ação declaratória incidente, as ações de garantia e outras que respeitam ao terceiro interveniente.

Art. 110. Se o conhecimento da lide depender necessariamente da verificação da existência de fato delituoso, pode o juiz mandar sobrestar no andamento do processo até que se pronuncie a justiça criminal.

Parágrafo único. Se a ação penal não for exercida dentro de 30 (trinta) dias, contados da intimação do despacho de sobrestamento, cessará o efeito deste, decidindo o juiz cível a questão prejudicial.

Art. 111. A competência em razão da matéria e da hierarquia é inderrogável por convenção das partes; mas estas podem modificar a competência em razão do valor e do território, elegendo foro onde serão propostas as ações oriundas de direitos e obrigações.

§ 1º O acordo, porém, só produz efeito, quando constar de contrato escrito e aludir expressamente a determinado negócio jurídico.

§ 2º O foro contratual obriga os herdeiros e sucessores das partes.

Seção V
Da declaração de incompetência

Art. 112. Argui-se, por meio de exceção, a incompetência relativa.

Parágrafo único. A nulidade da cláusula de eleição de foro, em contrato de adesão, pode ser declarada de ofício pelo juiz, que declinará de competência para o juízo de domicílio do réu.

→ Parágrafo único acrescentado pela Lei 11.280/2006.

→ *V.* Súmula 33 do STJ.

Art. 113. A incompetência absoluta deve ser declarada de ofício e pode ser alegada, em qualquer tempo e grau de jurisdição, independentemente de exceção.

§ 1º Não sendo, porém, deduzida no prazo da contestação, ou na primeira oportunidade em que lhe couber falar nos autos, a parte responderá integralmente pelas custas.

§ 2º Declarada a incompetência absoluta, somente os atos decisórios serão nulos, remetendo-se os autos ao juiz competente.

→ *V.* Súmula 59 do STJ.

Art. 114. Prorrogar-se-á a competência se dela o juiz não declinar na forma do parágrafo único do art. 112 desta Lei ou o réu não opuser exceção declinatória nos casos e prazos legais.

→ Artigo com redação alterada pela Lei 11.280/2006.

Art. 115. Há conflito de competência:

I – quando dois ou mais juízes se declaram competentes;

II – quando dois ou mais juízes se consideram incompetentes;

III – quando entre dois ou mais juízes surge controvérsia acerca da reunião ou separação de processos.

Art. 116. O conflito pode ser suscitado por qualquer das partes, pelo Ministério Público ou pelo juiz.

Parágrafo único. O Ministério Público será ouvido em todos os conflitos de competência; mas terá qualidade de parte naqueles que suscitar.

Art. 117. Não pode suscitar conflito a parte que, no processo, ofereceu exceção de incompetência.

Parágrafo único. O conflito de competência não obsta, porém, a que a parte, que o não suscitou, ofereça exceção declinatória do foro.

Art. 118. O conflito será suscitado ao presidente do tribunal:

I – pelo juiz, por ofício;

II – pela parte e pelo Ministério Público, por petição.

Parágrafo único. O ofício e a petição serão instruídos com os documentos necessários à prova do conflito.

Art. 119. Após a distribuição, o relator mandará ouvir os juízes em conflito, ou apenas o suscitado, se um deles for suscitante; dentro do prazo assinado pelo relator, caberá ao juiz ou juízes prestar as informações.

Art. 120. Poderá o relator, de ofício, ou a requerimento de qualquer das partes, determinar, quando o conflito for positivo, seja sobrestado o processo, mas, neste caso, bem como no de conflito negativo, designará um dos juízes para resolver, em caráter provisório, as medidas urgentes.

Parágrafo único. Havendo jurisprudência dominante do tribunal sobre a questão suscitada, o relator poderá decidir de plano o conflito de competência, cabendo agravo, no prazo de 5 (cinco) dias contado da intimação da decisão às partes, para o órgão recursal competente.

→ Parágrafo único acrescentado pela Lei 9.756/1998.

Art. 121. Decorrido o prazo, com informações ou sem elas, será ouvido, em 5 (cinco) dias, o Ministério Público; em seguida o relator apresentará o conflito em sessão de julgamento.

Art. 122. Ao decidir o conflito, o tribunal declarará qual o juiz competente, pronunciando-se também sobre a validade dos atos do juiz incompetente.

Parágrafo único. Os autos do processo, em que se manifestou o conflito, serão remetidos ao juiz declarado competente.

Art. 123. No conflito entre turmas, seções, câmaras, Conselho Superior da Magistratura, juízes de segundo grau e desembargadores, observar-se-á o que dispuser a respeito o regimento interno do tribunal.

Art. 124. Os regimentos internos dos tribunais regularão o processo e julgamento do conflito de atribuições entre autoridade judiciária e autoridade administrativa.

Capítulo IV
DO JUIZ

Seção I
Dos poderes, dos deveres e da responsabilidade do juiz

Art. 125. O juiz dirigirá o processo conforme as disposições deste Código, competindo-lhe:

I – assegurar às partes igualdade de tratamento;

→ *V.* Art. 5º, *caput*, e, I, da CF/1988.

II – velar pela rápida solução do litígio;

III – prevenir ou reprimir qualquer ato contrário à dignidade da justiça;

IV – tentar, a qualquer tempo, conciliar as partes.

→ Inciso IV acrescentado pela Lei 8.952/1994.

Art. 126. O juiz não se exime de sentenciar ou despachar alegando lacuna ou obscuridade da lei. No julgamento da lide caber-lhe-á aplicar as normas legais; não as havendo, recorrerá à analogia, aos costumes e aos princípios gerais de direito.

→ Artigo com redação alterada pela Lei 5.925/1973.

→ *V.* Arts. 4º e 5º da LINDB.

→ *V.* Art. 108 do CTN.

Art. 127. O juiz só decidirá por equidade nos casos previstos em lei.

Art. 128. O juiz decidirá a lide nos limites em que foi proposta, sendo-lhe defeso conhecer de questões, não suscitadas, a cujo respeito a lei exige a iniciativa da parte.

Art. 129. Convencendo-se, pelas circunstâncias da causa, de que autor e réu se serviram do processo para praticar ato simulado ou conseguir fim proibido por lei, o juiz proferirá sentença que obste aos objetivos das partes.

Art. 130. Caberá ao juiz, de ofício ou a requerimento da parte, determinar as provas necessárias à instrução do processo, indeferindo as diligências inúteis ou meramente protelatórias.

Art. 131. O juiz apreciará livremente a prova, atendendo aos fatos e circunstâncias constantes dos autos, ainda que não alegados pelas partes; mas deverá indicar, na sentença, os motivos que lhe formaram o convencimento.

→ Artigo com redação alterada pela Lei 5.925/1973.

→ *V.* Art. 93, IX, da CF/1988.

→ *V.* Art. 458 do CPC.

Art. 132. O juiz, titular ou substituto, que concluir a audiência julgará a lide, salvo se estiver convocado, licenciado, afastado por qualquer motivo, promovido ou aposentado, casos em que passará os autos ao seu sucessor.

→ Artigo com redação alterada pela Lei 8.637/1993.

Parágrafo único. Em qualquer hipótese, o juiz que proferir a sentença, se entender necessário, poderá mandar repetir as provas já produzidas.

Art. 133. Responderá por perdas e danos o juiz, quando:

I – no exercício de suas funções, proceder com dolo ou fraude;

II – recusar, omitir ou retardar, sem justo motivo, providência que deva ordenar de ofício, ou a requerimento da parte.

Parágrafo único. Reputar-se-ão verificadas as hipóteses previstas no n. II só depois que a parte, por intermédio do escrivão, requerer ao juiz que determine a providência e este não lhe atender o pedido dentro de 10 (dez) dias.

Seção II
Dos impedimentos e da suspeição

Art. 134. É defeso ao juiz exercer as suas funções no processo contencioso ou voluntário:

I – de que for parte;

II – em que interveio como mandatário da parte, oficiou como perito, funcionou como órgão do Ministério Público, ou prestou depoimento como testemunha;

III – que conheceu em primeiro grau de jurisdição, tendo-lhe proferido sentença ou decisão;

IV – quando nele estiver postulando, como advogado da parte, o seu cônjuge ou qualquer parente seu, consanguíneo ou afim, em linha reta; ou na linha colateral até o segundo grau;

V – quando cônjuge, parente, consanguíneo ou afim, de alguma das partes, em linha reta ou, na colateral, até o terceiro grau;

VI – quando for órgão de direção ou de administração de pessoa jurídica, parte na causa.

Parágrafo único. No caso do n. IV, o impedimento só se verifica quando o advogado já estava exercendo o patrocínio da causa; é, porém, vedado ao advogado pleitear no processo, a fim de criar o impedimento do juiz.

Art. 135. Reputa-se fundada a suspeição de parcialidade do juiz, quando:

I – amigo íntimo ou inimigo capital de qualquer das partes;

II – alguma das partes for credora ou devedora do juiz, de seu cônjuge ou de parentes destes, em linha reta ou na colateral até o terceiro grau;

III – herdeiro presuntivo, donatário ou empregador de alguma das partes;

IV – receber dádivas antes ou depois de iniciado o processo; aconselhar alguma das partes acerca do objeto da causa, ou subministrar meios para atender às despesas do litígio;

V – interessado no julgamento da causa em favor de uma das partes.

Parágrafo único. Poderá ainda o juiz declarar-se suspeito por motivo íntimo.

Art. 136. Quando dois ou mais juízes forem parentes, consanguíneos ou afins, em linha reta e no segundo grau na linha colateral, o primeiro, que conhecer da causa no tribunal, impede que o outro participe do julgamento; caso em que o segundo se escusará, remetendo o processo ao seu substituto legal.

Art. 137. Aplicam-se os motivos de impedimento e suspeição aos juízes de todos os tribunais. O juiz que violar o dever de abstenção, ou não se declarar suspeito, poderá ser recusado por qualquer das partes (art. 304).

Art. 138. Aplicam-se também os motivos de impedimento e de suspeição:

I – ao órgão do Ministério Público, quando não for parte, e, sendo parte, nos casos previstos nos ns. I a IV do art. 135;

II – ao serventuário de justiça;

III – ao perito;

→ Inciso III com redação alterada pela Lei 8.455/1992.

IV – ao intérprete.

§ 1º A parte interessada deverá arguir o impedimento ou a suspeição, em petição fundamentada e devidamente instruída, na primeira oportunidade em que lhe couber falar nos autos; o juiz mandará processar o incidente em separado e sem suspensão da causa, ouvindo o arguido no prazo de 5 (cinco) dias, facultando a prova quando necessária e julgando o pedido.

§ 2º Nos tribunais caberá ao relator processar e julgar o incidente.

Capítulo V

DOS AUXILIARES DA JUSTIÇA

Art. 139. São auxiliares do juízo, além de outros, cujas atribuições são determinadas pelas normas de organização judiciária, o escrivão, o oficial de justiça, o perito, o depositário, o administrador e o intérprete.

Seção I
Do serventuário e do oficial de justiça

Art. 140. Em cada juízo haverá um ou mais ofícios de justiça, cujas atribuições são determinadas pelas normas de organização judiciária.

Art. 141. Incumbe ao escrivão:

I – redigir, em forma legal, os ofícios, mandados, cartas precatórias e mais atos que pertencem ao seu ofício;

II – executar as ordens judiciais, promovendo citações e intimações, bem como praticando todos os demais atos, que lhe forem atribuídos pelas normas de organização judiciária;

III – comparecer às audiências, ou, não podendo fazê-lo, designar para substituí-lo escrevente juramentado, de preferência datilógrafo ou taquígrafo;

IV – ter, sob sua guarda e responsabilidade, os autos, não permitindo que saiam de cartório, exceto:

a) quando tenham de subir à conclusão do juiz;

b) com vista aos procuradores, ao Ministério Público ou à Fazenda Pública;

c) quando devam ser remetidos ao contador ou ao partidor;

d) quando, modificando-se a competência, forem transferidos a outro juízo;

V – dar, independentemente de despacho, certidão de qualquer ato ou termo do processo, observado o disposto no art. 155.

Art. 142. No impedimento do escrivão, o juiz convocar-lhe-á o substituto, e, não o havendo, nomeará pessoa idônea para o ato.

Art. 143. Incumbe ao oficial de justiça:

I – fazer pessoalmente as citações, prisões, penhoras, arrestos e mais diligências próprias do seu ofício, certificando no mandado o ocorrido, com menção de lugar, dia e hora. A diligência, sempre que possível, realizar-se-á na presença de duas testemunhas;

II – executar as ordens do juiz a que estiver subordinado;

III – entregar, em cartório, o mandado, logo depois de cumprido;

IV – estar presente às audiências e coadjuvar o juiz na manutenção da ordem.

V – efetuar avaliações.

→ Inciso V acrescentado pela Lei 11.382/2006.

Art. 144. O escrivão e o oficial de justiça são civilmente responsáveis:

I – quando, sem justo motivo, se recusarem a cumprir, dentro do prazo, os atos que lhes impõe a lei, ou os que o juiz, a que estão subordinados, lhes comete;

II – quando praticarem ato nulo com dolo ou culpa.

Seção II
Do perito

Art. 145. Quando a prova do fato depender de conhecimento técnico ou científico, o juiz será assistido por perito, segundo o disposto no art. 421.

§ 1º Os peritos serão escolhidos entre profissionais de nível universitário, devidamente inscritos no órgão de classe competente, respeitado o disposto no Capítulo VI, seção VII, deste Código.

→ § 1º acrescentado pela Lei 7.270/1984.

§ 2º Os peritos comprovarão sua especialidade na matéria sobre que deverão opinar, mediante certidão do órgão profissional em que estiverem inscritos.

→ § 2º acrescentado pela Lei 7.270/1984.

§ 3º Nas localidades onde não houver profissionais qualificados que preencham os requisitos dos parágrafos anteriores, a indicação dos peritos será de livre escolha do juiz.

→ § 3º acrescentado pela Lei 7.270/1984.

Art. 146. O perito tem o dever de cumprir o ofício, no prazo que lhe assina a lei, empregando toda a sua diligência; pode, todavia, escusar-se do encargo alegando motivo legítimo.

Parágrafo único. A escusa será apresentada dentro de 5 (cinco) dias, contados da intimação ou do impedimento superveniente, sob pena de se reputar renunciado o direito a alegá-la (art. 423).

→ Parágrafo único com redação alterada pela Lei 8.455/1992.

Art. 147. O perito que, por dolo ou culpa, prestar informações inverídicas, responderá pelos prejuízos que causar à parte, ficará inabilitado, por 2 (dois) anos, a funcionar em outras perícias e incorrerá na sanção que a lei penal estabelecer.

Seção III
Do depositário e do administrador

Art. 148. A guarda e conservação de bens penhorados, arrestados, sequestrados ou arrecadados serão confiadas a depositário ou a administrador, não dispondo a lei de outro modo.

→ *V.* Súmula Vinculante 25 do STF.

→ *V.* Art. 5º, LXVII, da CF/1988.

Art. 149. O depositário ou o administrador perceberá, por seu trabalho, remuneração que o juiz fixará, atendendo à situação dos bens, ao tempo do serviço e às dificuldades de sua execução.

Parágrafo único. O juiz poderá nomear, por indicação do depositário ou do administrador, um ou mais prepostos.

Art. 150. O depositário ou o administrador responde pelos prejuízos que, por dolo ou culpa, causar à parte, perdendo a remuneração que lhe for arbitrada; mas tem o direito a haver o que legitimamente despendeu no exercício do encargo.

Seção IV
Do intérprete

Art. 151. O juiz nomeará intérprete toda vez que o repute necessário para:

I – analisar documento de entendimento duvidoso, redigido em língua estrangeira;

II – verter em português as declarações das partes e das testemunhas que não conhecerem o idioma nacional;

III – traduzir a linguagem mímica dos surdos-mudos, que não puderem transmitir a sua vontade por escrito.

Art. 152. Não pode ser intérprete quem:

I – não tiver a livre administração dos seus bens;

II – for arrolado como testemunha ou serve como perito no processo;

III – estiver inabilitado ao exercício da profissão por sentença penal condenatória, enquanto durar o seu efeito.

Art. 153. O intérprete, oficial ou não, é obrigado a prestar o seu ofício, aplicando-se-lhe o disposto nos arts. 146 e 147.

Título V
Dos atos processuais

Capítulo I
DA FORMA DOS ATOS PROCESSUAIS

Seção I
Dos atos em geral

Art. 154. Os atos e termos processuais não dependem de forma determinada senão quando a lei expressamente a exigir, reputando-se válidos os que, realizados de outro modo, lhe preencham a finalidade essencial.

Parágrafo único. Os tribunais, no âmbito da respectiva jurisdição, poderão disciplinar a prática e a comunicação oficial dos atos processuais por meios eletrônicos, atendidos os requisitos de autenticidade, integridade, validade jurídica e interoperabilidade da Infraestrutura de Chaves Públicas Brasileira – ICP-Brasil.

→ Parágrafo único com redação alterada pela Lei 11.280/2006.

§ 2º Todos os atos e termos do processo podem ser produzidos, transmitidos, armazenados e assinados por meio eletrônico, na forma da lei.

→ § 2º acrescentado pela Lei 11.419/2006

→ Consta conforme publicação oficial.

Art. 155. Os atos processuais são públicos. Correm, todavia, em segredo de justiça os processos:

→ v. Art. 5º, LX, da CF/1988.

I – em que o exigir o interesse público;

II – que dizem respeito a casamento, filiação, separação dos cônjuges, conversão desta em divórcio, alimentos e guarda de menores.

→ Inciso II com redação alterada pela Lei 6.515/1977.

Parágrafo único. O direito de consultar os autos e de pedir certidões de seus atos é restrito às partes e a seus procuradores. O terceiro, que demonstrar interesse jurídico, pode requerer ao juiz certidão do dispositivo da sentença, bem como de inventário e partilha resultante do desquite.

Art. 156. Em todos os atos e termos do processo é obrigatório o uso do vernáculo.

Art. 157. Só poderá ser junto aos autos documento redigido em língua estrangeira, quando acompanhado de versão em vernáculo, firmada por tradutor juramentado.

Seção II
Dos atos da parte

Art. 158. Os atos das partes, consistentes em declarações unilaterais ou bilaterais de vontade, produzem imediatamente a constituição, a modificação ou a extinção de direitos processuais.

Parágrafo único. A desistência da ação só produzirá efeito depois de homologada por sentença.

Art. 159. Salvo no Distrito Federal e nas Capitais de Estados, todas as petições e documentos que instruírem o processo, não constantes de registro público, serão sempre acompanhados de cópia, datada e assinada por quem os oferecer.

§ 1º Depois de conferir a cópia, o escrivão ou chefe da secretaria irá formando autos suplementares, dos quais constará a reprodução de todos os atos e termos do processo original.

§ 2º Os autos suplementares só sairão de cartório para conclusão ao juiz, na falta dos autos originais.

Art. 160. Poderão as partes exigir recibo de petições, arrazoados, papéis e documentos que entregarem em cartório.

Art. 161. É defeso lançar, nos autos, cotas marginais ou interlineares; o juiz mandará riscá-las, impondo a quem as escrever multa correspondente à metade do salário mínimo vigente na sede do juízo.

Seção III
Dos atos do juiz

Art. 162. Os atos do juiz consistirão em sentenças, decisões interlocutórias e despachos.

§ 1º Sentença é o ato do juiz que implica alguma das situações previstas nos arts. 267 e 269 desta Lei.

→ § 1º com redação alterada pela Lei 11.232/2005.

§ 2º Decisão interlocutória é o ato pelo qual o juiz, no curso do processo, resolve questão incidente.

§ 3º São despachos todos os demais atos do juiz praticados no processo, de ofício ou a requerimento da parte, a cujo respeito a lei não estabelece outra forma.

§ 4º Os atos meramente ordinatórios, como a juntada e a vista obrigatória, independem de despacho, devendo ser praticados de ofício pelo servidor e revistos pelo juiz quando necessário.

→ § 4º acrescentado pela Lei 8.952/1994.

Art. 163. Recebe a denominação de acórdão o julgamento proferido pelos tribunais.

Art. 164. Os despachos, decisões, sentenças e acórdãos serão redigidos, datados e assinados pelos juízes. Quando forem proferidos, verbalmente, o taquígrafo ou o datilógrafo os registrará, submetendo-os aos juízes para revisão e assinatura.

Parágrafo único. A assinatura dos juízes, em todos os graus de jurisdição, pode ser feita eletronicamente, na forma da lei.

→ Parágrafo único acrescentado pela Lei 11.419/2006.

Art. 165. As sentenças e acórdãos serão proferidos com observância do disposto no art. 458; as demais decisões serão fundamentadas, ainda que de modo conciso.

→ v. Art. 93, IX, da CF/1988.

→ v. Art. 458 do CPC.

Seção IV
Dos atos do escrivão ou do chefe de secretaria

Art. 166. Ao receber a petição inicial de qualquer processo, o escrivão a autuará, mencionando o juízo, a natureza do feito, o número de seu registro, os nomes das partes e a data do seu início; e procederá do mesmo modo quanto aos volumes que se forem formando.

Art. 167. O escrivão numerará e rubricará todas as folhas dos autos, procedendo da mesma forma quanto aos suplementares.

Parágrafo único. Às partes, aos advogados, aos órgãos do Ministério Público, aos peritos e às testemunhas é facultado rubricar as folhas correspondentes aos atos em que intervieram.

Art. 168. Os termos de juntada, vista, conclusão e outros semelhantes constarão de notas datadas e rubricadas pelo escrivão.

Art. 169. Os atos e termos do processo serão datilografados ou escritos com tinta escura e indelével, assinando-os as pessoas que neles intervieram. Quando estas não puderem ou não quiserem firmá-los, o escrivão certificará, nos autos, a ocorrência.

§ 1º É vedado usar abreviaturas.

→ Anterior parágrafo único renumerado para § 1º pela Lei 11.419/2006.

§ 2º Quando se tratar de processo total ou parcialmente eletrônico, os atos processuais praticados na presença do juiz poderão ser produzidos e armazenados de modo integralmente digital em arquivo eletrônico inviolável, na forma da lei, mediante registro em termo que será assinado digitalmente pelo juiz e pelo escrivão ou chefe de secretaria, bem como pelos advogados das partes.

→ § 2º acrescentado pela Lei 11.419/2006.

§ 3º No caso do § 2º deste artigo, eventuais contradições na transcrição deverão ser suscitadas oralmente no momento da realização do ato, sob pena de preclusão, devendo o juiz decidir de plano, registrando-se a alegação e a decisão no termo.

→ § 3º acrescentado pela Lei 11.419/2006.

Art. 170. É lícito o uso da taquigrafia, da estenotipia, ou de outro método idôneo, em qualquer juízo ou tribunal.

→ Artigo com redação alterada pela Lei 8.952/1994.

Art. 171. Não se admitem, nos atos e termos, espaços em branco, bem como entrelinhas, emendas ou rasuras, salvo se aqueles forem inutilizados e estas expressamente ressalvadas.

Capítulo II
DO TEMPO E DO LUGAR DOS ATOS PROCESSUAIS

Seção I
Do tempo

Art. 172. Os atos processuais realizar-se-ão em dias úteis, das seis às vinte horas.

→ Artigo com redação alterada pela Lei 8.952/1994.

§ 1º Serão, todavia, concluídos, depois das 20 (vinte) horas, os atos iniciados antes, quando o adiamento prejudicar a diligência ou causar grave dano.

§ 2º A citação e a penhora poderão, em casos excepcionais, e mediante autorização expressa do juiz, realizar-se em domingos e feriados, ou nos dias úteis, fora do horário estabelecido neste artigo, observado o disposto no art. 5º, inciso XI, da Constituição Federal.

§ 3º Quando o ato tiver que ser praticado em determinado prazo, por meio de petição, esta deverá ser apresentada no protocolo, dentro do horário de expediente, nos termos da lei de organização judiciária local.

Art. 173. Durante as férias e nos feriados não se praticarão atos processuais. Excetuam-se:

I – a produção antecipada de provas (art. 846);

II – a citação, a fim de evitar o perecimento de direito; e bem assim o arresto, o sequestro, a penhora, a arrecadação, a busca e apreensão, o depósito, a prisão, a separação de corpos, a abertura de testamento, os embargos de terceiro, a nunciação de obra nova e outros atos análogos.

Parágrafo único. O prazo para a resposta do réu só começará a correr no primeiro dia útil seguinte ao feriado ou às férias.

Art. 174. Processam-se durante as férias e não se suspendem pela superveniência delas:

I – os atos de jurisdição voluntária bem como os necessários à conservação de direitos, quando possam ser prejudicados pelo adiamento;

II – as causas de alimentos provisionais, de dação ou remoção de tutores e curadores, bem como as mencionadas no art. 275;

III – todas as causas que a lei federal determinar.

Art. 175. São feriados, para efeito forense, os domingos e os dias declarados por lei.

Seção II
Do lugar

Art. 176. Os atos processuais realizam-se de ordinário na sede do juízo. Podem, todavia, efetuar-se em outro lugar, em razão de deferência, de interesse da justiça, ou de obstáculo arguido pelo interessado e acolhido pelo juiz.

Capítulo III
DOS PRAZOS

→ *v.* Art. 5º do Decreto 70.235/1972.

Seção I
Das disposições gerais

Art. 177. Os atos processuais realizar-se-ão nos prazos prescritos em lei. Quando esta for omissa, o juiz determinará os prazos, tendo em conta a complexidade da causa.

Art. 178. O prazo, estabelecido pela lei ou pelo juiz, é contínuo, não se interrompendo nos feriados.

Art. 179. A superveniência de férias suspenderá o curso do prazo; o que lhe sobejar recomeçará a correr do primeiro dia útil seguinte ao termo das férias.

Art. 180. Suspende-se também o curso do prazo por obstáculo criado pela parte ou ocorrendo qualquer das hipóteses do art. 265, ns. I e III; casos em que o prazo será restituído por tempo igual ao que faltava para a sua complementação.

→ *v.* Súmula 173 do STF.

→ *v.* Art. 265, I, do CPC.

Art. 181. Podem as partes, de comum acordo, reduzir ou prorrogar o prazo dilatório; a convenção, porém, só tem eficácia se, requerida antes do vencimento do prazo, se fundar em motivo legítimo.

§ 1º O juiz fixará o dia do vencimento do prazo da prorrogação.

§ 2º As custas acrescidas ficarão a cargo da parte em favor de quem foi concedida a prorrogação.

Art. 182. É defeso às partes, ainda que todas estejam de acordo, reduzir ou prorrogar os prazos peremptórios. O juiz poderá, nas comarcas onde for difícil o transporte, prorrogar quaisquer prazos, mas nunca por mais de 60 (sessenta) dias.

Parágrafo único. Em caso de calamidade pública, poderá ser excedido o limite previsto neste artigo para a prorrogação de prazos.

Art. 183. Decorrido o prazo, extingue-se, independentemente de declaração judicial, o direito de praticar o ato, ficando salvo, porém, à parte provar que o não realizou por justa causa.

§ 1º Reputa-se justa causa o evento imprevisto, alheio à vontade da parte, e que a impediu de praticar o ato por si ou por mandatário.

§ 2º Verificada a justa causa o juiz permitirá à parte a prática do ato no prazo que lhe assinar.

Art. 184. Salvo disposição em contrário, computar-se-ão os prazos, excluindo o dia do começo e incluindo o do vencimento.

→ *Caput* com redação alterada pela Lei 5.925/1973.

§ 1º Considera-se prorrogado o prazo até o primeiro dia útil se o vencimento cair em feriado ou em dia em que:

→ § 1º com redação alterada pela Lei 5.925/1973.

I – for determinado o fechamento do fórum;

II – o expediente forense for encerrado antes da hora normal.

§ 2º Os prazos somente começam a correr do primeiro dia útil após a intimação (art. 240 e parágrafo único).

→ § 2º com redação alterada pela Lei 8.079/1990.

→ *v.* Súmula 310 do STF.

→ *v.* Súmula 1 do TST.

→ *v.* Art. 132 do CC/2002.

→ *v.* Art. 210 do CTN.

Art. 185. Não havendo preceito legal nem assinação pelo juiz, será de 5 (cinco) dias o prazo para a prática de ato processual a cargo da parte.

Art. 186. A parte poderá renunciar ao prazo estabelecido exclusivamente em seu favor.

Art. 187. Em qualquer grau de jurisdição, havendo motivo justificado, pode o juiz exceder, por igual tempo, os prazos que este Código lhe assina.

Art. 188. Computar-se-á em quádruplo o prazo para contestar e em dobro para recorrer quando a parte for a Fazenda Pública ou o Ministério Público.

→ *v.* Art. 5º, § 5º, da Lei 1.060/1950.

→ *v.* Art. 10 da Lei 9.469/1997.

→ *v.* Arts. 730 e 1.002 do CPC.

→ *v.* Arts. 17, *caput*, e 24, II, *b*, e parágrafo único, da Lei 6.830/1980.

→ *v.* Súmula 483 do STJ.

Art. 189. O juiz proferirá:

I – os despachos de expediente, no prazo de 2 (dois) dias;

II – as decisões, no prazo de 10 (dez) dias.

Art. 190. Incumbirá ao serventuário remeter os autos conclusos no prazo de 24 (vinte e quatro) horas e executar os atos processuais no prazo de 48 (quarenta e oito) horas, contados:

I – da data em que houver concluído o ato processual anterior, se lhe foi imposto pela lei;

II – da data em que tiver ciência da ordem, quando determinada pelo juiz.

Parágrafo único. Ao receber os autos, certificará o serventuário o dia e a hora em que ficou ciente da ordem, referida no n. II.

Art. 191. Quando os litisconsortes tiverem diferentes procuradores, ser-lhes-ão contados em dobro os prazos para contestar, para recorrer e, de modo geral, para falar nos autos.

→ *v.* Arts. 738, § 3º, 1.102-B e 1.102-C do CPC.

Art. 192. Quando a lei não marcar outro prazo, as intimações somente obrigarão a comparecimento depois de decorridas 24 (vinte e quatro) horas.

Seção II
Da verificação dos prazos e das penalidades

Art. 193. Compete ao juiz verificar se o serventuário excedeu, sem motivo legítimo, os prazos que este Código estabelece.

Art. 194. Apurada a falta, o juiz mandará instaurar procedimento administrativo, na forma da Lei de Organização Judiciária.

Art. 195. O advogado deve restituir os autos no prazo legal. Não o fazendo, mandará o juiz, de ofício, riscar o que neles houver escrito e desentranhar as alegações e documentos que apresentar.

Art. 196. É lícito a qualquer interessado cobrar os autos ao advogado que exceder o prazo legal. Se, intimado, não os devolver dentro em 24 (vinte e quatro) horas, perderá o direito à vista fora de cartório e incorrerá em multa, correspondente à metade do salário mínimo vigente na sede do juízo.

Parágrafo único. Apurada a falta, o juiz comunicará o fato à seção local da Ordem dos Advogados do Brasil, para o procedimento disciplinar e imposição da multa.

Art. 197. Aplicam-se ao órgão do Ministério Público e ao representante da Fazenda Pública as disposições constantes dos arts. 195 e 196.

Art. 198. Qualquer das partes ou o órgão do Ministério Público poderá representar ao Presidente do Tribunal de Justiça contra o juiz que excedeu os prazos previstos em lei. Distribuída a representação ao órgão competente, instaurar-se-á procedimento para apuração da responsabilidade. O relator, conforme as circunstâncias, poderá avocar os autos em que ocorreu excesso de prazo, designando outro juiz para decidir a causa.

Art. 199. A disposição do artigo anterior aplicar-se-á aos tribunais superiores, na forma que dispuser o seu regimento interno.

Capítulo IV
DAS COMUNICAÇÕES DOS ATOS

Seção I
Das disposições gerais

Art. 200. Os atos processuais serão cumpridos por ordem judicial ou requisitados por carta, conforme hajam de realizar-se dentro ou fora dos limites territoriais da comarca.

Art. 201. Expedir-se-á carta de ordem se o juiz for subordinado ao tribunal de que ela emanar; carta rogatória, quando dirigida à autoridade judiciária estrangeira; e carta precatória, nos demais casos.

Seção II
Das cartas

Art. 202. São requisitos essenciais da carta de ordem, da carta precatória e da carta rogatória:

I – a indicação dos juízes de origem e de cumprimento do ato;

II – o inteiro teor da petição, do despacho judicial e do instrumento do mandato conferido ao advogado;

III – a menção do ato processual, que lhe constitui o objeto;

IV – o encerramento com a assinatura do juiz.

§ 1º O juiz mandará trasladar, na carta, quaisquer outras peças, bem como instruí-la com mapa, desenho ou gráfico, sempre que estes documentos devam ser examinados, na diligência, pelas partes, peritos ou testemunhas.

§ 2º Quando o objeto da carta for exame pericial sobre documento, este será remetido em original, ficando nos autos reprodução fotográfica.

§ 3º A carta de ordem, carta precatória ou carta rogatória pode ser expedida por meio eletrônico, situação em que a assinatura do juiz deverá ser eletrônica, na forma da lei.

→ § 3º acrescentado pela Lei 11.419/2006.

Art. 203. Em todas as cartas declarará o juiz o prazo dentro do qual deverão ser cumpridas, atendendo à facilidade das comunicações e à natureza da diligência.

Art. 204. A carta tem caráter itinerante; antes ou depois de lhe ser ordenado o cumprimento, poderá ser apresentada a juízo diverso do que dela consta, a fim de se praticar o ato.

Art. 205. Havendo urgência, transmitir-se-ão a carta de ordem e a carta precatória por telegrama, radiograma ou telefone.

Art. 206. A carta de ordem e a carta precatória, por telegrama ou radiograma, conterão, em resumo substancial, os requisitos mencionados no art. 202, bem como a declaração, pela agência expedidora, de estar reconhecida a assinatura do juiz.

Art. 207. O secretário do tribunal ou o escrivão do juízo deprecante transmitirá, pelo telefone, a carta de ordem, ou a carta precatória ao juízo, em que houver de cumprir-se o ato, por intermédio do escrivão do primeiro ofício da primeira vara, se houver na comarca mais de um ofício ou de uma vara, observando, quanto aos requisitos, o disposto no artigo antecedente.

§ 1º O escrivão, no mesmo dia ou no dia útil imediato, telefonará ao secretário do tribunal ou ao escrivão do juízo deprecante, lendo-lhe os termos da carta e solicitando-lhe que lha confirme.

§ 2º Sendo confirmada, o escrivão submeterá a carta a despacho.

Art. 208. Executar-se-ão, de ofício, os atos requisitados por telegrama, radiograma ou telefone. A parte depositará, contudo, na secretaria do tribunal ou no cartório do juízo deprecante, a importância correspondente às despesas que serão feitas no juízo em que houver de praticar-se o ato.

Art. 209. O juiz recusará cumprimento à carta precatória, devolvendo-a com despacho motivado:

I – quando não estiver revestida dos requisitos legais;

II – quando carecer de competência, em razão da matéria ou da hierarquia;

III – quando tiver dúvida acerca de sua autenticidade.

Art. 210. A carta rogatória obedecerá, quanto à sua admissibilidade e modo de seu cumprimento, ao disposto na convenção internacional; à falta desta, será remetida à autoridade judiciária estrangeira, por via diplomática, depois de traduzida para a língua do país em que há de praticar-se o ato.

→ v. Art. 7º do CDC.

Art. 211. A concessão de exequibilidade às cartas rogatórias das justiças estrangeiras obedecerá ao disposto no Regimento Interno do Supremo Tribunal Federal.

Art. 212. Cumprida a carta, será devolvida ao juízo de origem, no prazo de 10 (dez) dias, independentemente de traslado, pagas as custas pela parte.

Seção III
Das citações

Art. 213. Citação é o ato pelo qual se chama a juízo o réu ou o interessado a fim de se defender.

→ Artigo com redação alterada pela Lei 5.925/1973.

Art. 214. Para a validade do processo, é indispensável a citação inicial do réu.

→ Artigo com redação alterada pela Lei 5.925/1973.

§ 1º O comparecimento espontâneo do réu supre, entretanto, a falta de citação.

§ 2º Comparecendo o réu apenas para arguir a nulidade e sendo esta decretada, considerar-se-á feita a citação na data em que ele ou seu advogado for intimado da decisão.

Art. 215. Far-se-á a citação pessoalmente ao réu, ao seu representante legal ou ao procurador legalmente autorizado.

§ 1º Estando o réu ausente, a citação far-se-á na pessoa de seu mandatário, administrador, feitor ou gerente, quando a ação se originar de atos por eles praticados.

§ 2º O locador que se ausentar do Brasil sem cientificar o locatário de que deixou na localidade, onde estiver situado o imóvel, procurador com poderes para receber citação, será citado na pessoa do administrador do imóvel encarregado do recebimento dos aluguéis.

Art. 216. A citação efetuar-se-á em qualquer lugar em que se encontre o réu.

Parágrafo único. O militar, em serviço ativo, será citado na unidade em que estiver servindo se não for conhecida a sua residência ou nela não for encontrado.

Art. 217. Não se fará, porém, a citação, salvo para evitar o perecimento do direito:

I – a quem estiver assistindo a qualquer ato de culto religioso;

→ Anterior inciso II renumerado para inciso I pela Lei 8.952/1994.

II – ao cônjuge ou a qualquer parente do morto, consanguíneo ou afim, em linha reta, ou na linha colateral em segundo grau, no dia do falecimento e nos 7 (sete) dias seguintes;

→ Anterior inciso III renumerado para inciso II pela Lei 8.952/1994.

III – aos noivos, nos três primeiros dias de bodas;

→ Anterior inciso IV renumerado para inciso III pela Lei 8.952/1994.

IV – aos doentes, enquanto grave o seu estado.

→ Anterior inciso V renumerado para inciso IV pela Lei 8.952/1994.

Art. 218. Também não se fará citação, quando se verificar que o réu é demente ou está impossibilitado de recebê-la.

§ 1º O oficial de justiça passará certidão, descrevendo minuciosamente a ocorrência. O juiz nomeará um médico, a fim de examinar o citando. O laudo será apresentado em 5 (cinco) dias.

§ 2º Reconhecida a impossibilidade, o juiz dará ao citando um curador, observando, quanto à sua escolha, a preferência estabelecida na lei civil. A nomeação é restrita à causa.

§ 3º A citação será feita na pessoa do curador, a quem incumbirá a defesa do réu.

Art. 219. A citação válida torna prevento o juízo, induz litispendência e faz litigiosa a coisa; e, ainda quando ordenada por juiz incompetente, constitui em mora o devedor e interrompe a prescrição.

→ *Caput* com redação alterada pela Lei 5.925/1973.

→ v. Súmula 230 do STF.

→ v. Súmulas 277, 380 e 412 do STJ.

→ v. Art. 202 do CC/2002.

§ 1º A interrupção da prescrição retroagirá à data da propositura da ação.

→ § 1º com redação alterada pela Lei 8.952/1994.

→ v. Súmulas 149 e 150 do STF.

→ v. Súmulas 106, 119, 405, 409 e 414 do STJ.

→ v. Art. 8º, § 2º, Lei 6.830/1980.

§ 2º Incumbe à parte promover a citação do réu nos 10 (dez) dias subsequentes ao despacho que a ordenar, não ficando prejudicada pela demora imputável exclusivamente ao serviço judiciário.

→ § 2º com redação alterada pela Lei 8.952/1994.

§ 3º Não sendo citado o réu, o juiz prorrogará o prazo até o máximo de 90 (noventa) dias.

→ § 3º com redação alterada pela Lei 8.952/1994.

§ 4º Não se efetuando a citação nos prazos mencionados nos parágrafos antecedentes, haver-se-á por não interrompida a prescrição.

→ § 4º com redação alterada pela Lei 5.925/1973.

→ v. Art. 125, III, do CTN.

§ 5º O juiz pronunciará, de ofício, a prescrição.

→ § 5º com redação alterada pela Lei 11.280/2006.

→ v. Art. 40, § 4º, da Lei 6.830/1980.

→ v. Súmula 409 do STJ.

§ 6º Passada em julgado a sentença, a que se refere o parágrafo anterior, o escrivão comunicará ao réu o resultado do julgamento.

→ § 6º com redação alterada pela Lei 5.925/1973.

Art. 220. O disposto no artigo anterior aplica-se a todos os prazos extintivos previstos na lei.

Art. 221. A citação far-se-á:

I – pelo correio;

II – por oficial de justiça;

III – por edital;

IV – por meio eletrônico, conforme regulado em lei própria.

→ Inciso IV acrescentado pela Lei 11.419/2006.

Art. 222. A citação será feita pelo correio, para qualquer comarca do País, exceto:

→ Artigo com redação alterada pela Lei 8.710/1993.

a) nas ações de estado;

b) quando for ré pessoa incapaz;

c) quando for ré pessoa de direito público;

d) nos processos de execução;

e) quando o réu residir em local não atendido pela entrega domiciliar de correspondência;

f) quando o autor a requerer de outra forma.

Art. 223. Deferida a citação pelo correio, o escrivão ou chefe da secretaria remeterá ao citando cópias da petição inicial e do despacho do juiz, expressamente consignada em seu inteiro teor a advertência a que se refere o art. 285, segunda parte, comunicando, ainda, o prazo para a resposta e o juízo e cartório, com o respectivo endereço.

→ Artigo com redação alterada pela Lei 8.710/1993.

Parágrafo único. A carta será registrada para entrega ao citando, exigindo-lhe o carteiro, ao fazer a entrega, que assine o recibo. Sendo o réu pessoa jurídica, será válida a entrega a pessoa com poderes de gerência geral ou de administração.

Art. 224. Far-se-á a citação por meio de oficial de justiça nos casos ressalvados no art. 222, ou quando frustrada a citação pelo correio.

→ Artigo com redação alterada pela Lei 8.710/1993.

Art. 225. O mandado, que o oficial de justiça tiver de cumprir, deverá conter:

→ Artigo com redação alterada pela Lei 5.925/1973.

I – os nomes do autor e do réu, bem como os respectivos domicílios ou residências;

II – o fim da citação, com todas as especificações constantes da petição inicial, bem como a advertência a que se refere o art. 285, segunda parte, se o litígio versar sobre direitos disponíveis;

III – a cominação, se houver;

IV – o dia, hora e lugar do comparecimento;

V – a cópia do despacho;

VI – o prazo para defesa;

VII – a assinatura do escrivão e a declaração de que o subscreve por ordem do juiz.

Parágrafo único. O mandado poderá ser em breve relatório, quando o autor entregar em cartório, com a petição inicial, tantas cópias desta quantos forem os réus; caso em que as cópias depois de conferidas com o original, farão parte integrante do mandado.

Art. 226. Incumbe ao oficial de justiça procurar o réu e, onde o encontrar, citá-lo:

I – lendo-lhe o mandado e entregando-lhe a contrafé;

II – portando por fé se recebeu ou recusou a contrafé;

III – obtendo a nota de ciente, ou certificando que o réu não a após no mandado.

Art. 227. Quando, por três vezes, o oficial de justiça houver procurado o réu em seu domicílio ou residência, sem o encontrar, deverá, havendo suspeita de ocultação, intimar a qualquer pessoa da família, ou em sua falta a qualquer vizinho, que, no dia imediato, voltará, a fim de efetuar a citação, na hora que designar.

Art. 228. No dia e hora designados, o oficial de justiça, independentemente de novo despacho, comparecerá ao domicílio ou residência do citando, a fim de realizar a diligência.

§ 1º Se o citando não estiver presente, o oficial de justiça procurará informar-se das razões da ausência, dando por feita a citação, ainda que o citando se tenha ocultado em outra comarca.

§ 2º Da certidão da ocorrência, o oficial de justiça deixará contrafé com pessoa da família ou com qualquer vizinho, conforme o caso, declarando-lhe o nome.

Art. 229. Feita a citação com hora certa, o escrivão enviará ao réu carta, telegrama ou radiograma, dando-lhe de tudo ciência.

Art. 230. Nas comarcas contíguas, de fácil comunicação, e nas que se situem na mesma região metropolitana, o oficial de justiça poderá efetuar citações ou intimações em qualquer delas.

→ Artigo com redação alterada pela Lei 8.710/1993.

Art. 231. Far-se-á a citação por edital:

I – quando desconhecido ou incerto o réu;

II – quando ignorado, incerto ou inacessível o lugar em que se encontrar;

III – nos casos expressos em lei.

§ 1º Considera-se inacessível, para efeito de citação por edital, o país que recusar o cumprimento de carta rogatória.

§ 2º No caso de ser inacessível o lugar em que se encontrar o réu, a notícia de sua citação será divulgada também pelo rádio, se na comarca houver emissora de radiodifusão.

Art. 232. São requisitos da citação por edital:

→ *Caput* com redação alterada pela Lei 5.925/1973.

I – a afirmação do autor, ou a certidão do oficial, quanto às circunstâncias previstas nos ns. I e II do artigo antecedente;

II – a afixação do edital, na sede do juízo, certificada pelo escrivão;

III – a publicação do edital no prazo máximo de 15 (quinze) dias, uma vez no órgão oficial e pelo menos duas vezes em jornal local, onde houver;

IV – a determinação, pelo juiz, do prazo, que variará entre 20 (vinte) e 60 (sessenta) dias, correndo da data da primeira publicação;

V – a advertência a que se refere o art. 285, segunda parte, se o litígio versar sobre direitos disponíveis.

§ 1º Juntar-se-á aos autos um exemplar de cada publicação, bem como do anúncio, de que trata o n. II deste artigo.

→ Anterior parágrafo único renumerado para § 1º pela Lei 7.359/1985.

§ 2º A publicação do edital será feita apenas no órgão oficial quando a parte for beneficiária da Assistência Judiciária.

→ § 2º acrescentado pela Lei 7.359/1985.

Art. 233. A parte que requerer a citação por edital, alegando dolosamente os requisitos do art. 231, I e II, incorrerá em multa de cinco vezes o salário mínimo vigente na sede do juízo.

Parágrafo único. A multa reverterá em benefício do citando.

Seção IV
Das intimações

→ *v.* Art. 23 do Decreto 70.235/1972.

Art. 234. Intimação é o ato pelo qual se dá ciência a alguém dos atos e termos do processo, para que faça ou deixe de fazer alguma coisa.

Art. 235. As intimações efetuam-se de ofício, em processos pendentes, salvo disposição em contrário.

Art. 236. No Distrito Federal e nas Capitais dos Estados e dos Territórios, consideram-se feitas as intimações pela só publicação dos atos no órgão oficial.

§ 1º É indispensável, sob pena de nulidade, que da publicação constem os nomes das partes e de seus advogados, suficientes para sua identificação.

§ 2º A intimação do Ministério Público, em qualquer caso, será feita pessoalmente.

Art. 237. Nas demais comarcas aplicar-se-á o disposto no artigo antecedente, se houver órgão de publicação dos atos oficiais; não o havendo, competirá ao escrivão intimar, de todos os atos do processo, os advogados das partes:

I – pessoalmente, tendo domicílio na sede do juízo;

II – por carta registrada, com aviso de recebimento, quando domiciliado fora do juízo.

Parágrafo único. As intimações podem ser feitas de forma eletrônica, conforme regulado em lei própria.

→ Parágrafo único acrescentado pela Lei 11.419/2006.

→ *v.* Lei 11.419/2006 – Dispõe sobre a informatização do processo judicial; altera a Lei n. 5.869, de 11 de janeiro de 1973 – Código de Processo Civil; e dá outras providências.

Art. 238. Não dispondo a lei de outro modo, as intimações serão feitas às partes, aos seus representantes legais e aos advogados pelo correio ou, se presentes em cartório, diretamente pelo escrivão ou chefe de secretaria.

→ *Caput* com redação alterada pela Lei 8.710/1993.

Parágrafo único. Presumem-se válidas as comunicações e intimações dirigidas ao endereço residencial ou profissional declinado na inicial, contestação ou embargos, cumprindo às partes atualizar o respectivo endereço sempre que houver modificação temporária ou definitiva.

→ Parágrafo único acrescentado pela Lei 11.382/2006.

Art. 239. Far-se-á a intimação por meio de oficial de justiça quando frustrada a realização pelo correio.

→ *Caput* com redação alterada pela Lei 8.710/1993.

Parágrafo único. A certidão de intimação deve conter:

→ *Caput* do parágrafo único com redação alterada pela Lei 8.710/1993.

I – a indicação do lugar e a descrição da pessoa intimada, mencionando, quando possível, o número de sua carteira de identidade e o órgão que a expediu;

II – a declaração de entrega da contrafé;

III – a nota de ciente ou certidão de que o interessado não a após no mandado.

→ Inciso III com redação alterada pela Lei 8.952/1994.

→ Consta conforme publicação oficial "interessado". Contudo, o correto seja "intimado".

Art. 240. Salvo disposição em contrário, os prazos para as partes, para a Fazenda Pública e para o Ministério Público contar-se-ão da intimação.

Parágrafo único. As intimações consideram-se realizadas no primeiro dia útil seguinte, se tiverem ocorrido em dia que não tenha havido expediente forense.

→ Parágrafo único acrescentado pela Lei 8.079/1990.

Art. 241. Começa a correr o prazo:

I – quando a citação ou intimação for pelo correio, da data de juntada aos autos do aviso de recebimento;

→ Inciso I com redação alterada pela Lei 8.710/1993.

II – quando a citação ou intimação for por oficial de justiça, da data de juntada aos autos do mandado cumprido;

→ Inciso II com redação alterada pela Lei 8.710/1993.

III – quando houver vários réus, da data de juntada aos autos do último aviso de recebimento ou mandado citatório cumprido;

→ Inciso III com redação alterada pela Lei 8.710/1993.

IV – quando o ato se realizar em cumprimento de carta de ordem, precatória ou rogatória, da data de sua juntada aos autos devidamente cumprida;

→ Inciso IV com redação alterada pela Lei 8.710/1993.

V – quando a citação for por edital, finda a dilação assinada pelo juiz.

→ Inciso V com redação alterada pela Lei 8.710/1993.

Art. 242. O prazo para a interposição de recurso conta-se da data, em que os advogados são intimados da decisão, da sentença ou do acórdão.

§ 1º Reputam-se intimados na audiência, quando nesta é publicada a decisão ou a sentença.

§ 2º Havendo antecipação da audiência, o juiz, de ofício ou a requerimento da parte, mandará intimar pessoalmente os advogados para ciência da nova designação.

→ Anterior § 3º renumerado para § 2º pela Lei 8.952/1994.

Capítulo V
DAS NULIDADES

→ *V.* Arts. 59 a 61 do Decreto 70.235/1972.

Art. 243. Quando a lei prescrever determinada forma, sob pena de nulidade, a decretação desta não pode ser requerida pela parte que lhe deu causa.

Art. 244. Quando a lei prescrever determinada forma, sem cominação de nulidade, o juiz considerará válido o ato se, realizado de outro modo, lhe alcançar a finalidade.

Art. 245. A nulidade dos atos deve ser alegada na primeira oportunidade em que couber à parte falar nos autos, sob pena de preclusão.

Parágrafo único. Não se aplica esta disposição às nulidades que o juiz deva decretar de ofício, nem prevalece a preclusão, provando a parte legítimo impedimento.

Art. 246. É nulo o processo, quando o Ministério Público não for intimado a acompanhar o feito em que deva intervir.

Parágrafo único. Se o processo tiver corrido, sem conhecimento do Ministério Público, o juiz o anulará a partir do momento em que o órgão devia ter sido intimado.

Art. 247. As citações e as intimações serão nulas, quando feitas sem observância das prescrições legais.

Art. 248. Anulado o ato, reputam-se de nenhum efeito todos os subsequentes, que dele dependam; todavia, a nulidade de uma parte do ato não prejudicará as outras, que dela sejam independentes.

Art. 249. O juiz, ao pronunciar a nulidade, declarará que atos são atingidos, ordenando as providências necessárias, a fim de que sejam repetidos, ou retificados.

§ 1º O ato não se repetirá nem se lhe suprirá a falta quando não prejudicar a parte.

§ 2º Quando puder decidir do mérito a favor da parte a quem aproveite a declaração da nulidade, o juiz não a pronunciará nem mandará repetir o ato, ou suprir-lhe a falta.

Art. 250. O erro de forma do processo acarreta unicamente a anulação dos atos que não possam ser aproveitados, devendo praticar-se os que forem necessários, a fim de se observarem, quanto possível, as prescrições legais.

Parágrafo único. Dar-se-á o aproveitamento dos atos praticados, desde que não resulte prejuízo à defesa.

Capítulo VI
DE OUTROS ATOS PROCESSUAIS
Seção I
Da distribuição e do registro

Art. 251. Todos os processos estão sujeitos a registro, devendo ser distribuídos onde houver mais de um juiz ou mais de um escrivão.

Art. 252. Será alternada a distribuição entre juízes e escrivães, obedecendo a rigorosa igualdade.

Art. 253. Distribuir-se-ão por dependência as causas de qualquer natureza:

→ *Caput* com redação alterada pela Lei 10.358/2001.

I – quando se relacionarem, por conexão ou continência, com outra já ajuizada;

→ Inciso I acrescentado pela Lei 10.358/2001.

II – quando, tendo sido extinto o processo, sem julgamento de mérito, for reiterado o pedido, ainda que em litisconsórcio com outros autores ou que sejam parcialmente alterados os réus da demanda;

→ Inciso II com redação alterada pela Lei 11.280/2006.

III – quando houver ajuizamento de ações idênticas, ao juízo prevento.

→ Inciso III acrescentado pela Lei 11.280/2006.

Parágrafo único. Havendo reconvenção ou intervenção de terceiro, o juiz, de ofício, mandará proceder à respectiva anotação pelo distribuidor.

Art. 254. É defeso distribuir a petição não acompanhada do instrumento do mandato, salvo:

I – se o requerente postular em causa própria;

II – se a procuração estiver junta aos autos principais;

III – no caso previsto no art. 37.

Art. 255. O juiz, de ofício ou a requerimento do interessado, corrigirá o erro ou a falta de distribuição, compensando-a.

Art. 256. A distribuição poderá ser fiscalizada pela parte ou por seu procurador.

Art. 257. Será cancelada a distribuição do feito que, em 30 (trinta) dias, não for preparado no cartório em que deu entrada.

Seção II
Do valor da causa

Art. 258. A toda causa será atribuído um valor certo, ainda que não tenha conteúdo econômico imediato.

Art. 259. O valor da causa constará sempre da petição inicial e será:

I – na ação de cobrança de dívida, a soma do principal, da pena e dos juros vencidos até a propositura da ação;

II – havendo cumulação de pedidos, a quantia correspondente à soma dos valores de todos eles;

III – sendo alternativos os pedidos, o de maior valor;

IV – se houver também pedido subsidiário, o valor do pedido principal;

V – quando o litígio tiver por objeto a existência, validade, cumprimento, modificação ou rescisão de negócio jurídico, o valor do contrato;

VI – na ação de alimentos, a soma de doze prestações mensais, pedidas pelo autor;

VII – na ação de divisão, de demarcação e de reivindicação, a estimativa oficial para lançamento do imposto.

Art. 260. Quando se pedirem prestações vencidas e vincendas, tomar-se-á em consideração o valor de umas e outras. O valor das prestações vincendas será igual a uma prestação anual, se a obrigação for por tempo indeterminado, ou por tempo superior a 1 (um) ano; se, por tempo inferior, será igual à soma das prestações.

Art. 261. O réu poderá impugnar, no prazo da contestação, o valor atribuído à causa pelo autor. A impugnação será autuada em apenso, ouvindo-se o autor no prazo de 5 (cinco) dias. Em seguida o juiz, sem suspender o processo, servindo-se, quando necessário, do auxílio de perito, determinará, no prazo de 10 (dez) dias, o valor da causa.

Parágrafo único. Não havendo impugnação, presume-se aceito o valor atribuído à causa na petição inicial.

Título VI
Da formação, da suspensão e da extinção do processo

Capítulo I
DA FORMAÇÃO DO PROCESSO

Art. 262. O processo civil começa por iniciativa da parte, mas se desenvolve por impulso oficial.

Art. 263. Considera-se proposta a ação, tanto que a petição inicial seja despachada pelo juiz, ou simplesmente distribuída, onde houver mais de uma vara. A propositura da ação, todavia, só produz, quanto ao réu, os efeitos mencionados no art. 219 depois que for validamente citado.

Art. 264. Feita a citação, é defeso ao autor modificar o pedido ou a causa de pedir, sem o consentimento do réu, mantendo-se as mesmas partes, salvo as substituições permitidas por lei.

→ Artigo com redação alterada pela Lei 5.925/1973.

→ *V.* Arts. 267, § 4º, 294 e 301, I, do CPC.

Parágrafo único. A alteração do pedido ou da causa de pedir em nenhuma hipótese será permitida após o saneamento do processo.

→ *V.* Art. 2º, § 8º, da Lei 6.830/1980.

Capítulo II
DA SUSPENSÃO DO PROCESSO

Art. 265. Suspende-se o processo:

→ *V.* Art. 807, parágrafo único, do CPC.

I – pela morte ou perda da capacidade processual de qualquer das partes, de seu representante legal ou de seu procurador;

II – pela convenção das partes;

→ *V.* Art. 791, II, do CPC.

III – quando for oposta exceção de incompetência do juízo, da câmara ou do tribunal, bem como de suspeição ou impedimento do juiz;

IV – quando a sentença de mérito:

a) depender do julgamento de outra causa, ou da declaração da existência ou inexistência da relação jurídica, que constitua o objeto principal de outro processo pendente;

b) não puder ser proferida senão depois de verificado determinado fato, ou de produzida certa prova, requisitada a outro juízo;

c) tiver por pressuposto o julgamento de questão de estado, requerido como declaração incidente;

V – por motivo de força maior;

VI – nos demais casos, que este Código regula.

→ v. Art. 43 do CPC.

§ 1º No caso de morte ou perda da capacidade processual de qualquer das partes, ou de seu representante legal, provado o falecimento ou a incapacidade, o juiz suspenderá o processo, salvo se já tiver iniciado a audiência de instrução e julgamento; caso em que:

a) o advogado continuará no processo até o encerramento da audiência;

b) o processo só se suspenderá a partir da publicação da sentença ou do acórdão.

§ 2º No caso de morte do procurador de qualquer das partes, ainda que iniciada a audiência de instrução e julgamento, o juiz marcará, a fim de que a parte constitua novo mandatário, o prazo de 20 (vinte) dias, findo o qual extinguirá o processo sem julgamento do mérito, se o autor não nomear novo mandatário, ou mandará prosseguir no processo, à revelia do réu, tendo falecido o advogado deste.

§ 3º A suspensão do processo por convenção das partes, de que trata o n. II, nunca poderá exceder 6 (seis) meses; findo o prazo, o escrivão fará os autos conclusos ao juiz, que ordenará o prosseguimento do processo.

§ 4º No caso do n. III, a exceção, em primeiro grau da jurisdição, será processada na forma do disposto neste Livro, Título VIII, Capítulo II, Seção III; e, no tribunal, consoante lhe estabelecer o regimento interno.

§ 5º Nos casos enumerados nas letras *a*, *b* e *c* do n. IV, o período de suspensão nunca poderá exceder 1 (um) ano. Findo este prazo, o juiz mandará prosseguir no processo.

Art. 266. Durante a suspensão é defeso praticar qualquer ato processual; poderá o juiz, todavia, determinar a realização de atos urgentes, a fim de evitar dano irreparável.

→ v. Arts. 162, § 2º, e 522, do CPC.

Capítulo III
DA EXTINÇÃO DO PROCESSO

Art. 267. Extingue-se o processo, sem resolução de mérito:

→ *Caput* com redação alterada pela Lei 11.232/2005.

I – quando o juiz indeferir a petição inicial;

→ v. Art. 295 do CPC.

II – quando ficar parado durante mais de 1 (um) ano por negligência das partes;

III – quando, por não promover os atos e diligências que lhe competir, o autor abandonar a causa por mais de 30 (trinta) dias;

→ v. Art. 268, parágrafo único, do CPC.

→ v. Súmula 240 do STJ.

IV – quando se verificar a ausência de pressupostos de constituição e de desenvolvimento válido e regular do processo;

→ v. Súmula 631 do STF.

V – quando o juiz acolher a alegação de perempção, litispendência ou de coisa julgada;

→ v. Art. 5º, XXXVI, da CF/1988.

VI – quando não concorrer qualquer das condições da ação, como a possibilidade jurídica, a legitimidade das partes e o interesse processual;

→ v. Art. 3º do CPC.

VII – pela convenção de arbitragem;

→ Inciso VII com redação alterada pela Lei 9.307/1996.

→ v. Art. 3º da Lei 9.307/1996.

VIII – quando o autor desistir da ação;

IX – quando a ação for considerada intransmissível por disposição legal;

→ v. Art. 43 do CPC.

→ v. Art. 20, § 3º, do CPC.

X – quando ocorrer confusão entre autor e réu;

XI – nos demais casos prescritos neste Código.

→ v. Art. 265, § 2º, CPC.

§ 1º O juiz ordenará, nos casos dos ns. II e III, o arquivamento dos autos, declarando a extinção do processo, se a parte, intimada pessoalmente, não suprir a falta em 48 (quarenta e oito) horas.

§ 2º No caso do parágrafo anterior, quanto ao n. II, as partes pagarão proporcionalmente as custas e, quanto ao n. III, o autor será condenado ao pagamento das despesas e honorários de advogado (art. 28).

§ 3º O juiz conhecerá de ofício, em qualquer tempo e grau de jurisdição, enquanto não proferida a sentença de mérito, da matéria constante dos ns. IV, V e VI; todavia, o réu que a não alegar, na primeira oportunidade em que lhe caiba falar nos autos, responderá pelas custas de retardamento.

§ 4º Depois de decorrido o prazo para a resposta, o autor não poderá, sem o consentimento do réu, desistir da ação.

Art. 268. Salvo o disposto no art. 267, V, a extinção do processo não obsta a que o autor intente de novo a ação. A petição inicial, todavia, não será despachada sem a prova do pagamento ou do depósito das custas e dos honorários de advogado.

→ v. Art. 810 do CPC.

Parágrafo único. Se o autor der causa, por três vezes, à extinção do processo pelo fundamento previsto no n. III do artigo anterior, não poderá intentar nova ação contra o réu com o mesmo objeto, ficando-lhe ressalvada, entretanto, a possibilidade de alegar em defesa o seu direito.

Art. 269. Haverá resolução de mérito:

→ *Caput* com redação alterada pela Lei 11.232/2005.

→ v. Arts. 162, § 1º, 329 e 513, do CPC.

I – quando o juiz acolher ou rejeitar o pedido do autor;

→ Inciso I com redação alterada pela Lei 5.925/1973.

→ v. Art. 330, I, do CPC.

II – quando o réu reconhecer a procedência do pedido;

→ Inciso II com redação alterada pela Lei 5.925/1973.

III – quando as partes transigirem;

→ Inciso III com redação alterada pela Lei 5.925/1973.

IV – quando o juiz pronunciar a decadência ou a prescrição;

→ Inciso IV com redação alterada pela Lei 5.925/1973.

→ v. Arts. 173, *caput*, e parágrafo único, e 174 do CTN.

→ v. Art. 40, § 4º, da Lei 6.830/1980.

→ v. Lei 9.783/1999 que Estabelece prazo de prescrição para o exercício de ação punitiva pela Administração Pública Federal, direta e indireta, e dá outras providências

V – quando o autor renunciar ao direito sobre que se funda a ação.

→ Inciso V com redação alterada pela Lei 5.925/1973.

Título VII
Do processo e do procedimento

Capítulo I
DAS DISPOSIÇÕES GERAIS

Art. 270. Este Código regula o processo de conhecimento (Livro I), de execução (Livro II), cautelar (Livro III) e os procedimentos especiais (Livro IV).

Art. 271. Aplica-se a todas as causas o procedimento comum, salvo disposição em contrário deste Código ou de lei especial.

Art. 272. O procedimento comum é ordinário ou sumário.

→ Artigo com redação alterada pela Lei 8.952/1994.

Parágrafo único. O procedimento especial e o procedimento sumário regem-se pelas disposições que lhes são próprias, aplicando-se-lhes, subsidiariamente, as disposições gerais do procedimento ordinário.

Art. 273. O juiz poderá, a requerimento da parte, antecipar, total ou parcialmente, os efeitos da tutela pretendida no pedido inicial, desde que, existindo prova inequívoca, se convença da verossimilhança da alegação e:

→ *Caput* com redação alterada pela Lei 8.952/1994.

→ v. Art. 513 do CPC.

→ v. Art. 769 da CLT.

→ v. Art. 151, V, do CTN.

→ v. Lei 9.494/1997 – Disciplina a aplicação da tutela antecipada contra a Fazenda Pública.

I – haja fundado receio de dano irreparável ou de difícil reparação; ou

II – fique caracterizado o abuso de direito de defesa ou o manifesto propósito protelatório do réu.

→ v. Art. 17, IV e VI, do CPC.

§ 1º Na decisão que antecipar a tutela, o juiz indicará, de modo claro e preciso, as razões do seu convencimento.

→ § 1º com redação alterada pela Lei 8.952/1994.

§ 2º Não se concederá a antecipação da tutela quando houver perigo de irreversibilidade do provimento antecipado.

→ § 2º com redação alterada pela Lei 8.952/1994.

§ 3º A efetivação da tutela antecipada observará, no que couber e conforme sua natureza, as normas previstas nos arts. 588, 461, §§ 4º e 5º, e 461-A.

→ § 3º com redação alterada pela Lei 10.444/2002.

→ O Art. 588 foi revogado pela Lei 11.232/2005.

§ 4º A tutela antecipada poderá ser revogada ou modificada a qualquer tempo, em decisão fundamentada.

→ § 4º com redação alterada pela Lei 8.952/1994.

§ 5º Concedida ou não a antecipação da tutela, prosseguirá o processo até final julgamento.

→ § 5º com redação alterada pela Lei 8.952/1994.

§ 6º A tutela antecipada também poderá ser concedida quando um ou mais dos pedidos cumulados, ou parcela deles, mostrar-se incontroverso.

→ § 6º acrescentado pela Lei 10.444/2002.

§ 7º Se o autor, a título de antecipação de tutela, requerer providência de natureza cautelar, poderá o juiz, quando presentes os respectivos pressupostos, deferir a medida cautelar em caráter incidental do processo ajuizado.

→ § 7º acrescentado pela Lei 10.444/2002.

Capítulo II
DO PROCEDIMENTO ORDINÁRIO

Art. 274. O procedimento ordinário reger-se-á segundo as disposições dos Livros I e II deste Código.

Capítulo III
DO PROCEDIMENTO SUMÁRIO

Art. 275. Observar-se-á o procedimento sumário:

→ *Caput* com redação alterada pela Lei 9.245/1995.

I – nas causas cujo valor não exceda a sessenta vezes o valor do salário mínimo;

→ Inciso I com redação alterada pela Lei 10.444/2002.

II – nas causas, qualquer que seja o valor:

→ *Caput* do inciso II com redação alterada pela Lei 9.245/1995.

→ *v.* Art. 3º da Lei 9.099/1995.

a) de arrendamento rural e de parceria agrícola;

→ Alínea *a* com redação alterada pela Lei 9.245/1995.

b) de cobrança ao condômino de quaisquer quantias devidas ao condomínio;

→ Alínea *b* com redação alterada pela Lei 9.245/1995.

c) de ressarcimento por danos em prédio urbano ou rústico;

→ Alínea *c* com redação alterada pela Lei 9.245/1995.

d) de ressarcimento por danos causados em acidente de veículo de via terrestre;

→ Alínea *d* com redação alterada pela Lei 9.245/1995.

e) de cobrança de seguro, relativamente aos danos causados em acidente de veículo, ressalvados os casos de processo de execução;

→ Alínea *e* com redação alterada pela Lei 9.245/1995.

f) de cobrança de honorários dos profissionais liberais, ressalvado o disposto em legislação especial;

→ Alínea *f* com redação alterada pela Lei 9.245/1995.

g) que versem sobre revogação de doação;

→ Alínea *g* acrescentada pela Lei 12.122/2009.

h) nos demais casos previstos em lei.

→ Alínea *h* acrescentada pela Lei 12.122/2009.

→ *v.* Art. 68 da Lei 8.245/1991.

→ *v.* Art. 110, § 3º, da Lei 6.015/1973.

Parágrafo único. Este procedimento não será observado nas ações relativas ao estado e à capacidade das pessoas.

→ Parágrafo único com redação alterada pela Lei 9.245/1995.

Art. 276. Na petição inicial, o autor apresentará o rol de testemunhas e, se requerer perícia, formulará quesitos, podendo indicar assistente técnico.

→ Artigo com redação alterada pela Lei 9.245/1995.

Art. 277. O juiz designará a audiência de conciliação a ser realizada no prazo de 30 (trinta) dias, citando-se o réu com a antecedência mínima de 10 (dez) dias e sob a advertência prevista no § 2º deste artigo, determinando o comparecimento das partes. Sendo ré a Fazenda Pública, os prazos contar-se-ão em dobro.

→ Artigo com redação alterada pela Lei 9.245/1995 (retificado no *D.O.U.* de 4.1.1996).

§ 1º A conciliação será reduzida a termo e homologada por sentença, podendo o juiz ser auxiliado por conciliador.

§ 2º Deixando injustificadamente o réu de comparecer à audiência, reputar-se-ão verdadeiros os fatos alegados na petição inicial (art. 319), salvo se o contrário resultar da prova dos autos, proferindo o juiz, desde logo, a sentença.

§ 3º As partes comparecerão pessoalmente à audiência, podendo fazer-se representar por preposto com poderes para transigir.

§ 4º O juiz, na audiência, decidirá de plano a impugnação ao valor da causa ou a controvérsia sobre a natureza da demanda, determinando, se for o caso, a conversão do procedimento sumário em ordinário.

§ 5º A conversão também ocorrerá quando houver necessidade de prova técnica de maior complexidade.

Art. 278. Não obtida a conciliação, oferecerá o réu, na própria audiência, resposta escrita ou oral, acompanhada de documentos e rol de testemunhas e, se requerer perícia, formulará seus quesitos desde logo, podendo indicar assistente técnico.

→ Artigo com redação alterada pela Lei 9.245/1995.

§ 1º É lícito ao réu, na contestação, formular pedido em seu favor, desde que fundado nos mesmos fatos referidos na inicial.

§ 2º Havendo necessidade de produção de prova oral e não ocorrendo qualquer das hipóteses previstas nos arts. 329 e 330, I e II, será designada audiência de instrução e julgamento para data próxima, não excedente de 30 (trinta) dias, salvo se houver determinação de perícia.

→ *v.* Art. 433 do CPC.

Art. 279. Os atos probatórios realizados em audiência poderão ser documentados mediante taquigrafia, estenotipia ou outro método hábil de documentação, fazendo-se a respectiva transcrição se a determinar o juiz.

→ Artigo com redação alterada pela Lei 9.245/1995.

Parágrafo único. Nas comarcas ou varas em que não for possível a taquigrafia, a estenotipia ou outro método de documentação, os depoimentos serão reduzidos a termo, do qual constará apenas o essencial.

Art. 280. No procedimento sumário não são admissíveis a ação declaratória incidental e a intervenção de terceiros, salvo a assistência, o recurso de terceiro prejudicado e a intervenção fundada em contrato de seguro.

→ Artigo com redação alterada pela Lei 10.444/2002.

→ *v.* Art. 10 da Lei 9.099/1995.

Art. 281. Findos a instrução e os debates orais, o juiz proferirá sentença na própria audiência ou no prazo de 10 (dez) dias.

→ Artigo com redação alterada pela Lei 9.245/1995.

Título VIII
Do procedimento ordinário

Capítulo I
DA PETIÇÃO INICIAL

Seção I
Dos requisitos da petição inicial

Art. 282. A petição inicial indicará:

→ *v.* Arts. 57, 936 e 967 do CPC.

I – o juiz ou tribunal, a que é dirigida;

II – os nomes, prenomes, estado civil, profissão, domicílio e residência do autor e do réu;

III – o fato e os fundamentos jurídicos do pedido;

IV – o pedido, com as suas especificações;

V – o valor da causa;

VI – as provas com que o autor pretende demonstrar a verdade dos fatos alegados;

VII – o requerimento para a citação do réu.

→ *v.* Art. 614 do CPC.

Art. 283. A petição inicial será instruída com os documentos indispensáveis à propositura da ação.

Art. 284. Verificando o juiz que a petição inicial não preenche os requisitos exigidos nos arts. 282 e 283, ou que apresenta defeitos e irregularidades capazes de dificultar o julgamento de mérito, determinará que o autor a emende, ou a complete, no prazo de 10 (dez) dias.

Parágrafo único. Se o autor não cumprir a diligência, o juiz indeferirá a petição inicial.

Art. 285. Estando em termos a petição inicial, o juiz a despachará, ordenando a citação do réu, para responder; do mandado constará que, não sendo contestada a ação, se presumirão aceitos pelo réu, como verdadeiros, os fatos articulados pelo autor.

→ Artigo com redação alterada pela Lei 5.925/1973.

Art. 285-A. Quando a matéria controvertida for unicamente de direito e no juízo já houver sido proferida sentença de total improcedência em outros casos idênticos, poderá ser dispensada a citação e proferida sentença, reproduzindo-se o teor da anteriormente prolatada.

→ Artigo acrescentado pela Lei 11.277/2006.

§ 1º Se o autor apelar, é facultado ao juiz decidir, no prazo de 5 (cinco) dias, não manter a sentença e determinar o prosseguimento da ação.

→ *v.* Art. 513 do CPC.

§ 2º Caso seja mantida a sentença, será ordenada a citação do réu para responder ao recurso.

Art. 285-B. Nos litígios que tenham por objeto obrigações decorrentes de empréstimo, financiamento ou arrendamento mercantil, o autor deverá discriminar na petição inicial, dentre as obrigações contratuais, aquelas que pretende controverter, quantificando o valor incontroverso.

→ *Caput* acrescentado pela Lei 12.810/2013.

§ 1º O valor incontroverso deverá continuar sendo pago no tempo e modo contratados.

→ Anterior parágrafo único renumerado para § 1º pela Lei 12.873/2013.

§ 2º O devedor ou arrendatário não se exime da obrigação de pagamento dos tributos, multas e taxas incidentes sobre os bens vinculados e de outros encargos previstos em contrato, exceto se a obrigação de pagar não for de sua responsabilidade, conforme contrato, ou for objeto de suspensão em medida liminar, em medida cautelar ou antecipação dos efeitos da tutela.

→ § 2º acrescentado pela Lei 12.873/2013.

Seção II
Do pedido

Art. 286. O pedido deve ser certo ou determinado. É lícito, porém, formular pedido genérico:

→ Artigo com redação alterada pela Lei 5.925/1973 – Retifica dispositivos do CPC.

I – nas ações universais, se não puder o autor individuar na petição os bens demandados;

II – quando não for possível determinar, de modo definitivo, as consequências do ato ou do fato ilícito;

III – quando a determinação do valor da condenação depender de ato que deva ser praticado pelo réu.

Art. 287. Se o autor pedir que seja imposta ao réu a abstenção da prática de algum ato, tolerar alguma atividade, prestar ato ou entregar coisa, poderá requerer cominação de pena pecuniária para o caso de descumprimento da sentença ou da decisão antecipatória de tutela (arts. 461, § 4º, e 461-A).

→ Artigo com redação alterada pela Lei 10.444/2002.

→ *V.* Súmula 500 do STF.

Art. 288. O pedido será alternativo, quando, pela natureza da obrigação, o devedor puder cumprir a prestação de mais de um modo.

→ *V.* Art. 259, III, do CPC.

Parágrafo único. Quando, pela lei ou pelo contrato, a escolha couber ao devedor, o juiz lhe assegurará o direito de cumprir a prestação de um ou de outro modo, ainda que o autor não tenha formulado pedido alternativo.

Art. 289. É lícito formular mais de um pedido em ordem sucessiva, a fim de que o juiz conheça do posterior, em não podendo acolher o anterior.

Art. 290. Quando a obrigação consistir em prestações periódicas, considerar-se-ão elas incluídas no pedido, independentemente de declaração expressa do autor; se o devedor, no curso do processo, deixar de pagá-las ou de consigná-las, a sentença as incluirá na condenação, enquanto durar a obrigação.

Art. 291. Na obrigação indivisível com pluralidade de credores, aquele que não participou do processo receberá a sua parte, deduzidas as despesas na proporção de seu crédito.

Art. 292. É permitida a cumulação, num único processo, contra o mesmo réu, de vários pedidos, ainda que entre eles não haja conexão.

§ 1º São requisitos de admissibilidade da cumulação:

I – que os pedidos sejam compatíveis entre si;

II – que seja competente para conhecer deles o mesmo juízo;

III – que seja adequado para todos os pedidos o tipo de procedimento.

§ 2º Quando, para cada pedido, corresponder tipo diverso de procedimento, admitir-se-á a cumulação, se o autor empregar o procedimento ordinário.

Art. 293. Os pedidos são interpretados restritivamente, compreendendo-se, entretanto, no principal os juros legais.

→ *V.* Súmula 254 do STF.

→ *V.* Súmula 271 do STJ.

→ *V.* Art. 128 do CPC.

Art. 294. Antes da citação, o autor poderá aditar o pedido, correndo à sua conta as custas acrescidas em razão dessa iniciativa.

→ Artigo com redação alterada pela Lei 8.718/1993.

→ *V.* Art. 264, parágrafo único, do CPC.

Seção III
Do indeferimento da petição inicial

Art. 295. A petição inicial será indeferida:

→ Artigo com redação alterada pela Lei 5.925/1973.

I – quando for inepta;

II – quando a parte for manifestamente ilegítima;

III – quando o autor carecer de interesse processual;

IV – quando o juiz verificar, desde logo, a decadência ou a prescrição (art. 219, § 5º);

V – quando o tipo de procedimento, escolhido pelo autor, não corresponder à natureza da causa, ou ao valor da ação; caso em que só não será indeferida, se puder adaptar-se ao tipo de procedimento legal;

VI – quando não atendidas as prescrições dos arts. 39, parágrafo único, primeira parte, e 284.

Parágrafo único. Considera-se inepta a petição inicial quando:

I – lhe faltar pedido ou causa de pedir;

II – da narração dos fatos não decorrer logicamente a conclusão;

III – o pedido for juridicamente impossível;

IV – contiver pedidos incompatíveis entre si.

Art. 296. Indeferida a petição inicial, o autor poderá apelar, facultado ao juiz, no prazo de 48 (quarenta e oito) horas, reformar sua decisão.

→ Artigo com redação alterada pela Lei 8.952/1994.

→ *V.* Art. 198, VII, do ECA.

Parágrafo único. Não sendo reformada a decisão, os autos serão imediatamente encaminhados ao tribunal competente.

Capítulo II
DA RESPOSTA DO RÉU

Seção I
Das disposições gerais

Art. 297. O réu poderá oferecer, no prazo de 15 (quinze) dias, em petição escrita, dirigida ao juiz da causa, contestação, exceção e reconvenção.

→ *V.* Arts. 62, 70, 77, 261 e 269, II, do CPC.

→ *V.* Arts. 14 a 22 do Decreto 70.235/1972.

Art. 298. Quando forem citados para a ação vários réus, o prazo para responder ser-lhes-á comum, salvo o disposto no art. 191.

Parágrafo único. Se o autor desistir da ação quanto a algum réu ainda não citado, o prazo para a resposta correrá da intimação do despacho que deferir a desistência.

Art. 299. A contestação e a reconvenção serão oferecidas simultaneamente, em peças autônomas; a exceção será processada em apenso aos autos principais.

Seção II
Da contestação

Art. 300. Compete ao réu alegar, na contestação, toda a matéria de defesa, expondo as razões de fato e de direito, com que impugna o pedido do autor e especificando as provas que pretende produzir.

Art. 301. Compete-lhe, porém, antes de discutir o mérito, alegar:

→ *Caput* com redação alterada pela Lei 5.925/1973.

I – inexistência ou nulidade da citação;

→ Inciso I com redação alterada pela Lei 5.925/1973.

→ *V.* Arts. 214, § 1º, 247 e 285-A, do CPC.

II – incompetência absoluta;

→ Inciso II com redação alterada pela Lei 5.925/1973.

→ *V.* Arts. 112 a 114 do CPC.

III – inépcia da petição inicial;

→ Inciso III com redação alterada pela Lei 5.925/1973.

→ *V.* Art. 295, parágrafo único, do CPC.

IV – perempção;

→ Inciso IV com redação alterada pela Lei 5.925/1973.

→ *V.* Art. 268, parágrafo único, do CPC.

V – litispendência;

→ Inciso V com redação alterada pela Lei 5.925/1973.

→ *V.* Arts. 219 e 301, § 1º, do CPC.

VI – coisa julgada;

→ Inciso VI com redação alterada pela Lei 5.925/1973.

→ *V.* Art. 5º, XXXVI, da CF/1988.

→ *V.* Art. 485, IV, do CPC.

VII – conexão;

→ Inciso VII com redação alterada pela Lei 5.925/1973.

→ *V.* Arts. 102 e 103 do CPC.

VIII – incapacidade da parte, defeito de representação ou falta de autorização;

→ Inciso VIII com redação alterada pela Lei 5.925/1973.

→ *V.* Arts. 7º a 12 do CPC.

IX – convenção de arbitragem;

→ Inciso IX com redação alterada pela Lei 9.307/1996.

→ *V.* Art. 3º da Lei 9.307/1996.

X – carência de ação;

→ Inciso X com redação alterada pela Lei 5.925/1973.

XI – falta de caução ou de outra prestação, que a lei exige como preliminar.

→ Inciso XI com redação alterada pela Lei 5.925/1973.

→ *V.* Art. 835 do CPC.

§ 1º Verifica-se a litispendência ou a coisa julgada, quando se reproduz ação anteriormente ajuizada.

→ § 1º com redação alterada pela Lei 5.925/1973.

§ 2º Uma ação é idêntica à outra quando tem as mesmas partes, a mesma causa de pedir e o mesmo pedido.

→ § 2º com redação alterada pela Lei 5.925/1973.

§ 3º Há litispendência, quando se repete ação, que está em curso; há coisa julgada, quando se repete ação que já foi decidida por sentença, de que não caiba recurso.

→ § 3º com redação alterada pela Lei 5.925/1973.

§ 4º Com exceção do compromisso arbitral, o juiz conhecerá de ofício da matéria enumerada neste artigo.

→ § 4º com redação alterada pela Lei 5.925/1973.

→ *v.* Lei 9.307/1996 – Arbitragem.

Art. 302. Cabe também ao réu manifestar-se precisamente sobre os fatos narrados na petição inicial. Presumem-se verdadeiros os fatos não impugnados, salvo:

I – se não for admissível, a seu respeito, a confissão;

II – se a petição inicial não estiver acompanhada do instrumento público que a lei considerar da substância do ato;

III – se estiverem em contradição com a defesa, considerada em seu conjunto.

Parágrafo único. Esta regra, quanto ao ônus da impugnação especificada dos fatos, não se aplica ao advogado dativo, ao curador especial e ao órgão do Ministério Público.

Art. 303. Depois da contestação, só é lícito deduzir novas alegações quando:

I – relativas a direito superveniente;

II – competir ao juiz conhecer delas de ofício;

III – por expressa autorização legal, puderem ser formuladas em qualquer tempo e juízo.

Seção III
Das exceções

Art. 304. É lícito a qualquer das partes arguir, por meio de exceção, a incompetência (art. 112), o impedimento (art. 134) ou a suspeição (art. 135).

Art. 305. Este direito pode ser exercido em qualquer tempo, ou grau de jurisdição, cabendo à parte oferecer exceção, no prazo de 15 (quinze) dias, contado do fato que ocasionou a incompetência, o impedimento ou a suspeição.

Parágrafo único. Na exceção de incompetência (art. 112 desta Lei), a petição pode ser protocolizada no juízo de domicílio do réu, com requerimento de sua imediata remessa ao juízo que determinou a citação.

→ Parágrafo único acrescentado pela Lei 11.280/2006.

Art. 306. Recebida a exceção, o processo ficará suspenso (art. 265, III), até que seja definitivamente julgada.

Subseção I
Da incompetência

Art. 307. O excipiente arguirá a incompetência em petição fundamentada e devidamente instruída, indicando o juízo para o qual declina.

→ *v.* Súmula 33 do STJ.

→ *v.* Art. 265, III, e § 4º, do CPC.

Art. 308. Conclusos os autos, o juiz mandará processar a exceção, ouvindo o excepto dentro em 10 (dez) dias e decidindo em igual prazo.

→ *v.* Art. 162, § 2º, do CPC.

Art. 309. Havendo necessidade de prova testemunhal, o juiz designará audiência de instrução, decidindo dentro de 10 (dez) dias.

→ Artigo com redação alterada pela Lei 5.925/1973.

Art. 310. O juiz indeferirá a petição inicial da exceção, quando manifestamente improcedente.

→ Artigo com redação alterada pela Lei 5.925/1973.

Art. 311. Julgada procedente a exceção, os autos serão remetidos ao juiz competente.

Subseção II
Do impedimento e da suspeição

Art. 312. A parte oferecerá a exceção de impedimento ou de suspeição, especificando o motivo da recusa (arts. 134 e 135). A petição, dirigida ao juiz da causa, poderá ser instruída com documentos em que o excipiente fundar a alegação e conterá o rol de testemunhas.

→ *v.* Arts. 134, 135 e 485, II, do CPC.

Art. 313. Despachando a petição, o juiz, se reconhecer o impedimento ou a suspeição, ordenará a remessa dos autos ao seu substituto legal; em caso contrário, dentro de 10 (dez) dias, dará as suas razões, acompanhadas de documentos e de rol de testemunhas, se houver, ordenando a remessa dos autos ao tribunal.

→ *v.* Art. 414, § 1º, do CPC.

Art. 314. Verificando que a exceção não tem fundamento legal, o tribunal determinará o seu arquivamento; no caso contrário, condenará o juiz nas custas, mandando remeter os autos ao seu substituto legal.

Seção IV
Da reconvenção

Art. 315. O réu pode reconvir ao autor no mesmo processo, toda vez que a reconvenção seja conexa com a ação principal ou com o fundamento da defesa.

→ *v.* Súmula 258 do STF.

→ *v.* Súmula 292 do STJ.

→ *v.* Arts. 109, 297 e 299 do CPC.

→ *v.* Art. 31 da Lei 9.099/1995.

→ *v.* Art. 36 da Lei 6.515/1977.

Parágrafo único. Não pode o réu, em seu próprio nome, reconvir ao autor, quando este demandar em nome de outrem.

→ Anterior § 1º renumerado para parágrafo único pela Lei 9.245/1995.

→ *v.* Art. 6º do CPC.

§ 2º *(Revogado pela Lei 9.245/1995).*

Art. 316. Oferecida a reconvenção, o autor reconvindo será intimado, na pessoa do seu procurador, para contestá-la no prazo de 15 (quinze) dias.

→ *v.* Arts. 188 e 191 do CPC.

Art. 317. A desistência da ação, ou a existência de qualquer causa que a extinga, não obsta ao prosseguimento da reconvenção.

→ *v.* Art. 267, § 4º, do CPC.

Art. 318. Julgar-se-ão na mesma sentença a ação e a reconvenção.

Capítulo III
DA REVELIA

Art. 319. Se o réu não contestar a ação, reputar-se-ão verdadeiros os fatos afirmados pelo autor.

→ *v.* Arts. 277, § 2º, e 330, II, do CPC.

Art. 320. A revelia não induz, contudo, o efeito mencionado no artigo antecedente:

→ *v.* Art. 334, IV, do CPC.

I – se, havendo pluralidade de réus, algum deles contestar a ação;

II – se o litígio versar sobre direitos indisponíveis;

→ *v.* Art. 351 do CPC.

III – se a petição inicial não estiver acompanhada do instrumento público, que a lei considere indispensável à prova do ato.

→ *v.* Arts. 283 e 284 do CPC.

Art. 321. Ainda que ocorra revelia, o autor não poderá alterar o pedido, ou a causa de pedir, nem demandar declaração incidente, salvo promovendo nova citação do réu, a quem será assegurado o direito de responder no prazo de 15 (quinze) dias.

Art. 322. Contra o revel que não tenha patrono nos autos, correrão os prazos independentemente de intimação, a partir da publicação de cada ato decisório.

→ Artigo com redação alterada pela Lei 11.280/2006.

Parágrafo único. O revel poderá intervir no processo em qualquer fase, recebendo-o no estado em que se encontrar.

→ *v.* Súmula 231 do STF.

Capítulo IV
DAS PROVIDÊNCIAS PRELIMINARES

Art. 323. Findo o prazo para a resposta do réu, o escrivão fará a conclusão dos autos. O juiz, no prazo de 10 (dez) dias, determinará, conforme o caso, as providências preliminares, que constam das seções deste Capítulo.

Seção I
Do efeito da revelia

Art. 324. Se o réu não contestar a ação, o juiz, verificando que não ocorreu o efeito da revelia, mandará que o autor especifique as provas que pretenda produzir na audiência.

→ Artigo com redação alterada pela Lei 5.925/1973.

Seção II
Da declaração incidente

Art. 325. Contestando o réu o direito que constitui fundamento do pedido, o autor poderá requerer, no prazo de 10 (dez) dias, que sobre ele o juiz profira sentença incidente, se da declaração da existência ou da inexistência do direito depender, no todo ou em parte, o julgamento da lide (art. 5º).

→ *v.* Art. 470 do CPC.

Seção III
Dos fatos impeditivos, modificativos ou extintivos do pedido

Art. 326. Se o réu, reconhecendo o fato em que se fundou a ação, outro lhe opuser impeditivo, modificativo ou extintivo do direito do autor, este será ouvido no prazo de 10 (dez) dias, facultando-lhe o juiz a produção de prova documental.

→ *v.* Súmula 237 do STF.

→ *v.* Arts. 476, 477 e 741, IV, do CC/2002.

Seção IV
Das alegações do réu

Art. 327. Se o réu alegar qualquer das matérias enumeradas no art. 301, o juiz mandará ouvir o autor no prazo de 10 (dez) dias, permitindo-lhe a produção de prova documental. Verificando a existência de irregularidades ou de nulidades sanáveis, o juiz mandará supri-las, fixando à parte prazo nunca superior a 30 (trinta) dias.

→ *v.* Arts. 243 a 250 do CPC.

Art. 328. Cumpridas as providências preliminares, ou não havendo necessidade delas, o juiz proferirá julgamento conforme o estado do processo, observando o que dispõe o capítulo seguinte.

Capítulo V
DO JULGAMENTO CONFORME O ESTADO DO PROCESSO

Seção I
Da extinção do processo

Art. 329. Ocorrendo qualquer das hipóteses previstas nos arts. 267 e 269, ns. II a V, o juiz declarará extinto o processo.

Seção II
Do julgamento antecipado da lide

Art. 330. O juiz conhecerá diretamente do pedido, proferindo sentença:

→ Artigo redação alterada pela Lei 5.925/1973.

→ *v.* Arts. 267 e 269, II, III e V, do CPC.

I – quando a questão de mérito for unicamente de direito, ou, sendo de direito e de fato, não houver necessidade de produzir prova em audiência;

→ *v.* Art. 334 do CPC.

II – quando ocorrer a revelia (art. 319).

Seção III
Da audiência preliminar

→ Rubrica com redação alterada pela Lei 10.444/2002.

Art. 331. Se não ocorrer qualquer das hipóteses previstas nas seções precedentes, e versar a causa sobre direitos que admitam transação, o juiz designará audiência preliminar, a realizar-se no prazo de 30 (trinta) dias, para a qual serão as partes intimadas a comparecer, podendo fazer-se representar por procurador ou preposto, com poderes para transigir.

→ *Caput* com redação alterada pela Lei 10.444/2002.

→ *v.* Súmula 424 do STF.

→ *v.* Art. 93, IX, da CF/1988.

§ 1º Obtida a conciliação, será reduzida a termo e homologada por sentença.

→ § 1º acrescentado pela Lei 8.952/1994.

§ 2º Se, por qualquer motivo, não for obtida a conciliação, o juiz fixará os pontos controvertidos, decidirá as questões processuais pendentes e determinará as provas a serem produzidas, designando audiência de instrução e julgamento, se necessário.

→ § 2º acrescentado pela Lei 8.952/1994.

→ *v.* Arts. 145 a 147, 342 e 343, 407, 420 a 437 e 444 do CPC.

§ 3º Se o direito em litígio não admitir transação, ou se as circunstâncias da causa evidenciarem ser improvável sua obtenção, o juiz poderá, desde logo, sanear o processo e ordenar a produção da prova, nos termos do § 2º.

→ § 3º acrescentado pela Lei 10.444/2002.

Capítulo VI
DAS PROVAS

Seção I
Das disposições gerais

Art. 332. Todos os meios legais, bem como os moralmente legítimos, ainda que não especificados neste Código, são hábeis para provar a verdade dos fatos, em que se funda a ação ou a defesa.

→ *v.* Súmula 301 do STJ.

→ *v.* Art. 5º, LVI, da CF/1988.

Art. 333. O ônus da prova incumbe:

→ *v.* Arts. 130, 300, 331, § 1º, e 1.107 do CPC.

→ *v.* Arts. 38 e 51, VI, do CDC.

I – ao autor, quanto ao fato constitutivo do seu direito;

→ *v.* Art. 389 do CPC.

II – ao réu, quanto à existência de fato impeditivo, modificativo ou extintivo do direito do autor.

→ *v.* Art. 297 do CPC.

Parágrafo único. É nula a convenção que distribui de maneira diversa o ônus da prova quando:

I – recair sobre direito indisponível da parte;

→ *v.* Art. 841 do CC/2002.

II – tornar excessivamente difícil a uma parte o exercício do direito.

Art. 334. Não dependem de prova os fatos:

I – notórios;

II – afirmados por uma parte e confessados pela parte contrária;

→ *v.* Arts. 348 a 350 do CPC.

III – admitidos, no processo, como incontroversos;

→ *v.* Art. 302, *caput*, do CPC.

IV – em cujo favor milita presunção legal de existência ou de veracidade.

→ *v.* Art. 319 do CPC.

Art. 335. Em falta de normas jurídicas particulares, o juiz aplicará as regras de experiência comum subministradas pela observação do que ordinariamente acontece e ainda as regras de experiência técnica, ressalvado, quanto a esta, o exame pericial.

→ *v.* Art. 126 do CPC.

Art. 336. Salvo disposição especial em contrário, as provas devem ser produzidas em audiência.

→ v. Arts. 282, VI, 300, 410 e 452 do CPC.

Parágrafo único. Quando a parte, ou a testemunha, por enfermidade, ou por outro motivo relevante, estiver impossibilitada de comparecer à audiência, mas não de prestar depoimento, o juiz designará, conforme as circunstâncias, dia, hora e lugar para inquiri-la.

→ *v.* Arts. 442 e 443 do CPC.

Art. 337. A parte, que alegar direito municipal, estadual, estrangeiro ou consuetudinário, provar-lhe-á o teor e a vigência, se assim o determinar o juiz.

→ *v.* Art. 14 da LINDB.

Art. 338. A carta precatória e a carta rogatória suspenderão o processo, no caso previsto na alínea *b* do inciso IV do art. 265 desta Lei, quando, tendo sido requeridas antes da decisão de saneamento, a prova nelas solicitada apresentar-se imprescindível.

→ *Caput* com redação alterada pela Lei 11.280/2006.

→ *v.* Arts. 265, IV, *b*, e 331, § 3º, do CPC.

Parágrafo único. A carta precatória e a carta rogatória, não devolvidas dentro do prazo ou concedidas sem efeito suspensivo, poderão ser juntas aos autos até o julgamento final.

→ *v.* Art. 265, § 5º, do CPC.

Art. 339. Ninguém se exime do dever de colaborar com o Poder Judiciário para o descobrimento da verdade.

→ *v.* Art. 1.066, § 4º, do CPC.

Art. 340. Além dos deveres enumerados no art. 14, compete à parte:

I – comparecer em juízo, respondendo ao que lhe for interrogado;

→ *v.* Art. 14 do CPC.

II – submeter-se à inspeção judicial, que for julgada necessária;

→ *v.* Arts. 440 a 443 do CPC.

III – praticar o ato que lhe for determinado.

→ *v.* Art. 5º, II, da CF/1988.

→ *v.* Arts. 125, 130 e 363 do CPC.

Art. 341. Compete ao terceiro, em relação a qualquer pleito:

I – informar ao juiz os fatos e as circunstâncias, de que tenha conhecimento;

II – exibir coisa ou documento, que esteja em seu poder.

→ *v.* Arts. 355 a 363 do CPC.

Seção II
Do depoimento pessoal

Art. 342. O juiz pode, de ofício, em qualquer estado do processo, determinar o comparecimento pessoal das partes, a fim de interrogá-las sobre os fatos da causa.

→ *v.* Súmula 74 do TST.

→ *v.* Art. 847 do CPC.

Art. 343. Quando o juiz não o determinar de ofício, compete a cada parte requerer o depoimento pessoal da outra, a fim de interrogá-la na audiência de instrução e julgamento.

→ *v.* Art. 661 do CC/2002.

§ 1º A parte será intimada pessoalmente, constando do mandado que se presumirão confessados os fatos contra ela alegados, caso não compareça ou, comparecendo, se recuse a depor.

§ 2º Se a parte intimada não comparecer, ou comparecendo, se recusar a depor, o juiz lhe aplicará a pena de confissão.

→ *v.* Arts. 18, § 1º, e 51, I, da Lei 9.099/1995.

Art. 344. A parte será interrogada na forma prescrita para a inquirição de testemunhas.

→ *v.* Art. 413 do CPC.

Parágrafo único. É defeso, a quem ainda não depôs, assistir ao interrogatório da outra parte.

Art. 345. Quando a parte, sem motivo justificado, deixar de responder ao que lhe for perguntado, ou empregar evasivas, o juiz, apreciando as demais circunstâncias e elementos de prova, declarará, na sentença, se houve recusa de depor.

Art. 346. A parte responderá pessoalmente sobre os fatos articulados, não podendo servir-se de escritos adrede preparados; o juiz lhe permitirá, todavia, a consulta a notas breves, desde que objetivem completar esclarecimentos.

→ *v.* Art. 151, II e III, do CPC.

Art. 347. A parte não é obrigada a depor de fatos:

→ *v.* Art. 229 do CC/2002.

I – criminosos ou torpes, que lhe forem imputados;

II – a cujo respeito, por estado ou profissão, deva guardar sigilo.

Parágrafo único. Esta disposição não se aplica às ações de filiação, de desquite e de anulação de casamento.

Seção III
Da confissão

Art. 348. Há confissão, quando a parte admite a verdade de um fato, contrário ao seu interesse e favorável ao adversário. A confissão é judicial ou extrajudicial.

→ *v.* Arts. 167, § 1º, 212, I, e 269, II, do CC/2002.

Art. 349. A confissão judicial pode ser espontânea ou provocada. Da confissão espontânea, tanto que requerida pela parte, se lavrará o respectivo termo nos autos; a confissão provocada constará do depoimento pessoal prestado pela parte.

Parágrafo único. A confissão espontânea pode ser feita pela própria parte, ou por mandatário com poderes especiais.

Art. 350. A confissão judicial faz prova contra o confitente, não prejudicando, todavia, os litisconsortes.

→ v. Arts. 48, 53, 58 e 75, III, do CPC.

Parágrafo único. Nas ações que versarem sobre bens imóveis ou direitos sobre imóveis alheios, a confissão de um cônjuge não valerá sem a do outro.

→ v. Art. 1.647, I, do CC/2002.

Art. 351. Não vale como confissão a admissão, em juízo, de fatos relativos a direitos indisponíveis.

→ v. Arts. 213 e 1.602 do CC/2002.

Art. 352. A confissão, quando emanar de erro, dolo ou coação, pode ser revogada:

→ v. Art. 214 do CC/2002.

I – por ação anulatória, se pendente o processo em que foi feita;

→ v. Arts. 166 a 184 do CC/2002.

II – por ação rescisória, depois de transitada em julgado a sentença, da qual constituir o único fundamento.

→ v. Art. 485, VIII, do CPC.

Parágrafo único. Cabe ao confitente o direito de propor a ação, nos casos de que trata este artigo; mas, uma vez iniciada, passa aos seus herdeiros.

Art. 353. A confissão extrajudicial, feita por escrito à parte ou a quem a represente, tem a mesma eficácia probatória da judicial; feita a terceiro, ou contida em testamento, será livremente apreciada pelo juiz.

Parágrafo único. Todavia, quando feita verbalmente, só terá eficácia nos casos em que a lei não exija prova literal.

→ v. Arts. 104 e 107 do CC/2002.

Art. 354. A confissão é, de regra, indivisível, não podendo a parte, que a quiser invocar como prova, aceitá-la no tópico que a beneficiar e rejeitá-la no que lhe for desfavorável. Cindir-se-á, todavia, quando o confitente lhe aduzir fatos novos, suscetíveis de constituir fundamento de defesa de direito material ou de reconvenção.

Seção IV
Da exibição de documento ou coisa

Art. 355. O juiz pode ordenar que a parte exiba documento ou coisa, que se ache em seu poder.

→ v. Súmulas 260 e 390 do STF.

→ v. Arts. 341, II, 844 e 855 do CPC.

→ v. Art. 1.191 do CC/202.

Art. 356. O pedido formulado pela parte conterá:

→ v. Art. 273, § 7º, do CPC.

I – a individuação, tão completa quanto possível, do documento ou da coisa;

II – a finalidade da prova, indicando os fatos que se relacionam com o documento ou a coisa;

III – as circunstâncias em que se funda o requerente para afirmar que o documento ou a coisa existe e se acha em poder da parte contrária.

Art. 357. O requerido dará a sua resposta nos 5 (cinco) dias subsequentes à sua intimação. Se afirmar que não possui o documento ou a coisa, o juiz permitirá que o requerente prove, por qualquer meio, que a declaração não corresponde à verdade.

Art. 358. O juiz não admitirá a recusa:

I – se o requerido tiver obrigação legal de exibir;

→ v. Art. 5º, II, da CF/1988.

→ v. Art. 195 do CTN.

II – se o requerido aludiu ao documento ou à coisa no processo, com o intuito de constituir prova;

III – se o documento, por seu conteúdo, for comum às partes.

Art. 359. Ao decidir o pedido, o juiz admitirá como verdadeiros os fatos que, por meio do documento ou da coisa, a parte pretendia provar:

I – se o requerido não efetuar a exibição, nem fizer qualquer declaração no prazo do art. 357;

II – se a recusa for havida por ilegítima.

Art. 360. Quando o documento ou a coisa estiver em poder de terceiro, o juiz mandará citá-lo para responder no prazo de 10 (dez) dias.

Art. 361. Se o terceiro negar a obrigação de exibir, ou a posse do documento ou da coisa, o juiz designará audiência especial, tomando-lhe o depoimento, bem como o das partes e, se necessário, de testemunhas; em seguida proferirá a sentença.

Art. 362. Se o terceiro, sem justo motivo, se recusar a efetuar a exibição, o juiz lhe ordenará que proceda ao respectivo depósito em cartório ou noutro lugar designado, no prazo de 5 (cinco) dias, impondo ao requerente que o embolse das despesas que tiver; se o terceiro descumprir a ordem, o juiz expedirá mandado de apreensão, requisitando, se necessário, força policial, tudo sem prejuízo da responsabilidade por crime de desobediência.

→ v. Súmula 372 do STJ.

Art. 363. A parte e o terceiro se escusam de exibir, em juízo, o documento ou a coisa:

→ Artigo com redação alterada pela Lei 5.925/1973 – Retifica dispositivos do CPC.

→ v. Art. 359 do CPC.

I – se concernente a negócios da própria vida da família;

II – se a sua apresentação puder violar dever de honra;

III – se a publicidade do documento redundar em desonra à parte ou ao terceiro, bem como a seus parentes consanguíneos ou afins até o terceiro grau; ou lhes representar perigo de ação penal;

IV – se a exibição acarretar a divulgação de fatos, a cujo respeito, por estado ou profissão, devam guardar segredo;

→ v. Art. 5º, XIV, da CF/1988.

→ v. Art. 34, VII, da Lei 8.906/1994.

V – se subsistirem outros motivos graves que, segundo o prudente arbítrio do juiz, justifiquem a recusa da exibição.

Parágrafo único. Se os motivos de que tratam os ns. I a V disserem respeito só a uma parte do conteúdo do documento, da outra se extrairá uma suma para ser apresentada em juízo.

Seção V
Da prova documental

Subseção I
Da força probante dos documentos

Art. 364. O documento público faz prova não só da sua formação, mas também dos fatos que o escrivão, o tabelião, ou o funcionário declarar que ocorreram em sua presença.

Art. 365. Fazem a mesma prova que os originais:

I – as certidões textuais de qualquer peça dos autos, do protocolo das audiências, ou de outro livro a cargo do escrivão, sendo extraídas por ele ou sob sua vigilância e por ele subscritas;

II – os traslados e as certidões extraídas por oficial público, de instrumentos ou documentos lançados em suas notas;

III – as reproduções dos documentos públicos, desde que autenticadas por oficial público ou conferidas em cartório, com os respectivos originais.

IV – as cópias reprográficas de peças do próprio processo judicial declaradas autênticas pelo próprio advogado sob sua responsabilidade pessoal, se não lhes for impugnada a autenticidade.

→ Inciso IV acrescentado pela Lei 11.382/2006.

V – os extratos digitais de bancos de dados, públicos e privados, desde que atestado pelo seu emitente, sob as penas da lei, que as informações conferem com o que consta na origem;

→ Inciso V acrescentado pela Lei 11.419/2006.

VI – as reproduções digitalizadas de qualquer documento, público ou particular, quando juntados aos autos pelos órgãos da Justiça e seus auxiliares, pelo Ministério Público e seus auxiliares, pelas procuradorias, pelas repartições públicas em geral e por advogados públicos ou privados, ressalvada a alegação motivada e fundamentada de adulteração antes ou durante o processo de digitalização.

→ Inciso VI acrescentado pela Lei 11.419/2006.

§ 1º Os originais dos documentos digitalizados, mencionados no inciso VI do *caput* deste artigo, deverão ser preservados pelo seu detentor até o final do prazo para interposição de ação rescisória.

→ § 1º acrescentado pela Lei 11.419/2006.

§ 2º Tratando-se de cópia digital de título executivo extrajudicial ou outro documento relevante à instrução do processo, o juiz poderá determinar o seu depósito em cartório ou secretaria.

→ § 2º acrescentado pela Lei 11.419/2006.

Art. 366. Quando a lei exigir, como da substância do ato, o instrumento público, nenhuma outra prova, por mais especial que seja, pode suprir-lhe a falta.

→ v. Arts 167 e 228 da Lei 6.015/1973.

Art. 367. O documento, feito por oficial público incompetente, ou sem a observância das formalidades legais, sendo subscrito pelas partes, tem a mesma eficácia probatória do documento particular.

Art. 368. As declarações constantes do documento particular, escrito e assinado, ou somente assinado, presumem-se verdadeiras em relação ao signatário.

Parágrafo único. Quando, todavia, contiver declaração de ciência, relativa a determinado fato, o documento particular prova a declaração, mas não o fato declarado, competindo ao interessado em sua veracidade o ônus de provar o fato.

Art. 369. Reputa-se autêntico o documento, quando o tabelião reconhecer a firma do signatário, declarando que foi aposta em sua presença.

→ *V.* Súmula 132 do STJ.

Art. 370. A data do documento particular, quando a seu respeito surgir dúvida ou impugnação entre os litigantes, provar-se-á por todos os meios de direito. Mas, em relação a terceiros, considerar-se-á datado o documento particular:

→ *V.* Art. 221 do CC/2002.

→ *V.* Art. 219 da Lei 6.015/1973.

I – no dia em que foi registrado;

II – desde a morte de algum dos signatários;

III – a partir da impossibilidade física, que sobreveio a qualquer dos signatários;

IV – da sua apresentação em repartição pública ou em juízo;

V – do ato ou fato que estabeleça, de modo certo, a anterioridade da formação do documento.

Art. 371. Reputa-se autor do documento particular:

I – aquele que o fez e o assinou;

II – aquele, por conta de quem foi feito, estando assinado;

III – aquele que, mandando compô-lo, não o firmou, porque, conforme a experiência comum, não se costuma assinar, como livros comerciais e assentos domésticos.

Art. 372. Compete à parte, contra quem foi produzido documento particular, alegar, no prazo estabelecido no art. 390, se lhe admite ou não a autenticidade da assinatura e a veracidade do contexto; presumindo-se, com o silêncio, que o tem por verdadeiro.

Parágrafo único. Cessa, todavia, a eficácia da admissão expressa ou tácita, se o documento houver sido obtido por erro, dolo ou coação.

→ *V.* Art. 171, II, do CC/2002.

Art. 373. Ressalvado o disposto no parágrafo único do artigo anterior, o documento particular, de cuja autenticidade se não duvida, prova que o seu autor fez a declaração, que lhe é atribuída.

Parágrafo único. O documento particular, admitido expressa ou tacitamente, é indivisível, sendo defeso à parte, que pretende utilizar-se dele, aceitar os fatos que lhe são favoráveis e recusar os que são contrários ao seu interesse, salvo se provar que estes se não verificaram.

Art. 374. O telegrama, o radiograma ou qualquer outro meio de transmissão tem a mesma força probatória do documento particular, se o original constante da estação expedidora foi assinado pelo remetente.

Parágrafo único. A firma do remetente poderá ser reconhecida pelo tabelião, declarando-se essa circunstância no original depositado na estação expedidora.

Art. 375. O telegrama ou o radiograma presume-se conforme com o original, provando a data de sua expedição e do recebimento pelo destinatário.

→ Artigo com redação alterada pela Lei 5.925/1973.

Art. 376. As cartas, bem como os registros domésticos, provam contra quem os escreveu quando:

I – enunciam o recebimento de um crédito;

II – contêm anotação, que visa a suprir a falta de título em favor de quem é apontado como credor;

III – expressam conhecimento de fatos para os quais não se exija determinada prova.

Art. 377. A nota escrita pelo credor em qualquer parte de documento representativo de obrigação, ainda que não assinada, faz prova em benefício do devedor.

→ *V.* Art. 112 do CC/2002.

Parágrafo único. Aplica-se esta regra tanto para o documento, que o credor conservar em seu poder, como para aquele que se achar em poder do devedor.

Art. 378. Os livros comerciais provam contra o seu autor. É lícito ao comerciante, todavia, demonstrar, por todos os meios permitidos em direito, que os lançamentos não correspondem à verdade dos fatos.

Art. 379. Os livros comerciais, que preencham os requisitos exigidos por lei, provam também a favor do seu autor no litígio entre comerciantes.

Art. 380. A escrituração contábil é indivisível; se dos fatos que resultam dos lançamentos, uns são favoráveis ao interesse de seu autor e outros lhe são contrários, ambos serão considerados em conjunto como unidade.

Art. 381. O juiz pode ordenar, a requerimento da parte, a exibição integral dos livros comerciais e dos documentos do arquivo:

→ *V.* Art. 148 do CTN.

→ *V.* Art. 1º, I, da Lei 8.137/1990.

→ *V.* Art. 105 da Lei 6.404/1976.

I – na liquidação de sociedade;

II – na sucessão por morte de sócio;

III – quando e como determinar a lei.

Art. 382. O juiz pode, de ofício, ordenar à parte a exibição parcial dos livros e documentos, extraindo-se deles a suma que interessar ao litígio, bem como reproduções autenticadas.

→ *V.* Súmula 260 do STF.

Art. 383. Qualquer reprodução mecânica, como a fotográfica, cinematográfica, fonográfica ou de outra espécie, faz prova dos fatos ou das coisas representadas, se aquele contra quem foi produzida lhe admitir a conformidade.

→ *V.* Lei 5.433/1968 – Regula a microfilmagem de documentos oficiais.

Parágrafo único. Impugnada a autenticidade da reprodução mecânica, o juiz ordenará a realização de exame pericial.

Art. 384. As reproduções fotográficas ou obtidas por outros processos de repetição, dos documentos particulares, valem como certidões, sempre que o escrivão portar por fé a sua conformidade com o original.

Art. 385. A cópia de documento particular tem o mesmo valor probante que o original, cabendo ao escrivão, intimadas as partes, proceder à conferência e certificar a conformidade entre a cópia e o original.

§ 1º Quando se tratar de fotografia, esta terá de ser acompanhada do respectivo negativo.

§ 2º Se a prova for uma fotografia publicada em jornal, exigir-se-ão o original e o negativo.

Art. 386. O juiz apreciará livremente a fé que deva merecer o documento, quando em ponto substancial e sem ressalva contiver entrelinha, emenda, borrão ou cancelamento.

Art. 387. Cessa a fé do documento, público ou particular, sendo-lhe declarada judicialmente a falsidade.

Parágrafo único. A falsidade consiste:

I – em formar documento não verdadeiro;

II – em alterar documento verdadeiro.

Art. 388. Cessa a fé do documento particular quando:

I – lhe for contestada a assinatura e enquanto não se lhe comprovar a veracidade;

II – assinado em branco, for abusivamente preenchido.

Parágrafo único. Dar-se-á abuso quando aquele, que recebeu documento assinado, com texto não escrito no todo ou em parte, o formar ou o completar, por si ou por meio de outrem, violando o pacto feito com o signatário.

Art. 389. Incumbe o ônus da prova quando:

I – se tratar de falsidade de documento, à parte que a arguir;

II – se tratar de contestação de assinatura, à parte que produziu o documento.

Subseção II
Da arguição de falsidade

Art. 390. O incidente de falsidade tem lugar em qualquer tempo e grau de jurisdição, incumbindo à parte, contra quem foi produzido o documento, suscitá-lo na contestação ou no prazo de 10 (dez) dias, contados da intimação da sua juntada aos autos.

→ *V.* Art. 171, II, do CC/2002.

Art. 391. Quando o documento for oferecido antes de encerrada a instrução, a parte o arguirá de falso, em petição dirigida ao juiz da causa, expondo os motivos em que funda a sua pretensão e os meios com que provará o alegado.

Art. 392. Intimada a parte, que produziu o documento, a responder no prazo de 10 (dez) dias, o juiz ordenará o exame pericial.

Parágrafo único. Não se procederá ao exame pericial, se a parte, que produziu o documento, concordar em retirá-lo e a parte contrária não se opuser ao desentranhamento.

Art. 393. Depois de encerrada a instrução, o incidente de falsidade correrá em apenso aos autos principais; no tribunal processar-se-á perante o relator, observando-se o disposto no artigo antecedente.

Art. 394. Logo que for suscitado o incidente de falsidade, o juiz suspenderá o processo principal.

Art. 395. A sentença, que resolver o incidente, declarará a falsidade ou autenticidade do documento.

Subseção III
Da produção da prova documental

→ *V.* Arts. 283, 297, 327, 396 e 397 do CPC.

→ *V.* Lei 11.419/2006 – Informatização do processo judicial.

Art. 396. Compete à parte instruir a petição inicial (art. 283), ou a resposta (art. 297), com os documentos destinados a provar-lhe as alegações.

→ v. Art. 157 do CPC.

Art. 397. É lícito às partes, em qualquer tempo, juntar aos autos documentos novos, quando destinados a fazer prova de fatos ocorridos depois dos articulados, ou para contrapô-los aos que foram produzidos nos autos.

Art. 398. Sempre que uma das partes requerer a juntada de documento aos autos, o juiz ouvirá, a seu respeito, a outra, no prazo de 5 (cinco) dias.

Art. 399. O juiz requisitará às repartições públicas em qualquer tempo ou grau de jurisdição:

I – as certidões necessárias à prova das alegações das partes;

→ v. Art. 5º, XXXIV, *b*, da CF/1988.

II – os procedimentos administrativos nas causas em que forem interessados a União, o Estado, o Município, ou as respectivas entidades da administração indireta.

→ v. Decreto 70.235/2972 – Dispõe sobre o processo administrativo fiscal.

§ 1º Recebidos os autos, o juiz mandará extrair, no prazo máximo e improrrogável de 30 (trinta) dias, certidões ou reproduções fotográficas das peças indicadas pelas partes ou de ofício; findo o prazo, devolverá os autos à repartição de origem.

→ Anterior parágrafo único renumerado para § 1º pela Lei 11.419/2006.

§ 2º As repartições públicas poderão fornecer todos os documentos em meio eletrônico conforme disposto em lei, certificando, pelo mesmo meio, que se trata de extrato fiel do que consta em seu banco de dados ou do documento digitalizado.

→ § 2º acrescentado pela Lei 11.419/2006.

Seção VI
Da prova testemunhal

Subseção I
Da admissibilidade e do valor da prova testemunhal

Art. 400. A prova testemunhal é sempre admissível, não dispondo a lei de modo diverso. O juiz indeferirá a inquirição de testemunhas sobre fatos:

I – já provados por documento ou confissão da parte;

II – que só por documento ou por exame pericial puderem ser provados.

Art. 401. A prova exclusivamente testemunhal só se admite nos contratos cujo valor não exceda o décuplo do maior salário mínimo vigente no país, ao tempo em que foram celebrados.

→ v. Art. 227 do CC/2002.

Art. 402. Qualquer que seja o valor do contrato, é admissível a prova testemunhal, quando:

I – houver começo de prova por escrito, reputando-se tal o documento emanado da parte contra quem se pretende utilizar o documento como prova;

II – o credor não pode ou não podia, moral ou materialmente, obter a prova escrita da obrigação, em casos como o de parentesco, depósito necessário ou hospedagem em hotel.

Art. 403. As normas estabelecidas nos dois artigos antecedentes aplicam-se ao pagamento e à remissão da dívida.

Art. 404. É lícito à parte inocente provar com testemunhas:

I – nos contratos simulados, a divergência entre a vontade real e a vontade declarada;

II – nos contratos em geral, os vícios do consentimento.

→ v. Arts. 138 a 155, 166, VII, e 167 do CC/2002.

Art. 405. Podem depor como testemunhas todas as pessoas, exceto as incapazes, impedidas ou suspeitas.

→ Artigo com redação alterada pela Lei 5.925/1973.

§ 1º São incapazes:

I – o interdito por demência;

II – o que, acometido por enfermidade, ou debilidade mental, ao tempo em que ocorreram os fatos, não podia discerni-los; ou, ao tempo em que deve depor, não está habilitado a transmitir as percepções;

→ v. Art. 3º do CC/2002.

III – o menor de 16 (dezesseis) anos;

IV – o cego e o surdo, quando a ciência do fato depender dos sentidos que lhes faltam.

→ v. Art. 151, III, do CPC.

§ 2º São impedidos:

I – o cônjuge, bem como o ascendente e o descendente em qualquer grau, ou colateral, até o terceiro grau, de alguma das partes por consanguinidade ou afinidade, salvo se o exigir o interesse público, ou, tratando-se de causa relativa ao estado da pessoa, não se puder obter de outro modo a prova, que o juiz repute necessária ao julgamento do mérito;

II – o que é parte na causa;

III – o que intervém em nome de uma parte, como o tutor na causa do menor, o representante legal da pessoa jurídica, o juiz, o advogado e outros, que assistam ou tenham assistido as partes.

§ 3º São suspeitos:

→ v. Art. 414, § 1º, do CPC

I – o condenado por crime de falso testemunho, havendo transitado em julgado a sentença;

II – o que, por seus costumes, não for digno de fé;

III – o inimigo capital da parte, ou seu amigo íntimo;

IV – o que tiver interesse no litígio.

→ v. Art. 414, *caput*, do CPC.

§ 4º Sendo estritamente necessário, o juiz ouvirá testemunhas impedidas ou suspeitas; mas os seus depoimentos serão prestados independentemente de compromisso (art. 415) e o juiz lhes atribuirá o valor que possam merecer.

Art. 406. A testemunha não é obrigada a depor de fatos:

→ v. Art. 229 do CC/2002.

I – que lhe acarretem grave dano, bem como ao seu cônjuge e aos seus parentes consanguíneos ou afins, em linha reta, ou na colateral em segundo grau;

II – a cujo respeito, por estado ou profissão, deva guardar sigilo.

Subseção II
Da produção da prova testemunhal

Art. 407. Incumbe às partes, no prazo que o juiz fixará ao designar a data da audiência, depositar em cartório o rol de testemunhas, precisando-lhes o nome, profissão, residência e o local de trabalho; omitindo-se o juiz, o rol será apresentado até 10 (dez) dias antes da audiência.

→ *Caput* com redação alterada pela Lei 10.358/2001.

Parágrafo único. É lícito a cada parte oferecer, no máximo, dez testemunhas; quando qualquer das partes oferecer mais de três testemunhas para a prova de cada fato, o juiz poderá dispensar as restantes.

Art. 408. Depois de apresentado o rol, de que trata o artigo antecedente, a parte só pode substituir a testemunha:

I – que falecer;

II – que, por enfermidade, não estiver em condições de depor;

III – que, tendo mudado de residência, não for encontrada pelo oficial de justiça.

Art. 409. Quando for arrolado como testemunha o juiz da causa, este:

I – declarar-se-á impedido, se tiver conhecimento de fatos, que possam influir na decisão; caso em que será defeso à parte, que o incluiu no rol, desistir de seu depoimento;

II – se nada souber, mandará excluir o seu nome.

Art. 410. As testemunhas depõem, na audiência de instrução, perante o juiz da causa, exceto:

I – as que prestam depoimento antecipadamente;

II – as que são inquiridas por carta;

III – as que, por doença, ou outro motivo relevante, estão impossibilitadas de comparecer em juízo (art. 336, parágrafo único);

IV – as designadas no artigo seguinte.

Art. 411. São inquiridos em sua residência, ou onde exercem a sua função:

I – o Presidente e o Vice-Presidente da República;

II – o Presidente do Senado e o da Câmara dos Deputados;

III – os Ministros de Estado;

IV – os ministros do Supremo Tribunal Federal, do Superior Tribunal de Justiça, do Superior Tribunal Militar, do Tribunal Superior Eleitoral, do Tribunal Superior do Trabalho e do Tribunal de Contas da União;

→ Inciso IV com redação alterada pela Lei 11.382/2006.

V – o Procurador-Geral da República;

VI – os Senadores e Deputados Federais;

VII – os Governadores dos Estados, dos Territórios e do Distrito Federal;

VIII – os Deputados Estaduais;

IX – os Desembargadores dos Tribunais de Justiça, os juízes dos Tribunais de Alçada, os juízes dos Tribunais Regionais do Trabalho e dos Tribunais Regionais Eleitorais e os Conselheiros dos Tribunais de Contas dos Estados e do Distrito Federal;

→ v. Art. 33, I, da LC 35/1979.

→ v. Art. 40, I, Lei 8.625/1993.

X – o embaixador de país que, por lei ou tratado, concede idêntica prerrogativa ao agente diplomático do Brasil.

Parágrafo único. O juiz solicitará à autoridade que designe dia, hora e local a fim de ser inquirida, remetendo-lhe cópia da petição inicial ou da defesa oferecida pela parte, que a arrolou como testemunha.

Art. 412. A testemunha é intimada a comparecer à audiência, constando do mandado dia, hora e local, bem como os nomes das partes e a natureza da causa. Se a testemunha deixar de comparecer, sem motivo justificado, será conduzida, respondendo pelas despesas do adiamento.

→ *Caput* com redação alterada pela Lei 5.925/1973.

§ 1º A parte pode comprometer-se a levar à audiência a testemunha, independentemente de intimação; presumindo-se, caso não compareça, que desistiu de ouvi-la.

→ § 1º com redação alterada pela Lei 5.925/1973.

§ 2º Quando figurar no rol de testemunhas funcionário público ou militar, o juiz o requisitará ao chefe da repartição ou ao comando do corpo em que servir.

→ § 2º com redação alterada pela Lei 5.925/1973.

§ 3º A intimação poderá ser feita pelo correio, sob registro ou com entrega em mão própria, quando a testemunha tiver residência certa.

→ § 3º acrescentado pela Lei 8.710/1993.

Art. 413. O juiz inquirirá as testemunhas separada e sucessivamente; primeiro as do autor e depois as do réu, providenciando de modo que uma não ouça o depoimento das outras.

Art. 414. Antes de depor, a testemunha será qualificada, declarando o nome por inteiro, a profissão, a residência e o estado civil, bem como se tem relações de parentesco com a parte, ou interesse no objeto do processo.

§ 1º É lícito à parte contraditar a testemunha, arguindo-lhe a incapacidade, o impedimento ou a suspeição. Se a testemunha negar os fatos que lhe são imputados, a parte poderá provar a contradita com documentos ou com testemunhas, até três, apresentadas no ato e inquiridas em separado. Sendo provados ou confessados os fatos, o juiz dispensará a testemunha, ou lhe tomará o depoimento, observando o disposto no art. 405, § 4º.

§ 2º A testemunha pode requerer ao juiz que a escuse de depor, alegando os motivos de que trata o art. 406; ouvidas as partes, o juiz decidirá de plano.

Art. 415. Ao início da inquirição, a testemunha prestará o compromisso de dizer a verdade do que souber e lhe for perguntado.

Parágrafo único. O juiz advertirá à testemunha que incorre em sanção penal quem faz afirmação falsa, cala ou oculta a verdade.

Art. 416. O juiz interrogará a testemunha sobre os fatos articulados, cabendo, primeiro à parte, que a arrolou, e depois à parte contrária, formular perguntas tendentes a esclarecer ou completar o depoimento.

§ 1º As partes devem tratar as testemunhas com urbanidade, não lhes fazendo perguntas ou considerações impertinentes, capciosas ou vexatórias.

§ 2º As perguntas que o juiz indeferir serão obrigatoriamente transcritas no termo se a parte o requerer.

→ § 2º com redação alterada pela Lei 7.005/1982.

Art. 417. O depoimento, datilografado ou registrado por taquigrafia, estenotipia ou outro método idôneo de documentação, será assinado pelo juiz, pelo depoente e pelos procuradores, facultando-se às partes a sua gravação.

→ *Caput* com redação alterada pela Lei 8.952/1994.

§ 1º O depoimento será passado para a versão datilográfica quando houver recurso da sentença ou noutros casos, quando o juiz o determinar, de ofício ou a requerimento da parte.

→ § 1º acrescentado pela Lei 11.419/2006.

§ 2º Tratando-se de processo eletrônico, observar-se-á o disposto nos §§ 2º e 3º do art. 169 desta Lei.

→ § 2º acrescentado pela Lei 11.419/2006.

Art. 418. O juiz pode ordenar, de ofício ou a requerimento da parte:

→ *v.* Art. 130 do CPC.

I – a inquirição de testemunhas referidas nas declarações da parte ou das testemunhas;

II – a acareação de duas ou mais testemunhas ou de alguma delas com a parte, quando, sobre fato determinado, que possa influir na decisão da causa, divergirem as suas declarações.

Art. 419. A testemunha pode requerer ao juiz o pagamento da despesa que efetuou para comparecimento à audiência, devendo a parte pagá-la logo que arbitrada, ou depositá-la em cartório dentro de 3 (três) dias.

Parágrafo único. O depoimento prestado em juízo é considerado serviço público. A testemunha, quando sujeita ao regime da legislação trabalhista, não sofre, por comparecer à audiência, perda de salário nem desconto no tempo de serviço.

Seção VII
Da prova pericial

Art. 420. A prova pericial consiste em exame, vistoria ou avaliação.

→ *v.* Art. 231 do CC/2002.

→ *v.* Arts. 145 e 850 do CPC.

→ *v.* Art. 3º, VI, da Lei 1.060/1950.

Parágrafo único. O juiz indeferirá a perícia quando:

I – a prova do fato não depender do conhecimento especial de técnico;

II – for desnecessária em vista de outras provas produzidas;

III – a verificação for impraticável.

Art. 421. O juiz nomeará o perito, fixando de imediato o prazo para a entrega do laudo.

→ *Caput* com redação alterada pela Lei 8.455/1992.

§ 1º Incumbe às partes, dentro em 5 (cinco) dias, contados da intimação do despacho de nomeação do perito:

I – indicar o assistente técnico;

II – apresentar quesitos.

§ 2º Quando a natureza do fato o permitir, a perícia poderá consistir apenas na inquirição pelo juiz do perito e dos assistentes, por ocasião da audiência de instrução e julgamento a respeito das coisas que houverem informalmente examinado ou avaliado.

→ § 2º com redação alterada pela Lei 8.455/1992.

Art. 422. O perito cumprirá escrupulosamente o encargo que lhe foi cometido, independentemente de termo de compromisso. Os assistentes técnicos são de confiança da parte, não sujeitos a impedimento ou suspeição.

→ Artigo com redação alterada pela Lei 8.455/1992.

Art. 423. O perito pode escusar-se (art. 146), ou ser recusado por impedimento ou suspeição (art. 138, III); ao aceitar a escusa ou ao julgar procedente a impugnação, o juiz nomeará novo perito.

→ Artigo com redação alterada pela Lei 8.455/1992.

Art. 424. O perito pode ser substituído quando:

→ *Caput* com redação alterada pela Lei 8.455/1992.

I – carecer de conhecimento técnico ou científico;

II – sem motivo legítimo, deixar de cumprir o encargo no prazo que lhe foi assinado.

→ Inciso II com redação alterada pela Lei 8.455/1992.

Parágrafo único. No caso previsto no inciso II, o juiz comunicará a ocorrência à corporação profissional respectiva, podendo, ainda, impor multa ao perito, fixada tendo em vista o valor da causa e o possível prejuízo decorrente do atraso no processo.

→ Parágrafo único com redação alterada pela Lei 8.455/1992.

Art. 425. Poderão as partes apresentar, durante a diligência, quesitos suplementares. Da juntada dos quesitos aos autos dará o escrivão ciência à parte contrária.

Art. 426. Compete ao juiz:

I – indeferir quesitos impertinentes;

II – formular os que entender necessários ao esclarecimento da causa.

Art. 427. O juiz poderá dispensar prova pericial quando as partes, na inicial e na contestação, apresentarem sobre as questões de fato pareceres técnicos ou documentos elucidativos que considerar suficientes.

→ Artigo com redação alterada pela Lei 8.455/1992.

Art. 428. Quando a prova tiver de realizar-se por carta, poderá proceder-se à nomeação de perito e indicação de assistentes técnicos no juízo, ao qual se requisitar a perícia.

Art. 429. Para o desempenho de sua função, podem o perito e os assistentes técnicos utilizar-se de todos os meios necessários, ouvindo testemunhas, obtendo informações, solicitando documentos que estejam em poder de parte ou em repartições públicas, bem como instruir o laudo com plantas, desenhos, fotografias e outras quaisquer peças.

Art. 430. *(Revogado pela Lei 8.455/1992).*

Art. 431. *(Revogado pela Lei 8.455/1992).*

Art. 431-A. As partes terão ciência da data e local designados pelo juiz ou indicados pelo perito para ter início a produção da prova.

→ Artigo acrescentado pela Lei 10.358/2001.

Art. 431-B. Tratando-se de perícia complexa, que abranja mais de uma área de conhecimento especializado, o juiz poderá nomear mais de um perito e a parte indicar mais de um assistente técnico.

→ Artigo acrescentado pela Lei 10.358/2001.

Art. 432. Se o perito, por motivo justificado, não puder apresentar o laudo dentro do prazo, o juiz conceder-lhe-á, por uma vez, prorrogação, segundo o seu prudente arbítrio.

Parágrafo único. *(Revogado pela Lei 8.455/1992).*

Art. 433. O perito apresentará o laudo em cartório, no prazo fixado pelo juiz, pelo menos 20 (vinte) dias antes da audiência de instrução e julgamento.

→ *Caput* com redação alterada pela Lei 8.455/1992.

Parágrafo único. Os assistentes técnicos oferecerão seus pareceres no prazo comum de 10 (dez) dias, após intimadas as partes da apresentação do laudo.

→ Parágrafo único com redação alterada pela Lei 10.358/2001.

Art. 434. Quando o exame tiver por objeto a autenticidade ou a falsidade de documento, ou for de natureza médico-legal, o perito será escolhido, de preferência, entre os técnicos dos estabelecimentos oficiais especializados. O juiz autorizará a remessa dos autos, bem como do material sujeito a exame, ao diretor do estabelecimento.

→ *Caput* com redação alterada pela Lei 8.952/1994.

Parágrafo único. Quando o exame tiver por objeto a autenticidade da letra e firma, o perito poderá requisitar, para efeito de comparação, documentos existentes em repartições públicas; na falta destes, poderá requerer ao juiz que a pessoa, a quem se atribuir a autoria do documento, lance em folha de papel por cópia, ou sob ditado, dizeres diferentes, para fins de comparação.

Art. 435. A parte, que desejar esclarecimento do perito e do assistente técnico, requererá ao juiz que mande intimá-lo a comparecer à audiência, formulando desde logo as perguntas, sob forma de quesitos.

Parágrafo único. O perito e o assistente técnico só estarão obrigados a prestar os esclarecimentos a que se refere este artigo, quando intimados 5 (cinco) dias antes da audiência.

Art. 436. O juiz não está adstrito ao laudo pericial, podendo formar a sua convicção com outros elementos ou fatos provados nos autos.

Art. 437. O juiz poderá determinar, de ofício ou a requerimento da parte, a realização de nova perícia, quando a matéria não lhe parecer suficientemente esclarecida.

Art. 438. A segunda perícia tem por objeto os mesmos fatos sobre que recaiu a primeira e destina-se a corrigir eventual omissão ou inexatidão dos resultados a que esta conduziu.

Art. 439. A segunda perícia rege-se pelas disposições estabelecidas para a primeira.

Parágrafo único. A segunda perícia não substitui a primeira, cabendo ao juiz apreciar livremente o valor de uma e outra.

Seção VIII
Da inspeção judicial

Art. 440. O juiz, de ofício ou a requerimento da parte, pode, em qualquer fase do processo, inspecionar pessoas ou coisas, a fim de se esclarecer sobre fato, que interesse à decisão da causa.

→ *v.* Art. 355 do CPC.

→ *v.* Art. 13, VI, c, da Lei 12.529/2011.

→ *v.* Art. 159, § 1º, do CPP.

Art. 441. Ao realizar a inspeção direta, o juiz poderá ser assistido de um ou mais peritos.

Art. 442. O juiz irá ao local, onde se encontre a pessoa ou coisa, quando:

I – julgar necessário para a melhor verificação ou interpretação dos fatos que deva observar;

II – a coisa não puder ser apresentada em juízo, sem consideráveis despesas ou graves dificuldades;

III – determinar a reconstituição dos fatos.

Parágrafo único. As partes têm sempre direito a assistir à inspeção, prestando esclarecimentos e fazendo observações que reputem de interesse para a causa.

Art. 443. Concluída a diligência, o juiz mandará lavrar auto circunstanciado, mencionando nele tudo quanto for útil ao julgamento da causa.

→ Artigo com redação alterada pela Lei 5.925/1973.

Parágrafo único. O auto poderá ser instruído com desenho, gráfico ou fotografia.

Capítulo VII
DA AUDIÊNCIA

Seção I
Das disposições gerais

Art. 444. A audiência será pública; nos casos de que trata o art. 155, realizar-se-á a portas fechadas.

→ *v.* Arts. 155 e 332 do CPC.

Art. 445. O juiz exerce o poder de polícia, competindo-lhe:

I – manter a ordem e o decoro na audiência;

II – ordenar que se retirem da sala da audiência os que se comportarem inconvenientemente;

III – requisitar, quando necessário, a força policial.

Art. 446. Compete ao juiz em especial:

I – dirigir os trabalhos da audiência;

II – proceder direta e pessoalmente à colheita das provas;

III – exortar os advogados e o órgão do Ministério Público a que discutam a causa com elevação e urbanidade.

Parágrafo único. Enquanto depuserem as partes, o perito, os assistentes técnicos e as testemunhas, os advogados não podem intervir ou apartear, sem licença do juiz.

→ *v.* Art. 143 do CPC.

Seção II
Da conciliação

Art. 447. Quando o litígio versar sobre direitos patrimoniais de caráter privado, o juiz, de ofício, determinará o comparecimento das partes ao início da audiência de instrução e julgamento.

→ *v.* Arts. 125, IV, e 842 do CPC.

Parágrafo único. Em causas relativas à família, terá lugar igualmente a conciliação, nos casos e para os fins em que a lei consente a transação.

→ *v.* Art. 3º, § 2º, da Lei 6.515/1977.

Art. 448. Antes de iniciar a instrução, o juiz tentará conciliar as partes. Chegando a acordo, o juiz mandará tomá-lo por termo.

Art. 449. O termo de conciliação, assinado pelas partes e homologado pelo juiz, terá valor de sentença.

→ *v.* Art. 269, III, do CPC.

Seção III
Da instrução e julgamento

Art. 450. No dia e hora designados, o juiz declarará aberta a audiência, mandando apregoar as partes e os seus respectivos advogados.

Art. 451. Ao iniciar a instrução, o juiz, ouvidas as partes, fixará os pontos controvertidos sobre que incidirá a prova.

Art. 452. As provas serão produzidas na audiência nesta ordem:

I – o perito e os assistentes técnicos responderão aos quesitos de esclarecimentos, requeridos no prazo e na forma do art. 435;

II – o juiz tomará os depoimentos pessoais, primeiro do autor e depois do réu;

III – finalmente, serão inquiridas as testemunhas arroladas pelo autor e pelo réu.

Art. 453. A audiência poderá ser adiada:

I – por convenção das partes, caso em que só será admissível uma vez;

II – se não puderem comparecer, por motivo justificado, o perito, as partes, as testemunhas ou os advogados.

§ 1º Incumbe ao advogado provar o impedimento até a abertura da audiência; não o fazendo, o juiz procederá à instrução.

§ 2º Pode ser dispensada pelo juiz a produção das provas requeridas pela parte cujo advogado não compareceu à audiência.

§ 3º Quem der causa ao adiamento responderá pelas despesas acrescidas.

Art. 454. Finda a instrução, o juiz dará a palavra ao advogado do autor e ao do réu, bem como ao órgão do Ministério Público, sucessivamente, pelo prazo de 20 (vinte) minutos para cada um, prorrogável por 10 (dez), a critério do juiz.

→ *v.* Arts. 132, 397 e 418 do CPC.

§ 1º Havendo litisconsorte ou terceiro, o prazo, que formará com o da prorrogação um só todo, dividir-se-á entre os do mesmo grupo, se não convencionarem de modo diverso.

§ 2º No caso previsto no art. 56, o opoente sustentará as suas razões em primeiro lugar, seguindo-se-lhe os opostos, cada qual pelo prazo de 20 (vinte) minutos.

→ *v.* Art. 61 do CPC.

§ 3º Quando a causa apresentar questões complexas de fato ou de direito, o debate oral poderá ser substituído por memoriais, caso em que o juiz designará dia e hora para o seu oferecimento.

Art. 455. A audiência é una e contínua. Não sendo possível concluir, num só dia, a instrução, o debate e o julgamento, o juiz marcará o seu prosseguimento para dia próximo.

Art. 456. Encerrado o debate ou oferecidos os memoriais, o juiz proferirá a sentença desde logo ou no prazo de 10 (dez) dias.

→ Artigo com redação alterada pela Lei 5.925/1973.

Art. 457. O escrivão lavrará, sob ditado do juiz, termo que conterá, em resumo, o ocorrido na audiência, bem como, por extenso, os despachos e a sentença, se esta for proferida no ato.

→ *v.* Art. 170 do CPC.

§ 1º Quando o termo for datilografado, o juiz lhe rubricará as folhas, ordenando que sejam encadernadas em volume próprio.

§ 2º Subscreverão o termo o juiz, os advogados, o órgão do Ministério Público e o escrivão.

§ 3º O escrivão trasladará para os autos cópia autêntica do termo de audiência.

§ 4º Tratando-se de processo eletrônico, observar-se-á o disposto nos §§ 2º e 3º do art. 169 desta Lei.

→ § 4º acrescentado pela Lei 11.419/2006.

Capítulo VIII
DA SENTENÇA E DA COISA JULGADA

Seção I
Dos requisitos e dos efeitos da sentença

Art. 458. São requisitos essenciais da sentença:

→ *v.* Art. 93, IX, da CF/1988.

→ *v.* Art. 99 da Lei 11.101/2005.

I – o relatório, que conterá os nomes das partes, a suma do pedido e da resposta do réu, bem como o registro das principais ocorrências havidas no andamento do processo;

II – os fundamentos, em que o juiz analisará as questões de fato e de direito;

III – o dispositivo, em que o juiz resolverá as questões, que as partes lhe submeterem.

Art. 459. O juiz proferirá a sentença, acolhendo ou rejeitando, no todo ou em parte, o pedido formulado pelo autor. Nos casos de extinção do processo sem julgamento do mérito, o juiz decidirá em forma concisa.

→ *v.* Art. 269, I, do CPC.

→ *v.* Súmula 318 do STJ.

Parágrafo único. Quando o autor tiver formulado pedido certo, é vedado ao juiz proferir sentença ilíquida.

Art. 460. É defeso ao juiz proferir sentença, a favor do autor, de natureza diversa da pedida, bem como condenar o réu em quantidade superior ou em objeto diverso do que lhe foi demandado.

→ *v.* Art. 128 do CPC.

Parágrafo único. A sentença deve ser certa, ainda quando decida relação jurídica condicional.

→ Parágrafo único acrescentado pela Lei 8.952/1994.

Art. 461. Na ação que tenha por objeto o cumprimento de obrigação de fazer ou não fazer, o juiz concederá a tutela específica da obrigação ou, se procedente o pedido, determinará providências que assegurem o resultado prático equivalente ao do adimplemento.

→ *Caput* com redação alterada pela Lei 8.952/1994.

→ *v.* Súmula 410 do STJ.

→ *v.* Arts. 247 a 249 do CC/2002.

→ *v.* Art. 84 do CDC.

→ *v.* Art. 7º da Lei 9.307/1996.

→ *v.* Art. 11 da Lei 7.347/1985.

→ *v.* Art. 213 do ECA.

→ *v.* Art. 52, V, da Lei 9.099/1995.

§ 1º A obrigação somente se converterá em perdas e danos se o autor o requerer ou se impossível a tutela específica ou a obtenção do resultado prático correspondente.

→ § 1º acrescentado pela Lei 8.952/1994.

§ 2º A indenização por perdas e danos dar-se-á sem prejuízo da multa (art. 287).

→ § 2º acrescentado pela Lei 8.952/1994.

§ 3º Sendo relevante o fundamento da demanda e havendo justificado receio de ineficácia do provimento final, é lícito ao juiz conceder a tutela liminarmente ou mediante justificação prévia, citado o réu. A medida liminar poderá ser revogada ou modificada, a qualquer tempo, em decisão fundamentada.

→ § 3º acrescentado pela Lei 8.952/1994.

§ 4º O juiz poderá, na hipótese do parágrafo anterior ou na sentença, impor multa diária ao réu, independentemente de pedido do autor, se for suficiente ou compatível com a obrigação, fixando-lhe prazo razoável para o cumprimento do preceito.

→ § 4º acrescentado pela Lei 8.952/1994.

§ 5º Para a efetivação da tutela específica ou a obtenção do resultado prático equivalente, poderá o juiz, de ofício ou a requerimento, determinar as medidas necessárias, tais como a imposição de multa por tempo de atraso, busca e apreensão, remoção de pessoas e coisas, desfazimento de obras e impedimento de atividade nociva, se necessário com requisição de força policial.

→ § 5º com redação alterada pela Lei 10.444/2002.

§ 6º O juiz poderá, de ofício, modificar o valor ou a periodicidade da multa, caso verifique que se tornou insuficiente ou excessiva.

→ § 6º acrescentado pela Lei 10.444/2002.

Art. 461-A. Na ação que tenha por objeto a entrega de coisa, o juiz, ao conceder a tutela específica, fixará o prazo para o cumprimento da obrigação.

→ Artigo acrescentado pela Lei 10.444/2002.

→ *v.* Art. 475-I do CPC.

§ 1º Tratando-se de entrega de coisa determinada pelo gênero e quantidade, o credor a individualizará na petição inicial, se lhe couber a escolha; cabendo ao devedor escolher, este a entregará individualizada, no prazo fixado pelo juiz.

§ 2º Não cumprida a obrigação no prazo estabelecido, expedir-se-á em favor do credor mandado de busca e apreensão ou de imissão na posse, conforme se tratar de coisa móvel ou imóvel.

§ 3º Aplica-se à ação prevista neste artigo o disposto nos §§ 1º a 6º do art. 461.

Art. 462. Se, depois da propositura da ação, algum fato constitutivo, modificativo ou extintivo do direito influir no julgamento da lide, caberá ao juiz tomá-lo em consideração, de ofício ou a requerimento da parte, no momento de proferir a sentença.

→ Artigo com redação alterada pela Lei 5.925/1973.

→ *v.* Súmula 394 do TST.

→ *v.* Art. 106, II, do CTN.

Art. 463. Publicada a sentença, o juiz só poderá alterá-la:

→ *Caput* com redação alterada pela Lei 11.232/2005.

I – para lhe corrigir, de ofício ou a requerimento da parte, inexatidões materiais, ou lhe retificar erros de cálculo;

II – por meio de embargos de declaração.

→ *v.* Art. 535 do CPC.

Art. 464. *(Revogado pela Lei 8.950/1994).*

Art. 465. *(Revogado pela Lei 8.950/1994).*

Art. 466. A sentença que condenar o réu no pagamento de uma prestação, consistente em dinheiro ou em coisa, valerá como título constitutivo de hipoteca judiciária, cuja inscrição será ordenada pelo juiz na forma prescrita na Lei de Registros Públicos.

→ *v.* Art. 167, I, *2*, da Lei 6.015/1975.

Parágrafo único. A sentença condenatória produz a hipoteca judiciária:

I – embora a condenação seja genérica;

II – pendente arresto de bens do devedor;

III – ainda quando o credor possa promover a execução provisória da sentença.

Art. 466-A. Condenado o devedor a emitir declaração de vontade, a sentença, uma vez transitada em julgado, produzirá todos os efeitos da declaração não emitida.

→ Artigo acrescentado pela Lei 11.232/2005.

Art. 466-B. Se aquele que se comprometeu a concluir um contrato não cumprir a obrigação, a outra parte, sendo isso possível e não excluído pelo título, poderá obter uma sentença que produza o mesmo efeito do contrato a ser firmado.

→ Artigo acrescentado pela Lei 11.232/2005.

→ *v.* Art. 553 do CC/2002.

Art. 466-C. Tratando-se de contrato que tenha por objeto a transferência da propriedade de coisa determinada, ou de outro direito, a ação não será acolhida se a parte que a intentou não cumprir a sua prestação, nem a oferecer, nos casos e formas legais, salvo se ainda não exigível.

→ Artigo acrescentado pela Lei 11.232/2005.

Seção II
Da coisa julgada

Art. 467. Denomina-se coisa julgada material a eficácia, que torna imutável e indiscutível a sentença, não mais sujeita a recurso ordinário ou extraordinário.

→ *v.* Súmula 423 do STF.

→ *v.* Art. 5º, XXXVI, da CF/1988.

→ *v.* Art. 6º, § 3º, da LINDB.

→ *v.* Art. 103 do CDC.

Art. 468. A sentença, que julgar total ou parcialmente a lide, tem força de lei nos limites da lide e das questões decididas.

Art. 469. Não fazem coisa julgada:

→ *v.* Súmula 239 do STF.

I – os motivos, ainda que importantes para determinar o alcance da parte dispositiva da sentença;

II – a verdade dos fatos, estabelecida como fundamento da sentença;

III – a apreciação da questão prejudicial, decidida incidentemente no processo.

Art. 470. Faz, todavia, coisa julgada a resolução da questão prejudicial, se a parte o requerer (arts. 5º e 325), o juiz for competente em razão da matéria e constituir pressuposto necessário para o julgamento da lide.

Art. 471. Nenhum juiz decidirá novamente as questões já decididas, relativas à mesma lide, salvo:

→ *v.* Art. 301, §§ 1º a 3º.

I – se, tratando-se de relação jurídica continuativa, sobreveio modificação no estado de fato ou de direito; caso em que poderá a parte pedir a revisão do que foi estatuído na sentença;

→ *v.* Art. 15 da Lei 5.478/1968.

II – nos demais casos prescritos em lei.

Art. 472. A sentença faz coisa julgada às partes entre as quais é dada, não beneficiando, nem prejudicando terceiros. Nas causas relativas ao estado de pessoa, se houverem sido citados no processo, em litisconsórcio necessário, todos os interessados, a sentença produz coisa julgada em relação a terceiros.

→ *v.* Art. 219 do CPC.

→ *v.* Art. 103 do CDC.

Art. 473. É defeso à parte discutir, no curso do processo, as questões já decididas, a cujo respeito se operou a preclusão.

Art. 474. Passada em julgado a sentença de mérito, reputar-se-ão deduzidas e repelidas todas as alegações e defesas, que a parte poderia opor assim ao acolhimento como à rejeição do pedido.

Art. 475. Está sujeita ao duplo grau de jurisdição, não produzindo efeito senão depois de confirmada pelo tribunal, a sentença:

→ Artigo com redação alterada pela Lei 10.352/2001.

→ *v.* Súmula 620 do STF.

→ *v.* Art. 13 da Lei 10.259/2001.

→ *v.* Art. 19 da Lei 4.717/1965.

→ *v.* Art. 14, § 3º, da Lei 12.016/2009.

I – proferida contra a União, o Estado, o Distrito Federal, o Município, e as respectivas autarquias e fundações de direito público;

II – que julgar procedentes, no todo ou em parte, os embargos à execução de dívida ativa da Fazenda Pública (art. 585, VI).

§ 1º Nos casos previstos neste artigo, o juiz ordenará a remessa dos autos ao tribunal, haja ou não apelação; não o fazendo, deverá o presidente do tribunal avocá-los.

§ 2º Não se aplica o disposto neste artigo sempre que a condenação, ou o direito controvertido, for de valor certo não excedente a sessenta salários mínimos, bem como no caso de procedência dos embargos do devedor na execução de dívida ativa do mesmo valor.

→ *v.* Art. 3º da Lei 9.099/1995.

→ *v.* Arts. 3º e 10 da Lei 10.259/2001.

→ *v.* Lei 12.153/2009 – Dispõe sobre os Juizados Especiais da Fazenda Pública no âmbito dos Estados, do Distrito Federal, dos Territórios e dos Municípios.

§ 3º Também não se aplica o disposto neste artigo quando a sentença estiver fundada em jurisprudência do plenário do Supremo Tribunal Federal ou em súmula deste Tribunal ou do tribunal superior competente.

→ *v.* Art. 103-A da CF/1988.

Capítulo IX
DA LIQUIDAÇÃO DE SENTENÇA

→ Capítulo IX acrescentado pela Lei 11.232/2005.

→ Alterações pela Lei 11.232/2005 estão consolidadas no CPC, republicação no *D.O.U.* de 27.7.2006.

Art. 475-A. Quando a sentença não determinar o valor devido, procede-se à sua liquidação.

→ Artigo acrescentado pela Lei 11.232/2005.

→ *v.* Súmulas 344 e 453 do STJ.

§ 1º Do requerimento de liquidação de sentença será a parte intimada, na pessoa de seu advogado.

→ *v.* Art. 98 do CDC.

→ *v.* Art. 6º, § 2º, da Lei 11.101/2005.

§ 2º A liquidação poderá ser requerida na pendência de recurso, processando-se em autos apartados, no juízo de origem, cumprindo ao liquidante instruir o pedido com cópias das peças processuais pertinentes.

→ *v.* Súmula 118 do STJ.

§ 3º Nos processos sob procedimento comum sumário, referidos no art. 275, inciso II, alíneas *d* e *e* desta Lei, é defesa a sentença ilíquida, cumprindo ao juiz, se for o caso, fixar de plano, a seu prudente critério, o valor devido.

Art. 475-B. Quando a determinação do valor da condenação depender apenas de cálculo aritmético, o credor requererá o cumprimento da sentença, na forma do art. 475-J desta Lei, instruindo o pedido com a memória discriminada e atualizada do cálculo.

→ Artigo acrescentado pela Lei 11.232/2005.

§ 1º Quando a elaboração da memória do cálculo depender de dados existentes em poder do devedor ou de terceiro, o juiz, a requerimento do credor, poderá requisitá-los, fixando prazo de até 30 (trinta) dias para o cumprimento da diligência.

§ 2º Se os dados não forem, injustificadamente, apresentados pelo devedor, reputar-se-ão corretos os cálculos apresentados pelo credor, e, se não o forem pelo terceiro, configurar-se-á a situação prevista no art. 362.

§ 3º Poderá o juiz valer-se do contador do juízo, quando a memória apresentada pelo credor aparentemente exceder os limites da decisão exequenda e, ainda, nos casos de assistência judiciária.

§ 4º Se o credor não concordar com os cálculos feitos nos termos do § 3º deste artigo, far-se-á a execução pelo valor originariamente pretendido, mas a penhora terá por base o valor encontrado pelo contador.

Art. 475-C. Far-se-á a liquidação por arbitramento quando:

→ Artigo acrescentado pela Lei 11.232/2005.

→ *v.* Súmula 148 do STJ.

I – determinado pela sentença ou convencionado pelas partes;

II – o exigir a natureza do objeto da liquidação.

Art. 475-D. Requerida a liquidação por arbitramento, o juiz nomeará o perito e fixará o prazo para a entrega do laudo.

→ Artigo acrescentado pela Lei 11.232/2005.

Parágrafo único. Apresentado o laudo, sobre o qual poderão as partes manifestar-se no prazo de 10 (dez) dias, o juiz proferirá decisão ou designará, se necessário, audiência.

Art. 475-E. Far-se-á a liquidação por artigos, quando, para determinar o valor da condenação, houver necessidade de alegar e provar fato novo.

→ Artigo acrescentado pela Lei 11.232/2005.

Art. 475-F. Na liquidação por artigos, observar-se-á, no que couber, o procedimento comum (art. 272).

→ Artigo acrescentado pela Lei 11.232/2005.

Art. 475-G. É defeso, na liquidação, discutir de novo a lide ou modificar a sentença que a julgou.

→ Artigo acrescentado pela Lei 11.232/2005.

Art. 475-H. Da decisão de liquidação caberá agravo de instrumento.

→ Artigo acrescentado pela Lei 11.232/2005.

→ *v.* Súmula 118 do STJ.

→ *v.* Art. 522 do CPC.

Capítulo X
DO CUMPRIMENTO DA SENTENÇA

→ Capítulo X acrescentado pela Lei 11.232/2005.

→ Alterações pela Lei 11.232/2005 estão consolidadas no CPC, republicação no *D.O.U.* de 27.7.2006.

Art. 475-I. O cumprimento da sentença far-se-á conforme os arts. 461 e 461-A desta Lei ou, tratando-se de obrigação por quantia certa, por execução, nos termos dos demais artigos deste Capítulo.

→ Artigo acrescentado pela Lei 11.232/2005.

§ 1º É definitiva a execução da sentença transitada em julgado e provisória quando se tratar de sentença impugnada mediante recurso ao qual não foi atribuído efeito suspensivo.

§ 2º Quando na sentença houver uma parte líquida e outra ilíquida, ao credor é lícito promover simultaneamente a execução daquela e, em autos apartados, a liquidação desta.

Art. 475-J. Caso o devedor, condenado ao pagamento de quantia certa ou já fixada em liquidação, não o efetue no prazo de 15 (quinze) dias, o montante da condenação será acrescido de multa no percentual de 10% (dez por cento) e, a requerimento do credor e observado o disposto no art. 614, inciso II, desta Lei, expedir-se-á mandado de penhora e avaliação.

→ Artigo acrescentado pela Lei 11.232/2005.

§ 1º Do auto de penhora e de avaliação será de imediato intimado o executado, na pessoa de seu advogado (arts. 236 e 237), ou, na falta deste, o seu representante legal, ou pessoalmente, por mandado ou pelo correio, podendo oferecer impugnação, querendo, no prazo de 15 (quinze) dias.

→ *v.* Art. 681 do CPC.

§ 2º Caso o oficial de justiça não possa proceder à avaliação, por depender de conhecimentos especializados, o juiz, de imediato, nomeará avaliador, assinando-lhe breve prazo para a entrega do laudo.

§ 3º O exequente poderá, em seu requerimento, indicar desde logo os bens a serem penhorados.

§ 4º Efetuado o pagamento parcial no prazo previsto no *caput* deste artigo, a multa de 10% (dez por cento) incidirá sobre o restante.

§ 5º Não sendo requerida a execução no prazo de 6 (seis) meses, o juiz mandará arquivar os autos, sem prejuízo de seu desarquivamento a pedido da parte.

Art. 475-L. A impugnação somente poderá versar sobre:

→ Artigo acrescentado pela Lei 11.232/2005.

I – falta ou nulidade da citação, se o processo correu à revelia;

II – inexigibilidade do título;

III – penhora incorreta ou avaliação errônea;

IV – ilegitimidade das partes;

V – excesso de execução;

VI – qualquer causa impeditiva, modificativa ou extintiva da obrigação, como pagamento, novação, compensação, transação ou prescrição, desde que superveniente à sentença.

→ *v.* Súmula 393 do STJ.

§ 1º Para efeito do disposto no inciso II do *caput* deste artigo, considera-se também inexigível o título judicial fundado em lei ou ato normativo declarados inconstitucionais pelo Supremo Tribunal Federal, ou fundado em aplicação ou interpretação da lei ou ato normativo tidas pelo Supremo Tribunal Federal como incompatíveis com a Constituição Federal.

CPC DE 1973

§ 2º Quando o executado alegar que o exequente, em excesso de execução, pleiteia quantia superior à resultante da sentença, cumprir-lhe-á declarar de imediato o valor que entende correto, sob pena de rejeição liminar dessa impugnação.

Art. 475-M. A impugnação não terá efeito suspensivo, podendo o juiz atribuir-lhe tal efeito desde que relevantes seus fundamentos e o prosseguimento da execução seja manifestamente suscetível de causar ao executado grave dano de difícil ou incerta reparação.

→ Artigo acrescentado pela Lei 11.232/2005.

§ 1º Ainda que atribuído efeito suspensivo à impugnação, é lícito ao exequente requerer o prosseguimento da execução, oferecendo e prestando caução suficiente e idônea, arbitrada pelo juiz e prestada nos próprios autos.

§ 2º Deferido efeito suspensivo, a impugnação será instruída e decidida nos próprios autos e, caso contrário, em autos apartados.

§ 3º A decisão que resolver a impugnação é recorrível mediante agravo de instrumento, salvo quando importar extinção da execução, caso em que caberá apelação.

Art. 475-N. São títulos executivos judiciais:

→ Artigo acrescentado pela Lei 11.232/2005.

→ *v.* Art. 475-J do CPC.

I – a sentença proferida no processo civil que reconheça a existência de obrigação de fazer, não fazer, entregar coisa ou pagar quantia;

II – a sentença penal condenatória transitada em julgado;

→ *v.* Art. 91, I, do CP.

→ *v.* Art. 387, IV, do CPP.

III – a sentença homologatória de conciliação ou de transação, ainda que inclua matéria não posta em juízo;

IV – a sentença arbitral;

→ *v.* Art. 33, § 3º, da Lei 9.307/1996.

V – o acordo extrajudicial, de qualquer natureza, homologado judicialmente;

→ *v.* Art. 585, VIII, do CPC.

→ *v.* Art. 57 da Lei 9.099/1995.

→ *v.* Art. 5º, § 6º, da Lei 7.347/1985.

VI – a sentença estrangeira, homologada pelo Superior Tribunal de Justiça;

VII – o formal e a certidão de partilha, exclusivamente em relação ao inventariante, aos herdeiros e aos sucessores a título singular ou universal.

Parágrafo único. Nos casos dos incisos II, IV e VI, o mandado inicial (art. 475-J) incluirá a ordem de citação do devedor, no juízo cível, para liquidação ou execução, conforme o caso.

Art. 475-O. A execução provisória da sentença far-se-á, no que couber, do mesmo modo que a definitiva, observadas as seguintes normas:

→ *Caput* acrescentado pela Lei 11.232/2005.

I – corre por iniciativa, conta e responsabilidade do exequente, que se obriga, se a sentença for reformada, a reparar os danos que o executado haja sofrido;

→ Inciso I acrescentado pela Lei 11.232/2005.

→ *v.* Arts. 402 a 405 do CC/2002.

II – fica sem efeito, sobrevindo acórdão que modifique ou anule a sentença objeto da execução, restituindo-se as partes ao estado anterior e liquidados eventuais prejuízos nos mesmos autos, por arbitramento;

→ Inciso II acrescentado pela Lei 11.232/2005.

III – o levantamento de depósito em dinheiro e a prática de atos que importem alienação de propriedade ou dos quais possa resultar grave dano ao executado dependem de caução suficiente e idônea, arbitrada de plano pelo juiz e prestada nos próprios autos.

→ Inciso III acrescentado pela Lei 11.232/2005.

§ 1º No caso do inciso II do *caput* deste artigo, se a sentença provisória for modificada ou anulada apenas em parte, somente nesta ficará sem efeito a execução.

→ § 1º acrescentado pela Lei 11.232/2005 (retificação no *D.O.U.* de 26.6.2006).

§ 2º A caução a que se refere o inciso III do *caput* deste artigo poderá ser dispensada:

→ *Caput* do § 2º acrescentado pela Lei 11.232/2005.

I – quando, nos casos de crédito de natureza alimentar ou decorrente de ato ilícito, até o limite de sessenta vezes o valor do salário mínimo, o exequente demonstrar situação de necessidade;

→ Inciso I acrescentado pela Lei 11.232/2005.

II – nos casos de execução provisória em que penda agravo perante o Supremo Tribunal Federal ou o Superior Tribunal de Justiça (art. 544), salvo quando da dispensa possa manifestamente resultar risco de grave dano, de difícil ou incerta reparação.

→ Inciso II com redação alterada pela Lei 12.322/2010.

§ 3º Ao requerer a execução provisória, o exequente instruirá a petição com cópias autenticadas das seguintes peças do processo, podendo o advogado declarar a autenticidade, sob sua responsabilidade pessoal:

→ *Caput* do § 3º com redação alterada pela Lei 12.322/2010.

I – sentença ou acórdão exequendo;

→ Inciso I acrescentado pela Lei 11.232/2005.

II – certidão de interposição do recurso não dotado de efeito suspensivo;

→ Inciso II acrescentado pela Lei 11.232/2005.

III – procurações outorgadas pelas partes;

→ Inciso III acrescentado pela Lei 11.232/2005.

IV – decisão de habilitação, se for o caso;

→ Inciso IV acrescentado pela Lei 11.232/2005.

V – facultativamente, outras peças processuais que o exequente considere necessárias.

→ Inciso V acrescentado pela Lei 11.232/2005.

Art. 475-P. O cumprimento da sentença efetuar-se-á perante:

→ Artigo acrescentado pela Lei 11.232/2005.

I – os tribunais, nas causas de sua competência originária;

II – o juízo que processou a causa no primeiro grau de jurisdição;

III – o juízo cível competente, quando se tratar de sentença penal condenatória, de sentença arbitral ou de sentença estrangeira.

Parágrafo único. No caso do inciso II do *caput* deste artigo, o exequente poderá optar pelo juízo do local onde se encontram bens sujeitos à expropriação ou pelo do atual domicílio do executado, casos em que a remessa dos autos do processo será solicitada ao juízo de origem.

→ *v.* Art. 575 do CPC.

Art. 475-Q. Quando a indenização por ato ilícito incluir prestação de alimentos, o juiz, quanto a esta parte, poderá ordenar ao devedor constituição de capital, cuja renda assegure o pagamento do valor mensal da pensão.

→ Artigo acrescentado pela Lei 11.232/2005.

§ 1º Este capital, representado por imóveis, títulos da dívida pública ou aplicações financeiras em banco oficial, será inalienável e impenhorável enquanto durar a obrigação do devedor.

§ 2º O juiz poderá substituir a constituição do capital pela inclusão do beneficiário da prestação em folha de pagamento de entidade de direito público ou de empresa de direito privado de notória capacidade econômica, ou, a requerimento do devedor, por fiança bancária ou garantia real, em valor a ser arbitrado de imediato pelo juiz.

§ 3º Se sobrevier modificação nas condições econômicas, poderá a parte requerer, conforme as circunstâncias, redução ou aumento da prestação.

§ 4º Os alimentos podem ser fixados tomando por base o salário mínimo.

§ 5º Cessada a obrigação de prestar alimentos, o juiz mandará liberar o capital, cessar o desconto em folha ou cancelar as garantias prestadas.

Art. 475-R. Aplicam-se subsidiariamente ao cumprimento da sentença, no que couber, as normas que regem o processo de execução de título extrajudicial.

→ Artigo acrescentado pela Lei 11.232/2005.

Título IX
Do processo nos tribunais

Capítulo I
DA UNIFORMIZAÇÃO DA JURISPRUDÊNCIA

→ *v.* Lei 11.417/2006 – Regulamenta o art. 103-A da Constituição Federal e altera a Lei 9.784, de 29 de janeiro de 1999, disciplinando a edição, a revisão e o cancelamento de enunciado de súmula vinculante pelo Supremo Tribunal Federal, e dá outras providências.

Art. 476. Compete a qualquer juiz, ao dar o voto na turma, câmara, ou grupo de câmaras, solicitar o pronunciamento prévio do tribunal acerca da interpretação do direito quando:

I – verificar que, a seu respeito, ocorre divergência;

II – no julgamento recorrido a interpretação for diversa da que lhe haja dado outra turma, câmara, grupo de câmaras ou câmaras cíveis reunidas.

Parágrafo único. A parte poderá, ao arrazoar o recurso ou em petição avulsa, requerer, fundamentadamente, que o julgamento obedeça ao disposto neste artigo.

Art. 477. Reconhecida a divergência, será lavrado o acórdão, indo os autos ao presidente do tribunal para designar a sessão de julgamento. A secretaria distribuirá a todos os juízes cópia do acórdão.

Art. 478. O tribunal, reconhecendo a divergência, dará a interpretação a ser observada, cabendo a cada juiz emitir o seu voto em exposição fundamentada.

→ *v.* Súmula 513 do STF.

Parágrafo único. Em qualquer caso, será ouvido o chefe do Ministério Público que funciona perante o tribunal.

Art. 479. O julgamento, tomado pelo voto da maioria absoluta dos membros que integram o tribunal, será objeto de súmula e constituirá precedente na uniformização da jurisprudência.

→ *v.* Art. 103-A da CF/1988.

Parágrafo único. Os regimentos internos disporão sobre a publicação no órgão oficial das súmulas de jurisprudência predominante.

Capítulo II
DA DECLARAÇÃO DE INCONSTITUCIONALIDADE

→ *v.* Arts. 52, X, 97, 102, I, *a*, e III, 103, 125 e 129, § 2º, da CF/1988.

→ *v.* Lei 9.868/1999 – Dispõe sobre o processo e julgamento da ação direta de inconstitucionalidade e da ação declaratória de constitucionalidade perante o Supremo Tribunal Federal.

Art. 480. Arguida a inconstitucionalidade de lei ou de ato normativo do poder público, o relator, ouvido o Ministério Público, submeterá a questão à turma ou câmara, a que tocar o conhecimento do processo.

Art. 481. Se a alegação for rejeitada, prosseguirá o julgamento; se for acolhida, será lavrado o acórdão, a fim de ser submetida a questão ao tribunal pleno.

Parágrafo único. Os órgãos fracionários dos tribunais não submeterão ao plenário, ou ao órgão especial, a arguição de inconstitucionalidade, quando já houver pronunciamento destes ou do plenário do Supremo Tribunal Federal sobre a questão.

→ Parágrafo único acrescentado pela Lei 9.756/1998.

→ *v.* Art. 97 da CF/1988.

Art. 482. Remetida a cópia do acórdão a todos os juízes, o presidente do tribunal designará a sessão de julgamento.

§ 1º O Ministério Público e as pessoas jurídicas de direito público responsáveis pela edição do ato questionado, se assim o requererem, poderão manifestar-se no incidente de inconstitucionalidade, observados os prazos e condições fixados no Regimento Interno do Tribunal.

→ § 1º acrescentado pela Lei 9.868/1999.

§ 2º Os titulares do direito de propositura referidos no art. 103 da Constituição poderão manifestar-se, por escrito, sobre a questão constitucional objeto de apreciação pelo órgão especial ou pelo Pleno do Tribunal, no prazo fixado em Regimento, sendo-lhes assegurado o direito de apresentar memoriais ou de pedir a juntada de documentos.

→ § 2º acrescentado pela Lei 9.868/1999.

§ 3º O relator, considerando a relevância da matéria e a representatividade dos postulantes, poderá admitir, por despacho irrecorrível, a manifestação de outros órgãos ou entidades.

→ § 3º acrescentado pela Lei 9.868/1999.

Capítulo III
DA HOMOLOGAÇÃO DE SENTENÇA ESTRANGEIRA

Art. 483. A sentença proferida por tribunal estrangeiro não terá eficácia no Brasil senão depois de homologada pelo Supremo Tribunal Federal.

→ *v.* EC 45/2004 alterou a competência prevista no art. 105, I, *i*, da CF.

→ *v.* Art. 105, I, *i*, da CF/1988.

→ *v.* Art. 88 do CPC.

→ *v.* Art. 38 da Lei 9.307/1996.

Parágrafo único. A homologação obedecerá ao que dispuser o regimento interno do Supremo Tribunal Federal.

Art. 484. A execução far-se-á por carta de sentença extraída dos autos da homologação e obedecerá às regras estabelecidas para a execução da sentença nacional da mesma natureza.

→ *v.* Súmula 381 do STF.

→ *v.* Art. 109, X, da CF/1988.

Capítulo IV
DA AÇÃO RESCISÓRIA

Art. 485. A sentença de mérito, transitada em julgado, pode ser rescindida quando:

→ *v.* Súmula 514 do STF.

→ *v.* Arts. 162 e 163 do CPC.

→ *v.* Art. 836 da CLT.

→ *v.* Art. 59 da Lei 9.099/1995.

I – se verificar que foi dada por prevaricação, concussão ou corrupção do juiz;

→ *v.* Arts. 316, 317 e 319 do CP.

II – proferida por juiz impedido ou absolutamente incompetente;

III – resultar de dolo da parte vencedora em detrimento da parte vencida, ou de colusão entre as partes, a fim de fraudar a lei;

→ *v.* Arts. 166, VI, e 167 do CC/2002.

IV – ofender a coisa julgada;

V – violar literal disposição de lei;

→ *v.* Súmula 343 do STF.

VI – se fundar em prova, cuja falsidade tenha sido apurada em processo criminal ou seja provada na própria ação rescisória;

VII – depois da sentença, o autor obtiver documento novo, cuja existência ignorava, ou de que não pôde fazer uso, capaz, por si só, de lhe assegurar pronunciamento favorável;

VIII – houver fundamento para invalidar confissão, desistência ou transação, em que se baseou a sentença;

IX – fundada em erro de fato, resultante de atos ou de documentos da causa.

§ 1º Há erro, quando a sentença admitir um fato inexistente, ou quando considerar inexistente um fato efetivamente ocorrido.

§ 2º É indispensável, num como noutro caso, que não tenha havido controvérsia, nem pronunciamento judicial sobre o fato.

Art. 486. Os atos judiciais, que não dependem de sentença, ou em que esta for meramente homologatória, podem ser rescindidos, como os atos jurídicos em geral, nos termos da lei civil.

Art. 487. Tem legitimidade para propor a ação:

I – quem foi parte no processo ou o seu sucessor a título universal ou singular;

II – o terceiro juridicamente interessado;

III – o Ministério Público:

→ *v.* Art. 81 do CPC.

→ *v.* Arts. 127 e 129 do CPC.

→ *v.* Art. 92 do CDC.

→ *v.* Art. 5º, I, da Lei 7.347/1985.

a) se não foi ouvido no processo, em que lhe era obrigatória a intervenção;

b) quando a sentença é o efeito de colusão das partes, a fim de fraudar a lei.

Art. 488. A petição inicial será elaborada com observância dos requisitos essenciais do art. 282, devendo o autor:

I – cumular ao pedido de rescisão, se for o caso, o de novo julgamento da causa;

II – depositar a importância de 5% (cinco por cento) sobre o valor da causa, a título de multa, caso a ação seja, por unanimidade de votos, declarada inadmissível, ou improcedente.

Parágrafo único. Não se aplica o disposto no n. II à União, ao Estado, ao Município e ao Ministério Público.

Art. 489. O ajuizamento da ação rescisória não impede o cumprimento da sentença ou acórdão rescindendo, ressalvada a concessão, caso imprescindíveis e sob os pressupostos previstos em lei, de medidas de natureza cautelar ou antecipatória de tutela.

→ Artigo com redação alterada pela Lei 11.280/2006.

Art. 490. Será indeferida a petição inicial:

I – nos casos previstos no art. 295;

II – quando não efetuado o depósito, exigido pelo art. 488, II.

Art. 491. O relator mandará citar o réu, assinando-lhe prazo nunca inferior a 15 (quinze) dias nem superior a 30 (trinta) para responder aos termos da ação. Findo o prazo com ou sem resposta, observar-se-á no que couber o disposto no Livro I, Título VIII, Capítulos IV e V.

Art. 492. Se os fatos alegados pelas partes dependerem de prova, o relator delegará a competência ao juiz de direito da comarca onde deva ser produzida, fixando prazo de 45 (quarenta e cinco) a 90 (noventa) dias para a devolução dos autos.

Art. 493. Concluída a instrução, será aberta vista, sucessivamente, ao autor e ao réu, pelo prazo de 10 (dez) dias, para razões finais. Em seguida, os autos subirão ao relator, procedendo-se ao julgamento:

I – no Supremo Tribunal Federal e no Superior Tribunal de Justiça, na forma dos seus regimentos internos;

→ Inciso I com redação alterada pela Lei 11.382/2006.

II – nos Estados, conforme dispuser a norma de Organização Judiciária.

Art. 494. Julgando procedente a ação, o tribunal rescindirá a sentença, proferirá, se for o caso, novo julgamento e determinará a restituição do depósito; declarando inadmissível ou improcedente a ação, a importância do depósito reverterá a favor do réu, sem prejuízo do disposto no art. 20.

Art. 495. O direito de propor ação rescisória se extingue em 2 (dois) anos, contados do trânsito em julgado da decisão.

Título X
Dos recursos

Capítulo I
DAS DISPOSIÇÕES GERAIS

Art. 496. São cabíveis os seguintes recursos:

→ *Caput* com redação alterada pela Lei 8.038/1990.

→ *v.* Art. 5º, LV, da CF/1988.

I – apelação;

→ Inciso I com redação alterada pela Lei 8.038/1990.

→ *v.* Arts. 513 a 521 do CPC.

II – agravo;

→ Inciso II com redação alterada pela Lei 8.950/1994.

→ v. Arts. 522 a 529, 544 e 545 do CPC.

III – embargos infringentes;

→ Inciso III com redação alterada pela Lei 8.038/1990.

→ v. Arts. 530 a 534 do CPC.

IV – embargos de declaração;

→ Inciso IV com redação alterada pela Lei 8.038/1990.

→ v. Arts. 535 a 538 do CPC.

V – recurso ordinário;

→ Inciso V com redação alterada pela Lei 8.038/1990.

→ v. Arts. 539 e 540 do CPC.

VI – recurso especial;

→ Inciso VI acrescentado pela Lei 8.038/1990.

→ v. Arts. 541 a 543 do CPC.

VII – recurso extraordinário;

→ Inciso VII acrescentado pela Lei 8.038/1990.

→ v. Arts. 541 a 543 do CPC.

VIII – embargos de divergência em recurso especial e em recurso extraordinário.

→ Inciso VIII acrescentado pela Lei 8.950/1994.

→ v. Súmulas 158, 168, 315, 316 e 420 do STJ.

Art. 497. O recurso extraordinário e o recurso especial não impedem a execução da sentença; a interposição do agravo de instrumento não obsta o andamento do processo, ressalvado o disposto no art. 558 desta Lei.

→ Artigo com redação alterada pela Lei 8.038/1990.

Art. 498. Quando o dispositivo do acórdão contiver julgamento por maioria de votos e julgamento unânime, e forem interpostos embargos infringentes, o prazo para recurso extraordinário ou recurso especial, relativamente ao julgamento unânime, ficará sobrestado até a intimação da decisão nos embargos.

→ Artigo com redação alterada pela Lei 10.352/2001.

Parágrafo único. Quando não forem interpostos embargos infringentes, o prazo relativo à parte unânime da decisão terá como dia de início aquele em que transitar em julgado a decisão por maioria de votos.

Art. 499. O recurso pode ser interposto pela parte vencida, pelo terceiro prejudicado e pelo Ministério Público.

→ v. Súmulas 202 e 226 do STJ.

§ 1º Cumpre ao terceiro demonstrar o nexo de interdependência entre o seu interesse de intervir e a relação jurídica submetida à apreciação judicial.

§ 2º O Ministério Público tem legitimidade para recorrer assim no processo em que é parte, como naqueles em que oficiou como fiscal da lei.

Art. 500. Cada parte interporá o recurso, independentemente, no prazo e observadas as exigências legais. Sendo, porém, vencidos autor e réu, ao recurso interposto por qualquer deles poderá aderir a outra parte. O recurso adesivo fica subordinado ao recurso principal e se rege pelas disposições seguintes:

→ *Caput* com redação alterada pela Lei 5.925/1973.

I – será interposto perante a autoridade competente para admitir o recurso principal, no prazo de que a parte dispõe para responder;

→ Inciso I com redação alterada pela Lei 8.950/1994.

II – será admissível na apelação, nos embargos infringentes, no recurso extraordinário e no recurso especial;

→ Inciso II com redação alterada pela Lei 8.038/1990.

III – não será conhecido, se houver desistência do recurso principal, ou se for ele declarado inadmissível ou deserto.

→ Inciso III com redação alterada pela Lei 5.925/1973.

Parágrafo único. Ao recurso adesivo se aplicam as mesmas regras do recurso independente, quanto às condições de admissibilidade, preparo e julgamento no tribunal superior.

→ Parágrafo único com redação alterada pela Lei 5.925/1973.

Art. 501. O recorrente poderá, a qualquer tempo, sem a anuência do recorrido ou dos litisconsortes, desistir do recurso.

Art. 502. A renúncia ao direito de recorrer independe da aceitação da outra parte.

Art. 503. A parte, que aceitar expressa ou tacitamente a sentença ou a decisão, não poderá recorrer.

→ v. Art. 38 da Lei 6.830/1980.

Parágrafo único. Considera-se aceitação tácita a prática, sem reserva alguma, de um ato incompatível com a vontade de recorrer.

Art. 504. Dos despachos não cabe recurso.

→ Artigo com redação alterada pela Lei 11.276/2006.

Art. 505. A sentença pode ser impugnada no todo ou em parte.

Art. 506. O prazo para a interposição do recurso, aplicável em todos os casos o disposto no art. 184 e seus parágrafos, contar-se-á da data:

→ v. Súmula 310 do STF.

→ v. Art. 184 do CPC.

I – da leitura da sentença em audiência;

II – da intimação às partes, quando a sentença não for proferida em audiência;

III – da publicação do dispositivo do acórdão no órgão oficial.

→ Inciso III com redação alterada pela Lei 11.276/2006.

Parágrafo único. No prazo para a interposição do recurso, a petição será protocolada em cartório ou segundo a norma de organização judiciária, ressalvado o disposto no § 2º do art. 525 desta Lei.

→ Parágrafo único com redação alterada pela Lei 11.276/2006.

Art. 507. Se, durante o prazo para a interposição do recurso, sobrevier o falecimento da parte ou de seu advogado, ou ocorrer motivo de força maior, que suspenda o curso do processo, será tal prazo restituído em proveito da parte, do herdeiro ou do sucessor, contra quem começará a correr novamente depois da intimação.

Art. 508. Na apelação, nos embargos infringentes, no recurso ordinário, no recurso especial, no recurso extraordinário e nos embargos de divergência, o prazo para interpor e para responder é de 15 (quinze) dias.

→ *Caput* com redação alterada pela Lei 8.950/1994.

→ v. Súmula 728 do STF.

→ v. Súmula 218 do STJ.

Parágrafo único. *(Revogado pela Lei 6.314/1975).*

Art. 509. O recurso interposto por um dos litisconsortes a todos aproveita, salvo se distintos ou opostos os seus interesses.

Parágrafo único. Havendo solidariedade passiva, o recurso interposto por um devedor aproveitará aos outros, quando as defesas opostas ao credor lhes forem comuns.

Art. 510. Transitado em julgado o acórdão, o escrivão, ou secretário, independentemente de despacho, providenciará a baixa dos autos ao juízo de origem, no prazo de 5 (cinco) dias.

Art. 511. No ato de interposição do recurso, o recorrente comprovará, quando exigido pela legislação pertinente, o respectivo preparo, inclusive porte de remessa e de retorno, sob pena de deserção.

→ Artigo com redação alterada pela Lei 9.756/1998.

§ 1º São dispensados de preparo os recursos interpostos pelo Ministério Público, pela União, pelos Estados e Municípios e respectivas autarquias, e pelos que gozam de isenção legal.

→ v. Súmulas 484 e 485 do STJ.

§ 2º A insuficiência no valor do preparo implicará deserção, se o recorrente, intimado, não vier a supri-lo no prazo de 5 (cinco) dias.

Art. 512. O julgamento proferido pelo tribunal substituirá a sentença ou a decisão recorrida no que tiver sido objeto de recurso.

Capítulo II
DA APELAÇÃO

Art. 513. Da sentença caberá apelação (arts. 267 e 269).

→ v. Arts. 162, § 1º, 267 e 269, do CPC.

Art. 514. A apelação, interposta por petição dirigida ao juiz, conterá:

I – os nomes e a qualificação das partes;

II – os fundamentos de fato e de direito;

III – o pedido de nova decisão.

Parágrafo único. *(Revogado pela Lei 8.950/1994).*

Art. 515. A apelação devolverá ao tribunal o conhecimento da matéria impugnada.

§ 1º Serão, porém, objeto de apreciação e julgamento pelo tribunal todas as questões suscitadas e discutidas no processo, ainda que a sentença não as tenha julgado por inteiro.

§ 2º Quando o pedido ou a defesa tiver mais de um fundamento e o juiz acolher apenas um deles, a apelação devolverá ao tribunal o conhecimento dos demais.

§ 3º Nos casos de extinção do processo sem julgamento do mérito (art. 267), o tribunal pode julgar desde logo a lide, se a causa versar questão exclusivamente de direito e estiver em condições de imediato julgamento.

→ § 3º acrescentado pela Lei 10.352/2001.

§ 4º Constatando a ocorrência de nulidade sanável, o tribunal poderá determinar a realização ou renovação do ato processual, intimadas as partes; cumprida a diligência, sempre que possível prosseguirá o julgamento da apelação.

→ § 4º acrescentado pela Lei 11.276/2006.

Art. 516. Ficam também submetidas ao tribunal as questões anteriores à sentença, ainda não decididas.

→ Artigo com redação alterada pela Lei 8.950/1994.

Art. 517. As questões de fato, não propostas no juízo inferior, poderão ser suscitadas na apelação, se a parte provar que deixou de fazê-lo por motivo de força maior.

Art. 518. Interposta a apelação, o juiz, declarando os efeitos em que a recebe, mandará dar vista ao apelado para responder.

→ *Caput* com redação alterada pela Lei 8.950/1994.

§ 1º O juiz não receberá o recurso de apelação quando a sentença estiver em conformidade com súmula do Superior Tribunal de Justiça ou do Supremo Tribunal Federal.

→ § 1º acrescentado pela Lei 11.276/2006.

§ 2º Apresentada a resposta, é facultado ao juiz, em 5 (cinco) dias, o reexame dos pressupostos de admissibilidade do recurso.

→ § 2º acrescentado pela Lei 11.276/2006.

Art. 519. Provando o apelante justo impedimento, o juiz relevará a pena de deserção, fixando-lhe prazo para efetuar o preparo.

→ Artigo com redação alterada pela Lei 8.950/1994.

Parágrafo único. A decisão referida neste artigo será irrecorrível, cabendo ao tribunal apreciar-lhe a legitimidade.

Art. 520. A apelação será recebida em seu efeito devolutivo e suspensivo. Será, no entanto, recebida só no efeito devolutivo, quando interposta de sentença que:

→ *Caput* com redação alterada pela Lei 5.925/1973.

→ *v.* Art. 1.184 do CPC.

→ *v.* Art. 90 do CDC.

I – homologar a divisão ou a demarcação;

→ Inciso I com redação alterada pela Lei 5.925/1973.

→ *v.* Arts. 949 e 974, § 1º, do CPC.

II – condenar à prestação de alimentos;

→ Inciso II com redação alterada pela Lei 5.925/1973.

→ *v.* Arts. 852 a 854 do CPC.

III – *(Revogado pela Lei 11.232/2005).*

IV – decidir o processo cautelar;

→ Inciso IV com redação alterada pela Lei 5.925/1973.

→ *v.* Art. 7º, III, da Lei 12.016/2009.

V – rejeitar liminarmente embargos à execução ou julgá-los improcedentes;

→ Inciso V com redação alterada pela Lei 8.950/1994.

→ *v.* Súmulas 317 e 331 do STJ.

VI – julgar procedente o pedido de instituição de arbitragem;

→ Inciso VI acrescentado pela Lei 9.307/1996.

VII – confirmar a antecipação dos efeitos da tutela.

→ Inciso VII acrescentado pela Lei 10.352/2001.

Art. 521. Recebida a apelação em ambos os efeitos, o juiz não poderá inovar no processo; recebida só no efeito devolutivo, o apelado poderá promover, desde logo, a execução provisória da sentença, extraindo a respectiva carta.

→ *v.* Art. 14 da Lei 7.347/1985.

Capítulo III
DO AGRAVO

→ Rubrica do Capítulo III com redação alterada pela Lei 9.139/1995.

Art. 522. Das decisões interlocutórias caberá agravo, no prazo de 10 (dez) dias, na forma retida, salvo quando se tratar de decisão suscetível de causar à parte lesão grave e de difícil reparação, bem como nos casos de inadmissão da apelação e nos relativos aos efeitos em que a apelação é recebida, quando será admitida a sua interposição por instrumento.

→ *Caput* com redação alterada pela Lei 11.187/2005.

→ *v.* Súmula 255 do STJ.

→ *v.* Art. 162, § 2º, do CPC.

→ *v.* Art. 7º, § 1º, da Lei 12.016/2009.

→ *v.* Art. 100 da Lei 11.101/2005.

Parágrafo único. O agravo retido independe de preparo.

→ Parágrafo único com redação alterada pela Lei 9.139/1995.

Art. 523. Na modalidade de agravo retido o agravante requererá que o tribunal dele conheça, preliminarmente, por ocasião do julgamento da apelação.

→ *Caput* com redação alterada pela Lei 9.139/1995.

§ 1º Não se conhecerá do agravo se a parte não requerer expressamente, nas razões ou na resposta da apelação, sua apreciação pelo Tribunal.

→ § 1º com redação alterada pela Lei 9.139/1995.

§ 2º Interposto o agravo, e ouvido o agravado no prazo de 10 (dez) dias, o juiz poderá reformar sua decisão.

→ § 2º com redação alterada pela Lei 10.352/2001.

§ 3º Das decisões interlocutórias proferidas na audiência de instrução e julgamento caberá agravo na forma retida, devendo ser interposto oral e imediatamente, bem como constar do respectivo termo (art. 457), nele expostas sucintamente as razões do agravante.

→ § 3º com redação alterada pela Lei 11.187/2005.

§ 4º *(Revogado pela Lei 11.187/2005).*

Art. 524. O agravo de instrumento será dirigido diretamente ao tribunal competente, através de petição com os seguintes requisitos:

→ Artigo com redação alterada pela Lei 9.139/1995.

I – a exposição do fato e do direito;

II – as razões do pedido de reforma da decisão;

→ *v.* Súmula 182 do STJ.

III – o nome e o endereço completo dos advogados, constantes do processo.

Art. 525. A petição de agravo de instrumento será instruída:

→ Artigo com redação alterada pela Lei 9.139/1995.

I – obrigatoriamente, com cópias da decisão agravada, da certidão da respectiva intimação e das procurações outorgadas aos advogados do agravante e do agravado;

→ *v.* Súmula 288 do STF.

II – facultativamente, com outras peças que o agravante entender úteis.

§ 1º Acompanhará a petição o comprovante do pagamento das respectivas custas e do porte de retorno, quando devidos, conforme tabela que será publicada pelos tribunais.

§ 2º No prazo do recurso, a petição será protocolada no tribunal, ou postada no correio sob registro com aviso de recebimento, ou, ainda, interposta por outra forma prevista na lei local.

Art. 526. O agravante, no prazo de 3 (três) dias, requererá juntada, aos autos do processo, de cópia da petição do agravo de instrumento e do comprovante de sua interposição, assim como a relação dos documentos que instruíram o recurso.

→ *Caput* com redação alterada pela Lei 9.139/1995.

Parágrafo único. O não cumprimento do disposto neste artigo, desde que arguido e provado pelo agravado, importa inadmissibilidade do agravo.

→ Parágrafo único acrescentado pela Lei 10.352/2001.

Art. 527. Recebido o agravo de instrumento no tribunal, e distribuído *incontinenti*, o relator:

→ *Caput* com redação alterada pela Lei 10.352/2001.

I – negar-lhe-á seguimento, liminarmente, nos casos do art. 557;

→ Inciso I com redação alterada pela Lei 10.352/2001.

II – converterá o agravo de instrumento em agravo retido, salvo quando se tratar de decisão suscetível de causar à parte lesão grave e de difícil reparação, bem como nos casos de inadmissão da apelação e nos relativos aos efeitos em que a apelação é recebida, mandando remeter os autos ao juiz da causa;

→ Inciso II com redação alterada pela Lei 11.187/2005.

III – poderá atribuir efeito suspensivo ao recurso (art. 558), ou deferir, em antecipação de tutela, total ou parcialmente, a pretensão recursal, comunicando ao juiz sua decisão;

→ Inciso III com redação alterada pela Lei 10.352/2001.

IV – poderá requisitar informações ao juiz da causa, que as prestará no prazo de 10 (dez) dias;

→ Inciso IV com redação alterada pela Lei 10.352/2001.

V – mandará intimar o agravado, na mesma oportunidade, por ofício dirigido ao seu advogado, sob registro e com aviso de recebimento, para que responda no prazo de 10 (dez) dias (art. 525, § 2º), facultando-lhe juntar a documentação que entender conveniente, sendo que, nas comarcas sede de tribunal e naquelas em que o expediente forense for divulgado no diário oficial, a intimação far-se-á mediante publicação no órgão oficial;

→ Inciso V com redação alterada pela Lei 11.187/2005.

VI – ultimadas as providências referidas nos incisos III a V do *caput* deste artigo, mandará ouvir o Ministério Público, se for o caso, para que se pronuncie no prazo de 10 (dez) dias.

→ Inciso VI com redação alterada pela Lei 11.187/2005.

Parágrafo único. A decisão liminar, proferida nos casos dos incisos II e III do *caput* deste artigo, somente é passível de reforma no momento do julgamento do agravo, salvo se o próprio relator a reconsiderar.

→ Parágrafo único com redação alterada pela Lei 11.187/2005.

Art. 528. Em prazo não superior a 30 (trinta) dias da intimação do agravado, o relator pedirá dia para julgamento.

→ Artigo com redação alterada pela Lei 9.139/1995.

→ *v.* Súmula 640 do STF.

Art. 529. Se o juiz comunicar que reformou inteiramente a decisão, o relator considerará prejudicado o agravo.

→ Artigo com redação alterada pela Lei 9.139/1995.

Capítulo IV
DOS EMBARGOS INFRINGENTES

→ *v.* Súmula 390 do STJ.

Art. 530. Cabem embargos infringentes quando o acórdão não unânime houver reformado, em grau de apelação, a sentença de mérito, ou houver julgado procedente ação rescisória. Se o desacordo for parcial, os embargos serão restritos à matéria objeto da divergência.

→ Artigo com redação alterada pela Lei 10.352/2001.

→ *v.* Súmulas 293, 353 e 597 do STF.

→ *v.* Súmulas 88, 169, 207, 255 e 390 do STJ.

→ *v.* Art. 25 da Lei 11.101/2005.

Art. 531. Interpostos os embargos, abrir-se-á vista ao recorrido para contrarrazões; após, o relator do acórdão embargado apreciará a admissibilidade do recurso.

→ *Caput* com redação alterada pela Lei 10.352/2001.

Parágrafo único. *(Revogado pela Lei 8.950/1994).*

Art. 532. Da decisão que não admitir os embargos caberá agravo, em 5 (cinco) dias, para o órgão competente para o julgamento do recurso.

→ Artigo com redação alterada pela Lei 8.950/1994.

Art. 533. Admitidos os embargos, serão processados e julgados conforme dispuser o regimento do tribunal.

→ Artigo com redação alterada pela Lei 10.352/2001.

Art. 534. Caso a norma regimental determine a escolha de novo relator, esta recairá, se possível, em juiz que não haja participado do julgamento anterior.

→ Artigo com redação alterada pela Lei 10.352/2001.

Capítulo V
DOS EMBARGOS DE DECLARAÇÃO

Art. 535. Cabem embargos de declaração quando:

→ Artigo com redação alterada pela Lei 8.950/1994.

→ *v.* Súmula 418 do STJ.

I – houver, na sentença ou no acórdão, obscuridade ou contradição;

II – for omitido ponto sobre o qual devia pronunciar-se o juiz ou tribunal.

Art. 536. Os embargos serão opostos, no prazo de 5 (cinco) dias, em petição dirigida ao juiz ou relator, com indicação do ponto obscuro, contraditório ou omisso, não estando sujeitos a preparo.

→ Artigo com redação alterada pela Lei 8.950/1994.

Art. 537. O juiz julgará os embargos em 5 (cinco) dias; nos tribunais, o relator apresentará os embargos em mesa na sessão subsequente, proferindo voto.

→ Artigo com redação alterada pela Lei 8.950/1994.

Art. 538. Os embargos de declaração interrompem o prazo para a interposição de outros recursos, por qualquer das partes.

→ Artigo com redação alterada pela Lei 8.950/1994.

Parágrafo único. Quando manifestamente protelatórios os embargos, o juiz ou tribunal, declarando que o são, condenará o embargante a pagar ao embargado multa não excedente de 1% (um por cento) sobre o valor da causa. Na reiteração de embargos protelatórios, a multa é elevada a até 10% (dez por cento), ficando condicionada a interposição de qualquer outro recurso ao depósito do valor respectivo.

→ *v.* Súmula 98 do STJ.

Capítulo VI
DOS RECURSOS PARA O SUPREMO TRIBUNAL FEDERAL E O SUPERIOR TRIBUNAL DE JUSTIÇA

→ Rubrica do Capítulo VI com redação alterada pela Lei 8.950/1994.

→ *v.* Arts. 101 a 105 da CF/1988.

Seção I
Dos recursos ordinários

→ Rubrica da Seção I com redação alterada pela Lei 8.950/1994.

Art. 539. Serão julgados em recurso ordinário:

→ Artigo com redação alterada pela Lei 8.950/1994.

I – pelo Supremo Tribunal Federal, os mandados de segurança, os *habeas data* e os mandados de injunção decididos em única instância pelos Tribunais Superiores, quando denegatória a decisão;

II – pelo Superior Tribunal de Justiça:

a) os mandados de segurança decididos em única instância pelos Tribunais Regionais Federais ou pelos Tribunais dos Estados e do Distrito Federal e Territórios, quando denegatória a decisão;

b) as causas em que forem partes, de um lado, Estado estrangeiro ou organismo internacional e, do outro, Município ou pessoa residente ou domiciliada no País.

Parágrafo único. Nas causas referidas no inciso II, alínea *b*, caberá agravo das decisões interlocutórias.

Art. 540. Aos recursos mencionados no artigo anterior aplica-se, quanto aos requisitos de admissibilidade e ao procedimento no juízo de origem, o disposto nos Capítulos II e III deste Título, observando-se, no Supremo Tribunal Federal e no Superior Tribunal de Justiça, o disposto nos seus regimentos internos.

→ Artigo com redação alterada pela Lei 8.950/1994.

Seção II
Do recurso extraordinário e do recurso especial

→ Rubrica da Seção II com redação alterada pela Lei 8.950/1994.

Art. 541. O recurso extraordinário e o recurso especial, nos casos previstos na Constituição Federal, serão interpostos perante o presidente ou o vice-presidente do tribunal recorrido, em petições distintas, que conterão:

→ *Caput* com redação alterada pela Lei 8.950/1994.

→ *v.* Súmula 640 do STF.

I – a exposição do fato e do direito;

II – a demonstração do cabimento do recurso interposto;

III – as razões do pedido de reforma da decisão recorrida.

Parágrafo único. Quando o recurso fundar-se em dissídio jurisprudencial, o recorrente fará a prova da divergência mediante certidão, cópia autenticada ou pela citação do repositório de jurisprudência, oficial ou credenciado, inclusive em mídia eletrônica, em que tiver sido publicada a decisão divergente, ou ainda pela reprodução de julgado disponível na internet, com indicação da respectiva fonte, mencionando, em qualquer caso, as circunstâncias que identifiquem ou assemelhem os casos confrontados.

→ Parágrafo único com redação alterada pela Lei 11.341/2006.

Art. 542. Recebida a petição pela secretaria do tribunal, será intimado o recorrido, abrindo-se-lhe vista, para apresentar contrarrazões.

→ *Caput* com redação alterada pela Lei 10.352/2001.

§ 1º Findo esse prazo, serão os autos conclusos para a admissão ou não do recurso, no prazo de 15 (quinze) dias, em decisão fundamentada.

→ § 1º com redação alterada pela Lei 8.950/1994.

§ 2º Os recursos extraordinário e especial serão recebidos no efeito devolutivo.

→ § 2º com redação alterada pela Lei 8.950/1994.

§ 3º O recurso extraordinário, ou o recurso especial, quando interpostos contra decisão interlocutória em processo de conhecimento, cautelar, ou embargos à execução ficará retido nos autos e somente será processado se o reiterar a parte, no prazo para a interposição do recurso contra a decisão final, ou para as contrarrazões.

→ § 3º acrescentado pela Lei 9.756/1998.

Art. 543. Admitidos ambos os recursos, os autos serão remetidos ao Superior Tribunal de Justiça.

→ Artigo com redação alterada pela Lei 8.950/1994.

§ 1º Concluído o julgamento do recurso especial, serão os autos remetidos ao Supremo Tribunal Federal, para apreciação do recurso extraordinário, se este não estiver prejudicado.

§ 2º Na hipótese de o relator do recurso especial considerar que o recurso extraordinário é prejudicial àquele, em decisão irrecorrível sobrestará o seu julgamento e remeterá os autos ao Supremo Tribunal Federal, para o julgamento do recurso extraordinário.

§ 3º No caso do parágrafo anterior, se o relator do recurso extraordinário, em decisão irrecorrível, não o considerar prejudicial, devolverá os autos ao Superior Tribunal de Justiça, para o julgamento do recurso especial.

Art. 543-A. O Supremo Tribunal Federal, em decisão irrecorrível, não conhecerá do recurso extraordinário, quando a questão constitucional nele versada não oferecer repercussão geral, nos termos deste artigo.

→ Artigo acrescentado pela Lei 11.418/2006.

§ 1º Para efeito da repercussão geral, será considerada a existência, ou não, de questões relevantes do ponto de vista econômico, político, social ou jurídico, que ultrapassem os interesses subjetivos da causa.

§ 2º O recorrente deverá demonstrar, em preliminar do recurso, para apreciação exclusiva do Supremo Tribunal Federal, a existência da repercussão geral.

§ 3º Haverá repercussão geral sempre que o recurso impugnar decisão contrária a súmula ou jurisprudência dominante do Tribunal.

§ 4º Se a Turma decidir pela existência da repercussão geral por, no mínimo, 4 (quatro) votos, ficará dispensada a remessa do recurso ao Plenário.

§ 5º Negada a existência da repercussão geral, a decisão valerá para todos os recursos sobre matéria idêntica, que serão indeferidos liminarmente, salvo revisão da tese, tudo nos termos do Regimento Interno do Supremo Tribunal Federal.

§ 6º O Relator poderá admitir, na análise da repercussão geral, a manifestação de terceiros, subscrita por procurador habilitado, nos termos do Regimento Interno do Supremo Tribunal Federal.

§ 7º A Súmula da decisão sobre a repercussão geral constará de ata, que será publicada no *Diário Oficial* e valerá como acórdão.

Art. 543-B. Quando houver multiplicidade de recursos com fundamento em idêntica controvérsia, a análise da repercussão geral será processada nos termos do Regimento Interno do Supremo Tribunal Federal, observado o disposto neste artigo.

→ Artigo acrescentado pela Lei 11.418/2006.

§ 1º Caberá ao Tribunal de origem selecionar um ou mais recursos representativos da controvérsia e encaminhá-los ao Supremo Tribunal Federal, sobrestando os demais até o pronunciamento definitivo da Corte.

§ 2º Negada a existência de repercussão geral, os recursos sobrestados considerar-se-ão automaticamente não admitidos.

§ 3º Julgado o mérito do recurso extraordinário, os recursos sobrestados serão apreciados pelos Tribunais, Turmas de Uniformização ou Turmas Recursais, que poderão declará-los prejudicados ou retratar-se.

§ 4º Mantida a decisão e admitido o recurso, poderá o Supremo Tribunal Federal, nos termos do Regimento Interno, cassar ou reformar, liminarmente, o acórdão contrário à orientação firmada.

§ 5º O Regimento Interno do Supremo Tribunal Federal disporá sobre as atribuições dos Ministros, das Turmas e de outros órgãos, na análise da repercussão geral.

Art. 543-C. Quando houver multiplicidade de recursos com fundamento em idêntica questão de direito, o recurso especial será processado nos termos deste artigo.

→ Artigo acrescentado pela Lei 11.672/2008.

→ v. Súmulas 505, 506, 507, 508, 509, 510, 511, 512, 514 e 515 do STJ.

§ 1º Caberá ao presidente do tribunal de origem admitir um ou mais recursos representativos da controvérsia, os quais serão encaminhados ao Superior Tribunal de Justiça, ficando suspensos os demais recursos especiais até o pronunciamento definitivo do Superior Tribunal de Justiça.

§ 2º Não adotada a providência descrita no § 1º deste artigo, o relator no Superior Tribunal de Justiça, ao identificar que sobre a controvérsia já existe jurisprudência dominante ou que a matéria já está afeta ao colegiado, poderá determinar a suspensão, nos tribunais de segunda instância, dos recursos nos quais a controvérsia esteja estabelecida.

§ 3º O relator poderá solicitar informações, a serem prestadas no prazo de 15 (quinze) dias, aos tribunais federais ou estaduais a respeito da controvérsia.

§ 4º O relator, conforme dispuser o regimento interno do Superior Tribunal de Justiça e considerando a relevância da matéria, poderá admitir manifestação de pessoas, órgãos ou entidades com interesse na controvérsia.

§ 5º Recebidas as informações e, se for o caso, após cumprido o disposto no § 4º deste artigo, terá vista o Ministério Público pelo prazo de 15 (quinze) dias.

§ 6º Transcorrido o prazo para o Ministério Público e remetida cópia do relatório aos demais Ministros, o processo será incluído em pauta na seção ou na Corte Especial, devendo ser julgado com preferência sobre os demais feitos, ressalvados os que envolvam réu preso e os pedidos de *habeas corpus*.

§ 7º Publicado o acórdão do Superior Tribunal de Justiça, os recursos especiais sobrestados na origem:

I – terão seguimento denegado na hipótese de o acórdão recorrido coincidir com a orientação do Superior Tribunal de Justiça; ou

II – serão novamente examinados pelo tribunal de origem na hipótese de o acórdão recorrido divergir da orientação do Superior Tribunal de Justiça.

§ 8º Na hipótese prevista no inciso II do § 7º deste artigo, mantida a decisão divergente pelo tribunal de origem, far-se-á o exame de admissibilidade do recurso especial.

§ 9º O Superior Tribunal de Justiça e os tribunais de segunda instância regulamentarão, no âmbito de suas competências, os procedimentos relativos ao processamento e julgamento do recurso especial nos casos previstos neste artigo.

Art. 544. Não admitido o recurso extraordinário ou o recurso especial, caberá agravo nos próprios autos, no prazo de 10 (dez) dias.

→ *Caput* com redação alterada pela Lei 12.322/2010.

§ 1º O agravante deverá interpor um agravo para cada recurso não admitido.

→ § 1º com redação alterada pela Lei 12.322/2010.

§ 2º A petição de agravo será dirigida à presidência do tribunal de origem, não dependendo do pagamento de custas e despesas postais. O agravado será intimado, de imediato, para no prazo de 10 (dez) dias oferecer resposta, podendo instruí-la com cópias das peças que entender conveniente. Em seguida, subirá o agravo ao tribunal superior, onde será processado na forma regimental.

→ § 2º com redação alterada pela Lei 10.352/2001.

§ 3º O agravado será intimado, de imediato, para no prazo de 10 (dez) dias oferecer resposta. Em seguida, os autos serão remetidos à superior instância, observando-se o disposto no art. 543 deste Código e, no que couber, na Lei 11.672, de 8 de maio de 2008.

→ § 3º com redação alterada pela Lei 12.322/2010.

§ 4º No Supremo Tribunal Federal e no Superior Tribunal de Justiça, o julgamento do agravo obedecerá ao disposto no respectivo regimento interno, podendo o relator:

→ § 4º com redação alterada pela Lei 12.322/2010.

I – não conhecer do agravo manifestamente inadmissível ou que não tenha atacado especificamente os fundamentos da decisão agravada;

II – conhecer do agravo para:

a) negar-lhe provimento, se correta a decisão que não admitiu o recurso;

b) negar seguimento ao recurso manifestamente inadmissível, prejudicado ou em confronto com súmula ou jurisprudência dominante no tribunal;

c) dar provimento ao recurso, se o acórdão recorrido estiver em confronto com súmula ou jurisprudência dominante no tribunal.

Art. 545. Da decisão do relator que não conhecer do agravo, negar-lhe provimento ou decidir, desde logo, o recurso não admitido na origem, caberá agravo, no prazo de 5 (cinco) dias, ao órgão competente, observado o disposto nos §§ 1º e 2º do art. 557.

→ Artigo com redação alterada pela Lei 12.322/2010.

Art. 546. É embargável a decisão da turma que:

→ Artigo com redação alterada pela Lei 8.950/1994.

I – em recurso especial, divergir do julgamento de outra turma, da seção ou do órgão especial;

II – em recurso extraordinário, divergir do julgamento da outra turma ou do plenário.

Parágrafo único. Observar-se-á, no recurso de embargos, o procedimento estabelecido no regimento interno.

Capítulo VII
DA ORDEM DOS PROCESSOS NO TRIBUNAL

Art. 547. Os autos remetidos ao tribunal serão registrados no protocolo no dia de sua entrada, cabendo à secretaria verificar-lhes a numeração das folhas e ordená-los para distribuição.

Parágrafo único. Os serviços de protocolo poderão, a critério do tribunal, ser descentralizados, mediante delegação a ofícios de justiça de primeiro grau.

→ Parágrafo único acrescentado pela Lei 10.352/2001.

Art. 548. Far-se-á a distribuição de acordo com o regimento interno do tribunal, observando-se os princípios da publicidade, da alternatividade e do sorteio.

Art. 549. Distribuídos, os autos subirão, no prazo de 48 (quarenta e oito) horas, à conclusão do relator, que, depois de estudá-los, os restituirá à secretaria com o seu "visto".

Parágrafo único. O relator fará nos autos uma exposição dos pontos controvertidos sobre que versar o recurso.

Art. 550. Os recursos interpostos nas causas de procedimento sumário deverão ser julgados no tribunal, dentro de 40 (quarenta) dias.

→ *v.* Art. 3º da Lei 9.245/1995 – Altera dispositivos do CPC, relativos ao procedimento sumaríssimo.

Art. 551. Tratando-se de apelação, de embargos infringentes e de ação rescisória, os autos serão conclusos ao revisor.

§ 1º Será revisor o juiz que se seguir ao relator na ordem descendente de antiguidade.

§ 2º O revisor aporá nos autos o seu "visto", cabendo-lhe pedir dia para julgamento.

§ 3º Nos recursos interpostos nas causas de procedimentos sumários, de despejo e nos casos de indeferimento liminar da petição inicial, não haverá revisor.

→ § 3º com redação alterada pela Lei 8.950/1994.

Art. 552. Os autos serão, em seguida, apresentados ao presidente, que designará dia para julgamento, mandando publicar a pauta no órgão oficial.

§ 1º Entre a data da publicação da pauta e a sessão de julgamento mediará, pelo menos, o espaço de 48 (quarenta e oito) horas.

→ *v.* Súmula 117 do STJ.

§ 2º Afixar-se-á a pauta na entrada da sala em que se realizar a sessão de julgamento.

§ 3º Salvo caso de força maior, participará do julgamento do recurso o juiz que houver lançado o "visto" nos autos.

Art. 553. Nos embargos infringentes e na ação rescisória, devolvidos os autos pelo relator, a secretaria do tribunal expedirá cópias autenticadas do relatório e as distribuirá entre os juízes que compuserem o tribunal competente para o julgamento.

Art. 554. Na sessão de julgamento, depois de feita a exposição da causa pelo relator, o presidente, se o recurso não for de embargos declaratórios ou de agravo de instrumento, dará a palavra, sucessivamente, ao recorrente e ao recorrido, pelo prazo improrrogável de 15 (quinze) minutos para cada um, a fim de sustentarem as razões do recurso.

Art. 555. No julgamento de apelação ou de agravo, a decisão será tomada, na câmara ou turma, pelo voto de três juízes.

→ *Caput* com redação alterada pela Lei 10.352/2001.

§ 1º Ocorrendo relevante questão de direito, que faça conveniente prevenir ou compor divergência entre câmaras ou turmas do tribunal, poderá o relator propor seja o recurso julgado pelo órgão colegiado que o regimento indicar; reconhecendo o interesse público na assunção de competência, esse órgão colegiado julgará o recurso.

→ § 1º com redação alterada pela Lei 10.352/2001.

§ 2º Não se considerando habilitado a proferir imediatamente seu voto, a qualquer juiz é facultado pedir vista do processo, devendo devolvê-lo no prazo de 10 (dez) dias, contados da data em que o recebeu; o julgamento prosseguirá na primeira sessão ordinária subsequente à devolução, dispensada nova publicação em pauta.

→ § 2º com redação alterada pela Lei 11.280/2006.

§ 3º No caso do § 2º deste artigo, não devolvidos os autos no prazo, nem solicitada expressamente sua prorrogação pelo juiz, o presidente do órgão julgador requisitará o processo e reabrirá o julgamento na sessão ordinária subsequente, com publicação em pauta.

→ § 3º acrescentado pela Lei 11.280/2006.

Art. 556. Proferidos os votos, o presidente anunciará o resultado do julgamento, designando para redigir o acórdão o relator, ou, se este for vencido, o autor do primeiro voto vencedor.

Parágrafo único. Os votos, acórdãos e demais atos processuais podem ser registrados em arquivo eletrônico inviolável e assinados eletronicamente, na forma da lei, devendo ser impressos para juntada aos autos do processo quando este não for eletrônico.

→ Parágrafo único acrescentado pela Lei 11.419/2006.

Art. 557. O relator negará seguimento a recurso manifestamente inadmissível, improcedente, prejudicado ou em confronto com súmula ou com jurisprudência dominante do respectivo tribunal, do Supremo Tribunal Federal, ou de Tribunal Superior.

→ Artigo com redação alterada pela Lei 9.756/1998.

→ *v.* Súmula 253 do STJ.

§ 1º-A. Se a decisão recorrida estiver em manifesto confronto com súmula ou com jurisprudência dominante do Supremo Tribunal Federal, ou de Tribunal Superior, o relator poderá dar provimento ao recurso.

§ 1º Da decisão caberá agravo, no prazo de 5 (cinco) dias, ao órgão competente para o julgamento do recurso, e, se não houver retratação, o relator apresentará o processo em mesa, proferindo voto; provido o agravo, o recurso terá seguimento.

§ 2º Quando manifestamente inadmissível ou infundado o agravo, o tribunal condenará o agravante a pagar ao agravado multa entre 1% (um por cento) e 10% (dez por cento) do valor corrigido da causa, ficando a interposição de qualquer outro recurso condicionada ao depósito do respectivo valor.

Art. 558. O relator poderá, a requerimento do agravante, nos casos de prisão civil, adjudicação, remição de bens, levantamento de dinheiro sem caução idônea e em outros casos dos quais possa resultar lesão grave e de difícil reparação, sendo relevante a fundamentação, suspender o cumprimento da decisão até o pronunciamento definitivo da turma ou câmara.

→ Artigo com redação alterada pela Lei 9.139/1995.

Parágrafo único. Aplicar-se-á o disposto neste artigo às hipóteses do art. 520.

Art. 559. A apelação não será incluída em pauta antes do agravo de instrumento interposto no mesmo processo.

Parágrafo único. Se ambos os recursos houverem de ser julgados na mesma sessão, terá precedência o agravo.

Art. 560. Qualquer questão preliminar suscitada no julgamento será decidida antes do mérito, deste não se conhecendo se incompatível com a decisão daquela.

→ Artigo com redação alterada pela Lei 5.925/1973.

Parágrafo único. Versando a preliminar sobre nulidade suprível, o tribunal, havendo necessidade, converterá o julgamento em diligência, ordenando a remessa dos autos ao juiz, a fim de ser sanado o vício.

Art. 561. Rejeitada a preliminar, ou se com ela for compatível a apreciação do mérito, seguir-se-ão a discussão e julgamento da matéria principal, pronunciando-se sobre esta os juízes vencidos na preliminar.

Art. 562. Preferirá aos demais o recurso cujo julgamento tenha sido iniciado.

Art. 563. Todo acórdão conterá ementa.

→ Artigo com redação alterada pela Lei 8.950/1994.

Art. 564. Lavrado o acórdão, serão as suas conclusões publicadas no órgão oficial dentro de 10 (dez) dias.

Art. 565. Desejando proferir sustentação oral, poderão os advogados requerer que na sessão imediata seja o feito julgado em primeiro lugar, sem prejuízo das preferências legais.

Parágrafo único. Se tiverem subscrito o requerimento os advogados de todos os interessados, a preferência será concedida para a própria sessão.

LIVRO II
Do processo de execução

Título I
Da execução em geral

Capítulo I
DAS PARTES

→ *v.* Lei 6.830/1980 – Dispõe sobre a cobrança judicial da Dívida Ativa da Fazenda Pública, e dá outras providências.

Art. 566. Podem promover a execução forçada:

I – o credor a quem a lei confere título executivo;

→ *v.* Art. 585 do CPC.

II – o Ministério Público, nos casos prescritos em lei.

→ *v.* Art. 81 do CPC.

Art. 567. Podem também promover a execução, ou nela prosseguir:

I – o espólio, os herdeiros ou os sucessores do credor, sempre que, por morte deste, lhes for transmitido o direito resultante do título executivo;

→ *v.* Arts. 42, § 1º, e 1.061 do CPC.

II – o cessionário, quando o direito resultante do título executivo lhe foi transferido por ato entre vivos;

→ *v.* Arts. 1.495 e 1.498 do CC/2002.

III – o sub-rogado, nos casos de sub-rogação legal ou convencional.

Art. 568. São sujeitos passivos na execução:

→ Artigo com redação alterada pela Lei 5.925/1973.

I – o devedor, reconhecido como tal no título executivo;

II – o espólio, os herdeiros ou os sucessores do devedor;

III – o novo devedor, que assumiu, com o consentimento do credor, a obrigação resultante do título executivo;

IV – o fiador judicial;

→ *v.* Súmula 268 do STJ.

V – o responsável tributário, assim definido na legislação própria.

Art. 569. O credor tem a faculdade de desistir de toda a execução ou de apenas algumas medidas executivas.

Parágrafo único. Na desistência da execução, observar-se-á o seguinte:

→ Parágrafo único acrescentado pela Lei 8.953/1994.

a) serão extintos os embargos que versarem apenas sobre questões processuais, pagando o credor as custas e os honorários advocatícios;

b) nos demais casos, a extinção dependerá da concordância do embargante.

Art. 570. *(Revogado pela Lei 11.232/2005).*

Art. 571. Nas obrigações alternativas, quando a escolha couber ao devedor, este será citado para exercer a opção e realizar a prestação dentro em 10 (dez) dias, se outro prazo não lhe foi determinado em lei, no contrato, ou na sentença.

§ 1º Devolver-se-á ao credor a opção, se o devedor não a exercitou no prazo marcado.

§ 2º Se a escolha couber ao credor, este a indicará na petição inicial da execução.

Art. 572. Quando o juiz decidir relação jurídica sujeita a condição ou termo, o credor não poderá executar a sentença sem provar que se realizou a condição ou que ocorreu o termo.

→ *v.* Arts. 121 a 137 do CC/2002.

Art. 573. É lícito ao credor, sendo o mesmo o devedor, cumular várias execuções, ainda que fundadas em títulos diferentes, desde que para todas elas sejam competente o juiz e idêntica a forma do processo.

Art. 574. O credor ressarcirá ao devedor os danos que este sofreu, quando a sentença, passada em julgado, declarar inexistente, no todo ou em parte, a obrigação, que deu lugar à execução.

Capítulo II
DA COMPETÊNCIA

Art. 575. A execução, fundada em título judicial, processar-se-á perante:

I – os tribunais superiores, nas causas de sua competência originária;

II – o juízo que decidiu a causa no primeiro grau de jurisdição;

III – *(Revogado pela Lei 10.358/2001).*

IV – o juízo cível competente, quando o título executivo for sentença penal condenatória ou sentença arbitral.

→ Inciso IV com redação alterada pela Lei 10.358/2001.

Art. 576. A execução, fundada em título extrajudicial, será processada perante o juízo competente, na conformidade do disposto no Livro I, Título IV, Capítulos II e III.

Art. 577. Não dispondo a lei de modo diverso, o juiz determinará os atos executivos e os oficiais de justiça os cumprirão.

Art. 578. A execução fiscal (art. 585, VI) será proposta no foro do domicílio do réu; se não o tiver, no de sua residência ou no lugar onde for encontrado.

→ *v.* Súmula 58 do STJ.

→ *v.* Art. 127 do CTN.

→ *v.* Art. 5º, I, da Lei 6.830/1980.

Parágrafo único. Na execução fiscal, a Fazenda Pública poderá escolher o foro de qualquer um dos devedores, quando houver mais de um, ou o foro de qualquer dos domicílios do réu; a ação poderá ainda ser proposta no foro do lugar em que se praticou o ato ou ocorreu o fato que deu origem à dívida, embora nele não mais resida o réu, ou, ainda, no foro da situação dos bens, quando a dívida deles se originar.

Art. 579. Sempre que, para efetivar a execução, for necessário o emprego da força policial, o juiz a requisitará.

Capítulo III
DOS REQUISITOS NECESSÁRIOS PARA REALIZAR QUALQUER EXECUÇÃO

Seção I
Do inadimplemento do devedor

Art. 580. A execução pode ser instaurada caso o devedor não satisfaça a obrigação certa, líquida e exigível, consubstanciada em título executivo.

→ *Caput* com redação alterada pela Lei 11.382/2006.

Parágrafo único. *(Revogado pela Lei 11.382/2006).*

Art. 581. O credor não poderá iniciar a execução, ou nela prosseguir, se o devedor cumprir a obrigação; mas poderá recusar o recebimento da prestação, estabelecida no título executivo, se ela não corresponder ao direito ou à obrigação; caso em que requererá ao juiz a execução, ressalvado ao devedor o direito de embargá-la.

Art. 582. Em todos os casos em que é defeso a um contraente, antes de cumprida a sua obrigação, exigir o implemento da do outro, não se procederá à execução, se o devedor se propõe satisfazer a prestação, com meios considerados idôneos pelo juiz, mediante a execução da contraprestação pelo credor, e este, sem justo motivo, recusar a oferta.

Parágrafo único. O devedor poderá, entretanto, exonerar-se da obrigação, depositando em juízo a prestação ou a coisa; caso em que o juiz suspenderá a execução, não permitindo que o credor a receba, sem cumprir a contraprestação, que lhe tocar.

Seção II
Do título executivo

Art. 583. *(Revogado pela Lei 11.382/2006).*

Art. 584. *(Revogado pela Lei 11.232/2005).*

Art. 585. São títulos executivos extrajudiciais:

→ *Caput* com redação alterada pela Lei 5.925/1973.

→ *v.* Súmula 27 do STJ.

I – a letra de câmbio, a nota promissória, a duplicata, a debênture e o cheque;

→ Inciso I com redação alterada pela Lei 8.953/1994.

→ *v.* Súmula 600 do STF.

→ *v.* Súmula 258 do STJ.

→ *v.* Decreto 2.044/1908 – Define a letra de câmbio e a nota promissória e regula as Operações Cambiais.

→ *v.* Decreto 57.595/1966 – Promulga as Convenções para adoção de uma Lei uniforme em matéria de cheques.

→ *v.* Lei 5.474/1968 – Dispõe sobre as Duplicatas.

→ *v.* Lei 7.357/1985 - Dispõe sobre o cheque.

II – a escritura pública ou outro documento público assinado pelo devedor; o documento particular assinado pelo devedor e por duas testemunhas; o instrumento de transação referendado pelo Ministério Público, pela Defensoria Pública ou pelos advogados dos transatores;

→ Inciso II com redação alterada pela Lei 8.953/1994.

→ *v.* Súmula 300 do STJ.

→ *v.* Art. 221 do CC/2002.

→ *v.* Art. 5º, § 6º, da Lei 7.347/1980.

→ *v.* Art. 57, parágrafo único, da Lei 9.099/1995.

→ *v.* Art. 94 da Lei 11.101/2005.

III – os contratos garantidos por hipoteca, penhor, anticrese e caução, bem como os de seguro de vida;

→ Inciso III com redação alterada pela Lei 11.382/2006.

→ *v.* Art. 1.424 do CC/2002.

IV – o crédito decorrente de foro e laudêmio;

→ Inciso IV com redação alterada pela Lei 11.382/2006.

→ *v.* Art. 2.038 do CC/2002.

V – o crédito, documentalmente comprovado, decorrente de aluguel de imóvel, bem como de encargos acessórios, tais como taxas e despesas de condomínio;

→ Inciso V com redação alterada pela Lei 11.382/2006.

VI – o crédito de serventuário de justiça, de perito, de intérprete, ou de tradutor, quando as custas, emolumentos ou honorários forem aprovados por decisão judicial;

→ Inciso VI com redação alterada pela Lei 11.382/2006.

VII – a certidão de dívida ativa da Fazenda Pública da União, dos Estados, do Distrito Federal, dos Territórios e dos Municípios, correspondente aos créditos inscritos na forma da lei;

→ Inciso VII com redação alterada pela Lei 11.382/2006.

→ *v.* Art. 202 do CTN.

→ *v.* Art. 2º da Lei 6.830/1980.

VIII – todos os demais títulos a que, por disposição expressa, a lei atribuir força executiva.

→ Inciso VIII acrescentado pela Lei 11.382/2006.

→ *v.* Art. 211 do ECA.

→ *v.* Art. 24 da Lei 8.906/1994.

→ *v.* Art. 2º, III, da Lei 5.741/1971.

→ *v.* Art. 10 da MP 2.200-2/2001.

§ 1º A propositura de qualquer ação relativa ao débito constante do título executivo não inibe o credor de promover-lhe a execução.

→ § 1º com redação alterada pela Lei 8.953/1994.

→ *v.* Art. 169 do CTN.

§ 2º Não dependem de homologação pelo Supremo Tribunal Federal, para serem executados, os títulos executivos extrajudiciais, oriundos de país estrangeiro. O título, para ter eficácia executiva, há de satisfazer aos requisitos de formação exigidos pela lei do lugar de sua celebração e indicar o Brasil como o lugar de cumprimento da obrigação.

→ § 2º com redação alterada pela Lei 5.925/1973.

Art. 586. A execução para cobrança de crédito fundar-se-á sempre em título de obrigação certa, líquida e exigível.

→ *Caput* com redação alterada pela Lei 11.382/2006.

→ *v.* Súmulas 258 e 392 do STJ.

§ 1º *(Revogado pela Lei 11.382/2006).*

§ 2º *(Revogado pela Lei 11.382/2006).*

Art. 587. É definitiva a execução fundada em título extrajudicial; é provisória enquanto pendente apelação da sentença de improcedência dos embargos do executado, quando recebidos com efeito suspensivo (art. 739).

→ Artigo com redação alterada pela Lei 11.382/2006.

→ *v.* Súmula 317 do STJ.

→ *v.* Art. 730 do CPC.

Art. 588. *(Revogado pela Lei 11.232/2005).*

Art. 589. *(Revogado pela Lei 11.232/2005).*

Art. 590. *(Revogado pela Lei 11.232/2005).*

Capítulo IV
DA RESPONSABILIDADE PATRIMONIAL

Art. 591. O devedor responde, para o cumprimento de suas obrigações, com todos os seus bens presentes e futuros, salvo as restrições estabelecidas em lei.

→ *v.* Art. 646 do CPC.

Art. 592. Ficam sujeitos à execução os bens:

I – do sucessor a título singular, tratando-se de execução fundada em direito real ou obrigação reipersecutória;

→ Inciso I com redação alterada pela Lei 11.382/2006.

II – do sócio, nos termos da lei;

→ *v.* Art. 596 do CPC.

III – do devedor, quando em poder de terceiros;

→ *v.* Art. 1.046 do CPC.

IV – do cônjuge, nos casos em que os seus bens próprios, reservados ou de sua meação respondem pela dívida;

V – alienados ou gravados com ônus real em fraude de execução.

→ *v.* Arts. 158 e 171, II, do CC/2002.

→ *v.* Art. 129 da Lei 11.101/2005.

Art. 593. Considera-se em fraude de execução a alienação ou oneração de bens:

→ *v.* Arts. 158, 171, II, do CC/2002.

→ *v.* Art. 179 do CP.

I – quando sobre eles pender ação fundada em direito real;

II – quando, ao tempo da alienação ou oneração, corria contra o devedor demanda capaz de reduzi-lo à insolvência;

→ *v.* Súmula 375 do STJ.

III – nos demais casos expressos em lei.

→ *v.* Art. 185 do CTN.

Art. 594. O credor, que estiver, por direito de retenção, na posse de coisa pertencente ao devedor, não poderá promover a execução sobre outros bens senão depois de excutida a coisa que se achar em seu poder.

→ *v.* Arts. 1.219, 1.423, 1.433, II, 1.455, parágrafo único e 1.507, § 2º, do CC/2002.

→ *v.* Art. 35 da Lei 8.245/1991.

Art. 595. O fiador, quando executado, poderá nomear à penhora bens livres e desembargados do devedor. Os bens do fiador ficarão, porém, sujeitos à execução, se os do devedor forem insuficientes à satisfação do direito do credor.

→ *v.* Súmula 268 do STJ.

→ *v.* Arts. 818 e 827 do CC/2002.

Parágrafo único. O fiador, que pagar a dívida, poderá executar o afiançado nos autos do mesmo processo.

Art. 596. Os bens particulares dos sócios não respondem pelas dívidas da sociedade senão nos casos previstos em lei; o sócio, demandado pelo pagamento da dívida, tem direito a exigir que sejam primeiro excutidos os bens da sociedade.

→ *v.* Art. 592, II, do CPC.

§ 1º Cumpre ao sócio, que alegar o benefício deste artigo, nomear bens da sociedade, sitos na mesma comarca, livres e desembargados, quantos bastem para pagar o débito.

§ 2º Aplica-se aos casos deste artigo o disposto no parágrafo único do artigo anterior.

Art. 597. O espólio responde pelas dívidas do falecido; mas, feita a partilha, cada herdeiro responde por elas na proporção da parte que na herança lhe coube.

→ *v.* Art. 1.791 do CC/2002.

Capítulo V
DAS DISPOSIÇÕES GERAIS

Art. 598. Aplicam-se subsidiariamente à execução as disposições que regem o processo de conhecimento.

Art. 599. O juiz pode, em qualquer momento do processo:

→ Artigo com redação alterada pela Lei 5.925/1973.

I – ordenar o comparecimento das partes;

II – advertir ao devedor que o seu procedimento constitui ato atentatório à dignidade da justiça.

Art. 600. Considera-se atentatório à dignidade da Justiça o ato do executado que:

→ *Caput* com redação alterada pela Lei 11.382/2006.

I – frauda a execução;

→ Inciso I com redação alterada pela Lei 5.925/1973.

II – se opõe maliciosamente à execução, empregando ardis e meios artificiosos;

→ Inciso II com redação alterada pela Lei 5.925/1973.

III – resiste injustificadamente às ordens judiciais;

→ Inciso III com redação alterada pela Lei 5.925/1973.

IV – intimado, não indica ao juiz, em 5 (cinco) dias, quais são e onde se encontram os bens sujeitos à penhora e seus respectivos valores.

→ Inciso IV com redação alterada pela Lei 11.382/2006.

Art. 601. Nos casos previstos no artigo anterior, o devedor incidirá em multa fixada pelo juiz, em montante não superior a 20% (vinte por cento) do valor atualizado do débito em execução, sem prejuízo de outras sanções de natureza processual ou material, multa essa que reverterá em proveito do credor, exigível na própria execução.

→ *Caput* com redação alterada pela Lei 8.953/1994.

Parágrafo único. O juiz relevará a pena, se o devedor se comprometer a não mais praticar qualquer dos atos definidos no artigo antecedente e der fiador idôneo, que responda ao credor pela dívida principal, juros, despesas e honorários advocatícios.

→ Parágrafo único com redação alterada pela Lei 5.925/1973.

Art. 602. *(Revogado pela Lei 11.232/2005).*

Capítulo VI
DA LIQUIDAÇÃO DA SENTENÇA

Arts. 603 a 611. *(Revogados pela Lei 11.232/2005).*

Título II
Das diversas espécies de execução

Capítulo I
DAS DISPOSIÇÕES GERAIS

Art. 612. Ressalvado o caso de insolvência do devedor, em que tem lugar o concurso universal (art. 751, III), realiza-se a execução no interesse do credor, que adquire, pela penhora, o direito de preferência sobre os bens penhorados.

Art. 613. Recaindo mais de uma penhora sobre os mesmos bens, cada credor conservará o seu título de preferência.

→ *v.* Arts. 711 e 712 do CPC.

Art. 614. Cumpre ao credor, ao requerer a execução, pedir a citação do devedor e instruir a petição inicial:

I – com o título executivo extrajudicial;

→ Inciso I com redação alterada pela Lei 11.382/2006.

II – com o demonstrativo do débito atualizado até a data da propositura da ação, quando se tratar de execução por quantia certa.

→ Inciso II com redação alterada pela Lei 8.953/1994.

III – com a prova de que se verificou a condição, ou ocorreu o termo (art. 572).

→ Inciso III acrescentado pela Lei 8.953/1994.

Art. 615. Cumpre ainda ao credor:

I – indicar a espécie de execução que prefere, quando por mais de um modo pode ser efetuada;

→ *v.* Art. 620 do CPC.

II – requerer a intimação do credor pignoratício, hipotecário, ou anticrético, ou usufrutuário, quando a penhora recair sobre bens gravados por penhor, hipoteca, anticrese ou usufruto;

→ *v.* Art. 619 do CPC.

III – pleitear medidas acautelatórias urgentes;

IV – provar que adimpliu a contraprestação, que lhe corresponde, ou que lhe assegura o cumprimento, se o executado não for obrigado a satisfazer a sua prestação senão mediante a contraprestação do credor.

→ *v.* Art. 476 do CC/2002.

Art. 615-A. O exequente poderá, no ato da distribuição, obter certidão comprobatória do ajuizamento da execução, com identificação das partes e valor da causa, para fins de averbação no registro de imóveis, registro de veículos ou registro de outros bens sujeitos à penhora ou arresto.

→ Artigo acrescentado pela Lei 11.382/2006.

§ 1º O exequente deverá comunicar ao juízo as averbações efetivadas, no prazo de 10 (dez) dias de sua concretização.

§ 2º Formalizada penhora sobre bens suficientes para cobrir o valor da dívida, será determinado o cancelamento das averbações de que trata este artigo relativas àqueles que não tenham sido penhorados.

§ 3º Presume-se em fraude à execução a alienação ou oneração de bens efetuada após a averbação (art. 593).

§ 4º O exequente que promover averbação manifestamente indevida indenizará a parte contrária, nos termos do § 2º do art. 18 desta Lei, processando-se o incidente em autos apartados.

§ 5º Os tribunais poderão expedir instruções sobre o cumprimento deste artigo.

Art. 616. Verificando o juiz que a petição inicial está incompleta, ou não se acha acompanhada dos documentos indispensáveis à propositura da execução, determinará que o credor a corrija, no prazo de 10 (dez) dias, sob pena de ser indeferida.

→ *v.* Art. 284 do CPC.

Art. 617. A propositura da execução, deferida pelo juiz, interrompe a prescrição, mas a citação do devedor deve ser feita com observância do disposto no art. 219.

→ *v.* Súmula Vinculante 8 do STF.

→ *v.* Súmula 150 do STF.

→ *v.* Súmula 85 do STJ.

Art. 618. É nula a execução:

→ *v.* Arts. 173, *caput*, e parágrafo único, e 174 do CTN.

I – se o título executivo extrajudicial não corresponder a obrigação certa, líquida e exigível (art. 586);

→ Inciso I com redação alterada pela Lei 11.382/2006.

II – se o devedor não for regularmente citado;

III – se instaurada antes de se verificar a condição ou de ocorrido o termo, nos casos do art. 572.

Art. 619. A alienação de bem aforado ou gravado por penhor, hipoteca, anticrese ou usufruto será ineficaz em relação ao senhorio direto, ou ao credor pignoratício, hipotecário, anticrético, ou usufrutuário, que não houver sido intimado.

→ *v.* Art. 615, II, do CPC.

Art. 620. Quando por vários meios o credor puder promover a execução, o juiz mandará que se faça pelo modo menos gravoso para o devedor.

→ *v.* Súmula 417 do STJ.

Capítulo II
DA EXECUÇÃO PARA A ENTREGA DE COISA

Seção I
Da entrega de coisa certa

Art. 621. O devedor de obrigação de entrega de coisa certa, constante de título executivo extrajudicial, será citado para, dentro de 10 (dez) dias, satisfazer a obrigação ou, seguro o juízo (art. 737, II), apresentar embargos.

→ Artigo com redação alterada pela Lei 10.444/2002.

→ *v.* Art. 52 da Lei 9.099/1995.

→ *v.* Art. 35, I, do CDC.

Parágrafo único. O juiz, ao despachar a inicial, poderá fixar multa por dia de atraso no cumprimento da obrigação, ficando o respectivo valor sujeito a alteração, caso se revele insuficiente ou excessivo.

Art. 622. O devedor poderá depositar a coisa, em vez de entregá-la, quando quiser opor embargos.

→ Artigo com redação alterada pela Lei 5.925/1973.

Art. 623. Depositada a coisa, o exequente não poderá levantá-la antes do julgamento dos embargos.

→ Artigo com redação alterada pela Lei 8.953/1994.

Art. 624. Se o executado entregar a coisa, lavrar-se-á o respectivo termo e dar-se-á por finda a execução, salvo se esta tiver de prosseguir para o pagamento de frutos ou ressarcimento de prejuízos.

→ Artigo com redação alterada pela Lei 10.444/2002.

Art. 625. Não sendo a coisa entregue ou depositada, nem admitidos embargos suspensivos da execução, expedir-se-á, em favor do credor, mandado de imissão na posse ou de busca e apreensão, conforme se tratar de imóvel ou de móvel.

→ Artigo com redação alterada pela Lei 5.925/1973.

→ *v.* Arts. 621 e 622 do CPC.

Art. 626. Alienada a coisa quando já litigiosa, expedir-se-á mandado contra o terceiro adquirente, que somente será ouvido depois de depositá-la.

→ *v.* Art. 1.046 do CPC.

Art. 627. O credor tem direito a receber, além de perdas e danos, o valor da coisa, quando esta não lhe for entregue, se deteriorou, não for encontrada ou não for reclamada do poder de terceiro adquirente.

§ 1º Não constando do título o valor da coisa, ou sendo impossível a sua avaliação, o exequente far-lhe-á a estimativa, sujeitando-se ao arbitramento judicial.

→ § 1º com redação alterada pela Lei 10.444/2002.

§ 2º Serão apurados em liquidação o valor da coisa e os prejuízos.

→ § 2º com redação alterada pela Lei 10.444/2002.

Art. 628. Havendo benfeitorias indenizáveis feitas na coisa pelo devedor ou por terceiros, de cujo poder ela houver sido tirada, a liquidação prévia é obrigatória. Se houver saldo em favor do devedor, o credor o depositará ao requerer a entrega da coisa; se houver saldo em favor do credor, este poderá cobrá-lo nos autos do mesmo processo.

→ *v.* Arts. 242 e 1.219 a 1.222 do CC/2002.

Seção II
Da entrega de coisa incerta

Art. 629. Quando a execução recair sobre coisas determinadas pelo gênero e quantidade, o devedor será citado para entregá-las individualizadas, se lhe couber a escolha; mas se essa couber ao credor, este a indicará na petição inicial.

→ *v.* Arts. 243 a 246 do CC/2002.

Art. 630. Qualquer das partes poderá, em 48 (quarenta e oito) horas, impugnar a escolha feita pela outra, e o juiz decidirá de plano, ou, se necessário, ouvindo perito de sua nomeação.

Art. 631. Aplicar-se-á à execução para entrega de coisa incerta o estatuído na seção anterior.

Capítulo III
DA EXECUÇÃO DAS OBRIGAÇÕES DE FAZER E DE NÃO FAZER

Seção I
Da obrigação de fazer

Art. 632. Quando o objeto da execução for obrigação de fazer, o devedor será citado para satisfazê-la no prazo que o juiz lhe assinar, se outro não estiver determinado no título executivo.

→ Artigo com redação alterada pela Lei 8.953/1994.

→ *v.* Súmula 410 do STJ.

→ *v.* Arts. 644 e 645 do CPC.

→ *v.* Arts. 3º, 11 e 12 da Lei 7.347/1985.

Art. 633. Se, no prazo fixado, o devedor não satisfizer a obrigação, é lícito ao credor, nos próprios autos do processo, requerer que ela seja executada à custa do devedor, ou haver perdas e danos; caso em que ela se converte em indenização.

→ *v.* Art. 249 do CC/2002.

→ *v.* Arts. 35 e 84 do CDC.

Parágrafo único. O valor das perdas e danos será apurado em liquidação, seguindo-se a execução para cobrança de quantia certa.

Art. 634. Se o fato puder ser prestado por terceiro, é lícito ao juiz, a requerimento do exequente, decidir que aquele o realize à custa do executado.

→ Artigo com redação alterada pela Lei 11.382/2006.

Parágrafo único. O exequente adiantará as quantias previstas na proposta que, ouvidas as partes, o juiz houver aprovado.

Art. 635. Prestado o fato, o juiz ouvirá as partes no prazo de 10 (dez) dias; não havendo impugnação, dará por cumprida a obrigação; em caso contrário, decidirá a impugnação.

Art. 636. Se o contratante não prestar o fato no prazo, ou se o praticar de modo incompleto ou defeituoso, poderá o credor requerer ao juiz, no prazo de 10 (dez) dias, que o autorize a concluí-lo, ou a repará-lo, por conta do contratante.

Parágrafo único. Ouvido o contratante no prazo de 5 (cinco) dias, o juiz mandará avaliar o custo das despesas necessárias e condenará o contratante a pagá-lo.

Art. 637. Se o credor quiser executar, ou mandar executar, sob sua direção e vigilância, as obras e trabalhos necessários à prestação do fato, terá preferência, em igualdade de condições de oferta, ao terceiro.

Parágrafo único. O direito de preferência será exercido no prazo de 5 (cinco) dias, contados da apresentação da proposta pelo terceiro (art. 634, parágrafo único).

→ Parágrafo único com redação alterada pela Lei 11.382/2006.

Art. 638. Nas obrigações de fazer, quando for convencionado que o devedor a faça pessoalmente, o credor poderá requerer ao juiz que lhe assine prazo para cumpri-la.

Parágrafo único. Havendo recusa ou mora do devedor, a obrigação pessoal do devedor converter-se-á em perdas e danos, aplicando-se outrossim o disposto no art. 633.

Arts. 639 a 641. *(Revogados pela Lei 11.232/2005).*

Seção II
Da obrigação de não fazer

Art. 642. Se o devedor praticou o ato, a cuja abstenção estava obrigado pela lei ou pelo contrato, o credor requererá ao juiz que lhe assine prazo para desfazê-lo.

Art. 643. Havendo recusa ou mora do devedor, o credor requererá ao juiz que mande desfazer o ato à sua custa, respondendo o devedor por perdas e danos.

Parágrafo único. Não sendo possível desfazer-se o ato, a obrigação resolve-se em perdas e danos.

Seção III
Das disposições comuns às seções precedentes

Art. 644. A sentença relativa a obrigação de fazer ou não fazer cumpre-se de acordo com o art. 461, observando-se, subsidiariamente, o disposto neste Capítulo.

→ Artigo com redação alterada pela Lei 10.444/2002.

Art. 645. Na execução de obrigação de fazer ou não fazer, fundada em título extrajudicial, o juiz, ao despachar a inicial, fixará multa por dia de atraso no cumprimento da obrigação e a data a partir da qual será devida.

→ Artigo com redação alterada pela Lei 8.953/1994.

→ *v.* Art. 461 do CPC.

Parágrafo único. Se o valor da multa estiver previsto no título, o juiz poderá reduzi-lo, se excessivo.

Capítulo IV
DA EXECUÇÃO POR QUANTIA CERTA CONTRA DEVEDOR SOLVENTE

Seção I
Da penhora, da avaliação e da expropriação de bens

→ Rubrica da Seção I com redação alterada pela Lei 11.382/2006.

Subseção I
Das disposições gerais

Art. 646. A execução por quantia certa tem por objeto expropriar bens do devedor, a fim de satisfazer o direito do credor (art. 591).

→ *v.* Arts. 620 e 659 do CPC.

Art. 647. A expropriação consiste:

I – na adjudicação em favor do exequente ou das pessoas indicadas no § 2º do art. 685-A desta Lei;

→ Inciso I com redação alterada pela Lei 11.382/2006.

II – na alienação por iniciativa particular;

→ Inciso II com redação alterada pela Lei 11.382/2006.

→ V. Art. 685-C do CPC.

III – na alienação em hasta pública;

→ Inciso III com redação alterada pela Lei 11.382/2006.

→ V. Art. 686 do CPC.

IV – no usufruto de bem móvel ou imóvel.

→ Inciso IV acrescentado pela Lei 11.382/2006.

→ V. Arts. 1.390 e seguintes do CC/2002.

→ V. Arts. 716 a 724 do CPC.

Art. 648. Não estão sujeitos à execução os bens que a lei considera impenhoráveis ou inalienáveis.

→ V. Arts. 1.711 a 1.722 do CC/2002.

Art. 649. São absolutamente impenhoráveis:

→ V. Súmulas 205 e 364 do STJ.

→ V. Lei 8.009/1990 – Dispõe sobre a impenhorabilidade do bem de família.

I – os bens inalienáveis e os declarados, por ato voluntário, não sujeitos à execução;

II – os móveis, pertences e utilidades domésticas que guarnecem a residência do executado, salvo os de elevado valor ou que ultrapassem as necessidades comuns correspondentes a um médio padrão de vida;

→ Inciso II com redação alterada pela Lei 11.382/2006.

III – os vestuários, bem como os pertences de uso pessoal do executado, salvo se de elevado valor;

→ Inciso III com redação alterada pela Lei 11.382/2006.

IV – os vencimentos, subsídios, soldos, salários, remunerações, proventos de aposentadoria, pensões, pecúlios e montepios; as quantias recebidas por liberalidade de terceiro e destinadas ao sustento do devedor e sua família, os ganhos de trabalhador autônomo e os honorários de profissional liberal, observado o disposto no § 3º deste artigo;

→ Inciso IV com redação alterada pela Lei 11.382/2006.

V – os livros, as máquinas, as ferramentas, os utensílios, os instrumentos ou outros bens móveis necessários ou úteis ao exercício de qualquer profissão;

→ Inciso V com redação alterada pela Lei 11.382/2006.

→ V. Súmula 451 do STJ.

VI – o seguro de vida;

→ Inciso VI com redação alterada pela Lei 11.382/2006.

→ V. Art. 5º, parágrafo único, do Dec.-lei 911/1969.

VII – os materiais necessários para obras em andamento, salvo se essas forem penhoradas;

→ Inciso VII com redação alterada pela Lei 11.382/2006.

VIII – a pequena propriedade rural, assim definida em lei, desde que trabalhada pela família;

→ Inciso VIII com redação alterada pela Lei 11.382/2006.

→ V. Art. 5º, XXVI, da CF/1988.

→ V. Art. 5º, parágrafo único, do Dec.-lei 911/1969.

IX – os recursos públicos recebidos por instituições privadas para aplicação compulsória em educação, saúde ou assistência social;

→ Inciso IX com redação alterada pela Lei 11.382/2006.

X – até o limite de 40 (quarenta) salários mínimos, a quantia depositada em caderneta de poupança.

→ Inciso X com redação alterada pela Lei 11.382/2006.

XI – os recursos públicos do fundo partidário recebidos, nos termos da lei, por partido político.

→ Inciso XI acrescentado pela Lei 11.694/2008.

§ 1º A impenhorabilidade não é oponível à cobrança do crédito concedido para a aquisição do próprio bem.

→ § 1º acrescentado pela Lei 11.382/2006.

§ 2º O disposto no inciso IV do *caput* deste artigo não se aplica no caso de penhora para pagamento de prestação alimentícia.

→ § 2º acrescentado pela Lei 11.382/2006.

§ 3º *(Vetado).*

→ § 3º acrescentado pela Lei 11.382/2006.

Art. 650. Podem ser penhorados, à falta de outros bens, os frutos e rendimentos dos bens inalienáveis, salvo se destinados à satisfação de prestação alimentícia.

→ Artigo com redação alterada pela Lei 11.382/2006.

Parágrafo único. *(Vetado).*

Art. 651. Antes de adjudicados ou alienados os bens, pode o executado, a todo tempo, remir a execução, pagando ou consignando a importância atualizada da dívida, mais juros, custas e honorários advocatícios.

→ Artigo com redação alterada pela Lei 11.382/2006.

→ V. Arts. 304 e 305 do CC/2002.

→ V. Art. 19, I e II, da Lei 6.830/1980.

Subseção II
Da citação do devedor e da indicação de bens

→ Rubrica da Subseção II com redação alterada pela Lei 11.382/2006.

Art. 652. O executado será citado para, no prazo de 3 (três) dias, efetuar o pagamento da dívida.

→ Artigo com redação alterada pela Lei 11.382/2006.

→ V. Art. 8º da Lei 6.830/1980.

§ 1º Não efetuado o pagamento, munido da segunda via do mandado, o oficial de justiça procederá de imediato à penhora de bens e a sua avaliação, lavrando-se o respectivo auto e de tais atos intimando, na mesma oportunidade, o executado.

§ 2º O credor poderá, na inicial da execução, indicar bens a serem penhorados (art. 655).

§ 3º O juiz poderá, de ofício ou a requerimento do exequente, determinar, a qualquer tempo, a intimação do executado para indicar bens passíveis de penhora.

§ 4º A intimação do executado far-se-á na pessoa de seu advogado; não o tendo, será intimado pessoalmente.

§ 5º Se não localizar o executado para intimá-lo da penhora, o oficial certificará detalhadamente as diligências realizadas, caso em que o juiz poderá dispensar a intimação ou determinará novas diligências.

Art. 652-A. Ao despachar a inicial, o juiz fixará, de plano, os honorários de advogado a serem pagos pelo executado (art. 20, § 4º).

→ Artigo acrescentado pela Lei 11.382/2006.

Parágrafo único. No caso de integral pagamento no prazo de 3 (três) dias, a verba honorária será reduzida pela metade.

Art. 653. O oficial de justiça, não encontrando o devedor, arrestar-lhe-á tantos bens quantos bastem para garantir a execução.

Parágrafo único. Nos 10 (dez) dias seguintes à efetivação do arresto, o oficial de justiça procurará o devedor 3 (três) vezes em dias distintos; não o encontrando, certificará o ocorrido.

Art. 654. Compete ao credor, dentro de 10 (dez) dias, contados da data em que foi intimado do arresto a que se refere o parágrafo único do artigo anterior, requerer a citação por edital do devedor. Findo o prazo do edital, terá o devedor o prazo a que se refere o art. 652, convertendo-se o arresto em penhora em caso de não pagamento.

Art. 655. A penhora observará, preferencialmente, a seguinte ordem:

→ Artigo com redação alterada pela Lei 11.382/2006.

→ V. Súmula 417 do STJ.

→ V. Art. 11 da Lei 6.830/1980.

I – dinheiro, em espécie ou em depósito ou aplicação em instituição financeira;

→ V. Súmula 328 do STJ.

II – veículos de via terrestre;

III – bens móveis em geral;

IV – bens imóveis;

V – navios e aeronaves;

VI – ações e quotas de sociedades empresárias;

VII – percentual do faturamento de empresa devedora;

VIII – pedras e metais preciosos;

IX – títulos da dívida pública da União, Estados e Distrito Federal com cotação em mercado;

X – títulos e valores mobiliários com cotação em mercado;

XI – outros direitos.

§ 1º Na execução de crédito com garantia hipotecária, pignoratícia ou anticrética, a penhora recairá, preferencialmente, sobre a coisa dada em garantia; se a coisa pertencer a terceiro garantidor, será também esse intimado da penhora.

→ V. Súmula 451 do STJ.

§ 2º Recaindo a penhora em bens imóveis, será intimado também o cônjuge do executado.

→ V. Súmula 134 do STJ.

Art. 655-A. Para possibilitar a penhora de dinheiro em depósito ou aplicação financeira, o juiz, a requerimento do exequente, requisitará à autoridade supervisora do sistema bancário, preferencialmente por meio eletrônico, informações sobre a existência de ativos em nome do executado, podendo no mesmo ato determinar sua indisponibilidade, até o valor indicado na execução.

→ *Caput* acrescentado pela Lei 11.382/2006.

§ 1º As informações limitar-se-ão à existência ou não de depósito ou aplicação até o valor indicado na execução.

→ § 1º acrescentado pela Lei 11.382/2006.

§ 2º Compete ao executado comprovar que as quantias depositadas em conta corrente referem-se à hipótese do inciso IV do *caput* do art. 649 desta Lei ou que estão revestidas de outra forma de impenhorabilidade.

→ § 2º acrescentado pela Lei 11.382/2006.

§ 3º Na penhora de percentual do faturamento da empresa executada, será nomeado depositário, com a atribuição de submeter à aprovação judicial a forma de efetivação da constrição, bem como de prestar contas mensalmente, entregando ao exequente as quantias recebidas, a fim de serem imputadas no pagamento da dívida.

→ § 3º acrescentado pela Lei 11.382/2006.

§ 4º Quando se tratar de execução contra partido político, o juiz, a requerimento do exequente, requisitará à autoridade supervisora do sistema bancário, nos termos do que estabelece o *caput* deste artigo, informações sobre a existência de ativos tão somente em nome do órgão partidário que tenha contraído a dívida executada ou que tenha dado causa a violação de direito ou ao dano, ao qual cabe exclusivamente a responsabilidade pelos atos praticados, de acordo com o disposto no art. 15-A da Lei 9.096, de 19 de setembro de 1995.

→ § 4º acrescentado pela Lei 11.694/2008.

Art. 655-B. Tratando-se de penhora em bem indivisível, a meação do cônjuge alheio à execução recairá sobre o produto da alienação do bem.

→ Artigo acrescentado pela Lei 11.382/2006.

→ *v.* Súmula 134 do STJ.

Art. 656. A parte poderá requerer a substituição da penhora:

→ Artigo com redação alterada pela Lei 11.382/2006.

→ *v.* Súmula 406 do STJ.

I – se não obedecer à ordem legal;

II – se não incidir sobre os bens designados em lei, contrato ou ato judicial para o pagamento;

III – se, havendo bens no foro da execução, outros houverem sido penhorados;

IV – se, havendo bens livres, a penhora houver recaído sobre bens já penhorados ou objeto de gravame;

V – se incidir sobre bens de baixa liquidez;

VI – se fracassar a tentativa de alienação judicial do bem; ou

VII – se o devedor não indicar o valor dos bens ou omitir qualquer das indicações a que se referem os incisos I a IV do parágrafo único do art. 668 desta Lei.

§ 1º É dever do executado (art. 600), no prazo fixado pelo juiz, indicar onde se encontram os bens sujeitos à execução, exibir a prova de sua propriedade e, se for o caso, certidão negativa de ônus, bem como abster-se de qualquer atitude que dificulte ou embarace a realização da penhora (art. 14, parágrafo único).

§ 2º A penhora pode ser substituída por fiança bancária ou seguro garantia judicial, em valor não inferior ao do débito constante da inicial, mais 30% (trinta por cento).

§ 3º O executado somente poderá oferecer bem imóvel em substituição caso o requeira com a expressa anuência do cônjuge.

Art. 657. Ouvida em 3 (três) dias a parte contrária, se os bens inicialmente penhorados (art. 652) forem substituídos por outros, lavrar-se-á o respectivo termo.

→ Artigo com redação alterada pela Lei 11.382/2006.

Parágrafo único. O juiz decidirá de plano quaisquer questões suscitadas.

Art. 658. Se o devedor não tiver bens no foro da causa, far-se-á a execução por carta, penhorando-se, avaliando-se e alienando-se os bens no foro da situação (art. 747).

→ *v.* Súmula 46 do STJ.

Subseção III
Da penhora e do depósito

Art. 659. A penhora deverá incidir em tantos bens quantos bastem para o pagamento do principal atualizado, juros, custas e honorários advocatícios.

→ *Caput* com redação alterada pela Lei 11.382/2006.

§ 1º Efetuar-se-á a penhora onde quer que se encontrem os bens, ainda que sob a posse, detenção ou guarda de terceiros.

→ § 1º com redação alterada pela Lei 11.382/2006.

§ 2º Não se levará a efeito a penhora, quando evidente que o produto da execução dos bens encontrados será totalmente absorvido pelo pagamento das custas da execução.

§ 3º No caso do parágrafo anterior e bem assim quando não encontrar quaisquer bens penhoráveis, o oficial descreverá na certidão os que guarnecem a residência ou o estabelecimento do devedor.

§ 4º A penhora de bens imóveis realizar-se-á mediante auto ou termo de penhora, cabendo ao exequente, sem prejuízo da imediata intimação do executado (art. 652, § 4º), providenciar, para presunção absoluta de conhecimento por terceiros, a respectiva averbação no ofício imobiliário, mediante a apresentação de certidão de inteiro teor do ato, independentemente de mandado judicial.

→ § 4º com redação alterada pela Lei 11.382/2006.

→ *v.* Súmula 375 do STJ.

§ 5º Nos casos do § 4º, quando apresentada certidão da respectiva matrícula, a penhora de imóveis, independentemente de onde se localizem, será realizada por termo nos autos, do qual será intimado o executado, pessoalmente ou na pessoa de seu advogado, e por este ato constituído depositário.

→ § 5º acrescentado pela Lei 10.444/2002.

§ 6º Obedecidas as normas de segurança que forem instituídas, sob critérios uniformes, pelos Tribunais, a penhora de numerário e as averbações de penhoras de bens imóveis e móveis podem ser realizadas por meios eletrônicos.

→ § 6º acrescentado pela Lei 11.382/2006.

Art. 660. Se o devedor fechar as portas da casa, a fim de obstar a penhora dos bens, o oficial de justiça comunicará o fato ao juiz, solicitando-lhe ordem de arrombamento.

Art. 661. Deferido o pedido mencionado no artigo antecedente, 2 (dois) oficiais de justiça cumprirão o mandado, arrombando portas, móveis e gavetas, onde presumirem que se achem os bens, e lavrando de tudo auto circunstanciado, que será assinado por 2 (duas) testemunhas, presentes à diligência.

Art. 662. Sempre que necessário, o juiz requisitará força policial, a fim de auxiliar os oficiais de justiça na penhora dos bens e na prisão de quem resistir à ordem.

→ *v.* Art. 825, parágrafo único, do CPC.

Art. 663. Os oficiais de justiça lavrarão em duplicata o auto de resistência, entregando uma via ao escrivão do processo para ser junta aos autos e a outra à autoridade policial, a quem entregarão o preso.

Parágrafo único. Do auto de resistência constará o rol de testemunhas, com a sua qualificação.

Art. 664. Considerar-se-á feita a penhora mediante a apreensão e o depósito dos bens, lavrando-se um só auto se as diligências forem concluídas no mesmo dia.

Parágrafo único. Havendo mais de uma penhora, lavrar-se-á para cada qual um auto.

Art. 665. O auto de penhora conterá:

I – a indicação do dia, mês, ano e lugar em que foi feita;

II – os nomes do credor e do devedor;

III – a descrição dos bens penhorados, com os seus característicos;

IV – a nomeação do depositário dos bens.

→ *v.* Súmula 319 do STJ.

→ *v.* Art. 149 do CPC.

Art. 666. Os bens penhorados serão preferencialmente depositados:

→ *Caput* com redação alterada pela Lei 11.382/2006.

→ *v.* Art. 32 da Lei 6.830/1980.

I – no Banco do Brasil, na Caixa Econômica Federal, ou em um banco, de que o Estado-Membro da União possua mais de metade do capital social integralizado; ou, em falta de tais estabelecimentos de crédito, ou agências suas no lugar, em qualquer estabelecimento de crédito, designado pelo juiz, as quantias em dinheiro, as pedras e os metais preciosos, bem como os papéis de crédito;

II – em poder do depositário judicial, os móveis e os imóveis urbanos;

III – em mãos de depositário particular, os demais bens.

→ Inciso III com redação alterada pela Lei 11.382/2006.

§ 1º Com a expressa anuência do exequente ou nos casos de difícil remoção, os bens poderão ser depositados em poder do executado.

→ § 1º acrescentado pela Lei 11.382/2006.

§ 2º As joias, pedras e objetos preciosos deverão ser depositados com registro do valor estimado de resgate.

→ § 2º acrescentado pela Lei 11.382/2006.

§ 3º A prisão de depositário judicial infiel será decretada no próprio processo, independentemente de ação de depósito.

→ § 3º acrescentado pela Lei 11.382/2006.

Art. 667. Não se procede à segunda penhora, salvo se:

I – a primeira for anulada;

II – executados os bens, o produto da alienação não bastar para o pagamento do credor;

III – o credor desistir da primeira penhora, por serem litigiosos os bens, ou por estarem penhorados, arrestados ou onerados.

Art. 668. O executado pode, no prazo de 10 (dez) dias após intimado da penhora, requerer a substituição do bem penhorado, desde que comprove cabalmente que a substituição não trará prejuízo algum ao exequente e será menos onerosa para ele devedor (art. 17, incisos IV e VI, e art. 620).

→ Artigo com redação alterada pela Lei 11.382/2006.

→ *v.* Art. 15, I, da Lei 6.830/1980.

Parágrafo único. Na hipótese prevista neste artigo, ao executado incumbe:

I – quanto aos bens imóveis, indicar as respectivas matrículas e registros, situá-los e mencionar as divisas e confrontações;

II – quanto aos móveis, particularizar o estado e o lugar em que se encontram;

III – quanto aos semoventes, especificá-los, indicando o número de cabeças e o imóvel em que se encontram;

IV – quanto aos créditos, identificar o devedor e qualificá-lo, descrevendo a origem da dívida, o título que a representa e a data do vencimento; e

V – atribuir valor aos bens indicados à penhora.

Art. 669. *(Revogado pela Lei 11.382/2006).*

Art. 670. O juiz autorizará a alienação antecipada dos bens penhorados quando:

I – sujeitos a deterioração ou depreciação;

II – houver manifesta vantagem.

Parágrafo único. Quando uma das partes requerer a alienação antecipada dos bens penhorados, o juiz ouvirá sempre a outra antes de decidir.

Subseção IV
Da penhora de créditos e de outros direitos patrimoniais

Art. 671. Quando a penhora recair em crédito do devedor, o oficial de justiça o penhorará. Enquanto não ocorrer a hipótese prevista no artigo seguinte, considerar-se-á feita a penhora pela intimação:

→ Artigo com redação alterada pela Lei 5.925/1973.

I – ao terceiro devedor para que não pague ao seu credor;

II – ao credor do terceiro para que não pratique ato de disposição do crédito.

Art. 672. A penhora de crédito, representado por letra de câmbio, nota promissória, duplicata, cheque ou outros títulos, far-se-á pela apreensão do documento, esteja ou não em poder do devedor.

§ 1º Se o título não for apreendido, mas o terceiro confessar a dívida, será havido como depositário da importância.

§ 2º O terceiro só se exonerará da obrigação, depositando em juízo a importância da dívida.

§ 3º Se o terceiro negar o débito em conluio com o devedor, a quitação, que este lhe der, considerar-se-á em fraude de execução.

§ 4º A requerimento do credor, o juiz determinará o comparecimento, em audiência especialmente designada, do devedor e do terceiro, a fim de lhes tomar os depoimentos.

Art. 673. Feita a penhora em direito e ação do devedor, e não tendo este oferecido embargos, ou sendo estes rejeitados, o credor fica sub-rogado nos direitos do devedor até a concorrência do seu crédito.

§ 1º O credor pode preferir, em vez da sub-rogação, a alienação judicial do direito penhorado, caso em que declarará a sua vontade no prazo de 10 (dez) dias contados da realização da penhora.

§ 2º A sub-rogação não impede ao sub-rogado, se não receber o crédito do devedor, de prosseguir na execução, nos mesmos autos, penhorando outros bens do devedor.

Art. 674. Quando o direito estiver sendo pleiteado em juízo, averbar-se-á no rosto dos autos a penhora, que recair nele e na ação que lhe corresponder, a fim de se efetivar nos bens, que forem adjudicados ou vierem a caber ao devedor.

Art. 675. Quando a penhora recair sobre dívidas de dinheiro a juros, de direito a rendas, ou de prestações periódicas, o credor poderá levantar os juros, os rendimentos ou as prestações à medida que forem sendo depositadas, abatendo-se do crédito as importâncias recebidas, conforme as regras da imputação em pagamento.

Art. 676. Recaindo a penhora sobre direito, que tenha por objeto prestação ou restituição de coisa determinada, o devedor será intimado para, no vencimento, depositá-la, correndo sobre ela a execução.

Subseção V
Da penhora, do depósito e da administração de empresa e de outros estabelecimentos

Art. 677. Quando a penhora recair em estabelecimento comercial, industrial ou agrícola, bem como em semoventes, plantações ou edifício em construção, o juiz nomeará um depositário, determinando-lhe que apresente em 10 (dez) dias a forma de administração.

§ 1º Ouvidas as partes, o juiz decidirá.

§ 2º É lícito, porém, às partes ajustarem a forma de administração, escolhendo o depositário; caso em que o juiz homologará por despacho a indicação.

Art. 678. A penhora de empresa, que funcione mediante concessão ou autorização, far-se-á, conforme o valor do crédito, sobre a renda, sobre determinados bens, ou sobre todo o patrimônio, nomeando o juiz como depositário, de preferência, um dos seus diretores.

Parágrafo único. Quando a penhora recair sobre a renda ou sobre determinados bens, o depositário apresentará a forma de administração e o esquema de pagamento observando-se, quanto ao mais, o disposto nos arts. 716 a 720; recaindo, porém, sobre todo o patrimônio, prosseguirá a execução os seus ulteriores termos, ouvindo-se, antes da arrematação ou da adjudicação, o poder público, que houver outorgado a concessão.

Art. 679. A penhora sobre navio ou aeronave não obsta a que continue navegando ou operando até a alienação; mas o juiz, ao conceder a autorização para navegar ou operar, não permitirá que saia do porto ou aeroporto antes que o devedor faça o seguro usual contra riscos.

Subseção VI
Da avaliação

Art. 680. A avaliação será feita pelo oficial de justiça (art. 652), ressalvada a aceitação do valor estimado pelo executado (art. 668, parágrafo único, inciso V); caso sejam necessários conhecimentos especializados, o juiz nomeará avaliador, fixando-lhe prazo não superior a 10 (dez) dias para entrega do laudo.

→ Artigo com redação alterada pela Lei 11.382/2006.

→ *v.* Art. 13 da Lei 6.830/1980.

Art. 681. O laudo da avaliação integrará o auto de penhora ou, em caso de perícia (art. 680), será apresentado no prazo fixado pelo juiz, devendo conter:

→ *Caput* com redação alterada pela Lei 11.382/2006.

I – a descrição dos bens, com os seus característicos, e a indicação do estado em que se encontram;

II – o valor dos bens.

→ *v.* Art. 1.004 do CPC.

Parágrafo único. Quando o imóvel for suscetível de cômoda divisão, o avaliador, tendo em conta o crédito reclamado, o avaliará em partes, sugerindo os possíveis desmembramentos.

→ Parágrafo único com redação alterada pela Lei 11.382/2006.

Art. 682. O valor dos títulos da dívida pública, das ações das sociedades e dos títulos de crédito negociáveis em bolsa será o da cotação oficial do dia, provada por certidão ou publicação no órgão oficial.

Art. 683. É admitida nova avaliação quando:

→ Artigo com redação alterada pela Lei 11.382/2006.

I – qualquer das partes arguir, fundamentadamente, a ocorrência de erro na avaliação ou dolo do avaliador;

II – se verificar, posteriormente à avaliação, que houve majoração ou diminuição no valor do bem; ou

III – houver fundada dúvida sobre o valor atribuído ao bem (art. 668, parágrafo único, inciso V).

Art. 684. Não se procederá à avaliação se:

I – o exequente aceitar a estimativa feita pelo executado (art. 668, parágrafo único, inciso V);

→ Inciso I com redação alterada pela Lei 11.382/2006.

II – se tratar de títulos ou de mercadorias, que tenham cotação em bolsa, comprovada por certidão ou publicação oficial;

III – *(Revogado pela Lei 11.382/2006).*

Art. 685. Após a avaliação, poderá mandar o juiz, a requerimento do interessado e ouvida a parte contrária:

I – reduzir a penhora aos bens suficientes, ou transferi-la para outros, que bastem à execução, se o valor dos penhorados for consideravelmente superior ao crédito do exequente e acessórios;

II – ampliar a penhora, ou transferi-la para outros bens mais valiosos, se o valor dos penhorados for inferior ao referido crédito.

Parágrafo único. Uma vez cumpridas essas providências, o juiz dará início aos atos de expropriação de bens.

→ Parágrafo único com redação alterada pela Lei 11.382/2006.

Subseção VI-A
Da adjudicação

→ Subseção VI-A acrescentada pela Lei 11.382/2006.

Art. 685-A. É lícito ao exequente, oferecendo preço não inferior ao da avaliação, requerer lhe sejam adjudicados os bens penhorados.

→ Artigo acrescentado pela Lei 11.382/2006.

§ 1º Se o valor do crédito for inferior ao dos bens, o adjudicante depositará de imediato a diferença, ficando esta à disposição do executado; se superior, a execução prosseguirá pelo saldo remanescente.

§ 2º Idêntico direito pode ser exercido pelo credor com garantia real, pelos credores concorrentes que hajam penhorado o mesmo bem, pelo cônjuge, pelos descendentes ou ascendentes do executado.

§ 3º Havendo mais de um pretendente, proceder-se-á entre eles à licitação; em igualdade de oferta, terá preferência o cônjuge, descendente ou ascendente, nessa ordem.

§ 4º No caso de penhora de quota, procedida por exequente alheio à sociedade, esta será intimada, assegurando preferência aos sócios.

§ 5º Decididas eventuais questões, o juiz mandará lavrar o auto de adjudicação.

Art. 685-B. A adjudicação considera-se perfeita e acabada com a lavratura e assinatura do auto pelo juiz, pelo adjudicante, pelo escrivão e, se for presente, pelo executado, expedindo-se a respectiva carta, se bem imóvel, ou mandado de entrega ao adjudicante, se bem móvel.

→ Artigo acrescentado pela Lei 11.382/2006.

Parágrafo único. A carta de adjudicação conterá a descrição do imóvel, com remissão a sua matrícula e registros, a cópia do auto de adjudicação e a prova de quitação do imposto de transmissão.

Subseção VI-B
Da alienação por iniciativa particular

→ Subseção VI-B acrescentada pela Lei 11.382/2006.

Art. 685-C. Não realizada a adjudicação dos bens penhorados, o exequente poderá requerer sejam eles alienados por sua própria iniciativa ou por intermédio de corretor credenciado perante a autoridade judiciária.

→ Artigo acrescentado pela Lei 11.382/2006.

§ 1º O juiz fixará o prazo em que a alienação deve ser efetivada, a forma de publicidade, o preço mínimo (art. 680), as condições de pagamento e as garantias, bem como, se for o caso, a comissão de corretagem.

§ 2º A alienação será formalizada por termo nos autos, assinado pelo juiz, pelo exequente, pelo adquirente e, se for presente, pelo executado, expedindo-se carta de alienação do imóvel para o devido registro imobiliário, ou, se bem móvel, mandado de entrega ao adquirente.

§ 3º Os Tribunais poderão expedir provimentos detalhando o procedimento da alienação prevista neste artigo, inclusive com o concurso de meios eletrônicos, e dispondo sobre o credenciamento dos corretores, os quais deverão estar em exercício profissional por não menos de 5 (cinco) anos.

Subseção VII
Da alienação em hasta pública

→ Subseção VII com redação alterada pela Lei 11.382/2006.

Art. 686. Não requerida a adjudicação e não realizada a alienação particular do bem penhorado, será expedido o edital de hasta pública, que conterá:

→ *Caput* com redação alterada pela Lei 11.382/2006.

→ *V.* Art. 22 da Lei 6.830/1980.

I – a descrição do bem penhorado, com suas características e, tratando-se de imóvel, a situação e divisas, com remissão à matrícula e aos registros;

→ Inciso I com redação alterada pela Lei 11.382/2006.

II – o valor do bem;

III – o lugar onde estiverem os móveis, veículos e semoventes; e, sendo direito e ação, os autos do processo, em que foram penhorados;

IV – o dia e a hora de realização da praça, se bem imóvel, ou o local, dia e hora de realização do leilão, se bem móvel;

→ Inciso IV com redação alterada pela Lei 11.382/2006.

V – menção da existência de ônus, recurso ou causa pendente sobre os bens a serem arrematados;

→ Inciso V com redação alterada pela Lei 8.953/1994.

VI – a comunicação de que, se o bem não alcançar lanço superior à importância da avaliação, seguir-se-á, em dia e hora que forem desde logo designados entre os 10 (dez) e os 20 (vinte) dias seguintes, a sua alienação pelo maior lanço (art. 692).

→ Inciso VI com redação alterada pela Lei 8.953/1994.

→ *V.* Súmula 128 do STJ.

§ 1º No caso do art. 684, n. II, constará do edital o valor da última cotação anterior à expedição deste.

→ § 1º com redação alterada pela Lei 5.925/1973.

§ 2º A praça realizar-se-á no átrio do edifício do fórum; o leilão, onde estiverem os bens, ou no lugar designado pelo juiz.

→ § 2º com redação alterada pela Lei 5.925/1973.

§ 3º Quando o valor dos bens penhorados não exceder 60 (sessenta) vezes o valor do salário mínimo vigente na data da avaliação, será dispensada a publicação de editais; nesse caso, o preço da arrematação não será inferior ao da avaliação.

→ § 3º com redação alterada pela Lei 11.382/2006.

Art. 687. O edital será fixado no local do costume e publicado, em resumo, com antecedência mínima de 5 (cinco) dias, pelo menos uma vez em jornal de ampla circulação local.

→ *Caput* com redação alterada pela Lei 8.953/1994.

§ 1º A publicação do edital será feita no órgão oficial, quando o credor for beneficiário da justiça gratuita.

→ § 1º com redação alterada pela Lei 8.953/1994.

§ 2º Atendendo ao valor dos bens e às condições da comarca, o juiz poderá alterar a forma e a frequência da publicidade na imprensa, mandar divulgar avisos em emissora local e adotar outras providências tendentes a mais ampla publicidade da alienação, inclusive recorrendo a meios eletrônicos de divulgação.

→ § 2º com redação alterada pela Lei 11.382/2006.

§ 3º Os editais de praça serão divulgados pela imprensa preferencialmente na seção ou local reservado à publicidade de negócios imobiliários.

→ § 3º com redação alterada pela Lei 8.953/1994.

§ 4º O juiz poderá determinar a reunião de publicações em listas referentes a mais de uma execução.

→ § 4º acrescentado pela Lei 8.953/1994.

§ 5º O executado terá ciência do dia, hora e local da alienação judicial por intermédio de seu advogado ou, se não tiver procurador constituído nos autos, por meio de mandado, carta registrada, edital ou outro meio idôneo.

→ § 5º com redação alterada pela Lei 11.382/2006.

→ *V.* Súmula 121 do STJ.

Art. 688. Não se realizando, por motivo justo, a praça ou o leilão, o juiz mandará publicar pela imprensa local e no órgão oficial a transferência.

Parágrafo único. O escrivão, o porteiro ou o leiloeiro, que culposamente der causa à transferência, responde pelas despesas da nova publicação, podendo o juiz aplicar-lhe a pena de suspensão por 5 (cinco) a 30 (trinta) dias.

Art. 689. Sobrevindo a noite, prosseguirá a praça ou leilão no dia útil imediato, à mesma hora em que teve início, independentemente de novo edital.

Art. 689-A. O procedimento previsto nos arts. 686 a 689 poderá ser substituído, a requerimento do exequente, por alienação realizada por meio da rede mundial de computadores, com uso de páginas virtuais criadas pelos Tribunais ou por entidades públicas ou privadas em convênio com eles firmado.

→ Artigo acrescentado pela Lei 11.382/2006.

Parágrafo único. O Conselho da Justiça Federal e os Tribunais de Justiça, no âmbito das suas respectivas competências, regulamentarão esta modalidade de alienação, atendendo aos requisitos de ampla publicidade, autenticidade e segurança, com observância das regras estabelecidas na legislação sobre certificação digital.

Art. 690. A arrematação far-se-á mediante o pagamento imediato do preço pelo arrematante ou, no prazo de até 15 (quinze) dias, mediante caução.

→ Artigo com redação alterada pela Lei 11.382/2006.

§ 1º Tratando-se de bem imóvel, quem estiver interessado em adquiri-lo em prestações poderá apresentar por escrito sua proposta, nunca inferior à avaliação, com oferta de pelo menos 30% (trinta por cento) à vista, sendo o restante garantido por hipoteca sobre o próprio imóvel.

I – *(Revogado pela Lei 11.382/2006).*

II – *(Revogado pela Lei 11.382/2006).*

III – *(Revogado pela Lei 11.382/2006).*

§ 2º As propostas para aquisição em prestações, que serão juntadas aos autos, indicarão o prazo, a modalidade e as condições de pagamento do saldo.

§ 3º O juiz decidirá por ocasião da praça, dando o bem por arrematado pelo apresentante do melhor lanço ou proposta mais conveniente.

§ 4º No caso de arrematação a prazo, os pagamentos feitos pelo arrematante pertencerão ao exequente até o limite de seu crédito, e os subsequentes ao executado.

Art. 690-A. É admitido a lançar todo aquele que estiver na livre administração de seus bens, com exceção:

→ Artigo acrescentado pela Lei 11.382/2006.

I – dos tutores, curadores, testamenteiros, administradores, síndicos ou liquidantes, quanto aos bens confiados a sua guarda e responsabilidade;

→ *V.* Art. 1.753 do CC/2002.

II – dos mandatários, quanto aos bens de cuja administração ou alienação estejam encarregados;

III – do juiz, membro do Ministério Público e da Defensoria Pública, escrivão e demais servidores e auxiliares da Justiça.

Parágrafo único. O exequente, se vier a arrematar os bens, não estará obrigado a exibir o preço; mas, se o valor dos bens exceder o seu crédito, depositará, dentro de 3 (três) dias, a diferença, sob pena de ser tornada sem efeito a arrematação e, neste caso, os bens serão levados a nova praça ou leilão à custa do exequente.

Art. 691. Se a praça ou o leilão for de diversos bens e houver mais de um lançador, será preferido aquele que se propuser a arrematá-los englobadamente, oferecendo para os que não tiverem licitante preço igual ao da avaliação e para os demais o de maior lanço.

→ *V.* Art. 23, § 1º, da Lei 6.830/1980.

Art. 692. Não será aceito lanço que, em segunda praça ou leilão, ofereça preço vil.

→ Artigo com redação alterada pela Lei 8.953/1994.

Parágrafo único. Será suspensa a arrematação logo que o produto da alienação dos bens bastar para o pagamento do credor.

Art. 693. A arrematação constará de auto que será lavrado de imediato, nele mencionadas as condições pelas quais foi alienado o bem.

→ Artigo com redação alterada pela Lei 11.382/2006.

Parágrafo único. A ordem de entrega do bem móvel ou a carta de arrematação do bem imóvel será expedida depois de efetuado o depósito ou prestadas as garantias pelo arrematante.

Art. 694. Assinado o auto pelo juiz, pelo arrematante e pelo serventuário da justiça ou leiloeiro, a arrematação considerar-se-á perfeita, acabada e irretratável, ainda que venham a ser julgados procedentes os embargos do executado.

→ Artigo com redação alterada pela Lei 11.382/2006.

§ 1º A arrematação poderá, no entanto, ser tornada sem efeito:

I – por vício de nulidade;

II – se não for pago o preço ou se não for prestada a caução;

III – quando o arrematante provar, nos 5 (cinco) dias seguintes, a existência de ônus real ou de gravame (art. 686, inciso V) não mencionado no edital;

IV – a requerimento do arrematante, na hipótese de embargos à arrematação (art. 746, §§ 1º e 2º);

V – quando realizada por preço vil (art. 692);

VI – nos casos previstos neste Código (art. 698).

§ 2º No caso de procedência dos embargos, o executado terá direito a haver do exequente o valor por este recebido como produto da arrematação; caso inferior ao valor do bem, haverá do exequente também a diferença.

Art. 695. Se o arrematante ou seu fiador não pagar o preço no prazo estabelecido, o juiz impor-lhe-á, em favor do exequente, a perda da caução, voltando os bens a nova praça ou leilão, dos quais não serão admitidos a participar o arrematante e o fiador remissos.

→ *Caput* com redação alterada pela Lei 11.382/2006.

§ 1º *(Revogado pela Lei 11.382/2006).*

§ 2º *(Revogado pela Lei 11.382/2006).*

§ 3º *(Revogado pela Lei 11.382/2006)*

Art. 696. O fiador do arrematante, que pagar o valor do lanço e a multa, poderá requerer que a arrematação lhe seja transferida.

Art. 697. *(Revogado pela Lei 11.382/2006).*

Art. 698. Não se efetuará a adjudicação ou alienação de bem do executado sem que da execução seja cientificado, por qualquer modo idôneo e com pelo menos 10 (dez) dias de antecedência, o senhorio direto, o credor com garantia real ou com penhora anteriormente averbada, que não seja de qualquer modo parte na execução.

→ Artigo com redação alterada pela Lei 11.382/2006.

→ *v.* Art. 1.501 do CC/2002.

→ *v.* Art. 251, II, da Lei 6.015/1973.

Art. 699. *(Revogado pela Lei 11.382/2006).*

Art. 700. *(Revogado pela Lei 11.382/2006).*

Art. 701. Quando o imóvel de incapaz não alcançar em praça pelo menos 80% (oitenta por cento) do valor da avaliação, o juiz o confiará à guarda e administração de depositário idôneo, adiando a alienação por prazo não superior a 1 (um) ano.

§ 1º Se, durante o adiamento, algum pretendente assegurar, mediante caução idônea, o preço da avaliação, o juiz ordenará a alienação em praça.

§ 2º Se o pretendente à arrematação se arrepender, o juiz lhe imporá a multa de 20% (vinte por cento) sobre o valor da avaliação, em benefício do incapaz, valendo a decisão como título executivo.

§ 3º Sem prejuízo do disposto nos dois parágrafos antecedentes, o juiz poderá autorizar a locação do imóvel no prazo do adiamento.

§ 4º Findo o prazo do adiamento, o imóvel será alienado, na forma prevista no art. 686, VI.

Art. 702. Quando o imóvel admitir cômoda divisão, o juiz, a requerimento do devedor, ordenará a alienação judicial de parte dele, desde que suficiente para pagar o credor.

Parágrafo único. Não havendo lançador, far-se-á a alienação do imóvel em sua integridade.

Art. 703. A carta de arrematação conterá:

→ *Caput* com redação alterada pela Lei 5.925/1973.

I – a descrição do imóvel, com remissão à sua matrícula e registros;

→ Inciso I com redação alterada pela Lei 11.382/2006.

II – a cópia do auto de arrematação; e

→ Inciso II com redação alterada pela Lei 11.382/2006.

III – a prova de quitação do imposto de transmissão.

→ Inciso III com redação alterada pela Lei 11.382/2006.

IV – *(Revogado pela Lei 11.382/2006).*

Art. 704. Ressalvados os casos de alienação de bens imóveis e aqueles de atribuição de corretores da Bolsa de Valores, todos os demais bens serão alienados em leilão público.

→ Artigo com redação alterada pela Lei 11.382/2006.

Art. 705. Cumpre ao leiloeiro:

I – publicar o edital, anunciando a alienação;

II – realizar o leilão onde se encontrem os bens, ou no lugar designado pelo juiz;

III – expor aos pretendentes os bens ou as amostras das mercadorias;

IV – receber do arrematante a comissão estabelecida em lei ou arbitrada pelo juiz;

V – receber e depositar, dentro em 24 (vinte e quatro) horas, à ordem do juízo, o produto da alienação;

VI – prestar contas nas 48 (quarenta e oito) horas subsequentes ao depósito.

Art. 706. O leiloeiro público será indicado pelo exequente.

→ Artigo com redação alterada pela Lei 11.382/2006.

Art. 707. Efetuado o leilão, lavrar-se-á o auto, que poderá abranger bens penhorados em mais de uma execução, expedindo-se, se necessário, ordem judicial de entrega ao arrematante.

→ Artigo com redação alterada pela Lei 11.382/2006.

→ *v.* Art. 703 do CPC.

Seção II
Do pagamento ao credor

Subseção I
Das disposições gerais

Art. 708. O pagamento ao credor far-se-á:

I – pela entrega do dinheiro;

II – pela adjudicação dos bens penhorados;

III – pelo usufruto de bem imóvel ou de empresa.

Subseção II
Da entrega do dinheiro

Art. 709. O juiz autorizará que o credor levante, até a satisfação integral de seu crédito, o dinheiro depositado para segurar o juízo ou o produto dos bens alienados quando:

→ *v.* Art. 675 do CPC.

I – a execução for movida só a benefício do credor singular, a quem, por força da penhora, cabe o direito de preferência sobre os bens penhorados e alienados;

II – não houver sobre os bens alienados qualquer outro privilégio ou preferência, instituído anteriormente à penhora.

Parágrafo único. Ao receber o mandado de levantamento, o credor dará ao devedor, por termo nos autos, quitação da quantia paga.

Art. 710. Estando o credor pago do principal, juros, custas e honorários, a importância que sobejar será restituída ao devedor.

Art. 711. Concorrendo vários credores, o dinheiro ser-lhes-á distribuído e entregue consoante a ordem das respectivas prelações; não havendo título legal à preferência, receberá em primeiro lugar o credor que promoveu a execução, cabendo aos demais concorrentes direito sobre a importância restante, observada a anterioridade de cada penhora.

→ *v.* Art. 99 do CDC.

→ *v.* Art. 24, *caput*, da Lei 8.906/1994.

→ *v.* Súmula 478 do STJ.

Art. 712. Os credores formularão as suas pretensões, requerendo as provas que irão produzir em audiência; mas a disputa entre eles versará unicamente sobre o direito de preferência e a anterioridade da penhora.

Art. 713. Findo o debate, o juiz decidirá.

→ Artigo com redação alterada pela Lei 11.382/2006.

Subseção III
Da adjudicação de imóvel

→ Subseção III revogada pela Lei 11.382/2006.

Art. 714. *(Revogado pela Lei 11.382/2006).*

Art. 715. *(Revogado pela Lei 11.382/2006).*

Subseção IV
Do usufruto de móvel ou imóvel

→ Subseção IV com redação alterada pela Lei 11.382/2006.

Art. 716. O juiz pode conceder ao exequente o usufruto de móvel ou imóvel, quando o reputar menos gravoso ao executado e eficiente para o recebimento do crédito.

→ Artigo com redação alterada pela Lei 11.382/2006.

Art. 717. Decretado o usufruto, perde o executado o gozo do móvel ou imóvel, até que o exequente seja pago do principal, juros, custas e honorários advocatícios.

→ Artigo com redação alterada pela Lei 11.382/2006.

Art. 718. O usufruto tem eficácia, assim em relação ao executado como a terceiros, a partir da publicação da decisão que o conceda.

→ Artigo com redação alterada pela Lei 11.382/2006.

Art. 719. Na sentença, o juiz nomeará administrador que será investido de todos os poderes que concernem ao usufrutuário.

→ *v.* Art. 1.394 do CC/2002.

Parágrafo único. Pode ser administrador:

I – o credor, consentindo o devedor;

II – o devedor, consentindo o credor.

Art. 720. Quando o usufruto recair sobre o quinhão do condômino na copropriedade, o administrador exercerá os direitos que cabiam ao executado.

→ Artigo com redação alterada pela Lei 11.382/2006.

Art. 721. É lícito ao credor, antes da realização da praça, requerer lhe seja atribuído, em pagamento do crédito, o usufruto do imóvel penhorado.

Art. 722. Ouvido o executado, o juiz nomeará perito para avaliar os frutos e rendimentos do bem e calcular o tempo necessário para o pagamento da dívida.

→ Artigo com redação alterada pela Lei 11.382/2006.

I – *(Revogado pela Lei 11.382/2006).*

II – *(Revogado pela Lei 11.382/2006).*

§ 1º Após a manifestação das partes sobre o laudo, proferirá o juiz decisão; caso deferido o usufruto de imóvel, ordenará a expedição de carta para averbação no respectivo registro.

§ 2º Constarão da carta a identificação do imóvel e cópias do laudo e da decisão.

§ 3º *(Revogado pela Lei 11.382/2006)*

Art. 723. Se o imóvel estiver arrendado, o inquilino pagará o aluguel diretamente ao usufrutuário, salvo se houver administrador.

Art. 724. O exequente usufrutuário poderá celebrar locação do móvel ou imóvel, ouvido o executado.

→ Artigo com redação alterada pela Lei 11.382/2006.

Parágrafo único. Havendo discordância, o juiz decidirá a melhor forma de exercício do usufruto.

Arts. 725 a 729. *(Revogados pela Lei 11.382/2006).*

Seção III
Da execução contra a Fazenda Pública

Art. 730. Na execução por quantia certa contra a Fazenda Pública, citar-se-á a devedora para opor embargos em 10 (dez) dias; se esta não os opuser, no prazo legal, observar-se-ão as seguintes regras:

→ *v.* Súmula 339 do STJ.

→ *v.* Art. 1º-B da Lei 9.494/1997 que alterou o prazo para 30 (trinta) dias.

→ *v.* Art. 130 da Lei 8.213/1991 – Planos de Benefícios da Previdência Social.

I – o juiz requisitará o pagamento por intermédio do presidente do tribunal competente;

II – far-se-á o pagamento na ordem de apresentação do precatório e à conta do respectivo crédito.

Art. 731. Se o credor for preterido no seu direito de preferência, o presidente do tribunal, que expediu a ordem, poderá, depois de ouvido o chefe do Ministério Público, ordenar o sequestro da quantia necessária para satisfazer o débito.

Capítulo V
DA EXECUÇÃO DE PRESTAÇÃO ALIMENTÍCIA

→ *v.* Lei 5.478/1968 – Dispõe sobre ação de alimentos e dá outras providências.

→ *v.* Lei 11.804/2008 – Disciplina o direito a alimentos gravídicos e a forma como ele será exercido e dá outras providências.

Art. 732. A execução de sentença, que condena ao pagamento de prestação alimentícia, far-se-á conforme o disposto no Capítulo IV deste Título.

→ *v.* Art. 1.684 do CC/2002.

Parágrafo único. Recaindo a penhora em dinheiro, o oferecimento de embargos não obsta a que o exequente levante mensalmente a importância da prestação.

Art. 733. Na execução de sentença ou de decisão, que fixa os alimentos provisionais, o juiz mandará citar o devedor para, em 3 (três) dias, efetuar o pagamento, provar que o fez ou justificar a impossibilidade de efetuá-lo.

→ *v.* Arts. 852 a 854 do CPC.

→ *v.* Arts. 16 a 18 da Lei 5.478/1968.

§ 1º Se o devedor não pagar, nem se escusar, o juiz decretar-lhe-á a prisão pelo prazo de 1 (um) a 3 (três) meses.

→ *v.* Súmula 309 do STJ.

→ *v.* Art. 5º, LXVII, da CF/1988.

§ 2º O cumprimento da pena não exime o devedor do pagamento das prestações vencidas e vincendas.

→ § 2º com redação alterada pela Lei 6.515/1977.

§ 3º Paga a prestação alimentícia, o juiz suspenderá o cumprimento da ordem de prisão.

→ *v.* Art. 569 do CPC.

Art. 734. Quando o devedor for funcionário público, militar, diretor ou gerente de empresa, bem como empregado sujeito à legislação do trabalho, o juiz mandará descontar em folha de pagamento a importância da prestação alimentícia.

Parágrafo único. A comunicação será feita à autoridade, à empresa ou ao empregador por ofício, de que constarão os nomes do credor, do devedor, a importância da prestação e o tempo de sua duração.

Art. 735. Se o devedor não pagar os alimentos provisionais a que foi condenado, pode o credor promover a execução da sentença, observando-se o procedimento estabelecido no Capítulo IV deste Título.

Título III
Dos embargos do devedor

Capítulo I
DAS DISPOSIÇÕES GERAIS

Art. 736. O executado, independentemente de penhora, depósito ou caução, poderá opor-se à execução por meio de embargos.

→ *Caput* com redação alterada pela Lei 11.382/2006.

→ *v.* Arts. 741 a 745 do CPC.

Parágrafo único. Os embargos à execução serão distribuídos por dependência, autuados em apartado e instruídos com cópias das peças processuais relevantes, que poderão ser declaradas autênticas pelo advogado, sob sua responsabilidade pessoal.

→ Parágrafo único com redação alterada pela Lei 12.322/2010.

→ *v.* Súmula 393 do STJ.

Art. 737. *(Revogado pela Lei 11.382/2006).*

Art. 738. Os embargos serão oferecidos no prazo de 15 (quinze) dias, contados da data da juntada aos autos do mandado de citação.

→ Artigo com redação alterada pela Lei 11.382/2006.

→ *v.* Art. 16 da Lei 6.830/1980.

I – *(Revogado pela Lei 11.382/2006).*

II – *(Revogado pela Lei 11.382/2006).*

III – *(Revogado pela Lei 11.382/2006).*

IV – *(Revogado pela Lei 11.382/2006).*

§ 1º Quando houver mais de um executado, o prazo para cada um deles embargar conta-se a partir da juntada do respectivo mandado citatório, salvo tratando-se de cônjuges.

§ 2º Nas execuções por carta precatória, a citação do executado será imediatamente comunicada pelo juiz deprecado ao juiz deprecante, inclusive por meios eletrônicos, contando-se o prazo para embargos a partir da juntada aos autos de tal comunicação.

§ 3º Aos embargos do executado não se aplica o disposto no art. 191 desta Lei.

→ *v.* Art. 5º, § 5º, da Lei 1.060/1950.

Art. 739. O juiz rejeitará liminarmente os embargos:

I – quando intempestivos;

→ Inciso I com redação alterada pela Lei 11.382/2006.

→ *v.* Art. 521, V, do CPC.

II – quando inepta a petição (art. 295); ou

→ Inciso II com redação alterada pela Lei 11.382/2006

III – quando manifestamente protelatórios.

→ Inciso III com redação alterada pela Lei 11.382/2006.

§ 1º *(Revogado pela Lei 11.382/2006).*

§ 2º *(Revogado pela Lei 11.382/2006).*

§ 3º *(Revogado pela Lei 11.382/2006).*

Art. 739-A. Os embargos do executado não terão efeito suspensivo.

→ Artigo acrescentado pela Lei 11.382/2006.

§ 1º O juiz poderá, a requerimento do embargante, atribuir efeito suspensivo aos embargos quando, sendo relevantes seus fundamentos, o prosseguimento da execução manifestamente possa causar ao executado grave dano de difícil ou incerta reparação, e desde que a execução já esteja garantida por penhora, depósito ou caução suficientes.

§ 2º A decisão relativa aos efeitos dos embargos poderá, a requerimento da parte, ser modificada ou revogada a qualquer tempo, em decisão fundamentada, cessando as circunstâncias que a motivaram.

§ 3º Quando o efeito suspensivo atribuído aos embargos disser respeito apenas a parte do objeto da execução, essa prosseguirá quanto à parte restante.

§ 4º A concessão de efeito suspensivo aos embargos oferecidos por um dos executados não suspenderá a execução contra os que não embargaram, quando o respectivo fundamento disser respeito exclusivamente ao embargante.

§ 5º Quando o excesso de execução for fundamento dos embargos, o embargante deverá declarar na petição inicial o valor que entende correto, apresentando memória do cálculo, sob pena de rejeição liminar dos embargos ou de não conhecimento desse fundamento.

§ 6º A concessão de efeito suspensivo não impedirá a efetivação dos atos de penhora e de avaliação dos bens.

Art. 739-B. A cobrança de multa ou de indenizações decorrentes de litigância de má-fé (arts. 17 e 18) será promovida no próprio processo de execução, em autos apensos, operando-se por compensação ou por execução.

→ Artigo acrescentado pela Lei 11.382/2006.

Art. 740. Recebidos os embargos, será o exequente ouvido no prazo de 15 (quinze) dias; a seguir, o juiz julgará imediatamente o pedido (art. 330) ou designará audiência de conciliação, instrução e julgamento, proferindo sentença no prazo de 10 (dez) dias.

→ Artigo com redação alterada pela Lei 11.382/2006.

→ v. Art. 17 da Lei 6.830/1980.

Parágrafo único. No caso de embargos manifestamente protelatórios, o juiz imporá, em favor do exequente, multa ao embargante em valor não superior a 20% (vinte por cento) do valor em execução.

Capítulo II
DOS EMBARGOS À EXECUÇÃO CONTRA A FAZENDA PÚBLICA

→ Rubrica do Capítulo II com redação alterada pela Lei 11.232/2005.

Art. 741. Na execução contra a Fazenda Pública, os embargos só poderão versar sobre:

→ *Caput* com redação alterada pela Lei 11.232/2005.

→ v. Súmulas 345 e 394 do STJ.

→ v. Art. 33 da Lei 9.307/1996.

I – falta ou nulidade da citação, se o processo correu à revelia;

→ Inciso I com redação alterada pela Lei 11.232/2005.

II – inexigibilidade do título;

III – ilegitimidade das partes;

IV – cumulação indevida de execuções;

V – excesso de execução;

→ Inciso V com redação alterada pela Lei 11.232/2005.

VI – qualquer causa impeditiva, modificativa ou extintiva da obrigação, como pagamento, novação, compensação, transação ou prescrição, desde que superveniente à sentença;

→ Inciso VI com redação alterada pela Lei 11.232/2005.

VII – incompetência do juízo da execução, bem como suspeição ou impedimento do juiz.

Parágrafo único. Para efeito do disposto no inciso II do *caput* deste artigo, considera-se também inexigível o título judicial fundado em lei ou ato normativo declarados inconstitucionais pelo Supremo Tribunal Federal, ou fundado em aplicação ou interpretação da lei ou ato normativo tidas pelo Supremo Tribunal Federal como incompatíveis com a Constituição Federal.

→ Parágrafo único com redação alterada pela Lei 11.232/2005.

→ v. Súmula 741 do STJ.

Art. 742. Será oferecida, juntamente com os embargos, a exceção de incompetência do juízo, bem como a de suspeição ou de impedimento do juiz.

→ v. Art. 16, § 3º, da Lei 6.830/1980.

Art. 743. Há excesso de execução:

I – quando o credor pleiteia quantia superior à do título;

II – quando recai sobre coisa diversa daquela declarada no título;

III – quando se de modo diferente do que foi determinado na sentença;

IV – quando o credor, sem cumprir a prestação que lhe corresponde, exige o adimplemento da do devedor (art. 582);

V – se o credor não provar que a condição se realizou.

Capítulo III
DOS EMBARGOS À EXECUÇÃO

→ Rubrica com redação alterada pela Lei 11.382/2006.

Art. 744. *(Revogado pela Lei 11.382/2006).*

Art. 745. Nos embargos, poderá o executado alegar:

→ Artigo com redação alterada pela Lei 11.382/2006.

→ v. Art. 736 do CPC.

I – nulidade da execução, por não ser executivo o título apresentado;

→ v. Art. 585 do CPC.

II – penhora incorreta ou avaliação errônea;

III – excesso de execução ou cumulação indevida de execuções;

IV – retenção por benfeitorias necessárias ou úteis, nos casos de título para entrega de coisa certa (art. 621);

→ v. Súmula 335 do STJ.

V – qualquer matéria que lhe seria lícito deduzir como defesa em processo de conhecimento.

§ 1º Nos embargos de retenção por benfeitorias, poderá o exequente requerer a compensação de seu valor com o dos frutos ou danos considerados devidos pelo executado, cumprindo ao juiz, para a apuração dos respectivos valores, nomear perito, fixando-lhe breve prazo para entrega do laudo.

§ 2º O exequente poderá, a qualquer tempo, ser imitido na posse da coisa, prestando caução ou depositando o valor devido pelas benfeitorias ou resultante da compensação.

Art. 745-A. No prazo para embargos, reconhecendo o crédito do exequente e comprovando o depósito de 30% (trinta por cento) do valor em execução, inclusive custas e honorários de advogado, poderá o executado requerer seja admitido a pagar o restante em até 6 (seis) parcelas mensais, acrescidas de correção monetária e juros de 1% (um por cento) ao mês.

→ Artigo acrescentado pela Lei 11.382/2006.

§ 1º Sendo a proposta deferida pelo juiz, o exequente levantará a quantia depositada e serão suspensos os atos executivos; caso indeferida, seguir-se-ão os atos executivos, mantido o depósito.

§ 2º O não pagamento de qualquer das prestações implicará, de pleno direito, o vencimento das subsequentes e o prosseguimento do processo, com o imediato início dos atos executivos, imposta ao executado multa de 10% (dez por cento) sobre o valor das prestações não pagas e vedada a oposição de embargos.

Art. 746. É lícito ao executado, no prazo de 5 (cinco) dias, contados da adjudicação, alienação ou arrematação, oferecer embargos fundados em nulidade da execução, ou em causa extintiva da obrigação, desde que superveniente à penhora, aplicando-se, no que couber, o disposto neste Capítulo.

→ Artigo com redação alterada pela Lei 11.382/2006.

→ v. Súmula 331 do STJ.

§ 1º Oferecidos embargos, poderá o adquirente desistir da aquisição.

§ 2º No caso do § 1º deste artigo, o juiz deferirá de plano o requerimento, com a imediata liberação do depósito feito pelo adquirente (art. 694, § 1º, inciso IV).

§ 3º Caso os embargos sejam declarados manifestamente protelatórios, o juiz imporá multa ao embargante, não superior a 20% (vinte por cento) do valor da execução, em favor de quem desistiu da aquisição.

Capítulo IV
DOS EMBARGOS NA EXECUÇÃO POR CARTA

→ Capítulo V renumerado para capítulo IV pela Lei 11.382/2006.

Art. 747. Na execução por carta, os embargos serão oferecidos no juízo deprecante ou no juízo deprecado, mas a competência para julgá-los é do juízo deprecante, salvo se versarem unicamente vícios ou defeitos da penhora, avaliação ou alienação dos bens.

→ Artigo com redação alterada pela Lei 8.953/1994.

→ v. Súmula 46 do STJ.

→ v. Arts. 575, 576 e 658 do CPC.

Título IV
Da execução por quantia certa contra devedor insolvente

Capítulo I
DA INSOLVÊNCIA

Art. 748. Dá-se a insolvência toda vez que as dívidas excederem à importância dos bens do devedor.

→ v. Art. 955 do CC/2002.

→ v. Arts. 92, I, e 991, VIII, do CPC.

Art. 749. Se o devedor for casado e o outro cônjuge, assumindo a responsabilidade por dívidas, não possuir bens próprios que bastem ao pagamento de todos os credores, poderá ser declarada, nos autos do mesmo processo, a insolvência de ambos.

Art. 750. Presume-se a insolvência quando:

I – o devedor não possuir outros bens livres e desembaraçados para nomear à penhora;

II – forem arrestados bens do devedor, com fundamento no art. 813, I, II e III.

Art. 751. A declaração de insolvência do devedor produz:

I – o vencimento antecipado das suas dívidas;

→ v. Art. 77 da Lei 11.101/2005.

II – a arrecadação de todos os seus bens suscetíveis de penhora, quer os atuais, quer os adquiridos no curso do processo;

→ v. Art. 108 da Lei 11.101/2005.

III – a execução por concurso universal dos seus credores.

→ v. Arts. 612 e 777 do CPC.

Art. 752. Declarada a insolvência, o devedor perde o direito de administrar os seus bens e de dispor deles, até a liquidação total da massa.

→ v. Arts. 102 a 104 da Lei 11.101/2005.

Art. 753. A declaração de insolvência pode ser requerida:

→ v. Art. 97 da Lei 11.101/2005.

I – por qualquer credor quirografário;

II – pelo devedor;

III – pelo inventariante do espólio do devedor.

Capítulo II
DA INSOLVÊNCIA REQUERIDA PELO CREDOR

Art. 754. O credor requererá a declaração de insolvência do devedor, instruindo o pedido com título executivo judicial ou extrajudicial (art. 586).

Art. 755. O devedor será citado para, no prazo de 10 (dez) dias, opor embargos; se os não oferecer, o juiz proferirá, em 10 (dez) dias, a sentença.

Art. 756. Nos embargos pode o devedor alegar:

I – que não paga por ocorrer alguma das causas enumeradas nos arts. 741, 742 e 745, conforme o pedido de insolvência se funde em título judicial ou extrajudicial;

II – que o seu ativo é superior ao passivo.

Art. 757. O devedor ilidirá o pedido de insolvência se, no prazo para opor embargos, depositar a importância do crédito, para lhe discutir a legitimidade ou o valor.

Art. 758. Não havendo provas a produzir, o juiz dará a sentença em 10 (dez) dias; havendo-as, designará audiência de instrução e julgamento.

Capítulo III
DA INSOLVÊNCIA REQUERIDA PELO DEVEDOR OU PELO SEU ESPÓLIO

Art. 759. É lícito ao devedor ou ao seu espólio, a todo tempo, requerer a declaração de insolvência.

Art. 760. A petição, dirigida ao juiz da comarca em que o devedor tem o seu domicílio, conterá:

I – a relação nominal de todos os credores, com a indicação do domicílio de cada um, bem como da importância e da natureza dos respectivos créditos;

II – a individuação de todos os bens, com a estimativa do valor de cada um;

III – o relatório do estado patrimonial, com a exposição das causas que determinaram a insolvência.

Capítulo IV
DA DECLARAÇÃO JUDICIAL DE INSOLVÊNCIA

Art. 761. Na sentença, que declarar a insolvência, o juiz:

→ v. Art. 99 da Lei 11.101/2005.

I – nomeará, dentre os maiores credores, um administrador da massa;

II – mandará expedir edital, convocando os credores para que apresentem, no prazo de 20 (vinte) dias, a declaração do crédito, acompanhada do respectivo título.

Art. 762. Ao juízo da insolvência concorrerão todos os credores do devedor comum.

→ v. Art. 115 da Lei 11.101/2005.

§ 1º As execuções movidas por credores individuais serão remetidas ao juízo da insolvência.

§ 2º Havendo, em alguma execução, dia designado para a praça ou o leilão, far-se-á a arrematação, entrando para a massa o produto dos bens.

Capítulo V
DAS ATRIBUIÇÕES DO ADMINISTRADOR

Art. 763. A massa dos bens do devedor insolvente ficará sob a custódia e responsabilidade de um administrador, que exercerá as suas atribuições, sob a direção e superintendência do juiz.

Art. 764. Nomeado o administrador, o escrivão o intimará a assinar, dentro de 24 (vinte e quatro) horas, termo de compromisso de desempenhar bem e fielmente o cargo.

Art. 765. Ao assinar o termo, o administrador entregará a declaração de crédito, acompanhada do título executivo. Não o tendo em seu poder, juntá-lo-á no prazo fixado pelo art. 761, II.

Art. 766. Cumpre ao administrador:

I – arrecadar todos os bens do devedor, onde quer que estejam, requerendo para esse fim as medidas judiciais necessárias;

II – representar a massa, ativa e passivamente, contratando advogado, cujos honorários serão previamente ajustados e submetidos à aprovação judicial;

III – praticar todos os atos conservatórios de direitos e de ações, bem como promover a cobrança das dívidas ativas;

IV – alienar em praça ou em leilão, com autorização judicial, os bens da massa.

Art. 767. O administrador terá direito a uma remuneração, que o juiz arbitrará, atendendo à sua diligência, ao trabalho, à responsabilidade da função e à importância da massa.

→ v. Art. 24 da Lei 11.101/2005.

Capítulo VI
DA VERIFICAÇÃO E DA CLASSIFICAÇÃO DOS CRÉDITOS

Art. 768. Findo o prazo, a que se refere o n. II do art. 761, o escrivão, dentro de 5 (cinco) dias, ordenará todas as declarações, autuando cada uma com o seu respectivo título. Em seguida intimará, por edital, todos os credores para, no prazo de 20 (vinte) dias, que lhes é comum, alegarem as suas preferências, bem como a nulidade, simulação, fraude, ou falsidade de dívidas e contratos.

Parágrafo único. No prazo, a que se refere este artigo, o devedor poderá impugnar quaisquer créditos.

Art. 769. Não havendo impugnações, o escrivão remeterá os autos ao contador, que organizará o quadro geral dos credores, observando, quanto à classificação dos créditos e dos títulos legais de preferência, o que dispõe a lei civil.

Parágrafo único. Se concorrerem aos bens apenas credores quirografários, o contador organizará o quadro, relacionando-os em ordem alfabética.

Art. 770. Se, quando for organizado o quadro geral dos credores, os bens da massa já tiverem sido alienados, o contador indicará a percentagem, que caberá a cada credor no rateio.

Art. 771. Ouvidos todos os interessados, no prazo de 10 (dez) dias, sobre o quadro geral dos credores, o juiz proferirá sentença.

Art. 772. Havendo impugnação pelo credor ou pelo devedor, o juiz deferirá, quando necessário, a produção de provas e em seguida proferirá sentença.

§ 1º Se for necessária prova oral, o juiz designará audiência de instrução e julgamento.

§ 2º Transitada em julgado a sentença, observar-se-á o que dispõem os três artigos antecedentes.

Art. 773. Se os bens não foram alienados antes da organização do quadro geral, o juiz determinará alienação em praça ou em leilão, destinando-se o produto ao pagamento dos credores.

Capítulo VII
DO SALDO DEVEDOR

Art. 774. Liquidada a massa sem que tenha sido efetuado o pagamento integral a todos os credores, o devedor insolvente continua obrigado pelo saldo.

Art. 775. Pelo pagamento dos saldos respondem os bens penhoráveis que o devedor adquirir, até que se lhe declare a extinção das obrigações.

Art. 776. Os bens do devedor poderão ser arrecadados nos autos do mesmo processo, a requerimento de qualquer credor incluído no quadro geral, a que se refere o art. 769, procedendo-se à sua alienação e à distribuição do respectivo produto aos credores, na proporção dos seus saldos.

Capítulo VIII
DA EXTINÇÃO DAS OBRIGAÇÕES

Art. 777. A prescrição das obrigações, interrompida com a instauração do concurso universal de credores, recomeça a correr no dia em que passar em julgado a sentença que encerrar o processo de insolvência.

→ v. Art. 202 do CC/2002.

Art. 778. Consideram-se extintas todas as obrigações do devedor, decorrido o prazo de 5 (cinco) anos, contados da data do encerramento do processo de insolvência.

Art. 779. É lícito ao devedor requerer ao juízo da insolvência a extinção das obrigações; o juiz mandará publicar edital, com prazo de 30 (trinta) dias, no órgão oficial e em outro jornal de grande circulação.

Art. 780. No prazo, estabelecido no artigo antecedente, qualquer credor poderá opor-se ao pedido, alegando que:

I – não transcorreram 5 (cinco) anos da data do encerramento da insolvência;

II – o devedor adquiriu bens, sujeitos à arrecadação (art. 776).

Art. 781. Ouvido o devedor no prazo de 10 (dez) dias, o juiz proferirá sentença; havendo provas a produzir, o juiz designará audiência de instrução e julgamento.

Art. 782. A sentença, que declarar extintas as obrigações, será publicada por edital, ficando o devedor habilitado a praticar todos os atos da vida civil.

Capítulo IX
DAS DISPOSIÇÕES GERAIS

Art. 783. O devedor insolvente poderá, depois da aprovação do quadro a que se refere o art. 769, acordar com os seus credores, propondo-lhes a forma de pagamento. Ouvidos os credores, se não houver oposição, o juiz aprovará a proposta por sentença.

Art. 784. Ao credor retardatário é assegurado o direito de disputar, por ação direta, antes do rateio final, a prelação ou a cota proporcional ao seu crédito.

Art. 785. O devedor, que caiu em estado de insolvência sem culpa sua, pode requerer ao juiz, se a massa o comportar, que lhe arbitre uma pensão, até a alienação dos bens. Ouvidos os credores, o juiz decidirá.

Art. 786. As disposições deste Título aplicam-se às sociedades civis, qualquer que seja a sua forma.

Art. 786-A. Os editais referidos neste Título também serão publicados, quando for o caso, nos órgãos oficiais dos Estados em que o devedor tenha filiais ou representantes.

→ Artigo acrescentado pela Lei 9.462/1997.

Título V
Da remição

Arts. 787 a 790. *(Revogados pela Lei 11.382/2006).*

Título VI
Da suspensão e da extinção do processo de execução

Capítulo I
DA SUSPENSÃO

Art. 791. Suspende-se a execução:

→ v. Art. 40 da Lei 6.830/1980.

I – no todo ou em parte, quando recebidos com efeito suspensivo os embargos à execução (art. 739-A);

→ Inciso I com redação alterada pela Lei 11.382/2006.

II – nas hipóteses previstas no art. 265, ns. I a III;

III – quando o devedor não possuir bens penhoráveis.

Art. 792. Convindo as partes, o juiz declarará suspensa a execução durante o prazo concedido pelo credor, para que o devedor cumpra voluntariamente a obrigação.

Parágrafo único. Findo o prazo sem cumprimento da obrigação, o processo retomará o seu curso.

→ Parágrafo único acrescentado pela Lei 8.953/1994.

Art. 793. Suspensa a execução, é defeso praticar quaisquer atos processuais. O juiz poderá, entretanto, ordenar providências cautelares urgentes.

→ Artigo com redação alterada pela Lei 5.925/1973.

→ v. Art. 266 do CPC.

Capítulo II
DA EXTINÇÃO

→ v. Art. 156 do CTN.

Art. 794. Extingue-se a execução quando:

I – o devedor satisfaz a obrigação;

→ v. Art. 624 do CPC.

II – o devedor obtém, por transação ou por qualquer outro meio, a remissão total da dívida;

→ v. Arts. 385 a 388 e 840 a 850 do CC/2002.

→ v. Art. 269, III, do CPC.

III – o credor renunciar ao crédito.

Art. 795. A extinção só produz efeito quando declarada por sentença.

LIVRO III
Do processo cautelar

Título único
Das medidas cautelares

→ v. Lei 8.367/1992 – Institui medida cautelar fiscal e dá outras providências.

Capítulo I
DAS DISPOSIÇÕES GERAIS

Art. 796. O procedimento cautelar pode ser instaurado antes ou no curso do processo principal e deste é sempre dependente.

→ v. Art. 102, I, *p*, da CF/1988.

→ v. Art. 7º, § 1º, da Lei 6.515/1977.

Art. 797. Só em casos excepcionais, expressamente autorizados por lei, determinará o juiz medidas cautelares sem a audiência das partes.

Art. 798. Além dos procedimentos cautelares específicos, que este Código regula no Capítulo II deste Livro, poderá o juiz determinar as medidas provisórias que julgar adequadas, quando houver fundado receio de que uma parte, antes do julgamento da lide, cause ao direito da outra lesão grave e de difícil reparação.

→ v. Art. 273 do CPC.

Art. 799. No caso do artigo anterior, poderá o juiz, para evitar o dano, autorizar ou vedar a prática de determinados atos, ordenar a guarda judicial de pessoas e depósito de bens e impor a prestação de caução.

Art. 800. As medidas cautelares serão requeridas ao juiz da causa; e, quando preparatórias, ao juiz competente para conhecer da ação principal.

Parágrafo único. Interposto o recurso, a medida cautelar será requerida diretamente ao tribunal.

→ Parágrafo único com redação alterada pela Lei 8.952/1994.

→ v. Súmulas 634 e 635 do STF.

Art. 801. O requerente pleiteará a medida cautelar em petição escrita, que indicará:

I – a autoridade judiciária, a que for dirigida;

II – o nome, o estado civil, a profissão e a residência do requerente e do requerido;

III – a lide e seu fundamento;

IV – a exposição sumária do direito ameaçado e o receio da lesão;

V – as provas que serão produzidas.

Parágrafo único. Não se exigirá o requisito do n. III senão quando a medida cautelar for requerida em procedimento preparatório.

Art. 802. O requerido será citado, qualquer que seja o procedimento cautelar, para, no prazo de 5 (cinco) dias, contestar o pedido, indicando as provas que pretende produzir.

Parágrafo único. Conta-se o prazo, da juntada aos autos do mandado:

I – de citação devidamente cumprido;

II – da execução da medida cautelar, quando concedida liminarmente ou após justificação prévia.

Art. 803. Não sendo contestado o pedido, presumir-se-ão aceitos pelo requerido, como verdadeiros, os fatos alegados pelo requerente (arts. 285 e 319); caso em que o juiz decidirá dentro em 5 (cinco) dias.

→ Artigo com redação alterada pela Lei 5.925/1973.

Parágrafo único. Se o requerido contestar no prazo legal, o juiz designará audiência de instrução e julgamento, havendo prova a ser nela produzida.

Art. 804. É lícito ao juiz conceder liminarmente ou após justificação prévia a medida cautelar, sem ouvir o réu, quando verificar que este, sendo citado, poderá torná-la ineficaz, caso em que poderá determinar que o requerente preste caução real ou fidejussória de ressarcir os danos que o requerido possa vir a sofrer.

→ Artigo com redação alterada pela Lei 5.925/1973.

Art. 805. A medida cautelar poderá ser substituída, de ofício ou a requerimento de qualquer das partes, pela prestação de caução ou outra garantia menos gravosa para o requerido, sempre que adequada e suficiente para evitar a lesão ou repará-la integralmente.

→ Artigo com redação alterada pela Lei 8.952/1994.

Art. 806. Cabe à parte propor a ação, no prazo de 30 (trinta) dias, contados da data da efetivação da medida cautelar, quando esta for concedida em procedimento preparatório.

Art. 807. As medidas cautelares conservam a sua eficácia no prazo do artigo antecedente e na pendência do processo principal; mas podem, a qualquer tempo, ser revogadas ou modificadas.

Parágrafo único. Salvo decisão judicial em contrário, a medida cautelar conservará a eficácia durante o período de suspensão do processo.

Art. 808. Cessa a eficácia da medida cautelar:

I – se a parte não intentar a ação no prazo estabelecido no art. 806;

II – se não for executada dentro de 30 (trinta) dias;

III – se o juiz declarar extinto o processo principal, com ou sem julgamento do mérito.

Parágrafo único. Se por qualquer motivo cessar a medida, é defeso à parte repetir o pedido, salvo por novo fundamento.

Art. 809. Os autos do procedimento cautelar serão apensados aos do processo principal.

Art. 810. O indeferimento da medida não obsta a que a parte intente a ação, nem influi no julgamento desta, salvo se o juiz, no procedimento cautelar, acolher a alegação de decadência ou de prescrição do direito do autor.

Art. 811. Sem prejuízo do disposto no art. 16, o requerente do procedimento cautelar responde ao requerido pelo prejuízo que lhe causar a execução da medida:

I – se a sentença no processo principal lhe for desfavorável;

II – se, obtida liminarmente a medida no caso do art. 804 deste Código, não promover a citação do requerido dentro em 5 (cinco) dias;

III – se ocorrer a cessação da eficácia da medida, em qualquer dos casos previstos no art. 808 deste Código;

IV – se o juiz acolher, no procedimento cautelar, a alegação de decadência ou prescrição do direito do autor (art. 810).

Parágrafo único. A indenização será liquidada nos autos do procedimento cautelar.

Art. 812. Aos procedimentos cautelares específicos, regulados no Capítulo seguinte, aplicam-se as disposições gerais deste Capítulo.

Capítulo II
DOS PROCEDIMENTOS CAUTELARES ESPECÍFICOS

Seção I
Do arresto

→ v. Arts. 7º, III, e 14 da Lei 6.830/1980.

Art. 813. O arresto tem lugar:

I – quando o devedor sem domicílio certo intenta ausentar-se ou alienar os bens que possui, ou deixa de pagar a obrigação no prazo estipulado;

II – quando o devedor, que tem domicílio:

a) se ausenta ou tenta ausentar-se furtivamente;

b) caindo em insolvência, aliena ou tenta alienar bens que possui; contrai ou tenta contrair dívidas extraordinárias; põe ou tenta pôr os seus bens em nome de terceiros; ou comete outro qualquer artifício fraudulento, a fim de frustrar a execução ou lesar credores;

→ v. Arts. 158 a 165 do CC/2002.

III – quando o devedor, que possui bens de raiz, intenta aliená-los, hipotecá-los ou dá-los em anticrese, sem ficar com algum ou alguns, livres e desembargados, equivalentes às dívidas;

IV – nos demais casos expressos em lei.

Art. 814. Para a concessão do arresto é essencial:

→ *Caput* com redação alterada pela Lei 5.925/1973.

I – prova literal da dívida líquida e certa;

→ Inciso I com redação alterada pela Lei 5.925/1973.

II – prova documental ou justificação de algum dos casos mencionados no artigo antecedente.

→ Inciso II com redação alterada pela Lei 5.925/1973.

Parágrafo único. Equipara-se à prova literal da dívida líquida e certa, para efeito de concessão de arresto, a sentença, líquida ou ilíquida, pendente de recurso, condenando o devedor ao pagamento de dinheiro ou de prestação que em dinheiro possa converter-se.

→ Parágrafo único com redação alterada pela Lei 10.444/2002.

Art. 815. A justificação prévia, quando ao juiz parecer indispensável, far-se-á em segredo e de plano, reduzindo-se a termo o depoimento das testemunhas.

Art. 816. O juiz concederá o arresto independentemente de justificação prévia:

I – quando for requerido pela União, Estado ou Município, nos casos previstos em lei;

II – se o credor prestar caução (art. 804).

Art. 817. Ressalvado o disposto no art. 810, a sentença proferida no arresto não faz coisa julgada na ação principal.

Art. 818. Julgada procedente a ação principal, o arresto se resolve em penhora.

Art. 819. Ficará suspensa a execução do arresto se o devedor:

I – tanto que intimado, pagar ou depositar em juízo a importância da dívida, mais os honorários de advogado que o juiz arbitrar, e custas;

II – der fiador idôneo, ou prestar caução para garantir a dívida, honorários do advogado do requerente e custas.

Art. 820. Cessa o arresto:

→ v. Art. 808 do CPC.

I – pelo pagamento;

→ v. Arts. 304 a 359 do CC/2002.

→ v. Arts. 156, I, e 157 a 163 do CTN.

II – pela novação;

→ v. Arts. 360 a 367 do CC/2002.

III – pela transação.

→ v. Arts. 840 a 850 do CC/2002.

Art. 821. Aplicam-se ao arresto as disposições referentes à penhora, não alteradas na presente Seção.

Seção II
Do sequestro

Art. 822. O juiz, a requerimento da parte, pode decretar o sequestro:

I – de bens móveis, semoventes ou imóveis, quando lhes for disputada a propriedade ou a posse, havendo fundado receio de rixas ou danificações;

II – dos frutos e rendimentos do imóvel reivindicando, se o réu, depois de condenado por sentença ainda sujeita a recurso, os dissipar;

III – dos bens do casal, nas ações de desquite e de anulação de casamento, se o cônjuge os estiver dilapidando;

→ v. Art. 39 da Lei 6.515/1977 – Lei do Divórcio.

IV – nos demais casos expressos em lei.

→ v. Art. 919 do CPC.

Art. 823. Aplica-se ao sequestro, no que couber, o que este Código estatui acerca do arresto.

→ v. Arts. 646 a 679 do CPC.

Art. 824. Incumbe ao juiz nomear o depositário dos bens sequestrados. A escolha poderá, todavia, recair:

I – em pessoa indicada, de comum acordo, pelas partes;

II – em uma das partes, desde que ofereça maiores garantias e preste caução idônea.

Art. 825. A entrega dos bens ao depositário far-se-á logo depois que este assinar o compromisso.

Parágrafo único. Se houver resistência, o depositário solicitará ao juiz a requisição de força policial.

Seção III
Da caução

Art. 826. A caução pode ser real ou fidejussória.

→ v. Art. 940, § 1º, do CPC.

→ v. Arts. 1.280 e 1.281 do CC/2002.

Art. 827. Quando a lei não determinar a espécie de caução, esta poderá ser prestada mediante depósito em dinheiro, papéis de crédito, títulos da União ou dos Estados, pedras e metais preciosos, hipoteca, penhor e fiança.

Art. 828. A caução pode ser prestada pelo interessado ou por terceiro.

Art. 829. Aquele que for obrigado a dar caução requererá a citação da pessoa a favor de quem tiver de ser prestada, indicando na petição inicial:

I – o valor a caucionar;

II – o modo pelo qual a caução vai ser prestada;

III – a estimativa dos bens;

IV – a prova da suficiência da caução ou da idoneidade do fiador.

Art. 830. Aquele em cujo favor há de ser dada a caução requererá a citação do obrigado para que a preste, sob pena de incorrer na sanção que a lei ou o contrato cominar para a falta.

Art. 831. O requerido será citado para, no prazo de 5 (cinco) dias, aceitar a caução (art. 829), prestá-la (art. 830), ou contestar o pedido.

Art. 832. O juiz proferirá imediatamente a sentença:

I – se o requerido não contestar;

II – se a caução oferecida ou prestada for aceita;

III – se a matéria for somente de direito ou, sendo de direito e de fato, já não houver necessidade de outra prova.

Art. 833. Contestado o pedido, o juiz designará audiência de instrução e julgamento, salvo o disposto no n. III do artigo anterior.

Art. 834. Julgando procedente o pedido, o juiz determinará a caução e assinará o prazo em que deve ser prestada, cumprindo-se as diligências que forem determinadas.

Parágrafo único. Se o requerido não cumprir a sentença no prazo estabelecido, o juiz declarará:

I – no caso do art. 829, não prestada a caução;

II – no caso do art. 830, efetivada a sanção que cominou.

Art. 835. O autor, nacional ou estrangeiro, que residir fora do Brasil ou dele se ausentar na pendência da demanda, prestará, nas ações que intentar, caução suficiente às custas e honorários de advogado da parte contrária, se não tiver no Brasil bens imóveis que lhes assegurem o pagamento.

→ v. Art. 97, § 2º, da Lei 11.101/2005.

Art. 836. Não se exigirá, porém, a caução, de que trata o artigo antecedente:

I – na execução fundada em título extrajudicial;

II – na reconvenção.

Art. 837. Verificando-se no curso do processo que se desfalcou a garantia, poderá o interessado exigir reforço da caução. Na petição inicial, o requerente justificará o pedido, indicando a depreciação do bem dado em garantia e a importância do reforço que pretende obter.

Art. 838. Julgando procedente o pedido, o juiz assinará prazo para que o obrigado reforce a caução. Não sendo cumprida a sentença, cessarão os efeitos da caução prestada, presumindo-se que o autor tenha desistido da ação ou o recorrente desistido do recurso.

CPC DE 1973

Seção IV
Da busca e apreensão

Art. 839. O juiz pode decretar a busca e apreensão de pessoas ou de coisas.

Art. 840. Na petição inicial exporá o requerente as razões justificativas da medida e da ciência de estar a pessoa ou a coisa no lugar designado.

Art. 841. A justificação prévia far-se-á em segredo de justiça, se for indispensável. Provado quanto baste o alegado, expedir-se-á o mandado que conterá:

I – a indicação da casa ou do lugar em que deve efetuar-se a diligência;

II – a descrição da pessoa ou da coisa procurada e o destino a lhe dar;

III – a assinatura do juiz, de quem emanar a ordem.

Art. 842. O mandado será cumprido por dois oficiais de justiça, um dos quais o lerá ao morador, intimando-o a abrir as portas.

§ 1º Não atendidos, os oficiais de justiça arrombarão as portas externas, bem como as internas e quaisquer móveis onde presumam que esteja oculta a pessoa ou a coisa procurada.

§ 2º Os oficiais de justiça far-se-ão acompanhar de duas testemunhas.

§ 3º Tratando-se de direito autoral ou direito conexo do artista, intérprete ou executante, produtores de fonogramas e organismos de radiodifusão, o juiz designará, para acompanharem os oficiais de justiça, dois peritos, aos quais incumbirá confirmar a ocorrência da violação, antes de ser efetivada a apreensão.

Art. 843. Finda a diligência, lavrarão os oficiais de justiça auto circunstanciado, assinando-o com as testemunhas.

Seção V
Da exibição

Art. 844. Tem lugar, como procedimento preparatório, a exibição judicial:

I – de coisa móvel em poder de outrem e que o requerente repute sua ou tenha interesse em conhecer;

II – de documento próprio ou comum, em poder de cointeressado, sócio, condômino, credor ou devedor; ou em poder de terceiro que o tenha em sua guarda, como inventariante, testamenteiro, depositário ou administrador de bens alheios;

III – da escrituração comercial por inteiro, balanços e documentos de arquivo, nos casos expressos em lei.

Art. 845. Observar-se-á, quanto ao procedimento, no que couber, o disposto nos arts. 355 a 363, e 381 e 382.

→ *v.* Súmula 372 do STJ.

Seção VI
Da produção antecipada de provas

Art. 846. A produção antecipada da prova pode consistir em interrogatório da parte, inquirição de testemunhas e exame pericial.

→ *v.* Art. 420 do CPC.

Art. 847. Far-se-á o interrogatório da parte ou a inquirição das testemunhas antes da propositura da ação, ou na pendência desta, mas antes da audiência de instrução:

I – se tiver de ausentar-se;

II – se por motivo de idade ou de moléstia grave, houver justo receio de que ao tempo da prova já não exista, ou esteja impossibilitada de depor.

Art. 848. O requerente justificará sumariamente a necessidade da antecipação e mencionará com precisão os fatos sobre que há de recair a prova.

Parágrafo único. Tratando-se de inquirição de testemunha, serão intimados os interessados a comparecer à audiência em que prestará o depoimento.

Art. 849. Havendo fundado receio de que venha a tornar-se impossível ou muito difícil a verificação de certos fatos na pendência da ação, é admissível o exame pericial.

Art. 850. A prova pericial realizar-se-á conforme o disposto nos arts. 420 a 439.

Art. 851. Tomado o depoimento ou feito exame pericial, os autos permanecerão em cartório, sendo lícito aos interessados solicitar as certidões que quiserem.

Seção VII
Dos alimentos provisionais

→ *v.* Lei 11.804/2008 – Disciplina o direito a alimentos gravídicos e a forma como ele será exercido.

→ *v.* Arts. 732 a 735.

Art. 852. É lícito pedir alimentos provisionais:

I – nas ações de desquite e de anulação de casamento, desde que estejam separados os cônjuges;

→ *v.* Art. 4º da Lei 5.478/1968.

→ *v.* Art. 23 da Lei 6.515/1977.

II – nas ações de alimentos, desde o despacho da petição inicial;

III – nos demais casos expressos em lei.

→ *v.* Súmula 149 do STF.

→ *v.* Art. 7º da Lei 8.560/1992.

Parágrafo único. No caso previsto no n. I deste artigo, a prestação alimentícia devida ao requerente abrange, além do que necessitar para sustento, habitação e vestuário, as despesas para custear a demanda.

Art. 853. Ainda que a causa principal penda de julgamento no tribunal, processar-se-á no primeiro grau de jurisdição o pedido de alimentos provisionais.

Art. 854. Na petição inicial, exporá o requerente as suas necessidades e as possibilidades do alimentante.

Parágrafo único. O requerente poderá pedir que o juiz, ao despachar a petição inicial e sem audiência do requerido, lhe arbitre desde logo uma mensalidade para mantença.

Seção VIII
Do arrolamento de bens

Art. 855. Procede-se ao arrolamento sempre que há fundado receio de extravio ou de dissipação de bens.

Art. 856. Pode requerer o arrolamento todo aquele que tem interesse na conservação dos bens.

§ 1º O interesse do requerente pode resultar de direito já constituído ou que deva ser declarado em ação própria.

§ 2º Aos credores só é permitido requerer arrolamento nos casos em que tenha lugar a arrecadação de herança.

Art. 857. Na petição inicial exporá o requerente:

I – o seu direito aos bens;

II – os fatos em que funda o receio de extravio ou de dissipação dos bens.

Art. 858. Produzidas as provas em justificação prévia, o juiz, convencendo-se de que o interesse do requerente corre sério risco, deferirá a medida, nomeando depositário dos bens.

Parágrafo único. O possuidor ou detentor dos bens será ouvido se a audiência não comprometer a finalidade da medida.

Art. 859. O depositário lavrará auto, descrevendo minuciosamente todos os bens e registrando quaisquer ocorrências que tenham interesse para a sua conservação.

Art. 860. Não sendo possível efetuar desde logo o arrolamento ou concluí-lo no dia em que foi iniciado, apor-se-ão selos nas portas da casa ou nos móveis em que estejam os bens, continuando-se a diligência no dia que for designado.

Seção IX
Da justificação

Art. 861. Quem pretender justificar a existência de algum fato ou relação jurídica, seja para simples documento e sem caráter contencioso, seja para servir de prova em processo regular, exporá, em petição circunstanciada, a sua intenção.

→ *v.* Súmula 32 do STJ.

Art. 862. Salvo nos casos expressos em lei, é essencial a citação dos interessados.

→ *v.* Art. 214 do CPC.

Parágrafo único. Se o interessado não puder ser citado pessoalmente, intervirá no processo o Ministério Público.

Art. 863. A justificação consistirá na inquirição de testemunhas sobre os fatos alegados, sendo facultado ao requerente juntar documentos.

Art. 864. Ao interessado é lícito contraditar as testemunhas, reinquiri-las e manifestar-se sobre os documentos, dos quais terá vista em cartório por 24 (vinte e quatro) horas.

Art. 865. No processo de justificação não se admite defesa nem recurso.

Art. 866. A justificação será afinal julgada por sentença e os autos serão entregues ao requerente independentemente de traslado, decorridas 48 (quarenta e oito) horas da decisão.

Parágrafo único. O juiz não se pronunciará sobre o mérito da prova, limitando-se a verificar se foram observadas as formalidades legais.

Seção X
Dos protestos, notificações e interpelações

Art. 867. Todo aquele que desejar prevenir responsabilidade, prover a conservação e ressalva de seus direitos ou manifestar qualquer intenção de modo formal, poderá fazer por escrito o seu protesto, em petição dirigida ao juiz, e requerer que do mesmo se intime a quem de direito.

Art. 868. Na petição o requerente exporá os fatos e os fundamentos do protesto.

Art. 869. O juiz indeferirá o pedido, quando o requerente não houver demonstrado legítimo interesse e o protesto, dando causa a dúvidas e incertezas, possa impedir a formação de contrato ou a realização de negócio lícito.

Art. 870. Far-se-á a intimação por editais:

I – se o protesto for para conhecimento do público em geral, nos casos previstos em lei, ou quando a publicidade seja essencial para que o protesto, notificação ou interpelação atinja seus fins;

II – se o citando for desconhecido, incerto ou estiver em lugar ignorado ou de difícil acesso;

III – se a demora da intimação pessoal puder prejudicar os efeitos da interpelação ou do protesto.

Parágrafo único. Quando se tratar de protesto contra a alienação de bens, pode o juiz ouvir, em 3 (três) dias, aquele contra quem foi dirigido, desde que lhe pareça haver no pedido ato emulativo, tentativa de extorsão, ou qualquer outro fim ilícito, decidindo em seguida sobre o pedido de publicação de editais.

Art. 871. O protesto ou interpelação não admite defesa nem contraprotesto nos autos; mas o requerido pode contraprotestar em processo distinto.

Art. 872. Feita a intimação, ordenará o juiz que, pagas as custas, e decorridas 48 (quarenta e oito) horas, sejam os autos entregues à parte independentemente de traslado.

Art. 873. Nos casos previstos em lei processar-se-á a notificação ou interpelação na conformidade dos artigos antecedentes.

Seção XI
Da homologação do penhor legal

Art. 874. Tomado o penhor legal nos casos previstos em lei, requererá o credor, ato contínuo, a homologação. Na petição inicial, instruída com a conta pormenorizada das despesas, a tabela dos preços e a relação dos objetos retidos, pedirá a citação do devedor para, em 24 (vinte e quatro) horas, pagar ou alegar defesa.

Parágrafo único. Estando suficientemente provado o pedido nos termos deste artigo, o juiz poderá homologar de plano o penhor legal.

Art. 875. A defesa só pode consistir em:

I – nulidade do processo;

II – extinção da obrigação;

III – não estar a dívida compreendida entre as previstas em lei ou não estarem os bens sujeitos a penhor legal.

Art. 876. Em seguida, o juiz decidirá; homologando o penhor, serão os autos entregues ao requerente 48 (quarenta e oito) horas depois, independentemente de traslado, salvo se, dentro desse prazo, a parte houver pedido certidão; não sendo homologado, o objeto será entregue ao réu, ressalvado ao autor o direito de cobrar a conta por ação ordinária.

Seção XII
Da posse em nome do nascituro

Art. 877. A mulher que, para garantia dos direitos do filho nascituro, quiser provar seu estado de gravidez, requererá ao juiz que, ouvido o órgão do Ministério Público, mande examiná-la por um médico de sua nomeação.

§ 1º O requerimento será instruído com a certidão de óbito da pessoa, de quem o nascituro é sucessor.

§ 2º Será dispensado o exame se os herdeiros do falecido aceitarem a declaração da requerente.

§ 3º Em caso algum a falta do exame prejudicará os direitos do nascituro.

Art. 878. Apresentado o laudo que reconheça a gravidez, o juiz, por sentença, declarará a requerente investida na posse dos direitos que assistam ao nascituro.

Parágrafo único. Se à requerente não couber o exercício do pátrio poder, o juiz nomeará curador ao nascituro.

Seção XIII
Do atentado

Art. 879. Comete atentado a parte que no curso do processo:

I – viola penhora, arresto, sequestro ou imissão na posse;

→ *v.* Arts. 625 e 664 do CPC.

II – prossegue em obra embargada;

→ *v.* Arts. 934, 935, parágrafo único, 936, I, 937 e 938, CPC.

III – pratica outra qualquer inovação ilegal no estado de fato.

Art. 880. A petição inicial será autuada em separado, observando-se, quanto ao procedimento, o disposto nos arts. 802 e 803.

Parágrafo único. A ação de atentado será processada e julgada pelo juiz que conheceu originariamente da causa principal, ainda que esta se encontre no tribunal.

Art. 881. A sentença, que julgar procedente a ação, ordenará o restabelecimento do estado anterior, a suspensão da causa principal e a proibição de o réu falar nos autos até a purgação do atentado.

Parágrafo único. A sentença poderá condenar o réu a ressarcir à parte lesada as perdas e danos que sofreu em consequência do atentado.

Seção XIV
Do protesto e da apreensão de títulos

Art. 882. O protesto de títulos e contas judicialmente verificadas far-se-á nos casos e com observância da lei especial.

→ *v.* Art. 93, I, e § 3º da Lei 11.101/2005.

→ *v.* Arts. 48 a 54 da Lei 7.357/1985.

→ *v.* Arts. 13 e 14 da Lei 5.474/1968.

Art. 883. O oficial intimará do protesto o devedor, por carta registrada ou entregando-lhe em mãos o aviso.

Parágrafo único. Far-se-á, todavia, por edital a intimação:

I – se o devedor não for encontrado na comarca;

II – quando se tratar de pessoa desconhecida ou incerta.

Art. 884. Se o oficial opuser dúvidas ou dificuldades à tomada do protesto ou à entrega do respectivo instrumento, poderá a parte reclamar ao juiz. Ouvido o oficial, o juiz proferirá sentença, que será transcrita no instrumento.

Art. 885. O juiz poderá ordenar a apreensão de título não restituído ou sonegado pelo emitente, sacado ou aceitante; mas só decretará a prisão de quem o recebeu para firmar aceite ou efetuar pagamento, se o portador provar, com justificação ou por documento, a entrega do título e a recusa da devolução.

→ *v.* Arts. 28 a 33 do Decreto 2.044/1908.

Parágrafo único. O juiz mandará processar de plano o pedido, ouvirá depoimentos se for necessário e, estando provada a alegação, ordenará a prisão.

Art. 886. Cessará a prisão:

I – se o devedor restituir o título, ou pagar o seu valor e as despesas feitas, ou o exibir para ser levado a depósito;

II – quando o requerente desistir;

III – não sendo iniciada a ação penal dentro do prazo da lei;

IV – não sendo proferido o julgado dentro de 90 (noventa) dias da data da execução do mandado.

Art. 887. Havendo contestação do crédito, o depósito das importâncias referido no artigo precedente não será levantado antes de passada em julgado a sentença.

Seção XV
De outras medidas provisionais

Art. 888. O juiz poderá ordenar ou autorizar, na pendência da ação principal ou antes de sua propositura:

I – obras de conservação em coisa litigiosa ou judicialmente apreendida;

II – a entrega de bens de uso pessoal do cônjuge e dos filhos;

III – a posse provisória dos filhos, nos casos de separação judicial ou anulação de casamento;

IV – o afastamento do menor autorizado a contrair casamento contra a vontade dos pais;

V – o depósito de menores ou incapazes castigados imoderadamente por seus pais, tutores ou curadores, ou por eles induzidos à prática de atos contrários à lei ou à moral;

VI – o afastamento temporário de um dos cônjuges da morada do casal;

VII – a guarda e a educação dos filhos, regulado o direito de visita que, no interesse da criança ou do adolescente, pode, a critério do juiz, ser extensivo a cada um dos avós;

→ Inciso VII com redação alterada pela Lei 12.398/2011.

VIII – a interdição ou a demolição de prédio para resguardar a saúde, a segurança ou outro interesse público.

Art. 889. Na aplicação das medidas enumeradas no artigo antecedente observar-se-á o procedimento estabelecido nos arts. 801 a 803.

Parágrafo único. Em caso de urgência, o juiz poderá autorizar ou ordenar as medidas, sem audiência do requerido.

LIVRO IV
Dos procedimentos especiais

Título I
Dos procedimentos especiais de jurisdição contenciosa

Capítulo I
DA AÇÃO DE CONSIGNAÇÃO EM PAGAMENTO

Art. 890. Nos casos previstos em lei, poderá o devedor ou terceiro requerer, com efeito de pagamento, a consignação da quantia ou da coisa devida.

→ *v.* Arts. 334 a 345 do CC/2002.

→ *v.* Arts. 156, VIII e 164 do CTN.

§ 1º Tratando-se de obrigação em dinheiro, poderá o devedor ou terceiro optar pelo depósito da quantia devida, em estabelecimento bancário oficial, onde houver, situado no lugar do pagamento, em conta com correção monetária, cientificando-se o credor por carta com aviso de recepção, assinado o prazo de 10 (dez) dias para a manifestação de recusa.

→ § 1º acrescentado pela Lei 8.951/1994.

§ 2º Decorrido o prazo referido no parágrafo anterior, sem a manifestação de recusa, reputar-se-á o devedor liberado da obrigação, ficando à disposição do credor a quantia depositada.

→ § 2º acrescentado pela Lei 8.951/1994.

§ 3º Ocorrendo a recusa, manifestada por escrito ao estabelecimento bancário, o devedor ou terceiro poderá propor, dentro de 30 (trinta) dias, a ação de consignação, instruindo a inicial com a prova do depósito e da recusa.

→ § 3º acrescentado pela Lei 8.951/1994.

§ 4º Não proposta a ação no prazo do parágrafo anterior, ficará sem efeito o depósito, podendo levantá-lo o depositante.

→ § 4º acrescentado pela Lei 8.951/1994.

Art. 891. Requerer-se-á a consignação no lugar do pagamento, cessando para o devedor, tanto que se efetue o depósito, os juros e os riscos, salvo se for julgada improcedente.

Parágrafo único. Quando a coisa devida for corpo que deva ser entregue no lugar em que está, poderá o devedor requerer a consignação no foro em que ela se encontra.

Art. 892. Tratando-se de prestações periódicas, uma vez consignada a primeira, pode o devedor continuar a consignar, no mesmo processo e sem mais formalidades, as que se forem vencendo, desde que os depósitos sejam efetuados até 5 (cinco) dias, contados da data do vencimento.

→ *V.* Art. 67, III, da Lei 8.245/1991.

Art. 893. O autor, na petição inicial, requererá:

→ Artigo com redação alterada pela Lei 8.951/1994.

I – o depósito da quantia ou da coisa devida, a ser efetivado no prazo de 5 (cinco) dias contados do deferimento, ressalvada a hipótese do § 3º do art. 890;

II – a citação do réu para levantar o depósito ou oferecer resposta.

Art. 894. Se o objeto da prestação for coisa indeterminada e a escolha couber ao credor, será este citado para exercer o direito dentro de 5 (cinco) dias, se outro prazo não constar de lei ou do contrato, ou para aceitar que o devedor o faça, devendo o juiz, ao despachar a petição inicial, fixar lugar, dia e hora em que se fará a entrega, sob pena de depósito.

Art. 895. Se ocorrer dúvida sobre quem deva legitimamente receber o pagamento, o autor requererá o depósito e a citação dos que o disputam para provarem o seu direito.

Art. 896. Na contestação, o réu poderá alegar que:

→ Artigo com redação alterada pela Lei 8.951/1994.

I – não houve recusa ou mora em receber a quantia ou coisa devida;

II – foi justa a recusa;

III – o depósito não se efetuou no prazo ou no lugar do pagamento;

IV – o depósito não é integral.

Parágrafo único. No caso do inciso IV, a alegação será admissível se o réu indicar o montante que entende devido.

Art. 897. Não oferecida a contestação, e ocorrentes os efeitos da revelia, o juiz julgará procedente o pedido, declarará extinta a obrigação e condenará o réu nas custas e honorários advocatícios.

→ *Caput* com redação alterada pela Lei 8.951/1994.

Parágrafo único. Proceder-se-á do mesmo modo se o credor receber e der quitação.

Art. 898. Quando a consignação se fundar em dúvida sobre quem deva legitimamente receber, não comparecendo nenhum pretendente, converter-se-á o depósito em arrecadação de bens de ausentes; comparecendo apenas um, o juiz decidirá de plano; comparecendo mais de um, o juiz declarará efetuado o depósito e extinta a obrigação, continuando o processo a correr unicamente entre os credores; caso em que se observará o procedimento ordinário.

Art. 899. Quando na contestação o réu alegar que o depósito não é integral, é lícito ao autor completá-lo, dentro em 10 (dez) dias, salvo se corresponder a prestação, cujo inadimplemento acarrete a rescisão do contrato.

§ 1º Alegada a insuficiência do depósito, poderá o réu levantar, desde logo, a quantia ou a coisa depositada, com a consequente liberação parcial do autor, prosseguindo o processo quanto à parcela controvertida.

→ § 1º acrescentado pela Lei 8.951/1994.

§ 2º A sentença que concluir pela insuficiência do depósito determinará, sempre que possível, o montante devido, e, neste caso, valerá como título executivo, facultado ao credor promover-lhe a execução nos mesmos autos.

→ § 2º acrescentado pela Lei 8.951/1994.

Art. 900. Aplica-se o procedimento estabelecido neste Capítulo, no que couber, ao resgate do aforamento.

→ Artigo com redação alterada pela Lei 5.925/1973.

Capítulo II
DA AÇÃO DE DEPÓSITO

Art. 901. Esta ação tem por fim exigir a restituição da coisa depositada.

→ Artigo com redação alterada pela Lei 5.925/1973.

→ *V.* Arts. 373, II, e 627 a 652 do CC/2002.

→ *V.* Art. 173, II, do CPC.

→ *V.* Art. 4º do Dec.-lei 911/1969.

Art. 902. Na petição inicial instruída com a prova literal do depósito e a estimativa do valor da coisa, se não constar do contrato, o autor pedirá a citação do réu para no prazo de 5 (cinco) dias:

→ Artigo com redação alterada pela Lei 5.925/1973.

I – entregar a coisa, depositá-la em juízo ou consignar-lhe o equivalente em dinheiro;

II – contestar a ação.

§ 1º Do pedido poderá constar, ainda, a cominação da pena de prisão até 1 (um) ano, que o juiz decretará na forma do art. 904, parágrafo único.

→ *V.* Súmula Vinculante 25 do STF.

→ *V.* Súmulas 304, 305 e 419 do STJ.

→ *V.* Decreto 678/1992 – Promulga a Convenção Americana sobre Direitos Humanos (Pacto de São José da Costa Rica), de 22 de novembro de 1969.

§ 2º O réu poderá alegar, além da nulidade ou falsidade do título e da extinção das obrigações, as defesas previstas na lei civil.

Art. 903. Se o réu contestar a ação, observar-se-á o procedimento ordinário.

Art. 904. Julgada procedente a ação, ordenará o juiz a expedição de mandado para a entrega, em 24 (vinte e quatro) horas, da coisa ou do equivalente em dinheiro.

Parágrafo único. Não sendo cumprido o mandado, o juiz decretará a prisão do depositário infiel.

Art. 905. Sem prejuízo do depósito ou da prisão do réu, é lícito ao autor promover a busca e apreensão da coisa. Se esta for encontrada ou entregue voluntariamente pelo réu, cessará a prisão e será devolvido o equivalente em dinheiro.

Art. 906. Quando não receber a coisa ou o equivalente em dinheiro, poderá o autor prosseguir nos próprios autos para haver o que lhe for reconhecido na sentença, observando-se o procedimento da execução por quantia certa.

Capítulo III
DA AÇÃO DE ANULAÇÃO E SUBSTITUIÇÃO DE TÍTULOS AO PORTADOR

→ *V.* Arts. 904 a 909 do CC/2002.

Art. 907. Aquele que tiver perdido título ao portador ou dele houver sido injustamente desapossado poderá:

→ *V.* Art. 98 da Lei 6.404/1976.

→ *V.* Art. 24, parágrafo único, da Lei 7.357/1985.

I – reivindicá-lo da pessoa que o detiver;

II – requerer-lhe a anulação e substituição por outro.

Art. 908. No caso do n. II do artigo antecedente, exporá o autor, na petição inicial, a quantidade, espécie, valor nominal do título e atributos que o individualizem, a época e o lugar em que o adquiriu, as circunstâncias em que o perdeu e quando recebeu os últimos juros e dividendos, requerendo:

I – a citação do detentor e, por edital, de terceiros interessados para contestarem o pedido;

II – a intimação do devedor, para que deposite em juízo o capital, bem como juros ou dividendos vencidos ou vincendos;

III – a intimação da Bolsa de Valores, para conhecimento de seus membros, a fim de que estes não negociem os títulos.

Art. 909. Justificado quanto baste o alegado, ordenará o juiz a citação do réu e o cumprimento das providências enumeradas nos ns. II e III do artigo anterior.

Parágrafo único. A citação abrangerá também terceiros interessados, para responderem à ação.

Art. 910. Só se admitirá a contestação quando acompanhada do título reclamado.

Parágrafo único. Recebida a contestação do réu, observar-se-á o procedimento ordinário.

Art. 911. Julgada procedente a ação, o juiz declarará caduco o título reclamado e ordenará ao devedor que lavre outro em substituição, dentro do prazo que a sentença lhe assinar.

Art. 912. Ocorrendo destruição parcial, o portador, exibindo o que restar do título, pedirá a citação do devedor para em 10 (dez) dias substituí-lo ou contestar a ação.

Parágrafo único. Não havendo contestação, o juiz proferirá desde logo a sentença; em caso contrário, observar-se-á o procedimento ordinário.

Art. 913. Comprado o título em bolsa ou leilão público, o dono que pretender a restituição é obrigado a indenizar ao adquirente o preço que este pagou, ressalvado o direito de reavê-lo do vendedor.

Capítulo IV
DA AÇÃO DE PRESTAÇÃO DE CONTAS

Art. 914. A ação de prestação de contas competirá a quem tiver:

→ v. Súmulas 259 e 477 do STJ.

I – o direito de exigi-las;

II – a obrigação de prestá-las.

Art. 915. Aquele que pretender exigir a prestação de contas requererá a citação do réu para, no prazo de 5 (cinco) dias, as apresentar ou contestar a ação.

§ 1º Prestadas as contas, terá o autor 5 (cinco) dias para dizer sobre elas; havendo necessidade de produzir provas, o juiz designará audiência de instrução e julgamento; em caso contrário, proferirá desde logo a sentença.

§ 2º Se o réu não contestar a ação ou não negar a obrigação de prestar contas, observar-se-á o disposto no art. 330; a sentença, que julgar procedente a ação, condenará o réu a prestar as contas no prazo de 48 (quarenta e oito) horas, sob pena de não lhe ser lícito impugnar as que o autor apresentar.

§ 3º Se o réu apresentar as contas dentro do prazo estabelecido no parágrafo anterior, seguir-se-á o procedimento do § 1º deste artigo; em caso contrário, apresentá-las-á o autor dentro em 10 (dez) dias, sendo as contas julgadas segundo o prudente arbítrio do juiz, que poderá determinar, se necessário, a realização do exame pericial contábil.

Art. 916. Aquele que estiver obrigado a prestar contas requererá a citação do réu para, no prazo de 5 (cinco) dias, aceitá-las ou contestar a ação.

§ 1º Se o réu não contestar a ação ou se declarar que aceita as contas oferecidas, serão estas julgadas dentro de 10 (dez) dias.

§ 2º Se o réu contestar a ação ou impugnar as contas e houver necessidade de produzir provas, o juiz designará audiência de instrução e julgamento.

Art. 917. As contas assim do autor como do réu serão apresentadas em forma mercantil, especificando-se as receitas e a aplicação das despesas, bem como o respectivo saldo; e serão instruídas com os documentos justificativos.

Art. 918. O saldo credor declarado na sentença poderá ser cobrado em execução forçada.

Art. 919. As contas do inventariante, do tutor, do curador, do depositário e de outro qualquer administrador serão prestadas em apenso aos autos do processo em que tiver sido nomeado. Sendo condenado a pagar o saldo e não o fazendo no prazo legal, o juiz poderá destituí-lo, sequestrar os bens sob sua guarda e glosar o prêmio ou gratificação a que teria direito.

→ v. Art. 822, IV, do CPC.

Capítulo V
DAS AÇÕES POSSESSÓRIAS

Seção I
Das disposições gerais

Art. 920. A propositura de uma ação possessória em vez de outra não obstará a que o juiz conheça do pedido e outorgue a proteção legal correspondente àquela, cujos requisitos estejam provados.

→ v. Arts. 1.196 a 1.124 do CC/2002.

Art. 921. É lícito ao autor cumular ao pedido possessório o de:

I – condenação em perdas e danos;

→ v. Arts. 402 a 405 do CC/2002.

II – cominação de pena para caso de nova turbação ou esbulho;

→ v. Art. 1.210 do CC/2002.

III – desfazimento de construção ou plantação feita em detrimento de sua posse.

Art. 922. É lícito ao réu, na contestação, alegando que foi o ofendido em sua posse, demandar a proteção possessória e a indenização pelos prejuízos resultantes da turbação ou do esbulho cometido pelo autor.

Art. 923. Na pendência do processo possessório é defeso, assim ao autor como ao réu, intentar ação de reconhecimento do domínio.

→ Artigo com redação alterada pela Lei 6.820/1980.

→ v. Súmula 487 do STF.

Art. 924. Regem o procedimento de manutenção e de reintegração de posse as normas da seção seguinte, quando intentado dentro de ano e dia da turbação ou do esbulho; passado esse prazo, será ordinário, não perdendo, contudo, o caráter possessório.

Art. 925. Se o réu provar, em qualquer tempo, que o autor provisoriamente mantido ou reintegrado na posse carece de idoneidade financeira para, no caso de decair da ação, responder por perdas e danos, o juiz assinar-lhe-á o prazo de 5 (cinco) dias para requerer caução sob pena de ser depositada a coisa litigiosa.

Seção II
Da manutenção e da reintegração de posse

Art. 926. O possuidor tem direito a ser mantido na posse em caso de turbação e reintegrado no de esbulho.

→ v. Art. 1.210 do CC/2002.

Art. 927. Incumbe ao autor provar:

I – a sua posse;

→ v. Art. 1.196 do CC/2002.

II – a turbação ou o esbulho praticado pelo réu;

III – a data da turbação ou do esbulho;

IV – a continuação da posse, embora turbada, na ação de manutenção; a perda da posse, na ação de reintegração.

Art. 928. Estando a petição inicial devidamente instruída, o juiz deferirá, sem ouvir o réu, a expedição do mandado liminar de manutenção ou de reintegração; no caso contrário, determinará que o autor justifique previamente o alegado, citando-se o réu para comparecer à audiência que for designada.

→ v. Súmula 262 do STF.

→ v. Art. 804 do CPC.

Parágrafo único. Contra as pessoas jurídicas de direito público não será deferida a manutenção ou a reintegração liminar sem prévia audiência dos respectivos representantes judiciais.

Art. 929. Julgada procedente a justificação, o juiz fará logo expedir mandado de manutenção ou de reintegração.

Art. 930. Concedido ou não o mandado liminar de manutenção ou de reintegração, o autor promoverá, nos 5 (cinco) dias subsequentes, a citação do réu para contestar a ação.

Parágrafo único. Quando for ordenada a justificação prévia (art. 928), o prazo para contestar contar-se-á da intimação do despacho que deferir ou não a medida liminar.

Art. 931. Aplica-se, quanto ao mais, o procedimento ordinário.

Seção III
Do interdito proibitório

Art. 932. O possuidor direto ou indireto, que tenha justo receio de ser molestado na posse, poderá impetrar ao juiz que o segure da turbação ou esbulho iminente, mediante mandado proibitório, em que se comine ao réu determinada pena pecuniária, caso transgrida o preceito.

Art. 933. Aplica-se ao interdito proibitório o disposto na seção anterior.

Capítulo VI
DA AÇÃO DE NUNCIAÇÃO DE OBRA NOVA

Art. 934. Compete esta ação:

→ v. Arts. 1.277, 1.299 a 1.313, do CC/2002.

I – ao proprietário ou possuidor, a fim de impedir que a edificação de obra nova em imóvel vizinho lhe prejudique o prédio, suas servidões ou fins a que é destinado;

II – ao condômino, para impedir que o coproprietário execute alguma obra com prejuízo ou alteração da coisa comum;

III – ao Município, a fim de impedir que o particular construa em contravenção da lei, do regulamento ou de postura.

Art. 935. Ao prejudicado também é lícito, se o caso for urgente, fazer o embargo extrajudicial, notificando verbalmente, perante duas testemunhas, o proprietário ou, em sua falta, o construtor, para não continuar a obra.

Parágrafo único. Dentro de 3 (três) dias requererá o nunciante a ratificação em juízo, sob pena de cessar o efeito do embargo.

Art. 936. Na petição inicial, elaborada com observância dos requisitos do art. 282, requererá o nunciante:

I – o embargo para que fique suspensa a obra e se mande afinal reconstituir, modificar ou demolir o que estiver feito em seu detrimento;

II – a cominação de pena para o caso de inobservância do preceito;

III – a condenação em perdas e danos.

Parágrafo único. Tratando-se de demolição, colheita, corte de madeiras, extração de minérios e obras semelhantes, pode incluir-se o pedido de apreensão e depósito dos materiais e produtos já retirados.

Art. 937. É lícito ao juiz conceder o embargo liminarmente ou após justificação prévia.

Art. 938. Deferido o embargo, o oficial de justiça, encarregado de seu cumprimento, lavrará auto circunstanciado, descrevendo o estado em que se encontra a obra; e, ato contínuo, intimará o construtor e os operários a que não continuem a obra sob pena de desobediência e citará o proprietário a contestar em 5 (cinco) dias a ação.

Art. 939. Aplica-se a esta ação o disposto no art. 803.

Art. 940. O nunciado poderá, a qualquer tempo e em qualquer grau de jurisdição, requerer o prosseguimento da obra, desde que preste caução e demonstre prejuízo resultante da suspensão dela.

→ v. Art. 826 do CPC.

§ 1º A caução será prestada no juízo de origem, embora a causa se encontre no tribunal.

§ 2º Em nenhuma hipótese terá lugar o prosseguimento, tratando-se de obra nova levantada contra determinação de regulamentos administrativos.

Capítulo VII
DA AÇÃO DE USUCAPIÃO DE TERRAS PARTICULARES

→ v. Arts. 183 e 191 da CF/1988.

→ v. Lei 10.257/2001 – Estatuto da Cidade.

→ v. Lei 6.969/1981 – Usucapião especial de imóveis rurais.

Art. 941. Compete a ação de usucapião ao possuidor para que se lhe declare, nos termos da lei, o domínio do imóvel ou a servidão predial.

Art. 942. O autor, expondo na petição inicial o fundamento do pedido e juntando planta do imóvel, requererá a citação daquele em cujo nome estiver registrado o imóvel usucapiendo, bem como dos confinantes e, por edital, dos réus em lugar incerto e dos eventuais interessados, observado quanto ao prazo o disposto no inciso IV do art. 232.

→ Artigo com redação alterada pela Lei 8.951/1994.

→ v. Súmulas 262 e 391 do STF.

Art. 943. Serão intimados por via postal, para que manifestem interesse na causa, os representantes da Fazenda Pública da União, dos Estados, do Distrito Federal, dos Territórios e dos Municípios.

→ Artigo com redação alterada pela Lei 8.951/1994.

Art. 944. Intervirá obrigatoriamente em todos os atos do processo o Ministério Público.

→ v. Súmula 99 do STJ.

Art. 945. A sentença, que julgar procedente a ação, será transcrita, mediante mandado, no registro de imóveis, satisfeitas as obrigações fiscais.

→ v. Art. 226 da Lei 6.015/1973.

Capítulo VIII
DA AÇÃO DE DIVISÃO E DA DEMARCAÇÃO DE TERRAS PARTICULARES

Seção I
Das disposições gerais

Art. 946. Cabe:

I – a ação de demarcação ao proprietário para obrigar o seu confinante a estremar os respectivos prédios, fixando-se novos limites entre eles ou aviventando-se os já apagados;

→ v. Arts. 1.297 e 1.298 do CC/2002.

→ v. Art. 950 do CPC.

II – a ação de divisão, ao condômino para obrigar os demais consortes, a partilhar a coisa comum.

→ v. Art. 1.320 do CC/2002.

Art. 947. É lícita a cumulação destas ações; caso em que deverá processar-se primeiramente a demarcação total ou parcial da coisa comum, citando-se os confinantes e condôminos.

Art. 948. Fixados os marcos da linha de demarcação, os confinantes considerar-se-ão terceiros quanto ao processo divisório; fica-lhes, porém, ressalvado o direito de vindicarem os terrenos de que se julguem despojados por invasão das linhas limítrofes constitutivas do perímetro ou a reclamarem uma indenização pecuniária correspondente ao seu valor.

Art. 949. Serão citados para a ação todos os condôminos, se ainda não transitou em julgado a sentença homologatória da divisão; e todos os quinhoeiros dos terrenos vindicados, se proposta posteriormente.

→ Artigo com redação alterada pela Lei 5.925/1973.

Parágrafo único. Neste último caso, a sentença que julga procedente a ação, condenando a restituir os terrenos ou a pagar a indenização, valerá como título executivo em favor dos quinhoeiros para haverem dos outros condôminos, que forem parte na divisão, ou de seus sucessores por título universal, na proporção que lhes tocar, a composição pecuniária do desfalque sofrido.

Seção II
Da demarcação

→ v. Lei 6.383/1976 – Dispõe sobre o Processo Discriminatório de Terras Devolutas da União, e dá outras providências.

Art. 950. Na petição inicial, instruída com os títulos da propriedade, designar-se-á o imóvel pela situação e denominação, descrever-se-ão os limites por constituir, aviventar ou renovar e nomear-se-ão todos os confinantes da linha demarcanda.

Art. 951. O autor pode requerer a demarcação com queixa de esbulho ou turbação, formulando também o pedido de restituição do terreno invadido com os rendimentos que deu, ou a indenização dos danos pela usurpação verificada.

Art. 952. Qualquer condômino é parte legítima para promover a demarcação do imóvel comum, citando-se os demais como litisconsortes.

Art. 953. Os réus que residirem na comarca serão citados pessoalmente; os demais, por edital.

Art. 954. Feitas as citações, terão os réus o prazo comum de 20 (vinte) dias para contestar.

Art. 955. Havendo contestação, observar-se-á o procedimento ordinário; não havendo, aplica-se o disposto no art. 330, n. II.

Art. 956. Em qualquer dos casos do artigo anterior, o juiz, antes de proferir a sentença definitiva, nomeará dois arbitradores e um agrimensor para levantarem o traçado da linha demarcanda.

Art. 957. Concluídos os estudos, apresentarão os arbitradores minucioso laudo sobre o traçado da linha demarcanda, tendo em conta os títulos, marcos, rumos, a fama da vizinhança, as informações de antigos moradores do lugar e outros elementos que coligirem.

Parágrafo único. Ao laudo anexará o agrimensor a planta da região e o memorial das operações de campo, os quais serão juntos aos autos, podendo as partes, no prazo comum de 10 (dez) dias, alegar o que julgarem conveniente.

Art. 958. A sentença, que julgar procedente a ação, determinará o traçado da linha demarcanda.

Art. 959. Tanto que passe em julgado a sentença, o agrimensor efetuará a demarcação, colocando os marcos necessários. Todas as operações serão consignadas em planta e memorial descritivo com as referências convenientes para a identificação, em qualquer tempo, dos pontos assinalados.

Art. 960. Nos trabalhos de campo observar-se-ão as seguintes regras:

I – a declinação magnética da agulha será determinada na estação inicial;

II – empregar-se-ão os instrumentos aconselhados pela técnica;

III – quando se utilizarem fitas metálicas ou correntes, as medidas serão tomadas horizontalmente, em lances determinados pelo declive, de 20 (vinte) metros no máximo;

IV – as estações serão marcadas por pequenas estacas, fortemente cravadas, colocando-se ao lado estacas maiores, numeradas;

V – quando as estações não tiverem afastamento superior a 50 (cinquenta) metros, as visadas serão feitas sobre balizas com o diâmetro máximo de 12 (doze) milímetros;

VI – tomar-ser-ão por aneroides ou por cotas obtidas mediante levantamento taqueométrico as altitudes dos pontos mais acidentados.

Art. 961. A planta será orientada segundo o meridiano do marco primordial, determinada a declinação magnética e conterá:

I – as altitudes relativas de cada estação do instrumento e a conformação altimétrica ou orográfica aproximativa dos terrenos;

II – as construções existentes, com indicação dos seus fins, bem como os marcos, valos, cercas, muros divisórios e outros quaisquer vestígios que possam servir ou tenham servido de base à demarcação;

III – as águas principais, determinando-se, quanto possível, os volumes, de modo que se lhes possa calcular o valor mecânico;

IV – a indicação, por cores convencionais, das culturas existentes, pastos, campos, matas, capoeiras e divisas do imóvel.

Parágrafo único. As escalas das plantas podem variar entre os limites de 1 (um) para 500 (quinhentos) a 1 (um) para 5.000 (cinco mil) conforme a extensão das propriedades rurais, sendo admissível a de 1 (um) para 10.000 (dez mil) nas propriedades de mais de 5 (cinco) quilômetros quadrados.

Art. 962. Acompanharão as plantas as cadernetas de operações de campo e o memorial descritivo, que conterá:

I – o ponto de partida, os rumos seguidos e a aviventação dos antigos com os respectivos cálculos;

II – os acidentes encontrados, as cercas, valos, marcos antigos, córregos, rios, lagoas e outros;

III – a indicação minuciosa dos novos marcos cravados, das culturas existentes e sua produção anual;

IV – a composição geológica dos terrenos, bem como a qualidade e extensão dos campos, matas e capoeiras;

V – as vias de comunicação;

VI – as distâncias à estação da estrada de ferro, ao porto de embarque e ao mercado mais próximo;

VII – a indicação de tudo o mais que for útil para o levantamento da linha ou para a identificação da linha já levantada.

Art. 963. É obrigatória a colocação de marcos assim na estação inicial – marco primordial – como nos vértices dos ângulos, salvo se algum destes últimos pontos for assinalado por acidentes naturais de difícil remoção ou destruição.

Art. 964. A linha será percorrida pelos arbitradores, que examinarão os marcos e rumos, consignando em relatório escrito a exatidão do memorial e planta apresentados pelo agrimensor ou as divergências porventura encontradas.

Art. 965. Junto aos autos o relatório dos arbitradores, determinará o juiz que as partes se manifestem sobre ele no prazo comum de 10 (dez) dias. Em seguida, executadas as correções e retificações que ao juiz pareçam necessárias, lavrar-se-á o auto de demarcação em que os limites demarcandos serão minuciosamente descritos de acordo com o memorial e a planta.

Art. 966. Assinado o auto pelo juiz, arbitradores e agrimensor, será proferida a sentença homologatória da demarcação.

Seção III
Da divisão

Art. 967. A petição inicial, elaborada com observância dos requisitos do art. 282 e instruída com os títulos de domínio do promovente, conterá:

→ *V.* Art. 1.320 do CC/2002.

I – a indicação da origem da comunhão e a denominação, situação, limites e característicos do imóvel;

II – o nome, o estado civil, a profissão e a residência de todos os condôminos, especificando-se os estabelecidos no imóvel com benfeitorias e culturas;

III – as benfeitorias comuns.

Art. 968. Feitas as citações como preceitua o art. 953, prosseguir-se-á na forma dos arts. 954 e 955.

Art. 969. Prestado o compromisso pelos arbitradores e agrimensor, terão início, pela medição do imóvel, as operações de divisão.

Art. 970. Todos os condôminos serão intimados a apresentar, dentro em 10 (dez) dias, os seus títulos, se ainda não o tiverem feito; e a formular os seus pedidos sobre a constituição dos quinhões.

Art. 971. O juiz ouvirá as partes no prazo comum de 10 (dez) dias.

Parágrafo único. Não havendo impugnação, o juiz determinará a divisão geodésica do imóvel; se houver, proferirá, no prazo de 10 (dez) dias, decisão sobre os pedidos e os títulos que devam ser atendidos na formação dos quinhões.

Art. 972. A medição será efetuada na forma dos arts. 960 a 963.

Art. 973. Se qualquer linha do perímetro atingir benfeitorias permanentes dos confinantes, feitas há mais de 1 (um) ano, serão elas respeitadas, bem como os terrenos onde estiverem, os quais não se computarão na área dividenda.

Parágrafo único. Consideram-se benfeitorias, para os efeitos deste artigo, as edificações, muros, cercas, culturas e pastos fechados, não abandonados há mais de 2 (dois) anos.

→ *V.* Arts. 96 e 97 do CC/2002.

Art. 974. É lícito aos confinantes do imóvel dividendo demandar a restituição dos terrenos que lhes tenham sido usurpados.

→ Artigo com redação alterada pela Lei 5.925/1973.

§ 1º Serão citados para a ação todos os condôminos, se ainda não transitou em julgado a sentença homologatória da divisão; e todos os quinhoeiros dos terrenos vindicados, se proposta posteriormente.

§ 2º Neste último caso terão os quinhoeiros o direito, pela mesma sentença que os obrigar à restituição, a haver dos outros condôminos do processo divisório, ou de seus sucessores a título universal, a composição pecuniária proporcional ao desfalque sofrido.

Art. 975. Concluídos os trabalhos de campo, levantará o agrimensor a planta do imóvel e organizará o memorial descritivo das operações, observado o disposto nos arts. 961 a 963.

§ 1º A planta assinalará também:

I – as povoações e vias de comunicação existentes no imóvel;

II – as construções e benfeitorias, com a indicação dos seus fins, proprietários e ocupantes;

III – as águas principais que banham o imóvel;

IV – a composição geológica, qualidade e vestimenta dos terrenos, bem como o valor destes e das culturas.

§ 2º O memorial descritivo indicará mais:

I – a composição geológica, a qualidade e o valor dos terrenos, bem como a cultura e o destino a que melhor possam adaptar-se;

II – as águas que banham o imóvel, determinando-lhes, tanto quanto possível, o volume, de modo que se lhes possa calcular o valor mecânico;

III – a qualidade e a extensão aproximada de campos e matas;

IV – as indústrias exploradas e as suscetíveis de exploração;

V – as construções, benfeitorias e culturas existentes, mencionando-se os respectivos proprietários e ocupantes;

VI – as vias de comunicação estabelecidas e as que devam ser abertas;

VII – a distância aproximada à estação de transporte de mais fácil acesso;

VIII – quaisquer outras informações que possam concorrer para facilitar a partilha.

Art. 976. Durante os trabalhos de campo procederão os arbitradores ao exame, classificação e avaliação das terras, culturas, edifícios e outras benfeitorias, entregando o laudo ao agrimensor.

Art. 977. O agrimensor avaliará o imóvel no seu todo, se os arbitradores reconhecerem que a homogeneidade das terras não determina variedade de preços; ou o classificará em áreas, se houver diversidade de valores.

Art. 978. Em seguida os arbitradores e o agrimensor proporão, em laudo fundamentado, a forma da divisão, devendo consultar, quanto possível, a comodidade das partes, respeitar, para adjudicação a cada condômino, a preferência dos terrenos contíguos às suas residências e benfeitorias e evitar o retalhamento dos quinhões em glebas separadas.

§ 1º O cálculo será precedido do histórico das diversas transmissões efetuadas a partir do ato ou fato gerador da comunhão, atualizando-se os valores primitivos.

§ 2º Seguir-se-ão, em títulos distintos, as contas de cada condômino, mencionadas todas as aquisições e alterações em ordem cronológica, bem como as respectivas datas e as folhas dos autos onde se encontrem os documentos correspondentes.

§ 3º O plano de divisão será também consignado em um esquema gráfico.

Art. 979. Ouvidas as partes, no prazo comum de 10 (dez) dias, sobre o cálculo e o plano da divisão, deliberará o juiz a partilha. Em cumprimento desta decisão, procederá o agrimensor, assistido pelos arbitradores, à demarcação dos quinhões, observando, além do disposto nos arts. 963 e 964, as seguintes regras:

I – as benfeitorias comuns, que não comportarem divisão cômoda, serão adjudicadas a um dos condôminos mediante compensação;

II – instituir-se-ão as servidões que forem indispensáveis, em favor de uns quinhões sobre os outros, incluindo o respectivo valor no orçamento para que, não se tratando de servidões naturais, seja compensado o condômino aquinhoado com o prédio serviente;

III – as benfeitorias particulares dos condôminos, que excederem a área a que têm direito, serão adjudicadas ao quinhoeiro vizinho mediante reposição;

IV – se outra coisa não acordarem as partes, as compensações e reposições serão feitas em dinheiro.

Art. 980. Terminados os trabalhos e desenhados na planta os quinhões e as servidões aparentes, organizará o agrimensor o memorial descritivo. Em seguida, cumprido o disposto no art. 965, o escrivão lavrará o auto de divisão, seguido de uma folha de pagamento para cada condômino. Assinado o auto pelo juiz, agrimensor e arbitradores, será proferida sentença homologatória da divisão.

→ Artigo com redação alterada pela Lei 5.925/1973.

§ 1º O auto conterá:

I – a confinação e a extensão superficial do imóvel;

II – a classificação das terras com o cálculo das áreas de cada consorte e a respectiva avaliação, ou a avaliação do imóvel na sua integridade, quando a homogeneidade das terras não determinar diversidade de valores;

III – o valor e a quantidade geométrica que couber a cada condômino, declarando-se as reduções e compensações resultantes da diversidade de valores das glebas componentes de cada quinhão.

§ 2º Cada folha de pagamento conterá:

I – a descrição das linhas divisórias do quinhão, mencionadas as confinantes;

II – a relação das benfeitorias e culturas do próprio quinhoeiro e das que lhe foram adjudicadas por serem comuns ou mediante compensação;

III – a declaração das servidões instituídas, especificados os lugares, a extensão e modo de exercício.

Art. 981. Aplica-se às divisões o disposto nos arts. 952 a 955.

→ Artigo com redação alterada pela Lei 5.925/1973.

Capítulo IX
DO INVENTÁRIO E DA PARTILHA

→ *v.* Art. 5º, XXVII e XXX da CF/1988.

→ *v.* Lei 11.441/2007 – Possibilita inventário, partilha, separação consensual e divórcio consensual por via administrativa.

Seção I
Das disposições gerais

Art. 982. Havendo testamento ou interessado incapaz, proceder-se-á ao inventário judicial; se todos forem capazes e concordes, poderá fazer-se o inventário e a partilha por escritura pública, a qual constituirá título hábil para o registro imobiliário.

→ *Caput* com redação alterada pela Lei 11.441/2007.

§ 1º O tabelião somente lavrará a escritura pública se todas as partes interessadas estiverem assistidas por advogado comum ou advogados de cada uma delas ou por defensor público, cuja qualificação e assinatura constarão do ato notarial.

→ § 1º acrescentado pela Lei 11.965/2009.

§ 2º A escritura e demais atos notariais serão gratuitos àqueles que se declararem pobres sob as penas da lei.

→ § 2º acrescentado pela Lei 11.965/2009.

Art. 983. O processo de inventário e partilha deve ser aberto dentro de 60 (sessenta) dias a contar da abertura da sucessão, ultimando-se nos 12 (doze) meses subsequentes, podendo o juiz prorrogar tais prazos, de ofício ou a requerimento de parte.

→ *Caput* com redação alterada pela Lei 11.441/2007.

→ *v.* Súmula 542 do STF.

→ *v.* Art. 1.796 do CC/2002.

Parágrafo único. *(Revogado pela Lei 11.441/2007).*

Art. 984. O juiz decidirá todas as questões de direito e também as questões de fato, quando este se achar provado por documento, só remetendo para os meios ordinários as que demandarem alta indagação ou dependerem de outras provas.

Art. 985. Até que o inventariante preste o compromisso (art. 990, parágrafo único), continuará o espólio na posse do administrador provisório.

Art. 986. O administrador provisório representa ativa e passivamente o espólio, é obrigado a trazer ao acervo os frutos que desde a abertura da sucessão percebeu, tem direito ao reembolso das despesas necessárias e úteis que fez e responde pelo dano a que, por dolo ou culpa, der causa.

Seção II
Da legitimidade para requerer o inventário

Art. 987. A quem estiver na posse e administração do espólio incumbe, no prazo estabelecido no art. 983, requerer o inventário e a partilha.

Parágrafo único. O requerimento será instruído com a certidão de óbito do autor da herança.

Art. 988. Tem, contudo, legitimidade concorrente:

I – o cônjuge supérstite;

II – o herdeiro;

III – o legatário;

IV – o testamenteiro;

V – o cessionário do herdeiro ou do legatário;

VI – o credor do herdeiro, do legatário ou do autor da herança;

VII – o síndico da falência do herdeiro, do legatário, do autor da herança ou do cônjuge supérstite;

VIII – o Ministério Público, havendo herdeiros incapazes;

IX – a Fazenda Pública, quando tiver interesse.

Art. 989. O juiz determinará, de ofício, que se inicie o inventário, se nenhuma das pessoas mencionadas nos artigos antecedentes o requerer no prazo legal.

Seção III
Do inventariante e das primeiras declarações

Art. 990. O juiz nomeará inventariante:

I – o cônjuge ou companheiro sobrevivente, desde que estivesse convivendo com o outro ao tempo da morte deste;

→ Inciso I com redação alterada pela Lei 12.195/2010.

II – o herdeiro que se achar na posse e administração do espólio, se não houver cônjuge ou companheiro sobrevivente ou estes não puderem ser nomeados;

→ Inciso II com redação alterada pela Lei 12.195/2010.

III – qualquer herdeiro, nenhum estando na posse e administração do espólio;

IV – o testamenteiro, se lhe foi confiada a administração do espólio ou toda a herança estiver distribuída em legados;

V – o inventariante judicial, se houver;

VI – pessoa estranha idônea, onde não houver inventariante judicial.

Parágrafo único. O inventariante, intimado da nomeação, prestará, dentro de 5 (cinco) dias, o compromisso de bem e fielmente desempenhar o cargo.

Art. 991. Incumbe ao inventariante:

→ *v.* Art. 131, II e III, do CTN.

I – representar o espólio ativa e passivamente, em juízo ou fora dele, observando-se, quanto ao dativo, o disposto no art. 12, § 1º;

II – administrar o espólio, velando-lhe os bens com a mesma diligência como se seus fossem;

III – prestar as primeiras e últimas declarações pessoalmente ou por procurador com poderes especiais;

IV – exibir em cartório, a qualquer tempo, para exame das partes, os documentos relativos ao espólio;

V – juntar aos autos certidão do testamento, se houver;

VI – trazer à colação os bens recebidos pelo herdeiro ausente, renunciante ou excluído;

VII – prestar contas de sua gestão ao deixar o cargo ou sempre que o juiz lhe determinar;

VIII – requerer a declaração de insolvência (art. 748).

Art. 992. Incumbe ainda ao inventariante, ouvidos os interessados e com autorização do juiz:

I – alienar bens de qualquer espécie;

II – transigir em juízo ou fora dele;

→ *v.* Arts. 840 a 850 do CC/2002.

III – pagar dívidas do espólio;

IV – fazer as despesas necessárias com a conservação e o melhoramento dos bens do espólio.

Art. 993. Dentro de 20 (vinte) dias, contados da data em que prestou o compromisso, fará o inventariante as primeiras declarações, das quais se lavrará termo circunstanciado. No termo, assinado pelo juiz, escrivão e inventariante, serão exarados:

→ Artigo com redação alterada pela Lei 5.925/1973.

I – o nome, estado, idade e domicílio do autor da herança, dia e lugar em que faleceu e bem ainda se deixou testamento;

II – o nome, estado, idade e residência dos herdeiros e, havendo cônjuge supérstite, o regime de bens do casamento;

III – a qualidade dos herdeiros e o grau de seu parentesco com o inventariado;

IV – a relação completa e individuada de todos os bens do espólio e dos alheios que nele forem encontrados, descrevendo-se:

a) os imóveis, com as suas especificações, nomeadamente local em que se encontram, extensão da área, limites, confrontações, benfeitorias, origem dos títulos, números das transcrições aquisitivas e ônus que os gravam;

b) os móveis, com os sinais característicos;

c) os semoventes, seu número, espécies, marcas e sinais distintivos;

d) o dinheiro, as joias, os objetos de ouro e prata, e as pedras preciosas, declarando-se-lhes especificadamente a qualidade, o peso e a importância;

e) os títulos da dívida pública, bem como as ações, cotas e títulos de sociedade, mencionando-se-lhes o número, o valor e a data;

f) as dívidas ativas e passivas, indicando-se-lhes as datas, títulos, origem da obrigação, bem como os nomes dos credores e dos devedores;

g) direitos e ações;

h) o valor corrente de cada um dos bens do espólio.

Parágrafo único. O juiz determinará que se proceda:

I – ao balanço do estabelecimento, se o autor da herança era comerciante em nome individual;

II – a apuração de haveres, se o autor da herança era sócio de sociedade que não anônima.

→ *v.* Súmula 265 do STF.

Art. 994. Só se pode arguir de sonegação ao inventariante depois de encerrada a descrição dos bens, com a declaração, por ele feita, de não existirem outros por inventariar.

→ *v.* Art. 1.996 do CC/2002.

Art. 995. O inventariante será removido:

I – se não prestar, no prazo legal, as primeiras e as últimas declarações;

II – se não der ao inventário andamento regular, suscitando dúvidas infundadas ou praticando atos meramente protelatórios;

III – se, por culpa sua, se deteriorarem, forem dilapidados ou sofrerem dano bens do espólio;

IV – se não defender o espólio nas ações em que for citado, deixar de cobrar dívidas ativas ou não promover as medidas necessárias para evitar o perecimento de direitos;

V – se não prestar contas ou as que prestar não forem julgadas boas;

VI – se sonegar, ocultar ou desviar bens do espólio.

Art. 996. Requerida a remoção com fundamento em qualquer dos números do artigo antecedente, será intimado o inventariante para, no prazo de 5 (cinco) dias, defender-se e produzir provas.

Parágrafo único. O incidente da remoção correrá em apenso aos autos do inventário.

Art. 997. Decorrido o prazo com a defesa do inventariante ou sem ela, o juiz decidirá. Se remover o inventariante, nomeará outro, observada a ordem estabelecida no art. 990.

Art. 998. O inventariante removido entregará imediatamente ao substituto os bens do espólio; deixando de fazê-lo, será compelido mediante mandado de busca e apreensão, ou de imissão na posse, conforme se tratar de bem móvel ou imóvel.

Seção IV
Das citações e das impugnações

Art. 999. Feitas as primeiras declarações, o juiz mandará citar, para os termos do inventário e partilha, o cônjuge, os herdeiros, os legatários, a Fazenda Pública, o Ministério Público, se houver herdeiro incapaz ou ausente, e o testamenteiro, se o finado deixou testamento.

→ Artigo com redação alterada pela Lei 5.925/1973.

§ 1º Citar-se-ão, conforme o disposto nos arts. 224 a 230, somente as pessoas domiciliadas na comarca por onde corre o inventário ou que aí foram encontradas; e por edital, com prazo de 20 (vinte) a 60 (sessenta) dias, todas as demais, residentes, assim no Brasil como no estrangeiro.

§ 2º Das primeiras declarações extrair-se-ão tantas cópias quantas forem as partes.

§ 3º O oficial de justiça, ao proceder à citação, entregará um exemplar a cada parte.

§ 4º Incumbe ao escrivão remeter cópias à Fazenda Pública, ao Ministério Público, ao testamenteiro se houver, e ao advogado, se a parte já estiver representada nos autos.

Art. 1.000. Concluídas as citações, abrir-se-á vista às partes, em cartório e pelo prazo comum de 10 (dez) dias, para dizerem sobre as primeiras declarações. Cabe à parte:

I – arguir erros e omissões;

II – reclamar contra a nomeação do inventariante;

III – contestar a qualidade de quem foi incluído no título de herdeiro.

Parágrafo único. Julgando procedente a impugnação referida no n. I, o juiz mandará retificar as primeiras declarações. Se acolher o pedido, de que trata o n. II, nomeará outro inventariante, observada a preferência legal. Verificando que a disputa sobre a qualidade de herdeiro, a que alude o n. III, constitui matéria de alta indagação, remeterá a parte para os meios ordinários e sobrestará, até o julgamento da ação, na entrega do quinhão que na partilha couber ao herdeiro admitido.

Art. 1.001. Aquele que se julgar preterido poderá demandar a sua admissão no inventário, requerendo-o antes da partilha. Ouvidas as partes no prazo de 10 (dez) dias, o juiz decidirá. Se não acolher o pedido, remeterá o requerente para os meios ordinários, mandando reservar, em poder do inventariante, o quinhão do herdeiro excluído, até que se decida o litígio.

Art. 1.002. A Fazenda Pública, no prazo de 20 (vinte) dias, após a vista de que trata o art. 1.000, informará ao juízo, de acordo com os dados que constam de seu cadastro imobiliário, o valor dos bens de raiz descritos nas primeiras declarações.

→ Artigo com redação alterada pela Lei 5.925/1973.

Seção V
Da avaliação e do cálculo do imposto

Art. 1.003. Findo o prazo do art. 1.000, sem impugnação ou decidida a que houver sido oposta, o juiz nomeará um perito para avaliar os bens do espólio, se não houver na comarca avaliador judicial.

Parágrafo único. No caso previsto no art. 993, parágrafo único, o juiz nomeará um contador para levantar o balanço ou apurar os haveres.

Art. 1.004. Ao avaliar os bens do espólio, observará o perito, no que for aplicável, o disposto nos arts. 681 a 683.

Art. 1.005. O herdeiro que requerer, durante a avaliação, a presença do juiz e do escrivão, pagará as despesas da diligência.

Art. 1.006. Não se expedirá carta precatória para a avaliação de bens situados fora da comarca por onde corre o inventário, se eles forem de pequeno valor ou perfeitamente conhecidos do perito nomeado.

Art. 1.007. Sendo capazes todas as partes, não se procederá à avaliação, se a Fazenda Pública, intimada na forma do art. 237, n. I, concordar expressamente com o valor atribuído, nas primeiras declarações, aos bens do espólio.

→ Artigo com redação alterada pela Lei 5.925/1973.

Art. 1.008. Se os herdeiros concordarem com o valor dos bens declarados pela Fazenda Pública, a avaliação cingir-se-á aos demais.

→ Artigo com redação alterada pela Lei 5.925/1973.

Art. 1.009. Entregue o laudo de avaliação, o juiz mandará que sobre ele se manifestem as partes no prazo de 10 (dez) dias, que correrá em cartório.

§ 1º Versando a impugnação sobre o valor dado pelo perito, o juiz a decidirá de plano, à vista do que constar dos autos.

§ 2º Julgando procedente a impugnação, determinará o juiz que o perito retifique a avaliação, observando os fundamentos da decisão.

Art. 1.010. O juiz mandará repetir a avaliação:

I – quando viciada por erro ou dolo do perito;

II – quando se verificar, posteriormente à avaliação, que os bens apresentam defeito que lhes diminui o valor.

Art. 1.011. Aceito o laudo ou resolvidas as impugnações suscitadas a seu respeito lavrar-se-á em seguida o termo de últimas declarações, no qual o inventariante poderá emendar, aditar ou completar as primeiras.

Art. 1.012. Ouvidas as partes sobre as últimas declarações no prazo comum de 10 (dez) dias, proceder-se-á ao cálculo do imposto.

Art. 1.013. Feito o cálculo, sobre ele serão ouvidas todas as partes no prazo comum de 5 (cinco) dias, que correrá em cartório e, em seguida, a Fazenda Pública.

§ 1º Se houver impugnação julgada procedente, ordenará o juiz novamente a remessa dos autos ao contador, determinando as alterações que devam ser feitas no cálculo.

§ 2º Cumprido o despacho, o juiz julgará o cálculo do imposto.

Seção VI
Das colações

Art. 1.014. No prazo estabelecido no art. 1.000, o herdeiro obrigado à colação conferirá por termo nos autos os bens que recebeu ou, se já os não possuir, trar-lhes-á o valor.

Parágrafo único. Os bens que devem ser conferidos na partilha, assim como as acessões e benfeitorias que o donatário fez, calcular-se-ão pelo valor que tiverem ao tempo da abertura da sucessão.

Art. 1.015. O herdeiro que renunciou à herança ou o que dela foi excluído não se exime, pelo fato da renúncia ou da exclusão, de conferir, para o efeito de repor a parte inoficiosa, as liberalidades que houve do doador.

§ 1º É lícito ao donatário escolher, dos bens doados, tantos quantos bastem para perfazer a legítima e a metade disponível, entrando na partilha o excedente para ser dividido entre os demais herdeiros.

§ 2º Se a parte inoficiosa da doação recair sobre bem imóvel, que não comporte divisão cômoda, o juiz determinará que sobre ela se proceda entre os herdeiros à licitação; o donatário poderá concorrer na licitação e, em igualdade de condições, preferirá aos herdeiros.

Art. 1.016. Se o herdeiro negar o recebimento dos bens ou a obrigação de os conferir, o juiz, ouvidas as partes no prazo comum de 5 (cinco) dias, decidirá à vista das alegações e provas produzidas.

§ 1º Declarada improcedente a oposição, se o herdeiro, no prazo improrrogável de 5 (cinco) dias, não proceder à conferência, o juiz mandará sequestrar-lhe, para serem inventariados e partilhados, os bens sujeitos à colação, ou imputar ao seu quinhão hereditário o valor deles, se já os não possuir.

§ 2º Se a matéria for de alta indagação, o juiz remeterá as partes para os meios ordinários, não podendo o herdeiro receber o seu quinhão hereditário, enquanto pender a demanda, sem prestar caução correspondente ao valor dos bens sobre que versar a conferência.

Seção VII
Do pagamento das dívidas

Art. 1.017. Antes da partilha, poderão os credores do espólio requerer ao juízo do inventário o pagamento das dívidas vencidas e exigíveis.

→ v. Arts. 1.997 a 2.001 do CC/2002.

→ v. Art. 992 do CPC.

→ v. Art. 4º da Lei 6.830/1980.

§ 1º A petição, acompanhada de prova literal da dívida, será distribuída por dependência e autuada em apenso aos autos do processo de inventário.

§ 2º Concordando as partes com o pedido, o juiz, ao declarar habilitado o credor, mandará que se faça a separação de dinheiro ou, em sua falta, de bens suficientes para o seu pagamento.

§ 3º Separados os bens, tantos quantos forem necessários para o pagamento dos credores habilitados, o juiz mandará aliená-los em praça ou leilão, observadas, no que forem aplicáveis, as regras do Livro II, Título II, Capítulo IV, Seção I, Subseção VII e Seção II, Subseções I e II.

→ *V.* Art. 1.022 do CPC.

§ 4º Se o credor requerer que, em vez de dinheiro, lhe sejam adjudicados, para o seu pagamento, os bens já reservados, o juiz deferir-lhe-á o pedido, concordando todas as partes.

Art. 1.018. Não havendo concordância de todas as partes sobre o pedido de pagamento feito pelo credor, será ele remetido para os meios ordinários.

Parágrafo único. O juiz mandará, porém, reservar em poder do inventariante bens suficientes para pagar o credor, quando a dívida constar de documento que comprove suficientemente a obrigação e a impugnação não se fundar em quitação.

Art. 1.019. O credor de dívida líquida e certa, ainda não vencida, pode requerer habilitação no inventário. Concordando as partes com o pedido, o juiz, ao julgar habilitado o crédito, mandará que se faça separação de bens para o futuro pagamento.

Art. 1.020. O legatário é parte legítima para manifestar-se sobre as dívidas do espólio:

→ *V.* Arts. 1.912 a 1.922 do CC/2002.

I – quando toda a herança for dividida em legados;

II – quando o reconhecimento das dívidas importar redução dos legados.

Art. 1.021. Sem prejuízo do disposto no art. 674, é lícito aos herdeiros, ao separarem bens para o pagamento de dívidas, autorizar que o inventariante os nomeie à penhora no processo em que o espólio for executado.

Seção VIII
Da partilha

Art. 1.022. Cumprido o disposto no art. 1.017, § 3º, o juiz facultará às partes que, no prazo comum de 10 (dez) dias, formulem o pedido de quinhão; em seguida proferirá, no prazo de 10 (dez) dias, o despacho de deliberação da partilha, resolvendo os pedidos das partes e designando os bens que devam constituir quinhão de cada herdeiro e legatário.

→ *V.* Arts. 2.013 a 2.021 do CC/2002.

Art. 1.023. O partidor organizará o esboço da partilha de acordo com a decisão, observando nos pagamentos a seguinte ordem:

I – dívidas atendidas;

II – meação do cônjuge;

III – meação disponível;

IV – quinhões hereditários, a começar pelo coerdeiro mais velho.

Art. 1.024. Feito o esboço, dirão sobre ele as partes no prazo comum de 5 (cinco) dias. Resolvidas as reclamações, será a partilha lançada nos autos.

Art. 1.025. A partilha constará:

I – de um auto de orçamento, que mencionará:

a) os nomes do autor da herança, do inventariante, do cônjuge supérstite, dos herdeiros, dos legatários e dos credores admitidos;

b) o ativo, o passivo e o líquido partível, com as necessárias especificações;

c) o valor de cada quinhão;

II – de uma folha de pagamento para cada parte, declarando a cota a pagar-lhe, a razão do pagamento, a relação dos bens que lhe compõem o quinhão, as características que os individualizam e os ônus que os gravam.

Parágrafo único. O auto e cada uma das folhas serão assinados pelo juiz e pelo escrivão.

Art. 1.026. Pago o imposto de transmissão a título de morte, e junta aos autos certidão ou informação negativa de dívida para com a Fazenda Pública, o juiz julgará por sentença a partilha.

→ *V.* Art. 192 do CTN.

Art. 1.027. Passada em julgado a sentença mencionada no artigo antecedente, receberá o herdeiro os bens que lhe tocarem e um formal de partilha, do qual constarão as seguintes peças:

I – termo de inventariante e título de herdeiros;

II – avaliação dos bens que constituíram o quinhão do herdeiro;

III – pagamento do quinhão hereditário;

IV – quitação dos impostos;

V – sentença.

Parágrafo único. O formal de partilha poderá ser substituído por certidão do pagamento do quinhão hereditário, quando este não exceder cinco vezes o salário mínimo vigente na sede do juízo; caso em que se transcreverá nela a sentença de partilha transitada em julgado.

Art. 1.028. A partilha, ainda depois de passar em julgado a sentença (art. 1.026), pode ser emendada nos mesmos autos do inventário, convindo todas as partes, quando tenha havido erro de fato na descrição dos bens; o juiz, de ofício ou a requerimento da parte, poderá, a qualquer tempo, corrigir-lhe as inexatidões materiais.

Art. 1.029. A partilha amigável, lavrada em instrumento público, reduzida a termo nos autos do inventário ou constante de escrito particular homologado pelo juiz, pode ser anulada, por dolo, coação, erro essencial ou intervenção de incapaz.

→ Artigo com redação alterada pela Lei 5.925/1973.

Parágrafo único. O direito de propor ação anulatória de partilha amigável prescreve em 1 (um) ano, contado este prazo:

→ *V.* Art. 2.027 do CC/2002.

I – no caso de coação, do dia em que ela cessou;

II – no de erro ou dolo, do dia em que se realizou o ato;

III – quanto ao incapaz, do dia em que cessar a incapacidade.

Art. 1.030. É rescindível a partilha julgada por sentença:

I – nos casos mencionados no artigo antecedente;

II – se feita com preterição de formalidades legais;

III – se preteriu herdeiro ou incluiu quem não o seja.

Seção IX
Do arrolamento

Art. 1.031. A partilha amigável, celebrada entre partes capazes, nos termos do art. 2.015 da Lei 10.406, de 10 de janeiro de 2002 – Código Civil, será homologada de plano pelo juiz, mediante a prova da quitação dos tributos relativos aos bens do espólio e às suas rendas, com observância dos arts. 1.032 a 1.035 desta Lei.

→ *Caput* com redação alterada pela Lei 11.441/2007.

→ *V.* Art. 2.015 do CC/2002.

§ 1º O disposto neste artigo aplica-se, também, ao pedido de adjudicação, quando houver herdeiro único.

→ Anterior parágrafo único renumerado para § 1º pela Lei 9.280/1996.

§ 2º Transitada em julgado a sentença de homologação de partilha ou adjudicação, o respectivo formal, bem como os alvarás referentes aos bens por ele abrangidos, só serão expedidos e entregues às partes após a comprovação, verificada pela Fazenda Pública, do pagamento de todos os tributos.

→ § 2º acrescentado pela Lei 9.280/1996.

Art. 1.032. Na petição de inventário, que se processará na forma de arrolamento sumário, independentemente da lavratura de termos de qualquer espécie, os herdeiros:

→ Artigo com redação alterada pela Lei 7.019/1982.

I – requererão ao juiz a nomeação do inventariante que designarem;

II – declararão os títulos dos herdeiros e os bens do espólio, observado o disposto no art. 993 desta Lei;

III – atribuirão o valor dos bens do espólio, para fins de partilha.

Art. 1.033. Ressalvada a hipótese prevista no parágrafo único do art. 1.035 desta Lei, não se procederá à avaliação dos bens do espólio para qualquer finalidade.

→ Artigo com redação alterada pela Lei 7.019/1982.

Art. 1.034. No arrolamento, não serão conhecidas ou apreciadas questões relativas ao lançamento, ao pagamento ou à quitação de taxas judiciárias e de tributos incidentes sobre a transmissão da propriedade dos bens do espólio.

→ Artigo com redação alterada pela Lei 7.019/1982.

§ 1º A taxa judiciária, se devida, será calculada com base no valor atribuído pelos herdeiros, cabendo ao fisco, se apurar em processo administrativo valor diverso do estimado, exigir a eventual diferença pelos meios adequados ao lançamento de créditos tributários em geral.

§ 2º O imposto de transmissão será objeto de lançamento administrativo, conforme dispuser a legislação tributária, não ficando as autoridades fazendárias adstritas aos valores dos bens do espólio atribuídos pelos herdeiros.

Art. 1.035. A existência de credores do espólio não impedirá a homologação da partilha ou da adjudicação, se forem reservados bens suficientes para o pagamento da dívida.

→ Artigo com redação alterada pela Lei 7.019/1982.

Parágrafo único. A reserva de bens será realizada pelo valor estimado pelas partes, salvo se o credor, regularmente notificado, impugnar a estimativa, caso em que se promoverá a avaliação dos bens a serem reservados.

Art. 1.036. Quando o valor dos bens do espólio for igual ou inferior a 2.000 (duas mil) Obrigações Reajustáveis do Tesouro Nacional – ORTN, o inventário processar-se-á na forma de arrolamento, cabendo ao inventariante nomeado, independentemente da assinatura de termo de compromisso, apresentar, com suas declarações, a atribuição do valor dos bens do espólio e o plano da partilha.

→ Artigo com redação alterada pela Lei 7.019/1982.

§ 1º Se qualquer das partes ou o Ministério Público impugnar a estimativa, o juiz nomeará um avaliador que oferecerá laudo em 10 (dez) dias.

§ 2º Apresentado o laudo, o juiz, em audiência que designar, deliberará sobre a partilha, decidindo de plano todas as reclamações e mandando pagar as dívidas não impugnadas.

§ 3º Lavrar-se-á de tudo um só termo, assinado pelo juiz e pelas partes presentes.

§ 4º Aplicam-se a esta espécie de arrolamento, no que couberem, as disposições do art. 1.034 e seus parágrafos, relativamente ao lançamento, ao pagamento e à quitação da taxa judiciária e do imposto sobre a transmissão da propriedade dos bens do espólio.

§ 5º Provada a quitação dos tributos relativos aos bens do espólio e às suas rendas, o juiz julgará a partilha.

Art. 1.037. Independerá de inventário ou arrolamento o pagamento dos valores previstos na Lei 6.858, de 24 de novembro de 1980.

→ Artigo com redação alterada pela Lei 7.019/1982.

→ *V.* Lei 6.858/1980 – Dispõe sobre o Pagamento, aos Dependentes ou Sucessores, de Valores Não Recebidos em Vida pelos Respectivos Titulares.

Art. 1.038. Aplicam-se subsidiariamente a esta seção as disposições das seções antecedentes, bem como as da seção subsequente.

→ Artigo com redação alterada pela Lei 7.019/1982.

Seção X
Das disposições comuns às seções precedentes

Art. 1.039. Cessa a eficácia das medidas cautelares previstas nas várias seções deste Capítulo:

I – se a ação não for proposta em 30 (trinta) dias, contados da data em que da decisão foi intimado o impugnante (art. 1.000, parágrafo único), o herdeiro excluído (art. 1.001) ou o credor não admitido (art. 1.018);

II – se o juiz declarar extinto o processo de inventário com ou sem julgamento do mérito.

Art. 1.040. Ficam sujeitos à sobrepartilha os bens:

I – sonegados;

II – da herança que se descobrirem depois da partilha;

III – litigiosos, assim como os de liquidação difícil ou morosa;

IV – situados em lugar remoto da sede do juízo onde se processa o inventário.

Parágrafo único. Os bens mencionados nos ns. III e IV deste artigo serão reservados à sobrepartilha sob a guarda e administração do mesmo ou de diverso inventariante, a aprazimento da maioria dos herdeiros.

Art. 1.041. Observar-se-á na sobrepartilha dos bens o processo de inventário e partilha.

Parágrafo único. A sobrepartilha correrá nos autos do inventário do autor da herança.

Art. 1.042. O juiz dará curador especial:

→ *V.* Art. 1.692 do CC/2002.

→ *V.* Art. 9º do CPC.

I – ao ausente, se o não tiver;

II – ao incapaz, se concorrer na partilha com o seu representante.

Art. 1.043. Falecendo o cônjuge meeiro supérstite antes da partilha dos bens do pré-morto, as duas heranças serão cumulativamente inventariadas e partilhadas, se os herdeiros de ambos forem os mesmos.

§ 1º Haverá um só inventariante para os dois inventários.

§ 2º O segundo inventário será distribuído por dependência, processando-se em apenso ao primeiro.

Art. 1.044. Ocorrendo a morte de algum herdeiro na pendência do inventário em que foi admitido e não possuindo outros bens além do seu quinhão na herança, poderá este ser partilhado juntamente com os bens do monte.

Art. 1.045. Nos casos previstos nos dois artigos antecedentes prevalecerão as primeiras declarações, assim como o laudo de avaliação, salvo se se alterou o valor dos bens.

Parágrafo único. No inventário a que se proceder por morte do cônjuge herdeiro supérstite, é lícito, independentemente de sobrepartilha, descrever e partilhar bens omitidos no inventário do cônjuge pré-morto.

Capítulo X
DOS EMBARGOS DE TERCEIRO

Art. 1.046. Quem, não sendo parte no processo, sofrer turbação ou esbulho na posse de seus bens por ato de apreensão judicial, em casos como o de penhora, depósito, arresto, sequestro, alienação judicial, arrecadação, arrolamento, inventário, partilha, poderá requerer lhes sejam manutenidos ou restituídos por meio de embargos.

→ *V.* Súmula 621 do STF.

→ *V.* Súmulas 84, 134, 195 e 303 do STJ.

§ 1º Os embargos podem ser de terceiro senhor e possuidor, ou apenas possuidor.

§ 2º Equipara-se a terceiro a parte que, posto figure no processo, defende bens que, pelo título de sua aquisição ou pela qualidade em que os possuir, não podem ser atingidos pela apreensão judicial.

§ 3º Considera-se também terceiro o cônjuge quando defende a posse de bens dotais, próprios, reservados ou de sua meação.

Art. 1.047. Admitem-se ainda embargos de terceiro:

I – para a defesa da posse, quando nas ações de divisão ou de demarcação, for o imóvel sujeito a atos materiais, preparatórios ou definitivos, da partilha ou da fixação de rumos;

II – para o credor com garantia real obstar alienação judicial do objeto da hipoteca, penhor ou anticrese.

Art. 1.048. Os embargos podem ser opostos a qualquer tempo no processo de conhecimento enquanto não transitada em julgado a sentença, e, no processo de execução, até 5 (cinco) dias depois da arrematação, adjudicação ou remição, mas sempre antes da assinatura da respectiva carta.

Art. 1.049. Os embargos serão distribuídos por dependência e correrão em autos distintos perante o mesmo juiz que ordenou a apreensão.

Art. 1.050. O embargante, em petição elaborada com observância do disposto no art. 282, fará a prova sumária de sua posse e a qualidade de terceiro, oferecendo documentos e rol de testemunhas.

§ 1º É facultada a prova da posse em audiência preliminar designada pelo juiz.

§ 2º O possuidor direto pode alegar, com a sua posse, domínio alheio.

§ 3º A citação será pessoal, se o embargado não tiver procurador constituído nos autos da ação principal.

→ § 3º acrescentado pela Lei 12.125/2009.

Art. 1.051. Julgando suficientemente provada a posse, o juiz deferirá liminarmente os embargos e ordenará a expedição de mandado de manutenção ou de restituição em favor do embargante, que só receberá os bens depois de prestar caução de os devolver com seus rendimentos, caso sejam a final declarados improcedentes.

Art. 1.052. Quando os embargos versarem sobre todos os bens, determinará o juiz a suspensão do curso do processo principal; versando sobre alguns deles, prosseguirá o processo principal somente quanto aos bens não embargados.

Art. 1.053. Os embargos poderão ser contestados no prazo de 10 (dez) dias, findo o qual proceder-se-á de acordo com o disposto no art. 803.

Art. 1.054. Contra os embargos do credor com garantia real, somente poderá o embargado alegar que:

I – o devedor comum é insolvente;

II – o título é nulo ou não obriga a terceiro;

III – outra é a coisa dada em garantia.

Capítulo XI
DA HABILITAÇÃO

Art. 1.055. A habilitação tem lugar quando, por falecimento de qualquer das partes, os interessados houverem de suceder-lhe no processo.

Art. 1.056. A habilitação pode ser requerida:

I – pela parte, em relação aos sucessores do falecido;

II – pelos sucessores do falecido, em relação à parte.

Art. 1.057. Recebida a petição inicial, ordenará o juiz a citação dos requeridos para contestar a ação no prazo de 5 (cinco) dias.

→ *V.* Art. 1.164 do CPC.

Parágrafo único. A citação será pessoal, se a parte não tiver procurador constituído na causa.

Art. 1.058. Findo o prazo da contestação, observar-se-á o disposto nos arts. 802 e 803.

Art. 1.059. Achando-se a causa no tribunal, a habilitação processar-se-á perante o relator e será julgada conforme o disposto no regimento interno.

Art. 1.060. Proceder-se-á à habilitação nos autos da causa principal e independentemente de sentença quando:

I – promovida pelo cônjuge e herdeiros necessários, desde que provem por documento o óbito do falecido e a sua qualidade;

II – em outra causa, sentença passada em julgado houver atribuído ao habilitando a qualidade de herdeiro ou sucessor;

III – o herdeiro for incluído sem qualquer oposição no inventário;

IV – estiver declarada a ausência ou determinada a arrecadação da herança jacente;

V – oferecidos os artigos de habilitação, a parte reconhecer a procedência do pedido e não houver oposição de terceiros.

Art. 1.061. Falecendo o alienante ou o cedente, poderá o adquirente ou o cessionário prosseguir na causa juntando aos autos o respectivo título e provando a sua identidade.

→ Artigo com redação alterada pela Lei 5.925/1973.

Art. 1.062. Passada em julgado a sentença de habilitação, ou admitida a habilitação, nos casos em que independer de sentença, a causa principal retomará o seu curso.

Capítulo XII
DA RESTAURAÇÃO DE AUTOS

Art. 1.063. Verificado o desaparecimento dos autos, pode qualquer das partes promover-lhes a restauração.

→ v. Art. 47 d Lei 6.515/1977.

Parágrafo único. Havendo autos suplementares, nestes prosseguirá o processo.

Art. 1.064. Na petição inicial declarará a parte o estado da causa ao tempo do desaparecimento dos autos, oferecendo:

I – certidões dos atos constantes do protocolo de audiências do cartório por onde haja corrido o processo;

II – cópia dos requerimentos que dirigiu ao juiz;

III – quaisquer outros documentos que facilitem a restauração.

Art. 1.065. A parte contrária será citada para contestar o pedido no prazo de 5 (cinco) dias, cabendo-lhe exibir as cópias, contrafés e mais reproduções dos atos e documentos que estiverem em seu poder.

§ 1º Se a parte concordar com a restauração, lavrar-se-á o respectivo auto que, assinado pelas partes e homologado pelo juiz, suprirá o processo desaparecido.

§ 2º Se a parte não contestar ou se a concordância for parcial, observar-se-á o disposto no art. 803.

Art. 1.066. Se o desaparecimento dos autos tiver ocorrido depois da produção das provas em audiência, o juiz mandará repeti-las.

§ 1º Serão reinquiridas as mesmas testemunhas; mas se estas tiverem falecido ou se acharem impossibilitadas de depor e não houver meio de comprovar de outra forma o depoimento, poderão ser substituídas.

§ 2º Não havendo certidão ou cópia do laudo, far-se-á nova perícia, sempre que for possível e de preferência pelo mesmo perito.

§ 3º Não havendo certidão de documentos, estes serão reconstituídos mediante cópias e, na falta, pelos meios ordinários de prova.

§ 4º Os serventuários e auxiliares da justiça não podem eximir-se de depor como testemunhas a respeito de atos que tenham praticado ou assistido.

§ 5º Se o juiz houver proferido sentença da qual possua cópia, esta será junta aos autos e terá a mesma autoridade da original.

Art. 1.067. Julgada a restauração, seguirá o processo os seus termos.

§ 1º Aparecendo os autos originais, nestes se prosseguirá sendo-lhes apensados os autos da restauração.

§ 2º Os autos suplementares serão restituídos ao cartório, deles se extraindo certidões de todos os atos e termos a fim de completar os autos originais.

Art. 1.068. Se o desaparecimento dos autos tiver ocorrido no tribunal, a ação será distribuída, sempre que possível, ao relator do processo.

§ 1º A restauração far-se-á no juízo de origem quanto aos atos que neste se tenham realizado.

§ 2º Remetidos os autos ao tribunal, aí se completará a restauração e se procederá ao julgamento.

Art. 1.069. Quem houver dado causa ao desaparecimento dos autos responderá pelas custas da restauração e honorários de advogado, sem prejuízo da responsabilidade civil ou penal em que incorrer.

Capítulo XIII
DAS VENDAS A CRÉDITO COM RESERVA DE DOMÍNIO

Art. 1.070. Nas vendas a crédito com reserva de domínio, quando as prestações estiverem representadas por título executivo, o credor poderá cobrá-las, observando-se o disposto no Livro II, Título II, Capítulo IV.

§ 1º Efetuada a penhora da coisa vendida, é lícito a qualquer das partes, no curso do processo, requerer-lhe a alienação judicial em leilão.

§ 2º O produto do leilão será depositado, sub-rogando-se nele a penhora.

Art. 1.071. Ocorrendo mora do comprador, provada com o protesto do título, o vendedor poderá requerer, liminarmente e sem audiência do comprador, a apreensão e depósito da coisa vendida.

§ 1º Ao deferir o pedido, nomeará o juiz perito, que procederá à vistoria da coisa e arbitramento do seu valor, descrevendo-lhe o estado e individuando-a com todos os característicos.

§ 2º Feito o depósito, será citado o comprador para, dentro em 5 (cinco) dias, contestar a ação. Neste prazo poderá o comprador, que houver pago mais de 40% (quarenta por cento) do preço, requerer ao juiz que lhe conceda 30 (trinta) dias para reaver a coisa, liquidando as prestações vencidas, juros, honorários e custas.

§ 3º Se o réu não contestar, deixar de pedir a concessão do prazo ou não efetuar o pagamento referido no parágrafo anterior, poderá o autor, mediante a apresentação dos títulos vencidos e vincendos, requerer a reintegração imediata na posse da coisa depositada; caso em que, descontada do valor arbitrado a importância da dívida acrescida das despesas judiciais e extrajudiciais, o autor restituirá ao réu o saldo, depositando-o em pagamento.

§ 4º Se a ação for contestada, observar-se-á o procedimento ordinário, sem prejuízo da reintegração liminar.

Capítulo XIV
DO JUÍZO ARBITRAL

→ v. Lei 9.307/1996 – Arbitragem.

Seção I
Do Compromisso

Arts. 1.072 a 1.077. *(Revogados pela Lei 9.307/1996).*

Seção II
Dos árbitros

Arts. 1.078 a 1.084. *(Revogados pela Lei 9.307/1996).*

Seção III
Do procedimento

Arts. 1.085 a 1.097. *(Revogados pela Lei 9.307/1996).*

Seção IV
Da homologação do laudo

Arts. 1.098 a 1.102. *(Revogados pela Lei 9.307/1996).*

Capítulo XV
DA AÇÃO MONITÓRIA

→ Capítulo XV acrescentado pela Lei 9.079/1995.

Art. 1.102-A. A ação monitória compete a quem pretender, com base em prova escrita sem eficácia de título executivo, pagamento de soma em dinheiro, entrega de coisa fungível ou de determinado bem móvel.

→ Artigo acrescentado pela Lei 9.079/1995.

→ v. Súmulas 282, 247, 299, 339 e 384 do STJ.

Art. 1.102-B. Estando a petição inicial devidamente instruída, o juiz deferirá de plano a expedição do mandado de pagamento ou de entrega da coisa no prazo de 15 (quinze) dias.

→ Artigo acrescentado pela Lei 9.079/1995.

Art. 1.102-C. No prazo previsto no art. 1.102-B, poderá o réu oferecer embargos, que suspenderão a eficácia do mandado inicial. Se os embargos não forem opostos, constituir-se-á, de pleno direito, o título executivo judicial, convertendo-se o mandado inicial em mandado executivo e prosseguindo-se na forma do Livro I, Título VIII, Capítulo X, desta Lei.

→ *Caput* com redação alterada pela Lei 11.232/2005.

§ 1º Cumprindo o réu o mandado, ficará isento de custas e honorários advocatícios.

→ § 1º acrescentado pela Lei 9.079/1995.

§ 2º Os embargos independem de prévia segurança do juízo e serão processados nos próprios autos, pelo procedimento ordinário.

→ § 2º acrescentado pela Lei 9.079/1995.

→ v. Súmula 292 do STJ.

→ v. Art. 300 do CPC.

§ 3º Rejeitados os embargos, constituir-se-á, de pleno direito, o título executivo judicial, intimando-se o devedor e prosseguindo-se na forma prevista no Livro I, Título VIII, Capítulo X, desta Lei.

→ § 3º com redação alterada pela Lei 11.232/2005.

Título II
Dos procedimentos especiais de jurisdição voluntária

Capítulo I
DAS DISPOSIÇÕES GERAIS

Art. 1.103. Quando este Código não estabelecer procedimento especial, regem a jurisdição voluntária as disposições constantes deste Capítulo.

Art. 1.104. O procedimento terá início por provocação do interessado ou do Ministério Público, cabendo-lhes formular o pedido em requerimento dirigido ao juiz, devidamente instruído com os documentos necessários e com a indicação da providência judicial.

Art. 1.105. Serão citados, sob pena de nulidade, todos os interessados, bem como o Ministério Público.

Art. 1.106. O prazo para responder é de 10 (dez) dias.

Art. 1.107. Os interessados podem produzir as provas destinadas a demonstrar as suas alegações; mas ao juiz é lícito investigar livremente os fatos e ordenar de ofício a realização de quaisquer provas.

Art. 1.108. A Fazenda Pública será sempre ouvida nos casos em que tiver interesse.

Art. 1.109. O juiz decidirá o pedido no prazo de 10 (dez) dias; não é, porém, obrigado a observar critério de legalidade estrita, podendo adotar em cada caso a solução que reputar mais conveniente ou oportuna.

Art. 1.110. Da sentença caberá apelação.

Art. 1.111. A sentença poderá ser modificada, sem prejuízo dos efeitos já produzidos, se ocorrerem circunstâncias supervenientes.

Art. 1.112. Processar-se-á na forma estabelecida neste Capítulo o pedido de:

I – emancipação;

→ *V.* Art. 5º, parágrafo único, do CC/2002.

→ *V.* Arts. 89 a 91 da Lei 6.015/1973.

II – sub-rogação;

→ *V.* Arts. 346 a 351 do CC/2002.

III – alienação, arrendamento ou oneração de bens dotais de menores, de órfãos e de interditos;

→ *V.* Arts. 1.113 a 1.119 do CPC.

IV – alienação, locação e administração da coisa comum;

V – alienação de quinhão em coisa comum;

VI – extinção de usufruto e de fideicomisso.

Capítulo II
DAS ALIENAÇÕES JUDICIAIS

Art. 1.113. Nos casos expressos em lei e sempre que os bens depositados judicialmente forem de fácil deterioração, estiverem avariados ou exigirem grandes despesas para a sua guarda, o juiz, de ofício ou a requerimento do depositário ou de qualquer das partes, mandará aliená-los em leilão.

→ *V.* Art. 21 da Lei 6.830/1980.

→ *V.* Dec.-lei 911/1969 – Estabelece normas de processo sobre alienação fiduciária.

§ 1º Poderá o juiz autorizar, da mesma forma, a alienação de semoventes e outros bens de guarda dispendiosa; mas não o fará se alguma das partes se obrigar a satisfazer ou garantir as despesas de conservação.

§ 2º Quando uma das partes requerer a alienação judicial, o juiz ouvirá sempre a outra antes de decidir.

§ 3º Far-se-á a alienação independentemente de leilão, se todos os interessados forem capazes e nisso convierem expressamente.

Art. 1.114. Os bens serão avaliados por um perito nomeado pelo juiz quando:

I – não o hajam sido anteriormente;

II – tenham sofrido alteração em seu valor.

Art. 1.115. A alienação será feita pelo maior lanço oferecido, ainda que seja inferior ao valor da avaliação.

Art. 1.116. Efetuada a alienação e deduzidas as despesas, depositar-se-á o preço, ficando nele sub-rogados os ônus ou responsabilidades a que estiverem sujeitos os bens.

→ Artigo com redação alterada pela Lei 5.925/1973.

Parágrafo único. Não sendo caso de se levantar o depósito antes de 30 (trinta) dias, inclusive na ação ou na execução, o juiz determinará a aplicação do produto da alienação ou do depósito, em obrigações ou títulos da dívida pública da União ou dos Estados.

Art. 1.117. Também serão alienados em leilão, procedendo-se como nos artigos antecedentes:

I – o imóvel que, na partilha, não couber no quinhão de um só herdeiro ou não admitir divisão cômoda, salvo se adjudicado a um ou mais herdeiros acordes;

→ *V.* Art. 2.019 do CC/2002.

II – a coisa comum indivisível ou que, pela divisão, se tornar imprópria ao seu destino, verificada previamente a existência de desacordo quanto à adjudicação a um dos condôminos;

→ *V.* Art. 519 do CC/2002.

III – os bens móveis e imóveis de órfãos nos casos em que a lei o permite e mediante autorização do juiz.

→ *V.* Art. 1.750 do CC/2002.

Art. 1.118. Na alienação judicial de coisa comum, será preferido:

I – em condições iguais, o condômino ao estranho;

II – entre os condôminos, o que tiver benfeitorias de maior valor;

III – o condômino proprietário de quinhão maior, se não houver benfeitorias.

Art. 1.119. Verificada a alienação de coisa comum sem observância das preferências legais, o condômino prejudicado poderá requerer, antes da assinatura da carta, o depósito do preço e adjudicação da coisa.

Parágrafo único. Serão citados o adquirente e os demais condôminos para dizerem de seu direito, observando-se, quanto ao procedimento, o disposto no art. 803.

Capítulo III
DA SEPARAÇÃO CONSENSUAL

→ *V.* E.C. 66/2010 – Dá nova redação ao § 6º do art. 226 da CF, que dispõe sobre a dissolubilidade do casamento civil pelo divórcio, suprimindo o requisito de prévia separação judicial por mais de 1 (um) ano ou de comprovada separação de fato por mais de 2 (dois) anos.

Art. 1.120. A separação consensual será requerida em petição assinada por ambos os cônjuges.

→ *V.* Art. 4º da Lei 6.515/1977.

§ 1º Se os cônjuges não puderem ou não souberem escrever, é lícito que outrem assine a petição a rogo deles.

§ 2º As assinaturas, quando não lançadas na presença do juiz, serão reconhecidas por tabelião.

Art. 1.121. A petição, instruída com a certidão de casamento e o contrato antenupcial se houver, conterá:

I – a descrição dos bens do casal e a respectiva partilha;

II – o acordo relativo à guarda dos filhos menores e ao regime de visitas;

→ Inciso II com redação alterada pela Lei 11.112/2005.

III – o valor da contribuição para criar e educar os filhos;

IV – a pensão alimentícia do marido à mulher, se esta não possuir bens suficientes para se manter.

→ *V.* Súmulas 226 e 379 do STF.

→ *V.* Súmula 336 do STJ.

→ *V.* Arts. 19 a 23 da Lei 6.515/1977.

§ 1º Se os cônjuges não acordarem sobre a partilha dos bens, far-se-á esta, depois de homologada a separação consensual, na forma estabelecida neste Livro, Título I, Capítulo IX.

→ Anterior parágrafo único renumerado para § 1º pela Lei 11.112/2005.

§ 2º Entende-se por regime de visitas a forma pela qual os cônjuges ajustarão a permanência dos filhos em companhia daquele que não ficar com sua guarda, compreendendo encontros periódicos regularmente estabelecidos, repartição das férias escolares e dias festivos.

→ § 2º acrescentado pela Lei 11.112/2005.

Art. 1.122. Apresentada a petição ao juiz, este verificará se ela preenche os requisitos exigidos nos dois artigos antecedentes; em seguida, ouvirá os cônjuges sobre os motivos da separação consensual, esclarecendo-lhes as consequências da manifestação de vontade.

§ 1º Convencendo-se o juiz de que ambos, livremente e sem hesitações, desejam a separação consensual, mandará reduzir a termo as declarações e, depois de ouvir o Ministério Público no prazo de 5 (cinco) dias, a homologará; em caso contrário, marcar-lhes-á dia e hora, com 15 (quinze) a 30 (trinta) dias de intervalo, para que voltem, a fim de ratificar o pedido de separação consensual.

§ 2º Se qualquer dos cônjuges não comparecer à audiência designada ou não ratificar o pedido, o juiz mandará autuar a petição e documentos e arquivar o processo.

Art. 1.123. É lícito às partes, a qualquer tempo, no curso da separação judicial, lhe requererem a conversão em separação consensual; caso em que será observado o disposto no art. 1.121 e primeira parte do § 1º do artigo antecedente.

Art. 1.124. Homologada a separação consensual, averbar-se-á a sentença no registro civil e, havendo bens imóveis, na circunscrição onde se acham registrados.

Art. 1.124-A. A separação consensual e o divórcio consensual, não havendo filhos menores ou incapazes do casal e observados os requisitos legais quanto aos prazos, poderão ser realizados por escritura pública, da qual constarão as disposições relativas à descrição e à partilha dos bens comuns e à pensão alimentícia e, ainda, ao acordo quanto à retomada pelo cônjuge de seu nome de solteiro ou à manutenção do nome adotado quando se deu o casamento.

→ *Caput* acrescentado pela Lei 11.441/2007.

§ 1º A escritura não depende de homologação judicial e constitui título hábil para o registro civil e o registro de imóveis.

→ § 1º acrescentado pela Lei 11.441/2007.

§ 2º O tabelião somente lavrará a escritura se os contratantes estiverem assistidos por advogado comum ou advogados de cada um deles ou por defensor público, cuja qualificação e assinatura constarão do ato notarial.

→ § 2º com redação alterada pela Lei 11.965/2009.

§ 3º A escritura e demais atos notariais serão gratuitos àqueles que se declararem pobres sob as penas da lei.

→ § 3º acrescentado pela Lei 11.441/2007.

Capítulo IV
DOS TESTAMENTOS E CODICILO

Seção I
Da abertura, do registro e do cumprimento

Art. 1.125. Ao receber testamento cerrado, o juiz, após verificar se está intacto, o abrirá e mandará que o escrivão o leia em presença de quem o entregou.

→ *V.* Arts. 1.868 a 1.875 do CC/2002.

Parágrafo único. Lavrar-se-á em seguida o ato de abertura que, rubricado pelo juiz e assinado pelo apresentante, mencionará:

I – a data e o lugar em que o testamento foi aberto;

II – o nome do apresentante e como houve ele o testamento;

III – a data e o lugar do falecimento do testador;

IV – qualquer circunstância digna de nota, encontrada no invólucro ou no interior do testamento.

Art. 1.126. Conclusos os autos, o juiz, ouvido o órgão do Ministério Público, mandará registrar, arquivar e cumprir o testamento, se lhe não achar vício externo, que o torne suspeito de nulidade ou falsidade.

Parágrafo único. O testamento será registrado e arquivado no cartório a que tocar, dele remetendo o escrivão uma cópia, no prazo de 8 (oito) dias, à repartição fiscal.

Art. 1.127. Feito o registro, o escrivão intimará o testamenteiro nomeado a assinar, no prazo de 5 (cinco) dias, o termo da testamentaria; se não houver testamenteiro nomeado, estiver ele ausente ou não aceitar o encargo, o escrivão certificará a ocorrência e fará os autos conclusos; caso em que o juiz nomeará testamenteiro dativo, observando-se a preferência legal.

Parágrafo único. Assinado o termo de aceitação da testamentaria, o escrivão extrairá cópia autêntica do testamento para ser juntada aos autos de inventário ou de arrecadação da herança.

Art. 1.128. Quando o testamento for público, qualquer interessado, exibindo-lhe o traslado ou certidão, poderá requerer ao juiz que ordene o seu cumprimento.

Parágrafo único. O juiz mandará processá-lo conforme o disposto nos arts. 1.125 e 1.126.

Art. 1.129. O juiz, de ofício ou a requerimento de qualquer interessado, ordenará ao detentor de testamento que o exiba em juízo para os fins legais, se ele, após a morte do testador, não se tiver antecipado em fazê-lo.

→ Artigo com redação alterada pela Lei 5.925/1973.

Parágrafo único. Não sendo cumprida a ordem, proceder-se-á à busca e apreensão do testamento, de conformidade com o disposto nos arts. 839 a 843.

Seção II
Da confirmação do testamento particular

→ *V.* Arts. 1.876 a 1.880 do CC/2002.

Art. 1.130. O herdeiro, o legatário ou o testamenteiro poderá requerer, depois da morte do testador, a publicação em juízo do testamento particular, inquirindo-se as testemunhas que lhe ouviram a leitura e, depois disso, o assinaram.

Parágrafo único. A petição será instruída com a cédula do testamento particular.

Art. 1.131. Serão intimados para a inquirição:

I – aqueles a quem caberia a sucessão legítima;

II – o testamenteiro, os herdeiros e os legatários que não tiverem requerido a publicação;

III – o Ministério Público.

Parágrafo único. As pessoas, que não forem encontradas na comarca, serão intimadas por edital.

Art. 1.132. Inquiridas as testemunhas, poderão os interessados, no prazo comum de 5 (cinco) dias, manifestar-se sobre o testamento.

Art. 1.133. Se pelo menos três testemunhas contestes reconhecerem que é autêntico o testamento, o juiz, ouvido o órgão do Ministério Público, o confirmará, observando-se quanto ao mais o disposto nos arts. 1.126 e 1.127.

Seção III
Do testamento militar, marítimo, nuncupativo e do codicilo

→ *V.* Arts. 1.888 a 1.896 do CC/2002.

Art. 1.134. As disposições da seção precedente aplicam-se:

I – ao testamento marítimo;

II – ao testamento militar;

III – ao testamento nuncupativo;

IV – ao codicilo.

Seção IV
Da execução dos testamentos

Art. 1.135. O testamenteiro deverá cumprir as disposições testamentárias no prazo legal, se outro não tiver sido assinado pelo testador e prestar contas, no juízo do inventário, do que recebeu e despendeu.

→ *V.* Arts. 1.980 a 1.983 do CC/2002.

Parágrafo único. Será ineficaz a disposição testamentária que eximir o testamenteiro da obrigação de prestar contas.

Art. 1.136. Se dentro de 3 (três) meses, contados do registro do testamento, não estiver inscrita a hipoteca legal da mulher casada, do menor e do interdito instituídos herdeiros ou legatários, o testamenteiro requerer-lhe-á a inscrição, sem a qual não se haverão por cumpridas as disposições do testamento.

Art. 1.137. Incumbe ao testamenteiro:

I – cumprir as obrigações do testamento;

II – propugnar a validade do testamento;

III – defender a posse dos bens da herança;

IV – requerer ao juiz que lhe conceda os meios necessários para cumprir as disposições testamentárias.

Art. 1.138. O testamenteiro tem direito a um prêmio que, se o testador não houver fixado, o juiz arbitrará, levando em conta o valor da herança e o trabalho de execução do testamento.

§ 1º O prêmio, que não excederá 5% (cinco por cento), será calculado sobre a herança líquida e deduzido somente da metade disponível quando houver herdeiros necessários, e de todo o acervo líquido nos demais casos.

§ 2º Sendo o testamenteiro casado, sob o regime de comunhão de bens, com herdeiro ou legatário do testador, não terá direito ao prêmio; ser-lhe-á lícito, porém, preferir o prêmio à herança ou legado.

Art. 1.139. Não se efetuará o pagamento do prêmio mediante adjudicação de bens do espólio, salvo se o testamenteiro for meeiro.

Art. 1.140. O testamenteiro será removido e perderá o prêmio se:

I – lhe forem glosadas as despesas por ilegais ou em discordância com o testamento;

II – não cumprir as disposições testamentárias.

Art. 1.141. O testamenteiro, que quiser demitir-se do encargo, poderá requerer ao juiz a escusa, alegando causa legítima. Ouvidos os interessados e o órgão do Ministério Público, o juiz decidirá.

Capítulo V
DA HERANÇA JACENTE

→ *V.* Arts. 1.819 a 1.823 do CC/2002.

Art. 1.142. Nos casos em que a lei civil considere jacente a herança, o juiz, em cuja comarca tiver domicílio o falecido, procederá sem perda de tempo à arrecadação de todos os seus bens.

Art. 1.143. A herança jacente ficará sob a guarda, conservação e administração de um curador até a respectiva entrega ao sucessor legalmente habilitado, ou até a declaração de vacância; caso em que será incorporada ao domínio da União, do Estado ou do Distrito Federal.

→ *V.* Art. 1.822 do CC/2002.

Art. 1.144. Incumbe ao curador:

I – representar a herança em juízo ou fora dele, com assistência do órgão do Ministério Público;

II – ter em boa guarda e conservação os bens arrecadados e promover a arrecadação de outros porventura existentes;

III – executar as medidas conservatórias dos direitos da herança;

IV – apresentar mensalmente ao juiz um balancete da receita e da despesa;

V – prestar contas a final de sua gestão.

Parágrafo único. Aplica-se ao curador o disposto nos arts. 148 a 150.

Art. 1.145. Comparecendo à residência do morto, acompanhado do escrivão e do curador, o juiz mandará arrolar os bens e descrevê-los em auto circunstanciado.

§ 1º Não estando ainda nomeado o curador, o juiz designará um depositário e lhe entregará os bens, mediante simples termo nos autos, depois de compromissado.

§ 2º O órgão do Ministério Público e o representante da Fazenda Pública serão intimados a assistir à arrecadação, que se realizará, porém, estejam presentes ou não.

Art. 1.146. Quando a arrecadação não terminar no mesmo dia, o juiz procederá à aposição de selos, que serão levantados à medida que se efetuar o arrolamento, mencionando-se o estado em que foram encontrados os bens.

Art. 1.147. O juiz examinará reservadamente os papéis, cartas missivas e os livros domésticos; verificando que não apresentam interesse, mandará empacotá-los e lacrá-los para serem assim entregues aos sucessores do falecido, ou queimados quando os bens forem declarados vacantes.

Art. 1.148. Não podendo comparecer imediatamente por motivo justo ou por estarem os bens em lugar muito distante, o juiz requisitará à autoridade policial que proceda à arrecadação e ao arrolamento dos bens.

Parágrafo único. Duas testemunhas assistirão às diligências e, havendo necessidade de apor selos, estes só poderão ser abertos pelo juiz.

Art. 1.149. Se constar ao juiz a existência de bens em outra comarca, mandará expedir carta precatória a fim de serem arrecadados.

Art. 1.150. Durante a arrecadação o juiz inquirirá os moradores da casa e da vizinhança sobre a qualificação do falecido, o paradeiro de seus sucessores e a existência de outros bens, lavrando-se de tudo um auto de inquirição e informação.

Art. 1.151. Não se fará a arrecadação ou suspender-se-á esta quando iniciada, se se apresentar para reclamar os bens o cônjuge, herdeiro ou testamenteiro notoriamente reconhecido e não houver oposição motivada do curador, de qualquer interessado, do órgão do Ministério Público ou do representante da Fazenda Pública.

Art. 1.152. Ultimada a arrecadação, o juiz mandará expedir edital, que será estampado três vezes, com intervalo de 30 (trinta) dias para cada um, no órgão oficial e na imprensa da comarca, para que venham a habilitar-se os sucessores do finado no prazo de 6 (seis) meses contados da primeira publicação.

§ 1º Verificada a existência de sucessor ou testamenteiro em lugar certo, far-se-á a sua citação, sem prejuízo do edital.

§ 2º Quando o finado for estrangeiro, será também comunicado o fato à autoridade consular.

Art. 1.153. Julgada a habilitação do herdeiro, reconhecida a qualidade do testamenteiro ou provada a identidade do cônjuge, a arrecadação converter-se-á em inventário.

Art. 1.154. Os credores da herança poderão habilitar-se como nos inventários ou propor a ação de cobrança.

Art. 1.155. O juiz poderá autorizar a alienação:

I – de bens móveis, se forem de conservação difícil ou dispendiosa;

II – de semoventes, quando não empregados na exploração de alguma indústria;

III – de títulos e papéis de crédito, havendo fundado receio de depreciação;

IV – de ações de sociedade quando, reclamada a integralização, não dispuser a herança de dinheiro para o pagamento;

V – de bens imóveis:

a) se ameaçarem ruína, não convindo a reparação;

b) se estiverem hipotecados e vencer-se a dívida, não havendo dinheiro para o pagamento.

Parágrafo único. Não se procederá, entretanto, à venda se a Fazenda Pública ou o habilitando adiantar a importância para as despesas.

Art. 1.156. Os bens com valor de afeição, como retratos, objetos de uso pessoal, livros e obras de arte, só serão alienados depois de declarada a vacância da herança.

Art. 1.157. Passado 1 (um) ano da primeira publicação do edital (art. 1.152) e não havendo herdeiro habilitado nem habilitação pendente, será a herança declarada vacante.

Parágrafo único. Pendendo habilitação, a vacância será declarada pela mesma sentença que a julgar improcedente. Sendo diversas as habilitações, aguardar-se-á o julgamento da última.

Art. 1.158. Transitada em julgado a sentença que declarou a vacância, o cônjuge, os herdeiros e os credores só poderão reclamar o seu direito por ação direta.

Capítulo VI
DOS BENS DOS AUSENTES

→ *v.* Arts. 22 a 39 do CC/2002.

Art. 1.159. Desaparecendo alguém do seu domicílio sem deixar representante a quem caiba administrar-lhe os bens, ou deixando mandatário que não queira ou não possa continuar a exercer o mandato, declarar-se-á a sua ausência.

→ *v.* Lei 9.140/1995 – Reconhece como mortas pessoas desaparecidas em razão de participação, ou acusação de participação, em atividades políticas, no período de 2 de setembro de 1961 a 15 de agosto de 1979.

Art. 1.160. O juiz mandará arrecadar os bens do ausente e nomear-lhe-á curador na forma estabelecida no Capítulo antecedente.

Art. 1.161. Feita a arrecadação, o juiz mandará publicar editais durante 1 (um) ano, reproduzidos de dois em dois meses, anunciando a arrecadação e chamando o ausente a entrar na posse de seus bens.

Art. 1.162. Cessa a curadoria:

I – pelo comparecimento do ausente, do seu procurador ou de quem o represente;

II – pela certeza da morte do ausente;

III – pela sucessão provisória.

Art. 1.163. Passado um ano da publicação do primeiro edital sem que se saiba do ausente e não tendo comparecido seu procurador ou representante, poderão os interessados requerer que se abra provisoriamente a sucessão.

§ 1º Consideram-se para este efeito interessados:

I – o cônjuge não separado judicialmente;

II – os herdeiros presumidos legítimos e os testamentários;

III – os que tiverem sobre os bens do ausente direito subordinado à condição de morte;

IV – os credores de obrigações vencidas e não pagas.

§ 2º Findo o prazo deste artigo e não havendo absolutamente interessados na sucessão provisória, cumpre ao órgão do Ministério Público requerê-la.

Art. 1.164. O interessado, ao requerer a abertura da sucessão provisória, pedirá a citação pessoal dos herdeiros presentes e do curador e, por editais, a dos ausentes para oferecerem artigos de habilitação.

Parágrafo único. A habilitação dos herdeiros obedecerá ao processo do art. 1.057.

Art. 1.165. A sentença que determinar a abertura da sucessão provisória só produzirá efeito 6 (seis) meses depois de publicada pela imprensa; mas, logo que passe em julgado, se procederá à abertura do testamento, se houver, e ao inventário e partilha dos bens, como se o ausente fosse falecido.

→ *v.* Art. 104, parágrafo único, da Lei 6.015/1973.

Parágrafo único. Se dentro em 30 (trinta) dias não comparecer interessado ou herdeiro, que requeira o inventário, a herança será considerada jacente.

Art. 1.166. Cumpre aos herdeiros, imitidos na posse dos bens do ausente, prestar caução de os restituir.

Art. 1.167. A sucessão provisória cessará pelo comparecimento do ausente e converter-se-á em definitiva:

I – quando houver certeza da morte do ausente;

II – 10 (dez) anos depois de passada em julgado a sentença de abertura da sucessão provisória;

III – quando o ausente contar 80 (oitenta) anos de idade e houverem decorrido 5 (cinco) anos das últimas notícias suas.

Art. 1.168. Regressando o ausente nos 10 (dez) anos seguintes à abertura da sucessão definitiva ou algum dos seus descendentes ou ascendentes, aquele ou estes só poderão requerer ao juiz a entrega dos bens existentes no estado em que se acharem, os sub-rogados em seu lugar ou o preço que os herdeiros e demais interessados houverem recebido pelos alienados depois daquele tempo.

Art. 1.169. Serão citados para lhe contestarem o pedido os sucessores provisórios ou definitivos, o órgão do Ministério Público e o representante da Fazenda Pública.

Parágrafo único. Havendo contestação, seguir-se-á o procedimento ordinário.

Capítulo VII
DAS COISAS VAGAS

→ *v.* Arts. 1.233 a 1.237 do CC/2002.

Art. 1.170. Aquele que achar coisa alheia perdida, não lhe conhecendo o dono ou legítimo possuidor, a entregará à autoridade judiciária ou policial, que a arrecadará, mandando lavrar o respectivo auto, dele constando a sua descrição e as declarações do inventor.

Parágrafo único. A coisa, com o auto, será logo remetida ao juiz competente, quando a entrega tiver sido feita à autoridade policial ou a outro juiz.

Art. 1.171. Depositada a coisa, o juiz mandará publicar edital, por duas vezes, no órgão oficial, com intervalo de 10 (dez) dias, para que o dono ou legítimo possuidor a reclame.

§ 1º O edital conterá a descrição da coisa e as circunstâncias em que foi encontrada.

§ 2º Tratando-se de coisa de pequeno valor, o edital será apenas afixado no átrio do edifício do fórum.

Art. 1.172. Comparecendo o dono ou o legítimo possuidor dentro do prazo do edital e provando o seu direito, o juiz, ouvido o órgão do Ministério Público e o representante da Fazenda Pública, mandará entregar-lhe a coisa.

Art. 1.173. Se não for reclamada, será a coisa avaliada e alienada em hasta pública e, deduzidas do preço as despesas e a recompensa do inventor, o saldo pertencerá, na forma da lei, à União, ao Estado ou ao Distrito Federal.

Art. 1.174. Se o dono preferir abandonar a coisa, poderá o inventor requerer que lhe seja adjudicada.

Art. 1.175. O procedimento estabelecido neste Capítulo aplica-se aos objetos deixados nos hotéis, oficinas e outros estabelecimentos, não sendo reclamados dentro de 1 (um) mês.

Art. 1.176. Havendo fundada suspeita de que a coisa foi criminosamente subtraída, a autoridade policial converterá a arrecadação em inquérito; caso em que competirá ao juiz criminal mandar entregar a coisa a quem provar que é o dono ou legítimo possuidor.

Capítulo VIII
DA CURATELA DOS INTERDITOS

→ *V.* Arts. 1.779 a 1.783 do CC/2002.

Art. 1.177. A interdição pode ser promovida:

I – pelo pai, mãe ou tutor;

II – pelo cônjuge ou algum parente próximo;

III – pelo órgão do Ministério Público.

Art. 1.178. O órgão do Ministério Público só requererá a interdição:

I – no caso de anomalia psíquica;

II – se não existir ou não promover a interdição alguma das pessoas designadas no artigo antecedente, ns. I e II;

III – se, existindo, forem menores ou incapazes.

Art. 1.179. Quando a interdição for requerida pelo órgão do Ministério Público, o juiz nomeará ao interditando curador à lide (art. 9º).

Art. 1.180. Na petição inicial, o interessado provará a sua legitimidade, especificará os fatos que revelam a anomalia psíquica e assinalará a incapacidade do interditando para reger a sua pessoa e administrar os seus bens.

Art. 1.181. O interditando será citado para, em dia designado, comparecer perante o juiz, que o examinará, interrogando-o minuciosamente acerca de sua vida, negócios, bens e do mais que lhe parecer necessário para ajuizar do seu estado mental, reduzidas a auto as perguntas e respostas.

Art. 1.182. Dentro do prazo de 5 (cinco) dias contados da audiência de interrogatório, poderá o interditando impugnar o pedido.

§ 1º Representará o interditando nos autos do procedimento o órgão do Ministério Público ou, quando for este o requerente, o curador à lide.

§ 2º Poderá o interditando constituir advogado para defender-se.

§ 3º Qualquer parente sucessível poderá constituir-lhe advogado com os poderes judiciais que teria se nomeado pelo interditando, respondendo pelos honorários.

Art. 1.183. Decorrido o prazo a que se refere o artigo antecedente, o juiz nomeará perito para proceder ao exame do interditando. Apresentado o laudo, o juiz designará audiência de instrução e julgamento.

Parágrafo único. Decretando a interdição, o juiz nomeará curador ao interdito.

Art. 1.184. A sentença de interdição produz efeito desde logo, embora sujeita a apelação. Será inscrita no Registro de Pessoas Naturais e publicada pela imprensa local e pelo órgão oficial por três vezes, com intervalo de 10 (dez) dias, constando do edital os nomes do interdito e do curador, a causa da interdição e os limites da curatela.

Art. 1.185. Obedecerá às disposições dos artigos antecedentes, no que for aplicável, a interdição do pródigo, a do surdo-mudo sem educação que o habilite a enunciar precisamente a sua vontade e a dos viciados pelo uso de substâncias entorpecentes quando acometidos de perturbações mentais.

Art. 1.186. Levantar-se-á a interdição, cessando a causa que a determinou.

§ 1º O pedido de levantamento poderá ser feito pelo interditado e será apensado aos autos da interdição. O juiz nomeará perito para proceder ao exame de sanidade no interditado e após a apresentação do laudo designará audiência de instrução e julgamento.

§ 2º Acolhido o pedido, o juiz decretará o levantamento da interdição e mandará publicar a sentença, após o trânsito em julgado, pela imprensa local e órgão oficial por três vezes, com intervalo de 10 (dez) dias, seguindo-se a averbação no Registro de Pessoas Naturais.

Capítulo IX
DAS DISPOSIÇÕES COMUNS À TUTELA E À CURATELA

Seção I
Da nomeação do tutor ou curador

Art. 1.187. O tutor ou curador será intimado a prestar compromisso no prazo de 5 (cinco) dias contados:

I – da nomeação feita na conformidade da lei civil;

II – da intimação do despacho que mandar cumprir o testamento ou o instrumento público que o houver instituído.

Art. 1.188. Prestado o compromisso por termo em livro próprio rubricado pelo juiz, o tutor ou curador, antes de entrar em exercício, requererá, dentro em 10 (dez) dias, a especialização em hipoteca legal de imóveis necessários para acautelar os bens que serão confiados à sua administração.

Parágrafo único. Incumbe ao órgão do Ministério Público promover a especialização de hipoteca legal, se o tutor ou curador não a tiver requerido no prazo assinado neste artigo.

Art. 1.189. Enquanto não for julgada a especialização, incumbirá ao órgão do Ministério Público reger a pessoa do incapaz e administrar-lhe os bens.

Art. 1.190. Se o tutor ou curador for de reconhecida idoneidade, poderá o juiz admitir que entre em exercício, prestando depois a garantia, ou dispensando-a desde logo.

Art. 1.191. Ressalvado o disposto no artigo antecedente, a nomeação ficará sem efeito se o tutor ou curador não puder garantir a sua gestão.

Art. 1.192. O tutor ou curador poderá eximir-se do encargo, apresentando escusa ao juiz no prazo de 5 (cinco) dias. Contar-se-á o prazo:

→ *V.* Art. 1.738 do CC/2002.

I – antes de aceitar o encargo, da intimação para prestar compromisso;

II – depois de entrar em exercício, do dia em que sobrevier o motivo da escusa.

Parágrafo único. Não sendo requerida a escusa no prazo estabelecido neste artigo, reputar-se-á renunciado o direito de alegá-la.

Art. 1.193. O juiz decidirá de plano o pedido de escusa. Se não a admitir, exercerá o nomeado a tutela ou curatela enquanto não for dispensado por sentença transitada em julgado.

Seção II
Da remoção e dispensa de tutor ou curador

Art. 1.194. Incumbe ao órgão do Ministério Público, ou a quem tenha legítimo interesse, requerer, nos casos previstos na lei civil, a remoção do tutor ou curador.

→ *V.* Arts. 1.735 e 1.766 do CC/2002.

→ *V.* Art. 201, III, do ECA.

Art. 1.195. O tutor ou curador será citado para contestar a arguição no prazo de 5 (cinco) dias.

Art. 1.196. Findo o prazo, observar-se-á o disposto no art. 803.

Art. 1.197. Em caso de extrema gravidade, poderá o juiz suspender do exercício de suas funções o tutor ou curador, nomeando-lhe interinamente substituto.

Art. 1.198. Cessando as funções do tutor ou curador pelo decurso do prazo em que era obrigado a servir, ser-lhe-á lícito requerer a exoneração do encargo; não o fazendo dentro dos 10 (dez) dias seguintes à expiração do termo, entender-se-á reconduzido, salvo se o juiz o dispensar.

Capítulo X
DA ORGANIZAÇÃO E DA FISCALIZAÇÃO DAS FUNDAÇÕES

→ v. Arts. 62 a 69 do CC/2002.

Art. 1.199. O instituidor, ao criar a fundação, elaborará o seu estatuto ou designará quem o faça.

Art. 1.200. O interessado submeterá o estatuto ao órgão do Ministério Público, que verificará se foram observadas as bases da fundação e se os bens são suficientes ao fim a que ela se destina.

Art. 1.201. Autuado o pedido, o órgão do Ministério Público, no prazo de 15 (quinze) dias, aprovará o estatuto, indicará as modificações que entender necessárias ou lhe denegará a aprovação.

§ 1º Nos dois últimos casos, pode o interessado, em petição motivada, requerer ao juiz o suprimento da aprovação.

§ 2º O juiz, antes de suprir a aprovação, poderá mandar fazer no estatuto modificações a fim de adaptá-lo ao objetivo do instituidor.

Art. 1.202. Incumbirá ao órgão do Ministério Público elaborar o estatuto e submetê-lo à aprovação do juiz:

I – quando o instituidor não o fizer nem nomear quem o faça;

II – quando a pessoa encarregada não cumprir o encargo no prazo assinado pelo instituidor ou, não havendo prazo, dentro em 6 (seis) meses.

Art. 1.203. A alteração do estatuto ficará sujeita à aprovação do órgão do Ministério Público. Sendo-lhe denegada, observar-se-á o disposto no art. 1.201, §§ 1º e 2º.

Parágrafo único. Quando a reforma não houver sido deliberada por votação unânime, os administradores, ao submeterem ao órgão do Ministério Público o estatuto, pedirão que se dê ciência à minoria vencida para impugná-la no prazo de 10 (dez) dias.

Art. 1.204. Qualquer interessado ou o órgão do Ministério Público promoverá a extinção da fundação quando:

I – se tornar ilícito o seu objeto;

II – for impossível a sua manutenção;

III – se vencer o prazo de sua existência.

Capítulo XI
DA ESPECIALIZAÇÃO DA HIPOTECA LEGAL

Art. 1.205. O pedido para especialização da hipoteca legal declarará a estimativa da responsabilidade e será instruído com a prova do domínio dos bens, livres de ônus, dados em garantia.

Art. 1.206. O arbitramento do valor da responsabilidade e a avaliação dos bens far-se-á por perito nomeado pelo juiz.

§ 1º O valor da responsabilidade será calculado de acordo com a importância dos bens e dos saldos prováveis dos rendimentos que devem ficar em poder dos tutores e curadores durante a administração, não se computando, porém, o preço do imóvel.

§ 2º Será dispensado o arbitramento do valor da responsabilidade nas hipotecas legais em favor:

I – da mulher casada, para garantia do dote, caso em que o valor será o da estimação, constante da escritura antenupcial;

→ v. Art. 226, § 5º, da CF/1988.

II – da Fazenda Pública, nas cauções prestadas pelos responsáveis, caso em que será o valor caucionado.

§ 3º Dispensa-se a avaliação, quando estiverem mencionados na escritura os bens do marido, que devam garantir o dote.

Art. 1.207. Sobre o laudo manifestar-se-ão os interessados no prazo comum de 5 (cinco) dias. Em seguida, o juiz homologará ou corrigirá o arbitramento e a avaliação; e achando livres e suficientes os bens designados, julgará por sentença a especialização, mandando que se proceda à inscrição da hipoteca.

Parágrafo único. Da sentença constarão expressamente o valor da hipoteca e os bens do responsável, com a especificação do nome, situação e característicos.

Art. 1.208. Sendo insuficientes os bens oferecidos para a hipoteca legal em favor do menor, do interdito ou de mulher casada e não havendo reforço mediante caução real ou fidejussória, ordenará o juiz a avaliação de outros bens; tendo-os, proceder-se-á como nos artigos antecedentes; não os tendo, será julgada improcedente a especialização.

Art. 1.209. Nos demais casos de especialização, prevalece a hipoteca legal dos bens oferecidos, ainda que inferiores ao valor da responsabilidade, ficando salvo aos interessados completar a garantia pelos meios regulares.

Art. 1.210. Não dependerá de intervenção judicial a especialização de hipoteca legal sempre que o interessado, capaz de contratar, a convencionar, por escritura pública, com o responsável.

LIVRO V
Das disposições finais e transitórias

Art. 1.211. Este Código regerá o processo civil em todo o território brasileiro. Ao entrar em vigor, suas disposições aplicar-se-ão desde logo aos processos pendentes.

Art. 1.211-A. Os procedimentos judiciais em que figure como parte ou interessado pessoa com idade igual ou superior a 60 (sessenta) anos, ou portadora de doença grave, terão prioridade de tramitação em todas as instâncias.

→ Artigo com redação alterada pela Lei 12.008/2009.

Parágrafo único. (*Vetado*).

Art. 1.211-B. A pessoa interessada na obtenção do benefício, juntando prova de sua condição, deverá requerê-lo à autoridade judiciária competente para decidir o feito, que determinará ao cartório do juízo as providências a serem cumpridas.

→ Artigo com redação alterada pela Lei 12.008/2009.

§ 1º Deferida a prioridade, os autos receberão identificação própria que evidencie o regime de tramitação prioritária.

§ 2º (*Vetado*).

§ 3º (*Vetado*).

Art. 1.211-C. Concedida a prioridade, essa não cessará com a morte do beneficiado, estendendo-se em favor do cônjuge supérstite, companheiro ou companheira, em união estável.

→ Artigo com redação alterada pela Lei 12.008/2009.

Art. 1.212. A cobrança da dívida ativa da União incumbe aos seus procuradores e, quando a ação for proposta em foro diferente do Distrito Federal ou das Capitais dos Estados ou Territórios, também aos membros do Ministério Público Estadual e dos Territórios, dentro dos limites territoriais fixados pela organização judiciária local.

→ v. Art. 578 do CPC.

→ v. Art. 1º da Lei 6.830/1980.

Parágrafo único. As petições, arrazoados ou atos processuais praticados pelos representantes da União perante as justiças dos Estados, do Distrito Federal e dos Territórios, não estão sujeitos a selos, emolumentos, taxas ou contribuições de qualquer natureza.

Art. 1.213. As cartas precatórias citatórias, probatórias, executórias e cautelares, expedidas pela Justiça Federal, poderão ser cumpridas nas comarcas do interior pela Justiça Estadual.

Art. 1.214. Adaptar-se-ão às disposições deste Código as resoluções sobre organização judiciária e os regimentos internos dos tribunais.

Art. 1.215. Os autos poderão ser eliminados por incineração, destruição mecânica ou por outro meio adequado, findo o prazo de 5 (cinco) anos, contado da data do arquivamento, publicando-se previamente no órgão oficial e em jornal local, onde houver, aviso aos interessados, com o prazo de 30 (trinta) dias.

→ Artigo com redação alterada pela Lei 5.925/1973.

→ v. Lei 6.246/1975 – Suspende a vigência do art. 1.215 do CPC.

§ 1º É lícito, porém, às partes e interessados requerer, às suas expensas, o desentranhamento dos documentos que juntaram aos autos, ou a microfilmagem total ou parcial do feito.

§ 2º Se, a juízo da autoridade competente, houver, nos autos, documentos de valor histórico, serão eles recolhidos ao Arquivo Público.

Art. 1.216. O órgão oficial da União e os dos Estados publicarão gratuitamente, no dia seguinte ao da entrega dos originais, os despachos, intimações, atas das sessões dos tribunais e notas de expediente dos cartórios.

→ v. Art. 2º, § 3º, do Decreto 4.521/2002.

Art. 1.217. Ficam mantidos os recursos dos processos regulados em leis especiais e as disposições que lhes regem o procedimento constantes do Dec.-lei 1.608, de 18 de setembro de 1939, até que seja publicada a lei que os adaptará ao sistema deste Código.

Art. 1.218. Continuam em vigor até serem incorporados nas leis especiais os procedimentos regulados pelo Dec.-lei 1.608, de 18 de setembro de 1939, concernentes:

I – ao loteamento e venda de imóveis a prestações (arts. 345 a 349);

II – ao despejo (arts. 350 a 353);

→ v. Arts. 59 a 66 da Lei 8.245/1991.

III – à renovação de contrato de locação de imóveis destinados a fins comerciais (arts. 354 a 365);

→ v. Arts. 71 a 75 da Lei 8.245/1991.

IV – ao Registro Torrens (arts. 457 a 464);

→ v. Arts. 277 a 288 da Lei 6.015/1973.

V – às averbações ou retificações do registro civil (arts. 595 a 599);

→ v. Arts. 97 a 105 da Lei 6.015/1973.

VI – ao bem de família (arts. 647 a 651);

→ v. Arts. 260 a 265 da Lei 6.015/1973.

VII – à dissolução e liquidação das sociedades (arts. 655 a 674);

VIII – aos protestos formados a bordo (arts. 725 a 729);

→ Inciso VIII acrescentado pela Lei 6.780/1980.

IX – à habilitação para casamento (arts. 742 a 745);

→ Inciso VIII renumerado para IX pela Lei 6.780/1980.

→ v. Arts. 67 a 69 da Lei 6.015/1973.

X – ao dinheiro a risco (arts. 754 e 755);

→ Inciso IX renumerado para X pela Lei 6.780/1980.

XI – à vistoria de fazendas avariadas (art. 756);

→ Inciso X renumerado para XI pela Lei 6.780/1980.

XII – à apreensão de embarcações (arts. 757 a 761);

→ Inciso XI renumerado para XII pela Lei 6.780/1980.

XIII – à avaria a cargo do segurador (arts. 762 a 764);

→ Inciso XII renumerado para XIII pela Lei 6.780/1980.

XIV – às avarias (arts. 765 a 768);

→ Inciso XIII renumerado para XVI pela Lei 6.780/1980.

XV – *(Revogado pela Lei 7.542/1986)*;

XVI – às arribadas forçadas (arts. 772 a 775).

→ Inciso XV renumerado para XVI pela Lei 6.780/1980.

Art. 1.219. Em todos os casos em que houver recolhimento de importância em dinheiro, esta será depositada em nome da parte ou do interessado, em conta especial, movimentada por ordem do juiz.

→ Artigo acrescentado pela Lei 5.925/1973.

Art. 1.220. Este Código entrará em vigor no dia 1º de janeiro de 1974, revogadas as disposições em contrário.

→ Anterior art. 1.219 renumerado para art. 1.220 pela Lei 5.925/1973.

Brasília, 11 de janeiro de 1973; 152º da Independência e 85º da República.

Emílio G. Médici

Alfredo Buzaid

(Publicação no *D.O.U.* 17.1.1973)

ÍNDICE REMISSIVO DO CÓDIGO DE PROCESSO CIVIL DE 1973

A

NOVO CÓDIGO DE PROCESSO CIVIL

VADE MECUM DE LEGISLAÇÃO FOCO

ÍNDICE SISTEMÁTICO DO NOVO CÓDIGO DE PROCESSO CIVIL

TÍTULO II – DO CUMPRIMENTO DA SENTENÇA

TÍTULO III – DOS PROCEDIMENTOS ESPECIAIS

EXPOSIÇÃO DE MOTIVOS DO NOVO CÓDIGO DE PROCESSO CIVIL

Brasília, 8 de junho de 2010.

Excelentíssimo Senhor Presidente do Senado Federal, Senador José Sarney.

Honrados pela nobre designação com que fomos distinguidos, submetemos à elevada apreciação de Vossa Excelência o Anteprojeto de Código de Processo Civil.

EXPOSIÇÃO DE MOTIVOS[NE1-NE2]

Um sistema processual civil que não proporcione à sociedade o reconhecimento e a realização[1] dos direitos, ameaçados ou violados, que têm cada um dos jurisdicionados, não se harmoniza com as garantias constitucionais[2] de um Estado Democrático de Direito.[3]

Sendo ineficiente o sistema processual, todo o ordenamento jurídico passa a carecer de real efetividade. De fato, as normas de direito material se transformam em pura ilusão, sem a garantia de sua correlata realização, no mundo empírico, por meio do processo.[4]

Não há fórmulas mágicas. O Código vigente, de 1973, operou satisfatoriamente durante duas décadas. A partir dos anos noventa, entretanto, sucessivas reformas, a grande maioria delas lideradas pelos Ministros Athos Gusmão Carneiro e Sálvio de Figueiredo Teixeira, introduziram no Código revogado significativas alterações, com o objetivo de adaptar as normas processuais a mudanças na sociedade e ao funcionamento das instituições.

A expressiva maioria dessas alterações, como, por exemplo, em 1.994, a inclusão no sistema do instituto da **antecipação de tutela**; em 1.995, a alteração do regime do **agravo**; e, mais recentemente, as leis que alteraram a execução, foram bem recebidas pela comunidade jurídica e geraram resultados positivos, no plano da operatividade do sistema.

O enfraquecimento da coesão entre as normas processuais foi uma consequência natural do método consistente em se incluírem, aos poucos, alterações no CPC, comprometendo a sua forma sistemática. A complexidade resultante desse processo confunde-se, até certo ponto, com essa desorganização, comprometendo a celeridade e gerando questões evitáveis (pontos que geram polêmica e atraem atenção dos magistrados) que subtraem indevidamente a atenção do operador do direito.

Nessa dimensão, a preocupação em se preservar a forma sistemática das normas processuais, longe de ser meramente acadêmica, atende, sobretudo, a uma necessidade de caráter pragmático: obter-se um grau mais intenso de funcionalidade.

Sem prejuízo da manutenção e do aperfeiçoamento dos institutos introduzidos no sistema pelas reformas ocorridas nos anos de 1.992 até hoje, criou-se um Código novo, que não significa, todavia, uma ruptura com o passado, mas um passo à frente. Assim, além de conservados os institutos cujos resultados foram positivos, incluíram-se no sistema outros tantos que visam a atribuir-lhe alto grau de eficiência.

Há mudanças necessárias, porque reclamadas pela comunidade jurídica, e correspondentes a queixas recorrentes dos jurisdicionados e dos operadores do Direito, ouvidas em todo país. Na elaboração deste Anteprojeto de Código de Processo Civil, essa foi uma das linhas principais de trabalho: resolver **problemas**. Deixar de ver o processo como teoria descomprometida de sua natureza fundamental de **método** de resolução de conflitos, por meio do qual se realizam **valores constitucionais**.[5]

Assim, e por isso, um dos métodos de trabalho da Comissão foi o de resolver problemas, sobre cuja existência há praticamente unanimidade na comunidade jurídica. Isso ocorreu, por exemplo, no que diz respeito à complexidade do sistema recursal existente na lei revogada. Se o sistema recursal, que havia no Código revogado em sua versão originária, era consideravelmente mais simples que o anterior, depois das sucessivas reformas pontuais que ocorreram, se tornou, inegavelmente, muito mais complexo.

Não se deixou de lado, é claro, a necessidade de se construir um Código coerente e harmônico *interna corporis*, mas não se cultivou a obsessão em elaborar uma obra magistral, estética e tecnicamente perfeita, em detrimento de sua funcionalidade.

De fato, essa é uma preocupação presente, mas que já não ocupa o primeiro lugar na postura intelectual do processualista contemporâneo.

A coerência substancial há de ser vista como objetivo fundamental, todavia, e mantida em termos absolutos, no que tange à Constituição

---

Nota da Editora 1: É importante informar ao leitor que a presente Exposição de Motivos foi elaborada de acordo com a primeira redação do Projeto de Lei do Senado 166, em 8 de junho de 2010. Desde a apresentação até a publicação da Lei 13.105, em 16 de março de 2015, que instituiu o Novo Código de Processo Civil, ocorreram inúmeras alterações materiais e redacionais ao texto original, razão pela qual certas transcrições ou menções a artigos nesta exposição poderão não corresponder ao texto final promulgado.

Nota da Editora 2: Exposição de motivos extraída do endereço eletrônico do Senado Federal. Disponível em: [http://www.senado.gov.br/atividade/materia/detalhes.asp?p_cod_mate=116731].

1 Essencial que se faça menção a *efetiva* satisfação, pois, a partir da dita terceira fase metodológica do direito processual civil, o processo passou a ser visto como instrumento, que deve ser idôneo para o reconhecimento e a adequada concretização de direitos.

2 Isto é, aquelas que regem, eminentemente, as relações das partes entre si, entre elas e o juiz e, também, entre elas e terceiros, de que são exemplos a imparcialidade do juiz, o contraditório, a demanda, como ensinam CAPPELLETTI e VIGORITI (I diritti costituzionali delle parti nel processo civile italiano. *Rivista di diritto processuale*, II serie, v. 26, p. 604-650, Padova, Cedam, 1971, p. 605).

3 Os princípios e garantias processuais inseridos no ordenamento constitucional, por conta desse movimento de "constitucionalização do processo", não se limitam, no dizer de LUIGI PAOLO COMOGLIO, a "reforçar do exterior uma mera 'reserva legislativa' para a regulamentação desse método [em referência ao processo como método institucional de resolução de conflitos sociais], mas impõem a esse último, e à sua disciplina, algumas condições mínimas de legalidade e retidão, cuja eficácia é potencialmente operante em qualquer fase (ou momento nevrálgico) do processo" (Giurisdizione e processo nel quadro delle garanzie costituzionali. *Studi in onore di Luigi Montesano*, v. II, p. 87-127, Padova, Cedam, 1997, p. 92).

4 É o que explica, com a clareza que lhe é peculiar, BARBOSA MOREIRA: "Querer que o processo seja efetivo é querer que desempenhe com eficiência o papel que lhe compete na economia do ordenamento jurídico. Visto que esse papel é instrumental em relação ao direito substantivo, também se costuma falar da instrumentalidade do processo. Uma noção conecta-se com a outra e por assim dizer a implica. Qualquer instrumento será bom na medida em que sirva de modo prestimoso à consecução dos fins da obra a que se ordena; em outras palavras, na medida em que seja efetivo. Vale dizer: será efetivo o processo que constitua instrumento eficiente de realização do direito material" (Por um processo socialmente efetivo. *Revista de Processo*. São Paulo, v. 27, n.105, p. 183-190, jan./mar. 2002, p. 181).

5 SÁLVIO DE FIGUEIREDO TEIXEIRA, em texto emblemático sobre a nova ordem trazida pela Constituição Federal de 1988, disse, acertadamente, que, apesar de suas vicissitudes, "nenhum texto constitucional valorizou tanto a 'Justiça', tomada aqui a palavra não no seu conceito clássico de 'vontade constante e perpétua de dar a cada um o que é seu', mas como conjunto de instituições voltadas para a realização da paz social" (O aprimoramento do processo civil como garantia da cidadania. In: FIGUEIREDO TEIXEIRA, Sálvio. *As garantias do cidadão na Justiça*. São Paulo: Saraiva, 1993. p. 79-92, p. 80).

Federal da República. Afinal, é na lei ordinária e em outras normas de escalão inferior que se explicita a promessa de realização dos valores encampados pelos princípios constitucionais.

O novo Código de Processo Civil tem o potencial de gerar um processo mais célere, mais justo,[6] porque mais rente às necessidades sociais[7] e muito menos complexo.[8]

A simplificação do sistema, além de proporcionar-lhe coesão mais visível, permite ao juiz centrar sua atenção, de modo mais intenso, no mérito da causa.

Com evidente redução da complexidade inerente ao processo de criação de um novo Código de Processo Civil, poder-se-ia dizer que os trabalhos da Comissão se orientaram precipuamente por cinco objetivos: 1) estabelecer expressa e implicitamente verdadeira sintonia fina com a Constituição Federal; 2) criar condições para que o juiz possa proferir decisão de forma mais rente à realidade fática subjacente à causa; 3) simplificar, resolvendo problemas e reduzindo a complexidade de subsistemas, como, por exemplo, o recursal; 4) dar todo o rendimento possível a cada processo em si mesmo considerado; e, 5) finalmente, sendo talvez este último objetivo parcialmente alcançado pela realização daqueles mencionados antes, imprimir maior grau de organicidade ao sistema, dando-lhe, assim, mais coesão.

Esta Exposição de Motivos obedece à ordem dos objetivos acima alistados.

1) A necessidade de que fique evidente a *harmonia da lei ordinária em relação à* ***Constituição Federal da República***[9] fez com que se incluíssem no Código, expressamente, **princípios constitucionais**, na sua versão processual. Por outro lado, muitas **regras** foram concebidas, dando concreção a princípios constitucionais, como, por exemplo, as que preveem um procedimento, com *contraditório* e produção de provas, prévio à decisão que desconsidera da pessoa jurídica, em sua versão tradicional, ou "às avessas"[10].

Está expressamente formulada a regra no sentido de que o fato de o juiz estar diante de matéria de ordem pública não dispensa a obediência ao princípio do **contraditório**.

Como regra, o depósito da quantia relativa às multas, cuja função processual seja levar ao cumprimento da obrigação *in natura*, ou da ordem judicial, deve ser feito logo que estas incidem.

Não podem, todavia, ser levantadas, a não ser quando haja trânsito em julgado ou quando esteja pendente agravo de decisão denegatória de seguimento a recurso especial ou extraordinário.

Trata-se de uma forma de tornar o processo mais eficiente e efetivo, o que significa, indubitavelmente, aproximá-lo da Constituição Federal, em cujas entrelinhas se lê que o processo deve assegurar o cumprimento da lei material.

Prestigiando o princípio constitucional da **publicidade** das decisões, previu-se a regra inafastável de que à data de julgamento de todo recurso deve-se dar publicidade (todos os recursos devem constar em pauta), para que as partes tenham oportunidade de tomar providências que entendam necessárias ou, pura e simplesmente, possam assistir ao julgamento.

Levou-se em conta o princípio da *razoável duração do processo*.[11] Afinal a ausência de celeridade, sob certo ângulo,[12] é ausência de justiça. A simplificação do sistema recursal, de que trataremos separadamente, leva a um processo mais ágil.

Criou-se o incidente de julgamento conjunto de demandas repetitivas, a que adiante se fará referência.

Por enquanto, é oportuno ressaltar que levam a um processo **mais célere** as medidas cujo objetivo seja o julgamento conjunto de demandas que gravitam em torno da mesma questão de direito, por dois ângulos: *a*) o relativo àqueles processos, em si mesmos considerados, que, serão decididos conjuntamente; *b*) no que concerne à atenuação do excesso de carga de trabalho do Poder Judiciário – já que o tempo usado para decidir aqueles processos poderá ser mais eficazmente aproveitado em todos os outros, em cujo trâmite serão evidentemente menores os ditos "tempos mortos" (períodos em que nada acontece no processo).

Por outro lado, haver, indefinidamente, **posicionamentos diferentes** e incompatíveis, nos Tribunais, a respeito da **mesma norma jurídica**, leva a que jurisdicionados que estejam em situações idênticas, tenham de submeter-se a regras de conduta diferentes, ditadas por decisões judiciais emanadas de tribunais diversos.

Esse fenômeno fragmenta o sistema, gera intranquilidade e, por vezes, verdadeira perplexidade na sociedade.

Prestigiou-se, seguindo-se direção já abertamente seguida pelo ordenamento jurídico brasileiro, expressado na criação da Súmula Vinculante do Supremo Tribunal Federal (STF) e do regime de julgamento conjunto de recursos especiais e extraordinários repetitivos (que foi mantido e aperfeiçoado) tendência a criar estímulos para que a jurisprudência se uniformize, à luz do que venham a decidir tribunais superiores e até de segundo grau, e se estabilize.

Essa é a função e a razão de ser dos tribunais superiores: proferir decisões que **moldem** o ordenamento jurídico, objetivamente considerado. A função paradigmática que devem desempenhar é inerente ao sistema.

Por isso é que esses princípios foram expressamente formulados. Veja-se, por exemplo, o que diz o novo Código, no Livro IV: "A jurisprudência do STF e dos Tribunais Superiores deve nortear

---

6 Atentando para a advertência, acertada, de que não o processo, além de produzir um resultado justo, precisa ser justo em si mesmo, e portanto, na sua realização, devem ser observados aqueles *standards* previstos na Constituição Federal, que constituem desdobramento da garantia do *due process of law* (DINAMARCO, Cândido. *Instituições de direito processual civil*, v. 1. 6.a ed. São Paulo: Malheiros, 2009).

7 Lembrando, com BARBOSA MOREIRA, que "não se promove uma sociedade mais justa, ao menos primariamente, por obra do aparelho judicial. É todo o edifício, desde as fundações, que para tanto precisa ser revisto e reformado. Pelo prisma jurídico, a tarefa básica inscreve-se no plano do direito material" (*Por um processo socialmente efetivo*, p. 181)

8 Trata-se, portanto, de mais um passo decisivo para afastar os obstáculos para o acesso à Justiça, a que comumente se alude, isto é, a duração do processo, seu alto custo e a excessiva formalidade.

9 Hoje, costuma-se dizer que o processo civil **constitucionalizou-se**. Fala-se em modelo constitucional do processo, expressão inspirada na obra de Italo Andolina e Giuseppe Vignera, *Il modello costituzionale del processo civile italiano: corso di lezioni* (Turim, Giapicchelli, 1990). O processo há de ser examinado, estudado e compreendido à luz da Constituição e de forma a dar o maior rendimento possível aos seus princípios fundamentais.

10 O Novo CPC prevê expressamente que, antecedida de contraditório e produção de provas, haja decisão sobre a desconsideração da pessoa jurídica, com o redirecionamento da ação, na dimensão de sua patrimonialidade, e também sobre a consideração dita inversa, nos casos em que se abusa da sociedade, para usá-la indevidamente com o fito de camuflar o patrimônio pessoal do sócio. Essa alteração está de acordo com o pensamento que, entre nós, ganhou projeção ímpar na obra de J. LAMARTINE CORRÊA DE OLIVEIRA. Com efeito, há três décadas, o brilhante civilista já advertia ser essencial o predomínio da realidade sobre a aparência, quando *"em verdade* [é] *uma outra pessoa que está a agir, utilizando a pessoa jurídica como escudo, e se é essa utilização da pessoa jurídica, fora de sua função, que está tornando possível o resultado contrário à lei, ao contrato, ou às coordenadas axiológicas"* (*A dupla crise da pessoa jurídica*. São Paulo: Saraiva, 1979, p. 613).

11 Que, antes de ser expressamente incorporado à Constituição Federal em vigor (art. 5º, inciso LXXVIII), já havia sido contemplado em outros instrumentos normativos estrangeiros (veja-se, por exemplo, o art. 111, da Constituição da Itália) e convenções internacionais (Convenção Europeia e Pacto de San Jose da Costa Rica). Trata-se, portanto, de tendência mundial.

12 Afinal, a celeridade não é um valor que deva ser perseguido a qualquer custo. "Para muita gente, na matéria, a rapidez constitui o valor por excelência, quiçá o único. Seria fácil invocar aqui um rol de citações de autores famosos, apostados em estigmatizar a morosidade processual. Não deixam de ter razão, sem que isso implique – nem mesmo, quero crer, no pensamento desses próprios autores – hierarquização rígida que não reconheça como imprescindível, aqui e ali, ceder o passo a outros valores. Se uma justiça lenta demais é decerto uma justiça má, daí não se segue que uma justiça muito rápida seja necessariamente uma justiça boa. O que todos devemos querer é que a prestação jurisdicional venha ser melhor do que é. Se para torná-la melhor é preciso acelerá-la, muito bem: não, contudo, a qualquer preço" (BARBOSA MOREIRA, José Carlos. O futuro da justiça: alguns mitos. *Revista de Processo*, v. 102, p. 228-237, abr.-jun. 2001, p. 232).

as decisões de todos os Tribunais e Juízos singulares do país, de modo a concretizar plenamente os princípios da legalidade e da isonomia".

Evidentemente, porém, para que tenha eficácia a recomendação no sentido de que seja a jurisprudência do STF e dos Tribunais superiores, efetivamente, norte para os demais órgãos integrantes do Poder Judiciário, é necessário que aqueles Tribunais mantenham jurisprudência razoavelmente estável.

A segurança jurídica fica comprometida com a brusca e integral alteração do entendimento dos tribunais sobre questões de direito.[13]

Encampou-se, por isso, expressamente princípio no sentido de que, uma vez firmada jurisprudência em certo sentido, esta deve, como norma, ser mantida, salvo se houver relevantes razões recomendando sua alteração.

Trata-se, na verdade, de um outro viés do princípio da segurança jurídica,[14] que recomendaria que a jurisprudência, uma vez pacificada ou sumulada, tendesse a ser mais estável.[15]

De fato, a alteração do entendimento a respeito de uma tese jurídica ou do sentido de um texto de lei pode levar ao legítimo desejo de que as situações anteriormente decididas, com base no entendimento superado, sejam redecididas à luz da nova compreensão. Isto porque a alteração da jurisprudência, diferentemente da alteração da lei, produz efeitos equivalentes aos *ex tunc*. Desde que, é claro, não haja regra em sentido inverso.

Diz, expressa e explicitamente, o novo Código que: "A mudança de entendimento sedimentado observará a necessidade de fundamentação adequada e específica, considerando o imperativo de estabilidade das relações jurídicas";

E, ainda, com o objetivo de prestigiar a segurança jurídica, formulou-se o seguinte princípio: "Na hipótese de alteração da jurisprudência dominante do STF e dos Tribunais superiores, ou oriunda de julgamentos de casos repetitivos, pode haver **modulação** dos efeitos da alteração no interesse social e no da segurança jurídica" (grifos nossos).

Esse princípio tem relevantes consequências práticas, como, por exemplo, a não rescindibilidade de sentenças transitadas em julgado baseadas na orientação abandonada pelo Tribunal. Também em nome da segurança jurídica, reduziu-se para um ano, como regra geral, o prazo decadencial dentro do qual pode ser proposta a ação rescisória.

Mas talvez as alterações mais expressivas do sistema processual ligadas ao objetivo de harmonizá-lo com o espírito da Constituição Federal, sejam as que dizem respeito a regras que induzem à uniformidade e à estabilidade da jurisprudência.

O novo Código prestigia o princípio da segurança jurídica, obviamente de índole constitucional, pois que se hospeda nas dobras do Estado Democrático de Direito e visa a proteger e a preservar as justas expectativas das pessoas.

Todas as normas jurídicas devem tender a dar efetividade às garantias constitucionais, tornando "segura" a vida dos jurisdicionados, de modo a que estes sejam poupados de "surpresas", podendo sempre prever, em alto grau, as consequências jurídicas de sua conduta.

Se, por um lado, o princípio do livre convencimento motivado é garantia de julgamentos independentes e justos, e neste sentido mereceu ser prestigiado pelo novo Código, por outro, compreendido em seu mais estendido alcance, acaba por conduzir a distorções do princípio da legalidade e à própria ideia, antes mencionada, de Estado Democrático de Direito. A dispersão excessiva da jurisprudência produz intranquilidade social e descrédito do Poder Judiciário.

Se todos têm que agir em conformidade com a lei, ter-se-ia, *ipso facto*, respeitada a isonomia. Essa relação de causalidade, todavia, fica comprometida como decorrência do desvirtuamento da liberdade que tem o juiz de decidir com base em seu entendimento sobre o sentido real da norma.

A tendência à diminuição[16] do número[17] de recursos que devem ser apreciados pelos Tribunais de segundo grau e superiores é resultado inexorável da jurisprudência mais uniforme e estável.[17]

Proporcionar legislativamente melhores condições para operacionalizar formas de uniformização do entendimento dos Tribunais brasileiros acerca de teses jurídicas é concretizar, na vida da sociedade brasileira, o princípio constitucional da isonomia.

Criaram-se figuras, no novo CPC, para evitar a dispersão[18] excessiva da jurisprudência. Com isso, haverá condições de se atenuar o assoberbamento de trabalho no Poder Judiciário, sem comprometer a qualidade da prestação jurisdicional.

Dentre esses instrumentos, está a complementação e o reforço da eficiência do regime de julgamento de recursos repetitivos, que agora abrange a possibilidade de suspensão do procedimento das demais ações, tanto no juízo de primeiro grau, quanto dos demais recursos extraordinários ou especiais, que estejam tramitando nos tribunais superiores, aguardando julgamento, desatreladamente dos afetados.

NOVO CPC

---

13 Os ingleses dizem que os jurisdicionados não podem ser tratados "como cães, que só descobrem que algo é proibido quando o bastão toca seus focinhos" (BENTHAM citado por R. C. CAENEGEM, Judges, Legislators & Professors, p. 161).

14 "O homem necessita de segurança para conduzir, planificar e conformar autônoma e responsavelmente a sua vida. Por isso, desde cedo se consideravam os princípios da segurança jurídica e da proteção à confiança como elementos constitutivos do Estado de Direito. Esses dois princípios – segurança jurídica e proteção da confiança – andam estreitamente associados, a ponto de alguns autores considerarem o princípio da confiança como um subprincípio ou como uma dimensão específica da segurança jurídica. Em geral, considera-se que a segurança jurídica está conexionada com elementos objetivos da ordem jurídica – garantia de estabilidade jurídica, segurança de orientação e realização do direito – enquanto a proteção da confiança se prende mais com os componentes subjetivos da segurança, designadamente a calculabilidade e previsibilidade dos indivíduos em relação aos efeitos dos actos". (JOSÉ JOAQUIM GOMES CANOTILHO. Direito constitucional e teoria da constituição. Almedina, Coimbra, 2000, p. 256).

15 Os alemães usam a expressão princípio da "proteção", acima referida por Canotilho. (ROBERT ALEXY e RALF DREIER, Precedent in the Federal Republic of Germany, *in* Interpreting Precedents, A Comparative Study, Coordenação NEIL MACCORMICK e ROBERT SUMMERS, Dartmouth Publishing Company, p. 19).

16 Comentando os principais vetores da reforma sofrida no processo civil alemão na última década, BARBOSA MOREIRA alude ao problema causado pelo excesso de recursos no processo civil: "Pôr na primeira instância o centro de gravidade do processo é diretriz política muito prestigiada em tempos modernos, e numerosas iniciativas reformadoras levam-na em conta. A rigor, o ideal seria que os litígios fossem resolvidos em termos finais mediante um único julgamento. Razões conhecidas induzem as leis processuais a abrirem a porta a reexames. A multiplicação desmedida dos meios tendentes a propiciá-los, entretanto, acarreta o prolongamento indesejável do feito, aumenta-lhe o custo, favorece a chicana e, em muitos casos, gera para os tribunais superiores excessiva carga de trabalho. Convém, pois, envidar esforços para que as partes se deem por satisfeitas com a sentença e se abstenham de impugná-la" (Breve notícia sobre a reforma do processo civil alemão. *Revista de Processo*. São Paulo, v. 28, n. 111, p. 103-112, jul./set. 2003, p. 105).

17 O número de recursos previstos na legislação processual civil é objeto de reflexão e crítica, há muitos anos, na doutrina brasileira. EGAS MONIZ DE ARAGÃO, por exemplo, em emblemático trabalho sobre o tema, já indagou de forma contundente: "há demasiados recursos no ordenamento jurídico brasileiro? Deve-se restringir seu cabimento? São eles responsáveis pela morosidade no funcionamento do Poder Judiciário?" Respondendo tais indagações, o autor conclui que há três recursos que "atendem aos interesses da brevidade e certeza, interesses que devem ser ponderados – como na fórmula da composição dos medicamentos – para dar adequado remédio às necessidades do processo judicial": a apelação, o agravo e o extraordinário, isto é, recurso especial e recurso extraordinário (Demasiados recursos?. *Revista de Processo*. São Paulo, v. 31, n. 136, p. 9-31, jun. 2006, p. 18)

18 A preocupação com essa possibilidade não é recente. ALFREDO BUZAID já aludia a ela, advertindo que há uma grande diferença entre as decisões adaptadas ao contexto histórico em que proferidas e aquelas que prestigiam interpretações contraditórias da mesma disposição legal, apesar de iguais as situações concretas em que proferidas. Nesse sentido: "Na verdade, não repugna ao jurista que os tribunais, num louvável esforço de adaptação, sujeitem a mesma regra a entendimento diverso, desde que se alterem as condições econômicas, políticas e sociais; mas repugna-lhe que sobre a mesma regra jurídica deem os tribunais interpretação diversa e até contraditória, quando as condições em que ela foi editada continuam as mesmas. O dissídio resultante de tal exegese debilita a autoridade do Poder Judiciário, ao mesmo passo que causa profunda decepção às partes que postulam perante os tribunais" (Uniformização de Jurisprudência. *Revista da Associação dos Juízes do Rio Grande do Sul*, 34/139, jul. 1985).

Com os mesmos objetivos, criou-se, com inspiração no direito alemão,[19] o já referido incidente de Resolução de Demandas Repetitivas, que consiste na identificação de processos que contenham a mesma questão de direito, que estejam ainda no primeiro grau de jurisdição, para decisão conjunta.[20]

O incidente de resolução de demandas repetitivas é admissível quando identificada, em primeiro grau, controvérsia com potencial de gerar multiplicação expressiva de demandas e o correlato risco da coexistência de decisões conflitantes.

É instaurado perante o Tribunal local, por iniciativa do juiz, do MP, das partes, da Defensoria Pública ou pelo próprio Relator. O juízo de admissibilidade e de mérito caberão ao tribunal pleno ou ao órgão especial, onde houver, e a extensão da eficácia da decisão acerca da tese jurídica limita-se à área de competência territorial do tribunal, salvo decisão em contrário do STF ou dos Tribunais superiores, pleiteada pelas partes, interessados, MP ou Defensoria Pública. Há a possibilidade de intervenção de *amici curiae*.

O incidente deve ser julgado no prazo de seis meses, tendo preferência sobre os demais feitos, salvo os que envolvam réu preso ou pedido de *habeas corpus*.

O recurso especial e o recurso extraordinário, eventualmente interpostos da decisão do incidente, têm efeito suspensivo e se considera presumida a repercussão geral, de questão constitucional eventualmente discutida.

Enfim, não observada a tese firmada, caberá reclamação ao tribunal competente.

As hipóteses de cabimento dos embargos de divergência agora se baseiam exclusivamente na existência de *teses contrapostas*, não importando o veículo que as tenha levado ao Supremo Tribunal Federal ou ao Superior Tribunal de Justiça. Assim, são possíveis de confronto teses contidas em recursos e ações, sejam as decisões de mérito ou relativas ao juízo de admissibilidade.

Está-se, aqui, diante de poderoso instrumento, agora tornado ainda mais eficiente, cuja finalidade é a de uniformizar a jurisprudência dos Tribunais superiores, *interna corporis*.

Sem que a jurisprudência desses Tribunais esteja internamente uniformizada, é posto abaixo o edifício cuja base é o respeito aos precedentes dos Tribunais superiores.

2) Pretendeu-se converter o processo em instrumento incluído no **contexto social** em que produzirá efeito o seu resultado. Deu-se ênfase à possibilidade de as partes porem fim ao conflito pela via da mediação ou da conciliação.[21] Entendeu-se que a *satisfação efetiva* das partes pode dar-se de modo mais intenso se a solução é por elas criada e não imposta pelo juiz.

Como regra, deve realizar-se audiência em que, ainda antes de ser apresentada contestação, se tentará fazer com que autor e réu cheguem a acordo. Dessa audiência, poderão participar conciliador e mediador e o réu deve comparecer, sob pena de se qualificar sua ausência injustificada como ato atentatório à dignidade da justiça. Não se chegando a acordo, terá início o prazo para a contestação.

Por outro lado, e ainda levando em conta a qualidade da satisfação das partes com a solução dada ao litígio, previu-se a possibilidade da presença do *amicus curiae*, cuja manifestação, com certeza tem aptidão de proporcionar ao juiz condições de proferir decisão mais próxima às reais necessidades das partes e mais rente à realidade do país.[22]

Criou-se regra no sentido de que a intervenção pode ser pleiteada pelo *amicus curiae* ou solicitada de ofício, como decorrência das peculiaridades da causa, em todos os graus de jurisdição.

Entendeu-se que os requisitos que impõem a manifestação do *amicus curiae* no processo, se existem, estarão presentes desde o primeiro grau de jurisdição, não se justificando que a possibilidade de sua intervenção ocorra só nos Tribunais Superiores. Evidentemente, todas as decisões devem ter a qualidade que possa proporcionar a presença do *amicus curiae*, não só a última delas.

Com objetivo semelhante, permite-se no novo CPC que os Tribunais Superiores apreciem o mérito de alguns recursos que veiculam questões relevantes, cuja solução é necessária para o aprimoramento do Direito, ainda que não estejam preenchidos requisitos de admissibilidade considerados menos importantes. Trata-se de regra afeiçoada à processualística contemporânea, que privilegia o conteúdo em detrimento da forma, em consonância com o princípio da instrumentalidade.

3) Com a finalidade de *simplificação*, criou-se,[23] *v.g.*, a possibilidade de o réu formular pedido independentemente do expediente formal da reconvenção, que desapareceu. Extinguiram-se muitos incidentes: passa a ser matéria alegável em preliminar de contestação a incorreção do valor da causa e a indevida concessão do benefício da justiça gratuita, bem como as duas espécies de incompetência. Não há mais a ação declaratória incidental nem a ação declaratória incidental de falsidade de documento, bem como o incidente de exibição de documentos. As formas de intervenção de terceiro foram modificadas e parcialmente fundidas: criou-se um só instituto, que abrange as hipóteses de denunciação da lide e de chamamento ao processo. Deve ser utilizado quando

19 No direito alemão a figura se chama *Musterverfahren* e gera decisão que serve de modelo (*Muster*) para a resolução de uma quantidade expressiva de processos em que as partes estejam na mesma situação, não se tratando necessariamente, do mesmo autor nem do mesmo réu (RALF-THOMAS WITTMANN. Il "contenzioso di massa" in Germania, *in* GIORGETTI ALESSANDRO e VALERIO VALLEFUOCO, Il Contenzioso di massa in Italia, in Europa e nel mondo, Milão, Giuffrè, 2008, p. 178).

20 Tais medidas refletem, sem dúvida, a tendência de coletivização do processo, assim explicada por RODOLFO DE CAMARGO MANCUSO: "Desde o último quartel do século passado, foi tomando vulto o fenômeno da 'coletivização' dos conflitos, à medida que, paralelamente, se foi reconhecendo a inaptidão do processo civil clássico para instrumentalizar essas megacontrovérsias, próprias de uma conflitiva sociedade de massas. Isso explica a proliferação de ações de cunho coletivo, tanto na Constituição Federal (arts. 5.º, XXI; LXX, 'b'; LXXIII; 129, III) como na legislação processual extravagante, empolgando segmentos sociais de largo espectro: consumidores, infância e juventude; deficientes físicos; investidores no mercado de capitais; idosos; torcedores de modalidades desportivas, etc. Logo se tornou evidente (e premente) a necessidade da oferta de novos instrumentos capazes de recepcionar esses conflitos assim potencializado, seja em função do número expressivo (ou mesmo indeterminado) dos sujeitos concernentes, seja em função da indivisibilidade do objeto litigioso, que o torna insuscetível de partição e fruição por um titular exclusivo" (*A resolução de conflitos e a função judicial no Contemporâneo Estado de Direito*. São Paulo: Revista dos Tribunais, 2009, p. 379-380).

21 A criação de condições para realização da transação é uma das tendências observadas no movimento de reforma que inspirou o processo civil alemão. Com efeito, explica BARBOSA MOREIRA que "já anteriormente, por força de uma lei de 1999, os órgãos legislativos dos 'Lander' tinham sido autorizados, sob determinadas circunstâncias, a exigirem, como requisito de admissibilidade da ação, que se realizasse prévia tentativa de conciliação extrajudicial. Doravante, nos termos do art. 278, deve o tribunal, em princípio, levar a efeito a tentativa, ordenando o comparecimento pessoal de ambas as partes. O órgão judicial discutirá com elas a situação, poderá formular-lhes perguntas e fazer-lhes observações. Os litigantes serão ouvidos pessoalmente e terá cada qual a oportunidade de expor sua versão do litígio..." (*Breves notícias sobre a reforma do processo civil alemão*, p. 106).

22 Predomina na doutrina a opinião de que a origem do *amicus curiae* está na Inglaterra, no processo penal, embora haja autores que afirmem haver figura assemelhada já no direito romano (CÁSSIO SCARPINELLA BUENO, *Amicus curiae no processo civil brasileiro*, Ed. Saraiva, 2006, p. 88). Historicamente, sempre atuou ao lado do juiz, e sempre foi a discricionariedade deste que determinou a intervenção desta figura, fixando os limites de sua atuação. Do direito inglês, migrou para o direito americano, em que é, atualmente, figura de relevo digno de nota (CÁSSIO SCARPINELLA BUENO, ob.cit. p. 94 e seguintes).

23 Tal possibilidade, rigorosamente, já existia no CPC de 1973, especificamente no procedimento comum sumário (art. 278, parágrafo 1º) e em alguns procedimentos especiais disciplinados no Livro IV, como, por exemplo, as ações possessórias (art. 922), daí porque se afirmava, em relação a estes, que uma de suas características peculiares era, justamente, a natureza dúplice da ação. Contudo, no Novo Código, o que era excepcional se tornará regra geral, em evidente benefício da economia processual e da ideia de efetividade da tutela jurisdicional.

o chamado puder ser réu em ação regressiva; quando um dos devedores solidários saldar a dívida, aos demais; quando houver obrigação, por lei ou por contrato, de reparar ou garantir a reparação de dano, àquele que tem essa obrigação. A sentença dirá se terá havido a hipótese de ação regressiva, ou decidirá quanto à obrigação comum. Muitos[24] procedimentos especiais[25] foram extintos. Foram mantidos a ação de consignação em pagamento, a ação de prestação de contas, a ação de divisão e demarcação de terras particulares, inventário e partilha, embargos de terceiro, habilitação, restauração de autos, homologação de penhor legal e ações possessórias.

Extinguiram-se também as ações cautelares nominadas. Adotou-se a regra no sentido de que basta à parte a demonstração do *fumus boni iuris* e do perigo de ineficácia da prestação jurisdicional para que a providência pleiteada deva ser deferida. Disciplina-se também a tutela sumária que visa a proteger o direito evidente, independentemente de *periculum in mora*.

O Novo CPC agora deixa clara a possibilidade de concessão de tutela de urgência e de tutela à evidência. Considerou-se conveniente esclarecer de forma expressa que a resposta do Poder Judiciário deve ser rápida não só em situações em que a urgência decorre do risco de eficácia do processo e do eventual perecimento do próprio direito. Também em hipóteses em que as alegações da parte se revelam de juridicidade ostensiva deve a tutela ser antecipadamente (total ou parcialmente) concedida, independentemente de *periculum in mora*, por não haver razão relevante para a espera, até porque, via de regra, a demora do processo gera agravamento do dano.

Ambas essas espécies de tutela vêm disciplinadas na Parte Geral, tendo também desaparecido o livro das Ações Cautelares.

A tutela de urgência e da evidência podem ser requeridas **antes** ou **no curso** do procedimento em que se pleiteia a providência principal.

Não tendo havido resistência à liminar concedida, o juiz, depois da efetivação da medida, extinguirá o processo, conservando-se a eficácia da medida concedida, sem que a situação fique protegida pela coisa julgada.

Impugnada a medida, o pedido principal deve ser apresentado **nos mesmos autos** em que tiver sido formulado o pedido de urgência.

As opções procedimentais acima descritas exemplificam sobremaneira a concessão da tutela cautelar ou antecipatória, do ponto de vista procedimental.

Além de a incompetência, absoluta e relativa, poderem ser levantadas pelo réu em preliminar de contestação, o que também significa uma maior simplificação do sistema, a incompetência absoluta não é, no Novo CPC, hipótese de cabimento de ação rescisória.

Cria-se a faculdade de o advogado promover, pelo correio, a intimação do advogado da outra parte. Também as testemunhas devem comparecer espontaneamente, sendo excepcionalmente intimadas por carta com aviso de recebimento.

A extinção do procedimento especial "ação de usucapião" levou à criação do procedimento edital, como forma de comunicação dos atos processuais, por meio do qual, em ações deste tipo, devem-se provocar todos os interessados a intervir, se houver interesse.

O prazo para todos os recursos, com exceção dos embargos de declaração, foi uniformizado: quinze dias.

O recurso de apelação continua sendo interposto no 1º grau de jurisdição, tendo-lhe sido, todavia, retirado o juízo de admissibilidade, que é exercido apenas no 2º grau de jurisdição. Com isso, suprime-se um novo foco desnecessário de recorribilidade.

Na execução, se eliminou a distinção entre praça e leilão, assim como a necessidade de duas hastas públicas. Desde a primeira, pode o bem ser alienado por valor inferior ao da avaliação, desde que não se trate de preço vil.

Foram extintos os embargos à arrematação, tornando-se a ação anulatória o único meio de que o interessado pode valer-se para impugná-la.

Bastante simplificado foi o sistema recursal. Essa simplificação, todavia, em momento algum significou restrição ao direito de defesa. Em vez disso deu, de acordo com o objetivo tratado no item seguinte, maior rendimento a cada processo individualmente considerado.

Desapareceu o agravo retido, tendo, correlatamente, sido alterado o regime das preclusões.[26] Todas as decisões anteriores à sentença podem ser impugnadas na apelação. Ressalte-se que, na verdade, o que se modificou, nesse particular, foi exclusivamente o momento da impugnação, pois essas decisões, de que se recorria, no sistema anterior, por meio de agravo retido, só eram mesmo alteradas ou mantidas quando o agravo era julgado, como preliminar de apelação. Com o novo regime, o momento de julgamento será o mesmo; não o da impugnação.

O agravo de instrumento ficou mantido para as hipóteses de concessão, ou não, de tutela de urgência; para as interlocutórias de mérito, para as interlocutórias proferidas na execução (e no cumprimento de sentença) e para todos os demais casos a respeito dos quais houver previsão legal expressa.

Previu-se a sustentação oral em agravo de instrumento de decisão de mérito, procurando-se, com isso, alcançar resultado do processo mais rente à realidade dos fatos.

Uma das grandes alterações havidas no sistema recursal foi a supressão dos embargos infringentes.[27] Há muito, doutrina da melhor qualidade vem propugnando pela necessidade de que sejam extintos.[28] Em contrapartida a essa extinção, o relator terá o dever de declarar o voto vencido, sendo este considerado como parte integrante do acórdão, inclusive para fins de prequestionamento.

Significativas foram as alterações, no que tange aos recursos para o STJ e para o STF. O Novo Código contém regra expressa, que leva ao aproveitamento do processo, de forma plena,

---

24 EGAS MONIZ DE ARAGÃO, comentando a transição do Código de 1939 para o Código de 1973, já chamava a atenção para a necessidade de refletir sobre o grande número de procedimentos especiais que havia no primeiro e foi mantido, no segundo diploma. Nesse sentido: "Ninguém jamais se preocupou em investigar se é necessário ou dispensável, se é conveniente ou inconveniente oferecer aos litigantes essa pletora de procedimentos especiais; ninguém jamais se preocupou em verificar se a existência desses inúmeros procedimentos constitui obstáculo à 'efetividade do processo', valor tão decantado na atualidade; ninguém jamais se preocupou em pesquisar se a existência de tais e tantos procedimentos constitui estorvo ao bom andamento dos trabalhos forenses e se a sua substituição por outros e novos meios de resolver os mesmos problemas poderá trazer melhores resultados. Diante desse quadro é de indagar: será possível atingir os resultados verdadeiramente aspirados pela revisão do Código sem remodelar o sistema no que tange aos procedimentos especiais?" (Reforma processual: 10 anos. *Revista do Instituto dos Advogados do Paraná*. Curitiba, n. 33, p. 201-215, dez. 2004, p. 205).

25 Ainda na vigência do Código de 1973, já não se podia afirmar que a maior parte desses procedimentos era efetivamente especial. As características que, no passado, serviram para lhes qualificar desse modo, após as inúmeras alterações promovidas pela atividade de reforma da legislação processual, deixaram de lhes ser exclusivas. Vários aspectos que, antes, somente se viam nos procedimentos ditos especiais, passaram, com o tempo, a se observar também no procedimento comum. Exemplo disso é o sincretismo processual, que passou a marcar o procedimento comum desde que admitida a concessão de tutela de urgência em favor do autor, nos termos do art. 273.

26 Essa alteração contempla uma das duas soluções que a doutrina processualista colocava em relação ao problema da recorribilidade das decisões interlocutórias. Nesse sentido: *"Duas teses podem ser adotadas com vistas ao controle das decisões proferidas pelo juiz no decorrer do processo em primeira instância: ou, a) não se proporciona recurso algum e os litigantes poderão impugná-las somente com o recurso cabível contra o julgamento final, normalmente a apelação, caso estes em que não incidirá preclusão sobre tais questões, ou, b) é proporcionado recurso contra as decisões interlocutórias (tanto faz que o recurso suba incontinente ao órgão superior ou permaneça retido nos autos do processo) e ficarão preclusas as questões nelas solucionadas caso o interessado não recorra"* (ARAGÃO, E. M. *Reforma processual: 10* anos, p. 210-211).

27 Essa trajetória, como lembra BARBOSA MOREIRA, foi, no curso das décadas, *"complexa e sinuosa"* (Novas vicissitudes dos embargos infringentes, *Revista de Processo*. São Paulo, v. 28, n. 109, p. 113-123, jul-ago. 2004, p. 113).

28 Nesse sentido, "A existência de um voto vencido não basta por si só para justificar a criação de tal recurso; porque, por tal razão, se devia admitir um segundo recurso de embargos toda vez que houvesse mais de um voto vencido; desta forma poderia arrastar-se a verificação por largo tempo, vindo o ideal de justiça a ser sacrificado pelo desejo de aperfeiçoar a decisão" (ALFREDO BUZAID, Ensaio para uma revisão do sistema de recursos no Código de Processo Civil. *Estudos de direito*. São Paulo: Saraiva, 1972, v. 1, p. 111).

devendo ser decididas todas as razões que podem levar ao provimento ou ao improvimento do recurso. Sendo, por exemplo, o recurso extraordinário provido para acolher uma causa de pedir, ou *a*) examinam-se todas as outras, ou, *b*) remetem-se os autos para o Tribunal de segundo grau, para que decida as demais, ou, *c*) remetem-se os autos para o primeiro grau, caso haja necessidade de produção de provas, para a decisão das demais; e, pode-se também, *d*) remeter os autos ao STJ, caso as causas de pedir restantes constituam-se em questões de direito federal.

Com os mesmos objetivos, consistentes em simplificar o processo, dando-lhe, simultaneamente, o maior rendimento possível, criou-se a regra de que não há mais extinção do processo, por decisão de inadmissão de recurso, caso o tribunal destinatário entenda que a competência seria de outro tribunal. Há, isto sim, em todas as instâncias, inclusive no plano de STJ e STF, **a remessa dos autos ao tribunal competente.**

Há dispositivo expresso determinando que, se os embargos de declaração são interpostos com o objetivo de prequestionar a matéria objeto do recurso principal, e não são admitidos, considera-se o prequestionamento como havido, salvo, é claro, se se tratar de recurso que pretenda a inclusão, no acórdão, da descrição de fatos.

Vê-se, pois, que as alterações do sistema recursal a que se está, aqui, aludindo, proporcionaram simplificação e levaram a efeito um outro objetivo, de que abaixo se tratará: obter-se o maior rendimento possível de cada processo.

4) O novo sistema permite que cada processo *tenha maior rendimento possível*. Assim, e por isso, estendeu-se a autoridade da coisa julgada às questões prejudiciais.

Com o objetivo de se dar maior **rendimento** a cada processo, individualmente considerado, e, atendendo a críticas tradicionais da doutrina,[29] deixou, a possibilidade jurídica do pedido, de ser condição da ação. A sentença que, à luz da lei revogada seria de carência da ação, à luz do Novo CPC é de improcedência e resolve definitivamente a controvérsia.

Criaram-se mecanismos para que, sendo a ação proposta com base em várias causas de pedir e sendo só uma levada em conta na decisão do 1º e do 2º graus, repetindo-se as decisões de procedência, caso o tribunal superior inverta a situação, retorne o processo ao 2º grau, para que as demais sejam apreciadas, até que, afinal, sejam todas decididas e seja, **efetivamente**, **posto fim à controvérsia**.

O mesmo ocorre se se tratar de ação julgada improcedente em 1º e em 2º graus, como resultado de acolhimento de uma razão de defesa, quando haja mais de uma.

Também visando a essa finalidade, o novo Código de Processo Civil criou, inspirado no sistema italiano[30] e francês[31], a estabilização de tutela, a que já se referiu no item anterior, que permite a manutenção da eficácia da medida de urgência, ou antecipatória de tutela, até que seja eventualmente impugnada pela parte contrária.

As partes podem, até a sentença, modificar pedido e causa de pedir, desde que não haja ofensa ao contraditório. De cada processo, por esse método, se obtém tudo o que seja possível.

Na mesma linha, tem o juiz o poder de adaptar o procedimento às peculiaridades da causa.[32]

Com a mesma finalidade, criou-se a regra, a que já se referiu, no sentido de que, entendendo o Superior Tribunal de Justiça que a questão veiculada no recurso especial seja constitucional, deve remeter o recurso do Supremo Tribunal Federal; do mesmo modo, deve o Supremo Tribunal Federal remeter o recurso ao Superior Tribunal de Justiça, se considerar que não se trata de ofensa direta à Constituição Federal, por decisão irrecorrível.

5) A Comissão trabalhou sempre tendo como **pano de fundo** um objetivo genérico, que foi de imprimir organicidade às regras do processo civil brasileiro, dando maior coesão ao sistema.

O Novo CPC conta, agora, com uma Parte Geral,[33] atendendo às críticas de parte ponderável da doutrina brasileira. Neste Livro I, são mencionados princípios constitucionais de especial importância para todo o processo civil, bem como regras gerais, que dizem respeito a todos os demais Livros. A Parte Geral desempenha o papel de chamar para si a solução de questões difíceis relativas às demais partes do Código, já que contém regras e princípios gerais a respeito do funcionamento do sistema.

O conteúdo da Parte Geral (Livro I) consiste no seguinte: princípios e garantias fundamentais do processo civil; aplicabilidade das normas processuais; limites da jurisdição brasileira; competência interna; normas de cooperação internacional e nacional; partes; litisconsórcio; procuradores; juiz e auxiliares da justiça; Ministério Público; atos processuais; provas; tutela de urgência e tutela da evidência; formação, suspensão e extinção do processo. O Livro II, diz respeito ao processo de conhecimento, incluindo cumprimento de sentença e procedimentos especiais, contenciosos ou não. O Livro III trata do processo de execução, e o Livro IV disciplina os processos nos Tribunais e os meios de impugnação das decisões judiciais. Por fim, há as disposições finais e transitórias.

O objetivo de organizar internamente as regras e harmonizá-las entre si foi o que inspirou, por exemplo, a reunião das hipóteses em que os Tribunais ou juízes podem voltar atrás, mesmo depois de terem proferido decisão de mérito: havendo embargos de declaração, erro material, sendo proferida decisão pelo STF ou pelo STJ com base nos artigos 543-B e 543-C do Código anterior.

Organizaram-se em dois dispositivos as causas que levam à extinção do processo, por indeferimento da inicial, sem ou com julgamento de mérito, incluindo-se neste grupo o que constava do art. 285-A do Código anterior.

Unificou-se o critério relativo ao fenômeno que gera a prevenção: o despacho que ordena a citação. A ação, por seu turno, considera-se proposta assim que protocolada a inicial.

Tendo desaparecido o Livro do Processo Cautelar e as cautelares em espécie, acabaram sobrando medidas que, em consonância com parte expressiva da doutrina brasileira, embora estivessem formalmente inseridas no Livro III, de cautelares, nada tinham. Foram, então, realocadas, junto aos procedimentos especiais.

Criou-se um livro novo, a que já se fez menção, para os processos nos Tribunais, que abrange os meios de impugnação às decisões judiciais – recursos e ações impugnativas autônomas – e institutos como, por exemplo, a homologação de sentença estrangeira.

Também com o objetivo de desfazer "nós" do sistema, deixaram-se claras as hipóteses de cabimento de ação rescisória e de ação anulatória, eliminando-se dúvidas, com soluções como, por exemplo, a de deixar sentenças homologatórias como categoria de pronunciamento impugnável pela ação anulatória, ainda que se trate de decisão de mérito, isto é, que homologa transação, reconhecimento jurídico do pedido ou renúncia à pretensão.

---

29 CÂNDIDO DINAMARCO lembra que o próprio LIEBMAN, após formular tal condição da ação em aula inaugural em Turim, renunciou a ela depois que *"a lei italiana passou a admitir o divórcio, sendo este o exemplo mais expressivo de impossibilidade jurídica que vinha sendo utilizado em seus escritos"* (*Instituições de direito processual civil*. v. II, 6.ª ed. São Paulo: Malheiros, 2009, p. 309).

30 Tratam da matéria, por exemplo, COMOGLIO, Luigi; FERRI, Corrado; TARUFFO, Michele. *Lezioni sul processo civile*. 4. ed. Bologna: Il Mulino, 2006. t. I e II; PICARDI, Nicola. *Codice di procedura civile*. 4. ed. Milão: Giuffrè, 2008. t. II; GIOLA, Valerio de; RASCHELLÀ, Anna Maria. *I provvedimento d'urgenza ex art. 700 Cod. Proc. Civ.* 2. ed. Experta, 2006.

31 É conhecida a figura do *référé* francês, que consiste numa forma sumária de prestação de tutela, que gera decisão provisória, não depende necessariamente de um processo principal, não transita em julgado, mas pode prolongar a sua eficácia no tempo. Vejam-se arts. 488 e 489 do *Nouveau Code de Procédure Civile* francês.

32 No processo civil inglês, há regra expressa a respeito dos *"case management powers"*. CPR 1.4. Na doutrina, v. NEIL ANDREWS, O moderno processo civil, São Paulo, Ed. RT, 2009, item 3.14, p. 74. Nestas regras de gestão de processos, inspirou-se a Comissão autora do Anteprojeto.

33 Para EGAS MONIZ DE ARAGÃO, a ausência de uma parte geral, no Código de 1973, ao tempo em que promulgado, era compatível com a ausência de sistematização, no plano doutrinário, de uma teoria geral do processo. E advertiu o autor: *"não se recomendaria que o legislador precedesse aos doutrinadores, aconselhando a prudência que se aguarde o desenvolvimento do assunto por estes para, colhendo-lhes os frutos, atuar aquele"* (*Comentários ao Código de Processo Civil*: v. II. 7.a Ed. Rio de Janeiro: Forense, 1991, p. 8). O profundo amadurecimento do tema que hoje se observa na doutrina processualista brasileira justifica, nessa oportunidade, a sistematização da teoria geral do processo, no novo CPC.

Com clareza e com base em doutrina autorizada,[34] disciplinou-se o litisconsórcio, separando-se, com a nitidez possível, o necessário do unitário.

Inverteram-se os termos **sucessão** e **substituição**, acolhendo-se crítica antiga e correta da doutrina.[35]

Nos momentos adequados, utilizou-se a expressão *convenção de arbitragem*, que abrange a cláusula arbitral e o compromisso arbitral, imprimindo-se, assim, o mesmo regime jurídico a ambos os fenômenos.[36]

Em conclusão, como se frisou no início desta exposição de motivos, elaborar-se um Código novo não significa "deitar abaixo as instituições do Código vigente, substituindo-as por outras, inteiramente novas".[37]

Nas alterações das leis, com exceção daquelas feitas imediatamente após períodos históricos que se pretendem deixar definitivamente para trás, não se deve fazer "taboa rasa" das conquistas alcançadas. Razão alguma há para que não se conserve ou aproveite o que há de bom no sistema que se pretende reformar.

Assim procedeu a Comissão de Juristas que reformou o sistema processual: criou saudável equilíbrio entre conservação e inovação, sem que tenha havido drástica ruptura com o presente ou com o passado.

Foram criados institutos inspirados no direito estrangeiro, como se mencionou ao longo desta Exposição de Motivos, já que, a época em que vivemos é de interpenetração das civilizações. O Novo CPC é fruto de reflexões da Comissão que o elaborou, que culminaram em escolhas racionais de caminhos considerados adequados, à luz dos cinco critérios acima referidos, à obtenção de uma sentença que resolva o conflito, com respeito aos direitos fundamentais e no menor tempo possível, realizando o interesse público da atuação da lei material.

Em suma, para a elaboração do Novo CPC, identificaram-se os avanços incorporados ao sistema processual preexistente, que deveriam ser conservados. Estes foram organizados e se deram alguns passos à frente, para deixar expressa a adequação das novas regras à Constituição Federal da República, com um sistema mais coeso, mais ágil e capaz de gerar um processo civil mais célere e mais justo.

A Comissão de Juristas

COMPOSIÇÃO DA COMISSÃO

Presidente: Luiz Fux.

Relatora-Geral: Teresa Arruda Alvim Wambier.

Membros: Adroaldo Furtado Fabrício, Benedito Cerezzo Pereira Filho, Bruno Dantas, Elpídio Donizetti Nunes, Humberto Theodoro Junior, Jansen Fialho de Almeida, José Miguel Garcia Medina, José Roberto dos Santos Bedaque, Marcus Vinicius Furtado Coelho, Paulo Cezar Pinheiro Carneiro.

Secretários da Comissão: Verônica Maia Baraviera (Designada através do Ato 503/2009, da Presidência do Senado Federal); Gláucio Ribeiro de Pinho (Designada através do Ato 167/2010, da Presidência do Senado Federal).

34 CÂNDIDO DINAMARCO, por exemplo, sob a égide do Código de 1973, teceu críticas à redação do art. 47, por entender que "esse mal redigido dispositivo dá a impressão, absolutamente falsa, de que o litisconsórcio unitário seria modalidade do necessário" (*Instituições de direito processual civil*, v. II, p. 359). No entanto, explica, com inequívoca clareza, o processualista: "Os dois conceitos não se confundem nem se colocam em relação de gênero a espécie. A unitariedade não é espécie da necessariedade. Diz respeito ao 'regime de tratamento' dos litisconsortes, enquanto esta é a exigência de 'formação' do litisconsórcio".

35 "O Código de Processo Civil dá a falsa ideia de que a troca de um sujeito pelo outro na condição de parte seja um fenômeno de substituição processual: o vocábulo 'substituição' e a forma verbal'substituindo' são empregadas na rubrica em que se situa o art. 48 e em seu § 10. Essa impressão é falsa porque 'substituição processual' é a participação de um sujeito no processo, como autor ou réu, sem ser titular do interesse em conflito (art. 6º). Essa locução não expressa um movimento de entrada e saída. Tal movimento é, em direito, 'sucessão' – no caso, sucessão processual" (DINAMARCO, C. *Instituições de direito processual civil*, v. II, p. 281).

36 Sobre o tema da arbitragem, veja-se: CARMONA, Carlos Alberto. *Arbitragem e Processo um comentário à lei nº 9.307/96*. 3. ed. São Paulo: Atlas, 2009.

37 ALFREDO BUZAID, Exposição de motivos, Lei 5.869, de 11 de janeiro de 1973.

NOVO CÓDIGO DE PROCESSO CIVIL

LEI 13.105, DE 16 DE MARÇO DE 2015

Código de Processo Civil.

→ v. Lei 13.146/2015 – Estatuto da Pessoa com Deficiência.

A Presidenta da República:

Faço saber que o Congresso Nacional decreta e eu sanciono a seguinte lei:

PARTE GERAL

LIVRO I
Das normas processuais civis

Título Único
Das normas fundamentais e da aplicação das normas processuais

Capítulo I
DAS NORMAS FUNDAMENTAIS DO PROCESSO CIVIL

Art. 1º O processo civil será ordenado, disciplinado e interpretado conforme os valores e as normas fundamentais estabelecidos na Constituição da República Federativa do Brasil, observando-se as disposições deste Código.

→ v. Art. 5º, §§ 1º, 2º e 3º, da CF/1988.

→ v. Convenção Americana sobre Direitos Humanos (Dec. 678/1992).

→ v. Arts. 13 e 16 do NCPC.

Art. 2º O processo começa por iniciativa da parte e se desenvolve por impulso oficial, salvo as exceções previstas em lei.

→ v. Art. 878 da CLT.

→ v. Arts. 141, 177, 492, 720, 730, 738 do NCPC.

Art. 3º Não se excluirá da apreciação jurisdicional ameaça ou lesão a direito.

→ v. Art. 5º, XXXV, da CF/1988.

§ 1º É permitida a arbitragem, na forma da lei.

→ v. Lei 9.307/1996 – Dispõe sobre a arbitragem.

→ v. Arts. 337, X, 359, 485, VII, 1.012, IV, 1.015, III, do NCPC.

§ 2º O Estado promoverá, sempre que possível, a solução consensual dos conflitos.

→ v. Arts. 165 e ss., 359 e 694 do NCPC.

§ 3º A conciliação, a mediação e outros métodos de solução consensual de conflitos deverão ser estimulados por juízes, advogados, defensores públicos e membros do Ministério Público, inclusive no curso do processo judicial.

→ v. Art. 139, V do NCPC.

→ v. Lei 13.140/2015 – Lei de Mediação.

Art. 4º As partes têm o direito de obter em prazo razoável a solução integral do mérito, incluída a atividade satisfativa.

→ v. Art. 5º, LXXVIII, da CF/1988.

→ v. Art. 8º, 1, da Convenção Americana sobre Direitos Humanos.

→ v. Arts. 2º, 80, IV, 113, § 1º, 139, II e 370 do NCPC.

Art. 5º Aquele que de qualquer forma participa do processo deve comportar-se de acordo com a boa-fé.

→ v. Art. 422 do Código Civil.

→ v. Arts. 80, 139, II, 322, § 2º, 435, parágrafo único e 489, § 3º, do NCPC.

Art. 6º Todos os sujeitos do processo devem cooperar entre si para que se obtenha, em tempo razoável, decisão de mérito justa e efetiva.

→ v. Art. 5º, LXXVIII, da CF/1988.

→ v. Arts. 77 e 357, § 3º, do NCPC.

Art. 7º É assegurada às partes paridade de tratamento em relação ao exercício de direitos e faculdades processuais, aos meios de defesa, aos ônus, aos deveres e à aplicação de sanções processuais, competindo ao juiz zelar pelo efetivo contraditório.

→ v. Art. 5º, *caput*, I, LIV e LV, da CF/1988.

→ v. Art. 8º, 2, da Convenção Americana sobre Direitos Humanos.

→ v. Arts. 10, 115, 139, II e VI, 229, 329, II, 372, 435, parágrafo único, 437, § 1º, 493, parágrafo único, 503, § 1º, II e 962, § 2º, do NCPC.

Art. 8º Ao aplicar o ordenamento jurídico, o juiz atenderá aos fins sociais e às exigências do bem comum, resguardando e promovendo a dignidade da pessoa humana e observando a proporcionalidade, a razoabilidade, a legalidade, a publicidade e a eficiência.

→ v. Arts. 1º, III, 5º, *caput*, II e LIV, e 37, *caput*, e 93, IX, da CF/1988.

→ v. Art. 5º da LINDB.

→ v. Art. 2º da Lei 8.112/1999.

→ v. Art. 140 do NCPC.

Art. 9º Não se proferirá decisão contra uma das partes sem que ela seja previamente ouvida.

→ v. Art. 5º, LIV e LV, da CF/1988.

→ v. Art. 8º, 2, da Convenção Americana sobre Direitos Humanos.

→ v. Arts. 7º, 10, 115, 139, VI, 229, 329, II, 372, 435, parágrafo único, 437, § 1º, 493, parágrafo único, 503, § 1º, II, e 962, § 2º, do NCPC.

Parágrafo único. O disposto no *caput* não se aplica:

I – à tutela provisória de urgência;

→ v. Arts. 300 e ss. do NCPC.

II – às hipóteses de tutela da evidência previstas no art. 311, incisos II e III;

III – à decisão prevista no art. 701.

Art. 10. O juiz não pode decidir, em grau algum de jurisdição, com base em fundamento a respeito do qual não se tenha dado às partes oportunidade de se manifestar, ainda que se trate de matéria sobre a qual deva decidir de ofício.

→ v. Art. 5º, LIV e LV, da CF/1988.

→ v. Art. 8º, 2, da Convenção Americana sobre Direitos Humanos.

→ v. Arts. 7º, 9º, 115, 139, VI, 329, II, 372, 435, parágrafo único, 437, § 1º, 493, parágrafo único, 437, § 1º, 493, parágrafo único, e 503, § 1º, do NCPC.

Art. 11. Todos os julgamentos dos órgãos do Poder Judiciário serão públicos, e fundamentadas todas as decisões, sob pena de nulidade.

→ v. Arts. 5º, LX, e 93, IX, da CF/1988.

→ v. Arts. 73, § 2º, 107, I, 152, V, 189, 195, 294, 368, 370, parágrafo único, 426 e 489 do NCPC.

Parágrafo único. Nos casos de segredo de justiça, pode ser autorizada a presença somente das partes, de seus advogados, de defensores públicos ou do Ministério Público.

Art. 12. Os juízes e os tribunais deverão obedecer à ordem cronológica de conclusão para proferir sentença ou acórdão.

→ v. Art. 37 da CF/1988.

§ 1º A lista de processos aptos a julgamento deverá estar permanentemente à disposição para consulta pública em cartório e na rede mundial de computadores.

§ 2º Estão excluídos da regra do *caput*:

I – as sentenças proferidas em audiência, homologatórias de acordo ou de improcedência liminar do pedido;

→ v. Arts. 200, 332, 334, § 11, 487, II, 657, 659, 714, § 1º, 725, VIII, 731, 732 e 932, I, do NCPC.

II – o julgamento de processos em bloco para aplicação de tese jurídica firmada em julgamento de casos repetitivos;

→ v. Art. 928 do NCPC.

III – o julgamento de recursos repetitivos ou de incidente de resolução de demandas repetitivas;

→ v. Arts. 976 e ss. e 1.036 e ss. do NCPC.

IV – as decisões proferidas com base nos arts. 485 e 932;

V – o julgamento de embargos de declaração;

→ v. Arts. 1.022 e ss. do NCPC.

VI – o julgamento de agravo interno;

→ v. Art. 1.021 do NCPC.

VII – as preferências legais e as metas estabelecidas pelo Conselho Nacional de Justiça;

→ v. Arts. 5º, *caput* e I, e 103-B, § 4º, da CF/1988.

→ v. Art. 20 da Lei 12.016/2009.

→ v. Arts. 153, 936, 980, 1.035, § 9º, 1.037, § 4º, 1.038, § 3º e 1.048 do NCPC.

VIII – os processos criminais, nos órgãos jurisdicionais que tenham competência penal;

IX – a causa que exija urgência no julgamento, assim reconhecida por decisão fundamentada.

§ 3º Após elaboração de lista própria, respeitar-se-á a ordem cronológica das conclusões entre as preferências legais.

→ v. Arts. 208 e 228 do NCPC.

§ 4º Após a inclusão do processo na lista de que trata o § 1º, o requerimento formulado pela parte não altera a ordem cronológica para a decisão, exceto quando implicar a reabertura da instrução ou a conversão do julgamento em diligência.

§ 5º Decidido o requerimento previsto no § 4º, o processo retornará à mesma posição em que anteriormente se encontrava na lista.

§ 6º Ocupará o primeiro lugar na lista prevista no § 1º ou, conforme o caso, no § 3º, o processo que:

I – tiver sua sentença ou acórdão anulado, salvo quando houver necessidade de realização de diligência ou de complementação da instrução;

II – se enquadrar na hipótese do art. 1.040, inciso II.

Capítulo II
DA APLICAÇÃO DAS NORMAS PROCESSUAIS

Art. 13. A jurisdição civil será regida pelas normas processuais brasileiras, ressalvadas as disposições específicas previstas em tratados, convenções ou acordos internacionais de que o Brasil seja parte.

→ v. Art. 5º, §§ 1º, 2º e 3º, da CF/1988.

→ v. Convenção Americana sobre Direitos Humanos (Dec. 678/1992).

→ v. Arts. 1º e 16 do NCPC.

Art. 14. A norma processual não retroagirá e será aplicável imediatamente aos processos em curso, respeitados os atos processuais praticados e as situações jurídicas consolidadas sob a vigência da norma revogada.

→ v. Art. 5º, XXXVI, da CF/1988.

→ v. Art. 6º da LINDB.

→ v. Arts. 13 e 16 do NCPC.

Art. 15. Na ausência de normas que regulem processos eleitorais, trabalhistas ou administrativos, as disposições deste Código lhes serão aplicadas supletiva e subsidiariamente.

→ v. Art. 769 da CLT.

LIVRO II
Da função jurisdicional

Título I
Da jurisdição e da ação

Art. 16. A jurisdição civil é exercida pelos juízes e pelos tribunais em todo o território nacional, conforme as disposições deste Código.

→ v. Arts. 5º, XXXV, XXXVII, LIII, LIV da CF/1988.

→ v. Arts. 1º, 13 e 719 do NCPC.

Art. 17. Para postular em juízo é necessário ter interesse e legitimidade.

→ v. Arts. 337, XI, 339, 485, VI, 525, § 1º, II, 535, II, 616 e 967 do NCPC.

Art. 18. Ninguém poderá pleitear direito alheio em nome próprio, salvo quando autorizado pelo ordenamento jurídico.

→ v. Arts. 5º, XXI e LXX, 103, 127 e 129, IX, da CF/1988.

→ v. Art. 68 do CPP.

→ v. Art. 35, § 1º, da Lei 818/1949.

→ v. Lei 4.717/1965 – Ação Popular.

→ v. Lei 7.347/1985 – Lei da Ação Civil Pública.

→ v. Arts. 81 e 82 do CDC.

→ v. Lei 8.906/1994 – Estatuto da OAB.

→ v. Art. 132 da Lei 11.101/2005.

→ v. Súmulas 365, 629 e 630 do STF.

→ v. Súmula 286 do TST.

→ v. Arts. 121, parágrafo único e 343, § 5º, do NCPC.

Parágrafo único. Havendo substituição processual, o substituído poderá intervir como assistente litisconsorcial.

→ v. Arts. 87, parágrafo único, 109, § 2º, 113 e ss. e 124 do NCPC.

Art. 19. O interesse do autor pode limitar-se à declaração:

→ v. Súmula 258 do STF.

→ v. Súmulas 181 e 242 do STJ.

I – da existência, da inexistência ou do modo de ser de uma relação jurídica;

→ v. Art. 784, § 1º, do NCPC.

II – da autenticidade ou da falsidade de documento.

→ v. Arts. 427 e 430 do NCPC.

Art. 20. É admissível a ação meramente declaratória, ainda que tenha ocorrido a violação do direito.

→ v. Súmula 258 do STF.

→ v. Súmula 461 do STJ.

Título II
Dos limites da jurisdição nacional e da cooperação internacional

Capítulo I
DOS LIMITES DA JURISDIÇÃO NACIONAL

→ v. Decreto 18.871//1929 – Promulga a Convenção de direito internacional privado, de Havana.

→ v. Decreto 2.095/1996 – Promulga o Protocolo de Buenos Aires sobre Jurisdição Internacional em Matéria Contratual, concluído em Buenos Aires, em 5 de agosto de 1994.

→ v. Decreto 3.413/2000 – Promulga a Convenção sobre os Aspectos Civis do Sequestro Internacional de Crianças, concluída na cidade de Haia, em 25 de outubro de 1980.

Art. 21. Compete à autoridade judiciária brasileira processar e julgar as ações em que:

→ v. Art. 5º, LIII, LIV e LV da CF/1988.

→ v. Arts. 7º, 11 e 17 da LINDB.

I – o réu, qualquer que seja a sua nacionalidade, estiver domiciliado no Brasil;

→ v. Arts. 70 a 78 do CC/2002.

II – no Brasil tiver de ser cumprida a obrigação;

III – o fundamento seja fato ocorrido ou ato praticado no Brasil.

Parágrafo único. Para o fim do disposto no inciso I, considera-se domiciliada no Brasil a pessoa jurídica estrangeira que nele tiver agência, filial ou sucursal.

Art. 22. Compete, ainda, à autoridade judiciária brasileira processar e julgar as ações:

I – de alimentos, quando:

→ v. Art. 1.694 e ss. do CC/2002.

→ v. Lei 5.478/1968 – Dispõe sobre ação de alimentos e dá outras providências.

a) o credor tiver domicílio ou residência no Brasil;

b) o réu mantiver vínculos no Brasil, tais como posse ou propriedade de bens, recebimento de renda ou obtenção de benefícios econômicos;

II – decorrentes de relações de consumo, quando o consumidor tiver domicílio ou residência no Brasil;

→ v. Arts. 3º e 101, I do CDC.

III – em que as partes, expressa ou tacitamente, se submeterem à jurisdição nacional.

Art. 23. Compete à autoridade judiciária brasileira, com exclusão de qualquer outra:

→ v. Art. 964 do NCPC.

I – conhecer de ações relativas a imóveis situados no Brasil;

→ v. Arts. 1.225 e ss. do CC/2002.

→ v. Art. 47 do NCPC.

II – em matéria de sucessão hereditária, proceder à confirmação de testamento particular e ao inventário e à partilha de bens situados no Brasil, ainda que o autor da herança seja de nacionalidade estrangeira ou tenha domicílio fora do território nacional;

→ v. Art. 5º, XXI da CF/1988.

→ v. Arts. 1.857 a 1859 do CC/2002.

→ v. Arts. 48 e 961, § 5º, do NCPC.

III – em divórcio, separação judicial ou dissolução de união estável, proceder à partilha de bens situados no Brasil, ainda que o titular seja de nacionalidade estrangeira ou tenha domicílio fora do território nacional.

→ v. Arts. 1.571 a 1.582 do CC/2002.

→ v. Art. 53, I, do NCPC.

Art. 24. A ação proposta perante tribunal estrangeiro não induz litispendência e não obsta a que a autoridade judiciária brasileira conheça da mesma causa e das que lhe são conexas, ressalvadas as disposições em contrário de tratados internacionais e acordos bilaterais em vigor no Brasil.

→ v. Art. 55, 57 e 337, § 1º, do NCPC.

Parágrafo único. A pendência de causa perante a jurisdição brasileira não impede a homologação de sentença judicial estrangeira quando exigida para produzir efeitos no Brasil.

→ v. Art. 960 e ss. do NCPC.

Art. 25. Não compete à autoridade judiciária brasileira o processamento e o julgamento da ação quando houver cláusula de eleição de foro exclusivo estrangeiro em contrato internacional, arguida pelo réu na contestação.

→ v. Art. 63 , 64, 337, II e 340 do NCPC.

§ 1º Não se aplica o disposto no *caput* às hipóteses de competência internacional exclusiva previstas neste Capítulo.

§ 2º Aplica-se à hipótese do caput o art. 63, §§ 1º a 4º.

Capítulo II
DA COOPERAÇÃO INTERNACIONAL

→ v. Convenção Americana sobre Direitos Humanos.

→ v. Decreto 3.413/2000 – Promulga a Convenção sobre os Aspectos Civis do Sequestro Internacional de Crianças, concluída na cidade de Haia, em 25 de outubro de 1980.

→ v. Decreto 2.428/1997 – Promulga a Convenção Interamericana sobre Obrigação Alimentar, concluída em Montevidéu, em 15 de julho de 1989.

Seção I
Disposições Gerais

Art. 26. A cooperação jurídica internacional será regida por tratado de que o Brasil faz parte e observará:

I – o respeito às garantias do devido processo legal no Estado requerente;

→ v. Art. 5º, LIV da CF/1988.

II – a igualdade de tratamento entre nacionais e estrangeiros, residentes ou não no Brasil, em relação ao acesso à justiça e à tramitação dos processos, assegurando-se assistência judiciária aos necessitados;

→ v. Art. 5º, *caput*, XXXV e LXXIV da CF/1988.

III – a publicidade processual, exceto nas hipóteses de sigilo previstas na legislação brasileira ou na do Estado requerente;

→ v. Art. 93, IX da CF/1988.

→ v. Art. 189 do NCPC.

IV – a existência de autoridade central para recepção e transmissão dos pedidos de cooperação;

V – a espontaneidade na transmissão de informações a autoridades estrangeiras.

§ 1º Na ausência de tratado, a cooperação jurídica internacional poderá realizar-se com base em reciprocidade, manifestada por via diplomática.

→ v. Arts. 41, parágrafo único, e 961, § 4º, do NCPC.

§ 2º Não se exigirá a reciprocidade referida no § 1º para homologação de sentença estrangeira.

→ v. Art. 960 e ss. do NCPC.

§ 3º Na cooperação jurídica internacional não será admitida a prática de atos que contrariem ou que produzam resultados incompatíveis com as normas fundamentais que regem o Estado brasileiro.

→ v. Art. 39 do NCPC.

§ 4º O Ministério da Justiça exercerá as funções de autoridade central na ausência de designação específica.

→ v. Decreto 6.061/2007 – Aprova a Estrutura Regimental e o Quadro Demonstrativo dos Cargos em Comissão e das Funções Gratificadas do Ministério da Justiça.

Art. 27. A cooperação jurídica internacional terá por objeto:

I – citação, intimação e notificação judicial e extrajudicial;

II – colheita de provas e obtenção de informações;

III – homologação e cumprimento de decisão;

IV – concessão de medida judicial de urgência;

V – assistência jurídica internacional;

VI – qualquer outra medida judicial ou extrajudicial não proibida pela lei brasileira.

→ v. Arts. 30, 35, 960 e 961 do NCPC.

Seção II
Do auxílio direto

→ v. Decreto 166/1991 – Promulga o Convênio de Cooperação Judiciária em Matéria Civil, entre o Governo da República Federativa do Brasil e o Reino da Espanha.

→ v. Decreto 1.476/1995 – Promulga o Tratado Relativo à Cooperação Judiciária e ao Reconhecimento e Execução de Sentenças em Matéria Civil, entre a República Federativa do Brasil e a República Italiana, de 17 de outubro de 1989.

→ v. Decreto 1.850/1996 – Promulga o Acordo de Cooperação Judiciária em Matéria Civil, Comercial, Trabalhista e Administrativa, entre o Governo da República Federativa do Brasil e o Governo da República Oriental do Uruguai, de 28 de dezembro de 1992.

Art. 28. Cabe auxílio direto quando a medida não decorrer diretamente de decisão de autoridade jurisdicional estrangeira a ser submetida a juízo de delibação no Brasil.

Art. 29. A solicitação de auxílio direto será encaminhada pelo órgão estrangeiro interessado à autoridade central, cabendo ao Estado requerente assegurar a autenticidade e a clareza do pedido.

→ v. Arts. 26, § 4º, e 41 do NCPC.

Art. 30. Além dos casos previstos em tratados de que o Brasil faz parte, o auxílio direto terá os seguintes objetos:

I – obtenção e prestação de informações sobre o ordenamento jurídico e sobre processos administrativos ou jurisdicionais findos ou em curso;

→ v. Art. 32 do NCPC.

II – colheita de provas, salvo se a medida for adotada em processo, em curso no estrangeiro, de competência exclusiva de autoridade judiciária brasileira;

→ v. Arts. 23 e 35 do NCPC.

III – qualquer outra medida judicial ou extrajudicial não proibida pela lei brasileira.

Art. 31. A autoridade central brasileira comunicar-se-á diretamente com suas congêneres e, se necessário, com outros órgãos estrangeiros responsáveis pela tramitação e pela execução de pedidos de cooperação enviados e recebidos pelo Estado brasileiro, respeitadas disposições específicas constantes de tratado.

Art. 32. No caso de auxílio direto para a prática de atos que, segundo a lei brasileira, não necessitem de prestação jurisdicional, a autoridade central adotará as providências necessárias para seu cumprimento.

Art. 33. Recebido o pedido de auxílio direto passivo, a autoridade central o encaminhará à Advocacia-Geral da União, que requererá em juízo a medida solicitada.

→ v. Arts. 21 e 22 do NCPC.

Parágrafo único. O Ministério Público requererá em juízo a medida solicitada quando for autoridade central.

→ v. Arts. 26, § 4º, do NCPC.

→ v. Decreto 56.826/1965 – Promulga a Convenção sobre a prestação de alimentos no estrangeiro.

→ v. Decreto 1.320/1994 – Promulga o Tratado de Auxílio Mútuo em Matéria Penal, entre o Governo da República Federativa do Brasil e o Governo da República Portuguesa, de 7.5.91.

→ v. Decreto 6.747/2009 – Promulga o Tratado de Assistência Mútua em Matéria Penal entre o Governo da República Federativa do Brasil e o Governo do Canadá, celebrado em Brasília, em 27 de janeiro de 1995.

Art. 34. Compete ao juízo federal do lugar em que deva ser executada a medida apreciar pedido de auxílio direto passivo que demande prestação de atividade jurisdicional.

→ v. Art. 109, I e X da CF/1988.

Seção III
Da carta rogatória

→ v. Decreto 1.899/1996 – Promulga a Convenção Interamericana sobre Cartas Rogatórias, de 30 de janeiro de 1975.

Art. 35. (*Vetado*).

Art. 36. O procedimento da carta rogatória perante o Superior Tribunal de Justiça é de jurisdição contenciosa e deve assegurar às partes as garantias do devido processo legal.

→ v. Resolução 9/2005 do STJ – Dispõe, em caráter transitório, sobre competência acrescida ao Superior Tribunal de Justiça pela Emenda Constitucional 45/2004.

§ 1º A defesa restringir-se-á à discussão quanto ao atendimento dos requisitos para que o pronunciamento judicial estrangeiro produza efeitos no Brasil.

→ v. Arts. 39, 963 e 964 do NCPC.

§ 2º Em qualquer hipótese, é vedada a revisão do mérito do pronunciamento judicial estrangeiro pela autoridade judiciária brasileira.

Seção IV
Disposições comuns às seções anteriores

Art. 37. O pedido de cooperação jurídica internacional oriundo de autoridade brasileira competente será encaminhado à autoridade central para posterior envio ao Estado requerido para lhe dar andamento.

→ v. Art. 26, § 4º, do NCPC.

Art. 38. O pedido de cooperação oriundo de autoridade brasileira competente e os documentos anexos que o instruem serão encaminhados à autoridade central, acompanhados de tradução para a língua oficial do Estado requerido.

Art. 39. O pedido passivo de cooperação jurídica internacional será recusado se configurar manifesta ofensa à ordem pública.

→ v. Art. 26, I e § 3º e 963, VI do NCPC.

Art. 40. A cooperação jurídica internacional para execução de decisão estrangeira dar-se-á por meio de carta rogatória ou de ação de homologação de sentença estrangeira, de acordo com o art. 960.

Art. 41. Considera-se autêntico o documento que instruir pedido de cooperação jurídica internacional, inclusive tradução para a língua portuguesa, quando encaminhado ao Estado brasileiro por meio de autoridade central ou por via diplomática, dispensando-se ajuramentação, autenticação ou qualquer procedimento de legalização.

→ v. Decreto 2.067/1996 – Promulga o Protocolo de Cooperação e Assistência Jurisdicional em Matéria Civil, Comercial, Trabalhista e Administrativa.

Parágrafo único. O disposto no *caput* não impede, quando necessária, a aplicação pelo Estado brasileiro do princípio da reciprocidade de tratamento.

→ v. Art. 26, § 1º, do NCPC.

Título III
Da competência interna

Capítulo I
DA COMPETÊNCIA

Seção I
Disposições Gerais

→ v. Súmulas 6, 218, 235, 248, 249, 297, 330, 398, 443, 437, 498, 503, 504, 508, 511, 515, 521, 526 e 557 do STF.

→ v. Súmulas 1, 4, 10, 32, 34, 58, 66, 137, 173 e 383 do STJ.

Art. 42. As causas cíveis serão processadas e decididas pelo juiz nos limites de sua competência, ressalvado às partes o direito de instituir juízo arbitral, na forma da lei.

→ v. Lei 9.307/1996 – Arbitragem.

→ v. Art. 93 do CDC.

→ v. Art. 80 do Estatuto do Idoso.

→ v. Art. 2º da Lei 7.347/1985

→ v. Art. 24 da Lei 9.099/1995.

Art. 43. Determina-se a competência no momento do registro ou da distribuição da petição inicial, sendo irrelevantes as modificações do estado de fato ou de direito ocorridas posteriormente, salvo quando suprimirem órgão judiciário ou alterarem a competência absoluta.

→ v. Art. 312 e 516, parágrafo único, do NCPC.

Art. 44. Obedecidos os limites estabelecidos pela Constituição Federal, a competência é determinada pelas normas previstas neste Código ou em legislação especial, pelas normas de organização judiciária e, ainda, no que couber, pelas constituições dos Estados.

Art. 45. Tramitando o processo perante outro juízo, os autos serão remetidos ao juízo federal competente se nele intervier a União, suas empresas públicas, entidades autárquicas e fundações, ou conselho de fiscalização de atividade profissional, na qualidade de parte ou de terceiro interveniente, exceto as ações:

→ v. Súmula 66 do STJ.

→ v. Art. 109, I da CF/1988.

→ v. Lei 5.010/1966 – Organiza a Justiça Federal de primeira instância, e dá outras providências.

→ v. Art. 5º da Lei 9.469/1997.

→ v. Lei 8.906/1994 – Dispõe sobre o Estatuto da Advocacia e a Ordem dos Advogados do Brasil (OAB).

→ v. Lei 3.268/1957 – Dispõe sôbre os Conselhos de Medicina, e dá outras providências.

→ v. Lei 5.194/1966 – Regula o exercício das profissões de Engenheiro, Arquiteto e Engenheiro-Agrônomo, e dá outras providências.

I – de recuperação judicial, falência, insolvência civil e acidente de trabalho;

→ v. Art. 109, I, parte final e § 3º da CF/1988.

II – sujeitas à justiça eleitoral e à justiça do trabalho.

→ v. Art. 109, I, parte final da CF/1988.

§ 1º Os autos não serão remetidos se houver pedido cuja apreciação seja de competência do juízo perante o qual foi proposta a ação.

§ 2º Na hipótese do § 1º, o juiz, ao não admitir a cumulação de pedidos em razão da incompetência para apreciar qualquer deles, não examinará o mérito daquele em que exista interesse da União, de suas entidades autárquicas ou de suas empresas públicas.

→ v. Súmula 150 do STJ.

§ 3º O juízo federal restituirá os autos ao juízo estadual sem suscitar conflito se o ente federal cuja presença ensejou a remessa for excluído do processo.

→ v. Súmula 224 do STJ.

Art. 46. A ação fundada em direito pessoal ou em direito real sobre bens móveis será proposta, em regra, no foro de domicílio do réu.

→ v. Arts. 70 a 78 do CC/2002.

→ v. Art. 12 da LINDB.

→ v. Arts. 127 e 159 do CTN.

→ v. Art. 100, I do CDC.

→ v. Arts. 62 e 63 do NCPC.

§ 1º Tendo mais de um domicílio, o réu será demandado no foro de qualquer deles.

§ 2º Sendo incerto ou desconhecido o domicílio do réu, ele poderá ser demandado onde for encontrado ou no foro de domicílio do autor.

§ 3º Quando o réu não tiver domicílio ou residência no Brasil, a ação será proposta no foro de domicílio do autor, e, se este também residir fora do Brasil, a ação será proposta em qualquer foro.

→ v. Arts. 26 e ss. do NCPC.

§ 4º Havendo 2 (dois) ou mais réus com diferentes domicílios, serão demandados no foro de qualquer deles, à escolha do autor.

§ 5º A execução fiscal será proposta no foro de domicílio do réu, no de sua residência ou no do lugar onde for encontrado.

→ v. Súmula 58 do STJ.

Art. 47. Para as ações fundadas em direito real sobre imóveis é competente o foro de situação da coisa.

→ v. Arts. 62 63, 569 a 573 do NCPC.

§ 1º O autor pode optar pelo foro de domicílio do réu ou pelo foro de eleição se o litígio não recair sobre direito de propriedade, vizinhança, servidão, divisão e demarcação de terras e de nunciação de obra nova.

→ v. Súmula 218 do STF.

→ v. Súmulas 11 e 238 do STJ.

→ v. Art. 500 do CC/2002.

→ v. Art. 934 do CPC/1973.

§ 2º A ação possessória imobiliária será proposta no foro de situação da coisa, cujo juízo tem competência absoluta.

→ v. Arts 62, 63 e 554 e ss. do NCPC.

Art. 48. O foro de domicílio do autor da herança, no Brasil, é o competente para o inventário, a partilha, a arrecadação, o cumprimento de disposições de última vontade, a impugnação ou anulação de partilha extrajudicial e para todas as ações em que o espólio for réu, ainda que o óbito tenha ocorrido no estrangeiro.

→ v. Arts. 70 a 78 do CC/2002.

→ v. Art. 23, II, 627 a 690 e 752 a 754 do NCPC.

Parágrafo único. Se o autor da herança não possuía domicílio certo, é competente:

I – o foro de situação dos bens imóveis;

II – havendo bens imóveis em foros diferentes, qualquer destes;

III – não havendo bens imóveis, o foro do local de qualquer dos bens do espólio.

Art. 49. A ação em que o ausente for réu será proposta no foro de seu último domicílio, também competente para a arrecadação, o inventário, a partilha e o cumprimento de disposições testamentárias.

→ v. Arts. 22 e ss do CC/2002.

→ v. Arts. 610 e ss., 744 e 745 do NCPC.

Art. 50. A ação em que o incapaz for réu será proposta no foro de domicílio de seu representante ou assistente.

→ v. Arts. 3º e 4º do CC/2002.

Art. 51. É competente o foro de domicílio do réu para as causas em que seja autora a União.

Parágrafo único. Se a União for a demandada, a ação poderá ser proposta no foro de domicílio do autor, no de ocorrência do ato ou fato que originou a demanda, no de situação da coisa ou no Distrito Federal.

→ v. Súmula 206 do STJ.

→ v. Art. 109, § 1º, da CF/1988.

Art. 52. É competente o foro de domicílio do réu para as causas em que seja autor Estado ou o Distrito Federal.

Parágrafo único. Se Estado ou o Distrito Federal for o demandado, a ação poderá ser proposta no foro de domicílio do autor, no de ocorrência do ato ou fato que originou a demanda, no de situação da coisa ou na capital do respectivo ente federado.

Art. 53. É competente o foro:

I – para a ação de divórcio, separação, anulação de casamento e reconhecimento ou dissolução de união estável:

a) de domicílio do guardião de filho incapaz;

b) do último domicílio do casal, caso não haja filho incapaz;

c) de domicílio do réu, se nenhuma das partes residir no antigo domicílio do casal;

→ v. Arts. 5º, I, e 226, da CF/1988.

II – de domicílio ou residência do alimentando, para a ação em que se pedem alimentos;

→ v. Art. 26 da Lei 5.478/1968.

→ v. Arts. 189, II, 215, II, 292, III, e 528 a 533 do NCPC.

III – do lugar:

a) onde está a sede, para a ação em que for ré pessoa jurídica;

→ v. Art. 75 do CC/2002.

b) onde se acha agência ou sucursal, quanto às obrigações que a pessoa jurídica contraiu;

c) onde exerce suas atividades, para a ação em que for ré sociedade ou associação sem personalidade jurídica;

→ v. Art. 75, IX, do NCPC.

d) onde a obrigação deve ser satisfeita, para a ação em que se lhe exigir o cumprimento;

→ v. Art. 540 do NCPC.

e) de residência do idoso, para a causa que verse sobre direito previsto no respectivo estatuto;

→ v. Art. 80 do Estatuto do Idoso.

f) da sede da serventia notarial ou de registro, para a ação de reparação de dano por ato praticado em razão do ofício;

→ v. Art. 57, § 3º, da Lei 6.015/1973.

→ v. Arts. 22 a 24 da Lei 8.935/1994.

IV – do lugar do ato ou fato para a ação:

a) de reparação de dano;

→ *v.* Art. 4º da Lei 9.099/1995.

b) em que for réu administrador ou gestor de negócios alheios;

→ *v.* Art. 665 do CC/2002.

V – de domicílio do autor ou do local do fato, para a ação de reparação de dano sofrido em razão de delito ou acidente de veículos, inclusive aeronaves.

Seção II
Da modificação da competência

Art. 54. A competência relativa poderá modificar-se pela conexão ou pela continência, observado o disposto nesta Seção.

→ *v.* Arts. 24, 65, 152, IV, *d* e 337, VIII, do NCPC.

Art. 55. Reputam-se conexas 2 (duas) ou mais ações quando lhes for comum o pedido ou a causa de pedir.

→ *v.* Súmula 383 do STJ.

§ 1º Os processos de ações conexas serão reunidos para decisão conjunta, salvo se um deles já houver sido sentenciado.

→ *v.* Súmula 235 do STJ.

§ 2º Aplica-se o disposto no *caput*:

I – à execução de título extrajudicial e à ação de conhecimento relativa ao mesmo ato jurídico;

II – às execuções fundadas no mesmo título executivo.

§ 3º Serão reunidos para julgamento conjunto os processos que possam gerar risco de prolação de decisões conflitantes ou contraditórias caso decididos separadamente, mesmo sem conexão entre eles.

Art. 56. Dá-se a continência entre 2 (duas) ou mais ações quando houver identidade quanto às partes e à causa de pedir, mas o pedido de uma, por ser mais amplo, abrange o das demais.

→ *v.* Art. 337, VIII, do NCPC.

Art. 57. Quando houver continência e a ação continente tiver sido proposta anteriormente, no processo relativo à ação contida será proferida sentença sem resolução de mérito, caso contrário, as ações serão necessariamente reunidas.

→ *v.* Súmula 489 do STJ.

Art. 58. A reunião das ações propostas em separado far-se-á no juízo prevento, onde serão decididas simultaneamente.

→ *v.* Art. 59 do NCPC.

Art. 59. O registro ou a distribuição da petição inicial torna prevento o juízo.

→ *v.* Art. 2º, parágrafo único, da Lei 7.347/1985.

→ *v.* Art. 240 do NCPC.

Art. 60. Se o imóvel se achar situado em mais de um Estado, comarca, seção ou subseção judiciária, a competência territorial do juízo prevento estender-se-á sobre a totalidade do imóvel.

→ *v.* Art. 47, §§ 1º e 2º do NCPC.

Art. 61. A ação acessória será proposta no juízo competente para a ação principal.

→ *v.* Art. 299 do NCPC.

Art. 62. A competência determinada em razão da matéria, da pessoa ou da função é inderrogável por convenção das partes.

→ *v.* Art. 781 do NCPC.

Art. 63. As partes podem modificar a competência em razão do valor e do território, elegendo foro onde será proposta ação oriunda de direitos e obrigações.

§ 1º A eleição de foro só produz efeito quando constar de instrumento escrito e aludir expressamente a determinado negócio jurídico.

→ *v.* Súmula 335 do STF.

§ 2º O foro contratual obriga os herdeiros e sucessores das partes.

§ 3º Antes da citação, a cláusula de eleição de foro, se abusiva, pode ser reputada ineficaz de ofício pelo juiz, que determinará a remessa dos autos ao juízo do foro de domicílio do réu.

§ 4º Citado, incumbe ao réu alegar a abusividade da cláusula de eleição de foro na contestação, sob pena de preclusão.

→ *v.* Art. 337, II do NCPC.

Seção III
Da incompetência

Art. 64. A incompetência, absoluta ou relativa, será alegada como questão preliminar de contestação.

→ *v.* Súmula 33 do STJ.

→ *v.* Art. 337, II do NCPC.

§ 1º A incompetência absoluta pode ser alegada em qualquer tempo e grau de jurisdição e deve ser declarada de ofício.

→ *v.* Art. 337, § 5º do NCPC.

§ 2º Após manifestação da parte contrária, o juiz decidirá imediatamente a alegação de incompetência.

§ 3º Caso a alegação de incompetência seja acolhida, os autos serão remetidos ao juízo competente.

§ 4º Salvo decisão judicial em sentido contrário, conservar-se-ão os efeitos de decisão proferida pelo juízo incompetente até que outra seja proferida, se for o caso, pelo juízo competente.

→ *v.* Art. 278 do NCPC.

Art. 65. Prorrogar-se-á a competência relativa se o réu não alegar a incompetência em preliminar de contestação.

→ *v.* Art. 335 do NCPC.

Parágrafo único. A incompetência relativa pode ser alegada pelo Ministério Público nas causas em que atuar.

Art. 66. Há conflito de competência quando:

I – 2 (dois) ou mais juízes se declaram competentes;

II – 2 (dois) ou mais juízes se consideram incompetentes, atribuindo um ao outro a competência;

III – entre 2 (dois) ou mais juízes surge controvérsia acerca da reunião ou separação de processos.

Parágrafo único. O juiz que não acolher a competência declinada deverá suscitar o conflito, salvo se a atribuir a outro juízo.

Capítulo II
DA COOPERAÇÃO NACIONAL

Art. 67. Aos órgãos do Poder Judiciário, estadual ou federal, especializado ou comum, em todas as instâncias e graus de jurisdição, inclusive aos tribunais superiores, incumbe o dever de recíproca cooperação, por meio de seus magistrados e servidores.

Art. 68. Os juízos poderão formular entre si pedido de cooperação para prática de qualquer ato processual.

Art. 69. O pedido de cooperação jurisdicional deve ser prontamente atendido, prescinde de forma específica e pode ser executado como:

I – auxílio direto;

II – reunião ou apensamento de processos;

III – prestação de informações;

IV – atos concertados entre os juízes cooperantes.

§ 1º As cartas de ordem, precatória e arbitral seguirão o regime previsto neste Código.

→ *v.* Art. 227, § 1º, do RISTJ.

§ 2º Os atos concertados entre os juízes cooperantes poderão consistir, além de outros, no estabelecimento de procedimento para:

I – a prática de citação, intimação ou notificação de ato;

II – a obtenção e apresentação de provas e a coleta de depoimentos;

III – a efetivação de tutela provisória;

IV – a efetivação de medidas e providências para recuperação e preservação de empresas;

V – a facilitação de habilitação de créditos na falência e na recuperação judicial;

VI – a centralização de processos repetitivos;

VII – a execução de decisão jurisdicional.

§ 3º O pedido de cooperação judiciária pode ser realizado entre órgãos jurisdicionais de diferentes ramos do Poder Judiciário.

LIVRO III
Dos sujeitos do processo

Título I
Das partes e dos procuradores

Capítulo I
DA CAPACIDADE PROCESSUAL

Art. 70. Toda pessoa que se encontre no exercício de seus direitos tem capacidade para estar em juízo.

→ *v.* Arts. 2º e 5º do CC/2002.

→ *v.* Art. 210 do ECA.

→ *v.* Art. 8º, § 2º, da Lei 9.099/1995.

Art. 71. O incapaz será representado ou assistido por seus pais, por tutor ou por curador, na forma da lei.

→ *v.* Arts. 178, II e 721 do NCPC.

Art. 72. O juiz nomeará curador especial ao:

→ *v.* Arts. 1.767 e ss. do CC/2002.

→ *v.* Art. 148, parágrafo único, *f*, do ECA.

I – incapaz, se não tiver representante legal ou se os interesses deste colidirem com os daquele, enquanto durar a incapacidade;

→ *v.* Art. 3º do CC/2002.

II – réu preso revel, bem como ao réu revel citado por edital ou com hora certa, enquanto não for constituído advogado.

→ *v.* Súmula 196 do STJ.

→ *v.* Arts. 246, IV, e 256 do NCPC.

Parágrafo único. A curatela especial será exercida pela Defensoria Pública, nos termos da lei.

→ v. Art. 4º, XVI, da LC 80/1994.

Art. 73. O cônjuge necessitará do consentimento do outro para propor ação que verse sobre direito real imobiliário, salvo quando casados sob o regime de separação absoluta de bens.

→ v. Arts. 5º, I, e 226, § 5º, da CF/1988.

→ v. Art. 1.647 do CC/2002.

→ v. Art. 3º da Lei 8.245/1991.

→ v. Art. 337, IX do NCPC.

§ 1º Ambos os cônjuges serão necessariamente citados para a ação:

I – que verse sobre direito real imobiliário, salvo quando casados sob o regime de separação absoluta de bens;

→ v. Art. 114 do NCPC.

II – resultante de fato que diga respeito a ambos os cônjuges ou de ato praticado por eles;

III – fundada em dívida contraída por um dos cônjuges a bem da família;

→ v. Arts. 1.643 e 1.644 do CC/2002.

IV – que tenha por objeto o reconhecimento, a constituição ou a extinção de ônus sobre imóvel de um ou de ambos os cônjuges.

§ 2º Nas ações possessórias, a participação do cônjuge do autor ou do réu somente é indispensável nas hipóteses de composse ou de ato por ambos praticado.

→ v. Art. 1.199 do CC/2002.

§ 3º Aplica-se o disposto neste artigo à união estável comprovada nos autos.

→ v. Art. 1.723 e ss. do CC/2002.

Art. 74. O consentimento previsto no art. 73 pode ser suprido judicialmente quando for negado por um dos cônjuges sem justo motivo, ou quando lhe seja impossível concedê-lo.

→ v. Art. 226, § 5º, da CF/1988.

→ v. Art. 1.648 do CC/2002.

Parágrafo único. A falta de consentimento, quando necessário e não suprido pelo juiz, invalida o processo.

→ v. Arts. 76, 337, IX e 485, IV, do NCPC.

Art. 75. Serão representados em juízo, ativa e passivamente:

I – a União, pela Advocacia-Geral da União, diretamente ou mediante órgão vinculado;

→ v. Arts. 131 e 132 da CF/1988.

→ v. LC 73/1993 – Institui a Lei Orgânica da Advocacia-Geral da União.

→ v. Art. 242, § 3º do NCPC.

II – o Estado e o Distrito Federal, por seus procuradores;

III – o Município, por seu prefeito ou procurador;

→ v. Art. 132 da CF/1988.

→ v. Art. 242, § 3º do NCPC.

IV – a autarquia e a fundação de direito público, por quem a lei do ente federado designar;

→ v. Súmula 644 do STF.

→ v. Lei 10.480/2002 – Dispõe sobre o Quadro de Pessoal da Advocacia-Geral da União, a criação da Gratificação de Desempenho de Atividade de Apoio Técnico-Administrativo na AGU – GDAA, cria a Procuradoria-Geral Federal.

→ v. Art. 242, § 3º do NCPC.

V – a massa falida, pelo administrador judicial;

→ v. Art. 22, III, *n*, da Lei 11.101/2005.

VI – a herança jacente ou vacante, por seu curador;

→ v. Arts. 1.819 a 1.823 do CC/2002.

→ v. Art. 739, § 1º, do NCPC.

VII – o espólio, pelo inventariante;

→ v. Art. 616 do NCPC.

VIII – a pessoa jurídica, por quem os respectivos atos constitutivos designarem ou, não havendo essa designação, por seus diretores;

IX – a sociedade e a associação irregulares e outros entes organizados sem personalidade jurídica, pela pessoa a quem couber a administração de seus bens;

X – a pessoa jurídica estrangeira, pelo gerente, representante ou administrador de sua filial, agência ou sucursal aberta ou instalada no Brasil;

XI – o condomínio, pelo administrador ou síndico.

→ v. Art. 1.314 do CC/2002.

→ v. Art. 22, § 1º, da Lei 4.591/1964.

§ 1º Quando o inventariante for dativo, os sucessores do falecido serão intimados no processo no qual o espólio seja parte.

§ 2º A sociedade ou associação sem personalidade jurídica não poderá opor a irregularidade de sua constituição quando demandada.

→ v. Art. 47 do CC/2002.

→ v. Art. 82. III, do CDC.

§ 3º O gerente de filial ou agência presume-se autorizado pela pessoa jurídica estrangeira a receber citação para qualquer processo.

§ 4º Os Estados e o Distrito Federal poderão ajustar compromisso recíproco para prática de ato processual por seus procuradores em favor de outro ente federado, mediante convênio firmado pelas respectivas procuradorias.

Art. 76. Verificada a incapacidade processual ou a irregularidade da representação da parte, o juiz suspenderá o processo e designará prazo razoável para que seja sanado o vício.

→ v. Súmula 115 do STJ.

→ v. Arts. 314 e 337, IX, do NCPC.

§ 1º Descumprida a determinação, caso o processo esteja na instância originária:

I – o processo será extinto, se a providência couber ao autor;

→ v. Art. 485, IV do NCPC.

II – o réu será considerado revel, se a providência lhe couber;

→ v. Art. 344 do NCPC.

III – o terceiro será considerado revel ou excluído do processo, dependendo do polo em que se encontre.

→ v. Arts. 344 e 485, VI do NCPC.

§ 2º Descumprida a determinação em fase recursal perante tribunal de justiça, tribunal regional federal ou tribunal superior, o relator:

I – não conhecerá do recurso, se a providência couber ao recorrente;

II – determinará o desentranhamento das contrarrazões, se a providência couber ao recorrido.

Capítulo II
DOS DEVERES DAS PARTES E DE SEUS PROCURADORES

Seção I
Dos deveres

→ v. Resolução do CFOAB 2/2015 – Novo Código de Ética e Disciplina da OAB.

→ v. Provimento do CFOAB 166/2015 – Advocacia *Pro Bono*.

Art. 77. Além de outros previstos neste Código, são deveres das partes, de seus procuradores e de todos aqueles que de qualquer forma participem do processo:

→ v. Arts. 5º e 6º do NCPC.

I – expor os fatos em juízo conforme a verdade;

→ v. Art. 448 do NCPC.

II – não formular pretensão ou de apresentar defesa quando cientes de que são destituídas de fundamento;

→ v. Art. 5º, XXXV e LV da CF/1988.

III – não produzir provas e não praticar atos inúteis ou desnecessários à declaração ou à defesa do direito;

IV – cumprir com exatidão as decisões jurisdicionais, de natureza provisória ou final, e não criar embaraços à sua efetivação;

V – declinar, no primeiro momento que lhes couber falar nos autos, o endereço residencial ou profissional onde receberão intimações, atualizando essa informação sempre que ocorrer qualquer modificação temporária ou definitiva;

VI – não praticar inovação ilegal no estado de fato de bem ou direito litigioso.

§ 1º Nas hipóteses dos incisos IV e VI, o juiz advertirá qualquer das pessoas mencionadas no *caput* de que sua conduta poderá ser punida como ato atentatório à dignidade da justiça.

→ v. Arts. 31 a 33 da Lei 8.906/1994.

§ 2º A violação ao disposto nos incisos IV e VI constitui ato atentatório à dignidade da justiça, devendo o juiz, sem prejuízo das sanções criminais, civis e processuais cabíveis, aplicar ao responsável multa de até vinte por cento do valor da causa, de acordo com a gravidade da conduta.

→ v. Art. 330 do CP.

→ v. Arts. 186 e 927 do CC/2002.

→ v. Arts. 79 e 80 do NCPC.

§ 3º Não sendo paga no prazo a ser fixado pelo juiz, a multa prevista no § 2º será inscrita como dívida ativa da União ou do Estado após o trânsito em julgado da decisão que a fixou, e sua execução observará o procedimento da execução fiscal, revertendo-se aos fundos previstos no art. 97.

→ v. Lei 6.830/1980 – Dispõe sobre a cobrança judicial da Dívida Ativa da Fazenda Pública, e dá outras providências.

§ 4º A multa estabelecida no § 2º poderá ser fixada independentemente da incidência das previstas nos arts. 523, § 1º, e 536, § 1º.

§ 5º Quando o valor da causa for irrisório ou inestimável, a multa prevista no § 2º poderá ser fixada em até 10 (dez) vezes o valor do salário mínimo.

→ v. Arts. 291 e ss. do NCPC.

§ 6º Aos advogados públicos ou privados e aos membros da Defensoria Pública e do Ministério Público não se aplica o disposto nos §§ 2º a 5º, devendo eventual responsabilidade disciplinar ser apurada pelo respectivo órgão de classe ou corregedoria, ao qual o juiz oficiará.

§ 7º Reconhecida violação ao disposto no inciso VI, o juiz determinará o restabelecimento do estado anterior, podendo, ainda, proibir a parte de falar nos autos até a purgação do atentado, sem prejuízo da aplicação do § 2º.

→ v. Art. 5º, LV, da CF/1988.

§ 8º O representante judicial da parte não pode ser compelido a cumprir decisão em seu lugar.

→ v. Arts. 2º, § 3º e 7º, § 2º da Lei 8.906/1994.

Art. 78. É vedado às partes, a seus procuradores, aos juízes, aos membros do Ministério Público e da Defensoria Pública e a qualquer pessoa que participe do processo empregar expressões ofensivas nos escritos apresentados.

→ v. Arts. 138 a 140 do CP.

→ v. Art. 7º, § 2º, da Lei 8.906/1994.

→ v. Art. 202 do NCPC.

§ 1º Quando expressões ou condutas ofensivas forem manifestadas oral ou presencialmente, o juiz advertirá o ofensor de que não as deve usar ou repetir, sob pena de lhe ser cassada a palavra.

→ v. Art. 5º, LV, da CF/1988.

§ 2º De ofício ou a requerimento do ofendido, o juiz determinará que as expressões ofensivas sejam riscadas e, a requerimento do ofendido, determinará a expedição de certidão com inteiro teor das expressões ofensivas e a colocará à disposição da parte interessada.

→ v. Art. 202 do NCPC.

Seção II
Da responsabilidade das partes por dano processual

Art. 79. Responde por perdas e danos aquele que litigar de má-fé como autor, réu ou interveniente.

→ v. Arts. 186 e 927 do CC/2002.

→ v. Arts. 302 e 776 do NCPC

Art. 80. Considera-se litigante de má-fé aquele que:

I – deduzir pretensão ou defesa contra texto expresso de lei ou fato incontroverso;

→ v. Art. 374, III, do NCPC.

II – alterar a verdade dos fatos;

III – usar do processo para conseguir objetivo ilegal;

→ v. Art. 142 do NCPC.

IV – opuser resistência injustificada ao andamento do processo;

V – proceder de modo temerário em qualquer incidente ou ato do processo;

→ v. Art. 774 do NCPC.

VI – provocar incidente manifestamente infundado;

VII – interpuser recurso com intuito manifestamente protelatório.

→ v. Súmula 98 do STJ.

Art. 81. De ofício ou a requerimento, o juiz condenará o litigante de má-fé a pagar multa, que deverá ser superior a um por cento e inferior a dez por cento do valor corrigido da causa, a indenizar a parte contrária pelos prejuízos que esta sofreu e a arcar com os honorários advocatícios e com todas as despesas que efetuou.

→ v. Art. 32 da Lei 8.906/1994.

→ v. Art. 17 da Lei 7.347/1985.

§ 1º Quando forem 2 (dois) ou mais os litigantes de má-fé, o juiz condenará cada um na proporção de seu respectivo interesse na causa ou solidariamente aqueles que se coligaram para lesar a parte contrária.

§ 2º Quando o valor da causa for irrisório ou inestimável, a multa poderá ser fixada em até 10 (dez) vezes o valor do salário mínimo.

→ v. Arts. 291 e 718 do NCPC.

§ 3º O valor da indenização será fixado pelo juiz ou, caso não seja possível mensurá-lo, liquidado por arbitramento ou pelo procedimento comum, nos próprios autos.

Seção III
Das despesas, dos honorários advocatícios e das multas

→ v. Resolução do CFOAB 2/2015 – Novo Código de Ética e Disciplina da OAB.

→ v. Provimento do CFOAB 166/2015 – Advocacia *Pro Bono*.

Art. 82. Salvo as disposições concernentes à gratuidade da justiça, incumbe às partes prover as despesas dos atos que realizarem ou requererem no processo, antecipando-lhes o pagamento, desde o início até a sentença final ou, na execução, até a plena satisfação do direito reconhecido no título.

→ v. Súmula 236 e 667 do STF.

→ v. Súmula 178 do STJ.

→ v. Súmula Vinculante 28 do STF.

→ v. Lei 1.060/1950 (e art. 1.069, III do NCPC).

→ v. Art. 30 do Dec.-lei 3.365/1941.

→ v. Lei 9.289/1996 – Dispõe sobre as custas devidas à União, na Justiça Federal de primeiro e segundo graus e dá outras providências.

→ v. Arts. 12 e 13 da Lei 4.717/1965.

→ v. Arts. 54 e 55 da Lei 9.099/1995.

→ v. Art. 5º, II, da Lei 11.101/2005.

→ v. Arts. 98 e ss. do NCPC.

§ 1º Incumbe ao autor adiantar as despesas relativas a ato cuja realização o juiz determinar de ofício ou a requerimento do Ministério Público, quando sua intervenção ocorrer como fiscal da ordem jurídica.

§ 2º A sentença condenará o vencido a pagar ao vencedor as despesas que antecipou.

→ v. Art. 128 da Lei 8.213/1991.

→ v. Arts. 85 do NCPC.

Art. 83. O autor, brasileiro ou estrangeiro, que residir fora do Brasil ou deixar de residir no país ao longo da tramitação de processo, prestará caução suficiente ao pagamento das custas e dos honorários de advogado da parte contrária nas ações que propuser, se não tiver no Brasil bens imóveis que lhes assegurem o pagamento.

§ 1º Não se exigirá a caução de que trata o *caput*:

I – quando houver dispensa prevista em acordo ou tratado internacional de que o Brasil faz parte;

II – na execução fundada em título extrajudicial e no cumprimento de sentença;

III – na reconvenção.

§ 2º Verificando-se no trâmite do processo que se desfalcou a garantia, poderá o interessado exigir reforço da caução, justificando seu pedido com a indicação da depreciação do bem dado em garantia e a importância do reforço que pretende obter.

Art. 84. As despesas abrangem as custas dos atos do processo, a indenização de viagem, a remuneração do assistente técnico e a diária de testemunha.

→ v. Art. 462 do NCPC.

Art. 85. A sentença condenará o vencido a pagar honorários ao advogado do vencedor.

→ v. Súmula Vinculante 47 do STF.

→ v. Súmulas 115, 185, 234, 256, 257, 378, 389, 450, 472, 512 e 616, 617, 633 do STF.

→ v. Súmulas 14, 29, 105, 110, 111, 131, 141, 201, 303, 306, 345, 421, 453 e 462 do STJ.

§ 1º São devidos honorários advocatícios na reconvenção, no cumprimento de sentença, provisório ou definitivo, na execução, resistida ou não, e nos recursos interpostos, cumulativamente.

→ v. Súmula 234 do STF.

→ v. Arts. 85, § 11, 343, 523 e 771 do NCPC.

§ 2º Os honorários serão fixados entre o mínimo de dez e o máximo de vinte por cento sobre o valor da condenação, do proveito econômico obtido ou, não sendo possível mensurá-lo, sobre o valor atualizado da causa, atendidos:

→ v. Súmula 185 do STF.

→ v. Súmula 111 do STJ.

→ v. Arts. 291 e ss. do NCPC.

I – o grau de zelo do profissional;

II – o lugar de prestação do serviço;

III – a natureza e a importância da causa;

IV – o trabalho realizado pelo advogado e o tempo exigido para o seu serviço.

§ 3º Nas causas em que a Fazenda Pública for parte, a fixação dos honorários observará os critérios estabelecidos nos incisos I a IV do § 2º e os seguintes percentuais:

I – mínimo de dez e máximo de vinte por cento sobre o valor da condenação ou do proveito econômico obtido até 200 (duzentos) salários mínimos;

II – mínimo de oito e máximo de dez por cento sobre o valor da condenação ou do proveito econômico obtido acima de 200 (duzentos) salários mínimos até 2.000 (dois mil) salários mínimos;

III – mínimo de cinco e máximo de oito por cento sobre o valor da condenação ou do proveito econômico obtido acima de 2.000 (dois mil) salários mínimos até 20.000 (vinte mil) salários mínimos;

IV – mínimo de três e máximo de cinco por cento sobre o valor da condenação ou do proveito econômico obtido acima de 20.000 (vinte mil) salários mínimos até 100.000 (cem mil) salários mínimos;

V – mínimo de um e máximo de três por cento sobre o valor da condenação ou do proveito econômico obtido acima de 100.000 (cem mil) salários mínimos.

§ 4º Em qualquer das hipóteses do § 3º:

I – os percentuais previstos nos incisos I a V devem ser aplicados desde logo, quando for líquida a sentença;

II – não sendo líquida a sentença, a definição do percentual, nos termos previstos nos incisos I a V, somente ocorrerá quando liquidado o julgado;

III – não havendo condenação principal ou não sendo possível mensurar o proveito econômico obtido, a condenação em honorários dar-se-á sobre o valor atualizado da causa;

IV – será considerado o salário mínimo vigente quando prolatada sentença líquida ou o que estiver em vigor na data da decisão de liquidação.

§ 5º Quando, conforme o caso, a condenação contra a Fazenda Pública ou o benefício econômico obtido pelo vencedor ou o valor da causa for superior ao valor previsto no inciso I do § 3º, a fixação do percentual de honorários deve observar a faixa inicial e, naquilo que a exceder, a faixa subsequente, e assim sucessivamente.

§ 6º Os limites e critérios previstos nos §§ 2º e 3º aplicam-se independentemente de qual seja o conteúdo da decisão, inclusive aos casos de improcedência ou de sentença sem resolução de mérito.

§ 7º Não serão devidos honorários no cumprimento de sentença contra a Fazenda Pública que enseje expedição de precatório, desde que não tenha sido impugnada.

→ v. Súmula 345 do STJ.

§ 8º Nas causas em que for inestimável ou irrisório o proveito econômico ou, ainda, quando o valor da causa for muito baixo, o juiz fixará o valor dos honorários por apreciação equitativa, observando o disposto nos incisos do § 2º.

→ v. Art. 11 da Lei 1.060/1950.

→ v. Arts. 291 e ss. do NCPC.

§ 9º Na ação de indenização por ato ilícito contra pessoa, o percentual de honorários incidirá sobre a soma das prestações vencidas acrescida de 12 (doze) prestações vincendas.

§ 10. Nos casos de perda do objeto, os honorários serão devidos por quem deu causa ao processo.

§ 11. O tribunal, ao julgar recurso, majorará os honorários fixados anteriormente levando em conta o trabalho adicional realizado em grau recursal, observando, conforme o caso, o disposto nos §§ 2º a 6º, sendo vedado ao tribunal, no cômputo geral da fixação de honorários devidos ao advogado do vencedor, ultrapassar os respectivos limites estabelecidos nos §§ 2º e 3º para a fase de conhecimento.

§ 12. Os honorários referidos no § 11 são cumuláveis com multas e outras sanções processuais, inclusive as previstas no art. 77.

→ v. Arts. 81, 202, 234, § 2º, 258 e 334, § 8º do NCPC.

§ 13. As verbas de sucumbência arbitradas em embargos à execução rejeitados ou julgados improcedentes e em fase de cumprimento de sentença serão acrescidas no valor do débito principal, para todos os efeitos legais.

→ v. Arts. 513 e 914 do NCPC.

§ 14. Os honorários constituem direito do advogado e têm natureza alimentar, com os mesmos privilégios dos créditos oriundos da legislação do trabalho, sendo vedada a compensação em caso de sucumbência parcial.

→ v. Art. 23 da Lei 8.906/1994.

→ v. Resolução do CFOAB 2/2015 – Novo Código de Ética e Disciplina da OAB.

→ v. Provimento do CFOAB 166/2015 – Advocacia *Pro Bono*.

§ 15. O advogado pode requerer que o pagamento dos honorários que lhe caibam seja efetuado em favor da sociedade de advogados que integra na qualidade de sócio, aplicando-se à hipótese o disposto no § 14.

§ 16. Quando os honorários forem fixados em quantia certa, os juros moratórios incidirão a partir da data do trânsito em julgado da decisão.

§ 17. Os honorários serão devidos quando o advogado atuar em causa própria.

§ 18. Caso a decisão transitada em julgado seja omissa quanto ao direito aos honorários ou ao seu valor, é cabível ação autônoma para sua definição e cobrança.

§ 19. Os advogados públicos perceberão honorários de sucumbência, nos termos da lei.

→ v. Súmula 421 do STJ.

Art. 86. Se cada litigante for, em parte, vencedor e vencido, serão proporcionalmente distribuídas entre eles as despesas.

→ v. Art. 94 do NCPC.

Parágrafo único. Se um litigante sucumbir em parte mínima do pedido, o outro responderá, por inteiro, pelas despesas e pelos honorários.

→ v. Súmulas 306 e 326 do STJ.

Art. 87. Concorrendo diversos autores ou diversos réus, os vencidos respondem proporcionalmente pelas despesas e pelos honorários.

→ v. Art. 257 do CC/2002.

§ 1º A sentença deverá distribuir entre os litisconsortes, de forma expressa, a responsabilidade proporcional pelo pagamento das verbas previstas no *caput*.

§ 2º Se a distribuição de que trata o § 1º não for feita, os vencidos responderão solidariamente pelas despesas e pelos honorários.

Art. 88. Nos procedimentos de jurisdição voluntária, as despesas serão adiantadas pelo requerente e rateadas entre os interessados.

→ v. Art. 719 e ss. do NCPC.

Art. 89. Nos juízos divisórios, não havendo litígio, os interessados pagarão as despesas proporcionalmente a seus quinhões.

→ v. Art. 1.320 do CC/2002.

→ v. Art. 14, § 4º, da Lei 9.289/1996.

Art. 90. Proferida sentença com fundamento em desistência, em renúncia ou em reconhecimento do pedido, as despesas e os honorários serão pagos pela parte que desistiu, renunciou ou reconheceu.

→ v. Arts. 485, VIII, e 487, III, *c*, do NCPC.

§ 1º Sendo parcial a desistência, a renúncia ou o reconhecimento, a responsabilidade pelas despesas e pelos honorários será proporcional à parcela reconhecida, à qual se renunciou ou da qual se desistiu.

§ 2º Havendo transação e nada tendo as partes disposto quanto às despesas, estas serão divididas igualmente.

§ 3º Se a transação ocorrer antes da sentença, as partes ficam dispensadas do pagamento das custas processuais remanescentes, se houver.

§ 4º Se o réu reconhecer a procedência do pedido e, simultaneamente, cumprir integralmente a prestação reconhecida, os honorários serão reduzidos pela metade.

Art. 91. As despesas dos atos processuais praticados a requerimento da Fazenda Pública, do Ministério Público ou da Defensoria Pública serão pagas ao final pelo vencido.

→ v. Súmulas 190, 232 e 483 do STJ.

→ v. Art. 39 da Lei 6.830/1980.

§ 1º As perícias requeridas pela Fazenda Pública, pelo Ministério Público ou pela Defensoria Pública poderão ser realizadas por entidade pública ou, havendo previsão orçamentária, ter os valores adiantados por aquele que requerer a prova.

§ 2º Não havendo previsão orçamentária no exercício financeiro para adiantamento dos honorários periciais, eles serão pagos no exercício seguinte ou ao final, pelo vencido, caso o processo se encerre antes do adiantamento a ser feito pelo ente público.

Art. 92. Quando, a requerimento do réu, o juiz proferir sentença sem resolver o mérito, o autor não poderá propor novamente a ação sem pagar ou depositar em cartório as despesas e os honorários a que foi condenado.

→ v. Arts. 485 e 486, § 2º, do NCPC.

Art. 93. As despesas de atos adiados ou cuja repetição for necessária ficarão a cargo da parte, do auxiliar da justiça, do órgão do Ministério Público ou da Defensoria Pública ou do juiz que, sem justo motivo, houver dado causa ao adiamento ou à repetição.

→ v. Arts. 143 e 362, § 2º, do NCPC.

Art. 94. Se o assistido for vencido, o assistente será condenado ao pagamento das custas em proporção à atividade que houver exercido no processo.

Art. 95. Cada parte adiantará a remuneração do assistente técnico que houver indicado, sendo a do perito adiantada pela parte que houver requerido a perícia ou rateada quando a perícia for determinada de ofício ou requerida por ambas as partes.

→ v. Súmula 232 do STJ.

→ v. Art. 10 da Lei 9.289/1996.

§ 1º O juiz poderá determinar que a parte responsável pelo pagamento dos honorários do perito deposite em juízo o valor correspondente.

§ 2º A quantia recolhida em depósito bancário à ordem do juízo será corrigida monetariamente e paga de acordo com o art. 465, § 4º.

§ 3º Quando o pagamento da perícia for de responsabilidade de beneficiário de gratuidade da justiça, ela poderá ser:

I – custeada com recursos alocados no orçamento do ente público e realizada por servidor do Poder Judiciário ou por órgão público conveniado;

II – paga com recursos alocados no orçamento da União, do Estado ou do Distrito Federal, no caso de ser realizada por particular, hipótese em que o valor será fixado conforme tabela do tribunal respectivo ou, em caso de sua omissão, do Conselho Nacional de Justiça.

§ 4º Na hipótese do § 3º, o juiz, após o trânsito em julgado da decisão final, oficiará a Fazenda Pública para que promova, contra quem tiver sido condenado ao pagamento das despesas processuais, a execução dos valores gastos com a perícia particular ou com a utilização de servidor público ou da estrutura de órgão público, observando-se, caso o responsável pelo pagamento das despesas seja beneficiário de gratuidade da justiça, o disposto no art. 98, § 2º.

§ 5º Para fins de aplicação do § 3º, é vedada a utilização de recursos do fundo de custeio da Defensoria Pública.

Art. 96. O valor das sanções impostas ao litigante de má-fé reverterá em benefício da parte contrária, e o valor das sanções impostas aos serventuários pertencerá ao Estado ou à União.

Art. 97. A União e os Estados podem criar fundos de modernização do Poder Judiciário, aos quais serão revertidos os valores das sanções pecuniárias processuais destinadas à União e aos Estados, e outras verbas previstas em lei.

Seção IV
Da gratuidade da justiça

→ *v.* Lei 1.060/1950 e art. 1.072, III do NCPC.

→ *v.* Resolução do CFOAB 2/2015 – Novo Código de Ética e Disciplina da OAB.

→ *v.* Provimento do CFOAB 166/2015 – Advocacia *Pro Bono*.

Art. 98. A pessoa natural ou jurídica, brasileira ou estrangeira, com insuficiência de recursos para pagar as custas, as despesas processuais e os honorários advocatícios tem direito à gratuidade da justiça, na forma da lei.

→ *v.* Súmula 481/STJ.

→ *v.* Arts. 62 e 63 do RISTF.

→ *v.* Arts. 114 a 116 do RISTJ.

§ 1º A gratuidade da justiça compreende:

I – as taxas ou as custas judiciais;

II – os selos postais;

III – as despesas com publicação na imprensa oficial, dispensando-se a publicação em outros meios;

IV – a indenização devida à testemunha que, quando empregada, receberá do empregador salário integral, como se em serviço estivesse;

V – as despesas com a realização de exame de código genético – DNA e de outros exames considerados essenciais;

→ *v.* Art. 129, parágrafo único, da Lei 8.213/1991.

VI – os honorários do advogado e do perito e a remuneração do intérprete ou do tradutor nomeado para apresentação de versão em português de documento redigido em língua estrangeira;

VII – o custo com a elaboração de memória de cálculo, quando exigida para instauração da execução;

VIII – os depósitos previstos em lei para interposição de recurso, para propositura de ação e para a prática de outros atos processuais inerentes ao exercício da ampla defesa e do contraditório;

IX – os emolumentos devidos a notários ou registradores em decorrência da prática de registro, averbação ou qualquer outro ato notarial necessário à efetivação de decisão judicial ou à continuidade de processo judicial no qual o benefício tenha sido concedido.

→ *v.* Lei 6.515/1977 – Regula os casos de dissolução da sociedade conjugal e do casamento, seus efeitos e respectivos processos.

§ 2º A concessão de gratuidade não afasta a responsabilidade do beneficiário pelas despesas processuais e pelos honorários advocatícios decorrentes de sua sucumbência.

→ *v.* Art. 85 do NCPC.

§ 3º Vencido o beneficiário, as obrigações decorrentes de sua sucumbência ficarão sob condição suspensiva de exigibilidade e somente poderão ser executadas se, nos 5 (cinco) anos subsequentes ao trânsito em julgado da decisão que as certificou, o credor demonstrar que deixou de existir a situação de insuficiência de recursos que justificou a concessão de gratuidade, extinguindo-se, passado esse prazo, tais obrigações do beneficiário.

§ 4º A concessão de gratuidade não afasta o dever de o beneficiário pagar, ao final, as multas processuais que lhe sejam impostas.

§ 5º A gratuidade poderá ser concedida em relação a algum ou a todos os atos processuais, ou consistir na redução percentual de despesas processuais que o beneficiário tiver de adiantar no curso do procedimento.

§ 6º Conforme o caso, o juiz poderá conceder direito ao parcelamento de despesas processuais que o beneficiário tiver de adiantar no curso do procedimento.

§ 7º Aplica-se o disposto no art. 95, §§ 3º a 5º, ao custeio dos emolumentos previstos no § 1º, inciso IX, do presente artigo, observada a tabela e as condições da lei estadual ou distrital respectiva.

§ 8º Na hipótese do § 1º, inciso IX, havendo dúvida fundada quanto ao preenchimento atual dos pressupostos para a concessão de gratuidade, o notário ou registrador, após praticar o ato, pode requerer, ao juízo competente para decidir questões notariais ou registrais, a revogação total ou parcial do benefício ou a sua substituição pelo parcelamento de que trata o § 6º deste artigo, caso em que o beneficiário será citado para, em 15 (quinze) dias, manifestar-se sobre esse requerimento.

Art. 99. O pedido de gratuidade da justiça pode ser formulado na petição inicial, na contestação, na petição para ingresso de terceiro no processo ou em recurso.

→ *v.* Provimento do CFOAB 166/2015 – Advocacia *Pro Bono*.

§ 1º Se superveniente à primeira manifestação da parte na instância, o pedido poderá ser formulado por petição simples, nos autos do próprio processo, e não suspenderá seu curso.

→ *v.* Arts. 319 e 337 do NCPC.

§ 2º O juiz somente poderá indeferir o pedido se houver nos autos elementos que evidenciem a falta dos pressupostos legais para a concessão de gratuidade, devendo, antes de indeferir o pedido, determinar à parte a comprovação do preenchimento dos referidos pressupostos.

§ 3º Presume-se verdadeira a alegação de insuficiência deduzida exclusivamente por pessoa natural.

§ 4º A assistência do requerente por advogado particular não impede a concessão de gratuidade da justiça.

§ 5º Na hipótese do § 4º, o recurso que verse exclusivamente sobre valor de honorários de sucumbência fixados em favor do advogado de beneficiário estará sujeito a preparo, salvo se o próprio advogado demonstrar que tem direito à gratuidade.

§ 6º O direito à gratuidade da justiça é pessoal, não se estendendo a litisconsorte ou a sucessor do beneficiário, salvo requerimento e deferimento expressos.

§ 7º Requerida a concessão de gratuidade da justiça em recurso, o recorrente estará dispensado de comprovar o recolhimento do preparo, incumbindo ao relator, neste caso, apreciar o requerimento e, se indeferi-lo, fixar prazo para realização do recolhimento.

Art. 100. Deferido o pedido, a parte contrária poderá oferecer impugnação na contestação, na réplica, nas contrarrazões de recurso ou, nos casos de pedido superveniente ou formulado por terceiro, por meio de petição simples, a ser apresentada no prazo de 15 (quinze) dias, nos autos do próprio processo, sem suspensão de seu curso.

→ *v.* Arts. 337, XIII, 350 e 351 do NCPC.

Parágrafo único. Revogado o benefício, a parte arcará com as despesas processuais que tiver deixado de adiantar e pagará, em caso de má-fé, até o décuplo de seu valor a título de multa, que será revertida em benefício da Fazenda Pública estadual ou federal e poderá ser inscrita em dívida ativa.

Art. 101. Contra a decisão que indeferir a gratuidade ou a que acolher pedido de sua revogação caberá agravo de instrumento, exceto quando a questão for resolvida na sentença, contra a qual caberá apelação.

→ *v.* Art. 1.015, V, do NCPC.

§ 1º O recorrente estará dispensado do recolhimento de custas até decisão do relator sobre a questão, preliminarmente ao julgamento do recurso.

§ 2º Confirmada a denegação ou a revogação da gratuidade, o relator ou o órgão colegiado determinará ao recorrente o recolhimento das custas processuais, no prazo de 5 (cinco) dias, sob pena de não conhecimento do recurso.

Art. 102. Sobrevindo o trânsito em julgado de decisão que revoga a gratuidade, a parte deverá efetuar o recolhimento de todas as despesas de cujo adiantamento foi dispensada, inclusive as relativas ao recurso interposto, se houver, no prazo fixado pelo juiz, sem prejuízo de aplicação das sanções previstas em lei.

Parágrafo único. Não efetuado o recolhimento, o processo será extinto sem resolução de mérito, tratando-se do autor, e, nos demais casos, não poderá ser deferida a realização de nenhum ato ou diligência requerida pela parte enquanto não efetuado o depósito.

→ *v.* Art. 485, IV do NCPC.

Capítulo III
DOS PROCURADORES

→ *v.* Provimento do CFOAB 166/2015 – Advocacia *Pro Bono*.

Art. 103. A parte será representada em juízo por advogado regularmente inscrito na Ordem dos Advogados do Brasil.

→ *v.* Súmula 644 do STF.

→ *v.* Súmulas 115 do STJ.

→ *v.* Arts. 5º, LV, e 133, da CF/1988.

→ *v.* Art. 791 da CLT.

→ *v.* Arts. 1º, 3º, § 2º, 5º, § 1º e 7º, da Lei 8.906/1994.

→ *v.* Art. 2º da Lei 5.478/1968.

Parágrafo único. É lícito à parte postular em causa própria quando tiver habilitação legal.

Art. 104. O advogado não será admitido a postular em juízo sem procuração, salvo para evitar preclusão, decadência ou prescrição, ou para praticar ato considerado urgente.

→ *v.* Art. 5º, § 1º da Lei 8.906/1994.

→ *v.* Art. 2º da Lei 11.419/2006.

→ *v.* Art. 16 da Lei 1.060/1950.

NOVO CPC

§ 1º Nas hipóteses previstas no *caput*, o advogado deverá, independentemente de caução, exibir a procuração no prazo de 15 (quinze) dias, prorrogável por igual período por despacho do juiz.

§ 2º O ato não ratificado será considerado ineficaz relativamente àquele em cujo nome foi praticado, respondendo o advogado pelas despesas e por perdas e danos.

Art. 105. A procuração geral para o foro, outorgada por instrumento público ou particular assinado pela parte, habilita o advogado a praticar todos os atos do processo, exceto receber citação, confessar, reconhecer a procedência do pedido, transigir, desistir, renunciar ao direito sobre o qual se funda a ação, receber, dar quitação, firmar compromisso e assinar declaração de hipossuficiência econômica, que devem constar de cláusula específica.

→ v. Art. 5º, § 2º, da Lei 8.906/1994.

§ 1º A procuração pode ser assinada digitalmente, na forma da lei.

→ v. Art. 1º, § 2º, da Lei 11.419/2006.

§ 2º A procuração deverá conter o nome do advogado, seu número de inscrição na Ordem dos Advogados do Brasil e endereço completo.

§ 3º Se o outorgado integrar sociedade de advogados, a procuração também deverá conter o nome dessa, seu número de registro na Ordem dos Advogados do Brasil e endereço completo.

§ 4º Salvo disposição expressa em sentido contrário constante do próprio instrumento, a procuração outorgada na fase de conhecimento é eficaz para todas as fases do processo, inclusive para o cumprimento de sentença.

Art. 106. Quando postular em causa própria, incumbe ao advogado:

I – declarar, na petição inicial ou na contestação, o endereço, seu número de inscrição na Ordem dos Advogados do Brasil e o nome da sociedade de advogados da qual participa, para o recebimento de intimações;

II – comunicar ao juízo qualquer mudança de endereço.

§ 1º Se o advogado descumprir o disposto no inciso I, o juiz ordenará que se supra a omissão, no prazo de 5 (cinco) dias, antes de determinar a citação do réu, sob pena de indeferimento da petição.

§ 2º Se o advogado infringir o previsto no inciso II, serão consideradas válidas as intimações enviadas por carta registrada ou meio eletrônico ao endereço constante dos autos.

Art. 107. O advogado tem direito a:

→ v. Art. 6º da Lei 9.028/1995.

I – examinar, em cartório de fórum e secretaria de tribunal, mesmo sem procuração, autos de qualquer processo, independentemente da fase de tramitação, assegurados a obtenção de cópias e o registro de anotações, salvo na hipótese de segredo de justiça, nas quais apenas o advogado constituído terá acesso aos autos;

→ v. Art. 7º, XIII, da Lei 8.906/1994.

II – requerer, como procurador, vista dos autos de qualquer processo, pelo prazo de 5 (cinco) dias;

→ v. Art. 7º, XV, da Lei 8.906/1994.

III – retirar os autos do cartório ou da secretaria, pelo prazo legal, sempre que neles lhe couber falar por determinação do juiz, nos casos previstos em lei.

§ 1º Ao receber os autos, o advogado assinará carga em livro ou documento próprio.

§ 2º Sendo o prazo comum às partes, os procuradores poderão retirar os autos somente em conjunto ou mediante prévio ajuste, por petição nos autos.

§ 3º Na hipótese do § 2º, é lícito ao procurador retirar os autos para obtenção de cópias, pelo prazo de 2 (duas) a 6 (seis) horas, independentemente de ajuste e sem prejuízo da continuidade do prazo.

§ 4º O procurador perderá no mesmo processo o direito a que se refere o § 3º se não devolver os autos tempestivamente, salvo se o prazo for prorrogado pelo juiz.

Capítulo IV
DA SUCESSÃO DAS PARTES E DOS PROCURADORES

Art. 108. No curso do processo, somente é lícita a sucessão voluntária das partes nos casos expressos em lei.

→ v. Arts. 682, 687 e 688 do CC/2002.

→ v. Arts. 329, II, e 779, do NCPC.

Art. 109. A alienação da coisa ou do direito litigioso por ato entre vivos, a título particular, não altera a legitimidade das partes.

§ 1º O adquirente ou cessionário não poderá ingressar em juízo, sucedendo o alienante ou cedente, sem que o consinta a parte contrária.

→ v. Art. 286 do CC/2002.

§ 2º O adquirente ou cessionário poderá intervir no processo como assistente litisconsorcial do alienante ou cedente.

→ v. Art. 124 do NCPC.

§ 3º Estendem-se os efeitos da sentença proferida entre as partes originárias ao adquirente ou cessionário.

Art. 110. Ocorrendo a morte de qualquer das partes, dar-se-á a sucessão pelo seu espólio ou pelos seus sucessores, observado o disposto no art. 313, §§ 1º e 2º.

→ v. Arts. 221 e 618, I, do NCPC.

Art. 111. A parte que revogar o mandato outorgado a seu advogado constituirá, no mesmo ato, outro que assuma o patrocínio da causa.

→ v. Art. 687 do CC/2002.

→ v. Art. 42 da Lei 8.906/1994.

Parágrafo único. Não sendo constituído novo procurador no prazo de 15 (quinze) dias, observar-se-á o disposto no art. 76.

Art. 112. O advogado poderá renunciar ao mandato a qualquer tempo, provando, na forma prevista neste Código, que comunicou a renúncia ao mandante, a fim de que este nomeie sucessor.

→ v. Art. 688 do CC/2002.

§ 1º Durante os 10 (dez) dias seguintes, o advogado continuará a representar o mandante, desde que necessário para lhe evitar prejuízo.

→ v. Art. 5º, § 3º, da Lei 8.906/1994.

§ 2º Dispensa-se a comunicação referida no *caput* quando a procuração tiver sido outorgada a vários advogados e a parte continuar representada por outro, apesar da renúncia.

Título II
Do litisconsórcio

Art. 113. Duas ou mais pessoas podem litigar, no mesmo processo, em conjunto, ativa ou passivamente, quando:

→ v. Súmulas 631 e 641 do STF.

→ v. Art. 5º, § 2º, da Lei 7.347/1985.

→ v. Art. 6º, § 5º, da Lei 4.717/1965.

→ v. Art. 10, § 2º, da Lei 12.016/2009.

→ v. Art. 132, § 2º, do RISTF.

I – entre elas houver comunhão de direitos ou de obrigações relativamente à lide;

II – entre as causas houver conexão pelo pedido ou pela causa de pedir;

III – ocorrer afinidade de questões por ponto comum de fato ou de direito.

§ 1º O juiz poderá limitar o litisconsórcio facultativo quanto ao número de litigantes na fase de conhecimento, na liquidação de sentença ou na execução, quando este comprometer a rápida solução do litígio ou dificultar a defesa ou o cumprimento da sentença.

§ 2º O requerimento de limitação interrompe o prazo para manifestação ou resposta, que recomeçará da intimação da decisão que o solucionar.

→ v. Art. 336 do NCPC.

Art. 114. O litisconsórcio será necessário por disposição de lei ou quando, pela natureza da relação jurídica controvertida, a eficácia da sentença depender da citação de todos que devam ser litisconsortes.

Art. 115. A sentença de mérito, quando proferida sem a integração do contraditório, será:

→ v. Art. 487 do NCPC.

I – nula, se a decisão deveria ser uniforme em relação a todos que deveriam ter integrado o processo;

II – ineficaz, nos outros casos, apenas para os que não foram citados.

Parágrafo único. Nos casos de litisconsórcio passivo necessário, o juiz determinará ao autor que requeira a citação de todos que devam ser litisconsortes, dentro do prazo que assinar, sob pena de extinção do processo.

→ v. Súmula 631 do STF.

Art. 116. O litisconsórcio será unitário quando, pela natureza da relação jurídica, o juiz tiver de decidir o mérito de modo uniforme para todos os litisconsortes.

Art. 117. Os litisconsortes serão considerados, em suas relações com a parte adversa, como litigantes distintos, exceto no litisconsórcio unitário, caso em que os atos e as omissões de um não prejudicarão os outros, mas os poderão beneficiar.

→ v. Art. 1.005 do NCPC.

Art. 118. Cada litisconsorte tem o direito de promover o andamento do processo, e todos devem ser intimados dos respectivos atos.

Título III
Da intervenção de terceiros

Capítulo I
DA ASSISTÊNCIA

Seção I
Disposições comuns

Art. 119. Pendendo causa entre 2 (duas) ou mais pessoas, o terceiro juridicamente interessado em que a sentença seja favorável a uma delas poderá intervir no processo para assisti-la.

→ *v.* Art. 5º, *caput*, da Lei 9.469/1997.

→ *v.* Súmula 218 do STF.

→ *v.* Arts. 665 e 861 a 875, do CC/2002.

→ *v.* Arts. 90 e 94 do CDC.

→ *v.* Art. 6º da Lei 4.717/1965.

→ *v.* Art. 10 da Lei 9.099/1995.

Parágrafo único. A assistência será admitida em qualquer procedimento e em todos os graus de jurisdição, recebendo o assistente o processo no estado em que se encontre.

→ *v.* Art. 94 do NCPC.

Art. 120. Não havendo impugnação no prazo de 15 (quinze) dias, o pedido do assistente será deferido, salvo se for caso de rejeição liminar.

Parágrafo único. Se qualquer parte alegar que falta ao requerente interesse jurídico para intervir, o juiz decidirá o incidente, sem suspensão do processo.

→ *v.* Art. 1.015, IX do NCPC.

Seção II
Da assistência simples

Art. 121. O assistente simples atuará como auxiliar da parte principal, exercerá os mesmos poderes e sujeitar-se-á aos mesmos ônus processuais que o assistido.

Parágrafo único. Sendo revel ou, de qualquer outro modo, omisso o assistido, o assistente será considerado seu substituto processual.

Art. 122. A assistência simples não obsta a que a parte principal reconheça a procedência do pedido, desista da ação, renuncie ao direito sobre o que se funda a ação ou transija sobre direitos controvertidos.

Art. 123. Transitada em julgado a sentença no processo em que interveio o assistente, este não poderá, em processo posterior, discutir a justiça da decisão, salvo se alegar e provar que:

→ *v.* Art. 502 do NCPC.

I – pelo estado em que recebeu o processo ou pelas declarações e pelos atos do assistido, foi impedido de produzir provas suscetíveis de influir na sentença;

II – desconhecia a existência de alegações ou de provas das quais o assistido, por dolo ou culpa, não se valeu.

Seção III
Da assistência litisconsorcial

Art. 124. Considera-se litisconsorte da parte principal o assistente sempre que a sentença influir na relação jurídica entre ele e o adversário do assistido.

→ *v.* Art. 229 do NCPC.

Capítulo II
DA DENUNCIAÇÃO DA LIDE

Art. 125. É admissível a denunciação da lide, promovida por qualquer das partes:

I – ao alienante imediato, no processo relativo à coisa cujo domínio foi transferido ao denunciante, a fim de que possa exercer os direitos que da evicção lhe resultam;

→ *v.* Arts. 447 a 457 do CC/2002.

→ *v.* Art. 10 da Lei 9.099/1995.

II – àquele que estiver obrigado, por lei ou pelo contrato, a indenizar, em ação regressiva, o prejuízo de quem for vencido no processo.

→ *v.* Súmula 188 do STF.

→ *v.* Súmula 150 do STJ.

→ *v.* Art. 88 e 101, II, do CDC.

§ 1º O direito regressivo será exercido por ação autônoma quando a denunciação da lide for indeferida, deixar de ser promovida ou não for permitida.

→ *v.* Art. 88 do CDC.

§ 2º Admite-se uma única denunciação sucessiva, promovida pelo denunciado, contra seu antecessor imediato na cadeia dominial ou quem seja responsável por indenizá-lo, não podendo o denunciado sucessivo promover nova denunciação, hipótese em que eventual direito de regresso será exercido por ação autônoma.

Art. 126. A citação do denunciado será requerida na petição inicial, se o denunciante for autor, ou na contestação, se o denunciante for réu, devendo ser realizada na forma e nos prazos previstos no art. 131.

→ *v.* Arts. 319 e 336 do NCPC.

Art. 127. Feita a denunciação pelo autor, o denunciado poderá assumir a posição de litisconsorte do denunciante e acrescentar novos argumentos à petição inicial, procedendo-se em seguida à citação do réu.

Art. 128. Feita a denunciação pelo réu:

I – se o denunciado contestar o pedido formulado pelo autor, o processo prosseguirá tendo, na ação principal, em litisconsórcio, denunciante e denunciado;

→ *v.* Art. 336 do NCPC.

II – se o denunciado for revel, o denunciante pode deixar de prosseguir com sua defesa, eventualmente oferecida, e abster-se de recorrer, restringindo sua atuação à ação regressiva;

→ *v.* Art. 344 do NCPC.

III – se o denunciado confessar os fatos alegados pelo autor na ação principal, o denunciante poderá prosseguir com sua defesa ou, aderindo a tal reconhecimento, pedir apenas a procedência da ação de regresso.

→ *v.* Art. 389 do NCPC.

Parágrafo único. Procedente o pedido da ação principal, pode o autor, se for o caso, requerer o cumprimento da sentença também contra o denunciado, nos limites da condenação deste na ação regressiva.

Art. 129. Se o denunciante for vencido na ação principal, o juiz passará ao julgamento da denunciação da lide.

Parágrafo único. Se o denunciante for vencedor, a ação de denunciação não terá o seu pedido examinado, sem prejuízo da condenação do denunciante ao pagamento das verbas de sucumbência em favor do denunciado.

Capítulo III
DO CHAMAMENTO AO PROCESSO

Art. 130. É admissível o chamamento ao processo, requerido pelo réu:

→ *v.* Art. 10 da Lei 9.099/1995.

I – do afiançado, na ação em que o fiador for réu;

→ *v.* Art. 818 e 827 do CC/2002.

II – dos demais fiadores, na ação proposta contra um ou alguns deles;

III – dos demais devedores solidários, quando o credor exigir de um ou de alguns o pagamento da dívida comum.

→ *v.* Art. 101, II, do CDC.

Art. 131. A citação daqueles que devam figurar em litisconsórcio passivo será requerida pelo réu na contestação e deve ser promovida no prazo de 30 (trinta) dias, sob pena de ficar sem efeito o chamamento.

Parágrafo único. Se o chamado residir em outra comarca, seção ou subseção judiciárias, ou em lugar incerto, o prazo será de 2 (dois) meses.

Art. 132. A sentença de procedência valerá como título executivo em favor do réu que satisfizer a dívida, a fim de que possa exigi-la, por inteiro, do devedor principal, ou, de cada um dos codevedores, a sua quota, na proporção que lhes tocar.

→ *v.* Arts. 402 a 405 do CC/2002.

Capítulo IV
DO INCIDENTE DE DESCONSIDERAÇÃO DA PERSONALIDADE JURÍDICA

Art. 133. O incidente de desconsideração da personalidade jurídica será instaurado a pedido da parte ou do Ministério Público, quando lhe couber intervir no processo.

→ *v.* Súmula 435 do STJ.

→ *v.* Art. 50 do CC/2002.

→ *v.* Art. 28 do CDC.

→ *v.* Art. 116, parágrafo único, do CTN.

→ *v.* Art. 4º da Lei 9.605/1998.

→ *v.* Art. 34, parágrafo único da Lei 12.529/2011.

→ *v.* Arts. 795, § 4º e 1.062, do NCPC.

§ 1º O pedido de desconsideração da personalidade jurídica observará os pressupostos previstos em lei.

§ 2º Aplica-se o disposto neste Capítulo à hipótese de desconsideração inversa da personalidade jurídica.

Art. 134. O incidente de desconsideração é cabível em todas as fases do processo de conhecimento, no cumprimento de sentença e na execução fundada em título executivo extrajudicial.

→ *v.* Arts. 513, 771 e 932, VI, do NCPC.

§ 1º A instauração do incidente será imediatamente comunicada ao distribuidor para as anotações devidas.

§ 2º Dispensa-se a instauração do incidente se a desconsideração da personalidade jurídica for requerida na petição inicial, hipótese em que será citado o sócio ou a pessoa jurídica.

NOVO CPC

§ 3º A instauração do incidente suspenderá o processo, salvo na hipótese do § 2º.

→ v. Art. 313, VII do NCPC.

§ 4º O requerimento deve demonstrar o preenchimento dos pressupostos legais específicos para desconsideração da personalidade jurídica.

→ v. Art. 373 do NCPC.

Art. 135. Instaurado o incidente, o sócio ou a pessoa jurídica será citado para manifestar-se e requerer as provas cabíveis no prazo de 15 (quinze) dias.

→ v. Arts. 9º, 238 e 674, § 2º, III, do NCPC.

Art. 136. Concluída a instrução, se necessária, o incidente será resolvido por decisão interlocutória.

→ v. Arts. 203, § 2º e 1.015, IV, do NCPC.

Parágrafo único. Se a decisão for proferida pelo relator, cabe agravo interno.

→ v. Art. 1.021 do NCPC.

Art. 137. Acolhido o pedido de desconsideração, a alienação ou a oneração de bens, havida em fraude de execução, será ineficaz em relação ao requerente.

→ v. Arts. 790, II e 792, § 3º, do NCPC.

Capítulo V
DO *AMICUS CURIAE*

→ v. Art. 31 da Lei 6.385/1976.

→ v. Art. 7º, § 2º da Lei 9.868/1999.

→ v. Art. 118 da Lei 12.529/2011.

→ v. Art. 3º, § 2º, da Lei 11.418/2006.

→ v. Resolução do CFOAB 2/2015 – Novo Código de Ética e Disciplina da OAB.

Art. 138. O juiz ou o relator, considerando a relevância da matéria, a especificidade do tema objeto da demanda ou a repercussão social da controvérsia, poderá, por decisão irrecorrível, de ofício ou a requerimento das partes ou de quem pretenda manifestar-se, solicitar ou admitir a participação de pessoa natural ou jurídica, órgão ou entidade especializada, com representatividade adequada, no prazo de 15 (quinze) dias de sua intimação.

§ 1º A intervenção de que trata o *caput* não implica alteração de competência nem autoriza a interposição de recursos, ressalvadas a oposição de embargos de declaração e a hipótese do § 3º.

→ v. Arts. 109, I e 114 da CF/1998.

§ 2º Caberá ao juiz ou ao relator, na decisão que solicitar ou admitir a intervenção, definir os poderes do *amicus curiae*.

→ v. Art. 1.015, IX do NCPC.

§ 3º O *amicus curiae* pode recorrer da decisão que julgar o incidente de resolução de demandas repetitivas.

→ v. Arts. 976 e ss. do NCPC.

Título IV
Do juiz e dos auxiliares da justiça

Capítulo I
DOS PODERES, DOS DEVERES E DA RESPONSABILIDADE DO JUIZ

Art. 139. O juiz dirigirá o processo conforme as disposições deste Código, incumbindo-lhe:

I – assegurar às partes igualdade de tratamento;

→ v. Art. 5º, II, da CF/1988.

→ v. Art. 35, IV, da LC 35/1979.

→ v. Art. 9º do Código de Ética da Magistratura.

II – velar pela duração razoável do processo;

→ v. Art. 5º, LXXVIII da CF/1988.

III – prevenir ou reprimir qualquer ato contrário à dignidade da justiça e indeferir postulações meramente protelatórias;

IV – determinar todas as medidas indutivas, coercitivas, mandamentais ou sub-rogatórias necessárias para assegurar o cumprimento de ordem judicial, inclusive nas ações que tenham por objeto prestação pecuniária;

→ v. Art. 77, § 2º do NCPC.

V – promover, a qualquer tempo, a autocomposição, preferencialmente com auxílio de conciliadores e mediadores judiciais;

→ v. Art. 334 do NCPC.

VI – dilatar os prazos processuais e alterar a ordem de produção dos meios de prova, adequando-os às necessidades do conflito de modo a conferir maior efetividade à tutela do direito;

VII – exercer o poder de polícia, requisitando, quando necessário, força policial, além da segurança interna dos fóruns e tribunais;

VIII – determinar, a qualquer tempo, o comparecimento pessoal das partes, para inquiri-las sobre os fatos da causa, hipótese em que não incidirá a pena de confesso;

→ v. Art. 385, § 1º do NCPC.

IX – determinar o suprimento de pressupostos processuais e o saneamento de outros vícios processuais;

→ v. Art. 352 do NCPC.

X – quando se deparar com diversas demandas individuais repetitivas, oficiar o Ministério Público, a Defensoria Pública e, na medida do possível, outros legitimados a que se referem o art. 5º da Lei 7.347, de 24 de julho de 1985, e o art. 82 da Lei 8.078, de 11 de setembro 1990, para, se for o caso, promover a propositura da ação coletiva respectiva.

Parágrafo único. A dilação de prazos prevista no inciso VI somente pode ser determinada antes de encerrado o prazo regular.

Art. 140. O juiz não se exime de decidir sob a alegação de lacuna ou obscuridade do ordenamento jurídico.

→ v. Arts. 4º e 5º, da LINDB.

Parágrafo único. O juiz só decidirá por equidade nos casos previstos em lei.

→ v. Art. 6º da Lei 9.099/1995.

Art. 141. O juiz decidirá o mérito nos limites propostos pelas partes, sendo-lhe vedado conhecer de questões não suscitadas a cujo respeito a lei exige iniciativa da parte.

→ v. Art. 487, I do NCPC.

Art. 142. Convencendo-se, pelas circunstâncias, de que autor e réu se serviram do processo para praticar ato simulado ou conseguir fim vedado por lei, o juiz proferirá decisão que impeça os objetivos das partes, aplicando, de ofício, as penalidades da litigância de má-fé.

→ v. Arts. 80, III e 81 do NCPC.

Art. 143. O juiz responderá, civil e regressivamente, por perdas e danos quando:

→ v. Arts. 186, 402 a 405 e 927 do CC/2002.

→ v. Art. 319 do CP.

I – no exercício de suas funções, proceder com dolo ou fraude;

II – recusar, omitir ou retardar, sem justo motivo, providência que deva ordenar de ofício ou a requerimento da parte.

Parágrafo único. As hipóteses previstas no inciso II somente serão verificadas depois que a parte requerer ao juiz que determine a providência e o requerimento não for apreciado no prazo de 10 (dez) dias.

Capítulo II
DOS IMPEDIMENTOS E DA SUSPEIÇÃO

Art. 144. Há impedimento do juiz, sendo-lhe vedado exercer suas funções no processo:

→ v. Art. 277 do RISTF.

→ v. Art. 272 do RISTJ.

→ v. Art. 14 da Lei 9.307/1996.

→ v. Art. 966, II, do NCPC.

I – em que interveio como mandatário da parte, oficiou como perito, funcionou como membro do Ministério Público ou prestou depoimento como testemunha;

II – de que conheceu em outro grau de jurisdição, tendo proferido decisão;

→ v. Súmulas 72 e 252 do STF.

III – quando nele estiver postulando, como defensor público, advogado ou membro do Ministério Público, seu cônjuge ou companheiro, ou qualquer parente, consanguíneo ou afim, em linha reta ou colateral, até o terceiro grau, inclusive;

IV – quando for parte no processo ele próprio, seu cônjuge ou companheiro, ou parente, consanguíneo ou afim, em linha reta ou colateral, até o terceiro grau, inclusive;

→ v. Art. 1.595 do CC/2002.

V – quando for sócio ou membro de direção ou de administração de pessoa jurídica parte no processo;

→ v. Art. 95, parágrafo único, I, da CF/1988.

→ v. Arts. 26, § 1º e 36, I e II da LC 35/1979.

VI – quando for herdeiro presuntivo, donatário ou empregador de qualquer das partes;

VII – em que figure como parte instituição de ensino com a qual tenha relação de emprego ou decorrente de contrato de prestação de serviços;

VIII – em que figure como parte cliente do escritório de advocacia de seu cônjuge, companheiro ou parente, consanguíneo ou afim, em linha reta ou colateral, até o terceiro grau, inclusive, mesmo que patrocinado por advogado de outro escritório;

IX – quando promover ação contra a parte ou seu advogado.

§ 1º Na hipótese do inciso III, o impedimento só se verifica quando o defensor público, o advogado ou o membro do Ministério Público já integrava o processo antes do início da atividade judicante do juiz.

§ 2º É vedada a criação de fato superveniente a fim de caracterizar impedimento do juiz.

→ v. Art. 5º do NCPC.

§ 3º O impedimento previsto no inciso III também se verifica no caso de mandato conferido a membro de escritório de advocacia que tenha em seus quadros advogado que individualmente ostente a condição nele prevista, mesmo que não intervenha diretamente no processo.

Art. 145. Há suspeição do juiz:

→ *v.* Art. 277 do RISTF.

→ *v.* Art. 272 do RISTJ.

→ *v.* Art. 36, III, da LC 35/1979.

I – amigo íntimo ou inimigo de qualquer das partes ou de seus advogados;

II – que receber presentes de pessoas que tiverem interesse na causa antes ou depois de iniciado o processo, que aconselhar alguma das partes acerca do objeto da causa ou que subministrar meios para atender às despesas do litígio;

III – quando qualquer das partes for sua credora ou devedora, de seu cônjuge ou companheiro ou de parentes destes, em linha reta até o terceiro grau, inclusive;

IV – interessado no julgamento do processo em favor de qualquer das partes.

§ 1º Poderá o juiz declarar-se suspeito por motivo de foro íntimo, sem necessidade de declarar suas razões.

§ 2º Será ilegítima a alegação de suspeição quando:

I – houver sido provocada por quem a alega;

II – a parte que a alega houver praticado ato que signifique manifesta aceitação do arguido.

→ *v.* Art. 5º do NCPC.

Art. 146. No prazo de 15 (quinze) dias, a contar do conhecimento do fato, a parte alegará o impedimento ou a suspeição, em petição específica dirigida ao juiz do processo, na qual indicará o fundamento da recusa, podendo instruí-la com documentos em que se fundar a alegação e com rol de testemunhas.

§ 1º Se reconhecer o impedimento ou a suspeição ao receber a petição, o juiz ordenará imediatamente a remessa dos autos a seu substituto legal, caso contrário, determinará a autuação em apartado da petição e, no prazo de 15 (quinze) dias, apresentará suas razões, acompanhadas de documentos e de rol de testemunhas, se houver, ordenando a remessa do incidente ao tribunal.

→ *v.* Art. 313, III do NCPC.

§ 2º Distribuído o incidente, o relator deverá declarar os seus efeitos, sendo que, se o incidente for recebido:

I – sem efeito suspensivo, o processo voltará a correr;

II – com efeito suspensivo, o processo permanecerá suspenso até o julgamento do incidente.

§ 3º Enquanto não for declarado o efeito em que é recebido o incidente ou quando este for recebido com efeito suspensivo, a tutela de urgência será requerida ao substituto legal.

→ *v.* Art. 313, III, do NCPC.

§ 4º Verificando que a alegação de impedimento ou de suspeição é improcedente, o tribunal rejeitá-la-á.

§ 5º Acolhida a alegação, tratando-se de impedimento ou de manifesta suspeição, o tribunal condenará o juiz nas custas e remeterá os autos ao seu substituto legal, podendo o juiz recorrer da decisão.

§ 6º Reconhecido o impedimento ou a suspeição, o tribunal fixará o momento a partir do qual o juiz não poderia ter atuado.

§ 7º O tribunal decretará a nulidade dos atos do juiz, se praticados quando já presente o motivo de impedimento ou de suspeição.

Art. 147. Quando 2 (dois) ou mais juízes forem parentes, consanguíneos ou afins, em linha reta ou colateral, até o terceiro grau, inclusive, o primeiro que conhecer do processo impede que o outro nele atue, caso em que o segundo se escusará, remetendo os autos ao seu substituto legal.

→ *v.* Art. 128, *caput* e parágrafo único da LC 35/1979.

Art. 148. Aplicam-se os motivos de impedimento e de suspeição:

I – ao membro do Ministério Público;

II – aos auxiliares da justiça;

→ *v.* Art. 149 do NCPC.

III – aos demais sujeitos imparciais do processo.

→ *v.* Arts. 149 e ss. 466 do NCPC.

§ 1º A parte interessada deverá arguir o impedimento ou a suspeição, em petição fundamentada e devidamente instruída, na primeira oportunidade em que lhe couber falar nos autos.

→ *v.* Art. 465, § 1º, I, do NCPC.

§ 2º O juiz mandará processar o incidente em separado e sem suspensão do processo, ouvindo o arguido no prazo de 15 (quinze) dias e facultando a produção de prova, quando necessária.

§ 3º Nos tribunais, a arguição a que se refere o § 1º será disciplinada pelo regimento interno.

§ 4º O disposto nos §§ 1º e 2º não se aplica à arguição de impedimento ou de suspeição de testemunha.

→ *v.* Arts. 447, §§ 2º e 3º e 457 do NCPC.

Capítulo III
DOS AUXILIARES DA JUSTIÇA

→ *v.* Arts. 35 a 44 da Lei 5.010/1966.

Art. 149. São auxiliares da Justiça, além de outros cujas atribuições sejam determinadas pelas normas de organização judiciária, o escrivão, o chefe de secretaria, o oficial de justiça, o perito, o depositário, o administrador, o intérprete, o tradutor, o mediador, o conciliador judicial, o partidor, o distribuidor, o contabilista e o regulador de avarias.

Seção I
Do escrivão, do chefe de secretaria e do oficial de justiça

Art. 150. Em cada juízo haverá um ou mais ofícios de justiça, cujas atribuições serão determinadas pelas normas de organização judiciária.

Art. 151. Em cada comarca, seção ou subseção judiciária haverá, no mínimo, tantos oficiais de justiça quantos sejam os juízos.

Art. 152. Incumbe ao escrivão ou ao chefe de secretaria:

I – redigir, na forma legal, os ofícios, os mandados, as cartas precatórias e os demais atos que pertençam ao seu ofício;

II – efetivar as ordens judiciais, realizar citações e intimações, bem como praticar todos os demais atos que lhe forem atribuídos pelas normas de organização judiciária;

III – comparecer às audiências ou, não podendo fazê-lo, designar servidor para substituí-lo;

IV – manter sob sua guarda e responsabilidade os autos, não permitindo que saiam do cartório, exceto:

a) quando tenham de seguir à conclusão do juiz;

b) com vista a procurador, à Defensoria Pública, ao Ministério Público ou à Fazenda Pública;

→ *v.* Art. 7º, XV e XVI, Lei 8.906/1994.

c) quando devam ser remetidos ao contabilista ou ao partidor;

d) quando forem remetidos a outro juízo em razão da modificação da competência;

V – fornecer certidão de qualquer ato ou termo do processo, independentemente de despacho, observadas as disposições referentes ao segredo de justiça;

VI – praticar, de ofício, os atos meramente ordinatórios.

§ 1º O juiz titular editará ato a fim de regulamentar a atribuição prevista no inciso VI.

§ 2º No impedimento do escrivão ou chefe de secretaria, o juiz convocará substituto e, não o havendo, nomeará pessoa idônea para o ato.

Art. 153. O escrivão ou chefe de secretaria deverá obedecer à ordem cronológica de recebimento para publicação e efetivação dos pronunciamentos judiciais.

→ *v.* Art. 12 do NCPC.

§ 1º A lista de processos recebidos deverá ser disponibilizada, de forma permanente, para consulta pública.

§ 2º Estão excluídos da regra do *caput*:

I – os atos urgentes, assim reconhecidos pelo juiz no pronunciamento judicial a ser efetivado;

II – as preferências legais.

§ 3º Após elaboração de lista própria, respeitar-se-ão a ordem cronológica de recebimento entre os atos urgentes e as preferências legais.

§ 4º A parte que se considerar preterida na ordem cronológica poderá reclamar, nos próprios autos, ao juiz do processo, que requisitará informações ao servidor, a serem prestadas no prazo de 2 (dois) dias.

§ 5º Constatada a preterição, o juiz determinará o imediato cumprimento do ato e a instauração de processo administrativo disciplinar contra o servidor.

Art. 154. Incumbe ao oficial de justiça:

→ *v.* Art. 44 da Lei 5.010/1966.

→ *v.* Art. 37 da Lei 6.830/1980.

I – fazer pessoalmente citações, prisões, penhoras, arrestos e demais diligências próprias do seu ofício, sempre que possível na presença de 2 (duas) testemunhas, certificando no mandado o ocorrido, com menção ao lugar, ao dia e à hora;

II – executar as ordens do juiz a que estiver subordinado;

III – entregar o mandado em cartório após seu cumprimento;

IV – auxiliar o juiz na manutenção da ordem;

V – efetuar avaliações, quando for o caso;

VI – certificar, em mandado, proposta de autocomposição apresentada por qualquer das partes, na ocasião de realização de ato de comunicação que lhe couber.

Parágrafo único. Certificada a proposta de autocomposição prevista no inciso VI, o juiz ordenará a intimação da parte contrária para manifestar-se, no prazo de 5 (cinco) dias, sem prejuízo do andamento regular do processo, entendendo-se o silêncio como recusa.

Art. 155. O escrivão, o chefe de secretaria e o oficial de justiça são responsáveis, civil e regressivamente, quando:

I – sem justo motivo, se recusarem a cumprir no prazo os atos impostos pela lei ou pelo juiz a que estão subordinados;

II – praticarem ato nulo com dolo ou culpa.

Seção II
Do perito

Art. 156. O juiz será assistido por perito quando a prova do fato depender de conhecimento técnico ou científico.

→ v. Arts. 464 e ss. do NCPC.

§ 1º Os peritos serão nomeados entre os profissionais legalmente habilitados e os órgãos técnicos ou científicos devidamente inscritos em cadastro mantido pelo tribunal ao qual o juiz está vinculado.

§ 2º Para formação do cadastro, os tribunais devem realizar consulta pública, por meio de divulgação na rede mundial de computadores ou em jornais de grande circulação, além de consulta direta a universidades, a conselhos de classe, ao Ministério Público, à Defensoria Pública e à Ordem dos Advogados do Brasil, para a indicação de profissionais ou de órgãos técnicos interessados.

§ 3º Os tribunais realizarão avaliações e reavaliações periódicas para manutenção do cadastro, considerando a formação profissional, a atualização do conhecimento e a experiência dos peritos interessados.

§ 4º Para verificação de eventual impedimento ou motivo de suspeição, nos termos dos arts. 148 e 467, o órgão técnico ou científico nomeado para realização da perícia informará ao juiz os nomes e os dados de qualificação dos profissionais que participarão da atividade.

§ 5º Na localidade onde não houver inscrito no cadastro disponibilizado pelo tribunal, a nomeação do perito é de livre escolha pelo juiz e deverá recair sobre profissional ou órgão técnico ou científico comprovadamente detentor do conhecimento necessário à realização da perícia.

Art. 157. O perito tem o dever de cumprir o ofício no prazo que lhe designar o juiz, empregando toda sua diligência, podendo escusar-se do encargo alegando motivo legítimo.

→ v. Súmula 232 do STJ.

→ v. Art. 13 da Lei 6.830/1980.

→ v. Art. 14 do Dec.-lei 3.365/1941.

→ v. Arts. 148, III, 152 e 464, do NCPC.

§ 1º A escusa será apresentada no prazo de 15 (quinze) dias, contado da intimação, da suspeição ou do impedimento supervenientes, sob pena de renúncia ao direito a alegá-la.

§ 2º Será organizada lista de peritos na vara ou na secretaria, com disponibilização dos documentos exigidos para habilitação à consulta de interessados, para que a nomeação seja distribuída de modo equitativo, observadas a capacidade técnica e a área de conhecimento.

Art. 158. O perito que, por dolo ou culpa, prestar informações inverídicas responderá pelos prejuízos que causar à parte e ficará inabilitado para atuar em outras perícias no prazo de 2 (dois) a 5 (cinco) anos, independentemente das demais sanções previstas em lei, devendo o juiz comunicar o fato ao respectivo órgão de classe para adoção das medidas que entender cabíveis.

→ v. Arts. 186 e 927 do CC/2002.

→ v. Art. 342 do CP.

Seção III
Do depositário e do administrador

Art. 159. A guarda e a conservação de bens penhorados, arrestados, sequestrados ou arrecadados serão confiadas a depositário ou a administrador, não dispondo a lei de outro modo.

→ v. Súmulas 179, 271 e 319 do STJ.

Art. 160. Por seu trabalho o depositário ou o administrador perceberá remuneração que o juiz fixará levando em conta a situação dos bens, ao tempo do serviço e às dificuldades de sua execução.

Parágrafo único. O juiz poderá nomear um ou mais prepostos por indicação do depositário ou do administrador.

Art. 161. O depositário ou o administrador responde pelos prejuízos que, por dolo ou culpa, causar à parte, perdendo a remuneração que lhe foi arbitrada, mas tem o direito a haver o que legitimamente despendeu no exercício do encargo.

→ v. Art. 168, § 1º, II, do CP.

Parágrafo único. O depositário infiel responde civilmente pelos prejuízos causados, sem prejuízo de sua responsabilidade penal e da imposição de sanção por ato atentatório à dignidade da justiça.

→ v. Súmula Vinculante 25 do STF.

→ v. Art. 186 e 927 do CC/2002.

→ v. Art. 5º, LXVII, da CF/1988.

→ v. Art. 7º, 7 da Convenção Americana sobre Direitos Humanos.

Seção IV
Do intérprete e do tradutor

Art. 162. O juiz nomeará intérprete ou tradutor quando necessário para:

I – traduzir documento redigido em língua estrangeira;

II – verter para o português as declarações das partes e das testemunhas que não conhecerem o idioma nacional;

III – realizar a interpretação simultânea dos depoimentos das partes e testemunhas com deficiência auditiva que se comuniquem por meio da Língua Brasileira de Sinais, ou equivalente, quando assim for solicitado.

Art. 163. Não pode ser intérprete ou tradutor quem:

I – não tiver a livre administração de seus bens;

II – for arrolado como testemunha ou atuar como perito no processo;

III – estiver inabilitado para o exercício da profissão por sentença penal condenatória, enquanto durarem seus efeitos.

Art. 164. O intérprete ou tradutor, oficial ou não, é obrigado a desempenhar seu ofício, aplicando-se-lhe o disposto nos arts. 157 e 158.

Seção V
Dos conciliadores e mediadores judiciais

→ v. Lei 9.099/1995 – Dispõe sobre os Juizados Especiais Cíveis e Criminais e dá outras providências.

→ v. Lei 10.529/2001 – Dispõe sobre a instituição dos Juizados Especiais Cíveis e Criminais no âmbito da Justiça Federal.

→ v. Lei 12.153/2009 – Dispõe sobre os Juizados Especiais da Fazenda Pública no âmbito dos Estados, do Distrito Federal, dos Territórios e dos Municípios.

→ v. Lei 13.140/2015 – Lei de Mediação.

Art. 165. Os tribunais criarão centros judiciários de solução consensual de conflitos, responsáveis pela realização de sessões e audiências de conciliação e mediação, e pelo desenvolvimento de programas destinados a auxiliar, orientar e estimular a autocomposição.

→ v. Art. 7º da Lei 9.099/1995.

§ 1º A composição e a organização dos centros serão definidas pelo respectivo tribunal, observadas as normas do Conselho Nacional de Justiça.

→ v. Art. 103-B da CF/1998.

→ v. Resolução CNJ 2/2005 – Regimento interno do CNJ.

→ v. Resolução CNJ 125/2010 – Dispõe sobre a Política Judiciária Nacional de tratamento adequado dos conflitos de interesses no âmbito do Poder Judiciário e dá outras providências.

§ 2º O conciliador, que atuará preferencialmente nos casos em que não houver vínculo anterior entre as partes, poderá sugerir soluções para o litígio, sendo vedada a utilização de qualquer tipo de constrangimento ou intimidação para que as partes conciliem.

→ v. Art. 18 da Lei 10.529/2001.

→ v. Art. 15 da Lei 12.153/2009.

§ 3º O mediador, que atuará preferencialmente nos casos em que houver vínculo anterior entre as partes, auxiliará aos interessados a compreender as questões e os interesses em conflito, de modo que eles possam, pelo restabelecimento da comunicação, identificar, por si próprios, soluções consensuais que gerem benefícios mútuos.

Art. 166. A conciliação e a mediação são informadas pelos princípios da independência, da imparcialidade, da autonomia da vontade, da confidencialidade, da oralidade, da informalidade e da decisão informada.

→ v. Art. 35 da LC 35/1979.

→ v. Art. 2º da Lei 9.099/1995.

§ 1º A confidencialidade estende-se a todas as informações produzidas no curso do procedimento, cujo teor não poderá ser utilizado para fim diverso daquele previsto por expressa deliberação das partes.

§ 2º Em razão do dever de sigilo, inerente às suas funções, o conciliador e o mediador, assim como os membros de suas equipes, não poderão divulgar ou depor acerca de fatos ou elementos oriundos da conciliação ou da mediação.

§ 3º Admite-se a aplicação de técnicas negociais, com o objetivo de proporcionar ambiente favorável à autocomposição.

§ 4º A mediação e a conciliação serão regidas conforme a livre autonomia dos interessados, inclusive no que diz respeito à definição das regras procedimentais.

Art. 167. Os conciliadores, os mediadores e as câmaras privadas de conciliação e mediação serão inscritos em cadastro nacional e em cadastro de tribunal de justiça ou de tribunal regional federal, que manterá registro de profissionais habilitados, com indicação de sua área profissional.

§ 1º Preenchendo o requisito da capacitação mínima, por meio de curso realizado por entidade credenciada, conforme parâmetro curricular definido pelo Conselho Nacional de Justiça em conjunto com o Ministério da Justiça, o conciliador ou o mediador, com o respectivo certificado, poderá requerer sua inscrição no cadastro nacional e no cadastro de tribunal de justiça ou de tribunal regional federal.

§ 2º Efetivado o registro, que poderá ser precedido de concurso público, o tribunal remeterá ao diretor do foro da comarca, seção ou subseção judiciária onde atuará o conciliador ou o mediador os dados necessários para que seu nome passe a constar da respectiva lista, a ser observada na distribuição alternada e aleatória, respeitado o princípio da igualdade dentro da mesma área de atuação profissional.

→ *v.* Art. 37, II, da CF/1988.

§ 3º Do credenciamento das câmaras e do cadastro de conciliadores e mediadores constarão todos os dados relevantes para a sua atuação, tais como o número de processos de que participou, o sucesso ou insucesso da atividade, a matéria sobre a qual versou a controvérsia, bem como outros dados que o tribunal julgar relevantes.

§ 4º Os dados colhidos na forma do § 3º serão classificados sistematicamente pelo tribunal, que os publicará, ao menos anualmente, para conhecimento da população e para fins estatísticos e de avaliação da conciliação, da mediação, das câmaras privadas de conciliação e de mediação, dos conciliadores e dos mediadores.

§ 5º Os conciliadores e mediadores judiciais cadastrados na forma do *caput*, se advogados, estarão impedidos de exercer a advocacia nos juízos em que desempenhem suas funções.

→ *v.* Art. 7º, parágrafo único, da Lei 9.099/1995.

→ *v.* Art. 15, § 2º, da Lei 12.153/2009.

→ *v.* Art. 30 da Lei 8.906/1994.

§ 6º O tribunal poderá optar pela criação de quadro próprio de conciliadores e mediadores, a ser preenchido por concurso público de provas e títulos, observadas as disposições deste Capítulo.

→ *v.* Art. 169 do NCPC.

Art. 168. As partes podem escolher, de comum acordo, o conciliador, o mediador ou a câmara privada de conciliação e de mediação.

§ 1º O conciliador ou mediador escolhido pelas partes poderá ou não estar cadastrado no tribunal.

§ 2º Inexistindo acordo quanto à escolha do mediador ou conciliador, haverá distribuição entre aqueles cadastrados no registro do tribunal, observada a respectiva formação.

§ 3º Sempre que recomendável, haverá a designação de mais de um mediador ou conciliador.

Art. 169. Ressalvada a hipótese do art. 167, § 6º, o conciliador e o mediador receberão pelo seu trabalho remuneração prevista em tabela fixada pelo tribunal, conforme parâmetros estabelecidos pelo Conselho Nacional de Justiça.

§ 1º A mediação e a conciliação podem ser realizadas como trabalho voluntário, observada a legislação pertinente e a regulamentação do tribunal.

§ 2º Os tribunais determinarão o percentual de audiências não remuneradas que deverão ser suportadas pelas câmaras privadas de conciliação e mediação, com o fim de atender aos processos em que deferida gratuidade da justiça, como contrapartida de seu credenciamento.

Art. 170. No caso de impedimento, o conciliador ou mediador o comunicará imediatamente, de preferência por meio eletrônico, e devolverá os autos ao juiz do processo ou ao coordenador do centro judiciário de solução de conflitos, devendo este realizar nova distribuição.

→ *v.* Arts. 144 e 148 do NCPC.

Parágrafo único. Se a causa de impedimento for apurada quando já iniciado o procedimento, a atividade será interrompida, lavrando-se ata com relatório do ocorrido e solicitação de distribuição para novo conciliador ou mediador.

Art. 171. No caso de impossibilidade temporária do exercício da função, o conciliador ou mediador informará o fato ao centro, preferencialmente por meio eletrônico, para que, durante o período em que perdurar a impossibilidade, não haja novas distribuições.

Art. 172. O conciliador e o mediador ficam impedidos, pelo prazo de 1 (um) ano, contado do término da última audiência em que atuaram, de assessorar, representar ou patrocinar qualquer das partes.

Art. 173. Será excluído do cadastro de conciliadores e mediadores aquele que:

I – agir com dolo ou culpa na condução da conciliação ou da mediação sob sua responsabilidade ou violar qualquer dos deveres decorrentes do art. 166, §§ 1º e 2º;

II – atuar em procedimento de mediação ou conciliação, apesar de impedido ou suspeito.

§ 1º Os casos previstos neste artigo serão apurados em processo administrativo.

§ 2º O juiz do processo ou o juiz coordenador do centro de conciliação e mediação, se houver, verificando atuação inadequada do mediador ou conciliador, poderá afastá-lo de suas atividades por até 180 (cento e oitenta) dias, por decisão fundamentada, informando o fato imediatamente ao tribunal para instauração do respectivo processo administrativo.

Art. 174. A União, os Estados, o Distrito Federal e os Municípios criarão câmaras de mediação e conciliação, com atribuições relacionadas à solução consensual de conflitos no âmbito administrativo, tais como:

→ *v.* Lei 13.140/2015 – Lei de Mediação.

→ *v.* Resolução CNJ 125/2010 – Dispõe sobre a Política Judiciária Nacional de tratamento adequado dos conflitos de interesses no âmbito do Poder Judiciário e dá outras providências.

→ *v.* Arts. 2º, II, *c*, 6, do Decreto 7.392/2010.

I – dirimir conflitos envolvendo órgãos e entidades da administração pública;

II – avaliar a admissibilidade dos pedidos de resolução de conflitos, por meio de conciliação, no âmbito da administração pública;

III – promover, quando couber, a celebração de termo de ajustamento de conduta.

→ *v.* Art. 5º da Lei 7.347/1985.

Art. 175. As disposições desta Seção não excluem outras formas de conciliação e mediação extrajudiciais vinculadas a órgãos institucionais ou realizadas por intermédio de profissionais independentes, que poderão ser regulamentadas por lei específica.

Parágrafo único. Os dispositivos desta Seção aplicam-se, no que couber, às câmaras privadas de conciliação e mediação.

Título V
Do Ministério Público

→ *v.* Lei 8.625/1993 – Lei Orgânica Nacional do Ministério Público.

→ *v.* LC 75/1993 – Estatuto do Ministério Público da União.

Art. 176. O Ministério Público atuará na defesa da ordem jurídica, do regime democrático e dos interesses e direitos sociais e individuais indisponíveis.

→ *v.* Art. 127 da CF/1988.

→ *v.* Arts. 22, 28, § 1º, 50, 65, parágrafo único, 166, 553, parágrafo único, 1.037, 1.497, § 1º, 1.549, 1.637, 1.692, 1.768, III, e 1.769, do CC/2002.

→ *v.* Arts. 51, § 4º, e 82, I, do CDC.

→ *v.* Art. 5º, I, da Lei 7.347/1985.

Art. 177. O Ministério Público exercerá o direito de ação em conformidade com suas atribuições constitucionais.

→ *v.* Art. 129 da CF/1988.

Art. 178. O Ministério Público será intimado para, no prazo de 30 (trinta) dias, intervir como fiscal da ordem jurídica nas hipóteses previstas em lei ou na Constituição Federal e nos processos que envolvam:

I – interesse público ou social;

II – interesse de incapaz;

→ *v.* Arts. 3º e 4º, do CC/2002.

III – litígios coletivos pela posse de terra rural ou urbana.

Parágrafo único. A participação da Fazenda Pública não configura, por si só, hipótese de intervenção do Ministério Público.

Art. 179. Nos casos de intervenção como fiscal da ordem jurídica, o Ministério Público:

I – terá vista dos autos depois das partes, sendo intimado de todos os atos do processo;

II – poderá produzir provas, requerer as medidas processuais pertinentes e recorrer.

Art. 180. O Ministério Público gozará de prazo em dobro para manifestar-se nos autos, que terá início a partir de sua intimação pessoal, nos termos do art. 183, § 1º.

→ *v.* Art. 41, IV, da Lei 8.625/1993.

§ 1º Findo o prazo para manifestação do Ministério Público sem o oferecimento de parecer, o juiz requisitará os autos e dará andamento ao processo.

§ 2º Não se aplica o benefício da contagem em dobro quando a lei estabelecer, de forma expressa, prazo próprio para o Ministério Público.

→ *v.* Art. 198, II, do ECA.

Art. 181. O membro do Ministério Público será civil e regressivamente responsável quando agir com dolo ou fraude no exercício de suas funções.

→ *v.* Arts. 186 e 927 do CC/2002.

→ *v.* Art. 125, II do NCPC.

Título VI
Da Advocacia Pública

→ v. Arts. 131 e 132 da CF/1988.

Art. 182. Incumbe à Advocacia Pública, na forma da lei, defender e promover os interesses públicos da União, dos Estados, do Distrito Federal e dos Municípios, por meio da representação judicial, em todos os âmbitos federativos, das pessoas jurídicas de direito público que integram a administração direta e indireta.

→ v. Arts. 186 e 927 do CC/2002.

→ v. Art. 125, II do NCPC.

Art. 183. A União, os Estados, o Distrito Federal, os Municípios e suas respectivas autarquias e fundações de direito público gozarão de prazo em dobro para todas as suas manifestações processuais, cuja contagem terá início a partir da intimação pessoal.

§ 1º A intimação pessoal far-se-á por carga, remessa ou meio eletrônico.

→ v. Art. 5º, § 6º da Lei 11.419/2006.

§ 2º Não se aplica o benefício da contagem em dobro quando a lei estabelecer, de forma expressa, prazo próprio para o ente público.

Art. 184. O membro da Advocacia Pública será civil e regressivamente responsável quando agir com dolo ou fraude no exercício de suas funções.

→ v. Art. 9º da Lei 10.259/2001.

→ v. Art. 7º da Lei 12.153/2009.

Título VII
Da Defensoria Pública

→ v. Art. 134 da CF/1988.

→ v. LC 80/1994 – Organiza a Defensoria Pública da União, do Distrito Federal e dos Territórios e prescreve normas gerais para sua organização nos Estados.

Art. 185. A Defensoria Pública exercerá a orientação jurídica, a promoção dos direitos humanos e a defesa dos direitos individuais e coletivos dos necessitados, em todos os graus, de forma integral e gratuita.

→ v. Art. 5º, II da Lei 7.347/1985.

Art. 186. A Defensoria Pública gozará de prazo em dobro para todas as suas manifestações processuais.

→ v. Arts. 44, I, 88, I, e 128, I, da LC 80/1994.

§ 1º O prazo tem início com a intimação pessoal do defensor público, nos termos do art. 183, § 1º.

→ v. Arts. 44, I, 88, I, e 128, I, da LC 80/1994.

§ 2º A requerimento da Defensoria Pública, o juiz determinará a intimação pessoal da parte patrocinada quando o ato processual depender de providência ou informação que somente por ela possa ser realizada ou prestada.

§ 3º O disposto no *caput* aplica-se aos escritórios de prática jurídica das faculdades de Direito reconhecidas na forma da lei e às entidades que prestam assistência jurídica gratuita em razão de convênios firmados com a Defensoria Pública.

§ 4º Não se aplica o benefício da contagem em dobro quando a lei estabelecer, de forma expressa, prazo próprio para a Defensoria Pública.

Art. 187. O membro da Defensoria Pública será civil e regressivamente responsável quando agir com dolo ou fraude no exercício de suas funções.

→ v. Arts. 186 e 927 do CC/2002.

→ v. Art. 125, II do NCPC.

LIVRO IV
Dos atos processuais

Título I
Da forma, do tempo e do lugar dos atos processuais

Capítulo I
DA FORMA DOS ATOS PROCESSUAIS

Seção I
Dos atos em geral

Art. 188. Os atos e os termos processuais independem de forma determinada, salvo quando a lei expressamente a exigir, considerando-se válidos os que, realizados de outro modo, lhe preencham a finalidade essencial.

→ v. MP 2.220/2001-2 – Institui a Infraestrutura de Chaves Públicas Brasileira – ICP – Brasil, transforma o Instituto Nacional de Tecnologia da Informação em autarquia, e dá outras providências.

Art. 189. Os atos processuais são públicos, todavia tramitam em segredo de justiça os processos:

→ v. Art. 5º, LX, da CF/1988.

I – em que o exija o interesse público ou social;

→ v. Art. 5º, XXXIII, da CF/1988.

II – que versem sobre casamento, separação de corpos, divórcio, separação, união estável, filiação, alimentos e guarda de crianças e adolescentes;

→ v. Art. 226, § 6º da CF/1988.

→ v. Arts. 1.511 e ss. do CC/2002.

→ v. Arts. 1.579 e ss. do CC/2002.

→ v. Arts. 1.723 e ss. do CC/2002.

→ v. Arts. 1.596 e ss. do CC/2002.

→ v. Arts. 1.694 e ss. do CC/2002.

→ v. Arts. 1.583 e ss. do CC/2002.

III – em que constem dados protegidos pelo direito constitucional à intimidade;

→ v. Art. 5º, X e LX, da CF/1988.

IV – que versem sobre arbitragem, inclusive sobre cumprimento de carta arbitral, desde que a confidencialidade estipulada na arbitragem seja comprovada perante o juízo.

→ v. Lei 9.307/1996 – Dispõe sobre Arbitragem.

§ 1º O direito de consultar os autos de processo que tramite em segredo de justiça e de pedir certidões de seus atos é restrito às partes e aos seus procuradores.

§ 2º O terceiro que demonstrar interesse jurídico pode requerer ao juiz certidão do dispositivo da sentença, bem como de inventário e de partilha resultantes de divórcio ou separação.

Art. 190. Versando o processo sobre direitos que admitam autocomposição, é lícito às partes plenamente capazes estipular mudanças no procedimento para ajustá-lo às especificidades da causa e convencionar sobre os seus ônus, poderes, faculdades e deveres processuais, antes ou durante o processo.

Parágrafo único. De ofício ou a requerimento, o juiz controlará a validade das convenções previstas neste artigo, recusando-lhes aplicação somente nos casos de nulidade ou de inserção abusiva em contrato de adesão ou em que alguma parte se encontre em manifesta situação de vulnerabilidade.

Art. 191. De comum acordo, o juiz e as partes podem fixar calendário para a prática dos atos processuais, quando for o caso.

§ 1º O calendário vincula as partes e o juiz, e os prazos nele previstos somente serão modificados em casos excepcionais, devidamente justificados.

§ 2º Dispensa-se a intimação das partes para a prática de ato processual ou a realização de audiência cujas datas tiverem sido designadas no calendário.

Art. 192. Em todos os atos e termos do processo é obrigatório o uso da língua portuguesa.

Parágrafo único. O documento redigido em língua estrangeira somente poderá ser juntado aos autos quando acompanhado de versão para a língua portuguesa tramitada por via diplomática ou pela autoridade central, ou firmada por tradutor juramentado.

Seção II
Da prática eletrônica de atos processuais

→ v. Lei 11.419/2006 – Dispõe sobre a informatização do processo judicial e dá outras providências.

Art. 193. Os atos processuais podem ser total ou parcialmente digitais, de forma a permitir que sejam produzidos, comunicados, armazenados e validados por meio eletrônico, na forma da lei.

Parágrafo único. O disposto nesta Seção aplica-se, no que for cabível, à prática de atos notariais e de registro.

→ v. Lei 6.015/1973 – Dispõe sobre os registros públicos, e dá outras providências.

Art. 194. Os sistemas de automação processual respeitarão a publicidade dos atos, o acesso e a participação das partes e de seus procuradores, inclusive nas audiências e sessões de julgamento, observadas as garantias da disponibilidade, independência da plataforma computacional, acessibilidade e interoperabilidade dos sistemas, serviços, dados e informações que o Poder Judiciário administre no exercício de suas funções.

Art. 195. O registro de ato processual eletrônico deverá ser feito em padrões abertos, que atenderão aos requisitos de autenticidade, integridade, temporalidade, não repúdio, conservação e, nos casos que tramitem em segredo de justiça, confidencialidade, observada a infraestrutura de chaves públicas unificada nacionalmente, nos termos da lei.

Art. 196. Compete ao Conselho Nacional de Justiça e, supletivamente, aos tribunais, regulamentar a prática e a comunicação oficial de atos processuais por meio eletrônico e velar pela compatibilidade dos sistemas, disciplinando a incorporação progressiva de novos avanços tecnológicos e editando, para esse fim, os atos que forem necessários, respeitadas as normas fundamentais deste Código.

→ v. Resolução 185/2013 do CNJ – Institui o Sistema Processo Judicial Eletrônico – PJe como sistema de processamento de informações e prática de atos processuais e estabelece os parâmetros para sua implementação e funcionamento.

Art. 197. Os tribunais divulgarão as informações constantes de seu sistema de automação em página própria na rede mundial de computadores, gozando a divulgação de presunção de veracidade e confiabilidade.

Parágrafo único. Nos casos de problema técnico do sistema e de erro ou omissão do auxiliar da justiça responsável pelo registro dos andamentos, poderá ser configurada a justa causa prevista no art. 223, *caput* e § 1º.

→ v. Art. 10, § 2º, da Lei 11.419/2006.

Art. 198. As unidades do Poder Judiciário deverão manter gratuitamente, à disposição dos interessados, equipamentos necessários à prática de atos processuais e à consulta e ao acesso ao sistema e aos documentos dele constantes.

Parágrafo único. Será admitida a prática de atos por meio não eletrônico no local onde não estiverem disponibilizados os equipamentos previstos no *caput*.

Art. 199. As unidades do Poder Judiciário assegurarão às pessoas com deficiência acessibilidade aos seus sítios na rede mundial de computadores, ao meio eletrônico de prática de atos judiciais, à comunicação eletrônica dos atos processuais e à assinatura eletrônica.

Seção III
Dos atos das partes

Art. 200. Os atos das partes consistentes em declarações unilaterais ou bilaterais de vontade produzem imediatamente a constituição, modificação ou extinção de direitos processuais.

Parágrafo único. A desistência da ação só produzirá efeitos após homologação judicial.

→ v. Art. 485, VIII do NCPC.

Art. 201. As partes poderão exigir recibo de petições, arrazoados, papéis e documentos que entregarem em cartório.

Art. 202. É vedado lançar nos autos cotas marginais ou interlineares, as quais o juiz mandará riscar, impondo a quem as escrever multa correspondente à metade do salário mínimo.

Seção IV
Dos pronunciamentos do juiz

Art. 203. Os pronunciamentos do juiz consistirão em sentenças, decisões interlocutórias e despachos.

§ 1º Ressalvadas as disposições expressas dos procedimentos especiais, sentença é o pronunciamento por meio do qual o juiz, com fundamento nos arts. 485 e 487, põe fim à fase cognitiva do procedimento comum, bem como extingue a execução.

§ 2º Decisão interlocutória é todo pronunciamento judicial de natureza decisória que não se enquadre no § 1º.

§ 3º São despachos todos os demais pronunciamentos do juiz praticados no processo, de ofício ou a requerimento da parte.

§ 4º Os atos meramente ordinatórios, como a juntada e a vista obrigatória, independem de despacho, devendo ser praticados de ofício pelo servidor e revistos pelo juiz quando necessário.

Art. 204. Acórdão é o julgamento colegiado proferido pelos tribunais.

Art. 205. Os despachos, as decisões, as sentenças e os acórdãos serão redigidos, datados e assinados pelos juízes.

§ 1º Quando os pronunciamentos previstos no *caput* forem proferidos oralmente, o servidor os documentará, submetendo-os aos juízes para revisão e assinatura.

§ 2º A assinatura dos juízes, em todos os graus de jurisdição, pode ser feita eletronicamente, na forma da lei.

→ v. Art. 1º, § 2º, da Lei 11.419/2006.

§ 3º Os despachos, as decisões interlocutórias, o dispositivo das sentenças e a ementa dos acórdãos serão publicados no Diário de Justiça Eletrônico.

Seção V
Dos atos do escrivão ou do chefe de secretaria

Art. 206. Ao receber a petição inicial de processo, o escrivão ou o chefe de secretaria a autuará, mencionando o juízo, a natureza do processo, o número de seu registro, os nomes das partes e a data de seu início, e procederá do mesmo modo em relação aos volumes em formação.

Art. 207. O escrivão ou o chefe de secretaria numerará e rubricará todas as folhas dos autos.

Parágrafo único. À parte, ao procurador, ao membro do Ministério Público, ao defensor público e aos auxiliares da justiça é facultado rubricar as folhas correspondentes aos atos em que intervierem.

Art. 208. Os termos de juntada, vista, conclusão e outros semelhantes constarão de notas datadas e rubricadas pelo escrivão ou pelo chefe de secretaria.

Art. 209. Os atos e os termos do processo serão assinados pelas pessoas que neles intervierem, todavia, quando essas não puderem ou não quiserem firmá-los, o escrivão ou o chefe de secretaria certificará a ocorrência.

§ 1º Quando se tratar de processo total ou parcialmente documentado em autos eletrônicos, os atos processuais praticados na presença do juiz poderão ser produzidos e armazenados de modo integralmente digital em arquivo eletrônico inviolável, na forma da lei, mediante registro em termo, que será assinado digitalmente pelo juiz e pelo escrivão ou chefe de secretaria, bem como pelos advogados das partes.

→ v. Lei 11.419/2006 – Dispõe sobre a informatização do processo judicial.

§ 2º Na hipótese do § 1º, eventuais contradições na transcrição deverão ser suscitadas oralmente no momento de realização do ato, sob pena de preclusão, devendo o juiz decidir de plano e ordenar o registro, no termo, da alegação e da decisão.

Art. 210. É lícito o uso da taquigrafia, da estenotipia ou de outro método idôneo em qualquer juízo ou tribunal.

→ v. Art. 405, § 1º, do CPP.

Art. 211. Não se admitem nos atos e termos processuais espaços em branco, salvo os que forem inutilizados, assim como entrelinhas, emendas ou rasuras, exceto quando expressamente ressalvadas.

Capítulo II
DO TEMPO E DO LUGAR DOS ATOS PROCESSUAIS

Seção I
Do tempo

Art. 212. Os atos processuais serão realizados em dias úteis, das 6 (seis) às 20 (vinte) horas.

→ v. Art. 12 da Lei 9.099/1995.

→ v. Art. 216 do NCPC.

§ 1º Serão concluídos após as 20 (vinte) horas os atos iniciados antes, quando o adiamento prejudicar a diligência ou causar grave dano.

§ 2º Independentemente de autorização judicial, as citações, intimações e penhoras poderão realizar-se no período de férias forenses, onde as houver, e nos feriados ou dias úteis fora do horário estabelecido neste artigo, observado o disposto no art. 5º, inciso XI, da Constituição Federal.

§ 3º Quando o ato tiver de ser praticado por meio de petição em autos não eletrônicos, essa deverá ser protocolada no horário de funcionamento do fórum ou tribunal, conforme o disposto na lei de organização judiciária local.

→ v. Art. 1.007, § 4º do NCPC.

Art. 213. A prática eletrônica de ato processual pode ocorrer em qualquer horário até as 24 (vinte e quatro) horas do último dia do prazo.

→ v. Lei 11.419/2006 – Dispõe sobre a informatização do processo judicial.

Parágrafo único. O horário vigente no juízo perante o qual o ato deve ser praticado será considerado para fins de atendimento do prazo.

Art. 214. Durante as férias forenses e nos feriados, não se praticarão atos processuais, excetuando-se:

→ v. Art. 93, XII, da CF/1998.

→ v. Art. 66, § 1º da LC 35/1979.

→ v. Art. 62 da Lei 5.010/1966.

I – os atos previstos no art. 212, § 2º;

II – a tutela de urgência.

→ v. Art. 300 do NCPC.

Art. 215. Processam-se durante as férias forenses, onde as houver, e não se suspendem pela superveniência delas:

I – os procedimentos de jurisdição voluntária e os necessários à conservação de direitos, quando puderem ser prejudicados pelo adiamento;

→ v. Art. 719 e ss. do NCPC.

II – a ação de alimentos e os processos de nomeação ou remoção de tutor e curador;

III – os processos que a lei determinar.

→ v. Art. 39 do Dec.-lei 3.365/1941 – Dispõe sobre desapropriações por utilidade pública.

→ v. Art. 58, I, da Lei 8.245/1991.

→ v. Art. 2º, § 1º, da LC 76/1993.

Art. 216. Além dos declarados em lei, são feriados, para efeito forense, os sábados, os domingos e os dias em que não haja expediente forense.

→ v. Art. 62 da Lei 5.010/1966.

→ v. Lei 662/1949 – Declara Feriados Nacionais os Dias 1º de Janeiro, 1º de Maio, 7 de Setembro, 15 de Novembro e 25 de Dezembro.

→ v. Lei 6.802/1980 – Declara Feriado Nacional o Dia 12 de outubro, Consagrado a Nossa Senhora Aparecida, Padroeira do Brasil.

→ v. Lei 9.093/1995 – Dispõe sobre feriados.

Seção II
Do lugar

Art. 217. Os atos processuais realizar-se-ão ordinariamente na sede do juízo, ou, excepcionalmente, em outro lugar em razão de deferência, de interesse da justiça, da natureza do ato ou de obstáculo arguido pelo interessado e acolhido pelo juiz.

→ *v.* Arts. 449, parágrafo único, 454 e 751, § 1º do NCPC.

Capítulo III
DOS PRAZOS

Seção I
Disposições Gerais

Art. 218. Os atos processuais serão realizados nos prazos prescritos em lei.

§ 1º Quando a lei for omissa, o juiz determinará os prazos em consideração à complexidade do ato.

§ 2º Quando a lei ou o juiz não determinar prazo, as intimações somente obrigarão a comparecimento após decorridas 48 (quarenta e oito) horas.

§ 3º Inexistindo preceito legal ou prazo determinado pelo juiz, será de 5 (cinco) dias o prazo para a prática de ato processual a cargo da parte.

§ 4º Será considerado tempestivo o ato praticado antes do termo inicial do prazo.

→ *v.* Art. 277 do NCPC.

Art. 219. Na contagem de prazo em dias, estabelecido por lei ou pelo juiz, computar-se-ão somente os úteis.

Parágrafo único. O disposto neste artigo aplica-se somente aos prazos processuais.

→ *v.* Art. 132 do CC/2002.

Art. 220. Suspende-se o curso do prazo processual nos dias compreendidos entre 20 de dezembro e 20 de janeiro, inclusive.

→ *v.* Art. 39 do Decreto-lei 3.365/1941.

→ *v.* Art. 62, I da Lei 5.010/1966.

→ *v.* Art. 66, § 1º, da LC 35/1979.

→ *v.* Art. 58, I, da Lei 8.245/1991.

→ *v.* Art. 313, VIII do NCPC.

§ 1º Ressalvadas as férias individuais e os feriados instituídos por lei, os juízes, os membros do Ministério Público, da Defensoria Pública e da Advocacia Pública e os auxiliares da Justiça exercerão suas atribuições durante o período previsto no *caput*.

§ 2º Durante a suspensão do prazo, não se realizarão audiências nem sessões de julgamento.

Art. 221. Suspende-se o curso do prazo por obstáculo criado em detrimento da parte ou ocorrendo qualquer das hipóteses do art. 313, devendo o prazo ser restituído por tempo igual ao que faltava para sua complementação.

→ *v.* Súmula 173 do STF.

Parágrafo único. Suspendem-se os prazos durante a execução de programa instituído pelo Poder Judiciário para promover a autocomposição, incumbindo aos tribunais especificar, com antecedência, a duração dos trabalhos.

→ *v.* Arts. 3º, § 3º, e 166 do NCPC.

Art. 222. Na comarca, seção ou subseção judiciária onde for difícil o transporte, o juiz poderá prorrogar os prazos por até 2 (dois) meses.

§ 1º Ao juiz é vedado reduzir prazos peremptórios sem anuência das partes.

§ 2º Havendo calamidade pública, o limite previsto no *caput* para prorrogação de prazos poderá ser excedido.

Art. 223. Decorrido o prazo, extingue-se o direito de praticar ou de emendar o ato processual, independentemente de declaração judicial, ficando assegurado, porém, à parte provar que não o realizou por justa causa.

→ *v.* Súmula 117 do STJ.

§ 1º Considera-se justa causa o evento alheio à vontade da parte e que a impediu de praticar o ato por si ou por mandatário.

§ 2º Verificada a justa causa, o juiz permitirá à parte a prática do ato no prazo que lhe assinar.

Art. 224. Salvo disposição em contrário, os prazos serão contados excluindo o dia do começo e incluindo o dia do vencimento.

→ *v.* Súmula 310 do STF.

→ *v.* Súmula 1 do TST.

→ *v.* Art. 5º do Decreto 70.235/1972.

→ *v.* Art. 132 do CC/2002.

→ *v.* Art. 210 do CTN.

§ 1º Os dias do começo e do vencimento do prazo serão protraídos para o primeiro dia útil seguinte, se coincidirem com dia em que o expediente forense for encerrado antes ou iniciado depois da hora normal ou houver indisponibilidade da comunicação eletrônica.

§ 2º Considera-se como data de publicação o primeiro dia útil seguinte ao da disponibilização da informação no Diário da Justiça eletrônico.

→ *v.* Art. 4º, § 3º da Lei 11.419/2006.

§ 3º A contagem do prazo terá início no primeiro dia útil que seguir ao da publicação.

→ *v.* Art. 4º, § 4º, da Lei 11.419/2006.

Art. 225. A parte poderá renunciar ao prazo estabelecido exclusivamente em seu favor, desde que o faça de maneira expressa.

Art. 226. O juiz proferirá:

→ *v.* Arts. 203 e 235 do NCPC.

I – os despachos no prazo de 5 (cinco) dias;

II – as decisões interlocutórias no prazo de 10 (dez) dias;

III – as sentenças no prazo de 30 (trinta) dias.

Art. 227. Em qualquer grau de jurisdição, havendo motivo justificado, pode o juiz exceder, por igual tempo, os prazos a que está submetido.

Art. 228. Incumbirá ao serventuário remeter os autos conclusos no prazo de 1 (um) dia e executar os atos processuais no prazo de 5 (cinco) dias, contado da data em que:

→ *v.* Art. 233 do NCPC.

I – houver concluído o ato processual anterior, se lhe foi imposto pela lei;

II – tiver ciência da ordem, quando determinada pelo juiz.

§ 1º Ao receber os autos, o serventuário certificará o dia e a hora em que teve ciência da ordem referida no inciso II.

§ 2º Nos processos em autos eletrônicos, a juntada de petições ou de manifestações em geral ocorrerá de forma automática, independentemente de ato de serventuário da justiça.

→ *v.* Lei 11.419/2006 – Dispõe sobre a informatização do processo judicial.

Art. 229. Os litisconsortes que tiverem diferentes procuradores, de escritórios de advocacia distintos, terão prazos contados em dobro para todas as suas manifestações, em qualquer juízo ou tribunal, independentemente de requerimento.

→ *v.* Súmula 641 do STF.

→ *v.* Art. 915, § 3º do NCPC.

§ 1º Cessa a contagem do prazo em dobro se, havendo apenas 2 (dois) réus, é oferecida defesa por apenas um deles.

→ *v.* Art. 346, parágrafo único, do NCPC.

§ 2º Não se aplica o disposto no *caput* aos processos em autos eletrônicos.

Art. 230. O prazo para a parte, o procurador, a Advocacia Pública, a Defensoria Pública e o Ministério Público será contado da citação, da intimação ou da notificação.

Art. 231. Salvo disposição em sentido diverso, considera-se dia do começo do prazo:

→ *v.* Arts. 180, *caput*, 183, § 1º e 186, § 1º, do NCPC.

I – a data de juntada aos autos do aviso de recebimento, quando a citação ou a intimação for pelo correio;

→ *v.* Arts. 247 e 258 do NCPC.

II – a data de juntada aos autos do mandado cumprido, quando a citação ou a intimação for por oficial de justiça;

→ *v.* Arts. 249 a 255 do NCPC.

III – a data de ocorrência da citação ou da intimação, quando ela se der por ato do escrivão ou do chefe de secretaria;

IV – o dia útil seguinte ao fim da dilação assinada pelo juiz, quando a citação ou a intimação for por edital;

→ *v.* Arts. 256 a 259 do NCPC.

V – o dia útil seguinte à consulta ao teor da citação ou da intimação ou ao término do prazo para que a consulta se dê, quando a citação ou a intimação for eletrônica;

→ *v.* Arts. 5º e 6º da Lei 11.419/2006.

VI – a data de juntada do comunicado de que trata o art. 232 ou, não havendo esse, a data de juntada da carta aos autos de origem devidamente cumprida, quando a citação ou a intimação se realizar em cumprimento de carta;

VII – a data de publicação, quando a intimação se der pelo Diário da Justiça impresso ou eletrônico;

→ *v.* Arts. 224, §§ 2º e 3º do NCPC.

VIII – o dia da carga, quando a intimação se der por meio da retirada dos autos, em carga, do cartório ou da secretaria.

§ 1º Quando houver mais de um réu, o dia do começo do prazo para contestar corresponderá à última das datas a que se referem os incisos I a VI do *caput*.

→ *v.* Art. 915, § 1º do NCPC.

§ 2º Havendo mais de um intimado, o prazo para cada um é contado individualmente.

§ 3º Quando o ato tiver de ser praticado diretamente pela parte ou por quem, de qualquer forma, participe do processo, sem a intermediação de representante judicial, o dia do começo do prazo para cumprimento da determinação judicial corresponderá à data em que se der a comunicação.

§ 4º Aplica-se o disposto no inciso II do *caput* à citação com hora certa.

→ *v.* Arts. 252 a 254 do NCPC.

Art. 232. Nos atos de comunicação por carta precatória, rogatória ou de ordem, a realização da citação ou da intimação será imediatamente informada, por meio eletrônico, pelo juiz deprecado ao juiz deprecante.

Seção II
Da verificação dos prazos e das penalidades

Art. 233. Incumbe ao juiz verificar se o serventuário excedeu, sem motivo legítimo, os prazos estabelecidos em lei.

→ *v.* Art. 35, III, da LC 35/1979.

→ *v.* Art. 228 do NCPC.

§ 1º Constatada a falta, o juiz ordenará a instauração de processo administrativo, na forma da lei.

§ 2º Qualquer das partes, o Ministério Público ou a Defensoria Pública poderá representar ao juiz contra o serventuário que injustificadamente exceder os prazos previstos em lei.

Art. 234. Os advogados públicos ou privados, o defensor público e o membro do Ministério Público devem restituir os autos no prazo do ato a ser praticado.

§ 1º É lícito a qualquer interessado exigir os autos do advogado que exceder prazo legal.

§ 2º Se, intimado, o advogado não devolver os autos no prazo de 3 (três) dias, perderá o direito à vista fora de cartório e incorrerá em multa correspondente à metade do salário mínimo.

§ 3º Verificada a falta, o juiz comunicará o fato à seção local da Ordem dos Advogados do Brasil para procedimento disciplinar e imposição de multa.

→ *v.* Arts. 7º, § 1º, 34, XXII e 37, I e § 1º da Lei 8.906/1994 – Estatuto da OAB.

→ *v.* Art. 356 do Código Penal.

§ 4º Se a situação envolver membro do Ministério Público, da Defensoria Pública ou da Advocacia Pública, a multa, se for o caso, será aplicada ao agente público responsável pelo ato.

§ 5º Verificada a falta, o juiz comunicará o fato ao órgão competente responsável pela instauração de procedimento disciplinar contra o membro que atuou no feito.

→ *v.* Arts. 180, *caput*; 183, § 1º e 186, § 1º, do NCPC.

Art. 235. Qualquer parte, o Ministério Público ou a Defensoria Pública poderá representar ao corregedor do tribunal ou ao Conselho Nacional de Justiça contra juiz ou relator que injustificadamente exceder os prazos previstos em lei, regulamento ou regimento interno.

→ *v.* Art. 226 do NCPC.

§ 1º Distribuída a representação ao órgão competente e ouvido previamente o juiz, não sendo caso de arquivamento liminar, será instaurado procedimento para apuração da responsabilidade, com intimação do representado por meio eletrônico para, querendo, apresentar justificativa no prazo de 15 (quinze) dias.

§ 2º Sem prejuízo das sanções administrativas cabíveis, em até 48 (quarenta e oito) horas após a apresentação ou não da justificativa de que trata o § 1º, se for o caso, o corregedor do tribunal ou o relator no Conselho Nacional de Justiça determinará a intimação do representado por meio eletrônico para que, em 10 (dez) dias, pratique o ato.

§ 3º Mantida a inércia, os autos serão remetidos ao substituto legal do juiz ou do relator contra o qual se representou para decisão em 10 (dez) dias.

Título II
Da comunicação dos atos processuais

Capítulo I
DISPOSIÇÕES GERAIS

Art. 236. Os atos processuais serão cumpridos por ordem judicial.

§ 1º Será expedida carta para a prática de atos fora dos limites territoriais do tribunal, da comarca, da seção ou da subseção judiciárias, ressalvadas as hipóteses previstas em lei.

→ *v.* Arts. 247, 255, 273, II e 782, § 1º, do NCPC.

§ 2º O tribunal poderá expedir carta para juízo a ele vinculado, se o ato houver de se realizar fora dos limites territoriais do local de sua sede.

§ 3º Admite-se a prática de atos processuais por meio de videoconferência ou outro recurso tecnológico de transmissão de sons e imagens em tempo real.

→ *v.* Arts. 385, § 3º, 453, § 1º, 461, § 2º e 937, § 4º, do NCPC.

→ *v.* Lei 11.900/2009 – Prevê a possibilidade de realização de interrogatório e outros atos processuais por sistema de videoconferência, e dá outras providências.

Art. 237. Será expedida carta:

I – de ordem, pelo tribunal, na hipótese do § 2º do art. 236;

II – rogatória, para que órgão jurisdicional estrangeiro pratique ato de cooperação jurídica internacional, relativo a processo em curso perante órgão jurisdicional brasileiro;

→ *v.* Arts. 35 e 36 do NCPC.

III – precatória, para que órgão jurisdicional brasileiro pratique ou determine o cumprimento, na área de sua competência territorial, de ato relativo a pedido de cooperação judiciária formulado por órgão jurisdicional de competência territorial diversa;

IV – arbitral, para que órgão do Poder Judiciário pratique ou determine o cumprimento, na área de sua competência territorial, de ato objeto de pedido de cooperação judiciária formulado por juízo arbitral, inclusive os que importem efetivação de tutela provisória.

→ *v.* Art. 22, §§ 2º e 4º, da Lei 9.307/1996.

Parágrafo único. Se o ato relativo a processo em curso na justiça federal ou em tribunal superior houver de ser praticado em local onde não haja vara federal, a carta poderá ser dirigida ao juízo estadual da respectiva comarca.

→ *v.* Art. 109, § 3º da CF/1988.

→ *v.* Art. 15 da Lei 5.010/1966.

→ *v.* Art.. 13, § 2º da Lei 9.099/1995.

Capítulo II
DA CITAÇÃO

Art. 238. Citação é o ato pelo qual são convocados o réu, o executado ou o interessado para integrar a relação processual.

→ *v.* Arts. 126, 127, 256, 329, 525, I, 829 e 915, do NCPC.

Art. 239. Para a validade do processo é indispensável a citação do réu ou do executado, ressalvadas as hipóteses de indeferimento da petição inicial ou de improcedência liminar do pedido.

→ *v.* Arts. 330 e 332 do NCPC.

§ 1º O comparecimento espontâneo do réu ou do executado supre a falta ou a nulidade da citação, fluindo a partir desta data o prazo para apresentação de contestação ou de embargos à execução.

→ *v.* Arts. 231, VIII, 280, 336 e 915 do NCPC.

§ 2º Rejeitada a alegação de nulidade, tratando-se de processo de:

I – conhecimento, o réu será considerado revel;

II – execução, o feito terá seguimento.

Art. 240. A citação válida, ainda quando ordenada por juízo incompetente, induz litispendência, torna litigiosa a coisa e constitui em mora o devedor, ressalvado o disposto nos arts. 397 e 398 da Lei 10.406, de 10 de janeiro de 2002 (Código Civil).

→ *v.* Súmulas 150 e 163 do STF.

→ *v.* Súmulas 204, 277 e 380 do STJ.

→ *v.* Art. 312 do NCPC.

§ 1º A interrupção da prescrição, operada pelo despacho que ordena a citação, ainda que proferido por juízo incompetente, retroagirá à data de propositura da ação.

→ *v.* Súmulas 106, 119, 277, 380, 405, 409 e 414 do STJ.

→ *v.* Art. 202 do CC/2002.

→ *v.* Art. 174, parágrafo único, I, do CTN.

→ *v.* Art. 8º, § 2º, Lei 6.830/1980.

§ 2º Incumbe ao autor adotar, no prazo de 10 (dez) dias, as providências necessárias para viabilizar a citação, sob pena de não se aplicar o disposto no § 1º.

§ 3º A parte não será prejudicada pela demora imputável exclusivamente ao serviço judiciário.

→ *v.* Súmula 106 do STJ.

§ 4º O efeito retroativo a que se refere o § 1º aplica-se à decadência e aos demais prazos extintivos previstos em lei.

→ *v.* Art. 23 da Lei 12.016/2009.

Art. 241. Transitada em julgado a sentença de mérito proferida em favor do réu antes da citação, incumbe ao escrivão ou ao chefe de secretaria comunicar-lhe o resultado do julgamento.

→ *v.* Arts. 269, 330 e 332 do NCPC.

Art. 242. A citação será pessoal, podendo, no entanto, ser feita na pessoa do representante legal ou do procurador do réu, do executado ou do interessado.

→ *v.* Arts. 75, § 3º, 105 e 248, §§ 2º e 4º do NCPC.

§ 1º Na ausência do citando, a citação será feita na pessoa de seu mandatário, administrador, preposto ou gerente, quando a ação se originar de atos por eles praticados.

→ *v.* Art. 119 da Lei 6.404/1976.

§ 2º O locador que se ausentar do Brasil sem cientificar o locatário de que deixou, na localidade onde estiver situado o imóvel, procurador com poderes para receber citação será citado na pessoa do administrador do imóvel encarregado do recebimento dos aluguéis, que será considerado habilitado para representar o locador em juízo.

→ *v.* Art. 58, IV, da Lei 8.245/1991.

§ 3º A citação da União, dos Estados, do Distrito Federal, dos Municípios e de suas respectivas autarquias e fundações de direito público será realizada perante o órgão de Advocacia Pública responsável por sua representação judicial.

→ *v.* Art. 35 da LC 73/1993.

→ *v.* Art. 75, I, II e III do NCPC.

Art. 243. A citação poderá ser feita em qualquer lugar em que se encontre o réu, o executado ou o interessado.

Parágrafo único. O militar em serviço ativo será citado na unidade em que estiver servindo, se não for conhecida sua residência ou nela não for encontrado.

Art. 244. Não se fará a citação, salvo para evitar o perecimento do direito:

I – de quem estiver participando de ato de culto religioso;

II – de cônjuge, de companheiro ou de qualquer parente do morto, consanguíneo ou afim, em linha reta ou na linha colateral em segundo grau, no dia do falecimento e nos 7 (sete) dias seguintes;

→ *v.* Art. 1.592 do CC/2002.

III – de noivos, nos 3 (três) primeiros dias seguintes ao casamento;

IV – de doente, enquanto grave o seu estado.

Art. 245. Não se fará citação quando se verificar que o citando é mentalmente incapaz ou está impossibilitado de recebê-la.

→ *v.* Arts. 3º, II e III, e 4º, II e III, do CC/2002.

→ *v.* Arts. 71 e 247, II do NCPC.

§ 1º O oficial de justiça descreverá e certificará minuciosamente a ocorrência.

§ 2º Para examinar o citando, o juiz nomeará médico, que apresentará laudo no prazo de 5 (cinco) dias.

§ 3º Dispensa-se a nomeação de que trata o § 2º se pessoa da família apresentar declaração do médico do citando que ateste a incapacidade deste.

§ 4º Reconhecida a impossibilidade, o juiz nomeará curador ao citando, observando, quanto à sua escolha, a preferência estabelecida em lei e restringindo a nomeação à causa.

→ *v.* Art. 1.775 do CC/2002.

→ *v.* Arts. 72, I e 178, II do NCPC.

§ 5º A citação será feita na pessoa do curador, a quem incumbirá a defesa dos interesses do citando.

→ *v.* Art. 18 da Lei 9.099/1995.

→ *v.* Art. 8º da Lei 6.830/1980.

Art. 246. A citação será feita:

I – pelo correio;

→ *v.* Art. 58, IV, da Lei 8.245/1991.

→ *v.* Súmula 429 do STJ.

→ *v.* Arts. 247 e 248 do NCPC.

II – por oficial de justiça;

→ *v.* Arts. 249 a 255 do NCPC.

III – pelo escrivão ou chefe de secretaria, se o citando comparecer em cartório;

IV – por edital;

→ *v.* Súmula 282 do STJ.

→ *v.* Arts. 256 a 259 do NCPC.

V – por meio eletrônico, conforme regulado em lei.

→ *v.* Arts. 6º e 9º, § 1º, da Lei 11.419/2006.

§ 1º Com exceção das microempresas e das empresas de pequeno porte, as empresas públicas e privadas são obrigadas a manter cadastro nos sistemas de processo em autos eletrônicos, para efeito de recebimento de citações e intimações, as quais serão efetuadas preferencialmente por esse meio.

§ 2º O disposto no § 1º aplica-se à União, aos Estados, ao Distrito Federal, aos Municípios e às entidades da administração indireta.

§ 3º Na ação de usucapião de imóvel, os confinantes serão citados pessoalmente, exceto quando tiver por objeto unidade autônoma de prédio em condomínio, caso em que tal citação é dispensada.

→ *v.* Súmulas 263 e 391 do STF.

→ *v.* Arts. 115, II e 259, I do NCPC.

Art. 247. A citação será feita pelo correio para qualquer comarca do país, exceto:

I – nas ações de estado, observado o disposto no art. 695, § 3º;

II – quando o citando for incapaz;

→ *v.* Art. 245, II do NCPC.

III – quando o citando for pessoa de direito público;

IV – quando o citando residir em local não atendido pela entrega domiciliar de correspondência;

V – quando o autor, justificadamente, a requerer de outra forma.

Art. 248. Deferida a citação pelo correio, o escrivão ou o chefe de secretaria remeterá ao citando cópias da petição inicial e do despacho do juiz e comunicará o prazo para resposta, o endereço do juízo e o respectivo cartório.

§ 1º A carta será registrada para entrega ao citando, exigindo-lhe o carteiro, ao fazer a entrega, que assine o recibo.

→ *v.* Súmula 429 do STJ.

§ 2º Sendo o citando pessoa jurídica, será válida a entrega do mandado a pessoa com poderes de gerência geral ou de administração, ou, ainda, a funcionário responsável pelo recebimento de correspondências.

→ *v.* Art. 18, II da Lei 9.099/1995.

§ 3º Da carta de citação no processo de conhecimento constarão os requisitos do art. 250.

§ 4º Nos condomínios edilícios ou nos loteamentos com controle de acesso, será válida a entrega do mandado a funcionário da portaria responsável pelo recebimento de correspondência, que, entretanto, poderá recusar o recebimento, se declarar, por escrito, sob as penas da lei, que o destinatário da correspondência está ausente.

Art. 249. A citação será feita por meio de oficial de justiça nas hipóteses previstas neste Código ou em lei, ou quando frustrada a citação pelo correio.

Art. 250. O mandado que o oficial de justiça tiver de cumprir conterá:

I – os nomes do autor e do citando e seus respectivos domicílios ou residências;

II – a finalidade da citação, com todas as especificações constantes da petição inicial, bem como a menção do prazo para contestar, sob pena de revelia, ou para embargar a execução;

III – a aplicação de sanção para o caso de descumprimento da ordem, se houver;

IV – se for o caso, a intimação do citando para comparecer, acompanhado de advogado ou de defensor público, à audiência de conciliação ou de mediação, com a menção do dia, da hora e do lugar do comparecimento;

→ *v.* Art. 334 do NCPC.

→ *v.* Lei 13.140/2015 – Lei de Mediação.

V – a cópia da petição inicial, do despacho ou da decisão que deferir tutela provisória;

VI – a assinatura do escrivão ou do chefe de secretaria e a declaração de que o subscreve por ordem do juiz.

Art. 251. Incumbe ao oficial de justiça procurar o citando e, onde o encontrar, citá-lo:

→ *v.* Arts. 242 e 243 do NCPC.

I – lendo-lhe o mandado e entregando-lhe a contrafé;

II – portando por fé se recebeu ou recusou a contrafé;

III – obtendo a nota de ciente ou certificando que o citando não a apôs no mandado.

Art. 252. Quando, por 2 (duas) vezes, o oficial de justiça houver procurado o citando em seu domicílio ou residência sem o encontrar, deverá, havendo suspeita de ocultação, intimar qualquer pessoa da família ou, em sua falta, qualquer vizinho de que, no dia útil imediato, voltará a fim de efetuar a citação, na hora que designar.

→ *v.* Súmula 196 do STJ.

→ *v.* Art. 829, § 1º do NCPC.

Parágrafo único. Nos condomínios edilícios ou nos loteamentos com controle de acesso, será válida a intimação a que se refere o *caput* feita a funcionário da portaria responsável pelo recebimento de correspondência.

Art. 253. No dia e na hora designados, o oficial de justiça, independentemente de novo despacho, comparecerá ao domicílio ou à residência do citando a fim de realizar a diligência.

§ 1º Se o citando não estiver presente, o oficial de justiça procurará informar-se das razões da ausência, dando por feita a citação, ainda que o citando se tenha ocultado em outra comarca, seção ou subseção judiciárias.

§ 2º A citação com hora certa será efetivada mesmo que a pessoa da família ou o vizinho que houver sido intimado, esteja ausente, ou se, embora presente, a pessoa da família ou o vizinho se recusar a receber o mandado.

§ 3º Da certidão da ocorrência, o oficial de justiça deixará contrafé com qualquer pessoa da família ou vizinho, conforme o caso, declarando-lhe o nome.

§ 4º O oficial de justiça fará constar do mandado a advertência de que será nomeado curador especial se houver revelia.

→ *v.* Art. 72, II do NCPC.

Art. 254. Feita a citação com hora certa, o escrivão ou chefe de secretaria enviará ao réu, executado ou interessado, no prazo de 10 (dez) dias, contado da data da juntada do mandado aos autos, carta, telegrama ou correspondência eletrônica, dando-lhe de tudo ciência.

→ *v.* Art. 231, § 4º do NCPC.

Art. 255. Nas comarcas contíguas de fácil comunicação e nas que se situem na mesma região metropolitana, o oficial de justiça poderá efetuar, em qualquer delas, citações, intimações, notificações, penhoras e quaisquer outros atos executivos.

→ *v.* Arts. 260 e 782, § 1º, do NCPC.

Art. 256. A citação por edital será feita:

I – quando desconhecido ou incerto o citando;

II – quando ignorado, incerto ou inacessível o lugar em que se encontrar o citando;

III – nos casos expressos em lei.

→ v. Art. 259 do NCPC.

§ 1º Considera-se inacessível, para efeito de citação por edital, o país que recusar o cumprimento de carta rogatória.

§ 2º No caso de ser inacessível o lugar em que se encontrar o réu, a notícia de sua citação será divulgada também pelo rádio, se na comarca houver emissora de radiodifusão.

§ 3º O réu será considerado em local ignorado ou incerto se infrutíferas as tentativas de sua localização, inclusive mediante requisição pelo juízo de informações sobre seu endereço nos cadastros de órgãos públicos ou de concessionárias de serviços públicos.

Art. 257. São requisitos da citação por edital:

→ v. Súmulas 282 e 414 do STJ.

I – a afirmação do autor ou a certidão do oficial informando a presença das circunstâncias autorizadoras;

II – a publicação do edital na rede mundial de computadores, no sítio do respectivo tribunal e na plataforma de editais do Conselho Nacional de Justiça, que deve ser certificada nos autos;

III – a determinação, pelo juiz, do prazo, que variará entre 20 (vinte) e 60 (sessenta) dias, fluindo da data da publicação única ou, havendo mais de uma, da primeira;

IV – a advertência de que será nomeado curador especial em caso de revelia.

Parágrafo único. O juiz poderá determinar que a publicação do edital seja feita também em jornal local de ampla circulação ou por outros meios, considerando as peculiaridades da comarca, da seção ou da subseção judiciárias.

Art. 258. A parte que requerer a citação por edital, alegando dolosamente a ocorrência das circunstâncias autorizadoras para sua realização, incorrerá em multa de 5 (cinco) vezes o salário mínimo.

Parágrafo único. A multa reverterá em benefício do citando.

Art. 259. Serão publicados editais:

I – na ação de usucapião de imóvel;

II – na ação de recuperação ou substituição de título ao portador;

III – em qualquer ação em que seja necessária, por determinação legal, a provocação, para participação no processo, de interessados incertos ou desconhecidos.

Capítulo III
DAS CARTAS

Art. 260. São requisitos das cartas de ordem, precatória e rogatória:

→ v. Art. 42 da Lei 5.010/1966.

I – a indicação dos juízes de origem e de cumprimento do ato;

II – o inteiro teor da petição, do despacho judicial e do instrumento do mandato conferido ao advogado;

III – a menção do ato processual que lhe constitui o objeto;

IV – o encerramento com a assinatura do juiz.

§ 1º O juiz mandará trasladar para a carta quaisquer outras peças, bem como instruí-la com mapa, desenho ou gráfico, sempre que esses documentos devam ser examinados, na diligência, pelas partes, pelos peritos ou pelas testemunhas.

§ 2º Quando o objeto da carta for exame pericial sobre documento, este será remetido em original, ficando nos autos reprodução fotográfica.

→ v. Art. 464 do NCPC.

§ 3º A carta arbitral atenderá, no que couber, aos requisitos a que se refere o *caput* e será instruída com a convenção de arbitragem e com as provas da nomeação do árbitro e de sua aceitação da função.

Art. 261. Em todas as cartas o juiz fixará o prazo para cumprimento, atendendo à facilidade das comunicações e à natureza da diligência.

§ 1º As partes deverão ser intimadas pelo juiz do ato de expedição da carta.

§ 2º Expedida a carta, as partes acompanharão o cumprimento da diligência perante o juízo destinatário, ao qual compete a prática dos atos de comunicação.

§ 3º A parte a quem interessar o cumprimento da diligência cooperará para que o prazo a que se refere o *caput* seja cumprido.

Art. 262. A carta tem caráter itinerante, podendo, antes ou depois de lhe ser ordenado o cumprimento, ser encaminhada a juízo diverso do que dela consta, a fim de se praticar o ato.

Parágrafo único. O encaminhamento da carta a outro juízo será imediatamente comunicado ao órgão expedidor, que intimará as partes.

Art. 263. As cartas deverão, preferencialmente, ser expedidas por meio eletrônico, caso em que a assinatura do juiz deverá ser eletrônica, na forma da lei.

→ v. Art. 7º da Lei 11.419/2006.

Art. 264. A carta de ordem e a carta precatória por meio eletrônico, por telefone ou por telegrama conterão, em resumo substancial, os requisitos mencionados no art. 250, especialmente no que se refere à aferição da autenticidade.

Art. 265. O secretário do tribunal, o escrivão ou o chefe de secretaria do juízo deprecante transmitirá, por telefone, a carta de ordem ou a carta precatória ao juízo em que houver de se cumprir o ato, por intermédio do escrivão do primeiro ofício da primeira vara, se houver na comarca mais de um ofício ou de uma vara, observando-se, quanto aos requisitos, o disposto no art. 264.

§ 1º O escrivão ou o chefe de secretaria, no mesmo dia ou no dia útil imediato, telefonará ou enviará mensagem eletrônica ao secretário do tribunal, ao escrivão ou ao chefe de secretaria do juízo deprecante, lendo-lhe os termos da carta e solicitando-lhe que os confirme.

§ 2º Sendo confirmada, o escrivão ou o chefe de secretaria submeterá a carta a despacho.

Art. 266. Serão praticados de ofício os atos requisitados por meio eletrônico e de telegrama, devendo a parte depositar, contudo, na secretaria do tribunal ou no cartório do juízo deprecante, a importância correspondente às despesas que serão feitas no juízo em que houver de praticar-se o ato.

Art. 267. O juiz recusará cumprimento a carta precatória ou arbitral, devolvendo-a com decisão motivada quando:

I – a carta não estiver revestida dos requisitos legais;

II – faltar ao juiz competência em razão da matéria ou da hierarquia;

III – o juiz tiver dúvida acerca de sua autenticidade.

Parágrafo único. No caso de incompetência em razão da matéria ou da hierarquia, o juiz deprecado, conforme o ato a ser praticado, poderá remeter a carta ao juiz ou ao tribunal competente.

Art. 268. Cumprida a carta, será devolvida ao juízo de origem no prazo de 10 (dez) dias, independentemente de traslado, pagas as custas pela parte.

Capítulo IV
DAS INTIMAÇÕES

Art. 269. Intimação é o ato pelo qual se dá ciência a alguém dos atos e dos termos do processo.

§ 1º É facultado aos advogados promover a intimação do advogado da outra parte por meio do correio, juntando aos autos, a seguir, cópia do ofício de intimação e do aviso de recebimento.

§ 2º O ofício de intimação deverá ser instruído com cópia do despacho, da decisão ou da sentença.

§ 3º A intimação da União, dos Estados, do Distrito Federal, dos Municípios e de suas respectivas autarquias e fundações de direito público será realizada perante o órgão de Advocacia Pública responsável por sua representação judicial.

→ v. Súmulas 310 do STF.

Art. 270. As intimações realizam-se, sempre que possível, por meio eletrônico, na forma da lei.

→ v. Arts. 5º e 9º da Lei 11.419/2006.

Parágrafo único. Aplica-se ao Ministério Público, à Defensoria Pública e à Advocacia Pública o disposto no § 1º do art. 246.

Art. 271. O juiz determinará de ofício as intimações em processos pendentes, salvo disposição em contrário.

Art. 272. Quando não realizadas por meio eletrônico, consideram-se feitas as intimações pela publicação dos atos no órgão oficial.

→ v. Art. 82 do RISTF.

→ v. Art. 88 do RISTJ.

→ v. Resolução 404/2009 do STF – Dispõe sobre as intimações das decisões proferidas no âmbito do Supremo Tribunal Federal em processos físicos ou eletrônicos e dá outras providências.

§ 1º Os advogados poderão requerer que, na intimação a eles dirigida, figure apenas o nome da sociedade a que pertençam, desde que devidamente registrada na Ordem dos Advogados do Brasil.

§ 2º Sob pena de nulidade, é indispensável que da publicação constem os nomes das partes e de seus advogados, com o respectivo número de inscrição na Ordem dos Advogados do Brasil, ou, se assim requerido, da sociedade de advogados.

§ 3º A grafia dos nomes das partes não deve conter abreviaturas.

§ 4º A grafia dos nomes dos advogados deve corresponder ao nome completo e ser a mesma que constar da procuração ou que estiver registrada na Ordem dos Advogados do Brasil.

§ 5º Constando dos autos pedido expresso para que as comunicações dos atos processuais sejam feitas em nome dos advogados indicados, o seu desatendimento implicará nulidade.

§ 6º A retirada dos autos do cartório ou da secretaria em carga pelo advogado, por pessoa credenciada a pedido do advogado ou da sociedade de advogados, pela Advocacia Pública, pela Defensoria Pública ou pelo Ministério Público implicará intimação de qualquer decisão contida no processo retirado, ainda que pendente de publicação.

§ 7º O advogado e a sociedade de advogados deverão requerer o respectivo credenciamento para a retirada de autos por preposto.

§ 8º A parte arguirá a nulidade da intimação em capítulo preliminar do próprio ato que lhe caiba praticar, o qual será tido por tempestivo se o vício for reconhecido.

§ 9º Não sendo possível a prática imediata do ato diante da necessidade de acesso prévio aos autos, a parte limitar-se-á a arguir a nulidade da intimação, caso em que o prazo será contado da intimação da decisão que a reconheça.

Art. 273. Se inviável a intimação por meio eletrônico e não houver na localidade publicação em órgão oficial, incumbirá ao escrivão ou chefe de secretaria intimar de todos os atos do processo os advogados das partes:

→ *v.* Art. 23 do Decreto 70.235/1972.

→ *v.* Art. 6º, § 2º, da Lei 9.028/1995.

I – pessoalmente, se tiverem domicílio na sede do juízo;

II – por carta registrada, com aviso de recebimento, quando forem domiciliados fora do juízo.

Art. 274. Não dispondo a lei de outro modo, as intimações serão feitas às partes, aos seus representantes legais, aos advogados e aos demais sujeitos do processo pelo correio ou, se presentes em cartório, diretamente pelo escrivão ou chefe de secretaria.

Parágrafo único. Presumem-se válidas as intimações dirigidas ao endereço constante dos autos, ainda que não recebidas pessoalmente pelo interessado, se a modificação temporária ou definitiva não tiver sido devidamente comunicada ao juízo, fluindo os prazos a partir da juntada aos autos do comprovante de entrega da correspondência no primitivo endereço.

Art. 275. A intimação será feita por oficial de justiça quando frustrada a realização por meio eletrônico ou pelo correio.

§ 1º A certidão de intimação deve conter:

I – a indicação do lugar e a descrição da pessoa intimada, mencionando, quando possível, o número de seu documento de identidade e o órgão que oa expediu;

II – a declaração de entrega da contrafé;

III – a nota de ciente ou a certidão de que o interessado não a após no mandado.

§ 2º Caso necessário, a intimação poderá ser efetuada com hora certa ou por edital.

→ *v.* Arts. 253 e 258 do NCPC.

Título III
Das nulidades

Art. 276. Quando a lei prescrever determinada forma sob pena de nulidade, a decretação desta não pode ser requerida pela parte que lhe deu causa.

→ *v.* Art. 5º, LIV da CF/1988.

→ *v.* Arts. 166 a 184 do CC/2002.

→ *v.* Arts. 59 a 61 do Decreto 70.235/1972.

Art. 277. Quando a lei prescrever determinada forma, o juiz considerará válido o ato se, realizado de outro modo, lhe alcançar a finalidade.

Art. 278. A nulidade dos atos deve ser alegada na primeira oportunidade em que couber à parte falar nos autos, sob pena de preclusão.

Parágrafo único. Não se aplica o disposto no *caput* às nulidades que o juiz deva decretar de ofício, nem prevalece a preclusão provando a parte legítimo impedimento.

Art. 279. É nulo o processo quando o membro do Ministério Público não for intimado a acompanhar o feito em que deva intervir.

§ 1º Se o processo tiver tramitado sem conhecimento do membro do Ministério Público, o juiz invalidará os atos praticados a partir do momento em que ele deveria ter sido intimado.

§ 2º A nulidade só pode ser decretada após a intimação do Ministério Público, que se manifestará sobre a existência ou a inexistência de prejuízo.

→ *v.* Súmula 189 do STJ.

Art. 280. As citações e as intimações serão nulas quando feitas sem observância das prescrições legais.

Art. 281. Anulado o ato, consideram-se de nenhum efeito todos os subsequentes que dele dependam, todavia, a nulidade de uma parte do ato não prejudicará as outras que dela sejam independentes.

Art. 282. Ao pronunciar a nulidade, o juiz declarará que atos são atingidos e ordenará as providências necessárias a fim de que sejam repetidos ou retificados.

§ 1º O ato não será repetido nem sua falta será suprida quando não prejudicar a parte.

§ 2º Quando puder decidir o mérito a favor da parte a quem aproveite a decretação da nulidade, o juiz não a pronunciará nem mandará repetir o ato ou suprir-lhe a falta.

Art. 283. O erro de forma do processo acarreta unicamente a anulação dos atos que não possam ser aproveitados, devendo ser praticados os que forem necessários a fim de se observarem as prescrições legais.

Parágrafo único. Dar-se-á o aproveitamento dos atos praticados desde que não resulte prejuízo à defesa de qualquer parte.

Título IV
Da distribuição e do registro

Art. 284. Todos os processos estão sujeitos a registro, devendo ser distribuídos onde houver mais de um juiz.

Art. 285. A distribuição, que poderá ser eletrônica, será alternada e aleatória, obedecendo-se rigorosa igualdade.

→ *v.* Art. 10 da Lei 11.419/2006.

Parágrafo único. A lista de distribuição deverá ser publicada no Diário de Justiça.

Art. 286. Serão distribuídas por dependência as causas de qualquer natureza:

I – quando se relacionarem, por conexão ou continência, com outra já ajuizada;

→ *v.* Arts. 55 e 56 do NCPC.

II – quando, tendo sido extinto o processo sem resolução de mérito, for reiterado o pedido, ainda que em litisconsórcio com outros autores ou que sejam parcialmente alterados os réus da demanda;

→ *v.* Arts. 485 e 486 do NCPC.

III – quando houver ajuizamento de ações nos termos do art. 55, § 3º, ao juízo prevento.

→ *v.* Arts. 337, § 2º e 985, I do NCPC.

Parágrafo único. Havendo intervenção de terceiro, reconvenção ou outra hipótese de ampliação objetiva do processo, o juiz, de ofício, mandará proceder à respectiva anotação pelo distribuidor.

→ *v.* Súmula 235 do STJ.

→ *v.* Arts. 119 e ss, 343 e ss e 503, § 1º do NCPC.

Art. 287. A petição inicial deve vir acompanhada de procuração, que conterá os endereços do advogado, eletrônico e não eletrônico.

Parágrafo único. Dispensa-se a juntada da procuração:

I – no caso previsto no art. 104;

II – se a parte estiver representada pela Defensoria Pública;

III – se a representação decorrer diretamente de norma prevista na Constituição Federal ou em lei.

→ *v.* Súmula 644 do STF.

→ *v.* Art. 9º da Lei 9.469 /1997.

Art. 288. O juiz, de ofício ou a requerimento do interessado, corrigirá o erro ou compensará a falta de distribuição.

Art. 289. A distribuição poderá ser fiscalizada pela parte, por seu procurador, pelo Ministério Público e pela Defensoria Pública.

Art. 290. Será cancelada a distribuição do feito se a parte, intimada na pessoa de seu advogado, não realizar o pagamento das custas e despesas de ingresso em 15 (quinze) dias.

Título V
Do valor da causa

Art. 291. A toda causa será atribuído valor certo, ainda que não tenha conteúdo econômico imediatamente aferível.

→ *v.* Súmulas 449 e 667 do STF.

→ *v.* Súmula 14 do STJ.

→ *v.* Art. 3º, I, da Lei 9.099/1995.

→ *v.* Art. 3º da Lei 10.259/2001.

→ *v.* Art. 2º, *caput*, da Lei 12.153/2009.

Art. 292. O valor da causa constará da petição inicial ou da reconvenção e será:

→ *v.* Arts. 319, V e 343 do NCPC.

I – na ação de cobrança de dívida, a soma monetariamente corrigida do principal, dos juros de mora vencidos e de outras penalidades, se houver, até a data de propositura da ação;

II – na ação que tiver por objeto a existência, a validade, o cumprimento, a modificação, a resolução, a resilição ou a rescisão de ato jurídico, o valor do ato ou o de sua parte controvertida;

III – na ação de alimentos, a soma de 12 (doze) prestações mensais pedidas pelo autor;

→ *v.* Art. 58, III da Lei 8.245/1991.

→ *v.* Lei 5.478/1968 – Dispõe sobre ação de alimentos e dá outras providências.

IV – na ação de divisão, de demarcação e de reivindicação, o valor de avaliação da área ou do bem objeto do pedido;

→ *v.* Art. 569 do NCPC.

V – na ação indenizatória, inclusive a fundada em dano moral, o valor pretendido;

VI – na ação em que há cumulação de pedidos, a quantia correspondente à soma dos valores de todos eles;

→ *v.* Art. 327 do NCPC.

VII – na ação em que os pedidos são alternativos, o de maior valor;

→ *v.* Art. 325 do NCPC.

VIII – na ação em que houver pedido subsidiário, o valor do pedido principal.

→ *v.* Art. 326 do NCPC.

§ 1º Quando se pedirem prestações vencidas e vincendas, considerar-se-á o valor de umas e outras.

§ 2º O valor das prestações vincendas será igual a uma prestação anual, se a obrigação for por tempo indeterminado ou por tempo superior a 1 (um) ano, e, se por tempo inferior, será igual à soma das prestações.

→ *v.* Art. 58, III, da Lei 8.245/1991.

→ *v.* Art. 292, III do NCPC.

§ 3º O juiz corrigirá, de ofício e por arbitramento, o valor da causa quando verificar que não corresponde ao conteúdo patrimonial em discussão ou ao proveito econômico perseguido pelo autor, caso em que se procederá ao recolhimento das custas correspondentes.

Art. 293. O réu poderá impugnar, em preliminar da contestação, o valor atribuído à causa pelo autor, sob pena de preclusão, e o juiz decidirá a respeito, impondo, se for o caso, a complementação das custas.

LIVRO V
Da tutela provisória

Título I
Disposições Gerais

Art. 294. A tutela provisória pode fundamentar-se em urgência ou evidência.

→ *v.* Art. 84, §§ 3º e 5º, do CDC.

→ *v.* Súmula 212 do STJ.

→ *v.* Arts. 10, 12-F e 21 da Lei 9.868/1999.

→ *v.* Art. 5º da Lei 9.882/1999.

→ *v.* Art. 1º da Lei 9.494/1997 – Disciplina a aplicação da tutela antecipada contra a Fazenda Pública e Lei 8.076/1990 – Estabelece hipóteses nas quais fica suspensa a concessão de medidas liminares.

→ *v.* Lei 8.367/1992 – Institui medida cautelar fiscal e dá outras providências.

Parágrafo único. A tutela provisória de urgência, cautelar ou antecipada, pode ser concedida em caráter antecedente ou incidental.

Art. 295. A tutela provisória requerida em caráter incidental independe do pagamento de custas.

Art. 296. A tutela provisória conserva sua eficácia na pendência do processo, mas pode, a qualquer tempo, ser revogada ou modificada.

Parágrafo único. Salvo decisão judicial em contrário, a tutela provisória conservará a eficácia durante o período de suspensão do processo.

→ *v.* Arts. 313 e 314 do NCPC.

Art. 297. O juiz poderá determinar as medidas que considerar adequadas para efetivação da tutela provisória.

Parágrafo único. A efetivação da tutela provisória observará as normas referentes ao cumprimento provisório da sentença, no que couber.

→ *v.* Art. 520 do NCPC.

Art. 298. Na decisão que conceder, negar, modificar ou revogar a tutela provisória, o juiz motivará seu convencimento de modo claro e preciso.

→ *v.* Art. 1.015, I do NCPC.

Art. 299. A tutela provisória será requerida ao juízo da causa e, quando antecedente, ao juízo competente para conhecer do pedido principal.

Parágrafo único. Ressalvada disposição especial, na ação de competência originária de tribunal e nos recursos a tutela provisória será requerida ao órgão jurisdicional competente para apreciar o mérito.

Título II
Da tutela de urgência

Capítulo I
DISPOSIÇÕES GERAIS

Art. 300. A tutela de urgência será concedida quando houver elementos que evidenciem a probabilidade do direito e o perigo de dano ou o risco ao resultado útil do processo.

→ *v.* Súmula 729 do STF.

→ *v.* Súmulas 405, 414 e 418 do TST.

§ 1º Para a concessão da tutela de urgência, o juiz pode, conforme o caso, exigir caução real ou fidejussória idônea para ressarcir os danos que a outra parte possa vir a sofrer, podendo a caução ser dispensada se a parte economicamente hipossuficiente não puder oferecê-la.

§ 2º A tutela de urgência pode ser concedida liminarmente ou após justificação prévia.

§ 3º A tutela de urgência de natureza antecipada não será concedida quando houver perigo de irreversibilidade dos efeitos da decisão.

→ *v.* Art. 1º da Lei 9.494/1997.

→ *v.* Lei 8.076/1990 – Estabelece hipóteses nas quais fica suspensa a concessão de medidas liminares.

Art. 301. A tutela de urgência de natureza cautelar pode ser efetivada mediante arresto, sequestro, arrolamento de bens, registro de protesto contra alienação de bem e qualquer outra medida idônea para asseguração do direito.

Art. 302. Independentemente da reparação por dano processual, a parte responde pelo prejuízo que a efetivação da tutela de urgência causar à parte adversa, se:

I – a sentença lhe for desfavorável;

II – obtida liminarmente a tutela em caráter antecedente, não fornecer os meios necessários para a citação do requerido no prazo de 5 (cinco) dias;

→ *v.* Arts. 238 e ss. do NCPC.

III – ocorrer a cessação da eficácia da medida em qualquer hipótese legal;

IV – o juiz acolher a alegação de decadência ou prescrição da pretensão do autor.

Parágrafo único. A indenização será liquidada nos autos em que a medida tiver sido concedida, sempre que possível.

Capítulo II
DO PROCEDIMENTO DA TUTELA ANTECIPADA REQUERIDA EM CARÁTER ANTECEDENTE

Art. 303. Nos casos em que a urgência for contemporânea à propositura da ação, a petição inicial pode limitar-se ao requerimento da tutela antecipada e à indicação do pedido de tutela final, com a exposição da lide, do direito que se busca realizar e do perigo de dano ou do risco ao resultado útil do processo.

→ *v.* Art. 319 do NCPC.

§ 1º Concedida a tutela antecipada a que se refere o *caput* deste artigo:

I – o autor deverá aditar a petição inicial, com a complementação de sua argumentação, a juntada de novos documentos e a confirmação do pedido de tutela final, em 15 (quinze) dias ou em outro prazo maior que o juiz fixar;

→ *v.* Art. 321 do NCPC.

II – o réu será citado e intimado para a audiência de conciliação ou de mediação na forma do art. 334;

→ *v.* Arts. 238 e 269 do NCPC.

→ *v.* Lei 13.140/2015 – Lei de Mediação.

III – não havendo autocomposição, o prazo para contestação será contado na forma do art. 335.

§ 2º Não realizado o aditamento a que se refere o inciso I do § 1º deste artigo, o processo será extinto sem resolução do mérito.

→ *v.* Art. 485, I, III e X do NCPC.

§ 3º O aditamento a que se refere o inciso I do § 1º deste artigo dar-se-á nos mesmos autos, sem incidência de novas custas processuais.

§ 4º Na petição inicial a que se refere o *caput* deste artigo, o autor terá de indicar o valor da causa, que deve levar em consideração o pedido de tutela final.

→ *v.* Arts. 291 e ss. do NCPC.

§ 5º O autor indicará na petição inicial, ainda, que pretende valer-se do benefício previsto no *caput* deste artigo.

→ *v.* Art. 319 do NCPC.

§ 6º Caso entenda que não há elementos para a concessão de tutela antecipada, o órgão jurisdicional determinará a emenda da petição inicial em até 5 (cinco) dias, sob pena de ser indeferida e de o processo ser extinto sem resolução de mérito.

→ *v.* Arts. 6º, 321 e 485, I do NCPC.

Art. 304. A tutela antecipada, concedida nos termos do art. 303, torna-se estável se da decisão que a conceder não for interposto o respectivo recurso.

§ 1º No caso previsto no *caput*, o processo será extinto.

→ *v.* Art. 487, I e III, *a*, do NCPC.

§ 2º Qualquer das partes poderá demandar a outra com o intuito de rever, reformar ou invalidar a tutela antecipada estabilizada nos termos do *caput*.

§ 3º A tutela antecipada conservará seus efeitos enquanto não revista, reformada ou invalidada por decisão de mérito proferida na ação de que trata o § 2º.

§ 4º Qualquer das partes poderá requerer o desarquivamento dos autos em que foi concedida a medida, para instruir a petição inicial da ação a que se refere o § 2º, prevento o juízo em que a tutela antecipada foi concedida.

§ 5º O direito de rever, reformar ou invalidar a tutela antecipada, previsto no § 2º deste artigo, extingue-se após 2 (dois) anos, contados da ciência da decisão que extinguiu o processo, nos termos do § 1º.

§ 6º A decisão que concede a tutela não fará coisa julgada, mas a estabilidade dos respectivos efeitos só será afastada por decisão que a revir, reformar ou invalidar, proferida em ação ajuizada por uma das partes, nos termos do § 2º deste artigo.

Capítulo III
DO PROCEDIMENTO DA TUTELA CAUTELAR REQUERIDA EM CARÁTER ANTECEDENTE

Art. 305. A petição inicial da ação que visa à prestação de tutela cautelar em caráter antecedente indicará a lide e seu fundamento, a exposição sumária do direito que se objetiva assegurar e o perigo de dano ou o risco ao resultado útil do processo.

→ v. Art. 319 do NCPC.

Parágrafo único. Caso entenda que o pedido a que se refere o *caput* tem natureza antecipada, o juiz observará o disposto no art. 303.

Art. 306. O réu será citado para, no prazo de 5 (cinco) dias, contestar o pedido e indicar as provas que pretende produzir.

→ v. Art. 335 do NCPC.

Art. 307. Não sendo contestado o pedido, os fatos alegados pelo autor presumir-se-ão aceitos pelo réu como ocorridos, caso em que o juiz decidirá dentro de 5 (cinco) dias.

→ v. Art. 344 do NCPC.

Parágrafo único. Contestado o pedido no prazo legal, observar-se-á o procedimento comum.

→ v. Art. 318 do NCPC.

Art. 308. Efetivada a tutela cautelar, o pedido principal terá de ser formulado pelo autor no prazo de 30 (trinta) dias, caso em que será apresentado nos mesmos autos em que deduzido o pedido de tutela cautelar, não dependendo do adiantamento de novas custas processuais.

§ 1º O pedido principal pode ser formulado conjuntamente com o pedido de tutela cautelar.

§ 2º A causa de pedir poderá ser aditada no momento de formulação do pedido principal.

→ v. Art. 321 do NCPC.

§ 3º Apresentado o pedido principal, as partes serão intimadas para a audiência de conciliação ou de mediação, na forma do art. 334, por seus advogados ou pessoalmente, sem necessidade de nova citação do réu.

→ v. Lei 13.140/2015 – Lei de Mediação.

§ 4º Não havendo autocomposição, o prazo para contestação será contado na forma do art. 335.

Art. 309. Cessa a eficácia da tutela concedida em caráter antecedente, se:

I – o autor não deduzir o pedido principal no prazo legal;

II – não for efetivada dentro de 30 (trinta) dias;

III – o juiz julgar improcedente o pedido principal formulado pelo autor ou extinguir o processo sem resolução de mérito.

Parágrafo único. Se por qualquer motivo cessar a eficácia da tutela cautelar, é vedado à parte renovar o pedido, salvo sob novo fundamento.

→ v. Art. 502 do NCPC.

Art. 310. O indeferimento da tutela cautelar não obsta a que a parte formule o pedido principal, nem influi no julgamento desse, salvo se o motivo do indeferimento for o reconhecimento de decadência ou de prescrição.

→ v. Art. 487, II do NCPC.

Título III
Da tutela da evidência

Art. 311. A tutela da evidência será concedida, independentemente da demonstração de perigo de dano ou de risco ao resultado útil do processo, quando:

→ v. Art. 1º da Lei 9.494/1997.

→ v. Lei 8.076/1990 – Estabelece hipóteses nas quais fica suspensa a concessão de medidas liminares.

I – ficar caracterizado o abuso do direito de defesa ou o manifesto propósito protelatório da parte;

II – as alegações de fato puderem ser comprovadas apenas documentalmente e houver tese firmada em julgamento de casos repetitivos ou em súmula vinculante;

→ v. Arts. 1.032 e ss. do NCPC.

→ v. Lei 11.417/2006 – Dispõe sobre a edição, a revisão e o cancelamento de enunciado de súmula vinculante pelo Supremo Tribunal Federal, e dá outras providências.

III – se tratar de pedido reipersecutório fundado em prova documental adequada do contrato de depósito, caso em que será decretada a ordem de entrega do objeto custodiado, sob cominação de multa;

IV – a petição inicial for instruída com prova documental suficiente dos fatos constitutivos do direito do autor, a que o réu não oponha prova capaz de gerar dúvida razoável.

Parágrafo único. Nas hipóteses dos incisos II e III, o juiz poderá decidir liminarmente.

LIVRO VI
Da formação, da suspensão e da extinção do processo

Título I
Da formação do processo

Art. 312. Considera-se proposta a ação quando a petição inicial for protocolada, todavia, a propositura da ação só produz quanto ao réu os efeitos mencionados no art. 240 depois que for validamente citado.

→ v. Súmula 309 do STJ.

Título II
Da suspensão do processo

Art. 313. Suspende-se o processo:

I – pela morte ou pela perda da capacidade processual de qualquer das partes, de seu representante legal ou de seu procurador;

→ v. Art. 687 do NCPC.

II – pela convenção das partes;

III – pela arguição de impedimento ou de suspeição;

→ v. Arts. 144 e 145 do NCPC.

IV – pela admissão de incidente de resolução de demandas repetitivas;

→ v. Art. 976 do NCPC.

V – quando a sentença de mérito:

→ v. Art. 487 do NCPC.

a) depender do julgamento de outra causa ou da declaração de existência ou de inexistência de relação jurídica que constitua o objeto principal de outro processo pendente;

b) tiver de ser proferida somente após a verificação de determinado fato ou a produção de certa prova, requisitada a outro juízo;

VI – por motivo de força maior;

VII – quando se discutir em juízo questão decorrente de acidentes e fatos da navegação de competência do Tribunal Marítimo;

VIII – nos demais casos que este Código regula.

→ v. Art. 134, § 3º, do NCPC.

§ 1º Na hipótese do inciso I, o juiz suspenderá o processo, nos termos do art. 689.

§ 2º Não ajuizada ação de habilitação, ao tomar conhecimento da morte, o juiz determinará a suspensão do processo e observará o seguinte:

→ v. Art. 687 do NCPC.

I – falecido o réu, ordenará a intimação do autor para que promova a citação do respectivo espólio, de quem for o sucessor ou, se for o caso, dos herdeiros, no prazo que designar, de no mínimo 2 (dois) e no máximo 6 (seis) meses;

II – falecido o autor e sendo transmissível o direito em litígio, determinará a intimação de seu espólio, de quem for o sucessor ou, se for o caso, dos herdeiros, pelos meios de divulgação que reputar mais adequados, para que manifestem interesse na sucessão processual e promovam a respectiva habilitação no prazo designado, sob pena de extinção do processo sem resolução de mérito.

§ 3º No caso de morte do procurador de qualquer das partes, ainda que iniciada a audiência de instrução e julgamento, o juiz determinará que a parte constitua novo mandatário, no prazo de 15 (quinze) dias, ao final do qual extinguirá o processo sem resolução de mérito, se o autor não nomear novo mandatário, ou ordenará o prosseguimento do processo à revelia do réu, se falecido o procurador deste.

§ 4º O prazo de suspensão do processo nunca poderá exceder 1 (um) ano nas hipóteses do inciso V e 6 (seis) meses naquela prevista no inciso II.

§ 5º O juiz determinará o prosseguimento do processo assim que esgotados os prazos previstos no § 4º.

Art. 314. Durante a suspensão é vedado praticar qualquer ato processual, podendo o juiz, todavia, determinar a realização de atos urgentes a fim de evitar dano irreparável, salvo no caso de arguição de impedimento e de suspeição.

→ v. Arts. 144 e 145 do NCPC.

Art. 315. Se o conhecimento do mérito depender de verificação da existência de fato delituoso, o juiz pode determinar a suspensão do processo até que se pronuncie a justiça criminal.

§ 1º Se a ação penal não for proposta no prazo de 3 (três) meses, contado da intimação do ato de suspensão, cessará o efeito desse, incumbindo ao juiz cível examinar incidentemente a questão prévia.

§ 2º Proposta a ação penal, o processo ficará suspenso pelo prazo máximo de 1 (um) ano, ao final do qual aplicar-se-á o disposto na parte final do § 1º.

Título III
Da extinção do processo

Art. 316. A extinção do processo dar-se-á por sentença.

→ v. Arts. 485 e 487 do NCPC.

Art. 317. Antes de proferir decisão sem resolução de mérito, o juiz deverá conceder à parte oportunidade para, se possível, corrigir o vício.

PARTE ESPECIAL

LIVRO I
Do processo de conhecimento e do cumprimento de sentença

Título I
Do procedimento comum

Capítulo I
DISPOSIÇÕES GERAIS

Art. 318. Aplica-se a todas as causas o procedimento comum, salvo disposição em contrário deste Código ou de lei.

→ v. Art. 24, XI, da CF/1988.

Parágrafo único. O procedimento comum aplica-se subsidiariamente aos demais procedimentos especiais e ao processo de execução.

Capítulo II
DA PETIÇÃO INICIAL

Seção I
Dos requisitos da petição inicial

Art. 319. A petição inicial indicará:

→ v. Art. 2º da Lei 5.741/1971.

→ v. Art. 37 da Lei 9.307/1996.

→ v. Art. 14 da Lei 9.099/1995.

→ v. Art. 2º-A da Lei 9.494/1997.

→ v. Arts. 106 e 287 do NCPC.

I – o juízo a que é dirigida;

II – os nomes, os prenomes, o estado civil, a existência de união estável, a profissão, o número de inscrição no Cadastro de Pessoas Físicas ou no Cadastro Nacional da Pessoa Jurídica, o endereço eletrônico, o domicílio e a residência do autor e do réu;

→ v. Art. 246, § 1º, do NCPC.

III – o fato e os fundamentos jurídicos do pedido;

IV – o pedido com as suas especificações;

V – o valor da causa;

→ v. Art. 58, III, da Lei 8.245/1991.

→ v. Arts. 291 e ss. e 303, § 4º, do NCPC.

VI – as provas com que o autor pretende demonstrar a verdade dos fatos alegados;

VII – a opção do autor pela realização ou não de audiência de conciliação ou de mediação.

→ v. Arts. 334, §§ 4º e 5º, do NCPC.

→ v. Lei 13.140/2015 – Lei de Mediação.

§ 1º Caso não disponha das informações previstas no inciso II, poderá o autor, na petição inicial, requerer ao juiz diligências necessárias a sua obtenção.

§ 2º A petição inicial não será indeferida se, a despeito da falta de informações a que se refere o inciso II, for possível a citação do réu.

§ 3º A petição inicial não será indeferida, pelo não atendimento ao disposto no inciso II deste artigo se a obtenção de tais informações tornar impossível ou excessivamente oneroso o acesso à justiça.

Art. 320. A petição inicial será instruída com os documentos indispensáveis à propositura da ação.

→ v. Art. 46 da Lei 6.766/1979.

→ v. Arts. 434, 435, 439, 550, § 1º, 677, 720, 767, 953, e 977, parágrafo único, do NCPC.

Art. 321. O juiz, ao verificar que a petição inicial não preenche os requisitos dos arts. 319 e 320 ou que apresenta defeitos e irregularidades capazes de dificultar o julgamento de mérito, determinará que o autor, no prazo de 15 (quinze) dias, a emende ou a complete, indicando com precisão o que deve ser corrigido ou completado.

→ v. Art. 106 da Lei 11.101/2005.

→ v. Art. 216-A, § 10º, da Lei 6.015/1975.

→ v. Arts. 6º, 76, 106, § 1º, 139, IX, 303, § 6º, 700, § 5º e 801 do NCPC.

Parágrafo único. Se o autor não cumprir a diligência, o juiz indeferirá a petição inicial.

→ v. Art. 330 do NCPC.

Seção II
Do pedido

Art. 322. O pedido deve ser certo.

→ v. Súmulas 254 e 412 do STF.

→ v. Súmulas 318 e 326 do STJ.

§ 1º Compreendem-se no principal os juros legais, a correção monetária e as verbas de sucumbência, inclusive os honorários advocatícios.

→ v. Arts. 389, 404 e 406 do CC/2002.

→ v. Súmula 254 do STF

→ v. Súmula 453 do STJ.

§ 2º A interpretação do pedido considerará o conjunto da postulação e observará o princípio da boa-fé.

→ v. Art. 5º do NCPC.

Art. 323. Na ação que tiver por objeto cumprimento de obrigação em prestações sucessivas, essas serão consideradas incluídas no pedido, independentemente de declaração expressa do autor, e serão incluídas na condenação, enquanto durar a obrigação, se o devedor, no curso do processo, deixar de pagá-las ou de consigná-las.

→ v. Art. 541 do NCPC.

Art. 324. O pedido deve ser determinado.

§ 1º É lícito, porém, formular pedido genérico:

I – nas ações universais, se o autor não puder individuar os bens demandados;

II – quando não for possível determinar, desde logo, as consequências do ato ou do fato;

III – quando a determinação do objeto ou do valor da condenação depender de ato que deva ser praticado pelo réu.

→ v. Art. 14, § 2º, da Lei 9.099/1995.

→ v. Arts. 509 e ss. do NCPC.

§ 2º O disposto neste artigo aplica-se à reconvenção.

→ v. Arts. 343 e ss. do NCPC.

Art. 325. O pedido será alternativo quando, pela natureza da obrigação, o devedor puder cumprir a prestação de mais de um modo.

Parágrafo único. Quando, pela lei ou pelo contrato, a escolha couber ao devedor, o juiz lhe assegurará o direito de cumprir a prestação de um ou de outro modo, ainda que o autor não tenha formulado pedido alternativo.

→ v. Arts. 252 e ss. do CC/2002.

→ v. Art. 543 do NCPC.

Art. 326. É lícito formular mais de um pedido em ordem subsidiária, a fim de que o juiz conheça do posterior, quando não acolher o anterior.

Parágrafo único. É lícito formular mais de um pedido, alternativamente, para que o juiz acolha um deles.

→ v. Arts. 547 e 548 do NCPC.

Art. 327. É lícita a cumulação, em um único processo, contra o mesmo réu, de vários pedidos, ainda que entre eles não haja conexão.

§ 1º São requisitos de admissibilidade da cumulação que:

I – os pedidos sejam compatíveis entre si;

→ v. Súmula 387 do STJ.

II – seja competente para conhecer deles o mesmo juízo;

→ v. Súmula 170 do STJ.

III – seja adequado para todos os pedidos o tipo de procedimento.

§ 2º Quando, para cada pedido, corresponder tipo diverso de procedimento, será admitida a cumulação se o autor empregar o procedimento comum, sem prejuízo do emprego das técnicas processuais diferenciadas previstas nos procedimentos especiais a que se sujeitam um ou mais pedidos cumulados, que não forem incompatíveis com as disposições sobre o procedimento comum.

§ 3º O inciso I do § 1º não se aplica às cumulações de pedidos de que trata o art. 326.

Art. 328. Na obrigação indivisível com pluralidade de credores, aquele que não participou do processo receberá sua parte, deduzidas as despesas na proporção de seu crédito.

→ v. Arts. 257 e ss. do CC/2002.

Art. 329. O autor poderá:

I – até a citação, aditar ou alterar o pedido ou a causa de pedir, independentemente de consentimento do réu;

II – até o saneamento do processo, aditar ou alterar o pedido e a causa de pedir, com consentimento do réu, assegurado o contraditório mediante a possibilidade de manifestação deste no prazo mínimo de 15 (quinze) dias, facultado o requerimento de prova suplementar.

→ v. Art. 2º, § 8º, da Lei 6.830/1980.

Parágrafo único. Aplica-se o disposto neste artigo à reconvenção e à respectiva causa de pedir.

→ v. Arts. 343 e ss. do NCPC.

Seção III
Do indeferimento da petição inicial

Art. 330. A petição inicial será indeferida quando:

→ v. Art. 10 da Lei 12.016/2009.

→ v. Art. 17, § 8º, da Lei 8.429/1992.

I – for inepta;

II – a parte for manifestamente ilegítima;

III – o autor carecer de interesse processual;

IV – não atendidas as prescrições dos arts. 106 e 321.

§ 1º Considera-se inepta a petição inicial quando:

I – lhe faltar pedido ou causa de pedir;

II – o pedido for indeterminado, ressalvadas as hipóteses legais em que se permite o pedido genérico;

III – da narração dos fatos não decorrer logicamente a conclusão;

IV – contiver pedidos incompatíveis entre si.

§ 2º Nas ações que tenham por objeto a revisão de obrigação decorrente de empréstimo, de financiamento ou de alienação de bens, o autor terá de, sob pena de inépcia, discriminar na petição inicial, dentre as obrigações contratuais, aquelas que pretende controverter, além de quantificar o valor incontroverso do débito.

§ 3º Na hipótese do § 2º, o valor incontroverso deverá continuar a ser pago no tempo e modo contratados.

Art. 331. Indeferida a petição inicial, o autor poderá apelar, facultado ao juiz, no prazo de 5 (cinco) dias, retratar-se.

→ v. Art. 198, VII, do ECA.

→ v. Arts. 332, §§ 3º e 4º, e 485, § 7º, do NCPC.

§ 1º Se não houver retratação, o juiz mandará citar o réu para responder ao recurso.

§ 2º Sendo a sentença reformada pelo tribunal, o prazo para a contestação começará a correr da intimação do retorno dos autos, observado o disposto no art. 334.

§ 3º Não interposta a apelação, o réu será intimado do trânsito em julgado da sentença.

Capítulo III
DA IMPROCEDÊNCIA LIMINAR DO PEDIDO

Art. 332. Nas causas que dispensem a fase instrutória, o juiz, independentemente da citação do réu, julgará liminarmente improcedente o pedido que contrariar:

→ v. Art. 17, § 8º, da Lei 8.429/1992.

I – enunciado de súmula do Supremo Tribunal Federal ou do Superior Tribunal de Justiça;

II – acórdão proferido pelo Supremo Tribunal Federal ou pelo Superior Tribunal de Justiça em julgamento de recursos repetitivos;

III – entendimento firmado em incidente de resolução de demandas repetitivas ou de assunção de competência;

IV – enunciado de súmula de tribunal de justiça sobre direito local.

§ 1º O juiz também poderá julgar liminarmente improcedente o pedido se verificar, desde logo, a ocorrência de decadência ou de prescrição.

→ v. Arts. 10, 302, IV, 310, 487, II e parágrafo único, e 1.013, § 4º, do NCPC.

§ 2º Não interposta a apelação, o réu será intimado do trânsito em julgado da sentença, nos termos do art. 241.

§ 3º Interposta a apelação, o juiz poderá retratar-se em 5 (cinco) dias.

→ v. Art. 331 do NCPC.

§ 4º Se houver retratação, o juiz determinará o prosseguimento do processo, com a citação do réu, e, se não houver retratação, determinará a citação do réu para apresentar contrarrazões, no prazo de 15 (quinze) dias.

Capítulo IV
DA CONVERSÃO DA AÇÃO INDIVIDUAL EM AÇÃO COLETIVA

Art. 333. (*Vetado*).

Capítulo V
DA AUDIÊNCIA DE CONCILIAÇÃO OU DE MEDIAÇÃO

→ v. Lei 13.140/2015 – Lei de Mediação.

Art. 334. Se a petição inicial preencher os requisitos essenciais e não for o caso de improcedência liminar do pedido, o juiz designará audiência de conciliação ou de mediação com antecedência mínima de 30 (trinta) dias, devendo ser citado o réu com pelo menos 20 (vinte) dias de antecedência.

→ v. Arts. 3º, §§ 2º e 3º e 165 a 175, e 694, do NCPC.

→ v. Resolução 125 do CNJ – Dispõe sobre a Política Judiciária Nacional de tratamento adequado dos conflitos de interesses no âmbito do Poder Judiciário.

§ 1º O conciliador ou mediador, onde houver, atuará necessariamente na audiência de conciliação ou de mediação, observando o disposto neste Código, bem como as disposições da lei de organização judiciária.

§ 2º Poderá haver mais de uma sessão destinada à conciliação e à mediação, não podendo exceder a 2 (dois) meses da data de realização da primeira sessão, desde que necessárias à composição das partes.

§ 3º A intimação do autor para a audiência será feita na pessoa de seu advogado.

→ v. Art. 250, IV, do NCPC.

§ 4º A audiência não será realizada:

I – se ambas as partes manifestarem, expressamente, desinteresse na composição consensual;

II – quando não se admitir a autocomposição.

§ 5º O autor deverá indicar, na petição inicial, seu desinteresse na autocomposição, e o réu deverá fazê-lo, por petição, apresentada com 10 (dez) dias de antecedência, contados da data da audiência.

§ 6º Havendo litisconsórcio, o desinteresse na realização da audiência deve ser manifestado por todos os litisconsortes.

§ 7º A audiência de conciliação ou de mediação pode realizar-se por meio eletrônico, nos termos da lei.

§ 8º O não comparecimento injustificado do autor ou do réu à audiência de conciliação é considerado ato atentatório à dignidade da justiça e será sancionado com multa de até dois por cento da vantagem econômica pretendida ou do valor da causa, revertida em favor da União ou do Estado.

§ 9º As partes devem estar acompanhadas por seus advogados ou defensores públicos.

§ 10. A parte poderá constituir representante, por meio de procuração específica, com poderes para negociar e transigir.

→ v. Art. 661 do CC/2002.

§ 11. A autocomposição obtida será reduzida a termo e homologada por sentença.

→ v. Art. 487, III, do NCPC.

§ 12. A pauta das audiências de conciliação ou de mediação será organizada de modo a respeitar o intervalo mínimo de 20 (vinte) minutos entre o início de uma e o início da seguinte.

Capítulo VI
DA CONTESTAÇÃO

Art. 335. O réu poderá oferecer contestação, por petição, no prazo de 15 (quinze) dias, cujo termo inicial será a data:

I – da audiência de conciliação ou de mediação, ou da última sessão de conciliação, quando qualquer parte não comparecer ou, comparecendo, não houver autocomposição;

II – do protocolo do pedido de cancelamento da audiência de conciliação ou de mediação apresentado pelo réu, quando ocorrer a hipótese do art. 334, § 4º, inciso I;

III – prevista no art. 231, de acordo com o modo como foi feita a citação, nos demais casos.

§ 1º No caso de litisconsórcio passivo, ocorrendo a hipótese do art. 334, § 6º, o termo inicial previsto no inciso II será, para cada um dos réus, a data de apresentação de seu respectivo pedido de cancelamento da audiência.

§ 2º Quando ocorrer a hipótese do art. 334, § 4º, inciso II, havendo litisconsórcio passivo e o autor desistir da ação em relação a réu ainda não citado, o prazo para resposta correrá da data de intimação da decisão que homologar a desistência.

Art. 336. Incumbe ao réu alegar, na contestação, toda a matéria de defesa, expondo as razões de fato e de direito com que impugna o pedido do autor e especificando as provas que pretende produzir.

→ v. Arts. 155, IV, 434, 435, 544 e 556 do NCPC.

Art. 337. Incumbe ao réu, antes de discutir o mérito, alegar:

I – inexistência ou nulidade da citação;

→ v. Arts. 238 e ss. do NCPC.

II – incompetência absoluta e relativa;

→ v. Arts. 64 e ss. do NCPC.

III – incorreção do valor da causa;

→ v. Arts. 291 e ss. do NCPC.

IV – inépcia da petição inicial;

→ v. Art. 330, I, do NCPC.

V – perempção;

→ v. Art. 486, § 3º, do NCPC.

VI – litispendência;

VII – coisa julgada;

VIII – conexão;

→ v. Art. 55 do NCPC.

IX – incapacidade da parte, defeito de representação ou falta de autorização;

→ v. Art. 76 do NCPC.

X – convenção de arbitragem;

→ v. Art. 3º da Lei 9.307/1996.

XI – ausência de legitimidade ou de interesse processual;

XII – falta de caução ou de outra prestação que a lei exige como preliminar;

→ v. Art. 83 do NCPC.

XIII – indevida concessão do benefício de gratuidade de justiça.

→ v. Art. 1º e ss. da Lei 1.060/1950.

→ v. Arts. 99 a 102, e 1.072, III, do NCPC.

§ 1º Verifica-se a litispendência ou a coisa julgada quando se reproduz ação anteriormente ajuizada.

§ 2º Uma ação é idêntica a outra quando possui as mesmas partes, a mesma causa de pedir e o mesmo pedido.

§ 3º Há litispendência quando se repete ação que está em curso.

§ 4º Há coisa julgada quando se repete ação que já foi decidida por decisão transitada em julgado.

§ 5º Excetuadas a convenção de arbitragem e a incompetência relativa, o juiz conhecerá de ofício das matérias enumeradas neste artigo.

§ 6º A ausência de alegação da existência de convenção de arbitragem, na forma prevista neste Capítulo, implica aceitação da jurisdição estatal e renúncia ao juízo arbitral.

Art. 338. Alegando o réu, na contestação, ser parte ilegítima ou não ser o responsável pelo prejuízo invocado, o juiz facultará ao autor, em 15 (quinze) dias, a alteração da petição inicial para substituição do réu.

Parágrafo único. Realizada a substituição, o autor reembolsará as despesas e pagará os honorários ao procurador do réu excluído, que serão fixados entre três e cinco por cento do valor da causa ou, sendo este irrisório, nos termos do art. 85, § 8º.

Art. 339. Quando alegar sua ilegitimidade, incumbe ao réu indicar o sujeito passivo da relação jurídica discutida sempre que tiver conhecimento, sob pena de arcar com as despesas processuais e de indenizar o autor pelos prejuízos decorrentes da falta de indicação.

§ 1º O autor, ao aceitar a indicação, procederá, no prazo de 15 (quinze) dias, à alteração da petição inicial para a substituição do réu, observando-se, ainda, o parágrafo único do art. 338.

§ 2º No prazo de 15 (quinze) dias, o autor pode optar por alterar a petição inicial para incluir, como litisconsorte passivo, o sujeito indicado pelo réu.

Art. 340. Havendo alegação de incompetência relativa ou absoluta, a contestação poderá ser protocolada no foro de domicílio do réu, fato que será imediatamente comunicado ao juiz da causa, preferencialmente por meio eletrônico.

→ v. Arts. 64 e ss. do NCPC.

§ 1º A contestação será submetida a livre distribuição ou, se o réu houver sido citado por meio de carta precatória, juntada aos autos dessa carta, seguindo-se a sua imediata remessa para o juízo da causa.

§ 2º Reconhecida a competência do foro indicado pelo réu, o juízo para o qual for distribuída a contestação ou a carta precatória será considerado prevento.

§ 3º Alegada a incompetência nos termos do *caput*, será suspensa a realização da audiência de conciliação ou de mediação, se tiver sido designada.

§ 4º Definida a competência, o juízo competente designará nova data para a audiência de conciliação ou de mediação.

→ v. Arts. 334 e ss. do NCPC.

Art. 341. Incumbe também ao réu manifestar-se precisamente sobre as alegações de fato constantes da petição inicial, presumindo-se verdadeiras as não impugnadas, salvo se:

I – não for admissível, a seu respeito, a confissão;

→ v. Art. 213 do CC/2002.

→ v. Art. 391 do NCPC.

II – a petição inicial não estiver acompanhada de instrumento que a lei considerar da substância do ato;

→ v. Art. 108 do CC/2002.

→ v. Art. 406 do NCPC.

III – estiverem em contradição com a defesa, considerada em seu conjunto.

Parágrafo único. O ônus da impugnação especificada dos fatos não se aplica ao defensor público, ao advogado dativo e ao curador especial.

→ v. Arts. 72, 185 e 186 do NCPC.

Art. 342. Depois da contestação, só é lícito ao réu deduzir novas alegações quando:

I – relativas a direito ou a fato superveniente;

II – competir ao juiz conhecer delas de ofício;

III – por expressa autorização legal, puderem ser formuladas em qualquer tempo e grau de jurisdição.

Capítulo VII
DA RECONVENÇÃO

Art. 343. Na contestação, é lícito ao réu propor reconvenção para manifestar pretensão própria, conexa com a ação principal ou com o fundamento da defesa.

→ v. Súmula 237 e 258 do STF.

→ v. Súmula 292 do STJ.

→ v. Art. 31 da Lei 9.099/1995.

→ v. Art. 36 da Lei 6.515/1977.

→ v. Art. 16, § 3º, da Lei 6.830/1980.

§ 1º Proposta a reconvenção, o autor será intimado, na pessoa de seu advogado, para apresentar resposta no prazo de 15 (quinze) dias.

§ 2º A desistência da ação ou a ocorrência de causa extintiva que impeça o exame de seu mérito não obsta ao prosseguimento do processo quanto à reconvenção.

→ v. Súmula 240 do STJ.

§ 3º A reconvenção pode ser proposta contra o autor e terceiro.

§ 4º A reconvenção pode ser proposta pelo réu em litisconsórcio com terceiro.

§ 5º Se o autor for substituto processual, o reconvinte deverá afirmar ser titular de direito em face do substituído, e a reconvenção deverá ser proposta em face do autor, também na qualidade de substituto processual.

§ 6º O réu pode propor reconvenção independentemente de oferecer contestação.

Capítulo VIII
DA REVELIA

Art. 344. Se o réu não contestar a ação, será considerado revel e presumir-se-ão verdadeiras as alegações de fato formuladas pelo autor.

→ v. Art. 20 da Lei 9.099/1995.

→ v. Arts. 72, II, 503, § 1º, II 525, § 1º, I, e 963, II, do NCPC.

Art. 345. A revelia não produz o efeito mencionado no art. 344 se:

I – havendo pluralidade de réus, algum deles contestar a ação;

II – o litígio versar sobre direitos indisponíveis;

→ v. Art 213 do CC/2002.

→ v. Art. 392 do NCPC.

III – a petição inicial não estiver acompanhada de instrumento que a lei considere indispensável à prova do ato;

→ v. Art. 108 do CC/2002.

→ v. Arts. 341 e 406 do NCPC.

IV – as alegações de fato formuladas pelo autor forem inverossímeis ou estiverem em contradição com prova constante dos autos.

Art. 346. Os prazos contra o revel que não tenha patrono nos autos fluirão da data de publicação do ato decisório no órgão oficial.

→ v. Súmula 196 do STJ.

→ v. Arts. 357, II, 513, § 2º, IV, e 889, parágrafo único, do NCPC.

Parágrafo único. O revel poderá intervir no processo em qualquer fase, recebendo-o no estado em que se encontrar.

→ v. Súmula 231 do STF.

→ v. Art. 349 do NCPC.

Capítulo IX
DAS PROVIDÊNCIAS PRELIMINARES E DO SANEAMENTO

Art. 347. Findo o prazo para a contestação, o juiz tomará, conforme o caso, as providências preliminares constantes das seções deste Capítulo.

Seção I
Da não incidência dos efeitos da revelia

Art. 348. Se o réu não contestar a ação, o juiz, verificando a inocorrência do efeito da revelia previsto no art. 344, ordenará que o autor especifique as provas que pretenda produzir, se ainda não as tiver indicado.

Art. 349. Ao réu revel será lícita a produção de provas, contrapostas às alegações do autor, desde que se faça representar nos autos a tempo de praticar os atos processuais indispensáveis a essa produção.

→ v. Art. 346, parágrafo único, do NCPC.

Seção II
Do fato impeditivo, modificativo ou extintivo do direito do autor

Art. 350. Se o réu alegar fato impeditivo, modificativo ou extintivo do direito do autor, este será ouvido no prazo de 15 (quinze) dias, permitindo-lhe o juiz a produção de prova.

Seção III
Das alegações do réu

Art. 351. Se o réu alegar qualquer das matérias enumeradas no art. 337, o juiz determinará a oitiva do autor no prazo de 15 (quinze) dias, permitindo-lhe a produção de prova.

Art. 352. Verificando a existência de irregularidades ou de vícios sanáveis, o juiz determinará sua correção em prazo nunca superior a 30 (trinta) dias.

Art. 353. Cumpridas as providências preliminares ou não havendo necessidade delas, o juiz proferirá julgamento conforme o estado do processo, observando o que dispõe o Capítulo X.

Capítulo X
DO JULGAMENTO CONFORME O ESTADO DO PROCESSO

Seção I
Da extinção do processo

Art. 354. Ocorrendo qualquer das hipóteses previstas nos arts. 485 e 487, incisos II e III, o juiz proferirá sentença.

Parágrafo único. A decisão a que se refere o *caput* pode dizer respeito a apenas parcela do processo, caso em que será impugnável por agravo de instrumento.

→ *v.* Arts. 90, § 1º, 356, 966, § 3º, 1.015 a 1.020, do NCPC.

Seção II
Do julgamento antecipado do mérito

Art. 355. O juiz julgará antecipadamente o pedido, proferindo sentença com resolução de mérito, quando:

I – não houver necessidade de produção de outras provas;

→ *v.* Art. 37 da Lei 6.515/1977.

→ *v.* Art. 87, § 3º, da Lei 11.101/2005.

II – o réu for revel, ocorrer o efeito previsto no art. 344 e não houver requerimento de prova, na forma do art. 349.

→ *v.* Arts. 344 a 346 do NCPC.

Seção III
Do julgamento antecipado parcial do mérito

Art. 356. O juiz decidirá parcialmente o mérito quando um ou mais dos pedidos formulados ou parcela deles:

→ *v.* Arts. 354, parágrafo único, e 966, § 3º, do NCPC.

I – mostrar-se incontroverso;

→ *v.* Arts. 374, II e III, do NCPC.

II – estiver em condições de imediato julgamento, nos termos do art. 355.

§ 1º A decisão que julgar parcialmente o mérito poderá reconhecer a existência de obrigação líquida ou ilíquida.

§ 2º A parte poderá liquidar ou executar, desde logo, a obrigação reconhecida na decisão que julgar parcialmente o mérito, independentemente de caução, ainda que haja recurso contra essa interposto.

§ 3º Na hipótese do § 2º, se houver trânsito em julgado da decisão, a execução será definitiva.

§ 4º A liquidação e o cumprimento da decisão que julgar parcialmente o mérito poderão ser processados em autos suplementares, a requerimento da parte ou a critério do juiz.

→ *v.* Art. 509, § 1º, do NCPC.

§ 5º A decisão proferida com base neste artigo é impugnável por agravo de instrumento.

→ *v.* Arts. 1.015 a 1.020 do NCPC.

Seção IV
Do saneamento e da organização do processo

Art. 357. Não ocorrendo nenhuma das hipóteses deste Capítulo, deverá o juiz, em decisão de saneamento e de organização do processo:

I – resolver as questões processuais pendentes, se houver;

II – delimitar as questões de fato sobre as quais recairá a atividade probatória, especificando os meios de prova admitidos;

III – definir a distribuição do ônus da prova, observado o art. 373;

IV – delimitar as questões de direito relevantes para a decisão do mérito;

V – designar, se necessário, audiência de instrução e julgamento.

§ 1º Realizado o saneamento, as partes têm o direito de pedir esclarecimentos ou solicitar ajustes, no prazo comum de 5 (cinco) dias, findo o qual a decisão se torna estável.

§ 2º As partes podem apresentar ao juiz, para homologação, delimitação consensual das questões de fato e de direito a que se referem os incisos II e IV, a qual, se homologada, vincula as partes e o juiz.

→ *v.* Arts. 190 e 191 do NCPC.

§ 3º Se a causa apresentar complexidade em matéria de fato ou de direito, deverá o juiz designar audiência para que o saneamento seja feito em cooperação com as partes, oportunidade em que o juiz, se for o caso, convidará as partes a integrar ou esclarecer suas alegações.

→ *v.* Art. 6º do NCPC.

§ 4º Caso tenha sido determinada a produção de prova testemunhal, o juiz fixará prazo comum não superior a 15 (quinze) dias para que as partes apresentem rol de testemunhas.

§ 5º Na hipótese do § 3º, as partes devem levar, para a audiência prevista, o respectivo rol de testemunhas.

§ 6º O número de testemunhas arroladas não pode ser superior a 10 (dez), sendo 3 (três), no máximo, para a prova de cada fato.

§ 7º O juiz poderá limitar o número de testemunhas levando em conta a complexidade da causa e dos fatos individualmente considerados.

§ 8º Caso tenha sido determinada a produção de prova pericial, o juiz deve observar o disposto no art. 465 e, se possível, estabelecer, desde logo, calendário para sua realização.

§ 9º As pautas deverão ser preparadas com intervalo mínimo de 1 (uma) hora entre as audiências.

Capítulo XI
DA AUDIÊNCIA DE INSTRUÇÃO E JULGAMENTO

Art. 358. No dia e na hora designados, o juiz declarará aberta a audiência de instrução e julgamento e mandará apregoar as partes e os respectivos advogados, bem como outras pessoas que dela devam participar.

Art. 359. Instalada a audiência, o juiz tentará conciliar as partes, independentemente do emprego anterior de outros métodos de solução consensual de conflitos, como a mediação e a arbitragem.

→ *v.* Arts. 139, V, 165 a 175 do NCPC.

Art. 360. O juiz exerce o poder de polícia, incumbindo-lhe:

I – manter a ordem e o decoro na audiência;

II – ordenar que se retirem da sala de audiência os que se comportarem inconvenientemente;

→ *v.* Art. 459, § 2º, do NCPC.

III – requisitar, quando necessário, força policial;

→ *v.* Art. 139, VII, do NCPC.

IV – tratar com urbanidade as partes, os advogados, os membros do Ministério Público e da Defensoria Pública e qualquer pessoa que participe do processo;

→ *v.* Art. 78 do NCPC.

V – registrar em ata, com exatidão, todos os requerimentos apresentados em audiência.

Art. 361. As provas orais serão produzidas em audiência, ouvindo-se nesta ordem, preferencialmente:

→ *v.* Art. 139, VI, do NCPC.

I – o perito e os assistentes técnicos, que responderão aos quesitos de esclarecimentos requeridos no prazo e na forma do art. 477, caso não respondidos anteriormente por escrito;

II – o autor e, em seguida, o réu, que prestarão depoimentos pessoais;

III – as testemunhas arroladas pelo autor e pelo réu, que serão inquiridas.

→ *v.* Art. 434, parágrafo único, do NCPC.

Parágrafo único. Enquanto depuserem o perito, os assistentes técnicos, as partes e as testemunhas, não poderão os advogados e o Ministério Público intervir ou apartear, sem licença do juiz.

Art. 362. A audiência poderá ser adiada:

I – por convenção das partes;

II – se não puder comparecer, por motivo justificado, qualquer pessoa que dela deva necessariamente participar;

III – por atraso injustificado de seu início em tempo superior a 30 (trinta) minutos do horário marcado.

§ 1º O impedimento deverá ser comprovado até a abertura da audiência, e, não o sendo, o juiz procederá à instrução.

§ 2º O juiz poderá dispensar a produção das provas requeridas pela parte cujo advogado ou defensor público não tenha comparecido à audiência, aplicando-se a mesma regra ao Ministério Público.

§ 3º Quem der causa ao adiamento responderá pelas despesas acrescidas.

Art. 363. Havendo antecipação ou adiamento da audiência, o juiz, de ofício ou a requerimento da parte, determinará a intimação dos advogados ou da sociedade de advogados para ciência da nova designação.

Art. 364. Finda a instrução, o juiz dará a palavra ao advogado do autor e do réu, bem como ao membro do Ministério Público, se for o caso de sua intervenção, sucessivamente, pelo prazo de 20 (vinte) minutos para cada um, prorrogável por 10 (dez) minutos, a critério do juiz.

§ 1º Havendo litisconsorte ou terceiro interveniente, o prazo, que formará com o da prorrogação um só todo, dividir-se-á entre os do mesmo grupo, se não convencionarem de modo diverso.

§ 2º Quando a causa apresentar questões complexas de fato ou de direito, o debate oral poderá ser substituído por razões finais escritas, que serão apresentadas pelo autor e pelo réu, bem como pelo Ministério Público, se for o caso de sua intervenção, em prazos sucessivos de 15 (quinze) dias, assegurada vista dos autos.

→ *v.* Art. 139, VI, do NCPC.

Art. 365. A audiência é una e contínua, podendo ser excepcional e justificadamente cindida na ausência de perito ou de testemunha, desde que haja concordância das partes.

Parágrafo único. Diante da impossibilidade de realização da instrução, do debate e do julgamento no mesmo dia, o juiz marcará seu prosseguimento para a data mais próxima possível, em pauta preferencial.

Art. 366. Encerrado o debate ou oferecidas as razões finais, o juiz proferirá sentença em audiência ou no prazo de 30 (trinta) dias.

→ *v.* Art. 226, III, do NCPC.

Art. 367. O servidor lavrará, sob ditado do juiz, termo que conterá, em resumo, o ocorrido na audiência, bem como, por extenso, os despachos, as decisões e a sentença, se proferida no ato.

§ 1º Quando o termo não for registrado em meio eletrônico, o juiz rubricar-lhe-á as folhas, que serão encadernadas em volume próprio.

§ 2º Subscreverão o termo o juiz, os advogados, o membro do Ministério Público e o escrivão ou chefe de secretaria, dispensadas as partes, exceto quando houver ato de disposição para cuja prática os advogados não tenham poderes.

§ 3º O escrivão ou chefe de secretaria trasladará para os autos cópia autêntica do termo de audiência.

§ 4º Tratando-se de autos eletrônicos, observar-se-á o disposto neste Código, em legislação específica e nas normas internas dos tribunais.

§ 5º A audiência poderá ser integralmente gravada em imagem e em áudio, em meio digital ou analógico, desde que assegure o rápido acesso das partes e dos órgãos julgadores, observada a legislação específica.

§ 6º A gravação a que se refere o § 5º também pode ser realizada diretamente por qualquer das partes, independentemente de autorização judicial.

Art. 368. A audiência será pública, ressalvadas as exceções legais.

→ *v.* Arts. 11 e 189 do NCPC.

Capítulo XII
DAS PROVAS

Seção I
Disposições Gerais

Art. 369. As partes têm o direito de empregar todos os meios legais, bem como os moralmente legítimos, ainda que não especificados neste Código, para provar a verdade dos fatos em que se funda o pedido ou a defesa e influir eficazmente na convicção do juiz.

→ *v.* Art. 5º, LVI, da CF/1988.

→ *v.* Arts. 212 a 232 do CC/2002.

→ *v.* Art. 155 do CPP.

→ *v.* Arts. 5º, 32 a 37 da Lei 9.099/1995.

Art. 370. Caberá ao juiz, de ofício ou a requerimento da parte, determinar as provas necessárias ao julgamento do mérito.

Parágrafo único. O juiz indeferirá, em decisão fundamentada, as diligências inúteis ou meramente protelatórias.

→ *v.* Art. 139, III, do NCPC.

Art. 371. O juiz apreciará a prova constante dos autos, independentemente do sujeito que a tiver promovido, e indicará na decisão as razões da formação de seu convencimento.

→ *v.* Arts. 11 e 489, § 1º, do NCPC.

Art. 372. O juiz poderá admitir a utilização de prova produzida em outro processo, atribuindo-lhe o valor que considerar adequado, observado o contraditório.

Art. 373. O ônus da prova incumbe:

I – ao autor, quanto ao fato constitutivo de seu direito;

II – ao réu, quanto à existência de fato impeditivo, modificativo ou extintivo do direito do autor.

§ 1º Nos casos previstos em lei ou diante de peculiaridades da causa relacionadas à impossibilidade ou à excessiva dificuldade de cumprir o encargo nos termos do caput ou à maior facilidade de obtenção da prova do fato contrário, poderá o juiz atribuir o ônus da prova de modo diverso, desde que o faça por decisão fundamentada, caso em que deverá dar à parte a oportunidade de se desincumbir do ônus que lhe foi atribuído.

→ *v.* Arts. 6º, VIII, e 51, VI, do CDC.

→ *v.* Art. 927, parágrafo único, do CC/2002.

§ 2º A decisão prevista no § 1º deste artigo não pode gerar situação em que a desincumbência do encargo pela parte seja impossível ou excessivamente difícil.

§ 3º A distribuição diversa do ônus da prova também pode ocorrer por convenção das partes, salvo quando:

I – recair sobre direito indisponível da parte;

→ *v.* Art. 841 do CC/2002.

→ *v.* Art. 190 do NCPC.

II – tornar excessivamente difícil a uma parte o exercício do direito.

→ *v.* Art. 190, parágrafo único, do NCPC.

§ 4º A convenção de que trata o § 3º pode ser celebrada antes ou durante o processo.

Art. 374. Não dependem de prova os fatos:

→ *v.* Súmula 403 do STJ.

I – notórios;

II – afirmados por uma parte e confessados pela parte contrária;

III – admitidos no processo como incontroversos;

IV – em cujo favor milita presunção legal de existência ou de veracidade.

→ *v.* Súmula 301 do STJ.

→ *v.* Arts. 231 e 231 do CC/2002.

Art. 375. O juiz aplicará as regras de experiência comum subministradas pela observação do que ordinariamente acontece e, ainda, as regras de experiência técnica, ressalvado, quanto a estas, o exame pericial.

Art. 376. A parte que alegar direito municipal, estadual, estrangeiro ou consuetudinário provar-lhe-á o teor e a vigência, se assim o juiz determinar.

→ *v.* Art. 14 da LINDB.

Art. 377. A carta precatória, a carta rogatória e o auxílio direto suspenderão o julgamento da causa no caso previsto no art. 313, inciso V, alínea *b*, quando, tendo sido requeridos antes da decisão de saneamento, a prova neles solicitada for imprescindível.

Parágrafo único. A carta precatória e a carta rogatória não devolvidas no prazo ou concedidas sem efeito suspensivo poderão ser juntadas aos autos a qualquer momento.

→ *v.* Arts. 69 e 260 a 268 do NCPC.

Art. 378. Ninguém se exime do dever de colaborar com o Poder Judiciário para o descobrimento da verdade.

→ *v.* Art. 6º do NCPC.

Art. 379. Preservado o direito de não produzir prova contra si própria, incumbe à parte:

→ *v.* Art. 5º, LXIII, da CF/1988.

→ *v.* Arts. 231 e 232 do CC/2002.

I – comparecer em juízo, respondendo ao que lhe for interrogado;

II – colaborar com o juízo na realização de inspeção judicial que for considerada necessária;

III – praticar o ato que lhe for determinado.

→ *v.* Art. 5º, II, da CF/1988.

Art. 380. Incumbe ao terceiro, em relação a qualquer causa:

I – informar ao juiz os fatos e as circunstâncias de que tenha conhecimento;

II – exibir coisa ou documento que esteja em seu poder.

Parágrafo único. Poderá o juiz, em caso de descumprimento, determinar, além da imposição de multa, outras medidas indutivas, coercitivas, mandamentais ou sub-rogatórias.

→ *v.* Art. 77, I e IV, do NCPC.

Seção II
Da produção antecipada da prova

Art. 381. A produção antecipada da prova será admitida nos casos em que:

I – haja fundado receio de que venha a tornar-se impossível ou muito difícil a verificação de certos fatos na pendência da ação;

II – a prova a ser produzida seja suscetível de viabilizar a autocomposição ou outro meio adequado de solução de conflito;

III – o prévio conhecimento dos fatos possa justificar ou evitar o ajuizamento de ação.

→ *v.* Súmula 455 do STF.

§ 1º O arrolamento de bens observará o disposto nesta Seção quando tiver por finalidade apenas a realização de documentação e não a prática de atos de apreensão.

§ 2º A produção antecipada da prova é da competência do juízo do foro onde esta deva ser produzida ou do foro de domicílio do réu.

§ 3º A produção antecipada da prova não previne a competência do juízo para a ação que venha a ser proposta.

§ 4º O juízo estadual tem competência para produção antecipada de prova requerida em face da União, de entidade autárquica ou de empresa pública federal se, na localidade, não houver vara federal.

→ *v.* Art. 109, § 3º, da CF/1988.

§ 5º Aplica-se o disposto nesta Seção àquele que pretender justificar a existência de algum fato ou relação jurídica para simples documento e sem caráter contencioso, que exporá, em petição circunstanciada, a sua intenção.

→ *v.* Súmula 32 do STJ.

→ *v.* Arts. 46, § 3º, 69, § 2º, 89, e 113 da Lei 6.015/1973.

Art. 382. Na petição, o requerente apresentará as razões que justificam a necessidade de antecipação da prova e mencionará com precisão os fatos sobre os quais a prova há de recair.

§ 1º O juiz determinará, de ofício ou a requerimento da parte, a citação de interessados na produção da prova ou no fato a ser provado, salvo se inexistente caráter contencioso.

§ 2º O juiz não se pronunciará sobre a ocorrência ou a inocorrência do fato, nem sobre as respectivas consequências jurídicas.

§ 3º Os interessados poderão requerer a produção de qualquer prova no mesmo procedimento, desde que relacionada ao mesmo fato, salvo se a sua produção conjunta acarretar excessiva demora.

§ 4º Neste procedimento, não se admitirá defesa ou recurso, salvo contra decisão que indeferir totalmente a produção da prova pleiteada pelo requerente originário.

Art. 383. Os autos permanecerão em cartório durante 1 (um) mês para extração de cópias e certidões pelos interessados.

Parágrafo único. Findo o prazo, os autos serão entregues ao promovente da medida.

→ *v.* Art. 112 da Lei 6.015/1973.

Seção III
Da ata notarial

→ *v.* Lei 8.935/1994 – Regulamenta o art. 236 da Constituição Federal, dispondo sobre serviços notariais e de registro (Lei dos cartórios).

Art. 384. A existência e o modo de existir de algum fato podem ser atestados ou documentados, a requerimento do interessado, mediante ata lavrada por tabelião.

Parágrafo único. Dados representados por imagem ou som gravados em arquivos eletrônicos poderão constar da ata notarial.

Seção IV
Do depoimento pessoal

Art. 385. Cabe à parte requerer o depoimento pessoal da outra parte, a fim de que esta seja interrogada na audiência de instrução e julgamento, sem prejuízo do poder do juiz de ordená-lo de ofício.

§ 1º Se a parte, pessoalmente intimada para prestar depoimento pessoal e advertida da pena de confesso, não comparecer ou, comparecendo, se recusar a depor, o juiz aplicar-lhe-á a pena.

→ *v.* Súmula 74 do TST.

§ 2º É vedado a quem ainda não depôs assistir ao interrogatório da outra parte.

§ 3º O depoimento pessoal da parte que residir em comarca, seção ou subseção judiciária diversa daquela onde tramita o processo poderá ser colhido por meio de videoconferência ou outro recurso tecnológico de transmissão de sons e imagens em tempo real, o que poderá ocorrer, inclusive, durante a realização da audiência de instrução e julgamento.

→ *v.* Arts. 236, § 3º, 453, § 1º, 461, § 2º, 937, § 4º, do NCPC.

Art. 386. Quando a parte, sem motivo justificado, deixar de responder ao que lhe for perguntado ou empregar evasivas, o juiz, apreciando as demais circunstâncias e os elementos de prova, declarará, na sentença, se houve recusa de depor.

Art. 387. A parte responderá pessoalmente sobre os fatos articulados, não podendo servir-se de escritos anteriormente preparados, permitindo-lhe o juiz, todavia, a consulta a notas breves, desde que objetivem completar esclarecimentos.

Art. 388. A parte não é obrigada a depor sobre fatos:

I – criminosos ou torpes que lhe forem imputados;

II – a cujo respeito, por estado ou profissão, deva guardar sigilo;

III – acerca dos quais não possa responder sem desonra própria, de seu cônjuge, de seu companheiro ou de parente em grau sucessível;

IV – que coloquem em perigo a vida do depoente ou das pessoas referidas no inciso III.

Parágrafo único. Esta disposição não se aplica às ações de estado e de família.

Seção V
Da confissão

Art. 389. Há confissão, judicial ou extrajudicial, quando a parte admite a verdade de fato contrário ao seu interesse e favorável ao do adversário.

→ *v.* Arts. 167, § 1º, II, e 212, I, do CC/2002.

Art. 390. A confissão judicial pode ser espontânea ou provocada.

§ 1º A confissão espontânea pode ser feita pela própria parte ou por representante com poder especial.

§ 2º A confissão provocada constará do termo de depoimento pessoal.

→ *v.* Art. 385 do NCPC.

Art. 391. A confissão judicial faz prova contra o confitente, não prejudicando, todavia, os litisconsortes.

Parágrafo único. Nas ações que versarem sobre bens imóveis ou direitos reais sobre imóveis alheios, a confissão de um cônjuge ou companheiro não valerá sem a do outro, salvo se o regime de casamento for o de separação absoluta de bens.

→ *v.* Art. 1.647, I, do CC/2002.

Art. 392. Não vale como confissão a admissão, em juízo, de fatos relativos a direitos indisponíveis.

→ *v.* Art. 213 do CC/2002.

§ 1º A confissão será ineficaz se feita por quem não for capaz de dispor do direito a que se referem os fatos confessados.

§ 2º A confissão feita por um representante somente é eficaz nos limites em que este pode vincular o representado.

→ *v.* Art. 1.602 do CC/2002.

Art. 393. A confissão é irrevogável, mas pode ser anulada se decorreu de erro de fato ou de coação.

→ *v.* Art. 214 do CC/2002.

→ *v.* Art. 966, § 4º, do NCPC.

Parágrafo único. A legitimidade para a ação prevista no *caput* é exclusiva do confitente e pode ser transferida a seus herdeiros se ele falecer após a propositura.

Art. 394. A confissão extrajudicial, quando feita oralmente, só terá eficácia nos casos em que a lei não exija prova literal.

Art. 395. A confissão é, em regra, indivisível, não podendo a parte que a quiser invocar como prova aceitá-la no tópico que a beneficiar e rejeitá-la no que lhe for desfavorável, porém cindir-se-á quando o confitente a ela aduzir fatos novos, capazes de constituir fundamento de defesa de direito material ou de reconvenção.

Seção VI
Da exibição de documento ou coisa

Art. 396. O juiz pode ordenar que a parte exiba documento ou coisa que se encontre em seu poder.

→ *v.* Súmulas 260 e 390 do STF.

→ *v.* Súmula 372 do STJ.

→ *v.* Art. 1.191 do CC/2002.

→ *v.* Art. 41, parágrafo único, da Lei 6.830/1980.

Art. 397. O pedido formulado pela parte conterá:

I – a individuação, tão completa quanto possível, do documento ou da coisa;

II – a finalidade da prova, indicando os fatos que se relacionam com o documento ou com a coisa;

III – as circunstâncias em que se funda o requerente para afirmar que o documento ou a coisa existe e se acha em poder da parte contrária.

Art. 398. O requerido dará sua resposta nos 5 (cinco) dias subsequentes à sua intimação.

Parágrafo único. Se o requerido afirmar que não possui o documento ou a coisa, o juiz permitirá que o requerente prove, por qualquer meio, que a declaração não corresponde à verdade.

Art. 399. O juiz não admitirá a recusa se:

I – o requerido tiver obrigação legal de exibir;

→ *v.* Art. 5º, II, da CF/1988.

→ *v.* Art. 195 do CTN.

II – o requerido tiver aludido ao documento ou à coisa, no processo, com o intuito de constituir prova;

III – o documento, por seu conteúdo, for comum às partes.

Art. 400. Ao decidir o pedido, o juiz admitirá como verdadeiros os fatos que, por meio do documento ou da coisa, a parte pretendia provar se:

I – o requerido não efetuar a exibição nem fizer nenhuma declaração no prazo do art. 398;

II – a recusa for havida por ilegítima.

Parágrafo único. Sendo necessário, o juiz pode adotar medidas indutivas, coercitivas, mandamentais ou sub-rogatórias para que o documento seja exibido.

→ v. Súmula 372 do STJ.

Art. 401. Quando o documento ou a coisa estiver em poder de terceiro, o juiz ordenará sua citação para responder no prazo de 15 (quinze) dias.

Art. 402. Se o terceiro negar a obrigação de exibir ou a posse do documento ou da coisa, o juiz designará audiência especial, tomando-lhe o depoimento, bem como o das partes e, se necessário, o de testemunhas, e em seguida proferirá decisão.

Art. 403. Se o terceiro, sem justo motivo, se recusar a efetuar a exibição, o juiz ordenar-lhe-á que proceda ao respectivo depósito em cartório ou em outro lugar designado, no prazo de 5 (cinco) dias, impondo ao requerente que o ressarça pelas despesas que tiver.

Parágrafo único. Se o terceiro descumprir a ordem, o juiz expedirá mandado de apreensão, requisitando, se necessário, força policial, sem prejuízo da responsabilidade por crime de desobediência, pagamento de multa e outras medidas indutivas, coercitivas, mandamentais ou sub-rogatórias necessárias para assegurar a efetivação da decisão.

Art. 404. A parte e o terceiro se escusam de exibir, em juízo, o documento ou a coisa se:

I – concernente a negócios da própria vida da família;

II – sua apresentação puder violar dever de honra;

III – sua publicidade redundar em desonra à parte ou ao terceiro, bem como a seus parentes consanguíneos ou afins até o terceiro grau, ou lhes representar perigo de ação penal;

IV – sua exibição acarretar a divulgação de fatos a cujo respeito, por estado ou profissão, devam guardar segredo;

→ v. Art. 5º, XIV, da CF/1988.

→ v. Art. 34, VII, da Lei 8.906/1994.

V – subsistirem outros motivos graves que, segundo o prudente arbítrio do juiz, justifiquem a recusa da exibição;

VI – houver disposição legal que justifique a recusa da exibição.

Parágrafo único. Se os motivos de que tratam os incisos I a VI do *caput* disserem respeito a apenas uma parcela do documento, a parte ou o terceiro exibirá a outra em cartório, para dela ser extraída cópia reprográfica, de tudo sendo lavrado auto circunstanciado.

Seção VII
Da prova documental

Subseção I
Da força probante dos documentos

Art. 405. O documento público faz prova não só da sua formação, mas também dos fatos que o escrivão, o chefe de secretaria, o tabelião ou o servidor declarar que ocorreram em sua presença.

Art. 406. Quando a lei exigir instrumento público como da substância do ato, nenhuma outra prova, por mais especial que seja, pode suprir-lhe a falta.

→ v. Arts. 108 e 215 do CC/2002.

Art. 407. O documento feito por oficial público incompetente ou sem a observância das formalidades legais, sendo subscrito pelas partes, tem a mesma eficácia probatória do documento particular.

Art. 408. As declarações constantes do documento particular escrito e assinado ou somente assinado presumem-se verdadeiras em relação ao signatário.

→ v. Art. 219 do CC/2002.

Parágrafo único. Quando, todavia, contiver declaração de ciência de determinado fato, o documento particular prova a ciência, mas não o fato em si, incumbindo o ônus de prová-lo ao interessado em sua veracidade.

Art. 409. A data do documento particular, quando a seu respeito surgir dúvida ou impugnação entre os litigantes, provar-se-á por todos os meios de direito.

Parágrafo único. Em relação a terceiros, considerar-se-á datado o documento particular:

I – no dia em que foi registrado;

II – desde a morte de algum dos signatários;

III – a partir da impossibilidade física que sobreveio a qualquer dos signatários;

IV – da sua apresentação em repartição pública ou em juízo;

V – do ato ou do fato que estabeleça, de modo certo, a anterioridade da formação do documento.

Art. 410. Considera-se autor do documento particular:

I – aquele que o fez e o assinou;

II – aquele por conta de quem ele foi feito, estando assinado;

III – aquele que, mandando compô-lo, não o firmou porque, conforme a experiência comum, não se costuma assinar, como livros empresariais e assentos domésticos.

Art. 411. Considera-se autêntico o documento quando:

I – o tabelião reconhecer a firma do signatário;

II – a autoria estiver identificada por qualquer outro meio legal de certificação, inclusive eletrônico, nos termos da lei;

III – não houver impugnação da parte contra quem foi produzido o documento.

Art. 412. O documento particular de cuja autenticidade não se duvida prova que o seu autor fez a declaração que lhe é atribuída.

Parágrafo único. O documento particular admitido expressa ou tacitamente é indivisível, sendo vedado à parte que pretende utilizar-se dele aceitar os fatos que lhe são favoráveis e recusar os que são contrários ao seu interesse, salvo se provar que estes não ocorreram.

Art. 413. O telegrama, o radiograma ou qualquer outro meio de transmissão tem a mesma força probatória do documento particular se o original constante da estação expedidora tiver sido assinado pelo remetente.

Parágrafo único. A firma do remetente poderá ser reconhecida pelo tabelião, declarando-se essa circunstância no original depositado na estação expedidora.

Art. 414. O telegrama ou o radiograma presume-se conforme com o original, provando as datas de sua expedição e de seu recebimento pelo destinatário.

Art. 415. As cartas e os registros domésticos provam contra quem os escreveu quando:

I – enunciam o recebimento de um crédito;

II – contêm anotação que visa a suprir a falta de título em favor de quem é apontado como credor;

III – expressam conhecimento de fatos para os quais não se exija determinada prova.

Art. 416. A nota escrita pelo credor em qualquer parte de documento representativo de obrigação, ainda que não assinada, faz prova em benefício do devedor.

Parágrafo único. Aplica-se essa regra tanto para o documento que o credor conservar em seu poder quanto para aquele que se achar em poder do devedor ou de terceiro.

Art. 417. Os livros empresariais provam contra seu autor, sendo lícito ao empresário, todavia, demonstrar, por todos os meios permitidos em direito, que os lançamentos não correspondem à verdade dos fatos.

Art. 418. Os livros empresariais que preencham os requisitos exigidos por lei provam a favor de seu autor no litígio entre empresários.

Art. 419. A escrituração contábil é indivisível, e, se dos fatos que resultam dos lançamentos, uns são favoráveis ao interesse de seu autor e outros lhe são contrários, ambos serão considerados em conjunto, como unidade.

Art. 420. O juiz pode ordenar, a requerimento da parte, a exibição integral dos livros empresariais e dos documentos do arquivo:

→ v. Súmula 260 do STF.

→ v. Art. 194 do CTN.

→ v. Art. 1º, I, da Lei 8.137/1990.

→ v. Art. 105 da Lei 6.404/1976.

I – na liquidação de sociedade;

II – na sucessão por morte de sócio;

III – quando e como determinar a lei.

Art. 421. O juiz pode, de ofício, ordenar à parte a exibição parcial dos livros e dos documentos, extraindo-se deles a suma que interessar ao litígio, bem como reproduções autenticadas.

Art. 422. Qualquer reprodução mecânica, como a fotográfica, a cinematográfica, a fonográfica ou de outra espécie, tem aptidão para fazer prova dos fatos ou das coisas representadas, se a sua conformidade com o documento original não for impugnada por aquele contra quem foi produzida.

→ v. Lei 5.433/1968 – Regula a microfilmagem de documentos oficiais.

§ 1º As fotografias digitais e as extraídas da rede mundial de computadores fazem prova das imagens que reproduzem, devendo, se impugnadas, ser apresentada a respectiva autenticação eletrônica ou, não sendo possível, realizada perícia.

→ v. Lei 12.960/2014 – Estabelece princípios, garantias, direitos e deveres para o uso da Internet no Brasil (Marco Civil da Internet).

§ 2º Se se tratar de fotografia publicada em jornal ou revista, será exigido um exemplar original do periódico, caso impugnada a veracidade pela outra parte.

§ 3º Aplica-se o disposto neste artigo à forma impressa de mensagem eletrônica.

Art. 423. As reproduções dos documentos particulares, fotográficas ou obtidas por outros processos de repetição, valem como certidões sempre que o escrivão ou o chefe de secretaria certificar sua conformidade com o original.

Art. 424. A cópia de documento particular tem o mesmo valor probante que o original, cabendo ao escrivão, intimadas as partes, proceder à conferência e certificar a conformidade entre a cópia e o original.

Art. 425. Fazem a mesma prova que os originais:

I – as certidões textuais de qualquer peça dos autos, do protocolo das audiências ou de outro livro a cargo do escrivão ou do chefe de secretaria, se extraídas por ele ou sob sua vigilância e por ele subscritas;

II – os traslados e as certidões extraídas por oficial público de instrumentos ou documentos lançados em suas notas;

III – as reproduções dos documentos públicos, desde que autenticadas por oficial público ou conferidas em cartório com os respectivos originais;

IV – as cópias reprográficas de peças do próprio processo judicial declaradas autênticas pelo advogado, sob sua responsabilidade pessoal, se não lhes for impugnada a autenticidade;

V – os extratos digitais de bancos de dados públicos e privados, desde que atestado pelo seu emitente, sob as penas da lei, que as informações conferem com o que consta na origem;

VI – as reproduções digitalizadas de qualquer documento público ou particular, quando juntadas aos autos pelos órgãos da justiça e seus auxiliares, pelo Ministério Público e seus auxiliares, pela Defensoria Pública e seus auxiliares, pelas procuradorias, pelas repartições públicas em geral e por advogados, ressalvada a alegação motivada e fundamentada de adulteração.

§ 1º Os originais dos documentos digitalizados mencionados no inciso VI deverão ser preservados pelo seu detentor até o final do prazo para propositura de ação rescisória.

§ 2º Tratando-se de cópia digital de título executivo extrajudicial ou de documento relevante à instrução do processo, o juiz poderá determinar seu depósito em cartório ou secretaria.

Art. 426. O juiz apreciará fundamentadamente a fé que deva merecer o documento, quando em ponto substancial e sem ressalva contiver entrelinha, emenda, borrão ou cancelamento.

→ v. Art. 489, § 1º, NCPC.

Art. 427. Cessa a fé do documento público ou particular sendo-lhe declarada judicialmente a falsidade.

Parágrafo único. A falsidade consiste em:

I – formar documento não verdadeiro;

II – alterar documento verdadeiro.

Art. 428. Cessa a fé do documento particular quando:

I – for impugnada sua autenticidade e enquanto não se comprovar sua veracidade;

II – assinado em branco, for impugnado seu conteúdo, por preenchimento abusivo.

Parágrafo único. Dar-se-á abuso quando aquele que recebeu documento assinado com texto não escrito no todo ou em parte formá-lo ou completá-lo por si ou por meio de outrem, violando o pacto feito com o signatário.

Art. 429. Incumbe o ônus da prova quando:

I – se tratar de falsidade de documento ou de preenchimento abusivo, à parte que a arguir;

II – se tratar de impugnação da autenticidade, à parte que produziu o documento.

Subseção II
Da arguição de falsidade

Art. 430. A falsidade deve ser suscitada na contestação, na réplica ou no prazo de 15 (quinze) dias, contado a partir da intimação da juntada do documento aos autos.

Parágrafo único. Uma vez arguida, a falsidade será resolvida como questão incidental, salvo se a parte requerer que o juiz a decida como questão principal, nos termos do inciso II do art. 19.

Art. 431. A parte arguirá a falsidade expondo os motivos em que funda a sua pretensão e os meios com que provará o alegado.

Art. 432. Depois de ouvida a outra parte no prazo de 15 (quinze) dias, será realizado o exame pericial.

Parágrafo único. Não se procederá ao exame pericial se a parte que produziu o documento concordar em retirá-lo.

Art. 433. A declaração sobre a falsidade do documento, quando suscitada como questão principal, constará da parte dispositiva da sentença e sobre ela incidirá também a autoridade da coisa julgada.

→ v. Arts. 19, II, e 503, § 1º, do NCPC.

Subseção III
Da produção da prova documental

Art. 434. Incumbe à parte instruir a petição inicial ou a contestação com os documentos destinados a provar suas alegações.

→ v. Arts. 320 e 336 do NCPC.

Parágrafo único. Quando o documento consistir em reprodução cinematográfica ou fonográfica, a parte deverá trazê-lo nos termos do *caput*, mas sua exposição será realizada em audiência, intimando-se previamente as partes.

→ v. Art. 361 do NCPC.

Art. 435. É lícito às partes, em qualquer tempo, juntar aos autos documentos novos, quando destinados a fazer prova de fatos ocorridos depois dos articulados ou para contrapô-los aos que foram produzidos nos autos.

Parágrafo único. Admite-se também a juntada posterior de documentos formados após a petição inicial ou a contestação, bem como dos que se tornaram conhecidos, acessíveis ou disponíveis após esses atos, cabendo à parte que os produzir comprovar o motivo que a impediu de juntá-los anteriormente e incumbindo ao juiz, em qualquer caso, avaliar a conduta da parte de acordo com o art. 5º.

→ v. Art. 1.014 do NCPC.

Art. 436. A parte, intimada a falar sobre documento constante dos autos, poderá:

I – impugnar a admissibilidade da prova documental;

II – impugnar sua autenticidade;

III – suscitar sua falsidade, com ou sem deflagração do incidente de arguição de falsidade;

IV – manifestar-se sobre seu conteúdo.

Parágrafo único. Nas hipóteses dos incisos II e III, a impugnação deverá basear-se em argumentação específica, não se admitindo alegação genérica de falsidade.

Art. 437. O réu manifestar-se-á na contestação sobre os documentos anexados à inicial, e o autor manifestar-se-á na réplica sobre os documentos anexados à contestação.

§ 1º Sempre que uma das partes requerer a juntada de documento aos autos, o juiz ouvirá, a seu respeito, a outra parte, que disporá do prazo de 15 (quinze) dias para adotar qualquer das posturas indicadas no art. 436.

§ 2º Poderá o juiz, a requerimento da parte, dilatar o prazo para manifestação sobre a prova documental produzida, levando em consideração a quantidade e a complexidade da documentação.

→ v. Art. 139, VI, do NCPC.

Art. 438. O juiz requisitará às repartições públicas, em qualquer tempo ou grau de jurisdição:

I – as certidões necessárias à prova das alegações das partes;

→ v. Art. 5º, XXXIV, *b*, da CF/1988.

II – os procedimentos administrativos nas causas em que forem interessados a União, os Estados, o Distrito Federal, os Municípios ou entidades da administração indireta.

→ v. Art. 41, parágrafo único, da Lei 6.830/1980.

→ v. Decreto 70.235/1972 – Dispõe sobre o processo administrativo fiscal.

§ 1º Recebidos os autos, o juiz mandará extrair, no prazo máximo e improrrogável de 1 (um) mês, certidões ou reproduções fotográficas das peças que indicar e das que forem indicadas pelas partes, e, em seguida, devolverá os autos à repartição de origem.

§ 2º As repartições públicas poderão fornecer todos os documentos em meio eletrônico, conforme disposto em lei, certificando, pelo mesmo meio, que se trata de extrato fiel do que consta em seu banco de dados ou no documento digitalizado.

Seção VIII
Dos documentos eletrônicos

Art. 439. A utilização de documentos eletrônicos no processo convencional dependerá de sua conversão à forma impressa e da verificação de sua autenticidade, na forma da lei.

Art. 440. O juiz apreciará o valor probante do documento eletrônico não convertido, assegurado às partes o acesso ao seu teor.

Art. 441. Serão admitidos documentos eletrônicos produzidos e conservados com a observância da legislação específica.

→ v. Art. 11 da Lei 11.419/2006.

Seção IX
Da prova testemunhal

Subseção I
Da admissibilidade e do valor da prova testemunhal

Art. 442. A prova testemunhal é sempre admissível, não dispondo a lei de modo diverso.

→ v. Art. 1.543 e parágrafo único, do CC/2002.

Art. 443. O juiz indeferirá a inquirição de testemunhas sobre fatos:

I – já provados por documento ou confissão da parte;

II – que só por documento ou por exame pericial puderem ser provados.

Art. 444. Nos casos em que a lei exigir prova escrita da obrigação, é admissível a prova testemunhal quando houver começo de prova por escrito, emanado da parte contra a qual se pretende produzir a prova.

→ v. Súmula 149 do STJ.

Art. 445. Também se admite a prova testemunhal quando o credor não pode ou não podia, moral ou materialmente, obter a prova escrita da obrigação, em casos como o de parentesco, de depósito necessário ou de hospedagem em hotel ou em razão das práticas comerciais do local onde contraída a obrigação.

Art. 446. É lícito à parte provar com testemunhas:

I – nos contratos simulados, a divergência entre a vontade real e a vontade declarada;

II – nos contratos em geral, os vícios de consentimento.

→ v. Arts. 138 a 155, 166, VII, e 167 do CC/2002.

Art. 447. Podem depor como testemunhas todas as pessoas, exceto as incapazes, impedidas ou suspeitas.

→ v. Art. 228 do CC/2002.

§ 1º São incapazes:

I – o interdito por enfermidade ou deficiência mental;

II – o que, acometido por enfermidade ou retardamento mental, ao tempo em que ocorreram os fatos, não podia discerni-los, ou, ao tempo em que deve depor, não está habilitado a transmitir as percepções;

→ v. Art. 3º do CC/2002.

III – o que tiver menos de 16 (dezesseis) anos;

IV – o cego e o surdo, quando a ciência do fato depender dos sentidos que lhes faltam.

§ 2º São impedidos:

I – o cônjuge, o companheiro, o ascendente e o descendente em qualquer grau e o colateral, até o terceiro grau, de alguma das partes, por consanguinidade ou afinidade, salvo se o exigir o interesse público ou, tratando-se de causa relativa ao estado da pessoa, não se puder obter de outro modo a prova que o juiz repute necessária ao julgamento do mérito;

II – o que é parte na causa;

III – o que intervém em nome de uma parte, como o tutor, o representante legal da pessoa jurídica, o juiz, o advogado e outros que assistam ou tenham assistido as partes.

§ 3º São suspeitos:

I – o inimigo da parte ou o seu amigo íntimo;

II – o que tiver interesse no litígio.

§ 4º Sendo necessário, pode o juiz admitir o depoimento das testemunhas menores, impedidas ou suspeitas.

§ 5º Os depoimentos referidos no § 4º serão prestados independentemente de compromisso, e o juiz lhes atribuirá o valor que possam merecer.

Art. 448. A testemunha não é obrigada a depor sobre fatos:

I – que lhe acarretem grave dano, bem como ao seu cônjuge ou companheiro e aos seus parentes consanguíneos ou afins, em linha reta ou colateral, até o terceiro grau;

II – a cujo respeito, por estado ou profissão, deva guardar sigilo.

→ v. Art. 7º, XX, da Lei 8.906/1994.

Art. 449. Salvo disposição especial em contrário, as testemunhas devem ser ouvidas na sede do juízo.

→ v. Art. 454 do NCPC.

Parágrafo único. Quando a parte ou a testemunha, por enfermidade ou por outro motivo relevante, estiver impossibilitada de comparecer, mas não de prestar depoimento, o juiz designará, conforme as circunstâncias, dia, hora e lugar para inquiri-la.

Subseção II
Da produção da prova testemunhal

Art. 450. O rol de testemunhas conterá, sempre que possível, o nome, a profissão, o estado civil, a idade, o número de inscrição no Cadastro de Pessoas Físicas, o número de registro de identidade e o endereço completo da residência e do local de trabalho.

Art. 451. Depois de apresentado o rol de que tratam os §§ 4º e 5º do art. 357, a parte só pode substituir a testemunha:

I – que falecer;

II – que, por enfermidade, não estiver em condições de depor;

III – que, tendo mudado de residência ou de local de trabalho, não for encontrada.

Art. 452. Quando for arrolado como testemunha, o juiz da causa:

I – declarar-se-á impedido, se tiver conhecimento de fatos que possam influir na decisão, caso em que será vedado à parte que o incluiu no rol desistir de seu depoimento;

→ v. Art. 144, I, do NCPC.

II – se nada souber, mandará excluir o seu nome.

Art. 453. As testemunhas depõem, na audiência de instrução e julgamento, perante o juiz da causa, exceto:

I – as que prestam depoimento antecipadamente;

→ v. Arts. 381 a 383 do NCPC.

II – as que são inquiridas por carta.

→ v. Arts. 260 e ss. do NCPC.

§ 1º A oitiva de testemunha que residir em comarca, seção ou subseção judiciária diversa daquela onde tramita o processo poderá ser realizada por meio de videoconferência ou outro recurso tecnológico de transmissão e recepção de sons e imagens em tempo real, o que poderá ocorrer, inclusive, durante a audiência de instrução e julgamento.

→ v. Arts. 236, § 3º, 385, § 3º, 461, § 2º, e 937, § 4º, do NCPC.

§ 2º Os juízos deverão manter equipamento para a transmissão e recepção de sons e imagens a que se refere o § 1º.

Art. 454. São inquiridos em sua residência ou onde exercem sua função:

→ v. Art. 33, I, da LC 35/1979.

→ v. Art. 40, I, Lei 8.625/1993.

I – o presidente e o vice-presidente da República;

II – os ministros de Estado;

III – os ministros do Supremo Tribunal Federal, os conselheiros do Conselho Nacional de Justiça e os ministros do Superior Tribunal de Justiça, do Superior Tribunal Militar, do Tribunal Superior Eleitoral, do Tribunal Superior do Trabalho e do Tribunal de Contas da União;

IV – o procurador-geral da República e os conselheiros do Conselho Nacional do Ministério Público;

V – o advogado-geral da União, o procurador-geral do Estado, o procurador-geral do Município, o defensor público-geral federal e o defensor público-geral do Estado;

VI – os senadores e os deputados federais;

VII – os governadores dos Estados e do Distrito Federal;

VIII – o prefeito;

IX – os deputados estaduais e distritais;

X – os desembargadores dos Tribunais de Justiça, dos Tribunais Regionais Federais, dos Tribunais Regionais do Trabalho e dos Tribunais Regionais Eleitorais e os conselheiros dos Tribunais de Contas dos Estados e do Distrito Federal;

XI – o procurador-geral de justiça;

XII – o embaixador de país que, por lei ou tratado, concede idêntica prerrogativa a agente diplomático do Brasil.

§ 1º O juiz solicitará à autoridade que indique dia, hora e local a fim de ser inquirida, remetendo-lhe cópia da petição inicial ou da defesa oferecida pela parte que a arrolou como testemunha.

§ 2º Passado 1 (um) mês sem manifestação da autoridade, o juiz designará dia, hora e local para o depoimento, preferencialmente na sede do juízo.

§ 3º O juiz também designará dia, hora e local para o depoimento, quando a autoridade não comparecer, injustificadamente, à sessão agendada para a colheita de seu testemunho no dia, hora e local por ela mesma indicados.

Art. 455. Cabe ao advogado da parte informar ou intimar a testemunha por ele arrolada do dia, da hora e do local da audiência designada, dispensando-se a intimação do juízo.

§ 1º A intimação deverá ser realizada por carta com aviso de recebimento, cumprindo ao advogado juntar aos autos, com antecedência de pelo menos 3 (três) dias da data da audiência, cópia da correspondência de intimação e do comprovante de recebimento.

§ 2º A parte pode comprometer-se a levar a testemunha à audiência, independentemente da intimação de que trata o § 1º, presumindo-se, caso a testemunha não compareça, que a parte desistiu de sua inquirição.

§ 3º A inércia na realização da intimação a que se refere o § 1º importa desistência da inquirição da testemunha.

§ 4º A intimação será feita pela via judicial quando:

I – for frustrada a intimação prevista no § 1º deste artigo;

II – sua necessidade for devidamente demonstrada pela parte ao juiz;

III – figurar no rol de testemunhas servidor público ou militar, hipótese em que o juiz o requisitará ao chefe da repartição ou ao comando do corpo em que servir;

IV – a testemunha houver sido arrolada pelo Ministério Público ou pela Defensoria Pública;

V – a testemunha for uma daquelas previstas no art. 454.

§ 5º A testemunha que, intimada na forma do § 1º ou do § 4º, deixar de comparecer sem motivo justificado será conduzida e responderá pelas despesas do adiamento.

Art. 456. O juiz inquirirá as testemunhas separada e sucessivamente, primeiro as do autor e depois as do réu, e providenciará para que uma não ouça o depoimento das outras.

Parágrafo único. O juiz poderá alterar a ordem estabelecida no *caput* se as partes concordarem.

→ v. Art. 139, VI, do NCPC.

Art. 457. Antes de depor, a testemunha será qualificada, declarará ou confirmará seus dados e informará se tem relações de parentesco com a parte ou interesse no objeto do processo.

§ 1º É lícito à parte contraditar a testemunha, arguindo-lhe a incapacidade, o impedimento ou a suspeição, bem como, caso a testemunha negue os fatos que lhe são imputados, provar a contradita com documentos ou com testemunhas, até 3 (três), apresentadas no ato e inquiridas em separado.

§ 2º Sendo provados ou confessados os fatos a que se refere o § 1º, o juiz dispensará a testemunha ou lhe tomará o depoimento como informante.

§ 3º A testemunha pode requerer ao juiz que a escuse de depor, alegando os motivos previstos neste Código, decidindo o juiz de plano após ouvidas as partes.

→ v. Art. 388 do NCPC.

Art. 458. Ao início da inquirição, a testemunha prestará o compromisso de dizer a verdade do que souber e lhe for perguntado.

Parágrafo único. O juiz advertirá à testemunha que incorre em sanção penal quem faz afirmação falsa, cala ou oculta a verdade.

→ v. Art. 342 do CP.

Art. 459. As perguntas serão formuladas pelas partes diretamente à testemunha, começando pela que a arrolou, não admitindo o juiz aquelas que puderem induzir a resposta, não tiverem relação com as questões de fato objeto da atividade probatória ou importarem repetição de outra já respondida.

→ v. Art. 212 do CPP.

§ 1º O juiz poderá inquirir a testemunha tanto antes quanto depois da inquirição feita pelas partes.

§ 2º As testemunhas devem ser tratadas com urbanidade, não se lhes fazendo perguntas ou considerações impertinentes, capciosas ou vexatórias.

§ 3º As perguntas que o juiz indeferir serão transcritas no termo, se a parte o requerer.

Art. 460. O depoimento poderá ser documentado por meio de gravação.

§ 1º Quando digitado ou registrado por taquigrafia, estenotipia ou outro método idôneo de documentação, o depoimento será assinado pelo juiz, pelo depoente e pelos procuradores.

§ 2º Se houver recurso em processo em autos não eletrônicos, o depoimento somente será digitado quando for impossível o envio de sua documentação eletrônica.

§ 3º Tratando-se de autos eletrônicos, observar-se-á o disposto neste Código e na legislação específica sobre a prática eletrônica de atos processuais.

→ v. Lei 11.419/2006 – Dispõe sobre a informatização do processo judicial.

Art. 461. O juiz pode ordenar, de ofício ou a requerimento da parte:

→ v. Art.370 do NCPC.

I – a inquirição de testemunhas referidas nas declarações da parte ou das testemunhas;

II – a acareação de 2 (duas) ou mais testemunhas ou de alguma delas com a parte, quando, sobre fato determinado que possa influir na decisão da causa, divergirem as suas declarações.

§ 1º Os acareados serão reperguntados para que expliquem os pontos de divergência, reduzindo-se a termo o ato de acareação.

§ 2º A acareação pode ser realizada por videoconferência ou por outro recurso tecnológico de transmissão de sons e imagens em tempo real.

→ v. Arts. 236, § 3º, 385, § 3º, 453, § 1º, 937, § 4º, do NCPC.

Art. 462. A testemunha pode requerer ao juiz o pagamento da despesa que efetuou para comparecimento à audiência, devendo a parte pagá-la logo que arbitrada ou depositá-la em cartório dentro de 3 (três) dias.

Art. 463. O depoimento prestado em juízo é considerado serviço público.

Parágrafo único. A testemunha, quando sujeita ao regime da legislação trabalhista, não sofre, por comparecer à audiência, perda de salário nem desconto no tempo de serviço.

Seção X
Da prova pericial

Art. 464. A prova pericial consiste em exame, vistoria ou avaliação.

→ v. Art. 231 do CC/2002.

→ v. Art. 3º, VI, da Lei 1.060/1950.

→ v. Arts. 422, § 1º e 872, do NCPC.

§ 1º O juiz indeferirá a perícia quando:

I – a prova do fato não depender de conhecimento especial de técnico;

II – for desnecessária em vista de outras provas produzidas;

III – a verificação for impraticável.

§ 2º De ofício ou a requerimento das partes, o juiz poderá, em substituição à perícia, determinar a produção de prova técnica simplificada, quando o ponto controvertido for de menor complexidade.

§ 3º A prova técnica simplificada consistirá apenas na inquirição de especialista, pelo juiz, sobre ponto controvertido da causa que demande especial conhecimento científico ou técnico.

→ v. Art. 35 da Lei 9.099/1995.

§ 4º Durante a arguição, o especialista, que deverá ter formação acadêmica específica na área objeto de seu depoimento, poderá valer-se de qualquer recurso tecnológico de transmissão de sons e imagens com o fim de esclarecer os pontos controvertidos da causa.

Art. 465. O juiz nomeará perito especializado no objeto da perícia e fixará de imediato o prazo para a entrega do laudo.

→ v. Art. 10 da Lei 12.153/2009.

→ v. Art. 12 da Lei 10.259/2001.

→ v. Arts. 156, 157, 579 a 587, 595 a 597, 604, III, e 756, § 2º, do NCPC.

§ 1º Incumbe às partes, dentro de 15 (quinze) dias contados da intimação do despacho de nomeação do perito:

→ v. Art. 163, II, do NCPC.

I – arguir o impedimento ou a suspeição do perito, se for o caso;

II – indicar assistente técnico;

III – apresentar quesitos.

§ 2º Ciente da nomeação, o perito apresentará em 5 (cinco) dias:

I – proposta de honorários;

II – currículo, com comprovação de especialização;

III – contatos profissionais, em especial o endereço eletrônico, para onde serão dirigidas as intimações pessoais.

§ 3º As partes serão intimadas da proposta de honorários para, querendo, manifestar-se no prazo comum de 5 (cinco) dias, após o que o juiz arbitrará o valor, intimando-se as partes para os fins do art. 95.

→ v. Arts. 91, § 1º e 95, do NCPC.

§ 4º O juiz poderá autorizar o pagamento de até cinquenta por cento dos honorários arbitrados a favor do perito no início dos trabalhos, devendo o remanescente ser pago apenas ao final, depois de entregue o laudo e prestados todos os esclarecimentos necessários.

§ 5º Quando a perícia for inconclusiva ou deficiente, o juiz poderá reduzir a remuneração inicialmente arbitrada para o trabalho.

§ 6º Quando tiver de realizar-se por carta, poder-se-á proceder à nomeação de perito e à indicação de assistentes técnicos no juízo ao qual se requisitar a perícia.

Art. 466. O perito cumprirá escrupulosamente o encargo que lhe foi cometido, independentemente de termo de compromisso.

§ 1º Os assistentes técnicos são de confiança da parte e não estão sujeitos a impedimento ou suspeição.

→ v. Art. 95 do NCPC.

§ 2º O perito deve assegurar aos assistentes das partes o acesso e o acompanhamento das diligências e dos exames que realizar, com prévia comunicação, comprovada nos autos, com antecedência mínima de 5 (cinco) dias.

Art. 467. O perito pode escusar-se ou ser recusado por impedimento ou suspeição.

→ v. Art. 163, II, do NCPC.

Parágrafo único. O juiz, ao aceitar a escusa ou ao julgar procedente a impugnação, nomeará novo perito.

→ v. Art. 148 e §§ do NCPC.

Art. 468. O perito pode ser substituído quando:

I – faltar-lhe conhecimento técnico ou científico;

II – sem motivo legítimo, deixar de cumprir o encargo no prazo que lhe foi assinado.

§ 1º No caso previsto no inciso II, o juiz comunicará a ocorrência à corporação profissional respectiva, podendo, ainda, impor multa ao perito, fixada tendo em vista o valor da causa e o possível prejuízo decorrente do atraso no processo.

§ 2º O perito substituído restituirá, no prazo de 15 (quinze) dias, os valores recebidos pelo trabalho não realizado, sob pena de ficar impedido de atuar como perito judicial pelo prazo de 5 (cinco) anos.

§ 3º Não ocorrendo a restituição voluntária de que trata o § 2º, a parte que tiver realizado o adiantamento dos honorários poderá promover execução contra o perito, na forma dos arts. 513 e seguintes deste Código, com fundamento na decisão que determinar a devolução do numerário.

Art. 469. As partes poderão apresentar quesitos suplementares durante a diligência, que poderão ser respondidos pelo perito previamente ou na audiência de instrução e julgamento.

Parágrafo único. O escrivão dará à parte contrária ciência da juntada dos quesitos aos autos.

Art. 470. Incumbe ao juiz:

I – indeferir quesitos impertinentes;

II – formular os quesitos que entender necessários ao esclarecimento da causa.

→ v. Art. 370, parágrafo único, do NCPC.

Art. 471. As partes podem, de comum acordo, escolher o perito, indicando-o mediante requerimento, desde que:

I – sejam plenamente capazes;

II – a causa possa ser resolvida por autocomposição.

→ v. Art. 190 do NCPC.

§ 1º As partes, ao escolher o perito, já devem indicar os respectivos assistentes técnicos para acompanhar a realização da perícia, que se realizará em data e local previamente anunciados.

§ 2º O perito e os assistentes técnicos devem entregar, respectivamente, laudo e pareceres em prazo fixado pelo juiz.

§ 3º A perícia consensual substitui, para todos os efeitos, a que seria realizada por perito nomeado pelo juiz.

Art. 472. O juiz poderá dispensar prova pericial quando as partes, na inicial e na contestação, apresentarem, sobre as questões de fato, pareceres técnicos ou documentos elucidativos que considerar suficientes.

→ v. Art. 370, parágrafo único, do NCPC.

Art. 473. O laudo pericial deverá conter:

I – a exposição do objeto da perícia;

II – a análise técnica ou científica realizada pelo perito;

III – a indicação do método utilizado, esclarecendo-o e demonstrando ser predominantemente aceito pelos especialistas da área do conhecimento da qual se originou;

IV – resposta conclusiva a todos os quesitos apresentados pelo juiz, pelas partes e pelo órgão do Ministério Público.

§ 1º No laudo, o perito deve apresentar sua fundamentação em linguagem simples e com coerência lógica, indicando como alcançou suas conclusões.

§ 2º É vedado ao perito ultrapassar os limites de sua designação, bem como emitir opiniões pessoais que excedam o exame técnico ou científico do objeto da perícia.

§ 3º Para o desempenho de sua função, o perito e os assistentes técnicos podem valer-se de todos os meios necessários, ouvindo testemunhas, obtendo informações, solicitando documentos que estejam em poder da parte, de terceiros ou em repartições públicas, bem como instruir o laudo com planilhas, mapas, plantas, desenhos, fotografias ou outros elementos necessários ao esclarecimento do objeto da perícia.

Art. 474. As partes terão ciência da data e do local designados pelo juiz ou indicados pelo perito para ter início a produção da prova.

Art. 475. Tratando-se de perícia complexa que abranja mais de uma área de conhecimento especializado, o juiz poderá nomear mais de um perito, e a parte, indicar mais de um assistente técnico.

Art. 476. Se o perito, por motivo justificado, não puder apresentar o laudo dentro do prazo, o juiz poderá conceder-lhe, por uma vez, prorrogação pela metade do prazo originalmente fixado.

Art. 477. O perito protocolará o laudo em juízo, no prazo fixado pelo juiz, pelo menos 20 (vinte) dias antes da audiência de instrução e julgamento.

§ 1º As partes serão intimadas para, querendo, manifestar-se sobre o laudo do perito do juízo no prazo comum de 15 (quinze) dias, podendo o assistente técnico de cada uma das partes, em igual prazo, apresentar seu respectivo parecer.

§ 2º O perito do juízo tem o dever de, no prazo de 15 (quinze) dias, esclarecer ponto:

I – sobre o qual exista divergência ou dúvida de qualquer das partes, do juiz ou do órgão do Ministério Público;

II – divergente apresentado no parecer do assistente técnico da parte.

§ 3º Se ainda houver necessidade de esclarecimentos, a parte requererá ao juiz que mande intimar o perito ou o assistente técnico a comparecer à audiência de instrução e julgamento, formulando, desde logo, as perguntas, sob forma de quesitos.

→ v. Arts. 361, I, e 365, do NCPC.

§ 4º O perito ou o assistente técnico será intimado por meio eletrônico, com pelo menos 10 (dez) dias de antecedência da audiência.

Art. 478. Quando o exame tiver por objeto a autenticidade ou a falsidade de documento ou for de natureza médico-legal, o perito será escolhido, de preferência, entre os técnicos dos estabelecimentos oficiais especializados, a cujos diretores o juiz autorizará a remessa dos autos, bem como do material sujeito a exame.

→ v. Arts. 430 a 433, 753 e §§, e 756 e §§, do NCPC.

§ 1º Nas hipóteses de gratuidade de justiça, os órgãos e as repartições oficiais deverão cumprir a determinação judicial com preferência, no prazo estabelecido.

→ v. Art. 95, §§ 3º a 5º, do NCPC.

§ 2º A prorrogação do prazo referido no § 1º pode ser requerida motivadamente.

§ 3º Quando o exame tiver por objeto a autenticidade da letra e da firma, o perito poderá requisitar, para efeito de comparação, documentos existentes em repartições públicas e, na falta destes, poderá requerer ao juiz que a pessoa a quem se atribuir a autoria do documento lance em folha de papel, por cópia ou sob ditado, dizeres diferentes, para fins de comparação.

Art. 479. O juiz apreciará a prova pericial de acordo com o disposto no art. 371, indicando na sentença os motivos que o levaram a considerar ou a deixar de considerar as conclusões do laudo, levando em conta o método utilizado pelo perito.

Art. 480. O juiz determinará, de ofício ou a requerimento da parte, a realização de nova perícia quando a matéria não estiver suficientemente esclarecida.

→ v. Art. 715, § 2º, do NCPC.

§ 1º A segunda perícia tem por objeto os mesmos fatos sobre os quais recaiu a primeira e destina-se a corrigir eventual omissão ou inexatidão dos resultados a que esta conduziu.

§ 2º A segunda perícia rege-se pelas disposições estabelecidas para a primeira.

§ 3º A segunda perícia não substitui a primeira, cabendo ao juiz apreciar o valor de uma e de outra.

Seção XI
Da inspeção judicial

Art. 481. O juiz, de ofício ou a requerimento da parte, pode, em qualquer fase do processo, inspecionar pessoas ou coisas, a fim de se esclarecer sobre fato que interesse à decisão da causa.

→ v. Art. 35, parágrafo único, da Lei 9.099/1995.

Art. 482. Ao realizar a inspeção, o juiz poderá ser assistido por um ou mais peritos.

Art. 483. O juiz irá ao local onde se encontre a pessoa ou a coisa quando:

I – julgar necessário para a melhor verificação ou interpretação dos fatos que deva observar;

II – a coisa não puder ser apresentada em juízo sem consideráveis despesas ou graves dificuldades;

III – determinar a reconstituição dos fatos.

Parágrafo único. As partes têm sempre direito a assistir à inspeção, prestando esclarecimentos e fazendo observações que considerem de interesse para a causa.

Art. 484. Concluída a diligência, o juiz mandará lavrar auto circunstanciado, mencionando nele tudo quanto for útil ao julgamento da causa.

Parágrafo único. O auto poderá ser instruído com desenho, gráfico ou fotografia.

Capítulo XIII
DA SENTENÇA E DA COISA JULGADA

Seção I
Disposições Gerais

Art. 485. O juiz não resolverá o mérito quando:

I – indeferir a petição inicial;

→ v. Art. 330 do NCPC.

II – o processo ficar parado durante mais de 1 (um) ano por negligência das partes;

III – por não promover os atos e as diligências que lhe incumbir, o autor abandonar a causa por mais de 30 (trinta) dias;

→ v. Súmula 631 do STF.

→ v. Súmula 240 do STJ.

IV – verificar a ausência de pressupostos de constituição e de desenvolvimento válido e regular do processo;

V – reconhecer a existência de perempção, de litispendência ou de coisa julgada;

→ v. Art. 5º, XXXVI, da CF/1988.

→ v. Art. 337, §§ 1º a 4º, do NCPC.

VI – verificar ausência de legitimidade ou de interesse processual;

→ v. Arts. 17 e 18 do NCPC.

VII – acolher a alegação de existência de convenção de arbitragem ou quando o juízo arbitral reconhecer sua competência;

→ v. Art. 3º e 8º, da Lei 9.307/1996.

VIII – homologar a desistência da ação;

→ v. Art. 200, parágrafo único, do NCPC.

IX – em caso de morte da parte, a ação for considerada intransmissível por disposição legal; e

X – nos demais casos prescritos neste Código.

§ 1º Nas hipóteses descritas nos incisos II e III, a parte será intimada pessoalmente para suprir a falta no prazo de 5 (cinco) dias.

§ 2º No caso do § 1º, quanto ao inciso II, as partes pagarão proporcionalmente as custas, e, quanto ao inciso III, o autor será condenado ao pagamento das despesas e dos honorários de advogado.

§ 3º O juiz conhecerá de ofício da matéria constante dos incisos IV, V, VI e IX, em qualquer tempo e grau de jurisdição, enquanto não ocorrer o trânsito em julgado.

→ v. Art. 10 do NCPC.

§ 4º Oferecida a contestação, o autor não poderá, sem o consentimento do réu, desistir da ação.

§ 5º A desistência da ação pode ser apresentada até a sentença.

§ 6º Oferecida a contestação, a extinção do processo por abandono da causa pelo autor depende de requerimento do réu.

§ 7º Interposta a apelação em qualquer dos casos de que tratam os incisos deste artigo, o juiz terá 5 (cinco) dias para retratar-se.

→ v. Art. 198, VII, do ECA.

→ v. Arts. 331, 332, §§ 3º e 4º, e 485, § 7º, do NCPC.

Art. 486. O pronunciamento judicial que não resolve o mérito não obsta a que a parte proponha de novo a ação.

§ 1º No caso de extinção em razão de litispendência e nos casos dos incisos I, IV, VI e VII do art. 485, a propositura da nova ação depende da correção do vício que levou à sentença sem resolução do mérito.

§ 2º A petição inicial, todavia, não será despachada sem a prova do pagamento ou do depósito das custas e dos honorários de advogado.

§ 3º Se o autor der causa, por 3 (três) vezes, a sentença fundada em abandono da causa, não poderá propor nova ação contra o réu com o mesmo objeto, ficando-lhe ressalvada, entretanto, a possibilidade de alegar em defesa o seu direito.

Art. 487. Haverá resolução de mérito quando o juiz:

I – acolher ou rejeitar o pedido formulado na ação ou na reconvenção;

II – decidir, de ofício ou a requerimento, sobre a ocorrência de decadência ou prescrição;

→ v. Arts. 302, IV, 310, e 332, § 1º, do NCPC.

III – homologar:

a) o reconhecimento da procedência do pedido formulado na ação ou na reconvenção;

b) a transação;

c) a renúncia à pretensão formulada na ação ou na reconvenção.

Parágrafo único. Ressalvada a hipótese do § 1º do art. 332, a prescrição e a decadência não serão reconhecidas sem que antes seja dada às partes oportunidade de manifestar-se.

→ v. Art. 10 do NCPC.

Art. 488. Desde que possível, o juiz resolverá o mérito sempre que a decisão for favorável à parte a quem aproveitaria eventual pronunciamento nos termos do art. 485.

→ v. Art. 282, § 2º, do NCPC.

Seção II
Dos elementos e dos efeitos da sentença

Art. 489. São elementos essenciais da sentença:

→ v. Art. 93, IX, da CF/1988.

→ v. Art. 99 da Lei 11.101/2005.

→ v. Art. 38 da Lei 9.099/1995.

I – o relatório, que conterá os nomes das partes, a identificação do caso, com a suma do pedido e da contestação, e o registro das principais ocorrências havidas no andamento do processo;

II – os fundamentos, em que o juiz analisará as questões de fato e de direito;

III – o dispositivo, em que o juiz resolverá as questões principais que as partes lhe submeterem.

§ 1º Não se considera fundamentada qualquer decisão judicial, seja ela interlocutória, sentença ou acórdão, que:

I – se limitar à indicação, à reprodução ou à paráfrase de ato normativo, sem explicar sua relação com a causa ou a questão decidida;

II – empregar conceitos jurídicos indeterminados, sem explicar o motivo concreto de sua incidência no caso;

III – invocar motivos que se prestariam a justificar qualquer outra decisão;

IV – não enfrentar todos os argumentos deduzidos no processo capazes de, em tese, infirmar a conclusão adotada pelo julgador;

V – se limitar a invocar precedente ou enunciado de súmula, sem identificar seus fundamentos determinantes nem demonstrar que o caso sob julgamento se ajusta àqueles fundamentos;

VI – deixar de seguir enunciado de súmula, jurisprudência ou precedente invocado pela parte, sem demonstrar a existência de distinção no caso em julgamento ou a superação do entendimento.

§ 2º No caso de colisão entre normas, o juiz deve justificar o objeto e os critérios gerais da ponderação efetuada, enunciando as razões que autorizam a interferência na norma afastada e as premissas fáticas que fundamentam a conclusão.

§ 3º A decisão judicial deve ser interpretada a partir da conjugação de todos os seus elementos e em conformidade com o princípio da boa-fé.

→ v. Art. 5º do NCPC.

Art. 490. O juiz resolverá o mérito acolhendo ou rejeitando, no todo ou em parte, os pedidos formulados pelas partes.

→ v. Art. 487 do NCPC.

Art. 491. Na ação relativa à obrigação de pagar quantia, ainda que formulado pedido genérico, a decisão definirá desde logo a extensão da obrigação, o índice de correção monetária, a taxa de juros, o termo inicial de ambos e a periodicidade da capitalização dos juros, se for o caso, salvo quando:

I – não for possível determinar, de modo definitivo, o montante devido;

II – a apuração do valor devido depender da produção de prova de realização demorada ou excessivamente dispendiosa, assim reconhecida na sentença.

→ v. Art. 38, parágrafo único, da Lei 9.099/1995.

§ 1º Nos casos previstos neste artigo, seguir-se-á a apuração do valor devido por liquidação.

→ v. Arts. 509 e ss. do NCPC.

§ 2º O disposto no *caput* também se aplica quando o acórdão alterar a sentença.

Art. 492. É vedado ao juiz proferir decisão de natureza diversa da pedida, bem como condenar a parte em quantidade superior ou em objeto diverso do que lhe foi demandado.

→ v. Arts. 2º e 141 do NCPC.

Parágrafo único. A decisão deve ser certa, ainda que resolva relação jurídica condicional.

Art. 493. Se, depois da propositura da ação, algum fato constitutivo, modificativo ou extintivo do direito influir no julgamento do mérito, caberá ao juiz tomá-lo em consideração, de ofício ou a requerimento da parte, no momento de proferir a decisão.

→ v. Súmula 394 do TST.

Parágrafo único. Se constatar de ofício o fato novo, o juiz ouvirá as partes sobre ele antes de decidir.

→ v. Art. 10 do NCPC.

Art. 494. Publicada a sentença, o juiz só poderá alterá-la:

I – para corrigir-lhe, de ofício ou a requerimento da parte, inexatidões materiais ou erros de cálculo;

II – por meio de embargos de declaração.

→ v. Art. 1.022 do NCPC.

Art. 495. A decisão que condenar o réu ao pagamento de prestação consistente em dinheiro e a que determinar a conversão de prestação de fazer, de não fazer ou de dar coisa em prestação pecuniária valerão como título constitutivo de hipoteca judiciária.

→ v. Art. 167, I, 2, da Lei 6.015/1975.

→ v. Arts. 1.473 e ss. do CC/2002.

§ 1º A decisão produz a hipoteca judiciária:

I – embora a condenação seja genérica;

II – ainda que o credor possa promover o cumprimento provisório da sentença ou esteja pendente arresto sobre bem do devedor;

III – mesmo que impugnada por recurso dotado de efeito suspensivo.

§ 2º A hipoteca judiciária poderá ser realizada mediante apresentação de cópia da sentença perante o cartório de registro imobiliário, independentemente de ordem judicial, de declaração expressa do juiz ou de demonstração de urgência.

§ 3º No prazo de até 15 (quinze) dias da data de realização da hipoteca, a parte informá-la-á ao juízo da causa, que determinará a intimação da outra parte para que tome ciência do ato.

§ 4º A hipoteca judiciária, uma vez constituída, implicará, para o credor hipotecário, o direito de preferência, quanto ao pagamento, em relação a outros credores, observada a prioridade no registro.

§ 5º Sobrevindo a reforma ou a invalidação da decisão que impôs o pagamento de quantia, a parte responderá, independentemente de culpa, pelos danos que a outra parte tiver sofrido em razão da constituição da garantia, devendo o valor da indenização ser liquidado e executado nos próprios autos.

Seção III
Da remessa necessária

Art. 496. Está sujeita ao duplo grau de jurisdição, não produzindo efeito senão depois de confirmada pelo tribunal, a sentença:

→ v. Súmula 620 do STF.

→ v. Súmulas 45, 253, 325, 390 e 490 do STJ.

→ v. Art. 13 da Lei 10.259/2001.

→ v. Art. 11 da Lei 12.153/2009.

→ v. Art. 19 da Lei 4.717/1965.

→ v. Art. 14, § 3º, da Lei 12.016/2009.

→ v. Art. 28, § 1º, do Dec.-lei 3.365/1941.

I – proferida contra a União, os Estados, o Distrito Federal, os Municípios e suas respectivas autarquias e fundações de direito público;

II – que julgar procedentes, no todo ou em parte, os embargos à execução fiscal.

§ 1º Nos casos previstos neste artigo, não interposta a apelação no prazo legal, o juiz ordenará a remessa dos autos ao tribunal, e, se não o fizer, o presidente do respectivo tribunal avocá-los-á.

§ 2º Em qualquer dos casos referidos no § 1º, o tribunal julgará a remessa necessária.

§ 3º Não se aplica o disposto neste artigo quando a condenação ou o proveito econômico obtido na causa for de valor certo e líquido inferior a:

I – 1.000 (mil) salários mínimos para a União e as respectivas autarquias e fundações de direito público;

II – 500 (quinhentos) salários mínimos para os Estados, o Distrito Federal, as respectivas autarquias e fundações de direito público e os Municípios que constituam capitais dos Estados;

III – 100 (cem) salários mínimos para todos os demais Municípios e respectivas autarquias e fundações de direito público.

§ 4º Também não se aplica o disposto neste artigo quando a sentença estiver fundada em:

I – súmula de tribunal superior;

II – acórdão proferido pelo Supremo Tribunal Federal ou pelo Superior Tribunal de Justiça em julgamento de recursos repetitivos;

→ v. Arts. 1.036 e ss. do NCPC.

III – entendimento firmado em incidente de resolução de demandas repetitivas ou de assunção de competência;

→ v. Arts. 976 e ss. do NCPC.

→ v. Arts. 947 e ss. do NCPC.

IV – entendimento coincidente com orientação vinculante firmada no âmbito administrativo do próprio ente público, consolidada em manifestação, parecer ou súmula administrativa.

Seção IV
Do julgamento das ações relativas às prestações de fazer, de não fazer e de entregar coisa

Art. 497. Na ação que tenha por objeto a prestação de fazer ou de não fazer, o juiz, se procedente o pedido, concederá a tutela específica ou determinará providências que assegurem a obtenção de tutela pelo resultado prático equivalente.

→ v. Súmula 410 do STJ.

→ v. Arts. 247 a 249 do CC/2002.

→ v. Art. 84 do CDC.

→ v. Art. 213 do ECA.

→ v. Art. 52, V, da Lei 9.099/1995.

→ v. Art. 11 da Lei 7.347/1985.

Parágrafo único. Para a concessão da tutela específica destinada a inibir a prática, a reiteração ou a continuação de um ilícito, ou a sua remoção, é irrelevante a demonstração da ocorrência de dano ou da existência de culpa ou dolo.

Art. 498. Na ação que tenha por objeto a entrega de coisa, o juiz, ao conceder a tutela específica, fixará o prazo para o cumprimento da obrigação.

→ v. Art. 311, III, do NCPC.

Parágrafo único. Tratando-se de entrega de coisa determinada pelo gênero e pela quantidade, o autor individualizá-la-á na petição inicial, se lhe couber a escolha, ou, se a escolha couber ao réu, este a entregará individualizada, no prazo fixado pelo juiz.

Art. 499. A obrigação somente será convertida em perdas e danos se o autor o requerer ou se impossível a tutela específica ou a obtenção de tutela pelo resultado prático equivalente.

Art. 500. A indenização por perdas e danos dar-se-á sem prejuízo da multa fixada periodicamente para compelir o réu ao cumprimento específico da obrigação.

Art. 501. Na ação que tenha por objeto a emissão de declaração de vontade, a sentença que julgar procedente o pedido, uma vez transitada em julgado, produzirá todos os efeitos da declaração não emitida.

→ v. Art. 16 do Dec.-Lei 58/1937.

Seção V
Da coisa julgada

Art. 502. Denomina-se coisa julgada material a autoridade que torna imutável e indiscutível a decisão de mérito não mais sujeita a recurso.

→ v. Súmula 423 do STF.

→ v. Art. 5º, XXXVI, da CF/1988.

→ v. Art. 6º, § 3º, da LINDB.

→ v. Art. 103 do CDC.

→ v. Art. 16 da Lei 7.347/1985.

→ v. Art. 337, §§ 1º a 4º, do NCPC.

Art. 503. A decisão que julgar total ou parcialmente o mérito tem força de lei nos limites da questão principal expressamente decidida.

§ 1º O disposto no *caput* aplica-se à resolução de questão prejudicial, decidida expressa e incidentemente no processo, se:

→ v. Art. 1.054 do NCPC.

I – dessa resolução depender o julgamento do mérito;

II – a seu respeito tiver havido contraditório prévio e efetivo, não se aplicando no caso de revelia;

III – o juízo tiver competência em razão da matéria e da pessoa para resolvê-la como questão principal.

§ 2º A hipótese do § 1º não se aplica se no processo houver restrições probatórias ou limitações à cognição que impeçam o aprofundamento da análise da questão prejudicial.

Art. 504. Não fazem coisa julgada:

→ v. Súmulas 239 e 304 do STF.

→ v. Súmula 344 do STJ.

I – os motivos, ainda que importantes para determinar o alcance da parte dispositiva da sentença;

II – a verdade dos fatos, estabelecida como fundamento da sentença.

Art. 505. Nenhum juiz decidirá novamente as questões já decididas relativas à mesma lide, salvo:

I – se, tratando-se de relação jurídica de trato continuado, sobreveio modificação no estado de fato ou de direito, caso em que poderá a parte pedir a revisão do que foi estatuído na sentença;

→ v. Art. 15 da Lei 5.478/1968.

II – nos demais casos prescritos em lei.

→ v. Arts. 304, § 6º, e 310, do NCPC.

Art. 506. A sentença faz coisa julgada às partes entre as quais é dada, não prejudicando terceiros.

→ v. Art. 103 do CDC.

→ v. Art. 16 da Lei 7.347/1985.

Art. 507. É vedado à parte discutir no curso do processo as questões já decididas a cujo respeito se operou a preclusão.

→ v. Arts. 63, § 4º, 209, § 2º, 278, 293 e 1.009, § 1º, do NCPC.

Art. 508. Transitada em julgado a decisão de mérito, considerar-se-ão deduzidas e repelidas todas as alegações e as defesas que a parte poderia opor tanto ao acolhimento quanto à rejeição do pedido.

Capítulo XIV
DA LIQUIDAÇÃO DE SENTENÇA

Art. 509. Quando a sentença condenar ao pagamento de quantia ilíquida, proceder-se-á à sua liquidação, a requerimento do credor ou do devedor:

→ v. Súmulas 344 e 453 do STJ.

→ v. Art. 234, § 1º, do NCPC.

I – por arbitramento, quando determinado pela sentença, convencionado pelas partes ou exigido pela natureza do objeto da liquidação;

II – pelo procedimento comum, quando houver necessidade de alegar e provar fato novo.

§ 1º Quando na sentença houver uma parte líquida e outra ilíquida, ao credor é lícito promover simultaneamente a execução daquela e, em autos apartados, a liquidação desta.

§ 2º Quando a apuração do valor depender apenas de cálculo aritmético, o credor poderá promover, desde logo, o cumprimento da sentença.

§ 3º O Conselho Nacional de Justiça desenvolverá e colocará à disposição dos interessados programa de atualização financeira.

§ 4º Na liquidação é vedado discutir de novo a lide ou modificar a sentença que a julgou.

Art. 510. Na liquidação por arbitramento, o juiz intimará as partes para a apresentação de pareceres ou documentos elucidativos, no prazo que fixar, e caso não possa decidir de plano, nomeará perito, observando-se, no que couber, o procedimento da prova pericial.

→ v. Arts 464 a 480 do NCPC.

Art. 511. Na liquidação pelo procedimento comum, o juiz determinará a intimação do requerido, na pessoa de seu advogado ou da sociedade de advogados a que estiver vinculado, para, querendo, apresentar contestação no prazo de 15 (quinze) dias, observando-se, a seguir, no que couber, o disposto no Livro I da Parte Especial deste Código.

Art. 512. A liquidação poderá ser realizada na pendência de recurso, processando-se em autos apartados no juízo de origem, cumprindo ao liquidante instruir o pedido com cópias das peças processuais pertinentes.

TÍTULO II
Do cumprimento da sentença

Capítulo I
DISPOSIÇÕES GERAIS

Art. 513. O cumprimento da sentença será feito segundo as regras deste Título, observando-se, no que couber e conforme a natureza da obrigação, o disposto no Livro II da Parte Especial deste Código.

§ 1º O cumprimento da sentença que reconhece o dever de pagar quantia, provisório ou definitivo, far-se-á a requerimento do exequente.

§ 2º O devedor será intimado para cumprir a sentença:

I - pelo Diário da Justiça, na pessoa de seu advogado constituído nos autos;

II - por carta com aviso de recebimento, quando representado pela Defensoria Pública ou quando não tiver procurador constituído nos autos, ressalvada a hipótese do inciso IV;

→ v. Súmula 410 do STJ.

III - por meio eletrônico, quando, no caso do § 1º do art. 246, não tiver procurador constituído nos autos;

IV - por edital, quando, citado na forma do art. 256, tiver sido revel na fase de conhecimento.

→ v. Art. 346 do NCPC.

§ 3º Na hipótese do § 2º, incisos II e III, considera-se realizada a intimação quando o devedor houver mudado de endereço sem prévia comunicação ao juízo, observado o disposto no parágrafo único do art. 274.

§ 4º Se o requerimento a que alude o § 1º for formulado após 1 (um) ano do trânsito em julgado da sentença, a intimação será feita na pessoa do devedor, por meio de carta com aviso de recebimento encaminhada ao endereço constante dos autos, observado o disposto no parágrafo único do art. 274 e no § 3º deste artigo.

§ 5º O cumprimento da sentença não poderá ser promovido em face do fiador, do coobrigado ou do corresponsável que não tiver participado da fase de conhecimento.

Art. 514. Quando o juiz decidir relação jurídica sujeita a condição ou termo, o cumprimento da sentença dependerá de demonstração de que se realizou a condição ou de que ocorreu o termo.

→ v. Art. 798, I, *c*, do NCPC.

Art. 515. São títulos executivos judiciais, cujo cumprimento dar-se-á de acordo com os artigos previstos neste Título:

I - as decisões proferidas no processo civil que reconheçam a exigibilidade de obrigação de pagar quantia, de fazer, de não fazer ou de entregar coisa;

II - a decisão homologatória de autocomposição judicial;

→ v. Arts. 22, parágrafo único, e 74, da Lei 9.099/1995.

→ v. Arts. 3º, §§ 2º e 3º, 334, § 11, e 487, III, do NCPC.

III - a decisão homologatória de autocomposição extrajudicial de qualquer natureza;

→ v. Art. 57, *caput*, da Lei 9.099/1995.

IV - o formal e a certidão de partilha, exclusivamente em relação ao inventariante, aos herdeiros e aos sucessores a título singular ou universal;

→ v. Art. 655 e parágrafo único, do NCPC.

V - o crédito de auxiliar da justiça, quando as custas, emolumentos ou honorários tiverem sido aprovados por decisão judicial;

VI - a sentença penal condenatória transitada em julgado;

→ v. Art. 387 do CPP.

VII - a sentença arbitral;

→ v. Art. 31 da Lei 9.307/1996.

VIII - a sentença estrangeira homologada pelo Superior Tribunal de Justiça;

→ v. Art. 105, I, *i*, da CF/1988.

→ v. Arts. 960 a 965 do NCPC.

IX - a decisão interlocutória estrangeira, após a concessão do *exequatur* à carta rogatória pelo Superior Tribunal de Justiça;

→ v. Arts. 35 e 960, § 1º, do NCPC.

X - (*Vetado*).

§ 1º Nos casos dos incisos VI a IX, o devedor será citado no juízo cível para o cumprimento da sentença ou para a liquidação no prazo de 15 (quinze) dias.

§ 2º A autocomposição judicial pode envolver sujeito estranho ao processo e versar sobre relação jurídica que não tenha sido deduzida em juízo.

Art. 516. O cumprimento da sentença efetuar-se-á perante:

I - os tribunais, nas causas de sua competência originária;

II - o juízo que decidiu a causa no primeiro grau de jurisdição;

III - o juízo cível competente, quando se tratar de sentença penal condenatória, de sentença arbitral, de sentença estrangeira ou de acórdão proferido pelo Tribunal Marítimo.

Parágrafo único. Nas hipóteses dos incisos II e III, o exequente poderá optar pelo juízo do atual domicílio do executado, pelo juízo do local onde se encontrem os bens sujeitos à execução ou pelo juízo do local onde deva ser executada a obrigação de fazer ou de não fazer, casos em que a remessa dos autos do processo será solicitada ao juízo de origem.

→ v. Art. 54 do NCPC.

Art. 517. A decisão judicial transitada em julgado poderá ser levada a protesto, nos termos da lei, depois de transcorrido o prazo para pagamento voluntário previsto no art. 523.

→ v. Lei 9.492/1997 – Regulamenta os serviços concernentes ao protesto de títulos e outros documentos de dívida.

§ 1º Para efetivar o protesto, incumbe ao exequente apresentar certidão de teor da decisão.

§ 2º A certidão de teor da decisão deverá ser fornecida no prazo de 3 (três) dias e indicará o nome e a qualificação do exequente e do executado, o número do processo, o valor da dívida e a data de decurso do prazo para pagamento voluntário.

§ 3º O executado que tiver proposto ação rescisória para impugnar a decisão exequenda pode requerer, a suas expensas e sob sua responsabilidade, a anotação da propositura da ação à margem do título protestado.

→ v. Arts. 966 a 975 do NCPC.

§ 4º A requerimento do executado, o protesto será cancelado por determinação do juiz, mediante ofício a ser expedido ao cartório, no prazo de 3 (três) dias, contado da data de protocolo do requerimento, desde que comprovada a satisfação integral da obrigação.

→ v. Art. 26 da Lei 9.492/1997.

Art. 518. Todas as questões relativas à validade do procedimento de cumprimento da sentença e dos atos executivos subsequentes poderão ser arguidas pelo executado nos próprios autos e nestes serão decididas pelo juiz.

→ v. Art. 277 do NCPC.

Art. 519. Aplicam-se as disposições relativas ao cumprimento da sentença, provisório ou definitivo, e à liquidação, no que couber, às decisões que concederem tutela provisória.

→ v. Arts. 294 a 311 do NCPC.

Capítulo II
DO CUMPRIMENTO PROVISÓRIO DA SENTENÇA QUE RECONHECE A EXIGIBILIDADE DE OBRIGAÇÃO DE PAGAR QUANTIA CERTA

Art. 520. O cumprimento provisório da sentença impugnada por recurso desprovido de efeito suspensivo será realizado da mesma forma que o cumprimento definitivo, sujeitando-se ao seguinte regime:

→ v. Art. 14, § 3º, da Lei 12.016/2009.

→ v. Art. 14 da Lei 7.347/1985.

→ v. Art. 58, V, da Lei 8.245/1991.

→ v. Art. 43 da Lei 9.099/1995.

→ v. Arts. 702, § 4º, 995, 1.012, § 1º, e 1.026, do NCPC.

I - corre por iniciativa e responsabilidade do exequente, que se obriga, se a sentença for reformada, a reparar os danos que o executado haja sofrido;

→ v. Arts. 402 a 405 do CC/2002.

II - fica sem efeito, sobrevindo decisão que modifique ou anule a sentença objeto da execução, restituindo-se as partes ao estado anterior e liquidando-se eventuais prejuízos nos mesmos autos;

III - se a sentença objeto de cumprimento provisório for modificada ou anulada apenas em parte, somente nesta ficará sem efeito a execução;

IV - o levantamento de depósito em dinheiro e a prática de atos que importem transferência de posse ou alienação de propriedade ou de outro direito real, ou dos quais possa resultar grave dano ao executado, dependem de caução suficiente e idônea, arbitrada de plano pelo juiz e prestada nos próprios autos.

§ 1º No cumprimento provisório da sentença, o executado poderá apresentar impugnação, se quiser, nos termos do art. 525.

§ 2º A multa e os honorários a que se refere o § 1º do art. 523 são devidos no cumprimento provisório de sentença condenatória ao pagamento de quantia certa.

§ 3º Se o executado comparecer tempestivamente e depositar o valor, com a finalidade de isentar-se da multa, o ato não será havido como incompatível com o recurso por ele interposto.

→ *v.* Art. 1.000 do NCPC.

§ 4º A restituição ao estado anterior a que se refere o inciso II não implica o desfazimento da transferência de posse ou da alienação de propriedade ou de outro direito real eventualmente já realizada, ressalvado, sempre, o direito à reparação dos prejuízos causados ao executado.

§ 5º Ao cumprimento provisório de sentença que reconheça obrigação de fazer, de não fazer ou de dar coisa aplica-se, no que couber, o disposto neste Capítulo.

→ *v.* Arts. 536 a 538 do NCPC.

Art. 521. A caução prevista no inciso IV do art. 520 poderá ser dispensada nos casos em que:

I – o crédito for de natureza alimentar, independentemente de sua origem;

II – o credor demonstrar situação de necessidade;

III – pender o agravo fundado nos incisos II e III do art. 1.042;

IV – a sentença a ser provisoriamente cumprida estiver em consonância com súmula da jurisprudência do Supremo Tribunal Federal ou do Superior Tribunal de Justiça ou em conformidade com acórdão proferido no julgamento de casos repetitivos.

Parágrafo único. A exigência de caução será mantida quando da dispensa possa resultar manifesto risco de grave dano de difícil ou incerta reparação.

Art. 522. O cumprimento provisório da sentença será requerido por petição dirigida ao juízo competente.

Parágrafo único. Não sendo eletrônicos os autos, a petição será acompanhada de cópias das seguintes peças do processo, cuja autenticidade poderá ser certificada pelo próprio advogado, sob sua responsabilidade pessoal:

I – decisão exequenda;

II – certidão de interposição do recurso não dotado de efeito suspensivo;

→ *v.* Arts. 995, 1.012, § 1º, e 1.026, do NCPC.

III – procurações outorgadas pelas partes;

IV – decisão de habilitação, se for o caso;

→ *v.* Arts. 995, 1.012, § 1º, e 1.026, do NCPC.

V – facultativamente, outras peças processuais consideradas necessárias para demonstrar a existência do crédito.

Capítulo III
DO CUMPRIMENTO DEFINITIVO DA SENTENÇA QUE RECONHECE A EXIGIBILIDADE DE OBRIGAÇÃO DE PAGAR QUANTIA CERTA

Art. 523. No caso de condenação em quantia certa, ou já fixada em liquidação, e no caso de decisão sobre parcela incontroversa, o cumprimento definitivo da sentença far-se-á a requerimento do exequente, sendo o executado intimado para pagar o débito, no prazo de 15 (quinze) dias, acrescido de custas, se houver.

§ 1º Não ocorrendo pagamento voluntário no prazo do *caput*, o débito será acrescido de multa de dez por cento e, também, de honorários de advogado de dez por cento.

§ 2º Efetuado o pagamento parcial no prazo previsto no *caput*, a multa e os honorários previstos no § 1º incidirão sobre o restante.

§ 3º Não efetuado tempestivamente o pagamento voluntário, será expedido, desde logo, mandado de penhora e avaliação, seguindo-se os atos de expropriação.

Art. 524. O requerimento previsto no art. 523 será instruído com demonstrativo discriminado e atualizado do crédito, devendo a petição conter:

I – o nome completo, o número de inscrição no Cadastro de Pessoas Físicas ou no Cadastro Nacional da Pessoa Jurídica do exequente e do executado, observado o disposto no art. 319, §§ 1º a 3º;

II – o índice de correção monetária adotado;

III – os juros aplicados e as respectivas taxas;

IV – o termo inicial e o termo final dos juros e da correção monetária utilizados;

V – a periodicidade da capitalização dos juros, se for o caso;

VI – especificação dos eventuais descontos obrigatórios realizados;

VII – indicação dos bens passíveis de penhora, sempre que possível.

§ 1º Quando o valor apontado no demonstrativo aparentemente exceder os limites da condenação, a execução será iniciada pelo valor pretendido, mas a penhora terá por base a importância que o juiz entender adequada.

§ 2º Para a verificação dos cálculos, o juiz poderá valer-se de contabilista do juízo, que terá o prazo máximo de 30 (trinta) dias para efetuá-la, exceto se outro lhe for determinado.

§ 3º Quando a elaboração do demonstrativo depender de dados em poder de terceiros ou do executado, o juiz poderá requisitá-los, sob cominação do crime de desobediência.

→ *v.* Arts. 401 a 403 do NCPC.

§ 4º Quando a complementação do demonstrativo depender de dados adicionais em poder do executado, o juiz poderá, a requerimento do exequente, requisitá-los, fixando prazo de até 30 (trinta) dias para o cumprimento da diligência.

§ 5º Se os dados adicionais a que se refere o § 4º não forem apresentados pelo executado, sem justificativa, no prazo designado, reputar-se-ão corretos os cálculos apresentados pelo exequente apenas com base nos dados de que dispõe.

→ *v.* Arts. 396 a 400 do NCPC.

Art. 525. Transcorrido o prazo previsto no art. 523 sem o pagamento voluntário, inicia-se o prazo de 15 (quinze) dias para que o executado, independentemente de penhora ou nova intimação, apresente, nos próprios autos, sua impugnação.

§ 1º Na impugnação, o executado poderá alegar:

I – falta ou nulidade da citação se, na fase de conhecimento, o processo correu à revelia;

II – ilegitimidade de parte;

III – inexequibilidade do título ou inexigibilidade da obrigação;

IV – penhora incorreta ou avaliação errônea;

→ *v.* Art. 831 e seguintes do NCPC.

V – excesso de execução ou cumulação indevida de execuções;

→ *v.* Arts. 917, § 2º e 780 do NCPC.

VI – incompetência absoluta ou relativa do juízo da execução;

→ *v.* Art. 516 do NCPC.

VII – qualquer causa modificativa ou extintiva da obrigação, como pagamento, novação, compensação, transação ou prescrição, desde que supervenientes à sentença.

§ 2º A alegação de impedimento ou suspeição observará o disposto nos arts. 146 e 148.

§ 3º Aplica-se à impugnação o disposto no art. 229.

§ 4º Quando o executado alegar que o exequente, em excesso de execução, pleiteia quantia superior à resultante da sentença, cumprir-lhe-á declarar de imediato o valor que entende correto, apresentando demonstrativo discriminado e atualizado de seu cálculo.

§ 5º Na hipótese do § 4º, não apontado o valor correto ou não apresentado o demonstrativo, a impugnação será liminarmente rejeitada, se o excesso de execução for o seu único fundamento, ou, se houver outro, a impugnação será processada, mas o juiz não examinará a alegação de excesso de execução.

→ *v.* Art. 917, § 2º, do NCPC.

§ 6º A apresentação de impugnação não impede a prática dos atos executivos, inclusive os de expropriação, podendo o juiz, a requerimento do executado e desde que garantido o juízo com penhora, caução ou depósito suficientes, atribuir-lhe efeito suspensivo, se seus fundamentos forem relevantes e se o prosseguimento da execução for manifestamente suscetível de causar ao executado grave dano de difícil ou incerta reparação.

§ 7º A concessão de efeito suspensivo a que se refere o § 6º não impedirá a efetivação dos atos de substituição, de reforço ou de redução da penhora e de avaliação dos bens.

§ 8º Quando o efeito suspensivo atribuído à impugnação disser respeito apenas a parte do objeto da execução, esta prosseguirá quanto à parte restante.

§ 9º A concessão de efeito suspensivo à impugnação deduzida por um dos executados não suspenderá a execução contra os que não impugnaram, quando o respectivo fundamento disser respeito exclusivamente ao impugnante.

§ 10. Ainda que atribuído efeito suspensivo à impugnação, é lícito ao exequente requerer o prosseguimento da execução, oferecendo e prestando, nos próprios autos, caução suficiente e idônea a ser arbitrada pelo juiz.

§ 11. As questões relativas a fato superveniente ao término do prazo para apresentação da impugnação, assim como aquelas relativas à validade e à adequação da penhora, da avaliação e dos atos executivos subsequentes, podem ser arguidas por simples petição, tendo o executado, em qualquer dos casos, o prazo de 15 (quinze) dias para formular esta arguição, contado da comprovada ciência do fato ou da intimação do ato.

§ 12. Para efeito do disposto no inciso III do § 1º deste artigo, considera-se também inexigível a obrigação reconhecida em título executivo judicial fundado em lei ou ato normativo considerado inconstitucional pelo Supremo Tribunal Federal, ou fundado em aplicação ou interpretação da lei ou do ato normativo tido pelo Supremo Tribunal Federal como incompatível com a Constituição Federal, em controle de constitucionalidade concentrado ou difuso.

§ 13. No caso do § 12, os efeitos da decisão do Supremo Tribunal Federal poderão ser modulados no tempo, em atenção à segurança jurídica.

→ *v.* Arts. 11, § 1º, e 27, da Lei 9.868/1999.

§ 14. A decisão do Supremo Tribunal Federal referida no § 12 deve ser anterior ao trânsito em julgado da decisão exequenda.

→ *v.* Art. 1.057 do NCPC.

§ 15. Se a decisão referida no § 12 for proferida após o trânsito em julgado da decisão exequenda, caberá ação rescisória, cujo prazo será contado do trânsito em julgado da decisão proferida pelo Supremo Tribunal Federal.

→ *v.* Art. 1.057 do NCPC.

Art. 526. É lícito ao réu, antes de ser intimado para o cumprimento da sentença, comparecer em juízo e oferecer em pagamento o valor que entender devido, apresentando memória discriminada do cálculo.

§ 1º O autor será ouvido no prazo de 5 (cinco) dias, podendo impugnar o valor depositado, sem prejuízo do levantamento do depósito a título de parcela incontroversa.

§ 2º Concluindo o juiz pela insuficiência do depósito, sobre a diferença incidirão multa de dez por cento e honorários advocatícios, também fixados em dez por cento, seguindo-se a execução com penhora e atos subsequentes.

§ 3º Se o autor não se opuser, o juiz declarará satisfeita a obrigação e extinguirá o processo.

Art. 527. Aplicam-se as disposições deste Capítulo ao cumprimento provisório da sentença, no que couber.

→ *v.* Arts. 520 a 522 do NCPC.

Capítulo IV
DO CUMPRIMENTO DE SENTENÇA QUE RECONHEÇA A EXIGIBILIDADE DE OBRIGAÇÃO DE PRESTAR ALIMENTOS

→ *v.* Arts. 1.694 a 1.710 do CC/2002.

→ *v.* Lei 5.478/1968 – Dispõe sobre ação de alimentos e dá outras providências.

→ *v.* Lei 11.804/2008 – Disciplina o direito a alimentos gravídicos e a forma como ele será exercido e dá outras providências.

Art. 528. No cumprimento de sentença que condene ao pagamento de prestação alimentícia ou de decisão interlocutória que fixe alimentos, o juiz, a requerimento do exequente, mandará intimar o executado pessoalmente para, em 3 (três) dias, pagar o débito, provar que o fez ou justificar a impossibilidade de efetuá-lo.

§ 1º Caso o executado, no prazo referido no *caput*, não efetue o pagamento, não prove que o efetuou ou não apresente justificativa da impossibilidade de efetuá-lo, o juiz mandará protestar o pronunciamento judicial, aplicando-se, no que couber, o disposto no art. 517.

§ 2º Somente a comprovação de fato que gere a impossibilidade absoluta de pagar justificará o inadimplemento.

§ 3º Se o executado não pagar ou se a justificativa apresentada não for aceita, o juiz, além de mandar protestar o pronunciamento judicial na forma do § 1º, decretar-lhe-á a prisão pelo prazo de 1 (um) a 3 (três) meses.

→ *v.* Art. 5º, LXVII, da CF/1988.

§ 4º A prisão será cumprida em regime fechado, devendo o preso ficar separado dos presos comuns.

§ 5º O cumprimento da pena não exime o executado do pagamento das prestações vencidas e vincendas.

§ 6º Paga a prestação alimentícia, o juiz suspenderá o cumprimento da ordem de prisão.

§ 7º O débito alimentar que autoriza a prisão civil do alimentante é o que compreende até as 3 (três) prestações anteriores ao ajuizamento da execução e as que se vencerem no curso do processo.

→ *v.* Súmula 309 do STJ.

§ 8º O exequente pode optar por promover o cumprimento da sentença ou decisão desde logo, nos termos do disposto neste Livro, Título II, Capítulo III, caso em que não será admissível a prisão do executado, e, recaindo a penhora em dinheiro, a concessão de efeito suspensivo à impugnação não obsta a que o exequente levante mensalmente a importância da prestação.

§ 9º Além das opções previstas no art. 516, parágrafo único, o exequente pode promover o cumprimento da sentença ou decisão que condena ao pagamento de prestação alimentícia no juízo de seu domicílio.

Art. 529. Quando o executado for funcionário público, militar, diretor ou gerente de empresa ou empregado sujeito à legislação do trabalho, o exequente poderá requerer o desconto em folha de pagamento da importância da prestação alimentícia.

§ 1º Ao proferir a decisão, o juiz oficiará à autoridade, à empresa ou ao empregador, determinando, sob pena de crime de desobediência, o desconto a partir da primeira remuneração posterior do executado, a contar do protocolo do ofício.

§ 2º O ofício conterá o nome e o número de inscrição no Cadastro de Pessoas Físicas do exequente e do executado, a importância a ser descontada mensalmente, o tempo de sua duração e a conta na qual deve ser feito o depósito.

§ 3º Sem prejuízo do pagamento dos alimentos vincendos, o débito objeto de execução pode ser descontado dos rendimentos ou rendas do executado, de forma parcelada, nos termos do *caput* deste artigo, contanto que, somado à parcela devida, não ultrapasse cinquenta por cento de seus ganhos líquidos.

→ *v.* Art. 833, § 2º, do NCPC.

Art. 530. Não cumprida a obrigação, observar-se-á o disposto nos arts. 831 e seguintes.

Art. 531. O disposto neste Capítulo aplica-se aos alimentos definitivos ou provisórios.

§ 1º A execução dos alimentos provisórios, bem como a dos alimentos fixados em sentença ainda não transitada em julgado, se processa em autos apartados.

§ 2º O cumprimento definitivo da obrigação de prestar alimentos será processado nos mesmos autos em que tenha sido proferida a sentença.

→ *v.* Art. 516, II, do NCPC.

Art. 532. Verificada a conduta procrastinatória do executado, o juiz deverá, se for o caso, dar ciência ao Ministério Público dos indícios da prática do crime de abandono material.

→ *v.* Art. 244 do CP.

Art. 533. Quando a indenização por ato ilícito incluir prestação de alimentos, caberá ao executado, a requerimento do exequente, constituir capital cuja renda assegure o pagamento do valor mensal da pensão.

§ 1º O capital a que se refere o *caput*, representado por imóveis ou por direitos reais sobre imóveis suscetíveis de alienação, títulos da dívida pública ou aplicações financeiras em banco oficial, será inalienável e impenhorável enquanto durar a obrigação do executado, além de constituir-se em patrimônio de afetação.

§ 2º O juiz poderá substituir a constituição do capital pela inclusão do exequente em folha de pagamento de pessoa jurídica de notória capacidade econômica ou, a requerimento do executado, por fiança bancária ou garantia real, em valor a ser arbitrado de imediato pelo juiz.

§ 3º Se sobrevier modificação nas condições econômicas, poderá a parte requerer, conforme as circunstâncias, redução ou aumento da prestação.

§ 4º A prestação alimentícia poderá ser fixada tomando por base o salário mínimo.

→ *v.* Súmula Vinculante 4 do STF.

→ *v.* Súmula 490 do STF.

→ *v.* Art. 7º, IV, da CF/1988.

§ 5º Finda a obrigação de prestar alimentos, o juiz mandará liberar o capital, cessar o desconto em folha ou cancelar as garantias prestadas.

Capítulo V
DO CUMPRIMENTO DE SENTENÇA QUE RECONHEÇA A EXIGIBILIDADE DE OBRIGAÇÃO DE PAGAR QUANTIA CERTA PELA FAZENDA PÚBLICA

Art. 534. No cumprimento de sentença que impuser à Fazenda Pública o dever de pagar quantia certa, o exequente apresentará demonstrativo discriminado e atualizado do crédito contendo:

I – o nome completo e o número de inscrição no Cadastro de Pessoas Físicas ou no Cadastro Nacional da Pessoa Jurídica do exequente;

II – o índice de correção monetária adotado;

III – os juros aplicados e as respectivas taxas;

IV – o termo inicial e o termo final dos juros e da correção monetária utilizados;

→ *v.* Art. 1º-F da Lei 9.494/1997.

→ *v.* ADI n. 4.357/DF e ADI n. 4.425/DF, STF.

V – a periodicidade da capitalização dos juros, se for o caso;

VI – a especificação dos eventuais descontos obrigatórios realizados.

§ 1º Havendo pluralidade de exequentes, cada um deverá apresentar o seu próprio demonstrativo, aplicando-se à hipótese, se for o caso, o disposto nos §§ 1º e 2º do art. 113.

§ 2º A multa prevista no § 1º do art. 523 não se aplica à Fazenda Pública.

Art. 535. A Fazenda Pública será intimada na pessoa de seu representante judicial, por carga, remessa ou meio eletrônico, para, querendo, no prazo de 30 (trinta) dias e nos próprios autos, impugnar a execução, podendo arguir:

I – falta ou nulidade da citação se, na fase de conhecimento, o processo correu à revelia;

II – ilegitimidade de parte;

III – inexequibilidade do título ou inexigibilidade da obrigação;

IV – excesso de execução ou cumulação indevida de execuções;

V – incompetência absoluta ou relativa do juízo da execução;

VI – qualquer causa modificativa ou extintiva da obrigação, como pagamento, novação, compensação, transação ou prescrição, desde que supervenientes ao trânsito em julgado da sentença.

§ 1º A alegação de impedimento ou suspeição observará o disposto nos arts. 146 e 148.

§ 2º Quando se alegar que o exequente, em excesso de execução, pleiteia quantia superior à resultante do título, cumprirá à executada declarar de imediato o valor que entende correto, sob pena de não conhecimento da arguição.

→ v. Art. 917, § 2º, do NCPC.

§ 3º Não impugnada a execução ou rejeitadas as arguições da executada:

I – expedir-se-á, por intermédio do presidente do tribunal competente, precatório em favor do exequente, observando-se o disposto na Constituição Federal;

→ v. Art. 100 da CF/1988.

→ v. Art. 1º-E da Lei 9.494/1997.

II – por ordem do juiz, dirigida à autoridade na pessoa de quem o ente público foi citado para o processo, o pagamento de obrigação de pequeno valor será realizado no prazo de 2 (dois) meses contado da entrega da requisição, mediante depósito na agência de banco oficial mais próxima da residência do exequente.

→ v. Art. 17 da Lei 10.259/2001.

→ v. Art. 13 da Lei 12.153/2009.

§ 4º Tratando-se de impugnação parcial, a parte não questionada pela executada será, desde logo, objeto de cumprimento.

§ 5º Para efeito do disposto no inciso III do *caput* deste artigo, considera-se também inexigível a obrigação reconhecida em título executivo judicial fundado em lei ou ato normativo considerado inconstitucional pelo Supremo Tribunal Federal, ou fundado em aplicação ou interpretação da lei ou do ato normativo tido pelo Supremo Tribunal Federal como incompatível com a Constituição Federal, em controle de constitucionalidade concentrado ou difuso.

§ 6º No caso do § 5º, os efeitos da decisão do Supremo Tribunal Federal poderão ser modulados no tempo, de modo a favorecer a segurança jurídica.

→ v. Arts. 11, § 1º, e 27, da Lei 9.868/1999.

§ 7º A decisão do Supremo Tribunal Federal referida no § 5º deve ter sido proferida antes do trânsito em julgado da decisão exequenda.

→ v. Art. 1.057 do NCPC.

§ 8º Se a decisão referida no § 5º for proferida após o trânsito em julgado da decisão exequenda, caberá ação rescisória, cujo prazo será contado do trânsito em julgado da decisão proferida pelo Supremo Tribunal Federal.

→ v. Art. 1.057 do NCPC.

Capítulo VI
DO CUMPRIMENTO DE SENTENÇA QUE RECONHEÇA A EXIGIBILIDADE DE OBRIGAÇÃO DE FAZER, DE NÃO FAZER OU DE ENTREGAR COISA

Seção I
Do cumprimento de sentença que reconheça a exigibilidade de obrigação de fazer ou de não fazer

Art. 536. No cumprimento de sentença que reconheça a exigibilidade de obrigação de fazer ou de não fazer, o juiz poderá, de ofício ou a requerimento, para a efetivação da tutela específica ou a obtenção de tutela pelo resultado prático equivalente, determinar as medidas necessárias à satisfação do exequente.

§ 1º Para atender ao disposto no *caput*, o juiz poderá determinar, entre outras medidas, a imposição de multa, a busca e apreensão, a remoção de pessoas e coisas, o desfazimento de obras e o impedimento de atividade nociva, podendo, caso necessário, requisitar o auxílio de força policial.

§ 2º O mandado de busca e apreensão de pessoas e coisas será cumprido por 2 (dois) oficiais de justiça, observando-se o disposto no art. 846, §§ 1º a 4º, se houver necessidade de arrombamento.

§ 3º O executado incidirá nas penas de litigância de má-fé quando injustificadamente descumprir a ordem judicial, sem prejuízo de sua responsabilização por crime de desobediência.

→ v. Art. 81 do NCPC.

§ 4º No cumprimento de sentença que reconheça a exigibilidade de obrigação de fazer ou de não fazer, aplica-se o art. 525, no que couber.

§ 5º O disposto neste artigo aplica-se, no que couber, ao cumprimento de sentença que reconheça deveres de fazer e de não fazer de natureza não obrigacional.

Art. 537. A multa independe de requerimento da parte e poderá ser aplicada na fase de conhecimento, em tutela provisória ou na sentença, ou na fase de execução, desde que seja suficiente e compatível com a obrigação e que se determine prazo razoável para cumprimento do preceito.

§ 1º O juiz poderá, de ofício ou a requerimento, modificar o valor ou a periodicidade da multa vincenda ou excluí-la, caso verifique que:

I – se tornou insuficiente ou excessiva;

II – o obrigado demonstrou cumprimento parcial superveniente da obrigação ou justa causa para o descumprimento.

§ 2º O valor da multa será devido ao exequente.

§ 3º A decisão que fixa a multa é passível de cumprimento provisório, devendo ser depositada em juízo, permitido o levantamento do valor após o trânsito em julgado da sentença favorável à parte ou na pendência do agravo fundado nos incisos II ou III do art. 1.042.

→ v. Arts. 520 a 522 do NCPC.

§ 4º A multa será devida desde o dia em que se configurar o descumprimento da decisão e incidirá enquanto não for cumprida a decisão que a tiver cominado.

→ v. Súmula 410 do STJ.

§ 5º O disposto neste artigo aplica-se, no que couber, ao cumprimento de sentença que reconheça deveres de fazer e de não fazer de natureza não obrigacional.

Seção II
Do cumprimento de sentença que reconheça a exigibilidade de obrigação de entregar coisa

Art. 538. Não cumprida a obrigação de entregar coisa no prazo estabelecido na sentença, será expedido mandado de busca e apreensão ou de imissão na posse em favor do credor, conforme se tratar de coisa móvel ou imóvel.

§ 1º A existência de benfeitorias deve ser alegada na fase de conhecimento, em contestação, de forma discriminada e com atribuição, sempre que possível e justificadamente, do respectivo valor.

→ v. Arts. 96, 97 e 1.219 a 1.222 do CC/2002.

§ 2º O direito de retenção por benfeitorias deve ser exercido na contestação, na fase de conhecimento.

§ 3º Aplicam-se ao procedimento previsto neste artigo, no que couber, as disposições sobre o cumprimento de obrigação de fazer ou de não fazer.

Título III
Dos procedimentos especiais

Capítulo I
DA AÇÃO DE CONSIGNAÇÃO EM PAGAMENTO

Art. 539. Nos casos previstos em lei, poderá o devedor ou terceiro requerer, com efeito de pagamento, a consignação da quantia ou da coisa devida.

→ v. Arts. 334 a 345 do CC/2002.

→ v. Arts. 156, VIII e 164 do CTN.

→ v. Art. 67 da Lei 8.245/1991.

§ 1º Tratando-se de obrigação em dinheiro, poderá o valor ser depositado em estabelecimento bancário, oficial onde houver, situado no lugar do pagamento, cientificando-se o credor por carta com aviso de recebimento, assinado o prazo de 10 (dez) dias para a manifestação de recusa.

→ v. Resolução Banco Central (BACEN) 2.814/2001 – Dispõe sobre procedimentos a serem observados pelas instituições financeiras no acolhimento de depósitos de consignação em pagamento extrajudicial.

→ v. Art. 38, § 1º, da Lei 6.766/1976.

§ 2º Decorrido o prazo do § 1º, contado do retorno do aviso de recebimento, sem a manifestação de recusa, considerar-se-á o devedor liberado da obrigação, ficando à disposição do credor a quantia depositada.

§ 3º Ocorrendo a recusa, manifestada por escrito ao estabelecimento bancário, poderá ser proposta, dentro de 1 (um) mês, a ação de consignação, instruindo-se a inicial com a prova do depósito e da recusa.

§ 4º Não proposta a ação no prazo do § 3º, ficará sem efeito o depósito, podendo levantá-lo o depositante.

Art. 540. Requerer-se-á a consignação no lugar do pagamento, cessando para o devedor, à data do depósito, os juros e os riscos, salvo se a demanda for julgada improcedente.

Art. 541. Tratando-se de prestações sucessivas, consignada uma delas, pode o devedor continuar a depositar, no mesmo processo e sem mais formalidades, as que se forem vencendo, desde que o faça em até 5 (cinco) dias contados da data do respectivo vencimento.

→ *v.* Art. 67, III, da Lei 8.245/1991.

Art. 542. Na petição inicial, o autor requererá:

I – o depósito da quantia ou da coisa devida, a ser efetivado no prazo de 5 (cinco) dias contados do deferimento, ressalvada a hipótese do art. 539, § 3º;

II – a citação do réu para levantar o depósito ou oferecer contestação.

Parágrafo único. Não realizado o depósito no prazo do inciso I, o processo será extinto sem resolução do mérito.

Art. 543. Se o objeto da prestação for coisa indeterminada e a escolha couber ao credor, será este citado para exercer o direito dentro de 5 (cinco) dias, se outro prazo não constar de lei ou do contrato, ou para aceitar que o devedor a faça, devendo o juiz, ao despachar a petição inicial, fixar lugar, dia e hora em que se fará a entrega, sob pena de depósito.

→ *v.* Arts. 252 e 342 do CC/20002.

Art. 544. Na contestação, o réu poderá alegar que:

I – não houve recusa ou mora em receber a quantia ou a coisa devida;

II – foi justa a recusa;

III – o depósito não se efetuou no prazo ou no lugar do pagamento;

IV – o depósito não é integral.

Parágrafo único. No caso do inciso IV, a alegação somente será admissível se o réu indicar o montante que entende devido.

Art. 545. Alegada a insuficiência do depósito, é lícito ao autor completá-lo, em 10 (dez) dias, salvo se corresponder a prestação cujo inadimplemento acarrete a rescisão do contrato.

§ 1º No caso do *caput*, poderá o réu levantar, desde logo, a quantia ou a coisa depositada, com a consequente liberação parcial do autor, prosseguindo o processo quanto à parcela controvertida.

§ 2º A sentença que concluir pela insuficiência do depósito determinará, sempre que possível, o montante devido e valerá como título executivo, facultado ao credor promover-lhe o cumprimento nos mesmos autos, após liquidação, se necessária.

Art. 546. Julgado procedente o pedido, o juiz declarará extinta a obrigação e condenará o réu ao pagamento de custas e honorários advocatícios.

Parágrafo único. Proceder-se-á do mesmo modo se o credor receber e der quitação.

Art. 547. Se ocorrer dúvida sobre quem deva legitimamente receber o pagamento, o autor requererá o depósito e a citação dos possíveis titulares do crédito para provarem o seu direito.

→ *v.* Art. 326 do NCPC.

Art. 548. No caso do art. 547:

I – não comparecendo pretendente algum, converter-se-á o depósito em arrecadação de coisas vagas;

II – comparecendo apenas um, o juiz decidirá de plano;

III – comparecendo mais de um, o juiz declarará efetuado o depósito e extinta a obrigação, continuando o processo a correr unicamente entre os presuntivos credores, observado o procedimento comum.

Art. 549. Aplica-se o procedimento estabelecido neste Capítulo, no que couber, ao resgate do aforamento.

Capítulo II
DA AÇÃO DE EXIGIR CONTAS

Art. 550. Aquele que afirmar ser titular do direito de exigir contas requererá a citação do réu para que as preste ou ofereça contestação no prazo de 15 (quinze) dias.

→ *v.* Súmulas 259 e 477 do STJ.

§ 1º Na petição inicial, o autor especificará, detalhadamente, as razões pelas quais exige as contas, instruindo-a com documentos comprobatórios dessa necessidade, se existirem.

§ 2º Prestadas as contas, o autor terá 15 (quinze) dias para se manifestar, prosseguindo-se o processo na forma do Capítulo X do Título I deste Livro.

§ 3º A impugnação das contas apresentadas pelo réu deverá ser fundamentada e específica, com referência expressa ao lançamento questionado.

§ 4º Se o réu não contestar o pedido, observar-se-á o disposto no art. 355.

§ 5º A decisão que julgar procedente o pedido condenará o réu a prestar as contas no prazo de 15 (quinze) dias, sob pena de não lhe ser lícito impugnar as que o autor apresentar.

§ 6º Se o réu apresentar as contas no prazo previsto no § 5º, seguir-se-á o procedimento do § 2º, caso contrário, o autor apresentá-las-á no prazo de 15 (quinze) dias, podendo o juiz determinar a realização de exame pericial, se necessário.

Art. 551. As contas do réu serão apresentadas na forma adequada, especificando-se as receitas, a aplicação das despesas e os investimentos, se houver.

§ 1º Havendo impugnação específica e fundamentada pelo autor, o juiz estabelecerá prazo razoável para que o réu apresente os documentos justificativos dos lançamentos individualmente impugnados.

§ 2º As contas do autor, para os fins do art. 550, § 5º, serão apresentadas na forma adequada, já instruídas com os documentos justificativos, especificando-se as receitas, a aplicação das despesas e os investimentos, se houver, bem como o respectivo saldo.

Art. 552. A sentença apurará o saldo e constituirá título executivo judicial.

Art. 553. As contas do inventariante, do tutor, do curador, do depositário e de qualquer outro administrador serão prestadas em apenso aos autos do processo em que tiver sido nomeado.

Parágrafo único. Se qualquer dos referidos no *caput* for condenado a pagar o saldo e não o fizer no prazo legal, o juiz poderá destituí-lo, sequestrar os bens sob sua guarda, glosar o prêmio ou a gratificação a que teria direito e determinar as medidas executivas necessárias à recomposição do prejuízo.

Capítulo III
DAS AÇÕES POSSESSÓRIAS
Seção I
Disposições Gerais

Art. 554. A propositura de uma ação possessória em vez de outra não obstará a que o juiz conheça do pedido e outorgue a proteção legal correspondente àquela cujos pressupostos estejam provados.

§ 1º No caso de ação possessória em que figure no polo passivo grande número de pessoas, serão feitas a citação pessoal dos ocupantes que forem encontrados no local e a citação por edital dos demais, determinando-se, ainda, a intimação do Ministério Público e, se envolver pessoas em situação de hipossuficiência econômica, da Defensoria Pública.

§ 2º Para fim da citação pessoal prevista no § 1º, o oficial de justiça procurará os ocupantes no local por uma vez, citando-se por edital os que não forem encontrados.

§ 3º O juiz deverá determinar que se dê ampla publicidade da existência da ação prevista no § 1º e dos respectivos prazos processuais, podendo, para tanto, valer-se de anúncios em jornal ou rádio locais, da publicação de cartazes na região do conflito e de outros meios.

Art. 555. É lícito ao autor cumular ao pedido possessório o de:

I – condenação em perdas e danos;

→ *v.* Arts. 402 a 405 do CC/2002.

II – indenização dos frutos.

→ *v.* Arts. 1.214 a 1.216 do CC/2002.

Parágrafo único. Pode o autor requerer, ainda, imposição de medida necessária e adequada para:

I – evitar nova turbação ou esbulho;

II – cumprir-se a tutela provisória ou final.

Art. 556. É lícito ao réu, na contestação, alegando que foi o ofendido em sua posse, demandar a proteção possessória e a indenização pelos prejuízos resultantes da turbação ou do esbulho cometido pelo autor.

Art. 557. Na pendência de ação possessória é vedado, tanto ao autor quanto ao réu, propor ação de reconhecimento do domínio, exceto se a pretensão for deduzida em face de terceira pessoa.

→ *v.* Súmula 487 do STF.

Parágrafo único. Não obsta à manutenção ou à reintegração de posse a alegação de propriedade ou de outro direito sobre a coisa.

Art. 558. Regem o procedimento de manutenção e de reintegração de posse as normas da Seção II deste Capítulo quando a ação for proposta dentro de ano e dia da turbação ou do esbulho afirmado na petição inicial.

Parágrafo único. Passado o prazo referido no *caput*, será comum o procedimento, não perdendo, contudo, o caráter possessório.

Art. 559. Se o réu provar, em qualquer tempo, que o autor provisoriamente mantido ou reintegrado na posse carece de idoneidade financeira para, no caso de sucumbência, responder por perdas e danos, o juiz designar-lhe-á o prazo de 5 (cinco) dias para requerer caução, real ou fidejussória, sob pena de ser depositada a coisa litigiosa, ressalvada a impossibilidade da parte economicamente hipossuficiente.

Seção II
Da manutenção e da reintegração de posse

Art. 560. O possuidor tem direito a ser mantido na posse em caso de turbação e reintegrado em caso de esbulho.

→ *v.* Arts. 1.197 e 1.210 do CC/2002.

Art. 561. Incumbe ao autor provar:

I – a sua posse;

→ *v.* Súmula 415 do STF.

→ *v.* Arts. 1.196 a 1.124 do CC/2002.

II – a turbação ou o esbulho praticado pelo réu;

III – a data da turbação ou do esbulho;

IV – a continuação da posse, embora turbada, na ação de manutenção, ou a perda da posse, na ação de reintegração.

Art. 562. Estando a petição inicial devidamente instruída, o juiz deferirá, sem ouvir o réu, a expedição do mandado liminar de manutenção ou de reintegração, caso contrário, determinará que o autor justifique previamente o alegado, citando-se o réu para comparecer à audiência que for designada.

→ *v.* Súmula 262 do STF.

Parágrafo único. Contra as pessoas jurídicas de direito público não será deferida a manutenção ou a reintegração liminar sem prévia audiência dos respectivos representantes judiciais.

Art. 563. Considerada suficiente a justificação, o juiz fará logo expedir mandado de manutenção ou de reintegração.

Art. 564. Concedido ou não o mandado liminar de manutenção ou de reintegração, o autor promoverá, nos 5 (cinco) dias subsequentes, a citação do réu para, querendo, contestar a ação no prazo de 15 (quinze) dias.

→ *v.* Art. 1.212 do CC/2002.

Parágrafo único. Quando for ordenada a justificação prévia, o prazo para contestar será contado da intimação da decisão que deferir ou não a medida liminar.

Art. 565. No litígio coletivo pela posse de imóvel, quando o esbulho ou a turbação afirmado na petição inicial houver ocorrido há mais de ano e dia, o juiz, antes de apreciar o pedido de concessão da medida liminar, deverá designar audiência de mediação, a realizar-se em até 30 (trinta) dias, que observará o disposto nos §§ 2º e 4º.

§ 1º Concedida a liminar, se essa não for executada no prazo de 1 (um) ano, a contar da data de distribuição, caberá ao juiz designar audiência de mediação, nos termos dos §§ 2º a 4º deste artigo.

§ 2º O Ministério Público será intimado para comparecer à audiência, e a Defensoria Pública será intimada sempre que houver parte beneficiária de gratuidade da justiça.

§ 3º O juiz poderá comparecer à área objeto do litígio quando sua presença se fizer necessária à efetivação da tutela jurisdicional.

§ 4º Os órgãos responsáveis pela política agrária e pela política urbana da União, de Estado ou do Distrito Federal e de Município onde se situe a área objeto do litígio poderão ser intimados para a audiência, a fim de se manifestarem sobre seu interesse no processo e sobre a existência de possibilidade de solução para o conflito possessório.

§ 5º Aplica-se o disposto neste artigo ao litígio sobre propriedade de imóvel.

→ *v.* Art. 5º, XXIII, da CF/1988.

→ *v.* Art. 1.228, § 1º, do CC/20002.

Art. 566. Aplica-se, quanto ao mais, o procedimento comum.

→ *v.* Arts. 318 e ss. do NCPC.

Seção III
Do interdito proibitório

Art. 567. O possuidor direto ou indireto que tenha justo receio de ser molestado na posse poderá requerer ao juiz que o segure da turbação ou esbulho iminente, mediante mandado proibitório em que se comine ao réu determinada pena pecuniária caso transgrida o preceito.

→ *v.* Súmula 228 do STJ.

Art. 568. Aplica-se ao interdito proibitório o disposto na Seção II deste Capítulo.

Capítulo IV
DA AÇÃO DE DIVISÃO E DA DEMARCAÇÃO DE TERRAS PARTICULARES

Seção I
Disposições Gerais

Art. 569. Cabe:

I – ao proprietário a ação de demarcação, para obrigar o seu confinante a estremar os respectivos prédios, fixando-se novos limites entre eles ou aviventando-se os já apagados;

→ *v.* Arts. 1.297 e 1.298 do CC/2002.

II – ao condômino a ação de divisão, para obrigar os demais consortes a estremar os quinhões.

→ *v.* Art. 1.320 do CC/2002.

Art. 570. É lícita a cumulação dessas ações, caso em que deverá processar-se primeiramente a demarcação total ou parcial da coisa comum, citando-se os confinantes e os condôminos.

Art. 571. A demarcação e a divisão poderão ser realizadas por escritura pública, desde que maiores, capazes e concordes todos os interessados, observando-se, no que couber, os dispositivos deste Capítulo.

→ *v.* Art. 214 da Lei 6.015/1973.

→ *v.* Lei 6.766/1976 – Dispõe sobre o parcelamento do solo urbano.

→ *v.* Arts. 610, § 1º, 659 e 733 do NCPC.

Art. 572. Fixados os marcos da linha de demarcação, os confinantes considerar-se-ão terceiros quanto ao processo divisório, ficando-lhes, porém, ressalvado o direito de vindicar os terrenos de que se julguem despojados por invasão das linhas limítrofes constitutivas do perímetro ou de reclamar indenização correspondente ao seu valor.

§ 1º No caso do *caput*, serão citados para a ação todos os condôminos, se a sentença homologatória da divisão ainda não houver transitado em julgado, e todos os quinhoeiros dos terrenos vindicados, se a ação for proposta posteriormente.

§ 2º Neste último caso, a sentença que julga procedente a ação, condenando a restituir os terrenos ou a pagar a indenização, valerá como título executivo em favor dos quinhoeiros para haverem dos outros condôminos que forem parte na divisão ou de seus sucessores a título universal, na proporção que lhes tocar, a composição pecuniária do desfalque sofrido.

Art. 573. Tratando-se de imóvel georreferenciado, com averbação no registro de imóveis, pode o juiz dispensar a realização de prova pericial.

→ *v.* art. 176, § 3º, da Lei 6.015/1973.

→ *v.* Art. 10 do Dec.-Lei 4.449/2002.

Seção II
Da demarcação

→ *v.* Lei 6.383/1976 – Dispõe sobre o Processo Discriminatório de Terras Devolutas da União, e dá outras providências.

Art. 574. Na petição inicial, instruída com os títulos da propriedade, designar-se-á o imóvel pela situação e pela denominação, descrever-se-ão os limites por constituir, aviventar ou renovar e nomear-se-ão todos os confinantes da linha demarcanda.

Art. 575. Qualquer condômino é parte legítima para promover a demarcação do imóvel comum, requerendo a intimação dos demais para, querendo, intervir no processo.

Art. 576. A citação dos réus será feita por correio, observado o disposto no art. 247.

Parágrafo único. Será publicado edital, nos termos do inciso III do art. 259.

Art. 577. Feitas as citações, terão os réus o prazo comum de 15 (quinze) dias para contestar.

Art. 578. Após o prazo de resposta do réu, observar-se-á o procedimento comum.

Art. 579. Antes de proferir a sentença, o juiz nomeará um ou mais peritos para levantar o traçado da linha demarcanda.

Art. 580. Concluídos os estudos, os peritos apresentarão minucioso laudo sobre o traçado da linha demarcanda, considerando os títulos, os marcos, os rumos, a fama da vizinhança, as informações de antigos moradores do lugar e outros elementos que coligirem.

Art. 581. A sentença que julgar procedente o pedido determinará o traçado da linha demarcanda.

Parágrafo único. A sentença proferida na ação demarcatória determinará a restituição da área invadida, se houver, declarando o domínio ou a posse do prejudicado, ou ambos.

Art. 582. Transitada em julgado a sentença, o perito efetuará a demarcação e colocará os marcos necessários.

Parágrafo único. Todas as operações serão consignadas em planta e memorial descritivo com as referências convenientes para a identificação, em qualquer tempo, dos pontos assinalados, observada a legislação especial que dispõe sobre a identificação do imóvel rural.

→ v. Art. 176, § 3º, da Lei 6.015/1973.

→ v. Art. 10 do Dec.-Lei 4.449/2002.

Art. 583. As plantas serão acompanhadas das cadernetas de operações de campo e do memorial descritivo, que conterá:

I – o ponto de partida, os rumos seguidos e a aviventação dos antigos com os respectivos cálculos;

II – os acidentes encontrados, as cercas, os valos, os marcos antigos, os córregos, os rios, as lagoas e outros;

III – a indicação minuciosa dos novos marcos cravados, dos antigos aproveitados, das culturas existentes e da sua produção anual;

IV – a composição geológica dos terrenos, bem como a qualidade e a extensão dos campos, das matas e das capoeiras;

V – as vias de comunicação;

VI – as distâncias a pontos de referência, tais como rodovias federais e estaduais, ferrovias, portos, aglomerações urbanas e polos comerciais;

VII – a indicação de tudo o mais que for útil para o levantamento da linha ou para a identificação da linha já levantada.

Art. 584. É obrigatória a colocação de marcos tanto na estação inicial, dita marco primordial, quanto nos vértices dos ângulos, salvo se algum desses últimos pontos for assinalado por acidentes naturais de difícil remoção ou destruição.

Art. 585. A linha será percorrida pelos peritos, que examinarão os marcos e os rumos, consignando em relatório escrito a exatidão do memorial e da planta apresentados pelo agrimensor ou as divergências porventura encontradas.

Art. 586. Juntado aos autos o relatório dos peritos, o juiz determinará que as partes se manifestem sobre ele no prazo comum de 15 (quinze) dias.

Parágrafo único. Executadas as correções e as retificações que o juiz determinar, lavrar-se-á, em seguida, o auto de demarcação em que os limites demarcandos serão minuciosamente descritos de acordo com o memorial e a planta.

Art. 587. Assinado o auto pelo juiz e pelos peritos, será proferida a sentença homologatória da demarcação.

Seção III
Da divisão

Art. 588. A petição inicial será instruída com os títulos de domínio do promovente e conterá:

→ v. Arts. 1.320 a 1.322 do CC/2002.

I – a indicação da origem da comunhão e a denominação, a situação, os limites e as características do imóvel;

II – o nome, o estado civil, a profissão e a residência de todos os condôminos, especificando-se os estabelecidos no imóvel com benfeitorias e culturas;

III – as benfeitorias comuns.

Art. 589. Feitas as citações como preceitua o art. 576, prosseguir-se-á na forma dos arts. 577 e 578.

Art. 590. O juiz nomeará um ou mais peritos para promover a medição do imóvel e as operações de divisão, observada a legislação especial que dispõe sobre a identificação do imóvel rural.

Parágrafo único. O perito deverá indicar as vias de comunicação existentes, as construções e as benfeitorias, com a indicação dos seus valores e dos respectivos proprietários e ocupantes, as águas principais que banham o imóvel e quaisquer outras informações que possam concorrer para facilitar a partilha.

Art. 591. Todos os condôminos serão intimados a apresentar, dentro de 10 (dez) dias, os seus títulos, se ainda não o tiverem feito, e a formular os seus pedidos sobre a constituição dos quinhões.

Art. 592. O juiz ouvirá as partes no prazo comum de 15 (quinze) dias.

§ 1º Não havendo impugnação, o juiz determinará a divisão geodésica do imóvel.

§ 2º Havendo impugnação, o juiz proferirá, no prazo de 10 (dez) dias, decisão sobre os pedidos e os títulos que devam ser atendidos na formação dos quinhões.

Art. 593. Se qualquer linha do perímetro atingir benfeitorias permanentes dos confinantes feitas há mais de 1 (um) ano, serão elas respeitadas, bem como os terrenos onde estiverem, os quais não se computarão na área dividenda.

Art. 594. Os confinantes do imóvel dividendo podem demandar a restituição dos terrenos que lhes tenham sido usurpados.

§ 1º Serão citados para a ação todos os condôminos, se a sentença homologatória da divisão ainda não houver transitado em julgado, e todos os quinhoeiros dos terrenos vindicados, se a ação for proposta posteriormente.

§ 2º Nesse último caso terão os quinhoeiros o direito, pela mesma sentença que os obrigar à restituição, a haver dos outros condôminos do processo divisório ou de seus sucessores a título universal a composição pecuniária proporcional ao desfalque sofrido.

Art. 595. Os peritos proporão, em laudo fundamentado, a forma da divisão, devendo consultar, quanto possível, a comodidade das partes, respeitar, para adjudicação a cada condômino, a preferência dos terrenos contíguos às suas residências e benfeitorias e evitar o retalhamento dos quinhões em glebas separadas.

Art. 596. Ouvidas as partes, no prazo comum de 15 (quinze) dias, sobre o cálculo e o plano da divisão, o juiz deliberará a partilha.

Parágrafo único. Em cumprimento dessa decisão, o perito procederá à demarcação dos quinhões, observando, além do disposto nos arts. 584 e 585, as seguintes regras:

I – as benfeitorias comuns que não comportarem divisão cômoda serão adjudicadas a um dos condôminos mediante compensação;

II – instituir-se-ão as servidões que forem indispensáveis em favor de uns quinhões sobre os outros, incluindo o respectivo valor no orçamento para que, não se tratando de servidões naturais, seja compensado o condômino aquinhoado com o prédio serviente;

III – as benfeitorias particulares dos condôminos que excederem à área a que têm direito serão adjudicadas ao quinhoeiro vizinho mediante reposição;

IV – se outra coisa não acordarem as partes, as compensações e as reposições serão feitas em dinheiro.

Art. 597. Terminados os trabalhos e desenhados na planta os quinhões e as servidões aparentes, o perito organizará o memorial descritivo.

§ 1º Cumprido o disposto no art. 586, o escrivão, em seguida, lavrará o auto de divisão, acompanhado de uma folha de pagamento para cada condômino.

§ 2º Assinado o auto pelo juiz e pelo perito, será proferida sentença homologatória da divisão.

§ 3º O auto conterá:

I – a confinação e a extensão superficial do imóvel;

II – a classificação das terras com o cálculo das áreas de cada consorte e com a respectiva avaliação ou, quando a homogeneidade das terras não determinar diversidade de valores, a avaliação do imóvel na sua integridade;

III – o valor e a quantidade geométrica que couber a cada condômino, declarando-se as reduções e as compensações resultantes da diversidade de valores das glebas componentes de cada quinhão.

§ 4º Cada folha de pagamento conterá:

I – a descrição das linhas divisórias do quinhão, mencionadas as confinantes;

II – a relação das benfeitorias e das culturas do próprio quinhoeiro e das que lhe foram adjudicadas por serem comuns ou mediante compensação;

III – a declaração das servidões instituídas, especificados os lugares, a extensão e o modo de exercício.

Art. 598. Aplica-se às divisões o disposto nos arts. 575 a 578.

Capítulo V
DA AÇÃO DE DISSOLUÇÃO PARCIAL DE SOCIEDADE

Art. 599. A ação de dissolução parcial de sociedade pode ter por objeto:

I – a resolução da sociedade empresária contratual ou simples em relação ao sócio falecido, excluído ou que exerceu o direito de retirada ou recesso; e

II – a apuração dos haveres do sócio falecido, excluído ou que exerceu o direito de retirada ou recesso; ou

III – somente a resolução ou a apuração de haveres.

→ v. Arts. 1.077 e 1.028 a 1.030 do CC/2002.

→ v. Art. 1º, III, do Dec.-lei 368/1968.

§ 1º A petição inicial será necessariamente instruída com o contrato social consolidado.

§ 2º A ação de dissolução parcial de sociedade pode ter também por objeto a sociedade anônima de capital fechado quando demonstrado, por acionista ou acionistas que representem cinco por cento ou mais do capital social, que não pode preencher o seu fim.

Art. 600. A ação pode ser proposta:

I – pelo espólio do sócio falecido, quando a totalidade dos sucessores não ingressar na sociedade;

II – pelos sucessores, após concluída a partilha do sócio falecido;

III – pela sociedade, se os sócios sobreviventes não admitirem o ingresso do espólio ou dos sucessores do falecido na sociedade, quando esse direito decorrer do contrato social;

IV – pelo sócio que exerceu o direito de retirada ou recesso, se não tiver sido providenciada, pelos demais sócios, a alteração contratual consensual formalizando o desligamento, depois de transcorridos 10 (dez) dias do exercício do direito;

V – pela sociedade, nos casos em que a lei não autoriza a exclusão extrajudicial; ou

VI – pelo sócio excluído.

Parágrafo único. O cônjuge ou companheiro do sócio cujo casamento, união estável ou convivência terminou poderá requerer a apuração de seus haveres na sociedade, que serão pagos à conta da quota social titulada por este sócio.

Art. 601. Os sócios e a sociedade serão citados para, no prazo de 15 (quinze) dias, concordar com o pedido ou apresentar contestação.

Parágrafo único. A sociedade não será citada se todos os seus sócios o forem, mas ficará sujeita aos efeitos da decisão e à coisa julgada.

Art. 602. A sociedade poderá formular pedido de indenização compensável com o valor dos haveres a apurar.

Art. 603. Havendo manifestação expressa e unânime pela concordância da dissolução, o juiz a decretará, passando-se imediatamente à fase de liquidação.

§ 1º Na hipótese prevista no *caput*, não haverá condenação em honorários advocatícios de nenhuma das partes, e as custas serão rateadas segundo a participação das partes no capital social.

§ 2º Havendo contestação, observar-se-á o procedimento comum, mas a liquidação da sentença seguirá o disposto neste Capítulo.

Art. 604. Para apuração dos haveres, o juiz:

I – fixará a data da resolução da sociedade;

II – definirá o critério de apuração dos haveres à vista do disposto no contrato social; e

III – nomeará o perito.

§ 1º O juiz determinará à sociedade ou aos sócios que nela permanecerem que depositem em juízo a parte incontroversa dos haveres devidos.

§ 2º O depósito poderá ser, desde logo, levantando pelo ex-sócio, pelo espólio ou pelos sucessores.

§ 3º Se o contrato social estabelecer o pagamento dos haveres, será observado o que nele se dispôs no depósito judicial da parte incontroversa.

Art. 605. A data da resolução da sociedade será:

I – no caso de falecimento do sócio, a do óbito;

II – na retirada imotivada, o sexagésimo dia seguinte ao do recebimento, pela sociedade, da notificação do sócio retirante;

III – no recesso, o dia do recebimento, pela sociedade, da notificação do sócio dissidente;

IV – na retirada por justa causa de sociedade por prazo determinado e na exclusão judicial de sócio, a do trânsito em julgado da decisão que dissolver a sociedade; e

V – na exclusão extrajudicial, a data da assembleia ou da reunião de sócios que a tiver deliberado.

→ v. Art. 1.032 do CC/2002.

Art. 606. Em caso de omissão do contrato social, o juiz definirá, como critério de apuração de haveres, o valor patrimonial apurado em balanço de determinação, tomando-se por referência a data da resolução e avaliando-se bens e direitos do ativo, tangíveis e intangíveis, a preço de saída, além do passivo também a ser apurado de igual forma.

→ v. Art. 1.031 do CC/2002.

Parágrafo único. Em todos os casos em que seja necessária a realização de perícia, a nomeação do perito recairá preferencialmente sobre especialista em avaliação de sociedades.

Art. 607. A data da resolução e o critério de apuração de haveres podem ser revistos pelo juiz, a pedido da parte, a qualquer tempo antes do início da perícia.

Art. 608. Até a data da resolução, integram o valor devido ao ex-sócio, ao espólio ou aos sucessores a participação nos lucros ou os juros sobre o capital próprio declarados pela sociedade e, se for o caso, a remuneração como administrador.

Parágrafo único. Após a data da resolução, o ex-sócio, o espólio ou os sucessores terão direito apenas à correção monetária dos valores apurados e aos juros contratuais ou legais.

Art. 609. Uma vez apurados, os haveres do sócio retirante serão pagos conforme disciplinar o contrato social e, no silêncio deste, nos termos do § 2º do art. 1.031 da Lei 10.406, de 10 de janeiro de 2002 (Código Civil).

→ v. Arts. 1.003 e 1.031 do CC/2002.

→ v. Súmula 265 do STF.

Capítulo VI
DO INVENTÁRIO E DA PARTILHA

→ v. Art. 5º, XXVII e XXX da CF/1988.

→ v. Art. 1.784 e ss. do CC/2002.

Seção I
Disposições Gerais

Art. 610. Havendo testamento ou interessado incapaz, proceder-se-á ao inventário judicial.

§ 1º Se todos forem capazes e concordes, o inventário e a partilha poderão ser feitos por escritura pública, a qual constituirá documento hábil para qualquer ato de registro, bem como para levantamento de importância depositada em instituições financeiras.

§ 2º O tabelião somente lavrará a escritura pública se todas as partes interessadas estiverem assistidas por advogado ou por defensor público, cuja qualificação e assinatura constarão do ato notarial.

→ v. Resolução CNJ 35/2007 – Disciplina a realização de inventários, partilhas, separações e divórcios consensuais por escritura pública.

→ v. Provimento CFOAB 118/2007 – Disciplina as atividades profissionais dos advogados na realização de inventários, partilhas, separações e divórcios consensuais por escritura pública.

Art. 611. O processo de inventário e de partilha deve ser instaurado dentro de 2 (dois) meses, a contar da abertura da sucessão, ultimando-se nos 12 (doze) meses subsequentes, podendo o juiz prorrogar esses prazos, de ofício ou a requerimento de parte.

→ v. Súmula 542 do STF.

→ v. Art. 1.796 do CC/2012.

Art. 612. O juiz decidirá todas as questões de direito desde que os fatos relevantes estejam provados por documento, só remetendo para as vias ordinárias as questões que dependerem de outras provas.

Art. 613. Até que o inventariante preste o compromisso, continuará o espólio na posse do administrador provisório.

→ v. Art. 1.797 do CC/2002

→ v. Arts. 159 a 161 do NCPC.

Art. 614. O administrador provisório representa ativa e passivamente o espólio, é obrigado a trazer ao acervo os frutos que desde a abertura da sucessão percebeu, tem direito ao reembolso das despesas necessárias e úteis que fez e responde pelo dano a que, por dolo ou culpa, der causa.

→ v. Arts. 75, VII e § 1º, e 159 a 161, do NCPC.

Seção II
Da legitimidade para requerer o inventário

Art. 615. O requerimento de inventário e de partilha incumbe a quem estiver na posse e na administração do espólio, no prazo estabelecido no art. 611.

Parágrafo único. O requerimento será instruído com a certidão de óbito do autor da herança.

→ v. Art. 1.785 do CC/2002

→ v. Arts. 23, II e 48, do NCPC.

Art. 616. Têm, contudo, legitimidade concorrente:

I – o cônjuge ou companheiro supérstite;

II – o herdeiro;

III – o legatário;

IV – o testamenteiro;

V – o cessionário do herdeiro ou do legatário;

VI – o credor do herdeiro, do legatário ou do autor da herança;

VII – o Ministério Público, havendo herdeiros incapazes;

VIII – a Fazenda Pública, quando tiver interesse;

IX – o administrador judicial da falência do herdeiro, do legatário, do autor da herança ou do cônjuge ou companheiro supérstite.

Seção III
Do inventariante e das primeiras declarações

Art. 617. O juiz nomeará inventariante na seguinte ordem:

I – o cônjuge ou companheiro sobrevivente, desde que estivesse convivendo com o outro ao tempo da morte deste;

II – o herdeiro que se achar na posse e na administração do espólio, se não houver cônjuge ou companheiro sobrevivente ou se estes não puderem ser nomeados;

III – qualquer herdeiro, quando nenhum deles estiver na posse e na administração do espólio;

IV – o herdeiro menor, por seu representante legal;

V – o testamenteiro, se lhe tiver sido confiada a administração do espólio ou se toda a herança estiver distribuída em legados;

VI – o cessionário do herdeiro ou do legatário;

VII – o inventariante judicial, se houver;

VIII – pessoa estranha idônea, quando não houver inventariante judicial.

Parágrafo único. O inventariante, intimado da nomeação, prestará, dentro de 5 (cinco) dias, o compromisso de bem e fielmente desempenhar a função.

Art. 618. Incumbe ao inventariante:

I – representar o espólio ativa e passivamente, em juízo ou fora dele, observando-se, quanto ao dativo, o disposto no art. 75, § 1º;

→ *v.* Art. 75, VII, do NCPC.

II – administrar o espólio, velando-lhe os bens com a mesma diligência que teria se seus fossem;

→ *v.* Art. 1.991 do CC/2002

III – prestar as primeiras e as últimas declarações pessoalmente ou por procurador com poderes especiais;

→ *v.* Arts. 620 e 636 do NCPC.

IV – exibir em cartório, a qualquer tempo, para exame das partes, os documentos relativos ao espólio;

V – juntar aos autos certidão do testamento, se houver;

VI – trazer à colação os bens recebidos pelo herdeiro ausente, renunciante ou excluído;

VII – prestar contas de sua gestão ao deixar o cargo ou sempre que o juiz lhe determinar;

VIII – requerer a declaração de insolvência.

→ *v.* Art. 1.052 do NCPC.

Art. 619. Incumbe ainda ao inventariante, ouvidos os interessados e com autorização do juiz:

I – alienar bens de qualquer espécie;

II – transigir em juízo ou fora dele;

→ *v.* Arts. 840 a 850 do CC/2002.

III – pagar dívidas do espólio;

IV – fazer as despesas necessárias para a conservação e o melhoramento dos bens do espólio.

Art. 620. Dentro de 20 (vinte) dias contados da data em que prestou o compromisso, o inventariante fará as primeiras declarações, das quais se lavrará termo circunstanciado, assinado pelo juiz, pelo escrivão e pelo inventariante, no qual serão exarados:

I – o nome, o estado, a idade e o domicílio do autor da herança, o dia e o lugar em que faleceu e se deixou testamento;

II – o nome, o estado, a idade, o endereço eletrônico e a residência dos herdeiros e, havendo cônjuge ou companheiro supérstite, além dos respectivos dados pessoais, o regime de bens do casamento ou da união estável;

III – a qualidade dos herdeiros e o grau de parentesco com o inventariado;

IV – a relação completa e individualizada de todos os bens do espólio, inclusive aqueles que devem ser conferidos à colação, e dos bens alheios que nele forem encontrados, descrevendo-se:

a) os imóveis, com as suas especificações, nomeadamente local em que se encontram, extensão da área, limites, confrontações, benfeitorias, origem dos títulos, números das matrículas e ônus que os gravam;

b) os móveis, com os sinais característicos;

c) os semoventes, seu número, suas espécies, suas marcas e seus sinais distintivos;

d) o dinheiro, as joias, os objetos de ouro e prata e as pedras preciosas, declarando-se-lhes especificadamente a qualidade, o peso e a importância;

e) os títulos da dívida pública, bem como as ações, as quotas e os títulos de sociedade, mencionando-se-lhes o número, o valor e a data;

f) as dívidas ativas e passivas, indicando-se-lhes as datas, os títulos, a origem da obrigação e os nomes dos credores e dos devedores;

g) direitos e ações;

h) o valor corrente de cada um dos bens do espólio.

§ 1º O juiz determinará que se proceda:

I – ao balanço do estabelecimento, se o autor da herança era empresário individual;

II – à apuração de haveres, se o autor da herança era sócio de sociedade que não anônima.

→ *v.* Art. 1.028 CC/2002.

→ *v.* Art. 599, II, do NCPC.

§ 2º As declarações podem ser prestadas mediante petição, firmada por procurador com poderes especiais, à qual o termo se reportará.

Art. 621. Só se pode arguir sonegação ao inventariante depois de encerrada a descrição dos bens, com a declaração, por ele feita, de não existirem outros por inventariar.

→ *v.* Art. 1.996 do CC/2002.

Art. 622. O inventariante será removido de ofício ou a requerimento:

I – se não prestar, no prazo legal, as primeiras ou as últimas declarações;

→ *v.* Arts. 620 e 636 do NCPC.

II – se não der ao inventário andamento regular, se suscitar dúvidas infundadas ou se praticar atos meramente protelatórios;

III – se, por culpa sua, bens do espólio se deteriorarem, forem dilapidados ou sofrerem dano;

IV – se não defender o espólio nas ações em que for citado, se deixar de cobrar dívidas ativas ou se não promover as medidas necessárias para evitar o perecimento de direitos;

V – se não prestar contas ou se as que prestar não forem julgadas boas;

→ *v.* Art. 553 do NCPC.

VI – se sonegar, ocultar ou desviar bens do espólio.

→ *v.* Arts. 1.992 a 1.996 do CC/2002.

Art. 623. Requerida a remoção com fundamento em qualquer dos incisos do art. 622, será intimado o inventariante para, no prazo de 15 (quinze) dias, defender-se e produzir provas.

Parágrafo único. O incidente da remoção correrá em apenso aos autos do inventário.

Art. 624. Decorrido o prazo, com a defesa do inventariante ou sem ela, o juiz decidirá.

Parágrafo único. Se remover o inventariante, o juiz nomeará outro, observada a ordem estabelecida no art. 617.

Art. 625. O inventariante removido entregará imediatamente ao substituto os bens do espólio e, caso deixe de fazê-lo, será compelido mediante mandado de busca e apreensão ou de imissão na posse, conforme se tratar de bem móvel ou imóvel, sem prejuízo da multa a ser fixada pelo juiz em montante não superior a três por cento do valor dos bens inventariados.

→ *v.* Art. 553 do NCPC.

Seção IV
Das citações e das impugnações

Art. 626. Feitas as primeiras declarações, o juiz mandará citar, para os termos do inventário e da partilha, o cônjuge, o companheiro, os herdeiros e os legatários e intimar a Fazenda Pública, o Ministério Público, se houver herdeiro incapaz ou ausente, e o testamenteiro, se houver testamento.

→ *v.* Art. 671 do NCPC.

§ 1º O cônjuge ou o companheiro, os herdeiros e os legatários serão citados pelo correio, observado o disposto no art. 247, sendo, ainda, publicado edital, nos termos do inciso III do art. 259.

§ 2º Das primeiras declarações extrair-se-ão tantas cópias quantas forem as partes.

§ 3º A citação será acompanhada de cópia das primeiras declarações.

§ 4º Incumbe ao escrivão remeter cópias à Fazenda Pública, ao Ministério Público, ao testamenteiro, se houver, e ao advogado, se a parte já estiver representada nos autos.

Art. 627. Concluídas as citações, abrir-se-á vista às partes, em cartório e pelo prazo comum de 15 (quinze) dias, para que se manifestem sobre as primeiras declarações, incumbindo às partes:

I – arguir erros, omissões e sonegação de bens;

II – reclamar contra a nomeação de inventariante;

III – contestar a qualidade de quem foi incluído no título de herdeiro.

§ 1º Julgando procedente a impugnação referida no inciso I, o juiz mandará retificar as primeiras declarações.

§ 2º Se acolher o pedido de que trata o inciso II, o juiz nomeará outro inventariante, observada a preferência legal.

§ 3º Verificando que a disputa sobre a qualidade de herdeiro a que alude o inciso III demanda produção de provas que não a documental, o juiz remeterá a parte às vias ordinárias e sobrestará, até o julgamento da ação, a entrega do quinhão que na partilha couber ao herdeiro admitido.

Art. 628. Aquele que se julgar preterido poderá demandar sua admissão no inventário, requerendo-a antes da partilha.

§ 1º Ouvidas as partes no prazo de 15 (quinze) dias, o juiz decidirá.

§ 2º Se para solução da questão for necessária a produção de provas que não a documental, o juiz remeterá o requerente às vias ordinárias, mandando reservar, em poder do inventariante, o quinhão do herdeiro excluído até que se decida o litígio.

Art. 629. A Fazenda Pública, no prazo de 15 (quinze) dias, após a vista de que trata o art. 627, informará ao juízo, de acordo com os dados que constam de seu cadastro imobiliário, o valor dos bens de raiz descritos nas primeiras declarações.

Seção V
Da avaliação e do cálculo do imposto

Art. 630. Findo o prazo previsto no art. 627 sem impugnação ou decidida a impugnação que houver sido oposta, o juiz nomeará, se for o caso, perito para avaliar os bens do espólio, se não houver na comarca avaliador judicial.

Parágrafo único. Na hipótese prevista no art. 620, § 1º, o juiz nomeará perito para avaliação das quotas sociais ou apuração dos haveres.

Art. 631. Ao avaliar os bens do espólio, o perito observará, no que for aplicável, o disposto nos arts. 872 e 873.

Art. 632. Não se expedirá carta precatória para a avaliação de bens situados fora da comarca onde corre o inventário se eles forem de pequeno valor ou perfeitamente conhecidos do perito nomeado.

Art. 633. Sendo capazes todas as partes, não se procederá à avaliação se a Fazenda Pública, intimada pessoalmente, concordar de forma expressa com o valor atribuído, nas primeiras declarações, aos bens do espólio.

Art. 634. Se os herdeiros concordarem com o valor dos bens declarados pela Fazenda Pública, a avaliação cingir-se-á aos demais.

Art. 635. Entregue o laudo de avaliação, o juiz mandará que as partes se manifestem no prazo de 15 (quinze) dias, que correrá em cartório.

§ 1º Versando a impugnação sobre o valor dado pelo perito, o juiz a decidirá de plano, à vista do que constar dos autos.

§ 2º Julgando procedente a impugnação, o juiz determinará que o perito retifique a avaliação, observando os fundamentos da decisão.

Art. 636. Aceito o laudo ou resolvidas as impugnações suscitadas a seu respeito, lavrar-se-á em seguida o termo de últimas declarações, no qual o inventariante poderá emendar, aditar ou completar as primeiras.

Art. 637. Ouvidas as partes sobre as últimas declarações no prazo comum de 15 (quinze) dias, proceder-se-á ao cálculo do tributo.

Art. 638. Feito o cálculo, sobre ele serão ouvidas todas as partes no prazo comum de 5 (cinco) dias, que correrá em cartório, e, em seguida, a Fazenda Pública.

§ 1º Se acolher eventual impugnação, o juiz ordenará nova remessa dos autos ao contabilista, determinando as alterações que devam ser feitas no cálculo.

§ 2º Cumprido o despacho, o juiz julgará o cálculo do tributo.

→ *v.* Súmulas 11, 112, 113, 114, 115, 116, 331 e 590 do STF.

Seção VI
Das colações

Art. 639. No prazo estabelecido no art. 627, o herdeiro obrigado à colação conferirá por termo nos autos ou por petição à qual o termo se reportará os bens que recebeu ou, se já não os possuir, trar-lhes-á o valor.

→ *v.* Arts. 2002 a 2004 do CC/2002.

Parágrafo único. Os bens a serem conferidos na partilha, assim como as acessões e as benfeitorias que o donatário fez, calcular-se-ão pelo valor que tiverem ao tempo da abertura da sucessão.

Art. 640. O herdeiro que renunciou à herança ou o que dela foi excluído não se exime, pelo fato da renúncia ou da exclusão, de conferir, para o efeito de repor a parte inoficiosa, as liberalidades que obteve do doador.

→ *v.* Arts. 2.007 a 2.008 do CC/2002

§ 1º É lícito ao donatário escolher, dentre os bens doados, tantos quantos bastem para perfazer a legítima e a metade disponível, entrando na partilha o excedente para ser dividido entre os demais herdeiros.

§ 2º Se a parte inoficiosa da doação recair sobre bem imóvel que não comporte divisão cômoda, o juiz determinará que sobre ela se proceda a licitação entre os herdeiros.

§ 3º O donatário poderá concorrer na licitação referida no § 2º e, em igualdade de condições, terá preferência sobre os herdeiros.

Art. 641. Se o herdeiro negar o recebimento dos bens ou a obrigação de os conferir, o juiz, ouvidas as partes no prazo comum de 15 (quinze) dias, decidirá à vista das alegações e das provas produzidas.

§ 1º Declarada improcedente a oposição, se o herdeiro, no prazo improrrogável de 15 (quinze) dias, não proceder à conferência, o juiz mandará sequestrar-lhe, para serem inventariados e partilhados, os bens sujeitos à colação ou imputar ao seu quinhão hereditário o valor deles, se já não os possuir.

§ 2º Se a matéria exigir dilação probatória diversa da documental, o juiz remeterá as partes às vias ordinárias, não podendo o herdeiro receber o seu quinhão hereditário, enquanto pender a demanda, sem prestar caução correspondente ao valor dos bens sobre os quais versar a conferência.

Seção VII
Do pagamento das dívidas

Art. 642. Antes da partilha, poderão os credores do espólio requerer ao juízo do inventário o pagamento das dívidas vencidas e exigíveis.

→ *v.* Arts. 1.997 a 2.001 do CC/2002.

→ *v.* Arts. 131, II e III, e 187 a 189, do CTN.

→ *v.* Art. 4º, III e VI, da Lei 6.830/1980.

§ 1º A petição, acompanhada de prova literal da dívida, será distribuída por dependência e autuada em apenso aos autos do processo de inventário.

§ 2º Concordando as partes com o pedido, o juiz, ao declarar habilitado o credor, mandará que se faça a separação de dinheiro ou, em sua falta, de bens suficientes para o pagamento.

§ 3º Separados os bens, tantos quantos forem necessários para o pagamento dos credores habilitados, o juiz mandará aliená-los, observando-se as disposições deste Código relativas à expropriação.

→ *v.* Arts. 876 e ss. do NCPC.

§ 4º Se o credor requerer que, em vez de dinheiro, lhe sejam adjudicados, para o seu pagamento, os bens já reservados, o juiz deferir-lhe-á o pedido, concordando todas as partes.

§ 5º Os donatários serão chamados a pronunciar-se sobre a aprovação das dívidas, sempre que haja possibilidade de resultar delas a redução das liberalidades.

Art. 643. Não havendo concordância de todas as partes sobre o pedido de pagamento feito pelo credor, será o pedido remetido às vias ordinárias.

Parágrafo único. O juiz mandará, porém, reservar, em poder do inventariante, bens suficientes para pagar o credor quando a dívida constar de documento que comprove suficientemente a obrigação e a impugnação não se fundar em quitação.

Art. 644. O credor de dívida líquida e certa, ainda não vencida, pode requerer habilitação no inventário.

Parágrafo único. Concordando as partes com o pedido referido no *caput*, o juiz, ao julgar habilitado o crédito, mandará que se faça separação de bens para o futuro pagamento.

Art. 645. O legatário é parte legítima para manifestar-se sobre as dívidas do espólio:

→ *v.* Arts. 1.912 a 1.922 do CC/2002.

I – quando toda a herança for dividida em legados;

II – quando o reconhecimento das dívidas importar redução dos legados.

Art. 646. Sem prejuízo do disposto no art. 860, é lícito aos herdeiros, ao separarem bens para o pagamento de dívidas, autorizar que o inventariante os indique à penhora no processo em que o espólio for executado.

Seção VIII
Da partilha

Art. 647. Cumprido o disposto no art. 642, § 3º, o juiz facultará às partes que, no prazo comum de 15 (quinze) dias, formulem o pedido de quinhão e, em seguida, proferirá a decisão de deliberação da partilha, resolvendo os pedidos das partes e designando os bens que devam constituir quinhão de cada herdeiro e legatário.

→ *v.* Arts. 1.787, 2.013 a 2.021, do CC/2002.

→ *v.* Art. 10, § 2º, da LINDB.

Parágrafo único. O juiz poderá, em decisão fundamentada, deferir antecipadamente a qualquer dos herdeiros o exercício dos direitos de usar e de fruir de determinado bem, com a condição de que, ao término do inventário, tal bem integre a cota desse herdeiro, cabendo a este, desde o deferimento, todos os ônus e bônus decorrentes do exercício daqueles direitos.

Art. 648. Na partilha, serão observadas as seguintes regras:

I – a máxima igualdade possível quanto ao valor, à natureza e à qualidade dos bens;

→ *v.* Art. 2.017 do CC/2002.

II – a prevenção de litígios futuros;

III – a máxima comodidade dos coerdeiros, do cônjuge ou do companheiro, se for o caso.

Art. 649. Os bens insuscetíveis de divisão cômoda que não couberem na parte do cônjuge ou companheiro supérstite ou no quinhão de um só herdeiro serão licitados entre os interessados ou vendidos judicialmente, partilhando-se o valor apurado, salvo se houver acordo para que sejam adjudicados a todos.

→ *v.* Art. 2.019 do CC/2002.

Art. 650. Se um dos interessados for nascituro, o quinhão que lhe caberá será reservado em poder do inventariante até o seu nascimento.

Art. 651. O partidor organizará o esboço da partilha de acordo com a decisão judicial, observando nos pagamentos a seguinte ordem:

I – dívidas atendidas;

II – meação do cônjuge;

III – meação disponível;

IV – quinhões hereditários, a começar pelo coerdeiro mais velho.

Art. 652. Feito o esboço, as partes manifestar-se-ão sobre esse no prazo comum de 15 (quinze) dias, e, resolvidas as reclamações, a partilha será lançada nos autos.

Art. 653. A partilha constará:

I – de auto de orçamento, que mencionará:

a) os nomes do autor da herança, do inventariante, do cônjuge ou companheiro supérstite, dos herdeiros, dos legatários e dos credores admitidos;

b) o ativo, o passivo e o líquido partível, com as necessárias especificações;

c) o valor de cada quinhão;

II – de folha de pagamento para cada parte, declarando a quota a pagar-lhe, a razão do pagamento e a relação dos bens que lhe compõem o quinhão, as características que os individualizam e os ônus que os gravam.

Parágrafo único. O auto e cada uma das folhas serão assinados pelo juiz e pelo escrivão.

Art. 654. Pago o imposto de transmissão a título de morte e juntada aos autos certidão ou informação negativa de dívida para com a Fazenda Pública, o juiz julgará por sentença a partilha.

→ *v.* Art. 192 do CTN.

Parágrafo único. A existência de dívida para com a Fazenda Pública não impedirá o julgamento da partilha, desde que o seu pagamento esteja devidamente garantido.

Art. 655. Transitada em julgado a sentença mencionada no art. 654, receberá o herdeiro os bens que lhe tocarem e um formal de partilha, do qual constarão as seguintes peças:

I – termo de inventariante e título de herdeiros;

II – avaliação dos bens que constituíram o quinhão do herdeiro;

III – pagamento do quinhão hereditário;

IV – quitação dos impostos;

V – sentença.

Parágrafo único. O formal de partilha poderá ser substituído por certidão de pagamento do quinhão hereditário quando esse não exceder a 5 (cinco) vezes o salário mínimo, caso em que se transcreverá nela a sentença de partilha transitada em julgado.

→ *v.* Art. 515, IV, do NCPC.

Art. 656. A partilha, mesmo depois de transitada em julgado a sentença, pode ser emendada nos mesmos autos do inventário, convindo todas as partes, quando tenha havido erro de fato na descrição dos bens, podendo o juiz, de ofício ou a requerimento da parte, a qualquer tempo, corrigir-lhe as inexatidões materiais.

Art. 657. A partilha amigável, lavrada em instrumento público, reduzida a termo nos autos do inventário ou constante de escrito particular homologado pelo juiz, pode ser anulada por dolo, coação, erro essencial ou intervenção de incapaz, observado o disposto no § 4º do art. 966.

Parágrafo único. O direito à anulação de partilha amigável extingue-se em 1 (um) ano, contado esse prazo:

→ *v.* Arts 171 e. 2.027, parágrafo único, do CC/2002.

I – no caso de coação, do dia em que ela cessou;

II – no caso de erro ou dolo, do dia em que se realizou o ato;

III – quanto ao incapaz, do dia em que cessar a incapacidade.

Art. 658. É rescindível a partilha julgada por sentença:

I – nos casos mencionados no art. 657;

II – se feita com preterição de formalidades legais;

III – se preteriu herdeiro ou incluiu quem não o seja.

Seção IX
Do arrolamento

Art. 659. A partilha amigável, celebrada entre partes capazes, nos termos da lei, será homologada de plano pelo juiz, com observância dos arts. 660 a 663.

→ *v.* Art. 2.015 do CC/2002.

→ *v.* Resolução CNJ 35/2007 – Disciplina a realização de inventários, partilhas, separações e divórcios consensuais por escritura pública.

→ *v.* Provimento CFOAB 118/2007 – Disciplina as atividades profissionais dos advogados na realização de inventários, partilhas, separações e divórcios consensuais por escritura pública.

§ 1º O disposto neste artigo aplica-se, também, ao pedido de adjudicação, quando houver herdeiro único.

§ 2º Transitada em julgado a sentença de homologação de partilha ou de adjudicação, será lavrado o formal de partilha ou elaborada a carta de adjudicação e, em seguida, serão expedidos os alvarás referentes aos bens e às rendas por ele abrangidos, intimando-se o fisco para lançamento administrativo do imposto de transmissão e de outros tributos porventura incidentes, conforme dispuser a legislação tributária, nos termos do § 2º do art. 662.

Art. 660. Na petição de inventário, que se processará na forma de arrolamento sumário, independentemente da lavratura de termos de qualquer espécie, os herdeiros:

I – requererão ao juiz a nomeação do inventariante que designarem;

II – declararão os títulos dos herdeiros e os bens do espólio, observado o disposto no art. 630;

III – atribuirão valor aos bens do espólio, para fins de partilha.

Art. 661. Ressalvada a hipótese prevista no parágrafo único do art. 663, não se procederá à avaliação dos bens do espólio para nenhuma finalidade.

Art. 662. No arrolamento, não serão conhecidas ou apreciadas questões relativas ao lançamento, ao pagamento ou à quitação de taxas judiciárias e de tributos incidentes sobre a transmissão da propriedade dos bens do espólio.

§ 1º A taxa judiciária, se devida, será calculada com base no valor atribuído pelos herdeiros, cabendo ao fisco, se apurar em processo administrativo valor diverso do estimado, exigir a eventual diferença pelos meios adequados ao lançamento de créditos tributários em geral.

§ 2º O imposto de transmissão será objeto de lançamento administrativo, conforme dispuser a legislação tributária, não ficando as autoridades fazendárias adstritas aos valores dos bens do espólio atribuídos pelos herdeiros.

Art. 663. A existência de credores do espólio não impedirá a homologação da partilha ou da adjudicação, se forem reservados bens suficientes para o pagamento da dívida.

Parágrafo único. A reserva de bens será realizada pelo valor estimado pelas partes, salvo se o credor, regularmente notificado, impugnar a estimativa, caso em que se promoverá a avaliação dos bens a serem reservados.

Art. 664. Quando o valor dos bens do espólio for igual ou inferior a 1.000 (mil) salários mínimos, o inventário processar-se-á na forma de arrolamento, cabendo ao inventariante nomeado, independentemente de assinatura de termo de compromisso, apresentar, com suas declarações, a atribuição de valor aos bens do espólio e o plano da partilha.

§ 1º Se qualquer das partes ou o Ministério Público impugnar a estimativa, o juiz nomeará avaliador, que oferecerá laudo em 10 (dez) dias.

§ 2º Apresentado o laudo, o juiz, em audiência que designar, deliberará sobre a partilha, decidindo de plano todas as reclamações e mandando pagar as dívidas não impugnadas.

§ 3º Lavrar-se-á de tudo um só termo, assinado pelo juiz, pelo inventariante e pelas partes presentes ou por seus advogados.

§ 4º Aplicam-se a essa espécie de arrolamento, no que couber, as disposições do art. 672, relativamente ao lançamento, ao pagamento e à quitação da taxa judiciária e do imposto sobre a transmissão da propriedade dos bens do espólio.

§ 5º Provada a quitação dos tributos relativos aos bens do espólio e às suas rendas, o juiz julgará a partilha.

Art. 665. O inventário processar-se-á também na forma do art. 664, ainda que haja interessado incapaz, desde que concordem todas as partes e o Ministério Público.

Art. 666. Independerá de inventário ou de arrolamento o pagamento dos valores previstos na Lei 6.858, de 24 de novembro de 1980.

→ *v.* Lei 6.858/1980 – Dispõe sobre o Pagamento, aos Dependentes ou Sucessores, de Valores Não Recebidos em Vida pelos Respectivos Titulares.

Art. 667. Aplicam-se subsidiariamente a esta Seção as disposições das Seções VII e VIII deste Capítulo.

Seção X
Disposições comuns a todas as seções

Art. 668. Cessa a eficácia da tutela provisória prevista nas Seções deste Capítulo:

I – se a ação não for proposta em 30 (trinta) dias contados da data em que da decisão foi intimado o impugnante, o herdeiro excluído ou o credor não admitido;

II – se o juiz extinguir o processo de inventário com ou sem resolução de mérito.

Art. 669. São sujeitos à sobrepartilha os bens:

I – sonegados;

II – da herança descobertos após a partilha;

→ *v.* Art. 2.022 do CC/2002.

III – litigiosos, assim como os de liquidação difícil ou morosa;

IV – situados em lugar remoto da sede do juízo onde se processa o inventário.

→ v. Art. 2.021 do CC/2002.

Parágrafo único. Os bens mencionados nos incisos III e IV serão reservados à sobrepartilha sob a guarda e a administração do mesmo ou de diverso inventariante, a consentimento da maioria dos herdeiros.

Art. 670. Na sobrepartilha dos bens, observar-se-á o processo de inventário e de partilha.

Parágrafo único. A sobrepartilha correrá nos autos do inventário do autor da herança.

Art. 671. O juiz nomeará curador especial:

I – ao ausente, se não o tiver;

II – ao incapaz, se concorrer na partilha com o seu representante, desde que exista colisão de interesses.

→ v. Art. 72, I, do NCPC.

Art. 672. É lícita a cumulação de inventários para a partilha de heranças de pessoas diversas quando houver:

I – identidade de pessoas entre as quais devam ser repartidos os bens;

II – heranças deixadas pelos dois cônjuges ou companheiros;

III – dependência de uma das partilhas em relação à outra.

Parágrafo único. No caso previsto no inciso III, se a dependência for parcial, por haver outros bens, o juiz pode ordenar a tramitação separada, se melhor convier ao interesse das partes ou à celeridade processual.

Art. 673. No caso previsto no art. 672, inciso II, prevalecerão as primeiras declarações, assim como o laudo de avaliação, salvo se alterado o valor dos bens.

Capítulo VII
DOS EMBARGOS DE TERCEIRO

Art. 674. Quem, não sendo parte no processo, sofrer constrição ou ameaça de constrição sobre bens que possua ou sobre os quais tenha direito incompatível com o ato constritivo, poderá requerer seu desfazimento ou sua inibição por meio de embargos de terceiro.

§ 1º Os embargos podem ser de terceiro proprietário, inclusive fiduciário, ou possuidor.

→ v. Súmula 621 do STF.

→ v. Súmula 84 do STJ.

§ 2º Considera-se terceiro, para ajuizamento dos embargos:

I – o cônjuge ou companheiro, quando defende a posse de bens próprios ou de sua meação, ressalvado o disposto no art. 843;

→ v. Súmula 134 do STJ.

II – o adquirente de bens cuja constrição decorreu de decisão que declara a ineficácia da alienação realizada em fraude à execução;

→ v. Art. 792 do NCPC.

III – quem sofre constrição judicial de seus bens por força de desconsideração da personalidade jurídica, de cujo incidente não fez parte;

→ v. Arts. 133 a 137 do NCPC.

IV – o credor com garantia real para obstar expropriação judicial do objeto de direito real de garantia, caso não tenha sido intimado, nos termos legais dos atos expropriatórios respectivos.

→ v. Arts. 799, I e 835, § 3º, do NCPC.

Art. 675. Os embargos podem ser opostos a qualquer tempo no processo de conhecimento enquanto não transitada em julgado a sentença, e, no cumprimento de sentença ou no processo de execução, até 5 (cinco) dias depois da adjudicação, da alienação por iniciativa particular ou da arrematação, mas sempre antes da assinatura da respectiva carta.

Parágrafo único. Caso identifique a existência de terceiro titular de interesse em embargar o ato, o juiz mandará intimá-lo pessoalmente.

→ v. Arts. 792, § 4º e 799, I a VII, do NCPC.

Art. 676. Os embargos serão distribuídos por dependência ao juízo que ordenou a constrição e autuados em apartado.

Parágrafo único. Nos casos de ato de constrição realizado por carta, os embargos serão oferecidos no juízo deprecado, salvo se indicado pelo juízo deprecante o bem constrito ou se já devolvida a carta.

→ v. Súmula 46 do STJ.

Art. 677. Na petição inicial, o embargante fará a prova sumária de sua posse ou de seu domínio e da qualidade de terceiro, oferecendo documentos e rol de testemunhas.

§ 1º É facultada a prova da posse em audiência preliminar designada pelo juiz.

§ 2º O possuidor direto pode alegar, além da sua posse, o domínio alheio.

→ v. Art. 1.197 do CC/2002.

§ 3º A citação será pessoal, se o embargado não tiver procurador constituído nos autos da ação principal.

§ 4º Será legitimado passivo o sujeito a quem o ato de constrição aproveita, assim como o será seu adversário no processo principal quando for sua a indicação do bem para a constrição judicial.

Art. 678. A decisão que reconhecer suficientemente provado o domínio ou a posse determinará a suspensão das medidas constritivas sobre os bens litigiosos objeto dos embargos, bem como a manutenção ou a reintegração provisória da posse, se o embargante a houver requerido.

Parágrafo único. O juiz poderá condicionar a ordem de manutenção ou de reintegração provisória de posse à prestação de caução pelo requerente, ressalvada a impossibilidade da parte economicamente hipossuficiente.

Art. 679. Os embargos poderão ser contestados no prazo de 15 (quinze) dias, findo o qual se seguirá o procedimento comum.

→ v. Arts. 318 e ss. do NCPC.

Art. 680. Contra os embargos do credor com garantia real, o embargado somente poderá alegar que:

→ v. Arts. 799, I e 835, § 3º, do NCPC.

I – o devedor comum é insolvente;

II – o título é nulo ou não obriga a terceiro;

III – outra é a coisa dada em garantia.

Art. 681. Acolhido o pedido inicial, o ato de constrição judicial indevida será cancelado, com o reconhecimento do domínio, da manutenção da posse ou da reintegração definitiva do bem ou do direito ao embargante.

→ v. Súmulas 95 e 303 do STJ.

Capítulo VIII
DA OPOSIÇÃO

Art. 682. Quem pretender, no todo ou em parte, a coisa ou o direito sobre que controvertem autor e réu poderá, até ser proferida a sentença, oferecer oposição contra ambos.

Art. 683. O opoente deduzirá o pedido em observação aos requisitos exigidos para propositura da ação.

Parágrafo único. Distribuída a oposição por dependência, serão os opostos citados, na pessoa de seus respectivos advogados, para contestar o pedido no prazo comum de 15 (quinze) dias.

Art. 684. Se um dos opostos reconhecer a procedência do pedido, contra o outro prosseguirá o opoente.

Art. 685. Admitido o processamento, a oposição será apensada aos autos e tramitará simultaneamente à ação originária, sendo ambas julgadas pela mesma sentença.

Parágrafo único. Se a oposição for proposta após o início da audiência de instrução, o juiz suspenderá o curso do processo ao fim da produção das provas, salvo se concluir que a unidade da instrução atende melhor ao princípio da duração razoável do processo.

→ v. Art. 5º, LXXVIII da CF/1988.

→ v. Art. 4º do NCPC.

Art. 686. Cabendo ao juiz decidir simultaneamente a ação originária e a oposição, desta conhecerá em primeiro lugar.

Capítulo IX
DA HABILITAÇÃO

Art. 687. A habilitação ocorre quando, por falecimento de qualquer das partes, os interessados houverem de suceder-lhe no processo.

Art. 688. A habilitação pode ser requerida:

I – pela parte, em relação aos sucessores do falecido;

II – pelos sucessores do falecido, em relação à parte.

Art. 689. Proceder-se-á à habilitação nos autos do processo principal, na instância em que estiver, suspendendo-se, a partir de então, o processo.

→ v. Art. 313, § 2º, do NCPC.

Art. 690. Recebida a petição, o juiz ordenará a citação dos requeridos para se pronunciarem no prazo de 5 (cinco) dias.

Parágrafo único. A citação será pessoal, se a parte não tiver procurador constituído nos autos.

Art. 691. O juiz decidirá o pedido de habilitação imediatamente, salvo se este for impugnado e houver necessidade de dilação probatória diversa da documental, caso em que determinará que o pedido seja autuado em apartado e disporá sobre a instrução.

Art. 692. Transitada em julgado a sentença de habilitação, o processo principal retomará o seu curso, e cópia da sentença será juntada aos autos respectivos.

Capítulo X
DAS AÇÕES DE FAMÍLIA

Art. 693. As normas deste Capítulo aplicam-se aos processos contenciosos de divórcio, separação, reconhecimento e extinção de união estável, guarda, visitação e filiação.

Parágrafo único. A ação de alimentos e a que versar sobre interesse de criança ou de adolescente observarão o procedimento previsto em legislação específica, aplicando-se, no que couber, as disposições deste Capítulo.

→ V. Lei 5.478/1968 – Dispõe sobre a ação de alimentos.

→ V. Lei 8.069/1990 – Estatuto da Criança e do Adolescente.

Art. 694. Nas ações de família, todos os esforços serão empreendidos para a solução consensual da controvérsia, devendo o juiz dispor do auxílio de profissionais de outras áreas de conhecimento para a mediação e conciliação.

Parágrafo único. A requerimento das partes, o juiz pode determinar a suspensão do processo enquanto os litigantes se submetem a mediação extrajudicial ou a atendimento multidisciplinar.

→ V. Arts. 3º, §§ 2º e 3º e 165 a 175, do NCPC.

→ V. Resolução do CNJ 125/2010 – Dispõe sobre a Política Judiciária Nacional de tratamento adequado dos conflitos de interesses no âmbito do Poder Judiciário.

→ V. Lei 13.140/2015 – Lei de Mediação.

Art. 695. Recebida a petição inicial, e, se for o caso, tomadas as providências referentes à tutela provisória, o juiz ordenará a citação do réu para comparecer à audiência de mediação e conciliação, observado o disposto no art. 694.

§ 1º O mandado de citação conterá apenas os dados necessários à audiência e deverá estar desacompanhado de cópia da petição inicial, assegurado ao réu o direito de examinar seu conteúdo a qualquer tempo.

§ 2º A citação ocorrerá com antecedência mínima de 15 (quinze) dias da data designada para a audiência.

§ 3º A citação será feita na pessoa do réu.

§ 4º Na audiência, as partes deverão estar acompanhadas de seus advogados ou de defensores públicos.

→ V. Art. 334, § 9º, do NCPC.

Art. 696. A audiência de mediação e conciliação poderá dividir-se em tantas sessões quantas sejam necessárias para viabilizar a solução consensual, sem prejuízo de providências jurisdicionais para evitar o perecimento do direito.

Art. 697. Não realizado o acordo, passarão a incidir, a partir de então, as normas do procedimento comum, observado o art. 335.

Art. 698. Nas ações de família, o Ministério Público somente intervirá quando houver interesse de incapaz e deverá ser ouvido previamente à homologação de acordo.

Art. 699. Quando o processo envolver discussão sobre fato relacionado a abuso ou a alienação parental, o juiz, ao tomar o depoimento do incapaz, deverá estar acompanhado por especialista.

Capítulo XI
DA AÇÃO MONITÓRIA

Art. 700. A ação monitória pode ser proposta por aquele que afirmar, com base em prova escrita sem eficácia de título executivo, ter direito de exigir do devedor capaz:

I – o pagamento de quantia em dinheiro;

→ V. Súmulas 247, 299, 384, 503, 504 e 531 do STJ.

II – a entrega de coisa fungível ou infungível ou de bem móvel ou imóvel;

III – o adimplemento de obrigação de fazer ou de não fazer.

§ 1º A prova escrita pode consistir em prova oral documentada, produzida antecipadamente nos termos do art. 381.

§ 2º Na petição inicial, incumbe ao autor explicitar, conforme o caso:

I – a importância devida, instruindo-a com memória de cálculo;

II – o valor atual da coisa reclamada;

III – o conteúdo patrimonial em discussão ou o proveito econômico perseguido.

§ 3º O valor da causa deverá corresponder à importância prevista no § 2º, incisos I a III.

→ V. Art. 292 do NCPC.

§ 4º Além das hipóteses do art. 330, a petição inicial será indeferida quando não atendido o disposto no § 2º deste artigo.

§ 5º Havendo dúvida quanto à idoneidade de prova documental apresentada pelo autor, o juiz intimá-lo-á para, querendo, emendar a petição inicial, adaptando-a ao procedimento comum.

→ V. Art. 6º do NCPC.

§ 6º É admissível ação monitória em face da Fazenda Pública.

→ V. Súmula 339 do STJ.

§ 7º Na ação monitória, admite-se citação por qualquer dos meios permitidos para o procedimento comum.

→ V. Súmula 282 do STJ.

→ V. Art. 246 do NCPC.

Art. 701. Sendo evidente o direito do autor, o juiz deferirá a expedição de mandado de pagamento, de entrega de coisa ou para execução de obrigação de fazer ou de não fazer, concedendo ao réu prazo de 15 (quinze) dias para o cumprimento e o pagamento de honorários advocatícios de cinco por cento do valor atribuído à causa.

§ 1º O réu será isento do pagamento de custas processuais se cumprir o mandado no prazo.

§ 2º Constituir-se-á de pleno direito o título executivo judicial, independentemente de qualquer formalidade, se não realizado o pagamento e não apresentados os embargos previstos no art. 702, observando-se, no que couber, o Título II do Livro I da Parte Especial.

§ 3º É cabível ação rescisória da decisão prevista no *caput* quando ocorrer a hipótese do § 2º.

→ V. Arts. 966 e ss. do NCPC.

§ 4º Sendo a ré Fazenda Pública, não apresentados os embargos previstos no art. 702, aplicar-se-á o disposto no art. 496, observando-se, a seguir, no que couber, o Título II do Livro I da Parte Especial.

§ 5º Aplica-se à ação monitória, no que couber, o art. 916.

Art. 702. Independentemente de prévia segurança do juízo, o réu poderá opor, nos próprios autos, no prazo previsto no art. 701, embargos à ação monitória.

§ 1º Os embargos podem se fundar em matéria passível de alegação como defesa no procedimento comum.

§ 2º Quando o réu alegar que o autor pleiteia quantia superior à devida, cumprir-lhe-á declarar de imediato o valor que entende correto, apresentando demonstrativo discriminado e atualizado da dívida.

§ 3º Não apontado o valor correto ou não apresentado o demonstrativo, os embargos serão liminarmente rejeitados, se esse for o seu único fundamento, e, se houver outro fundamento, os embargos serão processados, mas o juiz deixará de examinar a alegação de excesso.

§ 4º A oposição dos embargos suspende a eficácia da decisão referida no *caput* do art. 701 até o julgamento em primeiro grau.

→ V. Art. 1.012, § 1º, do NCPC.

§ 5º O autor será intimado para responder aos embargos no prazo de 15 (quinze) dias.

§ 6º Na ação monitória admite-se a reconvenção, sendo vedado o oferecimento de reconvenção à reconvenção.

→ V. Súmula 292 do STJ.

§ 7º A critério do juiz, os embargos serão autuados em apartado, se parciais, constituindo-se de pleno direito o título executivo judicial em relação à parcela incontroversa.

§ 8º Rejeitados os embargos, constituir-se-á de pleno direito o título executivo judicial, prosseguindo-se o processo em observância ao disposto no Título II do Livro I da Parte Especial, no que for cabível.

§ 9º Cabe apelação contra a sentença que acolhe ou rejeita os embargos.

→ V. Arts. 1.009 e ss. do NCPC.

§ 10. O juiz condenará o autor de ação monitória proposta indevidamente e de má-fé ao pagamento, em favor do réu, de multa de até dez por cento sobre o valor da causa.

→ V. Arts. 79 a 81 do NCPC.

§ 11. O juiz condenará o réu que de má-fé opuser embargos à ação monitória ao pagamento de multa de até dez por cento sobre o valor atribuído à causa, em favor do autor.

Capítulo XII
DA HOMOLOGAÇÃO DO PENHOR LEGAL

Art. 703. Tomado o penhor legal nos casos previstos em lei, requererá o credor, ato contínuo, a homologação.

§ 1º Na petição inicial, instruída com o contrato de locação ou a conta pormenorizada das despesas, a tabela dos preços e a relação dos objetos retidos, o credor pedirá a citação do devedor para pagar ou contestar na audiência preliminar que for designada.

→ V. Arts. 1.467 a 1.472 do CC/2002.

§ 2º A homologação do penhor legal poderá ser promovida pela via extrajudicial mediante requerimento, que conterá os requisitos previstos no § 1º deste artigo, do credor a notário de sua livre escolha.

§ 3º Recebido o requerimento, o notário promoverá a notificação extrajudicial do devedor para, no prazo de 5 (cinco) dias, pagar o débito ou impugnar sua cobrança, alegando por escrito uma das causas previstas no art. 704, hipótese em que o procedimento será encaminhado ao juízo competente para decisão.

§ 4º Transcorrido o prazo sem manifestação do devedor, o notário formalizará a homologação do penhor legal por escritura pública.

Art. 704. A defesa só pode consistir em:

I – nulidade do processo;

II – extinção da obrigação;

III – não estar a dívida compreendida entre as previstas em lei ou não estarem os bens sujeitos a penhor legal;

IV – alegação de haver sido ofertada caução idônea, rejeitada pelo credor.

Art. 705. A partir da audiência preliminar, observar-se-á o procedimento comum.

→ v. Arts. 318 e ss. do NCPC.

Art. 706. Homologado judicialmente o penhor legal, consolidar-se-á a posse do autor sobre o objeto.

§ 1º Negada a homologação, o objeto será entregue ao réu, ressalvado ao autor o direito de cobrar a dívida pelo procedimento comum, salvo se acolhida a alegação de extinção da obrigação.

§ 2º Contra a sentença caberá apelação, e, na pendência de recurso, poderá o relator ordenar que a coisa permaneça depositada ou em poder do autor.

Capítulo XIII
DA REGULAÇÃO DE AVARIA GROSSA

Art. 707. Quando inexistir consenso acerca da nomeação de um regulador de avarias, o juiz de direito da comarca do primeiro porto onde o navio houver chegado, provocado por qualquer parte interessada, nomeará um de notório conhecimento.

Art. 708. O regulador declarará justificadamente se os danos são passíveis de rateio na forma de avaria grossa e exigirá das partes envolvidas a apresentação de garantias idôneas para que possam ser liberadas as cargas aos consignatários.

§ 1º A parte que não concordar com o regulador quanto à declaração de abertura da avaria grossa deverá justificar suas razões ao juiz, que decidirá no prazo de 10 (dez) dias.

§ 2º Se o consignatário não apresentar garantia idônea a critério do regulador, este fixará o valor da contribuição provisória com base nos fatos narrados e nos documentos que instruírem a petição inicial, que deverá ser caucionado sob a forma de depósito judicial ou de garantia bancária.

§ 3º Recusando-se o consignatário a prestar caução, o regulador requererá ao juiz a alienação judicial de sua carga na forma dos arts. 879 a 903.

§ 4º É permitido o levantamento, por alvará, das quantias necessárias ao pagamento das despesas da alienação a serem arcadas pelo consignatário, mantendo-se o saldo remanescente em depósito judicial até o encerramento da regulação.

Art. 709. As partes deverão apresentar nos autos os documentos necessários à regulação da avaria grossa em prazo razoável a ser fixado pelo regulador.

Art. 710. O regulador apresentará o regulamento da avaria grossa no prazo de até 12 (doze) meses, contado da data da entrega dos documentos nos autos pelas partes, podendo o prazo ser estendido a critério do juiz.

§ 1º Oferecido o regulamento da avaria grossa, dele terão vista as partes pelo prazo comum de 15 (quinze) dias, e, não havendo impugnação, o regulamento será homologado por sentença.

§ 2º Havendo impugnação ao regulamento, o juiz decidirá no prazo de 10 (dez) dias, após a oitiva do regulador.

Art. 711. Aplicam-se ao regulador de avarias os arts. 156 a 158, no que couber.

Capítulo XIV
DA RESTAURAÇÃO DE AUTOS

Art. 712. Verificado o desaparecimento dos autos, eletrônicos ou não, pode o juiz, de ofício, qualquer das partes ou o Ministério Público, se for o caso, promover-lhes a restauração.

→ v. Art. 47 da Lei 6.515/1977.

Parágrafo único. Havendo autos suplementares, nesses prosseguirá o processo.

Art. 713. Na petição inicial, declarará a parte o estado do processo ao tempo do desaparecimento dos autos, oferecendo:

I – certidões dos atos constantes do protocolo de audiências do cartório por onde haja corrido o processo;

II – cópia das peças que tenha em seu poder;

III – qualquer outro documento que facilite a restauração.

Art. 714. A parte contrária será citada para contestar o pedido no prazo de 5 (cinco) dias, cabendo-lhe exibir as cópias, as contrafés e as reproduções dos atos e dos documentos que estiverem em seu poder.

§ 1º Se a parte concordar com a restauração, lavrar-se-á o auto que, assinado pelas partes e homologado pelo juiz, suprirá o processo desaparecido.

§ 2º Se a parte não contestar ou se a concordância for parcial, observar-se-á o procedimento comum.

Art. 715. Se a perda dos autos tiver ocorrido depois da produção das provas em audiência, o juiz, se necessário, mandará repeti-las.

§ 1º Serão reinquiridas as mesmas testemunhas, que, em caso de impossibilidade, poderão ser substituídas de ofício ou a requerimento.

§ 2º Não havendo certidão ou cópia do laudo, far-se-á nova perícia, sempre que possível pelo mesmo perito.

§ 3º Não havendo certidão de documentos, esses serão reconstituídos mediante cópias ou, na falta dessas, pelos meios ordinários de prova.

§ 4º Os serventuários e os auxiliares da justiça não podem eximir-se de depor como testemunhas a respeito de atos que tenham praticado ou assistido.

§ 5º Se o juiz houver proferido sentença da qual ele próprio ou o escrivão possua cópia, esta será juntada aos autos e terá a mesma autoridade da original.

Art. 716. Julgada a restauração, seguirá o processo os seus termos.

Parágrafo único. Aparecendo os autos originais, neles se prosseguirá, sendo-lhes apensados os autos da restauração.

Art. 717. Se o desaparecimento dos autos tiver ocorrido no tribunal, o processo de restauração será distribuído, sempre que possível, ao relator do processo.

§ 1º A restauração far-se-á no juízo de origem quanto aos atos nele realizados.

§ 2º Remetidos os autos ao tribunal, nele completar-se-á a restauração e proceder-se-á ao julgamento.

Art. 718. Quem houver dado causa ao desaparecimento dos autos responderá pelas custas da restauração e pelos honorários de advogado, sem prejuízo da responsabilidade civil ou penal em que incorrer.

Capítulo XV
DOS PROCEDIMENTOS DE JURISDIÇÃO VOLUNTÁRIA

Seção I
Disposições Gerais

Art. 719. Quando este Código não estabelecer procedimento especial, regem os procedimentos de jurisdição voluntária as disposições constantes desta Seção.

Art. 720. O procedimento terá início por provocação do interessado, do Ministério Público ou da Defensoria Pública, cabendo-lhes formular o pedido devidamente instruído com os documentos necessários e com a indicação da providência judicial.

Art. 721. Serão citados todos os interessados, bem como intimado o Ministério Público, nos casos do art. 178, para que se manifestem, querendo, no prazo de 15 (quinze) dias.

Art. 722. A Fazenda Pública será sempre ouvida nos casos em que tiver interesse.

Art. 723. O juiz decidirá o pedido no prazo de 10 (dez) dias.

Parágrafo único. O juiz não é obrigado a observar critério de legalidade estrita, podendo adotar em cada caso a solução que considerar mais conveniente ou oportuna.

→ v. Art. 6º da Lei 9.099/1995.

Art. 724. Da sentença caberá apelação.

→ v. Arts. 1.009 e ss. do NCPC.

Art. 725. Processar-se-á na forma estabelecida nesta Seção o pedido de:

I – emancipação;

→ v. Art. 5º, parágrafo único, do CC/2002.

→ v. Arts. 90 a 95 da Lei 6.015/1973.

II – sub-rogação;

III – alienação, arrendamento ou oneração de bens de crianças ou adolescentes, de órfãos e de interditos;

→ v. Arts. 1.748 a 1.750 do CC/2002

IV – alienação, locação e administração da coisa comum;

→ v. Art. 1.320 do CC/2002.

V – alienação de quinhão em coisa comum;

→ v. Art. 1.320 do CC/2002.

VI – extinção de usufruto, quando não decorrer da morte do usufrutuário, do termo da sua duração ou da consolidação, e de fideicomisso, quando decorrer de renúncia ou quando ocorrer antes do evento que caracterizar a condição resolutória;

VII – expedição de alvará judicial;

→ v. Lei 6.858/1980 – Dispõe sobre o Pagamento, aos Dependentes ou Sucessores, de Valores Não Recebidos em Vida pelos Respectivos Titulares.

VIII – homologação de autocomposição extrajudicial, de qualquer natureza ou valor.

→ v. Art. 57, *caput*, da Lei 9.099/1995.

→ v. Art. 515, III, do NCPC.

Parágrafo único. As normas desta Seção aplicam-se, no que couber, aos procedimentos regulados nas seções seguintes.

Seção II
Da notificação e da interpelação

Art. 726. Quem tiver interesse em manifestar formalmente sua vontade a outrem sobre assunto juridicamente relevante poderá notificar pessoas participantes da mesma relação jurídica para dar-lhes ciência de seu propósito.

§ 1º Se a pretensão for a de dar conhecimento geral ao público, mediante edital, o juiz só a deferirá se a tiver por fundada e necessária ao resguardo de direito.

§ 2º Aplica-se o disposto nesta Seção, no que couber, ao protesto judicial.

Art. 727. Também poderá o interessado interpelar o requerido, no caso do art. 726, para que faça ou deixe de fazer o que o requerente entenda ser de seu direito.

Art. 728. O requerido será previamente ouvido antes do deferimento da notificação ou do respectivo edital:

I – se houver suspeita de que o requerente, por meio da notificação ou do edital, pretende alcançar fim ilícito;

II – se tiver sido requerida a averbação da notificação em registro público.

Art. 729. Deferida e realizada a notificação ou interpelação, os autos serão entregues ao requerente.

→ v. Súmula 76 do STJ.

→ v. Art. 32 da Lei 6.766/1976.

→ v. Art. 31 do Dec.-Lei 70/1966.

→ v. Art. 1º do Dec.-Lei 745/1969.

Seção III
Da alienação judicial

Art. 730. Nos casos expressos em lei, não havendo acordo entre os interessados sobre o modo como se deve realizar a alienação do bem, o juiz, de ofício ou a requerimento dos interessados ou do depositário, mandará aliená-lo em leilão, observando-se o disposto na Seção I deste Capítulo e, no que couber, o disposto nos arts. 879 a 903.

→ v. Art. 2.019 do CC/2002.

Seção IV
Do divórcio e da separação consensuais, da extinção consensual de união estável e da alteração do regime de bens do matrimônio

→ v. EC. 66/2010 – Dá nova redação ao § 6º do art. 226 da CF, que dispõe sobre a dissolubilidade do casamento civil pelo divórcio, suprimindo o requisito de prévia separação judicial por mais de 1 (um) ano ou de comprovada separação de fato por mais de 2 (dois) anos.

→ v. Arts. 1.571 a 1.582 do CC/2002.

Art. 731. A homologação do divórcio ou da separação consensuais, observados os requisitos legais, poderá ser requerida em petição assinada por ambos os cônjuges, da qual constarão:

→ v. Arts. 19 a 23 da Lei 6.515/1977.

I – as disposições relativas à descrição e à partilha dos bens comuns;

II – as disposições relativas à pensão alimentícia entre os cônjuges;

→ v. Súmulas 226 e 379 do STF.

→ v. Súmula 336 do STJ.

→ v. Art. 4º da Lei 6.515/1976.

III – o acordo relativo à guarda dos filhos incapazes e ao regime de visitas; e

→ v. Arts. 1.583 a 1.590 do CC.

→ v. Arts. 9º e 15 da Lei 6.515/1976.

IV – o valor da contribuição para criar e educar os filhos.

→ v. Arts. 1.694 a 1.710 do CC.

→ v. Art. 20 da Lei 6.515/1976.

Parágrafo único. Se os cônjuges não acordarem sobre a partilha dos bens, far-se-á esta depois de homologado o divórcio, na forma estabelecida nos arts. 647 a 658.

→ v. Súmula 197 do STJ.

Art. 732. As disposições relativas ao processo de homologação judicial de divórcio ou de separação consensuais aplicam-se, no que couber, ao processo de homologação da extinção consensual de união estável.

Art. 733. O divórcio consensual, a separação consensual e a extinção consensual de união estável, não havendo nascituro ou filhos incapazes e observados os requisitos legais, poderão ser realizados por escritura pública, da qual constarão as disposições de que trata o art. 731.

→ v. Resolução CNJ 35/2007 – Disciplina a realização de inventários, partilhas, separações e divórcios consensuais por escritura pública.

→ v. Provimento CFOAB 118/2007 – Disciplina as atividades profissionais dos advogados na realização de inventários, partilhas, separações e divórcios consensuais por escritura pública.

§ 1º A escritura não depende de homologação judicial e constitui título hábil para qualquer ato de registro, bem como para levantamento de importância depositada em instituições financeiras.

§ 2º O tabelião somente lavrará a escritura se os interessados estiverem assistidos por advogado ou por defensor público, cuja qualificação e assinatura constarão do ato notarial.

Art. 734. A alteração do regime de bens do casamento, observados os requisitos legais, poderá ser requerida, motivadamente, em petição assinada por ambos os cônjuges, na qual serão expostas as razões que justificam a alteração, ressalvados os direitos de terceiros.

→ v. Art. 1.639, § 2º, do CC/2002.

§ 1º Ao receber a petição inicial, o juiz determinará a intimação do Ministério Público e a publicação de edital que divulgue a pretendida alteração de bens, somente podendo decidir depois de decorrido o prazo de 30 (trinta) dias da publicação do edital.

§ 2º Os cônjuges, na petição inicial ou em petição avulsa, podem propor ao juiz meio alternativo de divulgação da alteração do regime de bens, a fim de resguardar direitos de terceiros.

§ 3º Após o trânsito em julgado da sentença, serão expedidos mandados de averbação aos cartórios de registro civil e de imóveis e, caso qualquer dos cônjuges seja empresário, ao Registro Público de Empresas Mercantis e Atividades Afins.

Seção V
Dos testamentos e dos codicilos

Art. 735. Recebendo testamento cerrado, o juiz, se não achar vício externo que o torne suspeito de nulidade ou falsidade, o abrirá e mandará que o escrivão o leia em presença do apresentante.

→ v. Arts. 1.868 a 1.875 do CC/2002.

§ 1º Do termo de abertura constarão o nome do apresentante e como ele obteve o testamento, a data e o lugar do falecimento do testador, com as respectivas provas, e qualquer circunstância digna de nota.

§ 2º Depois de ouvido o Ministério Público, não havendo dúvidas a serem esclarecidas, o juiz mandará registrar, arquivar e cumprir o testamento.

→ v. Art. 1.875 do CC/2002.

§ 3º Feito o registro, será intimado o testamenteiro para assinar o termo da testamentária.

§ 4º Se não houver testamenteiro nomeado ou se ele estiver ausente ou não aceitar o encargo, o juiz nomeará testamenteiro dativo, observando-se a preferência legal.

§ 5º O testamenteiro deverá cumprir as disposições testamentárias e prestar contas em juízo do que recebeu e despendeu, observando-se o disposto em lei.

→ v. Art. 1.980 do CC/2002.

Art. 736. Qualquer interessado, exibindo o traslado ou a certidão de testamento público, poderá requerer ao juiz que ordene o seu cumprimento, observando-se, no que couber, o disposto nos parágrafos do art. 735.

→ v. Arts. 1.864 a 1.867 do CC/2002.

Art. 737. A publicação do testamento particular poderá ser requerida, depois da morte do testador, pelo herdeiro, pelo legatário ou pelo testamenteiro, bem como pelo terceiro detentor do testamento, se impossibilitado de entregá-lo a algum dos outros legitimados para requerê-la.

→ v. Arts. 1.876 a 1.880 do CC/2002.

§ 1º Serão intimados os herdeiros que não tiverem requerido a publicação do testamento.

§ 2º Verificando a presença dos requisitos da lei, ouvido o Ministério Público, o juiz confirmará o testamento.

§ 3º Aplica-se o disposto neste artigo ao codicilo e aos testamentos marítimo, aeronáutico, militar e nuncupativo.

→ v. Arts. 1.888 a 1.896 do CC/2002.

§ 4º Observar-se-á, no cumprimento do testamento, o disposto nos parágrafos do art. 735.

Seção VI
Da herança jacente

Art. 738. Nos casos em que a lei considere jacente a herança, o juiz em cuja comarca tiver domicílio o falecido procederá imediatamente à arrecadação dos respectivos bens.

→ v. Arts. 1.819 a 1.823 do CC/2002.

Art. 739. A herança jacente ficará sob a guarda, a conservação e a administração de um curador até a respectiva entrega ao sucessor legalmente habilitado ou até a declaração de vacância.

§ 1º Incumbe ao curador:

I – representar a herança em juízo ou fora dele, com intervenção do Ministério Público;

→ v. Art. 75, VI, do NCPC.

II – ter em boa guarda e conservação os bens arrecadados e promover a arrecadação de outros porventura existentes;

III – executar as medidas conservatórias dos direitos da herança;

IV – apresentar mensalmente ao juiz balancete da receita e da despesa;

V – prestar contas ao final de sua gestão.

§ 2º Aplica-se ao curador o disposto nos arts. 159 a 161.

Art. 740. O juiz ordenará que o oficial de justiça, acompanhado do escrivão ou do chefe de secretaria e do curador, arrole os bens e descrevа-os em auto circunstanciado.

§ 1º Não podendo comparecer ao local, o juiz requisitará à autoridade policial que proceda à arrecadação e ao arrolamento dos bens, com 2 (duas) testemunhas, que assistirão às diligências.

§ 2º Não estando ainda nomeado o curador, o juiz designará depositário e lhe entregará os bens, mediante simples termo nos autos, depois de compromissado.

→ v. Arts. 159 a 161 do NCPC.

§ 3º Durante a arrecadação, o juiz ou a autoridade policial inquirirá os moradores da casa e da vizinhança sobre a qualificação do falecido, o paradeiro de seus sucessores e a existência de outros bens, lavrando-se de tudo auto de inquirição e informação.

§ 4º O juiz examinará reservadamente os papéis, as cartas missivas e os livros domésticos e, verificando que não apresentam interesse, mandará empacotá-los e lacrá-los para serem assim entregues aos sucessores do falecido ou queimados quando os bens forem declarados vacantes.

§ 5º Se constar ao juiz a existência de bens em outra comarca, mandará expedir carta precatória a fim de serem arrecadados.

§ 6º Não se fará a arrecadação, ou essa será suspensa, quando, iniciada, apresentarem-se para reclamar os bens o cônjuge ou companheiro, o herdeiro ou o testamenteiro notoriamente reconhecido e não houver oposição motivada do curador, de qualquer interessado, do Ministério Público ou do representante da Fazenda Pública.

Art. 741. Ultimada a arrecadação, o juiz mandará expedir edital, que será publicado na rede mundial de computadores, no sítio do tribunal a que estiver vinculado o juízo e na plataforma de editais do Conselho Nacional de Justiça, onde permanecerá por 3 (três) meses, ou, não havendo sítio, no órgão oficial e na imprensa da comarca, por 3 (três) vezes com intervalos de 1 (um) mês, para que os sucessores do falecido venham a habilitar-se no prazo de 6 (seis) meses contado da primeira publicação.

§ 1º Verificada a existência de sucessor ou de testamenteiro em lugar certo, far-se-á a sua citação, sem prejuízo do edital.

§ 2º Quando o falecido for estrangeiro, será também comunicado o fato à autoridade consular.

§ 3º Julgada a habilitação do herdeiro, reconhecida a qualidade do testamenteiro ou provada a identidade do cônjuge ou companheiro, a arrecadação converter-se-á em inventário.

§ 4º Os credores da herança poderão habilitar-se como nos inventários ou propor a ação de cobrança.

Art. 742. O juiz poderá autorizar a alienação:

I – de bens móveis, se forem de conservação difícil ou dispendiosa;

II – de semoventes, quando não empregados na exploração de alguma indústria;

III – de títulos e papéis de crédito, havendo fundado receio de depreciação;

IV – de ações de sociedade quando, reclamada a integralização, não dispuser a herança de dinheiro para o pagamento;

V – de bens imóveis:

a) se ameaçarem ruína, não convindo a reparação;

b) se estiverem hipotecados e vencer-se a dívida, não havendo dinheiro para o pagamento.

§ 1º Não se procederá, entretanto, à venda se a Fazenda Pública ou o habilitando adiantar a importância para as despesas.

§ 2º Os bens com valor de afeição, como retratos, objetos de uso pessoal, livros e obras de arte, só serão alienados depois de declarada a vacância da herança.

Art. 743. Passado 1 (um) ano da primeira publicação do edital e não havendo herdeiro habilitado nem habilitação pendente, será a herança declarada vacante.

→ v. Art. 1.820 do CC/2002.

§ 1º Pendendo habilitação, a vacância será declarada pela mesma sentença que a julgar improcedente, aguardando-se, no caso de serem diversas as habilitações, o julgamento da última.

§ 2º Transitada em julgado a sentença que declarou a vacância, o cônjuge, o companheiro, os herdeiros e os credores só poderão reclamar o seu direito por ação direta.

→ v. Art. 1.822 do CC/2002.

Seção VII
Dos bens dos ausentes

Art. 744. Declarada a ausência nos casos previstos em lei, o juiz mandará arrecadar os bens do ausente e nomear-lhes-á curador na forma estabelecida na Seção VI, observando-se o disposto em lei.

→ v. Arts. 22 a 39 do CC/2002.

→ v. Lei 9.140/1995 – Reconhece como mortas pessoas desaparecidas em razão de participação, ou acusação de participação, em atividades políticas, no período de 2 de setembro de 1961 a 15 de agosto de 1979.

Art. 745. Feita a arrecadação, o juiz mandará publicar editais na rede mundial de computadores, no sítio do tribunal a que estiver vinculado e na plataforma de editais do Conselho Nacional de Justiça, onde permanecerá por 1 (um) ano, ou, não havendo sítio, no órgão oficial e na imprensa da comarca, durante 1 (um) ano, reproduzida de 2 (dois) em 2 (dois) meses, anunciando a arrecadação e chamando o ausente a entrar na posse de seus bens.

§ 1º Findo o prazo previsto no edital, poderão os interessados requerer a abertura da sucessão provisória, observando-se o disposto em lei.

§ 2º O interessado, ao requerer a abertura da sucessão provisória, pedirá a citação pessoal dos herdeiros presentes e do curador e, por editais, a dos ausentes para requererem habilitação, na forma dos arts. 689 a 692.

§ 3º Presentes os requisitos legais, poderá ser requerida a conversão da sucessão provisória em definitiva.

→ v. Art. 37 do CC/2002

→ v. Art. 105, parágrafo único, da Lei 6.015/1973

§ 4º Regressando o ausente ou algum de seus descendentes ou ascendentes para requerer ao juiz a entrega de bens, serão citados para contestar o pedido os sucessores provisórios ou definitivos, o Ministério Público e o representante da Fazenda Pública, seguindo-se o procedimento comum.

→ v. Art. 36 do CC/2002.

Seção VIII
Das coisas vagas

Art. 746. Recebendo do descobridor coisa alheia perdida, o juiz mandará lavrar o respectivo auto, do qual constará a descrição do bem e as declarações do descobridor.

§ 1º Recebida a coisa por autoridade policial, esta a remeterá em seguida ao juízo competente.

§ 2º Depositada a coisa, o juiz mandará publicar edital na rede mundial de computadores, no sítio do tribunal a que estiver vinculado e na plataforma de editais do Conselho Nacional de Justiça ou, não havendo sítio, no órgão oficial e na imprensa da comarca, para que o dono ou o legítimo possuidor a reclame, salvo se se tratar de coisa de pequeno valor e não for possível a publicação no sítio do tribunal, caso em que o edital será apenas afixado no átrio do edifício do fórum.

§ 3º Observar-se-á, quanto ao mais, o disposto em lei.

→ v. Arts. 1.233 a 1.237 do CC/2002.

Seção IX
Da interdição

Art. 747. A interdição pode ser promovida:

I – pelo cônjuge ou companheiro;

II – pelos parentes ou tutores;

III – pelo representante da entidade em que se encontra abrigado o interditando;

IV – pelo Ministério Público.

Parágrafo único. A legitimidade deverá ser comprovada por documentação que acompanhe a petição inicial.

Art. 748. O Ministério Público só promoverá interdição em caso de doença mental grave:

I – se as pessoas designadas nos incisos I, II e III do art. 747 não existirem ou não promoverem a interdição;

II – se, existindo, forem incapazes as pessoas mencionadas nos incisos I e II do art. 747.

Art. 749. Incumbe ao autor, na petição inicial, especificar os fatos que demonstram a incapacidade do interditando para administrar seus bens e, se for o caso, para praticar atos da vida civil, bem como o momento em que a incapacidade se revelou.

Parágrafo único. Justificada a urgência, o juiz pode nomear curador provisório ao interditando para a prática de determinados atos.

Art. 750. O requerente deverá juntar laudo médico para fazer prova de suas alegações ou informar a impossibilidade de fazê-lo.

Art. 751. O interditando será citado para, em dia designado, comparecer perante o juiz, que o entrevistará minuciosamente acerca de sua vida, negócios, bens, vontades, preferências e laços familiares e afetivos e sobre o que mais lhe parecer necessário para convencimento quanto à sua capacidade para praticar atos da vida civil, devendo ser reduzidas a termo as perguntas e respostas.

§ 1º Não podendo o interditando deslocar-se, o juiz o ouvirá no local onde estiver.

§ 2º A entrevista poderá ser acompanhada por especialista.

§ 3º Durante a entrevista, é assegurado o emprego de recursos tecnológicos capazes de permitir ou de auxiliar o interditando a expressar suas vontades e preferências e a responder às perguntas formuladas.

§ 4º A critério do juiz, poderá ser requisitada a oitiva de parentes e de pessoas próximas.

Art. 752. Dentro do prazo de 15 (quinze) dias contado da entrevista, o interditando poderá impugnar o pedido.

§ 1º O Ministério Público intervirá como fiscal da ordem jurídica.

§ 2º O interditando poderá constituir advogado, e, caso não o faça, deverá ser nomeado curador especial.

→ *v.* Art. 72 do NCPC.

§ 3º Caso o interditando não constitua advogado, o seu cônjuge, companheiro ou qualquer parente sucessível poderá intervir como assistente.

Art. 753. Decorrido o prazo previsto no art. 752, o juiz determinará a produção de prova pericial para avaliação da capacidade do interditando para praticar atos da vida civil.

§ 1º A perícia pode ser realizada por equipe composta por expertos com formação multidisciplinar.

§ 2º O laudo pericial indicará especificadamente, se for o caso, os atos para os quais haverá necessidade de curatela.

Art. 754. Apresentado o laudo, produzidas as demais provas e ouvidos os interessados, o juiz proferirá sentença.

Art. 755. Na sentença que decretar a interdição, o juiz:

I – nomeará curador, que poderá ser o requerente da interdição, e fixará os limites da curatela, segundo o estado e o desenvolvimento mental do interdito;

→ *v.* Art. 1.782 do CC/2002.

II – considerará as características pessoais do interdito, observando suas potencialidades, habilidades, vontades e preferências.

§ 1º A curatela deve ser atribuída a quem melhor possa atender aos interesses do curatelado.

→ *v.* Arts. 1.775 do CC/2002.

§ 2º Havendo, ao tempo da interdição, pessoa incapaz sob a guarda e a responsabilidade do interdito, o juiz atribuirá a curatela a quem melhor puder atender aos interesses do interdito e do incapaz.

§ 3º A sentença de interdição será inscrita no registro de pessoas naturais e imediatamente publicada na rede mundial de computadores, no sítio do tribunal a que estiver vinculado o juízo e na plataforma de editais do Conselho Nacional de Justiça, onde permanecerá por 6 (seis) meses, na imprensa local, 1 (uma) vez, e no órgão oficial, por 3 (três) vezes, com intervalo de 10 (dez) dias, constando do edital os nomes do interdito e do curador, a causa da interdição, os limites da curatela e, não sendo total a interdição, os atos que o interdito poderá praticar autonomamente.

→ *v.* Art. 9º, III, do CC/2002.

→ *v.* Arts. 29, V, 92, 93, 104 e 107 da Lei 6.015/1973.

Art. 756. Levantar-se-á a curatela quando cessar a causa que a determinou.

§ 1º O pedido de levantamento da curatela poderá ser feito pelo interdito, pelo curador ou pelo Ministério Público e será apensado aos autos da interdição.

§ 2º O juiz nomeará perito ou equipe multidisciplinar para proceder ao exame do interdito e designará audiência de instrução e julgamento após a apresentação do laudo.

§ 3º Acolhido o pedido, o juiz decretará o levantamento da interdição e determinará a publicação da sentença, após o trânsito em julgado, na forma do art. 755, § 3º, ou, não sendo possível, na imprensa local e no órgão oficial, por 3 (três) vezes, com intervalo de 10 (dez) dias, seguindo-se a averbação no registro de pessoas naturais.

§ 4º A interdição poderá ser levantada parcialmente quando demonstrada a capacidade do interdito para praticar alguns atos da vida civil.

Art. 757. A autoridade do curador estende-se à pessoa e aos bens do incapaz que se encontrar sob a guarda e a responsabilidade do curatelado ao tempo da interdição, salvo se o juiz considerar outra solução como mais conveniente aos interesses do incapaz.

Art. 758. O curador deverá buscar tratamento e apoio apropriados à conquista da autonomia pelo interdito.

→ *v.* Art. 1.776 do CC/2002.

Seção X
Disposições comuns à tutela e à curatela

Art. 759. O tutor ou o curador será intimado a prestar compromisso no prazo de 5 (cinco) dias contado da:

I – nomeação feita em conformidade com a lei;

II – intimação do despacho que mandar cumprir o testamento ou o instrumento público que o houver instituído.

§ 1º O tutor ou o curador prestará o compromisso por termo em livro rubricado pelo juiz.

§ 2º Prestado o compromisso, o tutor ou o curador assume a administração dos bens do tutelado ou do interditado.

Art. 760. O tutor ou o curador poderá eximir-se do encargo apresentando escusa ao juiz no prazo de 5 (cinco) dias contado:

→ *v.* Art. 1.738 do CC/2002.

I – antes de aceitar o encargo, da intimação para prestar compromisso;

II – depois de entrar em exercício, do dia em que sobrevier o motivo da escusa.

§ 1º Não sendo requerida a escusa no prazo estabelecido neste artigo, considerar-se-á renunciado o direito de alegá-la.

§ 2º O juiz decidirá de plano o pedido de escusa, e, não o admitindo, exercerá o nomeado a tutela ou a curatela enquanto não for dispensado por sentença transitada em julgado.

→ *v.* Art. 1.739 do CC/2002.

Art. 761. Incumbe ao Ministério Público ou a quem tenha legítimo interesse requerer, nos casos previstos em lei, a remoção do tutor ou do curador.

→ *v.* Arts. 1.735 e 1.766 do CC/2002.

→ *v.* Art. 201, III e IV, do ECA.

Parágrafo único. O tutor ou o curador será citado para contestar a arguição no prazo de 5 (cinco) dias, findo o qual observar-se-á o procedimento comum.

Art. 762. Em caso de extrema gravidade, o juiz poderá suspender o tutor ou o curador do exercício de suas funções, nomeando substituto interino.

Art. 763. Cessando as funções do tutor ou do curador pelo decurso do prazo em que era obrigado a servir, ser-lhe-á lícito requerer a exoneração do encargo.

§ 1º Caso o tutor ou o curador não requeira a exoneração do encargo dentro dos 10 (dez) dias seguintes à expiração do termo, entender-se-á reconduzido, salvo se o juiz o dispensar.

§ 2º Cessada a tutela ou a curatela, é indispensável a prestação de contas pelo tutor ou pelo curador, na forma da lei civil.

Seção XI
Da organização e da fiscalização das fundações

Art. 764. O juiz decidirá sobre a aprovação do estatuto das fundações e de suas alterações sempre que o requeira o interessado, quando:

I – ela for negada previamente pelo Ministério Público ou por este forem exigidas modificações com as quais o interessado não concorde;

II – o interessado discordar do estatuto elaborado pelo Ministério Público.

→ *v.* Arts. 66 a 68 do CC/2002.

§ 1º O estatuto das fundações deve observar o disposto na Lei 10.406, de 10 de janeiro de 2002 (Código Civil).

§ 2º Antes de suprir a aprovação, o juiz poderá mandar fazer no estatuto modificações a fim de adaptá-lo ao objetivo do instituidor.

Art. 765. Qualquer interessado ou o Ministério Público promoverá em juízo a extinção da fundação quando:

I – se tornar ilícito o seu objeto;

II – for impossível a sua manutenção;

III – vencer o prazo de sua existência.

→ *v.* Art. 69 do CC/2002.

Seção XII
Da ratificação dos protestos marítimos e dos processos testemunháveis formados a bordo

Art. 766. Todos os protestos e os processos testemunháveis formados a bordo e lançados no livro Diário da Navegação deverão ser apresentados pelo comandante ao juiz de direito do primeiro porto, nas primeiras 24 (vinte e quatro) horas de chegada da embarcação, para sua ratificação judicial.

Art. 767. A petição inicial conterá a transcrição dos termos lançados no livro Diário da Navegação e deverá ser instruída com cópias das páginas que contenham os termos que serão ratificados, dos documentos de identificação do comandante e das testemunhas arroladas, do rol de tripulantes, do documento de registro da embarcação e, quando for o caso, do manifesto das cargas sinistradas e a qualificação de seus consignatários, traduzidos, quando for o caso, de forma livre para o português.

Art. 768. A petição inicial deverá ser distribuída com urgência e encaminhada ao juiz, que ouvirá, sob compromisso a ser prestado no mesmo dia, o comandante e as testemunhas em número mínimo de 2 (duas) e máximo de 4 (quatro), que deverão comparecer ao ato independentemente de intimação.

§ 1º Tratando-se de estrangeiros que não dominem a língua portuguesa, o autor deverá fazer-se acompanhar por tradutor, que prestará compromisso em audiência.

§ 2º Caso o autor não se faça acompanhar por tradutor, o juiz deverá nomear outro que preste compromisso em audiência.

Art. 769. Aberta a audiência, o juiz mandará apregoar os consignatários das cargas indicados na petição inicial e outros eventuais interessados, nomeando para os ausentes curador para o ato.

Art. 770. Inquiridos o comandante e as testemunhas, o juiz, convencido da veracidade dos termos lançados no Diário da Navegação, em audiência, ratificará por sentença o protesto ou o processo testemunhável lavrado a bordo, dispensado o relatório.

Parágrafo único. Independentemente do trânsito em julgado, o juiz determinará a entrega dos autos ao autor ou ao seu advogado, mediante a apresentação de traslado.

LIVRO II
Do processo de execução

Título I
Da execução em geral

Capítulo I
DISPOSIÇÕES GERAIS

Art. 771. Este Livro regula o procedimento da execução fundada em título extrajudicial, e suas disposições aplicam-se, também, no que couber, aos procedimentos especiais de execução, aos atos executivos realizados no procedimento de cumprimento de sentença, bem como aos efeitos de atos ou fatos processuais a que a lei atribuir força executiva.

Parágrafo único. Aplicam-se subsidiariamente à execução as disposições do Livro I da Parte Especial.

Art. 772. O juiz pode, em qualquer momento do processo:

I – ordenar o comparecimento das partes;

II – advertir o executado de que seu procedimento constitui ato atentatório à dignidade da justiça;

III – determinar que sujeitos indicados pelo exequente forneçam informações em geral relacionadas ao objeto da execução, tais como documentos e dados que tenham em seu poder, assinando-lhes prazo razoável.

Art. 773. O juiz poderá, de ofício ou a requerimento, determinar as medidas necessárias ao cumprimento da ordem de entrega de documentos e dados.

Parágrafo único. Quando, em decorrência do disposto neste artigo, o juízo receber dados sigilosos para os fins da execução, o juiz adotará as medidas necessárias para assegurar a confidencialidade.

Art. 774. Considera-se atentatória à dignidade da justiça a conduta comissiva ou omissiva do executado que:

I – frauda a execução;

→ v. Arts. 792 e 856, § 3º do NCPC.

II – se opõe maliciosamente à execução, empregando ardis e meios artificiosos;

III – dificulta ou embaraça a realização da penhora;

IV – resiste injustificadamente às ordens judiciais;

V – intimado, não indica ao juiz quais são e onde estão os bens sujeitos à penhora e os respectivos valores, nem exibe prova de sua propriedade e, se for o caso, certidão negativa de ônus.

→ v. Art. 835 do NCPC.

Parágrafo único. Nos casos previstos neste artigo, o juiz fixará multa em montante não superior a vinte por cento do valor atualizado do débito em execução, a qual será revertida em proveito do exequente, exigível nos próprios autos do processo, sem prejuízo de outras sanções de natureza processual ou material.

→ v. Arts. 77 a 81 do NCPC.

Art. 775. O exequente tem o direito de desistir de toda a execução ou de apenas alguma medida executiva.

→ v. Arts. 105 e 200, parágrafo único do NCPC.

Parágrafo único. Na desistência da execução, observar-se-á o seguinte:

I – serão extintos a impugnação e os embargos que versarem apenas sobre questões processuais, pagando o exequente as custas processuais e os honorários advocatícios;

→ v. Arts. 525, 535 e 914 do NCPC.

II – nos demais casos, a extinção dependerá da concordância do impugnante ou do embargante.

Art. 776. O exequente ressarcirá ao executado os danos que este sofreu, quando a sentença, transitada em julgado, declarar inexistente, no todo ou em parte, a obrigação que ensejou a execução.

Art. 777. A cobrança de multas ou de indenizações decorrentes de litigância de má-fé ou de prática de ato atentatório à dignidade da justiça será promovida nos próprios autos do processo.

→ v. Arts. 79 a 81 do NCPC.

Capítulo II
DAS PARTES

Art. 778. Pode promover a execução forçada o credor a quem a lei confere título executivo.

→ v. Arts. 97 a 100 do CDC.

→ v. Art. 15 da Lei 7.347/1985.

→ v. Arts. 16 e 17 da Lei 4.717/1965.

→ v. Arts. 515 e 784 do NCPC.

§ 1º Podem promover a execução forçada ou nela prosseguir, em sucessão ao exequente originário:

I – o Ministério Público, nos casos previstos em lei;

→ v. Art. 176 do NCPC.

II – o espólio, os herdeiros ou os sucessores do credor, sempre que, por morte deste, lhes for transmitido o direito resultante do título executivo;

→ v. Arts. 75, VII, 110; 485, IX e 687 a 692 do NCPC.

III – o cessionário, quando o direito resultante do título executivo lhe for transferido por ato entre vivos;

→ v. Arts. 286 a 298 do CC/2002.

→ v. Art. 109 do NCPC.

IV – o sub-rogado, nos casos de sub-rogação legal ou convencional.

→ v. Arts. 346 a 351 e 831 do CC/2002.

→ v. Art. 857 do NCPC.

§ 2º A sucessão prevista no § 1º independe de consentimento do executado.

Art. 779. A execução pode ser promovida contra:

I – o devedor, reconhecido como tal no título executivo;

→ v. Art. 789 do NCPC.

II – o espólio, os herdeiros ou os sucessores do devedor;

→ v. Arts. 75, VII, 515, IV e 687 a 692 do NCPC.

III – o novo devedor que assumiu, com o consentimento do credor, a obrigação resultante do título executivo;

→ v. Arts. 299 a 303 do CC/2002.

→ v. Art. 109 do NCPC.

IV – o fiador do débito constante em título extrajudicial;

→ v. Art. 794 do NCPC.

→ v. Súmulas 214 e 268 do STJ.

V – o responsável titular do bem vinculado por garantia real ao pagamento do débito;

→ v. Art. 835, § 3º do NCPC.

VI – o responsável tributário, assim definido em lei.

→ v. Arts. 121 e 128 a 138 do CTN.

Art. 780. O exequente pode cumular várias execuções, ainda que fundadas em títulos diferentes, quando o executado for o mesmo e desde que para todas elas seja competente o mesmo juízo e idêntico o procedimento.

→ v. Súmula 27 do STJ.

→ v. Arts. 292, VI, 327, 525, § 1º, V, 535, IV e 917, III do NCPC.

Capítulo III
DA COMPETÊNCIA

Art. 781. A execução fundada em título extrajudicial será processada perante o juízo competente, observando-se o seguinte:

→ v. Art. 98, § 2º do CDC.

→ v. Súmulas 58 e 66 STJ.

→ v. Art. 46, § 5º do NCPC.

I – a execução poderá ser proposta no foro de domicílio do executado, de eleição constante do título ou, ainda, de situação dos bens a ela sujeitos;

→ V. Arts. 70 a 78 do CC/2002.

→ V. Art. 63 do NCPC.

II – tendo mais de um domicílio, o executado poderá ser demandado no foro de qualquer deles;

III – sendo incerto ou desconhecido o domicílio do executado, a execução poderá ser proposta no lugar onde for encontrado ou no foro de domicílio do exequente;

IV – havendo mais de um devedor, com diferentes domicílios, a execução será proposta no foro de qualquer deles, à escolha do exequente;

V – a execução poderá ser proposta no foro do lugar em que se praticou o ato ou em que ocorreu o fato que deu origem ao título, mesmo que nele não mais resida o executado.

Art. 782. Não dispondo a lei de modo diverso, o juiz determinará os atos executivos, e o oficial de justiça os cumprirá.

→ V. Arts. 154 e 155 do NCPC.

§ 1º O oficial de justiça poderá cumprir os atos executivos determinados pelo juiz também nas comarcas contíguas, de fácil comunicação, e nas que se situem na mesma região metropolitana.

→ V. Art. 255 do NCPC.

§ 2º Sempre que, para efetivar a execução, for necessário o emprego de força policial, o juiz a requisitará.

→ V. Arts. 846, § 2º, do NCPC.

§ 3º A requerimento da parte, o juiz pode determinar a inclusão do nome do executado em cadastros de inadimplentes.

§ 4º A inscrição será cancelada imediatamente se for efetuado o pagamento, se for garantida a execução ou se a execução for extinta por qualquer outro motivo.

§ 5º O disposto nos §§ 3º e 4º aplica-se à execução definitiva de título judicial.

Capítulo IV
DOS REQUISITOS NECESSÁRIOS PARA REALIZAR QUALQUER EXECUÇÃO

Seção I
Do título executivo

Art. 783. A execução para cobrança de crédito fundar-se-á sempre em título de obrigação certa, líquida e exigível.

→ V. Arts. 786 e 803, I do NCPC.

Art. 784. São títulos executivos extrajudiciais:

→ V. Súmula 27 do STJ.

I – a letra de câmbio, a nota promissória, a duplicata, a debênture e o cheque;

→ V. Súmulas 387 e 600 do STF.

→ V. Súmulas 248 e 258 do STJ.

→ V. Arts. 52 a 74 da Lei 6.404/1976.

→ V. Lei 5.474/1968 – Dispõe sobre as Duplicatas.

→ V. Lei 7.357/1985 – Dispõe sobre o cheque.

→ V. Decreto 2.044/1908 – Define a letra de câmbio e a nota promissória e regula as Operações Cambiais.

→ V. Decreto 57.595/1966 – Lei uniforme em matéria de cheque.

→ V. Decreto 57.663/1966 – Lei uniforme sobre letras de câmbio e notas promissórias.

II – a escritura pública ou outro documento público assinado pelo devedor;

→ V. Art. 215 do CC/2002.

III – o documento particular assinado pelo devedor e por 2 (duas) testemunhas;

→ V. Súmulas 233, 286 e 300 do STJ.

IV – o instrumento de transação referendado pelo Ministério Público, pela Defensoria Pública, pela Advocacia Pública, pelos advogados dos transatores ou por conciliador ou mediador credenciado por tribunal;

→ V. Arts. 165 a 175 do NCPC.

→ V. Art. 5º, § 6º, da Lei 7.347/1985.

→ V. Art. 211 do ECA.

→ V. Art. 57, parágrafo único, da Lei 9.099/1995.

→ V. Art. 13 da Lei 10.741/2003.

V – o contrato garantido por hipoteca, penhor, anticrese ou outro direito real de garantia e aquele garantido por caução;

→ V. Art. 1.424 do CC/2002.

→ V. Arts. 9º a 28 do Dec.-lei 70/1966.

→ V. Lei 492/1937 – Regula o penhor rural e a cédula pignoratícia.

VI – o contrato de seguro de vida em caso de morte;

→ V. Arts. 789 a 802 do CC/2002.

→ V. Dec.-lei 5.384/1943 – Beneficiários do seguro de vida.

VII – o crédito decorrente de foro e laudêmio;

→ V. Art. 2.038 do CC/2002.

VIII – o crédito, documentalmente comprovado, decorrente de aluguel de imóvel, bem como de encargos acessórios, tais como taxas e despesas de condomínio;

→ V. Lei 8.245/1991 – Dispõe sobre as locações dos imóveis urbanos e os procedimentos a elas pertinentes.

IX – a certidão de dívida ativa da Fazenda Pública da União, dos Estados, do Distrito Federal e dos Municípios, correspondente aos créditos inscritos na forma da lei;

→ V. Súmula 392 do STJ.

→ V. Arts. 201 a 204 do CTN.

→ V. Arts. 2º e 3º da Lei 6.830/1980.

X – o crédito referente às contribuições ordinárias ou extraordinárias de condomínio edilício, previstas na respectiva convenção ou aprovadas em assembleia geral, desde que documentalmente comprovadas;

→ V. Arts. 1.334, I e 1.336, I e § 1º do CC/2002.

XI – a certidão expedida por serventia notarial ou de registro relativa a valores de emolumentos e demais despesas devidas pelos atos por ela praticados, fixados nas tabelas estabelecidas em lei;

XII – todos os demais títulos aos quais, por disposição expressa, a lei atribuir força executiva.

→ V. Súmula 93 do STJ.

→ V. Art. 107, I da Lei 6.404/1976.

→ V. Art. 24 da Lei 8.906/1994.

→ V. Arts. 20 e 28 da Lei 10.931/2004.

→ V. Art. 142 da Lei 11.101/2005.

→ V. Dec.-lei 167/1967 – Dispõe sobre títulos de crédito rural.

→ V. Dec.-lei 413/1969 – Dispõe sobre títulos de crédito industrial.

§ 1º A propositura de qualquer ação relativa a débito constante de título executivo não inibe o credor de promover-lhe a execução.

→ V. Art. 49, § 1º da Lei 11.101/2005.

§ 2º Os títulos executivos extrajudiciais oriundos de país estrangeiro não dependem de homologação para serem executados.

§ 3º O título estrangeiro só terá eficácia executiva quando satisfeitos os requisitos de formação exigidos pela lei do lugar de sua celebração e quando o Brasil for indicado como o lugar de cumprimento da obrigação.

→ V. Art. 21, II do NCPC.

Art. 785. A existência de título executivo extrajudicial não impede a parte de optar pelo processo de conhecimento, a fim de obter título executivo judicial.

→ V. Art. 485, VI do NCPC.

Seção II
Da exigibilidade da obrigação

Art. 786. A execução pode ser instaurada caso o devedor não satisfaça a obrigação certa, líquida e exigível consubstanciada em título executivo.

→ V. Arts. 783 e 803, I do NCPC.

Parágrafo único. A necessidade de simples operações aritméticas para apurar o crédito exequendo não retira a liquidez da obrigação constante do título.

Art. 787. Se o devedor não for obrigado a satisfazer sua prestação senão mediante a contraprestação do credor, este deverá provar que a adimpliu ao requerer a execução, sob pena de extinção do processo.

→ V. Arts. 476 e 477 do CC/2002.

→ V. Arts. 798, I, *d*, e 917, § 2º, IV do NCPC.

Parágrafo único. O executado poderá eximir-se da obrigação, depositando em juízo a prestação ou a coisa, caso em que o juiz não permitirá que o credor a receba sem cumprir a contraprestação que lhe tocar.

Art. 788. O credor não poderá iniciar a execução ou nela prosseguir se o devedor cumprir a obrigação, mas poderá recusar o recebimento da prestação se ela não corresponder ao direito ou à obrigação estabelecidos no título executivo, caso em que poderá requerer a execução forçada, ressalvado ao devedor o direito de embargá-la.

→ V. Art. 914 do NCPC.

→ V. Art. 313 do CC/2002.

Capítulo V
DA RESPONSABILIDADE PATRIMONIAL

Art. 789. O devedor responde com todos os seus bens presentes e futuros para o cumprimento de suas obrigações, salvo as restrições estabelecidas em lei.

→ V. Art. 824 do NCPC.

Art. 790. São sujeitos à execução os bens:

→ V. Art. 779 do NCPC.

I – do sucessor a título singular, tratando-se de execução fundada em direito real ou obrigação reipersecutória;

II – do sócio, nos termos da lei;

→ V. Art. 795 do NCPC.

III – do devedor, ainda que em poder de terceiros;

→ V. Art. 674 do NCPC.

IV – do cônjuge ou companheiro, nos casos em que seus bens próprios ou de sua meação respondem pela dívida;

→ V. Arts. 1.639 e ss. do CC/2002.

→ V. Súmula 251 do STJ.

V – alienados ou gravados com ônus real em fraude à execução;

→ v. Art. 792 do NCPC.

VI – cuja alienação ou gravação com ônus real tenha sido anulada em razão do reconhecimento, em ação autônoma, de fraude contra credores;

→ v. Arts. 158 a 165 e 171, II, do CC/2002.

→ v. Art. 129 da Lei 11.101/2005.

VII – do responsável, nos casos de desconsideração da personalidade jurídica.

→ v. Art. 50 do CC/2002.

→ v. Art. 28 do CDC.

→ v. Arts. 133 a 137 do NCPC.

Art. 791. Se a execução tiver por objeto obrigação de que seja sujeito passivo o proprietário de terreno submetido ao regime do direito de superfície, ou o superficiário, responderá pela dívida, exclusivamente, o direito real do qual é titular o executado, recaindo a penhora ou outros atos de constrição exclusivamente sobre o terreno, no primeiro caso, ou sobre a construção ou a plantação, no segundo caso.

→ v. Arts. 1.369 a 1.377 do CC/2002.

§ 1º Os atos de constrição a que se refere o *caput* serão averbados separadamente na matrícula do imóvel, com a identificação do executado, do valor do crédito e do objeto sobre o qual recai o gravame, devendo o oficial destacar o bem que responde pela dívida, se o terreno, a construção ou a plantação, de modo a assegurar a publicidade da responsabilidade patrimonial de cada um deles pelas dívidas e pelas obrigações que a eles estão vinculadas.

§ 2º Aplica-se, no que couber, o disposto neste artigo à enfiteuse, à concessão de uso especial para fins de moradia e à concessão de direito real de uso.

→ v. Arts. 1.225, XI e XII, e 2.038 do CC/2002.

Art. 792. A alienação ou a oneração de bem é considerada fraude à execução:

→ v. Art. 179 do CP.

→ v. Art. 216 da Lei 6.015/1973.

→ v. Arts. 54, parágrafo único e 55 da Lei 13.097/2015.

→ v. Arts. 774, I, 808 e 856, § 3º do NCPC.

I – quando sobre o bem pender ação fundada em direito real ou com pretensão reipersecutória, desde que a pendência do processo tenha sido averbada no respectivo registro público, se houver;

II – quando tiver sido averbada, no registro do bem, a pendência do processo de execução, na forma do art. 828;

III – quando tiver sido averbado, no registro do bem, hipoteca judiciária ou outro ato de constrição judicial originário do processo onde foi arguida a fraude;

→ v. Art. 240 da Lei 6.015/1973.

→ v. Art. 844 do NCPC.

IV – quando, ao tempo da alienação ou da oneração, tramitava contra o devedor ação capaz de reduzi-lo à insolvência;

→ v. Súmula 375 do STJ.

V – nos demais casos expressos em lei.

→ v. Art. 185 do CTN.

§ 1º A alienação em fraude à execução é ineficaz em relação ao exequente.

§ 2º No caso de aquisição de bem não sujeito a registro, o terceiro adquirente tem o ônus de provar que adotou as cautelas necessárias para a aquisição, mediante a exibição das certidões pertinentes, obtidas no domicílio do vendedor e no local onde se encontra o bem.

§ 3º Nos casos de desconsideração da personalidade jurídica, a fraude à execução verifica-se a partir da citação da parte cuja personalidade se pretende desconsiderar.

→ v. Arts. 135 e 137 do NCPC.

§ 4º Antes de declarar a fraude à execução, o juiz deverá intimar o terceiro adquirente, que, se quiser, poderá opor embargos de terceiro, no prazo de 15 (quinze) dias.

→ v. Art. 674 do NCPC.

Art. 793. O exequente que estiver, por direito de retenção, na posse de coisa pertencente ao devedor não poderá promover a execução sobre outros bens senão depois de excutida a coisa que se achar em seu poder.

→ v. Arts. 578, 644, 681, 708, 1.219, 1.220, 1.423, 1.433, II, e 1.507, § 2º, do CC/2002.

→ v. Art. 35 da Lei 8.245/1991.

→ v. Art. 116, I da Lei 11.101/2005.

Art. 794. O fiador, quando executado, tem o direito de exigir que primeiro sejam executados os bens do devedor situados na mesma comarca, livres e desembargados, indicando-os pormenorizadamente à penhora.

→ v. Arts. 827 e 828 do CC/2002.

§ 1º Os bens do fiador ficarão sujeitos à execução se os do devedor, situados na mesma comarca que os seus, forem insuficientes à satisfação do direito do credor.

§ 2º O fiador que pagar a dívida poderá executar o afiançado nos autos do mesmo processo.

§ 3º O disposto no *caput* não se aplica se o fiador houver renunciado ao benefício de ordem.

Art. 795. Os bens particulares dos sócios não respondem pelas dívidas da sociedade, senão nos casos previstos em lei.

→ v. Arts. 134, VII e 135, I, do CTN.

→ v. Art. 790, II, do NCPC.

§ 1º O sócio réu, quando responsável pelo pagamento da dívida da sociedade, tem o direito de exigir que primeiro sejam excutidos os bens da sociedade.

→ v. Arts. 1.023 e 1.024 do CC/2002.

§ 2º Incumbe ao sócio que alegar o benefício do § 1º nomear quantos bens da sociedade situados na mesma comarca, livres e desembargados, bastem para pagar o débito.

§ 3º O sócio que pagar a dívida poderá executar a sociedade nos autos do mesmo processo.

§ 4º Para a desconsideração da personalidade jurídica é obrigatória a observância do incidente previsto neste Código.

→ v. Arts. 133 a 137 do NCPC.

Art. 796. O espólio responde pelas dívidas do falecido, mas, feita a partilha, cada herdeiro responde por elas dentro das forças da herança e na proporção da parte que lhe coube.

→ v. Arts. 1.792, 1.821 e 1.997 do CC/2002.

Título II
Das diversas espécies de execução

Capítulo I
DISPOSIÇÕES GERAIS

Art. 797. Ressalvado o caso de insolvência do devedor, em que tem lugar o concurso universal, realiza-se a execução no interesse do exequente que adquire, pela penhora, o direito de preferência sobre os bens penhorados.

→ v. Arts. 905, I, 908 e 909 do NCPC.

Parágrafo único. Recaindo mais de uma penhora sobre o mesmo bem, cada exequente conservará o seu título de preferência.

→ v. Art. 187, parágrafo único do CTN.

→ v. Súmula 244 do TFR.

→ v. Art. 908 do NCPC.

Art. 798. Ao propor a execução, incumbe ao exequente:

I – instruir a petição inicial com:

→ v. Arts. 319 a 321 e 771, parágrafo único, do NCPC.

a) o título executivo extrajudicial;

→ v. Art. 784 do NCPC.

b) o demonstrativo do débito atualizado até a data de propositura da ação, quando se tratar de execução por quantia certa;

c) a prova de que se verificou a condição ou ocorreu o termo, se for o caso;

→ v. Arts. 121 a 131 e 135 do CC/2002.

→ v. Arts. 514, 803, III, e 917, § 2º, V, do NCPC.

d) a prova, se for o caso, de que adimpliu a contraprestação que lhe corresponde ou que lhe assegura o cumprimento, se o executado não for obrigado a satisfazer a sua prestação senão mediante a contraprestação do exequente;

→ v. Art. 787 do NCPC.

II – indicar:

a) a espécie de execução de sua preferência, quando por mais de um modo puder ser realizada;

→ v. Art. 805 do NCPC.

b) os nomes completos do exequente e do executado e seus números de inscrição no Cadastro de Pessoas Físicas ou no Cadastro Nacional da Pessoa Jurídica;

→ v. Art. 319, II do NCPC.

c) os bens suscetíveis de penhora, sempre que possível.

→ v. Art. 829, § 2º do NCPC.

Parágrafo único. O demonstrativo do débito deverá conter:

I – o índice de correção monetária adotado;

→ v. Súmula 288 do STJ.

→ v. Lei 6.899/1981 e Decreto 86.649/1981.

II – a taxa de juros aplicada;

→ v. Súmulas 596 e 648 do STF.

→ v. Súmulas 176, 283, 296, 379, 382 e 472 do STJ.

→ v. Art. 405 do CC/2002.

→ v. Art. 161, § 2º do CTN.

→ v. Art. 1º do Decreto 22.626/1933.

→ v. Art. 13 da Lei 9.065/1995.

III – os termos inicial e final de incidência do índice de correção monetária e da taxa de juros utilizados;

→ v. Arts. 406 e 407 do CC/2002.

IV – a periodicidade da capitalização dos juros, se for o caso;

→ v. Súmula 121 do STF.

→ v. Súmula 93 do STJ.

→ v. Art. 4º do Decreto 22.626/1933.

V – a especificação de desconto obrigatório realizado.

Art. 799. Incumbe ainda ao exequente:

→ v. Arts. 804 e 889 do NCPC.

I – requerer a intimação do credor pignoratício, hipotecário, anticrético ou fiduciário, quando a penhora recair sobre bens gravados por penhor, hipoteca, anticrese ou alienação fiduciária;

II – requerer a intimação do titular de usufruto, uso ou habitação, quando a penhora recair sobre bem gravado por usufruto, uso ou habitação;

III – requerer a intimação do promitente comprador, quando a penhora recair sobre bem em relação ao qual haja promessa de compra e venda registrada;

IV – requerer a intimação do promitente vendedor, quando a penhora recair sobre direito aquisitivo derivado de promessa de compra e venda registrada;

V – requerer a intimação do superficiário, enfiteuta ou concessionário, em caso de direito de superfície, enfiteuse, concessão de uso especial para fins de moradia ou concessão de direito real de uso, quando a penhora recair sobre imóvel submetido ao regime do direito de superfície, enfiteuse ou concessão;

VI – requerer a intimação do proprietário de terreno com regime de direito de superfície, enfiteuse, concessão de uso especial para fins de moradia ou concessão de direito real de uso, quando a penhora recair sobre direitos do superficiário, do enfiteuta ou do concessionário;

VII – requerer a intimação da sociedade, no caso de penhora de quota social ou de ação de sociedade anônima fechada, para o fim previsto no art. 876, § 7º;

VIII – pleitear, se for o caso, medidas urgentes;

→ v. Arts. 300 a 302 do NCPC.

IX – proceder à averbação em registro público do ato de propositura da execução e dos atos de constrição realizados, para conhecimento de terceiros.

→ v. Arts. 792, II e III, 828 e 844 do NCPC.

Art. 800. Nas obrigações alternativas, quando a escolha couber ao devedor, esse será citado para exercer a opção e realizar a prestação dentro de 10 (dez) dias, se outro prazo não lhe foi determinado em lei ou em contrato.

→ v. Arts. 252 a 256 do CC/2002.

→ v. Art. 325 do NCPC.

§ 1º Devolver-se-á ao credor a opção, se o devedor não a exercer no prazo determinado.

§ 2º A escolha será indicada na petição inicial da execução quando couber ao credor exercê-la.

Art. 801. Verificando que a petição inicial está incompleta ou que não está acompanhada dos documentos indispensáveis à propositura da execução, o juiz determinará que o exequente a corrija, no prazo de 15 (quinze) dias, sob pena de indeferimento.

→ v. Art. 321 do NCPC.

Art. 802. Na execução, o despacho que ordena a citação, desde que realizada em observância ao disposto no § 2º do art. 240, interrompe a prescrição, ainda que proferido por juízo incompetente.

→ v. Súmula 150 do STF.

→ v. Art. 312 do NCPC.

Parágrafo único. A interrupção da prescrição retroagirá à data de propositura da ação.

Art. 803. É nula a execução se:

I – o título executivo extrajudicial não corresponder a obrigação certa, líquida e exigível;

→ v. Arts. 783 e 786 do NCPC.

II – o executado não for regularmente citado;

→ v. Art. 239 do NCPC.

III – for instaurada antes de se verificar a condição ou de ocorrer o termo.

→ v. Arts. 121 a 131 e 135 do CC/2002.

→ v. Arts. 514, 798, I, c, e 917, § 2º, V, do NCPC.

Parágrafo único. A nulidade de que cuida este artigo será pronunciada pelo juiz, de ofício ou a requerimento da parte, independentemente de embargos à execução.

Art. 804. A alienação de bem gravado por penhor, hipoteca ou anticrese será ineficaz em relação ao credor pignoratício, hipotecário ou anticrético não intimado.

→ v. Art. 1.501 do CC/2002.

→ v. Arts. 799, I a VI e 889, I a VII, do NCPC.

§ 1º A alienação de bem objeto de promessa de compra e venda ou de cessão registrada será ineficaz em relação ao promitente comprador ou ao cessionário não intimado.

§ 2º A alienação de bem sobre o qual tenha sido instituído direito de superfície, seja do solo, da plantação ou da construção, será ineficaz em relação ao concedente ou ao concessionário não intimado.

§ 3º A alienação de direito aquisitivo de bem objeto de promessa de venda, de promessa de cessão ou de alienação fiduciária será ineficaz em relação ao promitente vendedor, ao promitente cedente ou ao proprietário fiduciário não intimado.

§ 4º A alienação de imóvel sobre o qual tenha sido instituída enfiteuse, concessão de uso especial para fins de moradia ou concessão de direito real de uso, será ineficaz em relação ao enfiteuta ou ao concessionário não intimado.

§ 5º A alienação de direitos do enfiteuta, do concessionário de direito real de uso ou do concessionário de uso especial para fins de moradia será ineficaz em relação ao proprietário do respectivo imóvel não intimado.

§ 6º A alienação de bem sobre o qual tenha sido instituído usufruto, uso ou habitação será ineficaz em relação ao titular desses direitos reais não intimado.

Art. 805. Quando por vários meios o exequente puder promover a execução, o juiz mandará que se faça pelo modo menos gravoso para o executado.

→ v. Súmula 417 do STJ.

→ v. Arts. 798, II, a, 829, § 2º, 847 e 867 do NCPC.

Parágrafo único. Ao executado que alegar ser a medida executiva mais gravosa incumbe indicar outros meios mais eficazes e menos onerosos, sob pena de manutenção dos atos executivos já determinados.

Capítulo II
DA EXECUÇÃO PARA A ENTREGA DE COISA

Seção I
Da entrega de coisa certa

Art. 806. O devedor de obrigação de entrega de coisa certa, constante de título executivo extrajudicial, será citado para, em 15 (quinze) dias, satisfazer a obrigação.

→ v. Art. 35, I, do CDC.

→ v. Arts. 233 a 242 do CC/2002.

→ v. Art. 231 do NCPC.

§ 1º Ao despachar a inicial, o juiz poderá fixar multa por dia de atraso no cumprimento da obrigação, ficando o respectivo valor sujeito a alteração, caso se revele insuficiente ou excessivo.

→ v. Art. 52, V da Lei 9.099/1995.

§ 2º Do mandado de citação constará ordem para imissão na posse ou busca e apreensão, conforme se tratar de bem imóvel ou móvel, cujo cumprimento se dará de imediato, se o executado não satisfizer a obrigação no prazo que lhe foi designado.

Art. 807. Se o executado entregar a coisa, será lavrado o termo respectivo e considerada satisfeita a obrigação, prosseguindo-se a execução para o pagamento de frutos ou o ressarcimento de prejuízos, se houver.

→ v. Arts. 924, II e 925 do NCPC.

Art. 808. Alienada a coisa quando já litigiosa, será expedido mandado contra o terceiro adquirente, que somente será ouvido após depositá-la.

→ v. Arts. 109, 240, 674 e 792 do NCPC.

Art. 809. O exequente tem direito a receber, além de perdas e danos, o valor da coisa, quando essa se deteriorar, não lhe for entregue, não for encontrada ou não for reclamada do poder de terceiro adquirente.

§ 1º Não constando do título o valor da coisa e sendo impossível sua avaliação, o exequente apresentará estimativa, sujeitando-a ao arbitramento judicial.

§ 2º Serão apurados em liquidação o valor da coisa e os prejuízos.

Art. 810. Havendo benfeitorias indenizáveis feitas na coisa pelo executado ou por terceiros de cujo poder ela houver sido tirada, a liquidação prévia é obrigatória.

Parágrafo único. Havendo saldo:

I – em favor do executado ou de terceiros, o exequente o depositará ao requerer a entrega da coisa;

II – em favor do exequente, esse poderá cobrá-lo nos autos do mesmo processo.

→ v. Arts. 96, 242 e 1.219 a 1.222 do CC/2002.

Seção II
Da entrega de coisa incerta

Art. 811. Quando a execução recair sobre coisa determinada pelo gênero e pela quantidade, o executado será citado para entregá-la individualizada, se lhe couber a escolha.

Parágrafo único. Se a escolha couber ao exequente, esse deverá indicá-la na petição inicial.

→ v. Arts. 243 a 246 do CC/2002.

→ v. Art. 15 da Lei 8.929/1994 – Cédula de produto rural.

Art. 812. Qualquer das partes poderá, no prazo de 15 (quinze) dias, impugnar a escolha feita pela outra, e o juiz decidirá de plano ou, se necessário, ouvindo perito de sua nomeação.

Art. 813. Aplicar-se-ão à execução para entrega de coisa incerta, no que couber, as disposições da Seção I deste Capítulo.

Capítulo III
DA EXECUÇÃO DAS OBRIGAÇÕES DE FAZER OU DE NÃO FAZER

Seção I
Disposições comuns

Art. 814. Na execução de obrigação de fazer ou de não fazer fundada em título extrajudicial, ao despachar a inicial, o juiz fixará multa por período de atraso no cumprimento da obrigação e a data a partir da qual será devida.

Parágrafo único. Se o valor da multa estiver previsto no título e for excessivo, o juiz poderá reduzi-lo.

→ *v.* Arts. 498 e 536, § 1º do NCPC.

Seção II
Da obrigação de fazer

Art. 815. Quando o objeto da execução for obrigação de fazer, o executado será citado para satisfazê-la no prazo que o juiz lhe designar, se outro não estiver determinado no título executivo.

→ *v.* Súmula 410 do STJ.

→ *v.* Arts. 247 a 249 do CC/2002.

Art. 816. Se o executado não satisfizer a obrigação no prazo designado, é lícito ao exequente, nos próprios autos do processo, requerer a satisfação da obrigação à custa do executado ou perdas e danos, hipótese em que se converterá em indenização.

→ *v.* Art. 249 do CC/2002.

→ *v.* Arts. 35 e 84 do CDC.

→ *v.* Art. 820 do NCPC.

Parágrafo único. O valor das perdas e danos será apurado em liquidação, seguindo-se a execução para cobrança de quantia certa.

→ *v.* Arts. 509 a 512 e 824 e ss. do NCPC.

Art. 817. Se a obrigação puder ser satisfeita por terceiro, é lícito ao juiz autorizar, a requerimento do exequente, que aquele a satisfaça à custa do executado.

Parágrafo único. O exequente adiantará as quantias previstas na proposta que, ouvidas as partes, o juiz houver aprovado.

→ *v.* Art. 819 do NCPC.

Art. 818. Realizada a prestação, o juiz ouvirá as partes no prazo de 10 (dez) dias e, não havendo impugnação, considerará satisfeita a obrigação.

→ *v.* Art. 924, II do NCPC.

Parágrafo único. Caso haja impugnação, o juiz a decidirá.

Art. 819. Se o terceiro contratado não realizar a prestação no prazo ou se o fizer de modo incompleto ou defeituoso, poderá o exequente requerer ao juiz, no prazo de 15 (quinze) dias, que o autorize a concluí-la ou a repará-la à custa do contratante.

Parágrafo único. Ouvido o contratante no prazo de 15 (quinze) dias, o juiz mandará avaliar o custo das despesas necessárias e o condenará a pagá-lo.

Art. 820. Se o exequente quiser executar ou mandar executar, sob sua direção e vigilância, as obras e os trabalhos necessários à realização da prestação, terá preferência, em igualdade de condições de oferta, em relação ao terceiro.

Parágrafo único. O direito de preferência deverá ser exercido no prazo de 5 (cinco) dias, após aprovada a proposta do terceiro.

Art. 821. Na obrigação de fazer, quando se convencionar que o executado a satisfaça pessoalmente, o exequente poderá requerer ao juiz que lhe assine prazo para cumpri-la.

Parágrafo único. Havendo recusa ou mora do executado, sua obrigação pessoal será convertida em perdas e danos, caso em que se observará o procedimento de execução por quantia certa.

→ *v.* Art. 247 do CC/2002.

Seção III
Da obrigação de não fazer

Art. 822. Se o executado praticou ato a cuja abstenção estava obrigado por lei ou por contrato, o exequente requererá ao juiz que assine prazo ao executado para desfazê-lo.

→ *v.* Art. 251 do CC/2002.

Art. 823. Havendo recusa ou mora do executado, o exequente requererá ao juiz que mande desfazer o ato à custa daquele, que responderá por perdas e danos.

Parágrafo único. Não sendo possível desfazer-se o ato, a obrigação resolve-se em perdas e danos, caso em que, após a liquidação, se observará o procedimento de execução por quantia certa.

→ *v.* Arts. 509 a 512 e 824 e ss. do NCPC.

Capítulo IV
DA EXECUÇÃO POR QUANTIA CERTA

Seção I
Disposições Gerais

Art. 824. A execução por quantia certa realiza-se pela expropriação de bens do executado, ressalvadas as execuções especiais.

→ *v.* Arts. 31 a 38 do Dec.-lei 70/1966.

→ *v.* Lei 6.830/1980.

→ *v.* Arts. 789 a 791 e 910 a 913 do NCPC.

Art. 825. A expropriação consiste em:

I – adjudicação;

→ *v.* Arts. 876 a 878 do NCPC.

II – alienação;

→ *v.* Arts. 879 a 903 do NCPC.

III – apropriação de frutos e rendimentos de empresa ou de estabelecimentos e de outros bens.

→ *v.* Arts. 867 a 869 do NCPC.

Art. 826. Antes de adjudicados ou alienados os bens, o executado pode, a todo tempo, remir a execução, pagando ou consignando a importância atualizada da dívida, acrescida de juros, custas e honorários advocatícios.

→ *v.* Arts. 304 e 305 do CC/2002.

→ *v.* Art. 19, I e II, da Lei 6.830/1980.

→ *v.* Arts. 902, 903 e 924, II do NCPC.

Seção II
Da citação do devedor e do arresto

Art. 827. Ao despachar a inicial, o juiz fixará, de plano, os honorários advocatícios de dez por cento, a serem pagos pelo executado.

→ *v.* Art. 85 do NCPC.

§ 1º No caso de integral pagamento no prazo de 3 (três) dias, o valor dos honorários advocatícios será reduzido pela metade.

§ 2º O valor dos honorários poderá ser elevado até vinte por cento, quando rejeitados os embargos à execução, podendo a majoração, caso não opostos os embargos, ocorrer ao final do procedimento executivo, levando-se em conta o trabalho realizado pelo advogado do exequente.

Art. 828. O exequente poderá obter certidão de que a execução foi admitida pelo juiz, com identificação das partes e do valor da causa, para fins de averbação no registro de imóveis, de veículos ou de outros bens sujeitos a penhora, arresto ou indisponibilidade.

→ *v.* Arts. 54, 56 e 57 da Lei 13.097/2015.

→ *v.* Arts. 792, II e III, 799, IX e 844 do NCPC.

§ 1º No prazo de 10 (dez) dias de sua concretização, o exequente deverá comunicar ao juízo as averbações efetivadas.

§ 2º Formalizada penhora sobre bens suficientes para cobrir o valor da dívida, o exequente providenciará, no prazo de 10 (dez) dias, o cancelamento das averbações relativas àqueles não penhorados.

§ 3º O juiz determinará o cancelamento das averbações, de ofício ou a requerimento, caso o exequente não o faça no prazo.

§ 4º Presume-se em fraude à execução a alienação ou a oneração de bens efetuada após a averbação.

→ *v.* Art. 792, II do NCPC.

§ 5º O exequente que promover averbação manifestamente indevida ou não cancelar as averbações nos termos do § 2º indenizará a parte contrária, processando-se o incidente em autos apartados.

Art. 829. O executado será citado para pagar a dívida no prazo de 3 (três) dias, contado da citação.

§ 1º Do mandado de citação constarão, também, a ordem de penhora e a avaliação a serem cumpridas pelo oficial de justiça tão logo verificado o não pagamento no prazo assinalado, de tudo lavrando-se auto, com intimação do executado.

§ 2º A penhora recairá sobre os bens indicados pelo exequente, salvo se outros forem indicados pelo executado e aceitos pelo juiz, mediante demonstração de que a constrição proposta lhe será menos onerosa e não trará prejuízo ao exequente.

→ *v.* Arts. 798, II, *c*, 805 e 847 do NCPC.

Art. 830. Se o oficial de justiça não encontrar o executado, arrestar-lhe-á tantos bens quantos bastem para garantir a execução.

§ 1º Nos 10 (dez) dias seguintes à efetivação do arresto, o oficial de justiça procurará o executado 2 (duas) vezes em dias distintos e, havendo suspeita de ocultação, realizará a citação com hora certa, certificando pormenorizadamente o ocorrido.

→ *v.* Arts. 252 a 254 do NCPC.

§ 2º Incumbe ao exequente requerer a citação por edital, uma vez frustradas a pessoal e a com hora certa.

→ v. Súmula 196 do STJ.

→ v. Arts. 256 a 258 do NCPC.

§ 3º Aperfeiçoada a citação e transcorrido o prazo de pagamento, o arresto converter-se-á em penhora, independentemente de termo.

Seção III
Da Penhora, do Depósito e da Avaliação

Subseção I
Do objeto da penhora

Art. 831. A penhora deverá recair sobre tantos bens quantos bastem para o pagamento do principal atualizado, dos juros, das custas e dos honorários advocatícios.

→ v. Súmula 44 do TFR.

→ v. Arts. 212, § 2º, 838 e 921, III, do NCPC.

Art. 832. Não estão sujeitos à execução os bens que a lei considera impenhoráveis ou inalienáveis.

→ v. Súmulas 205, 449 e 486 do STJ.

→ v. Arts. 1.711 a 1.722 do CC/2002.

→ v. Lei 8.009/1990 – Dispõe sobre a impenhorabilidade do bem de família.

Art. 833. São impenhoráveis:

→ v. Súmulas 205 e 364 do STJ.

→ v. Art. 69 do Dec.-lei 167/1967.

→ v. Art. 57 do Dec.-lei 413/1969.

→ v. Art. 5º, parágrafo único, do Dec.-lei 911/1969.

→ v. Art. 10 da Lei 6.830/1980.

→ v. Art. 108, § 4º da Lei 11.101/2005.

→ v. Lei 4.673/1965 – Aplica aos bens penhorados em execuções fiscais as normas de impenhorabilidade do art. 942 do Código do Processo Civil.

I – os bens inalienáveis e os declarados, por ato voluntário, não sujeitos à execução;

→ v. Art. 1.911 do CC/2002.

II – os móveis, os pertences e as utilidades domésticas que guarnecem a residência do executado, salvo os de elevado valor ou os que ultrapassem as necessidades comuns correspondentes a um médio padrão de vida;

III – os vestuários, bem como os pertences de uso pessoal do executado, salvo se de elevado valor;

IV – os vencimentos, os subsídios, os soldos, os salários, as remunerações, os proventos de aposentadoria, as pensões, os pecúlios e os montepios, bem como as quantias recebidas por liberalidade de terceiro e destinadas ao sustento do devedor e de sua família, os ganhos de trabalhador autônomo e os honorários de profissional liberal, ressalvado o § 2º;

→ v. Art. 114 da Lei 8.213/1991.

V – os livros, as máquinas, as ferramentas, os utensílios, os instrumentos ou outros bens móveis necessários ou úteis ao exercício da profissão do executado;

→ v. Súmula 451 do STJ.

→ v. Art. 5º, parágrafo único, do Dec.-lei 911/1969.

VI – o seguro de vida;

VII – os materiais necessários para obras em andamento, salvo se essas forem penhoradas;

VIII – a pequena propriedade rural, assim definida em lei, desde que trabalhada pela família;

→ v. Art. 5º, XXVI, da CF/1988.

→ v. Art. 4º, § 2º da Lei 8.009/1990.

IX – os recursos públicos recebidos por instituições privadas para aplicação compulsória em educação, saúde ou assistência social;

X – a quantia depositada em caderneta de poupança, até o limite de 40 (quarenta) salários mínimos;

XI – os recursos públicos do fundo partidário recebidos por partido político, nos termos da lei;

→ v. Arts. 38 a 44 da Lei 9.096/1995.

→ v. Art. 854, § 9º do NCPC.

XII – os créditos oriundos de alienação de unidades imobiliárias, sob regime de incorporação imobiliária, vinculados à execução da obra.

→ v. Arts. 28 e ss. da Lei 4.591/1964.

§ 1º A impenhorabilidade não é oponível à execução de dívida relativa ao próprio bem, inclusive àquela contraída para sua aquisição.

§ 2º O disposto nos incisos IV e X do *caput* não se aplica à hipótese de penhora para pagamento de prestação alimentícia, independentemente de sua origem, bem como às importâncias excedentes a 50 (cinquenta) salários mínimos mensais, devendo a constrição observar o disposto no art. 528, § 8º, e no art. 529, § 3º.

→ v. Arts. 911 a 913 do NCPC.

§ 3º Incluem-se na impenhorabilidade prevista no inciso V do *caput* os equipamentos, os implementos e as máquinas agrícolas pertencentes a pessoa física ou a empresa individual produtora rural, exceto quando tais bens tenham sido objeto de financiamento e estejam vinculados em garantia a negócio jurídico ou quando respondam por dívida de natureza alimentar, trabalhista ou previdenciária.

Art. 834. Podem ser penhorados, à falta de outros bens, os frutos e os rendimentos dos bens inalienáveis.

Art. 835. A penhora observará, preferencialmente, a seguinte ordem:

→ v. Art. 11 da Lei 6.830/1980.

I – dinheiro, em espécie ou em depósito ou aplicação em instituição financeira;

→ v. Súmulas 328 e 417 do STJ.

→ v. Art. 854 do NCPC.

II – títulos da dívida pública da União, dos Estados e do Distrito Federal com cotação em mercado;

III – títulos e valores mobiliários com cotação em mercado;

IV – veículos de via terrestre;

V – bens imóveis;

→ v. Arts. 79 a 81 do CC/2002.

VI – bens móveis em geral;

→ v. Arts. 82 a 84 do CC/2002.

VII – semoventes;

→ v. Art. 862 do NCPC.

VIII – navios e aeronaves;

→ v. Art. 155 da Lei 7.565/1986.

→ v. Art. 864 do NCPC.

IX – ações e quotas de sociedades simples e empresárias;

→ v. Art. 860 do NCPC.

→ v. Súmula 451 do STJ.

X – percentual do faturamento de empresa devedora;

→ v. Art. 866 do NCPC.

XI – pedras e metais preciosos;

→ v. Art. 840, § 3º do NCPC.

XII – direitos aquisitivos derivados de promessa de compra e venda e de alienação fiduciária em garantia;

XIII – outros direitos.

→ v. Arts. 855 a 860 e 867 a 869 do NCPC.

§ 1º É prioritária a penhora em dinheiro, podendo o juiz, nas demais hipóteses, alterar a ordem prevista no *caput* de acordo com as circunstâncias do caso concreto.

→ v. Súmula 417 do STJ.

§ 2º Para fins de substituição da penhora, equiparam-se a dinheiro a fiança bancária e o seguro garantia judicial, desde que em valor não inferior ao do débito constante da inicial, acrescido de trinta por cento.

→ v. Art. 9º, II e § 3º, da Lei 6.830/1980.

→ v. Art. 848, parágrafo único, do NCPC.

§ 3º Na execução de crédito com garantia real, a penhora recairá sobre a coisa dada em garantia, e, se a coisa pertencer a terceiro garantidor, este também será intimado da penhora.

→ v. Arts. 674, § 2º, IV e 779, V, do NCPC.

Art. 836. Não se levará a efeito a penhora quando ficar evidente que o produto da execução dos bens encontrados será totalmente absorvido pelo pagamento das custas da execução.

§ 1º Quando não encontrar bens penhoráveis, independentemente de determinação judicial expressa, o oficial de justiça descreverá na certidão os bens que guarnecem a residência ou o estabelecimento do executado, quando este for pessoa jurídica.

→ v. Art. 921, III, do NCPC.

§ 2º Elaborada a lista, o executado ou seu representante legal será nomeado depositário provisório de tais bens até ulterior determinação do juiz.

→ v. Art. 839 do NCPC.

Subseção II
Da documentação da penhora, de seu registro e do depósito

Art. 837. Obedecidas as normas de segurança instituídas sob critérios uniformes pelo Conselho Nacional de Justiça, a penhora de dinheiro e as averbações de penhoras de bens imóveis e móveis podem ser realizadas por meio eletrônico.

→ v. Arts. 193 e 854 do NCPC.

Art. 838. A penhora será realizada mediante auto ou termo, que conterá:

→ v. Arts. 154, I, 845, § 1º e 872 do NCPC.

I – a indicação do dia, do mês, do ano e do lugar em que foi feita;

II – os nomes do exequente e do executado;

III – a descrição dos bens penhorados, com as suas características;

IV – a nomeação do depositário dos bens.

→ v. Súmula 319 do STJ.

→ v. Art. 862 do NCPC.

Art. 839. Considerar-se-á feita a penhora mediante a apreensão e o depósito dos bens, lavrando-se um só auto se as diligências forem concluídas no mesmo dia.

Parágrafo único. Havendo mais de uma penhora, serão lavrados autos individuais.

Art. 840. Serão preferencialmente depositados:

→ v. Art. 32 da Lei 6.830/1980.

→ v. Arts. 856, § 1º, 866, § 2º e 868 do NCPC.

I – as quantias em dinheiro, os papéis de crédito e as pedras e os metais preciosos, no Banco do Brasil, na Caixa Econômica Federal ou em banco do qual o Estado ou o Distrito Federal possua mais da metade do capital social integralizado, ou, na falta desses estabelecimentos, em qualquer instituição de crédito designada pelo juiz;

→ v. Arts. 35, § 2º e 38, § 1º, da Lei 6.766/1979.

→ v. Dec.-lei 1.737/1979.

→ v. Súmula 257 do TFR.

II – os móveis, os semoventes, os imóveis urbanos e os direitos aquisitivos sobre imóveis urbanos, em poder do depositário judicial;

→ v. Art. 862 do NCPC.

III – os imóveis rurais, os direitos aquisitivos sobre imóveis rurais, as máquinas, os utensílios e os instrumentos necessários ou úteis à atividade agrícola, mediante caução idônea, em poder do executado.

§ 1º No caso do inciso II do *caput*, se não houver depositário judicial, os bens ficarão em poder do exequente.

§ 2º Os bens poderão ser depositados em poder do executado nos casos de difícil remoção ou quando anuir o exequente.

§ 3º As joias, as pedras e os objetos preciosos deverão ser depositados com registro do valor estimado de resgate.

Art. 841. Formalizada a penhora por qualquer dos meios legais, dela será imediatamente intimado o executado.

§ 1º A intimação da penhora será feita ao advogado do executado ou à sociedade de advogados a que aquele pertença.

→ v. Arts. 269 a 275 do NCPC.

§ 2º Se não houver constituído advogado nos autos, o executado será intimado pessoalmente, de preferência por via postal.

§ 3º O disposto no § 1º não se aplica aos casos de penhora realizada na presença do executado, que se reputa intimado.

§ 4º Considera-se realizada a intimação a que se refere o § 2º quando o executado houver mudado de endereço sem prévia comunicação ao juízo, observado o disposto no parágrafo único do art. 274.

Art. 842. Recaindo a penhora sobre bem imóvel ou direito real sobre imóvel, será intimado também o cônjuge do executado, salvo se forem casados em regime de separação absoluta de bens.

→ v. Arts. 1.641, 1.687 e 1.688 do CC/2002.

Art. 843. Tratando-se de penhora de bem indivisível, o equivalente à quota-parte do coproprietário ou do cônjuge alheio à execução recairá sobre o produto da alienação do bem.

§ 1º É reservada ao coproprietário ou ao cônjuge não executado a preferência na arrematação do bem em igualdade de condições.

§ 2º Não será levada a efeito expropriação por preço inferior ao da avaliação na qual o valor auferido seja incapaz de garantir, ao coproprietário ou ao cônjuge alheio à execução, o correspondente à sua quota-parte calculado sobre o valor da avaliação.

Art. 844. Para presunção absoluta de conhecimento por terceiros, cabe ao exequente providenciar a averbação do arresto ou da penhora no registro competente, mediante apresentação de cópia do auto ou do termo, independentemente de mandado judicial.

→ v. Súmula 375 do STJ.

→ v. Art. 167, I-5, da Lei 6.015/1973.

→ v. Arts. 792, III e 799, IX, do NCPC.

Subseção III
Do lugar de realização da penhora

Art. 845. Efetuar-se-á a penhora onde se encontrem os bens, ainda que sob a posse, a detenção ou a guarda de terceiros.

§ 1º A penhora de imóveis, independentemente de onde se localizem, quando apresentada certidão da respectiva matrícula, e a penhora de veículos automotores, quando apresentada certidão que ateste a sua existência, serão realizadas por termo nos autos.

§ 2º Se o executado não tiver bens no foro do processo, não sendo possível a realização da penhora nos termos do § 1º, a execução será feita por carta, penhorando-se, avaliando-se e alienando-se os bens no foro da situação.

→ v. Súmula 46 do STJ.

→ v. Súmulas 32 e 33 do TFR.

→ v. Arts. 260 a 268 e 914, § 2º, do NCPC.

Art. 846. Se o executado fechar as portas da casa a fim de obstar a penhora dos bens, o oficial de justiça comunicará o fato ao juiz, solicitando-lhe ordem de arrombamento.

§ 1º Deferido o pedido, 2 (dois) oficiais de justiça cumprirão o mandado, arrombando cômodos e móveis em que se presuma estarem os bens, e lavrarão de tudo auto circunstanciado, que será assinado por 2 (duas) testemunhas presentes à diligência.

§ 2º Sempre que necessário, o juiz requisitará força policial, a fim de auxiliar os oficiais de justiça na penhora dos bens.

→ v. Art. 782, § 2º, do NCPC.

§ 3º Os oficiais de justiça lavrarão em duplicata o auto da ocorrência, entregando uma via ao escrivão ou ao chefe de secretaria, para ser juntada aos autos, e a outra à autoridade policial a quem couber a apuração criminal dos eventuais delitos de desobediência ou de resistência.

→ v. Arts. 329 e 330 do CP.

§ 4º Do auto da ocorrência constará o rol de testemunhas, com a respectiva qualificação.

Subseção IV
Das modificações da penhora

Art. 847. O executado pode, no prazo de 10 (dez) dias contado da intimação da penhora, requerer a substituição do bem penhorado, desde que comprove que lhe será menos onerosa e não trará prejuízo ao exequente.

→ v. Art. 15, I, da Lei 6.830/1980.

→ v. Art. 805 do NCPC.

§ 1º O juiz só autorizará a substituição se o executado:

I – comprovar as respectivas matrículas e os registros por certidão do correspondente ofício, quanto aos bens imóveis;

II – descrever os bens móveis, com todas as suas propriedades e características, bem como o estado deles e o lugar onde se encontram;

III – descrever os semoventes, com indicação de espécie, de número, de marca ou sinal e do local onde se encontram;

IV – identificar os créditos, indicando quem seja o devedor, qual a origem da dívida, o título que a representa e a data do vencimento; e

V – atribuir, em qualquer caso, valor aos bens indicados à penhora, além de especificar os ônus e os encargos a que estejam sujeitos.

§ 2º Requerida a substituição do bem penhorado, o executado deve indicar onde se encontram os bens sujeitos à execução, exibir a prova de sua propriedade e a certidão negativa ou positiva de ônus, bem como abster-se de qualquer atitude que dificulte ou embarace a realização da penhora.

→ v. Art. 774 do NCPC.

§ 3º O executado somente poderá oferecer bem imóvel em substituição caso o requeira com a expressa anuência do cônjuge, salvo se o regime for o de separação absoluta de bens.

→ v. Arts. 1.641, 1.687 e 1.688 do CC/2002.

§ 4º O juiz intimará o exequente para manifestar-se sobre o requerimento de substituição do bem penhorado.

Art. 848. As partes poderão requerer a substituição da penhora se:

→ v. Súmula 406 do STJ.

I – ela não obedecer à ordem legal;

→ v. Art. 11 da Lei 6.830/1980.

→ v. Art. 835 do NCPC.

II – ela não incidir sobre os bens designados em lei, contrato ou ato judicial para o pagamento;

III – havendo bens no foro da execução, outros tiverem sido penhorados;

IV – havendo bens livres, ela tiver recaído sobre bens já penhorados ou objeto de gravame;

V – ela incidir sobre bens de baixa liquidez;

VI – fracassar a tentativa de alienação judicial do bem; ou

VII – o executado não indicar o valor dos bens ou omitir qualquer das indicações previstas em lei.

Parágrafo único. A penhora pode ser substituída por fiança bancária ou por seguro garantia judicial, em valor não inferior ao do débito constante da inicial, acrescido de trinta por cento.

→ v. Art. 15, I, da Lei 6.830/1980.

→ v. Art. 835, § 2º, do NCPC.

Art. 849. Sempre que ocorrer a substituição dos bens inicialmente penhorados, será lavrado novo termo.

→ v. Art. 838 do NCPC.

Art. 850. Será admitida a redução ou a ampliação da penhora, bem como sua transferência para outros bens, se, no curso do processo, o valor de mercado dos bens penhorados sofrer alteração significativa.

→ v. Art. 15, II, da Lei 6.830/1980.

Art. 851. Não se procede à segunda penhora, salvo se:

I – a primeira for anulada;

II – executados os bens, o produto da alienação não bastar para o pagamento do exequente;

→ v. Súmula 224 do TFR.

→ v. Art. 872, II, do NCPC.

III – o exequente desistir da primeira penhora, por serem litigiosos os bens ou por estarem submetidos a constrição judicial.

Art. 852. O juiz determinará a alienação antecipada dos bens penhorados quando:

→ v. Art. 730 do NCPC.

I – se tratar de veículos automotores, de pedras e metais preciosos e de outros bens móveis sujeitos à depreciação ou à deterioração;

II – houver manifesta vantagem.

Art. 853. Quando uma das partes requerer alguma das medidas previstas nesta Subseção, o juiz ouvirá sempre a outra, no prazo de 3 (três) dias, antes de decidir.

Parágrafo único. O juiz decidirá de plano qualquer questão suscitada.

Subseção V
Da penhora de dinheiro em depósito ou em aplicação financeira

Art. 854. Para possibilitar a penhora de dinheiro em depósito ou em aplicação financeira, o juiz, a requerimento do exequente, sem dar ciência prévia do ato ao executado, determinará às instituições financeiras, por meio de sistema eletrônico gerido pela autoridade supervisora do sistema financeiro nacional, que torne indisponíveis ativos financeiros existentes em nome do executado, limitando-se a indisponibilidade ao valor indicado na execução.

→ v. Art. 837 do NCPC.

§ 1º No prazo de 24 (vinte e quatro) horas a contar da resposta, de ofício, o juiz determinará o cancelamento de eventual indisponibilidade excessiva, o que deverá ser cumprido pela instituição financeira em igual prazo.

§ 2º Tornados indisponíveis os ativos financeiros do executado, este será intimado na pessoa de seu advogado ou, não o tendo, pessoalmente.

§ 3º Incumbe ao executado, no prazo de 5 (cinco) dias, comprovar que:

I – as quantias tornadas indisponíveis são impenhoráveis;

→ v. Art. 833 do NCPC.

II – ainda remanesce indisponibilidade excessiva de ativos financeiros.

§ 4º Acolhida qualquer das arguições dos incisos I e II do § 3º, o juiz determinará o cancelamento de eventual indisponibilidade irregular ou excessiva, a ser cumprido pela instituição financeira em 24 (vinte e quatro) horas.

§ 5º Rejeitada ou não apresentada a manifestação do executado, converter-se-á a indisponibilidade em penhora, sem necessidade de lavratura de termo, devendo o juiz da execução determinar à instituição financeira depositária que, no prazo de 24 (vinte e quatro) horas, transfira o montante indisponível para conta vinculada ao juízo da execução.

§ 6º Realizado o pagamento da dívida por outro meio, o juiz determinará, imediatamente, por sistema eletrônico gerido pela autoridade supervisora do sistema financeiro nacional, a notificação da instituição financeira para que, em até 24 (vinte e quatro) horas, cancele a indisponibilidade.

§ 7º As transmissões das ordens de indisponibilidade, de seu cancelamento e de determinação de penhora previstas neste artigo far-se-ão por meio de sistema eletrônico gerido pela autoridade supervisora do sistema financeiro nacional.

§ 8º A instituição financeira será responsável pelos prejuízos causados ao executado em decorrência da indisponibilidade de ativos financeiros em valor superior ao indicado na execução ou pelo juiz, bem como na hipótese de não cancelamento da indisponibilidade no prazo de 24 (vinte e quatro) horas, quando assim determinar o juiz.

§ 9º Quando se tratar de execução contra partido político, o juiz, a requerimento do exequente, determinará às instituições financeiras, por meio de sistema eletrônico gerido por autoridade supervisora do sistema bancário, que tornem indisponíveis ativos financeiros somente em nome do órgão partidário que tenha contraído a dívida executada ou que tenha dado causa à violação de direito ou ao dano, ao qual cabe exclusivamente a responsabilidade pelos atos praticados, na forma da lei.

→ v. Art. 15-A da Lei 9.096/1995.

Subseção VI
Da penhora de créditos

Art. 855. Quando recair em crédito do executado, enquanto não ocorrer a hipótese prevista no art. 856, considerar-se-á feita a penhora pela intimação:

I – ao terceiro devedor para que não pague ao executado, seu credor;

→ v. Art. 312 do CC/2002.

II – ao executado, credor do terceiro, para que não pratique ato de disposição do crédito.

Art. 856. A penhora de crédito representado por letra de câmbio, nota promissória, duplicata, cheque ou outros títulos far-se-á pela apreensão do documento, esteja ou não este em poder do executado.

§ 1º Se o título não for apreendido, mas o terceiro confessar a dívida, será este tido como depositário da importância.

§ 2º O terceiro só se exonerará da obrigação depositando em juízo a importância da dívida.

→ v. Art. 312 do CC/2002.

§ 3º Se o terceiro negar o débito em conluio com o executado, a quitação que este lhe der caracterizará fraude à execução.

→ v. Art. 792 do NCPC.

§ 4º A requerimento do exequente, o juiz determinará o comparecimento, em audiência especialmente designada, do executado e do terceiro, a fim de lhes tomar os depoimentos.

Art. 857. Feita a penhora em direito e ação do executado, e não tendo ele oferecido embargos ou sendo estes rejeitados, o exequente ficará sub-rogado nos direitos do executado até a concorrência de seu crédito.

→ v. Art. 349 do CC/2002.

→ v. Art. 915 do NCPC.

§ 1º O exequente pode preferir, em vez da sub-rogação, a alienação judicial do direito penhorado, caso em que declarará sua vontade no prazo de 10 (dez) dias contado da realização da penhora.

→ v. Art. 730 do NCPC.

§ 2º A sub-rogação não impede o sub-rogado, se não receber o crédito do executado, de prosseguir na execução, nos mesmos autos, penhorando outros bens.

Art. 858. Quando a penhora recair sobre dívidas de dinheiro a juros, de direito a rendas ou de prestações periódicas, o exequente poderá levantar os juros, os rendimentos ou as prestações à medida que forem sendo depositados, abatendo-se do crédito as importâncias recebidas, conforme as regras de imputação do pagamento.

→ v. Arts. 352 a 355 do CC/2002.

Art. 859. Recaindo a penhora sobre direito a prestação ou a restituição de coisa determinada, o executado será intimado para, no vencimento, depositá-la, correndo sobre ela a execução.

Art. 860. Quando o direito estiver sendo pleiteado em juízo, a penhora que recair sobre ele será averbada, com destaque, nos autos pertinentes ao direito e na ação correspondente à penhora, a fim de que esta seja efetivada nos bens que forem adjudicados ou que vierem a caber ao executado.

→ v. Art. 642 do NCPC.

Subseção VII
Da penhora das quotas ou das ações de sociedades personificadas

Art. 861. Penhoradas as quotas ou as ações de sócio em sociedade simples ou empresária, o juiz assinará prazo razoável, não superior a 3 (três) meses, para que a sociedade:

→ v. Art. 43, § 2º, da Lei 6.404/1976.

I – apresente balanço especial, na forma da lei;

II – ofereça as quotas ou as ações aos demais sócios, observado o direito de preferência legal ou contratual;

III – não havendo interesse dos sócios na aquisição das ações, proceda à liquidação das quotas ou das ações, depositando em juízo o valor apurado, em dinheiro.

§ 1º Para evitar a liquidação das quotas ou das ações, a sociedade poderá adquiri-las sem redução do capital social e com utilização de reservas, para manutenção em tesouraria.

§ 2º O disposto no *caput* e no § 1º não se aplica à sociedade anônima de capital aberto, cujas ações serão adjudicadas ao exequente ou alienadas em bolsa de valores, conforme o caso.

→ v. Arts. 871, III, 876 a 878, 881, § 2º, e 886, parágrafo único, do NCPC.

§ 3º Para os fins da liquidação de que trata o inciso III do *caput*, o juiz poderá, a requerimento do exequente ou da sociedade, nomear administrador, que deverá submeter à aprovação judicial a forma de liquidação.

§ 4º O prazo previsto no *caput* poderá ser ampliado pelo juiz, se o pagamento das quotas ou das ações liquidadas:

I – superar o valor do saldo de lucros ou reservas, exceto a legal, e sem diminuição do capital social, ou por doação; ou

II – colocar em risco a estabilidade financeira da sociedade simples ou empresária.

§ 5º Caso não haja interesse dos demais sócios no exercício de direito de preferência, não ocorra a aquisição das quotas ou das ações pela sociedade e a liquidação do inciso III do *caput* seja excessivamente onerosa para a sociedade, o juiz poderá determinar o leilão judicial das quotas ou das ações.

Subseção VIII
Da penhora de empresa, de outros estabelecimentos e de semoventes

Art. 862. Quando a penhora recair em estabelecimento comercial, industrial ou agrícola, bem como em semoventes, plantações ou edifícios em construção, o juiz nomeará administrador-depositário, determinando-lhe que apresente em 10 (dez) dias o plano de administração.

→ v. Art. 825, III, do NCPC.

§ 1º Ouvidas as partes, o juiz decidirá.

§ 2º É lícito às partes ajustar a forma de administração e escolher o depositário, hipótese em que o juiz homologará por despacho a indicação.

§ 3º Em relação aos edifícios em construção sob regime de incorporação imobiliária, a penhora somente poderá recair sobre as unidades imobiliárias ainda não comercializadas pelo incorporador.

§ 4º Sendo necessário afastar o incorporador da administração da incorporação, será ela exercida pela comissão de representantes dos adquirentes ou, se se tratar de construção financiada, por empresa ou profissional indicado pela instituição fornecedora dos recursos para a obra, devendo ser ouvida, neste último caso, a comissão de representantes dos adquirentes.

Art. 863. A penhora de empresa que funcione mediante concessão ou autorização far-se-á, conforme o valor do crédito, sobre a renda, sobre determinados bens ou sobre todo o patrimônio, e o juiz nomeará como depositário, de preferência, um de seus diretores.

§ 1º Quando a penhora recair sobre a renda ou sobre determinados bens, o administrador-depositário apresentará a forma de administração e o esquema de pagamento, observando-se, quanto ao mais, o disposto em relação ao regime de penhora de frutos e rendimentos de coisa móvel e imóvel.

→ v. Arts. 867 a 869 do NCPC.

§ 2º Recaindo a penhora sobre todo o patrimônio, prosseguirá a execução em seus ulteriores termos, ouvindo-se, antes da arrematação ou da adjudicação, o ente público que houver outorgado a concessão.

Art. 864. A penhora de navio ou de aeronave não obsta que continuem navegando ou operando até a alienação, mas o juiz, ao conceder a autorização para tanto, não permitirá que saiam do porto ou do aeroporto antes que o executado faça o seguro usual contra riscos.

→ v. Art. 155 da Lei 7.565/1986.

Art. 865. A penhora de que trata esta Subseção somente será determinada se não houver outro meio eficaz para a efetivação do crédito.

→ v. Art. 805 do NCPC.

Subseção IX
Da penhora de percentual de faturamento de empresa

Art. 866. Se o executado não tiver outros bens penhoráveis ou se, tendo-os, esses forem de difícil alienação ou insuficientes para saldar o crédito executado, o juiz poderá ordenar a penhora de percentual de faturamento de empresa.

§ 1º O juiz fixará percentual que propicie a satisfação do crédito exequendo em tempo razoável, mas que não torne inviável o exercício da atividade empresarial.

§ 2º O juiz nomeará administrador-depositário, o qual submeterá à aprovação judicial a forma de sua atuação e prestará contas mensalmente, entregando em juízo as quantias recebidas, com os respectivos balancetes mensais, a fim de serem imputadas no pagamento da dívida.

→ v. Arts. 352 a 355 do CC/2002.

§ 3º Na penhora de percentual de faturamento de empresa, observar-se-á, no que couber, o disposto quanto ao regime de penhora de frutos e rendimentos de coisa móvel e imóvel.

Subseção X
Da penhora de frutos e rendimentos de coisa móvel ou imóvel

Art. 867. O juiz pode ordenar a penhora de frutos e rendimentos de coisa móvel ou imóvel quando a considerar mais eficiente para o recebimento do crédito e menos gravosa ao executado.

→ v. Art. 805 do NCPC.

Art. 868. Ordenada a penhora de frutos e rendimentos, o juiz nomeará administrador-depositário, que será investido de todos os poderes que concernem à administração do bem e à fruição de seus frutos e utilidades, perdendo o executado o direito de gozo do bem, até que o exequente seja pago do principal, dos juros, das custas e dos honorários advocatícios.

§ 1º A medida terá eficácia em relação a terceiros a partir da publicação da decisão que a conceda ou de sua averbação no ofício imobiliário, em caso de imóveis.

§ 2º O exequente providenciará a averbação no ofício imobiliário mediante a apresentação de certidão de inteiro teor do ato, independentemente de mandado judicial.

Art. 869. O juiz poderá nomear administrador-depositário o exequente ou o executado, ouvida a parte contrária, e, não havendo acordo, nomeará profissional qualificado para o desempenho da função.

§ 1º O administrador submeterá à aprovação judicial a forma de administração e a de prestar contas periodicamente.

§ 2º Havendo discordância entre as partes ou entre essas e o administrador, o juiz decidirá a melhor forma de administração do bem.

§ 3º Se o imóvel estiver arrendado, o inquilino pagará o aluguel diretamente ao exequente, salvo se houver administrador.

§ 4º O exequente ou o administrador poderá celebrar locação do móvel ou do imóvel, ouvido o executado.

§ 5º As quantias recebidas pelo administrador serão entregues ao exequente, a fim de serem imputadas ao pagamento da dívida.

→ v. Arts. 352 a 355 do CC/2002.

§ 6º O exequente dará ao executado, por termo nos autos, quitação das quantias recebidas.

Subseção XI
Da avaliação

Art. 870. A avaliação será feita pelo oficial de justiça.

→ v. Art. 154, V, do NCPC.

Parágrafo único. Se forem necessários conhecimentos especializados e o valor da execução o comportar, o juiz nomeará avaliador, fixando-lhe prazo não superior a 10 (dez) dias para entrega do laudo.

→ v. Art. 13 da Lei 6.830/1980.

Art. 871. Não se procederá à avaliação quando:

I – uma das partes aceitar a estimativa feita pela outra;

→ v. Art. 1.484 do CC/2002.

II – se tratar de títulos ou de mercadorias que tenham cotação em bolsa, comprovada por certidão ou publicação no órgão oficial;

III – se tratar de títulos da dívida pública, de ações de sociedades e de títulos de crédito negociáveis em bolsa, cujo valor será o da cotação oficial do dia, comprovada por certidão ou publicação no órgão oficial;

→ v. Arts. 861, § 2º, 881, § 2º e 886, parágrafo único, do NCPC.

IV – se tratar de veículos automotores ou de outros bens cujo preço médio de mercado possa ser conhecido por meio de pesquisas realizadas por órgãos oficiais ou de anúncios de venda divulgados em meios de comunicação, caso em que caberá a quem fizer a nomeação o encargo de comprovar a cotação de mercado.

Parágrafo único. Ocorrendo a hipótese do inciso I deste artigo, a avaliação poderá ser realizada quando houver fundada dúvida do juiz quanto ao real valor do bem.

Art. 872. A avaliação realizada pelo oficial de justiça constará de vistoria e de laudo anexados ao auto de penhora ou, em caso de perícia realizada por avaliador, de laudo apresentado no prazo fixado pelo juiz, devendo-se, em qualquer hipótese, especificar:

I – os bens, com as suas características, e o estado em que se encontram;

II – o valor dos bens.

§ 1º Quando o imóvel for suscetível de cômoda divisão, a avaliação, tendo em conta o crédito reclamado, será realizada em partes, sugerindo-se, com a apresentação de memorial descritivo, os possíveis desmembramentos para alienação.

→ v. Art. 893 do NCPC.

§ 2º Realizada a avaliação e, sendo o caso, apresentada a proposta de desmembramento, as partes serão ouvidas no prazo de 5 (cinco) dias.

Art. 873. É admitida nova avaliação quando:

I – qualquer das partes arguir, fundamentadamente, a ocorrência de erro na avaliação ou dolo do avaliador;

II – se verificar, posteriormente à avaliação, que houve majoração ou diminuição no valor do bem;

III – o juiz tiver fundada dúvida sobre o valor atribuído ao bem na primeira avaliação.

→ v. Arts. 847, § 1º, V e 878 do NCPC.

Parágrafo único. Aplica-se o art. 480 à nova avaliação prevista no inciso III do *caput* deste artigo.

Art. 874. Após a avaliação, o juiz poderá, a requerimento do interessado e ouvida a parte contrária, mandar:

I – reduzir a penhora aos bens suficientes ou transferi-la para outros, se o valor dos bens penhorados for consideravelmente superior ao crédito do exequente e dos acessórios;

II – ampliar a penhora ou transferi-la para outros bens mais valiosos, se o valor dos bens penhorados for inferior ao crédito do exequente.

→ v. Art. 851, II do NCPC.

Art. 875. Realizadas a penhora e a avaliação, o juiz dará início aos atos de expropriação do bem.

Seção IV
Da expropriação de bens

Subseção I
Da adjudicação

Art. 876. É lícito ao exequente, oferecendo preço não inferior ao da avaliação, requerer que lhe sejam adjudicados os bens penhorados.

§ 1º Requerida a adjudicação, o executado será intimado do pedido:

I – pelo Diário da Justiça, na pessoa de seu advogado constituído nos autos;

II – por carta com aviso de recebimento, quando representado pela Defensoria Pública ou quando não tiver procurador constituído nos autos;

III – por meio eletrônico, quando, sendo o caso do § 1º do art. 246, não tiver procurador constituído nos autos.

§ 2º Considera-se realizada a intimação quando o executado houver mudado de endereço sem prévia comunicação ao juízo, observado o disposto no art. 274, parágrafo único.

§ 3º Se o executado, citado por edital, não tiver procurador constituído nos autos, é dispensável a intimação prevista no § 1º.

→ v. Art. 346 do NCPC.

§ 4º Se o valor do crédito for:

I – inferior ao dos bens, o requerente da adjudicação depositará de imediato a diferença, que ficará à disposição do executado;

II – superior ao dos bens, a execução prosseguirá pelo saldo remanescente.

§ 5º Idêntico direito pode ser exercido por aqueles indicados no art. 889, incisos II a VIII, pelos credores concorrentes que hajam penhorado o mesmo bem, pelo cônjuge, pelo companheiro, pelos descendentes ou pelos ascendentes do executado.

§ 6º Se houver mais de um pretendente, proceder-se-á a licitação entre eles, tendo preferência, em caso de igualdade de oferta, o cônjuge, o companheiro, o descendente ou o ascendente, nessa ordem.

§ 7º No caso de penhora de quota social ou de ação de sociedade anônima fechada realizada em favor de exequente alheio à sociedade, esta será intimada, ficando responsável por informar aos sócios a ocorrência da penhora, assegurando-se a estes a preferência.

→ v. Arts. 799, VII, e 861 do NCPC.

Art. 877. Transcorrido o prazo de 5 (cinco) dias, contado da última intimação, e decididas eventuais questões, o juiz ordenará a lavratura do auto de adjudicação.

§ 1º Considera-se perfeita e acabada a adjudicação com a lavratura e a assinatura do auto pelo juiz, pelo adjudicatário, pelo escrivão ou chefe de secretaria, e, se estiver presente, pelo executado, expedindo-se:

I – a carta de adjudicação e o mandado de imissão na posse, quando se tratar de bem imóvel;

II – a ordem de entrega ao adjudicatário, quando se tratar de bem móvel.

§ 2º A carta de adjudicação conterá a descrição do imóvel, com remissão à sua matrícula e aos seus registros, a cópia do auto de adjudicação e a prova de quitação do imposto de transmissão.

§ 3º No caso de penhora de bem hipotecado, o executado poderá remi-lo até a assinatura do auto de adjudicação, oferecendo preço igual ao da avaliação, se não tiver havido licitantes, ou ao do maior lance oferecido.

§ 4º Na hipótese de falência ou de insolvência do devedor hipotecário, o direito de remição previsto no § 3º será deferido à massa ou aos credores em concurso, não podendo o exequente recusar o preço da avaliação do imóvel.

Art. 878. Frustradas as tentativas de alienação do bem, será reaberta oportunidade para requerimento de adjudicação, caso em que também se poderá pleitear a realização de nova avaliação.

→ v. Art. 921, IV, do NCPC.

Subseção II
Da alienação

Art. 879. A alienação far-se-á:

I – por iniciativa particular;

II – em leilão judicial eletrônico ou presencial.

Art. 880. Não efetivada a adjudicação, o exequente poderá requerer a alienação por sua própria iniciativa ou por intermédio de corretor ou leiloeiro público credenciado perante o órgão judiciário.

§ 1º O juiz fixará o prazo em que a alienação deve ser efetivada, a forma de publicidade, o preço mínimo, as condições de pagamento, as garantias e, se for o caso, a comissão de corretagem.

→ v. Art. 870 do NCPC.

§ 2º A alienação será formalizada por termo nos autos, com a assinatura do juiz, do exequente, do adquirente e, se estiver presente, do executado, expedindo-se:

I – a carta de alienação e o mandado de imissão na posse, quando se tratar de bem imóvel;

II – a ordem de entrega ao adquirente, quando se tratar de bem móvel.

§ 3º Os tribunais poderão editar disposições complementares sobre o procedimento da alienação prevista neste artigo, admitindo, quando for o caso, o concurso de meios eletrônicos, e dispor sobre o credenciamento dos corretores e leiloeiros públicos, os quais deverão estar em exercício profissional por não menos que 3 (três) anos.

§ 4º Nas localidades em que não houver corretor ou leiloeiro público credenciado nos termos do § 3º, a indicação será de livre escolha do exequente.

Art. 881. A alienação far-se-á em leilão judicial se não efetivada a adjudicação ou a alienação por iniciativa particular.

§ 1º O leilão do bem penhorado será realizado por leiloeiro público.

→ v. Decreto 21.981/1932 – Regula a profissão de leiloeiro.

§ 2º Ressalvados os casos de alienação a cargo de corretores de bolsa de valores, todos os demais bens serão alienados em leilão público.

→ v. Arts. 860, § 2º, 871, II e III, e 886, parágrafo único, do NCPC.

Art. 882. Não sendo possível a sua realização por meio eletrônico, o leilão será presencial.

§ 1º A alienação judicial por meio eletrônico será realizada, observando-se as garantias processuais das partes, de acordo com regulamentação específica do Conselho Nacional de Justiça.

§ 2º A alienação judicial por meio eletrônico deverá atender aos requisitos de ampla publicidade, autenticidade e segurança, com observância das regras estabelecidas na legislação sobre certificação digital.

→ v. Medida Provisória 2.200/2001 – Institui a Infraestrutura de Chaves Públicas Brasileira.

→ v. Lei 11.419/2006 – Dispõe sobre a informatização do processo judicial.

§ 3º O leilão presencial será realizado no local designado pelo juiz.

Art. 883. Caberá ao juiz a designação do leiloeiro público, que poderá ser indicado pelo exequente.

Art. 884. Incumbe ao leiloeiro público:

I – publicar o edital, anunciando a alienação;

II – realizar o leilão onde se encontrem os bens ou no lugar designado pelo juiz;

III – expor aos pretendentes os bens ou as amostras das mercadorias;

IV – receber e depositar, dentro de 1 (um) dia, à ordem do juiz, o produto da alienação;

V – prestar contas nos 2 (dois) dias subsequentes ao depósito.

Parágrafo único. O leiloeiro tem o direito de receber do arrematante a comissão estabelecida em lei ou arbitrada pelo juiz.

→ v. Art. 23, § 2º da Lei 6.830/1980.

Art. 885. O juiz da execução estabelecerá o preço mínimo, as condições de pagamento e as garantias que poderão ser prestadas pelo arrematante.

→ v. Art. 892 do NCPC.

Art. 886. O leilão será precedido de publicação de edital, que conterá:

→ v. Art. 22 da Lei 6.830/1980.

→ v. Art. 894, § 2º do NCPC.

I – a descrição do bem penhorado, com suas características, e, tratando-se de imóvel, sua situação e suas divisas, com remissão à matrícula e aos registros;

II – o valor pelo qual o bem foi avaliado, o preço mínimo pelo qual poderá ser alienado, as condições de pagamento e, se for o caso, a comissão do leiloeiro designado;

III – o lugar onde estiverem os móveis, os veículos e os semoventes e, tratando-se de créditos ou direitos, a identificação dos autos do processo em que foram penhorados;

IV – o sítio, na rede mundial de computadores, e o período em que se realizará o leilão, salvo se este se der de modo presencial, hipótese em que serão indicados o local, o dia e a hora de sua realização;

V – a indicação de local, dia e hora de segundo leilão presencial, para a hipótese de não haver interessado no primeiro;

→ v. Súmula 128 do STJ.

VI – menção da existência de ônus, recurso ou processo pendente sobre os bens a serem leiloados.

→ v. Art. 908, § 1º do NCPC.

→ v. Art. 130, parágrafo único, do CTN.

Parágrafo único. No caso de títulos da dívida pública e de títulos negociados em bolsa, constará do edital o valor da última cotação.

→ v. Arts. 861, § 2º, 871, II e III, e 881, § 2º, do NCPC.

Art. 887. O leiloeiro público designado adotará providências para a ampla divulgação da alienação.

§ 1º A publicação do edital deverá ocorrer pelo menos 5 (cinco) dias antes da data marcada para o leilão.

§ 2º O edital será publicado na rede mundial de computadores, em sítio designado pelo juízo da execução, e conterá descrição detalhada e, sempre que possível, ilustrada dos bens, informando expressamente se o leilão se realizará de forma eletrônica ou presencial.

→ v. Art. 882 do NCPC.

§ 3º Não sendo possível a publicação na rede mundial de computadores ou considerando o juiz, em atenção às condições da sede do juízo, que esse modo de divulgação é insuficiente ou inadequado, o edital será afixado em local de costume e publicado, em resumo, pelo menos uma vez em jornal de ampla circulação local.

§ 4º Atendendo ao valor dos bens e às condições da sede do juízo, o juiz poderá alterar a forma e a frequência da publicidade na imprensa, mandar publicar o edital em local de ampla circulação de pessoas e divulgar avisos em emissora de rádio ou televisão local, bem como em sítios distintos do indicado no § 2º.

§ 5º Os editais de leilão de imóveis e de veículos automotores serão publicados pela imprensa ou por outros meios de divulgação, preferencialmente na seção ou no local reservados à publicidade dos respectivos negócios.

§ 6º O juiz poderá determinar a reunião de publicações em listas referentes a mais de uma execução.

Art. 888. Não se realizando o leilão por qualquer motivo, o juiz mandará publicar a transferência, observando-se o disposto no art. 887.

Parágrafo único. O escrivão, o chefe de secretaria ou o leiloeiro que culposamente der causa à transferência responde pelas despesas da nova publicação, podendo o juiz aplicar-lhe a pena de suspensão por 5 (cinco) dias a 3 (três) meses, em procedimento administrativo regular.

Art. 889. Serão cientificados da alienação judicial, com pelo menos 5 (cinco) dias de antecedência:

→ v. Arts. 799, I a VII e 804 do NCPC.

I – o executado, por meio de seu advogado ou, se não tiver procurador constituído nos autos, por carta registrada, mandado, edital ou outro meio idôneo;

→ v. Súmula 121 do STJ.

II – o coproprietário de bem indivisível do qual tenha sido penhorada fração ideal;

III – o titular de usufruto, uso, habitação, enfiteuse, direito de superfície, concessão de uso especial para fins de moradia ou concessão de direito real de uso, quando a penhora recair sobre bem gravado com tais direitos reais;

IV – o proprietário do terreno submetido ao regime de direito de superfície, enfiteuse, concessão de uso especial para fins de moradia ou concessão de direito real de uso, quando a penhora recair sobre tais direitos reais;

V – o credor pignoratício, hipotecário, anticrético, fiduciário ou com penhora anteriormente averbada, quando a penhora recair sobre bens com tais gravames, caso não seja o credor, de qualquer modo, parte na execução;

→ v. Art. 1.501 do CC/2002.

VI – o promitente comprador, quando a penhora recair sobre bem em relação ao qual haja promessa de compra e venda registrada;

VII – o promitente vendedor, quando a penhora recair sobre direito aquisitivo derivado de promessa de compra e venda registrada;

VIII – a União, o Estado e o Município, no caso de alienação de bem tombado.

→ v. Art. 892, § 3º, do NCPC.

Parágrafo único. Se o executado for revel e não tiver advogado constituído, não constando dos autos seu endereço atual ou, ainda, não sendo ele encontrado no endereço constante do processo, a intimação considerar-se-á feita por meio do próprio edital de leilão.

→ v. Art. 346 do NCPC.

Art. 890. Pode oferecer lance quem estiver na livre administração de seus bens, com exceção:

I – dos tutores, dos curadores, dos testamenteiros, dos administradores ou dos liquidantes, quanto aos bens confiados à sua guarda e à sua responsabilidade;

→ v. Art. 1.753 do CC/2002.

II – dos mandatários, quanto aos bens de cuja administração ou alienação estejam encarregados;

III – do juiz, do membro do Ministério Público e da Defensoria Pública, do escrivão, do chefe de secretaria e dos demais servidores e auxiliares da justiça, em relação aos bens e direitos objeto de alienação na localidade onde servirem ou a que se estender a sua autoridade;

IV – dos servidores públicos em geral, quanto aos bens ou aos direitos da pessoa jurídica a que servirem ou que estejam sob sua administração direta ou indireta;

V – dos leiloeiros e seus prepostos, quanto aos bens de cuja venda estejam encarregados;

VI – dos advogados de qualquer das partes.

Art. 891. Não será aceito lance que ofereça preço vil.

Parágrafo único. Considera-se vil o preço inferior ao mínimo estipulado pelo juiz e constante do edital, e, não tendo sido fixado preço mínimo, considera-se vil o preço inferior a cinquenta por cento do valor da avaliação.

→ v. Arts. 870, 883 e 884, II, do NCPC.

Art. 892. Salvo pronunciamento judicial em sentido diverso, o pagamento deverá ser realizado de imediato pelo arrematante, por depósito judicial ou por meio eletrônico.

→ v. Art. 886, II, do NCPC.

§ 1º Se o exequente arrematar os bens e for o único credor, não estará obrigado a exibir o preço, mas, se o valor dos bens exceder ao seu crédito, depositará, dentro de 3 (três) dias, a diferença, sob pena de tornar-se sem efeito a arrematação, e, nesse caso, realizar-se-á novo leilão, à custa do exequente.

§ 2º Se houver mais de um pretendente, proceder-se-á entre eles à licitação, e, no caso de igualdade de oferta, terá preferência o cônjuge, o companheiro, o descendente ou o ascendente do executado, nessa ordem.

§ 3º No caso de leilão de bem tombado, a União, os Estados e os Municípios terão, nessa ordem, o direito de preferência na arrematação, em igualdade de oferta.

→ v. Art. 889, VIII, do NCPC.

Art. 893. Se o leilão for de diversos bens e houver mais de um lançador, terá preferência aquele que se propuser a arrematá-los todos, em conjunto, oferecendo, para os bens que não tiverem lance, preço igual ao da avaliação e, para os demais, preço igual ao do maior lance que, na tentativa de arrematação individualizada, tenha sido oferecido para eles.

→ v. Art. 23, § 1º, da Lei 6.830/1980.

Art. 894. Quando o imóvel admitir cômoda divisão, o juiz, a requerimento do executado, ordenará a alienação judicial de parte dele, desde que suficiente para o pagamento do exequente e para a satisfação das despesas da execução.

→ v. Art. 872, § 1º, do NCPC.

§ 1º Não havendo lançador, far-se-á a alienação do imóvel em sua integridade.

§ 2º A alienação por partes deverá ser requerida a tempo de permitir a avaliação das glebas destacadas e sua inclusão no edital, e, nesse caso, caberá ao executado instruir o requerimento com planta e memorial descritivo subscritos por profissional habilitado.

Art. 895. O interessado em adquirir o bem penhorado em prestações poderá apresentar, por escrito:

I – até o início do primeiro leilão, proposta de aquisição do bem por valor não inferior ao da avaliação;

→ v. Art. 870 do NCPC.

II – até o início do segundo leilão, proposta de aquisição do bem por valor que não seja considerado vil.

→ v. Art. 891 do NCPC.

§ 1º A proposta conterá, em qualquer hipótese, oferta de pagamento de pelo menos vinte e cinco por cento do valor do lance à vista e o restante parcelado em até 30 (trinta) meses, garantido por caução idônea, quando se tratar de móveis, e por hipoteca do próprio bem, quando se tratar de imóveis.

§ 2º As propostas para aquisição em prestações indicarão o prazo, a modalidade, o indexador de correção monetária e as condições de pagamento do saldo.

§ 3º (*Vetado*).

§ 4º No caso de atraso no pagamento de qualquer das prestações, incidirá multa de dez por cento sobre a soma da parcela inadimplida com as parcelas vincendas.

§ 5º O inadimplemento autoriza o exequente a pedir a resolução da arrematação ou promover, em face do arrematante, a execução do valor devido, devendo ambos os pedidos ser formulados nos autos da execução em que se deu a arrematação.

→ v. Art. 903, § 1º, III, do NCPC.

§ 6º A apresentação da proposta prevista neste artigo não suspende o leilão.

§ 7º A proposta de pagamento do lance à vista sempre prevalecerá sobre as propostas de pagamento parcelado.

§ 8º Havendo mais de uma proposta de pagamento parcelado:

I – em diferentes condições, o juiz decidirá pela mais vantajosa, assim compreendida, sempre, a de maior valor;

II – em iguais condições, o juiz decidirá pela formulada em primeiro lugar.

§ 9º No caso de arrematação a prazo, os pagamentos feitos pelo arrematante pertencerão ao exequente até o limite de seu crédito, e os subsequentes, ao executado.

→ v. Art. 130, parágrafo único, do CTN.

→ v. Art. 908, § 1º, do NCPC.

Art. 896. Quando o imóvel de incapaz não alcançar em leilão pelo menos oitenta por cento do valor da avaliação, o juiz o confiará à guarda e à administração de depositário idôneo, adiando a alienação por prazo não superior a 1 (um) ano.

§ 1º Se, durante o adiamento, algum pretendente assegurar, mediante caução idônea, o preço da avaliação, o juiz ordenará a alienação em leilão.

§ 2º Se o pretendente à arrematação se arrepender, o juiz impor-lhe-á multa de vinte por cento sobre o valor da avaliação, em benefício do incapaz, valendo a decisão como título executivo.

→ v. Art. 784, XII, do NCPC.

§ 3º Sem prejuízo do disposto nos §§ 1º e 2º, o juiz poderá autorizar a locação do imóvel no prazo do adiamento.

§ 4º Findo o prazo do adiamento, o imóvel será submetido a novo leilão.

Art. 897. Se o arrematante ou seu fiador não pagar o preço no prazo estabelecido, o juiz impor-lhe-á, em favor do exequente, a perda da caução, voltando os bens a novo leilão, do qual não serão admitidos a participar o arrematante e o fiador remissos.

→ v. Art. 903, § 1º, III, do NCPC.

Art. 898. O fiador do arrematante que pagar o valor do lance e a multa poderá requerer que a arrematação lhe seja transferida.

Art. 899. Será suspensa a arrematação logo que o produto da alienação dos bens for suficiente para o pagamento do credor e para a satisfação das despesas da execução.

Art. 900. O leilão prosseguirá no dia útil imediato, à mesma hora em que teve início, independentemente de novo edital, se for ultrapassado o horário de expediente forense.

→ v. Art. 212 do NCPC.

Art. 901. A arrematação constará de auto que será lavrado de imediato e poderá abranger bens penhorados em mais de uma execução, nele mencionadas as condições nas quais foi alienado o bem.

§ 1º A ordem de entrega do bem móvel ou a carta de arrematação do bem imóvel, com o respectivo mandado de imissão na posse, será expedida depois de efetuado o depósito ou prestadas as garantias pelo arrematante, bem como realizado o pagamento da comissão do leiloeiro e das demais despesas da execução.

→ v. Arts. 826 e 903, § 3º, do NCPC.

§ 2º A carta de arrematação conterá a descrição do imóvel, com remissão à sua matrícula ou individuação e aos seus registros, a cópia do auto de arrematação e a prova de pagamento do imposto de transmissão, além da indicação da existência de eventual ônus real ou gravame.

Art. 902. No caso de leilão de bem hipotecado, o executado poderá remi-lo até a assinatura do auto de arrematação, oferecendo preço igual ao do maior lance oferecido.

→ v. Art. 825 do NCPC.

Parágrafo único. No caso de falência, ou insolvência, do devedor hipotecário, o direito de remição previsto no *caput* defere-se à massa, ou aos credores em concurso, não podendo o exequente recusar o preço da avaliação do imóvel.

Art. 903. Qualquer que seja a modalidade de leilão, assinado o auto pelo juiz, pelo arrematante e pelo leiloeiro, a arrematação será considerada perfeita, acabada e irretratável, ainda que venham a ser julgados procedentes os embargos do executado ou a ação autônoma de que trata o § 4º deste artigo, assegurada a possibilidade de reparação pelos prejuízos sofridos.

§ 1º Ressalvadas outras situações previstas neste Código, a arrematação poderá, no entanto, ser:

I – invalidada, quando realizada por preço vil ou com outro vício;

→ v. Art. 891 do NCPC.

II – considerada ineficaz, se não observado o disposto no art. 804;

III – resolvida, se não for pago o preço ou se não for prestada a caução.

→ v. Arts. 892, 895, § 5º, e 897 do NCPC.

§ 2º O juiz decidirá acerca das situações referidas no § 1º, se for provocado em até 10 (dez) dias após o aperfeiçoamento da arrematação.

§ 3º Passado o prazo previsto no § 2º sem que tenha havido alegação de qualquer das situações previstas no § 1º, será expedida a carta de arrematação e, conforme o caso, a ordem de entrega ou mandado de imissão na posse.

§ 4º Após a expedição da carta de arrematação ou da ordem de entrega, a invalidação da arrematação poderá ser pleiteada por ação autônoma, em cujo processo o arrematante figurará como litisconsorte necessário.

§ 5º O arrematante poderá desistir da arrematação, sendo-lhe imediatamente devolvido o depósito que tiver feito:

I – se provar, nos 10 (dez) dias seguintes, a existência de ônus real ou gravame não mencionado no edital;

II – se, antes de expedida a carta de arrematação ou a ordem de entrega, o executado alegar alguma das situações previstas no § 1º;

III – uma vez citado para responder a ação autônoma de que trata o § 4º deste artigo, desde que apresente a desistência no prazo de que dispõe para responder a essa ação.

§ 6º Considera-se ato atentatório à dignidade da justiça a suscitação infundada de vício com o objetivo de ensejar a desistência do arrematante, devendo o suscitante ser condenado, sem prejuízo da responsabilidade por perdas e danos, ao pagamento de multa, a ser fixada pelo juiz e devida ao exequente, em montante não superior a vinte por cento do valor atualizado do bem.

→ v. Art. 774 do NCPC.

Seção V
Da satisfação do crédito

Art. 904. A satisfação do crédito exequendo far-se-á:

I – pela entrega do dinheiro;

II – pela adjudicação dos bens penhorados.

Art. 905. O juiz autorizará que o exequente levante, até a satisfação integral de seu crédito, o dinheiro depositado para segurar o juízo ou o produto dos bens alienados, bem como do faturamento de empresa ou de outros frutos e rendimentos de coisas ou empresas penhoradas, quando:

→ v. Arts. 858 e 866 a 869 do NCPC.

I – a execução for movida só a benefício do exequente singular, a quem, por força da penhora, cabe o direito de preferência sobre os bens penhorados e alienados;

→ v. Arts. 797 e 908 do NCPC.

II – não houver sobre os bens alienados outros privilégios ou preferências instituídos anteriormente à penhora.

Parágrafo único. Durante o plantão judiciário, veda-se a concessão de pedidos de levantamento de importância em dinheiro ou valores ou de liberação de bens apreendidos.

Art. 906. Ao receber o mandado de levantamento, o exequente dará ao executado, por termo nos autos, quitação da quantia paga.

Parágrafo único. A expedição de mandado de levantamento poderá ser substituída pela transferência eletrônica do valor depositado em conta vinculada ao juízo para outra indicada pelo exequente.

Art. 907. Pago ao exequente o principal, os juros, as custas e os honorários, a importância que sobrar será restituída ao executado.

→ v. Art. 924, II, do NCPC.

Art. 908. Havendo pluralidade de credores ou exequentes, o dinheiro lhes será distribuído e entregue consoante a ordem das respectivas preferências.

→ v. Súmula 244 do TFR.

→ v. Súmula 478 do STJ.

→ v. Arts. 956 a 965 do CC/2002.

→ v. Art. 99 do CDC.

→ v. Art. 24, *caput*, da Lei 8.906/1994.

→ v. Art. 187, parágrafo único, do CTN.

→ v. Art. 797 do NCPC.

§ 1º No caso de adjudicação ou alienação, os créditos que recaem sobre o bem, inclusive os de natureza *propter rem*, sub-rogam-se sobre o respectivo preço, observada a ordem de preferência.

→ v. Art. 130, parágrafo único, do CTN.

§ 2º Não havendo título legal à preferência, o dinheiro será distribuído entre os concorrentes, observando-se a anterioridade de cada penhora.

Art. 909. Os exequentes formularão as suas pretensões, que versarão unicamente sobre o direito de preferência e a anterioridade da penhora, e, apresentadas as razões, o juiz decidirá.

Capítulo V
DA EXECUÇÃO CONTRA A FAZENDA PÚBLICA

Art. 910. Na execução fundada em título extrajudicial, a Fazenda Pública será citada para opor embargos em 30 (trinta) dias.

→ v. Súmulas 144 e 339 do STJ.

→ v. Art. 100 da CF/1988.

→ v. Arts. 78, 86, 87 e 97 do ADCT.

→ v. Arts. 100 e 101 do CC/2002.

→ v. Arts. 128 e 130 da Lei 8.213/1991.

→ v. Art. 17, § 1º, da Lei 10.259/2001.

→ v. Art. 13 da Lei 12.153/2009.

→ v. Art. 247, III do NCPC.

§ 1º Não opostos embargos ou transitada em julgado a decisão que os rejeitar, expedir-se-á precatório ou requisição de pequeno valor em favor do exequente, observando-se o disposto no art. 100 da Constituição Federal.

§ 2º Nos embargos, a Fazenda Pública poderá alegar qualquer matéria que lhe seria lícito deduzir como defesa no processo de conhecimento.

→ v. Arts. 914 a 920 do NCPC.

§ 3º Aplica-se a este Capítulo, no que couber, o disposto nos artigos 534 e 535.

Capítulo VI
DA EXECUÇÃO DE ALIMENTOS

→ v. Arts. 1.694 a 1.710 do CC/2002.

→ v. Art. 244 do CP.

→ v. Lei 5.478/1968 – Dispõe sobre ação de alimentos.

→ v. Lei 11.804/2008 – Disciplina o direito a alimentos gravídicos.

Art. 911. Na execução fundada em título executivo extrajudicial que contenha obrigação alimentar, o juiz mandará citar o executado para, em 3 (três) dias, efetuar o pagamento das parcelas anteriores ao início da execução e das que se vencerem no seu curso, provar que o fez ou justificar a impossibilidade de fazê-lo.

→ v. Súmula 309 do STJ.

→ v. Art. 5º, LXVII, da CF/1988.

Parágrafo único. Aplicam-se, no que couber, os §§ 2º a 7º do art. 528.

Art. 912. Quando o executado for funcionário público, militar, diretor ou gerente de empresa, bem como empregado sujeito à legislação do trabalho, o exequente poderá requerer o desconto em folha de pagamento de pessoal da importância da prestação alimentícia.

→ v. Art. 462 da CLT.

→ v. Art. 115, IV, da Lei 8.213/1991.

→ v. Arts. 528, § 8º, 529, § 3º, e 833, § 2º, do NCPC.

§ 1º Ao despachar a inicial, o juiz oficiará à autoridade, à empresa ou ao empregador, determinando, sob pena de crime de desobediência, o desconto a partir da primeira remuneração posterior do executado, a contar do protocolo do ofício.

→ v. Art. 22, parágrafo único, da Lei 5.478/1968.

§ 2º O ofício conterá os nomes e o número de inscrição no Cadastro de Pessoas Físicas do exequente e do executado, a importância a ser descontada mensalmente, a conta na qual deve ser feito o depósito e, se for o caso, o tempo de sua duração.

Art. 913. Não requerida a execução nos termos deste Capítulo, observar-se-á o disposto no art. 824 e seguintes, com a ressalva de que, recaindo a penhora em dinheiro, a concessão de efeito suspensivo aos embargos à execução não obsta a que o exequente levante mensalmente a importância da prestação.

→ v. Arts. 528, § 8º, e 919, § 1º, do NCPC.

Título III
Dos embargos à execução

Art. 914. O executado, independentemente de penhora, depósito ou caução, poderá se opor à execução por meio de embargos.

→ v. Art. 910, § 2º, do NCPC.

§ 1º Os embargos à execução serão distribuídos por dependência, autuados em apartado e instruídos com cópias das peças processuais relevantes, que poderão ser declaradas autênticas pelo próprio advogado, sob sua responsabilidade pessoal.

§ 2º Na execução por carta, os embargos serão oferecidos no juízo deprecante ou no juízo deprecado, mas a competência para julgá-los é do juízo deprecante, salvo se versarem unicamente sobre vícios ou defeitos da penhora, da avaliação ou da alienação dos bens efetuadas no juízo deprecado.

→ v. Art. 20 da Lei 6.830/1980.

→ v. Súmula 46 do STJ.

→ v. Súmulas 32 e 33 do TFR.

→ v. Arts. 260 a 268, 676 e 845, § 2º, do NCPC.

Art. 915. Os embargos serão oferecidos no prazo de 15 (quinze) dias, contado, conforme o caso, na forma do art. 231.

→ v. Art. 910, § 2º, do NCPC.

§ 1º Quando houver mais de um executado, o prazo para cada um deles embargar conta-se a partir da juntada do respectivo comprovante da citação, salvo no caso de cônjuges ou de companheiros, quando será contado a partir da juntada do último.

§ 2º Nas execuções por carta, o prazo para embargos será contado:

→ v. Art. 845, § 2º, do NCPC.

I – da juntada, na carta, da certificação da citação, quando versarem unicamente sobre vícios ou defeitos da penhora, da avaliação ou da alienação dos bens;

II – da juntada, nos autos de origem, do comunicado de que trata o § 4º deste artigo, ou, não havendo este, da juntada da carta devidamente cumprida, quando versarem sobre questões diversas da prevista no inciso I deste parágrafo.

§ 3º Em relação ao prazo para oferecimento dos embargos à execução, não se aplica o disposto no art. 229.

§ 4º Nos atos de comunicação por carta precatória, rogatória ou de ordem, a realização da citação será imediatamente informada, por meio eletrônico, pelo juiz deprecado ao juiz deprecante.

→ v. Art. 232 do NCPC.

Art. 916. No prazo para embargos, reconhecendo o crédito do exequente e comprovando o depósito de trinta por cento do valor em execução, acrescido de custas e de honorários de advogado, o executado poderá requerer que lhe seja permitido pagar o restante em até 6 (seis) parcelas mensais, acrescidas de correção monetária e de juros de um por cento ao mês.

§ 1º O exequente será intimado para manifestar-se sobre o preenchimento dos pressupostos do *caput*, e o juiz decidirá o requerimento em 5 (cinco) dias.

§ 2º Enquanto não apreciado o requerimento, o executado terá de depositar as parcelas vincendas, facultado ao exequente seu levantamento.

§ 3º Deferida a proposta, o exequente levantará a quantia depositada, e serão suspensos os atos executivos.

§ 4º Indeferida a proposta, seguir-se-ão os atos executivos, mantido o depósito, que será convertido em penhora.

§ 5º O não pagamento de qualquer das prestações acarretará cumulativamente:

I – o vencimento das prestações subsequentes e o prosseguimento do processo, com o imediato reinício dos atos executivos;

II – a imposição ao executado de multa de dez por cento sobre o valor das prestações não pagas.

§ 6º A opção pelo parcelamento de que trata este artigo importa renúncia ao direito de opor embargos.

§ 7º O disposto neste artigo não se aplica ao cumprimento da sentença.

→ v. Arts. 513 e ss. do NCPC.

Art. 917. Nos embargos à execução, o executado poderá alegar:

I – inexequibilidade do título ou inexigibilidade da obrigação;

→ v. Arts. 783 e 803, I, do NCPC.

II – penhora incorreta ou avaliação errônea;

→ v. Arts. 831 e 833 do NCPC.

III – excesso de execução ou cumulação indevida de execuções;

→ v. Art. 780 do NCPC.

IV – retenção por benfeitorias necessárias ou úteis, nos casos de execução para entrega de coisa certa;

→ v. Arts. 806 e ss. do NCPC.

V – incompetência absoluta ou relativa do juízo da execução;

→ v. Arts. 46, § 5º, 62, 63 e 781 do NCPC.

VI – qualquer matéria que lhe seria lícito deduzir como defesa em processo de conhecimento.

→ v. Art. 910, § 2º, do NCPC.

§ 1º A incorreção da penhora ou da avaliação poderá ser impugnada por simples petição, no prazo de 15 (quinze) dias, contado da ciência do ato.

§ 2º Há excesso de execução quando:

I – o exequente pleiteia quantia superior à do título;

II – ela recai sobre coisa diversa daquela declarada no título;

III – ela se processa de modo diferente do que foi determinado no título;

IV – o exequente, sem cumprir a prestação que lhe corresponde, exige o adimplemento da prestação do executado;

→ v. Arts. 476 e 477 do CC/2002.

→ v. Arts. 787 e 798, I, *d*, do NCPC.

V – o exequente não prova que a condição se realizou.

→ v. Arts. 121 a 131 e 135 do CC/2002.

→ v. Arts. 798, I, *c*, e 803, III, do NCPC.

§ 3º Quando alegar que o exequente, em excesso de execução, pleiteia quantia superior à do título, o embargante declarará na petição inicial o valor que entende correto, apresentando demonstrativo discriminado e atualizado de seu cálculo.

§ 4º Não apontado o valor correto ou não apresentado o demonstrativo, os embargos à execução:

I – serão liminarmente rejeitados, sem resolução de mérito, se o excesso de execução for o seu único fundamento;

II – serão processados, se houver outro fundamento, mas o juiz não examinará a alegação de excesso de execução.

§ 5º Nos embargos de retenção por benfeitorias, o exequente poderá requerer a compensação de seu valor com o dos frutos ou dos danos considerados devidos pelo executado, cumprindo ao juiz, para a apuração dos respectivos valores, nomear perito, observando-se, então, o art. 464.

→ v. Arts. 96 e 97 do CC/2002.

§ 6º O exequente poderá a qualquer tempo ser imitido na posse da coisa, prestando caução ou depositando o valor devido pelas benfeitorias ou resultante da compensação.

§ 7º A arguição de impedimento e suspeição observará o disposto nos arts. 146 e 148.

Art. 918. O juiz rejeitará liminarmente os embargos:

→ v. Art. 1.012, § 1º, III, do NCPC.

I – quando intempestivos;

II – nos casos de indeferimento da petição inicial e de improcedência liminar do pedido;

→ v. Arts. 330 a 332 do NCPC.

III – manifestamente protelatórios.

Parágrafo único. Considera-se conduta atentatória à dignidade da justiça o oferecimento de embargos manifestamente protelatórios.

→ v. Art. 774 do NCPC.

Art. 919. Os embargos à execução não terão efeito suspensivo.

§ 1º O juiz poderá, a requerimento do embargante, atribuir efeito suspensivo aos embargos quando verificados os requisitos para a concessão da tutela provisória, e desde que a execução já esteja garantida por penhora, depósito ou caução suficientes.

→ v. Arts. 300, 311 e 921, II, do NCPC.

§ 2º Cessando as circunstâncias que a motivaram, a decisão relativa aos efeitos dos embargos poderá, a requerimento da parte, ser modificada ou revogada a qualquer tempo, em decisão fundamentada.

§ 3º Quando o efeito suspensivo atribuído aos embargos disser respeito apenas a parte do objeto da execução, esta prosseguirá quanto à parte restante.

§ 4º A concessão de efeito suspensivo aos embargos oferecidos por um dos executados não suspenderá a execução contra os que não embargaram, quando o respectivo fundamento disser respeito exclusivamente ao embargante.

§ 5º A concessão de efeito suspensivo não impedirá a efetivação dos atos de substituição, de reforço ou de redução da penhora e de avaliação dos bens.

Art. 920. Recebidos os embargos:

I – o exequente será ouvido no prazo de 15 (quinze) dias;

II – a seguir, o juiz julgará imediatamente o pedido ou designará audiência;

III – encerrada a instrução, o juiz proferirá sentença.

→ v. Art. 17 da Lei 6.830/1980.

→ v. Art. 1.012, § 1º, III, do NCPC.

Título IV
Da suspensão e da extinção do processo de execução

Capítulo I
DA SUSPENSÃO DO PROCESSO DE EXECUÇÃO

Art. 921. Suspende-se a execução:

I – nas hipóteses dos arts. 313 e 315, no que couber;

II – no todo ou em parte, quando recebidos com efeito suspensivo os embargos à execução;

→ v. Art. 919, § 1º, do NCPC.

III – quando o executado não possuir bens penhoráveis;

→ v. Art. 40 da Lei 6.830/1980.

IV – se a alienação dos bens penhorados não se realizar por falta de licitantes e o exequente, em 15 (quinze) dias, não requerer a adjudicação nem indicar outros bens penhoráveis;

→ v. Súmula 224 do TFR.

→ v. Art. 878 do NCPC.

V – quando concedido o parcelamento de que trata o art. 916.

§ 1º Na hipótese do inciso III, o juiz suspenderá a execução pelo prazo de 1 (um) ano, durante o qual se suspenderá a prescrição.

§ 2º Decorrido o prazo máximo de 1 (um) ano sem que seja localizado o executado ou que sejam encontrados bens penhoráveis, o juiz ordenará o arquivamento dos autos.

§ 3º Os autos serão desarquivados para prosseguimento da execução se a qualquer tempo forem encontrados bens penhoráveis.

§ 4º Decorrido o prazo de que trata o § 1º sem manifestação do exequente, começa a correr o prazo de prescrição intercorrente.

→ v. Súmula 150 do STF.

→ v. Súmula 314 do STJ.

§ 5º O juiz, depois de ouvidas as partes, no prazo de 15 (quinze) dias, poderá, de ofício, reconhecer a prescrição de que trata o § 4º e extinguir o processo.

Art. 922. Convindo as partes, o juiz declarará suspensa a execução durante o prazo concedido pelo exequente para que o executado cumpra voluntariamente a obrigação.

→ v. Art. 313, II, do NCPC.

Parágrafo único. Findo o prazo sem cumprimento da obrigação, o processo retomará o seu curso.

Art. 923. Suspensa a execução, não serão praticados atos processuais, podendo o juiz, entretanto, salvo no caso de arguição de impedimento ou de suspeição, ordenar providências urgentes.

→ v. Art. 314 do NCPC.

Capítulo II
DA EXTINÇÃO DO PROCESSO DE EXECUÇÃO

Art. 924. Extingue-se a execução quando:

I – a petição inicial for indeferida;

→ v. Arts. 330, 331, 798 e 799 do NCPC.

II – a obrigação for satisfeita;

→ v. Arts. 304 a 307 do CC/2002.

→ v. Arts. 807, 818, 828 e 907 do NCPC.

III – o executado obtiver, por qualquer outro meio, a extinção total da dívida;

→ v. Arts. 385 a 388 e 840 a 850 do CC/2002.

→ v. Art. 487, III, *b*, do NCPC.

IV – o exequente renunciar ao crédito;

→ v. Art. 487, III, *c*, do NCPC.

V – ocorrer a prescrição intercorrente.

→ v. Súmula 150 do STF.

→ v. Súmula 314 do STJ.

→ v. Art. 40 da Lei 6.830/1980.

→ v. Arts. 921, §§ 1º a 5º, e 1.056 do NCPC.

Art. 925. A extinção só produz efeito quando declarada por sentença.

→ v. Arts. 203, § 1º e 494 do NCPC.

LIVRO III
Dos processos nos tribunais e dos meios de impugnação das decisões judiciais

Título I
Da ordem dos processos e dos processos de competência originária dos tribunais

Capítulo I
DISPOSIÇÕES GERAIS

→ v. Art. 103-A da CF/1988.

→ v. Lei 11.417/2006 – Disciplina a edição, a revisão e o cancelamento de enunciado de súmula vinculante pelo Supremo Tribunal Federal.

Art. 926. Os tribunais devem uniformizar sua jurisprudência e mantê-la estável, íntegra e coerente.

→ v. Art. 489, VI, do NCPC.

§ 1º Na forma estabelecida e segundo os pressupostos fixados no regimento interno, os tribunais editarão enunciados de súmula correspondentes a sua jurisprudência dominante.

→ v. Arts. 102 e 354-A do RISTF.

→ v. Arts. 122 e ss. do RISTJ.

→ v. Resolução STF 381/2008 – Estabelece procedimentos para a edição, a revisão e o cancelamento de súmulas vinculantes.

→ v. Resolução STF 388/2008 – Disciplina o processamento de proposta de edição, revisão e cancelamento de súmulas e dá providências correlatas.

§ 2º Ao editar enunciados de súmula, os tribunais devem ater-se às circunstâncias fáticas dos precedentes que motivaram sua criação.

Art. 927. Os juízes e os tribunais observarão:

I – as decisões do Supremo Tribunal Federal em controle concentrado de constitucionalidade;

→ *v.* Art. 102, § 2º, da CF/1988.

→ *v.* Lei 9.868/1999 – Dispõe sobre o processo e julgamento da ação direta de inconstitucionalidade e da ação declaratória de constitucionalidade perante o Supremo Tribunal Federal.

→ *v.* Lei 9.882/1999 – Dispõe sobre o processo e julgamento da arguição de descumprimento de preceito fundamental, nos termos do § 1º do art. 102 da Constituição Federal.

→ *v.* Arts. 525, § 12, e 988, III, do NCPC.

II – os enunciados de súmula vinculante;

→ *v.* Arts. 311, II, e 988, IV, do NCPC.

III – os acórdãos em incidente de assunção de competência ou de resolução de demandas repetitivas e em julgamento de recursos extraordinário e especial repetitivos;

→ *v.* Arts. 311, II, 332, II e III, 496, § 4º, III, 521, IV, 932, IV e V, 947, 955, parágrafo único, II, 976, 988, IV, 1.022, parágrafo único, I, 1.032 e seguintes, 1.035, § 3º, II, e 1.042, § 1º, II, do NCPC.

IV – os enunciados das súmulas do Supremo Tribunal Federal em matéria constitucional e do Superior Tribunal de Justiça em matéria infraconstitucional;

→ *v.* Arts. 332, I, 496, § 4º, 521, IV, 932, IV e V, 955, parágrafo único, I, 988, IV, e 1.032, § 3º, I, do NCPC.

V – a orientação do plenário ou do órgão especial aos quais estiverem vinculados.

§ 1º Os juízes e os tribunais observarão o disposto no art. 10 e no art. 489, § 1º, quando decidirem com fundamento neste artigo.

§ 2º A alteração de tese jurídica adotada em enunciado de súmula ou em julgamento de casos repetitivos poderá ser precedida de audiências públicas e da participação de pessoas, órgãos ou entidades que possam contribuir para a rediscussão da tese.

→ *v.* Art. 138 do NCPC.

§ 3º Na hipótese de alteração de jurisprudência dominante do Supremo Tribunal Federal e dos tribunais superiores ou daquela oriunda de julgamento de casos repetitivos, pode haver modulação dos efeitos da alteração no interesse social e no da segurança jurídica.

→ *v.* Art. 27 da Lei 9.868/1999.

→ *v.* Art. 11 da Lei 9.882/1999.

§ 4º A modificação de enunciado de súmula, de jurisprudência pacificada ou de tese adotada em julgamento de casos repetitivos observará a necessidade de fundamentação adequada e específica, considerando os princípios da segurança jurídica, da proteção da confiança e da isonomia.

→ *v.* Art. 5º da CF/1988.

§ 5º Os tribunais darão publicidade a seus precedentes, organizando-os por questão jurídica decidida e divulgando-os, preferencialmente, na rede mundial de computadores.

→ *v.* Art. 93, IX, da CF/1988.

Art. 928. Para os fins deste Código, considera-se julgamento de casos repetitivos a decisão proferida em:

I – incidente de resolução de demandas repetitivas;

→ *v.* Art. 976 do NCPC.

II – recursos especial e extraordinário repetitivos.

→ *v.* Art. 1.036 do NCPC.

Parágrafo único. O julgamento de casos repetitivos tem por objeto questão de direito material ou processual.

Capítulo II
DA ORDEM DOS PROCESSOS NO TRIBUNAL

Art. 929. Os autos serão registrados no protocolo do tribunal no dia de sua entrada, cabendo à secretaria ordená-los, com imediata distribuição.

Parágrafo único. A critério do tribunal, os serviços de protocolo poderão ser descentralizados, mediante delegação a ofícios de justiça de primeiro grau.

Art. 930. Far-se-á a distribuição de acordo com o regimento interno do tribunal, observando-se a alternatividade, o sorteio eletrônico e a publicidade.

Parágrafo único. O primeiro recurso protocolado no tribunal tornará prevento o relator para eventual recurso subsequente interposto no mesmo processo ou em processo conexo.

→ *v.* Arts. 1.012, § 3º, I, 1.029, § 5º, I, e 1.037, § 3º, do NCPC.

Art. 931. Distribuídos, os autos serão imediatamente conclusos ao relator, que, em 30 (trinta) dias, depois de elaborar o voto, restituí-los-á, com relatório, à secretaria.

Art. 932. Incumbe ao relator:

I – dirigir e ordenar o processo no tribunal, inclusive em relação à produção de prova, bem como, quando for o caso, homologar autocomposição das partes;

II – apreciar o pedido de tutela provisória nos recursos e nos processos de competência originária do tribunal;

→ *v.* Arts. 1.012, § 3º, II, 1.019, I, e 1.029, § 5º, II, do NCPC.

III – não conhecer de recurso inadmissível, prejudicado ou que não tenha impugnado especificamente os fundamentos da decisão recorrida;

→ *v.* Súmula 288 do STF.

IV – negar provimento a recurso que for contrário a:

a) súmula do Supremo Tribunal Federal, do Superior Tribunal de Justiça ou do próprio tribunal;

→ *v.* Art. 926, § 1º, do NCPC.

b) acórdão proferido pelo Supremo Tribunal Federal ou pelo Superior Tribunal de Justiça em julgamento de recursos repetitivos;

→ *v.* Art. 1.036 do NCPC.

c) entendimento firmado em incidente de resolução de demandas repetitivas ou de assunção de competência;

→ *v.* Arts. 947 e 976 do NCPC.

V – depois de facultada a apresentação de contrarrazões, dar provimento ao recurso se a decisão recorrida for contrária a:

a) súmula do Supremo Tribunal Federal, do Superior Tribunal de Justiça ou do próprio tribunal;

b) acórdão proferido pelo Supremo Tribunal Federal ou pelo Superior Tribunal de Justiça em julgamento de recursos repetitivos;

c) entendimento firmado em incidente de resolução de demandas repetitivas ou de assunção de competência;

VI – decidir o incidente de desconsideração da personalidade jurídica, quando este for instaurado originariamente perante o tribunal;

→ *v.* Arts. 133 e ss. do NCPC.

VII – determinar a intimação do Ministério Público, quando for o caso;

→ *v.* Art. 178 do NCPC.

VIII – exercer outras atribuições estabelecidas no regimento interno do tribunal.

Parágrafo único. Antes de considerar inadmissível o recurso, o relator concederá o prazo de 5 (cinco) dias ao recorrente para que seja sanado vício ou complementada a documentação exigível.

Art. 933. Se o relator constatar a ocorrência de fato superveniente à decisão recorrida ou a existência de questão apreciável de ofício ainda não examinada que devam ser considerados no julgamento do recurso, intimará as partes para que se manifestem no prazo de 5 (cinco) dias.

§ 1º Se a constatação ocorrer durante a sessão de julgamento, esse será imediatamente suspenso a fim de que as partes se manifestem especificamente.

§ 2º Se a constatação se der em vista dos autos, deverá o juiz que a solicitou encaminhá-los ao relator, que tomará as providências previstas no *caput* e, em seguida, solicitará a inclusão do feito em pauta para prosseguimento do julgamento, com submissão integral da nova questão aos julgadores.

Art. 934. Em seguida, os autos serão apresentados ao presidente, que designará dia para julgamento, ordenando, em todas as hipóteses previstas neste Livro, a publicação da pauta no órgão oficial.

Art. 935. Entre a data de publicação da pauta e a da sessão de julgamento decorrerá, pelo menos, o prazo de 5 (cinco) dias, incluindo-se em nova pauta os processos que não tenham sido julgados, salvo aqueles cujo julgamento tiver sido expressamente adiado para a primeira sessão seguinte.

§ 1º Às partes será permitida vista dos autos em cartório após a publicação da pauta de julgamento.

§ 2º Afixar-se-á a pauta na entrada da sala em que se realizar a sessão de julgamento.

Art. 936. Ressalvadas as preferências legais e regimentais, os recursos, a remessa necessária e os processos de competência originária serão julgados na seguinte ordem:

→ *v.* Art. 12 do NCPC.

I – aqueles nos quais houver sustentação oral, observada a ordem dos requerimentos;

II – os requerimentos de preferência apresentados até o início da sessão de julgamento;

III – aqueles cujo julgamento tenha iniciado em sessão anterior; e,

IV – os demais casos.

Art. 937. Na sessão de julgamento, depois da exposição da causa pelo relator, o presidente dará a palavra, sucessivamente, ao recorrente, ao recorrido e, nos casos de sua intervenção, ao membro do Ministério Público, pelo prazo improrrogável de 15 (quinze) minutos para cada um, a fim de sustentarem suas razões, nas seguintes hipóteses, nos termos da parte final do *caput* do art. 1.021:

I – no recurso de apelação;

II – no recurso ordinário;

III – no recurso especial;

IV – no recurso extraordinário;

V – nos embargos de divergência;

VI – na ação rescisória, no mandado de segurança e na reclamação;

VII – (*Vetado*).

VIII – no agravo de instrumento interposto contra decisões interlocutórias que versem sobre tutelas provisórias de urgência ou da evidência;

IX – em outras hipóteses previstas em lei ou no regimento interno do tribunal.

§ 1º A sustentação oral no incidente de resolução de demandas repetitivas observará o disposto no art. 984, no que couber.

§ 2º O procurador que desejar proferir sustentação oral poderá requerer, até o início da sessão, que o processo seja julgado em primeiro lugar, sem prejuízo das preferências legais.

§ 3º Nos processos de competência originária previstos no inciso VI, caberá sustentação oral no agravo interno interposto contra decisão de relator que o extinga.

§ 4º É permitido ao advogado com domicílio profissional em cidade diversa daquela onde está sediado o tribunal realizar sustentação oral por meio de videoconferência ou outro recurso tecnológico de transmissão de sons e imagens em tempo real, desde que o requeira até o dia anterior ao da sessão.

Art. 938. A questão preliminar suscitada no julgamento será decidida antes do mérito, deste não se conhecendo caso seja incompatível com a decisão.

§ 1º Constatada a ocorrência de vício sanável, inclusive aquele que possa ser conhecido de ofício, o relator determinará a realização ou a renovação do ato processual, no próprio tribunal ou em primeiro grau de jurisdição, intimadas as partes.

§ 2º Cumprida a diligência de que trata o § 1º, o relator, sempre que possível, prosseguirá no julgamento do recurso.

§ 3º Reconhecida a necessidade de produção de prova, o relator converterá o julgamento em diligência, que se realizará no tribunal ou em primeiro grau de jurisdição, decidindo-se o recurso após a conclusão da instrução.

§ 4º Quando não determinadas pelo relator, as providências indicadas nos §§ 1º e 3º poderão ser determinadas pelo órgão competente para julgamento do recurso.

Art. 939. Se a preliminar for rejeitada ou se a apreciação do mérito for com ela compatível, seguir-se-ão a discussão e o julgamento da matéria principal, sobre a qual deverão se pronunciar os juízes vencidos na preliminar.

Art. 940. O relator ou outro juiz que não se considerar habilitado a proferir imediatamente seu voto poderá solicitar vista pelo prazo máximo de 10 (dez) dias, após o qual o recurso será reincluído em pauta para julgamento na sessão seguinte à data da devolução.

→ *V.* Art. 121 da LC 35/1979.

§ 1º Se os autos não forem devolvidos tempestivamente ou se não for solicitada pelo juiz prorrogação de prazo de no máximo mais 10 (dez) dias, o presidente do órgão fracionário os requisitará para julgamento do recurso na sessão ordinária subsequente, com publicação da pauta em que for incluído.

§ 2º Quando requisitar os autos na forma do § 1º, se aquele que fez o pedido de vista ainda não se sentir habilitado a votar, o presidente convocará substituto para proferir voto, na forma estabelecida no regimento interno do tribunal.

Art. 941. Proferidos os votos, o presidente anunciará o resultado do julgamento, designando para redigir o acórdão o relator ou, se vencido este, o autor do primeiro voto vencedor.

§ 1º O voto poderá ser alterado até o momento da proclamação do resultado pelo presidente, salvo aquele já proferido por juiz afastado ou substituído.

§ 2º No julgamento de apelação ou de agravo de instrumento, a decisão será tomada, no órgão colegiado, pelo voto de 3 (três) juízes.

§ 3º O voto vencido será necessariamente declarado e considerado parte integrante do acórdão para todos os fins legais, inclusive de pré-questionamento.

Art. 942. Quando o resultado da apelação for não unânime, o julgamento terá prosseguimento em sessão a ser designada com a presença de outros julgadores, que serão convocados nos termos previamente definidos no regimento interno, em número suficiente para garantir a possibilidade de inversão do resultado inicial, assegurado às partes e a eventuais terceiros o direito de sustentar oralmente suas razões perante os novos julgadores.

§ 1º Sendo possível, o prosseguimento do julgamento dar-se-á na mesma sessão, colhendo-se os votos de outros julgadores que porventura componham o órgão colegiado.

§ 2º Os julgadores que já tiverem votado poderão rever seus votos por ocasião do prosseguimento do julgamento.

§ 3º A técnica de julgamento prevista neste artigo aplica-se, igualmente, ao julgamento não unânime proferido em:

I – ação rescisória, quando o resultado for a rescisão da sentença, devendo, nesse caso, seu prosseguimento ocorrer em órgão de maior composição previsto no regimento interno;

II – agravo de instrumento, quando houver reforma da decisão que julgar parcialmente o mérito.

§ 4º Não se aplica o disposto neste artigo ao julgamento:

I – do incidente de assunção de competência e ao de resolução de demandas repetitivas;

II – da remessa necessária;

III – não unânime proferido, nos tribunais, pelo plenário ou pela corte especial.

Art. 943. Os votos, os acórdãos e os demais atos processuais podem ser registrados em documento eletrônico inviolável e assinados eletronicamente, na forma da lei, devendo ser impressos para juntada aos autos do processo quando este não for eletrônico.

§ 1º Todo acórdão conterá ementa.

§ 2º Lavrado o acórdão, sua ementa será publicada no órgão oficial no prazo de 10 (dez) dias.

Art. 944. Não publicado o acórdão no prazo de 30 (trinta) dias, contado da data da sessão de julgamento, as notas taquigráficas o substituirão, para todos os fins legais, independentemente de revisão.

Parágrafo único. No caso do *caput*, o presidente do tribunal lavrará, de imediato, as conclusões e a ementa e mandará publicar o acórdão.

Art. 945. A critério do órgão julgador, o julgamento dos recursos e dos processos de competência originária que não admitem sustentação oral poderá realizar-se por meio eletrônico.

§ 1º O relator cientificará as partes, pelo Diário da Justiça, de que o julgamento se fará por meio eletrônico.

§ 2º Qualquer das partes poderá, no prazo de 5 (cinco) dias, apresentar memoriais ou discordância do julgamento por meio eletrônico.

§ 3º A discordância não necessita de motivação, sendo apta a determinar o julgamento em sessão presencial.

§ 4º Caso surja alguma divergência entre os integrantes do órgão julgador durante o julgamento eletrônico, este ficará imediatamente suspenso, devendo a causa ser apreciada em sessão presencial.

Art. 946. O agravo de instrumento será julgado antes da apelação interposta no mesmo processo.

Parágrafo único. Se ambos os recursos de que trata o *caput* houverem de ser julgados na mesma sessão, terá precedência o agravo de instrumento.

Capítulo III
DO INCIDENTE DE ASSUNÇÃO DE COMPETÊNCIA

Art. 947. É admissível a assunção de competência quando o julgamento de recurso, de remessa necessária ou de processo de competência originária envolver relevante questão de direito, com grande repercussão social, sem repetição em múltiplos processos.

§ 1º Ocorrendo a hipótese de assunção de competência, o relator proporá, de ofício ou a requerimento da parte, do Ministério Público ou da Defensoria Pública, que seja o recurso, a remessa necessária ou o processo de competência originária julgado pelo órgão colegiado que o regimento indicar.

§ 2º O órgão colegiado julgará o recurso, a remessa necessária ou o processo de competência originária se reconhecer interesse público na assunção de competência.

§ 3º O acórdão proferido em assunção de competência vinculará todos os juízes e órgãos fracionários, exceto se houver revisão de tese.

§ 4º Aplica-se o disposto neste artigo quando ocorrer relevante questão de direito a respeito da qual seja conveniente a prevenção ou a composição de divergência entre câmaras ou turmas do tribunal.

Capítulo IV
DO INCIDENTE DE ARGUIÇÃO DE INCONSTITUCIONALIDADE

→ *v.* Arts. 52, X, 97, 102, I, *a*, e III, 103, 125 e, da CF/1988.

→ *v.* Lei 9.868/1999 – Dispõe sobre o processo e julgamento da ação direta de inconstitucionalidade e da ação declaratória de constitucionalidade perante o Supremo Tribunal Federal.

Art. 948. Arguida, em controle difuso, a inconstitucionalidade de lei ou de ato normativo do poder público, o relator, após ouvir o Ministério Público e as partes, submeterá a questão à turma ou à câmara à qual competir o conhecimento do processo.

Art. 949. Se a arguição for:

I – rejeitada, prosseguirá o julgamento;

II – acolhida, a questão será submetida ao plenário do tribunal ou ao seu órgão especial, onde houver.

Parágrafo único. Os órgãos fracionários dos tribunais não submeterão ao plenário ou ao órgão especial a arguição de inconstitucionalidade quando já houver pronunciamento destes ou do plenário do Supremo Tribunal Federal sobre a questão.

Art. 950. Remetida cópia do acórdão a todos os juízes, o presidente do tribunal designará a sessão de julgamento.

§ 1º As pessoas jurídicas de direito público responsáveis pela edição do ato questionado poderão manifestar-se no incidente de inconstitucionalidade se assim o requererem, observados os prazos e as condições previstos no regimento interno do tribunal.

§ 2º A parte legitimada à propositura das ações previstas no art. 103 da Constituição Federal poderá manifestar-se, por escrito, sobre a questão constitucional objeto de apreciação, no prazo previsto pelo regimento interno, sendo-lhe assegurado o direito de apresentar memoriais ou de requerer a juntada de documentos.

§ 3º Considerando a relevância da matéria e a representatividade dos postulantes, o relator poderá admitir, por despacho irrecorrível, a manifestação de outros órgãos ou entidades.

→ *v.* Art. 138 do NCPC.

Capítulo V
DO CONFLITO DE COMPETÊNCIA

→ *v.* Art. 66 do NCPC.

Art. 951. O conflito de competência pode ser suscitado por qualquer das partes, pelo Ministério Público ou pelo juiz.

Parágrafo único. O Ministério Público somente será ouvido nos conflitos de competência relativos aos processos previstos no art. 178, mas terá qualidade de parte nos conflitos que suscitar.

Art. 952. Não pode suscitar conflito a parte que, no processo, arguiu incompetência relativa.

Parágrafo único. O conflito de competência não obsta, porém, a que a parte que não o arguiu suscite a incompetência.

Art. 953. O conflito será suscitado ao tribunal:

→ *v.* Súmula 59 do STJ.

I – pelo juiz, por ofício;

II – pela parte e pelo Ministério Público, por petição.

Parágrafo único. O ofício e a petição serão instruídos com os documentos necessários à prova do conflito.

Art. 954. Após a distribuição, o relator determinará a oitiva dos juízes em conflito ou, se um deles for suscitante, apenas do suscitado.

Parágrafo único. No prazo designado pelo relator, incumbirá ao juiz ou aos juízes prestar as informações.

Art. 955. O relator poderá, de ofício ou a requerimento de qualquer das partes, determinar, quando o conflito for positivo, o sobrestamento do processo e, nesse caso, bem como no de conflito negativo, designará um dos juízes para resolver, em caráter provisório, as medidas urgentes.

→ *v.* Arts. 313, VII, e 314 do NCPC.

Parágrafo único. O relator poderá julgar de plano o conflito de competência quando sua decisão se fundar em:

I – súmula do Supremo Tribunal Federal, do Superior Tribunal de Justiça ou do próprio tribunal;

II – tese firmada em julgamento de casos repetitivos ou em incidente de assunção de competência.

Art. 956. Decorrido o prazo designado pelo relator, será ouvido o Ministério Público, no prazo de 5 (cinco) dias, ainda que as informações não tenham sido prestadas, e, em seguida, o conflito irá a julgamento.

→ *v.* Art. 178 do NCPC.

Art. 957. Ao decidir o conflito, o tribunal declarará qual o juízo competente, pronunciando-se também sobre a validade dos atos do juízo incompetente.

→ *v.* Arts. 64, §§ 3º e 4º, e 282 do NCPC.

Parágrafo único. Os autos do processo em que se manifestou o conflito serão remetidos ao juiz declarado competente.

Art. 958. No conflito que envolva órgãos fracionários dos tribunais, desembargadores e juízes em exercício no tribunal, observar-se-á o que dispuser o regimento interno do tribunal.

→ *v.* Art. 24 da Lei 8.038/1990.

→ *v.* Arts. 163 e ss. do RISTF.

→ *v.* Arts. 193 e ss. do RISTJ.

Art. 959. O regimento interno do tribunal regulará o processo e o julgamento do conflito de atribuições entre autoridade judiciária e autoridade administrativa.

→ *v.* Art. 105, I, *g*, da CF/1988.

Capítulo VI
DA HOMOLOGAÇÃO DE DECISÃO ESTRANGEIRA E DA CONCESSÃO DO *EXEQUATUR* À CARTA ROGATÓRIA

→ *v.* Art. 105, I, *i*, da CF/1988.

→ *v.* Art. 109, X, da CF/1988.

→ *v.* Art. 15 do LINDB.

→ *v.* Arts. 36 e 38 da Lei 9.307/1996.

→ *v.* Resolução STJ 9/2005.

→ *v.* Arts. 24, parágrafo único, 26 e ss. e 40 do NCPC.

Art. 960. A homologação de decisão estrangeira será requerida por ação de homologação de decisão estrangeira, salvo disposição especial em sentido contrário prevista em tratado.

§ 1º A decisão interlocutória estrangeira poderá ser executada no Brasil por meio de carta rogatória.

§ 2º A homologação obedecerá ao que dispuserem os tratados em vigor no Brasil e o Regimento Interno do Superior Tribunal de Justiça.

§ 3º A homologação de decisão arbitral estrangeira obedecerá ao disposto em tratado e em lei, aplicando-se, subsidiariamente, as disposições deste Capítulo.

Art. 961. A decisão estrangeira somente terá eficácia no Brasil após a homologação de sentença estrangeira ou a concessão do *exequatur* às cartas rogatórias, salvo disposição em sentido contrário de lei ou tratado.

→ *v.* EC 45/2004 alterou a competência prevista no art. 105, I, *i*, da CF.

§ 1º É passível de homologação a decisão judicial definitiva, bem como a decisão não judicial que, pela lei brasileira, teria natureza jurisdicional.

§ 2º A decisão estrangeira poderá ser homologada parcialmente.

§ 3º A autoridade judiciária brasileira poderá deferir pedidos de urgência e realizar atos de execução provisória no processo de homologação de decisão estrangeira.

§ 4º Haverá homologação de decisão estrangeira para fins de execução fiscal quando prevista em tratado ou em promessa de reciprocidade apresentada à autoridade brasileira.

§ 5º A sentença estrangeira de divórcio consensual produz efeitos no Brasil, independentemente de homologação pelo Superior Tribunal de Justiça.

§ 6º Na hipótese do § 5º, competirá a qualquer juiz examinar a validade da decisão, em caráter principal ou incidental, quando essa questão for suscitada em processo de sua competência.

Art. 962. É passível de execução a decisão estrangeira concessiva de medida de urgência.

§ 1º A execução no Brasil de decisão interlocutória estrangeira concessiva de medida de urgência dar-se-á por carta rogatória.

§ 2º A medida de urgência concedida sem audiência do réu poderá ser executada, desde que garantido o contraditório em momento posterior.

§ 3º O juízo sobre a urgência da medida compete exclusivamente à autoridade jurisdicional prolatora da decisão estrangeira.

§ 4º Quando dispensada a homologação para que a sentença estrangeira produza efeitos no Brasil, a decisão concessiva de medida de urgência dependerá, para produzir efeitos, de ter sua validade expressamente reconhecida pelo juiz competente para dar-lhe cumprimento, dispensada a homologação pelo Superior Tribunal de Justiça.

Art. 963. Constituem requisitos indispensáveis à homologação da decisão:

I – ser proferida por autoridade competente;

II – ser precedida de citação regular, ainda que verificada a revelia;

III – ser eficaz no país em que foi proferida;

IV – não ofender a coisa julgada brasileira;

V – estar acompanhada de tradução oficial, salvo disposição que a dispense prevista em tratado;

VI – não conter manifesta ofensa à ordem pública.

Parágrafo único. Para a concessão do *exequatur* às cartas rogatórias, observar-se-ão os pressupostos previstos no caput deste artigo e no art. 962, § 2º.

Art. 964. Não será homologada a decisão estrangeira na hipótese de competência exclusiva da autoridade judiciária brasileira.

Parágrafo único. O dispositivo também se aplica à concessão do *exequatur* à carta rogatória.

→ *v.* Art. 23 do NCPC.

Art. 965. O cumprimento de decisão estrangeira far-se-á perante o juízo federal competente, a requerimento da parte, conforme as normas estabelecidas para o cumprimento de decisão nacional.

Parágrafo único. O pedido de execução deverá ser instruído com cópia autenticada da decisão homologatória ou do *exequatur*, conforme o caso.

Capítulo VII
DA AÇÃO RESCISÓRIA

→ *v.* Súmula 514 do STF.

→ *v.* Súmula 401 do STJ.

→ *v.* Súmula 100 do TST.

→ *v.* Art. 836 da CLT.

→ *v.* Art. 59 da Lei 9.099/1995.

→ *v.* Arts. 701, § 3º, e 937 do NCPC.

Art. 966. A decisão de mérito, transitada em julgado, pode ser rescindida quando:

I – se verificar que foi proferida por força de prevaricação, concussão ou corrupção do juiz;

→ *v.* Arts. 316, 317 e 319 do CP.

II – for proferida por juiz impedido ou por juízo absolutamente incompetente;

→ *v.* Arts. 62, 64 e 144 do NCPC.

III – resultar de dolo ou coação da parte vencedora em detrimento da parte vencida ou, ainda, de simulação ou colusão entre as partes, a fim de fraudar a lei;

→ *v.* Arts. 145, 151 e 167 do CC/2002.

→ *v.* Art. 142 do NCPC.

IV – ofender a coisa julgada;

→ *v.* Art. 502 e seguintes do NCPC.

V – violar manifestamente norma jurídica;

→ *v.* Súmula 343 do STF.

VI – for fundada em prova cuja falsidade tenha sido apurada em processo criminal ou venha a ser demonstrada na própria ação rescisória;

→ *v.* Arts. 19, 427 e 478 do NCPC.

VII – obtiver o autor, posteriormente ao trânsito em julgado, prova nova cuja existência ignorava ou de que não pôde fazer uso, capaz, por si só, de lhe assegurar pronunciamento favorável;

VIII – for fundada em erro de fato verificável do exame dos autos.

§ 1º Há erro de fato quando a decisão rescindenda admitir fato inexistente ou quando considerar inexistente fato efetivamente ocorrido, sendo indispensável, em ambos os casos, que o fato não represente ponto controvertido sobre o qual o juiz deveria ter se pronunciado.

→ *v.* Art. 138 do CC/2002.

§ 2º Nas hipóteses previstas nos incisos do *caput*, será rescindível a decisão transitada em julgado que, embora não seja de mérito, impeça:

I – nova propositura da demanda; ou

II – admissibilidade do recurso correspondente.

§ 3º A ação rescisória pode ter por objeto apenas 1 (um) capítulo da decisão.

§ 4º Os atos de disposição de direitos, praticados pelas partes ou por outros participantes do processo e homologados pelo juízo, bem como os atos homologatórios praticados no curso da execução, estão sujeitos à anulação, nos termos da lei.

→ *v.* Arts. 166 e ss. do CC/2002.

Art. 967. Têm legitimidade para propor a ação rescisória:

I – quem foi parte no processo ou o seu sucessor a título universal ou singular;

→ *v.* Arts. 108 e ss. do NCPC.

II – o terceiro juridicamente interessado;

→ *v.* Arts. 119 e seguintes e 996 do NCPC.

III – o Ministério Público:

→ *v.* Arts. 127 e 129 da CF/1988.

a) se não foi ouvido no processo em que lhe era obrigatória a intervenção;

→ *v.* Art. 178 do NCPC.

b) quando a decisão rescindenda é o efeito de simulação ou de colusão das partes, a fim de fraudar a lei;

→ *v.* Art. 167 do CC/2002.

→ *v.* Art. 142 do NCPC.

c) em outros casos em que se imponha sua atuação;

IV – aquele que não foi ouvido no processo em que lhe era obrigatória a intervenção.

→ *v.* Art. 135 do NCPC.

Parágrafo único. Nas hipóteses do art. 178, o Ministério Público será intimado para intervir como fiscal da ordem jurídica quando não for parte.

Art. 968. A petição inicial será elaborada com observância dos requisitos essenciais do art. 319, devendo o autor:

I – cumular ao pedido de rescisão, se for o caso, o de novo julgamento do processo;

II – depositar a importância de cinco por cento sobre o valor da causa, que se converterá em multa caso a ação seja, por unanimidade de votos, declarada inadmissível ou improcedente.

→ *v.* Art. 836 da CLT.

→ *v.* Súmula 175 do STJ.

→ *v.* Súmula 129 do TFR.

→ *v.* Arts. 96 e 974 do NCPC.

§ 1º Não se aplica o disposto no inciso II à União, aos Estados, ao Distrito Federal, aos Municípios, às suas respectivas autarquias e fundações de direito público, ao Ministério Público, à Defensoria Pública e aos que tenham obtido o benefício de gratuidade da justiça.

→ *v.* Arts. 98 e ss. do NCPC.

§ 2º O depósito previsto no inciso II do *caput* deste artigo não será superior a 1.000 (mil) salários mínimos.

§ 3º Além dos casos previstos no art. 330, a petição inicial será indeferida quando não efetuado o depósito exigido pelo inciso II do *caput* deste artigo.

§ 4º Aplica-se à ação rescisória o disposto no art. 332.

§ 5º Reconhecida a incompetência do tribunal para julgar a ação rescisória, o autor será intimado para emendar a petição inicial, a fim de adequar o objeto da ação rescisória, quando a decisão apontada como rescindenda:

I – não tiver apreciado o mérito e não se enquadrar na situação prevista no § 2º do art. 966;

II – tiver sido substituída por decisão posterior.

→ *v.* Art. 1.008 do NCPC.

§ 6º Na hipótese do § 5º, após a emenda da petição inicial, será permitido ao réu complementar os fundamentos de defesa, e, em seguida, os autos serão remetidos ao tribunal competente.

Art. 969. A propositura da ação rescisória não impede o cumprimento da decisão rescindenda, ressalvada a concessão de tutela provisória.

→ *v.* Arts. 294 e ss. e 517, § 3º, do NCPC.

Art. 970. O relator ordenará a citação do réu, designando-lhe prazo nunca inferior a 15 (quinze) dias nem superior a 30 (trinta) dias para, querendo, apresentar resposta, ao fim do qual, com ou sem contestação, observar-se-á, no que couber, o procedimento comum.

→ *v.* Art. 318 do NCPC.

Art. 971. Na ação rescisória, devolvidos os autos pelo relator, a secretaria do tribunal expedirá cópias do relatório e as distribuirá entre os juízes que compuserem o órgão competente para o julgamento.

Parágrafo único. A escolha de relator recairá, sempre que possível, em juiz que não haja participado do julgamento rescindendo.

→ *v.* Súmula 252 do STF.

Art. 972. Se os fatos alegados pelas partes dependerem de prova, o relator poderá delegar a competência ao órgão que proferiu a decisão rescindenda, fixando prazo de 1 (um) a 3 (três) meses para a devolução dos autos.

→ *v.* Arts. 67 e ss. do NCPC.

Art. 973. Concluída a instrução, será aberta vista ao autor e ao réu para razões finais, sucessivamente, pelo prazo de 10 (dez) dias.

Parágrafo único. Em seguida, os autos serão conclusos ao relator, procedendo-se ao julgamento pelo órgão competente.

→ *v.* Art. 101, § 3º, da LC 35/1979.

→ *v.* Súmulas 249 e 515 do STF

Art. 974. Julgando procedente o pedido, o tribunal rescindirá a decisão, proferirá, se for o caso, novo julgamento e determinará a restituição do depósito a que se refere o inciso II do art. 968.

Parágrafo único. Considerando, por unanimidade, inadmissível ou improcedente o pedido, o tribunal determinará a reversão, em favor do réu, da importância do depósito, sem prejuízo do disposto no § 2º do art. 82.

Art. 975. O direito à rescisão se extingue em 2 (dois) anos contados do trânsito em julgado da última decisão proferida no processo.

→ *v.* Súmula 514 do STF.

→ *v.* Súmula 401 do STJ.

→ *v.* Súmula 100 do TST.

→ *v.* Art. 425, § 1º, do NCPC.

§ 1º Prorroga-se até o primeiro dia útil imediatamente subsequente o prazo a que se refere o *caput*, quando expirar durante férias forenses, recesso, feriados ou em dia em que não houver expediente forense.

→ *v.* Arts. 214, 215 e 216 do NCPC.

§ 2º Se fundada a ação no inciso VII do art. 966, o termo inicial do prazo será a data de descoberta da prova nova, observado o prazo máximo de 5 (cinco) anos, contado do trânsito em julgado da última decisão proferida no processo.

§ 3º Nas hipóteses de simulação ou de colusão das partes, o prazo começa a contar, para o terceiro prejudicado e para o Ministério Público, que não interveio no processo, a partir do momento em que têm ciência da simulação ou da colusão.

→ v. Art. 167 do CC/2002.

→ v. Art. 142 do NCPC.

Capítulo VIII
DO INCIDENTE DE RESOLUÇÃO DE DEMANDAS REPETITIVAS

→ v. Arts. 12, 138, 139, X, 311, II, 313, 332, II e III, 964, § 4º, II e III, 521, IV, 927, III, 928, 932, IV e V, 937, § 1º, 955, parágrafo único, II, 988, IV, 1.022, 1.035, § 3º, II e 1.036, § 4º do NCPC.

Art. 976. É cabível a instauração do incidente de resolução de demandas repetitivas quando houver, simultaneamente:

I – efetiva repetição de processos que contenham controvérsia sobre a mesma questão unicamente de direito;

II – risco de ofensa à isonomia e à segurança jurídica.

§ 1º A desistência ou o abandono do processo não impede o exame de mérito do incidente.

→ v. Arts. 200, 785 e 998 do NCPC.

§ 2º Se não for o requerente, o Ministério Público intervirá obrigatoriamente no incidente e deverá assumir sua titularidade em caso de desistência ou de abandono.

→ v. Art. 176 do NCPC.

§ 3º A inadmissão do incidente de resolução de demandas repetitivas por ausência de qualquer de seus pressupostos de admissibilidade não impede que, uma vez satisfeito o requisito, seja o incidente novamente suscitado.

→ v. Arts. 139, IX, 152 e 486 do NCPC.

§ 4º É incabível o incidente de resolução de demandas repetitivas quando um dos tribunais superiores, no âmbito de sua respectiva competência, já tiver afetado recurso para definição de tese sobre questão de direito material ou processual repetitiva.

§ 5º Não serão exigidas custas processuais no incidente de resolução de demandas repetitivas.

→ v. Art. 82 do NCPC.

Art. 977. O pedido de instauração do incidente será dirigido ao presidente de tribunal:

I – pelo juiz ou relator, por ofício;

II – pelas partes, por petição;

III – pelo Ministério Público ou pela Defensoria Pública, por petição.

Parágrafo único. O ofício ou a petição será instruído com os documentos necessários à demonstração do preenchimento dos pressupostos para a instauração do incidente.

Art. 978. O julgamento do incidente caberá ao órgão indicado pelo regimento interno dentre aqueles responsáveis pela uniformização de jurisprudência do tribunal.

Parágrafo único. O órgão colegiado incumbido de julgar o incidente e de fixar a tese jurídica julgará igualmente o recurso, a remessa necessária ou o processo de competência originária de onde se originou o incidente.

Art. 979. A instauração e o julgamento do incidente serão sucedidos da mais ampla e específica divulgação e publicidade, por meio de registro eletrônico no Conselho Nacional de Justiça.

§ 1º Os tribunais manterão banco eletrônico de dados atualizados com informações específicas sobre questões de direito submetidas ao incidente, comunicando-o imediatamente ao Conselho Nacional de Justiça para inclusão no cadastro.

§ 2º Para possibilitar a identificação dos processos abrangidos pela decisão do incidente, o registro eletrônico das teses jurídicas constantes do cadastro conterá, no mínimo, os fundamentos determinantes da decisão e os dispositivos normativos a ela relacionados.

§ 3º Aplica-se o disposto neste artigo ao julgamento de recursos repetitivos e da repercussão geral em recurso extraordinário.

Art. 980. O incidente será julgado no prazo de 1 (um) ano e terá preferência sobre os demais feitos, ressalvados os que envolvam réu preso e os pedidos de *habeas corpus*.

Parágrafo único. Superado o prazo previsto no *caput*, cessa a suspensão dos processos prevista no art. 982, salvo decisão fundamentada do relator em sentido contrário.

→ v. Art. 313 do NCPC.

Art. 981. Após a distribuição, o órgão colegiado competente para julgar o incidente procederá ao seu juízo de admissibilidade, considerando a presença dos pressupostos do art. 976.

Art. 982. Admitido o incidente, o relator:

I – suspenderá os processos pendentes, individuais ou coletivos, que tramitam no Estado ou na região, conforme o caso;

→ v. Art. 313 do NCPC.

II – poderá requisitar informações a órgãos em cujo juízo tramita processo no qual se discute o objeto do incidente, que as prestarão no prazo de 15 (quinze) dias;

III – intimará o Ministério Público para, querendo, manifestar-se no prazo de 15 (quinze) dias.

§ 1º A suspensão será comunicada aos órgãos jurisdicionais competentes.

§ 2º Durante a suspensão, o pedido de tutela de urgência deverá ser dirigido ao juízo onde tramita o processo suspenso.

→ v. Art. 294 do NCPC.

§ 3º Visando à garantia da segurança jurídica, qualquer legitimado mencionado no art. 977, incisos II e III, poderá requerer, ao tribunal competente para conhecer do recurso extraordinário ou especial, a suspensão de todos os processos individuais ou coletivos em curso no território nacional que versem sobre a questão objeto do incidente já instaurado.

§ 4º Independentemente dos limites da competência territorial, a parte no processo em curso no qual se discuta a mesma questão objeto do incidente é legitimada para requerer a providência prevista no § 3º deste artigo.

§ 5º Cessa a suspensão a que se refere o inciso I do *caput* deste artigo se não for interposto recurso especial ou recurso extraordinário contra a decisão proferida no incidente.

Art. 983. O relator ouvirá as partes e os demais interessados, inclusive pessoas, órgãos e entidades com interesse na controvérsia, que, no prazo comum de 15 (quinze) dias, poderão requerer a juntada de documentos, bem como as diligências necessárias para a elucidação da questão de direito controvertida, e, em seguida, manifestar-se-á o Ministério Público, no mesmo prazo.

§ 1º Para instruir o incidente, o relator poderá designar data para, em audiência pública, ouvir depoimentos de pessoas com experiência e conhecimento na matéria.

§ 2º Concluídas as diligências, o relator solicitará dia para o julgamento do incidente.

Art. 984. No julgamento do incidente, observar-se-á a seguinte ordem:

I – o relator fará a exposição do objeto do incidente;

II – poderão sustentar suas razões, sucessivamente:

a) o autor e o réu do processo originário e o Ministério Público, pelo prazo de 30 (trinta) minutos;

b) os demais interessados, no prazo de 30 (trinta) minutos, divididos entre todos, sendo exigida inscrição com 2 (dois) dias de antecedência.

§ 1º Considerando o número de inscritos, o prazo poderá ser ampliado.

§ 2º O conteúdo do acórdão abrangerá a análise de todos os fundamentos suscitados concernentes à tese jurídica discutida, sejam favoráveis ou contrários.

→ v. Art. 489, § 1º, do NCPC.

Art. 985. Julgado o incidente, a tese jurídica será aplicada:

→ v. Art. 927, III, do NCPC.

I – a todos os processos individuais ou coletivos que versem sobre idêntica questão de direito e que tramitem na área de jurisdição do respectivo tribunal, inclusive àqueles que tramitem nos juizados especiais do respectivo Estado ou região;

→ v. Art. 496, § 4º, do NCPC.

II – aos casos futuros que versem idêntica questão de direito e que venham a tramitar no território de competência do tribunal, salvo revisão na forma do art. 986.

→ v. Arts. 311 e 332, I, do NCPC.

§ 1º Não observada a tese adotada no incidente, caberá reclamação.

→ v. Art. 988, IV, do NCPC.

§ 2º Se o incidente tiver por objeto questão relativa a prestação de serviço concedido, permitido ou autorizado, o resultado do julgamento será comunicado ao órgão, ao ente ou à agência reguladora competente para fiscalização da efetiva aplicação, por parte dos entes sujeitos a regulação, da tese adotada.

→ v. Art. 1.040, IV, do NCPC.

Art. 986. A revisão da tese jurídica firmada no incidente far-se-á pelo mesmo tribunal, de ofício ou mediante requerimento dos legitimados mencionados no art. 977, inciso III.

→ v. Art. 927, §§ 2º, 3º e 4º, do NCPC.

Art. 987. Do julgamento do mérito do incidente caberá recurso extraordinário ou especial, conforme o caso.

§ 1º O recurso tem efeito suspensivo, presumindo-se a repercussão geral de questão constitucional eventualmente discutida.

→ v. Art. 1.035 do NCPC.

§ 2º Apreciado o mérito do recurso, a tese jurídica adotada pelo Supremo Tribunal Federal ou pelo Superior Tribunal de Justiça será aplicada no território nacional a todos os processos individuais ou coletivos que versem sobre idêntica questão de direito.

Capítulo IX
DA RECLAMAÇÃO

→ *v.* Súmula 734 STF.

→ *v.* Arts. 102, I, *l*, § 2º, 103-A, § 3º, e 105, I, *f*, da CF/1988.

→ *v.* Arts. 156 e ss. do RISTF.

→ *v.* Arts. 187 e ss. do RISTJ.

→ *v.* Lei 9.868/1999 – Dispõe sobre o processo e julgamento da ação direta de inconstitucionalidade e da ação declaratória de constitucionalidade perante o Supremo Tribunal Federal.

→ *v.* Lei 9.882/1999 – Dispõe sobre o processo e julgamento da arguição de descumprimento de preceito fundamental, nos termos do § 1o do art. 102 da Constituição Federal.

→ *v.* Lei 11.417/2006 – Disciplina a edição, a revisão e o cancelamento de enunciado de súmula vinculante pelo Supremo Tribunal Federal.

Art. 988. Caberá reclamação da parte interessada ou do Ministério Público para:

I – preservar a competência do tribunal;

II – garantir a autoridade das decisões do tribunal;

→ *v.* Art. 927 do NCPC.

III – garantir a observância de decisão do Supremo Tribunal Federal em controle concentrado de constitucionalidade;

→ *v.* Art. 927 do NCPC.

IV – garantir a observância de enunciado de súmula vinculante e de precedente proferido em julgamento de casos repetitivos ou em incidente de assunção de competência.

→ *v.* Arts. 928, 947, 976 e 1.036 do NCPC.

§ 1º A reclamação pode ser proposta perante qualquer tribunal, e seu julgamento compete ao órgão jurisdicional cuja competência se busca preservar ou cuja autoridade se pretenda garantir.

§ 2º A reclamação deverá ser instruída com prova documental e dirigida ao presidente do tribunal.

§ 3º Assim que recebida, a reclamação será autuada e distribuída ao relator do processo principal, sempre que possível.

§ 4º As hipóteses dos incisos III e IV compreendem a aplicação indevida da tese jurídica e sua não aplicação aos casos que a ela correspondam.

§ 5º É inadmissível a reclamação proposta após o trânsito em julgado da decisão.

→ *v.* Súmula 734 STF.

§ 6º A inadmissibilidade ou o julgamento do recurso interposto contra a decisão proferida pelo órgão reclamado não prejudica a reclamação.

Art. 989. Ao despachar a reclamação, o relator:

I – requisitará informações da autoridade a quem for imputada a prática do ato impugnado, que as prestará no prazo de 10 (dez) dias;

II – se necessário, ordenará a suspensão do processo ou do ato impugnado para evitar dano irreparável;

→ *v.* Art. 294 do NCPC.

III – determinará a citação do beneficiário da decisão impugnada, que terá prazo de 15 (quinze) dias para apresentar a sua contestação.

Art. 990. Qualquer interessado poderá impugnar o pedido do reclamante.

Art. 991. Na reclamação que não houver formulado, o Ministério Público terá vista do processo por 5 (cinco) dias, após o decurso do prazo para informações e para o oferecimento da contestação pelo beneficiário do ato impugnado.

Art. 992. Julgando procedente a reclamação, o tribunal cassará a decisão exorbitante de seu julgado ou determinará medida adequada à solução da controvérsia.

Art. 993. O presidente do tribunal determinará o imediato cumprimento da decisão, lavrando-se o acórdão posteriormente.

Título II
Dos recursos

→ *v.* Art. 5º, LV, § 2º, da CF/1988.

→ *v.* Art. 25 da Convenção Americana sobre Direitos Humanos.

Capítulo I
DISPOSIÇÕES GERAIS

Art. 994. São cabíveis os seguintes recursos:

I – apelação;

→ *v.* Arts. 1.009 e ss. do NCPC.

II – agravo de instrumento;

→ *v.* Arts. 1.015 e ss. do NCPC.

III – agravo interno;

→ *v.* Art. 1.021 do NCPC.

IV – embargos de declaração;

→ *v.* Arts. 1.022 e ss. do NCPC.

V – recurso ordinário;

→ *v.* Arts. 1.027 e ss. do NCPC.

VI – recurso especial;

→ *v.* Arts. 1.029 e ss. do NCPC.

VII – recurso extraordinário;

→ *v.* Arts. 1.029 e ss. do NCPC.

VIII – agravo em recurso especial ou extraordinário;

→ *v.* Art. 1.042 do NCPC.

IX – embargos de divergência.

→ *v.* Súmulas 158, 168, 315, 316 e 420 do STJ.

→ *v.* Arts. 1.043 e 1044 do NCPC.

Art. 995. Os recursos não impedem a eficácia da decisão, salvo disposição legal ou decisão judicial em sentido diverso.

Parágrafo único. A eficácia da decisão recorrida poderá ser suspensa por decisão do relator, se da imediata produção de seus efeitos houver risco de dano grave, de difícil ou impossível reparação, e ficar demonstrada a probabilidade de provimento do recurso.

Art. 996. O recurso pode ser interposto pela parte vencida, pelo terceiro prejudicado e pelo Ministério Público, como parte ou como fiscal da ordem jurídica.

→ *v.* Súmulas 99, 202 e 226 do STJ.

Parágrafo único. Cumpre ao terceiro demonstrar a possibilidade de a decisão sobre a relação jurídica submetida à apreciação judicial atingir direito de que se afirme titular ou que possa discutir em juízo como substituto processual.

Art. 997. Cada parte interporá o recurso independentemente, no prazo e com observância das exigências legais.

§ 1º Sendo vencidos autor e réu, ao recurso interposto por qualquer deles poderá aderir o outro.

§ 2º O recurso adesivo fica subordinado ao recurso independente, sendo-lhe aplicáveis as mesmas regras deste quanto aos requisitos de admissibilidade e julgamento no tribunal, salvo disposição legal diversa, observado, ainda, o seguinte:

I – será dirigido ao órgão perante o qual o recurso independente fora interposto, no prazo de que a parte dispõe para responder;

II – será admissível na apelação, no recurso extraordinário e no recurso especial;

III – não será conhecido, se houver desistência do recurso principal ou se for ele considerado inadmissível.

Art. 998. O recorrente poderá, a qualquer tempo, sem a anuência do recorrido ou dos litisconsortes, desistir do recurso.

Parágrafo único. A desistência do recurso não impede a análise de questão cuja repercussão geral já tenha sido reconhecida e daquela objeto de julgamento de recursos extraordinários ou especiais repetitivos.

Art. 999. A renúncia ao direito de recorrer independe da aceitação da outra parte.

→ *v.* Art. 200 do NCPC.

Art. 1.000. A parte que aceitar expressa ou tacitamente a decisão não poderá recorrer.

Parágrafo único. Considera-se aceitação tácita a prática, sem nenhuma reserva, de ato incompatível com a vontade de recorrer.

Art. 1.001. Dos despachos não cabe recurso.

Art. 1.002. A decisão pode ser impugnada no todo ou em parte.

Art. 1.003. O prazo para interposição de recurso conta-se da data em que os advogados, a sociedade de advogados, a Advocacia Pública, a Defensoria Pública ou o Ministério Público são intimados da decisão.

→ *v.* Arts. 231, 270, 272 e 274 do NCPC.

§ 1º Os sujeitos previstos no *caput* considerar-se-ão intimados em audiência quando nesta for proferida a decisão.

§ 2º Aplica-se o disposto no art. 231, incisos I a VI, ao prazo de interposição de recurso pelo réu contra decisão proferida anteriormente à citação.

§ 3º No prazo para interposição de recurso, a petição será protocolada em cartório ou conforme as normas de organização judiciária, ressalvado o disposto em regra especial.

§ 4º Para aferição da tempestividade do recurso remetido pelo correio, será considerada como data de interposição a data de postagem.

§ 5º Excetuados os embargos de declaração, o prazo para interpor os recursos e para responder-lhes é de 15 (quinze) dias.

→ *v.* Arts. 180, 183, 186 e 229 do NCPC.

§ 6º O recorrente comprovará a ocorrência de feriado local no ato de interposição do recurso.

Art. 1.004. Se, durante o prazo para a interposição do recurso, sobrevier o falecimento da parte ou de seu advogado ou ocorrer motivo de força maior que suspenda o curso do processo, será tal prazo restituído em proveito da parte, do herdeiro ou do sucessor, contra quem começará a correr novamente depois da intimação.

→ *v.* Arts. 110 e 313 do NCPC.

Art. 1.005. O recurso interposto por um dos litisconsortes a todos aproveita, salvo se distintos ou opostos os seus interesses.

Parágrafo único. Havendo solidariedade passiva, o recurso interposto por um devedor aproveitará aos outros quando as defesas opostas ao credor lhes forem comuns.

Art. 1.006. Certificado o trânsito em julgado, com menção expressa da data de sua ocorrência, o escrivão ou o chefe de secretaria, independentemente de despacho, providenciará a baixa dos autos ao juízo de origem, no prazo de 5 (cinco) dias.

Art. 1.007. No ato de interposição do recurso, o recorrente comprovará, quando exigido pela legislação pertinente, o respectivo preparo, inclusive porte de remessa e de retorno, sob pena de deserção.

§ 1º São dispensados de preparo, inclusive porte de remessa e de retorno, os recursos interpostos pelo Ministério Público, pela União, pelo Distrito Federal, pelos Estados, pelos Municípios, e respectivas autarquias, e pelos que gozam de isenção legal.

§ 2º A insuficiência no valor do preparo, inclusive porte de remessa e de retorno, implicará deserção se o recorrente, intimado na pessoa de seu advogado, não vier a supri-lo no prazo de 5 (cinco) dias.

§ 3º É dispensado o recolhimento do porte de remessa e de retorno no processo em autos eletrônicos.

§ 4º O recorrente que não comprovar, no ato de interposição do recurso, o recolhimento do preparo, inclusive porte de remessa e de retorno, será intimado, na pessoa de seu advogado, para realizar o recolhimento em dobro, sob pena de deserção.

§ 5º É vedada a complementação se houver insuficiência parcial do preparo, inclusive porte de remessa e de retorno, no recolhimento realizado na forma do § 4º.

§ 6º Provando o recorrente justo impedimento, o relator relevará a pena de deserção, por decisão irrecorrível, fixando-lhe prazo de 5 (cinco) dias para efetuar o preparo.

§ 7º O equívoco no preenchimento da guia de custas não implicará a aplicação da pena de deserção, cabendo ao relator, na hipótese de dúvida quanto ao recolhimento, intimar o recorrente para sanar o vício no prazo de 5 (cinco) dias.

Art. 1.008. O julgamento proferido pelo tribunal substituirá a decisão impugnada no que tiver sido objeto de recurso.

Capítulo II
DA APELAÇÃO

Art. 1.009. Da sentença cabe apelação.

→ *v.* Art. 203 do NCPC.

→ *v.* Art. 316 do NCPC.

→ *v.* Arts. 485 e ss. do NCPC.

§ 1º As questões resolvidas na fase de conhecimento, se a decisão a seu respeito não comportar agravo de instrumento, não são cobertas pela preclusão e devem ser suscitadas em preliminar de apelação, eventualmente interposta contra a decisão final, ou nas contrarrazões.

§ 2º Se as questões referidas no § 1º forem suscitadas em contrarrazões, o recorrente será intimado para, em 15 (quinze) dias, manifestar-se a respeito delas.

§ 3º O disposto no *caput* deste artigo aplica-se mesmo quando as questões mencionadas no art. 1.015 integrarem capítulo da sentença.

Art. 1.010. A apelação, interposta por petição dirigida ao juízo de primeiro grau, conterá:

I – os nomes e a qualificação das partes;

II – a exposição do fato e do direito;

III – as razões do pedido de reforma ou de decretação de nulidade;

IV – o pedido de nova decisão.

§ 1º O apelado será intimado para apresentar contrarrazões no prazo de 15 (quinze) dias.

§ 2º Se o apelado interpuser apelação adesiva, o juiz intimará o apelante para apresentar contrarrazões.

§ 3º Após as formalidades previstas nos §§ 1º e 2º, os autos serão remetidos ao tribunal pelo juiz, independentemente de juízo de admissibilidade.

Art. 1.011. Recebido o recurso de apelação no tribunal e distribuído imediatamente, o relator:

I – decidi-lo-á monocraticamente apenas nas hipóteses do art. 932, incisos III a V;

II – se não for o caso de decisão monocrática, elaborará seu voto para julgamento do recurso pelo órgão colegiado.

Art. 1.012. A apelação terá efeito suspensivo.

→ *v.* Art. 995 do NCPC.

§ 1º Além de outras hipóteses previstas em lei, começa a produzir efeitos imediatamente após a sua publicação a sentença que:

I – homologa divisão ou demarcação de terras;

II – condena a pagar alimentos;

III – extingue sem resolução do mérito ou julga improcedentes os embargos do executado;

→ *v.* Súmulas 317e 331 do STJ.

IV – julga procedente o pedido de instituição de arbitragem;

V – confirma, concede ou revoga tutela provisória;

VI – decreta a interdição.

§ 2º Nos casos do § 1º, o apelado poderá promover o pedido de cumprimento provisório depois de publicada a sentença.

§ 3º O pedido de concessão de efeito suspensivo nas hipóteses do § 1º poderá ser formulado por requerimento dirigido ao:

I – tribunal, no período compreendido entre a interposição da apelação e sua distribuição, ficando o relator designado para seu exame prevento para julgá-la;

II – relator, se já distribuída a apelação.

§ 4º Nas hipóteses do § 1º, a eficácia da sentença poderá ser suspensa pelo relator se o apelante demonstrar a probabilidade de provimento do recurso ou se, sendo relevante a fundamentação, houver risco de dano grave ou de difícil reparação.

→ *v.* Art. 294 do NCPC.

Art. 1.013. A apelação devolverá ao tribunal o conhecimento da matéria impugnada.

→ *v.* Arts. 141 e 492 do NCPC.

§ 1º Serão, porém, objeto de apreciação e julgamento pelo tribunal todas as questões suscitadas e discutidas no processo, ainda que não tenham sido solucionadas, desde que relativas ao capítulo impugnado.

§ 2º Quando o pedido ou a defesa tiver mais de um fundamento e o juiz acolher apenas um deles, a apelação devolverá ao tribunal o conhecimento dos demais.

§ 3º Se o processo estiver em condições de imediato julgamento, o tribunal deve decidir desde logo o mérito quando:

I – reformar sentença fundada no art. 485;

II – decretar a nulidade da sentença por não ser ela congruente com os limites do pedido ou da causa de pedir;

→ *v.* Art. 492 do NCPC.

III – constatar a omissão no exame de um dos pedidos, hipótese em que poderá julgá-lo;

IV – decretar a nulidade de sentença por falta de fundamentação.

→ *v.* Art. 489, § 1º, do NCPC.

§ 4º Quando reformar sentença que reconheça a decadência ou a prescrição, o tribunal, se possível, julgará o mérito, examinando as demais questões, sem determinar o retorno do processo ao juízo de primeiro grau.

→ *v.* Arts. 332, § 1º, e 487, II, do NCPC.

§ 5º O capítulo da sentença que confirma, concede ou revoga a tutela provisória é impugnável na apelação.

Art. 1.014. As questões de fato não propostas no juízo inferior poderão ser suscitadas na apelação, se a parte provar que deixou de fazê-lo por motivo de força maior.

Capítulo III
DO AGRAVO DE INSTRUMENTO

Art. 1.015. Cabe agravo de instrumento contra as decisões interlocutórias que versarem sobre:

→ *v.* Súmula 255 do STJ.

→ *v.* Art. 7º, § 1º, da Lei 12.016/2009.

→ *v.* Art. 100 da Lei 11.101/2005.

→ *v.* Art. 203 do NCPC.

I – tutelas provisórias;

II – mérito do processo;

III – rejeição da alegação de convenção de arbitragem;

IV – incidente de desconsideração da personalidade jurídica;

V – rejeição do pedido de gratuidade da justiça ou acolhimento do pedido de sua revogação;

VI – exibição ou posse de documento ou coisa;

VII – exclusão de litisconsorte;

VIII – rejeição do pedido de limitação do litisconsórcio;

IX – admissão ou inadmissão de intervenção de terceiros;

X – concessão, modificação ou revogação do efeito suspensivo aos embargos à execução;

XI – redistribuição do ônus da prova nos termos do art. 373, § 1º;

XII – (*Vetado*).

XIII – outros casos expressamente referidos em lei.

Parágrafo único. Também caberá agravo de instrumento contra decisões interlocutórias proferidas na fase de liquidação de sentença ou de cumprimento de sentença, no processo de execução e no processo de inventário.

Art. 1.016. O agravo de instrumento será dirigido diretamente ao tribunal competente, por meio de petição com os seguintes requisitos:

→ *v.* Art. 1.003, § 4º, do NCPC.

I – os nomes das partes;

II – a exposição do fato e do direito;

III – as razões do pedido de reforma ou de invalidação da decisão e o próprio pedido;

IV – o nome e o endereço completo dos advogados constantes do processo.

Art. 1.017. A petição de agravo de instrumento será instruída:

I – obrigatoriamente, com cópias da petição inicial, da contestação, da petição que ensejou a decisão agravada, da própria decisão agravada, da certidão da respectiva intimação ou outro documento oficial que comprove a tempestividade e das procurações outorgadas aos advogados do agravante e do agravado;

→ *v.* Súmula 235 do TFR.

II – com declaração de inexistência de qualquer dos documentos referidos no inciso I, feita pelo advogado do agravante, sob pena de sua responsabilidade pessoal;

III – facultativamente, com outras peças que o agravante reputar úteis.

§ 1º Acompanhará a petição o comprovante do pagamento das respectivas custas e do porte de retorno, quando devidos, conforme tabela publicada pelos tribunais.

→ *v.* Art. 1.007 do NCPC.

§ 2º No prazo do recurso, o agravo será interposto por:

I – protocolo realizado diretamente no tribunal competente para julgá-lo;

II – protocolo realizado na própria comarca, seção ou subseção judiciárias;

III – postagem, sob registro, com aviso de recebimento;

→ *v.* Art. 1.003, § 4º, do NCPC.

IV – transmissão de dados tipo fac-símile, nos termos da lei;

→ *v.* Lei 9.800/1999 – Permite às partes a utilização de sistema de transmissão de dados para a prática de atos processuais.

V – outra forma prevista em lei.

§ 3º Na falta da cópia de qualquer peça ou no caso de algum outro vício que comprometa a admissibilidade do agravo de instrumento, deve o relator aplicar o disposto no art. 932, parágrafo único.

§ 4º Se o recurso for interposto por sistema de transmissão de dados tipo fac-símile ou similar, as peças devem ser juntadas no momento de protocolo da petição original.

§ 5º Sendo eletrônicos os autos do processo, dispensam-se as peças referidas nos incisos I e II do *caput*, facultando-se ao agravante anexar outros documentos que entender úteis para a compreensão da controvérsia.

Art. 1.018. O agravante poderá requerer a juntada, aos autos do processo, de cópia da petição do agravo de instrumento, do comprovante de sua interposição e da relação dos documentos que instruíram o recurso.

§ 1º Se o juiz comunicar que reformou inteiramente a decisão, o relator considerará prejudicado o agravo de instrumento.

§ 2º Não sendo eletrônicos os autos, o agravante tomará a providência prevista no *caput*, no prazo de 3 (três) dias a contar da interposição do agravo de instrumento.

§ 3º O descumprimento da exigência de que trata o § 2º, desde que arguido e provado pelo agravado, importa inadmissibilidade do agravo de instrumento.

→ *v.* Súmula 221 do TFR.

Art. 1.019. Recebido o agravo de instrumento no tribunal e distribuído imediatamente, se não for o caso de aplicação do art. 932, incisos III e IV, o relator, no prazo de 5 (cinco) dias:

I – poderá atribuir efeito suspensivo ao recurso ou deferir, em antecipação de tutela, total ou parcialmente, a pretensão recursal, comunicando ao juiz sua decisão;

→ *v.* Art. 995 do NCPC.

II – ordenará a intimação do agravado pessoalmente, por carta com aviso de recebimento, quando não tiver procurador constituído, ou pelo Diário da Justiça ou por carta com aviso de recebimento dirigida ao seu advogado, para que responda no prazo de 15 (quinze) dias, facultando-lhe juntar a documentação que entender necessária ao julgamento do recurso;

III – determinará a intimação do Ministério Público, preferencialmente por meio eletrônico, quando for o caso de sua intervenção, para que se manifeste no prazo de 15 (quinze) dias.

→ *v.* Art. 178 do NCPC.

Art. 1.020. O relator solicitará dia para julgamento em prazo não superior a 1 (um) mês da intimação do agravado.

Capítulo IV
DO AGRAVO INTERNO

Art. 1.021. Contra decisão proferida pelo relator caberá agravo interno para o respectivo órgão colegiado, observadas, quanto ao processamento, as regras do regimento interno do tribunal.

→ *v.* Arts. 317 e ss. do RISTF.

→ *v.* Arts. 258 e 259 do RISTJ.

§ 1º Na petição de agravo interno, o recorrente impugnará especificadamente os fundamentos da decisão agravada.

§ 2º O agravo será dirigido ao relator, que intimará o agravado para manifestar-se sobre o recurso no prazo de 15 (quinze) dias, ao final do qual, não havendo retratação, o relator levá-lo-á a julgamento pelo órgão colegiado, com inclusão em pauta.

§ 3º É vedado ao relator limitar-se à reprodução dos fundamentos da decisão agravada para julgar improcedente o agravo interno.

→ *v.* Art. 489, § 1º, do NCPC.

§ 4º Quando o agravo interno for declarado manifestamente inadmissível ou improcedente em votação unânime, o órgão colegiado, em decisão fundamentada, condenará o agravante a pagar ao agravado multa fixada entre um e cinco por cento do valor atualizado da causa.

→ *v.* Art. 80 do NCPC.

§ 5º A interposição de qualquer outro recurso está condicionada ao depósito prévio do valor da multa prevista no § 4º, à exceção da Fazenda Pública e do beneficiário de gratuidade da justiça, que farão o pagamento ao final.

→ *v.* Arts. 98 e ss. do NCPC.

Capítulo V
DOS EMBARGOS DE DECLARAÇÃO

Art. 1.022. Cabem embargos de declaração contra qualquer decisão judicial para:

→ *v.* Art. 494, II, do NCPC.

I – esclarecer obscuridade ou eliminar contradição;

II – suprir omissão de ponto ou questão sobre o qual devia se pronunciar o juiz de ofício ou a requerimento;

III – corrigir erro material.

Parágrafo único. Considera-se omissa a decisão que:

I – deixe de se manifestar sobre tese firmada em julgamento de casos repetitivos ou em incidente de assunção de competência aplicável ao caso sob julgamento;

II – incorra em qualquer das condutas descritas no art. 489, § 1º.

Art. 1.023. Os embargos serão opostos, no prazo de 5 (cinco) dias, em petição dirigida ao juiz, com indicação do erro, obscuridade, contradição ou omissão, e não se sujeitam a preparo.

§ 1º Aplica-se aos embargos de declaração o art. 229.

§ 2º O juiz intimará o embargado para, querendo, manifestar-se, no prazo de 5 (cinco) dias, sobre os embargos opostos, caso seu eventual acolhimento implique a modificação da decisão embargada.

Art. 1.024. O juiz julgará os embargos em 5 (cinco) dias.

§ 1º Nos tribunais, o relator apresentará os embargos em mesa na sessão subsequente, proferindo voto, e, não havendo julgamento nessa sessão, será o recurso incluído em pauta automaticamente.

→ *v.* Art. 935 do NCPC.

§ 2º Quando os embargos de declaração forem opostos contra decisão de relator ou outra decisão unipessoal proferida em tribunal, o órgão prolator da decisão embargada decidi-los-á monocraticamente.

§ 3º O órgão julgador conhecerá dos embargos de declaração como agravo interno se entender ser este o recurso cabível, desde que determine previamente a intimação do recorrente para, no prazo de 5 (cinco) dias, complementar as razões recursais, de modo a ajustá-las às exigências do art. 1.021, § 1º.

§ 4º Caso o acolhimento dos embargos de declaração implique modificação da decisão embargada, o embargado que já tiver interposto outro recurso contra a decisão originária tem o direito de complementar ou alterar suas razões, nos exatos limites da modificação, no prazo de 15 (quinze) dias, contado da intimação da decisão dos embargos de declaração.

§ 5º Se os embargos de declaração forem rejeitados ou não alterarem a conclusão do julgamento anterior, o recurso interposto pela outra parte antes da publicação do julgamento dos embargos de declaração será processado e julgado independentemente de ratificação.

Art. 1.025. Consideram-se incluídos no acórdão os elementos que o embargante suscitou, para fins de pré-questionamento, ainda que os embargos de declaração sejam inadmitidos ou rejeitados, caso o tribunal superior considere existentes erro, omissão, contradição ou obscuridade.

→ v. Súmula 282 do STF.

→ v. Súmula 356 do STF.

→ v. Súmula 211 do STJ.

Art. 1.026. Os embargos de declaração não possuem efeito suspensivo e interrompem o prazo para a interposição de recurso.

→ v. Art. 995 do NCPC.

§ 1º A eficácia da decisão monocrática ou colegiada poderá ser suspensa pelo respectivo juiz ou relator se demonstrada a probabilidade de provimento do recurso ou, sendo relevante a fundamentação, se houver risco de dano grave ou de difícil reparação.

§ 2º Quando manifestamente protelatórios os embargos de declaração, o juiz ou o tribunal, em decisão fundamentada, condenará o embargante a pagar ao embargado multa não excedente a dois por cento sobre o valor atualizado da causa.

§ 3º Na reiteração de embargos de declaração manifestamente protelatórios, a multa será elevada a até dez por cento sobre o valor atualizado da causa, e a interposição de qualquer recurso ficará condicionada ao depósito prévio do valor da multa, à exceção da Fazenda Pública e do beneficiário de gratuidade da justiça, que a recolherão ao final.

→ v. Súmula 98 do STJ.

→ v. Arts. 98 e ss. do NCPC.

§ 4º Não serão admitidos novos embargos de declaração se os 2 (dois) anteriores houverem sido considerados protelatórios.

Capítulo VI
DOS RECURSOS PARA O SUPREMO TRIBUNAL FEDERAL E PARA O SUPERIOR TRIBUNAL DE JUSTIÇA

→ v. Arts. 101 a 105 da CF/1988.

Seção I
Do recurso ordinário

→ v. Arts. 307 e ss. do RISTF.

→ v. Arts. 244 e ss. do RISTJ.

Art. 1.027. Serão julgados em recurso ordinário:

I – pelo Supremo Tribunal Federal, os mandados de segurança, os *habeas data* e os mandados de injunção decididos em única instância pelos tribunais superiores, quando denegatória a decisão;

II – pelo Superior Tribunal de Justiça:

a) os mandados de segurança decididos em única instância pelos tribunais regionais federais ou pelos tribunais de justiça dos Estados e do Distrito Federal e Territórios, quando denegatória a decisão;

b) os processos em que forem partes, de um lado, Estado estrangeiro ou organismo internacional e, de outro, Município ou pessoa residente ou domiciliada no País.

§ 1º Nos processos referidos no inciso II, alínea *b*, contra as decisões interlocutórias caberá agravo de instrumento dirigido ao Superior Tribunal de Justiça, nas hipóteses do art. 1.015.

§ 2º Aplica-se ao recurso ordinário o disposto nos arts. 1.013, § 3º, e 1.029, § 5º.

Art. 1.028. Ao recurso mencionado no art. 1.027, inciso II, alínea *b*, aplicam-se, quanto aos requisitos de admissibilidade e ao procedimento, as disposições relativas à apelação e o Regimento Interno do Superior Tribunal de Justiça.

§ 1º Na hipótese do art. 1.027, § 1º, aplicam-se as disposições relativas ao agravo de instrumento e o Regimento Interno do Superior Tribunal de Justiça.

§ 2º O recurso previsto no art. 1.027, incisos I e II, alínea *a*, deve ser interposto perante o tribunal de origem, cabendo ao seu presidente ou vice-presidente determinar a intimação do recorrido para, em 15 (quinze) dias, apresentar as contrarrazões.

§ 3º Findo o prazo referido no § 2º, os autos serão remetidos ao respectivo tribunal superior, independentemente de juízo de admissibilidade.

Seção II
Do recurso extraordinário e do recurso especial

Subseção I
Disposições Gerais

→ v. Arts. 102, III, e 105, III, da CF/1988.

→ v. Arts. 321 a 329 do RISTF.

→ v. Arts. 255 a 257 do RISTJ.

Art. 1.029. O recurso extraordinário e o recurso especial, nos casos previstos na Constituição Federal, serão interpostos perante o presidente ou o vice-presidente do tribunal recorrido, em petições distintas que conterão:

I – a exposição do fato e do direito;

II – a demonstração do cabimento do recurso interposto;

III – as razões do pedido de reforma ou de invalidação da decisão recorrida.

§ 1º Quando o recurso fundar-se em dissídio jurisprudencial, o recorrente fará a prova da divergência com a certidão, cópia ou citação do repositório de jurisprudência, oficial ou credenciado, inclusive em mídia eletrônica, em que houver sido publicado o acórdão divergente, ou ainda com a reprodução de julgado disponível na rede mundial de computadores, com indicação da respectiva fonte, devendo-se, em qualquer caso, mencionar as circunstâncias que identifiquem ou assemelhem os casos confrontados.

§ 2º Quando o recurso estiver fundado em dissídio jurisprudencial, é vedado ao tribunal inadmiti-lo com base em fundamento genérico de que as circunstâncias fáticas são diferentes, sem demonstrar a existência da distinção.

→ v. Art. 489, § 1º, do NCPC.

§ 3º O Supremo Tribunal Federal ou o Superior Tribunal de Justiça poderá desconsiderar vício formal de recurso tempestivo ou determinar sua correção, desde que não o repute grave.

§ 4º Quando, por ocasião do processamento do incidente de resolução de demandas repetitivas, o presidente do Supremo Tribunal Federal ou do Superior Tribunal de Justiça receber requerimento de suspensão de processos em que se discuta questão federal constitucional ou infraconstitucional, poderá, considerando razões de segurança jurídica ou de excepcional interesse social, estender a suspensão a todo o território nacional, até ulterior decisão do recurso extraordinário ou do recurso especial a ser interposto.

→ v. Arts. 976 e ss. do NCPC.

§ 5º O pedido de concessão de efeito suspensivo a recurso extraordinário ou a recurso especial poderá ser formulado por requerimento dirigido:

I – ao tribunal superior respectivo, no período compreendido entre a interposição do recurso e sua distribuição, ficando o relator designado para seu exame prevento para julgá-lo;

II – ao relator, se já distribuído o recurso;

III – ao presidente ou vice-presidente do tribunal local, no caso de o recurso ter sido sobrestado, nos termos do art. 1.037.

Art. 1.030. Recebida a petição do recurso pela secretaria do tribunal, o recorrido será intimado para apresentar contrarrazões no prazo de 15 (quinze) dias, findo o qual os autos serão remetidos ao respectivo tribunal superior.

Parágrafo único. A remessa de que trata o *caput* dar-se-á independentemente de juízo de admissibilidade.

Art. 1.031. Na hipótese de interposição conjunta de recurso extraordinário e recurso especial, os autos serão remetidos ao Superior Tribunal de Justiça.

§ 1º Concluído o julgamento do recurso especial, os autos serão remetidos ao Supremo Tribunal Federal para apreciação do recurso extraordinário, se este não estiver prejudicado.

§ 2º Se o relator do recurso especial considerar prejudicial o recurso extraordinário, em decisão irrecorrível, sobrestará o julgamento e remeterá os autos ao Supremo Tribunal Federal.

§ 3º Na hipótese do § 2º, se o relator do recurso extraordinário, em decisão irrecorrível, rejeitar a prejudicialidade, devolverá os autos ao Superior Tribunal de Justiça para o julgamento do recurso especial.

Art. 1.032. Se o relator, no Superior Tribunal de Justiça, entender que o recurso especial versa sobre questão constitucional, deverá conceder prazo de 15 (quinze) dias para que o recorrente demonstre a existência de repercussão geral e se manifeste sobre a questão constitucional.

Parágrafo único. Cumprida a diligência de que trata o *caput*, o relator remeterá o recurso ao Supremo Tribunal Federal, que, em juízo de admissibilidade, poderá devolvê-lo ao Superior Tribunal de Justiça.

Art. 1.033. Se o Supremo Tribunal Federal considerar como reflexa a ofensa à Constituição afirmada no recurso extraordinário, por pressupor a revisão da interpretação de lei federal ou de tratado, remetê-lo-á ao Superior Tribunal de Justiça para julgamento como recurso especial.

Art. 1.034. Admitido o recurso extraordinário ou o recurso especial, o Supremo Tribunal Federal ou o Superior Tribunal de Justiça julgará o processo, aplicando o direito.

→ v. Súmulas 456 do STF.

Parágrafo único. Admitido o recurso extraordinário ou o recurso especial por um fundamento, devolve-se ao tribunal superior o conhecimento dos demais fundamentos para a solução do capítulo impugnado.

Art. 1.035. O Supremo Tribunal Federal, em decisão irrecorrível, não conhecerá do recurso extraordinário quando a questão constitucional nele versada não tiver repercussão geral, nos termos deste artigo.

§ 1º Para efeito de repercussão geral, será considerada a existência ou não de questões relevantes do ponto de vista econômico, político, social ou jurídico que ultrapassem os interesses subjetivos do processo.

§ 2º O recorrente deverá demonstrar a existência de repercussão geral para apreciação exclusiva pelo Supremo Tribunal Federal.

§ 3º Haverá repercussão geral sempre que o recurso impugnar acórdão que:

I – contrarie súmula ou jurisprudência dominante do Supremo Tribunal Federal;

→ v. Súmulas 286 do STF.

II – tenha sido proferido em julgamento de casos repetitivos;

→ v. Art. 928 do NCPC.

III – tenha reconhecido a inconstitucionalidade de tratado ou de lei federal, nos termos do art. 97 da Constituição Federal.

§ 4º O relator poderá admitir, na análise da repercussão geral, a manifestação de terceiros, subscrita por procurador habilitado, nos termos do Regimento Interno do Supremo Tribunal Federal.

§ 5º Reconhecida a repercussão geral, o relator no Supremo Tribunal Federal determinará a suspensão do processamento de todos os processos pendentes, individuais ou coletivos, que versem sobre a questão e tramitem no território nacional.

→ v. Art. 313 do NCPC.

§ 6º O interessado pode requerer, ao presidente ou ao vice-presidente do tribunal de origem, que exclua da decisão de sobrestamento e inadmita o recurso extraordinário que tenha sido interposto intempestivamente, tendo o recorrente o prazo de 5 (cinco) dias para manifestar-se sobre esse requerimento.

§ 7º Da decisão que indeferir o requerimento referido no § 6º caberá agravo, nos termos do art. 1.042.

§ 8º Negada a repercussão geral, o presidente ou o vice-presidente do tribunal de origem negará seguimento aos recursos extraordinários sobrestados na origem que versem sobre matéria idêntica.

§ 9º O recurso que tiver a repercussão geral reconhecida deverá ser julgado no prazo de 1 (um) ano e terá preferência sobre os demais feitos, ressalvados os que envolvam réu preso e os pedidos de *habeas corpus*.

§ 10. Não ocorrendo o julgamento no prazo de 1 (um) ano a contar do reconhecimento da repercussão geral, cessa, em todo o território nacional, a suspensão dos processos, que retomarão seu curso normal.

→ v. Art. 313 do NCPC.

§ 11. A súmula da decisão sobre a repercussão geral constará de ata, que será publicada no diário oficial e valerá como acórdão.

Subseção II
Do julgamento dos recursos extraordinário e especial repetitivos

Art. 1.036. Sempre que houver multiplicidade de recursos extraordinários ou especiais com fundamento em idêntica questão de direito, haverá afetação para julgamento de acordo com as disposições desta Subseção, observado o disposto no Regimento Interno do Supremo Tribunal Federal e no do Superior Tribunal de Justiça.

→ v. Arts. 321 e ss. do RISTF.

→ v. Arts. 255 e ss. do RISTJ.

§ 1º O presidente ou o vice-presidente de tribunal de justiça ou de tribunal regional federal selecionará 2 (dois) ou mais recursos representativos da controvérsia, que serão encaminhados ao Supremo Tribunal Federal ou ao Superior Tribunal de Justiça para fins de afetação, determinando a suspensão do trâmite de todos os processos pendentes, individuais ou coletivos, que tramitem no Estado ou na região, conforme o caso.

→ v. Art. 311 do NCPC.

§ 2º O interessado pode requerer, ao presidente ou ao vice-presidente, que exclua da decisão de sobrestamento e inadmita o recurso especial ou o recurso extraordinário que tenha sido interposto intempestivamente, tendo o recorrente o prazo de 5 (cinco) dias para manifestar-se sobre esse requerimento.

§ 3º Da decisão que indeferir este requerimento caberá agravo, nos termos do art. 1.042.

§ 4º A escolha feita pelo presidente ou vice-presidente do tribunal de justiça ou do tribunal regional federal não vinculará o relator no tribunal superior, que poderá selecionar outros recursos representativos da controvérsia.

§ 5º O relator em tribunal superior também poderá selecionar 2 (dois) ou mais recursos representativos da controvérsia para julgamento da questão de direito independentemente da iniciativa do presidente ou do vice-presidente do tribunal de origem.

§ 6º Somente podem ser selecionados recursos admissíveis que contenham abrangente argumentação e discussão a respeito da questão a ser decidida.

Art. 1.037. Selecionados os recursos, o relator, no tribunal superior, constatando a presença do pressuposto do *caput* do art. 1.036, proferirá decisão de afetação, na qual:

I – identificará com precisão a questão a ser submetida a julgamento;

II – determinará a suspensão do processamento de todos os processos pendentes, individuais ou coletivos, que versem sobre a questão e tramitem no território nacional;

→ v. Art. 313 do NCPC.

III – poderá requisitar aos presidentes ou aos vice-presidentes dos tribunais de justiça ou dos tribunais regionais federais a remessa de um recurso representativo da controvérsia.

§ 1º Se, após receber os recursos selecionados pelo presidente ou pelo vice-presidente de tribunal de justiça ou de tribunal regional federal, não se proceder à afetação, o relator, no tribunal superior, comunicará o fato ao presidente ou ao vice-presidente que os houver enviado, para que seja revogada a decisão de suspensão referida no art. 1.036, § 1º.

§ 2º É vedado ao órgão colegiado decidir, para os fins do art. 1.040, questão não delimitada na decisão a que se refere o inciso I do *caput*.

§ 3º Havendo mais de uma afetação, será prevento o relator que primeiro tiver proferido a decisão a que se refere o inciso I do *caput*.

§ 4º Os recursos afetados deverão ser julgados no prazo de 1 (um) ano e terão preferência sobre os demais feitos, ressalvados os que envolvam réu preso e os pedidos de *habeas corpus*.

§ 5º Não ocorrendo o julgamento no prazo de 1 (um) ano a contar da publicação da decisão de que trata o inciso I do caput, cessam automaticamente, em todo o território nacional, a afetação e a suspensão dos processos, que retomarão seu curso normal.

→ v. Art. 313 do NCPC.

§ 6º Ocorrendo a hipótese do § 5º, é permitido a outro relator do respectivo tribunal superior afetar 2 (dois) ou mais recursos representativos da controvérsia na forma do art. 1.036.

§ 7º Quando os recursos requisitados na forma do inciso III do *caput* contiverem outras questões além daquela que é objeto da afetação, caberá ao tribunal decidir esta em primeiro lugar e depois as demais, em acórdão específico para cada processo.

§ 8º As partes deverão ser intimadas da decisão de suspensão de seu processo, a ser proferida pelo respectivo juiz ou relator quando informado da decisão a que se refere o inciso II do *caput*.

§ 9º Demonstrando distinção entre a questão a ser decidida no processo e aquela a ser julgada no recurso especial ou extraordinário afetado, a parte poderá requerer o prosseguimento do seu processo.

§ 10. O requerimento a que se refere o § 9º será dirigido:

I – ao juiz, se o processo sobrestado estiver em primeiro grau;

II – ao relator, se o processo sobrestado estiver no tribunal de origem;

III – ao relator do acórdão recorrido, se for sobrestado recurso especial ou recurso extraordinário no tribunal de origem;

IV – ao relator, no tribunal superior, de recurso especial ou de recurso extraordinário cujo processamento houver sido sobrestado.

§ 11. A outra parte deverá ser ouvida sobre o requerimento a que se refere o § 9º, no prazo de 5 (cinco) dias.

§ 12. Reconhecida a distinção no caso:

I – dos incisos I, II e IV do § 10, o próprio juiz ou relator dará prosseguimento ao processo;

II – do inciso III do § 10, o relator comunicará a decisão ao presidente ou ao vice-presidente que houver determinado o sobrestamento, para que o recurso especial ou o recurso extraordinário seja encaminhado ao respectivo tribunal superior, na forma do art. 1.030, parágrafo único.

§ 13. Da decisão que resolver o requerimento a que se refere o § 9º caberá:

I – agravo de instrumento, se o processo estiver em primeiro grau;

II – agravo interno, se a decisão for de relator.

Art. 1.038. O relator poderá:

I – solicitar ou admitir manifestação de pessoas, órgãos ou entidades com interesse na controvérsia, considerando a relevância da matéria e consoante dispuser o regimento interno;

→ v. Art. 178 do NCPC.

II – fixar data para, em audiência pública, ouvir depoimentos de pessoas com experiência e conhecimento na matéria, com a finalidade de instruir o procedimento;

III – requisitar informações aos tribunais inferiores a respeito da controvérsia e, cumprida a diligência, intimará o Ministério Público para manifestar-se.

§ 1º No caso do inciso III, os prazos respectivos são de 15 (quinze) dias, e os atos serão praticados, sempre que possível, por meio eletrônico.

§ 2º Transcorrido o prazo para o Ministério Público e remetida cópia do relatório aos demais ministros, haverá inclusão em pauta, devendo ocorrer o julgamento com preferência sobre os demais feitos, ressalvados os que envolvam réu preso e os pedidos de *habeas corpus*.

§ 3º O conteúdo do acórdão abrangerá a análise de todos os fundamentos da tese jurídica discutida, favoráveis ou contrários.

Art. 1.039. Decididos os recursos afetados, os órgãos colegiados declararão prejudicados os demais recursos versando sobre idêntica controvérsia ou os decidirão aplicando a tese firmada.

Parágrafo único. Negada a existência de repercussão geral no recurso extraordinário afetado, serão considerados automaticamente inadmitidos os recursos extraordinários cujo processamento tenha sido sobrestado.

Art. 1.040. Publicado o acórdão paradigma:

I – o presidente ou o vice-presidente do tribunal de origem negará seguimento aos recursos especiais ou extraordinários sobrestados na origem, se o acórdão recorrido coincidir com a orientação do tribunal superior;

II – o órgão que proferiu o acórdão recorrido, na origem, reexaminará o processo de competência originária, a remessa necessária ou o recurso anteriormente julgado, se o acórdão recorrido contrariar a orientação do tribunal superior;

III – os processos suspensos em primeiro e segundo graus de jurisdição retomarão o curso para julgamento e aplicação da tese firmada pelo tribunal superior;

IV – se os recursos versarem sobre questão relativa a prestação de serviço público objeto de concessão, permissão ou autorização, o resultado do julgamento será comunicado ao órgão, ao ente ou à agência reguladora competente para fiscalização da efetiva aplicação, por parte dos entes sujeitos a regulação, da tese adotada.

→ v. Arts. 489, § 1º, e 927 do NCPC.

§ 1º A parte poderá desistir da ação em curso no primeiro grau de jurisdição, antes de proferida a sentença, se a questão nela discutida for idêntica à resolvida pelo recurso representativo da controvérsia.

§ 2º Se a desistência ocorrer antes de oferecida contestação, a parte ficará isenta do pagamento de custas e de honorários de sucumbência.

→ v. Art. 90 do NCPC.

§ 3º A desistência apresentada nos termos do § 1º independe de consentimento do réu, ainda que apresentada contestação.

Art. 1.041. Mantido o acórdão divergente pelo tribunal de origem, o recurso especial ou extraordinário será remetido ao respectivo tribunal superior, na forma do art. 1.036, § 1º.

§ 1º Realizado o juízo de retratação, com alteração do acórdão divergente, o tribunal de origem, se for o caso, decidirá as demais questões ainda não decididas cujo enfrentamento se tornou necessário em decorrência da alteração.

§ 2º Quando ocorrer a hipótese do inciso II do *caput* do art. 1.040 e o recurso versar sobre outras questões, caberá ao presidente do tribunal, depois do reexame pelo órgão de origem e independentemente de ratificação do recurso ou de juízo de admissibilidade, determinar a remessa do recurso ao tribunal superior para julgamento das demais questões.

Seção III
Do agravo em recurso especial e em recurso extraordinário

→ v. Art. 253 do RISTJ.

Art. 1.042. Cabe agravo contra decisão de presidente ou de vice-presidente do tribunal que:

I – indeferir pedido formulado com base no art. 1.035, § 6º, ou no art. 1.036, § 2º, de inadmissão de recurso especial ou extraordinário intempestivo;

II – inadmitir, com base no art. 1.040, inciso I, recurso especial ou extraordinário sob o fundamento de que o acórdão recorrido coincide com a orientação do tribunal superior;

→ v. Súmula 286 do STF.

→ v. Súmula 83 do STJ.

III – inadmitir recurso extraordinário, com base no art. 1.035, § 8º, ou no art. 1.039, parágrafo único, sob o fundamento de que o Supremo Tribunal Federal reconheceu a inexistência de repercussão geral da questão constitucional discutida.

§ 1º Sob pena de não conhecimento do agravo, incumbirá ao agravante demonstrar, de forma expressa:

I – a intempestividade do recurso especial ou extraordinário sobrestado, quando o recurso fundar-se na hipótese do inciso I do *caput* deste artigo;

II – a existência de distinção entre o caso em análise e o precedente invocado, quando a inadmissão do recurso:

a) especial ou extraordinário fundar-se em entendimento firmado em julgamento de recurso repetitivo por tribunal superior;

b) extraordinário fundar-se em decisão anterior do Supremo Tribunal Federal de inexistência de repercussão geral da questão constitucional discutida.

§ 2º A petição de agravo será dirigida ao presidente ou vice-presidente do tribunal de origem e independe do pagamento de custas e despesas postais.

§ 3º O agravado será intimado, de imediato, para oferecer resposta no prazo de 15 (quinze) dias.

§ 4º Após o prazo de resposta, não havendo retratação, o agravo será remetido ao tribunal superior competente.

§ 5º O agravo poderá ser julgado, conforme o caso, conjuntamente com o recurso especial ou extraordinário, assegurada, neste caso, sustentação oral, observando-se, ainda, o disposto no regimento interno do tribunal respectivo.

§ 6º Na hipótese de interposição conjunta de recursos extraordinário e especial, o agravante deverá interpor um agravo para cada recurso não admitido.

§ 7º Havendo apenas um agravo, o recurso será remetido ao tribunal competente, e, havendo interposição conjunta, os autos serão remetidos ao Superior Tribunal de Justiça.

→ v. Art. 1.031 do NCPC.

§ 8º Concluído o julgamento do agravo pelo Superior Tribunal de Justiça e, se for o caso, do recurso especial, independentemente de pedido, os autos serão remetidos ao Supremo Tribunal Federal para apreciação do agravo a ele dirigido, salvo se estiver prejudicado.

→ v. Art. 1.031, § 1º, do NCPC.

Seção IV
Dos embargos de divergência

→ v. Súmulas 158, 168, 169 e 316 do STJ.

→ v. Arts. 330 a 336 do RISTF.

→ v. Arts. 266 e 267 do RISTJ.

Art. 1.043. É embargável o acórdão de órgão fracionário que:

I – em recurso extraordinário ou em recurso especial, divergir do julgamento de qualquer outro órgão do mesmo tribunal, sendo os acórdãos, embargado e paradigma, de mérito;

II – em recurso extraordinário ou em recurso especial, divergir do julgamento de qualquer outro órgão do mesmo tribunal, sendo os acórdãos, embargado e paradigma, relativos ao juízo de admissibilidade;

III – em recurso extraordinário ou em recurso especial, divergir do julgamento de qualquer outro órgão do mesmo tribunal, sendo um acórdão de mérito e outro que não tenha conhecido do recurso, embora tenha apreciado a controvérsia;

IV – nos processos de competência originária, divergir do julgamento de qualquer outro órgão do mesmo tribunal.

§ 1º Poderão ser confrontadas teses jurídicas contidas em julgamentos de recursos e de ações de competência originária.

§ 2º A divergência que autoriza a interposição de embargos de divergência pode verificar-se na aplicação do direito material ou do direito processual.

§ 3º Cabem embargos de divergência quando o acórdão paradigma for da mesma turma que proferiu a decisão embargada, desde que sua composição tenha sofrido alteração em mais da metade de seus membros.

§ 4º O recorrente provará a divergência com certidão, cópia ou citação de repositório oficial ou credenciado de jurisprudência, inclusive em mídia eletrônica, onde foi publicado o acórdão divergente, ou com a reprodução de julgado disponível na rede mundial de computadores, indicando a respectiva fonte, e mencionará as circunstâncias que identificam ou assemelham os casos confrontados.

→ v. Art. 1.029, § 1º, do NCPC.

§ 5º É vedado ao tribunal inadmitir o recurso com base em fundamento genérico de que as circunstâncias fáticas são diferentes, sem demonstrar a existência da distinção.

→ v. Arts. 489, § 1º, e 1.029, § 2º, do NCPC.

Art. 1.044. No recurso de embargos de divergência, será observado o procedimento estabelecido no regimento interno do respectivo tribunal superior.

§ 1º A interposição de embargos de divergência no Superior Tribunal de Justiça interrompe o prazo para interposição de recurso extraordinário por qualquer das partes.

§ 2º Se os embargos de divergência forem desprovidos ou não alterarem a conclusão do julgamento anterior, o recurso extraordinário interposto pela outra parte antes da publicação do julgamento dos embargos de divergência será processado e julgado independentemente de ratificação.

→ v. Art. 1.024, § 5º, do NCPC.

LIVRO COMPLEMENTAR
Disposições Finais e Transitórias

Art. 1.045. Este Código entra em vigor após decorrido 1 (um) ano da data de sua publicação oficial.

Art. 1.046. Ao entrar em vigor este Código, suas disposições se aplicarão desde logo aos processos pendentes, ficando revogada a Lei 5.869, de 11 de janeiro de 1973.

§ 1º As disposições da Lei 5.869, de 11 de janeiro de 1973, relativas ao procedimento sumário e aos procedimentos especiais que forem revogadas aplicar-se-ão às ações propostas e não sentenciadas até o início da vigência deste Código.

§ 2º Permanecem em vigor as disposições especiais dos procedimentos regulados em outras leis, aos quais se aplicará supletivamente este Código.

§ 3º Os processos mencionados no art. 1.218 da Lei 5.869, de 11 de janeiro de 1973, cujo procedimento ainda não tenha sido incorporado por lei submetem-se ao procedimento comum previsto neste Código.

§ 4º As remissões a disposições do Código de Processo Civil revogado, existentes em outras leis, passam a referir-se às que lhes são correspondentes neste Código.

§ 5º A primeira lista de processos para julgamento em ordem cronológica observará a antiguidade da distribuição entre os já conclusos na data da entrada em vigor deste Código.

Art. 1.047. As disposições de direito probatório adotadas neste Código aplicam-se apenas às provas requeridas ou determinadas de ofício a partir da data de início de sua vigência.

Art. 1.048. Terão prioridade de tramitação, em qualquer juízo ou tribunal, os procedimentos judiciais:

I – em que figure como parte ou interessado pessoa com idade igual ou superior a 60 (sessenta) anos ou portadora de doença grave, assim compreendida qualquer das enumeradas no art. 6º, inciso XIV, da Lei 7.713, de 22 de dezembro de 1988;

II – regulados pela Lei 8.069, de 13 de julho de 1990 (Estatuto da Criança e do Adolescente).

§ 1º A pessoa interessada na obtenção do benefício, juntando prova de sua condição, deverá requerê-lo à autoridade judiciária competente para decidir o feito, que determinará ao cartório do juízo as providências a serem cumpridas.

§ 2º Deferida a prioridade, os autos receberão identificação própria que evidencie o regime de tramitação prioritária.

§ 3º Concedida a prioridade, essa não cessará com a morte do beneficiado, estendendo-se em favor do cônjuge supérstite ou do companheiro em união estável.

§ 4º A tramitação prioritária independe de deferimento pelo órgão jurisdicional e deverá ser imediatamente concedida diante da prova da condição de beneficiário.

Art. 1.049. Sempre que a lei remeter a procedimento previsto na lei processual sem especificá-lo, será observado o procedimento comum previsto neste Código.

Parágrafo único. Na hipótese de a lei remeter ao procedimento sumário, será observado o procedimento comum previsto neste Código, com as modificações previstas na própria lei especial, se houver.

Art. 1.050. A União, os Estados, o Distrito Federal, os Municípios, suas respectivas entidades da administração indireta, o Ministério Público, a Defensoria Pública e a Advocacia Pública, no prazo de 30 (trinta) dias a contar da data da entrada em vigor deste Código, deverão se cadastrar perante a administração do tribunal no qual atuem para cumprimento do disposto nos arts. 246, § 2º, e 270, parágrafo único.

Art. 1.051. As empresas públicas e privadas devem cumprir o disposto no art. 246, § 1º, no prazo de 30 (trinta) dias, a contar da data de inscrição do ato constitutivo da pessoa jurídica, perante o juízo onde tenham sede ou filial.

Parágrafo único. O disposto no *caput* não se aplica às microempresas e às empresas de pequeno porte.

Art. 1.052. Até a edição de lei específica, as execuções contra devedor insolvente, em curso ou que venham a ser propostas, permanecem reguladas pelo Livro II, Título IV, da Lei 5.869, de 11 de janeiro de 1973.

Art. 1.053. Os atos processuais praticados por meio eletrônico até a transição definitiva para certificação digital ficam convalidados, ainda que não tenham observado os requisitos mínimos estabelecidos por este Código, desde que tenham atingido sua finalidade e não tenha havido prejuízo à defesa de qualquer das partes.

Art. 1.054. O disposto no art. 503, § 1º, somente se aplica aos processos iniciados após a vigência deste Código, aplicando-se aos anteriores o disposto nos arts. 5º, 325 e 470 da Lei 5.869, de 11 de janeiro de 1973.

Art. 1.055. (*Vetado*).

Art. 1.056. Considerar-se-á como termo inicial do prazo da prescrição prevista no art. 924, inciso V, inclusive para as execuções em curso, a data de vigência deste Código.

Art. 1.057. O disposto no art. 525, §§ 14 e 15, e no art. 535, §§ 7º e 8º, aplica-se às decisões transitadas em julgado após a entrada em vigor deste Código, e, às decisões transitadas em julgado anteriormente, aplica-se o disposto no art. 475-L, § 1º, e no art. 741, parágrafo único, da Lei 5.869, de 11 de janeiro de 1973.

Art. 1.058. Em todos os casos em que houver recolhimento de importância em dinheiro, esta será depositada em nome da parte ou do interessado, em conta especial movimentada por ordem do juiz, nos termos do art. 840, inciso I.

Art. 1.059. À tutela provisória requerida contra a Fazenda Pública aplica-se o disposto nos arts. 1º a 4º da Lei 8.437, de 30 de junho de 1992, e no art. 7º, § 2º, da Lei 12.016, de 7 de agosto de 2009.

Art. 1.060. O inciso II do art. 14 da Lei 9.289, de 4 de julho de 1996, passa a vigorar com a seguinte redação:

"Art. 14. (...)

(...)

II – aquele que recorrer da sentença adiantará a outra metade das custas, comprovando o adiantamento no ato de interposição do recurso, sob pena de deserção, observado o disposto nos §§ 1º a 7º do art. 1.007 do Código de Processo Civil;

(...)"

Art. 1.061. O § 3º do art. 33 da Lei 9.307, de 23 de setembro de 1996 (Lei de Arbitragem), passa a vigorar com a seguinte redação:

"Art. 33. (...)

(...)

§ 3º A decretação da nulidade da sentença arbitral também poderá ser requerida na impugnação ao cumprimento da sentença, nos termos dos arts. 525 e seguintes do Código de Processo Civil, se houver execução judicial."

Art. 1.062. O incidente de desconsideração da personalidade jurídica aplica-se ao processo de competência dos juizados especiais.

Art. 1.063. Até a edição de lei específica, os juizados especiais cíveis previstos na Lei 9.099, de 26 de setembro de 1995, continuam competentes para o processamento e julgamento das causas previstas no art. 275, inciso II, da Lei 5.869, de 11 de janeiro de 1973.

Art. 1.064. O *caput* do art. 48 da Lei 9.099, de 26 de setembro de 1995, passa a vigorar com a seguinte redação:

"Art. 48. Caberão embargos de declaração contra sentença ou acórdão nos casos previstos no Código de Processo Civil.

(...)"

Art. 1.065. O art. 50 da Lei 9.099, de 26 de setembro de 1995, passa a vigorar com a seguinte redação:

"Art. 50. Os embargos de declaração interrompem o prazo para a interposição de recurso."

Art. 1.066. O art. 83 da Lei 9.099, de 26 de setembro de 1995, passam a vigorar com a seguinte redação:

"Art. 83. Cabem embargos de declaração quando, em sentença ou acórdão, houver obscuridade, contradição ou omissão.

(...)

§ 2º Os embargos de declaração interrompem o prazo para a interposição de recurso.

(...)"

Art. 1.067. O art. 275 da Lei 4.737, de 15 de julho de 1965 (Código Eleitoral), passa a vigorar com a seguinte redação:

"Art. 275. São admissíveis embargos de declaração nas hipóteses previstas no Código de Processo Civil.

§ 1º Os embargos de declaração serão opostos no prazo de 3 (três) dias, contado da data de publicação da decisão embargada, em petição dirigida ao juiz ou relator, com a indicação do ponto que lhes deu causa.

§ 2º Os embargos de declaração não estão sujeitos a preparo.

§ 3º O juiz julgará os embargos em 5 (cinco) dias.

§ 4º Nos tribunais:

I – o relator apresentará os embargos em mesa na sessão subsequente, proferindo voto;

II – não havendo julgamento na sessão referida no inciso I, será o recurso incluído em pauta;

III – vencido o relator, outro será designado para lavrar o acórdão.

§ 5º Os embargos de declaração interrompem o prazo para a interposição de recurso.

§ 6º Quando manifestamente protelatórios os embargos de declaração, o juiz ou o tribunal, em decisão fundamentada, condenará o embargante a pagar ao embargado multa não excedente a 2 (dois) salários mínimos.

§ 7º Na reiteração de embargos de declaração manifestamente protelatórios, a multa será elevada a até 10 (dez) salários mínimos."

Art. 1.068. O art. 274 e o *caput* do art. 2.027 da Lei 10.406, de 10 de janeiro de 2002 (Código Civil), passam a vigorar com a seguinte redação:

"Art. 274. O julgamento contrário a um dos credores solidários não atinge os demais, mas o julgamento favorável aproveita-lhes, sem prejuízo de exceção pessoal que o devedor tenha direito de invocar em relação a qualquer deles."

"Art. 2.027. A partilha é anulável pelos vícios e defeitos que invalidam, em geral, os negócios jurídicos.

(...)"

Art. 1.069. O Conselho Nacional de Justiça promoverá, periodicamente, pesquisas estatísticas para avaliação da efetividade das normas previstas neste Código.

Art. 1.070. É de 15 (quinze) dias o prazo para a interposição de qualquer agravo, previsto em lei ou em regimento interno de tribunal, contra decisão de relator ou outra decisão unipessoal proferida em tribunal.

Art. 1.071. O Capítulo III do Título V da Lei 6.015, de 31 de dezembro de 1973 (Lei de Registros Públicos), passa a vigorar acrescida do seguinte art. 216-A:

"Art. 216-A. Sem prejuízo da via jurisdicional, é admitido o pedido de reconhecimento extrajudicial de usucapião, que será processado diretamente perante o cartório do registro de imóveis da comarca em que estiver situado o imóvel usucapiendo, a requerimento do interessado, representado por advogado, instruído com:

I – ata notarial lavrada pelo tabelião, atestando o tempo de posse do requerente e seus antecessores, conforme o caso e suas circunstâncias;

II – planta e memorial descritivo assinado por profissional legalmente habilitado, com prova de anotação de responsabilidade técnica no respectivo conselho de fiscalização profissional, e pelos titulares de direitos reais e de outros direitos registrados ou averbados na matrícula do imóvel usucapiendo e na matrícula dos imóveis confinantes;

III – certidões negativas dos distribuidores da comarca da situação do imóvel e do domicílio do requerente;

IV – justo título ou quaisquer outros documentos que demonstrem a origem, a continuidade, a natureza e o tempo da posse, tais como o pagamento dos impostos e das taxas que incidirem sobre o imóvel.

§ 1º O pedido será autuado pelo registrador, prorrogando-se o prazo da prenotação até o acolhimento ou a rejeição do pedido.

§ 2º Se a planta não contiver a assinatura de qualquer um dos titulares de direitos reais e de outros direitos registrados ou averbados na matrícula do imóvel usucapiendo e na matrícula dos imóveis confinantes, esse será notificado pelo registrador competente, pessoalmente ou pelo correio com aviso de recebimento, para manifestar seu consentimento expresso em 15 (quinze) dias, interpretado o seu silêncio como discordância.

§ 3º O oficial de registro de imóveis dará ciência à União, ao Estado, ao Distrito Federal e ao Município, pessoalmente, por intermédio do oficial de registro de títulos e documentos, ou pelo correio com aviso de recebimento, para que se manifestem, em 15 (quinze) dias, sobre o pedido.

§ 4º O oficial de registro de imóveis promoverá a publicação de edital em jornal de grande circulação, onde houver, para a ciência de terceiros eventualmente interessados, que poderão se manifestar em 15 (quinze) dias.

§ 5º Para a elucidação de qualquer ponto de dúvida, poderão ser solicitadas ou realizadas diligências pelo oficial de registro de imóveis.

§ 6º Transcorrido o prazo de que trata o § 4º deste artigo, sem pendência de diligências na forma do § 5º deste artigo e achando-se em ordem a documentação, com inclusão da concordância expressa dos titulares de direitos reais e de outros direitos registrados ou averbados na matrícula do imóvel usucapiendo e na matrícula dos imóveis confinantes, o oficial de registro de imóveis registrará a aquisição do imóvel com as descrições apresentadas, sendo permitida a abertura de matrícula, se for o caso.

§ 7º Em qualquer caso, é lícito ao interessado suscitar o procedimento de dúvida, nos termos desta Lei.

§ 8º Ao final das diligências, se a documentação não estiver em ordem, o oficial de registro de imóveis rejeitará o pedido.

§ 9º A rejeição do pedido extrajudicial não impede o ajuizamento de ação de usucapião.

§ 10. Em caso de impugnação do pedido de reconhecimento extrajudicial de usucapião, apresentada por qualquer um dos titulares de direito reais e de outros direitos registrados ou averbados na matrícula do imóvel usucapiendo e na matrícula dos imóveis confinantes, por algum dos entes públicos ou por algum terceiro interessado, o oficial de registro de imóveis remeterá os autos ao juízo competente da comarca da situação do imóvel, cabendo ao requerente emendar a petição inicial para adequá-la ao procedimento comum."

Art. 1.072. Revogam-se:

I – o art. 22 do Decreto-Lei 25, de 30 de novembro de 1937;

II – os arts. 227, *caput*, 229, 230, 456, 1.482, 1.483 e 1.768 a 1.773 da Lei 10.406, de 10 de janeiro de 2002 (Código Civil);

III – os arts. 2º, 3º, 4º, 6º, 7º, 11, 12 e 17 da Lei 1.060, de 5 de fevereiro de 1950;

IV – os arts. 13 a 18, 26 a 29 e 38 da Lei 8.038, de 28 de maio de 1990;

V – os arts. 16 a 18 da Lei 5.478, de 25 de julho de 1968; e

VI – o art. 98, § 4º, da Lei 12.529, de 30 de novembro de 2011.

Brasília, 16 de março de 2015; 194º da Independência e 127º da República.

Dilma Rousseff
José Eduardo Cardozo
Jaques Wagner
Joaquim Vieira Ferreira Levy
Luís Inácio Lucena Adams

(Publicação no *D.O.U.* de 17.3.2015)

ÍNDICE REMISSIVO DO NOVO CÓDIGO DE PROCESSO CIVIL

B

C

CÓDIGO PENAL

VADE MECUM DE LEGISLAÇÃO FOCO

ÍNDICE SISTEMÁTICO DO CÓDIGO PENAL

DECRETO-LEI 2.848, DE 7 DE DEZEMBRO DE 1940

PARTE GERAL

PARTE ESPECIAL

LEI DE INTRODUÇÃO AO CÓDIGO PENAL

DECRETO-LEI 3.914, DE 9 DE DEZEMBRO DE 1941

Lei de Introdução ao Código Penal (Dec.-lei 2.848, de 7 de dezembro de 1940) e à Lei das Contravenções Penais (Dec.-lei 3.688, de 3 de outubro de 1941).

→ *v.* Lei 7.209/1984 - Altera dispositivos do Decreto-Lei 2.848/1940 - Código Penal.

O Presidente da República, usando da atribuição que lhe confere o art. 180 da Constituição, decreta:

Art. 1º Considera-se crime a infração penal a que a lei comina pena de reclusão ou de detenção, quer isoladamente, quer alternativa ou cumulativamente com a pena de multa; contravenção, a infração penal a que a lei comina, isoladamente, pena de prisão simples ou de multa, ou ambas, alternativa ou cumulativamente.

Art. 2º Quem incorrer em falência será punido:

→ *v.* Lei 11.101/2005 – Regula a recuperação judicial, a extrajudicial e a falência do empresário e da sociedade empresária.

I – se fraudulenta a falência, com a pena de reclusão, por 2 (dois) a 6 (seis) anos;

II – se culposa, com a pena de detenção, por 6 (seis) meses a 3 (três) anos.

Art. 3º Os fatos definidos como crimes no Código Florestal, quando não compreendidos em disposição do Código Penal, passam a constituir contravenções, punidas com a pena de prisão simples, por 3 (três) meses a 1 (um) ano, ou de multa, de um conto de réis a dez contos de réis, ou com ambas as penas, cumulativamente.

→ *v.* Lei 12.651/2012 – Novo Código Florestal.

Art. 4º Quem cometer contravenção prevista no Código Florestal será punido com pena de prisão simples, por 15 (quinze) dias a 3 (três) meses, ou de multa, de duzentos mil-réis a cinco contos de réis, ou com ambas as penas, cumulativamente.

→ *v.* Lei 12.651/2012 – Novo Código Florestal.

Art. 5º Os fatos definidos como crimes no Código de Pesca (Dec.-lei 794, de 19 de outubro de 1938) passam a constituir contravenções, punidas com a pena de prisão simples, por 3 (três) meses a 1 (um) ano, ou de multa, de quinhentos mil-réis a dez contos de réis, ou com ambas as penas, cumulativamente.

→ Referido Dec.-lei 794/1938 foi revogado pelo Dec.-lei 221/1967.

Art. 6º Quem, depois de punido administrativamente por infração da legislação especial sobre a caça, praticar qualquer infração definida na mesma legislação, ficará sujeito à pena de prisão simples, por 15 (quinze) dias a 3 (três) meses.

Art. 7º No caso do art. 71 do Código de Menores (Decreto 17.943-A, de 12 de outubro de 1927), o juiz determinará a internação do menor em seção especial de escola de reforma.

§ 1º A internação durará, no mínimo, 3 (três) anos.

§ 2º Se o menor completar 21 anos, sem que tenha sido revogada a medida de internação, será transferido para colônia agrícola ou para instituto de trabalho, de reeducação ou de ensino profissional, ou seção especial de outro estabelecimento, à disposição do juiz criminal.

§ 3º Aplicar-se-á, quanto à revogação da medida, o disposto no Código Penal sobre a revogação de medida de segurança.

Art. 8º As interdições permanentes, previstas na legislação especial como efeito de sentença condenatória, durarão pelo tempo de 20 (vinte) anos.

Art. 9º As interdições permanentes, impostas em sentença condenatória passada em julgado, ou desta decorrentes, de acordo com a Consolidação das Leis Penais, durarão pelo prazo máximo estabelecido no Código Penal para a espécie correspondente.

Parágrafo único. Aplicar-se-á o disposto neste artigo às interdições temporárias com prazo de duração superior ao limite máximo fixado no Código Penal.

Art. 10. O disposto nos artigos 8º e 9º não se aplica às interdições que, segundo o Código Penal, podem consistir em incapacidades permanentes.

Art. 11. Observar-se-á, quanto ao prazo de duração das interdições, nos casos dos artigos 8º e 9º, o disposto no art. 72 do Código Penal, no que for aplicável.

Art. 12. Quando, por fato cometido antes da vigência do Código Penal, se tiver de pronunciar condenação, de acordo com a lei anterior, atender-se-á ao seguinte:

I – a pena de prisão celular, ou de prisão com trabalho, será substituída pela de reclusão, ou de detenção, se uma destas for a pena cominada para o mesmo fato pelo Código Penal;

II – a pena de prisão celular ou de prisão com trabalho será substituída pela de prisão simples, se o fato estiver definido como contravenção na lei anterior, ou na Lei das Contravenções Penais.

Art. 13. A pena de prisão celular ou de prisão com trabalho imposta em sentença irrecorrível, ainda que já iniciada a execução, será convertida em reclusão, detenção ou prisão simples, de conformidade com as normas prescritas no artigo anterior.

Art. 14. A pena convertida em prisão simples, em virtude do art. 409 da Consolidação das Leis Penais, será convertida em reclusão, detenção ou prisão simples, segundo o disposto no art. 13, desde que o condenado possa ser recolhido a estabelecimento destinado à execução da pena resultante da conversão.

Parágrafo único. Abstrair-se-á, no caso de conversão, do aumento que tiver sido aplicado, de acordo com o disposto no art. 409, *in fine*, da Consolidação das Leis Penais.

Art. 15. A substituição ou conversão da pena, na forma desta Lei, não impedirá a suspensão condicional, se a lei anterior não a excluía.

Art. 16. Se, em virtude da substituição da pena, for imposta a de detenção ou a de prisão simples, por tempo superior a 1 (um) ano e que não exceda de 2 (dois), o juiz poderá conceder a suspensão condicional da pena, desde que reunidas as demais condições exigidas pelo art. 57 do Código Penal.

Art. 17. Aplicar-se-á o disposto no art. 81, § 1º, II e III, do Código Penal, aos indivíduos recolhidos a manicômio judiciário ou a outro estabelecimento em virtude do disposto no art. 29, 1ª parte, da Consolidação das Leis Penais.

Art. 18. As condenações anteriores serão levadas em conta para determinação da reincidência em relação a fato praticado depois de entrar em vigor o Código Penal.

Art. 19. O juiz aplicará o disposto no art. 2º, parágrafo único, *in fine*, do Código Penal, nos seguintes casos:

I – se o Código ou a Lei das Contravenções Penais cominar para o fato pena de multa, isoladamente, e na sentença tiver sido imposta pena privativa de liberdade;

II – se o Código ou a Lei das Contravenções cominar para o fato pena privativa de liberdade por tempo inferior ao da pena cominada na lei aplicada pela sentença.

Parágrafo único. Em nenhum caso, porém, o juiz reduzirá a pena abaixo do limite que fixaria se pronunciasse condenação de acordo com o Código Penal.

Art. 20. Não poderá ser promovida ação pública por fato praticado antes da vigência do Código Penal:

I – quando, pela lei anterior, somente cabia ação privada;

II – quando, ao contrário do que dispunha a lei anterior, o Código Penal só admite ação privada.

Parágrafo único. O prazo estabelecido no art. 105 do Código Penal correrá, na hipótese do número II:

a) de 1º de janeiro de 1942, se o ofendido sabia, anteriormente, quem era o autor do fato;

b) no caso contrário, do dia em que vier a saber, quem é o autor do fato.

Art. 21. Nos casos em que o Código Penal exige representação, sem esta não poderá ser intentada ação pública por fato praticado antes de 1º de janeiro de 1942; prosseguindo-se, entretanto, na que tiver sido anteriormente iniciada, haja ou não representação.

Parágrafo único. Atender-se-á, no que for aplicável, ao disposto no parágrafo único do artigo anterior.

Art. 22. Onde não houver estabelecimento adequado para a execução de medida de segurança detentiva estabelecida no art. 88, § 1º, III, do Código Penal, aplicar-se-á a de liberdade vigiada, até que seja criado aquele estabelecimento ou adotada qualquer das providências previstas no art. 89, e seu parágrafo, do mesmo Código.

Parágrafo único. Enquanto não existir estabelecimento adequado, as medidas detentivas estabelecidas no art. 88, § 1º, I e II, do Código Penal, poderão ser executadas em seções especiais de manicômio comum, asilo ou casa de saúde.

Art. 23. Onde não houver estabelecimento adequado ou adaptado à execução das penas de reclusão, detenção ou prisão, poderão estas ser cumpridas em prisão comum.

Art. 24. Não se aplicará o disposto no art. 79, II, do Código Penal a indivíduo que, antes de 1º de janeiro de 1942, tenha sido absolvido por sentença passada em julgado.

Art. 25. A medida de segurança aplicável ao condenado que, a 1º de janeiro de 1942, ainda não tenha cumprido a pena, é a liberdade vigiada.

Art. 26. A presente Lei não se aplica aos crimes referidos no art. 360 do Código Penal, salvo os de falência.

Art. 27. Esta Lei entrará em vigor em 1º de janeiro de 1942; revogadas as disposições em contrário.

Rio de Janeiro, 9 de dezembro de 1941; 120º da Independência e 53º da República.

Getúlio Vargas

(Publicação no *D.O.U.* 11.12.1941)

CP

EXPOSIÇÃO DE MOTIVOS DA PARTE GERAL DO CÓDIGO PENAL

LEI 7.209, DE 11 DE JULHO DE 1984

Excelentíssimo Senhor Presidente da República:

1. Datam de mais de vinte anos as tentativas de elaboração do novo Código Penal. Por incumbência do Governo Federal, já em 1963 o Professor Nélson Hungria apresentava o anteprojeto de sua autoria, ligando-se, pela segunda vez, à reforma de nossa legislação penal.

2. Submetido ao ciclo de conferências e debates do Instituto Latino-Americano de Criminologia, realizado em São Paulo, e a estudos promovidos pela Ordem dos Advogados do Brasil e Faculdades de Direito, foi objeto de numerosas propostas de alteração, distinguindo-se o debate pela amplitude das contribuições oferecidas. Um ano depois, designou o então Ministro Milton Campos a comissão revisora do anteprojeto, composta dos Professores Nélson Hungria, Aníbal Bruno e Heleno Cláudio Fragoso. A comissão incorporou ao texto numerosas sugestões, reelaborando-o em sua quase inteireza, mas a conclusão não chegou a ser divulgada. A reforma foi retomada pelo Ministro Luiz Antônio da Gama e Silva, que em face do longo e eficiente trabalho de elaboração já realizado submeteu o anteprojeto a revisão final, por comissão composta dos Professores Benjamin Moraes Filho, Heleno Cláudio Fragoso e Ivo D'Aquino. Nessa última revisão punha-se em relevo a necessidade de compatibilizar o anteprojeto do Código Penal com o do Código Penal Militar, também em elaboração. Finalmente, a 21 de outubro de 1969, o Ministro Luiz Antônio da Gama e Silva encaminhou aos Ministros Militares, então no exercício da Chefia do Poder Executivo, o texto do Projeto de Código Penal, convertido em lei pelo Dec.-lei 1.004, da mesma data. Segundo o art. 407, entraria o novo Código Penal em vigor no dia 1º de janeiro de 1970.

3. No Governo do Presidente Emílio Médici, o Ministro Alfredo Buzaid anuiu à conveniência de entrarem simultaneamente em vigor o Código Penal, o Código de Processo Penal e a Lei de Execução Penal, como pressuposto de eficácia da Justiça Criminal. Ao Código Penal, já editado, juntar-se-iam os dois outros diplomas, cujos anteprojetos se encontravam em elaboração. Era a reforma do sistema penal brasileiro, pela modernização de suas leis constitutivas, que no interesse da segurança dos cidadãos e da estabilidade dos direitos então se intentava. Essa a razão das leis proteladoras da vigência do Código Penal, daí por diante editadas. A partir da Lei 5.573, de 1º de dezembro de 1969, que remeteu para 1º de agosto de 1970 o início da vigência em apreço, seis diplomas legais, uns inovadores, outros protelatórios, foram impelindo para diante a entrada em vigor do Código Penal de 1969.

4. Processara-se, entrementes, salutar renovação das leis penais e processuais vigentes. Enquanto adiada a entrada em vigor do Código Penal de 1969, o Governo do Presidente Ernesto Geisel, sendo Ministro da Justiça o Dr. Armando Falcão, encaminhou ao Congresso Nacional o Projeto de Lei 2, de 22 de fevereiro de 1977, destinado a alterar dispositivos do Código Penal de 1940, do Código de Processo Penal e da Lei das Contravenções Penais. Coincidiam as alterações propostas, em parte relevante, com as recomendações da Comissão Parlamentar de Inquérito instituída em 1975 na Câmara dos Deputados, referentes à administração da Justiça Criminal e à urgente reavaliação dos critérios de aplicação e execução da pena privativa da liberdade. Adaptado à positiva e ampla contribuição do Congresso Nacional, o projeto se transformou na Lei 6.416, de 24 de maio de 1977, responsável pelo ajustamento de importantes setores da execução penal à realidade social contemporânea. Foram tais as soluções por ela adotadas que pela Mensagem n. 78, de 30 de agosto de 1978, o Presidente Ernesto Geisel, sendo ainda Ministro da Justiça o Dr. Armando Falcão, encaminhou ao Congresso Nacional o projeto de lei que revogava o Código Penal de 1969. Apoiava-se a Mensagem, entre razões outras, no fato de que o Código Penal de 1940, nas passagens reformuladas, se tornara "mais atualizado do que o vacante". O projeto foi transformado na Lei 6.578, de 11 de outubro de 1978, que revogou o Código Penal e as Leis 6.016, de 31 de dezembro de 1973, e 6.063, de 27 de junho de 1974, que o haviam parcialmente modificado.

5. Apesar desses inegáveis aperfeiçoamentos, a legislação penal continua inadequada às exigências da sociedade brasileira. A pressão dos índices de criminalidade e suas novas espécies, a constância da medida repressiva como resposta básica ao delito, a rejeição social dos apenados e seus reflexos no incremento da reincidência, a sofisticação tecnológica, que altera a fisionomia da criminalidade contemporânea, são fatores que exigem o aprimoramento dos instrumentos jurídicos de contenção do crime, ainda os mesmos concebidos pelos juristas na primeira metade do século.

6. Essa, em síntese, a razão pela qual instituí, no Ministério da Justiça, comissões de juristas incumbidas de estudar a legislação penal e de conceber as reformas necessárias. Do longo e dedicado trabalho dos componentes dessas comissões resultaram três anteprojetos: o da Parte Geral do Código Penal, o do Código de Processo Penal e o da Lei de Execução Penal. Foram todos amplamente divulgados e debatidos em simpósios e congressos. Para analisar as críticas e sugestões oferecidas por especialistas e instituições, constituí as comissões revisoras, que reexaminaram os referidos anteprojetos e neles introduziram as alterações julgadas convenientes. Desse abrangente e patriótico trabalho participaram, na fase de elaboração, os Professores Francisco de Assis Toledo, Presidente da Comissão, Francisco de Assis Serrano Neves, Ricardo Antunes Andreucci, Miguel Reale Júnior, Hélio Fonseca, Rogério Lauria Tucci e René Ariel Dotti; na segunda fase, destinada à revisão dos textos e incorporação do material resultante dos debates, os Professores Francisco de Assis Toledo, Coordenador da Comissão, Dínio de Santis Garcia, Jair Leonardo Lopes e Miguel Reale Júnior.

7. Deliberamos remeter à fase posterior a reforma da Parte Especial do Código, quando serão debatidas questões polêmicas, algumas de natureza moral e religiosa. Muitas das concepções que modelaram o elenco de delitos modificaram-se ao longo do tempo, alterando os padrões de conduta, o que importará em possível descriminalização. Por outro lado, o avanço científico e tecnológico impõe a inserção, na esfera punitiva, de condutas lesivas ao interesse social, como versões novas da atividade econômica e financeira ou de atividades predatórias da natureza.

8. A precedência dada à reforma da Parte Geral do Código, à semelhança do que se tem feito em outros países, antecipa a adoção de nova política criminal e possibilita a implementação das reformas do sistema sem suscitar questões de ordem prática.

Da aplicação da lei penal

9. Na aplicação da lei penal no tempo, o Projeto permanece fiel ao critério da lei mais benigna. Amplia, porém, as hipóteses contempladas na legislação vigente, para abranger a garantia assegurada no art. 153, § 16, da Constituição da República. Resguarda-se, assim, a aplicação da *lex mitior* de qualquer caráter restritivo, no tocante ao crime e à pena.

→ A referência é à Constituição de 1967, Emenda Constitucional de 1969.

10. Define o Projeto, nos arts. 4º e 6º, respectivamente, o tempo e lugar do crime, absorvendo, no caso, contribuição do Código de 1969, consagrada na doutrina.

11. Na aplicação da lei penal no espaço, o Projeto torna mais precisas as disposições, de forma a suprir, em função dos casos ocorrentes, as omissões do Código de 1940.

Do crime

12. Pareceu-nos inconveniente manter a definição de causa no dispositivo pertinente à relação de causalidade, quando ainda discrepantes as teorias e consequentemente imprecisa a doutrina sobre a exatidão do conceito. Pôs-se, portanto, em relevo a ação e a omissão como as duas formas básicas do comportamento humano. Se o crime consiste em uma ação humana, positiva ou negativa (*nullum crimen sine actione*), o destinatário da norma penal é todo aquele que realiza a ação proibida ou omite a ação determinada, desde que, em face das circunstâncias, lhe incumba o dever de participar o ato ou abster-se de fazê-lo.

13. No art. 13, § 2º, cuida o Projeto dos destinatários, em concreto, das normas preceptivas, subordinados à prévia existência de um dever de agir. Ao introduzir o conceito de omissão relevante, e ao extremar, no texto da lei, as hipóteses em que estará presente o dever de agir, estabelece-se a clara identificação dos sujeitos a que se destinam as normas preceptivas. Fica dirimida a dúvida relativa à superveniência de causa independente, com a inclusão, no texto do § 1º do art. 13, da palavra *relativamente*, "se a *causa superveniens*", destaca Nelson Hungria, "se incumbe sozinha do resultado e não tem ligação alguma, nem mesmo ideológica, com a ação ou omissão, esta passa a ser, no tocante ao resultado, uma 'não causa'" (*Comentários*, v. 1, t. 2, 5ª ed. 1978, p. 67).

14. Foram mantidas, nos arts. 14, 15, 17 e 18, as mesmas regras do Código atual, constantes, respectivamente, dos arts. 12, 13, 14 e 15, relativas aos conceitos de crime consumado e tentado, de desistência voluntária e arrependimento eficaz, de crime impossível, de dolo e culpa *stricto sensu*.

15. O Projeto mantém a obrigatoriedade de redução de pena, na tentativa (art. 14, parágrafo único), e cria a figura do arrependimento posterior à consumação do crime como causa igualmente obrigatória de redução de pena. Essa inovação constitui providência de Política Criminal e é instituída menos em favor do agente do crime do que da vítima. Objetiva-se, com ela, instituir um estímulo à reparação do dano, nos crimes cometidos "sem violência ou grave ameaça à pessoa".

16. Retoma o Projeto, no art. 19, o princípio da culpabilidade, nos denominados crimes qualificados pelo resultado, que o Código vigente submeteu à injustificada responsabilidade objetiva. A regra se estende a todas as causas de aumento situadas no desdobramento causal da ação.

17. É, todavia, no tratamento do *erro* que o princípio *nullum crimen sine culpa* vai aflorar com todo o vigor no direito legislado brasileiro. Com efeito, acolhe o Projeto, nos arts. 20 e 21, as duas formas básicas de *erro* construídas pela dogmática alemã: erro sobre elementos do tipo (*Tatbestandsirrtum*) e erro sobre a ilicitude do fato (*Verbotsirrtum*). Definiu-se a evitabilidade do erro em função da *consciência potencial* da ilicitude (parágrafo único do art. 21), mantendo-se no tocante às descriminantes putativas a tradição brasileira, que admite a forma culposa, em sintonia com a denominada "teoria limitada da culpabilidade" ("Culpabilidade e a problemática do erro jurídico penal", de Francisco de Assis Toledo, in *RT* 517/251).

18. O princípio da culpabilidade estende-se, assim, a todo o Projeto. Aboliu-se a medida de segurança para o imputável. Diversificou-se o tratamento dos partícipes, no concurso de pessoas. Admitiu-se a escusabilidade da falta de consciência da ilicitude. Eliminaram-se os resíduos de responsabilidade objetiva, principalmente os denominados crimes qualificados pelo resultado.

19. Repete o Projeto as normas do Código de 1940, pertinentes às denominadas "descriminantes putativas". Ajusta-se, assim, o Projeto à teoria limitada da culpabilidade, que distingue o erro incidente sobre os pressupostos fáticos de uma causa de justificação do que incide sobre a norma permissiva. Tal como no Código vigente, admite-se nesta área a figura culposa (art. 17, § 1º).

20. Excetuado o acerto de redação do art. 22, no qual se substitui a palavra "crime" por "fato", mantêm-se os preceitos concernentes ao erro determinado por terceiro, ao erro sobre a pessoa, à coação irresistível e à obediência hierárquica.

21. Permanecem as mesmas, e com o tratamento que lhes deu o Código vigente, as causas de exclusão da ilicitude. A inovação está contida no art. 23, que estende o excesso punível, antes restrito à legítima defesa, a todas as causas de justificação.

Da imputabilidade penal

22. Além das correções terminológicas necessárias, prevê o Projeto, no parágrafo único, *in fine*, do art. 26, o sistema vicariante para o semi-imputável, como consequência lógica da extinção da medida de segurança para o imputável. Nos casos fronteiriços em que predominar o quadro mórbido, optará o juiz pela medida de segurança. Na hipótese oposta, pela pena reduzida. Adotada, porém, a medida de segurança, dela se extrairão todas as consequências, passando o agente à condição de inimputável e, portanto, submetido às regras do Título VI, onde se situa o art. 98, objeto da remissão contida no mencionado parágrafo único do art. 26.

23. Manteve o Projeto a inimputabilidade penal ao menor de 18 (dezoito) anos. Trata-se de opção apoiada em critérios de Política Criminal. Os que preconizam a redução do limite, sob a justificativa da criminalidade crescente, que a cada dia recruta maior número de menores, não consideram a circunstância de que o menor, ser ainda incompleto, é naturalmente antissocial na medida em que não é socializado ou instruído. O reajustamento do processo de formação do caráter deve ser cometido à educação, não à pena criminal. De resto, com a legislação de menores recentemente editada, dispõe o Estado dos instrumentos necessários ao afastamento do jovem delinquente, menor de 18 (dezoito) anos, do convívio social, sem sua necessária submissão ao tratamento do delinquente adulto, expondo-o à contaminação carcerária.

24. Permanecem íntegros, tal como redigidos no Código vigente, os preceitos sobre paixão, emoção e embriaguez. As correções terminológicas introduzidas não lhes alteram o sentido e o alcance e se destinam a conjugá-los com disposições outras, do novo texto.

Do concurso de pessoas

25. Ao reformular o Título IV, adotou-se a denominação "Do Concurso de Pessoas" decerto mais abrangente, já que a coautoria não esgota as hipóteses do *concursus delinquentium*. O Código de 1940 rompeu a tradição originária do Código Criminal do Império, e adotou neste particular a teoria unitária ou monística do Código italiano como corolário da *teoria da equivalência das causas* (Exposição de Motivos do Ministro Francisco Campos, item 22). Sem completo retorno à experiência passada, curva-se, contudo, o Projeto aos críticos dessa teoria, ao optar, na parte final do art. 29, e em seus dois parágrafos, por regras precisas que distinguem a *autoria da participação*. Distinção, aliás, reclamada com eloquência pela doutrina, em face de decisões reconhecidamente injustas.

Das penas

26. Uma política criminal orientada no sentido de proteger a sociedade terá de restringir a pena privativa de liberdade aos casos de reconhecida necessidade, como meio eficaz de impedir a ação criminógena cada vez maior do cárcere. Esta filosofia importa obviamente na busca de sanções outras para delinquentes sem periculosidade ou crimes menos graves. Não se trata de combater ou condenar a pena privativa da liberdade como resposta penal básica ao delito. Tal como no Brasil, a pena de prisão se encontra no âmago dos sistemas penais de todo o mundo. O que por ora se discute é a sua limitação aos casos de reconhecida necessidade.

27. As críticas que em todos os países se têm feito à pena privativa da liberdade fundamentam-se em fatos de crescente importância social, tais como o tipo de tratamento penal frequentemente inadequado e quase sempre pernicioso, a inutilidade dos métodos até agora empregados no tratamento de delinquentes habituais e multirreincidentes, os elevados custos da construção e manutenção dos estabelecimentos penais, as consequências maléficas para os infratores primários, ocasionais ou responsáveis por delitos de pequena significação, sujeitos, na intimidade do cárcere, a sevícias, corrupção e perda paulatina da aptidão para o trabalho.

28. Esse questionamento da privação da liberdade tem levado penalistas de numerosos países e a própria Organização das Nações Unidas a uma "procura mundial" de soluções alternativas para os infratores que não ponham em risco a paz e a segurança da sociedade.

29. Com o ambivalente propósito de aperfeiçoar a pena de prisão, quando necessária, e de substituí-la, quando aconselhável, por formas diversas de sanção criminal, dotadas de eficiente poder corretivo, adotou o Projeto novo elenco de penas. Fê-lo, contudo, de maneira cautelosa, como convém a toda experiência pioneira nesta área. Por esta razão, o Projeto situa as novas penas na faixa ora reservada ao instituto da suspensão condicional da pena, com significativa ampliação para os crimes culposos. Aprovada a experiência, fácil será, no futuro, estendê-la a novas hipóteses, por via de pequenas modificações no texto. Nenhum prejuízo, porém, advirá da inovação introduzida, já que o instituto da suspensão condicional da pena, tal como vem sendo aplicado com base no Código de 1940, é um quase nada jurídico.

30. Estabeleceram-se com precisão os regimes de cumprimento da pena privativa da liberdade: o fechado, consistente na execução da pena em estabelecimento de segurança máxima ou média; o semiaberto, em colônia agrícola, industrial ou estabelecimento similar; e finalmente o aberto, que consagra a prisão-albergue, cuja execução deverá processar-se em casa de albergado ou instituição adequada.

31. Institui-se, no regime fechado, a obrigatoriedade do exame criminológico para seleção dos condenados conforme o grau de emendabilidade e consequente individualização do tratamento penal.

32. O trabalho, amparado pela Previdência Social, será obrigatório em todos os regimes e se desenvolverá segundo as aptidões ou ofício anterior do preso, nos termos das exigências estabelecidas.

33. O cumprimento da pena superior a 8 (oito) anos será obrigatoriamente iniciado em regime fechado. Abrem-se, contudo, para condenados a penas situadas aquém desse limite, possibilidades de cumprimento em condições menos severas, atentas às condições personalíssimas do agente e a natureza do crime cometido. Assim, o condenado a pena entre 4 (quatro) e 8 (oito) anos poderá iniciar o seu cumprimento em regime semiaberto. Ao condenado a pena igual ou inferior a 4 (quatro) anos, quando primário, poderá ser concedido, *ab initio*, o regime aberto, na forma do art. 33, § 3º, se militarem em seu favor os requisitos do art. 59.

34. A opção pelo regime inicial da execução cabe, pois, ao juiz da sentença, que o estabelecerá no momento da fixação da pena, de acordo com os critérios estabelecidos no art. 59, relativos à culpabilidade, aos antecedentes, à conduta social e à personalidade do agente, bem como aos motivos e circunstâncias do crime.

35. A decisão será, no entanto, provisória, já que poderá ser revista no curso da execução. A fim de humanizar a pena privativa da liberdade, adota o Projeto o sistema progressivo de cumprimento da pena, de nova índole, mediante o qual poderá dar-se a substituição do regime a que estiver sujeito o condenado, segundo seu próprio mérito. A partir do regime fechado, fase mais severa do cumprimento da pena, possibilita o Projeto a outorga progressiva de parcelas da liberdade suprimida.

36. Mas a regressão do regime inicialmente menos severo para outro de maior restrição é igualmente contemplada, se a impuser a conduta do condenado.

37. Sob essa ótica, a progressiva conquista da liberdade pelo mérito substitui o tempo de prisão como condicionante exclusiva da devolução da liberdade.

38. Reorientada a resposta penal nessa nova direção – a da qualidade da pena em interação com a quantidade – esta será tanto mais justificável quanto mais apropriadamente ataque as causas de futura delinquência. Promove-se, assim, a sentença judicial a ato de prognose, direcionada no sentido de uma presumida adaptabilidade social.

39. O Projeto limita-se a estabelecer as causas que justificam a regressão do regime aberto (art. 36, § 2º), remetendo a regulamentação das demais hipóteses à Lei de Execução Penal.

40. Adota o Projeto as penas restritivas de direitos, substitutivas da pena de prisão, consistentes em *prestação de serviços à comunidade, interdição temporária de direitos e limitação de fins de semana*, fixando o texto os requisitos e critérios norteadores da substituição.

41. Para dotar de força coativa o cumprimento da pena restritiva de direitos, previu-se a conversão dessa modalidade de sanção em privativa da liberdade, pelo tempo da pena aplicada, se injustificadamente descumprida a restrição imposta. A conversão, doutra parte, far-se-á se ocorrer condenação por outro crime à pena privativa da liberdade, cuja execução não tenha sido suspensa.

42. Essas penas privativas de direitos, em sua tríplice concepção, aplicam-se aos delitos dolosos cuja pena, concretamente aplicada, seja inferior a 1 (um) ano e aos delitos culposos de modo geral, resguardando-se, em ambas as hipóteses, o prudente arbítrio do juiz. A culpabilidade, os antecedentes, a conduta social e a personalidade do agente, bem como os motivos e circunstâncias do crime, é que darão a medida de conveniência da substituição.

43. O Projeto revaloriza a pena de multa, cuja força retributiva se tornou ineficaz no Brasil, dada a desvalorização das quantias estabelecidas na legislação em vigor, adotando-se, por essa razão, o critério do dia-multa, nos parâmetros estabelecidos, sujeito a correção monetária no ato da execução.

44. Prevê o Projeto o pagamento em parcelas mensais, bem como o desconto no vencimento ou salário do condenado, desde que não incida sobre os recursos necessários ao seu sustento e ao de sua família.

45. A multa será convertida em detenção quando o condenado, podendo, deixa de pagá-la ou frustra a execução. A cada dia-multa corresponde um dia de detenção. A conversão, contudo, não poderá exceder a 1 (um) ano.

→ *V.* Art. 51 do CP.

46. As condenações inferiores a 6 (seis) meses poderão ser substituídas por penas de multa, se o condenado não for reincidente e se a substituição constituir medida eficiente (art. 60, § 2º).

Da cominação das penas

47. Tornou-se necessária a inserção de Capítulo específico, pertinente à cominação das penas substitutivas, já que o mecanismo da substituição não poderia situar-se repetitivamente em cada modalidade de delito.

48. Os preceitos contidos nos arts. 53 e 58 disciplinam os casos em que a cominação está na figura típica legal, nos moldes tradicionais. Nos casos de penas restritivas de direitos (arts. 54 a 57) e de multa substitutiva (parágrafo único do art. 58), adotou-se a técnica de instituir a cominação no próprio Capítulo.

Da aplicação da pena

49. Sob a mesma fundamentação doutrinária do Código vigente, o Projeto busca assegurar a *individualização da pena* sob critérios mais abrangentes e precisos. Transcende-se, assim, o sentido individualizador do Código vigente, restrito à fixação da quantidade da pena, dentro de limites estabelecidos, para oferecer ao *arbitrium iudices* variada gama de opções, que em determinadas circunstâncias pode envolver o tipo da sanção a ser aplicada.

50. As diretrizes para fixação da pena estão relacionadas no art. 59, segundo o critério da legislação em vigor, tecnicamente aprimorado e necessariamente adaptado ao novo elenco de penas. Preferiu o Projeto a expressão "culpabilidade" em lugar de "intensidade do dolo ou grau de culpa", visto que graduável é a censura, cujo índice, maior ou menor, incide na quantidade da pena. Fez-se referência expressa ao comportamento da vítima, erigido, muitas vezes, em fator criminógeno, por constituir-se em provocação ou estímulo à conduta criminosa, como, entre outras modalidades, o pouco recato da vítima nos crimes contra os costumes. A finalidade da individualização está esclarecida na parte final do preceito: importa em optar, dentre as penas cominadas, pela que for aplicável, com a respectiva quantidade, à vista de sua necessidade e eficácia para "reprovação e prevenção do crime". Nesse conceito se define a Política Criminal preconizada no Projeto, da qual se deverão extrair todas as suas lógicas consequências. Assinale-se, ainda, outro importante acréscimo: cabe ao juiz fixar o regime inicial de cumprimento da pena privativa da liberdade, fator indispensável da individualização que se completará no curso do procedimento executório, em função do exame criminológico.

51. Decorridos quarenta anos da entrada em vigor do Código Penal, remanescem as divergências suscitadas sobre as etapas da aplicação da pena. O Projeto opta claramente pelo critério das três faces, predominante na jurisprudência do Supremo Tribunal Federal. Fixa-se, inicialmente, a pena-base, obedecido o disposto no art. 59; consideram-se, em seguida, as circunstâncias atenuantes e agravantes; incorporam-se ao cálculo, finalmente, as causas de diminuição e aumento. Tal critério permite o completo conhecimento da operação realizada pelo juiz e a exata determinação dos elementos incorporados à dosimetria. Discriminado, por exemplo, em primeira instância, o *quantum* da majoração decorrente de uma agravante, o recurso poderá ferir com precisão essa parte da sentença, permitindo às instâncias superiores a correção de equívocos hoje sepultados no processo mental do juiz. Alcança-se, pelo critério, a plenitude de garantia constitucional da ampla defesa.

52. Duas diferenças alteram o rol das circunstâncias agravantes prescritas na legislação em vigor: cancelou-se a redundante referência a "asfixia", de caráter meramente exemplificativo, já que é tida por insidiosa ou cruel esta espécie de meio, na execução do delito; deu-se melhor redação ao disposto no art. 44, II, *c*, ora assim enunciado no art. 61, II, *e*: "em estado de embriaguez preordenada".

→ A referência é ao art. 61, II, *l*, do CP.

53. O Projeto dedicou atenção ao agente que no concurso de pessoas desenvolve papel saliente. No art. 62, reproduz-se o texto do Código atual, acrescentando-se, porém, como agravante, a ação de induzir outrem à execução material do crime. Estabelece-se, assim, paralelismo com os elementos do tipo do art. 122 (induzimento, instigação ou auxílio ao suicídio).

54. A Lei 6.416, de 1977, alterou a disciplina da reincidência, limitando no tempo os efeitos da condenação anterior, a fim de não estigmatizar para sempre o condenado. A partir desse diploma legal deixou de prevalecer a condenação anterior para efeito de reincidência, se decorrido período superior a 5 (cinco) anos entre a data do cumprimento ou da extinção da pena e a da infração posterior. A redação do texto conduziu a situações injustas: o réu que tenha indeferida a suspensão da condicional tem em seu favor a prescrição da reincidência, antes de outro, beneficiado pela suspensão. A distorção importa em que a pena menos grave produz, no caso, efeitos mais graves. Daí a redação dada ao art. 64, I, mandando computar "o período de prova da suspensão ou do livramento condicional, se não houver revogação".

55. As circunstâncias atenuantes sofreram alterações. Tornou-se expresso, para evitar polêmicas, que a atenuante da menoridade será aferida na data do fato; a da velhice, na data da sentença. Incluiu-se no elenco o "desconhecimento da lei" em evidente paralelismo com o disposto no art.

21. A *ignorantia legis* continua inescusável no Projeto, mas atenua a pena. Incluiu-se, ainda, na letra *c*, a hipótese de quem age em cumprimento de ordem superior. Não se justifica que o autor de crime cometido sob coação resistível seja beneficiado com atenuante e não ocorra o mesmo quando a prática do delito ocorre "em cumprimento de ordem superior". Se a coação irresistível e a obediência hierárquica recebem, como dirimentes, idêntico tratamento, a mesma equiparação devem ter a coação e a obediência, quando descaracterizadas em meras atenuantes. Beneficia-se, como estímulo à verdade processual, o agente que confessa espontaneamente, perante a autoridade, a autoria do crime, sem a exigência, em vigor, de ser a autoria "ignorada ou imputada a outrem". Instituiu-se, finalmente, no art. 66, circunstância atenuante genérica e facultativa, que permitirá ao juiz considerar circunstância relevante, ocorrida antes, durante ou após o crime, para fixação da pena.

56. Foram mantidos os conceitos de *concurso material e concurso formal*, ajustados ao novo elenco de penas.

57. A inovação contida no parágrafo único do art. 70 visa a tornar explícito que a regra do concurso formal não poderá acarretar punição superior à que, nas mesmas circunstâncias, seria cabível pela aplicação do cúmulo material. Impede-se, assim, que numa hipótese de *aberratio ictus* (homicídio doloso mais lesões culposas), se aplique ao agente pena mais severa, em razão do concurso formal, do que a aplicável, no mesmo exemplo, pelo concurso material. Quem comete mais de um crime, com uma única ação, não pode sofrer pena mais grave do que a imposta ao agente que reiteradamente, com mais de uma ação, comete os mesmos crimes.

58. Mantém-se a definição atual de *crime continuado*. Expressiva inovação foi introduzida, contudo, no parágrafo do art. 71, *in verbis*:

"Nos crimes dolosos, contra vítimas diferentes, cometidos com violência ou grave ameaça à pessoa, poderá o juiz, considerando a culpabilidade, os antecedentes, a conduta social e a personalidade do agente, bem como os motivos e as circunstâncias, aumentar a pena de um só dos crimes, se idênticas, ou a mais grave, se diversas, até o triplo, observadas as regras dos arts. 70, parágrafo único, e 75".

59. O critério da teoria puramente objetiva não revelou na prática maiores inconvenientes, a despeito das objeções formuladas pelos partidários da teoria objetivo-subjetiva. O Projeto optou pelo critério que mais adequadamente se opõe ao crescimento da criminalidade profissional, organizada e violenta, cujas ações se repetem contra vítimas diferentes, em condições de tempo, lugar, modos de execução e circunstâncias outras, marcadas por evidente semelhança. Estender-lhe o conceito de crime continuado importa em beneficiá-la, pois o delinquente profissional tornar-se-ia passível de tratamento penal menos grave que o dispensado a criminosos ocasionais. De resto, com a extinção, no Projeto, da medida de segurança para o imputável, urge reforçar o sistema destinando penas mais longas aos que estariam sujeitos à imposição de medida de segurança detentiva e que serão beneficiados pela abolição da medida. A Política Criminal atua, neste passo, em sentido inverso, a fim de evitar a libertação prematura de determinadas categorias de agentes, dotados de acentuada periculosidade.

60. Manteve-se na exata conceituação atual o *erro na execução – aberratio ictus* – relativo ao objeto material do delito, sendo único o objeto jurídico, bem como o tratamento do resultado diverso do pretendido – *aberratio delicti*.

61. O Projeto baliza a duração máxima das penas privativas da liberdade, tendo em vista o disposto no art. 153, § 11, da Constituição, e veda a prisão perpétua. As penas devem ser limitadas para alimentarem no condenado a esperança da liberdade e a aceitação da disciplina, pressupostos essenciais da eficácia do tratamento penal. Restringiu-se, pois, no art. 75, a duração das penas privativas da liberdade a 30 (trinta) anos, criando-se, porém, mecanismo desestimulador do crime, uma vez alcançado este limite. Caso contrário, o condenado à pena máxima pode ser induzido a outras infrações, no presídio, pela consciência da impunidade, como atualmente ocorre. Daí a regra de interpretação contida no art. 75, § 2º: "sobrevindo condenação por fato posterior ao início do cumprimento da pena, far-se-á nova unificação, computando-se, para esse fim, o tempo restante da pena anteriormente estabelecida".

→ A referência é à Constiuição de 1967, Emenda Constitucional 1969.

Da suspensão condicional

62. O instituto da suspensão condicional da pena foi mantido no Projeto com as adaptações impostas pelas novas modalidades de penas e a sistemática a que estão sujeitas. Tal como no Código Penal vigente, a execução da pena privativa da liberdade não superior a 2 (dois) anos poderá ser suspensa, se o condenado não for reincidente em crime doloso e se a culpabilidade, os antecedentes, a conduta social e a personalidade do agente, bem como os motivos e circunstâncias do crime, indicarem ser necessária e suficiente a concessão do benefício.

63. Conquanto se exija que o condenado não seja reincidente, a condenação anterior a pena da multa não obsta a concessão do benefício, ficando assim adotada a orientação da Súmula 499 do Supremo Tribunal Federal. É óbvio, por outro lado, que a condenação anterior não impede a suspensão, se entre a data do cumprimento da pena e a infração posterior houver decorrido tempo superior a 5 (cinco) anos. Entendeu-se dispensável o Projeto reportar-se à regra geral sobre a temporariedade da reincidência, em cada norma que a ela se refira, por tê-la como implícita e inafastável.

64. Reduziu-se o limite máximo do período de prova, a fim de ajustá-lo à prática judiciária. Todavia, para que o instituto não se transforme em garantia de impunidade, instituíram-se condições mais eficazes, quer pela sua natureza, quer pela possibilidade de fiscalização mais efetiva de sua observância, até mesmo com a participação da comunidade.

65. Tais condições transformaram a suspensão condicional em solução mais severa do que as penas restritivas de direitos, criando-se para o juiz mais esta alternativa à pena privativa da liberdade não superior a 2 (dois) anos. Os condenados ficam sujeitos a regime de prova mais exigente, pois além das condições até agora impostas deverão cumprir, ainda, as de prestação de serviços à comunidade ou de limitação de fim de semana, bem como condições outras, especificadas na sentença, "adequadas ao fato e à situação pessoal do condenado" (arts. 46, 48, 78, § 1º, e 79).

66. Orientado no sentido de assegurar a individualização da pena, o Projeto prevê a modalidade de *suspensão especial*, na qual o condenado não fica sujeito à prestação de serviço à comunidade ou à limitação de fim de semana. Neste caso o condenado, além de não reincidente em crime doloso, há de ter reparado o dano, se podia fazê-lo; ainda assim, o benefício somente será concedido se *as circunstâncias do art. 59 lhe forem inteiramente favoráveis*, isto é, se mínima a culpabilidade, irretocáveis os antecedentes e de boa índole a personalidade, bem como relevantes os motivos e favoráveis as circunstâncias.

67. Em qualquer das espécies de suspensão é reservada ao juiz a faculdade de especificar outras condições, além das expressamente previstas, desde que adequadas ao fato e à situação pessoal do condenado (art. 79), com as cautelas anteriormente mencionadas.

68. A suspensão da execução da pena é *condicional*. Como na legislação em vigor, pode ser obrigatória ou facultativamente revogada. É obrigatória a revogação quando o beneficiário é condenado em sentença definitiva, por crime doloso, no período da prova ou em qualquer das hipóteses previstas nos incisos II e III do art. 81. É facultativa quando descumprida a condição imposta ou sobrevier condenação por crime culposo.

69. Introduzidas no Projeto as penas de prestação de serviços à comunidade e de limitação de fim de semana, tornou-se mister referência expressa ao seu descumprimento como causa de revogação obrigatória (art. 81, III). Esta se opera à falta de reparação do dano, sem motivo justificado e em face de expediente que frustre a execução da pena da multa (art. 81, II). A revogação é facultativa se o beneficiário descumpre condição imposta ou é irrecorrivelmente condenado, seja por contravenção, seja a pena privativa da liberdade ou restritiva de direito em razão de crime culposo.

70. Adotando melhor técnica, o Projeto reúne sob a rubrica "Prorrogação do Período de Prova" as normas dos §§ 2º e 3º, do art. 59 do Código vigente, pertinentes à prorrogação de prazo. O § 2º considera prorrogado o prazo "até o julgamento definitivo", se o beneficiário está sendo processado por outro crime ou por contravenção; o § 3º mantém a regra segundo a qual, "quando facultativa a revogação, o juiz pode, ao invés de decretá-la, prorrogar o período de prova até o máximo, se este não foi o fixado".

71. Finalmente, expirado o prazo de prova sem que se verifique a revogação, considera-se extinta a pena privativa da liberdade.

Do livramento condicional

72. O Projeto dá novo sentido à execução das penas privativas da liberdade. A ineficácia dos métodos atuais de confinamento absoluto e prolongado, fartamente demonstrada pela experiência, conduziu o Projeto à ampliação do *arbitrium iudicis*, no tocante à concessão do livramento condicional. O juiz poderá conceder o livramento condicional ao condenado a pena privativa da liberdade igual ou superior a 2 (dois) anos, desde que cumprido mais de um terço da pena, se o condenado *não for reincidente* em crime doloso e tiver bons antecedentes (art. 83, I); pode ainda concedê-la se o condenado *for reincidente* em crime doloso, cumprida mais da metade da pena (art. 83, II). Ao reduzir, porém, os prazos mínimos de concessão do benefício, o Projeto exige do condenado, além dos requisitos já estabelecidos – quantidade da pena aplicada, reincidência, antecedentes e tempo de pena cumprida –, a comprovação de comportamento satisfatório durante a execução da pena, bom desempenho no trabalho que lhe foi atribuído e aptidão para prover a própria subsistência mediante trabalho honesto, bem como a reparação do dano, salvo efetiva impossibilidade de fazê-lo (art. 83, III e IV).

73. Tratando-se, no entanto, de condenado *por crime doloso, cometido com violência ou grave ameaça à pessoa*, a concessão do livramento ficará subordinada não só às condições dos mencionados incisos I, II, III e IV do art. 83, mas, ainda, à verificação, em perícia, da superação das condições e circunstâncias que levaram o condenado a delinquir (parágrafo único do art. 83).

74. A norma se destina, obviamente, ao condenado por crime violento, como homicídio, roubo, extorsão, extorsão mediante sequestro em todas as suas formas, estupro, atentado violento ao pudor e outros da mesma índole. Tal exigência é mais uma consequência necessária da extinção da medida de segurança para o imputável.

75. Permite-se, como no Código em vigor, a unificação das penas para efeito de livramento (art. 84). O juiz, ao concedê-lo, especificará na sentença as condições a cuja observância o condenado ficará sujeito.

76. Como na suspensão da pena, a revogação do livramento condicional será obrigatória ou facultativa. Quanto à revogação obrigatória (art. 86), a inovação consiste em suprimir a condenação "por motivo de contravenção", ficando, pois, a revogação obrigatória subordinada somente à condenação por *crime* cometido na vigência do benefício ou por *crime anterior*, observada a regra da unificação (art. 84). A revogação será facultativa se o condenado deixar de cumprir qualquer das obrigações constantes da sentença ou for irrecorrivelmente condenado por crime a pena que não seja privativa de liberdade ou por contravenção (art. 87). Uma vez revogado, o livramento não poderá ser novamente concedido. Se a revogação resultar de condenação por crime cometido anteriormente à concessão daquele benefício, será descontado na pena a ser cumprida o tempo em que esteve solto o condenado.

77. Cumpridas as condições do livramento, considera-se extinta a pena privativa da liberdade (art. 90).

Dos efeitos da condenação

78. A novidade do Projeto, nesta matéria, reside em atribuir outros efeitos à condenação, consistentes na perda de cargo, função pública ou mandato eletivo; na incapacidade para o exercício do pátrio poder, tutela ou curatela, e na inabilitação para dirigir veículo (art. 92, I, II, III). Contudo, tais efeitos *não são automáticos*, devendo ser motivadamente declarados na sentença (parágrafo único do art. 92). É que ao juiz incumbe, para a declaração da perda do cargo, função pública ou mandato eletivo, verificar se o crime pelo qual houve a condenação foi praticado com abuso de poder ou violação de dever para com a Administração Pública e, ainda, se a pena aplicada foi superior a 4 (quatro) anos. É bem verdade, em tais circunstâncias, a perda do cargo ou da função pública pode igualmente resultar de processo administrativo instaurado contra o servidor. Aqui, porém, resguardada a separação das instâncias administrativa e judicial, a perda do cargo ou função pública independe do processo administrativo. Por outro lado, entre os efeitos da condenação inclui-se a perda do mandato eletivo.

79. Do mesmo modo, a fim de declarar, como efeito da condenação, a incapacidade para o exercício do pátrio poder, tutela ou curatela, deverá o juiz verificar se o crime foi cometido, respectivamente, contra filho, tutelado ou curatelado e se foi doloso, a que se comine pena de reclusão.

80. A inabilitação para dirigir veículo, como efeito da condenação, declara-se quando o veículo tenha sido utilizado *como meio* para a prática de crime doloso, distinguindo-se, pois, a interdição temporária para dirigir (art. 47, III), que se aplica aos autores de crimes culposos de trânsito. Estes usam o veículo como meio *para fim lícito*, qual seja transportar-se de um ponto para outro, sobrevindo então o crime, que não era o fim do agente. Enquanto aqueles outros, cuja condenação tem como efeito a inabilitação para dirigir veículo, usam-no deliberadamente *como meio* para fim ilícito.

➔ *v.* Arts. 292 e 293 do CTB.

81. Nota-se que todos esses efeitos da condenação serão atingidos pela reabilitação, vedada, porém, a reintegração no cargo, função pública ou mandato eletivo, no exercício do qual o crime tenha ocorrido, bem como vedada a volta ao exercício do pátrio poder, da tutela ou da curatela em relação ao filho, tutelado ou curatelado contra o qual o crime tenha sido cometido (parágrafo único do art. 93).

Da reabilitação

82. A reabilitação não é causa extintiva da punibilidade e, por isso, ao invés de estar disciplinada naquele Título, como no Código vigente, ganhou Capítulo próprio, no Título V. Trata-se de instituto que não *extingue*, mas tão somente *suspende* alguns efeitos penais da sentença condenatória, visto que a qualquer tempo, revogada a reabilitação, se restabelece o *statu quo ante*. Diferentemente, as causas extintivas da punibilidade operam efeitos irrevogáveis, fazendo cessar definitivamente a pretensão punitiva ou a executória.

83. Segundo o Projeto, a reabilitação não tem, apenas, o efeito de assegurar o sigilo dos registros sobre o processo e a condenação do reabilitado, mas consiste, também, em declaração judicial de que o condenado cumpriu a pena imposta ou esta foi extinta, e de que, durante 2 (dois) anos após o cumprimento ou extinção da pena, teve bom comportamento e ressarciu o dano causado, ou não o fez porque não podia fazê-lo. Tal declaração judicial reabilita o condenado, significando que ele está em plenas condições de voltar ao convívio da sociedade, sem nenhuma restrição ao exercício de seus direitos.

84. Reduziu-se o prazo de 2 (dois) anos, tempo mais do que razoável para a aferição da capacidade de adaptação do condenado às regras do convívio social. Nesse prazo, computa-se o período de prova de suspensão condicional e do livramento, se não sobrevier revogação.

85. A reabilitação distingue-se da *revisão*, porque esta, quando deferida, pode apagar definitivamente a condenação anterior, enquanto aquela não tem esse efeito. Se o reabilitado vier a cometer novo crime será considerado reincidente, ressalvado o disposto no art. 64.

86. A reabilitação será revogada se o reabilitado for condenado, como reincidente, por decisão definitiva, a pena que não seja de multa. Portanto, duas são as condições para a revogação: primeira, que o reabilitado tenha sido condenado, como reincidente, por decisão definitiva, e para que isso ocorra é necessário que entre a data do cumprimento ou extinção da pena e a infração posterior não tenha decorrido período de tempo superior a 5 (cinco) anos (art. 64); segunda, que a pena aplicada seja restritiva de direitos ou privativa da liberdade.

Das medidas de segurança

87. Extingue o Projeto a medida de segurança para o imputável e institui o sistema vicariante para os fronteiriços. Não se retomam, com tal método, soluções clássicas. Avança-se, pelo contrário, no sentido da autenticidade do sistema. A medida de segurança, de caráter meramente preventivo e assistencial, ficará reservada aos inimputáveis. Isso, em resumo, significa: culpabilidade – pena; periculosidade – medida de segurança. Ao réu perigoso e culpável não há razão para aplicar o que tem sido, na prática, uma fração de pena eufemisticamente denominada medida de segurança.

88. Para alcançar esse objetivo, sem prejuízo da repressão aos crimes mais graves, o Projeto reformulou os institutos do crime continuado e do livramento condicional, na forma de esclarecimentos anteriores.

89. Duas espécies de medida de segurança consagra o Projeto: a detentiva e a restritiva. A detentiva consiste na internação em hospital de custódia e tratamento psiquiátrico, fixando-se o prazo mínimo de internação entre 1 (um) e 3 (três) anos. Esse prazo tornar-se-á indeterminado, perdurando a medida enquanto não for verificada a cessação da periculosidade por perícia médica. A perícia deve efetuar-se ao término do prazo mínimo prescrito e repetir-se anualmente.

90. O Projeto consagra significativa inovação ao prever a medida de segurança restritiva, consistente na sujeição do agente a tratamento ambulatorial, cumprindo-lhe comparecer ao hospital nos dias que lhe forem determinados pelo médico, a fim de ser submetido à modalidade terapêutica prescrita.

91. Corresponde a inovação às atuais tendências de "desinstitucionalização", sem o exagero de eliminar a internação. Pelo contrário, o Projeto estabelece limitações estritas para a hipótese de tratamento ambulatorial, apenas admitido quando o ato praticado for previsto como crime *punível com detenção*.

92. A sujeição a tratamento ambulatorial será também determinada pelo prazo mínimo de 1 (um) a 3 (três) anos, devendo perdurar enquanto não verificada a cessação da periculosidade.

93. O agente poderá ser transferido em qualquer fase do regime de tratamento ambulatorial para o detentivo, consistente em internação hospitalar de custódia e tratamento psiquiátrico, se a conduta revelar a necessidade da providência para fins curativos.

94. A liberação do tratamento ambulatorial, a desinternação e a reinternação constituem hipóteses previstas nos casos em que a verificação da cura ou a persistência da periculosidade as aconselhem.

Da ação penal

95. O Título ficou a salvo de modificações, excetuadas pequenas correções de redação nos arts. 100, §§ 2º e 3º, 101 e 102.

Da extinção da punibilidade

96. Excluíram-se do rol das causas extintivas da punibilidade a reabilitação e o ressarcimento do dano no peculato culposo. A primeira porque, dependendo de anterior extinção da pena, não tem a natureza de causa extintiva da punibilidade. Diz mais com certos efeitos secundários de condenação já consumada (item 82). A segunda porque, tratando-se de norma específica e restrita, já contemplada expressamente na Parte Especial, art. 312, § 3º, nada justifica sua inócua repetição entre normas de caráter geral.

97. Deu-se melhor redação à hipótese de casamento da vítima com terceiro, ficando claro que esta forma excepcional de extinção depende da ocorrência concomitante de três condições: o casamento, a inexistência de violência real e a inércia da vítima por mais de 60 (sessenta) dias após o casamento.

98. Incluiu-se o perdão judicial entre as causas em exame (art. 107, IX) e explicitou-se que a sentença que o concede não será considerada para configuração futura de reincidência (art. 120). Afastam-se, com isso, as dúvidas que ora têm suscitado decisões contraditórias em nossos tribunais. A opção se justifica a fim de que o perdão, cabível quando expressamente previsto na Parte Especial ou em lei, não continue, como por vezes se tem entendido, a produzir os efeitos da sentença condenatória.

99. Estatui o art. 110 que, uma vez transitada em julgado a sentença condenatória, a prescrição regula-se pela pena aplicada, verificando-se nos prazos fixados no art. 109, os quais são aumentados de um terço, se o condenado é reincidente. O § 1º dispõe que a prescrição se regula pela pena aplicada, se transitada em julgado a sentença para a acusação ou improvido o recurso desta. Ainda que a norma pareça desnecessária, preferiu-se explicitá-la no texto, para dirimir de vez a dúvida alusiva à prescrição pela pena aplicada, não obstante o recurso da acusação, se este não foi provido. A ausência de tal norma tem estimulado a interposição de recursos destinados a evitar tão somente a prescrição. Manteve-se, por outro lado, a regra segundo a qual, transitada em julgado a sentença para a acusação, haja ou não recurso da defesa, a prescrição se regula pela pena concretizada na sentença.

100. Norma apropriada impede que a prescrição pela pena aplicada tenha por termo inicial data anterior à do recebimento da denúncia (§ 2º do art. 110). A inovação, introduzida no Código Penal pela Lei 6.416, de 24 de maio de 1977, vem suscitando controvérsias doutrinárias. Pesou, todavia, em prol de sua manutenção, o fato de que, sendo o recebimento da denúncia causa interruptiva da prescrição (art. 117, I), uma vez interrompida esta o prazo recomeça a correr por inteiro (art. 117, § 2º).

→ Referido § 2º do art. 110 foi revogado pela Lei 12.234/2010.

101. Trata-se, além disso, de prescrição pela pena aplicada, o que pressupõe, obviamente, a existência de processo e de seu termo: a sentença condenatória. Admitir, em tal caso, a prescrição da ação penal em período anterior ao recebimento da denúncia importaria em declarar a inexistência tanto do processo quanto da sentença. Mantém-se, pois, o despacho de recebimento da denúncia como causa interruptiva, extraindo-se do princípio as consequências inelutáveis.

102. O prazo de prescrição do crime continuado, antes do trânsito em julgado da sentença condenatória, não mais terá como termo inicial a data em que cessou a continuação (Código Penal, art. 111, *c*).

103. Adotou o Projeto, nesse passo, orientação mais liberal, em consonância com o princípio introduzido em seu art. 119, segundo o qual, no concurso de crimes, a extinção da punibilidade incidirá isoladamente sobre a pena de cada um. Poderá ocorrer a prescrição do primeiro crime antes da prescrição do último a ele interligado pela continuação. A jurisprudência do Supremo Tribunal Federal orienta-se nesse sentido, tanto que não considera o acréscimo decorrente da continuação para cálculo do prazo prescricional (Súmula 497).

104. Finalmente, nas Disposições Transitórias, cancelaram-se todos os valores de multa previstos no Código atual, de modo que os cálculos de pena pecuniária sejam feitos, doravante, segundo os precisos critérios estabelecidos na Parte Geral. Foram previstos, ainda, prazos e regras para a implementação paulatina das novas penas restritivas de direitos.

Conclusão

105. São essas, em resumo, as principais inovações introduzidas no anexo Projeto de reforma penal que tenho a honra de submeter à superior consideração de Vossa Excelência. Estou certo de que, se adotado e transformado em lei, há de constituir importante marco na reformulação do nosso Direito Penal, além de caminho seguro para a modernização da nossa Justiça Criminal e dos nossos estabelecimentos penais.

Valho-me da oportunidade para renovar a Vossa Excelência a expressão do meu profundo respeito.

Ibrahim Abi-Ackel

(Publicação no *D.O.U.* 13.7.1984)

CP

EXPOSIÇÃO DE MOTIVOS DA PARTE ESPECIAL DO CÓDIGO PENAL

DECRETO-LEI 2.848, DE 7 DE DEZEMBRO DE 1940

Ministério da Justiça e Negócios Interiores

Gabinete do Ministro – em 4.11.1940

Senhor Presidente:

1. Com o atual Código Penal nasceu a tendência de reformá-lo. A datar de sua entrada em vigor começou a cogitação de emendar-lhe os erros e falhas. Retardado em relação à ciência penal do seu tempo, sentia-se que era necessário colocá-lo em dia com as ideias dominantes no campo da criminologia e, ao mesmo tempo, ampliar-lhe os quadros de maneira a serem contempladas novas figuras delituosas com que os progressos industriais e técnicos enriqueceram o elenco dos fatos puníveis.

Já em 1893, o Deputado Vieira de Araújo apresentava à Câmara dos Deputados o projeto de um novo Código Penal. A este projeto foram apresentados dois substitutivos, um do próprio autor do projeto e o outro da Comissão Especial da Câmara. Nenhum dos projetos, porém, conseguiu vingar. Em 1911, o Congresso delegou ao Poder Executivo a atribuição de formular um novo projeto. O projeto de autoria de Galdino Siqueira, datado de 1913, não chegou a ser objeto de consideração legislativa. Finalmente, em 1927, desincumbindo-se de encargo que lhe havia sido cometido pelo Governo, Sá Pereira organizou o seu projeto, que, submetido a uma comissão revisora composta do autor do projeto e dos Drs. Evaristo de Morais e Bulhões Pedreira, foi apresentado em 1935 à consideração da Câmara dos Deputados. Aprovado por esta, passou ao Senado e neste se encontrava em exame na Comissão de Justiça, quando sobreveio o advento da nova ordem política.

A Conferência de Criminologia, reunida no Rio de Janeiro de 1936, dedicou os seus trabalhos ao exame e à crítica do projeto revisto, apontando nele deficiências e lacunas, cuja correção se impunha. Vossa Excelência resolveu, então, que se confiasse a tarefa de formular novo projeto ao Dr. Alcântara Machado, eminente professor da Faculdade de Direito de São Paulo. Em 1938, o Dr. Alcântara Machado entregava ao Governo o novo projeto, cuja publicação despertou o mais vivo interesse.

A matéria impunha, entretanto, pela sua delicadeza e por suas notórias dificuldades, um exame demorado e minucioso. Sem desmerecer o valor do trabalho de que se desincumbira o Professor Alcântara Machado, julguei de bom aviso submeter o projeto a uma demorada revisão, convocando para isso técnicos, que se houvessem distinguido não somente na teoria do direito criminal como também na prática de aplicação da lei penal.

Assim, constituí a Comissão revisora com os ilustres magistrados Vieira Braga, Nélson Hungria e Narcélio de Queiroz e com um ilustre representante do Ministério Público, o Dr. Roberto Lira.

Durante mais de um ano a Comissão dedicou-se quotidianamente ao trabalho de revisão, cujos primeiros resultados comuniquei ao eminente Dr. Alcântara Machado, que, diante deles, remodelou o seu projeto, dando-lhe uma nova edição. Não se achava, porém, ainda acabado o trabalho de revisão. Prosseguiram com a minha assistência e colaboração até que me parecesse o projeto em condições de ser submetido à apreciação de Vossa Excelência.

Dos trabalhos da Comissão revisora resultou este projeto. Embora da revisão houvessem advindo modificações à estrutura e ao plano sistemático, não há dúvida que o projeto Alcântara Machado representou, em relação aos anteriores, um grande passo no sentido da reforma da nossa legislação penal. Cumpre-me deixar aqui consignado o nosso louvor à obra do eminente patrício, cujo valioso subsídio ao atual projeto nem eu, nem os ilustres membros da Comissão revisora deixamos de reconhecer.

2. Ficou decidido, desde o início do trabalho de revisão, excluir do Código Penal as contravenções, que seriam objeto de lei à parte. Foi, assim, rejeitado o critério inicialmente proposto pelo Professor Alcântara Machado, de abolir-se qualquer distinção entre crimes e contravenções. Quando se misturam coisas de somenos importância com outras de maior valor, correm estas o risco de se verem amesquinhadas. Não é que exista diversidade ontológica entre crime e contravenção; embora sendo apenas de grau ou quantidade a diferença entre as duas espécies de ilícito penal, pareceu-nos de toda conveniência excluir do Código Penal a matéria tão miúda, tão vária e tão versátil das contravenções, dificilmente subordinável a um espírito de sistema e adstrita a critérios oportunísticos ou meramente convencionais e, assim, permitir que o Código Penal se furtasse, na medida do possível, pelo menos àquelas contingências do tempo a que não devem estar sujeitas as obras destinadas a maior duração.

A lei de coordenação, cujo projeto terei ocasião de submeter proximamente à apreciação de Vossa Excelência, dará o critério prático para distinguir-se entre crime e contravenção.

(...)

→ Suprimimos o texto referente à Parte Geral, tendo em vista que a Lei 7.209/1984 deu nova redação à Parte Geral do Código Penal.

Parte Especial
Dos crimes contra a pessoa

37. O Título I da "Parte Especial" ocupa-se dos crimes contra a pessoa, dividindo-se em seis capítulos, com as seguintes rubricas: "Dos crimes contra a vida", "Das lesões corporais", "Da periclitação da vida e da saúde", "Da rixa", "Dos crimes contra a honra" e "Dos crimes contra a liberdade individual". Não há razão para que continuem em setores autônomos os "crimes contra a honra" e os "crimes contra a liberdade individual" (que a lei atual denomina "crimes contra o livre gozo e exercício dos direitos individuais"): seu verdadeiro lugar é entre os crimes contra a pessoa, de que constituem subclasses. A *honra* e a *liberdade* são interesses, ou bens jurídicos inerentes à pessoa, tanto quanto o direito à vida ou à integridade física.

Dos crimes contra a vida

38. O projeto mantém a diferença entre uma forma *simples* e uma forma *qualificada* de "homicídio". As circunstâncias *qualificativas* estão enumeradas no § 2º do art. 121. Umas dizem com a *intensidade do dolo*, outras com o *modo* de ação ou com a *natureza dos meios empregados*; mas todas são especialmente destacadas pelo seu valor sintomático: são circunstâncias reveladoras de maior periculosidade ou extraordinário grau de perversidade do agente. Em primeiro lugar, vem o motivo *torpe* (isto é, o motivo que suscita a aversão ou repugnância geral, *v.g.*: a cupidez, a luxúria, o despeito da imoralidade contrariada, o prazer do mal etc.) ou *fútil* (isto é, que, pela sua mínima importância, não é causa suficiente para o crime). Vem a seguir o "emprego de veneno, fogo, explosivo, asfixia, tortura ou outro meio *insidioso* (isto é, dissimulado na sua eficiência e maléfica) ou *cruel* (isto é, que aumenta inutilmente o sofrimento da vítima, ou revela uma brutalidade fora do comum ou em contraste com o mais elementar sentimento de piedade) ou *de que possa resultar perigo comum*". Deve notar-se que, para a inclusão do *motivo fútil* e *emprego de meio cruel* entre as agravantes que *qualificam* o homicídio, há mesmo uma razão de ordem constitucional, pois o único crime comum, contra o qual a nossa vigente Carta Política permite que a sanção penal possa ir até à *pena de morte*, é o "homicídio cometido por motivo fútil e com extremos de perversidade" (art. 122, n. 13, *j*). São também qualificativas do homicídio as agravantes que traduzem um *modo* insidioso da atividade executiva do crime (não se confundindo, portanto, com o emprego de *meio* insidioso), impossilitando ou dificultando a defesa da vítima (como a *traição*, a *emboscada*, a *dissimulação* etc.). Finalmente, qualifica o homicídio a circunstância de ter sido cometido "para assegurar a execução, a ocultação, a impunidade ou vantagem de outro crime". É claro que esta *qualificação* não diz com os casos em que o homicídio é elemento de *crime complexo* (*in exemplis*: arts. 157, § 3º, *in fine*, e 159, § 3º), pois, em tais casos, a pena, quando não mais grave, é, pelo menos, igual à do homicídio qualificado.

39. Ao lado do homicídio com pena especialmente agravada, cuida o projeto do homicídio com pena especialmente atenuada, isto é, o homicídio praticado "por motivo de relevante valor social, ou moral", ou "sob o domínio de emoção violenta, logo em seguida a injusta provocação da vítima". Por "motivo de relevante valor social ou moral", o projeto entende significar o motivo que, em si mesmo, é aprovado pela moral prática, como, por exemplo, a compaixão ante o irremediável sofrimento da vítima (caso do homicídio eutanásico), a indignação contra um traidor da pátria etc.

No tratamento do *homicídio culposo*, o projeto atendeu à urgente necessidade de punição mais rigorosa do que a constante da lei penal atual, comprovadamente insuficiente. A pena cominada é a de detenção por 1 (um) a 3 (três) anos, e será especialmente aumentada se o evento "resulta da inobservância de regra técnica de profissão, arte, ofício ou atividade", ou quando "o agente deixa de prestar imediato socorro à vítima, não procura diminuir as consequências do seu ato, ou foge para evitar prisão em flagrante". Deve notar-se, além disso, que entre as *penas acessórias* (Capítulo V do Título V da Parte Geral), figura a de "incapacidade temporária para profissão ou atividade cujo exercício depende de licença, habilitação ou autorização do poder público", quando se trate de crime cometido com infração de dever inerente à profissão ou atividade. Com estes dispositivos, o projeto visa, principalmente, a *condução de automóveis*, que constitui, na atualidade, devido a um generalizado descaso pelas cautelas técnicas (notadamente quanto à velocidade), uma causa frequente de eventos lesivos contra a pessoa, agravando-se o mal com o procedimento *post factum* dos motoristas, que, tão somente com o fim egoístico de escapar à prisão em flagrante ou à ação da justiça penal, sistematicamente imprimem maior velocidade ao veículo, desinteressando-se por completo da vítima, ainda quando um socorro imediato talvez pudesse evitar-lhe a morte.

40. O *infanticídio* é considerado um *delictum exceptum* quando praticado pela parturiente *sob a influência do estado puerperal*. Esta cláusula, como é óbvio, não quer significar que o puerpério acarrete sempre uma perturbação psíquica: é preciso que fique averiguado ter esta realmente sobrevindo em consequência daquele, de modo a diminuir a capacidade de entendimento ou de autoinibição da parturiente. Fora daí, não há por que distinguir entre infanticídio e homicídio. Ainda quando ocorra a *honoris causa* (considerada pela lei vigente como razão de especial abrandamento da pena), a pena aplicável é a de homicídio.

41. Ao configurar o crime de *induzimento, instigação ou auxílio ao suicídio*, o projeto contém inovações: é punível o fato ainda quando se frustre o suicídio, desde que resulte lesão corporal grave ao que tentou matar-se; e a pena cominada será aplicada em dobro se o crime obedece a móvel egoístico ou é praticado contra menor ou pessoa que, por qualquer outra causa, tenha diminuída a capacidade de resistência.

Mantém o projeto a incriminação do *aborto*, mas declara penalmente lícito, quando praticado por médico habilitado, o aborto *necessário*, ou em caso de prenhez resultante de estupro. Militam em favor da exceção razões de ordem social e individual, a que o legislador penal não pode deixar de atender.

Das lesões corporais

42. O crime de *lesão corporal* é definido como ofensa à *integridade corporal* ou saúde, isto é, como todo e qualquer dano ocasionado à normalidade funcional do corpo humano, quer do ponto de vista anatômico, quer do ponto de vista fisiológico ou mental. Continua-se a discriminar, para diverso tratamento penal, entre a lesão de natureza leve e a de natureza grave. Tal como na lei vigente, a lesão corporal grave, por sua vez, é considerada, para o efeito de graduação da pena, segundo sua menor ou maior *gravidade* objetiva. Entre as lesões de *menor gravidade* figura (à semelhança do que ocorre na lei atual) a que produz "incapacidade para as ocupações habituais, por mais de 30 (trinta) dias"; mas, como uma lesão pode apresentar gravíssimo perigo (dado o ponto atingido) e, no entanto, ficar curada antes de 1 (um) mês, entendeu o projeto de incluir nessa mesma classe, sem referência à condição de *tempo* ou a qualquer outra, a lesão que produz "perigo de vida". Outra inovação é o reconhecimento da gravidade da lesão de que resulte "*debilitação* permanente de membro, sentido ou função", ou "aceleração de parto".

Quanto às lesões de *maior gravidade*, também não é o projeto coincidente com a lei atual, pois que: *a)* separa, como condições autônomas ou por si sós suficientes para o reconhecimento da *maior gravidade*, a "incapacidade permanente para o trabalho" ou "enfermidade certa ou provavelmente incurável"; *b)* delimita o conceito de *deformidade* (isto é, acentua que esta deve ser "permanente"); *c)* inclui entre elas a que ocasiona *aborto*. No § 3º do art. 129, é especialmente previsto e resolvido o caso em que sobrevém a morte do ofendido, mas evidenciando as circunstâncias que o evento letal não se compreendia no dolo do agente, isto é, o agente não queria esse resultado, nem assumira o risco de produzi-lo, tendo procedido apenas *vulnerandi animo*.

Costuma-se falar, na hipótese, em "homicídio preterintencional", para reconhecer-se um *grau* intermédio entre o homicídio doloso e o homicídio culposo; mas tal denominação, em face do conceito extensivo do dolo, acolhido pelo projeto, torna-se inadequada: ainda quando o evento "morte" não tenha sido, propriamente, abrangido pela *intenção* do agente, mas este assumiu o risco de produzi-lo, o homicídio é *doloso*.

A *lesão corporal culposa* é tratada no art. 129, § 6º. Em consonância com a lei vigente, não se distingue, aqui, entre a maior ou menor importância do dano material: leve ou grave a lesão, a pena é a mesma, isto é, detenção por 2 (dois) meses a 1 (um) ano (sanção mais severa do que a editada na lei atual). É especialmente agravada a pena nos mesmos casos em que o é a cominada ao *homicídio culposo*. Deve notar-se que o caso de multiplicidade do evento lesivo (várias *lesões corporais*, ou várias *mortes*, ou *lesão corporal* e *morte*), resultante de uma só ação ou omissão culposa, é resolvido segundo a norma genérica do § 1º do art. 51.

Ao crime de lesões corporais é aplicável o disposto no § 1º do art. 121 (facultativa diminuição da pena, quando o agente "comete o crime impelido por motivo de relevante valor social ou moral, ou sob a influência de violenta emoção, logo em seguida a injusta provocação da vítima"). Tratando-se de lesões leves, se ocorre qualquer das hipóteses do parágrafo citado, ou se as lesões são recíprocas, o juiz pode substituir a pena de detenção pela de multa (de duzentos mil-réis a dois contos de réis).

Da periclitação da vida e da saúde

43. Sob esta epígrafe, o projeto contempla uma série de *crimes de perigo* contra a pessoa, uns já constantes, outros desconhecidos da lei penal vigente. Pelo seu caráter especial, seja quanto ao elemento objetivo, seja quanto ao elemento subjetivo, tais crimes reclamam um capítulo próprio. Do ponto de vista material, reputam-se *consumados* ou *perfeitos* desde que a ação ou omissão cria uma situação objetiva de *possibilidade* de dano à vida ou saúde de alguém. O evento, aqui (como nos crimes de perigo em geral), é a simples *exposição a perigo de dano*. O *dano efetivo* pode ser uma *condição de maior punibilidade*, mas não condiciona o *momento consumativo* do crime. Por outro lado, o elemento subjetivo é a vontade consciente referida exclusivamente à produção do *perigo*. A ocorrência do dano não se compreende na volição ou dolo do agente, pois, do contrário, não haveria por que distinguir entre tais crimes e a *tentativa* de *crime de dano*.

44. Entre as novas entidades prefiguradas no capítulo em questão, depara-se, em primeiro lugar, com o "contágio venéreo". Já há mais de meio século, o médico francês Desprès postulava que se incluísse tal fato entre as *species* do ilícito penal, como já fazia, aliás, desde 1866, a lei dinamarquesa. Tendo o assunto provocado amplo debate, ninguém mais duvida, atualmente, da legitimidade dessa incriminação. A *doença venérea* é uma *lesão corporal* e de consequências gravíssimas, notadamente quando se trata da *sífilis*. O mal da contaminação (evento lesivo) não fica circunscrito a uma pessoa determinada. O indivíduo que, sabendo-se portador de moléstia venérea, não se priva do ato sexual, cria conscientemente a possibilidade de um contágio extensivo. Justifica-se, portanto, plenamente, não só a incriminação do fato, como o critério de declarar-se suficiente para a consumação do crime a produção do *perigo* de contaminação. Não há dizer-se que, em grande número de casos, será difícil, senão impossível, a prova da autoria. Quando esta não possa ser averiguada, não haverá ação penal (como acontece, aliás, em relação a qualquer crime); mas a dificuldade de prova não é razão para deixar-se de incriminar um fato gravemente atentatório de um relevante bem jurídico. Nem igualmente se objete que a incriminação legal pode dar ensejo, na prática, a *chantages* ou especulação extorsiva. A tal objeção responde cabalmente Jimenez de Asúa (*O delito de contágio venéreo*): "... não devemos esquecer que a *chantage* é possível em muitos outros crimes, que, nem por isso, deixam de figurar nos códigos. O melhor remédio é punir severamente os chantagistas, como propõem Le Foyer e Fiaux". Ao conceituar o crime de contágio venéreo, o projeto rejeitou a fórmula híbrida do Código italiano (seguida pelo projeto Alcântara), que configura, no caso, um "crime de dano com dolo de perigo". Foi preferida a fórmula do Código dinamarquês: o crime se consuma com o simples fato da exposição a perigo de contágio. O *eventus damni* não é elemento constitutivo do crime, nem é tomado em consideração para o efeito de *maior punibilidade*. O crime é punido não só a título de *dolo de perigo*, como a título de *culpa* (isto é, não só quando o agente sabia achar-se infeccionado, como quando devia sabê-lo pelas circunstâncias). Não se faz enumeração taxativa das *moléstias venéreas* (segundo a lição científica, são elas a *sífilis*, a *blenorragia*, o *ulcus molle* e o *linfogranuloma inguinal*), pois isso é mais próprio de regulamento sanitário. Segundo dispõe o projeto (que, neste ponto, diverge do seu modelo), a ação penal, na espécie, depende sempre de *representação* (e não apenas no caso em que o ofendido seja cônjuge do agente). Este critério é justificado pelo raciocínio de que, na repressão do crime de que se trata, o *strepitus judicii*, em certos casos, pode ter consequências gravíssimas, em desfavor da própria vítima e de sua família.

45. É especialmente prefigurado, para o efeito de majoração da pena, o caso em que o agente tenha procedido com *intenção de transmitir a moléstia venérea*. É possível que o rigor técnico exigisse a inclusão de tal hipótese no capítulo das *lesões corporais*, desde que seu elemento subjetivo é o *dolo de dano*, mas como se trata, ainda nessa modalidade, de um crime para cuja consumação basta o *dano potencial*, pareceu à Comissão revisora que não havia despropósito em classificar o fato entre os *crimes de perigo* contra a pessoa. No caso de dolo de dano, a incriminação é extensiva à criação do perigo de contágio de qualquer moléstia grave.

46. No art. 132, é igualmente prevista uma entidade criminal estranha à lei atual: "expor a vida ou saúde de outrem a perigo direto e iminente", não constituindo o fato crime mais grave. Trata-se de um crime de caráter eminentemente *subsidiário*. Não o informa o *animus necandi* ou o *animus laedendi*, mas apenas a consciência e vontade de expor a vítima a grave perigo. O *perigo concreto*, que constitui o seu elemento objetivo, é limitado a determinada pessoa, não se confundindo, portanto, o crime em questão com os de *perigo comum* ou *contra a incolumidade pública*. O exemplo frequente e típico dessa *species* criminal é o caso do empreiteiro que, para poupar-se ao dispêndio com medidas técnicas de prudência, na execução da obra, expõe o operário ao risco de grave acidente. Vem daí que Zürcher, ao defender, na espécie, quando da elaboração do Código Penal suíço um dispositivo incriminador, dizia que este seria um complemento da legislação trabalhista (*Wir haben geglaubt, dieser Artikel werde einen Teil der Arbeiterchutzgesetz-gebung bilden*). Este pensamento muito contribuiu para que se formulasse o art. 132; mas este não visa somente proteger a indenidade do operário, quando em trabalho, senão também a de qualquer outra pessoa. Assim, o crime de que ora se trata não pode deixar de ser reconhecido na ação, por exemplo, de quem dispara uma arma de fogo contra alguém, não sendo atingido o alvo, nem constituindo o fato tentativa de homicídio.

Ao definir os crimes de *abandono* (art. 133) e *omissão de socorro* (art. 135), o projeto, diversamente da lei atual, não limita a proteção penal aos *menores*, mas atendendo ao *ubi eadem ratio, ibi eadem dispositio*, amplia-a aos *incapazes* em geral, aos *enfermos*, *inválidos* e *feridos*.

47. Não contém o projeto dispositivo especial sobre o *duelo*. Sobre tratar-se de um fato inteiramente alheio aos nossos costumes, não há razão convincente para que se veja no homicídio ou ferimento causado em duelo um crime *privilegiado*: com ou sem as *regras cavalheirescas*, a destruição da vida ou lesão da integridade física de um homem não pode merecer transigência alguma do direito penal. Pouco importa o *consentimento recíproco* dos duelistas, pois, quando estão em jogo direitos *inalienáveis*, o *mutuus consensus* não é causa excludente ou sequer minorativa da pena. O desafio para o duelo e a aceitação dele são, em si mesmos, fatos penalmente indiferentes; mas, se não se exaurem como simples jatância, seguindo-se-lhes efetivamente o duelo, os contendores responderão, conforme o resultado, por *homicídio* (consumado ou tentado) ou *lesão corporal*.

Da rixa

48. Ainda outra inovação do projeto, em matéria de crimes contra a pessoa, é a incriminação da rixa, por si mesma, isto é, da luta corporal entre várias pessoas.

A *ratio essendi* da incriminação é dupla: a *rixa* concretiza um *perigo* à incolumidade pessoal (e nisto se assemelha aos "crimes de perigo contra a vida e a saúde") e é uma perturbação da ordem e disciplina da convivência civil. A *participação* na *rixa* é punida independentemente das consequências desta. Se ocorre a morte ou lesão corporal grave de algum dos contendores, dá-se uma *condição de maior punibilidade*, isto é, a pena cominada ao simples fato de participação na rixa é especialmente agravada. A pena cominada à rixa em si mesma é aplicável separadamente da pena correspondente ao resultado lesivo (homicídio ou lesão corporal), mas serão ambas aplicadas cumulativamente (como no caso de concurso material) em relação aos contendores que concorrerem para a produção desse resultado.

Segundo se vê do art. 137, *in fine*, a participação na rixa deixará de ser crime se o participante visa apenas separar os contendores. É claro que também não haverá crime se a intervenção constituir *legítima defesa*, própria ou de terceiro.

Dos crimes contra a honra

49. O projeto cuida dos *crimes contra a honra* somente quando não praticados pela *imprensa*, pois os chamados "delitos de imprensa" (isto é, os crimes contra a honra praticados por meio da imprensa) continuam a ser objeto de legislação especial.

→ v. ADPF 130 (*D.J.E.* 6.11.2009), o STF decidiu que todo o conjunto de dispositivos da Lei de Imprensa – Lei 5.250/1967, não foi recepcionado pela CF/1988.

São definidos como crimes contra a honra a "calúnia", a "injúria" (compreensiva da *injúria* "por violência ou vias de fato" ou com emprego de meios aviltantes, que a lei atual prevê parcialmente no capítulo das "lesões corporais") e a "difamação" (que, de modalidade da injúria, como na lei vigente, passa a constituir crime autônomo).

No tratamento do crime de *injúria*, foi adotado o critério de que a injusta provocação do ofendido ou a reciprocidade das injúrias, se não exclui a pena, autoriza, entretanto, o juiz, conforme as circunstâncias, a abster-se de aplicá-la, ou no caso de reciprocidade, a aplicá-la somente a um dos injuriadores.

A *fides veri* ou *exceptio veritatis* é admitida, para exclusão de crime ou de pena, tanto no caso de calúnia (salvo as exceções enumeradas no § 3º do art. 138), quanto no de difamação, mas, neste último caso, somente quando o ofendido é agente ou depositário da autoridade pública e a ofensa se refere ao exercício de suas funções, não se tratando do "Presidente da República, ou chefe de Governo estrangeiro em visita ao país".

Exceção feita da "*injúria por violência ou vias de fato*", quando dela resulte lesão corporal, a ação penal, na espécie, depende de *queixa*, bastando, porém, simples *representação*, quando o ofendido é qualquer das pessoas indicadas nos ns. I e II do art. 141.

Os demais dispositivos coincidem, mais ou menos, com os do direito vigente.

Dos crimes contra a liberdade individual

50. Os crimes contra a liberdade individual são objeto do Capítulo VI do título reservado aos crimes contra a pessoa. Subdividem-se em: *a)* crimes contra a liberdade pessoal; *b)* crimes contra a inviolabilidade do domicílio; *c)* crimes contra a inviolabilidade da correspondência; *d)* crimes contra a inviolabilidade de segredos.

O projeto não considera *contra a liberdade individual* os chamados crimes eleitorais: estes, por isso mesmo que afetam a *ordem política*, serão naturalmente insertos, de futuro, no catálogo dos *crimes políticos*, deixados à legislação especial (art. 360).

Dos crimes contra a liberdade pessoal

51. O crime de *constrangimento ilegal* é previsto no art. 146, com uma fórmula unitária. Não há indagar, para diverso tratamento penal, se a privação da liberdade de agir foi obtida mediante violência, física ou moral, ou com o emprego de outro qualquer meio, como, por exemplo, se o agente, insidiosamente, faz a vítima ingerir um narcótico. A pena relativa ao constrangimento ilegal, como crime *sui generis*, é sempre a mesma. Se há emprego da *vis corporalis*, com resultado lesivo à pessoa da vítima, dá-se um concurso material de crimes.

A pena é especialmente agravada (inovação do projeto), quando, para a execução do crime, se houverem reunido mais de três pessoas ou tiver havido emprego de armas. É expressamente declarado que não constituem o crime em questão o "tratamento médico arbitrário", se justificado por iminente perigo de vida, e a "coação exercida para impedir suicídio".

Na conceituação do *crime de ameaça* (art. 147), o projeto diverge, em mais de um ponto, da lei atual. Não é preciso que o "mal prometido" constitua crime, bastando que seja injusto e grave. Não se justifica o critério restritivo do direito vigente, pois a ameaça de um mal injusto e grave, embora penalmente indiferente, pode ser, às vezes, mais intimidante que a ameaça de um crime.

Não somente é incriminada a *ameaça verbal* ou por *escrito*, mas, também, a *ameaça real* (isto é, por gestos, v.g.: apontar uma arma de fogo contra alguém) ou *simbólica* (ex.: afixar à porta da casa de alguém o emblema ou sinal usado por uma associação de criminosos).

Os crimes de cárcere privado e sequestro, salvo sensível majoração da pena, são conceituados como na lei atual.

No art. 149, é prevista uma entidade criminal ignorada do Código vigente: o fato de reduzir alguém, por qualquer meio, à condição análoga à de escravo, isto é, suprimir-lhe, de fato, o *status libertatis*, sujeitando-o o agente ao seu completo e discricionário poder. É o crime que os antigos chamavam de *plagium*. Não é desconhecida a sua prática entre nós, notadamente em certos pontos remotos do nosso *hinterland*.

Dos crimes contra a inviolabilidade do domicílio

52. Com ligeiras diferenças, os dispositivos referentes ao crime de *violação de domicílio* repetem critérios da lei atual. Do texto do art. 150 se depreende, *a contrario*, que a *entrada na casa alheia ou suas dependências* deixa de constituir crime, não somente quando precede licença *expressa*, mas também quando haja consentimento *tácito* de quem de direito. É especialmente majorada a pena, se o crime é praticado: *a)* durante a noite; *b)* em lugar despovoado; *c)* com emprego de violência ou de armas; *d)* por duas ou mais pessoas.

Para maior elucidação do *conteúdo do crime*, é declarado que a expressão "casa" é compreensiva de "qualquer compartimento habitado", "aposento ocupado de uma habitação coletiva" e "qualquer compartimento, não aberto ao público, onde alguém exerce profissão ou atividade".

Dos crimes contra a inviolabilidade de correspondência

53. O projeto trata a *violação de correspondência* separadamente da *violação de segredos*, divergindo, assim, do Código atual, que as engloba num mesmo capítulo. A inviolabilidade da correspondência é um interesse que reclama a tutela penal independentemente dos *segredos* acaso confiados por esse meio. Na configuração das modalidades do crime de violação de correspondência, são reproduzidos os preceitos da legislação vigente e acrescentados outros, entre os quais o que incrimina especialmente o fato de abusar da condição de sócio, empregado ou preposto, em estabelecimento comercial ou industrial, desviando, sonegando, subtraindo, suprimindo, no todo ou em parte, correspondência, ou revelando a estranho o seu conteúdo. Salvo nos casos em que seja atingido interesse da administração pública, só se procederá, em relação a qualquer das modalidades do crime, mediante *representação*.

Dos crimes contra a inviolabilidade dos segredos

54. Ao incriminar a *violação arbitrária de segredos*, o projeto mantém-se fiel aos "moldes" do Código em vigor, salvo uma ou outra modificação. Deixa à margem da proteção penal somente os segredos obtidos por confidência *oral e não necessária*. Não foi seguido o exemplo do Código italiano, que exclui da órbita do ilícito penal até mesmo a violação do segredo obtido por confidência *escrita*. Não é convincente a argumentação de Rocco: "Entre o segredo confiado oralmente e o confiado por escrito não há diferença substancial, e como a violação do segredo oral não constitui crime, nem mesmo quando o confidente se tenha obrigado a não revelá-lo, não se compreende porque a diversidade do meio usado, isto é, o escrito, deva tornar punível o fato". Ora, é indisfarçável a diferença entre divulgar ou revelar a confidência que outrem nos faz verbalmente e a que recebemos por escrito: no primeiro caso, a veracidade da comunicação pode ser posta em dúvida, dada a ausência de comprovação material; ao passo que, no segundo, há um *corpus*, que se impõe à credulidade geral. A traição da confiança, no segundo caso, é evidentemente mais grave do que no primeiro.

Diversamente da lei atual, é incriminada tanto a publicação do conteúdo *secreto* de correspondência epistolar, por parte do destinatário, quanto o de qualquer outro *documento particular*, por parte do seu *detentor*, e não somente quando daí advenha efetivo dano a alguém (como na lei vigente), senão também quando haja simples *possibilidade de dano*.

55. Definindo o crime de "violação do segredo profissional", o projeto procura dirimir qualquer incerteza acerca do que sejam *confidentes necessários*. Incorrerá na sanção penal todo aquele que revelar segredo, de que tenha ciência em razão de "função, ministério, ofício ou profissão". Assim, já não poderá ser suscitada, como perante a lei vigente, a dúvida sobre se constitui ilícito penal a quebra do "sigilo do confessionário".

Dos crimes contra o patrimônio

56. Várias são as inovações introduzidas pelo projeto no setor dos *crimes patrimoniais*. Não se distingue, para diverso tratamento penal, entre o maior ou menor valor da lesão patrimonial; mas, tratando-se de *furto, apropriação indébita ou estelionato*, quando a coisa subtraída, desviada ou captada é de pequeno valor, e desde que o agente é criminoso primário, pode o juiz substituir a pena de reclusão pela de detenção, diminuí-la de um até dois terços, ou aplicar somente a de multa (arts. 155, § 2º, 170, 171, § 1º). Para afastar qualquer dúvida, é expressamente equiparada à *coisa móvel* e, consequentemente, reconhecida como possível objeto de *furto* a "energia elétrica ou qualquer outra que tenha valor econômico". Toda energia economicamente utilizável e suscetível de incidir no poder de disposição material e exclusiva de um indivíduo (como, por exemplo, a eletricidade, a radioatividade, a energia genética dos reprodutores etc.) pode ser incluída, mesmo do ponto de vista técnico, entre as *coisas móveis*, a cuja regulamentação jurídica, portanto, deve ficar sujeita.

Somente quando há emprego de *força, grave ameaça* ou outro meio tendente a suprimir a resistência pessoal da vítima, passa o furto a ser qualificado roubo. No caso de *violência contra a coisa*, bem como quando o crime é praticado com escalada ou emprego de chaves falsas, não perde o furto seu *nomen juris*, embora seja especialmente aumentada a pena. Também importa majoração de pena o furto com emprego de destreza ou de meio fraudulento, com abuso de confiança ou concurso de duas ou mais pessoas. O furto com abuso de confiança não deve ser confundido com a apropriação indébita, pois nesta a posse direta e desvigiada da coisa é precedentemente concedida ao agente pelo próprio *dominus*.

É prevista como agravante especial do furto a circunstância de ter sido o crime praticado "*durante o período do sossego noturno*".

A violência como elementar do roubo, segundo dispõe o projeto, não é somente a que se emprega para o efeito da *apprehensio* da coisa, mas também a exercida *post factum*, para assegurar ao agente, em seu proveito, ou de terceiro, a detenção da coisa subtraída ou a impunidade. São declaradas agravantes especiais do roubo as seguintes circunstâncias: ter sido a violência ou ameaça exercida com armas, o concurso de mais de duas pessoas e achar-se a vítima em serviço de transporte de dinheiro, "conhecendo o agente tal circunstância".

57. A extorsão é definida numa fórmula unitária, suficientemente ampla para abranger todos os casos possíveis na prática. Seu tratamento penal é idêntico ao do roubo; mas, se é praticada mediante sequestro de pessoa, a pena é sensivelmente aumentada. Se do fato resulta a morte do sequestrado, é cominada a mais rigorosa sanção penal do projeto: reclusão por 20 (vinte) a 30 (trinta) anos e multa de vinte a cinquenta contos de réis. Esta excepcional severidade da pena é justificada pelo caráter brutal e alarmante dessa forma de criminalidade nos tempos atuais.

É prevista no art. 160, cominando-se-lhe pena de reclusão por 1 (um) a 3 (três) anos e multa de dois a cinco contos de réis, a *extorsão indireta*, isto é, o fato de "exigir ou receber, como garantia de dívida, abusando da situação de alguém, documento que pode dar causa a procedimento criminal contra a vítima ou contra terceiro". Destina-se o novo dispositivo a coibir os torpes e opressivos expedientes a que recorrem, por vezes, os agentes de usura, para garantir-se contra o risco do dinheiro mutuado. São bem conhecidos esses recursos como, por exemplo, o de induzir o necessitado cliente a assinar um contrato simulado de depósito ou a forjar no título de dívida a firma de algum parente abastado, de modo que, não resgatada a dívida no vencimento, ficará o mutuário sob a pressão da ameaça de um processo por apropriação indébita ou falsidade.

58. Sob a rubrica "Da usurpação", o projeto incrimina certos fatos que a lei penal vigente conhece sob diverso *nomen juris* ou ignora completamente, deixando-os na órbita dos delitos civis. Em quase todas as suas modalidades, a usurpação é uma lesão ao interesse jurídico da inviolabilidade da propriedade imóvel.

Assim, a "*alteração de limites*" (art. 161), a "*usurpação de águas*" (art. 161, § 1º, I) e o "*esbulho possessório*", quando praticados com violência à pessoa, ou mediante grave ameaça, ou concurso de mais de duas pessoas (art. 161, § 1º, II). O emprego de violência contra a pessoa, na modalidade da invasão possessória, é condição de punibilidade, mas, se dele resulta outro crime, haverá um concurso material de crimes, aplicando-se, somadas, as respectivas penas (art. 161, § 2º).

Também constitui crime de *usurpação* o fato de suprimir ou alterar marca ou qualquer sinal indicativo de propriedade em gado ou rebanho alheio, para dele se apropriar, no todo ou em parte. Não se confunde esta modalidade de usurpação com o *abigeato*, isto é, o furto de animais: o agente limita-se a empregar um meio fraudulento (supressão ou alteração de marca ou sinal) para irrogar-se a propriedade dos animais. Se esse meio fraudulento é usado para dissimular o anterior furto dos animais, já não se tratará de usurpação: o crime continuará com o seu *nomen juris*, isto é, furto.

59. Ao cuidar do *crime de dano*, o projeto adota uma fórmula genérica ("destruir, inutilizar ou deteriorar coisa alheia") e, a seguir, prevê agravantes e modalidades especiais do crime. Estas últimas, mais ou menos estranhas à lei vigente, são a "introdução ou abandono de animais em propriedade alheia", o "dano em coisa de valor artístico, arqueológico ou histórico" e a "alteração de local especialmente protegido".

Certos fatos que a lei atual considera *variantes* de dano não figuram, como tais, no projeto. Assim, a destruição de documentos públicos ou particulares (art. 326, e seu parágrafo único, da Consolidação das Leis Penais) passa a constituir crime de falsidade (art. 305 do projeto) ou contra a administração pública (arts. 314 e 356).

60. A *apropriação indébita* (*furtum improprium*) é conceituada, em suas modalidades, da mesma forma que na lei vigente; mas o projeto contém inovações no capítulo reservado a tal crime. A pena (que passa a ser reclusão por um a quatro anos e multa de quinhentos mil-réis a dez contos de réis) é aumentada de um terço, se ocorre infidelidade do agente como depositário necessário ou judicial, tutor, curador, síndico, liquidatário, inventariante ou testamenteiro, ou no desempenho de ofício, emprego ou profissão. Diversamente da lei atual, não figura entre as modalidades da apropriação indébita o *abigeato*, que é, indubitavelmente, um caso de *furtum proprium* e, por isso mesmo, não especialmente previsto no texto do projeto.

É especialmente equiparado à apropriação indébita o fato do inventor do tesouro em prédio alheio que retém para si a quota pertencente ao proprietário deste.

61. O *estelionato* é assim definido: "Obter, para si ou para outrem, vantagem ilícita, em prejuízo alheio, induzindo ou mantendo alguém em erro, mediante artifício, ardil ou outro meio fraudulento". Como se vê, o dispositivo corrige em três pontos a fórmula genérica do inciso 5 do art. 338 do Código atual: contempla a hipótese da captação de vantagem para terceiro, declara que a vantagem deve ser *ilícita* e acentua que a fraude elementar do estelionato não é somente a empregada para induzir alguém em erro, mas também a que serve para *manter* (fazer subsistir, entreter) um erro preexistente.

Com a fórmula do projeto, já não haverá dúvida que o próprio *silêncio*, quando malicioso ou intencional, acerca do preexistente erro da vítima, constitui meio *fraudulento* característico do estelionato.

Entre tais crimes, são incluídos alguns não contemplados na lei em vigor, como, *exempli gratia*, a fraude relativa a seguro contra acidentes (art. 171, § 2º, V) e a "frustração de pagamento de cheques" (art. 171, § 2º, VI).

A incriminação deste último fato, de par com a da emissão de cheque sem fundo, resulta do raciocínio de que não há distinguir entre um e outro caso: tão criminoso é aquele que emite cheque sem provisão como aquele que, embora dispondo de fundos em poder do sacado, maliciosamente os retira antes da apresentação do cheque ou, por outro modo, ilude o pagamento, em prejuízo do portador.

O "*abuso de papel em branco*", previsto atualmente como modalidade do estelionato, passa, no projeto, para o setor dos crimes contra a fé pública (art. 299).

62. A "*duplicata simulada*" e o "*abuso de incapazes*" são previstos em artigos distintos. Como forma especial de fraude patrimonial, é também previsto o fato de "abusar, em proveito próprio ou alheio, da inexperiência ou da simplicidade ou inferioridade mental de outrem, induzindo-o à prática de jogo ou aposta, ou à especulação com títulos ou mercadorias, sabendo ou devendo saber que a operação é ruinosa".

63. Com a rubrica de "fraude no comércio", são incriminados vários fatos que a lei atual não prevê especialmente. Entre eles figura o de "vender, como verdadeira ou perfeita, mercadoria falsificada ou deteriorada", devendo entender-se que tal crime constitui "fraude no comércio" quando não importe crime *contra a saúde pública*, mais severamente punido.

São destacadas, para o efeito de grande atenuação da pena, certas *fraudes de menor* gravidade, como sejam a "usurpação de alimentos" (*filouterie d'aliments* ou *grivèlerie*, dos franceses; *scrocco*, dos italianos, ou *Zechprellerei*, dos alemães), a pousada em hotel e a utilização de meio de transporte, sabendo o agente ser-lhe impossível efetuar o pagamento. É expressamente declarado que, em tais casos, dadas as circunstâncias, pode o juiz abster-se de aplicação da pena, ou substituí-la por *medida de segurança*. As "fraudes e abusos na fundação e administração das sociedades por ações" (não constituindo qualquer dos fatos crime contra a economia popular definido na legislação especial, que continua em vigor) são minuciosamente previstos, afeiçoando-se o projeto à recente lei sobre as ditas sociedades.

O projeto absteve-se de tratar dos *crimes de falência*, que deverão ser objeto de legislação especial, já em elaboração.

Na sanção relativa à fraudulenta insolvência civil é adotada a alternativa entre a pena privativa de liberdade (detenção) e a pecuniária (multa de quinhentos mil-réis a cinco contos de réis), e a ação penal dependerá de *queixa*.

64. Em capítulo especial, como crime *sui generis* contra o patrimônio, e com pena própria, é prevista a receptação (que o Código vigente, na sua parte geral, define como forma de cumplicidade *post factum* resultando daí, muitas vezes, a aplicação de penas desproporcionadas). O projeto distingue, entre a receptação dolosa e a culposa, que a lei atual injustificadamente equipara. É expressamente declarado que a receptação é punível ainda que não seja conhecido ou passível de pena o autor do crime de que proveio a coisa receptada. Tratando-se de criminoso primário, poderá o juiz, em face das circunstâncias, deixar de aplicar a pena, ou substituí-la por medida de segurança.

Os dispositivos do projeto em relação à circunstância de *parentesco* entre os sujeitos ativo e passivo, nos crimes patrimoniais, são mais amplos do que os do direito atual, ficando, porém, explícito que o efeito de tal circunstância não aproveita aos coparticipes do *parente*, assim como não se estende aos casos de *roubo*, *extorsão* e, em geral, aos crimes patrimoniais praticados mediante violência contra a pessoa.

Dos crimes contra a propriedade imaterial

65. Sob esta rubrica é que o projeto alinha os crimes que o direito atual denomina "crimes contra a propriedade literária, artística, industrial e comercial". São tratados como uma classe autônoma, que se reparte em quatro subclasses: "crimes contra a propriedade intelectual", "crimes contra o privilégio de invenção", "crimes contra as marcas de indústria e comércio" e "crimes de concorrência desleal". Tirante uma ou outra alteração ou divergência, são reproduzidos os critérios e fórmulas da legislação vigente.

→ *v.* Lei 9.279/1996 – Propiedade Industrial.

Dos crimes contra a organização do trabalho

66. O projeto consagra um título especial aos "crimes contra a organização do trabalho", que o Código atual, sob o rótulo de "crimes contra a liberdade do trabalho", classifica entre os "crimes contra o livre gozo e exercício dos direitos individuais" (isto é, contra a liberdade individual). Este critério de classificação, enjeitado pelo projeto, afeiçoa-se a um postulado da *economia liberal*, atualmente desacreditado, que Zanardelli, ao tempo da elaboração do Código Penal italiano de 1889, assim fixava: "A lei deve deixar que cada um proveja aos próprios interesses pelo modo que melhor lhe pareça, e não pode intervir senão quando a livre ação de uns seja lesiva do direito de outros. Não pode ela vedar aos operários a combinada abstenção de trabalho para atender a um objetivo econômico, e não pode impedir a um industrial que feche, quando lhe aprouver, a sua fábrica ou oficina. O trabalho é uma mercadoria, da qual, como de qualquer outra, se pode dispor à vontade, quando se faça uso do próprio direito sem prejudicar o direito de outrem". A tutela exclusivista da liberdade individual abstraía, assim, ou deixava em plano secundário o interesse da coletividade, o bem geral. A greve, o *lockout*, todos os meios incruentos e pacíficos na luta entre o proletariado e o capitalismo eram permitidos e constituíam mesmo o exercício de líquidos direitos individuais. O que cumpria assegurar, antes de tudo, na esfera econômica, era o livre jogo das iniciativas individuais. Ora, semelhante programa, que uma longa experiência demonstrou errôneo e desastroso, já não é mais viável em face da Constituição de 37. Proclamou esta a legitimidade da intervenção do Estado no domínio econômico, "para suprir as deficiências da iniciativa individual e coordenar os fatores da produção, de maneira a evitar ou resolver os seus conflitos e introduzir no jogo das competições individuais o pensamento do interesse da Nação". Para dirimir as contendas entre o trabalho e o capital, foi instituída a justiça do trabalho, tornando-se incompatível com a nova ordem política o *exercício arbitrário das próprias razões* por parte de empregados e empregadores.

67. A greve e o *lockout* (isto é, a paralisação ou suspensão arbitrária do trabalho pelos operários ou patrões) foram declarados "recursos antissociais, nocivos ao trabalho e ao capital e incompatíveis com os superiores interesses da produção nacional". Já não é admissível uma *liberdade de trabalho* entendida como liberdade de iniciativa de uns sem outro limite que igual liberdade de iniciativa de outros. A proteção jurídica já não é concedida à *liberdade do trabalho*, propriamente, mas à *organização do trabalho*, inspirada não somente na defesa e no ajustamento dos direitos e interesses individuais em jogo, mas também, e principalmente, no sentido superior do *bem comum de todos*. Atentatória, ou não, da liberdade individual, toda ação perturbadora da ordem jurídica, no que concerne ao trabalho, é ilícita e está sujeita a sanções repressivas, sejam de direito administrativo, sejam de direito penal. Daí, o novo critério adotado pelo projeto, isto é, a traslação dos crimes contra o trabalho, do setor dos crimes contra a liberdade individual para uma classe autônoma, sob a já referida rubrica. Não foram, porém, trazidos para o campo do *ilícito penal* todos os fatos contrários à organização do trabalho: são incriminados, de regra, somente aqueles que se fazem acompanhar da violência ou da *fraude*. Se falta qualquer desses elementos, não passará o fato, salvo poucas exceções, de *ilícito administrativo*. É o ponto de vista já fixado em recente legislação trabalhista. Assim, incidirão em sanção penal o cerceamento do trabalho pela força ou intimidação (art. 197, I), a coação para o fim de greve ou de *lockout* (art. 197, II), a boicotagem violenta (art. 198), o atentado violento contra a liberdade de associação profissional (art. 199), a greve seguida de violência contra a pessoa ou contra a coisa (art. 200), a invasão e arbitrária posse de estabelecimento de trabalho (art. 202, 1ª parte), a sabotagem (art. 202, *in fine*), a frustração, mediante violência ou fraude, de direitos assegurados por lei trabalhista ou de nacionalização do trabalho (arts. 203 e 204). Os demais crimes contra o trabalho, previstos no projeto, dispensam o elemento *violência* ou *fraude* (arts. 201, 205, 206, 207), mas explica-se a exceção: é que eles, ou atentam *imediatamente* contra o interesse público, ou *imediatamente* ocasionam uma grave perturbação da ordem econômica. É de notar-se que a suspensão ou abandono coletivo de obra pública ou serviço de interesse coletivo somente constituirá o crime previsto no art. 201 quando praticado por "motivos pertinentes às condições do trabalho", pois, de outro modo, o fato importará o crime definido no art. 18 da Lei de Segurança, que continua em pleno vigor.

CP

Dos crimes contra o sentimento religioso e contra o respeito aos mortos

68. São classificados como *species* do mesmo *genus* os "crimes contra o sentimento religioso" e os "crimes contra o respeito aos mortos". É incontestável a afinidade entre uns e outros. O *sentimento religioso* e o *respeito aos mortos* são valores ético-sociais que se assemelham. O tributo que se rende aos mortos tem um fundo religioso. Idêntica, em ambos os casos, é a *ratio essendi* da tutela penal.

O projeto divorcia-se da lei atual, não só quando deixa de considerar os crimes referentes aos cultos religiosos como subclasse dos crimes contra a liberdade individual (pois o que passa a ser, precipuamente, objeto da proteção penal é a religião como um bem em si mesmo), como quando traz para o catálogo dos crimes (lesivos do respeito aos mortos) certos fatos que o Código vigente considera simples *contravenções*, como a *violatio sepulchri* e a profanação de cadáver. Entidades criminais desconhecidas da lei vigente são as previstas nos arts. 209 e 211 do projeto: impedimento ou perturbação de enterro ou cerimônia fúnebre e supressão de cadáver ou de alguma de suas partes.

Dos crimes contra os costumes

→ Com o advento da Lei 11.106/2005, o Título VI da Parte Especial do Código Penal foi alterada, e sua rubrica passou a ser "Dos crimes contra a dignidade sexual.

69. Sob esta epígrafe, cuida o projeto dos crimes que, de modo geral, podem ser também denominados sexuais. São os mesmos crimes que a lei vigente conhece sob a extensa rubrica "Dos crimes contra a segurança da honra e honestidade das famílias e do ultraje público ao pudor". Figuram eles com cinco subclasses, assim intitulados: "Dos crimes contra a liberdade sexual", "Da sedução e da corrupção de menores", "Do rapto", "Do lenocínio e do tráfico de mulheres" e "Do ultraje público ao pudor".

O crime de *adultério*, que o Código em vigor contempla entre os crimes sexuais, passa a figurar no setor dos *crimes contra a família*.

→ O crime de adultério foi revogado pela Lei 11.106/2005.

70. Entre os crimes *contra a liberdade sexual*, de par com as figuras clássicas do *estupro* e do *atentado violento ao pudor*, são incluídas a "posse sexual mediante fraude" e o "atentado ao pudor mediante fraude". Estas duas entidades criminais, na amplitude com que as conceitua o projeto, são estranhas à lei atual. Perante esta, a *fraude* é um dos *meios morais* do crime de *defloramento*, de que só a mulher menor de 21 (vinte e um) anos e maior de 16 (dezesseis) pode ser sujeito passivo. Segundo o projeto, entretanto, existe crime sempre que, sendo a vítima mulher honesta, haja emprego de meio fraudulento (*v.g.*: simular casamento, substituir-se ao marido na escuridão da alcova). Não importa, para a existência do crime, que a ofendida seja, ou não, maior ou *virgo intacta*. Se da cópula resulta o desvirginamento da ofendida, e esta é menor de 18 (dezoito) anos e maior de 14 (quatorze), a pena é especialmente aumentada.

Na identificação dos crimes contra a liberdade sexual é presumida a violência (art. 224) quando a vítima: *a)* não é maior de 14 (quatorze) anos; *b)* é alienada ou débil mental, conhecendo o agente esta circunstância; ou *c)* acha-se em estado de inconsciência (provocado, ou não, pelo agente), ou, por doença ou outra causa, impossibilitada de oferecer resistência. Como se vê, o projeto diverge substancialmente da lei atual: reduz, para o efeito de presunção de violência, o limite de idade da vítima e amplia os casos de tal presunção (a lei vigente presume a violência no caso único de ser a vítima menor de dezesseis anos). Com a redução do limite de idade, o projeto atende à evidência de um fato social contemporâneo, qual seja a precocidade no conhecimento dos fatos sexuais. O fundamento da ficção legal de violência, no caso dos adolescentes, é a *innocentia consilii* do sujeito passivo, ou seja, a sua completa insciência em relação aos fatos sexuais de modo que não se pode dar valor algum ao seu consentimento. Ora, na época atual, seria abstrair hipocritamente a realidade o negar-se que uma pessoa de 14 (quatorze) anos completos já tem uma noção teórica, bastante exata, dos segredos da vida sexual e do risco que corre se se presta à lascívia de outrem. Estendendo a presunção de violência aos casos em que o sujeito passivo é alienado ou débil mental, o projeto obedece ao raciocínio de que, também aqui, há ausência de consentimento válido, e *ubi eadem ratio, ibi eadem* dispositio.

→ Referido art. 224 foi revogado pela Lei 12.015/2009.

Por outro lado, se a *incapacidade de consentimento* faz presumir a violência, com maioria de razão deve ter o mesmo efeito o estado de inconsciência da vítima ou sua *incapacidade de resistência*, seja esta resultante de causas mórbidas (enfermidade, grande debilidade orgânica, paralisia etc.), ou de especiais condições físicas (como quando o sujeito passivo é um indefeso aleijado, ou se encontra acidentalmente tolhido de movimentos).

71. Sedução é o *nomen juris* que o projeto dá ao crime atualmente denominado defloramento. Foi repudiado este título, porque faz supor como imprescindível condição material do crime a ruptura do hímen (*flos virgineum*), quando, na realidade, basta que a cópula seja realizada com mulher virgem, ainda que não resulte essa ruptura, como nos casos de complacência himenal.

O sujeito passivo da *sedução* é a mulher virgem, maior de 14 (quatorze) e menor de 18 (dezoito) anos. No sistema do projeto, a menoridade, do ponto de vista da proteção penal, termina aos 18 (dezoito) anos. Fica, assim, dirimido o ilogismo em que incide a legislação vigente, que, não obstante reconhecer a *maioridade política* e a *capacidade penal* aos 18 (dezoito) anos completos (Constituição, art. 117, e Código Penal, modificado pelo Código de Menores), continua a pressupor a imaturidade psíquica, em matéria de crimes sexuais, até os 21 (vinte e um) anos.

→ A referência é à Constituição de 1937.

→ O crime de sedução foi revogado pela Lei 11.106/2005.

→ *V.* Lei 8.069/1990 – Estatuto da Criança e do Adolescente.

Para que se identifique o crime de *sedução* é necessário que seja praticado "com abuso da inexperiência ou justificável confiança" da ofendida. O projeto não protege a moça que se convencionou chamar *emancipada*, nem tampouco aquela que, não sendo de todo ingênua, se deixa iludir por promessas evidentemente insinceras.

Ao ser fixada a fórmula relativa ao crime em questão, partiu-se do pressuposto de que os fatos relativos à vida sexual não constituem na nossa época matéria que esteja subtraída, como no passado, ao conhecimento dos adolescentes de 18 (dezoito) anos completos. A vida, no nosso tempo, pelos seus costumes e pelo seu estilo, permite aos indivíduos surpreender, ainda bem não atingida a maturidade, o que antes era o grande e insondável mistério, cujo conhecimento se reservava apenas aos adultos.

Certamente, o direito penal não pode abdicar de sua função ética, para acomodar-se ao afrouxamento dos costumes; mas, no caso de que ora se trata, muito mais eficiente que a ameaça da pena aos sedutores, será a retirada da tutela penal à moça maior de 18 (dezoito) anos, que, assim, se fará mais cautelosa ou menos acessível.

Em abono do critério do projeto, acresce que, hoje em dia, dados os nossos costumes e formas de vida, não são raros os casos em que a mulher não é a única vítima da *sedução*.

Já foi dito, com acerto, que "nos crimes sexuais, nunca o homem é tão algoz que não possa ser, também, um pouco vítima, e a mulher nem sempre é a maior e a única vítima dos seus pretendidos infortúnios sexuais" (Filipo Manci, Delitti sessuali).

72. Ao configurar o crime de *corrupção de menores*, o projeto não distingue, como faz a lei atual, entre corrupção efetiva e corrupção potencial: engloba as duas *species* e comina a mesma pena. O meio executivo do crime tanto pode ser a prática do ato *libidinoso* com a vítima (pessoa maior de quatorze e menor de dezoito anos), como o *induzimento* desta a praticar (ainda que com outrem, mas para a satisfação da lascívia do agente) ou a presenciar ato dessa natureza.

73. O *rapto* para fim libidinoso é conservado entre os crimes sexuais, rejeitado o critério do projeto Sá Pereira, que o trasladava para a classe dos *crimes contra a liberdade*. Nem sempre o meio executivo do rapto é a *violência*. Ainda mesmo se tratando de *rapto violento*, deve-se atender a que, segundo a melhor técnica, o que especializa um crime não é o *meio*, mas o *fim*. No rapto, seja violento, fraudulento ou consensual, o fim do agente é a posse da vítima para fim sexual ou libidinoso. Trata-se de um crime dirigido contra o interesse da organização ético-social da família – interesse que sobreleva o da liberdade pessoal. Seu justo lugar, portanto, é entre os crimes *contra os costumes*.

→ O crime de rapto foi revogado pela Lei 11.106/2005.

O projeto não se distancia muito da lei atual, no tocante aos dispositivos sobre o rapto. Ao rapto violento ou próprio (*vi aut minis*) é equiparado o rapto *per fraudem* (compreensivo do rapto *per insidias*). No rapto consensual (com ou sem sedução), menos severamente punido, a paciente só pode ser a mulher entre os 14 (quatorze) e 21 (vinte e um) anos (se a raptada é menor de quatorze anos, o rapto se presume violento), conservando-se, aqui, o limite da menoridade civil, de vez que essa modalidade do crime é, principalmente, uma ofensa ao pátrio poder ou autoridade tutelar (*in parentes vel tutores*).

A pena, em qualquer caso, é diminuída de um terço, se o crime é praticado para fim de casamento, e da metade, se se dá a *restitutio in integrum* da vítima e sua reposição *in loco tuto ac libero*.

Se ao rapto se segue outro crime contra a raptada, aplica-se a regra do concurso material. Fica, assim, modificada a lei vigente, segundo a qual, se o crime subsequente é o *defloramento* ou *estupro* (omitida referência a qualquer outro crime sexual), a pena do rapto é aumentada da sexta parte.

74. O projeto reserva um capítulo especial às disposições comuns aos crimes sexuais até aqui mencionados. A primeira delas se refere às formas qualificadas de tais crimes, isto é, aos casos em que, tendo havido *emprego de violência*, resulta lesão corporal grave ou a *morte da vítima*: no primeiro caso, a pena será reclusão por 4 (quatro) a 12 (doze) anos; no segundo, a mesma pena, de 8 (oito) a 20 (vinte) anos.

A seguir, vêm os preceitos sobre a *violência ficta*, de que acima já se tratou; sobre a disciplina da ação penal na espécie e sobre *agravantes especiais*. Cumpre notar que uma disposição comum aos crimes em questão não figura na "parte especial", pois se achou que ficaria melhor colocada no título sobre a *extinção da punibilidade*, da "parte geral": é o que diz respeito ao *subsequens matrimonium* (art. 108, VIII), que, antes ou depois da condenação, exclui a imposição da pena.

75. Ao definir as diversas modalidades do *lenocínio*, o projeto não faz depender o crime de especial *meio executivo*, nem da *habitualidade*, nem do *fim de lucro*. Se há emprego de violência, intimidação ou fraude, ou se o agente procede *lucri faciendi causa*, a pena é especialmente agravada. Tal como na lei atual, o lenocínio *qualificado* ou *familiar* é mais severamente punido que o lenocínio *simples*. Na *prestação de local* a encontros para fim libidinoso, é taxativamente declarado que o crime existe independentemente de *mediação direta* do agente para esses encontros ou de *fim de lucro*.

São especialmente previstos o *rufianismo* (*alphonsisme*, dos franceses; *mantenutismo*, dos italianos; *Zuhalterei*, dos alemães) e o tráfico de mulheres.

Na configuração do *ultraje público ao pudor*, o projeto excede de muito em previdência à lei atual.

Dos crimes contra a família

76. O título consagrado aos *crimes contra a família* divide-se em quatro capítulos, que correspondem, respectivamente, aos "crimes contra o casamento", "crimes contra o estado de filiação", "crimes contra a assistência familiar" e "crimes contra o pátrio poder, tutela ou curatela". O primeiro entre os *crimes contra o casamento* é a *bigamia* – *nomen juris* que o projeto substitui ao de *poligamia*, usado pela lei atual. Seguindo-se o mesmo critério desta, distingue-se, para o efeito de pena, entre aquele que, sendo casado, contrai novo casamento e aquele que, sendo solteiro, se casa com pessoa que sabe casada. Conforme expressamente dispõe o projeto, o crime de bigamia existe desde que, ao tempo do segundo casamento, estava vigente o primeiro; mas, se este, a seguir, é judicialmente declarado nulo, o crime se extingue, pois que a declaração de nulidade retroage *ex tunc*. Igualmente *não* subsistirá o crime se vier a ser anulado o segundo casamento, por motivo outro que não o próprio impedimento do matrimônio anterior (pois a bigamia não pode excluir-se a si mesma). Releva advertir que na "parte geral" (art. 111, *e*) se determina, com inovação da lei atual, que, no crime de bigamia, o prazo de prescrição da ação penal se conta da *data em que o fato se tornou conhecido*.

77. O projeto mantém a incriminação do *adultério*, que passa, porém, a figurar entre os crimes contra a família, na subclasse dos crimes contra o casamento. Não há razão convincente para que se deixe tal fato à margem da lei penal. É incontestável que o adultério ofende um indeclinável interesse de ordem social, qual seja o que diz com a organização ético-jurídica da vida familiar. O exclusivismo da recíproca posse sexual dos cônjuges é condição de disciplina, harmonia e continuidade do núcleo familiar. Se deixasse impune o adultério, o projeto teria mesmo contrariado o preceito constitucional que coloca a família "sob a proteção especial do Estado". Uma notável inovação contém o projeto: para que se configure o adultério do marido, não é necessário que este *tenha* e *mantenha* concubina, bastando, tal como no adultério da mulher, a simples infidelidade conjugal.

→ O crime de adultério foi revogado pela Lei 11.106/2005.

Outra inovação apresenta o projeto, no tocante ao crime em questão: a pena é sensivelmente diminuída, passando a ser de detenção por 15 (quinze) dias a 6 (seis) meses; é de 1 (um) mês, apenas, o prazo de decadência do direito de queixa (e não prescrição da ação penal), e este não pode ser exercido pelo cônjuge desquitado ou que consentiu no adultério ou o perdoou expressa ou tacitamente. Além disso, o juiz pode deixar de aplicar a pena, se havia cessado a vida em comum dos cônjuges ou se o querelante havia praticado qualquer dos atos previstos no art. 317 do Código Civil. De par com a bigamia e o adultério, são previstas, no mesmo capítulo, entidades criminais que a lei atual ignora. Passam a constituir ilícito penal os seguintes fatos, até agora deixados impunes ou sujeitos a meras sanções civis: contrair casamento, induzindo em erro essencial o outro contraente, ou ocultando-lhe impedimento que não seja o resultante de casamento anterior (pois, neste caso, o crime será o de bigamia); contrair casamento, conhecendo a existência de impedimento que acarrete sua nulidade absoluta; fingir de autoridade para celebração do casamento e simular casamento. Nestas duas últimas hipóteses, trata-se de crimes subsidiários: só serão punidos por si mesmos quando não constituam participação em crime mais grave ou elemento de outro crime.

→ A referência é ao CC/1916.

78. Ao definir os crimes *contra o estado de filiação*, adota o projeto fórmulas substancialmente idênticas às do Código atual, que os conhece sob a rubrica de "parto suposto e outros fingimentos".

79. É reservado um capítulo especial aos "crimes contra a assistência familiar", quase totalmente ignorados da legislação vigente. Seguindo o exemplo dos códigos e projetos de codificação mais recentes, o projeto faz incidir sob a sanção penal o *abandono de família*. O reconhecimento desta nova *species* criminal é, atualmente, ponto incontroverso. Na "Semana Internacional de Direito", realizada em Paris, no ano de 1937, Ionesco-Doly, o representante da Romênia, fixou, na espécie, com acerto e precisão, a *ratio* da incriminação: "A instituição essencial que é a família atravessa atualmente uma crise bastante grave. Daí, a firme, embora recente, tendência no sentido de uma intervenção do legislador, para substituir as sanções civis, reconhecidamente ineficazes, por sanções penais contra a violação dos deveres jurídicos de *assistência* que a consciência jurídica universal considera como o assento básico do *status familiae*. Virá isso contribuir para, em complemento de medidas que se revelaram insuficientes para a proteção da família, conjurar um dos aspectos dolorosos da crise por que passa essa instituição. É, de todo em todo, necessário que desapareçam certos fatos profundamente lamentáveis, e desgraçadamente cada vez mais frequentes, como seja o dos maridos que abandonam suas esposas e filhos, deixando-os sem meios de subsistência, ou o dos filhos que desamparam na miséria seus velhos pais enfermos ou inválidos".

É certo que a vida social no Brasil não oferece, tão assustadoramente como em outros países, o fenômeno da desintegração e desprestígio da família; mas a sanção penal contra o "abandono de família", inscrita no futuro Código, virá contribuir, entre nós, para atalhar ou prevenir o mal incipiente.

Para a conceituação do novo crime, a legislação comparada oferece dois modelos: o francês, demasiadamente restrito, e o italiano, excessivamente amplo. Segundo a lei francesa, o crime de abandono de família é constituído pelo fato de, durante um certo período (três meses consecutivos), deixar o agente de pagar a pensão alimentar decretada por uma decisão judicial passada em julgado. É o chamado *abandono pecuniário*. Muito mais extensa, entretanto, é a fórmula do Código Penal italiano, que foi até a incriminação do *abandono moral*, sem critérios objetivos na delimitação deste. O projeto preferiu a fórmula transacional do chamado *abandono material*. Dois são os métodos adotados na incriminação: um *direto*, isto é, o crime pode ser identificado *diretamente* pelo juiz penal que deverá verificar, ele próprio, se o agente deixou de prestar os recursos necessários; outro *indireto*, isto é, o crime existirá automaticamente se, reconhecida pelo juiz do cível a obrigação de alimentos e fixado o seu *quantum* na sentença, deixar o agente de cumpri-la durante 3 (três) meses consecutivos. Não foi, porém, deixado inteiramente à margem o *abandono moral*. Deste cuida o projeto em casos especiais, precisamente definidos, como, aliás, já faz o atual Código de Menores. É até mesmo incriminado o *abandono intelectual*, embora num caso único e restritíssimo (art. 246): deixar, sem justa causa, de ministrar ou fazer ministrar instrução primária a filho em idade escolar.

Segundo o projeto, só é punível o *abandono intencional* ou *doloso*, embora não se indague do motivo determinante: se por egoísmo, cupidez, avareza, ódio etc. Foi rejeitado o critério de fazer depender a ação penal de prévia queixa da vítima, pois isso valeria, na prática, por tornar letra morta o preceito penal. Raro seria o caso de queixa de um cônjuge contra o outro, de um filho contra o pai ou de um pai contra o filho. Não se pode deixar de ter em atenção o que Marc Ancel chama pudor familial, isto é, o *sentimento* que inibe o membro de uma família de revelar as faltas de outro, que, apesar dos pesares, continua a merecer o seu respeito e talvez o seu afeto. A pena cominada na espécie é alternativa: detenção ou multa. Além disso, ficará o agente sujeito, na conformidade da regra geral sobre as "penas acessórias" (Capítulo V do Título V da Parte Geral), à privação definitiva ou temporária de poderes que, em relação à vítima ou vítimas, lhe sejam atribuídos pela lei civil, em consequência do *status familiae*.

Cuidando dos crimes contra o pátrio poder, tutela ou curatela, o projeto limita-se a reivindicar para o futuro Código Penal certos preceitos do atual Código de Menores, apenas ampliados no sentido de abranger na proteção penal, além dos menores de 18 (dezoito) anos, os interditos.

Dos crimes contra a incolumidade pública

80. Sob este título, são catalogados, no projeto, os crimes que a lei atual denomina contra a *tranquilidade pública*. Estão eles distribuídos em três subclasses: *crimes de perigo comum* (isto é, aqueles que, mais nítida ou imediatamente que os das outras subclasses, criam uma situação de perigo de dano a um indefinido número de pessoas), *crimes contra a segurança dos meios de comunicação e transporte e outros serviços públicos* e *crimes contra a saúde pública*. Além de reproduzir, com ligeiras modificações, a lei vigente, o projeto supre omissões desta, configurando novas entidades criminais, tais como: "uso perigoso de gases tóxicos", o "desabamento ou desmoronamento" (isto é, o fato de causar, em prédio próprio ou alheio, desabamento total ou parcial de alguma construção, ou qualquer desmoronamento, expondo a perigo a vida, integridade física ou patrimônio de outrem), "subtração, ocultação ou inutilização de material de salvamento", "difusão de doença ou praga", "periclitação de qualquer meio de transporte público" (a lei atual somente cuida da periclitação de transportes ferroviários ou marítimos, não se referindo, sequer, à do transporte aéreo, que o projeto equipara àqueles), "atentado contra a segurança de serviços de utilidade pública", "provocação de epidemia", "violação de medidas preventivas contra doenças contagiosas" etc.

Relativamente às *formas qualificadas* dos crimes em questão, é adotada a seguinte regra geral (art. 258): no caso de dolo, se resulta a alguém lesão corporal de natureza grave, a pena privativa da liberdade é aumentada de metade, e, se resulta morte, é aplicada em dobro; no caso de culpa, se resulta lesão corporal (leve ou grave), as penas são aumentadas de metade e, se resulta morte, é aplicada a de homicídio culposo, aumentada de um terço.

Dos crimes contra a paz pública

81. É esta a denominação que o projeto atribui ao seguinte grupo de crimes: "incitação de crime", "apologia de crime ou criminoso" e "quadrilha ou bando" (isto é, associação de mais de três pessoas para o fim de prática de crimes comuns). É bem de ver que os dispositivos sobre as duas primeiras entidades criminais citadas não abrangem a provocação ou apologia de crimes político-sociais, que continuarão sendo objeto de legislação especial, segundo dispõe o art. 360.

Dos crimes contra a fé pública

82. O título reservado aos *crimes contra a fé pública* divide-se em quatro capítulos, com as seguintes epígrafes: "Da moeda falsa", "Da falsidade de títulos e outros papéis públicos", "Da falsidade documental" e "De outras falsidades". Os crimes de *testemunho falso* e *denunciação caluniosa*, que, no Código atual, figuram entre os crimes lesivos da fé pública, passam para o seu verdadeiro lugar, isto é, para o setor dos *crimes contra a administração da justiça* (subclasse dos *crimes contra a administração pública*).

83. Ao configurar as modalidades do *crimen falsi*, o projeto procurou simplificar a lei penal vigente, evitando superfluidades ou redundâncias, e, no mesmo passo, suprir lacunas de que se ressente a mesma lei. À casuística do *falsum* são acrescentados os seguintes fatos: emissão de moeda com título ou peso inferior ao determinado em lei; desvio e antecipada circulação de moeda; reprodução ou adulteração de selos destinados à filatelia; supressão ou ocultação de documentos (que a lei atual prevê como modalidade de *dano*); falsificação do sinal empregado no contraste de metal precioso ou na fiscalização aduaneira ou sanitária, ou para autenticação ou encerramento de determinados objetos, ou comprovação do cumprimento de formalidades legais; substituição de pessoa e falsa identidade (não constituindo tais fatos elemento de crime mais grave).

Para dirimir as incertezas que atualmente oferece a identificação da *falsidade ideológica*, foi adotada uma fórmula suficientemente ampla e explícita: "Omitir, em documento público ou particular, declarações que dele deviam constar, ou inserir ou fazer inserir nele declarações falsas ou diversas das que deviam ser escritas, com o fim de prejudicar um direito, criar uma obrigação, ou alterar a verdade de fatos juridicamente relevantes".

Dos crimes contra a administração pública

84. Em último lugar, cuida o projeto dos *crimes contra a administração pública*, repartidos em três subclasses: "crimes praticados por funcionário público contra a administração em geral", "crimes praticados por particular contra a administração em geral" e "crimes contra a administração da justiça". Várias são as inovações introduzidas, no sentido de suprir omissões ou retificar fórmulas da legislação vigente. Entre os fatos incriminados como lesivos do interesse da administração pública, figuram os seguintes, até agora, injustificadamente, deixados à margem da nossa lei penal: emprego irregular de verbas e rendas públicas; advocacia administrativa (isto é, "patrocinar, direta ou indiretamente, interesse privado junto à administração pública, valendo-se da qualidade de funcionário"); violação do sigilo funcional; violação do sigilo de proposta em concorrência pública; exploração de prestígio junto à autoridade administrativa ou judiciária (*venditio fumi*); obstáculo ou fraude contra concorrência ou hasta pública; inutilização de editais ou sinais oficiais de identificação de objetos; motim de presos; falsos avisos de crime ou contravenção; autoacusação falsa; coação no curso de processo judicial; fraude processual; exercício arbitrário das próprias razões; favorecimento *post factum* a criminosos (o que a lei atual só parcialmente incrimina como forma de cumplicidade); tergiversação do procurador judicial; reingresso de estrangeiro expulso.

85. O art. 327 do projeto fixa, para os efeitos penais, a noção de funcionário público: "Considera-se funcionário público, para os efeitos penais, quem, embora transitoriamente ou sem remuneração, exerce cargo, emprego ou função pública". Ao funcionário público é equiparado o empregado de entidades paraestatais. Os conceitos da *concussão*, da *corrupção* (que a lei atual chama *peita* ou *suborno*), da *resistência* e do *desacato* são ampliados. A *concussão* não se limita, como na lei vigente, ao *crimen super exactionis* (de que o projeto cuida em artigo especial), pois consiste, segundo o projeto, em "exigir, para si ou para outrem, direta ou indiretamente, mesmo fora das funções, ou antes de assumi-las, mas em razão delas, qualquer retribuição indevida".

A *corrupção* é reconhecível mesmo quando o funcionário não tenha ainda assumido o cargo. Na *resistência*, o sujeito passivo não é exclusivamente o *funcionário público*, mas também qualquer pessoa que lhe esteja, eventualmente, prestando *assistência*.

O desacato se verifica não só quando o funcionário se acha no exercício da função (seja, ou não, o ultraje infligido *propter officium*), senão também quando se acha *extra officium*, desde que a ofensa seja *propter officium*.

Conclusão

86. É este o projeto que tenho a satisfação e a honra de submeter à apreciação de Vossa Excelência.

O trabalho de revisão do projeto Alcântara Machado durou justamente 2 (dois) anos. Houve tempo suficiente para exame e meditação da matéria em todas as suas minúcias e complexidades. Da revisão resultou um novo projeto. Não foi este o propósito inicial. O novo projeto não resultou de plano preconcebido; nasceu, naturalmente, à medida que foi progredindo o trabalho de revisão. Isto em nada diminui o valor do projeto revisto. Este constituiu uma etapa útil e necessária à construção do projeto definitivo.

A obra legislativa do Governo de Vossa Excelência é, assim, enriquecida com uma nova codificação, que nada fica a dever aos grandes monumentos legislativos promulgados recentemente em outros países. A Nação ficará a dever a Vossa Excelência, dentre tantos que já lhe deve, mais este inestimável serviço à sua cultura.

Acredito que, na perspectiva do tempo, a obra de codificação do Governo de Vossa Excelência há de ser lembrada como um dos mais importantes subsídios trazidos pelo seu Governo, que tem sido um governo de unificação nacional, à obra de unidade política e cultural do Brasil.

Não devo encerrar esta exposição sem recomendar especialmente a Vossa Excelência todos quantos contribuíram para que pudesse realizar-se a nova codificação penal no Brasil: Dr. Alcântara Machado, Ministro A. J. da Costa e Silva, Dr. Vieira Braga, Dr. Nelson Hungria, Dr. Roberto Lyra, Dr. Narcélio de Queiroz. Não estaria, porém, completa a lista se não acrescentasse o nome do Dr. Abgar Renault, que me prestou os mais valiosos serviços na redação final do projeto.

Aproveito o ensejo, Senhor Presidente, para renovar a Vossa Excelência os protestos do meu mais profundo respeito.

Francisco Campos

(Publicação no *D.O.U.* de 31.12.1940)

CÓDIGO PENAL

DECRETO-LEI 2.848,
DE 7 DE DEZEMBRO DE 1940

Código Penal.

O Presidente da República, usando da atribuição que lhe confere o art. 180 da Constituição, decreta a seguinte Lei:

Parte Geral

→ Parte Geral com redação alterada pela Lei 7.209/1984.

→ *v.* Exposição de Motivos da Nova Parte Geral do Código Penal.

→ *v.* Arts. 12, VIII, 161, parágrafo único, 315, § 1º, 515, VI, 516, III e 718, do NCPC.

Título I
Da aplicação da lei penal

Anterioridade da lei

Art. 1º Não há crime sem lei anterior que o defina. Não há pena sem prévia cominação legal.

→ *v.* Súmula 722 do STF.

→ *v.* Art. 5º, XXXIX, da CF/1988.

→ *v.* Art. 9º da Convenção Americana sobre Direitos Humanos.

Lei penal no tempo

Art. 2º Ninguém pode ser punido por fato que lei posterior deixa de considerar crime, cessando em virtude dela a execução e os efeitos penais da sentença condenatória.

→ *v.* Art. 5º, XL, da CF/1988.

→ *v.* Art. 107, III, do CP.

→ *v.* Art. 90 da Lei 9.099/1995.

Parágrafo único. A lei posterior, que de qualquer modo favorecer o agente, aplica-se aos fatos anteriores, ainda que decididos por sentença condenatória transitada em julgado.

→ *v.* Súmulas 611 e 711 do STF.

→ *v.* Súmula 471 do STJ.

Lei excepcional ou temporária

Art. 3º A lei excepcional ou temporária, embora decorrido o período de sua duração ou cessadas as circunstâncias que a determinaram, aplica-se ao fato praticado durante a sua vigência.

→ *v.* Art. 2º, § 1º, da LINDB.

→ *v.* Art. 36 da Lei 12.663/2012.

Tempo do crime

Art. 4º Considera-se praticado o crime no momento da ação ou omissão, ainda que outro seja o momento do resultado.

→ *v.* Arts. 111, I, e 115, primeira parte, do CP.

→ *v.* Art. 104, parágrafo único, do ECA.

Territorialidade

Art. 5º Aplica-se a lei brasileira, sem prejuízo de convenções, tratados e regras de direito internacional, ao crime cometido no território nacional.

→ *v.* Arts. 5º, §§ 2º a 4º, 27, § 1º, 29, VIII, e 53 da CF/1988.

→ *v.* Art. 2º do Dec.-lei 3.688/1941.

→ *v.* Decreto 61.078/1967 – Promulga a Convenção de Viena sobre Relações Consulares.

→ *v.* Decreto 56.435/1965 – Promulga a Convenção de Viena sobre Relações Diplomáticas.

§ 1º Para os efeitos penais, consideram-se como extensão do território nacional as embarcações e aeronaves brasileiras, de natureza pública ou a serviço do governo brasileiro onde quer que se encontrem, bem como as aeronaves e as embarcações brasileiras, mercantes ou de propriedade privada, que se achem, respectivamente, no espaço aéreo correspondente ou em alto-mar.

→ *v.* Art. 109, IX, da CF/1988.

→ *v.* Art. 90 do CPP.

→ *v.* Arts. 11, 14, §§ 1º e 2º, e 107, § 3º, da Lei 7.565/1986.

§ 2º É também aplicável a lei brasileira aos crimes praticados a bordo de aeronaves ou embarcações estrangeiras de propriedade privada, achando-se aquelas em pouso no território nacional ou em voo no espaço aéreo correspondente, e estas em porto ou mar territorial do Brasil.

→ *v.* Lei 8.617/1993 – Mar territorial, a zona contígua, a zona econômica exclusiva e a plataforma continental brasileiros.

Lugar do crime

Art. 6º Considera-se praticado o crime no lugar em que ocorreu a ação ou omissão, no todo ou em parte, bem como onde se produziu ou deveria produzir-se o resultado.

→ *v.* Art. 70 do CPP.

→ *v.* Art. 63 da Lei 9.099/1995.

Extraterritorialidade

Art. 7º Ficam sujeitos à lei brasileira, embora cometidos no estrangeiro:

I – os crimes:

a) contra a vida ou a liberdade do Presidente da República;

b) contra o patrimônio ou a fé pública da União, do Distrito Federal, de Estado, de Território, de Município, de empresa pública, sociedade de economia mista, autarquia ou fundação instituída pelo Poder Público;

c) contra a administração pública, por quem está a seu serviço;

d) de genocídio, quando o agente for brasileiro ou domiciliado no Brasil;

→ *v.* Art. 1º da Lei 2.889/1956.

II – os crimes:

a) que, por tratado ou convenção, o Brasil se obrigou a reprimir;

→ *v.* Art. 2º da Lei 9.455/1997.

b) praticados por brasileiro;

→ *v.* Art. 5º, LI, da CF/1988.

→ *v.* Art. 88 do CPP.

c) praticados em aeronaves ou embarcações brasileiras, mercantes ou de propriedade privada, quando em território estrangeiro e aí não sejam julgados.

§ 1º Nos casos do inciso I, o agente é punido segundo a lei brasileira, ainda que absolvido ou condenado no estrangeiro.

§ 2º Nos casos do inciso II, a aplicação da lei brasileira depende do concurso das seguintes condições:

a) entrar o agente no território nacional;

b) ser o fato punível também no país em que foi praticado;

c) estar o crime incluído entre aqueles pelos quais a lei brasileira autoriza a extradição;

→ *v.* Art. 65 da Lei 6.815/1980.

→ *v.* Art. 338 do CP.

d) não ter sido o agente absolvido no estrangeiro ou não ter aí cumprido a pena;

e) não ter sido o agente perdoado no estrangeiro ou, por outro motivo, não estar extinta a punibilidade, segundo a lei mais favorável.

→ *v.* Art. 107 do CP.

§ 3º A lei brasileira aplica-se também ao crime cometido por estrangeiro contra brasileiro fora do Brasil, se, reunidas as condições previstas no parágrafo anterior:

a) não foi pedida ou foi negada a extradição;

b) houve requisição do Ministro da Justiça.

→ *v.* Arts. 22, XV, 49, I, 84, VIII, e 102, I, *g*, da CF/1988.

→ *v.* Arts. 81 e 91, I, da Lei 6.815/1980.

Pena cumprida no estrangeiro

Art. 8º A pena cumprida no estrangeiro atenua a pena imposta no Brasil pelo mesmo crime, quando diversas, ou nela é computada, quando idênticas.

Eficácia de sentença estrangeira

Art. 9º A sentença estrangeira, quando a aplicação da lei brasileira produz na espécie as mesmas consequências, pode ser homologada no Brasil para:

→ *v.* Art. 105, I, *i*, da CF/1988.

→ *v.* Arts. 787 a 790 do CPP.

→ *v.* Arts. 515, VI e 516, III, do NCPC.

I – obrigar o condenado à reparação do dano, a restituições e a outros efeitos civis;

II – sujeitá-lo a medida de segurança.

→ v. Art. 97 do CP.

→ v. Art. 8º da Lei 9.613/1998.

Parágrafo único. A homologação depende:

a) para os efeitos previstos no inciso I, de pedido da parte interessada;

b) para os outros efeitos, da existência de tratado de extradição com o país de cuja autoridade judiciária emanou a sentença, ou, na falta de tratado, de requisição do Ministro da Justiça.

Contagem de prazo

Art. 10. O dia do começo inclui-se no cômputo do prazo. Contam-se os dias, os meses e os anos pelo calendário comum.

→ v. Art. 798, § 1º, do CPP.

Frações não computáveis da pena

Art. 11. Desprezam-se, nas penas privativas de liberdade e nas restritivas de direitos, as frações de dia, e, na pena de multa, as frações de cruzeiro.

Legislação especial

Art. 12. As regras gerais deste Código aplicam-se aos fatos incriminados por lei especial, se esta não dispuser de modo diverso.

→ v. Súmula 171 do STJ.

Título II
Do crime

Relação de causalidade

Art. 13. O resultado, de que depende a existência do crime, somente é imputável a quem lhe deu causa. Considera-se causa a ação ou omissão sem a qual o resultado não teria ocorrido.

Superveniência de causa independente

§ 1º A superveniência de causa relativamente independente exclui a imputação quando, por si só, produziu o resultado; os fatos anteriores, entretanto, imputam-se a quem os praticou.

Relevância da omissão

§ 2º A omissão é penalmente relevante quando o omitente devia e podia agir para evitar o resultado. O dever de agir incumbe a quem:

→ v. Arts. 1.566, IV e 1.634 do CC.

→ v. Art. 135 do CP.

a) tenha por lei obrigação de cuidado, proteção ou vigilância;

b) de outra forma, assumiu a responsabilidade de impedir o resultado;

c) com seu comportamento anterior, criou o risco da ocorrência do resultado.

Art. 14. Diz-se o crime:

→ v. Súmula 145 do STF.

Crime consumado

I – consumado, quando nele se reúnem todos os elementos de sua definição legal;

→ v. Súmula Vinculante 24 do STF.

→ v. Art. 111, I, do CP.

Tentativa

II – tentado, quando, iniciada a execução, não se consuma por circunstâncias alheias à vontade do agente.

→ v. Arts. 31, 122 e 352 do CP.

→ v. Art. 4º do Dec.-lei 3.688/1941.

Pena de tentativa

Parágrafo único. Salvo disposição em contrário, pune-se a tentativa com a pena correspondente ao crime consumado, diminuída de 1 (um) a 2/3 (dois terços).

Desistência voluntária e arrependimento eficaz

Art. 15. O agente que, voluntariamente, desiste de prosseguir na execução ou impede que o resultado se produza, só responde pelos atos já praticados.

Arrependimento posterior

Art. 16. Nos crimes cometidos sem violência ou grave ameaça à pessoa, reparado o dano ou restituída a coisa, até o recebimento da denúncia ou da queixa, por ato voluntário do agente, a pena será reduzida de 1 (um) a 2/3 (dois terços).

→ v. Súmulas 246 e 554 do STF.

→ v. Arts. 65, III, *b*, 168-A, § 2º, 312, § 3º, do CP.

→ v. Art. 74, parágrafo único, da Lei 9.099/1995.

Crime impossível

Art. 17. Não se pune a tentativa quando, por ineficácia absoluta do meio ou por absoluta impropriedade do objeto, é impossível consumar-se o crime.

→ v. Súmula 145 do STF.

Art. 18. Diz-se o crime:

Crime doloso

I – doloso, quando o agente quis o resultado ou assumiu o risco de produzi-lo;

→ v. Art. 5º, XXXVIII, da CF/1988.

→ v. Art. 3º do Dec.-lei 3.688/1941.

Crime culposo

II – culposo, quando o agente deu causa ao resultado por imprudência, negligência ou imperícia.

Parágrafo único. Salvo os casos expressos em lei, ninguém pode ser punido por fato previsto como crime, senão quando o pratica dolosamente.

Agravação pelo resultado

Art. 19. Pelo resultado que agrava especialmente a pena, só responde o agente que o houver causado ao menos culposamente.

Erro sobre elementos do tipo

Art. 20. O erro sobre elemento constitutivo do tipo legal de crime exclui o dolo, mas permite a punição por crime culposo, se previsto em lei.

Descriminantes putativas

§ 1º É isento de pena quem, por erro plenamente justificado pelas circunstâncias, supõe situação de fato que, se existisse, tornaria a ação legítima. Não há isenção de pena quando o erro deriva de culpa e o fato é punível como crime culposo.

Erro determinado por terceiro

§ 2º Responde pelo crime o terceiro que determina o erro.

Erro sobre a pessoa

§ 3º O erro quanto à pessoa contra a qual o crime é praticado não isenta de pena. Não se consideram, neste caso, as condições ou qualidades da vítima, senão as da pessoa contra quem o agente queria praticar o crime.

→ v. Arts. 73 e 74 do CP.

Erro sobre a ilicitude do fato

Art. 21. O desconhecimento da lei é inescusável. O erro sobre a ilicitude do fato, se inevitável, isenta de pena; se evitável, poderá diminuí-la de 1/6 (um sexto) a 1/3 (um terço).

→ v. Art. 65, II, do CP.

→ v. Art. 3º da LINDB.

Parágrafo único. Considera-se evitável o erro se o agente atua ou se omite sem a consciência da ilicitude do fato, quando lhe era possível, nas circunstâncias, ter ou atingir essa consciência.

Coação irresistível e obediência hierárquica

Art. 22. Se o fato é cometido sob coação irresistível ou em estrita obediência a ordem, não manifestamente ilegal, de superior hierárquico, só é punível o autor da coação ou da ordem.

→ v. Arts. 38, § 2º, e 163 do CPM.

→ v. Arts. 62, II, e 65, III, *c*, do CP.

Exclusão da ilicitude

→ v. Art. 1.210, § 1º, do CC.

→ v. Arts. 245, §§ 2º e 3º, e 292 do CPP.

Art. 23. Não há crime quando o agente pratica o fato:

→ v. Art. 188 do CC.

→ v. Arts. 386 e 415 do CPP.

I – em estado de necessidade;

II – em legítima defesa;

III – em estrito cumprimento de dever legal ou no exercício regular de direito.

→ v. Arts. 128, I e II, 142, I a III, 146, § 3º, I e II, do CP.

→ v. Art. 2º da Lei 8.501/1992.

Excesso punível

Parágrafo único. O agente, em qualquer das hipóteses deste artigo, responderá pelo excesso doloso ou culposo.

→ v. Arts. 292 e 474, § 3º, do CPP.

Estado de necessidade

Art. 24. Considera-se em estado de necessidade quem pratica o fato para salvar de perigo atual, que não provocou por sua vontade, nem podia de outro modo evitar, direito próprio ou alheio, cujo sacrifício, nas circunstâncias, não era razoável exigir-se.

§ 1º Não pode alegar estado de necessidade quem tinha o dever legal de enfrentar o perigo.

→ v. Art. 13, § 2º, do CP.

§ 2º Embora seja razoável exigir-se o sacrifício do direito ameaçado, a pena poderá ser reduzida de 1 (um) a 2/3 (dois terços).

Legítima defesa

Art. 25. Entende-se em legítima defesa quem, usando moderadamente dos meios necessários, repele injusta agressão, atual ou iminente, a direito seu ou de outrem.

Título III
Da imputabilidade penal

Inimputáveis

Art. 26. É isento de pena o agente que, por doença mental ou desenvolvimento mental incompleto ou retardado, era, ao tempo da ação ou da omissão, inteiramente incapaz de entender o caráter ilícito do fato ou de determinar-se de acordo com esse entendimento.

→ v. Arts. 96 a 99 do CP.

→ v. Art. 319, VII, do CPP.

Redução de pena

Parágrafo único. A pena pode ser reduzida de 1 (um) a 2/3 (dois terços), se o agente, em virtude de perturbação de saúde mental ou por desenvolvimento mental incompleto ou retardado, não era inteiramente capaz de entender o caráter ilícito do fato ou de determinar-se de acordo com esse entendimento.

→ v. Arts. 41, 96 e 97 do CP.

→ v. Art. 149 a 154 do CPP.

→ v. Art. 56 da Lei 6.001/1973.

Menores de dezoito anos

Art. 27. Os menores de 18 (dezoito) anos são penalmente inimputáveis, ficando sujeitos às normas estabelecidas na legislação especial.

→ v. Art. 228 da CF/1988.

→ v. Art. 5º do CC.

→ v. Arts. 65, I, e 115 do CP.

→ v. Lei 8.069/1990 – Estatuto da Criança e do Adolescente.

Emoção e paixão

Art. 28. Não excluem a imputabilidade penal:

I – a emoção ou a paixão;

→ v. Arts. 65, III, *c*, 121, § 1º, e 129, § 4º, do CP.

Embriaguez

II – a embriaguez, voluntária ou culposa, pelo álcool ou substância de efeitos análogos.

→ v. Art. 306 do CTB.

§ 1º É isento de pena o agente que, por embriaguez completa, proveniente de caso fortuito ou força maior, era, ao tempo da ação ou da omissão, inteiramente incapaz de entender o caráter ilícito do fato ou de determinar-se de acordo com esse entendimento.

→ v. Arts. 26, 61, II, *l*, e 96 do CP.

§ 2º A pena pode ser reduzida de 1 (um) a 2/3 (dois terços), se o agente, por embriaguez, proveniente de caso fortuito ou força maior, não possuía, ao tempo da ação ou da omissão, a plena capacidade de entender o caráter ilícito do fato ou de determinar-se de acordo com esse entendimento.

Título IV
Do concurso de pessoas

Art. 29. Quem, de qualquer modo, concorre para o crime incide nas penas a este cominadas, na medida de sua culpabilidade.

→ v. Art. 106, I, do CP.

→ v. Arts. 77, I, 270 e 580 do CPP.

→ v. Art. 75 do CDC.

→ v. Lei 9.263/1996 – Lei do planejamento familiar (Art. 226, § 7º, da CF/1988).

§ 1º Se a participação for de menor importância, a pena pode ser diminuída de 1/6 (um sexto) a 1/3 (um terço).

§ 2º Se algum dos concorrentes quis participar de crime menos grave, ser-lhe-á aplicada a pena deste; essa pena será aumentada até a 1/2 (metade), na hipótese de ter sido previsível o resultado mais grave.

Circunstâncias incomunicáveis

Art. 30. Não se comunicam as circunstâncias e as condições de caráter pessoal, salvo quando elementares do crime.

→ v. Súmula 245 do STF.

Casos de impunibilidade

Art. 31. O ajuste, a determinação ou instigação e o auxílio, salvo disposição expressa em contrário, não são puníveis, se o crime não chega, pelo menos, a ser tentado.

→ v. Arts. 14, II, 122, 286, 288 e 291 do CP.

→ v. Art. 15, § 2º, da Lei 7.170/1983.

Título V
Das penas

→ v. Súmula 611 do STF.

→ v. Art. 121, § 5º, do CP.

→ v. Arts. 10 e 22 da Lei 7.210/1984.

→ v. Art. 5º, item 6, da Convenção Americana de Direitos Humanos.

Capítulo I
DAS ESPÉCIES DE PENA

Art. 32. As penas são:

→ v. Art. 5º, XXXIX, XLV a XLIX, da CF/1988.

→ v. Art. 101 do ECA.

→ v. Art. 21 da Lei 9.605/1998.

→ v. Art. 57 da Lei 6.001/1973.

I – privativas de liberdade;

→ v. Art. 33 do CP.

→ v. Art. 6º do Dec.-lei 3.688/1941.

II – restritivas de direitos;

→ v. Art. 43 do CP.

→ v. Arts. 7º, 8º e 22 da Lei 9.605/1998.

III – de multa.

→ v. Art. 49 do CP.

→ v. Art. 76 da Lei 9.099/1995.

Seção I
Das penas privativas de liberdade

Reclusão e detenção

Art. 33. A pena de reclusão deve ser cumprida em regime fechado, semiaberto ou aberto. A de detenção, em regime semiaberto, ou aberto, salvo necessidade de transferência a regime fechado.

→ v. Art. 1º, § 2º, da Lei 9.455/1997.

→ v. Art. 110 da Lei 7.210/1984.

§ 1º Considera-se:

a) regime fechado a execução da pena em estabelecimento de segurança máxima ou média;

b) regime semiaberto a execução da pena em colônia agrícola, industrial ou estabelecimento similar;

→ v. Art. 56, parágrafo único da Lei 6.001/1973.

c) regime aberto a execução da pena em casa de albergado ou estabelecimento adequado.

§ 2º As penas privativas de liberdade deverão ser executadas em forma progressiva, segundo o mérito do condenado, observados os seguintes critérios e ressalvadas as hipóteses de transferência a regime mais rigoroso:

→ v. Súmulas 716 a 718 do STF.

→ v. Súmulas 192, 269 e 440 do STJ.

→ v. Arts. 6º a 8º, 50, 111 e 112 da Lei 7.210/1984.

→ v. Art. 2º, §§ 1º e 2º, da Lei 8.072/1990.

a) o condenado a pena superior a 8 (oito) anos deverá começar a cumpri-la em regime fechado;

b) o condenado não reincidente, cuja pena seja superior a 4 (quatro) anos e não exceda a 8 (oito), poderá, desde o princípio, cumpri-la em regime semiaberto;

c) o condenado não reincidente, cuja pena seja igual ou inferior a 4 (quatro) anos, poderá, desde o início, cumpri-la em regime aberto.

→ Súmula 719 do STF.

§ 3º A determinação do regime inicial de cumprimento da pena far-se-á com observância dos critérios previstos no art. 59 deste Código.

→ v. Súmula Vinculante 26 do STF.

→ v. Súmula 440 do STJ.

→ v. Art. 2º da Lei 8.072/1990.

§ 4º O condenado por crime contra a administração pública terá a progressão de regime do cumprimento da pena condicionada à reparação do dano que causou, ou à devolução do produto do ilícito praticado, com os acréscimos legais.

→ § 4º acrescentado pela Lei 10.763/2003.

Regras do regime fechado

→ v. Arts. 1º, III, e 5º, XLVII, da CF/1988.

→ v. Arts. 6º a 8º 44, parágrafo único, 52, 86, 87, 88 e 102 da Lei 7.210/1984.

Art. 34. O condenado será submetido, no início do cumprimento da pena, a exame criminológico de classificação para individualização da execução.

→ v. Arts. 39, V, 50, VI, e 200 da Lei 7.210/1984.

§ 1º O condenado fica sujeito a trabalho no período diurno e a isolamento durante o repouso noturno.

§ 2º O trabalho será em comum dentro do estabelecimento, na conformidade das aptidões ou ocupações anteriores do condenado, desde que compatíveis com a execução da pena.

§ 3º O trabalho externo é admissível, no regime fechado, em serviços ou obras públicas.

→ v. Arts. 36, 37, 120, da Lei 7.210/1984.

Regras do regime semiaberto

→ v. Súmula 520 do STJ.

→ v. Arts. 91 e 92 da Lei 7.210/1984.

Art. 35. Aplica-se a norma do art. 34 deste Código, *caput*, ao condenado que inicie o cumprimento da pena em regime semiaberto.

→ v. Art. 8º, parágrafo único, da Lei 7.210/1984.

§ 1º O condenado fica sujeito a trabalho em comum durante o período diurno, em colônia agrícola, industrial ou estabelecimento similar.

§ 2º O trabalho externo é admissível, bem como a frequência a cursos supletivos profissionalizantes, de instrução de segundo grau ou superior.

→ v. Súmula 40 do STJ.

→ v. Arts. 114, 122, II, e 123 da Lei 7.210/1984.

Regras do regime aberto

→ v. Arts. 93 a 95 e 115 da Lei 7.210/1984.

Art. 36. O regime aberto baseia-se na autodisciplina e senso de responsabilidade do condenado.

§ 1º O condenado deverá, fora do estabelecimento e sem vigilância, trabalhar, frequentar curso ou exercer outra atividade autorizada, permanecendo recolhido durante o período noturno e nos dias de folga.

→ v. Arts. 118 e 146-B, da Lei 7.210/1984.

§ 2º O condenado será transferido do regime aberto, se praticar fato definido como crime doloso, se frustrar os fins da execução ou se, podendo, não pagar a multa cumulativamente aplicada.

Regime especial

Art. 37. As mulheres cumprem pena em estabelecimento próprio, observando-se os deveres e direitos inerentes à sua condição pessoal, bem como, no que couber, o disposto neste Capítulo.

→ *v.* Art. 5º, XLVIII, e L da CF/1988.

→ *v.* Arts. 14, § 3º, 82, § 1º, 83, § 2º, 88 e 89 da Lei 7.210/1984.

Direitos do preso

Art. 38. O preso conserva todos os direitos não atingidos pela perda da liberdade, impondo-se a todas as autoridades o respeito à sua integridade física e moral.

→ *v.* Art. 5º, XLIX, da CF/1988.

→ *v.* Arts. 40, 41, 86, § 3º, da Lei 7.210/1984.

→ *v.* Decreto 6.049/2007 – Regulamento Penitenciário Nacional.

Trabalho do preso

Art. 39. O trabalho do preso será sempre remunerado, sendo-lhe garantidos os benefícios da Previdência Social.

→ *v.* Arts. 5º, XLVII, *c*, 201, IV, da CF/1988.

→ *v.* Art. 80 da Lei 8.213/1991.

→ *v.* Art. 229 da Lei 8.112/1991.

→ *v.* Arts. 2º, parágrafo único, 31, 35, 39, V, 51, III, 126, 127, da Lei 7.210/1984.

→ *v.* Arts. 116 a 119 do Decreto 3.048/1999.

Legislação especial

Art. 40. A legislação especial regulará a matéria prevista nos arts. 38 e 39 deste Código, bem como especificará os deveres e direitos do preso, os critérios para revogação e transferência dos regimes e estabelecerá as infrações disciplinares e correspondentes sanções.

→ *v.* Lei 7.210/1984 – Lei de Execução Penal.

Superveniência de doença mental

Art. 41. O condenado a quem sobrevém doença mental deve ser recolhido a hospital de custódia e tratamento psiquiátrico ou, à falta, a outro estabelecimento adequado.

→ *v.* Arts. 96 a 99 do CP.

→ *v.* Lei 10.216/2001 – Proteção e os direitos das pessoas portadoras de transtornos mentais.

→ *v.* Arts. 10, 108, 171 a 179 e 183 da Lei 7.210/1984.

Detração

Art. 42. Computam-se, na pena privativa de liberdade e na medida de segurança, o tempo de prisão provisória, no Brasil ou no estrangeiro, o de prisão administrativa e o de internação em qualquer dos estabelecimentos referidos no artigo anterior.

→ *v.* Art. 8º do CP.

→ *v.* Art. 319 do CPP.

→ *v.* Arts. 66, III, *c*, e 111 da Lei 7.210/1984.

→ *v.* Art. 91, II, da Lei 6.815/1980.

Seção II
Das penas restritivas de direitos

Penas restritivas de direitos

→ *v.* Art. 5º, XLVI, da CF/1988.

→ *v.* Art. 55 do CP.

→ *v.* Art. 28 da Lei 11.343/2006.

→ *v.* Art. 292 do CTB.

Art. 43. As penas restritivas de direitos são:

→ Artigo com redação alterada pela Lei 9.714/1998.

I – prestação pecuniária;

II – perda de bens e valores;

III – *(Vetado)*;

IV – prestação de serviço à comunidade ou a entidades públicas;

V – interdição temporária de direitos;

VI – limitação de fim de semana.

Art. 44. As penas restritivas de direitos são autônomas e substituem as privativas de liberdade, quando:

→ Artigo com redação alterada pela Lei 9.714/1998.

→ *v.* Súmula 493 do STJ.

→ *v.* Art. 78 do CDC.

I – aplicada pena privativa de liberdade não superior a 4 (quatro) anos e o crime não for cometido com violência ou grave ameaça à pessoa ou, qualquer que seja a pena aplicada, se o crime for culposo;

→ *v.* Art. 17 da Lei 11.340/2006.

II – o réu não for reincidente em crime doloso;

III – a culpabilidade, os antecedentes, a conduta social e a personalidade do condenado, bem como os motivos e as circunstâncias indicarem que essa substituição seja suficiente.

→ *v.* Art. 59 do CP.

→ *v.* Art. 180 da Lei 7.210/1984.

§ 1º *(Vetado)*.

§ 2º Na condenação igual ou inferior a 1 (um) ano, a substituição pode ser feita por multa ou por uma pena restritiva de direitos; se superior a 1 (um) ano, a pena privativa de liberdade pode ser substituída por uma pena restritiva de direitos e multa ou por duas restritivas de direitos.

→ *v.* Art. 60, § 2º do CP.

→ *v.* Art. 7º, I, da Lei 9.605/1998.

§ 3º Se o condenado for reincidente, o juiz poderá aplicar a substituição, desde que, em face de condenação anterior, a medida seja socialmente recomendável e a reincidência não se tenha operado em virtude da prática do mesmo crime.

§ 4º A pena restritiva de direitos converte-se em privativa de liberdade quando ocorrer o descumprimento injustificado da restrição imposta. No cálculo da pena privativa de liberdade a executar será deduzido o tempo cumprido da pena restritiva de direitos, respeitado o saldo mínimo de 30 (trinta) dias de detenção ou reclusão.

→ *v.* Arts.148 e 181, § 1º, da Lei 7.210/1984.

§ 5º Sobrevindo condenação a pena privativa de liberdade, por outro crime, o juiz da execução penal decidirá sobre a conversão, podendo deixar de aplicá-la se for possível ao condenado cumprir a pena substitutiva anterior.

Conversão das penas restritivas de direitos

Art. 45. Na aplicação da substituição prevista no artigo anterior, proceder-se-á na forma deste e dos arts. 46, 47 e 48.

→ Artigo com redação alterada pela Lei 9.714/1998.

§ 1º A prestação pecuniária consiste no pagamento em dinheiro à vítima, a seus dependentes ou a entidade pública ou privada com destinação social, de importância fixada pelo juiz, não inferior a 1 (um) salário mínimo nem superior a 360 (trezentos e sessenta) salários mínimos. O valor pago será deduzido do montante de eventual condenação em ação de reparação civil, se coincidentes os beneficiários.

→ *v.* LC 79/1994 – Fundo Penitenciário Nacional – FUNPEN.

§ 2º No caso do parágrafo anterior, se houver aceitação do beneficiário, a prestação pecuniária pode consistir em prestação de outra natureza.

§ 3º A perda de bens e valores pertencentes aos condenados dar-se-á, ressalvada a legislação especial, em favor do Fundo Penitenciário Nacional, e seu valor terá como teto – o que for maior – o montante do prejuízo causado ou do provento obtido pelo agente ou por terceiro, em consequência da prática do crime.

→ *v.* Art. 5º, XLVI, *b*, da CF/1988.

→ *v.* Art. 91, II, *a* e *b* do CP.

§ 4º *(Vetado)*.

Prestação de serviços à comunidade ou a entidades públicas

Art. 46. A prestação de serviços à comunidade ou a entidades públicas é aplicável às condenações superiores a 6 (seis) meses de privação da liberdade.

→ Artigo com redação alterada pela Lei 9.714/1998.

→ *v.* Art. 28, II, da Lei 11.343/2006.

→ *v.* Art. 9º da Lei 9.605/1998.

§ 1º A prestação de serviços à comunidade ou a entidades públicas consiste na atribuição de tarefas gratuitas ao condenado.

→ *v.* Art. 30 da Lei 7.210/1984.

§ 2º A prestação de serviço à comunidade dar-se-á em entidades assistenciais, hospitais, escolas, orfanatos e outros estabelecimentos congêneres, em programas comunitários ou estatais.

§ 3º As tarefas a que se refere o § 1º serão atribuídas conforme as aptidões do condenado, devendo ser cumpridas à razão de 1 (uma) hora de tarefa por dia de condenação, fixadas de modo a não prejudicar a jornada normal de trabalho.

→ *v.* Art. 10 do CP.

→ *v.* Arts. 148 a 150 da Lei 7.210/1984.

§ 4º Se a pena substituída for superior a 1 (um) ano, é facultado ao condenado cumprir a pena substitutiva em menor tempo (art. 55), nunca inferior à 1/2 (metade) da pena privativa de liberdade fixada.

→ *v.* Arts. 117, V, e 112, I, do CP.

Interdição temporária de direitos

→ *v.* Arts. 8º e 22 da Lei 9.605/1998.

Art. 47. As penas de interdição temporária de direitos são:

→ *v.* Art. 10 da Lei 9.605/1998.

I – proibição do exercício de cargo, função ou atividade pública, bem como de mandato eletivo;

→ *v.* Art. 56 do CP.

→ *v.* Arts. 154, § 1º e 155 da Lei 7.210/1984.

II – proibição do exercício de profissão, atividade ou ofício que dependam de habilitação especial, de licença ou autorização do poder público;

→ *v.* Art. 56 do CP.

→ *v.* Arts. 154, § 2º e 155 da Lei 7.210/1984.

III – suspensão de autorização ou de habilitação para dirigir veículo;

→ v. Arts. 292 e 293 do CTB.

→ v. Arts. 154, § 2º e 155 da Lei 7.210/1984.

IV – proibição de frequentar determinados lugares.

→ Inciso IV acrescentado pela Lei 9.714/1998.

→ v. Art. 132, § 2º, c, da Lei 7.210/1984.

V – proibição de inscrever-se em concurso, avaliação ou exame públicos.

→ Inciso V acrescentado pela Lei 12.550/2011.

→ v. Art. 311-A do CP.

Limitação de fim de semana

Art. 48. A limitação de fim de semana consiste na obrigação de permanecer, aos sábados e domingos, por 5 (cinco) horas diárias, em casa de albergado ou outro estabelecimento adequado.

→ v. Art. 120 do ECA.

→ v. Arts. 93 a 95 da Lei 7.210/1984.

Parágrafo único. Durante a permanência poderão ser ministrados ao condenado cursos e palestras ou atribuídas atividades educativas.

→ v. Art. 152 da Lei 7.210/1984.

Seção III
Da pena de multa

Multa

Art. 49. A pena de multa consiste no pagamento ao fundo penitenciário da quantia fixada na sentença e calculada em dias-multa. Será, no mínimo, de 10 (dez) e, no máximo, de 360 (trezentos e sessenta) dias-multa.

→ v. Súmula 171 do STJ.

→ v. Arts. 5º, XLV, e 7º, IV, da CF/1988.

→ v. Art. 51 do CP.

§ 1º O valor do dia-multa será fixado pelo juiz não podendo ser inferior a um trigésimo do maior salário mínimo mensal vigente ao tempo do fato, nem superior a 5 (cinco) vezes esse salário.

§ 2º O valor da multa será atualizado, quando da execução, pelos índices de correção monetária.

→ v. Art. 18 da Lei 9.605/1998.

→ v. Art. 43 da Lei 11.343/2006.

→ v. Art. 33 da Lei 7.492/1986.

Pagamento da multa

Art. 50. A multa deve ser paga dentro de 10 (dez) dias depois de transitada em julgado a sentença. A requerimento do condenado e conforme as circunstâncias, o juiz pode permitir que o pagamento se realize em parcelas mensais.

→ v. Arts. 164 a 170 da Lei 7.210/1984.

§ 1º A cobrança da multa pode efetuar-se mediante desconto no vencimento ou salário do condenado quando:

a) aplicada isoladamente;

b) aplicada cumulativamente com pena restritiva de direitos;

c) concedida a suspensão condicional da pena.

§ 2º O desconto não deve incidir sobre os recursos indispensáveis ao sustento do condenado e de sua família.

Conversão da multa e revogação

Art. 51. Transitada em julgado a sentença condenatória, a multa será considerada dívida de valor, aplicando-se-lhe as normas da legislação relativa à dívida ativa da Fazenda Pública, inclusive no que concerne às causas interruptivas e suspensivas da prescrição.

→ Artigo com redação alterada pela Lei 9.268/1996.

→ v. Súmula 693 do STF.

→ v. Art. 114 do CP.

→ v. Arts. 515, VI e 516, III, do NCPC.

→ v. Art. 174, parágrafo único, do CTN.

→ v. Lei 6.830/1980 – Cobrança Judicial da Dívida Ativa da Fazenda Pública.

Modo de conversão

§ 1º (*Revogado pela Lei 9.268/1996*).

Revogação da conversão

§ 2º (*Revogado pela Lei 9.268/1996*).

Suspensão da execução da multa

Art. 52. É suspensa a execução da pena de multa, se sobrevém ao condenado doença mental.

→ v. Art. 114 do CP.

→ v. Art. 167 da Lei 7.210/1984.

Capítulo II
DA COMINAÇÃO DAS PENAS

Penas privativas de liberdade

Art. 53. As penas privativas de liberdade têm seus limites estabelecidos na sanção correspondente a cada tipo legal de crime.

Penas restritivas de direitos

Art. 54. As penas restritivas de direitos são aplicáveis, independentemente de cominação na parte especial, em substituição à pena privativa de liberdade, fixada em quantidade inferior a 1 (um) ano, ou nos crimes culposos.

→ v. Arts. 44 e 59, IV, do CP.

Art. 55. As penas restritivas de direitos referidas nos incisos III, IV, V e VI do art. 43 terão a mesma duração da pena privativa de liberdade substituída, ressalvado o disposto no § 4º do art. 46.

→ Artigo com redação alterada pela Lei 9.714/1998.

→ Referido inciso III do art. 43 foi vetado.

Art. 56. As penas de interdição, previstas nos incisos I e II do art. 47 deste Código, aplicam-se para todo o crime cometido no exercício de profissão, atividade, ofício, cargo ou função, sempre que houver violação dos deveres que lhes são inerentes.

Art. 57. A pena de interdição, prevista no inciso III do art. 47 deste Código, aplica-se aos crimes culposos de trânsito.

→ v. Lei 9.503/1997 – Código de Trânsito Brasileiro.

Pena de multa

Art. 58. A multa, prevista em cada tipo legal de crime, tem os limites fixados no art. 49 e seus parágrafos deste Código.

→ v. Art. 44 do CP.

Parágrafo único. A multa prevista no parágrafo único do art. 44 e no § 2º do art. 60 deste Código aplica-se independentemente de cominação na parte especial.

→ v. Súmula 693 do STF.

→ v. Súmula 171 do STJ.

→ v. Art. 44, § 2º, do CP.

Capítulo III
DA APLICAÇÃO DA PENA

Fixação da pena

Art. 59. O juiz, atendendo à culpabilidade, aos antecedentes, à conduta social, à personalidade do agente, aos motivos, às circunstâncias e consequências do crime, bem como ao comportamento da vítima, estabelecerá, conforme seja necessário e suficiente para reprovação e prevenção do crime:

→ v. Súmula Vinculante 26 do STF.

→ v. Súmulas 718 e 719 do STF.

→ v. Súmulas 231, 241, 269, 440 e 444 do STJ.

→ v. Arts. 5º, XLVI, e 93, IX, da CF/1988.

→ v. Arts. 22 e 27 do CP.

→ v. Art. 42 da Lei 11.343/2006.

→ v. Art. 6º da Lei 9.605/1998.

→ v. Arts. 5º, 9º, 106, IV, 114, II, e 180, III, da Lei 7.210/1984.

I – as penas aplicáveis dentre as cominadas;

II – a quantidade de pena aplicável, dentro dos limites previstos;

III – o regime inicial de cumprimento da pena privativa de liberdade;

→ v. Art. 33, § 3º, do CP.

→ v. Art. 2º, § 1º, da Lei 8.072/1990.

IV – a substituição da pena privativa da liberdade aplicada, por outra espécie de pena, se cabível.

→ v. Art. 68 do CP.

Critérios especiais da pena de multa

Art. 60. Na fixação da pena de multa o juiz deve atender, principalmente, à situação econômica do réu.

→ v. Art. 49 do CP.

→ v. Art. 18 da Lei 9.605/1998.

§ 1º A multa pode ser aumentada até o triplo, se o juiz considerar que, em virtude da situação econômica do réu, é ineficaz, embora aplicada no máximo.

Multa substitutiva

§ 2º A pena privativa de liberdade aplicada, não superior a 6 (seis) meses, pode ser substituída pela de multa, observados os critérios dos incisos II e III do art. 44 deste Código.

→ v. Súmula 171 do STJ.

Circunstâncias agravantes

→ v. Art. 59, II, do CP.

→ v. Art. 15 da Lei 9.605/1998.

→ v. Art. 4º da Lei 7.170/1983.

Art. 61. São circunstâncias que sempre agravam a pena, quando não constituem ou qualificam o crime:

→ v. Lei 13.239/2015 – Cirurgia plástica reparadora causadas por atos de violência contra a mulher pelo SUS.

I – a reincidência;

→ v. Art. 63 do CP.

→ v. Súmula 241 do STJ.

II – ter o agente cometido o crime:

a) por motivo fútil ou torpe;

→ v. Art. 121, § 2º, II, do CP.

b) para facilitar ou assegurar a execução, a ocultação, a impunidade ou vantagem de outro crime;

c) à traição, de emboscada, ou mediante dissimulação, ou outro recurso que dificultou ou tornou impossível a defesa do ofendido;

d) com emprego de veneno, fogo, explosivo, tortura ou outro meio insidioso ou cruel, ou de que podia resultar perigo comum;

→ v. Lei 9.455/1997 – Crimes de tortura.

e) contra ascendente, descendente, irmão ou cônjuge;

f) com abuso de autoridade ou prevalecendo-se de relações domésticas, de coabitação ou de hospitalidade, ou com violência contra a mulher na forma da lei específica;

→ Alínea f com redação alterada pela Lei 11.340/2006.

g) com abuso de poder ou violação de dever inerente a cargo, ofício, ministério ou profissão;

h) contra criança, maior de 60 (sessenta) anos, enfermo ou mulher grávida;

→ Alínea h com redação alterada pela Lei 10.741/2003.

→ v. Art. 27 do CP.

→ v. Art. 2º do ECA.

→ v. Art. 1º da Lei 10.741/2003.

i) quando o ofendido estava sob a imediata proteção da autoridade;

j) em ocasião de incêndio, naufrágio, inundação ou qualquer calamidade pública, ou de desgraça particular do ofendido;

l) em estado de embriaguez preordenada.

→ v. Art. 28, II, do CP.

Agravantes no caso de concurso de pessoas

→ v. Art. 29 do CP.

Art. 62. A pena será ainda agravada em relação ao agente que:

I – promove, ou organiza a cooperação no crime ou dirige a atividade dos demais agentes;

II – coage ou induz outrem à execução material do crime;

III – instiga ou determina a cometer o crime alguém sujeito à sua autoridade ou não punível em virtude de condição ou qualidade pessoal;

IV – executa o crime, ou nele participa, mediante paga ou promessa de recompensa.

→ v. Art. 121, § 2º, I, primeira parte, do CP.

Reincidência

Art. 63. Verifica-se a reincidência quando o agente comete novo crime, depois de transitar em julgado a sentença que, no País ou no estrangeiro, o tenha condenado por crime anterior.

→ v. Súmula 611 do STF.

→ v. Súmulas 220 e 241 do STJ.

→ v. Arts. 9º, 64, I, e 120 do CP.

→ v. Art. 15, I, da Lei 9.605/1998.

→ v. Art. 296 do CTB.

→ v. Art. 76, §§ 4º e 6º da Lei 9.099/1995.

→ v. Art. 7º do Dec.-lei 3.688/1941.

Art. 64. Para efeito de reincidência:

→ v. Arts. 33, § 2º, b e c, 44, II, § 3º, 60, § 2º, 67, 77, I, § 1º, 83, II e V, 81, I, § 1º, 86, I, 87, 95, 110, 117, VI, 155, § 2º, 171, § 1º, do CP.

→ v. Art. 313, II, do CPP.

→ v. Art. 59 da Lei 11.343/2006.

→ v. Arts. 76, § 2º, I e 89 da Lei 9.099/1995.

→ v. Art. 19, § 1º, do Dec.lei 3.688/1941.

I – não prevalece a condenação anterior, se entre a data do cumprimento ou extinção da pena e a infração posterior tiver decorrido período de tempo superior a 5 (cinco) anos, computado o período de prova da suspensão ou do livramento condicional, se não ocorrer revogação;

II – não se consideram os crimes militares próprios e políticos.

→ v. Lei 7.170/1983 – Crimes contra a segurança nacional e a ordem política e social.

→ v. Dec.-lei 1.001/1969 – Código Penal Militar.

Circunstâncias atenuantes

Art. 65. São circunstâncias que sempre atenuam a pena:

→ v. Súmula 231 do STJ.

I – ser o agente menor de 21 (vinte e um), na data do fato, ou maior de 70 (setenta) anos, na data da sentença;

→ v. Arts. 4º e 115 do CP.

II – o desconhecimento da lei;

→ v. Art. 21 do CP.

→ v. Art. 8º do Dec.-lei 3.688/1941.

III – ter o agente:

a) cometido o crime por motivo de relevante valor social ou moral;

→ v. Arts. 121, § 1º, e 129, § 4º, do CP.

b) procurado, por sua espontânea vontade e com eficiência, logo após o crime, evitar-lhe ou minorar-lhe as consequências, ou ter, antes do julgamento, reparado o dano;

→ v. Arts. 15, 16, 312, § 3º, do CP.

c) cometido o crime sob coação a que podia resistir, ou em cumprimento de ordem de autoridade superior, ou sob a influência de violenta emoção, provocada por ato injusto da vítima;

→ v. Arts. 22, 121, § 1º e 129, § 4º, do CP.

d) confessado espontaneamente, perante a autoridade, a autoria do crime;

→ v. Art. 41 da Lei 11.343/2006.

→ v. Art. 1º, § 5º, da Lei 9.613/1998.

→ v. Art. 16, parágrafo único, da Lei 8.137/1990.

→ v. Art. 25, § 2º, da Lei 7.492/1986.

e) cometido o crime sob a influência de multidão em tumulto, se não o provocou.

Art. 66. A pena poderá ser ainda atenuada em razão de circunstância relevante, anterior ou posterior ao crime, embora não prevista expressamente em lei.

Concurso de circunstâncias agravantes e atenuantes

Art. 67. No concurso de agravantes e atenuantes, a pena deve aproximar-se do limite indicado pelas circunstâncias preponderantes, entendendo-se como tais as que resultam dos motivos determinantes do crime, da personalidade do agente e da reincidência.

→ v. Art. 42 da Lei 11.343/2006.

Cálculo da pena

Art. 68. A pena-base será fixada atendendo-se ao critério do art. 59 deste Código; em seguida serão consideradas as circunstâncias atenuantes e agravantes; por último, as causas de diminuição e de aumento.

→ v. Súmula 444 do STJ.

→ v. Arts. 14, parágrafo único, 16, 21, 26, parágrafo único, 29, § 1º, 70 e 71, *caput* e parágrafo único do CP.

Parágrafo único. No concurso de causas de aumento ou de diminuição previstas na parte especial, pode o juiz limitar-se a um só aumento ou a uma só diminuição, prevalecendo, todavia, a causa que mais aumente ou diminua.

Concurso material

Art. 69. Quando o agente, mediante mais de uma ação ou omissão, pratica dois ou mais crimes, idênticos ou não, aplicam-se cumulativamente as penas privativas de liberdade em que haja incorrido. No caso de aplicação cumulativa de penas de reclusão e de detenção, executa-se primeiro aquela.

→ v. Súmula 497 do STF.

→ v. Súmula 243 do STJ.

→ v. Arts. 44, 75, 77 e 119 do CP.

→ v. Art. 66, III, a, da Lei 7.210/1984.

§ 1º Na hipótese deste artigo, quando ao agente tiver sido aplicada pena privativa de liberdade, não suspensa, por um dos crimes, para os demais será incabível a substituição de que trata o art. 44 deste Código.

§ 2º Quando forem aplicadas penas restritivas de direitos, o condenado cumprirá simultaneamente as que forem compatíveis entre si e sucessivamente as demais.

Concurso formal

Art. 70. Quando o agente, mediante uma só ação ou omissão, pratica dois ou mais crimes, idênticos ou não, aplica-se-lhe a mais grave das penas cabíveis ou, se iguais, somente uma delas, mas aumentada, em qualquer caso, de 1/6 (um sexto) até 1/2 (metade). As penas aplicam-se, entretanto, cumulativamente, se a ação ou omissão é dolosa e os crimes concorrentes resultam de desígnios autônomos, consoante o disposto no artigo anterior.

→ v. Súmulas 17 e 243 do STJ.

→ v. Art. 119 do CP.

Parágrafo único. Não poderá a pena exceder a que seria cabível pela regra do art. 69 deste Código.

Crime continuado

Art. 71. Quando o agente, mediante mais de uma ação ou omissão, pratica dois ou mais crimes da mesma espécie e, pelas condições de tempo, lugar, maneira de execução e outras semelhantes, devem os subsequentes ser havidos como continuação do primeiro, aplica-se-lhe a pena de um só dos crimes, se idênticas, ou a mais grave, se diversas, aumentada, em qualquer caso, de 1/6 (um sexto) a 2/3 (dois terços).

→ v. Súmulas 497, 605 e 711 do STF.

→ v. Súmula 243 do STJ.

→ v. Art. 71 do CPP.

Parágrafo único. Nos crimes dolosos, contra vítimas diferentes, cometidos com violência ou grave ameaça à pessoa, poderá o juiz, considerando a culpabilidade, os antecedentes, a conduta social e a personalidade do agente, bem como os motivos e as circunstâncias, aumentar a pena de um só dos crimes, se idênticas, ou a mais grave, se diversas, até o triplo, observadas as regras do parágrafo único do art. 70 e do art. 75 deste Código.

→ v. Art. 18, I, do CP.

Multas no concurso de crimes

Art. 72. No concurso de crimes, as penas de multa são aplicadas distinta e integralmente.

→ v. Arts. 49 a 52 do CP.

Erro na execução

Art. 73. Quando, por acidente ou erro no uso dos meios de execução, o agente, ao invés de atingir a pessoa que pretendia ofender, atinge pessoa diversa, responde como se tivesse praticado o crime contra aquela, atendendo-se ao disposto no § 3º do art. 20 deste Código. No caso de ser também atingida a pessoa que o agente pretendia ofender, aplica-se a regra do art. 70 deste Código.

Resultado diverso do pretendido

Art. 74. Fora dos casos do artigo anterior, quando, por acidente ou erro na execução do crime, sobrevém resultado diverso do pretendido, o agente responde por culpa, se o fato é previsto como crime culposo; se ocorre também o resultado pretendido, aplica-se a regra do art. 70 deste Código.

Limite das penas

Art. 75. O tempo de cumprimento das penas privativas de liberdade não pode ser superior a 30 (trinta) anos.

→ *v.* Súmula 527 do STJ.

→ *v.* Art. 5º, XLVII, da CF/1988.

→ *v.* Arts. 49 e 97, § 1º, do CP.

§ 1º Quando o agente for condenado a penas privativas de liberdade cuja soma seja superior a 30 (trinta) anos, devem elas ser unificadas para atender ao limite máximo deste artigo.

→ *v.* Súmula 715 do STF.

→ *v.* Art. 10 do Dec.-lei 3.688/1941.

§ 2º Sobrevindo condenação por fato posterior ao início do cumprimento da pena, far-se-á nova unificação, desprezando-se, para esse fim, o período de pena já cumprido.

→ *v.* Art. 66, III, *a*, da Lei 7.210/1984.

Concurso de infrações

Art. 76. No concurso de infrações, executar-se-á primeiramente a pena mais grave.

Capítulo IV
DA SUSPENSÃO CONDICIONAL DA PENA

Requisitos da suspensão da pena

→ *v.* Art. 44 da Lei 11.343/2006.

→ *v.* Arts. 156 a 183 da Lei 7.210/1984.

→ *v.* Art. 11 do Dec.-lei 3.688/1941.

Art. 77. A execução da pena privativa de liberdade, não superior a 2 (dois) anos, poderá ser suspensa, por 2 (dois) a 4 (quatro) anos, desde que:

I – o condenado não seja reincidente em crime doloso;

II – a culpabilidade, os antecedentes, a conduta social e personalidade do agente, bem como os motivos e as circunstâncias autorizem a concessão do benefício;

→ *v.* Art. 59 do CP.

III – não seja indicada ou cabível a substituição prevista no art. 44 deste Código.

§ 1º A condenação anterior a pena de multa não impede a concessão do benefício.

→ *v.* Súmula 499 do STF.

→ *v.* Art. 63 do CP.

§ 2º A execução da pena privativa de liberdade, não superior a 4 (quatro) anos, poderá ser suspensa, por 4 (quatro) a 6 (seis) anos, desde que o condenado seja maior de 70 (setenta) anos de idade, ou razões de saúde justifiquem a suspensão.

→ § 2º com redação alterada pela Lei 9.714/1998.

→ *v.* Art. 16 da Lei 9.605/1998.

Art. 78. Durante o prazo da suspensão, o condenado ficará sujeito à observação e ao cumprimento das condições estabelecidas pelo juiz.

→ *v.* Arts. 33, § 3º e 59, III, do CP.

→ *v.* Art. 110 da Lei 7.210/1984.

§ 1º No primeiro ano do prazo, deverá o condenado prestar serviços à comunidade (art. 46) ou submeter-se à limitação de fim de semana (art. 48).

§ 2º Se o condenado houver reparado o dano, salvo impossibilidade de fazê-lo, e se as circunstâncias do art. 59 deste Código lhe forem inteiramente favoráveis, o juiz poderá substituir a exigência do parágrafo anterior pelas seguintes condições, aplicadas cumulativamente:

→ § 2º com redação alterada pela Lei 9.268/1996.

→ *v.* Art. 81, II, do CP.

→ *v.* Art. 17 da Lei 9.605/1998.

a) proibição de frequentar determinados lugares;

b) proibição de ausentar-se da comarca onde reside, sem autorização do juiz;

c) comparecimento pessoal e obrigatório a juízo, mensalmente, para informar e justificar suas atividades.

Art. 79. A sentença poderá especificar outras condições a que fica subordinada a suspensão, desde que adequadas ao fato e à situação pessoal do condenado.

→ *v.* Arts. 158, § 2º e 159, § 1º, da Lei 7.210/1984.

Art. 80. A suspensão não se estende às penas restritivas de direito nem à multa.

→ *v.* Art. 77 do CP.

Revogação obrigatória

Art. 81. A suspensão será revogada se, no curso do prazo, o beneficiário:

I – é condenado, em sentença irrecorrível, por crime doloso;

II – frustra, embora solvente, a execução de pena de multa ou não efetua, sem motivo justificado, a reparação do dano;

→ *v.* Arts. 51 e 77, § 1º, do CP.

→ *v.* Lei 6.830/1980 – Cobrança judicial da Dívida Ativa da Fazenda Pública.

III – descumpre a condição do § 1º do art. 78 deste Código.

→ *v.* Arts. 46 e 48 do CP.

→ *v.* Arts. 161 e 162 da Lei 7.210/1984.

Revogação facultativa

§ 1º A suspensão poderá ser revogada se o condenado descumpre qualquer outra condição imposta ou é irrecorrivelmente condenado, por crime culposo ou por contravenção, a pena privativa de liberdade ou restritiva de direitos.

→ *v.* Arts. 78, § 1º, e 79 do CP.

Prorrogação do período de prova

§ 2º Se o beneficiário está sendo processado por outro crime ou contravenção, considera-se prorrogado o prazo da suspensão até o julgamento definitivo.

§ 3º Quando facultativa a revogação, o juiz pode, ao invés de decretá-la, prorrogar o período de prova até o máximo, se este não foi o fixado.

Cumprimento das condições

Art. 82. Expirado o prazo sem que tenha havido revogação, considera-se extinta a pena privativa de liberdade.

Capítulo V
DO LIVRAMENTO CONDICIONAL

Requisitos do livramento condicional

→ *v.* Art. 712 do CPP.

→ *v.* Arts. 131 a 146 da Lei 7.210/1984.

Art. 83. O juiz poderá conceder livramento condicional ao condenado a pena privativa de liberdade igual ou superior a 2 (dois) anos, desde que:

I – cumprida mais de 1/3 (um terço) da pena se o condenado não for reincidente em crime doloso e tiver bons antecedentes;

II – cumprida mais da 1/2 (metade) se o condenado for reincidente em crime doloso;

→ *v.* Súmula 441 do STJ.

III – comprovado comportamento satisfatório durante a execução da pena, bom desempenho no trabalho que lhe foi atribuído e aptidão para prover à própria subsistência mediante trabalho honesto;

IV – tenha reparado, salvo efetiva impossibilidade de fazê-lo, o dano causado pela infração;

V – cumprido mais de 2/3 (dois terços) da pena, nos casos de condenação por crime hediondo, prática da tortura, tráfico ilícito de entorpecentes e drogas afins, e terrorismo, se o apenado não for reincidente específico em crimes dessa natureza.

→ Inciso V acrescentado pela Lei 8.072/1990.

Parágrafo único. Para o condenado por crime doloso, cometido com violência ou grave ameaça à pessoa, a concessão do livramento ficará também subordinada à constatação de condições pessoais que façam presumir que o liberado não voltará a delinquir.

Soma de penas

Art. 84. As penas que correspondem a infrações diversas devem somar-se para efeito do livramento.

Especificações das condições

Art. 85. A sentença especificará as condições a que fica subordinado o livramento.

→ *v.* Arts. 132, 137 e 144 da Lei 7.210/1984.

Revogação do livramento

Art. 86. Revoga-se o livramento, se o liberado vem a ser condenado a pena privativa de liberdade, em sentença irrecorrível:

→ *v.* Arts. 140, 143, 145 da Lei 7.210/1984.

I – por crime cometido durante a vigência do benefício;

→ *v.* Art. 145 da Lei 7.210/1984.

II – por crime anterior, observado o disposto no art. 84 deste Código.

Revogação facultativa

Art. 87. O juiz poderá, também, revogar o livramento, se o liberado deixar de cumprir qualquer das obrigações constantes da sentença, ou for irrecorrivelmente condenado, por crime ou contravenção, a pena que não seja privativa de liberdade.

→ *v.* Arts. 132 e 140, parágrafo único, da Lei 7.210/1984.

CP

Efeitos da revogação

Art. 88. Revogado o livramento, não poderá ser novamente concedido, e, salvo quando a revogação resulta de condenação por outro crime anterior àquele benefício, não se desconta na pena o tempo em que esteve solto o condenado.

→ v. Arts. 141 e 142 da Lei 7.210/1984.

Extinção

Art. 89. O juiz não poderá declarar extinta a pena, enquanto não passar em julgado a sentença em processo a que responde o liberado, por crime cometido na vigência do livramento.

→ v. Art. 728 do CPP.

Art. 90. Se até o seu término o livramento não é revogado, considera-se extinta a pena privativa de liberdade.

Capítulo VI
DOS EFEITOS DA CONDENAÇÃO

Efeitos genéricos e específicos

Art. 91. São efeitos da condenação:

→ v. Arts. 60 a 64 da Lei 11.343/2006.

→ v. Art. 25 da Lei 10.826/2003.

I – tornar certa a obrigação de indenizar o dano causado pelo crime;

→ v. Arts. 929 e 930 do CC.

→ v. Arts. 63 a 68 e 387, IV, do CPP.

II – a perda em favor da União, ressalvado o direito do lesado ou de terceiro de boa-fé:

a) dos instrumentos do crime, desde que consistam em coisas cujo fabrico, alienação, uso, porte ou detenção constitua fato ilícito;

b) do produto do crime ou de qualquer bem ou valor que constitua proveito auferido pelo agente com a prática do fato criminoso.

→ v. Art. 243, paragrafo único, da CF/1988.

→ v. Arts. 125 a 144-A do CPP.

§ 1º Poderá ser decretada a perda de bens ou valores equivalentes ao produto ou proveito do crime quando estes não forem encontrados ou quando se localizarem no exterior.

→ § 1º acrescentado pela Lei 12.694/2012.

→ v. Art. 25 da Lei 9.605/1998.

§ 2º Na hipótese do § 1º, as medidas assecuratórias previstas na legislação processual poderão abranger bens ou valores equivalentes do investigado ou acusado para posterior decretação de perda.

→ § 2º acrescentado pela Lei 12.694/2012.

Art. 92. São também efeitos da condenação:

→ v. Art. 7º da Lei 9.613/1998.

I – a perda de cargo, função pública ou mandato eletivo:

→ Inciso I com redação alterada pela Lei 9.268/1996.

→ v. Art. 1º, § 5º, da Lei 9.455/1997.

→ v. Art. 16 da Lei 7.716/1989.

a) quando aplicada pena privativa de liberdade por tempo igual ou superior a 1 (um) ano, nos crimes praticados com abuso de poder ou violação de dever para com a administração pública;

b) quando for aplicada pena privativa de liberdade por tempo superior a 4 (quatro) anos nos demais casos;

II – a incapacidade para o exercício do pátrio poder, tutela ou curatela, nos crimes dolosos, sujeitos à pena de reclusão, cometidos contra filho, tutelado ou curatelado;

→ Com o advento da Lei 10.406/2002 – Código Civil, a expressão pátrio poder foi substituída por poder familiar.

→ v. Art. 1.637, parágrafo único, do CC.

III – a inabilitação para dirigir veículo, quando utilizado como meio para a prática de crime doloso.

Parágrafo único. Os efeitos de que trata este artigo não são automáticos, devendo ser motivadamente declarados na sentença.

→ v. Art. 93, IX, da CF/1988.

Capítulo VII
DA REABILITAÇÃO

Reabilitação

Art. 93. A reabilitação alcança quaisquer penas aplicadas em sentença definitiva, assegurando ao condenado o sigilo dos registros sobre seu processo e condenação.

→ v. Art. 748 do CPP.

→ v. Art. 10 da Lei 7.210/1984.

Parágrafo único. A reabilitação poderá, também, atingir os efeitos da condenação, previstos no art. 92 deste Código, vedada reintegração na situação anterior, nos casos dos incisos I e II do mesmo artigo.

Art. 94. A reabilitação poderá ser requerida, decorridos 2 (dois) anos do dia em que for extinta, de qualquer modo, a pena ou terminar sua execução, computando-se o período de prova da suspensão e o do livramento condicional, se não sobrevier revogação, desde que o condenado:

→ v. Art. 744 do CPP.

I – tenha tido domicílio no País no prazo acima referido;

II – tenha dado, durante esse tempo, demonstração efetiva e constante de bom comportamento público e privado;

III – tenha ressarcido o dano causado pelo crime ou demonstre a absoluta impossibilidade de o fazer, até o dia do pedido, ou exiba documento que comprove a renúncia da vítima ou novação da dívida.

Parágrafo único. Negada a reabilitação, poderá ser requerida, a qualquer tempo, desde que o pedido seja instruído com novos elementos comprobatórios dos requisitos necessários.

Art. 95. A reabilitação será revogada, de ofício ou a requerimento do Ministério Público, se o reabilitado for condenado, como reincidente, por decisão definitiva, a pena que não seja de multa.

Título VI
Das medidas de segurança

Espécies de medidas de segurança

Art. 96. As medidas de segurança são:

→ v. Art. 26 do CP.

→ v. Arts. 99 a 101 da Lei 7.210/1984.

I – internação em hospital de custódia e tratamento psiquiátrico ou, à falta, em outro estabelecimento adequado;

II – sujeição a tratamento ambulatorial.

Parágrafo único. Extinta a punibilidade, não se impõe medida de segurança nem subsiste a que tenha sido imposta.

→ v. Art. 107 do CP.

Imposição da medida de segurança para inimputável

→ v. Art. 386, parágrafo único, III, do CPP.

Art. 97. Se o agente for inimputável, o juiz determinará sua internação (art. 26). Se, todavia, o fato previsto como crime for punível com detenção, poderá o juiz submetê-lo a tratamento ambulatorial.

→ v. Arts. 41 e 42 do CP.

→ v. Arts. 171 a 179 da Lei 7.210/1984.

Prazo

§ 1º A internação, ou tratamento ambulatorial, será por tempo indeterminado, perdurando enquanto não for averiguada, mediante perícia médica, a cessação de periculosidade. O prazo mínimo deverá ser de 1 (um) a 3 (três) anos.

→ v. Súmula 527 do STJ.

→ v. Arts. 42 e 75 do CP.

→ v. Art. 183 da Lei 7.210/1984.

Perícia médica

§ 2º A perícia médica realizar-se-á ao termo do prazo mínimo fixado e deverá ser repetida de ano em ano, ou a qualquer tempo, se o determinar o juiz da execução.

→ v. Arts. 43, 175 e 176 da Lei 7.210/1984.

Desinternação ou liberação condicional

§ 3º A desinternação, ou a liberação, será sempre condicional, devendo ser restabelecida a situação anterior se o agente, antes do decurso de 1 (um) ano, pratica fato indicativo de persistência de sua periculosidade.

→ v. Arts. 26, I, e 178 da Lei 7.210/1984.

§ 4º Em qualquer fase do tratamento ambulatorial, poderá o juiz determinar a internação do agente, se essa providência for necessária para fins curativos.

→ v. Art. 41 do CP.

→ v. Art. 682, § 2º, do CPP.

→ v. Arts. 104, 184 da Lei 7.210/1984.

Substituição da pena por medida de segurança para o semi-imputável

Art. 98. Na hipótese do parágrafo único do art. 26 deste Código e necessitando o condenado de especial tratamento curativo, a pena privativa de liberdade pode ser substituída pela internação, ou tratamento ambulatorial, pelo prazo mínimo de 1 (um) a 3 (três) anos, nos termos do artigo anterior e respectivos §§ 1º a 4º.

→ v. Súmula 525 do STF.

→ v. Art. 45, parágrafo único, da Lei 11.343/2006.

Direitos do internado

Art. 99. O internado será recolhido a estabelecimento dotado de características hospitalares e será submetido a tratamento.

Título VII
Da ação penal

Ação pública e de iniciativa privada

Art. 100. A ação penal é pública, salvo quando a lei expressamente a declara privativa do ofendido.

→ v. Súmula 608 do STF.

→ v. Art. 5º, XXXV, da CF/1988.

→ v. Arts. 42 e 576 do CPP.

→ v. Art. 76 da Lei 9.099/1995.

§ 1º A ação pública é promovida pelo Ministério Público, dependendo, quando a lei o exige, de representação do ofendido ou de requisição do Ministro da Justiça.

→ V. Súmula 608 do STF.

→ V. Arts. 5º, 129, I, da CF/1988.

→ V. Arts. 7º, § 3º, *b*, e 145, parágrafo único, do CP.

→ V. Arts. 5º, § 4º, 24, 584, § 1º, e 598 do CPP.

→ V. Art. 25, III, da Lei 8.625/1993.

§ 2º A ação de iniciativa privada é promovida mediante queixa do ofendido ou de quem tenha qualidade para representá-lo.

→ V. Arts. 30 e 33 do CPP.

§ 3º A ação de iniciativa privada pode intentar-se nos crimes de ação pública, se o Ministério Público não oferece denúncia no prazo legal.

→ V. Art. 5º, LIX, da CF/1988.

→ V. Arts. 29 e 38 do CPP.

§ 4º No caso de morte do ofendido ou de ter sido declarado ausente por decisão judicial, o direito de oferecer queixa ou de prosseguir na ação passa ao cônjuge, ascendente, descendente ou irmão.

→ V. Art. 31 do CPP.

Ação penal no crime complexo

Art. 101. Quando a lei considera como elemento ou circunstâncias do tipo legal fatos que, por si mesmos, constituem crimes, cabe ação pública em relação àquele, desde que, em relação a qualquer destes, se deva proceder por iniciativa do Ministério Público.

Irretratabilidade da representação

Art. 102. A representação será irretratável depois de oferecida a denúncia.

→ V. Art. 25 do CPP.

Decadência do direito de queixa ou de representação

Art. 103. Salvo disposição expressa em contrário, o ofendido decai do direito de queixa ou de representação se não o exerce dentro do prazo de 6 (seis) meses, contado do dia em que veio a saber quem é o autor do crime, ou, no caso do § 3º do art. 100 deste Código, do dia em que se esgota o prazo para oferecimento da denúncia.

→ V. Arts. 10, 107, IV, e 236, parágrafo único, do CP.

→ V. Arts. 38, 529 e 798, § 3º, do CPP.

Renúncia expressa ou tácita do direito de queixa

Art. 104. O direito de queixa não pode ser exercido quando renunciado expressa ou tacitamente.

→ V. Arts. 48 a 50 do CPP.

→ V. Art. 107, V, do CP.

→ V. Art. 74, parágrafo único, da Lei 9.099/1995.

Parágrafo único. Importa renúncia tácita ao direito de queixa a prática de ato incompatível com a vontade de exercê-lo; não a implica, todavia, o fato de receber o ofendido a indenização do dano causado pelo crime.

Perdão do ofendido

Art. 105. O perdão do ofendido, nos crimes em que somente se procede mediante queixa, obsta ao prosseguimento da ação.

Art. 106. O perdão, no processo ou fora dele, expresso ou tácito:

I – se concedido a qualquer dos querelados, a todos aproveita;

II – se concedido por um dos ofendidos, não prejudica o direito dos outros;

III – se o querelado o recusa, não produz efeito.

§ 1º Perdão tácito é o que resulta da prática de ato incompatível com a vontade de prosseguir na ação.

§ 2º Não é admissível o perdão depois que passa em julgado a sentença condenatória.

→ V. Arts. 51 a 59 do CPP.

Título VIII
Da extinção da punibilidade

Extinção da punibilidade

Art. 107. Extingue-se a punibilidade:

→ V. Arts. 168-A, § 2º, 312, § 3º, 337-A, § 1º, do CP.

→ V. Art. 61 do CPP.

→ V. Art. 61, II, da Lei 7.210/1984.

I – pela morte do agente;

→ V. Art. 5º, XLV, da CF/1988.

→ V. Arts. 62 e 155, parágafo único, do CPP.

→ V. Art. 88 da Lei 6.015/1973.

→ V. Art. 6º, I, da Lei 7.170/1983.

II – pela anistia, graça ou indulto;

→ V. Arts. 5º, XLIII, 21, XVII, 48, VIII, 84, XII e parágrafo único da CF/1988.

→ V. Arts. 734 a 742 do CPP.

→ V. Art. 44 da Lei 11.343/2006.

→ V. Art. 2º, I, da Lei 8.072/1990.

→ V. Arts. 187 a 193 da Lei 7.210/1984.

→ V. Decreto 5.295/2004 – Indulto condicional.

→ V. Art. 6º, I, da Lei 7.170/1983.

III – pela retroatividade de lei que não mais considera o fato como criminoso;

→ V. Art. 5º, XL, da CF/1988.

→ V. Art. 2º e parágrafo único do CP.

→ V. Art. 6º, I, da Lei 7.170/1983.

IV – pela prescrição, decadência ou perempção;

→ V. Arts. 109 a 118 do CP.

→ V. Art. 60 do CPP.

→ V. Art. 6º, I, da Lei 7.170/1983.

V – pela renúncia do direito de queixa ou pelo perdão aceito, nos crimes de ação privada;

→ V. Arts. 104 a 106 do CP.

VI – pela retratação do agente, nos casos em que a lei a admite;

→ V. Arts. 143 e 342, § 2º, do CP.

VII – (*Revogado pela Lei 11.106/2005*).

VIII – (*Revogado pela Lei 11.106/2005*).

IX – pelo perdão judicial, nos casos previstos em lei.

→ V. Súmula 18 do STJ.

→ V. Arts. 121, § 5º, 129, § 8º, 140, § 1º, I e II, 168-A, § 3º, 176, parágrafo único, 180, § 5º, 249, § 2º, 337-A, § 2º, do CP.

→ V. Art. 13 da Lei 9.807/1999.

→ V. Art. 326, § 1º, da Lei 4.737/1965.

→ V. Art. 8º do Dec.-lei 3.688/1941.

Art. 108. A extinção da punibilidade de crime que é pressuposto, elemento constitutivo ou circunstância agravante de outro não se estende a este. Nos crimes conexos, a extinção da punibilidade de um deles não impede, quanto aos outros, a agravação da pena resultante da conexão.

Prescrição antes de transitar em julgado a sentença

Art. 109. A prescrição, antes de transitar em julgado a sentença final, salvo o disposto no § 1º do art. 110 deste Código, regula-se pelo máximo da pena privativa de liberdade cominada ao crime, verificando-se:

→ *Caput* com redação alterada pela Lei 12.234/2010.

→ V. Súmulas 338, 415 e 438 do STJ.

→ V. Art. 5º, XLII e XLIV, da CF/1988.

→ V. Arts. 10 e 107, IV, do CP.

→ V. Art. 125 do CPM.

→ V. Art. 366 do CPP.

→ V. Art. 182 da Lei 11.101/2005.

→ V. Art. 6º, IV, da Lei 7.170/1983.

I – em 20 (vinte) anos, se o máximo da pena é superior a 12 (doze);

II – em 16 (dezesseis) anos, se o máximo da pena é superior a 8 (oito) anos e não excede a 12 (doze);

III – em 12 (doze) anos, se o máximo da pena é superior a 4 (quatro) anos e não excede a 8 (oito);

IV – em 8 (oito) anos, se o máximo da pena é superior a 2 (dois) anos e não excede a 4 (quatro);

V – em 4 (quatro) anos, se o máximo da pena é igual a 1 (um) ano, ou, sendo superior não excede a 2 (dois);

VI – em 3 (três) anos, se o máximo da pena é inferior a 1 (um) ano.

→ Inciso VI com redação alterada pela Lei 12.234/2010.

Prescrição das penas restritivas de direito

Parágrafo único. Aplicam-se às penas restritivas de direito os mesmos prazos previstos para as privativas de liberdade.

Prescrição depois de transitar em julgado sentença final condenatória

Art. 110. A prescrição depois de transitar em julgado a sentença condenatória regula-se pela pena aplicada e verifica-se nos prazos fixados no artigo anterior, os quais se aumentam de 1/3 (um terço), se o condenado é reincidente.

→ V. Súmulas 220 e 438 do STJ.

§ 1º A prescrição, depois da sentença condenatória com trânsito em julgado para a acusação ou depois de improvido seu recurso, regula-se pela pena aplicada, não podendo, em nenhuma hipótese, ter por termo inicial data anterior à da denúncia ou queixa.

→ § 1º com redação alterada pela Lei 12.234/2010.

→ V. Súmulas 146 e 604 do STF.

§ 2º (*Revogado pela Lei 12.234/2010*).

Termo inicial da prescrição antes de transitar em julgado a sentença final

Art. 111. A prescrição, antes de transitar em julgado a sentença final, começa a correr:

I – do dia em que o crime se consumou;

→ V. Art. 4º do CP.

II – no caso de tentativa, do dia em que cessou a atividade criminosa;

→ V. Art. 14, II, do CP.

III – nos crimes permanentes, do dia em que cessou a permanência;

IV – nos de bigamia e nos de falsificação ou alteração de assentamento do registro civil, da data em que o fato se tornou conhecido;

→ v. Arts. 235 e 272 do CP.

V – nos crimes contra a dignidade sexual de crianças e adolescentes, previstos neste Código ou em legislação especial, da data em que a vítima completar 18 (dezoito) anos, salvo se a esse tempo já houver sido proposta a ação penal.

→ Inciso V com redação alterada pela Lei 12.650/2012.

→ v. Arts. 213 a 234-B do CP.

Termo inicial da prescrição após a sentença condenatória irrecorrível

Art. 112. No caso do art. 110 deste Código, a prescrição começa a correr:

I – do dia em que transita em julgado a sentença condenatória, para a acusação, ou a que revoga a suspensão condicional da pena ou o livramento condicional;

→ v. Arts. 158 e 160 da Lei 7.210/1984.

II – do dia em que se interrompe a execução, salvo quando o tempo da interrupção deva computar-se na pena.

→ v. Art. 41 do CP.

Prescrição no caso de evasão do condenado ou de revogação do livramento condicional

Art. 113. No caso de evadir-se o condenado ou de revogar-se o livramento condicional, a prescrição é regulada pelo tempo que resta da pena.

Prescrição da multa

→ v. Art. 51 do CP.

Art. 114. A prescrição da pena de multa ocorrerá:

→ Artigo com redação alterada pela Lei 9.268/1996.

I – em 2 (dois) anos, quando a multa for a única cominada ou aplicada;

II – no mesmo prazo estabelecido para a prescrição da pena privativa de liberdade, quando a multa for alternativa ou cumulativamente cominada ou cumulativamente aplicada.

Redução dos prazos de prescrição

Art. 115. São reduzidos de 1/2 (metade) os prazos de prescrição quando o criminoso era, ao tempo do crime, menor de 21 (vinte e um) anos, ou, na data da sentença, maior de 70 (setenta) anos.

→ v. Súmula 74 do STJ.

Causas impeditivas da prescrição

Art. 116. Antes de passar em julgado a sentença final, a prescrição não corre:

→ v. Art. 53, §§ 3º a 5º, da CF/1988.

→ v. Arts. 92 a 94, 149 a 154, 366 e 368 do CPP.

→ v. Art. 89, § 6º, da Lei 9.099/1995.

I – enquanto não resolvida, em outro processo, questão de que dependa o reconhecimento da existência do crime;

II – enquanto o agente cumpre pena no estrangeiro.

Parágrafo único. Depois de passada em julgado a sentença condenatória, a prescrição não corre durante o tempo em que o condenado está preso por outro motivo.

Causas interruptivas da prescrição

Art. 117. O curso da prescrição interrompe-se:

→ v. Súmula 592 do STF.

I – pelo recebimento da denúncia ou da queixa;

→ v. Arts. 396 e 399 do CPP.

II – pela pronúncia;

→ v. Súmula 191 do STJ.

→ v. Art. 413 do CPP.

III – pela decisão confirmatória da pronúncia;

IV – pela publicação da sentença ou acórdão condenatórios recorríveis;

→ Inciso IV com redação alterada pela Lei 11.596/2007.

→ v. Art. 389 do CPP.

V – pelo início ou continuação do cumprimento da pena;

→ Inciso V com redação alterada pela Lei 9.268/1996, que não alterou a redação original.

VI – pela reincidência.

→ Inciso VI com redação alterada pela Lei 9.268/1996, que não alterou a redação original.

→ v. Art. 63 do CP.

§ 1º Excetuados os casos dos incisos V e VI deste artigo, a interrupção da prescrição produz efeitos relativamente a todos os autores do crime. Nos crimes conexos, que sejam objeto do mesmo processo, estende-se aos demais a interrupção relativa a qualquer deles.

§ 2º Interrompida a prescrição, salvo a hipótese do inciso V deste artigo, todo o prazo começa a correr, novamente, do dia da interrupção.

Art. 118. As penas mais leves prescrevem com as mais graves.

Art. 119. No caso de concurso de crimes, a extinção da punibilidade incidirá sobre a pena de cada um, isoladamente.

→ v. Arts. 69, 70, 109, parágrafo único, e 114, II, do CP.

Perdão judicial

Art. 120. A sentença que conceder perdão judicial não será considerada para efeitos de reincidência.

→ v. Súmula 18 do STJ.

→ v. Art. 107, IX, do CP.

PARTE ESPECIAL

→ v. Exposição de Motivos da Parte Especial do Código Penal.

Título I
Dos crimes contra a pessoa

→ v. Lei 13.185/2015 – Lei do *Bullying*.

Capítulo I
DOS CRIMES CONTRA A VIDA

→ v. Súmula 605 do STF.

→ v. Arts. 5º, *caput*, XXXVIII, *d*, XLVII, *a*, 227 e 230 da CF/1988.

→ v. Arts. 55, *a*, e 355 a 362, 366 a 364, *caput*, 368, 371, 372, 375, parágrafo único, 378, 379, § 1º, 383, *caput*, 384, 385, *caput*, 386, 387, 389, 390, 392, 394 a 396, 400, III, 401, 405, 406 e 408, parágrafo único, *b*, do CPM.

→ v. Art. 74, § 1º, do CPP.

→ v. Art. 4º, item 1, da Convenção Americana sobre Direitos Humanos.

Homicídio simples

→ v. Art. 13, § 2º, do CP.

→ v. Art. 1º da Lei 2.889/1956.

Art. 121. Matar alguém:

Pena – reclusão, de 6 (seis) a 20 (vinte) anos.

Caso de diminuição de pena

§ 1º Se o agente comete o crime impelido por motivo de relevante valor social ou moral, ou sob o domínio de violenta emoção, logo em seguida a injusta provocação da vítima, o juiz pode reduzir a pena de 1/6 (um sexto) a 1/3 (um terço).

→ v. Art. 5º, XXXVIII, *c*, da CF/1988.

→ v. Arts. 28, I, 65, III, *c*,do CP.

→ v. Art. 483, § 3º, I, do CPP.

Homicídio qualificado

§ 2º Se o homicídio é cometido:

→ v. Art. 1º, I, da Lei 8.072/1990.

I – mediante paga ou promessa de recompensa, ou por outro motivo torpe;

→ v. Art. 30 do CP.

II – por motivo fútil;

III – com emprego de veneno, fogo, explosivo, asfixia, tortura ou outro meio insidioso ou cruel, ou de que possa resultar perigo comum;

→ v. Art. 1º, § 3º, da Lei 9.455/1997.

IV – à traição, de emboscada, ou mediante dissimulação ou outro recurso que dificulte ou torne impossível a defesa do ofendido;

V – para assegurar a execução, a ocultação, a impunidade ou vantagem de outro crime:

→ v. Art. 76 do CPP.

Feminicídio

→ Rubrica acrescentada pela Lei 13.104/2015.

→ v. Lei 13.239/2015 – Cirurgia plástica reparadora causadas por atos de violência contra a mulher pelo SUS.

VI – contra a mulher por razões da condição de sexo feminino:

→ Inciso VI acrescentado pela Lei 13.104/2015.

VII – contra autoridade ou agente descrito nos arts. 142 e 144 da Constituição Federal, integrantes do sistema prisional e da Força Nacional de Segurança Pública, no exercício da função ou em decorrência dela, ou contra seu cônjuge, companheiro ou parente consanguíneo até terceiro grau, em razão dessa condição:

→ Inciso VII acrescentado pela Lei 13.142/2015.

→ Consta conforme a publicação oficial.

Pena – reclusão, de 12 (doze) a 30 (trinta) anos.

§ 2º-A Considera-se que há razões de condição de sexo feminino quando o crime envolve:

→ § 2º-A acrescentado pela Lei 13.104/2015.

I – violência doméstica e familiar;

II – menosprezo ou discriminação à condição de mulher.

Homicídio culposo

→ v. Art. 18, II, do CP.

§ 3º Se o homicídio é culposo:

→ v. Art. 302 do CTB.

→ v. Art. 89 da Lei 9.099/1995.

Pena – detenção, de 1 (um) a 3 (três) anos.

Aumento de pena

§ 4º No homicídio culposo, a pena é aumentada de 1/3 (um terço), se o crime resulta de inobservância de regra técnica de profissão, arte ou ofício, ou se o agente deixa de prestar imediato socorro à vítima, não procura diminuir as consequências do seu ato, ou foge para evitar prisão em flagrante. Sendo doloso o homicídio, a pena é aumentada de 1/3 (um terço) se o crime é praticado contra pessoa menor de 14 (quatorze) ou maior de 60 (sessenta) anos.

→ § 4º com redação alterada pela Lei 10.741/2003.

→ v. Art. 227, § 4º, da CF/1988.

→ v. Lei 8.069/1990 – Estatuto da Criança e do Adolescente.

→ v. Art. 302, parágrafo único, do CTB.

→ v. Lei 10.741/2003 – Estatuto do Idoso.

§ 5º Na hipótese de homicídio culposo, o juiz poderá deixar de aplicar a pena, se as consequências da infração atingirem o próprio agente de forma tão grave que a sanção penal se torne desnecessária.

→ § 5º acrescentado pela Lei 6.416/1977.

→ v. Súmula 18 do STJ.

→ v. Art. 107, IX, do CP.

§ 6º A pena é aumentada de 1/3 (um terço) até a metade se o crime for praticado por milícia privada, sob o pretexto de prestação de serviço de segurança, ou por grupo de extermínio.

→ § 6º acrescentado pela Lei 12.720/2012.

§ 7º A pena do feminicídio é aumentada de 1/3 (um terço) até a metade se o crime for praticado:

→ § 7º acrescentado pela Lei 13.104/2015.

I – durante a gestação ou nos 3 (três) meses posteriores ao parto;

II – contra pessoa menor de 14 (catorze) anos, maior de 60 (sessenta) anos ou com deficiência;

III – na presença de descendente ou de ascendente da vítima.

Induzimento, instigação ou auxílio a suicídio

Art. 122. Induzir ou instigar alguém a suicidar-se ou prestar-lhe auxílio para que o faça:

→ v. Art. 146, § 3º, II, do CP.

Pena – reclusão, de 2 (dois) a 6 (seis) anos, se o suicídio se consuma; ou reclusão, de 1 (um) a 3 (três) anos, se da tentativa de suicídio resulta lesão corporal de natureza grave.

Parágrafo único. A pena é duplicada:

Aumento de pena

I – se o crime é praticado por motivo egoístico;

II – se a vítima é menor ou tem diminuída, por qualquer causa, a capacidade de resistência.

Infanticídio

Art. 123. Matar, sob a influência do estado puerperal, o próprio filho, durante o parto ou logo após:

→ v. Arts. 29 e 30 do CP.

Pena – detenção, de 2 (dois) a 6 (seis) anos.

Aborto provocado pela gestante ou com seu consentimento

Art. 124. Provocar aborto em si mesma ou consentir que outrem lho provoque:

→ v. ADPF (Med. Liminar) 54 do STF (Plenário, 12.04.2012; Acórdão, DJ 30.04.2013): "O Tribunal, por maioria e nos termos do voto do Relator, julgou procedente a ação para declarar a inconstitucionalidade da interpretação segundo a qual a interrupção da gravidez de feto anencéfalo é conduta tipificada nos artigos 124, 126, 128, incisos I e II, todos do Código Penal (...)."

→ v. Art. 2º do CC.

→ v. Art. 20 do Dec.-lei 3.688/1941.

Pena – detenção, de 1 (um) a 3 (três) anos.

Aborto provocado por terceiro

Art. 125. Provocar aborto, sem o consentimento da gestante:

Pena – reclusão, de 3 (três) a 10 (dez) anos.

Art. 126. Provocar aborto com o consentimento da gestante:

→ v. ADPF (Med. Liminar) 54 do STF (Plenário, 12.04.2012; Acórdão, DJ 30.04.2013): "O Tribunal, por maioria e nos termos do voto do Relator, julgou procedente a ação para declarar a inconstitucionalidade da interpretação segundo a qual a interrupção da gravidez de feto anencéfalo é conduta tipificada nos artigos 124, 126, 128, incisos I e II, todos do Código Penal (...)."

→ v. Art. 89 da Lei 9.099/1995.

Pena – reclusão, de 1 (um) a 4 (quatro) anos.

Parágrafo único. Aplica-se a pena do artigo anterior, se a gestante não é maior de 14 (quatorze) anos, ou é alienada ou débil mental, ou se o consentimento é obtido mediante fraude, grave ameaça ou violência.

Forma qualificada

Art. 127. As penas cominadas nos dois artigos anteriores são aumentadas de 1/3 (um terço), se, em consequência do aborto ou dos meios empregados para provocá-lo, a gestante sofre lesão corporal de natureza grave; e são duplicadas, se, por qualquer dessas causas, lhe sobrevém a morte.

Art. 128. Não se pune o aborto praticado por médico:

→ v. ADPF (Med. Liminar) 54 do STF (Plenário, 12.04.2012; Acórdão, DJ 30.04.2013): "O Tribunal, por maioria e nos termos do voto do Relator, julgou procedente a ação para declarar a inconstitucionalidade da interpretação segundo a qual a interrupção da gravidez de feto anencéfalo é conduta tipificada nos artigos 124, 126, 128, incisos I e II, todos do Código Penal (...)."

Aborto necessário

I – se não há outro meio de salvar a vida da gestante;

→ v. Art. 146, § 3º, I, do CP.

Aborto no caso de gravidez resultante de estupro

II – se a gravidez resulta de estupro e o aborto é precedido de consentimento da gestante ou, quando incapaz, de seu representante legal.

Capítulo II
DAS LESÕES CORPORAIS

→ v. Lei 13.185/2015 – Lei do *Bullying*.

Lesão corporal

→ v. Lei 13.010/2014 – Lei da Palmada (Lei Menino Bernardo).

→ v. Art. 184 do CPM.

→ v. Art. 171, § 2º, V, do CP.

Art. 129. Ofender a integridade corporal ou a saúde de outrem:

→ v. Art. 88 da Lei 9.099/1995.

Pena – detenção, de 3 (três) meses a 1 (um) ano.

Lesão corporal de natureza grave

§ 1º Se resulta:

I – incapacidade para as ocupações habituais, por mais de 30 (trinta) dias;

→ v. Art. 168, § 2º, do CPP.

II – perigo de vida;

III – debilidade permanente de membro, sentido ou função;

IV – aceleração de parto:

Pena – reclusão, de 1 (um) a 5 (cinco) anos.

§ 2º Se resulta:

I – incapacidade permanente para o trabalho;

II – enfermidade incurável;

III – perda ou inutilização de membro, sentido ou função;

IV – deformidade permanente;

V – aborto:

Pena – reclusão, de 2 (dois) a 8 (oito) anos.

Lesão corporal seguida de morte

§ 3º Se resulta morte e as circunstâncias evidenciam que o agente não quis o resultado, nem assumiu o risco de produzi-lo:

Pena – reclusão, de 4 (quatro) a 12 (doze) anos.

Diminuição de pena

§ 4º Se o agente comete o crime impelido por motivo de relevante valor social ou moral ou sob o domínio de violenta emoção, logo em seguida a injusta provocação da vítima, o juiz pode reduzir a pena de 1/6 (um sexto) a 1/3 (um terço).

→ v. Arts. 30 e 65, III, *c*, do CP.

Substituição da pena

§ 5º O juiz, não sendo graves as lesões, pode ainda substituir a pena de detenção pela de multa:

I – se ocorre qualquer das hipóteses do parágrafo anterior;

II – se as lesões são recíprocas.

Lesão corporal culposa

§ 6º Se a lesão é culposa:

→ v. Art. 18, II, do CP.

→ v. Art. 38 do CPP.

→ v. Art. 303 do CTB.

→ v. Art. 88 da Lei 9.099/1995.

Pena – detenção, de 2 (dois) meses a 1 (um) ano.

Aumento de pena

§ 7º Aumenta-se a pena de 1/3 (um terço) se ocorrer qualquer das hipóteses dos §§ 4º e 6º do art. 121 deste Código.

→ § 7º com redação alterada pela Lei 12.720/2012.

§ 8º Aplica-se à lesão culposa o disposto no § 5º do art. 121.

→ § 8º com redação alterada pela Lei 8.069/1990.

Violência Doméstica

→ v. Lei 11.340/2006 – Lei Maria da Penha.

§ 9º Se a lesão for praticada contra ascendente, descendente, irmão, cônjuge ou companheiro, ou com quem conviva ou tenha convivido, ou, ainda, prevalecendo-se o agente das relações domésticas, de coabitação ou de hospitalidade:

Pena – detenção, de 3 (três) meses a 3 (três) anos.

→ § 9º com redação alterada pela Lei 11.340/2006.

→ v. Art. 226, § 8º, da CF/1988.

→ v. Art. 313, III, do CPP.

→ v. Art. 41 da Lei 11.340/2006.

§ 10. Nos casos previstos nos §§ 1º a 3º deste artigo, se as circunstâncias são as indicadas no § 9º deste artigo, aumenta-se a pena em 1/3 (um terço).

→ § 10 acrescentado pela Lei 10.886/2004.

CP

§ 11. Na hipótese do § 9º deste artigo, a pena será aumentada de 1/3 (um terço) se o crime for cometido contra pessoa portadora de deficiência.

→ § 11 acrescentado pela Lei 11.340/2006.

§ 12. Se a lesão for praticada contra autoridade ou agente descrito nos arts. 142 e 144 da Constituição Federal, integrantes do sistema prisional e da Força Nacional de Segurança Pública, no exercício da função ou em decorrência dela, ou contra seu cônjuge, companheiro ou parente consanguíneo até terceiro grau, em razão dessa condição, a pena é aumentada de um a dois terços.

→ § 12 acrescentado pela Lei 13.142/015.

Capítulo III
DA PERICLITAÇÃO DA VIDA E DA SAÚDE

Perigo de contágio venéreo

Art. 130. Expor alguém, por meio de relações sexuais ou qualquer ato libidinoso, a contágio de moléstia venérea, de que sabe ou deve saber que está contaminado:

→ *v.* Arts. 60 e 61 da Lei 9.099/1995.

Pena – detenção, de 3 (três) meses a 1 (um) ano, ou multa.

§ 1º Se é intenção do agente transmitir a moléstia:

→ *v.* Art. 89 da Lei 9.099/1995.

Pena – reclusão, de 1 (um) a 4 (quatro) anos, e multa.

§ 2º Somente se procede mediante representação.

→ *v.* Art. 24 do CPP.

Perigo de contágio de moléstia grave

Art. 131. Praticar, com o fim de transmitir a outrem moléstia grave de que está contaminado, ato capaz de produzir o contágio:

Pena – reclusão, de 1 (um) a 4 (quatro) anos, e multa.

→ *v.* Art. 89 da Lei 9.099/1995.

Perigo para a vida ou saúde de outrem

Art. 132. Expor a vida ou a saúde de outrem a perigo direto e iminente:

→ *v.* Arts. 64 e 65 do CDC.

→ *v.* Arts. 306, 308 a 311 do CTB.

→ *v.* Art. 15 da Lei 10.826/2003.

→ *v.* Art. 54 da Lei 9.605/1998.

Pena – detenção, de 3 (três) meses a 1 (um) ano, se o fato não constitui crime mais grave.

Parágrafo único. A pena é aumentada de 1/6 (um sexto) a 1/3 (um terço) se a exposição da vida ou da saúde de outrem a perigo decorre do transporte de pessoas para a prestação de serviços em estabelecimentos de qualquer natureza, em desacordo com as normas legais.

→ Parágrafo único acrescentado pela Lei 9.777/1998.

Abandono de incapaz

Art. 133. Abandonar pessoa que está sob seu cuidado, guarda, vigilância ou autoridade, e, por qualquer motivo, incapaz de defender-se dos riscos resultantes do abandono:

Pena – detenção, de 6 (seis) meses a 3 (três) anos.

§ 1º Se do abandono resulta lesão corporal de natureza grave:

Pena – reclusão, de 1 (um) a 5 (cinco) anos.

§ 2º Se resulta a morte:

Pena – reclusão, de 4 (quatro) a 12 (doze) anos.

Aumento de pena

§ 3º As penas cominadas neste artigo aumentam-se de 1/3 (um terço):

I – se o abandono ocorre em lugar ermo;

II – se o agente é ascendente ou descendente, cônjuge, irmão, tutor ou curador da vítima;

III – se a vítima é maior de 60 (sessenta) anos.

→ Inciso III acrescentado pela Lei 10.741/2003.

→ *v.* Arts. 95 e 98 da Lei 10.741/2003.

Exposição ou abandono de recém-nascido

Art. 134. Expor ou abandonar recém-nascido, para ocultar desonra própria:

Pena – detenção, de 6 (seis) meses a 2 (dois) anos.

§ 1º Se do fato resulta lesão corporal de natureza grave:

Pena – detenção, de 1 (um) a 3 (três) anos.

§ 2º Se resulta a morte:

Pena – detenção, de 2 (dois) a 6 (seis) anos.

Omissão de socorro

Art. 135. Deixar de prestar assistência, quando possível fazê-lo sem risco pessoal, à criança abandonada ou extraviada, ou à pessoa inválida ou ferida, ao desamparo ou em grave e iminente perigo; ou não pedir, nesses casos, o socorro da autoridade pública:

→ *v.* Art. 24 do CP.

→ *v.* Art. 304 do CTB.

→ *v.* Arts. 95 e 97 da Lei 10.741/2003.

Pena – detenção, de 1 (um) a 6 (seis) meses, ou multa.

Parágrafo único. A pena é aumentada de 1/2 (metade), se da omissão resulta lesão corporal de natureza grave, e triplicada, se resulta a morte.

Condicionamento de atendimento médico-hospitalar emergencial

→ Rubrica acrescentada pela Lei 12.653/2012.

Art. 135-A Exigir cheque-caução, nota promissória ou qualquer garantia, bem como o preenchimento prévio de formulários administrativos, como condição para o atendimento médico-hospitalar emergencial:

→ *v.* Art. 171, II, do CC.

→ *v.* Art. 39 do CDC.

→ *v.* Art. 61 da Lei 9.099/1995.

Pena – detenção de 3 (três) meses a 1 (um) ano, e multa.

→ Artigo acrescentado pela Lei 12.653/2012.

Parágrafo único. A pena é aumentada até o dobro se da negativa de atendimento resulta lesão corporal de natureza grave, e até o triplo se resulta a morte.

Maus-tratos

Art. 136. Expor a perigo a vida ou a saúde de pessoa sob sua autoridade, guarda ou vigilância, para fim de educação, ensino, tratamento ou custódia, quer privando-a de alimentação ou cuidados indispensáveis, quer sujeitando-a a trabalho excessivo ou inadequado, quer abusando de meios de correção ou disciplina:

→ *v.* Art. 5º, III, XLVIII e LXIX, da CF/1988.

→ *v.* Art. 232 do ECA.

→ *v.* Arts. 95 e 99 da Lei 10.741/2003.

→ *v.* Art. 1º da Lei 9.455/1997.

Pena – detenção, de 2 (dois) meses a 1 (um) ano, ou multa.

§ 1º Se do fato resulta lesão corporal de natureza grave:

Pena – reclusão, de 1 (um) a 4 (quatro) anos.

§ 2º Se resulta a morte:

Pena – reclusão, de 4 (quatro) a 12 (doze) anos.

§ 3º Aumenta-se a pena de 1/3 (um terço), se o crime é praticado contra pessoa menor de 14 (catorze) anos.

→ § 3º acrescentado pela Lei 8.069/1990.

Capítulo IV
DA RIXA

Rixa

Art. 137. Participar de rixa, salvo para separar os contendores:

Pena – detenção, de 15 (quinze) dias a 2 (dois) meses, ou multa.

Parágrafo único. Se ocorre morte ou lesão corporal de natureza grave, aplica-se, pelo fato da participação na rixa, a pena de detenção, de 6 (seis) meses a 2 (dois) anos.

Capítulo V
DOS CRIMES CONTRA A HONRA

→ *v.* Art. 5º, X, da CF/1988.

→ v. Lei 13.185/2015 – Lei do *Bullying*.

Calúnia

Art. 138. Caluniar alguém, imputando-lhe falsamente fato definido como crime:

→ *v.* Art. 214 do CPM.

→ *v.* Art. 61 da Lei 9.099/1995.

Pena – detenção, de 6 (seis) meses a 2 (dois) anos, e multa.

§ 1º Na mesma pena incorre quem, sabendo falsa a imputação, a propala ou divulga.

→ *v.* Art. 19 da Lei 8.429/1992.

§ 2º É punível a calúnia contra os mortos.

Exceção da verdade

§ 3º Admite-se a prova da verdade, salvo:

→ *v.* Arts. 29, VIII, e 53 da CF/1988.

→ *v.* Arts. 85 e 523 do CPP.

I – se, constituindo o fato imputado crime de ação privada, o ofendido não foi condenado por sentença irrecorrível;

II – se o fato é imputado a qualquer das pessoas indicadas no n. I do art. 141;

III – se do crime imputado, embora de ação pública, o ofendido foi absolvido por sentença irrecorrível.

Difamação

Art. 139. Difamar alguém, imputando-lhe fato ofensivo à sua reputação:

→ *v.* Súmula 227 do STJ.

→ *v.* Art. 61 da Lei 9.099/1995.

Pena – detenção, de 3 (três) meses a 1 (um) ano, e multa.

Exceção da verdade

Parágrafo único. A exceção da verdade somente se admite se o ofendido é funcionário público e a ofensa é relativa ao exercício de suas funções.

Injúria

Art. 140. Injuriar alguém, ofendendo-lhe a dignidade ou o decoro:

→ *v.* Art. 61 da Lei 9.099/1995.

Pena – detenção, de 1 (um) a 6 (seis) meses, ou multa.

§ 1º O juiz pode deixar de aplicar a pena:

I – quando o ofendido, de forma reprovável, provocou diretamente a injúria;

II – no caso de retorsão imediata, que consista em outra injúria.

§ 2º Se a injúria consiste em violência ou vias de fato, que, por sua natureza ou pelo meio empregado, se considerem aviltantes:

→ *v.* Art. 61 da Lei 9.099/1995.

Pena – detenção, de 3 (três) meses a 1 (um) ano, e multa, além da pena correspondente à violência.

§ 3º Se a injúria consiste na utilização de elementos referentes a raça, cor, etnia, religião, origem ou a condição de pessoa idosa ou portadora de deficiência:

→ *v.* Art. 5º, XLI e XLII, da CF/1988.

→ *v.* Arts. 519 a 523 do CPP.

→ *v.* Arts. 37, § 2º, e 67 do CDC.

→ *v.* Art. 96, § 1º, da Lei 10.741/2003.

→ *v.* Art. 2º da Lei 9.029/1995.

→ *v.* Art. 20 da Lei 7.716/1989.

→ *v.* Art. 22, II, da Lei 7.170/1983.

Pena – reclusão, de 1 (um) a 3 (três) anos, e multa.

→ § 3º com redação alterada pela Lei 10.741/2003.

Disposições comuns

Art. 141. As penas cominadas neste Capítulo aumentam-se de 1/3 (um terço), se qualquer dos crimes é cometido:

→ *v.* Arts. 519 a 523 do CPP.

I – contra o Presidente da República, ou contra chefe de governo estrangeiro;

→ *v.* Art. 26 da Lei 7.170/1983.

II – contra funcionário público, em razão de suas funções;

III – na presença de várias pessoas, ou por meio que facilite a divulgação da calúnia, da difamação ou da injúria;

IV – contra pessoa maior de 60 (sessenta) anos ou portadora de deficiência, exceto no caso de injúria.

→ Inciso IV acrescentado pela Lei 10.741/2003.

Parágrafo único. Se o crime é cometido mediante paga ou promessa de recompensa, aplica-se a pena em dobro.

Exclusão do crime

Art. 142. Não constituem injúria ou difamação punível:

I – a ofensa irrogada em juízo, na discussão da causa, pela parte ou por seu procurador;

→ *v.* Art. 133 da CF/1988.

→ *v.* Art. 7º, § 2º, da Lei 8.906/1994.

→ *v.* Art. 41, V, da Lei 8.625/1993.

II – a opinião desfavorável da crítica literária, artística ou científica, salvo quando inequívoca a intenção de injuriar ou difamar;

III – o conceito desfavorável emitido por funcionário público, em apreciação ou informação que preste no cumprimento de dever do ofício.

Parágrafo único. Nos casos dos ns. I e III, responde pela injúria ou pela difamação quem lhe dá publicidade.

Retratação

Art. 143. O querelado que, antes da sentença, se retrata cabalmente da calúnia ou da difamação, fica isento de pena.

Parágrafo único. Nos casos em que o querelado tenha praticado a calúnia ou a difamação utilizando-se de meios de comunicação, a retratação dar-se-á, se assim desejar o ofendido, pelos mesmos meios em que se praticou a ofensa.

→ Parágrafo único acrescentado pela Lei 13.188/2015.

→ *v.* Arts. 30 e 107, VI, do CP.

Art. 144. Se, de referências, alusões ou frases, se infere calúnia, difamação ou injúria, quem se julga ofendido pode pedir explicações em juízo. Aquele que se recusa a dá-las ou, a critério do juiz, não as dá satisfatórias, responde pela ofensa.

→ *v.* Arts. 867 a 873 do CPC/1973.

→ *v.* Arts. 301 e 726, do NCPC.

→ *v.* Art. 38 do CPP.

Art. 145. Nos crimes previstos neste Capítulo somente se procede mediante queixa, salvo quando, no caso do art. 140, § 2º, da violência resulta lesão corporal.

Parágrafo único. Procede-se mediante requisição do Ministro da Justiça, no caso do inciso I do *caput* do art. 141 deste Código, e mediante representação do ofendido, no caso do inciso II do mesmo artigo, bem como no caso do § 3º do art. 140 deste Código.

→ Parágrafo único com redação alterada pela Lei 12.033/2009.

→ *v.* Súmula 714 do STF.

Capítulo VI
DOS CRIMES CONTRA A LIBERDADE INDIVIDUAL

Seção I
Dos crimes contra a liberdade pessoal

Constrangimento ilegal

→ *v.* Lei 13.185/2015 – Lei do *Bullying*.

Art. 146. Constranger alguém, mediante violência ou grave ameaça, ou depois de lhe haver reduzido, por qualquer outro meio, a capacidade de resistência, a não fazer o que a lei permite, ou a fazer o que ela não manda:

→ *v.* Art. 5º, II, da CF/1988.

→ *v.* Art. 232 do ECA.

→ *v.* Art. 1º, I, da Lei 9.455/1997.

→ *v.* Art. 28 da Lei 7.170/1983.

Pena – detenção, de 3 (três) meses a 1 (um) ano, ou multa.

Aumento de pena

§ 1º As penas aplicam-se cumulativamente e em dobro, quando, para a execução do crime, se reúnem mais de três pessoas, ou há emprego de armas.

→ *v.* Lei 10.826/2003 – Estatuto do Desarmamento.

§ 2º Além das penas cominadas, aplicam-se as correspondentes à violência.

§ 3º Não se compreendem na disposição deste artigo:

I – a intervenção médica ou cirúrgica, sem o consentimento do paciente ou de seu representante legal, se justificada por iminente perigo de vida;

II – a coação exercida para impedir suicídio.

Ameaça

Art. 147. Ameaçar alguém, por palavra, escrito ou gesto, ou qualquer outro meio simbólico, de causar-lhe mal injusto e grave:

Pena – detenção, de 1 (um) a 6 (seis) meses, ou multa.

Parágrafo único. Somente se procede mediante representação.

Sequestro e cárcere privado

Art. 148. Privar alguém de sua liberdade, mediante sequestro ou cárcere privado:

→ *v.* Art. 111, III, do CP.

→ *v.* Lei 10.446/2002 – Infrações penais de repercussão interestadual ou internacional que exigem repressão uniforme.

→ *v.* Art. 230 do ECA.

→ *v.* Arts. 3º, *a*, 4º, *a* e *i*, da Lei 4.898/1965.

Pena – reclusão, de 1 (um) a 3 (três) anos.

§ 1º A pena é de reclusão, de 2 (dois) a 5 (cinco) anos:

I – se a vítima é ascendente, descendente, cônjuge ou companheiro do agente ou maior de 60 (sessenta) anos;

→ Inciso I com redação alterada pela Lei 11.106/2005.

II – se o crime é praticado mediante internação da vítima em casa de saúde ou hospital;

III – se a privação da liberdade dura mais de 15 (quinze) dias.

→ *v.* Art. 10 do CP.

IV – se o crime é praticado contra menor de 18 (dezoito) anos;

→ Inciso IV acrescentado pela Lei 11.106/2005.

→ *v.* Art. 4º do CP.

V – se o crime é praticado com fins libidinosos.

→ Inciso V acrescentado pela Lei 11.106/2005.

§ 2º Se resulta à vítima, em razão de maus-tratos ou da natureza da detenção, grave sofrimento físico ou moral:

→ *v.* Art. 1º, § 4º, III, da Lei 9.455/1997.

Pena – reclusão, de 2 (dois) a 8 (oito) anos.

Redução a condição análoga à de escravo

Art. 149. Reduzir alguém a condição análoga à de escravo, quer submetendo-o a trabalhos forçados ou a jornada exaustiva, quer sujeitando-o a condições degradantes de trabalho, quer restringindo, por qualquer meio, sua locomoção em razão de dívida contraída com o empregador ou preposto:

→ *v.* Arts. 1º, III, 3º, I, 4º, II, 5º, II e XLVII, *c*, 6º e 7º, da CF/1988.

→ *v.* Art. 125, VII, da Lei 6.815/1980.

Pena – reclusão, de 2 (dois) a 8 (oito) anos, e multa, além da pena correspondente à violência.

→ Artigo com redação alterada pela Lei 10.803/2003.

§ 1º Nas mesmas penas incorre quem:

I – cerceia o uso de qualquer meio de transporte por parte do trabalhador, com o fim de retê-lo no local de trabalho;

II – mantém vigilância ostensiva no local de trabalho ou se apodera de documentos ou objetos pessoais do trabalhador, com o fim de retê-lo no local de trabalho.

§ 2º A pena é aumentada de 1/2 (metade), se o crime é cometido:

I – contra criança ou adolescente;

II – por motivo de preconceito de raça, cor, etnia, religião ou origem.

Seção II
Dos crimes contra a inviolabilidade do domicílio

Violação de domicílio

Art. 150. Entrar ou permanecer, clandestina ou astuciosamente, ou contra a vontade expressa ou tácita de quem de direito, em casa alheia ou em suas dependências:

→ *v.* Art. 5º, XI, da CF/1988.

Pena – detenção, de 1 (um) a 3 (três) meses, ou multa.

§ 1º Se o crime é cometido durante a noite, ou em lugar ermo, ou com o emprego de violência ou de arma, ou por duas ou mais pessoas:

Pena – detenção, de 6 (seis) meses a 2 (dois) anos, além da pena correspondente à violência.

§ 2º Aumenta-se a pena de 1/3 (um terço), se o fato é cometido por funcionário público, fora dos casos legais, ou com inobservância das formalidades estabelecidas em lei, ou com abuso do poder.

→ *v.* Art. 23, III, do CP.

→ *v.* Arts. 3º, *b*, e 4º, *a*, da Lei 4.898/1965.

§ 3º Não constitui crime a entrada ou permanência em casa alheia ou em suas dependências:

I – durante o dia, com observância das formalidades legais, para efetuar prisão ou outra diligência;

→ *v.* Arts. 240 e ss., 293 e 294 do CPP.

II – a qualquer hora do dia ou da noite, quando algum crime está sendo ali praticado ou na iminência de o ser.

§ 4º A expressão "casa" compreende:

I – qualquer compartimento habitado;

II – aposento ocupado de habitação coletiva;

III – compartimento não aberto ao público, onde alguém exerce profissão ou atividade.

§ 5º Não se compreendem na expressão "casa":

I – hospedaria, estalagem ou qualquer outra habitação coletiva, enquanto aberta, salvo a restrição do n. II do parágrafo anterior;

II – taverna, casa de jogo e outras do mesmo gênero.

Seção III
Dos crimes contra a inviolabilidade de correspondência

Violação de correspondência

Art. 151. Devassar indevidamente o conteúdo de correspondência fechada, dirigida a outrem:

→ *v.* Arts. 136, § 1º, *b* e *c*, e 139, III, da CF/1988.

→ *v.* Art. 22, III, *d*, da Lei 11.101/2005.

→ *v.* Art. 41, parágrafo único, da Lei 7.210/1984.

→ *v.* Arts. 5º, 10, 40 e 47 da Lei 6.538/1978.

Pena – detenção, de 1 (um) a 6 (seis) meses, ou multa.

→ *v.* Arts. 11 e 49 do CP.

Sonegação ou destruição de correspondência

§ 1º Na mesma pena incorre:

I – quem se apossa indevidamente de correspondência alheia, embora não fechada e, no todo ou em parte, a sonega ou destrói;

→ *v.* Art. 40, § 1º, da Lei 6.538/1978.

Violação de comunicação telegráfica, radioelétrica ou telefônica

→ *v.* Arts. 56 e 58 da Lei 4.117/1962.

II – quem indevidamente divulga, transmite a outrem ou utiliza abusivamente comunicação telegráfica ou radioelétrica dirigida a terceiro, ou conversação telefônica entre outras pessoas;

→ *v.* Art. 5º, XII, da CF/1988.

→ *v.* Art. 10 da Lei 9.296/1996.

III – quem impede a comunicação ou a conversação referidas no número anterior;

IV – quem instala ou utiliza estação ou aparelho radioelétrico, sem observância de disposição legal.

→ *v.* Arts. 183 e 184, parágrafo único, da Lei 9.472/1997.

→ *v.* Art. 70 da Lei 4.117/1962.

§ 2º As penas aumentam-se de 1/2 (metade), se há dano para outrem.

§ 3º Se o agente comete o crime, com abuso de função em serviço postal, telegráfico, radioelétrico ou telefônico:

Pena – detenção, de 1 (um) a 3 (três) anos.

§ 4º Somente se procede mediante representação, salvo nos casos do § 1º, IV, e do § 3º.

Correspondência comercial

Art. 152. Abusar da condição de sócio ou empregado de estabelecimento comercial ou industrial para, no todo ou em parte, desviar, sonegar, subtrair ou suprimir correspondência, ou revelar a estranho seu conteúdo:

→ *v.* Art. 13 da Lei 7.170/1983.

Pena – detenção, de 3 (três) meses a 2 (dois) anos.

Parágrafo único. Somente se procede mediante representação.

Seção IV
Dos crimes contra a inviolabilidade dos segredos

→ *v.* Art. 5º, X, da CF/1988.

Divulgação de segredo

Art. 153. Divulgar alguém, sem justa causa, conteúdo de documento particular ou de correspondência confidencial, de que é destinatário ou detentor, e cuja divulgação possa produzir dano a outrem:

→ *v.* Art. 233, parágrafo único, do CPP.

→ *v.* Lei 8.159/1992 – Política Nacional de Arquivos Públicos e Privados.

Pena – detenção, de 1 (um) a 6 (seis) meses, ou multa.

§ 1º-A. Divulgar, sem justa causa, informações sigilosas ou reservadas, assim definidas em lei, contidas ou não nos sistemas de informações ou banco de dados da Administração Pública:

→ *v.* Art. 325 do CP.

→ *v.* Art. 195 da Lei 9.279/1996.

→ *v.* Art. 76, § 4º, da Lei 9.099/1995.

→ *v.* Art. 94 da Lei 8.666/1993.

→ *v.* Art. 11, III e VII, da Lei 8.429/1992.

→ *v.* Art. 202 da Lei 7.210/1984.

→ *v.* Arts. 13 e 21 da Lei 7.170/1983.

Pena – detenção, de 1 (um) a 4 (quatro) anos, e multa.

→ § 1º-A acrescentado pela Lei 9.983/2000.

§ 1º Somente se procede mediante representação.

→ Anterior parágrafo único renumerado para § 1º pela Lei 9.983/2000.

§ 2º Quando resultar prejuízo para a Administração Pública, a ação penal será incondicionada.

→ § 2º acrescentado pela Lei 9.983/2000.

Violação do segredo profissional

Art. 154. Revelar alguém, sem justa causa, segredo, de que tem ciência em razão de função, ministério, ofício ou profissão, e cuja revelação possa produzir dano a outrem:

→ *v.* Art. 53, § 6º, da CF/1988.

→ *v.* Arts. 23 e 269 do CP.

→ *v.* Art. 207 do CPP.

→ *v.* Art. 7º, XIX, da Lei 8.906/1994.

Pena – detenção, de 3 (três) meses a 1 (um) ano, ou multa.

Parágrafo único. Somente se procede mediante representação.

Invasão de dispositivo informático

→ Rubrica acrescentada pela Lei 12.737/2012.

Art. 154-A. Invadir dispositivo informático alheio, conectado ou não à rede de computadores, mediante violação indevida de mecanismo de segurança e com o fim de obter, adulterar ou destruir dados ou informações sem autorização expressa ou tácita do titular do dispositivo ou instalar vulnerabilidades para obter vantagem ilícita:

Pena – detenção, de 3 (três) meses a 1 (um) ano, e multa.

→ Artigo acrescentado pela Lei 12.737/2012.

§ 1º Na mesma pena incorre quem produz, oferece, distribui, vende ou difunde dispositivo ou programa de computador com o intuito de permitir a prática da conduta definida no *caput*.

§ 2º Aumenta-se a pena de um sexto a um terço se da invasão resulta prejuízo econômico.

§ 3º Se da invasão resultar a obtenção de conteúdo de comunicações eletrônicas privadas, segredos comerciais ou industriais, informações sigilosas, assim definidas em lei, ou o controle remoto não autorizado do dispositivo invadido:

Pena – reclusão, de 6 (seis) meses a 2 (dois) anos, e multa, se a conduta não constitui crime mais grave.

§ 4º Na hipótese do § 3º, aumenta-se a pena de um a dois terços se houver divulgação, comercialização ou transmissão a terceiro, a qualquer título, dos dados ou informações obtidos.

§ 5º Aumenta-se a pena de um terço à metade se o crime for praticado contra:

I – Presidente da República, governadores e prefeitos;

II – Presidente do Supremo Tribunal Federal;

III – Presidente da Câmara dos Deputados, do Senado Federal, de Assembleia Legislativa de Estado, da Câmara Legislativa do Distrito Federal ou de Câmara Municipal; ou

IV – dirigente máximo da administração direta e indireta federal, estadual, municipal ou do Distrito Federal.

Ação penal

→ Rubrica acrescentada pela Lei 12.737/2012.

Art. 154-B. Nos crimes definidos no art. 154-A, somente se procede mediante representação, salvo se o crime é cometido contra a administração pública direta ou indireta de qualquer dos Poderes da União, Estados, Distrito Federal ou Municípios ou contra empresas concessionárias de serviços públicos.

→ Artigo acrescentado pela Lei 12.737/2012.

TÍTULO II

Dos crimes contra o patrimônio

→ v. Art. 5º, XXII, da CF/1988.

→ v. Art. 20 da Lei 7.170/1983.

Capítulo I

DO FURTO

Furto

Art. 155. Subtrair, para si ou para outrem, coisa alheia móvel:

→ v. Súmula 130 do STJ.

→ v. Arts. 81 a 84 do CC.

Pena – reclusão, de 1 (um) a 4 (quatro) anos, e multa.

§ 1º A pena aumenta-se de 1/3 (um terço), se o crime é praticado durante o repouso noturno.

§ 2º Se o criminoso é primário, e é de pequeno valor a coisa furtada, o juiz pode substituir a pena de reclusão pela de detenção, diminuí-la de 1 (um) a 2/3 (dois terços), ou aplicar somente a pena de multa.

→ v. Súmula 511 do STJ.

→ v. Art. 63 do CP.

§ 3º Equipara-se à coisa móvel a energia elétrica ou qualquer outra que tenha valor econômico.

Furto qualificado

§ 4º A pena é de reclusão de 2 (dois) a 8 (oito) anos, e multa, se o crime é cometido:

→ v. Súmula 511 do STJ.

I – com destruição ou rompimento de obstáculo à subtração da coisa;

→ v. Arts. 158, 159 e 167 do CPP.

II – com abuso de confiança, ou mediante fraude, escalada ou destreza;

→ v. Art. 61, II, *f*, do CP.

III – com emprego de chave falsa;

IV – mediante concurso de duas ou mais pessoas.

→ v. Súmula 442 do STJ.

→ v. Art. 29 do CP.

§ 5º A pena é de reclusão de 3 (três) a 8 (oito) anos, se a subtração for de veículo automotor que venha a ser transportado para outro Estado ou para o exterior.

→ § 5º com redação alterada pela Lei 9.426/1996.

→ v. LC 121/2006 – Sistema Nacional de Prevenção, Fiscalização e Repressão ao Furto e Roubo de Veículos e Cargas

Furto de coisa comum

Art. 156. Subtrair o condômino, coerdeiro ou sócio, para si ou para outrem, a quem legitimamente a detém, a coisa comum:

Pena – detenção, de 6 (seis) meses a 2 (dois) anos, ou multa.

§ 1º Somente se procede mediante representação.

§ 2º Não é punível a subtração de coisa comum fungível, cujo valor não excede a quota a que tem direito o agente.

Capítulo II

DO ROUBO E DA EXTORSÃO

Roubo

Art. 157. Subtrair coisa móvel alheia, para si ou para outrem, mediante grave ameaça ou violência a pessoa, ou depois de havê-la, por qualquer meio, reduzido à impossibilidade de resistência:

→ v. Súmula 443 do STJ.

Pena – reclusão, de 4 (quatro) a 10 (dez) anos, e multa.

§ 1º Na mesma pena incorre quem, logo depois de subtraída a coisa, emprega violência contra pessoa ou grave ameaça, a fim de assegurar a impunidade do crime ou a detenção da coisa para si ou para terceiro.

§ 2º A pena aumenta-se de 1/3 (um terço) até 1/2 (metade):

I – se a violência ou ameaça é exercida com emprego de arma;

→ v. Lei 10.826/2003 – Estatuto do Desarmamento.

II – se há o concurso de duas ou mais pessoas;

→ v. Súmula 442 do STJ.

III – se a vítima está em serviço de transporte de valores e o agente conhece tal circunstância;

IV – se a subtração for de veículo automotor que venha a ser transportado para outro Estado ou para o exterior;

→ Inciso IV acrescentado pela Lei 9.426/1996.

V – se o agente mantém a vítima em seu poder, restringindo sua liberdade.

→ Inciso V acrescentado pela Lei 9.426/1996.

§ 3º Se da violência resulta lesão corporal grave, a pena é de reclusão, de 7 (sete) a 15 (quinze) anos, além da multa; se resulta morte, a reclusão é de 20 (vinte) a 30 (trinta) anos, sem prejuízo da multa.

→ § 3º com redação alterada pela Lei 9.426/1996.

→ v. Súmulas 603 e 610 do STF.

→ v. Art. 129, §§ 1º e 2º, do CP.

→ v. Art. 1º da Lei 8.072/1990.

Extorsão

Art. 158. Constranger alguém, mediante violência ou grave ameaça, e com o intuito de obter para si ou para outrem indevida vantagem econômica, a fazer, tolerar que se faça ou deixar de fazer alguma coisa:

→ v. Súmula 96 do STJ.

→ v. Art. 345 do CP.

Pena – reclusão, de 4 (quatro) a 10 (dez) anos, e multa.

§ 1º Se o crime é cometido por duas ou mais pessoas, ou com emprego de arma, aumenta-se a pena de 1/3 (um terço) até 1/2 (metade).

§ 2º Aplica-se à extorsão praticada mediante violência o disposto no § 3º do artigo anterior.

→ v. Art. 1º, III, da Lei 8.072/1990.

§ 3º Se o crime é cometido mediante a restrição da liberdade da vítima, e essa condição é necessária para a obtenção da vantagem econômica, a pena é de reclusão, de 6 (seis) a 12 (doze) anos, além da multa; se resulta lesão corporal grave ou morte, aplicam-se as penas previstas no art. 159, §§ 2º e 3º, respectivamente.

→ § 3º acrescentado pela Lei 11.923/2009.

Extorsão mediante sequestro

Art. 159. Sequestrar pessoa com o fim de obter, para si ou para outrem, qualquer vantagem, como condição ou preço do resgate:

→ v. Arts. 71 e 83 do CPP.

Pena – reclusão, de 8 (oito) a 15 (quinze) anos.

→ Pena com redação alterada pela Lei 8.072/1990.

§ 1º Se o sequestro dura mais de 24 (vinte e quatro) horas, se o sequestrado é menor de 18 (dezoito) ou maior de 60 (sessenta) anos, ou se o crime é cometido por bando ou quadrilha:

→ § 1º com redação alterada pela Lei 10.741/2003.

→ v. Art. 288 do CP.

→ v. Art. 8º da Lei 10.741/2003.

→ v. Art. 1º, IV, da Lei 8.072/1990.

Pena – reclusão, de 12 (doze) a 20 (vinte) anos.

→ Pena com redação alterada pela Lei 8.072/1990.

§ 2º Se do fato resulta lesão corporal de natureza grave:

Pena – reclusão, de 16 (dezesseis) a 24 (vinte e quatro) anos.

→ Pena com redação alterada pela Lei 8.072/1990.

§ 3º Se resulta a morte:

Pena – reclusão, de 24 (vinte e quatro) a 30 (trinta) anos.

→ Pena com redação alterada pela Lei 8.072/1990.

§ 4º Se o crime é cometido em concurso, o concorrente que o denunciar à autoridade, facilitando a libertação do sequestrado, terá sua pena reduzida de 1 (um) a 2/3 (dois terços).

→ § 4º com redação alterada pela Lei 9.269/1996.

→ v. Arts. 13 e 14 da Lei 9.807/1990.

Extorsão indireta

Art. 160. Exigir ou receber, como garantia de dívida, abusando da situação de alguém, documento que pode dar causa a procedimento criminal contra a vítima ou contra terceiro:

→ v. Art. 232 do CPP.

→ v. Art. 4º da Lei 1.521/1951.

Pena – reclusão, de 1 (um) a 3 (três) anos, e multa.

Capítulo III

DA USURPAÇÃO

Alteração de limites

Art. 161. Suprimir ou deslocar tapume, marco, ou qualquer outro sinal indicativo de linha divisória, para apropriar-se, no todo ou em parte, de coisa imóvel alheia:

Pena – detenção, de 1 (um) a 6 (seis) meses, e multa.

§ 1º Na mesma pena incorre quem:

Usurpação de águas

I – desvia ou represa, em proveito próprio ou de outrem, águas alheias;

→ v. Arts. 1.288 a 1.296 do CC.

→ v. Art. 8º do Decreto 24.643/1934.

Esbulho possessório

II – invade, com violência a pessoa ou grave ameaça, ou mediante concurso de mais de duas pessoas, terreno ou edifício alheio, para o fim de esbulho possessório.

→ v. Art. 9º da Lei 5.741/1971.

→ v. Art. 20 da Lei 4.947/1966.

§ 2º Se o agente usa de violência, incorre também na pena a esta cominada.

§ 3º Se a propriedade é particular, e não há emprego de violência, somente se procede mediante queixa.

Supressão ou alteração de marca em animais

Art. 162. Suprimir ou alterar, indevidamente, em gado ou rebanho alheio, marca ou sinal indicativo de propriedade:

Pena – detenção, de 6 (seis) meses a 3 (três) anos, e multa.

Capítulo IV
DO DANO

Dano

Art. 163. Destruir, inutilizar ou deteriorar coisa alheia:

→ v. Arts. 29, 38 a 40, 49, 50 ,62, 63 e 65 do CPP.

Pena – detenção, de 1 (um) a 6 (seis) meses, ou multa.

Dano qualificado

Parágrafo único. Se o crime é cometido:

I – com violência à pessoa ou grave ameaça;

II – com emprego de substância inflamável ou explosiva, se o fato não constitui crime mais grave;

III – contra o patrimônio da União, Estado, Município, empresa concessionária de serviços públicos ou sociedade de economia mista;

→ Inciso III com redação alterada pela Lei 5.346/1967.

→ v. Art. 99 do CC.

IV – por motivo egoístico ou com prejuízo considerável para a vítima:

Pena – detenção, de 6 (seis) meses a 3 (três) anos, e multa, além da pena correspondente à violência.

Introdução ou abandono de animais em propriedade alheia

Art. 164. Introduzir ou deixar animais em propriedade alheia, sem consentimento de quem de direito, desde que do fato resulte prejuízo:

Pena – detenção, de 15 (quinze) dias a 6 (seis) meses, ou multa.

Dano em coisa de valor artístico, arqueológico ou histórico

Art. 165. Destruir, inutilizar ou deteriorar coisa tombada pela autoridade competente em virtude de valor artístico, arqueológico ou histórico:

→ v. Art. 216 da CF/1988.

→ v. Arts. 62 e 65 da Lei 9.605/1998.

→ v. Art. 5º da Lei 3.924/1961.

Pena – detenção, de 6 (seis) meses a 2 (dois) anos, e multa.

Alteração de local especialmente protegido

Art. 166. Alterar, sem licença da autoridade competente, o aspecto de local especialmente protegido por lei:

→ v. Art. 63 da Lei 9.605/1998.

Pena – detenção, de 1 (um) mês a 1 (um) ano, ou multa.

Ação penal

Art. 167. Nos casos do art. 163, do n. IV do seu parágrafo e do art. 164, somente se procede mediante queixa.

Capítulo V
DA APROPRIAÇÃO INDÉBITA

Apropriação indébita

Art. 168. Apropriar-se de coisa alheia móvel, de que tem a posse ou a detenção:

→ v. Arts. 16 e 65, III, *b*, do CP.

Pena – reclusão, de 1 (um) a 4 (quatro) anos, e multa.

Aumento de pena

§ 1º A pena é aumentada de 1/3 (um terço), quando o agente recebeu a coisa:

I – em depósito necessário;

→ v. Art. 647, II, do CC.

II – na qualidade de tutor, curador, síndico, liquidatário, inventariante, testamenteiro ou depositário judicial;

→ v. Art. 161, parágrafo único, do NCPC.

III – em razão de ofício, emprego ou profissão.

Apropriação indébita previdenciária

→ Rubrica acrescentada pela Lei 9.983/2000.

→ v. Arts. 194 e 195 da CF/1988.

Art. 168-A. Deixar de repassar à previdência social as contribuições recolhidas dos contribuintes, no prazo e forma legal ou convencional:

→ v. Art. 2º da Lei 11.457/2007.

→ v. Art. 83 da Lei 9.430/1996.

→ v. Lei 8.212/1991 – Seguridade Social e Plano de Custeio.

Pena – reclusão, de 2 (dois) a 5 (cinco) anos, e multa.

→ Artigo acrescentado pela Lei 9.983/2000.

§ 1º Nas mesmas penas incorre quem deixar de:

I – recolher, no prazo legal, contribuição ou outra importância destinada à previdência social que tenha sido descontada de pagamento efetuado a segurados, a terceiros ou arrecadada do público;

→ v. Art. 195, § 4º, da CF/1988.

→ v. Art. 30 da Lei 8.212/1991.

II – recolher contribuições devidas à previdência social que tenham integrado despesas contábeis ou custos relativos à venda de produtos ou à prestação de serviços;

III – pagar benefício devido a segurado, quando as respectivas cotas ou valores já tiverem sido reembolsados à empresa pela previdência social.

§ 2º É extinta a punibilidade se o agente, espontaneamente, declara, confessa e efetua o pagamento das contribuições, importâncias ou valores e presta as informações devidas à previdência social, na forma definida em lei ou regulamento, antes do início da ação fiscal.

→ v. Art. 9º da Lei 10.684/2003.

§ 3º É facultado ao juiz deixar de aplicar a pena ou aplicar somente a de multa se o agente for primário e de bons antecedentes, desde que:

I – tenha promovido, após o início da ação fiscal e antes de oferecida a denúncia, o pagamento da contribuição social previdenciária, inclusive acessórios; ou

II – o valor das contribuições devidas, inclusive acessórios, seja igual ou inferior àquele estabelecido pela previdência social, administrativamente, como sendo o mínimo para o ajuizamento de suas execuções fiscais.

→ v. Art. 20 da Lei 10.522/2002.

Apropriação de coisa havida por erro, caso fortuito ou força da natureza

Art. 169. Apropriar-se alguém de coisa alheia vinda ao seu poder por erro, caso fortuito ou força da natureza:

Pena – detenção, de 1 (um) mês a 1 (um) ano, ou multa.

Parágrafo único. Na mesma pena incorre:

Apropriação de tesouro

I – quem acha tesouro em prédio alheio e se apropria, no todo ou em parte, da quota a que tem direito o proprietário do prédio;

→ v. Art. 1.264 do CC.

Apropriação de coisa achada

II – quem acha coisa alheia perdida e dela se apropria, total ou parcialmente, deixando de restituí-la ao dono ou legítimo possuidor ou de entregá-la à autoridade competente, dentro no prazo de 15 (quinze) dias.

→ v. Art. 1.233 do CC.

Art. 170. Nos crimes previstos neste Capítulo, aplica-se o disposto no art. 155, § 2º.

Capítulo VI
DO ESTELIONATO E OUTRAS FRAUDES

Estelionato

Art. 171. Obter, para si ou para outrem, vantagem ilícita, em prejuízo alheio, induzindo ou mantendo alguém em erro, mediante artifício, ardil, ou qualquer outro meio fraudulento:

→ v. Súmulas 17 e 107 do STJ.

→ v. Arts. 16 e 65, III, *d*, do CP.

→ v. Art. 168 da Lei 11.101/2005.

→ v. Art. 7º, VII, da Lei 8.137/1990.

→ v. Art. 19 da Lei 7.492/1986.

Pena – reclusão, de 1 (um) a 5 (cinco) anos, e multa, de quinhentos mil-réis a dez contos de réis.

→ Conforme art. 2º da Lei 7.209/1984, "são canceladas, na Parte Especial do Código Penal e nas leis especiais alcançadas pelo art. 12 do Código Penal, quaisquer referências a valores de multas, substituindo-se a expressão multa de por multa".

§ 1º Se o criminoso é primário, e é de pequeno valor o prejuízo, o juiz pode aplicar a pena conforme o disposto no art. 155, § 2º.

→ v. Art. 63 do CP.

§ 2º Nas mesmas penas incorre quem:

Disposição de coisa alheia como própria

I – vende, permuta, dá em pagamento, em locação ou em garantia coisa alheia como própria;

→ v. Art. 66-B, § 2º, da Lei 4.728/1965.

CP

Alienação ou oneração fraudulenta de coisa própria

II – vende, permuta, dá em pagamento ou em garantia coisa própria inalienável, gravada de ônus ou litigiosa, ou imóvel que prometeu vender a terceiro, mediante pagamento em prestações, silenciando sobre qualquer dessas circunstâncias;

Defraudação de penhor

III – defrauda, mediante alienação não consentida pelo credor ou por outro modo, a garantia pignoratícia, quando tem a posse do objeto empenhado;

Fraude na entrega de coisa

IV – defrauda substância, qualidade ou quantidade de coisa que deve entregar a alguém;

Fraude para recebimento de indenização ou valor de seguro

V – destrói, total ou parcialmente, ou oculta coisa própria, ou lesa o próprio corpo ou a saúde, ou agrava as consequências da lesão ou doença, com o intuito de haver indenização ou valor de seguro;

Fraude no pagamento por meio de cheque

VI – emite cheque, sem suficiente provisão de fundos em poder do sacado, ou lhe frustra o pagamento.

→ v. Súmulas 246, 521 e 554 do STF.

→ v. Súmula 244 do STJ.

§ 3º A pena aumenta-se de 1/3 (um terço), se o crime é cometido em detrimento de entidade de direito público ou de instituto de economia popular, assistência social ou beneficência.

→ v. Súmulas 24 e 48 do STJ.

→ v. Art. 1º, § 2º, II, da Lei 9.784/1999.

Estelionato contra idoso

→ Rubrica acrescentada pela Lei 13.228/2015.

§ 4º Aplica-se a pena em dobro se o crime for cometido contra idoso.

→ § 4º acrescentado pela Lei 13.228/2015.

Duplicata simulada

Art. 172. Emitir fatura, duplicata ou nota de venda que não corresponda à mercadoria vendida, em quantidade ou qualidade, ou ao serviço prestado.

Pena – detenção, de 2 (dois) a 4 (quatro) anos, e multa.

→ *Caput* com redação alterada pela Lei 8.137/1990.

Parágrafo único. Nas mesmas penas incorrerá aquele que falsificar ou adulterar a escrituração do Livro de Registro de Duplicatas.

→ Parágrafo único acrescentado pela Lei 5.474/1968.

Abuso de incapazes

Art. 173. Abusar, em proveito próprio ou alheio, de necessidade, paixão ou inexperiência de menor, ou da alienação ou debilidade mental de outrem, induzindo qualquer deles à prática de ato suscetível de produzir efeito jurídico, em prejuízo próprio ou de terceiro:

Pena – reclusão, de 2 (dois) a 6 (seis) anos, e multa.

Induzimento à especulação

Art. 174. Abusar, em proveito próprio ou alheio, da inexperiência ou da simplicidade ou inferioridade mental de outrem, induzindo-o à prática de jogo ou aposta, ou à especulação com títulos ou mercadorias, sabendo ou devendo saber que a operação é ruinosa:

Pena – reclusão, de 1 (um) a 3 (três) anos, e multa.

Fraude no comércio

Art. 175. Enganar, no exercício de atividade comercial, o adquirente ou consumidor:

I – vendendo, como verdadeira ou perfeita, mercadoria falsificada ou deteriorada;

→ v. Art. 18, § 6º, do CDC.

→ v. Art. 7º da Lei 8.137/1990.

→ v. Art. 2º, III e V, da Lei 1.521/1951.

II – entregando uma mercadoria por outra:

Pena – detenção, de 6 (seis) meses a 2 (dois) anos, ou multa.

§ 1º Alterar em obra que lhe é encomendada a qualidade ou o peso de metal ou substituir, no mesmo caso, pedra verdadeira por falsa ou por outra de menor valor; vender pedra falsa por verdadeira; vender, como precioso, metal de outra qualidade:

Pena – reclusão, de 1 (um) a 5 (cinco) anos, e multa.

§ 2º É aplicável o disposto no art. 155, § 2º.

Outras fraudes

Art. 176. Tomar refeição em restaurante, alojar-se em hotel ou utilizar-se de meio de transporte sem dispor de recursos para efetuar o pagamento:

Pena – detenção, de 15 (quinze) dias a 2 (dois) meses, ou multa.

Parágrafo único. Somente se procede mediante representação, e o juiz pode, conforme as circunstâncias, deixar de aplicar a pena.

→ v. Art. 107, IX, do CP.

Fraudes e abusos na fundação ou administração de sociedade por ações

Art. 177. Promover a fundação de sociedade por ações, fazendo, em prospecto ou em comunicação ao público ou à assembleia, afirmação falsa sobre a constituição da sociedade, ou ocultando fraudulentamente fato a ela relativo:

→ v. Lei 6.404/1976 – Sociedades por Ações.

Pena – reclusão, de 1 (um) a 4 (quatro) anos, e multa, se o fato não constitui crime contra a economia popular.

→ v. Lei 1.521/1951 – Crimes contra a Economia Popular.

§ 1º Incorrem na mesma pena, se o fato não constitui crime contra a economia popular:

→ v. Lei 1.521/1951 – Crimes contra a economia popular.

I – o diretor, o gerente ou o fiscal de sociedade por ações, que, em prospecto, relatório, parecer, balanço ou comunicação ao público ou à assembleia, faz afirmação falsa sobre as condições econômicas da sociedade, ou oculta fraudulentamente, no todo ou em parte, fato a elas relativo;

II – o diretor, o gerente ou o fiscal que promove, por qualquer artifício, falsa cotação das ações ou de outros títulos da sociedade;

III – o diretor ou o gerente que toma empréstimo à sociedade ou usa, em proveito próprio ou de terceiro, dos bens ou haveres sociais, sem prévia autorização da assembleia geral;

IV – o diretor ou o gerente que compra ou vende, por conta da sociedade, ações por ela emitidas, salvo quando a lei o permite;

→ v. Art. 30 da Lei 6.404/1976.

V – o diretor ou o gerente que, como garantia de crédito social, aceita em penhor ou em caução ações da própria sociedade;

VI – o diretor ou o gerente que, na falta de balanço, em desacordo com este, ou mediante balanço falso, distribui lucros ou dividendos fictícios;

VII – o diretor, o gerente ou o fiscal que, por interposta pessoa, ou conluiado com acionista, consegue a aprovação de conta ou parecer;

VIII – o liquidante, nos casos dos ns. I, II, III, IV, V e VII;

IX – o representante da sociedade anônima estrangeira, autorizada a funcionar no País, que pratica os atos mencionados nos ns. I e II, ou dá falsa informação ao Governo.

§ 2º Incorre na pena de detenção, de 6 (seis) meses a 2 (dois) anos, e multa, o acionista que, a fim de obter vantagem para si ou para outrem, negocia o voto nas deliberações de assembleia geral.

→ v. Arts. 115, § 3º, e 118 da Lei 6.404/1976.

Emissão irregular de conhecimento de depósito ou *warrant*

Art. 178. Emitir conhecimento de depósito ou *warrant*, em desacordo com disposição legal:

→ v. Art. 15 do Decreto 1.102/1903.

Pena – reclusão, de 1 (um) a 4 (quatro) anos, e multa.

Fraude à execução

Art. 179. Fraudar execução, alienando, desviando, destruindo ou danificando bens, ou simulando dívidas:

→ v. Art. 168 da Lei 11.101/2005.

Pena – detenção, de 6 (seis) meses a 2 (dois) anos, ou multa.

Parágrafo único. Somente se procede mediante queixa.

→ v. Art. 24, § 2º, do CPP.

Capítulo VII
DA RECEPTAÇÃO

Receptação

Art. 180. Adquirir, receber, transportar, conduzir ou ocultar, em proveito próprio ou alheio, coisa que sabe ser produto de crime, ou influir para que terceiro, de boa-fé, a adquira, receba ou oculte:

→ v. Art. 174 da Lei 11.101/2005.

→ v. Arts. 14 e 18 da Lei 10.826/2003.

→ v. Arts. 29, § 1º, III e 46, *caput*, e parágrafo único, da Lei 9.605/1998.

Pena – reclusão, de 1 (um) a 4 (quatro) anos, e multa.

→ Artigo com redação alterada pela Lei 9.426/1996.

Receptação qualificada

→ Rubrica acrescentada pela Lei 9.426/1996.

§ 1º Adquirir, receber, transportar, conduzir, ocultar, ter em depósito, desmontar, montar, remontar, vender, expor à venda, ou de qualquer forma utilizar, em proveito próprio ou alheio, no exercício de atividade comercial ou industrial, coisa que deve saber ser produto de crime:

Pena – reclusão, de 3 (três) a 8 (oito) anos, e multa.

§ 2º Equipara-se à atividade comercial, para efeito do parágrafo anterior, qualquer forma de comércio irregular ou clandestino, inclusive o exercido em residência.

§ 3º Adquirir ou receber coisa que, por sua natureza ou pela desproporção entre o valor e o preço, ou pela condição de quem a oferece, deve presumir-se obtida por meio criminoso:

Pena – detenção, de 1 (um) mês a 1 (um) ano, ou multa, ou ambas as penas.

§ 4º A receptação é punível, ainda que desconhecido ou isento de pena o autor do crime de que proveio a coisa.

→ v. Art. 108 do CP.

→ v. Art. 386, I, II, III e VI, do CPP.

§ 5º Na hipótese do § 3º, se o criminoso é primário, pode o juiz, tendo em consideração as circunstâncias, deixar de aplicar a pena. Na receptação dolosa aplica-se o disposto no § 2º do art. 155.

→ v. Art. 107, IX, do CP.

§ 6º Tratando-se de bens e instalações do patrimônio da União, Estado, Município, empresa concessionária de serviços públicos ou sociedade de economia mista, a pena prevista no *caput* deste artigo aplica-se em dobro.

Capítulo VIII
DISPOSIÇÕES GERAIS

Art. 181. É isento de pena quem comete qualquer dos crimes previstos neste título, em prejuízo:

I – do cônjuge, na constância da sociedade conjugal;

→ v. Art. 226, §§ 3º e 6º, da CF/1988.

→ v. Art. 1.571, I e II, do CC.

II – de ascendente ou descendente, seja o parentesco legítimo ou ilegítimo, seja civil ou natural.

→ v. Art. 227, § 6º, da CF/1988.

Art. 182. Somente se procede mediante representação, se o crime previsto neste título é cometido em prejuízo:

I – do cônjuge desquitado ou judicialmente separado;

II – de irmão, legítimo ou ilegítimo;

III – de tio ou sobrinho, com quem o agente coabita.

Art. 183. Não se aplica o disposto nos dois artigos anteriores:

I – se o crime é de roubo ou de extorsão, ou, em geral, quando haja emprego de grave ameaça ou violência à pessoa;

II – ao estranho que participa do crime;

→ v. Art. 30 do CP.

III – se o crime é praticado contra pessoa com idade igual ou superior a 60 (sessenta) anos.

→ v. Art. 4º do CP.

→ Inciso III acrescentado pela Lei 10.741/2003.

Título III
Dos crimes contra a propriedade imaterial

→ v. Arts. 5º, IX e XXVII e 216 da CF/1988.

Capítulo I
DOS CRIMES CONTRA A PROPRIEDADE INTELECTUAL

Violação de direito autoral

→ v. Lei 9.610/1998 – Direitos Autorais.

→ v. Lei 9.609/1998 – Proteção da propriedade intelectual de programa de computador.

Art. 184. Violar direitos de autor e os que lhe são conexos:

→ v. Arts. 46 a 48 da Lei 9.610/1998.

Pena – detenção, de 3 (três) meses a 1 (um) ano, ou multa.

→ Artigo com redação alterada pela Lei 10.695/2003.

→ v. Art. 49 do CP.

§ 1º Se a violação consistir em reprodução total ou parcial, com intuito de lucro direto ou indireto, por qualquer meio ou processo, de obra intelectual, interpretação, execução ou fonograma, sem autorização expressa do autor, do artista intérprete ou executante, do produtor, conforme o caso, ou de quem os represente:

→ v. Art. 46, VI, da Lei 9.610/1998.

Pena – reclusão, de 2 (dois) a 4 (quatro) anos, e multa.

§ 2º Na mesma pena do § 1º incorre quem, com o intuito de lucro direto ou indireto, distribui, vende, expõe à venda, aluga, introduz no País, adquire, oculta, tem em depósito, original ou cópia de obra intelectual ou fonograma reproduzido com violação do direito de autor, do direito de artista intérprete ou executante ou do direito do produtor de fonograma, ou, ainda, aluga original ou cópia de obra intelectual ou fonograma, sem a expressa autorização dos titulares dos direitos ou de quem os represente.

§ 3º Se a violação consistir no oferecimento ao público, mediante cabo, fibra ótica, satélite, ondas ou qualquer outro sistema que permita ao usuário realizar a seleção da obra ou produção para recebê-la em um tempo e lugar previamente determinados por quem formula a demanda, com intuito de lucro, direto ou indireto, sem autorização expressa, conforme o caso, do autor, do artista intérprete ou executante, do produtor de fonograma, ou de quem os represente:

→ v. Art. 91, II, *b*, do CP.

→ v. Arts. 530-F e 530-G do CPP.

→ v. Arts. 12 e 31 da Lei 9.610/1998.

Pena – reclusão, de 2 (dois) a 4 (quatro) anos, e multa.

§ 4º O disposto nos §§ 1º, 2º e 3º não se aplica quando se tratar de exceção ou limitação ao direito de autor ou os que lhe são conexos, em conformidade com o previsto na Lei 9.610, de 19 de fevereiro de 1998, nem a cópia de obra intelectual ou fonograma, em um só exemplar, para uso privado do copista, sem intuito de lucro direto ou indireto.

Usurpação de nome ou pseudônimo alheio

Art. 185. *(Revogado pela Lei 10.695/2003).*

Art. 186. Procede-se mediante:

→ Artigo com redação alterada pela Lei 10.695/2003.

I – queixa, nos crimes previstos no *caput* do art. 184;

→ v. Arts. 524 a 530 do CPP.

II – ação penal pública incondicionada, nos crimes previstos nos §§ 1º e 2º do art. 184;

→ v. Arts. 530-B e 5630-D do CPP.

III – ação penal pública incondicionada, nos crimes cometidos em desfavor de entidades de direito público, autarquia, empresa pública, sociedade de economia mista ou fundação instituída pelo Poder Público;

IV – ação penal pública condicionada à representação, nos crimes previstos no § 3º do art. 184.

→ v. Art. 530-B do CPP.

Capítulo II
DOS CRIMES CONTRA O PRIVILÉGIO DE INVENÇÃO

→ v. Arts. 183 a 195 da Lei 9.279/1996 – Lei de Propriedade Industrial.

Art. 187. *(Revogado pela Lei 9.279/1996).*

Art. 188. *(Revogado pela Lei 9.279/1996).*

Art. 189. *(Revogado pela Lei 9.279/1996).*

Art. 190. *(Revogado pela Lei 9.279/1996).*

Art. 191. *(Revogado pela Lei 9.279/1996).*

Capítulo III
DOS CRIMES CONTRA AS MARCAS DE INDÚSTRIA E COMÉRCIO

Art. 192. *(Revogado pela Lei 9.279/1996).*

Art. 193. *(Revogado pela Lei 9.279/1996).*

Art. 194. *(Revogado pela Lei 9.279/1996).*

Art. 195. *(Revogado pela Lei 9.279/1996).*

Capítulo IV
DOS CRIMES DE CONCORRÊNCIA DESLEAL

Art. 196. *(Revogado pela Lei 9.279/1996).*

Título IV
Dos crimes contra a organização do Trabalho

→ v. Arts. 5º, XIII, 7º a 9º e 109, VI, da CF/1988.

Atentado contra a liberdade de trabalho

Art. 197. Constranger alguém, mediante violência ou grave ameaça:

I – a exercer ou não exercer arte, ofício, profissão ou indústria, ou a trabalhar ou não trabalhar durante certo período ou em determinados dias:

→ v. Art. 9º da CF/1988.

Pena – detenção, de 1 (um) mês a 1 (um) ano, e multa, além da pena correspondente à violência;

II – a abrir ou fechar o seu estabelecimento de trabalho, ou a participar de parede ou paralisação de atividade econômica:

→ v. Lei 7.783/1989 – Direito de greve.

Pena – detenção, de 3 (três) meses a 1 (um) ano, e multa, além da pena correspondente à violência.

Atentado contra a liberdade de contrato de trabalho e boicotagem violenta

Art. 198. Constranger alguém, mediante violência ou grave ameaça, a celebrar contrato de trabalho, ou a não fornecer a outrem ou não adquirir de outrem matéria-prima ou produto industrial ou agrícola:

→ v. Arts. 442 e 611 da CLT.

Pena – detenção, de 1 (um) mês a 1 (um) ano, e multa, além da pena correspondente à violência.

Atentado contra a liberdade de associação

Art. 199. Constranger alguém, mediante violência ou grave ameaça, a participar ou deixar de participar de determinado sindicato ou associação profissional:

→ v. Arts. 5º, XVII, e 8º, V, da CF/1988.

Pena – detenção, de 1 (um) mês a 1 (um) ano, e multa, além da pena correspondente à violência.

Paralisação de trabalho, seguida de violência ou perturbação da ordem

Art. 200. Participar de suspensão ou abandono coletivo de trabalho, praticando violência contra pessoa ou contra coisa:

Pena – detenção, de 1 (um) mês a 1 (um) ano, e multa, além da pena correspondente à violência.

Parágrafo único. Para que se considere coletivo o abandono de trabalho é indispensável o concurso de, pelo menos, três empregados.

Paralisação de trabalho de interesse coletivo

Art. 201. Participar de suspensão ou abandono coletivo de trabalho, provocando a interrupção de obra pública ou serviço de interesse coletivo:

→ v. Art. 9º da CF/1988.

→ v. Arts. 11 a 15 da Lei 7.783/1989.

Pena – detenção, de 6 (seis) meses a 2 (dois) anos, e multa.

Invasão de estabelecimento industrial, comercial ou agrícola. Sabotagem

Art. 202. Invadir ou ocupar estabelecimento industrial, comercial ou agrícola, com o intuito de impedir ou embaraçar o curso normal do trabalho, ou com o mesmo fim danificar o estabelecimento ou as coisas nele existentes ou delas dispor:

Pena – reclusão, de 1 (um) a 3 (três) anos, e multa.

Frustração de direito assegurado por lei trabalhista

Art. 203. Frustrar, mediante fraude ou violência, direito assegurado pela legislação do trabalho:

Pena – detenção de 1 (um) ano a 2 (dois) anos, e multa, além da pena correspondente à violência.

→ Pena com redação alterada pela Lei 9.777/1998.

§ 1º Na mesma pena incorre quem:

→ § 1º acrescentado pela Lei 9.777/1998.

I – obriga ou coage alguém a usar mercadorias de determinado estabelecimento, para impossibilitar o desligamento do serviço em virtude de dívida;

II – impede alguém de se desligar de serviços de qualquer natureza, mediante coação ou por meio da retenção de seus documentos pessoais ou contratuais.

§ 2º A pena é aumentada de 1/6 (um sexto) a 1/3 (um terço) se a vítima é menor de 18 (dezoito) anos, idosa, gestante, indígena ou portadora de deficiência física ou mental.

→ § 2º acrescentado pela Lei 9.777/1998.

→ v. Arts. 7º, XXXI, e 230 da CF/1988.

→ v. Art. 100 da Lei 10.741/2003.

→ v. Lei 6.001/1973 – Estatuto do Índio.

Frustração de lei sobre a nacionalização do trabalho

Art. 204. Frustrar, mediante fraude ou violência, obrigação legal relativa à nacionalização do trabalho:

→ v. Arts. 352 a 371 da CLT.

Pena – detenção, de 1 (um) mês a 1 (um) ano, e multa, além da pena correspondente à violência.

Exercício de atividade com infração de decisão administrativa

Art. 205. Exercer atividade, de que está impedido por decisão administrativa:

Pena – detenção, de 3 (três) meses a 2 (dois) anos, ou multa.

Aliciamento para o fim de emigração

Art. 206. Recrutar trabalhadores, mediante fraude, com o fim de levá-los para território estrangeiro:

Pena – detenção, de 1 (um) a 3 (três) anos, e multa.

→ Artigo com redação alterada pela Lei 8.683/1993.

Aliciamento de trabalhadores de um local para outro do território nacional

Art. 207. Aliciar trabalhadores, com o fim de levá-los de uma para outra localidade do território nacional:

Pena – detenção de 1 (um) a 3 (três) anos, e multa.

→ Pena com redação alterada pela Lei 9.777/1998.

§ 1º Incorre na mesma pena quem recrutar trabalhadores fora da localidade de execução do trabalho, dentro do território nacional, mediante fraude ou cobrança de qualquer quantia do trabalhador, ou, ainda, não assegurar condições do seu retorno ao local de origem.

→ § 1º acrescentado pela Lei 9.777/1998.

§ 2º A pena é aumentada de 1/6 (um sexto) a 1/3 (um terço) se a vítima é menor de 18 (dezoito) anos, idosa, gestante, indígena ou portadora de deficiência física ou mental.

→ § 2º acrescentado pela Lei 9.777/1998.

Título V
Dos crimes contra o sentimento religioso e contra o respeito aos mortos

Capítulo I
DOS CRIMES CONTRA O SENTIMENTO RELIGIOSO

→ v. Art. 5º, VI, da CF/1988.

Ultraje a culto e impedimento ou perturbação de ato a ele relativo

Art. 208. Escarnecer de alguém publicamente, por motivo de crença ou função religiosa; impedir ou perturbar cerimônia ou prática de culto religioso; vilipendiar publicamente ato ou objeto de culto religioso:

Pena – detenção, de 1 (um) mês a 1 (um) ano, ou multa.

Parágrafo único. Se há emprego de violência, a pena é aumentada de 1/3 (um terço), sem prejuízo da correspondente à violência.

Capítulo II
DOS CRIMES CONTRA O RESPEITO AOS MORTOS

Impedimento ou perturbação de cerimônia funerária

Art. 209. Impedir ou perturbar enterro ou cerimônia funerária:

Pena – detenção, de 1 (um) mês a 1 (um) ano, ou multa.

Parágrafo único. Se há emprego de violência, a pena é aumentada de 1/3 (um terço), sem prejuízo da correspondente à violência.

Violação de sepultura

Art. 210. Violar ou profanar sepultura ou urna funerária:

→ v. Art. 138, § 2º, do CP.

→ v. Art. 163 do CPP.

→ v. Art. 67 do Dec.-lei 3.688/1941.

Pena – reclusão, de 1 (um) a 3 (três) anos, e multa.

Destruição, subtração ou ocultação de cadáver

Art. 211. Destruir, subtrair ou ocultar cadáver ou parte dele:

→ v. Arts. 14 a 20 da Lei 9.434/1997.

Pena – reclusão, de 1 (um) a 3 (três) anos, e multa.

Vilipêndio a cadáver

Art. 212. Vilipendiar cadáver ou suas cinzas:

Pena – detenção, de 1 (um) a 3 (três) anos, e multa.

Título VI
Dos crimes contra a dignidade sexual

→ Rubrica do Título VI com redação alterada pela Lei 12.015/2009.

→ v. Lei 13.185/2015 – Lei do *Bullying*.

Capítulo I
DOS CRIMES CONTRA A LIBERDADE SEXUAL

→ v. Art. 1º, III, da CF/1988.

Estupro

→ v. Art. 1º, V, da Lei 8.072/1990.

Art. 213. Constranger alguém, mediante violência ou grave ameaça, a ter conjunção carnal ou a praticar ou permitir que com ele se pratique outro ato libidinoso:

→ v. Súmula 608 do STF.

→ v. Art. 71 do CP.

→ v. Arts. 158 e 167 do CPP.

→ v. Art. 1º, III, *f*, da Lei 7.960/1989.

→ v. Art. 61 do Dec-lei 3.688/1941.

Pena – reclusão, de 6 (seis) a 10 (dez) anos.

→ Artigo com redação alterada pela Lei 12.015/2009.

→ v. Súmula 608 do STF.

§ 1º Se da conduta resulta lesão corporal de natureza grave ou se a vítima é menor de 18 (dezoito) ou maior de 14 (catorze) anos:

Pena – reclusão, de 8 (oito) a 12 (doze) anos.

§ 2º Se da conduta resulta morte:

Pena – reclusão, de 12 (doze) a 30 (trinta) anos.

Atentado violento ao pudor

Art. 214. (*Revogado pela Lei 12.015/2009*).

Parágrafo único. (*Revogado pela Lei 9.281/1996*).

Violação sexual mediante fraude

→ Rubrica com redação alterada pela Lei 12.015/2009.

Art. 215. Ter conjunção carnal ou praticar outro ato libidinoso com alguém, mediante fraude ou outro meio que impeça ou dificulte a livre manifestação de vontade da vítima:

Pena – reclusão, de 2 (dois) a 6 (seis) anos.

→ Artigo com redação alterada pela Lei 12.015/2009.

→ v. Súmula 608 do STF.

Parágrafo único. Se o crime é cometido com o fim de obter vantagem econômica, aplica-se também multa.

Atentado ao pudor mediante fraude

Art. 216. (*Revogado pela Lei 12.015/2009*).

Assédio sexual

→ Rubrica acrescentada pela Lei 10.224/2001.

Art. 216-A. Constranger alguém com o intuito de obter vantagem ou favorecimento sexual, prevalecendo-se o agente da sua condição de superior hierárquico ou ascendência inerentes ao exercício do emprego, cargo ou função.

→ v. Art. 22 do CP.

Pena – detenção, de 1 (um) a 2 (dois) anos.

→ *Caput* acrescentado pela Lei 10.224/2001.

Parágrafo único. (*Vetado*).

§ 2º A pena é aumentada em até 1/3 (um terço) se a vítima é menor de 18 (dezoito) anos.

→ § 2º acrescentado pela Lei 12.015/2009.

→ Consta conforme publicação oficial.

→ v. Art. 7º, XXXIII, da CF/1988.

Capítulo II
DOS CRIMES SEXUAIS CONTRA VULNERÁVEL

→ Rubrica do Capítulo II com redação alterada pela Lei 12.015/2009.

Sedução

Art. 217. (*Revogado pela Lei 11.106/2005*).

Estupro de vulnerável

→ Rubrica acrescentada pela Lei 12.015/2009.

Art. 217-A. Ter conjunção carnal ou praticar outro ato libidinoso com menor de 14 (catorze) anos:

Pena – reclusão, de 8 (oito) a 15 (quinze) anos.

→ Artigo acrescentado pela Lei 12.015/2009.

§ 1º Incorre na mesma pena quem pratica as ações descritas no *caput* com alguém que, por enfermidade ou deficiência mental, não tem o necessário discernimento para a prática do ato, ou que, por qualquer outra causa, não pode oferecer resistência.

→ v. Art. 28, II, do CP.

§ 2º (*Vetado*).

§ 3º Se da conduta resulta lesão corporal de natureza grave:

Pena – reclusão, de 10 (dez) a 20 (vinte) anos.

§ 4º Se da conduta resulta morte:

Pena – reclusão, de 12 (doze) a 30 (trinta) anos.

Art. 218. Induzir alguém menor de 14 (catorze) anos a satisfazer a lascívia de outrem:

Pena – reclusão, de 2 (dois) a 5 (cinco) anos.

→ Artigo com redação alterada pela Lei 12.015/2009.

→ v. Arts. 240 a 241-E do ECA.

Parágrafo único. (*Vetado*).

Satisfação de lascívia mediante presença de criança ou adolescente

→ Rubrica acrescentada pela Lei 12.015/2009.

Art. 218-A. Praticar, na presença de alguém menor de 14 (catorze) anos, ou induzi-lo a presenciar, conjunção carnal ou outro ato libidinoso, a fim de satisfazer lascívia própria ou de outrem:

Pena – reclusão, de 2 (dois) a 4 (quatro) anos.

→ Artigo acrescentado pela Lei 12.015/2009.

→ v. Art. 228 da CF/1988.

→ v. Art. 3º do ECA.

Favorecimento da prostituição ou de outra forma de exploração sexual de criança ou adolescente ou de vulnerável

→ Rubrica com redação alterada pela Lei 12.978/2014.

Art. 218-B. Submeter, induzir ou atrair à prostituição ou outra forma de exploração sexual alguém menor de 18 (dezoito) anos ou que, por enfermidade ou deficiência mental, não tem o necessário discernimento para a prática do ato, facilitá-la, impedir ou dificultar que a abandone:

Pena – reclusão, de 4 (quatro) a 10 (dez) anos.

→ Artigo acrescentado pela Lei 12.015/2009.

→ v. Art. 244-A do ECA.

§ 1º Se o crime é praticado com o fim de obter vantagem econômica, aplica-se também multa.

§ 2º Incorre nas mesmas penas:

I – quem pratica conjunção carnal ou outro ato libidinoso com alguém menor de 18 (dezoito) e maior de 14 (catorze) anos na situação descrita no *caput* deste artigo;

II – o proprietário, o gerente ou o responsável pelo local em que se verifiquem as práticas referidas no *caput* deste artigo.

§ 3º Na hipótese do inciso II do § 2º, constitui efeito obrigatório da condenação a cassação da licença de localização e de funcionamento do estabelecimento.

Capítulo III
DO RAPTO

Rapto violento ou mediante fraude

Art. 219. (*Revogado pela Lei 11.106/2005*).

Rapto consensual

Art. 220. (*Revogado pela Lei 11.106/2005*).

Diminuição de pena

Art. 221. (*Revogado pela Lei 11.106/2005*).

Concurso de rapto e outro crime

Art. 222. (*Revogado pela Lei 11.106/2005*).

Capítulo IV
DISPOSIÇÕES GERAIS

Formas qualificadas

Art. 223. (*Revogado pela Lei 12.015/2009*).

Presunção de violência

Art. 224. (*Revogado pela Lei 12.015/2009*).

Ação penal

Art. 225. Nos crimes definidos nos Capítulos I e II deste Título, procede-se mediante ação penal pública condicionada à representação.

→ Artigo com redação alterada pela Lei 12.015/2009.

→ v. Súmula 608 do STF.

→ v. Art. 5º, XL, da CF/1988.

→ v. Arts. 101, 213, §§ 1º e 2º, do CP.

→ v. Arts. 5º, II, § 4º, 24 a 29 e 33 do CPP.

Parágrafo único. Procede-se, entretanto, mediante ação penal pública incondicionada se a vítima é menor de 18 (dezoito) anos ou pessoa vulnerável.

Aumento de pena

Art. 226. A pena é aumentada:

→ Artigo com redação alterada pela Lei 11.106/2005.

I – de quarta parte, se o crime é cometido com o concurso de 2 (duas) ou mais pessoas;

II – de 1/2 (metade), se o agente é ascendente, padrasto ou madrasta, tio, irmão, cônjuge, companheiro, tutor, curador, preceptor ou empregador da vítima ou por qualquer outro título tem autoridade sobre ela;

III – (*Revogado pela Lei 11.106/2005*).

Capítulo V
DO LENOCÍNIO E DO TRÁFICO DE PESSOA PARA FIM DE PROSTITUIÇÃO OU OUTRA FORMA DE EXPLORAÇÃO SEXUAL

→ Rubrica do Capítulo V com redação alterada pela Lei 12.015/2009.

Mediação para servir a lascívia de outrem

Art. 227. Induzir alguém a satisfazer a lascívia de outrem:

Pena – reclusão, de 1 (um) a 3 (três) anos.

§ 1º Se a vítima é maior de 14 (catorze) e menor de 18 (dezoito) anos, ou se o agente é seu ascendente, descendente, cônjuge ou companheiro, irmão, tutor ou curador ou pessoa a quem esteja confiada para fins de educação, de tratamento ou de guarda:

→ § 1º com redação alterada pela Lei 11.106/2005.

Pena – reclusão, de 2 (dois) a 5 (cinco) anos.

§ 2º Se o crime é cometido com emprego de violência, grave ameaça ou fraude:

Pena – reclusão, de 2 (dois) a 8 (oito) anos, além da pena correspondente à violência.

§ 3º Se o crime é cometido com o fim de lucro, aplica-se também multa.

Favorecimento da prostituição ou outra forma de exploração sexual

→ Rubrica com redação alterada pela Lei 12.015/2009.

Art. 228. Induzir ou atrair alguém à prostituição ou outra forma de exploração sexual, facilitá-la, impedir ou dificultar que alguém a abandone:

Pena – reclusão, de 2 (dois) a 5 (cinco) anos, e multa.

→ *Caput* com redação alterada pela Lei 12.015/2009.

§ 1º Se o agente é ascendente, padrasto, madrasta, irmão, enteado, cônjuge, companheiro, tutor ou curador, preceptor ou empregador da vítima, ou se assumiu, por lei ou outra forma, obrigação de cuidado, proteção ou vigilância:

Pena – reclusão, de 3 (três) a 8 (oito) anos.

→ § 1º com redação alterada pela Lei 12.015/2009.

§ 2º Se o crime é cometido com o emprego de violência, grave ameaça ou fraude:

Pena – reclusão, de 4 (quatro) a 10 (dez) anos, além da pena correspondente à violência.

§ 3º Se o crime é cometido com o fim de lucro, aplica-se também multa.

Art. 229. Manter, por conta própria ou de terceiro, estabelecimento em que ocorra exploração sexual, haja, ou não, intuito de lucro ou mediação direta do proprietário ou gerente:

→ *Caput* com redação alterada pela Lei 12.015/2009.

Pena – reclusão, de 2 (dois) a 5 (cinco) anos, e multa.

Rufianismo

Art. 230. Tirar proveito da prostituição alheia, participando diretamente de seus lucros ou fazendo-se sustentar, no todo ou em parte, por quem a exerça:

Pena – reclusão, de 1 (um) a 4 (quatro) anos, e multa.

§ 1º Se a vítima é menor de 18 (dezoito) e maior de 14 (catorze) anos ou se o crime é cometido por ascendente, padrasto, madrasta, irmão, enteado, cônjuge, companheiro, tutor ou curador, preceptor ou empregador da vítima, ou por quem assumiu, por lei ou outra forma, obrigação de cuidado, proteção ou vigilância:

Pena – reclusão, de 3 (três) a 6 (seis) anos, e multa.

→ § 1º com redação alterada pela Lei 12.015/2009.

§ 2º Se o crime é cometido mediante violência, grave ameaça, fraude ou outro meio que impeça ou dificulte a livre manifestação da vontade da vítima:

Pena – reclusão, de 2 (dois) a 8 (oito) anos, sem prejuízo da pena correspondente à violência.

→ § 2º com redação alterada pela Lei 12.015/2009.

Tráfico internacional de pessoa para fim de exploração sexual

→ Rubrica com redação alterada pela Lei 12.015/2009.

Art. 231. Promover ou facilitar a entrada, no território nacional, de alguém que nele venha a exercer a prostituição ou outra forma de exploração sexual, ou a saída de alguém que vá exercê-la no estrangeiro.

Pena – reclusão, de 3 (três) a 8 (oito) anos.

→ Artigo com redação alterada pela Lei 12.015/2009.

§ 1º Incorre na mesma pena aquele que agenciar, aliciar ou comprar a pessoa traficada, assim como, tendo conhecimento dessa condição, transportá-la, transferi-la ou alojá-la.

→ *v.* Art. 109, V, da CF/1988.

§ 2º A pena é aumentada da 1/2 (metade) se:

I – a vítima é menor de 18 (dezoito) anos;

II – a vítima, por enfermidade ou deficiência mental, não tem o necessário discernimento para a prática do ato;

III – se o agente é ascendente, padrasto, madrasta, irmão, enteado, cônjuge, companheiro, tutor ou curador, preceptor ou empregador da vítima, ou se assumiu, por lei ou outra forma, obrigação de cuidado, proteção ou vigilância; ou

IV – há emprego de violência, grave ameaça ou fraude.

§ 3º Se o crime é cometido com o fim de obter vantagem econômica, aplica-se também multa.

→ *v.* Art. 49 do CP.

Tráfico interno de pessoa para fim de exploração sexual

→ Rubrica com redação alterada pela Lei 12.015/2009.

Art. 231-A. Promover ou facilitar o deslocamento de alguém dentro do território nacional para o exercício da prostituição ou outra forma de exploração sexual:

Pena – reclusão, de 2 (dois) a 6 (seis) anos.

→ Artigo com redação alterada pela Lei 12.015/2009.

§ 1º Incorre na mesma pena aquele que agenciar, aliciar, vender ou comprar a pessoa traficada, assim como, tendo conhecimento dessa condição, transportá-la, transferi-la ou alojá-la.

§ 2º A pena é aumentada da 1/2 (metade) se:

I – a vítima é menor de 18 (dezoito) anos;

II – a vítima, por enfermidade ou deficiência mental, não tem o necessário discernimento para a prática do ato;

III – se o agente é ascendente, padrasto, madrasta, irmão, enteado, cônjuge, companheiro, tutor ou curador, preceptor ou empregador da vítima, ou se assumiu, por lei ou outra forma, obrigação de cuidado, proteção ou vigilância; ou

IV – há emprego de violência, grave ameaça ou fraude.

§ 3º Se o crime é cometido com o fim de obter vantagem econômica, aplica-se também multa.

Art. 232. (*Revogado pela Lei 12.015/2009*).

Capítulo VI
DO ULTRAJE PÚBLICO AO PUDOR

Ato obsceno

Art. 233. Praticar ato obsceno em lugar público, ou aberto ou exposto ao público:

→ *v.* Arts. 61 e 65 do Dec.-lei 3.688/1941.

Pena – detenção, de 3 (três) meses a 1 (um) ano, ou multa.

Escrito ou objeto obsceno

Art. 234. Fazer, importar, exportar, adquirir ou ter sob sua guarda, para fim de comércio, de distribuição ou de exposição pública, escrito, desenho, pintura, estampa ou qualquer objeto obsceno:

→ *v.* Art. 5º, IV, IX, 220, § 2º, da CF/1988.

→ *v.* Arts. 240 a 241-C e 241-E do ECA.

Pena – detenção, de 6 (seis) meses a 2 (dois) anos, ou multa.

Parágrafo único. Incorre na mesma pena quem:

I – vende, distribui ou expõe à venda ou ao público qualquer dos objetos referidos neste artigo;

II – realiza, em lugar público ou acessível ao público, representação teatral, ou exibição cinematográfica de caráter obsceno, ou qualquer outro espetáculo, que tenha o mesmo caráter;

→ *v.* Lei 9.472/1997 – Organização dos serviços de telecomunicações.

→ *v.* Lei 4.117/1962 – Código brasileiro de telecomunicações.

III – realiza, em lugar público ou acessível ao público, ou pelo rádio, audição ou recitação de caráter obsceno.

Capítulo VII
DISPOSIÇÕES GERAIS

→ Capítulo VII acrescentado pela Lei 12.015/2009.

Aumento de pena

→ Rubrica acrescentada pela Lei 12.015/2009.

Art. 234-A. Nos crimes previstos neste Título a pena é aumentada:

→ Artigo acrescentado pela Lei 12.015/2009.

I – (*Vetado*);

II – (*Vetado*);

III – de 1/2 (metade), se do crime resultar gravidez; e

IV – de 1/6 (um sexto) até a 1/2 (metade), se o agente transmite à vítima doença sexualmente transmissível de que sabe ou deveria saber ser portador.

Art. 234-B. Os processos em que se apuram crimes definidos neste Título correrão em segredo de justiça.

→ Artigo acrescentado pela Lei 12.015/2009.

→ *v.* Arts. 5º, LX, e 93, IX, da CF/1988.

→ *v.* Art. 155, I e II, do CPC/1973.

→ *v.* Art. 189, I e II, do NCPC.

→ *v.* Art. 201, § 6º, do CPP.

Art. 234-C. (*Vetado*).

Título VII
Dos crimes contra a família

→ *v.* Art. 226, *caput*, da CF/1988.

Capítulo I
DOS CRIMES CONTRA O CASAMENTO

Bigamia

Art. 235. Contrair alguém, sendo casado, novo casamento:

→ *v.* Art. 226, § 3º, da CF/1988.

→ *v.* Arts. 1.525 a 1.542 do CC.

→ *v.* Arts. 20, 21, 111, IV, do CP.

→ *v.* Art. 92 do CPP.

Pena – reclusão, de 2 (dois) a 6 (seis) anos.

§ 1º Aquele que, não sendo casado, contrai casamento com pessoa casada, conhecendo essa circunstância, é punido com reclusão ou detenção, de 1 (um) a 3 (três) anos.

§ 2º Anulado por qualquer motivo o primeiro casamento, ou o outro por motivo que não a bigamia, considera-se inexistente o crime.

Induzimento a erro essencial e ocultação de impedimento

Art. 236. Contrair casamento, induzindo em erro essencial o outro contraente, ou ocultando-lhe impedimento que não seja casamento anterior:

→ *v.* Arts. 1.521 e 1.557 do CC.

Pena – detenção, de 6 (seis) meses a 2 (dois) anos.

Parágrafo único. A ação penal depende de queixa do contraente enganado e não pode ser intentada senão depois de transitar em julgado a sentença que, por motivo de erro ou impedimento, anule o casamento.

Conhecimento prévio de impedimento

Art. 237. Contrair casamento, conhecendo a existência de impedimento que lhe cause a nulidade absoluta:

→ *v.* Arts. 1.521, I a VII, e 1.548, II, do CC.

Pena – detenção, de 3 (três) meses a 1 (um) ano.

CP

Simulação de autoridade para celebração de casamento

Art. 238. Atribuir-se falsamente autoridade para celebração de casamento:

→ v. Art. 226, § 2º, da CF/1988.

→ v. Art. 1.515 do CC.

Pena – detenção, de 1 (um) a 3 (três) anos, se o fato não constitui crime mais grave.

Simulação de casamento

Art. 239. Simular casamento mediante engano de outra pessoa:

Pena – detenção, de 1 (um) a 3 (três) anos, se o fato não constitui elemento de crime mais grave.

Adultério

Art. 240. (*Revogado pela Lei 11.106/2005*).

Capítulo II
DOS CRIMES CONTRA O ESTADO DE FILIAÇÃO

Registro de nascimento inexistente

Art. 241. Promover no registro civil a inscrição de nascimento inexistente:

→ v. Art. 111, IV, do CP.

Pena – reclusão, de 2 (dois) a 6 (seis) anos.

Parto suposto. Supressão ou alteração de direito inerente ao estado civil de recém-nascido

Art. 242. Dar parto alheio como próprio; registrar como seu o filho de outrem; ocultar recém-nascido ou substituí-lo, suprimindo ou alterando direito inerente ao estado civil:

→ v. Art. 229 do ECA.

Pena – reclusão, de 2 (dois) a 6 (seis) anos.

→ Artigo com redação alterada pela Lei 6.898/1981.

Parágrafo único. Se o crime é praticado por motivo de reconhecida nobreza:

Pena – detenção, de 1 (um) a 2 (dois) anos, podendo o juiz deixar de aplicar a pena.

Sonegação de estado de filiação

Art. 243. Deixar em asilo de expostos ou outra instituição de assistência filho próprio ou alheio, ocultando-lhe a filiação ou atribuindo-lhe outra, com o fim de prejudicar direito inerente ao estado civil:

Pena – reclusão, de 1 (um) a 5 (cinco) anos, e multa.

Capítulo III
DOS CRIMES CONTRA A ASSISTÊNCIA FAMILIAR

Abandono material

Art. 244. Deixar, sem justa causa, de prover a subsistência do cônjuge, ou de filho menor de 18 (dezoito) anos ou inapto para o trabalho, ou de ascendente inválido ou maior de 60 (sessenta) anos, não lhes proporcionando os recursos necessários ou faltando ao pagamento de pensão alimentícia judicialmente acordada, fixada ou majorada; deixar, sem justa causa, de socorrer descendente ou ascendente, gravemente enfermo:

→ v. Arts. 227, 229 e 230 da CF/1988.

Pena – detenção, de 1 (um) a 4 (quatro) anos, e multa, de uma a dez vezes o maior salário mínimo vigente no País.

→ *Caput* com redação alterada pela Lei 10.741/2003.

Parágrafo único. Nas mesmas penas incide quem, sendo solvente, frustra ou ilide, de qualquer modo, inclusive por abandono injustificado de emprego ou função, o pagamento de pensão alimentícia judicialmente acordada, fixada ou majorada.

→ Parágrafo único com redação alterada pela Lei 5.478/1968.

→ v. Art. 5º, LXVII, da CF/1988.

→ v. Art. 733, § 1º, do CPC/1973.

→ v. Art. 528, § 3º, do NCPC.

→ v. Art. 19 da Lei 5.478/1968.

Entrega de filho menor a pessoa inidônea

Art. 245. Entregar filho menor de 18 (dezoito) anos a pessoa em cuja companhia saiba ou deva saber que o menor fica moral ou materialmente em perigo:

→ v. Arts. 18, I, e 27 do CP.

→ v. Art. 238 do ECA.

Pena – detenção, de 1 (um) a 2 (dois) anos.

→ Artigo com redação alterada pela Lei 7.251/1984.

§ 1º A pena é de 1 (um) a 4 (quatro) anos de reclusão, se o agente pratica delito para obter lucro, ou se o menor é enviado para o exterior.

§ 2º Incorre, também, na pena do parágrafo anterior quem, embora excluído o perigo moral ou material, auxilia a efetivação de ato destinado ao envio de menor para o exterior, com o fito de obter lucro.

→ v. Art. 239 do ECA.

Abandono intelectual

Art. 246. Deixar, sem justa causa, de prover à instrução primária de filho em idade escolar:

→ v. Art. 208, I, e § 1º, da CF/1988.

Pena – detenção, de 15 (quinze) dias a 1 (um) mês, ou multa.

Art. 247. Permitir alguém que menor de 18 (dezoito) anos, sujeito a seu poder ou confiado à sua guarda ou vigilância:

I – frequente casa de jogo ou mal-afamada, ou conviva com pessoa viciosa ou de má vida;

II – frequente espetáculo capaz de pervertê-lo ou de ofender-lhe o pudor, ou participe de representação de igual natureza;

→ v. Art. 240 da Lei 8.069/1990.

III – resida ou trabalhe em casa de prostituição;

IV – mendigue ou sirva a mendigo para excitar a comiseração pública:

Pena – detenção, de 1 (um) a 3 (três) meses, ou multa.

Capítulo IV
DOS CRIMES CONTRA O PÁTRIO PODER, TUTELA OU CURATELA

→ Com o advento da Lei 10.406/2002 – Código Civil, a expressão pátrio poder foi substituída por poder familiar.

Induzimento a fuga, entrega arbitrária ou sonegação de incapazes

Art. 248. Induzir menor de 18 (dezoito) anos, ou interdito, a fugir do lugar em que se acha por determinação de quem sobre ele exerce autoridade, em virtude de lei ou de ordem judicial; confiar a outrem sem ordem do pai, do tutor ou do curador algum menor de 18 (dezoito) anos ou interdito, ou deixar, sem justa causa, de entregá-lo a quem legitimamente o reclame:

→ v. Arts. 1.630 a 1.638, 1.728 a 1.766 e 1.767 a 1.783 do CC.

Pena – detenção, de 1 (um) mês a 1 (um) ano, ou multa.

Subtração de incapazes

Art. 249. Subtrair menor de 18 (dezoito) anos ou interdito ao poder de quem o tem sob sua guarda em virtude de lei ou de ordem judicial:

→ v. Arts. 83 a 85, 237 e 251 do ECA.

Pena – detenção, de 2 (dois) meses a 2 (dois) anos, se o fato não constitui elemento de outro crime.

§ 1º O fato de ser o agente pai ou tutor do menor ou curador do interdito não o exime de pena, se destituído ou temporariamente privado do pátrio poder, tutela, curatela ou guarda.

→ Com o advento da Lei 10.406/2002 – Código Civil, a expressão pátrio poder foi substituída por poder familiar.

§ 2º No caso de restituição do menor ou do interdito, se este não sofreu maus-tratos ou privações, o juiz pode deixar de aplicar pena.

→ v. Art. 107, IX, do CP.

Título VIII
Dos crimes contra a incolumidade pública

Capítulo I
DOS CRIMES DE PERIGO COMUM

Incêndio

Art. 250. Causar incêndio, expondo a perigo a vida, a integridade física ou o patrimônio de outrem:

→ v. Art. 173 do CPP.

→ v. Art. 16, parágrafo único, III, da Lei 10.826/2003.

→ v. Art. 20 da Lei 7.170/1983.

Pena – reclusão, de 3 (três) a 6 (seis) anos, e multa.

Aumento de pena

§ 1º As penas aumentam-se de 1/3 (um terço):

I – se o crime é cometido com intuito de obter vantagem pecuniária em proveito próprio ou alheio;

II – se o incêndio é:

a) em casa habitada ou destinada a habitação;

b) em edifício público ou destinado a uso público ou a obra de assistência social ou de cultura;

c) em embarcação, aeronave, comboio ou veículo de transporte coletivo;

→ v. Art. 106 da Lei 7.565/1986.

d) em estação ferroviária ou aeródromo;

e) em estaleiro, fábrica ou oficina;

f) em depósito de explosivo, combustível ou inflamável;

g) em poço petrolífero ou galeria de mineração;

h) em lavoura, pastagem, mata ou floresta.

→ v. Arts. 41 e 42 da Lei 9.605/1998.

Incêndio culposo

§ 2º Se culposo o incêndio, a pena é de detenção, de 6 (seis) meses a 2 (dois) anos.

Explosão

Art. 251. Expor a perigo a vida, a integridade física ou o patrimônio de outrem, mediante explosão, arremesso ou simples colocação de engenho de dinamite ou de substância de efeitos análogos:

→ v. Art. 35, I, da Lei 9.605/1998.

Pena – reclusão, de 3 (três) a 6 (seis) anos, e multa.

§ 1º Se a substância utilizada não é dinamite ou explosivo de efeitos análogos:

Pena – reclusão, de 1 (um) a 4 (quatro) anos, e multa.

Aumento de pena

§ 2º As penas aumentam-se de 1/3 (um terço), se ocorre qualquer das hipóteses previstas no § 1º, I, do artigo anterior, ou é visada ou atingida qualquer das coisas enumeradas no n. II do mesmo parágrafo.

Modalidade culposa

§ 3º No caso de culpa, se a explosão é de dinamite ou substância de efeitos análogos, a pena é de detenção, de 6 (seis) meses a 2 (dois) anos; nos demais casos, é de detenção, de 3 (três) meses a 1 (um) ano.

Uso de gás tóxico ou asfixiante

Art. 252. Expor a perigo a vida, a integridade física ou o patrimônio de outrem, usando de gás tóxico ou asfixiante:

→ v. Arts. 54 e 56 da Lei 9.605/1998.

Pena – reclusão, de 1 (um) a 4 (quatro) anos, e multa.

Modalidade culposa

Parágrafo único. Se o crime é culposo:

Pena – detenção, de 3 (três) meses a 1 (um) ano.

Fabrico, fornecimento, aquisição, posse ou transporte de explosivos ou gás tóxico, ou asfixiante

Art. 253. Fabricar, fornecer, adquirir, possuir ou transportar, sem licença da autoridade, substância ou engenho explosivo, gás tóxico ou asfixiante, ou material destinado à sua fabricação:

→ v. Art. 242 do ECA.

→ v. Art. 16, VI, da Lei 10.826/2003.

→ v. Arts. 22 e 26 da Lei 6.453/1977.

Pena – detenção, de 6 (seis) meses a 2 (dois) anos, e multa.

Inundação

Art. 254. Causar inundação, expondo a perigo a vida, a integridade física ou o patrimônio de outrem:

Pena – reclusão, de 3 (três) a 6 (seis) anos, e multa, no caso de dolo, ou detenção, de 6 (seis) meses a 2 (dois) anos, no caso de culpa.

Perigo de inundação

Art. 255. Remover, destruir ou inutilizar, em prédio próprio ou alheio, expondo a perigo a vida, a integridade física ou o patrimônio de outrem, obstáculo natural ou obra destinada a impedir inundação:

Pena – reclusão, de 1 (um) a 3 (três) anos, e multa.

Desabamento ou desmoronamento

Art. 256. Causar desabamento ou desmoronamento, expondo a perigo a vida, a integridade física ou o patrimônio de outrem:

→ v. Arts. 29 e 30 do Dec.-lei 3.688/1941.

Pena – reclusão, de 1 (um) a 4 (quatro) anos, e multa.

Modalidade culposa

Parágrafo único. Se o crime é culposo:

Pena – detenção, de 6 (seis) meses a 1 (um) ano.

Subtração, ocultação ou inutilização de material de salvamento

Art. 257. Subtrair, ocultar ou inutilizar, por ocasião de incêndio, inundação, naufrágio, ou outro desastre ou calamidade, aparelho, material ou qualquer meio destinado a serviço de combate ao perigo, de socorro ou salvamento; ou impedir ou dificultar serviço de tal natureza:

Pena – reclusão, de 2 (dois) a 5 (cinco) anos, e multa.

Formas qualificadas de crime de perigo comum

Art. 258. Se do crime doloso de perigo comum resulta lesão corporal de natureza grave, a pena privativa de liberdade é aumentada de 1/2 (metade); se resulta morte, é aplicada em dobro. No caso de culpa, se do fato resulta lesão corporal, a pena aumenta-se de 1/2 (metade); se resulta morte, aplica-se a pena cominada ao homicídio culposo, aumentada de 1/3 (um terço).

Difusão de doença ou praga

Art. 259. Difundir doença ou praga que possa causar dano a floresta, plantação ou animais de utilidade econômica:

→ v. Art. 61 da Lei 9.065/1998.

Pena – reclusão, de 2 (dois) a 5 (cinco) anos, e multa.

Modalidade culposa

Parágrafo único. No caso de culpa, a pena é de detenção, de 1 (um) a 6 (seis) meses, ou multa.

Capítulo II
DOS CRIMES CONTRA A SEGURANÇA DOS MEIOS DE COMUNICAÇÃO E TRANSPORTE E OUTROS SERVIÇOS PÚBLICOS

Perigo de desastre ferroviário

Art. 260. Impedir ou perturbar serviço de estrada de ferro:

I – destruindo, danificando ou desarranjando, total ou parcialmente, linha férrea, material rodante ou de tração, obra de arte ou instalação;

II – colocando obstáculo na linha;

III – transmitindo falso aviso acerca do movimento dos veículos ou interrompendo ou embaraçando o funcionamento de telégrafo, telefone ou radiotelegrafia;

IV – praticando outro ato de que possa resultar desastre:

→ v. Art. 15 da Lei 7.170/1983.

Pena – reclusão, de 2 (dois) a 5 (cinco) anos, e multa.

Desastre ferroviário

§ 1º Se do fato resulta desastre:

Pena – reclusão, de 4 (quatro) a 12 (doze) anos, e multa.

§ 2º No caso de culpa, ocorrendo desastre:

Pena – detenção, de 6 (seis) meses a 2 (dois) anos.

§ 3º Para os efeitos deste artigo, entende-se por estrada de ferro qualquer via de comunicação em que circulem veículos de tração mecânica, em trilhos ou por meio de cabo aéreo.

Atentado contra a segurança de transporte marítimo, fluvial ou aéreo

Art. 261. Expor a perigo embarcação ou aeronave, própria ou alheia, ou praticar qualquer ato tendente a impedir ou dificultar navegação marítima, fluvial ou aérea:

→ v. Art. 106 da Lei 7.565/1986.

Pena – reclusão, de 2 (dois) a 5 (cinco) anos.

Sinistro em transporte marítimo, fluvial ou aéreo

§ 1º Se do fato resulta naufrágio, submersão ou encalhe de embarcação ou a queda ou destruição de aeronave:

Pena – reclusão, de 4 (quatro) a 12 (doze) anos.

Prática do crime com o fim de lucro

§ 2º Aplica-se, também, a pena de multa, se o agente pratica o crime com o intuito de obter vantagem econômica, para si ou para outrem.

Modalidade culposa

§ 3º No caso de culpa, se ocorre o sinistro:

Pena – detenção, de 6 (seis) meses a 2 (dois) anos.

Atentado contra a segurança de outro meio de transporte

Art. 262. Expor a perigo outro meio de transporte público, impedir-lhe ou dificultar-lhe o funcionamento:

Pena – detenção, de 1 (um) a 2 (dois) anos.

§ 1º Se do fato resulta desastre, a pena é de reclusão, de 2 (dois) a 5 (cinco) anos.

§ 2º No caso de culpa, se ocorre desastre:

Pena – detenção, de 3 (três) meses a 1 (um) ano.

Forma qualificada

Art. 263. Se de qualquer dos crimes previstos nos arts. 260 a 262, no caso de desastre ou sinistro, resulta lesão corporal ou morte, aplica-se o disposto no art. 258.

Arremesso de projétil

Art. 264. Arremessar projétil contra veículo, em movimento, destinado ao transporte público por terra, por água ou pelo ar:

→ v. Art. 15 da Lei 10.826/2006.

Pena – detenção, de 1 (um) a 6 (seis) meses.

Parágrafo único. Se do fato resulta lesão corporal, a pena é de detenção, de 6 (seis) meses a 2 (dois) anos; se resulta morte, a pena é a do art. 121, § 3º, aumentada de 1/3 (um terço).

Atentado contra a segurança de serviço de utilidade pública

Art. 265. Atentar contra a segurança ou o funcionamento de serviço de água, luz, força ou calor, ou qualquer outro de utilidade pública:

→ v. Art. 15 da Lei 7.170/1983.

→ v. Art. 27 da Lei 6.453/1977.

Pena – reclusão, de 1 (um) a 5 (cinco) anos, e multa.

Parágrafo único. Aumentar-se-á a pena de 1/3 (um terço) até a 1/2 (metade), se o dano ocorrer em virtude de subtração de material essencial ao funcionamento dos serviços.

→ Parágrafo único acrescentado pela Lei 5.346/1967.

Interrupção ou perturbação de serviço telegráfico ou telefônico, informático, telemático ou de informação de utilidade pública

→ Rubrica com redação alterada pela Lei 12.737/2012.

Art. 266. Interromper ou perturbar serviço telegráfico, radiotelegráfico ou telefônico, impedir ou dificultar-lhe o restabelecimento:

Pena – detenção, de 1 (um) a 3 (três) anos, e multa.

§ 1º Incorre na mesma pena quem interrompe serviço telemático ou de informação de utilidade pública, ou impede ou dificulta-lhe o restabelecimento.

→ § 1º acrescentado pela Lei 12.737/2012.

§ 2º Aplicam-se as penas em dobro se o crime é cometido por ocasião de calamidade pública.

→ § 2º acrescentado pela Lei 12.737/2012.

CP

Capítulo III
DOS CRIMES CONTRA A SAÚDE PÚBLICA

Epidemia

Art. 267. Causar epidemia, mediante a propagação de germes patogênicos:

Pena – reclusão, de 10 (dez) a 15 (quinze) anos.

→ Pena com redação alterada pela Lei 8.072/1990.

§ 1º Se do fato resulta morte, a pena é aplicada em dobro.

→ *V.* Arts. 196 e 200, II, da CF/1988.

→ *V.* Art. 1º, VII, da Lei 8.072/1990.

§ 2º No caso de culpa, a pena é de detenção, de 1 (um) a 2 (dois) anos, ou, se resulta morte, de 2 (dois) a 4 (quatro) anos.

Infração de medida sanitária preventiva

Art. 268. Infringir determinação do poder público, destinada a impedir introdução ou propagação de doença contagiosa:

Pena – detenção, de 1 (um) mês a 1 (um) ano, e multa.

Parágrafo único. A pena é aumentada de 1/3 (um terço), se o agente é funcionário da saúde pública ou exerce a profissão de médico, farmacêutico, dentista ou enfermeiro.

Omissão de notificação de doença

Art. 269. Deixar o médico de denunciar à autoridade pública doença cuja notificação é compulsória:

Pena – detenção, de 6 (seis) meses a 2 (dois) anos, e multa.

Envenenamento de água potável ou de substância alimentícia ou medicinal

Art. 270. Envenenar água potável, de uso comum ou particular, ou substância alimentícia ou medicinal destinada a consumo:

→ *V.* Lei 2.889/1956 – Crime de genocídio.

Pena – reclusão, de 10 (dez) a 15 (quinze) anos.

→ Pena com redação alterada pela Lei 8.072/1990.

§ 1º Está sujeito à mesma pena quem entrega a consumo ou tem em depósito, para o fim de ser distribuída, a água ou a substância envenenada.

Modalidade culposa

§ 2º Se o crime é culposo:

Pena – detenção, de 6 (seis) meses a 2 (dois) anos.

Corrupção ou poluição de água potável

Art. 271. Corromper ou poluir água potável, de uso comum ou particular, tornando-a imprópria para consumo ou nociva à saúde:

→ *V.* Art. 54 da Lei 9.605/1998.

Pena – reclusão, de 2 (dois) a 5 (cinco) anos.

Modalidade culposa

Parágrafo único. Se o crime é culposo:

Pena – detenção, de 2 (dois) meses a 1 (um) ano.

Falsificação, corrupção, adulteração ou alteração de substância ou produtos alimentícios

→ Rubrica com redação alterada pela Lei 9.677/1998.

Art. 272. Corromper, adulterar, falsificar ou alterar substância ou produto alimentício destinado a consumo, tornando-o nocivo à saúde ou reduzindo-lhe o valor nutritivo:

Pena – reclusão, de 4 (quatro) a 8 (oito) anos, e multa.

→ Artigo com redação alterada pela Lei 9.677/1998.

§ 1º-A. Incorre nas penas deste artigo quem fabrica, vende, expõe à venda, importa, tem em depósito para vender ou, de qualquer forma, distribui ou entrega a consumo a substância alimentícia ou o produto falsificado, corrompido ou adulterado.

§ 1º Está sujeito às mesmas penas quem pratica as ações previstas neste artigo em relação a bebidas, com ou sem teor alcoólico.

Modalidade culposa

§ 2º Se o crime é culposo:

Pena – detenção, de 1 (um) a 2 (dois) anos, e multa.

Falsificação, corrupção, adulteração ou alteração de produto destinado a fins terapêuticos ou medicinais

→ Rubrica com redação alterada pela Lei 9.677/1998.

Art. 273. Falsificar, corromper, adulterar ou alterar produto destinado a fins terapêuticos ou medicinais:

→ *V.* Art. 1º, VII-B, da Lei 8.072/1990.

Pena – reclusão, de 10 (dez) a 15 (quinze) anos, e multa.

→ Artigo com redação alterada pela Lei 9.677/1998.

§ 1º Nas mesmas penas incorre quem importa, vende, expõe à venda, tem em depósito para vender ou, de qualquer forma, distribui ou entrega a consumo o produto falsificado, corrompido, adulterado ou alterado.

§ 1º-A. Incluem-se entre os produtos a que se refere este artigo os medicamentos, as matérias-primas, os insumos farmacêuticos, os cosméticos, os saneantes e os de uso em diagnóstico.

§ 1º-B. Está sujeito às penas deste artigo quem pratica as ações previstas no § 1º em relação a produtos em qualquer das seguintes condições:

I – sem registro, quando exigível, no órgão de vigilância sanitária competente;

II – em desacordo com a fórmula constante do registro previsto no inciso anterior;

III – sem as características de identidade e qualidade admitidas para a sua comercialização;

IV – com redução de seu valor terapêutico ou de sua atividade;

V – de procedência ignorada;

VI – adquiridos de estabelecimento sem licença da autoridade sanitária competente.

Modalidade culposa

§ 2º Se o crime é culposo:

Pena – detenção, de 1 (um) a 3 (três) anos, e multa.

Emprego de processo proibido ou de substância não permitida

Art. 274. Empregar, no fabrico de produto destinado a consumo, revestimento, gaseificação artificial, matéria corante, substância aromática, antisséptica, conservadora ou qualquer outra não expressamente permitida pela legislação sanitária:

Pena – reclusão, de 1 (um) a 5 (cinco) anos, e multa.

→ Pena com redação alterada pela Lei 9.677/1998.

Invólucro ou recipiente com falsa indicação

Art. 275. Inculcar, em invólucro ou recipiente de produtos alimentícios, terapêuticos ou medicinais, a existência de substância que não se encontra em seu conteúdo ou que nele existe em quantidade menor que a mencionada:

→ *V.* Art. 66 do CDC.

Pena – reclusão, de 1 (um) a 5 (cinco) anos, e multa.

→ Artigo com redação alterada pela Lei 9.677/1998.

Produto ou substância nas condições dos dois artigos anteriores

Art. 276. Vender, expor à venda, ter em depósito para vender ou, de qualquer forma, entregar a consumo produto nas condições dos arts. 274 e 275:

Pena – reclusão, de 1 (um) a 5 (cinco) anos, e multa.

→ Pena com redação alterada pela Lei 9.677/1998.

Substância destinada à falsificação

Art. 277. Vender, expor à venda, ter em depósito ou ceder substância destinada à falsificação de produtos alimentícios, terapêuticos ou medicinais:

Pena – reclusão, de 1 (um) a 5 (cinco) anos, e multa.

→ Artigo com redação alterada pela Lei 9.677/1998.

Outras substâncias nocivas à saúde pública

Art. 278. Fabricar, vender, expor à venda, ter em depósito para vender ou, de qualquer forma, entregar a consumo coisa ou substância nociva à saúde, ainda que não destinada à alimentação ou a fim medicinal:

Pena – detenção, de 1 (um) a 3 (três) anos, e multa.

Modalidade culposa

Parágrafo único. Se o crime é culposo:

Pena – detenção, de 2 (dois) meses a 1 (um) ano.

Substância avariada

Art. 279. *(Revogado pela Lei 8.137/1990).*

Medicamento em desacordo com receita médica

Art. 280. Fornecer substância medicinal em desacordo com receita médica:

Pena – detenção, de 1 (um) a 3 (três) anos, ou multa.

Modalidade culposa

Parágrafo único. Se o crime é culposo:

Pena – detenção, de 2 (dois) meses a 1 (um) ano.

→ *v.* Art. 60, § 2º, do CP.

Comércio clandestino ou facilitação de uso de entorpecente

Art. 281. *(Revogado pela Lei 6.368/1976).*

Exercício ilegal da medicina, arte dentária ou farmacêutica

Art. 282. Exercer, ainda que a título gratuito, a profissão de médico, dentista ou farmacêutico, sem autorização legal ou excedendo-lhe os limites:

→ *v.* Art. 47 da Lei 3.688/1941.

Pena – detenção, de 6 (seis) meses a 2 (dois) anos.

Parágrafo único. Se o crime é praticado com o fim de lucro, aplica-se também multa.

Charlatanismo

Art. 283. Inculcar ou anunciar cura por meio secreto ou infalível:

Pena – detenção, de 3 (três) meses a 1 (um) ano, e multa.

Curandeirismo

Art. 284. Exercer o curandeirismo:

I – prescrevendo, ministrando ou aplicando, habitualmente, qualquer substância;

II – usando gestos, palavras ou qualquer outro meio;

→ *v.* Art. 5º, VI, da CF/1988.

III – fazendo diagnósticos:

Pena – detenção, de 6 (seis) meses a 2 (dois) anos.

Parágrafo único. Se o crime é praticado mediante remuneração, o agente fica também sujeito à multa.

Forma qualificada

Art. 285. Aplica-se o disposto no art. 258 aos crimes previstos neste Capítulo, salvo quanto ao definido no art. 267.

Título IX
Dos crimes contra a paz pública

Incitação ao crime

Art. 286. Incitar, publicamente, a prática de crime:

→ *v.* Arts. 31, 122, 237 e 238 do CP.

→ *v.* Art. 20 da Lei 7.716/1989.

→ *v.* Art. 23, IV, da Lei 7.170/1983.

→ *v.* Art. 3º da Lei 2.889/1956.

Pena – detenção, de 3 (três) a 6 (seis) meses, ou multa.

Apologia de crime ou criminoso

Art. 287. Fazer, publicamente, apologia de fato criminoso ou de autor de crime:

Pena – detenção, de 3 (três) a 6 (seis) meses, ou multa.

Associação Criminosa

→ Rubrica com redação alterada pela Lei 12.850/2013, em vigor após decorridos 45 (quarenta e cinco) dias de sua publicação oficial – publicação no *D.O.U.* de 5.8.2013.

Art. 288. Associarem-se 3 (três) ou mais pessoas, para o fim específico de cometer crimes:

→ Artigo com redação alterada pela Lei 12.850/2013, em vigor após decorridos 45 (quarenta e cinco) dias de sua publicação oficial – publicação no *D.O.U.* de 5.8.2013.

Pena – reclusão, de 1 (um) a 3 (três) anos.

Parágrafo único. A pena aumenta-se até a metade se a associação é armada ou se houver a participação de criança ou adolescente

Constituição de milícia privada

→ Rubrica acrescentada pela Lei 12.720/2012.

Art. 288-A Constituir, organizar, integrar, manter ou custear organização paramilitar, milícia particular, grupo ou esquadrão com a finalidade de praticar qualquer dos crimes previstos neste Código.

Pena – reclusão, de 4 (quatro) a 8 (oito) anos.

→ Artigo acrescentado pela Lei 12.720/2012.

→ *v.* Art. 2º da Lei 12.694/2012.

Título X
Dos crimes contra a fé pública

Capítulo I
DA MOEDA FALSA

Moeda falsa

Art. 289. Falsificar, fabricando-a ou alterando-a, moeda metálica ou papel-moeda de curso legal no país ou no estrangeiro:

→ *v.* Súmula 73 do STJ.

→ *v.* Art. 164 da CF/1988.

→ *v.* Art. 1º da Lei 9.069/1995.

→ *v.* Art. 2º da Lei 5.895/1973.

→ *v.* Arts. 3º, II, 4º, I, e 10, I, da Lei 4.595/1964.

→ *v.* Arts. 2º, 5º e 13 da Lei 4.511/1964.

→ *v.* Art. 43 do Dec-lei 3.688/1941.

Pena – reclusão, de 3 (três) a 12 (doze) anos, e multa.

§ 1º Nas mesmas penas incorre quem, por conta própria ou alheia, importa ou exporta, adquire, vende, troca, cede, empresta, guarda ou introduz na circulação moeda falsa.

§ 2º Quem, tendo recebido de boa-fé, como verdadeira, moeda falsa ou alterada, a restitui à circulação, depois de conhecer a falsidade, é punido com detenção, de 6 (seis) meses a 2 (dois) anos, e multa.

§ 3º É punido com reclusão, de 3 (três) a 15 (quinze) anos, e multa, o funcionário público ou diretor, gerente, ou fiscal de banco de emissão que fabrica, emite ou autoriza a fabricação ou emissão:

I – de moeda com título ou peso inferior ao determinado em lei;

II – de papel-moeda em quantidade superior à autorizada.

§ 4º Nas mesmas penas incorre quem desvia e faz circular moeda, cuja circulação não estava ainda autorizada.

Crimes assimilados ao de moeda falsa

Art. 290. Formar cédula, nota ou bilhete representativo de moeda com fragmentos de cédulas, notas ou bilhetes verdadeiros; suprimir, em nota, cédula ou bilhete recolhidos, para o fim de restituí-los à circulação, sinal indicativo de sua inutilização; restituir à circulação cédula, nota ou bilhete em tais condições, ou já recolhidos para o fim de inutilização:

→ *v.* Art. 14 da Lei 4.511/1964.

Pena – reclusão, de 2 (dois) a 8 (oito) anos, e multa.

Parágrafo único. O máximo da reclusão é elevado a 12 (doze) anos e o da multa a Cr$ 40.000 (quarenta mil cruzeiros), se o crime é cometido por funcionário que trabalha na repartição onde o dinheiro se achava recolhido, ou nela tem fácil ingresso, em razão do cargo.

→ Conforme art. 2º da Lei 7.209/1984, "são canceladas, na Parte Especial do Código Penal e nas leis especiais alcançadas pelo art. 12 do Código Penal, quaisquer referências a valores de multas, substituindo-se a expressão multa de por multa".

Petrechos para falsificação de moeda

Art. 291. Fabricar, adquirir, fornecer, a título oneroso ou gratuito, possuir ou guardar maquinismo, aparelho, instrumento ou qualquer objeto especialmente destinado à falsificação de moeda:

Pena – reclusão, de 2 (dois) a 6 (seis) anos, e multa.

Emissão de título ao portador sem permissão legal

Art. 292. Emitir, sem permissão legal, nota, bilhete, ficha, vale ou título que contenha promessa de pagamento em dinheiro ao portador ou a que falte indicação do nome da pessoa a quem deva ser pago:

Pena – detenção, de 1 (um) a 6 (seis) meses, ou multa.

Parágrafo único. Quem recebe ou utiliza como dinheiro qualquer dos documentos referidos neste artigo incorre na pena de detenção, de 15 (quinze) dias a 3 (três) meses, ou multa.

Capítulo II
DA FALSIDADE DE TÍTULOS E OUTROS PAPÉIS PÚBLICOS

Falsificação de papéis públicos

Art. 293. Falsificar, fabricando-os ou alterando-os:

→ *v.* Art. 1º, III, da Lei 8.137/1990.

I – selo destinado a controle tributário, papel selado ou qualquer papel de emissão legal destinado à arrecadação de tributo;

→ Inciso I com redação alterada pela Lei 11.035/2004.

→ *v.* Art. 36 da Lei 6.538/1978.

II – papel de crédito público que não seja moeda de curso legal;

III – vale postal;

IV – cautela de penhor, caderneta de depósito de caixa econômica ou de outro estabelecimento mantido por entidade de direito público;

V – talão, recibo, guia, alvará ou qualquer outro documento relativo a arrecadação de rendas públicas ou a depósito ou caução por que o poder público seja responsável;

VI – bilhete, passe ou conhecimento de empresa de transporte administrada pela União, por Estado ou por Município:

Pena – reclusão, de 2 (dois) a 8 (oito) anos, e multa.

§ 1º Incorre na mesma pena quem:

→ § 1º com redação alterada pela Lei 11.035/2004.

I – usa, guarda, possui ou detém qualquer dos papéis falsificados a que se refere este artigo;

II – importa, exporta, adquire, vende, troca, cede, empresta, guarda, fornece ou restitui à circulação selo falsificado destinado a controle tributário;

III – importa, exporta, adquire, vende, expõe à venda, mantém em depósito, guarda, troca, cede, empresta, fornece, porta ou, de qualquer forma, utiliza em proveito próprio ou alheio, no exercício de atividade comercial ou industrial, produto ou mercadoria:

a) em que tenha sido aplicado selo que se destine a controle tributário, falsificado;

b) sem selo oficial, nos casos em que a legislação tributária determina a obrigatoriedade de sua aplicação.

§ 2º Suprimir, em qualquer desses papéis, quando legítimos, com o fim de torná-los novamente utilizáveis, carimbo ou sinal indicativo de sua inutilização:

→ *v.* Art. 37 da Lei 6.538/1978.

Pena – reclusão, de 1 (um) a 4 (quatro) anos, e multa.

§ 3º Incorre na mesma pena quem usa, depois de alterado, qualquer dos papéis a que se refere o parágrafo anterior.

→ *v.* Art. 37, § 1º, da Lei 6.538/1978.

§ 4º Quem usa ou restitui à circulação, embora recebido de boa-fé, qualquer dos papéis falsificados ou alterados, a que se referem este artigo e o seu § 2º, depois de conhecer a falsidade ou alteração, incorre na pena de detenção, de 6 (seis) meses a 2 (dois) anos, ou multa.

→ *v.* Art. 37, § 2º, da Lei 6.538/1978.

§ 5º Equipara-se a atividade comercial, para os fins do inciso III do § 1º, qualquer forma de comércio irregular ou clandestino, inclusive o exercido em vias, praças ou outros logradouros públicos e em residências.

→ § 5º acrescentado pela Lei 11.035/2004.

Petrechos de falsificação

Art. 294. Fabricar, adquirir, fornecer, possuir ou guardar objeto especialmente destinado à falsificação de qualquer dos papéis referidos no artigo anterior:

→ *v.* Art. 38 da Lei 6.538/1978.

Pena – reclusão, de 1 (um) a 3 (três) anos, e multa.

Art. 295. Se o agente é funcionário público, e comete o crime prevalecendo-se do cargo, aumenta-se a pena de sexta parte.

→ *v.* Art. 327 do CP.

Capítulo III
DA FALSIDADE DOCUMENTAL

→ *v.* Arts. 231 a 238 do CPP.

Falsificação do selo ou sinal público

Art. 296. Falsificar, fabricando-os ou alterando-os:

→ *v.* Art. 159 do CPP.

I – selo público destinado a autenticar atos oficiais da União, de Estado ou de Município;

II – selo ou sinal atribuído por lei a entidade de direito público, ou a autoridade, ou sinal público de tabelião:

Pena – reclusão, de 2 (dois) a 6 (seis) anos, e multa.

§ 1º Incorre nas mesmas penas:

I – quem faz uso do selo ou sinal falsificado;

II – quem utiliza indevidamente o selo ou sinal verdadeiro em prejuízo de outrem ou em proveito próprio ou alheio;

III – quem altera, falsifica ou faz uso indevido de marcas, logotipos, siglas ou quaisquer outros símbolos utilizados ou identificadores de órgãos ou entidades da Administração Pública.

→ Inciso III acrescentado pela Lei 9.983/2000.

§ 2º Se o agente é funcionário público, e comete o crime prevalecendo-se do cargo, aumenta-se a pena de sexta parte.

Falsificação de documento público

Art. 297. Falsificar, no todo ou em parte, documento público, ou alterar documento público verdadeiro:

→ *v.* Súmula 17 do STJ.

→ *v.* Art. 2º, I, da Lei 8.137/1990.

→ *v.* Art. 348 da Lei 4.737/1965.

Pena – reclusão, de 2 (dois) a 6 (seis) anos, e multa.

§ 1º Se o agente é funcionário público, e comete o crime prevalecendo-se do cargo, aumenta-se a pena de sexta parte.

→ *v.* Arts. 513 a 518 do CPP.

§ 2º Para os efeitos penais, equiparam-se a documento público o emanado de entidade paraestatal, o título ao portador ou transmissível por endosso, as ações de sociedade comercial, os livros mercantis e o testamento particular.

§ 3º Nas mesmas penas incorre quem insere ou faz inserir:

→ § 3º acrescentado pela Lei 9.983/2000.

I – na folha de pagamento ou em documento de informações que seja destinado a fazer prova perante a previdência social, pessoa que não possua a qualidade de segurado obrigatório;

→ *v.* Art. 12 da Lei 8.212/1991.

II – na Carteira de Trabalho e Previdência Social do empregado ou em documento que deva produzir efeito perante a previdência social, declaração falsa ou diversa da que deveria ter sido escrita;

→ *v.* Art. 49 da CLT.

III – em documento contábil ou em qualquer outro documento relacionado com as obrigações da empresa perante a previdência social, declaração falsa ou diversa da que deveria ter constado.

§ 4º Nas mesmas penas incorre quem omite, nos documentos mencionados no § 3º, nome do segurado e seus dados pessoais, a remuneração, a vigência do contrato de trabalho ou de prestação de serviços.

→ § 4º acrescentado pela Lei 9.983/2000.

Falsificação de documento particular

Art. 298. Falsificar, no todo ou em parte, documento particular ou alterar documento particular verdadeiro:

Pena – reclusão, de 1 (um) a 5 (cinco) anos, e multa.

Falsificação de cartão

→ Rubrica acrescentada pela Lei 12.737/2012.

Parágrafo único. Para fins do disposto no *caput*, equipara-se a documento particular o cartão de crédito ou débito.

→ Parágrafo único incluído pela Lei 12.737/2012.

Falsidade ideológica

Art. 299. Omitir, em documento público ou particular, declaração que dele devia constar, ou nele inserir ou fazer inserir declaração falsa ou diversa da que devia ser escrita, com o fim de prejudicar direito, criar obrigação ou alterar a verdade sobre fato juridicamente relevante:

→ *v.* Art. 49, I e V, da CLT.

→ *v.* Art. 171 da Lei 11.101/2005.

→ *v.* Art. 9º da Lei 7.492/1986.

→ *v.* Art. 125, XIII, da Lei 6.815/1980.

→ *v.* Art. 350 da Lei 4.737/1965.

Pena – reclusão, de 1 (um) a 5 (cinco) anos, e multa, se o documento é público, e reclusão de 1 (um) a 3 (três) anos, e multa, se o documento é particular.

Parágrafo único. Se o agente é funcionário público, e comete o crime prevalecendo-se do cargo, ou se a falsificação ou alteração é de assentamento de registro civil, aumenta-se a pena de sexta parte.

→ *v.* Art. 1º, § 1º, I e II, da Lei 6.015/1973.

Falso reconhecimento de firma ou letra

Art. 300. Reconhecer, como verdadeira, no exercício de função pública, firma ou letra que o não seja:

→ *v.* Art. 352 da Lei 4.737/1965.

Pena – reclusão, de 1 (um) a 5 (cinco) anos, e multa, se o documento é público; e de 1 (um) a 3 (três) anos, e multa, se o documento é particular.

Certidão ou atestado ideologicamente falso

Art. 301. Atestar ou certificar falsamente, em razão de função pública, fato ou circunstância que habilite alguém a obter cargo público, isenção de ônus ou de serviço de caráter público, ou qualquer outra vantagem:

Pena – detenção, de 2 (dois) meses a 1 (um) ano.

Falsidade material de atestado ou certidão

§ 1º Falsificar, no todo ou em parte, atestado ou certidão, ou alterar o teor de certidão ou de atestado verdadeiro, para prova de fato ou circunstância que habilite alguém a obter cargo público, isenção de ônus ou de serviço de caráter público, ou qualquer outra vantagem:

Pena – detenção, de 3 (três) meses a 2 (dois) anos.

§ 2º Se o crime é praticado com o fim de lucro, aplica-se, além da pena privativa de liberdade, a de multa.

Falsidade de atestado médico

Art. 302. Dar o médico, no exercício da sua profissão, atestado falso:

Pena – detenção, de 1 (um) mês a 1 (um) ano.

Parágrafo único. Se o crime é cometido com o fim de lucro, aplica-se também multa.

Reprodução ou adulteração de selo ou peça filatélica

→ *v.* Art. 39 da Lei 6.538/1978.

Art. 303. Reproduzir ou alterar selo ou peça filatélica que tenha valor para coleção, salvo quando a reprodução ou a alteração está visivelmente anotada na face ou no verso do selo ou peça:

Pena – detenção, de 1 (um) a 3 (três) anos, e multa.

Parágrafo único. Na mesma pena incorre quem, para fins de comércio, faz uso do selo ou peça filatélica.

Uso de documento falso

Art. 304. Fazer uso de qualquer dos papéis falsificados ou alterados, a que se referem os arts. 297 a 302:

→ *v.* Súmula 200 do STJ.

→ *v.* Art. 70 do CPP.

→ *v.* Art. 175 da Lei 11.101/2005.

→ *v.* Art. 1º, IV, da Lei 8.137/1990.

→ *v.* Arts. 7º, I e 14 da Lei 7.492/1986.

Pena – a cominada à falsificação ou à alteração.

Supressão de documento

Art. 305. Destruir, suprimir ou ocultar, em benefício próprio ou de outrem, ou em prejuízo alheio, documento público ou particular verdadeiro, de que não podia dispor:

→ *v.* Art. 339 da Lei 4.737/1965.

Pena – reclusão, de 2 (dois) a 6 (seis) anos, e multa, se o documento é público, e reclusão, de 1 (um) a 5 (cinco) anos, e multa, se o documento é particular.

Capítulo IV
DE OUTRAS FALSIDADES

Falsificação do sinal empregado no contraste de metal precioso ou na fiscalização alfandegária, ou para outros fins

Art. 306. Falsificar, fabricando-o ou alterando-o, marca ou sinal empregado pelo poder público no contraste de metal precioso ou na fiscalização alfandegária, ou usar marca ou sinal dessa natureza, falsificado por outrem:

Pena – reclusão, de 2 (dois) a 6 (seis) anos, e multa.

Parágrafo único. Se a marca ou sinal falsificado é o que usa a autoridade pública para o fim de fiscalização sanitária, ou para autenticar ou encerrar determinados objetos, ou comprovar o cumprimento de formalidade legal:

Pena – reclusão ou detenção, de 1 (um) a 3 (três) anos, e multa.

Falsa identidade

→ *v.* Súmula 522 do STJ

Art. 307. Atribuir-se ou atribuir a terceiro falsa identidade para obter vantagem, em proveito próprio ou alheio, ou para causar dano a outrem:

Pena – detenção, de 3 (três) meses a 1 (um) ano, ou multa, se o fato não constitui elemento de crime mais grave.

→ *v.* Art. 68 do Dec-lei 3.688/1941.

Art. 308. Usar, como próprio, passaporte, título de eleitor, caderneta de reservista ou qualquer documento de identidade alheia ou ceder a outrem, para que dele se utilize, documento dessa natureza, próprio ou de terceiro:

→ *v.* Súmula 200 do STJ.

Pena – detenção, de 4 (quatro) meses a 2 (dois) anos, e multa, se o fato não constitui elemento de crime mais grave.

Fraude de lei sobre estrangeiro

Art. 309. Usar o estrangeiro, para entrar ou permanecer no território nacional, nome que não é o seu:

→ *v.* Art. 125, XIII, da Lei 6.815/1980.

Pena – detenção, de 1 (um) a 3 (três) anos, e multa.

Parágrafo único. Atribuir a estrangeiro falsa qualidade para promover-lhe a entrada em território nacional.

Pena – reclusão de 1 (um) a 4 (quatro) anos, e multa.

→ Parágrafo único acrescentado pela Lei 9.426/1996.

Art. 310. Prestar-se a figurar como proprietário ou possuidor de ação, título ou valor pertencente a estrangeiro, nos casos em que a este é vedada por lei a propriedade ou a posse de tais bens:

→ *v.* Art. 222 da CF/1988.

Pena – detenção, de 6 (seis) meses a 3 (três) anos, e multa.

→ Artigo com redação alterada pela Lei 9.426/1996.

Adulteração de sinal identificador de veículo automotor

→ Rubrica acrescentada pela Lei 9.426/1996.

Art. 311. Adulterar ou remarcar número de chassi ou qualquer sinal identificador de veículo automotor, de seu componente ou equipamento:

Pena – reclusão, de 3 (três) a 6 (seis) anos, e multa.

→ Artigo com redação alterada pela Lei 9.426/1996.

§ 1º Se o agente comete o crime no exercício da função pública ou em razão dela, a pena é aumentada de 1/3 (um terço).

§ 2º Incorre nas mesmas penas o funcionário público que contribui para o licenciamento ou registro do veículo remarcado ou adulterado, fornecendo indevidamente material ou informação oficial.

Capítulo V
DAS FRAUDES EM CERTAMES DE INTERESSE PÚBLICO

→ Capítulo V acrescentado pela Lei 12.550/2011.

Fraudes em certames de interesse público

→ Rubrica acrescentada pela Lei 12.550/2011.

Art. 311-A. Utilizar ou divulgar, indevidamente, com o fim de beneficiar a si ou a outrem, ou de comprometer a credibilidade do certame, conteúdo sigiloso de:

→ Artigo acrescentado pela Lei 12.550/2011.

→ *v.* Art. 94 da Lei 8.666/1993.

I – concurso público;

→ *v.* Art. 37 da CF/1988.

II – avaliação ou exame públicos;

III – processo seletivo para ingresso no ensino superior; ou

IV – exame ou processo seletivo previstos em lei:

Pena – reclusão, de 1 (um) a 4 (quatro) anos, e multa.

→ *v.* Art. 47, V, do CP.

→ *v.* Art. 89 da Lei 9.099/1995.

§ 1º Nas mesmas penas incorre quem permite ou facilita, por qualquer meio, o acesso de pessoas não autorizadas às informações mencionadas no *caput*.

§ 2º Se da ação ou omissão resulta dano à administração pública:

Pena – reclusão, de 2 (dois) a 6 (seis) anos, e multa.

§ 3º Aumenta-se a pena de 1/3 (um terço) se o fato é cometido por funcionário público.

Título XI
Dos crimes contra a administração pública

Capítulo I
DOS CRIMES PRATICADOS POR FUNCIONÁRIO PÚBLICO CONTRA A ADMINISTRAÇÃO EM GERAL

→ *v.* Art. 327 do CP.

Peculato

Art. 312. Apropriar-se o funcionário público de dinheiro, valor ou qualquer outro bem móvel, público ou particular, de que tem a posse em razão do cargo, ou desviá-lo, em proveito próprio ou alheio:

→ *v.* Súmulas 703, 704 e 722 do STF.

→ *v.* Súmulas 164, 208 e 209 do STJ.

→ *v.* Arts. 16, 29, 30, 65, III, *b*, 66 e 92, I, do CP.

→ *v.* Art. 514 do CPP.

→ *v.* Arts. 9º, 10 e 11 da Lei 8.429/1992.

→ *v.* Art. 1º, I, do Dec.-lei 201/1967.

Pena – reclusão, de 2 (dois) a 12 (doze) anos, e multa.

§ 1º Aplica-se a mesma pena, se o funcionário público, embora não tendo a posse do dinheiro, valor ou bem, o subtrai, ou concorre para que seja subtraído, em proveito próprio ou alheio, valendo-se de facilidade que lhe proporciona a qualidade de funcionário.

Peculato culposo

§ 2º Se o funcionário concorre culposamente para o crime de outrem:

→ *v.* Art. 18, II, do CP.

Pena – detenção, de 3 (três) meses a 1 (um) ano.

§ 3º No caso do parágrafo anterior, a reparação do dano, se precede à sentença irrecorrível, extingue a punibilidade; se lhe é posterior, reduz de 1/2 (metade) a pena imposta.

Peculato mediante erro de outrem

Art. 313. Apropriar-se de dinheiro ou qualquer utilidade que, no exercício do cargo, recebeu por erro de outrem:

Pena – reclusão, de 1 (um) a 4 (quatro) anos, e multa.

Inserção de dados falsos em sistema de informações

→ Rubrica acrescentada pela Lei 9.983/2000.

Art. 313-A. Inserir ou facilitar, o funcionário autorizado, a inserção de dados falsos, alterar ou excluir indevidamente dados corretos nos sistemas informatizados ou bancos de dados da Administração Pública com o fim de obter vantagem indevida para si ou para outrem ou para causar dano:

Pena – reclusão, de 2 (dois) a 12 (doze) anos, e multa.

→ Artigo acrescentado pela Lei 9.983/2000.

Modificação ou alteração não autorizada de sistema de informações

→ Rubrica acrescentada pela Lei 9.983/2000.

Art. 313-B. Modificar ou alterar, o funcionário, sistema de informações ou programa de informática sem autorização ou solicitação de autoridade competente:

Pena – detenção, de 3 (três) meses a 2 (dois) anos, e multa.

→ Artigo acrescentado pela Lei 9.983/2000.

Parágrafo único. As penas são aumentadas de 1/3 (um terço) até a 1/2 (metade) se da modificação ou alteração resulta dano para a Administração Pública ou para o administrado.

Extravio, sonegação ou inutilização de livro ou documento

Art. 314. Extraviar livro oficial ou qualquer documento, de que tem a guarda em razão do cargo; sonegá-lo ou inutilizá-lo, total ou parcialmente:

→ *v.* Art. 3º, I, da Lei 8.137/1990.

Pena – reclusão, de 1 (um) a 4 (quatro) anos, se o fato não constitui crime mais grave.

Emprego irregular de verbas ou rendas públicas

Art. 315. Dar às verbas ou rendas públicas aplicação diversa da estabelecida em lei:

→ *v.* Art. 1º, III, do Dec.-lei 201/1967.

→ *v.* Art. 11 da Lei 1.079/1950.

Pena – detenção, de 1 (um) a 3 (três) meses, ou multa.

Concussão

Art. 316. Exigir, para si ou para outrem, direta ou indiretamente, ainda que fora da função ou antes de assumi-la, mas em razão dela, vantagem indevida:

Pena – reclusão, de 2 (dois) a 8 (oito) anos, e multa.

Excesso de exação

§ 1º Se o funcionário exige tributo ou contribuição social que sabe ou deveria saber indevido, ou, quando devido, emprega na cobrança meio vexatório ou gravoso, que a lei não autoriza:

→ *v.* Arts. 149 e 195 da CF/1988.

→ *v.* Art. 71 do CDC.

→ *v.* Art. 3º do CTN.

→ *v.* Art. 3º, II, da Lei 8.137/1990.

→ *v.* Art. 4º, *f*, da Lei 4.898/1965.

Pena – reclusão, de 3 (três) a 8 (oito) anos, e multa.

→ § 1º com redação alterada pela Lei 8.137/1990.

§ 2º Se o funcionário desvia, em proveito próprio ou de outrem, o que recebeu indevidamente para recolher aos cofres públicos:

Pena – reclusão, de 2 (dois) a 12 (doze) anos, e multa.

Corrupção passiva

Art. 317. Solicitar ou receber, para si ou para outrem, direta ou indiretamente, ainda que fora da função ou antes de assumi-la, mas em razão dela, vantagem indevida, ou aceitar promessa de tal vantagem:

→ *v.* Art. 3º, II, da Lei 8.137/1990.

Pena – reclusão, de 2 (dois) a 12 (doze) anos, e multa.

→ Pena com redação alterada pela Lei 10.763/2003.

§ 1º A pena é aumentada de 1/3 (um terço), se, em consequência da vantagem ou promessa, o funcionário retarda ou deixa de praticar qualquer ato de ofício ou o pratica infringindo dever funcional.

§ 2º Se o funcionário pratica, deixa de praticar ou retarda ato de ofício, com infração de dever funcional, cedendo a pedido ou influência de outrem:

Pena – detenção, de 3 (três) meses a 1 (um) ano, ou multa.

Facilitação de contrabando ou descaminho

Art. 318. Facilitar, com infração de dever funcional, a prática de contrabando ou descaminho (art. 334):

→ *v.* Art. 18 da Lei 10.826/2003.

Pena – reclusão, de 3 (três) a 8 (oito) anos, e multa.

→ Pena com redação alterada pela Lei 8.137/1990.

Prevaricação

Art. 319. Retardar ou deixar de praticar, indevidamente, ato de ofício, ou praticá-lo contra disposição expressa de lei, para satisfazer interesse ou sentimento pessoal:

→ *v.* Art. 11, II, da Lei 8.429/1992.

→ *v.* Art. 23 da Lei 7.492/1986.

→ *v.* Art. 345 da Lei 4.737/1965.

→ *v.* Art. 10, § 4º, da Lei 1.521/1951.

Pena – detenção, de 3 (três) meses a 1 (um) ano, e multa.

Art. 319-A. Deixar o Diretor de Penitenciária e/ou agente público, de cumprir seu dever de vedar ao preso o acesso a aparelho telefônico, de rádio ou similar, que permita a comunicação com outros presos ou com o ambiente externo:

→ *v.* Art. 50, VII, da Lei 7.210/1984.

Pena – detenção, de 3 (três) meses a 1 (um) ano.

→ Artigo acrescentado pela Lei 11.466/2007.

Condescendência criminosa

Art. 320. Deixar o funcionário, por indulgência, de responsabilizar subordinado que cometeu infração no exercício do cargo ou, quando lhe falte competência, não levar o fato ao conhecimento da autoridade competente:

→ *v.* Art. 9º, item 3, da Lei 1.079/1950.

Pena – detenção, de 15 (quinze) dias a 1 (um) mês, ou multa.

Advocacia administrativa

Art. 321. Patrocinar, direta ou indiretamente, interesse privado perante a administração pública, valendo-se da qualidade de funcionário:

→ *v.* Art. 91 da Lei 8.666/1993.

→ *v.* Art. 3º, III, da Lei 8.137/1990.

Pena – detenção, de 1 (um) a 3 (três) meses, ou multa.

Parágrafo único. Se o interesse é ilegítimo:

Pena – detenção, de 3 (três) meses a 1 (um) ano, além da multa.

Violência arbitrária

Art. 322. Praticar violência, no exercício de função ou a pretexto de exercê-la:

→ *v.* Art. 3º, *I*, da Lei 4.898/1965.

Pena – detenção, de 6 (seis) meses a 3 (três) anos, além da pena correspondente à violência.

Abandono de função

Art. 323. Abandonar cargo público, fora dos casos permitidos em lei:

→ *v.* Art. 344 da Lei 4.737/1965.

Pena – detenção, de 15 (quinze) dias a 1 (um) mês, ou multa.

§ 1º Se do fato resulta prejuízo público:

Pena – detenção, de 3 (três) meses a 1 (um) ano, e multa.

§ 2º Se o fato ocorre em lugar compreendido na faixa de fronteira:

→ *v.* Art. 20, § 2º, da CF/1988.

→ *v.* Art. 1º da Lei 6.634/1979.

Pena – detenção, de 1 (um) a 3 (três) anos, e multa.

Exercício funcional ilegalmente antecipado ou prolongado

Art. 324. Entrar no exercício de função pública antes de satisfeitas as exigências legais, ou continuar a exercê-la, sem autorização, depois de saber oficialmente que foi exonerado, removido, substituído ou suspenso:

→ *v.* Art. 127, III e V, da Lei 8.112/1990.

Pena – detenção, de 15 (quinze) dias a 1 (um) mês, ou multa.

Violação de sigilo funcional

Art. 325. Revelar fato de que tem ciência em razão do cargo e que deva permanecer em segredo, ou facilitar-lhe a revelação:

→ *v.* Art. 154 do CP.

→ *v.* Art. 10 da LC 105/2001.

→ *v.* Art. 14, § 3º, da Lei 9.613/1998.

→ *v.* Art. 195 da Lei 9.279/1996.

→ *v.* Art. 18 da Lei 7.492/1986.

→ *v.* Art. 21 da Lei 7.170/1983.

→ *v.* Art. 23 da Lei 6.453/1977.

Pena – detenção, de 6 (seis) meses a 2 (dois) anos, ou multa, se o fato não constitui crime mais grave.

§ 1º Nas mesmas penas deste artigo incorre quem:

→ § 1º acrescentado pela Lei 9.983/2000.

I – permite ou facilita, mediante atribuição, fornecimento e empréstimo de senha ou qualquer outra forma, o acesso de pessoas não autorizadas a sistemas de informações ou banco de dados da Administração Pública;

II – se utiliza, indevidamente, do acesso restrito.

§ 2º Se da ação ou omissão resulta dano à Administração Pública ou a outrem:

Pena – reclusão, de 2 (dois) a 6 (seis) anos, e multa.

→ § 2º acrescentado pela Lei 9.983/2000.

Violação do sigilo de proposta de concorrência

Art. 326. Devassar o sigilo de proposta de concorrência pública, ou proporcionar a terceiro o ensejo de devassá-lo:

→ *V.* Art. 94 da Lei 8.666/1993.

Pena – detenção, de 3 (três) meses a 1 (um) ano, e multa.

Funcionário público

Art. 327. Considera-se funcionário público, para os efeitos penais, quem, embora transitoriamente ou sem remuneração, exerce cargo, emprego ou função pública.

→ *V.* Art. 439 do CPP.

→ *V.* Arts. 513 a 518 do CPP.

§ 1º Equipara-se a funcionário público quem exerce cargo, emprego ou função em entidade paraestatal, e quem trabalha para empresa prestadora de serviço contratada ou conveniada para a execução de atividade típica da Administração Pública.

→ § 1º com redação alterada pela Lei 9.983/2000.

→ *V.* Art. 84 da Lei 8.666/1993.

§ 2º A pena será aumentada da terça parte quando os autores dos crimes previstos neste Capítulo forem ocupantes de cargos em comissão ou de função de direção ou assessoramento de órgão da administração direta, sociedade de economia mista, empresa pública ou fundação instituída pelo poder público.

→ § 2º acrescentado pela Lei 6.799/1980.

→ *V.* Art. 37, II, da CF/1988.

Capítulo II
DOS CRIMES PRATICADOS POR PARTICULAR CONTRA A ADMINISTRAÇÃO EM GERAL

→ *V.* Arts. 334 e 334-A.

Usurpação de função pública

Art. 328. Usurpar o exercício de função pública:

Pena – detenção, de 3 (três) meses a 2 (dois) anos, e multa.

Parágrafo único. Se do fato o agente aufere vantagem:

Pena – reclusão, de 2 (dois) a 5 (cinco) anos, e multa.

Resistência

Art. 329. Opor-se à execução de ato legal, mediante violência ou ameaça a funcionário competente para executá-lo ou a quem lhe esteja prestando auxílio:

→ *V.* Art. 5º, II, da CF/1988.

→ *V.* Art. 4º, I, da Lei 1.579/1952.

Pena – detenção, de 2 (dois) meses a 2 (dois) anos.

§ 1º Se o ato, em razão da resistência, não se executa:

Pena – reclusão, de 1 (um) a 3 (três) anos.

§ 2º As penas deste artigo são aplicáveis sem prejuízo das correspondentes à violência.

Desobediência

Art. 330. Desobedecer a ordem legal de funcionário público:

→ *V.* Arts. 218, 219, 260 e 436, § 2º, do CPP.

→ *V.* Art. 20, § 3º, da Lei 7.716/1989.

→ *V.* Art. 10 da Lei 7.347/1985.

→ *V.* Art. 347 da Lei 4.737/1965.

→ *V.* Art. 12 da Lei 1.079/1950.

→ *V.* Art. 1º, XIV, do Dec.-lei 207/1967.

Pena – detenção, de 15 (quinze) dias a 6 (seis) meses, e multa.

Desacato

Art. 331. Desacatar funcionário público no exercício da função ou em razão dela:

Pena – detenção, de 6 (seis) meses a 2 (dois) anos, ou multa.

Tráfico de influência

→ Rubrica com redação alterada pela Lei 9.127/1995.

Art. 332. Solicitar, exigir, cobrar ou obter, para si ou para outrem, vantagem ou promessa de vantagem, a pretexto de influir em ato praticado por funcionário público no exercício da função:

Pena – reclusão, de 2 (dois) a 5 (cinco) anos, e multa.

→ Artigo com redação alterada pela Lei 9.127/1995.

Parágrafo único. A pena é aumentada da 1/2 (metade), se o agente alega ou insinua que a vantagem é também destinada ao funcionário.

Corrupção ativa

Art. 333. Oferecer ou prometer vantagem indevida a funcionário público, para determiná-lo a praticar, omitir ou retardar ato de ofício:

→ *V.* Art. 41-A da Lei 9.504/1997.

→ *V.* Art. 299 da Lei 4.737/1965.

Pena – reclusão, de 2 (dois) a 12 (doze) anos, e multa.

→ Pena com redação alterada pela Lei 10.763/2003.

Parágrafo único. A pena é aumentada de 1/3 (um terço), se, em razão da vantagem ou promessa, o funcionário retarda ou omite ato de ofício, ou o pratica infringindo dever funcional.

Descaminho

→ Rubrica com redação alterada pela Lei 13.008/2014.

Art. 334. Iludir, no todo ou em parte, o pagamento de direito ou imposto devido pela entrada, pela saída ou pelo consumo de mercadoria:

Pena – reclusão, de 1 (um) a 4 (quatro) anos.

→ Artigo com redação alterada pela Lei 13.008/2014.

→ *V.* Súmula 560 do STF.

→ *V.* Súmula 151 do STJ.

→ *V.* Art. 155, IX, *a*, da CF/1988.

→ *V.* Art. 46 do CTN.

→ *V.* Art. 20 da Lei 10.522/2002.

→ *V.* Art. 3º do Dec.-lei 399/1968.

§ 1º Incorre na mesma pena quem:

I – pratica navegação de cabotagem, fora dos casos permitidos em lei;

→ *V.* Art. 178 da CF/1988.

→ *V.* Art. 2º, IX, da Lei 9.432/1997.

II – pratica fato assimilado, em lei especial, a descaminho;

→ *V.* Art. 39 do Dec.-lei 288/1967.

III – vende, expõe à venda, mantém em depósito ou, de qualquer forma, utiliza em proveito próprio ou alheio, no exercício de atividade comercial ou industrial, mercadoria de procedência estrangeira que introduziu clandestinamente no País ou importou fraudulentamente ou que sabe ser produto de introdução clandestina no território nacional ou de importação fraudulenta por parte de outrem;

IV – adquire, recebe ou oculta, em proveito próprio ou alheio, no exercício de atividade comercial ou industrial, mercadoria de procedência estrangeira, desacompanhada de documentação legal ou acompanhada de documentos que sabe serem falsos.

§ 2º Equipara-se às atividades comerciais, para os efeitos deste artigo, qualquer forma de comércio irregular ou clandestino de mercadorias estrangeiras, inclusive o exercido em residências.

§ 3º A pena aplica-se em dobro se o crime de descaminho é praticado em transporte aéreo, marítimo ou fluvial.

Contrabando

→ Rubrica acrescentada pela Lei 13.008/2014.

Art. 334-A. Importar ou exportar mercadoria proibida:

Pena - reclusão, de 2 (dois) a 5 (cinco) anos.

→ Artigo acrescentado pela Lei 13.008/2014.

§ 1º Incorre na mesma pena quem:

I – pratica fato assimilado, em lei especial, a contrabando;

II – importa ou exporta clandestinamente mercadoria que dependa de registro, análise ou autorização de órgão público competente;

III – reinsere no território nacional mercadoria brasileira destinada à exportação;

IV – vende, expõe à venda, mantém em depósito ou, de qualquer forma, utiliza em proveito próprio ou alheio, no exercício de atividade comercial ou industrial, mercadoria proibida pela lei brasileira;

V – adquire, recebe ou oculta, em proveito próprio ou alheio, no exercício de atividade comercial ou industrial, mercadoria proibida pela lei brasileira.

§ 2º Equipara-se às atividades comerciais, para os efeitos deste artigo, qualquer forma de comércio irregular ou clandestino de mercadorias estrangeiras, inclusive o exercido em residências.

§ 3º A pena aplica-se em dobro se o crime de contrabando é praticado em transporte aéreo, marítimo ou fluvial.

Impedimento, perturbação ou fraude de concorrência

Art. 335. Impedir, perturbar ou fraudar concorrência pública ou venda em hasta pública, promovida pela administração federal, estadual ou municipal, ou por entidade paraestatal; afastar ou procurar afastar concorrente ou licitante, por meio de violência, grave ameaça, fraude ou oferecimento de vantagem:

→ *V.* Arts. 90, 93, 95, 96 e 98 da Lei 9.666/1993.

Pena – detenção, de 6 (seis) meses a 2 (dois) anos, ou multa, além da pena correspondente à violência.

Parágrafo único. Incorre na mesma pena quem se abstém de concorrer ou licitar, em razão da vantagem oferecida.

Inutilização de edital ou de sinal

Art. 336. Rasgar ou, de qualquer forma, inutilizar ou conspurcar edital afixado por ordem de funcionário público; violar ou inutilizar selo ou sinal empregado, por determinação legal ou por ordem de funcionário público, para identificar ou cerrar qualquer objeto:

Pena – detenção, de 1 (um) mês a 1 (um) ano, ou multa.

Subtração ou inutilização de livro ou documento

Art. 337. Subtrair, ou inutilizar, total ou parcialmente, livro oficial, processo ou documento confiado à custódia de funcionário, em razão de ofício, ou de particular em serviço público:

Pena – reclusão, 2 (dois) a 5 (cinco) anos, se o fato não constitui crime mais grave.

Sonegação de contribuição previdenciária

→ Rubrica acrescentada pela Lei 9.983/2000.

Art. 337-A. Suprimir ou reduzir contribuição social previdenciária e qualquer acessório, mediante as seguintes condutas:

→ Artigo acrescentado pela Lei 9.983/2000.

→ *v.* Arts. 109, I, 194 e 195 da CF/1988.

I – omitir de folha de pagamento da empresa ou de documento de informações previsto pela legislação previdenciária segurados empregado, empresário, trabalhador avulso ou trabalhador autônomo ou a este equiparado que lhe prestem serviços;

→ *v.* Art. 3º, *caput*, da CLT.

→ *v.* Art. 2º, parágrafo único, da LC 70/1991.

→ *v.* Art. 2º da Lei 5.889/1973.

II – deixar de lançar mensalmente nos títulos próprios da contabilidade da empresa as quantias descontadas dos segurados ou as devidas pelo empregador ou pelo tomador de serviços;

III – omitir, total ou parcialmente, receitas ou lucros auferidos, remunerações pagas ou creditadas e demais fatos geradores de contribuições sociais previdenciárias:

Pena – reclusão, de 2 (dois) a 5 (cinco) anos, e multa.

§ 1º É extinta a punibilidade se o agente, espontaneamente, declara e confessa as contribuições, importâncias ou valores e presta as informações devidas à previdência social, na forma definida em lei ou regulamento, antes do início da ação fiscal.

§ 2º É facultado ao juiz deixar de aplicar a pena ou aplicar somente a de multa se o agente for primário e de bons antecedentes, desde que:

I – (*Vetado*);

II – o valor das contribuições devidas, inclusive acessórios, seja igual ou inferior àquele estabelecido pela previdência social, administrativamente, como sendo o mínimo para o ajuizamento de suas execuções fiscais.

§ 3º Se o empregador não é pessoa jurídica e sua folha de pagamento mensal não ultrapassa R$ 1.510,00 (um mil, quinhentos e dez reais), o juiz poderá reduzir a pena de 1/3 (um terço) até a 1/2 (metade) ou aplicar apenas a de multa.

→ O valor indicado no § 3º será atualizado por Portaria do MPS.

§ 4º O valor a que se refere o parágrafo anterior será reajustado nas mesmas datas e nos mesmos índices do reajuste dos benefícios da previdência social.

→ *v.* Art. 49, § 2º, do CP.

Capítulo II-A
DOS CRIMES PRATICADOS POR PARTICULAR CONTRA A ADMINISTRAÇÃO PÚBLICA ESTRANGEIRA

→ Capítulo acrescentado pela Lei 10.467/2002.

→ *v.* Decreto 3.678/2000 – Convenção sobre o Combate da Corrupção de Funcionários Públicos Estrangeiros em Transações Comerciais Internacionais.

Corrupção ativa em transação comercial internacional

→ Rubrica acrescentada pela Lei 10.467/2002.

→ *v.* Art. 333 do CP.

Art. 337-B. Prometer, oferecer ou dar, direta ou indiretamente, vantagem indevida a funcionário público estrangeiro, ou a terceira pessoa, para determiná-lo a praticar, omitir ou retardar ato de ofício relacionado à transação comercial internacional:

Pena – reclusão, de 1 (um) a 8 (oito) anos, e multa.

→ Artigo acrescentado pela Lei 10.467/2002.

Parágrafo único. A pena é aumentada de 1/3 (um terço), se, em razão da vantagem ou promessa, o funcionário público estrangeiro retarda ou omite o ato de ofício, ou o pratica infringindo dever funcional.

Tráfico de influência em transação comercial internacional

→ Rubrica acrescentada pela Lei 10.467/2002.

Art. 337-C. Solicitar, exigir, cobrar ou obter, para si ou para outrem, direta ou indiretamente, vantagem ou promessa de vantagem a pretexto de influir em ato praticado por funcionário público estrangeiro no exercício de suas funções, relacionado a transação comercial internacional:

Pena – reclusão, de 2 (dois) a 5 (cinco) anos, e multa.

→ Artigo acrescentado pela Lei 10.467/2002.

Parágrafo único. A pena é aumentada da 1/2 (metade), se o agente alega ou insinua que a vantagem é também destinada a funcionário estrangeiro.

Funcionário público estrangeiro

→ Rubrica acrescentada pela Lei 10.467/2002.

Art. 337-D. Considera-se funcionário público estrangeiro, para os efeitos penais, quem, ainda que transitoriamente ou sem remuneração, exerce cargo, emprego ou função pública em entidades estatais ou em representações diplomáticas de país estrangeiro.

→ Artigo acrescentado pela Lei 10.467/2002.

→ *v.* Arts. 71, II, 165, § 5º, III, e 173, § 1º, da CF/1988.

Parágrafo único. Equipara-se a funcionário público estrangeiro quem exerce cargo, emprego ou função em empresas controladas, diretamente ou indiretamente, pelo Poder Público de país estrangeiro ou em organizações públicas internacionais.

Capítulo III
DOS CRIMES CONTRA A ADMINISTRAÇÃO DA JUSTIÇA

Reingresso de estrangeiro expulso

Art. 338. Reingressar no território nacional o estrangeiro que dele foi expulso:

→ *v.* Art. 109, X, da CF/1988.

→ *v.* Art. 5º, § 1º, do CP.

→ *v.* Arts. 57, 58, 62, 64, 65 e 67 da Lei 6.815/1980.

Pena – reclusão, de 1 (um) a 4 (quatro) anos, sem prejuízo de nova expulsão após o cumprimento da pena.

Denunciação caluniosa

→ *v.* Art. 5º, § 3º, do CPP.

Art. 339. Dar causa à instauração de investigação policial, de processo judicial, instauração de investigação administrativa, inquérito civil ou ação de improbidade administrativa contra alguém, imputando-lhe crime de que o sabe inocente:

→ *v.* Art. 19 da Lei 8.429/1992.

→ *v.* Art. 8º, § 1º, da Lei 7.347/1985.

Pena – reclusão, de 2 (dois) a 8 (oito) anos, e multa.

→ *Caput* com redação alterada pela Lei 10.028/2000.

§ 1º A pena é aumentada de sexta parte, se o agente se serve de anonimato ou de nome suposto.

§ 2º A pena é diminuída de 1/2 (metade), se a imputação é de prática de contravenção.

Comunicação falsa de crime ou de contravenção

Art. 340. Provocar a ação de autoridade, comunicando-lhe a ocorrência de crime ou de contravenção que sabe não se ter verificado:

Pena – detenção, de 1 (um) a 6 (seis) meses, ou multa.

Autoacusação falsa

Art. 341. Acusar-se, perante a autoridade, de crime inexistente ou praticado por outrem:

Pena – detenção, de 3 (três) meses a 2 (dois) anos, ou multa.

Falso testemunho ou falsa perícia

Art. 342. Fazer afirmação falsa, ou negar ou calar a verdade, como testemunha, perito, contador, tradutor ou intérprete em processo judicial, ou administrativo, inquérito policial, ou em juízo arbitral:

→ *Caput* com redação alterada pela Lei 10.268/2001.

Pena – reclusão, de 2 (dois) a 4 (quatro) anos, e multa.

→ *Pena* com redação alterada pela Lei 12.850/2013, em vigor após decorridos 45 (quarenta e cinco) dias de sua publicação oficial – *D.O.U.* de 5.8.2013.

→ *v.* Arts. 851 a 853 do CC.

→ *v.* Arts. 406 e 422 do CPC/1973.

→ *v.* Arts. 448 e 466, *caput* e § 1º, do NCPC.

→ *v.* Arts. 203, 206, 208, 210 e 221, § 1º, do CPP.

→ *v.* Art. 4º, II, da Lei 1.579/1952.

§ 1º As penas aumentam-se de 1/6 (um sexto) a 1/3 (um terço), se o crime é praticado mediante suborno ou se cometido com o fim de obter prova destinada a produzir efeito em processo penal, ou em processo civil em que for parte entidade da administração pública direta ou indireta.

→ § 1º com redação alterada pela Lei 10.268/2001.

§ 2º O fato deixa de ser punível se, antes da sentença no processo em que ocorreu o ilícito, o agente se retrata ou declara a verdade.

→ § 2º com redação alterada pela Lei 10.268/2001.

→ V. Art. 107, VI, do CP.

Art. 343. Dar, oferecer ou prometer dinheiro ou qualquer outra vantagem a testemunha, perito, contador, tradutor ou intérprete, para fazer afirmação falsa, negar ou calar a verdade em depoimento, perícia, cálculos, tradução ou interpretação:

Pena – reclusão, de 3 (três) a 4 (quatro) anos, e multa.

→ Artigo com redação alterada pela Lei 10.268/2001.

Parágrafo único. As penas aumentam-se de 1/6 (um sexto) a 1/3 (um terço), se o crime é cometido com o fim de obter prova destinada a produzir efeito em processo penal ou em processo civil em que for parte entidade da administração pública direta ou indireta.

Coação no curso do processo

Art. 344. Usar de violência ou grave ameaça, com o fim de favorecer interesse próprio ou alheio, contra autoridade, parte, ou qualquer outra pessoa que funciona ou é chamada a intervir em processo judicial, policial ou administrativo, ou em juízo arbitral:

→ V. Art. 4º, I, da Lei 1.579/1952.

Pena – reclusão, de 1 (um) a 4 (quatro) anos, e multa, além da pena correspondente à violência.

Exercício arbitrário das próprias razões

Art. 345. Fazer justiça pelas próprias mãos, para satisfazer pretensão, embora legítima, salvo quando a lei o permite:

→ V. Art. 71 do CDC.

Pena – detenção, de 15 (quinze) dias a 1 (um) mês, ou multa, além da pena correspondente à violência.

Parágrafo único. Se não há emprego de violência, somente se procede mediante queixa.

Art. 346. Tirar, suprimir, destruir ou danificar coisa própria, que se acha em poder de terceiro por determinação judicial ou convenção:

Pena – detenção, de 6 (seis) meses a 2 (dois) anos, e multa.

Fraude processual

Art. 347. Inovar artificiosamente, na pendência de processo civil ou administrativo, o estado de lugar, de coisa ou de pessoa, com o fim de induzir a erro o juiz ou o perito:

→ V. Art. 312 do CTB.

Pena – detenção, de 3 (três) meses a 2 (dois) anos, e multa.

Parágrafo único. Se a inovação se destina a produzir efeito em processo penal, ainda que não iniciado, as penas aplicam-se em dobro.

Favorecimento pessoal

Art. 348. Auxiliar a subtrair-se à ação de autoridade pública autor de crime a que é cominada pena de reclusão:

Pena – detenção, de 1 (um) a 6 (seis) meses, e multa.

§ 1º Se ao crime não é cominada pena de reclusão:

Pena – detenção, de 15 (quinze) dias a 3 (três) meses, e multa.

§ 2º Se quem presta o auxílio é ascendente, descendente, cônjuge ou irmão do criminoso, fica isento de pena.

Favorecimento real

Art. 349. Prestar a criminoso, fora dos casos de coautoria ou de receptação, auxílio destinado a tornar seguro o proveito do crime:

Pena – detenção, de 1 (um) a 6 (seis) meses, e multa.

Art. 349-A. Ingressar, promover, intermediar, auxiliar ou facilitar a entrada de aparelho telefônico de comunicação móvel, de rádio ou similar, sem autorização legal, em estabelecimento prisional.

Pena – detenção, de 3 (três) meses a 1 (um) ano.

→ Artigo acrescentado pela Lei 12.012/2009.

→ V. Art. 60, § 1º, da Lei 9.472/1997.

Exercício arbitrário ou abuso de poder

→ V. Lei 4.898/1965 – Abuso de autoridade.

Art. 350. Ordenar ou executar medida privativa de liberdade individual, sem as formalidades legais ou com abuso de poder:

→ V. Súmula Vinculante 11 do STF.

→ V. Art. 234, § 1º, do CPPM.

→ V. Art. 4º, *a*, da Lei 4.898/1965.

Pena – detenção, de 1 (um) mês a 1 (um) ano.

Parágrafo único. Na mesma pena incorre o funcionário que:

I – ilegalmente recebe e recolhe alguém a prisão, ou a estabelecimento destinado a execução de pena privativa de liberdade ou de medida de segurança;

II – prolonga a execução de pena ou de medida de segurança, deixando de expedir em tempo oportuno ou de executar imediatamente a ordem de liberdade;

III – submete pessoa que está sob sua guarda ou custódia a vexame ou a constrangimento não autorizado em lei;

→ V. Art. 1º, III, da Lei 9.455/1997.

IV – efetua, com abuso de poder, qualquer diligência.

Fuga de pessoa presa ou submetida a medida de segurança

Art. 351. Promover ou facilitar a fuga de pessoa legalmente presa ou submetida a medida de segurança detentiva:

→ V. Súmula 75 do STJ.

→ V. Art. 96, I, do CP.

→ V. Art. 9º do CPM.

Pena – detenção, de 6 (seis) meses a 2 (dois) anos.

§ 1º Se o crime é praticado a mão armada, ou por mais de uma pessoa, ou mediante arrombamento, a pena é de reclusão, de 2 (dois) a 6 (seis) anos.

§ 2º Se há emprego de violência contra pessoa, aplica-se também a pena correspondente à violência.

§ 3º A pena é de reclusão, de 1 (um) a 4 (quatro) anos, se o crime é praticado por pessoa sob cuja custódia ou guarda está o preso ou o internado.

§ 4º No caso de culpa do funcionário incumbido da custódia ou guarda, aplica-se a pena de detenção, de 3 (três) meses a 1 (um) ano, ou multa.

Evasão mediante violência contra a pessoa

Art. 352. Evadir-se ou tentar evadir-se o preso ou o indivíduo submetido a medida de segurança detentiva, usando de violência contra a pessoa:

→ V. Art. 50, II, da Lei 7.210/1984.

Pena – detenção, de 3 (três) meses a 1 (um) ano, além da pena correspondente à violência.

Arrebatamento de preso

Art. 353. Arrebatar preso, a fim de maltratá-lo, do poder de quem o tenha sob custódia ou guarda:

Pena – reclusão, de 1 (um) a 4 (quatro) anos, além da pena correspondente à violência.

Motim de presos

Art. 354. Amotinarem-se presos, perturbando a ordem ou disciplina da prisão:

→ V. Arts 50, I e 52 da Lei 7.210/1984.

Pena – detenção, de 6 (seis) meses a 2 (dois) anos, além da pena correspondente à violência.

Patrocínio infiel

Art. 355. Trair, na qualidade de advogado ou procurador, o dever profissional, prejudicando interesse, cujo patrocínio, em juízo, lhe é confiado:

→ V. Art. 133 da CF/1988.

→ V. Arts. 2º, *caput*, § 1º, 3º, 33 e 34 da Lei 8.906/1994.

Pena – detenção, de 6 (seis) meses a 3 (três) anos, e multa.

Patrocínio simultâneo ou tergiversação

Parágrafo único. Incorre na pena deste artigo o advogado ou procurador judicial que defende na mesma causa, simultânea ou sucessivamente, partes contrárias.

Sonegação de papel ou objeto de valor probatório

Art. 356. Inutilizar, total ou parcialmente, ou deixar de restituir autos, documento ou objeto de valor probatório, que recebeu na qualidade de advogado ou procurador:

→ V. Art. 65, III, *b*, do CP.

→ V. Art. 232 do CPP.

Pena – detenção, de 6 (seis) meses a 3 (três) anos, e multa.

Exploração de prestígio

Art. 357. Solicitar ou receber dinheiro ou qualquer outra utilidade, a pretexto de influir em juiz, jurado, órgão do Ministério Público, funcionário de justiça, perito, tradutor, intérprete ou testemunha:

Pena – reclusão, de 1 (um) a 5 (cinco) anos, e multa.

Parágrafo único. As penas aumentam-se de 1/3 (um terço), se o agente alega ou insinua que o dinheiro ou utilidade também se destina a qualquer das pessoas referidas neste artigo.

Violência ou fraude em arrematação judicial

Art. 358. Impedir, perturbar ou fraudar arrematação judicial; afastar ou procurar afastar concorrente ou licitante, por meio de violência, grave ameaça, fraude ou oferecimento de vantagem:

→ V. Arts. 93 e 95 da Lei 8.666/1993.

Pena – detenção, de 2 (dois) meses a 1 (um) ano, ou multa, além da pena correspondente à violência.

Desobediência a decisão judicial sobre perda ou suspensão de direito

Art. 359. Exercer função, atividade, direito, autoridade ou múnus, de que foi suspenso ou privado por decisão judicial:

→ *v.* Art. 92 do CP.

→ *v.* Art. 307 do CTB.

→ *v.* Art. 176 da Lei 11.101/2005.

→ *v.* Art. 47 do Dec.-lei 3.688/1941.

Pena – detenção, de 3 (três) meses a 2 (dois) anos, ou multa.

Capítulo IV
DOS CRIMES CONTRA AS FINANÇAS PÚBLICAS

→ Capítulo IV acrescentado pela Lei 10.028/2000.

→ *v.* Arts. 163 a 169 da CF/1988.

→ *v.* Art. 1º, § 1º, da LC 101/2000.

Contratação de operação de crédito

→ Rubrica acrescentada pela Lei 10.028/2000.

Art. 359-A. Ordenar, autorizar ou realizar operação de crédito, interno ou externo, sem prévia autorização legislativa:

→ *v.* Arts. 29, III, § 1º, 32 da LC 101/2000.

→ *v.* Art. 10 da Lei 1.079/1950.

→ *v.* Art. 1º, XX, do Dec.-lei 201/1697.

Pena – reclusão, de 1 (um) a 2 (dois) anos.

→ Artigo acrescentado pela Lei 10.028/2000.

Parágrafo único. Incide na mesma pena quem ordena, autoriza ou realiza operação de crédito, interno ou externo:

I – com inobservância de limite, condição ou montante estabelecido em lei ou em resolução do Senado Federal;

→ *v.* Art. 52, V a IX, da CF/1988.

II – quando o montante da dívida consolidada ultrapassa o limite máximo autorizado por lei.

→ *v.* Art. 29, I, da LC 101/2000.

Inscrição de despesas não empenhadas em restos a pagar

→ Rubrica acrescentada pela Lei 10.028/2000.

Art. 359-B. Ordenar ou autorizar a inscrição em restos a pagar, de despesa que não tenha sido previamente empenhada ou que exceda limite estabelecido em lei:

→ *v.* Arts. 36 e 58 da Lei 4.320/1964.

Pena – detenção, de 6 (seis) meses a 2 (dois) anos.

→ Artigo acrescentado pela Lei 10.028/2000.

Assunção de obrigação no último ano do mandato ou legislatura

→ Rubrica acrescentada pela Lei 10.028/2000.

Art. 359-C. Ordenar ou autorizar a assunção de obrigação, nos dois últimos quadrimestres do último ano do mandato ou legislatura, cuja despesa não possa ser paga no mesmo exercício financeiro ou, caso reste parcela a ser paga no exercício seguinte, que não tenha contrapartida suficiente de disponibilidade de caixa:

→ *v.* Art. 42 da LC 101/2000.

Pena – reclusão, de 1 (um) a 4 (quatro) anos.

→ Artigo acrescentado pela Lei 10.028/2000.

Ordenação de despesa não autorizada

→ Rubrica acrescentada pela Lei 10.028/2000.

Art. 359-D. Ordenar despesa não autorizada por lei:

→ *v.* Arts. 15, 21 e 26 da LC 101/2000.

Pena – reclusão, de 1 (um) a 4 (quatro) anos.

→ Artigo acrescentado pela Lei 10.028/2000.

Prestação de garantia graciosa

→ Rubrica acrescentada pela Lei 10.028/2000.

Art. 359-E. Prestar garantia em operação de crédito sem que tenha sido constituída contragarantia em valor igual ou superior ao valor da garantia prestada, na forma da lei:

→ *v.* Arts. 29, IV, e 40 da LC 101/2000.

Pena – detenção, de 3 (três) meses a 1 (um) ano.

→ Artigo acrescentado pela Lei 10.028/2000.

Não cancelamento de restos a pagar

→ Rubrica acrescentada pela Lei 10.028/2000.

Art. 359-F. Deixar de ordenar, de autorizar ou de promover o cancelamento do montante de restos a pagar inscrito em valor superior ao permitido em lei:

Pena – detenção, de 6 (seis) meses a 2 (dois) anos.

→ Artigo acrescentado pela Lei 10.028/2000.

Aumento de despesa total com pessoal no último ano do mandato ou legislatura

→ Rubrica acrescentada pela Lei 10.028/2000.

Art. 359-G. Ordenar, autorizar ou executar ato que acarrete aumento de despesa total com pessoal, nos 180 (cento e oitenta) dias anteriores ao final do mandato ou da legislatura.

→ *v.* Arts. 18 e 21, parágrafo único, da LC 101/2000.

Pena – reclusão, de 1 (um) a 4 (quatro) anos.

→ Artigo acrescentado pela Lei 10.028/2000.

Oferta pública ou colocação de títulos no mercado

→ Rubrica acrescentada pela Lei 10.028/2000.

Art. 359-H. Ordenar, autorizar ou promover a oferta pública ou a colocação no mercado financeiro de títulos da dívida pública sem que tenham sido criados por lei ou sem que estejam registrados em sistema centralizado de liquidação e de custódia:

→ *v.* Art. 29, II, da LC 101/2000.

Pena – reclusão, de 1 (um) a 4 (quatro) anos.

→ Artigo acrescentado pela Lei 10.028/2000.

Disposições finais

Art. 360. Ressalvada a legislação especial sobre os crimes contra a existência, a segurança e a integridade do Estado e contra a guarda e o emprego da economia popular, os crimes de imprensa e os de falência, os de responsabilidade do Presidente da República e dos Governadores ou Interventores, e os crimes militares, revogam-se as disposições em contrário.

→ *v.* Lei 1.521/1951 – Lei da Economia Popular.

→ *v.* ADPF 130 (*D.J.E.* 6.11.2009), o STF decidiu que todo o conjunto de dispositivos da Lei de Imprensa – Lei 5.250/1967, não foi recepcionado pela CF/1988.

→ *v.* Lei 1.079/1950 – Crimes de Responsabilidade.

→ *v.* Lei 1.001/1969 – Código Penal Militar.

Art. 361. Este Código entrará em vigor no dia 1º de janeiro de 1942.

Rio de Janeiro, 7 de dezembro de 1940; 119º da Independência e 52º da República.

Getúlio Vargas

Francisco Campos

(Publicação no *D.O.U.* de 31.12.1940; retificação. 3.1.1941)

ÍNDICE REMISSIVO DO CÓDIGO PENAL

CÓDIGO DE PROCESSO PENAL

VADE MECUM DE LEGISLAÇÃO FOCO

ÍNDICE SISTEMÁTICO DO CÓDIGO DE PROCESSO PENAL

DECRETO-LEI 3.689, DE 3 DE OUTUBRO DE 1941

Livro I – DO PROCESSO EM GERAL

LEI DE INTRODUÇÃO AO CÓDIGO DE PROCESSO PENAL

DECRETO-LEI 3.931, DE 11 DE DEZEMBRO DE 1941

Lei de Introdução ao Código de Processo Penal (Decreto-lei 3.689, de 3 de outubro de 1941).

O Presidente da República, usando da atribuição que lhe confere o art. 180 da Constituição, decreta:

Art. 1º O Código de Processo Penal aplicar-se-á aos processos em curso a 1º de janeiro de 1942, observado o disposto nos artigos seguintes, sem prejuízo da validade dos atos realizados sob a vigência da legislação anterior.

Art. 2º À prisão preventiva e à fiança aplicar-se-ão os dispositivos que forem mais favoráveis.

Art. 3º O prazo já iniciado, inclusive o estabelecido para a interposição de recurso, será regulado pela lei anterior, se esta não prescrever prazo menor do que o fixado no Código de Processo Penal.

Art. 4º A falta de arguição em prazo já decorrido, ou dentro no prazo iniciado antes da vigência do Código Penal e terminado depois de sua entrada em vigor, sanará a nulidade, se a legislação anterior lhe atribui este efeito.

Art. 5º Se tiver sido intentada ação pública por crime que, segundo o Código Penal, só admite ação privada, esta, salvo decadência intercorrente, poderá prosseguir nos autos daquela, desde que a parte legítima para intentá-la ratifique os atos realizados e promova o andamento do processo.

Art. 6º As ações penais, em que já se tenha iniciado a produção de prova testemunhal, prosseguirão, até a sentença de primeira instância, com o rito estabelecido na lei anterior.

§ 1º Nos processos cujo julgamento, segundo a lei anterior, competia ao júri e, pelo Código de Processo Penal, cabe a juiz singular:

a) concluída a inquirição das testemunhas de acusação, proceder-se-á a interrogatório do réu, observado o disposto nos arts. 395 e 396, parágrafo único, do mesmo Código, prosseguindo-se depois de produzida a prova de defesa, de acordo com o que dispõem os artigos 499 e seguintes;

b) se, embora concluída a inquirição das testemunhas de acusação, ainda não houver sentença de pronúncia ou impronúncia, prosseguir-se-á na forma da letra anterior;

c) se a sentença de pronúncia houver passado em julgado, ou dela não tiver ainda sido interposto recurso, prosseguir-se-á na forma da letra *a*;

d) se, havendo sentença de impronúncia, esta passar em julgado, só poderá ser instaurado o processo no caso do art. 409, parágrafo único, do Código de Processo Penal;

e) se tiver sido interposto recurso da sentença de pronúncia, aguardar-se-á o julgamento do mesmo, observando-se, afinal, o disposto na letra *b* ou na letra *d*.

§ 2º Aplicar-se-á o disposto no § 1º aos processos da competência do juiz singular, nos quais exista a pronúncia, segundo a lei anterior.

§ 3º Subsistem os efeitos da pronúncia, inclusive a prisão.

§ 4º O julgamento caberá ao júri se, na sentença de pronúncia, houver sido ou for o crime classificado no § 1º ou § 2º do art. 295 da Consolidação das Leis Penais.

Art. 7º O juiz da pronúncia, ao classificar o crime, consumado ou tentado, não poderá reconhecer a existência de causa especial de diminuição da pena.

Art. 8º As perícias iniciadas antes de 1º de janeiro de 1942 prosseguirão de acordo com a legislação anterior.

Art. 9º Os processos de contravenções, em qualquer caso, prosseguirão na forma da legislação anterior.

Art. 10. No julgamento, pelo júri, de crime praticado antes da vigência do Código Penal, observar-se-á o disposto no art. 78 do Decreto-lei 167, de 5 de janeiro de 1938, devendo os quesitos ser formulados de acordo com a Consolidação das Leis Penais.

§ 1º Os quesitos sobre causas de exclusão de crime, ou de isenção de pena, serão sempre formulados de acordo com a lei mais favorável.

§ 2º Quando as respostas do júri importarem condenação, o presidente do tribunal fará o confronto da pena resultante dessas respostas e da que seria imposta segundo o Código Penal, e aplicará a mais benigna.

§ 3º Se o confronto das penas concretizadas, segundo uma e outra lei, depender do reconhecimento de algum fato previsto no Código Penal, e que, pelo Código de Processo Penal, deva constituir objeto de quesito, o juiz o formulará.

Art. 11. Já tendo sido interposto recurso de despacho ou de sentença, as condições de admissibilidade, a forma e o julgamento serão regulados pela lei anterior.

Art. 12. No caso do art. 673 do Código de Processo Penal, se tiver sido imposta medida de segurança detentiva ao condenado, este será removido para estabelecimento adequado.

Art. 13. A aplicação da lei nova a fato julgado por sentença condenatória irrecorrível, nos casos previstos no art. 2º e seu parágrafo, do Código Penal, far-se-á mediante despacho do juiz, de ofício, ou a requerimento do condenado ou do Ministério Público.

→ *v.* Súmula 611 do STF.

§ 1º Do despacho caberá recurso, em sentido estrito.

§ 2º O recurso interposto pelo Ministério Público terá efeito suspensivo, no caso de condenação por crime a que a lei anterior comine, no máximo, pena privativa de liberdade, por tempo igual ou superior a 8 (oito) anos.

Art. 14. No caso de infração definida na legislação sobre a caça, verificado que o agente foi, anteriormente, punido, administrativamente, por qualquer infração prevista na mesma legislação, deverão ser os autos remetidos à autoridade judiciária que, mediante portaria, instaurará o processo, na forma do art. 531 do Código de Processo Penal.

Parágrafo único. O disposto neste artigo não exclui a forma de processo estabelecido no Código de Processo Penal, para o caso de prisão em flagrante de contraventor.

Art. 15. No caso do art. 145, IV, do Código de Processo Penal, o documento reconhecido como falso será, antes de desentranhado dos autos, rubricado pelo juiz e pelo escrivão em cada uma de suas folhas.

Art. 16. Esta Lei entrará em vigor no dia 1º de janeiro de 1942, revogadas as disposições em contrário.

Rio de Janeiro, 11 de dezembro de 1941; 120º da Independência e 53º da República.

Getúlio Vargas

(Publicação no *D.O.U.* de 13.12.1941)

EXPOSIÇÃO DE MOTIVOS DO CÓDIGO DE PROCESSO PENAL

DECRETO-LEI 3.689, DE 3 DE OUTUBRO DE 1941

Ministério da Justiça e Negócios Interiores

Gabinete do Ministro – em 8 de setembro de 1941

Senhor Presidente:

Tenho a honra de passar às mãos de Vossa Excelência o projeto do Código de Processo Penal do Brasil.

Como sabe Vossa Excelência, ficara inicialmente resolvido que a elaboração do projeto de Código único para o processo penal não aguardasse a reforma, talvez demorada, do Código Penal de 90.

I – Havia um dispositivo constitucional a atender, e sua execução não devia ser indefinidamente retardada. Entretanto, logo após a entrega do primitivo projeto, organizado pela Comissão oficial e afeiçoado à legislação penal substantiva ainda em vigor, foi apresentado pelo Senhor Alcântara Machado, em desempenho da missão que lhe confiara o Governo, o seu anteprojeto de novo Código Penal. A presteza com que o insigne e pranteado professor da Faculdade de Direito de São Paulo deu conta de sua árdua tarefa fez com que se alterasse o plano traçado em relação ao futuro Código de Processo Penal. Desde que já se podia prever para breve tempo a efetiva remodelação da nossa antiquada lei penal material, deixava de ser aconselhado que se convertesse em lei o projeto acima aludido, pois estaria condenado a uma existência efêmera.

Decretado o novo Código Penal, foi então empreendida a elaboração do presente projeto, que resultou de um cuidadoso trabalho de revisão e adaptação do projeto anterior.

Se for convertido em lei, não estará apenas regulada a atuação da justiça penal em correspondência com o referido novo Código e com a Lei de Contravenções (cujo projeto, nesta data, apresento igualmente à apreciação de Vossa Excelência): estará, no mesmo passo, finalmente realizada a homogeneidade do direito judiciário penal no Brasil, segundo reclamava, de há muito, o interesse da boa administração da justiça, aliado ao próprio interesse da unidade nacional.

A reforma do processo penal vigente

II – De par com a necessidade de coordenação sistemática das regras do processo penal num Código único para todo o Brasil, impunha-se o seu ajustamento ao objetivo de maior eficiência e energia da ação repressiva do Estado contra os que delinquem. As nossas vigentes leis de processo penal asseguram aos réus, ainda que colhidos em flagrante ou confundidos pela evidência das provas, um tão extenso catálogo de garantias e favores, que a repressão se torna, necessariamente, defeituosa e retardatária, decorrendo daí um indireto estímulo à expansão da criminalidade. Urge que seja abolida a injustificável primazia do interesse do indivíduo sobre o da tutela social. Não se pode continuar a contemporizar com pseudodireitos individuais em prejuízo do bem comum. O indivíduo, principalmente quando vem de se mostrar rebelde à disciplina jurídico-penal da vida em sociedade, não pode invocar, em face do Estado, outras franquias ou imunidades além daquelas que o assegurem contra o exercício do poder público fora da medida reclamada pelo interesse social. Este o critério que presidiu à elaboração do presente projeto de Código. No seu texto, não são reproduzidas as fórmulas tradicionais de um mal-avisado favorecimento legal aos criminosos. O processo penal é aliviado dos excessos de formalismo e joeirado de certos critérios normativos com que, sob o influxo de um mal compreendido individualismo ou de um sentimentalismo mais ou menos equívoco, se transige com a necessidade de uma rigorosa e expedita aplicação da justiça penal.

As nulidades processuais, reduzidas ao mínimo, deixam de ser o que têm sido até agora, isto é, um meandro técnico por onde se escoa a substância do processo e se perdem o tempo e a gravidade da justiça. É coibido o êxito das fraudes, subterfúgios e alicantinas. É restringida a aplicação do *in dubio pro reo*. É ampliada a noção do flagrante delito, para o efeito da prisão provisória. A decretação da prisão preventiva, que, em certos casos, deixa de ser uma faculdade, para ser um dever imposto ao juiz, adquire a suficiente elasticidade para tornar-se medida plenamente assecuratória da efetivação da justiça penal. Tratando-se de crime inafiançável, a falta de exibição do mandado não obstará à prisão, desde que o preso seja imediatamente apresentado ao juiz que fez expedir o mandado. É revogado o formalismo complexo da extradição interestadual de criminosos. O prazo da formação da culpa é ampliado, para evitar o atropelo dos processos ou a intercorrente e prejudicial solução de continuidade da detenção provisória dos réus. Não é consagrada a irrestrita proibição do julgamento *ultra petitum*. Todo um capítulo é dedicado às medidas preventivas assecuratórias da reparação do dano *ex delicto*.

Quando da última reforma do processo penal na Itália, o Ministro Rocco, referindo-se a algumas dessas medidas e outras análogas, introduzidas no projeto preliminar, advertia que elas certamente iriam provocar o desagrado daqueles que estavam acostumados a aproveitar e mesmo abusar das inveteradas deficiências e fraquezas da processualística penal até então vigente. A mesma previsão é de ser feita em relação ao presente projeto, mas são também de repetir-se as palavras de Rocco: "Já se foi o tempo em que a alvoroçada coligação de alguns poucos interessados podia frustrar as mais acertadas e urgentes reformas legislativas".

E se, por um lado, os dispositivos do projeto tendem a fortalecer e prestigiar a atividade do Estado na sua função repressiva, é certo, por outro lado, que asseguram, com muito mais eficiência do que a legislação atual, a defesa dos acusados. Ao invés de uma simples faculdade outorgada a estes e sob a condição de sua presença em juízo, a defesa passa a ser, em qualquer caso, uma indeclinável injunção legal, antes, durante e depois da instrução criminal. Nenhum réu, ainda que ausente do distrito da culpa, foragido ou oculto, poderá ser processado sem a intervenção e assistência de um defensor. A pena de revelia não exclui a garantia constitucional da contrariedade do processo. Ao contrário das leis processuais em vigor, o projeto não pactua, em caso algum, com a insídia de uma acusação sem o correlativo da defesa.

Subsídio da legislação vigente e projetos anteriores

III – À parte as inovações necessárias à aplicação do novo Código Penal e as orientadas no sentido da melhor adaptação das normas processuais à sua própria finalidade, o projeto não altera o direito atual, senão para corrigir imperfeições apontadas pela experiência, dirimir incertezas da jurisprudência ou evitar ensejo à versatilidade dos exegetas. Tanto quanto o permitiu a orientação do projeto, foi aproveitado o material da legislação atual. Muito se respigou em vários dos códigos de processo penal estaduais, e teve-se também em conta não só o projeto elaborado pela Comissão Legislativa nomeada pelo Governo Provisório em 1931, como o projeto de 1936, este já norteado pelo objetivo de unificação do direito processual penal.

A respeito de algumas das inovações introduzidas e da fidelidade do projeto a certas práticas e critérios tradicionais, é feita, a seguir, breve explanação.

A conservação do inquérito policial

IV – Foi mantido o inquérito policial como processo preliminar ou preparatório da ação penal, guardadas as suas características atuais. O ponderado exame da realidade brasileira, que não é apenas a dos centros urbanos, senão também a dos remotos distritos das comarcas do interior, desaconselha o repúdio do sistema vigente.

O preconizado *juízo de instrução*, que importaria limitar a função da autoridade policial a prender criminosos, averiguar a materialidade dos crimes e indicar testemunhas, só é praticável sob a condição de que as distâncias dentro do seu território de jurisdição sejam fácil e rapidamente superáveis. Para atuar proficuamente em comarcas extensas, e posto que deva ser excluída a hipótese de criação de juizados de instrução em cada sede do distrito, seria preciso que o *juiz instrutor* possuísse o dom da ubiquidade. De outro modo, não se compreende como poderia presidir a todos os processos nos pontos diversos da sua zona de jurisdição, a grande distância uns dos outros e da sede da comarca, demandando, muitas vezes, com os morosos meios de condução ainda praticados na maior parte do nosso *hinterland*, vários dias de viagem. Seria imprescindível, na prática, a quebra do sistema: nas capitais e nas sedes de comarca em geral, a imediata intervenção do *juiz instrutor*, ou a instrução única; nos distritos longínquos, a continuação do sistema atual. Não cabe, aqui, discutir as proclamadas vantagens do *juízo de instrução*.

Preliminarmente, a sua adoção entre nós, na atualidade, seria incompatível com o critério de unidade da lei processual. Mesmo, porém, abstraída essa consideração, há em favor do inquérito policial, como instrução provisória antecedendo à propositura da ação penal, um argumento dificilmente contestável: é ele uma garantia contra apressados e errôneos juízos, formados quando ainda persiste a trepidação moral causada pelo crime ou antes que seja possível uma exata visão de conjunto dos fatos, nas suas circunstâncias objetivas e subjetivas. Por mais perspicaz e circunspeta, a autoridade que dirige a investigação inicial, quando ainda perdura o alarma provocado pelo crime, está sujeita a equívocos ou falsos juízos *a priori*, ou a sugestões tendenciosas.

Não raro, é preciso voltar atrás, refazer tudo, para que a investigação se oriente no rumo certo, até então despercebido. Por que, então, abolir-se o inquérito preliminar ou instrução provisória, expondo-se a justiça criminal aos azares do detetivismo, às marchas e contramarchas de uma instrução imediata e única? Pode ser mais expedito o sistema de unidade de instrução, mas o nosso sistema tradicional, com o inquérito preparatório, assegura uma justiça menos aleatória, mais prudente e serena.

A ação penal

V – O projeto atende ao princípio *ne procedat judex ex officio*, que, ditado pela evolução do direito judiciário penal e já consagrado pelo novo Código Penal, reclama a completa separação entre o juiz e o órgão da acusação, devendo caber exclusivamente a este a iniciativa da ação penal. O procedimento *ex officio* só é mantido em relação às *contravenções*, que, dado o caráter essencialmente preventivo que assume, na espécie, a sanção penal, devem ser sujeitas a um processo particularmente célere, sob pena de frustrar-se a finalidade legal. A necessidade de se abolirem, nesse caso, as delongas processuais motivou mesmo a transferência, respeitada pelo projeto de se permitir à autoridade policial, para o efeito de tal processo, excepcional função judiciária.

É devidamente regulada a formalidade da representação, de que depende em certos casos, na conformidade do novo Código Penal, a iniciativa do Ministério Público.

São igualmente disciplinados os institutos da *renúncia* e do *perdão*, como causas de extinção da punibilidade nos crimes de ação privada.

Para dirimir dúvidas que costumam surgir no caso de recusa do promotor da justiça em oferecer denúncia, adotou o projeto a seguinte norma: "Se o órgão do Ministério Público, ao invés de apresentar a denúncia, requerer o arquivamento do inquérito policial ou de quaisquer peças de informação, o juiz, no caso de considerar improcedentes as razões invocadas, fará remessa do inquérito ou peças de informação ao Procurador-Geral, e este oferecerá a denúncia, designará outro órgão do Ministério Público para oferecê-la ou insistirá no pedido de arquivamento, ao qual só então estará o juiz obrigado a atender".

A reparação do dano ex delicto

VI – O projeto, ajustando-se ao Código Civil e ao novo Código Penal, mantém a separação entre a ação penal e a ação civil *ex delicto*, rejeitando o instituto ambíguo da constituição de "parte civil" no processo penal. A obrigação de reparar o dano resultante do crime não é uma consequência de caráter penal, embora se torne certa quando haja sentença condenatória no juízo criminal. A invocada conveniência prática da economia de juízo não compensa o desfavor que acarretaria ao interesse da repressão a interferência de questões de caráter patrimonial no curso do processo penal. É indissimulável o mérito da argumentação de Sá Pereira na "Exposição de Motivos" do seu "Projeto de Código Penal", refutando as razões com que se defende o deslocamento da reparação do dano *ex delicto* para o campo do direito público:

"A meu ver, o que há de verdade nessas alegações não atinge os dois pontos seguintes: 1) que a reparação do dano é matéria de direito civil, e 2) que a repressão sofreria, se, no crime, a pleiteássemos. Se há lesão patrimonial, a reparação há de ser pedida a um outro patrimônio, e se me afigura impossível deslocar esta relação entre dois patrimônios do campo do direito privado para o do direito público, como querem os positivistas. Abrir no processo-crime a necessária margem à ação reparadora seria ou fazer marcharem simultaneamente as duas ações no mesmo processo, o que se tornaria tumultuário, ou paralisar o processo-crime para que o cível o alcançasse no momento final de pronunciamento da sentença que aplicasse a pena e fixasse a indenização. Não creio que a repressão ganhasse com isto alguma coisa; ao contrário, perderia muito de sua prontidão e rapidez".

Limita-se o projeto a outorgar ao juiz da *actio civilis ex delicto* a faculdade de sobrestar no curso desta até o pronunciamento do juízo penal. Desde que exista julgamento definitivo no processo-crime, prevalece o disposto no art. 1.525 do Código Civil, isto é, a prejudicialidade daquele sobre o julgamento no cível, relativamente à existência do fato, ou quem seja o seu autor. É expressamente declarado que faz coisa julgada no cível a sentença penal que reconhecer, no caso concreto, qualquer das hipóteses do art. 19 do Código Penal. Não será prejudicial da ação cível a decisão que, no juízo penal: 1) absolver o acusado, sem reconhecer, *categoricamente*, a inexistência material do fato; 2) ordenar o arquivamento do inquérito ou das peças de informação, por insuficiência de prova quanto à existência do crime ou sua autoria; 3) declarar extinta a punibilidade; ou 4) declarar que o fato imputado não é definido como crime.

→ A referência é ao CC/1916.

→ *v.* Art. 935 do CC.

→ *v.* Art. 23 do CP.

O projeto não descurou de evitar que se torne ilusório o direito à reparação do dano, instituindo ou regulando eficientemente medidas assecuratórias (sequestro e hipoteca legal dos bens do indiciado ou do responsável civil), antes mesmo do início da ação ou do julgamento definitivo, e determinando a intervenção do Ministério Público, quando o titular do direito à indenização não disponha de recursos pecuniários para exercê-lo. Ficará, assim, sem fundamento a crítica, segundo a qual, pelo sistema do direito pátrio, a reparação do dano *ex delicto* não passa de uma promessa vã ou platônica da lei.

As provas

VII – O projeto abandonou radicalmente o sistema chamado da *certeza legal*. Atribui ao juiz a faculdade de iniciativa de provas complementares ou supletivas, quer no curso da instrução criminal, quer a final, antes de proferir a sentença. Não serão atendíveis as restrições à prova estabelecidas pela lei civil, salvo quanto ao estado das pessoas; nem é prefixada uma *hierarquia* de provas: na livre apreciação destas, o juiz formará, honesta e lealmente, a sua convicção. A própria confissão do acusado não constitui, fatalmente, *prova plena* de sua culpabilidade. Todas as provas são relativas; nenhuma delas terá, *ex vi legis*, valor decisivo, ou necessariamente maior prestígio que outra. Se é certo que o juiz fica adstrito às provas constantes dos autos, não é menos certo que não fica subordinado a nenhum critério apriorístico no apurar, através delas, a verdade material. O juiz criminal é, assim, restituído à sua própria consciência. Nunca é demais, porém, advertir que *livre convencimento* não quer dizer puro capricho de opinião ou mero arbítrio na apreciação das provas. O juiz está livre de *preconceitos legais* na aferição das provas, mas não pode abstrair-se ou alhear-se ao seu conteúdo. Não estará ele dispensado de *motivar* a sua sentença. E precisamente nisto reside a suficiente garantia do direito das partes e do interesse social.

Por outro lado, o juiz deixará de ser um espectador inerte da produção de provas. Sua intervenção na atividade processual é permitida, não somente para dirigir a marcha da ação penal e julgar a final, mas também para ordenar, de ofício, as provas que lhe parecerem úteis ao esclarecimento da verdade. Para a indagação desta, não estará sujeito a *preclusões*. Enquanto não estiver averiguada a matéria da acusação ou da defesa, e houver uma fonte de prova ainda não explorada, o juiz não deverá pronunciar o *in dubio pro reo* ou o *non liquet*.

Como corolário do sistema de livre convicção do juiz, é rejeitado o velho brocardo *testis unus testis nullus*. Não se compreende a prevenção legal contra a *voix d'un*, quando, tal seja o seu mérito, pode bastar à elucidação da verdade e à certeza moral do juiz. Na atualidade, aliás, a exigência da lei, como se sabe, é contornada por uma simulação prejudicial ao próprio decoro ou gravidade da justiça, qual a consistente em suprir-se o *mínimo legal* de testemunhas com pessoas cuja insciência acerca do objeto do processo é previamente conhecida, e que somente vão a juízo para declarar que nada sabem.

Outra inovação, em matéria de prova, diz respeito ao interrogatório do acusado. Embora mantido o princípio de que *nemo tenetur* se detegere (não estando o acusado na estrita obrigação de responder o que se lhe pergunta), já não será esse termo do processo, como atualmente, uma série de perguntas predeterminadas, sacramentais, a que o acusado dá as respostas de antemão estudadas, para não comprometer-se, mas uma franca oportunidade de obtenção de prova. É facultado ao juiz formular ao acusado quaisquer perguntas que julgue necessárias à pesquisa da verdade, e se é certo que o silêncio do réu não importará confissão, poderá, entretanto, servir, em face de outros indícios, à formação do convencimento do juiz.

O projeto ainda inova quando regula especialmente como meio de prova o "reconhecimento de pessoas e coisas"; quando estabelece a forma de explicação de divergência entre testemunhas presentes e ausentes do distrito da culpa; e, finalmente, quando, ao regular a *busca*, como expediente de consecução de prova, distingue-se em *domiciliar* e *pessoal*, para disciplinar diversamente, como é justo, as duas espécies.

A prisão em flagrante e a prisão preventiva

VIII – A prisão em flagrante e a prisão preventiva são definidas com mais latitude do que na legislação em vigor. O *clamor público* deixa de ser condição necessária para que se equipare ao *estado de flagrância* o caso em que o criminoso, após a prática do crime, está a fugir. Basta que, vindo de cometer o crime, o fugitivo seja perseguido "pela autoridade, pelo ofendido ou por qualquer pessoa, em situação que faça presumir ser autor da infração": preso em tais condições, entende-se preso em flagrante delito. Considera-se, igualmente, em estado de flagrância o indivíduo que, logo em seguida à perpetração do crime, é encontrado "com o instrumento, armas, objetos ou papéis que façam presumir ser autor da infração". O interesse da administração da justiça não pode continuar a ser sacrificado por obsoletos escrúpulos formalísticos, que redundam em assegurar, com prejuízo da futura ação penal, a afrontosa intangibilidade de criminosos surpreendidos na atualidade ainda palpitante do crime e em circunstâncias que evidenciam sua relação com este.

A prisão preventiva, por sua vez, desprende-se dos limites estreitos até agora traçados à sua admissibilidade. Pressuposta a existência de suficientes indícios para imputação da autoria do crime, a prisão preventiva poderá ser decretada toda vez que o reclame o interesse da ordem pública, ou da instrução criminal, ou da efetiva aplicação da lei penal. Tratando-se de crime a que seja cominada pena de reclusão por tempo, no máximo, igual ou superior a 10 (dez) anos, a decretação da prisão preventiva será *obrigatória*, dispensando outro requisito além da prova indiciária contra o acusado. A duração da prisão provisória continua a ser condicionada, até o encerramento da instrução criminal, à efetividade dos atos processuais dentro dos respectivos prazos; mas estes são razoavelmente dilatados.

Vários são os dispositivos do projeto que cuidam de prover à maior praticabilidade da captura de criminosos que já se acham sob decreto de prisão. Assim, a falta de exibição do mandado, como já foi, de início, acentuado, não obstará à prisão, ressalvada a condição de ser o preso conduzido imediatamente à presença da autoridade que decretou a prisão.

A prisão do réu ausente do distrito da culpa, seja qual for o ponto do território nacional em que se encontre, será feita mediante simples precatória de uma autoridade a outra, e até mesmo, nos casos urgentes, mediante entendimento entre estas por via telegráfica ou telefônica, tomadas as necessárias precauções para evitar ludíbrios ou ensejo a maliciosas vinditas. Não se compreende ou não se justifica que os Estados, gravitando dentro da unidade nacional, se oponham mutuamente obstáculos na pronta repressão da delinquência.

A autoridade policial que recebe um mandado de prisão para dar-lhe cumprimento poderá, de sua própria iniciativa, fazer tirar tantas cópias quantas forem necessárias às diligências.

A liberdade provisória

IX – Abolida a pluralidade do direito formal, já não subsiste razão para que a liberdade provisória mediante fiança, que é matéria tipicamente de caráter processual, continue a ser regulada pela lei penal substantiva. O novo Código Penal não cogitou do instituto da fiança, precisamente para que o futuro Código de Processo Penal reivindicasse a regulamentação de assunto que lhe é pertinente. Inovando na legislação atual, o presente projeto cuidou de imprimir à fiança um cunho menos rígido. O *quantum* da fiança continuará subordinado a uma tabela graduada, mas as regras para a sua fixação tornam possível sua justa correspondência aos casos concretos. É declarado que, "para determinar o valor da fiança, a autoridade terá em conta a natureza da infração, as condições pessoais de fortuna e vida pregressa do acusado, as circunstâncias indicativas de sua periculosidade, bem como a importância provável das custas do processo, até final julgamento". Ainda mais: o juiz não estará inexoravelmente adstrito à tarifa legal, podendo aumentar até o triplo a fiança, quando "reconhecer que, em virtude da situação econômica do réu, não assegurará a ação da justiça, embora fixada no máximo".

Não é admitida a fiança fidejussória, mas o projeto contém o seguinte dispositivo, que virá conjurar uma iniquidade frequente no regime legal atual, relativamente aos réus desprovidos de recursos pecuniários: "Nos casos em que couber fiança, o juiz, verificando ser impossível ao réu prestá-la, por motivo de pobreza, poderá conceder-lhe a liberdade provisória..."

Os casos de *inafiançabilidade* são taxativamente previstos, corrigindo-se certas anomalias da lei vigente.

A instrução criminal

X – O prazo da instrução criminal ou formação da culpa é ampliado (em cotejo com os estabelecidos atualmente): estando o réu preso, será de 20 (vinte) dias; estando o réu solto ou afiançado, de 40 (quarenta) dias.

Nesses prazos, que começarão a correr da data do interrogatório, ou da em que deverá ter-se realizado, terminando com a inquirição da última testemunha de acusação, não será computado o tempo de qualquer impedimento.

O sistema de inquirição das testemunhas é o chamado *presidencial*, isto é, ao juiz que preside à formação da culpa cabe privativamente fazer perguntas diretas à testemunha. As perguntas das partes serão feitas por intermédio do juiz, a cuja censura ficarão sujeitas.

O acusado

XI – Suprindo uma injustificável omissão da atual legislação processual, o projeto autoriza que o acusado, no caso em que não caiba a prisão preventiva, seja forçadamente conduzido à presença da autoridade, quando, regularmente intimado para ato que, sem ele, não possa realizar-se, deixa de comparecer sem motivo justo. Presentemente, essa medida compulsória é aplicável somente à testemunha faltosa, enquanto ao réu é concedido o privilégio de desobedecer à autoridade processante, ainda que a sua presença seja necessária para esclarecer ponto relevante da acusação ou da defesa. Nenhum acusado, ainda que revel, será processado ou julgado sem defensor; mas a sua ausência (salvo tratando-se de crime da competência do Tribunal do Júri) não suspenderá o julgamento, nem o prazo para o recurso, pois, de outro modo, estaria a lei criando uma prerrogativa em favor de réus foragidos, que, garantidos contra o julgamento à revelia, poderiam escapar, indefinidamente, à categoria de reincidentes. Se algum erro judiciário daí provier, poderá ser corrigido pela revisão ou por um decreto de graça.

A sentença

XII – O projeto, generalizando um princípio já consagrado pela atual Lei do Júri, repudia a proibição de sentença condenatória *ultra petitum* ou a desclassificação *in pejus* do crime imputado. Constituía um dos exageros do liberalismo o transplante dessa proibição, que é própria do direito privado, para a esfera de direito processual penal, que é um ramo do direito público. O interesse da defesa social não pode ser superado pelo unilateralíssimo interesse pessoal dos criminosos. Não se pode reconhecer ao réu, em prejuízo do bem social, estranho *direito adquirido* a um *quantum* de pena injustificadamente diminuta, só porque o Ministério Público, ainda que por equívoco, não tenha pleiteado maior pena. Em razão do antigo sistema, ocorria, frequentemente, a seguinte inconveniência: não podendo retificar a classificação feita na denúncia, para impor ao réu sanção mais grave, o juiz era obrigado a julgar nulo o processo ou improcedente a ação penal, conforme o caso, devendo o Ministério Público apresentar nova denúncia, se é que já não estivesse extinta a punibilidade pela prescrição. Se o réu estava preso, era posto em liberdade, e o êxito do segundo processo tornava-se, as mais das vezes, impossível, dado o intercorrente desaparecimento dos elementos de prova. Inteiramente diversa é a solução dada pelo projeto, que distingue duas hipóteses: o fato apurado no sumário é idêntico ao descrito na denúncia ou queixa, mas esta o classificou erradamente; ou o fato apurado ocorreu em circunstâncias diversas não contidas explícita ou implicitamente na peça inicial do processo, e estas deslocam a classificação. E os dois casos são assim resolvidos: no primeiro, é conferida ao juiz a faculdade de alterar a classificação, ainda que para aplicar pena mais grave; no segundo, se a circunstância apurada não estava contida, explícita ou implicitamente, na denúncia ou queixa, mas não acarreta a nova classificação pena mais grave, deverá o juiz conceder ao acusado o prazo de 8 (oito) dias para alegação e provas, e se importa classificação que acarrete pena mais grave, o juiz baixará o processo, a fim de que o Ministério Público adite a denúncia ou a queixa e, em seguida, marcará novos prazos sucessivos à defesa, para alegações e prova.

Vê-se que o projeto, ao dirimir a questão, atendeu à necessidade de assegurar a defesa e, ao mesmo tempo, impedir que se repudie um processo realizado com todas as formalidades legais.

É declarado, de modo expresso, que, nos crimes de ação pública, o juiz poderá proferir sentença condenatória, ainda que o Ministério Público tenha opinado pela absolvição, bem como reconhecer agravantes, embora nenhuma tenha sido alegada.

Quando o juiz da sentença não for o mesmo que presidiu à instrução criminal, é-lhe facultado ordenar que esta se realize novamente, em sua presença.

A sentença deve ser *motivada*. Com o sistema do relativo arbítrio judicial na aplicação da pena, consagrado pelo novo Código Penal, e o do *livre convencimento* do juiz, adotado pelo presente projeto, é a *motivação* da sentença que oferece garantia contra os excessos, os erros de apreciação, as falhas de raciocínio ou de lógica ou os demais vícios de julgamento. No caso de absolvição, a parte dispositiva da sentença deve conter, de modo preciso, a razão específica pela qual é o réu absolvido. É minudente o projeto, ao regular a *motivação* e o *dispositivo* da sentença.

As formas do processo

XIII – São estabelecidas e devidamente reguladas as várias formas do processo.

O *processo sumário* é limitado as contravenções penais e aos crimes a que seja cominada pena de detenção. Para o efeito da aplicação de medida de segurança, nos casos do parágrafo único do art. 76 do Código Penal, é instituído processo especial.

Ao cuidar do processo por crimes contra a honra (ressalvada a legislação especial sobre os "crimes de imprensa") o projeto contém uma inovação: o juízo preliminar de reconciliação entre as partes. Antes de receber a queixa, o juiz deverá ouvir, separadamente, o querelante e o querelado e, se julgar possível a reconciliação, promoverá um entendimento entre eles, na sua presença. Se efetivamente se reconciliarem, será lavrado termo de desistência e arquivada a queixa. Os processos por calúnia, difamação ou injúria redundam, por vezes, em agravação de uma recíproca hostilidade. É de boa política, portanto, tentar-se, *in limine litis*, o apaziguamento dos ânimos, sem quebra da dignidade ou amor-próprio de qualquer das partes.

O processo por crime de falência é atribuído integralmente ao juízo criminal, ficando suprimido, por sua consequente inutilidade, o termo de pronúncia. Não são convenientes os argumentos em favor da atual dualidade de juízos, um para o processo até pronúncia e outro para o julgamento. Ao invés das singularidades de um processo *anfíbio*, com instrução no juízo cível e julgamento no juízo criminal, é estabelecida a competência deste *ab initio*, restituindo-se-lhe uma função específica e ensejando-se-lhe mais segura visão de conjunto, necessária ao acerto da decisão final.

→ v. Lei 11.101/2005 – Recuperação judicial, a extrajudicial e a falência do empresário e da sociedade empresária.

O júri

XIV – Com algumas alterações, impostas pela lição da experiência e pelo sistema de aplicação da pena adotado pelo novo Código Penal, foi incluído no corpo do projeto o Decreto-lei 167, de 5 de janeiro de 1938. Como atestam os aplausos recebidos, de vários pontos do país, pelo Governo da República, e é notório, têm sido excelentes os resultados desse Decreto-lei que veio afeiçoar o tribunal popular à finalidade precípua da defesa social. A aplicação da justiça penal pelo júri deixou de ser uma *abdicação*, para ser uma *delegação* do Estado, controlada e orientada no sentido do superior interesse da sociedade. Privado de sua antiga *soberania*, que redundava, na prática, numa sistemática indulgência para com os criminosos, o júri está, agora, integrado na consciência de suas graves responsabilidades e reabilitado na confiança geral.

A relativa individualização da pena, segundo as normas do estatuto penal que entrará em vigor a 1° de janeiro do ano vindouro, não pode ser confiada ao *conselho de sentença*, pois exige, além da apreciação do fato criminoso em si mesmo, uma indagação em torno de condições e circunstâncias complexas, que não poderiam ser objeto de quesitos, para respostas *de plano*. Assim, ao conselho de sentença, na conformidade do que dispõe o projeto, apenas incumbirá afirmar ou negar o fato imputado, as circunstâncias elementares ou qualificativas, a desclassificação do crime acaso pedida pela defesa, as causas de aumento ou diminuição especial de pena e as causas de isenção de pena ou de crime. No caso em que as respostas sejam no sentido da condenação, a *medida* da pena caberá exclusivamente ao presidente do tribunal, pois, com o meditado estudo que já tem do processo, estará aparelhado para o ajustamento *in concreto* da pena aplicável ao réu. Também ao presidente do tribunal incumbe, privativamente, pronunciar-se sobre a aplicação de medidas de segurança e penas acessórias.

A decisão do conselho de sentença, prejudicial da sentença proferida pelo juiz-presidente, é reformável, *de meritis*, em grau de apelação, nos estritos casos em que o autoriza a legislação atual; mas do pronunciamento do juiz-presidente cabe apelação segundo a regra geral.

O recurso ex officio da concessão de habeas corpus na primeira instância

XV – O projeto determina o recurso *ex officio* da sentença proferida pelos juízes inferiores concedendo *habeas corpus*. Não é exato que a Constituição vigente tenha suprimido, implicitamente, essa providência de elementar cautela de administração da justiça penal. A opinião contrária levaria a admitir que tais sentenças são atualmente irrecorríveis, pois delas, pela mesma lógica, não caberia recurso do Ministério Público, ainda que se tornasse obrigatória a intervenção deste nos processos de *habeas corpus*.

A Constituição, em matéria de processo de *habeas corpus*, limita-se a dispor que das decisões *denegatórias* desse *remedium juris*, proferidas "em *última ou única instância*", há recurso ordinário para o Supremo Tribunal Federal.

A *última instância*, a que se refere o dispositivo constitucional, é o Tribunal de Apelação, sendo evidente que, salvo os casos de competência originária deste, a decisão *denegatória* de *habeas corpus*, de que há recurso para o Supremo Tribunal, pressupõe um anterior recurso, do juiz inferior para o Tribunal de Apelação. Ora, se admitiu recurso para o Tribunal de Apelação, da sentença do juiz inferior no caso de denegação do *habeas corpus*, não seria compreensível que a Constituição, visceralmente informada no sentido da incontrastável supremacia do interesse social, se propusesse à abolição do recurso *ex officio*, para o mesmo Tribunal de Apelação, da decisão concessiva do *habeas corpus*, também emanada do juiz inferior, que passaria a ser, em tal caso, *instância única*. É facilmente imaginável o desconchavo que daí poderia resultar. Sabe-se que um dos casos taxativos de concessão de *habeas corpus* é o de não constituir infração penal o fato que motiva o constrangimento à liberdade de ir e vir. E não se poderia conjurar, na prática, a seguinte situação aberrante: o juiz inferior, errada ou injustamente, reconhece penalmente lícito o fato imputado ao paciente, e, em consequência, não somente ser este posto em liberdade, como também impedido o prosseguimento da ação penal, sem o pronunciamento da segunda instância.

→ A partir da Constituição de 1946, a nomenclatura Tribunal de Apelação passou a ser Tribunal de Justiça.

Não se pode emprestar à Constituição a intenção de expor a semelhante desgarantia o interesse da defesa social. O que ela fez foi apenas deixar bem claro que das decisões sobre *habeas corpus*, proferidas pelos Tribunais de Apelação, como última ou *única instância*, somente caberá recurso para o Supremo Tribunal quando denegatórias. No caso de decisão *denegatória*, não se tratando de *habeas corpus* originário de tribunal de apelação, haverá, excepcionalmente, *três* instâncias; se a decisão, porém, é concessiva da medida, *duas* apenas, segundo a regra geral, serão as instâncias.

Os novos institutos da lei penal material

XVI – O projeto consagra capítulos especiais à detalhada regulamentação dos institutos que, estranhos à lei penal ainda vigente, figuram no novo Código Penal, como sejam as medidas de segurança e a reabilitação, do mesmo modo que provê à disciplina da execução das penas principais e acessórias, dentro da sistemática do referido Código.

As nulidades

XVII – Como já foi dito de início, o projeto é infenso ao excessivo rigorismo formal, que dá ensejo, atualmente, à infindável série das nulidades processuais. Segundo a justa advertência de ilustre processualista italiano, "um bom direito processual penal deve limitar as sanções de nulidade àquele estrito *mínimo* que não pode ser abstraído sem lesar legítimos e graves interesses do Estado e dos cidadãos".

O projeto não deixa respiradouro para o frívolo *curialismo*, que se compraz em espiolhar nulidades. É consagrado o princípio geral de que nenhuma nulidade ocorre se não há prejuízo para a acusação ou a defesa.

Não será declarada a nulidade de nenhum ato processual, quando este não haja influído concretamente na decisão da causa ou na apuração da verdade substancial. Somente em casos excepcionais é declarada insanável a nulidade.

Fora desses casos, ninguém pode invocar direito à irredutível subsistência da nulidade.

Sempre que o juiz deparar com uma causa de nulidade, deve prover imediatamente à sua eliminação, renovando ou retificando o ato irregular, se possível; mas, ainda que o não faça, a nulidade considera-se sanada:

a) pelo silêncio das partes;

b) pela efetiva consecução do escopo visado pelo ato não obstante sua irregularidade;

c) pela aceitação, ainda que tácita, dos efeitos do ato irregular.

Se a parte interessada não argui a irregularidade ou com esta implicitamente se conforma, aceitando-lhe os efeitos, nada mais natural que se entenda haver renunciado ao direito de argui-la. Se toda formalidade processual visa um determinado fim, e este fim é alcançado, apesar de sua irregularidade, evidentemente carece esta de importância. Decidir de outro modo será incidir no despropósito de considerar-se a formalidade um fim em si mesma.

É igualmente firmado o princípio de que não pode arguir a nulidade quem lhe tenha dado causa ou não tenha interesse na sua declaração. Não se compreende que alguém provoque a irregularidade e seja admitido em seguida, a especular com ela; nem tampouco que, no silêncio da parte prejudicada, se permita à outra parte investir-se no direito de pleitear a nulidade.

O espírito do Código

XVIII – Do que vem de ser ressaltado, e de vários outros critérios adotados pelo projeto, se evidencia que este se norteou no sentido de obter equilíbrio entre o interesse social e o da defesa individual, entre o direito do Estado à punição dos criminosos e o direito do indivíduo às garantias e seguranças de sua liberdade. Se ele não transige com as sistemáticas restrições ao poder público, não o inspira, entretanto, o espírito de um incondicional autoritarismo do Estado ou de uma sistemática prevenção contra os direitos e garantias individuais.

É justo que, ao finalizar esta Exposição de Motivos, deixe aqui consignada a minha homenagem aos autores do projeto, Drs. Vieira Braga, Nelson Hungria, Narcélio de Queiroz, Roberto Lyra, Desembargador Florêncio de Abreu e ao saudoso Professor Cândido Mendes de Almeida, que revelaram rara competência e a mais exata e larga compreensão dos problemas de ordem teórica e de ordem prática que o Código se propõe resolver.

Na redação final do projeto contei com a valiosa colaboração do Dr. Abgar Renault.

Aproveito a oportunidade para renovar a Vossa Excelência os protestos de meu mais profundo respeito.

Francisco Campos

(Publicação no *D.O.U.* 13.10.1941)

CÓDIGO DE PROCESSO PENAL

DECRETO-LEI 3.689,
DE 3 DE OUTUBRO DE 1941

Código de Processo Penal.

→ *V.* Exposição de Motivos do Código de Processo Penal.

O Presidente da República, usando da atribuição que lhe confere o art. 180 da Constituição, decreta a seguinte Lei:

Livro I
DO PROCESSO EM GERAL

Título I
Disposições preliminares

Art. 1º O processo penal reger-se-á, em todo o território brasileiro, por este Código, ressalvados:

→ *V.* Art. 5º, § 4º, da CF/1988.

→ *V.* Art. 5º do CP.

I – os tratados, as convenções e regras de direito internacional;

→ *V.* Arts. 5º, § 2º, 84, VIII, da CF/1988.

II – as prerrogativas constitucionais do Presidente da República, dos ministros de Estado, nos crimes conexos com os do Presidente da República, e dos ministros do Supremo Tribunal Federal, nos crimes de responsabilidade (Constituição, arts. 86, 89, § 2º, e 100);

→ Referem-se à Constituição de 1937.

→ *V.* Art. 52, I e II, da CF/1988.

III – os processos da competência da Justiça Militar;

→ *V.* Dec.-lei 1.001/1969 – Código Penal Militar.

→ *V.* Dec.-lei 1.002/1969 – Código de Processo Penal Militar.

IV – os processos da competência do tribunal especial (Constituição, art. 122, n. 17);

→ Referem-se à Constituição de 1937.

→ *V.* Art. 109, IV, da CF/1988.

→ *V.* Art. 82, § 1º, do CPPM.

→ *V.* Lei 7.170/1983 – Crimes contra a segurança nacional, a ordem política e social, estabelece seu processo e julgamento.

V – os processos por crimes de imprensa.

→ *V.* ADPF 130 (*D.J.E.* 6.11.2009), o STF decidiu que todo o conjunto de dispositivos da Lei de Imprensa – Lei 5.250/1967, não foi recepcionado pela CF/1988.

Parágrafo único. Aplicar-se-á, entretanto, este Código aos processos referidos nos ns. IV e V, quando as leis especiais que os regulam não dispuserem de modo diverso.

Art. 2º A lei processual penal aplicar-se-á desde logo, sem prejuízo da validade dos atos realizados sob a vigência da lei anterior.

→ *V.* Arts. 1º a 3º do CP.

Art. 3º A lei processual penal admitirá interpretação extensiva e aplicação analógica, bem como o suplemento dos princípios gerais de direito.

→ *V.* Art. 1º do CP.

→ *V.* Art. 2º do CPPM.

→ *V.* Arts. 4º e 5º da LINDB.

Título II
Do inquérito policial

Art. 4º A polícia judiciária será exercida pelas autoridades policiais no território de suas respectivas circunscrições e terá por fim a apuração das infrações penais e da sua autoria.

→ *Caput* com redação alterada pela Lei 9.043/1995.

→ *V.* Art. 107 do CP.

→ *V.* Art. 144, § 1º, I, IV, e § 4º, da CF/1988.

→ *V.* Art. 33, parágrafo único, da LC 35/1979.

→ *V.* Art. 41, parágrafo único, da Lei 8.625/1993.

→ *V.* Art. 70 da Lei 6.815/1980.

→ *V.* Art. 43 do RISTF.

Parágrafo único. A competência definida neste artigo não excluirá a de autoridades administrativas, a quem por lei seja cometida a mesma função.

Art. 5º Nos crimes de ação pública o inquérito policial será iniciado:

→ *V.* Art. 100 do CP.

→ *V.* Art. 24 do CPP.

I – de ofício;

II – mediante requisição da autoridade judiciária ou do Ministério Público, ou a requerimento do ofendido ou de quem tiver qualidade para representá-lo.

→ *V.* Art. 129, VIII, da CF/1988.

→ *V.* Art. 24, § 1º, do CPP.

§ 1º O requerimento a que se refere o n. II conterá sempre que possível:

a) a narração do fato, com todas as circunstâncias;

b) a individualização do indiciado ou seus sinais característicos e as razões de convicção ou de presunção de ser ele o autor da infração, ou os motivos de impossibilidade de o fazer;

c) a nomeação das testemunhas, com indicação de sua profissão e residência.

→ *V.* Art. 202 e ss. do CPP.

§ 2º Do despacho que indeferir o requerimento de abertura de inquérito caberá recurso para o chefe de Polícia.

§ 3º Qualquer pessoa do povo que tiver conhecimento da existência de infração penal em que caiba ação pública poderá, verbalmente ou por escrito, comunicá-la à autoridade policial, e esta, verificada a procedência das informações, mandará instaurar inquérito.

§ 4º O inquérito, nos crimes em que a ação pública depender de representação, não poderá sem ela ser iniciado.

§ 5º Nos crimes de ação privada, a autoridade policial somente poderá proceder a inquérito a requerimento de quem tenha qualidade para intentá-la.

→ *V.* Arts. 30 e 38 do CPP.

Art. 6º Logo que tiver conhecimento da prática da infração penal, a autoridade policial deverá:

I – dirigir-se ao local, providenciando para que não se alterem o estado e conservação das coisas, até a chegada dos peritos criminais;

→ Inciso I com redação alterada pela Lei 8.862/1994.

→ *V.* Lei 5.970/1973 – Exclui da aplicação do disposto nos artigos 6º, I, 64 e 169, do CPP, os casos de acidente de trânsito.

II – apreender os objetos que tiverem relação com o fato, após liberados pelos peritos criminais;

→ Inciso II com redação alterada pela Lei 8.862/1994.

→ *V.* Art. 91, II, *a*, do CP.

III – colher todas as provas que servirem para o esclarecimento do fato e suas circunstâncias;

IV – ouvir o ofendido;

→ *V.* Art. 5º, LXIII, da CF/1988.

→ *V.* Art. 201, § 1º, do CPP.

V – ouvir o indiciado, com observância, no que for aplicável, do disposto no Capítulo III do Título VII, deste Livro, devendo o respectivo termo ser assinado por duas testemunhas que lhe tenham ouvido a leitura;

VI – proceder a reconhecimento de pessoas e coisas e a acareações;

→ *V.* Arts. 226 a 230 e 304, § 3º, do CPP.

VII – determinar, se for caso, que se proceda a exame de corpo de delito e a quaisquer outras perícias;

→ *V.* Arts. 158 a 184 do CPP.

VIII – ordenar a identificação do indiciado pelo processo datiloscópico, se possível, e fazer juntar aos autos sua folha de antecedentes;

→ *V.* Súmula 568 do STF.

→ *V.* Art. 5º, LVIII, da CF/1988.

→ *V.* Lei 12.037/2009 – Identificação criminal do civilmente identificado.

IX – averiguar a vida pregressa do indiciado, sob o ponto de vista individual, familiar e social, sua condição econômica, sua atitude e estado de ânimo antes e depois do crime e durante ele, e quaisquer outros elementos que contribuírem para a apreciação do seu temperamento e caráter.

Art. 7º Para verificar a possibilidade de haver a infração sido praticada de determinado modo, a autoridade policial poderá proceder à reprodução simulada dos fatos, desde que esta não contrarie a moralidade ou a ordem pública.

Art. 8º Havendo prisão em flagrante, será observado o disposto no Capítulo II do Título IX deste Livro.

→ *v.* Arts. 301 a 310 e 564, IV, do CPP.

Art. 9º Todas as peças do inquérito policial serão, num só processado, reduzidas a escrito ou datilografadas e, neste caso, rubricadas pela autoridade.

→ *v.* Súmula Vinculante 14 do STF.

Art. 10. O inquérito deverá terminar no prazo de 10 (dez) dias, se o indiciado tiver sido preso em flagrante, ou estiver preso preventivamente, contado o prazo, nesta hipótese, a partir do dia em que se executar a ordem de prisão, ou no prazo de 30 (trinta) dias, quando estiver solto, mediante fiança ou sem ela.

→ *v.* Art. 10 do CP.

→ *v.* Arts. 301 a 316 e 798, § 1º, do CPP.

→ *v.* Art. 20, *caput*, e § 1º, do CPPM.

→ *v.* Art. 51 da Lei 11.343/2006.

→ *v.* Art. 1º da Lei 8.038/1990.

→ *v.* Art. 71 da Lei 6.815/1980.

→ *v.* Art. 66 da Lei 5.010/1966.

→ *v.* Art. 10, § 1º, da Lei 1.521/1951.

§ 1º A autoridade fará minucioso relatório do que tiver sido apurado e enviará autos ao juiz competente.

→ *v.* Arts. 23 e 108, § 1º, do CPP.

§ 2º No relatório poderá a autoridade indicar testemunhas que não tiverem sido inquiridas, mencionando o lugar onde possam ser encontradas.

§ 3º Quando o fato for de difícil elucidação, e o indiciado estiver solto, a autoridade poderá requerer ao juiz a devolução dos autos, para ulteriores diligências, que serão realizadas no prazo marcado pelo juiz.

Art. 11. Os instrumentos do crime, bem como os objetos que interessarem à prova, acompanharão os autos do inquérito.

→ *v.* Art. 6º, II, do CPP.

Art. 12. O inquérito policial acompanhará a denúncia ou queixa, sempre que servir de base a uma ou outra.

→ *v.* Arts. 27, 39, § 5º, 40, 46, § 1º e 211 do CPP.

→ *v.* Art. 77, § 1º, da Lei 9.099/1995.

Art. 13. Incumbirá ainda à autoridade policial:

I – fornecer às autoridades judiciárias as informações necessárias à instrução e julgamento dos processos;

II – realizar as diligências requisitadas pelo juiz ou pelo Ministério Público;

→ *v.* Arts. 16 e 297 do CPP.

III – cumprir os mandados de prisão expedidos pelas autoridades judiciárias;

→ *v.* Art. 5º, LXI, da CF/1988.

IV – representar acerca da prisão preventiva.

→ *v.* Art. 311 do CPP.

→ *v.* Art. 20 da Lei 11.340/2006.

→ *v.* Art. 2º da Lei 7.960/1989.

Art. 14. O ofendido, ou seu representante legal, e o indiciado poderão requerer qualquer diligência, que será realizada, ou não, a juízo da autoridade.

→ *v.* Arts. 13, I, 21, 176 e 184 do CPP.

Art. 15. Se o indiciado for menor, ser-lhe-á nomeado curador pela autoridade policial.

→ *v.* Art. 5º do CC.

→ *v.* Arts. 34, 50, parágrafo único, 54, 564, III, *c*, do CPP.

Art. 16. O Ministério Público não poderá requerer a devolução do inquérito à autoridade policial, senão para novas diligências, imprescindíveis ao oferecimento da denúncia.

→ *v.* Art. 129, VIII, da CF/1988.

→ *v.* Arts. 13, II, e 47 do CPP.

Art. 17. A autoridade policial não poderá mandar arquivar autos de inquérito.

→ *v.* Arts. 28 e 42 do CPP.

Art. 18. Depois de ordenado o arquivamento do inquérito pela autoridade judiciária, por falta de base para a denúncia, a autoridade policial poderá proceder a novas pesquisas, se de outras provas tiver notícia.

→ *v.* Súmula 524 do STF.

→ *v.* Arts. 28, 67, I, do CPP.

Art. 19. Nos crimes em que não couber ação pública, os autos do inquérito serão remetidos ao juízo competente, onde aguardarão a iniciativa do ofendido ou de seu representante legal, ou serão entregues ao requerente, se o pedir, mediante traslado.

→ *v.* Arts. 10 e 183 do CPP.

Art. 20. A autoridade assegurará no inquérito o sigilo necessário à elucidação do fato ou exigido pelo interesse da sociedade.

→ *v.* Arts. 745 e 792, § 2º, do CPP.

→ *v.* Art. 7º, XIV, da Lei 8.906/1994.

→ *v.* Art. 3º, § 2º, da Lei 1.579/1952.

Parágrafo único. Nos atestados de antecedentes que lhe forem solicitados, a autoridade policial não poderá mencionar quaisquer anotações referentes a instauração de inquérito contra os requerentes.

→ Parágrafo único com redação alterada pela Lei 12.681/2012.

→ *v.* Art. 5º, LVII, da CF/1988.

Art. 21. A incomunicabilidade do indiciado dependerá sempre de despacho nos autos e somente será permitida quando o interesse da sociedade ou a conveniência da investigação o exigir.

→ *v.* Art. 136, § 3º, IV, da CF/1988.

→ *v.* Art. 7º, III, da Lei 8.906/1994.

Parágrafo único. A incomunicabilidade, que não excederá de 3 (três) dias, será decretada por despacho fundamentado do juiz, a requerimento da autoridade policial, ou do órgão do Ministério Público, respeitado, em qualquer hipótese, o disposto no art. 89, III, do Estatuto da Ordem dos Advogados do Brasil (Lei 4.215, de 27 de abril de 1963).

→ Parágrafo único com redação alterada pela Lei 5.010/1966.

→ Referida Lei 4.215/1963 foi revogada pela Lei 8.906/1994.

Art. 22. No Distrito Federal e nas comarcas em que houver mais de uma circunscrição policial, a autoridade com exercício em uma delas poderá, nos inquéritos a que esteja procedendo, ordenar diligências em circunscrição de outra, independentemente de precatórias ou requisições, e bem assim providenciará, até que compareça a autoridade competente, sobre qualquer fato que ocorra em sua presença, noutra circunscrição.

→ *v.* Art. 4º do CPP.

Art. 23. Ao fazer a remessa dos autos do inquérito ao juiz competente, a autoridade policial oficiará ao Instituto de Identificação e Estatística, ou repartição congênere, mencionando o juízo a que tiverem sido distribuídos, e os dados relativos à infração penal e à pessoa do indiciado.

→ *v.* Arts. 747 e 809 do CPP.

Título III
Da ação penal

Art. 24. Nos crimes de ação pública, esta será promovida por denúncia do Ministério Público, mas dependerá, quando a lei o exigir, de requisição do Ministro da Justiça, ou de representação do ofendido ou de quem tiver qualidade para representá-lo.

→ *v.* Arts. 5º, XXXV e LIX e 129, I, da CF/1988.

→ *v.* Art. 100 do CP.

→ *v.* Arts. 29, 39, 42 e 569 do CPP.

→ *v.* Art. 184, parágrafo único, da Lei 11.101/2005.

§ 1º No caso de morte do ofendido ou quando declarado ausente por decisão judicial, o direito de representação passará ao cônjuge, ascendente, descendente ou irmão.

→ Anterior parágrafo único renumerado para § 1º pela Lei 8.699/1993.

§ 2º Seja qual for o crime, quando praticado em detrimento do patrimônio ou interesse da União, Estado e Município, a ação penal será pública.

→ § 2º acrescentado pela Lei 8.699/1993.

Art. 25. A representação será irretratável, depois de oferecida a denúncia.

→ *v.* Art. 102 do CP.

→ *v.* Arts. 38, 564, III, *a*, e 569 do CPP.

Art. 26. A ação penal, nas contravenções, será iniciada com o auto de prisão em flagrante ou por meio de portaria expedida pela autoridade judiciária ou policial.

→ *v.* Súmula 601 do STF.

→ *v.* Art. 29, I, da CF/1988.

Art. 27. Qualquer pessoa do povo poderá provocar a iniciativa do Ministério Público, nos casos em que caiba a ação pública, fornecendo-lhe, por escrito, informações sobre o fato e a autoria e indicando o tempo, o lugar e os elementos de convicção.

→ *v.* Arts. 339 e 340 do CP.

→ *v.* Art. 5º, § 3º, do CPP.

→ *v.* Art. 66, I, do Dec.-lei 3.688/1941.

Art. 28. Se o órgão do Ministério Público, ao invés de apresentar a denúncia, requerer o arquivamento do inquérito policial ou de quaisquer peças de informação, o juiz, no caso de considerar improcedentes as razões invocadas, fará remessa do inquérito ou peças de informação ao Procurador-Geral, e este oferecerá a denúncia, designará outro órgão do Ministério Público para oferecê-la, ou insistirá no pedido de arquivamento, ao qual só então estará o juiz obrigado a atender.

→ *v.* Súmulas 524 e 696 do STF.

→ *v.* Arts. 16, 18, 24, 27 e 67, I, do CPP.

→ *v.* Art. 4º, § 2º da Lei 12.850/2013.

→ *v.* Art. 62, IV, da LC 75/1993.

→ *v.* Arts. 10, IX, e 12, XI, da Lei 8.625/1993.

→ *v.* Art. 7º da Lei 1.521/1951.

Art. 29. Será admitida ação privada nos crimes de ação pública, se esta não for intentada no prazo legal, cabendo ao Ministério Público aditar a queixa, repudiá-la e oferecer denúncia substitutiva, intervir em todos os termos do processo, fornecer elementos de prova, interpor recurso e, a todo tempo, no caso de negligência do querelante, retomar a ação como parte principal.

→ *v.* Art. 5º, LIX, da CF/1988.

→ *v.* Art. 100, § 3º, do CP.

→ *v.* Arts. 38, 46, 60, 564, III, *d*, do CPP.

→ *v.* Art. 80 do CDC.

→ *v.* Art. 54 da Lei 11.343/2006.

→ *v.* Art. 26, parágrafo único, da Lei 7.492/1986.

Art. 30. Ao ofendido ou a quem tenha qualidade para representá-lo caberá intentar a ação privada.

→ *v.* Arts. 45, 44, 46, § 2º, e 564, III, *a*, do CPP.

→ *v.* Art. 5º da LICPP.

Art. 31. No caso de morte do ofendido ou quando declarado ausente por decisão judicial, o direito de oferecer queixa ou prosseguir na ação passará ao cônjuge, ascendente, descendente ou irmão.

→ *v.* Art. 100, § 4º, do CP.

→ *v.* Arts. 36 e 268 do CPP.

Art. 32. Nos crimes de ação privada, o juiz, a requerimento da parte que comprovar a sua pobreza, nomeará advogado para promover a ação penal.

→ *v.* Art. 5º, LXXIV, da CF/1988.

→ *v.* Lei 1.060/1950 – Estabelece normas para a concessão de assistência judiciária aos necessitados.

§ 1º Considerar-se-á pobre a pessoa que não puder prover às despesas do processo, sem privar-se dos recursos indispensáveis ao próprio sustento ou da família.

§ 2º Será prova suficiente de pobreza o atestado da autoridade policial em cuja circunscrição residir o ofendido.

Art. 33. Se o ofendido for menor de 18 (dezoito) anos, ou mentalmente enfermo, ou retardado mental, e não tiver representante legal, ou colidirem os interesses deste com os daquele, o direito de queixa poderá ser exercido por curador especial, nomeado, de ofício ou a requerimento do Ministério Público, pelo juiz competente para o processo penal.

→ *v.* Arts. 38 e 45 do CPP.

Art. 34. Se o ofendido for menor de 21 (vinte e um) e maior de 18 (dezoito) anos, o direito de queixa poderá ser exercido por ele ou por seu representante legal.

→ *v.* Súmula 594 do STF.

→ *v.* Art. 5º do CC.

→ *v.* Arts. 44, 45 e 50 do CPP.

Art. 35. *(Revogado pela Lei 9.520/1997).*

Art. 36. Se comparecer mais de uma pessoa com direito de queixa, terá preferência o cônjuge, e, em seguida, o parente mais próximo na ordem de enumeração constante do art. 31, podendo, entretanto, qualquer delas prosseguir na ação, caso o querelante desista da instância ou a abandone.

→ *v.* Art. 60, II, do CPP.

Art. 37. As fundações, associações ou sociedades legalmente constituídas poderão exercer a ação penal, devendo ser representadas por quem os respectivos contratos ou estatutos designarem ou, no silêncio destes, pelos seus diretores ou sócios-gerentes.

Art. 38. Salvo disposição em contrário, o ofendido, ou seu representante legal, decairá no direito de queixa ou de representação, se não o exercer dentro do prazo de 6 (seis) meses, contado do dia em que vier a saber quem é o autor do crime, ou, no caso do art. 29, do dia em que se esgotar o prazo para o oferecimento da denúncia.

→ *v.* Súmula 594 do STF.

→ *v.* Arts. 103, 107, IV e 236, parágrafo único, do CP.

→ *v.* Art. 529 do CPP.

Parágrafo único. Verificar-se-á a decadência do direito de queixa ou representação, dentro do mesmo prazo, nos casos dos arts. 24, parágrafo único, e 31.

→ A Lei 8.699/1993 renumerou o parágrafo único do art. 24 para § 1º.

Art. 39. O direito de representação poderá ser exercido, pessoalmente ou por procurador com poderes especiais, mediante declaração, escrita ou oral, feita ao juiz, ao órgão do Ministério Público, ou à autoridade policial.

→ *v.* Arts. 24, 25, 33, 36, 38, 46, § 1º, 50, parágrafo único, 52, 564, III, *a*, e 569 do CPP.

§ 1º A representação feita oralmente ou por escrito, sem assinatura devidamente autenticada do ofendido, de seu representante legal ou procurador, será reduzida a termo, perante o juiz ou autoridade policial, presente o órgão do Ministério Público, quando a este houver sido dirigida.

§ 2º A representação conterá todas as informações que possam servir à apuração do fato e da autoria.

§ 3º Oferecida ou reduzida a termo a representação, a autoridade policial procederá a inquérito, ou, não sendo competente, remetê-lo-á à autoridade que o for.

§ 4º A representação, quando feita ao juiz ou perante este reduzida a termo, será remetida à autoridade policial para que esta proceda a inquérito.

§ 5º O órgão do Ministério Público dispensará o inquérito, se com a representação forem oferecidos elementos que o habilitem a promover a ação penal, e, neste caso, oferecerá a denúncia no prazo de 15 (quinze) dias.

Art. 40. Quando, em autos ou papéis de que conhecerem, os juízes ou tribunais verificarem a existência de crime de ação pública, remeterão ao Ministério Público as cópias e os documentos necessários ao oferecimento da denúncia.

Art. 41. A denúncia ou queixa conterá a exposição do fato criminoso, com todas as suas circunstâncias, a qualificação do acusado ou esclarecimentos pelos quais se possa identificá-lo, a classificação do crime e, quando necessário, o rol das testemunhas.

→ *v.* Arts. 383, 384, 395 e 569 do CPP.

Art. 42. O Ministério Público não poderá desistir da ação penal.

→ *v.* Art. 576 do CPP.

Art. 43. *(Revogado pela Lei 11.719/2008).*

Art. 44. A queixa poderá ser dada por procurador com poderes especiais, devendo constar do instrumento do mandato o nome do querelante e a menção do fato criminoso, salvo quando tais esclarecimentos dependerem de diligências que devem ser previamente requeridas no juízo criminal.

→ Consta conforme publicação oficial.

→ A palavra querelante deve ser substituída por querelado.

→ *v.* Art. 568 do CPP.

→ *v.* Art. 339 do CP.

→ *v.* Art. 16, parágrafo único, da Lei 1.060/1950.

Art. 45. A queixa, ainda quando a ação penal for privativa do ofendido, poderá ser aditada pelo Ministério Público, a quem caberá intervir em todos os termos subsequentes do processo.

→ *v.* Arts. 29, 46, § 2º, 48, 257, 268 e 564, III, *d*, do CPP.

Art. 46. O prazo para oferecimento da denúncia, estando o réu preso, será de 5 (cinco) dias, contado da data em que o órgão do Ministério Público receber os autos do inquérito policial, e de 15 (quinze) dias, se o réu estiver solto ou afiançado. No último caso, se houver devolução do inquérito à autoridade policial (art. 16), contar-se-á o prazo da data em que o órgão do Ministério Público receber novamente os autos.

→ *v.* Arts. 12, 29, 39, § 1º, 648, II, 798, §§ 1º e 4º, 800, § 2º e 801 do CPP.

§ 1º Quando o Ministério Público dispensar o inquérito policial, o prazo para o oferecimento da denúncia contar-se-á da data em que tiver recebido as peças de informações ou a representação.

§ 2º O prazo para o aditamento da queixa será de 3 (três) dias, contado da data em que o órgão do Ministério Público receber os autos, e, se este não se pronunciar dentro do tríduo, entender-se-á que não tem o que aditar, prosseguindo-se nos demais termos do processo.

Art. 47. Se o Ministério Público julgar necessários maiores esclarecimentos e documentos complementares ou novos elementos de convicção, deverá requisitá-los, diretamente, de quaisquer autoridades ou funcionários que devam ou possam fornecê-los.

→ *v.* Art. 16 do CPP.

Art. 48. A queixa contra qualquer dos autores do crime obrigará ao processo de todos, e o Ministério Público velará pela sua indivisibilidade.

→ *v.* Arts. 45 e 46, § 2º, do CPP.

Art. 49. A renúncia ao exercício do direito de queixa, em relação a um dos autores do crime, a todos se estenderá.

→ *v.* Art. 104 do CP.

Art. 50. A renúncia expressa constará de declaração assinada pelo ofendido, por seu representante legal ou procurador com poderes especiais.

→ v. Súmula 594 do STF.

→ v. Art. 57 do CPP.

Parágrafo único. A renúncia do representante legal do menor que houver completado 18 (dezoito) anos não privará este do direito de queixa, nem a renúncia do último excluirá o direito do primeiro.

Art. 51. O perdão concedido a um dos querelados aproveitará a todos, sem que produza, todavia, efeito em relação ao que o recusar.

→ v. Arts. 105, 106, e 107, V, do CP.

Art. 52. Se o querelante for menor de 21 (vinte e um) e maior de 18 (dezoito) anos, o direito de perdão poderá ser exercido por ele ou por seu representante legal, mas o perdão concedido por um, havendo oposição do outro, não produzirá efeito.

→ v. Súmula 594 do STF.

Art. 53. Se o querelado for mentalmente enfermo ou retardado mental e não tiver representante legal, ou colidirem os interesses deste com os do querelado, a aceitação do perdão caberá ao curador que o juiz lhe nomear.

→ v. Art. 106 do CP.

Art. 54. Se o querelado for menor de 21 (vinte e um) anos, observar-se-á, quanto à aceitação do perdão, o disposto no art. 52.

→ v. Arts. 106 e 107, V, do CP.

Art. 55. O perdão poderá ser aceito por procurador com poderes especiais.

Art. 56. Aplicar-se-á ao perdão extraprocessual expresso o disposto no art. 50.

Art. 57. A renúncia tácita e o perdão tácito admitirão todos os meios de prova.

→ v. Art. 50 do CPP.

Art. 58. Concedido o perdão, mediante declaração expressa nos autos, o querelado será intimado a dizer, dentro de 3 (três) dias, se o aceita, devendo, ao mesmo tempo, ser cientificado de que o seu silêncio importará aceitação.

Parágrafo único. Aceito o perdão, o juiz julgará extinta a punibilidade.

→ v. Art. 107, V, do CP.

Art. 59. A aceitação do perdão fora do processo constará de declaração assinada pelo querelado, por seu representante legal ou procurador com poderes especiais.

Art. 60. Nos casos em que somente se procede mediante queixa, considerar-se-á perempta a ação penal:

→ v. Art. 107, IV, do CP.

I – quando, iniciada esta, o querelante deixar de promover o andamento do processo durante 30 (trinta) dias seguidos;

→ v. Art. 31 do CPP.

II – quando, falecendo o querelante, ou sobrevindo sua incapacidade, não comparecer em juízo, para prosseguir no processo, dentro do prazo de 60 (sessenta) dias, qualquer das pessoas a quem couber fazê-lo, ressalvado o disposto no art. 36;

III – quando o querelante deixar de comparecer, sem motivo justificado, a qualquer ato do processo a que deva estar presente, ou deixar de formular o pedido de condenação nas alegações finais;

→ v. Art. 520 do CPP.

IV – quando, sendo o querelante pessoa jurídica, esta se extinguir sem deixar sucessor.

Art. 61. Em qualquer fase do processo, o juiz, se reconhecer extinta a punibilidade, deverá declará-lo de ofício.

→ v. Art. 107 do CP.

→ v. Arts. 67, II e 581, IX, do CPP.

Parágrafo único. No caso de requerimento do Ministério Público, do querelante ou do réu, o juiz mandará autuá-lo em apartado, ouvirá a parte contrária e, se o julgar conveniente, concederá o prazo de 5 (cinco) dias para a prova, proferindo a decisão dentro de 5 (cinco) dias ou reservando-se para apreciar a matéria na sentença final.

Art. 62. No caso de morte do acusado, o juiz somente à vista da certidão de óbito, e depois de ouvido o Ministério Público, declarará extinta a punibilidade.

→ v. Art. 943 do CC.

→ v. Art. 107, I, do CP.

→ v. Arts. 53 e 64 do CPP.

Título IV
Da ação civil

Art. 63. Transitada em julgado a sentença condenatória, poderão promover-lhe a execução, no juízo cível, para o efeito da reparação do dano, o ofendido, seu representante legal ou seus herdeiros.

→ v. Art. 932 e ss. do CC.

→ v. Arts. 83, IV, 91, I, 312, § 3º, do CP.

→ v. Arts. 74 e 75 da Lei 9.099/1995.

Parágrafo único. Transitada em julgado a sentença condenatória, a execução poderá ser efetuada pelo valor fixado nos termos do inciso IV do *caput* do art. 387 deste Código sem prejuízo da liquidação para a apuração do dano efetivamente sofrido.

→ Parágrafo único acrescentado pela Lei 11.719/2008.

Art. 64. Sem prejuízo do disposto no artigo anterior, a ação para ressarcimento do dano poderá ser proposta no juízo cível, contra o autor do crime e, se for caso, contra o responsável civil.

→ v. Art. 932 do CC.

→ v. Lei 5.970/1973 – Exclui da aplicação do disposto nos artigos 6º, inciso I, 64 e 169, do Código de Processo Penal, os casos de acidente de trânsito.

Parágrafo único. Intentada a ação penal, o juiz da ação civil poderá suspender o curso desta, até o julgamento definitivo daquela.

Art. 65. Faz coisa julgada no cível a sentença penal que reconhecer ter sido o ato praticado em estado de necessidade, em legítima defesa, em estrito cumprimento de dever legal ou no exercício regular de direito.

→ v. Arts. 188 e 929 e ss. do CC.

→ v. Arts. 23 a 25 do CP.

Art. 66. Não obstante a sentença absolutória no juízo criminal, a ação civil poderá ser proposta quando não tiver sido, categoricamente, reconhecida a inexistência material do fato.

→ v. Art. 935 do CC.

→ v. Art. 386 do CPP.

Art. 67. Não impedirão igualmente a propositura da ação civil:

→ v. Arts. 18, 28 e 386 do CPP.

I – o despacho de arquivamento do inquérito ou das peças de informação;

II – a decisão que julgar extinta a punibilidade;

III – a sentença absolutória que decidir que o fato imputado não constitui crime.

Art. 68. Quando o titular do direito à reparação do dano for pobre (art. 32, §§ 1º e 2º), a execução da sentença condenatória (art. 63) ou a ação civil (art. 64) será promovida, a seu requerimento, pelo Ministério Público.

→ v. Art. 5º, LXXIV, da CF/1988.

Título V
Da competência

Art. 69. Determinará a competência jurisdicional:

→ v. Arts. 5º, LIII, e 109 da CF/1988.

→ v. Arts. 84 a 87 e 564, I, do CPP.

→ v. Art. 86 da Lei 9.099/1995.

→ v. Arts. 65 e 66 da Lei 7.210/1984.

I – o lugar da infração;

→ v. Súmulas 200 e 244 do STJ.

II – o domicílio ou residência do réu;

III – a natureza da infração;

IV – a distribuição;

V – a conexão ou continência;

VI – a prevenção;

VII – a prerrogativa de função.

Capítulo I
DA COMPETÊNCIA PELO LUGAR DA INFRAÇÃO

Art. 70. A competência será, de regra, determinada pelo lugar em que se consumar a infração, ou, no caso de tentativa, pelo lugar em que for praticado o último ato de execução.

→ v. Súmulas 200, 244 e 528 do STJ.

→ v. Arts. 5º e 14, I e II, do CP.

→ v. Art. 183 da Lei 11.101/2005.

→ v. Art. 63 da Lei 9.099/1995.

§ 1º Se, iniciada a execução no território nacional, a infração se consumar fora dele, a competência será determinada pelo lugar em que tiver sido praticado, no Brasil, o último ato de execução.

→ v. Art. 6º do CP.

§ 2º Quando o último ato de execução for praticado fora do território nacional, será competente o juiz do lugar em que o crime, embora parcialmente, tenha produzido ou devia produzir seu resultado.

§ 3º Quando incerto o limite territorial entre duas ou mais jurisdições, ou quando incerta a jurisdição por ter sido a infração consumada ou tentada nas divisas de duas ou mais jurisdições, a competência firmar-se-á pela prevenção.

Art. 71. Tratando-se de infração continuada ou permanente, praticada em território de duas ou mais jurisdições, a competência firmar-se-á pela prevenção.

→ *v.* Súmula 151 do STJ.

→ *v.* Art. 71 do CP.

Capítulo II
DA COMPETÊNCIA PELO DOMICÍLIO OU RESIDÊNCIA DO RÉU

Art. 72. Não sendo conhecido o lugar da infração, a competência regular-se-á pelo domicílio ou residência do réu.

→ *v.* Arts. 70 a 78 do CC.

§ 1º Se o réu tiver mais de uma residência, a competência firmar-se-á pela prevenção.

§ 2º Se o réu não tiver residência certa ou for ignorado o seu paradeiro, será competente o juiz que primeiro tomar conhecimento do fato.

Art. 73. Nos casos de exclusiva ação privada, o querelante poderá preferir o foro de domicílio ou da residência do réu, ainda quando conhecido o lugar da infração.

→ *v.* Art. 100, § 2º, do CP.

→ *v.* Art. 30 do CPP.

Capítulo III
DA COMPETÊNCIA PELA NATUREZA DA INFRAÇÃO

Art. 74. A competência pela natureza da infração será regulada pelas leis de organização judiciária, salvo a competência privativa do Tribunal do Júri.

§ 1º Compete ao Tribunal do Júri o julgamento dos crimes previstos nos arts. 121, §§ 1º e 2º, 122, parágrafo único, 123, 124, 125, 126 e 127 do Código Penal, consumados ou tentados.

→ § 1º com redação alterada pela Lei 263/1948.

→ *v.* Súmula 603 do STF.

→ *v.* Art. 5º, XXXVIII, da CF/1988.

→ *v.* Art. 419 do CPP.

§ 2º Se, iniciado o processo perante um juiz, houver desclassificação para infração da competência de outro, a este será remetido o processo, salvo se mais graduada for a jurisdição do primeiro, que, em tal caso, terá sua competência prorrogada.

→ *v.* Arts. 383 e 384 do CPP.

§ 3º Se o juiz da pronúncia desclassificar a infração para outra atribuída à competência de juiz singular, observar-se-á o disposto no art. 410; mas, se a desclassificação for feita pelo próprio Tribunal do Júri, a seu presidente caberá proferir a sentença (art. 492, § 2º).

→ Referido art. 410 corresponde ao art. 419 do CPP.

Capítulo IV
DA COMPETÊNCIA POR DISTRIBUIÇÃO

Art. 75. A precedência da distribuição fixará a competência quando, na mesma circunscrição judiciária, houver mais de um juiz igualmente competente.

Parágrafo único. A distribuição realizada para o efeito da concessão de fiança ou da decretação de prisão preventiva ou de qualquer diligência anterior à denúncia ou queixa prevenirá a da ação penal.

→ *v.* Súmula 706 do STF.

→ *v.* Arts. 311 a 316 e 321 a 350 do CPP.

Capítulo V
DA COMPETÊNCIA POR CONEXÃO OU CONTINÊNCIA

Art. 76. A competência será determinada pela conexão:

→ *v.* Súmula 235 do STJ.

→ *v.* Art. 117, § 1º, do CP.

→ *v.* Art. 60 da Lei 9.099/1995.

I – se, ocorrendo duas ou mais infrações, houverem sido praticadas, ao mesmo tempo, por várias pessoas reunidas, ou por várias pessoas em concurso, embora diverso o tempo e o lugar, ou por várias pessoas, umas contra as outras;

II – se, no mesmo caso, houverem sido umas praticadas para facilitar ou ocultar as outras, ou para conseguir impunidade ou vantagem em relação a qualquer delas;

→ *v.* Arts. 61, II, *b*, 121, § 2º, V, do CP.

III – quando a prova de uma infração ou de qualquer de suas circunstâncias elementares influir na prova de outra infração.

Art. 77. A competência será determinada pela continência quando:

I – duas ou mais pessoas forem acusadas pela mesma infração;

→ *v.* Art. 29 do CP.

→ *v.* Arts. 270 e 580 do CPP.

II – no caso de infração cometida nas condições previstas nos arts. 51, § 1º, 53, segunda parte, e 54 do Código Penal.

→ Referidos dispositivos antecedem a Lei 7.209/1984, que reformou a parte geral do CP.

→ *v.* Arts. 70, 73, e 74, do CP.

Art. 78. Na determinação da competência por conexão ou continência, serão observadas as seguintes regras:

→ Artigo com redação alterada pela Lei 263/1948.

I – no concurso entre a competência do júri e a de outro órgão da jurisdição comum, prevalecerá a competência do júri;

II – no concurso de jurisdições da mesma categoria:

a) preponderará a do lugar da infração, à qual for cominada a pena mais grave;

→ *v.* Súmula 122 do STJ.

b) prevalecerá a do lugar em que houver ocorrido o maior número de infrações, se as respectivas penas forem de igual gravidade;

c) firmar-se-á a competência pela prevenção, nos outros casos;

III – no concurso de jurisdições de diversas categorias, predominará a de maior graduação;

IV – no concurso entre a jurisdição comum e a especial, prevalecerá esta.

Art. 79. A conexão e a continência importarão unidade de processo e julgamento, salvo:

→ *v.* Súmula 704 do STF.

I – no concurso entre a jurisdição comum e a militar;

→ *v.* Súmulas 6, 53, 75, 78 e 90 do STJ.

→ *v.* Art. 9º, parágrafo único, do CPM.

II – no concurso entre a jurisdição comum e a do juízo de menores.

→ *v.* Lei 8.078/1990 – Código de Defesa do Consumidor.

§ 1º Cessará, em qualquer caso, a unidade do processo, se, em relação a algum corréu, sobrevier o caso previsto no art. 152.

§ 2º A unidade do processo não importará a do julgamento, se houver corréu foragido que não possa ser julgado à revelia, ou ocorrer a hipótese do art. 461.

→ Referido art. 461 corresponde ao art. 469 do CPP.

Art. 80. Será facultativa a separação dos processos quando as infrações tiverem sido praticadas em circunstâncias de tempo ou de lugar diferentes, ou, quando pelo excessivo número de acusados e para não lhes prolongar a prisão provisória, ou por outro motivo relevante, o juiz reputar conveniente a separação.

Art. 81. Verificada a reunião dos processos por conexão ou continência, ainda que no processo da sua competência própria venha o juiz ou tribunal a proferir sentença absolutória ou que desclassifique a infração para outra que não se inclua na sua competência, continuará competente em relação aos demais processos.

→ *v.* Arts. 74, § 3º, 76, 77 e 492 do CPP.

Parágrafo único. Reconhecida inicialmente ao júri a competência por conexão ou continência, o juiz, se vier a desclassificar a infração ou impronunciar ou absolver o acusado, de maneira que exclua a competência do júri, remeterá o processo ao juízo competente.

Art. 82. Se, não obstante a conexão ou continência, forem instaurados processos diferentes, a autoridade de jurisdição prevalente deverá avocar os processos que corram perante os outros juízes, salvo se já estiverem com sentença definitiva. Neste caso, a unidade dos processos só se dará, ulteriormente, para o efeito de soma ou de unificação das penas.

→ *v.* Arts. 69 a 71 do CP.

→ *v.* Arts. 76 a 78 do CPP.

Capítulo VI
DA COMPETÊNCIA POR PREVENÇÃO

Art. 83. Verificar-se-á a competência por prevenção toda vez que, concorrendo dois ou mais juízes igualmente competentes ou com jurisdição cumulativa, um deles tiver antecedido aos outros na prática de algum ato do processo ou de medida a este relativa, ainda que anterior ao oferecimento da denúncia ou da queixa (arts. 70, § 3º, 71, 72, § 2º, e 78, II, *c*).

→ *v.* Súmula 706 do STF.

→ *v.* Art. 69, VI, do CPP.

Capítulo VII
DA COMPETÊNCIA PELA PRERROGATIVA DE FUNÇÃO

→ *v.* Súmula Vinculante 45 do STF.

Art. 84. A competência pela prerrogativa de função é do Supremo Tribunal Federal, do Superior Tribunal de Justiça, dos Tribunais Regionais Federais e Tribunais de Justiça dos Estados e do Distrito Federal, relativamente às pessoas que devam responder perante eles por crimes comuns e de responsabilidade.

→ Artigo com redação alterada pela Lei 10.628/2002.

→ *v.* Súmulas 451 e 721 do STF.

→ *v.* Arts. 29, X, 102, 105 e 108 da CF/1988.

§ 1º A competência especial por prerrogativa de função, relativa a atos administrativos do agente, prevalece ainda que o inquérito ou a ação judicial sejam iniciados após a cessação do exercício da função pública.

→ v. ADIN 2797 do STF – "O Tribunal, por maioria, julgou procedente a ação, nos termos do voto do relator, para declarar a inconstitucionalidade da Lei nº 10.628, de 24 de dezembro de 2002, que acresceu os §§ 1º e 2º ao artigo 84 do Código de Processo Penal (...). Plenário, 15.09.2005."

§ 2º A ação de improbidade, de que trata a Lei 8.429, de 2 de junho de 1992, será proposta perante o tribunal competente para processar e julgar criminalmente o funcionário ou autoridade na hipótese de prerrogativa de foro em razão do exercício de função pública, observado o disposto no § 1º.

→ v. ADIN 2797 do STF – "O Tribunal, por maioria, julgou procedente a ação, nos termos do voto do relator, para declarar a inconstitucionalidade da Lei nº 10.628, de 24 de dezembro de 2002, que acresceu os §§ 1º e 2º ao artigo 84 do Código de Processo Penal (...). Plenário, 15.09.2005."

Art. 85. Nos processos por crime contra a honra, em que forem querelantes as pessoas que a Constituição sujeita à jurisdição do Supremo Tribunal Federal e dos Tribunais de Apelação, àquele ou a estes caberá o julgamento, quando oposta e admitida a exceção da verdade.

→ A partir da Constituição de 1946, a nomenclatura Tribunal de Apelação passou a ser Tribunal de Justiça.

→ v. Súmula 396 do STF.

→ v. Arts. 138, § 3º e 139, parágrafo único, do CP.

→ v. Art. 523 do CPP.

Art. 86. Ao Supremo Tribunal Federal competirá, privativamente, processar e julgar:

→ v. Art. 102, I, *b* e *c*, da CF/1988.

I – os seus ministros, nos crimes comuns;

II – os ministros de Estado, salvo nos crimes conexos com os do Presidente da República;

III – o procurador-geral da República, os desembargadores dos Tribunais de Apelação, os ministros do Tribunal de Contas e os embaixadores e ministros diplomáticos, nos crimes comuns e de responsabilidade.

→ A partir da Constituição de 1946, a nomenclatura Tribunal de Apelação passou a ser Tribunal de Justiça.

Art. 87. Competirá, originariamente, aos Tribunais de Apelação o julgamento dos governadores ou interventores nos Estados ou Territórios, e prefeito do Distrito Federal, seus respectivos secretários e chefes de Polícia, juízes de instância inferior e órgãos do Ministério Público.

→ A partir da Constituição de 1946, a nomenclatura Tribunal de Apelação passou a ser Tribunal de Justiça.

Capítulo VIII
DISPOSIÇÕES ESPECIAIS

Art. 88. No processo por crimes praticados fora do território brasileiro, será competente o juízo da Capital do Estado onde houver por último residido o acusado. Se este nunca tiver residido no Brasil, será competente o juízo da Capital da República.

→ v. Art. 109, V, da CF/1988.

→ v. Art. 7º do CP.

Art. 89. Os crimes cometidos em qualquer embarcação nas águas territoriais da República, ou nos rios e lagos fronteiriços, bem como a bordo de embarcações nacionais, em alto-mar, serão processados e julgados pela justiça do primeiro porto brasileiro em que tocar a embarcação, após o crime, ou, quando se afastar do País, pela do último em que houver tocado.

→ v. Art. 109, IX, da CF/1988.

→ v. Arts. 4º e 5º do CP.

Art. 90. Os crimes praticados a bordo de aeronave nacional, dentro do espaço aéreo correspondente ao território brasileiro, ou ao alto-mar, ou a bordo de aeronave estrangeira, dentro do espaço aéreo correspondente ao território nacional, serão processados e julgados pela justiça da comarca em cujo território se verificar o pouso após o crime, ou pela da comarca de onde houver partido a aeronave.

Art. 91. Quando incerta e não se determinar de acordo com as normas estabelecidas nos arts. 89 e 90, a competência se firmará pela prevenção.

→ Artigo com redação alterada pela Lei 4.893/1965.

→ v. Art. 83 do CPP.

Título VI
Das questões e processos incidentes

Capítulo I
DAS QUESTÕES PREJUDICIAIS

Art. 92. Se a decisão sobre a existência da infração depender da solução de controvérsia, que o juiz repute séria e fundada, sobre o estado civil das pessoas, o curso da ação penal ficará suspenso até que no juízo cível seja a controvérsia dirimida por sentença passada em julgado, sem prejuízo, entretanto, da inquirição das testemunhas e de outras provas de natureza urgente.

→ v. Súmula 609 do STF.

→ v. Art. 116, I, do CP.

→ v. Arts. 225 e 581, XVI, do CPP.

Parágrafo único. Se for o crime de ação pública, o Ministério Público, quando necessário, promoverá a ação civil ou prosseguirá na que tiver sido iniciada, com a citação dos interessados.

Art. 93. Se o reconhecimento da existência da infração penal depender de decisão sobre questão diversa da prevista no artigo anterior, da competência do juízo cível, e se neste houver sido proposta ação para resolvê-la, o juiz criminal poderá, desde que essa questão seja de difícil solução e não verse sobre direito cuja prova a lei civil limite, suspender o curso do processo, após a inquirição das testemunhas e realização das outras provas de natureza urgente.

§ 1º O juiz marcará o prazo da suspensão, que poderá ser razoavelmente prorrogado, se a demora não for imputável à parte. Expirado o prazo, sem que o juiz cível tenha proferido decisão, o juiz criminal fará prosseguir o processo, retomando sua competência para resolver, de fato e de direito, toda a matéria da acusação ou da defesa.

§ 2º Do despacho que denegar a suspensão não caberá recurso.

§ 3º Suspenso o processo, e tratando-se de crime de ação pública, incumbirá ao Ministério Público intervir imediatamente na causa cível, para o fim de promover-lhe o rápido andamento.

→ v. Art. 257 do CPP.

Art. 94. A suspensão do curso da ação penal, nos casos dos artigos anteriores, será decretada pelo juiz, de ofício ou a requerimento das partes.

Capítulo II
DAS EXCEÇÕES

Art. 95. Poderão ser opostas as exceções de:

→ v. Arts. 112, 252 a 256 do CPP.

I – suspeição;

II – incompetência de juízo;

III – litispendência;

IV – ilegitimidade de parte;

V – coisa julgada.

Art. 96. A arguição de suspeição precederá a qualquer outra, salvo quando fundada em motivo superveniente.

Art. 97. O juiz que espontaneamente afirmar suspeição deverá fazê-lo por escrito, declarando o motivo legal, e remeterá imediatamente o processo ao seu substituto, intimadas as partes.

→ v. Art. 254 do CPP.

Art. 98. Quando qualquer das partes pretender recusar o juiz, deverá fazê-lo em petição assinada por ela própria ou por procurador com poderes especiais, aduzindo as suas razões acompanhadas de prova documental ou do rol de testemunhas.

→ v. Art. 407 do CPC/1973.

→ v. Arts. 357, § 6º e 450, do NCPC.

→ v. Art. 271 do CPP.

Art. 99. Se reconhecer a suspeição, o juiz sustará a marcha do processo, mandará juntar aos autos a petição do recusante com os documentos que a instruam, e por despacho se declarará suspeito, ordenando a remessa dos autos ao substituto.

Art. 100. Não aceitando a suspeição, o juiz mandará autuar em apartado a petição, dará sua resposta dentro em 3 (três) dias, podendo instruí-la e oferecer testemunhas, e, em seguida, determinará sejam os autos da exceção remetidos, dentro em 24 (vinte e quatro) horas, ao juiz ou tribunal a quem competir o julgamento.

§ 1º Reconhecida, preliminarmente, a relevância da arguição, o juiz ou tribunal, com citação das partes, marcará dia e hora para a inquirição das testemunhas, seguindo-se o julgamento, independentemente de mais alegações.

§ 2º Se a suspeição for de manifesta improcedência, o juiz ou relator a rejeitará liminarmente.

Art. 101. Julgada procedente a suspeição, ficarão nulos os atos do processo principal, pagando o juiz as custas, no caso de erro inescusável; rejeitada, evidenciando-se a malícia do excipiente, a este será imposta a multa de duzentos mil-réis a dois contos de réis.

→ v. Art. 564, I, do CPP.

Art. 102. Quando a parte contrária reconhecer a procedência da arguição, poderá ser sustado, a seu requerimento, o processo principal, até que se julgue o incidente da suspeição.

Art. 103. No Supremo Tribunal Federal e nos Tribunais de Apelação, o juiz que se julgar suspeito deverá declará-lo nos autos e, se for revisor, passar o feito ao seu substituto na ordem da precedência, ou, se for relator, apresentar os autos em mesa para nova distribuição.

→ A partir da Constituição de 1946, a nomenclatura Tribunal de Apelação passou a ser Tribunal de Justiça.

§ 1º Se não for relator nem revisor, o juiz que houver de dar-se por suspeito, deverá fazê-lo verbalmente, na sessão de julgamento, registrando-se na ata a declaração.

§ 2º Se o presidente do tribunal se der por suspeito, competirá ao seu substituto designar dia para o julgamento e presidi-lo.

§ 3º Observar-se-á, quanto à arguição de suspeição pela parte, o disposto nos arts. 98 a 101, no que lhe for aplicável, atendido, se o juiz a reconhecer, o que estabelece este artigo.

§ 4º A suspeição, não sendo reconhecida, será julgada pelo tribunal pleno, funcionando como relator o presidente.

§ 5º Se o recusado for o presidente do tribunal, o relator será o vice-presidente.

Art. 104. Se for arguida a suspeição do órgão do Ministério Público, o juiz, depois de ouvi-lo, decidirá, sem recurso, podendo antes admitir a produção de provas no prazo de 3 (três) dias.

→ *v.* Arts. 254 e 258 do CPP.

→ *v.* Art. 43, VII, da Lei 8.625/1993.

Art. 105. As partes poderão também arguir de suspeitos os peritos, os intérpretes e os serventuários ou funcionários de justiça, decidindo o juiz de plano e sem recurso, à vista da matéria alegada e prova imediata.

→ *v.* Arts. 274, 280 e 281 do CPP.

Art. 106. A suspeição dos jurados deverá ser arguida oralmente, decidindo de plano do presidente do Tribunal do Júri, que a rejeitará se, negada pelo recusado, não for imediatamente comprovada, o que tudo constará da ata.

Art. 107. Não se poderá opor suspeição às autoridades policiais nos atos do inquérito, mas deverão elas declarar-se suspeitas, quando ocorrer motivo legal.

Art. 108. A exceção de incompetência do juízo poderá ser oposta, verbalmente ou por escrito, no prazo de defesa.

→ *v.* Arts. 567 e 581, III, do CPP.

§ 1º Se, ouvido o Ministério Público, for aceita a declinatória, o feito será remetido ao juízo competente, onde, ratificados os atos anteriores, o processo prosseguirá.

→ *v.* Art. 257 do CPP.

§ 2º Recusada a incompetência, o juiz continuará no feito, fazendo tomar por termo a declinatória, se formulada verbalmente.

Art. 109. Se em qualquer fase do processo o juiz reconhecer motivo que o torne incompetente, declará-lo-á nos autos, haja ou não alegação da parte, prosseguindo-se na forma do artigo anterior.

→ *v.* Arts. 564, I, 567 e 581, II, do CPP.

Art. 110. Nas exceções de litispendência, ilegitimidade de parte e coisa julgada, será observado, no que lhes for aplicável, o disposto sobre a exceção de incompetência do juízo.

§ 1º Se a parte houver de opor mais de uma dessas exceções, deverá fazê-lo numa só petição ou articulado.

§ 2º A exceção de coisa julgada somente poderá ser oposta em relação ao fato principal, que tiver sido objeto da sentença.

Art. 111. As exceções serão processadas em autos apartados e não suspenderão, em regra, o andamento da ação penal.

→ *v.* Art. 581, III, do CPP.

Capítulo III
DAS INCOMPATIBILIDADES E IMPEDIMENTOS

Art. 112. O juiz, o órgão do Ministério Público, os serventuários ou funcionários de justiça e os peritos ou intérpretes abster-se-ão de servir no processo, quando houver incompatibilidade ou impedimento legal, que declararão nos autos. Se não se der a abstenção, a incompatibilidade ou impedimento poderá ser arguido pelas partes, seguindo-se o processo estabelecido para a exceção de suspeição.

→ *v.* Arts. 95, I, 252 a 256 e 564, I, do CPP.

Capítulo IV
DO CONFLITO DE JURISDIÇÃO

Art. 113. As questões atinentes à competência resolver-se-ão não só pela exceção própria, como também pelo conflito positivo ou negativo de jurisdição.

→ *v.* Arts. 102, I, *f* e *o*, 105, I, *d* e *g*, e 108, I, *e*, da CF/1988.

Art. 114. Haverá conflito de jurisdição:

→ *v.* Súmula 59 do STJ.

I – quando duas ou mais autoridades judiciárias se considerarem competentes, ou incompetentes, para conhecer do mesmo fato criminoso;

→ *v.* Art. 125, § 4º, da CF/1988.

→ *v.* Art. 419 do CPP.

II – quando entre elas surgir controvérsia sobre unidade de juízo, junção ou separação de processos.

Art. 115. O conflito poderá ser suscitado:

→ *v.* Súmula 59 do STJ.

I – pela parte interessada;

II – pelos órgãos do Ministério Público junto a qualquer dos juízos em dissídio;

III – por qualquer dos juízes ou tribunais em causa.

Art. 116. Os juízes e tribunais, sob a forma de representação, e a parte interessada, sob a de requerimento, darão parte escrita e circunstanciada do conflito, perante o tribunal competente, expondo os fundamentos e juntando os documentos comprobatórios.

→ *v.* Art. 120, parágrafo único, do CPC/1973.

→ *v.* Art. 955, parágrafo único, do NCPC.

→ *v.* Súmula 428 do STJ.

§ 1º Quando negativo o conflito, os juízes e tribunais poderão suscitá-lo nos próprios autos do processo.

§ 2º Distribuído o feito, se o conflito for positivo, o relator poderá determinar imediatamente que se suspenda o andamento do processo.

§ 3º Expedida ou não a ordem de suspensão, o relator requisitará informações às autoridades em conflito, remetendo-lhes cópia do requerimento ou representação.

§ 4º As informações serão prestadas no prazo marcado pelo relator.

§ 5º Recebidas as informações, e depois de ouvido o procurador-geral, o conflito será decidido na primeira sessão, salvo se a instrução do feito depender de diligência.

§ 6º Proferida a decisão, as cópias necessárias serão remetidas, para a sua execução, às autoridades contra as quais tiver sido levantado o conflito ou que o houverem suscitado.

Art. 117. O Supremo Tribunal Federal, mediante avocatória, restabelecerá a sua jurisdição, sempre que exercida por qualquer dos juízes ou tribunais inferiores.

Capítulo V
DA RESTITUIÇÃO DAS COISAS APREENDIDAS

Art. 118. Antes de transitar em julgado a sentença final, as coisas apreendidas não poderão ser restituídas enquanto interessarem ao processo.

→ *v.* Arts. 6º, II e III e 11 do CPP.

Art. 119. As coisas a que se referem os arts. 74 e 100 do Código Penal não poderão ser restituídas, mesmo depois de transitar em julgado a sentença final, salvo se pertencerem ao lesado ou a terceiro de boa-fé.

→ Referidos dispositivos antecedem a Lei 7.209/1984, que reformou a parte geral do CP.

→ *v.* Art. 91 do CP.

→ *v.* Art. 779 do CPP.

→ *v.* Art. 62 da Lei 11.343/2006.

Art. 120. A restituição, quando cabível, poderá ser ordenada pela autoridade policial ou juiz, mediante termo nos autos, desde que não exista dúvida quanto ao direito do reclamante.

§ 1º Se duvidoso esse direito, o pedido de restituição autuar-se-á em apartado, assinando-se ao requerente o prazo de 5 (cinco) dias para a prova. Em tal caso, só o juiz criminal poderá decidir o incidente.

§ 2º O incidente autuar-se-á também em apartado e só a autoridade judicial o resolverá, se as coisas forem apreendidas em poder de terceiro de boa-fé, que será intimado para alegar e provar o seu direito, em prazo igual e sucessivo ao do reclamante, tendo um e outro 2 (dois) dias para arrazoar.

§ 3º Sobre o pedido de restituição será sempre ouvido o Ministério Público.

§ 4º Em caso de dúvida sobre quem seja o verdadeiro dono, o juiz remeterá as partes para o juízo cível, ordenando o depósito das coisas em mãos de depositário ou do próprio terceiro que as detinha, se for pessoa idônea.

§ 5º Tratando-se de coisas facilmente deterioráveis, serão avaliadas e levadas a leilão público, depositando-se o dinheiro apurado, ou entregues ao terceiro que as detinha, se este for pessoa idônea e assinar termo de responsabilidade.

Art. 121. No caso de apreensão de coisa adquirida com os proventos da infração, aplica-se o disposto no art. 133 e seu parágrafo.

→ *v.* Arts. 125 e 240, § 1º, *b*, do CPP.

Art. 122. Sem prejuízo do disposto nos arts. 120 e 133, decorrido o prazo de 90 (noventa) dias, após transitar em julgado a sentença condenatória, o juiz decretará, se for caso, a perda, em favor da União, das coisas apreendidas (art. 74, II, *a* e *b* do Código Penal) e ordenará que sejam vendidas em leilão público.

→ Referido dispositivo antecede a Lei 7.209/1984, que reformou a parte geral do CP.

→ *v.* Art. 91, II, *a* e *b*, do CP.

Parágrafo único. Do dinheiro apurado será recolhido ao Tesouro Nacional o que não couber ao lesado ou a terceiro de boa-fé.

Art. 123. Fora dos casos previstos nos artigos anteriores, se dentro no prazo de 90 (noventa) dias, a contar da data em que transitar em julgado a sentença final, condenatória ou absolutória, os objetos apreendidos não forem reclamados ou não pertencerem ao réu, serão vendidos em leilão, depositando-se o saldo à disposição do juízo de ausentes.

→ *v.* Arts. 1.159 a 1.169 do CPC/1973.

→ *v.* Arts. 744 e 745, do NCPC.

Art. 124. Os instrumentos do crime, cuja perda em favor da União for decretada, e as coisas confiscadas, de acordo com o disposto no art. 100 do Código Penal, serão inutilizados ou recolhidos a museu criminal, se houver interesse na sua conservação.

→ Referido dispositivo antecede a Lei 7.209/1984, que reformou a parte geral do CP.

→ *v.* Art. 91, II, *a* e *b*, do CP.

Capítulo VI
DAS MEDIDAS ASSECURATÓRIAS

Art. 125. Caberá o sequestro dos bens imóveis, adquiridos pelo indiciado com os proventos da infração, ainda que já tenham sido transferidos a terceiro.

→ *v.* Art. 5º, XLV, da CF/1988.

→ *v.* Arts. 79 a 81 do CC.

→ *v.* Arts. 822 a 825 do CPC/1973.

→ *v.* Art. 301 do NCPC.

→ *v.* Art. 130, II, do CPP.

Art. 126. Para a decretação do sequestro, bastará a existência de indícios veementes da proveniência ilícita dos bens.

→ *v.* Art. 239 do CPP.

Art. 127. O juiz, de ofício, a requerimento do Ministério Público ou do ofendido, ou mediante representação da autoridade policial, poderá ordenar o sequestro, em qualquer fase do processo ou ainda antes de oferecida a denúncia ou queixa.

Art. 128. Realizado o sequestro, o juiz ordenará a sua inscrição no Registro de Imóveis.

→ *v.* Art. 239 da Lei 6.015/1973.

Art. 129. O sequestro autuar-se-á em apartado e admitirá embargos de terceiro.

→ *v.* Arts. 1.046 a 1.054 do CPC/1973.

→ *v.* Arts. 674, 675, 677, 678, 679 e 680, do NCPC.

Art. 130. O sequestro poderá ainda ser embargado:

I – pelo acusado, sob o fundamento de não terem os bens sido adquiridos com os proventos da infração;

II – pelo terceiro, a quem houverem os bens sido transferidos a título oneroso, sob o fundamento de tê-los adquirido de boa-fé.

Parágrafo único. Não poderá ser pronunciada decisão nesses embargos antes de passar em julgado a sentença condenatória.

Art. 131. O sequestro será levantado:

I – se a ação penal não for intentada no prazo de 60 (sessenta) dias, contado da data em que ficar concluída a diligência;

II – se o terceiro, a quem tiverem sido transferidos os bens, prestar caução que assegure a aplicação do disposto no art. 74, II, *b*, segunda parte, do Código Penal;

→ Referido dispositivo antecede a Lei 7.209/1984, que reformou a parte geral do CP.

→ *v.* Art. 91, II, *b*, segunda parte, do CP.

III – se for julgada extinta a punibilidade ou absolvido o réu, por sentença transitada em julgado.

Art. 132. Proceder-se-á ao sequestro dos bens móveis se, verificadas as condições previstas no art. 126, não for cabível a medida regulada no Capítulo XI do Título VII deste Livro.

→ *v.* Arts. 82 a 84 do CC.

→ *v.* Art. 240 e ss. do CPP.

Art. 133. Transitada em julgado a sentença condenatória, o juiz, de ofício ou a requerimento do interessado, determinará a avaliação e a venda dos bens em leilão público.

→ *v.* Art. 91, II, *b*, do CP.

Parágrafo único. Do dinheiro apurado, será recolhido ao Tesouro Nacional o que não couber ao lesado ou a terceiro de boa-fé.

Art. 134. A hipoteca legal sobre os imóveis do indiciado poderá ser requerida pelo ofendido em qualquer fase do processo, desde que haja certeza da infração e indícios suficientes da autoria.

→ *v.* Art. 1.489, III, do CC.

Art. 135. Pedida a especialização mediante requerimento, em que a parte estimará o valor da responsabilidade civil, e designará e estimará o imóvel ou imóveis que terão de ficar especialmente hipotecados, o juiz mandará logo proceder ao arbitramento do valor da responsabilidade e à avaliação do imóvel ou imóveis.

→ *v.* Art. 1.205 e ss. do CPC/1973.

§ 1º A petição será instruída com as provas ou indicação das provas em que se fundar a estimação da responsabilidade, com a relação dos imóveis que o responsável possuir, se outros tiver, além dos indicados no requerimento, e com os documentos comprobatórios do domínio.

§ 2º O arbitramento do valor da responsabilidade e a avaliação dos imóveis designados far-se-ão por perito nomeado pelo juiz, onde não houver avaliador judicial, sendo-lhe facultada a consulta dos autos do processo respectivo.

§ 3º O juiz, ouvidas as partes no prazo de 2 (dois) dias, que correrá em cartório, poderá corrigir o arbitramento do valor da responsabilidade, se lhe parecer excessivo ou deficiente.

§ 4º O juiz autorizará somente a inscrição da hipoteca do imóvel ou imóveis necessários à garantia da responsabilidade.

§ 5º O valor da responsabilidade será liquidado definitivamente após a condenação, podendo ser requerido novo arbitramento se qualquer das partes não se conformar com o arbitramento anterior à sentença condenatória.

§ 6º Se o réu oferecer caução suficiente, em dinheiro ou em títulos de dívida pública, pelo valor de sua cotação em Bolsa, o juiz poderá deixar de mandar proceder à inscrição da hipoteca legal.

Art. 136. O arresto do imóvel poderá ser decretado de início, revogando-se, porém, se no prazo de 15 (quinze) dias não for promovido o processo de inscrição da hipoteca legal.

→ Artigo com redação alterada pela Lei 11.435/2006.

Art. 137. Se o responsável não possuir bens imóveis ou os possuir de valor insuficiente, poderão ser arrestados bens móveis suscetíveis de penhora, nos termos em que é facultada a hipoteca legal dos imóveis.

→ *Caput* com redação alterada pela Lei 11.435/2006.

→ *v.* Art. 649 do CPC/1973.

→ *v.* Arts. 826, 833 e 834, do NCPC.

→ *v.* Art. 1º da Lei 8.009/1990.

§ 1º Se esses bens forem coisas fungíveis e facilmente deterioráveis, proceder-se-á na forma do § 5º do art. 120.

→ *v.* Arts. 85 e 86 do CC.

§ 2º Das rendas dos bens móveis poderão ser fornecidos recursos arbitrados pelo juiz, para a manutenção do indiciado e de sua família.

Art. 138. O processo de especialização da hipoteca e do arresto correrão em auto apartado.

→ Artigo com redação alterada pela Lei 11.435/2006.

→ *v.* Art. 1.205 do CPC/1973.

Art. 139. O depósito e a administração dos bens arrestados ficarão sujeitos ao regime do processo civil.

→ Artigo com redação alterada pela Lei 11.435/2006.

→ *v.* Arts. 148 a 150 do CPC/1973.

→ *v.* Arts. 159 a 161, do NCPC.

Art. 140. As garantias do ressarcimento do dano alcançarão também as despesas processuais e as penas pecuniárias, tendo preferência sobre estas a reparação do dano ao ofendido.

Art. 141. O arresto será levantado ou cancelada a hipoteca, se, por sentença irrecorrível, o réu for absolvido ou julgada extinta a punibilidade.

→ Artigo com redação alterada pela Lei 11.435/2006.

Art. 142. Caberá ao Ministério Público promover as medidas estabelecidas nos arts. 134 e 137, se houver interesse da Fazenda Pública, ou se o ofendido for pobre e o requerer.

Art. 143. Passando em julgado a sentença condenatória, serão os autos de hipoteca ou arresto remetidos ao juiz do cível (art. 63).

→ Artigo com redação alterada pela Lei 11.435/2006.

Art. 144. Os interessados ou, nos casos do art. 142, o Ministério Público poderão requerer no juízo cível, contra o responsável civil, as medidas previstas nos arts. 134, 136 e 137.

→ *v.* Arts. 932 a 943 do CC.

Art. 144-A. O juiz determinará a alienação antecipada para preservação do valor dos bens sempre que estiverem sujeitos a qualquer grau de deterioração ou depreciação, ou quando houver dificuldade para sua manutenção.

→ Artigo acrescentado pela Lei 12.694/2012.

→ *v.* Art. 91, § 1º, do CP.

§ 1º O leilão far-se-á preferencialmente por meio eletrônico.

§ 2º Os bens deverão ser vendidos pelo valor fixado na avaliação judicial ou por valor maior. Não alcançado o valor estipulado pela administração judicial, será realizado novo leilão, em até 10 (dez) dias contados da realização do primeiro, podendo os bens ser alienados por valor não inferior a 80% (oitenta por cento) do estipulado na avaliação judicial.

§ 3º O produto da alienação ficará depositado em conta vinculada ao juízo até a decisão final do processo, procedendo-se à sua conversão em renda para a União, Estado ou Distrito Federal, no caso de condenação, ou, no caso de absolvição, à sua devolução ao acusado.

§ 4º Quando a indisponibilidade recair sobre dinheiro, inclusive moeda estrangeira, títulos, valores mobiliários ou cheques emitidos como ordem de pagamento, o juízo determinará a conversão do numerário apreendido em moeda nacional corrente e o depósito das correspondentes quantias em conta judicial.

§ 5º No caso da alienação de veículos, embarcações ou aeronaves, o juiz ordenará à autoridade de trânsito ou ao equivalente órgão de registro e controle a expedição de certificado de registro e licenciamento em favor do arrematante, ficando este livre do pagamento de multas, encargos e tributos anteriores, sem prejuízo de execução fiscal em relação ao antigo proprietário.

§ 6º O valor dos títulos da dívida pública, das ações das sociedades e dos títulos de crédito negociáveis em bolsa será o da cotação oficial do dia, provada por certidão ou publicação no órgão oficial.

§ 7º *(Vetado).*

Capítulo VII
DO INCIDENTE DE FALSIDADE

Art. 145. Arguida, por escrito, a falsidade de documento constante dos autos, o juiz observará o seguinte processo:

→ *v.* Art. 11, § 2º, da Lei 11.419/2006.

I – mandará autuar em apartado a impugnação, e em seguida ouvirá a parte contrária, que, no prazo de 48 (quarenta e oito) horas, oferecerá resposta;

II – assinará o prazo de 3 (três) dias, sucessivamente, a cada uma das partes, para prova de suas alegações;

III – conclusos os autos, poderá ordenar as diligências que entender necessárias;

IV – se reconhecida a falsidade por decisão irrecorrível, mandará desentranhar o documento e remetê-lo, com os autos do processo incidente, ao Ministério Público.

→ *v.* Arts. 297 a 302 e 304 do CP.

→ *v.* Art. 581, XVIII, do CPP.

→ *v.* Art. 15 da LICPP.

Art. 146. A arguição de falsidade, feita por procurador, exige poderes especiais.

→ *v.* Art. 44 do CPP.

Art. 147. O juiz poderá, de ofício, proceder à verificação da falsidade.

Art. 148. Qualquer que seja a decisão, não fará coisa julgada em prejuízo de ulterior processo penal ou civil.

Capítulo VIII
DA INSANIDADE MENTAL DO ACUSADO

Art. 149. Quando houver dúvida sobre a integridade mental do acusado, o juiz ordenará, de ofício ou a requerimento do Ministério Público, do defensor, do curador, do ascendente, descendente, irmão ou cônjuge do acusado, seja este submetido a exame médico-legal.

→ *v.* Arts. 26, parágrafo único, e 98 do CP.

§ 1º O exame poderá ser ordenado ainda na fase do inquérito, mediante representação da autoridade policial ao juiz competente.

§ 2º O juiz nomeará curador ao acusado, quando determinar o exame, ficando suspenso o processo, se já iniciada a ação penal, salvo quanto às diligências que possam ser prejudicadas pelo adiamento.

Art. 150. Para o efeito do exame, o acusado, se estiver preso, será internado em manicômio judiciário, onde houver, ou, se estiver solto, e o requererem os peritos, em estabelecimento adequado que o juiz designar.

→ *v.* Arts. 41 e 99 do CP.

→ *v.* Arts. 171 e 172 da Lei 7.210/1984.

§ 1º O exame não durará mais de 45 (quarenta e cinco) dias, salvo se os peritos demonstrarem a necessidade de maior prazo.

§ 2º Se não houver prejuízo para a marcha do processo, o juiz poderá autorizar sejam os autos entregues aos peritos, para facilitar o exame.

→ *v.* Art. 803 do CPP.

Art. 151. Se os peritos concluírem que o acusado era, ao tempo da infração, irresponsável nos termos do art. 22 do Código Penal, o processo prosseguirá, com a presença do curador.

→ Referido dispositivo antecede a Lei 7.209/1984, que reformou a parte geral do CP.

→ *v.* Art. 26 da nova Parte Geral do CP.

Art. 152. Se se verificar que a doença mental sobreveio à infração o processo continuará suspenso até que o acusado se restabeleça, observado o § 2º do art. 149.

→ *v.* Art. 79 do CP.

§ 1º O juiz poderá, nesse caso, ordenar a internação do acusado em manicômio judiciário ou em outro estabelecimento adequado.

§ 2º O processo retomará o seu curso, desde que se restabeleça o acusado, ficando-lhe assegurada a faculdade de reinquirir as testemunhas que houverem prestado depoimento sem a sua presença.

Art. 153. O incidente da insanidade mental processar-se-á em auto apartado, que só depois da apresentação do laudo, será apenso ao processo principal.

Art. 154. Se a insanidade mental sobrevier no curso da execução da pena, observar-se-á o disposto no art. 682.

→ *v.* Art. 41 do CP.

Título VII
Da prova

Capítulo I
DISPOSIÇÕES GERAIS

Art. 155. O juiz formará sua convicção pela livre apreciação da prova produzida em contraditório judicial, não podendo fundamentar sua decisão exclusivamente nos elementos informativos colhidos na investigação, ressalvadas as provas cautelares, não repetíveis e antecipadas.

→ Artigo com redação alterada pela Lei 11.690/2008.

→ *v.* Arts. 5º, LVI e 93, IX, da CF/1988.

→ *v.* Arts. 41, 158, 182, 207, 237 e 475, do CPP.

Parágrafo único. Somente quanto ao estado das pessoas serão observadas as restrições estabelecidas na lei civil.

→ *v.* Art. 92 do CPP.

Art. 156. A prova da alegação incumbirá a quem a fizer, sendo, porém, facultado ao juiz de ofício:

→ Artigo com redação alterada pela Lei 11.690/2008.

I – ordenar, mesmo antes de iniciada a ação penal, a produção antecipada de provas consideradas urgentes e relevantes, observando a necessidade, adequação e proporcionalidade da medida;

→ *v.* Art. 846 do CPC/1973.

→ *v.* Art. 381 do NCPC.

II – determinar, no curso da instrução, ou antes de proferir sentença, a realização de diligências para dirimir dúvida sobre ponto relevante.

Art. 157. São inadmissíveis, devendo ser desentranhadas do processo, as provas ilícitas, assim entendidas as obtidas em violação a normas constitucionais ou legais.

→ Artigo com redação alterada pela Lei 11.690/2008.

→ *v.* Art. 5º, LVI, da CF/1988.

→ *v.* Lei 9.296/1996 – Regulamenta o inciso XII, parte final, do art. 5º da CF/1988.

§ 1º São também inadmissíveis as provas derivadas das ilícitas, salvo quando não evidenciado o nexo de causalidade entre umas e outras, ou quando as derivadas puderem ser obtidas por uma fonte independente das primeiras.

§ 2º Considera-se fonte independente aquela que por si só, seguindo os trâmites típicos e de praxe, próprios da investigação ou instrução criminal, seria capaz de conduzir ao fato objeto da prova.

§ 3º Preclusa a decisão de desentranhamento da prova declarada inadmissível, esta será inutilizada por decisão judicial, facultado às partes acompanhar o incidente.

§ 4º *(Vetado).*

Capítulo II
DO EXAME DO CORPO DE DELITO, E DAS PERÍCIAS EM GERAL

Art. 158. Quando a infração deixar vestígios, será indispensável o exame de corpo de delito, direto ou indireto, não podendo supri-lo a confissão do acusado.

→ *v.* Arts. 6º, VII, 149, 155, 167, 168, § 3º, 172, parágrafo único, 184, 525 e 564, III, *b*, do CPP.

→ *v.* Art. 14 da Lei 4.898/1965.

Art. 159. O exame de corpo de delito e outras perícias serão realizados por perito oficial, portador de diploma de curso superior.

→ Artigo com redação alterada pela Lei 11.690/2008.

§ 1º Na falta de perito oficial, o exame será realizado por 2 (duas) pessoas idôneas, portadoras de diploma de curso superior preferencialmente na área específica, dentre as que tiverem habilitação técnica relacionada com a natureza do exame.

§ 2º Os peritos não oficiais prestarão o compromisso de bem e fielmente desempenhar o encargo.

→ v. Art. 179 do CPP.

§ 3º Serão facultadas ao Ministério Público, ao assistente de acusação, ao ofendido, ao querelante e ao acusado a formulação de quesitos e indicação de assistente técnico.

§ 4º O assistente técnico atuará a partir de sua admissão pelo juiz e após a conclusão dos exames e elaboração do laudo pelos peritos oficiais, sendo as partes intimadas desta decisão.

§ 5º Durante o curso do processo judicial, é permitido às partes, quanto à perícia:

I – requerer a oitiva dos peritos para esclarecerem a prova ou para responderem a quesitos, desde que o mandado de intimação e os quesitos ou questões a serem esclarecidas sejam encaminhados com antecedência mínima de 10 (dez) dias, podendo apresentar as respostas em laudo complementar;

II – indicar assistentes técnicos que poderão apresentar pareceres em prazo a ser fixado pelo juiz ou ser inquiridos em audiência.

§ 6º Havendo requerimento das partes, o material probatório que serviu de base à perícia será disponibilizado no ambiente do órgão oficial, que manterá sempre sua guarda, e na presença de perito oficial, para exame pelos assistentes, salvo se for impossível a sua conservação.

§ 7º Tratando-se de perícia complexa que abranja mais de uma área de conhecimento especializado, poder-se-á designar a atuação de mais de um perito oficial, e a parte indicar mais de um assistente técnico.

Art. 160. Os peritos elaborarão o laudo pericial, onde descreverão minuciosamente o que examinarem, e responderão aos quesitos formulados.

→ Artigo com redação alterada pela Lei 8.862/1994.

→ v. Art. 176 do CPP.

Parágrafo único. O laudo pericial será elaborado no prazo máximo de 10 (dez) dias, podendo este prazo ser prorrogado, em casos excepcionais, a requerimento dos peritos.

Art. 161. O exame de corpo de delito poderá ser feito em qualquer dia e a qualquer hora.

Art. 162. A autópsia será feita pelo menos 6 (seis) horas depois do óbito, salvo se os peritos, pela evidência dos sinais de morte, julgarem que possa ser feita antes daquele prazo, o que declararão no auto.

Parágrafo único. Nos casos de morte violenta, bastará o simples exame externo do cadáver, quando não houver infração penal que apurar, ou quando as lesões externas permitirem precisar a causa da morte e não houver necessidade de exame interno para a verificação de alguma circunstância relevante.

Art. 163. Em caso de exumação para exame cadavérico, a autoridade providenciará para que, em dia e hora previamente marcados, se realize a diligência, da qual se lavrará auto circunstanciado.

→ v. Art. 6º, VII, do CPP.

→ v. Art. 67 do Dec.-lei 3.688/1941.

Parágrafo único. O administrador de cemitério público ou particular indicará o lugar da sepultura, sob pena de desobediência. No caso de recusa ou de falta de quem indique a sepultura, ou de encontrar-se o cadáver em lugar não destinado a inumações, a autoridade procederá às pesquisas necessárias, o que tudo constará do auto.

→ v. Art. 330 do CP.

Art. 164. Os cadáveres serão sempre fotografados na posição em que forem encontrados, bem como, na medida do possível, todas as lesões externas e vestígios deixados no local do crime.

→ Artigo com redação alterada pela Lei 8.862/1994.

→ v. Art. 6º, I, do CPP.

Art. 165. Para representar as lesões encontradas no cadáver, os peritos, quando possível, juntarão ao laudo do exame provas fotográficas, esquemas ou desenhos, devidamente rubricados.

Art. 166. Havendo dúvida sobre a identidade do cadáver exumado, proceder-se-á ao reconhecimento pelo Instituto de Identificação e Estatística ou repartição congênere ou pela inquirição de testemunhas, lavrando-se auto de reconhecimento e de identidade, no qual se descreverá o cadáver, com todos os sinais e indicações.

Parágrafo único. Em qualquer caso, serão arrecadados e autenticados todos os objetos encontrados, que possam ser úteis para a identificação do cadáver.

Art. 167. Não sendo possível o exame de corpo de delito, por haverem desaparecido os vestígios, a prova testemunhal poderá suprir-lhe a falta.

→ v. Art. 564, III, *b*, do CPP.

Art. 168. Em caso de lesões corporais, se o primeiro exame pericial tiver sido incompleto, proceder-se-á a exame complementar por determinação da autoridade policial ou judiciária, de ofício, ou a requerimento do Ministério Público, do ofendido ou do acusado, ou de seu defensor.

§ 1º No exame complementar, os peritos terão presente o auto de corpo de delito, a fim de suprir-lhe a deficiência ou retificá-lo.

§ 2º Se o exame tiver por fim precisar a classificação do delito no art. 129, § 1º, I, do Código Penal, deverá ser feito logo que decorra o prazo de 30 (trinta) dias, contado da data do crime.

§ 3º A falta de exame complementar poderá ser suprida pela prova testemunhal.

Art. 169. Para o efeito de exame do local onde houver sido praticada a infração, a autoridade providenciará imediatamente para que não se altere o estado das coisas até a chegada dos peritos, que poderão instruir seus laudos com fotografias, desenhos ou esquemas elucidativos.

→ v. Arts. 6º, I, e 165 do CPP.

→ v. Art. 312 do CTB.

→ v. Lei 5.970/1973 – Exclui da aplicação do disposto nos artigos 6º, inciso I, 64 e 169, do Código de Processo Penal, os casos de acidente de trânsito.

Parágrafo único. Os peritos registrarão, no laudo, as alterações do estado das coisas e discutirão, no relatório, as consequências dessas alterações na dinâmica dos fatos.

→ Parágrafo único acrescentado pela Lei 8.862/1994.

Art. 170. Nas perícias de laboratório, os peritos guardarão material suficiente para a eventualidade de nova perícia. Sempre que conveniente, os laudos serão ilustrados com provas fotográficas, ou microfotográficas, desenhos ou esquemas.

→ v. Art. 297 do CTB.

Art. 171. Nos crimes cometidos com destruição ou rompimento de obstáculo a subtração da coisa, ou por meio de escalada, os peritos, além de descrever os vestígios, indicarão com que instrumentos, por que meios e em que época presumem ter sido o fato praticado.

→ v. Art. 155, § 4º, I e II, do CP.

Art. 172. Proceder-se-á, quando necessário, à avaliação de coisas destruídas, deterioradas ou que constituam produto do crime.

Parágrafo único. Se impossível a avaliação direta, os peritos procederão à avaliação por meio dos elementos existentes nos autos e dos que resultarem de diligências.

Art. 173. No caso de incêndio, os peritos verificarão a causa e o lugar em que houver começado, o perigo que dele tiver resultado para a vida ou para o patrimônio alheio, a extensão do dano e o seu valor e as demais circunstâncias que interessarem à elucidação do fato.

→ v. Art. 250 do CP.

Art. 174. No exame para o reconhecimento de escritos, por comparação de letra, observar-se-á o seguinte:

I – a pessoa a quem se atribua ou se possa atribuir o escrito será intimada para o ato, se for encontrada;

II – para a comparação, poderão servir quaisquer documentos que a dita pessoa reconhecer ou já tiverem sido judicialmente reconhecidos como de seu punho, ou sobre cuja autenticidade não houver dúvida;

III – a autoridade, quando necessário, requisitará, para o exame, os documentos que existirem em arquivos ou estabelecimentos públicos, ou nestes realizará a diligência, se daí não puderem ser retirados;

→ v. Art. 46, parágrafo único, da Lei 8.935/1994.

→ v. Art. 22 da Lei 6.015/1973.

IV – quando não houver escritos para a comparação ou forem insuficientes os exibidos, a autoridade mandará que a pessoa escreva o que lhe for ditado. Se estiver ausente a pessoa, mas em lugar certo, esta última diligência poderá ser feita por precatória, em que se consignarão as palavras que a pessoa será intimada a escrever.

Art. 175. Serão sujeitos a exame os instrumentos empregados para a prática da infração, a fim de se lhes verificar a natureza e a eficiência.

→ v. Art. 6º, II, do CPP.

Art. 176. A autoridade e as partes poderão formular quesitos até o ato da diligência.

→ v. Art. 14 do CPP.

Art. 177. No exame por precatória, a nomeação dos peritos far-se-á no juízo deprecado. Havendo, porém, no caso de ação privada, acordo das partes, essa nomeação poderá ser feita pelo juiz deprecante.

→ v. Arts. 276 e 354 do CPP.

Parágrafo único. Os quesitos do juiz e das partes serão transcritos na precatória.

Art. 178. No caso do art. 159, o exame será requisitado pela autoridade ao diretor da repartição, juntando-se ao processo o laudo assinado pelos peritos.

Art. 179. No caso do § 1º do art. 159, o escrivão lavrará o auto respectivo, que será assinado pelos peritos e, se presente ao exame, também pela autoridade.

Parágrafo único. No caso do art. 160, parágrafo único, o laudo, que poderá ser datilografado, será subscrito e rubricado em suas folhas por todos os peritos.

Art. 180. Se houver divergência entre os peritos, serão consignadas no auto do exame as declarações e respostas de um e de outro, ou cada um redigirá separadamente o seu laudo, e a autoridade nomeará um terceiro; se este divergir de ambos, a autoridade poderá mandar proceder a novo exame por outros peritos.

→ *v.* Art. 159, *caput*, do CPP.

Art. 181. No caso de inobservância de formalidades, ou no caso de omissões, obscuridades ou contradições, a autoridade judiciária mandará suprir a formalidade, complementar ou esclarecer o laudo.

→ *Caput* com redação alterada pela Lei 8.862/1994.

Parágrafo único. A autoridade poderá também ordenar que se proceda a novo exame, por outros peritos, se julgar conveniente.

Art. 182. O juiz não ficará adstrito ao laudo, podendo aceitá-lo ou rejeitá-lo, no todo ou em parte.

Art. 183. Nos crimes em que não couber ação pública, observar-se-á o disposto no art. 19.

Art. 184. Salvo o caso de exame de corpo de delito, o juiz ou a autoridade policial negará a perícia requerida pelas partes, quando não for necessária ao esclarecimento da verdade.

Capítulo III
DO INTERROGATÓRIO DO ACUSADO

Art. 185. O acusado que comparecer perante a autoridade judiciária, no curso do processo penal, será qualificado e interrogado na presença de seu defensor, constituído ou nomeado.

→ *Caput* com redação alterada pela Lei 10.792/2003.

→ *v.* Arts. 6º, V, 196, 260, 304 e 616 do CPP.

→ *v.* Art. 81 da Lei 9.099/1995.

§ 1º O interrogatório do réu preso será realizado, em sala própria, no estabelecimento em que estiver recolhido, desde que estejam garantidas a segurança do juiz, do membro do Ministério Público e dos auxiliares bem como a presença do defensor e a publicidade do ato.

→ § 1º com redação alterada pela Lei 11.900/2009.

§ 2º Excepcionalmente, o juiz, por decisão fundamentada, de ofício ou a requerimento das partes, poderá realizar o interrogatório do réu preso por sistema de videoconferência ou outro recurso tecnológico de transmissão de sons e imagens em tempo real, desde que a medida seja necessária para atender a uma das seguintes finalidades:

→ § 2º com redação alterada pela Lei 11.900/2009.

→ *v.* Art. 93, IX, da CF/1988.

I – prevenir risco à segurança pública, quando exista fundada suspeita de que o preso integre organização criminosa ou de que, por outra razão, possa fugir durante o deslocamento;

II – viabilizar a participação do réu no referido ato processual, quando haja relevante dificuldade para seu comparecimento em juízo, por enfermidade ou outra circunstância pessoal;

III – impedir a influência do réu no ânimo de testemunha ou da vítima, desde que não seja possível colher o depoimento destas por videoconferência, nos termos do art. 217 deste Código;

IV – responder à gravíssima questão de ordem pública.

§ 3º Da decisão que determinar a realização de interrogatório por videoconferência, as partes serão intimadas com 10 (dez) dias de antecedência.

→ § 3º acrescentado pela Lei 11.900/2009.

§ 4º Antes do interrogatório por videoconferência, o preso poderá acompanhar, pelo mesmo sistema tecnológico, a realização de todos os atos da audiência única de instrução e julgamento de que tratam os arts. 400, 411 e 531 deste Código.

→ § 4º acrescentado pela Lei 11.900/2009.

§ 5º Em qualquer modalidade de interrogatório, o juiz garantirá ao réu o direito de entrevista prévia e reservada com o seu defensor; se realizado por videoconferência, fica também garantido o acesso a canais telefônicos reservados para comunicação entre o defensor que esteja no presídio e o advogado presente na sala de audiência do Fórum, e entre este e o preso.

→ § 5º acrescentado pela Lei 11.900/2009.

§ 6º A sala reservada no estabelecimento prisional para a realização de atos processuais por sistema de videoconferência será fiscalizada pelos corregedores e pelo juiz de cada causa, como também pelo Ministério Público e pela Ordem dos Advogados do Brasil.

→ § 6º acrescentado pela Lei 11.900/2009.

§ 7º Será requisitada a apresentação do réu preso em juízo nas hipóteses em que o interrogatório não se realizar na forma prevista nos §§ 1º e 2º deste artigo.

→ § 7º acrescentado pela Lei 11.900/2009.

§ 8º Aplica-se o disposto nos §§ 2º, 3º, 4º e 5º deste artigo, no que couber, à realização de outros atos processuais que dependam da participação de pessoa que esteja presa, como acareação, reconhecimento de pessoas e coisas, e inquirição de testemunha ou tomada de declarações do ofendido.

→ § 8º acrescentado pela Lei 11.900/2009.

→ *v.* Art. 226 do CPP.

§ 9º Na hipótese do § 8º deste artigo, fica garantido o acompanhamento do ato processual pelo acusado e seu defensor.

→ § 9º acrescentado pela Lei 11.900/2009.

Art. 186. Depois de devidamente qualificado e cientificado do inteiro teor da acusação, o acusado será informado pelo juiz, antes de iniciar o interrogatório, do seu direito de permanecer calado e de não responder perguntas que lhe forem formuladas.

→ Artigo com redação alterada pela Lei 10.792/2003.

→ *v.* Art. 5º, LXIII, da CF/1988.

Parágrafo único. O silêncio, que não importará em confissão, não poderá ser interpretado em prejuízo da defesa.

→ *v.* Art. 198 do CPP.

Art. 187. O interrogatório será constituído de duas partes: sobre a pessoa do acusado e sobre os fatos.

→ Artigo com redação alterada pela Lei 10.792/2003.

→ *v.* Art. 59 do CP.

§ 1º Na primeira parte o interrogando será perguntado sobre a residência, meios de vida ou profissão, oportunidades sociais, lugar onde exerce a sua atividade, vida pregressa, notadamente se foi preso ou processado alguma vez e, em caso afirmativo, qual o juízo do processo, se houve suspensão condicional ou condenação, qual a pena imposta, se a cumpriu e outros dados familiares e sociais.

→ *v.* Art. 68 do Dec.-lei 3.688/1941.

→ *v.* Arts. 143 e 144 do ECA.

§ 2º Na segunda parte será perguntado sobre:

I – ser verdadeira a acusação que lhe é feita;

II – não sendo verdadeira a acusação, se tem algum motivo particular a que atribuí-la, se conhece a pessoa ou pessoas a quem deva ser imputada a prática do crime, e quais sejam, e se com elas esteve antes da prática da infração ou depois dela;

III – onde estava ao tempo em que foi cometida a infração e se teve notícia desta;

IV – as provas já apuradas;

V – se conhece as vítimas e testemunhas já inquiridas ou por inquirir, e desde quando, e se tem o que alegar contra elas;

→ *v.* Art. 214 do CPP.

VI – se conhece o instrumento com que foi praticada a infração, ou qualquer objeto que com esta se relacione e tenha sido apreendido;

VII – todos os demais fatos e pormenores que conduzam à elucidação dos antecedentes e circunstâncias da infração;

VIII – se tem algo mais a alegar em sua defesa.

Art. 188. Após proceder ao interrogatório, o juiz indagará das partes se restou algum fato para ser esclarecido, formulando as perguntas correspondentes se o entender pertinente e relevante.

→ Artigo com redação alterada pela Lei 10.792/2003.

→ *v.* Arts. 263, 265, § 2º, e 474, § 1º, do CPP.

Art. 189. Se o interrogando negar a acusação, no todo ou em parte, poderá prestar esclarecimentos e indicar provas.

→ Artigo com redação alterada pela Lei 10.792/2003.

Art. 190. Se confessar a autoria, será perguntado sobre os motivos e circunstâncias do fato e se outras pessoas concorreram para a infração, e quais sejam.

→ Artigo com redação alterada pela Lei 10.792/2003.

Art. 191. Havendo mais de um acusado, serão interrogados separadamente.

→ Artigo com redação alterada pela Lei 10.792/2003.

→ *v.* Art. 29 do CP.

Art. 192. O interrogatório do mudo, do surdo ou do surdo-mudo será feito pela forma seguinte:

→ Artigo com redação alterada pela Lei 10.792/2003.

→ *v.* Art. 3º, III, do CC.

I – ao surdo serão apresentadas por escrito as perguntas, que ele responderá oralmente;

II – ao mudo as perguntas serão feitas oralmente, respondendo-as por escrito;

III – ao surdo-mudo as perguntas serão formuladas por escrito e do mesmo modo dará as respostas.

Parágrafo único. Caso o interrogando não saiba ler ou escrever, intervirá no ato, como intérprete e sob compromisso, pessoa habilitada a entendê-lo.

→ *v.* Art. 281 do CPP.

Art. 193. Quando o interrogando não falar a língua nacional, o interrogatório será feito por meio de intérprete.

→ Artigo com redação alterada pela Lei 10.792/2003.

→ *v.* Art. 223 do CPP.

Art. 194. *(Revogado pela Lei 10.792/2003).*

Art. 195. Se o interrogado não souber escrever, não puder ou não quiser assinar, tal fato será consignado no termo.

→ Artigo com redação alterada pela Lei 10.792/2003.

→ *v.* Arts. 170, 279 e 417 do CPC/1973.

→ *v.* Arts. 210, 365, § 6º e 460, do NCPC.

Art. 196. A todo tempo o juiz poderá proceder a novo interrogatório de ofício ou a pedido fundamentado de qualquer das partes.

→ Artigo com redação alterada pela Lei 10.792/2003.

→ *v.* Arts. 399, § 2º, e 616 do CPP.

Capítulo IV
DA CONFISSÃO

Art. 197. O valor da confissão se aferirá pelos critérios adotados para os outros elementos de prova, e para a sua apreciação o juiz deverá confrontá-la com as demais provas do processo, verificando se entre ela e estas existe compatibilidade ou concordância.

→ *v.* Arts. 157 e 158 do CPP.

Art. 198. O silêncio do acusado não importará confissão, mas poderá constituir elemento para a formação do convencimento do juiz.

→ *v.* Art. 5º, LXIII, da CF/1988.

→ *v.* Art. 186 do CPP.

Art. 199. A confissão, quando feita fora do interrogatório, será tomada por termo nos autos, observado o disposto no art. 195.

→ *v.* Art. 185 e ss. do CPP.

Art. 200. A confissão será divisível e retratável, sem prejuízo do livre convencimento do juiz, fundado no exame das provas em conjunto.

Capítulo V
DO OFENDIDO

→ Rubrica do Capítulo V com redação alterada pela Lei 11.690/2008.

Art. 201. Sempre que possível, o ofendido será qualificado e perguntado sobre as circunstâncias da infração, quem seja ou presuma ser o seu autor, as provas que possa indicar, tomando-se por termo as suas declarações.

→ Artigo com redação alterada pela Lei 11.690/2008.

→ *v.* Arts. 400, 411, 473 e 531 do CPP.

→ *v.* Arts. 1º e 2º da Lei 9.807/1999.

§ 1º Se, intimado para esse fim, deixar de comparecer sem motivo justo, o ofendido poderá ser conduzido à presença da autoridade.

→ *v.* Art. 219 do CPP.

§ 2º O ofendido será comunicado dos atos processuais relativos ao ingresso e à saída do acusado da prisão, à designação de data para audiência e à sentença e respectivos acórdãos que a mantenham ou modifiquem.

§ 3º As comunicações ao ofendido deverão ser feitas no endereço por ele indicado, admitindo-se, por opção do ofendido, o uso de meio eletrônico.

§ 4º Antes do início da audiência e durante a sua realização, será reservado espaço separado para o ofendido.

§ 5º Se o juiz entender necessário, poderá encaminhar o ofendido para atendimento multidisciplinar, especialmente nas áreas psicossocial, de assistência jurídica e de saúde, a expensas do ofensor ou do Estado.

§ 6º O juiz tomará as providências necessárias à preservação da intimidade, vida privada, honra e imagem do ofendido, podendo, inclusive, determinar o segredo de justiça em relação aos dados, depoimentos e outras informações constantes dos autos a seu respeito para evitar sua exposição aos meios de comunicação.

→ *v.* Art. 5º, LX, da CF/1988.

Capítulo VI
DAS TESTEMUNHAS

Art. 202. Toda pessoa poderá ser testemunha.

→ *v.* Arts. 209 e 214 do CPP.

Art. 203. A testemunha fará, sob palavra de honra, a promessa de dizer a verdade do que souber e lhe for perguntado, devendo declarar seu nome, sua idade, seu estado e sua residência, sua profissão, lugar onde exerce sua atividade, se é parente, e em que grau, de alguma das partes, ou quais suas relações com qualquer delas, e relatar o que souber, explicando sempre as razões de sua ciência ou as circunstâncias pelas quais possa avaliar-se de sua credibilidade.

→ *v.* Arts. 405, § 4º e 415 do CPC/1973.

→ *v.* Arts. 447, §§ 4º e 5º, e 458, do NCPC.

→ *v.* Arts. 307 e 342 do CP.

→ *v.* Art. 211 do CPP.

→ *v.* Lei 9.807/1999 – Normas para a organização e a manutenção de programas especiais de proteção a vítimas e a testemunhas ameaçadas, institui o Programa Federal de Assistência a Vítimas e a Testemunhas Ameaçadas e dispõe sobre a proteção de acusados ou condenados que tenham voluntariamente prestado efetiva colaboração à investigação policial e ao processo criminal.

→ *v.* Art. 68 do Dec.-lei 3.688/1941.

Art. 204. O depoimento será prestado oralmente, não sendo permitido à testemunha trazê-lo por escrito.

→ *v.* Arts. 192 e 221, § 1º, do CPP.

→ *v.* Art. 14, § 1º, da Lei 4.898/1965.

Parágrafo único. Não será vedada à testemunha, entretanto, breve consulta a apontamentos.

Art. 205. Se ocorrer dúvida sobre a identidade da testemunha, o juiz procederá à verificação pelos meios ao seu alcance, podendo, entretanto, tomar-lhe o depoimento desde logo.

→ *v.* Arts. 226 a 228 do CPP.

Art. 206. A testemunha não poderá eximir-se da obrigação de depor. Poderão, entretanto, recusar-se a fazê-lo o ascendente ou descendente, o afim em linha reta, o cônjuge, ainda que desquitado, o irmão e o pai, a mãe, ou o filho adotivo do acusado, salvo quando não for possível, por outro modo, obter-se ou integrar-se a prova do fato e de suas circunstâncias.

→ *v.* Art. 342, § 2º, do CP.

Art. 207. São proibidas de depor as pessoas que, em razão de função, ministério, ofício ou profissão, devam guardar segredo, salvo se, desobrigadas pela parte interessada, quiserem dar o seu testemunho.

→ *v.* Arts. 325 e 326 do CP.

→ *v.* Art. 7º, XIX, da Lei 8.906/1994.

Art. 208. Não se deferirá o compromisso a que alude o art. 203 aos doentes e deficientes mentais e aos menores de 14 (quatorze) anos, nem às pessoas a que se refere o art. 206.

→ *v.* Art. 3º do CC.

Art. 209. O juiz, quando julgar necessário, poderá ouvir outras testemunhas, além das indicadas pelas partes.

§ 1º Se ao juiz parecer conveniente, serão ouvidas as pessoas a que as testemunhas se referirem.

§ 2º Não será computada como testemunha a pessoa que nada souber que interesse à decisão da causa.

Art. 210. As testemunhas serão inquiridas cada uma de *per si*, de modo que umas não saibam nem ouçam os depoimentos das outras, devendo o juiz adverti-las das penas cominadas ao falso testemunho.

→ Artigo com redação alterada pela Lei 11.690/2008.

→ *v.* Art. 342 do CP.

Parágrafo único. Antes do início da audiência e durante a sua realização, serão reservados espaços separados para a garantia da incomunicabilidade das testemunhas.

Art. 211. Se o juiz, ao pronunciar sentença final, reconhecer que alguma testemunha fez afirmação falsa, calou ou negou a verdade, remeterá cópia do depoimento à autoridade policial para a instauração de inquérito.

Parágrafo único. Tendo o depoimento sido prestado em plenário de julgamento, o juiz, no caso de proferir decisão na audiência (art. 538, § 2º), o tribunal (art. 561), ou o conselho de sentença, após a votação dos quesitos, poderão fazer apresentar imediatamente a testemunha à autoridade policial.

→ Referido § 2º do art. 538 foi revogado pela Lei 11.719/2008 e o art. 561 foi revogado pela Lei 8.658/1993.

→ *v.* Arts. 403 e 534 do CPP.

Art. 212. As perguntas serão formuladas pelas partes diretamente à testemunha, não admitindo o juiz aquelas que puderem induzir a resposta, não tiverem relação com a causa ou importarem na repetição de outra já respondida.

→ Artigo com redação alterada pela Lei 11.690/2008.

Parágrafo único. Sobre os pontos não esclarecidos, o juiz poderá complementar a inquirição.

Art. 213. O juiz não permitirá que a testemunha manifeste suas apreciações pessoais, salvo quando inseparáveis da narrativa do fato.

Art. 214. Antes de iniciado o depoimento, as partes poderão contraditar a testemunha ou arguir circunstâncias ou defeitos, que a tornem suspeita de parcialidade, ou indigna de fé. O juiz fará consignar a contradita ou arguição e a resposta da testemunha, mas só excluirá a testemunha ou não lhe deferirá compromisso nos casos previstos nos arts. 207 e 208.

Art. 215. Na redação do depoimento, o juiz deverá cingir-se, tanto quanto possível, às expressões usadas pelas testemunhas, reproduzindo fielmente as suas frases.

→ *v.* Arts. 405, § 1º e 475 do CPP.

Art. 216. O depoimento da testemunha será reduzido a termo, assinado por ela, pelo juiz e pelas partes. Se a testemunha não souber assinar, ou não puder fazê-lo, pedirá a alguém que o faça por ela, depois de lido na presença de ambos.

Art. 217. Se o juiz verificar que a presença do réu poderá causar humilhação, temor, ou sério constrangimento à testemunha ou ao ofendido, de modo que prejudique a verdade do depoimento, fará a inquirição por videoconferência e, somente na impossibilidade dessa forma, determinará a retirada do réu, prosseguindo na inquirição, com a presença do seu defensor.

→ Artigo com redação alterada pela Lei 11.690/2008.

Parágrafo único. A adoção de qualquer das medidas previstas no *caput* deste artigo deverá constar do termo, assim como os motivos que a determinaram.

Art. 218. Se, regularmente intimada, a testemunha deixar de comparecer sem motivo justificado, o juiz poderá requisitar à autoridade policial a sua apresentação ou determinar seja conduzida por oficial de justiça, que poderá solicitar o auxílio da força pública.

→ *v.* Art. 330 do CP.

→ *v.* Arts. 201, 221, §§ 2º e 3º e 260 do CPP.

Art. 219. O juiz poderá aplicar à testemunha faltosa a multa prevista no art. 453, sem prejuízo do processo penal por crime de desobediência, e condená-la ao pagamento das custas da diligência.

→ Artigo com redação alterada pela Lei 6.416/1977.

→ Referido art. 453 é anterior a Lei 11.689/2008.

→ *v.* Art. 436, § 2º, do CPP.

Art. 220. As pessoas impossibilitadas, por enfermidade ou por velhice, de comparecer para depor, serão inquiridas onde estiverem.

Art. 221. O Presidente e o Vice-Presidente da República, os senadores e deputados federais, os ministros de Estado, os governadores de Estados e Territórios, os secretários de Estado, os prefeitos do Distrito Federal e dos Municípios, os deputados às Assembleias Legislativas Estaduais, os membros do Poder Judiciário, os ministros e juízes dos Tribunais de Contas da União, dos Estados, do Distrito Federal, bem como os do Tribunal Marítimo serão inquiridos em local, dia e hora previamente ajustados entre eles e o juiz.

→ *Caput* com redação alterada pela Lei 3.653/1959.

→ *v.* Art. 18, § 2º, da CF/1988.

→ *v.* Art. 33, I, da LC 35/1979.

→ *v.* Art. 40, I, da Lei 8.625/1993.

→ *v.* Art. 31, item 2, do Decreto 56.435/1965.

→ *v.* Art. 44 do Decreto 61.078/1967.

§ 1º O Presidente e o Vice-Presidente da República, os presidentes do Senado Federal, da Câmara dos Deputados e do Supremo Tribunal Federal poderão optar pela prestação de depoimento por escrito, caso em que as perguntas, formuladas pelas partes e deferidas pelo juiz, lhes serão transmitidas por ofício.

→ § 1º com redação alterada pela Lei 6.416/1977.

§ 2º Os militares deverão ser requisitados à autoridade superior.

→ § 2º com redação alterada pela Lei 6.416/1977.

§ 3º Aos funcionários públicos aplicar-se-á o disposto no art. 218, devendo, porém, a expedição do mandado ser imediatamente comunicada ao chefe da repartição em que servirem, com indicação do dia e da hora marcados.

→ § 3º acrescentado pela Lei 6.416/1977.

Art. 222. A testemunha que morar fora da jurisdição do juiz será inquirida pelo juiz do lugar de sua residência, expedindo-se, para esse fim, carta precatória, com prazo razoável, intimadas as partes.

→ *v.* Súmula 155 do STF.

→ *v.* Súmula 222 do STJ.

→ *v.* Art. 70 do CPP.

§ 1º A expedição da precatória não suspenderá a instrução criminal.

§ 2º Findo o prazo marcado, poderá realizar-se o julgamento, mas, a todo tempo, a precatória, uma vez devolvida, será junta aos autos.

§ 3º Na hipótese prevista no *caput* deste artigo, a oitiva de testemunha poderá ser realizada por meio de videoconferência ou outro recurso tecnológico de transmissão de sons e imagens em tempo real, permitida a presença do defensor e podendo ser realizada, inclusive, durante a realização da audiência de instrução e julgamento.

→ § 3º acrescentado pela Lei 11.900/2009.

Art. 222-A. As cartas rogatórias só serão expedidas se demonstrada previamente a sua imprescindibilidade, arcando a parte requerente com os custos de envio.

→ Artigo acrescentado pela Lei 11.900/2009.

→ *v.* Art. 780 do CPP.

Parágrafo único. Aplica-se às cartas rogatórias o disposto nos §§ 1º e 2º do art. 222 deste Código.

Art. 223. Quando a testemunha não conhecer a língua nacional, será nomeado intérprete para traduzir as perguntas e respostas.

→ *v.* Art. 193 do CPP.

Parágrafo único. Tratando-se de mudo, surdo ou surdo-mudo, proceder-se-á na conformidade do art. 192.

Art. 224. As testemunhas comunicarão ao juiz, dentro de 1 (um) ano, qualquer mudança de residência, sujeitando-se, pela simples omissão, às penas do não comparecimento.

Art. 225. Se qualquer testemunha houver de ausentar-se, ou, por enfermidade ou por velhice, inspirar receio de que ao tempo da instrução criminal já não exista, o juiz poderá, de ofício ou a requerimento de qualquer das partes, tomar-lhe antecipadamente o depoimento.

→ *v.* Art. 846 do CPC/1973.

→ *v.* Art. 381 do NCPC.

→ *v.* Art. 156, I, CPP.

Capítulo VII
DO RECONHECIMENTO DE PESSOAS E COISAS

Art. 226. Quando houver necessidade de fazer-se o reconhecimento de pessoa, proceder-se-á pela seguinte forma:

→ *v.* Arts. 6º, VI, e 185, § 8º, do CPP.

I – a pessoa que tiver de fazer o reconhecimento será convidada a descrever a pessoa que deva ser reconhecida;

II – a pessoa, cujo reconhecimento se pretender, será colocada, se possível, ao lado de outras que com ela tiverem qualquer semelhança, convidando-se quem tiver de fazer o reconhecimento a apontá-la;

III – se houver razão para recear que a pessoa chamada para o reconhecimento, por efeito de intimidação ou outra influência, não diga a verdade em face da pessoa que deve ser reconhecida, a autoridade providenciará para que esta não veja aquela;

IV – do ato de reconhecimento lavrar-se-á auto pormenorizado, subscrito pela autoridade, pela pessoa chamada para proceder ao reconhecimento e por duas testemunhas presenciais.

Parágrafo único. O disposto no n. III deste artigo não terá aplicação na fase da instrução criminal ou em plenário de julgamento.

Art. 227. No reconhecimento de objeto, proceder-se-á com as cautelas estabelecidas no artigo anterior, no que for aplicável.

Art. 228. Se várias forem as pessoas chamadas a efetuar o reconhecimento de pessoa ou de objeto, cada uma fará a prova em separado, evitando-se qualquer comunicação entre elas.

Capítulo VIII
DA ACAREAÇÃO

Art. 229. A acareação será admitida entre acusados, entre acusado e testemunha, entre testemunhas, entre acusado ou testemunha e a pessoa ofendida, e entre as pessoas ofendidas, sempre que divergirem, em suas declarações, sobre fatos ou circunstâncias relevantes.

→ *v.* Art. 6º, VI, do CPP.

Parágrafo único. Os acareados serão reperguntados, para que expliquem os pontos de divergências, reduzindo-se a termo o ato de acareação.

Art. 230. Se ausente alguma testemunha, cujas declarações divirjam das de outra, que esteja presente, a esta se darão a conhecer os pontos da divergência, consignando-se no auto o que explicar ou observar. Se subsistir a discordância, expedir-se-á precatória à autoridade do lugar onde resida a testemunha ausente, transcrevendo-se as declarações desta e as da testemunha presente, nos pontos em que divergirem, bem como o texto do referido auto, a fim de que se complete a diligência, ouvindo-se a testemunha ausente, pela mesma forma estabelecida para a testemunha presente. Esta diligência só se realizará quando não importe demora prejudicial ao processo e o juiz a entenda conveniente.

Capítulo IX
DOS DOCUMENTOS

Art. 231. Salvo os casos expressos em lei, as partes poderão apresentar documentos em qualquer fase do processo.

→ *V.* Arts. 145, 174, 235 e 479 do CPP.

Art. 232. Consideram-se documentos quaisquer escritos, instrumentos ou papéis, públicos ou particulares.

Parágrafo único. À fotografia do documento, devidamente autenticada, se dará o mesmo valor do original.

Art. 233. As cartas particulares, interceptadas ou obtidas por meios criminosos, não serão admitidas em juízo.

→ *V.* Art. 5º, XII e LVI, da CF/1988.

→ *V.* Arts. 151 e 152 do CP.

→ *V.* Art. 155 do CPP.

→ *V.* Art. 40 da Lei 6.538/1978.

Parágrafo único. As cartas poderão ser exibidas em juízo pelo respectivo destinatário, para a defesa de seu direito, ainda que não haja consentimento do signatário.

Art. 234. Se o juiz tiver notícia da existência de documento relativo a ponto relevante da acusação ou da defesa, providenciará, independentemente de requerimento de qualquer das partes, para sua juntada aos autos, se possível.

→ *V.* Art. 362 do CPC/1973.

→ *V.* Art. 403 do NCPC.

Art. 235. A letra e firma dos documentos particulares serão submetidas a exame pericial, quando contestada a sua autenticidade.

→ *V.* Art. 369 do CPC/1973.

→ *V.* Art. 410, *caput*, e I, do NCPC.

→ *V.* Art. 300 do CP.

→ *V.* Art. 174 do CPP.

Art. 236. Os documentos em língua estrangeira, sem prejuízo de sua juntada imediata, serão, se necessário, traduzidos por tradutor público, ou, na falta, por pessoa idônea nomeada pela autoridade.

→ *V.* Art. 224 do CC.

→ *V.* Arts. 784, § 1º e 788, V, do CPP.

Art. 237. As públicas-formas só terão valor quando conferidas com o original, em presença da autoridade.

Art. 238. Os documentos originais, juntos a processo findo, quando não exista motivo relevante que justifique a sua conservação nos autos, poderão, mediante requerimento, e ouvido o Ministério Público, ser entregues à parte que os produziu, ficando traslado nos autos.

→ *V.* Art. 118 e ss. do CPP.

Capítulo X
DOS INDÍCIOS

Art. 239. Considera-se indício a circunstância conhecida e provada, que, tendo relação com o fato, autorize, por indução, concluir-se a existência de outra ou outras circunstâncias.

Capítulo XI
DA BUSCA E DA APREENSÃO

Art. 240. A busca será domiciliar ou pessoal.

→ *V.* Art. 5º, XI, da CF/1988.

→ *V.* Art. 70 do CC.

→ *V.* Art. 150 do CP.

→ *V.* Art. 293 do CPP.

§ 1º Proceder-se-á à busca domiciliar, quando fundadas razões a autorizarem, para:

a) prender criminosos;

b) apreender coisas achadas ou obtidas por meios criminosos;

→ *V.* Arts. 91, II, *b* e 169, parágrafo único, II, do CP.

c) apreender instrumentos de falsificação ou de contrafação e objetos falsificados ou contrafeitos;

→ *V.* Arts. 292 e 294 do CP.

d) apreender armas e munições, instrumentos utilizados na prática de crime ou destinados a fim delituoso;

→ *V.* Art. 18 e ss. do Dec.-lei 3.688/1941.

e) descobrir objetos necessários à prova de infração ou à defesa do réu;

f) apreender cartas, abertas ou não, destinadas ao acusado ou em seu poder, quando haja suspeita de que o conhecimento do seu conteúdo possa ser útil à elucidação do fato;

g) apreender pessoas vítimas de crimes;

h) colher qualquer elemento de convicção.

§ 2º Proceder-se-á à busca pessoal quando houver fundada suspeita de que alguém oculte consigo arma proibida ou objetos mencionados nas letras *b* a *f* e letra *h* do parágrafo anterior.

→ *V.* Art. 5º, X, da CF/1988.

Art. 241. Quando a própria autoridade policial ou judiciária não a realizar pessoalmente, a busca domiciliar deverá ser precedida da expedição de mandado.

Art. 242. A busca poderá ser determinada de ofício ou a requerimento de qualquer das partes.

Art. 243. O mandado de busca deverá:

I – indicar, o mais precisamente possível, a casa em que será realizada a diligência e o nome do respectivo proprietário ou morador; ou, no caso de busca pessoal, o nome da pessoa que terá de sofrê-la ou os sinais que a identifiquem;

II – mencionar o motivo e os fins da diligência;

III – ser subscrito pelo escrivão e assinado pela autoridade que o fizer expedir.

§ 1º Se houver ordem de prisão, constará do próprio texto do mandado de busca.

§ 2º Não será permitida a apreensão de documento em poder do defensor do acusado, salvo quando constituir elemento do corpo de delito.

Art. 244. A busca pessoal independerá de mandado, no caso de prisão ou quando houver fundada suspeita de que a pessoa esteja na posse de arma proibida ou de objetos ou papéis que constituam corpo de delito, ou quando a medida for determinada no curso de busca domiciliar.

Art. 245. As buscas domiciliares serão executadas de dia, salvo se o morador consentir que se realizem à noite, e, antes de penetrarem na casa, os executores mostrarão e lerão o mandado ao morador, ou a quem o represente, intimando-o, em seguida, a abrir a porta.

→ *V.* Art. 5º, XI, da CF/1988.

§ 1º Se a própria autoridade der a busca, declarará previamente sua qualidade e o objeto da diligência.

§ 2º Em caso de desobediência, será arrombada a porta e forçada a entrada.

§ 3º Recalcitrando o morador, será permitido o emprego de força contra coisas existentes no interior da casa, para o descobrimento do que se procura.

→ *V.* Arts. 329 e 330 do CP.

§ 4º Observar-se-á o disposto nos §§ 2º e 3º, quando ausentes os moradores, devendo, neste caso, ser intimado a assistir à diligência qualquer vizinho, se houver e estiver presente.

§ 5º Se é determinada a pessoa ou coisa que se vai procurar, o morador será intimado a mostrá-la.

§ 6º Descoberta a pessoa ou coisa que se procura, será imediatamente apreendida e posta sob custódia da autoridade ou de seus agentes.

§ 7º Finda a diligência, os executores lavrarão auto circunstanciado, assinando-o com duas testemunhas presenciais, sem prejuízo do disposto no § 4º.

Art. 246. Aplicar-se-á também o disposto no artigo anterior, quando se tiver de proceder a busca em compartimento habitado ou em aposento ocupado de habitação coletiva ou em compartimento não aberto ao público, onde alguém exercer profissão ou atividade.

→ *V.* Art. 5º, XI, da CF/1988.

→ *V.* Art. 150, § 4º, do CP.

→ *V.* Art. 7º, II, da Lei 8.906/1994.

Art. 247. Não sendo encontrada a pessoa ou coisa procurada, os motivos da diligência serão comunicados a quem tiver sofrido a busca, se o requerer.

Art. 248. Em casa habitada, a busca será feita de modo que não moleste os moradores mais do que o indispensável para o êxito da diligência.

→ *V.* Art. 150, § 3º, do CP.

Art. 249. A busca em mulher será feita por outra mulher, se não importar retardamento ou prejuízo da diligência.

→ *V.* Art. 4º, *b*, da Lei 4.898/1965.

Art. 250. A autoridade ou seus agentes poderão penetrar no território de jurisdição alheia, ainda que de outro Estado, quando, para o fim de apreensão, forem no seguimento de pessoa ou coisa, devendo apresentar-se à competente autoridade local, antes da diligência ou após, conforme a urgência desta.

→ *V.* Art. 290, § 1º, do CPP.

§ 1º Entender-se-á que a autoridade ou seus agentes vão em seguimento da pessoa ou coisa, quando:

a) tendo conhecimento direto de sua remoção ou transporte, a seguirem sem interrupção, embora depois a percam de vista;

b) ainda que não a tenham avistado, mas sabendo, por informações fidedignas ou circunstâncias indiciárias, que está sendo removida ou transportada em determinada direção, forem ao seu encalço.

§ 2º Se as autoridades locais tiverem fundadas razões para duvidar da legitimidade das pessoas que, nas referidas diligências, entrarem pelos seus distritos, ou da legalidade dos mandados que apresentarem, poderão exigir as provas dessa legitimidade, mas de modo que não se frustre a diligência.

Título VIII
Do juiz, do Ministério Público, do acusado e defensor, dos assistentes e auxiliares da justiça

Capítulo I
DO JUIZ

Art. 251. Ao juiz incumbirá prover à regularidade do processo e manter a ordem no curso dos respectivos atos, podendo, para tal fim, requisitar a força pública.

→ *v.* Arts. 497, 794 e 795 do CPP.

Art. 252. O juiz não poderá exercer jurisdição no processo em que:

→ *v.* Arts. 112, 267 e 564, I, do CPP.

I – tiver funcionado seu cônjuge ou parente, consanguíneo ou afim, em linha reta ou colateral até o terceiro grau, inclusive, como defensor ou advogado, órgão do Ministério Público, autoridade policial, auxiliar da justiça ou perito;

II – ele próprio houver desempenhado qualquer dessas funções ou servido como testemunha;

III – tiver funcionado como juiz de outra instância, pronunciando-se, de fato ou de direito, sobre a questão;

→ *v.* Súmula 206 do STF.

IV – ele próprio ou seu cônjuge ou parente, consanguíneo ou afim em linha reta ou colateral até o terceiro grau, inclusive, for parte ou diretamente interessado no feito.

Art. 253. Nos juízos coletivos, não poderão servir no mesmo processo os juízes que forem entre si parentes, consanguíneos ou afins, em linha reta ou colateral até o terceiro grau, inclusive.

Art. 254. O juiz dar-se-á por suspeito, e, se não o fizer, poderá ser recusado por qualquer das partes:

→ *v.* Arts. 96 e 97 do CPP.

I – se for amigo íntimo ou inimigo capital de qualquer deles;

II – se ele, seu cônjuge, ascendente ou descendente, estiver respondendo a processo por fato análogo, sobre cujo caráter criminoso haja controvérsia;

III – se ele, seu cônjuge, ou parente, consanguíneo, ou afim, até o terceiro grau, inclusive, sustentar demanda ou responder a processo que tenha de ser julgado por qualquer das partes;

→ *v.* Arts. 1.591 a 1.595 do CC.

IV – se tiver aconselhado qualquer das partes;

V – se for credor ou devedor, tutor ou curador, de qualquer das partes;

VI – se for sócio, acionista ou administrador de sociedade interessada no processo.

Art. 255. O impedimento ou suspeição decorrente de parentesco por afinidade cessará pela dissolução do casamento que lhe tiver dado causa, salvo sobrevindo descendentes; mas, ainda que dissolvido o casamento sem descendentes, não funcionará como juiz o sogro, o padrasto, o cunhado, o genro ou enteado de quem for parte no processo.

Art. 256. A suspeição não poderá ser declarada nem reconhecida, quando a parte injuriar o juiz ou de propósito der motivo para criá-la.

→ *v.* Art. 140 do CP.

Capítulo II
DO MINISTÉRIO PÚBLICO

Art. 257. Ao Ministério Público cabe:

→ Artigo com redação alterada pela Lei 11.719/2008.

→ *v.* Arts. 127 a 130 da CF/1988.

→ *v.* Arts. 16, 24, 48 do CPP.

→ *v.* LC 75/1993 – Organização, Atribuições e o Estatuto do Ministério Público da União.

→ *v.* Lei 8.625/1993 – Lei Orgânica Nacional do Ministério Público.

I – promover, privativamente, a ação penal pública, na forma estabelecida neste Código; e

II – fiscalizar a execução da lei.

Art. 258. Os órgãos do Ministério Público não funcionarão nos processos em que o juiz ou qualquer das partes for seu cônjuge, ou parente, consanguíneo ou afim, em linha reta ou colateral, até o terceiro grau, inclusive, e a eles se estendem, no que lhes for aplicável, as prescrições relativas à suspeição e aos impedimentos dos juízes.

→ *v.* Súmula 234 do STJ.

Capítulo III
DO ACUSADO E SEU DEFENSOR

→ *v.* Art. 133 da CF/1988.

Art. 259. A impossibilidade de identificação do acusado com o seu verdadeiro nome ou outros qualificativos não retardará a ação penal, quando certa a identidade física. A qualquer tempo, no curso do processo, do julgamento ou da execução da sentença, se for descoberta a sua qualificação, far-se-á a retificação, por termo, nos autos, sem prejuízo da validade dos atos precedentes.

→ *v.* Art. 6º, VIII, do CPP.

Art. 260. Se o acusado não atender à intimação para o interrogatório, reconhecimento ou qualquer outro ato que, sem ele, não possa ser realizado, a autoridade poderá mandar conduzi-lo à sua presença.

→ *v.* Arts. 201, § 1º e 218 do CPP.

→ *v.* Art. 330 do CP.

Parágrafo único. O mandado conterá, além da ordem de condução, os requisitos mencionados no art. 352, no que lhe for aplicável.

Art. 261. Nenhum acusado, ainda que ausente ou foragido, será processado ou julgado sem defensor.

→ *v.* Súmula 708 do STF.

→ *v.* Súmula 64 do STJ.

→ *v.* Art. 5º, LV e LXXIV, da CF/1988.

Parágrafo único. A defesa técnica, quando realizada por defensor público ou dativo, será sempre exercida através de manifestação fundamentada.

→ Parágrafo único acrescentado pela Lei 10.792/2003.

Art. 262. Ao acusado menor dar-se-á curador.

→ *v.* Art. 5º do CC.

Art. 263. Se o acusado não o tiver, ser-lhe-á nomeado defensor pelo juiz, ressalvado o seu direito de, a todo tempo, nomear outro de sua confiança, ou a si mesmo defender-se, caso tenha habilitação.

Parágrafo único. O acusado, que não for pobre, será obrigado a pagar os honorários do defensor dativo, arbitrados pelo juiz.

→ *v.* Art. 5º, LXXIV, da CF/1988.

Art. 264. Salvo motivo relevante, os advogados e solicitadores serão obrigados, sob pena de multa de cem a quinhentos mil-réis, a prestar seu patrocínio aos acusados, quando nomeados pelo juiz.

→ *v.* Arts. 22, § 1º e 34, VII, da Lei 8.906/1994.

Art. 265. O defensor não poderá abandonar o processo senão por motivo imperioso, comunicado previamente o juiz, sob pena de multa de 10 (dez) a 100 (cem) salários mínimos, sem prejuízo das demais sanções cabíveis.

→ Artigo com redação alterada pela Lei 11.719/2008.

→ *v.* Art. 5º, § 3º, da Lei 8.906/1994.

§ 1º A audiência poderá ser adiada se, por motivo justificado, o defensor não puder comparecer.

§ 2º Incumbe ao defensor provar o impedimento até a abertura da audiência. Não o fazendo, o juiz não determinará o adiamento de ato algum do processo, devendo nomear defensor substituto, ainda que provisoriamente ou só para o efeito do ato.

Art. 266. A constituição de defensor independerá de instrumento de mandato, se o acusado o indicar por ocasião do interrogatório.

→ *v.* Art. 185 do CPP.

Art. 267. Nos termos do art. 252, não funcionarão como defensores os parentes do juiz.

Capítulo IV
DOS ASSISTENTES

Art. 268. Em todos os termos da ação pública, poderá intervir, como assistente do Ministério Público, o ofendido ou seu representante legal, ou, na falta, qualquer das pessoas mencionadas no art. 31.

→ *v.* Art. 50 do CPC/1973.

→ *v.* Art. 119 do NCPC.

→ *v.* Art. 598 do CPP.

→ *v.* Art. 82 do CDC.

→ *v.* Art. 49 da Lei 8.906/1994.

→ *v.* Art. 2º, § 1º, do Dec.-lei 201/1967.

Art. 269. O assistente será admitido enquanto não passar em julgado a sentença e receberá a causa no estado em que se achar.

→ *v.* Art. 391 do CPP.

Art. 270. O corréu no mesmo processo não poderá intervir como assistente do Ministério Público.

→ *v.* Art. 29 do CP.

→ *v.* Arts. 77, I, e 598 do CPP.

Art. 271. Ao assistente será permitido propor meios de prova, requerer perguntas às testemunhas, aditar o libelo e os articulados, participar do debate oral e arrazoar os recursos interpostos pelo Ministério Público, ou por ele próprio, nos casos dos arts. 584, § 1º, e 598.

→ *v.* Súmulas 208 e 210 do STF.

→ *v.* Arts. 403, § 2º, 422, 534, § 2º, 577, 584, § 1º, e 598 do CPP.

CPP

§ 1º O juiz, ouvido o Ministério Público, decidirá acerca da realização das provas propostas pelo assistente.

§ 2º O processo prosseguirá independentemente de nova intimação do assistente, quando este, intimado, deixar de comparecer a qualquer dos atos da instrução ou do julgamento, sem motivo de força maior devidamente comprovado.

Art. 272. O Ministério Público será ouvido previamente sobre a admissão do assistente.

→ *v.* Art. 268 do CPP.

Art. 273. Do despacho que admitir, ou não, o assistente, não caberá recurso, devendo, entretanto, constar dos autos o pedido e a decisão.

Capítulo V
DOS FUNCIONÁRIOS DA JUSTIÇA

Art. 274. As prescrições sobre suspeição dos juízes estendem-se aos serventuários e funcionários da justiça, no que lhes for aplicável.

→ *v.* Art. 105 do CPP.

Capítulo VI
DOS PERITOS E INTÉRPRETES

Art. 275. O perito, ainda quando não oficial, estará sujeito à disciplina judiciária.

→ *v.* Art. 327 do CP.

→ *v.* Art. 159 do CPP.

Art. 276. As partes não intervirão na nomeação do perito.

Art. 277. O perito nomeado pela autoridade será obrigado a aceitar o encargo, sob pena de multa de cem a quinhentos mil-réis, salvo escusa atendível.

→ *v.* Arts. 105, 112 e 280 do CPP.

Parágrafo único. Incorrerá na mesma multa o perito que, sem justa causa, provada imediatamente:

a) deixar de acudir à intimação ou ao chamado da autoridade;

b) não comparecer no dia e local designados para o exame;

c) não der o laudo, ou concorrer para que a perícia não seja feita, nos prazos estabelecidos.

Art. 278. No caso de não comparecimento do perito, sem justa causa, a autoridade poderá determinar a sua condução.

Art. 279. Não poderão ser peritos:

I – os que estiverem sujeitos à interdição de direito mencionada nos ns. I e IV do art. 69 do Código Penal;

→ Referido dispositivo antecede a Lei 7.209/1984, que reformou a parte geral do CP.

→ *v.* Art. 47, I e II, do CP.

II – os que tiverem prestado depoimento no processo ou opinado anteriormente sobre o objeto da perícia;

III – os analfabetos e os menores de 21 (vinte e um) anos.

→ *v.* Art. 159, § 1º, do CPP.

Art. 280. É extensivo aos peritos, no que lhes for aplicável, o disposto sobre suspeição dos juízes.

→ *v.* Arts. 105 e 254 do CPP.

Art. 281. Os intérpretes são, para todos os efeitos, equiparados aos peritos.

Título IX
Da prisão, das medidas cautelares e da liberdade provisória

→ Rubrica do Título IX com redação alterada pela Lei 12.403/2011.

→ *v.* Art. 5º, LXI a LXVI, da CF/1988.

Capítulo I
DISPOSIÇÕES GERAIS

Art. 282. As medidas cautelares previstas neste Título deverão ser aplicadas observando-se a:

→ Artigo com redação alterada pela Lei 12.403/2011.

I – necessidade para aplicação da lei penal, para a investigação ou a instrução criminal e, nos casos expressamente previstos, para evitar a prática de infrações penais;

II – adequação da medida à gravidade do crime, circunstâncias do fato e condições pessoais do indiciado ou acusado.

→ *v.* Art. 68 do CP.

§ 1º As medidas cautelares poderão ser aplicadas isolada ou cumulativamente.

§ 2º As medidas cautelares serão decretadas pelo juiz, de ofício ou a requerimento das partes ou, quando no curso da investigação criminal, por representação da autoridade policial ou mediante requerimento do Ministério Público.

§ 3º Ressalvados os casos de urgência ou de perigo de ineficácia da medida, o juiz, ao receber o pedido de medida cautelar, determinará a intimação da parte contrária, acompanhada de cópia do requerimento e das peças necessárias, permanecendo os autos em juízo.

§ 4º No caso de descumprimento de qualquer das obrigações impostas, o juiz, de ofício ou mediante requerimento do Ministério Público, de seu assistente ou do querelante, poderá substituir a medida, impor outra em cumulação, ou, em último caso, decretar a prisão preventiva (art. 312, parágrafo único).

§ 5º O juiz poderá revogar a medida cautelar ou substituí-la quando verificar a falta de motivo para que subsista, bem como voltar a decretá-la, se sobrevierem razões que a justifiquem.

§ 6º A prisão preventiva será determinada quando não for cabível a sua substituição por outra medida cautelar (art. 319).

Art. 283. Ninguém poderá ser preso senão em flagrante delito ou por ordem escrita e fundamentada da autoridade judiciária competente, em decorrência de sentença condenatória transitada em julgado ou, no curso da investigação ou do processo, em virtude de prisão temporária ou prisão preventiva.

→ Artigo com redação alterada pela Lei 12.403/2011.

→ *v.* Art. 5º, LI, da CF/1988.

→ *v.* Art. 312 do CPP.

→ *v.* Lei 7.960/1989 – Prisão temporária.

→ *v.* Art. 4º, *a*, da Lei 4.898/1965.

§ 1º As medidas cautelares previstas neste Título não se aplicam à infração a que não for isolada, cumulativa ou alternativamente cominada pena privativa de liberdade.

→ *v.* Art. 28 da Lei 11.343/2006.

§ 2º A prisão poderá ser efetuada em qualquer dia e a qualquer hora, respeitadas as restrições relativas à inviolabilidade do domicílio.

→ *v.* Art. 5º, XI, da CF/1988.

→ *v.* Art. 302 do CPP.

Art. 284. Não será permitido o emprego de força, salvo a indispensável no caso de resistência ou de tentativa de fuga do preso.

→ *v.* Súmula Vinculante 11 do STF.

→ *v.* Art. 5º, XLIX, da CF/1988.

→ *v.* Arts. 339 e 330 do CP.

→ *v.* Art. 474, § 3º, do CPP.

→ *v.* Art. 199 da Lei 7.210/1984.

Art. 285. A autoridade que ordenar a prisão fará expedir o respectivo mandado.

→ *v.* Art. 5º, LXI, da CF/1988.

Parágrafo único. O mandado de prisão:

→ *v.* Art. 350 do CP.

→ *v.* Art. 564, IV, do CPP.

a) será lavrado pelo escrivão e assinado pela autoridade;

b) designará a pessoa, que tiver de ser presa, por seu nome, alcunha ou sinais característicos;

c) mencionará a infração penal que motivar a prisão;

d) declarará o valor da fiança arbitrada, quando afiançável a infração;

e) será dirigido a quem tiver qualidade para dar-lhe execução.

Art. 286. O mandado será passado em duplicata, e o executor entregará ao preso, logo depois da prisão, um dos exemplares com declaração do dia, hora e lugar da diligência. Da entrega deverá o preso passar recibo no outro exemplar; se recusar, não souber ou não puder escrever, o fato será mencionado em declaração, assinada por duas testemunhas.

→ *v.* Art. 5º, LXIV, da CF/1988.

→ *v.* Art. 2º, *caput*, da Lei 7.960/1989.

Art. 287. Se a infração for inafiançável, a falta de exibição do mandado não obstará a prisão, e o preso, em tal caso, será imediatamente apresentado ao juiz que tiver expedido o mandado.

Art. 288. Ninguém será recolhido à prisão, sem que seja exibido o mandado ao respectivo diretor ou carcereiro, a quem será entregue cópia assinada pelo executor ou apresentada a guia expedida pela autoridade competente, devendo ser passado recibo da entrega do preso, com declaração de dia e hora.

Parágrafo único. O recibo poderá ser passado no próprio exemplar do mandado, se este for o documento exibido.

Art. 289. Quando o acusado estiver no território nacional, fora da jurisdição do juiz processante, será deprecada a sua prisão, devendo constar da precatória o inteiro teor do mandado.

→ Artigo com redação alterada pela Lei 12.403/2011.

→ *v.* Art. 354 do CPP.

§ 1º Havendo urgência, o juiz poderá requisitar a prisão por qualquer meio de comunicação, do qual deverá constar o motivo da prisão, bem como o valor da fiança se arbitrada.

§ 2º A autoridade a quem se fizer a requisição tomará as precauções necessárias para averiguar a autenticidade da comunicação.

§ 3º O juiz processante deverá providenciar a remoção do preso no prazo máximo de 30 (trinta) dias, contados da efetivação da medida.

Art. 289-A. O juiz competente providenciará o imediato registro do mandado de prisão em banco de dados mantido pelo Conselho Nacional de Justiça para essa finalidade.

→ Artigo acrescentado pela Lei 12.403/2011.

§ 1º Qualquer agente policial poderá efetuar a prisão determinada no mandado de prisão registrado no Conselho Nacional de Justiça, ainda que fora da competência territorial do juiz que o expediu.

§ 2º Qualquer agente policial poderá efetuar a prisão decretada, ainda que sem registro no Conselho Nacional de Justiça, adotando as precauções necessárias para averiguar a autenticidade do mandado e comunicando ao juiz que a decretou, devendo este providenciar, em seguida, o registro do mandado na forma do *caput* deste artigo.

§ 3º A prisão será imediatamente comunicada ao juiz do local de cumprimento da medida o qual providenciará a certidão extraída do registro do Conselho Nacional de Justiça e informará ao juízo que a decretou.

§ 4º O preso será informado de seus direitos, nos termos do inciso LXIII do art. 5º da Constituição Federal e, caso o autuado não informe o nome de seu advogado, será comunicado à Defensoria Pública.

§ 5º Havendo dúvidas das autoridades locais sobre a legitimidade da pessoa do executor ou sobre a identidade do preso, aplica-se o disposto no § 2º do art. 290 deste Código.

§ 6º O Conselho Nacional de Justiça regulamentará o registro do mandado de prisão a que se refere o *caput* deste artigo.

→ *v.* Resolução do CNJ 137/2011 – Regulamenta o banco de dados de mandados de prisão.

Art. 290. Se o réu, sendo perseguido, passar ao território de outro município ou comarca, o executor poderá efetuar-lhe a prisão no lugar onde o alcançar, apresentando-o imediatamente à autoridade local, que, depois de lavrado, se for o caso, o auto de flagrante, providenciará para a remoção do preso.

§ 1º Entender-se-á que o executor vai em perseguição do réu, quando:

→ *v.* Art. 250, § 1º, do CPP.

a) tendo-o avistado, for perseguindo-o sem interrupção, embora depois o tenha perdido de vista;

b) sabendo, por indícios ou informações fidedignas, que o réu tenha passado, há pouco tempo, em tal ou qual direção, pelo lugar em que o procure, for no seu encalço.

§ 2º Quando as autoridades locais tiverem fundadas razões para duvidar da legitimidade da pessoa do executor ou da legalidade do mandado que apresentar, poderão pôr em custódia o réu, até que fique esclarecida a dúvida.

Art. 291. A prisão em virtude de mandado entender-se-á feita desde que o executor, fazendo-se conhecer do réu, lhe apresente o mandado e o intime a acompanhá-lo.

→ *v.* Art. 5º, LXIV, da CF/1988.

Art. 292. Se houver, ainda que por parte de terceiros, resistência à prisão em flagrante ou à determinada por autoridade competente, o executor e as pessoas que o auxiliarem poderão usar dos meios necessários para defender-se ou para vencer a resistência, do que tudo se lavrará auto subscrito também por duas testemunhas.

→ *v.* Arts. 23, III, e 329, do CP.

→ *v.* Art. 284 do CPP.

Art. 293. Se o executor do mandado verificar, com segurança, que o réu entrou ou se encontra em alguma casa, o morador será intimado a entregá-lo, à vista da ordem de prisão. Se não for obedecido imediatamente, o executor convocará duas testemunhas e, sendo dia, entrará à força na casa, arrombando as portas, se preciso; sendo noite, o executor, depois da intimação ao morador, se não for atendido, fará guardar todas as saídas, tornando a casa incomunicável, e, logo que amanheça, arrombará as portas e efetuará a prisão.

→ *v.* Art. 5º, XI e LXI, da CF/1988.

→ *v.* Arts. 329, 330 e 348 do CP

→ *v.* Arts. 240, § 1º e 245, § 4º, do CPP.

Parágrafo único. O morador que se recusar a entregar o réu oculto em sua casa será levado à presença da autoridade, para que se proceda contra ele como for de direito.

Art. 294. No caso de prisão em flagrante, observar-se-á o disposto no artigo anterior, no que for aplicável.

Art. 295. Serão recolhidos a quartéis ou a prisão especial, à disposição da autoridade competente, quando sujeitos a prisão antes de condenação definitiva:

→ *v.* Súmula 717 do STF.

→ *v.* Art. 7º, V, da Lei 8.906/1994.

→ *v.* Lei 7.172/1983 – Outorga a regalia da prisão especial aos professores do ensino de 1º e 2º graus.

→ *v.* Lei 5.256/1967 – Prisão Especial.

→ *v.* Lei 3.988/1961 – Estende aos pilotos de aeronaves mercantes nacionais a regalia concedida pelo art. 295 do CPP.

→ *v.* Lei 2.860/1956 – Prisão Especial para os Dirigentes de Entidades Sindicais e para o Empregado do Exercício de Representação Profissional ou no Cargo de Administração Sindical.

I – os ministros de Estado;

II – os governadores ou interventores de Estados ou Territórios, o prefeito do Distrito Federal, seus respectivos secretários, os prefeitos municipais, os vereadores e os chefes de Polícia;

→ Inciso II com redação alterada pela Lei 3.181/1957.

→ *v.* Art. 37, § 1º, da CF/1988.

III – os membros do Parlamento Nacional, do Conselho de Economia Nacional e das Assembleias Legislativas dos Estados;

IV – os cidadãos inscritos no "Livro de Mérito";

→ *v.* Dec.-lei 1.706/1939 – Livro de Mérito.

V – os oficiais das Forças Armadas e os militares dos Estados, do Distrito Federal e dos Territórios;

→ Inciso V com redação alterada pela Lei 10.258/2001.

VI – os magistrados;

→ *v.* Art. 33, III, da LC 35/1979.

VII – os diplomados por qualquer das faculdades superiores da República;

VIII – os ministros de confissão religiosa;

IX – os ministros do Tribunal de Contas;

X – os cidadãos que já tiverem exercido efetivamente a função de jurado, salvo quando excluídos da lista por motivo de incapacidade para o exercício daquela função;

XI – os delegados de polícia e os guardas-civis dos Estados e Territórios, ativos e inativos.

→ Inciso XI com redação alterada pela Lei 5.126/1966.

§ 1º A prisão especial, prevista neste Código ou em outras leis, consiste exclusivamente no recolhimento em local distinto da prisão comum.

→ § 1º acrescentado pela Lei 10.258/2001.

§ 2º Não havendo estabelecimento específico para o preso especial, este será recolhido em cela distinta do mesmo estabelecimento.

→ § 2º acrescentado pela Lei 10.258/2001.

§ 3º A cela especial poderá consistir em alojamento coletivo, atendidos os requisitos de salubridade do ambiente, pela concorrência dos fatores de aeração, insolação e condicionamento térmico adequados à existência humana.

→ § 3º acrescentado pela Lei 10.258/2001.

§ 4º O preso especial não será transportado juntamente com o preso comum.

→ § 4º acrescentado pela Lei 10.258/2001.

§ 5º Os demais direitos e deveres do preso especial serão os mesmos do preso comum.

→ § 5º acrescentado pela Lei 10.258/2001.

Art. 296. Os inferiores e praças de pré, onde for possível, serão recolhidos à prisão, em estabelecimentos militares, de acordo com os respectivos regulamentos.

Art. 297. Para o cumprimento de mandado expedido pela autoridade judiciária, a autoridade policial poderá expedir tantos outros quantos necessários às diligências, devendo neles ser fielmente reproduzido o teor do mandado original.

→ *v.* Art. 13, II, do CPP.

Art. 298. (*Revogado pela Lei 12.403/2011*).

Art. 299. A captura poderá ser requisitada, à vista de mandado judicial, por qualquer meio de comunicação, tomadas pela autoridade, a quem se fizer a requisição, as precauções necessárias para averiguar a autenticidade desta.

→ Artigo com redação alterada pela Lei 12.403/2011.

Art. 300. As pessoas presas provisoriamente ficarão separadas das que já estiverem definitivamente condenadas, nos termos da lei de execução penal.

→ Artigo com redação alterada pela Lei 12.403/2011.

→ *v.* Art. 89 da Lei 7.210/1984.

Parágrafo único. O militar preso em flagrante delito, após a lavratura dos procedimentos legais, será recolhido a quartel da instituição a que pertencer, onde ficará preso à disposição das autoridades competentes.

Capítulo II
DA PRISÃO EM FLAGRANTE

Art. 301. Qualquer do povo poderá e as autoridades policiais e seus agentes deverão prender quem quer que seja encontrado em flagrante delito.

→ *v.* Arts. 5º, LXI, LXV e LXVI, 53, § 2º, 86, § 3º, da CF/1988.

→ *v.* Art. 23, III, do CP.

→ *v.* Art. 301 do CTB.

Art. 302. Considera-se em flagrante delito quem:

→ *v.* Súmula 145 do STF.

I – está cometendo a infração penal;

II – acaba de cometê-la;

III – é perseguido, logo após, pela autoridade, pelo ofendido ou por qualquer pessoa, em situação que faça presumir ser autor da infração;

→ *v.* Art. 290 do CPP.

IV – é encontrado, logo depois, com instrumentos, armas, objetos ou papéis que façam presumir ser ele autor da infração.

Art. 303. Nas infrações permanentes, entende-se o agente em flagrante delito enquanto não cessar a permanência.

Art. 304. Apresentado o preso à autoridade competente, ouvirá esta o condutor e colherá, desde logo, sua assinatura, entregando a este cópia do termo e recibo de entrega do preso. Em seguida, procederá à oitiva das testemunhas que o acompanharem e ao interrogatório do acusado sobre a imputação que lhe é feita, colhendo, após cada oitiva suas respectivas assinaturas, lavrando, a autoridade, afinal, o auto.

→ *Caput* com redação alterada pela Lei 11.113/2005.

→ *v.* Súmula 397 do STF.

→ *v.* Art. 5º, LXIII, da CF/1988.

§ 1º Resultando das respostas fundada a suspeita contra o conduzido, a autoridade mandará recolhê-lo à prisão, exceto no caso de livrar-se solto ou de prestar fiança, e prosseguirá nos atos do inquérito ou processo, se para isso for competente; se não o for, enviará os autos à autoridade que o seja.

→ *v.* Arts. 10, 322 a 324 e 332 do CPP.

§ 2º A falta de testemunhas da infração não impedirá o auto de prisão em flagrante; mas, nesse caso, com o condutor, deverão assiná-lo pelo menos duas pessoas que hajam testemunhado a apresentação do preso à autoridade.

§ 3º Quando o acusado se recusar a assinar, não souber ou não puder fazê-lo, o auto de prisão em flagrante será assinado por duas testemunhas, que tenham ouvido sua leitura na presença deste.

→ § 3º com redação alterada pela Lei 11.113/2005.

→ *v.* Art. 6º, V, do CPP.

Art. 305. Na falta ou no impedimento do escrivão, qualquer pessoa designada pela autoridade lavrará o auto, depois de prestado o compromisso legal.

Art. 306. A prisão de qualquer pessoa e o local onde se encontre serão comunicados imediatamente ao juiz competente, ao Ministério Público e à família do preso ou à pessoa por ele indicada.

→ Artigo com redação alterada pela Lei 12.403/2011.

→ *v.* Art. 5º, LXII, da CF/1988.

§ 1º Em até 24 (vinte e quatro) horas após a realização da prisão, será encaminhado ao juiz competente o auto de prisão em flagrante e, caso o autuado não informe o nome de seu advogado, cópia integral para a Defensoria Pública.

§ 2º No mesmo prazo, será entregue ao preso, mediante recibo, a nota de culpa, assinada pela autoridade, com o motivo da prisão, o nome do condutor e os das testemunhas.

→ *v.* Art. 5º, LXIV, da CF/1988.

Art. 307. Quando o fato for praticado em presença da autoridade, ou contra esta, no exercício de suas funções, constarão do auto a narração deste fato, a voz de prisão, as declarações que fizer o preso e os depoimentos das testemunhas, sendo tudo assinado pela autoridade, pelo preso e pelas testemunhas e remetido imediatamente ao juiz a quem couber tomar conhecimento do fato delituoso, se não o for a autoridade que houver presidido o auto.

Art. 308. Não havendo autoridade no lugar em que se tiver efetuado a prisão, o preso será logo apresentado à do lugar mais próximo.

Art. 309. Se o réu se livrar solto, deverá ser posto em liberdade, depois de lavrado o auto de prisão em flagrante.

Art. 310. Ao receber o auto de prisão em flagrante, o juiz deverá fundamentadamente:

→ Artigo com redação alterada pela Lei 12.403/2011.

→ *v.* Art. 93, IX, da CF/1988.

I – relaxar a prisão ilegal; ou

→ *v.* Art. 5º, LXV, da CF/1988.

II – converter a prisão em flagrante em preventiva, quando presentes os requisitos constantes do art. 312 deste Código, e se revelarem inadequadas ou insuficientes as medidas cautelares diversas da prisão; ou

→ *v.* Art. 282 do CPP.

III – conceder liberdade provisória, com ou sem fiança.

→ *v.* Arts. 323 e 324 do CPP.

Parágrafo único. Se o juiz verificar, pelo auto de prisão em flagrante, que o agente praticou o fato nas condições constantes dos incisos I a III do *caput* do art. 23 do Decreto-Lei 2.848, de 7 de dezembro de 1940 – Código Penal, poderá, fundamentadamente, conceder ao acusado liberdade provisória, mediante termo de comparecimento a todos os atos processuais, sob pena de revogação.

→ *v.* Súmula 697 do STF.

→ *v.* Art. 44 da Lei 11.343/2006.

→ *v.* Art. 2º da Lei 8.072/1990.

Capítulo III
DA PRISÃO PREVENTIVA

Art. 311. Em qualquer fase da investigação policial ou do processo penal, caberá a prisão preventiva decretada pelo juiz, de ofício, se no curso da ação penal, ou a requerimento do Ministério Público, do querelante ou do assistente, ou por representação da autoridade policial.

→ Artigo com redação alterada pela Lei 12.403/2011.

→ *v.* Arts. 13, IV e 581, V, do CPP.

Art. 312. A prisão preventiva poderá ser decretada como garantia da ordem pública, da ordem econômica, por conveniência da instrução criminal, ou para assegurar a aplicação da lei penal, quando houver prova da existência do crime e indício suficiente de autoria.

→ Artigo com redação alterada pela Lei 12.403/2011.

→ *v.* Arts. 239 e 316 do CPP.

→ *v.* Lei 12.529/2011 – Estrutura o Sistema Brasileiro de Defesa da Concorrência.

→ *v.* Art. 20 da Lei 11.340/2006.

→ *v.* Lei 7.492/1986 – Crimes contra o sistema financeiro nacional.

→ *v.* Art. 82 da Lei 6.815/1980.

Parágrafo único. A prisão preventiva também poderá ser decretada em caso de descumprimento de qualquer das obrigações impostas por força de outras medidas cautelares (art. 282, § 4º).

Art. 313. Nos termos do art. 312 deste Código, será admitida a decretação da prisão preventiva:

→ Artigo com redação alterada pela Lei 12.403/2011.

I – nos crimes dolosos punidos com pena privativa de liberdade máxima superior a 4 (quatro) anos;

II – se tiver sido condenado por outro crime doloso, em sentença transitada em julgado, ressalvado o disposto no inciso I do *caput* do art. 64 do Decreto-lei 2.848, de 7 de dezembro de 1940 – Código Penal;

III – se o crime envolver violência doméstica e familiar contra a mulher, criança, adolescente, idoso, enfermo ou pessoa com deficiência, para garantir a execução das medidas protetivas de urgência;

→ *v.* Lei 11.340/2006 – Lei Maria da Penha.

IV – (*Revogado pela Lei 12.403/2011*).

Parágrafo único. Também será admitida a prisão preventiva quando houver dúvida sobre a identidade civil da pessoa ou quando esta não fornecer elementos suficientes para esclarecê-la, devendo o preso ser colocado imediatamente em liberdade após a identificação, salvo se outra hipótese recomendar a manutenção da medida.

→ *v.* Lei 12.654/2012 – Prevê a coleta de perfil genético como forma de identificação criminal.

→ *v.* Lei 12.037/2009 – Identificação criminal do civilmente identificado.

→ *v.* Art. 1º, II, da Lei 7.960/1989.

Art. 314. A prisão preventiva em nenhum caso será decretada se o juiz verificar pelas provas constantes dos autos ter o agente praticado o fato nas condições previstas nos incisos I, II e III do *caput* do art. 23 do Decreto-lei 2.848, de 7 de dezembro de 1940 – Código Penal.

→ Artigo com redação alterada pela Lei 12.403/2011.

Art. 315. A decisão que decretar, substituir ou denegar a prisão preventiva será sempre motivada.

→ Artigo com redação alterada pela Lei 12.403/2011.

→ *v.* Arts. 5º, LXI e 93, IX, da CF/1988.

Art. 316. O juiz poderá revogar a prisão preventiva se, no correr do processo, verificar a falta de motivo para que subsista, bem como de novo decretá-la, se sobrevierem razões que a justifiquem.

→ Artigo com redação alterada pela Lei 5.349/1967.

Capítulo IV
DA PRISÃO DOMICILIAR

→ Rubrica do Capítulo IV com redação alterada pela Lei 12.403/2011.

Art. 317. A prisão domiciliar consiste no recolhimento do indiciado ou acusado em sua residência, só podendo dela ausentar-se com autorização judicial.

→ Artigo com redação alterada pela Lei 12.403/2011.

→ *v.* Art. 146-B, IV, da Lei 7.210/1984.

Art. 318. Poderá o juiz substituir a prisão preventiva pela domiciliar quando o agente for:

→ Artigo com redação alterada pela Lei 12.403/2011.

I – maior de 80 (oitenta) anos;

II – extremamente debilitado por motivo de doença grave;

III – imprescindível aos cuidados especiais de pessoa menor de 6 (seis) anos de idade ou com deficiência;

IV – gestante a partir do 7º (sétimo) mês de gravidez ou sendo esta de alto risco.

Parágrafo único. Para a substituição, o juiz exigirá prova idônea dos requisitos estabelecidos neste artigo.

Capítulo V
DAS OUTRAS MEDIDAS CAUTELARES

→ Rubrica do Capítulo V com redação alterada pela Lei 12.403/2011.

→ v. Art. 282 do CPP.

Art. 319. São medidas cautelares diversas da prisão:

→ Artigo com redação alterada pela Lei 12.403/2011.

I – comparecimento periódico em juízo, no prazo e nas condições fixadas pelo juiz, para informar e justificar atividades;

II – proibição de acesso ou frequência a determinados lugares quando, por circunstâncias relacionadas ao fato, deva o indiciado ou acusado permanecer distante desses locais para evitar o risco de novas infrações;

III – proibição de manter contato com pessoa determinada quando, por circunstâncias relacionadas ao fato, deva o indiciado ou acusado dela permanecer distante;

IV – proibição de ausentar-se da Comarca quando a permanência seja conveniente ou necessária para a investigação ou instrução;

V – recolhimento domiciliar no período noturno e nos dias de folga quando o investigado ou acusado tenha residência e trabalho fixos;

VI – suspensão do exercício de função pública ou de atividade de natureza econômica ou financeira quando houver justo receio de sua utilização para a prática de infrações penais;

VII – internação provisória do acusado nas hipóteses de crimes praticados com violência ou grave ameaça, quando os peritos concluírem ser inimputável ou semi-imputável (art. 26 do Código Penal) e houver risco de reiteração;

VIII – fiança, nas infrações que a admitem, para assegurar o comparecimento a atos do processo, evitar a obstrução do seu andamento ou em caso de resistência injustificada à ordem judicial;

IX – monitoração eletrônica.

§ 1º (*Revogado pela Lei 12.403/2011*).

§ 2º (*Revogado pela Lei 12.403/2011*).

§ 3º (*Revogado pela Lei 12.403/2011*).

§ 4º A fiança será aplicada de acordo com as disposições do Capítulo VI deste Título, podendo ser cumulada com outras medidas cautelares.

Art. 320. A proibição de ausentar-se do País será comunicada pelo juiz às autoridades encarregadas de fiscalizar as saídas do território nacional, intimando-se o indiciado ou acusado para entregar o passaporte, no prazo de 24 (vinte e quatro) horas.

→ Artigo com redação alterada pela Lei 12.403/2011.

Capítulo VI
DA LIBERDADE PROVISÓRIA, COM OU SEM FIANÇA

→ v. Art. 5º, LXVI, da CF/1988.

Art. 321. Ausentes os requisitos que autorizam a decretação da prisão preventiva, o juiz deverá conceder liberdade provisória, impondo, se for o caso, as medidas cautelares previstas no art. 319 deste Código e observados os critérios constantes do art. 282 deste Código.

→ Artigo com redação alterada pela Lei 12.403/2011.

I – (*Revogado pela Lei 12.403/2011*).

II – (*Revogado pela Lei 12.403/2011*).

Art. 322. A autoridade policial somente poderá conceder fiança nos casos de infração cuja pena privativa de liberdade máxima não seja superior a 4 (quatro) anos.

→ Artigo com redação alterada pela Lei 12.403/2011.

Parágrafo único. Nos demais casos, a fiança será requerida ao juiz, que decidirá em 48 (quarenta e oito) horas.

Art. 323. Não será concedida fiança:

→ Artigo com redação alterada pela Lei 12.403/2011.

→ v. Arts. 327 e 328 do CPP.

I – nos crimes de racismo;

→ v. Art. 5º, XLII, da CF/1988.

→ v. Art. 140, § 3º, do CP.

→ v. Lei 7.716/1989 – Define os crimes resultantes de preconceito de raça ou de cor.

II – nos crimes de tortura, tráfico ilícito de entorpecentes e drogas afins, terrorismo e nos definidos como crimes hediondos;

→ v. Art. 5º, XLIII, da CF/1988.

→ v. Lei 11.343/2006 – Lei de Drogas.

→ v. Lei 9.455/1997 – Define os crimes de tortura.

→ v. Art. 1º da Lei 8.072/1990.

→ v. Art. 20 da Lei 7.170/1983.

III – nos crimes cometidos por grupos armados, civis ou militares, contra a ordem constitucional e o Estado Democrático;

→ v. Art. 31 da Lei 7.492/1986.

IV – (*Revogado pela Lei 12.403/2011*).

V – (*Revogado pela Lei 12.403/2011*).

Art. 324. Não será, igualmente, concedida fiança:

→ Artigo com redação alterada pela Lei 12.403/2011.

I – aos que, no mesmo processo, tiverem quebrado fiança anteriormente concedida ou infringido, sem motivo justo, qualquer das obrigações a que se referem os arts. 327 e 328 deste Código;

→ v. Arts. 341 e 350 do CPP.

II – em caso de prisão civil ou militar;

III – (*Revogado pela Lei 12.403/2011*).

IV – quando presentes os motivos que autorizam a decretação da prisão preventiva (art. 312).

Art. 325. O valor da fiança será fixado pela autoridade que a conceder nos seguintes limites:

→ Artigo com redação alterada pela Lei 12.403/2011.

a) (*Revogada pela Lei 12.403/2011*).

b) (*Revogada pela Lei 12.403/2011*).

c) (*Revogada pela Lei 12.403/2011*).

I – de 1 (um) a 100 (cem) salários mínimos, quando se tratar de infração cuja pena privativa de liberdade, no grau máximo, não for superior a 4 (quatro) anos;

II – de 10 (dez) a 200 (duzentos) salários mínimos, quando o máximo da pena privativa de liberdade cominada for superior a 4 (quatro) anos.

§ 1º Se assim recomendar a situação econômica do preso, a fiança poderá ser:

I – dispensada, na forma do art. 350 deste Código;

II – reduzida até o máximo de 2/3 (dois terços); ou

III – aumentada em até 1.000 (mil) vezes.

§ 2º (*Revogado pela Lei 12.403/2011*).

Art. 326. Para determinar o valor da fiança, a autoridade terá em consideração a natureza da infração, as condições pessoais de fortuna e vida pregressa do acusado, as circunstâncias indicativas de sua periculosidade, bem como a importância provável das custas do processo, até final julgamento.

Art. 327. A fiança tomada por termo obrigará o afiançado a comparecer perante a autoridade, todas as vezes que for intimado para atos do inquérito e da instrução criminal e para o julgamento. Quando o réu não comparecer, a fiança será havida como quebrada.

Art. 328. O réu afiançado não poderá, sob pena de quebramento da fiança, mudar de residência, sem prévia permissão da autoridade processante, ou ausentar-se por mais de 8 (oito) dias de sua residência, sem comunicar àquela autoridade o lugar onde será encontrado.

Art. 329. Nos juízos criminais e delegacias de polícia, haverá um livro especial, com termos de abertura e de encerramento, numerado e rubricado em todas as suas folhas pela autoridade, destinado especialmente aos termos de fiança. O termo será lavrado pelo escrivão e assinado pela autoridade e por quem prestar a fiança, e dele extrair-se-á certidão para juntar-se aos autos.

Parágrafo único. O réu e quem prestar a fiança serão pelo escrivão notificados das obrigações e da sanção previstas nos arts. 327 e 328, o que constará dos autos.

Art. 330. A fiança, que será sempre definitiva, consistirá em depósito de dinheiro, pedras, objetos ou metais preciosos, títulos da dívida pública, federal, estadual ou municipal, ou em hipoteca inscrita em primeiro lugar.

→ v. Arts. 1.451, 1.473, 1.476 e 1.477 do CC.

§ 1º A avaliação de imóvel, ou de pedras, objetos ou metais preciosos será feita imediatamente por perito nomeado pela autoridade.

§ 2º Quando a fiança consistir em caução de títulos da dívida pública, o valor será determinado pela sua cotação em Bolsa, e, sendo nominativos, exigir-se-á prova de que se acham livres de ônus.

Art. 331. O valor em que consistir a fiança será recolhido à repartição arrecadadora federal ou estadual, ou entregue ao depositário público, juntando-se aos autos os respectivos conhecimentos.

Parágrafo único. Nos lugares em que o depósito não se puder fazer de pronto, o valor será entregue ao escrivão ou pessoa abonada, a critério da autoridade, e dentro de 3 (três) dias dar-se-á ao valor o destino que lhe assina este artigo, o que tudo constará do termo de fiança.

Art. 332. Em caso de prisão em flagrante, será competente para conceder a fiança a autoridade que presidir ao respectivo auto, e, em caso de prisão por mandado, o juiz que o houver expedido, ou a autoridade judiciária ou policial a quem tiver sido requisitada a prisão.

→ *v.* Arts. 285, 289 e 304, § 1º, do CPP.

Art. 333. Depois de prestada a fiança, que será concedida independentemente de audiência do Ministério Público, este terá vista do processo a fim de requerer o que julgar conveniente.

→ *v.* Art. 581, V, do CPP.

Art. 334. A fiança poderá ser prestada enquanto não transitar em julgado a sentença condenatória.

→ Artigo com redação alterada pela Lei 12.403/2011.

Art. 335. Recusando ou retardando a autoridade policial a concessão da fiança, o preso, ou alguém por ele, poderá prestá-la, mediante simples petição, perante o juiz competente, que decidirá em 48 (quarenta e oito) horas.

→ Artigo com redação alterada pela Lei 12.403/2011.

Art. 336. O dinheiro ou objetos dados como fiança servirão ao pagamento das custas, da indenização do dano, da prestação pecuniária e da multa, se o réu for condenado.

→ Artigo com redação alterada pela Lei 12.403/2011.

→ *v.* Art. 387, IV, do CPP.

Parágrafo único. Este dispositivo terá aplicação ainda no caso da prescrição depois da sentença condenatória (art. 110 do Código Penal).

Art. 337. Se a fiança for declarada sem efeito ou passar em julgado sentença que houver absolvido o acusado ou declarada extinta a ação penal, o valor que a constituir, atualizado, será restituído sem desconto, salvo o disposto no parágrafo único do art. 336 deste Código.

→ Artigo com redação alterada pela Lei 12.403/2011.

Art. 338. A fiança que se reconheça não ser cabível na espécie será cassada em qualquer fase do processo.

Art. 339. Será também cassada a fiança quando reconhecida a existência de delito inafiançável, no caso de inovação na classificação do delito.

→ *v.* Arts. 383 e 384 do CPP.

Art. 340. Será exigido o reforço da fiança:

I – quando a autoridade tomar, por engano, fiança insuficiente;

II – quando houver depreciação material ou perecimento dos bens hipotecados ou caucionados, ou depreciação dos metais ou pedras preciosas;

III – quando for inovada a classificação do delito.

Parágrafo único. A fiança ficará sem efeito e o réu será recolhido à prisão, quando, na conformidade deste artigo, não for reforçada.

Art. 341. Julgar-se-á quebrada a fiança quando o acusado:

→ Artigo com redação alterada pela Lei 12.403/2011.

I – regularmente intimado para ato do processo, deixar de comparecer, sem motivo justo;

II – deliberadamente praticar ato de obstrução ao andamento do processo;

→ *v.* Art. 319, VII, do CPP.

III – descumprir medida cautelar imposta cumulativamente com a fiança;

→ *v.* Art. 282, § 4º, do CPP.

IV – resistir injustificadamente a ordem judicial;

V – praticar nova infração penal dolosa.

Art. 342. Se vier a ser reformado o julgamento em que se declarou quebrada a fiança, esta subsistirá em todos os seus efeitos.

→ *v.* Art. 581, V, do CPP.

Art. 343. O quebramento injustificado da fiança importará na perda de 1/2 (metade) do seu valor, cabendo ao juiz decidir sobre a imposição de outras medidas cautelares ou, se for o caso, a decretação da prisão preventiva.

→ Artigo com redação alterada pela Lei 12.403/2011.

Art. 344. Entender-se-á perdido, na totalidade, o valor da fiança, se, condenado, o acusado não se apresentar para o início do cumprimento da pena definitivamente imposta.

→ Artigo com redação alterada pela Lei 12.403/2011.

Art. 345. No caso de perda da fiança, o seu valor, deduzidas as custas e mais encargos a que o acusado estiver obrigado, será recolhido ao fundo penitenciário, na forma da lei.

→ Artigo com redação alterada pela Lei 12.403/2011.

Art. 346. No caso de quebramento de fiança, feitas as deduções previstas no art. 345 deste Código, o valor restante será recolhido ao fundo penitenciário, na forma da lei.

→ Artigo com redação alterada pela Lei 12.403/2011.

Art. 347. Não ocorrendo a hipótese do art. 345, o saldo será entregue a quem houver prestado a fiança, depois de deduzidos os encargos a que o réu estiver obrigado.

Art. 348. Nos casos em que a fiança tiver sido prestada por meio de hipoteca, a execução será promovida no juízo cível pelo órgão do Ministério Público.

Art. 349. Se a fiança consistir em pedras, objetos ou metais preciosos, o juiz determinará a venda por leiloeiro ou corretor.

Art. 350. Nos casos em que couber fiança, o juiz, verificando a situação econômica do preso, poderá conceder-lhe liberdade provisória, sujeitando-o às obrigações constantes dos arts. 327 e 328 deste Código e a outras medidas cautelares, se for o caso.

→ Artigo com redação alterada pela Lei 12.403/2011.

Parágrafo único. Se o beneficiado descumprir, sem motivo justo, qualquer das obrigações ou medidas impostas, aplicar-se-á o disposto no § 4º do art. 282 deste Código.

Título X
Das citações e intimações

Capítulo I
DAS CITAÇÕES

→ *v.* Arts. 5º, LIV, e 55 da CF/1988.

Art. 351. A citação inicial far-se-á por mandado, quando o réu estiver no território sujeito à jurisdição do juiz que a houver ordenado.

→ *v.* Art. 564, II, *e*, do CPP.

Art. 352. O mandado de citação indicará:

I – o nome do juiz;

II – o nome do querelante nas ações iniciadas por queixa;

III – o nome do réu, ou, se for desconhecido, os seus sinais característicos;

IV – a residência do réu, se for conhecida;

V – o fim para que é feita a citação;

VI – o juízo e o lugar, o dia e a hora em que o réu deverá comparecer;

VII – a subscrição do escrivão e a rubrica do juiz.

Art. 353. Quando o réu estiver fora do território da jurisdição do juiz processante, será citado mediante precatória.

→ *v.* Art. 368 do CPP.

Art. 354. A precatória indicará:

I – o juiz deprecado e o juiz deprecante;

II – a sede da jurisdição de um e de outro;

III – o fim para que é feita a citação, com todas as especificações;

IV – o juízo do lugar, o dia e a hora em que o réu deverá comparecer.

Art. 355. A precatória será devolvida ao juiz deprecante, independentemente de traslado, depois de lançado o "cumpra-se" e de feita a citação por mandado do juiz deprecado.

§ 1º Verificado que o réu se encontra em território sujeito à jurisdição de outro juiz, a este remeterá o juiz deprecado os autos para efetivação da diligência, desde que haja tempo para fazer-se a citação.

§ 2º Certificado pelo oficial de justiça que o réu se oculta para não ser citado, a precatória será imediatamente devolvida, para o fim previsto no art. 362.

Art. 356. Se houver urgência, a precatória, que conterá em resumo os requisitos enumerados no art. 354, poderá ser expedida por via telegráfica, depois de reconhecida a firma do juiz, o que a estação expedidora mencionará.

→ *v.* Arts. 202, § 3º e 207 do CPC/1973.

→ *v.* Arts. 263 e 265, do NCPC.

Art. 357. São requisitos da citação por mandado:

→ *v.* Art. 352 do CPP.

I – leitura do mandado ao citando pelo oficial e entrega da contrafé, na qual se mencionarão dia e hora da citação;

→ *v.* Art. 5º, XI, da CF/1988.

II – declaração do oficial, na certidão, da entrega da contrafé, e sua aceitação ou recusa.

Art. 358. A citação do militar far-se-á por intermédio do chefe do respectivo serviço.

Art. 359. O dia designado para funcionário público comparecer em juízo, como acusado, será notificado assim a ele como ao chefe de sua repartição.

Art. 360. Se o réu estiver preso, será pessoalmente citado.

→ Artigo com redação alterada pela Lei 10.792/2003.

→ *v.* Súmula 351 do STF.

Art. 361. Se o réu não for encontrado, será citado por edital, com o prazo de 15 (quinze) dias.

→ *v.* Súmula 351 do STF.

Art. 362. Verificando que o réu se oculta para não ser citado, o oficial de justiça certificará a ocorrência e procederá à citação com hora certa, na forma estabelecida nos arts. 227 a 229 da Lei 5.869, de 11 de janeiro de 1973 – Código de Processo Civil.

→ Artigo com redação alterada pela Lei 11.719/2008.

Parágrafo único. Completada a citação com hora certa, se o acusado não comparecer, ser-lhe-á nomeado defensor dativo.

Art. 363. O processo terá completada a sua formação quando realizada a citação do acusado.

→ Artigo com redação alterada pela Lei 11.719/2008.

I – (*Revogado pela Lei 11.719/2008*);

II – (*Revogado pela Lei 11.719/2008*).

§ 1º Não sendo encontrado o acusado, será procedida a citação por edital.

§ 2º (*Vetado*).

§ 3º (*Vetado*).

§ 4º Comparecendo o acusado citado por edital, em qualquer tempo, o processo observará o disposto nos arts. 394 e seguintes deste Código.

Art. 364. No caso do artigo anterior, n. I, o prazo será fixado pelo juiz entre 15 (quinze) e 90 (noventa) dias, de acordo com as circunstâncias, e, no caso de n. II, o prazo será de 30 (trinta) dias.

Art. 365. O edital de citação indicará:

I – o nome do juiz que a determinar;

II – o nome do réu, ou, se não for conhecido, os seus sinais característicos, bem como sua residência e profissão, se constarem do processo;

III – o fim para que é feita a citação;

→ *V.* Súmula 366 do STF.

IV – o juízo e o dia, a hora e o lugar em que o réu deverá comparecer;

V – o prazo, que será contado do dia da publicação do edital na imprensa, se houver, ou da sua afixação.

Parágrafo único. O edital será afixado à porta do edifício onde funcionar o juízo e será publicado pela imprensa, onde houver, devendo a afixação ser certificada pelo oficial que a tiver feito e a publicação provada por exemplar do jornal ou certidão do escrivão, da qual conste a página do jornal com a data da publicação.

Art. 366. Se o acusado, citado por edital, não comparecer, nem constituir advogado, ficarão suspensos o processo e o curso do prazo prescricional, podendo o juiz determinar a produção antecipada das provas consideradas urgentes e, se for o caso, decretar prisão preventiva, nos termos do disposto no art. 312.

→ *Caput* com redação alterada pela Lei 9.271/1996.

→ *V.* Súmulas 415 e 455 do STJ.

→ *V.* Art. 109 do CP.

→ *V.* Art. 2º, § 2º, da Lei 9.613/1998.

§ 1º (*Revogado pela Lei 11.719/2008*).

§ 2º (*Revogado pela Lei 11.719/2008*).

Art. 367. O processo seguirá sem a presença do acusado que, citado ou intimado pessoalmente para qualquer ato, deixar de comparecer sem motivo justificado, ou, no caso de mudança de residência, não comunicar o novo endereço ao juízo.

→ Artigo com redação alterada pela Lei 9.271/1996.

→ *V.* Art. 261, 396, parágrafo único, 564, III, *e*, e 570 do CPP.

Art. 368. Estando o acusado no estrangeiro, em lugar sabido, será citado mediante carta rogatória, suspendendo-se o curso do prazo de prescrição até o seu cumprimento.

→ Artigo com redação alterada pela Lei 9.271/1996.

Art. 369. As citações que houverem de ser feitas em legações estrangeiras serão efetuadas mediante carta rogatória.

→ Artigo com redação alterada pela Lei 9.271/1996.

→ *V.* Arts. 354 e 783 do CPP.

Capítulo II
DAS INTIMAÇÕES

Art. 370. Nas intimações dos acusados, das testemunhas e demais pessoas que devam tomar conhecimento de qualquer ato, será observado, no que for aplicável, o disposto no Capítulo anterior.

→ Artigo com redação alterada pela Lei 9.271/1996.

→ *V.* Arts. 392 e 780 do CPP.

§ 1º A intimação do defensor constituído, do advogado do querelante e do assistente far-se-á por publicação no órgão incumbido da publicidade dos atos judiciais da comarca, incluindo, sob pena de nulidade, o nome do acusado.

§ 2º Caso não haja órgão de publicação dos atos judiciais na comarca, a intimação far-se-á diretamente pelo escrivão, por mandado, ou via postal com comprovante de recebimento, ou por qualquer outro meio idôneo.

→ *V.* Arts. 4º e 5º da Lei 11.419/2006.

§ 3º A intimação pessoal, feita pelo escrivão, dispensará a aplicação a que alude o § 1º.

§ 4º A intimação do Ministério Público e do defensor nomeado será pessoal.

Art. 371. Será admissível a intimação por despacho na petição em que for requerida, observado o disposto no art. 357.

Art. 372. Adiada, por qualquer motivo, a instrução criminal, o juiz marcará desde logo, na presença das partes e testemunhas, dia e hora para seu prosseguimento, do que se lavrará termo nos autos.

Título XI
Da aplicação provisória de interdições de direitos e medidas de segurança

→ Com o advento da Lei 7.210/1984, os arts. 373 a 380 do CPP perderam sua aplicação.

→ *V.* Arts. 147, 171 e 172 da Lei 7.210/1984 – Lei de Execução Penal.

Art. 373. A aplicação provisória de interdições de direitos poderá ser determinada pelo juiz, de ofício, ou a requerimento do Ministério Público, do querelante, do assistente, do ofendido, ou de seu representante legal, ainda que este não se tenha constituído como assistente:

I – durante a instrução criminal após a apresentação da defesa ou do prazo concedido para esse fim;

II – na sentença de pronúncia;

III – na decisão confirmatória da pronúncia ou na que, em grau de recurso, pronunciar o réu;

IV – na sentença condenatória recorrível.

§ 1º No caso do n. I, havendo requerimento de aplicação da medida, o réu ou seu defensor será ouvido no prazo de 2 (dois) dias.

§ 2º Decretada a medida, serão feitas as comunicações necessárias para a sua execução, na forma do disposto no Capítulo III do Título II do Livro IV.

Art. 374. Não caberá recurso do despacho ou da parte da sentença que decretar ou denegar a aplicação provisória de interdições de direitos, mas estas poderão ser substituídas ou revogadas:

I – se aplicadas no curso da instrução criminal, durante esta ou pelas sentenças a que se referem os ns. II, III e IV do artigo anterior;

II – se aplicadas na sentença de pronúncia, pela decisão que, em grau de recurso, a confirmar, total ou parcialmente, ou pela sentença condenatória recorrível;

III – se aplicadas na decisão a que se refere o n. III do artigo anterior, pela sentença condenatória recorrível.

Art. 375. O despacho que aplicar, provisoriamente, substituir ou revogar interdição de direito, será fundamentado.

Art. 376. A decisão que impronunciar ou absolver o réu fará cessar a aplicação provisória da interdição anteriormente determinada.

Art. 377. Transitando em julgado a sentença condenatória, serão executadas somente as interdições nela aplicadas ou que derivarem da imposição da pena principal.

Art. 378. A aplicação provisória de medida de segurança obedecerá ao disposto nos artigos anteriores, com as modificações seguintes:

I – o juiz poderá aplicar, provisoriamente, a medida de segurança, de ofício, ou a requerimento do Ministério Público;

II – a aplicação poderá ser determinada ainda no curso do inquérito, mediante representação da autoridade policial;

III – a aplicação provisória de medida de segurança, a substituição ou a revogação da anteriormente aplicada poderão ser determinadas, também, na sentença absolutória;

IV – decretada a medida, atender-se-á ao disposto no Título V do Livro IV, no que for aplicável.

Art. 379. Transitando em julgado a sentença, observar-se-á, quanto à execução das medidas de segurança definitivamente aplicadas, o disposto no Título V do Livro IV.

Art. 380. A aplicação provisória de medida de segurança obstará a concessão de fiança, e tornará sem efeito a anteriormente concedida.

Título XII
Da sentença

Art. 381. A sentença conterá:

→ *V.* Arts. 41, 564, III, *m*, e 800, I, do CPP.

I – os nomes das partes ou, quando não possível, as indicações necessárias para identificá-las;

II – a exposição sucinta da acusação e da defesa;

→ *V.* Art. 81, § 3º, da Lei 9.099/1990.

III – a indicação dos motivos de fato e de direito em que se fundar a decisão;

→ v. Art. 617 do CPP.

IV – a indicação dos artigos de lei aplicados;

V – o dispositivo;

VI – a data e a assinatura do juiz.

Art. 382. Qualquer das partes poderá, no prazo de 2 (dois) dias, pedir ao juiz que declare a sentença, sempre que nela houver obscuridade, ambiguidade, contradição ou omissão.

→ v. Art. 538 do CPC/1973.

→ v. Art. 1.026 do NCPC.

→ v. Art. 619 do CPP.

→ v. Art. 83, § 2º, da Lei 9.099/1995.

Art. 383. O juiz, sem modificar a descrição do fato contida na denúncia ou queixa, poderá atribuir-lhe definição jurídica diversa, ainda que, em consequência, tenha de aplicar pena mais grave.

→ Artigo com redação alterada pela Lei 11.719/2008.

→ v. Súmulas 453 e 525 do STF.

§ 1º Se, em consequência de definição jurídica diversa, houver possibilidade de proposta de suspensão condicional do processo, o juiz procederá de acordo com o disposto na lei.

§ 2º Tratando-se de infração da competência de outro juízo, a este serão encaminhados os autos.

Art. 384. Encerrada a instrução probatória, se entender cabível nova definição jurídica do fato, em consequência de prova existente nos autos de elemento ou circunstância da infração penal não contida na acusação, o Ministério Público deverá aditar a denúncia ou queixa, no prazo de 5 (cinco) dias, se em virtude desta houver sido instaurado o processo em crime de ação pública, reduzindo-se a termo o aditamento, quando feito oralmente.

→ Artigo com redação alterada pela Lei 11.719/2008.

→ v. Súmula 453 do STF.

→ v. Arts. 569 e 617 do CPP.

§ 1º Não procedendo o órgão do Ministério Público ao aditamento, aplica-se o art. 28 deste Código.

§ 2º Ouvido o defensor do acusado no prazo de 5 (cinco) dias e admitido o aditamento, o juiz, a requerimento de qualquer das partes, designará dia e hora para continuação da audiência, com inquirição de testemunhas, novo interrogatório do acusado, realização de debates e julgamento.

§ 3º Aplicam-se as disposições dos §§ 1º e 2º do art. 383 ao *caput* deste artigo.

§ 4º Havendo aditamento, cada parte poderá arrolar até 3 (três) testemunhas, no prazo de 5 (cinco) dias, ficando o juiz, na sentença, adstrito aos termos do aditamento.

§ 5º Não recebido o aditamento, o processo prosseguirá.

Art. 385. Nos crimes de ação pública, o juiz poderá proferir sentença condenatória, ainda que o Ministério Público tenha opinado pela absolvição, bem como reconhecer agravantes, embora nenhuma tenha sido alegada.

Art. 386. O juiz absolverá o réu, mencionando a causa na parte dispositiva, desde que reconheça:

→ v. Súmula 525 do STF.

I – estar provada a inexistência do fato;

II – não haver prova da existência do fato;

→ v. Art. 66 do CPP.

III – não constituir o fato infração penal;

→ v. Art. 67, III, do CPP.

IV – estar provado que o réu não concorreu para a infração penal;

→ Inciso IV com redação alterada pela Lei 11.690/2008.

V – não existir prova de ter o réu concorrido para a infração penal;

→ Anterior inciso IV renumerado para inciso V pela Lei 11.690/2008.

VI – existirem circunstâncias que excluam o crime ou isentem o réu de pena (arts. 20, 21, 22, 23, 26 e § 1º do art. 28, todos do Código Penal), ou mesmo se houver fundada dúvida sobre sua existência;

→ Inciso VI com redação alterada pela Lei 11.690/2008.

VII – não existir prova suficiente para a condenação.

→ Anterior inciso VI renumerado para inciso VII pela Lei 11.690/2008.

Parágrafo único. Na sentença absolutória, o juiz:

I – mandará, se for o caso, pôr o réu em liberdade;

II – ordenará a cessação das medidas cautelares e provisoriamente aplicadas;

→ Inciso II com redação alterada pela Lei 11.690/2008.

III – aplicará medida de segurança, se cabível.

Art. 387. O juiz, ao proferir sentença condenatória:

→ v. Súmula 525 do STF.

I – mencionará as circunstâncias agravantes ou atenuantes definidas no Código Penal, e cuja existência reconhecer;

→ v. Arts. 61 a 66 do CP.

II – mencionará as outras circunstâncias apuradas e tudo o mais que deva ser levado em conta na aplicação da pena, de acordo com o disposto nos arts. 59 e 60 do Decreto-lei 2.848, de 7 de dezembro de 1940 – Código Penal;

→ Inciso II com redação alterada pela Lei 11.719/2008.

III – aplicará as penas de acordo com essas conclusões;

→ Inciso III com redação alterada pela Lei 11.719/2008.

IV – fixará valor mínimo para reparação dos danos causados pela infração, considerando os prejuízos sofridos pelo ofendido;

→ Inciso IV com redação alterada pela Lei 11.719/2008.

V – atenderá, quanto à aplicação provisória de interdições de direitos e medidas de segurança, ao disposto no Título XI deste Livro;

→ v. Arts. 147, 171 e 172 da Lei 7.210/1984 – Lei de Execução Penal.

VI – determinará se a sentença deverá ser publicada na íntegra ou em resumo e designará o jornal em que será feita a publicação (art. 73, § 1º, do Código Penal).

→ Referido dispositivo antecede a Lei 7.209/1984, que reformou a parte geral do CP.

→ v. Art. 78, II, do CDC.

§ 1º O juiz decidirá, fundamentadamente, sobre a manutenção ou, se for o caso, a imposição de prisão preventiva ou de outra medida cautelar, sem prejuízo do conhecimento de apelação que vier a ser interposta.

→ Anterior parágrafo único renumerado para § 1º pela Lei 12.736/2012.

→ v. Art. 581, V, do CPP.

→ v. Art. 59 da Lei 11.343/2006.

→ v. Art. 2º, § 3º, da Lei 8.072/1990.

§ 2º O tempo de prisão provisória, de prisão administrativa ou de internação, no Brasil ou no estrangeiro, será computado para fins de determinação do regime inicial de pena privativa de liberdade.

→ § 2º acrescentado pela Lei 12.736/2012.

Art. 388. A sentença poderá ser datilografada e neste caso o juiz a rubricará em todas as folhas.

Art. 389. A sentença será publicada em mão do escrivão, que lavrará nos autos o respectivo termo, registrando-a em livro especialmente destinado a esse fim.

Art. 390. O escrivão, dentro de 3 (três) dias após a publicação, e sob pena de suspensão de 5 (cinco) dias, dará conhecimento da sentença ao órgão do Ministério Público.

→ v. Art. 41, IV, da Lei 8.625/1993.

Art. 391. O querelante ou o assistente será intimado da sentença, pessoalmente ou na pessoa de seu advogado. Se nenhum deles for encontrado no lugar da sede do juízo, a intimação será feita mediante edital com o prazo de 10 (dez) dias, afixado no lugar de costume.

→ v. Art. 30, 298, 370, § 1º e 598 do CPP.

Art. 392. A intimação da sentença será feita:

I – ao réu, pessoalmente, se estiver preso;

→ v. Súmula 710 do STF.

→ v. Arts. 261 e 262 do CPP.

II – ao réu, pessoalmente, ou ao defensor por ele constituído, quando se livrar solto, ou, sendo afiançável a infração, tiver prestado fiança;

III – ao defensor constituído pelo réu, se este, afiançável, ou não, a infração, expedido o mandado de prisão, não tiver sido encontrado, e assim o certificar o oficial de justiça;

IV – mediante edital, nos casos do n. II, se o réu e o defensor que houver constituído não forem encontrados, e assim o certificar o oficial de justiça;

V – mediante edital, nos casos do n. III, se o defensor que o réu houver constituído também não for encontrado, e assim o certificar o oficial de justiça;

VI – mediante edital, se o réu, não tendo constituído defensor, não for encontrado, e assim o certificar o oficial de justiça.

§ 1º O prazo do edital será de 90 (noventa) dias, se tiver sido imposta pena privativa de liberdade por tempo igual ou superior a 1 (um) ano, e de 60 (sessenta) dias, nos outros casos.

§ 2º O prazo para apelação correrá após o término do fixado no edital, salvo se, no curso deste, for feita a intimação por qualquer das outras formas estabelecidas neste artigo.

→ v. Súmula 310 do STF.

→ v. Art. 798 do CPP.

Art. 393. (*Revogado pela Lei 12.403/2011*).

CPP

Livro II
DOS PROCESSOS EM ESPÉCIE

Título I
Do processo comum

Capítulo I
DA INSTRUÇÃO CRIMINAL

Art. 394. O procedimento será comum ou especial.

→ Artigo com redação alterada pela Lei 11.719/2008.

§ 1º O procedimento comum será ordinário, sumário ou sumaríssimo:

I – ordinário, quando tiver por objeto crime cuja sanção máxima cominada for igual ou superior a 4 (quatro) anos de pena privativa de liberdade;

II – sumário, quando tiver por objeto crime cuja sanção máxima cominada seja inferior a 4 (quatro) anos de pena privativa de liberdade;

III – sumaríssimo, para as infrações penais de menor potencial ofensivo, na forma da lei.

→ *v.* Arts. 77 a 83 da Lei 9.099/1995.

§ 2º Aplica-se a todos os processos o procedimento comum, salvo disposições em contrário deste Código ou de lei especial.

§ 3º Nos processos de competência do Tribunal do Júri, o procedimento observará as disposições estabelecidas nos arts. 406 a 497 deste Código.

→ *v.* Súmula Vinculante 45 do STF.

§ 4º As disposições dos arts. 395 a 398 deste Código aplicam-se a todos os procedimentos penais de primeiro grau, ainda que não regulados neste Código.

→ Referido art. 398 do CPP foi revogado pela Lei 11.719/2008.

§ 5º Aplicam-se subsidiariamente aos procedimentos especial, sumário e sumaríssimo as disposições do procedimento ordinário.

Art. 395. A denúncia ou queixa será rejeitada quando:

→ Artigo com redação alterada pela Lei 11.719/2008.

→ *v.* Súmula 709 do STF.

I – for manifestamente inepta;

II – faltar pressuposto processual ou condição para o exercício da ação penal; ou

→ *v.* Art. 525 do CPP.

III – faltar justa causa para o exercício da ação penal.

→ *v.* Art. 267, § 3º, do CPC/1973.

→ *v.* Art. 485, § 3º, do NCPC.

→ *v.* Art. 648, I, do CPP.

Parágrafo único. (*Revogado*).

Art. 396. Nos procedimentos ordinário e sumário, oferecida a denúncia ou queixa, o juiz, se não a rejeitar liminarmente, recebê-la-á e ordenará a citação do acusado para responder à acusação, por escrito, no prazo de 10 (dez) dias.

→ Artigo com redação alterada pela Lei 11.719/2008.

→ *v.* Arts. 29, 41 e 406 do CPP.

Parágrafo único. No caso de citação por edital, o prazo para a defesa começará a fluir a partir do comparecimento pessoal do acusado ou do defensor constituído.

→ *v.* Art. 366 do CPP.

Art. 396-A. Na resposta, o acusado poderá arguir preliminares e alegar tudo o que interesse à sua defesa, oferecer documentos e justificações, especificar as provas pretendidas e arrolar testemunhas, qualificando-as e requerendo sua intimação, quando necessário.

→ Artigo acrescentado pela Lei 11.719/2008.

§ 1º A exceção será processada em apartado, nos termos dos arts. 95 a 112 deste Código.

§ 2º Não apresentada a resposta no prazo legal, ou se o acusado, citado, não constituir defensor, o juiz nomeará defensor para oferecê-la, concedendo-lhe vista dos autos por 10 (dez) dias.

Art. 397. Após o cumprimento do disposto no art. 396-A, e parágrafos, deste Código, o juiz deverá absolver sumariamente o acusado quando verificar:

→ Artigo com redação alterada pela Lei 11.719/2008.

→ *v.* Art. 330 do CPC/1973.

→ *v.* Art. 355 do NCPC.

I – a existência manifesta de causa excludente da ilicitude do fato;

→ *v.* Art. 23 do CP.

II – a existência manifesta de causa excludente da culpabilidade do agente, salvo inimputabilidade;

→ *v.* Arts. 21, 22 e 28 § 1º, do CP.

III – que o fato narrado evidentemente não constitui crime; ou

→ *v.* Art. 61 do CPP.

IV – extinta a punibilidade do agente.

Art. 398. (*Revogado pela Lei 11.719/2008*).

Art. 399. Recebida a denúncia ou queixa, o juiz designará dia e hora para a audiência, ordenando a intimação do acusado, de seu defensor, do Ministério Público e, se for o caso, do querelante e do assistente.

→ Artigo com redação alterada pela Lei 11.719/2008.

§ 1º O acusado preso será requisitado para comparecer ao interrogatório, devendo o poder público providenciar sua apresentação.

§ 2º O juiz que presidiu a instrução deverá proferir a sentença.

→ *v.* Art. 132 do CPC/1973.

Art. 400. Na audiência de instrução e julgamento, a ser realizada no prazo máximo de 60 (sessenta) dias, proceder-se-á à tomada de declarações do ofendido, à inquirição das testemunhas arroladas pela acusação e pela defesa, nesta ordem, ressalvado o disposto no art. 222 deste Código, bem como aos esclarecimentos dos peritos, às acareações e ao reconhecimento de pessoas e coisas, interrogando-se, em seguida, o acusado.

→ Artigo com redação alterada pela Lei 11.719/2008.

→ *v.* Arts. 159, § 5º, 185, 201, 226 a 228, 229 e 230 do CPP.

§ 1º As provas serão produzidas numa só audiência, podendo o juiz indeferir as consideradas irrelevantes, impertinentes ou protelatórias.

§ 2º Os esclarecimentos dos peritos dependerão de prévio requerimento das partes.

→ *v.* Art. 159, § 5º, do CPP.

Art. 401. Na instrução poderão ser inquiridas até 8 (oito) testemunhas arroladas pela acusação e 8 (oito) pela defesa.

→ Artigo com redação alterada pela Lei 11.719/2008.

→ *v.* Art. 209 do CPP.

§ 1º Nesse número não se compreendem as que não prestem compromisso e as referidas.

§ 2º A parte poderá desistir da inquirição de qualquer das testemunhas arroladas, ressalvado o disposto no art. 209 deste Código.

Art. 402. Produzidas as provas, ao final da audiência, o Ministério Público, o querelante e o assistente e, a seguir, o acusado poderão requerer diligências cuja necessidade se origine de circunstâncias ou fatos apurados na instrução.

→ Artigo com redação alterada pela Lei 11.719/2008.

Art. 403. Não havendo requerimento de diligências, ou sendo indeferido, serão oferecidas alegações finais orais por 20 (vinte) minutos, respectivamente, pela acusação e pela defesa, prorrogáveis por mais 10 (dez), proferindo o juiz, a seguir, sentença.

→ Artigo com redação alterada pela Lei 11.719/2008.

§ 1º Havendo mais de um acusado, o tempo previsto para a defesa de cada um será individual.

§ 2º Ao assistente do Ministério Público, após a manifestação desse, serão concedidos 10 (dez) minutos, prorrogando-se por igual período o tempo de manifestação da defesa.

§ 3º O juiz poderá, considerada a complexidade do caso ou o número de acusados, conceder às partes o prazo de 5 (cinco) dias sucessivamente para a apresentação de memoriais. Nesse caso, terá o prazo de 10 (dez) dias para proferir a sentença.

Art. 404. Ordenado diligência considerada imprescindível, de ofício ou a requerimento da parte, a audiência será concluída sem as alegações finais.

→ Artigo com redação alterada pela Lei 11.719/2008.

Parágrafo único. Realizada, em seguida, a diligência determinada, as partes apresentarão, no prazo sucessivo de 5 (cinco) dias, suas alegações finais, por memorial, e, no prazo de 10 (dez) dias, o juiz proferirá a sentença.

Art. 405. Do ocorrido em audiência será lavrado termo em livro próprio, assinado pelo juiz e pelas partes, contendo breve resumo dos fatos relevantes nela ocorridos.

→ Artigo com redação alterada pela Lei 11.719/2008.

§ 1º Sempre que possível, o registro dos depoimentos do investigado, indiciado, ofendido e testemunhas será feito pelos meios ou recursos de gravação magnética, estenotipia, digital ou técnica similar, inclusive audiovisual, destinada a obter maior fidelidade das informações.

→ *v.* Art. 475 do CPP.

§ 2º No caso de registro por meio audiovisual, será encaminhado às partes cópia do registro original, sem necessidade de transcrição.

Capítulo II
DO PROCEDIMENTO RELATIVO AOS PROCESSOS DA COMPETÊNCIA DO TRIBUNAL DO JÚRI

→ Rubrica do Capítulo II com redação alterada pela Lei 11.689/2008.

→ *v.* Súmula Vinculante 45 do STF.

→ *v.* Arts. 5º, XXXVIII, LV, e 60, § 4º, IV, da CF/1988.

→ *v.* Arts. 76, 77 e 78, I, 593, III, *d*, do CPP.

→ *v.* Art. 1º da Lei 2.889/1956.

CPP

CPP

Seção I
Da acusação e da instrução preliminar

→ Rubrica da Seção I com redação alterada pela Lei 11.689/2008.

Art. 406. O juiz, ao receber a denúncia ou a queixa, ordenará a citação do acusado para responder a acusação, por escrito, no prazo de 10 (dez) dias.

→ Artigo com redação alterada pela Lei 11.689/2008.

§ 1º O prazo previsto no *caput* deste artigo será contado a partir do efetivo cumprimento do mandado ou do comparecimento, em juízo, do acusado ou de defensor constituído, no caso de citação inválida ou por edital.

→ *v.* Art. 366 do CPP.

§ 2º A acusação deverá arrolar testemunhas, até o máximo de 8 (oito), na denúncia ou na queixa.

→ *v.* Art. 41 do CPP.

§ 3º Na resposta, o acusado poderá arguir preliminares e alegar tudo que interesse a sua defesa, oferecer documentos e justificações, especificar as provas pretendidas e arrolar testemunhas, até o máximo de 8 (oito), qualificando-as e requerendo sua intimação, quando necessário.

Art. 407. As exceções serão processadas em apartado, nos termos dos arts. 95 a 112 deste Código.

→ Artigo com redação alterada pela Lei 11.689/2008.

Art. 408. Não apresentada a resposta no prazo legal, o juiz nomeará defensor para oferecê-la em até 10 (dez) dias, concedendo-lhe vista dos autos.

→ Artigo com redação alterada pela Lei 11.689/2008.

Art. 409. Apresentada a defesa, o juiz ouvirá o Ministério Público ou o querelante sobre preliminares e documentos, em 5 (cinco) dias.

→ Artigo com redação alterada pela Lei 11.689/2008.

Art. 410. O juiz determinará a inquirição das testemunhas e a realização das diligências requeridas pelas partes, no prazo máximo de 10 (dez) dias.

→ Artigo com redação alterada pela Lei 11.689/2008.

Art. 411. Na audiência de instrução, proceder-se-á à tomada de declarações do ofendido, se possível, à inquirição das testemunhas arroladas pela acusação e pela defesa, nesta ordem, bem como aos esclarecimentos dos peritos, às acareações e ao reconhecimento de pessoas e coisas, interrogando-se, em seguida, o acusado e procedendo-se o debate.

→ Artigo com redação alterada pela Lei 11.689/2008.

→ *v.* Arts. 159, § 5º, I e II, 186, 201, 226 a 228 a 230, do CPP.

§ 1º Os esclarecimentos dos peritos dependerão de prévio requerimento e de deferimento pelo juiz.

→ *v.* Art. 159, § 5º, I, do CPP.

§ 2º As provas serão produzidas em uma só audiência, podendo o juiz indeferir as consideradas irrelevantes, impertinentes ou protelatórias.

§ 3º Encerrada a instrução probatória, observar-se-á, se for o caso, o disposto no art. 384 deste Código.

§ 4º As alegações serão orais, concedendo-se a palavra, respectivamente, à acusação e à defesa, pelo prazo de 20 (vinte) minutos, prorrogáveis por mais 10 (dez).

§ 5º Havendo mais de 1 (um) acusado, o tempo previsto para a acusação e a defesa de cada um deles será individual.

§ 6º Ao assistente do Ministério Público, após a manifestação deste, serão concedidos 10 (dez) minutos, prorrogando-se por igual período o tempo de manifestação da defesa.

§ 7º Nenhum ato será adiado, salvo quando imprescindível à prova faltante, determinando o juiz a condução coercitiva de quem deva comparecer.

§ 8º A testemunha que comparecer será inquirida, independentemente da suspensão da audiência, observada em qualquer caso a ordem estabelecida no *caput* deste artigo.

§ 9º Encerrados os debates, o juiz proferirá a sua decisão, ou o fará em 10 (dez) dias, ordenando que os autos para isso lhe sejam conclusos.

Art. 412. O procedimento será concluído no prazo máximo de 90 (noventa) dias.

→ Artigo com redação alterada pela Lei 11.689/2008.

Seção II
Da pronúncia, da impronúncia e da absolvição sumária

→ Seção II com redação alterada pela Lei 11.689/2008.

Art. 413. O juiz, fundamentadamente, pronunciará o acusado, se convencido da materialidade do fato e da existência de indícios suficientes de autoria ou de participação.

→ Artigo com redação alterada pela Lei 11.689/2008.

→ *v.* Art. 167 do CPP.

§ 1º A fundamentação da pronúncia limitar-se-á à indicação da materialidade do fato e da existência de indícios suficientes de autoria ou de participação, devendo o juiz declarar o dispositivo legal em que julgar incurso o acusado e especificar as circunstâncias qualificadoras e as causas de aumento de pena.

→ *v.* Art. 93, IX, da CF/1988.

§ 2º Se o crime for afiançável, o juiz arbitrará o valor da fiança para a concessão ou manutenção da liberdade provisória.

§ 3º O juiz decidirá, motivadamente, no caso de manutenção, revogação ou substituição da prisão ou medida restritiva de liberdade anteriormente decretada e, tratando-se de acusado solto, sobre a necessidade da decretação da prisão ou imposição de quaisquer das medidas previstas no Título IX do Livro I deste Código.

Art. 414. Não se convencendo da materialidade do fato ou da existência de indícios suficientes de autoria ou de participação, o juiz, fundamentadamente, impronunciará o acusado.

→ Artigo com redação alterada pela Lei 11.689/2008.

Parágrafo único. Enquanto não ocorrer a extinção da punibilidade, poderá ser formulada nova denúncia ou queixa se houver prova nova.

Art. 415. O juiz, fundamentadamente, absolverá desde logo o acusado, quando:

→ Artigo com redação alterada pela Lei 11.689/2008.

→ *v.* Arts. 20 a 23, 26, *caput* e 28, § 1º, do CP.

I – provada a inexistência do fato;

→ *v.* Art. 386, I, do CPP.

II – provado não ser ele autor ou partícipe do fato;

→ *v.* Art. 386, IV, do CPP.

III – o fato não constituir infração penal;

→ *v.* Art. 386, III, do CPP.

IV – demonstrada causa de isenção de pena ou de exclusão do crime.

Parágrafo único. Não se aplica o disposto no inciso IV do *caput* deste artigo ao caso de inimputabilidade prevista no *caput* do art. 26 do Decreto-lei 2.848, de 7 de dezembro de 1940 – Código Penal, salvo quando esta for a única tese defensiva.

Art. 416. Contra a sentença de impronúncia ou de absolvição sumária caberá apelação.

→ Artigo com redação alterada pela Lei 11.689/2008.

Art. 417. Se houver indícios de autoria ou de participação de outras pessoas não incluídas na acusação, o juiz, ao pronunciar ou impronunciar o acusado, determinará o retorno dos autos ao Ministério Público, por 15 (quinze) dias, aplicável, no que couber, o art. 80 deste Código.

→ Artigo com redação alterada pela Lei 11.689/2008.

→ *v.* Art. 28 do CPP.

Art. 418. O juiz poderá dar ao fato definição jurídica diversa da constante da acusação, embora o acusado fique sujeito a pena mais grave.

→ Artigo com redação alterada pela Lei 11.689/2008.

→ *v.* Art. 383 do CPP.

Art. 419. Quando o juiz se convencer, em discordância com a acusação, da existência de crime diverso dos referidos no § 1º do art. 74 deste Código e não for competente para o julgamento, remeterá os autos ao juiz que o seja.

→ Artigo com redação alterada pela Lei 11.689/2008.

→ *v.* Súmula 603 do STF.

→ *v.* Arts. 76, I e III, 78, I, e 581, II, do CPP.

Parágrafo único. Remetidos os autos do processo a outro juiz, à disposição deste ficará o acusado preso.

Art. 420. A intimação da decisão de pronúncia será feita:

→ Artigo com redação alterada pela Lei 11.689/2008.

→ *v.* Art. 457 do CPP.

I – pessoalmente ao acusado, ao defensor nomeado e ao Ministério Público;

II – ao defensor constituído, ao querelante e ao assistente do Ministério Público, na forma do disposto no § 1º do art. 370 deste Código.

Parágrafo único. Será intimado por edital o acusado solto que não for encontrado.

Art. 421. Preclusa a decisão de pronúncia, os autos serão encaminhados ao juiz presidente do Tribunal do Júri.

→ Artigo com redação alterada pela Lei 11.689/2008.

§ 1º Ainda que preclusa a decisão de pronúncia, havendo circunstância superveniente que altere a classificação do crime, o juiz ordenará a remessa dos autos ao Ministério Público.

§ 2º Em seguida, os autos serão conclusos ao juiz para decisão.

Seção III
Da preparação do processo para julgamento em plenário

→ Seção III com redação alterada pela Lei 11.689/2008.

Art. 422. Ao receber os autos, o presidente do Tribunal do Júri determinará a intimação do órgão do Ministério Público ou do querelante, no caso de queixa, e do defensor, para, no prazo de 5 (cinco) dias, apresentarem rol de testemunhas que irão depor em plenário, até o máximo de 5 (cinco), oportunidade em que poderão juntar documentos e requerer diligência.

→ Artigo com redação alterada pela Lei 11.689/2008.

Art. 423. Deliberando sobre os requerimentos de provas a serem produzidas ou exibidas no plenário do júri, e adotadas as providências devidas, o juiz presidente:

→ Artigo com redação alterada pela Lei 11.689/2008.

I – ordenará as diligências necessárias para sanar qualquer nulidade ou esclarecer fato que interesse ao julgamento da causa;

II – fará relatório sucinto do processo, determinando sua inclusão em pauta da reunião do Tribunal do Júri.

Art. 424. Quando a lei local de organização judiciária não atribuir ao presidente do Tribunal do Júri o preparo para julgamento, o juiz competente remeter-lhe-á os autos do processo preparado até 5 (cinco) dias antes do sorteio a que se refere o art. 433 deste Código.

→ Artigo com redação alterada pela Lei 11.689/2008.

Parágrafo único. Deverão ser remetidos, também, os processos preparados até o encerramento da reunião, para a realização de julgamento.

Seção IV
Do alistamento dos jurados

→ Seção IV com redação alterada pela Lei 11.689/2008.

Art. 425. Anualmente, serão alistados pelo presidente do Tribunal do Júri de 800 (oitocentos) a 1.500 (um mil e quinhentos) jurados nas comarcas de mais de 1.000.000 (um milhão) de habitantes, de 300 (trezentos) a 700 (setecentos) nas comarcas de mais de 100.000 (cem mil) habitantes e de 80 (oitenta) a 400 (quatrocentos) nas comarcas de menor população.

→ Artigo com redação alterada pela Lei 11.689/2008.

§ 1º Nas comarcas onde for necessário, poderá ser aumentado o número de jurados e, ainda, organizada lista de suplentes, depositadas as cédulas em urna especial, com as cautelas mencionadas na parte final do § 3º do art. 426 deste Código.

§ 2º O juiz presidente requisitará às autoridades locais, associações de classe e de bairro, entidades associativas e culturais, instituições de ensino em geral, universidades, sindicatos, repartições públicas e outros núcleos comunitários a indicação de pessoas que reúnam as condições para exercer a função de jurado.

Art. 426. A lista geral dos jurados, com indicação das respectivas profissões, será publicada pela imprensa até o dia 10 de outubro de cada ano e divulgada em editais afixados à porta do Tribunal do Júri.

→ Artigo com redação alterada pela Lei 11.689/2008.

→ v. Art. 581, XIV, do CPP.

§ 1º A lista poderá ser alterada, de ofício ou mediante reclamação de qualquer do povo ao juiz presidente até o dia 10 de novembro, data de sua publicação definitiva.

§ 2º Juntamente com a lista, serão transcritos os arts. 436 a 446 deste Código.

§ 3º Os nomes e endereços dos alistados, em cartões iguais, após serem verificados na presença do Ministério Público, de advogado indicado pela Seção local da Ordem dos Advogados do Brasil e de defensor indicado pelas Defensorias Públicas competentes, permanecerão guardados em urna fechada a chave, sob a responsabilidade do juiz presidente.

§ 4º O jurado que tiver integrado o Conselho de Sentença nos 12 (doze) meses que antecederem à publicação da lista geral fica dela excluído.

§ 5º Anualmente, a lista geral de jurados será, obrigatoriamente, completada.

Seção V
Do desaforamento

→ Seção V com redação alterada pela Lei 11.689/2008.

→ v. Art. 69 do CPP.

Art. 427. Se o interesse da ordem pública o reclamar ou houver dúvida sobre a imparcialidade do júri ou a segurança pessoal do acusado, o Tribunal, a requerimento do Ministério Público, do assistente, do querelante ou do acusado ou mediante representação do juiz competente, poderá determinar o desaforamento do julgamento para outra comarca da mesma região, onde não existam aqueles motivos, preferindo-se as mais próximas.

→ Artigo com redação alterada pela Lei 11.689/2008.

→ v. Súmula 712 do STF.

§ 1º O pedido de desaforamento será distribuído imediatamente e terá preferência de julgamento na Câmara ou Turma competente.

§ 2º Sendo relevantes os motivos alegados, o relator poderá determinar, fundamentadamente, a suspensão do julgamento pelo júri.

§ 3º Será ouvido o juiz presidente, quando a medida não tiver sido por ele solicitada.

§ 4º Na pendência de recurso contra a decisão de pronúncia ou quando efetivado o julgamento, não se admitirá o pedido de desaforamento, salvo, nesta última hipótese, quanto a fato ocorrido durante ou após a realização de julgamento anulado.

Art. 428. O desaforamento também poderá ser determinado, em razão do comprovado excesso de serviço, ouvidos o juiz presidente e a parte contrária, se o julgamento não puder ser realizado no prazo de 6 (seis) meses, contado do trânsito em julgado da decisão de pronúncia.

→ Artigo com redação alterada pela Lei 11.689/2008.

§ 1º Para a contagem do prazo referido neste artigo, não se computará o tempo de adiamentos, diligências ou incidentes de interesse da defesa.

§ 2º Não havendo excesso de serviço ou existência de processos aguardando julgamento em quantidade que ultrapasse a possibilidade de apreciação pelo Tribunal do Júri, nas reuniões periódicas previstas para o exercício, o acusado poderá requerer ao Tribunal que determine a imediata realização do julgamento.

Seção VI
Da organização da pauta

→ Seção VI acrescentada pela Lei 11.689/2008.

Art. 429. Salvo motivo relevante que autorize alteração na ordem dos julgamentos, terão preferência:

→ Artigo com redação alterada pela Lei 11.689/2008.

I – os acusados presos;

II – dentre os acusados presos, aqueles que estiverem há mais tempo na prisão;

III – em igualdade de condições, os precedentemente pronunciados.

§ 1º Antes do dia designado para o primeiro julgamento da reunião periódica, será afixada na porta do edifício do Tribunal do Júri a lista dos processos a serem julgados, obedecida a ordem prevista no *caput* deste artigo.

§ 2º O juiz presidente reservará datas na mesma reunião periódica para a inclusão de processo que tiver o julgamento adiado.

Art. 430. O assistente somente será admitido se tiver requerido sua habilitação até 5 (cinco) dias antes da data da sessão na qual pretenda atuar.

→ Artigo com redação alterada pela Lei 11.689/2008.

Art. 431. Estando o processo em ordem, o juiz presidente mandará intimar as partes, o ofendido, se for possível, as testemunhas e os peritos, quando houver requerimento, para a sessão de instrução e julgamento, observando, no que couber, o disposto no art. 420 deste Código.

→ Artigo com redação alterada pela Lei 11.689/2008.

→ v. Art. 411 do CPP.

Seção VII
Do sorteio e da convocação dos jurados

→ Seção VII acrescentada pela Lei 11.689/2008.

Art. 432. Em seguida à organização da pauta, o juiz presidente determinará a intimação do Ministério Público, da Ordem dos Advogados do Brasil e da Defensoria Pública para acompanharem, em dia e hora designados, o sorteio dos jurados que atuarão na reunião periódica.

→ Artigo com redação alterada pela Lei 11.689/2008.

Art. 433. O sorteio, presidido pelo juiz, far-se-á a portas abertas, cabendo-lhe retirar as cédulas até completar o número de 25 (vinte e cinco) jurados, para a reunião periódica ou extraordinária.

→ Artigo com redação alterada pela Lei 11.689/2008.

§ 1º O sorteio será realizado entre o 15º (décimo quinto) e o 10º (décimo) dia útil antecedente à instalação da reunião.

§ 2º A audiência de sorteio não será adiada pelo não comparecimento das partes.

§ 3º O jurado não sorteado poderá ter o seu nome novamente incluído para as reuniões futuras.

Art. 434. Os jurados sorteados serão convocados pelo correio ou por qualquer outro meio hábil para comparecer no dia e hora designados para a reunião, sob as penas da lei.

→ Artigo com redação alterada pela Lei 11.689/2008.

→ v. Arts. 237, II, 239 e 412, § 3º do CPC/1973.

→ v. Arts. 273, II, 275 e 455, § 1º, do NCPC.

→ v. Arts. 370, § 2º e 442 do CPP.

Parágrafo único. No mesmo expediente de convocação serão transcritos os arts. 436 a 446 deste Código.

Art. 435. Serão afixados na porta do edifício do Tribunal do Júri a relação dos jurados convocados, os nomes do acusado e dos procuradores das partes, além do dia, hora e local das sessões de instrução e julgamento.

→ Artigo com redação alterada pela Lei 11.689/2008.

→ v. Arts. 5º, LX, e 93, IX, da CF/1988.

Seção VIII
Da função do jurado

→ Seção VIII acrescentada pela Lei 11.689/2008.

Art. 436. O serviço do júri é obrigatório. O alistamento compreenderá os cidadãos maiores de 18 (dezoito) anos de notória idoneidade.

→ Artigo com redação alterada pela Lei 11.689/2008.

§ 1º Nenhum cidadão poderá ser excluído dos trabalhos do júri ou deixar de ser alistado em razão de cor ou etnia, raça, credo, sexo, profissão, classe social ou econômica, origem ou grau de instrução.

→ *v.* Art. 3º da Lei 7.716/1989.

§ 2º A recusa injustificada ao serviço do júri acarretará multa no valor de 1 (um) a 10 (dez) salários mínimos, a critério do juiz, de acordo com a condição econômica do jurado.

→ *v.* Art. 442 do CPP.

Art. 437. Estão isentos do serviço do júri:

→ Artigo com redação alterada pela Lei 11.689/2008.

I – o Presidente da República e os Ministros de Estado;

II – os Governadores e seus respectivos Secretários;

III – os membros do Congresso Nacional, das Assembleias Legislativas e das Câmaras Distrital e Municipais;

IV – os Prefeitos Municipais;

V – os Magistrados e membros do Ministério Público e da Defensoria Pública;

VI – os servidores do Poder Judiciário, do Ministério Público e da Defensoria Pública;

VII – as autoridades e os servidores da polícia e da segurança pública;

VIII – os militares em serviço ativo;

IX – os cidadãos maiores de 70 (setenta) anos que requeiram sua dispensa;

→ *v.* Art. 230 da CF/1988.

→ *v.* Art. 10, § 1º, V e VI, da Lei 10.741/2003.

X – aqueles que o requererem, demonstrando justo impedimento.

Art. 438. A recusa ao serviço do júri fundada em convicção religiosa, filosófica ou política importará no dever de prestar serviço alternativo, sob pena de suspensão dos direitos políticos, enquanto não prestar o serviço imposto.

→ Artigo com redação alterada pela Lei 11.689/2008.

→ *v.* Arts. 5º, VIII, 15, IV, da CF/1988.

§ 1º Entende-se por serviço alternativo o exercício de atividades de caráter administrativo, assistencial, filantrópico ou mesmo produtivo, no Poder Judiciário, na Defensoria Pública, no Ministério Público ou em entidade conveniada para esses fins.

§ 2º O juiz fixará o serviço alternativo atendendo aos princípios da proporcionalidade e da razoabilidade.

Art. 439. O exercício efetivo da função de jurado constituirá serviço público relevante e estabelecerá presunção de idoneidade moral.

→ Artigo com redação alterada pela Lei 12.403/2011.

→ *v.* Arts. 295, X, e 436, parte final, do CPP.

Art. 440. Constitui também direito do jurado, na condição do art. 439 deste Código, preferência, em igualdade de condições, nas licitações públicas e no provimento, mediante concurso, de cargo ou função pública, bem como nos casos de promoção funcional ou remoção voluntária.

→ Artigo com redação alterada pela Lei 11.689/2008.

Art. 441. Nenhum desconto será feito nos vencimentos ou salário do jurado sorteado que comparecer à sessão do júri.

→ Artigo com redação alterada pela Lei 11.689/2008.

→ *v.* Art. 102, VI, da Lei 8.112/1990.

Art. 442. Ao jurado que, sem causa legítima, deixar de comparecer no dia marcado para a sessão ou retirar-se antes de ser dispensado pelo presidente será aplicada multa de 1 (um) a 10 (dez) salários mínimos, a critério do juiz, de acordo com a sua condição econômica.

→ Artigo com redação alterada pela Lei 11.689/2008.

Art. 443. Somente será aceita escusa fundada em motivo relevante devidamente comprovado e apresentada, ressalvadas as hipóteses de força maior, até o momento da chamada dos jurados.

→ Artigo com redação alterada pela Lei 11.689/2008.

Art. 444. O jurado somente será dispensado por decisão motivada do juiz presidente, consignada na ata dos trabalhos.

→ Artigo com redação alterada pela Lei 11.689/2008.

Art. 445. O jurado, no exercício da função ou a pretexto de exercê-la, será responsável criminalmente nos mesmos termos em que o são os juízes togados.

→ Artigo com redação alterada pela Lei 11.689/2008.

→ *v.* Art. 327 do CP.

Art. 446. Aos suplentes, quando convocados, serão aplicáveis os dispositivos referentes às dispensas, faltas e escusas e à equiparação de responsabilidade penal prevista no art. 445 deste Código.

→ Artigo com redação alterada pela Lei 11.689/2008.

Seção IX
Da composição do Tribunal do Júri e da formação do Conselho de Sentença

→ Seção IX acrescentada pela Lei 11.689/2008.

Art. 447. O Tribunal do Júri é composto por 1 (um) juiz togado, seu presidente e por 25 (vinte e cinco) jurados que serão sorteados dentre os alistados, 7 (sete) dos quais constituirão o Conselho de Sentença em cada sessão de julgamento.

→ Artigo com redação alterada pela Lei 11.689/2008.

→ *v.* Arts. 425 e 426 do CPP.

Art. 448. São impedidos de servir no mesmo Conselho:

→ Artigo com redação alterada pela Lei 11.689/2008.

I – marido e mulher;

II – ascendente e descendente;

III – sogro e genro ou nora;

IV – irmãos e cunhados, durante o cunhadio;

V – tio e sobrinho;

VI – padrasto, madrasta ou enteado.

§ 1º O mesmo impedimento ocorrerá em relação às pessoas que mantenham união estável reconhecida como entidade familiar.

→ *v.* Art. 226, § 3º, da CF/1988.

§ 2º Aplicar-se-á aos jurados o disposto sobre os impedimentos, a suspeição e as incompatibilidades dos juízes togados.

→ *v.* Arts. 252 e, 254 do CPP.

Art. 449. Não poderá servir o jurado que:

→ Artigo com redação alterada pela Lei 11.689/2008.

I – tiver funcionado em julgamento anterior do mesmo processo, independentemente da causa determinante do julgamento posterior;

→ *v.* Art. 427, *caput*, do CPP.

II – no caso do concurso de pessoas, houver integrado o Conselho de Sentença que julgou o outro acusado;

III – tiver manifestado prévia disposição para condenar ou absolver o acusado.

Art. 450. Dos impedidos entre si por parentesco ou relação de convivência, servirá o que houver sido sorteado em primeiro lugar.

→ Artigo com redação alterada pela Lei 11.689/2008.

Art. 451. Os jurados excluídos por impedimento, suspeição ou incompatibilidade serão considerados para a constituição do número legal exigível para a realização da sessão.

→ Artigo com redação alterada pela Lei 11.689/2008.

Art. 452. O mesmo Conselho de Sentença poderá conhecer de mais de um processo, no mesmo dia, se as partes o aceitarem, hipótese em que seus integrantes deverão prestar novo compromisso.

→ Artigo com redação alterada pela Lei 11.689/2008.

→ *v.* Art. 472 do CPP.

Seção X
Da reunião e das sessões do Tribunal do Júri

→ Seção X acrescentada pela Lei 11.689/2008.

Art. 453. O Tribunal do Júri reunir-se-á para as sessões de instrução e julgamento nos períodos e na forma estabelecida pela lei local de organização judiciária.

→ Artigo com redação alterada pela Lei 11.689/2008.

Art. 454. Até o momento de abertura dos trabalhos da sessão, o juiz presidente decidirá os casos de isenção e dispensa de jurados e o pedido de adiamento de julgamento, mandando consignar em ata as deliberações.

→ Artigo com redação alterada pela Lei 11.689/2008.

→ *v.* Art. 437 do CPP.

Art. 455. Se o Ministério Público não comparecer, o juiz presidente adiará o julgamento para o primeiro dia desimpedido da mesma reunião, cientificadas as partes e as testemunhas.

→ Artigo com redação alterada pela Lei 11.689/2008.

Parágrafo único. Se a ausência não for justificada, o fato será imediatamente comunicado ao Procurador-Geral de Justiça com a data designada para a nova sessão.

Art. 456. Se a falta, sem escusa legítima, for do advogado do acusado, e se outro não for por este constituído, o fato será imediatamente comunicado ao presidente da seccional da Ordem dos Advogados do Brasil, com a data designada para a nova sessão.

→ Artigo com redação alterada pela Lei 11.689/2008.

§ 1º Não havendo escusa legítima, o julgamento será adiado somente uma vez, devendo o acusado ser julgado quando chamado novamente.

CPP

§ 2º Na hipótese do § 1º deste artigo, o juiz intimará a Defensoria Pública para o novo julgamento, que será adiado para o primeiro dia desimpedido, observado o prazo mínimo de 10 (dez) dias.

Art. 457. O julgamento não será adiado pelo não comparecimento do acusado solto, do assistente ou do advogado do querelante, que tiver sido regularmente intimado.

→ Artigo com redação alterada pela Lei 11.689/2008.

→ *v.* Art. 420, parágrafo único, do CPP.

§ 1º Os pedidos de adiamento e as justificações de não comparecimento deverão ser, salvo comprovado motivo de força maior, previamente submetidos à apreciação do juiz presidente do Tribunal do Júri.

§ 2º Se o acusado preso não for conduzido, o julgamento será adiado para o primeiro dia desimpedido da mesma reunião, salvo se houver pedido de dispensa de comparecimento subscrito por ele e seu defensor.

Art. 458. Se a testemunha, sem justa causa, deixar de comparecer, o juiz presidente, sem prejuízo da ação penal pela desobediência, aplicar-lhe-á a multa prevista no § 2º do art. 436 deste Código.

→ Artigo com redação alterada pela Lei 11.689/2008.

Art. 459. Aplicar-se-á às testemunhas a serviço do Tribunal do Júri o disposto no art. 441 deste Código.

→ Artigo com redação alterada pela Lei 11.689/2008.

Art. 460. Antes de constituído o Conselho de Sentença, as testemunhas serão recolhidas a lugar onde umas não possam ouvir os depoimentos das outras.

→ Artigo com redação alterada pela Lei 11.689/2008.

Art. 461. O julgamento não será adiado se a testemunha deixar de comparecer, salvo se uma das partes tiver requerido a sua intimação por mandado, na oportunidade de que trata o art. 422 deste Código, declarando não prescindir do depoimento e indicando a sua localização.

→ Artigo com redação alterada pela Lei 11.689/2008.

§ 1º Se, intimada, a testemunha não comparecer, o juiz presidente suspenderá os trabalhos e mandará conduzi-la ou adiará o julgamento para o primeiro dia desimpedido, ordenando a sua condução.

§ 2º O julgamento será realizado mesmo na hipótese de a testemunha não ser encontrada no local indicado, se assim for certificado por oficial de justiça.

Art. 462. Realizadas as diligências referidas nos arts. 454 a 461 deste Código, o juiz presidente verificará se a urna contém as cédulas dos 25 (vinte e cinco) jurados sorteados, mandando que o escrivão proceda à chamada deles.

→ Artigo com redação alterada pela Lei 11.689/2008.

Art. 463. Comparecendo, pelo menos, 15 (quinze) jurados, o juiz presidente declarará instalados os trabalhos, anunciando o processo que será submetido a julgamento.

→ Artigo com redação alterada pela Lei 11.689/2008.

→ *v.* Art. 564, III, *i*, do CPP.

§ 1º O oficial de justiça fará o pregão, certificando a diligência nos autos.

§ 2º Os jurados excluídos por impedimento ou suspeição serão computados para a constituição do número legal.

Art. 464. Não havendo o número referido no art. 463 deste Código, proceder-se-á ao sorteio de tantos suplentes quantos necessários, e designar-se-á nova data para a sessão do júri.

→ Artigo com redação alterada pela Lei 11.689/2008.

Art. 465. Os nomes dos suplentes serão consignados em ata, remetendo-se o expediente de convocação, com observância do disposto nos arts. 434 e 435 deste Código.

→ Artigo com redação alterada pela Lei 11.689/2008.

Art. 466. Antes do sorteio dos membros do Conselho de Sentença, o juiz presidente esclarecerá sobre os impedimentos, a suspeição e as incompatibilidades constantes dos arts. 448 e 449 deste Código.

→ Artigo com redação alterada pela Lei 11.689/2008.

→ *v.* Art. 792 do CPP.

§ 1º O juiz presidente também advertirá os jurados de que, uma vez sorteados, não poderão comunicar-se entre si e com outrem, nem manifestar sua opinião sobre o processo, sob pena de exclusão do Conselho e multa, na forma do § 2º do art. 436 deste Código.

→ *v.* Súmula 206 do STF.

→ *v.* Art. 5º, XXXVIII, *b*, da CF/1988.

→ *v.* Art. 564, III, *j*, do CPP.

§ 2º A incomunicabilidade será certificada nos autos pelo oficial de justiça.

Art. 467. Verificando que se encontram na urna as cédulas relativas aos jurados presentes, o juiz presidente sorteará 7 (sete) dentre eles para a formação do Conselho de Sentença.

→ Artigo com redação alterada pela Lei 11.689/2008.

Art. 468. À medida que as cédulas forem sendo retiradas da urna, o juiz presidente as lerá, e a defesa e, depois dela, o Ministério Público poderão recusar os jurados sorteados, até 3 (três) cada parte, sem motivar a recusa.

→ Artigo com redação alterada pela Lei 11.689/2008.

→ *v.* Arts. 448 e 449 do CPP.

Parágrafo único. O jurado recusado imotivadamente por qualquer das partes será excluído daquela sessão de instrução e julgamento, prosseguindo-se o sorteio para a composição do Conselho de Sentença com os jurados remanescentes.

Art. 469. Se forem 2 (dois) ou mais os acusados, as recusas poderão ser feitas por um só defensor.

→ Artigo com redação alterada pela Lei 11.689/2008.

§ 1º A separação dos julgamentos somente ocorrerá se, em razão das recusas, não for obtido o número mínimo de 7 (sete) jurados para compor o Conselho de Sentença.

§ 2º Determinada a separação dos julgamentos, será julgado em primeiro lugar o acusado a quem foi atribuída a autoria do fato ou, em caso de coautoria, aplicar-se-á o critério de preferência disposto no art. 429 deste Código.

→ *v.* Art. 449, II, do CPP.

Art. 470. Desacolhida a arguição de impedimento, de suspeição ou de incompatibilidade contra o juiz presidente do Tribunal do Júri, órgão do Ministério Público, jurado ou qualquer funcionário, o julgamento não será suspenso, devendo, entretanto, constar da ata o seu fundamento e a decisão.

→ Artigo com redação alterada pela Lei 11.689/2008.

Art. 471. Se, em consequência do impedimento, suspeição, incompatibilidade, dispensa ou recusa, não houver número para a formação do Conselho, o julgamento será adiado para o primeiro dia desimpedido, após sorteados os suplentes, com observância do disposto no art. 464 deste Código.

→ Artigo com redação alterada pela Lei 11.689/2008.

Art. 472. Formado o Conselho de Sentença, o presidente, levantando-se, e, com ele, todos os presentes, fará aos jurados a seguinte exortação:

Em nome da lei, concito-vos a examinar esta causa com imparcialidade e a proferir a vossa decisão de acordo com a vossa consciência e os ditames da justiça.

Os jurados, nominalmente chamados pelo presidente, responderão:

Assim o prometo.

→ Artigo com redação alterada pela Lei 11.689/2008.

Parágrafo único. O jurado, em seguida, receberá cópias da pronúncia ou, se for o caso, das decisões posteriores que julgaram admissível a acusação e do relatório do processo.

Seção XI
Da instrução em Plenário

→ Seção XI acrescentada pela Lei 11.689/2008.

Art. 473. Prestado o compromisso pelos jurados, será iniciada a instrução plenária quando o juiz presidente, o Ministério Público, o assistente, o querelante e o defensor do acusado tomarão, sucessiva e diretamente, as declarações do ofendido, se possível, e inquirirão as testemunhas arroladas pela acusação.

→ Artigo com redação alterada pela Lei 11.689/2008.

§ 1º Para a inquirição das testemunhas arroladas pela defesa, o defensor do acusado formulará as perguntas antes do Ministério Público e do assistente, mantidos no mais a ordem e os critérios estabelecidos neste artigo.

§ 2º Os jurados poderão formular perguntas ao ofendido e às testemunhas, por intermédio do juiz presidente.

§ 3º As partes e os jurados poderão requerer acareações, reconhecimento de pessoas e coisas e esclarecimento dos peritos, bem como a leitura de peças que se refiram, exclusivamente, às provas colhidas por carta precatória e às provas cautelares, antecipadas ou não repetíveis.

Art. 474. A seguir será o acusado interrogado, se estiver presente, na forma estabelecida no Capítulo III do Título VII do Livro I deste Código, com as alterações introduzidas nesta Seção.

→ Artigo com redação alterada pela Lei 11.689/2008.

→ *v.* Arts. 186 e 411 do CPP.

§ 1º O Ministério Público, o assistente, o querelante e o defensor, nessa ordem, poderão formular, diretamente, perguntas ao acusado.

→ *v.* Art. 188 do CPP.

§ 2º Os jurados formularão perguntas por intermédio do juiz presidente.

§ 3º Não se permitirá o uso de algemas no acusado durante o período em que permanecer no plenário do júri, salvo se absolutamente necessário à ordem dos trabalhos, à segurança das testemunhas ou à garantia da integridade física dos presentes.

→ *v.* Súmula Vinculante 11 do STF.

Art. 475. O registro dos depoimentos e do interrogatório será feito pelos meios ou recursos de gravação magnética, eletrônica, estenotipia ou técnica similar, destinada a obter maior fidelidade e celeridade na colheita da prova.

→ Artigo com redação alterada pela Lei 11.689/2008.

Parágrafo único. A transcrição do registro, após feita a degravação, constará dos autos.

Seção XII
Dos debates

→ Seção XII acrescentada pela Lei 11.689/2008.

Art. 476. Encerrada a instrução, será concedida a palavra ao Ministério Público, que fará a acusação, nos limites da pronúncia ou das decisões posteriores que julgaram admissível a acusação, sustentando, se for o caso, a existência de circunstância agravante.

→ Artigo com redação alterada pela Lei 11.689/2008.

→ *v.* Art. 61 e ss. do CP.

§ 1º O assistente falará depois do Ministério Público.

§ 2º Tratando-se de ação penal de iniciativa privada, falará em primeiro lugar o querelante e, em seguida, o Ministério Público, salvo se este houver retomado a titularidade da ação, na forma do art. 29 deste Código.

§ 3º Finda a acusação, terá a palavra a defesa.

→ *v.* Art. 497, XII, do CPP.

§ 4º A acusação poderá replicar e a defesa treplicar, sendo admitida a reinquirição de testemunha já ouvida em plenário.

Art. 477. O tempo destinado à acusação e à defesa será de uma hora e meia para cada, e de uma hora para a réplica e outro tanto para a tréplica.

→ Artigo com redação alterada pela Lei 11.689/2008.

§ 1º Havendo mais de um acusador ou mais de um defensor, combinarão entre si a distribuição do tempo, que, na falta de acordo, será dividido pelo juiz presidente, de forma a não exceder o determinado neste artigo.

§ 2º Havendo mais de 1 (um) acusado, o tempo para a acusação e a defesa será acrescido de 1 (uma) hora e elevado ao dobro o da réplica e da tréplica, observado o disposto no § 1º deste artigo.

Art. 478. Durante os debates as partes não poderão, sob pena de nulidade, fazer referências:

→ Artigo com redação alterada pela Lei 11.689/2008.

I – à decisão de pronúncia, às decisões posteriores que julgaram admissível a acusação ou à determinação do uso de algemas como argumento de autoridade que beneficiem ou prejudiquem o acusado;

→ *v.* Art. 571, VIII, do CPP.

II – ao silêncio do acusado ou à ausência de interrogatório por falta de requerimento, em seu prejuízo.

Art. 479. Durante o julgamento não será permitida a leitura de documento ou a exibição de objeto que não tiver sido juntado aos autos com a antecedência mínima de 3 (três) dias úteis, dando-se ciência à outra parte.

→ Artigo com redação alterada pela Lei 11.689/2008.

→ *v.* Arts. 232, 798, § 1º do CPP.

Parágrafo único. Compreende-se na proibição deste artigo a leitura de jornais ou qualquer outro escrito, bem como a exibição de vídeos, gravações, fotografias, laudos, quadros, croqui ou qualquer outro meio assemelhado, cujo conteúdo versar sobre a matéria de fato submetida à apreciação e julgamento dos jurados.

Art. 480. A acusação, a defesa e os jurados poderão, a qualquer momento e por intermédio do juiz presidente, pedir ao orador que indique a folha dos autos onde se encontra a peça por ele lida ou citada, facultando-se, ainda, aos jurados solicitar-lhe, pelo mesmo meio, o esclarecimento de fato por ele alegado.

→ Artigo com redação alterada pela Lei 11.689/2008.

§ 1º Concluídos os debates, o presidente indagará dos jurados se estão habilitados a julgar ou se necessitam de outros esclarecimentos.

§ 2º Se houver dúvida sobre questão de fato, o presidente prestará esclarecimentos à vista dos autos.

§ 3º Os jurados, nesta fase do procedimento, terão acesso aos autos e aos instrumentos do crime se solicitarem ao juiz presidente.

Art. 481. Se a verificação de qualquer fato, reconhecida como essencial para o julgamento da causa, não puder ser realizada imediatamente, o juiz presidente dissolverá o Conselho, ordenando a realização das diligências entendidas necessárias.

→ Artigo com redação alterada pela Lei 11.689/2008.

Parágrafo único. Se a diligência consistir na produção de prova pericial, o juiz presidente, desde logo, nomeará perito e formulará quesitos, facultando às partes também formulá-los e indicar assistentes técnicos, no prazo de 5 (cinco) dias.

Seção XIII
Do questionário e sua votação

→ Seção XIII acrescentada pela Lei 11.689/2008.

Art. 482. O Conselho de Sentença será questionado sobre matéria de fato e se o acusado deve ser absolvido.

→ Artigo com redação alterada pela Lei 11.689/2008.

Parágrafo único. Os quesitos serão redigidos em proposições afirmativas, simples e distintas, de modo que cada um deles possa ser respondido com suficiente clareza e necessária precisão. Na sua elaboração, o presidente levará em conta os termos da pronúncia ou das decisões posteriores que julgaram admissível a acusação, do interrogatório e das alegações das partes.

Art. 483. Os quesitos serão formulados na seguinte ordem, indagando sobre:

→ Artigo com redação alterada pela Lei 11.689/2008.

→ *v.* Súmula 156 do STF.

I – a materialidade do fato;

II – a autoria ou participação;

III – se o acusado deve ser absolvido;

IV – se existe causa de diminuição de pena alegada pela defesa;

→ *v.* Arts. 29, § 1º e 121, § 1º, do CP.

V – se existe circunstância qualificadora ou causa de aumento de pena reconhecidas na pronúncia ou em decisões posteriores que julgaram admissível a acusação.

→ *v.* Art. 121, §§ 2º e 4º, do CP.

→ *v.* Art. 492, I, *b* e *c*, do CPP.

§ 1º A resposta negativa, de mais de 3 (três) jurados, a qualquer dos quesitos referidos nos incisos I e II do *caput* deste artigo encerra a votação e implica a absolvição do acusado.

§ 2º Respondidos afirmativamente por mais de 3 (três) jurados os quesitos relativos aos incisos I e II do *caput* deste artigo será formulado quesito com a seguinte redação:

O jurado absolve o acusado?

§ 3º Decidindo os jurados pela condenação, o julgamento prossegue, devendo ser formulados quesitos sobre:

I – causa de diminuição de pena alegada pela defesa;

II – circunstância qualificadora ou causa de aumento de pena, reconhecidas na pronúncia ou em decisões posteriores que julgaram admissível a acusação.

§ 4º Sustentada a desclassificação da infração para outra de competência do juiz singular, será formulado quesito a respeito, para ser respondido após o 2º (segundo) ou 3º (terceiro) quesito, conforme o caso.

§ 5º Sustentada a tese de ocorrência do crime na sua forma tentada ou havendo divergência sobre a tipificação do delito, sendo este da competência do Tribunal do Júri, o juiz formulará quesito acerca destas questões, para ser respondido após o segundo quesito.

§ 6º Havendo mais de um crime ou mais de um acusado, os quesitos serão formulados em séries distintas.

Art. 484. A seguir, o presidente lerá os quesitos e indagará das partes se têm requerimento ou reclamação a fazer, devendo qualquer deles, bem como a decisão, constar da ata.

→ Artigo com redação alterada pela Lei 11.689/2008.

Parágrafo único. Ainda em plenário, o juiz presidente explicará aos jurados o significado de cada quesito.

Art. 485. Não havendo dúvida a ser esclarecida, o juiz presidente, os jurados, o Ministério Público, o assistente, o querelante, o defensor do acusado, o escrivão e o oficial de justiça dirigir-se-ão à sala especial a fim de ser procedida a votação.

→ Artigo com redação alterada pela Lei 11.689/2008.

→ *v.* Arts. 5º, XXXVIII, *b* e LX, e 98, IX, da CF/1988.

§ 1º Na falta de sala especial, o juiz presidente determinará que o público se retire, permanecendo somente as pessoas mencionadas no *caput* deste artigo.

§ 2º O juiz presidente advertirá as partes de que não será permitida qualquer intervenção que possa perturbar a livre manifestação do Conselho e fará retirar da sala quem se portar inconvenientemente.

Art. 486. Antes de proceder-se à votação de cada quesito, o juiz presidente mandará distribuir aos jurados pequenas cédulas, feitas de papel opaco e facilmente dobráveis, contendo 7 (sete) delas a palavra sim, 7 (sete) a palavra não.

→ Artigo com redação alterada pela Lei 11.689/2008.

Art. 487. Para assegurar o sigilo do voto, o oficial de justiça recolherá em urnas separadas as cédulas correspondentes aos votos e as não utilizadas.

→ Artigo com redação alterada pela Lei 11.689/2008.

Art. 488. Após a resposta, verificados os votos e as cédulas não utilizadas, o presidente determinará que o escrivão registre no termo a votação de cada quesito, bem como o resultado do julgamento.

→ Artigo com redação alterada pela Lei 11.689/2008.

→ *v.* Art. 483, §§ 1º e 2º, do CPP.

Parágrafo único. Do termo também constará a conferência das cédulas não utilizadas.

Art. 489. As decisões do Tribunal do Júri serão tomadas por maioria de votos.

→ Artigo com redação alterada pela Lei 11.689/2008.

Art. 490. Se a resposta a qualquer dos quesitos estiver em contradição com outra ou outras já dadas, o presidente, explicando aos jurados em que consiste a contradição, submeterá novamente à votação os quesitos a que se referirem tais respostas.

→ Artigo com redação alterada pela Lei 11.689/2008.

→ *v.* Art. 593, III, *d*, do CPP.

Parágrafo único. Se, pela resposta dada a um dos quesitos, o presidente verificar que ficam prejudicados os seguintes, assim o declarará, dando por finda a votação.

Art. 491. Encerrada a votação, será o termo a que se refere o art. 488 deste Código assinado pelo presidente, pelos jurados e pelas partes.

→ Artigo com redação alterada pela Lei 11.689/2008.

Seção XIV
Da sentença

→ Seção XIV acrescentada pela Lei 11.689/2008.

Art. 492. Em seguida, o presidente proferirá sentença que:

→ Artigo com redação alterada pela Lei 11.689/2008.

I – no caso de condenação:

a) fixará a pena-base;

→ *v.* Art. 59 do CP.

b) considerará as circunstâncias agravantes ou atenuantes alegadas nos debates;

c) imporá os aumentos ou diminuições da pena, em atenção às causas admitidas pelo júri;

d) observará as demais disposições do art. 387 deste Código;

e) mandará o acusado recolher-se ou recomendá-lo-á à prisão em que se encontra, se presentes os requisitos da prisão preventiva;

f) estabelecerá os efeitos genéricos e específicos da condenação;

→ *v.* Arts. 91 e 92 do CP.

II – no caso de absolvição:

a) mandará colocar em liberdade o acusado se por outro motivo não estiver preso;

b) revogará as medidas restritivas provisoriamente decretadas;

c) imporá, se for o caso, a medida de segurança cabível.

§ 1º Se houver desclassificação da infração para outra, de competência do juiz singular, ao presidente do Tribunal do Júri caberá proferir sentença em seguida, aplicando-se, quando o delito resultante da nova tipificação for considerado pela lei como infração penal de menor potencial ofensivo, o disposto nos arts. 69 e seguintes da Lei 9.099, de 26 de setembro de 1995.

§ 2º Em caso de desclassificação, o crime conexo que não seja doloso contra a vida será julgado pelo juiz presidente do Tribunal do Júri, aplicando-se, no que couber, o disposto no § 1º deste artigo.

Art. 493. A sentença será lida em plenário pelo presidente antes de encerrada a sessão de instrução e julgamento.

→ Artigo com redação alterada pela Lei 11.689/2008.

Seção XV
Da ata dos trabalhos

→ Seção XV acrescentada pela Lei 11.689/2008.

Art. 494. De cada sessão de julgamento o escrivão lavrará ata, assinada pelo presidente e pelas partes.

→ Artigo com redação alterada pela Lei 11.689/2008.

Art. 495. A ata descreverá fielmente todas as ocorrências, mencionando obrigatoriamente:

→ Artigo com redação alterada pela Lei 11.689/2008.

I – a data e a hora da instalação dos trabalhos;

II – o magistrado que presidiu a sessão e os jurados presentes;

III – os jurados que deixaram de comparecer, com escusa ou sem ela, e as sanções aplicadas;

IV – o ofício ou requerimento de isenção ou dispensa;

V – o sorteio dos jurados suplentes;

VI – o adiamento da sessão, se houver ocorrido, com a indicação do motivo;

VII – a abertura da sessão e a presença do Ministério Público, do querelante e do assistente, se houver, e a do defensor do acusado;

VIII – o pregão e a sanção imposta, no caso de não comparecimento;

IX – as testemunhas dispensadas de depor;

X – o recolhimento das testemunhas a lugar de onde umas não pudessem ouvir o depoimento das outras;

XI – a verificação das cédulas pelo juiz presidente;

XII – a formação do Conselho de Sentença, com o registro dos nomes dos jurados sorteados e recusas;

XIII – o compromisso e o interrogatório, com simples referência ao termo;

XIV – os debates e as alegações das partes com os respectivos fundamentos;

XV – os incidentes;

XVI – o julgamento da causa;

XVII – a publicidade dos atos da instrução plenária, das diligências e da sentença.

Art. 496. A falta da ata sujeitará o responsável a sanções administrativa e penal.

→ Artigo com redação alterada pela Lei 11.689/2008.

Seção XVI
Das atribuições do presidente do Tribunal do Júri

→ Seção XVI acrescentada pela Lei 11.689/2008.

Art. 497. São atribuições do juiz presidente do Tribunal do Júri, além de outras expressamente referidas neste Código:

→ Artigo com redação alterada pela Lei 11.689/2008.

I – regular a polícia das sessões e prender os desobedientes;

II – requisitar o auxílio da força pública, que ficará sob sua exclusiva autoridade;

III – dirigir os debates, intervindo em caso de abuso, excesso de linguagem ou mediante requerimento de uma das partes;

IV – resolver as questões incidentes que não dependam de pronunciamento do júri;

V – nomear defensor ao acusado, quando considerá-lo indefeso, podendo, neste caso, dissolver o Conselho e designar novo dia para o julgamento, com a nomeação ou a constituição de novo defensor;

→ *v.* Art. 5º, XXXVIII e LV, da CF/1988.

→ *v.* Art. 564, III, *l*, do CPP.

VI – mandar retirar da sala o acusado que dificultar a realização do julgamento, o qual prosseguirá sem a sua presença;

VII – suspender a sessão pelo tempo indispensável à realização das diligências requeridas ou entendidas necessárias, mantida a incomunicabilidade dos jurados;

VIII – interromper a sessão por tempo razoável, para proferir sentença e para repouso ou refeição dos jurados;

IX – decidir, de ofício, ouvidos o Ministério Público e a defesa, ou a requerimento de qualquer destes, a arguição de extinção de punibilidade;

X – resolver as questões de direito suscitadas no curso do julgamento;

XI – determinar, de ofício ou a requerimento das partes ou de qualquer jurado, as diligências destinadas a sanar nulidade ou a suprir falta que prejudique o esclarecimento da verdade;

XII – regulamentar, durante os debates, a intervenção de uma das partes, quando a outra estiver com a palavra, podendo conceder até 3 (três) minutos para cada aparte requerido, que serão acrescidos ao tempo desta última.

Capítulo III
DO PROCESSO E DO JULGAMENTO DOS CRIMES DA COMPETÊNCIA DO JUIZ SINGULAR

Art. 498. *(Revogado pela Lei 11.719/2008).*

Art. 499. *(Revogado pela Lei 11.719/2008).*

Art. 500. *(Revogado pela Lei 11.719/2008).*

Art. 501. *(Revogado pela Lei 11.719/2008).*

Art. 502. *(Revogado pela Lei 11.719/2008).*

Título II
Dos processos especiais

Capítulo I
DO PROCESSO E DO JULGAMENTO DOS CRIMES DE FALÊNCIA

→ *v.* Arts. 168 a 188 da Lei 11.101/2005.

Art. 503. (*Revogado pela Lei 11.101/2005*).

Art. 504. (*Revogado pela Lei 11.101/2005*).

Art. 505. (*Revogado pela Lei 11.101/2005*).

Art. 506. (*Revogado pela Lei 11.101/2005*).

Art. 507. (*Revogado pela Lei 11.101/2005*).

Art. 508. (*Revogado pela Lei 11.101/2005*).

Art. 509. (*Revogado pela Lei 11.101/2005*).

Art. 510. (*Revogado pela Lei 11.101/2005*).

Art. 511. (*Revogado pela Lei 11.101/2005*).

Art. 512. (*Revogado pela Lei 11.101/2005*).

Capítulo II
DO PROCESSO E DO JULGAMENTO DOS CRIMES DE RESPONSABILIDADE DOS FUNCIONÁRIOS PÚBLICOS

Art. 513. Os crimes de responsabilidade dos funcionários públicos, cujo processo e julgamento competirão aos juízes de direito, a queixa ou a denúncia será instruída com documentos ou justificação que façam presumir a existência do delito ou com declaração fundamentada da impossibilidade de apresentação de qualquer dessas provas.

→ *v.* Arts. 312 a 326 do CP.

Art. 514. Nos crimes afiançáveis, estando a denúncia ou queixa em devida forma, o juiz mandará autuá-la e ordenará a notificação do acusado, para responder por escrito, dentro do prazo de 15 (quinze) dias.

→ *v.* Arts. 323 e 324 do CPP.

Parágrafo único. Se não for conhecida a residência do acusado, ou este se achar fora da jurisdição do juiz, ser-lhe-á nomeado defensor, a quem caberá apresentar a resposta preliminar.

→ *v.* Art. 366 do CPP.

Art. 515. No caso previsto no artigo anterior, durante o prazo concedido para a resposta, os autos permanecerão em cartório, onde poderão ser examinados pelo acusado ou por seu defensor.

Parágrafo único. A resposta poderá ser instruída com documentos e justificações.

Art. 516. O juiz rejeitará a queixa ou denúncia, em despacho fundamentado, se convencido, pela resposta do acusado ou do seu defensor, da inexistência do crime ou da improcedência da ação.

Art. 517. Recebida a denúncia ou a queixa, será o acusado citado, na forma estabelecida no Capítulo I do Título X do Livro I.

Art. 518. Na instrução criminal e nos demais termos do processo, observar-se-á o disposto nos Capítulos I e III, Título I, deste Livro.

→ *v.* Arts. 394 e ss. do CPP.

Capítulo III
DO PROCESSO E DO JULGAMENTO DOS CRIMES DE CALÚNIA E INJÚRIA, DE COMPETÊNCIA DO JUIZ SINGULAR

Art. 519. No processo por crime de calúnia ou injúria, para o qual não haja outra forma estabelecida em lei especial, observar-se-á o disposto nos Capítulos I e III, Título I, deste Livro, com as modificações constantes dos artigos seguintes.

→ *v.* Arts. 138 a 140 e 144 do CP.

Art. 520. Antes de receber a queixa, o juiz oferecerá às partes oportunidade para se reconciliarem, fazendo-as comparecer em juízo e ouvindo-as, separadamente, sem a presença dos seus advogados, não se lavrando termo.

Art. 521. Se depois de ouvir o querelante e o querelado, o juiz achar provável a reconciliação, promoverá entendimento entre eles, na sua presença.

Art. 522. No caso de reconciliação, depois de assinado pelo querelante o termo da desistência, a queixa será arquivada.

Art. 523. Quando for oferecida a exceção da verdade ou da notoriedade do fato imputado, o querelante poderá contestar a exceção no prazo de 2 (dois) dias, podendo ser inquiridas as testemunhas arroladas na queixa, ou outras indicadas naquele prazo, em substituição às primeiras, ou para completar o máximo legal.

→ *v.* Arts. 138, § 3º, 139, parágrafo único, 141 e 145, parágrafo único, do CP.

→ *v.* Art. 85 do CPP.

Capítulo IV
DO PROCESSO E DO JULGAMENTO DOS CRIMES CONTRA A PROPRIEDADE IMATERIAL

Art. 524. No processo e julgamento dos crimes contra a propriedade imaterial, observar-se-á o disposto nos Capítulos I e III do Título I deste Livro, com as modificações constantes dos artigos seguintes.

→ *v.* Art. 216 da CF/1988.

→ *v.* Arts. 184 e 186 do CP.

→ *v.* Arts. 183 a 195 da Lei 9.279/1996.

Art. 525. No caso de haver o crime deixado vestígio, a queixa ou a denúncia não será recebida se não for instruída com o exame pericial dos objetos que constituam o corpo de delito.

→ *v.* Art. 158 do CPP.

→ *v.* Art. 200 e ss. do CPP.

Art. 526. Sem a prova de direito à ação, não será recebida a queixa, nem ordenada qualquer diligência preliminarmente requerida pelo ofendido.

Art. 527. A diligência de busca ou de apreensão será realizada por dois peritos nomeados pelo juiz, que verificarão a existência de fundamento para a apreensão, e quer esta se realize, quer não, o laudo pericial será apresentado dentro de 3 (três) dias após o encerramento da diligência.

Parágrafo único. O requerente da diligência poderá impugnar o laudo contrário à apreensão, e o juiz ordenará que esta se efetue, se reconhecer a improcedência das razões aduzidas pelos peritos.

Art. 528. Encerradas as diligências, os autos serão conclusos ao juiz para homologação do laudo.

Art. 529. Nos crimes de ação privativa do ofendido, não será admitida queixa com fundamento em apreensão e em perícia, se decorrido o prazo de 30 (trinta) dias, após a homologação do laudo.

Parágrafo único. Será dada vista ao Ministério Público dos autos de busca e apreensão requeridas pelo ofendido, se o crime for de ação pública e não tiver sido oferecida queixa no prazo fixado neste artigo.

Art. 530. Se ocorrer prisão em flagrante e o réu não for posto em liberdade, o prazo a que se refere o artigo anterior será de 8 (oito) dias.

Art. 530-A. O disposto nos arts. 524 a 530 será aplicável aos crimes em que se proceda mediante queixa.

→ Artigo acrescentado pela Lei 10.695/2003.

Art. 530-B. Nos casos das infrações previstas nos §§ 1º, 2º e 3º do art. 184 do Código Penal, a autoridade policial procederá à apreensão dos bens ilicitamente produzidos ou reproduzidos, em sua totalidade, juntamente com os equipamentos, suportes e materiais que possibilitaram a sua existência, desde que estes se destinem precipuamente à prática do ilícito.

→ Artigo acrescentado pela Lei 10.695/2003.

Art. 530-C. Na ocasião da apreensão será lavrado termo, assinado por duas ou mais testemunhas, com a descrição de todos os bens apreendidos e informações sobre suas origens, o qual deverá integrar o inquérito policial ou o processo.

→ Artigo acrescentado pela Lei 10.695/2003.

→ *v.* Arts. 6º, II, e 118 a 124 do CPP.

Art. 530-D. Subsequente à apreensão, será realizada, por perito oficial, ou, na falta deste, por pessoa tecnicamente habilitada, perícia sobre todos os bens apreendidos e elaborado o laudo que deverá integrar o inquérito policial ou o processo.

→ Artigo acrescentado pela Lei 10.695/2003.

Art. 530-E. Os titulares de direito de autor e os que lhe são conexos serão os fiéis depositários de todos os bens apreendidos, devendo colocá-los à disposição do juiz quando do ajuizamento da ação.

→ Artigo acrescentado pela Lei 10.695/2003.

→ *v.* Art. 91, II, do CP.

Art. 530-F. Ressalvada a possibilidade de se preservar o corpo de delito, o juiz poderá determinar, a requerimento da vítima, a destruição da produção ou reprodução apreendida quando não houver impugnação quanto à sua ilicitude ou quando a ação penal não puder ser iniciada por falta de determinação de quem seja o autor do ilícito.

→ Artigo acrescentado pela Lei 10.695/2003.

Art. 530-G. O juiz, ao prolatar a sentença condenatória, poderá determinar a destruição dos bens ilicitamente produzidos ou reproduzidos e o perdimento dos equipamentos apreendidos, desde que precipuamente destinados à produção e reprodução dos bens, em favor da Fazenda Nacional, que deverá destruí-los ou doá-los aos Estados, Municípios e Distrito Federal, a instituições públicas de ensino e pesquisa ou de assistência social, bem como incorporá-los, por economia ou interesse público, ao patrimônio da União, que não poderão retorná-los aos canais de comércio.

→ Artigo acrescentado pela Lei 10.695/2003.

Art. 530-H. As associações de titulares de direitos de autor e os que lhes são conexos poderão, em seu próprio nome, funcionar como assistente da acusação nos crimes previstos no art. 184 do Código Penal, quando praticado em detrimento de qualquer de seus associados.

→ Artigo acrescentado pela Lei 10.695/2003.

Art. 530-I. Nos crimes em que caiba ação penal pública incondicionada ou condicionada, observar-se-ão as normas constantes dos arts. 530-B, 530-C, 530-D, 530-E, 530-F, 530-G e 530-H.

→ Artigo acrescentado pela Lei 10.695/2003.

→ *v.* Arts. 29 e 394 e ss. do CPP.

Capítulo V
DO PROCESSO SUMÁRIO

→ *v.* Art. 394, § 1º, II, do CPP.

Art. 531. Na audiência de instrução e julgamento, a ser realizada no prazo máximo de 30 (trinta) dias, proceder-se-á à tomada de declarações do ofendido, se possível, à inquirição das testemunhas arroladas pela acusação e pela defesa, nesta ordem, ressalvado o disposto no art. 222 deste Código, bem como aos esclarecimentos dos peritos, às acareações e ao reconhecimento de pessoas e coisas, interrogando-se, em seguida, o acusado e procedendo-se, finalmente, ao debate.

→ Artigo com redação alterada pela Lei 11.719/2008.

→ *v.* Art. 400 do CPP.

Art. 532. Na instrução, poderão ser inquiridas até 5 (cinco) testemunhas arroladas pela acusação e 5 (cinco) pela defesa.

→ Artigo com redação alterada pela Lei 11.719/2008.

Art. 533. Aplica-se ao procedimento sumário o disposto nos parágrafos do art. 400 deste Código.

→ Artigo com redação alterada pela Lei 11.719/2008.

§ 1º (*Revogado pela Lei 11.719/2008*).

§ 2º (*Revogado pela Lei 11.719/2008*).

§ 3º (*Revogado pela Lei 11.719/2008*).

§ 4º (*Revogado pela Lei 11.719/2008*).

Art. 534. As alegações finais serão orais, concedendo-se a palavra, respectivamente, à acusação e à defesa, pelo prazo de 20 (vinte) minutos, prorrogáveis por mais 10 (dez), proferindo o juiz, a seguir, sentença.

→ Artigo com redação alterada pela Lei 11.719/2008.

§ 1º Havendo mais de um acusado, o tempo previsto para a defesa de cada um será individual.

§ 2º Ao assistente do Ministério Público, após a manifestação deste, serão concedidos 10 (dez) minutos, prorrogando-se por igual período o tempo de manifestação da defesa.

Art. 535. Nenhum ato será adiado, salvo quando imprescindível a prova faltante, determinando o juiz a condução coercitiva de quem deva comparecer.

→ Artigo com redação alterada pela Lei 11.719/2008.

§ 1º (*Revogado pela Lei 11.719/2008*).

§ 2º (*Revogado pela Lei 11.719/2008*).

Art. 536. A testemunha que comparecer será inquirida, independentemente da suspensão da audiência, observada em qualquer caso a ordem estabelecida no art. 531 deste Código.

→ Artigo com redação alterada pela Lei 11.719/2008.

Art. 537. (*Revogado pela Lei 11.719/2008*).

Art. 538. Nas infrações penais de menor potencial ofensivo, quando o juizado especial criminal encaminhar ao juízo comum as peças existentes para a adoção de outro procedimento, observar-se-á o procedimento sumário previsto neste Capítulo.

→ Artigo com redação alterada pela Lei 11.719/2008.

§ 1º (*Revogado pela Lei 11.719/2008*).

§ 2º (*Revogado pela Lei 11.719/2008*).

§ 3º (*Revogado pela Lei 11.719/2008*).

§ 4º (*Revogado pela Lei 11.719/2008*).

Art. 539. (*Revogado pela Lei 11.719/2008*).

Art. 540. (*Revogado pela Lei 11.719/2008*).

Capítulo VI
DO PROCESSO DE RESTAURAÇÃO DE AUTOS EXTRAVIADOS OU DESTRUÍDOS

Art. 541. Os autos originais de processo penal extraviados ou destruídos, em primeira ou segunda instância, serão restaurados.

§ 1º Se existir e for exibida cópia autêntica ou certidão do processo, será uma ou outra considerada como original.

→ *v.* Art. 232, parágrafo único, do CPP.

§ 2º Na falta de cópia autêntica ou certidão do processo, o juiz mandará, de ofício, ou a requerimento de qualquer das partes, que:

a) o escrivão certifique o estado do processo, segundo a sua lembrança, e reproduza o que houver a respeito em seus protocolos e registros;

b) sejam requisitadas cópias do que constar a respeito no Instituto Médico-Legal, no Instituto de Identificação e Estatística ou em estabelecimentos congêneres, repartições públicas, penitenciárias ou cadeias;

c) as partes sejam citadas pessoalmente, ou, se não forem encontradas, por edital, com o prazo de 10 (dez) dias, para o processo de restauração dos autos.

§ 3º Proceder-se-á à restauração na primeira instância, ainda que os autos se tenham extraviado na segunda.

Art. 542. No dia designado, as partes serão ouvidas, mencionando-se em termo circunstanciado os pontos em que estiverem acordes e a exibição e a conferência das certidões e mais reproduções do processo apresentadas e conferidas.

Art. 543. O juiz determinará as diligências necessárias para a restauração, observando-se o seguinte:

I – caso ainda não tenha sido proferida a sentença, reinquirir-se-ão as testemunhas, podendo ser substituídas as que tiverem falecido ou se encontrarem em lugar não sabido;

II – os exames periciais, quando possível, serão repetidos, e de preferência pelos mesmos peritos;

III – a prova documental será reproduzida por meio de cópia autêntica ou, quando impossível, por meio de testemunhas;

IV – poderão também ser inquiridas sobre os atos do processo, que deverá ser restaurado, as autoridades, os serventuários, os peritos e mais pessoas que tenham nele funcionado;

V – o Ministério Público e as partes poderão oferecer testemunhas e produzir documentos, para provar o teor do processo extraviado ou destruído.

Art. 544. Realizadas as diligências que, salvo motivo de força maior, deverão concluir-se dentro de 20 (vinte) dias, serão os autos conclusos para julgamento.

Parágrafo único. No curso do processo, e depois de subirem os autos conclusos para sentença, o juiz poderá, dentro em 5 (cinco) dias, requisitar de autoridades ou de repartições todos os esclarecimentos para a restauração.

Art. 545. Os selos e as taxas judiciárias, já pagos nos autos originais, não serão novamente cobrados.

Art. 546. Os causadores de extravio de autos responderão pelas custas, em dobro, sem prejuízo da responsabilidade criminal.

→ *v.* Arts. 314 e 356 do CP.

Art. 547. Julgada a restauração, os autos respectivos valerão pelos originais.

Parágrafo único. Se no curso da restauração aparecerem os autos originais, nestes continuará o processo, apensos a eles os autos da restauração.

Art. 548. Até a decisão que julgue restaurados os autos, a sentença condenatória em execução continuará a produzir efeito, desde que conste da respectiva guia arquivada na cadeia ou na penitenciária, onde o réu estiver cumprindo a pena, ou de registro que torne a sua existência inequívoca.

Capítulo VII
DO PROCESSO DE APLICAÇÃO DE MEDIDA DE SEGURANÇA POR FATO NÃO CRIMINOSO

→ Referidos dispositivos antecedem a Lei 7.209/1984, que reformou a parte geral do CP.

→ *v.* Arts. 96 a 99 do CP.

Art. 549. Se a autoridade policial tiver conhecimento de fato que, embora não constituindo infração penal, possa determinar a aplicação de medida de segurança (Código Penal, arts. 14 e 27), deverá proceder a inquérito, a fim de apurá-lo e averiguar todos os elementos que possam interessar à verificação da periculosidade do agente.

Art. 550. O processo será promovido pelo Ministério Público, mediante requerimento que conterá a exposição sucinta do fato, as suas circunstâncias e todos os elementos em que se fundar o pedido.

Art. 551. O juiz, ao deferir o requerimento, ordenará a intimação do interessado para comparecer em juízo, a fim de ser interrogado.

Art. 552. Após o interrogatório ou dentro do prazo de 2 (dois) dias, o interessado ou seu defensor poderá oferecer alegações.

Parágrafo único. O juiz nomeará defensor ao interessado que não o tiver.

Art. 553. O Ministério Público, ao fazer o requerimento inicial, e a defesa, no prazo estabelecido no artigo anterior, poderão requerer exames, diligências e arrolar até três testemunhas.

Art. 554. Após o prazo de defesa ou a realização dos exames e diligências ordenados pelo juiz, de ofício ou a requerimento das partes, será marcada audiência, em que, inquiridas as testemunhas e produzidas alegações orais pelo órgão do Ministério Público e pelo defensor, dentro de 10 (dez) minutos para cada um, o juiz proferirá sentença.

Parágrafo único. Se o juiz não se julgar habilitado a proferir a decisão, designará, desde logo, outra audiência, que se realizará dentro de 5 (cinco) dias, para publicar a sentença.

Art. 555. Quando, instaurado processo por infração penal, o juiz, absolvendo ou impronunciando o réu, reconhecer a existência de qualquer dos fatos previstos no art. 14 ou no art. 27 do Código Penal, aplicar-lhe-á, se for caso, medida de segurança.

Título III
Dos processos de competência do Supremo Tribunal Federal e dos tribunais de apelação

→ Referido Título III foi revogado pela Lei 8.658/1993.

Capítulo I
DA INSTRUÇÃO

Art. 556. *(Revogado pela Lei 8.658/1993).*

Art. 557. *(Revogado pela Lei 8.658/1993).*

Art. 558. *(Revogado pela Lei 8.658/1993).*

Art. 559. *(Revogado pela Lei 8.658/1993).*

Art. 560. *(Revogado pela Lei 8.658/1993).*

Capítulo II
DO JULGAMENTO

Art. 561. *(Revogado pela Lei 8.658/1993).*

Art. 562. *(Revogado pela Lei 8.658/1993).*

Livro III
DAS NULIDADES E DOS RECURSOS EM GERAL

Título I
Das nulidades

Art. 563. Nenhum ato será declarado nulo, se da nulidade não resultar prejuízo para a acusação ou para a defesa.

→ *v.* Súmula 523 do STF.

Art. 564. A nulidade ocorrerá nos seguintes casos:

I – por incompetência, suspeição ou suborno do juiz;

→ *v.* Súmula 706 do STF.

→ *v.* Arts. 69 a 87 e 252 do CPP.

II – por ilegitimidade de parte;

III – por falta das fórmulas ou dos termos seguintes:

a) a denúncia ou a queixa e a representação e, nos processos de contravenções penais, a portaria ou o auto de prisão em flagrante;

→ *v.* Art. 41 do CPP.

b) o exame do corpo de delito nos crimes que deixam vestígios, ressalvado o disposto no art. 167;

→ *v.* Art. 158 do CPP.

c) a nomeação de defensor ao réu presente, que o não tiver, ou ao ausente, e de curador ao menor de 21 (vinte e um) anos;

→ *v.* Súmulas 352, 523 e 708 do STF.

→ *v.* Arts. 261 e 263 do CPP.

→ *v.* Art. 4º da Lei 8.906/1994.

d) a intervenção do Ministério Público em todos os termos da ação por ele intentada e nos da intentada pela parte ofendida, quando se tratar de crime de ação pública;

e) a citação do réu para ver-se processar, o seu interrogatório, quando presente, e os prazos concedidos à acusação e à defesa;

f) a sentença de pronúncia, o libelo e a entrega da respectiva cópia, com o rol de testemunhas, nos processos perante o Tribunal do Júri;

→ A Lei 11.689/2008 extinguiu o libelo.

g) a intimação do réu para a sessão de julgamento, pelo Tribunal do Júri, quando a lei não permitir o julgamento à revelia;

→ *v.* Art. 457 do CPP.

h) a intimação das testemunhas arroladas no libelo e na contrariedade, nos termos estabelecidos pela lei;

→ *v.* Art. 422 do CPP.

i) a presença pelo menos de 15 (quinze) jurados para a constituição do júri;

j) o sorteio dos jurados do conselho de sentença em número legal e sua incomunicabilidade;

→ *v.* Súmula 206 do STF.

k) os quesitos e as respectivas respostas;

→ *v.* Súmula 156 do STF.

l) a acusação e a defesa, na sessão de julgamento;

m) a sentença;

→ *v.* Arts. 381 e 387 do CPP.

n) o recurso de ofício, nos casos em que a lei o tenha estabelecido;

→ *v.* Súmula 423 do STF.

→ *v.* Art. 574, I, do CPP.

o) a intimação, nas condições estabelecidas pela lei, para ciência de sentenças e despachos de que caiba recurso;

p) no Supremo Tribunal Federal e nos Tribunais de Apelação, o *quorum* legal para o julgamento;

→ A partir da Constituição de 1946, a nomenclatura Tribunal de Apelação passou a ser Tribunal de Justiça.

IV – por omissão de formalidade que constitua elemento essencial do ato.

Parágrafo único. Ocorrerá ainda a nulidade, por deficiência dos quesitos ou das suas respostas, e contradição entre estas.

→ Parágrafo único acrescentado pela Lei 263/1948.

→ *v.* Súmulas 156 e 162 do STF.

Art. 565. Nenhuma das partes poderá arguir nulidade a que haja dado causa, ou para que tenha concorrido, ou referente a formalidade cuja observância só à parte contrária interesse.

Art. 566. Não será declarada a nulidade de ato processual que não houver influído na apuração da verdade substancial ou na decisão da causa.

→ *v.* Súmulas 352 e 366 do STF.

→ *v.* Art. 243 do CPC/1973.

→ *v.* Art. 276 do NCPC.

Art. 567. A incompetência do juízo anula somente os atos decisórios, devendo o processo, quando for declarada a nulidade, ser remetido ao juiz competente.

→ *v.* Art. 5º, LIII, da CF/1988.

→ *v.* Art. 108, § 1º, do CPP.

Art. 568. A nulidade por ilegitimidade do representante da parte poderá ser a todo tempo sanada, mediante ratificação dos atos processuais.

Art. 569. As omissões da denúncia ou da queixa, da representação, ou, nos processos das contravenções penais, da portaria ou do auto de prisão em flagrante, poderão ser supridas a todo o tempo, antes da sentença final.

→ *v.* Art. 564, III, *a*, do CPP.

Art. 570. A falta ou a nulidade da citação, da intimação ou notificação estará sanada, desde que o interessado compareça, antes de o ato consumar-se, embora declare que o faz para o único fim de argui-la. O juiz ordenará, todavia, a suspensão ou o adiamento do ato, quando reconhecer que a irregularidade poderá prejudicar direito da parte.

Art. 571. As nulidades deverão ser arguidas:

→ *v.* Súmula 155 do STF.

I – as da instrução criminal dos processos da competência do júri, nos prazos a que se refere o art. 406;

II – as da instrução criminal dos processos de competência do juiz singular e dos processos especiais, salvo os dos Capítulos V e VII do Título II do Livro II, nos prazos a que se refere o art. 500;

→ Referido art. 500 foi revogado pela Lei 11.719/2008.

→ *v.* Arts. 403 e 534 do CPP.

III – as do processo sumário, no prazo a que se refere o art. 537, ou, se verificadas depois desse prazo, logo depois de aberta a audiência e apregoadas as partes;

→ Referido art. 537 foi revogado pela Lei 11.719/2008.

IV – as do processo regulado no Capítulo VII do Título II do Livro II, logo depois de aberta a audiência;

V – as ocorridas posteriormente à pronúncia, logo depois de anunciado o julgamento e apregoadas as partes (art. 447);

→ Referido art. 447 é anterior a Lei 11.689/2008.

VI – as de instrução criminal dos processos de competência do Supremo Tribunal Federal e dos Tribunais de Apelação, nos prazos a que se refere o art. 500;

→ Referido art. 500 foi revogado pela Lei 11.719/2008.

→ A partir da Constituição de 1946, a nomenclatura Tribunal de Apelação passou a ser Tribunal de Justiça.

VII – se verificadas após a decisão da primeira instância, nas razões de recurso ou logo depois de anunciado o julgamento do recurso e apregoadas as partes;

VIII – as do julgamento em plenário, em audiência ou em sessão do tribunal, logo depois de ocorrerem.

→ *v.* Art. 478 do CPP.

Art. 572. As nulidades previstas no art. 564, III, *d* e *e*, segunda parte, *g* e *h*, e IV, considerar-se-ão sanadas:

→ *v.* Súmulas 155, 156 e 162 do STF.

I – se não forem arguidas, em tempo oportuno, de acordo com o disposto no artigo anterior;

→ *v.* Art. 245 do CPC/1973.

→ *v.* Art. 278 do NCPC.

II – se, praticado por outra forma, o ato tiver atingido o seu fim;

→ *v.* Súmula 366 do STF.

III – se a parte, ainda que tacitamente, tiver aceito os seus efeitos.

Art. 573. Os atos, cuja nulidade não tiver sido sanada, na forma dos artigos anteriores, serão renovados ou retificados.

§ 1º A nulidade de um ato, uma vez declarada, causará a dos atos que dele diretamente dependam ou sejam consequência.

→ *v.* Art. 248 do CPC/1973.

→ *v.* Art. 281 do NCPC.

§ 2º O juiz que pronunciar a nulidade declarará os atos a que ela se estende.

→ *v.* Art. 249 do CPC/1973.

→ *v.* Art. 282 do NCPC.

Título II
Dos recursos em geral
Capítulo I
DISPOSIÇÕES GERAIS

Art. 574. Os recursos serão voluntários, excetuando-se os seguintes casos, em que deverão ser interpostos, de ofício, pelo juiz:

→ *v.* Súmula 160 do STF.

→ *v.* Art. 7º da Lei 1.521/1951.

I – da sentença que conceder *habeas corpus*;

→ *v.* Súmula 344 do STF.

II – da que absolver desde logo o réu com fundamento na existência de circunstância que exclua o crime ou isente o réu de pena, nos termos do art. 411.

→ Referido art. 411 é anterior a Lei 11.689/2008.

→ *v.* Arts. 415 e 416 do CPP.

Art. 575. Não serão prejudicados os recursos que, por erro, falta ou omissão dos funcionários, não tiverem seguimento ou não forem apresentados dentro do prazo.

Art. 576. O Ministério Público não poderá desistir de recurso que haja interposto.

Art. 577. O recurso poderá ser interposto pelo Ministério Público, ou pelo querelante, ou pelo réu, seu procurador ou seu defensor.

→ *v.* Súmula 705 do STF.

→ *v.* Arts. 271 e 598 do CPP.

Parágrafo único. Não se admitirá, entretanto, recurso da parte que não tiver interesse na reforma ou modificação da decisão.

Art. 578. O recurso será interposto por petição ou por termo nos autos, assinado pelo recorrente ou por seu representante.

→ *v.* Súmula 160 do STF.

§ 1º Não sabendo ou não podendo o réu assinar o nome, o termo será assinado por alguém, a seu rogo, na presença de duas testemunhas.

§ 2º A petição de interposição de recurso, com o despacho do juiz, será, até o dia seguinte ao último do prazo, entregue ao escrivão, que certificará no termo da juntada a data da entrega.

→ *v.* Art. 798 do CPP.

§ 3º Interposto por termo o recurso, o escrivão, sob pena de suspensão por 10 (dez) a 30 (trinta) dias, fará conclusos os autos ao juiz, até o dia seguinte ao último do prazo.

→ *v.* Súmula 428 do STF.

Art. 579. Salvo a hipótese de má-fé, a parte não será prejudicada pela interposição de um recurso por outro.

Parágrafo único. Se o juiz, desde logo, reconhecer a impropriedade do recurso interposto pela parte, mandará processá-lo de acordo com o rito do recurso cabível.

Art. 580. No caso de concurso de agentes (Código Penal, art. 25), a decisão do recurso interposto por um dos réus, se fundado em motivos que não sejam de caráter exclusivamente pessoal, aproveitará aos outros.

→ Referido dispositivo antecede a Lei 7.209/1984, que reformou a parte geral do CP.

→ *v.* Art. 29 do CP.

Capítulo II
DO RECURSO EM SENTIDO ESTRITO

Art. 581. Caberá recurso, no sentido estrito, da decisão, despacho ou sentença:

I – que não receber a denúncia ou a queixa;

→ *v.* Súmula 709 do STF.

→ *v.* Art. 6º, parágrafo único, da Lei 1.508/1951.

II – que concluir pela incompetência do juízo;

III – que julgar procedentes as exceções, salvo a de suspeição;

→ *v.* Arts. 99 e 100 do CPP.

IV – que pronunciar o réu;

→ Inciso IV com redação alterada pela Lei 11.689/2008.

→ *v.* Art. 416 do CPP.

V – que conceder, negar, arbitrar, cassar ou julgar inidônea a fiança, indeferir requerimento de prisão preventiva ou revogá-la, conceder liberdade provisória ou relaxar a prisão em flagrante;

→ Inciso V com redação alterada pela Lei 7.780/1989.

VI – (*Revogado pela Lei 11.689/2008*);

VII – que julgar quebrada a fiança ou perdido o seu valor;

→ *v.* Arts. 341 e 344 do CPP.

VIII – que decretar a prescrição ou julgar, por outro modo, extinta a punibilidade;

→ *v.* Art. 197 da Lei 7.210/1984.

IX – que indeferir o pedido de reconhecimento da prescrição ou de outra causa extintiva da punibilidade;

X – que conceder ou negar a ordem de *habeas corpus;*

→ *v.* Art. 574, I, do CPP.

XI – que conceder, negar ou revogar a suspensão condicional da pena;

→ *v.* Arts. 157, 158, § 2º, 161, 162 e 197 da Lei 7.210/1984.

XII – que conceder, negar ou revogar livramento condicional;

→ *v.* Arts. 131 a 146 da Lei 7.210/1984.

XIII – que anular o processo da instrução criminal, no todo ou em parte;

XIV – que incluir jurado na lista geral ou desta o excluir;

→ *v.* Arts. 426, § 1º, e 586, parágrafo único, do CPP.

XV – que denegar a apelação ou a julgar deserta;

XVI – que ordenar a suspensão do processo, em virtude de questão prejudicial;

→ *v.* Arts. 92 e 93 do CPP.

XVII – que decidir sobre a unificação de penas;

→ *v.* Arts. 69 a 71 e 75 do CP.

→ *v.* Arts. 66, III, *a*, e 197 da Lei 7.210/1984.

XVIII – que decidir o incidente de falsidade;

XIX – que decretar medida de segurança, depois de transitar a sentença em julgado;

→ *v.* Arts. 183 e 197 da Lei 7.210/1984.

XX – que impuser medida de segurança por transgressão de outra;

→ *v.* Arts. 184 e 197 da Lei 7.210/1984.

XXI – que mantiver ou substituir a medida de segurança, nos casos do art. 774;

→ Referido dispositivo antecede a Lei 7.209/1984, que reformou a parte geral do CP.

→ *v.* Arts. 171 a 179 e 181 a 184 da Lei 7.210/1984.

XXII – que revogar a medida de segurança;

→ *v.* Arts. 179 e 197 da Lei 7.210/1984.

XXIII – que deixar de revogar a medida de segurança, nos casos em que a lei admita a revogação;

→ *v.* Arts. 175 a 179 e 197 da Lei 7.210/1984.

XXIV – que converter a multa em detenção ou em prisão simples.

→ *v.* Art. 51 do CP.

Art. 582. Os recursos serão sempre para o Tribunal de Apelação, salvo nos casos dos ns. V, X e XIV.

→ A partir da Constituição de 1946, a nomenclatura Tribunal de Apelação passou a ser Tribunal de Justiça.

Parágrafo único. O recurso, no caso do n. XIV, será para o presidente do Tribunal de Apelação.

→ A partir da Constituição de 1946, a nomenclatura Tribunal de Apelação passou a ser Tribunal de Justiça.

Art. 583. Subirão nos próprios autos os recursos:

I – quando interpostos de ofício;

II – nos casos do art. 581, I, III, IV, VI, VIII e X;

→ O inciso VI do art. 581 do CPP foi revogado pela Lei 11.689/2008.

III – quando o recurso não prejudicar o andamento do processo.

Parágrafo único. O recurso da pronúncia subirá em traslado, quando, havendo dois ou mais réus, qualquer deles se conformar com a decisão ou todos não tiverem sido ainda intimados da pronúncia.

Art. 584. Os recursos terão efeito suspensivo nos casos de perda da fiança, de concessão de livramento condicional e dos ns. XV, XVII e XXIV do art. 581.

→ *v.* Art. 51 do CP.

§ 1º Ao recurso interposto de sentença de impronúncia ou no caso do ns. VIII do art. 581, aplicar-se-á o disposto nos arts. 596 e 598.

§ 2º O recurso da pronúncia suspenderá tão somente o julgamento.

§ 3º O recurso do despacho que julgar quebrada a fiança suspenderá unicamente o efeito de perda da metade do seu valor.

Art. 585. O réu não poderá recorrer da pronúncia senão depois de preso, salvo se prestar fiança, nos casos em que a lei a admitir.

→ *v.* Art. 413, § 3º, do CPP.

Art. 586. O recurso voluntário poderá ser interposto no prazo de 5 (cinco) dias.

→ *v.* Súmulas 319 e 700 do STF.

→ *v.* Art. 598, parágafo único, do CPP.

Parágrafo único. No caso do art. 581, XIV, o prazo será de 20 (vinte) dias, contado da data da publicação definitiva da lista de jurados.

Art. 587. Quando o recurso houver de subir por instrumento, a parte indicará, no respectivo termo, ou em requerimento avulso, as peças dos autos de que pretenda traslado.

Parágrafo único. O traslado será extraído, conferido e concertado no prazo de 5 (cinco) dias, e dele constarão sempre a decisão recorrida, a certidão de sua intimação, se por outra forma não for possível verificar-se a oportunidade do recurso, e o termo de interposição.

Art. 588. Dentro de 2 (dois) dias, contados da interposição do recurso, ou do dia em que o escrivão, extraído o traslado, o fizer com vista ao recorrente, este oferecerá as razões e, em seguida, será aberta vista ao recorrido por igual prazo.

→ *v.* Súmula 707 do STF.

→ *v.* Art. 798, § 5º, *a*, do CPP.

Parágrafo único. Se o recorrido for o réu, será intimado do prazo na pessoa do defensor.

Art. 589. Com a resposta do recorrido ou sem ela, será o recurso concluso ao juiz, que, dentro de 2 (dois) dias, reformará ou sustentará o seu despacho, mandando instruir o recurso com os traslados que lhe parecerem necessários.

→ *v.* Arts. 581, I, 601 do CPP.

Parágrafo único. Se o juiz reformar o despacho recorrido, a parte contrária, por simples petição, poderá recorrer da nova decisão, se couber recurso, não sendo mais lícito ao juiz modificá-la. Neste caso, independentemente de novos arrazoados, subirá o recurso nos próprios autos ou em traslado.

→ *v.* Art. 639 do CPP.

Art. 590. Quando for impossível ao escrivão extrair o traslado no prazo da lei, poderá o juiz prorrogá-lo até o dobro.

Art. 591. Os recursos serão apresentados ao juiz ou tribunal *ad quem*, dentro de 5 (cinco) dias da publicação da resposta do juiz *a quo*, ou entregues ao Correio dentro do mesmo prazo.

Art. 592. Publicada a decisão do juiz ou do tribunal *ad quem*, deverão os autos ser devolvidos, dentro de 5 (cinco) dias, ao juiz *a quo*.

Capítulo III
DA APELAÇÃO

Art. 593. Caberá apelação no prazo de 5 (cinco) dias:

→ Artigo com redação alterada pela Lei 263/1948.

→ *v.* Art. 82 da Lei 9.099/1995.

I – das sentenças definitivas de condenação ou absolvição proferidas por juiz singular;

II – das decisões definitivas, ou com força de definitivas, proferidas por juiz singular nos casos não previstos no Capítulo anterior;

→ *v.* Arts. 120, § 1º, 127, 130, 153 do CPP.

III – das decisões do Tribunal do Júri, quando:

→ *v.* Súmula 713 do STF.

a) ocorrer nulidade posterior à pronúncia;

b) for a sentença do juiz presidente contrária à lei expressa ou à decisão dos jurados;

c) houver erro ou injustiça no tocante à aplicação da pena ou da medida de segurança;

d) for a decisão dos jurados manifestamente contrária à prova dos autos.

§ 1º Se a sentença do juiz presidente for contrária à lei expressa ou divergir das respostas dos jurados aos quesitos, o tribunal *ad quem* fará a devida retificação.

§ 2º Interposta a apelação com fundamento no n. III, *c*, deste artigo, o tribunal *ad quem*, se lhe der provimento, retificará a aplicação da pena ou da medida de segurança.

§ 3º Se a apelação se fundar no n. III, *d*, deste artigo, e o tribunal *ad quem* se convencer de que a decisão dos jurados é manifestamente contrária à prova dos autos, dar-lhe-á provimento para sujeitar o réu a novo julgamento; não se admite, porém, pelo mesmo motivo, segunda apelação.

§ 4º Quando cabível a apelação, não poderá ser usado o recurso em sentido estrito, ainda que somente de parte da decisão se recorra.

Art. 594. (*Revogado pela Lei 11.719/2008*).

Art. 595. (*Revogado pela Lei 12.403/2011*).

Art. 596. A apelação da sentença absolutória não impedirá que o réu seja posto imediatamente em liberdade.

→ Artigo com redação alterada pela Lei 5.941/1973.

Parágrafo único. A apelação não suspenderá a execução da medida de segurança aplicada provisoriamente.

Art. 597. A apelação de sentença condenatória terá efeito suspensivo, salvo o disposto no art. 393, a aplicação provisória de interdições de direitos e de medidas de segurança (arts. 374 e 378), e o caso de suspensão condicional de pena.

→ Referido art. 393 foi revogado pela Lei 12.403/2011.

→ Referidos arts. 374 e 378 antecedem a Lei 7.209/1984, que reformou a parte geral do CP, que não mais prevê a aplicação das citadas medidas provisórias.

→ *v.* Art. 160 da Lei 7.210/1984.

Art. 598. Nos crimes de competência do Tribunal do Júri, ou do juiz singular, se da sentença não for interposta apelação pelo Ministério Público no prazo legal, o ofendido ou qualquer das pessoas enumeradas no art. 31, ainda que não se tenha habilitado como assistente, poderá interpor apelação, que não terá, porém, efeito suspensivo.

→ *v.* Art. 270 do CPP.

Parágrafo único. O prazo para interposição desse recurso será de 15 (quinze) dias e correrá do dia em que terminar o do Ministério Público.

→ *v.* Súmula 448 do STF.

Art. 599. As apelações poderão ser interpostas quer em relação a todo o julgado, quer em relação a parte dele.

→ *v.* Súmula 160 do STF.

Art. 600. Assinado o termo de apelação, o apelante e, depois dele, o apelado terão o prazo de 8 (oito) dias cada um para oferecer razões, salvo nos processos de contravenção, em que o prazo será de 3 (três) dias.

→ *v.* Arts. 577 e 578 do CPP.

§ 1º Se houver assistente, este arrazoará, no prazo de 3 (três) dias, após o Ministério Público.

§ 2º Se a ação penal for movida pela parte ofendida, o Ministério Público terá vista dos autos, no prazo do parágrafo anterior.

§ 3º Quando forem dois ou mais os apelantes ou apelados, os prazos serão comuns.

§ 4º Se o apelante declarar, na petição ou no termo, ao interpor a apelação, que deseja arrazoar na superior instância serão os autos remetidos ao tribunal *ad quem* onde será aberta vista às partes, observados os prazos legais, notificadas as partes pela publicação oficial.

→ § 4º acrescentado pela Lei 4.336/1964.

Art. 601. Findos os prazos para razões, os autos serão remetidos à instância superior, com as razões ou sem elas, no prazo de 5 (cinco) dias, salvo no caso do art. 603, segunda parte, em que o prazo será de 30 (trinta) dias.

§ 1º Se houver mais de um réu, e não houverem todos sido julgados, ou não tiverem todos apelado, caberá ao apelante promover extração do traslado dos autos, o qual deverá ser remetido à instância superior no prazo de 30 (trinta) dias, contado da data da entrega das últimas razões de apelação, ou do vencimento do prazo para a apresentação das do apelado.

§ 2º As despesas do traslado correrão por conta de quem o solicitar, salvo se o pedido for de réu pobre ou do Ministério Público.

Art. 602. Os autos serão, dentro dos prazos do artigo anterior, apresentados ao tribunal *ad quem* ou entregues ao Correio, sob registro.

Art. 603. A apelação subirá nos autos originais e, a não ser no Distrito Federal e nas comarcas que forem sede de Tribunal de Apelação, ficará em cartório traslado dos termos essenciais do processo referidos no art. 564, III.

→ A partir da Constituição de 1946, a nomenclatura Tribunal de Apelação passou a ser Tribunal de Justiça.

Art. 604. *(Revogado pela Lei 263/1948).*

Art. 605. *(Revogado pela Lei 263/1948).*

Art. 606. *(Revogado pela Lei 263/1948).*

Capítulo IV
DO PROTESTO POR NOVO JÚRI

→ Capítulo IV revogado pela Lei 11.689/2008.

Art. 607. (*Revogado pela Lei 11.689/2008*).

Art. 608. (*Revogado pela Lei 11.689/2008*).

Capítulo V
DO PROCESSO E DO JULGAMENTO DOS RECURSOS EM SENTIDO ESTRITO E DAS APELAÇÕES, NOS TRIBUNAIS DE APELAÇÃO

→ A partir da constituição de 1946, a nomenclatura Tribunal de Apelação passou a ser Tribunal de Justiça.

→ *v.* Súmula 699 do STF.

→ *v.* Art. 522 do CPC/1973.

→ *v.* Art. 1.015 do NCPC.

→ *v.* Art. 39 da Lei 8.038/1990.

Art. 609. Os recursos, apelações e embargos serão julgados pelos Tribunais de Justiça, câmaras ou turmas criminais, de acordo com a competência estabelecida nas leis de organização judiciária.

→ Artigo com redação alterada pela Lei 1.720-B/1952.

→ *v.* Súmula 393 do STF.

→ *v.* Arts. 102, II, *b*, 108, II, 109, 125, § 1º, da CF/1988.

→ *v.* Art. 69 do CPP.

Parágrafo único. Quando não for unânime a decisão de segunda instância, desfavorável ao réu, admitem-se embargos infringentes e de nulidade, que poderão ser opostos dentro de 10 (dez) dias, a contar da publicação de acórdão, na forma do art. 613. Se o desacordo for parcial, os embargos serão restritos à matéria objeto de divergência.

Art. 610. Nos recursos em sentido estrito, com exceção do de *habeas corpus*, e nas apelações interpostas das sentenças em processo de contravenção ou de crime a que a lei comine pena de detenção, os autos irão imediatamente com vista ao procurador-geral pelo prazo de 5 (cinco) dias, e, em seguida, passarão, por igual prazo, ao relator, que pedirá designação de dia para o julgamento.

Parágrafo único. Anunciado o julgamento pelo presidente, e apregoadas as partes, com a presença destas ou à sua revelia, o relator fará a exposição do feito e, em seguida, o presidente concederá, pelo prazo de 10 (dez) minutos, a palavra aos advogados ou às partes que a solicitarem e ao procurador-geral, quando o requerer, por igual prazo.

→ *v.* Art. 571, VII, do CPP.

Art. 611. *(Revogado pelo Dec.-lei 552/1969).*

Art. 612. Os recursos de *habeas corpus*, designado o relator, serão julgados na primeira sessão.

Art. 613. As apelações interpostas das sentenças proferidas em processos por crime a que a lei comine pena de reclusão, deverão ser processadas e julgadas pela forma estabelecida no art. 610, com as seguintes modificações:

I – exarado o relatório nos autos, passarão estes ao revisor, que terá igual prazo para o exame do processo e pedirá designação de dia para o julgamento;

II – os prazos serão ampliados ao dobro;

III – o tempo para os debates será de um quarto de hora.

Art. 614. No caso de impossibilidade de observância de qualquer dos prazos marcados nos arts. 610 e 613, os motivos da demora serão declarados nos autos.

Art. 615. O tribunal decidirá por maioria de votos.

§ 1º Havendo empate de votos no julgamento de recursos, se o presidente do tribunal, câmara ou turma, não tiver tomado parte na votação, proferirá o voto de desempate; no caso contrário, prevalecerá a decisão mais favorável ao réu.

§ 2º O acórdão será apresentado à conferência na primeira sessão seguinte à do julgamento, ou no prazo de duas sessões, pelo juiz incumbido de lavrá-lo.

Art. 616. No julgamento das apelações poderá o tribunal, câmara ou turma proceder a novo interrogatório do acusado, reinquirir testemunhas ou determinar outras diligências.

→ *v.* Art. 186 do CPP.

Art. 617. O tribunal, câmara ou turma atenderá nas suas decisões ao disposto nos arts. 383, 386 e 387, no que for aplicável, não podendo, porém, ser agravada a pena, quando somente o réu houver apelado da sentença.

→ *v.* Súmulas 160, 453 e 525 do STF.

Art. 618. Os regimentos dos Tribunais de Apelação estabelecerão as normas complementares para o processo e julgamento dos recursos e apelações.

→ A partir da constituição de 1946, a nomenclatura Tribunal de Apelação passou a ser Tribunal de Justiça.

Capítulo VI
DOS EMBARGOS

Art. 619. Aos acórdãos proferidos pelos Tribunais de Apelação, câmaras ou turmas, poderão ser opostos embargos de declaração, no prazo de 2 (dois) dias contados da sua publicação, quando houver na sentença ambiguidade, obscuridade, contradição ou omissão.

→ A partir da constituição de 1946, a nomenclatura Tribunal de Apelação passou a ser Tribunal de Justiça.

→ *v.* Súmula 356 do STF.

→ *v.* Súmula 211 do STJ.

→ *v.* Art. 538, parágrafo único, do CPC/1973.

→ *v.* Art. 1.026, §§ 2º e 3º, do NCPC.

→ *v.* Art. 382 do CPP.

Art. 620. Os embargos de declaração serão deduzidos em requerimento de que constem os pontos em que o acórdão é ambíguo, obscuro, contraditório ou omisso.

§ 1º O requerimento será apresentado pelo relator e julgado, independentemente de revisão, na primeira sessão.

§ 2º Se não preenchidas as condições enumeradas neste artigo, o relator indeferirá desde logo o requerimento.

Capítulo VII
DA REVISÃO

→ *v.* Arts. 5º, LXXV e § 2º, 102, I, *j*, da CF/1988.

→ *v.* Art. 630 do CPP.

Art. 621. A revisão dos processos findos será admitida:

→ *v.* Art. 5º, XXXVI, da CF/1988.

→ *v.* Súmula 611 do STF.

I – quando a sentença condenatória for contrária ao texto expresso da lei penal ou à evidência dos autos;

→ *v.* Súmula 343 do STF.

→ *v.* Art. 386, parágarfo único, III, do CPP.

II – quando a sentença condenatória se fundar em depoimentos, exames ou documentos comprovadamente falsos;

III – quando, após a sentença, se descobrirem novas provas de inocência do condenado ou de circunstância que determine ou autorize diminuição especial da pena.

→ *v.* Art. 861 e ss. do CPC/1973.

→ *v.* Art. 381, § 5º, do NCPC.

Art. 622. A revisão poderá ser requerida em qualquer tempo, antes da extinção da pena ou após.

Parágrafo único. Não será admissível a reiteração do pedido, salvo se fundado em novas provas.

Art. 623. A revisão poderá ser pedida pelo próprio réu ou por procurador legalmente habilitado ou, no caso de morte do réu, pelo cônjuge, ascendente, descendente ou irmão.

→ *v.* Súmula 393 do STF.

Art. 624. As revisões criminais serão processadas e julgadas:

→ Artigo com redação alterada pelo Dec.-lei 504/1969.

I – pelo Supremo Tribunal Federal, quanto às condenações por ele proferidas;

II – pelo Tribunal Federal de Recursos, Tribunais de Justiça ou de Alçada, nos demais casos.

→ *v.* art. 4º da EC 45/2004, que extinguiu os Tribunais de Alçada, passando os seus membros a integrar os Tribunais de Justiça dos respectivos Estados.

§ 1º No Supremo Tribunal Federal e no Tribunal Federal de Recursos o processo e julgamento obedecerão ao que for estabelecido no respectivo regimento interno.

→ *v.* Arts. 6º, I, *b*, 23, II, 77, *caput*, 263 a 272 do RISTF.

→ *v.* Arts. 35, III, 79, *caput*, 239 a 243 do RISTJ.

§ 2º Nos Tribunais de Justiça ou de Alçada, o julgamento será efetuado pelas câmaras ou turmas criminais, reunidas em sessão conjunta, quando houver mais de uma, e, no caso contrário, pelo tribunal pleno.

→ *v.* art. 4º da EC 45/2004, que extinguiu os Tribunais de Alçada, passando os seus membros a integrar os Tribunais de Justiça dos respectivos Estados.

§ 3º Nos tribunais onde houver quatro ou mais câmaras ou turmas criminais, poderão ser constituídos dois ou mais grupos de câmaras ou turmas para o julgamento de revisão, obedecido o que for estabelecido no respectivo regimento interno.

Art. 625. O requerimento será distribuído a um relator e a um revisor, devendo funcionar como relator um desembargador que não tenha pronunciado decisão em qualquer fase do processo.

§ 1º O requerimento será instruído com a certidão de haver passado em julgado a sentença condenatória e com as peças necessárias à comprovação dos fatos arguidos.

§ 2º O relator poderá determinar que se apensem os autos originais, se daí não advier dificuldade à execução normal da sentença.

§ 3º Se o relator julgar insuficientemente instruído o pedido e inconveniente ao interesse da justiça que se apensem os autos originais, indeferi-lo-á *in limine*, dando recurso para as câmaras reunidas ou para o tribunal, conforme o caso (art. 624, parágrafo único).

→ Referido art. 624, parágrafo único, é anterior ao Dec.-lei 504/1969.

→ *v.* Art. 624, §§ 1º a 3º, do CPP.

§ 4º Interposto o recurso por petição e independentemente de termo, o relator apresentará o processo em mesa para o julgamento e o relatará, sem tomar parte na discussão.

§ 5º Se o requerimento não for indeferido *in limine*, abrir-se-á vista dos autos ao procurador-geral, que dará parecer no prazo de 10 (dez) dias. Em seguida, examinados os autos, sucessivamente, em igual prazo, pelo relator e revisor, julgar-se-á o pedido na sessão que o presidente designar.

Art. 626. Julgando procedente a revisão, o tribunal poderá alterar a classificação da infração, absolver o réu, modificar a pena ou anular o processo.

Parágrafo único. De qualquer maneira, não poderá ser agravada a pena imposta pela decisão revista.

→ *v.* Art. 617 do CPP.

Art. 627. A absolvição implicará o restabelecimento de todos os direitos perdidos em virtude da condenação, devendo o tribunal, se for caso, impor a medida de segurança cabível.

Art. 628. Os regimentos internos dos Tribunais de Apelação estabelecerão as normas complementares para o processo e julgamento das revisões criminais.

→ A partir da Constituição de 1946, a nomenclatura Tribunal de Apelação passou a ser Tribunal de Justiça.

→ v. Arts. 6º, I, *b*, 23, II, 77, *caput*, 263 a 272 do RISTF.

→ v. Arts. 35, III, 79, *caput*, 239 a 243 do RISTJ.

Art. 629. À vista da certidão do acórdão que cassar a sentença condenatória, o juiz mandará juntá-la imediatamente aos autos, para inteiro cumprimento da decisão.

Art. 630. O tribunal, se o interessado o requerer, poderá reconhecer o direito a uma justa indenização pelos prejuízos sofridos.

§ 1º Por essa indenização, que será liquidada no juízo cível, responderá a União, se a condenação tiver sido proferida pela justiça do Distrito Federal ou de Território, ou o Estado, se o tiver sido pela respectiva justiça.

→ v. Art. 5º, LXXV, da CF/1988.

§ 2º A indenização não será devida:

a) se o erro ou a injustiça da condenação proceder de ato ou falta imputável ao próprio impetrante, como a confissão ou a ocultação de prova em seu poder;

b) se a acusação houver sido meramente privada.

Art. 631. Quando, no curso da revisão, falecer a pessoa, cuja condenação tiver de ser revista, o presidente do tribunal nomeará curador para a defesa.

Capítulo VIII
DO RECURSO EXTRAORDINÁRIO

→ v. Arts. 26 a 29 da Lei 8.038/1990.

Art. 632. *(Revogado pela Lei 3.396/1958).*

Art. 633. *(Revogado pela Lei 3.396/1958).*

Art. 634. *(Revogado pela Lei 3.396/1958).*

Art. 635. *(Revogado pela Lei 3.396/1958).*

Art. 636. *(Revogado pela Lei 3.396/1958).*

Art. 637. O recurso extraordinário não tem efeito suspensivo, e uma vez arrazoados pelo recorrido os autos do traslado, os originais baixarão à primeira instância, para a execução da sentença.

Art. 638. O recurso extraordinário será processado e julgado no Supremo Tribunal Federal na forma estabelecida pelo respectivo regimento interno.

→ v. Arts. 321 a 329 do RISTF.

Capítulo IX
DA CARTA TESTEMUNHÁVEL

Art. 639. Dar-se-á carta testemunhável:

I – da decisão que denegar o recurso;

II – da que, admitindo embora o recurso, obstar à sua expedição e seguimento para o juízo *ad quem*.

Art. 640. A carta testemunhável será requerida ao escrivão, ou ao secretário do tribunal, conforme o caso, nas 48 (quarenta e oito) horas seguintes ao despacho que denegar o recurso, indicando o requerente as peças do processo que deverão ser trasladadas.

Art. 641. O escrivão, ou o secretário do tribunal, dará recibo da petição à parte e, no prazo máximo de 5 (cinco) dias, no caso de recurso no sentido estrito, ou de 60 (sessenta) dias, no caso de recurso extraordinário, fará entrega da carta, devidamente conferida e concertada.

Art. 642. O escrivão, ou o secretário do tribunal, que se negar a dar o recibo, ou deixar de entregar, sob qualquer pretexto, o instrumento, será suspenso por 30 (trinta) dias. O juiz, ou o presidente do Tribunal de Apelação, em face de representação do testemunhante, imporá a pena e mandará que seja extraído o instrumento, sob a mesma sanção, pelo substituto do escrivão ou do secretário do tribunal. Se o testemunhante não for atendido, poderá reclamar ao presidente do tribunal *ad quem*, que avocará os autos, para o efeito do julgamento do recurso e imposição da pena.

→ A partir da Constituição de 1946, a nomenclatura Tribunal de Apelação passou a ser Tribunal de Justiça.

Art. 643. Extraído e autuado o instrumento, observar-se-á o disposto nos arts. 588 a 592, no caso de recurso em sentido estrito, ou o processo estabelecido para o recurso extraordinário, se deste se tratar.

Art. 644. O tribunal, câmara ou turma a que competir o julgamento da carta, se desta tomar conhecimento, mandará processar o recurso, ou, se estiver suficientemente instruída, decidirá logo, *de meritis*.

Art. 645. O processo da carta testemunhável na instância superior seguirá o processo do recurso denegado.

Art. 646. A carta testemunhável não terá efeito suspensivo.

Capítulo X
DO HABEAS CORPUS E SEU PROCESSO

Art. 647. Dar-se-á *habeas corpus* sempre que alguém sofrer ou se achar na iminência de sofrer violência ou coação ilegal na sua liberdade de ir e vir, salvo nos casos de punição disciplinar.

→ v. Súmulas 395, 693 e 694 do STF.

→ v. Arts. 5º, LXVII e LXVIII, 142, § 2º, da CF/1988.

→ v. Art. 61, § 1º, I, do RISTF.

Art. 648. A coação considerar-se-á ilegal:

I – quando não houver justa causa;

II – quando alguém estiver preso por mais tempo do que determina a lei;

→ v. Arts. 400, 412, 531 do CPP.

→ v. Art. 2º da Lei 7.960/1989.

III – quando quem ordenar a coação não tiver competência para fazê-lo;

IV – quando houver cessado o motivo que autorizou a coação;

V – quando não for alguém admitido a prestar fiança, nos casos em que a lei a autoriza;

→ v. Arts. 335, 660, § 3º, do CPP.

VI – quando o processo for manifestamente nulo;

VII – quando extinta a punibilidade.

Art. 649. O juiz ou o tribunal, dentro dos limites da sua jurisdição, fará passar imediatamente a ordem impetrada, nos casos em que tenha cabimento, seja qual for a autoridade coatora.

Art. 650. Competirá conhecer, originariamente, do pedido de *habeas corpus*:

I – ao Supremo Tribunal Federal, nos casos previstos no art. 101, I, *g*, da Constituição;

→ A referência é à Constituição de 1937.

→ v. Súmulas 690 e 691 do STF.

→ v. Arts. 102, I, *d* e *i*, 105, I, *c*, da CF/1988.

II – aos Tribunais de Apelação, sempre que os atos de violência ou coação forem atribuídos aos governadores ou interventores dos Estados ou Territórios e ao prefeito do Distrito Federal, ou a seus secretários, ou aos chefes de Polícia.

→ A partir da Constituição de 1946, a nomenclatura Tribunal de Apelação passou a ser Tribunal de Justiça.

→ v. Art. 108, I, *d*, e 109, VII, da CF/1988.

§ 1º A competência do juiz cessará sempre que a violência ou coação provier de autoridade judiciária de igual ou superior jurisdição.

→ v. Súmula 606 do STF.

§ 2º Não cabe o *habeas corpus* contra a prisão administrativa, atual ou iminente, dos responsáveis por dinheiro ou valor pertencente à Fazenda Pública, alcançados ou omissos em fazer o seu recolhimento nos prazos legais, salvo se o pedido for acompanhado de prova de quitação ou de depósito do alcance verificado, ou se a prisão exceder o prazo legal.

→ v. Art. 5º, LXI, da CF/1988.

Art. 651. A concessão do *habeas corpus* não obstará, nem porá termo ao processo, desde que este não esteja em conflito com os fundamentos daquela.

Art. 652. Se o *habeas corpus* for concedido em virtude de nulidade do processo, este será renovado.

→ v. Art. 648, VI, do CPP.

Art. 653. Ordenada a soltura do paciente em virtude de *habeas corpus*, será condenada nas custas a autoridade que, por má-fé ou evidente abuso de poder, tiver determinado a coação.

→ v. Art. 5º, LXXVII, da CF/1988.

→ v. Art. 3º, *a*, da Lei 4.898/1965.

Parágrafo único. Neste caso, será remetida ao Ministério Público cópia das peças necessárias para ser promovida a responsabilidade da autoridade.

Art. 654. O *habeas corpus* poderá ser impetrado por qualquer pessoa, em seu favor ou de outrem, bem como pelo Ministério Público.

→ v. Súmula 693 do STF.

→ v. Art. 1º, § 1º, da Lei 8.906/1994.

→ v. Art. 191, I, do RISTF.

→ v. Art. 201, I, do RISTJ.

§ 1º A petição de *habeas corpus* conterá:

a) o nome da pessoa que sofre ou está ameaçada de sofrer violência ou coação e o de quem exercer a violência, coação ou ameaça;

b) a declaração da espécie de constrangimento ou, em caso de simples ameaça de coação, as razões em que funda o seu temor;

c) a assinatura do impetrante, ou de alguém a seu rogo, quando não souber ou não puder escrever, e a designação das respectivas residências.

§ 2º Os juízes e os tribunais têm competência para expedir de ofício ordem de *habeas corpus*, quando no curso de processo verificarem que alguém sofre ou está na iminência de sofrer coação ilegal.

Art. 655. O carcereiro ou o diretor da prisão, o escrivão, o oficial de justiça ou a autoridade judiciária ou policial que embaraçar ou procrastinar a expedição de ordem de *habeas corpus*, as informações sobre a causa da prisão, a condução e apresentação do paciente, ou a sua soltura, será multado na quantia de duzentos mil-réis a um conto de réis, sem prejuízo das penas em que incorrer. As multas serão impostas pelo juiz do tribunal que julgar o *habeas corpus*, salvo quando se tratar de autoridade judiciária, caso em que caberá ao Supremo Tribunal Federal ou ao Tribunal de Apelação impor as multas.

→ A partir da Constituição de 1946, a nomenclatura Tribunal de Apelação passou a ser Tribunal de Justiça.

Art. 656. Recebida a petição de *habeas corpus*, o juiz, se julgar necessário, e estiver preso o paciente, mandará que este lhe seja imediatamente apresentado em dia e hora que designar.

Parágrafo único. Em caso de desobediência, será expedido mandado de prisão contra o detentor, que será processado na forma da lei, e o juiz providenciará para que o paciente seja tirado da prisão e apresentado em juízo.

Art. 657. Se o paciente estiver preso, nenhum motivo escusará a sua apresentação, salvo:

I – grave enfermidade do paciente;

II – não estar ele sob a guarda da pessoa a quem se atribui a detenção;

III – se o comparecimento não tiver sido determinado pelo juiz ou pelo tribunal.

Parágrafo único. O juiz poderá ir ao local em que o paciente se encontrar, se este não puder ser apresentado por motivo de doença.

Art. 658. O detentor declarará à ordem de quem o paciente estiver preso.

Art. 659. Se o juiz ou o tribunal verificar que já cessou a violência ou coação ilegal, julgará prejudicado o pedido.

→ *V.* Súmula 695 do STF.

→ *V.* Art. 199 do RISTF.

→ *V.* Art. 209 do RISTJ.

Art. 660. Efetuadas as diligências, e interrogado o paciente, o juiz decidirá, fundamentadamente, dentro de 24 (vinte e quatro) horas.

§ 1º Se a decisão for favorável ao paciente, será logo posto em liberdade, salvo se por outro motivo dever ser mantido na prisão.

→ *V.* Art. 312 do CPP.

§ 2º Se os documentos que instruírem a petição evidenciarem a ilegalidade da coação, o juiz ou o tribunal ordenará que cesse imediatamente o constrangimento.

→ *V.* Súmula 431 do STF.

§ 3º Se a ilegalidade decorrer do fato de não ter sido o paciente admitido a prestar fiança, o juiz arbitrará o valor desta, que poderá ser prestada perante ele, remetendo, neste caso, à autoridade os respectivos autos, para serem anexados aos do inquérito policial ou aos do processo judicial.

→ *V.* Arts. 335 e 648, V, do CPP.

§ 4º Se a ordem de *habeas corpus* for concedida para evitar ameaça de violência ou coação ilegal, dar-se-á ao paciente salvo-conduto assinado pelo juiz.

§ 5º Será incontinenti enviada cópia da decisão à autoridade que tiver ordenado a prisão ou tiver o paciente à sua disposição, a fim de juntar-se aos autos do processo.

§ 6º Quando o paciente estiver preso em lugar que não seja o da sede do juízo ou do tribunal que conceder a ordem, o alvará de soltura será expedido pelo telégrafo, se houver, observadas as formalidades estabelecidas no art. 289, parágrafo único, *in fine*, ou por via postal.

→ Referido art. 289 é anterior à Lei 12.403/2011.

→ *V.* Art. 289, §§ 1º a 3º, do CPP.

Art. 661. Em caso de competência originária do Tribunal de Apelação, a petição de *habeas corpus* será apresentada ao secretário, que a enviará imediatamente ao presidente do tribunal, ou da câmara criminal, ou da turma, que estiver reunida, ou primeiro tiver de reunir-se.

→ A partir da Constituição de 1946, a nomenclatura Tribunal de Apelação passou a ser Tribunal de Justiça.

Art. 662. Se a petição contiver os requisitos do art. 654, § 1º, o presidente, se necessário, requisitará da autoridade indicada como coatora informações por escrito. Faltando, porém, qualquer daqueles requisitos, o presidente mandará preenchê-lo, logo que lhe for apresentada a petição.

Art. 663. As diligências do artigo anterior não serão ordenadas, se o presidente entender que o *habeas corpus* deva ser indeferido *in limine*. Nesse caso, levará a petição ao tribunal, câmara ou turma, para que delibere a respeito.

Art. 664. Recebidas as informações, ou dispensadas, o *habeas corpus* será julgado na primeira sessão, podendo, entretanto, adiar-se o julgamento para a sessão seguinte.

→ *V.* Súmula 431 do STF.

→ *V.* Art. 1º do Dec.-lei 552/1969.

Parágrafo único. A decisão será tomada por maioria de votos. Havendo empate, se o presidente não tiver tomado parte na votação, proferirá voto de desempate; no caso contrário, prevalecerá a decisão mais favorável ao paciente.

→ *V.* Art. 41-A, *caput* e parágrafo único, da Lei 8.038/1990.

Art. 665. O secretário do tribunal lavrará a ordem que, assinada pelo presidente do tribunal, câmara ou turma, será dirigida, por ofício ou telegrama, ao detentor, ao carcereiro ou autoridade que exercer ou ameaçar exercer o constrangimento.

Parágrafo único. A ordem transmitida por telegrama obedecerá ao disposto no art. 289, parágrafo único, *in fine*.

→ Referido art. 289 é anterior à Lei 12.403/2011.

→ *V.* Art. 289, §§ 1º a 3º, do CPP.

Art. 666. Os regimentos dos Tribunais de Apelação estabelecerão as normas complementares para o processo e julgamento do pedido de *habeas corpus* de sua competência originária.

→ A partir da Constituição de 1946, a nomenclatura Tribunal de Apelação passou a ser Tribunal de Justiça

Art. 667. No processo e julgamento do *habeas corpus* de competência originária do Supremo Tribunal Federal, bem como nos de recurso das decisões de última ou única instância, denegatórias de *habeas corpus*, observar-se-á, no que lhes for aplicável, o disposto nos artigos anteriores, devendo o regimento interno do tribunal estabelecer as regras complementares.

→ *V.* Súmula 431 do STF.

Livro IV
DA EXECUÇÃO

→ A Lei 7.210/1984 – Lei de Execução Penal regulamentou a matéria referente à execução.

Título I
Disposições gerais

Art. 668. A execução, onde não houver juiz especial, incumbirá ao juiz da sentença, ou, se a decisão for do Tribunal do Júri, ao seu presidente.

→ *V.* Arts. 65 e 66 da Lei 7.210/1984.

Parágrafo único. Se a decisão for de tribunal superior, nos casos de sua competência originária, caberá ao respectivo presidente prover-lhe a execução.

Art. 669. Só depois de passar em julgado, será exequível a sentença, salvo:

→ *V.* Art. 105 da Lei 7.210/1984.

I – quando condenatória, para o efeito de sujeitar o réu a prisão, ainda no caso de crime afiançável, enquanto não for prestada a fiança;

II – quando absolutória, para o fim de imediata soltura do réu, desde que não proferida em processo por crime a que a lei comine pena de reclusão, no máximo, por tempo igual ou superior a 8 (oito) anos.

Art. 670. No caso de decisão absolutória confirmada ou proferida em grau de apelação, incumbirá ao relator fazer expedir o alvará de soltura, de que dará imediatamente conhecimento ao juiz de primeira instância.

Art. 671. Os incidentes da execução serão resolvidos pelo respectivo juiz.

→ *V.* Art. 180 e SS. da Lei 7.210/1984.

Art. 672. Computar-se-á na pena privativa da liberdade o tempo:

I – de prisão preventiva no Brasil ou no estrangeiro;

II – de prisão provisória no Brasil ou no estrangeiro;

III – de internação em hospital ou manicômio.

Art. 673. Verificado que o réu, pendente a apelação por ele interposta, já sofreu prisão por tempo igual ao da pena a que foi condenado, o relator do feito mandará pô-lo imediatamente em liberdade, sem prejuízo do julgamento do recurso, salvo se, no caso de crime a que a lei comine pena de reclusão, no máximo, por tempo igual ou superior a 8 (oito) anos, o querelante ou o Ministério Público também houver apelado da sentença condenatória.

Título II
Da execução das penas em espécie

→ *V.* Arts. 105 e ss. da Lei 7.210/1984.

Capítulo I
DAS PENAS PRIVATIVAS DE LIBERDADE

Art. 674. Transitando em julgado a sentença que impuser pena privativa de liberdade, se o réu já estiver preso, ou vier a ser preso, o juiz ordenará a expedição de carta de guia para o cumprimento da pena.

Parágrafo único. Na hipótese do art. 82, última parte, a expedição da carta de guia será ordenada pelo juiz competente para a soma ou unificação das penas.

Art. 675. No caso de ainda não ter sido expedido mandado de prisão, por tratar-se de infração penal em que o réu se livra solto ou por estar afiançado, o juiz, ou o presidente da câmara ou tribunal, se tiver havido recurso, fará expedir o mandado de prisão, logo que transite em julgado a sentença condenatória.

§ 1º No caso de reformada pela superior instância, em grau de recurso, a sentença absolutória, estando o réu solto, o presidente da câmara ou do tribunal fará, logo após a sessão de julgamento, remeter ao chefe de polícia o mandado de prisão do condenado.

§ 2º Se o réu estiver em prisão especial, deverá, ressalvado o disposto na legislação relativa aos militares, ser expedida ordem para sua imediata remoção para prisão comum, até que se verifique a expedição de carta de guia para o cumprimento da pena.

Art. 676. A carta de guia, extraída pelo escrivão e assinada pelo juiz, que a rubricará em todas as folhas, será remetida ao diretor do estabelecimento em que tenha de ser cumprida a sentença condenatória, e conterá:

I – o nome do réu e a alcunha por que for conhecido;

II – a sua qualificação civil (naturalidade, filiação, idade, estado, profissão), instrução e, se constar, número do registro geral do Instituto de Identificação e Estatística ou de repartição congênere;

III – o teor integral da sentença condenatória e a data da terminação da pena.

Parágrafo único. Expedida carta de guia para cumprimento de uma pena, se o réu estiver cumprindo outra, só depois de terminada a execução desta será aquela executada. Retificar-se-á a carta de guia sempre que sobrevenha modificação quanto ao início da execução ou ao tempo de duração da pena.

Art. 677. Da carta de guia e seus aditamentos se remeterá cópia ao Conselho Penitenciário.

Art. 678. O diretor do estabelecimento, em que o réu tiver de cumprir a pena, passará recibo da carta de guia para juntar-se aos autos do processo.

Art. 679. As cartas de guia serão registradas em livro especial, segundo a ordem cronológica do recebimento, fazendo-se no curso da execução as anotações necessárias.

Art. 680. Computar-se-á no tempo da pena o período em que o condenado, por sentença irrecorrível, permanecer preso em estabelecimento diverso do destinado ao cumprimento dela.

Art. 681. Se impostas cumulativamente penas privativas da liberdade, será executada primeiro a de reclusão, depois a de detenção e por último a de prisão simples.

Art. 682. O sentenciado a que sobrevier doença mental, verificada por perícia médica, será internado em manicômio judiciário, ou, à falta, em outro estabelecimento adequado, onde lhe seja assegurada a custódia.

§ 1º Em caso de urgência, o diretor do estabelecimento penal poderá determinar a remoção do sentenciado, comunicando imediatamente a providência ao juiz, que, em face da perícia médica, ratificará ou revogará a medida.

§ 2º Se a internação se prolongar até o término do prazo restante da pena e não houver sido imposta medida de segurança detentiva, o indivíduo terá o destino aconselhado pela sua enfermidade, feita a devida comunicação ao juiz de incapazes.

Art. 683. O diretor da prisão a que o réu tiver sido recolhido provisoriamente ou em cumprimento de pena comunicará imediatamente ao juiz o óbito, a fuga ou a soltura do detido ou sentenciado para que fique constando dos autos.

Parágrafo único. A certidão de óbito acompanhará a comunicação.

Art. 684. A recaptura do réu evadido não depende de prévia ordem judicial e poderá ser efetuada por qualquer pessoa.

Art. 685. Cumprida ou extinta a pena, o condenado será posto, imediatamente, em liberdade, mediante alvará do juiz, no qual se ressalvará a hipótese de dever o condenado continuar na prisão por outro motivo legal.

→ *V.* Arts. 82 e 108 do CP.

Parágrafo único. Se tiver sido imposta medida de segurança detentiva, o condenado será removido para estabelecimento adequado (art. 762).

Capítulo II
DAS PENAS PECUNIÁRIAS

→ *V.* Arts. 164 e ss. da Lei 7.210/1984.

Art. 686. A pena de multa será paga dentro em 10 (dez) dias após haver transitado em julgado a sentença que a impuser.

Parágrafo único. Se interposto recurso da sentença, esse prazo será contado do dia em que o juiz ordenar o cumprimento da decisão da superior instância.

Art. 687. O juiz poderá, desde que o condenado o requeira:

I – prorrogar o prazo do pagamento da multa até 3 (três) meses, se as circunstâncias justificarem essa prorrogação;

II – permitir, nas mesmas circunstâncias, que o pagamento se faça em parcelas mensais, no prazo que fixar, mediante caução real ou fidejussória, quando necessário.

→ Inciso II com redação alterada pela Lei 6.416/1977.

§ 1º O requerimento, tanto no caso do n. I, como no do n. II, será feito dentro do decêndio concedido para o pagamento da multa.

§ 2º A permissão para o pagamento em parcelas será revogada, se o juiz verificar que o condenado dela se vale para fraudar a execução da pena. Nesse caso, a caução resolver-se-á em valor monetário, devolvendo-se ao condenado o que exceder à satisfação da multa e das custas processuais.

→ § 2º com redação alterada pela Lei 6.416/1977.

Art. 688. Findo o decêndio ou a prorrogação sem que o condenado efetue o pagamento, ou ocorrendo a hipótese prevista no § 2º do artigo anterior, observar-se-á o seguinte:

I – possuindo o condenado bens sobre os quais possa recair a execução, será extraída certidão da sentença condenatória, a fim de que o Ministério Público proceda à cobrança judicial;

II – sendo o condenado insolvente, far-se-á a cobrança:

a) mediante desconto de quarta parte de sua remuneração (arts. 29, § 1º, e 37 do Código Penal), quando cumprir pena privativa da liberdade, cumulativamente imposta com a de multa;

b) mediante desconto em seu vencimento ou salário, se, cumprida a pena privativa da liberdade, ou concedido o livramento condicional, a multa não houver sido resgatada;

c) mediante esse desconto, se a multa for a única pena imposta ou no caso de suspensão condicional da pena.

§ 1º O desconto, nos casos das letras *b* e *c*, será feito mediante ordem ao empregador, à repartição competente ou à administração da entidade paraestatal, e, antes de fixá-lo, o juiz requisitará informações e ordenará diligências, inclusive arbitramento, quando necessário, para observância do art. 37, § 3º, do Código Penal.

§ 2º Sob pena de desobediência e sem prejuízo da execução a que ficará sujeito, o empregador será intimado a recolher mensalmente, até o dia fixado pelo juiz, a importância correspondente ao desconto, em selo penitenciário, que será inutilizado nos autos pelo juiz.

§ 3º Se o condenado for funcionário estadual ou municipal ou empregado de entidade paraestatal, a importância do desconto será, semestralmente, recolhida ao Tesouro Nacional, delegacia fiscal ou coletoria federal, como receita do selo penitenciário.

§ 4º As quantias descontadas em folha de pagamento de funcionário federal constituirão renda do selo penitenciário.

Art. 689. A multa será convertida, à razão de dez mil-réis por dia, em detenção ou prisão simples, no caso de crime ou de contravenção:

→ *V.* Súmula 611 do STF.

→ *V.* Art. 51 do CP.

I – se o condenado solvente frustrar o pagamento da multa;

II – se não forem pagas pelo condenado solvente as parcelas mensais autorizadas sem garantia.

→ Inciso II com redação alterada pela Lei 6.416/1977.

§ 1º Se o juiz reconhecer desde logo a existência de causa para a conversão, a ela procederá de ofício ou a requerimento do Ministério Público, independentemente de audiência do condenado; caso contrário, depois de ouvir o condenado, se encontrado no lugar da sede do juízo, poderá admitir a apresentação de prova pelas partes, inclusive testemunhal, no prazo de 3 (três) dias.

§ 2º O juiz, desde que transite em julgado a decisão, ordenará a expedição de mandado de prisão ou aditamento à carta de guia, conforme esteja o condenado solto ou em cumprimento de pena privativa da liberdade.

§ 3º Na hipótese do inciso II deste artigo, a conversão será feita pelo valor das parcelas não pagas.

→ § 3º acrescentado pela Lei 6.416/1977.

Art. 690. O juiz tornará sem efeito a conversão, expedindo alvará de soltura ou cassando a ordem de prisão, se o condenado, em qualquer tempo:

I – pagar a multa;

II – prestar caução real ou fidejussória que lhe assegure o pagamento.

Parágrafo único. No caso do n. II, antes de homologada a caução, será ouvido o Ministério Público dentro do prazo de 2 (dois) dias.

Capítulo III
DAS PENAS ACESSÓRIAS

→ *v.* Arts. 43 a 48 e 91 e 92 do CP.

Art. 691. O juiz dará à autoridade administrativa competente conhecimento da sentença transitada em julgado, que impuser ou de que resultar a perda da função pública ou a incapacidade temporária para investidura em função pública ou para exercício de profissão ou atividade.

Art. 692. No caso de incapacidade temporária ou permanente para o exercício do pátrio poder, da tutela ou da curatela, o juiz providenciará para que sejam acautelados, no juízo competente, a pessoa e os bens do menor ou do interdito.

Art. 693. A incapacidade permanente ou temporária para o exercício da autoridade marital ou do pátrio poder será averbada no registro civil.

Art. 694. As penas acessórias consistentes em interdições de direitos serão comunicadas ao Instituto de Identificação e Estatística ou estabelecimento congênere, figurarão na folha de antecedentes do condenado e serão mencionadas no rol de culpados.

Art. 695. Iniciada a execução das interdições temporárias (art. 72, *a* e *b*, do Código Penal), o juiz, de ofício, a requerimento do Ministério Público ou do condenado, fixará o seu termo final, completando as providências determinadas nos artigos anteriores.

Título III
Dos incidentes da execução

Capítulo I
DA SUSPENSÃO CONDICIONAL DA PENA

→ *v.* Art. 156 e ss. da Lei 7.210/1984.

Art. 696. O juiz poderá suspender, por tempo não inferior a 2 (dois) nem superior a 6 (seis) anos, a execução das penas de reclusão e de detenção que não excedam a 2 (dois) anos, ou, por tempo não inferior a 1 (um) nem superior a 3 (três) anos, a execução da pena de prisão simples, desde que o sentenciado:

→ *Caput* com redação alterada pela Lei 6.416/1977.

I – não haja sofrido, no País ou no estrangeiro, condenação irrecorrível por outro crime a pena privativa da liberdade, salvo o disposto no parágrafo único do art. 46 do Código Penal;

→ Inciso I com redação alterada pela Lei 6.416/1977.

II – os antecedentes e a personalidade do sentenciado, os motivos e as circunstâncias do crime autorizem a presunção de que não tornará a delinquir.

Parágrafo único. Processado o beneficiário por outro crime ou contravenção, considerar-se-á prorrogado o prazo da suspensão da pena até o julgamento definitivo.

Art. 697. O juiz ou tribunal, na decisão que aplicar pena privativa da liberdade não superior a 2 (dois) anos, deverá pronunciar-se, motivadamente, sobre a suspensão condicional, quer a conceda quer a denegue.

→ Artigo com redação alterada pela Lei 6.416/1977.

Art. 698. Concedida a suspensão, o juiz especificará as condições a que fica sujeito o condenado, pelo prazo previsto, começando este a correr da audiência em que se der conhecimento da sentença ao beneficiário e lhe for entregue documento similar ao descrito no art. 724.

→ Artigo com redação alterada pela Lei 6.416/1977.

§ 1º As condições serão adequadas ao delito e à personalidade do condenado.

§ 2º Poderão ser impostas, além das estabelecidas no art. 767, como normas de conduta e obrigações, as seguintes condições:

I – frequentar curso de habilitação profissional ou de instrução escolar;

II – prestar serviços em favor da comunidade;

III – atender aos encargos de família;

IV – submeter-se a tratamento de desintoxicação.

§ 3º O juiz poderá fixar, a qualquer tempo, de ofício ou a requerimento do Ministério Público, outras condições além das especificadas na sentença e das referidas no parágrafo anterior, desde que as circunstâncias o aconselhem.

§ 4º A fiscalização do cumprimento das condições deverá ser regulada, nos Estados, Territórios e Distrito Federal, por normas supletivas e atribuída a serviço social penitenciário, patronato, conselho de comunidade ou entidades similares, inspecionadas pelo Conselho Penitenciário, pelo Ministério Público ou ambos, devendo o juiz da execução na comarca suprir, por ato, a falta das normas supletivas.

§ 5º O beneficiário deverá comparecer periodicamente à entidade fiscalizadora, para comprovar a observância das condições a que está sujeito, comunicando, também, a sua ocupação, os salários ou proventos de que vive, as economias que conseguiu realizar e as dificuldades materiais ou sociais que enfrenta.

§ 6º A entidade fiscalizadora deverá comunicar imediatamente ao órgão de inspeção, para os fins legais (arts. 730 e 731), qualquer fato capaz de acarretar a revogação do benefício, a prorrogação do prazo ou a modificação das condições.

§ 7º Se for permitido ao beneficiário mudar-se, será feita comunicação ao juiz e à entidade fiscalizadora do local da nova residência, aos quais deverá apresentar-se imediatamente.

Art. 699. No caso de condenação pelo Tribunal do Júri, a suspensão condicional da pena competirá ao seu presidente.

Art. 700. A suspensão não compreende a multa, as penas acessórias, os efeitos da condenação nem as custas.

Art. 701. O juiz, ao conceder a suspensão, fixará, tendo em conta as condições econômicas ou profissionais do réu, o prazo para o pagamento, integral ou em prestações, das custas do processo e taxa penitenciária.

Art. 702. Em caso de coautoria, a suspensão poderá ser concedida a uns e negada a outros réus.

Art. 703. O juiz que conceder a suspensão lerá ao réu, em audiência, a sentença respectiva, e o advertirá das consequências de nova infração penal e da transgressão das obrigações impostas.

Art. 704. Quando for concedida a suspensão pela superior instância, a esta caberá estabelecer-lhe as condições, podendo a audiência ser presidida por qualquer membro do tribunal ou câmara, pelo juiz do processo ou por outro designado pelo presidente do tribunal ou câmara.

Art. 705. Se, intimado pessoalmente ou por edital com prazo de 20 (vinte) dias, o réu não comparecer à audiência a que se refere o art. 703, a suspensão ficará sem efeito e será executada imediatamente a pena, salvo prova de justo impedimento, caso em que será marcada nova audiência.

Art. 706. A suspensão também ficará sem efeito se, em virtude de recurso, for aumentada a pena de modo que exclua a concessão do benefício.

→ Artigo com redação alterada pela Lei 6.416/1977.

Art. 707. A suspensão será revogada se o beneficiário:

→ Artigo com redação alterada pela Lei 6.416/1977.

I – é condenado, por sentença irrecorrível, a pena privativa da liberdade;

II – frustra, embora solvente, o pagamento da multa, ou não efetua, sem motivo justificado, a reparação do dano.

Parágrafo único. O juiz poderá revogar a suspensão, se o beneficiário deixa de cumprir qualquer das obrigações constantes da sentença, de observar proibições inerentes à pena acessória, ou é irrecorrivelmente condenado a pena que não seja privativa da liberdade; se não a revogar, deverá advertir o beneficiário, ou exacerbar as condições ou, ainda, prorrogar o período da suspensão até o máximo, se esse limite não foi o fixado.

Art. 708. Expirado o prazo de suspensão ou a prorrogação, sem que tenha ocorrido motivo de revogação, a pena privativa de liberdade será declarada extinta.

Parágrafo único. O juiz, quando julgar necessário, requisitará, antes do julgamento, nova folha de antecedentes do beneficiário.

Art. 709. A condenação será inscrita, com a nota de suspensão, em livros especiais do Instituto de Identificação e Estatística, ou repartição congênere, averbando-se, mediante comunicação do juiz ou do tribunal, a revogação da suspensão ou a extinção da pena. Em caso de revogação, será feita a averbação definitiva no registro geral.

§ 1º Nos lugares onde não houver Instituto de Identificação e Estatística ou repartição congênere, o registro e a averbação serão feitos em livro próprio no juízo ou no tribunal.

§ 2º O registro será secreto, salvo para efeito de informações requisitadas por autoridade judiciária, no caso de novo processo.

§ 3º Não se aplicará o disposto no § 2º, quando houver sido imposta ou resultar de condenação pena acessória consistente em interdição de direitos.

Capítulo II
DO LIVRAMENTO CONDICIONAL

→ *v.* Art. 131 e ss. da Lei 7.210/1984.

Art. 710. O livramento condicional poderá ser concedido ao condenado a pena privativa da liberdade igual ou superior a 2 (dois) anos, desde que se verifiquem as condições seguintes:

→ *Caput* com redação alterada pela Lei 6.416/1977.

CPP

I – cumprimento de mais da metade da pena, ou mais de três quartos, se reincidente o sentenciado;

→ Inciso I com redação alterada pela Lei 6.416/1977.

II – ausência ou cessação de periculosidade;

III – bom comportamento durante a vida carcerária;

IV – aptidão para prover à própria subsistência mediante trabalho honesto;

V – reparação do dano causado pela infração, salvo impossibilidade de fazê-lo.

→ Inciso V com redação alterada pela Lei 6.416/1977.

Art. 711. As penas que correspondem a infrações diversas podem somar-se, para efeito do livramento.

→ Artigo com redação alterada pela Lei 6.416/1977.

Art. 712. O livramento condicional poderá ser concedido mediante requerimento do sentenciado, de seu cônjuge ou de parente em linha reta, ou por proposta do diretor do estabelecimento penal, ou por iniciativa do Conselho Penitenciário.

→ *Caput* com redação alterada pelo Dec.-lei 6.109/1943.

Parágrafo único. No caso do artigo anterior, a concessão do livramento competirá ao juiz da execução da pena que o condenado estiver cumprindo.

Art. 713. As condições de admissibilidade, conveniência e oportunidade da concessão do livramento serão verificadas pelo Conselho Penitenciário, a cujo parecer não ficará, entretanto, adstrito o juiz.

Art. 714. O diretor do estabelecimento penal remeterá ao Conselho Penitenciário minucioso relatório sobre:

I – o caráter do sentenciado, revelado pelos seus antecedentes e conduta na prisão;

II – o procedimento do liberando na prisão, sua aplicação ao trabalho e seu trato com os companheiros e funcionários do estabelecimento;

III – suas relações, quer com a família, quer com estranhos;

IV – seu grau de instrução e aptidão profissional, com a indicação dos serviços em que haja sido empregado e da especialização anterior ou adquirida na prisão;

V – sua situação financeira, e seus propósitos quanto ao seu futuro meio de vida, juntando o diretor, quando dada por pessoa idônea, promessa escrita de colocação do liberando, com indicação do serviço e do salário.

Parágrafo único. O relatório será, dentro do prazo de 15 (quinze) dias, remetido ao Conselho, com o prontuário do sentenciado, e, na falta, o Conselho opinará livremente, comunicando à autoridade competente a omissão do diretor da prisão.

Art. 715. Se tiver sido imposta medida de segurança detentiva, o livramento não poderá ser concedido sem que se verifique, mediante exame das condições do sentenciado, a cessação da periculosidade.

Parágrafo único. Consistindo a medida de segurança em internação em casa de custódia e tratamento, proceder-se-á a exame mental do sentenciado.

Art. 716. A petição ou a proposta de livramento será remetida ao juiz ou ao tribunal por ofício do presidente do Conselho Penitenciário, com a cópia do respectivo parecer e do relatório do diretor da prisão.

§ 1º Para emitir parecer, o Conselho poderá determinar diligências e requisitar os autos do processo.

§ 2º O juiz ou o tribunal mandará juntar a petição ou a proposta, com o ofício ou documento que a acompanhar, aos autos do processo, e proferirá sua decisão, previamente ouvido o Ministério Público.

Art. 717. Na ausência da condição prevista no art. 710, I, o requerimento será liminarmente indeferido.

→ Artigo com redação alterada pela Lei 6.416/1977.

Art. 718. Deferido o pedido, o juiz, ao especificar as condições a que ficará subordinado o livramento, atenderá ao disposto no art. 698, §§ 1º, 2º e 5º.

→ Artigo com redação alterada pela Lei 6.416/1977.

§ 1º Se for permitido ao liberado residir fora da jurisdição do juiz da execução, remeter-se-á cópia da sentença do livramento à autoridade judiciária do lugar para onde ele se houver transferido, e à entidade de observação cautelar e proteção.

§ 2º O liberado será advertido da obrigação de apresentar-se imediatamente à autoridade judiciária e à entidade de observação cautelar e proteção.

Art. 719. O livramento ficará também subordinado à obrigação de pagamento das custas do processo e da taxa penitenciária, salvo caso de insolvência comprovada.

Parágrafo único. O juiz poderá fixar o prazo para o pagamento integral ou em prestações, tendo em consideração as condições econômicas ou profissionais do liberado.

Art. 720. A forma de pagamento da multa, ainda não paga pelo liberando, será determinada de acordo com o disposto no art. 688.

Art. 721. Reformada a sentença denegatória do livramento, os autos baixarão ao juiz da primeira instância, a fim de que determine as condições que devam ser impostas ao liberando.

Art. 722. Concedido o livramento, será expedida carta de guia, com a cópia integral da sentença em duas vias, remetendo-se uma ao diretor do estabelecimento penal e outra ao presidente do Conselho Penitenciário.

Art. 723. A cerimônia do livramento condicional será realizada solenemente, em dia marcado pela autoridade que deva presidi-la, observando-se o seguinte:

I – a sentença será lida ao liberando, na presença dos demais presos, salvo motivo relevante, pelo presidente do Conselho Penitenciário, ou pelo seu representante junto ao estabelecimento penal, ou, na falta, pela autoridade judiciária local;

II – o diretor do estabelecimento penal chamará a atenção do liberando para as condições impostas na sentença de livramento;

III – o preso declarará se aceita as condições.

§ 1º De tudo, em livro próprio, se lavrará termo, subscrito por quem presidir a cerimônia, e pelo liberando, ou alguém a seu rogo, se não souber ou não puder escrever.

§ 2º Desse termo, se remeterá cópia ao juiz do processo.

Art. 724. Ao sair da prisão o liberado, ser-lhe-á entregue, além do saldo do seu pecúlio e do que lhe pertencer, uma caderneta que exibirá à autoridade judiciária ou administrativa sempre que lhe for exigido. Essa caderneta conterá:

I – a reprodução da ficha de identidade, ou o retrato do liberado, sua qualificação e sinais característicos;

II – o texto impresso dos artigos do presente Capítulo;

III – as condições impostas ao liberado;

IV – a pena acessória a que esteja sujeito.

→ Inciso IV acrescentado pela Lei 6.416/1977.

§ 1º Na falta de caderneta, será entregue ao liberado um salvo-conduto, em que constem as condições do livramento e a pena acessória, podendo substituir-se a ficha de identidade ou o retrato do liberado pela descrição dos sinais que possam identificá-lo.

→ § 1º acrescentado pela Lei 6.416/1977.

§ 2º Na caderneta e no salvo-conduto deve haver espaço para consignar o cumprimento das condições referidas no art. 718.

→ § 2º acrescentado pela Lei 6.416/1977.

Art. 725. A observação cautelar e proteção realizadas por serviço social penitenciário, patronato, conselho de comunidade ou entidades similares, terá a finalidade de:

→ Artigo com redação alterada pela Lei 6.416/1977.

I – fazer observar o cumprimento da pena acessória, bem como das condições especificadas na sentença concessiva do benefício;

II – proteger o beneficiário, orientando-o na execução de suas obrigações e auxiliando-o na obtenção de atividade laborativa.

Parágrafo único. As entidades encarregadas de observação cautelar e proteção do liberado apresentarão relatório ao Conselho Penitenciário, para efeito da representação prevista nos arts. 730 e 731.

Art. 726. Revogar-se-á o livramento condicional, se o liberado vier, por crime ou contravenção, a ser condenado por sentença irrecorrível a pena privativa de liberdade.

Art. 727. O juiz pode, também, revogar o livramento, se o liberado deixar de cumprir qualquer das obrigações constantes da sentença, de observar proibições inerentes à pena acessória ou for irrecorrivelmente condenado, por crime, à pena que não seja privativa da liberdade.

→ Artigo com redação alterada pela Lei 6.416/1977.

Parágrafo único. Se o juiz não revogar o livramento, deverá advertir o liberado ou exacerbar as condições.

Art. 728. Se a revogação for motivada por infração penal anterior à vigência do livramento, computar-se-á no tempo da pena o período em que esteve solto o liberado, sendo permitida, para a concessão de novo livramento, a soma do tempo das duas penas.

Art. 729. No caso de revogação por outro motivo, não se computará na pena o tempo em que esteve solto o liberado, e tampouco se concederá, em relação à mesma pena, novo livramento.

Art. 730. A revogação do livramento será decretada mediante representação do Conselho Penitenciário, ou a requerimento do Ministério Público, ou de ofício, pelo juiz, que, antes, ouvirá o liberado, podendo ordenar diligências e permitir a produção de prova, no prazo de 5 (cinco) dias.

→ Artigo com redação alterada pela Lei 6.416/1977.

Art. 731. O juiz, de ofício, a requerimento do Ministério Público, ou mediante representação do Conselho Penitenciário, poderá modificar as condições ou normas de conduta especificadas na sentença, devendo a respectiva decisão ser lida ao liberado por uma das autoridades ou por um dos funcionários indicados no inciso I do art. 723, observado o disposto nos incisos II e III, e §§ 1º e 2º do mesmo artigo.

→ Artigo com redação alterada pela Lei 6.416/1977.

Art. 732. Praticada pelo liberado nova infração, o juiz ou o tribunal poderá ordenar a sua prisão, ouvido o Conselho Penitenciário, suspendendo o curso do livramento condicional, cuja revogação ficará, entretanto, dependendo da decisão final no novo processo.

Art. 733. O juiz, de ofício, ou a requerimento do interessado, do Ministério Público, ou do Conselho Penitenciário, julgará extinta a pena privativa de liberdade, se expirar o prazo do livramento sem revogação, ou na hipótese do artigo anterior, for o liberado absolvido por sentença irrecorrível.

Título IV
Da graça, do indulto, da anistia e da reabilitação

Capítulo I
DA GRAÇA, DO INDULTO E DA ANISTIA

→ *v.* Art. 187 e ss. da Lei 7.210/1984.

Art. 734. A graça poderá ser provocada por petição do condenado, de qualquer pessoa do povo, do Conselho Penitenciário, ou do Ministério Público, ressalvada, entretanto, ao Presidente da República, a faculdade de concedê-la espontaneamente.

Art. 735. A petição de graça, acompanhada dos documentos com que o impetrante a instruir, será remetida ao Ministro da Justiça por intermédio do Conselho Penitenciário.

Art. 736. O Conselho Penitenciário, à vista dos autos do processo, e depois de ouvir o diretor do estabelecimento penal a que estiver recolhido o condenado, fará, em relatório, a narração do fato criminoso, examinará as provas, mencionará qualquer formalidade ou circunstância omitida na petição e exporá os antecedentes do condenado e seu procedimento depois de preso, opinando sobre o mérito do pedido.

Art. 737. Processada no Ministério da Justiça, com os documentos e o relatório do Conselho Penitenciário, a petição subirá a despacho do Presidente da República, a quem serão presentes os autos do processo ou a certidão de qualquer de suas peças, se ele o determinar.

Art. 738. Concedida a graça e junta aos autos cópia do decreto, o juiz declarará extinta a pena ou penas, ou ajustará a execução aos termos do decreto, no caso de redução ou comutação de pena.

Art. 739. O condenado poderá recusar a comutação da pena.

Art. 740. Os autos da petição de graça serão arquivados no Ministério da Justiça.

Art. 741. Se o réu for beneficiado por indulto, o juiz, de ofício ou a requerimento do interessado, do Ministério Público ou por iniciativa do Conselho Penitenciário, providenciará de acordo com o disposto no art. 738.

Art. 742. Concedida a anistia após transitar em julgado a sentença condenatória, o juiz, de ofício ou a requerimento do interessado, do Ministério Público ou por iniciativa do Conselho Penitenciário, declarará extinta a pena.

Capítulo II
DA REABILITAÇÃO

→ *v.* Arts. 93 a 95 do CP.

Art. 743. A reabilitação será requerida ao juiz da condenação, após o decurso de 4 (quatro) ou 8 (oito) anos, pelo menos, conforme se trate de condenado ou reincidente, contados do dia em que houver terminado a execução da pena principal ou da medida de segurança detentiva, devendo o requerente indicar as comarcas em que haja residido durante aquele tempo.

→ *v.* Art. 94 do CP.

→ Onde se lê condenado ou reincidente leia-se condenado primário ou reincidente.

Art. 744. O requerimento será instruído com:

I – certidões comprobatórias de não ter o requerente respondido, nem estar respondendo a processo penal, em qualquer das comarcas em que houver residido durante o prazo a que se refere o artigo anterior;

II – atestados de autoridades policiais ou outros documentos que comprovem ter residido nas comarcas indicadas e mantido, efetivamente, bom comportamento;

III – atestados de bom comportamento fornecidos por pessoas a cujo serviço tenha estado;

IV – quaisquer outros documentos que sirvam como prova de sua regeneração;

V – prova de haver ressarcido o dano causado pelo crime ou persistir a impossibilidade de fazê-lo.

Art. 745. O juiz poderá ordenar as diligências necessárias para apreciação do pedido, cercando-as do sigilo possível e, antes da decisão final, ouvirá o Ministério Público.

Art. 746. Da decisão que conceder a reabilitação haverá recurso de ofício.

→ *v.* Arts. 564, III, *n* e 581, VIII e IX, do CPP.

Art. 747. A reabilitação, depois de sentença irrecorrível, será comunicada ao Instituto de Identificação e Estatística ou repartição congênere.

→ *v.* Art. 23 do CPP.

→ *v.* Art. 202 da Lei 7.210/1984.

Art. 748. A condenação ou condenações anteriores não serão mencionadas na folha de antecedentes do reabilitado, nem em certidão extraída dos livros do juízo, salvo quando requisitadas por juiz criminal.

→ *v.* Art. 93 do CP.

→ *v.* Art. 202 da Lei 7.210/1984.

Art. 749. Indeferida a reabilitação, o condenado não poderá renovar o pedido senão após o decurso de 2 (dois) anos, salvo se o indeferimento tiver resultado de falta ou insuficiência de documentos.

→ *v.* Art. 94, parágrafo único, do CP.

→ *v.* Art. 581, IX, do CPP.

Art. 750. A revogação de reabilitação (Código Penal, art. 120) será decretada pelo juiz, de ofício ou a requerimento do Ministério Público.

→ *v.* Art. 95 do CP.

Título V
Da execução das medidas de segurança

→ *v.* Art. 171 e ss. da Lei 7.210/1984.

Art. 751. Durante a execução da pena ou durante o tempo em que a ela se furtar o condenado, poderá ser imposta medida de segurança, se:

I – o juiz ou o tribunal, na sentença:

a) omitir sua decretação, nos casos de periculosidade presumida;

b) deixar de aplicá-la ou de excluí-la expressamente;

c) declarar os elementos constantes do processo insuficientes para a imposição ou exclusão da medida e ordenar indagações para a verificação da periculosidade do condenado;

II – tendo sido, expressamente, excluída na sentença a periculosidade do condenado, novos fatos demonstrarem ser ele perigoso.

Art. 752. Poderá ser imposta medida de segurança, depois de transitar em julgado a sentença, ainda quando não iniciada a execução da pena, por motivo diverso de fuga ou ocultação do condenado:

I – no caso da letra *a* do n. I do artigo anterior, bem como no da letra *b*, se tiver sido alegada a periculosidade;

II – no caso da letra *c* do n. I do mesmo artigo.

Art. 753. Ainda depois de transitar em julgado a sentença absolutória, poderá ser imposta a medida de segurança, enquanto não decorrido tempo equivalente ao da sua duração mínima, a indivíduo que a lei presuma perigoso.

→ *v.* Súmula 422 do STF.

Art. 754. A aplicação da medida de segurança, nos casos previstos nos arts. 751 e 752, competirá ao juiz da execução da pena, e, no caso do art. 753, ao juiz da sentença.

Art. 755. A imposição da medida de segurança, nos casos dos arts. 751 a 753, poderá ser decretada de ofício ou a requerimento do Ministério Público.

→ *v.* Súmula 422 do STF.

Parágrafo único. O diretor do estabelecimento penal, que tiver conhecimento de fatos indicativos da periculosidade do condenado a quem não tenha sido imposta medida de segurança, deverá logo comunicá-los ao juiz.

Art. 756. Nos casos do n. I, *a* e *b*, do art. 751, e n. I do art. 752, poderá ser dispensada nova audiência do condenado.

Art. 757. Nos casos do n. I, *c*, e n. II do art. 751 e n. II do art. 752, o juiz, depois de proceder às diligências que julgar convenientes, ouvirá o Ministério Público e concederá ao condenado o prazo de 3 (três) dias para alegações, devendo a prova requerida ou reputada necessária pelo juiz ser produzida dentro em 10 (dez) dias.

§ 1º O juiz nomeará defensor ao condenado que o requerer.

§ 2º Se o réu estiver foragido, o juiz procederá às diligências que julgar convenientes, concedendo o prazo de provas, quando requerido pelo Ministério Público.

§ 3º Findo o prazo de provas, o juiz proferirá a sentença dentro de 3 (três) dias.

Art. 758. A execução da medida de segurança incumbirá ao juiz da execução da sentença.

Art. 759. No caso do art. 753, o juiz ouvirá o curador já nomeado ou que então nomear, podendo mandar submeter o condenado a exame mental, internando-o, desde logo, em estabelecimento adequado.

Art. 760. Para a verificação da periculosidade, no caso do § 3º do art. 78 do Código Penal, observar-se-á o disposto no art. 757, no que for aplicável.

Art. 761. Para a providência determinada no art. 84, § 2º, do Código Penal, se as sentenças forem proferidas por juízes diferentes, será competente o juiz que tiver sentenciado por último ou a autoridade de jurisdição prevalente no caso do art. 82.

Art. 762. A ordem de internação, expedida para executar-se medida de segurança detentiva, conterá:

I – a qualificação do internando;

II – o teor da decisão que tiver imposto a medida de segurança;

III – a data em que terminará o prazo mínimo da internação.

Art. 763. Se estiver solto o internando, expedir-se-á mandado de captura, que será cumprido por oficial de justiça ou por autoridade policial.

Art. 764. O trabalho nos estabelecimentos referidos no art. 88, § 1º, n. III, do Código Penal, será educativo e remunerado, de modo que assegure ao internado meios de subsistência, quando cessar a internação.

§ 1º O trabalho poderá ser praticado ao ar livre.

§ 2º Nos outros estabelecimentos, o trabalho dependerá das condições pessoais do internado.

Art. 765. A quarta parte do salário caberá ao Estado ou, no Distrito Federal e nos Territórios, à União, e o restante será depositado em nome do internado ou, se este preferir, entregue à sua família.

Art. 766. A internação das mulheres será feita em estabelecimento próprio ou em seção especial.

Art. 767. O juiz fixará as normas de conduta que serão observadas durante a liberdade vigiada.

§ 1º Serão normas obrigatórias, impostas ao indivíduo sujeito à liberdade vigiada:

a) tomar ocupação, dentro de prazo razoável, se for apto para o trabalho;

b) não mudar do território da jurisdição do juiz, sem prévia autorização deste.

§ 2º Poderão ser impostas ao indivíduo sujeito à liberdade vigiada, entre outras obrigações, as seguintes:

a) não mudar de habitação sem aviso prévio ao juiz, ou à autoridade incumbida da vigilância;

b) recolher-se cedo à habitação;

c) não trazer consigo armas ofensivas ou instrumentos capazes de ofender;

d) não frequentar casas de bebidas ou de tavolagem, nem certas reuniões, espetáculos ou diversões públicas.

§ 3º Será entregue ao indivíduo sujeito à liberdade vigiada uma caderneta, de que constarão as obrigações impostas.

Art. 768. As obrigações estabelecidas na sentença serão comunicadas à autoridade policial.

Art. 769. A vigilância será exercida discretamente, de modo que não prejudique o indivíduo a ela sujeito.

Art. 770. Mediante representação da autoridade incumbida da vigilância, a requerimento do Ministério Público ou de ofício, poderá o juiz modificar as normas fixadas ou estabelecer outras.

Art. 771. Para execução do exílio local, o juiz comunicará sua decisão à autoridade policial do lugar ou dos lugares onde o exilado está proibido de permanecer ou de residir.

§ 1º O infrator da medida será conduzido à presença do juiz que poderá mantê-lo detido até proferir decisão.

§ 2º Se for reconhecida a transgressão e imposta, consequentemente, a liberdade vigiada, determinará o juiz que a autoridade policial providencie a fim de que o infrator siga imediatamente para o lugar de residência por ele escolhido, e oficiará à autoridade policial desse lugar, observando-se o disposto no art. 768.

Art. 772. A proibição de frequentar determinados lugares será comunicada pelo juiz à autoridade policial, que lhe dará conhecimento de qualquer transgressão.

Art. 773. A medida de fechamento de estabelecimento ou de interdição de associação será comunicada pelo juiz à autoridade policial, para que a execute.

Art. 774. Nos casos do parágrafo único do art. 83 do Código Penal, ou quando a transgressão de uma medida de segurança importar a imposição de outra, observar-se-á o disposto no art. 757, no que for aplicável.

Art. 775. A cessação ou não da periculosidade se verificará ao fim do prazo mínimo de duração da medida de segurança pelo exame das condições da pessoa a que tiver sido imposta, observando-se o seguinte:

I – o diretor do estabelecimento de internação ou a autoridade policial incumbida da vigilância, até 1 (um) mês antes de expirado o prazo de duração mínima da medida, se não for inferior a 1 (um) ano, ou até 15 (quinze) dias nos outros casos, remeterá ao juiz da execução minucioso relatório, que o habilite a resolver sobre a cessação ou permanência da medida;

II – se o indivíduo estiver internado em manicômio judiciário ou em casa de custódia e tratamento, o relatório será acompanhado do laudo de exame pericial feito por 2 (dois) médicos designados pelo diretor do estabelecimento;

III – o diretor do estabelecimento de internação ou a autoridade policial deverá, no relatório, concluir pela conveniência da revogação, ou não, da medida de segurança;

IV – se a medida de segurança for o exílio local ou a proibição de frequentar determinados lugares, o juiz, até 1 (um) mês ou 15 (quinze) dias antes de expirado o prazo mínimo de duração, ordenará as diligências necessárias, para verificar se desapareceram as causas da aplicação da medida;

V – junto aos autos o relatório, ou realizadas as diligências, serão ouvidos sucessivamente o Ministério Público e o curador ou o defensor, no prazo de 3 (três) dias para cada um;

VI – o juiz nomeará curador ou defensor ao interessado que o não tiver;

VII – o juiz, de ofício, ou a requerimento de qualquer das partes, poderá determinar novas diligências, ainda que já expirado o prazo de duração mínima da medida de segurança;

VIII – ouvidas as partes ou realizadas as diligências a que se refere o número anterior o juiz proferirá a sua decisão, no prazo de 3 (três) dias.

Art. 776. Nos exames sucessivos a que se referem o § 1º, II, e § 2º do art. 81 do Código Penal, observar-se-á, no que lhes for aplicável, o disposto no artigo anterior.

Art. 777. Em qualquer tempo, ainda durante o prazo mínimo de duração da medida de segurança, poderá o tribunal, câmara ou turma, a requerimento do Ministério Público ou do interessado, seu defensor ou curador, ordenar o exame, para a verificação da cessação da periculosidade.

→ *v.* Súmula 520 do STF.

§ 1º Designado o relator e ouvido o procurador-geral, se a medida não tiver sido por ele requerida, o pedido será julgado na primeira sessão.

§ 2º Deferido o pedido, a decisão será imediatamente comunicada ao juiz, que requisitará, marcando prazo, o relatório e o exame a que se referem os ns. I e II do art. 775 ou ordenará as diligências mencionadas no n. IV do mesmo artigo, prosseguindo de acordo com o disposto nos outros incisos do citado artigo.

Art. 778. Transitando em julgado a sentença de revogação, o juiz expedirá ordem para a desinternação, quando se tratar de medida detentiva, ou para que cesse a vigilância ou a proibição, nos outros casos.

Art. 779. O confisco dos instrumentos e produtos do crime, no caso previsto no art. 100 do Código Penal, será decretado no despacho de arquivamento do inquérito, na sentença de impronúncia ou na sentença absolutória.

Livro V
DAS RELAÇÕES JURISDICIONAIS COM AUTORIDADE ESTRANGEIRA

Título Único

Capítulo I
DISPOSIÇÕES GERAIS

Art. 780. Sem prejuízo de convenções ou tratados, aplicar-se-á o disposto neste Título à homologação de sentenças penais estrangeiras e à expedição e ao cumprimento de cartas rogatórias para citações, inquirições e outras diligências necessárias à instrução de processo penal.

→ *v.* Arts. 105, I, *i*, e 109, X, da CF/1988.

→ *v.* Arts. 5º, *caput*, 9º, I, do CP.

→ *v.* Arts. 1º, I, 368, do CPP.

→ *v.* Art. 8º, § 2º, da Lei 9.613/1998.

Art. 781. As sentenças estrangeiras não serão homologadas, nem as cartas rogatórias cumpridas, se contrárias à ordem pública e aos bons costumes.

→ v. Art. 17 da LINDB.

Art. 782. O trânsito, por via diplomática, dos documentos apresentados constituirá prova bastante de sua autenticidade.

Capítulo II
DAS CARTAS ROGATÓRIAS

→ v. Art. 368 do CPP.

→ v. Arts. 2º e 16 do Decreto 1.898/1996.

Art. 783. As cartas rogatórias serão, pelo respectivo juiz, remetidas ao Ministro da Justiça, a fim de ser pedido o seu cumprimento, por via diplomática, às autoridades estrangeiras competentes.

Art. 784. As cartas rogatórias emanadas de autoridades estrangeiras competentes não dependem de homologação e serão atendidas se encaminhadas por via diplomática e desde que o crime, segundo a lei brasileira, não exclua a extradição.

→ v. Art. 5º, LII, da CF/1988.

→ v. Art. 77, II e IV, da Lei 6.815/1980.

§ 1º As rogatórias, acompanhadas de tradução em língua nacional, feita por tradutor oficial ou juramentado, serão, após *exequatur* do presidente do Supremo Tribunal Federal, cumpridas pelo juiz criminal do lugar onde as diligências tenham de efetuar-se, observadas as formalidades prescritas neste Código.

§ 2º A carta rogatória será pelo presidente do Supremo Tribunal Federal remetida ao presidente do Tribunal de Apelação do Estado, do Distrito Federal, ou do Território, a fim de ser encaminhada ao juiz competente.

→ A partir da Constituição de 1946, a nomenclatura Tribunal de Apelação passou a ser Tribunal de Justiça.

§ 3º Versando sobre crime de ação privada, segundo a lei brasileira, o andamento, após o *exequatur*, dependerá do interessado, a quem incumbirá o pagamento das despesas.

§ 4º Ficará sempre na secretaria do Supremo Tribunal Federal cópia da carta rogatória.

Art. 785. Concluídas as diligências, a carta rogatória será devolvida ao presidente do Supremo Tribunal Federal, por intermédio do presidente do Tribunal de Apelação, o qual, antes de devolvê-la, mandará completar qualquer diligência ou sanar qualquer nulidade.

→ A partir da Constituição de 1946, a nomenclatura Tribunal de Apelação passou a ser Tribunal de Justiça.

Art. 786. O despacho que conceder o *exequatur* marcará, para o cumprimento da diligência, prazo razoável, que poderá ser excedido, havendo justa causa, ficando esta consignada em ofício dirigido ao presidente do Supremo Tribunal Federal, juntamente com a carta rogatória.

Capítulo III
DA HOMOLOGAÇÃO DAS SENTENÇAS ESTRANGEIRAS

Art. 787. As sentenças estrangeiras deverão ser previamente homologadas pelo Supremo Tribunal Federal para que produzam os efeitos do art. 7º do Código Penal.

→ A referência é anterior à reforma do CP pela Lei 7.209/1984.

→ v. Art. 105, I, *i*, da CF/1988.

→ v. Art. 9º do CP.

Art. 788. A sentença penal estrangeira será homologada, quando a aplicação da lei brasileira produzir na espécie as mesmas consequências e concorrem os seguintes requisitos:

I – estar revestida das formalidades externas necessárias, segundo a legislação do país de origem;

II – haver sido proferida por juiz competente, mediante citação regular, segundo a mesma legislação;

III – ter passado em julgado;

IV – estar devidamente autenticada por cônsul brasileiro;

V – estar acompanhada de tradução, feita por tradutor público.

Art. 789. O procurador-geral da República, sempre que tiver conhecimento da existência de sentença penal estrangeira, emanada de Estado que tenha com o Brasil tratado de extradição e que haja imposto medida de segurança pessoal ou pena acessória que deva ser cumprida no Brasil, pedirá ao Ministro da Justiça providências para obtenção de elementos que o habilitem a requerer a homologação da sentença.

→ v. Art. 9º, parágrafo único, *a* e *b*, do CP.

§ 1º A homologação de sentença emanada de autoridade judiciária de Estado, que não tiver tratado de extradição com o Brasil, dependerá de requisição do Ministro da Justiça.

§ 2º Distribuído o requerimento de homologação, o relator mandará citar o interessado para deduzir embargos, dentro de 10 (dez) dias, se residir no Distrito Federal, ou 30 (trinta) dias, no caso contrário.

§ 3º Se nesse prazo o interessado não deduzir os embargos, ser-lhe-á pelo relator nomeado defensor, o qual dentro de 10 (dez) dias produzirá a defesa.

§ 4º Os embargos somente poderão fundar-se em dúvida sobre a autenticidade do documento, sobre a inteligência da sentença, ou sobre a falta de qualquer dos requisitos enumerados nos arts. 781 e 788.

§ 5º Contestados os embargos dentro de 10 (dez) dias, pelo procurador-geral, irá o processo ao relator e ao revisor, observando-se no seu julgamento o Regimento Interno do Supremo Tribunal Federal.

§ 6º Homologada a sentença, a respectiva carta será remetida ao presidente do Tribunal de Apelação do Distrito Federal, do Estado, ou do Território.

→ A partir da Constituição de 1946, a nomenclatura Tribunal de Apelação passou a ser Tribunal de Justiça.

§ 7º Recebida a carta de sentença, o presidente do Tribunal de Apelação a remeterá ao juiz do lugar de residência do condenado, para a aplicação da medida de segurança ou da pena acessória, observadas as disposições do Título II, Capítulo III, e Título V do Livro IV deste Código.

→ A partir da Constituição de 1946, a nomenclatura Tribunal de Apelação passou a ser Tribunal de Justiça.

→ v. Art. 109, X, da CF/1988.

Art. 790. O interessado na execução de sentença penal estrangeira, para a reparação do dano, restituição e outros efeitos civis, poderá requerer ao Supremo Tribunal Federal a sua homologação, observando-se o que a respeito prescreve o Código de Processo Civil.

Livro VI
DISPOSIÇÕES GERAIS

Art. 791. Em todos os juízos e tribunais do crime, além das audiências e sessões ordinárias, haverá as extraordinárias, de acordo com as necessidades do rápido andamento dos feitos.

Art. 792. As audiências, sessões e os atos processuais serão, em regra, públicos e se realizarão nas sedes dos juízos e tribunais, com assistência dos escrivães, do secretário, do oficial de justiça que servir de porteiro, em dia e hora certos, ou previamente designados.

→ v. Arts. 5º, LX, e 93, IX, da CF/1988.

§ 1º Se da publicidade da audiência, da sessão ou do ato processual, puder resultar escândalo, inconveniente grave ou perigo de perturbação da ordem, o juiz, ou o tribunal, câmara, ou turma, poderá, de ofício ou a requerimento da parte ou do Ministério Público, determinar que o ato seja realizado a portas fechadas, limitando o número de pessoas que possam estar presentes.

§ 2º As audiências, as sessões e os atos processuais, em caso de necessidade, poderão realizar-se na residência do juiz, ou em outra casa por ele especialmente designada.

Art. 793. Nas audiências e nas sessões, os advogados, as partes, os escrivães e os espectadores poderão estar sentados. Todos, porém, se levantarão quando se dirigirem aos juízes ou quando estes se levantarem para qualquer ato do processo.

→ v. Art. 472 do CPP.

Parágrafo único. Nos atos da instrução criminal, perante os juízes singulares, os advogados poderão requerer sentados.

→ v. Art. 7º, XII, da Lei 8.906/1994.

Art. 794. A polícia das audiências e das sessões compete aos respectivos juízes ou ao presidente do tribunal, câmara, ou turma, que poderão determinar o que for conveniente à manutenção da ordem. Para tal fim, requisitarão força pública, que ficará exclusivamente à sua disposição.

Art. 795. Os espectadores das audiências ou das sessões não poderão manifestar-se.

Parágrafo único. O juiz ou o presidente fará retirar da sala os desobedientes, que, em caso de resistência, serão presos e autuados.

→ v. Art. 251 do CPP.

Art. 796. Os atos de instrução ou julgamento prosseguirão com a assistência do defensor, se o réu se portar inconvenientemente.

Art. 797. Excetuadas as sessões de julgamento, que não serão marcadas para domingo ou dia feriado, os demais atos do processo poderão ser praticados em período de férias, em domingos e dias feriados. Todavia, os julgamentos iniciados em dia útil não se interromperão pela superveniência de feriado ou domingo.

Art. 798. Todos os prazos correrão em cartório e serão contínuos e peremptórios, não se interrompendo por férias, domingo ou dia feriado.

§ 1º Não se computará no prazo o dia do começo, incluindo-se, porém, o do vencimento.

→ v. Súmula 310 do STF.

→ v. Art. 93, XII, da CF/1988.

→ v. Lei 1.408/1951 – Prorroga vencimento de prazos judiciais.

→ *v.* Art. 5º, § 5º, da Lei 1.060/1950.

§ 2º A terminação dos prazos será certificada nos autos pelo escrivão; será, porém, considerado findo o prazo, ainda que omitida aquela formalidade, se feita a prova do dia em que começou a correr.

→ *v.* Art. 10 do CP.

§ 3º O prazo que terminar em domingo ou dia feriado considerar-se-á prorrogado até o dia útil imediato.

§ 4º Não correrão os prazos, se houver impedimento do juiz, força maior, ou obstáculo judicial oposto pela parte contrária.

§ 5º Salvo os casos expressos, os prazos correrão:

→ *v.* Art. 241, IV, do CPC/1973.

→ *v.* Art. 231, VI, do NCPC.

a) da intimação;

b) da audiência ou sessão em que for proferida a decisão, se a ela estiver presente a parte;

c) do dia em que a parte manifestar nos autos ciência inequívoca da sentença ou despacho.

Art. 799. O escrivão, sob pena de multa de cinquenta a quinhentos mil-réis e, na reincidência, suspensão até 30 (trinta) dias, executará dentro do prazo de 2 (dois) dias os atos determinados em lei ou ordenados pelo juiz.

Art. 800. Os juízes singulares darão seus despachos e decisões dentro dos prazos seguintes, quando outros não estiverem estabelecidos:

→ *v.* Art. 35, II, da LC 35/1979.

I – de 10 (dez) dias, se a decisão for definitiva, ou interlocutória mista;

II – de 5 (cinco) dias, se for interlocutória simples;

III – de 1 (um) dia, se se tratar de despacho de expediente.

§ 1º Os prazos para o juiz contar-se-ão do termo de conclusão.

§ 2º Os prazos do Ministério Público contar-se-ão do termo de vista, salvo para a interposição do recurso (art. 798, § 5º).

§ 3º Em qualquer instância, declarando motivo justo, poderá o juiz exceder por igual tempo os prazos a ele fixados neste Código.

§ 4º O escrivão que não enviar os autos ao juiz ou ao órgão do Ministério Público no dia em que assinar termo de conclusão ou de vista estará sujeito à sanção estabelecida no art. 799.

Art. 801. Findos os respectivos prazos, os juízes e os órgãos do Ministério Público, responsáveis pelo retardamento, perderão tantos dias de vencimentos quantos forem os excedidos. Na contagem do tempo de serviço, para o efeito de promoção e aposentadoria, a perda será do dobro dos dias excedidos.

→ *v.* Art. 93, II, *e*, da CF/1988.

Art. 802. O desconto referido no artigo antecedente far-se-á à vista da certidão do escrivão do processo ou do secretário do tribunal, que deverão, de ofício, ou a requerimento de qualquer interessado, remetê-la às repartições encarregadas do pagamento e da contagem do tempo de serviço, sob pena de incorrerem, de pleno direito, na multa de quinhentos mil-réis, imposta por autoridade fiscal.

Art. 803. Salvo nos casos expressos em lei, é proibida a retirada de autos do cartório, ainda que em confiança, sob pena de responsabilidade do escrivão.

→ *v.* Arts. 150, § 2º, 716, § 1º e 736 do CPP.

Art. 804. A sentença ou o acórdão, que julgar a ação, qualquer incidente ou recurso, condenará nas custas o vencido.

→ *v.* Art. 5º, LXXIV, da CF/1988.

→ *v.* Art. 20 do CPC/1973.

→ *v.* Arts. 84 e 85, do NCPC.

Art. 805. As custas serão contadas e cobradas de acordo com os regulamentos expedidos pela União e pelos Estados.

Art. 806. Salvo o caso do art. 32, nas ações intentadas mediante queixa, nenhum ato ou diligência se realizará, sem que seja depositada em cartório a importância das custas.

§ 1º Igualmente, nenhum ato requerido no interesse da defesa será realizado, sem o prévio pagamento das custas, salvo se o acusado for pobre.

§ 2º A falta do pagamento das custas, nos prazos fixados em lei, ou marcados pelo juiz, importará renúncia à diligência requerida ou deserção do recurso interposto.

§ 3º A falta de qualquer prova ou diligência que deixe de realizar-se em virtude do não pagamento de custas não implicará a nulidade do processo, se a prova de pobreza do acusado só posteriormente foi feita.

Art. 807. O disposto no artigo anterior não obstará à faculdade atribuída ao juiz de determinar de ofício inquirição de testemunhas ou outras diligências.

Art. 808. Na falta ou impedimento do escrivão e seu substituto, servirá pessoa idônea, nomeada pela autoridade, perante quem prestará compromisso, lavrando o respectivo termo.

Art. 809. A estatística judiciária criminal, a cargo do Instituto de Identificação e Estatística ou repartições congêneres, terá por base o *boletim individual*, que é parte integrante dos processos e versará sobre:

→ *v.* Dec.-lei 3.992/1941 – Execução das estatísticas criminais.

I – os crimes e as contravenções praticados durante o trimestre, com especificação da natureza de cada um, meios utilizados e circunstâncias de tempo e lugar;

II – as armas proibidas que tenham sido apreendidas;

III – o número de delinquentes, mencionadas as infrações que praticaram, sua nacionalidade, sexo, idade, filiação, estado civil, prole, residência, meios de vida e condições econômicas, grau de instrução, religião, e condições de saúde física e psíquica;

IV – o número dos casos de codelinquência;

V – a reincidência e os antecedentes judiciários;

VI – as sentenças condenatórias ou absolutórias, bem como as de pronúncia ou de impronúncia;

VII – a natureza das penas impostas;

VIII – a natureza das medidas de segurança aplicadas;

IX – a suspensão condicional da execução da pena, quando concedida;

X – as concessões ou denegações de *habeas corpus*.

§ 1º Os dados acima enumerados constituem o mínimo exigível, podendo ser acrescidos de outros elementos úteis ao serviço da estatística criminal.

§ 2º Esses dados serão lançados semestralmente em mapa e remetidos ao Serviço de Estatística Demográfica, Moral e Política do Ministério da Justiça.

→ § 2º com redação alterada pela Lei 9.061/1995.

§ 3º O *boletim individual* a que se refere este artigo é dividido em três partes destacáveis, conforme modelo anexo a este Código, e será adotado nos Estados, no Distrito Federal e nos Territórios. A primeira parte ficará arquivada no cartório policial; a segunda será remetida ao Instituto de Identificação e Estatística, ou repartição congênere; e a terceira acompanhará o processo, e, depois de passar em julgado a sentença definitiva, lançados os dados finais, será enviada ao referido Instituto ou repartição congênere.

Art. 810. Este Código entrará em vigor no dia 1º de janeiro de 1942.

Art. 811. Revogam-se as disposições em contrário.

Rio de Janeiro, em 3 de outubro de 1941; 120º da Independência e 53º da República.

Getúlio Vargas

Francisco Campos

(Publicação no *D.O.U.* 13.10.1941; retificação 24.10.1941)

ÍNDICE REMISSIVO DO CÓDIGO DE PROCESSO PENAL

CÓDIGO TRIBUTÁRIO NACIONAL

VADE MECUM
DE LEGISLAÇÃO FOCO

ÍNDICE SISTEMÁTICO DO CÓDIGO TRIBUTÁRIO NACIONAL

LEI 5.172, DE 25 DE OUTUBRO DE 1966

Livro II – NORMAS GERAIS DE DIREITO TRIBUTÁRIO

TÍTULO I – LEGISLAÇÃO TRIBUTÁRIA

TÍTULO II – OBRIGAÇÃO TRIBUTÁRIA

TÍTULO III – CRÉDITO TRIBUTÁRIO

TÍTULO IV – ADMINISTRAÇÃO TRIBUTÁRIA

DISPOSIÇÕES FINAIS E TRANSITÓRIAS

CÓDIGO TRIBUTÁRIO NACIONAL

LEI 5.172,

DE 25 DE OUTUBRO DE 1966

Dispõe sobre o Sistema Tributário Nacional e institui normas gerais de direito tributário aplicáveis à União, Estados e Municípios.

→ v. Lei 13.140/2015 – Lei de mediação e autocomposição de conflitos

O Presidente da República:

Faço saber que o Congresso Nacional decreta e eu sanciono a seguinte Lei:

Disposição preliminar

Art. 1º Esta Lei regula, com fundamento na Emenda Constitucional 18, de 1º de dezembro de 1965, o sistema tributário nacional e estabelece, com fundamento no artigo 5º, XV, *b*, da Constituição Federal, as normas gerais de direito tributário aplicáveis à União, aos Estados, ao Distrito Federal e aos Municípios, sem prejuízo da respectiva legislação complementar, supletiva ou regulamentar.

→ O Art. 1º faz menção à Constituição Federal de 1946.

→ v. Arts. 145 a 162 da CF/1988.

→ v. Lei 13.105/2015 – Institui o Novo Código de Processo Civil, em vigor após decorrido 1 (um) ano da data de sua publicação oficial (Art. 1.045 do NCPC) – *D.O.U.* de 17.3.2015.

LIVRO PRIMEIRO
Sistema tributário nacional

Título I
Disposições gerais

Art. 2º O sistema tributário nacional é regido pelo disposto na Emenda Constitucional 18, de 1º de dezembro de 1965, em leis complementares, em resoluções do Senado Federal e, nos limites das respectivas competências, em leis federais, nas Constituições e em leis estaduais, e em leis municipais.

→ O Art. 2º faz menção à Constituição Federal de 1946.

→ v. Art. 155, § 1º, IV, § 2º, IV e V, e § 6º, I, da CF/1988.

→ v. Art. 39 do CTN.

Art. 3º Tributo é toda prestação pecuniária compulsória, em moeda ou cujo valor nela se possa exprimir, que não constitua sanção de ato ilícito, instituída em lei e cobrada mediante atividade administrativa plenamente vinculada.

→ v. Súmulas 323 e 545 do STF.

→ v. Art. 15, I e II da MP 2.215-10/2001.

Art. 4º A natureza jurídica específica do tributo é determinada pelo fato gerador da respectiva obrigação, sendo irrelevantes para qualificá-la:

I – a denominação e demais características formais adotadas pela lei;

→ v. Art. 97, I e III, do CTN.

II – a destinação legal do produto da sua arrecadação.

→ v. Súmulas 80 e 124 do STJ.

Art. 5º Os tributos são impostos, taxas e contribuições de melhoria.

→ v. Arts. 145, 148, 149, 149-A, 154 e 195 da CF/1988.

Título II
Competência tributária

Capítulo I
DISPOSIÇÕES GERAIS

Art. 6º A atribuição constitucional de competência tributária compreende a competência legislativa plena, ressalvadas as limitações contidas na Constituição Federal, nas Constituições dos Estados e nas Leis Orgânicas do Distrito Federal e dos Municípios, e observado o disposto nesta Lei.

→ v. Súmula 69 do STF.

→ v. Arts. 146 e 150 da CF/1988.

Parágrafo único. Os tributos cuja receita seja distribuída, no todo ou em parte, a outras pessoas jurídicas de direito público pertencerá à competência legislativa daquela a que tenham sido atribuídos.

→ v. Arts. 157 a 162 da CF/1988.

Art. 7º A competência tributária é indelegável, salvo atribuição das funções de arrecadar ou fiscalizar tributos, ou de executar leis, serviços, atos ou decisões administrativas em matéria tributária, conferida por uma pessoa jurídica de direito público a outra, nos termos do § 3º do artigo 18 da Constituição.

→ O Art. 7º faz menção à Constituição Federal de 1946.

→ v. Art. 119 do CTN.

→ v. Lei 6.496/1977 – Institui a "Anotação de Responsabilidade Técnica" na prestação de serviços de engenharia, de arquitetura e agronomia; autoriza a criação, pelo Conselho Federal de Engenharia, Arquitetura e Agronomia - CONFEA, de uma Mútua de Assistência Profissional. E dá outras providências.

→ v. Lei 9.933/1999 – Dispõe sobre as competências do Conmetro e do Inmetro, institui a Taxa de Serviços Metrológicos, e dá outras providências.

§ 1º A atribuição compreende as garantias e os privilégios processuais que competem à pessoa jurídica de direito público que a conferir.

§ 2º A atribuição pode ser revogada, a qualquer tempo, por ato unilateral da pessoa jurídica de direito público que a tenha conferido.

§ 3º Não constitui delegação de competência o cometimento, a pessoas de direito privado, do encargo ou da função de arrecadar tributos.

Art. 8º O não exercício da competência tributária não a defere a pessoa jurídica de direito público diversa daquela a que a Constituição a tenha atribuído.

Capítulo II
LIMITAÇÕES DA COMPETÊNCIA TRIBUTÁRIA

Seção I
Disposições gerais

Art. 9º É vedado à União, aos Estados, ao Distrito Federal e aos Municípios:

I – instituir ou majorar tributos sem que a lei o estabeleça, ressalvado, quanto à majoração, o disposto nos arts. 21, 26 e 65;

→ v. Art. 150 da CF/1988.

→ v. Art. 97, I e II, do CTN.

II – cobrar imposto sobre o patrimônio e a renda com base em lei posterior à data inicial do exercício financeiro a que corresponda;

→ v. Súmula 669 do STF.

→ v. Art. 150, III, da CF/1988.

→ v. Lei 8.981/1995 – Altera a legislação tributária e dá outras providências.

III – estabelecer limitações ao tráfego, no território nacional, de pessoas ou mercadorias, por meio de tributos interestaduais ou intermunicipais;

→ v. Arts. 5º, XV, e 150, V, da CF/1988.

IV – cobrar imposto sobre:

→ v. Art. 150, VI, da CF/1988.

a) o patrimônio, a renda ou os serviços uns dos outros;

→ v. Art. 150, §§ 2º e 3º, da CF/1988.

b) templos de qualquer culto;

c) o patrimônio, a renda ou serviços dos partidos políticos, inclusive suas fundações, das entidades sindicais dos trabalhadores, das instituições de educação e de assistência social, sem fins lucrativos, observados os requisitos fixados na Seção II deste Capítulo;

→ Alínea *c* com redação alterada pela LC 104/2001.

d) papel destinado exclusivamente à impressão de jornais, periódicos e livros.

→ v. Súmula 657 do STF.

§ 1º O disposto no inciso IV não exclui a atribuição, por lei, às entidades nele referidas, da condição de responsáveis pelos tributos que lhes caiba reter na fonte, e não as dispensa da prática de atos, previstos em lei, assecuratórios do cumprimento de obrigações tributárias por terceiros.

→ v. Arts. 12, 13, parágrafo único, 14, § 1º, e 128, do CTN.

§ 2º O disposto na alínea *a* do inciso IV aplica-se, exclusivamente, aos serviços próprios das pessoas jurídicas de direito público a que se refere este artigo, e inerentes aos seus objetivos.

Art. 10. É vedado à União instituir tributo que não seja uniforme em todo o território nacional, ou que importe distinção ou preferência em favor de determinado Estado ou Município.

→ v. Art. 151, I, da CF/1988.

Art. 11. É vedado aos Estados, ao Distrito Federal e aos Municípios estabelecer diferença tributária entre bens de qualquer natureza, em razão da sua procedência ou do seu destino.

→ v. Súmula 591 do STF.

→ v. Art. 152 da CF/1988.

Seção II
Disposições especiais

Art. 12. O disposto na alínea *a* do inciso IV do artigo 9º, observado o disposto nos seus §§ 1º e 2º, é extensivo às autarquias criadas pela União, pelos Estados, pelo Distrito Federal, ou pelos Municípios, tão somente no que se refere ao patrimônio, à renda ou aos serviços vinculados às suas finalidades essenciais, ou delas decorrentes.

→ v. Súmulas 73, 74, 336, 583 e 724 do STF.

→ v. Art. 150, §§ 2º a 4º, da CF/1988.

Art. 13. O disposto na alínea *a* do inciso IV do artigo 9º não se aplica aos serviços públicos concedidos, cujo tratamento tributário é estabelecido pelo poder concedente, no que se refere aos tributos de sua competência, ressalvado o que dispõe o parágrafo único.

Parágrafo único. Mediante lei especial e tendo em vista o interesse comum, a União pode instituir isenção de tributos federais, estaduais e municipais para os serviços públicos que conceder, observado o disposto no § 1º do artigo 9º.

→ v. Súmulas 77, 78, 79 e 81 do STF.

→ v. Art. 150, § 6º, da CF/1988.

Art. 14. O disposto na alínea *c* do inciso IV do artigo 9º é subordinado à observância dos seguintes requisitos pelas entidades nele referidas:

I – não distribuírem qualquer parcela de seu patrimônio ou de suas rendas, a qualquer título;

→ Inciso I com redação alterada pela LC 104/2001.

II – aplicarem integralmente, no País, os seus recursos na manutenção dos seus objetivos institucionais;

III – manterem escrituração de suas receitas e despesas em livros revestidos de formalidades capazes de assegurar sua exatidão.

§ 1º Na falta de cumprimento do disposto neste artigo, ou no § 1º do artigo 9º, a autoridade competente pode suspender a aplicação do benefício.

§ 2º Os serviços a que se refere a alínea *c* do inciso IV do artigo 9º são exclusivamente, os diretamente relacionados com os objetivos institucionais das entidades de que trata este artigo, previstos nos respectivos estatutos ou atos constitutivos.

→ v. Súmula 5 do TRF da 2ª Região.

→ v. Art. 150, § 4º, da CF/1988.

Art. 15. Somente a União, nos seguintes casos excepcionais, pode instituir empréstimos compulsórios:

→ v. Art. 148 do STF.

I – guerra externa, ou sua iminência;

II – calamidade pública que exija auxílio federal impossível de atender com os recursos orçamentários disponíveis;

III – conjuntura que exija a absorção temporária de poder aquisitivo.

Parágrafo único. A lei fixará obrigatoriamente o prazo do empréstimo e as condições de seu resgate, observando, no que for aplicável, o disposto nesta Lei.

Título III
Impostos
Capítulo I
DISPOSIÇÕES GERAIS

Art. 16. Imposto é o tributo cuja obrigação tem por fato gerador uma situação independente de qualquer atividade estatal específica, relativa ao contribuinte.

→ v. Art. 167, IV, da CF/1988.

Art. 17. Os impostos componentes do sistema tributário nacional são exclusivamente os que constam deste Título, com as competências e limitações nele previstas.

→ v. Arts. 145, I, 146, III, e 154, I, da CF/1988.

Art. 18. Compete:

I – à União, instituir, nos Territórios Federais, os impostos atribuídos aos Estados e, se aqueles não forem divididos em Municípios, cumulativamente, os atribuídos a estes;

II – ao Distrito Federal e aos Estados não divididos em Municípios instituir, cumulativamente, os impostos atribuídos aos Estados e aos Municípios.

Capítulo II
IMPOSTOS SOBRE O COMÉRCIO EXTERIOR
Seção I
Impostos sobre a importação

Art. 19. O imposto, de competência da União, sobre a importação de produtos estrangeiros tem como fato gerador a entrada destes no território nacional.

→ v. art. 155, § 2º, IX, *a*, da CF/1988.

→ v. Lei 8.032/1990 – Dispõe sobre a isenção ou redução de impostos de importação, e dá outras providências.

→ v. Lei 9.019/1995 – Dispõe sobre a aplicação dos direitos previstos no Acordo Antidumping e no Acordo de Subsídios e Direitos Compensatórios, e dá outras providências.

→ v. Dec.-lei 37/1966 – Regulamenta a administração das atividades aduaneiras, e a fiscalização, o controle e a tributação das operações de comércio exterior.

→ v. Decreto 6.759/2009 – Regulamenta a administração das atividades aduaneiras, e a fiscalização, o controle e a tributação das operações de comércio exterior.

Art. 20. A base de cálculo do imposto é:

I – quando a alíquota seja específica, a unidade de medida adotada pela lei tributária;

II – quando a alíquota seja *ad valorem*, o preço normal que o produto, ou seu similar, alcançaria, ao tempo da importação, em uma venda em condições de livre concorrência, para entrega no porto ou lugar de entrada do produto no País;

→ v. Súmula 124 do STJ.

→ v. Súmula 97 do TFR.

→ v. Art. 2º, § 2º, do Dec.-lei 37/1966.

→ v. Art. 76 do Decreto 6.759/2009.

III – quando se trate de produto apreendido ou abandonado, levado a leilão, o preço da arrematação.

Art. 21. O Poder Executivo pode, nas condições e nos limites estabelecidos em lei, alterar as alíquotas ou as bases de cálculo do imposto, a fim de ajustá-lo aos objetivos da política cambial e do comércio exterior.

→ v. Lei 3.244/1957 que dispõe sobre a reforma da tarifa das alfândegas, e dá outras providências.

→ v. Art. 153, § 1º, da CF/1988.

→ v. Art. 98 do CTN.

Art. 22. Contribuinte do imposto é:

I – o importador ou quem a lei a ele equiparar;

→ v. Súmula 192 do TFR.

→ v. Arts. 31 e 32 do Dec.-lei 37/1966.

II – o arrematante de produtos apreendidos ou abandonados.

→ v. Art. 71, III, do Dec. 6.759/2009.

Seção II
Imposto sobre a exportação

Art. 23. O imposto, de competência da União, sobre a exportação, para o estrangeiro, de produtos nacionais ou nacionalizados tem como fato gerador a saída destes do território nacional.

→ v. Art. 153, II, da CF/1988.

→ v. Dec.-lei 1.578/1977 – Dispõe sobre o imposto sobre a exportação, e dá outras providências.

Art. 24. A base de cálculo do imposto é:

→ v. Art. 2º do Dec.-lei 1.578/1977.

I – quando a alíquota seja específica, a unidade de medida adotada pela lei tributária;

II – quando a alíquota seja *ad valorem*, o preço normal que o produto, ou seu similar, alcançaria, ao tempo da exportação, em uma venda em condições de livre concorrência.

Parágrafo único. Para os efeitos do inciso II, considera-se a entrega como efetuada no porto ou lugar da saída do produto, deduzidos os tributos diretamente incidentes sobre a operação de exportação e, nas vendas efetuadas a prazo superior aos correntes no mercado internacional, o custo do financiamento.

Art. 25. A lei pode adotar como base de cálculo a parcela do valor ou do preço, referidos no artigo anterior, excedente de valor básico, fixado de acordo com os critérios e dentro dos limites por ela estabelecidos.

Art. 26. O Poder Executivo pode, nas condições e nos limites estabelecidos em lei, alterar as alíquotas ou as bases de cálculo do imposto, a fim de ajustá-lo aos objetivos da política cambial e do comércio exterior.

→ v. Art. 153, § 1º, da CF/1988.

Art. 27. Contribuinte do imposto é o exportador ou quem a lei a ele equiparar.

→ v. Art. 5º do Dec.-lei 1.578/1977.

Art. 28. A receita líquida do imposto destina-se à formação de reservas monetárias, na forma da lei.

→ v. Art. 167, IV, da CF/1988.

→ v. Art. 9º do Dec.-lei 1.578/1977.

Capítulo III
IMPOSTOS SOBRE O PATRIMÔNIO E A RENDA

Seção I
Imposto sobre a propriedade territorial rural

Art. 29. O imposto, de competência da União, sobre a propriedade territorial rural, tem como fato gerador a propriedade, o domínio útil ou a posse de imóvel por natureza, como definido na lei civil, localização fora da zona urbana do Município.

→ *v.* Art. 153, VI, e § 4º da CF/1988.

→ *v.* Lei 9.393/1966 – Dispõe sobre o Imposto sobre a Propriedade Territorial Rural – ITR, sobre pagamento da dívida representada por Títulos da Dívida Agrária e dá outras providências.

→ *v.* Dec. 4.382/2002 – Regulamenta a tributação, fiscalização, arrecadação e administração do Imposto sobre a Propriedade Territorial Rural – ITR.

Art. 30. A base do cálculo do imposto é o valor fundiário.

→ *v.* Súmulas 41 e 45 do CARF.

→ *v.* Arts. 1º e 10 da Lei 9.393/1966.

Art. 31. Contribuinte do imposto é o proprietário do imóvel, o titular de seu domínio útil, ou o seu possuidor a qualquer título.

Seção II
Imposto sobre a propriedade predial e territorial urbana

Art. 32. O imposto, de competência dos Municípios, sobre a propriedade predial e territorial urbana tem como fato gerador a propriedade, o domínio útil ou a posse de bem imóvel por natureza ou por acessão física, como definido na lei civil, localizado na zona urbana do Município.

→ *v.* Art. 156, I, da CF/1988.

→ *v.* Arts. 14 e 15 do Dec.-lei 57/1966.

§ 1º Para os efeitos deste imposto, entende-se como zona urbana a definida em lei municipal, observado o requisito mínimo da existência de melhoramentos indicados em pelo menos 2 (dois) dos incisos seguintes, construídos ou mantidos pelo Poder Público:

I – meio-fio ou calçamento, com canalização de águas pluviais;

II – abastecimento de água;

III – sistema de esgotos sanitários;

IV – rede de iluminação pública, com ou sem posteamento para distribuição domiciliar;

V – escola primária ou posto de saúde a uma distância máxima de 3 (três) quilômetros do imóvel considerado.

§ 2º A lei municipal pode considerar urbanas as áreas urbanizáveis, ou de expansão urbana, constantes de loteamentos aprovados pelos órgãos competentes, destinados à habitação, à indústria ou ao comércio, mesmo que localizados fora das zonas definidas nos termos do parágrafo anterior.

Art. 33. A base do cálculo do imposto é o valor venal do imóvel.

→ *v.* Súmula 160 do STJ.

Parágrafo único. Na determinação da base de cálculo, não se considera o valor dos bens móveis mantidos, em caráter permanente ou temporário, no imóvel, para efeito de sua utilização, exploração, aformoseamento ou comodidade.

Art. 34. Contribuinte do imposto é o proprietário do imóvel, o titular do seu domínio útil, ou o seu possuidor a qualquer título.

→ *v.* Súmulas 583 e 589 do STF.

→ *v.* Súmula 399 do STJ.

Seção III
Imposto sobre a transmissão de bens imóveis e de direitos a eles relativos

→ *v.* Arts. 155, I, e 156, II, da CF/1988.

→ *v.* Arts, 659, § 2º e 662, NCPC.

Art. 35. O imposto, de competência dos Estados, sobre a transmissão de bens imóveis e de direitos a eles relativos tem como fato gerador:

→ *v.* Súmulas 108 e 326 do STF.

I – a transmissão, a qualquer título, da propriedade ou do domínio útil de bens imóveis, por natureza ou por acessão física, como definidos na lei civil;

→ *v.* Súmulas 82, 326 e 328 do STF.

→ *v.* Art. 184, § 5º, da CF/1988.

→ *v.* Art. 1.245 do CC.

II – a transmissão, a qualquer título, de direitos reais sobre imóveis, exceto os direitos reais de garantia;

→ *v.* Art. 1.225 do CC.

III – a cessão de direitos relativos às transmissões referidas nos incisos I e II.

Parágrafo único. Nas transmissões *causa mortis*, ocorrem tantos fatos geradores distintos quantos sejam os herdeiros ou legatários.

→ *v.* Súmulas 111 e 590 do STF.

Art. 36. Ressalvado o disposto no artigo seguinte, o imposto não incide sobre a transmissão dos bens ou direitos referidos no artigo anterior:

→ *v.* Súmulas 75 e 110 do STF.

→ *v.* Art. 156, § 2º, I, da CF/1988.

I – quando efetuada para sua incorporação ao patrimônio de pessoa jurídica em pagamento de capital nela subscrito;

II – quando decorrente da incorporação ou da fusão de uma pessoa jurídica por outra ou com outra.

Parágrafo único. O imposto não incide sobre a transmissão aos mesmos alienantes, dos bens e direitos adquiridos na forma do inciso I deste artigo, em decorrência da sua desincorporação do patrimônio da pessoa jurídica a que foram conferidos.

Art. 37. O disposto no artigo anterior não se aplica quando a pessoa jurídica adquirente tenha como atividade preponderante a venda ou locação de propriedade imobiliária ou a cessão de direitos relativos à sua aquisição.

§ 1º Considera-se caracterizada a atividade preponderante referida neste artigo quando mais de 50% (cinquenta por cento) da receita operacional da pessoa jurídica adquirente, nos 2 (dois) anos anteriores e nos 2 (dois) anos subsequentes à aquisição, decorrer de transações mencionadas neste artigo.

§ 2º Se a pessoa jurídica adquirente iniciar suas atividades após a aquisição, ou menos de 2 (dois) anos antes dela, apurar-se-á a preponderância referida no parágrafo anterior levando em conta os 3 (três) primeiros anos seguintes à data da aquisição.

§ 3º Verificada a preponderância referida neste artigo, tornar-se-á devido o imposto, nos termos da lei vigente à data da aquisição, sobre o valor do bem ou direito nessa data.

§ 4º O disposto neste artigo não se aplica à transmissão de bens ou direitos, quando realizada em conjunto com a da totalidade do patrimônio da pessoa jurídica alienante.

Art. 38. A base de cálculo do imposto é o valor venal dos bens ou direitos transmitidos.

→ *v.* Súmula 113 do STF.

Art. 39. A alíquota do imposto não excederá os limites fixados em resolução do Senado Federal, que distinguirá, para efeito de aplicação de alíquota mais baixa, as transmissões que atendam à política nacional de habitação.

→ *v.* Súmula 112 do STF.

→ *v.* Arts. 145, § 1º, e 156, § 1º, IV, da CF/1988.

→ *v.* Art. 8º do Ato Complementar 27/1966.

→ *v.* Resolução 9/1992 do Senado Federal.

Art. 40. O montante do imposto é dedutível do devido à União, a título do imposto de que trata o artigo 43, sobre o provento decorrente da mesma transmissão.

Art. 41. O imposto compete ao Estado da situação do imóvel transmitido, ou sobre que versarem os direitos cedidos, mesmo que a mutação patrimonial decorra de sucessão aberta no estrangeiro.

Art. 42. Contribuinte do imposto é qualquer das partes na operação tributada, como dispuser a lei.

→ *v.* Súmula 75 do STF.

Seção IV
Imposto sobre a renda e proventos de qualquer natureza

→ *v.* Art. 153, III, da CF/1988.

→ *v.* Lei 7.713/1988 – Altera a legislação do imposto de renda e dá outras providências (IRPF).

→ *v.* Lei 9.250/1995 – Altera a legislação do imposto de renda das pessoas físicas e dá outras providências (IRPF).

→ *v.* Lei 8.981/1995 – Altera a legislação tributária Federal e dá outras providências (IRPJ).

→ *v.* Lei 9.430/1996 – Dispõe sobre a legislação tributária federal, as contribuições para a seguridade social, o processo administrativo de consulta e dá outras providências (IRPJ).

→ Decreto 3.000/1996 – Regulamenta a tributação, fiscalização, arrecadação e administração do Imposto sobre a Renda e Proventos de Qualquer Natureza.

Art. 43. O imposto, de competência da União, sobre a renda e proventos de qualquer natureza, tem como fato gerador a aquisição da disponibilidade econômica ou jurídica:

→ *v.* Súmulas 584 e 586 do STF.

→ *v.* Súmulas 125, 136, 138, 184, 215, 386, 463 e 498 do STJ.

→ *v.* Súmulas 38 e 43 do CARF.

→ *v.* Art. 153, § 2º, CF/1988.

→ v. Art. 9º, parágrafo único, da Lei 10.599/2002.

→ v. Dec.-lei 5.844/1943 – Dispõe sobre a cobrança e fiscalização do imposto de renda.

→ v. Lei 8.514/1992 – Altera a legislação do Imposto de Renda e dá outras providências.

→ v. Lei 8.687/1993 – Retira da incidência do Imposto de Renda benefícios percebidos por deficientes mentais.

→ v. Lei 9.249/1995 – Altera a legislação do imposto de renda das pessoas jurídicas, bem como da contribuição social sobre o lucro líquido, e dá outras providências.

→ v. Dec. 542/1992 – Define bens de pequeno valor, para efeito da não incidência do imposto de renda sobre ganhos de capital e dá outras providências.

I – de renda, assim entendido o produto do capital, do trabalho ou da combinação de ambos;

→ v. Súmula 93 do STF.

II – de proventos de qualquer natureza, assim entendidos os acréscimos patrimoniais não compreendidos no inciso anterior.

→ v. Súmula 262 do STJ.

→ v. Art. 23 da Lei 9.250/1995.

→ v. Art. 23, § 1º, da Lei 9.532/1997.

→ v. Art. 39 da Lei 11.196/2005.

§ 1º A incidência do imposto independe da denominação da receita ou do rendimento, da localização, condição jurídica ou nacionalidade da fonte, da origem e da forma de percepção.

→ § 1º acrescentado pela LC 104/2001

→ v. Art. 3º, § 4º, da Lei 7.713/1988.

→ v. Art. 25 da Lei 9.249/1995.

§ 2º Na hipótese de receita ou de rendimento oriundos do exterior, a lei estabelecerá as condições e o momento em que se dará sua disponibilidade, para fins de incidência do imposto referido neste artigo.

→ § 2º acrescentado pela LC 104/2001.

→ v. Súmula 586 do STF.

→ v. Súmula 39 do CARF.

→ v. Art. 25, § 6º, da Lei 9.249/1995.

Art. 44. A base de cálculo do imposto é o montante, real, arbitrado ou presumido, da renda ou dos proventos tributáveis.

→ v. Súmula 584 do STF.

→ v. Súmula 2 do CARF.

→ v. Art. 3º da Lei 7.713/1988.

→ v. Art. 4º da Lei 12.794/2013.

Art. 45. Contribuinte do imposto é o titular da disponibilidade a que se refere o artigo 43, sem prejuízo de atribuir a lei essa condição ao possuidor, a qualquer título, dos bens produtores de renda ou dos proventos tributáveis.

Parágrafo único. A lei pode atribuir à fonte pagadora da renda ou dos proventos tributáveis a condição de responsável pelo imposto cuja retenção e recolhimento lhe caibam.

→ v. Súmula 94 do STF.

→ v. Súmulas 394 e 447 do STJ.

→ v. Art. 46 da Lei 8.514/1992.

→ v. Art. 64 da Lei 9.430/1996.

→ v. Art. 1º da Lei 12.402/2011.

Capítulo IV
IMPOSTOS SOBRE A PRODUÇÃO E A CIRCULAÇÃO

Seção I
Imposto sobre produtos industrializados

→ v. Art. 153, IV, §§ 1º e 4º, da CF/1988.

→ v. Lei 4.502/1964 – Dispõe sobre o Imposto de Consumo e reorganiza a Diretoria de Rendas Internas.

→ v. Lei 8.989/1995 – Dispõe sobre a Isenção do Imposto sobre Produtos Industrializados – IPI, na aquisição de automóveis para utilização no transporte autônomo de passageiros, bem como por pessoas portadoras de deficiência física, e dá outras providências.

→ v. Lei 9.493/1997 – Concede isenção do Imposto sobre Produtos Industrializados – IPI na aquisição de equipamentos, máquinas, aparelhos e instrumentos, dispõe sobre período de apuração e prazo de recolhimento do referido imposto para as microempresas e empresas de pequeno porte, e estabelece suspensão do IPI na saída de bebidas alcoólicas, acondicionadas para venda a granel, dos estabelecimentos e dos estabelecimentos equiparados a industrial.

→ v. Decreto 7.212/2010 – Regulamenta a cobrança, fiscalização, arrecadação e administração do Imposto sobre Produtos Industrializados – IPI.

Art. 46. O imposto, de competência da União, sobre produtos industrializados tem como fato gerador:

→ v. Art. 36 do Decreto 7.212/2010.

I – o seu desembaraço aduaneiro, quando de procedência estrangeira;

→ v. Art. 2º, § 2º, da Lei 4.502/1964.

→ v. Art. 3º do Dec.-lei 2.434/1988.

II – a sua saída dos estabelecimentos a que se refere o parágrafo único do artigo 51;

→ v. Súmula 536 do STF.

III – a sua arrematação, quando apreendido ou abandonado e levado a leilão.

Parágrafo único. Para os efeitos deste imposto, considera-se industrializado o produto que tenha sido submetido a qualquer operação que lhe modifique a natureza ou a finalidade, ou o aperfeiçoe para o consumo.

→ v. Súmula 591 do STF.

→ v. Art. 3º do Dec. 7.212/2010.

Art. 47. A base de cálculo do imposto é:

→ v. Arts. 13 e 14 da Lei 4.502/1964.

I – no caso do inciso I do artigo anterior, o preço normal, como definido no inciso II do artigo 20, acrescido do montante:

a) do Imposto sobre a Importação;

b) das taxas exigidas para entrada do produto no País;

c) dos encargos cambiais efetivamente pagos pelo importador ou dele exigíveis;

II – no caso do inciso II do artigo anterior:

a) o valor da operação de que decorrer a saída da mercadoria;

b) na falta do valor a que se refere a alínea anterior, o preço corrente da mercadoria, ou sua similar, no mercado atacadista da praça do remetente;

III – no caso do inciso III do artigo anterior, o preço da arrematação.

Art. 48. O imposto é seletivo em função da essencialidade dos produtos.

→ v. Art. 153, § 1º, I, da CF/1988.

→ v. Art. 69 do Dec. 7.212/2010.

Art. 49. O imposto é não cumulativo, dispondo a lei de forma que o montante devido resulte da diferença a maior, em determinado período, entre o imposto referente aos produtos saídos do estabelecimento e o pago relativamente aos produtos nele entrados.

→ v. Art. 153, § 3º, II, da CF/1988.

→ v. Lei 9.363/1996 – Dispõe sobre a instituição de crédito presumido do Imposto sobre Produtos Industrializados, para ressarcimento do valor de PIS/PASEP e COFINS nos casos que especifica, e dá outras providências.

Parágrafo único. O saldo verificado, em determinado período, em favor do contribuinte, transfere-se para o período ou períodos seguintes.

Art. 50. Os produtos sujeitos ao imposto, quando remetidos de um para outro Estado, ou do ou para o Distrito Federal, serão acompanhados de nota fiscal de modelo especial, emitida em séries próprias e contendo, além dos elementos necessários ao controle fiscal, os dados indispensáveis à elaboração da estatística do comércio por cabotagem e demais vias internas.

→ v. Súmula 95 do STJ.

Art. 51. Contribuinte do imposto é:

→ v. Art. 24 do Decreto 7.212/2010.

I – o importador ou quem a lei a ele equiparar;

II – o industrial ou quem a lei a ele equiparar;

→ v. Súmula 591 do STF.

III – o comerciante de produtos sujeitos ao imposto, que os forneça aos contribuintes definidos no inciso anterior;

IV – o arrematante de produtos apreendidos ou abandonados, levados a leilão.

Parágrafo único. Para os efeitos deste imposto, considera-se contribuinte autônomo qualquer estabelecimento de importador, industrial, comerciante ou arrematante.

→ v. Art. 4º da Lei 4.502/1964.

→ v. Art. 24 do Decreto 7.212/2010.

Seção II
Imposto estadual sobre operações relativas à circulação de mercadorias

→ v. Art. 155, II, e § 2º da CF/1988.

→ v. LC 87/1996 – Dispõe sobre o imposto dos Estados e do Distrito Federal sobre operações relativas à circulação de mercadorias e sobre prestações de serviços de transporte interestadual e intermunicipal e de comunicação, e dá outras providências. (Lei Kandir)

→ v. Dec.-lei 406/1968 – Estabelece normas gerais de direito financeiro, aplicáveis aos impostos sobre operações relativas à circulação de mercadorias e sobre serviços de qualquer natureza, e dá outras providências.

Arts. 52 a 58. *(Revogados pelo Dec.-lei 406/1968).*

Seção III
Imposto municipal sobre operações relativas à circulação de mercadorias

Arts. 59 a 62. *(Revogados pelo Ato Complementar 31/1966).*

Seção IV
Imposto sobre operações de crédito, câmbio e seguro, e sobre operações relativas a títulos e valores mobiliários

→ v. Lei 5.143/1966 – Institui o Imposto sobre Operações Financeiras, regula a respectiva cobrança, dispõe sobre a aplicação das reservas monetárias oriundas de sua receita, e dá outras providências.

→ v. Lei 8.894/1994 – Dispõe sobre o Imposto sobre Operações de Crédito, Câmbio e Seguro, ou relativas a Títulos e Valores Mobiliários, e dá outras providências.

→ v. Lei 8.033/1990 – Altera, mediante conversão em lei das Medidas Provisórias ns. 160, de 15 de março de 1990, e 171, de 17 de março de 1990, a legislação do Imposto sobre Operações Financeiras, instituindo incidências de caráter transitório sobre os atos que menciona, e dá outras providências.

→ v. Lei 7.766/1989 – Dispõe sobre o ouro, ativo financeiro, e sobre seu tratamento tributário.

→ v. Dec.-lei 1.783/1980 – Dispõe sobre o Imposto sobre Operações de Crédito, Câmbio e Seguro, e sobre Operações relativas a Títulos e Valores Mobiliários.

→ v. Decreto 6.306/2007 – Regulamenta o Imposto sobre Operações de Crédito, Câmbio e Seguro, ou relativas a Títulos ou Valores Mobiliários – IOF.

Art. 63. O imposto, de competência da União, sobre operações de crédito, câmbio e seguro, e sobre operações relativas a títulos e valores mobiliários tem como fato gerador:

→ v. Art. 153, V, e §§ 1º e 5º da CF/1988.

→ v. Arts. 1º e 2º do Decreto 6.306/2007.

I – quanto às operações de crédito, a sua efetivação pela entrega total ou parcial do montante ou do valor que constitua o objeto da obrigação, ou sua colocação à disposição do interessado;

→ v. Art. 58 da Lei 9.532/1997.

→ v. Art. 3º do Decreto 6.306/2007.

II – quanto às operações de câmbio, a sua efetivação pela entrega de moeda nacional ou estrangeira, ou de documento que a represente, ou sua colocação à disposição do interessado, em montante equivalente à moeda estrangeira ou nacional entregue ou posta à disposição por este;

→ v. Art. 1º, IV, do Dec.-lei 1.783/1980.

→ v. Art. 5º da Lei 8.894/1994.

→ v. Art. 11 do Decreto 6.307/2007.

III – quanto às operações de seguro, a sua efetivação pela emissão da apólice ou do documento equivalente, ou recebimento do prêmio, na forma da lei aplicável;

→ v. Art. 1º, III, do Dec.-lei 1.783/1980.

→ v. Art. 18 do Decreto 6.306/2007.

IV – quanto às operações relativas a títulos e valores mobiliários, a emissão, transmissão, pagamento ou resgate destes, na forma da lei aplicável.

→ v. Art. 1º da Lei 8.033/1990.

Parágrafo único. A incidência definida no inciso I exclui a definida no inciso IV, e reciprocamente, quanto à emissão, ao pagamento ou resgate do título representativo de uma mesma operação de crédito.

Art. 64. A base de cálculo do imposto é:

I – quanto às operações de crédito, o montante da obrigação, compreendendo o principal e os juros;

→ v. Art. 1º da Lei 8.894/1994.

II – quanto às operações de câmbio, o respectivo montante em moeda nacional, recebido, entregue ou posto à disposição;

→ v. Art. 5º da Lei 8.894/1994.

III – quanto às operações de seguro, o montante do prêmio;

→ v. Art. 1º, II e III, do Dec.-lei 1.783/1980.

IV – quanto às operações relativas a títulos e valores mobiliários:

a) na emissão, o valor nominal mais o ágio, se houver;

b) na transmissão, o preço ou o valor nominal ou o valor da cotação em Bolsa, como determinar a lei;

c) no pagamento ou resgate, o preço.

→ v. Art. 2º, II, da Lei 8.894/1994.

Art. 65. O Poder Executivo pode, nas condições e nos limites estabelecidos em lei, alterar as alíquotas ou as bases de cálculo do imposto, a fim de ajustá-lo aos objetivos da política monetária.

→ v. Art. 153, § 1º, da CF/1988.

→ v. Art. 10 da Lei 5.143/1966.

→ v. Art. 5º, parágrafo único, da Lei 8.894/1994.

→ v. Art. 15 da Lei 9.718/1998.

Art. 66. Contribuinte do imposto é qualquer das partes na operação tributada, como dispuser a lei.

→ v. Arts. 4º e 5º da Lei 5.143/1966.

→ v. Art. 3º da Lei 8.884/1994.

→ v. Arts. 4º e 5º do Decreto 6.306/2007.

Art. 67. A receita líquida do imposto destina-se à formação de reservas monetárias, na forma da lei.

→ v. Art. 167, IV, da CF/1988.

Seção V
Imposto sobre serviços de transportes e comunicações

→ v. Art. 155, II, e § 2º, da CF/1988.

→ v. Dec.-lei 1.438/1975 – Altera o Decreto-lei n. 284, de 28 de fevereiro de 1967, estende a incidência do imposto sobre os serviços de transporte rodoviário de passageiros ao transporte rodoviário de cargas e dá outras providências.

→ v. Lei 7.450/1985 – Altera a legislação tributária federal e dá outras providências.

Art. 68. O imposto, de competência da União, sobre serviços de transportes e comunicações tem como fato gerador:

I – a prestação do serviço de transporte, por qualquer via, de pessoas, bens, mercadorias ou valores, salvo quando o trajeto se contenha inteiramente no território de um mesmo Município;

II – a prestação do serviço de comunicações, assim se entendendo a transmissão e o recebimento, por qualquer processo, de mensagens escritas, faladas ou visuais, salvo quando os pontos de transmissão e de recebimento se situem no território de um mesmo Município e a mensagem em curso não possa ser captada fora deste território.

Art. 69. A base de cálculo do imposto é o preço do serviço.

Art. 70. Contribuinte do imposto é o prestador do serviço.

Seção VI
Imposto sobre serviços de qualquer natureza

→ v. Art. 156, III, e § 3º, da CF/1988.

→ v. LC 116/2003 – Dispõe sobre o Imposto Sobre Serviços de Qualquer Natureza, de competência dos Municípios e do Distrito Federal, e dá outras providências.

Arts. 71 a 73. *(Revogados pelo Dec.-lei 406/1968).*

Capítulo V
IMPOSTOS ESPECIAIS

Seção I
Imposto sobre operações relativas a combustíveis, lubrificantes, energia elétrica e minerais do País

→ v. Art. 155, § 3º, da CF/1988.

→ v. Dec.-lei 406/1968 que Estabelece normas gerais de direito financeiro, aplicáveis aos impostos sobre operações relativas à circulação de mercadorias e sobre serviços de qualquer natureza, e dá outras providências.

Art. 74. O imposto, de competência da União, sobre operações relativas a combustíveis, lubrificantes, energia elétrica e minerais do País tem como fato gerador:

I – a produção, como definida no artigo 46 e seu parágrafo único;

II – a importação, como definida no artigo 19;

III – a circulação, como definida no artigo 52;

IV – a distribuição, assim entendida a colocação do produto no estabelecimento consumidor ou em local de venda ao público;

V – o consumo, assim entendida a venda do produto ao público.

§ 1º Para os efeitos deste imposto a energia elétrica considera-se produto industrializado.

§ 2º O imposto incide, uma só vez sobre uma das operações previstas em cada inciso deste artigo, como dispuser a lei, e exclui quaisquer outros tributos, sejam quais forem sua natureza ou competência, incidentes sobre aquelas operações.

Art. 75. A lei observará o disposto neste Título relativamente:

I – ao Imposto sobre Produtos Industrializados, quando a incidência seja sobre a produção ou sobre o consumo;

II – ao Imposto sobre a Importação, quando a incidência seja sobre essa operação;

III – ao Imposto sobre Operações Relativas à Circulação de Mercadorias, quando a incidência seja sobre a distribuição.

Seção II
Impostos extraordinários

Art. 76. Na iminência ou no caso de guerra externa, a União pode instituir, temporariamente, impostos extraordinários compreendidos ou não entre os referidos nesta Lei, suprimidos, gradativamente, no prazo máximo de 5 (cinco) anos, contados da celebração da paz.

→ v. Art. 154, II, da CF/1988.

Título IV
Taxas

Art. 77. As taxas cobradas pela União, pelos Estados, pelo Distrito Federal ou pelos Municípios, no âmbito de suas respectivas atribuições, têm como fato gerador o exercício regular do poder de polícia, ou a utilização, efetiva ou potencial, de serviço público específico e divisível, prestado ao contribuinte ou posto à sua disposição.

→ v. Súmula Vinculante 19 do STF.

→ v. Súmula 545 do STF.

→ v. Súmulas 80 e 124 do STJ.

→ v. Art. 145, II, e § 2º, da CF/1988.

Parágrafo único. A taxa não pode ter base de cálculo ou fato gerador idênticos aos que correspondam a imposto nem ser calculada em função do capital das empresas.

→ Parágrafo único com redação alterada pelo Ato Complementar 34/1967.

→ v. Súmula Vinculante 29 do STF.

→ v. Súmulas 126, 127, 135, 136, 138, 140 e 595 do STF.

Art. 78. Considera-se poder de polícia atividade da administração pública que, limitando ou disciplinando direito, interesse ou liberdade, regula a prática de ato ou abstenção de fato, em razão de interesse público concernente à segurança, à higiene, à ordem, aos costumes, à disciplina da produção e do mercado, ao exercício de atividades econômicas dependentes de concessão ou autorização do Poder Público, à tranquilidade pública ou ao respeito à propriedade e aos direitos individuais ou coletivos.

→ Artigo com redação alterada pelo Ato Complementar 31/1966.

Parágrafo único. Considera-se regular o exercício do poder de polícia quando desempenhado pelo órgão competente nos limites da lei aplicável, com observância do processo legal e, tratando-se de atividade que a lei tenha como discricionária, sem abuso ou desvio de poder.

→ v. Art. 51, § 1º, do CDC.

→ v. Lei 4.898/1965 que Regula o Direito de Representação e o processo de Responsabilidade Administrativa Civil e Penal, nos casos de abuso de autoridade.

Art. 79. Os serviços públicos a que se refere o art. 77 consideram-se:

I – utilizados pelo contribuinte:

a) efetivamente, quando por ele usufruídos a qualquer título;

b) potencialmente, quando, sendo de utilização compulsória, sejam postos à sua disposição mediante atividade administrativa em efetivo funcionamento;

II – específicos, quando possam ser destacados em unidades autônomas de intervenção, de utilidade, ou de necessidades públicas;

III – divisíveis, quando suscetíveis de utilização, separadamente, por parte de cada um dos seus usuários.

Art. 80. Para efeito de instituição e cobrança de taxas, consideram-se compreendidas no âmbito das atribuições da União, dos Estados, do Distrito Federal ou dos Municípios aquelas que, segundo a Constituição Federal, as Constituições dos Estados, as Leis Orgânicas do Distrito Federal e dos Municípios e a legislação com elas compatível, competem a cada uma dessas pessoas de direito público.

Título V
Contribuição de melhoria

→ v. Art. 145, III, da CF/1988.

→ v. Dec.-lei 195/1967 que dispõe sobre a cobrança da Contribuição de Melhoria.

Art. 81. A contribuição de melhoria cobrada pela União, pelos Estados, pelo Distrito Federal ou pelos Municípios, no âmbito de suas respectivas atribuições, é instituída para fazer face ao custo de obras públicas de que decorra valorização imobiliária, tendo como limite total a despesa realizada e como limite individual o acréscimo de valor que da obra resultar para cada imóvel beneficiado.

→ v. Art. 1º do Dec.-lei 195/1967.

Art. 82. A lei relativa à contribuição de melhoria observará os seguintes requisitos mínimos:

→ v. Art. 10 do Dec.-lei 195/1967.

I – publicação prévia dos seguintes elementos:

a) memorial descritivo do projeto;

b) orçamento do custo da obra;

c) determinação da parcela do custo da obra a ser financiada pela contribuição;

d) delimitação da zona beneficiada;

e) determinação do fator de absorção do benefício da valorização para toda a zona ou para cada uma das áreas diferenciadas, nela contidas;

II – fixação de prazo não inferior a 30 (trinta) dias, para impugnação pelos interessados, de qualquer dos elementos referidos no inciso anterior;

III – regulamentação do processo administrativo de instrução e julgamento da impugnação a que se refere o inciso anterior, sem prejuízo da sua apreciação judicial.

§ 1º A contribuição relativa a cada imóvel será determinada pelo rateio da parcela do custo da obra a que se refere a alínea *c*, do inciso I, pelos imóveis situados na zona beneficiada em função dos respectivos fatores individuais de valorização.

§ 2º Por ocasião do respectivo lançamento, cada contribuinte deverá ser notificado do montante da contribuição, da forma e dos prazos de seu pagamento e dos elementos que integram o respectivo cálculo.

Título VI
Distribuições de receitas tributárias

→ v. Arts. 157 e 158 da CF/1988.

Capítulo I
DISPOSIÇÕES GERAIS

Art. 83. Sem prejuízo das demais disposições deste Título, os Estados e Municípios que celebrem com a União convênios destinados a assegurar ampla e eficiente coordenação dos respectivos programas de investimentos e serviços públicos, especialmente no campo da política tributária, poderão participar de até 10% (dez por cento) da arrecadação efetuada, nos respectivos territórios, proveniente do imposto referido no artigo 43, incidente sobre o rendimento das pessoas físicas, e no artigo 46, excluído o incidente sobre o fumo e bebidas alcoólicas.

Parágrafo único. O processo das distribuições previstas neste artigo será regulado nos convênios nele referidos.

Art. 84. A lei federal pode cometer aos Estados, ao Distrito Federal ou aos Municípios o encargo de arrecadar os impostos de competência da União cujo produto lhes seja distribuído no todo ou em parte.

Parágrafo único. O disposto neste artigo, aplica-se à arrecadação dos impostos de competência dos Estados, cujo produto estes venham a distribuir, no todo ou em parte, aos respectivos Municípios.

Capítulo II
IMPOSTO SOBRE A PROPRIEDADE TERRITORIAL RURAL E SOBRE A RENDA E PROVENTOS DE QUALQUER NATUREZA

Art. 85. Serão distribuídos pela União:

I – aos Municípios da localização dos imóveis, o produto da arrecadação do imposto a que se refere o artigo 29;

II – aos Estados, ao Distrito Federal e aos Municípios, o produto da arrecadação, na fonte, do imposto a que se refere o artigo 43, incidente sobre a renda das obrigações de sua dívida pública e sobre os proventos dos seus servidores e dos de suas autarquias.

§ 1º Independentemente de ordem das autoridades superiores e sob pena de demissão, as autoridades arrecadadoras dos impostos a que se refere este artigo farão entrega, aos Estados, ao Distrito Federal e aos Municípios, das importâncias recebidas, à medida que forem sendo arrecadadas, em prazo não superior a 30 (trinta) dias, a contar da data de cada recolhimento.

§ 2º A lei poderá autorizar os Estados, o Distrito Federal e os Municípios a incorporar definitivamente à sua receita o produto da arrecadação do imposto a que se refere o inciso II, estipulando as obrigações acessórias a serem cumpridas por aqueles no interesse da arrecadação, pela União, do imposto a ela devido pelos titulares da renda ou dos proventos tributados.

§ 3º A lei poderá dispor que uma parcela, não superior a 20% (vinte por cento), do imposto de que trata o inciso I seja destinada ao custeio do respectivo serviço de lançamento e arrecadação.

→ Resolução do SF 337/1983, suspendeu a execução deste dispositivo por inconstitucionalidade.

Capítulo III
FUNDOS DE PARTICIPAÇÃO DOS ESTADOS E DOS MUNICÍPIOS

→ v. LC 62/1989 – Estabelece normas sobre o cálculo, a entrega e o controle das liberações dos recursos dos Fundos de Participação e dá outras providências.

→ v. LC 63/1990 – Dispõe sobre critérios e prazos de crédito das parcelas do produto da arrecadação de impostos de competência dos Estados e de transferências por estes recebidos, pertencentes aos Municípios, e dá outras providências.

Seção I
Constituição dos Fundos

Art. 86. *(Revogado pela LC 143/2013, produzindo efeitos financeiros no primeiro mês que se iniciar após 60 (sessenta) dias da data de sua publicação - D.O.U. 18.7.2013).*

Art. 87. *(Revogado pela LC 143/2013, produzindo efeitos financeiros no primeiro mês que se iniciar após 60 (sessenta) dias da data de sua publicação - D.O.U. 18.7.2013).*

Seção II
Critério de distribuição do Fundo de Participação dos Estados

Art. 88. *(Revogado pela LC 143/2013, produzindo efeitos financeiros no primeiro mês que se iniciar após 60 (sessenta) dias da data de sua publicação - D.O.U. 18.7.2013).*

Art. 89. *(Revogado pela LC 143/2013, produzindo efeitos financeiros no primeiro mês que se iniciar após 60 (sessenta) dias da data de sua publicação - D.O.U. 18.7.2013).*

Art. 90. O fator representativo do inverso da renda *per capita*, a que se refere o inciso II do artigo 88, será estabelecido da seguinte forma:

Inverso do índice relativo à renda per capita da entidade participante:

	Fator
Até 0,0045	0,4
Acima de 0,0045 até 0,0055	0,5
Acima de 0,0055 até 0,0065	0,6
Acima de 0,0065 até 0,0075	0,7
Acima de 0,0075 até 0,0085	0,8
Acima de 0,0085 até 0,0095	0,9
Acima de 0,0095 até 0,0110	1,0
Acima de 0,0110 até 0,0130	1,2
Acima de 0,0130 até 0,0150	1,4
Acima de 0,0150 até 0,0170	1,6
Acima de 0,0170 até 0,0190	1,8
Acima de 0,0190 até 0,0220	2,0
Acima de 0,220	2,5

Parágrafo único. Para os efeitos deste artigo, determina-se o índice relativo à renda *per capita* de cada entidade participante, tomando-se como 100 (cem) a renda *per capita* média do País.

Seção III
Critério de distribuição do Fundo de Participação dos Municípios

→ *v.* LC 91/1997 – Dispõe sobre a fixação dos coeficientes do Fundo de Participação dos Municípios.

→ *v.* LC 106/2001 – Dá nova redação aos §§ 1º e 2º do art. 2º da Lei Complementar n. 91, de 22 de dezembro de 1997, que dispõe sobre a fixação dos coeficientes de distribuição dos recursos do Fundo de Participação dos Municípios.

→ *v.* Dec.-lei 1.881/1981 – Altera a Lei n. 5.172, de 25 de outubro de 1966, cria a Reserva do Fundo de Participação dos Municípios – FPM a dá outras providências.

Art. 91. Do Fundo de Participação dos Municípios a que se refere o art. 86, serão atribuídos:

→ *Caput* com redação alterada pelo Ato Complementar 35/1967.

I – 10% (dez por cento) aos Municípios das Capitais dos Estados;

II – 90% (noventa por cento) aos demais Municípios do País.

§ 1º A parcela de que trata o inciso I será distribuída proporcionalmente a um coeficiente individual de participação, resultante do produto dos seguintes fatores:

→ § 1º com redação alterada pelo Ato Complementar 35/1967.

a) fator representativo da população, assim estabelecido:

Percentual da população de cada Município em relação à do conjunto das Capitais:

	Fator
Até 2%	2
Mais de 2% até 5%:	
Pelos primeiros 2%	2
Cada 0,5% ou fração excedente, mais	0,5
Mais de 5%	5

b) fator representativo do inverso da renda *per capita* do respectivo Estado, de conformidade com o disposto no art. 90.

§ 2º A distribuição da parcela a que se refere o item II deste artigo, deduzido o percentual referido no artigo 3º do Decreto-lei que estabelece a redação deste parágrafo, far-se-á atribuindo-se a cada Município um coeficiente individual de participação determinado na forma seguinte:

→ § 2º com redação alterada pelo Dec.-lei 1.881/1981.

→ v. Art. 1º da LC 91/1997.

Categoria do Município, segundo seu número de habitantes:

Coeficiente	
a) Até 16.980	
Pelos primeiros 10.188	0,6
Para cada 3.396 ou fração excedente, mais	0,2
b) Acima de 16.980 até 50.940	
Pelos primeiros 16.980	1,0
Para cada 6.792 ou fração excedente, mais	0,2
c) Acima de 50.940 até 101.880	
Pelos primeiros 50.940	2,0
Para cada 10.188 ou fração excedente, mais	0,2
d) Acima de 101.880 até 156.216	
Pelos primeiros 101.880	3,0
Para cada 13.584 ou fração excedente, mais	0,2
e) Acima de 156.216	4,0

§ 3º Para os efeitos deste artigo, consideram-se os Municípios regularmente instalados, fazendo-se a revisão das quotas anualmente, a partir de 1989, com base em dados oficiais de população produzidos pela Fundação Instituto Brasileiro de Geografia e Estatística – IBGE.

→ § 3º com redação alterada pela LC 59/1988.

§ 4º *(Revogado pela LC 91/1997).*

§ 5º *(Revogado pela LC 91/1997).*

Seção IV
Cálculo e pagamento das quotas estaduais e municipais

Art. 92. O Tribunal de Contas da União comunicará ao Banco do Brasil S.A., conforme os prazos a seguir especificados, os coeficientes individuais de participação nos fundos previstos no art. 159, inciso I, alíneas *a*, *b* e *d*, da Constituição Federal que prevalecerão no exercício subsequente:

→ Artigo com redação alterada pela LC 143/2013, produzindo efeitos financeiros no primeiro mês que se iniciar após 60 (sessenta) dias da data de sua publicação - *D.O.U. 18.7.2013*.

I – até o último dia útil do mês de março de cada exercício financeiro, para cada Estado e para o Distrito Federal;

II – até o último dia útil de cada exercício financeiro, para cada Município.

Parágrafo único. Far-se-á nova comunicação sempre que houver, transcorrido o prazo fixado no inciso I do *caput*, a criação de novo Estado a ser implantado no exercício subsequente.

Art. 93. *(Revogado pela LC 143/2013, produzindo efeitos financeiros no primeiro mês que se iniciar após 60 (sessenta) dias da data de sua publicação - D.O.U. 18.7.2013).*

Seção V
Comprovação da aplicação das quotas estaduais e municipais

Art. 94. *(Revogado pela LC 143/2013, produzindo efeitos financeiros no primeiro mês que se iniciar após 60 (sessenta) dias da data de sua publicação – D.O.U. 18.7.2013).*

Capítulo IV
IMPOSTO SOBRE OPERAÇÕES RELATIVAS A COMBUSTÍVEIS, LUBRIFICANTES, ENERGIA ELÉTRICA E MINERAIS DO PAÍS

Art. 95. *(Revogado pela LC 143/2013, produzindo efeitos financeiros no primeiro mês que se iniciar após 60 (sessenta) dias da data de sua publicação – D.O.U. 18.7.2013).*

LIVRO SEGUNDO
Normas Gerais De Direito Tributário

Título I
Legislação tributária

Capítulo I
DISPOSIÇÕES GERAIS

Seção I
Disposição preliminar

Art. 96. A expressão "legislação tributária" compreende as leis, os tratados e as convenções internacionais, os decretos e as normas complementares que versem, no todo ou em parte, sobre tributos e relações jurídicas a eles pertinentes.

→ *v.* Art. 146, III, da CF/1988.

→ *v.* Arts. 100, 146 e 194 do CTN.

Seção II
Leis, tratados e convenções internacionais e decretos

Art. 97. Somente a lei pode estabelecer:

→ *v.* Súmula 651 do STF.

→ *v.* Arts. 150, I, 153, § 1º, e 177, § 4º, da CF/1988.

I – a instituição de tributos, ou a sua extinção;

→ *v.* Súmula 574 do STF.

→ *v.* Súmula 185 do STJ.

II – a majoração de tributos, ou sua redução, ressalvado o disposto nos artigos 21, 26, 39, 57 e 65;

→ *v.* Súmula 95 do STJ.

III – a definição do fato gerador da obrigação tributária principal, ressalvado o disposto no inciso I do § 3º do artigo 52, e do seu sujeito passivo;

→ *v.* Art. 150, III, da CF/1988.

→ *v.* Arts. 114 a 118 do CTN.

IV – a fixação da alíquota do tributo e da sua base de cálculo, ressalvado o disposto nos artigos 21, 26, 39, 57 e 65;

→ *v.* Súmulas 112, 117, 569 e 582 do STF.

→ *v.* Súmulas 80, 95, 124 e 351, do STJ.

V – a cominação de penalidades para as ações ou omissões contrárias a seus dispositivos, ou para outras infrações nela definidas;

→ V. Art. 161 do CTN.

→ V. Art. 2º da Lei 8.022/1990.

VI – as hipóteses de exclusão, suspensão e extinção de créditos tributários, ou de dispensa ou redução de penalidades.

→ V. Arts. 139 a 141 e 151 a 185-A, do CTN.

§ 1º Equipara-se à majoração do tributo a modificação de sua base de cálculo, que importe em torná-lo mais oneroso.

→ V. Súmula 160 do STJ.

§ 2º Não constitui majoração de tributo, para os fins do disposto no inciso II deste artigo, a atualização do valor monetário da respectiva base de cálculo.

→ V. Súmula 667 do STF.

→ V. Súmulas 160 do STJ.

Art. 98. Os tratados e as convenções internacionais revogam ou modificam a legislação tributária interna, e serão observados pela que lhes sobrevenha.

→ V. Art. 84, VIII, da CF/1988.

→ V. Súmulas 20 e 71 do STJ.

Art. 99. O conteúdo e o alcance dos decretos restringem-se aos das leis em função das quais sejam expedidos, determinados com a observância das regras de interpretação estabelecidas nesta Lei.

→ V. Art. 84, IV, da CF/1988.

Seção III
Normas complementares

Art. 100. São normas complementares das leis, dos tratados e das convenções internacionais e dos decretos:

→ V. Art. 96 do CTN.

I – os atos normativos expedidos pelas autoridades administrativas;

→ V. Art. 19, § 4º, da Lei 10.522/2002.

II – as decisões dos órgãos singulares ou coletivos de jurisdição administrativa, a que a lei atribua eficácia normativa;

III – as práticas reiteradamente observadas pelas autoridades administrativas;

IV – os convênios que entre si celebrem a União, os Estados, o Distrito Federal e os Municípios.

→ V. Art. 153, § 2º, XII, *g*, da CF/1988.

Parágrafo único. A observância das normas referidas neste artigo exclui a imposição de penalidades, a cobrança de juros de mora e a atualização do valor monetário da base de cálculo do tributo.

Capítulo II
VIGÊNCIA DA LEGISLAÇÃO TRIBUTÁRIA

Art. 101. A vigência, no espaço e no tempo, da legislação tributária rege-se pelas disposições legais aplicáveis às normas jurídicas em geral, ressalvado o previsto neste Capítulo.

→ V. Art. 144 do CTN.

→ V. Arts. 1º, 2º e 6º do Dec.-lei 4.657/1943.

Art. 102. A legislação tributária dos Estados, do Distrito Federal e dos Municípios vigora, no País, fora dos respectivos territórios, nos limites em que lhe reconheçam extraterritorialidade os convênios de que participem, ou do que disponham esta ou outras leis de normas gerais expedidas pela União.

Art. 103. Salvo disposição em contrário, entram em vigor:

I – os atos administrativos a que se refere o inciso I do artigo 100, na data da sua publicação;

II – as decisões a que se refere o inciso II do artigo 100, quanto a seus efeitos normativos, 30 (trinta) dias após a data da sua publicação;

III – os convênios a que se refere o inciso IV do artigo 100 na data neles prevista.

Art. 104. Entram em vigor no primeiro dia do exercício seguinte àquele em que ocorra a sua publicação os dispositivos de lei, referentes a impostos sobre o patrimônio ou a renda:

→ V. Súmulas 669 e 584 do STF.

→ V. Arts. 150, III, *b*, 150, III, *c*, e 195, § 6º, da CF/1988.

I – que instituem ou majoram tais impostos;

II – que definem novas hipóteses de incidência;

→ V. Súmula 570 do STF.

III – que extinguem ou reduzem isenções, salvo se a lei dispuser de maneira mais favorável ao contribuinte, e observado o disposto no artigo 178.

→ V. Súmula 615 do STF.

Capítulo III
APLICAÇÃO DA LEGISLAÇÃO TRIBUTÁRIA

Art. 105. A legislação tributária aplica-se imediatamente aos fatos geradores futuros e aos pendentes, assim entendidos aqueles cuja ocorrência tenha tido início mas não esteja completa nos termos do artigo 116.

→ V. Súmula 669 do STF.

→ V. art. 150, III, a, da CF/1988.

→ V. Art. 144 do CTN.

Art. 106. A lei aplica-se a ato ou fato pretérito:

I – em qualquer caso, quando seja expressamente interpretativa, excluída a aplicação de penalidade à infração dos dispositivos interpretados;

→ V. Art. 3º da LC 118/2005.

II – tratando-se de ato não definitivamente julgado:

→ V. Art. 44 da Lei 9.430/1996.

a) quando deixe de defini-lo como infração;

b) quando deixe de tratá-lo como contrário a qualquer exigência de ação ou omissão, desde que não tenha sido fraudulento e não tenha implicado em falta de pagamento de tributo;

c) quando lhe comine penalidade menos severa que a prevista na lei vigente ao tempo da sua prática.

→ V. Súmula 448 do STJ.

→ V. Art. 35 da Lei 8.212/1991.

Capítulo IV
INTERPRETAÇÃO E INTEGRAÇÃO DA LEGISLAÇÃO TRIBUTÁRIA

Art. 107. A legislação tributária será interpretada conforme o disposto neste Capítulo.

Art. 108. Na ausência de disposição expressa, a autoridade competente para aplicar a legislação tributária utilizará sucessivamente, na ordem indicada:

→ V. Art. 126 do CPC/1973.

→ V. Art. 140 do NCPC.

I – a analogia;

→ V. Súmula 464 do STJ.

II – os princípios gerais de direito tributário;

III – os princípios gerais de direito público;

IV – a equidade.

§ 1º O emprego da analogia não poderá resultar na exigência de tributo não previsto em lei.

→ V. Arts. 97, I, e 178 do CTN.

→ V. Art. 4º do Dec.-lei 4.657/1942.

§ 2º O emprego da equidade não poderá resultar na dispensa do pagamento de tributo devido.

→ V. Súmula 95 do STJ.

→ V. Art. 172, IV, do CTN.

Art. 109. Os princípios gerais de direito privado utilizam-se para pesquisa da definição, do conteúdo e do alcance de seus institutos, conceitos e formas, mas não para definição dos respectivos efeitos tributários.

Art. 110. A lei tributária não pode alterar a definição, o conteúdo e o alcance de institutos, conceitos e formas de direito privado, utilizados, expressa ou implicitamente, pela Constituição Federal, pelas Constituições dos Estados, ou pelas Leis Orgânicas do Distrito Federal ou dos Municípios, para definir ou limitar competências tributárias.

→ V. Súmula 573 do STF.

Art. 111. Interpreta-se literalmente a legislação tributária que disponha sobre:

I – suspensão ou exclusão do crédito tributário;

→ V. Arts. 151 e 175 do CTN.

II – outorga de isenção;

→ V. Súmula 100 do STJ.

→ V. Art. 176 do CTN.

III – dispensa do cumprimento de obrigações tributárias acessórias.

→ V. Arts. 9º, § 1º, e 175, parágrafo único, do CTN.

Art. 112. A lei tributária que define infrações, ou lhe comina penalidades, interpreta-se da maneira mais favorável ao acusado, em caso de dúvida quanto:

I – à capitulação legal do fato;

II – à natureza ou às circunstâncias materiais do fato, ou à natureza ou extensão dos seus efeitos;

III – à autoria, imputabilidade, ou punibilidade;

IV – à natureza da penalidade aplicável, ou à sua graduação.

Título II
Obrigação tributária

Capítulo I
DISPOSIÇÕES GERAIS

Art. 113. A obrigação tributária é principal ou acessória.

§ 1º A obrigação principal surge com a ocorrência do fato gerador, tem por objeto o pagamento de tributo ou penalidade pecuniária e extingue-se juntamente com o crédito dela decorrente.

§ 2º A obrigação acessória decorre da legislação tributária e tem por objeto as prestações, positivas ou negativas, nela previstas no interesse da arrecadação ou da fiscalização dos tributos.

→ v. Arts. 96 a 100, 128 a 138, e 195, parágrafo único, do CTN.

§ 3º A obrigação acessória, pelo simples fato da sua inobservância, converte-se em obrigação principal relativamente à penalidade pecuniária.

Capítulo II
FATO GERADOR

Art. 114. Fato gerador da obrigação principal é a situação definida em lei como necessária e suficiente à sua ocorrência.

→ v. Art. 150, § 7º, da CF/1988.

→ v. Arts. 4º e 105 do CTN.

Art. 115. Fato gerador da obrigação acessória é qualquer situação que, na forma da legislação aplicável, impõe a prática ou a abstenção de ato que não configure obrigação principal.

→ v. Art. 113, § 2º, do CTN.

Art. 116. Salvo disposição de lei em contrário, considera-se ocorrido o fato gerador e existentes os seus efeitos:

I – tratando-se de situação de fato, desde o momento em que se verifiquem as circunstâncias materiais necessárias a que produza os efeitos que normalmente lhe são próprios;

II – tratando-se de situação jurídica, desde o momento em que esteja definitivamente constituída, nos termos de direito aplicável.

→ v. Art. 144 do CTN.

Parágrafo único. A autoridade administrativa poderá desconsiderar atos ou negócios jurídicos praticados com a finalidade de dissimular a ocorrência do fato gerador do tributo ou a natureza dos elementos constitutivos da obrigação tributária, observados os procedimentos a serem estabelecidos em lei ordinária.

→ Parágrafo único acrescentado pela LC 104/2001.

→ v. Arts. 71 a 73 da Lei 4.502/1964.

→ v. Art. 129 da Lei 11.196/2005.

Art. 117. Para os efeitos do inciso II do artigo anterior e salvo disposição de lei em contrário, os atos ou negócios jurídicos condicionais reputam-se perfeitos e acabados:

→ v. Arts. 121 a 128 do CC.

I – sendo suspensiva a condição, desde o momento de seu implemento;

→ v. Art. 125 do CC.

II – sendo resolutória a condição, desde o momento da prática do ato ou da celebração do negócio.

→ v. Art. 127 do CC.

Art. 118. A definição legal do fato gerador é interpretada abstraindo-se:

I – da validade jurídica dos atos efetivamente praticados pelos contribuintes, responsáveis, ou terceiros, bem como da natureza do seu objeto ou dos seus efeitos;

II – dos efeitos dos fatos efetivamente ocorridos.

Capítulo III
SUJEITO ATIVO

Art. 119. Sujeito ativo da obrigação é a pessoa jurídica de direito público titular da competência para exigir o seu cumprimento.

→ v. Súmulas 447 e 197 do STJ.

→ v. Arts. 153 a 156 e 195 da CF/1988.

Art. 120. Salvo disposição de lei em contrário, a pessoa jurídica de direito público, que se constituir pelo desmembramento territorial de outra, sub-roga-se nos direitos desta, cuja legislação tributária aplicará até que entre em vigor a sua própria.

Capítulo IV
SUJEITO PASSIVO

Seção I
Disposições gerais

Art. 121. Sujeito passivo da obrigação principal é a pessoa obrigada ao pagamento de tributo ou penalidade pecuniária.

Parágrafo único. O sujeito passivo da obrigação principal diz-se:

I – contribuinte, quando tenha relação pessoal e direta com a situação que constitua o respectivo fato gerador;

→ v. Art. 4º da LC 87/1996.

→ v. Art. 5º da LC 116/2003.

II – responsável, quando, sem revestir a condição de contribuinte, sua obrigação decorra de disposição expressa de lei.

→ v. Art. 150, § 7º, da CF/1988.

→ v. Art. 128 e seguintes do CTN

Art. 122. Sujeito passivo da obrigação acessória é a pessoa obrigada às prestações que constituam o seu objeto.

→ v. Súmula 192 do TFR.

Art. 123. Salvo disposições de lei em contrário, as convenções particulares, relativas à responsabilidade pelo pagamento de tributos, não podem ser opostas à Fazenda Pública, para modificar a definição legal do sujeito passivo das obrigações tributárias correspondentes.

Seção II
Solidariedade

→ v. Arts. 275 a 285 do CC.

→ v. Art. 30, IX, da Lei 8.212/1991.

Art. 124. São solidariamente obrigadas:

I – as pessoas que tenham interesse comum na situação que constitua o fato gerador da obrigação principal;

II – as pessoas expressamente designadas por lei.

→ v. Art. 8º do Dec.-lei 1.736/1979.

→ v. Art. 71 da Lei 8.666/1993.

Parágrafo único. A solidariedade referida neste artigo não comporta benefício de ordem.

→ v. Art. 30, VI, da Lei 8.212/1991.

Art. 125. Salvo disposição de lei em contrário, são os seguintes os efeitos da solidariedade:

I – o pagamento efetuado por um dos obrigados aproveita aos demais;

→ v. Art. 156, I, do CTN.

II – a isenção ou remissão de crédito exonera todos os obrigados, salvo se outorgada pessoalmente a um deles, subsistindo, nesse caso, a solidariedade quanto aos demais pelo saldo;

→ v. Art. 176 do CTN.

III – a interrupção da prescrição, em favor ou contra um dos obrigados, favorece ou prejudica aos demais.

→ v. Arts. 174 e 176 do CTN.

Seção III
Capacidade tributária

Art. 126. A capacidade tributária passiva independe:

I – da capacidade civil das pessoas naturais;

→ v. Arts. 2º a 5º do CC.

II – de achar-se a pessoa natural sujeita a medidas que importem privação ou limitação do exercício de atividades civis, comerciais ou profissionais, ou da administração direta de seus bens ou negócios;

III – de estar a pessoa jurídica regularmente constituída, bastando que configure uma unidade econômica ou profissional.

→ v. Arts. 110 e 134, VII, do CTN.

Seção IV
Domicílio tributário

Art. 127. Na falta de eleição, pelo contribuinte ou responsável, de domicílio tributário, na forma da legislação aplicável, considera-se como tal:

I – quanto às pessoas naturais, a sua residência habitual, ou, sendo esta incerta ou desconhecida, o centro habitual de sua atividade;

→ v. Arts. 70 e 71 do CC.

→ v. Art. 113, § 2º, do CTN.

II – quanto às pessoas jurídicas de direito privado ou às firmas individuais, o lugar da sua sede, ou, em relação aos atos ou fatos que derem origem à obrigação, o de cada estabelecimento;

→ v. Súmulas 58 e 435 do STJ.

III – quanto às pessoas jurídicas de direito público, qualquer de suas repartições no território da entidade tributante.

→ v. Art. 109, §§ 1º a 5º, da CF/1988.

§ 1º Quando não couber a aplicação das regras fixadas em qualquer dos incisos deste artigo, considerar-se-á como domicílio tributário do contribuinte ou responsável o lugar da situação dos bens ou da ocorrência dos atos ou fatos que deram origem à obrigação.

§ 2º A autoridade administrativa pode recusar o domicílio eleito, quando impossibilite ou dificulte a arrecadação ou a fiscalização do tributo, aplicando-se então a regra do parágrafo anterior.

Capítulo V
RESPONSABILIDADE TRIBUTÁRIA

Seção I
Disposição geral

Art. 128. Sem prejuízo do disposto neste Capítulo, a lei pode atribuir de modo expresso a responsabilidade pelo crédito tributário a terceira pessoa, vinculada ao fato gerador da respectiva obrigação, excluindo a responsabilidade do contribuinte ou atribuindo-a a este em caráter supletivo do cumprimento total ou parcial da referida obrigação.

→ *v.* Art. 150, § 7º, da CF/1988.

→ *v.* Arts. 45, parágrafo único, 121, II, 134, do CTN.

Seção II
Responsabilidade dos sucessores

Art. 129. O disposto nesta Seção aplica-se por igual aos créditos tributários definitivamente constituídos ou em curso de constituição à data dos atos nela referidos, e aos constituídos posteriormente aos mesmos atos, desde que relativos a obrigações tributárias surgidas até a referida data.

→ *v.* Arts. 45, parágrafo único, 121, II, 134, do CTN.

Art. 130. Os créditos tributários relativos a impostos cujo fato gerador seja a propriedade, o domínio útil ou a posse de bens imóveis, e bem assim os relativos a taxas pela prestação de serviços referentes a tais bens, ou a contribuições de melhoria, sub-rogam-se na pessoa dos respectivos adquirentes, salvo quando conste do título a prova de sua quitação.

→ *v.* Arts. 1.238 a 1.259 do CC.

Parágrafo único. No caso de arrematação em hasta pública, a sub-rogação ocorre sobre o respectivo preço.

Art. 131. São pessoalmente responsáveis:

→ *v.* Art. 141, II, e § 1º, da Lei 11.101/2005.

I – o adquirente ou remitente, pelos tributos relativos aos bens adquiridos ou remidos;

→ Inciso I com redação alterada pelo Dec.-lei 28/1966.

II – o sucessor a qualquer título e o cônjuge meeiro, pelos tributos devidos pelo *de cujus* até a data da partilha ou adjudicação, limitada esta responsabilidade ao montante do quinhão, do legado ou da meação;

III – o espólio, pelos tributos devidos pelo *de cujus* até a data da abertura da sucessão.

→ *v.* Art. 12, V, do CPC/1973.

→ *v.* Art. 75, VII, do NCPC.

Art. 132. A pessoa jurídica de direito privado que resultar de fusão, transformação ou incorporação de outra ou em outra é responsável pelos tributos devidos até a data do ato pelas pessoas jurídicas de direito privado fusionadas, transformadas ou incorporadas.

→ *v.* Arts. 1.113, 1.119 e 1.116 do CC.

→ *v.* Art. 5º do Dec.-lei 1.598/1977.

→ *v.* Art. 207 do Decreto 3.000/1999.

Parágrafo único. O disposto neste artigo aplica-se aos casos de extinção de pessoas jurídicas de direito privado, quando a exploração da respectiva atividade seja continuada por qualquer sócio remanescente, ou seu espólio, sob a mesma ou outra razão social, ou sob firma individual.

Art. 133. A pessoa natural ou jurídica de direito privado que adquirir de outra, por qualquer título, fundo de comércio ou estabelecimento comercial, industrial ou profissional, e continuar a respectiva exploração, sob a mesma ou outra razão social ou sob firma ou nome individual, responde pelos tributos, relativos ao fundo ou estabelecimento adquirido, devidos até a data do ato:

→ *v.* Lei 11.101/2005 – Regula a recuperação judicial, a extrajudicial e a falência do empresário e da sociedade empresária.

I – integralmente, se o alienante cessar a exploração do comércio, indústria ou atividade;

II – subsidiariamente com o alienante, se este prosseguir na exploração ou iniciar dentro de 6 (seis) meses, a contar da data da alienação, nova atividade no mesmo ou em outro ramo de comércio, indústria ou profissão.

§ 1º O disposto no *caput* deste artigo não se aplica na hipótese de alienação judicial:

→ § 1º acrescentado pela LC 118/2005.

I – em processo de falência;

II – de filial ou unidade produtiva isolada, em processo de recuperação judicial.

§ 2º Não se aplica o disposto no § 1º deste artigo quando o adquirente for:

→ § 2º acrescentado pela LC 118/2005.

I – sócio da sociedade falida ou em recuperação judicial, ou sociedade controlada pelo devedor falido ou em recuperação judicial;

II – parente, em linha reta ou colateral até o 4º (quarto) grau, consanguíneo ou afim, do devedor falido ou em recuperação judicial ou de qualquer de seus sócios; ou

III – identificado como agente do falido ou do devedor em recuperação judicial com o objetivo de fraudar a sucessão tributária.

§ 3º Em processo da falência, o produto da alienação judicial de empresa, filial ou unidade produtiva isolada permanecerá em conta de depósito à disposição do juízo de falência pelo prazo de 1 (um) ano, contado da data de alienação, somente podendo ser utilizado para o pagamento de créditos extraconcursais ou de créditos que preferem ao tributário.

→ § 3º acrescentado pela LC 118/2005.

Seção III
Responsabilidade de terceiros

Art. 134. Nos casos de impossibilidade de exigência do cumprimento da obrigação principal pelo contribuinte, respondem solidariamente com este nos atos em que intervierem ou pelas omissões de que forem responsáveis:

I – os pais, pelos tributos devidos por seus filhos menores;

II – os tutores e curadores, pelos tributos devidos por seus tutelados ou curatelados;

III – os administradores de bens de terceiros, pelos tributos devidos por estes;

→ *v.* Arts. 861 a 875 do CC.

IV – o inventariante, pelos tributos devidos pelo espólio;

→ *v.* Art. 131, III, do CTN.

V – o síndico e o comissário, pelos tributos devidos pela massa falida ou pelo concordatário;

→ *v.* Art. 33 da Lei 11.101/2005.

VI – os tabeliães, escrivães e demais serventuários de ofício, pelos tributos devidos sobre os atos praticados por eles, ou perante eles, em razão do seu ofício;

VII – os sócios, no caso de liquidação de sociedade de pessoas.

→ *v.* Art. 4º, § 1º, da Lei 6.830/1980.

Parágrafo único. O disposto neste artigo só se aplica, em matéria de penalidades, às de caráter moratório.

Art. 135. São pessoalmente responsáveis pelos créditos correspondentes a obrigações tributárias resultantes de atos praticados com excesso de poderes ou infração de lei, contrato social ou estatutos:

I – as pessoas referidas no artigo anterior;

II – os mandatários, prepostos e empregados;

III – os diretores, gerentes ou representantes de pessoas jurídicas de direito privado.

→ *v.* Súmula 430 do STJ.

→ *v.* Art. 158 da Lei 6.404/1976.

Seção IV
Responsabilidade por infrações

→ *v.* Súmula 70 do STF.

→ *v.* Dec.-lei 1.455/1976 – Dispõe sobre bagagem de passageiro procedente do exterior, disciplina o regime de entreposto aduaneiro, estabelece normas sobre mercadorias estrangeiras apreendidas e dá outras providências.

→ *v.* Art. 2º-D, parágrafo único, do Dec.-lei 1.593/1977.

Art. 136. Salvo disposição de lei em contrário, a responsabilidade por infrações da legislação tributária independe da intenção do agente ou do responsável e da efetividade, natureza e extensão dos efeitos do ato.

→ *v.* Súmula 509 do STJ.

Art. 137. A responsabilidade é pessoal ao agente:

I – quanto às infrações conceituadas por lei como crimes ou contravenções, salvo quando praticadas no exercício regular de administração, mandato, função, cargo ou emprego, ou no cumprimento de ordem expressa emitida por quem de direito;

→ *v.* Art. 2º da Lei 9.476/1997.

II – quanto às infrações em cuja definição o dolo específico do agente seja elementar;

III – quanto às infrações que decorram direta e exclusivamente de dolo específico:

a) das pessoas referidas no artigo 134, contra aquelas por quem respondem;

b) dos mandatários, prepostos ou empregados, contra seus mandantes, preponentes ou empregadores;

c) dos diretores, gerentes ou representantes de pessoas jurídicas de direito privado, contra estas.

Art. 138. A responsabilidade é excluída pela denúncia espontânea da infração, acompanhada, se for o caso, do pagamento do tributo devido e dos juros de mora, ou do depósito da importância arbitrada pela autoridade administrativa, quando o montante do tributo dependa de apuração.

→ *v.* Súmula 360 do STJ.

→ *v.* Súmula 49 do CARF.

Parágrafo único. Não se considera espontânea a denúncia apresentada após o início de qualquer procedimento administrativo ou medida de fiscalização, relacionados com a infração.

→ *v.* Art. 7º do Dec. 70.235/1972 – Dispõe sobre o processo administrativo fiscal, e dá outras providências.

→ *v.* Art. 196 do CTN.

Título III
Crédito tributário

Capítulo I
DISPOSIÇÕES GERAIS

Art. 139. O crédito tributário decorre da obrigação principal e tem a mesma natureza desta.

→ v. Arts. 113 e 142 do CTN.

Art. 140. As circunstâncias que modificam o crédito tributário, sua extensão ou seus efeitos, ou as garantias ou os privilégios a ele atribuídos, ou que excluem sua exigibilidade, não afetam a obrigação tributária que lhe deu origem.

→ v. Arts. 113, § 1º, 151, 156 e 176 do CTN.

Art. 141. O crédito tributário regularmente constituído somente se modifica ou extingue, ou tem sua exigibilidade suspensa ou excluída, nos casos previstos nesta Lei, fora dos quais não podem ser dispensadas, sob pena de responsabilidade funcional na forma da lei, a sua efetivação ou as respectivas garantias.

→ v. Art. 201 do CTN.

Capítulo II
CONSTITUIÇÃO DO CRÉDITO TRIBUTÁRIO

Seção I
Lançamento

Art. 142. Compete privativamente à autoridade administrativa constituir o crédito tributário pelo lançamento, assim entendido o procedimento administrativo tendente a verificar a ocorrência do fato gerador da obrigação correspondente, determinar a matéria tributável, calcular o montante do tributo devido, identificar o sujeito passivo e, sendo caso, propor a aplicação da penalidade cabível.

→ v. Súmula Vinculante 24 do STF.

→ v. Súmulas 436 e 397 do STJ.

→ v. Art. 33, § 7º, da Lei 8.212/1991.

→ v. Art. 74 da Lei 9.430/1996.

→ v. Art. 879, § 1º, da CLT.

→ v. Art. 9º, § 1º, do Decreto 70.235/1972.

Parágrafo único. A atividade administrativa de lançamento é vinculada e obrigatória, sob pena de responsabilidade funcional.

→ v. Arts. 3º e 100 do CTN.

→ v. Art. 316, § 1º, do CP.

→ v. Art. 2º da Lei 6.830/1980.

Art. 143. Salvo disposição de lei em contrário, quando o valor tributário esteja expresso em moeda estrangeira, no lançamento far-se-á sua conversão em moeda nacional ao câmbio do dia da ocorrência do fato gerador da obrigação.

→ v. Art. 106 do CTN.

Art. 144. O lançamento reporta-se à data da ocorrência do fato gerador da obrigação e rege-se pela lei então vigente, ainda que posteriormente modificada ou revogada.

§ 1º Aplica-se ao lançamento a legislação que, posteriormente à ocorrência do fato gerador da obrigação, tenha instituído novos critérios de apuração ou processos de fiscalização, ampliado os poderes de investigação das autoridades administrativas, ou outorgado ao crédito maiores garantias ou privilégios, exceto, neste último caso, para o efeito de atribuir responsabilidade tributária a terceiros.

→ v. Art. 150, III, a, da CF/1988.

§ 2º O disposto neste artigo não se aplica aos impostos lançados por períodos certos de tempo, desde que a respectiva lei fixe expressamente a data em que o fato gerador se considera ocorrido.

Art. 145. O lançamento regularmente notificado ao sujeito passivo só pode ser alterado em virtude de:

→ v. Art. 168 do CTN.

I – impugnação do sujeito passivo;

→ v. Art. 150, III, do CTN.

→ v. Art. 14 do Decreto 70.235/1972.

II – recurso de ofício;

→ v. Art. 27 da Lei 10.522/2002.

→ v. Art. 34 do Decreto 70.235/1972.

III – iniciativa de ofício da autoridade administrativa, nos casos previstos no artigo 149.

Art. 146. A modificação introduzida, de ofício ou em consequência de decisão administrativa ou judicial, nos critérios jurídicos adotados pela autoridade administrativa no exercício do lançamento somente pode ser efetivada, em relação a um mesmo sujeito passivo, quanto a fato gerador ocorrido posteriormente à sua introdução.

→ v. Súmula 21 do CARF.

Seção II
Modalidades de lançamento

Art. 147. O lançamento é efetuado com base na declaração do sujeito passivo ou de terceiro, quando um ou outro, na forma da legislação tributária, presta à autoridade administrativa informações sobre matéria de fato, indispensáveis à sua efetivação.

→ v. Súmula 436 do STJ.

§ 1º A retificação da declaração por iniciativa do próprio declarante, quando vise a reduzir ou a excluir tributo, só é admissível mediante comprovação do erro em que se funde, e antes de notificado o lançamento.

§ 2º Os erros contidos na declaração e apuráveis pelo seu exame serão retificados de ofício pela autoridade administrativa a que competir a revisão daquela.

Art. 148. Quando o cálculo do tributo tenha por base, ou tome em consideração, o valor ou o preço de bens, direitos, serviços ou atos jurídicos, a autoridade lançadora, mediante processo regular, arbitrará aquele valor ou preço, sempre que sejam omissos ou não mereçam fé as declarações ou os esclarecimentos prestados, ou os documentos expedidos pelo sujeito passivo ou pelo terceiro legalmente obrigado, ressalvada, em caso de contestação, avaliação contraditória, administrativa ou judicial.

→ v. Súmula 431 do STJ.

Art. 149. O lançamento é efetuado e revisto de ofício pela autoridade administrativa nos seguintes casos:

→ v. Art. 145 do CTN.

I – quando a lei assim o determine;

II – quando a declaração não seja prestada, por quem de direito, no prazo e na forma da legislação tributária;

III – quando a pessoa legalmente obrigada, embora tenha prestado declaração nos termos do inciso anterior, deixe de atender, no prazo e na forma da legislação tributária, a pedido de esclarecimento formulado pela autoridade administrativa, recuse-se a prestá-lo ou não o preste satisfatoriamente, a juízo daquela autoridade;

IV – quando se comprove falsidade, erro ou omissão quanto a qualquer elemento definido na legislação tributária como sendo de declaração obrigatória;

→ v. Art. 146 do CTN.

V – quando se comprove omissão ou inexatidão, por parte da pessoa legalmente obrigada, no exercício da atividade a que se refere o artigo seguinte;

VI – quando se comprove ação ou omissão do sujeito passivo, ou de terceiro legalmente obrigado, que dê lugar à aplicação de penalidade pecuniária;

VII – quando se comprove que o sujeito passivo, ou terceiro em benefício daquele, agiu com dolo, fraude ou simulação;

→ v. Arts. 116, parágrafo único, e 185 do CTN.

→ v. Arts. 145 a 150, 158 a 165 e 167 do CC.

VIII – quando deva ser apreciado fato não conhecido ou não provado por ocasião do lançamento anterior;

IX – quando se comprove que, no lançamento anterior, ocorreu fraude ou falta funcional da autoridade que o efetuou, ou omissão, pela mesma autoridade, de ato ou formalidade especial.

Parágrafo único. A revisão do lançamento só pode ser iniciada enquanto não extinto o direito da Fazenda Pública.

→ v. Arts. 150, § 4º, e 173 do CTN.

Art. 150. O lançamento por homologação, que ocorre quanto aos tributos cuja legislação atribua ao sujeito passivo o dever de antecipar o pagamento sem prévio exame da autoridade administrativa, opera-se pelo ato em que a referida autoridade, tomando conhecimento da atividade assim exercida pelo obrigado, expressamente a homologa.

→ v. Art. 10 da Lei 9.393/1996.

§ 1º O pagamento antecipado pelo obrigado nos termos deste artigo extingue o crédito, sob condição resolutória da ulterior homologação do lançamento.

§ 2º Não influem sobre a obrigação tributária quaisquer atos anteriores à homologação, praticados pelo sujeito passivo ou por terceiro, visando à extinção total ou parcial do crédito.

§ 3º Os atos a que se refere o parágrafo anterior serão, porém, considerados na apuração do saldo porventura devido e, sendo o caso, na imposição de penalidade, ou sua graduação.

§ 4º Se a lei não fixar prazo à homologação, será ele de 5 (cinco) anos, a contar da ocorrência do fato gerador; expirado esse prazo sem que a Fazenda Pública se tenha pronunciado, considera-se homologado o lançamento e definitivamente extinto o crédito, salvo se comprovada a ocorrência de dolo, fraude ou simulação.

→ v. Art. 24 da Lei 11.457/2007.

Capítulo III
SUSPENSÃO DO CRÉDITO TRIBUTÁRIO

Seção I
Disposições gerais

Art. 151. Suspendem a exigibilidade do crédito tributário:

→ *v.* Arts. 139 e 141 do CTN.

→ *v.* Art. 63 da Lei 9.430/1996.

I – moratória;

II – o depósito do seu montante integral;

→ *v.* Súmula Vinculante 28 do STF.

→ *v.* Súmulas 112, 118, 271, 373 e 437 do STJ.

→ *v.* Súmula 17 do CARF.

→ *v.* Art. 43, § 1º, do Dec. 70.235/1972.

→ *v.* Art. 38 da Lei 6.380/1980.

→ v. Lei 11.429/2006 – Dispõe sobre os depósitos judiciais de tributos, no âmbito dos Estados e do Distrito Federal; revoga a Lei 10.482, de 3 de julho de 2002; e dá outras providências.

III – as reclamações e os recursos, nos termos das leis reguladoras do processo tributário administrativo;

→ *v.* Súmula 373 do STJ.

IV – a concessão de medida liminar em mandado de segurança;

→ *v.* Súmulas 212 e 213 do STJ.

→ *v.* Súmula 48 do CARF.

→ *v.* Lei 12.016/2009 – Disciplina o mandado de segurança individual e coletivo e dá outras providências.

V – a concessão de medida liminar ou de tutela antecipada, em outras espécies de ação judicial;

→ Inciso V acrescentado pela LC 104/2001.

→ *v.* Decreto 2.346/1997 – Consolida normas de procedimentos a serem observadas pela Administração Pública Federal em razão de decisões judiciais, regulamenta os dispositivos legais que menciona, e dá outras providências.

VI – o parcelamento.

→ Inciso VI acrescentado pela LC 104/2001.

→ *v.* Arts. 155-A, 205 e 206 do CTN.

Parágrafo único. O disposto neste artigo não dispensa o cumprimento das obrigações acessórias dependentes da obrigação principal cujo crédito seja suspenso, ou dela consequentes.

→ *v.* Arts. 113, §§ 2º e 3º e 175, parágrafo único, do CTN.

Seção II
Moratória

Art. 152. A moratória somente pode ser concedida:

I – em caráter geral:

a) pela pessoa jurídica de direito público competente para instituir o tributo a que se refira;

b) pela União, quanto a tributos de competência dos Estados, do Distrito Federal ou dos Municípios, quando simultaneamente concedida quanto aos tributos de competência federal e às obrigações de direito privado;

II – em caráter individual, por despacho da autoridade administrativa, desde que autorizada por lei nas condições do inciso anterior.

Parágrafo único. A lei concessiva de moratória pode circunscrever expressamente a sua aplicabilidade a determinada região do território da pessoa jurídica de direito público que a expedir, ou a determinada classe ou categoria de sujeitos passivos.

Art. 153. A lei que conceda moratória em caráter geral ou autorize sua concessão em caráter individual especificará, sem prejuízo de outros requisitos:

I – o prazo de duração do favor;

II – as condições da concessão do favor em caráter individual;

III – sendo caso:

a) os tributos a que se aplica;

b) o número de prestações e seus vencimentos, dentro do prazo a que se refere o inciso I, podendo atribuir a fixação de uns e de outros à autoridade administrativa, para cada caso de concessão em caráter individual;

c) as garantias que devem ser fornecidas pelo beneficiado no caso de concessão em caráter individual.

Art. 154. Salvo disposição de lei em contrário, a moratória somente abrange os créditos definitivamente constituídos à data da lei ou do despacho que a conceder, ou cujo lançamento já tenha sido iniciado àquela data por ato regularmente notificado ao sujeito passivo.

→ *v.* Art. 142 do CTN.

Parágrafo único. A moratória não aproveita aos casos de dolo, fraude ou simulação do sujeito passivo ou do terceiro em benefício daquele.

Art. 155. A concessão da moratória em caráter individual não gera direito adquirido e será revogado de ofício, sempre que se apure que o beneficiado não satisfazia ou deixou de satisfazer as condições ou não cumprira ou deixou de cumprir os requisitos para a concessão do favor, cobrando-se o crédito acrescido de juros de mora:

→ *v.* Súmula 473 do STF.

→ *v.* Art. 179, § 2º, do CTN.

I – com imposição da penalidade cabível, nos casos de dolo ou simulação do beneficiado, ou de terceiro em benefício daquele;

II – sem imposição de penalidade, nos demais casos.

Parágrafo único. No caso do inciso I deste artigo, o tempo decorrido entre a concessão da moratória e sua revogação não se computa para efeito da prescrição do direito à cobrança do crédito; no caso do inciso II deste artigo, a revogação só pode ocorrer antes de prescrito o referido direito.

Art. 155-A. O parcelamento será concedido na forma e condição estabelecidas em lei específica.

→ *Caput* acrescentado pela LC 104/2001.

→ v. Lei 10.684/2003 – Altera a legislação tributária, dispõe sobre parcelamento de débitos junto à Secretaria da Receita Federal, à Procuradoria-Geral da Fazenda Nacional e ao Instituto Nacional do Seguro Social e dá outras providências.

→ *v.* Lei 9.639/1998 – Dispõe sobre amortização e parcelamento de dívidas oriundas de contribuições sociais e outras importâncias devidas ao Instituto Nacional do Seguro Social – INSS, altera dispositivos das Leis 8.212 e 8.213, ambas de 24 de julho de 1991, e dá outras providências.

→ v. Lei 12.810/2013 - Dispõe sobre o parcelamento de débitos com a Fazenda Nacional relativos às contribuições previdenciárias de responsabilidade dos Estados, do Distrito Federal e dos Municípios e dá outras providências.

§ 1º Salvo disposição de lei em contrário, o parcelamento do crédito tributário não exclui a incidência de juros e multas.

→ § 1º acrescentado pela LC 104/2001.

→ *v.* Art. 138 do CTN.

§ 2º Aplicam-se, subsidiariamente, ao parcelamento as disposições desta Lei, relativas à moratória.

→ § 2º acrescentado pela LC 104/2001.

§ 3º Lei específica disporá sobre as condições de parcelamento dos créditos tributários do devedor em recuperação judicial.

→ § 3º acrescentado pela LC 118/2005.

§ 4º A inexistência da lei específica a que se refere o § 3º deste artigo importa na aplicação das leis gerais de parcelamento do ente da Federação ao devedor em recuperação judicial, não podendo, neste caso, ser o prazo de parcelamento inferior ao concedido pela lei federal específica.

→ § 4º acrescentado pela LC 118/2005.

→ *v.* Art. 10 da Lei 10.522/2002.

Capítulo IV
EXTINÇÃO DO CRÉDITO TRIBUTÁRIO

Seção I
Modalidades de extinção

Art. 156. Extinguem o crédito tributário:

→ *v.* Art. 141 do CTN.

I – o pagamento;

→ *v.* Arts. 157 a 164 do CTN.

II – a compensação;

→ *v.* Art. 170 do CTN.

III – a transação;

→ *v.* Art. 171 do CTN.

IV – a remissão;

→ *v.* Art. 150, § 6º, da CF/1988.

→ *v.* Arts. 172 e 180 do CTN.

V – a prescrição e a decadência;

→ *v.* Súmula Vinculante 8 do STF.

→ *v.* Arts. 173, *caput*, e parágrafo único, e 174 do CTN.

VI – a conversão de depósito em renda;

→ *v.* Art. 151, II, do CTN.

VII – o pagamento antecipado e a homologação do lançamento nos termos do disposto no artigo 150 e seus §§ 1º e 4º;

VIII – a consignação em pagamento, nos termos do disposto no § 2º do artigo 164;

IX – a decisão administrativa irreformável, assim entendida a definitiva na órbita administrativa, que não mais possa ser objeto de ação anulatória;

X – a decisão judicial passada em julgado;

→ *v.* Art. 467 do CPC/1973.

→ *v.* Art. 502 do NCPC.

→ *v.* Art. 5º, XXXVI, da CF/1988.

XI – a dação em pagamento em bens imóveis, na forma e condições estabelecidas em lei.

→ Inciso XI acrescentado pela LC 104/2001.

Parágrafo único. A lei disporá quanto aos efeitos da extinção total ou parcial do crédito sobre a ulterior verificação da irregularidade da sua constituição, observado o disposto nos artigos 144 e 149.

→ v. Arts. 360 a 367 e 381 a 384 do CC.

Seção II
Pagamento

Art. 157. A imposição de penalidade não ilide o pagamento integral do crédito tributário.

→ v. Súmula 560 do STF.

Art. 158. O pagamento de um crédito não importa em presunção de pagamento:

→ v. Decreto 99.476/1990 – Simplifica o cumprimento de exigência de prova de quitação de tributos e contribuições federais e outras imposições pecuniárias compulsórias.

I – quando parcial, das prestações em que se decomponha;

II – quando total, de outros créditos referentes ao mesmo ou a outros tributos.

Art. 159. Quando a legislação tributária não dispuser a respeito, o pagamento é efetuado na repartição competente do domicílio do sujeito passivo.

Art. 160. Quando a legislação tributária não fixar o tempo do pagamento, o vencimento do crédito ocorre 30 (trinta) dias depois da data em que se considera o sujeito passivo notificado do lançamento.

→ v. Arts. 35, I, e 43 do CTN.

Parágrafo único. A legislação tributária pode conceder desconto pela antecipação do pagamento, nas condições que estabeleça.

Art. 161. O crédito não integralmente pago no vencimento é acrescido de juros de mora, seja qual for o motivo determinante da falta, sem prejuízo da imposição das penalidades cabíveis e da aplicação de quaisquer medidas de garantia previstas nesta Lei ou em lei tributária.

→ v. Súmula 209 do TFR.

→ v. Súmula 5 do CARF.

→ v. Arts. 44, I e II, e 61 da Lei 9.430/1996.

§ 1º Se a lei não dispuser de modo diverso, os juros de mora são calculados à taxa de 1% (um por cento) ao mês.

→ v. Art. 401 do CC.

→ v. Art. 84 da Lei 8.981/1995.

→ v. Art. 61 da Lei 9.430/1996.

§ 2º O disposto neste artigo não se aplica na pendência de consulta formulada pelo devedor dentro do prazo legal para pagamento do crédito.

Art. 162. O pagamento é efetuado:

I – em moeda corrente, cheque ou vale postal;

→ v. Art. 3º do CTN.

II – nos casos previstos em lei, em estampilha, em papel selado, ou por processo mecânico.

§ 1º A legislação tributária pode determinar as garantias exigidas para o pagamento por cheque ou vale postal, desde que não o torne impossível ou mais oneroso que o pagamento em moeda corrente.

§ 2º O crédito pago por cheque somente se considera extinto com o resgate deste pelo sacado.

§ 3º O crédito pagável em estampilha considera-se extinto com a inutilização regular daquela, ressalvado o disposto no artigo 150.

§ 4º A perda ou destruição da estampilha, ou o erro no pagamento por esta modalidade, não dão direito à restituição, salvo nos casos expressamente previstos na legislação tributária, ou naqueles em que o erro seja imputável à autoridade administrativa.

§ 5º O pagamento em papel selado ou por processo mecânico equipara-se ao pagamento em estampilha.

Art. 163. Existindo simultaneamente dois ou mais débitos vencidos do mesmo sujeito passivo para com a mesma pessoa jurídica de direito público, relativos ao mesmo ou a diferentes tributos ou provenientes de penalidade pecuniária ou juros de mora, a autoridade administrativa competente para receber o pagamento determinará a respectiva imputação, obedecidas as seguintes regras, na ordem em que enumeradas:

→ v. Súmula 464 do STJ.

→ v. Art. 187, parágrafo único, do CTN.

→ v. Arts. 352 a 355 do CC.

I – em primeiro lugar, aos débitos por obrigação própria, e em segundo lugar aos decorrentes de responsabilidade tributária;

II – primeiramente, às contribuições de melhoria, depois às taxas e por fim aos impostos;

III – na ordem crescente dos prazos de prescrição;

IV – na ordem decrescente dos montantes.

Art. 164. A importância do crédito tributário pode ser consignada judicialmente pelo sujeito passivo, nos casos:

I – de recusa de recebimento, ou subordinação deste ao pagamento de outro tributo ou de penalidade, ou ao cumprimento de obrigação acessória;

→ v. Art. 113, § 2º, do CTN.

II – de subordinação do recebimento ao cumprimento de exigências administrativas sem fundamento legal;

III – de exigência, por mais de uma pessoa jurídica de direito público, de tributo idêntico sobre um mesmo fato gerador.

→ v. Art. 895 do CPC/1973.

→ v. Art. 547 do NCPC.

§ 1º A consignação só pode versar sobre o crédito que o consignante se propõe pagar.

§ 2º Julgada procedente a consignação, o pagamento se reputa efetuado e a importância consignada é convertida em renda; julgada improcedente a consignação no todo ou em parte, cobra-se o crédito acrescido de juros de mora, sem prejuízo das penalidades cabíveis.

Seção III
Pagamento indevido

Art. 165. O sujeito passivo tem direito, independentemente de prévio protesto, à restituição total ou parcial do tributo, seja qual for a modalidade do seu pagamento, ressalvado o disposto no § 4º do artigo 162, nos seguintes casos:

→ v. Súmula 162 do STJ.

→ v. Art. 121 do CTN.

I – cobrança ou pagamento espontâneo de tributo indevido ou maior que o devido em face da legislação tributária aplicável, ou da natureza ou circunstâncias materiais do fato gerador efetivamente ocorrido;

→ v. Súmula 461 do STJ.

II – erro na *edificação* do sujeito passivo, na determinação da alíquota aplicável, no cálculo do montante do débito ou na elaboração ou conferência de qualquer documento relativo ao pagamento;

III – reforma, anulação, revogação ou rescisão de decisão condenatória.

Art. 166. A restituição de tributos que comportem, por sua natureza, transferência do respectivo encargo financeiro somente será feita a quem prove haver assumido o referido encargo, ou, no caso de tê-lo transferido a terceiro, estar por este expressamente autorizado a recebê-la.

→ v. Súmulas 71 e 546 do STF.

Art. 167. A restituição total ou parcial do tributo dá lugar à restituição, na mesma proporção, dos juros de mora e das penalidades pecuniárias, salvo as referentes a infrações de caráter formal não prejudicadas pela causa da restituição.

→ v. Súmula 162 do STJ.

Parágrafo único. A restituição vence juros não capitalizáveis, a partir do trânsito em julgado da decisão definitiva que a determinar.

→ v. Súmula 188 do STJ.

→ v. Art. 150, § 4º, do CTN.

Art. 168. O direito de pleitear a restituição extingue-se com o decurso do prazo de 5 (cinco) anos, contados:

→ v. Súmula 150 do STF.

→ v. Súmula 412 do STJ.

I – nas hipóteses dos incisos I e II do artigo 165, da data da extinção do crédito tributário;

→ v. Art. 3º da LC 118/2005.

II – na hipótese do inciso III do artigo 165, da data em que se tornar definitiva a decisão administrativa ou passar em julgado a decisão judicial que tenha reformado, anulado, revogado ou rescindido a decisão condenatória.

→ v. Súmula 473 do STF.

Art. 169. Prescreve em 2 (dois) anos a ação anulatória da decisão administrativa que denegar a restituição.

Parágrafo único. O prazo de prescrição é interrompido pelo início da ação judicial, recomeçando o seu curso, por metade, a partir da data da intimação validamente feita ao representante judicial da Fazenda Pública interessada.

Seção IV
Demais modalidades de extinção

Art. 170. A lei pode, nas condições e sob as garantias que estipular, ou cuja estipulação em cada caso atribuir à autoridade administrativa, autorizar a compensação de créditos tributários com créditos líquidos e certos, vencidos ou vincendos, do sujeito passivo contra a Fazenda Pública.

→ v. Súmula 212 do STJ.

→ v. Art. 78, § 2º, do ADCT.

→ v. Arts. 368 a 180 do CC.

→ v. Arts. 73 e 74 da Lei 9.430/1996.

→ v. Art. 268 do Decreto 7.212/2010.

→ v. Decreto 2.138/1997 – Dispõe sobre a compensação de créditos tributários com créditos do sujeito passivo decorrentes de restituição ou ressarcimento de tributos ou contribuições, a ser efetuada pela Secretaria da Receita Federal.

Parágrafo único. Sendo vincendo o crédito do sujeito passivo, a lei determinará, para os efeitos deste artigo, a apuração do seu montante, não podendo, porém, cominar redução maior que a correspondente ao juro de 1% (um por cento) ao mês pelo tempo a decorrer entre a data da compensação e a do vencimento.

Art. 170-A. É vedada a compensação mediante o aproveitamento de tributo, objeto de contestação judicial pelo sujeito passivo, antes do trânsito em julgado da respectiva decisão judicial.

→ Artigo acrescentado pela LC 104/2001.

→ v. Art. 74, § 12, da Lei 9.430/1996.

Art. 171. A lei pode facultar, nas condições que estabeleça, aos sujeitos ativo e passivo da obrigação tributária celebrar transação que, mediante concessões mútuas, importe em *determinação* de litígio e consequente extinção de crédito tributário.

Parágrafo único. A lei indicará a autoridade competente para autorizar a transação em cada caso.

Art. 172. A lei pode autorizar a autoridade administrativa a conceder, por despacho fundamentado, remissão total ou parcial do crédito tributário, atendendo:

→ v. Art. 150, § 6º, da CF/1988.

→ v. Arts. 156, IV, e 180 do CTN.

I – à situação econômica do sujeito passivo;

II – ao erro ou ignorância escusáveis do sujeito passivo, quanto a matéria de fato;

III – à diminuta importância do crédito tributário;

IV – a considerações de equidade, em relação com as características pessoais ou materiais do caso;

V – a condições peculiares a determinada região do território da entidade tributante.

Parágrafo único. O despacho referido neste artigo não gera direito adquirido, aplicando-se, quando cabível, o disposto no artigo 155.

Art. 173. O direito de a Fazenda Pública constituir o crédito tributário extingue-se após 5 (cinco) anos, contados:

→ v. Súmula Vinculante 8 do STF.

→ v. Art. 40 da Lei 6.830/1980.

I – do primeiro dia do exercício seguinte àquele em que o lançamento poderia ter sido efetuado;

II – da data em que se tornar definitiva a decisão que houver anulado, por vício formal, o lançamento anteriormente efetuado.

→ v. Art. 42 do Decreto 70.235/1972.

Parágrafo único. O direito a que se refere este artigo extingue-se definitivamente com o decurso do prazo nele previsto, contado da data em que tenha sido iniciada a constituição do crédito tributário pela notificação, ao sujeito passivo, de qualquer medida preparatória indispensável ao lançamento.

→ v. Súmula 210 do STJ.

Art. 174. A ação para a cobrança do crédito tributário prescreve em 5 (cinco) anos, contados da data da sua constituição definitiva.

→ v. Súmulas 210 e 314 do STJ.

→ v. Súmula 153 do TFR.

→ v. Lei 9.783/1999 – Estabelece prazo de prescrição para o exercício de ação punitiva pela Administração Pública Federal, direta e indireta, e dá outras providências.

→ v. Dec.-lei 4.597/1942 - Dispõe sobre a prescrição das ações contra a Fazenda Pública e dá outras providências.

Parágrafo único. A prescrição se interrompe:

→ v. Art. 2º, § 3º, da Lei 6.830/1980.

I – pelo despacho do juiz que ordenar a citação em execução fiscal;

→ Inciso I com redação alterada pela LC 118/2005.

→ v. Art. 8º, § 2º, da Lei 6.830/1980.

II – pelo protesto judicial;

→ v. Art. 860 do CPC/1973.

III – por qualquer ato judicial que constitua em mora o devedor;

→ v. Súmula 414 do STJ.

IV – por qualquer ato inequívoco ainda que extrajudicial, que importe em reconhecimento do débito pelo devedor.

→ v. Art. 138 do CTN.

Capítulo V
EXCLUSÃO DO CRÉDITO TRIBUTÁRIO

Seção I
Disposições gerais

Art. 175. Excluem o crédito tributário:

I – a isenção;

→ v. Art. 111, II, do CTN.

II – a anistia.

Parágrafo único. A exclusão do crédito tributário não dispensa o cumprimento das obrigações acessórias, dependentes da obrigação principal cujo crédito seja excluído, ou dela consequente.

Seção II
Isenção

Art. 176. A isenção, ainda quando prevista em contrato, é sempre decorrente de lei que especifique as condições e requisitos exigidos para a sua concessão, os tributos a que se aplica e, sendo caso, o prazo de sua duração.

Parágrafo único. A isenção pode ser restrita a determinada região do território da entidade tributante, em função de condições a ela peculiares.

→ v. Art. 151, I, da CF/1988.

Art. 177. Salvo disposição de lei em contrário, a isenção não é extensiva:

I – às taxas e às contribuições de melhoria;

II – aos tributos instituídos posteriormente à sua concessão.

Art. 178. A isenção, salvo se concedida por prazo certo e em função de determinadas condições, pode ser revogada ou modificada por lei, a qualquer tempo, observado o disposto no inciso III do art. 104.

→ Artigo com redação alterada pela LC 24/1975.

→ v. Súmula 544 do STF.

→ v. Art. 104, III, do CTN.

Art. 179. A isenção, quando não concedida em caráter geral, é efetivada, em cada caso, por despacho da autoridade administrativa, em requerimento com o qual o interessado faça prova do preenchimento das condições e do cumprimento dos requisitos previstos em lei ou contrato para sua concessão.

→ v. Art. 72 da Lei 8.383/1991.

§ 1º Tratando-se de tributo lançado por período certo de tempo, o despacho referido neste artigo será renovado antes da expiração de cada período, cessando automaticamente os seus efeitos a partir do primeiro dia do período para o qual o interessado deixar de promover a continuidade do reconhecimento da isenção.

§ 2º O despacho referido neste artigo não gera direito adquirido, aplicando-se, quando cabível, o disposto no artigo 155.

→ v. Súmulas 543 e 544 do STF.

Seção III
Anistia

Art. 180. A anistia abrange exclusivamente as infrações cometidas anteriormente à vigência da lei que a concede, não se aplicando:

I – aos atos qualificados em lei como crimes ou contravenções e aos que, mesmo sem essa qualificação, sejam praticados com dolo, fraude ou simulação pelo sujeito passivo ou por terceiro em benefício daquele;

II – salvo disposição em contrário, às infrações resultantes de conluio entre duas ou mais pessoas naturais ou jurídicas.

Art. 181. A anistia pode ser concedida:

I – em caráter geral;

II – limitadamente:

a) às infrações da legislação relativa a determinado tributo;

b) às infrações punidas com penalidades pecuniárias até determinado montante, conjugadas ou não com penalidades de outra natureza;

c) a determinada região do território da entidade tributante, em função de condições a ela peculiares;

d) sob condição do pagamento de tributo no prazo fixado pela lei que a conceder, ou cuja fixação seja atribuída pela mesma lei à autoridade administrativa.

Art. 182. A anistia, quando não concedida em caráter geral, é efetivada, em cada caso, por despacho da autoridade administrativa, em requerimento com o qual o interessado faça prova do preenchimento das condições e do cumprimento dos requisitos previstos em lei para sua concessão.

Parágrafo único. O despacho referido neste artigo não gera direito adquirido, aplicando-se, quando cabível, o disposto no artigo 155.

Capítulo VI
GARANTIAS E PRIVILÉGIOS DO CRÉDITO TRIBUTÁRIO

Seção I
Disposições gerais

Art. 183. A enumeração das garantias atribuídas neste Capítulo ao crédito tributário não exclui outras que sejam expressamente previstas em lei, em função da natureza ou das características do tributo a que se refiram.

→ v. Arts. 63 e 64 da Lei 9.532/1997.

→ v. Lei 8.397/1992 – Institui medida cautelar fiscal e dá outras providências.

Parágrafo único. A natureza das garantias atribuídas ao crédito tributário não altera a natureza deste nem a da obrigação tributária a que corresponda.

Art. 184. Sem prejuízo dos privilégios especiais sobre determinados bens, que sejam previstos em lei, responde pelo pagamento do crédito tributário a totalidade dos bens e das rendas, de qualquer origem ou natureza, do sujeito passivo, seu espólio ou sua massa falida, inclusive os gravados por ônus real ou cláusula de inalienabilidade ou impenhorabilidade, seja qual for a data da constituição do ônus ou da cláusula, excetuados unicamente os bens e rendas que a lei declare absolutamente impenhoráveis.

→ *V.* Súmula 205 do STJ.

→ *V.* Art. 649, I, do CPC/1973.

→ *V.* Art. 833, I, do NCPC.

→ *V.* Arts. 10 e 30 da Lei 6.830/1980.

→ *V.* Art. 1º da Lei 8.009/1990.

Art. 185. Presume-se fraudulenta a alienação ou oneração de bens ou rendas, ou seu começo, por sujeito passivo em débito para com a Fazenda Pública, por crédito tributário regularmente inscrito como dívida ativa.

→ Artigo com redação alterada pela LC 118/2005.

Parágrafo único. O disposto neste artigo não se aplica na hipótese de terem sido reservados, pelo devedor, bens ou rendas suficientes ao total pagamento da dívida inscrita.

Art. 185-A. Na hipótese de o devedor tributário, devidamente citado, não pagar nem apresentar bens à penhora no prazo legal e não forem encontrados bens penhoráveis, o juiz determinará a indisponibilidade de seus bens e direitos, comunicando a decisão, preferencialmente por meio eletrônico, aos órgãos e entidades que promovem registros de transferência de bens, especialmente ao registro público de imóveis e às autoridades supervisoras do mercado bancário e do mercado de capitais, a fim de que, no âmbito de suas atribuições, façam cumprir a ordem judicial.

→ Artigo acrescentado pela LC 118/2005.

→ *V.* Art. 655-A, § 2º, do CPC/1973.

→ *V.* Art. 854, § 3º, *caput* e I, do NCPC.

§ 1º A indisponibilidade de que trata o *caput* deste artigo limitar-se-á ao valor total exigível, devendo o juiz determinar o imediato levantamento da indisponibilidade dos bens ou valores que excederem esse limite.

§ 2º Os órgãos e entidades aos quais se fizer a comunicação de que trata o *caput* deste artigo enviarão imediatamente ao juízo a relação discriminada dos bens e direitos cuja indisponibilidade houverem promovido.

Seção II
Preferências

Art. 186. O crédito tributário prefere a qualquer outro, seja qual for sua natureza ou o tempo de sua constituição, ressalvados os créditos decorrentes da legislação do trabalho ou do acidente de trabalho.

→ Artigo com redação alterada pela LC 118/2005.

Parágrafo único. Na falência:

→ Parágrafo único acrescentado pela LC 118/2005.

→ *V.* Súmulas 192 e 562 do STF.

I – o crédito tributário não prefere aos créditos extraconcursais ou às importâncias passíveis de restituição, nos termos da lei falimentar, nem aos créditos com garantia real, no limite do valor do bem gravado;

→ *V.* Arts. 83 e 84 da Lei 11.101/2005.

→ Súmula 417 do STF.

II – a lei poderá estabelecer limites e condições para a preferência dos créditos decorrentes da legislação do trabalho; e

→ *V.* Art. 83, I, da Lei 11.101/2005.

III – a multa tributária prefere apenas aos créditos subordinados.

→ *V.* Súmula 270 do STJ.

Art. 187. A cobrança judicial do crédito tributário não é sujeita a concurso de credores ou habilitação em falência, recuperação judicial, concordata, inventário ou arrolamento.

→ *Caput* com redação alterada pela LC 118/2005.

→ *V.* Súmula 44 do TFR.

→ *V.* Arts, 659, § 2º e 662, NCPC.

Parágrafo único. O concurso de preferência somente se verifica entre pessoas jurídicas de direito público, na seguinte ordem:

→ *V.* Súmula 563 do STF.

→ *V.* Súmula 497 do STJ.

I – União;

→ *V.* Art. 29, parágrafo único, I, da Lei 6.830/1980.

II – Estados, Distrito Federal e Territórios, conjuntamente e *pro rata*;

→ *V.* Art. 29, parágrafo único, II, da Lei 6.830/1980.

III – Municípios, conjuntamente e *pro rata*.

→ *V.* Art. 29, parágrafo único, III, da Lei 6.830/1980.

Art. 188. São extraconcursais os créditos tributários decorrentes de fatos geradores ocorridos no curso do processo de falência.

→ *Caput* com redação alterada pela LC 118/2005.

→ *V.* Art. 84 da Lei 11.101/2005.

§ 1º Contestado o crédito tributário, o juiz remeterá as partes ao processo competente, mandando reservar bens suficientes à extinção total do crédito e seus acrescidos, se a massa não puder efetuar a garantia da instância por outra forma, ouvido, quanto à natureza e valor dos bens reservados, o representante da Fazenda Pública interessada.

§ 2º O disposto neste artigo aplica-se aos processos de concordata.

Art. 189. São pagos preferencialmente a quaisquer créditos habilitados em inventário ou arrolamento, ou a outros encargos do monte, os créditos tributários vencidos ou vincendos, a cargo do *de cujus* ou de seu espólio, exigíveis no decurso do processo de inventário ou arrolamento.

→ *V.* Arts, 659, § 2º e 662, NCPC.

Parágrafo único. Contestado o crédito tributário, proceder-se-á na forma do disposto no § 1º do artigo anterior.

Art. 190. São pagos preferencialmente a quaisquer outros os créditos tributários vencidos ou vincendos, a cargo de pessoas jurídicas de direito privado em liquidação judicial ou voluntária, exigíveis no decurso da liquidação.

Art. 191. A extinção das obrigações do falido requer prova de quitação de todos os tributos.

→ Artigo com redação alterada pela LC 118/2005.

Art. 191-A. A concessão de recuperação judicial depende da apresentação da prova de quitação de todos os tributos, observado o disposto nos arts. 151, 205 e 206 desta Lei.

→ Artigo acrescentado pela LC 118/2005.

→ *V.* Art. 155-A, § 3º, do CTN.

Art. 192. Nenhuma sentença de julgamento de partilha ou adjudicação será proferida sem prova da quitação de todos os tributos relativos aos bens do espólio, ou às suas rendas.

Art. 193. Salvo quando expressamente autorizado por lei, nenhum departamento da administração pública da União, dos Estados, do Distrito Federal ou dos Municípios, ou sua autarquia, celebrará contrato ou aceitará proposta em concorrência pública sem que o contratante ou proponente faça prova da quitação de todos os tributos devidos à Fazenda Pública interessada, relativos à atividade em cujo exercício contrata ou concorre.

Título IV
Administração tributária

→ *V.* Lei 11.457/2007 – Dispõe sobre a Administração Tributária Federal e dá outras providências.

Capítulo I
FISCALIZAÇÃO

Art. 194. A legislação tributária, observado o disposto nesta Lei, regulará, em caráter geral, ou especificamente em função da natureza do tributo de que se tratar, a competência e os poderes das autoridades administrativas em matéria de fiscalização da sua aplicação.

→ *V.* Art. 145, § 1º, da CF/1988.

→ *V.* Arts. 96 e 142 do CTN.

Parágrafo único. A legislação a que se refere este artigo aplica-se às pessoas naturais ou jurídicas, contribuintes ou não, inclusive às que gozem de imunidade tributária ou de isenção de caráter pessoal.

→ *V.* Art. 150, III, da CF/1988.

→ v. Arts. 176 a 179 do CTN.

Art. 195. Para os efeitos da legislação tributária, não têm aplicação quaisquer disposições legais excludentes ou limitativas do direito de examinar mercadorias, livros, arquivos, documentos, papéis e efeitos comerciais ou fiscais, dos comerciantes, industriais ou produtores, ou da obrigação destes de exibi-los.

→ *V.* Súmula 439 do STF.

→ *V.* Art. 200 do CTN.

Parágrafo único. Os livros obrigatórios de escrituração comercial e fiscal e os comprovantes dos lançamentos neles efetuados serão conservados até que ocorra a prescrição dos créditos tributários decorrentes das operações a que se refiram.

→ *V.* Art. 1.179 do CC.

→ *V.* Art. 176 da Lei 6.404/1976.

→ *V.* Arts. 10, III, 14, § 2º, 29, VIII, e 56, § 2º, IV, da LC 123/2006.

→ *V.* Dec.-lei 486/1969 – Dispõe sobre escrituração e livros mercantis e dá outras providências.

Art. 196. A autoridade administrativa que proceder ou presidir a quaisquer diligências de fiscalização lavrará os termos necessários para que se documente o início do procedimento, na forma da legislação aplicável, que fixará prazo máximo para a conclusão daquelas.

→ *V.* Art. 142 do CTN.

→ *V.* Art. 7º do Decreto 70.235/1972.

Parágrafo único. Os termos a que se refere este artigo serão lavrados, sempre que possível, em um dos livros fiscais exibidos; quando lavrados em separado deles se entregará, à pessoa sujeita à fiscalização, cópia autenticada pela autoridade a que se refere este artigo.

Art. 197. Mediante intimação escrita, são obrigados a prestar à autoridade administrativa todas as informações de que disponham com relação aos bens, negócios ou atividades de terceiros:

I – os tabeliães, escrivães e demais serventuários de ofício;

II – os bancos, casas bancárias, Caixas Econômicas e demais instituições financeiras;

→ v. Art. 5º, X e XII, da CF/1988.

→ v. LC 105/2001 – Dispõe sobre o sigilo das operações de instituições financeiras e dá outras providências.

III – as empresas de administração de bens;

IV – os corretores, leiloeiros e despachantes oficiais;

V – os inventariantes;

VI – os síndicos, comissários e liquidatários;

VII – quaisquer outras entidades ou pessoas que a lei designe, em razão de seu cargo, ofício, função, ministério, atividade ou profissão.

Parágrafo único. A obrigação prevista neste artigo não abrange a prestação de informações quanto a fatos sobre os quais o informante esteja legalmente obrigado a observar segredo em razão de cargo, ofício, função, ministério, atividade ou profissão.

Art. 198. Sem prejuízo do disposto na legislação criminal, é vedada a divulgação, por parte da Fazenda Pública ou de seus servidores, de informação obtida em razão do ofício sobre a situação econômica ou financeira do sujeito passivo ou de terceiros e sobre a natureza e o estado de seus negócios ou atividades.

→ Artigo com redação alterada pela LC 104/2001.

→ v. Lei 13.140/2015 – Lei de mediação e autocomposição de conflitos.

→ v. Lei 10.522/2002 – Dispõe sobre o Cadastro Informativo dos créditos não quitados de órgãos e entidades federais e dá outras providências.

§ 1º Excetuam-se do disposto neste artigo, além dos casos previstos no art. 199, os seguintes:

I – requisição de autoridade judiciária no interesse da justiça;

→ v. Art. 58, § 1º, da CF/1988.

II – solicitações de autoridade administrativa no interesse da Administração Pública, desde que seja comprovada a instauração regular de processo administrativo, no órgão ou na entidade respectiva, com o objetivo de investigar o sujeito passivo a que se refere a informação, por prática de infração administrativa.

§ 2º O intercâmbio de informação sigilosa, no âmbito da Administração Pública, será realizado mediante processo regularmente instaurado, e a entrega será feita pessoalmente à autoridade solicitante, mediante recibo, que formalize a transferência e assegure a preservação do sigilo.

§ 3º Não é vedada a divulgação de informações relativas a:

I – representações fiscais para fins penais;

II – inscrições na Dívida Ativa da Fazenda Pública;

III – parcelamento ou moratória.

Art. 199. A Fazenda Pública da União e as dos Estados, do Distrito Federal e dos Municípios prestar-se-ão mutuamente assistência para a fiscalização dos tributos respectivos e permuta de informações, na forma estabelecida, em caráter geral ou específico, por lei ou convênio.

→ v. Art. 37, XXII, da CF/1988.

→ v. Art. 938 do Decreto 3.000/1999.

Parágrafo único. A Fazenda Pública da União, na forma estabelecida em tratados, acordos ou convênios, poderá permutar informações com Estados estrangeiros no interesse da arrecadação e da fiscalização de tributos.

→ Parágrafo único acrescentado pela LC 104/2001.

Art. 200. As autoridades administrativas federais poderão requisitar o auxílio da força pública federal, estadual ou municipal, e reciprocamente, quando vítimas de embaraço ou desacato no exercício de suas funções, ou quando necessário à efetivação de medida prevista na legislação tributária, ainda que não se configure fato definido em lei como crime ou contravenção.

→ v. Art. 5º, X, da CF/1988.

→ v. Art. 29, II, da LC 123/2006.

→ v. Lei 8.137/1990 – Define crimes contra a ordem tributária, econômica e contra as relações de consumo, e dá outras providências.

Capítulo II
DÍVIDA ATIVA

Art. 201. Constitui dívida ativa tributária a proveniente de crédito dessa natureza, regularmente inscrita na repartição administrativa competente, depois de esgotado o prazo fixado, para pagamento, pela lei ou por decisão final proferida em processo regular.

→ v. Art. 12 da LC 73/1993.

→ v. Art. 2º, § 3º, da Lei 6.830/1980.

Parágrafo único. A fluência de juros de mora não exclui, para os efeitos deste artigo, a liquidez do crédito.

→ v. Súmula 400 do STJ.

Art. 202. O termo de inscrição da dívida ativa, autenticado pela autoridade competente, indicará obrigatoriamente:

→ v. Súmula 392 do STJ.

→ v. Art. 2º, § 5º, da Lei 6.830/1980.

I – o nome do devedor e, sendo caso, o dos corresponsáveis, bem como, sempre que possível, o domicílio ou a residência de um e de outros;

→ v. Art. 128 do CTN.

II – a quantia devida e a maneira de calcular os juros de mora acrescidos;

III – a origem e a natureza do crédito, mencionada especificamente a disposição da lei em que seja fundado;

→ v. Art. 113, § 1º, do CTN.

IV – a data em que foi inscrita;

V – sendo caso, o número do processo administrativo de que se originar o crédito.

Parágrafo único. A certidão conterá, além dos requisitos deste artigo, a indicação do livro e da folha da inscrição.

Art. 203. A omissão de quaisquer dos requisitos previstos no artigo anterior, ou o erro a eles relativo, são causas de nulidade da inscrição e do processo de cobrança dela decorrente, mas a nulidade poderá ser sanada até a decisão de primeira instância, mediante substituição da certidão nula, devolvido ao sujeito passivo, acusado ou interessado o prazo para defesa, que somente poderá versar sobre a parte modificada.

→ v. Súmula 392 do STJ.

→ v. Art. 2º, § 8º, da Lei 6.830/1980.

Art. 204. A dívida regularmente inscrita goza da presunção de certeza e liquidez e tem o efeito de prova pré-constituída.

→ v. Art. 3º da Lei 6.830/1980.

Parágrafo único. A presunção a que se refere este artigo é relativa e pode ser ilidida por prova inequívoca, a cargo do sujeito passivo ou do terceiro a que aproveite.

→ v. Súmula 159 do STF.

→ v. Art. 940 do CC.

Capítulo III
CERTIDÕES NEGATIVAS

→ v. Art. 195, § 3º, da CF/1988.

→ v. Arts. 130, 191-A, 192 e 193 do CTN.

→ v. Art. 47 da Lei 8.212/1991.

→ v. Art. 27 da Lei 8.666/1993.

→ v. Art. 60 da Lei 9.069/1995.

→ v. Arts. 52, II, e 57 da Lei 11.101/2005.

→ v. Dec.-lei 1.715/1979 – Regula a expedição de certidão de quitação de tributos federais e extingue a declaração de devedor remisso.

Art. 205. A lei poderá exigir que a prova da quitação de determinado tributo, quando exigível, seja feita por certidão negativa, expedida à vista de requerimento do interessado, que contenha todas as informações necessárias à identificação de sua pessoa, domicílio fiscal e ramo de negócio ou atividade e indique o período a que se refere o pedido.

Parágrafo único. A certidão negativa será sempre expedida nos termos em que tenha sido requerida e será fornecida dentro de 10 (dez) dias da data da entrada do requerimento na repartição.

Art. 206. Tem os mesmos efeitos previstos no artigo anterior a certidão de que conste a existência de créditos não vencidos, em curso de cobrança executiva em que tenha sido efetivada a penhora, ou cuja exigibilidade esteja suspensa.

→ v. Súmula 446 do STJ.

→ v. Art. 151 do CTN.

Art. 207. Independentemente de disposição legal permissiva, será dispensada a prova de quitação de tributos, ou o seu suprimento, quando se tratar de prática de ato indispensável para evitar a caducidade de direito, respondendo, porém, todos os participantes no ato pelo tributo porventura devido, juros de mora e penalidades cabíveis, exceto as relativas a infrações cuja responsabilidade seja pessoal ao infrator.

Art. 208. A certidão negativa expedida com dolo ou fraude, que contenha erro contra a Fazenda Pública, responsabiliza pessoalmente o funcionário que a expedir, pelo crédito tributário e juros de mora acrescidos.

Parágrafo único. O disposto neste artigo não exclui a responsabilidade criminal e funcional que no caso couber.

Disposições Finais e Transitórias

Art. 209. A expressão "Fazenda Pública", quando empregada nesta Lei sem qualificação, abrange a Fazenda Pública da União, dos Estados, do Distrito Federal e dos Municípios.

Art. 210. Os prazos fixados nesta Lei ou na legislação tributária serão contínuos, excluindo-se na sua contagem o dia de início e incluindo-se o de vencimento.

Parágrafo único. Os prazos só se iniciam ou vencem em dia de expediente normal na repartição em que corra o processo ou deva ser praticado o ato.

Art. 211. Incumbe ao Conselho Técnico de Economia e Finanças, do Ministério da Fazenda, prestar assistência técnica aos governos estaduais e municipais, com o objetivo de assegurar a uniforme aplicação da presente Lei.

Art. 212. Os Poderes Executivos federal, estaduais e municipais expedirão, por decreto, dentro de 90 (noventa) dias da entrada em vigor desta Lei, a consolidação, em texto único, da legislação vigente, relativa a cada um dos tributos, repetindo-se esta providência até o dia 31 de janeiro de cada ano.

Art. 213. Os Estados pertencentes a uma mesma região geoeconômica celebrarão entre si convênios para o estabelecimento de alíquota uniforme para o imposto a que se refere o artigo 52.

Parágrafo único. Os Municípios de um mesmo Estado procederão igualmente, no que se refere à fixação da alíquota de que trata o artigo 60.

Art. 214. O Poder Executivo promoverá a realização de convênios com os Estados, para excluir ou limitar a incidência do Imposto sobre Operações Relativas à Circulação de Mercadorias, no caso de exportação para o Exterior.

Art. 215. A lei estadual pode autorizar o Poder Executivo a reajustar, no exercício de 1967, a alíquota de imposto a que se refere o artigo 52, dentro de limites e segundo critérios por ela estabelecidos.

Art. 216. O Poder Executivo proporá as medidas legislativas adequadas a possibilitar, sem compressão dos investimentos previstos na proposta orçamentária de 1967, o cumprimento do disposto no artigo 21 da Emenda Constitucional 18, de 1965.

Art. 217. As disposições desta Lei, notadamente as dos arts. 17, 74, § 2º, e 77, parágrafo único, bem como a do art. 54 da Lei 5.025, de 10 de junho de 1966, não excluem a incidência e a exigibilidade:

→ Artigo acrescentado pelo Dec.-lei 27/1966.

I – da "contribuição sindical", denominação que passa a ter o Imposto Sindical de que tratam os arts. 578 e seguintes da Consolidação das Leis do Trabalho, sem prejuízo do disposto no art. 16 da Lei 4.589, de 11 de dezembro de 1964;

→ Inciso I acrescentado pelo Dec.-lei 27/1966.

II – (*Revogado pelo Ato Complementar 27/1966*).

III – da contribuição destinada a constituir "Fundo de Assistência" e "Previdência do Trabalhador Rural", de que trata o art. 158 da Lei 4.214, de 2 de março de 1963;

→ Inciso III acrescentado pelo Dec.-lei 27/1966.

IV – da contribuição destinada ao Fundo de Garantia do Tempo de Serviço, criada pelo art. 2º da Lei 5.107, de 13 de setembro de 1966;

→ Inciso IV acrescentado pelo Dec.-lei 27/1966.

V – das contribuições enumeradas no § 2º do art. 34 da Lei 4.863, de 29 de novembro de 1965, com as alterações decorrentes do disposto nos arts. 22 e 23 da Lei 5.107, de 13 de setembro de 1966, e outras de fins sociais criadas por lei.

→ Inciso V acrescentado pelo Dec.-lei 27/1966.

→ *V.* Lei 8.036/1990 – Dispõe sobre o Fundo de Garantia do Tempo de Serviço, e dá outras providências.

Art. 218. Esta Lei entrará em vigor, em todo o território nacional, no dia 1º de janeiro de 1967, revogadas as disposições em contrário, especialmente a Lei 854, de 10 de outubro de 1949.

→ Anterior art. 217 renumerado para art. 218 pelo Dec.-lei 27/1966.

Brasília, 25 de outubro de 1966; 145º da Independência e 78º da República.

H. Castello Branco

(Publicação no *D.O.U.* de 27.10.1966; retificação 31.10.1966)

CTN

ÍNDICE REMISSIVO DO CÓDIGO TRIBUTÁRIO NACIONAL

CONSOLIDAÇÃO DAS LEIS DO TRABALHO

VADE MECUM
DE LEGISLAÇÃO FOCO

ÍNDICE SISTEMÁTICO DA CONSOLIDAÇÃO DAS LEIS DO TRABALHO

DECRETO-LEI 5.452, DE 1º DE MAIO DE 1943

TÍTULO I – INTRODUÇÃO

TÍTULO II – DAS NORMAS GERAIS DE TUTELA DO TRABALHO

TÍTULO III – DAS NORMAS ESPECIAIS DE TUTELA DO TRABALHO

TÍTULO IV – DO CONTRATO INDIVIDUAL DO TRABALHO

TÍTULO V – DA ORGANIZAÇÃO SINDICAL

TÍTULO VI – DAS CONVENÇÕES COLETIVAS DE TRABALHO

TÍTULO VI-A – DAS COMISSÕES DE CONCILIAÇÃO PRÉVIA

TÍTULO VII – DO PROCESSO DE MULTAS ADMINISTRATIVAS

TÍTULO VII-A – DA PROVA DE INEXISTÊNCIA DE DÉBITOS TRABALHISTAS

TÍTULO VIII – DA JUSTIÇA DO TRABALHO

TÍTULO IX – DO MINISTÉRIO PÚBLICO DO TRABALHO

TÍTULO X – DO PROCESSO JUDICIÁRIO DO TRABALHO

TÍTULO XI – DISPOSIÇÕES FINAIS E TRANSITÓRIAS

EXPOSIÇÃO DE MOTIVOS DA CONSOLIDAÇÃO DAS LEIS DO TRABALHO

Sr. Presidente da República:

Tenho grande honra de apresentar a Vossa Excelência o projeto definitivo de Consolidação das Leis de Proteção ao Trabalho, relevante cometimento jurídico e social, cuja redação última foi procedida, havendo sido escrupulosamente apreciadas as sugestões e emendas propostas ao anteprojeto, após uma verdadeira autocrítica, que a própria Comissão efetuou, do texto original divulgado pelo *Diário Oficial* de 5 de janeiro do corrente ano.

2. A Comissão cotejou e julgou cerca de dois mil reparos, observações ou comentários feitos à Consolidação.

3. Peço vênia a Vossa Excelência, preliminarmente, para ressaltar o esforço, a cultura, a inteligência com que, no desempenho da difícil incumbência, se houveram os signatários do Relatório incluso no aprofundado exame da matéria.

4. Durante quase um ano, em longas reuniões diárias, entregaram-se à tarefa complexa e ilustre, com uma dedicação e um espírito público que bem demonstram o patriotismo que os inspirou. Desejo, por isso, antes de mais nada, e perante V. Exa., patentear o meu reconhecimento e a minha admiração por esses notáveis colaboradores da obra ministerial.

5. É da mais alta significação social e merece uma referência especial o interesse suscitado pela divulgação do anteprojeto.

6. Juristas e magistrados, entidades públicas, empresas privadas e associações culturais concorreram com a judiciosa reflexão de sua experiência para sugerir um ou outro retoque.

7. Revelando, não só a repercussão alcançada pelo monumento legal projetado, mas, principalmente, uma vigorosa consciência sindical – prova plena de um regime social já radicado – manifestaram-se as classes de empregadores e de empregados, através das respectivas instituições representativas. Esta foi, na realidade, a contribuição mais palpitante, trazida à Comissão, quer pelo teor original da discussão das teses, quer pela eficiência patente do sistema paritário de equilíbrio social, evidenciando-se, do contraste de interesses, sob a luz de um pensamento público de bem comum, a fórmula de composição harmônica das forças do capital e do trabalho.

8. A Consolidação corresponde a um estágio no desenvolvimento do progresso jurídico.

9. Entre a compilação ou coleção de leis e um código – que são, respectivamente, os momentos extremos de um processo de corporificação do direito – existe a consolidação, que é a fase própria da concatenação dos textos e da coordenação dos princípios, quando já se denuncia primeiro o pensamento do sistema, depois de haverem sido reguladas, de modo amplo, relações sociais em determinado plano da vida política.

10. Projetada a ação do Estado em várias direções, para atender ao tratamento de situações especiais e constantes em uma mesma órbita jurídica, impõe-se, desde o instante em que se surpreende a unidade interna desses problemas, perscrutar a sua inteligência ordenadora, que será então a *ratio legis* do sistema normativo necessário.

11. Esse o significado da Consolidação, que não é uma coleção de leis, mas a sua coordenação sistematizada.

Não é apenas um engenho de arquitetura legislativa, mas uma recapitulação de valores coerentes, que resultaram de uma grande expansão legislativa, anterior, em um dado ramo de direito.

12. É o diploma do idealismo excepcional do Brasil, orientado pela clarividência genial de V. Exa., reajustando o imenso e fundamental processo de sua dinâmica econômica, nas suas relações com o trabalho, aos padrões mais altos de dignidade e de humanidade da justiça social. É incontestavelmente a síntese das instituições políticas estabelecidas por V. Exa. desde o início de seu governo.

13. Empenhou-se, por isso, a Comissão na articulação dos textos legais vigentes, na exata dedução dos princípios, na concordância essencial das regras, na unidade interna do sistema. As lacunas preenchidas propuseram-se a tornar explícitas verdades inerentes às leis anteriores. Algumas inovações aparentes não passam de necessárias consequências da Constituição. As omissões intencionalmente ocorridas restringiram-se a excluir do conjunto as leis tipicamente transitórias e que, para atender a situações de emergência decorrentes do estado de guerra, ficaram à margem dos postulados do nosso direito social.

14. O que importa salientar é ter havido a preocupação dominante de subordinação às leis preexistentes e não como se procedesse à organização de um código, para o qual se permite modernamente a originalidade inicial e onde é mesmo espontânea e essencial a livre criação do direito, sem qualquer dependência do regime vigente.

15. A Consolidação representa, portanto, em sua substância normativa e em seu título, neste ano de 1943, não um ponto de partida, nem uma adesão recente a uma doutrina, mas a maturidade de uma ordem social há mais de um decênio instituída, que já se consagrou pelos benefícios distribuídos, como também pelo julgamento da opinião pública consciente, e sob cujo espírito de equidade confraternizaram as classes na vida econômica, instaurando nesse ambiente, antes instável e incerto, os mesmos sentimentos de humanismo cristão que encheram de generosidade e de nobreza os anais do nossa vida pública e social.

16. No relatório elaborado pela Comissão respectiva, que corresponde a um prefácio admirável da obra monumental, e no qual se filia a presente exposição de motivos, encontrará Vossa Excelência minucioso e brilhante estudo das doutrinas, dos sistemas, das leis, dos regulamentos e das emendas sugeridas, comprovando que a Consolidação representa um documento resultante da intuição do gênio com que Vossa Excelência vem preparando o Brasil para uma missão universal.

17. A estrutura da Consolidação e a ordenada distribuição das matérias que lhe compõem o texto evidenciam claramente não só um plano lógico como também um pensamento doutrinário.

18. A sucessiva disposição das matérias, nos Títulos e Capítulos, corresponde a uma racional precedência.

19. Assim, sem fazer injúria ao bom senso geral, exemplificarei, entretanto: o contrato individual do trabalho pressupõe a regulamentação legal de tutela do empregado, não lhe podendo ser adversa; a organização sindical pressupõe igualmente a condição de emprego ou o exercício de profissão e a constituição da empresa; o contrato coletivo de trabalho seria, por sua vez, inviável sem a prévia formação sindical das classes.

20. Essa uma distribuição em que os institutos jurídico-políticos são alinhados, não ao sabor de classificações subjetivas ou sob a sugestão irrefletida de padrões quaisquer, mas sim, e verdadeiramente, de acordo com dados racionais derivados do próprio valor e da função social que lhes é essencial.

21. Para melhor compreensão, dividiu a Comissão o Título II do anteprojeto em dois Títulos, visando tornar ainda mais intuitivo o esquema da Consolidação: ocupando-se essas duas divisões, respectivamente, "Das Normas Gerais de Tutela do Trabalho" e "Das Normas Especiais de Tutela do Trabalho", que constituem exatamente os princípios institucionais e básicos da proteção do trabalho.

22. Mais uma vez nota-se nessa concepção um ânimo de ordem que resultou de uma meditação exclusiva sobre os institutos concatenados.

23. O pormenorizado exame, nesta exposição, de todos os temas ali discutidos, importaria reproduzir, quase na íntegra, o referido relatório, com prejuízo talvez de sua harmonia e da lógica irretorquível com que se apresenta.

24. Peço licença, entretanto, para assinalar alguns aspectos principais do trabalho da Comissão.

25. No concernente à identificação profissional, há quem incorra em absoluto equívoco, ignorando o sentido exato dessa instituição jurídica.

26. Houve quem lhe apontasse apenas a utilidade de mero instrumento de contrato do trabalho, quando, na verdade, é este, embora de grande alcance, apenas um aspecto da carteira profissional, cujo caráter fundamental é o de documento de qualificação profissional, constituindo mesmo a primeira manifestação de tutela do Estado ao trabalhador, antes formalmente "desqualificado" sob o ponto de vista profissional e a seguir, com a emissão daquele título, habilitado à ocupação de um emprego ou ao exercício de uma profissão. Não há como subordinar essa criação típica do Direito Social ao papel acessório de prova do contrato de trabalho, quando, como se vê, a sua emissão antecede livremente o ajuste do emprego e agora, pela Consolidação, passará até a constituir uma condição obrigatória para o trabalho.

27. Foi, aliás, considerando a importância da carteira profissional como elemento primacial para manutenção do cadastro profissional dos trabalhadores, como título de qualificação profissional, como documento indispensável à colocação e à inscrição sindical e, finalmente, por servir de instrumento prático do contrato individual do trabalho – que a Comissão encontrou razões bastantes para reputar uma instituição fundamental de proteção do trabalhador e não admitir fosse relegada à inoperância da franquia liberal, tornando-a, então, obrigatória.

28. Em relação aos contratos de trabalho, cumpre esclarecer que a precedência das "normas" de tutela sobre os "contratos" acentuou que a ordem institucional ou estatutária prevalece sobre a concepção contratualista.

29. A análise do conteúdo da nossa legislação social provava exuberantemente a primazia do caráter institucional sobre o efeito do contrato, restrito este à objetivação do ajuste, à determinação do salário e à estipulação da natureza dos serviços e isso mesmo dentro de *standards* e sob condições preestabelecidas na lei.

30. Ressaltar essa expressão peculiar constituiria certamente uma conformação com a realidade e com a filosofia do novo Direito, justificando-se assim a ênfase inicial atribuída à enumeração das normas de proteção ao trabalho, para somente em seguida ser referido o contrato individual.

31. Nem há como contestar semelhante método, desde que o Direito Social é, por definição, um complexo de normas e de instituições votadas à proteção do trabalho dependente na atividade privada.

32. Entre as inúmeras sugestões trazidas, uma houve que suscitou singular estranheza, dada a sua procedência de uma entidade representativa de empregados.

33. Objetava contra a exclusão da permissão contida no inciso final do parágrafo único do art. 4º da Lei 264, de 5 de outubro de 1936, e reclamava a sua incorporação à Consolidação.

34. Esse texto propositadamente omitido colidia rigorosamente com um dispositivo legal posterior – art. 12 do Decreto-lei 2.308, de 13 de junho de 1942 – em que se anunciava uma regra irrecusável de proteção ao trabalhador.

35. Como se tolerar, efetivamente, que possa um empregado realizar os encargos de sua função, por mais rudimentar que esta seja, durante oito horas sucessivas, sem um intervalo para repouso ou alimentação?

36. Talvez uma incompreensão tivesse surgido na consideração desse preceito legal vigente: há, na realidade, determinadas funções de supervisão e de controle, tais como as exercidas por encarregados de estações ou usinas elétricas, cujo trabalho é intermitente, não exigindo uma atenção constante e um esforço continuado, sendo benéfica, então, para esses empregados, a exclusão da hora de repouso pela redução que se dá no tempo de permanência no serviço, facilitada, por outro lado, a organização das tabelas de rodízio dos ocupantes desses cargos pelas empresas.

37. Essa hipótese, constituindo tipicamente o caso do trabalho descontínuo, segundo a conhecida definição de Barassi, não se enquadra, entretanto, na determinação do citado art. 12 do Decreto-lei 2.308, que apenas abrange o "trabalho contínuo", conforme foi incluído à Consolidação no Capítulo "Da Duração do Trabalho", parecendo, portanto, resolvida a dúvida.

38. O trabalho dos menores, entre quatorze e dezoito anos, ou tem como finalidade a preparação dos mesmos para um ofício, uma profissão, ou, então, constitui uma exploração e um aniquilamento da juventude.

39. Esse pensamento fez com que o Decreto-lei 3.616, de 13 de setembro de 1941, salvo nos casos excepcionais de força maior ou de interesse público, proibisse para os menores a prorrogação da duração normal de trabalho. Tal a fonte do dispositivo idêntico que se encontra na Consolidação, sem incorrer em inovação.

40. Atentando, também, nos deveres impostos aos empregadores de menores, ver-se-á que são eles obrigados a permitir a esses seus empregados a frequência às aulas, quer às de instrução primária, conforme sempre foi estabelecido, como também às de formação profissional a cargo do Serviço Nacional de Aprendizagem dos Industriários, de acordo com o estatuído pelo Decreto-lei 4.481, de 16 de julho de 1942.

41. Acreditamos que não se levantará mais qualquer argumento contra a razoabilíssima disposição legal de proibição da prorrogação do horário normal do trabalho dos menores, justificada não só por óbvias considerações biológicas de preservação da saúde dos adolescentes, como também por motivos educacionais irrefutáveis.

42. A clara e total definição que do contrato individual do trabalho foi dada pelo anteprojeto da Consolidação, provocou algumas divergências de mero gosto polêmico.

43. A emenda então apresentada não pôde ser aceita. Revelava, primeiramente, incompreensão do espírito institucional tantas vezes salientado nesses empreendimentos. Repetia ainda um conceito prévio e básico já formulado, qual seja, o de empregado.

44. O que os objetantes não alcançaram foi o deliberado propósito de se reconhecer a correspondência e equivalência entre a "relação de emprego" e o "contrato individual do trabalho", para os efeitos da legislação social, correspondência essa que a escola contratualista italiana nega, exigindo a expressa pactuação.

45. Na concepção do projeto, admitido, como fundamento de contrato, o acordo tácito, é lógico que a "relação de emprego" constitui o ato jurídico suficiente para provocar a objetivação das medidas tutelares que se contém no direito do trabalho em vigor.

46. O conceito firmado na Consolidação é tanto mais justo e relevante quanto é o que se evidencia em face de contratos formalmente nulos ou substancialmente contrários à ordem pública dos preceitos da legislação de proteção ao trabalho.

47. Embora seja plenamente positivo o texto da Consolidação, diante de dúvidas propostas, urge repetir que o projeto não feriu nenhum direito, garantindo até simples expectativas de direito, uma vez que todos os empregados bancários admitidos até a data da vigência do decreto-lei que aprovar a Consolidação terão assegurada a estabilidade em dois anos, nos termos do art. 15 do mesmo Decreto 24.615, de 9 de julho de 1934.

48. O que não poderia ser admitido, em uma Consolidação que se propõe a sistematizar os princípios do nosso Direito Social, era a persistência de um singular privilégio para uma categoria de trabalhadores, quando o prestígio das instituições públicas exige exatamente uma igualdade de tratamento para situações sociais idênticas.

49. Fosse uma medida de proteção especial correlata de peculiares condições de trabalho, e não teria havido a menor dúvida em se manter tal regime, conforme aliás procedeu a Comissão, conservando do estatuto profissional dos bancários todos os preceitos que lhes fossem favoráveis e suprimindo os que não se equiparassem às disposições gerais de proteção à duração de trabalho, tais como os que legitimavam a prorrogação a horas suplementares independentemente de pagamento extraordinário.

50. Houve, portanto, estrita justiça.

51. Conforme ficou esclarecido, inicialmente, a redação final que tenho a subida honra de apresentar a Vossa Excelência foi precedida de um meticuloso exame de todas as sugestões apresentadas, não constituindo menor contribuição a que cada um dos membros da Comissão procurou fazer, corrigindo e completando o anteprojeto.

52. Na revisão realizada, a Comissão assumiu uma posição censora de sua própria obra, promovendo consequentemente o aprimoramento do respectivo teor.

53. Na introdução aperfeiçoou a redação dos artigos; inseriu a definição de empregador, que integra o conceito definitivo da relação de emprego, acompanhando-a da noção legal de empregadora única dada pela Lei 435, de 17 de maio de 1937; removeu, outrossim, para o Capítulo pertinente, a declaração da igualdade de salário por trabalho do mesmo valor sem distinção de sexo. Foi, por outro lado, suprimida a afirmação concernente à proibição da renúncia de direitos, que entendeu a Comissão ser elementar do princípio de ordem pública, mediante o qual são nulos os atos praticados no intuito de excluir a eficácia da legislação social.

54. O Título das normas institucionais foi reconstituído em dois outros, para mais fácil apresentação dos preceitos nele contidos.

55. O Capítulo sobre a identificação profissional e os registros de empregados foi melhorado na nomenclatura, na redação e na disposição das Seções.

56. Sofreu alteração o texto que reproduziu o parágrafo único do art. 18 do Decreto 22.035, de 29 de outubro de 1932, eliminando-se agora da carteira profissional a averbação de notas desabonadoras, as quais, somente quando resultarem de sentença transitada em julgado, serão inscritas no prontuário do portador da carteira.

57. Ligeiros retoques foram dados ao Capítulo sobre a duração geral do trabalho.

58. Considerou-se de justiça equiparar o regime de trabalho dos operadores das empresas de serviços telefônicos aos das que exploram serviços de telegrafia, radiotelegrafia e radiotelefonia, cujas condições de fadiga são idênticas.

59. A duração do trabalho nos serviços ferroviários foi reexaminada de acordo com sugestões do Sindicato dos Empregados Ferroviários do Rio de Janeiro, e das empresas responsáveis por esses serviços, principalmente a Companhia Paulista de Estradas de Ferro, cuja cooperação inteligente favoreceu a racionalização imprimida ao projeto, com a supressão, pela qual se batia a Comissão, do confuso e prejudicial sistema de ciclos de 96 horas em 14 dias, com duração máxima diária de 16 horas, do citado Decreto 279, de graves consequências para a saúde dos ferroviários.

60. As disposições destinadas à regulamentação das condições de trabalho nos serviços de estiva mereceram igual reexame, atendidas, em harmonia, as sugestões da Comissão de Marinha Mercante, do Sindicato dos Estivadores do Rio de Janeiro e do Sindicato dos Trabalhadores em Estiva de Minérios desta Capital.

61. Houve também a preocupação de atender tanto quanto possível à equiparação, pleiteada pelo Sindicato dos Operários nos Serviços Portuários de Santos, entre os serviços de estiva e os de capatazias, que realmente funcionam em necessária coordenação.

62. Uma lacuna estava a exigir, há longa data, fosse coberta na nossa legislação. Recomendado, reiteradas vezes, pelo Presidente da República, diante da insuficiência da lei geral, não se ultimara, entretanto, até o presente, o projetado decreto-lei especial amparando as condições de trabalho em minas de subsolo. Coligindo os dados apurados pelo Departamento Nacional do Trabalho, depois de sucessivas e conclusivas investigações locais, foi constituída uma Seção prevendo as reduções do horário nos trabalhos em minas subterrâneas, trabalhos esses árduos e particularmente ruinosos para a vida dos respectivos operários.

63. Na Seção em que se regula o exercício da profissão de químico, foi adotada a indicação da Federação das Indústrias do Estado de São Paulo, no sentido de ficarem declinados os tipos de indústrias em que se torna obrigatória a admissão de um químico. De acordo com a sugestão e segundo o critério do Instituto Nacional de Tecnologia deste Ministério, ficou resolvida essa questão e homologada a orientação prática deste Ministério.

64. O Capítulo da Nacionalização do Trabalho recebeu pequenas emendas de redação, tendo sido suprimido o dispositivo do anteprojeto relativo aos cargos de chefia. Reconsiderando a matéria, verificou a Comissão que o problema, que suscitava a emenda aditiva ao anteprojeto, encontrava solução no próprio texto legal quando este disciplina que os ocupantes de funções técnicas somente ficarão à margem da proporcionalidade na falta de trabalhadores nacionais especializados. Sem gerar confusões que não haviam sido, aliás, pretendidas pelo preceito ora suprimido, o qual não continha qualquer restrição à desejada colaboração de iniciativas e de capitais estrangeiros, restará sempre no dispositivo acima referido o remédio para o Governo proporcionar garantias às elites de técnicos nacionais.

65. O regime de Higiene e Segurança do Trabalho, pela revisão efetuada, adquiriu maior eficácia, por força da explícita declaração que constitui formalidade longamente seguida, da exigência de prévia verificação e aprovação das instalações dos estabelecimentos industriais para o respectivo funcionamento.

66. Estabeleceu-se, igualmente, a obrigatoriedade do uso, pelos empregados, dos equipamentos de defesa pessoal fornecidos pelos empregadores e aprovados pelas autoridades de Higiene do Trabalho.

67. Quanto aos Capítulos da proteção ao trabalho das mulheres e dos menores, as correções limitaram-se a erros de impressão, tendo sido, por outro lado, restabelecido o preceito inscrito no parágrafo único do art. 16 do antigo Decreto 22.042, de 3 de novembro de 1932, que, pela referência feita no § 3º do art. 16 do Decreto-lei 3.616, de 13 de setembro de 1941, é intuitivo concluir fora omitido, involuntariamente, neste último diploma legal.

68. Os deveres impostos aos empregadores para o efeito da habilitação profissional dos respectivos empregados menores e consubstanciados no Decreto-lei 4.481, de 16 de julho de 1942, corporificando normas de tutela dessa classe de empregados, cujo trabalho tem de ser orientado pelo alto escopo da educação técnica, passaram a integrar a Seção correspondente do Capítulo versando esse regime especial.

69. É oportuno salientar que a legislação social, universalmente, vem atribuindo um remarcado desvelo pelas condições de trabalho dos menores.

70. Em consonância com as convenções internacionais e as recomendações de congressos, e mesmo a estas se antecipando, o Brasil, pela pessoal inspiração de Vossa Excelência, vem realizando, através deste Ministério, uma salutar ação pública de preservação da juventude que trabalha.

71. O prosseguimento dessa política especializada é um imperativo e pareceu à Comissão dever ser assim ponderado na revisão, a que se procede, do Código de Menores, pois os seus preceitos atinentes ao trabalho foram totalmente melhorados e anexados à nossa legislação trabalhista, cujo Decreto-lei 3.616, consolidado agora, consagra a melhor solução de articulação e distinção entre a competência dos magistrados de menores e a das autoridades de trabalho, conferindo àqueles a plenitude das funções morais, jurisdicionais e supletivas do pátrio poder, que lhes são eminentemente reservados, e atribuindo às autoridades deste Ministério a efetivação do regime de proteção ao trabalho.

72. O Título em que se compendiam as regras constitutivas do contrato individual de trabalho careceu apenas de pequenas especificações do pensamento já expresso, acrescentando-se-lhe, entretanto, as normas pertinentes aos contratos de autores teatrais e congêneres, oriundos da celebrada Lei Getúlio Vargas, cuja atualização vinha sendo ultimamente promovida por uma Comissão Interministerial, da qual provieram os artigos de lei aditados ao presente projeto.

73. Estatuiu a Consolidação que aos trabalhadores rurais se aplicam as regras básicas do contrato individual do trabalho, inclusive o aviso-prévio, não lhes atingindo, porém, o regime de garantias em caso de rescisão, a que não tenham dado motivo, nem o instituto da estabilidade. A essa conclusão chegou a Comissão, em voto preponderante, sob a alegação de serem imprescindíveis maiores esclarecimentos das exatas condições das classes rurais, inibidas, no momento, por falta de lei, da representação sindical dos respectivos interesses.

74. Em seu relatório, manifesta a Comissão, consequentemente e em princípio, a sua restrição quanto ao projeto do Código Rural, publicado no *Diário Oficial* de 16 de janeiro último, na parte referente ao Contrato de Trabalho, objeto preciso desta Consolidação e não de um Código em que, com exclusividade, deveriam ser tratados os problemas relativos à produção na agricultura e em atividades conexas.

75. A revisão dos artigos compreendidos no Título da Organização Sindical ofereceu oportunidade para pequenas adaptações, sem afetar o sistema.

76. Procedeu-se à consolidação do Decreto-lei 5.242, de 11 de fevereiro de 1943, que dispôs sobre a exigência da sindicalização para o exercício da função de representação social em órgão oficial bem como para o gozo de favores ou isenções tributárias.

77. Suprimiu-se a emenda constante do anteprojeto tendente à instituição do regime de tomada de contas dos sindicatos. A eficiência do sistema de controle contábil do patrimônio das entidades sindicais e o regime de recolhimento do imposto sindical, posteriormente criados pela Portaria Ministerial 884, de 5 de dezembro de 1942, veio indicar ser prescindível esse processo de tomada de contas, que poderia determinar a burocratização desses órgãos de classe, por todos os títulos evitável, a fim de se conservar a espontaneidade e originalidade do regime sindical.

78. A Federação das Indústrias do Estado de São Paulo propôs e foram aceitos os aumentos, de um para sete, do número máximo de membros da diretoria das entidades de grau superior, e de Cr$ 20,00 para Cr$ 30,00, da importância mínima correspondente ao imposto sindical de empregadores.

79. A Comissão de Enquadramento Sindical, dado o crescente desenvolvimento de sua atividade, teve a respectiva composição ampliada, incluindo um representante do Ministério da Agricultura na previsão da próxima sindicalização das classes rurais.

80. Ligeiros reparos foram feitos ao Capítulo do Imposto Sindical, na base do regime estabelecido pelo Decreto-lei 4.298, de 14 de maio de 1942, introduzindo-se apenas um artigo destinado a facultar a ação executiva, com os privilégios da Fazenda Pública, excluído o foro próprio, para a cobrança do imposto sindical, quando houver débito certificado pela autoridade competente deste Ministério.

81. Finalmente, quanto à Justiça do Trabalho, deliberou-se a exclusão de toda a parte consistente em regimento dos órgãos e serviços, bem como dos assuntos referentes à administração dos seguros sociais.

82. O julgamento dos agravos foi elevado ao seu verdadeiro nível, que é o da instância superior, necessário à adequada conceituação desses recursos e à jurídica apreciação da respectiva substância. Apurou-se, outrossim, a definição do prejulgado, estabelecendo-se a forma do seu processamento e os efeitos que gera.

83. Tais, em rápida resenha, as principais modificações operadas no anteprojeto publicado. De todas essas alterações deflui um único pensamento – o de ajustar, mais e mais, a obra constituída às diretrizes da Política Social do Governo, fixadas de maneira tão ampla e coerente no magnífico quadro das disposições legais que acabam de ser recapituladas.

84. Ao pedir a atenção de Vossa Excelência para essa notável obra de construção jurídica, afirmo, com profunda convicção e de um modo geral, que, nesta hora dramática que o mundo sofre, a Consolidação constitui um marco venerável na história de nossa civilização, demonstra a vocação brasileira pelo direito e, na escureza que envolve a humanidade, representa a expressão de uma luz que não se apagou.

Apresento a Vossa Excelência os protestos do meu mais profundo respeito.

Rio de Janeiro, 19 de abril de 1943.

Alexandre Marcondes Filho

CONSOLIDAÇÃO DAS LEIS DO TRABALHO

DECRETO-LEI 5.452, DE 1º DE MAIO DE 1943

Aprova a Consolidação das Leis do Trabalho.

→ v. Súmula 516 do STJ.

O Presidente da República, usando da atribuição que lhe confere o art. 180 da Constituição, decreta:

Art. 1º Fica aprovada a Consolidação das Leis do Trabalho, que a este Decreto-lei acompanha, com as alterações por ela introduzidas na legislação vigente.

Parágrafo único. Continuam em vigor as disposições legais transitórias ou de emergência, bem como as que não tenham aplicação em todo o território nacional.

Art. 2º O presente Decreto-lei entrará em vigor em 10 de novembro de 1943.

Rio de Janeiro, 1º de maio de 1943; 122º da Independência e 55º da República.

Getúlio Vargas

CONSOLIDAÇÃO DAS LEIS DO TRABALHO

→ v. Exposição de Motivos da Consolidação das Leis do Trabalho.

Título I
Introdução

Art. 1º Esta Consolidação estatui as normas que regulam as relações individuais e coletivas de trabalho, nela previstas.

→ v. Súmulas 10, 97, 180 e 225 do STJ.

→ v. Súmulas 363 e 382 do TST.

→ v. Arts. 111 a 116 da CF/1988.

→ v. Lei 8.112/1990 – Regime jurídico dos servidores públicos da União.

Art. 2º Considera-se empregador a empresa, individual ou coletiva, que, assumindo os riscos da atividade econômica, admite, assalaria e dirige a prestação pessoal de serviços.

→ v. Arts. 10, 448 e 652 da CLT.

→ v. Art. 966 do CC.

→ v. Arts. 3º e 4º da Lei 5.889/1973.

→ v. Art. 3º do Decreto 71.885/1973.

§ 1º Equiparam-se ao empregador, para os efeitos exclusivos da relação de emprego, os profissionais liberais, as instituições de beneficência, as associações recreativas ou outras instituições sem fins lucrativos, que admitirem trabalhadores como empregados.

§ 2º Sempre que uma ou mais empresas, tendo, embora, cada uma delas, personalidade jurídica própria, estiverem sob a direção, controle ou administração de outra, constituindo grupo industrial, comercial ou de qualquer outra atividade econômica, serão, para os efeitos da relação de emprego, solidariamente responsáveis a empresa principal e cada uma das subordinadas.

→ v. Súmulas 93, 129, e 239 do TST.

→ v. Art. 50 do CC.

→ v. Art. 568 do CPC/1973.

→ v. Art. 779 do NCPC.

→ v. Art. 28 do CDC.

Art. 3º Considera-se empregado toda pessoa física que prestar serviços de natureza não eventual a empregador, sob a dependência deste e mediante salário.

→ v. Art. 442 da CLT.

→ v. Lei 11.788/2008 – Estágio de Estudantes

Parágrafo único. Não haverá distinções relativas à espécie de emprego e à condição de trabalhador, nem entre o trabalho intelectual, técnico e manual.

→ v. Súmula 6 do TST.

→ v. Art. 7º, XXXII, da CF/1988.

Art. 4º Considera-se como de serviço efetivo o período em que o empregado esteja à disposição do empregador, aguardando ou executando ordens, salvo disposição especial expressamente consignada.

→ v. Art. 58 da CLT.

→ v. Súmulas 90, 118, 366 e 429 do TST.

Parágrafo único. Computar-se-ão, na contagem de tempo de serviço, para efeito de indenização e estabilidade, os períodos em que o empregado estiver afastado do trabalho prestando serviço militar e por motivo de acidente do trabalho.

→ Parágrafo único acrescentado pela Lei 4.072/1962.

→ v. Súmula Vinculante 22 do STF.

→ v. Súmulas 35, 234 e 463 do STF.

→ v. Súmula 46 do TST.

→ v. Arts. 244, §§ 2º e 3º e 471 a 476-A da CLT.

→ v. Lei 8.213/1991 – Planos de Benefício da Previdência Social.

→ v. Lei 8.900/1994 – Seguro-desemprego.

Art. 5º A todo trabalho de igual valor corresponderá salário igual, sem distinção de sexo.

→ v. Súmula 202 do STF.

→ v. Súmula 6 do TST.

→ v. Art. 7º, XXX, da CF/1988.

→ v. Arts. 373-A e 461 da CLT.

Art. 6º Não se distingue entre o trabalho realizado no estabelecimento do empregador, o executado no domicílio do empregado e o realizado a distância, desde que estejam caracterizados os pressupostos da relação de emprego.

→ Artigo com redação alterada pela Lei 12.551/2011.

→ v. Súmula 428 do TST.

→ v. Art. 83 da CLT.

Parágrafo único. Os meios telemáticos e informatizados de comando, controle e supervisão se equiparam, para fins de subordinação jurídica, aos meios pessoais e diretos de comando, controle e supervisão do trabalho alheio.

Art. 7º Os preceitos constantes da presente Consolidação, salvo quando for, em cada caso, expressamente determinado em contrário, não se aplicam:

→ *Caput* com redação alterada pelo Dec.-lei 8.079/1945.

a) aos empregados domésticos, assim considerados, de um modo geral, os que prestam serviços de natureza não econômica à pessoa ou à família, no âmbito residencial destas;

→ v. Art. 7º, parágrafo único, da CF/1988.

→ v. LC 150/2015 – Lei do trabalho doméstico.

b) aos trabalhadores rurais, assim considerados aqueles que, exercendo funções diretamente ligadas à agricultura e à pecuária, não sejam empregados em atividades que, pelos métodos de execução dos respectivos trabalhos ou pela finalidade de suas operações, se classifiquem como industriais ou comerciais;

→ v. Súmula 196 do STF.

→ v. Art. 7º, *caput*, da CF/1988.

→ v. Art 3º, § 1º, da Lei 5.889/1973.

c) aos funcionários públicos da União, dos Estados e dos Municípios e aos respectivos extranumerários em serviço nas próprias repartições;

→ Alínea *c* com redação alterada pelo Dec.-lei 8.079/1945.

→ v. Súmula 363 do TST.

→ v. Lei 8.112/1990 – Regime jurídico dos servidores públicos civis da União, das autarquias e das fundações públicas federais.

d) aos servidores de autarquias paraestatais, desde que sujeitos a regime próprio de proteção ao trabalho, que lhes assegure situação análoga à dos funcionários públicos.

→ Alínea *d* com redação alterada pelo Dec.-lei 8.079/1945.

→ v. Súmula 430 do TST.

Parágrafo único. *(Revogado pelo Dec.-lei 8.249/1945).*

Art. 8º As autoridades administrativas e a Justiça do Trabalho, na falta de disposições legais ou contratuais, decidirão, conforme o caso, pela jurisprudência, por analogia, por equidade e outros princípios e normas gerais do direito, principalmente do direito do trabalho, e, ainda, de acordo com os usos e costumes, o direito comparado, mas sempre de maneira que nenhum interesse de classe ou particular prevaleça sobre o interesse público.

Parágrafo único. O direito comum será fonte subsidiária do direito do trabalho, naquilo em que não for incompatível com os princípios fundamentais deste.

→ *v.* Súmula 315 do STF.

→ *v.* Art. 102, § 2º, da CF/1988.

→ *v.* Arts. 4º e 5º da LINDB.

→ *v.* Art. 769 da CLT.

→ *v.* Arts. 126 e 127 do CPC/1973.

→ *v.* Art. 140 e parágrafo único, do NCPC.

Art. 9º Serão nulos de pleno direito os atos praticados com o objetivo de desvirtuar, impedir ou fraudar a aplicação dos preceitos contidos na presente Consolidação.

→ *v.* Art. 166 do CC.

Art. 10. Qualquer alteração na estrutura jurídica da empresa não afetará os direitos adquiridos por seus empregados.

→ *v.* Art. 448 da CLT.

Art. 11. O direito de ação quanto a créditos resultantes das relações de trabalho prescreve:

→ Artigo com redação alterada pela Lei 9.658/1998.

→ *v.* Súmulas 327 e 403 do STF.

→ *v.* Súmulas 6, IX; 206, 294 e 308 do TST.

→ *v.* OJs SDI-I 83, 392 e 401 do TST.

→ *v.* Art. 7º, XXIX, da CF/1988.

→ *v.* Arts. 149, 440, e 625-G da CLT.

→ *v.* Art. 219, § 5º, do CPC/1973.

→ *v.* Art. 240 do NCPC.

I – em 5 (cinco) anos para o trabalhador urbano, até o limite de 2 (dois) anos após a extinção do contrato;

II – em 2 (dois) anos, após a extinção do contrato de trabalho, para o trabalhador rural.

→ *v.* Art. 7º, XXIX, da CF/1988.

§ 1º O disposto neste artigo não se aplica às ações que tenham por objeto anotações para fins de prova junto à Previdência Social.

§ 2º *(Vetado).*

§ 3º *(Vetado).*

Art. 12. Os preceitos concernentes ao regime de seguro social são objeto de lei especial.

→ *v.* Arts. 201 a 204 da CF/1988.

→ *v.* Lei 8.212/1991 – Seguridade social e plano de custeio.

→ *v.* Lei 8.213/1991 – Planos de Benefícios da Previdência Social.

Título II
Das normas gerais de tutela do trabalho

Capítulo I
DA IDENTIFICAÇÃO PROFISSIONAL

Seção I
Da Carteira de Trabalho e Previdência Social

→ Rubrica da Seção I com redação alterada pelo Dec.-lei 926/1969.

→ *v.* Dec.-lei 926/1969 – Carteira de Trabalho e Previdência Social.

→ *v.* Portaria do MTE 210/2008 – Carteira de Trabalho e Previdência Social – CTPS Informatizada.

Art. 13. A Carteira de Trabalho e Previdência Social é obrigatória para o exercício de qualquer emprego, inclusive de natureza rural, ainda que em caráter temporário, e para o exercício por conta própria de atividade profissional remunerada.

→ *Caput* com redação alterada pelo Dec.-lei 926/1969.

§ 1º O disposto neste artigo aplica-se, igualmente, a quem:

→ § 1º com redação alterada pelo Dec.-lei 926/1969.

I – proprietário rural ou não, trabalhe individualmente ou em regime de economia familiar, assim entendido o trabalho dos membros da mesma família, indispensável à própria subsistência, e exercido em condições de mútua dependência e colaboração;

→ *v.* Art. 14-A, § 3º da Lei 5.889/1973.

→ *v.* Art. 4º, II e III, da Lei 4.504/1964.

II – em regime de economia familiar e sem empregado, explore área não excedente do módulo rural ou de outro limite que venha a ser fixado, para cada região, pelo Ministério do Trabalho e Previdência Social.

§ 2º A Carteira de Trabalho e Previdência Social e respectiva Ficha de Declaração obedecerão aos modelos que o Ministério do Trabalho e Previdência Social adotar.

→ § 2º com redação alterada pelo Dec.-lei 926/1969.

§ 3º Nas localidades onde não for emitida a Carteira de Trabalho e Previdência Social poderá ser admitido, até 30 (trinta) dias, o exercício de emprego ou atividade remunerada por quem não a possua, ficando a empresa obrigada a permitir o comparecimento do empregado ao posto de emissão mais próximo.

→ § 3º com redação alterada pela Lei 5.686/1971.

§ 4º Na hipótese do § 3º:

→ § 4º com redação alterada pelo Dec.-lei 926/1969.

I – o empregador fornecerá ao empregado, no ato da admissão, documento do qual constem a data da admissão, a natureza do trabalho, o salário e a forma de seu pagamento;

II – se o empregado ainda não possuir a carteira na data em que for dispensado, o empregador lhe fornecerá atestado de que conste o histórico da relação empregatícia.

Seção II
Da emissão da Carteira

→ Rubrica da Seção II com redação alterada pelo Dec.-lei 926/1969.

→ *v.* Dec.-lei 926/1969 – Carteira de Trabalho e Previdência Social.

Art. 14. A Carteira de Trabalho e Previdência Social será emitida pelas Delegacias Regionais do Trabalho e Emprego ou, mediante convênio, pelos órgãos federais, estaduais e municipais da administração direta ou indireta.

→ *Caput* com redação alterada pelo Dec.-lei 926/1969.

Parágrafo único. Inexistindo convênio com os órgãos indicados ou na inexistência destes, poderá ser admitido convênio com sindicatos para o mesmo fim.

→ Parágrafo único com redação alterada pela Lei 5.686/1971.

Art. 15. Para obtenção da Carteira de Trabalho e Previdência Social o interessado comparecerá pessoalmente ao órgão emitente, onde será identificado e prestará as declarações necessárias.

→ Artigo com redação alterada pelo Dec.-lei 926/1969.

Art. 16. A Carteira de Trabalho e Previdência Social, além do número, série, data de emissão e folhas destinadas às anotações pertinentes ao contrato de trabalho e as de interesse da Previdência Social, conterá:

→ Artigo com redação alterada pela Lei 8.260/1991.

I – fotografia, de frente, modelo 3 x 4;

II – nome, filiação, data e lugar de nascimento e assinatura;

III – nome, idade e estado civil dos dependentes;

IV – número do documento de naturalização ou data da chegada ao Brasil e demais elementos constantes da identidade de estrangeiro, quando for o caso.

Parágrafo único. A Carteira de Trabalho e Previdência Social será fornecida mediante a apresentação de:

→ *v.* Art. 417 da CLT.

a) duas fotografias com as características mencionadas no inciso I;

b) qualquer documento oficial de identificação pessoal do interessado, no qual possam ser colhidos dados referentes ao nome completo, filiação, data e lugar de nascimento.

Art. 17. Na impossibilidade de apresentação, pelo interessado, de documento idôneo que o qualifique, a Carteira de Trabalho e Previdência Social será fornecida com base em declarações verbais confirmadas por duas testemunhas, lavrando-se, na primeira folha de anotações gerais da carteira, termo assinado pelas mesmas testemunhas.

→ Artigo com redação alterada pelo Dec.-lei 926/1969.

§ 1º Tratando-se de menor de 18 (dezoito) anos, as declarações previstas neste artigo serão prestadas por seu responsável legal.

§ 2º Se o interessado não souber ou não puder assinar sua carteira, ela será fornecida mediante impressão digital ou assinatura a rogo.

Art. 18. *(Revogado pela Lei 7.855/1989).*

Art. 19. *(Revogado pela Lei 7.855/1989).*

Art. 20. As anotações relativas à alteração do estado civil e aos dependentes do portador da Carteira de Trabalho e Previdência Social serão feitas pelo Instituto Nacional de Previdência Social (INPS) e somente em sua falta por qualquer dos órgãos emitentes.

→ Artigo com redação alterada pelo Dec.-lei 926/1969.

→ *v.* Art. 32 da CLT.

Art. 21. Em caso de imprestabilidade ou esgotamento do espaço destinado a registros e anotações, o interessado deverá obter outra carteira, conservando-se o número e a série da anterior.

→ *Caput* com redação alterada pela Lei 5.686/1971.

§ 1º *(Revogado pelo Dec.-lei 926/1969).*

§ 2º *(Revogado pelo Dec.-lei 926/1969).*

Art. 22. *(Revogado pelo Dec.-lei 926/1969).*

Art. 23. *(Revogado pelo Dec.-lei 926/1969).*

Art. 24. *(Revogado pelo Dec.-lei 926/1969).*

Seção III
Da entrega das Carteiras de Trabalho e Previdência Social

Art. 25. As Carteiras de Trabalho e Previdência Social serão entregues aos interessados pessoalmente, mediante recibo.

Art. 26. Os sindicatos poderão, mediante solicitação das respectivas diretorias, incumbir-se da entrega das Carteiras de Trabalho e Previdência Social pedidas por seus associados e pelos demais profissionais da mesma classe.

→ Artigo com redação alterada pelo Dec.-lei 229/1967.

Parágrafo único. Não poderão os sindicatos, sob pena das sanções previstas neste Capítulo, cobrar remuneração pela entrega das Carteiras de Trabalho e Previdência Social, cujo serviço nas respectivas sedes será fiscalizado pelas Delegacias Regionais do Trabalho e Emprego ou órgãos autorizados.

Art. 27. *(Revogado pela Lei 7.855/1989).*

Art. 28. *(Revogado pela Lei 7.855/1989).*

Seção IV
Das anotações

Art. 29. A Carteira de Trabalho e Previdência Social será obrigatoriamente apresentada, contra recibo, pelo trabalhador ao empregador que o admitir, o qual terá o prazo de 48 (quarenta e oito) horas para nela anotar, especificamente, a data de admissão, a remuneração e as condições especiais, se houver, sendo facultada a adoção de sistema manual, mecânico ou eletrônico, conforme instruções a serem expedidas pelo Ministério do Trabalho.

→ *Caput* com redação alterada pela Lei 7.855/1989.

→ *v.* Súmula 225 do STF.

→ *v.* Súmula 12 do TST.

→ *v.* Art. 53 da CLT

→ *v.* Portaria do MTE 41/2007 – Disciplina o registro e a anotação de Carteira de Trabalho e Previdência Social de empregados.

§ 1º As anotações concernentes à remuneração devem especificar o salário, qualquer que seja sua forma de pagamento, seja ele em dinheiro ou em utilidades, bem como a estimativa da gorjeta.

→ § 1º com redação alterada pelo Dec.-lei 229/1967.

§ 2º As anotações na Carteira de Trabalho e Previdência Social serão feitas:

→ § 2º com redação alterada pela Lei 7.855/1989.

a) na data-base;

b) a qualquer tempo, por solicitação do trabalhador;

c) no caso de rescisão contratual; ou

d) necessidade de comprovação perante a Previdência Social.

§ 3º A falta de cumprimento pelo empregador do disposto neste artigo acarretará a lavratura do auto de infração, pelo Fiscal do Trabalho, que deverá, de ofício, comunicar a falta de anotação ao órgão competente, para o fim de instaurar o processo de anotação.

→ § 3º com redação alterada pela Lei 7.855/1989.

§ 4º É vedado ao empregador efetuar anotações desabonadoras à conduta do empregado em sua Carteira de Trabalho e Previdência Social.

→ § 4º acrescentado pela Lei 10.270/2001.

§ 5º O descumprimento do disposto no § 4º deste artigo submeterá o empregador ao pagamento de multa prevista no art. 52 deste Capítulo.

→ § 5º acrescentado pela Lei 10.270/2001.

Art. 30. Os acidentes do trabalho serão obrigatoriamente anotados pelo Instituto Nacional de Previdência Social na carteira do acidentado.

→ Artigo com redação alterada pelo Dec.-lei 926/1969.

→ *v.* Súmula Vinculante 22 do STF.

→ *v.* Súmula 234 do STF.

Art. 31. Aos portadores de Carteiras de Trabalho e Previdência Social fica assegurado o direito de as apresentar aos órgãos autorizados, para o fim de ser anotado o que for cabível, não podendo ser recusada a solicitação, nem cobrado emolumento não previsto em lei.

→ Artigo com redação alterada pelo Dec.-lei 229/1967.

Art. 32. As anotações relativas a alterações no estado civil dos portadores de Carteiras de Trabalho e Previdência Social serão feitas mediante prova documental. As declarações referentes aos dependentes serão registradas nas fichas respectivas, pelo funcionário encarregado da identificação profissional, a pedido do próprio declarante, que as assinará.

→ Artigo com redação alterada pelo Dec.-lei 229/1967.

Parágrafo único. As Delegacias Regionais do Trabalho e Emprego e os órgãos autorizados deverão comunicar à Secretaria de Relações do Trabalho todas as alterações que anotarem nas Carteiras de Trabalho e Previdência Social.

Art. 33. As anotações nas fichas de declaração e nas Carteiras de Trabalho e Previdência Social serão feitas seguidamente sem abreviaturas, ressalvando-se no fim de cada assentamento, as emendas, entrelinhas e quaisquer circunstâncias que possam ocasionar dúvidas.

→ Artigo com redação alterada pelo Dec.-lei 229/1967.

Art. 34. Tratando-se de serviço de profissionais de qualquer atividade, exercido por empreitada individual ou coletiva, com ou sem fiscalização da outra parte contratante, a carteira será anotada pelo respectivo sindicato profissional ou pelo representante legal de sua cooperativa.

Art. 35. *(Revogado pela Lei 6.533/1978).*

Seção V
Das reclamações por falta ou recusa de anotação

Art. 36. Recusando-se a empresa a fazer as anotações a que se refere o art. 29 ou a devolver a Carteira de Trabalho e Previdência Social recebida, poderá o empregado comparecer, pessoalmente ou por intermédio de seu sindicato, perante a Delegacia Regional ou órgão autorizado, para apresentar reclamação.

→ Artigo com redação alterada pelo Dec.-lei 229/1967.

Art. 37. No caso do art. 36, lavrado o termo de reclamação, determinar-se-á a realização de diligência para instrução do feito, observado, se for o caso, o disposto no § 2º do art. 29, notificando-se posteriormente o reclamado por carta registrada, caso persista a recusa, para que, em dia e hora previamente designados, venha prestar esclarecimentos ou efetuar as devidas anotações na Carteira de Trabalho e Previdência Social ou sua entrega.

→ Artigo com redação alterada pelo Dec.-lei 229/1967.

Parágrafo único. Não comparecendo o reclamado, lavrar-se-á termo de ausência, sendo considerado revel e confesso sobre os termos da reclamação feita, devendo as anotações ser efetuadas por despacho da autoridade que tenha processado a reclamação.

Art. 38. Comparecendo o empregador e recusando-se a fazer as anotações reclamadas, será lavrado um termo de comparecimento, que deverá conter, entre outras indicações, o lugar, o dia e hora de sua lavratura, o nome e a residência do empregador, assegurando-se-lhe o prazo de 48 (quarenta e oito) horas, a contar do termo, para apresentar defesa.

Parágrafo único. Findo o prazo para a defesa, subirá o processo à autoridade administrativa de primeira instância, para se ordenarem diligências, que completem a instrução do feito, ou para julgamento, se o caso estiver suficientemente esclarecido.

Art. 39. Verificando-se que as alegações feitas pelo reclamado versam sobre a não existência de relação de emprego, ou sendo impossível verificar essa condição pelos meios administrativos, será o processo encaminhado à Justiça do Trabalho, ficando, nesse caso, sobrestado o julgamento do auto de infração que houver sido lavrado.

→ Artigo com redação alterada pelo Dec.-lei 229/1967.

§ 1º Se não houver acordo, a Junta de Conciliação e Julgamento, em sua sentença, ordenará que a Secretaria efetue as devidas anotações uma vez transitada em julgado, e faça a comunicação à autoridade competente para o fim de aplicar a multa cabível.

→ *v.* EC 24/1999 – Altera dispositivos da Constituição Federal pertinentes à representação classistas na Justiça do Trabalho.

§ 2º Igual procedimento observar-se-á no caso de processo trabalhista de qualquer natureza, quando for verificada a falta de anotações na Carteira de Trabalho e Previdência Social, devendo o Juiz, nesta hipótese, mandar proceder, desde logo, àquelas sobre as quais não houver controvérsia.

Seção VI
Do valor das anotações

Art. 40. As Carteiras de Trabalho e Previdência Social regularmente emitidas e anotadas servirão de prova nos atos em que sejam exigidas carteiras de identidade e especialmente:

→ Artigo com redação alterada pelo Dec.-lei 229/1967.

I – nos casos de dissídio na Justiça do Trabalho entre a empresa e o empregado por motivo de salário, férias ou tempo de serviço;

→ *v.* Súmula 198 do STF.

II – perante a Previdência Social, para o efeito de declaração de dependentes;

III – para cálculo de indenização por acidente do trabalho ou moléstia profissional.

→ *v.* Súmula Vinculante 22 do STF.

→ *v.* Súmulas 225 e 234 do STF.

→ *v.* Súmula 12 do TST.

Seção VII
Dos livros de registro de empregados

→ *v.* Portaria do MTE 41/2007 – Registro e a anotação de Carteira de Trabalho e Previdência Social de empregados.

Art. 41. Em todas as atividades será obrigatório para o empregador o registro dos respectivos trabalhadores, podendo ser adotados livros, fichas ou sistema eletrônico, conforme instruções a serem expedidas pelo Ministério do Trabalho.

→ Artigo com redação alterada pela Lei 7.855/1989.

Parágrafo único. Além da qualificação civil ou profissional de cada trabalhador, deverão ser anotados todos os dados relativos à sua admissão no emprego, duração e efetividade do trabalho, a férias, acidentes e demais circunstâncias que interessem à proteção do trabalhador.

→ *v.* Súmula 198 do STF.

Art. 42. *(Revogado pela Lei 10.243/2001).*

Art. 43. *(Revogado pela Lei 7.855/1989).*

Art. 44. *(Revogado pela Lei 7.855/1989).*

Art. 45. *(Revogado pelo Dec.-lei 229/1967).*

Art. 46. *(Revogado pelo Dec.-lei 229/1967).*

Art. 47. A empresa que mantiver empregado não registrado nos termos do art. 41 e seu parágrafo único, incorrerá na multa de valor igual a um salário mínimo regional, por empregado não registrado, acrescido de igual valor em cada reincidência.

→ Artigo com redação alterada pelo Dec.-lei 229/1967.

→ v. Portaria do MTb 290/1997 – Aprova normas para a imposição de multas administrativas previstas na legislação trabalhista.

Parágrafo único. As demais infrações referentes ao registro de empregados sujeitarão a empresa à multa de valor igual à metade do salário mínimo regional, dobrada na reincidência.

Art. 48. As multas previstas nesta Seção serão aplicadas pelas Delegacias Regionais do Trabalho e Emprego.

→ v. Art. 114, VII, da CF/1988.

Seção VIII
Das penalidades

Art. 49. Para os efeitos da emissão, substituição ou anotação de Carteiras de Trabalho e Previdência Social, considerar-se-á crime de falsidade, com as penalidades previstas no art. 299 do Código Penal:

→ Artigo com redação alterada pelo Dec.-lei 229/1967.

I – fazer, no todo ou em parte, qualquer documento falso ou alterar o verdadeiro;

II – afirmar falsamente a sua própria identidade, filiação, lugar de nascimento, residência, profissão ou estado civil e beneficiários, ou atestar os de outra pessoa;

III – servir-se de documentos, por qualquer forma falsificados;

IV – falsificar, fabricando ou alterando, ou vender, usar ou possuir Carteira de Trabalho e Previdência Social assim alterada;

V – anotar dolosamente em Carteira de Trabalho e Previdência Social ou registro de empregado, ou confessar ou declarar em juízo, ou fora dele, data de admissão em emprego diversa da verdadeira.

→ v. Art. 297 do CP.

Art. 50. Comprovando-se falsidade, quer nas declarações para emissão de Carteira de Trabalho e Previdência Social, quer nas respectivas anotações, o fato será levado ao conhecimento da autoridade que houver emitido a carteira, para fins de direito.

Art. 51. Incorrerá em multa de valor igual a três vezes o salário mínimo regional aquele que, comerciante ou não, vender ou expuser à venda qualquer tipo de carteira igual ou semelhante ao tipo oficialmente adotado.

→ Artigo com redação alterada pelo Dec.-lei 229/1967.

→ v. Portaria do MTb 290/1997 – Aprova normas para a imposição de multas administrativas previstas na legislação trabalhista.

Art. 52. O extravio ou inutilização da Carteira de Trabalho e Previdência Social por culpa da empresa sujeitará esta à multa de valor igual à metade do salário mínimo regional.

→ Artigo com redação alterada pelo Dec.-lei 926/1969.

→ v. Art. 29, §§ 4º e 5º da CLT.

→ v. Portaria do MTb 290/1997 – Aprova normas para a imposição de multas administrativas previstas na legislação trabalhista.

Art. 53. A empresa que receber Carteira de Trabalho e Previdência Social para anotar e a retiver por mais de 48 (quarenta e oito) horas ficará sujeita à multa de valor igual à metade do salário mínimo regional.

→ Artigo com redação alterada pelo Dec.-lei 229/1967.

→ v. Portaria do MTb 290/1997 – Normas para a imposição de multas administrativas previstas na legislação trabalhista.

Art. 54. A empresa que, tendo sido intimada, não comparecer para anotar a Carteira de Trabalho e Previdência Social de seu empregado, ou cujas alegações para recusa tenham sido julgadas improcedentes, ficará sujeita à multa de valor igual a um salário mínimo regional.

→ Artigo com redação alterada pelo Dec.-lei 229/1967.

→ v. Portaria do MTb 290/1997 – Normas para a imposição de multas administrativas previstas na legislação trabalhista.

Art. 55. Incorrerá na multa de valor igual a um salário mínimo regional a empresa que infringir o art. 13 e seus parágrafos.

→ Artigo com redação alterada pelo Dec.-lei 229/1967.

→ v. Portaria do MTb 290/1997 – Normas para a imposição de multas administrativas previstas na legislação trabalhista.

Art. 56. O sindicato que cobrar remuneração pela entrega de Carteira de Trabalho e Previdência Social ficará sujeito à multa de valor igual a três vezes o salário mínimo regional.

→ Artigo com redação alterada pelo Dec.-lei 229/1967.

→ v. Portaria do MTb 290/1997 – Normas para a imposição de multas administrativas previstas na legislação trabalhista.

Capítulo II
DA DURAÇÃO DO TRABALHO

Seção I
Disposição preliminar

Art. 57. Os preceitos deste Capítulo aplicam-se a todas as atividades, salvo as expressamente excluídas, constituindo exceções as disposições especiais, concernentes estritamente a peculiaridades profissionais constantes do Capítulo I do Título III.

→ v. Súmula 675 do STF.

→ v. Art. 7º, XIV e parágrafo único, da CF/1988.

→ v. Arts. 7º, 58-A, 59 e 62 da CLT.

Seção II
Da jornada de trabalho

Art. 58. A duração normal do trabalho, para os empregados em qualquer atividade privada, não excederá de 8 (oito) horas diárias, desde que não seja fixado expressamente outro limite.

→ v. OJs SDI-I 275 e 360 do TST.

→ v. Art. 7º, XIV da CF/1988.

→ v. Arts. 4º, 611 e 612 da CLT.

→ v. Súmula 423 do TST.

§ 1º Não serão descontadas nem computadas como jornada extraordinária as variações de horário no registro de ponto não excedentes de 5 (cinco) minutos, observado o limite máximo de 10 (dez) minutos diários.

→ § 1º acrescentado pela Lei 10.243/2001.

→ v. Súmula 366 e 429 do TST.

§ 2º O tempo despendido pelo empregado até o local de trabalho e para o seu retorno, por qualquer meio de transporte, não será computado na jornada de trabalho, salvo quando, tratando-se de local de difícil acesso ou não servido por transporte público, o empregador fornecer a condução.

→ § 2º acrescentado pela Lei 10.243/2001.

→ v. Súmulas 90 e 320 do TST.

§ 3º Poderão ser fixados, para as microempresas e empresas de pequeno porte, por meio de acordo ou convenção coletiva, em caso de transporte fornecido pelo empregador, em local de difícil acesso ou não servido por transporte público, o tempo médio despendido pelo empregado, bem como a forma e a natureza da remuneração.

→ § 3º acrescentado pela LC 123/2006.

→ v. Súmulas 90, 320 e 429 do TST.

→ v. Art. 4º da CLT.

Art. 58-A. Considera-se trabalho em regime de tempo parcial aquele cuja duração não exceda a 25 (vinte e cinco) horas semanais.

→ Artigo acrescentado pela MP 2.164-41/2001.

→ v. Art. 130-A da CLT.

§ 1º O salário a ser pago aos empregados sob o regime de tempo parcial será proporcional à sua jornada, em relação aos empregados que cumprem, nas mesmas funções, tempo integral.

→ v. OJ SDI-I 358 do TST.

§ 2º Para os atuais empregados, a adoção do regime de tempo parcial será feita mediante opção manifestada perante a empresa, na forma prevista em instrumento decorrente de negociação coletiva.

Art. 59. A duração normal do trabalho poderá ser acrescida de horas suplementares, em número não excedente de duas, mediante acordo escrito entre empregador e empregado, ou mediante contrato coletivo de trabalho.

→ v. Súmulas 46, 115, 264, 291, 347, 376 do TST.

→ v. OJs SDI-I 47 e 233 do TST.

§ 1º Do acordo ou do contrato coletivo de trabalho deverá constar, obrigatoriamente, a importância da remuneração da hora suplementar, que será, pelo menos, 20% (vinte por cento) superior à da hora normal.

→ v. Art. 7º, XVI, da CF/1988.

§ 2º Poderá ser dispensado o acréscimo de salário se, por força de acordo ou convenção coletiva de trabalho, o excesso de horas em um dia for compensado pela correspondente diminuição em outro dia, de maneira que não exceda, no período máximo de 1 (um) ano, à soma das jornadas semanais de trabalho previstas, nem seja ultrapassado o limite máximo de 10 (dez) horas diárias.

→ § 2º com redação alterada pela MP 2.164-41/2001.

→ v. Súmula 679 do STF.

§ 3º Na hipótese de rescisão do contrato de trabalho sem que tenha havido a compensação integral da jornada extraordinária, na forma do parágrafo anterior, fará o trabalhador jus ao pagamento das horas extras não compensadas, calculadas sobre o valor da remuneração na data da rescisão.

→ § 3º acrescentado pela Lei 9.601/1998.

§ 4º Os empregados sob o regime de tempo parcial não poderão prestar horas extras.

→ § 4º acrescentado pela MP 2.164-41/2001.

→ v. Súmulas 85, 264, 291, 376, 423, 431 e 444 do TST.

→ v. Art. 7º, XVI, da CF/1988.

→ v. Arts. 58-A e 59 da CLT.

Art. 60. Nas atividades insalubres, assim consideradas as constantes dos quadros mencionados no Capítulo "Da Segurança e da Medicina do Trabalho", ou que neles venham a ser incluídas por ato do Ministro do Trabalho, Indústria e

CLT

Comércio, quaisquer prorrogações só poderão ser acordadas mediante licença prévia das autoridades competentes em matéria de higiene do trabalho, as quais, para esse efeito, procederão aos necessários exames locais e à verificação dos métodos e processos de trabalho, quer diretamente, quer por intermédio de autoridades sanitárias federais, estaduais e municipais, com quem entrarão em entendimento para tal fim.

→ v. Súmula 736 do STF.

→ v. Art. 7º, XIII, da CF/1988

Art. 61. Ocorrendo necessidade imperiosa, poderá a duração do trabalho exceder do limite legal ou convencionado, seja para fazer face a motivo de força maior, seja para atender à realização ou conclusão de serviços inadiáveis ou cuja inexecução possa acarretar prejuízo manifesto.

§ 1º O excesso, nos casos deste artigo, poderá ser exigido independentemente de acordo ou contrato coletivo e deverá ser comunicado, dentro de 10 (dez) dias, à autoridade competente em matéria de trabalho, ou, antes desse prazo, justificado no momento da fiscalização sem prejuízo dessa comunicação.

§ 2º Nos casos de excesso de horário por motivo de força maior, a remuneração da hora excedente não será inferior à da hora normal. Nos demais casos de excesso previsto neste artigo, a remuneração será, pelo menos, 25% (vinte e cinco por cento) superior à da hora normal, e o trabalho não poderá exceder de 12 (doze) horas, desde que a lei não fixe expressamente outro limite.

→ v. Art. 7º, XVI, da CF/1988.

§ 3º Sempre que ocorrer interrupção do trabalho, resultante de causas acidentais, ou de força maior, que determinem a impossibilidade de sua realização, a duração do trabalho poderá ser prorrogada pelo tempo necessário até o máximo de 2 (duas) horas, durante o número de dias indispensáveis à recuperação do tempo perdido, desde que não exceda de 10 (dez) horas diárias, em período não superior a 45 (quarenta e cinco) dias por ano, sujeita essa recuperação à prévia autorização da autoridade competente.

Art. 62. Não são abrangidos pelo regime previsto neste Capítulo:

→ Artigo com redação alterada pela Lei 8.966/1994.

I – os empregados que exercem atividade externa incompatível com a fixação de horário de trabalho, devendo tal condição ser anotada na Carteira de Trabalho e Previdência Social e no registro de empregados;

II – os gerentes, assim considerados os exercentes de cargos de gestão, aos quais se equiparam, para efeito do disposto neste artigo, os diretores e chefes de departamento ou filial.

Parágrafo único. O regime previsto neste Capítulo será aplicável aos empregados mencionados no inciso II deste artigo, quando o salário do cargo de confiança, compreendendo a gratificação de função, se houver, for inferior ao valor do respectivo salário efetivo acrescido de 40% (quarenta por cento).

→ v. Súmula 287 do TST.

Art. 63. Não haverá distinção entre empregados e interessados, e a participação em lucros ou comissões, salvo em lucros de caráter social, não exclui o participante do regime deste Capítulo.

→ v. OJ SDI-I 390 do TST.

Art. 64. O salário-hora normal, no caso do empregado mensalista, será obtido dividindo-se o salário mensal correspondente à duração do trabalho, a que se refere o art. 58, por trinta vezes o número de horas dessa duração.

Parágrafo único. Sendo o número de dias inferior a 30 (trinta), adotar-se-á para o cálculo, em lugar desse número, o de dias de trabalho por mês.

→ v. Súmulas 264, 318, 347, 431 do TST.

Art. 65. No caso do empregado diarista, o salário-hora normal será obtido dividindo-se o salário diário correspondente à duração do trabalho, estabelecido no art. 58, pelo número de horas de efetivo trabalho.

Seção III
Dos períodos de descanso

→ v. Súmula 461 do STF.

Art. 66. Entre duas jornadas de trabalho haverá um período mínimo de 11 (onze) horas consecutivas para descanso.

→ v. Art. 308 e 382 da CLT.

→ v. Súmula 110 do TST.

Art. 67. Será assegurado a todo empregado um descanso semanal de 24 (vinte e quatro) horas consecutivas, o qual, salvo motivo de conveniência pública ou necessidade imperiosa do serviço, deverá coincidir com o domingo, no todo ou em parte.

→ v. Súmula 461 do STF.

→ v. Súmula 146 do TST.

→ v. OJ SDI-I 410 do TST.

→ v. Art. 6º da Lei 10.101/2000.

Parágrafo único. Nos serviços que exijam trabalho aos domingos, com exceção quanto aos elencos teatrais, será estabelecida escala de revezamento, mensalmente organizada e constando do quadro sujeito à fiscalização.

→ v. Art. 386 da CLT.

Art. 68. O trabalho em domingo, seja total ou parcial, na forma do art. 67, será sempre subordinado à permissão prévia da autoridade competente em matéria de trabalho.

Parágrafo único. A permissão será concedida a título permanente nas atividades que, por sua natureza ou pela conveniência pública, devem ser exercidas aos domingos, cabendo ao Ministro do Trabalho, Indústria e Comércio expedir instruções em que sejam especificadas tais atividades. Nos demais casos, ela será dada sob forma transitória, com discriminação do período autorizado, o qual, de cada vez, não excederá de 60 (sessenta) dias.

Art. 69. Na regulamentação do funcionamento de atividades sujeitas ao regime deste Capítulo, os municípios atenderão aos preceitos nele estabelecidos, e as regras que venham a fixar não poderão contrariar tais preceitos nem as instruções que, para seu cumprimento, forem expedidas pelas autoridades competentes em matéria de trabalho.

Art. 70. Salvo o disposto nos arts. 68 e 69, é vedado o trabalho em dias feriados nacionais e feriados religiosos, nos termos da legislação própria.

→ Artigo com redação alterada pelo Dec.-lei 229/1967.

Art. 71. Em qualquer trabalho contínuo, cuja duração exceda de 6 (seis) horas, é obrigatória a concessão de um intervalo para repouso ou alimentação, o qual será, no mínimo, de 1 (uma) hora e, salvo acordo escrito ou contrato coletivo em contrário, não poderá exceder de 2 (duas) horas.

→ v. Súmula 675 do STF.

→ v. Súmula 437 do TST.

→ v. Art. 5º da Lei 5.889/1973.

§ 1º Não excedendo de 6 (seis) horas o trabalho, será, entretanto, obrigatório um intervalo de 15 (quinze) minutos quando a duração ultrapassar 4 (quatro) horas.

§ 2º Os intervalos de descanso não serão computados na duração do trabalho.

§ 3º O limite mínimo de 1 (uma) hora para repouso ou refeição poderá ser reduzido por ato do Ministro do Trabalho, Indústria e Comércio quando, ouvido o Serviço de Alimentação de Previdência Social, se verificar que o estabelecimento atende integralmente às exigências concernentes à organização dos refeitórios e quando os respectivos empregados não estiverem sob regime de trabalho prorrogado a horas suplementares.

→ v. Portaria do MTE 1.095/2010 – Disciplina os requisitos para a redução de intervalo intrajornada.

§ 4º Quando o intervalo para repouso e alimentação, previsto neste artigo, não for concedido pelo empregador, este ficará obrigado a remunerar o período correspondente com um acréscimo de no mínimo 50% (cinquenta por cento) sobre o valor da remuneração da hora normal de trabalho.

→ § 4º acrescentado pela Lei 8.923/1994.

§ 5º O intervalo expresso no caput poderá ser reduzido e/ou fracionado, e aquele estabelecido no § 1º poderá ser fracionado, quando compreendidos entre o término da primeira hora trabalhada e o início da última hora trabalhada, desde que previsto em convenção ou acordo coletivo de trabalho, ante a natureza do serviço e em virtude das condições especiais de trabalho a que são submetidos estritamente os motoristas, cobradores, fiscalização de campo e afins nos serviços de operação de veículos rodoviários, empregados no setor de transporte coletivo de passageiros, mantida a remuneração e concedidos intervalos para descanso menores ao final de cada viagem.

→ § 5º com redação alterada pela Lei 13.103/2015.

→ v. Art. 22, *caput* e I, da Lei 13.103/2015 – Lei do Motorista Profissional.

→ v. Súmula 437 do TST.

→ v. Art. 7º, XXII, da CF/1988.

→ v. Art. 66 da CLT.

Art. 72. Nos serviços permanentes de mecanografia (datilografia, escrituração ou cálculo), a cada período de 90 (noventa) minutos de trabalho consecutivo corresponderá um repouso de 10 (dez) minutos não deduzidos da duração normal de trabalho.

→ v. Súmula 346 do TST.

Seção IV
Do trabalho noturno

→ v. Art. 7º, IX da CF/1988.

→ v. Art. 7º da Lei 5.889/1973.

Art. 73. Salvo nos casos de revezamento semanal ou quinzenal, o trabalho noturno terá remuneração superior à do diurno e, para esse efeito, sua remuneração terá um acréscimo de 20% (vinte por cento), pelo menos, sobre a hora diurna.

→ Artigo com redação alterada pelo Dec.-lei 9.666/1946.

→ v. Súmulas 213, 214, 313 e 402 do STF.

→ v. Súmulas 60 e 265 do TST.

CLT

→ v. Art. 7º, IX da CF/1988.

→ v. Arts. 59, § 2º, e 73, § 3º, da CLT.

→ v. Súmulas 60 e 265 do TST.

§ 1º A hora do trabalho noturno será computada como de 52 (cinquenta e dois) minutos e 30 (trinta) segundos.

§ 2º Considera-se noturno, para os efeitos deste artigo, o trabalho executado entre as 22 (vinte e duas) horas de um dia e as 5 (cinco) horas do dia seguinte.

§ 3º O acréscimo a que se refere o presente artigo, em se tratando de empresas que não mantêm, pela natureza de suas atividades, trabalho noturno habitual, será feito tendo em vista os quantitativos pagos por trabalhos diurnos de natureza semelhante. Em relação às empresas cujo trabalho noturno decorra da natureza de suas atividades, o aumento será calculado sobre o salário mínimo, não sendo devido quando exceder desse limite, já acrescido da percentagem.

→ v. Art. 7º, IX, da CF/1988.

§ 4º Nos horários mistos, assim entendidos os que abrangem períodos diurnos e noturnos, aplica-se às horas de trabalho noturno o disposto neste artigo e seus parágrafos.

§ 5º Às prorrogações do trabalho noturno aplica-se o disposto neste Capítulo.

Seção V
Do quadro de horário

Art. 74. O horário do trabalho constará de quadro, organizado conforme modelo expedido pelo Ministro do Trabalho, Indústria e Comércio e afixado em lugar bem visível. Esse quadro será discriminativo no caso de não ser o horário único para todos os empregados de uma mesma seção ou turma.

§ 1º O horário de trabalho será anotado em registro de empregados com a indicação de acordos ou contratos coletivos porventura celebrados.

§ 2º Para os estabelecimentos de mais de dez trabalhadores será obrigatória a anotação da hora de entrada e de saída, em registro manual, mecânico ou eletrônico, conforme instruções a serem expedidas pelo Ministério do Trabalho, devendo haver pré-assinalação do período de repouso.

→ § 2º com redação alterada pela Lei 7.855/1989.

→ v. Súmula 338 do TST.

→ v. Portaria do MTE 1.510/2009 – Disciplina o registro eletrônico de ponto e a utilização do Sistema de Registro Eletrônico de Ponto – SREP.

§ 3º Se o trabalho for executado fora do estabelecimento, o horário dos empregados constará, explicitamente, de ficha ou papeleta em seu poder, sem prejuízo do que dispõe o § 1º deste artigo.

→ v. Súmula 338 do TST.

Seção VI
Das penalidades

Art. 75. Os infratores dos dispositivos do presente Capítulo incorrerão na multa de 50 (cinquenta) a 5.000 (cinco mil) cruzeiros, segundo a natureza da infração, sua extensão e a intenção de quem a praticou, aplicada em dobro no caso de reincidência e oposição à fiscalização ou desacato à autoridade.

→ v. Portaria do MTb 290/1997 – Aprova normas para a imposição de multas administrativas previstas na legislação trabalhista.

Parágrafo único. São competentes para impor penalidades as Delegacias Regionais do Trabalho e Emprego.

→ v. Art. 35, IV, do Dec.-lei 229/1967.

Capítulo III
DO SALÁRIO MÍNIMO

Seção I
Do conceito

→ v. Súmula Vinculante 4 do STF.

→ v. Art. 7º, IV, da CF/1988.

Art. 76. Salário mínimo é a contraprestação mínima devida e paga diretamente pelo empregador a todo trabalhador, inclusive ao trabalhador rural, sem distinção de sexo, por dia normal de serviço, e capaz de satisfazer, em determinada época e região do País, as suas necessidades normais de alimentação, habitação, vestuário, higiene e transporte.

Art. 77. *(Revogado pela Lei 4.589/1964).*

Art. 78. Quando o salário for ajustado por empreitada, ou convencionado por tarefa ou peça, será garantida ao trabalhador uma remuneração diária nunca inferior à do salário mínimo por dia normal.

Parágrafo único. Quando o salário mínimo mensal do empregado a comissão ou que tenha direito a percentagem for integrado por parte fixa e parte variável, ser-lhe-á sempre garantido o salário mínimo, vedado qualquer desconto em mês subsequente a título de compensação.

→ Parágrafo único acrescentado pelo Dec.-lei 229/1967.

→ v. Súmula 199 do STF.

Art. 79. Quando se tratar da fixação do salário mínimo dos trabalhadores ocupados em serviços insalubres, poderão as Comissões de Salário Mínimo aumentá-lo até de metade do salário mínimo normal.

→ v. Art. 23 da Lei 4.589/1964.

Art. 80. *(Revogado pela Lei 10.097/2000).*

Art. 81. O salário mínimo será determinado pela fórmula Sm = a + b + c + d + e, em que a, b, c, d e e representam, respectivamente, o valor das despesas diárias com alimentação, habitação, vestuário, higiene e transporte necessários à vida de um trabalhador adulto.

§ 1º A parcela correspondente à alimentação terá um valor mínimo igual aos valores da lista de provisões, constantes dos quadros devidamente aprovados e necessários à alimentação diária do trabalhador adulto.

§ 2º Poderão ser substituídos pelos equivalentes de cada grupo, também mencionados nos quadros a que alude o parágrafo anterior, os alimentos, respeitados os valores nutritivos determinados nos mesmos quadros.

§ 3º O Ministério do Trabalho, Indústria e Comércio fará, periodicamente, a revisão dos quadros a que se refere o § 1º deste artigo.

Art. 82. Quando o empregador fornecer, *in natura*, uma ou mais das parcelas do salário mínimo, o salário em dinheiro será determinado pela fórmula Sd = Sm – P, em que Sd representa o salário em dinheiro, Sm o salário mínimo e P a soma dos valores daquelas parcelas.

→ v. Art. 458 da CLT.

Parágrafo único. O salário mínimo pago em dinheiro não será inferior a 30% (trinta por cento) do salário mínimo.

→ v. Súmula 258 do TST.

Art. 83. É devido o salário mínimo ao trabalhador em domicílio, considerado este como o executado na habitação do empregado ou em oficina de família, por conta de empregador que o remunere.

→ v. Art. 6º da CLT.

Seção II
Das Regiões, Zonas e Subzonas

→ v. Art. 7º, IV, da CF/1988 que dispõe que "salário mínimo, fixado em lei, nacionalmente unificado, capaz de atender a suas necessidades vitais básicas e às de sua família com moradia, alimentação, educação, saúde, lazer, vestuário, higiene, transporte e previdência social, com reajustes periódicos que lhe preservem o poder aquisitivo, sendo vedada sua vinculação para qualquer fim."

→ v. Art. 23 da Lei 4.589/1964 que determina que "São revogados os artigos da Consolidação das Leis do Trabalho referentes às Comissões de Salário mínimo, passando as respectivas atribuições ao D. N. E. S. e às D. R.T. na forma da presente Lei."

Art. 84. Para efeito da aplicação do salário mínimo, será o país dividido em 22 regiões, correspondentes aos Estados, Distrito Federal e Território do Acre.

Parágrafo único. Em cada região, funcionará uma Comissão de Salário Mínimo, com sede na capital do Estado, no Distrito Federal e na sede do governo do Território do Acre.

→ v. Art. 7º, IV, da CF/1988.

→ v. Art. 23 da Lei 4.589/1964.

Art. 85. *(Revogado pela Lei 4.589/1964).*

Art. 86. Sempre que, em uma região ou zona, se verifiquem diferenças de padrão de vida, determinadas por circunstâncias econômicas de caráter urbano, suburbano, rural ou marítimo, poderá o Ministro do Trabalho, Indústria e Comércio, mediante proposta da respectiva Comissão de Salário Mínimo e ouvido o Serviço de Estatística da Previdência e Trabalho, autorizá-la a subdividir a região ou zona, de acordo com tais circunstâncias.

§ 1º Deverá ser efetuado, também em sua totalidade, e no ato da entrega da declaração, o pagamento do imposto devido, quando se verificar a hipótese do art. 52.

→ Anterior parágrafo único renumerado para § 1º pela Lei 5.381/1968.

§ 2º Enquanto não se verificarem as circunstâncias mencionadas neste artigo, vigorará nos municípios que se criarem o salário mínimo fixado para os municípios de que tenham sido desmembrados.

→ § 2º acrescentado pela Lei 5.381/1968.

§ 3º No caso de novos municípios formados pelo desmembramento de mais de um município, vigorará neles, até que se verifiquem as referidas circunstâncias, o maior salário mínimo estabelecido para os municípios que lhes deram origem.

→ § 3º acrescentado pela Lei 5.381/1968.

→ v. Art. 7º, IV, da CF/1988.

→ v. Art. 23 da Lei 4.589/1964.

Seção III
Da constituição das comissões

Arts. 87 a 100. *(Revogados pela Lei 4.589/1964).*

Seção IV
Das atribuições das comissões de salário mínimo

Arts. 101 a 111. *(Revogados pela Lei 4.589/1964).*

Seção V
Da fixação do salário mínimo

Arts. 112 a 115. *(Revogados pela Lei 4.589/1964).*

Art. 116. O decreto fixando o salário mínimo, decorridos 60 (sessenta) dias de sua publicação no Diário Oficial, obrigará a todos que utilizem o trabalho de outrem mediante remuneração.

→ *v.* Súmula 203 do STF.

→ *v.* art. 7º, IV, da CF/1988.

→ *v.* Art. 23 da Lei 4.589/1964.

§ 1º O salário mínimo, uma vez fixado, vigorará pelo prazo de 3 (três) anos, podendo ser modificado ou confirmado por novo período de 3 (três) anos, e assim seguidamente, por decisão da respectiva Comissão de Salário Mínimo, aprovada pelo Ministro do Trabalho, Indústria e Comércio.

§ 2º Excepcionalmente, poderá o salário mínimo ser modificado, antes de decorridos 3 (três) anos de sua vigência, sempre que a respectiva Comissão de Salário Mínimo, pelo voto de 3/4 (três quartos) de seus componentes, reconhecer que fatores de ordem econômica tenham alterado de maneira profunda a situação econômica e financeira da região interessada.

Seção VI
Disposições gerais

Art. 117. Será nulo de pleno direito, sujeitando o empregador às sanções do art. 120, qualquer contrato ou convenção que estipule remuneração inferior ao salário mínimo.

→ *v.* Art. 8º, VI, da CF/1988.

→ *v.* Art. 9º da CLT.

Art. 118. O trabalhador a quem for pago salário inferior ao mínimo terá direito, não obstante qualquer contrato, ou convenção em contrário, a reclamar do empregador o complemento de seu salário mínimo.

Art. 119. Prescreve em 2 (dois) anos a ação para reaver a diferença, contados, para cada pagamento, da data em que o mesmo tenha sido efetuado.

→ *v.* Art. 7º, XXIX, CF/1988.

→ *v.* Art. 11 da CLT.

Art. 120. Aquele que infringir qualquer dispositivo concernente ao salário mínimo será passível de multa de 50 (cinquenta) a 2.000 (dois mil) cruzeiros, elevada ao dobro na reincidência.

→ *v.* Portaria do MTb 290/1997 – Aprova normas para a imposição de multas administrativas previstas na legislação trabalhista.

Art. 121. *(Revogado pelo Dec.-lei 229/1967).*

Art. 122. *(Revogado pela Lei 4.589/1964).*

Art. 123. *(Revogado pela Lei 4.589/1964).*

Art. 124. A aplicação dos preceitos deste Capítulo não poderá, em caso algum, ser causa determinante da redução do salário.

→ *v.* Art. 7º, IV, da CF/1988.

Art. 125. *(Revogado pela Lei 4.589/1964).*

Art. 126. O Ministro do Trabalho, Indústria e Comércio expedirá as instruções necessárias à fiscalização do salário mínimo, podendo cometer essa fiscalização a qualquer dos órgãos componentes do respectivo Ministério, e, bem assim, aos fiscais dos Institutos de Aposentadoria e Pensões, na forma da legislação em vigor.

→ *v.* Art. 35, I e II, do Dec.-lei 229/1967.

Art. 127. *(Revogado pelo Dec.-lei 229/1967).*

Art. 128. *(Revogado pelo Dec.-lei 229/1967).*

Capítulo IV
DAS FÉRIAS ANUAIS

→ Capítulo IV com redação alterada pelo Dec.-lei 1.535/1977.

→ *v.* Súmula 198 do STF.

→ *v.* Súmula 7, 46, 81, 89 e 328 do TST.

→ *v.* OJ SDI-I 386 do TST.

→ *v.* Arts. 137, 139, 143 e 145 da CLT.

Seção I
Do direito a férias e da sua duração

Art. 129. Todo empregado terá direito anualmente ao gozo de um período de férias, sem prejuízo da remuneração.

→ Artigo com redação alterada pelo Dec.-lei 1.535/1977.

→ *v.* Súmula 198 do STF.

→ *v.* Súmula 7 do TST.

→ *v.* Art. 7º, XVII, da CF/1988.

Art. 130. Após cada período de 12 (doze) meses de vigência do contrato de trabalho, o empregado terá direito a férias, na seguinte proporção:

→ Artigo com redação alterada pelo Dec.-lei 1.535/1977.

→ *v.* Súmula 198 do STF.

I – 30 (trinta) dias corridos, quando não houver faltado ao serviço mais de cinco vezes;

II – 24 (vinte e quatro) dias corridos, quando houver tido de 6 (seis) a 14 (quatorze) faltas;

III – 18 (dezoito) dias corridos, quando houver tido de 15 (quinze) a 23 (vinte e três) faltas;

IV – 12 (doze) dias corridos, quando houver tido de 24 (vinte e quatro) a 32 (trinta e duas) faltas.

§ 1º É vedado descontar, do período de férias, as faltas do empregado ao serviço.

→ *v.* Súmula 198 do STF.

§ 2º O período de férias será computado, para todos os efeitos, como tempo de serviço.

Art. 130-A. Na modalidade do regime de tempo parcial, após cada período de 12 (doze) meses de vigência do contrato de trabalho, o empregado terá direito a férias, na seguinte proporção:

→ Artigo acrescentado pela MP 2.164-41/2001.

I – 18 (dezoito) dias, para a duração do trabalho semanal superior a 22 (vinte e duas) horas, até 25 (vinte e cinco) horas;

II – 16 (dezesseis) dias, para a duração do trabalho semanal superior a 20 (vinte) horas, até 22 (vinte e duas) horas;

III – 14 (quatorze) dias, para a duração do trabalho semanal superior a 15 (quinze) horas, até 20 (vinte) horas;

IV –12 (doze) dias, para a duração do trabalho semanal superior a 10 (dez) horas, até 15 (quinze) horas;

V – 10 (dez) dias, para a duração do trabalho semanal superior a 5 (cinco) horas, até 10 (dez) horas;

VI – 8 (oito) dias, para a duração do trabalho semanal igual ou inferior a 5 (cinco) horas.

Parágrafo único. O empregado contratado sob o regime de tempo parcial que tiver mais de 7 (sete) faltas injustificadas ao longo do período aquisitivo terá o seu período de férias reduzido à metade.

Art. 131. Não será considerada falta ao serviço, para os efeitos do artigo anterior, a ausência do empregado:

→ *Caput* com redação alterada pelo Dec.-lei 1.535/1977.

I – nos casos referidos no art. 473;

→ Inciso I com redação alterada pelo Dec.-lei 1.535/1977.

II – durante o licenciamento compulsório da empregada por motivo de maternidade ou aborto, observados os requisitos para percepção do salário-maternidade custeado pela Previdência Social;

→ Inciso II com redação alterada pela Lei 8.921/1994.

III – por motivo de acidente do trabalho ou enfermidade atestada pelo Instituto Nacional do Seguro Social – INSS, excetuada a hipótese do inciso IV do art. 133;

→ Inciso III com redação alterada pela Lei 8.726/1993.

→ *v.* Súmulas 35 e 198 do STF.

IV – justificada pela empresa, entendendo-se como tal a que não tiver determinado o desconto do correspondente salário;

→ Inciso IV com redação alterada pelo Dec.-lei 1.535/1977.

V – durante a suspensão preventiva para responder a inquérito administrativo ou de prisão preventiva, quando for impronunciado ou absolvido; e

→ Inciso V com redação alterada pelo Dec.-lei 1.535/1977.

VI – nos dias em que não tenha havido serviço, salvo na hipótese do inciso III do art. 133.

→ Inciso VI com redação alterada pelo Dec.-lei 1.535/1977.

→ *v.* Art. 473 da CLT.

Art. 132. O tempo de trabalho anterior à apresentação do empregado para serviço militar obrigatório será computado no período aquisitivo, desde que ele compareça ao estabelecimento dentro de 90 (noventa) dias da data em que se verificar a respectiva baixa.

→ Artigo com redação alterada pelo Dec.-lei 1.535/1977.

→ *v.* Súmulas 198 e 463 do STF.

→ *v.* Art. 472, § 1º da CLT.

Art. 133. Não terá direito a férias o empregado que, no curso do período aquisitivo:

→ *Caput* com redação alterada pelo Dec.-lei 1.535/1977.

I – deixar o emprego e não for readmitido dentro dos 60 (sessenta) dias subsequentes à sua saída;

→ Inciso I com redação alterada pelo Dec.-lei 1.535/1977.

II – permanecer em gozo de licença, com percepção de salários, por mais de 30 (trinta) dias;

→ Inciso II com redação alterada pelo Dec.-lei 1.535/1977.

III – deixar de trabalhar, com percepção do salário, por mais de 30 (trinta) dias, em virtude de paralisação parcial ou total dos serviços da empresa; e

→ Inciso III com redação alterada pelo Dec.-lei 1.535/1977.

IV – tiver percebido da Previdência Social prestações de acidente de trabalho ou de auxílio-doença por mais de 6 (seis) meses, embora descontínuos.

→ Inciso IV com redação alterada pelo Dec.-lei 1.535/1977.

→ *v.* Súmula 314 do STF.

§ 1º A interrupção da prestação de serviços deverá ser anotada na Carteira de Trabalho e Previdência Social.

→ § 1º com redação alterada pelo Dec.-lei 1.535/1977.

§ 2º Iniciar-se-á o decurso de novo período aquisitivo quando o empregado, após o implemento de qualquer das condições previstas neste artigo, retornar ao serviço.

→ § 2º com redação alterada pelo Dec.-lei 1.535/1977.

§ 3º Para os fins previstos no inciso III deste artigo a empresa comunicará ao órgão local do Ministério do Trabalho, com antecedência mínima de 15 (quinze) dias, as datas de início e fim da paralisação total ou parcial dos serviços da empresa, e, em igual prazo, comunicará, nos mesmos termos, ao sindicato representativo da categoria profissional, bem como afixará aviso nos respectivos locais de trabalho.

→ § 3º acrescentado pela Lei 9.016/1995.

§ 4º *(Vetado).*

→ § 4º acrescentado pela Lei 9.016/1995.

Seção II
Da concessão e da época das férias

→ Rubrica da Seção II com redação alterada pelo Dec.-lei 1.535/1977.

→ *v.* Súmula 198 do STF.

Art. 134. As férias serão concedidas por ato do empregador, em um só período, nos 12 (doze) meses subsequentes à data em o que empregado tiver adquirido o direito.

→ Artigo com redação alterada pelo Dec.-lei 1.535/1977.

§ 1º Somente em casos excepcionais serão as férias concedidas em dois períodos, um dos quais não poderá ser inferior a 10 (dez) dias corridos.

§ 2º Aos menores de 18 (dezoito) anos e aos maiores de 50 (cinquenta) anos de idade, as férias serão sempre concedidas de uma só vez.

→ *v.* Súmula 198 do STF.

Art. 135. A concessão das férias será participada, por escrito, ao empregado, com antecedência de, no mínimo, 30 (trinta) dias. Dessa participação o interessado dará recibo.

→ *Caput* com redação alterada pela Lei 7.414/1985.

§ 1º O empregado não poderá entrar no gozo das férias sem que apresente ao empregador sua Carteira de Trabalho e Previdência Social, para que nela seja anotada a respectiva concessão.

→ § 1º com redação alterada pelo Dec.-lei 1.535/1977.

§ 2º A concessão das férias será, igualmente, anotada no livro ou nas fichas de registro dos empregados.

→ § 2º com redação alterada pelo Dec.-lei 1.535/1977.

Art. 136. A época da concessão das férias será a que melhor consulte os interesses do empregador.

→ Artigo com redação alterada pelo Dec.-lei 1.535/1977.

§ 1º Os membros de uma família, que trabalharem no mesmo estabelecimento ou empresa, terão direito a gozar férias no mesmo período, se assim o desejarem e se disto não resultar prejuízo para o serviço.

§ 2º O empregado estudante, menor de 18 (dezoito) anos, terá direito a fazer coincidir suas férias com as férias escolares.

Art. 137. Sempre que as férias forem concedidas após o prazo de que trata o art. 134, o empregador pagará em dobro a respectiva remuneração.

→ Artigo com redação alterada pelo Dec.-lei 1.535/1977.

→ *v.* Súmula 7 do TST.

§ 1º Vencido o mencionado prazo sem que o empregador tenha concedido as férias, o empregado poderá ajuizar reclamação pedindo a fixação, por sentença, da época de gozo das mesmas.

§ 2º A sentença cominará pena diária de 5% (cinco por cento) do salário mínimo, devida ao empregado até que seja cumprida.

§ 3º Cópia da decisão judicial transitada em julgado será remetida ao órgão local do Ministério do Trabalho, para fins de aplicação da multa de caráter administrativo.

Art. 138. Durante as férias, o empregado não poderá prestar serviços a outro empregador, salvo se estiver obrigado a fazê-lo em virtude de contrato de trabalho regularmente mantido com aquele.

→ Artigo com redação alterada pelo Dec.-lei 1.535/1977.

Seção III
Das férias coletivas

→ Rubrica da Seção III com redação alterada pelo Dec.-lei 1.535/1977.

Art. 139. Poderão ser concedidas férias coletivas a todos os empregados de uma empresa ou de determinados estabelecimentos ou setores da empresa.

→ Artigo com redação alterada pelo Dec.-lei 1.535/1977.

§ 1º As férias poderão ser gozadas em dois períodos anuais desde que nenhum deles seja inferior a 10 (dez) dias corridos.

§ 2º Para os fins previstos neste artigo, o empregador comunicará ao órgão local do Ministério do Trabalho, com a antecedência mínima de 15 (quinze) dias, as datas de início e fim das férias, precisando quais os estabelecimentos ou setores abrangidos pela medida.

§ 3º Em igual prazo, o empregador enviará cópia da aludida comunicação aos sindicatos representativos da respectiva categoria profissional, e providenciará a afixação de aviso nos locais de trabalho.

Art. 140. Os empregados contratados há menos de 12 (doze) meses gozarão, na oportunidade, férias proporcionais, iniciando-se, então, novo período aquisitivo.

→ Artigo com redação alterada pelo Dec.-lei 1.535/1977.

→ *v.* Súmula 199 do STF.

→ *v.* Súmula 261 do TST.

Art. 141. Quando o número de empregados contemplados com as férias coletivas for superior a trezentos, a empresa poderá promover, mediante carimbo, as anotações de que trata o art. 135, § 1º.

→ Artigo com redação alterada pelo Dec.-lei 1.535/1977.

§ 1º O carimbo, cujo modelo será aprovado pelo Ministério do Trabalho, dispensará a referência ao período aquisitivo a que correspondem, para cada empregado, as férias concedidas.

§ 2º Adotado o procedimento indicado neste artigo, caberá à empresa fornecer ao empregado cópia visada do recibo correspondente à quitação mencionada no parágrafo único do art. 145.

§ 3º Quando da cessação do contrato de trabalho, o empregador anotará na Carteira de Trabalho e Previdência Social as datas dos períodos aquisitivos correspondentes às férias coletivas gozadas pelo empregado.

Seção IV
Da remuneração e do abono de férias

→ Rubrica da Seção IV com redação alterada pelo Dec.-lei 1.535/1977.

Art. 142. O empregado perceberá, durante as férias, a remuneração que lhe for devida na data da sua concessão.

→ Artigo com redação alterada pelo Dec.-lei 1.535/1977.

→ *v.* Art. 7º, XVII, da CF/1988.

§ 1º Quando o salário for pago por hora com jornadas variáveis, apurar-se-á a média do período aquisitivo, aplicando-se o valor do salário na data da concessão das férias.

§ 2º Quando o salário for pago por tarefa, tomar-se-á por base a média da produção no período aquisitivo do direito a férias, aplicando-se o valor da remuneração da tarefa na data da concessão das férias.

§ 3º Quando o salário for pago por percentagem, comissão ou viagem, apurar-se-á a média percebida pelo empregado nos 12 (doze) meses que precederem à concessão das férias.

§ 4º A parte do salário paga em utilidades será computada de acordo com a anotação na Carteira de Trabalho e Previdência Social.

§ 5º Os adicionais por trabalho extraordinário, noturno, insalubre ou perigoso serão computados no salário que servirá de base ao cálculo da remuneração das férias.

§ 6º Se, no momento das férias, o empregado não estiver percebendo o mesmo adicional do período aquisitivo, ou quando o valor deste não tiver sido uniforme, será computada a média duodecimal recebida naquele período, após a atualização das importâncias pagas, mediante incidência dos percentuais dos reajustamentos salariais supervenientes.

→ *v.* Súmula 328 do TST.

Art. 143. É facultado ao empregado converter 1/3 (um terço) do período de férias a que tiver direito em abono pecuniário, no valor da remuneração que lhe seria devida nos dias correspondentes.

→ *Caput* com redação alterada pelo Dec.-lei 1.535/1977.

§ 1º O abono de férias deverá ser requerido até 15 (quinze) dias antes do término do período aquisitivo.

→ § 1º com redação alterada pelo Dec.-lei 1.535/1977.

§ 2º Tratando-se de férias coletivas, a conversão a que se refere este artigo deverá ser objeto de acordo coletivo entre o empregador e o sindicato representativo da respectiva categoria profissional, independendo de requerimento individual a concessão do abono.

→ § 2º com redação alterada pelo Dec.-lei 1.535/1977.

§ 3º O disposto neste artigo não se aplica aos empregados sob o regime de tempo parcial.

→ § 3º acrescentado pela MP 2.164-41/2001.

Art. 144. O abono de férias de que trata o artigo anterior, bem como o concedido em virtude de cláusula do contrato de trabalho, do regulamento da empresa, de convenção ou acordo coletivo, desde que não excedente de 20 (vinte) dias do salário, não integrarão a remuneração do empregado para os efeitos da legislação do trabalho.

→ Artigo com redação alterada pela Lei 9.528/1997.

Art. 145. O pagamento da remuneração das férias e, se for o caso, o do abono referido no art. 143 serão efetuados até 2 (dois) dias antes do início do respectivo período.

→ Artigo com redação alterada pelo Dec.-lei 1.535/1977.

Parágrafo único. O empregado dará quitação do pagamento, com indicação do início e do termo das férias.

Seção V
Dos efeitos da cessação do contrato de trabalho

→ Rubrica da Seção V com redação alterada pelo Dec.-lei 1.535/1977.

Art. 146. Na cessação do contrato de trabalho, qualquer que seja a sua causa, será devida ao empregado a remuneração simples ou em dobro, conforme o caso, correspondente ao período de férias cujo direito tenha adquirido.

→ Artigo com redação alterada pelo Dec.-lei 1.535/1977.

Parágrafo único. Na cessação do contrato de trabalho, após 12 (doze) meses de serviço, o empregado, desde que não haja sido demitido por justa causa, terá direito à remuneração relativa ao período incompleto de férias, de acordo com o art. 130, na proporção de 1/12 (um doze avos) por mês de serviço ou fração superior a 14 (quatorze) dias.

→ *v.* Súmula 386 do STJ.

Art. 147. O empregado que for despedido sem justa causa, ou cujo contrato de trabalho se extinguir em prazo predeterminado, antes de completar 12 (doze) meses de serviço, terá direito à remuneração relativa ao período incompleto de férias, de conformidade com o disposto no artigo anterior.

→ Artigo com redação alterada pelo Dec.-lei 1.535/1977.

→ *v.* Súmula 261 do TST.

Art. 148. A remuneração das férias, ainda quando devida após a cessação do contrato de trabalho, terá natureza salarial, para os efeitos do art. 449.

→ Artigo com redação alterada pelo Dec.-lei 1.535/1977.

→ *v.* Art. 449 da CLT.

→ *v.* Arts. 83 e 151 da Lei 11.101/2005.

Seção VI
Do início da prescrição

→ Rubrica da Seção VI com redação alterada pelo Dec.-lei 1.535/1977.

→ *v.* Súmula 308 do TST.

→ *v.* Art. 11 da CLT.

Art. 149. A prescrição do direito de reclamar a concessão das férias ou o pagamento da respectiva remuneração é contada do término do prazo mencionado no art. 134 ou, se for o caso, da cessação do contrato de trabalho.

→ Artigo com redação alterada pelo Dec.-lei 1.535/1977.

→ *v.* Art. 7º, XXIX, da CF/1988.

Seção VII
Disposições especiais

→ Seção VII acrescentado pelo Dec.-lei 1.535/1977.

→ *v.* Súmula 531 do STF.

Art. 150. O tripulante que, por determinação do armador, for transferido para o serviço de outro, terá computado, para o efeito de gozo de férias, o tempo de serviço prestado ao primeiro, ficando obrigado a concedê-las o armador em cujo serviço ele se encontra na época de gozá-las.

→ Artigo com redação alterada pelo Dec.-lei 1.535/1977.

§ 1º As férias poderão ser concedidas, a pedido dos interessados e com aquiescência do armador, parceladamente, nos portos de escala de grande estadia do navio, aos tripulantes ali residentes.

§ 2º Será considerada grande estadia a permanência no porto por prazo excedente de 6 (seis) dias.

§ 3º Os embarcadiços, para gozarem férias nas condições deste artigo, deverão pedi-las, por escrito, ao armador, antes do início da viagem, no porto de registro ou armação.

§ 4º O tripulante, ao terminar as férias, apresentar-se-á ao armador, que deverá designá-lo para qualquer de suas embarcações ou o adir a algum dos seus serviços terrestres, respeitadas a condição pessoal e a remuneração.

§ 5º Em caso de necessidade, determinada pelo interesse público, e comprovada pela autoridade competente, poderá o armador ordenar a suspensão das férias já iniciadas ou a iniciar-se, ressalvado ao tripulante o direito ao respectivo gozo posteriormente.

§ 6º O Delegado do Trabalho Marítimo poderá autorizar a acumulação de dois períodos de férias do marítimo, mediante requerimento justificado:

I – do sindicato, quando se tratar de sindicalizado; e

II – da empresa, quando o empregado não for sindicalizado.

→ *v.* Lei 7.731/1989 – Extinguiu o cargo de Delegado do Trabalho Marítimo.

Art. 151. Enquanto não se criar um tipo especial de caderneta profissional para os marítimos, as férias serão anotadas pela Capitania do Porto na caderneta-matrícula do tripulante, na página das observações.

→ Artigo com redação alterada pelo Dec.-lei 1.535/1977.

Art. 152. A remuneração do tripulante, no gozo de férias, será acrescida da importância correspondente à etapa que estiver vencendo.

→ Artigo com redação alterada pelo Dec.-lei 1.535/1977.

Seção VIII
Das penalidades

→ Seção VIII acrescentado pelo Dec.-lei 1.535/1977.

Art. 153. As infrações ao disposto neste Capítulo serão punidas com multas de valor igual a 160 (cento e sessenta) BTN por empregado em situação irregular.

→ Artigo com redação alterada pela Lei 7.855/1989.

→ *v.* Lei 8.383/1991 – Instituiu a Unidade Fiscal de Referência (Ufir).

→ *v.* Art. 3º, I, da Lei 8.177/1991.

→ *v.* Portaria do MTb 290/1997 – Aprova normas para a imposição de multas administrativas previstas na legislação trabalhista.

Parágrafo único. Em caso de reincidência, embaraço ou resistência à fiscalização, emprego de artifício ou simulação com o objetivo de fraudar a lei, a multa será aplicada em dobro.

Capítulo V
DA SEGURANÇA E DA MEDICINA DO TRABALHO

→ Capítulo V com redação alterada pela Lei 6.514/1977.

Seção I
Disposições gerais

→ *v.* Súmula 289 do TST.

→ *v.* NR-1 – Disposições gerais.

Art. 154. A observância, em todos os locais de trabalho, do disposto neste Capítulo, não desobriga as empresas do cumprimento de outras disposições que, com relação à matéria, sejam incluídas em códigos de obras ou regulamentos sanitários dos Estados ou Municípios em que se situem os respectivos estabelecimentos, bem como daquelas oriundas de convenções coletivas de trabalho.

→ Artigo com redação alterada pela Lei 6.514/1977.

→ *v.* Súmula 460 do STF.

Art. 155. Incumbe ao órgão de âmbito nacional competente em matéria de segurança e medicina do trabalho:

→ Artigo com redação alterada pela Lei 6.514/1977.

I – estabelecer, nos limites de sua competência, normas sobre a aplicação dos preceitos deste Capítulo, especialmente os referidos no art. 200;

II – coordenar, orientar, controlar e supervisionar a fiscalização e as demais atividades relacionadas com a segurança e a medicina do trabalho em todo o território nacional, inclusive a Campanha Nacional de Prevenção de Acidentes do Trabalho;

III – conhecer, em última instância, dos recursos, voluntários ou de ofício, das decisões proferidas pelos Delegados Regionais do Trabalho e Emprego, em matéria de segurança e medicina do trabalho.

Art. 156. Compete especialmente às Delegacias Regionais do Trabalho e Emprego, nos limites de sua jurisdição:

→ Artigo com redação alterada pela Lei 6.514/1977.

I – promover a fiscalização do cumprimento das normas de segurança e medicina do trabalho;

II – adotar as medidas que se tornem exigíveis, em virtude das disposições deste Capítulo, determinando as obras e reparos que, em qualquer local de trabalho, se façam necessárias;

III – impor as penalidades cabíveis por descumprimento das normas constantes deste Capítulo, nos termos do art. 201.

Art. 157. Cabe às empresas:

→ Artigo com redação alterada pela Lei 6.514/1977.

I – cumprir e fazer cumprir as normas de segurança e medicina do trabalho;

II – instruir os empregados, através de ordens de serviço, quanto às precauções a tomar no sentido de evitar acidentes do trabalho ou doenças ocupacionais;

→ *v.* Súmula 35 do STF.

III – adotar as medidas que lhes sejam determinadas pelo órgão regional competente;

IV – facilitar o exercício da fiscalização pela autoridade competente.

Art. 158. Cabe aos empregados:

→ Artigo com redação alterada pela Lei 6.514/1977.

I – observar as normas de segurança e medicina do trabalho, inclusive as instruções de que trata o item II do artigo anterior;

II – colaborar com a empresa na aplicação dos dispositivos deste Capítulo.

Parágrafo único. Constitui ato faltoso do empregado a recusa injustificada:

a) à observância das instruções expedidas pelo empregador na forma do item II do artigo anterior;

b) ao uso dos equipamentos de proteção individual fornecidos pela empresa.

→ *V.* Art. 482 da CLT.

Art. 159. Mediante convênio autorizado pelo Ministro do Trabalho, poderão ser delegadas a outros órgãos federais, estaduais ou municipais atribuições de fiscalização ou orientação às empresas quanto ao cumprimento das disposições constantes deste Capítulo.

→ Artigo com redação alterada pela Lei 6.514/1977.

Seção II
Da inspeção prévia e do embargo ou interdição

→ Rubrica da Seção II com redação alterada pela Lei 6.514/1977.

→ *V.* NR-2 – Inspeção Prévia.

→ *V.* NR-3 – Embargo e Interdição.

Art. 160. Nenhum estabelecimento poderá iniciar suas atividades sem prévia inspeção e aprovação das respectivas instalações pela autoridade regional competente em matéria de segurança e medicina do trabalho.

→ Artigo com redação alterada pela Lei 6.514/1977.

§ 1º Nova inspeção deverá ser feita quando ocorrer modificação substancial nas instalações, inclusive equipamentos, que a empresa fica obrigada a comunicar, prontamente, à Delegacia Regional do Trabalho.

§ 2º É facultado às empresas solicitar prévia aprovação, pela Delegacia Regional do Trabalho, dos projetos de construção e respectivas instalações.

Art. 161. O Delegado Regional do Trabalho, à vista do laudo técnico do serviço competente que demonstre grave e iminente risco para o trabalhador, poderá interditar estabelecimento, setor de serviço, máquina ou equipamento, ou embargar obra, indicando na decisão, tomada com a brevidade que a ocorrência exigir, as providências que deverão ser adotadas para prevenção de infortúnios de trabalho.

→ Artigo com redação alterada pela Lei 6.514/1977.

→ *V.* Art. 4º da CLT.

§ 1º As autoridades federais, estaduais e municipais darão imediato apoio às medidas determinadas pelo Delegado Regional do Trabalho.

§ 2º A interdição ou embargo poderão ser requeridos pelo serviço competente da Delegacia Regional do Trabalho e, ainda, por agente da inspeção do trabalho ou por entidade sindical.

§ 3º Da decisão do Delegado Regional do Trabalho poderão os interessados recorrer, no prazo de 10 (dez) dias, para o órgão de âmbito nacional competente em matéria de segurança e medicina do trabalho, ao qual será facultado dar efeito suspensivo ao recurso.

§ 4º Responderá por desobediência, além das medidas penais cabíveis, quem, após determinada a interdição ou embargo, ordenar ou permitir o funcionamento do estabelecimento ou de um dos seus setores, a utilização de máquina ou equipamento, ou o prosseguimento de obra, se, em consequência, resultarem danos a terceiros.

§ 5º O Delegado Regional do Trabalho, independente de recurso, e após laudo técnico do serviço competente, poderá levantar a interdição.

§ 6º Durante a paralisação dos serviços, em decorrência da interdição ou embargo, os empregados receberão os salários como se estivessem em efetivo exercício.

Seção III
Dos órgãos de segurança e de medicina do trabalho nas empresas

→ Rubrica da Seção III com redação alterada pela Lei 6.514/1977.

→ *V.* Súmulas 35 e 314 do STF.

→ *V.* NR-4 – Serviço Especializado em Segurança e Medicina do Trabalho.

→ *V.* NR-5 – Comissão Interna de Prevenção de Acidentes.

Art. 162. As empresas, de acordo com normas a serem expedidas pelo Ministério do Trabalho, estarão obrigadas a manter serviços especializados em segurança e em medicina do trabalho.

→ Artigo com redação alterada pela Lei 6.514/1977.

Parágrafo único. As normas a que se refere este artigo estabelecerão:

a) a classificação das empresas segundo o número de empregados e a natureza do risco de suas atividades;

b) o número mínimo de profissionais especializados exigido de cada empresa, segundo o grupo em que se classifique, na forma da alínea anterior;

c) a qualificação exigida para os profissionais em questão e o seu regime de trabalho;

d) as demais características e atribuições dos serviços especializados em segurança e em medicina do trabalho, nas empresas.

Art. 163. Será obrigatória a constituição de Comissão Interna de Prevenção de Acidentes (CIPA), de conformidade com instruções expedidas pelo Ministério do Trabalho, nos estabelecimentos ou locais de obra nelas especificadas.

→ Artigo com redação alterada pela Lei 6.514/1977.

Parágrafo único. O Ministério do Trabalho regulamentará as atribuições, a composição e o funcionamento das CIPAs.

Art. 164. Cada CIPA será composta de representantes da empresa e dos empregados, de acordo com os critérios que vierem a ser adotados na regulamentação de que trata o parágrafo único do artigo anterior.

→ Artigo com redação alterada pela Lei 6.514/1977.

§ 1º Os representantes dos empregadores, titulares e suplentes, serão por eles designados.

→ *V.* Súmula 676 do STF.

§ 2º Os representantes dos empregados, titulares e suplentes, serão eleitos em escrutínio secreto, do qual participem, independentemente de filiação sindical, exclusivamente os empregados interessados.

§ 3º O mandato dos membros eleitos da CIPA terá a duração de 1 (um) ano, permitida uma reeleição.

§ 4º O disposto no parágrafo anterior não se aplicará ao membro suplente que, durante o seu mandato, tenha participado de menos da metade do número de reuniões da CIPA.

§ 5º O empregador designará, anualmente, dentre os seus representantes, o Presidente da CIPA e os empregados elegerão, dentre eles, o Vice-Presidente.

Art. 165. Os titulares da representação dos empregados nas CIPAs não poderão sofrer despedida arbitrária, entendendo-se como tal a que não se fundar em motivo disciplinar, técnico, econômico ou financeiro.

→ Artigo com redação alterada pela Lei 6.514/1977.

→ *V.* Súmula 676 do STF.

→ *V.* Súmula 339 do TST.

→ *V.* Art. 10, II, *a*, do ADCT.

Parágrafo único. Ocorrendo a despedida, caberá ao empregador, em caso de reclamação à Justiça do Trabalho, comprovar a existência de qualquer dos motivos mencionados neste artigo, sob pena de ser condenado a reintegrar o empregado.

Seção IV
Do equipamento de proteção individual

→ Rubrica da Seção IV com redação alterada pela Lei 6.514/1977.

→ *V.* Súmulas 80 e 289 do TST.

→ *V.* NR-6 – Equipamentos de Proteção Individual.

Art. 166. A empresa é obrigada a fornecer aos empregados, gratuitamente, equipamento de proteção individual adequado ao risco e em perfeito estado de conservação e funcionamento, sempre que as medidas de ordem geral não ofereçam completa proteção contra os riscos de acidentes e danos à saúde dos empregados.

→ Artigo com redação alterada pela Lei 6.514/1977.

Art. 167. O equipamento de proteção só poderá ser posto à venda ou utilizado com a indicação do Certificado de Aprovação do Ministério do Trabalho.

→ Artigo com redação alterada pela Lei 6.514/1977.

→ *V.* Portaria da SIT/DSST – 125/2009 – Processo administrativo para suspensão e cancelamento de Certificado de Aprovação de Equipamento de Proteção Individual.

→ *V.* Portaria da SIT/DSST – 126/2009 – Procedimentos para o cadastro de empresas e para a emissão ou renovação do Certificado de Aprovação de Equipamento de Proteção Individual.

Seção V
Das medidas preventivas de medicina do trabalho

→ Rubrica da Seção V com redação alterada pela Lei 6.514/1977.

→ *V.* Art. 20 da Lei 8.213/1991.

Art. 168. Será obrigatório exame médico, por conta do empregador, nas condições estabelecidas neste artigo e nas instruções complementares a serem expedidas pelo Ministério do Trabalho:

→ *Caput* com redação alterada pela Lei 7.855/1989.

→ *V.* NR-7 – Exames Médicos.

I – na admissão;

→ Inciso I acrescentado pela Lei 7.855/1989.

II – na demissão;

→ Inciso II acrescentado pela Lei 7.855/1989.

III – periodicamente.

→ Inciso III acrescentado pela Lei 7.855/1989.

§ 1º O Ministério do Trabalho baixará instruções relativas aos casos em que serão exigíveis exames:

→ § 1º acrescentado pela Lei 7.855/1989.

a) por ocasião da demissão;

b) complementares.

§ 2º Outros exames complementares poderão ser exigidos, a critério médico, para apuração da capacidade ou aptidão física e mental do empregado para a função que deva exercer.

→ § 2º acrescentado pela Lei 7.855/1989.

§ 3º O Ministério do Trabalho estabelecerá, de acordo com o risco da atividade e o tempo de exposição, a periodicidade dos exames médicos.

→ § 3º acrescentado pela Lei 7.855/1989.

§ 4º O empregador manterá, no estabelecimento, o material necessário à prestação de primeiros socorros médicos, de acordo com o risco da atividade.

→ § 4º acrescentado pela Lei 7.855/1989.

§ 5º O resultado dos exames médicos, inclusive o exame complementar, será comunicado ao trabalhador, observados os preceitos da ética médica.

→ § 5º acrescentado pela Lei 7.855/1989.

§ 6º Serão exigidos exames toxicológicos, previamente à admissão e por ocasião do desligamento, quando se tratar de motorista profissional, assegurados o direito à contraprova em caso de resultado positivo e a confidencialidade dos resultados dos respectivos exames.

→ § 6º acrescentado pela Lei 13.103/2015.

§ 7º Para os fins do disposto no § 6º, será obrigatório exame toxicológico com janela de detecção mínima de 90 (noventa) dias, específico para substâncias psicoativas que causem dependência ou, comprovadamente, comprometam a capacidade de direção, podendo ser utilizado para essa finalidade o exame toxicológico previsto na Lei 9.503, de 23 de setembro de 1997 – Código de Trânsito Brasileiro, desde que realizado nos últimos 60 (sessenta) dias.

→ § 7º acrescentado pela Lei 13.103/2015.

Art. 169. Será obrigatória a notificação das doenças profissionais e das produzidas em virtude de condições especiais de trabalho, comprovadas ou objeto de suspeita, de conformidade com as instruções expedidas pelo Ministério do Trabalho.

→ Artigo com redação alterada pela Lei 6.514/1977.

Seção VI
Das edificações

→ Rubrica da Seção VI com redação alterada pela Lei 6.514/1977.

→ *v.* NR-8 – Edificações.

Art. 170. As edificações deverão obedecer aos requisitos técnicos que garantam perfeita segurança aos que nelas trabalhem.

→ Artigo com redação alterada pela Lei 6.514/1977.

Art. 171. Os locais de trabalho deverão ter, no mínimo, três metros de pé-direito, assim considerada a altura livre do piso ao teto.

→ Artigo com redação alterada pela Lei 6.514/1977.

Parágrafo único. Poderá ser reduzido esse mínimo desde que atendidas as condições de iluminação e conforto térmico compatíveis com a natureza do trabalho, sujeitando-se tal redução ao controle do órgão competente em matéria de segurança e medicina do trabalho.

Art. 172. Os pisos dos locais de trabalho não deverão apresentar saliências nem depressões que prejudiquem a circulação de pessoas ou a movimentação de materiais.

→ Artigo com redação alterada pela Lei 6.514/1977.

Art. 173. As aberturas nos pisos e paredes serão protegidas de forma que impeçam a queda de pessoas ou de objetos.

→ Artigo com redação alterada pela Lei 6.514/1977.

Art. 174. As paredes, escadas, rampas de acesso, passarelas, pisos, corredores, coberturas e passagens dos locais de trabalho deverão obedecer às condições de segurança e de saúde no trabalho estabelecidas pelo Ministério do Trabalho e manter-se em perfeito estado de conservação e limpeza.

→ Artigo com redação alterada pela Lei 6.514/1977.

Seção VII
Da iluminação

→ Rubrica da Seção VII com redação alterada pela Lei 6.514/1977.

Art. 175. Em todos os locais de trabalho deverá haver iluminação adequada, natural ou artificial, apropriada à natureza da atividade.

→ Artigo com redação alterada pela Lei 6.514/1977.

§ 1º A iluminação deverá ser uniformemente distribuída, geral e difusa, a fim de evitar ofuscamento, reflexos incômodos, sombras e contrastes excessivos.

§ 2º O Ministério do Trabalho estabelecerá os níveis mínimos de iluminamento a serem observados.

Seção VIII
Do conforto térmico

→ Rubrica da Seção VIII com redação alterada pela Lei 6.514/1977.

Art. 176. Os locais de trabalho deverão ter ventilação natural, compatível com o serviço realizado.

→ Artigo com redação alterada pela Lei 6.514/1977.

Parágrafo único. A ventilação artificial será obrigatória sempre que a natural não preencha as condições de conforto térmico.

Art. 177. Se as condições de ambiente se tornarem desconfortáveis, em virtude de instalações geradoras de frio ou de calor, será obrigatório o uso de vestimenta adequada para o trabalho em tais condições ou de capelas, anteparos, paredes duplas, isolamento térmico e recursos similares, de forma que os empregados fiquem protegidos contra as radiações térmicas.

→ Artigo com redação alterada pela Lei 6.514/1977.

Art. 178. As condições de conforto térmico dos locais de trabalho devem ser mantidas dentro dos limites fixados pelo Ministério do Trabalho.

→ Artigo com redação alterada pela Lei 6.514/1977.

Seção IX
Das instalações elétricas

→ Rubrica da Seção IX com redação alterada pela Lei 6.514/1977.

→ *v.* NR-10 – Instalações e serviços de eletricidade.

Art. 179. O Ministério do Trabalho disporá sobre as condições de segurança e as medidas especiais a serem observadas relativamente a instalações elétricas, em qualquer das fases de produção, transmissão, distribuição ou consumo de energia.

→ Artigo com redação alterada pela Lei 6.514/1977.

Art. 180. Somente profissional qualificado poderá instalar, operar, inspecionar ou reparar instalações elétricas.

→ Artigo com redação alterada pela Lei 6.514/1977.

Art. 181. Os que trabalharem em serviços de eletricidade ou instalações elétricas devem estar familiarizados com os métodos de socorro a acidentados por choque elétrico.

→ Artigo com redação alterada pela Lei 6.514/1977.

Seção X
Da movimentação, armazenagem e manuseio de materiais

→ Rubrica da Seção X com redação alterada pela Lei 6.514/1977.

→ *v.* NR-11 – Transporte, movimentação armazenagem e manuseio de materiais.

Art. 182. O Ministério do Trabalho estabelecerá normas sobre:

→ Artigo com redação alterada pela Lei 6.514/1977.

I – as precauções de segurança na movimentação de materiais nos locais de trabalho, os equipamentos a serem obrigatoriamente utilizados e as condições especiais a que estão sujeitas a operação e a manutenção desses equipamentos, inclusive exigências de pessoal habilitado;

II – as exigências similares relativas ao manuseio e à armazenagem de materiais, inclusive quanto às condições de segurança e higiene relativas aos recipientes e locais de armazenagem e os equipamentos de proteção individual;

III – a obrigatoriedade de indicação de carga máxima permitida nos equipamentos de transporte, dos avisos de proibição de fumar e de advertência quanto à natureza perigosa ou nociva à saúde das substâncias em movimentação ou em depósito, bem como das recomendações de primeiros socorros e de atendimento médico e símbolo de perigo, segundo padronização internacional, nos rótulos dos materiais ou substâncias armazenados ou transportados.

Parágrafo único. As disposições relativas ao transporte de materiais aplicam-se, também, no que couber, ao transporte de pessoas nos locais de trabalho.

Art. 183. As pessoas que trabalharem na movimentação de materiais deverão estar familiarizadas com os métodos racionais de levantamento de cargas.

→ Artigo com redação alterada pela Lei 6.514/1977.

Seção XI
Das máquinas e equipamentos

→ Rubrica da Seção XI com redação alterada pela Lei 6.514/1977.

→ *v.* NR-12 – Máquinas e equipamentos.

Art. 184. As máquinas e os equipamentos deverão ser dotados de dispositivos de partida e parada e outros que se fizerem necessários para a prevenção de acidentes do trabalho, especialmente quanto ao risco de acionamento acidental.

→ Artigo com redação alterada pela Lei 6.514/1977.

Parágrafo único. É proibida a fabricação, a importação, a venda, a locação e o uso de máquinas e equipamentos que não atendam ao disposto neste artigo.

Art. 185. Os reparos, limpeza e ajustes somente poderão ser executados com as máquinas paradas, salvo se o movimento for indispensável à realização do ajuste.

→ Artigo com redação alterada pela Lei 6.514/1977.

Art. 186. O Ministério do Trabalho estabelecerá normas adicionais sobre proteção e medidas de segurança na operação de máquinas e equipamentos, especialmente quanto à proteção das partes móveis, distância entre estas, vias de acesso às máquinas e equipamentos de grandes dimensões, emprego de ferramentas, sua adequação e medidas de proteção exigidas quando motorizadas ou elétricas.

→ Artigo com redação alterada pela Lei 6.514/1977.

Seção XII
Das caldeiras, fornos e recipientes sob pressão

→ Rubrica da Seção XII com redação alterada pela Lei 6.514/1977.

→ *v.* Súmula 194 do STF.

→ *v.* NR-13 – Caldeiras e vasos de pressão.

→ *v.* NR-14 – Fornos.

Art. 187. As caldeiras, equipamentos e recipientes em geral que operam sob pressão deverão dispor de válvulas e outros dispositivos de segurança, que evitem seja ultrapassada a pressão interna de trabalho compatível com a sua resistência.

→ Artigo com redação alterada pela Lei 6.514/1977.

Parágrafo único. O Ministério do Trabalho expedirá normas complementares quanto à segurança das caldeiras, fornos e recipientes sob pressão, especialmente quanto ao revestimento interno, à localização, à ventilação dos locais e outros meios de eliminação de gases ou vapores prejudiciais à saúde, e demais instalações ou equipamentos necessários à execução segura das tarefas de cada empregado.

Art. 188. As caldeiras serão periodicamente submetidas a inspeções de segurança, por engenheiro ou empresa especializada, inscritos no Ministério do Trabalho, de conformidade com as instruções que, para esse fim, forem expedidas.

→ Artigo com redação alterada pela Lei 6.514/1977.

§ 1º Toda caldeira será acompanhada de "Prontuário", com documentação original do fabricante, abrangendo, no mínimo: especificação técnica, desenhos, detalhes, provas e testes realizados durante a fabricação e a montagem, características funcionais e a pressão máxima de trabalho permitida (PMTP), esta última indicada, em local visível, na própria caldeira.

§ 2º O proprietário da caldeira deverá organizar, manter atualizado e apresentar, quando exigido pela autoridade competente, o Registro de Segurança, no qual serão anotadas, sistematicamente, as indicações das provas efetuadas, inspeções, reparos e quaisquer outras ocorrências.

§ 3º Os projetos de instalação de caldeiras, fornos e recipientes sob pressão deverão ser submetidos à aprovação prévia do órgão regional competente em matéria de segurança do trabalho.

Seção XIII
Das atividades insalubres ou perigosas

→ Rubrica da Seção XIII com redação alterada pela Lei 6.514/1977.

→ *v.* Súmulas 194, 460 e 736 do STF.

→ *v.* Súmulas 47, 39, 80, 132, 139, 191, 228, 248, 289, 293 e 364 do TST.

→ *v.* OJs SDI-I 47, 103, 172, 173, 259, 278, 345, 358 e 406 do TST.

→ *v.* NR-15 – Atividades e operações insalubres.

→ *v.* NR-16 – Atividades e operações perigosas.

Art. 189. Serão consideradas atividades ou operações insalubres aquelas que, por sua natureza, condições ou métodos de trabalho, exponham os empregados a agentes nocivos à saúde, acima dos limites de tolerância fixados em razão da natureza e da intensidade do agente e do tempo de exposição aos seus efeitos.

→ Artigo com redação alterada pela Lei 6.514/1977.

→ *v.* Súmula 194 do STF.

→ *v.* Art. 7º, XXIII, CF/1988.

Art. 190. O Ministério do Trabalho aprovará o quadro das atividades e operações insalubres e adotará normas sobre os critérios de caracterização da insalubridade, os limites de tolerância aos agentes agressivos, meios de proteção e o tempo máximo de exposição do empregado a esses agentes.

→ Artigo com redação alterada pela Lei 6.514/1977.

→ *v.* Súmulas 194 e 460 do STF.

Parágrafo único. As normas referidas neste artigo incluirão medidas de proteção do organismo do trabalhador nas operações que produzem aerodispersoides tóxicos, irritantes, alergênicos ou incômodos.

Art. 191. A eliminação ou a neutralização da insalubridade ocorrerá:

→ Artigo com redação alterada pela Lei 6.514/1977.

I – com a adoção de medidas que conservem o ambiente de trabalho dentro dos limites de tolerância;

II – com a utilização de equipamentos de proteção individual ao trabalhador, que diminuam a intensidade do agente agressivo a limites de tolerância.

Parágrafo único. Caberá às Delegacias Regionais do Trabalho e Emprego, comprovada a insalubridade, notificar as empresas, estipulando prazos para sua eliminação ou neutralização, na forma deste artigo.

→ *v.* Súmula 194 do STF.

Art. 192. O exercício de trabalho em condições insalubres, acima dos limites de tolerância estabelecidos pelo Ministério do Trabalho, assegura a percepção de adicional respectivamente de 40% (quarenta por cento), 20% (vinte por cento) e 10% (dez por cento) do salário mínimo da região, segundo se classifiquem nos graus máximo, médio e mínimo.

→ Artigo com redação alterada pela Lei 6.514/1977.

→ *v.* Súmula Vinculante 4 do STF.

→ *v.* Súmula 139 do TST.

→ *v.* Art. 76 da CLT

→ *v.* Resolução do TST 148/2008 – Cálculo de insalubridade.

Art. 193. São consideradas atividades ou operações perigosas, na forma da regulamentação aprovada pelo Ministério do Trabalho e Emprego, aquelas que, por sua natureza ou métodos de trabalho, impliquem risco acentuado em virtude de exposição permanente do trabalhador a:

→ *Caput* com redação alterada pela Lei 12.740/2012.

→ *v.* Súmulas 132 e 191 do TST.

I – inflamáveis, explosivos ou energia elétrica;

→ Inciso I acrescentado pela Lei 12.740/2012.

II – roubos ou outras espécies de violência física nas atividades profissionais de segurança pessoal ou patrimonial.

→ Inciso II acrescentado pela Lei 12.740/2012.

§ 1º O trabalho em condições de periculosidade assegura ao empregado um adicional de 30% (trinta por cento) sobre o salário sem os acréscimos resultantes de gratificações, prêmios ou participações nos lucros da empresa.

→ § 1º com redação alterada pela Lei 6.514/1977.

→ *v.* Súmula 212 do STF.

§ 2º O empregado poderá optar pelo adicional de insalubridade que porventura lhe seja devido.

→ § 2º com redação alterada pela Lei 6.514/1977.

§ 3º Serão descontados ou compensados do adicional outros da mesma natureza eventualmente já concedidos ao vigilante por meio de acordo coletivo.

→ § 3º acrescentado pela Lei 12.740/2012.

§ 4º São também consideradas perigosas as atividades de trabalhador em motocicleta.

→ § 4º acrescentado pela Lei 12.997/2014.

Art. 194. O direito do empregado ao adicional de insalubridade ou de periculosidade cessará com a eliminação do risco à sua saúde ou integridade física, nos termos desta Seção e das normas expedidas pelo Ministério do Trabalho.

→ Artigo com redação alterada pela Lei 6.514/1977.

→ *v.* Súmula 364 do TST.

Art. 195. A caracterização e a classificação da insalubridade e da periculosidade, segundo as normas do Ministério do Trabalho, far-se-ão através de perícia a cargo de Médico do Trabalho ou Engenheiro do Trabalho, registrado no Ministério do Trabalho.

→ Artigo com redação alterada pela Lei 6.514/1977.

→ *v.* Súmula 212 do STF.

→ *v.* OJ SDI-I 165 do TST.

§ 1º É facultado às empresas e aos sindicatos das categorias profissionais interessadas requererem ao Ministério do Trabalho a realização de perícia em estabelecimento ou setor deste, com o objetivo de caracterizar e classificar ou delimitar as atividades insalubres ou perigosas.

§ 2º Arguida em juízo insalubridade ou periculosidade, seja por empregado, seja por sindicato em favor de grupo de associados, o juiz designará perito habilitado na forma deste artigo, e, onde não houver, requisitará perícia ao órgão competente do Ministério do Trabalho.

§ 3º O disposto nos parágrafos anteriores não prejudica a ação fiscalizadora do Ministério do Trabalho, nem a realização ex officio da perícia.

→ *v.* Súmula 460 do STF.

→ *v.* Súmulas 173 e 293 do TST.

→ Arts. 195 e 513, *a*, da CLT

→ *v.* Art. 6º do CPC/1973.

→ *v.* Art. 18 do NCPC.

→ *v.* NR 15 – Atividades e operações insalubres.

→ *v.* Portaria do MTb 3.214/1978 – Aprova as Normas Regulamentadoras – NRs.

Art. 196. Os efeitos pecuniários decorrentes do trabalho em condições de insalubridade ou periculosidade serão devidos a contar da data da inclusão da respectiva atividade nos quadros aprovados pelo Ministério do Trabalho, respeitadas as normas do art. 11.

→ Artigo com redação alterada pela Lei 6.514/1977.

→ *v.* Súmula 248 do TST.

Art. 197. Os materiais e substâncias empregados, manipulados ou transportados nos locais de trabalho, quando perigosos ou nocivos à saúde, devem conter, no rótulo, sua composição, recomendações de socorro imediato e o símbolo de perigo correspondente, segundo a padronização internacional.

→ Artigo com redação alterada pela Lei 6.514/1977.

Parágrafo único. Os estabelecimentos que mantenham as atividades previstas neste artigo afixarão, nos setores de trabalho atingidos, avisos ou cartazes, com advertência quanto aos materiais e substâncias perigosos ou nocivos à saúde.

Seção XIV
Da prevenção da fadiga

→ Rubrica da Seção XIV com redação alterada pela Lei 6.514/1977.

→ *v.* Arts. 390, 405 e 483 da CLT.

Art. 198. É de 60 (sessenta) quilogramas o peso máximo que um empregado pode remover individualmente, ressalvadas as disposições especiais relativas ao trabalho do menor e da mulher.

→ Artigo com redação alterada pela Lei 6.514/1977.

Parágrafo único. Não está compreendida na proibição deste artigo a remoção de material feita por impulsão ou tração de vagonetes sobre trilhos, carros de mão ou quaisquer outros aparelhos mecânicos, podendo o Ministério do Trabalho, em tais casos, fixar limites diversos, que evitem sejam exigidos do empregado serviços superiores às suas forças.

Art. 199. Será obrigatória a colocação de assentos que assegurem postura correta ao trabalhador, capazes de evitar posições incômodas ou forçadas, sempre que a execução da tarefa exija que trabalhe sentado.

→ Artigo com redação alterada pela Lei 6.514/1977.

Parágrafo único. Quando o trabalho deva ser executado de pé, os empregados terão à sua disposição assentos para serem utilizados nas pausas que o serviço permitir.

Seção XV
Das outras medidas especiais de proteção

→ Rubrica da Seção XV com redação alterada pela Lei 6.514/1977.

Art. 200. Cabe ao Ministério do Trabalho estabelecer disposições complementares às normas de que trata este Capítulo, tendo em vista as peculiaridades de cada atividade ou setor de trabalho, especialmente sobre:

→ Artigo com redação alterada pela Lei 6.514/1977.

I – medidas de prevenção de acidentes e os equipamentos de proteção individual em obras de construção, demolição ou reparos;

→ *v.* Súmula 35 do STF.

II – depósitos, armazenagem e manuseio de combustíveis, inflamáveis e explosivos, bem como trânsito e permanência nas áreas respectivas;

III – trabalho em escavações, túneis, galerias, minas e pedreiras, sobretudo quanto à prevenção de explosões, incêndios, desmoronamentos e soterramentos, eliminação de poeiras, gases etc., e facilidades de rápida saída dos empregados;

IV – proteção contra incêndio em geral e as medidas preventivas adequadas, com exigências ao especial revestimento de portas e paredes, construção de paredes contra fogo, diques e outros anteparos, assim como garantia geral de fácil circulação, corredores de acesso e saídas amplas e protegidas, com suficiente sinalização;

V – proteção contra insolação, calor, frio, umidade e ventos, sobretudo no trabalho a céu aberto, com provisão, quanto a este, de água potável, alojamento e profilaxia de endemias;

VI – proteção do trabalhador exposto a substâncias químicas nocivas, radiações ionizantes e não ionizantes, ruídos, vibrações e trepidações ou pressões anormais ao ambiente de trabalho, com especificação das medidas cabíveis para eliminação ou atenuação desses efeitos, limites máximos quanto ao tempo de exposição, à intensidade da ação ou de seus efeitos sobre o organismo do trabalhador, exames médicos obrigatórios, limites de idade, controle permanente dos locais de trabalho e das demais exigências que se façam necessárias;

VII – higiene nos locais de trabalho, com discriminação das exigências, instalações sanitárias, com separação de sexos, chuveiros, lavatórios, vestiários e armários individuais, refeitórios ou condições de conforto por ocasião das refeições, fornecimento de água potável, condições de limpeza dos locais de trabalho e modo de sua execução, tratamento de resíduos industriais;

VIII – emprego das cores nos locais de trabalho, inclusive nas sinalizações de perigo.

Parágrafo único. Tratando-se de radiações ionizantes e explosivos, as normas a que se refere este artigo serão expedidas de acordo com as resoluções a respeito adotadas pelo órgão técnico.

Seção XVI
Das penalidades

→ Rubrica da Seção XVI com redação alterada pela Lei 6.514/1977.

→ *v.* NR-28 – Fiscalização e penalidades.

Art. 201. As infrações ao disposto neste Capítulo relativas à medicina do trabalho serão punidas com multa de três a trinta vezes o valor de referência previsto no art. 2º, parágrafo único, da Lei 6.205, de 29 de abril de 1975, e as concernentes à segurança do trabalho com multa de cinco a cinquenta vezes o mesmo valor.

→ Artigo com redação alterada pela Lei 6.514/1977.

→ *v.* Portaria do MTb 290/1997 – Aprova normas para a imposição de multas administrativas previstas na legislação trabalhista.

Parágrafo único. Em caso de reincidência, embaraço ou resistência à fiscalização, emprego de artifício ou simulação com o objetivo de fraudar a lei, a multa será aplicada em seu valor máximo.

Arts. 202 a 223. *(Revogados pela Lei 6.514/1977).*

Título III
Das normas especiais de tutela do trabalho

Capítulo I
DAS DISPOSIÇÕES ESPECIAIS SOBRE DURAÇÃO E CONDIÇÕES DE TRABALHO

Seção I
Dos bancários

→ *v.* Súmulas 55, 93, 102, 113, 117, 119, 124, 199, 226 e 240 do TST.

→ *v.* OJs SDI-I 123 e 178 do TST.

Art. 224. A duração normal do trabalho dos empregados em bancos, casas bancárias e Caixa Econômica Federal será de 6 (seis) horas contínuas nos dias úteis, com exceção dos sábados, perfazendo um total de 30 (trinta) horas de trabalho por semana.

→ *Caput* com redação alterada pela Lei 7.430/1985.

§ 1º A duração normal do trabalho estabelecida neste artigo ficará compreendida entre 7 (sete) e 22 (vinte e duas) horas, assegurando-se ao empregado, no horário diário, um intervalo de 15 (quinze) minutos para alimentação.

→ § 1º com redação alterada pelo Dec.-lei 229/1967.

§ 2º As disposições deste artigo não se aplicam aos que exercem funções de direção, gerência, fiscalização, chefia e equivalentes, ou que desempenhem outros cargos de confiança, desde que o valor da gratificação não seja inferior a 1/3 (um terço) do salário do cargo efetivo.

→ § 2º com redação alterada pelo Dec.-lei 754/1969.

→ *v.* Súmulas 55, 102, 124, 240 e 287 do TST.

→ *v.* Art. 62 da CLT.

Art. 225. A duração normal de trabalho dos bancários poderá ser excepcionalmente prorrogada até 8 (oito) horas diárias, não excedendo de 40 (quarenta) horas semanais, observados os preceitos gerais sobre a duração do trabalho.

→ Artigo com redação alterada pela Lei 6.637/1979.

→ *v.* Súmula 199 do TST

Art. 226. O regime especial de 6 (seis) horas de trabalho também se aplica aos empregados de portaria e de limpeza, tais como porteiros, telefonistas de mesa, contínuos e serventes, empregados em bancos e casas bancárias.

→ Artigo com redação alterada pela Lei 3.488/1958.

Parágrafo único. A direção de cada banco organizará a escala de serviço do estabelecimento de maneira a haver empregados do quadro da portaria em função, meia hora antes e até meia hora após o encerramento dos trabalhos, respeitado o limite de 6 (seis) horas diárias.

→ *v.* Súmulas 226 e 257 do TST.

Seção II
Dos empregados nos serviços de telefonia, de telegrafia submarina e subfluvial, de radiotelegrafia e radiotelefonia

→ *v.* Súmula 178 do TST.

Art. 227. Nas empresas que explorem o serviço de telefonia, telegrafia submarina ou subfluvial, de radiotelegrafia ou de radiotelefonia, fica estabelecida para os respectivos operadores a duração máxima de 6 (seis) horas contínuas de trabalho por dia ou 36 (trinta e seis) horas semanais.

→ *Caput* com redação alterada pelo Dec.-lei 6.353/1944.

§ 1º Quando, em caso de indeclinável necessidade, forem os operadores obrigados a permanecer em serviço além do período normal fixado neste artigo, a empresa pagar-lhes-á extraordinariamente o tempo excedente com acréscimo de 50% (cinquenta por cento) sobre o seu salário-hora normal.

§ 2º O trabalho aos domingos, feriados e dias santos de guarda será considerado extraordinário e obedecerá, quanto à sua execução e remuneração, ao que dispuserem empregadores e empregados em acordo, ou os respectivos sindicatos em contrato coletivo de trabalho.

→ § 2º com redação alterada pelo Dec.-lei 6.353/1944.

Art. 228. Os operadores não poderão trabalhar, de modo ininterrupto, na transmissão manual, bem como na recepção visual, auditiva, com escrita manual ou datilográfica, quando a velocidade for superior a vinte e cinco palavras por minuto.

Art. 229. Para os empregados sujeitos a horários variáveis, fica estabelecida a duração máxima de 7 (sete) horas diárias de trabalho e 17 (dezessete) horas de folga, deduzindo-se desse tempo 20 (vinte) minutos para descanso, de cada um dos empregados, sempre que se verificar um esforço contínuo de mais de 3 (três) horas.

§ 1º São considerados empregados sujeitos a horários variáveis, além dos operadores, cujas funções exijam classificação distinta, os que pertençam a seções de técnica, telefones, revisão, expedição, entrega e balcão.

→ § 1º com redação alterada pelo Dec.-lei 6.353/1944.

§ 2º Quanto à execução e remuneração aos domingos, feriados e dias santos de guarda e às prorrogações de expediente, o trabalho dos empregados a que se refere o parágrafo anterior será regido pelo que se contém no § 1º do art. 227 desta Seção.

→ § 2º com redação alterada pelo Dec.-lei 6.353/1944.

Art. 230. A direção das empresas deverá organizar as turmas de empregados, para a execução dos seus serviços, de maneira que prevaleça sempre o revezamento entre os que exercem a mesma função, quer em escalas diurnas, quer em noturnas.

§ 1º Aos empregados que exerçam a mesma função será permitida, entre si, a troca de turmas, desde que isso não importe em prejuízo dos serviços, cujo chefe ou encarregado resolverá sobre a oportunidade ou possibilidade dessa medida, dentro das prescrições desta Seção.

§ 2º As empresas não poderão organizar horários que obriguem os empregados a fazer a refeição do almoço antes das 10 (dez) e depois das 13 (treze) horas e a do jantar antes das 16 (dezesseis) e depois das 19 (dezenove) horas e 30 (trinta) minutos.

Art. 231. As disposições desta Seção não abrangem o trabalho dos operadores de radiotelegrafia embarcados em navios ou aeronaves.

Seção III
Dos músicos profissionais

→ *v.* Lei 3.857/1960 – Cria a Ordem dos Músicos do Brasil.

Art. 232. Será de seis horas a duração de trabalho dos músicos em teatro e congêneres.

→ *v.* Súmula 312 do STF.

Parágrafo único. Toda vez que o trabalho contínuo em espetáculo ultrapassar de seis horas, o tempo de duração excedente será pago com um acréscimo de 25% (vinte e cinco por cento) sobre o salário da hora normal.

Art. 233. A duração normal de trabalho dos músicos profissionais poderá ser elevada até oito horas diárias, observados os preceitos gerais sobre duração do trabalho.

Seção IV
Dos operadores cinematográficos

Art. 234. A duração normal do trabalho dos operadores cinematográficos e seus ajudantes não excederá de 6 (seis) horas diárias, assim distribuídas:

→ *Caput* com redação alterada pelo Dec.-lei 6.353/1944.

a) 5 (cinco) horas consecutivas de trabalho em cabina, durante o funcionamento cinematográfico;

b) um período suplementar, até o máximo de 1 (uma) hora para limpeza, lubrificação dos aparelhos de projeção, ou revisão de filmes.

Parágrafo único. Mediante remuneração adicional de 25% (vinte e cinco por cento) sobre o salário da hora normal e observado um intervalo de 2 (duas) horas para folga, entre o período a que se refere a alínea *b* deste artigo e o trabalho em cabina de que trata a alínea *a*, poderá o trabalho dos operadores cinematográficos e seus ajudantes ter a duração prorrogada por 2 (duas) horas diárias, para exibições extraordinárias.

→ *v.* Art. 7º, XVI, da CF/1988.

Art. 235. Nos estabelecimentos cujo funcionamento normal seja noturno, será facultado aos operadores cinematográficos e seus ajudantes, mediante acordo ou convenção coletiva de trabalho e com um acréscimo de 25% (vinte e cinco por cento) sobre o salário da hora normal, executar o trabalho em sessões diurnas extraordinárias e, cumulativamente, nas noturnas, desde que isso se verifique até três vezes por semana e entre as sessões diurnas e as noturnas haja o intervalo de 1 (uma) hora, no mínimo, de descanso.

→ *v.* Art. 7º, XVI, da CF/1988.

§ 1º A duração de trabalho cumulativo a que alude o presente artigo não poderá exceder de 10 (dez) horas.

§ 2º Em seguida a cada período de trabalho haverá um intervalo de repouso no mínimo de 12 (doze) horas.

Seção IV-A

→ Seção IV-A acrescentada pela Lei 12.619/2012.

→ *v.* Art. 22, *caput* e I, da Lei 13.103/2015 – Lei do Motorista Profissional.

→ *v.* Lei 12.619/2012 – Dispõe sobre o Exercício da Profissão de Motorista.

Do Serviço do Motorista Profissional Empregado

→ Rubrica da Seção IV-A com redação alterada pela Lei 13.103/2015.

Art. 235-A. Os preceitos especiais desta Seção aplicam-se ao motorista profissional empregado:

→ *Caput* com redação alterada pela Lei 13.103/2015.

I – de transporte rodoviário coletivo de passageiros;

→ Inciso I acrescentado pela Lei 13.103/2015.

II – de transporte rodoviário de cargas.

→ Inciso II acrescentado pela Lei 13.103/2015.

Art. 235-B. São deveres do motorista profissional empregado:

→ *Caput* com redação alterada pela lei 13.103/2015.

I – estar atento às condições de segurança do veículo;

→ Inciso I acrescentado pela Lei 12.619/2012.

→ *v.* Art. 22, *caput* e I, da Lei 13.103/2015 – Lei do Motorista Profissional.

II – conduzir o veículo com perícia, prudência, zelo e com observância aos princípios de direção defensiva;

→ Inciso II acrescentado pela Lei 12.619/2012.

→ *v.* Art. 22, *caput* e I, da Lei 13.103/2015 – Lei do Motorista Profissional.

III – respeitar a legislação de trânsito e, em especial, as normas relativas ao tempo de direção e de descanso controlado e registrado na forma do previsto no art. 67-E da Lei 9.503, de 23 de setembro de 1997 – Código de Trânsito Brasileiro;

→ Inciso III com redação alterada pela Lei 13.103/2015.

IV – zelar pela carga transportada e pelo veículo;

→ Inciso IV acrescentado pela Lei 12.619/2012.

→ *v.* Art. 22, *caput* e I, da Lei 13.103/2015 – Lei do Motorista Profissional.

V – colocar-se à disposição dos órgãos públicos de fiscalização na via pública;

→ Inciso V acrescentado pela Lei 12.619/2012.

→ *v.* Art. 22, *caput* e I, da Lei 13.103/2015 – Lei do Motorista Profissional.

VI – (*Vetado*);

→ Inciso VI acrescentado pela Lei 12.619/2012.

→ *v.* Art. 22, *caput* e I, da Lei 13.103/2015 – Lei do Motorista Profissional.

VII – submeter-se a exames toxicológicos com janela de detecção mínima de 90 (noventa) dias e a programa de controle de uso de droga e de bebida alcoólica, instituído pelo empregador, com sua ampla ciência, pelo menos uma vez a cada 2 (dois) anos e 6 (seis) meses, podendo ser utilizado para esse fim o exame obrigatório previsto na Lei 9.503, de 23 de setembro de 1997 – Código de Trânsito Brasileiro, desde que realizado nos últimos 60 (sessenta) dias.

→ Inciso VII com redação alterada pela Lei 13.103/2015.

Parágrafo único. A recusa do empregado em submeter-se ao teste ou ao programa de controle de uso de droga e de bebida alcoólica previstos no inciso VII será considerada infração disciplinar, passível de penalização nos termos da lei.

→ Parágrafo único com redação alterada pela Lei 13.103/2015.

Art. 235-C. A jornada diária de trabalho do motorista profissional será de 8 (oito) horas, admitindo-se a sua prorrogação por até 2 (duas) horas extraordinárias ou, mediante previsão em convenção ou acordo coletivo, por até 4 (quatro) horas extraordinárias.

→ *Caput* com redação alterada pela Lei 13.103/2015.

§ 1º Será considerado como trabalho efetivo o tempo em que o motorista empregado estiver à disposição do empregador, excluídos os intervalos para refeição, repouso e descanso e o tempo de espera.

→ § 1º com redação alterada pela Lei 13.103/2015.

§ 2º Será assegurado ao motorista profissional empregado intervalo mínimo de 1 (uma) hora para refeição, podendo esse período coincidir com o tempo de parada obrigatória na condução do veículo estabelecido pela Lei 9.503, de 23 de setembro de 1997 – Código de Trânsito Brasileiro, exceto quando se tratar do motorista profissional enquadrado no § 5º do art. 71 desta Consolidação.

→ § 2º com redação alterada pela Lei 13.103/2015.

§ 3º Dentro do período de 24 (vinte e quatro) horas, são asseguradas 11 (onze) horas de descanso, sendo facultados o seu fracionamento e a coincidência com os períodos de parada obrigatória na condução do veículo estabelecida pela Lei 9.503, de 23 de setembro de 1997 – Código de Trânsito Brasileiro, garantidos o mínimo de 8 (oito) horas ininterruptas no primeiro período e o gozo do remanescente dentro das 16 (dezesseis) horas seguintes ao fim do primeiro período.

→ § 3º com redação alterada pela Lei 13.103/2015.

§ 4º Nas viagens de longa distância, assim consideradas aquelas em que o motorista profissional empregado permanece fora da base da empresa, matriz ou filial e de sua residência por mais de 24 (vinte e quatro) horas, o repouso diário pode ser feito no veículo ou em alojamento do empregador, do contratante do transporte, do embarcador ou do destinatário ou em outro local que ofereça condições adequadas.

→ § 4º com redação alterada pela Lei 13.103/2015.

§ 5º As horas consideradas extraordinárias serão pagas com o acréscimo estabelecido na Constituição Federal ou compensadas na forma do § 2º do art. 59 desta Consolidação.

→ § 5º com redação alterada pela Lei 13.103/2015.

§ 6º À hora de trabalho noturno aplica-se o disposto no art. 73 desta Consolidação.

→ § 6º com redação alterada pela Lei 13.103/2015.

§ 7º (*Vetado*).

→ § 7º acrescentado pela Lei 12.619/2012.

→ *v.* Art. 22, *caput* e I, da Lei 13.103/2015 – Lei do Motorista Profissional.

§ 8º São considerados tempo de espera as horas em que o motorista profissional empregado ficar aguardando carga ou descarga do veículo nas dependências do embarcador ou do destinatário e o período gasto com a fiscalização da mercadoria transportada em barreiras fiscais ou alfandegárias, não sendo computados como jornada de trabalho e nem como horas extraordinárias.

→ § 8º com redação alterada pela Lei 13.103/2015.

§ 9º As horas relativas ao tempo de espera serão indenizadas na proporção de 30% (trinta por cento) do salário-hora normal.

→ § 9º com redação alterada pela Lei 13.103/2015.

§ 10. Em nenhuma hipótese, o tempo de espera do motorista empregado prejudicará o direito ao recebimento da remuneração correspondente ao salário-base diário.

→ § 10 acrescentado pela Lei 13.103/2015.

§ 11. Quando a espera de que trata o § 8º for superior a 2 (duas) horas ininterruptas e for exigida a permanência do motorista empregado junto ao veículo, caso o local ofereça condições adequadas, o tempo será considerado como de repouso para os fins do intervalo de que tratam os §§ 2º e 3º, sem prejuízo do disposto no § 9º.

→ § 11 acrescentado pela Lei 13.103/2015.

§ 12. Durante o tempo de espera, o motorista poderá realizar movimentações necessárias do veículo, as quais não serão consideradas como parte da jornada de trabalho, ficando garantido, porém, o gozo do descanso de 8 (oito) horas ininterruptas aludido no § 3º.

→ § 12 acrescentado pela Lei 13.103/2015.

§ 13. Salvo previsão contratual, a jornada de trabalho do motorista empregado não tem horário fixo de início, de final ou de intervalos.

→ § 13 acrescentado pela Lei 13.103/2015.

§ 14. O empregado é responsável pela guarda, preservação e exatidão das informações contidas nas anotações em diário de bordo, papeleta ou ficha de trabalho externo, ou no registrador instantâneo inalterável de velocidade e tempo, ou nos rastreadores ou sistemas e meios eletrônicos, instalados nos veículos, normatizados pelo Contran, até que o veículo seja entregue à empresa.

→ § 14 acrescentado pela Lei 13.103/2015.

§ 15. Os dados referidos no § 14 poderão ser enviados a distância, a critério do empregador, facultando-se a anexação do documento original posteriormente.

→ § 15 acrescentado pela Lei 13.103/2015.

§ 16. Aplicam-se as disposições deste artigo ao ajudante empregado nas operações em que acompanhe o motorista.

→ § 16 acrescentado pela Lei 13.103/2015.

§ 17. O disposto no *caput* deste artigo aplica-se também aos operadores de automotores destinados a puxar ou a arrastar maquinaria de qualquer natureza ou a executar trabalhos de construção ou pavimentação e aos operadores de tratores, colheitadeiras, autopropelidos e demais aparelhos automotores destinados a puxar ou a arrastar maquinaria agrícola ou a executar trabalhos agrícolas.

→ § 17 acrescentado pela Lei 13.154/2015.

Art. 235-D. Nas viagens de longa distância com duração superior a 7 (sete) dias, o repouso semanal será de 24 (vinte e quatro) horas por semana ou fração trabalhada, sem prejuízo do intervalo de repouso diário de 11 (onze) horas, totalizando 35 (trinta e cinco) horas, usufruído no retorno do motorista à base (matriz ou filial) ou ao seu domicílio, salvo se a empresa oferecer condições adequadas para o efetivo gozo do referido repouso.

→ *Caput* com redação alterada pela Lei 13.103/2015.

I – (*Revogado pela Lei 13.103/2015*);

II – (*Revogado pela Lei 13.103/2015)*;

III – (*Revogado pela Lei 13.103/2015*).

§ 1º É permitido o fracionamento do repouso semanal em 2 (dois) períodos, sendo um destes de, no mínimo, 30 (trinta) horas ininterruptas, a serem cumpridos na mesma semana e em continuidade a um período de repouso diário, que deverão ser usufruídos no retorno da viagem.

→ § 1º acrescentado pela Lei 13.103/2015.

§ 2º A cumulatividade de descansos semanais em viagens de longa distância de que trata o caput fica limitada ao número de 3 (três) descansos consecutivos.

→ § 2º acrescentado pela Lei 13.103/2015.

§ 3º O motorista empregado, em viagem de longa distância, que ficar com o veículo parado após o cumprimento da jornada normal ou das horas extraordinárias fica dispensado do serviço, exceto se for expressamente autorizada a sua permanência junto ao veículo pelo empregador, hipótese em que o tempo será considerado de espera.

→ § 3º acrescentado pela Lei 13.103/2015.

§ 4º Não será considerado como jornada de trabalho, nem ensejará o pagamento de qualquer remuneração, o período em que o motorista empregado ou o ajudante ficarem espontaneamente no veículo usufruindo dos intervalos de repouso.

→ § 4º acrescentado pela Lei 13.103/2015.

§ 5º Nos casos em que o empregador adotar 2 (dois) motoristas trabalhando no mesmo veículo, o tempo de repouso poderá ser feito com o veículo em movimento, assegurado o repouso mínimo de 6 (seis) horas consecutivas fora do veículo em alojamento externo ou, se na cabine leito, com o veículo estacionado, a cada 72 (setenta e duas) horas.

→ § 5º acrescentado pela Lei 13.103/2015.

§ 6º Em situações excepcionais de inobservância justificada do limite de jornada de que trata o art. 235-C, devidamente registradas, e desde que não se comprometa a segurança rodoviária, a duração da jornada de trabalho do motorista profissional empregado poderá ser elevada pelo tempo necessário até o veículo chegar a um local seguro ou ao seu destino.

→ § 6º acrescentado pela Lei 13.103/2015.

§ 7º Nos casos em que o motorista tenha que acompanhar o veículo transportado por qualquer meio onde ele siga embarcado e em que o veículo disponha de cabine leito ou a embarcação disponha de alojamento para gozo do intervalo de repouso diário previsto no § 3º do art. 235-C, esse tempo será considerado como tempo de descanso.

→ § 7º acrescentado pela Lei 13.103/2015.

§ 8º Para o transporte de cargas vivas, perecíveis e especiais em longa distância ou em território estrangeiro poderão ser aplicadas regras conforme a especificidade da operação de transporte realizada, cujas condições de trabalho serão fixadas em convenção ou acordo coletivo de modo a assegurar as adequadas condições de viagem e entrega ao destino final.

→ § 8º acrescentado pela Lei 13.103/2015.

Art. 235-E. Para o transporte de passageiros, serão observados os seguintes dispositivos:

→ *Caput* com redação alterada pela Lei 13.103/2015.

I – é facultado o fracionamento do intervalo de condução do veículo previsto na Lei 9.503, de 23 de setembro de 1997 – Código de Trânsito Brasileiro, em períodos de no mínimo 5 (cinco) minutos;

→ Inciso I acrescentado pela Lei 13.103/2015.

II – será assegurado ao motorista intervalo mínimo de 1 (uma) hora para refeição, podendo ser fracionado em 2 (dois) períodos e coincidir com o tempo de parada obrigatória na condução do veículo estabelecido pela Lei 9.503, de 23 de setembro de 1997 – Código de Trânsito Brasileiro, exceto quando se tratar do motorista profissional enquadrado no § 5º do art. 71 desta Consolidação;

→ Inciso II acrescentado pela Lei 13.103/2015.

CLT

III – nos casos em que o empregador adotar 2 (dois) motoristas no curso da mesma viagem, o descanso poderá ser feito com o veículo em movimento, respeitando-se os horários de jornada de trabalho, assegurado, após 72 (setenta e duas) horas, o repouso em alojamento externo ou, se em poltrona correspondente ao serviço de leito, com o veículo estacionado.

→ Inciso III acrescentado pela Lei 13.103/2015.

§ 1º (*Revogado pela Lei 13.103/2015*).

§ 2º (*Vetado*).

→ § 2º acrescentado pela Lei 12.619/2012.

§§ 3º a 7º (*Revogados pela Lei 13.103/2015*).

§ 8º (*Vetado*).

→ § 8º acrescentado pela Lei 12.619/2012.

§§ 9º a 12 (*Revogados pela Lei 13.103/2015*).

Art. 235-F. Convenção e acordo coletivo poderão prever jornada especial de 12 (doze) horas de trabalho por 36 (trinta e seis) horas de descanso para o trabalho do motorista profissional empregado em regime de compensação.

→ Artigo com redação alterada pela Lei 13.103/2015.

Art. 235-G. É permitida a remuneração do motorista em função da distância percorrida, do tempo de viagem ou da natureza e quantidade de produtos transportados, inclusive mediante oferta de comissão ou qualquer outro tipo de vantagem, desde que essa remuneração ou comissionamento não comprometa a segurança da rodovia e da coletividade ou possibilite a violação das normas previstas nesta Lei.

→ Artigo com redação alterada pela Lei 13.103/2015.

Art. 235-H. (*Revogado pela Lei 13.103/2015*).

Seção V
Do serviço ferroviário

→ *V.* Súmula 67 do TST.

Art. 236. No serviço ferroviário – considerado este o de transporte em estradas de ferro abertas ao tráfego público, compreendendo a administração, construção, conservação e remoção das vias férreas e seus edifícios, obras-de-arte, material rodante, instalações complementares e acessórias, bem como o serviço de tráfego, de telegrafia, telefonia e funcionamento de todas as instalações ferroviárias – aplicam-se os preceitos especiais constantes desta Seção.

Art. 237. O pessoal a que se refere o artigo antecedente fica dividido nas seguintes categorias:

a) funcionários de alta administração, chefes e ajudantes de departamentos e seções, engenheiros residentes, chefes de depósito, inspetores e demais empregados que exercem funções administrativas ou fiscalizadoras;

b) pessoal que trabalhe em lugares ou trechos determinados e cujas tarefas requeiram atenção constante; pessoal de escritório, turmas de conservação e construção da via permanente, oficinas e estações principais, inclusive os respectivos telegrafistas; pessoal de tração, lastro e revistadores;

c) das equipagens de trens em geral;

d) pessoal cujo serviço é de natureza intermitente ou de pouca intensidade, embora com permanência prolongada nos locais de trabalho; vigias e pessoal das estações do interior, inclusive os respectivos telegrafistas.

→ *V.* Art. 455 da CLT.

Art. 238. Será computado como de trabalho efetivo todo o tempo em que o empregado estiver à disposição da Estrada.

→ Restaurada a redação anterior do referido artigo pelo Dec.-lei 5/1966.

§ 1º Nos serviços efetuados pelo pessoal da categoria c, não será considerado como de trabalho efetivo o tempo gasto em viagens do local ou para o local de terminação e início dos mesmos serviços.

§ 2º Ao pessoal removido ou comissionado fora da sede será contado como de trabalho normal e efetivo o tempo gasto em viagens, sem direito à percepção de horas extraordinárias.

§ 3º No caso das turmas de conservação da via permanente, o tempo efetivo do trabalho será contado desde a hora da saída da casa da turma até a hora em que cessar o serviço em qualquer ponto compreendido dentro dos limites da respectiva turma. Quando o empregado trabalhar fora dos limites da sua turma, ser-lhe-á também computado como de trabalho efetivo o tempo gasto no percurso da volta a esses limites.

§ 4º Para o pessoal da equipagem de trens, só será considerado esse trabalho efetivo, depois de chegado ao destino, o tempo em que o ferroviário estiver ocupado ou retido à disposição da Estrada. Quando, entre dois períodos de trabalho, não mediar intervalo superior a 1 (uma) hora, será esse intervalo computado como de trabalho efetivo.

§ 5º O tempo concedido para refeição não se computa como de trabalho efetivo, senão para o pessoal da categoria c, quando as refeições forem tomadas em viagem ou nas estações durante as paradas. Esse tempo não será inferior a 1 (uma) hora, exceto para o pessoal da referida categoria em serviço de trens.

§ 6º No trabalho das turmas encarregadas da conservação de obras-de-arte, linhas telegráficas ou telefônicas e edifícios, não será contado como de trabalho efetivo o tempo de viagem para o local do serviço, sempre que não exceder de 1 (uma) hora, seja para ida ou para volta, e a Estrada fornecer os meios de locomoção, computando-se sempre o tempo excedente a esse limite.

Art. 239. Para o pessoal da categoria c, a prorrogação do trabalho independe de acordo ou contrato coletivo, não podendo, entretanto, exceder de 12 (doze) horas, pelo que as empresas organizarão, sempre que possível, os serviços de equipagens de trens com destacamentos nos trechos das linhas de modo a ser observada a duração normal de 8 (oito) horas de trabalho.

§ 1º Para o pessoal sujeito ao regime do presente artigo, depois de cada jornada de trabalho haverá um repouso de 10 (dez) horas contínuas, no mínimo, observando-se, outrossim, o descanso semanal.

§ 2º Para o pessoal da equipagem de trens, a que se refere o presente artigo, quando a empresa não fornecer alimentação, em viagem, e hospedagem, no destino, concederá uma ajuda de custo para atender a tais despesas.

§ 3º As escalas do pessoal abrangido pelo presente artigo serão organizadas de modo que não caiba a qualquer empregado, quinzenalmente, um total de horas de serviço noturno superior às de serviço diurno.

§ 4º Os períodos de trabalho do pessoal a que alude o presente artigo serão registrados em cadernetas especiais, que ficarão sempre em poder do empregado, de acordo com o modelo aprovado pelo Ministro do Trabalho, Indústria e Comércio.

Art. 240. Nos casos de urgência ou de acidente, capazes de afetar a segurança ou regularidade do serviço, poderá a duração do trabalho ser excepcionalmente elevada a qualquer número de horas, incumbindo à Estrada zelar pela incolumidade dos seus empregados e pela possibilidade de revezamento de turmas, assegurando ao pessoal um repouso correspondente e comunicando a ocorrência ao Ministério do Trabalho, Indústria e Comércio, dentro de 10 (dez) dias da sua verificação.

Parágrafo único. Nos casos previstos neste artigo, a recusa, sem causa justificada, por parte de qualquer empregado, à execução de serviço extraordinário será considerada falta grave.

Art. 241. As horas excedentes das do horário normal de 8 (oito) horas serão pagas como serviço extraordinário na seguinte base: as duas primeiras com o acréscimo de 25% (vinte e cinco por cento) sobre o salário-hora normal; as duas subsequentes com um adicional de 50% (cinquenta por cento) e as restantes com um adicional de 75% (setenta e cinco por cento).

→ *V.* Art. 7º, XVI, da CF/1988.

Parágrafo único. Para o pessoal da categoria c, a primeira hora será majorada de 25% (vinte e cinco por cento), a segunda hora será paga com o acréscimo de 50% (cinquenta por cento) e as duas subsequentes com o de 60% (sessenta por cento), salvo caso de negligência comprovada.

Art. 242. As frações de 1/2 (meia) hora superiores a 10 (dez) minutos serão computadas como 1/2 (meia) hora.

Art. 243. Para os empregados de estações do interior, cujo serviço for de natureza intermitente ou de pouca intensidade, não se aplicam os preceitos gerais sobre duração do trabalho, sendo-lhes, entretanto, assegurado o repouso contínuo de 10 (dez) horas, no mínimo, entre 2 (dois) períodos de trabalho e descanso semanal.

→ *V.* Súmula 61 do TST.

Art. 244. As estradas de ferro poderão ter empregados extranumerários, de sobreaviso e de prontidão, para executarem serviços imprevistos ou para substituições de outros empregados que faltem à escala organizada.

→ Artigo com redação restaurada pelo Dec.-lei 5/1966.

§ 1º Considera-se "extranumerário" o empregado não efetivo, candidato à efetivação, que se apresentar normalmente ao serviço, embora só trabalhe quando for necessário. O extranumerário só receberá os dias de trabalho efetivo.

§ 2º Considera-se de "sobreaviso" o empregado efetivo, que permanecer em sua própria casa, aguardando a qualquer momento o chamado para o serviço. Cada escala de "sobreaviso" será, no máximo, de 24 (vinte e quatro) horas. As horas de "sobreaviso", para todos os efeitos, serão contadas à razão de 1/3 (um terço) do salário normal.

§ 3º Considera-se de "prontidão" o empregado que ficar nas dependências da Estrada, aguardando ordens. A escala de prontidão será, no máximo, de 12 (doze) horas. As horas de prontidão serão, para todos os efeitos, contadas à razão de 2/3 (dois terços) do salário-hora normal.

§ 4º Quando, no estabelecimento ou dependência em que se achar o empregado, houver facilidade de alimentação, as 12 (doze) horas de prontidão, a que se refere o parágrafo anterior, poderão ser contínuas. Quando não existir essa facilidade, depois de 6 (seis) horas de prontidão, haverá sempre um intervalo de 1 (uma) hora para cada refeição, que não será, nesse caso, computada como de serviço.

→ *v.* Súmulas 229 e 428 do TST.

→ *v.* Art. 8º da CLT.

Art. 245. O horário normal de trabalho dos cabineiros nas estações de tráfego intenso não excederá de 8 (oito) horas e deverá ser dividido em dois turnos com intervalo não inferior a 1 (uma) hora de repouso, não podendo nenhum turno ter duração superior a 5 (cinco) horas, com um período de descanso entre duas jornadas de trabalho de 14 (quatorze) horas consecutivas.

Art. 246. O horário de trabalho dos operadores telegrafistas nas estações de tráfego intenso não excederá de 6 (seis) horas diárias.

Art. 247. As estações principais, estações de tráfego intenso e estações do interior serão classificadas para cada empresa pelo Departamento Nacional de Estradas de Ferro.

Seção VI
Das equipagens das embarcações da marinha mercante nacional, de navegação fluvial e lacustre, do tráfego nos portos e da pesca

Art. 248. Entre as horas 0 (zero) e 24 (vinte e quatro) de cada dia civil, o tripulante poderá ser conservado em seu posto durante 8 (oito) horas, quer de modo contínuo, quer de modo intermitente.

§ 1º A exigência do serviço contínuo ou intermitente ficará a critério do comandante e, neste último caso, nunca por período menor que 1 (uma) hora.

§ 2º Os serviços de quarto nas máquinas, passadiço, vigilância e outros que, consoante parecer médico, possam prejudicar a saúde do tripulante, serão executados por períodos não maiores e com intervalos não menores de 4 (quatro) horas.

Art. 249. Todo o tempo de serviço efetivo, excedente de 8 (oito) horas, ocupado na forma do artigo anterior, será considerado de trabalho extraordinário, sujeito à compensação a que se refere o art. 250, exceto se se tratar de trabalho executado:

a) em virtude de responsabilidade pessoal do tripulante e no desempenho de funções de direção, sendo consideradas como tais todas aquelas que a bordo se achem constituídas em um único indivíduo com responsabilidade exclusiva e pessoal;

b) na iminência de perigo, para salvaguarda ou defesa da embarcação, dos passageiros, ou da carga, a juízo exclusivo do comandante ou do responsável pela segurança a bordo;

c) por motivo de manobras ou fainas gerais que reclamem a presença, em seus postos, de todo o pessoal de bordo;

d) na navegação lacustre e fluvial, quando se destina ao abastecimento do navio ou embarcação de combustível e rancho, ou por efeito das contingências da natureza da navegação, na transposição de passos ou pontos difíceis, inclusive operações de alívio ou transbordo de carga, para obtenção de calado menor para essa transposição.

§ 1º O trabalho executado aos domingos e feriados será considerado extraordinário, salvo se se destinar:

a) ao serviço de quartos e vigilância, movimentação das máquinas e aparelhos de bordo, limpeza e higiene da embarcação, preparo de alimentação da equipagem e dos passageiros, serviço pessoal destes e, bem assim, aos socorros de urgência ao navio ou ao pessoal;

b) ao fim da navegação ou das manobras para a entrada ou saída de portos, atracação, desatracação, embarque ou desembarque de carga e passageiros.

§ 2º Não excederá de 30 (trinta) horas semanais o serviço extraordinário prestado para o tráfego nos portos.

Art. 250. As horas de trabalho extraordinário serão compensadas, segundo a conveniência do serviço, por descanso em período equivalente, no dia seguinte ou no subsequente, dentro das do trabalho normal, ou no fim da viagem, ou pelo pagamento do salário correspondente.

Parágrafo único. As horas extraordinárias de trabalho são indivisíveis, computando-se a fração de hora como hora inteira.

→ *v.* Art. 59, § 2º, da CLT.

Art. 251. Em cada embarcação haverá um livro em que serão anotadas as horas extraordinárias de trabalho de cada tripulante, e outro, do qual constarão, devidamente circunstanciadas, as transgressões dos mesmos tripulantes.

Parágrafo único. Os livros de que trata este artigo obedecerão a modelos organizados pelo Ministério do Trabalho, Indústria e Comércio, serão escriturados em dia pelo comandante da embarcação e ficam sujeitos às formalidades instituídas para os livros de registro de empregados em geral.

Art. 252. Qualquer tripulante que se julgue prejudicado por ordem emanada de superior hierárquico poderá interpor recurso, em termos, perante a Delegacia do Trabalho Marítimo, por intermédio do respectivo comandante, o qual deverá encaminhá-lo com a respectiva informação dentro de 5 (cinco) dias, contados de sua chegada ao porto.

→ *v.* Lei 7.731/1989 – Extinguiu o cargo de Delegado do Trabalho Marítimo.

Seção VII
Dos serviços frigoríficos

→ *v.* Súmula 438 do TST.

Art. 253. Para os empregados que trabalham no interior das câmaras frigoríficas e para os que movimentam mercadorias do ambiente quente normal para o frio e vice-versa, depois de 1 (uma) hora e 40 (quarenta) minutos de trabalho contínuo, será assegurado um período de 20 (vinte) minutos de repouso, computado esse intervalo como de trabalho efetivo.

Parágrafo único. Considera-se artificialmente frio, para os fins do presente artigo, o que for inferior, nas primeira, segunda e terceira zonas climáticas do mapa oficial do Ministério do Trabalho, Indústria e Comércio, a 15º (quinze graus), na quarta zona a 12º (doze graus), e nas quinta, sexta e sétima zonas a 10º (dez graus).

→ *v.* Súmula 438 do TST.

Seção VIII
Dos serviços de estiva

Arts. 254 a 284. *(Revogados pela Lei 8.630/1993).*

Seção IX
Dos serviços de capatazias nos portos

Arts. 285 a 292. *(Revogados pela Lei 8.630/1993).*

Seção X
Do trabalho em minas de subsolo

Art. 293. A duração normal do trabalho efetivo para os empregados em minas no subsolo não excederá de 6 (seis) horas diárias ou de 36 (trinta e seis) semanais.

Art. 294. O tempo despendido pelo empregado da boca da mina ao local do trabalho e vice-versa será computado para o efeito de pagamento do salário.

Art. 295. A duração normal do trabalho efetivo no subsolo poderá ser elevada até 8 (oito) horas diárias ou 48 (quarenta e oito) semanais, mediante acordo escrito entre empregado e empregador ou contrato coletivo de trabalho, sujeita essa prorrogação à prévia licença da autoridade competente em matéria de saúde do trabalho.

→ *v.* Art. 7º, XIII da CF/1988.

Parágrafo único. A duração normal do trabalho efetivo no subsolo poderá ser inferior a 6 (seis) horas diárias, por determinação da autoridade de que trata este artigo, tendo em vista condições locais de insalubridade e os métodos e processos do trabalho adotado.

Art. 296. A remuneração da hora prorrogada será no mínimo de 25% (vinte e cinco por cento) superior à da hora normal e deverá constar do acordo ou contrato coletivo de trabalho.

→ *v.* Art. 7º, XVI, da CF/1988.

Art. 297. Ao empregado no subsolo será fornecida, pelas empresas exploradoras de minas, alimentação adequada à natureza do trabalho, de acordo com as instruções estabelecidas pelo Serviço de Alimentação da Previdência Social e aprovadas pelo Ministério do Trabalho, Indústria e Comércio.

Art. 298. Em cada período de 3 (três) horas consecutivas de trabalho, será obrigatória uma pausa de 15 (quinze) minutos para repouso, a qual será computada na duração normal de trabalho efetivo.

Art. 299. Quando nos trabalhos de subsolo ocorrerem acontecimentos que possam comprometer a vida ou a saúde do empregado, deverá a empresa comunicar o fato imediatamente à autoridade regional do trabalho, do Ministério do Trabalho, Indústria e Comércio.

Art. 300. Sempre que, por motivo de saúde, for necessária a transferência do empregado, a juízo da autoridade competente em matéria de segurança e saúde do trabalho, dos serviços no subsolo para os de superfície, é a empresa obrigada a realizar essa transferência, assegu-

CLT

rando ao transferido a remuneração atribuída ao trabalhador de superfície em serviço equivalente, respeitada a capacidade profissional do interessado.

→ Artigo com redação alterada pela Lei 2.924/1956.

Parágrafo único. No caso de recusa do empregado em atender a essa transferência, será ouvida a autoridade competente em matéria de segurança e saúde do trabalho, que decidirá a respeito.

Art. 301. O trabalho no subsolo somente será permitido a homens, com idade compreendida entre 21 (vinte e um) e 50 (cinquenta) anos, assegurada a transferência para a superfície nos termos previstos no artigo anterior.

→ v. Art. 7º, XXX, da CF/1988.

Seção XI
Dos jornalistas profissionais

→ v. OJ SDI-I 407 do TST.

→ v. Dec.-lei 972/1969 – Dispõe sobre o exercício da profissão de jornalista.

→ v. Decreto 83.284/1979 – Dá nova regulamentação ao Dec.-lei 972/1969, que dispõe sobre o exercício da profissão de jornalista, em decorrência das alterações introduzidas pela Lei 6.612/ 1978.

Art. 302. Os dispositivos da presente Seção se aplicam aos que nas empresas jornalísticas prestem serviços como jornalistas, revisores, fotógrafos, ou na ilustração, com as exceções nela previstas.

§ 1º Entende-se como jornalista o trabalhador intelectual cuja função se estende desde a busca de informações até a redação de notícias e artigos e a organização, orientação e direção desse trabalho.

§ 2º Consideram-se empresas jornalísticas, para os fins desta Seção, aquelas que têm a seu cargo a edição de jornais, revistas, boletins e periódicos, ou a distribuição de noticiário, e, ainda, a radiodifusão e em suas seções destinadas à transmissão de notícias e comentários.

Art. 303. A duração normal do trabalho dos empregados compreendidos nesta Seção não deverá exceder de 5 (cinco) horas, tanto de dia como à noite.

Art. 304. Poderá a duração normal do trabalho ser elevada a 7 (sete) horas, mediante acordo escrito, em que se estipule aumento de ordenado, correspondente ao excesso do tempo de trabalho, e em que se fixe um intervalo destinado a repouso ou a refeição.

Parágrafo único. Para atender a motivos de força maior, poderá o empregado prestar serviços por mais tempo do que aquele permitido nesta Seção. Em tais casos, porém, o excesso deve ser comunicado à Divisão de Fiscalização da Secretaria de Segurança e Saúde no Trabalho e às Delegacias Regionais do Trabalho e Emprego, dentro de 5 (cinco) dias, com a indicação expressa dos seus motivos.

Art. 305. As horas de serviço extraordinário, quer as prestadas em virtude de acordo, quer as que derivam das causas previstas no parágrafo único do artigo anterior, não poderão ser remuneradas com quantia inferior à que resulta do quociente da divisão da importância do salário mensal por cento e cinquenta para os mensalistas, e do salário diário por cinco para os diaristas, acrescido de, pelo menos, 25% (vinte e cinco por cento).

→ v. Art. 7º, XVI, da CF/1988.

Art. 306. Os dispositivos dos arts. 303, 304 e 305 não se aplicam àqueles que exercem as funções de redator-chefe, secretário, subsecretário, chefe e subchefe de revisão, chefe de oficina, de ilustração e chefe de portaria.

Parágrafo único. Não se aplicam, do mesmo modo, os artigos acima referidos aos que se ocuparem unicamente em serviços externos.

Art. 307. A cada 6 (seis) dias de trabalho efetivo corresponderá 1 (um) dia de descanso obrigatório, que coincidirá com o domingo, salvo acordo escrito em contrário, no qual será expressamente estipulado o dia em que se deve verificar o descanso.

Art. 308. Em seguida a cada período diário de trabalho haverá um intervalo mínimo de 10 (dez) horas, destinado ao repouso.

Art. 309. Será computado como de trabalho efetivo o tempo em que o empregado estiver à disposição do empregador.

Art. 310. *(Revogado pelo Dec.-lei 972/1969).*

Art. 311. Para o registro de que trata o artigo anterior, deve o requerente exibir os seguintes documentos:

→ v. Dec.-lei 972/1969 – Dispõe sobre o exercício da profissão de jornalista.

→ v. Decreto 83.284/1979 – Dá nova regulamentação ao Dec.-lei 972/1969, que dispõe sobre o exercício da profissão de jornalista, em decorrência das alterações introduzidas pela Lei 6.612/ 1978.

a) prova de nacionalidade brasileira;

b) folha corrida;

c) prova de que não responde a processo ou não sofreu condenação por crime contra a segurança nacional;

d) carteira de trabalho e previdência social.

§ 1º Aos profissionais devidamente registrados será feita a necessária declaração na carteira de trabalho e previdência social.

§ 2º Aos novos empregados será concedido o prazo de 60 dias para a apresentação da carteira de trabalho e previdência social, fazendo-se o registro condicionado a essa apresentação e expedindo-se um certificado provisório para aquele período.

Art. 312. O registro dos diretores-proprietários de jornais será feito, no Distrito Federal e nos Estados, e independentemente da exigência constante do art. 311, letra "d", da presente seção.

→ v. Dec.-lei 972/1969 – Dispõe sobre o exercício da profissão de jornalista.

→ v. Decreto 83.284/1979 – Dá nova regulamentação ao Dec.-lei 972/1969, que dispõe sobre o exercício da profissão de jornalista, em decorrência das alterações introduzidas pela Lei 6.612/ 1978.

§ 1º A prova de profissão, apresentada pelo diretor-proprietário juntamente com os demais documentos exigidos, consistirá em uma certidão, fornecida nos Estados e Território do Acre, pelas Juntas Comerciais ou Cartórios, e, no Distrito Federal, pela seção competente do Departamento Nacional de Indústria e Comércio, do Ministério do Trabalho, Indústria e Comércio.

§ 2º Aos diretores-proprietários regularmente inscritos será fornecido um certificado do qual deverão constar o livro e a folha em que houver sido feito o registro.

Art. 313. Aqueles que, sem caráter profissional, exercerem atividades jornalísticas, visando fins culturais, científicos ou religiosos, poderão promover sua inscrição como jornalistas, na forma desta seção.

→ v. Dec.-lei 972/1969 – Dispõe sobre o exercício da profissão de jornalista.

→ v. Decreto 83.284/1979 – Dá nova regulamentação ao Dec.-lei 972/1969, que dispõe sobre o exercício da profissão de jornalista, em decorrência das alterações introduzidas pela Lei 6.612/1978.

§ 1º As repartições competentes do Ministério do Trabalho, Indústria e Comércio manterão, para os fins do artigo anterior, um registro especial, anexo ao dos jornalistas profissionais, nele inscrevendo os que satisfaçam os requisitos das alíneas *a*, *b* e *c* do artigo 311 e apresentem prova do exercício de atividade jornalística não profissional, o que poderá ser feito por meio de atestado de associação cultural, científica ou religiosa idônea.

§ 2º O pedido de registro será submetido a despacho do ministro que, em cada caso, apreciará o valor da prova oferecida.

§ 3º O registro de que trata o presente artigo tem caráter puramente declaratório e não implica no reconhecimento de direitos que decorrem do exercício remunerado e profissional do jornalismo.

Art. 314. *(Revogado pelo Dec.-lei 972/1969).*

Art. 315. O Governo Federal, de acordo com os governos estaduais, promoverá a criação de escolas de preparação ao jornalismo, destinadas à formação dos profissionais da imprensa.

Art. 316. A empresa jornalística que deixar de pagar pontualmente, e na forma acordada, os salários devidos a seus empregados, terá suspenso o seu funcionamento, até que se efetue o pagamento devido.

Parágrafo único. Para os efeitos do cumprimento deste artigo deverão os prejudicados reclamar contra a falta de pagamento perante a autoridade competente e, proferida a condenação, desde que a empresa não a cumpra, ou, em caso de recurso, não deposite o valor da indenização, a autoridade que proferir a condenação oficiará à autoridade competente, para a suspensão da circulação do jornal.

Em igual pena de suspensão incorrerá a empresa que deixar de recolher as contribuições devidas às instituições de previdência social.

→ v. Dec.-lei 368/1968 – Efeitos dos débitos salariais.

Seção XII
Dos professores

→ v. Súmulas 10 e 351 do TST.

→ v. OJs SDI-I 65, 206, 244 e 393 do TST.

Art. 317. O exercício remunerado do magistério, em estabelecimentos particulares de ensino, exigirá apenas habilitação legal e registro no Ministério da Educação.

→ Artigo com redação alterada pela Lei 7.855/1989.

Art. 318. Num mesmo estabelecimento de ensino não poderá o professor dar, por dia, mais de quatro aulas consecutivas, nem mais de seis, intercaladas.

Art. 319. Aos professores é vedado, aos domingos, a regência de aulas e o trabalho em exames.

Art. 320. A remuneração dos professores será fixada pelo número de aulas semanais, na conformidade dos horários.

→ v. Súmula 351 do TST.

§ 1º O pagamento far-se-á mensalmente, considerando-se para este efeito cada mês constituído de quatro semanas e meia.

§ 2º Vencido cada mês, será descontada, na remuneração dos professores, a importância correspondente ao número de aulas a que tiverem faltado.

§ 3º Não serão descontadas, no decurso de 9 (nove) dias, as faltas verificadas por motivo de gala ou de luto em consequência de falecimento do cônjuge, do pai ou mãe, ou de filho.

Art. 321. Sempre que o estabelecimento de ensino tiver necessidade de aumentar o número de aulas marcado nos horários, remunerará o professor, findo cada mês, com uma importância correspondente ao número de aulas excedentes.

→ *v.* Art. 318 da CLT.

Art. 322. No período de exames e no de férias escolares, é assegurado aos professores o pagamento, na mesma periodicidade contratual, da remuneração por eles percebida, na conformidade dos horários, durante o período de aulas.

→ *Caput* com redação alterada pela Lei 9.013/1995.

§ 1º Não se exigirá dos professores, no período de exames, a prestação de mais de 8 (oito) horas de trabalho diário, salvo mediante o pagamento complementar de cada hora excedente pelo preço correspondente ao de uma aula.

§ 2º No período de férias, não se poderá exigir dos professores outro serviço senão o relacionado com a realização de exames.

§ 3º Na hipótese de dispensa sem justa causa, ao término do ano letivo ou no curso das férias escolares, é assegurado ao professor o pagamento a que se refere o *caput* deste artigo.

→ § 3º acrescentado pela Lei 9.013/1995.

→ *v.* Súmula 10 do TST.

Art. 323. Não será permitido o funcionamento do estabelecimento particular de ensino que não remunere condignamente os seus professores, ou não lhes pague pontualmente a remuneração de cada mês.

Parágrafo único. Compete aos Ministérios da Educação e da Cultura fixar os critérios para a determinação da condigna remuneração devida aos professores bem como assegurar a execução do preceito estabelecido no presente artigo.

Art. 324. *(Revogado pela Lei 7.855/1989).*

Seção XIII
Dos químicos

→ *v.* Lei 2.800/1956 – Conselhos Federal e Regionais de Química.

Art. 325. É livre o exercício da profissão de químico em todo o território da República, observadas as condições de capacidade técnica e outras exigências previstas na presente Seção:

a) aos possuidores de diploma de químico, químico industrial, químico industrial agrícola ou engenheiro químico, concedido, no Brasil, por escola oficial ou oficialmente reconhecida;

b) aos diplomados em química por instituto estrangeiro de ensino superior, que tenham, de acordo com a lei e a partir de 14 de julho de 1934, revalidado os seus diplomas;

c) aos que, ao tempo da publicação do Dec. 24.693, de 12 de julho de 1934, se achavam no exercício efetivo de função pública ou particular, para a qual seja exigida a qualidade de químico, e que tenham requerido o respectivo registro até a extinção do prazo fixado pelo Dec.-lei 2.298, de 10 de junho de 1940.

§ 1º Aos profissionais incluídos na alínea *c* deste artigo, se dará, para os efeitos da presente Seção, a denominação de "licenciados".

§ 2º O livre exercício da profissão de que trata o presente artigo só é permitido a estrangeiros, quando compreendidos:

a) nas alíneas *a* e *b*, independentemente de revalidação do diploma, se exerciam, legitimamente, na República, a profissão de químico quando da data da promulgação da Constituição de 1934;

b) na alínea *b*, se a seu favor militar a existência de reciprocidade internacional, admitida em lei, para o reconhecimento dos respectivos diplomas;

c) na alínea *c*, satisfeitas as condições nela estabelecidas.

§ 3º O livre exercício da profissão a brasileiros naturalizados está subordinado à prévia prestação do serviço militar, no Brasil.

§ 4º Só aos brasileiros natos é permitida a revalidação dos diplomas de químicos, expedidos por institutos estrangeiros de ensino superior.

→ *v.* Art. 12, § 2º, da CF/1988.

Art. 326. Todo aquele que exercer ou pretender exercer as funções de químico é obrigado ao uso de Carteira de Trabalho e Previdência Social, devendo os profissionais que se encontrarem nas condições das alíneas *a* e *b* do art. 325 registrar os seus diplomas de acordo com a legislação vigente.

§ 1º A requisição de Carteiras de Trabalho e Previdência Social para uso dos químicos, além do disposto no capítulo "Da Identificação Profissional", somente será processada mediante apresentação dos seguintes documentos que provem:

→ *v.* Dec.-lei 926/1969 – Carteira de Trabalho e Previdência Social.

a) ser o requerente brasileiro, nato ou naturalizado, ou estrangeiro;

→ *v.* Art. 12, § 2º, da CF/1988.

b) estar, se for brasileiro, de posse dos direitos civis e políticos;

c) ter diploma de químico, químico industrial, químico industrial agrícola ou engenheiro químico, expedido por escola superior oficial ou oficializada;

d) ter, se diplomado no estrangeiro, o respectivo diploma revalidado nos termos da lei;

e) haver, o que for brasileiro naturalizado, prestado serviço militar no Brasil;

f) achar-se o estrangeiro, ao ser promulgada a Constituição de 1934, exercendo legitimamente, na República, a profissão de químico, ou concorrer a seu favor a existência de reciprocidade internacional, admitida em lei, para o reconhecimento dos diplomas dessa especialidade.

§ 2º A requisição de que trata o parágrafo anterior deve ser acompanhada:

a) do diploma devidamente autenticado, no caso da alínea *b* do artigo precedente, e com as firmas reconhecidas no país de origem na Secretaria de Estado das Relações Exteriores, ou da respectiva certidão, bem como do título de revalidação, ou certidão respectiva, de acordo com a legislação em vigor;

b) do certificado ou atestado comprobatório de se achar o requerente, na hipótese da alínea *c* do referido artigo, ao tempo da publicação do Dec. 24.693, de 12 de julho de 1934, no exercício efetivo de função pública, ou particular, para a qual seja exigida a qualidade de químico, devendo esses documentos ser autenticados pelo Delegado Regional do Trabalho, quando se referirem a requerentes moradores nas capitais dos Estados, ou coletor federal, no caso de residirem os interessados nos municípios do interior;

c) de três exemplares de fotografia exigida pelo art. 329 e de uma folha com as declarações que devem ser lançadas na Carteira de Trabalho e Previdência Social, de conformidade com o disposto nas alíneas do mesmo artigo e seu parágrafo único.

§ 3º Reconhecida a validade dos documentos apresentados, o Serviço de Identificação Profissional do Departamento Nacional do Trabalho, no Distrito Federal, ou os órgãos regionais do Ministério do Trabalho, Indústria e Comércio, nos Estados e no Território do Acre, registrarão, em livros próprios, os documentos a que se refere a alínea *c* do § 1º e, juntamente com a Carteira de Trabalho e Previdência Social emitida, os devolverão ao interessado.

→ *v.* Art. 35, IV, do Dec.-lei 229/1967.

→ *v.* Lei 2.800/1956 – Conselhos Federal e Regionais de Química.

Art. 327. Além dos emolumentos fixados no Capítulo "Da Identificação Profissional", o registro do diploma fica sujeito à taxa de Cr$ 30,00 (trinta cruzeiros).

→ *v.* Lei 2.800/1956 – Conselhos Federal e Regionais de Química.

Art. 328. Só poderão ser admitidos a registro os diplomas, certificados de diplomas, cartas e outros títulos, bem como atestados e certificados que estiverem na devida forma e cujas firmas hajam sido regularmente reconhecidas por tabelião público e, sendo estrangeiros, pela Secretaria do Estado das Relações Exteriores, acompanhados estes últimos da respectiva tradução, feita por intérprete comercial brasileiro.

Parágrafo único. O Departamento Nacional do Trabalho e as Delegacias Regionais do Ministério do Trabalho, Indústria e Comércio, nos Estados, publicarão, periodicamente, a lista dos químicos registrados na forma desta Seção.

→ *v.* Lei 2.800/1956 – Conselhos Federal e Regionais de Química.

→ *v.* Art. 35, IV, do Dec.-lei 229/1967.

Art. 329. A cada inscrito, e como documento comprobatório do registro, será fornecida pelo Departamento Nacional do Trabalho, no Distrito Federal, ou pelas Delegacias Regionais, nos Estados e no Território do Acre, uma Carteira de Trabalho e Previdência Social numerada, que, além da fotografia, medindo 3 (três) por 4 (quatro) centímetros, tirada de frente, com a cabeça descoberta, e das impressões do polegar, conterá as declarações seguintes:

→ *v.* Art. 15 da Lei 2.800/1956.

→ *v.* Art. 35, IV, do Dec.-lei 229/1967.

a) o nome por extenso;

b) a nacionalidade e, se estrangeiro, a circunstância de ser ou não naturalizado;

c) a data e lugar do nascimento;

d) a denominação da escola em que houver feito o curso;

e) a data da expedição do diploma e o número do registro no respectivo Conselho Regional de Química;

f) a data da revalidação do diploma, se de instituto estrangeiro;

g) a especificação, inclusive data, de outro título ou títulos de habilitação;

h) a assinatura do inscrito.

Parágrafo único. A carteira destinada aos profissionais a que se refere o § 1º do art. 325 deverá, em vez das declarações indicadas nas alíneas *d*, *e* e *f* deste artigo, e além do título – licenciado – posto em destaque, conter a menção do título de nomeação ou admissão e respectiva data, se funcionário público, ou do atestado relativo ao exercício, na qualidade de químico, de um cargo em empresa particular, com designação desta e da data inicial do exercício.

Art. 330. A Carteira de Trabalho e Previdência Social, expedida nos termos desta Seção, é obrigatória para o exercício da profissão, substitui em todos os casos o diploma ou título e servirá de carteira de identidade.

→ Artigo com redação alterada pelo Dec.-lei 5.922/1943.

Art. 331. Nenhuma autoridade poderá receber impostos relativos ao exercício profissional de químico, senão à vista da prova de que o interessado se acha registrado de acordo com a presente Seção, e essa prova será também exigida para a realização de concursos periciais e todos os outros atos oficiais que exijam capacidade técnica de químico.

Art. 332. Quem, mediante anúncios, placas, cartões comerciais ou outros meios capazes de ser identificados, se propuser ao exercício da química, em qualquer dos seus ramos, sem que esteja devidamente registrado, fica sujeito às penalidades aplicáveis ao exercício ilegal da profissão.

Art. 333. Os profissionais a que se referem os dispositivos anteriores só poderão exercer legalmente as funções de químicos depois de satisfazerem as obrigações constantes do art. 330 desta Seção.

Art. 334. O exercício da profissão de químico compreende:

a) a fabricação de produtos e subprodutos químicos em seus diversos graus de pureza;

b) a análise química, a elaboração de pareceres, atestados e projetos da especialidade e sua execução, perícia civil ou judiciária sobre essa matéria, a direção e a responsabilidade de laboratórios ou departamentos químicos, de indústria e empresas comerciais;

c) o magistério nas cadeiras de química dos cursos superiores especializados em química;

d) a engenharia química.

§ 1º Aos químicos, químicos industriais e químicos industriais agrícolas que estejam nas condições estabelecidas no art. 325, alíneas *a* e *b*, compete o exercício das atividades definidas nos itens *a*, *b* e *c* deste artigo, sendo privativa dos engenheiros químicos a do item *d*.

§ 2º Aos que estiverem nas condições do art. 325, alíneas *a* e *b*, compete, como aos diplomados em medicina ou farmácia, as atividades definidas no art. 2º, alíneas *d*, *e* e *f* do Decreto 20.377, de 8 de setembro de 1931, cabendo aos agrônomos e engenheiros agrônomos as que se acham especificadas no art. 6º, alínea *h*, do Dec. 23.196, de 12 de outubro de 1933.

Art. 335. É obrigatória a admissão de químicos nos seguintes tipos de indústria:

a) de fabricação de produtos químicos;

b) que mantenham laboratório de controle químico;

c) de fabricação de produtos industriais que são obtidos por meio de reações químicas dirigidas, tais como: cimento, açúcar e álcool, vidro, curtume, massas plásticas artificiais, explosivos, derivados de carvão ou de petróleo, refinação de óleos vegetais ou minerais, sabão, celulose e derivados.

Art. 336. No preenchimento de cargos públicos, para os quais se faz mister a qualidade de químico, ressalvadas as especializações referidas no § 2º do art. 334, a partir da data da publicação do Dec. 24.693, de 12 de julho de 1934, requer-se, como condição essencial, que os candidatos previamente hajam satisfeito as exigências do art. 333 desta Seção.

Art. 337. Fazem fé pública os certificados de análises químicas, pareceres, atestados, laudos de perícias e projetos relativos a essa especialidade, assinados por profissionais que satisfaçam as condições estabelecidas nas alíneas *a* e *b* do art. 325.

Art. 338. É facultado aos químicos que satisfizerem as condições constantes do art. 325, alíneas *a* e *b*, o ensino da especialidade a que se dedicarem, nas escolas superiores, oficiais ou oficializadas.

Parágrafo único. Na hipótese de concurso para o provimento de cargo ou emprego público, os químicos a que este artigo se refere terão preferência, em igualdade de condições.

Art. 339. O nome do químico responsável pela fabricação dos produtos de uma fábrica, usina ou laboratório deverá figurar nos respectivos rótulos, faturas e anúncios, compreendida entre estes últimos a legenda impressa em cartas e sobrecartas.

Art. 340. Somente os químicos habilitados, nos termos do art. 325, alíneas *a* e *b*, poderão ser nomeados ex officio para os exames periciais de fábricas, laboratórios e usinas e de produtos aí fabricados.

Parágrafo único. Não se acham compreendidos no artigo anterior os produtos farmacêuticos e os laboratórios de produtos farmacêuticos.

Art. 341. Cabe aos químicos habilitados, conforme estabelece o art. 325, alíneas *a* e *b*, a execução de todos os serviços que, não especificados no presente regulamento, exijam por sua natureza o conhecimento de química.

Art. 342. A fiscalização do exercício da profissão de químico incumbe ao Departamento Nacional do Trabalho no Distrito Federal e às autoridades regionais do Ministério do Trabalho, Indústria e Comércio, nos Estados e Território do Acre.

→ *v.* Lei 2.800/1956 – Conselhos Federal e Regionais de Química.

→ *v.* Art. 35, IV, do Dec.-lei 229/1967.

Art. 343. São atribuições dos órgãos de fiscalização:

a) examinar os documentos exigidos para o registro profissional de que trata o art. 326 e seus §§ 1º e 2º e o art. 327, proceder à respectiva inscrição e indeferir o pedido dos interessados que não satisfizerem as exigências desta Seção;

→ *v.* Lei 2.800/1956 – Conselhos Federal e Regionais de Química.

b) registrar as comunicações e contratos, a que aludem o art. 350 e seus parágrafos, e dar as respectivas baixas;

c) verificar o exato cumprimento das disposições desta Seção, realizando as investigações que forem necessárias, bem como o exame dos arquivos, livros de escrituração, folhas de pagamento, contratos e outros documentos de uso de firmas ou empresas industriais ou comerciais, em cujos serviços tome parte um ou mais profissionais que desempenhem função para a qual se deva exigir a qualidade de químico.

Art. 344. Aos sindicatos de químicos devidamente reconhecidos é facultado auxiliar a fiscalização, no tocante à observação da alínea *c* do artigo anterior.

→ *v.* Lei 2.800/1956 – Conselhos Federal e Regionais de Química.

Art. 345. Verificando-se, pelo Ministério do Trabalho, Indústria e Comércio serem falsos os diplomas ou outros títulos dessa natureza, atestados, certificados e quaisquer documentos exibidos para os fins de que trata esta Seção, incorrerão os seus autores e cúmplices nas penalidades estabelecidas em lei.

→ *v.* Art. 35, I e II, do Dec.-lei 229/1967.

→ *v.* Art. 15 da Lei 2.800/1956.

→ *v.* Art. 297 do CP.

Parágrafo único. A falsificação de diploma ou outros quaisquer títulos, uma vez verificada, implicará a instauração, pelo respectivo Conselho Regional de Química, do processo que no caso couber.

Art. 346. Será suspenso do exercício de suas funções, independentemente de outras penas em que possa incorrer, o químico, inclusive o licenciado, que incidir em alguma das seguintes faltas:

→ *v.* Resolução Normativa CFQ 241/2011 – Regulamenta o art. 346 da CLT.

a) revelar improbidade profissional, dar falso testemunho, quebrar o sigilo profissional e promover falsificações, referentes à prática de atos de que trata esta Seção;

b) concorrer com seus conhecimentos científicos para a prática de crime ou atentado contra a pátria, a ordem social ou a saúde pública;

c) deixar, no prazo marcado nesta Seção, de requerer a revalidação e registro do diploma estrangeiro, ou o seu registro profissional no respectivo Conselho Regional de Química.

Parágrafo único. O tempo de suspensão a que alude este artigo variará entre 1 (um) mês e 1 (um) ano, a critério do Departamento Nacional do Trabalho, após processo regular, ressalvada a ação da justiça pública.

→ *v.* Art. 15 da Lei 2.800/1956.

→ *v.* Art. 35, IV, do Dec.-lei 229/1967.

Art. 347. Aqueles que exercerem a profissão de químico sem ter preenchido as condições do art. 325 e suas alíneas, nem promovido o seu registro, nos termos do art. 326, incorrerão na multa de 2/5 (dois quintos) do salário mínimo a dez salários mínimos regionais, que será elevada ao dobro, no caso de reincidência.

→ *v.* Portaria do MTb 290/1997 – Aprova normas para a imposição de multas administrativas previstas na legislação trabalhista.

Art. 348. Aos licenciados a que alude o § 1º do art. 325 poderão, por ato do Departamento Nacional do Trabalho, sujeito à aprovação do Ministro, ser cassadas as garantias asseguradas por esta Seção, desde que interrompam, por motivo de falta prevista no art. 346, a função pública ou particular em que se encontravam por ocasião da publicação do Decreto nº 24.693, de 12 de julho de 1934.

→ v. Art. 15 da Lei 2.800/1956.

→ v. Art. 35, IV, do Dec.-lei 229/1967.

Art. 349. O número de químicos estrangeiros a serviço de particulares, empresas ou companhias não poderá exceder de 1/3 (um terço) ao dos profissionais brasileiros compreendidos nos respectivos quadros.

Art. 350. O químico que assumir a direção técnica ou cargo de químico de qualquer usina, fábrica, ou laboratório industrial ou de análise deverá, dentro de 24 (vinte e quatro) horas e por escrito, comunicar essa ocorrência ao órgão fiscalizador, contraindo, desde essa data, a responsabilidade da parte técnica referente à sua profissão, assim como a responsabilidade técnica dos produtos manufaturados.

§ 1º Firmando-se contrato entre o químico e o proprietário da usina, fábrica ou laboratório, será esse documento apresentado, dentro do prazo de 30 (trinta) dias, para registro, ao órgão fiscalizador.

§ 2º Comunicação idêntica à de que trata a primeira parte deste artigo fará o químico quando deixar a direção técnica ou o cargo de químico, em cujo exercício se encontrava, a fim de ressalvar a sua responsabilidade e fazer-se o cancelamento do contrato. Em caso de falência do estabelecimento, a comunicação será feita pela firma proprietária.

Seção XIV
Das penalidades

Art. 351. Os infratores dos dispositivos do presente Capítulo incorrerão na multa de 50 (cinquenta) a 5.000 (cinco mil) cruzeiros, segundo a natureza da infração, sua extensão e a intenção de quem a praticou, aplicada em dobro no caso de reincidência, oposição à fiscalização ou desacato à autoridade.

→ v. Portaria do MTb 290/1997 – Aprova normas para a imposição de multas administrativas previstas na legislação trabalhista.

Parágrafo único. São competentes para impor penalidades as autoridades de primeira instância incumbidas da fiscalização dos preceitos constantes do presente Capítulo.

Capítulo II
DA NACIONALIZAÇÃO DO TRABALHO

Seção I
Da proporcionalidade de empregados brasileiros

→ v. Art. 12, § 2º, da CF/1988.

Art. 352. As empresas, individuais ou coletivas, que explorem serviços públicos dados em concessão, ou que exerçam atividades industriais ou comerciais, são obrigadas a manter, no quadro do seu pessoal, quando composto de três ou mais empregados, uma proporção de brasileiros não inferior à estabelecida no presente Capítulo.

→ v. Art. 5º, XIII, da CF/1988.

§ 1º Sob a denominação geral de atividades industriais e comerciais compreendem-se, além de outras que venham a ser determinadas em portaria do Ministro do Trabalho, Indústria e Comércio, as exercidas:

a) nos estabelecimentos industriais em geral;

b) nos serviços de comunicações, de transportes terrestres, marítimos, fluviais, lacustres e aéreos;

c) nas garagens, oficinas de reparos e postos de abastecimento de automóveis e nas cocheiras;

d) na indústria da pesca;

e) nos estabelecimentos comerciais em geral;

f) nos escritórios comerciais em geral;

g) nos estabelecimentos bancários, ou de economia coletiva, nas empresas de seguros e nas de capitalização;

h) nos estabelecimentos jornalísticos, de publicidade e de radiodifusão;

i) nos estabelecimentos de ensino remunerado, excluídos os que neles trabalhem por força de voto religioso;

j) nas drogarias e farmácias;

k) nos salões de barbeiro ou cabeleireiro e de beleza;

l) nos estabelecimentos de diversões públicas, excluídos os elencos teatrais, e nos clubes esportivos;

m) nos hotéis, restaurantes, bares e estabelecimentos congêneres;

n) nos estabelecimentos hospitalares e fisioterápicos cujos serviços sejam remunerados, excluídos os que neles trabalhem por força de voto religioso;

o) nas empresas de mineração;

p) nas autarquias, empresas públicas, sociedades de economia mista e demais órgãos da Administração Pública, direta ou indireta, que tenham em seus quadros de pessoal empregados regidos pela Consolidação das Leis do Trabalho.

§ 2º Não se acham sujeitas às obrigações da proporcionalidade as indústrias rurais, as que, em zona agrícola, se destinem ao beneficiamento ou transformação de produtos da região e as atividades industriais de natureza extrativa, salvo a mineração.

Art. 353. Equiparam-se aos brasileiros, para os fins deste Capítulo, ressalvado o exercício de profissões reservadas aos brasileiros natos ou aos brasileiros em geral, os estrangeiros que, residindo no País há mais de 10 (dez) anos, tenham cônjuge ou filho brasileiro, e os portugueses.

→ Artigo com redação alterada pela Lei 6.651/1979.

→ v. Art. 12, § 3º, da CF/1988.

Art. 354. A proporcionalidade será de 2/3 (dois terços) de empregados brasileiros, podendo, entretanto, ser fixada proporcionalidade inferior, em atenção às circunstâncias especiais de cada atividade, mediante ato do Poder Executivo, e depois de devidamente apurada pelo Departamento Nacional do Trabalho e pelo Serviço de Estatística de Previdência e Trabalho a insuficiência do número de brasileiros na atividade de que se tratar.

→ v. Art. 35, IV, do Dec.-lei 229/1967.

→ v. Decreto 5.063/2004 – Estrutura Regimental e o Quadro Demonstrativo dos Cargos em Comissão e das Funções Gratificadas do Ministério do Trabalho e Emprego.

Parágrafo único. A proporcionalidade é obrigatória não só em relação à totalidade do quadro de empregados, com as exceções desta Lei, como ainda em relação à correspondente folha de salários.

Art. 355. Consideram-se como estabelecimentos autônomos, para os efeitos da proporcionalidade a ser observada, as sucursais, filiais e agências em que trabalhem três ou mais empregados.

Art. 356. Sempre que uma empresa ou indivíduo explore atividades sujeitas a proporcionalidades diferentes, observar-se-á, em relação a cada uma delas, a que lhe corresponder.

Art. 357. Não se compreendem na proporcionalidade os empregados que exerçam funções técnicas especializadas, desde que, a juízo do Ministério do Trabalho, Indústria e Comércio, haja falta de trabalhadores nacionais.

Art. 358. Nenhuma empresa, ainda que não sujeita à proporcionalidade, poderá pagar a brasileiro que exerça função análoga, a juízo do Ministério do Trabalho, Indústria e Comércio, à que é exercida por estrangeiro a seu serviço, salário inferior ao deste, excetuando-se os casos seguintes:

a) quando, nos estabelecimentos que não tenham quadros de empregados organizados em carreira, o brasileiro contar menos de 2 (dois) anos de serviço, e o estrangeiro mais de 2 (dois) anos;

b) quando, mediante aprovação do Ministério do Trabalho, Indústria e Comércio, houver quadro organizado em carreira em que seja garantido o acesso por antiguidade;

c) quando o brasileiro for aprendiz, ajudante ou servente, e não o for o estrangeiro;

d) quando a remuneração resultar de maior produção, para os que trabalham a comissão ou por tarefa.

Parágrafo único. Nos casos de falta ou cessação de serviço, a dispensa do empregado estrangeiro deve preceder à de brasileiro que exerça função análoga.

Seção II
Das relações anuais de empregados

Art. 359. Nenhuma empresa poderá admitir a seu serviço empregado estrangeiro sem que este exiba a carteira de identidade de estrangeiro devidamente anotada.

Parágrafo único. A empresa é obrigada a assentar no registro de empregados os dados referentes à nacionalidade de qualquer empregado estrangeiro e o número da respectiva carteira de identidade.

Art. 360. Toda empresa compreendida na enumeração do art. 352, § 1º, deste Capítulo, qualquer que seja o número de seus empregados, deve apresentar anualmente às repartições competentes do Ministério do Trabalho, Indústria e Comércio, de 2 de maio a 30 de junho, uma relação em duas vias, de todos os seus empregados, segundo o modelo que for expedido.

→ *Caput* com redação retificada pelo Dec.-lei 6.353/1944.

§ 1º As relações terão, na 1ª via, o selo de três cruzeiros pela folha inicial e dois cruzeiros por folha excedente, além do selo do Fundo de Educação, e nelas será assinalada, em tinta vermelha, a modificação havida com referência à última relação apresentada. Se se tratar de nova empresa, a relação, encimada pelos dizeres – Primeira Relação – deverá ser feita dentro de 30 (trinta) dias de seu registro no Departamento Nacional da Indústria e Comércio ou repartições competentes.

§ 2º A entrega das relações far-se-á diretamente às repartições competentes do Ministério do Trabalho, Indústria e Comércio ou, onde não as houver, às Coletorias Federais, que as remeterão desde logo àquelas repartições. A entrega operar-se-á contra recibo especial, cuja exibição é obrigatória, em caso de fiscalização, enquanto não for devolvida ao empregador a via autenticada da declaração.

§ 3º Quando não houver empregado far-se-á declaração negativa.

Art. 361. Apurando-se, das relações apresentadas, qualquer infração, será concedido ao infrator o prazo de 10 (dez) dias para defesa, seguindo-se o despacho pela autoridade competente.

Art. 362. As repartições às quais competir a fiscalização do disposto no presente Capítulo manterão fichário especial de empresas, do qual constem as anotações referentes ao respectivo cumprimento, e fornecerão aos interessados as certidões de quitação que se tornarem necessárias, no prazo de 30 (trinta) dias, contados da data do pedido.

→ Artigo com redação alterada pelo Dec.-lei 229/1967.

§ 1º As certidões de quitação farão prova até 30 de setembro do ano seguinte àquele a que se referirem e estarão sujeitas à taxa correspondente a 1/10 (um décimo) do valor de referência regional. Sem elas nenhum fornecimento ou contrato poderá ser feito com o Governo da União, dos Estados ou Municípios, ou com as instituições paraestatais a eles subordinadas, nem será renovada autorização à empresa estrangeira para funcionar no País.

→ *V.* Art. 1º, III, da Lei 8.522/1992, que extinguiu a "Taxa pelo Fornecimento de Certidões de Quitação".

§ 2º A primeira via da relação, depois de considerada pela repartição fiscalizadora, será remetida anualmente ao Departamento Nacional de Mão de obra (DNMO), como subsídio ao estudo das condições de mercado de trabalho, de um modo geral, e, em particular, no que se refere à mão de obra qualificada.

§ 3º A segunda via da relação será devolvida à empresa, devidamente autenticada.

Seção III
Das penalidades

Art. 363. O processo das infrações do presente Capítulo obedecerá ao disposto no Título "Do Processo de Multas Administrativas", no que lhe for aplicável, com observância dos modelos de auto a serem expedidos.

Art. 364. As infrações do presente Capítulo serão punidas com a multa de 100 (cem) a 10.000 (dez mil) cruzeiros.

→ *V.* Portaria do MTb 290/1997 – Aprova normas para a imposição de multas administrativas previstas na legislação trabalhista.

Parágrafo único. Em se tratando de empresa concessionária de serviço público, ou de sociedade estrangeira autorizada a funcionar no País, se a infratora, depois de multada, não atender afinal ao cumprimento do texto infringido, poderá ser-lhe cassada a concessão ou autorização.

Seção IV
Disposições gerais

Art. 365. O presente Capítulo não derroga as restrições vigentes quanto às exigências de nacionalidade brasileira para o exercício de determinadas profissões nem as que vigoram para as faixas de fronteiras, na conformidade da respectiva legislação.

Art. 366. Enquanto não for expedida a carteira a que se refere o art. 359 deste Capítulo, valerá, a título precário, como documento hábil, uma certidão, passada pelo serviço competente do Registro de Estrangeiros, provando que o empregado requereu sua permanência no País.

Art. 367. A redução a que se refere o art. 354, enquanto o Serviço de Estatística da Previdência e Trabalho não dispuser dos dados estatísticos necessários à fixação da proporcionalidade conveniente para cada atividade, poderá ser feita por ato do Ministro do Trabalho, Indústria e Comércio mediante representação fundamentada da associação sindical.

Parágrafo único. O Serviço de Estatística da Previdência e Trabalho, deverá promover, e manter em dia, estudos necessários aos fins do presente Capítulo.

Seção V
Das disposições especiais sobre a nacionalização da marinha mercante

→ *V.* Art. 12, § 2º, da CF/1988.

→ *V.* Lei 6.192/1974 – Restrições a brasileiros naturalizados.

Art. 368. O comando de navio mercante nacional só poderá ser exercido por brasileiro nato.

Art. 369. A tripulação de navio ou embarcação nacional será constituída, pelo menos, de 2/3 (dois terços) de brasileiros natos.

→ Artigo com redação alterada pela Lei 5.683/1971.

Parágrafo único. O disposto neste artigo não se aplica aos navios nacionais de pesca, sujeitos à legislação específica.

Art. 370. As empresas de navegação organizarão as relações dos tripulantes das respectivas embarcações, enviando-as, no prazo a que se refere a Seção II deste Capítulo, à Delegacia do Trabalho Marítimo onde as mesmas tiverem sede.

→ *V.* Lei 7.731/1989 – Extinguiu o cargo de Delegado do Trabalho Marítimo.

Parágrafo único. As relações a que alude o presente artigo obedecerão, na discriminação hierárquica e funcional do pessoal embarcadiço, ao quadro aprovado pelo regulamento das Capitanias dos Portos.

Art. 371. A presente Seção é também aplicável aos serviços de navegação fluvial e lacustre e à praticagem nas barras, portos, rios, lagos e canais.

Capítulo III
DA PROTEÇÃO DO TRABALHO DA MULHER

→ *V.* Lei 9.029/1995 – Proíbe a exigência de atestados de gravidez e esterilização, e outras práticas discriminatórias, para efeitos admissionais ou de permanência da relação jurídica de trabalho.

Seção I
Da duração, condições do trabalho e da discriminação contra a mulher

→ Rubrica da Seção I com redação alterada pela Lei 9.799/1999.

Art. 372. Os preceitos que regulam o trabalho masculino são aplicáveis ao trabalho feminino, naquilo em que não colidirem com a proteção especial instituída por este Capítulo.

Parágrafo único. Não é regido pelos dispositivos a que se refere este artigo o trabalho nas oficinas em que sirvam exclusivamente pessoas da família da mulher e esteja esta sob a direção do esposo, do pai, da mãe, do tutor ou do filho.

Art. 373. A duração normal de trabalho da mulher será de 8 (oito) horas diárias, exceto nos casos para os quais for fixada duração inferior.

Art. 373-A. Ressalvadas as disposições legais destinadas a corrigir as distorções que afetam o acesso da mulher ao mercado de trabalho e certas especificidades estabelecidas nos acordos trabalhistas, é vedado:

→ Artigo acrescentado pela Lei 9.799/1999.

I – publicar ou fazer publicar anúncio de emprego no qual haja referência ao sexo, à idade, à cor ou situação familiar, salvo quando a natureza da atividade a ser exercida, pública e notoriamente, assim o exigir;

II – recusar emprego, promoção ou motivar a dispensa do trabalho em razão de sexo, idade, cor, situação familiar ou estado de gravidez, salvo quando a natureza da atividade seja notória e publicamente incompatível;

III – considerar o sexo, a idade, a cor ou situação familiar como variável determinante para fins de remuneração, formação profissional e oportunidades de ascensão profissional;

IV – exigir atestado ou exame, de qualquer natureza, para comprovação de esterilidade ou gravidez, na admissão ou permanência no emprego;

V – impedir o acesso ou adotar critérios subjetivos para deferimento de inscrição ou aprovação em concursos, em empresas privadas, em razão de sexo, idade, cor, situação familiar ou estado de gravidez;

VI – proceder o empregador ou preposto a revistas íntimas nas empregadas ou funcionárias.

Parágrafo único. O disposto neste artigo não obsta a adoção de medidas temporárias que visem ao estabelecimento das políticas de igualdade entre homens e mulheres, em particular as que se destinam a corrigir as distorções que afetam a formação profissional, o acesso ao emprego e as condições gerais de trabalho da mulher.

→ *V.* Súmula Vinculante 23 do STF.

→ *V.* Súmula 392 do TST.

→ *V.* Art. 114 da CF/1988 que dispõe que "a Justiça do Trabalho é competente para dirimir controvérsias referentes à indenização por dano moral, quando decorrente da relação de trabalho".

Arts. 374 e 375. *(Revogados pela Lei 7.855/19890).*

Art. 376. *(Revogado pela Lei 10.244/2001).*

Art. 377. A adoção de medidas de proteção ao trabalho das mulheres é considerada de ordem pública, não justificando, em hipótese alguma, a redução de salário.

Art. 378. *(Revogado pela Lei 7.855/1989).*

Seção II
Do trabalho noturno

Art. 379. *(Revogados pela Lei 7.855/1989).*

Art. 380. *(Revogado pela Lei 7.855/1989).*

Art. 381. O trabalho noturno das mulheres terá salário superior ao diurno.

→ *v.* Súmulas 213, 214, 313 e 402 do STF.

→ *v.* Art. 7º, IX, da CF/1988.

→ *v.* Art. 73 da CLT.

§ 1º Para os fins desse artigo, os salários serão acrescidos duma percentagem adicional de 20% (vinte por cento) no mínimo.

§ 2º Cada hora do período noturno de trabalho das mulheres terá 52 (cinquenta e dois) minutos e 30 (trinta) segundos.

Seção III
Dos períodos de descanso

Art. 382. Entre duas jornadas de trabalho, haverá um intervalo de 11 (onze) horas consecutivas, no mínimo, destinado ao repouso.

→ *v.* Art. 66 da CLT.

Art. 383. Durante a jornada de trabalho, será concedido à empregada um período para refeição e repouso não inferior a 1 (uma) hora nem superior a 2 (duas) horas, salvo a hipótese prevista no art. 71, § 3º.

→ *v.* Art. 71 da CLT.

Art. 384. Em caso de prorrogação do horário normal, será obrigatório um descanso de 15 (quinze) minutos no mínimo, antes do início do período extraordinário do trabalho.

Art. 385. O descanso semanal será de 24 (vinte e quatro) horas consecutivas e coincidirá no todo ou em parte com o domingo, salvo motivo de conveniência pública ou necessidade imperiosa de serviço, a juízo da autoridade competente, na forma das disposições gerais, caso em que recairá em outro dia.

→ *v.* Art. 67 da CLT.

Parágrafo único. Observar-se-ão, igualmente, os preceitos da legislação geral sobre a proibição de trabalho nos feriados civis e religiosos.

Art. 386. Havendo trabalho aos domingos, será organizada uma escala de revezamento quinzenal, que favoreça o repouso dominical.

Seção IV
Dos métodos e locais de trabalho

Art. 387. *(Revogado pela Lei 7.855/1989).*

Art. 388. Em virtude de exame e parecer da autoridade competente, o Ministro do Trabalho, Indústria e Comércio poderá estabelecer derrogações totais ou parciais às proibições a que alude o artigo anterior, quando tiver desaparecido, nos serviços considerados perigosos ou insalubres, todo e qualquer caráter perigoso ou prejudicial mediante a aplicação de novos métodos de trabalho ou pelo emprego de medidas de ordem preventiva.

→ Com a revogação do art. 387, este artigo não tem aplicabilidade.

Art. 389. Toda empresa é obrigada:

→ Artigo com redação alterada pelo Dec.-lei 229/1967.

I – a prover os estabelecimentos de medidas concernentes à higienização dos métodos e locais de trabalho, tais como ventilação e iluminação e outros que se fizerem necessários à segurança e ao conforto das mulheres, a critério da autoridade competente;

II – a instalar bebedouros, lavatórios, aparelhos sanitários; dispor de cadeiras ou bancos, em número suficiente, que permitam às mulheres trabalhar sem grande esgotamento físico;

III – a instalar vestiários com armários individuais privativos das mulheres, exceto os estabelecimentos comerciais, escritórios, bancos e atividades afins, em que não seja exigida a troca de roupa, e outros, a critério da autoridade competente em matéria de segurança e saúde do trabalho, admitindo-se como suficientes as gavetas ou escaninhos, onde possam as empregadas guardar seus pertences;

IV – a fornecer, gratuitamente, a juízo da autoridade competente, os recursos de proteção individual, tais como óculos, máscaras, luvas e roupas especiais, para a defesa dos olhos, do aparelho respiratório e da pele, de acordo com a natureza do trabalho.

§ 1º Os estabelecimentos em que trabalharem pelo menos trinta mulheres, com mais de 16 (dezesseis) anos de idade, terão local apropriado onde seja permitido às empregadas guardar sob vigilância e assistência os seus filhos no período da amamentação.

→ *v.* Súmula 310 do STJ.

§ 2º A exigência do § 1º poderá ser suprida por meio de creches distritais mantidas, diretamente ou mediante convênios, com outras entidades públicas ou privadas, pelas próprias empresas, em regime comunitário, ou a cargo do SESI, do SESC, da LBA ou de entidades sindicais.

Art. 390. Ao empregador é vedado empregar a mulher em serviço que demande o emprego de força muscular superior a 20 (vinte) quilos para o trabalho contínuo, ou 25 (vinte e cinco) quilos para o trabalho ocasional.

→ *v.* Art. 198 da CLT.

Parágrafo único. Não está compreendida na determinação deste artigo a remoção de material feita por impulsão ou tração de vagonetes sobre trilhos, de carros de mão ou quaisquer aparelhos mecânicos.

Art. 390-A. *(Vetado).*

→ Artigo acrescentado pela Lei 9.799/1999.

Art. 390-B. As vagas dos cursos de formação de mão de obra, ministrados por instituições governamentais, pelos próprios empregadores ou por qualquer órgão de ensino profissionalizante, serão oferecidas aos empregados de ambos os sexos.

→ Artigo acrescentado pela Lei 9.799/1999.

Art. 390-C. As empresas com mais de cem empregados, de ambos os sexos, deverão manter programas especiais de incentivos e aperfeiçoamento profissional da mão de obra.

→ Artigo acrescentado pela Lei 9.799/1999.

Art. 390-D. *(Vetado).*

→ Artigo acrescentado pela Lei 9.799/1999.

Art. 390-E. A pessoa jurídica poderá associar-se a entidade de formação profissional, sociedades civis, sociedades cooperativas, órgãos e entidades públicas ou entidades sindicais, bem como firmar convênios para o desenvolvimento de ações conjuntas, visando à execução de projetos relativos ao incentivo ao trabalho da mulher.

→ Artigo acrescentado pela Lei 9.799/1999.

Seção V
Da proteção à maternidade

→ *v.* Art. 7º, XVIII da CF/1988.

→ *v.* Art. 395 da CLT.

→ *v.* Decreto 7.052/2009 – Regulamenta a Lei no 11.770/2008.

→ *v.* Lei 11.770/2008 – Cria o Programa Empresa Cidadã, destinado à prorrogação da licença-maternidade mediante concessão de incentivo fiscal, e altera a Lei 8.212/1991.

→ *v.* Arts. 71, 71-A, 71-B, 72 e 73, da Lei 8.213/1991.

Art. 391. Não constitui justo motivo para a rescisão do contrato de trabalho da mulher o fato de haver contraído matrimônio ou de encontrar-se em estado de gravidez.

Parágrafo único. Não serão permitidas em regulamentos de qualquer natureza, contratos coletivos ou individuais de trabalho, restrições ao direito da mulher ao seu emprego, por motivo de casamento ou de gravidez.

→ *v.* Lei 9.029/1995 – Proíbe a exigência de atestados de gravidez e esterilização, e outras práticas discriminatórias, para efeitos admissionais ou de permanência da relação jurídica de trabalho.

Art. 391-A. A confirmação do estado de gravidez advindo no curso do contrato de trabalho, ainda que durante o prazo do aviso-prévio trabalhado ou indenizado, garante à empregada gestante a estabilidade provisória prevista na alínea *b* do inciso II do art. 10 do Ato das Disposições Constitucionais Transitórias.

→ Artigo acrescentado pela Lei 12.812/2013.

Art. 392. A empregada gestante tem direito à licença-maternidade de 120 (cento e vinte) dias, sem prejuízo do emprego e do salário.

→ *Caput* com redação alterada pela Lei 10.421/2002.

→ *v.* Súmula 244 do TST.

→ *v.* Art. 7º, XVIII, CF/1988.

→ *v.* Art. 10, II, b, do ADCT.

→ *v.* Lei 11.770/2008 – Programa Empresa Cidadã, destinado à prorrogação da licença-maternidade mediante concessão de incentivo fiscal.

→ *v.* Decreto 7.052/2009 – Regulamenta a Lei 11.770/2008.

§ 1º A empregada deve, mediante atestado médico, notificar o seu empregador da data do início do afastamento do emprego, que poderá ocorrer entre o 28º (vigésimo oitavo) dia antes do parto e ocorrência deste.

→ § 1º com redação alterada pela Lei 10.421/2002.

§ 2º Os períodos de repouso, antes e depois do parto, poderão ser aumentados de duas semanas cada um, mediante atestado médico.

→ § 2º com redação alterada pela Lei 10.421/2002.

§ 3º Em caso de parto antecipado, a mulher terá direito aos 120 (cento e vinte) dias previstos neste artigo.

→ § 3º com redação alterada pela Lei 10.421/2002.

§ 4º É garantido à empregada, durante a gravidez, sem prejuízo do salário e demais direitos:

→ § 4º acrescentado pela Lei 9.799/1999.

I – transferência de função, quando as condições de saúde o exigirem, assegurada a retomada da função anteriormente exercida, logo após o retorno ao trabalho;

II – dispensa do horário de trabalho pelo tempo necessário para a realização de, no mínimo, seis consultas médicas e demais exames complementares.

§ 5º *(Vetado).*

→ § 5º acrescentado pela Lei 10.421/2002.

Art. 392-A. À empregada que adotar ou obtiver guarda judicial para fins de adoção de criança será concedida licença-maternidade nos termos do art. 392.

→ *Caput* com redação alterada pela Lei 12.873/2013.

§ 1º *(Revogado pela Lei 12.010/2009).*

§ 2º *(Revogado pela Lei 12.010/2009).*

§ 3º *(Revogado pela Lei 12.010/2009).*

§ 4º A licença-maternidade só será concedida mediante apresentação do termo judicial de guarda à adotante ou guardiã.

→ § 4º acrescentado pela Lei 10.421/2002.

§ 5º A adoção ou guarda judicial conjunta ensejará a concessão de licença-maternidade a apenas um dos adotantes ou guardiães empregado ou empregada.

→ § 5º acrescentado pela Lei 12.873/2013.

Art. 392-B. Em caso de morte da genitora, é assegurado ao cônjuge ou companheiro empregado o gozo de licença por todo o período da licença-maternidade ou pelo tempo restante a que teria direito a mãe, exceto no caso de falecimento do filho ou de seu abandono.

→ Artigo acrescentado pela Lei 12.873/2013, em vigor 90 (noventa) dias após a data de sua publicação oficial – *D.O.U.* 25.10.2013.

Art. 392-C. Aplica-se, no que couber, o disposto no art. 392-A e 392-B ao empregado que adotar ou obtiver guarda judicial para fins de adoção.

→ Artigo acrescentado pela Lei 12.873/2013.

Art. 393. Durante o período a que se refere o art. 392, a mulher terá direito ao salário integral e, quando variável, calculado de acordo com a média dos seis últimos meses de trabalho, bem como aos direitos e vantagens adquiridos, sendo-lhe ainda facultado reverter à função que anteriormente ocupava.

→ Artigo com redação alterada pelo Dec.-lei 229/1967.

→ *v.* Art. 479 da CLT

Art. 394. Mediante atestado médico, à mulher grávida é facultado romper o compromisso resultante de qualquer contrato de trabalho, desde que este seja prejudicial à gestação.

→ *v.* Art. 10, II, *b*, do ADCT.

Art. 395. Em caso de aborto não criminoso, comprovado por atestado médico oficial, a mulher terá um repouso remunerado de duas semanas, ficando-lhe assegurado o direito de retornar à função que ocupava antes de seu afastamento.

Art. 396. Para amamentar o próprio filho, até que este complete 6 (seis) meses de idade, a mulher terá direito, durante a jornada de trabalho, a dois descansos especiais, de meia hora cada um.

Parágrafo único. Quando o exigir a saúde do filho, o período de 6 (seis) meses poderá ser dilatado, a critério da autoridade competente.

Art. 397. O SESI, o SESC, a LBA e outras entidades públicas destinadas à assistência à infância manterão ou subvencionarão, de acordo com suas possibilidades financeiras, escolas maternais e jardins de infância, distribuídos nas zonas de maior densidade de trabalhadores, destinados especialmente aos filhos das mulheres empregadas.

→ Artigo com redação alterada pelo Dec.-lei 229/1967.

→ *v.* Art. 7º, XVIII, da CF/1988.

→ *v.* Lei 11.770/2008 – Programa Empresa Cidadã destinado à prorrogação da licença-maternidade mediante concessão de incentivo fiscal.

→ *v.* Decreto 7.052/2009 – Regulamenta a Lei 11.770/2008.

Art. 398. *(Revogado pelo Dec.-lei 229/1967).*

Art. 399. O Ministro do Trabalho, Indústria e Comércio conferirá diploma de benemerência aos empregadores que se distinguirem pela organização e manutenção de creches e de instituições de proteção aos menores em idade pré-escolar, desde que tais serviços se recomendem por sua generosidade e pela eficiência das respectivas instalações.

Art. 400. Os locais destinados à guarda dos filhos das operárias durante o período da amamentação deverão possuir, no mínimo, um berçário, uma saleta de amamentação, uma cozinha dietética e uma instalação sanitária.

Seção VI
Das penalidades

Art. 401. Pela infração de qualquer dispositivo deste Capítulo, será imposta ao empregador a multa de cem a mil cruzeiros, aplicada, nesta Capital, pela autoridade competente de 1ª instância do Departamento Nacional do Trabalho, e, nos Estados e Território do Acre, pelas autoridades competentes do Ministério do Trabalho, Indústria e Comércio ou por aquelas que exerçam funções delegadas.

→ *v.* Portaria do MTb 290/1997 – Aprova normas para a imposição de multas administrativas previstas na legislação trabalhista.

→ *v.* Art. 35, I e IV, do Dec.-lei 229/1967.

→ *v.* Lei 4.070/1962 – Eleva o Território do Acre à categoria de Estado.

§ 1º A penalidade será sempre aplicada no grau máximo:

a) se ficar apurado o emprego de artifício ou simulação para fraudar a aplicação dos dispositivos deste Capítulo;

b) nos casos de reincidência.

§ 2º O processo na verificação das infrações, bem como na aplicação e cobrança das multas, será o previsto no Título "Do Processo de Multas Administrativas", observadas as disposições deste artigo.

Art. 401-A. *(Vetado).*

→ Artigo acrescentado pela Lei 9.799/1999.

Art. 401-B. *(Vetado).*

→ Artigo acrescentado pela Lei 9.799/1999.

Capítulo IV
DA PROTEÇÃO DO TRABALHO DO MENOR

Seção I
Disposições gerais

→ *v.* Art. 7º, XXXIII, da CF/1988, que determina a "proibição de trabalho noturno, perigoso ou insalubre a menores de 18 (dezoito) e de qualquer trabalho a menores de 16 (dezesseis) anos, salvo na condição de aprendiz, a partir de 14 (quatorze) anos".

→ *v.* Lei 8.069/1990 – Estatuto da Criança e do Adolescente.

→ *v.* Lei 11.692/2008 – Programa Nacional de Inclusão de Jovens – Projovem.

Art. 402. Considera-se menor para os efeitos desta Consolidação o trabalhador de 14 (quatorze) até 18 (dezoito) anos.

→ *Caput* com redação alterada pela Lei 10.097/2000.

Parágrafo único. O trabalho do menor reger-se-á pelas disposições do presente Capítulo, exceto no serviço em oficinas em que trabalhem exclusivamente pessoas da família do menor e esteja este sob a direção do pai, mãe ou tutor, observado, entretanto, o disposto nos arts. 404, 405 e na Seção II.

→ Parágrafo único com redação alterada pelo Dec.-lei 229/1967.

Art. 403. É proibido qualquer trabalho a menores de 16 (dezesseis) anos de idade, salvo na condição de aprendiz, a partir dos 14 (quatorze) anos.

→ Artigo com redação alterada pela Lei 10.097/2000.

→ *v.* Art. 7º, XXXIII, da CF/1988.

→ *v.* Arts. 424 a 433 da CLT.

Parágrafo único. O trabalho do menor não poderá ser realizado em locais prejudiciais à sua formação, ao seu desenvolvimento físico, psíquico, moral e social e em horários e locais que não permitam a frequência à escola.

a) (Revogada pela Lei 10.097/2000);

b) (Revogada pela Lei 10.097/2000).

Art. 404. Ao menor de 18 (dezoito) anos é vedado o trabalho noturno, considerado este o que for executado no período compreendido entre as 22 (vinte e duas) horas e as 5 (cinco) horas.

→ *v.* Art. 7º, XXXIII, da CF/1988.

Art. 405. Ao menor não será permitido o trabalho:

→ *Caput* com redação alterada pelo Dec.-lei 229/1967.

I – nos locais e serviços perigosos ou insalubres, constantes de quadro para esse fim aprovado pela Secretaria da Segurança e Saúde no Trabalho;

→ Inciso I com redação alterada pelo Dec.-lei 229/1967.

II – em locais ou serviços prejudiciais à sua moralidade.

→ Inciso II com redação alterada pelo Dec.-lei 229/1967.

§ 1º *(Revogado pela Lei 10.097/2000).*

§ 2º O trabalho exercido nas ruas, praças e outros logradouros dependerá de prévia autorização do Juiz da Infância e da Juventude, ao qual cabe verificar se a ocupação é indispensável à sua própria subsistência ou à de seus pais, avós ou irmãos e se dessa ocupação não poderá advir prejuízo à sua formação moral.

→ § 2º com redação alterada pelo Dec.-lei 229/1967.

§ 3º Considera-se prejudicial à moralidade do menor o trabalho:

→ § 3º com redação alterada pelo Dec.-lei 229/1967.

a) prestado de qualquer modo em teatros de revista, cinemas, boates, cassinos, cabarés, dancings e estabelecimentos análogos;

b) em empresas circenses, em funções de acrobata, saltimbanco, ginasta e outras semelhantes;

c) de produção, composição, entrega ou venda de escritos, impressos, cartazes, desenhos, gravuras, pinturas, emblemas, imagens e quaisquer outros objetos que possam, a juízo da autoridade competente, prejudicar sua formação moral;

d) consistente na venda, a varejo, de bebidas alcoólicas.

§ 4º Nas localidades em que existirem, oficialmente reconhecidas, instituições destinadas ao amparo dos menores jornaleiros, só aos que se encontrem sob o patrocínio dessas entidades será outorgada a autorização do trabalho a que alude o § 2º.

→ § 4º com redação alterada pelo Dec.-lei 229/1967.

§ 5º Aplica-se ao menor o disposto no art. 390 e seu parágrafo único.

→ § 5º com redação alterada pelo Dec.-lei 229/1967.

Art. 406. O Juiz da Infância e da Juventude poderá autorizar ao menor o trabalho a que se referem as letras a e b do § 3º do art. 405:

→ Artigo com redação alterada pelo Dec.-lei 229/1967.

I – desde que a representação tenha fim educativo ou a peça de que participe não possa ser prejudicial à sua formação moral;

II – desde que se certifique ser a ocupação do menor indispensável à própria subsistência ou à de seus pais, avós ou irmãos e não advir nenhum prejuízo à sua formação moral.

Art. 407. Verificado pela autoridade competente que o trabalho executado pelo menor é prejudicial à sua saúde, ao seu desenvolvimento físico ou à sua moralidade, poderá ela obrigá-lo a abandonar o serviço, devendo a respectiva empresa, quando for o caso, proporcionar ao menor todas as facilidades para mudar de funções.

→ Artigo com redação alterada pelo Dec.-lei 229/1967.

Parágrafo único. Quando a empresa não tomar as medidas possíveis e recomendadas pela autoridade competente para que o menor mude de função, configurar-se-á a rescisão do contrato de trabalho, na forma do art. 483.

Art. 408. Ao responsável legal do menor é facultado pleitear a extinção do contrato de trabalho, desde que o serviço possa acarretar para ele prejuízos de ordem física ou moral.

→ Artigo com redação alterada pelo Dec.-lei 229/1967.

Art. 409. Para maior segurança do trabalho e garantia da saúde dos menores, a autoridade fiscalizadora poderá proibir-lhes o gozo dos períodos de repouso nos locais de trabalho.

Art. 410. O Ministro do Trabalho, Indústria e Comércio poderá derrogar qualquer proibição decorrente do quadro a que se refere o inciso I do art. 405 quando se certificar haver desaparecido, parcial ou totalmente, o caráter perigoso ou insalubre, que determinou a proibição.

→ *v.* Art. 35, I, do Dec.-lei 229/1967.

Seção II
Da duração do trabalho

Art. 411. A duração do trabalho do menor regular-se-á pelas disposições legais relativas à duração do trabalho em geral, com as restrições estabelecidas neste Capítulo.

Art. 412. Após cada período de trabalho efetivo, quer contínuo, quer dividido em dois turnos, haverá um intervalo de repouso, não inferior a 11 (onze) horas.

Art. 413. É vedado prorrogar a duração normal diária do trabalho do menor, salvo:

→ Artigo com redação alterada pelo Dec.-lei 229/1967.

I – até mais 2 (duas) horas, independentemente de acréscimo salarial, mediante convenção ou acordo coletivo nos termos do Título VI desta Consolidação, desde que o excesso de horas em um dia seja compensado pela diminuição em outro, de modo a ser observado o limite máximo de 48 (quarenta e oito) horas semanais ou outro inferior legalmente fixado;

→ *v.* Art. 7º, XIII, da CF/1988.

II – excepcionalmente, por motivo de força maior, até o máximo de 12 (doze) horas, com acréscimo salarial de pelo menos 25% (vinte e cinco por cento) sobre a hora normal e desde que o trabalho do menor seja imprescindível ao funcionamento do estabelecimento.

→ *v.* Art. 7º, XVI, da CF/1988.

Parágrafo único. Aplica-se à prorrogação do trabalho do menor o disposto no art. 375, no parágrafo único do art. 376, no art. 378 e no art. 384 desta Consolidação.

→ Referidos arts. 375 e 378 da CLT foram revogados pela Lei 7.855/1989.

→ Referido art. 376 da CLT foi revogado pela Lei 10.244/2001.

→ *v.* Arts. 59, § 2º, 501 e 502 da CLT.

Art. 414. Quando o menor de 18 (dezoito) anos for empregado em mais de um estabelecimento, as horas de trabalho em cada um serão totalizadas.

Seção III
Da admissão em emprego e da Carteira de Trabalho e Previdência Social

→ *v.* Dec.-lei 926/1969 – Institui a Carteira de Trabalho e Previdência Social.

→ *v.* Lei 5.686/1971 – Alteradora da CLT – Carteira de Trabalho e Previdência Social.

Art. 415. Haverá a Carteira de Trabalho e Previdência Social para todos os menores de 18 anos, sem distinção do sexo, empregados em empresas ou estabelecimentos de fins econômicos e daqueles que lhes forem equiparados.

→ *v.* Dec.-lei 926/1969 – Institui a Carteira de Trabalho e Previdência Social.

Parágrafo único. A carteira obedecerá ao modelo que o Ministério do Trabalho, Indústria e Comércio adotar e será emitida no Distrito Federal, pelo Departamento Nacional, do Trabalho e, nos Estados, pelas Delegacias Regionais do referido Ministério.

Art. 416. Os menores de 18 anos só poderão ser admitidos, como empregados, nas empresas ou estabelecimentos de fins econômicos e naqueles que lhes forem equiparados, quando possuidores da carteira a que se refere o artigo anterior, salvo a hipótese do art. 422.

→ *v.* Lei 5.686/1971 – Alteradora da CLT – Carteira de Trabalho e Previdência Social.

Art. 417. A emissão da carteira será feita o pedido do menor, mediante a exibição dos seguintes documentos:

→ Artigo com redação alterada pelo Dec.-lei 229/1967.

→ *v.* Lei 5.686/1971 – Alteradora da CLT – Carteira de Trabalho e Previdência Social.

I – certidão de idade ou documento legal que a substitua;

II – autorização do pai, mãe ou responsável legal;

III – autorização do Juiz de Menores, nos casos dos artigos 405, § 2º, e 406;

IV – atestado médico de capacidade física e mental;

V – atestado de vacinação;

VI – prova de saber ler, escrever e contar;

VII – duas fotografias de frente, com as dimensões de 0,04m x 0,03m.

Parágrafo único. Os documentos exigidos por este artigo serão fornecidos gratuitamente.

Art. 418. *(Revogado pela Lei 7.855/1989).*

Art. 419. A prova de saber ler, escrever e contar, a que se refere a alínea *f* do art. 417 será feita mediante certificado de conclusão de curso primário. Na falta deste, a autoridade incumbida de verificar a validade dos documentos submeterá o menor ou mandará submetê-lo, por pessoa idônea, a exame elementar que constará de leitura de quinze linhas, com explicação do sentido, de ditado, nunca excedente de dez linhas, e cálculo sobre as quatro operações fundamentais de aritmética. Verificada a alfabetização do menor, será emitida a carteira.

→ *v.* Lei 5.686/1971 – Alteradora da CLT – Carteira de Trabalho e Previdência Social.

§ 1º Se o menor for analfabeto ou não estiver devidamente alfabetizado, a carteira só será emitida pelo prazo de um ano, mediante a apresentação de um certificado ou atestado de matrícula e frequência em escola primária.

§ 2º A autoridade fiscalizadora, na hipótese do parágrafo anterior, poderá renovar o prazo nele fixado, cabendo-lhe, em caso de não renovar tal prazo, cassar a carteira expedida.

§ 3º Dispensar-se-á a prova de saber ler, escrever e contar, se não houver escola primária dentro do raio de dois quilômetros da sede do estabelecimento em que trabalhe o menor e não ocorrer a hipótese prevista no parágrafo único do art. 427. Instalada que seja a escola, proceder-se-á como nos parágrafos anteriores.

Art. 420. A carteira, devidamente anotada, permanecerá em poder do menor, devendo, entretanto, constar do Registro de empregados os dados correspondentes.

→ Artigo com redação alterada pelo Dec.-lei 229/1967.

→ *v.* Lei 5.686/1971 – Alteradora da CLT – Carteira de Trabalho e Previdência Social.

Parágrafo único. Ocorrendo falta de anotação por parte da empresa, independentemente do procedimento fiscal previsto no § 2º do art. 29, cabe ao representante legal do menor, ao agente da inspeção do trabalho, ao órgão do Ministério Público do Trabalho ou ao Sindicato, dar início ao processo de reclamação, de acordo com o estabelecido no Título II, Capítulo I, Seção V.

Art. 421. A carteira será emitida, gratuitamente, aplicando-se à emissão de novas vias o disposto nos artigos 21 e seus parágrafos e no artigo 22.

→ Artigo com redação alterada pelo Dec.-lei 229/1967.

→ *v.* Lei 5.686/1971 – Alteradora da CLT – Carteira de Trabalho e Previdência Social.

Art. 422. Nas localidades em que não houver serviço de emissão de carteiras poderão os empregados admitir menores como empregados, independentemente de apresentação de carteiras, desde que exibam os documentos referidos nas alíneas *a*, *d* e *f* do art. 417. Esses documentos ficarão em poder do empregador e, instalado o serviço de emissão de carteiras, serão entregues à repartição emissora, para os efeitos do § 2º do referido artigo.

→ *v.* Lei 5.686/1971 – Alteradora da CLT – Carteira de Trabalho e Previdência Social.

Art. 423. O empregador não poderá fazer outras anotações na carteira de trabalho e previdência social além das referentes ao salário, data da admissão, férias e saída.

→ *v.* Lei 5.686/1971 – Alteradora da CLT – Carteira de Trabalho e Previdência Social.

Seção IV
Dos deveres dos responsáveis legais de menores e dos empregadores.
Da aprendizagem

→ *v.* Art. 7º, XXXIII, da CF/1988 que determina a "proibição de trabalho noturno, perigoso ou insalubre a menores de 18 (dezoito) e de qualquer trabalho a menores de 16 (dezesseis) anos, salvo na condição de aprendiz, a partir de 14 (quatorze) anos".

→ v. Lei 11.692/2008 – Programa Nacional de Inclusão de Jovens – Projovem.

→ v. Decreto 5.598/2005 – Regulamenta a contratação de aprendizes.

→ v. Lei 8.069/1990 – Estatuto da Criança e do Adolescente – ECA.

Art. 424. É dever dos responsáveis legais de menores, pais, mães, ou tutores, afastá-los de empregos que diminuam consideravelmente o seu tempo de estudo, reduzam o tempo de repouso necessário à sua saúde e constituição física, ou prejudiquem a sua educação moral.

→ v. Art. 408 da CLT.

Art. 425. Os empregadores de menores de 18 (dezoito) anos são obrigados a velar pela observância, nos seus estabelecimentos ou empresas, dos bons costumes e da decência pública, bem como das regras de segurança e saúde do trabalho.

Art. 426. É dever do empregador, na hipótese do art. 407, proporcionar ao menor todas as facilidades para mudar de serviço.

Art. 427. O empregador, cuja empresa ou estabelecimento ocupar menores, será obrigado a conceder-lhes o tempo que for necessário para a frequência às aulas.

Parágrafo único. Os estabelecimentos situados em lugar onde a escola estiver a maior distância que 2 (dois) quilômetros, e que ocuparem, permanentemente, mais de 30 (trinta) menores analfabetos, de 14 (quatorze) a 18 (dezoito) anos, serão obrigados a manter local apropriado em que lhes seja ministrada a instrução primária.

Art. 428. Contrato de aprendizagem é o contrato de trabalho especial, ajustado por escrito e por prazo determinado, em que o empregador se compromete a assegurar ao maior de 14 (quatorze) e menor de 24 (vinte e quatro) anos inscrito em programa de aprendizagem formação técnico-profissional metódica, compatível com o seu desenvolvimento físico, moral e psicológico, e o aprendiz, a executar com zelo e diligência as tarefas necessárias a essa formação.

→ *Caput* com redação alterada pela Lei 11.180/2005.

→ v. Decreto 5.598/2005 – Regulamenta a contratação de aprendizes.

§ 1º A validade do contrato de aprendizagem pressupõe anotação na Carteira de Trabalho e Previdência Social, matrícula e frequência do aprendiz na escola, caso não haja concluído o ensino médio, e inscrição em programa de aprendizagem desenvolvido sob orientação de entidade qualificada em formação técnico-profissional metódica.

→ § 1º com redação alterada pela Lei 11.788/2008.

§ 2º Ao menor aprendiz, salvo condição mais favorável, será garantido o salário mínimo hora.

→ § 2º acrescentado pela Lei 10.097/2000.

§ 3º O contrato de aprendizagem não poderá ser estipulado por mais de 2 (dois) anos, exceto quando se tratar de aprendiz portador de deficiência.

→ § 3º com redação alterada pela Lei 11.788/2008.

§ 4º A formação técnico-profissional a que se refere o *caput* deste artigo caracteriza-se por atividades teóricas e práticas, metodicamente organizadas em tarefas de complexidade progressiva desenvolvidas no ambiente de trabalho.

→ § 4º acrescentado pela Lei 10.097/2000.

§ 5º A idade máxima prevista no *caput* deste artigo não se aplica a aprendizes portadores de deficiência.

→ § 5º acrescentado pela Lei 11.180/2005.

§ 6º Para os fins do contrato de aprendizagem, a comprovação da escolaridade de aprendiz com deficiência deve considerar, sobretudo, as habilidades e competências relacionadas com a profissionalização.

→ § 6º com redação alterada pela Lei 13.146/2015, em vigor após decorridos 180 (cento e oitenta) dias de sua publicação oficial – *D.O.U.* de 7.7.2015).

→ v. Lei 13.146/2015 – Estatuto da Pessoa com Deficiência.

→ **Anterior redação: § 6º** Para os fins do contrato de aprendizagem, a comprovação da escolaridade de aprendiz portador de deficiência mental deve considerar, sobretudo, as habilidades e competências relacionadas com a profissionalização (§ 6º acrescentado pela Lei 11.180/2005).

§ 7º Nas localidades onde não houver oferta de ensino médio para o cumprimento do disposto no § 1º deste artigo, a contratação do aprendiz poderá ocorrer sem a frequência à escola, desde que ele já tenha concluído o ensino fundamental.

→ § 7º acrescentado pela Lei 11.788/2008.

§ 8º Para o aprendiz com deficiência com 18 (dezoito) anos ou mais, a validade do contrato de aprendizagem pressupõe anotação na CTPS e matrícula e frequência em programa de aprendizagem desenvolvido sob orientação de entidade qualificada em formação técnico-profissional metódica.

→ § 8º acrescentado pela Lei 13.146/2015, em vigor após decorridos 180 (cento e oitenta) dias de sua publicação oficial – *D.O.U.* de 7.7.2015.

Art. 429. Os estabelecimentos de qualquer natureza são obrigados a empregar e matricular nos cursos dos Serviços Nacionais de Aprendizagem número de aprendizes equivalente a 5% (cinco por cento), no mínimo, e 15% (quinze por cento), no máximo, dos trabalhadores existentes em cada estabelecimento, cujas funções demandem formação profissional.

→ *Caput* com redação alterada pela Lei 10.097/2000.

a) (Revogada pela Lei 10.097/2000).

b) (Revogada pela Lei 10.097/2000).

§ 1º-A. O limite fixado neste artigo não se aplica quando o empregador for entidade sem fins lucrativos, que tenha por objetivo a educação profissional.

→ § 1º-A acrescentado pela Lei 10.097/2000.

§ 1º As frações de unidade, no cálculo da percentagem de que trata o *caput*, darão lugar à admissão de um aprendiz.

→ § 1º acrescentado pela Lei 10.097/2000.

§ 2º Os estabelecimentos de que trata o *caput* ofertarão vagas de aprendizes a adolescentes usuários do Sistema Nacional de Atendimento Socioeducativo (SINASE) nas condições a serem dispostas em instrumentos de cooperação celebrados entre os estabelecimentos e os gestores dos Sistemas de Atendimento Socioeducativo locais.

→ § 2º acrescentado pela Lei 12.594/2012.

→ v. Art. 14 do Decreto 5.598/2005.

Art. 430. Na hipótese de os Serviços Nacionais de Aprendizagem não oferecerem cursos ou vagas suficientes para atender à demanda dos estabelecimentos, esta poderá ser suprida por outras entidades qualificadas em formação técnico-profissional metódica, a saber:

→ Artigo com redação alterada pela Lei 10.097/2000.

I – Escolas Técnicas de Educação;

II – entidades sem fins lucrativos, que tenham por objetivo a assistência ao adolescente e à educação profissional, registradas no Conselho Municipal dos Direitos da Criança e do Adolescente.

§ 1º As entidades mencionadas neste artigo deverão contar com estrutura adequada ao desenvolvimento dos programas de aprendizagem, de forma a manter a qualidade do processo de ensino, bem como acompanhar e avaliar os resultados.

§ 2º Aos aprendizes que concluírem os cursos de aprendizagem, com aproveitamento, será concedido certificado de qualificação profissional.

§ 3º O Ministério do Trabalho e Emprego fixará normas para avaliação da competência das entidades mencionadas no inciso II deste artigo.

Art. 431. A contratação do aprendiz poderá ser efetivada pela empresa onde se realizará a aprendizagem ou pelas entidades mencionadas no inciso II do art. 430, caso em que não gera vínculo de emprego com a empresa tomadora dos serviços.

→ *Caput* com redação alterada pela Lei 10.097/2000.

a) (Revogada pela Lei 10.097/2000).

b) (Revogada pela Lei 10.097/2000).

c) (Revogada pela Lei 10.097/2000).

Parágrafo único. Aos candidatos rejeitados pela seleção profissional deverá ser dada, tanto quanto possível orientação profissional para ingresso em atividade mais adequada às qualidades e aptidões que tiverem demonstrado.

→ A Lei 10.097/2000 alterou o art. 431 da CLT, contudo a alteração do parágrafo único do referido artigo foi vetada, subsistindo a redação original.

Art. 432. A duração do trabalho do aprendiz não excederá de 6 (seis) horas diárias, sendo vedadas a prorrogação e a compensação de jornada.

→ *Caput* com redação alterada pela Lei 10.097/2000.

§ 1º O limite previsto neste artigo poderá ser de até 8 (oito) horas diárias para os aprendizes que já tiverem completado o ensino fundamental, se nelas forem computadas as horas destinadas à aprendizagem teórica.

→ § 1º com redação alterada pela Lei 10.097/2000.

§ 2º *(Revogado pela Lei 10.097/2000).*

Art. 433. O contrato de aprendizagem extinguir-se-á no seu termo ou quando o aprendiz completar 24 (vinte e quatro) anos, ressalvada a hipótese prevista no § 5º do art. 428 desta Consolidação, ou ainda antecipadamente nas seguintes hipóteses:

→ *Caput* com redação alterada pela Lei 11.180/2005.

a) *(Revogada pela Lei 10.097/2000);*

b) *(Revogada pela Lei 10.097/2000);*

I – desempenho insuficiente ou inadaptação do aprendiz, salvo para o aprendiz com deficiência quando desprovido de recursos de acessibilidade, de tecnologias assistivas e de apoio necessário ao desempenho de suas atividades;

→ Inciso I com redação alterada pela Lei 13.146/2015, em vigor após decorridos 180 (cento e oitenta) dias de sua publicação oficial – *D.O.U.* de 7.7.2015).

→ v. Lei 13.146/2015 – Estatuto da Pessoa com Deficiência.

→ **Anterior redação:** I – desempenho insuficiente ou inadaptação do aprendiz; (Inciso I acrescentado pela Lei 10.097/2000).

II – falta disciplinar grave;

→ Inciso II acrescentado pela Lei 10.097/2000.

III – ausência injustificada à escola que implique perda do ano letivo; ou

→ Inciso III acrescentado pela Lei 10.097/2000.

IV – a pedido do aprendiz.

→ Inciso IV acrescentado pela Lei 10.097/2000.

Parágrafo único. *(Revogado pela Lei 3.519/1958).*

§ 2º Não se aplica o disposto nos arts. 479 e 480 desta Consolidação às hipóteses de extinção do contrato mencionadas neste artigo.

→ § 2º acrescentado pela Lei 10.097/2000.

→ Consta conforme publicação oficial.

→ *V.* Art. 28 do Decreto 5.598/2005.

Seção V
Das penalidades

Art. 434. Os infratores das disposições deste Capítulo ficam sujeitos à multa de valor igual a um salário mínimo regional, aplicada tantas vezes quantos forem os menores empregados em desacordo com a lei, não podendo, todavia, a soma das multas exceder a cinco vezes o salário mínimo regional, salvo no caso de reincidência, em que esse total poderá ser elevado ao dobro.

→ Artigo com redação alterada pelo Dec.-lei 229/1967.

→ *V.* Portaria do MTb 290/1997 – Aprova normas para a imposição de multas administrativas previstas na legislação trabalhista.

Art. 435. Fica sujeita à multa de valor igual a um salário mínimo regional e ao pagamento da emissão de nova via a empresa que fizer na Carteira de Trabalho e Previdência Social do menor anotação não prevista em lei.

→ Artigo com redação alterada pelo Dec.-lei 229/1967.

→ *V.* Portaria do MTb 290/1997 – Aprova normas para a imposição de multas administrativas previstas na legislação trabalhista.

Art. 436. *(Revogado pela Lei 10.097/2000).*

Art. 437. *(Revogado pela Lei 10.097/2000).*

Art. 438. São competentes para impor as penalidades previstas neste Capítulo:

a) no Distrito Federal, a autoridade de 1ª instância do Departamento Nacional do Trabalho;

→ *V.* Art. 35, IV, do Dec.-lei 229/1967.

b) nos Estados e Território do Acre, os delegados regionais do Ministério do Trabalho, Indústria e Comércio ou os funcionários por eles designados para tal fim.

→ *V.* Art. 35, I, do Dec.-lei 229/1967.

→ *V.* Lei 4.070/1962 – Eleva o Território do Acre à categoria de Estado.

Parágrafo único. O processo, na verificação das infrações, bem como na aplicação e cobrança das multas, será o previsto no título "Do Processo de Multas Administrativas", observadas as disposições deste artigo.

→ *V.* Portaria do MTb 290/1997 – Aprova normas para a imposição de multas administrativas previstas na legislação trabalhista.

Seção VI
Disposições finais

Art. 439. É lícito ao menor firmar recibo pelo pagamento dos salários. Tratando-se, porém, de rescisão do contrato de trabalho, é vedado ao menor de 18 (dezoito) anos dar, sem assistência dos seus responsáveis legais, quitação ao empregador pelo recebimento da indenização que lhe for devida.

Art. 440. Contra os menores de 18 (dezoito) anos não corre nenhum prazo de prescrição.

Art. 441. O quadro a que se refere o item I do art. 405 será revisto bienalmente.

→ Artigo com redação alterada pelo Dec.-lei 229/1967.

Título IV
Do contrato individual do trabalho

→ *V.* Súmulas 207 e 225 do STF.

→ *V.* Súmulas 91, 139, 152, 202, 203, 225,163, 188, 212, 331, 354 e 363 do TST.

→ *V.* Arts. 9º, 10, 148, 445, 447, 451 e 456 da CLT.

→ *V.* Lei 9.601/1998 – Dispõe sobre o contrato de trabalho por prazo determinado.

→ *V.* Lei 6.019/1974

Capítulo I
DISPOSIÇÕES GERAIS

Art. 442. Contrato individual de trabalho é o acordo tácito ou expresso, correspondente à relação de emprego.

→ *V.* Súmulas 207 e 209 do STF.

→ *V.* Arts. 611 e 612 da CLT.

→ *V.* Lei 6.019/1974 – Trabalho temporário.

Parágrafo único. Qualquer que seja o ramo de atividade da sociedade cooperativa, não existe vínculo empregatício entre ela e seus associados, nem entre estes e os tomadores de serviços daquela.

→ Parágrafo único acrescentado pela Lei 8.949/1994.

Art. 442-A. Para fins de contratação, o empregador não exigirá do candidato a emprego comprovação de experiência prévia por tempo superior a 6 (seis) meses no mesmo tipo de atividade.

→ Artigo acrescentado pela Lei 11.644/2008.

→ *V.* Art. 3º da CLT.

Art. 443. O contrato individual de trabalho poderá ser acordado tácita ou expressamente, verbalmente ou por escrito e por prazo determinado ou indeterminado.

§ 1º Considera-se como de prazo determinado o contrato de trabalho cuja vigência dependa de termo prefixado ou da execução de serviços especificados ou ainda da realização de certo acontecimento suscetível de previsão aproximada.

→ Anterior parágrafo único renumerado para § 1º pelo Dec.-lei 229/1967.

§ 2º O contrato por prazo determinado só será válido em se tratando:

→ § 2º acrescentado pelo Dec.-lei 229/1967.

a) de serviço cuja natureza ou transitoriedade justifique a predeterminação do prazo;

b) de atividades empresariais de caráter transitório;

c) de contrato de experiência.

→ *V.* Arts. 443, § 2º, 479 e 480 da CLT.

→ *V.* Lei 9.601/1998 – Contrato de trabalho por prazo determinado.

Art. 444. As relações contratuais de trabalho podem ser objeto de livre estipulação das partes interessadas em tudo quanto não contravenha às disposições de proteção ao trabalho, aos contratos coletivos que lhes sejam aplicáveis e às decisões das autoridades competentes.

Art. 445. O contrato de trabalho por prazo determinado não poderá ser estipulado por mais de 2 (dois) anos, observada a regra do art. 451.

→ Artigo com redação alterada pelo Dec.-lei 229/1967.

Parágrafo único. O contrato de experiência não poderá exceder de 90 (noventa) dias.

Art. 446. *(Revogado pela Lei 7.855/1989).*

Art. 447. Na falta de acordo ou prova sobre condição essencial ao contrato verbal, esta se presume existente, como se a tivessem estatuído os interessados, na conformidade dos preceitos jurídicos adequados à sua legitimidade.

Art. 448. A mudança na propriedade ou na estrutura jurídica da empresa não afetará os contratos de trabalho dos respectivos empregados.

→ *V.* Art. 10 da CLT.

Art. 449. Os direitos oriundos da existência do contrato de trabalho subsistirão em caso de falência, concordata ou dissolução da empresa.

→ *V.* Súmula 227 do STF.

→ *V.* Lei 11.101/2005 – Recuperação judicial, a extrajudicial e a falência do empresário e da sociedade empresária.

§ 1º Na falência, constituirão créditos privilegiados a totalidade dos salários devidos ao empregado e a totalidade das indenizações a que tiver direito.

→ § 1º com redação alterada pela Lei 6.449/1977.

§ 2º Havendo concordata na falência, será facultado aos contratantes tornar sem efeito a rescisão do contrato de trabalho e consequente indenização, desde que o empregador pague, no mínimo, a metade dos salários que seriam devidos ao empregado durante o interregno.

Art. 450. Ao empregado chamado a ocupar, em comissão, interinamente, ou em substituição eventual ou temporária, cargo diverso do que exercer na empresa, serão garantidas a contagem do tempo naquele serviço, bem como volta ao cargo anterior.

→ *V.* Súmulas 159 e 269 do TST.

Art. 451. O contrato de trabalho por prazo determinado que, tácita ou expressamente, for prorrogado mais de uma vez, passará a vigorar sem determinação de prazo.

Art. 452. Considera-se por prazo indeterminado todo contrato que suceder, dentro de 6 (seis) meses, a outro contrato por prazo determinado, salvo se a expiração deste dependeu da execução de serviços especializados ou da realização de certos acontecimentos.

Art. 453. No tempo de serviço do empregado, quando readmitido, serão computados os períodos, ainda que não contínuos, em que tiver trabalhado anteriormente na empresa, salvo se houver sido despedido por falta grave, recebido indenização legal ou se aposentado espontaneamente.

→ *Caput* com redação alterada pela Lei 6.204/1975.

→ *V.* Súmula 215 do STF.

§ 1º Na aposentadoria espontânea de empregados das empresas públicas e sociedades de economia mista é permitida sua readmissão desde que atendidos aos requisitos constantes do art. 37, inciso XVI, da Constituição, e condicionada à prestação de concurso público.

→ § 1º acrescentado pela Lei 9.528/1997.

→ *V.* ADIn 1.770-4 (*D.O.U.* 20.10.2006), o STF declarou a inconstitucionalidade do § 1º do art. 453 da CLT.

§ 2º O ato de concessão de benefício de aposentadoria a empregado que não tiver completado 35 (trinta e cinco) anos de serviço, se homem, ou 30 (trinta), se mulher, importa em extinção do vínculo empregatício.

→ § 2º acrescentado pela Lei 9.528/1997.

→ *v.* ADIn 1.721-3 (*D.O.U.* 20.10.2006), o STF declarou a inconstitucionalidade do § 2º do art. 453 da CLT.

Art. 454. Na vigência do contrato de trabalho, as invenções do empregado, quando decorrentes de sua contribuição pessoal e da instalação ou equipamento fornecidos pelo empregador, serão de propriedade comum, em partes iguais, salvo se o contrato de trabalho tiver por objeto, implícita ou explicitamente, pesquisa científica.

→ Referido artigo teve sua redação prejudicada pelas Leis 5.772/1971 e 5.772/1971 e revogada pela Lei 9.279/1996.

Parágrafo único. Ao empregador caberá a exploração do invento, ficando obrigado a promovê-la no prazo de um ano da data da concessão da patente, sob pena de reverter em favor do empregado da plena propriedade desse invento.

Art. 455. Nos contratos de subempreitada responderá o subempreiteiro pelas obrigações derivadas do contrato de trabalho que celebrar, cabendo, todavia, aos empregados, o direito de reclamação contra o empreiteiro principal pelo inadimplemento daquelas obrigações por parte do primeiro.

Parágrafo único. Ao empreiteiro principal fica ressalvada, nos termos da lei civil, ação regressiva contra o subempreiteiro e a retenção de importâncias a este devidas, para a garantia das obrigações previstas neste artigo.

→ *v.* Súmula 331 do TST.

→ *v.* Lei 7.102/1983 – Funcionamento das empresas particulares que exploram serviços de vigilância e de transporte de valores.

→ *v.* Lei 6.019/1974 – Trabalho temporário nas empresas urbanas.

Art. 456. A prova do contrato individual de trabalho será feita pelas anotações constantes da Carteira de Trabalho e Previdência Social ou por instrumento escrito e suprida por todos os meios permitidos em direito.

→ *v.* Dec.-lei 926/1969 – Carteira de Trabalho e Previdência Social.

Parágrafo único. À falta de prova ou inexistindo cláusula expressa a tal respeito, entender-se-á que o empregado se obrigou a todo e qualquer serviço compatível com a sua condição pessoal.

→ *v.* Súmula 225 do STF.

→ *v.* Art. 5º, LVI, da CF/1988.

Capítulo II
DA REMUNERAÇÃO

→ *v.* Súmulas 202, 207 e 209, do STF.

→ *v.* Súmulas 6, 69, 91, 101, 139, 152, 155, 202, 203, 225, 241, 258, 318, 342, 354, 367, 368, 381, 388 e 440, do TST.

→ *v.* At. 7º, VII, X e XXX, da CF/1988.

→ *v.* Ar. 29, § 1º, 439, 468, 582, da CLT.

→ *v.* Art. 15 da Lei 8.036/1990.

Art. 457. Compreendem-se na remuneração do empregado, para todos os efeitos legais, além do salário devido e pago diretamente pelo empregador, como contraprestação do serviço, as gorjetas que receber.

→ *Caput* com redação alterada pela Lei 1.999/1953.

→ *v.* Súmula 203 do TST.

→ *v.* Art. 7º, IV, da CF/1988.

§ 1º Integram o salário não só a importância fixa estipulada, como também as comissões, percentagens, gratificações ajustadas, diárias para viagens e abonos pagos pelo empregador.

→ § 1º com redação alterada pela Lei 1.999/1953.

→ *v.* Súmulas 207, 209 e 459 do STF.

→ *v.* 7º, XI da CF/1988.

→ *v.* Lei 10.101/2000 – Participação dos trabalhadores nos lucros ou resultados da empresa.

§ 2º Não se incluem nos salários as ajudas de custo, assim como as diárias para viagem que não excedam de 50% (cinquenta por cento) do salário percebido pelo empregado.

→ § 2º com redação alterada pela Lei 1.999/1953.

§ 3º Considera-se gorjeta não só a importância espontaneamente dada pelo cliente ao empregado, como também aquela que for cobrada pela empresa ao cliente, como adicional nas contas, a qualquer título, e destinada à distribuição aos empregados.

→ § 3º acrescentado pelo Dec.-lei 229/1967.

→ *v.* Súmula 354 do TST.

Art. 458. Além do pagamento em dinheiro, compreende-se no salário, para todos os efeitos legais, a alimentação, habitação, vestuário ou outras prestações in natura que a empresa, por força do contrato ou do costume, fornecer habitualmente ao empregado. Em caso algum será permitido o pagamento com bebidas alcoólicas ou drogas nocivas.

→ *Caput* com redação alterada pelo Dec.-lei 229/1967.

→ *v.* Arts. 81 e 82 da CLT.

→ *v.* Lei 6.321/1976 – Institui o Programa de Alimentação do Trabalhador (PAT).

→ *v.* Lei 3.030/1956 – Determina que não poderão exceder a 25% do Salário Mínimo os Descontos por Fornecimento de Alimentação, quando preparada pelo próprio Empregador.

§ 1º Os valores atribuídos às prestações in natura deverão ser justos e razoáveis, não podendo exceder, em cada caso, os dos percentuais das parcelas componentes do salário mínimo (arts. 81 e 82).

→ § 1º com redação alterada pelo Dec.-lei 229/1967.

§ 2º Para os efeitos previstos neste artigo, não serão consideradas como salário as seguintes utilidades concedidas pelo empregador:

→ § 2º com redação alterada pela Lei 10.243/2001.

I – vestuários, equipamentos e outros acessórios fornecidos aos empregados e utilizados no local de trabalho, para a prestação do serviço;

II – educação, em estabelecimento de ensino próprio ou de terceiros, compreendendo os valores relativos a matrícula, mensalidade, anuidade, livros e material didático;

III – transporte destinado ao deslocamento para o trabalho e retorno, em percurso servido ou não por transporte público;

IV – assistência médica, hospitalar e odontológica, prestada diretamente ou mediante seguro-saúde;

V – seguros de vida e de acidentes pessoais;

VI – previdência privada;

VII – (*Vetado*).

VIII – o valor correspondente ao vale-cultura.

→ Inciso VIII acrescentado pela Lei 12.761/2012.

§ 3º A habitação e a alimentação fornecidas como salário-utilidade deverão atender aos fins a que se destinam e não poderão exceder, respectivamente, a 25% (vinte e cinco por cento) e 20% (vinte por cento) do salário-contratual.

→ § 3º acrescentado pela Lei 8.860/1994.

§ 4º Tratando-se de habitação coletiva, o valor do salário-utilidade a ela correspondente será obtido mediante a divisão do justo valor da habitação pelo número de coocupantes, vedada, em qualquer hipótese, a utilização da mesma unidade residencial por mais de uma família.

→ § 4º acrescentado pela Lei 8.860/1994.

→ *v.* Súmulas 51, I, 241, 367 e 440 do TST.

Art. 459. O pagamento do salário, qualquer que seja a modalidade do trabalho, não deve ser estipulado por período superior a 1 (um) mês, salvo no que concerne a comissões, percentagens e gratificações.

§ 1º Quando o pagamento houver sido estipulado por mês, deverá ser efetuado, o mais tardar, até o quinto dia útil do mês subsequente ao vencido.

→ § 1º com redação alterada pela Lei 7.855/1989.

→ Consta conforme publicação oficial.

Art. 460. Na falta de estipulação do salário ou não havendo prova sobre a importância ajustada, o empregado terá direito a perceber salário igual ao daquele que, na mesma empresa, fizer serviço equivalente, ou do que for habitualmente pago para serviço semelhante.

→ *v.* Art. 31, § 1º, da CF/1988.

Art. 461. Sendo idêntica a função, a todo trabalho de igual valor, prestado ao mesmo empregador, na mesma localidade, corresponderá igual salário, sem distinção de sexo, nacionalidade ou idade.

→ *Caput* com redação alterada pela Lei 1.723/1952.

→ *v.* Súmula 6 do TST.

→ *v.* Art. 7º, XXX, e 37, X, da CF/1988.

→ *v.* Art. 41, § 4º, da Lei 8.112/1990.

§ 1º Trabalho de igual valor, para os fins deste Capítulo, será o que for feito com igual produtividade e com a mesma perfeição técnica, entre pessoas cuja diferença de tempo de serviço não for superior a 2 (dois) anos.

→ § 1º com redação alterada pela Lei 1.723/1952.

→ *v.* Súmula 202 do STF.

§ 2º Os dispositivos deste artigo não prevalecerão quando o empregador tiver pessoal organizado em quadro de carreira, hipótese em que as promoções deverão obedecer aos critérios de antiguidade e merecimento.

→ § 2º com redação alterada pela Lei 1.723/1952.

§ 3º No caso do parágrafo anterior, as promoções deverão ser feitas alternadamente por merecimento e por antiguidade, dentro de cada categoria profissional.

→ § 3º com redação alterada pela Lei 1.723/1952.

§ 4º O trabalhador readaptado em nova função por motivo de deficiência física ou mental atestada pelo órgão competente da Previdência Social não servirá de paradigma para fins de equiparação salarial.

→ § 4º acrescentado pela Lei 5.798/1972.

→ *v.* Art. art. 5º, *caput*, da CF/1988.

Art. 462. Ao empregador é vedado efetuar qualquer desconto nos salários do empregado, salvo quando este resultar de adiantamentos, de dispositivos de lei ou de contrato coletivo.

→ v. Súmula 342 do TST.

→ v. Lei 10.820/2003 – Autorização para desconto de prestações em folha de pagamento.

§ 1º Em caso de dano causado pelo empregado, o desconto será lícito, desde que esta possibilidade tenha sido acordada ou na ocorrência de dolo do empregado.

→ Anterior parágrafo único renumerado para § 1º pelo Dec.-lei 229/1967.

§ 2º É vedado à empresa que mantiver armazém para venda de mercadorias aos empregados ou serviços destinados a proporcionar-lhes prestações in natura exercer qualquer coação ou induzimento no sentido de que os empregados se utilizem do armazém ou dos serviços.

→ § 2º acrescentado pelo Dec.-lei 229/1967.

§ 3º Sempre que não for possível o acesso dos empregados a armazéns ou serviços não mantidos pela empresa, é lícito à autoridade competente determinar a adoção de medidas adequadas, visando a que as mercadorias sejam vendidas e os serviços prestados a preços razoáveis, sem intuito de lucro e sempre em benefício dos empregados.

→ § 3º acrescentado pelo Dec.-lei 229/1967.

§ 4º Observado o disposto neste Capítulo, é vedado às empresas limitar, por qualquer forma, a liberdade dos empregados de dispor do seu salário.

→ § 4º acrescentado pelo Dec.-lei 229/1967.

Art. 463. A prestação, em espécie, do salário será paga em moeda corrente do País.

→ v. Súmula 367 do TST.

→ v. Lei 7.064/1982 – Situação de trabalhadores contratados ou transferidos para prestar serviços no exterior.

→ v. Portaria do MTE 3.281/1984 – Pagamento de salários e férias por meio de cheque.

→ v. IN 1/1989 – Prazo para o pagamento do salário.

Parágrafo único. O pagamento do salário realizado com inobservância deste artigo considera-se como não feito.

Art. 464. O pagamento do salário deverá ser efetuado contra recibo, assinado pelo empregado; em se tratando de analfabeto, mediante sua impressão digital, ou, não sendo esta possível, a seu rogo.

Parágrafo único. Terá força de recibo o comprovante de depósito em conta bancária, aberta para esse fim em nome de cada empregado, com o consentimento deste, em estabelecimento de crédito próximo ao local de trabalho.

→ Parágrafo único acrescentado pela Lei 9.528/1997.

Art. 465. O pagamento dos salários será efetuado em dia útil e no local do trabalho, dentro do horário do serviço ou imediatamente após o encerramento deste, salvo quando efetuado por depósito em conta bancária, observado o disposto no artigo anterior.

→ Artigo com redação alterada pela Lei 9.528/1997.

→ v. Súmula 381 do TST.

Art. 466. O pagamento de comissões e percentagens só é exigível depois de ultimada a transação a que se referem.

§ 1º Nas transações realizadas por prestações sucessivas, é exigível o pagamento das percentagens e comissões que lhes disserem respeito proporcionalmente à respectiva liquidação.

§ 2º A cessação das relações de trabalho não prejudica a percepção das comissões e percentagens devidas na forma estabelecida por este artigo.

Art. 467. Em caso de rescisão de contrato de trabalho, havendo controvérsia sobre o montante das verbas rescisórias, o empregador é obrigado a pagar ao trabalhador, à data do comparecimento à Justiça do Trabalho, a parte incontroversa dessas verbas, sob pena de pagá-las acrescidas de 50% (cinquenta por cento).

→ *Caput* com redação alterada pela Lei 10.272/2001.

Parágrafo único. O disposto no *caput* não se aplica à União, aos Estados, ao Distrito Federal, aos Municípios e as suas autarquias e fundações públicas.

→ Parágrafo único acrescentado pela MP 2.180-35/2001.

→ v. Art. 1º da Lei 10.272/2001 (*D.O.U.* 6.9.2001) que deu nova redação ao art. 467 da CLT, mas nada dispôs sobre o parágrafo único ou sobre sua vigência.

Capítulo III
DA ALTERAÇÃO

→ v. Art. 7º, VI, da CF/1988.

→ v. Arts. 9º e 444, da CLT.

Art. 468. Nos contratos individuais de trabalho só é lícita a alteração das respectivas condições por mútuo consentimento, e, ainda assim, desde que não resultem, direta ou indiretamente, prejuízos ao empregado, sob pena de nulidade da cláusula infringente desta garantia.

→ v. Súmula 51 do TST.

→ v. Arts. 8º e 9º da CLT.

Parágrafo único. Não se considera alteração unilateral a determinação do empregador para que o respectivo empregado reverta ao cargo efetivo, anteriormente ocupado, deixando o exercício de função de confiança.

Art. 469. Ao empregador é vedado transferir o empregado, sem a sua anuência, para localidade diversa da que resultar do contrato, não se considerando transferência a que não acarretar necessariamente a mudança do seu domicílio.

§ 1º Não estão compreendidos na proibição deste artigo os empregados que exerçam cargos de confiança e aqueles cujos contratos tenham como condição, implícita ou explícita, a transferência, quando esta decorra de real necessidade de serviço.

→ § 1º com redação alterada pela Lei 6.203/1975.

§ 2º É lícita a transferência quando ocorrer extinção do estabelecimento em que trabalhar o empregado.

→ v. Súmula 221 do STF.

§ 3º Em caso de necessidade de serviço o empregador poderá transferir o empregado para localidade diversa da que resultar do contrato, não obstante as restrições do artigo anterior, mas, nesse caso, ficará obrigado a um pagamento suplementar, nunca inferior a 25% (vinte e cinco por cento) dos salários que o empregado percebia naquela localidade, enquanto durar essa situação.

→ § 3º com redação alterada pela Lei 6.203/1975.

Art. 470. As despesas resultantes da transferência correrão por conta do empregador.

→ Artigo com redação alterada pela Lei 6.203/1975.

Capítulo IV
DA SUSPENSÃO E DA INTERRUPÇÃO

Art. 471. Ao empregado afastado do emprego, são asseguradas, por ocasião de sua volta, todas as vantagens que, em sua ausência, tenham sido atribuídas à categoria a que pertencia na empresa.

→ v. Súmulas 46 e 269 do TST.

→ v. Arts. 4º, parágrafo único, 472, §§ 3º e 4º e 474 da CLT.

Art. 472. O afastamento do empregado em virtude das exigências do serviço militar, ou de outro encargo público, não constituirá motivo para a alteração ou rescisão do contrato de trabalho por parte do empregador.

→ v. Art. 60 da Lei 4.375/1964.

§ 1º Para que o empregado tenha direito a voltar a exercer o cargo do qual se afastou em virtude de exigência do serviço militar ou de encargo público, é indispensável que notifique o empregador dessa intenção, por telegrama ou carta registrada, dentro do prazo máximo de 30 (trinta) dias, contados da data em que se verificar a respectiva baixa ou a terminação do encargo a que estava obrigado.

→ v. Arts. 60 e 61 da Lei 4.375/1964.

§ 2º Nos contratos por prazo determinado, o tempo de afastamento, se assim acordarem as partes interessadas, não será computado na contagem do prazo para a respectiva terminação.

§ 3º Ocorrendo motivo relevante de interesse para a segurança nacional, poderá a autoridade competente solicitar o afastamento do empregado do serviço ou do local de trabalho, sem que se configure a suspensão do contrato de trabalho.

→ § 3º acrescentado pelo Dec.-lei 3/1966.

§ 4º O afastamento a que se refere o parágrafo anterior será solicitado pela autoridade competente diretamente ao empregador, em representação fundamentada, com audiência da Procuradoria Regional do Trabalho, que providenciará desde logo a instauração do competente inquérito administrativo.

→ § 4º acrescentado pelo Dec.-lei 3/1966.

§ 5º Durante os primeiros 90 (noventa) dias desse afastamento, o empregado continuará percebendo sua remuneração.

→ § 5º acrescentado pelo Dec.-lei 3/1966.

Art. 473. O empregado poderá deixar de comparecer ao serviço sem prejuízo do salário:

→ *Caput* com redação alterada pelo Dec.-lei 229/1967.

I – até 2 (dois) dias consecutivos, em caso de falecimento do cônjuge, ascendente, descendente, irmão ou pessoa que, declarada em sua Carteira de Trabalho e Previdência Social, viva sob sua dependência econômica;

→ Inciso I com redação alterada pelo Dec.-lei 229/1967.

II – até 3 (três) dias consecutivos, em virtude de casamento;

→ Inciso II com redação alterada pelo Dec.-lei 229/1967.

III – por 1 (um) dia, em caso de nascimento de filho, no decorrer da primeira semana;

→ Inciso III com redação alterada pelo Dec.-lei 229/1967.

→ v. Art. 7º, XIX, da CF/1988.

→ v. Art. 10, § 1º, do ADCT.

IV – por 1 (um) dia, em cada 12 (doze) meses de trabalho, em caso de doação voluntária de sangue devidamente comprovada;

→ Inciso IV com redação alterada pelo Dec.-lei 229/1967.

V – até 2 (dois) dias consecutivos ou não, para o fim de se alistar eleitor, nos termos da lei respectiva;

→ Inciso V com redação alterada pelo Dec.-lei 229/1967.

VI – no período de tempo em que tiver de cumprir as exigências do serviço militar referidas na letra c do art. 65 da Lei 4.375, de 17 de agosto de 1964 (Lei do Serviço Militar);

→ Inciso VI acrescentado pelo Dec.-lei 757/1969.

VII – nos dias em que estiver comprovadamente realizando provas de exame vestibular para ingresso em estabelecimento de ensino superior;

→ Inciso VII acrescentado pela Lei 9.471/1997.

VIII – pelo tempo que se fizer necessário, quando tiver que comparecer a juízo;

→ Inciso VIII acrescentado pela Lei 9.853/1999.

IX – pelo tempo que se fizer necessário, quando, na qualidade de representante de entidade sindical, estiver participando de reunião oficial de organismo internacional do qual o Brasil seja membro.

→ Inciso IX acrescentado pela Lei 11.304/2006.

Art. 474. A suspensão do empregado por mais de 30 (trinta) dias consecutivos importa na rescisão injusta do contrato de trabalho.

Art. 475. O empregado que for aposentado por invalidez terá suspenso o seu contrato de trabalho durante o prazo fixado pelas leis de previdência social para a efetivação do benefício.

→ *V.* Arts. 42 a 47, e 118, da Lei 8.213/1991.

§ 1º Recuperando o empregado a capacidade de trabalho e sendo a aposentadoria cancelada, ser-lhe-á assegurado o direito à função que ocupava ao tempo da aposentadoria, facultado, porém, ao empregador, o direito de indenizá-lo por rescisão do contrato de trabalho, nos termos dos arts. 477 e 478, salvo na hipótese de ser ele portador de estabilidade, quando a indenização deverá ser paga na forma do art. 497.

→ § 1º com redação alterada pela Lei 4.824/1965.

→ *V.* Súmula 219 do STF.

§ 2º Se o empregador houver admitido substituto para o aposentado, poderá rescindir, com este, o respectivo contrato de trabalho sem indenização, desde que tenha havido ciência inequívoca da interinidade ao ser celebrado o contrato.

Art. 476. Em caso de seguro-doença ou auxílio-enfermidade, o empregado é considerado em licença não remunerada, durante o prazo desse benefício.

→ *V.* Arts. 59 a 63 e 118, da Lei 8.213/1991.

Art. 476-A. O contrato de trabalho poderá ser suspenso, por um período de 2 (dois) a 5 (cinco) meses, para participação do empregado em curso ou programa de qualificação profissional oferecido pelo empregador, com duração equivalente à suspensão contratual, mediante previsão em convenção ou acordo coletivo de trabalho e aquiescência formal do empregado, observado o disposto no art. 471 desta Consolidação.

→ Artigo acrescentado pela MP 2.164-41/2001.

§ 1º Após a autorização concedida por intermédio de convenção ou acordo coletivo, o empregador deverá notificar o respectivo sindicato, com antecedência mínima de 15 (quinze) dias da suspensão contratual.

§ 2º O contrato de trabalho não poderá ser suspenso em conformidade com o disposto no *caput* deste artigo mais de uma vez no período de 16 (dezesseis) meses.

§ 3º O empregador poderá conceder ao empregado ajuda compensatória mensal, sem natureza salarial, durante o período de suspensão contratual nos termos do *caput* deste artigo, com valor a ser definido em convenção ou acordo coletivo.

§ 4º Durante o período de suspensão contratual para participação em curso ou programa de qualificação profissional, o empregado fará jus aos benefícios voluntariamente concedidos pelo empregador.

§ 5º Se ocorrer a dispensa do empregado no transcurso do período de suspensão contratual ou nos 3 (três) meses subsequentes ao seu retorno ao trabalho, o empregador pagará ao empregado, além das parcelas indenizatórias previstas na legislação em vigor, multa a ser estabelecida em convenção ou acordo coletivo, sendo de, no mínimo, 100% (cem por cento) sobre o valor da última remuneração mensal anterior à suspensão do contrato.

§ 6º Se durante a suspensão do contrato não for ministrado o curso ou programa de qualificação profissional, ou o empregado permanecer trabalhando para o empregador, ficará descaracterizada a suspensão, sujeitando o empregador ao pagamento imediato dos salários e dos encargos sociais referentes ao período, às penalidades cabíveis previstas na legislação em vigor, bem como às sanções previstas em convenção ou acordo coletivo.

§ 7º O prazo limite fixado no *caput* poderá ser prorrogado mediante convenção ou acordo coletivo de trabalho e aquiescência formal do empregado, desde que o empregador arque com o ônus correspondente ao valor da bolsa de qualificação profissional, no respectivo período.

Capítulo V
DA RESCISÃO

Art. 477. É assegurado a todo empregado, não existindo prazo estipulado para a terminação do respectivo contrato, e quando não haja ele dado motivo para cessação das relações de trabalho, o direito de haver do empregador uma indenização, paga na base da maior remuneração que tenha percebido na mesma empresa.

→ *Caput* com redação alterada pela Lei 5.584/1970.

→ *V.* Súmulas 459 e 593 do STF.

→ *V.* Súmula 330 do TST.

→ *V.* Art. 7º, I, da CF/1988.

→ *V.* Art. 10, I, do ADCT.

→ *V.* Arts. 482 e 483 da CLT.

→ *V.* LC 110/2001 – Contribuições sociais, créditos de complementos de atualização monetária em contas vinculadas do Fundo de Garantia do Tempo de Serviço – FGTS.

→ *V.* Lei 8.036/1990 – Fundo de Garantia do Tempo de Serviço (FGTS).

→ *V.* Lei 7.238/1984 – Correção automática semestral dos salários, de acordo com o Índice Nacional de Preços ao Consumidor – INPC.

→ *V.* Lei 6.708/1979 – Correção automática dos salários.

§ 1º O pedido de demissão ou recibo de quitação de rescisão do contrato de trabalho, firmado por empregado com mais de 1 (um) ano de serviço, só será válido quando feito com a assistência do respectivo Sindicato ou perante a autoridade do Ministério do Trabalho e Previdência Social.

→ § 1º com redação alterada pela Lei 5.584/1970.

§ 2º O instrumento de rescisão ou recibo de quitação, qualquer que seja a causa ou forma de dissolução do contrato, deve ter especificada a natureza de cada parcela paga ao empregado e discriminado o seu valor, sendo válida a quitação, apenas, relativamente às mesmas parcelas.

→ § 2º com redação alterada pela Lei 5.584/1970.

§ 3º Quando não existir na localidade nenhum dos órgãos previstos neste artigo, a assistência será prestada pelo representante do Ministério Público ou, onde houver, pelo Defensor Público e, na falta ou impedimento destes, pelo Juiz de Paz.

→ § 3º com redação alterada pela Lei 5.584/1970.

§ 4º O pagamento a que fizer jus o empregado será efetuado no ato da homologação da rescisão do contrato de trabalho, em dinheiro ou em cheque visado, conforme acordem as partes, salvo se o empregado for analfabeto, quando o pagamento somente poderá ser feito em dinheiro.

→ § 4º com redação alterada pela Lei 5.584/1970.

§ 5º Qualquer compensação no pagamento de que trata o parágrafo anterior não poderá exceder o equivalente a 1 (um) mês de remuneração do empregado.

→ § 5º com redação alterada pela Lei 5.584/1970.

§ 6º O pagamento das parcelas constantes do instrumento de rescisão ou recibo de quitação deverá ser efetuado nos seguintes prazos:

→ § 6º acrescentado pela Lei 7.855/1989.

a) até o primeiro dia útil imediato ao término do contrato; ou

b) até o décimo dia, contado da data da notificação da demissão, quando da ausência do aviso-prévio, indenização do mesmo ou dispensa de seu cumprimento.

§ 7º O ato da assistência na rescisão contratual (§§ 1º e 2º) será sem ônus para o trabalhador e empregador.

→ § 7º acrescentado pela Lei 7.855/1989.

§ 8º A inobservância do disposto no § 6º deste artigo sujeitará o infrator à multa de 160 (cento e sessenta) BTN, por trabalhador, bem assim ao pagamento da multa a favor do empregado, em valor equivalente ao seu salário, devidamente corrigido pelo índice de variação do BTN, salvo quando, comprovadamente, o trabalhador der causa à mora.

→ § 8º acrescentado pela Lei 7.855/1989.

→ *V.* Portaria do MTb 290/1997 – Aprova normas para a imposição de multas administrativas previstas na legislação trabalhista.

§ 9º *(Vetado).*

→ § 9º acrescentado pela Lei 7.855/1989.

Art. 478. A indenização devida pela rescisão de contrato por prazo indeterminado será de 1 (um) mês de remuneração por ano de serviço efetivo, ou por ano e fração igual ou superior a 6 (seis) meses.

§ 1º O primeiro ano de duração do contrato por prazo indeterminado é considerado como período de experiência, e, antes que se complete, nenhuma indenização será devida.

§ 2º Se o salário for pago por dia, o cálculo da indenização terá por base 30 (trinta) dias.

§ 3º Se pago por hora, a indenização apurar-se-á na base de 200 (duzentas) horas por mês.

→ *V.* Art. 7º, XIII da CF/1988.

§ 4º Para os empregados que trabalhem à comissão ou que tenham direito a percentagens, a indenização será calculada pela média das comissões ou percentagens percebidas nos últimos 12 (doze) meses de serviço.

→ § 4º com redação alterada pelo Dec.-lei 229/1967.

§ 5º Para os empregados que trabalhem por tarefa ou serviço feito, a indenização será calculada na base média do tempo costumeiramente gasto pelo interessado para realização de seu serviço, calculando-se o valor do que seria feito durante 30 (trinta) dias.

Art. 479. Nos contratos que tenham termo estipulado, o empregador que, sem justa causa, despedir o empregado, será obrigado a pagar-lhe, a título de indenização, e por metade, a remuneração a que teria direito até o termo do contrato.

→ v. Art. 18, § 1º, Lei 8.036/1990.

Parágrafo único. Para a execução do que dispõe o presente artigo, o cálculo da parte variável ou incerta dos salários será feito de acordo com o prescrito para o cálculo da indenização referente à rescisão dos contratos por prazo indeterminado.

→ v. Lei 9.601/1998 – Contrato de Trabalho por prazo determinado.

Art. 480. Havendo termo estipulado, o empregado não se poderá desligar do contrato, sem justa causa, sob pena de ser obrigado a indenizar o empregador dos prejuízos que desse fato lhe resultarem.

§ 1º A indenização, porém, não poderá exceder àquela a que teria direito o empregado em idênticas condições.

→ Anterior parágrafo único renumerado para § 1º pelo Dec.-lei 6.353/1944.

§ 2º *(Revogado pela Lei 6.533/1978).*

Art. 481. Aos contratos por prazo determinado, que contiverem cláusula assecuratória do direito recíproco de rescisão antes de expirado o termo ajustado, aplicam-se, caso seja exercido tal direito por qualquer das partes, os princípios que regem a rescisão dos contratos por prazo indeterminado.

→ v. Súmula 163 do TST.

→ v. Lei 9.601/1998 – Contrato de Trabalho por prazo determinado.

Art. 482. Constituem justa causa para rescisão do contrato de trabalho pelo empregador:

→ v. Súmula 316 do STF.

→ v. Súmula 32, 62,73 e 443 do TST.

→ v. Art. 158, parágrafo único, *b*, da CLT.

a) ato de improbidade;

b) incontinência de conduta ou mau procedimento;

c) negociação habitual por conta própria ou alheia sem permissão do empregador, e quando constituir ato de concorrência à empresa para a qual trabalha o empregado, ou for prejudicial ao serviço;

d) condenação criminal do empregado, passada em julgado, caso não tenha havido suspensão da execução da pena;

e) desídia no desempenho das respectivas funções;

f) embriaguez habitual ou em serviço;

g) violação de segredo da empresa;

h) ato de indisciplina ou de insubordinação;

i) abandono de emprego;

j) ato lesivo da honra ou da boa fama praticado no serviço contra qualquer pessoa, ou ofensas físicas, nas mesmas condições, salvo em caso de legítima defesa, própria ou de outrem;

k) ato lesivo da honra ou da boa fama ou ofensas físicas praticadas contra o empregador e superiores hierárquicos, salvo em caso de legítima defesa, própria ou de outrem;

l) prática constante de jogos de azar.

Parágrafo único. Constitui igualmente justa causa para dispensa de empregado a prática, devidamente comprovada em inquérito administrativo, de atos atentatórios à segurança nacional.

→ Parágrafo único acrescentado pelo Dec.-lei 3/1966.

Art. 483. O empregado poderá considerar rescindido o contrato e pleitear a devida indenização quando:

→ v. Súmula 14 do TST.

→ v. Art. 456, parágrafo único, da CLT.

→ v. Art. 18 da Lei 8.036/1990.

a) forem exigidos serviços superiores às suas forças, defesos por lei, contrários aos bons costumes, ou alheios ao contrato;

b) for tratado pelo empregador ou por seus superiores hierárquicos com rigor excessivo;

c) correr perigo manifesto de mal considerável;

d) não cumprir o empregador as obrigações do contrato;

e) praticar o empregador ou seus prepostos, contra ele ou pessoas de sua família, ato lesivo da honra e boa fama;

f) o empregador ou seus prepostos ofenderem-no fisicamente, salvo em caso de legítima defesa, própria ou de outrem;

g) o empregador reduzir o seu trabalho, sendo este por peça ou tarefa, de forma a afetar sensivelmente a importância dos salários.

§ 1º O empregado poderá suspender a prestação dos serviços ou rescindir o contrato, quando tiver de desempenhar obrigações legais, incompatíveis com a continuação do serviço.

§ 2º No caso de morte do empregador constituído em empresa individual, é facultado ao empregado rescindir o contrato de trabalho.

§ 3º Nas hipóteses das letras d e g, poderá o empregado pleitear a rescisão de seu contrato de trabalho e o pagamento das respectivas indenizações, permanecendo ou não no serviço até final decisão do processo.

→ § 3º acrescentado pela Lei 4.825/1965.

Art. 484. Havendo culpa recíproca no ato que determinou a rescisão do contrato de trabalho, o tribunal de trabalho reduzirá a indenização à que seria devida em caso de culpa exclusiva do empregador, por metade.

Art. 485. Quando cessar a atividade da empresa, por morte do empregador, os empregados terão direito, conforme o caso, à indenização a que se referem os arts. 477 e 497.

Art. 486. No caso de paralisação temporária ou definitiva do trabalho, motivada por ato de autoridade municipal, estadual ou federal, ou pela promulgação de lei ou resolução que impossibilite a continuação da atividade, prevalecerá o pagamento da indenização, que ficará a cargo do governo responsável.

→ *Caput* com redação alterada pela Lei 1.530/1951.

§ 1º Sempre que o empregador invocar em sua defesa o preceito do presente artigo, o tribunal do trabalho competente notificará a pessoa de direito público apontada como responsável pela paralisação do trabalho, para que, no prazo de 30 (trinta) dias, alegue o que entender devido, passando a figurar no processo como chamada à autoria.

→ § 1º com redação alterada pelo Dec.-lei 6.110/1943.

§ 2º Sempre que a parte interessada, firmada em documento hábil, invocar defesa baseada na disposição deste artigo e indicar qual o juiz competente, será ouvida a parte contrária, para, dentro de 3 (três) dias, falar sobre essa alegação.

→ § 2º com redação alterada pela Lei 1.530/1951.

§ 3º Verificada qual a autoridade responsável, a Junta de Conciliação ou Juiz dar-se-á por incompetente, remetendo os autos ao Juiz Privativo da Fazenda, perante o qual correrá o feito nos termos previstos no processo comum.

→ § 3º com redação alterada pela Lei 1.530/1951.

→ v. EC 24/1999 – Altera dispositivos da Constituição Federal pertinentes à representação classistas na Justiça do Trabalho.

Capítulo VI
DO AVISO-PRÉVIO

→ v. Art. 7º, XXI, da CF/1988 que assegura ao trabalhador o "aviso-prévio proporcional ao tempo de serviço, sendo no mínimo de trinta dias, nos termos da lei."

→ v. Lei 12.506/2011 – Dispõe sobre o aviso-prévio.

Art. 487. Não havendo prazo estipulado, a parte que, sem justo motivo, quiser rescindir o contrato deverá avisar a outra da sua resolução com a antecedência mínima de:

→ v. Súmulas 230, 276, 305, 380 e 441 do TST.

→ v. Art. 7º, XXIX, da CF/1988.

→ v. Arts. 8º, parágrafo único, 11 e 483 da CLT.

→ v. Art. 132 do CC/2002.

I – oito dias, se o pagamento for efetuado por semana ou tempo inferior;

→ Inciso I com redação alterada pela Lei 1.530/1951.

→ v. Art. 7º, XXI, da CF/1988.

II – 30 (trinta) dias aos que perceberem por quinzena ou mês, ou que tenham mais de 12 (doze) meses de serviço na empresa.

→ Inciso II com redação alterada pela Lei 1.530/1951.

§ 1º A falta do aviso-prévio por parte do empregador dá ao empregado o direito aos salários correspondentes ao prazo do aviso, garantida sempre a integração desse período no seu tempo de serviço.

§ 2º A falta de aviso-prévio por parte do empregado dá ao empregador o direito de descontar os salários correspondentes ao prazo respectivo.

§ 3º Em se tratando de salário pago na base de tarefa, o cálculo, para os efeitos dos parágrafos anteriores, será feito de acordo com a média dos últimos 12 (doze) meses de serviço.

§ 4º É devido o aviso-prévio na despedida indireta.

→ § 4º acrescentado pela Lei 7.108/1983.

§ 5º O valor das horas extraordinárias habituais integra o aviso-prévio indenizado.

→ § 5º acrescentado pela Lei 10.218/2001.

§ 6º O reajustamento salarial coletivo, determinado no curso do aviso-prévio, beneficia o empregado pré-avisado da despedida, mesmo que tenha recebido antecipadamente os salários correspondentes ao período do aviso, que integra seu tempo de serviço para todos os efeitos legais.

→ § 6º acrescentado pela Lei 10.218/2001.

Art. 488. O horário normal de trabalho do empregado, durante o prazo do aviso, e se a rescisão tiver sido promovida pelo empregador, será reduzido de 2 (duas) horas diárias, sem prejuízo do salário integral.

Parágrafo único. É facultado ao empregado trabalhar sem a redução das 2 (duas) horas diárias previstas neste artigo, caso em que poderá faltar ao serviço, sem prejuízo do salário integral, por 1 (um) dia, na hipótese do inciso I, e por 7 (sete) dias corridos, na hipótese do inciso II do art. 487 desta Consolidação.

→ Parágrafo único acrescentado pela Lei 7.093/1983.

→ *V.* Art. 7º, XXI, da CF/1988.

Art. 489. Dado o aviso-prévio, a rescisão torna-se efetiva depois de expirado o respectivo prazo, mas, se a parte notificante reconsiderar o ato, antes de seu termo, à outra parte é facultado aceitar ou não a reconsideração.

Parágrafo único. Caso seja aceita a reconsideração ou continuando a prestação depois de expirado o prazo, o contrato continuará a vigorar, como se o aviso não tivesse sido dado.

Art. 490. O empregador que, durante o prazo do aviso-prévio dado ao empregado, praticar ato que justifique a rescisão imediata do contrato, sujeita-se ao pagamento da remuneração correspondente ao prazo do referido aviso, sem prejuízo da indenização que for devida.

Art. 491. O empregado que, durante o prazo do aviso-prévio, cometer qualquer das faltas consideradas pela lei como justas para a rescisão, perde o direito ao restante do respectivo prazo.

→ *V.* Art. 482 da CLT.

Capítulo VII
DA ESTABILIDADE

→ *V.* Súmula 676 do STF.

→ *V.* Súmulas 369 e 378 do TST.

→ *V.* Art. 8º, VIII, da CF/1988.

→ *V.* Art. 10, II, a e b, do ADCT.

→ *V.* Arts. 165, 492, 543, § 3º, da CLT.

→ *V.* Lei 11.770/2008 – Programa Empresa Cidadã, destinado à prorrogação da licença-maternidade mediante concessão de incentivo fiscal.

→ *V.* Art. 3º, § 9º, da Lei 8.036/1990.

→ *V.* Art. 55 da Lei 5.764/1971.

→ *V.* Art. 118 da Lei 8.213/1991.

Art. 492. O empregado que contar mais de 10 (dez) anos de serviço na mesma empresa não poderá ser despedido senão por motivo de falta grave ou circunstância de força maior, devidamente comprovadas.

→ *V.* Súmula 98 do TST.

→ *V.* Art. 7º, I e III, da CF/1988.

→ *V.* Arts. 478 e 853 da CLT.

Parágrafo único. Considera-se como de serviço todo o tempo em que o empregado esteja à disposição do empregador.

Art. 493. Constitui falta grave a prática de qualquer dos fatos a que se refere o art. 482, quando por sua repetição ou natureza representem séria violação dos deveres e obrigações do empregado.

Art. 494. O empregado acusado de falta grave poderá ser suspenso de suas funções, mas a sua despedida só se tornará efetiva após o inquérito em que se verifique a procedência da acusação.

Parágrafo único. A suspensão, no caso deste artigo, perdurará até a decisão final do processo.

Art. 495. Reconhecida a inexistência de falta grave praticada pelo empregado, fica o empregador obrigado a readmiti-lo no serviço e a pagar-lhe os salários a que teria direito no período da suspensão.

Art. 496. Quando a reintegração do empregado estável for desaconselhável, dado o grau de incompatibilidade resultante do dissídio, especialmente quando for o empregador pessoa física, o tribunal do trabalho poderá converter aquela obrigação em indenização devida nos termos do artigo seguinte.

→ *V.* Súmulas 28 e 396 do TST.

→ Art. 2º, *caput*, da Portaria do MTE 384/1992: "Considera-se fraudulenta a rescisão seguida de recontratação ou de permanência do trabalhador em serviço quando ocorrida dentro dos noventa dias subsequentes à data em que formalmente a rescisão se operou."

Art. 497. Extinguindo-se a empresa, sem a ocorrência de motivo de força maior, ao empregado estável despedido é garantida a indenização por rescisão do contrato por prazo indeterminado, paga em dobro.

→ *V.* Súmula 221 do STF.

Art. 498. Em caso de fechamento do estabelecimento, filial ou agência, ou supressão necessária de atividade, sem ocorrência de motivo de força maior, é assegurado aos empregados estáveis, que ali exerçam suas funções, o direito à indenização, na forma do artigo anterior.

→ *V.* Súmula 221 do STF.

→ *V.* Arts. 496 e 497 da CLT.

Art. 499. Não haverá estabilidade no exercício dos cargos de diretoria, gerência ou outros de confiança imediata do empregador, ressalvado o cômputo do tempo de serviço para todos os efeitos legais.

§ 1º Ao empregado garantido pela estabilidade, que deixar de exercer cargo de confiança, é assegurada, salvo no caso de falta grave, a reversão ao cargo efetivo que haja anteriormente ocupado.

§ 2º Ao empregado despedido sem justa causa, que só tenha exercido cargo de confiança e que contar mais de 10 (dez) anos de serviço na mesma empresa, é garantida a indenização proporcional ao tempo de serviço nos termos dos arts. 477 e 478.

§ 3º A despedida que se verificar com o fim de obstar ao empregado a aquisição de estabilidade sujeitará o empregador a pagamento em dobro da indenização prescrita nos arts. 477 e 478.

→ *V.* Súmula 269 do TST.

Art. 500. O pedido de demissão do empregado estável só será válido quando feito com a assistência do respectivo Sindicato e, se não o houver, perante autoridade local competente do Ministério do Trabalho e Previdência Social ou da Justiça do Trabalho.

→ Artigo com redação alterada pela Lei 5.584/1970.

→ *V.* Art. 9º da CLT.

Capítulo VIII
DA FORÇA MAIOR

Art. 501. Entende-se como força maior todo acontecimento inevitável, em relação à vontade do empregador, e para realização do qual este não concorreu, direta ou indiretamente.

§ 1º A imprevidência do empregador exclui a razão de força maior.

§ 2º À ocorrência do motivo de força maior que não afetar substancialmente, nem for suscetível de afetar, em tais condições, a situação econômica e financeira da empresa, não se aplicam as restrições desta Lei referentes ao disposto neste Capítulo.

Art. 502. Ocorrendo motivo de força maior que determine a extinção da empresa, ou de um dos estabelecimentos em que trabalhe o empregado, é assegurada a este, quando despedido, uma indenização na forma seguinte:

I – sendo estável, nos termos dos arts. 477 e 478;

II – não tendo direito à estabilidade, metade da que seria devida em caso de rescisão sem justa causa;

III – havendo contrato por prazo determinado, aquela a que se refere o art. 479 desta Lei, reduzida igualmente à metade.

→ *V.* Lei 9.601/1998 – Contrato de Trabalho por prazo determinado.

Art. 503. É lícita, em caso de força maior ou prejuízos devidamente comprovados, a redução geral dos salários dos empregados da empresa, proporcionalmente aos salários de cada um, não podendo, entretanto, ser superior a 25% (vinte e cinco por cento), respeitado, em qualquer caso, o salário mínimo.

→ *V.* Art. 7º, IV, VI, e X da CF/1988.

Parágrafo único. Cessados os efeitos decorrentes do motivo de força maior, é garantido o restabelecimento dos salários reduzidos.

Art. 504. Comprovada a falsa alegação do motivo de força maior, é garantida a reintegração aos empregados estáveis, e aos não estáveis o complemento da indenização já percebida, assegurado a ambos o pagamento da remuneração atrasada.

Capítulo IX
DISPOSIÇÕES ESPECIAIS

Art. 505. São aplicáveis aos trabalhadores rurais os dispositivos constantes dos Capítulos I, II e VI do presente Título.

Art. 506. No contrato de trabalho agrícola é lícito o acordo que estabelecer a remuneração in natura, contanto que seja de produtos obtidos pela exploração do negócio e não exceda de 1/3 (um terço) do salário total do empregado.

→ *V.* Lei 5.889/1973 – Normas reguladoras de trabalho rural.

Art. 507. As disposições do Capítulo VII do presente Título não serão aplicáveis aos empregados em consultórios ou escritórios de profissionais liberais.

Parágrafo único. *(Revogado pela Lei 6.533/1978).*

Art. 508. *(Revogado pela Lei 12.347/2010).*

Art. 509. *(Revogado pela Lei 6.533/1978).*

Art. 510. Pela infração das proibições constantes deste Título, será imposta à empresa a multa de valor igual a um salário mínimo regional, elevada ao dobro, no caso de reincidência, sem prejuízo das demais cominações legais.

→ Artigo com redação alterada pela Lei 5.562/1968.

→ *v.* Portaria do MTb 290/1997 – Aprova normas para a imposição de multas administrativas previstas na legislação trabalhista.

Título V
Da organização sindical

→ *v.* Súmula 677 do STF.

→ *v.* Art. 8º da CF/1988.

→ *v.* Lei 11.648/2008 – Reconhecimento formal das centrais sindicais para os fins que especifica.

Capítulo I
DA INSTITUIÇÃO SINDICAL

Seção I
Da associação em sindicato

Art. 511. É lícita a associação para fins de estudo, defesa e coordenação dos seus interesses econômicos ou profissionais de todos os que, como empregadores, empregados, agentes ou trabalhadores autônomos, ou profissionais liberais, exerçam, respectivamente, a mesma atividade ou profissão ou atividades ou profissões similares ou conexas.

§ 1º A solidariedade de interesses econômicos dos que empreendem atividades idênticas, similares ou conexas, constitui o vínculo social básico que se denomina categoria econômica.

§ 2º A similitude de condições de vida oriunda da profissão ou trabalho em comum, em situação de emprego na mesma atividade econômica ou em atividades econômicas similares ou conexas, compõe a expressão social elementar compreendida como categoria profissional.

§ 3º Categoria profissional diferenciada é a que se forma dos empregados que exerçam profissões ou funções diferenciadas por força de estatuto profissional especial ou em consequência de condições de vida singulares.

§ 4º Os limites de identidade, similaridade ou conexidade fixam as dimensões dentro das quais a categoria econômica ou profissional é homogênea e a associação é natural.

→ *v.* Súmulas 369, III, e 374 do TST.

Art. 512. Somente as associações profissionais constituídas para os fins e na forma do artigo anterior e registradas de acordo com o art. 558 poderão ser reconhecidas como sindicatos e investidas nas prerrogativas definidas nesta Lei.

→ *v.* Súmula 677 do STF.

→ *v.* Art. 8º, I, II e III, da CF/1988

→ *v.* Art. 558 da CLT.

Art. 513. São prerrogativas dos sindicatos:

a) representar, perante as autoridades administrativas e judiciárias, os interesses gerais da respectiva categoria ou profissão liberal ou os interesses individuais dos associados relativos à atividade ou profissão exercida;

b) celebrar convenções coletivas de trabalho;

→ Alínea *b* com redação atualizada pelo Dec.-lei 229/1967.

c) eleger ou designar os representantes da respectiva categoria ou profissão liberal;

d) colaborar com o Estado, como órgãos técnicos e consultivos, no estudo e solução dos problemas que se relacionam com a respectiva categoria ou profissão liberal;

e) impor contribuições a todos aqueles que participam das categorias econômicas ou profissionais ou das profissões liberais representadas.

Parágrafo único. Os sindicatos de empregados terão, outrossim, a prerrogativa de fundar e manter agências de colocação.

Art. 514. São deveres dos sindicatos:

a) colaborar com os poderes públicos no desenvolvimento da solidariedade social;

b) manter serviços de assistência judiciária para os associados;

c) promover a conciliação nos dissídios de trabalho;

d) sempre que possível, e de acordo com as suas possibilidades, manter no seu quadro de pessoal, em convênio com entidades assistenciais ou por conta própria, um assistente social com as atribuições específicas de promover a cooperação operacional na empresa e a integração profissional na classe.

→ Alínea *d* acrescentada pela Lei 6.200/1975.

Parágrafo único. Os sindicatos de empregados terão, outrossim, o dever de:

a) promover a fundação de cooperativas de consumo e de crédito;

b) fundar e manter escolas de alfabetização e pré-vocacionais.

Seção II
Do reconhecimento e investidura sindical

→ *v.* Súmula 677 do STF.

→ *v.* Art. 8º da CF/1988.

Art. 515. As associações profissionais deverão satisfazer os seguintes requisitos para serem reconhecidas como sindicatos:

a) reunião de 1/3 (um terço), no mínimo, de empresas legalmente constituídas, sob a forma individual ou de sociedade, se se tratar de associação de empregadores; ou de 1/3 (um terço) dos que integrem a mesma categoria ou exerçam a mesma profissão liberal, se se tratar de associação de empregados ou de trabalhadores ou agentes autônomos ou de profissão liberal;

b) duração de 3 (três) anos para o mandato da diretoria;

→ Alínea *b* com redação alterada pelo Dec.-lei 771/1969.

c) exercício do cargo de presidente e dos demais cargos de administração e representação por brasileiros.

Parágrafo único. O Ministro do Trabalho, Indústria e Comércio poderá, excepcionalmente, reconhecer como sindicato a associação cujo número de associados seja inferior ao terço a que se refere a alínea *a*.

Art. 516. Não será reconhecido mais de um sindicato representativo da mesma categoria econômica ou profissional, ou profissão liberal, em uma dada base territorial.

→ *v.* Súmula 677 do STF.

→ *v.* Art. 8º, II, da CF/1988.

Art. 517. Os sindicatos poderão ser distritais, municipais, intermunicipais, estaduais e interestaduais. Excepcionalmente, e atendendo às peculiaridades de determinadas categorias ou profissões, o Ministro do Trabalho, Indústria e Comércio poderá autorizar o reconhecimento de sindicatos nacionais.

§ 1º O Ministro do Trabalho, Indústria e Comércio outorgará e delimitará a base territorial do sindicato.

§ 2º Dentro da base territorial que lhe for determinada é facultado ao sindicato instituir delegacias ou seções para melhor proteção dos associados e da categoria econômica ou profissional ou profissão liberal representada.

Art. 518. O pedido de reconhecimento será dirigido ao Ministro do Trabalho, Indústria e Comércio instruído com exemplar ou cópia autenticada dos estatutos da associação.

§ 1º Os estatutos deverão conter:

a) a denominação e a sede da associação;

b) a categoria econômica ou profissional ou a profissão liberal cuja representação é requerida;

c) a afirmação de que a associação agirá como órgão de colaboração com os poderes públicos e as demais associações no sentido da solidariedade social e da subordinação dos interesses econômicos ou profissionais ao interesse nacional;

d) as atribuições, o processo eleitoral e das votações, os casos de perda de mandato e de substituição dos administradores;

e) o modo de constituição e administração do patrimônio social e o destino que lhe será dado no caso de dissolução;

f) as condições em que se dissolverá a associação.

§ 2º O processo de reconhecimento será regulado em instruções baixadas pelo Ministro do Trabalho, Indústria e Comércio.

Art. 519. A investidura sindical será conferida sempre à associação profissional mais representativa, a juízo do Ministro do Trabalho, Indústria e Comércio, constituindo elementos para essa apreciação, entre outros:

a) o número de associados;

b) os serviços sociais fundados e mantidos;

c) o valor do patrimônio.

Art. 520. Reconhecida como sindicato a associação profissional, ser-lhe-á expedida carta de reconhecimento, assinada pelo Ministro do Trabalho, Indústria e Comércio, na qual será especificada a representação econômica ou profissional conferida e mencionada a base territorial outorgada.

Parágrafo único. O reconhecimento investe a associação nas prerrogativas do art. 513 e a obriga aos deveres do art. 514, cujo inadimplemento a sujeitará às sanções desta Lei.

Art. 521. São condições para o funcionamento do sindicato:

a) proibição de qualquer propaganda de doutrinas incompatíveis com as instituições e os interesses da Nação, bem como de candidaturas a cargos eletivos estranhos ao sindicato;

→ Alínea *a* com redação alterada pelo Dec.-lei 9.502/1946.

b) proibição de exercício de cargo eletivo cumulativamente com o de emprego remunerado pelo sindicato ou por entidade sindical de grau superior;

c) gratuidade do exercício dos cargos eletivos;

d) proibição de quaisquer atividades não compreendidas nas finalidades mencionadas no art. 511, inclusive as de caráter político-partidário;

→ Alínea *d* acrescentada pelo Dec.-lei 9.502/1946.

e) proibição de cessão gratuita ou remunerada da respectiva sede a entidade de índole político-partidária.

→ Alínea *e* acrescentada pelo Dec.-lei 9.502/1946.

Parágrafo único. Quando, para o exercício de mandato, tiver o associado de sindicato de empregados, de trabalhadores autônomos ou de profissionais liberais de se afastar do seu trabalho, poderá ser-lhe arbitrada pela assembleia geral uma gratificação nunca excedente da importância de sua remuneração na profissão respectiva.

Seção III
Da administração do sindicato

Art. 522. A administração do sindicato será exercida por uma diretoria constituída, no máximo, de sete e, no mínimo, de três membros e de um conselho fiscal composto de três membros, eleitos esses órgãos pela assembleia geral.

§ 1º A diretoria elegerá, dentre os seus membros, o presidente do sindicato.

§ 2º A competência do conselho fiscal é limitada à fiscalização da gestão financeira do sindicato.

§ 3º Constituirá atribuição exclusiva da diretoria do sindicato e dos delegados sindicais, a que se refere o art. 523, a representação e a defesa dos interesses da entidade perante os poderes públicos e as empresas, salvo mandatário com poderes outorgados por procuração da diretoria, ou associado investido em representação prevista em lei.

→ § 3º com redação alterada pelo Dec.-lei 9.502/1946.

→ *v.* Súmula 369, II, do TST.

Art. 523. Os delegados sindicais destinados à direção das delegacias ou seções instituídas na forma estabelecida no § 2º do art. 517 serão designados pela diretoria dentre os associados radicados no território da correspondente delegacia.

→ *v.* Súmula 677 do STF.

→ *v.* Art. 8º da CF/1988.

→ *v.* Art. 543, § 3º, da CLT.

Art. 524. Serão sempre tomadas por escrutínio secreto, na forma estatutária, as deliberações da assembleia geral concernentes aos seguintes assuntos:

→ *Caput* com redação alterada pela Lei 2.693/1955.

→ *v.* Súmula 677 do STF.

→ *v.* Art. 8º da CF/1988.

a) eleição de associado para representação da respectiva categoria prevista em lei;

→ Alínea *a* com redação alterada pelo Dec.-lei 9.502/1946.

b) tomada a aprovação de contas da diretoria;

→ Alínea *b* com redação alterada pelo Dec.-lei 9.502/1946.

c) aplicação do patrimônio;

→ Alínea *c* com redação alterada pelo Dec.-lei 9.502/1946.

d) julgamento dos atos da diretoria, relativos a penalidades impostas a associados;

→ Alínea *d* com redação alterada pelo Dec.-lei 9.502/1946.

e) pronunciamento sobre relações ou dissídio de trabalho. Neste caso, as deliberações da assembleia geral só serão consideradas válidas quando ela tiver sido especialmente convocada para esse fim, de acordo com as disposições dos estatutos da entidade sindical. O quorum para validade da assembleia será de metade mais um dos associados quites; não obtido esse quorum em primeira convocação, reunir-se-á a assembleia em segunda convocação com os presentes, considerando-se aprovadas as deliberações que obtiverem 2/3 (dois terços) dos votos.

→ Alínea *e* com redação alterada pela Lei 2.693/1955.

§ 1º A eleição para cargos de diretoria e conselho fiscal será realizada por escrutínio secreto, durante 6 (seis) horas contínuas, pelo menos, na sede do sindicato, na de suas delegacias e seções e nos principais locais de trabalho, onde funcionarão as mesas coletoras designadas pelos Delegados Regionais do Trabalho e Emprego.

→ § 1º acrescentado pelo Dec.-lei 9.502/1946.

§ 2º Concomitantemente ao término do prazo estipulado para a votação, instalar-se-á, em assembleia eleitoral pública e permanente, na sede do sindicato, a mesa apuradora, para a qual serão enviadas, imediatamente, pelos presidentes das mesas coletoras, as urnas receptoras e as atas respectivas. Será facultada designação de mesa apuradora supletiva sempre que as peculiaridades ou conveniências do pleito a exigirem.

→ § 2º acrescentado pelo Dec.-lei 9.502/1946.

§ 3º A mesa apuradora será presidida por membro do Ministério Público do Trabalho ou pessoa de notória idoneidade, designada pelo Procurador-Geral da Justiça do Trabalho ou procuradores regionais.

→ § 3º acrescentado pelo Dec.-lei 9.502/1946.

§ 4º O pleito só será válido na hipótese de participarem da votação mais de 2/3 (dois terços) dos associados com capacidade para votar. Não obtido esse coeficiente, será realizada nova eleição dentro de 15 (quinze) dias, a qual terá validade se nela tomarem parte mais de 50% (cinquenta por cento) dos referidos associados. Na hipótese de não ter sido alcançado, na segunda votação, o coeficiente exigido, será realizado o terceiro e último pleito, cuja validade dependerá do voto de mais de 40% (quarenta por cento) dos aludidos associados, proclamando o presidente da mesa apuradora, em qualquer dessas hipóteses, os eleitos, os quais serão empossados automaticamente na data do término do mandato expirante, não tendo efeito suspensivo os protestos ou recursos oferecidos na conformidade da lei.

→ § 4º acrescentado pelo Dec.-lei 9.502/1946.

§ 5º Não sendo atingido o coeficiente legal para a eleição, o Ministério do Trabalho, Indústria e Comércio declarará a vacância da administração, a partir do término do mandato dos membros em exercício, e designará administrador para o sindicato, realizando-se novas eleições dentro de 6 (seis) meses.

→ § 5º acrescentado pelo Dec.-lei 9.502/1946.

Art. 525. É vedada a pessoas físicas ou jurídicas, estranhas ao sindicato, qualquer interferência na sua administração ou nos seus serviços.

→ *Caput* com redação alterada pelo Dec.-lei 9.502/1946.

→ *v.* Súmula 677 do STF.

→ *v.* Art. 8º da CF/1988.

Parágrafo único. Estão excluídos dessa proibição:

a) os Delegados do Ministério do Trabalho, Indústria e Comércio especialmente designados pelo Ministro ou por quem o represente;

b) os que, como empregados, exerçam cargos no sindicato mediante autorização da assembleia geral.

Art. 526. Os empregados do sindicato serão nomeados pela diretoria respectiva ad referendum da assembleia geral, não podendo recair tal nomeação nos que estiverem nas condições previstas nos itens II, IV, V, VI, VII e VIII do art. 530 e, na hipótese de o nomeado haver sido dirigente sindical, também nas do item I do mesmo artigo.

→ *Caput* com redação alterada pelo Dec.-lei 925/1969.

→ *v.* Súmula 677 do STF.

→ *v.* Art. 8º da CF/1988.

Parágrafo único. *(Revogado pela Lei 11.295/2006).*

§ 2º Aplicam-se ao empregado de entidade sindical os preceitos das leis de proteção do trabalho e de previdência social, inclusive o direito de associação em sindicato.

→ § 2º acrescentado pela Lei 11.295/2006.

→ Consta conforme publicação oficial.

Art. 527. Na sede de cada sindicato haverá um livro de registro, autenticado pelo funcionário competente do Ministério do Trabalho, Indústria e Comércio, e do qual deverão constar:

→ *v.* Súmula 677 do STF.

→ *v.* Art. 8º da CF/1988.

→ *v.* Art. 35, I, do Dec.-lei 229/1967.

a) tratando-se de sindicato de empregadores, a firma, individual ou coletiva, ou a denominação das empresas e sua sede, o nome, idade, estado civil, nacionalidade e residência dos respectivos sócios, ou, em se tratando de sociedade por ações, dos diretores, bem como a indicação desses dados quanto ao sócio ou diretor que representar a empresa no sindicato;

b) tratando-se de sindicato de empregados, ou de agentes ou trabalhadores autônomos ou de profissionais liberais, além do nome, idade, estado civil, nacionalidade, profissão ou função e residência de cada associado, o estabelecimento ou lugar onde exerce a sua profissão ou função, o número e a série da respectiva Carteira de Trabalho e Previdência Social e o número da inscrição na instituição de previdência a que pertencer.

Art. 528. Ocorrendo dissídio ou circunstâncias que perturbem o funcionamento de entidade sindical ou motivos relevantes de segurança nacional, o Ministro do Trabalho e Previdência Social poderá nela intervir, por intermédio de Delegado ou de Junta Interventora, com atribuições para administrá-la e executar ou propor as medidas necessárias para normalizar-lhe o funcionamento.

→ Artigo com redação alterada pelo Dec.-lei 3/1966.

→ *v.* Súmula 677 do STF.

→ *v.* Art. 8º da CF/1988.

Seção IV
Das eleições sindicais

Art. 529. São condições para o exercício do direito do voto como para a investidura em cargo de administração ou representação econômica ou profissional:

→ *v.* Súmula 677 do STF.

→ *v.* Art. 8º da CF/1988.

a) ter o associado mais de 6 (seis) meses de inscrição no quadro social e mais de 2 (dois) anos de exercício da atividade ou da profissão;

→ Alínea *a* com redação alterada pelo Dec.-lei 8.080/1945.

b) ser maior de 18 (dezoito) anos;

c) estar no gozo dos direitos sindicais.

Parágrafo único. É obrigatório aos associados o voto nas eleições sindicais.

→ Parágrafo único acrescentado pelo Dec.-lei 229/1967.

Art. 530. Não podem ser eleitos para cargos administrativos ou de representação econômica ou profissional, nem permanecer no exercício desses cargos:

→ *Caput* com redação alterada pelo Dec.-lei 229/1967.

→ *v.* Súmula 677 do STF.

→ *v.* Art. 8º da CF/1988.

I – os que não tiverem definitivamente aprovadas as suas contas de exercício em cargos de administração;

→ Inciso I com redação alterada pelo Dec.-lei 229/1967.

II – os que houverem lesado o patrimônio de qualquer entidade sindical;

→ Inciso II com redação alterada pelo Dec.-lei 229/1967.

III – os que não estiverem, desde 2 (dois) anos antes, pelo menos, no exercício efetivo da atividade ou da profissão dentro da base territorial do sindicato, ou no desempenho de representação econômica ou profissional;

→ Inciso III com redação alterada pelo Dec.-lei 229/1967.

IV – os que tiverem sido condenados por crime doloso enquanto persistirem os efeitos da pena;

→ Inciso IV com redação alterada pelo Dec.-lei 229/1967.

V – os que não estiverem no gozo de seus direitos políticos;

→ Inciso V com redação alterada pelo Dec.-lei 229/1967.

VI – *(Revogado pela Lei 8.865/1994);*

VII – má conduta, devidamente comprovada;

→ Inciso VII acrescentado pelo Dec.-lei 507/1969.

VIII – *(Revogado pela Lei 8.865/1994).*

Parágrafo único. *(Revogado pela Lei 2.693/1955).*

Art. 531. Nas eleições para cargos de diretoria e do conselho fiscal serão considerados eleitos os candidatos que obtiverem maioria absoluta de votos em relação ao total dos associados eleitores.

→ *v.* Súmula 677 do STF.

→ *v.* Art. 8º da CF/1988.

§ 1º Não ocorrendo à primeira convocação maioria absoluta de eleitores, ou não obtendo nenhum dos candidatos essa maioria, proceder-se-á a nova convocação para dia posterior, sendo então considerados eleitos os candidatos que obtiverem maioria dos eleitores presentes.

§ 2º Havendo somente uma chapa registrada para as eleições, poderá a assembleia, em última convocação, ser realizada 2 (duas) horas após a primeira convocação, desde que do edital respectivo conste essa advertência.

§ 3º Concorrendo mais de uma chapa, poderá o Ministro do Trabalho, Indústria e Comércio designar o presidente da sessão eleitoral, desde que o requeiram os associados que encabeçarem as respectivas chapas.

→ § 3º com redação alterada pelo Dec.-lei 8.080/1945.

§ 4º O Ministro do Trabalho, Indústria e Comércio expedirá instruções regulando o processo das eleições.

Art. 532. As eleições para a renovação da diretoria e do conselho fiscal deverão ser procedidas dentro do prazo máximo de 60 (sessenta) dias e mínimo de 30 (trinta) dias, antes do término do mandato dos dirigentes em exercício.

→ *Caput* com redação alterada pelo Dec.-lei 8.080/1945.

→ *v.* Súmula 677 do STF.

→ *v.* Art. 8º da CF/1988.

§ 1º Não havendo protesto na ata da assembleia eleitoral ou recurso interposto por algum dos candidatos, dentro de 15 (quinze) dias, a contar da data das eleições, a posse da diretoria eleita independerá da aprovação das eleições pelo Ministério do Trabalho, Indústria e Comércio.

→ § 1º com redação alterada pelo Dec.-lei 8.080/1945.

§ 2º Competirá à diretoria em exercício, dentro de 30 (trinta) dias da realização das eleições e não tendo havido recurso, dar publicidade ao resultado do pleito, fazendo comunicação ao órgão local do Ministério do Trabalho, Indústria e Comércio da relação dos eleitos, com os dados pessoais de cada um e a designação da função que vai exercer.

→ § 2º com redação alterada pelo Dec.-lei 8.080/1945.

§ 3º Havendo protesto na ata da assembleia eleitoral ou recurso interposto dentro de 15 (quinze) dias da realização das eleições, competirá à diretoria em exercício encaminhar, devidamente instruído, o processo eleitoral ao órgão local do Ministério do Trabalho, Indústria e Comércio, que o encaminhará para decisão do Ministro de Estado. Nesta hipótese, permanecerão na administração, até despacho final do processo, a diretoria e o conselho fiscal que se encontrarem em exercício.

→ § 3º com redação alterada pelo Dec.-lei 8.080/1945.

§ 4º Não se verificando as hipóteses previstas no parágrafo anterior, a posse da nova diretoria deverá se verificar dentro de 30 (trinta) dias subsequentes ao término do mandato da anterior.

→ § 4º com redação alterada pelo Dec.-lei 8.080/1945.

§ 5º Ao assumir o cargo, o eleito prestará, por escrito e solenemente, o compromisso de respeitar, no exercício do mandato, a Constituição, as leis vigentes e os estatutos da entidade.

→ § 5º acrescentado pelo Dec.-lei 229/1967.

Seção V
Das associações sindicais de grau superior

→ *v.* Súmula 677 do STF.

→ *v.* Art. 8º da CF/1988.

Art. 533. Constituem associações sindicais de grau superior as federações e confederações organizadas nos termos desta Lei.

Art. 534. É facultado aos sindicatos, quando em número não inferior a cinco, desde que representem a maioria absoluta de um grupo de atividades ou profissões idênticas, similares ou conexas, organizarem-se em federação.

→ *Caput* com redação alterada pela Lei 3.265/1957.

→ *v.* Lei 11.648/2008 – Reconhecimento formal das centrais sindicais para os fins que especifica.

§ 1º Se já existir federação no grupo de atividades ou profissões em que deva ser constituída a nova entidade, a criação desta não poderá reduzir a menos de cinco o número de sindicatos que àquela devam continuar filiados.

→ § 1º com redação alterada pela Lei 3.265/1957.

§ 2º As federações serão constituídas por Estados, podendo o Ministro do Trabalho, Indústria e Comércio autorizar a constituição de federações interestaduais ou nacionais.

→ Anterior § 1º renumerado para § 2º pela Lei 3.265/1957.

§ 3º É permitido a qualquer federação, para o fim de lhes coordenar os interesses, agrupar os sindicatos de determinado município ou região a ela filiados, mas a União não terá direito de representação das atividades ou profissões agrupadas.

→ Anterior § 2º renumerado para § 3º pela Lei 3.265/1957.

Art. 535. As confederações organizar-se-ão com o mínimo de três federações e terão sede na Capital da República.

§ 1º As confederações formadas por federações de sindicatos de empregadores denominar-se-ão: Confederação Nacional da Indústria, Confederação Nacional do Comércio, Confederação Nacional de Transportes Marítimos, Fluviais e Aéreos, Confederação Nacional de Transportes Terrestres, Confederação Nacional de Comunicações e Publicidade, Confederação Nacional das Empresas de Crédito e Confederação Nacional de Educação e Cultura.

§ 2º As confederações formadas por federações de sindicatos de empregados terão a denominação de: Confederação Nacional dos Trabalhadores na Indústria, Confederação Nacional dos Trabalhadores no Comércio, Confederação Nacional dos Trabalhadores em Transportes Marítimos, Fluviais e Aéreos, Confederação Nacional dos Trabalhadores em Transportes Terrestres, Confederação Nacional dos Trabalhadores em Comunicações e Publicidade, Confederação Nacional dos Trabalhadores nas Empresas de Crédito e Confederação Nacional dos Trabalhadores em Estabelecimentos de Educação e Cultura.

§ 3º Denominar-se-á Confederação Nacional das Profissões Liberais a reunião das respectivas federações.

§ 4º As associações sindicais de grau superior da Agricultura e Pecuária serão organizadas na conformidade do que dispuser a lei que regular a sindicalização dessas atividades ou profissões.

Art. 536. *(Revogado pelo Dec.-lei 229/1967).*

Art. 537. O pedido de reconhecimento de uma federação será dirigido ao Ministro do Trabalho, Indústria e Comércio acompanhado de um exemplar dos respectivos estatutos e das cópias autenticadas das atas da assembleia de cada sindicato ou federação que autorizar a filiação.

→ *v.* Art. 35, I, do Dec.-lei 229/1967.

§ 1º A organização das federações e confederações obedecerá às exigências contidas nas alíneas *b* e *c* do art. 515.

§ 2º A carta de reconhecimento das federações será expedida pelo Ministro do Trabalho, Indústria e Comércio, na qual será especificada a coordenação econômica ou profissional conferida e mencionada a base territorial outorgada.

§ 3º O reconhecimento das confederações será feito por decreto do Presidente da República.

Art. 538. A administração das federações e confederações será exercida pelos seguintes órgãos:

→ *Caput* com redação alterada pela Lei 2.693/1955.

a) diretoria;

b) conselho de representantes;

c) conselho fiscal.

§ 1º A diretoria será constituída no mínimo de três membros e de três membros se comporá o conselho fiscal, os quais serão eleitos pelo conselho de representantes com mandato por 3 (três) anos.

→ § 1º com redação alterada pelo Dec.-lei 771/1969.

§ 2º Só poderão ser eleitos os integrantes dos grupos das federações ou dos planos das confederações, respectivamente.

→ § 2º com redação alterada pela Lei 2.693/1955.

§ 3º O presidente da federação ou confederação será escolhido dentre os seus membros, pela diretoria.

→ § 3º com redação alterada pela Lei 2.693/1955.

§ 4º O conselho de representantes será formado pelas delegações dos sindicatos ou das federações filiadas, constituída cada delegação de dois membros, com mandato por 3 (três) anos, cabendo um voto a cada delegação.

→ § 4º com redação alterada pelo Dec.-lei 771/1969.

§ 5º A competência do conselho fiscal é limitada à fiscalização da gestão financeira.

→ § 5º com redação alterada pela Lei 2.693/1955.

Art. 539. Para a constituição e administração das federações serão observadas, no que for aplicável, as disposições das Seções II e III do presente Capítulo.

Seção VI
Dos direitos dos exercentes de atividades ou profissões e dos sindicalizados

Art. 540. A toda empresa ou indivíduo que exerçam, respectivamente, atividade ou profissão, desde que satisfaçam as exigências desta Lei, assiste o direito de ser admitido no sindicato da respectiva categoria, salvo o caso de falta de idoneidade, devidamente comprovada, com recurso para o Ministério do Trabalho, Indústria e Comércio.

§ 1º Perderá os direitos de associado o sindicalizado que, por qualquer motivo, deixar o exercício de atividade ou de profissão.

§ 2º Os associados de sindicatos de empregados, de agentes ou trabalhadores autônomos e de profissões liberais que forem aposentados, estiverem em desemprego ou falta de trabalho ou tiverem sido convocados para prestação de serviço militar não perderão os respectivos direitos sindicais e ficarão isentos de qualquer contribuição, não podendo, entretanto, exercer cargo de administração sindical ou de representação econômica ou profissional.

Art. 541. Os que exercerem determinada atividade ou profissão onde não haja sindicato da respectiva categoria, ou de atividade ou profissão similar ou conexa, poderão filiar-se a sindicato de profissão idêntica, similar ou conexa, existente na localidade mais próxima.

Parágrafo único. O disposto neste artigo se aplica aos sindicatos em relação às respectivas federações, na conformidade do Quadro de Atividades e Profissões a que se refere o art. 577.

Art. 542. De todo ato lesivo de direitos ou contrário a esta Lei, emanado da diretoria, do conselho ou da assembleia geral da entidade sindical, poderá qualquer exercente de atividade ou profissão recorrer, dentro de 30 (trinta) dias, para a autoridade competente do Ministério do Trabalho, Indústria e Comércio.

Art. 543. O empregado eleito para cargo de administração sindical ou representação profissional, inclusive junto a órgão de deliberação coletiva, não poderá ser impedido do exercício de suas funções, nem transferido para lugar ou mister que lhe dificulte ou torne impossível o desempenho das suas atribuições sindicais.

→ *Caput* com redação alterada pelo Dec.-lei 229/1967.

→ *v.* Súmula 197 do STF.

→ *v.* Súmulas 369 e 379 do TST.

→ *v.* Arts. 158, parágrafo único, 240, parágrafo único, 482; 522 e 853 da CLT.

§ 1º O empregado perderá o mandato se a transferência for por ele solicitada ou voluntariamente aceita.

→ § 1º com redação alterada pelo Dec.-lei 229/1967.

§ 2º Considera-se de licença não remunerada, salvo assentimento da empresa ou cláusula contratual, o tempo em que o empregado se ausentar do trabalho no desempenho das funções a que se refere este artigo.

→ § 2º com redação alterada pelo Dec.-lei 229/1967.

§ 3º Fica vedada a dispensa do empregado sindicalizado ou associado, a partir do momento do registro de sua candidatura a cargo de direção ou representação de entidade sindical ou de associação profissional, até 1 (um) ano após o final do seu mandato, caso seja eleito, inclusive como suplente, salvo se cometer falta grave devidamente apurada nos termos desta Consolidação.

→ § 3º com redação alterada pela Lei 7.543/1986.

§ 4º Considera-se cargo de direção ou de representação sindical aquele cujo exercício ou indicação decorre de eleição prevista em lei.

→ § 4º com redação alterada pela Lei 7.223/1984.

§ 5º Para os fins deste artigo, a entidade sindical comunicará por escrito à empresa, dentro de 24 (vinte e quatro) horas, o dia e a hora do registro da candidatura do seu empregado e, em igual prazo, sua eleição e posse, fornecendo, outrossim, a este, comprovante no mesmo sentido. O Ministério do Trabalho e Previdência Social fará no mesmo prazo a comunicação no caso da designação referida no final do § 4º.

→ § 5º com redação alterada pelo Dec.-lei 229/1967.

§ 6º A empresa que, por qualquer modo, procurar impedir que o empregado se associe a sindicato, organize associação profissional ou sindical ou exerça os direitos inerentes à condição de sindicalizado fica sujeita à penalidade prevista na letra a do art. 553, sem prejuízo da reparação a que tiver direito o empregado.

→ § 6º com redação alterada pelo Dec.-lei 229/1967.

Art. 544. É livre a associação profissional ou sindical, mas ao empregado sindicalizado é assegurada, em igualdade de condições, preferência:

→ *Caput* com redação alterada pelo Dec.-lei 229/1967.

I – para a admissão nos trabalhos de empresa que explore serviços públicos ou mantenha contrato com os poderes públicos;

→ Inciso I com redação alterada pelo Dec.-lei 229/1967.

II – para ingresso em funções públicas ou assemelhadas, em caso de cessação coletiva de trabalho, por motivo de fechamento de estabelecimento;

→ Inciso II com redação alterada pelo Dec.-lei 229/1967.

III – nas concorrências para aquisição de casa própria, pelo Plano Nacional de Habitação ou por intermédio de quaisquer instituições públicas;

→ Inciso III com redação alterada pelo Dec.-lei 229/1967.

IV – nos loteamentos urbanos ou rurais, promovidos pela União, por seus órgãos de administração direta ou indireta ou sociedades de economia mista;

→ Inciso IV com redação alterada pelo Dec.-lei 229/1967.

V – na locação ou compra de imóveis, de propriedade de pessoa de direito público ou sociedade de economia mista, quando sob ação de despejo em tramitação judicial;

→ Inciso V com redação alterada pelo Dec.-lei 229/1967.

VI – na concessão de empréstimos simples concedidos pelas agências financeiras do Governo ou a ele vinculadas;

→ Inciso VI com redação alterada pelo Dec.-lei 229/1967.

VII – na aquisição de automóveis, outros veículos e instrumentos relativos ao exercício da profissão, quando financiados pelas autarquias, sociedades de economia mista ou agências financeiras do Governo;

→ Inciso VII com redação alterada pelo Dec.-lei 229/1967.

VIII – *(Revogado pela Lei 8.630/1993);*

IX – na concessão de bolsas de estudo para si ou para seus filhos, obedecida a legislação que regule a matéria.

→ Inciso IX com redação alterada pelo Dec.-lei 229/1967.

Art. 545. Os empregadores ficam obrigados a descontar na folha de pagamento dos seus empregados, desde que por eles devidamente autorizados, as contribuições devidas ao sindicato, quando por este notificados, salvo quanto à contribuição sindical, cujo desconto independe dessas formalidades.

→ Artigo com redação alterada pelo Dec.-lei 925/1969.

Parágrafo único. O recolhimento à entidade sindical beneficiária do importe descontado deverá ser feito até o décimo dia subsequente ao do desconto, sob pena de juros de mora no valor de 10% (dez por cento) sobre o montante retido, sem prejuízo da multa prevista no art. 553 e das cominações penais relativas à apropriação indébita.

→ *v.* Súmula 222 do STJ.

→ *v.* Art. 8º, IV, da CF/1988.

→ *v.* Art. 578 da CLT.

Art. 546. Às empresas sindicalizadas é assegurada preferência, em igualdade de condições, nas concorrências para exploração de serviços públicos, bem como nas concorrências para fornecimento às repartições federais, estaduais e municipais e às entidades paraestatais.

Art. 547. É exigida a qualidade de sindicalizado para o exercício de qualquer função representativa de categoria econômica ou profissional, em órgão oficial de deliberação coletiva, bem como para o gozo de favores ou isenções tributárias, salvo em se tratando de atividades não econômicas.

Parágrafo único. Antes da posse ou exercício das funções a que alude o artigo anterior ou de concessão dos favores, será indispensável comprovar a sindicalização, ou oferecer prova, mediante certidão negativa no Departamento Nacional do Trabalho, no Distrito Federal, ou da autoridade regional do Ministério do Trabalho, Indústria e Comércio, nos Estados e no Território do Acre, de que não existe sindicato no local onde o interessado exerce a respectiva atividade ou profissão.

→ *V.* Art. 35, I e IV, do Dec.-lei 229/1967.

→ *V.* Lei 4.070/1962 – Eleva o Território do Acre à categoria de Estado.

Seção VII
Da gestão financeira do sindicato e sua fiscalização

Art. 548. Constituem o patrimônio das associações sindicais:

a) as contribuições devidas aos Sindicatos pelos que participem das categorias econômicas ou profissionais ou das profissões liberais representadas pelas referidas entidades, sob a denominação de imposto sindical, pagas e arrecadadas na forma do Capítulo III deste Título;

→ *V.* Art. 35, V, do Dec.-lei 229/1967.

b) as contribuições dos associados, na forma estabelecida nos estatutos ou pelas assembleias gerais;

c) os bens e valores adquiridos e as rendas produzidas pelos mesmos;

d) as doações e legados;

e) as multas e outras rendas eventuais.

Art. 549. A receita dos sindicatos, federações e confederações só poderá ter aplicação na forma prevista nos respectivos orçamentos anuais, obedecidas as disposições estabelecidas na lei e nos seus estatutos.

→ Artigo com redação alterada pela Lei 6.386/1976.

§ 1° Para alienação, locação ou aquisição de bens imóveis, ficam as entidades sindicais obrigadas a realizar avaliação prévia pela Caixa Econômica Federal ou pelo Banco Nacional da Habitação ou, ainda, por qualquer outra organização legalmente habilitada a tal fim.

§ 2° Os bens imóveis das entidades sindicais não serão alienados sem a prévia autorização das respectivas assembleias gerais, reunidas com a presença da maioria absoluta dos associados com direito a voto ou dos conselhos de representantes com a maioria absoluta dos seus membros.

§ 3° Caso não seja obtido o quorum estabelecido no parágrafo anterior, a matéria poderá ser decidida em nova assembleia geral, reunida com qualquer número de associados com direito a voto, após o transcurso de 10 (dez) dias da primeira convocação.

§ 4° Nas hipóteses previstas nos §§ 2° e 3° a decisão somente terá validade se adotada pelo mínimo de 2/3 (dois terços) dos presentes, em escrutínio secreto.

§ 5° Da deliberação da assembleia geral, concernente à alienação de bens imóveis, caberá recurso voluntário, dentro do prazo de 15 (quinze) dias, ao Ministro do Trabalho, com efeito suspensivo.

§ 6° A venda do imóvel será efetuada pela diretoria da entidade, após a decisão da assembleia geral ou do conselho de representantes, mediante concorrência pública, com edital publicado no Diário Oficial da União e na imprensa diária, com antecedência mínima de 30 (trinta) dias da data de sua realização.

§ 7° Os recursos destinados ao pagamento total ou parcelado dos bens imóveis adquiridos serão consignados, obrigatoriamente, nos orçamentos anuais das entidades sindicais.

Art. 550. Os orçamentos das entidades sindicais serão aprovados, em escrutínio secreto, pelas respectivas assembleias gerais ou conselho de representantes, até 30 (trinta) dias antes do início do exercício financeiro a que se referem, e conterão a discriminação da receita e da despesa, na forma das instruções e modelos expedidos pelo Ministério do Trabalho.

→ Artigo com redação alterada pela Lei 6.386/1976.

§ 1° Os orçamentos, após a aprovação prevista no presente artigo, serão publicados, em resumo, no prazo de 30 (trinta) dias, contados da data da realização da respectiva assembleia geral ou da reunião do conselho de representantes, que os aprovou, observada a seguinte sistemática:

a) no *Diário Oficial da União* – Seção I – Parte II, os orçamentos das confederações, federações e sindicatos de base interestadual ou nacional;

b) no órgão de imprensa oficial do Estado ou Território ou jornal de grande circulação local, os orçamentos das federações estaduais e sindicatos distritais municipais, intermunicipais e estaduais.

§ 2° As dotações orçamentárias que se apresentarem insuficientes para o atendimento das despesas, ou não incluídas nos orçamentos correntes, poderão ser ajustadas ao fluxo dos gastos, mediante a abertura de créditos adicionais solicitados pela diretoria da entidade às respectivas assembleias gerais ou conselhos de representantes, cujos atos concessórios serão publicados até o último dia do exercício correspondente, obedecida a mesma sistemática prevista no parágrafo anterior.

§ 3° Os créditos adicionais classificam-se em:

a) suplementares, os destinados a reforçar dotações alocadas no orçamento; e

b) especiais, os destinados a incluir dotações no orçamento, a fim de fazer face às despesas para as quais não se tenha consignado crédito específico.

§ 4° A abertura dos créditos adicionais depende da existência de receita para sua compensação, considerando-se, para esse efeito, desde que não comprometidos:

a) o superávit financeiro apurado em balanço do exercício anterior;

b) o excesso de arrecadação, assim entendido o saldo positivo da diferença entre a renda prevista e a realizada, tendo-se em conta, ainda, a tendência do exercício; e

c) a resultante da anulação parcial ou total de dotações alocadas no orçamento ou de créditos adicionais abertos no exercício.

§ 5° Para efeito orçamentário e contábil sindical, o exercício financeiro coincidirá com o ano civil, a ele pertencendo todas as receitas arrecadadas e as despesas compromissadas.

Art. 551. Todas as operações de ordem financeira e patrimonial serão evidenciadas pelos registros contábeis das entidades sindicais, executadas sob a responsabilidade de contabilista legalmente habilitado, em conformidade com o plano de contas e as instruções baixadas pelo Ministério do Trabalho.

→ Artigo com redação alterada pela Lei 6.386/1976.

§ 1° A escrituração contábil a que se refere este artigo será baseada em documentos de receita e despesa, que ficarão arquivados nos serviços de contabilidade, à disposição dos órgãos responsáveis pelo acompanhamento administrativo e da fiscalização financeira da própria entidade, ou do controle que poderá ser exercido pelos órgãos da União, em face da legislação específica.

§ 2° Os documentos comprobatórios dos atos de receita e despesa, a que se refere o parágrafo anterior, poderão ser incinerados, após decorridos 5 (cinco) anos da data de quitação das contas pelo órgão competente.

§ 3° É obrigatório o uso do livro Diário, encadernado, com folhas seguida e tipograficamente numeradas, para a escrituração, pelo método das partidas dobradas, diretamente ou por reprodução, dos atos ou operações que modifiquem ou venham a modificar a situação patrimonial da entidade, o qual conterá, respectivamente, na primeira e na última página, os termos de abertura e de encerramento.

§ 4° A entidade sindical que se utilizar de sistema mecânico ou eletrônico para sua escrituração contábil poderá substituir o Diário e os livros facultativos ou auxiliares por fichas ou formulários contínuos, cujos lançamentos deverão satisfazer a todos os requisitos e normas de escrituração exigidos com relação aos livros mercantis, inclusive no que respeita a termos de abertura e de encerramento e numeração sequencial e tipográfica.

§ 5° Na escrituração por processos de fichas ou formulários contínuos, a entidade adotará livro próprio para inscrição do balanço patrimonial e da demonstração do resultado do exercício, o qual conterá os mesmos requisitos exigidos para os livros de escrituração.

§ 6° Os livros e fichas ou formulários contínuos serão obrigatoriamente submetidos a registro e autenticação das Delegacias Regionais do Trabalho e Emprego localizadas na base territorial da entidade.

§ 7° As entidades sindicais manterão registro específico dos bens de qualquer natureza, de sua propriedade, em livros ou fichas próprios, que atenderão às mesmas formalidades exigidas para o livro Diário, inclusive no que se refere ao registro e autenticação da Delegacia Regional do Trabalho local.

§ 8° As contas dos administradores das entidades sindicais serão aprovadas, em escrutínio secreto, pelas respectivas assembleias gerais ou conselhos de representantes, com prévio parecer do conselho fiscal, cabendo ao Ministro do Trabalho estabelecer prazos e procedimentos para a sua elaboração e destinação.

Art. 552. Os atos que importem em malversação ou dilapidação do patrimônio das associações ou entidades sindicais ficam equiparados ao crime de peculato, julgado e punido na conformidade da legislação penal.

→ Artigo com redação alterada pelo Dec.-lei 925/1969.

→ *V.* Art. 312 do CP.

→ *V.* Lei 8.429/1992 – Improbidade Administrativa.

Seção VIII
Das penalidades

→ v. Súmula 677 do STF.

→ v. Art. 8º da CF/1988.

Art. 553. As infrações ao disposto neste Capítulo serão punidas, segundo o seu caráter e a sua gravidade, com as seguintes penalidades:

a) multa de 1/5 (um quinto) a dez salários mínimos regionais, dobrada na reincidência;

→ v. Portaria do MTb 290/1997 – Aprova normas para a imposição de multas administrativas previstas na legislação trabalhista.

b) suspensão de diretores por prazo não superior a 30 (trinta) dias;

c) destituição de diretores ou de membros de conselho;

d) fechamento de sindicato, federação ou confederação por prazo nunca superior a 6 (seis) meses;

e) cassação da carta de reconhecimento;

f) multa de 1/3 (um terço) do salário mínimo regional, aplicável ao associado que deixar de cumprir, sem causa justificada, o disposto no parágrafo único do art. 529.

→ Alínea *f* acrescentada pelo Dec.-lei 229/1967.

→ v. Portaria do MTb 290/1997 – Aprova normas para a imposição de multas administrativas previstas na legislação trabalhista.

§ 1º A imposição de penalidades aos administradores não exclui a aplicação das que este artigo prevê para a associação.

→ Anterior parágrafo único renumerado para § 1º pelo Dec.-lei 925/1969.

§ 2º Poderá o Ministro do Trabalho e Previdência Social determinar o afastamento preventivo de cargo ou representação sindicais de seus exercentes, com fundamento em elementos constantes de denúncia formalizada que constituam indício veemente ou início de prova bastante do fato e da autoria denunciados.

→ § 2º acrescentado pelo Dec.-lei 925/1969.

Art. 554. Destituída a administração, na hipótese da alínea *c* do artigo anterior, o Ministro do Trabalho, Indústria e Comércio nomeará um delegado para dirigir a associação e proceder, dentro do prazo de 90 (noventa) dias, em assembleia geral por ele convocada e presidida, à eleição dos novos diretores e membros do conselho fiscal.

→ v. Súmula 677 do STF.

→ v. Art. 8º da CF/1988.

Art. 555. A pena de cassação da carta de reconhecimento será imposta à entidade sindical:

→ v. Súmula 677 do STF.

→ v. Art. 8º da CF/1988.

a) que deixar de satisfazer as condições de constituição e funcionamento estabelecidas nesta Lei;

b) que se recusar ao cumprimento de ato do Presidente da República, no uso da faculdade conferida pelo art. 536;

→ Referido art. 536 da CLT foi revogado pelo Dec.-lei 229/1967.

c) que criar obstáculos à execução da política econômica adotada pelo Governo.

→ Alínea *c* com redação alterada pelo Dec.-lei 8.080/1945.

Art. 556. A cassação da carta de reconhecimento da entidade sindical não importará o cancelamento de seu registro, nem, consequentemente, a sua dissolução, que se processará de acordo com as disposições da lei que regulam a dissolução das associações civis.

→ v. Súmula 677 do STF.

→ v. Art. 8º da CF/1988.

Parágrafo único. No caso de dissolução, por se achar a associação incursa nas leis que definem crimes contra a personalidade internacional, a estrutura e a segurança do Estado e a ordem política e social, os seus bens, pagas as dívidas decorrentes das suas responsabilidades, serão incorporados ao patrimônio da União e aplicados em obras de assistência social.

Art. 557. As penalidades de que trata o art. 553 serão impostas:

→ v. Súmula 677 do STF.

→ v. Art. 8º da CF/1988.

a) as das alíneas *a* e *b*, pelo diretor-geral do Departamento Nacional do Trabalho, com recurso para o Ministro de Estado;

→ v. Art. 35, IV, do Dec.-lei 229/1967.

b) as demais, pelo Ministro de Estado.

§ 1º Quando se tratar de associações de grau superior, as penalidades serão impostas pelo Ministro de Estado, salvo se a pena for de cassação da carta de reconhecimento de confederação, caso em que a pena será imposta pelo Presidente da República.

§ 2º Nenhuma pena será imposta sem que seja assegurada defesa ao acusado.

Seção IX
Disposições gerais

Art. 558. São obrigadas ao registro todas as associações profissionais constituídas por atividades ou profissões idênticas, similares ou conexas, de acordo com o art. 511 e na conformidade do Quadro de Atividades e Profissões a que alude o Capítulo II deste Título. As associações profissionais registradas nos termos deste artigo poderão representar, perante as autoridades administrativas e judiciárias, os interesses individuais dos associados relativos à sua atividade ou profissão, sendo-lhes também extensivas as prerrogativas contidas na alínea *d* e no parágrafo único do art. 513.

→ v. Súmula 677 do STF.

→ v. Art. 8º da CF/1988.

→ v. Portaria do MTE 186/2008 – Determina as regras sobre a realização do registro sindical.

§ 1º O registro a que se refere o presente artigo competirá às Delegacias Regionais do Ministério do Trabalho e Previdência Social ou às repartições autorizadas em virtude da lei.

→ § 1º com redação alterada pelo Dec.-lei 925/1969.

§ 2º O registro das associações far-se-á mediante requerimento, acompanhado da cópia autêntica dos estatutos e da declaração do número de associados, do patrimônio e dos serviços sociais organizados.

§ 3º As alterações dos estatutos das associações profissionais não entrarão em vigor sem aprovação da autoridade que houver concedido o respectivo registro.

Art. 559. O Presidente da República, excepcionalmente e mediante proposta do Ministro do Trabalho, Indústria e Comércio, fundada em razões de utilidade pública, poderá conceder, por decreto, às associações civis constituídas para a defesa e coordenação de interesses econômicos e profissionais e não obrigadas ao registro previsto no artigo anterior, a prerrogativa da alínea *d* do art. 513 deste Capítulo.

→ v. Súmula 677 do STF.

→ v. Art. 8º, *caput* e I, da CF/1988.

Art. 560. Não se reputará transmissão de bens, para efeitos fiscais, a incorporação do patrimônio de uma associação profissional ao da entidade sindical, ou das entidades aludidas entre si.

Art. 561. A denominação "sindicato" é privativa das associações profissionais de primeiro grau, reconhecidas na forma desta Lei.

Art. 562. As expressões "federação" e "confederação", seguidas da designação de uma atividade econômica ou profissional, constituem denominações privativas das entidades sindicais de grau superior.

Art. 563. *(Revogado pelo Dec.-lei 925/1969).*

Art. 564. Às entidades sindicais, sendo-lhes peculiar e essencial a atribuição representativa e coordenadora das correspondentes categorias ou profissões, é vedado, direta ou indiretamente, o exercício de atividade econômica.

→ v. Súmula 677 do STF.

→ v. Art. 8º da CF/1988.

Art. 565. As entidades sindicais reconhecidas nos termos desta Lei não poderão filiar-se a organizações internacionais, nem com elas manter relações, sem prévia licença concedida por decreto do Presidente da República.

→ Artigo com redação alterada pela Lei 2.802/1956.

→ v. Súmula 677 do STF.

→ v. Art. 8º da CF/1988.

Art. 566. Não podem sindicalizar-se os servidores do Estado e os das instituições paraestatais.

→ v. Súmulas 677 e 678 do STF.

→ v. Art. 8º da CF/1988.

→ v. Art. 37, VI, CF/1988, que determina que "é garantido ao servidor público civil o direito à livre associação sindical".

Parágrafo único. Excluem-se da proibição constante deste artigo os empregados das sociedades de economia mista, da Caixa Econômica Federal e das fundações criadas ou mantidas pelo Poder Público da União, dos Estados e Municípios.

→ Parágrafo único com redação alterada pela Lei 7.449/1985.

Art. 567. *(Revogado pelo Dec.-lei 229/1967).*

Art. 568. *(Revogado pelo Dec.-lei 229/1967).*

Art. 569. *(Revogado pelo Dec.-lei 229/1967).*

Capítulo II
DO ENQUADRAMENTO SINDICAL

Art. 570. Os sindicatos constituir-se-ão, normalmente, por categorias econômicas ou profissionais específicas, na conformidade da discriminação do Quadro de Atividades e Profissões a que se refere o art. 577, ou segundo as subdivisões que, sob proposta da Comissão do Enquadramento Sindical, de que trata o art. 576, forem criadas pelo Ministro do Trabalho, Indústria e Comércio.

→ v. Súmula 677 do STF.

→ v. Súmula 499 do STJ.

→ v. Art. 8º da CF/1988.

→ v. Art. 35, I, do Dec.-lei 229/1967.

Parágrafo único. Quando os exercentes de quaisquer atividades ou profissões se constituírem, seja pelo número reduzido, seja pela natureza mesma dessas atividades ou profissões, seja pelas afinidades existentes entre elas, em condições tais que não se possam sindicalizar eficientemente pelo critério de especificidade de categoria, é-lhes permitido sindicalizar-se pelo critério de categorias similares ou conexas, entendendo-se como tais as que se acham compreendidas nos limites de cada grupo constante do Quadro de Atividades e Profissões.

Art. 571. Qualquer das atividades ou profissões concentradas na forma do parágrafo único do artigo anterior poderá dissociar-se do sindicato principal, formando um sindicato específico, desde que o novo sindicato, a juízo da Comissão do Enquadramento Sindical, ofereça possibilidade de vida associativa regular e de ação sindical eficiente.

→ *v.* Súmula 677 do STF.

→ *v.* Art. 8º da CF/1988.

Art. 572. Os sindicatos que se constituírem por categorias similares ou conexas, nos termos do parágrafo único do art. 570, adotarão denominação em que fiquem, tanto quanto possível, explicitamente mencionadas as atividades ou profissões concentradas, de conformidade com o Quadro de Atividades e Profissões, ou se se tratar de subdivisões, de acordo com o que determinar a Comissão do Enquadramento Sindical.

→ *v.* Súmula 677 do STF.

→ *v.* Art. 8º da CF/1988.

Parágrafo único. Ocorrendo a hipótese do artigo anterior, o sindicato principal terá a denominação alterada, eliminando-se-lhe a designação relativa à atividade ou profissão dissociada.

Art. 573. O agrupamento dos sindicatos em federações obedecerá às mesmas regras que as estabelecidas neste Capítulo para o agrupamento das atividades e profissões em sindicatos.

→ *v.* Súmula 677 do STF.

→ *v.* Art. 8º da CF/1988.

Parágrafo único. As federações de sindicatos de profissões liberais poderão ser organizadas independentemente do grupo básico da confederação, sempre que as respectivas profissões se acharem submetidas, por disposições de lei, a um único regulamento.

→ Anterior § 1º renumerado para parágrafo único pelo Dec.-lei 229/1967.

→ O Dec.-lei 229/1967 revogou o § 2º deste artigo.

Art. 574. Dentro da mesma base territorial, as empresas industriais do tipo artesanal poderão constituir entidades sindicais, de primeiro e segundo graus, distintas das associações sindicais das empresas congêneres, de tipo diferente.

→ *v.* Súmula 677 do STF.

→ *v.* Art. 8º da CF/1988.

Parágrafo único. Compete à Comissão do Enquadramento Sindical definir, de modo genérico, com a aprovação do Ministro do Trabalho, Indústria e Comércio, a dimensão e os demais característicos das empresas industriais de tipo artesanal.

Art. 575. O Quadro de Atividades e Profissões será revisto de 2 (dois) em 2 (dois) anos, por proposta da Comissão do Enquadramento Sindical, para o fim de ajustá-lo às condições da estrutura econômica e profissional do País.

→ *v.* Súmula 677 do STF.

→ *v.* Art. 8º da CF/1988.

§ 1º Antes de proceder à revisão do Quadro, a Comissão deverá solicitar sugestões às entidades sindicais e às associações profissionais.

§ 2º A proposta de revisão será submetida à aprovação do Ministro do Trabalho, Indústria e Comércio.

Art. 576. A Comissão do Enquadramento Sindical será constituída pelo Diretor-Geral do Departamento Nacional do Trabalho e Emprego, que a presidirá, e pelos seguintes membros:

→ *Caput* com redação alterada pela Lei 5.819/1972.

→ *v.* Art. 35, IV, do Dec.-lei 229/1967.

→ *v.* Súmula 677 do STF.

→ *v.* Art. 8º da CF/1988.

I – dois representantes do Departamento Nacional do Trabalho;

→ *v.* Art. 35, IV, do Dec.-lei 229/1967;

II – um representante do Departamento Nacional de Mão de Obra;

III – um representante do Instituto Nacional de Tecnologia, do Ministério da Indústria, do Comércio e do Turismo;

IV – um representante do Instituto Nacional de Colonização e Reforma Agrária, do Ministério da Agricultura;

V – um representante do Ministério dos Transportes;

VI – dois representantes das categorias econômicas; e

VII – dois representantes das categorias profissionais.

§ 1º Os membros da CES serão designados pelo Ministro do Trabalho e Previdência Social, mediante:

→ § 1º com redação alterada pelo Dec.-lei 229/1967.

a) indicação dos titulares das Pastas, quanto aos representantes dos outros Ministérios;

b) indicação do respectivo Diretor-Geral, quanto ao da Secretaria das Relações do Trabalho;

c) eleição pelas respectivas confederações, em conjunto, quanto aos representantes das categorias econômicas e profissionais, de acordo com as instruções que forem expedidas pelo Ministro do Trabalho e Previdência Social.

§ 2º Cada membro terá um suplente designado juntamente com o titular.

→ § 2º com redação alterada pelo Dec.-lei 229/1967.

§ 3º Será de 3 (três) anos o mandato dos representantes das categorias econômica e profissional.

→ § 3º com redação alterada pelo Dec.-lei 925/1969.

§ 4º Os integrantes da Comissão perceberão a gratificação de presença que for estabelecida por decreto executivo.

→ § 4º com redação alterada pelo Dec.-lei 229/1967.

§ 5º Em suas faltas ou impedimentos, o Diretor-Geral do DNT será substituído na presidência pelo Diretor substituto do Departamento ou pelo representante deste na Comissão, nesta ordem.

→ § 5º com redação alterada pelo Dec.-lei 506/1969.

§ 6º Além das atribuições fixadas no presente Capítulo e concernentes ao enquadramento sindical, individual ou coletivo, e à classificação das atividades e profissões, competirá também à CES resolver, com recurso para o Ministro do Trabalho e Previdência Social, todas as dúvidas e controvérsias concernentes à organização sindical.

→ § 6º com redação alterada pelo Dec.-lei 229/1967.

Art. 577. O Quadro de Atividades e Profissões em vigor fixará o plano básico do enquadramento sindical.

→ *v.* Súmula 677 do STF.

→ *v.* Súmula 499 do STJ.

→ *v.* Art. 8º da CF/1988.

Capítulo III
DA CONTRIBUIÇÃO SINDICAL

Seção I
Da fixação e do recolhimento da contribuição sindical

Art. 578. As contribuições devidas aos sindicatos pelos que participem das categorias econômicas ou profissionais ou das profissões liberais representadas pelas referidas entidades serão, sob a denominação de "contribuição sindical", pagas, recolhidas e aplicadas na forma estabelecida neste Capítulo.

→ *v.* Súmula 396 do STJ.

→ *v.* Art. 7º da Lei 11.648/2008.

Art. 579. A contribuição sindical é devida por todos aqueles que participarem de uma determinada categoria econômica ou profissional, ou de uma profissão liberal, em favor do sindicato representativo da mesma categoria ou profissão, ou, inexistindo este, na conformidade do disposto no art. 591.

→ Artigo com redação alterada pelo Dec.-lei 229/1967.

Art. 580. A contribuição sindical será recolhida, de um só vez, anualmente, e consistirá:

→ *Caput* com redação alterada pela Lei 6.386/1976.

I – na importância correspondente à remuneração de 1 (um) dia de trabalho, para os empregados, qualquer que seja a forma da referida remuneração;

→ Inciso I com redação alterada pela Lei 6.386/1976.

II – para os agentes ou trabalhadores autônomos e para os profissionais liberais, numa importância correspondente a 30% (trinta por cento) do maior valor de referência fixado pelo Poder Executivo, vigente à época em que é devida a contribuição sindical, arredondada para Cr$ 1,00 (um cruzeiro) a fração porventura existente;

→ Inciso II com redação alterada pela Lei 7.047/1982.

III – para os empregadores, numa importância proporcional ao capital social da firma ou empresa, registrado nas respectivas Juntas Comerciais ou órgãos equivalentes, mediante a aplicação de alíquotas, conforme a seguinte tabela progressiva:

→ Inciso III com redação alterada pela Lei 7.047/1982.

Classes de Capital	Alíquota (%)
1 – Até 150 vezes o maior valor de referência	0,8
2 – Acima de 150, até 1.500 vezes o maior valor de referência	0,2
3 – Acima de 1.500, até 150.000 vezes o maior valor de referência	0,1
4 – Acima de 150.000, até 800.000 vezes o maior valor de referência	0,02

§ 1º A contribuição sindical prevista na tabela constante do item III deste artigo corresponderá à soma da aplicação das alíquotas sobre a porção do capital distribuído em cada classe, observados os respectivos limites.

→ § 1º com redação alterada pela Lei 6.386/1976.

§ 2º Para efeito do cálculo de que trata a tabela progressiva inserta no item III deste artigo, considerar-se-á o valor de referência fixado pelo Poder Executivo, vigente à data de competência da contribuição, arredondando-se para Cr$ 1,00 (um cruzeiro) a fração porventura existente.

→ § 2º com redação alterada pela Lei 6.386/1976.

§ 3º É fixado em 60% (sessenta por cento) do maior valor de referência, a que alude o parágrafo anterior, a contribuição mínima devida pelos empregadores, independentemente do capital social da firma ou empresa, ficando, do mesmo modo, estabelecido o capital equivalente a 800.000 vezes o maior valor de referência, para efeito do cálculo da contribuição máxima, respeitada a tabela progressiva constante do item III.

→ § 3º com redação alterada pela Lei 7.047/1982.

§ 4º Os agentes ou trabalhadores autônomos e os profissionais liberais, organizados em firma ou empresa, com capital social registrado, recolherão a contribuição sindical de acordo com a tabela progressiva a que se refere o item III.

→ § 4º com redação alterada pela Lei 6.386/1976.

§ 5º As entidades ou instituições que não estejam obrigadas ao registro de capital social considerarão como capital, para efeito do cálculo de que trata a tabela progressiva constante do item III deste artigo, o valor resultante da aplicação do percentual de 40% (quarenta por cento) sobre o movimento econômico registrado no exercício imediatamente anterior, do que darão conhecimento à respectiva entidade sindical ou à Delegacia Regional do Trabalho, observados os limites estabelecidos no § 3º deste artigo.

→ § 5º com redação alterada pela Lei 6.386/1976.

§ 6º Excluem-se da regra do § 5º as entidades ou instituições que comprovarem, através de requerimento dirigido ao Ministério do Trabalho, que não exercem atividade econômica com fins lucrativos.

→ § 6º com redação alterada pela Lei 6.386/1976.

Art. 581. Para os fins do item III do artigo anterior, as empresas atribuirão parte do respectivo capital às suas sucursais, filiais ou agências, desde que localizadas fora da base territorial da entidade sindical representativa da atividade econômica do estabelecimento principal, na proporção das correspondentes operações econômicas, fazendo a devida comunicação às Delegacias Regionais do Trabalho e Emprego, conforme a localidade da sede da empresa, sucursais, filiais ou agências.

→ Artigo com redação alterada pela Lei 6.386/1976.

§ 1º Quando a empresa realizar diversas atividades econômicas, sem que nenhuma delas seja preponderante, cada uma dessas atividades será incorporada à respectiva categoria econômica, sendo a contribuição sindical devida à entidade sindical representativa da mesma categoria, procedendo-se, em relação às correspondentes sucursais, agências ou filiais, na forma do presente artigo.

§ 2º Entende-se por atividade preponderante a que caracterizar a unidade de produto, operação ou objetivo final, para cuja obtenção todas as demais atividades convirjam, exclusivamente, em regime de conexão funcional.

Art. 582. Os empregadores são obrigados a descontar, da folha de pagamento de seus empregados relativa ao mês de março de cada ano, a contribuição sindical por estes devida aos respectivos sindicatos.

→ Artigo com redação alterada pela Lei 6.386/1976.

§ 1º Considera-se 1 (um) dia de trabalho para efeito de determinação da importância a que alude o item I do art. 580, o equivalente:

a) a uma jornada normal de trabalho, se o pagamento ao empregado for feito por unidade de tempo;

b) a 1/30 (um trinta avos) da quantia percebida no mês anterior, se a remuneração for paga por tarefa, empreitada ou comissão.

§ 2º Quando o salário for pago em utilidades, ou nos casos em que o empregado receba, habitualmente, gorjetas, a contribuição sindical corresponderá a 1/30 (um trinta avos) da importância que tiver servido de base, no mês de janeiro, para a contribuição do empregado à Previdência Social.

Art. 583. O recolhimento da contribuição sindical referente aos empregados e trabalhadores avulsos será efetuado no mês de abril de cada ano, e o relativo aos agentes ou trabalhadores autônomos e profissionais liberais realizar-se-á no mês de fevereiro.

→ Artigo com redação alterada pela Lei 6.386/1976.

§ 1º O recolhimento obedecerá ao sistema de guias, de acordo com as instruções expedidas pelo Ministro do Trabalho.

§ 2º O comprovante de depósito da contribuição sindical será remetido ao respectivo sindicato; na falta deste, à correspondente entidade sindical de grau superior, e, se for o caso, ao Ministério do Trabalho.

Art. 584. Servirá de base para o pagamento da contribuição sindical, pelos agentes ou trabalhadores autônomos e profissionais liberais, a lista de contribuintes organizada pelos respectivos sindicatos e, na falta destes, pelas federações ou confederações coordenadoras da categoria.

→ Artigo com redação alterada pela Lei 6.386/1976.

Art. 585. Os profissionais liberais poderão optar pelo pagamento da contribuição sindical unicamente à entidade sindical representativa da respectiva profissão, desde que a exerça, efetivamente, na firma ou empresa e como tal sejam nelas registrados.

→ Artigo com redação alterada pela Lei 6.386/1976.

Parágrafo único. Na hipótese referida neste artigo, à vista da manifestação do contribuinte e da exibição da prova de quitação da contribuição, dada por sindicato de profissionais liberais, o empregador deixará de efetuar, no salário do contribuinte, o desconto a que se refere o art. 582.

Art. 586. A contribuição sindical será recolhida, nos meses fixados no presente Capítulo, à Caixa Econômica Federal, ao Banco do Brasil S/A, ou aos estabelecimentos bancários nacionais integrantes do Sistema de Arrecadação dos Tributos Federais, os quais, de acordo com instruções expedidas pelo Conselho Monetário Nacional, repassarão à Caixa Econômica Federal as importâncias arrecadadas.

→ Artigo com redação alterada pela Lei 6.386/1976.

§ 1º Integrarão a rede arrecadadora as Caixas Econômicas Estaduais, nas localidades onde inexistam os estabelecimentos previstos no *caput* deste artigo.

§ 2º Tratando-se de empregador, agentes ou trabalhadores autônomos ou profissionais liberais, o recolhimento será efetuado pelos próprios, diretamente ao estabelecimento arrecadador.

§ 3º A contribuição sindical devida pelos empregados e trabalhadores avulsos será recolhida pelo empregador e pelo sindicato, respectivamente.

Art. 587. O recolhimento da contribuição sindical dos empregadores efetuar-se-á no mês de janeiro de cada ano, ou, para os que venham a estabelecer-se após aquele mês, na ocasião em que requeiram às repartições o registro ou a licença para o exercício da respectiva atividade.

→ Artigo com redação alterada pela Lei 6.386/1976.

Art. 588. A Caixa Econômica Federal manterá conta corrente intitulada "Depósitos da Arrecadação da Contribuição Sindical", em nome de cada uma das entidades sindicais beneficiadas, cabendo ao Ministério do Trabalho cientificá-la das ocorrências pertinentes à vida administrativa dessas entidades.

→ Artigo com redação alterada pela Lei 6.386/1976.

§ 1º Os saques na conta corrente referida no *caput* deste artigo far-se-ão mediante ordem bancária ou cheque com as assinaturas conjuntas do presidente e do tesoureiro da entidade sindical.

§ 2º A Caixa Econômica Federal remeterá, mensalmente, a cada entidade sindical, um extrato da respectiva conta corrente, e, quando solicitado, aos órgãos do Ministério do Trabalho.

Art. 589. Da importância da arrecadação da contribuição sindical serão feitos os seguintes créditos pela Caixa Econômica Federal, na forma das instruções que forem expedidas pelo Ministro do Trabalho:

→ *Caput* com redação alterada pela Lei 6.386/1976.

I – para os empregadores:

→ Inciso I com redação alterada pela Lei 11.648/2008.

a) 5% (cinco por cento) para a confederação correspondente;

b) 15% (quinze por cento) para a federação;

c) 60% (sessenta por cento) para o sindicato respectivo; e

d) 20% (vinte por cento) para a "Conta Especial Emprego e Salário";

II – para os trabalhadores:

→ Inciso II com redação alterada pela Lei 11.648/2008.

a) 5% (cinco por cento) para a confederação correspondente;

b) 10% (dez por cento) para a central sindical;

c) 15% (quinze por cento) para a federação;

d) 60% (sessenta por cento) para o sindicato respectivo; e

e) 10% (dez por cento) para a "Conta Especial Emprego e Salário";

III – *(Revogado pela Lei 11.648/2008).*

IV – *(Revogado pela Lei 11.648/2008).*

§ 1º O sindicato de trabalhadores indicará ao Ministério do Trabalho e Emprego a central sindical a que estiver filiado como beneficiária da respectiva contribuição sindical, para fins de destinação dos créditos previstos neste artigo.

→ § 1º acrescentado pela Lei 11.648/2008.

§ 2º A central sindical a que se refere a alínea *b* do inciso II do *caput* deste artigo deverá atender aos requisitos de representatividade previstos na legislação específica sobre a matéria.

→ § 2º acrescentado pela Lei 11.648/2008.

Art. 590. Inexistindo confederação, o percentual previsto no art. 589 desta Consolidação caberá à federação representativa do grupo.

→ *Caput* com redação alterada pela Lei 11.648/2008.

§ 1º *(Revogado pela Lei 11.648/2008).*

§ 2º *(Revogado pela Lei 11.648/2008).*

§ 3º Não havendo sindicato, nem entidade sindical de grau superior ou central sindical, a contribuição sindical será creditada, integralmente, à "Conta Especial Emprego e Salário".

→ § 3º com redação alterada pela Lei 11.648/2008.

§ 4º Não havendo indicação de central sindical, na forma do § 1º do art. 589 desta Consolidação, os percentuais que lhe caberiam serão destinados à "Conta Especial Emprego e Salário."

→ § 4º acrescentado pela Lei 11.648/2008.

Art. 591. Inexistindo sindicato, os percentuais previstos na alínea *c* do inciso I e na alínea *d* do inciso II do *caput* do art. 589 desta Consolidação serão creditados à federação correspondente à mesma categoria econômica ou profissional.

→ Artigo com redação alterada pela Lei 11.648/2008.

Parágrafo único. Na hipótese do *caput* deste artigo, os percentuais previstos nas alíneas *a* e *b* do inciso I e nas alíneas *a* e *c* do inciso II do *caput* do art. 589 desta Consolidação caberão à confederação.

Seção II
Da aplicação da contribuição sindical

Art. 592. A contribuição sindical, além das despesas vinculadas à sua arrecadação, recolhimento e controle, será aplicada pelos sindicatos, na conformidade dos respectivos estatutos, visando aos seguintes objetivos:

→ Artigo com redação alterada pela Lei 6.386/1976.

I – sindicatos de empregadores e de agentes autônomos:

a) assistência técnica e jurídica;

b) assistência médica, dentária, hospitalar e farmacêutica;

c) realização de estudos econômicos e financeiros;

d) agências de colocação;

e) cooperativas;

f) bibliotecas;

g) creches;

h) congressos e conferências;

i) medidas de divulgação comercial e industrial no País, e no estrangeiro, bem como em outras tendentes a incentivar e aperfeiçoar a produção nacional;

j) feiras e exposições;

l) prevenção de acidentes do trabalho;

m) finalidades desportivas;

II – sindicatos de empregados:

a) assistência jurídica;

b) assistência médica, dentária, hospitalar e farmacêutica;

c) assistência à maternidade;

d) agências de colocação;

e) cooperativas;

f) bibliotecas;

g) creches;

h) congressos e conferências;

i) auxílio-funeral;

j) colônias de férias e centros de recreação;

l) prevenção de acidentes do trabalho;

m) finalidades desportivas e sociais;

n) educação e formação profissional;

o) bolsas de estudo;

III – sindicatos de profissionais liberais:

a) assistência jurídica;

b) assistência médica, dentária, hospitalar e farmacêutica;

c) assistência à maternidade;

d) bolsas de estudo;

e) cooperativas;

f) bibliotecas;

g) creches;

h) congressos e conferências;

i) auxílio-funeral;

j) colônias de férias e centros de recreação;

l) estudos técnicos e científicos;

m) finalidades desportivas e sociais;

n) educação e formação profissional;

o) prêmios por trabalhos técnicos e científicos;

IV – sindicatos de trabalhadores autônomos:

a) assistência técnica e jurídica;

b) assistência médica, dentária, hospitalar e farmacêutica;

c) assistência à maternidade;

d) bolsas de estudo;

e) cooperativas;

f) bibliotecas;

g) creches;

h) congressos e conferências;

i) auxílio-funeral;

j) colônias de férias e centros de recreação;

l) educação e formação profissional;

m) finalidades desportivas e sociais.

§ 1º A aplicação prevista neste artigo ficará a critério de cada entidade, que, para tal fim, obedecerá, sempre, às peculiaridades do respectivo grupo ou categoria, facultado ao Ministro do Trabalho permitir a inclusão de novos programas, desde que assegurados os serviços assistenciais fundamentais da entidade.

§ 2º Os sindicatos poderão destacar, em seus orçamentos anuais, até 20% (vinte por cento) dos recursos da contribuição sindical para o custeio das suas atividades administrativas, independentemente de autorização ministerial.

§ 3º O uso da contribuição sindical prevista no § 2º não poderá exceder do valor total das mensalidades sociais, consignadas nos orçamentos dos sindicatos, salvo autorização expressa do Ministro do Trabalho.

Art. 593. As percentagens atribuídas às entidades sindicais de grau superior e às centrais sindicais serão aplicadas de conformidade com o que dispuserem os respectivos conselhos de representantes ou estatutos.

→ Artigo com redação alterada pela Lei 11.648/2008.

Parágrafo único. Os recursos destinados às centrais sindicais deverão ser utilizados no custeio das atividades de representação geral dos trabalhadores decorrentes de suas atribuições legais.

Art. 594. O "Fundo Social Sindical" será gerido e aplicado pela Comissão do Imposto Sindical em objetivos que atendam aos interesses gerais da organização sindical nacional ou à assistência social aos trabalhadores.

→ *v.* Art. 7º da Lei 11.648/2008.

→ *v.* Lei 4.589/1964 – Extingue a comissão de imposto sindical.

Seção III
Da comissão da contribuição sindical

Art. 595. *(Revogado pela Lei 4.589/1964).*

Art. 596. *(Revogado pela Lei 4.589/1964).*

Art. 597. *(Revogado pela Lei 4.589/1964).*

Seção IV
Das penalidades

Art. 598. Sem prejuízo da ação criminal e das penalidades previstas no art. 553, serão aplicadas multas de Cr$ 10,00 (dez cruzeiros) a Cr$ 10.000,00 (dez mil cruzeiros) pelas infrações deste Capítulo impostas no Distrito Federal pela autoridade competente de 1ª instância do Departamento Nacional do Trabalho e nos Estados e no Território do Acre pelas autoridades regionais do Ministério do Trabalho, Indústria e Comércio.

→ *v.* Lei 4.070/1962 – Eleva o Território do Acre à categoria de Estado.

→ *v.* Art. 35, I e IV, do Dec.-lei 229/1967.

→ *v.* Portaria do MTb 290/1997 – Aprova normas para a imposição de multas administrativas previstas na legislação trabalhista.

Parágrafo único. A gradação da multa atenderá à natureza da infração e às condições sociais e econômicas do infrator.

Art. 599. Para os profissionais liberais, a penalidade consistirá na suspensão do exercício profissional, até a necessária quitação, e será aplicada pelos órgãos públicos ou autárquicos disciplinadores das respectivas profissões mediante comunicação das autoridades fiscalizadoras.

Art. 600. O recolhimento da contribuição sindical efetuado fora do prazo referido neste Capítulo, quando espontâneo, será acrescido da multa de 10% (dez por cento), nos trinta primeiros dias, com o adicional de 2% (dois por cento) por mês subsequente de atraso, além de juros de mora de 1% (um por cento) ao mês e correção monetária, ficando, nesse caso, o infrator, isento de outra penalidade.

→ Artigo com redação alterada pela Lei 6.181/1974.

→ v. Súmula 432 do TST.

§ 1º O montante das cominações previstas neste artigo reverterá sucessivamente:

a) ao sindicato respectivo;

b) à federação respectiva, na ausência de sindicato;

c) à confederação respectiva, inexistindo federação.

§ 2º Na falta de sindicato ou entidade de grau superior, o montante a que alude o parágrafo precedente reverterá à conta "Emprego e Salário".

Seção V Disposições gerais

Art. 601. No ato da admissão de qualquer empregado, dele exigirá o empregador a apresentação da prova de quitação da contribuição sindical.

Art. 602. Os empregados que não estiverem trabalhando no mês destinado ao desconto da contribuição sindical serão descontados no primeiro mês subsequente ao do reinício do trabalho.

Parágrafo único. De igual forma se procederá com os empregados que forem admitidos depois daquela data e que não tenham trabalhado anteriormente nem apresentado a respectiva quitação.

Art. 603. Os empregadores são obrigados a prestar aos encarregados da fiscalização os esclarecimentos necessários ao desempenho de sua missão e a exibir-lhes, quando exigidos, na parte relativa ao pagamento de empregados, os seus livros, folhas de pagamento e outros documentos comprobatórios desses pagamentos, sob pena da multa cabível.

Art. 604. Os agentes ou trabalhadores autônomos ou profissionais liberais são obrigados a prestar aos encarregados da fiscalização os esclarecimentos que lhes forem solicitados, inclusive exibição de quitação da contribuição sindical.

Art. 605. As entidades sindicais são obrigadas a promover a publicação de editais concernentes ao recolhimento da contribuição sindical, durante 3 (três) dias, nos jornais de maior circulação local e até 10 (dez) dias da data fixada para depósito bancário.

Art. 606. Às entidades sindicais cabe, em caso de falta de pagamento da contribuição sindical, promover a respectiva cobrança judicial, mediante ação executiva, valendo como título de dívida a certidão expedida pelas autoridades regionais do Ministério do Trabalho e Previdência Social.

→ *Caput* com redação alterada pelo Dec.-lei 925/1969.

§ 1º O ministro do Trabalho, Indústria e Comércio baixará as instruções regulando a expedição das certidões a que se refere o presente artigo, das quais deverá constar a individualização do contribuinte, a indicação do débito e a designação da entidade a favor da qual é recolhida a importância da contribuição sindical, de acordo com o respectivo enquadramento sindical.

§ 2º Para os fins da cobrança judicial da contribuição sindical, são extensivos às entidades sindicais, com exceção do foro especial, os privilégios da Fazenda Pública, para cobrança da dívida ativa.

→ v. Lei 6.830/1980 – Cobrança judicial da Dívida Ativa da Fazenda Pública.

Art. 607. São consideradas como documento essencial ao comparecimento às concorrências públicas ou administrativas e para o fornecimento às repartições paraestatais ou autárquicas a prova da quitação da respectiva contribuição sindical e a de recolhimento da contribuição sindical descontada dos respectivos empregados.

Art. 608. As repartições federais, estaduais ou municipais não concederão registro ou licenças para funcionamento ou renovação de atividades aos estabelecimentos de empregadores e aos escritórios ou congêneres dos agentes ou trabalhadores autônomos e profissionais liberais, nem concederão alvarás de licença ou localização, sem que sejam exibidas as provas de quitação da contribuição sindical, na forma do artigo anterior.

Parágrafo único. A não observância do disposto neste artigo acarretará, de pleno direito, a nulidade dos atos nele referidos, bem como dos mencionados no art. 607.

→ Parágrafo único acrescentado pela Lei 6.386/1976.

Art. 609. O recolhimento da contribuição sindical e todos os lançamentos e movimentos nas contas respectivas são isentos de selos e taxas federais, estaduais ou municipais.

Art. 610. As dúvidas no cumprimento deste Capítulo serão resolvidas pelo Secretário das Relações de Trabalho que expedirá as instruções que se tornarem necessárias à sua execução.

→ Artigo com redação alterada pela Lei 4.589/1964.

Título VI Das convenções coletivas de trabalho

→ Título VI com redação alterada pelo Dec.-lei 229/1967.

Art. 611. Convenção Coletiva de Trabalho é o acordo de caráter normativo, pelo qual dois ou mais sindicatos representativos de categorias econômicas e profissionais estipulam condições de trabalho aplicáveis, no âmbito das respectivas representações, às relações individuais de trabalho.

→ Artigo com redação alterada pelo Dec.-lei 229/1967.

→ v. Súmula 679 do STF.

§ 1º É facultado aos sindicatos representativos de categorias profissionais celebrar Acordos Coletivos com uma ou mais empresas da correspondente categoria econômica, que estipulem condições de trabalho, aplicáveis no âmbito da empresa ou das empresas acordantes às respectivas relações de trabalho.

§ 2º As federações e, na falta destas, as confederações representativas de categorias econômicas ou profissionais poderão celebrar convenções coletivas de trabalho para reger as relações das categorias a elas vinculadas, inorganizadas em sindicatos, no âmbito de suas representações.

Art. 612. Os sindicatos só poderão celebrar Convenções ou Acordos Coletivos de Trabalho, por deliberação de assembleia geral especialmente convocada para esse fim, consoante o disposto nos respectivos estatutos, dependendo a validade da mesma do comparecimento e votação, em primeira convocação, de 2/3 (dois terços) dos associados da entidade, se se tratar de Convenção, e dos interessados, no caso de Acordo, e, em segunda, de 1/3 (um terço) dos membros.

→ Artigo com redação alterada pelo Dec.-lei 229/1967.

→ v. Súmula 679 do STF.

Parágrafo único. O quorum de comparecimento e votação será de 1/8 (um oitavo) dos associados em segunda convocação, nas entidades sindicais que tenham mais de cinco mil associados.

Art. 613. As Convenções e os Acordos deverão conter obrigatoriamente:

→ Artigo com redação alterada pelo Dec.-lei 229/1967.

I – designação dos sindicatos convenentes ou dos sindicatos e empresas acordantes;

II – prazo de vigência;

III – categorias ou classes de trabalhadores abrangidas pelos respectivos dispositivos;

IV – condições ajustadas para reger as relações individuais de trabalho durante sua vigência;

V – normas para a conciliação das divergências surgidas entre os convenentes por motivos da aplicação de seus dispositivos;

VI – disposições sobre o processo de sua prorrogação e de revisão total ou parcial de seus dispositivos;

VII – direitos e deveres dos empregados e empresas;

VIII – penalidades para os sindicatos convenentes, os empregados e as empresas em caso de violação de seus dispositivos.

Parágrafo único. As Convenções e os Acordos serão celebrados por escrito, sem emendas nem rasuras, em tantas vias quantos forem os sindicatos convenentes ou as empresas acordantes, além de uma destinada a registro.

Art. 614. Os sindicatos convenentes ou as empresas acordantes promoverão, conjunta ou separadamente, dentro de 8 (oito) dias da assinatura da Convenção ou Acordo, o depósito de uma via do mesmo, para fins de registro e arquivo, no Departamento Nacional do Trabalho, em se tratando de instrumento de caráter nacional ou interestadual, ou nos órgãos regionais do Ministério do Trabalho e Previdência Social, nos demais casos.

→ Artigo com redação alterada pelo Dec.-lei 229/1967.

→ v. Art. 35, IV, do Dec.-lei 229/1967.

§ 1º As Convenções e os Acordos entrarão em vigor 3 (três) dias após a data da entrega dos mesmos no órgão referido neste artigo.

§ 2º Cópias autênticas das Convenções e dos Acordos deverão ser afixadas de modo visível, pelos sindicatos convenentes, nas respectivas sedes e nos estabelecimentos das empresas compreendidas no seu campo de aplicação, dentro de 5 (cinco) dias da data do depósito previsto neste artigo.

§ 3º Não será permitido estipular duração de Convenção ou Acordo superior a 2 (dois) anos.

Art. 615. O processo de prorrogação, revisão, denúncia ou revogação total ou parcial de Convenção ou Acordo ficará subordinado, em qualquer caso, à aprovação de assembleia geral dos sindicatos convenentes ou partes acordantes, com observância do disposto no art. 612.

→ Artigo com redação alterada pelo Dec.-lei 229/1967.

§ 1º O instrumento de prorrogação, revisão, denúncia ou revogação de Convenção ou Acordo será depositado, para fins de registro e arquivamento, na repartição em que o mesmo originariamente foi depositado, observado o disposto no art. 614.

§ 2º As modificações introduzidas em Convenção ou Acordo, por força de revisão ou de revogação parcial de suas cláusulas, passarão a vigorar 3 (três) dias após a realização do depósito previsto no § 1º.

Art. 616. Os sindicatos representativos de categorias econômicas ou profissionais e as empresas, inclusive as que não tenham representação sindical, quando provocados, não podem recusar-se à negociação coletiva.

→ *Caput* com redação alterada pelo Dec.-lei 229/1967.

→ *V.* Súmula 679 do STF.

§ 1º Verificando-se recusa à negociação coletiva, cabe aos sindicatos ou empresas interessadas dar ciência do fato, conforme o caso, ao Departamento Nacional do Trabalho ou aos órgãos regionais do Ministério do Trabalho e Previdência Social, para convocação compulsória dos sindicatos ou empresas recalcitrantes.

→ § 1º com redação alterada pelo Dec.-lei 229/1967.

→ *V.* Art. 35, IV, do Dec.-lei 229/1967.

§ 2º No caso de persistir a recusa à negociação coletiva, pelo desatendimento às convocações feitas pelo Departamento Nacional do Trabalho ou órgãos regionais do Ministério do Trabalho e Previdência Social, ou se malograr a negociação entabulada, é facultada aos sindicatos ou empresas interessadas a instauração de dissídio coletivo.

→ § 2º com redação alterada pelo Dec.-lei 229/1967.

→ *V.* Art. 35, IV, do Dec.-lei 229/1967.

§ 3º Havendo convenção, acordo ou sentença normativa em vigor, o dissídio coletivo deverá ser instaurado dentro dos 60 (sessenta) dias anteriores ao respectivo termo final, para que o novo instrumento possa ter vigência no dia imediato a esse termo.

→ § 3º com redação alterada pelo Dec.-lei 424/1969.

§ 4º Nenhum processo de dissídio coletivo de natureza econômica será admitido sem antes se esgotarem as medidas relativas à formalização da Convenção ou Acordo correspondente.

→ § 4º com redação alterada pelo Dec.-lei 229/1967.

Art. 617. Os empregados de uma ou mais empresas que decidirem celebrar Acordo Coletivo de Trabalho com as respectivas empresas darão ciência de sua resolução, por escrito, ao sindicato representativo da categoria profissional, que terá o prazo de 8 (oito) dias para assumir a direção dos entendimentos entre os interessados, devendo igual procedimento ser observado pelas empresas interessadas com relação ao sindicato da respectiva categoria econômica.

→ Artigo com redação alterada pelo Dec.-lei 229/1967.

§ 1º Expirado o prazo de 8 (oito) dias sem que o sindicato tenha se desincumbido do encargo recebido, poderão os interessados dar conhecimento do fato à federação a que estiver vinculado o sindicato e, em falta dessa, à correspondente confederação, para que, no mesmo prazo, assuma a direção dos entendimentos. Esgotado esse prazo, poderão os interessados prosseguir diretamente na negociação coletiva até final.

§ 2º Para o fim de deliberar sobre o Acordo, a entidade sindical convocará assembleia geral dos diretamente interessados, sindicalizados ou não, nos termos do art. 612.

Art. 618. As empresas e instituições que não estiverem incluídas no enquadramento sindical a que se refere o art. 577 desta Consolidação poderão celebrar Acordos Coletivos de Trabalho com os sindicatos representativos dos respectivos empregados, nos termos deste Título.

→ Artigo com redação alterada pelo Dec.-lei 229/1967.

Art. 619. Nenhuma disposição de contrato individual de trabalho que contrarie normas de Convenção ou Acordo Coletivo de Trabalho poderá prevalecer na execução do mesmo, sendo considerada nula de pleno direito.

→ Artigo com redação alterada pelo Dec.-lei 229/1967.

Art. 620. As condições estabelecidas em Convenção, quando mais favoráveis, prevalecerão sobre as estipuladas em Acordo.

→ Artigo com redação alterada pelo Dec.-lei 229/1967.

→ *V.* Súmula 202 do TST.

Art. 621. As Convenções e os Acordos poderão incluir, entre suas cláusulas, disposição sobre a constituição e funcionamento de comissões mistas de consulta e colaboração, no plano da empresa e sobre participação nos lucros. Estas disposições mencionarão a forma de constituição, o modo de funcionamento e as atribuições das comissões, assim como o plano de participação, quando for o caso.

→ Artigo com redação alterada pelo Dec.-lei 229/1967.

→ *V.* Art. 11 da CF/1988

→ *V.* Lei 10.101/2000 – Participação dos trabalhadores nos lucros ou resultados das empresas.

Art. 622. Os empregados e as empresas que celebrarem contratos individuais de trabalho, estabelecendo condições contrárias ao que tiver sido ajustado em Convenção ou Acordo que lhes for aplicável, serão passíveis da multa neles fixada.

→ Artigo com redação alterada pelo Dec.-lei 229/1967.

→ *V.* Súmulas 277 e 384 do TST

Parágrafo único. A multa a ser imposta ao empregado não poderá exceder da metade daquela que, nas mesmas condições, seja estipulada para a empresa.

Art. 623. Será nula de pleno direito disposição de Convenção ou Acordo que, direta ou indiretamente, contrarie proibição ou norma disciplinadora da política econômico-financeira do Governo ou concernente à política salarial vigente, não produzindo quaisquer efeitos perante autoridades e repartições públicas, inclusive para fins de revisão de preços e tarifas de mercadorias e serviços.

→ Artigo com redação alterada pelo Dec.-lei 229/1967.

Parágrafo único. Na hipótese deste artigo, a nulidade será declarada, de ofício ou mediante representação, pelo Ministro do Trabalho e Previdência Social, ou pela Justiça do Trabalho, em processo submetido ao seu julgamento.

Art. 624. A vigência de cláusula de aumento ou reajuste salarial, que implique elevação de tarifas ou de preços sujeitos à fixação por autoridade pública ou repartição governamental, dependerá de prévia audiência dessa autoridade ou repartição e sua expressa declaração no tocante à possibilidade de elevação da tarifa ou do preço e quanto ao valor dessa elevação.

→ Artigo com redação alterada pelo Dec.-lei 229/1967.

Art. 625. As controvérsias resultantes da aplicação de Convenção ou de Acordo celebrado nos termos deste Título serão dirimidas pela Justiça do Trabalho.

→ Artigo com redação alterada pelo Dec.-lei 229/1967.

Título VI-A
Das comissões de conciliação prévia

→ Rubrica do Título VI-A acrescentada pela Lei 9.958/2000.

→ *V.* Art. 876 da CLT.

→ *V.* Art. 485 do CPC/1973.

→ *V.* Art. 966 do NCPC.

Art. 625-A. As empresas e os sindicatos podem instituir Comissões de Conciliação Prévia, de composição paritária, com representantes dos empregados e dos empregadores, com a atribuição de tentar conciliar os conflitos individuais do trabalho.

→ Artigo acrescentado pela Lei 9.958/2000.

Parágrafo único. As Comissões referidas no *caput* deste artigo poderão ser constituídas por grupos de empresas ou ter caráter intersindical.

Art. 625-B. A Comissão instituída no âmbito da empresa será composta de, no mínimo, dois e, no máximo, dez membros, e observará as seguintes normas:

→ Artigo acrescentado pela Lei 9.958/2000.

I – a metade de seus membros será indicada pelo empregador e a outra metade eleita pelos empregados, em escrutínio secreto, fiscalizado pelo sindicato da categoria profissional;

II – haverá na Comissão tantos suplentes quantos forem os representantes titulares;

III – o mandato dos seus membros, titulares e suplentes, é de 1 (um) ano, permitida uma recondução.

§ 1º É vedada a dispensa dos representantes dos empregados membros da Comissão de Conciliação Prévia, titulares e suplentes, até 1 (um) ano após o final do mandato, salvo se cometerem falta grave, nos termos da lei.

§ 2º O representante dos empregados desenvolverá seu trabalho normal na empresa, afastando-se de suas atividades apenas quando convocado para atuar como conciliador, sendo computado como tempo de trabalho efetivo o despendido nessa atividade.

Art. 625-C. A Comissão instituída no âmbito do sindicato terá sua constituição e normas de funcionamento definidas em convenção ou acordo coletivo.

→ Artigo acrescentado pela Lei 9.958/2000.

CLT

Art. 625-D. Qualquer demanda de natureza trabalhista será submetida à Comissão de Conciliação Prévia se, na localidade da prestação de serviços, houver sido instituída a Comissão no âmbito da empresa ou do sindicato da categoria.

→ Artigo acrescentado pela Lei 9.958/2000.

→ ADIn 2.139-7 (*D.J.E.* 23.10.2009) o STF, por maioria, deferiu parcialmente a cautelar para dar interpretação conforme a Constituição Federal relativamente ao art. 625-D.

§ 1º A demanda será formulada por escrito ou reduzida a termo por qualquer dos membros da Comissão, sendo entregue cópia datada e assinada pelo membro aos interessados.

§ 2º Não prosperando a conciliação, será fornecida ao empregado e ao empregador declaração da tentativa conciliatória frustrada com a descrição de seu objeto, firmada pelos membros da Comissão, que deverá ser juntada à eventual reclamação trabalhista.

§ 3º Em caso de motivo relevante que impossibilite a observância do procedimento previsto no *caput* deste artigo, será a circunstância declarada na petição inicial da ação intentada perante a Justiça do Trabalho.

§ 4º Caso exista, na mesma localidade e para a mesma categoria, Comissão de empresa e Comissão sindical, o interessado optará por uma delas para submeter a sua demanda, sendo competente aquela que primeiro conhecer do pedido.

Art. 625-E. Aceita a conciliação, será lavrado termo assinado pelo empregado, pelo empregador ou seu preposto e pelos membros da Comissão, fornecendo-se cópia às partes.

→ Artigo acrescentado pela Lei 9.958/2000.

Parágrafo único. O termo de conciliação é título executivo extrajudicial e terá eficácia liberatória geral, exceto quanto às parcelas expressamente ressalvadas.

Art. 625-F. As Comissões de Conciliação Prévia têm prazo de 10 (dez) dias para a realização da sessão de tentativa de conciliação a partir da provocação do interessado.

→ Artigo acrescentado pela Lei 9.958/2000.

Parágrafo único. Esgotado o prazo sem a realização da sessão, será fornecida, no último dia do prazo, a declaração a que se refere o § 2º do art. 625-D.

Art. 625-G. O prazo prescricional será suspenso a partir da provocação da Comissão de Conciliação Prévia, recomeçando a fluir, pelo que lhe resta, a partir da tentativa frustrada de conciliação ou do esgotamento do prazo previsto no art. 625-F.

→ Artigo acrescentado pela Lei 9.958/2000.

Art. 625-H. Aplicam-se aos Núcleos Intersindicais de Conciliação Trabalhista em funcionamento ou que vierem a ser criados, no que couber, as disposições previstas neste Título, desde que observados os princípios da paridade e da negociação coletiva na sua constituição.

→ Artigo acrescentado pela Lei 9.958/2000.

Título VII
Do processo de multas administrativas

→ *V.* Portaria do MTb 290/1997 – Aprova normas para a imposição de multas administrativas previstas na legislação trabalhista.

Capítulo I
DA FISCALIZAÇÃO, DA AUTUAÇÃO E DA IMPOSIÇÃO DE MULTAS

Art. 626. Incumbe às autoridades competentes do Ministério do Trabalho, Indústria e Comércio, ou àquelas que exerçam funções delegadas, a fiscalização do fiel cumprimento das normas de proteção ao trabalho.

Parágrafo único. Os fiscais dos Institutos de Seguro Social e das entidades paraestatais em geral, dependentes do Ministério do Trabalho, Indústria e Comércio, serão competentes para a fiscalização a que se refere o presente artigo, na forma das instruções que forem expedidas pelo Ministro do Trabalho, Indústria e Comércio.

→ *V.* Art. 35, I e II, do Dec.-lei 229/1967.

Art. 627. A fim de promover a instrução dos responsáveis no cumprimento das leis de proteção do trabalho, a fiscalização deverá observar o critério de dupla visita nos seguintes casos:

a) quando ocorrer promulgação ou expedição de novas leis, regulamentos ou instruções ministeriais, sendo que, com relação exclusivamente a esses atos, será feita apenas a instrução dos responsáveis;

b) em se realizando a primeira inspeção dos estabelecimentos ou dos locais de trabalho, recentemente inaugurados ou empreendidos.

Art. 627-A. Poderá ser instaurado procedimento especial para ação fiscal, objetivando a orientação sobre o cumprimento das leis de proteção ao trabalho, bem como a prevenção e o saneamento de infrações à legislação mediante Termo de Compromisso, na forma a ser disciplinada no Regulamento da Inspeção do Trabalho.

→ Artigo acrescentado pela MP 2.164-41/2001.

Art. 628. Salvo o disposto nos arts. 627 e 627-A, a toda verificação em que o Auditor-Fiscal do Trabalho concluir pela existência de violação de preceito legal deve corresponder, sob pena de responsabilidade administrativa, a lavratura de auto de infração.

→ *Caput* com redação alterada pela MP 2.164-41/2001.

→ *V.* Lei 8.112/1990 – Regime jurídico dos servidores Públicos da União, das autarquias e das fundações públicas federais.

§ 1º Ficam as empresas obrigadas a possuir o livro intitulado "Inspeção do Trabalho", cujo modelo será aprovado por portaria ministerial.

→ § 1º acrescentado pelo Dec.-lei 229/1967.

§ 2º Nesse livro, registrará o agente da inspeção sua visita ao estabelecimento, declarando a data e a hora do início e término da mesma, bem como o resultado da inspeção, nele consignando, se for o caso, todas as irregularidades verificadas e as exigências feitas, com os respectivos prazos para seu atendimento, e, ainda, de modo legível, os elementos de sua identificação funcional.

→ § 2º acrescentado pelo Dec.-lei 229/1967.

§ 3º Comprovada má-fé do agente da inspeção, quanto à omissão ou lançamento de qualquer elemento no livro, responderá ele por falta grave no cumprimento do dever, ficando passível, desde logo, da pena de suspensão até 30 (trinta) dias, instaurando-se, obrigatoriamente, em caso de reincidência, inquérito administrativo.

→ § 3º acrescentado pelo Dec.-lei 229/1967.

§ 4º A lavratura de autos contra empresas fictícias e de endereços inexistentes, assim como a apresentação de falsos relatórios, constituem falta grave, punível na forma do § 3º.

→ § 4º acrescentado pelo Dec.-lei 229/1967.

Art. 629. O auto de infração será lavrado em duplicata, nos termos dos modelos e instruções expedidos, sendo uma via entregue ao infrator, contra recibo, ou ao mesmo enviada, dentro de 10 (dez) dias da lavratura, sob pena de responsabilidade, em registro postal, com franquia e recibo de volta.

→ Artigo com redação alterada pelo Dec.-lei 229/1967.

§ 1º O auto não terá o seu valor probante condicionado à assinatura do infrator ou de testemunhas, e será lavrado no local da inspeção, salvo havendo motivo justificado que será declarado no próprio auto, quando então deverá ser lavrado no prazo de 24 (vinte e quatro) horas, sob pena de responsabilidade.

§ 2º Lavrado o auto de infração, não poderá ele ser inutilizado, nem sustado o curso do respectivo processo, devendo o agente da inspeção apresentá-lo à autoridade competente, mesmo se incidir em erro.

§ 3º O infrator terá, para apresentar defesa, o prazo de 10 (dez) dias contados do recebimento do auto.

§ 4º O auto de infração será registrado com a indicação sumária de seus elementos característicos, em livro próprio que deverá existir em cada órgão fiscalizador, de modo a assegurar o controle do seu processamento.

Art. 630. Nenhum agente da inspeção poderá exercer as atribuições do seu cargo sem exibir a carteira de identidade fiscal, devidamente autenticada, fornecida pela autoridade competente.

→ Artigo com redação alterada pelo Dec.-lei 229/1967.

§ 1º É proibida a outorga de identidade fiscal a quem não esteja autorizado, em razão do cargo ou função, a exercer ou praticar, no âmbito da legislação trabalhista, atos de fiscalização.

§ 2º A credencial a que se refere este artigo deverá ser devolvida para inutilização, sob as penas da lei, em casos de provimento em outro cargo público, exoneração ou demissão, bem como nos de licenciamento por prazo superior a 60 (sessenta) dias e de suspensão do exercício do cargo.

§ 3º O agente da inspeção terá livre acesso a todas as dependências dos estabelecimentos sujeitos ao regime da legislação trabalhista, sendo as empresas, por seus dirigentes ou prepostos, obrigadas a prestar-lhe os esclarecimentos necessários ao desempenho de suas atribuições legais e a exibir-lhe, quando exigidos, quaisquer documentos que digam respeito ao fiel cumprimento das normas de proteção ao trabalho.

§ 4º Os documentos sujeitos à inspeção deverão permanecer, sob as penas da lei, nos locais de trabalho, somente se admitindo, por exceção, a critério da autoridade competente, sejam os mesmos apresentados em dia e hora previamente fixados pelo agente da inspeção.

§ 5º No território do exercício de sua função, o agente da inspeção gozará de passe livre nas empresas de transportes, públicas ou privadas, mediante a apresentação da carteira de identidade fiscal.

§ 6º A inobservância do disposto nos §§ 3º, 4º e 5º configurará resistência ou embaraço à fiscalização e justificará a lavratura do respectivo auto de infração, cominada a multa de valor igual a meio salário mínimo regional, até cinco vezes esse valor, levando-se em conta, além das circunstâncias atenuantes ou agravantes, a situação econômico-financeira do infrator e os meios a seu alcance para cumprir a lei.

→ *v.* Portaria do MTb 290/1997 – Aprova normas para a imposição de multas administrativas previstas na legislação trabalhista.

§ 7º Para o efeito do disposto no § 5º, a autoridade competente divulgará, em janeiro e julho de cada ano, a relação dos agentes da inspeção titulares da carteira de identidade fiscal.

§ 8º As autoridades policiais, quando solicitadas, deverão prestar aos agentes da inspeção a assistência de que necessitarem para o fiel cumprimento de suas atribuições legais.

Art. 631. Qualquer funcionário público federal, estadual ou municipal, ou representante legal de associação sindical, poderá comunicar à autoridade competente do Ministério do Trabalho, Indústria e Comércio as infrações que verificar.

Parágrafo único. De posse dessa comunicação, a autoridade competente procederá desde logo às necessárias diligências, lavrando os autos de que haja mister.

Art. 632. Poderá o autuado requerer a audiência de testemunhas e as diligências que lhe parecerem necessárias à elucidação do processo, cabendo, porém, à autoridade julgar da necessidade de tais provas.

Art. 633. Os prazos para defesa ou recurso poderão ser prorrogados de acordo com despacho expresso da autoridade competente, quando o autuado residir em localidade diversa daquela onde se achar essa autoridade.

Art. 634. Na falta de disposição especial, a imposição das multas incumbe às autoridades regionais competentes em matéria de trabalho, na forma estabelecida por este Título.

Parágrafo único. A aplicação da multa não eximirá o infrator da responsabilidade em que incorrer por infração das leis penais.

Capítulo II
DOS RECURSOS

Art. 635. De toda decisão que impuser multa por infração das leis e disposições reguladoras do trabalho, e não havendo forma especial de processo, caberá recurso para o Diretor-Geral Departamento ou Serviço do Ministério do Trabalho e da Previdência Social, que for competente na matéria.

→ Artigo com redação alterada pelo Dec.-lei 229/1967.

Parágrafo único. As decisões serão sempre fundamentadas.

Art. 636. Os recursos devem ser interpostos no prazo de 10 (dez) dias, contados do recebimento da notificação, perante a autoridade que houver imposto a multa, a qual, depois de os informar, encaminhá-los-á à autoridade de instância superior.

→ Artigo com redação alterada pelo Dec.-lei 229/1967.

§ 1º O recurso só terá seguimento se o interessado o instruir com a prova do depósito da multa.

→ *v.* ADPF 156 (*D.O.U.* 26.8.2011), o STF por votação unânime, julgou procedente a ação, para declarar a não recepção do § 1º deste artigo pela CF/1988.

§ 2º A notificação somente será realizada por meio de edital, publicado no órgão oficial, quando o infrator estiver em lugar incerto e não sabido.

§ 3º A notificação de que trata este artigo fixará igualmente o prazo de 10 (dez) dias para que o infrator recolha o valor da multa, sob pena de cobrança executiva.

§ 4º As guias de depósito ou recolhimento serão emitidas em três vias e o recolhimento da multa deverá proceder-se dentro de 5 (cinco) dias às repartições federais competentes, que escriturarão a receita a crédito do Ministério do Trabalho e Previdência Social.

§ 5º A segunda via da guia de recolhimento será devolvida pelo infrator à repartição que a emitiu, até o sexto dia depois de sua expedição, para a averbação no processo.

§ 6º A multa será reduzida de 50% (cinquenta por cento) se o infrator, renunciando ao recurso, a recolher ao Tesouro Nacional dentro do prazo de 10 (dez) dias contados do recebimento da notificação ou da publicação do edital.

§ 7º Para a expedição da guia, no caso do § 6º, deverá o infrator juntar a notificação com a prova da data do seu recebimento, ou a folha do órgão oficial que publicou o edital.

Art. 637. De todas as decisões que proferirem em processos de infração das leis de proteção ao trabalho e que impliquem arquivamento destes, observado o disposto no parágrafo único do art. 635, deverão as autoridades prolatoras recorrer de ofício para a autoridade competente de instância superior.

→ Artigo com redação alterada pelo Dec.-lei 229/1967.

Art. 638. Ao Ministro do Trabalho, Indústria e Comércio é facultado avocar ao seu exame e decisão, dentro de 90 (noventa) dias do despacho final do assunto, ou no curso do processo, as questões referentes à fiscalização dos preceitos estabelecidos nesta Consolidação.

Capítulo III
DO DEPÓSITO, DA INSCRIÇÃO E DA COBRANÇA

Art. 639. Não sendo provido o recurso, o depósito se converterá em pagamento.

Art. 640. É facultado às Delegacias Regionais do Trabalho e Emprego, na conformidade de instruções expedidas pelo Ministro de Estado, promover a cobrança amigável das multas antes do encaminhamento dos processos à cobrança executiva.

→ Artigo com redação alterada pelo Dec.-lei 229/1967.

Art. 641. Não comparecendo o infrator, ou não depositando a importância da multa ou penalidade, far-se-á a competente inscrição em livro especial, existente nas repartições das quais se tiver originado a multa ou penalidade, ou de onde tenha provindo a reclamação que a determinou, sendo extraída cópia autêntica dessa inscrição e enviada às autoridades competentes para a respectiva cobrança judicial, valendo tal instrumento como título de dívida líquida e certa.

Art. 642. A cobrança judicial das multas impostas pelas autoridades administrativas do trabalho obedecerá ao disposto na legislação aplicável à cobrança da dívida ativa da União, sendo promovida, no Distrito Federal e nas capitais dos Estados em que funcionarem Tribunais Regionais do Trabalho, pela Procuradoria da Justiça do Trabalho, e, nas demais localidades, pelo Ministério Público Estadual, nos termos do Dec.-lei 960, de 17 de dezembro de 1938.

→ *v.* Art. 2º do Dec.-lei 9.797/1946.

→ *v.* Lei 4.070/1962 – Eleva o Território do Acre à categoria de Estado.

Parágrafo único. *(Revogado pelo Dec.-lei 9.509/1946).*

Título VII-A
Da prova de inexistência de débitos trabalhistas

→ Título VII-A acrescentado pela Lei 12.440/2011.

Art. 642-A. É instituída a Certidão Negativa de Débitos Trabalhistas (CNDT), expedida gratuita e eletronicamente, para comprovar a inexistência de débitos inadimplidos perante a Justiça do Trabalho.

→ Artigo acrescentado pela Lei 12.440/2011.

→ *v.* Resolução Administrativa do TST 1.470/2011 – Regulamenta a expedição da Certidão Negativa de Débitos Trabalhistas – CNDT.

§ 1º O interessado não obterá a certidão quando em seu nome constar:

I – o inadimplemento de obrigações estabelecidas em sentença condenatória transitada em julgado proferida pela Justiça do Trabalho ou em acordos judiciais trabalhistas, inclusive no concernente aos recolhimentos previdenciários, a honorários, a custas, a emolumentos ou a recolhimentos determinados em lei; ou

→ *v.* Súmulas 234 e 363 do STJ.

II – o inadimplemento de obrigações decorrentes de execução de acordos firmados perante o Ministério Público do Trabalho ou Comissão de Conciliação Prévia.

§ 2º Verificada a existência de débitos garantidos por penhora suficiente ou com exigibilidade suspensa, será expedida Certidão Positiva de Débitos Trabalhistas em nome do interessado com os mesmos efeitos da CNDT.

§ 3º A CNDT certificará a empresa em relação a todos os seus estabelecimentos, agências e filiais.

§ 4º O prazo de validade da CNDT é de 180 (cento e oitenta) dias, contado da data de sua emissão.

Título VIII
Da Justiça do Trabalho

→ *v.* Súmulas Vinculantes 22 e 23, do STF.

→ *v.* Súmulas 433 e 736, do STF.

→ *v.* Súmulas 10, 33, 97, 137, 170 e 367, do STJ.

→ *v.* Súmulas 189, 300, 368, 389, 392 e 419, do TST.

→ *v.* Art. 111 da CF/1988.

→ *v.* EC 24/1999 – Altera dispositivos da Constituição Federal pertinentes à representação classistas na Justiça do Trabalho.

→ *v.* EC 45/2004 – Altera dispositivos da CF/1988.

→ *v.* Lei 5.584/1970 – Normas de Direito Processual do Trabalho.

Capítulo I
INTRODUÇÃO

Art. 643. Os dissídios, oriundos das relações entre empregados e empregadores, bem como de trabalhadores avulsos e seus tomadores de serviços, em atividades reguladas na legislação social, serão dirimidos pela Justiça do Trabalho, de acordo com o presente Título e na forma estabelecida pelo processo judiciário do trabalho.

→ *Caput* com redação alterada pela Lei 7.494/1986.

→ *v.* Súmula 736 do STF.

→ *v.* Súmulas 389, 392 e 439 do TST.

→ *v.* Arts. 5º, V, 7º, XXIX, 114, I e § 3º, 195, I, a, e II, da CF/1988.

→ *v.* Arts. 3º; 11; 373-A, VI, 652, e 883 da CLT.

→ *v.* Arts. 186, 187, 205, 389, 404, 927 e 2.028 do CC.

→ *v.* Art. 118 da Lei 8.213/1991.

→ *v.* Art. 55 da Lei 9.099/1995.

§ 1º As questões concernentes à Previdência Social serão decididas pelos órgãos e autoridades previstos no Capítulo V deste Título e na legislação sobre Seguro Social.

§ 2º As questões referentes a acidentes do trabalho continuam sujeitas à justiça ordinária, na forma do Decreto 24.637, de 10 de julho de 1934, e legislação subsequente.

→ *v.* Súmula 35 do STF.

§ 3º A Justiça do Trabalho é competente, ainda, para processar e julgar as ações entre trabalhadores portuários e os operadores portuários ou o Órgão Gestor de Mão de obra – OGMO decorrentes da relação de trabalho.

→ § 3º acrescentado pela MP 2.164-41/2001.

Art. 644. São órgãos da Justiça do Trabalho:

→ Artigo com redação alterada pelo Dec.-lei 9.797/1946.

→ *v.* Arts. 111 e 114 da CF/1988.

a) o Tribunal Superior do Trabalho;

b) os Tribunais Regionais do Trabalho;

c) as Juntas de Conciliação e Julgamento ou os Juízos de Direito.

→ *v.* EC 24/1999 – Altera dispositivos da Constituição Federal pertinentes à representação classistas na Justiça do Trabalho.

Art. 645. O serviço da Justiça do Trabalho é relevante e obrigatório, ninguém dele podendo eximir-se, salvo motivo justificado.

Art. 646. Os órgãos da Justiça do Trabalho funcionarão perfeitamente coordenados, em regime de mútua colaboração, sob a orientação do presidente do Tribunal Superior do Trabalho.

→ *v.* Art. 2º do Dec.-lei 9.797/1946.

Capítulo II
DAS JUNTAS DE CONCILIAÇÃO E JULGAMENTO

→ *v.* EC 24/1999 – Altera dispositivos da Constituição Federal pertinentes à representação classistas na Justiça do Trabalho.

Seção I
Da composição e funcionamento

Art. 647. Cada Junta de Conciliação e Julgamento terá a seguinte composição:

→ Artigo com redação alterada pelo Dec.-lei 9.797/1946.

→ *v.* EC 24/1999 – Altera dispositivos da Constituição Federal pertinentes à representação classistas na Justiça do Trabalho.

a) um juiz do trabalho, que será seu presidente;

b) dois vogais, sendo um representante dos empregadores e outro dos empregados.

Parágrafo único. Haverá um suplente para cada vogal.

Art. 648. São incompatíveis entre si, para os trabalhos da mesma Junta, os parentes consanguíneos e afins até o terceiro grau civil.

→ *v.* EC 24/1999 – Altera dispositivos da Constituição Federal pertinentes à representação classistas na Justiça do Trabalho.

Parágrafo único. A incompatibilidade resolve-se a favor do primeiro vogal designado ou empossado, ou por sorteio, se a designação ou posse for da mesma data.

Art. 649. As Juntas poderão conciliar, instruir ou julgar com qualquer número, sendo, porém, indispensável a presença do presidente, cujo voto prevalecerá em caso de empate.

→ Artigo com redação alterada pelo Dec.-lei 8.737/1946.

→ *v.* EC 24/1999 – Altera dispositivos da Constituição Federal pertinentes à representação classistas na Justiça do Trabalho.

§ 1º No julgamento de embargos deverão estar presentes todos os membros da Junta.

§ 2º Na execução e na liquidação das decisões funciona apenas o presidente.

Seção II
Da jurisdição e competência das Juntas

→ *v.* EC 24/1999 – Altera dispositivos da Constituição Federal pertinentes à representação classistas na Justiça do Trabalho.

Art. 650. A jurisdição de cada Junta de Conciliação e Julgamento abrange todo o território da Comarca em que tem sede, só podendo ser estendida ou restringida por lei federal.

→ Artigo com redação alterada pela Lei 5.442/1968.

→ *v.* EC 24/1999 – Altera dispositivos da Constituição Federal pertinentes à representação classistas na Justiça do Trabalho.

→ *v.* Art. 22 da CF/1988.

→ *v.* Art. 651 da CLT.

Parágrafo único. As leis locais de Organização Judiciária não influirão sobre a competência de Juntas de Conciliação e Julgamento já criadas, até que lei federal assim determine.

Art. 651. A competência das Juntas de Conciliação e Julgamento é determinada pela localidade onde o empregado, reclamante ou reclamado, prestar serviços ao empregador, ainda que tenha sido contratado noutro local ou no estrangeiro.

→ *v.* EC 24/1999 – Altera dispositivos da Constituição Federal pertinentes à representação classistas na Justiça do Trabalho.

§ 1º Quando for parte no dissídio agente ou viajante comercial, a competência será da Junta da localidade em que a empresa tenha agência ou filial e a esta o empregado esteja subordinado e, na falta, será competente a Junta da localização em que o empregado tenha domicílio ou a localidade mais próxima.

→ § 1º com redação alterada pela Lei 9.851/1999.

§ 2º A competência das Juntas de Conciliação e Julgamento, estabelecida neste artigo, estende-se aos dissídios ocorridos em agência ou filial no estrangeiro, desde que o empregado seja brasileiro e não haja convenção internacional dispondo em contrário.

§ 3º Em se tratando de empregador que promova realização de atividades fora do lugar do contrato de trabalho, é assegurado ao empregado apresentar reclamação no foro da celebração do contrato ou no da prestação dos respectivos serviços.

→ *v.* Art. 5º, XXXV, da CF/1988.

Art. 652. Compete às Juntas de Conciliação e Julgamento:

→ *v.* EC 24/1999 – Altera dispositivos da Constituição Federal pertinentes à representação classistas na Justiça do Trabalho.

a) conciliar e julgar:

I – os dissídios em que se pretenda o reconhecimento da estabilidade de empregado;

II – os dissídios concernentes a remuneração, férias e indenizações por motivo de rescisão do contrato individual de trabalho;

III – os dissídios resultantes de contratos de empreitadas em que o empreiteiro seja operário ou artífice;

IV – os demais dissídios concernentes ao contrato individual de trabalho;

V – as ações entre trabalhadores portuários e os operadores portuários ou o Órgão Gestor de Mão de obra – OGMO decorrentes da relação de trabalho;

→ Inciso V acrescentado pela MP 2.164-41/2001.

b) processar e julgar os inquéritos para apuração de falta grave;

c) julgar os embargos opostos às suas próprias decisões;

d) impor multas e demais penalidades relativas aos atos de sua competência;

→ Alínea *d* com redação alterada pelo Dec.-lei 6.353/1944.

e) (Revogada pelo Dec.-lei 6.353/1944).

Parágrafo único. Terão preferência para julgamento os dissídios sobre pagamento de salário e aqueles que derivarem da falência do empregador, podendo o presidente da Junta, a pedido do interessado, constituir processo em separado, sempre que a reclamação também versar sobre outros assuntos.

Art. 653. Compete, ainda, às Juntas de Conciliação e Julgamento:

→ *v.* EC 24/1999 – Altera dispositivos da Constituição Federal pertinentes à representação classistas na Justiça do Trabalho.

a) requisitar às autoridades competentes a realização das diligências necessárias ao esclarecimento dos feitos sob sua apreciação, representando contra aquelas que não atenderem a tais requisições;

b) realizar as diligências e praticar os atos processuais ordenados pelos Tribunais Regionais do Trabalho ou pelo Tribunal Superior do Trabalho;

→ Alínea *b* retificada pelo Dec.-lei 6.353/1944.

→ *v.* Art. 2º do Dec.-lei 9.797/1946.

c) julgar as suspeições arguidas contra os seus membros;

d) julgar as exceções de incompetência que lhes forem opostas;

e) expedir precatórias e cumprir as que lhes forem deprecadas;

f) exercer, em geral, no interesse da Justiça do Trabalho, quaisquer outras atribuições que decorram da sua jurisdição.

Seção III
Dos Presidentes das Juntas

→ *v.* EC 24/1999 – Altera dispositivos da Constituição Federal pertinentes à representação classistas na Justiça do Trabalho.

Art. 654. O ingresso na magistratura do trabalho far-se-á para o cargo de juiz do trabalho substituto. As nomeações subsequentes por promoção, alternadamente, por antiguidade e merecimento.

→ *Caput* com redação alterada pelo Dec.-lei 229/1967.

§ 1º Nas 7ª e 8ª Regiões da Justiça do Trabalho, nas localidades fora das respectivas sedes, haverá suplentes de juiz do trabalho presidente de Junta, sem direito a acesso, nomeados pelo Presidente da República, dentre brasileiros, bacharéis em direito, de reconhecida idoneidade moral, especializados em direito do trabalho, pelo período de 2 (dois) anos, podendo ser reconduzidos.

→ § 1º com redação alterada pelo Dec.-lei 229/1967.

→ *v.* Lei 7.221/1984 – Cargos de Suplente de Juiz do Trabalho Presidente.

§ 2º Os suplentes de juiz do trabalho receberão, quando em exercício, vencimentos iguais aos dos juízes que substituíram.

→ § 2º com redação alterada pelo Dec.-lei 229/1967.

→ *v.* Lei 7.221/1984 – Cargos de Suplente de Juiz do Trabalho Presidente.

§ 3º Os juízes substitutos serão nomeados após aprovação em concurso público de provas e títulos realizado perante o Tribunal Regional do Trabalho da Região, válido por 2 (dois) anos e prorrogável, a critério do mesmo órgão, por igual período, uma só vez, e organizado de acordo com as instruções expedidas pelo Tribunal Superior do Trabalho.

→ § 3º com redação alterada pela Lei 6.087/1974.

§ 4º Os candidatos inscritos só serão admitidos ao concurso após apreciação prévia, pelo Tribunal Regional do Trabalho da respectiva Região, dos seguintes requisitos:

→ § 4º com redação alterada pelo Dec.-lei 229/1967.

a) idade maior de 25 (vinte e cinco) anos e menor de 45 (quarenta e cinco) anos;

b) idoneidade para o exercício das funções.

§ 5º O preenchimento dos cargos de presidente de Junta, vagos ou criados por lei, será feito dentro de cada Região:

→ *Caput* do § 5º com redação alterada pelo Dec.-lei 229/1967.

a) pela remoção de outro presidente, prevalecendo a antiguidade no cargo, caso haja mais de um pedido, desde que a remoção tenha sido requerida, dentro de 15 (quinze) dias, contados da abertura da vaga, ao presidente do Tribunal Regional, a quem caberá expedir o respectivo ato.

→ Alínea *a* com redação alterada pela Lei 6.090/1974.

b) pela promoção do substituto, cuja aceitação será facultativa, obedecido o critério alternado de antiguidade e merecimento.

→ Alínea *b* com redação alterada pelo Dec.-lei 229/1967.

§ 6º Os juízes do trabalho, presidentes de Junta, juízes substitutos e suplentes de juiz tomarão posse perante o presidente do Tribunal da respectiva Região. Nos Estados que não forem sede de Tribunal Regional do Trabalho a posse dar-se-á perante o presidente do Tribunal de Justiça, que remeterá o termo ao presidente do Tribunal Regional da jurisdição do empossado. Nos Territórios, a posse dar-se-á perante o presidente do Tribunal Regional do Trabalho da respectiva Região.

→ § 6º com redação alterada pelo Dec.-lei 229/1967.

→ *v.* Resolução do CNJ 75/2009 – Critério de atividade jurídica para a inscrição em concurso público de ingresso na carreira da magistratura nacional.

Art. 655. Os Presidentes e os Presidentes substitutos tomarão posse do cargo perante o presidente do Tribunal Regional da respectiva jurisdição.

→ Artigo com redação alterada pelo Dec.-Lei 8.737/1946.

§ 1º Nos Estados em que não houver sede de Tribunais a posse dar-se-á perante o presidente do Tribunal de Apelação, que remeterá o respectivo termo ao presidente do Tribunal Regional da Jurisdição do empossado.

§ 2º Nos Territórios a posse dar-se-á perante a Juiz de Direito da capital, que procederá na forma prevista no § 1º.

Art. 656. O juiz do trabalho substituto, sempre que não estiver substituindo o juiz-presidente de Junta, poderá ser designado para atuar nas Juntas de Conciliação e Julgamento.

→ Artigo com redação alterada pela Lei 8.432/1992.

→ *v.* EC 24/1999 – Altera dispositivos da Constituição Federal pertinentes à representação classistas na Justiça do Trabalho.

§ 1º Para o fim mencionado no *caput* deste artigo, o território da Região poderá ser dividido em zonas, compreendendo a jurisdição de uma ou mais Juntas, a juízo do Tribunal Regional do Trabalho respectivo.

§ 2º A designação referida no *caput* deste artigo será de atribuição do juiz-presidente do Tribunal Regional do Trabalho ou, não havendo disposição regimental específica, de quem este indicar.

§ 3º Os juízes do trabalho substitutos, quando designados ou estiverem substituindo os juízes-presidentes de Juntas, perceberão os vencimentos destes.

§ 4º O juiz-presidente do Tribunal Regional do Trabalho ou, não havendo disposição regimental específica, que este indicar, fará a lotação e a movimentação dos juízes substitutos entre as diferentes zonas da Região na hipótese de terem sido criadas na forma do § 1º deste artigo.

Art. 657. Os presidentes de Juntas e os presidentes substitutos perceberão a remuneração ou os vencimentos fixados em lei.

→ Artigo com redação alterada pelo Dec.-lei 8.737/1946.

→ *v.* EC 24/1999 – Altera dispositivos da Constituição Federal pertinentes à representação classistas na Justiça do Trabalho.

Art. 658. São deveres precípuos dos presidentes das Juntas, além dos que decorram do exercício de sua função:

→ Artigo com redação alterada pelo Dec.-lei 8.737/1946.

→ *v.* EC 24/1999 – Altera dispositivos da Constituição Federal pertinentes à representação classistas na Justiça do Trabalho.

a) manter perfeita conduta pública e privada;

b) abster-se de atender a solicitações ou recomendações relativamente aos feitos que hajam sido ou tenham de ser submetidos à sua apreciação;

c) residir dentro dos limites de sua jurisdição, não podendo ausentar-se sem licença do presidente do Tribunal Regional;

→ *v.* Art. 2º do Dec.-lei 9.797/1946.

d) despachar e praticar todos os atos decorrentes de suas funções, dentro dos prazos estabelecidos, sujeitando-se ao desconto correspondente a 1 (um) dia de vencimento para cada dia de retardamento.

Art. 659. Competem privativamente aos presidentes das Juntas, além das que lhes forem conferidas neste Título e das decorrentes de seu cargo, as seguintes atribuições:

→ *v.* EC 24/1999 – Altera dispositivos da Constituição Federal pertinentes à representação classistas na Justiça do Trabalho.

I – presidir as audiências das Juntas;

II – executar as suas próprias decisões, as proferidas pela Junta e aquelas cuja execução lhes for deprecada;

III – dar posse aos vogais nomeados para a Junta, ao chefe de Secretaria e aos demais funcionários da Secretaria;

IV – convocar os suplentes dos vogais, no impedimento destes;

V – representar ao presidente do Tribunal Regional da respectiva jurisdição, no caso de falta de qualquer vogal a três reuniões consecutivas, sem motivo justificado, para os fins do art. 727;

→ *v.* Art. 2º do Dec.-lei 9.797/1946.

→ VI – Despachar os recursos interpostos pelas partes, fundamentando a decisão recorrida antes da remessa ao Tribunal Regional, ou submetendo-os à decisão da Junta, no caso do art. 894;

→ *v.* Art. 2º do Dec.-lei 9.797/1946.

VII – assinar as folhas de pagamento dos membros e funcionários da Junta;

VIII – apresentar ao presidente do Tribunal Regional, até 15 de fevereiro de cada ano, o relatório dos trabalhos do ano anterior;

→ *v.* Art. 2º do Dec.-lei 9.797/1946.

IX – conceder medida liminar, até decisão final do processo, em reclamações trabalhistas que visem a tornar sem efeito transferência disciplinada pelos parágrafos do art. 469 desta Consolidação;

→ Inciso IX acrescentado pela Lei 6.203/1975.

X – conceder medida liminar, até decisão final do processo, em reclamações trabalhistas que visem reintegrar no emprego dirigente sindical afastado, suspenso ou dispensado pelo empregador.

→ Inciso X acrescentado pela Lei 9.270/1996.

→ *v.* Art. 469 da CLT.

Seção IV
Dos vogais das Juntas

→ *v.* EC 24/1999 – Altera dispositivos da Constituição Federal pertinentes à representação classistas na Justiça do Trabalho.

Art. 660. Os vogais das Juntas são designados pelo presidente do Tribunal Regional da respectiva jurisdição.

→ *v.* Art. 2º do Dec.-lei 9.797/1946.

Art. 661. Para o exercício da função de vogal da Junta ou suplente deste são exigidos os seguintes requisitos:

a) ser brasileiro;

→ Alínea *a* com redação alterada pelo Dec.-lei 229/1967.

b) ter reconhecida idoneidade moral;

c) ser maior de 25 (vinte e cinco) anos e ter menos de 70 (setenta) anos;

→ Alínea *c* com redação alterada pelo Dec.-lei 229/1967.

d) estar no gozo dos direitos civis e políticos;

e) estar quite com o serviço militar;

f) contar mais de 2 (dois) anos de efetivo exercício na profissão e ser sindicalizado.

Parágrafo único. A prova da qualidade profissional a que se refere a alínea *f* deste artigo é feita mediante declaração do respectivo sindicato.

Art. 662. A escolha dos vogais das Juntas e seus suplentes far-se-á dentre os nomes constantes das listas que, para esse efeito, forem encaminhadas pelas associações sindicais de primeiro grau ao presidente do Tribunal Regional.

→ *v.* Art. 2º do Dec.-lei 9.797/1946.

§ 1º Para esse fim, cada sindicato de empregadores e de empregados, com base territorial extensiva à área de jurisdição da Junta, no todo ou em parte, procederá, na ocasião determinada pelo presidente do Tribunal Regional, à escolha de três nomes que comporão a lista, aplicando-se à eleição o disposto no art. 524 e seus §§ 1º a 3º.

→ § 1º com redação alterada pela Lei 5.657/1971.

§ 2º Recebidas as listas pelo presidente do Tribunal Regional, designará este, dentro de 5 (cinco) dias, os nomes dos vogais e dos respectivos suplentes, expedindo para cada um deles um título, mediante a apresentação do qual será empossado.

→ *v.* Art. 2º do Dec.-lei 9.797/1946.

§ 3º Dentro de 15 (quinze) dias, contados da data da posse, pode ser contestada a investidura do vogal ou do suplente, por qualquer interessado, sem efeito suspensivo, por meio de representação escrita, dirigida ao presidente do Tribunal Regional.

→ *v.* Art. 2º do Dec.-lei 9.797/1946.

§ 4º Recebida a contestação, o presidente do Tribunal designará imediatamente relator, o qual, se houver necessidade de ouvir testemunhas ou de proceder a quaisquer diligências, providenciará para que tudo se realize com a maior brevidade, submetendo, por fim, a contestação ao parecer do Tribunal, na primeira sessão.

→ § 4º com redação alterada pela Lei 2.244/1954.

§ 5º Se o Tribunal julgar procedente a contestação, o presidente providenciará a designação de novo vogal ou suplente.

→ § 5º com redação alterada pelo Dec.-lei 229/1967.

§ 6º Em falta de indicação, pelos sindicatos, de nomes para representantes das respectivas categorias profissionais e econômicas nas Juntas de Conciliação e Julgamento, ou nas localidades onde não existirem sindicatos, serão esses representantes livremente designados pelo presidente do Tribunal Regional do Trabalho, observados os requisitos exigidos para o exercício da função.

→ § 6º acrescentado pelo Dec.-lei 229/1967.

Art. 663. A investidura dos vogais das Juntas e seus suplentes é de 3 (três) anos, podendo, entretanto, ser dispensado, a pedido, aquele que tiver servido, sem interrupção, durante metade desse período.

→ *Caput* com redação alterada pela Lei 2.244/1954.

§ 1º Na hipótese da dispensa do vogal a que alude este artigo, assim como nos casos de impedimento, morte ou renúncia, sua substituição far-se-á pelo suplente, mediante convocação do presidente da Junta.

→ § 1º com redação alterada pela Lei 2.244/1954.

§ 2º Na falta do suplente, por impedimento, morte ou renúncia, serão designados novo vogal e o respectivo suplente, dentre os nomes constantes das listas a que se refere o art. 662, servindo os designados até o fim do período.

Art. 664. Os vogais das Juntas e seus suplentes tomam posse perante o presidente da Junta em que têm de funcionar.

Art. 665. Enquanto durar sua investidura, gozam os vogais das Juntas e seus suplentes das prerrogativas asseguradas aos jurados.

Art. 666. Por audiência a que comparecerem, até o máximo de vinte por mês, os vogais das Juntas e seus suplentes perceberão a gratificação fixada em lei.

→ *v.* Art. 5º da Lei 4.439/1964 – Fixa os vencimentos de Magistrados, membros do Ministério Público e do Serviço Jurídico da União.

Art. 667. São prerrogativas dos vogais das Juntas, além das referidas no art. 665:

a) tomar parte nas reuniões do Tribunal a que pertençam;

b) aconselhar às partes a conciliação;

c) votar no julgamento dos feitos e nas matérias de ordem interna do Tribunal, submetidas às suas deliberações;

d) pedir vista dos processos pelo prazo de 24 (vinte e quatro) horas;

e) formular, por intermédio do presidente, aos litigantes, testemunhas e peritos, as perguntas que quiserem fazer, para esclarecimento do caso.

Capítulo III
DOS JUÍZOS DE DIREITO

→ *v.* EC 24/1999 – Altera dispositivos da Constituição Federal pertinentes à representação classistas na Justiça do Trabalho.

Art. 668. Nas localidades não compreendidas na jurisdição das Juntas de Conciliação e Julgamento, os Juízos de Direito são os órgãos de administração da Justiça do Trabalho, com a jurisdição que lhes for determinada pela lei de organização judiciária local.

→ *v.* Súmula 180 do STJ.

→ *v.* Arts. 112 e 114, VII, da CF/1988.

Art. 669. A competência dos Juízos de Direito, quando investidos na administração da Justiça do Trabalho, é a mesma das Juntas de Conciliação e Julgamento, na forma da Seção II do Capítulo II.

§ 1º Nas localidades onde houver mais de um Juízo de Direito a competência é determinada, entre os juízes do cível, por distribuição ou pela divisão judiciária local, na conformidade da lei de organização respectiva.

§ 2º Quando o critério de competência da lei de organização judiciária for diverso do previsto no parágrafo anterior, será competente o juiz do cível mais antigo.

→ *v.* Art. 114, V, da CF/1988.

Capítulo IV
DOS TRIBUNAIS REGIONAIS DO TRABALHO

→ *v.* EC 24/1999 – Altera dispositivos da Constituição Federal pertinentes à representação classistas na Justiça do Trabalho.

→ *v.* Art. 2º do Dec.-lei 9.797/1946.

Seção I
Da composição e do funcionamento

Art. 670. O Tribunal Regional do Trabalho da 1ª Região compor-se-á de 54 (cinquenta e quatro) juízes, sendo 36 (trinta e seis) togados, vitalícios, e 18 (dezoito) classistas, temporários; o Tribunal Regional da 2ª Região compor-se-á de 64 (sessenta e quatro) juízes, sendo 42 (quarenta e dois) togados, vitalícios, e 22 (vinte e dois) classistas, temporários; o Tribunal Regional da 3ª Região compor-se-á de 36 (trinta e seis) juízes, sendo 24 (vinte e quatro) togados, vitalícios, e 12 (doze) classistas, temporários; o Tribunal Regional da 4ª Região compor-se-á de 36 (trinta e seis) juízes, sendo 24 (vinte e quatro) togados, vitalícios, e 12 (doze) classistas, temporários; o Tribunal Regional da 5ª Região compor-se-á de 29 (vinte e nove) juízes, sendo 19 (dezenove) togados, vitalícios, e 10 (dez) classistas, temporários; o Tribunal Regional da 6ª Região compor-se-á de 18 (dezoito) juízes, sendo 12 (doze) togados, vitalícios, e 6 (seis) classistas, temporários; o Tribunal Regional da 7ª Região compor-se-á de 8 (oito) juízes, sendo 6 (seis) togados, vitalícios, e 2 (dois) classistas, temporários; o Tribunal Regional da 8ª Região compor-se-á de 23 (vinte e três) juízes, sendo 15 (quinze) togados, vitalícios, e 8 (oito) classistas, temporários; o Tribunal Regional da 9ª Região compor-se-á de 28 (vinte e oito) juízes, sendo 18 (dezoito) togados, vitalícios, e 10 (dez) classistas, temporários; o Tribunal Regional da 10ª Região compor-se-á de 17 (dezessete) juízes, sendo 11 (onze) togados, vitalícios, e 6 (seis) classistas, temporários; o Tribunal Regional da 11ª Região compor-se-á de 8 (oito) juízes, sendo 6 (seis) togados, vitalícios, e 2 (dois) classistas, temporários; o Tribunal Regional da 12ª Região compor-se-á de 18 (dezoito) juízes, sendo 12 (doze) togados, vitalícios, e 6 (seis) classistas, temporários; o Tribunal Regional da 13ª Região compor-se-á de 8 (oito) juízes, sendo 6 (seis) togados, vitalícios, e 2 (dois) classistas, temporários; o Tribunal Regional da 14ª Região compor-se-á de 8 (oito) juízes, sendo 6 (seis) togados, de investidura vitalícia, e 2 (dois) classistas, de investidura temporária; o Tribunal Regional da 15ª Região compor-se-á de 36 (trinta e seis) juízes, sendo 24 (vinte e quatro) togados, vitalícios, e 12 (doze) classistas, temporários; o Tribunal Regional da 16ª Região compor-se-á de 8 (oito) juízes, sendo 6 (seis) togados, de investidura vitalícia, e 2 (dois) classistas, de investidura temporária; o Tribunal Regional da 17ª Região compor-se-á de 8 (oito) juízes, sendo 6 (seis) togados, de investidura vitalícia, e 2 (dois) classistas, de investidura temporária; o Tribunal Regional da 18ª Região compor-se-á de 8 (oito) juízes, sendo 6 (seis) togados, de investidura vitalícia, e 2 (dois) classistas, de investidura temporária; o Tribunal Regional da 19ª Região compor-se-á de 8 (oito) juízes, sendo 6 (seis) togados, de investidura vitalícia, e 2 (dois) classistas, de investidura temporária; o Tribunal Regional da 20ª Região compor-se-á de 8 (oito) juízes, sendo 6 (seis) togados, de investidura vitalícia, e 2 (dois) classistas, de investidura temporária; o Tribunal Regional da 21ª Região compor-se-á de 8 (oito) juízes, sendo 6 (seis) togados, de investidura vitalícia, e 2 (dois) classistas, de investidura temporária; o Tribunal Regional da 22ª Região compor-se-á de 8 (oito) juízes, sendo 6 (seis) togados, de investidura vitalícia, e 2 (dois) classistas, de investidura temporária; o Tribunal Regional da 23ª Região compor-se-á de 8 (oito) juízes, sendo 6 (seis) togados, de investidura vitalícia, e 2 (dois) classistas, de investidura temporária; e o Tribunal Regional da 24ª Região compor-se-á de 8 (oito) juízes, sendo 6 (seis) togados, de investidura vitalícia, e 2 (dois) classistas, de investidura temporária, todos nomeados pelo Presidente da República.

→ *Caput* com redação atualizada conforme atual composição dos Tribunais das respectivas Regiões.

→ *v.* Arts. 112 e 115 da CF/1988.

§ 1º Haverá um suplente para cada juiz representante classista.

→ § 1º com redação alterada pelo Dec.-lei 9.797/1946.

→ A Lei 5.442/1968 propôs nova redação para o § 1º, todavia o texto foi vetado.

§ 2º Nos Tribunais Regionais constituídos de seis ou mais juízes togados, e menos de onze, um deles será escolhido dentre advogados, um dentre membros do Ministério Público da União junto à Justiça do Trabalho e os demais dentre juízes do trabalho, presidentes de Junta da respectiva Região, na forma prevista no parágrafo anterior.

→ § 2º com redação alterada pela Lei 5.442/1968.

§ 3º Nos Tribunais do Trabalho das demais Regiões, terão assento três juízes alheios aos interesses profissionais.

→ § 3º com redação alterada pelo Dec.-lei 9.797/1946.

§ 4º Os juízes classistas referidos neste artigo representarão, paritariamente, empregadores e empregados.

→ § 4º acrescentado pela Lei 5.442/1968.

§ 5º Haverá um suplente para cada juiz classista.

→ § 5º acrescentado pela Lei 5.442/1968.

§ 6º Os Tribunais Regionais, no respectivo regimento interno, disporão sobre a substituição de seus juízes, observados, na convocação de juízes inferiores, os critérios de livre escolha e antiguidade, alternadamente.

→ § 6º acrescentado pela Lei 5.442/1968.

→ *v.* Arts. 93 e 118 da LC 35/1979.

§ 7º Dentre os seus juízes togados, os Tribunais Regionais elegerão os respectivos presidente e vice-presidente, assim como os presidentes de Turmas, onde as houver.

→ § 7º acrescentado pela Lei 5.442/1968.

§ 8º Os Tribunais Regionais das 1ª e 2ª Regiões dividir-se-ão em Turmas, facultada essa divisão aos constituídos de, pelo menos, doze juízes. Cada Turma se comporá de três juízes togados e dois classistas, um representante dos empregados e outro dos empregadores.

→ § 8º acrescentado pela Lei 5.442/1968.

Art. 671. Para os trabalhos dos Tribunais Regionais existe a mesma incompatibilidade prevista no art. 648, sendo idêntica a forma de sua resolução.

→ *v.* Art. 2º do Dec.-lei 9.797/1946.

Art. 672. Os Tribunais Regionais, em sua composição plena, deliberarão com a presença, além do presidente, da metade e mais um do número de seus juízes, dos quais, no mínimo, um representante dos empregados e outro dos empregadores.

→ Artigo com redação alterada pela Lei 5.442/1968.

→ *v.* Art. 2º do Dec.-lei 9.797/1946.

§ 1º As Turmas somente poderão deliberar presentes, pelo menos, três dos seus juízes, entre eles os dois classistas. Para a integração desse quorum, poderá o presidente de uma Turma convocar juízes de outra, da classe a que pertencer o ausente ou impedido.

§ 2º Nos Tribunais Regionais, as decisões tomar-se-ão pelo voto da maioria dos juízes presentes, ressalvada, no Tribunal Pleno, a hipótese de declaração de inconstitucionalidade de lei ou ato do poder público (art. 116 da Constituição).

§ 3º O presidente do Tribunal Regional, excetuada a hipótese de declaração de inconstitucionalidade de lei ou ato do poder público, somente terá voto de desempate. Nas sessões administrativas, o presidente votará como os demais juízes, cabendo-lhe, ainda, o voto de qualidade.

§ 4º No julgamento de recursos contra decisão ou despacho do presidente, do vice-presidente ou do relator, ocorrendo empate, prevalecerá a decisão ou despacho recorrido.

Art. 673. A ordem das sessões dos Tribunais Regionais será estabelecida no respectivo regimento interno.

→ *v.* Art. 2º do Dec.-lei 9.797/1946.

Seção II
Da jurisdição e competência

Art. 674. Para efeito da jurisdição dos Tribunais Regionais, o território nacional é dividido nas vinte e quatro Regiões seguintes:

1ª Região: Estado do Rio de Janeiro;

2ª Região: Estado de São Paulo;

→ *v.* Lei 7.520/1986 – Cria a 15ª Região da Justiça do Trabalho, institui a correspondente Procuradoria Regional do Ministério Público da União junto à Justiça do Trabalho, determina no § 1º do art. 1º, que a 2ª Região da Justiça do Trabalho passa a abranger apenas o Município da Capital do Estado de São Paulo e os Municípios de Arujá, Barueri, Biritiba-Mirim, Caieiras, Cajamar, Carapicuíba, Cotia, Cubatão, Diadema, Embu, Embu-Guaçu, Ferraz de Vasconcelos, Francisco Morato, Franco da Rocha, Guararema, Guarujá, Guarulhos, Itapecerica da Serra, Itapevi, Itaquaquecetuba, Jandira, Juquitiba, Mairiporã, Mauá, Mogi das Cruzes, Osasco, Pirapora do Bom Jesus, Poá, Praia Grande, Ribeirão Pires, Rio Grande da Serra, Salesópolis, Santa Isabel, Santana do Parnaíba, Santo André, Santos, São Bernardo do Campo, São Caetano do Sul, São Vicente, Suzano e Taboão da Serra.

3ª Região: Estado de Minas Gerais;

4ª Região: Estado do Rio Grande do Sul;

5ª Região: Estado da Bahia;

6ª Região: Estado de Pernambuco;

7ª Região: Estado do Ceará;

8ª Região: Estados do Pará e do Amapá;

9ª Região: Estado do Paraná;

→ Criada pela Lei 6.241/1975.

10ª Região: Distrito Federal e Tocantins;

→ Criada pela Lei 6.927/1981.

11ª Região: Estados do Amazonas e de Roraima;

→ Criada pela Lei 6.915/1981.

12ª Região: Estado de Santa Catarina;

→ Criada pela Lei 6.928/1981.

13ª Região: Estado da Paraíba;

→ Criada pela Lei 7.324/1985.

14ª Região: Estados de Rondônia e Acre;

→ Criada pela Lei 7.523/1986.

15ª Região: Estado de São Paulo (área não abrangida pela jurisdição estabelecida na 2ª Região);

→ Criada pela Lei 7.520/1986.

16ª Região: Estado do Maranhão;

→ Criada pela Lei 7.671/1988.

17ª Região: Estado do Espírito Santo;

→ Criada pela Lei 7.872/1989.

18ª Região: Estado de Goiás;

→ Criada pela Lei 7.873/1989.

19ª Região: Estado de Alagoas;

→ Criada pela Lei 8.219/1991.

20ª Região: Estado de Sergipe;

→ Criada pela Lei 8.233/1991.

21ª Região: Estado do Rio Grande do Norte;

→ Criada pela Lei 8.215/1991.

22ª Região: Estado do Piauí;

→ Criada pela Lei 8.221/1991.

23ª Região: Estado do Mato Grosso;

→ Criada pela Lei 8.430/1992.

24ª Região: Estado do Mato Grosso do Sul.

→ Criada pela Lei 8.431/1992.

Parágrafo único. Os Tribunais têm sede nas cidades: Rio de Janeiro (1ª Região), São Paulo (2ª Região), Belo Horizonte (3ª Região), Porto Alegre (4ª Região), Salvador (5ª Região), Recife (6ª Região), Fortaleza (7ª Região), Belém (8ª Região), Curitiba (9ª Região), Brasília (10ª Região), Manaus (11ª Região), Florianópolis (12ª Região), João Pessoa (13ª Região), Porto Velho (14ª Região), Campinas (15ª Região), São Luís (16ª Região), Vitória (17ª Região), Goiânia (18ª Região), Maceió (19ª Região), Aracaju (20ª Região), Natal (21ª Região), Teresina (22ª Região), Cuiabá (23ª Região) e Campo Grande (24ª Região).

→ Parágrafo único com redação alterada pela Lei 5.839/1972.

→ Parágrafo único com redação atualizada conforme composição dos Tribunais das respectivas Regiões.

Art. 675. *(Revogado pela Lei 5.442/1968).*

Art. 676. O número de regiões, a jurisdição e a categoria dos Tribunais Regionais, estabelecidos nos artigos anteriores, somente podem ser alterados pelo Presidente da República.

→ *v.* Arts. 96, II, e 113 da CF/1988.

→ *v.* Art. 2º do Dec.-lei 9.797/1946.

Art. 677. A competência dos Tribunais Regionais determina-se pela forma indicada no art. 651 e seus parágrafos e, nos casos de dissídio coletivo, pelo local onde este ocorrer.

→ *v.* Art. 2º do Dec.-lei 9.797/1946.

Art. 678. Aos Tribunais Regionais, quando divididos em Turmas, compete:

→ Artigo com redação alterada pela Lei 5.442/1968.

→ *v.* Súmula 420 do TST.

→ *v.* Art. 114, V, da CF/1988 e

→ *v.* Art. 2º do Dec.-lei 9.797/1946.

I – ao Tribunal Pleno, especialmente:

a) processar, conciliar e julgar originariamente os dissídios coletivos;

b) processar e julgar originariamente:

1) as revisões de sentenças normativas;

2) a extensão das decisões proferidas em dissídios coletivos;

CLT

3) os mandados de segurança;

4) as impugnações à investidura de vogais e seus suplentes nas Juntas de Conciliação e Julgamento;

c) processar e julgar em última instância:

1) os recursos das multas impostas pelas Turmas;

2) as ações rescisórias das decisões das Juntas de Conciliação e Julgamento, dos juízes de direito investidos na jurisdição trabalhista, das Turmas e de seus próprios acórdãos;

3) os conflitos de jurisdição entre as suas Turmas, os juízes de direito investidos na jurisdição trabalhista, as Juntas de Conciliação e Julgamento, ou entre aqueles e estas;

d) julgar em única ou última instância:

1) os processos e os recursos de natureza administrativa atinentes aos seus serviços auxiliares e respectivos servidores;

2) as reclamações contra atos administrativos de seu presidente ou de qualquer de seus membros, assim como dos juízes de primeira instância e de seus funcionários;

II – às Turmas:

a) julgar os recursos ordinários previstos no art. 895, a;

b) julgar os agravos de petição e de instrumento, estes de decisões denegatórias de recursos de sua alçada;

c) impor multas e demais penalidades relativas a atos de sua competência jurisdicional, e julgar os recursos interpostos das decisões das Juntas e dos juízes de direito que as impuserem.

Parágrafo único. Das decisões das Turmas não caberá recurso para o Tribunal Pleno, exceto no caso do inciso I, alínea *c*, item 1, deste artigo.

Art. 679. Aos Tribunais Regionais não divididos em Turmas compete o julgamento das matérias a que se refere o artigo anterior, exceto a de que trata o inciso I, alínea *c*, item 1, como os conflitos de jurisdição entre Turmas.

→ Artigo com redação alterada pela Lei 5.442/1968.

Art. 680. Compete, ainda, aos Tribunais Regionais, ou suas Turmas:

→ Artigo com redação alterada pela Lei 5.442/1968.

→ v. EC 24/1999 – Altera dispositivos da Constituição Federal pertinentes à representação classistas na Justiça do Trabalho.

a) determinar às Juntas e aos juízes de direito a realização dos atos processuais e diligências necessárias ao julgamento dos feitos sob sua apreciação;

b) fiscalizar o cumprimento de suas próprias decisões;

c) declarar a nulidade dos atos praticados com infração de suas decisões;

d) julgar as suspeições arguidas contra seus membros;

e) julgar as exceções de incompetência que lhes forem opostas;

f) requisitar às autoridades competentes as diligências necessárias ao esclarecimento dos feitos sob apreciação, representando contra aquelas que não atenderem a tais requisições;

g) exercer, em geral, no interesse da Justiça do Trabalho, as demais atribuições que decorram de sua jurisdição.

Seção III
Dos Presidentes dos Tribunais Regionais

→ v. Art. 2º do Dec.-lei 9.797/1946.

Art. 681. Os presidentes e vice-presidentes dos Tribunais Regionais do Trabalho tomarão posse perante os respectivos Tribunais.

→ *Caput* com redação alterada pela Lei 6.320/1976.

Parágrafo único. *(Revogado pela Lei 6.320/1976).*

Art. 682. Competem privativamente aos presidentes dos Tribunais Regionais, além das que forem conferidas neste e no título e das decorrentes do seu cargo, as seguintes atribuições:

→ *Caput* com redação alterada pelo Dec.-lei 8.737/1946.

→ v. Art. 2º do Dec.-lei 9.797/1946.

I – *(Revogado pela Lei 5.442/1968);*

II – designar os vogais das Juntas e seus suplentes;

III – dar posse aos presidentes de Juntas e presidentes substitutos, aos vogais e suplentes e funcionários do próprio Tribunal e conceder férias e licenças aos mesmos e aos vogais e suplentes das Juntas;

IV – presidir às sessões do Tribunal;

V – presidir às audiências de conciliação nos dissídios coletivos;

VI – executar suas próprias decisões e as proferidas pelo Tribunal;

VII – convocar suplentes dos juízes do Tribunal, nos impedimentos destes;

→ v. Art. 3º do Dec.-lei 9.797/1946.

VIII – representar ao presidente do Tribunal Superior do Trabalho contra os presidentes e os vogais, nos casos previstos no art. 727 e seu parágrafo único;

→ v. Art. 2º do Dec.-lei 9.797/1946.

IX – despachar os recursos interpostos pelas partes;

X – requisitar às autoridades competentes, nos casos de dissídio coletivo, a força necessária, sempre que houver ameaça de perturbação da ordem;

XI – exercer correição, pelo menos uma vez por ano, sobre as Juntas, ou parcialmente sempre que se fizer necessário, e solicitá-la, quando julgar conveniente, ao presidente do Tribunal de Justiça, relativamente aos juízes de direito investidos na administração da Justiça do Trabalho;

XII – distribuir os feitos, designando os juízes que os devem relatar;

XIII – designar, dentre os funcionários do Tribunal e das Juntas existentes em uma mesma localidade, o que deve exercer a função de distribuidor;

XIV – assinar as folhas de pagamento dos juízes e servidores do Tribunal.

§ 1º Na falta ou impedimento do presidente da Junta e do substituto da mesma localidade, é facultado ao presidente do Tribunal Regional designar substituto de outra localidade, observada a ordem de antiguidade entre os substitutos desimpedidos.

→ § 1º com redação alterada pelo Dec.-lei 8.737/1946.

→ v. Art. 2º do Dec.-lei 9.797/1946.

§ 2º Na falta ou impedimento do vogal da Junta e do respectivo suplente, é facultado ao presidente do Tribunal Regional designar suplente de outra Junta, respeitada a categoria profissional ou econômica do representante e a ordem de antiguidade dos suplentes desimpedidos.

→ § 2º com redação alterada pelo Dec.-lei 8.737/1946.

→ v. Art. 2º do Dec.-lei 9.797/1946.

§ 3º Na falta ou impedimento de qualquer juiz representante classista e seu respectivo suplente, é facultado ao presidente do Tribunal Regional designar um dos vogais de Junta de Conciliação de Julgamento para funcionar nas sessões do Tribunal, respeitada a categoria profissional ou econômica do representante.

→ § 3º acrescentado pela Lei 3.440/1958.

Art. 683. Na falta ou impedimento dos presidentes dos Tribunais Regionais, e como auxiliares destes, sempre que necessário, funcionarão seus substitutos.

→ Artigo com redação alterada pelo Dec.-lei 8.737/1946.

→ v. Art. 2º do Dec.-lei 9.797/1946.

§ 1º Nos casos de férias, por 30 (trinta) dias, licença, morte ou renúncia, a convocação competirá diretamente ao presidente do Tribunal Superior do Trabalho.

§ 2º Nos demais casos, mediante convocação do próprio presidente do Tribunal ou comunicação do secretário deste, o presidente substituto assumirá imediatamente o exercício, ciente o presidente do Tribunal Superior do Trabalho.

Seção IV
Dos juízes representantes classistas dos Tribunais Regionais

→ v. EC 24/1999 – Altera dispositivos da Constituição Federal pertinentes à representação classistas na Justiça do Trabalho.

→ v. Art. 2º do Dec.-lei 9.797/1946.

Art. 684. Os juízes representantes classistas dos Tribunais Regionais são designados pelo Presidente da República.

Parágrafo único. Aos juízes representantes classistas dos empregados e dos empregadores, nos Tribunais Regionais, aplicam-se as disposições do art. 661.

→ Anterior § 1º renumerado para parágrafo único pela Lei 5.442/1968.

Art. 685. A escolha dos juízes e suplentes dos Tribunais Regionais, representantes dos empregadores e empregados, é feita dentre os nomes constantes das listas para esse fim encaminhadas ao presidente do Tribunal Superior do Trabalho pelas associações sindicais de grau superior com sede nas respectivas Regiões.

→ v. Art. 2º do Dec.-lei 9.797/1946.

§ 1º Para o efeito deste artigo, o conselho de representantes de cada associação sindical de grau superior, na ocasião determinada pelo presidente do Tribunal Superior do Trabalho, organizará, por maioria de votos, uma lista de três nomes.

§ 2º O presidente do Tribunal Superior do Trabalho submeterá os nomes constantes das listas ao Presidente da República, por intermédio do Ministro da Justiça.

→ § 2º com redação alterada pela Lei 2.244/1954.

Art. 686. *(Revogado pelo Dec.-lei 9.797/1946).*

Art. 687. Os juízes representantes classistas dos Tribunais Regionais tomam posse perante o respectivo presidente.

→ *v.* Art. 2º do Dec.-lei 9.797/1946.

Art. 688. Aos juízes representantes classistas dos Tribunais Regionais aplicam-se as disposições do art. 663, sendo a nova escolha feita dentre os nomes constantes das listas a que se refere o art. 685, ou na forma indicada no art. 686 e, bem assim, as dos arts. 665 e 667.

→ *v.* Art. 2º do Dec.-lei 9.797/1946.

Art. 689. Por sessão a que comparecerem, até o máximo de quinze por mês, perceberão os juízes representantes classistas e suplentes dos Tribunais Regionais a gratificação fixada em lei.

→ Artigo com redação alterada pelo Dec.-lei 8.737/1946.

→ *v.* Art. 2º do Dec.-lei 9.797/1946.

Parágrafo único. Os juízes representantes classistas que retiverem processos além dos prazos estabelecidos no Regimento Interno dos Tribunais Regionais sofrerão automaticamente, na gratificação mensal a que teriam direito, desconto equivalente a 1/30 (um trinta avos) por processo retido.

Capítulo V
DO TRIBUNAL SUPERIOR DO TRABALHO

→ *v.* Súmula 190 do TST.

→ *v.* Art. 111-A da CF/1988.

→ *v.* Art. 2º do Dec.-lei 9.797/1946.

→ *v.* Regimento Interno do TST – RITST.

Seção I
Disposições preliminares

Art. 690. O Tribunal Superior do Trabalho, com sede na Capital da República e jurisdição em todo o território nacional, é a instância suprema da Justiça do Trabalho.

→ Artigo com redação alterada pela Lei 2.244/1954.

→ *v.* Lei 7.701/1988 – Especialização de Turmas dos Tribunais do Trabalho em processos coletivos.

Parágrafo único. O Tribunal funciona na plenitude de sua composição ou dividido em Turmas, com observância da paridade de representação de empregados e empregadores.

Art. 691. *(Revogado pelo Dec.-lei 8.737/1946).*

Art. 692. *(Revogado pelo Dec.-lei 8.737/1946).*

Seção II
Da composição e funcionamento do Tribunal Superior do Trabalho

→ *v.* Art. 2º do Dec.-lei 9.797/1946.

Art. 693. O Tribunal Superior do Trabalho compõe-se de 17 (dezessete) juízes com a denominação de Ministros, sendo:

→ *Caput* com redação alterada pela Lei 5.442/1968.

a) 11 (onze) togados e vitalícios, nomeados pelo Presidente da República, depois de aprovada a escolha pelo Senado Federal, dentre brasileiros natos, maiores de 35 (trinta e cinco) anos, de notável saber jurídico e reputação ilibada;

b) 6 (seis) classistas, com mandato de 3 (três) anos, em representação paritária dos empregadores e dos empregados, nomeados pelo Presidente da República de conformidade com o disposto nos §§ 2º e 3º deste artigo.

§ 1º Dentre os juízes togados do Tribunal Superior do Trabalho, alheios aos interesses profissionais, serão eleitos o presidente, o vice-presidente e o corregedor, além dos residentes das turmas na forma estabelecida em seu regimento interno.

→ § 1º com redação alterada pela Lei 2.244/1954.

§ 2º Para nomeação trienal dos juízes classistas, o Presidente do Tribunal Superior do Trabalho publicará edital, com antecedência mínima de 15 (quinze) dias, convocando as associações sindicais de grau superior, para que cada uma, mediante maioria de votos do respectivo Conselho de Representantes, organize uma lista de três nomes, que será encaminhada, por intermédio daquele Tribunal, ao Ministro da Justiça e Negócios Interiores dentro do prazo que for fixado no edital.

→ § 2º com redação alterada pela Lei 2.244/1954.

§ 3º Na lista de que trata o parágrafo anterior figurarão somente brasileiros natos, de reconhecida idoneidade, maiores de 25 (vinte e cinco) anos, quites com o serviço militar, que estejam no gozo de seus direitos civis e políticos e contém mais de 2 (dois) anos de efetivo exercício da profissão ou se encontrem no desempenho de representação profissional prevista em lei.

→ § 3º com redação alterada pelo Dec.-lei 9.797/1946.

§ 4º *(Vetado).*

→ § 4º acrescentado pela Lei 2.244/1954.

Art. 694. Os juízes togados escolher-se-ão: sete, dentre magistrados da Justiça do Trabalho, dois, dentre advogados no efetivo exercício da profissão, e dois, dentre membros do Ministério Público da União junto à Justiça do Trabalho.

→ Artigo com redação alterada pela Lei 5.442/1968.

Art. 695. *(Suprimido pelo Dec.-lei 9.797/1946).*

Art. 696. Importará em renúncia o não comparecimento do membro do Tribunal, sem motivo justificado, a mais de 3 (três) sessões ordinárias consecutivas.

→ *Caput* com redação alterada pelo Dec.-lei 8.737/1946.

→ *v.* Art. 95 da CF/1988.

→ *v.* LC 35/1979 – Lei Orgânica da Magistratura Nacional.

§ 1º Ocorrendo a hipótese prevista neste artigo, o presidente do Tribunal comunicará, imediatamente, o fato ao Ministro da Justiça, a fim de que seja feita a substituição do juiz renunciante, sem prejuízo das sanções cabíveis.

→ § 1º com redação alterada pela Lei 2.244/1954.

→ *v.* LC 35/1979 – Lei Orgânica da Magistratura Nacional.

§ 2º Para os efeitos do parágrafo anterior, a designação do substituto será feita dentre os nomes constantes das listas de que trata o § 2º do art. 693.

→ § 2º com redação alterada pela Lei 2.244/1954.

Art. 697. Em caso de licença superior a 30 (trinta) dias, ou de vacância, enquanto não for preenchido o cargo, os ministros do Tribunal poderão ser substituídos mediante convocação de juízes, de igual categoria, de qualquer dos Tribunais Regionais do Trabalho, na forma que dispuser o Regimento do Tribunal Superior do Trabalho.

→ Artigo com redação alterada pela Lei 6.289/1975.

Art. 698. *(Suprimido pelo Dec.-lei 8.737/1946).*

Art. 699. O Tribunal Superior do Trabalho não poderá deliberar, na plenitude de sua composição, senão com a presença de, pelo menos, nove dos seus juízes, além do presidente.

→ Artigo com redação alterada pela Lei 2.244/1954.

→ *v.* Lei 7.701/1988 – Especialização de Turmas dos Tribunais do Trabalho em processos coletivos.

Parágrafo único. As Turmas do Tribunal, compostas de 5 (cinco) juízes, só poderão deliberar com a presença de, pelo menos, três de seus membros, além do respectivo presidente, cabendo também a este funcionar como relator ou revisor nos feitos que lhe forem distribuídos, conforme estabelecer o regimento interno.

Art. 700. O Tribunal reunir-se-á em dias previamente fixados pelo presidente, o qual poderá, sempre que for necessário, convocar sessões extraordinárias.

→ Artigo com redação alterada pelo Dec.-lei 8.737/1946.

Art. 701. As sessões do Tribunal serão públicas e começarão às 14 (quatorze) horas, terminando às 17 (dezessete) horas, mas poderão ser prorrogadas pelo presidente em caso de manifesta necessidade.

→ Artigo com redação alterada pelo Dec.-lei 8.737/1946.

§ 1º As sessões extraordinárias do Tribunal só se realizarão quando forem comunicadas aos seus membros com 24 (vinte e quatro) horas, no mínimo, de antecedência.

§ 2º Nas sessões do Tribunal, os debates poderão tornar-se secretos, desde que, por motivo de interesse público, assim resolver a maioria de seus membros.

Seção III
Da competência do Tribunal Pleno

→ *v.* Art. 4º da Lei 7.701/1988.

→ *v.* Art. 70 do RITST.

Art. 702. Ao Tribunal Pleno compete:

→ *Caput* com redação alterada pela Lei 2.244/1954.

I – em única instância:

→ *Caput* do inciso I com redação alterada pela Lei 2.244/1954.

a) decidir sobre matéria constitucional, quando arguido, para invalidar lei ou ato do poder público;

→ Alínea *a* com redação alterada pela Lei 2.244/1954.

b) conciliar e julgar os dissídios coletivos que excedam a jurisdição dos Tribunais Regionais do Trabalho, bem como estender ou rever suas próprias decisões normativas, nos casos previstos em lei;

→ Alínea *b* com redação alterada pela Lei 2.244/1954.

c) homologar os acordos celebrados em dissídios de que trata a alínea anterior;

→ Alínea *c* com redação alterada pela Lei 2.244/1954.

d) julgar os agravos dos despachos do presidente, nos casos previstos em lei;

→ Alínea *d* com redação alterada pela Lei 2.244/1954.

e) julgar as suspeições arguidas contra o presidente e demais juízes do Tribunal, nos feitos pendentes de sua decisão;

→ Alínea *e* com redação alterada pela Lei 2.244/1954.

f) estabelecer súmulas de jurisprudência uniforme, na forma prescrita no regimento interno;

→ Alínea *f* com redação alterada pela Lei 7.033/1982.

g) aprovar tabela de custas e emolumentos, nos termos da lei;

→ Alínea *g* com redação alterada pela Lei 2.244/1954.

h) elaborar o Regimento Interno do Tribunal e exercer as atribuições administrativas previstas em lei, ou decorrentes da Constituição Federal;

→ Alínea *h* com redação alterada pela Lei 2.244/1954.

II – em última instância:

→ *Caput* do inciso II com redação alterada pela Lei 2.244/1954.

a) julgar os recursos ordinários das decisões proferidas pelos Tribunais Regionais, em processos de sua competência originária;

→ Alínea *a* com redação alterada pela Lei 2.244/1954.

b) julgar os embargos opostos às decisões de que tratam as alíneas *b* e *c* do inciso I deste artigo;

→ Alínea *b* com redação alterada pela Lei 2.244/1954.

c) julgar embargos das decisões das Turmas, quando esta divirjam entre si ou de decisão proferida pelo próprio Tribunal Pleno, ou que forem contrárias à letra de lei federal

→ Alínea *c* com redação alterada pelo Dec.-lei 229/1967.

d) julgar os agravos de despachos denegatórios dos presidentes de Turmas, em matéria de embargos, na forma estabelecida no regimento interno;

→ Alínea d acrescentada pela Lei 2.244/1954.

e) julgar os embargos de declaração opostos aos seus acórdãos.

→ Alínea e acrescentada pela Lei 2.244/1954.

§ 1º Quando adotada pela maioria de 2/3 (dois terços) dos juízes do Tribunal Pleno, a decisão proferida nos embargos de que trata o inciso II, alínea *c*, deste artigo, terá força de prejulgado, nos termos dos §§ 2º e 3º do art. 902.

→ § 1º acrescentado pela Lei 2.244/1954.

→ Referido art. 902 foi revogado pela Lei 7.033/1982.

§ 2º É da competência de cada uma das Turmas do Tribunal:

→ § 2º acrescentado pela Lei 2.244/1954.

a) julgar, em única instância, os conflitos de jurisdição entre Tribunais Regionais do Trabalho e os que se suscitarem entre juízes de direito ou Juntas de Conciliação e Julgamento de regiões diferentes;

→ *v.* Art. 2º do Dec.-lei 9.797/1946.

→ *v.* EC 24/1999 – Altera dispositivos da Constituição Federal pertinentes à representação classistas na Justiça do Trabalho.

b) julgar, em última instância, os recursos de revista interpostos de decisões dos Tribunais Regionais e das Juntas de Conciliação e Julgamento ou juízes de direito, nos casos previstos em lei;

c) julgar os agravos de instrumento dos despachos que denegarem a interposição de recursos ordinários ou de revista;

d) julgar os embargos de declaração opostos aos seus acórdãos;

e) julgar as habilitações incidentes e arguições de falsidade, suspeição e outras, nos casos pendentes de sua decisão.

→ *v.* Art. 4º da Lei 7.701/1988.

→ *v.* Art. 70 do RITST.

Seção IV
Da competência da Câmara de Justiça do Trabalho

Art. 703. *(Suprimido pelo Dec.-lei 8.737/1946).*

Art. 704. *(Suprimido pelo Dec.-lei 8.737/1946).*

Art. 705. *(Suprimido pelo Dec.-lei 8.737/1946).*

Seção V
Da competência da Câmara de Previdência Social

Art. 706. *(Suprimido pelo Dec.-lei 8.737/1946).*

Seção VI
Das atribuições do presidente do Tribunal Superior do Trabalho

→ *v.* Art. 2º do Dec.-lei 9.797/1946.

→ *v.* EC 24/1999 – Altera dispositivos da Constituição Federal pertinentes à representação classistas na Justiça do Trabalho.

Art. 707. Compete ao presidente do Tribunal:

→ Artigo com redação alterada pelo Dec.-lei 8.737/1946.

→ *v.* Art. 856 da CLT.

→ *v.* Lei 5.584/1970 – Normas de Direito Processual do Trabalho.

a) presidir às sessões do Tribunal, fixando os dias para a realização das sessões ordinárias e convocando as extraordinárias;

b) superintender todos os serviços do Tribunal;

c) expedir instruções e adotar as providências necessárias para o bom funcionamento do Tribunal e dos demais órgãos da Justiça do Trabalho;

d) fazer cumprir as decisões originárias do Tribunal, determinando aos Tribunais Regionais e aos demais órgãos da Justiça do Trabalho a realização dos atos processuais e das diligências necessárias;

e) submeter ao Tribunal os processos em que tenha de deliberar e designar, na forma do regimento interno, os respectivos relatores;

f) despachar os recursos interpostos pelas partes e os demais papéis em que deva deliberar;

g) determinar as alterações que se fizerem necessárias na lotação do pessoal da Justiça do Trabalho, fazendo remoções ex officio de servidores entre os Tribunais Regionais, Juntas de Conciliação e Julgamento e outros órgãos, bem como conceder as requeridas que julgar convenientes ao serviço, respeitada a lotação de cada órgão;

→ *v.* Art. 2º do Dec.-lei 9.797/1946.

→ *v.* EC 24/1999 – Altera dispositivos da Constituição Federal pertinentes à representação classistas na Justiça do Trabalho.

h) conceder licenças e férias aos servidores do Tribunal, bem como impor-lhes as penas disciplinares que excederem da alçada das demais autoridades;

i) dar posse e conceder licença aos membros do Tribunal, bem como conceder licenças e férias aos presidentes dos Tribunais Regionais;

→ *v.* Art. 2º do Dec.-lei 9.797/1946.

j) apresentar ao Ministro da Justiça, até 31 de março de cada ano, o relatório das atividades do Tribunal e dos demais órgãos da Justiça do Trabalho.

Parágrafo único. O presidente terá um secretário, por ele designado dentre os funcionários lotados no Tribunal, e será auxiliado por servidores designados nas mesmas condições.

Seção VII
Das atribuições do vice-presidente

Art. 708. Compete ao vice-presidente do Tribunal:

→ Artigo com redação alterada pela Lei 2.244/1954.

a) substituir o presidente e o corregedor em suas faltas e impedimentos;

b) (Suprimida pela Lei 2.244/1954).

Parágrafo único. Na ausência do presidente e do vice-presidente, será o Tribunal presidido pelo juiz togado mais antigo, ou pelo mais idoso quando igual a antiguidade.

Seção VIII
Das atribuições do corregedor

Art. 709. Compete ao corregedor, eleito dentre os ministros togados do Tribunal Superior do Trabalho:

→ *Caput* com redação alterada pelo Dec.-lei 229/1967.

I – exercer funções de inspeção e correição permanente com relação aos Tribunais Regionais e seus presidentes;

→ Inciso I com redação alterada pelo Dec.-lei 229/1967.

II – decidir reclamações contra os atos atentatórios da boa ordem processual praticados pelos Tribunais Regionais e seus presidentes, quando inexistir recurso específico;

→ Inciso II com redação alterada pelo Dec.-lei 229/1967.

III – *(Revogado pela Lei 5.442/1968).*

§ 1º Das decisões proferidas pelo corregedor, nos casos do artigo, caberá o agravo regimental, para o Tribunal Pleno.

→ § 1º com redação alterada pelo Dec.-lei 229/1967.

§ 2º O corregedor não integrará as Turmas do Tribunal, mas participará, com voto, das sessões do Tribunal Pleno, quando não se encontrar em correição ou em férias, embora não relate nem revise processos, cabendo-lhe, outrossim, votar em incidente de inconstitucionalidade, nos processos administrativos e nos feitos em que estiver vinculado por visto anterior à sua posse na Corregedoria.

→ § 2º com redação alterada pela Lei 7.121/1983.

Capítulo VI
DOS SERVIÇOS AUXILIARES DA JUSTIÇA DO TRABALHO

Seção I
Da Secretaria das Juntas de Conciliação e Julgamento

→ *v.* EC 24/1999 – Altera dispositivos da Constituição Federal pertinentes à representação classistas na Justiça do Trabalho.

Art. 710. Cada Junta terá uma Secretaria, sob a direção de funcionário que o presidente designar, para exercer a função de secretário, e que receberá, além dos vencimentos correspondentes ao seu padrão, a gratificação de função fixada em lei.

→ Artigo com redação alterada pelo Dec.-lei 8.737/1946.

Art. 711. Compete à Secretaria das Juntas:

a) o recebimento, a autuação, o andamento, a guarda e a conservação dos processos e outros papéis que lhe forem encaminhados;

b) a manutenção do protocolo de entrada e saída dos processos e demais papéis;

c) o registro das decisões;

d) a informação, às partes interessadas e seus procuradores, do andamento dos respectivos processos, cuja consulta lhes facilitará;

e) a abertura de vista dos processos às partes, na própria Secretaria;

f) a contagem das custas devidas pelas partes, nos respectivos processos;

g) o fornecimento de certidões sobre o que constar dos livros ou do arquivamento da Secretaria;

h) a realização das penhoras e demais diligências processuais;

i) o desempenho dos demais trabalhos que lhe forem cometidos pelo presidente da Junta, para melhor execução dos serviços que lhe estão afetos.

Art. 712. Compete especialmente aos diretores de secretaria das Juntas de Conciliação e Julgamento:

→ Artigo com redação alterada pelo Dec.-lei 8.737/1946.

a) superintender os trabalhos da Secretaria, velando pela boa ordem do serviço;

b) cumprir e fazer cumprir as ordens emanadas do presidente e das autoridades superiores;

c) submeter a despacho e assinatura do presidente o expediente e os papéis que devam ser por ele despachados e assinados;

d) abrir a correspondência oficial dirigida à Junta e ao seu presidente, a cuja deliberação será submetida;

e) tomar por termo as reclamações verbais nos casos de dissídios individuais;

f) promover o rápido andamento dos processos, especialmente na fase de execução, e a pronta realização dos atos e diligências deprecadas pelas autoridades superiores;

g) secretariar as audiências da Junta, lavrando as respectivas atas;

h) subscrever as certidões e os termos processuais;

i) dar aos litigantes ciência das reclamações e demais atos processuais de que devam ter conhecimento, assinando as respectivas notificações;

j) executar os demais trabalhos que lhe forem atribuídos pelo presidente da Junta.

Parágrafo único. Os serventuários que, sem motivo justificado, não realizarem os atos, dentro dos prazos fixados, serão descontados em seus vencimentos, em tantos dias quantos os do excesso.

Seção II
Dos distribuidores

→ *v.* EC 24/1999 – Altera dispositivos da Constituição Federal pertinentes à representação classistas na Justiça do Trabalho.

Art. 713. Nas localidades em que existir mais de uma Junta de Conciliação e Julgamento haverá um distribuidor.

Art. 714. Compete ao distribuidor:

a) a distribuição, pela ordem rigorosa de entrada, e sucessivamente a cada Junta, dos feitos que, para esse fim, lhe forem apresentados pelos interessados;

b) o fornecimento, aos interessados, do recibo correspondente a cada feito distribuído;

c) a manutenção de dois fichários dos feitos distribuídos, sendo um organizado pelos nomes dos reclamantes e o outro dos reclamados, ambos por ordem alfabética;

d) o fornecimento a qualquer pessoa que o solicite, verbalmente ou por certidão, de informações sobre os feitos distribuídos;

e) a baixa na distribuição dos feitos, quando isto lhe for determinado pelos presidentes das Juntas, formando, com as fichas correspondentes, fichários à parte, cujos dados poderão ser consultados pelos interessados, mas não serão mencionados em certidões.

Art. 715. Os distribuidores são designados pelo presidente do Tribunal Regional, dentre os funcionários das Juntas e do Tribunal Regional, existentes na mesma localidade, e ao mesmo presidente diretamente subordinados.

→ *v.* Art. 2º do Dec.-lei 9.797/1946.

Seção III
Do Cartório dos Juízos de Direito

→ *v.* EC 24/1999 – Altera dispositivos da Constituição Federal pertinentes à representação classistas na Justiça do Trabalho.

Art. 716. Os Cartórios dos Juízos de Direito, investidos na administração da Justiça do Trabalho, têm, para esse fim, as mesmas atribuições e obrigações conferidas na Seção I às Secretarias das Juntas de Conciliação e Julgamento.

Parágrafo único. Nos juízos em que houver mais de um Cartório, far-se-á entre eles a distribuição alternada e sucessiva das reclamações.

Art. 717. Aos escrivães dos Juízos de Direito, investidos na administração da Justiça do Trabalho, competem especialmente as atribuições e obrigações dos diretores de secretaria das Juntas; e aos demais funcionários dos Cartórios, as que couberem nas respectivas funções, dentre as que competem às Secretarias das Juntas, enumeradas no art. 711.

Seção IV
Das Secretarias dos Tribunais Regionais

→ *v.* EC 24/1999 – Altera dispositivos da Constituição Federal pertinentes à representação classistas na Justiça do Trabalho.

→ *v.* Art. 2º do Dec.-lei 9.797/1946.

Art. 718. Cada Tribunal Regional tem uma Secretaria, sob a direção do funcionário designado para exercer a função de secretário, com a gratificação de função fixada em lei.

→ Artigo com redação alterada pelo Dec.-lei 8.737/1946.

Art. 719. Competem à Secretaria dos Tribunais, além das atribuições estabelecidas no art. 711, para a Secretaria das Juntas, mais as seguintes:

→ *v.* Art. 2º do Dec.-lei 9.797/1946.

a) a conclusão dos processos ao presidente e sua remessa, depois de despachados, aos respectivos relatores;

b) a organização e a manutenção de um fichário de jurisprudência do Tribunal, para consulta dos interessados.

Parágrafo único. No regimento interno dos Tribunais Regionais serão estabelecidas as demais atribuições, o funcionamento e a ordem dos trabalhos de suas Secretarias.

→ *v.* Art. 2º do Dec.-lei 9.797/1946.

Art. 720. Competem aos secretários dos Tribunais Regionais as mesmas atribuições conferidas no art. 712 aos diretores de secretaria das Juntas, além das que lhes forem fixadas no regimento interno dos Tribunais.

→ *v.* Art. 2º do Dec.-lei 9.797/1946.

Seção V
Dos oficiais de justiça e oficiais de justiça avaliadores

→ *v.* EC 24/1999 – Altera dispositivos da Constituição Federal pertinentes à representação classistas na Justiça do Trabalho.

Art. 721. Incumbe aos oficiais de justiça e oficiais de justiça avaliadores da Justiça do Trabalho a realização dos atos decorrentes da execução dos julgados das Juntas de Conciliação e Julgamento e dos Tribunais Regionais do Trabalho, que lhes forem cometidos pelos respectivos presidentes.

→ Artigo com redação alterada pela Lei 5.442/1968.

§ 1º Para efeito de distribuição dos referidos atos, cada oficial de justiça ou oficial de justiça avaliador funcionará perante uma Junta de Conciliação e Julgamento, salvo quando da existência, nos Tribunais Regionais do Trabalho, de órgão específico, destinado à distribuição de mandados judiciais.

§ 2º Nas localidades onde houver mais de uma Junta, respeitado o disposto no parágrafo anterior, a atribuição para o cumprimento do ato deprecado ao oficial de justiça ou oficial de justiça avaliador será transferida a outro oficial, sempre que, após o decurso de 9 (nove) dias, sem razões que o justifiquem, não tiver sido cumprido o ato, sujeitando-se o serventuário às penalidades da lei.

§ 3º No caso de avaliação, terá o oficial de justiça avaliador, para cumprimento do ato, o prazo previsto no art. 888.

§ 4º É facultado aos presidentes dos Tribunais Regionais do Trabalho cometer a qualquer oficial de justiça ou oficial de justiça avaliador a realização dos atos de execução das decisões desses Tribunais.

§ 5º Na falta ou impedimento do oficial de justiça ou oficial de justiça avaliador, o presidente da Junta poderá atribuir a realização do ato a qualquer serventuário.

Capítulo VII
DAS PENALIDADES

Seção I
Do *lock-out* e da greve

→ *v.* Súmula Vinculante 23 do STF.

→ *v.* Súmula 316 do STF.

→ *v.* Arts. 9º e 114, II, da CF/1988.

→ *v.* Lei 7.783/1989 – Lei de greve.

Art. 722. Os empregadores que, individual ou coletivamente, suspenderem os trabalhos dos seus estabelecimentos, sem prévia autorização do Tribunal competente, ou que violarem, ou se recusarem a cumprir decisão proferida em dissídio coletivo, incorrerão nas seguintes penalidades:

a) multa de 5.000 (cinco mil) a 50.000 (cinquenta mil) cruzeiros;

→ *v.* Portaria do MTb 290/1997 – Aprova normas para a imposição de multas administrativas previstas na legislação trabalhista.

b) perda do cargo de representação profissional em cujo desempenho estiverem;

c) suspensão, pelo prazo de 2 (dois) a 5 (cinco) anos, do direito de serem eleitos para cargos de representação profissional.

§ 1º Se o empregador for pessoa jurídica, as penas previstas nas alíneas *b* e *c* incidirão sobre os administradores responsáveis.

§ 2º Se o empregador for concessionário de serviço público, as penas serão aplicadas em dobro. Nesse caso, se o concessionário for pessoa jurídica, o presidente do Tribunal que houver proferido a decisão poderá, sem prejuízo do cumprimento desta e da aplicação das penalidades cabíveis, ordenar o afastamento dos administradores responsáveis, sob pena de ser cassada a concessão.

§ 3º Sem prejuízo das sanções cominadas neste artigo, os empregadores ficarão obrigados a pagar os salários devidos aos seus empregados, durante o tempo de suspensão do trabalho.

Art. 723. *(Revogado pela Lei 9.842/1999).*

Art. 724. *(Revogado pela Lei 9.842/1999).*

Art. 725. *(Revogado pela Lei 9.842/1999).*

Seção II
Das penalidades contra os membros da Justiça do Trabalho

Art. 726. Aquele que recusar o exercício da função de vogal de Junta de Conciliação e Julgamento ou juiz representante classista do Tribunal Regional, sem motivo justificado, incorrerá nas seguintes penas:

→ *v.* EC 24/1999 – Altera dispositivos da Constituição Federal pertinentes à representação classistas na Justiça do Trabalho.

→ *v.* Art. 3º do Dec.-lei 9.797/1946.

a) sendo representante de empregadores, multa de 100 (cem) a 1.000 (mil) cruzeiros e suspensão do direito de representação profissional por 2 (dois) a 5 (cinco) anos;

b) sendo representante de empregados, multa de 100 (cem) cruzeiros e suspensão do direito de representação profissional por 2 (dois) a 5 (cinco) anos.

→ *v.* Portaria do MTb 290/1997 – Aprova normas para a imposição de multas administrativas previstas na legislação trabalhista.

Art. 727. Os vogais das Juntas de Conciliação e Julgamento, ou juízes representantes classistas dos Tribunais Regionais, que faltarem a três reuniões ou sessões consecutivas, sem motivo justificado, perderão o cargo, além de incorrerem nas penas do artigo anterior.

→ *v.* Art. 3º do Dec.-lei 9.797/1946.

→ *v.* EC 24/1999 – Altera dispositivos da Constituição Federal pertinentes à representação classistas na Justiça do Trabalho.

Parágrafo único. Se a falta for de presidente, incorrerá ele na pena de perda do cargo, além da perda dos vencimentos correspondentes aos dias em que tiver faltado às audiências ou sessões consecutivas.

Art. 728. Aos presidentes, membros, juízes, vogais e funcionários auxiliares da Justiça do Trabalho, aplica-se o disposto no Título XI do Código Penal.

→ *v.* EC 24/1999 – Altera dispositivos da Constituição Federal pertinentes à representação classistas na Justiça do Trabalho.

→ *v.* Arts. 312 a 359-H do CP.

Seção III
De outras penalidades

→ *v.* Portaria do MTb 290/1997 – Aprova normas para a imposição de multas administrativas previstas na legislação trabalhista.

Art. 729. O empregador que deixar de cumprir decisão passada em julgado sobre a readmissão ou reintegração de empregado, além do pagamento dos salários deste, incorrerá na multa de 500 (quinhentos) a 5.000 (cinco mil) cruzeiros por dia, até que seja cumprida a decisão.

§ 1º O empregador que impedir ou tentar impedir que empregado seu sirva como vogal em Tribunal de Trabalho, ou que perante este preste depoimento, incorrerá na multa de 500 (quinhentos) a 5.000 (cinco mil) cruzeiros.

→ *v.* EC 24/1999 – Altera dispositivos da Constituição Federal pertinentes à representação classistas na Justiça do Trabalho.

→ *v.* Art. 3º do Dec.-lei 9.797/1946.

§ 2º Na mesma pena do parágrafo anterior incorrerá o empregador que dispensar seu empregado pelo fato de haver servido como vogal ou prestado depoimento como testemunha, sem prejuízo da indenização que a lei estabeleça.

Art. 730. Aqueles que se recusarem a depor como testemunhas, sem motivo justificado, incorrerão na multa de 50 (cinquenta) a 500 (quinhentos) cruzeiros.

Art. 731. Aquele que, tendo apresentado ao distribuidor reclamação verbal, não se apresentar, no prazo estabelecido no parágrafo único do art. 786, à Junta ou Juízo para fazê-lo tomar por termo, incorrerá na pena de perda, pelo prazo de 6 (seis) meses, do direito de reclamar perante a Justiça do Trabalho.

→ *v.* EC 24/1999 – Altera dispositivos da Constituição Federal pertinentes à representação classistas na Justiça do Trabalho.

→ *v.* Art. 268 do CPC/1973.

→ *v.* Art. 486 do NCPC.

Art. 732. Na mesma pena do artigo anterior incorrerá o reclamante que, por duas vezes seguidas, der causa ao arquivamento de que trata o art. 844.

Art. 733. As infrações de disposições deste Título, para as quais não haja penalidades cominadas, serão punidas com a multa de 50 (cinquenta) a 5.000 (cinco mil) cruzeiros, elevada ao dobro na reincidência.

Capítulo VIII
DISPOSIÇÕES GERAIS

Art. 734. O ministro do Trabalho, Indústria e Comércio, poderá rever, ex officio, dentro do prazo de 30 (trinta) dias, contados de sua publicação no órgão oficial, ou mediante representação apresentada dentro de igual prazo:

a) as decisões da Câmara da Previdência Social, quando proferidas pelo voto de desempate, ou que violarem disposições expressas de direito ou modificarem jurisprudência até então observada;

b) as decisões do presidente do Tribunal Nacional do Trabalho em matéria de previdência social.

→ *v.* Dec.-lei 72/1966 – Unifica os Institutos de Aposentadoria e Pensões e cria o Instituto Nacional de Previdência Social.

Parágrafo único. O ministro do Trabalho, Indústria e Comércio, poderá avocar ao seu conhecimento os assuntos de natureza administrativa referentes às instituições de previdência social, sempre que houver interesse público.

Art. 735. As repartições públicas e as associações sindicais são obrigadas a fornecer aos juízes e Tribunais do Trabalho e à Procuradoria da Justiça do Trabalho as informações e os dados necessários à instrução e ao julgamento dos feitos submetidos à sua apreciação.

Parágrafo único. A recusa de informações ou dados a que se refere este artigo, por parte de funcionários públicos, importa na aplicação das penalidades previstas pelo Estatuto dos Funcionários Públicos por desobediência.

Título IX
Do Ministério Público do Trabalho

Capítulo I
DISPOSIÇÕES GERAIS

→ *v.* Súmula 407 do TST.

→ *v.* OJs do SDI-I 130, 237, 338 e 350, do TST.

→ *v.* Arts. 83 a 115 da LC 75/1993.

→ *v.* Art. 653 da CLT.

Art. 736. O Ministério Público do Trabalho é constituído por agentes diretos do Poder Executivo, tendo por função zelar pela exata observância da Constituição Federal, das leis e demais atos emanados dos poderes públicos, na esfera de suas atribuições.

→ *v.* Arts. 127 e 128, I, *b*, da CF/1988.

Parágrafo único. Para o exercício de suas funções, o Ministério Público do Trabalho reger-se-á pelo que estatui esta Consolidação e, na falta de disposição expressa, pelas normas que regem o Ministério Público Federal.

Art. 737. O Ministério Público do Trabalho compõe-se da Procuradoria da Justiça do Trabalho e da Procuradoria da Previdência Social, aquela funcionando como órgão de coordenação entre a Justiça do Trabalho e o Ministério do Trabalho, Indústria e Comércio, ambas diretamente subordinadas ao Ministro de Estado.

→ Artigo com redação alterada pelo Dec.-lei 8.737/1946.

Art. 738. Os procuradores, além dos vencimentos fixados na tabela constante do Decreto-lei 2.874, de 16 de dezembro de 1940, continuarão a perceber a percentagem de 8%, por motivo de cobrança da dívida ativa da União ou de multas impostas pelas autoridades administrativas e judiciárias do trabalho e da previdência social.

→ Redação alterada pelo Dec.-lei 6.053/1943.

→ *v.* Arts. 224 a 230 da LC 75/1993.

→ *v.* Dec.-lei 8.024/1945 – Torna sem efeito o Dec.-lei 6.053/1943.

Parágrafo único. Essa percentagem será calculada sobre as somas efetivamente arrecadadas e rateada de acordo com as instruções expedidas pelos respectivos procuradores gerais.

Art. 739. Não estão sujeitos a ponto os procuradores-gerais e os procuradores.

Capítulo II
DA PROCURADORIA DA JUSTIÇA DO TRABALHO

Seção I
Da organização

Art. 740. A Procuradoria da Justiça do Trabalho compreende:

a) 1 (uma) Procuradoria-Geral, que funcionará junto ao Tribunal Superior do Trabalho;

b) 8 (oito) Procuradorias Regionais, que funcionarão junto aos Tribunais Regionais do Trabalho.

→ *v.* Leis 6.241/1975, que criou a 9ª Região; 6.915/1981, que criou a 11ª Região; 6.927/1981, que criou a 10ª Região; 6.928/1981, que criou a 12ª Região; 7.324/1985, que criou a 13ª Região; 7.520/1986, que criou a 15ª Região; 7.523/1986, que criou a 14ª Região da Justiça do Trabalho e o Respectivo TRT; 7.671/1988, que criou a 16ª Região; 7.872/1989, que criou a 17ª Região; 7.873/1989, que criou a 18ª Região; 8.219/1991, que criou a 19ª Região; 8.233/1991, que criou a 20ª; 8.215/1991, que criou a 21ª Região; 8.221/1991, que criou o TRT da 22ª. Região; 8.466/1992, que criou a Procuradoria Regional do Trabalho da 22ª Região da Justiça do Trabalho; 8.469/1992, que criou a Procuradoria Regional do Trabalho da 23ª Região da Justiça do Trabalho e 8.470/de 1992, que criou a Procuradoria Regional do Trabalho da 24ª Região da Justiça do Trabalho.

Art. 741. As Procuradorias Regionais são subordinadas diretamente ao procurador-geral.

Art. 742. A Procuradoria-Geral é constituída de um procurador-geral e de procuradores.

Parágrafo único. As Procuradorias Regionais compõem-se de um procurador regional, auxiliado, quando necessário, por procuradores adjuntos.

Art. 743. Haverá, nas Procuradorias Regionais, substitutos de procurador adjunto ou, quando não houver este cargo, de procurador regional, designados previamente por decreto do Presidente da República, sem ônus para os cofres públicos.

§ 1º O substituto tomará posse perante o respectivo procurador regional, que será a autoridade competente para convocá-lo.

§ 2º O procurador regional será substituído em suas faltas e impedimentos pelo procurador adjunto, quando houver, e, havendo mais de um, pelo que for por ele designado.

§ 3º O procurador adjunto será substituído, em suas faltas e impedimentos, pelo respectivo procurador substituto.

§ 4º Será dispensado, automaticamente, o substituto que não atender à convocação, salvo motivo de doença, devidamente comprovada.

§ 5º Nenhum direito ou vantagem terá o substituto além do vencimento do cargo do substituído e somente durante o seu impedimento legal.

Art. 744. A nomeação do procurador-geral deverá recair em bacharel em ciências jurídicas e sociais, que tenha exercido, por 5 (cinco) ou mais anos, cargo de magistratura ou de Ministério Público, ou a advocacia.

→ *v.* Art. 129, § 3º, da CF/1988.

Art. 745. Para a nomeação dos demais procuradores, atender-se-á aos mesmos requisitos estabelecidos no artigo anterior, reduzido a 2 (dois) anos, no mínimo, o tempo de exercício.

Seção II
Da competência da Procuradoria-Geral

Art. 746. Compete à Procuradoria-Geral da Justiça do Trabalho:

→ Artigo com redação alterada pelo Dec.-lei 8.737/1946.

a) oficiar, por escrito, em todos os processos e questões de trabalho de competência do Tribunal Superior do Trabalho;

b) funcionar nas sessões do mesmo Tribunal, opinando verbalmente sobre a matéria em debate e solicitando as requisições e diligências que julgar convenientes, sendo-lhe assegurado o direito de vista do processo em julgamento sempre que for suscitada questão nova, não examinada no parecer exarado;

c) requerer prorrogação das sessões do Tribunal, quando essa medida for necessária para que se ultime o julgamento;

d) exarar, por intermédio do procurador-geral, o seu "ciente" nos acórdãos do Tribunal;

e) proceder às diligências e inquéritos solicitados pelo Tribunal;

f) recorrer das decisões do Tribunal, nos casos previstos em lei;

g) promover, perante o juízo competente, a cobrança executiva das multas impostas pelas autoridades administrativas e judiciárias do trabalho;

h) representar às autoridades competentes contra os que não cumprirem as decisões do Tribunal;

i) prestar às autoridades do Ministério do Trabalho, Indústria e Comércio as informações que lhe forem solicitadas sobre os dissídios submetidos à apreciação do Tribunal e encaminhar aos órgãos competentes cópia autenticada das decisões que por eles devam ser atendidas ou cumpridas;

j) requisitar, de quaisquer autoridades, inquéritos, exames periciais, diligências, certidões e esclarecimentos que se tornem necessários no desempenho de suas atribuições;

l) defender a jurisdição dos órgãos da Justiça do Trabalho;

m) suscitar conflitos de jurisdição.

Seção III
Da competência das Procuradorias Regionais

Art. 747. Compete às Procuradorias Regionais exercer, dentro da jurisdição do Tribunal Regional respectivo, as atribuições indicadas na Seção anterior.

→ *v.* Art. 2º do Dec.-lei 9.797/1946.

Seção IV
Das atribuições do procurador-geral

Art. 748. Como chefe da Procuradoria-Geral da Justiça do Trabalho, incumbe ao procurador-geral:

→ Artigo com redação alterada pelo Dec.-lei 8.737/1946.

a) dirigir os serviços da Procuradoria-Geral, orientar e fiscalizar as Procuradorias Regionais, expedindo as necessárias instruções;

b) funcionar nas sessões do Tribunal Superior do Trabalho, pessoalmente ou por intermédio do procurador que designar;

c) exarar o seu "ciente" nos acórdãos do Tribunal;

d) designar o procurador que o substitua nas faltas e impedimentos e o diretor da secretaria da Procuradoria;

e) apresentar, até o dia 31 de março, ao Ministro do Trabalho, Indústria e Comércio, relatório dos trabalhos da Procuradoria-Geral no ano anterior, com as observações e sugestões que julgar convenientes;

f) conceder férias aos procuradores e demais funcionários que sirvam na Procuradoria e impor-lhes penas disciplinares, observada, quanto aos procuradores, a legislação em vigor para o Ministério Público Federal;

g) funcionar em juízo, em primeira instância, ou designar os procuradores que o devam fazer;

h) admitir e dispensar o pessoal extranumerário da Secretaria e prorrogar o expediente remunerado dos funcionários e extranumerários.

Seção V
Das atribuições dos procuradores

Art. 749. Incumbe aos procuradores com exercício na Procuradoria-Geral:

→ Artigo com redação alterada pelo Dec.-lei 8.737/1946.

a) funcionar, por designação do procurador-geral, nas sessões do Tribunal Superior do Trabalho;

→ *v.* Art. 2º do Dec.-lei 9.797/1946.

b) desempenhar os demais encargos que lhes forem atribuídos pelo procurador-geral.

Parágrafo único. Aos procuradores é facultado, nos processos em que oficiarem, requerer ao procurador-geral as diligências e investigações necessárias.

Seção VI
Das atribuições dos procuradores regionais

Art. 750. Incumbe aos procuradores regionais:

→ Artigo com redação alterada pelo Dec.-lei 8.737/1946.

a) dirigir os serviços da respectiva Procuradoria;

b) funcionar nas sessões do Tribunal Regional, pessoalmente ou por intermédio do procurador adjunto que designar;

→ *v.* Art. 2º do Dec.-lei 9.797/1946.

c) apresentar, semestralmente, ao procurador-geral, um relatório das atividades da respectiva Procuradoria, bem como dados e informações sobre a administração da Justiça do Trabalho na respectiva região;

d) requerer e acompanhar perante as autoridades administrativas ou judiciárias as diligências necessárias à execução das medidas e providências ordenadas pelo procurador-geral;

e) prestar ao procurador-geral as informações necessárias sobre os feitos em andamento e consultá-lo nos casos de dúvidas;

f) funcionar em juízo, na sede do respectivo Tribunal Regional;

→ *v.* Art. 2º do Dec.-lei 9.797/1946.

g) exarar o seu "ciente" nos acórdãos do Tribunal;

→ *v.* Art. 2º do Dec.-lei 9.797/1946.

h) designar o procurador que o substitua nas faltas e impedimentos e o secretário da Procuradoria.

Art. 751. Incumbe aos procuradores adjuntos das Procuradorias Regionais:

→ Artigo com redação alterada pelo Dec.-lei 8.737/1946.

a) funcionar por designação do procurador regional, nas sessões do Tribunal Regional;

→ *v.* Art. 2º do Dec.-lei 9.797/1946.

b) desempenhar os demais encargos que lhes forem atribuídos pelo procurador regional.

Seção VII
Da Secretaria

Art. 752. A Secretaria da Procuradoria-Geral funcionará sob a direção de um diretor designado pelo procurador-geral e terá o pessoal designado pelo Ministro do Trabalho, Indústria e Comércio.

→ Artigo com redação alterada pelo Dec.-lei 8.737/1946.

→ *v.* Art. 127 da CF/1988.

Art. 753. Compete à Secretaria:

a) receber, registrar e encaminhar os processos ou papéis entrados;

b) classificar e arquivar os pareceres e outros papéis;

c) prestar informações sobre os processos ou papéis sujeitos à apreciação da Procuradoria;

d) executar o expediente da Procuradoria;

e) providenciar sobre o suprimento do material necessário;

f) desempenhar os demais trabalhos que lhe forem cometidos pelo procurador-geral, para melhor execução dos serviços a seu cargo.

Art. 754. Nas Procuradorias Regionais, os trabalhos a que se refere o artigo anterior serão executados pelos funcionários para esse fim designados.

Capítulo III
DA PROCURADORIA DE PREVIDÊNCIA SOCIAL

Seção I
Da Organização

→ Referidos artigos dessa seção estão prejudicados pelo Dec.-lei 72/1966.

Art. 755. A Procuradoria de Previdência Social compõe-se de um procurador-geral e de procuradores.

Art. 756. Para a nomeação do procurador-geral e dos demais procuradores atender-se-á ao disposto nos arts. 744 e 745.

Seção II
Da Competência da Procuradoria

→ *v.* Dec.-lei 72/1966 – Unifica os Institutos de Aposentadoria e Pensões e cria o Instituto Nacional de Previdência Social.

Art. 757. Compete à Procuradoria da Previdência Social:

→ Artigo com redação alterada pelo Dec.-lei 8.737/1946.

a) oficiar, por escrito, nos processos que tenham de ser sujeitos à decisão do Conselho Superior de Previdência Social;

b) oficiar, por escrito, nos pedidos de revisão das decisões do mesmo Conselho;

c) funcionar nas sessões do mesmo Conselho, opinando verbalmente sobre a matéria em debate e solicitando as requisições e diligências que julgar convenientes, sendo-lhe assegurado o direito de vista do processo em julgamento, sempre que for suscitada questão nova, não examinada no parecer exarado;

d) opinar, quando solicitada, nos processos sujeitos à deliberação do Ministro de Estado, do Conselho Técnico do Departamento Nacional de Previdência Social ou do Diretor do mesmo Departamento, em que houver matéria jurídica a examinar;

e) funcionar, em primeira instância, nas ações propostas contra a União, no Distrito Federal, para anulação de atos e decisões do Conselho Superior de Previdência Social ou do Departamento Nacional de Previdência Social, bem como do Ministro do Trabalho, Indústria e Comércio, em matéria de previdência social;

f) fornecer ao Ministério Público as informações por este solicitadas em virtude de ações propostas nos Estados e Territórios para execução ou anulação de atos e decisões dos órgãos ou da autoridade a que se refere a alínea anterior;

g) promover em juízo, no Distrito Federal, qualquer procedimento necessário ao cumprimento das decisões do Conselho Superior de Previdência Social e do Departamento Nacional de Previdência Social, bem como do Ministro do Trabalho, Indústria e Comércio, em matéria de previdência social;

h) recorrer das decisões dos órgãos e autoridades competentes em matéria de previdência social e requerer revisão das decisões do Conselho Superior de Previdência Social, que lhe pareçam contrárias à lei.

Seção III
Das Atribuições do Procurador-Geral

→ *v.* Dec.-lei 72/1966 – Unifica os Institutos de Aposentadoria e Pensões e cria o Instituto Nacional de Previdência Social.

Art. 758. Como chefe da Procuradoria da Previdência Social, incumbe ao Procurador-Geral:

→ Artigo com redação alterada pelo Dec.-lei 8.737/1946.

a) dirigir os serviços da Procuradoria, expedindo as necessárias instruções;

b) funcionar nas sessões do Conselho Superior de Previdência Social, pessoalmente ou por intermédio do procurador que designar;

c) designar o procurador que o substitua nas faltas e impedimentos e o chefe da Secretaria da Procuradoria;

d) conceder férias aos procuradores e demais funcionários lotados na Procuradoria e impor-lhes penas disciplinares, observada, quanto aos procuradores, a legislação em vigor para o Ministério Público Federal;

e) funcionar em juízo, em primeira instância, ou designar os procuradores que devam fazê-lo;

f) admitir e dispensar o pessoal extranumerário da Secretária e prorrogar o expediente renumerado dos funcionários e extranumerários;

g) apresentar, até 31 de março de cada ano, ao Ministro do Trabalho, Indústria e Comércio, o relatório dos trabalhos da Procuradoria no ano anterior, com as observações e sugestões que julgar convenientes.

Seção IV
Das Atribuições dos Procuradores

→ *v.* Dec.-lei 72/1966 – Unifica os Institutos de Aposentadoria e Pensões e cria o Instituto Nacional de Previdência Social.

Art. 759. Aos procuradores e demais funcionários incumbe desempenhar os encargos que lhes forem cometidos pelo procurador-geral.

Parágrafo único. Aos procuradores é facultado, nos processos em que oficiarem, requerer ao procurador-geral as diligências e investigações necessárias.

Seção V
Da Secretaria

→ *v.* Dec.-lei 72/1966 – Unifica os Institutos de Aposentadoria e Pensões e cria o Instituto Nacional de Previdência Social.

Art. 760. A Procuradoria da Previdência Social terá uma Secretaria dirigida por um chefe designado pelo Procurador-geral.

→ Artigo com redação alterada pelo Dec.-lei 8.737/1946.

Art. 761. A Secretaria terá o pessoal designado pelo Ministro do Trabalho, Indústria e Comércio.

→ Artigo com redação alterada pelo Dec.-lei 8.737/1946.

Art. 762. À Secretaria da Procuradoria de Previdência Social compete executar serviços idênticos aos referidos no art. 753.

Título X
Do processo judiciário do trabalho

Capítulo I
DISPOSIÇÕES PRELIMINARES

Art. 763. O processo da Justiça do Trabalho, no que concerne aos dissídios individuais e coletivos e à aplicação de penalidades, reger-se-á, em todo o território nacional, pelas normas estabelecidas neste Título.

Art. 764. Os dissídios individuais ou coletivos submetidos à apreciação da Justiça do Trabalho serão sempre sujeitos à conciliação.

→ *v.* Súmula 18, 48 e 259 do TST.

→ *v.* Arts. 8ª, parágrafo único, 477, § 5º, 831, 832, § 6º, 846, 850, 852-E, 862 e 889, da CLT.

§ 1º Para os efeitos deste artigo, os juízes e Tribunais do Trabalho empregarão sempre os seus bons ofícios e persuasão no sentido de uma solução conciliatória dos conflitos.

§ 2º Não havendo acordo, o juízo conciliatório converter-se-á obrigatoriamente em arbitral, proferindo decisão na forma prescrita neste Título.

§ 3º É lícito às partes celebrar acordo que ponha termo ao processo, ainda mesmo depois de encerrado o juízo conciliatório.

Art. 765. Os Juízos e Tribunais do Trabalho terão ampla liberdade na direção do processo e velarão pelo andamento rápido das causas, podendo determinar qualquer diligência necessária ao esclarecimento delas.

Art. 766. Nos dissídios sobre estipulação de salários, serão estabelecidas condições que, assegurando justos salários aos trabalhadores, permitam também justa retribuição às empresas interessadas.

→ *v.* Súmula 327 do STF.

→ *v.* Súmula 315 do TST.

→ *v.* Arts. 186, 187 e 927 do CC/2002.

→ *v.* Arts. 652 e 832 da CLT.

Art. 767. A compensação, ou retenção, só poderá ser arguida como matéria de defesa.

Art. 768. Terá preferência em todas as fases processuais o dissídio cuja decisão tiver de ser executada perante o juízo da falência.

→ *v.* Súmula 227 do STF.

→ *v.* Art. 83, I, da Lei 11.101/2005.

Art. 769. Nos casos omissos, o direito processual comum será fonte subsidiária do direito processual do trabalho, exceto naquilo em que for incompatível com as normas deste Título.

→ v. Súmula 10 do STJ.

→ v. Art. 8º, parágrafo único, da CLT.

Capítulo II
DO PROCESSO EM GERAL

→ v. Súmula 429 do STJ.

→ v. Súmula 16 do TST.

→ v. Arts. 813 da CLT.

Seção I
Dos atos, termos e prazos processuais

→ v. 154, 155, 172, 175, e 444 do CPC/1973.

→ v. Arts. 188, 189, 195, 196, 212, 216, e 368, do NCPC.

Art. 770. Os atos processuais serão públicos, salvo quando o contrário determinar o interesse social, e realizar-se-ão nos dias úteis das 6 (seis) às 20 (vinte) horas.

Parágrafo único. A penhora poderá realizar-se em domingo ou dia feriado, mediante autorização expressa do juiz ou presidente.

Art. 771. Os atos e termos processuais poderão ser escritos a tinta, datilografados ou a carimbo.

Art. 772. Os atos e termos processuais, que devam ser assinados pelas partes interessadas, quando estas, por motivo justificado, não possam fazê-lo, serão firmados a rogo, na presença de duas testemunhas, sempre que não houver procurador legalmente constituído.

Art. 773. Os termos relativos ao movimento dos processos constarão de simples notas, datadas e rubricadas pelos secretários ou escrivães.

→ v. Lei 409/1948 – Quadros do pessoal da Justiça do Trabalho.

→ v. Lei 6.563/1978 – Juntas de Conciliação e Julgamento.

Art. 774. Salvo disposição em contrário, os prazos previstos neste Título contam-se, conforme o caso, a partir da data em que for feita pessoalmente, ou recebida a notificação, daquela em que for publicado o edital no jornal oficial ou no que publicar o expediente da Justiça do Trabalho, ou, ainda, daquela em que for afixado o edital na sede da Junta, Juízo ou Tribunal.

→ *Caput* com redação alterada pela Lei 2.244/1954.

→ v. EC 24/1999 – Altera dispositivos da Constituição Federal pertinentes à representação classistas na Justiça do Trabalho.

→ v. Súmulas 16 e 385 do TST.

Parágrafo único. Tratando-se de notificação postal, no caso de não ser encontrado o destinatário ou no de recusa de recebimento, o Correio ficará obrigado, sob pena de responsabilidade do servidor, a devolvê-la, no prazo de 48 (quarenta e oito) horas, ao Tribunal de origem.

→ Parágrafo único com redação alterada pelo Dec.-lei 8.737/1946.

Art. 775. Os prazos estabelecidos neste Título contam-se com exclusão do dia do começo e inclusão do dia do vencimento, e são contínuos e irreleváveis, podendo, entretanto, ser prorrogados pelo tempo estritamente necessário pelo juiz ou tribunal, ou em virtude de força maior, devidamente comprovada.

→ Artigo com redação alterada pelo Dec.-lei 8.737/1946.

→ v. Súmulas 100, IX e 262 do TST.

→ v. Art. 183, § 1º, do RITST.

Parágrafo único. Os prazos que se vencerem em sábado, domingo ou feriado terminarão no primeiro dia útil seguinte.

Art. 776. O vencimento dos prazos será certificado nos processos pelos escrivães ou secretários.

→ v. Lei 409/1948 – Quadros do pessoal da Justiça do Trabalho.

Art. 777. Os requerimentos e documentos apresentados, os atos e termos processuais, as petições ou razões de recursos e quaisquer outros papéis referentes aos feitos formarão os autos dos processos, os quais ficarão sob a responsabilidade dos escrivães ou secretários.

→ v. Lei 409/1948 – Quadros do pessoal da Justiça do Trabalho.

Art. 778. Os autos dos processos da Justiça do Trabalho não poderão sair dos cartórios ou secretarias, salvo se solicitados por advogado regularmente constituído por qualquer das partes, ou quando tiverem de ser remetidos aos órgãos competentes, em caso de recurso ou requisição.

→ Artigo com redação alterada pela Lei 6.598/1978.

→ v. Art. 155 do CPC/1973.

→ v. Art. 189 do NCPC.

Art. 779. As partes, ou seus procuradores, poderão consultar, com ampla liberdade, os processos nos cartórios ou secretarias.

Art. 780. Os documentos juntos aos autos poderão ser desentranhados somente depois de findo o processo, ficando traslado.

Art. 781. As partes poderão requerer certidões dos processos em curso ou arquivados, as quais serão lavradas pelos escrivães ou secretários.

→ v. Lei 409/1948 – Quadros do pessoal da Justiça do Trabalho.

Parágrafo único. As certidões dos processos que correrem em segredo de justiça dependerão de despacho do juiz ou presidente.

Art. 782. São isentos de selo as reclamações, representações, requerimentos, atos e processos relativos à Justiça do Trabalho.

Seção II
Da distribuição

→ v. Súmulas 8 e 263, do TST.

→ v. Arts. 713, 714, 715, 731, 732, 830, 831, 832, 838, 840 e 844, da CLT.

→ v. Arts. 154, 253, 396 e 397, do CPC/1973.

Art. 783. A distribuição das reclamações será feita entre as Juntas de Conciliação e Julgamento, ou os juízes de direito do cível, nos casos previstos no art. 669, § 1º, pela ordem rigorosa de sua apresentação ao distribuidor, quando o houver.

→ v. EC 24/1999 – Altera dispositivos da Constituição Federal pertinentes à representação classistas na Justiça do Trabalho.

Art. 784. As reclamações serão registradas em livro próprio, rubricado em todas as folhas pela autoridade a que estiver subordinado o distribuidor.

Art. 785. O distribuidor fornecerá ao interessado um recibo, do qual constarão, essencialmente, o nome do reclamante e do reclamado, a data da distribuição, o objeto da reclamação e a Junta ou o Juízo a que coube a distribuição.

→ v. EC 24/1999 – Altera dispositivos da Constituição Federal pertinentes à representação classistas na Justiça do Trabalho.

Art. 786. A reclamação verbal será distribuída antes de sua redução a termo.

Parágrafo único. Distribuída a reclamação verbal, o reclamante deverá, salvo motivo de força maior, apresentar-se no prazo de 5 (cinco) dias, ao cartório ou à secretaria, para reduzi-la a termo, sob a pena estabelecida no art. 731.

Art. 787. A reclamação escrita deverá ser formulada em duas vias e desde logo acompanhada dos documentos em que se fundar.

→ v. Súmula 263 do TST.

→ v. Art. 293 do CPC/1973.

→ v. Art. 322, §§ 1º e 2º, do NCPC.

Art. 788. Feita a distribuição, a reclamação será remetida pelo distribuidor à Junta ou Juízo competente, acompanhada do bilhete de distribuição.

→ v. EC 24/1999 – Altera dispositivos da Constituição Federal pertinentes à representação classistas na Justiça do Trabalho.

Seção III
Das custas e emolumentos

→ Seção III com redação alterada pela Lei 10.537/2002.

→ v. Súmula 223 do STF.

→ v. Súmula 481 do STJ.

→ v. Súmulas 25, 36, 53, 71, 86, 170 e 341, do TST.

→ v. OJs SDI-I 104, 140, 158, 186, 198, 269, 278, 304, 331 e 387, do TST.

Art. 789. Nos dissídios individuais e nos dissídios coletivos do trabalho, nas ações e procedimentos de competência da Justiça do Trabalho, bem como nas demandas propostas perante a Justiça Estadual, no exercício da jurisdição trabalhista, as custas relativas ao processo de conhecimento incidirão à base de 2% (dois por cento), observado o mínimo de R$ 10,64 (dez reais e sessenta e quatro centavos) e serão calculadas:

→ Artigo com redação alterada pela Lei 10.537/2002.

I – quando houver acordo ou condenação, sobre o respectivo valor;

II – quando houver extinção do processo, sem julgamento do mérito, ou julgado totalmente improcedente o pedido, sobre o valor da causa;

III – no caso de procedência do pedido formulado em ação declaratória e em ação constitutiva, sobre o valor da causa;

IV – quando o valor for indeterminado, sobre o que o juiz fixar.

§ 1º As custas serão pagas pelo vencido, após o trânsito em julgado da decisão. No caso de recurso, as custas serão pagas e comprovado o recolhimento dentro do prazo recursal.

§ 2º Não sendo líquida a condenação, o juízo arbitrar-lhe-á o valor e fixará o montante das custas processuais.

§ 3º Sempre que houver acordo, se de outra forma não for convencionado, o pagamento das custas caberá em partes iguais aos litigantes.

§ 4º Nos dissídios coletivos, as partes vencidas responderão solidariamente pelo pagamento das custas, calculadas sobre o valor arbitrado na decisão, ou pelo Presidente do Tribunal.

Art. 789-A. No processo de execução são devidas custas, sempre de responsabilidade do executado e pagas ao final, de conformidade com a seguinte tabela:

→ Artigo acrescentado pela Lei 10.537/2002.

→ *v.* Súmula 219 do TST.

→ *v.* Art. 790-A da CLT.

→ *v.* Lei 5.584/1970 – Normas de Direito Processual do Trabalho.

I – autos de arrematação, de adjudicação e de remição: 5% (cinco por cento) sobre o respectivo valor, até o máximo de R$ 1.915,38 (mil novecentos e quinze reais e trinta e oito centavos);

II – atos dos oficiais de justiça, por diligência certificada:

a) em zona urbana: R$ 11,06 (onze reais e seis centavos);

b) em zona rural: R$ 22,13 (vinte e dois reais e treze centavos);

III – agravo de instrumento: R$ 44,26 (quarenta e quatro reais e vinte e seis centavos);

IV – agravo de petição: R$ 44,26 (quarenta e quatro reais e vinte e seis centavos);

V – embargos à execução, embargos de terceiro e embargos à arrematação: R$ 44,26 (quarenta e quatro reais e vinte e seis centavos);

VI – recurso de revista: R$ 55,35 (cinquenta e cinco reais e trinta e cinco centavos);

VII – impugnação à sentença de liquidação: R$ 55,35 (cinquenta e cinco reais e trinta e cinco centavos);

VIII – despesa de armazenagem em depósito judicial – por dia: 0,1% (um décimo por cento) do valor da avaliação;

IX – cálculos de liquidação realizados pelo contador do juízo – sobre o valor liquidado: 0,5% (cinco décimos por cento) até o limite de R$ 638,46 (seiscentos e trinta e oito reais e quarenta e seis centavos).

Art. 789-B. Os emolumentos serão suportados pelo Requerente, nos valores fixados na seguinte tabela:

→ Artigo acrescentado pela Lei 10.537/2002.

I – autenticação de traslado de peças mediante cópia reprográfica apresentada pelas partes – por folha: R$ 0,55 (cinquenta e cinco centavos de real);

II – fotocópia de peças – por folha: R$ 0,28 (vinte e oito centavos de real);

III – autenticação de peças – por folha: R$ 0,55 (cinquenta e cinco centavos de real);

IV – cartas de sentença, de adjudicação, de remição e de arrematação – por folha: R$ 0,55 (cinquenta e cinco centavos de real);

V – certidões – por folha: R$ 5,53 (cinco reais e cinquenta e três centavos).

Art. 790. Nas Varas do Trabalho, nos Juízos de Direito, nos Tribunais e no Tribunal Superior do Trabalho, a forma de pagamento das custas e emolumentos obedecerá às instruções que serão expedidas pelo Tribunal Superior do Trabalho.

→ Artigo com redação alterada pela Lei 10.537/2002.

§ 1º Tratando-se de empregado que não tenha obtido o benefício da justiça gratuita, ou isenção de custas, o sindicato que houver intervindo no processo responderá solidariamente pelo pagamento das custas devidas.

§ 2º No caso de não pagamento das custas, far-se-á execução da respectiva importância, segundo o procedimento estabelecido no Capítulo V deste Título.

§ 3º É facultado aos juízes, órgãos julgadores e presidentes dos tribunais do trabalho de qualquer instância conceder, a requerimento ou de ofício, o benefício da justiça gratuita, inclusive quanto a traslados e instrumentos, àqueles que perceberem salário igual ou inferior ao dobro do mínimo legal, ou declararem, sob as penas da lei, que não estão em condições de pagar as custas do processo sem prejuízo do sustento próprio ou de sua família.

Art. 790-A. São isentos do pagamento de custas, além dos beneficiários de justiça gratuita:

→ Artigo acrescentado pela Lei 10.537/2002.

I – a União, os Estados, o Distrito Federal, os Municípios e respectivas autarquias e fundações públicas federais, estaduais ou municipais que não explorem atividade econômica;

II – o Ministério Público do Trabalho.

Parágrafo único. A isenção prevista neste artigo não alcança as entidades fiscalizadoras do exercício profissional, nem exime as pessoas jurídicas referidas no inciso I da obrigação de reembolsar as despesas judiciais realizadas pela parte vencedora.

Art. 790-B. A responsabilidade pelo pagamento dos honorários periciais é da parte sucumbente na pretensão objeto da perícia, salvo se beneficiária de justiça gratuita.

→ Artigo acrescentado pela Lei 10.537/2002.

Seção IV
Das partes e dos procuradores

→ *v.* Súmulas 164, 219, 245, 395, 425, 427 e 436, do TST.

→ *v.* OJs SDI-I 75, 110, 200, 255, 286, 304, 305, 318, 348, 349 e 371, do TST.

→ *v.* Art. 839, da CLT.

→ *v.* Arts. 12, 13, 38, 45, do CPC/1973.

Art. 791. Os empregados e os empregadores poderão reclamar pessoalmente perante a Justiça do Trabalho e acompanhar as suas reclamações até o final.

→ *v.* Súmula 327 do STF.

→ *v.* Súmulas 219, 329 e 425 do TST.

→ *v.* Art. 133 da CF/1988.

→ *v.* Art. 791 da CLT.

→ *v.* Arts. 1º, I, e 2º, da Lei 8.906/1994.

→ *v.* ADIn 1.127-8 (D.J.E. 11.6.2010). O STF decidiu no sentido de que a capacidade postulatória do advogado não é absoluta, sendo legítimo o ius postulandi na Justiça do Trabalho.

§ 1º Nos dissídios individuais os empregados e empregadores poderão fazer-se representar por intermédio do sindicato, advogado, solicitador, ou provisionado, inscrito na Ordem dos Advogados do Brasil.

§ 2º Nos dissídios coletivos é facultada aos interessados a assistência por advogado.

§ 3º A constituição de procurador com poderes para o foro em geral poderá ser efetivada, mediante simples registro em ata de audiência, a requerimento verbal do advogado interessado, com anuência da parte representada.

→ § 3º acrescentado pela Lei 12.437/2011.

Art. 792. Os maiores de 18 (dezoito) e menores de 21 (vinte e um) anos e as mulheres casadas poderão pleitear perante a Justiça do Trabalho sem a assistência de seus pais, tutores ou maridos.

Art. 793. A reclamação trabalhista do menor de 18 (dezoito) anos será feita por seus representantes legais e, na falta destes, pela Procuradoria da Justiça do Trabalho, pelo sindicato, pelo Ministério Público estadual ou curador nomeado em juízo.

→ Artigo com redação alterada pela Lei 10.288/2001.

Seção V
Das nulidades

→ *v.* Súmula 33 do STJ.

Art. 794. Nos processos sujeitos à apreciação da Justiça do Trabalho só haverá nulidade quando resultar dos atos inquinados manifesto prejuízo às partes litigantes.

Art. 795. As nulidades não serão declaradas senão mediante provocação das partes, as quais deverão argui-las à primeira vez em que tiverem de falar em audiência ou nos autos.

§ 1º Deverá, entretanto, ser declarada ex officio a nulidade fundada em incompetência de foro. Nesse caso, serão considerados nulos os atos decisórios.

§ 2º O juiz ou tribunal que se julgar incompetente determinará, na mesma ocasião, que se faça remessa do processo, com urgência, à autoridade competente, fundamentando sua decisão.

Art. 796. A nulidade não será pronunciada:

a) quando for possível suprir-se a falta ou repetir-se o ato;

b) quando arguida por quem lhe tiver dado causa.

Art. 797. O juiz ou tribunal que pronunciar a nulidade declarará os atos a que ela se estende.

Art. 798. A nulidade do ato não prejudicará senão os posteriores que dele dependam ou sejam consequência.

Seção VI
Das exceções

Art. 799. Nas causas da jurisdição da Justiça do Trabalho, somente podem ser opostas, com suspensão do feito, as exceções de suspeição ou incompetência.

→ Artigo com redação alterada pelo Dec.-lei 8.737/1946.

→ *v.* Súmula 214 do TST.

→ *v.* Arts. 651 e 893, § 1º, da CLT.

§ 1º As demais exceções serão alegadas como matéria de defesa.

§ 2º Das decisões sobre exceções de suspeição e incompetência, salvo, quanto a estas, se terminativas do feito, não caberá recurso, podendo, no entanto, as partes alegá-las novamente no recurso que couber da decisão final.

Art. 800. Apresentada a exceção de incompetência, abrir-se-á vista dos autos ao exceto, por 24 (vinte e quatro) horas improrrogáveis, devendo a decisão ser proferida na primeira audiência ou sessão que se seguir.

Art. 801. O juiz, presidente ou classista, é obrigado a dar-se por suspeito, e pode ser recusado, por algum dos seguintes motivos, em relação à pessoa dos litigantes:

→ *v.* EC 24/1999 – Altera dispositivos da Constituição Federal pertinentes à representação classistas na Justiça do Trabalho.

a) inimizade pessoal;

b) amizade íntima;

c) parentesco por consanguinidade ou afinidade até o terceiro grau civil;

d) interesse particular na causa.

Parágrafo único. Se o recusante houver praticado algum ato pelo qual haja consentido na pessoa do juiz, não mais poderá alegar exceção de suspeição, salvo sobrevindo novo motivo. A suspeição não será também admitida, se do processo constar que o recusante deixou de alegá-la anteriormente, quando já a conhecia, ou que, depois de conhecida, aceitou o juiz recusado ou, finalmente, se procurou de propósito o motivo de que ela se originou.

Art. 802. Apresentada a exceção de suspeição, o juiz ou tribunal designará audiência dentro de 48 (quarenta e oito) horas, para instrução e julgamento da exceção.

§ 1º Nas Juntas de Conciliação e Julgamento e nos Tribunais Regionais, julgada procedente a exceção de suspeição, será logo convocado para a mesma audiência ou sessão, ou para a seguinte, o suplente do membro suspeito, o qual continuará a funcionar no feito até decisão final. Proceder-se-á da mesma maneira quando algum dos membros se declarar suspeito.

→ *v.* EC 24/1999 – Altera dispositivos da Constituição Federal pertinentes à representação classistas na Justiça do Trabalho.

→ *v.* Art. 2º do Dec.-lei 9.797/1946.

§ 2º Se se tratar de suspeição de juiz de direito, será este substituído na forma da organização judiciária local.

Seção VII
Dos conflitos de jurisdição

Art. 803. Os conflitos de jurisdição podem ocorrer entre:

→ *v.* Súmulas 137 e 180 do STJ.

→ *v.* Art. 114, V, da CF/1988.

a) Juntas de Conciliação e Julgamento e Juízes de Direito investidos na administração da Justiça do Trabalho;

→ *v.* EC 24/1999 – Altera dispositivos da Constituição Federal pertinentes à representação classistas na Justiça do Trabalho.

b) Tribunais Regionais do Trabalho;

→ *v.* Art. 2º do Dec.-lei 9.797/1946.

c) Juízos e Tribunais do Trabalho e órgãos da Justiça Ordinária;

d) (Revogada pelo Dec.-lei 8.737/1946).

Art. 804. Dar-se-á conflito de jurisdição:

a) quando ambas as autoridades se considerarem competentes;

b) quando ambas as autoridades se considerarem incompetentes.

Art. 805. Os conflitos de jurisdição podem ser suscitados:

a) pelos juízes e Tribunais do Trabalho;

b) pelo procurador-geral e pelos procuradores regionais da Justiça do Trabalho;

c) pela parte interessada, ou o seu representante.

Art. 806. É vedado à parte interessada suscitar conflitos de jurisdição quando já houver oposto na causa exceção de incompetência.

Art. 807. No ato de suscitar o conflito deverá a parte interessada produzir a prova de existência dele.

Art. 808. Os conflitos de jurisdição de que trata o art. 803 serão resolvidos:

→ *Caput* com redação alterada pelo Dec.-lei 6.353/1944.

→ *v.* Súmula 180 do STJ.

→ *v.* Arts. 102, 105 e 114 da CF/1988.

a) pelos Tribunais Regionais, os suscitados entre Juntas e entre Juízos de Direito, ou entre umas e outros, nas respectivas regiões;

→ *v.* Art. 2º do Dec.-lei 9.797/1946.

→ A EC 24/1999 substituiu as Juntas de Conciliação e Julgamento por Varas do Trabalho (juiz singular) e extinguiu a representação classista na Justiça do Trabalho.

b) pelo Tribunal Superior do Trabalho, os suscitados entre Tribunais Regionais, ou entre Juntas e Juízos de Direito sujeitos à jurisdição de Tribunais Regionais diferentes;

→ *v.* Art. 2º do Dec.-lei 9.797/1946.

→ *v.* EC 24/1999 – Altera dispositivos da Constituição Federal pertinentes à representação classistas na Justiça do Trabalho.

c) (Revogada pelo Dec.-lei 9.797/1946);

d) pelo Supremo Tribunal Federal, os suscitados entre as autoridades da Justiça do Trabalho e as da Justiça Ordinária.

Art. 809. Nos conflitos de jurisdição entre as Juntas e os Juízos de Direito observar-se-á o seguinte:

→ *v.* EC 24/1999 – Altera dispositivos da Constituição Federal pertinentes à representação classistas na Justiça do Trabalho.

I – o juiz ou presidente mandará extrair dos autos as provas do conflito e, com a sua informação, remeterá o processo assim formado, no mais breve prazo possível, ao presidente do Tribunal Regional competente;

→ *v.* Art. 2º do Dec.-lei 9.797/1946.

II – no Tribunal Regional, logo que der entrada o processo, o presidente determinará a distribuição do feito, podendo o relator ordenar imediatamente às Juntas e aos Juízos, nos casos de conflito positivo, que sobrestejam o andamento dos respectivos processos, e solicitar, ao mesmo tempo, quaisquer informações que julgue convenientes. Seguidamente, será ouvida a Procuradoria, após o que o relator submeterá o feito a julgamento na primeira sessão;

→ *v.* Art. 2º do Dec.-lei 9.797/1946.

III – proferida a decisão, será a mesma comunicada, imediatamente, às autoridades em conflito, prosseguindo no foro julgado competente.

Art. 810. Aos conflitos de jurisdição entre os Tribunais Regionais aplicar-se-ão as normas estabelecidas no artigo anterior.

→ *v.* Art. 2º do Dec.-lei 9.797/1946.

Art. 811. Nos conflitos suscitados na Justiça do Trabalho entre as autoridades desta e os órgãos da Justiça Ordinária, o processo do conflito, formado de acordo com o inciso I do art. 809, será remetido diretamente ao presidente do Supremo Tribunal Federal.

Art. 812. *(Revogado pelo Dec.-lei 9.797/1946).*

Seção VIII
Das audiências

Art. 813. As audiências dos órgãos da Justiça do Trabalho serão públicas e realizar-se-ão na sede do Juízo ou Tribunal em dias úteis previamente fixados, entre 8 (oito) e 18 (dezoito) horas, não podendo ultrapassar 5 (cinco) horas seguidas, salvo quando houver matéria urgente.

§ 1º Em casos especiais, poderá ser designado outro local para a realização das audiências, mediante edital afixado na sede do Juízo ou Tribunal, com a antecedência mínima de 24 (vinte e quatro) horas.

§ 2º Sempre que for necessário, poderão ser convocadas audiências extraordinárias, observado o prazo do parágrafo anterior.

Art. 814. Às audiências deverão estar presentes, comparecendo com a necessária antecedência, os escrivães ou secretários.

→ *v.* Lei 409/1948 – Quadros do pessoal da Justiça do Trabalho.

Art. 815. À hora marcada, o juiz ou presidente declarará aberta a audiência, sendo feita pelo secretário ou escrivão a chamada das partes, testemunhas e demais pessoas que devam comparecer.

→ *v.* Lei 6.563/1978 – Cria Juntas de Conciliação e Julgamento nas Regiões da Justiça do Trabalho e define Jurisdições.

Parágrafo único. Se, até 15 (quinze) minutos após a hora marcada, o juiz ou presidente não houver comparecido, os presentes poderão retirar-se, devendo o ocorrido constar do livro de registro das audiências.

→ *v.* Lei 409/1948 – Quadros do pessoal da Justiça do Trabalho.

Art. 816. O juiz ou presidente manterá a ordem nas audiências, podendo mandar retirar do recinto os assistentes que a perturbarem.

Art. 817. O registro das audiências será feito em livro próprio, constando de cada registro os processos apreciados e a respectiva solução, bem como as ocorrências eventuais.

Parágrafo único. Do registro das audiências poderão ser fornecidas certidões às pessoas que o requererem.

Seção IX
Das provas

Art. 818. A prova das alegações incumbe à parte que as fizer.

→ *v.* Súmulas 212 e 338 do TST.

→ *v.* Art. 74, § 2º, da CLT.

→ *v.* Arts. 333, II, e 769 do CPC/1973.

→ *v.* Art. 373, II, do NCPC.

Art. 819. O depoimento das partes e testemunhas que não souberem falar a língua nacional será feito por meio de intérprete nomeado pelo juiz ou presidente.

§ 1º Proceder-se-á da forma indicada neste artigo, quando se tratar de surdo-mudo, ou de mudo, que não saiba escrever.

§ 2º Em ambos os casos de que este artigo trata, as despesas correrão por conta da parte a que interessar o depoimento.

Art. 820. As partes e testemunhas serão inquiridas pelo juiz ou presidente, podendo ser reinquiridas, por seu intermédio, a requerimento dos vogais, das partes, seus representantes ou advogados.

→ *v.* EC 24/1999 – Altera dispositivos da Constituição Federal pertinentes à representação classistas na Justiça do Trabalho.

Art. 821. Cada uma das partes não poderá indicar mais de três testemunhas, salvo quando se tratar de inquérito, caso em que esse número poderá ser elevado a seis.

→ Artigo com redação alterada pelo Dec.-lei 8.737/1946.

→ *v.* Arts. 852-H, § 2º, e 853 da CLT.

Art. 822. As testemunhas não poderão sofrer qualquer desconto pelas faltas ao serviço, ocasionadas pelo seu comparecimento para depor, quando devidamente arroladas ou convocadas.

Art. 823. Se a testemunha for funcionário civil ou militar, e tiver de depor em hora de serviço, será requisitada ao chefe da repartição para comparecer à audiência marcada.

Art. 824. O juiz ou presidente providenciará para que o depoimento de uma testemunha não seja ouvido pelas demais que tenham de depor no processo.

Art. 825. As testemunhas comparecerão à audiência independentemente de notificação ou intimação.

Parágrafo único. As que não comparecerem serão intimadas, ex officio ou a requerimento da parte, ficando sujeitas a condução coercitiva, além das penalidades do art. 730, caso, sem motivo justificado, não atendam à intimação.

→ *v.* Súmula 1 do TST.

Art. 826. É facultado a cada uma das partes apresentar um perito ou técnico.

→ *v.* Lei 5.584/1970 – Normas de Direito Processual do Trabalho.

Art. 827. O juiz ou presidente poderá arguir os peritos compromissados ou os técnicos, e rubricará, para ser junto ao processo, o laudo que os primeiros tiverem apresentado.

Art. 828. Toda testemunha, antes de prestar o compromisso legal, será qualificada, indicando o nome, nacionalidade, profissão, idade, residência e, quando empregada, o tempo de serviço prestado ao empregador, ficando sujeita, em caso de falsidade, às leis penais.

Parágrafo único. Os depoimentos das testemunhas serão resumidos, por ocasião da audiência, pelo secretário da Junta ou funcionário para esse fim designado, devendo a súmula ser assinada pelo Presidente do Tribunal e pelos depoentes.

→ *v.* Lei 409/1948 – Quadros do pessoal da Justiça do Trabalho.

→ *v.* EC 24/1999 – Altera dispositivos da Constituição Federal pertinentes à representação classistas na Justiça do Trabalho.

Art. 829. A testemunha que for parente até o terceiro grau civil, amigo íntimo ou inimigo de qualquer das partes não prestará compromisso, e seu depoimento valerá como simples informação.

Art. 830. O documento em cópia oferecido para prova poderá ser declarado autêntico pelo próprio advogado, sob sua responsabilidade pessoal.

→ Artigo com redação alterada pela Lei 11.925/2009.

Parágrafo único. Impugnada a autenticidade da cópia, a parte que a produziu será intimada para apresentar cópias devidamente autenticadas ou o original, cabendo ao serventuário competente proceder à conferência e certificar a conformidade entre esses documentos.

Seção X
Da decisão e sua eficácia

Art. 831. A decisão será proferida depois de rejeitada pelas partes a proposta de conciliação.

Parágrafo único. No caso de conciliação, o termo que for lavrado valerá como decisão irrecorrível, salvo para a Previdência Social quanto às contribuições que lhe forem devidas.

→ Parágrafo único com redação alterada pela Lei 10.035/2000.

→ *v.* Súmulas 100 e 259 do TST.

Art. 832. Da decisão deverão constar o nome das partes, o resumo do pedido e da defesa, a apreciação das provas, os fundamentos da decisão e a respectiva conclusão.

→ *v.* Súmula 368 do TST.

→ *v.* Art. 93, IX, da CF/1988.

→ *v.* Art. 276, § 4º, do Decreto 3.048/1999.

→ *v.* Art. 46 da Lei 8.541/1992.

§ 1º Quando a decisão concluir pela procedência do pedido, determinará o prazo e as condições para o seu cumprimento.

§ 2º A decisão mencionará sempre as custas que devam ser pagas pela parte vencida.

§ 3º As decisões cognitivas ou homologatórias deverão sempre indicar a natureza jurídica das parcelas constantes da condenação ou do acordo homologado, inclusive o limite de responsabilidade de cada parte pelo recolhimento da contribuição previdenciária, se for o caso.

→ § 3º acrescentado pela Lei 10.035/2000.

§ 4º A União será intimada das decisões homologatórias de acordos que contenham parcela indenizatória, na forma do art. 20 da Lei 11.033, de 21 de dezembro de 2004, facultada a interposição de recurso relativo aos tributos que lhe forem devidos.

→ § 4º com redação alterada pela Lei 11.457/2007.

§ 5º Intimada da sentença, a União poderá interpor recurso relativo à discriminação de que trata o § 3º deste artigo.

→ § 5º acrescentado pela Lei 11.457/2007.

§ 6º O acordo celebrado após o trânsito em julgado da sentença ou após a elaboração dos cálculos de liquidação de sentença não prejudicará os créditos da União.

→ § 6º acrescentado pela Lei 11.457/2007.

§ 7º O Ministro de Estado da Fazenda poderá, mediante ato fundamentado, dispensar a manifestação da União nas decisões homologatórias de acordos em que o montante da parcela indenizatória envolvida ocasionar perda de escala decorrente da atuação do órgão jurídico.

→ § 7º acrescentado pela Lei 11.457/2007.

Art. 833. Existindo na decisão evidentes erros ou enganos de escrita, de datilografia ou de cálculo, poderão os mesmos, antes da execução, ser corrigidos, *ex officio*, ou a requerimento dos interessados ou da Procuradoria da Justiça do Trabalho.

→ *v.* Súmula 421 do TST.

→ *v.* Arts. 463, II, 533, 535 e 557 do CPC/1973.

→ *v.* Arts. 494, II, 932 e 1.022, do NCPC.

→ *v.* Arts. 769 e 897-A da CLT.

Art. 834. Salvo nos casos previstos nesta Consolidação, a publicação das decisões e sua notificação aos litigantes, ou seus patronos, consideram-se realizadas nas próprias audiências em que forem as mesmas proferidas.

Art. 835. O cumprimento do acordo ou da decisão far-se-á no prazo e condições estabelecidos.

Art. 836. É vedado aos órgãos da Justiça do Trabalho conhecer de questões já decididas, excetuados os casos expressamente previstos neste Título e a ação rescisória, que será admitida na forma do disposto no Capítulo IV do Título IX da Lei 5.869, de 11 de janeiro de 1973 – Código de Processo Civil, sujeita ao depósito prévio de 20% (vinte por cento) do valor da causa, salvo prova de miserabilidade jurídica do autor.

→ *Caput* com redação alterada pela Lei 11.495/2007.

→ *v.* Súmulas 298, 400 e 407 do TST.

→ *v.* Art. 5º, XXXVI, da CF/1988.

→ *v.* Arts. 485 e 487, III, *a* e *b*, do CPC/1973.

→ *v.* Arts. 966 e 967, III, *a* e *b*, do NCPC.

Parágrafo único. A execução da decisão proferida em ação rescisória far-se-á nos próprios autos da ação que lhe deu origem, e será instruída com o acórdão da rescisória e a respectiva certidão de trânsito em julgado.

→ Parágrafo único acrescentado pela MP 2.180-35/2001.

Capítulo III
DOS DISSÍDIOS INDIVIDUAIS

→ *v.* Súmulas 429, do STJ.

→ *v.* Súmula 9, 16, 36, 74, 100, 122, 259, 377, 368 e 418, do TST.

→ *v.* Arts. 713, 714, 715, 731, 732, 764, 783, 786, 788, 791, 825, 825-H, 831, 832, 850, 852, 852-B, 852-E, 861 e 872, parágrafo único, da CLT.

Seção I
Da forma de reclamação e da notificação

Art. 837. Nas localidades em que houver apenas uma Junta de Conciliação e Julgamento, ou um escrivão do cível, a reclamação será apresentada diretamente à secretaria da Junta, ou ao cartório do Juízo.

→ *v.* EC 24/1999 – Altera dispositivos da Constituição Federal pertinentes à representação classistas na Justiça do Trabalho.

Art. 838. Nas localidades em que houver mais de uma Junta ou mais de um Juízo, ou escrivão do cível, a reclamação será, preliminarmente, sujeita a distribuição, na forma do disposto no Capítulo II, Seção II, deste Título.

→ *v.* EC 24/1999 – Altera dispositivos da Constituição Federal pertinentes à representação classistas na Justiça do Trabalho.

→ *v.* Arts. 713 e 714 da CLT.

Art. 839. A reclamação poderá ser apresentada:

a) pelos empregados e empregadores, pessoalmente, ou por seus representantes, e pelos sindicatos de classe;

→ *v.* Art. 133 da CF/1988.

→ *v.* Art. 791 da CLT.

b) por intermédio das Procuradorias Regionais da Justiça do Trabalho.

→ *v.* Súmulas 395, 425 e 436 do TST.

→ *v.* Art. 667 do CC.

Art. 840. A reclamação poderá ser escrita ou verbal.

§ 1º Sendo escrita, a reclamação deverá conter a designação do presidente da Junta, ou do juiz de direito, a quem for dirigida, a qualificação do reclamante e do reclamado, uma breve exposição dos fatos de que resulte o dissídio, o pedido, a data e a assinatura do reclamante ou de seu representante.

→ *v.* EC 24/1999 – Altera dispositivos da Constituição Federal pertinentes à representação classistas na Justiça do Trabalho.

§ 2º Se verbal, a reclamação será reduzida a termo, em 2 (duas) vias datadas e assinadas pelo escrivão ou secretário, observado, no que couber, o disposto no parágrafo anterior.

→ *v.* Lei 409/1948 – Quadros do pessoal da Justiça do Trabalho.

Art. 841. Recebida e protocolada a reclamação, o escrivão ou secretário, dentro de 48 (quarenta e oito) horas, remeterá a segunda via da petição, ou do termo, ao reclamado, notificando-o ao mesmo tempo, para comparecer à audiência do julgamento, que será a primeira desimpedida, depois de 5 (cinco) dias.

→ *v.* Lei 409/1948 – Quadros do pessoal da Justiça do Trabalho.

§ 1º A notificação será feita em registro postal com franquia. Se o reclamado criar embaraços ao seu recebimento ou não for encontrado, far-se-á a notificação por edital, inserto no jornal oficial ou no que publicar o expediente forense, ou, na falta, afixado na sede da Junta ou Juízo.

→ *v.* EC 24/1999 – Altera dispositivos da Constituição Federal pertinentes à representação classistas na Justiça do Trabalho.

§ 2º O reclamante será notificado no ato da apresentação da reclamação ou na forma do parágrafo anterior.

→ *v.* Súmulas 1, 394 e 427 do TST.

→ *v.* Art. 462 do CPC/1973.

→ *v.* Art. 493 do NCPC.

Art. 842. Sendo várias as reclamações e havendo identidade de matéria, poderão ser acumuladas num só processo, se se tratar de empregados da mesma empresa ou estabelecimento.

→ *v.* Arts. 2º, § 2º, e 857 da CLT.

→ *v.* Arts. 103 e 104 do CPC/1973.

→ *v.* Arts. 55 e 56, do NCPC.

Seção II
Da audiência de julgamento

Art. 843. Na audiência de julgamento deverão estar presentes o reclamante e o reclamado, independentemente do comparecimento de seus representantes, salvo nos casos de reclamatórias plúrimas ou ações de cumprimento, quando os empregados poderão fazer-se representar pelo sindicato de sua categoria.

→ *Caput* com redação alterada pela Lei 6.667/1979.

→ *v.* Arts. 842 e 872 da CLT.

§ 1º É facultado ao empregador fazer-se substituir pelo gerente, ou qualquer outro preposto que tenha conhecimento do fato, e cujas declarações obrigarão o proponente.

→ *v.* Súmula 377 do TST.

→ *v.* Art. 654, § 1º, do CC.

§ 2º Se por doença ou qualquer outro motivo poderoso, devidamente comprovado, não for possível ao empregado comparecer pessoalmente, poderá fazer-se representar por outro empregado que pertença à mesma profissão, ou pelo seu sindicato.

→ Redação conforme publicação oficial. O correto é "ponderoso" e não "poderoso".

Art. 844. O não comparecimento do reclamante à audiência importa o arquivamento da reclamação, e o não comparecimento do reclamado importa revelia, além de confissão quanto à matéria de fato.

→ *v.* Súmulas 74, II, e 122 do TST.

→ *v.* Art. 400, I, do CPC/1973.

→ *v.* Arts. 442 e 443, I, do NCPC.

Parágrafo único. Ocorrendo, entretanto, motivo relevante, poderá o presidente suspender o julgamento, designando nova audiência.

→ *v.* Súmula 74, I, do TST.

→ *v.* Arts. 17, 18, 319, 322, 330, II, do CPC/1973.

→ *v.* Arts. 80, 81, 344, 346 e 355, II, do NCPC.

Art. 845. O reclamante e o reclamado comparecerão à audiência acompanhados das suas testemunhas, apresentando, nessa ocasião, as demais provas.

Art. 846. Aberta a audiência, o juiz ou presidente proporá a conciliação.

→ Artigo com redação pela Lei 9.022/1995.

§ 1º Se houver acordo lavrar-se-á termo, assinado pelo presidente e pelos litigantes, consignando-se o prazo e demais condições para seu cumprimento.

§ 2º Entre as condições a que se refere o parágrafo anterior, poderá ser estabelecida a de ficar a parte que não cumprir o acordo obrigada a satisfazer integralmente o pedido ou pagar uma indenização convencionada, sem prejuízo do cumprimento do acordo.

Art. 847. Não havendo acordo, o reclamado terá 20 (vinte) minutos para aduzir sua defesa, após a leitura da reclamação, quando esta não for dispensada por ambas as partes.

→ Artigo com redação alterada pela Lei 9.022/1995.

Art. 848. Terminada a defesa, seguir-se-á a instrução do processo, podendo o presidente, ex officio ou a requerimento de qualquer juiz temporário, interrogar os litigantes.

→ *Caput* com redação alterada pela Lei 9.022/1995.

§ 1º Findo o interrogatório, poderá qualquer dos litigantes retirar-se, prosseguindo a instrução com o seu representante.

§ 2º Serão, a seguir, ouvidas as testemunhas, os peritos e os técnicos, se houver.

→ *v.* Art. 390 do CPC/1973.

→ *v.* Art. 430 do NCPC.

Art. 849. A audiência de julgamento será contínua; mas, se não for possível, por motivo de força maior, concluí-la no mesmo dia, o juiz ou presidente marcará a sua continuação para a primeira desimpedida, independentemente de nova notificação.

→ *v.* Súmula 197 do TST

Art. 850. Terminada a instrução, poderão as partes aduzir razões finais, em prazo não excedente de 10 (dez) minutos para cada uma. Em seguida, o juiz ou presidente renovará a proposta de conciliação, e, não se realizando esta, será proferida a decisão.

Parágrafo único. O presidente da Junta, após propor a solução do dissídio, tomará os votos dos vogais, e, havendo divergência entre estes, poderá desempatar ou proferir decisão que melhor atenda ao cumprimento da lei e ao justo equilíbrio entre os votos divergentes e ao interesse social.

→ *v.* EC 24/1999 – Altera dispositivos da Constituição Federal pertinentes à representação classistas na Justiça do Trabalho.

Art. 851. Os trâmites de instrução e julgamento da reclamação serão resumidos em ata, de que constará, na íntegra, a decisão.

→ Artigo com redação alterada pelo Dec.-lei 8.737/1946.

→ *v.* EC 24/1999 – Altera dispositivos da Constituição Federal pertinentes à representação classistas na Justiça do Trabalho.

§ 1º Nos processos de exclusiva alçada das Juntas, será dispensável, a juízo do presidente, o resumo dos depoimentos, devendo constar da ata a conclusão do tribunal quanto à matéria de fato.

§ 2º A ata será, pelo presidente ou juiz, junta ao processo, devidamente assinada, no prazo improrrogável de 48 (quarenta e oito) horas, contado da audiência de julgamento, e assinada pelos vogais presentes à mesma audiência.

Art. 852. Da decisão serão os litigantes notificados, pessoalmente, ou por seu representante, na própria audiência. No caso de revelia, a notificação far-se-á pela forma estabelecida no § 1º do art. 841.

Seção II-A
Do procedimento sumaríssimo

→ Rubrica da Seção II-A acrescentada pela Lei 9.957/2000.

→ *v.* Súmula 457 do STF.

→ *v.* Súmula 442 do TST.

→ *v.* Art. 896, § 6º, da CLT.

→ *v.* Lei 5.584/1970 – Normas de Direito Processual do Trabalho.

Art. 852-A. Os dissídios individuais cujo valor não exceda a quarenta vezes o salário mínimo vigente na data do ajuizamento da reclamação ficam submetidos ao procedimento sumaríssimo.

→ Artigo acrescentado pela Lei 9.957/2000.

Parágrafo único. Estão excluídas do procedimento sumaríssimo as demandas em que é parte a Administração Pública direta, autárquica e fundacional.

Art. 852-B. Nas reclamações enquadradas no procedimento sumaríssimo:

→ Artigo acrescentado pela Lei 9.957/2000.

I – o pedido deverá ser certo ou determinado e indicará o valor correspondente;

II – não se fará citação por edital, incumbindo ao autor a correta indicação do nome e endereço do reclamado;

III – a apreciação da reclamação deverá ocorrer no prazo máximo de 15 (quinze) dias do seu ajuizamento, podendo constar de pauta especial, se necessário, de acordo com o movimento judiciário da Junta de Conciliação e Julgamento.

→ *v.* EC 24/1999 – Altera dispositivos da Constituição Federal pertinentes à representação classistas na Justiça do Trabalho.

§ 1º O não atendimento, pelo reclamante, do disposto nos incisos I e II deste artigo importará no arquivamento da reclamação e condenação ao pagamento de custas sobre o valor da causa.

§ 2º As partes e advogados comunicarão ao juízo as mudanças de endereço ocorridas no curso do processo, reputando-se eficazes as intimações enviadas ao local anteriormente indicado, na ausência de comunicação.

Art. 852-C. As demandas sujeitas a rito sumaríssimo serão instruídas e julgadas em audiência única, sob a direção de juiz presidente ou substituto, que poderá ser convocado para atuar simultaneamente com o titular.

→ Artigo acrescentado pela Lei 9.957/2000.

Art. 852-D. O juiz dirigirá o processo com liberdade para determinar as provas a serem produzidas, considerado o ônus probatório de cada litigante, podendo limitar ou excluir as que considerar excessivas, impertinentes ou protelatórias, bem como para apreciá-las e dar especial valor às regras de experiência comum ou técnica.

→ Artigo acrescentado pela Lei 9.957/2000.

Art. 852-E. Aberta a sessão, o juiz esclarecerá as partes presentes sobre as vantagens da conciliação e usará os meios adequados de persuasão para a solução conciliatória do litígio, em qualquer fase da audiência.

→ Artigo acrescentado pela Lei 9.957/2000.

Art. 852-F. Na ata de audiência serão registrados resumidamente os atos essenciais, as afirmações fundamentais das partes e as informações úteis à solução da causa trazidas pela prova testemunhal.

→ Artigo acrescentado pela Lei 9.957/2000.

Art. 852-G. Serão decididos, de plano, todos os incidentes e exceções que possam interferir no prosseguimento da audiência e do processo. As demais questões serão decididas na sentença.

→ Artigo acrescentado pela Lei 9.957/2000.

Art. 852-H. Todas as provas serão produzidas na audiência de instrução e julgamento, ainda que não requeridas previamente.

→ Artigo acrescentado pela Lei 9.957/2000.

→ *V.* Súmula 314 do STF.

§ 1º Sobre os documentos apresentados por uma das partes manifestar-se-á imediatamente a parte contrária, sem interrupção da audiência, salvo absoluta impossibilidade, a critério do juiz.

§ 2º As testemunhas, até o máximo de duas para cada parte, comparecerão à audiência de instrução e julgamento independentemente de intimação.

§ 3º Só será deferida intimação de testemunha que, comprovadamente convidada, deixar de comparecer. Não comparecendo a testemunha intimada, o juiz poderá determinar sua imediata condução coercitiva.

§ 4º Somente quando a prova do fato o exigir, ou for legalmente imposta, será deferida prova técnica, incumbindo ao juiz, desde logo, fixar o prazo, o objeto da perícia e nomear perito.

§ 5º *(Vetado).*

§ 6º As partes serão intimadas a manifestar-se sobre o laudo, no prazo comum de 5 (cinco) dias.

§ 7º Interrompida a audiência, o seu prosseguimento e a solução do processo dar-se-ão no prazo máximo de 30 (trinta) dias, salvo motivo relevante justificado nos autos pelo juiz da causa.

Art. 852-I. A sentença mencionará os elementos de convicção do juízo, com resumo dos fatos relevantes ocorridos em audiência, dispensado o relatório.

→ Artigo acrescentado pela Lei 9.957/2000.

§ 1º O juízo adotará em cada caso a decisão que reputar mais justa e equânime, atendendo aos fins sociais da lei e as exigências do bem comum.

§ 2º *(Vetado).*

§ 3º As partes serão intimadas da sentença na própria audiência em que prolatada.

Seção III
Do inquérito para apuração de falta grave

→ *V.* Súmulas 197 e 316 do STF.

→ *V.* EC 24/1999 – Altera dispositivos da Constituição Federal pertinentes à representação classistas na Justiça do Trabalho.

Art. 853. Para a instauração do inquérito para apuração de falta grave contra empregado garantido com estabilidade, o empregador apresentará reclamação por escrito à Junta ou Juízo de Direito, dentro de 30 (trinta) dias, contados da data da suspensão do empregado.

→ *V.* Súmula 403 do STF.

→ *V.* Art. 482 da CLT.

Art. 854. O processo do inquérito perante a Junta ou Juízo obedecerá às normas estabelecidas no presente Capítulo, observadas as disposições desta Seção.

Art. 855. Se tiver havido prévio reconhecimento da estabilidade do empregado, o julgamento do inquérito pela Junta ou Juízo não prejudicará a execução para pagamento dos salários devidos ao empregado, até a data da instauração do mesmo inquérito.

Capítulo IV
DOS DISSÍDIOS COLETIVOS

→ *V.* Lei 5.584/1970 – Normas de Direito Processual do Trabalho.

Seção I
Da instauração da instância

Art. 856. A instância será instaurada mediante representação escrita ao presidente do Tribunal. Poderá ser também instaurada por iniciativa do presidente ou, ainda, a requerimento da Procuradoria da Justiça do Trabalho, sempre que ocorrer suspensão do trabalho.

→ *V.* Art. 2º do CPC/1973.

→ *V.* Art. 2º do NCPC.

Art. 857. A representação para instaurar a instância em dissídio coletivo constitui prerrogativa das associações sindicais, excluídas as hipóteses aludidas no art. 856, quando ocorrer suspensão do trabalho.

→ *Caput* com redação alterada pelo Dec.-lei 7.321/1945.

Parágrafo único. Quando não houver sindicato representativo da categoria econômica ou profissional, poderá a representação ser instaurada pelas federações correspondentes e, na falta destas, pelas confederações respectivas, no âmbito de sua representação.

→ Parágrafo único acrescentado pela Lei 2.693/1955.

Art. 858. A representação será apresentada em tantas vias quantos forem os reclamados e deverá conter:

a) designação e qualificação dos reclamantes e dos reclamados e a natureza do estabelecimento ou do serviço;

b) os motivos do dissídio e as bases da conciliação.

Art. 859. A representação dos sindicatos para instauração da instância fica subordinada a aprovação da assembleia, da qual participem os associados interessados na solução do dissídio coletivo, em primeira convocação, por maioria de 2/3 (dois terços) dos mesmos, ou, em segunda convocação, por 2/3 (dois terços) dos presentes.

→ Artigo com redação alterada pelo Dec.-lei 7.321/1945.

Parágrafo único. *(Revogado pelo Dec.-lei 7.321/1945).*

Seção II
Da conciliação e do julgamento

Art. 860. Recebida e protocolada a representação, e estando na devida forma, o presidente do Tribunal designará a audiência de conciliação, dentro do prazo de 10 (dez) dias, determinando a notificação dos dissidentes, com observância do disposto no art. 841.

Parágrafo único. Quando a instância for instaurada *ex officio*, a audiência deverá ser realizada dentro do prazo mais breve possível, após o reconhecimento do dissídio.

Art. 861. É facultado ao empregador fazer-se representar na audiência pelo gerente, ou por qualquer outro preposto que tenha conhecimento do dissídio, e por cujas declarações será sempre responsável.

Art. 862. Na audiência designada, comparecendo ambas as partes ou seus representantes, o presidente do Tribunal as convidará para se pronunciarem sobre as bases da conciliação. Caso não sejam aceitas as bases propostas, o presidente submeterá aos interessados a solução que lhe pareça capaz de resolver o dissídio.

Art. 863. Havendo acordo, o presidente o submeterá à homologação do Tribunal na primeira sessão.

Art. 864. Não havendo acordo, ou não comparecendo ambas as partes ou uma delas, o presidente submeterá o processo a julgamento, depois de realizadas as diligências que entender necessárias e ouvida a Procuradoria.

→ Artigo com redação alterada pelo Dec.-lei 8.737/1946.

Art. 865. Sempre que, no decorrer do dissídio, houver ameaça de perturbação da ordem, o presidente requisitará à autoridade competente as providências que se tornarem necessárias.

Art. 866. Quando o dissídio ocorrer fora da sede do Tribunal, poderá o presidente, se julgar conveniente, delegar à autoridade local as atribuições de que tratam os arts. 860 e 862. Nesse caso, não havendo conciliação, a autoridade delegada encaminhará o processo ao Tribunal, fazendo exposição circunstanciada dos fatos e indicando a solução que lhe parecer conveniente.

Art. 867. Da decisão do Tribunal serão notificadas as partes, ou seus representantes, em registrado postal, com franquia, fazendo-se, outrossim, a sua publicação no jornal oficial, para ciência dos demais interessados.

Parágrafo único. A sentença normativa vigorará:

→ Parágrafo único acrescentado pelo Dec.-lei 424/1969.

→ *V.* Súmula 279 do TST.

a) a partir da data de sua publicação, quando ajuizado o dissídio após o prazo do art. 616, § 3º, ou, quando não existir acordo, convenção ou sentença normativa em vigor, da data do ajuizamento;

b) a partir do dia imediato ao termo final de vigência do acordo, convenção ou sentença normativa, quando ajuizado o dissídio no prazo do art. 616, § 3º.

Seção III
Da extensão das decisões

Art. 868. Em caso de dissídio coletivo que tenha por motivo novas condições de trabalho e no qual figure como parte apenas uma fração de empregados de uma empresa, poderá o Tribunal competente, na própria decisão, estender tais condições de trabalho, se julgar justo e conveniente, aos demais empregados da empresa que forem da mesma profissão dos dissidentes.

Parágrafo único. O Tribunal fixará a data em que a decisão deve entrar em execução, bem como o prazo de sua vigência, o qual não poderá ser superior a 4 (quatro) anos.

Art. 869. A decisão sobre novas condições de trabalho poderá também ser estendida a todos os empregados da mesma categoria profissional compreendida na jurisdição do Tribunal:

a) por solicitação de um ou mais empregadores, ou de qualquer sindicato destes;

b) por solicitação de um ou mais sindicatos de empregados;

c) ex officio, pelo Tribunal que houver proferido a decisão;

d) por solicitação da Procuradoria da Justiça do Trabalho.

Art. 870. Para que a decisão possa ser estendida, na forma do artigo anterior, torna-se preciso que 3/4 (três quartos) dos empregadores e 3/4 (três quartos) dos empregados, ou os respectivos sindicatos, concordem com a extensão da decisão.

§ 1º O Tribunal competente marcará prazo, não inferior a 30 (trinta) nem superior a 60 (sessenta) dias, a fim de que se manifestem os interessados.

§ 2º Ouvidos os interessados e a Procuradoria da Justiça do Trabalho, será o processo submetido ao julgamento do Tribunal.

Art. 871. Sempre que o Tribunal estender a decisão, marcará a data em que a extensão deva entrar em vigor.

Seção IV
Do cumprimento das decisões

Art. 872. Celebrado o acordo, ou transitada em julgado a decisão, seguir-se-á o seu cumprimento, sob as penas estabelecidas neste Título.

Parágrafo único. Quando os empregadores deixarem de satisfazer o pagamento de salários, na conformidade da decisão proferida, poderão os empregados ou seus sindicatos, independentes de outorga de poderes de seus associados, juntando certidão de tal decisão, apresentar reclamação à Junta ou Juízo competente, observado o processo previsto no Capítulo II deste Título, sendo vedado, porém, questionar sobre a matéria de fato e de direito já apreciada na decisão.

→ Parágrafo único com redação alterada pela Lei 2.275/1954.

→ *V.* EC 24/1999 – Altera dispositivos da Constituição Federal pertinentes à representação classistas na Justiça do Trabalho.

→ *V.* Súmulas 246, 286 e 350 do TST.

→ *V.* Art. 114, VIII, da CF/1988.

→ *V.* Art. 6º do CPC/1973.

→ *V.* Art. 18 do NCPC.

Seção V
Da revisão

Art. 873. Decorrido mais de 1 (um) ano de sua vigência, caberá revisão das decisões que fixarem condições de trabalho, quando se tiverem modificado as circunstâncias que as ditaram, de modo que tais condições se hajam tornado injustas ou inaplicáveis.

Art. 874. A revisão poderá ser promovida por iniciativa do Tribunal prolator, da Procuradoria da Justiça do Trabalho, das associações sindicais ou de empregador ou empregadores interessados no cumprimento da decisão.

Parágrafo único. Quando a revisão for promovida por iniciativa do Tribunal prolator ou da Procuradoria, as associações sindicais e o empregador ou empregadores interessados serão ouvidos no prazo de 30 (trinta) dias. Quando promovida por uma das partes interessadas, serão as outras ouvidas também por igual prazo.

Art. 875. A revisão será julgada pelo Tribunal que tiver proferido a decisão, depois de ouvida a Procuradoria da Justiça do Trabalho.

Capítulo V
DA EXECUÇÃO

Seção I
Das disposições preliminares

Art. 876. As decisões passadas em julgado ou das quais não tenha havido recurso com efeito suspensivo; os acordos, quando não cumpridos; os termos de ajuste de conduta firmados perante o Ministério Público do Trabalho e os termos de conciliação firmados perante as Comissões de Conciliação Prévia serão executados pela forma estabelecida neste Capítulo.

→ *Caput* com redação alterada pela Lei 9.958/2000.

Parágrafo único. Serão executadas ex officio as contribuições sociais devidas em decorrência de decisão proferida pelos Juízes e Tribunais do Trabalho, resultantes de condenação ou homologação de acordo, inclusive sobre os salários pagos durante o período contratual reconhecido.

→ Parágrafo único com redação alterada pela Lei 11.457/2007.

→ *V.* Súmula 368 do TST.

Art. 877. É competente para a execução das decisões o juiz ou presidente do Tribunal que tiver conciliado ou julgado originariamente o dissídio.

→ *V.* Súmula 327 do STF.

→ *V.* Súmula 114 do TST.

Art. 877-A. É competente para a execução de título executivo extrajudicial o juiz que teria competência para o processo de conhecimento relativo à matéria.

→ Artigo acrescentado pela Lei 9.958/2000.

→ *V.* Súmula 327 do STF.

→ *V.* Súmula 114 do TST.

Art. 878. A execução poderá ser promovida por qualquer interessado, ou *ex officio* pelo próprio juiz ou presidente ou Tribunal competente, nos termos do artigo anterior.

Parágrafo único. Quando se tratar de decisão dos Tribunais Regionais, a execução poderá ser promovida pela Procuradoria da Justiça do Trabalho.

→ *V.* Art. 2º do Dec.-lei 9.797/1946.

Art. 878-A. Faculta-se ao devedor o pagamento imediato da parte que entender devida à Previdência Social, sem prejuízo da cobrança de eventuais diferenças encontradas na execução ex officio.

→ Artigo acrescentado pela Lei 10.035/2000.

→ *V.* Súmula 368 do TST.

→ Art. 195 da CF/1988.

→ *V.* Arts. 10 e 43 da Lei 8.212/1991.

Art. 879. Sendo ilíquida a sentença exequenda, ordenar-se-á, previamente, a sua liquidação, que poderá ser feita por cálculo, por arbitramento ou por artigos.

→ *Caput* com redação alterada pela Lei 2.244/1954.

→ *V.* Súmulas 211 e 368 do TST.

→ *V.* Arts. 198 e 276, § 4º, do Decreto 3.048/1999.

§ 1º Na liquidação, não se poderá modificar, ou inovar, a sentença liquidanda, nem discutir matéria pertinente à causa principal.

→ § 1º com redação alterada pela Lei 8.432/1992.

§ 1º-A. A liquidação abrangerá, também, o cálculo das contribuições previdenciárias devidas.

→ § 1º-A acrescentado pela Lei 10.035/2000.

§ 1º-B. As partes deverão ser previamente intimadas para a apresentação do cálculo de liquidação, inclusive da contribuição previdenciária incidente.

→ § 1º-B acrescentado pela Lei 10.035/2000.

§ 2º Elaborada a conta e tornada líquida, o juiz poderá abrir às partes prazo sucessivo de 10 (dez) dias para impugnação fundamentada com a indicação dos itens e valores objeto da discordância, sob pena de preclusão.

→ § 2º com redação alterada pela Lei 8.432/1992.

§ 3º Elaborada a conta pela parte ou pelos órgãos auxiliares da Justiça do Trabalho, o juiz procederá à intimação da União para manifestação, no prazo de 10 (dez) dias, sob pena de preclusão.

→ § 3º com redação alterada pela Lei 11.457/2007.

§ 4º A atualização do crédito devido à Previdência Social observará os critérios estabelecidos na legislação previdenciária.

→ § 4º acrescentado pela Lei 10.035/2000.

§ 5º O Ministro de Estado da Fazenda poderá, mediante ato fundamentado, dispensar a manifestação da União quando o valor total das verbas que integram o salário de contribuição, na forma do art. 28 da Lei 8.212, de 24 de julho de 1991, ocasionar perda de escala decorrente da atuação do órgão jurídico.

→ § 5º acrescentado pela Lei 11.457/2007.

CLT

§ 6º Tratando-se de cálculos de liquidação complexos, o juiz poderá nomear perito para a elaboração e fixará, depois da conclusão do trabalho, o valor dos respectivos honorários com observância, entre outros, dos critérios de razoabilidade e proporcionalidade.

→ § 6º acrescentado pela Lei 12.405/2011.

Seção II
Do mandado e da penhora

→ *v.* Súmulas 449, 464, 486, do STJ.

→ *v.* Súmulas 187, 200, 211, 304, 311, 417, do TST.

→ *v.* Art. 649 do CDC.

→ *v.* Art. 11 da Lei 6.830/1980.

Art. 880. Requerida a execução, o juiz ou presidente do tribunal mandará expedir mandado de citação do executado, a fim de que cumpra a decisão ou o acordo no prazo, pelo modo e sob as cominações estabelecidas ou, quando se tratar de pagamento em dinheiro, inclusive de contribuições sociais devidas à União, para que o faça em 48 (quarenta e oito) horas ou garanta a execução, sob pena de penhora.

→ *Caput* com redação alterada pela Lei 11.457/2007.

→ *v.* Art. 475-O do CPC/1973.

→ *v.* Arts. 520 a 522, do NCPC.

§ 1º O mandado de citação deverá conter a decisão exequenda ou o termo de acordo não cumprido.

§ 2º A citação será feita pelos oficiais de diligência.

→ *v.* Art. 1º da Lei 5.442/1968, que deu nova redação ao art. 721 da CLT, alterando "oficiais de diligência" para "oficiais de justiça".

§ 3º Se o executado, procurado por duas vezes no espaço de 48 (quarenta e oito) horas, não for encontrado, far-se-á a citação por edital, publicado no jornal oficial ou, na falta deste, afixado na sede da Junta ou Juízo, durante 5 (cinco) dias.

→ *v.* EC 24/1999 – Altera dispositivos da Constituição Federal pertinentes à representação classistas na Justiça do Trabalho.

Art. 881. No caso de pagamento da importância reclamada, será este feito perante o escrivão ou secretário, lavrando-se termo de quitação, em 2 (duas) vias, assinadas pelo exequente, pelo executado e pelo mesmo escrivão ou secretário, entregando-se a segunda via ao executado e juntando-se a outra ao processo.

→ *v.* Lei 409/1948 – Quadros do pessoal da Justiça do Trabalho.

Parágrafo único. Não estando presente o exequente, será depositada a importância, mediante guia, em estabelecimento oficial de crédito ou, em falta deste, em estabelecimento bancário idôneo.

→ Parágrafo único com redação alterada pela Lei 7.305/1985.

Art. 882. O executado que não pagar a importância reclamada poderá garantir a execução mediante depósito da mesma, atualizada e acrescida das despesas processuais, ou nomeando bens à penhora, observada a ordem preferencial estabelecida no art. 655 do Código Processual Civil.

→ Artigo com redação alterada pela Lei 8.432/1992.

→ *v.* Súmula 417 do TST.

→ *v.* Arts. 620, 649, 655, 655-A e 666, I, do CPC/1973.

→ *v.* Arts. 805, 833, 835, 840,I, e 854, do NCPC.

Art. 883. Não pagando o executado, nem garantindo a execução, seguir-se-á penhora dos bens, tantos quantos bastem ao pagamento da importância da condenação, acrescida de custas e juros de mora, sendo estes, em qualquer caso, devidos a partir da data em que for ajuizada a reclamação inicial.

→ Artigo com redação alterada pela Lei 2.244/1954.

→ *v.* Art. 655 do CPC/1973.

→ *v.* Art. 835 do NCPC.

Seção III
Dos embargos à execução e da sua impugnação

Art. 884. Garantida a execução ou penhorados os bens, terá o executado 5 (cinco) dias para apresentar embargos, cabendo igual prazo ao exequente para impugnação.

→ *v.* Súmula 419 do TST.

→ *v.* Art. 739-A, *caput* e § 1º, do CPC/1973.

→ *v.* Art. 919, *caput*, e § 1º, do NCPC.

→ *v.* Art. 1º-B da Lei 9.494/1997 determina que "O prazo a que se refere o *caput* dos arts. 730 do CPC, e 884 da CLT, aprovada pelo Dec.-lei 5.452/1943, passa a ser de 30 (trinta) dias".

§ 1º A matéria de defesa será restrita às alegações de cumprimento da decisão ou do acordo, quitação ou prescrição da dívida.

§ 2º Se na defesa tiverem sido arroladas testemunhas, poderá o juiz ou o presidente do Tribunal, caso julgue necessários seus depoimentos, marcar audiência para a produção das provas, a qual deverá realizar-se dentro de 5 (cinco) dias.

§ 3º Somente nos embargos à penhora poderá o executado impugnar a sentença de liquidação, cabendo ao exequente igual direito e no mesmo prazo.

→ § 3º com redação alterada pela Lei 2.244/1954.

§ 4º Julgar-se-ão na mesma sentença os embargos e as impugnações à liquidação apresentadas pelos credores trabalhista e previdenciário.

→ § 4º com redação alterada pela Lei 10.035/2000.

§ 5º Considera-se inexigível o título judicial fundado em lei ou ato normativo declarados inconstitucionais pelo Supremo Tribunal Federal ou em aplicação ou interpretação tidas por incompatíveis com a Constituição Federal.

→ § 5º acrescentado pela MP 2.180-35/2001.

Seção IV
Do julgamento e dos trâmites finais da execução

Art. 885. Não tendo sido arroladas testemunhas na defesa, o juiz ou presidente, conclusos os autos, proferirá sua decisão, dentro de 5 (cinco) dias, julgando subsistente ou insubsistente a penhora.

Art. 886. Se tiverem sido arroladas testemunhas, finda a sua inquirição em audiência, o escrivão ou secretário fará, dentro de 48 (quarenta e oito) horas, conclusos os autos ao juiz ou presidente, que proferirá sua decisão, na forma prevista no artigo anterior.

→ *v.* Súmula 433 do TST.

§ 1º Proferida a decisão, serão da mesma notificadas as partes interessadas, em registrado postal, com franquia.

§ 2º Julgada subsistente a penhora, o juiz ou presidente mandará proceder logo à avaliação dos bens penhorados.

Art. 887. A avaliação dos bens penhorados em virtude da execução de decisão condenatória será feita por avaliador escolhido de comum acordo pelas partes, que perceberá as custas arbitradas pelo juiz, ou presidente do Tribunal Trabalhista, de conformidade com a tabela a ser expedida pelo Tribunal Superior do Trabalho.

→ *v.* Lei 5.584/1970 – Normas de Direito Processual do Trabalho.

§ 1º Não acordando as partes quanto à designação de avaliador, dentro de 5 (cinco) dias após o despacho que determinou a avaliação, será o avaliador designado livremente pelo juiz ou presidente do Tribunal.

§ 2º Os servidores da Justiça do Trabalho não poderão ser escolhidos ou designados para servir de avaliador.

Art. 888. Concluída a avaliação, dentro de 10 (dez) dias, contados da data da nomeação do avaliador, seguir-se-á a arrematação, que será anunciada por edital afixado na sede do Juízo ou Tribunal e publicado no jornal local, se houver, com a antecedência de 20 (vinte) dias.

→ Artigo com redação alterada pela Lei 5.584/1970.

§ 1º A arrematação far-se-á em dia, hora e lugar anunciados e os bens serão vendidos pelo maior lance, tendo o exequente preferência para a adjudicação.

→ *v.* Súmula 458 do STF.

§ 2º O arrematante deverá garantir o lance com o sinal correspondente a 20% (vinte por cento) do seu valor.

§ 3º Não havendo licitante, e não requerendo o exequente a adjudicação dos bens penhorados, poderão os mesmos ser vendidos por leiloeiro nomeado pelo juiz ou presidente.

§ 4º Se o arrematante, ou seu fiador, não pagar dentro de 24 (vinte e quatro) horas o preço da arrematação, perderá, em benefício da execução, o sinal de que trata o § 2º deste artigo, voltando à praça os bens executados.

Art. 889. Aos trâmites e incidentes do processo da execução são aplicáveis, naquilo em que não contravierem ao presente Título, os preceitos que regem o processo dos executivos fiscais para a cobrança judicial da dívida ativa da Fazenda Pública Federal.

→ *v.* Súmula 458 do STF.

Art. 889-A. Os recolhimentos das importâncias devidas, referentes às contribuições sociais, serão efetuados nas agências locais da Caixa Econômica Federal ou do Banco do Brasil S.A., por intermédio de documento de arrecadação da Previdência Social, dele se fazendo constar o número do processo.

→ *Caput* acrescentado pela Lei 10.035/2000.

§ 1º Concedido parcelamento pela Secretaria da Receita Federal do Brasil, o devedor juntará aos autos a comprovação do ajuste, ficando a execução da contribuição social correspondente suspensa até a quitação de todas as parcelas.

→ § 1º com redação alterada pela Lei 11.457/2007.

§ 2º As Varas do Trabalho encaminharão mensalmente à Secretaria da Receita Federal do Brasil informações sobre os recolhimentos efetivados nos autos, salvo se outro prazo for estabelecido em regulamento.

→ § 2º com redação alterada pela Lei 11.457/2007.

Seção V
Da execução por prestações sucessivas

Art. 890. A execução para pagamento de prestações sucessivas far-se-á com observância das normas constantes desta Seção, sem prejuízo das demais estabelecidas neste Capítulo.

Art. 891. Nas prestações sucessivas por tempo determinado, a execução pelo não pagamento de uma prestação compreenderá as que lhe sucederem.

Art. 892. Tratando-se de prestações sucessivas por tempo indeterminado, a execução compreenderá inicialmente as prestações devidas até a data do ingresso na execução.

→ *v.* Art. 475-J do CPC/1973.

→ *v.* Arts. 523, 524, VII, 525, 870, do NCPC.

Capítulo VI
DOS RECURSOS

→ *v.* Súmula 228 e 640 do STF.

→ *v.* Súmulas 126, 158, 184, 201, 214, 218, 221, 266, 278, 283, 285, 296, 297, 312, 333, 337, 393, 414, 421, 422, 433 e 434, do TST.

Art. 893. Das decisões são admissíveis os seguintes recursos:

→ *Caput* com redação alterada pela Lei 861/1949.

→ *v.* Súmula 353 do TST.

I – embargos;

II – recurso ordinário;

III – recurso de revista;

IV – agravo.

§ 1º Os incidentes do processo serão resolvidos pelo próprio Juízo ou Tribunal, admitindo-se a apreciação do merecimento das decisões interlocutórias somente em recursos da decisão definitiva.

→ § 1º com redação alterada pelo Dec.-lei 8.737/1946.

§ 2º A interposição de recurso para o Supremo Tribunal Federal não prejudicará a execução do julgado.

→ § 2º com redação alterada pelo Dec.-lei 8.737/1946.

Art. 894. No Tribunal Superior do Trabalho cabem embargos, no prazo de 8 (oito) dias:

→ *Caput* com redação alterada pela Lei 11.496/2007.

I – de decisão não unânime de julgamento que:

→ Inciso I acrescentado pela Lei 11.496/2007.

a) conciliar, julgar ou homologar conciliação em dissídios coletivos que excedam a competência territorial dos Tribunais Regionais do Trabalho e estender ou rever as sentenças normativas do Tribunal Superior do Trabalho, nos casos previstos em lei; e

b) (Vetado);

II – das decisões das Turmas que divergirem entre si ou das decisões proferidas pela Seção de Dissídios Individuais, ou contrárias a súmula ou orientação jurisprudencial do Tribunal Superior do Trabalho ou súmula vinculante do Supremo Tribunal Federal.

→ Inciso II com redação alterada pela Lei 13.015/2014, em vigor após decorridos 60 (sessenta) dias de sua publicação oficial – *D.O.U.* de 22.7.2014.

Parágrafo único. *(Revogado pela Lei 11.496/2007, e Lei 13.015/2014, em vigor após decorridos 60 (sessenta) dias de sua publicação oficial –* D.O.U. *de 22.7.2014).*

→ Conforme publicação oficial.

§ 2º A divergência apta a ensejar os embargos deve ser atual, não se considerando tal a ultrapassada por súmula do Tribunal Superior do Trabalho ou do Supremo Tribunal Federal, ou superada por iterativa e notória jurisprudência do Tribunal Superior do Trabalho.

→ § 2º acrescentado pela Lei 13.015/2014, em vigor após decorridos 60 (sessenta) dias de sua publicação oficial – *D.O.U.* de 22.7.2014.

§ 3º O Ministro Relator denegará seguimento aos embargos:

→ § 3º acrescentado pela Lei 13.015/2014, em vigor após decorridos 60 (sessenta) dias de sua publicação oficial – *D.O.U.* de 22.7.2014.

I – se a decisão recorrida estiver em consonância com súmula da jurisprudência do Tribunal Superior do Trabalho ou do Supremo Tribunal Federal, ou com iterativa, notória e atual jurisprudência do Tribunal Superior do Trabalho, cumprindo-lhe indicá-la;

II – nas hipóteses de intempestividade, deserção, irregularidade de representação ou de ausência de qualquer outro pressuposto extrínseco de admissibilidade.

§ 4º Da decisão denegatória dos embargos caberá agravo, no prazo de 8 (oito) dias.

→ § 4º acrescentado pela Lei 13.015/2014, em vigor após decorridos 60 (sessenta) dias de sua publicação oficial – *D.O.U.* de 22.7.2014.

Art. 895. Cabe recurso ordinário para a instância superior:

→ *v.* Súmulas 201 e 393 do TST.

→ *v.* Art. 515 do CPC/1973.

→ *v.* Arts. 1.013 e 938, § 1º, do NCPC.

I – das decisões definitivas ou terminativas das Varas e Juízos, no prazo de 8 (oito) dias; e

→ Inciso I com redação alterada pela Lei 11.925/2009.

II – das decisões definitivas ou terminativas dos Tribunais Regionais, em processos de sua competência originária, no prazo de 8 (oito) dias, quer nos dissídios individuais, quer nos dissídios coletivos.

→ Inciso II com redação alterada pela Lei 11.925/2009.

§ 1º Nas reclamações sujeitas ao procedimento sumaríssimo, o recurso ordinário:

→ § 1º acrescentado pela Lei 9.957/2000.

I – *(Vetado);*

II – será imediatamente distribuído, uma vez recebido no Tribunal, devendo o relator liberá-lo no prazo máximo de 10 (dez) dias, e a Secretaria do Tribunal ou Turma colocá-lo imediatamente em pauta para julgamento, sem revisor;

III – terá parecer oral do representante do Ministério Público presente à sessão de julgamento, se este entender necessário o parecer, com registro na certidão;

IV – terá acórdão consistente unicamente na certidão de julgamento, com a indicação suficiente do processo e parte dispositiva, e das razões de decidir do voto prevalente. Se a sentença for confirmada pelos próprios fundamentos, a certidão de julgamento, registrando tal circunstância, servirá de acórdão.

§ 2º Os Tribunais Regionais, divididos em Turmas, poderão designar Turma para o julgamento dos recursos ordinários interpostos das sentenças prolatadas nas demandas sujeitas ao procedimento sumaríssimo.

→ § 2º acrescentado pela Lei 9.957/2000.

Art. 896. Cabe Recurso de Revista para Turma do Tribunal Superior do Trabalho das decisões proferidas em grau de recurso ordinário, em dissídio individual, pelos Tribunais Regionais do Trabalho, quando:

→ *Caput* com redação alterada pela Lei 9.756/1998.

a) derem ao mesmo dispositivo de lei federal interpretação diversa da que lhe houver dado outro Tribunal Regional do Trabalho, no seu Pleno ou Turma, ou a Seção de Dissídios Individuais do Tribunal Superior do Trabalho, ou contrariarem súmula de jurisprudência uniforme dessa Corte ou súmula vinculante do Supremo Tribunal Federal;

→ Alínea *a* com redação alterada pela Lei 13.015/2014, em vigor após decorridos 60 (sessenta) dias de sua publicação oficial – *D.O.U.* de 22.7.2014.

b) derem ao mesmo dispositivo de lei estadual, Convenção Coletiva de Trabalho, Acordo Coletivo, sentença normativa ou regulamento empresarial de observância obrigatória em área territorial que exceda a jurisdição do Tribunal Regional prolator da decisão recorrida, interpretação divergente, na forma da alínea *a*;

→ Alínea *b* com redação alterada pela Lei 9.756/1998.

c) proferidas com violação literal de disposição de lei federal ou afronta direta e literal à Constituição Federal.

→ Alínea *c* com redação alterada pela Lei 9.756/1998.

§ 1º O recurso de revista, dotado de efeito apenas devolutivo, será interposto perante o Presidente do Tribunal Regional do Trabalho, que, por decisão fundamentada, poderá recebê-lo ou denegá-lo.

→ § 1º com redação alterada pela Lei 13.015/2014, em vigor após decorridos 60 (sessenta) dias de sua publicação oficial – *D.O.U.* de 22.7.2014.

§ 1º-A. Sob pena de não conhecimento, é ônus da parte:

→ § 1º-A acrescentado pela Lei 13.015/2014, em vigor após decorridos 60 (sessenta) dias de sua publicação oficial – *D.O.U.* de 22.7.2014.

I – indicar o trecho da decisão recorrida que consubstancia o prequestionamento da controvérsia objeto do recurso de revista;

II – indicar, de forma explícita e fundamentada, contrariedade a dispositivo de lei, súmula ou orientação jurisprudencial do Tribunal Superior do Trabalho que conflite com a decisão regional;

III – expor as razões do pedido de reforma, impugnando todos os fundamentos jurídicos da decisão recorrida, inclusive mediante demonstração analítica de cada dispositivo de lei, da Constituição Federal, de súmula ou orientação jurisprudencial cuja contrariedade aponte.

§ 2º Das decisões proferidas pelos Tribunais Regionais do Trabalho ou por suas Turmas, em execução de sentença, inclusive em processo incidente de embargos de terceiro, não caberá Recurso de Revista, salvo na hipótese de ofensa direta e literal de norma da Constituição Federal.

→ § 2º com redação alterada pela Lei 9.756/1998.

§ 3º Os Tribunais Regionais do Trabalho procederão, obrigatoriamente, à uniformização de sua jurisprudência e aplicarão, nas causas da competência da Justiça do Trabalho, no que couber, o incidente de uniformização de jurisprudência previsto nos termos do Capítulo I do Título IX do Livro I da Lei 5.869, de 11 de janeiro de 1973 (Código de Processo Civil).

→ § 3º com redação alterada pela Lei 13.015/2014, em vigor após decorridos 60 (sessenta) dias de sua publicação oficial – *D.O.U.* de 22.7.2014.

§ 4º Ao constatar, de ofício ou mediante provocação de qualquer das partes ou do Ministério Público do Trabalho, a existência de decisões atuais e conflitantes no âmbito do mesmo Tribunal Regional do Trabalho sobre o tema objeto de recurso de revista, o Tribunal Superior do Trabalho determinará o retorno dos autos à Corte de origem, a fim de que proceda à uniformização da jurisprudência.

→ § 4º com redação alterada pela Lei 13.015/2014, em vigor após decorridos 60 (sessenta) dias de sua publicação oficial – *D.O.U.* de 22.7.2014.

§ 5º A providência a que se refere o § 4o deverá ser determinada pelo Presidente do Tribunal Regional do Trabalho, ao emitir juízo de admissibilidade sobre o recurso de revista, ou pelo Ministro Relator, mediante decisões irrecorríveis.

→ § 5º com redação alterada pela Lei 13.015/2014, em vigor após decorridos 60 (sessenta) dias de sua publicação oficial – *D.O.U.* de 22.7.2014.

§ 6º Após o julgamento do incidente a que se refere o § 3º, unicamente a súmula regional ou a tese jurídica prevalecente no Tribunal Regional do Trabalho e não conflitante com súmula ou orientação jurisprudencial do Tribunal Superior do Trabalho servirá como paradigma para viabilizar o conhecimento do recurso de revista, por divergência.

→ § 6º com redação alterada pela Lei 13.015/2014, em vigor após decorridos 60 (sessenta) dias de sua publicação oficial – *D.O.U.* de 22.7.2014.

§ 7º A divergência apta a ensejar o recurso de revista deve ser atual, não se considerando como tal a ultrapassada por súmula do Tribunal Superior do Trabalho ou do Supremo Tribunal Federal, ou superada por iterativa e notória jurisprudência do Tribunal Superior do Trabalho.

→ § 7º acrescentado pela Lei 13.015/2014, em vigor após decorridos 60 (sessenta) dias de sua publicação oficial – *D.O.U.* de 22.7.2014.

§ 8º Quando o recurso fundar-se em dissenso de julgados, incumbe ao recorrente o ônus de produzir prova da divergência jurisprudencial, mediante certidão, cópia ou citação do repositório de jurisprudência, oficial ou credenciado, inclusive em mídia eletrônica, em que houver sido publicada a decisão divergente, ou ainda pela reprodução de julgado disponível na internet, com indicação da respectiva fonte, mencionando, em qualquer caso, as circunstâncias que identifiquem ou assemelhem os casos confrontados.

→ § 8º acrescentado pela Lei 13.015/2014, em vigor após decorridos 60 (sessenta) dias de sua publicação oficial – *D.O.U.* de 22.7.2014.

§ 9º Nas causas sujeitas ao procedimento sumaríssimo, somente será admitido recurso de revista por contrariedade a súmula de jurisprudência uniforme do Tribunal Superior do Trabalho ou a súmula vinculante do Supremo Tribunal Federal e por violação direta da Constituição Federal.

→ § 9º acrescentado pela Lei 13.015/2014, em vigor após decorridos 60 (sessenta) dias de sua publicação oficial – *D.O.U.* de 22.7.2014.

§ 10. Cabe recurso de revista por violação a lei federal, por divergência jurisprudencial e por ofensa à Constituição Federal nas execuções fiscais e nas controvérsias da fase de execução que envolvam a Certidão Negativa de Débitos Trabalhistas (CNDT), criada pela Lei no 12.440, de 7 de julho de 2011.

→ § 10 acrescentado pela Lei 13.015/2014, em vigor após decorridos 60 (sessenta) dias de sua publicação oficial – D.O.U. de 22.7.2014.

§ 11. Quando o recurso tempestivo contiver defeito formal que não se repute grave, o Tribunal Superior do Trabalho poderá desconsiderar o vício ou mandar saná-lo, julgando o mérito.

→ § 11 acrescentado pela Lei 13.015/2014, em vigor após decorridos 60 (sessenta) dias de sua publicação oficial – *D.O.U.* de 22.7.2014.

§ 12. Da decisão denegatória caberá agravo, no prazo de 8 (oito) dias.

→ § 12 acrescentado pela Lei 13.015/2014, em vigor após decorridos 60 (sessenta) dias de sua publicação oficial – *D.O.U.* de 22.7.2014.

§ 13. Dada a relevância da matéria, por iniciativa de um dos membros da Seção Especializada em Dissídios Individuais do Tribunal Superior do Trabalho, aprovada pela maioria dos integrantes da Seção, o julgamento a que se refere o § 3º poderá ser afeto ao Tribunal Pleno.

→ § 13 acrescentado pela Lei 13.015/2014, em vigor após decorridos 60 (sessenta) dias de sua publicação oficial – *D.O.U.* de 22.7.2014.

Art. 896-A. O Tribunal Superior do Trabalho, no recurso de revista, examinará previamente se a causa oferece transcendência com relação aos reflexos gerais de natureza econômica, política, social ou jurídica.

→ Artigo acrescentado pela MP 2.226/2001.

→ *v.* Súmulas 218, 266, 285, 296, 333, 413 e 422 do TST.

→ *v.* Arts. 485 e 514, II, do CPC/1973.

→ *v.* Arts. 966 e 1.010, II, do NCPC.

Art. 896-B. Aplicam-se ao recurso de revista, no que couber, as normas da Lei 5.869, de 11 de janeiro de 1973 (Código de Processo Civil), relativas ao julgamento dos recursos extraordinário e especial repetitivos.

→ Artigo acrescentado pela Lei 13.015/2014, em vigor após decorridos 60 (sessenta) dias de sua publicação oficial – *D.O.U.* de 22.7.2014.

Art. 896-C. Quando houver multiplicidade de recursos de revista fundados em idêntica questão de direito, a questão poderá ser afetada à Seção Especializada em Dissídios Individuais ou ao Tribunal Pleno, por decisão da maioria simples de seus membros, mediante requerimento de um dos Ministros que compõem a Seção Especializada, considerando a relevância da matéria ou a existência de entendimentos divergentes entre os Ministros dessa Seção ou das Turmas do Tribunal.

→ Artigo acrescentado pela Lei 13.015/2014, em vigor após decorridos 60 (sessenta) dias de sua publicação oficial – *D.O.U.* de 22.7.2014.

§ 1º O Presidente da Turma ou da Seção Especializada, por indicação dos relatores, afetará um ou mais recursos representativos da controvérsia para julgamento pela Seção Especializada em Dissídios Individuais ou pelo Tribunal Pleno, sob o rito dos recursos repetitivos.

§ 2º O Presidente da Turma ou da Seção Especializada que afetar processo para julgamento sob o rito dos recursos repetitivos deverá expedir comunicação aos demais Presidentes de Turma ou de Seção Especializada, que poderão afetar outros processos sobre a questão para julgamento conjunto, a fim de conferir ao órgão julgador visão global da questão.

§ 3º O Presidente do Tribunal Superior do Trabalho oficiará os Presidentes dos Tribunais Regionais do Trabalho para que suspendam os recursos interpostos em casos idênticos aos afetados como recursos repetitivos, até o pronunciamento definitivo do Tribunal Superior do Trabalho.

§ 4º Caberá ao Presidente do Tribunal de origem admitir um ou mais recursos representativos da controvérsia, os quais serão encaminhados ao Tribunal Superior do Trabalho, ficando suspensos os demais recursos de revista até o pronunciamento definitivo do Tribunal Superior do Trabalho.

§ 5º O relator no Tribunal Superior do Trabalho poderá determinar a suspensão dos recursos de revista ou de embargos que tenham como objeto controvérsia idêntica à do recurso afetado como repetitivo.

§ 6º O recurso repetitivo será distribuído a um dos Ministros membros da Seção Especializada ou do Tribunal Pleno e a um Ministro revisor.

§ 7º O relator poderá solicitar, aos Tribunais Regionais do Trabalho, informações a respeito da controvérsia, a serem prestadas no prazo de 15 (quinze) dias.

§ 8º O relator poderá admitir manifestação de pessoa, órgão ou entidade com interesse na controvérsia, inclusive como assistente simples, na forma da Lei 5.869, de 11 de janeiro de 1973 (Código de Processo Civil).

§ 9º Recebidas as informações e, se for o caso, após cumprido o disposto no § 7º deste artigo, terá vista o Ministério Público pelo prazo de 15 (quinze) dias.

§ 10. Transcorrido o prazo para o Ministério Público e remetida cópia do relatório aos demais Ministros, o processo será incluído em pauta na Seção Especializada ou no Tribunal Pleno, devendo ser julgado com preferência sobre os demais feitos.

§ 11. Publicado o acórdão do Tribunal Superior do Trabalho, os recursos de revista sobrestados na origem:

I – terão seguimento denegado na hipótese de o acórdão recorrido coincidir com a orientação a respeito da matéria no Tribunal Superior do Trabalho; ou

II – serão novamente examinados pelo Tribunal de origem na hipótese de o acórdão recorrido divergir da orientação do Tribunal Superior do Trabalho a respeito da matéria.

§ 12. Na hipótese prevista no inciso II do § 11 deste artigo, mantida a decisão divergente pelo Tribunal de origem, far-se-á o exame de admissibilidade do recurso de revista.

§ 13. Caso a questão afetada e julgada sob o rito dos recursos repetitivos também contenha questão constitucional, a decisão proferida pelo Tribunal Pleno não obstará o conhecimento de eventuais recursos extraordinários sobre a questão constitucional.

§ 14. Aos recursos extraordinários interpostos perante o Tribunal Superior do Trabalho será aplicado o procedimento previsto no art. 543-B da

Lei 5.869, de 11 de janeiro de 1973 (Código de Processo Civil), cabendo ao Presidente do Tribunal Superior do Trabalho selecionar um ou mais recursos representativos da controvérsia e encaminhá-los ao Supremo Tribunal Federal, sobrestando os demais até o pronunciamento definitivo da Corte, na forma do § 1º do art. 543-B da Lei 5.869, de 11 de janeiro de 1973 (Código de Processo Civil).

§ 15. O Presidente do Tribunal Superior do Trabalho poderá oficiar os Tribunais Regionais do Trabalho e os Presidentes das Turmas e da Seção Especializada do Tribunal para que suspendam os processos idênticos aos selecionados como recursos representativos da controvérsia e encaminhados ao Supremo Tribunal Federal, até o seu pronunciamento definitivo.

§ 16. A decisão firmada em recurso repetitivo não será aplicada aos casos em que se demonstrar que a situação de fato ou de direito é distinta das presentes no processo julgado sob o rito dos recursos repetitivos.

§ 17. Caberá revisão da decisão firmada em julgamento de recursos repetitivos quando se alterar a situação econômica, social ou jurídica, caso em que será respeitada a segurança jurídica das relações firmadas sob a égide da decisão anterior, podendo o Tribunal Superior do Trabalho modular os efeitos da decisão que a tenha alterado.

Art. 897. Cabe agravo, no prazo de 8 (oito) dias:

→ *Caput* com redação alterada pela Lei 8.432/1992.

→ *v.* Súmulas 266, 414, 416 e 419 do TST.

→ *v.* Art. 769 da CLT.

→ *v.* Arts. 557 e 1.046 do CPC/1973.

→ *v.* Arts. 932, III, IV, *a*, V, *a*, *b*, *c*, e 1.021, §§ 4º e 5º, do NCPC.

→ *v.* Art. 235 do RITST.

→ *v.* Resolução 168/2010 do TST – Obriga o recolhimento de 50% (cinquenta) sobre o valor do depósito do recurso ao qual se pretende destrancar.

a) de petição, das decisões do juiz ou presidente, nas execuções;

b) de instrumento, dos despachos que denegarem a interposição de recursos.

→ *v.* Súmula 315 do STF.

§ 1º O agravo de petição só será recebido quando o agravante delimitar, justificadamente, as matérias e os valores impugnados, permitida a execução imediata da parte remanescente até o final, nos próprios autos ou por carta de sentença.

→ § 1º com redação alterada pela Lei 8.432/1992.

§ 2º O agravo de instrumento interposto contra o despacho que não receber agravo de petição não suspende a execução da sentença.

→ § 2º com redação alterada pela Lei 8.432/1992.

§ 3º Na hipótese da alínea *a* deste artigo, o agravo será julgado pelo próprio tribunal, presidido pela autoridade recorrida, salvo se se tratar de decisão de Juiz do Trabalho de 1ª Instância ou de Juiz de Direito, quando o julgamento competirá a uma das Turmas do Tribunal Regional a que estiver subordinado o prolator da sentença, observado o disposto no art. 679, a quem este remeterá as peças necessárias para o exame da matéria controvertida, em autos apartados, ou nos próprios autos, se tiver sido determinada a extração de carta de sentença.

→ § 3º com redação alterada pela Lei 10.035/2000.

§ 4º Na hipótese da alínea *b* deste artigo, o agravo será julgado pelo Tribunal que seria competente para conhecer o recurso cuja interposição foi denegada.

→ § 4º com redação alterada pela Lei 8.432/1992.

§ 5º Sob pena de não conhecimento, as partes promoverão a formação do instrumento do agravo de modo a possibilitar, caso provido, o imediato julgamento do recurso denegado, instruindo a petição de interposição:

→ *Caput* do § 5º acrescentado pela Lei 9.756/1998.

I – obrigatoriamente, com cópias da decisão agravada, da certidão da respectiva intimação, das procurações outorgadas aos advogados do agravante e do agravado, da petição inicial, da contestação, da decisão originária, do depósito recursal referente ao recurso que se pretende destrancar, da comprovação do recolhimento das custas e do depósito recursal a que se refere o § 7º do art. 899 desta Consolidação;

→ Inciso I com redação alterada pela Lei 12.275/2010.

II – facultativamente, com outras peças que o agravante reputar úteis ao deslinde da matéria de mérito controvertida.

→ Inciso II acrescentado pela Lei 9.756/1998.

§ 6º O agravado será intimado para oferecer resposta ao agravo e ao recurso principal, instruindo-a com as peças que considerar necessárias ao julgamento de ambos os recursos.

→ § 6º acrescentado pela Lei 9.756/1998.

§ 7º Provido o agravo, a Turma deliberará sobre o julgamento do recurso principal, observando-se, se for o caso, daí em diante, o procedimento relativo a esse recurso.

→ § 7º acrescentado pela Lei 9.756/1998.

§ 8º Quando o agravo de petição versar apenas sobre as contribuições sociais, o juiz da execução determinará a extração de cópias das peças necessárias, que serão autuadas em apartado, conforme dispõe o § 3º, parte final, e remetidas à instância superior para apreciação, após contraminuta.

→ § 8º acrescentado pela Lei 10.035/2000.

Art. 897-A. Caberão embargos de declaração da sentença ou acórdão, no prazo de cinco dias, devendo seu julgamento ocorrer na primeira audiência ou sessão subsequente a sua apresentação, registrado na certidão, admitido efeito modificativo da decisão nos casos de omissão e contradição no julgado e manifesto equívoco no exame dos pressupostos extrínsecos do recurso.

→ *Caput* acrescentado pela Lei 9.9572000.

§ 1º Os erros materiais poderão ser corrigidos de ofício ou a requerimento de qualquer das partes.

→ § 1º acrescentado pela Lei 13.015/2014, em vigor após decorridos 60 (sessenta) dias de sua publicação oficial – *D.O.U.* de 22.7.2014.

§ 2º Eventual efeito modificativo dos embargos de declaração somente poderá ocorrer em virtude da correção de vício na decisão embargada e desde que ouvida a parte contrária, no prazo de 5 (cinco) dias.

→ § 2º acrescentado pela Lei 13.015/2014, em vigor após decorridos 60 (sessenta) dias de sua publicação oficial – *D.O.U.* de 22.7.2014.

§ 3º Os embargos de declaração interrompem o prazo para interposição de outros recursos, por qualquer das partes, salvo quando intempestivos, irregular a representação da parte ou ausente a sua assinatura.

→ § 3º acrescentado pela Lei 13.015/2014, em vigor após decorridos 60 (sessenta) dias de sua publicação oficial – *D.O.U.* de 22.7.2014.

Art. 898. Das decisões proferidas em dissídio coletivo que afete empresa de serviço público, ou, em qualquer caso, das proferidas em revisão, poderão recorrer, além dos interessados, o presidente do Tribunal e a Procuradoria da Justiça do Trabalho.

→ *v.* Súmulas 303 e 330 do TST.

Art. 899. Os recursos serão interpostos por simples petição e terão efeito meramente devolutivo, salvo as exceções previstas neste Título, permitida a execução provisória até a penhora.

→ *Caput* com redação alterada pela Lei 5.442/1968.

→ *v.* Súmulas 245, 385 e 387 do TST.

→ *v.* Art. 184 do CPC/1973.

→ *v.* Art. 224, §§ 1º e 3º, do NCPC.

→ *v.* Lei 9.800/1999 – Permite às partes a utilização de sistema de transmissão de dados para a prática de atos processuais.

→ *v.* Art. 2º, *caput*, da Lei 9.800/1999, que determina: "A utilização de sistema de transmissão de dados e imagens não prejudica o cumprimento dos prazos, devendo os originais ser entregues em juízo, necessariamente, até cinco dias da data de seu término".

→ *v.* Resolução 168/2010 do TST.

§ 1º Sendo a condenação de valor até dez vezes o valor de referência regional, nos dissídios individuais, só será admitido o recurso, inclusive o extraordinário, mediante prévio depósito da respectiva importância. Transitada em julgado a decisão recorrida, ordenar-se-á o levantamento imediato da importância do depósito, em favor da parte vencedora, por simples despacho do juiz.

→ § 1º com redação alterada pela Lei 5.442/1968.

§ 2º Tratando-se de condenação de valor indeterminado, o depósito corresponderá ao que for arbitrado para efeito de custas, pela Junta ou Juízo de Direito, até o limite de dez vezes o valor de referência regional.

→ § 2º com redação alterada pela Lei 5.442/1968.

→ *v.* EC 24/1999 – Altera dispositivos da Constituição Federal pertinentes à representação classistas na Justiça do Trabalho.

§ 3º *(Revogado pela Lei 7.033/1982).*

§ 4º O depósito de que trata o § 1º far-se-á na conta vinculada do empregado a que se refere o art. 2º da Lei 5.107, de 13 de setembro de 1966, aplicando-se-lhe os preceitos dessa lei, observado, quanto ao respectivo levantamento, o disposto no § 1º.

→ § 4º com redação alterada pela Lei 5.442/1968.

→ *v.* Lei 8.036/1990 – Fundo de Garantia do Tempo de Serviço.

§ 5º Se o empregado ainda não tiver conta vinculada aberta em seu nome, nos termos do art. 2º da Lei 5.107, de 13 de setembro de 1966, a empresa procederá à respectiva abertura, para efeito do disposto no § 2º.

→ § 5º com redação alterada pela Lei 5.442/1968.

→ *v.* Lei 8.036/1990 – Fundo de Garantia do Tempo de Serviço.

§ 6º Quando o valor da condenação, ou o arbitrado para fins de custas, exceder o limite de dez vezes o valor de referência regional, o depósito para fins de recursos será limitado a este valor.

→ § 6º com redação alterada pela Lei 5.442/1968.

§ 7º No ato de interposição do agravo de instrumento, o depósito recursal corresponderá a 50% (cinquenta por cento) do valor do depósito do recurso ao qual se pretende destrancar.

→ § 7º acrescentado pela Lei 12.275/2010.

§ 8º Quando o agravo de instrumento tem a finalidade de destrancar recurso de revista que se insurge contra decisão que contraria a jurisprudência uniforme do Tribunal Superior do Trabalho, consubstanciada nas suas súmulas ou em orientação jurisprudencial, não haverá obrigatoriedade de se efetuar o depósito referido no § 7º deste artigo.

→ § 8º acrescentado pela Lei 13.015/2014, em vigor após decorridos 60 (sessenta) dias de sua publicação oficial – *D.O.U.* de 22.7.2014.

Art. 900. Interposto o recurso, será notificado o recorrido para oferecer as suas razões, em prazo igual ao que tiver o recorrente.

→ *v.* Súmula 283 do TST.

→ *v.* Art. 500 do CPC/1973.

→ *v.* Art. 997 do NCPC.

Art. 901. Sem prejuízo dos prazos previstos neste Capítulo, terão as partes vistas dos autos em cartório ou na secretaria.

Parágrafo único. Salvo quando estiver correndo prazo comum, aos procuradores das partes será permitido ter vista dos autos fora do cartório ou secretaria.

→ Parágrafo único acrescentado pela Lei 8.638/1993.

Art. 902. *(Revogado pela Lei 7.033/1982).*

Capítulo VII
DA APLICAÇÃO DAS PENALIDADES

Art. 903. As penalidades estabelecidas no Título anterior serão aplicadas pelo juiz, ou Tribunal, que tiver de conhecer da desobediência, violação, recusa, falta ou coação, ex officio, ou mediante representação de qualquer interessado ou da Procuradoria da Justiça do Trabalho.

→ Artigo com redação alterada pelo Dec.-lei 8.737/1946.

Art. 904. As sanções em que incorrerem as autoridades da Justiça do Trabalho serão aplicadas pela autoridade ou Tribunal imediatamente superior, conforme o caso, ex officio, ou mediante representação de qualquer interessado ou da Procuradoria.

→ *Caput* com redação alterada pelo Dec.-lei 8.737/1946.

Parágrafo único. Tratando-se de membro do Tribunal Superior do Trabalho será competente para a imposição de sanções o Senado Federal.

→ *v.* Arts. 102, I, *c*; 105, I, a, da CF/1988.

Art. 905. Tomando conhecimento do fato imputado, o juiz, ou Tribunal competente, mandará notificar o acusado, para apresentar, no prazo de 15 (quinze) dias, defesa por escrito.

§ 1º É facultado ao acusado, dentro do prazo estabelecido neste artigo, requerer a produção de testemunhas até o máximo de cinco. Neste caso, será marcada audiência para a inquirição.

§ 2º Findo o prazo de defesa, o processo será imediatamente concluso para julgamento, que deverá ser proferido no prazo de 10 (dez) dias.

Art. 906. Da imposição das penalidades a que se refere este Capítulo, caberá recurso ordinário para o Tribunal Superior, no prazo de 10 (dez) dias, salvo se a imposição resultar de dissídio coletivo, caso em que o prazo será de 20 (vinte) dias.

Art. 907. Sempre que o infrator incorrer em pena criminal, far-se-á remessa das peças necessárias à autoridade competente.

Art. 908. A cobrança das multas estabelecidas neste Título será feita mediante executivo fiscal, perante o juiz competente para a cobrança de dívida ativa da Fazenda Pública Federal.

Parágrafo único. A cobrança das multas será promovida, no Distrito Federal e nos Estados em que funcionarem os Tribunais Regionais, pela Procuradoria da Justiça do Trabalho, e, nos demais Estados, de acordo com o disposto no Dec.-lei 960, de 17 de dezembro de 1938.

→ *v.* Art. 114, VIII, da CF/1988.

→ *v.* Art. 2º do Dec.-lei 9.797/1946.

→ *v.* Lei 6.830/1980 – Lei de Execução Fiscal.

Capítulo VIII
DISPOSIÇÕES FINAIS

Art. 909. A ordem dos processos no Tribunal Superior do Trabalho será regulada em seu regimento interno.

→ *v.* Art. 2º do Dec.-lei 9.797/1946.

Art. 910. Para os efeitos deste Título, equiparam-se aos serviços públicos os de utilidade pública, bem como os que forem prestados em armazéns de gêneros alimentícios, açougues, padarias, leiterias, farmácias, hospitais, minas, empresas de transportes e comunicações, bancos e estabelecimentos que interessem à segurança nacional.

→ *v.* Súmula 316 do STF.

→ *v.* Lei 7.783/1989 – Lei de greve.

Título XI
Disposições finais e transitórias

Art. 911. Esta Consolidação entrará em vigor em 10 de novembro de 1943.

Art. 912. Os dispositivos de caráter imperativo terão aplicação imediata às relações iniciadas, mas não consumadas, antes da vigência desta Consolidação.

Art. 913. O Ministro do Trabalho, Indústria e Comércio expedirá instruções, quadros, tabelas e modelos que se tornarem necessários à execução desta Consolidação.

Parágrafo único. O Tribunal Superior do Trabalho adaptará o seu regimento interno e o dos Tribunais Regionais do Trabalho às normas contidas nesta Consolidação.

→ *v.* Art. 2º do Dec.-lei 9.797/1946.

Art. 914. Continuarão em vigor os quadros, tabelas e modelos, aprovados em virtude de dispositivos não alterados pela presente Consolidação.

Art. 915. Não serão prejudicados os recursos interpostos com apoio em dispositivos alterados ou cujo prazo para interposição esteja em curso à data da vigência desta Consolidação.

Art. 916. Os prazos de prescrição fixados pela presente Consolidação começarão a correr da data da vigência desta, quando menores do que os previstos pela legislação anterior.

→ *v.* 7º, XXIX, da CF/1988.

→ *v.* Art. 11 da CLT.

Art. 917. O Ministro do Trabalho, Indústria e Comércio marcará prazo para adaptação dos atuais estabelecimentos às exigências contidas no Capítulo "Da Segurança e da Medicina do Trabalho". Compete ainda àquela autoridade fixar os prazos dentro dos quais, em cada Estado, entrará em vigor a obrigatoriedade do uso da Carteira de Trabalho e Previdência Social, para os atuais empregados.

Parágrafo único. O Ministro do Trabalho, Indústria e Comércio fixará, para cada Estado e quando julgar conveniente, o início da vigência de parte ou de todos os dispositivos contidos no Capítulo "Da Segurança e da Medicina do Trabalho".

Art. 918. Enquanto não for expedida a Lei Orgânica da Previdência Social, competirá ao presidente do Tribunal Superior do Trabalho julgar os recursos interpostos com apoio no art. 1º, alínea *c*, do Decreto-lei 3.710, de 14 de outubro de 1941, cabendo recurso de suas decisões nos termos do disposto no art. 734, alínea *b*, desta Consolidação.

Parágrafo único. Ao diretor do Departamento de Previdência Social incumbirá presidir as eleições para a constituição dos Conselhos Fiscais dos Institutos e Caixas de Aposentadoria e Pensões e julgar, com recurso para a instância superior, os recursos sobre matéria técnico-administrativa dessas instituições.

→ *v.* Dec.-lei 72/1966 – Unifica os Institutos de Aposentadoria e Pensões e cria o Instituto Nacional de Previdência Social.

→ *v.* Lei 3.807/1960 – Lei Orgânica da Previdência Social.

Art. 919. Ao empregado bancário, admitido até a data da vigência da presente Lei, fica assegurado o direito à aquisição da estabilidade nos termos do art. 15 do Dec. 24.615, de 9 de julho de 1934.

Art. 920. Enquanto não forem constituídas as confederações, ou na falta destas, a representação de classes, econômicas ou profissionais, que derivar da indicação desses órgãos ou dos respectivos presidentes, será suprida por equivalente designação ou eleição realizada pelas correspondentes federações.

Art. 921. As empresas que não estiverem incluídas no enquadramento sindical de que trata o art. 577 poderão firmar contratos coletivos de trabalho com os sindicatos representativos da respectiva categoria profissional.

Art. 922. O disposto no art. 301 regerá somente as relações de emprego iniciadas depois da vigência desta Consolidação.

→ Artigo acrescentado pelo Dec.-lei 6.353/1944.

→ Não publicamos o Anexo da CLT.

(Publicação no *D.O.U.* de 9.8.1943)

ÍNDICE REMISSIVO DA CONSOLIDAÇÃO DAS LEIS DO TRABALHO

A

D

E

F

CÓDIGO ELEITORAL

VADE MECUM DE LEGISLAÇÃO FOCO

ÍNDICE SISTEMÁTICO DO CÓDIGO ELEITORAL

TÍTULO V – DA APURAÇÃO

PARTE QUINTA – DISPOSIÇÕES VÁRIAS

TÍTULO I – DAS GARANTIAS ELEITORAIS

TÍTULO II – DA PROPAGANDA PARTIDÁRIA

TÍTULO III – DOS RECURSOS

TÍTULO IV – DISPOSIÇÕES PENAIS

TÍTULO V – DISPOSIÇÕES GERAIS E TRANSITÓRIAS

CÓDIGO ELEITORAL

LEI 4.737,
DE 15 DE JULHO DE 1965

Institui o Código Eleitoral.

O Presidente da República:

Faço saber que sanciono a seguinte Lei, aprovada pelo Congresso Nacional, nos termos do art. 4º, *caput*, do Ato Institucional, de 9 de abril de 1964:

→ *V.* Lei 13.105/2015 – Institui o Novo Código de Processo Civil, em vigor após decorrido 1 (um) ano da data de sua publicação oficial (Art. 1.045 do NCPC) – *D.O.U.* de 17.3.2015.

→ *V.* Lei 9.504/1997 – Lei Eleitoral.

PARTE PRIMEIRA
INTRODUÇÃO

Art. 1º Este Código contém normas destinadas a assegurar a organização e o exercício de direitos políticos precipuamente os de votar e ser votado.

Parágrafo único. O Tribunal Superior Eleitoral expedirá Instruções para sua fiel execução.

Art. 2º Todo poder emana do povo e será exercido em seu nome, por mandatários escolhidos, direta e secretamente, dentre candidatos indicados por partidos políticos nacionais, ressalvada a eleição indireta nos casos previstos na Constituição e leis específicas.

Art. 3º Qualquer cidadão pode pretender investidura em cargo eletivo, respeitadas as condições constitucionais e legais de elegibilidade e incompatibilidade.

Art. 4º São eleitores os brasileiros maiores de 18 anos que se alistarem na forma da lei.

→ *V.* Art. 14 da CF.

Art. 5º Não podem alistar-se eleitores:

I – os analfabetos;

→ *V.* Art. 14, § 1º, II, *a*, da CF.

II – os que não saibam exprimir-se na língua nacional;

III – os que estejam privados, temporária ou definitivamente dos direitos políticos.

Parágrafo único. Os militares são alistáveis, desde que oficiais, aspirantes a oficiais, guardas-marinha, subtenentes ou suboficiais, sargentos ou alunos das escolas militares de ensino superior para formação de oficiais.

Art. 6º O alistamento e o voto são obrigatórios para os brasileiros de um e outro sexo, salvo:

I – quanto ao alistamento:

a) os inválidos;

b) os maiores de setenta anos;

c) os que se encontrem fora do País;

II – quanto ao voto:

a) os enfermos;

b) os que se encontrem fora do seu domicílio;

c) os funcionários civis e os militares, em serviço que os impossibilite de votar.

Art. 7º O eleitor que deixar de votar e não se justificar perante o juiz eleitoral até 30 (trinta) dias após a realização da eleição, incorrerá na multa de 3 (três) a 10% (dez) por cento sobre o salário mínimo da região, imposta pelo juiz eleitoral e cobrada na forma prevista no art. 367.

→ *Caput* com redação alterada pela Lei 4.961/1966.

§ 1º Sem a prova de que votou na última eleição, pagou a respectiva multa ou de que se justificou devidamente, não poderá o eleitor:

I – inscrever-se em concurso ou prova para cargo ou função pública, investir-se ou empossar-se neles;

II – receber vencimentos, remuneração, salário ou proventos de função ou emprego público, autárquico ou para estatal, bem como fundações governamentais, empresas, institutos e sociedades de qualquer natureza, mantidas ou subvencionadas pelo governo ou que exerçam serviço público delegado, correspondentes ao segundo mês subsequente ao da eleição;

III – participar de concorrência pública ou administrativa da União, dos Estados, dos Territórios, do Distrito Federal ou dos Municípios, ou das respectivas autarquias;

IV – obter empréstimos nas autarquias, sociedades de economia mista, caixas econômicas federais ou estaduais, nos institutos e caixas de previdência social, bem como em qualquer estabelecimento de crédito mantido pelo governo, ou de cuja administração este participe, e com essas entidades celebrar contratos;

V – obter passaporte ou carteira de identidade;

VI – renovar matrícula em estabelecimento de ensino oficial ou fiscalizado pelo governo;

VII – praticar qualquer ato para o qual se exija quitação do serviço militar ou imposto de renda.

§ 2º Os brasileiros natos ou naturalizados, maiores de 18 anos, salvo os excetuados nos arts. 5º e 6º, 1, sem prova de estarem alistados não poderão praticar os atos relacionados no parágrafo anterior.

§ 3º Realizado o alistamento eleitoral pelo processo eletrônico de dados, será cancelada a inscrição do eleitor que não votar em 3 (três) eleições consecutivas, não pagar a multa ou não se justificar no prazo de 6 (seis) meses, a contar da data da última eleição a que deveria ter comparecido.

→ § 3º acrescentado pela Lei 7.663/1988.

§ 4º O disposto no inciso V do § 1º não se aplica ao eleitor no exterior que requeira novo passaporte para identificação e retorno ao Brasil.

→ § 4º acrescentado pela Lei 13.165/2015.

Art. 8º O brasileiro nato que não se alistar até os 19 anos ou o naturalizado que não se alistar até um ano depois de adquirida a nacionalidade brasileira, incorrerá na multa de 3 (três) a 10 (dez) por cento sobre o valor do salário mínimo da região, imposta pelo juiz e cobrada no ato da inscrição eleitoral através de selo federal inutilizado no próprio requerimento.

→ *Caput* com redação alterada pela Lei 4.961/1966.

→ *V.* Lei 5.337/1967 – Dispõe sobre a aplicação da multa prevista pelo art. 8º do Código Eleitoral (Lei 4.737, de 15 de julho de 1965).

→ *V.* Lei 5.780/1972 – Dispõe sobre a dispensa da multa prevista pelo artigo 8º do Código Eleitoral (Lei nº 4.737, de 1965).

→ *V.* Art. 1º da Lei 6.018/1974.

Parágrafo único. Não se aplicará a pena ao não alistado que requerer sua inscrição eleitoral até o centésimo primeiro dia anterior à eleição subsequente à data em que completar dezenove anos.

→ Parágrafo único acrescentado pela Lei 9.041/1995.

Art. 9º Os responsáveis pela inobservância do disposto nos arts. 7º e 8º incorrerão na multa de 1 (um) a 3 (três) salários mínimos vigentes na zona eleitoral ou de suspensão disciplinar até 30 (trinta) dias.

Art. 10. O juiz eleitoral fornecerá aos que não votarem por motivo justificado e aos não alistados nos termos dos artigos 5º e 6º, 1, documento que os isente das sanções legais.

Art. 11. O eleitor que não votar e não pagar a multa, se se encontrar fora de sua zona e necessitar documento de quitação com a Justiça Eleitoral, poderá efetuar o pagamento perante o juízo da zona em que estiver.

§ 1º A multa será cobrada no máximo previsto, salvo se o eleitor quiser aguardar que o juiz da zona em que se encontrar solicite informações sobre o arbitramento ao juízo da inscrição.

§ 2º Em qualquer das hipóteses, efetuado o pagamento através de selos federais inutilizados no próprio requerimento, o juiz que recolheu a multa comunicará o fato ao da zona de inscrição e fornecerá ao requerente comprovante do pagamento.

PARTE SEGUNDA
DOS ÓRGÃOS DA JUSTIÇA ELEITORAL

Art. 12. São órgãos da Justiça Eleitoral:

I – o Tribunal Superior Eleitoral, com sede na Capital da República e jurisdição em todo o País;

II – um Tribunal Regional, na Capital de cada Estado, no Distrito Federal e, mediante proposta do Tribunal Superior, na Capital de Território;

III – juntas eleitorais;

IV – juízes eleitorais.

Art. 13. O número de juízes dos Tribunais Regionais não será reduzido, mas poderá ser elevado até 9 (nove), mediante proposta do Tribunal Superior, e na forma por ele sugerida.

Art. 14. Os juízes dos Tribunais Eleitorais, salvo motivo justificado, servirão obrigatoriamente por 2 (dois) anos, e nunca por mais de 2 (dois) biênios consecutivos.

§ 1º Os biênios serão contados, ininterruptamente, sem o desconto de qualquer afastamento nem mesmo o decorrente de licença, férias, ou licença especial, salvo no caso do § 3º.

→ § 1º acrescentado pela Lei 4.961/1966.

§ 2º Os juízes afastados por motivo de licença férias e licença especial, de suas funções na Justiça comum, ficarão automaticamente afastados da Justiça Eleitoral pelo tempo correspondente exceto quando com períodos de férias coletivas, coincidir a realização de eleição, apuração ou encerramento de alistamento.

→ § 2º acrescentado pela Lei 4.961/1966.

§ 3º Da homologação da respectiva convenção partidária até a diplomação e nos feitos decorrentes do processo eleitoral, não poderão servir como juízes nos Tribunais Eleitorais, ou como juiz eleitoral, o cônjuge ou o parente consanguíneo ou afim, até o segundo grau, de candidato a cargo eletivo registrado na circunscrição.

→ § 3º com redação alterada pela Lei 13.165/2015.

§ 4º No caso de recondução para o segundo biênio, observar-se-ão as mesmas formalidades indispensáveis à primeira investidura.

→ § 4º acrescentado pela Lei 4.961/1966.

Art. 15. Os substitutos dos membros efetivos dos Tribunais Eleitorais serão escolhidos, na mesma ocasião e pelo mesmo processo, em número igual para cada categoria.

Título I
Do tribunal superior

Art. 16. Compõe-se o Tribunal Superior Eleitoral:

→ Artigo com redação alterada pela Lei 7.191/1984.

I – mediante eleição, pelo voto secreto:

a) de três juízes, dentre os Ministros do Supremo Tribunal Federal; e

b) de dois juízes, dentre os membros do Tribunal Federal de Recursos;

II – por nomeação do Presidente da República, de 2 (dois) entre 6 (seis) advogados de notável saber jurídico e idoneidade moral, indicados pelo Supremo Tribunal Federal.

§ 1º Não podem fazer parte do Tribunal Superior Eleitoral cidadãos que tenham entre si parentesco, ainda que por afinidade, até o quarto grau, seja o vínculo legítimo ou ilegítimo, excluindo-se neste caso o que tiver sido escolhido por último.

§ 2º A nomeação de que trata o inciso II deste artigo não poderá recair em cidadão que ocupe cargo público de que seja demissível *ad nutum*; que seja diretor, proprietário ou sócio de empresa beneficiada com subvenção, privilégio, isenção ou favor em virtude de contrato com a administração pública; ou que exerça mandato de caráter político, federal, estadual ou municipal.

Art. 17. O Tribunal Superior Eleitoral elegerá para seu presidente um dos ministros do Supremo Tribunal Federal, cabendo ao outro a vice-presidência, e para Corregedor-Geral da Justiça Eleitoral um dos seus membros.

§ 1º As atribuições do Corregedor-Geral serão fixadas pelo Tribunal Superior Eleitoral.

§ 2º No desempenho de suas atribuições o Corregedor-Geral se locomoverá para os Estados e Territórios nos seguintes casos:

I – por determinação do Tribunal Superior Eleitoral;

II – a pedido dos Tribunais Regionais Eleitorais;

III – a requerimento de Partido deferido pelo Tribunal Superior Eleitoral;

IV – sempre que entender necessário.

§ 3º Os provimentos emanados da Corregedoria-Geral vinculam os Corregedores Regionais, que lhes devem dar imediato e preciso cumprimento.

Art. 18. Exercerá as funções de Procurador-Geral, junto ao Tribunal Superior Eleitoral, o Procurador-Geral da República, funcionando, em suas faltas e impedimentos, seu substituto legal.

Parágrafo único. O Procurador-Geral poderá designar outros membros do Ministério Público da União, com exercício no Distrito Federal, e sem prejuízo das respectivas funções, para auxiliá-lo junto ao Tribunal Superior Eleitoral, onde não poderão ter assento.

Art. 19. O Tribunal Superior delibera por maioria de votos, em sessão pública, com a presença da maioria de seus membros.

Parágrafo único. As decisões do Tribunal Superior, assim na interpretação do Código Eleitoral em face da Constituição e cassação de registro de partidos políticos, como sobre quaisquer recursos que importem anulação geral de eleições ou perda de diplomas, só poderão ser tomadas com a presença de todos os seus membros. Se ocorrer impedimento de algum juiz, será convocado o substituto ou o respectivo suplente.

Art. 20. Perante o Tribunal Superior, qualquer interessado poderá arguir a suspeição ou impedimento dos seus membros, do Procurador-Geral ou de funcionários de sua Secretaria, nos casos previstos na lei processual civil ou penal e por motivo de parcialidade partidária, mediante o processo previsto em regimento.

Parágrafo único. Será ilegítima a suspeição quando o excipiente a provocar ou, depois de manifestada a causa, praticar ato que importe aceitação do arguido.

Art. 21. Os Tribunais e juízes inferiores devem dar imediato cumprimento às decisões, mandados, instruções e outros atos emanados do Tribunal Superior Eleitoral.

Art. 22. Compete ao Tribunal Superior:

I – processar e julgar originariamente:

a) o registro e a cassação de registro de partidos políticos, dos seus diretórios nacionais e de candidatos à Presidência e Vice-Presidência da República;

b) os conflitos de jurisdição entre Tribunais Regionais e juízes eleitorais de Estados diferentes;

c) a suspeição ou impedimento aos seus membros, ao Procurador-Geral e aos funcionários da sua Secretaria;

d) os crimes eleitorais e os comuns que lhes forem conexos cometidos pelos seus próprios juízes e pelos juízes dos Tribunais Regionais;

e) o *habeas corpus* ou mandado de segurança, em matéria eleitoral, relativos a atos do Presidente da República, dos Ministros de Estado e dos Tribunais Regionais; ou, ainda, o habeas corpus, quando houver perigo de se consumar a violência antes que o juiz competente possa prover sobre a impetração;

→ *v.* Resolução do Senado Federal 132/1984, que suspende, por inconstitucionalidade, a execução da locução "ou mandado de segurança" da alínea *e* do inciso I do art. 22.

f) as reclamações relativas a obrigações impostas por lei aos partidos políticos, quanto à sua contabilidade e à apuração da origem dos seus recursos;

g) as impugnações à apuração do resultado geral, proclamação dos eleitos e expedição de diploma na eleição de presidente e vice-presidente da República;

h) os pedidos de desaforamento dos feitos não decididos nos Tribunais Regionais dentro de 30 (trinta) dias da conclusão ao relator, formulados por partido, candidato, Ministério Público ou parte legitimamente interessada;

→ Alínea *h* com redação alterada pela Lei 4.961/1966.

i) as reclamações contra os seus próprios juízes que, no prazo de 30 (trinta) dias a contar da conclusão, não houverem julgado os feitos a eles distribuídos;

→ Alínea *i* acrescentada Lei 4.961/1966.

j) a ação rescisória, nos casos de inelegibilidade, desde que intentada dentro de 120 (cento e vinte) dias de decisão irrecorrível, possibilitando-se o exercício do mandato eletivo até o seu trânsito em julgado;

→ Alínea *j* acrescentada pela LC 86/1996.

II – julgar os recursos interpostos das decisões dos Tribunais Regionais nos termos do art. 276 inclusive os que versarem matéria administrativa.

Parágrafo único. As decisões do Tribunal Superior são irrecorríveis, salvo nos casos do art. 281.

Art. 23. Compete, ainda, privativamente, ao Tribunal Superior:

I – elaborar o seu regimento interno;

II – organizar a sua Secretaria e a Corregedoria-Geral, propondo ao Congresso Nacional a criação ou extinção dos cargos administrativos e a fixação dos respectivos vencimentos, provendo-os na forma da lei;

III – conceder aos seus membros licença e férias assim como afastamento do exercício dos cargos efetivos;

IV – aprovar o afastamento do exercício dos cargos efetivos dos juízes dos Tribunais Regionais Eleitorais;

V – propor a criação de Tribunal Regional na sede de qualquer dos Territórios;

VI – propor ao Poder Legislativo o aumento do número dos juízes de qualquer Tribunal Eleitoral, indicando a forma desse aumento;

VII – fixar as datas para as eleições de Presidente e Vice-Presidente da República, senadores e deputados federais, quando não o tiverem sido por lei;

VIII – aprovar a divisão dos Estados em zonas eleitorais ou a criação de novas zonas;

IX – expedir as instruções que julgar convenientes à execução deste Código;

X – fixar a diária do Corregedor-Geral, dos Corregedores Regionais e auxiliares em diligência fora da sede;

XI – enviar ao Presidente da República a lista tríplice organizada pelos Tribunais de Justiça nos termos do art. 25;

XII – responder, sobre matéria eleitoral, às consultas que lhe forem feitas em tese por autoridade com jurisdição, federal ou órgão nacional de partido político;

XIII – autorizar a contagem dos votos pelas mesas receptoras nos Estados em que essa providência for solicitada pelo Tribunal Regional respectivo;

XIV – requisitar força federal necessária ao cumprimento da lei, de suas próprias decisões ou das decisões dos Tribunais Regionais que o solicitarem, e para garantir a votação e a apuração;

→ Inciso XIV com redação alterada pela Lei 4.961/1966.

XV – organizar e divulgar a Súmula de sua jurisprudência;

XVI – requisitar funcionário da União e do Distrito Federal quando o exigir o acúmulo ocasional do serviço de sua Secretaria;

XVII – publicar um boletim eleitoral;

XVIII – tomar quaisquer outras providências que julgar convenientes à execução da legislação eleitoral.

Art. 24. Compete ao Procurador-Geral, como Chefe do Ministério Público Eleitoral:

I – assistir às sessões do Tribunal Superior e tomar parte nas discussões;

II – exercer a ação pública e promovê-la até final, em todos os feitos de competência originária do Tribunal;

III – oficiar em todos os recursos encaminhados ao Tribunal;

IV – manifestar-se, por escrito ou oralmente, em todos os assuntos submetidos à deliberação do Tribunal, quando solicitada sua audiência por qualquer dos juízes, ou por iniciativa sua, se entender necessário;

V – defender a jurisdição do Tribunal;

VI – representar ao Tribunal sobre a fiel observância das leis eleitorais, especialmente quanto à sua aplicação uniforme em todo o País;

VII – requisitar diligências, certidões e esclarecimentos necessários ao desempenho de suas atribuições;

VIII – expedir instruções aos órgãos do Ministério Público junto aos Tribunais Regionais;

IX – acompanhar, quando solicitado, o Corregedor-Geral, pessoalmente ou por intermédio de Procurador que designe, nas diligências a serem realizadas.

Título II
Dos tribunais regionais

Art. 25. Os Tribunais Regionais Eleitorais compor-se-ão:

→ *Caput* com redação alterada pela Lei 7.191/1984.

I – mediante eleição, pelo voto secreto:

→ Inciso I com redação alterada pela Lei 7.191/1984.

a) de dois juízes, dentre os desembargadores do Tribunal de Justiça;

b) de dois juízes de direito, escolhidos pelo Tribunal de Justiça;

II – do juiz federal e, havendo mais de um, do que for escolhido pelo Tribunal Federal de Recursos; e

→ Inciso II com redação alterada pela Lei 7.191/1984.

III – por nomeação do Presidente da República de dois dentre seis cidadãos de notável saber jurídico e idoneidade moral, indicados pelo Tribunal de Justiça.

→ Inciso III com redação alterada pela Lei 7.191/1984.

Art. 26. O Presidente e o Vice-Presidente do Tribunal Regional serão eleitos por este dentre os 3 (três) desembargadores do Tribunal de Justiça; o terceiro desembargador será o Corregedor Regional da Justiça Eleitoral.

§ 1º As atribuições do Corregedor Regional serão fixadas pelo Tribunal Superior Eleitoral e, em caráter supletivo ou complementar, pelo Tribunal Regional Eleitoral perante o qual servir.

§ 2º No desempenho de suas atribuições o Corregedor Regional se locomoverá para as zonas eleitorais nos seguintes casos:

I – por determinação do Tribunal Superior Eleitoral ou do Tribunal Regional Eleitoral;

II – a pedido dos juízes eleitorais;

III – a requerimento de Partido, deferido pelo Tribunal Regional;

IV – sempre que entender necessário.

Art. 27. Servirá como Procurador Regional junto a cada Tribunal Regional Eleitoral o Procurador da República no respectivo Estado e, onde houver mais de um, aquele que for designado pelo Procurador-Geral da República.

§ 1º No Distrito Federal, serão as funções de Procurador Regional Eleitoral exercidas pelo Procurador-Geral da Justiça do Distrito Federal.

§ 2º Substituirá o Procurador Regional, em suas faltas ou impedimentos, o seu substituto legal.

§ 3º Compete aos Procuradores Regionais exercer, perante os Tribunais junto aos quais servirem, as atribuições do Procurador Geral.

§ 4º Mediante prévia autorização do Procurador-Geral, podendo os Procuradores Regionais requisitar, para auxiliá-los nas suas funções, membros do Ministério Público local, não tendo estes, porém, assento nas sessões do Tribunal.

Art. 28. Os Tribunais Regionais deliberam por maioria de votos, em sessão pública, com a presença da maioria de seus membros.

§ 1º No caso de impedimento e não existindo *quorum*, será o membro do Tribunal substituído por outro da mesma categoria, designado na forma prevista na Constituição.

§ 2º Perante o Tribunal Regional, e com recurso voluntário para o Tribunal Superior qualquer interessado poderá arguir a suspeição dos seus membros, do Procurador Regional, ou de funcionários da sua Secretaria, assim como dos juízes e escrivães eleitorais, nos casos previstos na lei processual civil e por motivo de parcialidade partidária, mediante o processo previsto em regimento.

§ 3º No caso previsto no parágrafo anterior será observado o disposto no parágrafo único do art. 20.

→ § 3º acrescentado pela Lei 4.961/1966.

§ 4º As decisões dos Tribunais Regionais sobre quaisquer ações que importem cassação de registro, anulação geral de eleições ou perda de diplomas somente poderão ser tomadas com a presença de todos os seus membros.

→ § 4º acrescentado pela Lei 13.165/2015.

§ 5º No caso do § 4o, se ocorrer impedimento de algum juiz, será convocado o suplente da mesma classe.

→ § 5º acrescentado pela Lei 13.165/2015.

Art. 29. Compete aos Tribunais Regionais:

I – processar e julgar originariamente:

a) o registro e o cancelamento do registro dos diretórios estaduais e municipais de partidos políticos, bem como de candidatos a Governador, Vice-Governadores, e membro do Congresso Nacional e das Assembleias Legislativas;

b) os conflitos de jurisdição entre juízes eleitorais do respectivo Estado;

c) a suspeição ou impedimentos aos seus membros ao Procurador Regional e aos funcionários da sua Secretaria assim como aos juízes e escrivães eleitorais;

d) os crimes eleitorais cometidos pelos juízes eleitorais;

e) o *habeas corpus* ou mandado de segurança, em matéria eleitoral, contra ato de autoridades que respondam perante os Tribunais de Justiça por crime de responsabilidade e, em grau de recurso, os denegados ou concedidos pelos juízes eleitorais; ou, ainda, o *habeas corpus* quando houver perigo de se consumar a violência antes que o juiz competente possa prover sobre a impetração;

f) as reclamações relativas a obrigações impostas por lei aos partidos políticos, quanto a sua contabilidade e a apuração da origem dos seus recursos;

g) os pedidos de desaforamento dos feitos não decididos pelos juízes eleitorais em 30 (trinta) dias da sua conclusão para julgamento, formulados por partido, candidato, Ministério Público ou parte legitimamente interessada, sem prejuízo das sanções decorrentes do excesso de prazo;

→ Alínea *g* com redação alterada pela Lei 4.961/1966.

II – julgar os recursos interpostos:

a) dos atos e das decisões proferidas pelos juízes e juntas eleitorais;

b) das decisões dos juízes eleitorais que concederem ou denegarem *habeas corpus* ou mandado de segurança.

Parágrafo único. As decisões dos Tribunais Regionais são irrecorríveis, salvo nos casos do art. 276.

Art. 30. Compete, ainda, privativamente, aos Tribunais Regionais:

I – elaborar o seu regimento interno;

II – organizar a sua Secretaria e a Corregedoria Regional provendo-lhes os cargos na forma da lei, e propor ao Congresso Nacional, por intermédio do Tribunal Superior, a criação ou supressão de cargos e a fixação dos respectivos vencimentos;

III – conceder aos seus membros e aos juízes eleitorais licença e férias, assim como afastamento do exercício dos cargos efetivos submetendo, quanto aqueles, a decisão à aprovação do Tribunal Superior Eleitoral;

IV – fixar a data das eleições de Governador e Vice-Governador, deputados estaduais, prefeitos, vice-prefeitos, vereadores e juízes de paz, quando não determinada por disposição constitucional ou legal;

V – constituir as juntas eleitorais e designar a respectiva sede e jurisdição;

VI – indicar ao Tribunal Superior as zonas eleitorais ou seções em que a contagem dos votos deva ser feita pela mesa receptora;

VII – apurar com os resultados parciais enviados pelas juntas eleitorais, os resultados finais das eleições de Governador e Vice-Governador de membros do Congresso Nacional e expedir os respectivos diplomas, remetendo dentro do prazo de 10 (dez) dias após a diplomação, ao Tribunal Superior, cópia das atas de seus trabalhos;

VIII – responder, sobre matéria eleitoral, às consultas que lhe forem feitas, em tese, por autoridade pública ou partido político;

IX – dividir a respectiva circunscrição em zonas eleitorais, submetendo essa divisão, assim como a criação de novas zonas, à aprovação do Tribunal Superior;

X – aprovar a designação do Ofício de Justiça que deva responder pela escrivania eleitoral durante o biênio;

XI – (*Revogado pela Lei 8.868/1994*).

XII – requisitar a força necessária ao cumprimento de suas decisões solicitar ao Tribunal Superior a requisição de força federal;

XIII – autorizar, no Distrito Federal e nas capitais dos Estados, ao seu presidente e, no interior, aos juízes eleitorais, a requisição de funcionários federais, estaduais ou municipais para auxiliarem os escrivães eleitorais, quando o exigir o acúmulo ocasional do serviço;

XIV – requisitar funcionários da União e, ainda, no Distrito Federal e em cada Estado ou Território, funcionários dos respectivos quadros administrativos, no caso de acúmulo ocasional de serviço de suas Secretarias;

XV – aplicar as penas disciplinares de advertência e de suspensão até 30 (trinta) dias aos juízes eleitorais;

XVI – cumprir e fazer cumprir as decisões e instruções do Tribunal Superior;

XVII – determinar, em caso de urgência, providências para a execução da lei na respectiva circunscrição;

XVIII – organizar o fichário dos eleitores do Estado;

XIX – suprimir os mapas parciais de apuração mandando utilizar apenas os boletins e os mapas totalizadores, desde que o menor número de candidatos às eleições proporcionais justifique a supressão, observadas as seguintes normas:

➜ Inciso XIX acrescentado pela Lei 4.961/1966.

a) qualquer candidato ou partido poderá requerer ao Tribunal Regional que suprima a exigência dos mapas parciais de apuração;

b) da decisão do Tribunal Regional qualquer candidato ou partido poderá, no prazo de 3 (três) dias, recorrer para o Tribunal Superior, que decidirá em 5 (cinco) dias;

c) a supressão dos mapas parciais de apuração só será admitida até 6 (seis) meses antes da data da eleição;

d) os boletins e mapas de apuração serão impressos pelos Tribunais Regionais, depois de aprovados pelo Tribunal Superior;

e) o Tribunal Regional ouvirá os partidos na elaboração dos modelos dos boletins e mapas de apuração a fim de que estes atendam às peculiaridades locais, encaminhando os modelos que aprovar, acompanhados das sugestões ou impugnações formuladas pelos partidos, à decisão do Tribunal Superior.

Art. 31. Faltando num Território o Tribunal Regional, ficará a respectiva circunscrição eleitoral sob a jurisdição do Tribunal Regional que o Tribunal Superior designar.

Título III
Dos juízes eleitorais

Art. 32. Cabe a jurisdição de cada uma das zonas eleitorais a um juiz de direito em efetivo exercício e, na falta deste, ao seu substituto legal que goze das prerrogativas do art. 95 da Constituição.

Parágrafo único. Onde houver mais de uma vara o Tribunal Regional designará aquela ou aquelas, a que incumbe o serviço eleitoral.

Art. 33. Nas zonas eleitorais onde houver mais de uma serventia de justiça, o juiz indicará ao Tribunal Regional a que deve ter o anexo da escrivania eleitoral pelo prazo de 2 (dois) anos.

§ 1º Não poderá servir como escrivão eleitoral, sob pena de demissão, o membro de diretório de partido político, nem o candidato a cargo eletivo, seu cônjuge e parente consanguíneo ou afim até o segundo grau.

§ 2º O escrivão eleitoral, em suas faltas e impedimentos, será substituído na forma prevista pela lei de organização judiciária local.

Art. 34. Os juízes despacharão todos os dias na sede da sua zona eleitoral.

Art. 35. Compete aos juízes:

I – cumprir e fazer cumprir as decisões e determinações do Tribunal Superior e do Regional;

II – processar e julgar os crimes eleitorais e os comuns que lhes forem conexos, ressalvada a competência originária do Tribunal Superior e dos Tribunais Regionais;

III – decidir *habeas corpus* e mandado de segurança, em matéria eleitoral, desde que essa competência não esteja atribuída privativamente à instância superior;

IV – fazer as diligências que julgar necessárias à ordem e presteza do serviço eleitoral;

V – tomar conhecimento das reclamações que lhe forem feitas verbalmente ou por escrito, reduzindo-as a termo, e determinando as providências que cada caso exigir;

VI – indicar, para aprovação do Tribunal Regional, a serventia de justiça que deve ter o anexo da escrivania eleitoral;

VII – (*Revogado pela Lei 8.868/1994*).

VIII – dirigir os processos eleitorais e determinar a inscrição e a exclusão de eleitores;

IX – expedir títulos eleitorais e conceder transferência de eleitor;

X – dividir a zona em seções eleitorais;

XI – mandar organizar, em ordem alfabética, relação dos eleitores de cada seção, para remessa à mesa receptora, juntamente com a pasta das folhas individuais de votação;

XII – ordenar o registro e cassação do registro dos candidatos aos cargos eletivos municipais e comunicá-los ao Tribunal Regional;

XIII – designar, até 60 (sessenta) dias antes das eleições os locais das seções;

XIV – nomear, 60 (sessenta) dias antes da eleição, em audiência pública anunciada com pelo menos 5 (cinco) dias de antecedência, os membros das mesas receptoras;

XV – instruir os membros das mesas receptoras sobre as suas funções;

XVI – providenciar para a solução das ocorrências que se verificarem nas mesas receptoras;

XVII – tomar todas as providências ao seu alcance para evitar os atos viciosos das eleições;

XVIII – fornecer aos que não votaram por motivo justificado e aos não alistados, por dispensados do alistamento, um certificado que os isente das sanções legais;

XIX – comunicar, até às 12 horas do dia seguinte à realização da eleição, ao Tribunal Regional e aos delegados de partidos credenciados, o número de eleitores que votaram em cada uma das seções da zona sob sua jurisdição, bem como o total de votantes da zona.

Título IV
Das juntas eleitorais

Art. 36. Compor-se-ão as juntas eleitorais de um juiz de direito, que será o presidente, e de 2 (dois) ou 4 (quatro) cidadãos de notória idoneidade.

§ 1º Os membros das juntas eleitorais serão nomeados 60 (sessenta) dias antes da eleição, depois de aprovação do Tribunal Regional, pelo presidente deste, a quem cumpre também designar-lhes a sede.

§ 2º Até 10 (dez) dias antes da nomeação os nomes das pessoas indicadas para compor as Juntas serão publicados no órgão oficial do Estado, podendo qualquer partido, no prazo de 3 (três) dias, em petição fundamentada, impugnar as indicações.

§ 3º Não podem ser nomeados membros das Juntas, escrutinadores ou auxiliares:

I – os candidatos e seus parentes, ainda que por afinidade, até o segundo grau, inclusive, e bem assim o cônjuge;

II – os membros de diretorias de partidos políticos devidamente registrados e cujos nomes tenham sido oficialmente publicados;

III – as autoridades e agentes policiais, bem como os funcionários no desempenho de cargos de confiança do Executivo;

IV – os que pertencerem ao serviço eleitoral.

Art. 37. Poderão ser organizadas tantas juntas quantas permitir o número de juízes de direito que gozem das garantias do art. 95 da Constituição, mesmo que não sejam juízes eleitorais.

Parágrafo único. Nas zonas em que houver de ser organizada mais de uma Junta, ou quando estiver vago o cargo de juiz eleitoral ou estiver este impedido, o presidente do Tribunal Regional, com a aprovação deste, designará juízes de direito da mesma ou de outras comarcas, para presidirem as juntas eleitorais.

Art. 38. Ao presidente da Junta é facultado nomear, dentre cidadãos de notória idoneidade, escrutinadores e auxiliares em número capaz de atender à boa marcha dos trabalhos.

§ 1º É obrigatória essa nomeação sempre que houver mais de 10 (dez) urnas a apurar.

§ 2º Na hipótese do desdobramento da Junta em turmas, o respectivo presidente nomeará um escrutinador para servir como secretário em cada turma.

§ 3º Além dos secretários a que se refere o parágrafo anterior, será designado pelo presidente da Junta um escrutinador para secretário-geral competindo-lhe:

I – lavrar as atas;

II – tomar por termo ou protocolar os recursos, neles funcionando como escrivão;

III – totalizar os votos apurados.

Art. 39. Até 30 (trinta) dias antes da eleição o presidente da Junta comunicará ao Presidente do Tribunal Regional as nomeações que houver feito e divulgará a composição do órgão por edital publicado ou afixado, podendo qualquer partido oferecer impugnação motivada no prazo de 3 (três) dias.

Art. 40. Compete à Junta Eleitoral:

I – apurar, no prazo de 10 (dez) dias, as eleições realizadas nas zonas eleitorais sob a sua jurisdição;

II – resolver as impugnações e demais incidentes verificados durante os trabalhos da contagem e da apuração;

III – expedir os boletins de apuração mencionados no art. 178;

IV – expedir diploma aos eleitos para cargos municipais.

Parágrafo único. Nos municípios onde houver mais de uma junta eleitoral a expedição dos diplomas será feita pela que for presidida pelo juiz eleitoral mais antigo, à qual as demais enviarão os documentos da eleição.

Art. 41. Nas zonas eleitorais em que for autorizada a contagem prévia dos votos pelas mesas receptoras, compete à Junta Eleitoral tomar as providências mencionadas no art. 195.

PARTE TERCEIRA
DO ALISTAMENTO

Título I
Da qualificação e inscrição

Art. 42. O alistamento se faz mediante a qualificação e inscrição do eleitor.

Parágrafo único. Para o efeito da inscrição, é domicílio eleitoral o lugar de residência ou moradia do requerente, e, verificado ter o alistando mais de uma, considerar-se-á domicílio qualquer delas.

Art. 43. O alistando apresentará em cartório ou local previamente designado, requerimento em fórmula que obedecerá ao modelo aprovado pelo Tribunal Superior.

Art. 44. O requerimento, acompanhado de 3 (três) retratos, será instruído com um dos seguintes documentos, que não poderão ser supridos mediante justificação:

I – carteira de identidade expedida pelo órgão competente do Distrito Federal ou dos Estados;

II – certificado de quitação do serviço militar;

III – certidão de idade extraída do Registro Civil;

IV – instrumento público do qual se infirá, por direito ter o requerente idade superior a dezoito anos e do qual constem, também, os demais elementos necessários à sua qualificação;

V – documento do qual se infira a nacionalidade brasileira, originária ou adquirida, do requerente.

Parágrafo único. Será devolvido o requerimento que não contenha os dados constantes do modelo oficial, na mesma ordem, e em caracteres inequívocos.

Art. 45. O escrivão, o funcionário ou o preparador recebendo a fórmula e documentos determinará que o alistando date e assine a petição em ato contínuo atestará terem sido a data e a assinatura lançados na sua presença; em seguida, tomará a assinatura do requerente na "folha individual de votação" e nas duas vias do título eleitoral, dando recibo da petição e do documento.

§ 1º O requerimento será submetido ao despacho do juiz nas 48 (quarenta e oito) horas seguintes.

§ 2º Poderá o juiz se tiver dúvida quanto à identidade do requerente ou sobre qualquer outro requisito para o alistamento, converter o julgamento em diligência para que o alistando esclareça ou complete a prova ou, se for necessário, compareça pessoalmente à sua presença.

§ 3º Se se tratar de qualquer omissão ou irregularidade que possa ser sanada, fixará o juiz para isso prazo razoável.

§ 4º Deferido o pedido, no prazo de 5 (cinco) dias, o título e o documento que instruiu o pedido serão entregues pelo juiz, escrivão, funcionário ou preparador. A entrega far-se-á ao próprio eleitor, mediante recibo, ou a quem o eleitor autorizar por escrito o recebimento, cancelando-se o título cuja assinatura não for idêntica à do requerimento de inscrição e à do recibo.

→ § 4º com redação alterada pela Lei 4.961/1966.

O recibo será obrigatoriamente anexado ao processo eleitoral, incorrendo o juiz que não o fizer na multa de um a cinco salários mínimos regionais na qual incorrerão ainda o escrivão, funcionário ou preparador, se responsáveis bem como qualquer deles, se entregarem ao eleitor o título cuja assinatura não for idêntica à do requerimento de inscrição e do recibo ou o fizerem a pessoa não autorizada por escrito.

Consta conforme publicação oficial.

§ 5º A restituição de qualquer documento não poderá ser feita antes de despachado o pedido de alistamento pelo juiz eleitoral.

§ 6º Quinzenalmente o juiz eleitoral fará publicar pela imprensa, onde houver ou por editais, a lista dos pedidos de inscrição, mencionando os deferidos, os indeferidos e os convertidos em diligência, contando-se dessa publicação o prazo para os recursos a que se refere o parágrafo seguinte.

§ 7º Do despacho que indeferir o requerimento de inscrição caberá recurso interposto pelo alistando, e do que o deferir poderá recorrer qualquer delegado de partido.

§ 8º Os recursos referidos no parágrafo anterior serão julgados pelo Tribunal Regional Eleitoral dentro de 5 (cinco) dias.

§ 9º Findo esse prazo, sem que o alistando se manifeste, ou logo que seja desprovido o recurso em instância superior, o juiz inutilizará a folha individual de votação assinada pelo requerente, a qual ficará fazendo parte integrante do processo e não poderá, em qualquer tempo, ser substituída, nem dele retirada, sob pena de incorrer o responsável nas sanções previstas no art. 293.

§ 10. No caso de indeferimento do pedido, o cartório devolverá ao requerente, mediante recibo, as fotografias e o documento com que houver instruído o seu requerimento.

§ 11. O título eleitoral e a folha individual de votação somente serão assinados pelo juiz eleitoral depois de preenchidos pelo cartório e de deferido o pedido, sob as penas do artigo 293.

→ § 11 com redação alterada pela Lei 4.961/1966.

§ 12. É obrigatória a remessa ao Tribunal Regional da ficha do eleitor, após a expedição do seu título.

→ § 12 acrescentado pela Lei 4.961/1966.

Art. 46. As folhas individuais de votação e os títulos serão confeccionados de acordo com o modelo aprovado pelo Tribunal Superior Eleitoral.

§ 1º Da folha individual de votação e do título eleitoral constará a indicação da seção em que o eleitor tiver sido inscrito a qual será localizada dentro do distrito judiciário ou administrativo de sua residência e o mais próximo dela, considerados a distância e os meios de transporte.

§ 2º As folhas individuais de votação serão conservadas em pastas, uma para cada seção eleitoral; às mesas receptoras serão por estas encaminhadas com a urna e os demais documentos da eleição às Juntas Eleitorais, que as devolverão, findos os trabalhos da apuração, ao respectivo cartório, onde ficarão guardadas.

§ 3º O eleitor ficará vinculado permanentemente à seção eleitoral indicada no seu título, salvo:

I – se se transferir de zona ou Município hipótese em que deverá requerer transferência;

II – se, até 100 (cem) dias antes da eleição, provar, perante o juiz eleitoral, que mudou de residência dentro do mesmo Município, de um distrito para outro ou para lugar muito distante da seção em que se acha inscrito, caso em que serão feitas na folha de votação e no título eleitoral, para esse fim exibido as alterações correspondentes, devidamente autenticadas pela autoridade judiciária.

§ 4º O eleitor poderá, a qualquer tempo requerer ao juiz eleitoral a retificação de seu título eleitoral ou de sua folha individual de votação, quando neles constar erro evidente, ou indicação de seção diferente daquela a que devesse corresponder a residência indicada no pedido de inscrição ou transferência.

→ § 4º acrescentado pela Lei 4.961/1966.

§ 5º O título eleitoral servirá de prova de que o eleitor está inscrito na seção em que deve votar. E, uma vez datado e assinado pelo presidente da mesa receptora, servirá também de prova de haver o eleitor votado.

→ Anterior § 4º renumerado pela Lei 4.961/1966.

Art. 47. As certidões de nascimento ou casamento, quando destinadas ao alistamento eleitoral, serão fornecidas gratuitamente, segundo a ordem dos pedidos apresentados em cartório pelos alistandos ou delegados de partido.

§ 1º Os cartórios de Registro Civil farão, ainda, gratuitamente, o registro de nascimento visando ao fornecimento de certidão aos alistandos, desde que provem carência de recursos, ou aos delegados de partido, para fins eleitorais.

→ § 1º acrescentado pela Lei 6.018/1974.

§ 2º Em cada cartório de Registro Civil haverá um livro especial aberto e rubricado pelo juiz eleitoral, onde o cidadão ou o delegado de partido deixará expresso o pedido de certidão para fins eleitorais, datando-o.

→ Anterior § 1º renumerado pela Lei 6.018/1974.

§ 3º O escrivão, dentro de 15 (quinze) dias da data do pedido, concederá a certidão, ou justificará, perante o Juiz Eleitoral, por que deixa de fazê-lo.

→ Anterior § 2º renumerado pela Lei 6.018/1974.

§ 4º A infração ao disposto neste artigo sujeitará o escrivão às penas do art. 293.

→ Anterior § 3º renumerado pela Lei 6.018/1974.

Art. 48. O empregado, mediante comunicação com 48 (quarenta e oito) horas de antecedência, poderá deixar de comparecer ao serviço, sem prejuízo do salário e por tempo não excedente a 2 (dois) dias, para o fim de se alistar eleitor ou requerer transferência.

Art. 49. Os cegos alfabetizados pelo sistema "Braille", que reunirem as demais condições de alistamento, podem qualificar-se mediante o preenchimento da fórmula impressa e a aposição do nome com as letras do referido alfabeto.

§ 1º De forma idêntica serão assinadas a folha individual de votação e as vias do título.

§ 2º Esses atos serão feitos na presença também de funcionários de estabelecimento especializado de amparo e proteção de cegos, conhecedor do sistema "Braille", que subscreverá, com o escrivão ou funcionário designado, o seguinte declaração a ser lançada no modelo de requerimento: "Atestamos que a presente fórmula bem como a folha individual de votação e vias do título foram subscritas pelo próprio, em nossa presença".

Art. 50. O juiz eleitoral providenciará para que se proceda ao alistamento nas próprias sedes dos estabelecimentos de proteção aos cegos, marcando previamente, dia e hora para tal fim, podendo se inscrever na zona eleitoral correspondente todos os cegos do município.

§ 1º Os eleitores inscritos em tais condições deverão ser localizados em uma mesma seção da respectiva zona.

§ 2º Se no alistamento realizado pela forma prevista nos artigos anteriores, o número de eleitores não alcançar o mínimo exigido, este se completará com a inclusão de outros ainda que não sejam cegos.

Art. 51. (*Revogado pela Lei 7.914/1989*).

Capítulo I
DA SEGUNDA VIA

Art. 52. No caso de perda ou extravio de seu título, requererá o eleitor ao juiz do seu domicílio eleitoral, até 10 (dez) dias antes da eleição, que lhe expeça segunda via.

§ 1º O pedido de segunda via será apresentado em cartório, pessoalmente, pelo eleitor, instruído o requerimento, no caso de inutilização ou dilaceração, com a primeira via do título.

§ 2º No caso de perda ou extravio do título, o juiz, após receber o requerimento de segunda via, fará publicar, pelo prazo de 5 (cinco) dias, pela imprensa, onde houver, ou por editais, a notícia do extravio ou perda e do requerimento de segunda via, deferindo o pedido, findo este prazo, se não houver impugnação.

Art. 53. Se o eleitor estiver fora do seu domicílio eleitoral poderá requerer a segunda via ao juiz da zona em que se encontrar, esclarecendo se vai recebê-la na sua zona ou na em que requereu.

§ 1º O requerimento, acompanhado de um novo título assinado pelo eleitor na presença do escrivão ou de funcionário designado e de uma fotografia, será encaminhado ao juiz da zona do eleitor.

§ 2º Antes de processar o pedido, na forma prevista no artigo anterior, o juiz determinará que se confira a assinatura constante do novo título com a da folha individual de votação ou do requerimento de inscrição.

§ 3º Deferido o pedido, o título será enviado ao juiz da zona que remeteu o requerimento, caso o eleitor haja solicitado essa providência, ou ficará em cartório aguardando que o interessado o procure.

§ 4º O pedido de segunda via formulado nos termos deste artigo só poderá ser recebido até 60 (sessenta) dias antes do pleito.

Art. 54. O requerimento de segunda via, em qualquer das hipóteses, deverá ser assinado sobre selos federais, correspondentes a 2% (dois por cento) do salário mínimo da zona eleitoral de inscrição.

Parágrafo único. Somente será expedida segunda via a eleitor que estiver quite com a Justiça Eleitoral, exigindo-se, para o que foi multado e ainda não liquidou a dívida, o prévio pagamento, através de selo federal inutilizado nos autos.

Capítulo II
DA TRANSFERÊNCIA

Art. 55. Em caso de mudança de domicílio, cabe ao eleitor requerer ao juiz do novo domicílio sua transferência, juntando o título anterior.

§ 1º A transferência só será admitida satisfeitas as seguintes exigências:

I – entrada do requerimento no cartório eleitoral do novo domicílio até 100 (cem) dias antes da data da eleição;

II – transcorrência de pelo menos 1 (um) ano da inscrição primitiva;

III – residência mínima de 3 (três) meses no novo domicílio, atestada pela autoridade policial ou provada por outros meios convincentes.

§ 2º O disposto nos ns. II e III, do parágrafo anterior, não se aplica quando se tratar de transferência de título eleitoral de servidor público civil, militar, autárquico, ou de membro de sua família, por motivo de remoção ou transferência.

→ § 2º com redação alterada pela Lei 4.961/1966.

Art. 56. No caso de perda ou extravio do título anterior declarado esse fato na petição de transferência, o juiz do novo domicílio, como ato preliminar, requisitará, por telegrama, a confirmação do alegado à zona eleitoral onde o requerente se achava inscrito.

§ 1º O juiz do antigo domicílio, no prazo de 5 (cinco) dias, responderá por ofício ou telegrama, esclarecendo se o interessado é realmente eleitor, se a inscrição está em vigor, e, ainda, qual o número e a data da inscrição respectiva.

§ 2º A informação mencionada no parágrafo anterior, suprirá a falta do título extraviado, ou perdido, para o efeito da transferência, devendo fazer parte integrante do processo.

Art. 57. O requerimento de transferência de domicílio eleitoral será imediatamente publicado na imprensa oficial na Capital, e em cartório nas demais localidades, podendo os interessados impugná-lo no prazo de 10 (dez) dias.

→ *Caput* com redação alterada pela Lei 4.961/1966.

§ 1º Certificado o cumprimento do disposto neste artigo, o pedido deverá ser desde logo decidido, devendo o despacho do juiz ser publicado pela mesma forma.

→ § 1º com redação alterada pela Lei 4.961/1966.

§ 2º Poderá recorrer para o Tribunal Regional Eleitoral, no prazo de 3 (três) dias, o eleitor que pediu a transferência, sendo-lhe a mesma negada, ou qualquer delegado de partido, quando o pedido for deferido.

§ 3º Dentro de 5 (cinco) dias, o Tribunal Regional Eleitoral decidirá do recurso interposto nos termos do parágrafo anterior.

§ 4º Só será expedido o novo título decorridos os prazos previstos neste artigo e respectivos parágrafos.

Art. 58. Expedido o novo título o juiz comunicará a transferência ao Tribunal Regional competente, no prazo de 10 (dez) dias, enviando-lhe o título eleitoral, se houver, ou documento a que se refere o § 1º do artigo 56.

§ 1º Na mesma data comunicará ao juiz da zona de origem a concessão da transferência e requisitará a "folha individual de votação".

§ 2º Na nova folha individual de votação ficará consignado, na coluna destinada a "anotações", que a inscrição foi obtida por transferência, e, de acordo com os elementos constantes do título primitivo, qual o último pleito em que o eleitor transferido votou. Essa anotação constará também, de seu título.

§ 3º O processo de transferência só será arquivado após o recebimento da folha individual de votação da zona de origem, que dele ficará constando, devidamente inutilizada, mediante aposição de carimbo a tinta vermelha.

§ 4º No caso de transferência de município ou distrito dentro da mesma zona, deferido o pedido, o juiz determinará a transposição da folha individual de votação para a pasta correspondente ao novo domicílio, a anotação de mudança no título eleitoral e comunicará ao Tribunal Regional para a necessária averbação na ficha do eleitor.

Art. 59. Na zona de origem, recebida do juiz do novo domicílio a comunicação de transferência, o juiz tomará as seguintes providências:

I – determinará o cancelamento da inscrição do transferido e a remessa dentro de 3 (três) dias, da folha individual de votação ao juiz requisitante;

II – ordenará a retirada do fichário da segunda parte do título;

III – comunicará o cancelamento ao Tribunal Regional a que estiver subordinado, que fará a devida anotação na ficha de seus arquivos;

IV – se o eleitor havia assinado ficha de registro de partido, comunicará ao juiz do novo domicílio e, ainda, ao Tribunal Regional, se a transferência foi concedida para outro Estado.

Art. 60. O eleitor transferido não poderá votar no novo domicílio eleitoral em eleição suplementar à que tiver sido realizada antes de sua transferência.

Art. 61. Somente será concedida transferência ao eleitor que estiver quite com a Justiça Eleitoral.

§ 1º Se o requerente não instruir o pedido de transferência com o título anterior, o juiz do novo domicílio, ao solicitar informação ao da zona de origem, indagará se o eleitor está quite com a Justiça Eleitoral, ou não o estando, qual a importância da multa imposta e não paga.

§ 2º Instruído o pedido com o título, e verificado que o eleitor não votou em eleição anterior, o juiz do novo domicílio solicitará informações sobre o valor da multa arbitrada na zona de origem, salvo se o eleitor não quiser aguardar a resposta, hipótese em que pagará o máximo previsto.

§ 3º O pagamento da multa, em qualquer das hipóteses dos parágrafos anteriores, será comunicado ao juízo de origem para as necessárias anotações.

Capítulo III
DOS PREPARADORES

Arts. 62 a 65. (*Revogados pela Lei 8.868/1994*).

Capítulo IV
DOS DELEGADOS DE PARTIDO PERANTE O ALISTAMENTO

Art. 66. É lícito aos partidos políticos, por seus delegados:

I – acompanhar os processos de inscrição;

II – promover a exclusão de qualquer eleitor inscrito ilegalmente e assumir a defesa do eleitor cuja exclusão esteja sendo promovida;

III – examinar, sem perturbação do serviço e em presença dos servidores designados, os documentos relativos ao alistamento eleitoral, podendo deles tirar cópias ou fotocópias.

§ 1º Perante o juiz eleitoral, cada partido poderá nomear 3 (três) delegados.

§ 2º Perante os preparadores, cada partido poderá nomear até 2 (dois) delegados, que assistam e fiscalizem os seus atos.

§ 3º Os delegados a que se refere este artigo serão registrados perante os juízes eleitorais, a requerimento do presidente do Diretório Municipal.

§ 4º O delegado credenciado junto ao Tribunal Regional Eleitoral poderá representar o partido junto a qualquer juízo ou preparador do Estado, assim como o delegado credenciado perante o Tribunal Superior Eleitoral poderá representar o partido perante qualquer Tribunal Regional, juízo ou preparador.

Capítulo V
DO ENCERRAMENTO DO ALISTAMENTO

Art. 67. Nenhum requerimento de inscrição eleitoral ou de transferência será recebido dentro dos 100 (cem) dias anteriores à data da eleição.

Art. 68. Em audiência pública, que se realizará às 14 (quatorze) horas do 69 (sexagésimo nono) dia anterior à eleição, o juiz eleitoral declarará encerrada a inscrição de eleitores na respectiva zona e proclamará o número dos inscritos até às 18 (dezoito) horas do dia anterior, o que comunicará incontinente ao Tribunal Regional Eleitoral, por telegrama, e fará público em edital, imediatamente afixado no lugar próprio do juízo e divulgado pela imprensa, onde houver, declarando nele o nome do último eleitor inscrito e o número do respectivo título, fornecendo aos diretórios municipais dos partidos cópia autêntica desse edital.

§ 1º Na mesma data será encerrada a transferência de eleitores, devendo constar do telegrama do juiz eleitoral ao Tribunal Regional Eleitoral, do edital e da cópia deste fornecida aos diretórios municipais dos partidos e da publicação da imprensa, os nomes dos 10 (dez) últimos eleitores, cujos processos de transferência estejam definitivamente ultimados e o número dos respectivos títulos eleitorais.

§ 2º O despacho de pedido de inscrição, transferência, ou segunda via, proferido após esgotado o prazo legal, sujeita o juiz eleitoral às penas do art. 291.

Art. 69. Os títulos eleitorais resultantes dos pedidos de inscrição ou de transferência serão entregues até 30 (trinta) dias antes da eleição.

Parágrafo único. A segunda via poderá ser entregue ao eleitor até a véspera do pleito.

Art. 70. O alistamento reabrir-se-á em cada zona, logo que estejam concluídos os trabalhos da sua junta eleitoral.

Título II
Do cancelamento e da exclusão

Art. 71. São causas de cancelamento:

I – a infração dos artigos 5º e 42;

II – a suspensão ou perda dos direitos políticos;

III – a pluralidade de inscrição;

IV – o falecimento do eleitor;

V – deixar de votar em 3 (três) eleições consecutivas.

→ Inciso V com redação alterada pela Lei 7.663/1988.

§ 1º A ocorrência de qualquer das causas enumeradas neste artigo acarretará a exclusão do eleitor, que poderá ser promovida *ex officio*, a requerimento de delegado de partido ou de qualquer eleitor.

§ 2º No caso de ser algum cidadão maior de 18 (dezoito) anos privado temporária ou definitivamente dos direitos políticos, a autoridade que impuser essa pena providenciará para que o fato seja comunicado ao juiz eleitoral ou ao Tribunal Regional da circunscrição em que residir o réu.

§ 3º Os oficiais de Registro Civil, sob as penas do art. 293, enviarão, até o dia 15 (quinze) de cada mês, ao juiz eleitoral da zona em que oficiarem, comunicação dos óbitos de cidadãos alistáveis, ocorridos no mês anterior, para cancelamento das inscrições.

§ 4º Quando houver denúncia fundamentada de fraude no alistamento de uma zona ou município, o Tribunal Regional poderá determinar a realização de correição e, provada a fraude em proporção comprometedora, ordenará a revisão do eleitorado, obedecidas as instruções do Tribunal Superior e as recomendações que, subsidiariamente, baixar, com o cancelamento de ofício das inscrições correspondentes aos títulos que não forem apresentados à revisão.

→ § 4º acrescentado pela Lei 4.961/1966.

Art. 72. Durante o processo e até a exclusão pode o eleitor votar validamente.

Parágrafo único. Tratando-se de inscrições contra as quais hajam sido interpostos recursos das decisões que as deferiram, desde que tais recursos venham a ser providos pelo Tribunal Regional ou Tribunal Superior, serão nulos os votos se o seu número for suficiente para alterar qualquer representação partidária ou classificação de candidato eleito pelo princípio majoritário.

Art. 73. No caso de exclusão, a defesa pode ser feita pelo interessado, por outro eleitor ou por delegado de partido.

Art. 74. A exclusão será mandada processar *ex officio* pelo juiz eleitoral, sempre que tiver conhecimento de alguma das causas do cancelamento.

Art. 75. O Tribunal Regional, tomando conhecimento através de seu fichário, da inscrição do mesmo eleitor em mais de uma zona sob sua jurisdição, comunicará o fato ao juiz competente para o cancelamento, que de preferência deverá recair:

I – na inscrição que não corresponda ao domicílio eleitoral;

II – naquela cujo título não haja sido entregue ao eleitor;

III – naquela cujo título não haja sido utilizado para o exercício do voto na última eleição;

IV – na mais antiga.

Art. 76. Qualquer irregularidade determinante de exclusão será comunicada por escrito e por iniciativa de qualquer interessado ao juiz eleitoral, que observará o processo estabelecido no artigo seguinte.

Art. 77. O juiz eleitoral processará a exclusão pela forma seguinte:

I – mandará autuar a petição ou representação com os documentos que a instruírem;

II – fará publicar edital com prazo de 10 (dez) dias para ciência dos interessados, que poderão contestar dentro de 5 (cinco) dias;

III – concederá dilação probatória de 5 (cinco) a 10 (dez) dias, se requerida;

IV – decidirá no prazo de 5 (cinco) dias.

Art. 78. Determinado, por sentença, o cancelamento, o cartório tomará as seguintes providências:

I – retirará, da respectiva pasta, a folha de votação, registrará a ocorrência no local próprio para "Anotações" e juntá-la-á ao processo de cancelamento;

II – registrará a ocorrência na coluna de "Observações" do livro de inscrição;

III – excluirá dos fichários as respectivas fichas, colecionando-as à parte;

IV – anotará, de forma sistemática, os claros abertos na pasta de votação para o oportuno preenchimento dos mesmos;

V – comunicará o cancelamento ao Tribunal Regional para anotação no seu fichário.

Art. 79. No caso de exclusão por falecimento, tratando-se de caso notório, serão dispensadas as formalidades previstas nos ns. II e III do art. 77.

Art. 80. Da decisão do juiz eleitoral caberá recurso no prazo de 3 (três) dias, para o Tribunal Regional, interposto pelo excluendo ou por delegado de partido.

Art. 81. Cessada a causa do cancelamento, poderá o interessado requerer novamente a sua qualificação e inscrição.

PARTE QUARTA
DAS ELEIÇÕES

Título I
Do sistema eleitoral

Art. 82. O sufrágio é universal e direto; o voto, obrigatório e secreto.

Art. 83. Na eleição direta para o Senado Federal, para prefeito e vice-prefeito, adotar-se-á o princípio majoritário.

→ Artigo com redação alterada pela Lei 6.534/1978.

Art. 84. A eleição para a Câmara dos Deputados, Assembleias Legislativas e Câmaras Municipais, obedecerá ao princípio da representação proporcional na forma desta Lei.

Art. 85. A eleição para deputados federais, senadores e suplentes, presidente e vice-presidente da República, governadores, vice-governadores e deputados estaduais far-se-á, simultaneamente, em todo o País.

Art. 86. Nas eleições presidenciais, a circunscrição serão País; nas eleições federais e estaduais, o Estado; e nas municipais, o respectivo município.

Capítulo I
DO REGISTRO DOS CANDIDATOS

Art. 87. Somente podem concorrer às eleições candidatos registrados por partidos.

Parágrafo único. Nenhum registro será admitido fora do período de 6 (seis) meses antes da eleição.

Art. 88. Não é permitido registro de candidato embora para cargos diferentes, por mais de uma circunscrição ou para mais de um cargo na mesma circunscrição.

Parágrafo único. Nas eleições realizadas pelo sistema proporcional o candidato deverá ser filiado ao partido, na circunscrição em que concorrer, pelo tempo que for fixado nos respectivos estatutos.

Art. 89. Serão registrados:

I – no Tribunal Superior Eleitoral os candidatos a presidente e vice-presidente da República;

II – nos Tribunais Regionais Eleitorais os candidatos a senador, deputado federal, governador e vice-governador e deputado estadual;

III – nos Juízos Eleitorais os candidatos a vereador, prefeito e vice-prefeito e juiz de paz.

Art. 90. Somente poderão inscrever candidatos os partidos que possuam diretório devidamente registrado na circunscrição em que se realizar a eleição.

Art. 91. O registro de candidatos a presidente e vice-presidente, governador e vice-governador, ou prefeito e vice-prefeito, far-se-á sempre em chapa única e indivisível, ainda que resulte a indicação de aliança de partidos.

§ 1º O registro de candidatos a senador far-se-á com o do suplente partidário.

§ 2º Nos Territórios far-se-á o registro do candidato a deputado com o do suplente.

Art. 92. (*Revogado pela Lei 9.504/1997*).

Art. 93. O prazo de entrada em cartório ou na Secretaria do Tribunal, conforme o caso, de requerimento de registro de candidato a cargo eletivo terminará, improrrogavelmente, às dezenove horas do dia 15 de agosto do ano em que se realizarem as eleições.

→ *Caput* com redação alterada pela Lei 13.165/2015.

§ 1º Até vinte dias antes da data das eleições, todos os requerimentos, inclusive os que tiverem sido impugnados, devem estar julgados pelas instâncias ordinárias, e publicadas as decisões a eles relativas.

→ § 1º com redação alterada pela Lei 13.165/2015.

§ 2º As convenções partidárias para a escolha dos candidatos serão realizadas, no máximo, até 5 de agosto do ano em que se realizarem as eleições.

→ § 2º com redação alterada pela Lei 13.165/2015.

§ 3º Nesse caso, se se tratar de eleição municipal, o juiz eleitoral deverá apresentar a sentença no prazo de 2 (dois) dias, podendo o recorrente, nos 2 (dois) dias seguintes, aditar as razões do recurso; no caso de registro feito perante o Tribunal, se o relator não apresentar o acórdão no prazo de 2 (dois) dias, será designado outro relator, na ordem da votação, o qual deverá lavrar o acórdão do prazo de 3 (três) dias, podendo o recorrente, nesse mesmo prazo, aditar as suas razões.

Art. 94. O registro pode ser promovido por delegado de partido, autorizado em documento autêntico, inclusive telegrama de quem responda pela direção partidária e sempre com assinatura reconhecida por tabelião.

§ 1º O requerimento de registro deverá ser instruído:

I – com a cópia autêntica da ata da convenção que houver feito a escolha do candidato, a qual deverá ser conferida com o original na Secretaria do Tribunal ou no cartório eleitoral;

II – com autorização do candidato, em documento com a assinatura reconhecida por tabelião;

III – com certidão fornecida pelo cartório eleitoral da zona de inscrição, em que conste que o registrando é eleitor;

IV – com prova de filiação partidária, salvo para os candidatos a presidente e vice-presidente, senador e respectivo suplente, governador e vice-governador, prefeito e vice-prefeito;

V – com folha corrida fornecida pelos cartórios competentes, para que se verifique se o candidato está no gozo dos direitos políticos (arts. 132, III, e 135 da Constituição Federal);

→ Inciso V com redação alterada pela Lei 4.961/1966.

VI – com declaração de bens, de que constem a origem e as mutações patrimoniais.

§ 2º A autorização do candidato pode ser dirigida diretamente ao órgão ou juiz competente para o registro.

Art. 95. O candidato poderá ser registrado sem o prenome, ou com o nome abreviado, desde que a supressão não estabeleça dúvida quanto à sua identidade.

Art. 96. Será negado o registro a candidato que, pública ou ostensivamente faça parte, ou seja adepto de partido político cujo registro tenha sido cassado com fundamento no artigo 141, § 13, da Constituição Federal.

Art. 97. Protocolado o requerimento de registro, o presidente do Tribunal ou o juiz eleitoral, no caso de eleição municipal ou distrital, fará publicar imediatamente edital para ciência dos interessados.

§ 1º O edital será publicado na Imprensa Oficial, nas capitais, e afixado em cartório, no local de costume, nas demais zonas.

§ 2º Do pedido de registro caberá, no prazo de 2 (dois) dias, a contar da publicação ou afixação do edital, impugnação articulada por parte de candidato ou de partido político.

§ 3º Poderá, também, qualquer eleitor, com fundamento em inelegibilidade ou incompatibilidade do candidato ou na incidência deste no artigo 96 impugnar o pedido de registro, dentro do mesmo prazo, oferecendo prova do alegado.

CE

§ 4º Havendo impugnação, o partido requerente do registro terá vista dos autos, por 2 (dois) dias, para falar sobre a mesma, feita a respectiva intimação na forma do § 1º.

Art. 98. Os militares alistáveis são elegíveis, atendidas as seguintes condições:

I – o militar que tiver menos de 5 (cinco) anos de serviço, será, ao se candidatar a cargo eletivo, excluído do serviço ativo;

II – o militar em atividade com 5 (cinco) ou mais anos de serviço, ao se candidatar a cargo eletivo, será afastado, temporariamente, do serviço ativo, como agregado, para tratar de interesse particular;

→ *v.* Art. 14, § 8º, I, da CF.

III – o militar não excluído e que vier a ser eleito, será, no ato da diplomação, transferido para a reserva ou reformado.

→ *v.* art. 82, XIV, e § 4º, da Lei 6.880/1990.

Parágrafo único. O juízo ou Tribunal que deferir o registro de militar candidato a cargo eletivo comunicará imediatamente a decisão à autoridade a que o mesmo estiver subordinado, cabendo igual obrigação ao partido, quando lançar a candidatura.

Art. 99. Nas eleições majoritárias poderá qualquer partido registrar na mesma circunscrição candidato já por outro registrado, desde que o outro partido e o candidato o consintam por escrito até 10 (dez) dias antes da eleição, observadas as formalidades do art. 94.

Parágrafo único. A falta de consentimento expresso acarretará a anulação do registro promovido, podendo o partido prejudicado requerê-la ou recorrer da resolução que ordenar o registro.

Art. 100. Nas eleições realizadas pelo sistema proporcional, o Tribunal Superior Eleitoral, até 6 (seis) meses antes do pleito, reservará para cada partido, por sorteio, em sessão realizada com a presença dos delegados de partido, uma série de números a partir de 100 (cem).

→ Artigo com redação alterada pela Lei 7.015/1982.

§ 1º A sessão a que se refere o *caput* deste artigo será anunciada aos partidos com antecedência mínima de 5 (cinco) dias.

§ 2º As convenções partidárias para escolha dos candidatos sortearão, por sua vez, em cada Estado e município, os números que devam corresponder a cada candidato.

§ 3º Nas eleições para deputado federal, se o número de partidos não for superior a 9 (nove), a cada um corresponderá obrigatoriamente uma centena, devendo a numeração dos candidatos ser sorteada a partir da unidade, para que ao primeiro candidato do primeiro partido corresponda o número 101 (cento e um), ao do segundo partido 201 (duzentos e um), e assim sucessivamente.

§ 4º Concorrendo 10 (dez) ou mais partidos, a cada um corresponderá uma centena a partir de 1.101 (um mil cento e um), de maneira que a todos os candidatos sejam atribuídos sempre 4 (quatro) algarismos, suprimindo-se a numeração correspondente à série 2.001 (dois mil e um) a 2.100 (dois mil e cem), para reiniciá-la em 2.101 (dois mil cento e um), a partir do décimo partido.

§ 5º Na mesma sessão, o Tribunal Superior Eleitoral sorteará as séries correspondentes aos deputados estaduais e vereadores, observando, no que couber, as normas constantes dos parágrafos anteriores, e de maneira que a todos os candidatos sejam atribuídos sempre número de 4 (quatro) algarismos.

Art. 101. Pode qualquer candidato requerer, em petição com firma reconhecida, o cancelamento do registro do seu nome.

→ *Caput* com redação alterada pela Lei 6.553/1978.

§ 1º Desse fato, o presidente do Tribunal ou o juiz, conforme o caso, dará ciência imediata ao partido que tenha feito a inscrição, ao qual ficará ressalvado o direito de substituir por outro o nome cancelado, observadas todas as formalidades exigidas para o registro e desde que o novo pedido seja apresentado até 60 (sessenta) dias antes do pleito.

§ 2º Nas eleições majoritárias, se o candidato vier a falecer ou renunciar dentro do período de 60 (sessenta) dias mencionados no parágrafo anterior, o partido poderá substituí-lo; se o registro do novo candidato estiver deferido até 30 (trinta) dias antes do pleito serão utilizadas as já impressas, computando-se para o novo candidato os votos dados ao anteriormente registrado.

§ 3º Considerar-se-á nulo o voto dado ao candidato que haja pedido o cancelamento de sua inscrição salvo na hipótese prevista no parágrafo anterior, *in fine*.

§ 4º Nas eleições proporcionais, ocorrendo a hipótese prevista neste artigo, ao substituto será atribuído o número anteriormente dado ao candidato cujo registro foi cancelado.

§ 5º Em caso de morte, renúncia, inelegibilidade e preenchimento de vagas existentes nas respectivas chapas, tanto em eleições proporcionais quanto majoritárias, as substituições e indicações se processarão pelas Comissões Executivas.

→ § 5º acrescentado pela Lei 6.553/1978.

Art. 102. Os registros efetuados pelo Tribunal Superior serão imediatamente comunicados aos Tribunais Regionais e por estes aos juízes eleitorais.

Capítulo II
DO VOTO SECRETO

Art. 103. O sigilo do voto é assegurado mediante as seguintes providências:

I – uso de cédulas oficiais em todas as eleições, de acordo com modelo aprovado pelo Tribunal Superior;

II – isolamento do eleitor em cabine indevassável para o só efeito de assinalar na cédula o candidato de sua escolha e, em seguida, fechá-la;

III – verificação da autenticidade da cédula oficial à vista das rubricas;

IV – emprego de urna que assegure a inviolabilidade do sufrágio e seja suficientemente ampla para que não se acumulem as cédulas na ordem em que forem introduzidas.

Capítulo III
DA CÉDULA OFICIAL

Art. 104. As cédulas oficiais serão confeccionadas e distribuídas exclusivamente pela Justiça Eleitoral, devendo ser impressas em papel branco, opaco e pouco absorvente. A impressão será em tinta preta, com tipos uniformes de letra.

§ 1º Os nomes dos candidatos para as eleições majoritárias devem figurar na ordem determinada por sorteio.

§ 2º O sorteio será realizado após o deferimento do último pedido de registro, em audiência presidida pelo juiz ou presidente do Tribunal, na presença dos candidatos e delegados de partido.

§ 3º A realização da audiência será anunciada com 3 (três) dias de antecedência, no mesmo dia em que for deferido o último pedido de registro, devendo os delegados de partido ser intimados por ofício sob protocolo.

§ 4º Havendo substituição de candidatos após o sorteio, o nome do novo candidato deverá figurar na cédula na seguinte ordem:

I – se forem apenas 2 (dois), em último lugar;

II – se forem 3 (três), em segundo lugar;

III – se forem mais de 3 (três), em penúltimo lugar;

IV – se permanecer apenas 1 (um) candidato e forem substituídos 2 (dois) ou mais, aquele ficará em primeiro lugar, sendo realizado novo sorteio em relação aos demais.

§ 5º Para as eleições realizadas pelo sistema proporcional a cédula conterá espaço para que o eleitor escreva o nome ou o número do candidato de sua preferência e indique a sigla do partido.

→ *v.* Art. 1º do Ato Complementar 20/1966.

§ 6º As cédulas oficiais serão confeccionadas de maneira tal que, dobradas, resguardem o sigilo do voto, sem que seja necessário o emprego de cola para fechá-las.

Capítulo IV
DA REPRESENTAÇÃO PROPORCIONAL

Art. 105. Fica facultado a 2 (dois) ou mais partidos coligarem-se para o registro de candidatos comuns a deputado federal, deputado estadual e vereador.

→ Artigo com redação alterada pela Lei 7.454/1985.

§ 1º A deliberação sobre coligação caberá à Convenção Regional de cada partido, quando se tratar de eleição para a Câmara dos Deputados e Assembleias Legislativas, e à Convenção Municipal, quando se tratar de eleição para a Câmara de Vereadores, e será aprovada mediante a votação favorável da maioria, presentes 2/3 (dois terços) dos convencionais, estabelecendo-se, na mesma oportunidade, o número de candidatos que caberá a cada partido.

§ 2º Cada partido indicará em Convenção os seus candidatos e o registro será promovido em conjunto pela Coligação.

Art. 106. Determina-se o quociente eleitoral dividindo-se o número de votos válidos apurados pelo de lugares a preencher em cada circunscrição eleitoral, desprezada a fração se igual ou inferior a meio, equivalente a um, se superior.

Parágrafo único. *(Revogado pela Lei 9.504/1997).*

Art. 107. Determina-se para cada partido ou coligação o quociente partidário, dividindo-se pelo quociente eleitoral o número de votos válidos dados sob a mesma legenda ou coligação de legendas, desprezada a fração.

→ Artigo com redação alterada pela Lei 7.454/1985.

Art. 108. Estarão eleitos, entre os candidatos registrados por um partido ou coligação que tenham obtido votos em número igual ou superior a 10% (dez por cento) do quociente eleitoral, tantos quantos o respectivo quociente partidário indicar, na ordem da votação nominal que cada um tenha recebido.

→ *Caput* com redação alterada pela Lei 13.165/2015.

Parágrafo único. Os lugares não preenchidos em razão da exigência de votação nominal mínima a que se refere o caput serão distribuídos de acordo com as regras do art. 109.

→ Parágrafo único acrescentado pela Lei 13.165/2015.

Art. 109. Os lugares não preenchidos com a aplicação dos quocientes partidários e em razão da exigência de votação nominal mínima a que se refere o art. 108 serão distribuídos de acordo com as seguintes regras:

→ *Caput* com redação alterada pela Lei 13.165/2015.

I – dividir-se-á o número de votos válidos atribuídos a cada partido ou coligação pelo número de lugares definido para o partido pelo cálculo do quociente partidário do art. 107, mais um, cabendo ao partido ou coligação que apresentar a maior média um dos lugares a preencher, desde que tenha candidato que atenda à exigência de votação nominal mínima;

→ Inciso I com redação alterada pela Lei 13.165/2015.

II – repetir-se-á a operação para cada um dos lugares a preencher;

→ Inciso II com redação alterada pela Lei 13.165/2015.

III – quando não houver mais partidos ou coligações com candidatos que atendam às duas exigências do inciso I, as cadeiras serão distribuídas aos partidos que apresentem as maiores médias.

→ Inciso III acrescentado pela Lei 13.165/2015.

§ 1º O preenchimento dos lugares com que cada partido ou coligação for contemplado far-se-á segundo a ordem de votação recebida por seus candidatos.

→ § 1º com redação alterada pela Lei 13.165/2015.

§ 2º Somente poderão concorrer à distribuição dos lugares os partidos ou as coligações que tiverem obtido quociente eleitoral.

→ § 2º com redação alterada pela Lei 13.165/2015.

Art. 110. Em caso de empate, haver-se-á por eleito o candidato mais idoso.

Art. 111. Se nenhum partido ou coligação alcançar o quociente eleitoral, considerar-se-ão eleitos, até serem preenchidos todos os lugares, os candidatos mais votados.

→ Artigo com redação alterada pela Lei 7.454/1985.

Art. 112. Considerar-se-ão suplentes da representação partidária:

→ *v.* Art. 4º da Lei 7.454/1985.

Parágrafo único. Na definição dos suplentes da representação partidária, não há exigência de votação nominal mínima prevista pelo art. 108.

→ Parágrafo único acrescentado pela Lei 13.165/2015.

Art. 113. Na ocorrência de vaga, não havendo suplente para preenchê-la, far-se-á eleição, salvo se faltarem menos de 9 (nove) meses para findar o período de mandato.

Título II
Dos atos preparatórios da votação

Art. 114. Até 70 (setenta) dias antes da data marcada para a eleição, todos os que requererem inscrição como eleitor, ou transferência, já devem estar devidamente qualificados e os respectivos títulos prontos para a entrega, se deferidos pelo juiz eleitoral.

Parágrafo único. Será punido nos termos do art. 293 o juiz eleitoral, o escrivão eleitoral, o preparador ou o funcionário responsável pela transgressão do preceituado neste artigo ou pela não entrega do título pronto ao eleitor que o procurar.

Art. 115. Os juízes eleitorais, sob pena de responsabilidade, comunicarão ao Tribunal Regional, até 30 (trinta) dias antes de cada eleição, o número de eleitores alistados.

Art. 116. A Justiça Eleitoral fará ampla divulgação, através dos comunicados transmitidos em obediência ao disposto no art. 250, § 5º pelo rádio e televisão, bem assim por meio de cartazes afixados em lugares públicos, dos nomes dos candidatos registrados, com indicação do partido a que pertençam, bem como do número sob que foram inscritos, no caso dos candidatos a deputado e a vereador.

Capítulo I
DAS SEÇÕES ELEITORAIS

Art. 117. As seções eleitorais, organizadas à medida em que forem sendo deferidos os pedidos de inscrição, não terão mais de 400 (quatrocentos) eleitores nas capitais e de 300 (trezentos) nas demais localidades, nem menos de 50 (cinquenta) eleitores.

§ 1º Em casos excepcionais, devidamente justificados, o Tribunal Regional poderá autorizar que sejam ultrapassados os índices previstos neste artigo, desde que essa providência venha facilitar o exercício do voto, aproximando o eleitor do local designado para a votação.

§ 2º Se em seção destinada aos cegos, o número de eleitores não alcançar o mínimo exigido este se completará com outros, ainda que não sejam cegos.

Art. 118. Os juízes eleitorais organizarão relação de eleitores de cada Seção, a qual será remetida aos presidentes das mesas receptoras para facilitação do processo de votação.

Capítulo II
DAS MESAS RECEPTORAS

Art. 119. A cada seção eleitoral corresponde uma mesa receptora de votos.

Art. 120. Constituem a mesa receptora um presidente, um primeiro e um segundo mesários, dois secretários e um suplente, nomeados pelo juiz eleitoral 60 (sessenta) dias antes da eleição, em audiência pública, anunciada pelo menos com 5 (cinco) dias de antecedência.

→ *Caput* com redação alterada pela Lei 4.961/1966.

§ 1º Não podem ser nomeados presidentes e mesários:

I – os candidatos e seus parentes ainda que por afinidade, até o segundo grau, inclusive, e bem assim o cônjuge;

II – os membros de diretórios de partidos desde que exerçam função executiva;

III – as autoridades e agentes policiais, bem como os funcionários no desempenho de cargos de confiança do Executivo;

IV – os que pertencerem ao serviço eleitoral.

§ 2º Os mesários serão nomeados, de preferência entre os eleitores da própria seção, e, dentre estes, os diplomados em escola superior, os professores e os serventuários da Justiça.

§ 3º O juiz eleitoral mandará publicar no jornal oficial, onde houver, e, não havendo, em cartório, as nomeações que tiver feito, e intimará os mesários através dessa publicação, para constituírem as mesas no dia e lugares designados, às 7 horas.

§ 4º Os motivos justos que tiverem os nomeados para recusar a nomeação, e que ficarão à livre apreciação do juiz eleitoral, somente poderão ser alegados até 5 (cinco) dias a contar da nomeação, salvo se sobrevindos depois desse prazo.

§ 5º Os nomeados que não declararem a existência de qualquer dos impedimentos referidos no § 1º incorrem na pena estabelecida pelo art. 310.

Art. 121. Da nomeação da mesa receptora qualquer partido poderá reclamar ao juiz eleitoral, no prazo de 2 (dois) dias, a contar da audiência, devendo a decisão ser proferida em igual prazo.

§ 1º Da decisão do juiz eleitoral caberá recurso para o Tribunal Regional, interposto dentro de 3 (três) dias, devendo, dentro de igual prazo, ser resolvido.

§ 2º Se o vício da constituição da mesa resultar da incompatibilidade prevista no n. I, do § 1º, do art. 120, e o registro do candidato for posterior à nomeação do mesário, o prazo para reclamação será contado da publicação dos nomes dos candidatos registrados. Se resultar de qualquer das proibições dos ns. II, III e IV, e em virtude de fato superveniente, o prazo se contará do ato da nomeação ou eleição.

§ 3º O partido que não houver reclamado contra a composição da mesa não poderá arguir sob esse fundamento, a nulidade da seção respectiva.

Art. 122. Os juízes deverão instruir os mesários sobre o processo da eleição, em reuniões para esse fim convocadas com a necessária antecedência.

Art. 123. Os mesários substituirão o presidente, de modo que haja sempre quem responda pessoalmente pela ordem e regularidade do processo eleitoral, e assinarão a ata da eleição.

§ 1º O presidente deve estar presente ao ato de abertura e de encerramento da eleição, salvo força maior, comunicando o impedimento aos mesários e secretários pelo menos 24 (vinte e quatro) horas antes da abertura dos trabalhos, ou imediatamente, se o impedimento se der dentro desse prazo ou no curso da eleição.

§ 2º Não comparecendo o presidente até as 7 horas e 30 minutos, assumirá a presidência o primeiro mesário e, na sua falta ou impedimento, o segundo mesário, um dos secretários ou o suplente.

§ 3º Poderá o presidente, ou membro da mesa que assumir a presidência, nomear *ad hoc*, dentre os eleitores presentes e obedecidas as prescrições do § 1º, do art. 120, os que forem necessários para completar a mesa.

Art. 124. O membro da mesa receptora que não comparecer no local, em dia e hora determinados para a realização de eleição, sem justa causa apresentada ao juiz eleitoral até 30 (trinta) dias após, incorrerá na multa de 50% (cinquenta por cento) a 1 (um) salário mínimo vigente na zona eleitoral cobrada mediante selo federal inutilizado no requerimento em que for solicitado o arbitramento ou através de executivo fiscal.

§ 1º Se o arbitramento e pagamento da multa não for requerido pelo mesário faltoso, a multa será arbitrada e cobrada na forma prevista no artigo 367.

§ 2º Se o faltoso for servidor público ou autárquico, a pena será de suspensão até 15 (quinze) dias.

§ 3º As penas previstas neste artigo serão aplicadas em dobro se a mesa receptora deixar de funcionar por culpa dos faltosos.

§ 4º Será também aplicada em dobro observado o disposto nos §§ 1º e 2º, a pena ao membro da mesa que abandonar os trabalhos no decurso da votação sem justa causa apresentada ao juiz até 3 (três) dias após a ocorrência.

Art. 125. Não se reunindo, por qualquer motivo, a mesa receptora, poderão os eleitores pertencentes à respectiva seção votar na seção mais próxima, sob a jurisdição do mesmo juiz, recolhendo-se os seus votos à urna da seção em que deveriam votar, a qual será transportada para aquela em que tiverem de votar.

§ 1º As assinaturas dos eleitores serão recolhidas nas folhas de votação da seção a que pertencerem, as quais, juntamente com as cédulas oficiais e o material restante, acompanharão a urna.

§ 2º O transporte da urna e dos documentos da seção será providenciado pelo presidente da mesa, mesário ou secretário que comparecer, ou pelo próprio juiz, ou pessoa que ele designar para esse fim, acompanhando-a os fiscais que o desejarem.

Art. 126. Se no dia designado para o pleito deixarem de se reunir todas as mesas de um município, o presidente do Tribunal Regional determinará dia para se realizar o mesmo, instaurando-se inquérito para a apuração das causas da irregularidade e punição dos responsáveis.

Parágrafo único. Essa eleição deverá ser marcada dentro de 15 (quinze) dias, pelo menos, para se realizar no prazo máximo de 30 (trinta) dias.

Art. 127. Compete ao presidente da mesa receptora, e, em sua falta, a quem o substituir:

I – receber os votos dos eleitores;

II – decidir imediatamente todas as dificuldades ou dúvidas que ocorrerem;

III – manter a ordem, para o que disporá de força pública necessária;

IV – comunicar ao juiz eleitoral, que providenciará imediatamente as ocorrências cuja solução deste dependerem;

V – remeter à Junta Eleitoral todos os papéis que tiverem sido utilizados durante a recepção dos votos;

VI – autenticar, com a sua rubrica, as cédulas oficiais e numerá-las nos termos das Instruções do Tribunal Superior Eleitoral;

VII – assinar as fórmulas de observações dos fiscais ou delegados de partido, sobre as votações;

VIII – fiscalizar a distribuição das senhas e, verificando que não estão sendo distribuídas segundo a sua ordem numérica, recolher as de numeração intercalada, acaso retidas, as quais não se poderão mais distribuir;

IX – anotar o não comparecimento do eleitor no verso da folha individual de votação.

→ Inciso IX acrescentado pela Lei 4.961/1966.

Art. 128. Compete aos secretários:

I – distribuir aos eleitores as senhas de entrada previamente rubricadas ou carimbadas segundo a respectiva ordem numérica;

II – lavrar a ata da eleição;

III – cumprir as demais obrigações que lhes forem atribuídas em instruções.

Parágrafo único. As atribuições mencionadas no n. I serão exercidas por um dos secretários e os constantes dos ns. II e III pelo outro.

Art. 129. Nas eleições proporcionais os presidentes das mesas receptoras deverão zelar pela preservação das listas de candidatos afixadas dentro das cabinas indevassáveis tomando imediatas providências para a colocação de nova lista no caso de inutilização total ou parcial.

Parágrafo único. O eleitor que inutilizar ou arrebatar as listas afixadas nas cabinas indevassáveis ou nos edifícios onde funcionarem mesas receptoras, incorrerá nas penas do artigo 297.

Art. 130. Nos estabelecimentos de internação coletiva de hansenianos os membros das mesas receptoras serão escolhidos de preferência entre os médicos e funcionários sadios do próprio estabelecimento.

Capítulo III
DA FISCALIZAÇÃO PERANTE AS MESAS RECEPTORAS

Art. 131. Cada partido poderá nomear 2 (dois) delegados em cada município e 2 (dois) fiscais junto a cada mesa receptora, funcionando um de cada vez.

§ 1º Quando o município abranger mais de uma zona eleitoral cada partido poderá nomear 2 (dois) delegados junto a cada uma delas.

§ 2º A escolha de fiscal e delegado de partido não poderá recair em quem, por nomeação do juiz eleitoral, já faça parte da mesa receptora.

§ 3º As credenciais expedidas pelos partidos, para os fiscais, deverão ser visadas pelo juiz eleitoral.

§ 4º Para esse fim, o delegado do partido encaminhará as credenciais ao cartório, juntamente com os títulos eleitorais dos fiscais credenciados, para que, verificado pelo escrivão que as inscrições correspondentes aos títulos estão em vigor e se referem aos nomeados, carimbe as credenciais e as apresente ao juiz para o visto.

§ 5º As credenciais que não forem encaminhadas ao cartório pelos delegados de partido, para os fins do parágrafo anterior, poderão ser apresentadas pelos próprios fiscais para a obtenção do visto do juiz eleitoral.

§ 6º Se a credencial apresentada ao presidente da mesa receptora não estiver autenticada na forma do § 4º, o fiscal poderá funcionar perante a mesa, mas o seu voto não será admitido, a não ser na seção em que o seu nome estiver incluído.

§ 7º O fiscal de cada partido poderá ser substituído por outro no curso dos trabalhos eleitorais.

Art. 132. Pelas mesas receptoras serão admitidos a fiscalizar a votação, formular protestos e fazer impugnações, inclusive sobre a identidade do eleitor, os candidatos registrados, os delegados e os fiscais dos partidos.

Título III
Do material para a votação

Art. 133. Os juízes eleitorais enviarão ao presidente de cada mesa receptora, pelo menos 72 (setenta e duas) horas antes da eleição, o seguinte material:

I – relação dos eleitores da seção que poderá ser dispensada, no todo ou em parte, pelo respectivo Tribunal Regional Eleitoral em decisão fundamentada e aprovada pelo Tribunal Superior Eleitoral;

→ Inciso I com redação alterada pela Lei 6.055/1974.

II – relações dos partidos e dos candidatos registrados, as quais deverão ser afixadas no recinto das seções eleitorais em lugar visível, e dentro das cabinas indevassáveis as relações de candidatos a eleições proporcionais;

III – as folhas individuais de votação dos eleitores da seção, devidamente acondicionadas;

IV – uma folha de votação para os eleitores de outras seções, devidamente rubricada;

V – uma urna vazia, vedada pelo juiz eleitoral, com tiras de papel ou pano forte;

VI – sobrecartas maiores para os votos impugnados ou sobre os quais haja dúvida;

→ Anterior inciso VII renumerado pela Lei 4.961/1966.

VII – cédulas oficiais;

→ Anterior inciso VIII renumerado pela Lei 4.961/1966

VIII – sobrecartas especiais para remessa à Junta Eleitoral dos documentos relativos à eleição;

→ Anterior inciso IX renumerado pela Lei 4.961/1966

IX – senhas para serem distribuídas aos eleitores;

→ Anterior inciso X renumerado pela Lei 4.961/1966

X – tinta, canetas, penas, lápis e papel, necessários aos trabalhos;

→ Anterior inciso XI renumerado pela Lei 4.961/1966

XI – folhas apropriadas para a impugnação e folhas para observação de fiscais de partidos;

→ Anterior inciso XII renumerado pela Lei 4.961/1966

XII – modelo da ata a ser lavrada pela mesa receptora;

→ Anterior inciso XIII renumerado pela Lei 4.961/1966

XIII – material necessário para vedar, após a votação, a fenda da urna;

→ Anterior inciso XIV renumerado pela Lei 4.961/1966

XIV – um exemplar das Instruções do Tribunal Superior Eleitoral;

→ Anterior inciso XV renumerado pela Lei 4.961/1966

XV – material necessário à contagem dos votos quando autorizada;

→ Anterior inciso XVI renumerado pela Lei 4.961/1966

XVI – outro qualquer material que o Tribunal Regional julgue necessário ao regular funcionamento da mesa.

→ Anterior inciso XVII renumerado pela Lei 4.961/1966

§ 1º O material de que trata este artigo deverá ser remetido por protocolo ou pelo correio acompanhado de uma relação ao pé da qual o destinatário declarará o que recebeu e como o recebeu, e aporá sua assinatura.

§ 2º Os presidentes da mesa que não tiverem recebido até 48 (quarenta e oito) horas antes do pleito o referido material deverão diligenciar para o seu recebimento.

§ 3º O juiz eleitoral, em dia e hora previamente designados em presença dos fiscais e delegados dos partidos, verificará, antes de fechar e lacrar as urnas, se estas estão completamente vazias; fechadas, enviará uma das chaves, se houver, ao presidente da Junta Eleitoral e a da fenda, também se houver, ao presidente da mesa receptora, juntamente com a urna.

Art. 134. Nos estabelecimentos de internação coletiva para hansenianos serão sempre utilizadas urnas de lona.

Título IV
Da votação

Capítulo I
DOS LUGARES DA VOTAÇÃO

Art. 135. Funcionarão as mesas receptoras nos lugares designados pelos juízes eleitorais 60 (sessenta) dias antes da eleição, publicando-se a designação.

§ 1º A publicação deverá conter a seção com a numeração ordinal e local em que deverá funcionar com a indicação da rua, número e qualquer outro elemento que facilite a localização pelo eleitor.

§ 2º Dar-se-á preferência aos edifícios públicos, recorrendo-se aos particulares se faltarem aqueles em número e condições adequadas.

§ 3º A propriedade particular será obrigatória e gratuitamente cedida para esse fim.

§ 4º É expressamente vedado o uso de propriedade pertencente a candidato, membro do diretório de partido, delegado de partido ou autoridade policial, bem como dos respectivos cônjuges e parentes, consanguíneos ou afins, até o 2º grau, inclusive.

§ 5º Não poderão ser localizadas seções eleitorais em fazenda, sítio ou qualquer propriedade rural privada, mesmo existindo no local prédio público, incorrendo o juiz nas penas do art. 312, em caso de infringência.

→ § 5º com redação alterada pela Lei 4.961/1966.

§ 6º Os Tribunais Regionais, nas capitais, e os juízes eleitorais, nas demais zonas, farão ampla divulgação da localização das seções.

§ 6º-A. Os Tribunais Regionais Eleitorais deverão, a cada eleição, expedir instruções aos Juízes Eleitorais para orientá-los na escolha dos locais de votação, de maneira a garantir acessibilidade para o eleitor com deficiência ou com mobilidade reduzida, inclusive em seu entorno e nos sistemas de transporte que lhe dão acesso.

→ § 6º-A com redação alterada pela Lei 13.146/2015, em vigor após decorridos 180 (cento e oitenta) dias de sua publicação oficial – *D.O.U.* de 7.7.2015.

→ **Anterior redação: § 6º-A** Os Tribunais Regionais Eleitorais deverão, a cada eleição, expedir instruções aos Juízes Eleitorais, para orientá-los na escolha dos locais de votação de mais fácil acesso para o eleitor deficiente físico. (§ 6º acrescentado pela Lei 10.226/2001)

§ 6º-B. *(Vetado).*

→ § 6º-B acrescentado pela Lei 10.226/2001.

§ 7º Da designação dos lugares de votação poderá qualquer partido reclamar ao juiz eleitoral, dentro de 3 (três) dias a contar da publicação, devendo a decisão ser proferida dentro de 48 (quarenta e oito) horas.

→ § 7º acrescentado pela Lei 4.961/1966.

§ 8º Da decisão do juiz eleitoral caberá recurso para o Tribunal Regional, interposto dentro de 3 (três) dias, devendo no mesmo prazo, ser resolvido.

→ § 8º acrescentado pela Lei 4.961/1966.

§ 9º Esgotados os prazos referidos nos §§ 7º e 8º deste artigo, não mais poderá ser alegada, no processo eleitoral, a proibição contida em seu § 5º.

→ § 9º acrescentado pela Lei 6.336/1976.

Art. 136. Deverão ser instaladas seções nas vilas e povoados, assim como nos estabelecimentos de internação coletiva, inclusive para cegos e nos leprosários onde haja, pelo menos, 50 (cinquenta) eleitores.

Parágrafo único. A mesa receptora designada para qualquer dos estabelecimentos de internação coletiva deverá funcionar em local indicado pelo respectivo diretório mesmo critério será adotado para os estabelecimentos especializados para proteção dos cegos.

Art. 137. Até 10 (dez) dias antes da eleição, pelo menos, comunicarão os juízes eleitorais aos chefes das repartições públicas e aos proprietários, arrendatários ou administradores das propriedades particulares a resolução de que serão os respectivos edifícios, ou parte deles, utilizados para o funcionamento das mesas receptoras.

Art. 138. No local destinado à votação, a mesa ficará em recinto separado do público; ao lado haverá uma cabina indevassável onde os eleitores, à medida que comparecerem, possam assinalar a sua preferência na cédula.

Parágrafo único. O juiz eleitoral providenciará para que nos edifícios escolhidos sejam feitas as necessárias adaptações.

Capítulo II
DA POLÍCIA DOS TRABALHOS ELEITORAIS

Art. 139. Ao presidente da mesa receptora e ao juiz eleitoral cabe a polícia dos trabalhos eleitorais.

Art. 140. Somente podem permanecer no recinto da mesa receptora os seus membros, os candidatos, um fiscal, um delegado de cada partido e, durante o tempo necessário à votação, o eleitor.

§ 1º O presidente da mesa, que é, durante os trabalhos, a autoridade superior, fará retirar do recinto ou do edifício quem não guardar a ordem e compostura devidas e estiver praticando qualquer ato atentatório da liberdade eleitoral.

§ 2º Nenhuma autoridade estranha à mesa poderá intervir, sob pretexto algum, em seu funcionamento, salvo o juiz eleitoral.

Art. 141. A força armada conservar-se-á a 100 (cem) metros da seção eleitoral e não poderá aproximar-se do lugar da votação, ou dele penetrar, sem ordem do presidente da mesa.

Capítulo III
DO INÍCIO DA VOTAÇÃO

Art. 142. No dia marcado para a eleição, às 7 (sete) horas, o presidente da mesa receptora, os mesários e os secretários verificarão se no lugar designado estão em orem o material remetido pelo juiz e a urna destinada a recolher os votos, bem como se estão presentes os fiscais de partido.

Art. 143. Às 8 (oito) horas, supridas as deficiências declarará o presidente iniciados os trabalhos, procedendo-se em seguida à votação, que começará pelos candidatos e eleitores presentes.

§ 1º Os membros da mesa e os fiscais de partido deverão votar no correr da votação, depois que tiverem votado os eleitores que já se encontravam presentes no momento da abertura dos trabalhos, ou no encerramento da votação.

→ Anterior parágrafo único renumerado pela Lei 4.961/1966.

§ 2º Observada a prioridade assegurada aos candidatos, têm preferência para votar o juiz eleitoral da zona, seus auxiliares de serviço, os eleitores de idade avançada, os enfermos e as mulheres grávidas.

→ § 2º acrescentado pela Lei 4.961/1966.

Art. 144. O recebimento dos votos começará às 8 (oito) e terminará, salvo o disposto no art. 153, às 17 (dezessete) horas.

Art. 145. O presidente, mesários, secretários, suplentes e os delegados e fiscais de partido votarão perante as mesas em que servirem, sendo que os delegados e fiscais, desde que a credencial esteja visada na forma do artigo 131, § 3º; quando eleitores de outras seções, seus votos serão tomados em separado.

→ *Caput* com redação alterada pela Lei 4.961/1966.

→ *V.* Art. 20 da Lei 7.332/1985.

§ 1º *(Revogado pela Lei 4.961/1966).*

§ 3º *(Revogado pela Lei 4.961/1966).*

Parágrafo único. Com as cautelas constantes do art. 147, § 2º, poderão ainda votar fora da respectiva seção:

→ Anterior § 2º renumerado para parágrafo único pela Lei 4.961/1966.

I – o juiz eleitoral, em qualquer seção da zona sob sua jurisdição, salvo em eleições municipais, nas quais poderá votar em qualquer seção do município em que for eleitor;

→ Anterior § 2º renumerado para parágrafo único pela Lei 4.961/1966.

II – o Presidente da República, o qual poderá votar em qualquer seção, eleitoral do País, nas eleições presidenciais; em qualquer seção do Estado em que for eleitor nas eleições para governador, vice-governador, senador, deputado federal e estadual; em qualquer seção do município em que estiver inscrito, nas eleições para prefeito, vice-prefeito e vereador;

→ Anterior § 2º renumerado para parágrafo único pela Lei 4.961/1966.

III – os candidatos à Presidência da República, em qualquer seção eleitoral do País, nas eleições presidenciais, e, em qualquer seção do Estado em que forem eleitores, nas eleições de âmbito estadual;

→ Anterior § 2º renumerado para parágrafo único pela Lei 4.961/1966.

IV – os governadores, vice-governadores, senadores, deputados federais e estaduais, em qualquer seção do Estado, nas eleições de âmbito nacional e estadual; em qualquer seção do município de que sejam eleitores, nas eleições municipais;

→ Anterior § 2º renumerado para parágrafo único pela Lei 4.961/1966.

V – os candidatos a governador, vice-governador, senador, deputado federal e estadual, em qualquer seção do Estado de que sejam eleitores, nas eleições de âmbito nacional e estadual;

→ Anterior § 2º renumerado para parágrafo único pela Lei 4.961/1966.

VI – os prefeitos, vice-prefeitos e vereadores, em qualquer seção de município que representarem, desde que eleitores do Estado, sendo que, no caso de eleições municipais, nelas somente poderão votar se inscritos no município;

→ Anterior § 2º renumerado para parágrafo único pela Lei 4.961/1966.

VII – os candidatos a prefeito, vice-prefeito e vereador, em qualquer seção de município, desde que dele sejam eleitores;

→ Anterior § 2º renumerado para parágrafo único pela Lei 4.961/1966.

VIII – os militares, removidos ou transferidos dentro do período de 6 (seis) meses antes do pleito, poderão votar nas eleições para presidente e vice-presidente da República na localidade em que estiverem servindo;

→ Anterior § 2º renumerado para parágrafo único pela Lei 4.961/1966.

IX – os policiais militares em serviço.

→ Inciso IX acrescentado pela Lei 9.504/1997.

Capítulo IV
DO ATO DE VOTAR

Art. 146. Observar-se-á na votação o seguinte:

I – o eleitor receberá, ao apresentar-se na seção, e antes de penetrar no recinto da mesa, uma senha numerada, que o secretário rubricará, no momento, depois de verificar pela relação dos eleitores da seção, que o seu nome consta da respectiva pasta;

II – no verso da senha o secretário anotará o número de ordem da folha individual da pasta, número esse que constará da relação enviada pelo cartório à mesa receptora;

III – admitido a penetrar no recinto da mesa, segundo a ordem numérica das senhas, o eleitor apresentará ao presidente seu título, o qual poderá ser examinado por fiscal ou delegado de partido, entregando, no mesmo ato, a senha;

IV – pelo número anotado no verso da senha, o presidente, ou mesário, localizará a folha individual de votação, que será confrontada com o título e poderá também ser examinada por fiscal ou delegado de partido;

V – achando-se em ordem o título e a folha individual e não havendo dúvida sobre a identidade do eleitor, o presidente da mesa o convidará a lançar sua assinatura no verso da folha individual de votação; em seguida entregar-lhe-á a cédula única rubricada no ato pelo presidente e mesários e numerada de acordo com as Instruções do Tribunal Superior instruindo-o sobre a forma de dobrá-la, fazendo-o passar à cabina indevassável, cuja porta ou cortina será encerrada em seguida;

VI – o eleitor será admitido a votar, ainda que deixe de exibir no ato da votação o seu título, desde que seja inscrito na seção e conste da respectiva pasta a sua folha individual de votação; nesse caso, a prova de ter votado será feita mediante certidão que obterá posteriormente, no juízo competente;

VII – no caso da omissão da folha individual na respectiva pasta verificada no ato da votação, será o eleitor, ainda, admitido a votar, desde que exiba o seu título eleitoral e dele conste que o portador é inscrito na seção, sendo o seu voto, nesta hipótese, tomando em separado e colhida sua assinatura na folha de votação modelo 2 (dois). Como ato preliminar da apuração do voto, averiguar-se-á se se trata de eleitor em condições de votar, inclusive se realmente pertence à seção.

VIII – verificada a ocorrência de que trata o número anterior, a Junta Eleitoral, antes de encerrar os seus trabalhos, apurará a causa da omissão. Se tiver havido culpa ou dolo, será aplicada ao responsável, na primeira hipótese, a multa de até 2 (dois) salários mínimos, e, na segunda, a de suspensão até 30 (trinta) dias;

IX – na cabina indevassável, onde não poderá permanecer mais de um minuto, o eleitor indicará os candidatos de sua preferência e dobrará a cédula oficial, observadas as seguintes normas:

a) assinalando com uma cruz, ou de modo que torne expressa a sua intenção, o quadrilátero correspondente ao candidato majoritário de sua preferência;

b) escrevendo o nome, o prenome, ou o número do candidato de sua preferência nas eleições proporcionais;

→ Alínea *b* com redação alterada pela Lei 7.434/1985.

c) (Revogada pela Lei 6.989/1982)

X – ao sair da cabina o eleitor depositará na urna a cédula;

XI – ao depositar a cédula na urna o eleitor deverá fazê-lo de maneira a mostrar a parte rubricada à mesa e aos fiscais de partido, para que verifiquem sem nela tocar, se não foi substituída;

XII – se a cédula oficial não for a mesma, será o eleitor convidado a voltar à cabina indevassável e a trazer seu voto na cédula que recebeu; senão quiser tornar à cabina ser-lhe-á recusado a ocorrência na ata e ficando o eleitor retido pela mesa, e à sua disposição, até o término da votação ou a devolução da cédula oficial já rubricada e numerada;

XIII – se o eleitor, ao receber a cédula ou ao recolher-se à cabina de votação, verificar que a cédula se acha estragada ou, de qualquer modo, viciada ou assinalada ou se ele próprio, por imprudência, imprevidência ou ignorância, a inutilizar, estragar ou assinalar erradamente, poderá pedir uma outra ao presidente da seção eleitoral, restituindo, porém, a primeira, a qual será imediatamente inutilizada à vista dos presentes e sem quebra do sigilo do que o eleitor haja nela assinalado;

XIV – introduzida a sobrecarta na urna, o presidente da mesa devolverá o título ao eleitor, depois de datá-lo e assiná-lo; em seguida rubricará, no local próprio, a folha individual de votação.

Art. 147. O presidente da mesa dispensará especial atenção à identidade de cada eleitor admitido a votar. Existindo dúvida a respeito, deverá exigir-lhe a exibição da respectiva carteira, e, na falta desta, interrogá-lo sobre os dados constantes do título, ou da folha individual de votação, confrontando a assinatura do mesmo com a feita na sua presença pelo eleitor, e mencionando na ata a dúvida suscitada.

§ 1º A impugnação à identidade do eleitor, formulada pelos membros da mesa, fiscais, delegados, candidatos ou qualquer eleitor, será apresentada verbalmente ou por escrito, antes de ser o mesmo admitido a votar.

§ 2º Se persistir a dúvida ou for mantida a impugnação, tomará o presidente da mesa as seguintes providências:

I – escreverá numa sobrecarta branca o seguinte: "Impugnado por 'F'";

II – entregará ao eleitor a sobrecarta branca, para que ele, na presença da mesa e dos fiscais, nela coloque a cédula oficial que assinalou, assim como o seu título, a folha de impugnação e qualquer outro documento oferecido pelo impugnante;

III – determinará ao eleitor que feche a sobrecarta branca e a deposite na urna;

IV – anotará a impugnação na ata.

§ 3º O voto em separado, por qualquer motivo, será sempre tomado na forma prevista no parágrafo anterior.

Art. 148. O eleitor somente poderá votar na seção eleitoral em que estiver incluído o seu nome.

§ 1º Essa exigência somente poderá ser dispensada nos casos previstos no art. 145 e seus parágrafos.

§ 2º Aos eleitores mencionados no art. 145 não será permitido votar sem a exibição do título, e nas folhas de votação modelo 2, nas quais lançarão suas assinaturas, serão sempre anotadas na coluna própria as seções mencionadas nos títulos retidos.

§ 3º Quando se tratar de candidato, o presidente da mesa receptora verificará, previamente, se o nome figura na relação enviada à seção, e quando se tratar de fiscal de partido, se a credencial está devidamente visada pelo juiz eleitoral.

§ 4º *(Revogado pela Lei 4.961/1966)*.

§ 5º *(Revogado pela Lei 4.961/1966)*.

Art. 149. Não será admitido recurso contra a votação, se não tiver havido impugnação perante a mesa receptora, no ato da votação, contra as nulidades arguidas.

Art. 150. O eleitor cego poderá:

I – assinar a folha individual de votação em letras do alfabeto comum ou do sistema Braille;

II – assinalar a cédula oficial, utilizando também qualquer sistema;

III – usar qualquer elemento mecânico que trouxer consigo, ou lhe for fornecido pela mesa, e que lhe possibilite exercer o direito de voto.

Art. 151. *(Revogado pela Lei 7.914/1989)*.

Art. 152. Poderão ser utilizadas máquinas de votar, a critério e mediante regulamentação do Tribunal Superior Eleitoral.

Capítulo V
DO ENCERRAMENTO DA VOTAÇÃO

Art. 153. Às 17 (dezessete) horas, o presidente fará entregar as senhas a todos os eleitores presentes e, em seguida, os convidará, em voz alta, a entregar à mesa seus títulos, para que sejam admitidos a votar.

Parágrafo único. A votação continuará na ordem numérica das senhas e o título será devolvido ao eleitor, logo que tenha votado.

Art. 154. Terminada a votação e declarado o seu encerramento pelo presidente, tomará este as seguintes providências:

I – vedará a fenda de introdução da cédula na urna, de modo a cobri-la inteiramente com tiras de papel ou pano forte, rubricadas pelo presidente e mesários e, facultativamente, pelos fiscais presentes, separará todas as folhas de votação correspondentes aos eleitores faltosos e fará constar, no verso de cada uma delas na parte destinada à assinatura do eleitor, a falta verificada, por meio de breve registro, que autenticará com a sua assinatura;

→ Inciso I com redação alterada pela Lei 4.961/1966.

II – encerrará, com a sua assinatura, a folha de votação modelo 2 (dois), que poderá ser também assinada pelos fiscais;

III – mandará lavrar, por um dos secretários, a ata da eleição, preenchendo o modelo fornecido pela Justiça Eleitoral, para que conste:

a) os nomes dos membros da mesa que hajam comparecido, inclusive o suplente;

b) as substituições e nomeações feitas;

c) os nomes dos fiscais que hajam comparecido e dos que se retiraram durante a votação;

d) a causa, se houver, do retardamento para o começo da votação;

e) o número, por extenso, dos eleitores da seção que compareceram e votaram e o número dos que deixaram de comparecer;

f) o número, por extenso, de eleitores de outras seções que hajam votado e cujos votos hajam sido recolhidos ao invólucro especial;

g) o motivo de não haverem votado alguns dos eleitores que compareceram;

h) os protestos e as impugnações apresentados pelos fiscais, assim como as decisões sobre eles proferidas, tudo em seu inteiro teor;

i) a razão de interrupção da votação, se tiver havido, e o tempo de interrupção;

j) a ressalva das rasuras, emendas e entrelinhas porventura existentes nas folhas de votação e na ata, ou a declaração de não existirem;

IV – mandará, em caso de insuficiência de espaço no modelo destinado ao preenchimento, prosseguir a ata em outra folha devidamente rubricada por ele, mesários e fiscais que o desejarem, mencionando esse fato na própria ata;

V – assinará a ata com os demais membros da mesa, secretários e fiscais que quiserem;

VI – entregará a urna e os documentos do ato eleitoral ao presidente da junta ou à agência do correio mais próxima, ou a outra vizinha que ofereça melhores condições de segurança e expedição, sob recibo em triplicata com a indicação de hora, devendo aqueles documentos ser encerrados em sobrecartas rubricadas por ele e pelos fiscais que o quiserem;

VII – comunicará em ofício, ou impresso próprio, ao juiz eleitoral da zona a realização da eleição, o número de eleitores que votaram e a remessa da urna e dos documentos à junta eleitoral;

VIII – enviará em sobrecarta fechada uma das vias do recibo do correio à junta eleitoral e a outra ao Tribunal Regional.

§ 1º Os Tribunais Regionais poderão prescrever outros meios de vedação das urnas.

§ 2º No Distrito Federal e nas capitais dos Estados poderão os Tribunais Regionais determinar normas diversas para a entrega de urnas e papéis eleitorais, com as cautelas destinadas a evitar violação ou extravio.

Art. 155. O presidente da junta eleitoral e as agências do correio tomarão as providências necessárias para o recebimento da urna e dos documentos referidos no artigo anterior.

§ 1º Os fiscais e delegados de partidos têm direito de vigiar e acompanhar a urna desde o momento da eleição, durante a permanência nas agências do correio e até a entrega à junta eleitoral.

§ 2º A urna ficará permanentemente à vista dos interessados e sob a guarda de pessoa designada pelo presidente da junta eleitoral.

Art. 156. Até as 12 (doze) horas do dia seguinte à realização da eleição, o juiz eleitoral é obrigado, sob pena de responsabilidade e multa de 1 (um) a 2 (dois) salários mínimos, a comunicar ao Tribunal Regional, e aos delegados de partido perante ele credenciados, o número de eleitores que votaram em cada uma das seções da zona sob sua jurisdição, bem como o total de votantes da zona.

§ 1º Se houver retardamento nas medidas referidas no art. 154, o juiz eleitoral, assim que receba o ofício constante desse dispositivo, n. VII, fará a comunicação constante deste artigo.

§ 2º Essa comunicação será feita por via postal, em ofícios registrados de que o juiz eleitoral guardará cópia no arquivo da zona, acompanhada do recibo do correio.

§ 3º Qualquer candidato, delegado ou fiscal de partido poderá obter, por certidão, o teor da comunicação a que se refere este artigo, sendo defeso ao juiz eleitoral recusá-la ou procrastinar a sua entrega ao requerente.

Art. 157. (*Revogado pela Lei 7.914/1989*).

Título V
Da apuração

Capítulo I
DOS ÓRGÃOS APURADORES

Art. 158. A apuração compete:

I – às juntas eleitorais quanto às eleições realizadas na zona sob sua jurisdição;

II – aos Tribunais Regionais a referente às eleições para governador, vice-governador, senador, deputado federal e estadual, de acordo com os resultados parciais enviados pelas juntas eleitorais;

III – ao Tribunal Superior Eleitoral nas eleições para presidente e vice-presidente da República, pelos resultados parciais remetidos pelos Tribunais Regionais.

Capítulo II
DA APURAÇÃO NAS JUNTAS

Seção I
Disposições preliminares

Art. 159. A apuração começará no dia seguinte ao das eleições e, salvo motivo justificado, deverá terminar dentro de 10 (dez) dias.

§ 1º Iniciada a apuração, os trabalhos não serão interrompidos aos sábados, domingos e dias feriados, devendo a junta funcionar das 8 (oito) às 18 (dezoito) horas, pelo menos.

§ 2º Em caso de impossibilidade de observância do prazo previsto neste artigo, o fato deverá ser imediatamente justificado perante o Tribunal Regional, mencionando-se as horas ou dias necessários para o adiamento que não poderá exceder a 5 (cinco) dias.

→ § 2º com redação alterada pela Lei 4.961/1966.

§ 3º Esgotado o prazo e a prorrogação estipulada neste artigo ou não tendo havido em tempo hábil o pedido de prorrogação, a respectiva junta eleitoral perde a competência para prosseguir na apuração devendo o seu presidente remeter, imediatamente ao Tribunal Regional, todo o material relativo à votação.

→ § 3º acrescentado pela Lei 4.961/1966.

§ 4º Ocorrendo a hipótese prevista no parágrafo anterior, competirá ao Tribunal Regional fazer a apuração.

→ § 4º acrescentado pela Lei 4.961/1966.

§ 5º Os membros da junta eleitoral responsáveis pela inobservância injustificada dos prazos fixados neste artigo estarão sujeitos à multa de dois a dez salários mínimos, aplicada pelo Tribunal Regional.

→ § 5º acrescentado pela Lei 4.961/1966.

Art. 160. Havendo conveniência, em razão do número de urnas a apurar, a junta poderá subdividir-se em turmas, até o limite de 5 (cinco), todas presididas por algum dos seus componentes.

Parágrafo único. As dúvidas que forem levantadas em cada turma serão decididas por maioria de votos dos membros da junta.

Art. 161. Cada partido poderá credenciar perante as juntas até 3 (três) fiscais, que se revezem na fiscalização dos trabalhos.

§ 1º Em caso de divisão da junta em turmas, cada partido poderá credenciar até 3 (três) fiscais para cada turma.

§ 2º Não será permitida, na junta ou turma, a atuação de mais de 1 (um) fiscal de cada partido.

Art. 162. Cada partido poderá credenciar mais de 1 (um) delegado perante a junta, mas no decorrer da apuração só funcionará 1 (um) de cada vez.

Art. 163. Iniciada a apuração da urna, não será a mesma interrompida, devendo ser concluída.

Parágrafo único. Em caso de interrupção por motivo de força maior, as cédulas e as folhas de apuração serão recolhidas à urna e esta fechada e lacrada, o que constará da ata.

Art. 164. É vedado às juntas eleitorais a divulgação, por qualquer meio, de expressões, frases ou desenhos estranhos ao pleito, apostos ou contidos nas cédulas.

§ 1º Aos membros, escrutinadores e auxiliares das juntas que infringirem o disposto neste artigo será aplicada a multa de 1 (um) a 2 (dois) salários mínimos vigentes na zona eleitoral, cobrados através de executivo fiscal ou da inutilização de selos federais no processo em que for arbitrada a multa.

§ 2º Será considerada dívida líquida e certa, para efeito de cobrança, a que for arbitrada pelo Tribunal Regional e inscrita em livro próprio na Secretaria desse órgão.

Seção II
Da abertura da urna

Art. 165. Antes de abrir cada urna a junta verificará:

I – se há indício de violação da urna;

II – se a mesa receptora se constituiu legalmente;

III – se as folhas individuais de votação e as folhas modelo 2 (dois) são autênticas;

IV – se a eleição se realizou no dia, hora e local designados e se a votação não foi encerrada antes das 17 (dezessete) horas;

V – se foram infringidas as condições que resguardam o sigilo do voto;

VI – se a seção eleitoral foi localizada com infração ao disposto nos §§ 4º e 5º do art. 135;

VII – se foi recusada, sem fundamento legal, a fiscalização de partidos aos atos eleitorais;

VIII – se votou eleitor excluído do alistamento, sem ser o seu voto tomado em separado;

IX – se votou eleitor de outra seção, a não ser nos casos expressamente admitidos;

X – se houve demora na entrega da urna e dos documentos conforme determina o n. VI, do art. 154;

XI – se consta nas folhas individuais de votação dos eleitores faltosos o devido registro de sua falta.

→ Inciso XI acrescentado pela Lei 4.961/1966.

§ 1º Se houver indício de violação da urna, proceder-se-á da seguinte forma:

I – antes da apuração, o presidente da junta indicará pessoa idônea para servir como perito e examinar a urna com assistência do representante do Ministério Público;

II – se o perito concluir pela existência de violação e o seu parecer for aceito pela junta, o presidente desta comunicará a ocorrência ao Tribunal Regional, para as providências de lei;

III – se o perito e o representante do Ministério Público concluírem pela inexistência de violação, far-se-á a apuração;

IV – se apenas o representante do Ministério Público entender que a urna foi violada, a junta decidirá, podendo aquele, se a decisão não for unânime, recorrer imediatamente para o Tribunal Regional;

V – não poderão servir de peritos os referidos no art. 36, § 3º, ns. I a IV.

§ 2º As impugnações fundadas em violação da urna somente poderão ser apresentadas até a abertura desta.

§ 3º Verificado qualquer dos casos dos ns. II, III, IV e V do artigo, a junta anulará a votação, fará a apuração dos votos em separado e recorrerá de ofício para o Tribunal Regional.

§ 4º Nos casos dos números VI, VII, VIII, IX e X, a junta decidirá se a votação é válida, procedendo à apuração definitiva em caso afirmativo, ou na forma do parágrafo anterior, se resolver pela nulidade da votação.

§ 5º A junta deixará de apurar os votos de urna que não estiver acompanhada dos documentos legais e lavrará termo relativo ao fato, remetendo-a, com cópia da sua decisão, ao Tribunal Regional.

Art. 166. Aberta a urna, a junta verificará se o número de cédulas oficiais corresponde ao de votantes.

→ *Caput* com redação alterada pela Lei 4.961/1966.

§ 1º A incoincidência entre o número de votantes e o de cédulas oficiais encontradas na urna não constituirá motivo de nulidade da votação, desde que não resulte de fraude comprovada.

→ § 1º com redação alterada pela Lei 4.961/1966.

§ 2º Se a junta entender que a incoincidência resulta de fraude, anulará a votação, fará a apuração em separado e recorrerá de ofício para o Tribunal Regional.

Art. 167. Resolvida a apuração da urna, deverá a junta inicialmente:

I – examinar as sobrecartas brancas contidas na urna, anulando os votos referentes aos eleitores que não podiam votar;

→ Inciso I com redação alterada pela Lei 4.961/1966.

II – misturar as cédulas oficiais dos que podiam votar com as demais existentes na urna.

→ Inciso II com redação alterada pela Lei 4.961/1966.

III – (*Revogado pela Lei 4.961/1966*).

IV – (*Revogado pela Lei 4.961/1966*).

Art. 168. As questões relativas à existência de rasuras, emendas e entrelinhas nas folhas de votação e na ata da eleição, somente poderão ser suscitadas na fase correspondente à abertura das urnas.

Seção III
Das impugnações e dos recursos

Art. 169. À medida que os votos forem sendo apurados, poderão os fiscais e delegados de partido, assim como os candidatos, apresentar impugnações que serão decididas de plano pela junta.

§ 1º As juntas decidirão por maioria de votos as impugnações.

§ 2º De suas decisões cabe recurso imediato, interposto verbalmente ou por escrito, que deverá ser fundamentado no prazo de 48 (quarenta e oito) horas para que tenha seguimento.

§ 3º O recurso, quando ocorrerem eleições simultâneas, indicará expressamente eleição a que se refere.

§ 4º Os recursos serão instruídos de ofício, com certidão da decisão recorrida; se interpostos verbalmente, constará também da certidão o trecho correspondente do boletim.

→ § 4º com redação alterada pela Lei 4.961/1966.

Art. 170. As impugnações quanto à identidade do eleitor, apresentadas no ato da votação, serão resolvidas pelo confronto da assinatura tomada no verso da folha individual de votação com a existente no anverso; se o eleitor votou em separado, no caso de omissão da folha individual na respectiva pasta, confrontando-se a assinatura da folha modelo 2 (dois) com a do título eleitoral.

Art. 171. Não será admitido recurso contra a apuração, se não tiver havido impugnação perante a junta, no ato da apuração, contra as nulidades arguidas.

Art. 172. Sempre que houver recurso fundado em contagem errônea de votos, vícios de cédulas ou de sobrecartas para votos em separado, deverão as cédulas ser conservadas em invólucro lacrado, que acompanhará o recurso e deverá ser rubricado pelo juiz eleitoral, pelo recorrente e pelos delegados de partido que o desejarem.

→ Artigo com redação alterada pela Lei 4.961/1966.

Seção IV
Da contagem dos votos

Art. 173. Resolvidas as impugnações a junta passará a apurar os votos.

Parágrafo único. Na apuração, poderá ser utilizado sistema eletrônico, a critério do Tribunal Superior Eleitoral e na forma por ele estabelecida.

→ Parágrafo único acrescentado pela Lei 6.978/1982.

Art. 174. As cédulas oficiais, à medida em que forem sendo abertas, serão examinadas e lidas em voz alta por um dos componentes da junta.

§ 1º Após fazer a declaração dos votos em branco e antes de ser anunciado o seguinte, será aposto na cédula, no lugar correspondente à indicação do voto, um carimbo com a expressão "em branco", além da rubrica do presidente da turma.

→ § 1º com redação alterada pela Lei 6.055/1974.

§ 2º O mesmo processo será adaptado para o voto nulo.

→ § 2º com redação alterada pela Lei 6.055/1974.

§ 3º Não poderá ser iniciada a apuração dos votos da urna subsequente, sob as penas do art. 345, sem que os votos em branco da anterior estejam todos registrados pela forma referida no § 1º.

→ Anterior § 2º renumerado pela Lei 6.055/1974.

§ 4º As questões relativas às cédulas somente poderão ser suscitadas nessa oportunidade.

→ Anterior § 3º renumerado pela Lei 6.055/1974.

Art. 175. Serão nulas as cédulas:

I – que não corresponderem ao modelo oficial;

→ v. Art. 20 da Lei 7.332/1985.

II – que não estiverem devidamente autenticadas;

III – que contiverem expressões, frases ou sinais que possam identificar o voto.

§ 1º Serão nulos os votos, em cada eleição majoritária:

I – quando forem assinalados os nomes de dois ou mais candidatos para o mesmo cargo;

II – quando a assinalação estiver colocada fora do quadrilátero próprio, desde que torne duvidosa a manifestação da vontade do eleitor.

§ 2º Serão nulos os votos, em cada eleição pelo sistema proporcional:

→ Anterior § 3º renumerado pela Lei 4.961/1966.

I – quando o candidato não for indicado, através do nome ou do número, com clareza suficiente para distingui-lo de outro candidato ao mesmo cargo, mas de outro partido, e o eleitor não indicar a legenda;

II – se o eleitor escrever o nome de mais de um candidato ao mesmo cargo, pertencentes a partidos diversos, ou, indicando apenas os números, o fizer também de candidatos de partidos diferentes;

III – se o eleitor, não manifestando preferência por candidato, ou o fazendo de modo que não se possa identificar o de sua preferência, escrever duas ou mais legendas diferentes no espaço relativo à mesma eleição.

IV – se o eleitor escrever apenas a sigla partidária, não indicando o candidato de sua preferência.

→ Inciso IV restabelecido pela Lei 7.332/1985.

§ 3º Serão nulos, para todos os efeitos, os votos dados a candidatos inelegíveis ou não registrados.

→ Anterior § 4º renumerado pela Lei 4.961/1966.

§ 4º O disposto no parágrafo anterior não se aplica quando a decisão de inelegibilidade ou de cancelamento de registro for proferida após a realização da eleição a que concorreu o candidato alcançado pela sentença, caso em que os votos serão contados para o partido pelo qual tiver sido feito o seu registro.

→ § 4º acrescentado pela Lei 7.179/1983.

Art. 176. Contar-se-á o voto apenas para a legenda, nas eleições pelo sistema proporcional:

→ Artigo com redação alterada pela Lei 8.037/1990.

I – se o eleitor escrever apenas a sigla partidária, não indicando o candidato de sua preferência;

II – se o eleitor escrever o nome de mais de um candidato do mesmo partido;

III – se o eleitor, escrevendo apenas os números, indicar mais de um candidato do mesmo Partido;

IV – se o eleitor não indicar o candidato através do nome ou do número com clareza suficiente para distingui-lo de outro candidato do mesmo partido.

Art. 177. Na contagem dos votos para as eleições realizadas pelo sistema proporcional observar-se-ão, ainda, as seguintes normas:

→ Artigo com redação alterada pela Lei 8.037/1990.

I – a inversão, omissão ou erro de grafia do nome ou prenome não invalidará o voto, desde que seja possível a identificação do candidato;

II – se o eleitor escrever o nome de um candidato e o número correspondente a outro da mesma legenda ou não, contar-se-á o voto para o candidato cujo nome foi escrito, bem como para a legenda a que pertence;

III – se o eleitor escrever o nome ou o número de um candidato e a legenda de outro partido, contar-se-á o voto para o candidato cujo nome ou número foi escrito;

IV – se o eleitor escrever o nome ou o número de um candidato a deputado federal na parte da cédula referente a deputado estadual ou vice-versa, o voto será contado para o candidato cujo nome ou número foi escrito;

V – se o eleitor escrever o nome ou o número de candidatos em espaço da cédula que não seja o correspondente ao cargo para o qual o candidato foi registrado, será o voto computado para o candidato e respectiva legenda, conforme o registro.

Art. 178. O voto dado ao candidato a presidente da República entender-se-á dado também ao candidato a vice-presidente, assim como o dado aos candidatos a governador, senador, deputado federal nos territórios, prefeito e juiz de paz entender-se-á dado ao respectivo vice ou suplente.

Art. 179. Concluída a contagem dos votos a junta ou turma deverá:

I – transcrever nos mapas referentes à urna a votação apurada;

II – expedir boletim contendo o resultado da respectiva seção, no qual serão consignados o número de votantes, a votação individual de cada candidato, os votos de cada legenda partidária, os votos nulos e os em branco, bem como recursos, se houver.

§ 1º Os mapas, em todas as suas folhas, e os boletins de apuração, serão assinados pelo presidente e membros da junta e pelos fiscais de partido que o desejarem.

§ 2º O boletim a que se refere este artigo obedecerá a modelo aprovado pelo Tribunal Superior Eleitoral, podendo porém, na sua falta, ser substituído por qualquer outro expedido por Tribunal Regional ou pela própria junta eleitoral.

§ 3º Um dos exemplares do boletim de apuração será imediatamente afixado na sede da junta, em local que possa ser copiado por qualquer pessoa.

§ 4º Cópia autenticada do boletim de apuração será entregue a cada partido, por intermédio do delegado ou fiscal presente, mediante recibo.

§ 5º O boletim de apuração ou sua cópia autenticada com a assinatura do juiz e pelo menos de um dos membros da Junta, podendo ser apresentado ao Tribunal Regional, nas eleições federais e estaduais, sempre que o número de votos constantes dos mapas recebidos pela Comissão Apuradora não coincidir com os nele consignados.

§ 6º O partido ou candidato poderá apresentar o boletim na oportunidade concedida pelo art. 200, quando terá vista do relatório da comissão apuradora, ou antes, se durante os trabalhos da comissão tiver conhecimento da incoincidência de qualquer resultado.

§ 7º Apresentado o boletim, será aberta vista aos demais partidos, pelo prazo de 2 (dois) dias, os quais somente poderão contestar o erro indicado com a apresentação de boletim da mesma urna, revestido das mesmas formalidades.

§ 8º Se o boletim apresentado na contestação consignar outro resultado, coincidente ou não com o que figurar no mapa enviado pela junta, a urna será requisitada e recontada pelo próprio Tribunal Regional, em sessão.

§ 9º A não expedição do boletim imediatamente após a apuração de cada urna e antes de se passar à subsequente, sob qualquer pretexto, constitui o crime previsto no art. 313.

Art. 180. O disposto no artigo anterior e em todos os seus parágrafos aplica-se às eleições municipais, observadas somente as seguintes alterações:

I – o boletim de apuração poderá ser apresentado à junta até 3 (três) dias depois de totalizados os resultados, devendo os partidos ser cientificados, através de seus delegados, da data em que começará a correr esse prazo;

II – apresentado o boletim será observado o disposto nos §§ 7º e 8º do artigo anterior, devendo a recontagem ser procedida pela própria junta.

Art. 181. Salvo nos casos mencionados nos artigos anteriores, a recontagem de votos só poderá ser deferida pelos Tribunais Regionais, em recurso interposto imediatamente após a apuração de cada urna.

Parágrafo único. Em nenhuma outra hipótese poderá a junta determinar a reabertura de urnas já apuradas para a recontagem de votos.

Art. 182. Os títulos dos eleitores estranhos à seção serão separados, para remessa, depois de terminados os trabalhos da Junta, ao juiz eleitoral da zona neles mencionadas, a fim de que seja anotado na folha individual de votação o voto dado em outra seção.

Parágrafo único. Se, ao ser feita a anotação, no confronto do título com a folha individual, se verificar incoincidência ou outro indício de fraude, serão autuados tais documentos e o juiz determinará as providências necessárias para a apuração do fato e consequentes medidas legais.

Art. 183. Concluída a apuração, e antes de se passar à subsequente, as cédulas serão recolhidas à urna, sendo esta fechada e lacrada, não podendo ser reaberta senão depois de transitada em julgado a diplomação, salvo nos casos de recontagem de votos.

Parágrafo único. O descumprimento do disposto no presente artigo, sob qualquer pretexto, constitui o crime eleitoral previsto no art. 314.

Art. 184. Terminada a apuração, a junta remeterá ao Tribunal Regional no prazo de 24 (vinte e quatro) horas, todos os papéis eleitorais referentes às eleições estaduais ou federais, acompanhados dos documentos referentes à apuração, juntamente com a ata geral dos seus trabalhos, na qual serão consignadas as votações apuradas para cada legenda e candidato e os votos não apurados com a declaração dos motivos porque o não foram.

→ Artigo com redação alterada pela Lei 4.961/1966.

§ 1º Essa remessa será feita em invólucro fechado, lacrado e rubricado pelos membros da junta, delegados e fiscais de partido, por via postal ou sob protocolo, conforme for mais rápida e segura a chegada ao destino.

§ 2º Se a remessa dos papéis eleitorais de que trata este artigo não se verificar no prazo nele estabelecido os membros da junta estarão sujeitos à multa correspondente à metade do salário mínimo regional por dia de retardamento.

§ 3º Decorridos 15 (quinze) dias sem que o Tribunal Regional tenha recebido os papéis referidos neste artigo ou comunicação de sua expedição, determinará ao corregedor regional ou juiz eleitoral mais próximo que os faça apreender e enviar imediatamente, transferindo-se para o Tribunal Regional a competência para decidir sobre os mesmos.

Art. 185. Sessenta dias após o trânsito em julgado da diplomação de todos os candidatos, eleitos nos pleitos eleitorais realizados simultaneamente e prévia publicação de edital de convocação, as cédulas serão retiradas das urnas e imediatamente incineradas, na presença do juiz eleitoral e em ato público, vedado a qualquer pessoa inclusive ao juiz, o seu exame na ocasião da incineração.

→ *Caput* com redação alterada pela Lei 6.055/1974.

Parágrafo único. Poderá ainda a Justiça Eleitoral, tomadas as medidas necessárias à garantia do sigilo, autorizar a reciclagem industrial das cédulas, em proveito do ensino público de primeiro grau ou de instituições beneficentes.

→ Parágrafo único acrescentado pela Lei 7.977/1989.

Art. 186. Com relação às eleições municipais e distritais, uma vez terminada a apuração de todas as urnas, a junta resolverá as dúvidas não decididas, verificará o total dos votos apurados, inclusive os votos em branco, determinará o quociente eleitoral e os quocientes partidários e proclamará os candidatos eleitos.

§ 1º O presidente da junta fará lavrar, por um dos secretários, a ata geral concernente às eleições referidas neste artigo, da qual constará o seguinte:

I – as seções apuradas e o número de votos apurados em cada urna;

II – as seções anuladas, os motivos por que foram e o número de votos não apurados;

III – as seções onde não houve eleição e os motivos;

IV – as impugnações feitas, a solução que lhes foi dada e os recursos interpostos;

V – a votação de cada legenda na eleição para vereador;

VI – o quociente eleitoral e os quocientes partidários;

VII – a votação dos candidatos a vereador, incluídos em cada lista registrada, na ordem da votação recebida;

VIII – a votação dos candidatos a prefeito, vice-prefeito e a juiz de paz, na ordem da votação recebida.

§ 2º Cópia da ata geral da eleição municipal, devidamente autenticada pelo juiz, será enviada ao Tribunal Regional e ao Tribunal Superior Eleitoral.

Art. 187. Verificando a junta apuradora que os votos das seções anuladas e daquelas cujos eleitores foram impedidos de votar, poderão alterar a representação de qualquer partido ou classificação de candidato eleito pelo princípio majoritário, nas eleições municipais, fará imediata comunicação do fato ao Tribunal Regional, que marcará, se for o caso, dia para a renovação da votação naquelas seções.

§ 1º Nas eleições suplementares municipais observar-se-á, no que couber, o disposto no art. 201.

§ 2º Essas eleições serão realizadas perante novas mesas receptoras, nomeadas pelo juiz eleitoral, e apuradas pela própria junta que, considerando os anteriores e os novos resultados, confirmará ou invalidará os diplomas que houver expedido.

§ 3º Havendo renovação de eleições para os cargos de prefeito e vice-prefeito, os diplomas somente serão expedidos depois de apuradas as eleições suplementares.

§ 4º Nas eleições suplementares, quando se referirem a mandatos de representação proporcional, a votação e a apuração far-se-ão exclusivamente para as legendas registradas.

Seção V
Da contagem dos votos pela mesa receptora

Art. 188. O Tribunal Superior Eleitoral poderá autorizar a contagem de votos pelas mesas receptoras, nos Estados em que o Tribunal Regional indicar as zonas ou seções em que esse sistema deva ser adotado.

Art. 189. Os mesários das seções em que for efetuada a contagem dos votos serão nomeados escrutinadores da junta.

Art. 190. Não será efetuada a contagem dos votos pela mesa se esta não se julgar suficientemente garantida, ou se qualquer eleitor houver votado sob impugnação, devendo a mesa, em um ou outro caso, proceder na forma determinada para as demais, das zonas em que a contagem não foi autorizada.

Art. 191. Terminada a votação, o presidente da mesa tomará as providências mencionadas nas alíneas II, III, IV e V do art. 154.

Art. 192. Lavrada e assinada ata, o presidente da mesa, na presença dos demais membros, fiscais e delegados de partido, abrirá a urna e o invólucro e verificará se o número de cédulas oficiais coincide com o de votantes.

§ 1º Se não houver coincidência entre o número de votantes e o de cédulas oficiais encontradas na urna e no invólucro a mesa receptora não fará a contagem dos votos.

§ 2º Ocorrendo a hipótese prevista no parágrafo anterior, o presidente da mesa determinará que as cédulas e as sobrecartas sejam novamente recolhidas a urna e ao invólucro, os quais serão fechados e lacrados, procedendo, em seguida, na forma recomendada pelas alíneas VI, VII e VIII do art. 54.

Art. 193. Havendo coincidência entre o número de cédulas e o de votantes deverá a mesa, inicialmente, misturar as cédulas contidas nas sobrecartas brancas, da urna e do invólucro, com as demais.

§ 1º Em seguida proceder-se-á à abertura das cédulas e contagem dos votos, observando-se o disposto nos artigos 169 e seguintes, no que couber.

§ 2º Terminada a contagem dos votos será lavrada ata resumida, de acordo com modelo aprovado pelo Tribunal Superior e da qual constarão apenas as impugnações acaso apresentadas, figurando os resultados no boletim que se incorporará à ata, e do qual se dará cópia aos fiscais dos partidos.

Art. 194. Após a lavratura da ata, que deverá ser assinada pelos membros da mesa e fiscais e delegados de partido, as cédulas e as sobrecartas serão recolhidas à urna, sendo esta fechada, lacrada e entregue ao juiz eleitoral pelo presidente da mesa ou por um dos mesários, mediante recibo.

§ 1º O juiz eleitoral poderá, havendo possibilidade, designar funcionários para recolher as urnas e demais documentos nos próprios locais da votação ou instalar postos e locais diversos para o seu recebimento.

§ 2º Os fiscais e delegados de partido podem vigiar e acompanhar a urna desde o momento da eleição, durante a permanência nos postos arrecadadores e até a entrega à junta.

Art. 195. Recebida a urna e documentos, a junta deverá:

I – examinar a sua regularidade, inclusive quanto ao funcionamento normal da seção;

II – rever o boletim de contagem de votos da mesa receptora, a fim de verificar se está aritmeticamente certo, fazendo dele constar que, conferido, nenhum erro foi encontrado;

III – abrir a urna e conferir os votos sempre que a contagem da mesa receptora não permitir o fechamento dos resultados;

IV – proceder à apuração se da ata da eleição constar impugnação de fiscal, delegado, candidato ou membro da própria mesa em relação ao resultado de contagem dos votos;

V – resolver todas as impugnações constantes da ata da eleição;

VI – praticar todos os atos previstos na competência das juntas eleitorais.

Art. 196. De acordo com as instruções recebidas a junta apuradora poderá reunir os membros das mesas receptoras e demais componentes da junta em local amplo e adequado no dia seguinte ao da eleição, em horário previamente fixado, e a proceder à apuração na forma estabelecida nos artigos 159 e seguintes, de uma só vez ou em duas ou mais etapas.

Parágrafo único. Nesse caso cada partido poderá credenciar um fiscal para acompanhar a apuração de cada urna, realizando-se esta sob a supervisão do juiz e dos demais membros da junta, aos quais caberá decidir, em cada caso, as impugnações e demais incidentes verificados durante os trabalhos.

Capítulo III
DA APURAÇÃO NOS TRIBUNAIS REGIONAIS

Art. 197. Na apuração, compete ao Tribunal Regional:

I – resolver as dúvidas não decididas e os recursos interpostos sobre as eleições federais e estaduais e apurar as votações que haja validado em grau de recurso;

II – verificar o total dos votos apurados entre os quais se incluem os em branco;

III – determinar os quocientes, eleitoral e partidário, bem como a distribuição das sobras;

IV – proclamar os eleitos e expedir os respectivos diplomas;

V – fazer a apuração parcial das eleições para Presidente e Vice-Presidente da República.

Art. 198. A apuração pelo Tribunal Regional começará no dia seguinte ao em que receber os primeiros resultados parciais das juntas e prosseguirá sem interrupção, inclusive nos sábados, domingos e feriados, de acordo com o horário previamente publicado, devendo terminar 30 (trinta) dias depois da eleição.

§ 1º Ocorrendo motivos relevantes, expostos com a necessária antecedência, o Tribunal Superior poderá conceder prorrogação desse prazo, uma só vez e por 15 (quinze) dias.

→ § 1º renumerado e alterado pela Lei 4.961/1966.

§ 2º Se o Tribunal Regional não terminar a apuração no prazo legal, seus membros estarão sujeitos à multa correspondente à metade do salário mínimo regional por dia de retardamento.

→ § 2º acrescentado pela Lei 4.961/1966.

Art. 199. Antes de iniciar a apuração, o Tribunal Regional constituirá com 3 (três) de seus membros, presidida por um destes, uma comissão apuradora.

§ 1º O presidente da comissão designará um funcionário do Tribunal para servir de secretário e para auxiliarem os seus trabalhos, tantos outros quantos julgar necessários.

§ 2º De cada sessão da comissão apuradora será lavrada ata resumida.

§ 3º A comissão apuradora fará publicar no órgão oficial, diariamente, um boletim com a indicação dos trabalhos realizados e do número de votos atribuídos a cada candidato.

§ 4º Os trabalhos da comissão apuradora poderão ser acompanhados por delegados dos partidos interessados, sem que, entretanto, neles intervenham com protestos, impugnações ou recursos.

§ 5º Ao final dos trabalhos, a comissão apuradora apresentará ao Tribunal Regional os mapas gerais da apuração e um relatório, que mencione:

I – o número de votos válidos e anulados em cada junta eleitoral, relativos a cada eleição;

II – as seções apuradas e os votos nulos e anulados de cada uma;

III – as seções anuladas, os motivos por que o foram e o número de votos anulados ou não apurados;

IV – as seções onde não houve eleição e os motivos;

V – as impugnações apresentadas às juntas e como foram resolvidas por elas, assim como os recursos que tenham sido interpostos;

VI – a votação de cada partido;

VII – a votação de cada candidato;

VIII – o quociente eleitoral;

IX – os quocientes partidários;

X – a distribuição das sobras.

Art. 200. O relatório a que se refere o artigo anterior ficará na Secretaria do Tribunal, pelo prazo de 3 (três) dias, para exame dos partidos e candidatos interessados, que poderão examinar também os documentos em que ele se baseou.

§ 1º Terminado o prazo supra, os partidos poderão apresentar as suas reclamações, dentro de 2 (dois) dias, sendo estas submetidas a parecer da comissão apuradora que, no prazo de 3 (três) dias, apresentará aditamento ao relatório com a proposta das modificações que julgar procedentes, ou com a justificação da improcedência das arguições.

→ Anterior parágrafo único renumerado pela Lei 4.961/1966.

§ 2º O Tribunal Regional, antes de aprovar o relatório da comissão apuradora e, em 3 (três) dias improrrogáveis, julgará as impugnações e as reclamações não providas pela comissão apuradora, e, se as deferir, voltará o relatório à comissão para que sejam feitas as alterações resultantes da decisão.

→ § 2º acrescentado pela Lei 4.961/1966.

Art. 201. De posse do relatório referido no artigo anterior, reunir-se-á o Tribunal, no dia seguinte, para o conhecimento do total dos votos apurados, e, em seguida, se verificar que os votos das seções anuladas e daquelas cujos eleitores foram impedidos de votar, poderão alterar a representação de candidato eleito pelo princípio majoritário, ordenará a realização de novas eleições.

Parágrafo único. As novas eleições obedecerão às seguintes normas:

I – o presidente do Tribunal fixará, imediatamente, a data, para que se realizem dentro de 15 (quinze) dias, no mínimo, e de 30 (trinta) dias no máximo, a contar do despacho que a fixar, desde que não tenha havido recurso contra a anulação das seções;

II – somente serão admitidos a votar os eleitores da seção, que hajam comparecido à eleição anulada, e os de outras seções que ali houverem votado;

III – nos casos de coação que haja impedido o comparecimento dos eleitores às urnas, no de encerramento da votação antes da hora legal, e quando a votação tiver sido realizada em dia, hora e lugar diferentes dos designados, poderão votar todos os eleitores da seção e somente estes;

IV – nas zonas onde apenas uma seção for anulada, o juiz eleitoral respectivo presidirá a mesa receptora; se houver mais de uma seção anulada, o presidente do Tribunal Regional designará os juízes presidentes das respectivas mesas receptoras;

V – as eleições realizar-se-ão nos mesmos locais anteriormente designados, servindo os mesários e secretários que pelo juiz forem nomeados, com a antecedência de, pelo menos, 5 (cinco) dias, salvo se a anulação for decretada por infração dos §§ 4º e 5º do art. 135;

VI – as eleições assim realizadas serão apuradas pelo Tribunal Regional.

Art. 202. Da reunião do Tribunal Regional será lavrada ata geral, assinada pelos seus membros e da qual constarão:

I – as seções apuradas e o número de votos apurados em cada uma;

II – as seções anuladas, as razões por que o foram e o número de votos não apurados;

III – as seções onde não tenha havido eleição e os motivos;

IV – as impugnações apresentadas às juntas eleitorais e como foram resolvidas;

V – as seções em que se vai realizar ou renovar a eleição;

VI – a votação obtida pelos partidos;

VII – a quociente eleitoral e o partidário;

VIII – os nomes dos votados na ordem decrescente dos votos;

IX – os nomes dos eleitos;

X – os nomes dos suplentes, na ordem em que devem substituir ou suceder.

§ 1º Na mesma sessão o Tribunal Regional proclamará os eleitos e os respectivos suplentes e marcará a data para a expedição solene dos diplomas em sessão pública, salvo quanto a governador e vice-governador, se ocorrer a hipótese prevista na Emenda Constitucional n. 13.

§ 2º O vice-governador e o suplente de senador, considerar-se-ão eleitos em virtude da eleição do governador e do senador com os quais se candidatarem.

§ 3º Os candidatos a governador e vice-governador somente serão diplomados depois de realizadas as eleições suplementares referentes a esses cargos.

§ 4º Um traslado da ata da sessão, autenticado com a assinatura de todos os membros do Tribunal que assinaram a ata original, será remetida ao presidente do Tribunal Superior.

§ 5º O Tribunal Regional comunicará o resultado da eleição ao Senado Federal, Câmara dos Deputados e Assembleia Legislativa.

Art. 203. Sempre que forem realizadas eleições de âmbito estadual juntamente com eleições para presidente e vice-presidente da República, o Tribunal Regional desdobrará os seus trabalhos de apuração, fazendo tanto para aquelas como para esta, uma ata geral.

§ 1º A comissão apuradora deverá, também, apresentar relatórios distintos, um dos quais referente apenas às eleições presidenciais.

§ 2º Concluídos os trabalhos da apuração o Tribunal Regional remeterá ao Tribunal Superior os resultados parciais das eleições para presidente e vice-presidente da República, acompanhados de todos os papéis que lhe digam respeito.

Art. 204. O Tribunal Regional julgando conveniente, poderá determinar que a totalização dos resultados de cada urna seja realizada pela própria comissão apuradora.

Parágrafo único. Ocorrendo essa hipótese serão observadas as seguintes regras:

I – a decisão do Tribunal será comunicada, até 30 (trinta) dias antes da eleição aos juízes eleitorais, aos diretórios dos partidos e ao Tribunal Superior;

II – iniciada a apuração os juízes eleitorais remeterão ao Tribunal Regional, diariamente, sob registro postal ou por portador, os mapas de todas as urnas apuradas no dia;

III – os mapas serão acompanhados de ofício sucinto, que esclareça apenas a que seções correspondem e quantas ainda faltam para completar a apuração da zona;

IV – havendo sido interposto recurso em relação a urna correspondente aos mapas enviados, o juiz fará constar do ofício, em seguida à indicação da seção, entre parênteses, apenas esse esclarecimento – "houve recurso";

V – a ata final da junta não mencionará, no seu texto, a votação obtida pelos partidos e candidatos, a qual ficará constando dos boletins de apuração do juízo, que dela ficarão fazendo parte integrante;

VI – cópia autenticada da ata, assinada por todos os que assinaram o original, será enviada ao Tribunal Regional na forma prevista no art. 184;

VII – a comissão apuradora, à medida em que for recebendo os mapas, passará a totalizar os votos, aguardando, porém, a chegada da cópia autêntica da ata para encerrar a totalização referente a cada zona;

VIII – no caso de extravio de mapa o juiz eleitoral providenciará a remessa de 2ª via, preenchida à vista dos delegados de partido especialmente convocados para esse fim e pelos resultados constantes do boletim de apuração que deverá ficar arquivado no juízo.

Capítulo IV
DA APURAÇÃO NO TRIBUNAL SUPERIOR

Art. 205. O Tribunal Superior fará a apuração geral das eleições para presidente e vice-presidente da República pelos resultados verificados pelos Tribunais Regionais em cada Estado.

Art. 206. Antes da realização da eleição o presidente do Tribunal sorteará, dentre os juízes, o relator de cada grupo de Estados, ao qual serão distribuídos todos os recursos e documentos da eleição referentes ao respectivo grupo.

Art. 207. Recebidos os resultados de cada Estado, e julgados os recursos interpostos das decisões dos Tribunais Regionais, o relator terá o prazo de 5 (cinco) dias para apresentar o seu relatório, com as conclusões seguintes:

I – os totais dos votos válidos e nulos do Estado;

II – os votos apurados pelo Tribunal Regional que devem ser anulados;

III – os votos anulados pelo Tribunal Regional que devem ser computados como válidos;

IV – a votação de cada candidato;

V – o resumo das decisões do Tribunal Regional sobre as dúvidas e impugnações, bem como dos recursos que hajam sido interpostos para o Tribunal Superior, com as respectivas decisões e indicação das implicações sobre os resultados.

Art. 208. O relatório referente a cada Estado ficará na Secretaria do Tribunal, pelo prazo de 2 (dois) dias, para exame dos partidos e candidatos interessados, que poderão examinar também os documentos em que ele se baseou e apresentar alegações ou documentos sobre o relatório, no prazo de 2 (dois) dias.

Parágrafo único. Findo este prazo serão os autos conclusos ao relator, que, dentro em 2 (dois) dias, os apresentará a julgamento, que será previamente anunciado.

Art. 209. Na sessão designada será o feito chamado a julgamento de preferência a qualquer outro processo.

§ 1º Se o relatório tiver sido impugnado, os partidos interessados poderão, no prazo de 15 (quinze) minutos, sustentar oralmente as suas conclusões.

§ 2º Se do julgamento resultarem alterações na apuração efetuada pelo Tribunal Regional, o acórdão determinará que a Secretaria, dentro em 5 (cinco) dias, levante as folhas de apuração parcial das seções cujos resultados tiverem sido alterados, bem como o mapa geral da respectiva circunscrição, de acordo com as alterações decorrentes do julgado, devendo o mapa, após o visto do relator, ser publicado na Secretaria.

§ 3º A esse mapa admitir-se-á, dentro em 48 (quarenta e oito) horas de sua publicação, impugnação fundada em erro de conta ou de cálculo, decorrente da própria sentença.

Art. 210. Os mapas gerais de todas as circunscrições com as impugnações, se houver, e a folha de apuração final levantada pela Secretaria, serão autuados e distribuídos a um relator-geral, designado pelo presidente.

Parágrafo único. Recebidos os autos, após a audiência do Procurador-Geral, o relator, dentro de 48 (quarenta e oito) horas, resolverá as impugnações relativas aos erros de conta ou de cálculo, mandando fazer as correções, se for o caso, e apresentará, a seguir, o relatório final com os nomes dos candidatos que deverão ser proclamados eleitos e os dos demais candidatos, na ordem decrescente das votações.

Art. 211. Aprovada em sessão especial a apuração geral, o presidente anunciará a votação dos candidatos, proclamando a seguir eleito presidente da República o candidato, mais votado que tiver obtido maioria absoluta de votos, excluídos, para a apuração desta, os em branco e os nulos.

Art. 212. Verificando que os votos das seções anuladas e daquelas cujos eleitores foram impedidos de votar, em todo o País, poderão alterar a classificação de candidato, ordenará o Tribunal Superior a realização de novas eleições.

§ 1º Essas eleições serão marcadas desde logo pelo presidente do Tribunal Superior e terão lugar no primeiro domingo ou feriado que ocorrer após o 15º (décimo quinto) dia a contar da data do despacho, devendo ser observado o disposto nos números II a VI do parágrafo único do art. 201.

§ 2º Os candidatos a presidente e vice-presidente da República somente serão diplomados depois de realizadas as eleições suplementares referentes a esses cargos.

Art. 213. Não se verificando a maioria absoluta, o Congresso Nacional, dentro de 15 (quinze) dias após haver recebido a respectiva comunicação do presidente do Tribunal Superior Eleitoral, reunir-se-á em sessão pública para se manifestar sobre o candidato mais votado, que será considerado eleito se, em escrutínio secreto, obtiver metade mais um dos votos dos seus membros.

§ 1º Se não ocorrer a maioria absoluta referida no *caput* deste artigo, renovar-se-á, até 30 (trinta) dias depois, a eleição em todo o País, à qual concorrerão os dois candidatos mais votados, cujos registros estarão automaticamente revalidados.

§ 2º No caso de renúncia ou morte, concorrerá à eleição prevista no parágrafo anterior o substituto registrado pelo mesmo partido político ou coligação partidária.

Art. 214. O presidente e o vice-presidente da República tomarão posse a 15 (quinze) de março, em sessão do Congresso Nacional.

Parágrafo único. No caso do § 1º do artigo anterior, a posse realizar-se-á dentro de 15 (quinze) dias a contar da proclamação do resultado da segunda eleição, expirando, porém, o mandato a 15 (quinze) de março do quarto ano.

Capítulo V
DOS DIPLOMAS

Art. 215. Os candidatos eleitos, assim como os suplentes, receberão diploma assinado pelo presidente do Tribunal Regional ou da junta eleitoral, conforme o caso.

Parágrafo único. Do diploma deverá constar o nome do candidato, a indicação da legenda sob a qual concorreu, o cargo para o qual foi eleito ou a sua classificação como suplente, e, facultativamente, outros dados a critério do juiz ou do Tribunal.

Art. 216. Enquanto o Tribunal Superior não decidir o recurso interposto contra a expedição do diploma, poderá o diplomado exercer o mandato em toda a sua plenitude.

Art. 217. Apuradas as eleições suplementares o juiz ou o Tribunal reverá a apuração anterior, confirmando ou invalidando os diplomas que houver expedido.

Parágrafo único. No caso de provimento, após a diplomação, de recurso contra o registro de candidato ou de recurso parcial, será também revista a apuração anterior, para confirmação ou invalidação de diplomas, observado o disposto no § 3º do art. 261.

Art. 218. O presidente de junta ou de Tribunal que diplomar militar candidato a cargo eletivo, comunicará imediatamente a diplomação à autoridade a que o mesmo estiver subordinado, para os fins do art. 98.

Capítulo VI
DAS NULIDADES DA VOTAÇÃO

Art. 219. Na aplicação da lei eleitoral o juiz atenderá sempre aos fins e resultados a que ela se dirige, abstendo-se de pronunciar nulidades sem demonstração de prejuízo.

Parágrafo único. A declaração de nulidade não poderá ser requerida pela parte que lhe deu causa nem a ela aproveitar.

Art. 220. É nula a votação:

I – quando feita perante mesa não nomeada pelo juiz eleitoral, ou constituída com ofensa à letra da lei;

II – quando efetuada em folhas de votação falsas;

III – quando realizada em dia, hora, ou local diferentes do designado ou encerrada antes das 17 horas;

IV – quando preterida formalidade essencial do sigilo dos sufrágios;

V – quando a seção eleitoral tiver sido localizada com infração do disposto nos §§ 4º e 5º do art. 135.

→ Inciso V acrescentado pela Lei 4.961/1966.

Parágrafo único. A nulidade será pronunciada quando o órgão apurador conhecer do ato ou dos seus efeitos e a encontrar provada, não lhe sendo lícito supri-la, ainda que haja consenso das partes.

Art. 221. É anulável a votação:

I – quando houver extravio de documento reputado essencial;

→ Anterior inciso II renumerado pela Lei 4.961/1966.

II – quando for negado ou sofrer restrição o direito de fiscalizar, e o fato constar da ata ou de protesto interposto, por escrito, no momento;

→ Anterior inciso III renumerado pela Lei 4.961/1966.

III – quando votar, sem as cautelas do art. 147, § 2º:

→ Anterior inciso IV renumerado pela Lei 4.961/1966.

a) eleitor excluído por sentença não cumprida por ocasião da remessa das folhas individuais de votação à mesa, desde que haja oportuna reclamação de partido;

b) eleitor de outra seção, salvo a hipótese do art. 145;

c) alguém com falsa identidade em lugar do eleitor chamado.

Art. 222. É também anulável a votação, quando viciada de falsidade, fraude, coação, uso de meios de que trata o art. 237, ou emprego de processo de propaganda ou captação de sufrágios vedado por lei.

§ 1º (*Revogado pela Lei 4.961/1966*).

§ 2º (*Revogado pela Lei 4.961/1966*).

Art. 223. A nulidade de qualquer ato, não decretada de ofício pela junta, só poderá ser arguida quando de sua prática, não mais podendo ser alegada, salvo se a arguição se basear em motivo superveniente ou de ordem constitucional.

§ 1º Se a nulidade ocorrer em fase na qual não possa ser alegada no ato, poderá ser arguida na primeira oportunidade que para tanto se apresente.

§ 2º Se se basear em motivo superveniente deverá ser alegada imediatamente, assim que se tornar conhecida, podendo as razões do recurso ser aditadas no prazo de 2 (dois) dias.

§ 3º A nulidade de qualquer ato, baseada em motivo de ordem constitucional, não poderá ser conhecida em recurso interposto fora do prazo. Perdido o prazo numa fase própria, só em outra que se apresentar poderá ser arguida.

→ § 3º com redação alterada pela Lei 4.961/1966.

Art. 224. Se a nulidade atingir a mais de metade dos votos do País nas eleições presidenciais, do Estado nas eleições federais e estaduais ou do município nas eleições municipais, julgar-se-ão prejudicadas as demais votações e o Tribunal marcará dia para nova eleição dentro do prazo de 20 (vinte) a 40 (quarenta) dias.

§ 1º Se o Tribunal Regional na área de sua competência, deixar de cumprir o disposto neste artigo, o Procurador Regional levará o fato ao conhecimento do Procurador-Geral, que providenciará junto ao Tribunal Superior para que seja marcada imediatamente nova eleição.

§ 2º Ocorrendo qualquer dos casos previstos neste capítulo o Ministério Público promoverá, imediatamente a punição dos culpados.

§ 3º A decisão da Justiça Eleitoral que importe o indeferimento do registro, a cassação do diploma ou a perda do mandato de candidato eleito em pleito majoritário acarreta, após o trânsito em julgado, a realização de novas eleições, independentemente do número de votos anulados.

→ § 3º acrescentado pela Lei 13.165/2015.

§ 4º A eleição a que se refere o § 3º correrá a expensas da Justiça Eleitoral e será:

→ § 4º acrescentado pela Lei 13.165/2015.

I – indireta, se a vacância do cargo ocorrer a menos de seis meses do final do mandato;

II – direta, nos demais casos.

Capítulo VII
DO VOTO NO EXTERIOR

Art. 225. Nas eleições para presidente e vice-presidente da República poderá votar o eleitor que se encontrar no exterior.

§ 1º Para esse fim serão organizadas seções eleitorais, nas sedes das embaixadas e consulados gerais.

§ 2º Sendo necessário instalar duas ou mais seções poderá ser utilizado local em que funcione serviço do governo brasileiro.

Art. 226. Para que se organize uma seção eleitoral no exterior é necessário que na circunscrição sob a jurisdição da missão diplomática ou do consulado geral haja um mínimo de 30 (trinta) eleitores inscritos.

Parágrafo único. Quando o número de eleitores não atingir o mínimo previsto no parágrafo anterior, os eleitores poderão votar na mesa receptora mais próxima, desde que localizada no mesmo país, de acordo com a comunicação que lhes for feita.

Art. 227. As mesas receptoras serão organizadas pelo Tribunal Regional do Distrito Federal mediante proposta dos chefes de missão e cônsules gerais, que ficarão investidos, no que for aplicável, das funções administrativas de juiz eleitoral.

Parágrafo único. Será aplicável às mesas receptoras o processo de composição e fiscalização partidária vigente para as que funcionam no território nacional.

Art. 228. Até 30 (trinta) dias antes da realização da eleição todos os brasileiros eleitores, residentes no estrangeiro, comunicarão à sede da missão diplomática ou ao consulado geral, em carta, telegrama ou qualquer outra via, a sua condição de eleitor e sua residência.

§ 1º Com a relação dessas comunicações e com os dados do registro consular, serão organizadas as folhas de votação, e notificados os eleitores da hora e local da votação.

§ 2º No dia da eleição só serão admitidos a votar os que constem da folha de votação e os passageiros e tripulantes de navios e aviões de guerra e mercantes que, no dia, estejam na sede das sessões eleitorais.

Art. 229. Encerrada a votação, as urnas serão enviadas pelos cônsules gerais às sedes das missões diplomáticas. Estas as remeterão, pela mala diplomática, ao Ministério das Relações Exteriores, que delas fará entrega ao Tribunal Regional Eleitoral do Distrito Federal, a quem competirá a apuração dos votos e julgamento das dúvidas e recursos que hajam sido interpostos.

Parágrafo único. Todo o serviço de transporte do material eleitoral será feito por via aérea.

Art. 230. Todos os eleitores que votarem no exterior terão os seus títulos apreendidos pela mesa receptora.

Parágrafo único. A todo eleitor que votar no exterior será concedido comprovante para a comunicação legal ao juiz eleitoral de sua zona.

Art. 231. Todo aquele que, estando obrigado a votar, não o fizer, fica sujeito, além das penalidades previstas para o eleitor que não vota no território nacional, à proibição de requerer qualquer documento perante a repartição diplomática a que estiver subordinado, enquanto não se justificar.

Art. 232. Todo o processo eleitoral realizado no estrangeiro fica diretamente subordinado ao Tribunal Regional do Distrito Federal.

Art. 233. O Tribunal Superior Eleitoral e o Ministério das Relações Exteriores baixarão as instruções necessárias e adotarão as medidas adequadas para o voto no exterior.

Art. 233-A. Aos eleitores em trânsito no território nacional é assegurado o direito de votar para Presidente da República, Governador, Senador, Deputado Federal, Deputado Estadual e Deputado Distrital em urnas especialmente instaladas nas capitais e nos Municípios com mais de cem mil eleitores.

→ *Caput* com redação alterada pela Lei 13.165/2015.

§ 1º O exercício do direito previsto neste artigo sujeita-se à observância das regras seguintes:

→ § 1º acrescentado pela Lei 13.165/2015.

I – para votar em trânsito, o eleitor deverá habilitar-se perante a Justiça Eleitoral no período de até quarenta e cinco dias da data marcada para a eleição, indicando o local em que pretende votar;

II – aos eleitores que se encontrarem fora da unidade da Federação de seu domicílio eleitoral somente é assegurado o direito à habilitação para votar em trânsito nas eleições para Presidente da República;

III – os eleitores que se encontrarem em trânsito dentro da unidade da Federação de seu domicílio eleitoral poderão votar nas eleições para Presidente da República, Governador, Senador, Deputado Federal, Deputado Estadual e Deputado Distrital.

§ 2º Os membros das Forças Armadas, os integrantes dos órgãos de segurança pública a que se refere o art. 144 da Constituição Federal, bem como os integrantes das guardas municipais mencionados no § 8º do mesmo art. 144, poderão votar em trânsito se estiverem em serviço por ocasião das eleições.

→ § 2º acrescentado pela Lei 13.165/2015.

§ 3º As chefias ou comandos dos órgãos a que estiverem subordinados os eleitores mencionados no § 2º enviarão obrigatoriamente à Justiça Eleitoral, em até quarenta e cinco dias da data das eleições, a listagem dos que estarão em serviço no dia da eleição com indicação das seções eleitorais de origem e destino.

→ § 3º acrescentado pela Lei 13.165/2015.

§ 4º Os eleitores mencionados no § 2º, uma vez habilitados na forma do § 3º, serão cadastrados e votarão nas seções eleitorais indicadas nas listagens mencionadas no § 3º independentemente do número de eleitores do Município.

→ § 4º acrescentado pela Lei 13.165/2015.

PARTE QUINTA
DISPOSIÇÕES VÁRIAS

Título I
Das garantias eleitorais

Art. 234. Ninguém poderá impedir ou embaraçar o exercício do sufrágio.

Art. 235. O juiz eleitoral, ou o presidente da mesa receptora, pode expedir salvo-conduto com a cominação de prisão por desobediência até 5 (cinco) dias, em favor do eleitor que sofrer violência, moral ou física, na sua liberdade de votar, ou pelo fato de haver votado.

Parágrafo único. A medida será válida para o período compreendido entre 72 (setenta e duas) horas antes até 48 (quarenta e oito) horas depois do pleito.

Art. 236. Nenhuma autoridade poderá, desde 5 (cinco) dias antes e até 48 (quarenta e oito) horas depois do encerramento da eleição, prender ou deter qualquer eleitor, salvo em flagrante delito ou em virtude de sentença criminal condenatória por crime inafiançável, ou, ainda, por desrespeito a salvo-conduto.

§ 1º Os membros das mesas receptoras e os fiscais de partido, durante o exercício de suas funções, não poderão ser detidos ou presos, salvo o caso de flagrante delito; da mesma garantia gozarão os candidatos desde 15 (quinze) dias antes da eleição.

§ 2º Ocorrendo qualquer prisão o preso será imediatamente conduzido à presença do juiz competente que, se verificar a ilegalidade da detenção, a relaxará e promoverá a responsabilidade do coator.

Art. 237. A interferência do poder econômico e o desvio ou abuso do poder de autoridade, em desfavor da liberdade do voto, serão coibidos e punidos.

§ 1º O eleitor é parte legítima para denunciar os culpados e promover-lhes a responsabilidade, e a nenhum servidor público. Inclusive de autarquia, de entidade paraestatal e de sociedade de economia mista, será lícito negar ou retardar ato de ofício tendente a esse fim.

§ 2º Qualquer eleitor ou partido político poderá se dirigir ao Corregedor-Geral ou Regional, relatando fatos e indicando provas, e pedir abertura de investigação para apurar uso indevido do poder econômico, desvio ou abuso do poder de autoridade, em benefício de candidato ou de partido político.

§ 3º O Corregedor, verificada a seriedade da denúncia procederá ou mandará proceder a investigações, regendo-se estas, no que lhes for aplicável, pela Lei 1.579, de 18/03/1952.

Art. 238. É proibida, durante o ato eleitoral, a presença de força pública no edifício em que funcionar mesa receptora, ou nas imediações, observado o disposto no art. 141.

Art. 239. Aos partidos políticos é assegurada a prioridade postal durante os 60 (sessenta) dias anteriores à realização das eleições, para remessa de material de propaganda de seus candidatos registrados.

Título II
Da propaganda partidária

Art. 240. A propaganda de candidatos a cargos eletivos somente é permitida após o dia 15 de agosto do ano da eleição.

→ *Caput* com redação alterada pela Lei 13.165/2015.

→ *v.* Art. 7º da Lei 12.034/2009.

Parágrafo único. É vedada, desde 48 (quarenta e oito) horas antes até 24 (vinte e quatro) horas depois da eleição, qualquer propaganda política mediante radiodifusão, televisão, comícios ou reuniões públicas.

Art. 241. Toda propaganda eleitoral será realizada sob a responsabilidade dos partidos e por eles paga, imputando-lhes solidariedade nos excessos praticados pelos seus candidatos e adeptos.

Parágrafo único. A solidariedade prevista neste artigo é restrita aos candidatos e aos respectivos partidos, não alcançando outros partidos, mesmo quando integrantes de uma mesma coligação.

→ Parágrafo único acrescentado pela Lei 12.891/2013.

Art. 242. A propaganda, qualquer que seja a sua forma ou modalidade, mencionará sempre a legenda partidária e só poderá ser feita em língua nacional, não devendo empregar meios publicitários destinados a criar, artificialmente, na opinião pública, estados mentais, emocionais ou passionais.

→ *Caput* com redação alterada pela Lei 7.476/1986.

Parágrafo único. Sem prejuízo do processo e das penas cominadas, a Justiça Eleitoral adotará medidas para fazer impedir ou cessar imediatamente a propaganda realizada com infração do disposto neste artigo.

Art. 243. Não será tolerada propaganda:

I – de guerra, de processos violentos para subverter o regime, a ordem política e social ou de preconceitos de raça ou de classes;

II – que provoque animosidade entre as forças armadas ou contra elas, ou delas contra as classes e instituições civis;

III – de incitamento de atentado contra pessoa ou bens;

IV – de instigação à desobediência coletiva ao cumprimento da lei de ordem pública;

V – que implique em oferecimento, promessa ou solicitação de dinheiro, dádiva, rifa, sorteio ou vantagem de qualquer natureza;

VI – que perturbe o sossego público, com algazarra ou abusos de instrumentos sonoros ou sinais acústicos;

VII – por meio de impressos ou de objeto que pessoa inexperiente ou rústica possa confundir com moeda;

VIII – que prejudique a higiene e a estética urbana ou contravenha as posturas municipais ou a outra qualquer restrição de direito;

IX – que caluniar, difamar ou injuriar quaisquer pessoas, bem como órgãos ou entidades que exerçam autoridade pública.

§ 1º O ofendido por calúnia, difamação ou injúria, sem prejuízo e independentemente da ação penal competente, poderá demandar, no juízo cível, a reparação do dano moral respondendo por este o ofensor e, solidariamente, o partido político deste, quando responsável por ação ou omissão e quem quer que favorecido pelo crime, haja de qualquer modo contribuído para ele.

→ § 1º acrescentado pela Lei 4.961/1966.

§ 2º No que couber aplicar-se-ão na reparação do dano moral, referido no parágrafo anterior, os artigos 81 a 88 da Lei 4.117, de 27/08/1962.

→ § 2º acrescentado pela Lei 4.961/1966.

→ Os citados arts. 81 a 88 da Lei 4.117/1962 foram revogados pelo Dec.-lei 236/1967.

§ 3º É assegurado o direito de resposta a quem for, injuriado, difamado ou caluniado através da imprensa rádio, televisão, ou alto-falante, aplicando-se, no que couber, os artigos 90 e 96 da Lei 4.117, de 27/08/1962.

→ § 3º acrescentado pela Lei 4.961/1966.

→ Os citados arts. 90 e 96 da Lei 4.117/1962 foram revogados pelo Dec.-lei 236/1967.

Art. 244. É assegurado aos partidos políticos registrados o direito de, independentemente de licença da autoridade pública e do pagamento de qualquer contribuição:

I – fazer inscrever, na fachada de suas sedes e dependências, o nome que os designe, pela forma que melhor lhes parecer;

II – instalar e fazer funcionar, normalmente, das 14 (quatorze) às 22 (vinte duas) horas, nos três meses que antecederem as eleições, alto-falantes, ou amplificadores de voz, nos locais referidos, assim como em veículos seus, ou à sua disposição, em território nacional, com observância da legislação comum.

Parágrafo único. Os meios de propaganda a que se refere o n. II deste artigo não serão permitidos, a menos de 500 metros:

I – das sedes do Executivo Federal, dos Estados, Territórios e respectivas Prefeituras Municipais;

II – das Câmaras Legislativas Federais, Estaduais e Municipais;

III – dos Tribunais Judiciais;

IV – dos hospitais e casas de saúde;

V – das escolas, bibliotecas públicas, igrejas e teatros, quando em funcionamento;

VI – dos quartéis e outros estabelecimentos militares.

Art. 245. A realização de qualquer ato de propaganda partidária ou eleitoral, em recinto aberto, não depende de licença da polícia.

§ 1º Quando o ato de propaganda tiver de realizar-se em lugar designado para a celebração de comício, na forma do disposto no art. 3º da Lei 1.207, de 25/10/1950, deverá ser feita comunicação à autoridade policial, pelo menos 24 (vinte e quatro) horas antes de sua realização.

§ 2º Não havendo local anteriormente fixado para a celebração de comício, ou sendo impossível ou difícil nele realizar-se o ato de propaganda eleitoral, ou havendo pedido para designação de outro local, a comunicação a que se refere o parágrafo anterior será feita, no mínimo, com antecedência, de 72 (setenta e duas) horas, devendo a autoridade policial, em qualquer desses casos, nas 24 (vinte e quatro) horas seguintes, designar local amplo e de fácil acesso, de modo que não impossibilite ou frustre a reunião.

§ 3º Aos órgãos da Justiça Eleitoral compete julgar das reclamações sobre a localização dos comícios e providências sobre a distribuição equitativa dos locais aos partidos.

Art. 246. (*Revogado pela Lei 9.504/1997*).

Art. 247. (*Revogado pela Lei 9.504/1997*).

Art. 248. Ninguém poderá impedir a propaganda eleitoral, nem inutilizar, alterar ou perturbar os meios lícitos nela empregados.

Art. 249. O direito de propaganda não importa restrição ao poder de polícia quando este deva ser exercido em benefício da ordem pública.

Art. 250. (*Revogado pela Lei 9.504/1997*).

Art. 251. No período destinado à propaganda eleitoral gratuita não prevalecerão quaisquer contratos ou ajustes firmados pelas empresas que possam burlar ou tornar inexequível qualquer dispositivo deste Código ou das instruções baixadas pelo Tribunal Superior Eleitoral.

Art. 252. (*Revogado pelo Dec.-lei 1.538/1977*).

Art. 253. (*Revogado pelo Dec.-lei 1.538/1977*).

Art. 254. (*Revogado pelo Dec.-lei 1.538/1977*).

Art. 255. Nos 15 (quinze) dias anteriores ao pleito é proibida a divulgação, por qualquer forma, de resultados de prévias ou testes pré-eleitorais.

Art. 256. As autoridades administrativas federais, estaduais e municipais proporcionarão aos partidos, em igualdade de condições, as facilidades permitidas para a respectiva propaganda.

§ 1º No período da campanha eleitoral, independentemente do critério de prioridade, os serviços telefônicos, oficiais ou concedidos, farão instalar, na sede dos diretórios devidamente registrados, telefones necessários, mediante requerimento do respectivo presidente e pagamento das taxas devidas.

→ § 1º acrescentado pela Lei 4.961/1966.

§ 2º O Tribunal Superior Eleitoral baixará as instruções necessárias ao cumprimento do disposto no parágrafo anterior fixado as condições a serem observadas.

→ § 2º acrescentado pela Lei 4.961/1966.

Título III
Dos recursos

Capítulo I
DISPOSIÇÕES PRELIMINARES

Art. 257. Os recursos eleitorais não terão efeito suspensivo.

§ 1º A execução de qualquer acórdão será feita imediatamente, através de comunicação por ofício, telegrama, ou, em casos especiais, a critério do presidente do Tribunal, através de cópia do acórdão.

→ Anterior parágrafo único renumerado para § 1º pela Lei 13.165/2015.

§ 2º O recurso ordinário interposto contra decisão proferida por juiz eleitoral ou por Tribunal Regional Eleitoral que resulte em cassação de registro, afastamento do titular ou perda de mandato eletivo será recebido pelo Tribunal competente com efeito suspensivo.

→ § 2º acrescentado pela Lei 13.165/2015.

§ 3º O Tribunal dará preferência ao recurso sobre quaisquer outros processos, ressalvados os de habeas corpus e de mandado de segurança.

→ § 3º acrescentado pela Lei 13.165/2015.

Art. 258. Sempre que a lei não fixar prazo especial, o recurso deverá ser interposto em 3 (três) dias da publicação do ato, resolução ou despacho.

Art. 259. São preclusivos os prazos para interposição de recurso, salvo quando neste se discutir matéria constitucional.

Parágrafo único. O recurso em que se discutir matéria constitucional não poderá ser interposto fora do prazo. Perdido o prazo numa fase própria, só em outra que se apresentar poderá ser interposto.

Art. 260. A distribuição do primeiro recurso que chegar ao Tribunal Regional ou Tribunal Superior, prevenirá a competência do relator para todos os demais casos do mesmo município ou Estado.

Art. 261. Os recursos parciais, entre os quais não se incluem os que versarem matéria referente ao registro de candidatos, interpostos para os Tribunais Regionais no caso de eleições municipais, e para o Tribunal Superior no caso de eleições estaduais ou federais, serão julgados à medida que derem entrada nas respectivas Secretarias.

§ 1º Havendo dois ou mais recursos parciais de um mesmo município ou Estado, ou se todos, inclusive os de diplomação já estiverem no Tribunal Regional ou no Tribunal Superior, serão eles julgados seguidamente, em uma ou mais sessões.

§ 2º As decisões com os esclarecimentos necessários ao cumprimento, serão comunicadas de uma só vez ao juiz eleitoral ou ao presidente do Tribunal Regional.

§ 3º Se os recursos de um mesmo município ou Estado deram entrada em datas diversas, sendo julgados separadamente, o juiz eleitoral ou o presidente do Tribunal Regional, aguardará a comunicação de todas as decisões para cumpri-las, salvo se o julgamento dos demais importar em alteração do resultado do pleito que não tenha relação com o recurso já julgado.

§ 4º Em todos os recursos, no despacho que determinar a remessa dos autos à instância superior, o juízo *a quo* esclarecerá quais os ainda em fase de processamento e, no último, quais os anteriormente remetidos.

§ 5º Ao se realizar a diplomação, se ainda houver recurso pendente de decisão em outra instância, será consignado que os resultados poderão sofrer alterações decorrentes desse julgamento.

§ 6º Realizada a diplomação, e decorrido o prazo para recurso, o juiz ou presidente do Tribunal Regional comunicará à instância superior se foi ou não interposto o recurso.

Art. 262. O recurso contra expedição de diploma caberá somente nos casos de inelegibilidade superveniente ou de natureza constitucional e de falta de condição de elegibilidade.

→ Artigo com redação alterada pela Lei 12.891/2013.

I a IV – (*Revogados pela Lei 12.891/2013*).

Art. 263. No julgamento de um mesmo pleito eleitoral, as decisões anteriores sobre questões de direito constituem prejulgados para os demais casos, salvo se contra a tese votarem 2/3 (dois terços) dos membros do Tribunal.

Art. 264. Para os Tribunais Regionais e para o Tribunal Superior caberá, dentro de 3 (três) dias, recurso dos atos, resoluções ou despachos dos respectivos presidentes.

Capítulo II
DOS RECURSOS PERANTE AS JUNTAS E JUÍZOS ELEITORAIS

Art. 265. Dos atos, resoluções ou despachos dos juízes ou juntas eleitorais caberá recurso para o Tribunal Regional.

Parágrafo único. Os recursos das decisões das juntas serão processados na forma estabelecida pelos artigos 169 e seguintes.

Art. 266. O recurso independerá de termo e será interposto por petição devidamente fundamentada, dirigida ao juiz eleitoral e acompanhada, se o entender o recorrente, de novos documentos.

Parágrafo único. Se o recorrente se reportar a coação, fraude, uso de meios de que trata o art. 237 ou emprego de processo de propaganda ou captação de sufrágios vedado por lei, dependentes de prova a ser determinada pelo Tribunal, bastar-lhe-á indicar os meios a ela conducentes.

→ Parágrafo único acrescentado pela Lei 4.961/1966.

Art. 267. Recebida a petição, mandará o juiz intimar o recorrido para ciência do recurso, abrindo-se-lhe vista dos autos a fim de, em prazo igual ao estabelecido para a sua interposição, oferecer razões, acompanhadas ou não de novos documentos.

§ 1º A intimação se fará pela publicação da notícia da vista no jornal que publicar o expediente da Justiça Eleitoral, onde houver, e nos demais lugares, pessoalmente pelo escrivão, independente de iniciativa do recorrente.

§ 2º Onde houver jornal oficial, se a publicação não ocorrer no prazo de 3 (três) dias, a intimação se fará pessoalmente ou na forma prevista no parágrafo seguinte.

§ 3º Nas zonas em que se fizer intimação pessoal, se não for encontrado o recorrido dentro de 48 (quarenta e oito) horas, a intimação se fará por edital afixado no fórum, no local de costume.

§ 4º Todas as citações e intimações serão feitas na forma estabelecida neste artigo.

§ 5º Se o recorrido juntar novos documentos, terá o recorrente vista dos autos por 48 (quarenta e oito) horas para falar sobre os mesmos, contado o prazo na forma deste artigo.

§ 6º Findos os prazos a que se referem os parágrafos anteriores, o juiz eleitoral fará, dentro de 48 (quarenta e oito) horas, subir os autos ao Tribunal Regional com a sua resposta e os documentos em que se fundar, sujeito à multa de 10% (dez por cento) do salário mínimo regional por dia de retardamento, salvo se entender de reformar a sua decisão.

→ § 6º com redação alterada pela Lei 4.961/1966.

§ 7º Se o juiz reformar a decisão recorrida, poderá o recorrido, dentro de 3 (três) dias, requerer suba o recurso como se por ele interposto.

Capítulo III
DOS RECURSOS NOS TRIBUNAIS REGIONAIS

Art. 268. No Tribunal Regional nenhuma alegação escrita ou nenhum documento poderá ser oferecido por qualquer das partes, salvo o disposto no art. 270.

→ Artigo com redação alterada pela Lei 4.961/1966.

Art. 269. Os recursos serão distribuídos a um relator em 24 (vinte e quatro) horas e na ordem rigorosa da antiguidade dos respectivos membros, esta última exigência sob pena de nulidade de qualquer ato ou decisão do relator ou do Tribunal.

§ 1º Feita a distribuição, a Secretaria do Tribunal abrirá vista dos autos à Procuradoria Regional, que deverá emitir parecer no prazo de 5 (cinco) dias.

§ 2º Se a Procuradoria não emitir parecer no prazo fixado, poderá a parte interessada requerer a inclusão do processo na pauta, devendo o Procurador, nesse caso, proferir parecer oral na assentada do julgamento.

Art. 270. Se o recurso versar sobre coação, fraude, uso de meios de que trata o art. 237, ou emprego de processo de propaganda ou captação de sufrágios vedado por lei dependente de prova indicada pelas partes ao interpô-lo ou ao impugná-lo, o relator no Tribunal Regional deferi-la-á em 24 (vinte e quatro) horas da conclusão, realizando-se ela no prazo improrrogável de 5 (cinco) dias.

→ Artigo com redação alterada pela Lei 4.961/1966.

§ 1º Admitir-se-ão como meios de prova para apreciação pelo Tribunal as justificações e as perícias processadas perante o juiz eleitoral da zona, com citação dos partidos que concorreram ao pleito e do representante do Ministério Público.

§ 2º Indeferindo o relator a prova, serão os autos, a requerimento do interessado, nas 24 (vinte e quatro) horas seguintes, presentes à primeira sessão do Tribunal, que deliberará a respeito.

§ 3º Protocoladas as diligências probatórias, ou com a juntada das justificações ou diligências, a Secretaria do Tribunal abrirá, sem demora, vista dos autos, por vinte e quatro horas, seguidamente, ao recorrente e ao recorrido para dizerem a respeito.

§ 4º Findo o prazo acima, serão os autos conclusos ao relator.

Art. 271. O relator devolverá os autos à Secretaria no prazo improrrogável de 8 (oito) dias para, nas 24 (vinte e quatro) horas seguintes, ser o caso incluído na pauta de julgamento do Tribunal.

§ 1º Tratando-se de recurso contra a expedição de diploma, os autos, uma vez devolvidos pelo relator, serão conclusos ao juiz imediato em antiguidade como revisor, o qual deverá devolvê-los em 4 (quatro) dias.

§ 2º As pautas serão organizadas com um número de processos que possam ser realmente julgados, obedecendo-se rigorosamente a ordem da devolução dos mesmos à Secretaria pelo Relator, ou Revisor, nos recursos contra a expedição de diploma, ressalvadas as preferências determinadas pelo regimento do Tribunal.

Art. 272. Na sessão do julgamento, uma vez feito o relatório pelo relator, cada uma das partes poderá, no prazo improrrogável de 10 (dez) minutos, sustentar oralmente as suas conclusões.

Parágrafo único. Quando se tratar de julgamento de recursos contra a expedição de diploma, cada parte terá 20 (vinte) minutos para sustentação oral.

Art. 273. Realizado o julgamento, o relator, se vitorioso, ou o relator designado para redigir o acórdão, apresentará a redação deste, o mais tardar, dentro em 5 (cinco) dias.

§ 1º O acórdão conterá uma síntese das questões debatidas e decididas.

§ 2º Sem prejuízo do disposto no parágrafo anterior, se o Tribunal dispuser de serviço taquigráfico, serão juntas ao processo as notas respectivas.

Art. 274. O acórdão, devidamente assinado, será publicado, valendo como tal a inserção da sua conclusão no órgão oficial.

§ 1º Se o órgão oficial não publicar o acórdão no prazo de 3 (três) dias, as partes serão intimadas pessoalmente e, se não forem encontradas no prazo de 48 (quarenta e oito) horas, a intimação se fará por edital afixado no Tribunal, no local de costume.

§ 2º O disposto no parágrafo anterior aplicar-se-á a todos os casos de citação ou intimação.

Art. 275. São admissíveis embargos de declaração nas hipóteses previstas no Código de Processo Civil.

→ *Caput* com redação alterada pela Lei 13.105/2015, em vigor após decorrido 1 (um) ano da data de sua publicação – *D.O.U.* de 17.3.2015 (*v.* Art. 1.045 do NCPC).

§ 1º Os embargos de declaração serão opostos no prazo de 3 (três) dias, contado da data de publicação da decisão embargada, em petição dirigida ao juiz ou relator, com a indicação do ponto que lhes deu causa.

→ § 1º com redação alterada pela Lei 13.105/2015, em vigor após decorrido 1 (um) ano da data de sua publicação – *D.O.U.* de 17.3.2015 (*v.* Art. 1.045 do NCPC).

§ 2º Os embargos de declaração não estão sujeitos a preparo.

→ § 2º com redação alterada pela Lei 13.105/2015, em vigor após decorrido 1 (um) ano da data de sua publicação – *D.O.U.* de 17.3.2015 (*v.* Art. 1.045 do NCPC).

§ 3º O juiz julgará os embargos em 5 (cinco) dias.

→ § 3º com redação alterada pela Lei 13.105/2015, em vigor após decorrido 1 (um) ano da data de sua publicação – *D.O.U.* de 17.3.2015 (*v.* Art. 1.045 do NCPC).

§ 4º Nos tribunais:

→ *Caput* do § 4º com redação alterada pela Lei 13.105/2015, em vigor após decorrido 1 (um) ano da data de sua publicação – *D.O.U.* de 17.3.2015 (*v.* Art. 1.045 do NCPC).

I – o relator apresentará os embargos em mesa na sessão subsequente, proferindo voto;

→ Inciso I acrescentado pela Lei 13.105/2015, em vigor após decorrido 1 (um) ano da data de sua publicação – *D.O.U.* de 17.3.2015 (*v.* Art. 1.045 do NCPC).

II – não havendo julgamento na sessão referida no inciso I, será o recurso incluído em pauta;

→ Inciso II acrescentado pela Lei 13.105/2015, em vigor após decorrido 1 (um) ano da data de sua publicação – *D.O.U.* de 17.3.2015 (*v.* Art. 1.045 do NCPC).

III – vencido o relator, outro será designado para lavrar o acórdão.

→ Inciso III acrescentado pela Lei 13.105/2015, em vigor após decorrido 1 (um) ano da data de sua publicação – *D.O.U.* de 17.3.2015 (*v.* Art. 1.045 do NCPC).

§ 5º Os embargos de declaração interrompem o prazo para a interposição de recurso.

→ § 5º acrescentado pela Lei 13.105/2015, em vigor após decorrido 1 (um) ano da data de sua publicação – *D.O.U.* de 17.3.2015 (*v.* Art. 1.045 do NCPC).

§ 6º Quando manifestamente protelatórios os embargos de declaração, o juiz ou o tribunal, em decisão fundamentada, condenará o embargante a pagar ao embargado multa não excedente a 2 (dois) salários mínimos.

→ § 6º acrescentado pela Lei 13.105/2015, em vigor após decorrido 1 (um) ano da data de sua publicação – *D.O.U.* de 17.3.2015 (*v.* Art. 1.045 do NCPC).

§ 7º Na reiteração de embargos de declaração manifestamente protelatórios, a multa será elevada a até 10 (dez) salários mínimos.

→ § 7º acrescentado pela Lei 13.105/2015, em vigor após decorrido 1 (um) ano da data de sua publicação – *D.O.U.* de 17.3.2015 (*v.* Art. 1.045 do NCPC).

→ **Anterior redação: Art. 275.** São admissíveis embargos de declaração: I – quando há no acórdão obscuridade, dúvida ou contradição; II – quando for omitido ponto sobre que devia pronunciar-se o Tribunal. § 1º Os embargos serão opostos dentro em 3 (três) dias da data da publicação do acórdão, em petição dirigida ao relator, na qual será indicado o ponto obscuro, duvidoso, contraditório ou omisso. § 2º O relator porá os embargos em mesa para julgamento, na primeira sessão seguinte proferindo o seu voto. § 3º Vencido o relator, outro será designado para lavrar o acórdão. § 4º Os embargos de declaração suspendem o prazo para a interposição de outros recursos, salvo se manifestamente protelatórios e assim declarados na decisão que os rejeitar.

Art. 276. As decisões dos Tribunais Regionais são terminativas, salvo os casos seguintes em que cabe recurso para o Tribunal Superior:

I – especial:

a) quando forem proferidas contra expressa disposição de lei;

b) quando ocorrer divergência na interpretação de lei entre dois ou mais tribunais eleitorais;

II – ordinário:

a) quando versarem sobre expedição de diplomas nas eleições federais e estaduais;

b) quando denegarem *habeas corpus* ou mandado de segurança.

§ 1º É de 3 (três) dias o prazo para a interposição do recurso, contado da publicação da decisão nos casos dos n. I, letras *a* e *b*, e II, letra *b* e da sessão da diplomação no caso do n. II, letra *a*.

§ 2º Sempre que o Tribunal Regional determinar a realização de novas eleições, o prazo para a interposição dos recursos, no caso do n. II, *a*, contar-se-á da sessão em que, feita a apuração das sessões renovadas, for proclamado o resultado das eleições suplementares.

Art. 277. Interposto recurso ordinário contra decisão do Tribunal Regional, o presidente poderá, na própria petição, mandar abrir vista ao recorrido para que, no mesmo prazo, ofereça as suas razões.

Parágrafo único. Juntadas as razões do recorrido, serão os autos remetidos ao Tribunal Superior.

Art. 278. Interposto recurso especial contra decisão do Tribunal Regional, a petição será juntada nas 48 (quarenta e oito) horas seguintes e os autos conclusos ao presidente dentro de 24 (vinte e quatro) horas.

§ 1º O presidente, dentro em 48 (quarenta e oito) horas do recebimento dos autos conclusos, proferirá despacho fundamentado, admitindo ou não o recurso.

§ 2º Admitido o recurso, será aberta vista dos autos ao recorrido para que, no mesmo prazo, apresente as suas razões.

§ 3º Em seguida serão os autos conclusos ao presidente, que mandará remetê-los ao Tribunal Superior.

Art. 279. Denegado o recurso especial, o recorrente poderá interpor, dentro em 3 (três) dias, agravo de instrumento.

§ 1º O agravo de instrumento será interposto por petição que conterá:

I – a exposição do fato e do direito;

II – as razões do pedido de reforma da decisão;

III – a indicação das peças do processo que devem ser trasladadas.

§ 2º Serão obrigatoriamente trasladadas a decisão recorrida e a certidão da intimação.

§ 3º Deferida a formação do agravo, será intimado o recorrido para, no prazo de 3 (três) dias, apresentar as suas razões e indicar as peças dos autos que serão também trasladadas.

§ 4º Concluída a formação do instrumento o presidente do Tribunal determinará a remessa dos autos ao Tribunal Superior, podendo, ainda, ordenar a extração e a juntada de peças não indicadas pelas partes.

§ 5º O presidente do Tribunal não poderá negar seguimento ao agravo, ainda que interposto fora do prazo legal.

§ 6º Se o agravo de instrumento não for conhecido, porque interposto fora do prazo legal, o Tribunal Superior imporá ao recorrente multa correspondente ao valor do maior salário mínimo vigente no País, multa essa que será inscrita e cobrada na forma prevista no art. 367.

§ 7º Se o Tribunal Regional dispuser de aparelhamento próprio, o instrumento deverá ser formado com fotocópias ou processos semelhantes, pagas as despesas, pelo preço do custo, pelas partes, em relação às peças que indicarem.

Capítulo IV
DOS RECURSOS NO TRIBUNAL SUPERIOR

Art. 280. Aplicam-se ao Tribunal Superior as disposições dos artigos 268, 269, 270, 271 (*caput*), 272, 273, 274 e 275.

Art. 281. São irrecorríveis as decisões do Tribunal Superior, salvo as que declararem a invalidade de lei ou ato contrário à Constituição Federal e as denegatórias de *habeas corpus* ou mandado de segurança, das quais caberá recurso ordinário para o Supremo Tribunal Federal, interposto no prazo de 3 (três) dias.

§ 1º Juntada a petição nas 48 (quarenta e oito) horas seguintes, os autos serão conclusos ao presidente do Tribunal, que, no mesmo prazo, proferirá despacho fundamentado, admitindo ou não o recurso.

§ 2º Admitido o recurso será aberta vista dos autos ao recorrido para que, dentro de 3 (três) dias, apresente as suas razões.

§ 3º Findo esse prazo os autos serão remetidos ao Supremo Tribunal Federal.

Art. 282. Denegado o recurso, o recorrente poderá interpor, dentro de 3 (três) dias, agravo de instrumento, observado o disposto no art. 279 e seus parágrafos, aplicada a multa a que se refere o § 6º pelo Supremo Tribunal Federal.

Título IV
Disposições penais

Capítulo I
DISPOSIÇÕES PRELIMINARES

Art. 283. Para os efeitos penais são considerados membros e funcionários da Justiça Eleitoral:

I – os magistrados que, mesmo não exercendo funções eleitorais, estejam presidindo juntas apuradoras ou se encontrem no exercício de outra função por designação de Tribunal Eleitoral;

II – os cidadãos que temporariamente integram órgãos da Justiça Eleitoral;

III – os cidadãos que hajam sido nomeados para as mesas receptoras ou juntas apuradoras;

IV – os funcionários requisitados pela Justiça Eleitoral.

§ 1º Considera-se funcionário público, para os efeitos penais, além dos indicados no presente artigo, quem, embora transitoriamente ou sem remuneração, exerce cargo, emprego ou função pública.

§ 2º Equipara-se a funcionário público quem exerce cargo, emprego ou função em entidade paraestatal ou em sociedade de economia mista.

Art. 284. Sempre que este Código não indicar o grau mínimo, entende-se que será ele de 15 (quinze) dias para a pena de detenção e de 1 (um) ano para a de reclusão.

Art. 285. Quando a lei determina a agravação ou atenuação da pena sem mencionar o *quantum*, deve o juiz fixá-lo entre 1/5 (um quinto) e 1/3 (um terço), guardados os limites da pena cominada ao crime.

Art. 286. A pena de multa consiste no pagamento ao Tesouro Nacional, de uma soma de dinheiro, que é fixada em dias-multa. Seu montante é, no mínimo, 1 (um) dia-multa e, no máximo, 300 (trezentos) dias-multa.

§ 1º O montante do dia-multa é fixado segundo o prudente arbítrio do juiz, devendo este ter em conta as condições pessoais e econômicas do condenado, mas não pode ser inferior ao salário mínimo diário da região, nem superior ao valor de um salário mínimo mensal.

§ 2º A multa pode ser aumentada até o triplo, embora não possa exceder o máximo genérico, se o juiz considerar que, em virtude da situação econômica do condenado, é ineficaz a cominada, ainda que no máximo, ao crime de que se trate.

Art. 287. Aplicam-se aos fatos incriminados nesta Lei as regras gerais do Código Penal.

Art. 288. Nos crimes eleitorais cometidos por meio da imprensa, do rádio ou da televisão, aplicam-se exclusivamente as normas deste Código e as remissões a outra lei nele contempladas.

Capítulo II
DOS CRIMES ELEITORAIS

Art. 289. Inscrever-se fraudulentamente eleitor:

Pena – reclusão até 5 (cinco) anos e pagamento de 5 (cinco) a 15 (quinze) dias-multa.

Art. 290. Induzir alguém a se inscrever eleitor com infração de qualquer dispositivo deste Código:

Pena – reclusão até 2 (dois) anos e pagamento de 15 (quinze) a 30 (trinta) dias-multa.

Art. 291. Efetuar o juiz, fraudulentamente, a inscrição de alistando:

Pena – reclusão até 5 (cinco) anos e pagamento de 5 (cinco) a 15 (quinze) dias-multa.

Art. 292. Negar ou retardar a autoridade judiciária, sem fundamento legal, a inscrição requerida:

Pena – pagamento de 30 (trinta) a 60 (sessenta) dias-multa.

Art. 293. Perturbar ou impedir de qualquer forma o alistamento:

Pena – detenção de 15 (quinze) dias a 6 (seis) meses ou pagamento de 30 (trinta) a 60 (sessenta) dias-multa.

Art. 294. (*Revogado pela Lei 8.868/1994*).

Art. 295. Reter título eleitoral contra a vontade do eleitor:

Pena – detenção até 2 (dois) meses ou pagamento de 30 (trinta) a 60 (sessenta) dias-multa.

Art. 296. Promover desordem que prejudique os trabalhos eleitorais:

Pena – detenção até 2 (dois) meses e pagamento de 60 (sessenta) a 90 (noventa) dias-multa.

Art. 297. Impedir ou embaraçar o exercício do sufrágio:

Pena – detenção até 6 (seis) meses e pagamento de 60 (sessenta) a 100 (cem) dias-multa.

Art. 298. Prender ou deter eleitor, membro de mesa receptora, fiscal, delegado de partido ou candidato, com violação do disposto no art. 236:

Pena – reclusão até 4 (quatro) anos.

Art. 299. Dar, oferecer, prometer, solicitar ou receber, para si ou para outrem, dinheiro, dádiva, ou qualquer outra vantagem, para obter ou dar voto e para conseguir ou prometer abstenção, ainda que a oferta não seja aceita:

Pena – reclusão até 4 (quatro) anos e pagamento de 5 (cinco) a 15 (quinze) dias-multa.

Art. 300. Valer-se o servidor público da sua autoridade para coagir alguém a votar ou não votar em determinado candidato ou partido:

Pena – detenção até 6 (seis) meses e pagamento de 60 (sessenta) a 100 (cem) dias-multa.

Parágrafo único. Se o agente é membro ou funcionário da Justiça Eleitoral e comete o crime prevalecendo-se do cargo a pena é agravada.

Art. 301. Usar de violência ou grave ameaça para coagir alguém a votar, ou não votar, em determinado candidato ou partido, ainda que os fins visados não sejam conseguidos:

Pena – reclusão até 4 (quatro) anos e pagamento de 5 (cinco) a 15 (quinze) dias-multa.

Art. 302. Promover, no dia da eleição, com o fim de impedir, embaraçar ou fraudar o exercício do voto a concentração de eleitores sob qualquer forma, inclusive o fornecimento gratuito de alimento e transporte coletivo:

Pena – reclusão de 4 (quatro) a 6 (seis) anos e pagamento de 200 (duzentos) a 300 (trezentos) dias-multa.

→ Artigo com redação alterada pelo Dec.-lei 1.064/1969.

Art. 303. Majorar os preços de utilidades e serviços necessários à realização de eleições, tais como transporte e alimentação de eleitores, impressão, publicidade e divulgação de matéria eleitoral:

Pena – pagamento de 250 (duzentos e cinquenta) a 300 (trezentos) dias-multa.

Art. 304. Ocultar, sonegar, açambarcar ou recusar no dia da eleição o fornecimento, normalmente a todos, de utilidades, alimentação e meios de transporte, ou conceder exclusividade dos mesmos a determinado partido ou candidato:

Pena – pagamento de 250 (duzentos e cinquenta) a 300 (trezentos) dias-multa.

Art. 305. Intervir autoridade estranha à mesa receptora, salvo o juiz eleitoral, no seu funcionamento sob qualquer pretexto:

Pena – detenção até 6 (seis) meses e pagamento de 60 (sessenta) a 90 (noventa) dias-multa.

Art. 306. Não observar a ordem em que os eleitores devem ser chamados a votar:

Pena – pagamento de 15 (quinze) a 30 (trinta) dias-multa.

Art. 307. Fornecer ao eleitor cédula oficial já assinalada ou por qualquer forma marcada:

Pena – reclusão até 5 (cinco) anos e pagamento de 5 (cinco) a 15 (quinze) dias-multa.

Art. 308. Rubricar e fornecer a cédula oficial em outra oportunidade que não a de entrega da mesma ao eleitor:

Pena – reclusão até 5 (cinco) anos e pagamento de 60 (sessenta) a 90 (noventa) dias-multa.

Art. 309. Votar ou tentar votar mais de uma vez, ou em lugar de outrem:

Pena – reclusão até 3 (três) anos.

Art. 310. Praticar, ou permitir o membro da mesa receptora que seja praticada, qualquer irregularidade que determine a anulação de votação, salvo no caso do art. 311:

Pena – detenção até 6 (seis) meses ou pagamento de 90 (noventa) a 120 (cento e vinte) dias-multa.

Art. 311. Votar em seção eleitoral em que não está inscrito, salvo nos casos expressamente previstos, e permitir, o presidente da mesa receptora, que o voto seja admitido:

Pena – detenção até 1 (um) mês ou pagamento de 5 (cinco) a 15 (quinze) dias-multa para o eleitor e de 20 (vinte) a 30 (trinta) dias-multa para o presidente da mesa.

Art. 312. Violar ou tentar violar o sigilo do voto:

Pena – detenção até 2 (dois) anos.

Art. 313. Deixar o juiz e os membros da junta de expedir o boletim de apuração imediatamente após a apuração de cada urna e antes de passar à subsequente, sob qualquer pretexto e ainda que dispensada a expedição pelos fiscais, delegados ou candidatos presentes:

Pena – pagamento de 90 (noventa) a 120 (cento e vinte) dias-multa.

Parágrafo único. Nas seções eleitorais em que a contagem for procedida pela mesa receptora incorrerão na mesma pena o presidente e os mesários que não expedirem imediatamente o respectivo boletim.

Art. 314. Deixar o juiz e os membros da junta de recolher as cédulas apuradas na respectiva urna, fechá-la e lacrá-la, assim que terminar a apuração de cada seção e antes de passar à subsequente, sob qualquer pretexto e ainda que dispensada a providência pelos fiscais, delegados ou candidatos presentes:

Pena – detenção até 2 (dois) meses ou pagamento de 90 (noventa) a 120 (cento e vinte) dias-multa.

Parágrafo único. Nas seções eleitorais em que a contagem dos votos for procedida pela mesa receptora incorrerão na mesma pena o presidente e os mesários que não fecharem e lacrarem a urna após a contagem.

Art. 315. Alterar nos mapas ou nos boletins de apuração a votação obtida por qualquer candidato ou lançar nesses documentos votação que não corresponda às cédulas apuradas:

Pena – reclusão até 5 (cinco) anos e pagamento de 5 (cinco) a 15 (quinze) dias-multa.

Art. 316. Não receber ou não mencionar nas atas da eleição ou da apuração os protestos devidamente formulados ou deixar de remetê-los à instância superior:

Pena – reclusão até 5 (cinco) anos e pagamento de 5 (cinco) a 15 (quinze) dias-multa.

Art. 317. Violar ou tentar violar o sigilo da urna ou dos invólucros:

Pena – reclusão de 3 (três) a 5 (cinco) anos.

Art. 318. Efetuar a mesa receptora a contagem dos votos da urna quando qualquer eleitor houver votado sob impugnação (art. 190):

Pena – detenção até 1 (um) mês ou pagamento de 30 (trinta) a 60 (sessenta) dias-multa.

Art. 319. Subscrever o eleitor mais de uma ficha de registro de um ou mais partidos:

Pena – detenção até 1 (um) mês ou pagamento de 10 (dez) a 30 (trinta) dias-multa.

Art. 320. Inscrever-se o eleitor, simultaneamente, em 2 (dois) ou mais partidos:

Pena – pagamento de 10 (dez) a 20 (vinte) dias-multa.

Art. 321. Colher a assinatura do eleitor em mais de uma ficha de registro de partido:

Pena – detenção até 2 (dois) meses ou pagamento de 20 (vinte) a 40 (quarenta) dias-multa.

Art. 322. (*Revogado pela Lei 9.504/1997*).

Art. 323. Divulgar, na propaganda, fatos que sabe inverídicos, em relação a partidos ou candidatos e capazes de exercerem influência perante o eleitorado:

Pena – detenção de 2 (dois) meses a 1 (um) ano, ou pagamento de 120 (cento e vinte) a 150 (cento e cinquenta) dias-multa.

Parágrafo único. A pena é agravada se o crime é cometido pela imprensa, rádio ou televisão.

Art. 324. Caluniar alguém, na propaganda eleitoral, ou visando fins de propaganda, imputando-lhe falsamente fato definido como crime:

Pena – detenção de 6 (seis) meses a 2 (dois) anos, e pagamento de 10 (dez) a 40 (quarenta) dias-multa.

§ 1º Nas mesmas penas incorre quem, sabendo falsa a imputação, a propala ou divulga.

§ 2º A prova da verdade do fato imputado exclui o crime, mas não é admitida:

I – se, constituindo o fato imputado crime de ação privada, o ofendido, não foi condenado por sentença irrecorrível;

II – se o fato é imputado ao Presidente da República ou chefe de governo estrangeiro;

III – se do crime imputado, embora de ação pública, o ofendido foi absolvido por sentença irrecorrível.

Art. 325. Difamar alguém, na propaganda eleitoral, ou visando a fins de propaganda, imputando-lhe fato ofensivo à sua reputação:

Pena – detenção de 3 (três) meses a 1 (um) ano, e pagamento de 5 (cinco) a 30 (trinta) dias-multa.

Parágrafo único. A exceção da verdade somente se admite se o ofendido é funcionário público e a ofensa é relativa ao exercício de suas funções.

Art. 326. Injuriar alguém, na propaganda eleitoral, ou visando a fins de propaganda, ofendendo-lhe a dignidade ou o decoro:

Pena – detenção até 6 (seis) meses, ou pagamento de 30 (trinta) a 60 (sessenta) dias-multa.

§ 1º O juiz pode deixar de aplicar a pena:

I – se o ofendido, de forma reprovável, provocou diretamente a injúria;

II – no caso de retorsão imediata, que consista em outra injúria.

§ 2º Se a injúria consiste em violência ou vias de fato, que, por sua natureza ou meio empregado, se considerem aviltantes:

Pena – detenção de 3 (três) meses a 1 (um) ano e pagamento de 5 (cinco) a 20 (vinte) dias-multa, além das penas correspondentes à violência prevista no Código Penal.

Art. 327. As penas cominadas nos artigos 324, 325 e 326, aumentam-se de 1/3 (um terço), se qualquer dos crimes é cometido:

I – contra o Presidente da República ou chefe de governo estrangeiro;

II – contra funcionário público, em razão de suas funções;

III – na presença de várias pessoas, ou por meio que facilite a divulgação da ofensa.

Art. 328. (*Revogado pela Lei 9.504/1997*).

Art. 329. (*Revogado pela Lei 9.504/1997*).

Art. 330. Nos casos dos artigos 328 e 329 se o agente repara o dano antes da sentença final, o juiz pode reduzir a pena.

→ Os citados arts. 328 e 329 foram revogados pela Lei 9.504/1997.

Art. 331. Inutilizar, alterar ou perturbar meio de propaganda devidamente empregado:

Pena – detenção até 6 (seis) meses ou pagamento de 90 (noventa) a 120 (cento e vinte) dias-multa.

Art. 332. Impedir o exercício de propaganda:

Pena – detenção até 6 (seis) meses e pagamento de 30 (trinta) a 60 (sessenta) dias-multa.

Art. 333. (*Revogado pela Lei 9.504/1997*).

Art. 334. Utilizar organização comercial de vendas, distribuição de mercadorias, prêmios e sorteios para propaganda ou aliciamento de eleitores:

Pena – detenção de 6 (seis) meses a 1 (um) ano e cassação do registro se o responsável for candidato.

Art. 335. Fazer propaganda, qualquer que seja a sua forma, em língua estrangeira:

Pena – detenção de 3 (três) a 6 (seis) meses e pagamento de 30 (trinta) a 60 (sessenta) dias-multa.

Parágrafo único. Além da pena cominada, a infração ao presente artigo importa na apreensão e perda do material utilizado na propaganda.

Art. 336. Na sentença que julgar ação penal pela infração de qualquer dos artigos 322, 323, 324, 325, 326, 328, 329, 331, 332, 333, 334 e 335 deve o juiz verificar, de acordo com o seu livre convencionamento, se diretório local do partido, por qualquer dos seus membros, concorreu para a prática de delito, ou dela se beneficiou conscientemente.

→ Os citados arts. 322, 328, 329 e 335 foram revogados pela Lei 9.504/1997.

Parágrafo único. Nesse caso, imporá o juiz ao diretório responsável pena de suspensão de sua atividade eleitoral por prazo de 6 (seis) a 12 (doze) meses, agravada até o dobro nas reincidências.

Art. 337. Participar, o estrangeiro ou brasileiro que não estiver no gozo dos seus direitos políticos, de atividades partidárias inclusive comícios e atos de propaganda em recintos fechados ou abertos:

Pena – detenção até 6 (seis) meses e pagamento de 90 (noventa) a 120 (cento e vinte) dias-multa.

Parágrafo único. Na mesma pena incorrerá o responsável pelas emissoras de rádio ou televisão que autorizar transmissões de que participem os mencionados neste artigo, bem como o diretor de jornal que lhes divulgar os pronunciamentos.

Art. 338. Não assegurar o funcionário postal a prioridade prevista no art. 239:

Pena – pagamento de 30 (trinta) a 60 (sessenta) dias-multa.

Art. 339. Destruir, suprimir ou ocultar urna contendo votos, ou documentos relativos à eleição:

Pena – reclusão de 2 (dois) a 6 (seis) anos e pagamento de 5 (cinco) a 15 (quinze) dias-multa.

Parágrafo único. Se o agente é membro ou funcionário da Justiça Eleitoral e comete o crime prevalecendo-se do cargo, a pena é agravada.

Art. 340. Fabricar, mandar fabricar, adquirir, fornecer, ainda que gratuitamente, subtrair ou guardar urnas, objetos, mapas, cédulas ou papéis de uso exclusivo da Justiça Eleitoral:

Pena – reclusão até 3 (três) anos e pagamento de 3 (três) a 15 (quinze) dias-multa.

Parágrafo único. Se o agente é membro ou funcionário da Justiça Eleitoral e comete o crime prevalecendo-se do cargo, a pena é agravada.

Art. 341. Retardar a publicação ou não publicar, o diretor ou qualquer outro funcionário de órgão oficial federal, estadual, ou municipal, as decisões, citações ou intimações da Justiça Eleitoral:

Pena – detenção até 1 (um) mês ou pagamento de 30 (trinta) a 60 (sessenta) dias-multa.

Art. 342. Não apresentar o órgão do Ministério Público, no prazo legal, denúncia ou deixar de promover a execução de sentença condenatória:

Pena – detenção até 2 (dois) meses ou pagamento de 60 (sessenta) a 90 (noventa) dias-multa.

Art. 343. Não cumprir o juiz o disposto no § 3º do art. 357:

Pena – detenção até 2 (dois) meses ou pagamento de 60 (sessenta) a 90 (noventa) dias-multa.

Art. 344. Recusar ou abandonar o serviço eleitoral sem justa causa:

Pena – detenção até 2 (dois) meses ou pagamento de 90 (noventa) a 120 (cento e vinte) dias-multa.

Art. 345. Não cumprir a autoridade judiciária, ou qualquer funcionário dos órgãos da Justiça Eleitoral, nos prazos legais, os deveres impostos por este Código, se a infração não estiver sujeita a outra penalidade:

Pena – pagamento de 30 (trinta) a 90 (noventa) dias-multa.

→ Artigo com redação alterada pela Lei 4.961/1966.

Art. 346. Violar o disposto no art. 377:

Pena – detenção até 6 (seis) meses e pagamento de 30 (trinta) a 60 (sessenta) dias-multa.

Parágrafo único. Incorrerão na pena, além da autoridade responsável, os servidores que prestarem serviços e os candidatos, membros ou diretores de partido que derem causa à infração.

Art. 347. Recusar alguém cumprimento ou obediência a diligências, ordens ou instruções da Justiça Eleitoral ou opor embaraços à sua execução:

Pena – detenção de 3 (três) meses a 1 (um) ano e pagamento de 10 (dez) a 20 (vinte) dias-multa.

Art. 348. Falsificar, no todo ou em parte, documento público, ou alterar documento público verdadeiro, para fins eleitorais:

Pena – reclusão de 2 (dois) a 6 (seis) anos e pagamento de 15 (quinze) a 30 (trinta) dias-multa.

§ 1º Se o agente é funcionário público e comete o crime prevalecendo-se do cargo, a pena é agravada.

§ 2º Para os efeitos penais, equipara-se a documento público o emanado de entidade paraestatal inclusive fundação do Estado.

Art. 349. Falsificar, no todo ou em parte, documento particular ou alterar documento particular verdadeiro, para fins eleitorais:

Pena – reclusão até 5 (cinco) anos e pagamento de 3 (três) a 10 (dez) dias-multa.

Art. 350. Omitir, em documento público ou particular, declaração que dele devia constar, ou nele inserir ou fazer inserir declaração falsa ou diversa da que devia ser escrita, para fins eleitorais:

Pena – reclusão até 5 (cinco) anos e pagamento de 5 (cinco) a 15 (quinze) dias-multa, se o documento é público, e reclusão até 3 (três) anos e pagamento de 3 (três) a 10 (dez) dias-multa se o documento é particular.

Parágrafo único. Se o agente da falsidade documental é funcionário público e comete o crime prevalecendo-se do cargo ou se a falsificação ou alteração é de assentamentos de registro civil, a pena é agravada.

Art. 351. Equipara-se a documento (348, 349 e 350) para os efeitos penais, a fotografia, o filme cinematográfico, o disco fonográfico ou fita de ditafone a que se incorpore declaração ou imagem destinada à prova de fato juridicamente relevante.

Art. 352. Reconhecer, como verdadeira, no exercício da função pública, firma ou letra que o não seja, para fins eleitorais:

Pena – reclusão até 5 (cinco) anos e pagamento de 5 (cinco) a 15 (quinze) dias-multa se o documento é público, e reclusão até 3 (três) anos e pagamento de 3 (três) a 10 (dez) dias-multa se o documento é particular.

Art. 353. Fazer uso de qualquer dos documentos falsificados ou alterados, a que se referem os artigos 348 a 352:

Pena – a cominada à falsificação ou à alteração.

Art. 354. Obter, para uso próprio ou de outrem, documento público ou particular, material ou ideologicamente falso para fins eleitorais:

Pena – a cominada à falsificação ou à alteração.

Capítulo III
DO PROCESSO DAS INFRAÇÕES

Art. 355. As infrações penais definidas neste Código são de ação pública.

Art. 356. Todo cidadão que tiver conhecimento de infração penal deste Código deverá comunicá-la ao juiz eleitoral da zona onde a mesma se verificou.

§ 1º Quando a comunicação for verbal, mandará a autoridade judicial reduzi-la a termo, assinado pelo apresentante e por duas testemunhas, e a remeterá ao órgão do Ministério Público local, que procederá na forma deste Código.

§ 2º Se o Ministério Público julgar necessários maiores esclarecimentos e documentos complementares ou outros elementos de convicção, deverá requisitá-los diretamente de quaisquer autoridades ou funcionários que possam fornecê-los.

Art. 357. Verificada a infração penal, o Ministério Público oferecerá a denúncia dentro do prazo de 10 (dez) dias.

§ 1º Se o órgão do Ministério Público, ao invés de apresentar a denúncia, requerer o arquivamento da comunicação, o juiz, no caso de considerar improcedentes as razões invocadas, fará remessa da comunicação ao Procurador Regional, e este oferecerá a denúncia, designará outro promotor para oferecê-la, ou insistirá no pedido de arquivamento, ao qual só então estará o juiz obrigado a atender.

§ 2º A denúncia conterá a exposição do fato criminoso com todas as suas circunstâncias, a qualificação do acusado ou esclarecimentos pelos quais se possa identificá-lo, a classificação do crime e, quando necessário, o rol das testemunhas.

§ 3º Se o órgão do Ministério Público não oferecer a denúncia no prazo legal representará contra ele a autoridade judiciária, sem prejuízo da apuração da responsabilidade penal.

§ 4º Ocorrendo a hipótese prevista no parágrafo anterior o juiz solicitará ao Procurador Regional a designação de outro promotor, que, no mesmo prazo, oferecerá a denúncia.

§ 5º Qualquer eleitor poderá provocar a representação contra o órgão do Ministério Público se o juiz, no prazo de 10 (dez) dias, não agir de ofício.

Art. 358. A denúncia, será rejeitada quando:

I – o fato narrado evidentemente não constituir crime;

II – já estiver extinta a punibilidade, pela prescrição ou outra causa;

III – for manifesta a ilegitimidade da parte ou faltar condição exigida pela lei para o exercício da ação penal.

Parágrafo único. Nos casos do número III, a rejeição da denúncia não obstará ao exercício da ação penal, desde que promovida por parte legítima ou satisfeita a condição.

Art. 359. Recebida a denúncia, o juiz designará dia e hora para o depoimento pessoal do acusado, ordenando a citação deste e a notificação do Ministério Público.

→ Artigo com redação alterada pela Lei 10.732/2003.

Parágrafo único. O réu ou seu defensor terá o prazo de 10 (dez) dias para oferecer alegações escritas e arrolar testemunhas.

Art. 360. Ouvidas as testemunhas de acusação e da defesa e praticadas as diligências requeridas pelo Ministério Público e deferidas ou ordenadas pelo juiz, abrir-se-á o prazo de 5 (cinco) dias a cada uma das partes – acusação e defesa – para alegações finais.

Art. 361. Decorrido esse prazo, e conclusos os autos ao juiz dentro de 48 (quarenta e oito) horas, terá o mesmo 10 (dez) dias para proferir a sentença.

Art. 362. Das decisões finais de condenação ou absolvição cabe recurso para o Tribunal Regional, a ser interposto no prazo de 10 (dez) dias.

Art. 363. Se a decisão do Tribunal Regional for condenatória, baixarão imediatamente os autos à instância inferior para a execução da sentença, que será feita no prazo de 5 (cinco) dias, contados da data da vista ao Ministério Público.

Parágrafo único. Se o órgão do Ministério Público deixar de promover a execução da sentença serão aplicadas as normas constantes dos parágrafos 3º, 4º e 5º do art. 357.

Art. 364. No processo e julgamento dos crimes eleitorais e dos comuns que lhes forem conexos, assim como nos recursos e na execução, que lhes digam respeito, aplicar-se-á, como lei subsidiária ou supletiva, o Código de Processo Penal.

Título V
Disposições gerais e transitórias

Art. 365. O serviço eleitoral prefere a qualquer outro, é obrigatório e não interrompe o interstício de promoção dos funcionários para ele requisitados.

Art. 366. Os funcionários de qualquer órgão da Justiça Eleitoral não poderão pertencer a diretório de partido político ou exercer qualquer atividade partidária, sob pena de demissão.

Art. 367. A imposição e a cobrança de qualquer multa, salvo no caso das condenações criminais, obedecerão às seguintes normas:

I – no arbitramento será levada em conta a condição econômica do eleitor;

II – arbitrada a multa, de ofício ou a requerimento do eleitor, o pagamento será feito através de selo federal inutilizado no próprio requerimento ou no respectivo processo;

III – se o eleitor não satisfizer o pagamento no prazo de 30 (trinta) dias, será considerada dívida líquida e certa, para efeito de cobrança mediante executivo fiscal, a que for inscrita em livro próprio no cartório eleitoral;

IV – a cobrança judicial da dívida será feita por ação executiva na forma prevista para a cobrança da dívida ativa da Fazenda Pública, correndo a ação perante os juízos eleitorais;

V – nas capitais e nas comarcas onde houver mais de um Promotor de Justiça, a cobrança da dívida far-se-á por intermédio do que for designado pelo Procurador Regional Eleitoral;

VI – os recursos cabíveis, nos processos para cobrança da dívida decorrente de multa, serão interpostos para a instância superior da Justiça Eleitoral;

VII – em nenhum caso haverá recurso de ofício;

VIII – as custas, nos Estados, Distrito Federal e Territórios, serão cobradas nos termos dos respectivos regimentos de custas;

IX – os juízes eleitorais comunicarão aos Tribunais Regionais, trimestralmente, a importância total das multas impostas, nesse período e quanto foi arrecadado através de pagamentos feitos na forma dos números II e III;

X – idêntica comunicação será feita pelos Tribunais Regionais ao Tribunal Superior.

§ 1º As multas aplicadas pelos Tribunais Eleitorais serão consideradas líquidas e certas, para efeito de cobrança mediante executivo fiscal desde que inscritas em livro próprio na Secretaria do Tribunal competente.

→ § 1º acrescentado pela Lei 4.961/1966.

§ 2º A multa pode ser aumentada até 10 (dez) vezes, se o juiz, ou Tribunal considerar que, em virtude da situação econômica do infrator, é ineficaz, embora aplicada no máximo.

→ § 2º acrescentado pela Lei 4.961/1966.

§ 3º O alistando, ou o eleitor, que comprovar devidamente o seu estado de pobreza, ficará isento do pagamento de multa.

→ § 3º acrescentado pela Lei 4.961/1966.

§ 4º Fica autorizado o Tesouro Nacional a emitir selos, sob a designação "Selo Eleitoral", destinados ao pagamento de emolumentos, custas, despesas e multas, tanto as administrativas como as penais, devidas à Justiça Eleitoral.

→ § 4º acrescentado pela Lei 4.961/1966.

§ 5º Os pagamentos de multas poderão ser feitos através de guias de recolhimento, se a Justiça Eleitoral não dispuser de selo eleitoral em quantidade suficiente para atender aos interessados.

→ § 5º acrescentado pela Lei 4.961/1966.

Art. 368. Os atos requeridos ou propostos em tempo oportuno, mesmo que não sejam apreciados no prazo legal, não prejudicarão aos interessados.

Art. 368-A. A prova testemunhal singular, quando exclusiva, não será aceita nos processos que possam levar à perda do mandato.

→ Artigo acrescentado pela Lei 13.165/2015.

Art. 369. O Governo da União fornecerá, para ser distribuído por intermédio dos Tribunais Regionais, todo o material destinado ao alistamento eleitoral e às eleições.

Art. 370. As transmissões de natureza eleitoral, feitas por autoridades e repartições competentes, gozam de franquia postal, telegráfica, telefônica, radiotelegráfica ou radiotelefônica, em linhas oficiais ou nas que sejam obrigadas a serviço oficial.

Art. 371. As repartições públicas são obrigadas, no prazo máximo de 10 (dez) dias, a fornecer às autoridades, aos representantes de partidos ou a qualquer alistando as informações e certidões que solicitarem relativas à matéria eleitoral, desde que os interessados manifestem especificamente as razões e os fins do pedido.

Art. 372. Os tabeliães não poderão deixar de reconhecer nos documentos necessários à instrução dos requerimentos e recursos eleitorais, as firmas de pessoas de seu conhecimento, ou das que se apresentarem com 2 (dois) abonadores conhecidos.

Art. 373. São isentos de selo os requerimentos e todos os papéis destinados a fins eleitorais e é gratuito o reconhecimento de firma pelos tabeliães, para os mesmos fins.

Parágrafo único. Nos processos-crimes e nos executivos fiscais referente à cobrança de multas serão pagas custas nos termos do regimento de custas de cada Estado, sendo as devidas à União pagas através de selos federais inutilizados nos autos.

Art. 374. Os membros dos tribunais eleitorais, os juízes eleitorais e os servidores públicos requisitados para os órgãos da Justiça Eleitoral, que, em virtude de suas funções nos mencionados órgãos não tiverem as férias que lhes couberem, poderão gozá-las no ano seguinte, acumuladas ou não.

→ *Caput* com redação alterada pela Lei 4.961/1966.

Parágrafo único. (*Revogado pela Lei 4.961/1966*).

Art. 375. Nas áreas contestadas, enquanto não forem fixados definitivamente os limites interestaduais, far-se-ão as eleições sob a jurisdição do Tribunal Regional da circunscrição eleitoral em que, do ponto de vista da administração judiciária estadual, estejam elas incluídas.

Art. 376. A proposta orçamentária da Justiça Eleitoral será anualmente elaborada pelo Tribunal Superior, de acordo com as propostas parciais que lhe forem remetidas pelos Tribunais Regionais, e dentro das normas legais vigentes.

Parágrafo único. Os pedidos de créditos adicionais que se fizerem necessários ao bom andamento dos serviços eleitorais, durante o exercício serão encaminhados em relação trimestral à Câmara dos Deputados, por intermédio do Tribunal Superior.

Art. 377. O serviço de qualquer repartição, federal, estadual, municipal, autarquia, fundação do Estado, sociedade de economia mista, entidade mantida ou subvencionada pelo poder público, ou que realiza contrato com este, inclusive o respectivo prédio e suas dependências não poderá ser utilizado para beneficiar partido ou organização de caráter político.

Parágrafo único. O disposto neste artigo será tornado efetivo, a qualquer tempo, pelo órgão competente da Justiça Eleitoral, conforme o âmbito nacional, regional ou municipal do órgão infrator mediante representação fundamentada partidário, ou de qualquer eleitor.

Art. 378. O Tribunal Superior organizará, mediante proposta do Corregedor-Geral, os serviços da Corregedoria, designando para desempenhá-los funcionários efetivos do seu quadro e transformando o cargo de um deles, diplomado em direito e de conduta moral irrepreensível, no de escrivão da Corregedoria símbolo PJ-1, a cuja nomeação serão inerentes, assim na Secretaria como nas diligências, as atribuições de titular de ofício de Justiça.

Art. 379. Serão considerados de relevância os serviços prestados pelos mesários e componentes das juntas apuradoras.

§ 1º Tratando-se de servidor público, em caso de promoção a prova de haver prestado tais serviços será levada em consideração para efeito de desempate, depois de observados os critérios já previstos em leis ou regulamentos.

§ 2º Persistindo o empate de que trata o parágrafo anterior, terá preferência, para a promoção, o funcionário que tenha servido maior número de vezes.

§ 3º O disposto neste artigo não se aplica aos membros ou servidores da Justiça Eleitoral.

Art. 380. Será feriado nacional o dia em que se realizarem eleições de data fixada pela Constituição Federal; nos demais casos, serão as eleições marcadas para um domingo ou dia já considerado feriado por lei anterior.

Art. 381. Esta Lei não altera a situação das candidaturas a presidente ou vice-presidente da República e a governador ou vice-governador de Estado, desde que resultantes de convenções partidárias regulares e já registradas ou em processo de registro, salvo a ocorrência de outros motivos de ordem legal ou constitucional que as prejudiquem.

Parágrafo único. Se o registro requerido se referir isoladamente a presidente ou a vice-presidente da República e a governador ou vice-governador de Estado, a validade respectiva dependerá de complementação da chapa conjunta na firma e nos prazos previstos neste Código (Constituição, art. 81, com a redação dada pela Emenda Constitucional n. 9).

Art. 382. Este Código entrará em vigor 30 (trinta) dias após a sua publicação.

Art. 383. Revogam-se as disposições em contrário.

Brasília, 15 de julho de 1965; 144º da Independência e 77º da República.

H. Castello Branco

(Publicação no *D.O.U.* de 19.7.1965 e retificação em 30.7.1965)

CE

CÓDIGO DE DEFESA DO CONSUMIDOR

VADE MECUM DE LEGISLAÇÃO FOCO

ÍNDICE SISTEMÁTICO DO CÓDIGO DE DEFESA DO CONSUMIDOR

CÓDIGO DE DEFESA DO CONSUMIDOR

LEI 8.078,
DE 11 DE SETEMBRO DE 1990

Dispõe sobre a proteção do consumidor e dá outras providências.

O Presidente da República:

Faço saber que o Congresso Nacional decreta e eu sanciono a seguinte Lei:

Título I
Dos direitos do consumidor

Capítulo I
DISPOSIÇÕES GERAIS

→ *v.* Art. 22, *b*, II, do NCPC.

Art. 1º O presente Código estabelece normas de proteção e defesa do consumidor, de ordem pública e interesse social, nos termos dos arts. 5º, inciso XXXII, 170, inciso V, da Constituição Federal e art. 48 de suas Disposições Transitórias.

Art. 2º Consumidor é toda pessoa física ou jurídica que adquire ou utiliza produto ou serviço como destinatário final.

→ *v.* Arts. 1º, 40 a 52, do CC.

Parágrafo único. Equipara-se a consumidor a coletividade de pessoas, ainda que indetermináveis, que haja intervindo nas relações de consumo.

Art. 3º Fornecedor é toda pessoa física ou jurídica, pública ou privada, nacional ou estrangeira, bem como os entes despersonalizados, que desenvolvem atividades de produção, montagem, criação, construção, transformação, importação, exportação, distribuição ou comercialização de produtos ou prestação de serviços.

→ *v.* Súmulas 297 e 321 do STJ.

→ *v.* Art. 3º da Lei 10.671/2003 – Dispõe sobre o Estatuto de Defesa do Consumidor e dá outras providências.

§ 1º Produto é qualquer bem, móvel ou imóvel, material ou imaterial.

→ *v.* Arts. 79 a 84 do CC.

§ 2º Serviço é qualquer atividade fornecida no mercado de consumo, mediante remuneração, inclusive as de natureza bancária, financeira, de crédito e securitária, salvo as decorrentes das relações de caráter trabalhista.

Capítulo II
DA POLÍTICA NACIONAL DE RELAÇÕES DE CONSUMO

Art. 4º A Política Nacional das Relações de Consumo tem por objetivo o atendimento das necessidades dos consumidores, o respeito à sua dignidade, saúde e segurança, a proteção de seus interesses econômicos, a melhoria da sua qualidade de vida, bem como a transparência e harmonia das relações de consumo, atendidos os seguintes princípios:

→ *Caput* com redação alterada pela Lei 9.008/1995.

→ *v.* Dec. 7.963/2013 – Institui o Plano Nacional de Consumo e Cidadania e cria a Câmara Nacional das Relações de Consumo.

I – reconhecimento da vulnerabilidade do consumidor no mercado de consumo;

II – ação governamental no sentido de proteger efetivamente o consumidor:

a) por iniciativa direta;

b) por incentivos à criação e desenvolvimento de associações representativas;

c) pela presença do Estado no mercado de consumo;

d) pela garantia dos produtos e serviços com padrões adequados de qualidade, segurança, durabilidade e desempenho;

III – harmonização dos interesses dos participantes das relações de consumo e compatibilização da proteção do consumidor com a necessidade de desenvolvimento econômico e tecnológico, de modo a viabilizar os princípios nos quais se funda a ordem econômica (art. 170 da Constituição Federal), sempre com base na boa-fé e equilíbrio nas relações entre consumidores e fornecedores;

IV – educação e informação de fornecedores e consumidores, quanto aos seus direitos e deveres, com vistas à melhoria do mercado de consumo;

→ *v.* Lei 12.291/2010 – Torna obrigatória a manutenção de exemplar do Código de Defesa do Consumidor nos estabelecimentos comerciais e de prestação de serviços.

→ *v.* Dec. 6.523/2008 – Regulamenta a Lei 8.078, de 11 de setembro de 1990, para fixar normas gerais sobre o Serviço de Atendimento ao Consumidor – SAC.

V – incentivo à criação pelos fornecedores de meios eficientes de controle de qualidade e segurança de produtos e serviços, assim como de mecanismos alternativos de solução de conflitos de consumo;

VI – coibição e repressão eficientes de todos os abusos praticados no mercado de consumo, inclusive a concorrência desleal e utilização indevida de inventos e criações industriais das marcas e nomes comerciais e signos distintivos, que possam causar prejuízos aos consumidores;

VII – racionalização e melhoria dos serviços públicos;

VIII – estudo constante das modificações do mercado de consumo.

Art. 5º Para a execução da Política Nacional das Relações de Consumo, contará o Poder Público com os seguintes instrumentos, entre outros:

I – manutenção de assistência jurídica, integral e gratuita para o consumidor carente;

→ *v.* Arts. 5º, LXXIV, e 134 da CF/1988.

→ *v.* LC 80/1994 – Organiza a Defensoria Pública da União, do Distrito Federal e dos Territórios e prescreve normas gerais para sua organização nos Estados, e dá outras providências.

II – instituição de Promotorias de Justiça de Defesa do Consumidor, no âmbito do Ministério Público;

III – criação de delegacias de polícia especializadas no atendimento de consumidores vítimas de infrações penais de consumo;

IV – criação de Juizados Especiais de Pequenas Causas e Varas Especializadas para a solução de litígios de consumo;

→ *v.* Art. 98, I, da CF/1988.

V – concessão de estímulos à criação e desenvolvimento das Associações de Defesa do Consumidor.

§ 1º *(Vetado).*

§ 2º *(Vetado).*

Capítulo III
DOS DIREITOS BÁSICOS DO CONSUMIDOR

Art. 6º São direitos básicos do consumidor:

→ *v.* Lei 12.849/2013 - Advertência sobre o látex natural.

I – a proteção da vida, saúde e segurança contra os riscos provocados por práticas no fornecimento de produtos e serviços considerados perigosos ou nocivos;

II – a educação e divulgação sobre o consumo adequado dos produtos e serviços, asseguradas a liberdade de escolha e a igualdade nas contratações;

III – a informação adequada e clara sobre os diferentes produtos e serviços, com especificação correta de quantidade, características, composição, qualidade, tributos incidentes e preço, bem como sobre os riscos que apresentem;

→ Inciso III com redação alterada pela Lei 12.741/2012.

→ *v.* Art. 150, § 5º, da CF/1988.

IV – a proteção contra a publicidade enganosa e abusiva, métodos comerciais coercitivos ou desleais, bem como contra práticas e cláusulas abusivas ou impostas no fornecimento de produtos e serviços;

V – a modificação das cláusulas contratuais que estabeleçam prestações desproporcionais ou sua revisão em razão de fatos supervenientes que as tornem excessivamente onerosas;

VI – a efetiva prevenção e reparação de danos patrimoniais e morais, individuais, coletivos e difusos;

→ v. Arts. 1º, II, 4º da Lei 7.347/1985 – Disciplina a ação civil pública de responsabilidade por danos causados ao meio ambiente, ao consumidor, a bens e direitos de valor artístico, estético, histórico, turístico e paisagístico, e dá outras providências.

VII – o acesso aos órgãos judiciários e administrativos, com vistas à prevenção ou reparação de danos patrimoniais e morais, individuais, coletivos ou difusos, assegurada a proteção jurídica, administrativa e técnica aos necessitados;

VIII – a facilitação da defesa de seus direitos, inclusive com a inversão do ônus da prova, a seu favor, no processo civil, quando, a critério do juiz, for verossímil a alegação ou quando for ele hipossuficiente, segundo as regras ordinárias de experiências;

→ v. Art. 333, parágrafo único, do CPC/1973.

→ v. Art. 373, § 3º, do NCPC.

IX – (*Vetado*);

X – a adequada e eficaz prestação dos serviços públicos em geral.

Parágrafo único: A informação de que trata o inciso III do caput deste artigo deve ser acessível à pessoa com deficiência, observado o disposto em regulamento.

→ Parágrafo único acrescentado pela Lei 13.146/2015, em vigor após decorridos 180 (cento e oitenta) dias de sua publicação oficial – *D.O.U.* de 7.7.2015.

Art. 7º Os direitos previstos neste Código não excluem outros decorrentes de tratados ou convenções internacionais de que o Brasil seja signatário, da legislação interna ordinária, de regulamentos expedidos pelas autoridades administrativas competentes, bem como dos que derivem dos princípios gerais do direito, analogia, costumes e equidade.

Parágrafo único. Tendo mais de um autor a ofensa, todos responderão solidariamente pela reparação dos danos previstos nas normas de consumo.

Capítulo IV
DA QUALIDADE DE PRODUTOS E SERVIÇOS, DA PREVENÇÃO E DA REPARAÇÃO DOS DANOS

Seção I
Da proteção à saúde e segurança

Art. 8º Os produtos e serviços colocados no mercado de consumo não acarretarão riscos à saúde ou segurança dos consumidores, exceto os considerados normais e previsíveis em decorrência de sua natureza e fruição, obrigando-se os fornecedores, em qualquer hipótese, a dar as informações necessárias e adequadas a seu respeito.

Parágrafo único. Em se tratando de produto industrial, ao fabricante cabe prestar as informações a que se refere este artigo, através de impressos apropriados que devam acompanhar o produto.

Art. 9º O fornecedor de produtos e serviços potencialmente nocivos ou perigosos à saúde ou segurança deverá informar, de maneira ostensiva e adequada, a respeito da sua nocividade ou periculosidade, sem prejuízo da adoção de outras medidas cabíveis em cada caso concreto.

Art. 10. O fornecedor não poderá colocar no mercado de consumo produto ou serviço que sabe ou deveria saber apresentar alto grau de nocividade ou periculosidade à saúde ou segurança.

§ 1º O fornecedor de produtos e serviços que, posteriormente à sua introdução no mercado de consumo, tiver conhecimento da periculosidade que apresentem, deverá comunicar o fato imediatamente às autoridades competentes e aos consumidores, mediante anúncios publicitários.

§ 2º Os anúncios publicitários a que se refere o parágrafo anterior serão veiculados na imprensa, rádio e televisão, às expensas do fornecedor do produto ou serviço.

§ 3º Sempre que tiverem conhecimento de periculosidade de produtos ou serviços à saúde ou segurança dos consumidores, a União, os Estados, o Distrito Federal e os Municípios deverão informá-los a respeito.

Art. 11. (*Vetado*).

Seção II
Da responsabilidade pelo fato do produto e do serviço

Art. 12. O fabricante, o produtor, o construtor, nacional ou estrangeiro, e o importador respondem, independentemente da existência de culpa, pela reparação dos danos causados aos consumidores por defeitos decorrentes de projeto, fabricação, construção, montagem, fórmulas, manipulação, apresentação ou acondicionamento de seus produtos, bem como por informações insuficientes ou inadequadas sobre sua utilização e riscos.

→ v. Arts. 927, parágrafo único, 931, do CC.

→ v. Art. 14 da Lei 10.671/2003 – Dispõe sobre o Estatuto de Defesa do Torcedor e dá outras providências.

§ 1º O produto é defeituoso quando não oferece a segurança que dele legitimamente se espera, levando-se em consideração as circunstâncias relevantes, entre as quais:

I – sua apresentação;

II – o uso e os riscos que razoavelmente dele se esperam;

III – a época em que foi colocado em circulação.

§ 2º O produto não é considerado defeituoso pelo fato de outro de melhor qualidade ter sido colocado no mercado.

§ 3º O fabricante, o construtor, o produtor ou importador só não será responsabilizado quando provar:

I – que não colocou o produto no mercado;

II – que, embora haja colocado o produto no mercado, o defeito inexiste;

III – a culpa exclusiva do consumidor ou de terceiro.

Art. 13. O comerciante é igualmente responsável, nos termos do artigo anterior, quando:

I – o fabricante, o construtor, o produtor ou o importador não puderem ser identificados;

II – o produto for fornecido sem identificação clara do seu fabricante, produtor, construtor ou importador;

III – não conservar adequadamente os produtos perecíveis.

Parágrafo único. Aquele que efetivar o pagamento ao prejudicado poderá exercer o direito de regresso contra os demais responsáveis, segundo sua participação na causação do evento danoso.

Art. 14. O fornecedor de serviços responde, independentemente da existência de culpa, pela reparação dos danos causados aos consumidores por defeitos relativos à prestação dos serviços, bem como por informações insuficientes ou inadequadas sobre sua fruição e riscos.

§ 1º O serviço é defeituoso quando não fornece a segurança que o consumidor dele pode esperar, levando-se em consideração as circunstâncias relevantes, entre as quais:

I – o modo de seu fornecimento;

II – o resultado e os riscos que razoavelmente dele se esperam;

III – a época em que foi fornecido.

§ 2º O serviço não é considerado defeituoso pela adoção de novas técnicas.

§ 3º O fornecedor de serviços só não será responsabilizado quando provar:

I – que, tendo prestado o serviço, o defeito inexiste;

II – a culpa exclusiva do consumidor ou de terceiro.

§ 4º A responsabilidade pessoal dos profissionais liberais será apurada mediante a verificação de culpa.

Art. 15. (*Vetado*).

Art. 16. (*Vetado*).

Art. 17. Para os efeitos desta Seção, equiparam-se aos consumidores todas as vítimas do evento.

Seção III
Da responsabilidade por vício do produto e do serviço

Art. 18. Os fornecedores de produtos de consumo duráveis ou não duráveis respondem solidariamente pelos vícios de qualidade ou quantidade que os tornem impróprios ou inadequados ao consumo a que se destinam ou lhes diminuam o valor, assim como por aqueles decorrentes da disparidade, com as indicações constantes do recipiente, da embalagem, rotulagem ou mensagem publicitária, respeitadas as variações decorrentes de sua natureza, podendo o consumidor exigir a substituição das partes viciadas.

§ 1º Não sendo o vício sanado no prazo máximo de 30 (trinta) dias, pode o consumidor exigir, alternativamente e à sua escolha:

I – a substituição do produto por outro da mesma espécie, em perfeitas condições de uso;

II – a restituição imediata da quantia paga, monetariamente atualizada, sem prejuízo de eventuais perdas e danos;

III – o abatimento proporcional do preço.

§ 2º Poderão as partes convencionar a redução ou ampliação do prazo previsto no parágrafo anterior, não podendo ser inferior a 7 (sete) nem superior a 180 (cento e oitenta) dias. Nos contratos de adesão, a cláusula de prazo deverá ser convencionada em separado, por meio de manifestação expressa do consumidor.

→ v. Art. 423 do CC.

§ 3º O consumidor poderá fazer uso imediato das alternativas do § 1º deste artigo sempre que, em razão da extensão do vício, a substituição das partes viciadas puder comprometer a qualidade ou características do produto, diminuir-lhe o valor ou se tratar de produto essencial.

§ 4º Tendo o consumidor optado pela alternativa do inciso I do § 1º deste artigo, e não sendo possível a substituição do bem, poderá haver substituição por outro de espécie, marca ou modelo diversos, mediante complementação ou restituição de eventual diferença de preço, sem prejuízo do disposto nos incisos II e III do § 1º deste artigo.

§ 5º No caso de fornecimento de produtos *in natura*, será responsável perante o consumidor o fornecedor imediato, exceto quando identificado claramente seu produtor.

§ 6º São impróprios ao uso e consumo:

I – os produtos cujos prazos de validade estejam vencidos;

II – os produtos deteriorados, alterados, adulterados, avariados, falsificados, corrompidos, fraudados, nocivos à vida ou à saúde, perigosos ou, ainda, aqueles em desacordo com as normas regulamentares de fabricação, distribuição ou apresentação;

III – os produtos que, por qualquer motivo, se revelem inadequados ao fim a que se destinam.

Art. 19. Os fornecedores respondem solidariamente pelos vícios de quantidade do produto sempre que, respeitadas as variações decorrentes de sua natureza, seu conteúdo líquido for inferior às indicações constantes do recipiente, da embalagem, rotulagem ou de mensagem publicitária, podendo o consumidor exigir, alternativamente e à sua escolha:

→ *v.* Arts. 264 a 285 do CC.

I – o abatimento proporcional do preço;

II – complementação do peso ou medida;

III – a substituição do produto por outro da mesma espécie, marca ou modelo, sem os aludidos vícios;

IV – a restituição imediata da quantia paga, monetariamente atualizada, sem prejuízo de eventuais perdas e danos.

§ 1º Aplica-se a este artigo o disposto no § 4º do artigo anterior.

§ 2º O fornecedor imediato será responsável quando fizer a pesagem ou a medição e o instrumento utilizado não estiver aferido segundo os padrões oficiais.

Art. 20. O fornecedor de serviços responde pelos vícios de qualidade que os tornem impróprios ao consumo ou lhes diminuam o valor, assim como por aqueles decorrentes da disparidade com as indicações constantes da oferta ou mensagem publicitária, podendo o consumidor exigir, alternativamente e à sua escolha:

I – a reexecução dos serviços, sem custo adicional e quando cabível;

II – a restituição imediata da quantia paga monetariamente atualizada, sem prejuízo de eventuais perdas e danos;

III – o abatimento proporcional do preço.

§ 1º A reexecução dos serviços poderá ser confiada a terceiros devidamente capacitados, por conta e risco do fornecedor.

§ 2º São impróprios os serviços que se mostrem inadequados para os fins que razoavelmente deles se esperam, bem como aqueles que não atendam as normas regulamentares de prestabilidade.

Art. 21. No fornecimento de serviços que tenham por objetivo a reparação de qualquer produto considerar-se-á implícita a obrigação do fornecedor de empregar componentes de reposição originais adequados e novos, ou que mantenham as especificações técnicas do fabricante, salvo, quanto a estes últimos, autorização em contrário do consumidor.

Art. 22. Os órgãos públicos, por si ou suas empresas, concessionárias, permissionárias ou sob qualquer outra forma de empreendimento, são obrigados a fornecer serviços adequados, eficientes, seguros e, quanto aos essenciais, contínuos.

Parágrafo único. Nos casos de descumprimento, total ou parcial, das obrigações referidas neste artigo, serão as pessoas jurídicas compelidas a cumpri-las e a reparar os danos causados, na forma prevista neste Código.

Art. 23. A ignorância do fornecedor sobre os vícios de qualidade por inadequação dos produtos e serviços não o exime de responsabilidade.

→ *v.* Art. 931 do CC.

Art. 24. A garantia legal de adequação do produto ou serviço independe de termo expresso, vedada a exoneração contratual do fornecedor.

Art. 25. É vedada a estipulação contratual de cláusula que impossibilite, exonere ou atenue a obrigação de indenizar prevista nesta e nas Seções anteriores.

§ 1º Havendo mais de um responsável pela causação do dano, todos responderão solidariamente pela reparação prevista nesta e nas Seções anteriores.

§ 2º Sendo o dano causado por componente ou peça incorporada ao produto ou serviço, são responsáveis solidários seu fabricante, construtor ou importador e o que realizou a incorporação.

Seção IV
Da decadência e da prescrição

Art. 26. O direito de reclamar pelos vícios aparentes ou de fácil constatação caduca em:

→ *v.* Súmula 477 do STJ.

I – 30 (trinta) dias, tratando-se de fornecimento de serviço e de produto não duráveis;

II – 90 (noventa) dias, tratando-se de fornecimento de serviço e de produto duráveis.

§ 1º Inicia-se a contagem do prazo decadencial a partir da entrega efetiva do produto ou do término da execução dos serviços.

§ 2º Obstam a decadência:

I – a reclamação comprovadamente formulada pelo consumidor perante o fornecedor de produtos e serviços até a resposta negativa correspondente, que deve ser transmitida de forma inequívoca;

II – (*Vetado*);

III – a instauração de inquérito civil, até seu encerramento.

→ *v.* Arts. 8º a 9º da Lei 7.347/1985

§ 3º Tratando-se de vício oculto, o prazo decadencial inicia-se no momento em que ficar evidenciado o defeito.

Art. 27. Prescreve em 5 (cinco) anos a pretensão à reparação pelos danos causados por fato do produto ou do serviço prevista na Seção II deste Capítulo, iniciando-se a contagem do prazo a partir do conhecimento do dano e de sua autoria.

Parágrafo único. (*Vetado*).

Seção V
Da desconsideração da personalidade jurídica

Art. 28. O juiz poderá desconsiderar a personalidade jurídica da sociedade quando, em detrimento do consumidor, houver abuso de direito, excesso de poder, infração da lei, fato ou ato ilícito ou violação dos estatutos ou contrato social. A desconsideração também será efetivada quando houver falência, estado de insolvência, encerramento ou inatividade da pessoa jurídica provocados por má administração.

§ 1º (*Vetado*).

§ 2º As sociedades integrantes dos grupos societários e as sociedades controladas, são subsidiariamente responsáveis pelas obrigações decorrentes deste Código.

§ 3º As sociedades consorciadas são solidariamente responsáveis pelas obrigações decorrentes deste Código.

§ 4º As sociedades coligadas só responderão por culpa.

→ *v.* Arts. 1.097 a 1.101 do CC.

§ 5º Também poderá ser desconsiderada a pessoa jurídica sempre que sua personalidade for, de alguma forma, obstáculo ao ressarcimento de prejuízos causados aos consumidores.

Capítulo V
DAS PRÁTICAS COMERCIAIS

Seção I
Das disposições gerais

Art. 29. Para os fins deste Capítulo e do seguinte, equiparam-se aos consumidores todas as pessoas determináveis ou não, expostas às práticas nele previstas.

Seção II
Da oferta

→ *v.* Lei 13.146/2015 – Estatuto da Pessoa com Deficiência.

Art. 30. Toda informação ou publicidade, suficientemente precisa, veiculada por qualquer forma ou meio de comunicação com relação a produtos e serviços oferecidos ou apresentados, obriga o fornecedor que a fizer veicular ou dela se utilizar e integra o contrato que vier a ser celebrado.

Art. 31. A oferta e apresentação de produtos ou serviços devem assegurar informações corretas, claras, precisas, ostensivas e em língua portuguesa sobre suas características, qualidades, quantidade, composição, preço, garantia, prazos de validade e origem, entre outros dados, bem como sobre os riscos que apresentam à saúde e segurança dos consumidores.

Parágrafo único. As informações de que trata este artigo, nos produtos refrigerados oferecidos ao consumidor, serão gravadas de forma indelével.

→ Parágrafo único acrescentado pela Lei 11.989/2009.

Art. 32. Os fabricantes e importadores deverão assegurar a oferta de componentes e peças de reposição enquanto não cessar a fabricação ou importação do produto.

Parágrafo único. Cessadas a produção ou importação, a oferta deverá ser mantida por período razoável de tempo, na forma da lei.

Art. 33. Em caso de oferta ou venda por telefone ou reembolso postal, deve constar o nome do fabricante e endereço na embalagem, publicidade e em todos os impressos utilizados na transação comercial.

Parágrafo único. É proibida a publicidade de bens e serviços por telefone, quando a chamada for onerosa ao consumidor que a origina.

→ Parágrafo único acrescentado pela Lei 11.800/2008.

Art. 34. O fornecedor do produto ou serviço é solidariamente responsável pelos atos de seus prepostos ou representantes autônomos.

Art. 35. Se o fornecedor de produtos ou serviços recusar cumprimento à oferta, apresentação ou publicidade, o consumidor poderá, alternativamente e à sua livre escolha:

I – exigir o cumprimento forçado da obrigação, nos termos da oferta, apresentação ou publicidade;

II – aceitar outro produto ou prestação de serviço equivalente;

III – rescindir o contrato, com direito à restituição de quantia eventualmente antecipada, monetariamente atualizada, e a perdas e danos.

Seção III
Da publicidade

→ *v.* Lei 13.146/2015 – Estatuto da Pessoa com Deficiência.

Art. 36. A publicidade deve ser veiculada de tal forma que o consumidor, fácil e imediatamente, a identifique como tal.

Parágrafo único. O fornecedor, na publicidade de seus produtos ou serviços, manterá, em seu poder, para informação dos legítimos interessados, os dados fáticos, técnicos e científicos que dão sustentação à mensagem.

Art. 37. É proibida toda publicidade enganosa ou abusiva.

§ 1º É enganosa qualquer modalidade de informação ou comunicação de caráter publicitário, inteira ou parcialmente falsa, ou, por qualquer outro modo, mesmo por omissão, capaz de induzir em erro o consumidor a respeito da natureza, características, qualidade, quantidade, propriedades, origem, preço e quaisquer outros dados sobre produtos e serviços.

§ 2º É abusiva, dentre outras, a publicidade discriminatória de qualquer natureza, a que incite à violência, explore o medo ou a superstição, se aproveite da deficiência de julgamento e experiência da criança, desrespeita valores ambientais, ou que seja capaz de induzir o consumidor a se comportar de forma prejudicial ou perigosa à sua saúde ou segurança.

§ 3º Para os efeitos deste Código, a publicidade é enganosa por omissão quando deixar de informar sobre dado essencial do produto ou serviço.

§ 4º *(Vetado).*

Art. 38. O ônus da prova da veracidade e correção da informação ou comunicação publicitária cabe a quem as patrocina.

→ *v.* Art. 333 do CPC/1973.

→ *v.* Art. 373 do NCPC.

Seção IV
Das práticas abusivas

→ *v.* Lei 13.146/2015 – Estatuto da Pessoa com Deficiência.

Art. 39. É vedado ao fornecedor de produtos ou serviços, dentre outras práticas abusivas:

→ *Caput* com redação alterada pela Lei 8.884/1994.

→ *v.* Súmula 532 do STJ.

I – condicionar o fornecimento de produto ou de serviço ao fornecimento de outro produto ou serviço, bem como, sem justa causa, a limites quantitativos;

→ *v.* Art. 36, § 3º, XVIII, da Lei 12.529/2011 – Estrutura o Sistema Brasileiro de Defesa da Concorrência.

II – recusar atendimento às demandas dos consumidores, na exata medida de suas disponibilidades de estoque, e, ainda, de conformidade com os usos e costumes;

III – enviar ou entregar ao consumidor, sem solicitação prévia, qualquer produto, ou fornecer qualquer serviço;

IV – prevalecer-se da fraqueza ou ignorância do consumidor, tendo em vista sua idade, saúde, conhecimento ou condição social, para impingir-lhe seus produtos ou serviços;

V – exigir do consumidor vantagem manifestamente excessiva;

VI – executar serviços sem a prévia elaboração de orçamento e autorização expressa do consumidor, ressalvadas as decorrentes de práticas anteriores entre as partes;

VII – repassar informação depreciativa, referente a ato praticado pelo consumidor no exercício de seus direitos;

VIII – colocar, no mercado de consumo, qualquer produto ou serviço em desacordo com as normas expedidas pelos órgãos oficiais competentes ou, se normas específicas não existirem, pela Associação Brasileira de Normas Técnicas ou outra entidade credenciada pelo Conselho Nacional de Metrologia, Normalização e Qualidade Industrial – CONMETRO;

IX – recusar a venda de bens ou a prestação de serviços, diretamente a quem se disponha a adquiri-los mediante pronto pagamento, ressalvados os casos de intermediação regulados em leis especiais;

→ Inciso IX acrescentado pela Lei 8.884/1994.

X – elevar sem justa causa o preço de produtos ou serviços;

→ Inciso X acrescentado pela Lei 8.884/1994.

XI – Dispositivo acrescentado pela MP 1.890-67/1999, transformado em inciso XIII, quando da conversão na Lei 9.870/1999.

XII – deixar de estipular prazo para o cumprimento de sua obrigação ou deixar a fixação de seu termo inicial a seu exclusivo critério.

→ Inciso XII acrescentado pela Lei 9.008/1995.

XIII – aplicar fórmula ou índice de reajuste diverso do legal ou contratualmente estabelecido;

→ Inciso XIII acrescentado pela Lei 9.870/1999.

Parágrafo único. Os serviços prestados e os produtos remetidos ou entregues ao consumidor, na hipótese prevista no inciso III, equiparam-se às amostras grátis, inexistindo obrigação de pagamento.

Art. 40. O fornecedor de serviço será obrigado a entregar ao consumidor orçamento prévio discriminando o valor da mão de obra, dos materiais e equipamentos a serem empregados, as condições de pagamento, bem como as datas de início e término dos serviços.

§ 1º Salvo estipulação em contrário, o valor orçado terá validade pelo prazo de 10 (dez) dias, contado de seu recebimento pelo consumidor.

§ 2º Uma vez aprovado pelo consumidor, o orçamento obriga os contraentes e somente pode ser alterado mediante livre negociação das partes.

§ 3º O consumidor não responde por quaisquer ônus ou acréscimos decorrentes da contratação de serviços de terceiros, não previstos no orçamento prévio.

Art. 41. No caso de fornecimento de produtos ou de serviços sujeitos ao regime de controle ou de tabelamento de preços, os fornecedores deverão respeitar os limites oficiais sob pena de, não o fazendo, responderem pela restituição da quantia recebida em excesso, monetariamente atualizada, podendo o consumidor exigir, à sua escolha, o desfazimento do negócio, sem prejuízo de outras sanções cabíveis.

Seção V
Da cobrança de dívidas

Art. 42. Na cobrança de débitos, o consumidor inadimplente não será exposto a ridículo, nem será submetido a qualquer tipo de constrangimento ou ameaça.

Parágrafo único. O consumidor cobrado em quantia indevida tem direito à repetição do indébito, por valor igual ao dobro do que pagou em excesso, acrescido de correção monetária e juros legais, salvo hipótese de engano justificável.

Art. 42-A. Em todos os documentos de cobrança de débitos apresentados ao consumidor, deverão constar o nome, o endereço e o número de inscrição no Cadastro de Pessoas Físicas – CPF ou no Cadastro Nacional de Pessoa Jurídica – CNPJ do fornecedor do produto ou serviço correspondente.

→ Artigo acrescentado pela Lei 12.039/2009.

Seção VI
Dos bancos de dados e cadastros de consumidores

Art. 43. O consumidor, sem prejuízo do disposto no art. 86, terá acesso às informações existentes em cadastros, fichas, registros e dados pessoais e de consumo arquivados sobre ele, bem como sobre as suas respectivas fontes.

§ 1º Os cadastros e dados de consumidores devem ser objetivos, claros, verdadeiros e em linguagem de fácil compreensão, não podendo conter informações negativas referentes a período superior a cinco anos.

§ 2º A abertura de cadastro, ficha, registro e dados pessoais e de consumo deverá ser comunicada por escrito ao consumidor, quando não solicitada por ele.

§ 3º O consumidor, sempre que encontrar inexatidão nos seus dados e cadastros, poderá exigir sua imediata correção, devendo o arquivista, no prazo de 5 (cinco) dias úteis, comunicar a alteração aos eventuais destinatários das informações incorretas.

→ *v.* Lei 9.507/1997 – Regula o direito de acesso a informações e disciplina o rito processual do *habeas data*.

§ 4º Os bancos de dados e cadastros relativos a consumidores, os serviços de proteção ao crédito e congêneres são considerados entidades de caráter público.

§ 5º Consumada a prescrição relativa à cobrança de débitos do consumidor, não serão fornecidas, pelos respectivos Sistemas de Proteção ao Crédito, quaisquer informações que possam impedir ou dificultar novo acesso ao crédito junto aos fornecedores.

→ *v.* Súmula 323 do STJ.

§ 6º Todas as informações de que trata o caput deste artigo devem ser disponibilizadas em formatos acessíveis, inclusive para a pessoa com deficiência, mediante solicitação do consumidor.

→ § 6º acrescentado pela Lei 13.146/2015, em vigor após decorridos 180 (cento e oitenta) dias de sua publicação oficial – *D.O.U.* de 7.7.2015.

Art. 44. Os órgãos públicos de defesa do consumidor manterão cadastros atualizados de reclamações fundamentadas contra fornecedores de produtos e serviços, devendo divulgá-lo pública e anualmente. A divulgação indicará se a reclamação foi atendida ou não pelo fornecedor.

§ 1º É facultado o acesso às informações lá constantes para orientação e consulta por qualquer interessado.

§ 2º Aplicam-se a este artigo, no que couber, as mesmas regras enunciadas no artigo anterior e as do parágrafo único do art. 22 deste Código.

Art. 45. *(Vetado).*

Capítulo VI
DA PROTEÇÃO CONTRATUAL

Seção I
Disposições gerais

Art. 46. Os contratos que regulam as relações de consumo não obrigarão os consumidores, se não lhes for dada a oportunidade de tomar conhecimento prévio de seu conteúdo, ou se os respectivos instrumentos forem redigidos de modo a dificultar a compreensão de seu sentido e alcance.

Art. 47. As cláusulas contratuais serão interpretadas de maneira mais favorável ao consumidor.

Art. 48. As declarações de vontade constantes de escritos particulares, recibos e pré-contratos relativos às relações de consumo vinculam o fornecedor, ensejando inclusive execução específica, nos termos do art. 84 e parágrafos.

Art. 49. O consumidor pode desistir do contrato, no prazo de 7 (sete) dias a contar de sua assinatura ou do ato de recebimento do produto ou serviço, sempre que a contratação de fornecimento de produtos e serviços ocorrer fora do estabelecimento comercial, especialmente por telefone ou a domicílio.

Parágrafo único. Se o consumidor exercitar o direito de arrependimento previsto neste artigo, os valores eventualmente pagos, a qualquer título, durante o prazo de reflexão, serão devolvidos, de imediato, monetariamente atualizados.

Art. 50. A garantia contratual é complementar à legal e será conferida mediante termo escrito.

→ *v.* Arts. 24 e 74 do CDC.

→ *v.* Art. 446 do CC.

Parágrafo único. O termo de garantia ou equivalente deve ser padronizado e esclarecer, de maneira adequada, em que consiste a mesma garantia, bem como a forma, o prazo e o lugar em que pode ser exercitada e os ônus a cargo do consumidor, devendo ser-lhe entregue, devidamente preenchido pelo fornecedor, no ato do fornecimento, acompanhado de manual de instrução, de instalação e uso de produto em linguagem didática, com ilustrações.

Seção II
Das cláusulas abusivas

Art. 51. São nulas de pleno direito, entre outras, as cláusulas contratuais relativas ao fornecimento de produtos e serviços que:

I – impossibilitem, exonerem ou atenuem a responsabilidade do fornecedor por vícios de qualquer natureza dos produtos e serviços ou impliquem renúncia ou disposição de direitos. Nas relações de consumo entre o fornecedor e o consumidor pessoa jurídica, a indenização poderá ser limitada, em situações justificáveis;

II – subtraiam ao consumidor a opção de reembolso da quantia já paga, nos casos previstos neste Código;

III – transfiram responsabilidades a terceiros;

IV – estabeleçam obrigações consideradas iníquas, abusivas, que coloquem o consumidor em desvantagem exagerada, ou sejam incompatíveis com a boa-fé ou a equidade;

→ *v.* Súmula 302 do STJ.

→ *v.* Art. 422 do CC.

V – *(Vetado)*;

VI – estabeleçam inversão do ônus da prova em prejuízo do consumidor;

VII – determinem a utilização compulsória de arbitragem;

VIII – imponham representante para concluir ou realizar outro negócio jurídico pelo consumidor;

IX – deixem ao fornecedor a opção de concluir ou não o contrato, embora obrigando o consumidor;

X – permitam ao fornecedor, direta ou indiretamente, variação do preço de maneira unilateral;

XI – autorizem o fornecedor a cancelar o contrato unilateralmente, sem que igual direito seja conferido ao consumidor;

XII – obriguem o consumidor a ressarcir os custos de cobrança de sua obrigação, sem que igual direito lhe seja conferido contra o fornecedor;

XIII – autorizem o fornecedor a modificar unilateralmente o conteúdo ou a qualidade do contrato, após sua celebração;

XIV – infrinjam ou possibilitem a violação de normas ambientais;

XV – estejam em desacordo com o sistema de proteção ao consumidor;

XVI – possibilitem a renúncia do direito de indenização por benfeitorias necessárias.

§ 1º Presume-se exagerada, entre outros casos, a vantagem que:

I – ofende os princípios fundamentais do sistema jurídico a que pertence;

II – restringe direitos ou obrigações fundamentais inerentes à natureza do contrato, de tal modo a ameaçar seu objeto ou o equilíbrio contratual;

III – se mostra excessivamente onerosa para o consumidor, considerando-se a natureza e conteúdo do contrato, o interesse das partes e outras circunstâncias peculiares ao caso.

§ 2º A nulidade de uma cláusula contratual abusiva não invalida o contrato, exceto quando de sua ausência, apesar dos esforços de integração, decorrer ônus excessivo a qualquer das partes.

→ *v.* 184 do CC.

§ 3º *(Vetado).*

§ 4º É facultado a qualquer consumidor ou entidade que o represente requerer ao Ministério Público que ajuíze a competente ação para ser declarada a nulidade de cláusula contratual que contrarie o disposto neste Código ou de qualquer forma não assegure o justo equilíbrio entre direitos e obrigações das partes.

Art. 52. No fornecimento de produtos ou serviços que envolva outorga de crédito ou concessão de financiamento ao consumidor, o fornecedor deverá, entre outros requisitos, informá-lo prévia e adequadamente sobre:

I – preço do produto ou serviço em moeda corrente nacional;

II – montante dos juros de mora e da taxa efetiva anual de juros;

III – acréscimos legalmente previstos;

IV – número e periodicidade das prestações;

V – soma total a pagar, com e sem financiamento.

§ 1º As multas de mora decorrentes do inadimplemento de obrigações no seu termo não poderão ser superiores a 2% (dois por cento) do valor da prestação.

→ § 1º com redação alterada pela Lei 9.298/1996.

§ 2º É assegurada ao consumidor a liquidação antecipada do débito, total ou parcialmente, mediante redução proporcional dos juros e demais acréscimos.

§ 3º *(Vetado).*

Art. 53. Nos contratos de compra e venda de móveis ou imóveis mediante pagamento em prestações, bem como nas alienações fiduciárias em garantia, consideram-se nulas de pleno direito as cláusulas que estabeleçam a perda total das prestações pagas em benefício do credor que, em razão do inadimplemento, pleitear a resolução do contrato e a retomada do produto alienado.

§ 1º *(Vetado).*

§ 2º Nos contratos do sistema de consórcio de produtos duráveis, a compensação ou a restituição das parcelas quitadas, na forma deste artigo, terá descontada, além da vantagem econômica auferida com a fruição, os prejuízos que o desistente ou inadimplente causar ao grupo.

§ 3º Os contratos de que trata o *caput* deste artigo serão expressos em moeda corrente nacional.

Seção III
Dos contratos de adesão

Art. 54. Contrato de adesão é aquele cujas cláusulas tenham sido aprovadas pela autoridade competente ou estabelecidas unilateralmente pelo fornecedor de produtos ou serviços, sem que o consumidor possa discutir ou modificar substancialmente seu conteúdo.

§ 1º A inserção de cláusula no formulário não desfigura a natureza de adesão do contrato.

§ 2º Nos contratos de adesão admite-se cláusula resolutória, desde que alternativa, cabendo a escolha ao consumidor, ressalvando-se o disposto no § 2º do artigo anterior.

§ 3º Os contratos de adesão escritos serão redigidos em termos claros e com caracteres ostensivos e legíveis, cujo tamanho da fonte não será inferior ao corpo doze, de modo a facilitar sua compreensão pelo consumidor.

→ § 3º com redação alterada pela Lei 11.785/2008.

§ 4º As cláusulas que implicarem limitação de direito do consumidor deverão ser redigidas com destaque, permitindo sua imediata e fácil compreensão.

§ 5º *(Vetado).*

Capítulo VII
DAS SANÇÕES ADMINISTRATIVAS

→ *v.* Decreto 2.181/1997 – Dispõe sobre a organização do Sistema Nacional de Defesa do Consumidor (SNDC), estabelece as normas gerais de aplicação das sanções administrativas previstas na Lei 8.078/1990, revoga o Decreto 861, de 09 de junho de 1993, e dá outras providências.

Art. 55. A União, os Estados e o Distrito Federal, em caráter concorrente e nas suas respectivas áreas de atuação administrativa, baixarão normas relativas à produção, industrialização, distribuição e consumo de produtos e serviços.

§ 1º A União, os Estados, o Distrito Federal e os Municípios fiscalizarão e controlarão a produção, industrialização, distribuição, a publicidade de produtos e serviços e o mercado de consumo, no interesse da preservação da vida, da saúde, da segurança, da informação e do bem-estar do consumidor, baixando as normas que se fizerem necessárias.

§ 2º *(Vetado).*

§ 3º Os órgãos federais, estaduais, do Distrito Federal e municipais com atribuições para fiscalizar e controlar o mercado de consumo manterão comissões permanentes para elaboração, revisão e atualização das normas referidas no § 1º, sendo obrigatória a participação dos consumidores e fornecedores.

§ 4º Os órgãos oficiais poderão expedir notificações aos fornecedores para que, sob pena de desobediência, prestem informações sobre questões de interesse do consumidor, resguardado o segredo industrial.

Art. 56. As infrações das normas de defesa do consumidor ficam sujeitas, conforme o caso, às seguintes sanções administrativas, sem prejuízo das de natureza civil, penal e das definidas em normas específicas:

I – multa;

II – apreensão do produto;

III – inutilização do produto;

IV – cassação do registro do produto junto ao órgão competente;

V – proibição de fabricação do produto;

VI – suspensão de fornecimento de produtos ou serviço;

VII – suspensão temporária de atividade;

VIII – revogação de concessão ou permissão de uso;

IX – cassação de licença do estabelecimento ou de atividade;

X – interdição, total ou parcial, de estabelecimento, de obra ou de atividade;

XI – intervenção administrativa;

XII – imposição de contrapropaganda.

Parágrafo único. As sanções previstas neste artigo serão aplicadas pela autoridade administrativa, no âmbito de sua atribuição, podendo ser aplicadas cumulativamente, inclusive por medida cautelar antecedente ou incidente de procedimento administrativo.

Art. 57. A pena de multa, graduada de acordo com a gravidade da infração, a vantagem auferida e a condição econômica do fornecedor, será aplicada mediante procedimento administrativo, revertendo para o Fundo de que trata a Lei 7.347, de 24 de julho de 1985, os valores cabíveis à União, ou para os Fundos estaduais ou municipais de proteção ao consumidor nos demais casos.

→ *Caput* com redação alterada pela Lei 8.656/1993.

Parágrafo único. A multa será em montante não inferior a duzentas e não superior a três milhões de vezes o valor da Unidade Fiscal de Referência (UFIR), ou índice equivalente que venha a substituí-lo.

→ Parágrafo único acrescentado pela Lei 8.703/1993.

Art. 58. As penas de apreensão, de inutilização de produtos, de proibição de fabricação de produtos, de suspensão do fornecimento de produto ou serviço, de cassação do registro do produto e revogação da concessão ou permissão de uso serão aplicadas pela administração, mediante procedimento administrativo, assegurada ampla defesa, quando forem constatados vícios de quantidade ou de qualidade por inadequação ou insegurança do produto ou serviço.

Art. 59. As penas de cassação de alvará de licença, de interdição e de suspensão temporária da atividade, bem como a de intervenção administrativa serão aplicadas mediante procedimento administrativo, assegurada ampla defesa, quando o fornecedor reincidir na prática das infrações de maior gravidade previstas neste Código e na legislação de consumo.

§ 1º A pena de cassação da concessão será aplicada à concessionária de serviço público, quando violar obrigação legal ou contratual.

§ 2º A pena de intervenção administrativa será aplicada sempre que as circunstâncias de fato desaconselharem a cassação de licença, a interdição ou suspensão da atividade.

§ 3º Pendendo ação judicial na qual se discuta a imposição de penalidade administrativa, não haverá reincidência até o trânsito em julgado da sentença.

Art. 60. A imposição de contrapropaganda será cominada quando o fornecedor incorrer na prática de publicidade enganosa ou abusiva, nos termos do art. 36 e seus parágrafos, sempre às expensas do infrator.

§ 1º A contrapropaganda será divulgada pelo responsável da mesma forma, frequência e dimensão e, preferencialmente no mesmo veículo, local, espaço e horário, de forma capaz de desfazer o malefício da publicidade enganosa ou abusiva.

§ 2º *(Vetado).*

§ 3º *(Vetado).*

Título II
Das infrações penais

→ *v.* Art. 22, *b*, II, do NCPC.

Art. 61. Constituem crimes contra as relações de consumo previstas neste Código, sem prejuízo do disposto no Código Penal e leis especiais, as condutas tipificadas nos artigos seguintes.

→ *v.* Art. 7º da Lei 8.137/1990.

Art. 62. *(Vetado).*

Art. 63. Omitir dizeres ou sinais ostensivos sobre a nocividade ou periculosidade de produtos, nas embalagens, nos invólucros, recipientes ou publicidade:

Pena – detenção de 6 (seis) meses a 2 (dois) anos e multa.

§ 1º Incorrerá nas mesmas penas quem deixar de alertar, mediante recomendações escritas ostensivas, sobre a periculosidade do serviço a ser prestado.

§ 2º Se o crime é culposo:

Pena – detenção de 1 (um) a 6 (seis) meses ou multa.

Art. 64. Deixar de comunicar à autoridade competente e aos consumidores a nocividade ou periculosidade de produtos cujo conhecimento seja posterior à sua colocação no mercado:

Pena – detenção de 6 (seis) meses a 2 (dois) anos e multa.

Parágrafo único. Incorrerá nas mesmas penas quem deixar de retirar do mercado, imediatamente quando determinado pela autoridade competente, os produtos nocivos ou perigosos, na forma deste artigo.

Art. 65. Executar serviço de alto grau de periculosidade, contrariando determinação de autoridade competente:

Pena – detenção de 6 (seis) meses a 2 (dois) anos e multa.

Parágrafo único. As penas deste artigo são aplicáveis sem prejuízo das correspondentes à lesão corporal e à morte.

Art. 66. Fazer afirmação falsa ou enganosa, ou omitir informação relevante sobre a natureza, característica, qualidade, quantidade, segurança, desempenho, durabilidade, preço ou garantia de produtos ou serviços:

Pena – detenção de 3 (três) meses a 1 (um) ano e multa.

§ 1º Incorrerá nas mesmas penas quem patrocinar a oferta.

§ 2º Se o crime é culposo:

Pena – detenção de 1 (um) a 6 (seis) meses ou multa.

Art. 67. Fazer ou promover publicidade que sabe ou deveria saber ser enganosa ou abusiva:

Pena – detenção de 3 (três) meses a 1 (um) ano e multa.

Parágrafo único. *(Vetado).*

Art. 68. Fazer ou promover publicidade que sabe ou deveria saber ser capaz de induzir o consumidor a se comportar de forma prejudicial ou perigosa a sua saúde ou segurança:

Pena – detenção de 6 (seis) meses a 2 (dois) anos e multa.

Parágrafo único. *(Vetado).*

Art. 69. Deixar de organizar dados fáticos, técnicos e científicos que dão base à publicidade:

Pena – detenção de 1 (um) a 6 (seis) meses ou multa.

Art. 70. Empregar, na reparação de produtos, peças ou componentes de reposição usados, sem autorização do consumidor:

Pena – detenção de 3 (três) meses a 1 (um) ano e multa.

Art. 71. Utilizar, na cobrança de dívidas, de ameaça, coação, constrangimento físico ou moral, afirmações falsas, incorretas ou enganosas ou de qualquer outro procedimento que exponha o consumidor, injustificadamente, a ridículo ou interfira com seu trabalho, descanso ou lazer:

Pena – detenção de 3 (três) meses a 1 (um) ano e multa.

Art. 72. Impedir ou dificultar o acesso do consumidor às informações que sobre ele constem em cadastros, banco de dados, fichas e registros:

Pena – detenção de 6 (seis) meses a 1 (um) ano ou multa.

Art. 73. Deixar de corrigir imediatamente informação sobre consumidor constante de cadastro, banco de dados, fichas ou registros que sabe ou deveria saber ser inexata:

Pena – detenção de 1 (um) a 6 (seis) meses ou multa.

Art. 74. Deixar de entregar ao consumidor o termo de garantia adequadamente preenchido e com especificação clara de seu conteúdo:

Pena – detenção de 1 (um) a 6 (seis) meses ou multa.

Art. 75. Quem, de qualquer forma, concorrer para os crimes referidos neste Código incide nas penas a esses cominadas na medida de sua culpabilidade, bem como o diretor, administrador ou gerente da pessoa jurídica que promover, permitir ou por qualquer modo aprovar o fornecimento, oferta, exposição à venda ou manutenção em depósito de produtos ou a oferta e prestação de serviços nas condições por ele proibidas.

Art. 76. São circunstâncias agravantes dos crimes tipificados neste Código:

→ *v.* Art. 12 da Lei 8.137/1990.

I – serem cometidos em época de grave crise econômica ou por ocasião de calamidade;

II – ocasionarem grave dano individual ou coletivo;

III – dissimular-se a natureza ilícita do procedimento;

IV – quando cometidos:

a) por servidor público, ou por pessoa cuja condição econômico-social seja manifestamente superior à da vítima;

b) em detrimento de operário ou rurícola; de menor de dezoito ou maior de sessenta anos ou de pessoas portadoras de deficiência mental, interditadas ou não;

V – serem praticados em operações que envolvam alimentos, medicamentos ou quaisquer outros produtos ou serviços essenciais.

Art. 77. A pena pecuniária prevista nesta Seção será fixada em dias-multa, correspondente ao mínimo e ao máximo de dias de duração da pena privativa da liberdade cominada ao crime. Na individualização desta multa, o juiz observará o disposto no art. 60, § 1º, do Código Penal.

Art. 78. Além das penas privativas de liberdade e de multa, podem ser impostas, cumulativa ou alternadamente, observado o disposto nos arts. 44 a 47, do Código Penal:

I – a interdição temporária de direitos;

II – a publicação em órgãos de comunicação de grande circulação ou audiência, às expensas do condenado, de notícia sobre os fatos e a condenação;

III – a prestação de serviços à comunidade.

Art. 79. O valor da fiança, nas infrações de que trata este Código, será fixado pelo juiz, ou pela autoridade que presidir o inquérito, entre cem e duzentas mil vezes o valor do Bônus do Tesouro Nacional (BTN), ou índice equivalente que venha substituí-lo.

→ *v.* Lei 8.177/1991

Parágrafo único. Se assim recomendar a situação econômica do indiciado ou réu, a fiança poderá ser:

a) reduzida até a metade de seu valor mínimo;

b) aumentada pelo juiz até vinte vezes.

Art. 80. No processo penal atinente aos crimes previstos neste Código, bem como a outros crimes e contravenções que envolvam relações de consumo, poderão intervir, como assistentes do Ministério Público, os legitimados indicados no art. 82, incisos III e IV, aos quais também é facultado propor ação penal subsidiária, se a denúncia não for oferecida no prazo legal.

Título III
Da Defesa do consumidor em juízo

Capítulo I
DISPOSIÇÕES GERAIS

→ *v.* Arts. 22, *b*, II, e 139, X, do NCPC.

→ *v.* Art. 5º da Lei 7.347/1985.

Art. 81. A defesa dos interesses e direitos dos consumidores e das vítimas poderá ser exercida em juízo individualmente, ou a título coletivo.

→ *v.* Lei 7.347/1985 - Disciplina a ação civil pública de responsabilidade por danos causados ao meio ambiente, ao consumidor, a bens e direitos de valor artístico, estético, histórico, turístico e paisagístico, e dá outras providências.

Parágrafo único. A defesa coletiva será exercida quando se tratar de:

I – interesses ou direitos difusos, assim entendidos, para efeitos deste Código, os transindividuais, de natureza indivisível, de que sejam titulares pessoas indeterminadas e ligadas por circunstâncias de fato;

II – interesses ou direitos coletivos, assim entendidos, para efeitos deste Código, os transindividuais de natureza indivisível de que seja titular grupo, categoria ou classe de pessoas ligadas entre si ou com a parte contrária por uma relação jurídica base;

III – interesses ou direitos individuais homogêneos, assim entendidos os decorrentes de origem comum.

Art. 82. Para os fins do art. 81, parágrafo único, são legitimados concorrentemente:

→ *Caput* com redação alterada pela Lei 9.008/1995.

→ *v.* Arts. 139, X, e 1.046, do NCPC.

I – o Ministério Público;

II – a União, os Estados, os Municípios e o Distrito Federal;

III – as entidades e órgãos da administração pública, direta ou indireta, ainda que sem personalidade jurídica, especificamente destinados à defesa dos interesses e direitos protegidos por este Código;

IV – as associações legalmente constituídas há pelo menos 1 (um) ano e que incluam entre seus fins institucionais a defesa dos interesses e direitos protegidos por este Código, dispensada a autorização assemblear.

§ 1º O requisito da pré-constituição pode ser dispensado pelo juiz, nas ações previstas no art. 91 e seguintes, quando haja manifesto interesse social evidenciado pela dimensão ou característica do dano, ou pela relevância do bem jurídico a ser protegido.

§ 2º (*Vetado*).

§ 3º (*Vetado*).

Art. 83. Para a defesa dos direitos e interesses protegidos por este Código são admissíveis todas as espécies de ações capazes de propiciar sua adequada e efetiva tutela.

Parágrafo único. *(Vetado).*

Art. 84. Na ação que tenha por objeto o cumprimento da obrigação de fazer ou não fazer, o juiz concederá a tutela específica da obrigação ou determinará providências que assegurem o resultado prático equivalente ao do adimplemento.

§ 1º A conversão da obrigação em perdas e danos somente será admissível se por elas optar o autor ou se impossível a tutela específica ou a obtenção do resultado prático correspondente.

§ 2º A indenização por perdas e danos se fará sem prejuízo da multa (art. 287, do Código de Processo Civil).

§ 3º Sendo relevante o fundamento da demanda e havendo justificado receio de ineficácia do provimento final, é lícito ao juiz conceder a tutela liminarmente ou após justificação prévia, citado o réu.

§ 4º O juiz poderá, na hipótese do § 3º ou na sentença, impor multa diária ao réu, independentemente de pedido do autor, se for suficiente ou compatível com a obrigação, fixando prazo razoável para o cumprimento do preceito.

§ 5º Para a tutela específica ou para a obtenção do resultado prático equivalente, poderá o juiz determinar as medidas necessárias, tais como busca e apreensão, remoção de coisas e pessoas, desfazimento de obra, impedimento de atividade nociva, além de requisição de força policial.

Art. 85. *(Vetado).*

Art. 86. *(Vetado).*

Art. 87. Nas ações coletivas de que trata este Código não haverá adiantamento de custas, emolumentos, honorários periciais e quaisquer outras despesas, nem condenação da associação autora, salvo comprovada má-fé, em honorários de advogados, custas e despesas processuais.

→ *v.* Art. 139, X, do NCPC.

→ *v.* Arts. 5º e 18, da Lei 7.347/1985.

Parágrafo único. Em caso de litigância de má-fé, a associação autora e os diretores responsáveis pela propositura da ação serão solidariamente condenados em honorários advocatícios e ao décuplo das custas, sem prejuízo da responsabilidade por perdas e danos.

Art. 88. Na hipótese do art. 13, parágrafo único, deste Código, a ação de regresso poderá ser ajuizada em processo autônomo, facultada a possibilidade de prosseguir-se nos mesmos autos, vedada a denunciação da lide.

Art. 89. *(Vetado).*

Art. 90. Aplicam-se às ações previstas neste Título as normas do Código de Processo Civil e da Lei 7.347, de 24 de julho de 1985, inclusive no que respeita ao inquérito civil, naquilo que não contrariar suas disposições.

Capítulo II
DAS AÇÕES COLETIVAS PARA A DEFESA DE INTERESSES INDIVIDUAIS HOMOGÊNEOS

Art. 91. Os legitimados de que trata o art. 82 poderão propor, em nome próprio e no interesse das vítimas ou seus sucessores, ação civil coletiva de responsabilidade pelos danos individualmente sofridos, de acordo com o disposto nos artigos seguintes.

→ Artigo com redação alterada pela Lei 9.008/1995.

→ *v.* Art. 139, X, do NCPC.

→ *v.* Art. 5º da Lei 7.347/1985.

Art. 92. O Ministério Público, se não ajuizar a ação, atuará sempre como fiscal da lei.

Parágrafo único. *(Vetado).*

Art. 93. Ressalvada a competência da Justiça Federal, é competente para a causa a justiça local:

I – no foro do lugar onde ocorreu ou deva ocorrer o dano, quando de âmbito local;

→ *v.* Art. 2º da Lei 7.347/1985.

II – no foro da Capital do Estado ou no do Distrito Federal, para os danos de âmbito nacional ou regional, aplicando-se as regras do Código de Processo Civil aos casos de competência concorrente.

→ *v.* Art. 109, § 2º, da CF/1988.

→ *v.* Art. 2º, parágrafo único, da Lei 7.347/1985.

Art. 94. Proposta a ação, será publicado edital no órgão oficial, a fim de que os interessados possam intervir no processo como litisconsortes, sem prejuízo de ampla divulgação pelos meios de comunicação social por parte dos órgãos de defesa do consumidor.

→ *v.* Art. 46 do CPC/1973.

→ *v.* Art. 113 do NCPC.

Art. 95. Em caso de procedência do pedido, a condenação será genérica, fixando a responsabilidade do réu pelos danos causados.

Art. 96. *(Vetado).*

Art. 97. A liquidação e a execução de sentença poderão ser promovidas pela vítima e seus sucessores, assim como pelos legitimados de que trata o art. 82.

Parágrafo único. *(Vetado).*

Art. 98. A execução poderá ser coletiva, sendo promovida pelos legitimados de que trata o art. 82, abrangendo as vítimas cujas indenizações já tiveram sido fixadas em sentença de liquidação, sem prejuízo do ajuizamento de outras execuções.

→ *Caput* com redação alterada pela Lei 9.008/1995.

→ *v.* Art. 139, X, do NCPC.

→ *v.* Art. 5º da Lei 7.347/1985.

§ 1º A execução coletiva far-se-á com base em certidão das sentenças de liquidação, da qual deverá constar a ocorrência ou não do trânsito em julgado.

§ 2º É competente para a execução o juízo:

I – da liquidação da sentença ou da ação condenatória, no caso de execução individual;

II – da ação condenatória, quando coletiva a execução.

Art. 99. Em caso de concurso de créditos decorrentes de condenação prevista na Lei 7.347, de 24 de julho de 1985, e de indenizações pelos prejuízos individuais resultantes do mesmo evento danoso, estas terão preferência no pagamento.

Parágrafo único. Para efeito do disposto neste artigo, a destinação da importância recolhida ao Fundo criado pela Lei 7.347, de 24 de julho de 1985, ficará sustada enquanto pendentes de decisão de segundo grau as ações de indenização pelos danos individuais, salvo na hipótese de o patrimônio do devedor ser manifestamente suficiente para responder pela integralidade das dívidas.

Art. 100. Decorrido o prazo de 1 (um) ano sem habilitação de interessados em número compatível com a gravidade do dano, poderão os legitimados do art. 82 promover a liquidação e execução da indenização devida.

Parágrafo único. O produto da indenização devida reverterá para o Fundo criado pela Lei 7.347, de 24 de julho de 1985.

→ *v.* Art. 13 da Lei 7.347/1985.

Capítulo III
DAS AÇÕES DE RESPONSABILIDADE DO FORNECEDOR DE PRODUTOS E SERVIÇOS

Art. 101. Na ação de responsabilidade civil do fornecedor de produtos e serviços, sem prejuízo do disposto nos Capítulos I e II deste Título, serão observadas as seguintes normas:

I – a ação pode ser proposta no domicílio do autor;

II – o réu que houver contratado seguro de responsabilidade poderá chamar ao processo o segurador, vedada a integração do contraditório pelo Instituto de Resseguros do Brasil. Nesta hipótese, a sentença que julgar procedente o pedido condenará o réu nos termos do art. 80 do Código de Processo Civil. Se o réu houver sido declarado falido, o síndico será intimado a informar a existência de seguro de responsabilidade facultando-se, em caso afirmativo, o ajuizamento de ação de indenização diretamente contra o segurador, vedada a denunciação da lide ao Instituto de Resseguros do Brasil e dispensado o litisconsórcio obrigatório com este.

Art. 102. Os legitimados a agir na forma deste Código poderão propor ação visando compelir o Poder Público competente a proibir, em todo o território nacional, a produção, divulgação, distribuição ou venda, ou a determinar alteração na composição, estrutura, fórmula ou acondicionamento de produto, cujo uso ou consumo regular se revele nocivo ou perigoso à saúde pública e à incolumidade pessoal.

§ 1º *(Vetado).*

§ 2º *(Vetado).*

Capítulo IV
DA COISA JULGADA

Art. 103. Nas ações coletivas de que trata este Código, a sentença fará coisa julgada:

→ *v.* Arts. 467 a 475 do CPC/1973.

→ *v.* Arts. 496, 502 a 508, e 139, X, do NCPC.

→ *v.* Arts. 5º e 16, da Lei 7.347/1985.

I – *erga omnes*, exceto se o pedido for julgado improcedente por insuficiência de provas, hipótese em que qualquer legitimado poderá intentar outra ação, com idêntico fundamento, valendo-se de nova prova, na hipótese do inciso I do parágrafo único do art. 81;

II – *ultra partes*, mas limitadamente ao grupo, categoria ou classe, salvo improcedência por insuficiência de provas, nos termos do inciso anterior, quando se tratar da hipótese prevista no inciso II do parágrafo único do art. 81;

III – *erga omnes*, apenas no caso de procedência do pedido, para beneficiar todas as vítimas e seus sucessores, na hipótese do inciso III do parágrafo único do art. 81.

§ 1º Os efeitos da coisa julgada previstos nos incisos I e II não prejudicarão interesses e direitos individuais dos integrantes da coletividade, do grupo, categoria ou classe.

§ 2º Na hipótese prevista no inciso III, em caso de improcedência do pedido, os interessados que não tiverem intervindo no processo como litisconsortes poderão propor ação de indenização a título individual.

§ 3º Os efeitos da coisa julgada de que cuida o art. 16, combinado com o art. 13 da Lei 7.347, de 24 de julho de 1985, não prejudicarão as ações de indenização por danos pessoalmente sofridos, propostas individualmente ou na forma prevista neste Código, mas, se procedente o pedido, beneficiarão as vítimas e seus sucessores, que poderão proceder à liquidação e à execução, nos termos dos arts. 96 a 99.

→ A redação do art. 96 foi vetada.

§ 4º Aplica-se o disposto no parágrafo anterior à sentença penal condenatória.

Art. 104. As ações coletivas, previstas nos incisos I e II do parágrafo único do art. 81, não induzem litispendência para as ações individuais, mas os efeitos da coisa julgada *erga omnes* ou *ultra partes* a que aludem os incisos II e III do artigo anterior não beneficiarão os autores das ações individuais, se não for requerida sua suspensão no prazo de 30 (trinta) dias, a contar da ciência nos autos do ajuizamento da ação coletiva.

→ *V.* Art. 139, X, do NCPC.

→ *V.* Art. 5º da Lei 7.347/1985.

Título IV
Do sistema Nacional de Defesa do consumidor

Art. 105. Integram o Sistema Nacional de Defesa do Consumidor (SNDC), os órgãos federais, estaduais, do Distrito Federal e municipais e as entidades privadas de defesa do consumidor.

Art. 106. O Departamento Nacional de Defesa do Consumidor, da Secretaria Nacional de Direito Econômico – MJ, ou órgão federal que venha substituí-lo, é organismo de coordenação da política do Sistema Nacional de Defesa do Consumidor, cabendo-lhe:

I – planejar, elaborar, propor, coordenar e executar a política nacional de proteção ao consumidor;

II – receber, analisar, avaliar e encaminhar consultas, denúncias ou sugestões apresentadas por entidades representativas ou pessoas jurídicas de direito público ou privado;

III – prestar aos consumidores orientação permanente sobre seus direitos e garantias;

IV – informar, conscientizar e motivar o consumidor através dos diferentes meios de comunicação;

V – solicitar à polícia judiciária a instauração de inquérito policial para a apreciação de delito contra os consumidores, nos termos da legislação vigente;

VI – representar ao Ministério Público competente para fins de adoção de medidas processuais no âmbito de suas atribuições;

VII – levar ao conhecimento dos órgãos competentes as infrações de ordem administrativa que violarem os interesses difusos, coletivos, ou individuais dos consumidores;

VIII – solicitar o concurso de órgãos e entidades da União, Estados, do Distrito Federal e Municípios, bem como auxiliar a fiscalização de preços, abastecimento, quantidade e segurança de bens e serviços;

IX – incentivar, inclusive com recursos financeiros e outros programas especiais, a formação de entidades de defesa do consumidor pela população e pelos órgãos públicos estaduais e municipais;

X – (*Vetado*);

XI – (*Vetado*);

XII – (*Vetado*);

XIII – desenvolver outras atividades compatíveis com suas finalidades.

Parágrafo único. Para a consecução de seus objetivos, o Departamento Nacional de Defesa do Consumidor poderá solicitar o concurso de órgãos e entidades de notória especialização técnico-científica.

Título V
Da convenção coletiva de consumo

Art. 107. As entidades civis de consumidores e as associações de fornecedores ou sindicatos de categoria econômica podem regular, por convenção escrita, relações de consumo que tenham por objeto estabelecer condições relativas ao preço, à qualidade, à quantidade, à garantia e características de produtos e serviços, bem como à reclamação e composição do conflito de consumo.

§ 1º A convenção tornar-se-á obrigatória a partir do registro do instrumento no cartório de títulos e documentos.

§ 2º A convenção somente obrigará os filiados às entidades signatárias.

§ 3º Não se exime de cumprir a convenção o fornecedor que se desligar da entidade em data posterior ao registro do instrumento.

Art. 108. (*Vetado*).

Título VI
Disposições finais

Art. 109. (*Vetado*).

Art. 110. Acrescente-se o seguinte inciso IV ao art. 1º da Lei 7.347, de 24 de julho de 1985:

"IV – a qualquer outro interesse difuso ou coletivo".

Art. 111. O inciso II do art. 5º da Lei 7.347, de 24 de julho de 1985, passa a ter a seguinte redação:

"II – inclua, entre suas finalidades institucionais, a proteção ao meio ambiente, ao consumidor, ao patrimônio artístico, estético, histórico, turístico e paisagístico, ou a qualquer outro interesse difuso ou coletivo;"

Art. 112. O § 3º do art. 5º da Lei 7.347, de 24 de julho de 1985, passa a ter a seguinte redação:

"§ 3º Em caso de desistência infundada ou abandono da ação por associação legitimada, o Ministério Público ou outro legitimado assumirá a titularidade ativa."

Art. 113. Acrescente-se os seguintes §§ 4º, 5º e 6º ao art. 5º da Lei 7.347, de 24 de julho de 1985:

"§ 4º O requisito da pré-constituição poderá ser dispensado pelo juiz, quando haja manifesto interesse social evidenciado pela dimensão ou característica do dano, ou pela relevância do bem jurídico a ser protegido.

"§ 5º Admitir-se-á o litisconsórcio facultativo entre os Ministérios Públicos da União, do Distrito Federal e dos Estados na defesa dos interesses e direitos de que cuida esta Lei.

"§ 6º Os órgãos públicos legitimados poderão tomar dos interessados compromisso de ajustamento de sua conduta às exigências legais, mediante cominações, que terá eficácia de título executivo extrajudicial."

Art. 114. O art. 15 da Lei 7.347, de 24 de julho de 1985, passa a ter a seguinte redação:

"Art. 15. Decorridos sessenta dias do trânsito em julgado da sentença condenatória, sem que a associação autora lhe promova a execução, deverá fazê-lo o Ministério Público, facultada igual iniciativa aos demais legitimados."

Art. 115. Suprima-se o *caput* do art. 17 da Lei 7.347, de 24 de julho de 1985, passando o parágrafo único a constituir o *caput*, com a seguinte redação:

"Art. 17. Em caso de litigância de má-fé, a associação autora e os diretores responsáveis pela propositura da ação serão solidariamente condenados em honorários advocatícios e ao décuplo das custas, sem prejuízo da responsabilidade por perdas e danos."

Art. 116. Dê-se a seguinte redação ao art. 18 da Lei 7.347, de 24 de julho de 1985:

"Art. 18. Nas ações de que trata esta Lei, não haverá adiantamento de custas, emolumentos, honorários periciais e quaisquer outras despesas, nem condenação da associação autora, salvo comprovada má-fé, em honorários de advogado, custas e despesas processuais."

Art. 117. Acrescente-se à Lei 7.347, de 24 de julho de 1985, o seguinte dispositivo, renumerando-se os seguintes:

"Art. 21. Aplicam-se à defesa dos direitos e interesses difusos, coletivos e individuais, no que for cabível, os dispositivos do Título III da Lei que instituiu o Código de Defesa do Consumidor."

Art. 118. Este Código entrará em vigor dentro de 180 (cento e oitenta) dias a contar de sua publicação.

Art. 119. Revogam-se as disposições em contrário.

Brasília, em 11 de setembro de 1990; 169º da Independência e 102º da República.

Fernando Collor

(Publicação no *D.O.U.* de 12.9.1990, retificação 10.1.2007)

CDC

CÓDIGO DE TRÂNSITO BRASILEIRO

VADE MECUM DE LEGISLAÇÃO FOCO

ÍNDICE SISTEMÁTICO DO CÓDIGO DE TRÂNSITO BRASILEIRO

LEI 9.503, DE 23 DE SETEMBRO DE 1997

ÍNDICE SISTEMÁTICO DO CÓDIGO DE TRÂNSITO BRASILEIRO

LEI 9.503, DE 23 DE SETEMBRO DE 1997

CÓDIGO DE TRÂNSITO BRASILEIRO

LEI 9.503,

DE 23 DE SETEMBRO DE 1997

Institui o Código de Trânsito Brasileiro.

→ *v.* Súmula 516 do STJ.

→ *v.* Art. 22, *caput* e I, da Lei 13.103/2015 – Lei do Motorista Profissional.

→ *v.* Lei 12.619/2012 – Exercício da profissão de motorista e altera a CLT.

O Presidente da República:

Faço saber que o Congresso Nacional decreta e eu sanciono a seguinte Lei:

Capítulo I
DISPOSIÇÕES PRELIMINARES

Art. 1º O trânsito de qualquer natureza nas vias terrestres do território nacional, abertas à circulação, rege-se por este Código.

§ 1º Considera-se trânsito a utilização das vias por pessoas, veículos e animais, isolados ou em grupos, conduzidos ou não, para fins de circulação, parada, estacionamento e operação de carga ou descarga.

§ 2º O trânsito, em condições seguras, é um direito de todos e dever dos órgãos e entidades componentes do Sistema Nacional de Trânsito, a estes cabendo, no âmbito das respectivas competências, adotar as medidas destinadas a assegurar esse direito.

§ 3º Os órgãos e entidades componentes do Sistema Nacional de Trânsito respondem, no âmbito das respectivas competências, objetivamente, por danos causados aos cidadãos em virtude de ação, omissão ou erro na execução e manutenção de programas, projetos e serviços que garantam o exercício do direito do trânsito seguro.

§ 4º *(Vetado).*

§ 5º Os órgãos e entidades de trânsito pertencentes ao Sistema Nacional de Trânsito darão prioridade em suas ações à defesa da vida, nela incluída a preservação da saúde e do meio ambiente.

Art. 2º São vias terrestres urbanas e rurais as ruas, as avenidas, os logradouros, os caminhos, as passagens, as estradas e as rodovias, que terão seu uso regulamentado pelo órgão ou entidade com circunscrição sobre elas, de acordo com as peculiaridades locais e as circunstâncias especiais.

Parágrafo único. Para os efeitos deste Código, são consideradas vias terrestres as praias abertas à circulação pública, as vias internas pertencentes aos condomínios constituídos por unidades autônomas e as vias e áreas de estacionamento de estabelecimentos privados de uso coletivo.

→ Parágrafo único com redação alterada pela Lei 13.146/2015, em vigor após decorridos 180 (cento e oitenta) dias de sua publicação oficial. – *D.O.U.* de 7.7.2015.

→ **Anterior redação: Art. 2º** (...) **Parágrafo único.** Para os efeitos deste Código, são consideradas vias terrestres as praias abertas à circulação pública e as vias internas pertencentes aos condomínios constituídos por unidades autônomas.

Art. 3º As disposições deste Código são aplicáveis a qualquer veículo, bem como aos proprietários, condutores dos veículos nacionais ou estrangeiros e às pessoas nele expressamente mencionadas.

Art. 4º Os conceitos e definições estabelecidos para os efeitos deste Código são os constantes do Anexo I.

Capítulo II
DO SISTEMA NACIONAL DE TRÂNSITO

Seção I
Disposições Gerais

Art. 5º O Sistema Nacional de Trânsito é o conjunto de órgãos e entidades da União, dos Estados, do Distrito Federal e dos Municípios que tem por finalidade o exercício das atividades de planejamento, administração, normatização, pesquisa, registro e licenciamento de veículos, formação, habilitação e reciclagem de condutores, educação, engenharia, operação do sistema viário, policiamento, fiscalização, julgamento de infrações e de recursos e aplicação de penalidades.

Art. 6º São objetivos básicos do Sistema Nacional de Trânsito:

I – estabelecer diretrizes da Política Nacional de Trânsito, com vistas à segurança, à fluidez, ao conforto, à defesa ambiental e à educação para o trânsito, e fiscalizar seu cumprimento;

II – fixar, mediante normas e procedimentos, a padronização de critérios técnicos, financeiros e administrativos para a execução das atividades de trânsito;

III – estabelecer a sistemática de fluxos permanentes de informações entre os seus diversos órgãos e entidades, a fim de facilitar o processo decisório e a integração do Sistema.

Seção II
Da Composição e da Competência do Sistema Nacional de Trânsito

Art. 7º Compõem o Sistema Nacional de Trânsito os seguintes órgãos e entidades:

I – o Conselho Nacional de Trânsito – Contran, coordenador do Sistema e órgão máximo normativo e consultivo;

II – os Conselhos Estaduais de Trânsito – Cetran e o Conselho de Trânsito do Distrito Federal – Contrandife, órgãos normativos, consultivos e coordenadores;

III – os órgãos e entidades executivos de trânsito da União, dos Estados, do Distrito Federal e dos Municípios;

IV – os órgãos e entidades executivos rodoviários da União, dos Estados, do Distrito Federal e dos Municípios;

V – a Polícia Rodoviária Federal;

VI – as Polícias Militares dos Estados e do Distrito Federal; e

VII – as Juntas Administrativas de Recursos de Infrações – Jari.

Art. 7º-A. A autoridade portuária ou a entidade concessionária de porto organizado poderá celebrar convênios com os órgãos previstos no art. 7º, com a interveniência dos Municípios e Estados, juridicamente interessados, para o fim específico de facilitar a autuação por descumprimento da legislação de trânsito.

→ Artigo acrescentado pela Lei 12.058/2009.

§ 1º O convênio valerá para toda a área física do porto organizado, inclusive, nas áreas dos terminais alfandegados, nas estações de transbordo, nas instalações portuárias públicas de pequeno porte e nos respectivos estacionamentos ou vias de trânsito internas.

§ 2º *(Vetado).*

§ 3º *(Vetado).*

Art. 8º Os Estados, o Distrito Federal e os Municípios organizarão os respectivos órgãos e entidades executivos de trânsito e executivos rodoviários, estabelecendo os limites circunscricionais de suas atuações.

Art. 9º O Presidente da República designará o ministério ou órgão da Presidência responsável pela coordenação máxima do Sistema Nacional de Trânsito, ao qual estará vinculado o Contran e subordinado o órgão máximo executivo de trânsito da União.

Art. 10. O Conselho Nacional de Trânsito (Contran), com sede no Distrito Federal e presidido pelo dirigente do órgão máximo executivo de trânsito da União, tem a seguinte composição:

→ *Caput* com redação alterada pela Lei 12.865/2013.

I – *(Vetado).*

II – *(Vetado).*

III – um representante do Ministério da Ciência e Tecnologia;

IV – um representante do Ministério da Educação e do Desporto;

V – um representante do Ministério do Exército;

VI – um representante do Ministério do Meio Ambiente e da Amazônia Legal;

VII – um representante do Ministério dos Transportes;

VIII – *(Vetado).*

IX – *(Vetado).*

X – *(Vetado).*

XI – (*Vetado*).

XII – (*Vetado*).

XIII – (*Vetado*).

XIV – (*Vetado*).

XV – (*Vetado*).

XVI – (*Vetado*).

XVII – (*Vetado*).

XVIII – (*Vetado*).

XIX – (*Vetado*).

XX – um representante do ministério ou órgão coordenador máximo do Sistema Nacional de Trânsito;

XXI – (*Vetado*).

XXII – um representante do Ministério da Saúde.

→ Inciso XXII acrescentado pela Lei 9.602/1998.

XXIII – um representante do Ministério da Justiça.

→ Inciso XXIII acrescentado pela Lei 11.705/2008.

XXIV – 1 (um) representante do Ministério do Desenvolvimento, Indústria e Comércio Exterior;

→ Inciso XXIV acrescentado pela Lei 12.865/2013.

XXV – 1 (um) representante da Agência Nacional de Transportes Terrestres (ANTT).

→ Inciso XXV acrescentado pela Lei 12.865/2013.

§ 1º (*Vetado*.).

§ 2º (*Vetado*).

§ 3º (*Vetado*).

Art. 11. (*Vetado*).

Art. 12. Compete ao Contran:

→ *v.* Art. 5º do Decreto 8.433/2015.

I – estabelecer as normas regulamentares referidas neste Código e as diretrizes da Política Nacional de Trânsito;

II – coordenar os órgãos do Sistema Nacional de Trânsito, objetivando a integração de suas atividades;

III – (*Vetado*).

IV – criar Câmaras Temáticas;

V – estabelecer seu regimento interno e as diretrizes para o funcionamento dos Cetran e Contrandife;

VI – estabelecer as diretrizes do regimento das Jari;

VII – zelar pela uniformidade e cumprimento das normas contidas neste Código e nas resoluções complementares;

VIII – estabelecer e normatizar os procedimentos para a imposição, a arrecadação e a compensação das multas por infrações cometidas em unidade da Federação diferente da do licenciamento do veículo;

IX – responder às consultas que lhe forem formuladas, relativas à aplicação da legislação de trânsito;

X – normatizar os procedimentos sobre a aprendizagem, habilitação, expedição de documentos de condutores, e registro e licenciamento de veículos;

XI – aprovar, complementar ou alterar os dispositivos de sinalização e os dispositivos e equipamentos de trânsito;

XII – apreciar os recursos interpostos contra as decisões das instâncias inferiores, na forma deste Código;

XIII – avocar, para análise e soluções, processos sobre conflitos de competência ou circunscrição, ou, quando necessário, unificar as decisões administrativas; e

XIV – dirimir conflitos sobre circunscrição e competência de trânsito no âmbito da União, dos Estados e do Distrito Federal.

Art. 13. As Câmaras Temáticas, órgãos técnicos vinculados ao Contran, são integradas por especialistas e têm como objetivo estudar e oferecer sugestões e embasamento técnico sobre assuntos específicos para decisões daquele colegiado.

§ 1º Cada Câmara é constituída por especialistas representantes de órgãos e entidades executivos da União, dos Estados, ou do Distrito Federal e dos Municípios, em igual número, pertencentes ao Sistema Nacional de Trânsito, além de especialistas representantes dos diversos segmentos da sociedade relacionados com o trânsito, todos indicados segundo regimento específico definido pelo Contran e designados pelo ministro ou dirigente coordenador máximo do Sistema Nacional de Trânsito.

§ 2º Os segmentos da sociedade, relacionados no parágrafo anterior, serão representados por pessoa jurídica e devem atender aos requisitos estabelecidos pelo Contran.

§ 3º Os coordenadores das Câmaras Temáticas serão eleitos pelos respectivos membros.

§ 4º (*Vetado*).

I – (*Vetado*).

II – (*Vetado*).

III – (*Vetado*).

IV – (*Vetado*).

Art. 14. Compete aos Conselhos Estaduais de Trânsito – Cetran e ao Conselho de Trânsito do Distrito Federal – Contrandife:

I – cumprir e fazer cumprir a legislação e as normas de trânsito, no âmbito das respectivas atribuições;

II – elaborar normas no âmbito das respectivas competências;

III – responder a consultas relativas à aplicação da legislação e dos procedimentos normativos de trânsito;

IV – estimular e orientar a execução de campanhas educativas de trânsito;

V – julgar os recursos interpostos contra decisões:

a) das Jari;

b) dos órgãos e entidades executivos estaduais, nos casos de inaptidão permanente constatados nos exames de aptidão física, mental ou psicológica;

VI – indicar um representante para compor a comissão examinadora de candidatos portadores de deficiência física à habilitação para conduzir veículos automotores;

VII – (*Vetado*).

VIII – acompanhar e coordenar as atividades de administração, educação, engenharia, fiscalização, policiamento ostensivo de trânsito, formação de condutores, registro e licenciamento de veículos, articulando os órgãos do Sistema no Estado, reportando-se ao Contran;

IX – dirimir conflitos sobre circunscrição e competência de trânsito no âmbito dos Municípios; e

X – informar o Contran sobre o cumprimento das exigências definidas nos §§ 1º e 2º do art. 333;

XI – designar, em caso de recursos deferidos e na hipótese de reavaliação dos exames, junta especial de saúde para examinar os candidatos à habilitação para conduzir veículos automotores.

→ Inciso XI acrescentado pela Lei 9.602/1998.

Parágrafo único. Dos casos previstos no inciso V, julgados pelo órgão, não cabe recurso na esfera administrativa.

Art. 15. Os presidentes dos Cetran e do Contrandife são nomeados pelos Governadores dos Estados e do Distrito Federal, respectivamente, e deverão ter reconhecida experiência em matéria de trânsito.

§ 1º Os membros dos Cetran e do Contrandife são nomeados pelos Governadores dos Estados e do Distrito Federal, respectivamente.

§ 2º Os membros do Cetran e do Contrandife deverão ser pessoas de reconhecida experiência em trânsito.

§ 3º O mandato dos membros do Cetran e do Contrandife é de dois anos, admitida a recondução.

Art. 16. Junto a cada órgão ou entidade executivos de trânsito ou rodoviário funcionarão Juntas Administrativas de Recursos de Infrações – Jari, órgãos colegiados responsáveis pelo julgamento dos recursos interpostos contra penalidades por eles impostas.

Parágrafo único. As Jari têm regimento próprio, observado o disposto no inciso VI do art. 12, e apoio administrativo e financeiro do órgão ou entidade junto ao qual funcionem.

Art. 17. Compete às Jari:

I – julgar os recursos interpostos pelos infratores;

II – solicitar aos órgãos e entidades executivos de trânsito e executivos rodoviários informações complementares relativas aos recursos, objetivando uma melhor análise da situação recorrida;

III – encaminhar aos órgãos e entidades executivos de trânsito e executivos rodoviários informações sobre problemas observados nas autuações e apontados em recursos, e que se repitam sistematicamente.

Art. 18. (*Vetado*).

Art. 19. Compete ao órgão máximo executivo de trânsito da União:

I – cumprir e fazer cumprir a legislação de trânsito e a execução das normas e diretrizes estabelecidas pelo Contran, no âmbito de suas atribuições;

II – proceder à supervisão, à coordenação, à correição dos órgãos delegados, ao controle e à fiscalização da execução da Política Nacional de Trânsito e do Programa Nacional de Trânsito;

III – articular-se com os órgãos dos Sistemas Nacionais de Trânsito, de Transporte e de Segurança Pública, objetivando o combate à violência no trânsito, promovendo, coordenando e executando o controle de ações para a preservação do ordenamento e da segurança do trânsito;

IV – apurar, prevenir e reprimir a prática de atos de improbidade contra a fé pública, o patrimônio, ou a administração pública ou privada, referentes à segurança do trânsito;

V – supervisionar a implantação de projetos e programas relacionados com a engenharia, educação, administração, policiamento e fiscalização do trânsito e outros, visando à uniformidade de procedimento;

VI – estabelecer procedimentos sobre a aprendizagem e habilitação de condutores de veículos, a expedição de documentos de condutores, de registro e licenciamento de veículos;

VII – expedir a Permissão para Dirigir, a Carteira Nacional de Habilitação, os Certificados de Registro e o de Licenciamento Anual mediante delegação aos órgãos executivos dos Estados e do Distrito Federal;

VIII – organizar e manter o Registro Nacional de Carteiras de Habilitação – Renach;

IX – organizar e manter o Registro Nacional de Veículos Automotores – Renavam;

X – organizar a estatística geral de trânsito no território nacional, definindo os dados a serem fornecidos pelos demais órgãos e promover sua divulgação;

XI – estabelecer modelo padrão de coleta de informações sobre as ocorrências de acidentes de trânsito e as estatísticas do trânsito;

XII – administrar fundo de âmbito nacional destinado à segurança e à educação de trânsito;

XIII – coordenar a administração da arrecadação de multas por infrações ocorridas em localidade diferente daquela da habilitação do condutor infrator e em unidade da Federação diferente daquela do licenciamento do veículo;

XIV – fornecer aos órgãos e entidades do Sistema Nacional de Trânsito informações sobre registros de veículos e de condutores, mantendo o fluxo permanente de informações com os demais órgãos do Sistema;

XV – promover, em conjunto com os órgãos competentes do Ministério da Educação e do Desporto, de acordo com as diretrizes do Contran, a elaboração e a implementação de programas de educação de trânsito nos estabelecimentos de ensino;

XVI – elaborar e distribuir conteúdos programáticos para a educação de trânsito;

XVII – promover a divulgação de trabalhos técnicos sobre o trânsito;

XVIII – elaborar, juntamente com os demais órgãos e entidades do Sistema Nacional de Trânsito, e submeter à aprovação do Contran, a complementação ou alteração da sinalização e dos dispositivos e equipamentos de trânsito;

XIX – organizar, elaborar, complementar e alterar os manuais e normas de projetos de implementação da sinalização, dos dispositivos e equipamentos de trânsito aprovados pelo Contran;

XX – expedir a permissão internacional para conduzir veículo e o certificado de passagem nas alfândegas, mediante delegação aos órgãos executivos dos Estados e do Distrito Federal;

XXI – promover a realização periódica de reuniões regionais e congressos nacionais de trânsito, bem como propor a representação do Brasil em congressos ou reuniões internacionais;

XXII – propor acordos de cooperação com organismos internacionais, com vistas ao aperfeiçoamento das ações inerentes à segurança e educação de trânsito;

XXIII – elaborar projetos e programas de formação, treinamento e especialização do pessoal encarregado da execução das atividades de engenharia, educação, policiamento ostensivo, fiscalização, operação e administração de trânsito, propondo medidas que estimulem a pesquisa científica e o ensino técnico-profissional de interesse do trânsito, e promovendo a sua realização;

XXIV – opinar sobre assuntos relacionados ao trânsito interestadual e internacional;

XXV – elaborar e submeter à aprovação do Contran as normas e requisitos de segurança veicular para fabricação e montagem de veículos, consoante sua destinação;

XXVI – estabelecer procedimentos para a concessão do código marca-modelo dos veículos para efeito de registro, emplacamento e licenciamento;

XXVII – instruir os recursos interpostos das decisões do Contran, ao ministro ou dirigente coordenador máximo do Sistema Nacional de Trânsito;

XXVIII – estudar os casos omissos na legislação de trânsito e submetê-los, com proposta de solução, ao Ministério ou órgão coordenador máximo do Sistema Nacional de Trânsito;

XXIX – prestar suporte técnico, jurídico, administrativo e financeiro ao Contran.

§ 1º Comprovada, por meio de sindicância, a deficiência técnica ou administrativa ou a prática constante de atos de improbidade contra a fé pública, contra o patrimônio ou contra a administração pública, o órgão executivo de trânsito da União, mediante aprovação do Contran, assumirá diretamente ou por delegação, a execução total ou parcial das atividades do órgão executivo de trânsito estadual que tenha motivado a investigação, até que as irregularidades sejam sanadas.

§ 2º O regimento interno do órgão executivo de trânsito da União disporá sobre sua estrutura organizacional e seu funcionamento.

§ 3º Os órgãos e entidades executivos de trânsito e executivos rodoviários da União, dos Estados, do Distrito Federal e dos Municípios fornecerão, obrigatoriamente, mês a mês, os dados estatísticos para os fins previstos no inciso X.

Art. 20. Compete à Polícia Rodoviária Federal, no âmbito das rodovias e estradas federais:

I – cumprir e fazer cumprir a legislação e as normas de trânsito, no âmbito de suas atribuições;

II – realizar o patrulhamento ostensivo, executando operações relacionadas com a segurança pública, com o objetivo de preservar a ordem, incolumidade das pessoas, o patrimônio da União e o de terceiros;

III – aplicar e arrecadar as multas impostas por infrações de trânsito, as medidas administrativas decorrentes e os valores provenientes de estada e remoção de veículos, objetos, animais e escolta de veículos de cargas superdimensionadas ou perigosas;

IV – efetuar levantamento dos locais de acidentes de trânsito e dos serviços de atendimento, socorro e salvamento de vítimas;

V – credenciar os serviços de escolta, fiscalizar e adotar medidas de segurança relativas aos serviços de remoção de veículos, escolta e transporte de carga indivisível;

VI – assegurar a livre circulação nas rodovias federais, podendo solicitar ao órgão rodoviário a adoção de medidas emergenciais, e zelar pelo cumprimento das normas legais relativas ao direito de vizinhança, promovendo a interdição de construções e instalações não autorizadas;

VII – coletar dados estatísticos e elaborar estudos sobre acidentes de trânsito e suas causas, adotando ou indicando medidas operacionais preventivas e encaminhando-os ao órgão rodoviário federal;

VIII – implementar as medidas da Política Nacional de Segurança e Educação de Trânsito;

IX – promover e participar de projetos e programas de educação e segurança, de acordo com as diretrizes estabelecidas pelo Contran;

X – integrar-se a outros órgãos e entidades do Sistema Nacional de Trânsito para fins de arrecadação e compensação de multas impostas na área de sua competência, com vistas à unificação do licenciamento, à simplificação e à celeridade das transferências de veículos e de prontuários de condutores de uma para outra unidade da Federação;

XI – fiscalizar o nível de emissão de poluentes e ruído produzidos pelos veículos automotores ou pela sua carga, de acordo com o estabelecido no art. 66, além de dar apoio, quando solicitado, às ações específicas dos órgãos ambientais.

→ Referido art. 66 foi vetado.

Art. 21. Compete aos órgãos e entidades executivos rodoviários da União, dos Estados, do Distrito Federal e dos Municípios, no âmbito de sua circunscrição:

I – cumprir e fazer cumprir a legislação e as normas de trânsito, no âmbito de suas atribuições;

II – planejar, projetar, regulamentar e operar o trânsito de veículos, de pedestres e de animais, e promover o desenvolvimento da circulação e da segurança de ciclistas;

III – implantar, manter e operar o sistema de sinalização, os dispositivos e os equipamentos de controle viário;

IV – coletar dados e elaborar estudos sobre os acidentes de trânsito e suas causas;

V – estabelecer, em conjunto com os órgãos de policiamento ostensivo de trânsito, as respectivas diretrizes para o policiamento ostensivo de trânsito;

VI – executar a fiscalização de trânsito, autuar, aplicar as penalidades de advertência, por escrito, e ainda as multas e medidas administrativas cabíveis, notificando os infratores e arrecadando as multas que aplicar;

VII – arrecadar valores provenientes de estada e remoção de veículos e objetos, e escolta de veículos de cargas superdimensionadas ou perigosas;

VIII – fiscalizar, autuar, aplicar as penalidades e medidas administrativas cabíveis, relativas a infrações por excesso de peso, dimensões e lotação dos veículos, bem como notificar e arrecadar as multas que aplicar;

IX – fiscalizar o cumprimento da norma contida no art. 95, aplicando as penalidades e arrecadando as multas nele previstas;

X – implementar as medidas da Política Nacional de Trânsito e do Programa Nacional de Trânsito;

XI – promover e participar de projetos e programas de educação e segurança, de acordo com as diretrizes estabelecidas pelo Contran;

XII – integrar-se a outros órgãos e entidades do Sistema Nacional de Trânsito para fins de arrecadação e compensação de multas impostas na área de sua competência, com vistas à unificação do licenciamento, à simplificação e à celeridade das transferências de veículos e de prontuários de condutores de uma para outra unidade da Federação;

XIII – fiscalizar o nível de emissão de poluentes e ruído produzidos pelos veículos automotores ou pela sua carga, de acordo com o estabelecido no art. 66, além de dar apoio às ações específicas dos órgãos ambientais locais, quando solicitado;

→ Referido art. 66 foi vetado.

XIV – vistoriar veículos que necessitem de autorização especial para transitar e estabelecer os requisitos técnicos a serem observados para a circulação desses veículos.

Parágrafo único. (*Vetado*).

Art. 22. Compete aos órgãos ou entidades executivos de trânsito dos Estados e do Distrito Federal, no âmbito de sua circunscrição:

I – cumprir e fazer cumprir a legislação e as normas de trânsito, no âmbito das respectivas atribuições;

II – realizar, fiscalizar e controlar o processo de formação, aperfeiçoamento, reciclagem e suspensão de condutores, expedir e cassar Licença de Aprendizagem, Permissão para Dirigir e Carteira Nacional de Habilitação, mediante delegação do órgão federal competente;

III – vistoriar, inspecionar quanto às condições de segurança veicular, registrar, emplacar, selar a placa, e licenciar veículos, expedindo o Certificado de Registro e o Licenciamento Anual, mediante delegação do órgão federal competente;

IV – estabelecer, em conjunto com as Polícias Militares, as diretrizes para o policiamento ostensivo de trânsito;

V – executar a fiscalização de trânsito, autuar e aplicar as medidas administrativas cabíveis pelas infrações previstas neste Código, excetuadas aquelas relacionadas nos incisos VI e VIII do art. 24, no exercício regular do Poder de Polícia de Trânsito;

VI – aplicar as penalidades por infrações previstas neste Código, com exceção daquelas relacionadas nos incisos VII e VIII do art. 24, notificando os infratores e arrecadando as multas que aplicar;

VII – arrecadar valores provenientes de estada e remoção de veículos e objetos;

VIII – comunicar ao órgão executivo de trânsito da União a suspensão e a cassação do direito de dirigir e o recolhimento da Carteira Nacional de Habilitação;

IX – coletar dados estatísticos e elaborar estudos sobre acidentes de trânsito e suas causas;

X – credenciar órgãos ou entidades para a execução de atividades previstas na legislação de trânsito, na forma estabelecida em norma do Contran;

XI – implementar as medidas da Política Nacional de Trânsito e do Programa Nacional de Trânsito;

XII – promover e participar de projetos e programas de educação e segurança de trânsito de acordo com as diretrizes estabelecidas pelo Contran;

XIII – integrar-se a outros órgãos e entidades do Sistema Nacional de Trânsito para fins de arrecadação e compensação de multas impostas na área de sua competência, com vistas à unificação do licenciamento, à simplificação e à celeridade das transferências de veículos e de prontuários de condutores de uma para outra unidade da Federação;

XIV – fornecer, aos órgãos e entidades executivos de trânsito e executivos rodoviários municipais, os dados cadastrais dos veículos registrados e dos condutores habilitados, para fins de imposição e notificação de penalidades e de arrecadação de multas nas áreas de suas competências;

XV – fiscalizar o nível de emissão de poluentes e ruído produzidos pelos veículos automotores ou pela sua carga, de acordo com o estabelecido no art. 66, além de dar apoio, quando solicitado, às ações específicas dos órgãos ambientais locais;

→ Referido art. 66 foi vetado.

XVI – articular-se com os demais órgãos do Sistema Nacional de Trânsito no Estado, sob coordenação do respectivo Cetran.

Art. 23. Compete às Polícias Militares dos Estados e do Distrito Federal:

I – (*Vetado*).

II – (*Vetado*).

III – executar a fiscalização de trânsito, quando e conforme convênio firmado, como agente do órgão ou entidade executivos de trânsito ou executivos rodoviários, concomitantemente com os demais agentes credenciados;

IV – (*Vetado*).

V – (*Vetado*).

VI – (*Vetado*).

VII – (*Vetado*).

Parágrafo único. (*Vetado*).

Art. 24. Compete aos órgãos e entidades executivos de trânsito dos Municípios, no âmbito de sua circunscrição:

→ *Caput* com redação alterada pela Lei Lei nº 13.154/2015.

I – cumprir e fazer cumprir a legislação e as normas de trânsito, no âmbito de suas atribuições;

II – planejar, projetar, regulamentar e operar o trânsito de veículos, de pedestres e de animais, e promover o desenvolvimento da circulação e da segurança de ciclistas;

III – implantar, manter e operar o sistema de sinalização, os dispositivos e os equipamentos de controle viário;

IV – coletar dados estatísticos e elaborar estudos sobre os acidentes de trânsito e suas causas;

V – estabelecer, em conjunto com os órgãos de polícia ostensiva de trânsito, as diretrizes para o policiamento ostensivo de trânsito;

VI – executar a fiscalização de trânsito, autuar e aplicar as medidas administrativas cabíveis, por infrações de circulação, estacionamento e parada previstas neste Código, no exercício regular do Poder de Polícia de Trânsito;

VII – aplicar as penalidades de advertência por escrito e multa, por infrações de circulação, estacionamento e parada previstas neste Código, notificando os infratores e arrecadando as multas que aplicar;

VIII – fiscalizar, autuar e aplicar as penalidades e medidas administrativas cabíveis relativas a infrações por excesso de peso, dimensões e lotação dos veículos, bem como notificar e arrecadar as multas que aplicar;

IX – fiscalizar o cumprimento da norma contida no art. 95, aplicando as penalidades e arrecadando as multas nele previstas;

X – implantar, manter e operar sistema de estacionamento rotativo pago nas vias;

XI – arrecadar valores provenientes de estada e remoção de veículos e objetos, e escolta de veículos de cargas superdimensionadas ou perigosas;

XII – credenciar os serviços de escolta, fiscalizar e adotar medidas de segurança relativas aos serviços de remoção de veículos, escolta e transporte de carga indivisível;

XIII – integrar-se a outros órgãos e entidades do Sistema Nacional de Trânsito para fins de arrecadação e compensação de multas impostas na área de sua competência, com vistas à unificação do licenciamento, à simplificação e à celeridade das transferências de veículos e de prontuários dos condutores de uma para outra unidade da Federação;

XIV – implantar as medidas da Política Nacional de Trânsito e do Programa Nacional de Trânsito;

XV – promover e participar de projetos e programas de educação e segurança de trânsito de acordo com as diretrizes estabelecidas pelo Contran;

XVI – planejar e implantar medidas para redução da circulação de veículos e reorientação do tráfego, com o objetivo de diminuir a emissão global de poluentes;

XVII – registrar e licenciar, na forma da legislação, veículos de tração e propulsão humana e de tração animal, fiscalizando, autuando, aplicando penalidades e arrecadando multas decorrentes de infrações;

→ Inciso XVII com redação alterada pela Lei 13.154/2015.

XVIII – conceder autorização para conduzir veículos de propulsão humana e de tração animal;

XIX – articular-se com os demais órgãos do Sistema Nacional de Trânsito no Estado, sob coordenação do respectivo Cetran;

XX – fiscalizar o nível de emissão de poluentes e ruído produzidos pelos veículos automotores ou pela sua carga, de acordo com o estabelecido no art. 66, além de dar apoio às ações específicas de órgão ambiental local, quando solicitado;

→ Referido art. 66 foi vetado.

XXI – vistoriar veículos que necessitem de autorização especial para transitar e estabelecer os requisitos técnicos a serem observados para a circulação desses veículos.

§ 1º As competências relativas a órgão ou entidade municipal serão exercidas no Distrito Federal por seu órgão ou entidade executivos de trânsito.

§ 2º Para exercer as competências estabelecidas neste artigo, os Municípios deverão integrar-se ao Sistema Nacional de Trânsito, conforme previsto no art. 333 deste Código.

Art. 25. Os órgãos e entidades executivos do Sistema Nacional de Trânsito poderão celebrar convênio delegando as atividades previstas neste Código, com vistas à maior eficiência e à segurança para os usuários da via.

Parágrafo único. Os órgãos e entidades de trânsito poderão prestar serviços de capacitação técnica, assessoria e monitoramento das atividades relativas ao trânsito durante prazo a ser estabelecido entre as partes, com ressarcimento dos custos apropriados.

Capítulo III
DAS NORMAS GERAIS DE CIRCULAÇÃO E CONDUTA

Art. 26. Os usuários das vias terrestres devem:

I – abster-se de todo ato que possa constituir perigo ou obstáculo para o trânsito de veículos, de pessoas ou de animais, ou ainda causar danos a propriedades públicas ou privadas;

II – abster-se de obstruir o trânsito ou torná-lo perigoso, atirando, depositando ou abandonando na via objetos ou substâncias, ou nela criando qualquer outro obstáculo.

Art. 27. Antes de colocar o veículo em circulação nas vias públicas, o condutor deverá verificar a existência e as boas condições de funcionamento dos equipamentos de uso obrigatório, bem como assegurar-se da existência de combustível suficiente para chegar ao local de destino.

Art. 28. O condutor deverá, a todo momento, ter domínio de seu veículo, dirigindo-o com atenção e cuidados indispensáveis à segurança do trânsito.

Art. 29. O trânsito de veículos nas vias terrestres abertas à circulação obedecerá às seguintes normas:

I – a circulação far-se-á pelo lado direito da via, admitindo-se as exceções devidamente sinalizadas;

II – o condutor deverá guardar distância de segurança lateral e frontal entre o seu e os demais veículos, bem como em relação ao bordo da pista, considerando-se, no momento, a velocidade e as condições do local, da circulação, do veículo e as condições climáticas;

III – quando veículos, transitando por fluxos que se cruzem, se aproximarem de local não sinalizado, terá preferência de passagem:

a) no caso de apenas um fluxo ser proveniente de rodovia, aquele que estiver circulando por ela;

b) no caso de rotatória, aquele que estiver circulando por ela;

c) nos demais casos, o que vier pela direita do condutor;

IV – quando uma pista de rolamento comportar várias faixas de circulação no mesmo sentido, são as da direita destinadas ao deslocamento dos veículos mais lentos e de maior porte, quando não houver faixa especial a eles destinada, e as da esquerda, destinadas à ultrapassagem e ao deslocamento dos veículos de maior velocidade;

V – o trânsito de veículos sobre passeios, calçadas e nos acostamentos, só poderá ocorrer para que se adentre ou se saia dos imóveis ou áreas especiais de estacionamento;

VI – os veículos precedidos de batedores terão prioridade de passagem, respeitadas as demais normas de circulação;

VII – os veículos destinados a socorro de incêndio e salvamento, os de polícia, os de fiscalização e operação de trânsito e as ambulâncias, além de prioridade de trânsito, gozam de livre circulação, estacionamento e parada, quando em serviço de urgência e devidamente identificados por dispositivos regulamentares de alarme sonoro e iluminação vermelha intermitente, observadas as seguintes disposições:

a) quando os dispositivos estiverem acionados, indicando a proximidade dos veículos, todos os condutores deverão deixar livre a passagem pela faixa da esquerda, indo para a direita da via e parando, se necessário;

b) os pedestres, ao ouvir o alarme sonoro, deverão aguardar no passeio, só atravessando a via quando o veículo já tiver passado pelo local;

c) o uso de dispositivos de alarme sonoro e de iluminação vermelha intermitente só poderá ocorrer quando da efetiva prestação de serviço de urgência;

d) a prioridade de passagem na via e no cruzamento deverá se dar com velocidade reduzida e com os devidos cuidados de segurança, obedecidas as demais normas deste Código;

VIII – os veículos prestadores de serviços de utilidade pública, quando em atendimento na via, gozam de livre parada e estacionamento no local da prestação de serviço, desde que devidamente sinalizados, devendo estar identificados na forma estabelecida pelo Contran;

IX – a ultrapassagem de outro veículo em movimento deverá ser feita pela esquerda, obedecida a sinalização regulamentar e as demais normas estabelecidas neste Código, exceto quando o veículo a ser ultrapassado estiver sinalizando o propósito de entrar à esquerda;

X – todo condutor deverá, antes de efetuar uma ultrapassagem, certificar-se de que:

a) nenhum condutor que venha atrás haja começado uma manobra para ultrapassá-lo;

b) quem o precede na mesma faixa de trânsito não haja indicado o propósito de ultrapassar um terceiro;

c) a faixa de trânsito que vai tomar esteja livre numa extensão suficiente para que sua manobra não ponha em perigo ou obstrua o trânsito que venha em sentido contrário;

XI – todo condutor ao efetuar a ultrapassagem deverá:

a) indicar com antecedência a manobra pretendida, acionando a luz indicadora de direção do veículo ou por meio de gesto convencional de braço;

b) afastar-se do usuário ou usuários aos quais ultrapassa, de tal forma que deixe livre uma distância lateral de segurança;

c) retomar, após a efetivação da manobra, a faixa de trânsito de origem, acionando a luz indicadora de direção do veículo ou fazendo gesto convencional de braço, adotando os cuidados necessários para não pôr em perigo ou obstruir o trânsito dos veículos que ultrapassou;

XII – os veículos que se deslocam sobre trilhos terão preferência de passagem sobre os demais, respeitadas as normas de circulação.

§ 1º As normas de ultrapassagem previstas nas alíneas *a* e *b* do inciso X e *a* e *b* do inciso XI aplicam-se à transposição de faixas, que pode ser realizada tanto pela faixa da esquerda como pela da direita.

§ 2º Respeitadas as normas de circulação e conduta estabelecidas neste artigo, em ordem decrescente, os veículos de maior porte serão sempre responsáveis pela segurança dos menores, os motorizados pelos não motorizados e, juntos, pela incolumidade dos pedestres.

Art. 30. Todo condutor, ao perceber que outro que o segue tem o propósito de ultrapassá-lo, deverá:

I – se estiver circulando pela faixa da esquerda, deslocar-se para a faixa da direita, sem acelerar a marcha;

II – se estiver circulando pelas demais faixas, manter-se naquela na qual está circulando, sem acelerar a marcha.

Parágrafo único. Os veículos mais lentos, quando em fila, deverão manter distância suficiente entre si para permitir que veículos que os ultrapassem possam se intercalar na fila com segurança.

Art. 31. O condutor que tenha o propósito de ultrapassar um veículo de transporte coletivo que esteja parado, efetuando embarque ou desembarque de passageiros, deverá reduzir a velocidade, dirigindo com atenção redobrada ou parar o veículo com vistas à segurança dos pedestres.

Art. 32. O condutor não poderá ultrapassar veículos em vias com duplo sentido de direção e pista única, nos trechos em curvas e em aclives sem visibilidade suficiente, nas passagens de nível, nas pontes e viadutos e nas travessias de pedestres, exceto quando houver sinalização permitindo a ultrapassagem.

Art. 33. Nas interseções e suas proximidades, o condutor não poderá efetuar ultrapassagem.

Art. 34. O condutor que queira executar uma manobra deverá certificar-se de que pode executá-la sem perigo para os demais usuários da via que o seguem, precedem ou vão cruzar com ele, considerando sua posição, sua direção e sua velocidade.

Art. 35. Antes de iniciar qualquer manobra que implique um deslocamento lateral, o condutor deverá indicar seu propósito de forma clara e com a devida antecedência, por meio da luz indicadora de direção de seu veículo, ou fazendo gesto convencional de braço.

Parágrafo único. Entende-se por deslocamento lateral a transposição de faixas, movimentos de conversão à direita, à esquerda e retornos.

Art. 36. O condutor que for ingressar numa via, procedente de um lote lindeiro a essa via, deverá dar preferência aos veículos e pedestres que por ela estejam transitando.

CTB

Art. 37. Nas vias providas de acostamento, a conversão à esquerda e a operação de retorno deverão ser feitas nos locais apropriados e, onde estes não existirem, o condutor deverá aguardar no acostamento, à direita, para cruzar a pista com segurança.

Art. 38. Antes de entrar à direita ou à esquerda, em outra via ou em lotes lindeiros, o condutor deverá:

I – ao sair da via pelo lado direito, aproximar-se o máximo possível do bordo direito da pista e executar sua manobra no menor espaço possível;

II – ao sair da via pelo lado esquerdo, aproximar-se o máximo possível de seu eixo ou da linha divisória da pista, quando houver, caso se trate de uma pista com circulação nos dois sentidos, ou do bordo esquerdo, tratando-se de uma pista de um só sentido.

Parágrafo único. Durante a manobra de mudança de direção, o condutor deverá ceder passagem aos pedestres e ciclistas, aos veículos que transitem em sentido contrário pela pista da via da qual vai sair, respeitadas as normas de preferência de passagem.

Art. 39. Nas vias urbanas, a operação de retorno deverá ser feita nos locais para isto determinados, quer por meio de sinalização, quer pela existência de locais apropriados, ou, ainda, em outros locais que ofereçam condições de segurança e fluidez, observadas as características da via, do veículo, das condições meteorológicas e da movimentação de pedestres e ciclistas.

Art. 40. O uso de luzes em veículo obedecerá às seguintes determinações:

I – o condutor manterá acesos os faróis do veículo, utilizando luz baixa, durante a noite e durante o dia nos túneis providos de iluminação pública;

II – nas vias não iluminadas o condutor deve usar luz alta, exceto ao cruzar com outro veículo ou ao segui-lo;

III – a troca de luz baixa e alta, de forma intermitente e por curto período de tempo, com o objetivo de advertir outros motoristas, só poderá ser utilizada para indicar a intenção de ultrapassar o veículo que segue à frente ou para indicar a existência de risco à segurança para os veículos que circulam no sentido contrário;

IV – o condutor manterá acesas pelo menos as luzes de posição do veículo quando sob chuva forte, neblina ou cerração;

V – o condutor utilizará o pisca- alerta nas seguintes situações:

a) em imobilizações ou situações de emergência;

b) quando a regulamentação da via assim o determinar;

VI – durante a noite, em circulação, o condutor manterá acesa a luz de placa;

VII – o condutor manterá acesas, à noite, as luzes de posição quando o veículo estiver parado para fins de embarque ou desembarque de passageiros e carga ou descarga de mercadorias.

Parágrafo único. Os veículos de transporte coletivo regular de passageiros, quando circularem em faixas próprias a eles destinadas, e os ciclos motorizados deverão utilizar-se de farol de luz baixa durante o dia e a noite.

Art. 41. O condutor de veículo só poderá fazer uso de buzina, desde que em toque breve, nas seguintes situações:

I – para fazer as advertências necessárias a fim de evitar acidentes;

II – fora das áreas urbanas, quando for conveniente advertir a um condutor que se tem o propósito de ultrapassá-lo.

Art. 42. Nenhum condutor deverá frear bruscamente seu veículo, salvo por razões de segurança.

Art. 43. Ao regular a velocidade, o condutor deverá observar constantemente as condições físicas da via, do veículo e da carga, as condições meteorológicas e a intensidade do trânsito, obedecendo aos limites máximos de velocidade estabelecidos para a via, além de:

I – não obstruir a marcha normal dos demais veículos em circulação sem causa justificada, transitando a uma velocidade anormalmente reduzida;

II – sempre que quiser diminuir a velocidade de seu veículo deverá antes certificar-se de que pode fazê-lo sem risco nem inconvenientes para os outros condutores, a não ser que haja perigo iminente;

III – indicar, de forma clara, com a antecedência necessária e a sinalização devida, a manobra de redução de velocidade.

Art. 44. Ao aproximar-se de qualquer tipo de cruzamento, o condutor do veículo deve demonstrar prudência especial, transitando em velocidade moderada, de forma que possa deter seu veículo com segurança para dar passagem a pedestre e a veículos que tenham o direito de preferência.

Art. 45. Mesmo que a indicação luminosa do semáforo lhe seja favorável, nenhum condutor pode entrar em uma interseção se houver possibilidade de ser obrigado a imobilizar o veículo na área do cruzamento, obstruindo ou impedindo a passagem do trânsito transversal.

Art. 46. Sempre que for necessária a imobilização temporária de um veículo no leito viário, em situação de emergência, deverá ser providenciada a imediata sinalização de advertência, na forma estabelecida pelo Contran.

Art. 47. Quando proibido o estacionamento na via, a parada deverá restringir-se ao tempo indispensável para embarque ou desembarque de passageiros, desde que não interrompa ou perturbe o fluxo de veículos ou a locomoção de pedestres.

Parágrafo único. A operação de carga ou descarga será regulamentada pelo órgão ou entidade com circunscrição sobre a via e é considerada estacionamento.

Art. 48. Nas paradas, operações de carga ou descarga e nos estacionamentos, o veículo deverá ser posicionado no sentido do fluxo, paralelo ao bordo da pista de rolamento e junto à guia da calçada (meio-fio), admitidas as exceções devidamente sinalizadas.

§ 1º Nas vias providas de acostamento, os veículos parados, estacionados ou em operação de carga ou descarga deverão estar situados fora da pista de rolamento.

§ 2º O estacionamento dos veículos motorizados de duas rodas será feito em posição perpendicular à guia da calçada (meio-fio) e junto a ela, salvo quando houver sinalização que determine outra condição.

§ 3º O estacionamento dos veículos sem abandono do condutor poderá ser feito somente nos locais previstos neste Código ou naqueles regulamentados por sinalização específica.

Art. 49. O condutor e os passageiros não deverão abrir a porta do veículo, deixá-la aberta ou descer do veículo sem antes se certificarem de que isso não constitui perigo para eles e para outros usuários da via.

Parágrafo único. O embarque e o desembarque devem ocorrer sempre do lado da calçada, exceto para o condutor.

Art. 50. O uso de faixas laterais de domínio e das áreas adjacentes às estradas e rodovias obedecerá às condições de segurança do trânsito estabelecidas pelo órgão ou entidade com circunscrição sobre a via.

Art. 51. Nas vias internas pertencentes a condomínios constituídos por unidades autônomas, a sinalização de regulamentação da via será implantada e mantida às expensas do condomínio, após aprovação dos projetos pelo órgão ou entidade com circunscrição sobre a via.

Art. 52. Os veículos de tração animal serão conduzidos pela direita da pista, junto à guia da calçada (meio-fio) ou acostamento, sempre que não houver faixa especial a eles destinada, devendo seus condutores obedecer, no que couber, às normas de circulação previstas neste Código e às que vierem a ser fixadas pelo órgão ou entidade com circunscrição sobre a via.

Art. 53. Os animais isolados ou em grupos só podem circular nas vias quando conduzidos por um guia, observado o seguinte:

I – para facilitar os deslocamentos, os rebanhos deverão ser divididos em grupos de tamanho moderado e separados uns dos outros por espaços suficientes para não obstruir o trânsito;

II – os animais que circularem pela pista de rolamento deverão ser mantidos junto ao bordo da pista.

Art. 54. Os condutores de motocicletas, motonetas e ciclomotores só poderão circular nas vias:

I – utilizando capacete de segurança, com viseira ou óculos protetores;

II – segurando o guidom com as duas mãos;

III – usando vestuário de proteção, de acordo com as especificações do Contran.

Art. 55. Os passageiros de motocicletas, motonetas e ciclomotores só poderão ser transportados:

I – utilizando capacete de segurança;

II – em carro lateral acoplado aos veículos ou em assento suplementar atrás do condutor;

III – usando vestuário de proteção, de acordo com as especificações do Contran.

Art. 56. (*Vetado*).

Art. 57. Os ciclomotores devem ser conduzidos pela direita da pista de rolamento, preferencialmente no centro da faixa mais à direita ou no bordo direito da pista sempre que não houver acostamento ou faixa própria a eles destinada, proibida a sua circulação nas vias de trânsito rápido e sobre as calçadas das vias urbanas.

Parágrafo único. Quando uma via comportar duas ou mais faixas de trânsito e a da direita for destinada ao uso exclusivo de outro tipo de veículo, os ciclomotores deverão circular pela faixa adjacente à da direita.

Art. 58. Nas vias urbanas e nas rurais de pista dupla, a circulação de bicicletas deverá ocorrer, quando não houver ciclovia, ciclo-faixa, ou acostamento, ou quando não for possível a utilização destes, nos bordos da pista de rolamento, no mesmo sentido de circulação regulamentado para a via, com preferência sobre os veículos automotores.

Parágrafo único. A autoridade de trânsito com circunscrição sobre a via poderá autorizar a circulação de bicicletas no sentido contrário ao fluxo dos veículos automotores, desde que dotado o trecho com ciclo-faixa.

Art. 59. Desde que autorizado e devidamente sinalizado pelo órgão ou entidade com circunscrição sobre a via, será permitida a circulação de bicicletas nos passeios.

Art. 60. As vias abertas à circulação, de acordo com sua utilização, classificam-se em:

I – vias urbanas:

a) via de trânsito rápido;

b) via arterial;

c) via coletora;

d) via local;

II – vias rurais:

a) rodovias;

b) estradas.

Art. 61. A velocidade máxima permitida para a via será indicada por meio de sinalização, obedecidas suas características técnicas e as condições de trânsito.

§ 1º Onde não existir sinalização regulamentadora, a velocidade máxima será de:

I – nas vias urbanas:

a) oitenta quilômetros por hora, nas vias de trânsito rápido;

b) sessenta quilômetros por hora, nas vias arteriais;

c) quarenta quilômetros por hora, nas vias coletoras;

d) trinta quilômetros por hora, nas vias locais;

II – nas vias rurais:

a) nas rodovias:

1) 110 (cento e dez) quilômetros por hora para automóveis, camionetas e motocicletas;

→ Item 1 com redação alterada pela Lei 10.830/2003.

2) noventa quilômetros por hora, para ônibus e micro-ônibus;

3) oitenta quilômetros por hora, para os demais veículos;

b) nas estradas, sessenta quilômetros por hora.

§ 2º O órgão ou entidade de trânsito ou rodoviário com circunscrição sobre a via poderá regulamentar, por meio de sinalização, velocidades superiores ou inferiores àquelas estabelecidas no parágrafo anterior.

Art. 62. A velocidade mínima não poderá ser inferior à metade da velocidade máxima estabelecida, respeitadas as condições operacionais de trânsito e da via.

Art. 63. (*Vetado*).

Art. 64. As crianças com idade inferior a 10 (dez) anos devem ser transportadas nos bancos traseiros, salvo exceções regulamentadas pelo Contran.

Art. 65. É obrigatório o uso do cinto de segurança para condutor e passageiros em todas as vias do território nacional, salvo em situações regulamentadas pelo Contran.

Art. 66. (*Vetado*).

Art. 67. As provas ou competições desportivas, inclusive seus ensaios, em via aberta à circulação, só poderão ser realizadas mediante prévia permissão da autoridade de trânsito com circunscrição sobre a via e dependerão de:

I – autorização expressa da respectiva confederação desportiva ou de entidades estaduais a ela filiadas;

II – caução ou fiança para cobrir possíveis danos materiais à via;

III – contrato de seguro contra riscos e acidentes em favor de terceiros;

IV – prévio recolhimento do valor correspondente aos custos operacionais em que o órgão ou entidade permissionária incorrerá.

Parágrafo único. A autoridade com circunscrição sobre a via arbitrará os valores mínimos da caução ou fiança e do contrato de seguro.

Capítulo III-A
DA CONDUÇÃO DE VEÍCULOS POR MOTORISTAS PROFISSIONAIS

→ Capítulo acrescentado pela Lei 12.619/2012.

→ *V.* Lei 13.103/2015 – Lei do motorista profissional.

→ *V.* Decreto 8.433/2015 – Regulamenta dispositivos da Lei 13.103/2015.

Art. 67-A. O disposto neste Capítulo aplica-se aos motoristas profissionais:

→ *Caput* com redação alterada pela Lei 13.103/2015.

I – de transporte rodoviário coletivo de passageiros;

→ Inciso I acrescentado pela Lei 13.103/2015.

II – de transporte rodoviário de cargas.

→ Inciso II acrescentado pela Lei 13.103/2015.

§§ 1º a 7º (*Revogados pela Lei 13.103/2015*).

§ 8º (*Vetado*).

→ § 8º acrescentado pela Lei 12.619/2012.

Art. 67-B. (*Vetado*).

→ Artigo acrescentado pela Lei 12.619/2012.

Art. 67-C. É vedado ao motorista profissional dirigir por mais de 5 (cinco) horas e meia ininterruptas veículos de transporte rodoviário coletivo de passageiros ou de transporte rodoviário de cargas.

→ *Caput* com redação alterada pela Lei 13.103/2015.

§ 1º Serão observados 30 (trinta) minutos para descanso dentro de cada 6 (seis) horas na condução de veículo de transporte de carga, sendo facultado o seu fracionamento e o do tempo de direção desde que não ultrapassadas 5 (cinco) horas e meia contínuas no exercício da condução.

→ § 1º acrescentado pela Lei 13.103/2015.

§ 1º-A. Serão observados 30 (trinta) minutos para descanso a cada 4 (quatro) horas na condução de veículo rodoviário de passageiros, sendo facultado o seu fracionamento e o do tempo de direção.

→ § 1º-A acrescentado pela Lei 13.103/2015.

§ 2º Em situações excepcionais de inobservância justificada do tempo de direção, devidamente registradas, o tempo de direção poderá ser elevado pelo período necessário para que o condutor, o veículo e a carga cheguem a um lugar que ofereça a segurança e o atendimento demandados, desde que não haja comprometimento da segurança rodoviária.

→ § 2º acrescentado pela Lei 13.103/2015.

§ 3º O condutor é obrigado, dentro do período de 24 (vinte e quatro) horas, a observar o mínimo de 11 (onze) horas de descanso, que podem ser fracionadas, usufruídas no veículo e coincidir com os intervalos mencionados no § 1º, observadas no primeiro período 8 (oito) horas ininterruptas de descanso.

→ § 3º acrescentado pela Lei 13.103/2015.

§ 4º Entende-se como tempo de direção ou de condução apenas o período em que o condutor estiver efetivamente ao volante, em curso entre a origem e o destino.

→ § 4º acrescentado pela Lei 13.103/2015.

§ 5º Entende-se como início de viagem a partida do veículo na ida ou no retorno, com ou sem carga, considerando-se como sua continuação as partidas nos dias subsequentes até o destino.

→ § 5º acrescentado pela Lei 13.103/2015.

§ 6º O condutor somente iniciará uma viagem após o cumprimento integral do intervalo de descanso previsto no § 3º deste artigo.

→ § 6º acrescentado pela Lei 13.103/2015.

§ 7º Nenhum transportador de cargas ou coletivo de passageiros, embarcador, consignatário de cargas, operador de terminais de carga, operador de transporte multimodal de cargas ou agente de cargas ordenará a qualquer motorista a seu serviço, ainda que subcontratado, que conduza veículo referido no caput sem a observância do disposto no § 6º.

→ § 7º acrescentado pela Lei 13.103/2015.

Art. 67-D. (*Vetado*).

→ Artigo acrescentado pela Lei 12.619/2012.

Art. 67-E. O motorista profissional é responsável por controlar e registrar o tempo de condução estipulado no art. 67-C, com vistas à sua estrita observância.

→ Artigo acrescentado pela Lei 13.103/2015.

§ 1º A não observância dos períodos de descanso estabelecidos no art. 67-C sujeitará o motorista profissional às penalidades daí decorrentes, previstas neste Código.

§ 2º O tempo de direção será controlado mediante registrador instantâneo inalterável de velocidade e tempo e, ou por meio de anotação em diário de bordo, ou papeleta ou ficha de trabalho externo, ou por meios eletrônicos instalados no veículo, conforme norma do Contran.

§ 3º O equipamento eletrônico ou registrador deverá funcionar de forma independente de qualquer interferência do condutor, quanto aos dados registrados.

§ 4º A guarda, a preservação e a exatidão das informações contidas no equipamento registrador instantâneo inalterável de velocidade e de tempo são de responsabilidade do condutor.

Capítulo IV
DOS PEDESTRES E CONDUTORES DE VEÍCULOS NÃO MOTORIZADOS

Art. 68. É assegurada ao pedestre a utilização dos passeios ou passagens apropriadas das vias urbanas e dos acostamentos das vias rurais para circulação, podendo a autoridade competente permitir a utilização de parte da calçada para outros fins, desde que não seja prejudicial ao fluxo de pedestres.

§ 1º O ciclista desmontado empurrando a bicicleta equipara-se ao pedestre em direitos e deveres.

§ 2º Nas áreas urbanas, quando não houver passeios ou quando não for possível a utilização destes, a circulação de pedestres na pista de rolamento será feita com prioridade sobre os veículos, pelos bordos da pista, em fila única, exceto em locais proibidos pela sinalização e nas situações em que a segurança ficar comprometida.

§ 3º Nas vias rurais, quando não houver acostamento ou quando não for possível a utilização dele, a circulação de pedestres, na pista de rolamento, será feita com prioridade sobre os veículos, pelos bordos da pista, em fila única, em sentido contrário ao deslocamento de veículos, exceto em locais proibidos pela sinalização e nas situações em que a segurança ficar comprometida.

§ 4º (*Vetado*).

§ 5º Nos trechos urbanos de vias rurais e nas obras de arte a serem construídas, deverá ser previsto passeio destinado à circulação dos pedestres, que não deverão, nessas condições, usar o acostamento.

§ 6º Onde houver obstrução da calçada ou da passagem para pedestres, o órgão ou entidade com circunscrição sobre a via deverá assegurar a devida sinalização e proteção para circulação de pedestres.

Art. 69. Para cruzar a pista de rolamento o pedestre tomará precauções de segurança, levando em conta, principalmente, a visibilidade, a distância e a velocidade dos veículos, utilizando sempre as faixas ou passagens a ele destinadas sempre que estas existirem numa distância de até cinquenta metros dele, observadas as seguintes disposições:

I – onde não houver faixa ou passagem, o cruzamento da via deverá ser feito em sentido perpendicular ao de seu eixo;

II – para atravessar uma passagem sinalizada para pedestres ou delimitada por marcas sobre a pista:

a) onde houver foco de pedestres, obedecer às indicações das luzes;

b) onde não houver foco de pedestres, aguardar que o semáforo ou o agente de trânsito interrompa o fluxo de veículos;

III – nas interseções e em suas proximidades, onde não existam faixas de travessia, os pedestres devem atravessar a via na continuação da calçada, observadas as seguintes normas:

a) não deverão adentrar na pista sem antes se certificar de que podem fazê-lo sem obstruir o trânsito de veículos;

b) uma vez iniciada a travessia de uma pista, os pedestres não deverão aumentar o seu percurso, demorar-se ou parar sobre ela sem necessidade.

Art. 70. Os pedestres que estiverem atravessando a via sobre as faixas delimitadas para esse fim terão prioridade de passagem, exceto nos locais com sinalização semafórica, onde deverão ser respeitadas as disposições deste Código.

Parágrafo único. Nos locais em que houver sinalização semafórica de controle de passagem será dada preferência aos pedestres que não tenham concluído a travessia, mesmo em caso de mudança do semáforo liberando a passagem dos veículos.

Art. 71. O órgão ou entidade com circunscrição sobre a via manterá, obrigatoriamente, as faixas e passagens de pedestres em boas condições de visibilidade, higiene, segurança e sinalização.

Capítulo V
DO CIDADÃO

Art. 72. Todo cidadão ou entidade civil tem o direito de solicitar, por escrito, aos órgãos ou entidades do Sistema Nacional de Trânsito, sinalização, fiscalização e implantação de equipamentos de segurança, bem como sugerir alterações em normas, legislação e outros assuntos pertinentes a este Código.

Art. 73. Os órgãos ou entidades pertencentes ao Sistema Nacional de Trânsito têm o dever de analisar as solicitações e responder, por escrito, dentro de prazos mínimos, sobre a possibilidade ou não de atendimento, esclarecendo ou justificando a análise efetuada, e, se pertinente, informando ao solicitante quando tal evento ocorrerá.

Parágrafo único. As campanhas de trânsito devem esclarecer quais as atribuições dos órgãos e entidades pertencentes ao Sistema Nacional de Trânsito e como proceder a tais solicitações.

Capítulo VI
DA EDUCAÇÃO PARA O TRÂNSITO

Art. 74. A educação para o trânsito é direito de todos e constitui dever prioritário para os componentes do Sistema Nacional de Trânsito.

§ 1º É obrigatória a existência de coordenação educacional em cada órgão ou entidade componente do Sistema Nacional de Trânsito.

§ 2º Os órgãos ou entidades executivos de trânsito deverão promover, dentro de sua estrutura organizacional ou mediante convênio, o funcionamento de Escolas Públicas de Trânsito, nos moldes e padrões estabelecidos pelo Contran.

Art. 75. O Contran estabelecerá, anualmente, os temas e os cronogramas das campanhas de âmbito nacional que deverão ser promovidas por todos os órgãos ou entidades do Sistema Nacional de Trânsito, em especial nos períodos referentes às férias escolares, feriados prolongados e à Semana Nacional de Trânsito.

§ 1º Os órgãos ou entidades do Sistema Nacional de Trânsito deverão promover outras campanhas no âmbito de sua circunscrição e de acordo com as peculiaridades locais.

§ 2º As campanhas de que trata este artigo são de caráter permanente, e os serviços de rádio e difusão sonora de sons e imagens explorados pelo poder público são obrigados a difundi-las gratuitamente, com a frequência recomendada pelos órgãos competentes do Sistema Nacional de Trânsito.

Art. 76. A educação para o trânsito será promovida na pré-escola e nas escolas de 1º, 2º e 3º graus, por meio de planejamento e ações coordenadas entre os órgãos e entidades do Sistema Nacional de Trânsito e de Educação, da União, dos Estados, do Distrito Federal e dos Municípios, nas respectivas áreas de atuação.

Parágrafo único. Para a finalidade prevista neste artigo, o Ministério da Educação e do Desporto, mediante proposta do Contran e do Conselho de Reitores das Universidades Brasileiras, diretamente ou mediante convênio, promoverá:

I – a adoção, em todos os níveis de ensino, de um currículo interdisciplinar com conteúdo programático sobre segurança de trânsito;

II – a adoção de conteúdos relativos à educação para o trânsito nas escolas de formação para o magistério e o treinamento de professores e multiplicadores;

III – a criação de corpos técnicos interprofissionais para levantamento e análise de dados estatísticos relativos ao trânsito;

IV – a elaboração de planos de redução de acidentes de trânsito junto aos núcleos interdisciplinares universitários de trânsito, com vistas à integração universidades-sociedade na área de trânsito.

Art. 77. No âmbito da educação para o trânsito caberá ao Ministério da Saúde, mediante proposta do Contran, estabelecer campanha nacional esclarecendo condutas a serem seguidas nos primeiros socorros em caso de acidente de trânsito.

Parágrafo único. As campanhas terão caráter permanente por intermédio do Sistema Único de Saúde – SUS, sendo intensificadas nos períodos e na forma estabelecidos no art. 76.

Art. 77-A. São assegurados aos órgãos ou entidades componentes do Sistema Nacional de Trânsito os mecanismos instituídos nos arts. 77-B a 77-E para a veiculação de mensagens educativas de trânsito em todo o território nacional, em caráter suplementar às campanhas previstas nos arts. 75 e 77.

→ Artigo acrescentado pela Lei 12.006/2009.

Art. 77-B. Toda peça publicitária destinada à divulgação ou promoção, nos meios de comunicação social, de produto oriundo da indústria automobilística ou afim, incluirá, obrigatoriamente, mensagem educativa de trânsito a ser conjuntamente veiculada.

→ Artigo acrescentado pela Lei 12.006/2009.

§ 1º Para os efeitos dos arts. 77-A a 77-E, consideram-se produtos oriundos da indústria automobilística ou afins:

I – os veículos rodoviários automotores de qualquer espécie, incluídos os de passageiros e os de carga;

II – os componentes, as peças e os acessórios utilizados nos veículos mencionados no inciso I.

§ 2º O disposto no *caput* deste artigo aplica-se à propaganda de natureza comercial, veiculada por iniciativa do fabricante do produto, em qualquer das seguintes modalidades:

I – rádio;

II – televisão;

III – jornal;

IV – revista;

V – *outdoor*.

§ 3º Para efeito do disposto no § 2º, equiparam-se ao fabricante o montador, o encarroçador, o importador e o revendedor autorizado dos veículos e demais produtos discriminados no § 1º deste artigo.

Art. 77-C. Quando se tratar de publicidade veiculada em *outdoor* instalado à margem de rodovia, dentro ou fora da respectiva faixa de domínio, a obrigação prevista no art. 77-B estende-se à propaganda de qualquer tipo de produto e anunciante, inclusive àquela de caráter institucional ou eleitoral.

→ Artigo acrescentado pela Lei 12.006/2009.

Art. 77-D. O Conselho Nacional de Trânsito (Contran) especificará o conteúdo e o padrão de apresentação das mensagens, bem como os procedimentos envolvidos na respectiva veiculação, em conformidade com as diretrizes fixadas para as campanhas educativas de trânsito a que se refere o art. 75.

→ Artigo acrescentado pela Lei 12.006/2009.

Art. 77-E. A veiculação de publicidade feita em desacordo com as condições fixadas nos arts. 77-A a 77-D constitui infração punível com as seguintes sanções:

→ Artigo acrescentado pela Lei 12.006/2009.

I – advertência por escrito;

II – suspensão, nos veículos de divulgação da publicidade, de qualquer outra propaganda do produto, pelo prazo de até 60 (sessenta) dias;

III – multa de 1.000 (um mil) a 5.000 (cinco mil) vezes o valor da Unidade Fiscal de Referência (Ufir), ou unidade que a substituir, cobrada do dobro até o quíntuplo, em caso de reincidência.

§ 1º As sanções serão aplicadas isolada ou cumulativamente, conforme dispuser o regulamento.

§ 2º Sem prejuízo do disposto no *caput* deste artigo, qualquer infração acarretará a imediata suspensão da veiculação da peça publicitária até que sejam cumpridas as exigências fixadas nos arts. 77-A a 77-D.

Art. 78. Os Ministérios da Saúde, da Educação e do Desporto, do Trabalho, dos Transportes e da Justiça, por intermédio do Contran, desenvolverão e implementarão programas destinados à prevenção de acidentes.

Parágrafo único. O percentual de 10% (dez por cento) do total dos valores arrecadados destinados à Previdência Social, do Prêmio do Seguro Obrigatório de Danos Pessoais causados por Veículos Automotores de Via Terrestre – DPVAT, de que trata a Lei 6.194, de 19 de dezembro de 1974, serão repassados mensalmente ao Coordenador do Sistema Nacional de Trânsito para aplicação exclusiva em programas de que trata este artigo.

Art. 79. Os órgãos e entidades executivos de trânsito poderão firmar convênio com os órgãos de educação da União, dos Estados, do Distrito Federal e dos Municípios, objetivando o cumprimento das obrigações estabelecidas neste capítulo.

Capítulo VII
DA SINALIZAÇÃO DE TRÂNSITO

Art. 80. Sempre que necessário, será colocada ao longo da via, sinalização prevista neste Código e em legislação complementar, destinada a condutores e pedestres, vedada a utilização de qualquer outra.

§ 1º A sinalização será colocada em posição e condições que a tornem perfeitamente visível e legível durante o dia e a noite, em distância compatível com a segurança do trânsito, conforme normas e especificações do Contran.

§ 2º O Contran poderá autorizar, em caráter experimental e por período prefixado, a utilização de sinalização não prevista neste Código.

Art. 81. Nas vias públicas e nos imóveis é proibido colocar luzes, publicidade, inscrições, vegetação e mobiliário que possam gerar confusão, interferir na visibilidade da sinalização e comprometer a segurança do trânsito.

Art. 82. É proibido afixar sobre a sinalização de trânsito e respectivos suportes, ou junto a ambos, qualquer tipo de publicidade, inscrições, legendas e símbolos que não se relacionem com a mensagem da sinalização.

Art. 83. A afixação de publicidade ou de quaisquer legendas ou símbolos ao longo das vias condiciona-se à prévia aprovação do órgão ou entidade com circunscrição sobre a via.

Art. 84. O órgão ou entidade de trânsito com circunscrição sobre a via poderá retirar ou determinar a imediata retirada de qualquer elemento que prejudique a visibilidade da sinalização viária e a segurança do trânsito, com ônus para quem o tenha colocado.

Art. 85. Os locais destinados pelo órgão ou entidade de trânsito com circunscrição sobre a via à travessia de pedestres deverão ser sinalizados com faixas pintadas ou demarcadas no leito da via.

Art. 86. Os locais destinados a postos de gasolina, oficinas, estacionamentos ou garagens de uso coletivo deverão ter suas entradas e saídas devidamente identificadas, na forma regulamentada pelo Contran.

Art. 86-A. As vagas de estacionamento regulamentado de que trata o inciso XVII do art. 181 desta Lei deverão ser sinalizadas com as respectivas placas indicativas de destinação e com placas informando os dados sobre a infração por estacionamento indevido.

→ Artigo acrescentado pela Lei 13.146/2015, em vigor após decorridos 180 (cento e oitenta) dias de sua publicação oficial - *D.O.U.* de 7.7.2015.

Art. 87. Os sinais de trânsito classificam-se em:

I – verticais;

II – horizontais;

III – dispositivos de sinalização auxiliar;

IV – luminosos;

V – sonoros;

VI – gestos do agente de trânsito e do condutor.

Art. 88. Nenhuma via pavimentada poderá ser entregue após sua construção, ou reaberta ao trânsito após a realização de obras ou de manutenção, enquanto não estiver devidamente sinalizada, vertical e horizontalmente, de forma a garantir as condições adequadas de segurança na circulação.

Parágrafo único. Nas vias ou trechos de vias em obras deverá ser afixada sinalização específica e adequada.

Art. 89. A sinalização terá a seguinte ordem de prevalência:

I – as ordens do agente de trânsito sobre as normas de circulação e outros sinais;

II – as indicações do semáforo sobre os demais sinais;

III – as indicações dos sinais sobre as demais normas de trânsito.

Art. 90. Não serão aplicadas as sanções previstas neste Código por inobservância à sinalização quando esta for insuficiente ou incorreta.

§ 1º O órgão ou entidade de trânsito com circunscrição sobre a via é responsável pela implantação da sinalização, respondendo pela sua falta, insuficiência ou incorreta colocação.

§ 2º O Contran editará normas complementares no que se refere à interpretação, colocação e uso da sinalização.

Capítulo VIII
DA ENGENHARIA DE TRÁFEGO, DA OPERAÇÃO, DA FISCALIZAÇÃO E DO POLICIAMENTO OSTENSIVO DE TRÂNSITO

Art. 91. O Contran estabelecerá as normas e regulamentos a serem adotados em todo o território nacional quando da implementação das soluções adotadas pela Engenharia de Tráfego, assim como padrões a serem praticados por todos os órgãos e entidades do Sistema Nacional de Trânsito.

Art. 92. (*Vetado*).

Art. 93. Nenhum projeto de edificação que possa transformar-se em polo atrativo de trânsito poderá ser aprovado sem prévia anuência do órgão ou entidade com circunscrição sobre a via e sem que do projeto conste área para estacionamento e indicação das vias de acesso adequadas.

Art. 94. Qualquer obstáculo à livre circulação e à segurança de veículos e pedestres, tanto na via quanto na calçada, caso não possa ser retirado, deve ser devida e imediatamente sinalizado.

Parágrafo único. É proibida a utilização das ondulações transversais e de sonorizadores como redutores de velocidade, salvo em casos especiais definidos pelo órgão ou entidade competente, nos padrões e critérios estabelecidos pelo Contran.

Art. 95. Nenhuma obra ou evento que possa perturbar ou interromper a livre circulação de veículos e pedestres, ou colocar em risco sua segurança, será iniciada sem permissão prévia do órgão ou entidade de trânsito com circunscrição sobre a via.

§ 1º A obrigação de sinalizar é do responsável pela execução ou manutenção da obra ou do evento.

§ 2º Salvo em casos de emergência, a autoridade de trânsito com circunscrição sobre a via avisará a comunidade, por intermédio dos meios de comunicação social, com 48 (quarenta e oito) horas de antecedência, de qualquer interdição da via, indicando-se os caminhos alternativos a serem utilizados.

§ 3º A inobservância do disposto neste artigo será punida com multa que varia entre cinquenta e trezentas Ufir, independentemente das cominações cíveis e penais cabíveis.

§ 4º Ao servidor público responsável pela inobservância de qualquer das normas previstas neste e nos arts. 93 e 94, a autoridade de trânsito aplicará multa diária na base de 50% (cinquenta por cento) do dia de vencimento ou remuneração devida enquanto permanecer a irregularidade.

Capítulo IX
DOS VEÍCULOS

Seção I
Disposições Gerais

Art. 96. Os veículos classificam-se em:

I – quanto à tração:

a) automotor;

b) elétrico;

c) de propulsão humana;

d) de tração animal;

e) reboque ou semirreboque;

II – quanto à espécie:

a) de passageiros:

1 – bicicleta;

2 – ciclomotor;

3 – motoneta;

4 – motocicleta;

5 – triciclo;

6 – quadriciclo;

7 – automóvel;

8 – micro-ônibus;

9 – ônibus;

10 – bonde;

11 – reboque ou semirreboque;

12 – charrete;

b) de carga:

1 – motoneta;

2 – motocicleta;

3 – triciclo;

4 – quadriciclo;

5 – caminhonete;

6 – caminhão;

7 – reboque ou semirreboque;

8 – carroça;

9 – carro de mão;

c) misto:

1 – camioneta;

2 – utilitário;

3 – outros;

d) de competição;

e) de tração:

1 – caminhão-trator;

2 – trator de rodas;

3 – trator de esteiras;

4 – trator misto;

f) especial;

g) de coleção;

III – quanto à categoria:

a) oficial;

b) de representação diplomática, de repartições consulares de carreira ou organismos internacionais acreditados junto ao Governo brasileiro;

c) particular;

d) de aluguel;

e) de aprendizagem.

Art. 97. As características dos veículos, suas especificações básicas, configuração e condições essenciais para registro, licenciamento e circulação serão estabelecidas pelo Contran, em função de suas aplicações.

Art. 98. Nenhum proprietário ou responsável poderá, sem prévia autorização da autoridade competente, fazer ou ordenar que sejam feitas no veículo modificações de suas características de fábrica.

Parágrafo único. Os veículos e motores novos ou usados que sofrerem alterações ou conversões são obrigados a atender aos mesmos limites e exigências de emissão de poluentes e ruído previstos pelos órgãos ambientais competentes e pelo Contran, cabendo à entidade executora das modificações e ao proprietário do veículo a responsabilidade pelo cumprimento das exigências.

Art. 99. Somente poderá transitar pelas vias terrestres o veículo cujo peso e dimensões atenderem aos limites estabelecidos pelo Contran.

§ 1º O excesso de peso será aferido por equipamento de pesagem ou pela verificação de documento fiscal, na forma estabelecida pelo Contran.

§ 2º Será tolerado um percentual sobre os limites de peso bruto total e peso bruto transmitido por eixo de veículos à superfície das vias, quando aferido por equipamento, na forma estabelecida pelo Contran.

§ 3º Os equipamentos fixos ou móveis utilizados na pesagem de veículos serão aferidos de acordo com a metodologia e na periodicidade estabelecidas pelo Contran, ouvido o órgão ou entidade de metrologia legal.

Art. 100. Nenhum veículo ou combinação de veículos poderá transitar com lotação de passageiros, com peso bruto total, ou com peso bruto total combinado com peso por eixo, superior ao fixado pelo fabricante, nem ultrapassar a capacidade máxima de tração da unidade tratora.

Parágrafo único. O Contran regulamentará o uso de pneus extralargos, definindo seus limites de peso.

Art. 101. Ao veículo ou combinação de veículos utilizado no transporte de carga indivisível, que não se enquadre nos limites de peso e dimensões estabelecidos pelo Contran, poderá ser concedida, pela autoridade com circunscrição sobre a via, autorização especial de trânsito, com prazo certo, válida para cada viagem, atendidas as medidas de segurança consideradas necessárias.

§ 1º A autorização será concedida mediante requerimento que especificará as características do veículo ou combinação de veículos e de carga, o percurso, a data e o horário do deslocamento inicial.

§ 2º A autorização não exime o beneficiário da responsabilidade por eventuais danos que o veículo ou a combinação de veículos causar à via ou a terceiros.

§ 3º Aos guindastes autopropelidos ou sobre caminhões poderá ser concedida, pela autoridade com circunscrição sobre a via, autorização especial de trânsito, com prazo de 6 (seis) meses, atendidas as medidas de segurança consideradas necessárias.

Art. 102. O veículo de carga deverá estar devidamente equipado quando transitar, de modo a evitar o derramamento da carga sobre a via.

Parágrafo único. O Contran fixará os requisitos mínimos e a forma de proteção das cargas de que trata este artigo, de acordo com a sua natureza.

Seção II
Da Segurança dos Veículos

Art. 103. O veículo só poderá transitar pela via quando atendidos os requisitos e condições de segurança estabelecidos neste Código e em normas do Contran.

§ 1º Os fabricantes, os importadores, os montadores e os encarroçadores de veículos deverão emitir certificado de segurança, indispensável ao cadastramento no Renavam, nas condições estabelecidas pelo Contran.

§ 2º O Contran deverá especificar os procedimentos e a periodicidade para que os fabricantes, os importadores, os montadores e os encarroçadores comprovem o atendimento aos requisitos de segurança veicular, devendo, para isso, manter disponíveis a qualquer tempo os resultados dos testes e ensaios dos sistemas e componentes abrangidos pela legislação de segurança veicular.

Art. 104. Os veículos em circulação terão suas condições de segurança, de controle de emissão de gases poluentes e de ruído avaliadas mediante inspeção, que será obrigatória, na forma e periodicidade estabelecidas pelo Contran para os itens de segurança e pelo Conama para emissão de gases poluentes e ruído.

§ 1º (*Vetado*).

§ 2º (*Vetado*).

§ 3º (*Vetado*).

§ 4º (*Vetado*).

§ 5º Será aplicada a medida administrativa de retenção aos veículos reprovados na inspeção de segurança e na de emissão de gases poluentes e ruído.

Art. 105. São equipamentos obrigatórios dos veículos, entre outros a serem estabelecidos pelo Contran:

I – cinto de segurança, conforme regulamentação específica do Contran, com exceção dos veículos destinados ao transporte de passageiros em percursos em que seja permitido viajar em pé;

II – para os veículos de transporte e de condução escolar, os de transporte de passageiros com mais de 10 (dez) lugares e os de carga com peso bruto total superior a quatro mil, quinhentos e trinta e seis quilogramas, equipamento registrador instantâneo inalterável de velocidade e tempo;

III – encosto de cabeça, para todos os tipos de veículos automotores, segundo normas estabelecidas pelo Contran;

IV – (*Vetado*).

V – dispositivo destinado ao controle de emissão de gases poluentes e de ruído, segundo normas estabelecidas pelo Contran;

VI – para as bicicletas, a campainha, sinalização noturna dianteira, traseira, lateral e nos pedais, e espelho retrovisor do lado esquerdo.

VII – equipamento suplementar de retenção – *air bag* frontal para o condutor e o passageiro do banco dianteiro.

→ Inciso VII acrescentado pela Lei 11.910/2009.

§ 1º O Contran disciplinará o uso dos equipamentos obrigatórios dos veículos e determinará suas especificações técnicas.

§ 2º Nenhum veículo poderá transitar com equipamento ou acessório proibido, sendo o infrator sujeito às penalidades e medidas administrativas previstas neste Código.

§ 3º Os fabricantes, os importadores, os montadores, os encarroçadores de veículos e os revendedores devem comercializar os seus veículos com os equipamentos obrigatórios definidos neste artigo, e com os demais estabelecidos pelo Contran.

§ 4º O Contran estabelecerá o prazo para o atendimento do disposto neste artigo.

§ 5º A exigência estabelecida no inciso VII do *caput* deste artigo será progressivamente incorporada aos novos projetos de automóveis e dos veículos deles derivados, fabricados, importados, montados ou encarroçados, a partir do 1º (primeiro) ano após a definição pelo Contran das especificações técnicas pertinentes e do respectivo cronograma de implantação e a partir do 5º (quinto) ano, após esta definição, para os demais automóveis zero quilômetro de modelos ou projetos já existentes e veículos deles derivados.

→ § 5º acrescentado pela Lei 11.910/2009.

§ 6º A exigência estabelecida no inciso VII do *caput* deste artigo não se aplica aos veículos destinados à exportação.

→ § 6º acrescentado pela Lei 11.910/2009.

Art. 106. No caso de fabricação artesanal ou de modificação de veículo ou, ainda, quando ocorrer substituição de equipamento de segurança especificado pelo fabricante, será exigido, para licenciamento e registro, certificado de segurança expedido por instituição técnica credenciada por órgão ou entidade de metrologia legal, conforme norma elaborada pelo Contran.

Art. 107. Os veículos de aluguel, destinados ao transporte individual ou coletivo de passageiros, deverão satisfazer, além das exigências previstas neste Código, às condições técnicas e aos requisitos de segurança, higiene e conforto estabelecidos pelo poder competente para autorizar, permitir ou conceder a exploração dessa atividade.

Art. 108. Onde não houver linha regular de ônibus, a autoridade com circunscrição sobre a via poderá autorizar, a título precário, o transporte de passageiros em veículo de carga ou misto, desde que obedecidas as condições de segurança estabelecidas neste Código e pelo Contran.

Parágrafo único. A autorização citada no *caput* não poderá exceder a 12 (doze) meses, prazo a partir do qual a autoridade pública responsável deverá implantar o serviço regular de transporte coletivo de passageiros, em conformidade com a legislação pertinente e com os dispositivos deste Código.

→ Parágrafo único acrescentado pela Lei 9.602/1998.

Art. 109. O transporte de carga em veículos destinados ao transporte de passageiros só pode ser realizado de acordo com as normas estabelecidas pelo Contran.

Art. 110. O veículo que tiver alterada qualquer de suas características para competição ou finalidade análoga só poderá circular nas vias públicas com licença especial da autoridade de trânsito, em itinerário e horário fixados.

Art. 111. É vedado, nas áreas envidraçadas do veículo:

I – (*Vetado*).

II – o uso de cortinas, persianas fechadas ou similares nos veículos em movimento, salvo nos que possuam espelhos retrovisores em ambos os lados;

III – aposição de inscrições, películas refletivas ou não, painéis decorativos ou pinturas, quando comprometer a segurança do veículo, na forma de regulamentação do Contran.

→ Inciso III acrescentado pela Lei 9.602/1998.

Parágrafo único. É proibido o uso de inscrição de caráter publicitário ou qualquer outra que possa desviar a atenção dos condutores em toda a extensão do pára-brisa e da traseira dos veículos, salvo se não colocar em risco a segurança do trânsito.

Art. 112. (*Revogado pela Lei 9.792/1999*).

Art. 113. Os importadores, as montadoras, as encarroçadoras e fabricantes de veículos e autopeças são responsáveis civil e criminalmente por danos causados aos usuários, a terceiros, e ao meio ambiente, decorrentes de falhas oriundas de projetos e da qualidade dos materiais e equipamentos utilizados na sua fabricação.

Seção III
Da Identificação do Veículo

Art. 114. O veículo será identificado obrigatoriamente por caracteres gravados no chassi ou no monobloco, reproduzidos em outras partes, conforme dispuser o Contran.

§ 1º A gravação será realizada pelo fabricante ou montador, de modo a identificar o veículo, seu fabricante e as suas características, além do ano de fabricação, que não poderá ser alterado.

§ 2º As regravações, quando necessárias, dependerão de prévia autorização da autoridade executiva de trânsito e somente serão processadas por estabelecimento por ela credenciado, mediante a comprovação de propriedade do veículo, mantida a mesma identificação anterior, inclusive o ano de fabricação.

§ 3º Nenhum proprietário poderá, sem prévia permissão da autoridade executiva de trânsito, fazer, ou ordenar que se faça, modificações da identificação de seu veículo.

Art. 115. O veículo será identificado externamente por meio de placas dianteira e traseira, sendo esta lacrada em sua estrutura, obedecidas as especificações e modelos estabelecidos pelo Contran.

§ 1º Os caracteres das placas serão individualizados para cada veículo e o acompanharão até a baixa do registro, sendo vedado seu reaproveitamento.

§ 2º As placas com as cores verde e amarela da Bandeira Nacional serão usadas somente pelos veículos de representação pessoal do Presidente e do Vice-Presidente da República, dos Presidentes do Senado Federal e da Câmara dos Deputados, do Presidente e dos Ministros do Supremo Tribunal Federal, dos Ministros de Estado, do Advogado-Geral da União e do Procurador-Geral da República.

§ 3º Os veículos de representação dos Presidentes dos Tribunais Federais, dos Governadores, Prefeitos, Secretários Estaduais e Municipais, dos Presidentes das Assembleias Legislativas, das Câmaras Municipais, dos Presidentes dos Tribunais Estaduais e do Distrito Federal, e do respectivo chefe do Ministério Público e ainda dos Oficiais Generais das Forças Armadas terão placas especiais, de acordo com os modelos estabelecidos pelo Contran.

§ 4º Os aparelhos automotores destinados a puxar ou a arrastar maquinaria de qualquer natureza ou a executar trabalhos de construção ou de pavimentação são sujeitos ao registro na repartição competente, se transitarem em via pública, dispensados o licenciamento e o emplacamento.

→ § 4º com redação alterada pela Lei 13.154/2015.

§ 4º-A. Os tratores e demais aparelhos automotores destinados a puxar ou a arrastar maquinaria agrícola ou a executar trabalhos agrícolas, desde que facultados a transitar em via pública, são sujeitos ao registro único, sem ônus, em cadastro específico do Ministério da Agricultura, Pecuária e Abastecimento, acessível aos componentes do Sistema Nacional de Trânsito.

→ § 4º-A acrescentado pela Lei 13.154/2015.

§ 5º O disposto neste artigo não se aplica aos veículos de uso bélico.

§ 6º Os veículos de duas ou três rodas são dispensados da placa dianteira.

§ 7º Excepcionalmente, mediante autorização específica e fundamentada das respectivas corregedorias e com a devida comunicação aos órgãos de trânsito competentes, os veículos utilizados por membros do Poder Judiciário e do Ministério Público que exerçam competência ou atribuição criminal poderão temporariamente ter placas especiais, de forma a impedir a identificação de seus usuários específicos, na forma de regulamento a ser emitido, conjuntamente, pelo Conselho Nacional de Justiça – CNJ, pelo Conselho Nacional do Ministério Público – CNMP e pelo Conselho Nacional de Trânsito – Contran.

→ § 7º acrescentado pela Lei 12.694/2012.

§ 8º Os veículos artesanais utilizados para trabalho agrícola (jericos), para efeito do registro de que trata o § 4-A, ficam dispensados da exigência prevista no art. 106.

→ § 8º acrescentado pela Lei 13.154/2015.

Art. 116. Os veículos de propriedade da União, dos Estados e do Distrito Federal, devidamente registrados e licenciados, somente quando estritamente usados em serviço reservado de caráter policial, poderão usar placas particulares, obedecidos os critérios e limites estabelecidos pela legislação que regulamenta o uso de veículo oficial.

Art. 117. Os veículos de transporte de carga e os coletivos de passageiros deverão conter, em local facilmente visível, a inscrição indicativa de sua tara, do peso bruto total (PBT), do peso bruto total combinado (PBTC) ou capacidade máxima de tração (CMT) e de sua lotação, vedado o uso em desacordo com sua classificação.

Capítulo X
DOS VEÍCULOS EM CIRCULAÇÃO INTERNACIONAL

Art. 118. A circulação de veículo no território nacional, independentemente de sua origem, em trânsito entre o Brasil e os países com os quais exista acordo ou tratado internacional, reger-se-á pelas disposições deste Código, pelas convenções e acordos internacionais ratificados.

Art. 119. As repartições aduaneiras e os órgãos de controle de fronteira comunicarão diretamente ao Renavam a entrada e saída temporária ou definitiva de veículos.

Parágrafo único. Os veículos licenciados no exterior não poderão sair do território nacional sem prévia quitação de débitos de multa por infrações de trânsito e o ressarcimento de danos que tiverem causado a bens do patrimônio público, respeitado o princípio da reciprocidade.

Capítulo XI
DO REGISTRO DE VEÍCULOS

Art. 120. Todo veículo automotor, elétrico, articulado, reboque ou semirreboque, deve ser registrado perante o órgão executivo de trânsito do Estado ou do Distrito Federal, no Município de domicílio ou residência de seu proprietário, na forma da lei.

§ 1º Os órgãos executivos de trânsito dos Estados e do Distrito Federal somente registrarão veículos oficiais de propriedade da administração direta, da União, dos Estados, do Distrito Federal e dos Municípios, de qualquer um dos poderes, com indicação expressa, por pintura nas portas, do nome, sigla ou logotipo do órgão ou entidade em cujo nome o veículo será registrado, excetuando-se os veículos de representação e os previstos no art. 116.

§ 2º O disposto neste artigo não se aplica ao veículo de uso bélico.

Art. 121. Registrado o veículo, expedir-se-á o Certificado de Registro de Veículo – CRV de acordo com os modelos e especificações estabelecidos pelo Contran, contendo as características e condições de invulnerabilidade à falsificação e à adulteração.

Art. 122. Para a expedição do Certificado de Registro de Veículo o órgão executivo de trânsito consultará o cadastro do Renavam e exigirá do proprietário os seguintes documentos:

I – nota fiscal fornecida pelo fabricante ou revendedor, ou documento equivalente expedido por autoridade competente;

II – documento fornecido pelo Ministério das Relações Exteriores, quando se tratar de veículo importado por membro de missões diplomáticas, de repartições consulares de carreira, de representações de organismos internacionais e de seus integrantes.

Art. 123. Será obrigatória a expedição de novo Certificado de Registro de Veículo quando:

I – for transferida a propriedade;

II – o proprietário mudar o Município de domicílio ou residência;

III – for alterada qualquer característica do veículo;

IV – houver mudança de categoria.

§ 1º No caso de transferência de propriedade, o prazo para o proprietário adotar as providências necessárias à efetivação da expedição do novo Certificado de Registro de Veículo é de 30 (trinta) dias, sendo que nos demais casos as providências deverão ser imediatas.

§ 2º No caso de transferência de domicílio ou residência no mesmo Município, o proprietário comunicará o novo endereço num prazo de 30 (trinta) dias e aguardará o novo licenciamento para alterar o Certificado de Licenciamento Anual.

§ 3º A expedição do novo certificado será comunicada ao órgão executivo de trânsito que expediu o anterior e ao Renavam.

Art. 124. Para a expedição do novo Certificado de Registro de Veículo serão exigidos os seguintes documentos:

I – Certificado de Registro de Veículo anterior;

II – Certificado de Licenciamento Anual;

III – comprovante de transferência de propriedade, quando for o caso, conforme modelo e normas estabelecidas pelo Contran;

IV – Certificado de Segurança Veicular e de emissão de poluentes e ruído, quando houver adaptação ou alteração de características do veículo;

V – comprovante de procedência e justificativa da propriedade dos componentes e agregados adaptados ou montados no veículo, quando houver alteração das características originais de fábrica;

VI – autorização do Ministério das Relações Exteriores, no caso de veículo da categoria de missões diplomáticas, de repartições consulares de carreira, de representações de organismos internacionais e de seus integrantes;

VII – certidão negativa de roubo ou furto de veículo, expedida no Município do registro anterior, que poderá ser substituída por informação do Renavam;

VIII – comprovante de quitação de débitos relativos a tributos, encargos e multas de trânsito vinculados ao veículo, independentemente da responsabilidade pelas infrações cometidas;

IX – (*Revogado pela Lei 9.602/1998*).

X – comprovante relativo ao cumprimento do disposto no art. 98, quando houver alteração nas características originais do veículo que afetem a emissão de poluentes e ruído;

XI – comprovante de aprovação de inspeção veicular e de poluentes e ruído, quando for o caso, conforme regulamentações do Contran e do Conama.

Art. 125. As informações sobre o chassi, o monobloco, os agregados e as características originais do veículo deverão ser prestadas ao Renavam:

I – pelo fabricante ou montadora, antes da comercialização, no caso de veículo nacional;

II – pelo órgão alfandegário, no caso de veículo importado por pessoa física;

III – pelo importador, no caso de veículo importado por pessoa jurídica.

Parágrafo único. As informações recebidas pelo Renavam serão repassadas ao órgão executivo de trânsito responsável pelo registro, devendo este comunicar ao Renavam, tão logo seja o veículo registrado.

Art. 126. O proprietário de veículo irrecuperável, ou destinado à desmontagem, deverá requerer a baixa do registro, no prazo e forma estabelecidos pelo Contran, sendo vedada a remontagem do veículo sobre o mesmo chassi de forma a manter o registro anterior.

→ *Caput* com redação alterada pela Lei 12.977/2014, em vigor após decorrido 1 (um) ano da data de sua publicação oficial – *D.O.U.* de 21.5.2014.

Parágrafo único. A obrigação de que trata este artigo é da companhia seguradora ou do adquirente do veículo destinado à desmontagem, quando estes sucederem ao proprietário.

→ **Anterior redação: Art. 126.** O proprietário de veículo irrecuperável, ou definitivamente desmontado, deverá requerer a baixa do registro, no prazo e forma estabelecidos pelo Contran, sendo vedada a remontagem do veículo sobre o mesmo chassi, de forma a manter o registro anterior. **Parágrafo único.** A obrigação de que trata este artigo é da companhia seguradora ou do adquirente do veículo destinado à desmontagem, quando estes sucederem ao proprietário.

Art. 127. O órgão executivo de trânsito competente só efetuará a baixa do registro após prévia consulta ao cadastro do Renavam.

Parágrafo único. Efetuada a baixa do registro, deverá ser esta comunicada, de imediato, ao Renavam.

Art. 128. Não será expedido novo Certificado de Registro de Veículo enquanto houver débitos fiscais e de multas de trânsito e ambientais, vinculadas ao veículo, independentemente da responsabilidade pelas infrações cometidas.

Art. 129. O registro e o licenciamento dos veículos de propulsão humana e dos veículos de tração animal obedecerão à regulamentação estabelecida em legislação municipal do domicílio ou residência de seus proprietários.

→ Artigo com redação alterada pela Lei 13.154/2015.

Art. 129-A. O registro dos tratores e demais aparelhos automotores destinados a puxar ou a arrastar maquinaria agrícola ou a executar trabalhos agrícolas será efetuado, sem ônus, pelo Ministério da Agricultura, Pecuária e Abastecimento, diretamente ou mediante convênio.

→ Artigo acrescentado pela Lei 13.154/2015.

Capítulo XII
DO LICENCIAMENTO

Art. 130. Todo veículo automotor, elétrico, articulado, reboque ou semirreboque, para transitar na via, deverá ser licenciado anualmente pelo órgão executivo de trânsito do Estado, ou do Distrito Federal, onde estiver registrado o veículo.

§ 1º O disposto neste artigo não se aplica a veículo de uso bélico.

§ 2º No caso de transferência de residência ou domicílio, é válido, durante o exercício, o licenciamento de origem.

Art. 131. O Certificado de Licenciamento Anual será expedido ao veículo licenciado, vinculado ao Certificado de Registro, no modelo e especificações estabelecidos pelo Contran.

§ 1º O primeiro licenciamento será feito simultaneamente ao registro.

§ 2º O veículo somente será considerado licenciado estando quitados os débitos relativos a tributos, encargos e multas de trânsito e ambientais, vinculados ao veículo, independentemente da responsabilidade pelas infrações cometidas.

§ 3º Ao licenciar o veículo, o proprietário deverá comprovar sua aprovação nas inspeções de segurança veicular e de controle de emissões de gases poluentes e de ruído, conforme disposto no art. 104.

Art. 132. Os veículos novos não estão sujeitos ao licenciamento e terão sua circulação regulada pelo CONTRAN durante o trajeto entre a fábrica e o Município de destino.

§ 1º O disposto neste artigo aplica-se, igualmente, aos veículos importados, durante o trajeto entre a alfândega ou entreposto alfandegário e o Município de destino.

→ Anterior parágrafo único renumerado para 1º pela Lei 13.103/2015.

§ 2º (*Revogado pela Lei 13.154/2015*).

Art. 133. É obrigatório o porte do Certificado de Licenciamento Anual.

Art. 134. No caso de transferência de propriedade, o proprietário antigo deverá encaminhar ao órgão executivo de trânsito do Estado dentro de um prazo de 30 (trinta) dias, cópia autenticada do comprovante de transferência de propriedade, devidamente assinado e datado, sob pena de ter que se responsabilizar solidariamente pelas penalidades impostas e suas reincidências até a data da comunicação.

Parágrafo único. O comprovante de transferência de propriedade de que trata o caput poderá ser substituído por documento eletrônico, na forma regulamentada pelo Contran.

→ Parágrafo único acrescentado pela Lei 13.154/2015.

Art. 135. Os veículos de aluguel, destinados ao transporte individual ou coletivo de passageiros de linhas regulares ou empregados em qualquer serviço remunerado, para registro, licenciamento e respectivo emplacamento de característica comercial, deverão estar devidamente autorizados pelo poder público concedente.

Capítulo XIII
DA CONDUÇÃO DE ESCOLARES

Art. 136. Os veículos especialmente destinados à condução coletiva de escolares somente poderão circular nas vias com autorização emitida pelo órgão ou entidade executivos de trânsito dos Estados e do Distrito Federal, exigindo-se, para tanto:

I – registro como veículo de passageiros;

II – inspeção semestral para verificação dos equipamentos obrigatórios e de segurança;

III – pintura de faixa horizontal na cor amarela, com quarenta centímetros de largura, à meia altura, em toda a extensão das partes laterais e traseira da carroçaria, com o dístico Escolar, em preto, sendo que, em caso de veículo de carroçaria pintada na cor amarela, as cores aqui indicadas devem ser invertidas;

IV – equipamento registrador instantâneo inalterável de velocidade e tempo;

V – lanternas de luz branca, fosca ou amarela dispostas nas extremidades da parte superior dianteira e lanternas de luz vermelha dispostas na extremidade superior da parte traseira;

VI – cintos de segurança em número igual à lotação;

VII – outros requisitos e equipamentos obrigatórios estabelecidos pelo Contran.

Art. 137. A autorização a que se refere o artigo anterior deverá ser afixada na parte interna do veículo, em local visível, com inscrição da lotação permitida, sendo vedada a condução de escolares em número superior à capacidade estabelecida pelo fabricante.

Art. 138. O condutor de veículo destinado à condução de escolares deve satisfazer os seguintes requisitos:

I – ter idade superior a 21 anos;

II – ser habilitado na categoria D;

III – (*Vetado*).

IV – não ter cometido nenhuma infração grave ou gravíssima, ou ser reincidente em infrações médias durante os doze últimos meses;

V – ser aprovado em curso especializado, nos termos da regulamentação do Contran.

Art. 139. O disposto neste Capítulo não exclui a competência municipal de aplicar as exigências previstas em seus regulamentos, para o transporte de escolares.

Capítulo XIII-A
DA CONDUÇÃO DE MOTOFRETE

→ Capítulo XIII-A acrescentado pela Lei 12.009/2009.

Art. 139-A. As motocicletas e motonetas destinadas ao transporte remunerado de mercadorias – moto-frete – somente poderão circular nas vias com autorização emitida pelo órgão ou entidade executivo de trânsito dos Estados e do Distrito Federal, exigindo-se, para tanto:

→ Artigo acrescentado pela Lei 12.009/2009.

I – registro como veículo da categoria de aluguel;

II – instalação de protetor de motor mata-cachorro, fixado no chassi do veículo, destinado a proteger o motor e a perna do condutor em caso de tombamento, nos termos de regulamentação do Conselho Nacional de Trânsito – Contran;

III – instalação de aparador de linha antena corta-pipas, nos termos de regulamentação do Contran;

IV – inspeção semestral para verificação dos equipamentos obrigatórios e de segurança.

§ 1º A instalação ou incorporação de dispositivos para transporte de cargas deve estar de acordo com a regulamentação do Contran.

§ 2º É proibido o transporte de combustíveis, produtos inflamáveis ou tóxicos e de galões nos veículos de que trata este artigo, com exceção do gás de cozinha e de galões contendo água mineral, desde que com o auxílio de *side-car*, nos termos de regulamentação do Contran.

Art. 139-B. O disposto neste Capítulo não exclui a competência municipal ou estadual de aplicar as exigências previstas em seus regulamentos para as atividades de moto-frete no âmbito de suas circunscrições.

→ Artigo acrescentado pela Lei 12.009/2009.

Capítulo XIV
DA HABILITAÇÃO

Art. 140. A habilitação para conduzir veículo automotor e elétrico será apurada por meio de exames que deverão ser realizados junto ao órgão ou entidade executivos do Estado ou do Distrito Federal, do domicílio ou residência do candidato, ou na sede estadual ou distrital do próprio órgão, devendo o condutor preencher os seguintes requisitos:

I – ser penalmente imputável;

II – saber ler e escrever;

III – possuir Carteira de Identidade ou equivalente.

Parágrafo único. As informações do candidato à habilitação serão cadastradas no Renach.

Art. 141. O processo de habilitação, as normas relativas à aprendizagem para conduzir veículos automotores e elétricos e a autorização para conduzir ciclomotores serão regulamentados pelo Contran.

§ 1º A autorização para conduzir veículos de propulsão humana e de tração animal ficará a cargo dos Municípios.

§ 2º (*Vetado*).

Art. 142. O reconhecimento de habilitação obtida em outro país está subordinado às condições estabelecidas em convenções e acordos internacionais e às normas do Contran.

Art. 143. Os candidatos poderão habilitar-se nas categorias de A a E, obedecida a seguinte gradação:

I – Categoria A – condutor de veículo motorizado de duas ou três rodas, com ou sem carro lateral;

II – Categoria B – condutor de veículo motorizado, não abrangido pela categoria A, cujo peso bruto total não exceda a três mil e quinhentos quilogramas e cuja lotação não exceda a oito lugares, excluído o do motorista;

III – Categoria C – condutor de veículo motorizado utilizado em transporte de carga, cujo peso bruto total exceda a três mil e quinhentos quilogramas;

IV – Categoria D – condutor de veículo motorizado utilizado no transporte de passageiros, cuja lotação exceda a oito lugares, excluído o do motorista;

V – Categoria E – condutor de combinação de veículos em que a unidade tratora se enquadre nas categorias B, C ou D e cuja unidade acoplada, reboque, semirreboque, trailer ou articulada tenha 6.000 kg (seis mil quilogramas) ou mais de peso bruto total, ou cuja lotação exceda a 8 (oito) lugares.

→ Inciso V com redação alterada pela Lei 12.452/2011.

§ 1º Para habilitar-se na categoria C, o condutor deverá estar habilitado no mínimo há um ano na categoria B e não ter cometido nenhuma infração grave ou gravíssima, ou ser reincidente em infrações médias, durante os últimos doze meses.

§ 2º São os condutores da categoria B autorizados a conduzir veículo automotor da espécie motor-casa, definida nos termos do Anexo I deste Código, cujo peso não exceda a 6.000 kg (seis mil quilogramas), ou cuja lotação não exceda a 8 (oito) lugares, excluído o do motorista.

→ § 2º acrescentado pela Lei 12.452/2011.

§ 3º Aplica-se o disposto no inciso V ao condutor da combinação de veículos com mais de uma unidade tracionada, independentemente da capacidade de tração ou do peso bruto total.

→ Anterior § 2º renumerado para § 3º pela Lei 12.452/2011.

Art. 144. O trator de roda, o trator de esteira, o trator misto ou o equipamento automotor destinado à movimentação de cargas ou execução de trabalho agrícola, de terraplenagem, de construção ou de pavimentação só podem ser conduzidos na via pública por condutor habilitado nas categorias C, D ou E.

Parágrafo único. O trator de roda e os equipamentos automotores destinados a executar trabalhos agrícolas poderão ser conduzidos em via pública também por condutor habilitado na categoria B.

→ Parágrafo único acrescentado pela Lei 13.097/2015.

Art. 145. Para habilitar-se nas categorias D e E ou para conduzir veículo de transporte coletivo de passageiros, de escolares, de emergência ou de produto perigoso, o candidato deverá preencher os seguintes requisitos:

I – ser maior de 21 (vinte e um) anos;

II – estar habilitado:

a) no mínimo há dois anos na categoria B, ou no mínimo há um ano na categoria C, quando pretender habilitar-se na categoria D; e

b) no mínimo há um ano na categoria C, quando pretender habilitar-se na categoria E;

III – não ter cometido nenhuma infração grave ou gravíssima ou ser reincidente em infrações médias durante os últimos doze meses;

IV – ser aprovado em curso especializado e em curso de treinamento de prática veicular em situação de risco, nos termos da normatização do Contran.

Parágrafo único. A participação em curso especializado previsto no inciso IV independe da observância do disposto no inciso III.

→ Parágrafo único acrescentado pela Lei 12.619/2012.

→ Consta conforme publicação oficial.

§ 2º (*Vetado*).

→ § 2º acrescentado pela Lei 13.154/2015.

Art. 145-A. Além do disposto no art. 145, para conduzir ambulâncias, o candidato deverá comprovar treinamento especializado e reciclagem em cursos específicos a cada 5 (cinco) anos, nos termos da normatização do Contran.

→ Artigo acrescentado pela Lei 12.998/2014.

Art. 146. Para conduzir veículos de outra categoria o condutor deverá realizar exames complementares exigidos para habilitação na categoria pretendida.

Art. 147. O candidato à habilitação deverá submeter-se a exames realizados pelo órgão executivo de trânsito, na seguinte ordem:

I – de aptidão física e mental;

II – (*Vetado*).

III – escrito, sobre legislação de trânsito;

IV – de noções de primeiros socorros, conforme regulamentação do Contran;

V – de direção veicular, realizado na via pública, em veículo da categoria para a qual estiver habilitando-se.

§ 1º Os resultados dos exames e a identificação dos respectivos examinadores serão registrados no Renach.

→ Anterior parágrafo único renumerado para § 1º pela Lei 9.602/1998.

§ 2º O exame de aptidão física e mental será preliminar e renovável a cada cinco anos, ou a cada três anos para condutores com mais de sessenta e cinco anos de idade, no local de residência ou domicílio do examinado.

→ § 2º acrescentado pela Lei 9.602/1998.

§ 3º O exame previsto no § 2º incluirá avaliação psicológica preliminar e complementar sempre que a ele se submeter o condutor que exerce atividade remunerada ao veículo, incluindo-se esta avaliação para os demais candidatos apenas no exame referente à primeira habilitação.

→ § 3º com redação alterada pela Lei 10.350/2001.

§ 4º Quando houver indícios de deficiência física, mental, ou de progressividade de doença que possa diminuir a capacidade para conduzir o veículo, o prazo previsto no § 2º poderá ser diminuído por proposta do perito examinador.

→ § 4º acrescentado pela Lei 9.602/1998.

§ 5º O condutor que exerce atividade remunerada ao veículo terá essa informação incluída na sua Carteira Nacional de Habilitação, conforme especificações do Conselho Nacional de Trânsito – Contran.

→ § 5º acrescentado pela Lei 10.350/2001.

Art. 147-A. Ao candidato com deficiência auditiva é assegurada acessibilidade de comunicação, mediante emprego de tecnologias assistivas ou de ajudas técnicas em todas as etapas do processo de habilitação.

→ Artigo acrescentado pela Lei 13.146/2015.

§ 1º O material didático audiovisual utilizado em aulas teóricas dos cursos que precedem os exames previstos no art. 147 desta Lei deve ser acessível, por meio de subtitulação com legenda oculta associada à tradução simultânea em Libras.

§ 2º É assegurado também ao candidato com deficiência auditiva requerer, no ato de sua inscrição, os serviços de intérprete da Libras, para acompanhamento em aulas práticas e teóricas."

Art. 148. Os exames de habilitação, exceto os de direção veicular, poderão ser aplicados por entidades públicas ou privadas credenciadas pelo órgão executivo de trânsito dos Estados e do Distrito Federal, de acordo com as normas estabelecidas pelo Contran.

§ 1º A formação de condutores deverá incluir, obrigatoriamente, curso de direção defensiva e de conceitos básicos de proteção ao meio ambiente relacionados com o trânsito.

§ 2º Ao candidato aprovado será conferida Permissão para Dirigir, com validade de um ano.

§ 3º A Carteira Nacional de Habilitação será conferida ao condutor no término de um ano, desde que o mesmo não tenha cometido nenhuma infração de natureza grave ou gravíssima ou seja reincidente em infração média.

§ 4º A não obtenção da Carteira Nacional de Habilitação, tendo em vista a incapacidade de atendimento do disposto no parágrafo anterior, obriga o candidato a reiniciar todo o processo de habilitação.

§ 5º O Conselho Nacional de Trânsito – Contran poderá dispensar os tripulantes de aeronaves que apresentarem o cartão de saúde expedido pelas Forças Armadas ou pelo Departamento de Aeronáutica Civil, respectivamente, da prestação do exame de aptidão física e mental.

→ § 5º acrescentado pela Lei 9.602/1998.

Art. 148-A. Os condutores das categorias C, D e E deverão submeter-se a exames toxicológicos para a habilitação e renovação da Carteira Nacional de Habilitação.

→ Artigo acrescentado pela Lei 13.103/2015.

§ 1º O exame de que trata este artigo buscará aferir o consumo de substâncias psicoativas que, comprovadamente, comprometam a capacidade de direção e deverá ter janela de detecção mínima de 90 (noventa) dias, nos termos das normas do Contran.

§ 2º Os condutores das categorias C, D e E com Carteira Nacional de Habilitação com validade de 5 (cinco) anos deverão fazer o exame previsto no § 1º no prazo de 2 (dois) anos e 6 (seis) meses a contar da realização do disposto no *caput*.

§ 3º Os condutores das categorias C, D e E com Carteira Nacional de Habilitação com validade de 3 (três) anos deverão fazer o exame previsto no § 1º no prazo de 1 (um) ano e 6 (seis) meses a contar da realização do disposto no *caput*.

§ 4º É garantido o direito de contraprova e de recurso administrativo no caso de resultado positivo para o exame de que trata o *caput*, nos termos das normas do Contran.

§ 5º A reprovação no exame previsto neste artigo terá como consequência a suspensão do direito de dirigir pelo período de 3 (três) meses, condicionado o levantamento da suspensão ao resultado negativo em novo exame, e vedada a aplicação de outras penalidades, ainda que acessórias.

§ 6º O resultado do exame somente será divulgado para o interessado e não poderá ser utilizado para fins estranhos ao disposto neste artigo ou no § 6º do art. 168 da Consolidação das Leis do Trabalho – CLT, aprovada pelo Decreto-lei 5.452, de 1º de maio de 1943.

§ 7º O exame será realizado, em regime de livre concorrência, pelos laboratórios credenciados pelo Departamento Nacional de Trânsito – DENATRAN, nos termos das normas do Contran, vedado aos entes públicos:

I – fixar preços para os exames;

II – limitar o número de empresas ou o número de locais em que a atividade pode ser exercida; e

III – estabelecer regras de exclusividade territorial.

Art. 149. (*Vetado*).

Art. 150. Ao renovar os exames previstos no artigo anterior, o condutor que não tenha curso de direção defensiva e primeiros socorros deverá a eles ser submetido, conforme normatização do Contran.

Parágrafo único. A empresa que utiliza condutores contratados para operar a sua frota de veículos é obrigada a fornecer curso de direção defensiva, primeiros socorros e outros conforme normatização do Contran.

Art. 151. No caso de reprovação no exame escrito sobre legislação de trânsito ou de direção veicular, o candidato só poderá repetir o exame depois de decorridos 15 (quinze) dias da divulgação do resultado.

Art. 152. O exame de direção veicular será realizado perante uma comissão integrada por três membros designados pelo dirigente do órgão executivo local de trânsito, para o período de um ano, permitida a recondução por mais um período de igual duração.

§ 1º Na comissão de exame de direção veicular, pelo menos um membro deverá ser habilitado na categoria igual ou superior à pretendida pelo candidato.

§ 2º Os militares das Forças Armadas e Auxiliares que possuírem curso de formação de condutor, ministrado em suas corporações, serão dispensados, para a concessão da Carteira Nacional de Habilitação, dos exames a que se houverem submetido com aprovação naquele curso, desde que neles sejam observadas as normas estabelecidas pelo Contran.

§ 3º O militar interessado instruirá seu requerimento com ofício do Comandante, Chefe ou Diretor da organização militar em que servir, do qual constarão: o número do registro de identificação, naturalidade, nome, filiação, idade e categoria em que se habilitou a conduzir, acompanhado de cópias das atas dos exames prestados.

§ 4º (*Vetado*).

Art. 153. O candidato habilitado terá em seu prontuário a identificação de seus instrutores e examinadores, que serão passíveis de punição conforme regulamentação a ser estabelecida pelo Contran.

Parágrafo único. As penalidades aplicadas aos instrutores e examinadores serão de advertência, suspensão e cancelamento da autorização para o exercício da atividade, conforme a falta cometida.

Art. 154. Os veículos destinados à formação de condutores serão identificados por uma faixa amarela, de vinte centímetros de largura, pintada ao longo da carroçaria, à meia altura, com a inscrição Autoescola na cor preta.

Parágrafo único. No veículo eventualmente utilizado para aprendizagem, quando autorizado para servir a esse fim, deverá ser afixada ao longo de sua carroçaria, à meia altura, faixa branca removível, de vinte centímetros de largura, com a inscrição Autoescola na cor preta.

Art. 155. A formação de condutor de veículo automotor e elétrico será realizada por instrutor autorizado pelo órgão executivo de trânsito dos Estados ou do Distrito Federal, pertencente ou não à entidade credenciada.

Parágrafo único. Ao aprendiz será expedida autorização para aprendizagem, de acordo com a regulamentação do Contran, após aprovação nos exames de aptidão física, mental, de primeiros socorros e sobre legislação de trânsito.

→ Parágrafo único acrescentado pela Lei 9.602/1998.

Art. 156. O Contran regulamentará o credenciamento para prestação de serviço pelas autoescolas e outras entidades destinadas à formação de condutores e às exigências necessárias para o exercício das atividades de instrutor e examinador.

Art. 157. (*Vetado*).

Art. 158. A aprendizagem só poderá realizar-se:

I – nos termos, horários e locais estabelecidos pelo órgão executivo de trânsito;

II – acompanhado o aprendiz por instrutor autorizado.

§ 1º Além do aprendiz e do instrutor, o veículo utilizado na aprendizagem poderá conduzir apenas mais um acompanhante.

→ Anterior parágrafo único renumerado para § 1º pela Lei 12.217/2010.

§ 2º Parte da aprendizagem será obrigatoriamente realizada durante a noite, cabendo ao Contran fixar-lhe a carga horária mínima correspondente.

→ § 2º acrescentado pela Lei 12.217/2010.

Art. 159. A Carteira Nacional de Habilitação, expedida em modelo único e de acordo com as especificações do Contran, atendidos os pré-requisitos estabelecidos neste Código, conterá fotografia, identificação e CPF do condutor, terá fé pública e equivalerá a documento de identidade em todo o território nacional.

§ 1º É obrigatório o porte da Permissão para Dirigir ou da Carteira Nacional de Habilitação quando o condutor estiver à direção do veículo.

§ 2º (*Vetado*).

§ 3º A emissão de nova via da Carteira Nacional de Habilitação será regulamentada pelo Contran.

§ 4º (*Vetado*).

§ 5º A Carteira Nacional de Habilitação e a Permissão para Dirigir somente terão validade para a condução de veículo quando apresentada em original.

§ 6º A identificação da Carteira Nacional de Habilitação expedida e a da autoridade expedidora serão registradas no Renach.

§ 7º A cada condutor corresponderá um único registro no Renach, agregando-se neste todas as informações.

§ 8º A renovação da validade da Carteira Nacional de Habilitação ou a emissão de uma nova via somente será realizada após quitação de débitos constantes do prontuário do condutor.

§ 9º (*Vetado*).

§ 10. A validade da Carteira Nacional de Habilitação está condicionada ao prazo de vigência do exame de aptidão física e mental.

→ § 10 acrescentado pela Lei 9.602/1998.

§ 11. A Carteira Nacional de Habilitação, expedida na vigência do Código anterior, será substituída por ocasião do vencimento do prazo para revalidação do exame de aptidão física e mental, ressalvados os casos especiais previstos nesta Lei.

→ § 11 acrescentado pela Lei 9.602/1998.

Art. 160. O condutor condenado por delito de trânsito deverá ser submetido a novos exames para que possa voltar a dirigir, de acordo com as normas estabelecidas pelo Contran, independentemente do reconhecimento da prescrição, em face da pena concretizada na sentença.

§ 1º Em caso de acidente grave, o condutor nele envolvido poderá ser submetido aos exames exigidos neste artigo, a juízo da autoridade executiva estadual de trânsito, assegurada ampla defesa ao condutor.

§ 2º No caso do parágrafo anterior, a autoridade executiva estadual de trânsito poderá apreender o documento de habilitação do condutor até a sua aprovação nos exames realizados.

Capítulo XV
DAS INFRAÇÕES

Art. 161. Constitui infração de trânsito a inobservância de qualquer preceito deste Código, da legislação complementar ou das resoluções do Contran, sendo o infrator sujeito às penalidades e medidas administrativas indicadas em cada artigo, além das punições previstas no Capítulo XIX.

Parágrafo único. As infrações cometidas em relação às resoluções do Contran terão suas penalidades e medidas administrativas definidas nas próprias resoluções.

Art. 162. Dirigir veículo:

I – sem possuir Carteira Nacional de Habilitação ou Permissão para Dirigir:

Infração – gravíssima;

Penalidade – multa (três vezes) e apreensão do veículo;

II – com Carteira Nacional de Habilitação ou Permissão para Dirigir cassada ou com suspensão do direito de dirigir:

Infração – gravíssima;

Penalidade – multa (cinco vezes) e apreensão do veículo;

III – com Carteira Nacional de Habilitação ou Permissão para Dirigir de categoria diferente da do veículo que esteja conduzindo:

Infração – gravíssima;

Penalidade – multa (três vezes) e apreensão do veículo;

Medida administrativa – recolhimento do documento de habilitação;

IV – (*Vetado*).

V – com validade da Carteira Nacional de Habilitação vencida há mais de 30 (trinta) dias:

Infração – gravíssima;

Penalidade – multa;

Medida administrativa – recolhimento da Carteira Nacional de Habilitação e retenção do veículo até a apresentação de condutor habilitado;

VI – sem usar lentes corretoras de visão, aparelho auxiliar de audição, de prótese física ou as adaptações do veículo impostas por ocasião da concessão ou da renovação da licença para conduzir:

Infração – gravíssima;

Penalidade – multa;

Medida administrativa – retenção do veículo até o saneamento da irregularidade ou apresentação de condutor habilitado.

Art. 163. Entregar a direção do veículo a pessoa nas condições previstas no artigo anterior:

Infração – as mesmas previstas no artigo anterior;

Penalidade – as mesmas previstas no artigo anterior;

Medida administrativa – a mesma prevista no inciso III do artigo anterior.

Art. 164. Permitir que pessoa nas condições referidas nos incisos do art. 162 tome posse do veículo automotor e passe a conduzi-lo na via:

Infração – as mesmas previstas nos incisos do art. 162;

Penalidade – as mesmas previstas no art. 162;

Medida administrativa – a mesma prevista no inciso III do art. 162.

Art. 165. Dirigir sob a influência de álcool ou de qualquer outra substância psicoativa que determine dependência:

→ *Caput* com redação alterada pela Lei 11.705/2008.

Infração – gravíssima;

→ Infração com redação alterada pela Lei 11.705/2008.

Penalidade – multa (dez vezes) e suspensão do direito de dirigir por 12 (doze) meses;

→ Penalidade com redação alterada pela Lei 12.760/2012.

Medida administrativa – recolhimento do documento de habilitação e retenção do veículo, observado o disposto no § 4º do art. 270 da Lei 9.503, de 27 de setembro de 1997 – Código de Transito Brasileiro.

→ Medida administrativa com redação alterada pela Lei 12.760/2012.

Parágrafo único. Aplica-se em dobro a multa prevista no *caput* em caso de reincidência no período de até 12 (doze) meses.

→ Parágrafo único com redação alterada pela Lei 12.760/2012.

Art. 166. Confiar ou entregar a direção de veículo a pessoa que, mesmo habilitada, por seu estado físico ou psíquico, não estiver em condições de dirigi-lo com segurança:

Infração – gravíssima;

Penalidade – multa.

Art. 167. Deixar o condutor ou passageiro de usar o cinto de segurança, conforme previsto no art. 65:

Infração – grave;

Penalidade – multa;

Medida administrativa – retenção do veículo até colocação do cinto pelo infrator.

Art. 168. Transportar crianças em veículo automotor sem observância das normas de segurança especiais estabelecidas neste Código:

Infração – gravíssima;

Penalidade – multa;

Medida administrativa – retenção do veículo até que a irregularidade seja sanada.

Art. 169. Dirigir sem atenção ou sem os cuidados indispensáveis à segurança:

Infração – leve;

Penalidade – multa.

Art. 170. Dirigir ameaçando os pedestres que estejam atravessando a via pública, ou os demais veículos:

Infração – gravíssima;

Penalidade – multa e suspensão do direito de dirigir;

Medida administrativa – retenção do veículo e recolhimento do documento de habilitação.

Art. 171. Usar o veículo para arremessar, sobre os pedestres ou veículos, água ou detritos:

Infração – média;

Penalidade – multa.

Art. 172. Atirar do veículo ou abandonar na via objetos ou substâncias:

Infração – média;

Penalidade – multa.

Art. 173. Disputar corrida:

→ *Caput* com redação alterada pela Lei 12.971/2014, em vigor no 1º (primeiro) dia do 6º (sexto) mês após a sua publicação – *D.O.U.* de 12.5.2014.

Infração – gravíssima;

Penalidade – multa (dez vezes), suspensão do direito de dirigir e apreensão do veículo;

→ Penalidade com redação alterada pela Lei 12.971/2014, em vigor no 1º (primeiro) dia do 6º (sexto) mês após a sua publicação – *D.O.U.* de 12.5.2014.

Medida administrativa – recolhimento do documento de habilitação e remoção do veículo.

Parágrafo único. Aplica-se em dobro a multa prevista no *caput* em caso de reincidência no período de 12 (doze) meses da infração anterior.

→ Parágrafo único acrescentado pela Lei 12.971/2014, em vigor no 1º (primeiro) dia do 6º (sexto) mês após a sua publicação – *D.O.U.* de 12.5.2014.

→ **Anterior redação: Art. 173.** Disputar corrida por espírito de emulação: Infração – gravíssima; Penalidade – multa (três vezes), suspensão do direito de dirigir e apreensão do veículo; Medida administrativa – recolhimento do documento de habilitação e remoção do veículo.

Art. 174. Promover, na via, competição, eventos organizados, exibição e demonstração de perícia em manobra de veículo, ou deles participar, como condutor, sem permissão da autoridade de trânsito com circunscrição sobre a via:

→ *Caput* com redação alterada pela Lei 12.971/2014, em vigor no 1º (primeiro) dia do 6º (sexto) mês após a sua publicação – *D.O.U.* de 12.5.2014.

Infração – gravíssima;

Penalidade – multa (dez vezes), suspensão do direito de dirigir e apreensão do veículo;

→ Penalidade com redação alterada pela Lei 12.971/2014, em vigor no 1º (primeiro) dia do 6º (sexto) mês após a sua publicação – *D.O.U.* de 12.5.2014.

Medida administrativa – recolhimento do documento de habilitação e remoção do veículo.

§ 1º As penalidades são aplicáveis aos promotores e aos condutores participantes.

→ § 1º acrescentado pela Lei 12.971/2014, em vigor no 1º (primeiro) dia do 6º (sexto) mês após a sua publicação – *D.O.U.* de 12.5.2014.

§ 2º Aplica-se em dobro a multa prevista no *caput* em caso de reincidência no período de 12 (doze) meses da infração anterior.

→ § 2º acrescentado pela Lei 12.971/2014, em vigor no 1º (primeiro) dia do 6º (sexto) mês após a sua publicação – *D.O.U.* de 12.5.2014.

→ **Anterior redação: Art. 174.** Promover, na via, competição esportiva, eventos organizados, exibição e demonstração de perícia em manobra de veículo, ou deles participar, como condutor, sem permissão da autoridade de trânsito com circunscrição sobre a via: Infração – gravíssima; Penalidade – multa (cinco vezes), suspensão do direito de dirigir e apreensão do veículo; Medida administrativa – recolhimento do documento de habilitação e remoção do veículo. **Parágrafo único.** As penalidades são aplicáveis aos promotores e aos condutores participantes.

Art. 175. Utilizar-se de veículo para demonstrar ou exibir manobra perigosa, mediante arrancada brusca, derrapagem ou frenagem com deslizamento ou arrastamento de pneus:

→ *Caput* com redação alterada pela Lei 12.971/2014, em vigor no 1º (primeiro) dia do 6º (sexto) mês após a sua publicação – *D.O.U.* de 12.5.2014.

Infração – gravíssima;

Penalidade – multa (dez vezes), suspensão do direito de dirigir e apreensão do veículo;

→ Penalidade com redação alterada pela Lei 12.971/2014, em vigor no 1º (primeiro) dia do 6º (sexto) mês após a sua publicação – *D.O.U.* de 12.5.2014.

Medida administrativa – recolhimento do documento de habilitação e remoção do veículo.

Parágrafo único. Aplica-se em dobro a multa prevista no *caput* em caso de reincidência no período de 12 (doze) meses da infração anterior.

→ Parágrafo único acrescentado pela Lei 12.971/2014, em vigor no 1º (primeiro) dia do 6º (sexto) mês após a sua publicação – *D.O.U.* de 12.5.2014.

→ **Anterior redação: Art. 175.** Utilizar-se de veículo para, em via pública, demonstrar ou exibir manobra perigosa, arrancada brusca, derrapagem ou frenagem com deslizamento ou arrastamento de pneus: Infração – gravíssima; Penalidade – multa, suspensão do direito de dirigir e apreensão do veículo; Medida administrativa – recolhimento do documento de habilitação e remoção do veículo.

Art. 176. Deixar o condutor envolvido em acidente com vítima:

I – de prestar ou providenciar socorro à vítima, podendo fazê-lo;

II – de adotar providências, podendo fazê-lo, no sentido de evitar perigo para o trânsito no local;

III – de preservar o local, de forma a facilitar os trabalhos da polícia e da perícia;

IV – de adotar providências para remover o veículo do local, quando determinadas por policial ou agente da autoridade de trânsito;

V – de identificar-se ao policial e de lhe prestar informações necessárias à confecção do boletim de ocorrência:

Infração – gravíssima;

Penalidade – multa (cinco vezes) e suspensão do direito de dirigir;

Medida administrativa – recolhimento do documento de habilitação.

Art. 177. Deixar o condutor de prestar socorro à vítima de acidente de trânsito quando solicitado pela autoridade e seus agentes:

Infração – grave;

Penalidade – multa.

Art. 178. Deixar o condutor, envolvido em acidente sem vítima, de adotar providências para remover o veículo do local, quando necessária tal medida para assegurar a segurança e a fluidez do trânsito:

Infração – média;

Penalidade – multa.

Art. 179. Fazer ou deixar que se faça reparo em veículo na via pública, salvo nos casos de impedimento absoluto de sua remoção e em que o veículo esteja devidamente sinalizado:

I – em pista de rolamento de rodovias e vias de trânsito rápido:

Infração – grave;

Penalidade – multa;

Medida administrativa – remoção do veículo;

II – nas demais vias:

Infração – leve;

Penalidade – multa.

Art. 180. Ter seu veículo imobilizado na via por falta de combustível:

Infração – média;

Penalidade – multa;

Medida administrativa – remoção do veículo.

Art. 181. Estacionar o veículo:

I – nas esquinas e a menos de cinco metros do bordo do alinhamento da via transversal:

Infração – média;

Penalidade – multa;

Medida administrativa – remoção do veículo;

II – afastado da guia da calçada (meio-fio) de cinquenta centímetros a um metro:

Infração – leve;

Penalidade – multa;

Medida administrativa – remoção do veículo;

III – afastado da guia da calçada (meio-fio) a mais de um metro:

Infração – grave;

Penalidade – multa;

Medida administrativa – remoção do veículo;

IV – em desacordo com as posições estabelecidas neste Código:

Infração – média;

Penalidade – multa;

Medida administrativa – remoção do veículo;

V – na pista de rolamento das estradas, das rodovias, das vias de trânsito rápido e das vias dotadas de acostamento:

Infração – gravíssima;

Penalidade – multa;

Medida administrativa – remoção do veículo;

VI – junto ou sobre hidrantes de incêndio, registro de água ou tampas de poços de visita de galerias subterrâneas, desde que devidamente identificados, conforme especificação do Contran:

Infração – média;

Penalidade – multa;

Medida administrativa – remoção do veículo;

VII – nos acostamentos, salvo motivo de força maior:

Infração – leve;

Penalidade – multa;

Medida administrativa – remoção do veículo;

VIII – no passeio ou sobre faixa destinada a pedestre, sobre ciclovia ou ciclofaixa, bem como nas ilhas, refúgios, ao lado ou sobre canteiros centrais, divisores de pista de rolamento, marcas de canalização, gramados ou jardim público:

Infração – grave;

Penalidade – multa;

Medida administrativa – remoção do veículo;

IX – onde houver guia de calçada (meio-fio) rebaixada destinada à entrada ou saída de veículos:

Infração – média;

Penalidade – multa;

Medida administrativa – remoção do veículo;

X – impedindo a movimentação de outro veículo:

Infração – média;

Penalidade – multa;

Medida administrativa – remoção do veículo;

XI – ao lado de outro veículo em fila dupla:

Infração – grave;

Penalidade – multa;

Medida administrativa – remoção do veículo;

XII – na área de cruzamento de vias, prejudicando a circulação de veículos e pedestres:

Infração – grave;

Penalidade – multa;

Medida administrativa – remoção do veículo;

XIII – onde houver sinalização horizontal delimitadora de ponto de embarque ou desembarque de passageiros de transporte coletivo ou, na inexistência desta sinalização, no intervalo compreendido entre dez metros antes e depois do marco do ponto:

Infração – média;

Penalidade – multa;

Medida administrativa – remoção do veículo;

XIV – nos viadutos, pontes e túneis:

Infração – grave;

Penalidade – multa;

Medida administrativa – remoção do veículo;

XV – na contramão de direção:

Infração – média;

Penalidade – multa;

XVI – em aclive ou declive, não estando devidamente freado e sem calço de segurança, quando se tratar de veículo com peso bruto total superior a três mil e quinhentos quilogramas:

Infração – grave;

Penalidade – multa;

Medida administrativa – remoção do veículo;

XVII – em desacordo com as condições regulamentadas especificamente pela sinalização (placa - Estacionamento Regulamentado):

→ *v.* Lei 13.146/2015 – Estatuto da Pessoa com Deficiência.

Infração – grave;

→ Infração com redação alterada pela Lei 13.146/2015, em vigor após decorridos 180 (cento e oitenta) dias de sua publicação oficial – *D.O.U.* de 7.7.2015.

Penalidade - multa;

Medida administrativa - remoção do veículo;

→ **Anterior redação:** XVII – (...) infração – leve (...)

XVIII – em locais e horários proibidos especificamente pela sinalização (placa – Proibido Estacionar):

Infração – média;

Penalidade – multa;

Medida administrativa – remoção do veículo;

XIX – em locais e horários de estacionamento e parada proibidos pela sinalização (placa – Proibido Parar e Estacionar):

Infração – grave;

Penalidade – multa;

Medida administrativa – remoção do veículo.

§ 1º Nos casos previstos neste artigo, a autoridade de trânsito aplicará a penalidade preferencialmente após a remoção do veículo.

§ 2º No caso previsto no inciso XVI é proibido abandonar o calço de segurança na via.

Art. 182. Parar o veículo:

I – nas esquinas e a menos de cinco metros do bordo do alinhamento da via transversal:

Infração – média;

Penalidade – multa;

II – afastado da guia da calçada (meio-fio) de cinquenta centímetros a um metro:

Infração – leve;

Penalidade – multa;

III – afastado da guia da calçada (meio-fio) a mais de um metro:

Infração – média;

Penalidade – multa;

IV – em desacordo com as posições estabelecidas neste Código:

Infração – leve;

Penalidade – multa;

V – na pista de rolamento das estradas, das rodovias, das vias de trânsito rápido e das demais vias dotadas de acostamento:

Infração – grave;

Penalidade – multa;

VI – no passeio ou sobre faixa destinada a pedestres, nas ilhas, refúgios, canteiros centrais e divisores de pista de rolamento e marcas de canalização:

Infração – leve;

Penalidade – multa;

VII – na área de cruzamento de vias, prejudicando a circulação de veículos e pedestres:

Infração – média;

Penalidade – multa;

VIII – nos viadutos, pontes e túneis:

Infração – média;

Penalidade – multa;

IX – na contramão de direção:

Infração – média;

Penalidade – multa;

X – em local e horário proibidos especificamente pela sinalização (placa – Proibido Parar):

Infração – média;

Penalidade – multa.

Art. 183. Parar o veículo sobre a faixa de pedestres na mudança de sinal luminoso:

Infração – média;

Penalidade – multa.

Art. 184. Transitar com o veículo:

I – na faixa ou pista da direita, regulamentada como de circulação exclusiva para determinado tipo de veículo, exceto para acesso a imóveis lindeiros ou conversões à direita:

Infração – leve;

Penalidade – multa;

II – na faixa ou pista da esquerda regulamentada como de circulação exclusiva para determinado tipo de veículo:

Infração – grave;

Penalidade – multa.

III – na faixa ou via de trânsito exclusivo, regulamentada com circulação destinada aos veículos de transporte público coletivo de passageiros, salvo casos de força maior e com autorização do poder público competente:

→ Inciso III acrescentado pela Lei 13.154/2015.

Infração – gravíssima;

Penalidade – multa e apreensão do veículo;

Medida Administrativa – remoção do veículo.

Art. 185. Quando o veículo estiver em movimento, deixar de conservá-lo:

I – na faixa a ele destinada pela sinalização de regulamentação, exceto em situações de emergência;

II – nas faixas da direita, os veículos lentos e de maior porte:

Infração – média;

Penalidade – multa.

Art. 186. Transitar pela contramão de direção em:

I – vias com duplo sentido de circulação, exceto para ultrapassar outro veículo e apenas pelo tempo necessário, respeitada a preferência do veículo que transitar em sentido contrário:

Infração – grave;

Penalidade – multa;

II – vias com sinalização de regulamentação de sentido único de circulação:

Infração – gravíssima;

Penalidade – multa.

Art. 187. Transitar em locais e horários não permitidos pela regulamentação estabelecida pela autoridade competente:

I – para todos os tipos de veículos:

Infração – média;

Penalidade – multa;

II – (*Revogado pela Lei 9.602/1998*).

Art. 188. Transitar ao lado de outro veículo, interrompendo ou perturbando o trânsito:

Infração – média;

Penalidade – multa.

Art. 189. Deixar de dar passagem aos veículos precedidos de batedores, de socorro de incêndio e salvamento, de polícia, de operação e fiscalização de trânsito e às ambulâncias, quando em serviço de urgência e devidamente identificados por dispositivos regulamentados de alarme sonoro e iluminação vermelha intermitentes:

Infração – gravíssima;

Penalidade – multa.

Art. 190. Seguir veículo em serviço de urgência, estando este com prioridade de passagem devidamente identificada por dispositivos regulamentares de alarme sonoro e iluminação vermelha intermitentes:

Infração – grave;

Penalidade – multa.

Art. 191. Forçar passagem entre veículos que, transitando em sentidos opostos, estejam na iminência de passar um pelo outro ao realizar operação de ultrapassagem:

Infração – gravíssima;

Penalidade – multa (dez vezes) e suspensão do direito de dirigir.

→ Penalidade com redação alterada pela Lei 12.971/2014, em vigor no 1º (primeiro) dia do 6º (sexto) mês após a sua publicação – *D.O.U.* de 12.5.2014.

Parágrafo único. Aplica-se em dobro a multa prevista no *caput* em caso de reincidência no período de até 12 (doze) meses da infração anterior.

→ Parágrafo único acrescentado pela Lei 12.971/2014, em vigor no 1º (primeiro) dia do 6º (sexto) mês após a sua publicação – *D.O.U.* de 12.5.2014.

→ **Anterior redação: Art. 191.** Forçar passagem entre veículos que, transitando em sentidos opostos, estejam na iminência de passar um pelo outro ao realizar operação de ultrapassagem: Infração – gravíssima; Penalidade – multa.

Art. 192. Deixar de guardar distância de segurança lateral e frontal entre o seu veículo e os demais, bem como em relação ao bordo da pista, considerando-se, no momento, a velocidade, as condições climáticas do local da circulação e do veículo:

Infração – grave;

Penalidade – multa.

Art. 193. Transitar com o veículo em calçadas, passeios, passarelas, ciclovias, ciclofaixas, ilhas, refúgios, ajardinamentos, canteiros centrais e divisores de pista de rolamento, acostamentos, marcas de canalização, gramados e jardins públicos:

Infração – gravíssima;

Penalidade – multa (três vezes).

Art. 194. Transitar em marcha à ré, salvo na distância necessária a pequenas manobras e de forma a não causar riscos à segurança:

Infração – grave;

Penalidade – multa.

Art. 195. Desobedecer às ordens emanadas da autoridade competente de trânsito ou de seus agentes:

Infração – grave;

Penalidade – multa.

Art. 196. Deixar de indicar com antecedência, mediante gesto regulamentar de braço ou luz indicadora de direção do veículo, o início da marcha, a realização da manobra de parar o veículo, a mudança de direção ou de faixa de circulação:

Infração – grave;

Penalidade – multa.

Art. 197. Deixar de deslocar, com antecedência, o veículo para a faixa mais à esquerda ou mais à direita, dentro da respectiva mão de direção, quando for manobrar para um desses lados:

Infração – média;

Penalidade – multa.

Art. 198. Deixar de dar passagem pela esquerda, quando solicitado:

Infração – média;

Penalidade – multa.

Art. 199. Ultrapassar pela direita, salvo quando o veículo da frente estiver colocado na faixa apropriada e der sinal de que vai entrar à esquerda:

Infração – média;

Penalidade – multa.

Art. 200. Ultrapassar pela direita veículo de transporte coletivo ou de escolares, parado para embarque ou desembarque de passageiros, salvo quando houver refúgio de segurança para o pedestre:

Infração – gravíssima;

Penalidade – multa.

Art. 201. Deixar de guardar a distância lateral de um metro e cinquenta centímetros ao passar ou ultrapassar bicicleta:

Infração – média;

Penalidade – multa.

Art. 202. Ultrapassar outro veículo:

I – pelo acostamento;

II – em interseções e passagens de nível;

Infração – gravíssima;

→ Infração com redação alterada pela Lei 12.971/2014, em vigor a partir do 1º (primeiro) dia do 6º (sexto) mês após a sua publicação – *D.O.U.* de 12.5.2014.

Penalidade – multa (cinco vezes)

→ Penalidade com redação alterada pela Lei 12.971/2014, em vigor a partir do 1º (primeiro) dia do 6º (sexto) mês após a sua publicação – *D.O.U.* de 12.5.2014.

→ **Anterior redação: Art. 202.** Ultrapassar outro veículo: I – pelo acostamento; II – em interseções e passagens de nível; Infração – grave; Penalidade – multa.

Art. 203. Ultrapassar pela contramão outro veículo:

I – nas curvas, aclives e declives, sem visibilidade suficiente;

II – nas faixas de pedestre;

III – nas pontes, viadutos ou túneis;

IV – parado em fila junto a sinais luminosos, porteiras, cancelas, cruzamentos ou qualquer outro impedimento à livre circulação;

V – onde houver marcação viária longitudinal de divisão de fluxos opostos do tipo linha dupla contínua ou simples contínua amarela:

Infração – gravíssima;

→ Infração com redação alterada pela Lei 12.971/2014, em vigor no 1º (primeiro) dia do 6º (sexto) mês após a sua publicação – *D.O.U.* de 12.5.2014.

Penalidade – multa (cinco vezes).

→ Penalidade com redação alterada pela Lei 12.971/2014, em vigor no 1º (primeiro) dia do 6º (sexto) mês após a sua publicação – *D.O.U.* de 12.5.2014.

Parágrafo único. Aplica-se em dobro a multa prevista no *caput* em caso de reincidência no período de até 12 (doze) meses da infração anterior.

→ Parágrafo único acrescentado pela Lei 12.971/2014, em vigor no 1º (primeiro) dia do 6º (sexto) mês após a sua publicação – *D.O.U.* de 12.5.2014.

→ **Anterior redação: Art. 203.** Ultrapassar pela contramão outro veículo: I – nas curvas, aclives e declives, sem visibilidade suficiente; II – nas faixas de pedestre; III – nas pontes, viadutos ou túneis; IV – parado em fila junto a sinais luminosos, porteiras, cancelas, cruzamentos ou qualquer outro impedimento à livre circulação; V – onde houver marcação viária longitudinal de divisão de fluxos opostos do tipo linha dupla contínua ou simples contínua amarela: Infração – gravíssima; Penalidade – multa.

Art. 204. Deixar de parar o veículo no acostamento à direita, para aguardar a oportunidade de cruzar a pista ou entrar à esquerda, onde não houver local apropriado para operação de retorno:

Infração – grave;

Penalidade – multa.

Art. 205. Ultrapassar veículo em movimento que integre cortejo, préstito, desfile e formações militares, salvo com autorização da autoridade de trânsito ou de seus agentes:

Infração – leve;

Penalidade – multa.

Art. 206. Executar operação de retorno:

I – em locais proibidos pela sinalização;

II – nas curvas, aclives, declives, pontes, viadutos e túneis;

III – passando por cima de calçada, passeio, ilhas, ajardinamento ou canteiros de divisões de pista de rolamento, refúgios e faixas de pedestres e nas de veículos não motorizados;

IV – nas interseções, entrando na contramão de direção da via transversal;

V – com prejuízo da livre circulação ou da segurança, ainda que em locais permitidos:

Infração – gravíssima;

Penalidade – multa.

Art. 207. Executar operação de conversão à direita ou à esquerda em locais proibidos pela sinalização:

Infração – grave;

Penalidade – multa.

Art. 208. Avançar o sinal vermelho do semáforo ou o de parada obrigatória:

Infração – gravíssima;

Penalidade – multa.

Art. 209. Transpor, sem autorização, bloqueio viário com ou sem sinalização ou dispositivos auxiliares, deixar de adentrar às áreas destinadas à pesagem de veículos ou evadir-se para não efetuar o pagamento do pedágio:

Infração – grave;

Penalidade – multa.

Art. 210. Transpor, sem autorização, bloqueio viário policial:

Infração – gravíssima;

Penalidade – multa, apreensão do veículo e suspensão do direito de dirigir;

Medida administrativa – remoção do veículo e recolhimento do documento de habilitação.

Art. 211. Ultrapassar veículos em fila, parados em razão de sinal luminoso, cancela, bloqueio viário parcial ou qualquer outro obstáculo, com exceção dos veículos não motorizados:

Infração – grave;

Penalidade – multa.

Art. 212. Deixar de parar o veículo antes de transpor linha férrea:

Infração – gravíssima;

Penalidade – multa.

Art. 213. Deixar de parar o veículo sempre que a respectiva marcha for interceptada:

→ *v.* Art. 22 da Lei 13.103/2015.

I – por agrupamento de pessoas, como préstitos, passeatas, desfiles e outros:

Infração – gravíssima;

Penalidade – multa.

II – por agrupamento de veículos, como cortejos, formações militares e outros:

Infração – grave;

Penalidade – multa.

Art. 214. Deixar de dar preferência de passagem a pedestre e a veículo não motorizado:

I – que se encontre na faixa a ele destinada;

II – que não haja concluído a travessia mesmo que ocorra sinal verde para o veículo;

III – portadores de deficiência física, crianças, idosos e gestantes:

Infração – gravíssima;

Penalidade – multa.

IV – quando houver iniciado a travessia mesmo que não haja sinalização a ele destinada;

V – que esteja atravessando a via transversal para onde se dirige o veículo:

Infração – grave;

Penalidade – multa.

Art. 215. Deixar de dar preferência de passagem:

I – em interseção não sinalizada:

a) a veículo que estiver circulando por rodovia ou rotatória;

b) a veículo que vier da direita;

II – nas interseções com sinalização de regulamentação de Dê a Preferência:

Infração – grave;

Penalidade – multa.

Art. 216. Entrar ou sair de áreas lindeiras sem estar adequadamente posicionado para ingresso na via e sem as precauções com a segurança de pedestres e de outros veículos:

Infração – média;

Penalidade – multa.

Art. 217. Entrar ou sair de fila de veículos estacionados sem dar preferência de passagem a pedestres e a outros veículos:

Infração – média;

Penalidade – multa.

Art. 218. Transitar em velocidade superior à máxima permitida para o local, medida por instrumento ou equipamento hábil, em rodovias, vias de trânsito rápido, vias arteriais e demais vias:

→ Artigo com redação alterada pela Lei 11.334/2006.

I – quando a velocidade for superior à máxima em até 20% (vinte por cento):

Infração – média;

Penalidade – multa;

II – quando a velocidade for superior à máxima em mais de 20% (vinte por cento) até 50% (cinquenta por cento):

Infração – grave;

Penalidade – multa;

III – quando a velocidade for superior à máxima em mais de 50% (cinquenta por cento):

Infração – gravíssima;

Penalidade – multa [3 (três) vezes], suspensão imediata do direito de dirigir e apreensão do documento de habilitação.

Art. 219. Transitar com o veículo em velocidade inferior à metade da velocidade máxima estabelecida para a via, retardando ou obstruindo o trânsito, a menos que as condições de tráfego e meteorológicas não o permitam, salvo se estiver na faixa da direita:

Infração – média;

Penalidade – multa.

Art. 220. Deixar de reduzir a velocidade do veículo de forma compatível com a segurança do trânsito:

I – quando se aproximar de passeatas, aglomerações, cortejos, préstitos e desfiles:

Infração – gravíssima;

Penalidade – multa;

II – nos locais onde o trânsito esteja sendo controlado pelo agente da autoridade de trânsito, mediante sinais sonoros ou gestos;

III – ao aproximar-se da guia da calçada (meio-fio) ou acostamento;

IV – ao aproximar-se de ou passar por interseção não sinalizada;

V – nas vias rurais cuja faixa de domínio não esteja cercada;

VI – nos trechos em curva de pequeno raio;

VII – ao aproximar-se de locais sinalizados com advertência de obras ou trabalhadores na pista;

VIII – sob chuva, neblina, cerração ou ventos fortes;

IX – quando houver má visibilidade;

X – quando o pavimento se apresentar escorregadio, defeituoso ou avariado;

XI – à aproximação de animais na pista;

XII – em declive;

XIII – ao ultrapassar ciclista:

Infração – grave;

Penalidade – multa;

XIV – nas proximidades de escolas, hospitais, estações de embarque e desembarque de passageiros ou onde haja intensa movimentação de pedestres:

Infração – gravíssima;

Penalidade – multa.

Art. 221. Portar no veículo placas de identificação em desacordo com as especificações e modelos estabelecidos pelo Contran:

Infração – média;

Penalidade – multa;

Medida administrativa – retenção do veículo para regularização e apreensão das placas irregulares.

Parágrafo único. Incide na mesma penalidade aquele que confecciona, distribui ou coloca, em veículo próprio ou de terceiros, placas de identificação não autorizadas pela regulamentação.

Art. 222. Deixar de manter ligado, nas situações de atendimento de emergência, o sistema de iluminação vermelha intermitente dos veículos de polícia, de socorro de incêndio e salvamento, de fiscalização de trânsito e das ambulâncias, ainda que parados:

Infração – média;

Penalidade – multa.

Art. 223. Transitar com o farol desregulado ou com o facho de luz alta de forma a perturbar a visão de outro condutor:

Infração – grave;

Penalidade – multa;

Medida administrativa – retenção do veículo para regularização.

Art. 224. Fazer uso do facho de luz alta dos faróis em vias providas de iluminação pública:

Infração – leve;

Penalidade – multa.

Art. 225. Deixar de sinalizar a via, de forma a prevenir os demais condutores e, à noite, não manter acesas as luzes externas ou omitir-se quanto a providências necessárias para tornar visível o local, quando:

I – tiver de remover o veículo da pista de rolamento ou permanecer no acostamento;

II – a carga for derramada sobre a via e não puder ser retirada imediatamente:

Infração – grave;

Penalidade – multa.

Art. 226. Deixar de retirar todo e qualquer objeto que tenha sido utilizado para sinalização temporária da via:

Infração – média;

Penalidade – multa.

Art. 227. Usar buzina:

I – em situação que não a de simples toque breve como advertência ao pedestre ou a condutores de outros veículos;

II – prolongada e sucessivamente a qualquer pretexto;

III – entre as vinte e duas e as seis horas;

IV – em locais e horários proibidos pela sinalização;

V – em desacordo com os padrões e frequências estabelecidas pelo Contran:

Infração – leve;

Penalidade – multa.

Art. 228. Usar no veículo equipamento com som em volume ou frequência que não sejam autorizados pelo Contran:

Infração – grave;

Penalidade – multa;

Medida administrativa – retenção do veículo para regularização.

Art. 229. Usar indevidamente no veículo aparelho de alarme ou que produza sons e ruído que perturbem o sossego público, em desacordo com normas fixadas pelo Contran:

Infração – média;

Penalidade – multa e apreensão do veículo;

Medida administrativa – remoção do veículo.

Art. 230. Conduzir o veículo:

→ *v.* Art. 22 da Lei 13.103/2015.

I – com o lacre, a inscrição do chassi, o selo, a placa ou qualquer outro elemento de identificação do veículo violado ou falsificado;

II – transportando passageiros em compartimento de carga, salvo por motivo de força maior, com permissão da autoridade competente e na forma estabelecida pelo Contran;

III – com dispositivo antirradar;

IV – sem qualquer uma das placas de identificação;

V – que não esteja registrado e devidamente licenciado;

VI – com qualquer uma das placas de identificação sem condições de legibilidade e visibilidade:

Infração – gravíssima;

Penalidade – multa e apreensão do veículo;

Medida administrativa – remoção do veículo;

VII – com a cor ou característica alterada;

VIII – sem ter sido submetido à inspeção de segurança veicular, quando obrigatória;

IX – sem equipamento obrigatório ou estando este ineficiente ou inoperante;

X – com equipamento obrigatório em desacordo com o estabelecido pelo Contran;

XI – com descarga livre ou silenciador de motor de explosão defeituoso, deficiente ou inoperante;

XII – com equipamento ou acessório proibido;

XIII – com o equipamento do sistema de iluminação e de sinalização alterados;

XIV – com registrador instantâneo inalterável de velocidade e tempo viciado ou defeituoso, quando houver exigência desse aparelho;

XV – com inscrições, adesivos, legendas e símbolos de caráter publicitário afixados ou pintados no pára-brisa e em toda a extensão da parte traseira do veículo, excetuadas as hipóteses previstas neste Código;

XVI – com vidros total ou parcialmente cobertos por películas refletivas ou não, painéis decorativos ou pinturas;

XVII – com cortinas ou persianas fechadas, não autorizadas pela legislação;

XVIII – em mau estado de conservação, comprometendo a segurança, ou reprovado na avaliação de inspeção de segurança e de emissão de poluentes e ruído, prevista no art. 104;

XIX – sem acionar o limpador de pára-brisa sob chuva:

Infração – grave;

Penalidade – multa;

Medida administrativa – retenção do veículo para regularização;

XX – sem portar a autorização para condução de escolares, na forma estabelecida no art. 136:

Infração – grave;

Penalidade – multa e apreensão do veículo;

XXI – de carga, com falta de inscrição da tara e demais inscrições previstas neste Código;

XXII – com defeito no sistema de iluminação, de sinalização ou com lâmpadas queimadas:

Infração – média;

Penalidade – multa.

XXIII – em desacordo com as condições estabelecidas no art. 67-C, relativamente ao tempo de permanência do condutor ao volante e aos intervalos para descanso, quando se tratar de veículo de transporte de carga ou coletivo de passageiros:

Infração – média;

Penalidade – multa;

Medida administrativa – retenção do veículo para cumprimento do tempo de descanso aplicável.

→ Inciso XXIII com redação alterada pela Lei 13.103/2015.

→ *v.* Art. 22 da Lei 13.103/2015.

XXIV – (*Vetado*).

→ Inciso XXIV acrescentado pela Lei 12.619/2012.

§ 1º Se o condutor cometeu infração igual nos últimos 12 (doze) meses, será convertida, automaticamente, a penalidade disposta no inciso XXIII em infração grave.

→ § 1º acrescentado pela Lei 13.103/2015.

§ 2º Em se tratando de condutor estrangeiro, a liberação do veículo fica condicionada ao pagamento ou ao depósito, judicial ou administrativo, da multa.

→ § 2º acrescentado pela Lei 13.103/2015.

Art. 231. Transitar com o veículo:

I – danificando a via, suas instalações e equipamentos;

II – derramando, lançando ou arrastando sobre a via:

a) carga que esteja transportando;

b) combustível ou lubrificante que esteja utilizando;

c) qualquer objeto que possa acarretar risco de acidente:

Infração – gravíssima;

Penalidade – multa;

Medida administrativa – retenção do veículo para regularização;

III – produzindo fumaça, gases ou partículas em níveis superiores aos fixados pelo Contran;

IV – com suas dimensões ou de sua carga superiores aos limites estabelecidos legalmente ou pela sinalização, sem autorização:

Infração – grave;

Penalidade – multa;

Medida administrativa – retenção do veículo para regularização;

V – com excesso de peso, admitido percentual de tolerância quando aferido por equipamento, na forma a ser estabelecida pelo Contran:

Infração – média;

→ *v.* Art. 22, *caput* e II, da Lei 13.103/2015 – Lei do Motorista Profissional.

Penalidade – multa acrescida a cada duzentos quilogramas ou fração de excesso de peso apurado, constante na seguinte tabela:

a) até seiscentos quilogramas – 5 (cinco) Ufir;

b) de seiscentos e um a oitocentos quilogramas – 10 (dez) Ufir;

c) de oitocentos e um a um mil quilogramas – 20 (vinte) Ufir;

d) de um mil e um a três mil quilogramas – 30 (trinta) Ufir;

e) de três mil e um a cinco mil quilogramas – 40 (quarenta) Ufir;

f) acima de cinco mil e um quilogramas – 50 (cinquenta) Ufir;

Medida administrativa – retenção do veículo e transbordo da carga excedente;

VI – em desacordo com a autorização especial, expedida pela autoridade competente para transitar com dimensões excedentes, ou quando a mesma estiver vencida:

Infração – grave;

Penalidade – multa e apreensão do veículo;

Medida administrativa – remoção do veículo;

VII – com lotação excedente;

VIII – efetuando transporte remunerado de pessoas ou bens, quando não for licenciado para esse fim, salvo casos de força maior ou com permissão da autoridade competente:

→ *v.* Súmula 510 do STJ.

Infração – média;

Penalidade – multa;

Medida administrativa – retenção do veículo;

IX – desligado ou desengrenado, em declive:

Infração – média;

Penalidade – multa;

Medida administrativa – retenção do veículo;

X – excedendo a capacidade máxima de tração:

Infração – de média a gravíssima, a depender da relação entre o excesso de peso apurado e a capacidade máxima de tração, a ser regulamentada pelo Contran;

Penalidade – multa;

Medida administrativa – retenção do veículo e transbordo de carga excedente.

Parágrafo único. Sem prejuízo das multas previstas nos incisos V e X, o veículo que transitar com excesso de peso ou excedendo à capacidade máxima de tração, não computado o percentual tolerado na forma do disposto na legislação, somente poderá continuar viagem após descarregar o que exceder, segundo critérios estabelecidos na referida legislação complementar.

Art. 232. Conduzir veículo sem os documentos de porte obrigatório referidos neste Código:

Infração – leve;

Penalidade – multa;

Medida administrativa – retenção do veículo até a apresentação do documento.

Art. 233. Deixar de efetuar o registro de veículo no prazo de 30 (trinta) dias, junto ao órgão executivo de trânsito, ocorridas as hipóteses previstas no art. 123:

Infração – grave;

Penalidade – multa;

Medida administrativa – retenção do veículo para regularização.

Art. 234. Falsificar ou adulterar documento de habilitação e de identificação do veículo:

Infração – gravíssima;

Penalidade – multa e apreensão do veículo;

Medida administrativa – remoção do veículo.

Art. 235. Conduzir pessoas, animais ou carga nas partes externas do veículo, salvo nos casos devidamente autorizados:

Infração – grave;

Penalidade – multa;

Medida administrativa – retenção do veículo para transbordo.

Art. 236. Rebocar outro veículo com cabo flexível ou corda, salvo em casos de emergência:

Infração – média;

Penalidade – multa.

Art. 237. Transitar com o veículo em desacordo com as especificações, e com falta de inscrição e simbologia necessárias à sua identificação, quando exigidas pela legislação:

Infração – grave;

Penalidade – multa;

Medida administrativa – retenção do veículo para regularização.

Art. 238. Recusar-se a entregar à autoridade de trânsito ou a seus agentes, mediante recibo, os documentos de habilitação, de registro, de licenciamento de veículo e outros exigidos por lei, para averiguação de sua autenticidade:

Infração – gravíssima;

Penalidade – multa e apreensão do veículo;

Medida administrativa – remoção do veículo.

Art. 239. Retirar do local veículo legalmente retido para regularização, sem permissão da autoridade competente ou de seus agentes:

Infração – gravíssima;

Penalidade – multa e apreensão do veículo;

Medida administrativa – remoção do veículo.

Art. 240. Deixar o responsável de promover a baixa do registro de veículo irrecuperável ou definitivamente desmontado:

Infração – grave;

Penalidade – multa;

Medida administrativa – recolhimento do Certificado de Registro e do Certificado de Licenciamento Anual.

Art. 241. Deixar de atualizar o cadastro de registro do veículo ou de habilitação do condutor:

Infração – leve;

Penalidade – multa.

Art. 242. Fazer falsa declaração de domicílio para fins de registro, licenciamento ou habilitação:

Infração – gravíssima;

Penalidade – multa.

Art. 243. Deixar a empresa seguradora de comunicar ao órgão executivo de trânsito competente a ocorrência de perda total do veículo e de lhe devolver as respectivas placas e documentos:

Infração – grave;

Penalidade – multa;

Medida administrativa – recolhimento das placas e dos documentos.

Art. 244. Conduzir motocicleta, motoneta e ciclomotor:

I – sem usar capacete de segurança com viseira ou óculos de proteção e vestuário de acordo com as normas e especificações aprovadas pelo Contran;

II – transportando passageiro sem o capacete de segurança, na forma estabelecida no inciso anterior, ou fora do assento suplementar colocado atrás do condutor ou em carro lateral;

III – fazendo malabarismo ou equilibrando-se apenas em uma roda;

IV – com os faróis apagados;

V – transportando criança menor de sete anos ou que não tenha, nas circunstâncias, condições de cuidar de sua própria segurança;

Infração – gravíssima;

Penalidade – multa e suspensão do direito de dirigir;

Medida administrativa – recolhimento do documento de habilitação;

VI – rebocando outro veículo;

VII – sem segurar o guidom com ambas as mãos, salvo eventualmente para indicação de manobras;

VIII – transportando carga incompatível com suas especificações ou em desacordo com o previsto no § 2º do art. 139-A desta Lei;

→ Inciso VIII com redação alterada pela Lei 12.009/2009.

IX – efetuando transporte remunerado de mercadorias em desacordo com o previsto no art. 139-A desta Lei ou com as normas que regem a atividade profissional dos mototaxistas:

→ Inciso IX acrescentado pela Lei 12.009/2009.

Infração – grave;

Penalidade – multa;

Medida administrativa – apreensão do veículo para regularização.

§ 1º Para ciclos aplica-se o disposto nos incisos III, VII e VIII, além de:

a) conduzir passageiro fora da garupa ou do assento especial a ele destinado;

b) transitar em vias de trânsito rápido ou rodovias, salvo onde houver acostamento ou faixas de rolamento próprias;

c) transportar crianças que não tenham, nas circunstâncias, condições de cuidar de sua própria segurança.

§ 2º Aplica-se aos ciclomotores o disposto na alínea *b* do parágrafo anterior:

Infração – média;

Penalidade – multa.

§ 3º A restrição imposta pelo inciso VI do *caput* deste artigo não se aplica às motocicletas e motonetas que tracionem semirreboques especialmente projetados para esse fim e devidamente homologados pelo órgão competente.

→ § 3º acrescentado pela Lei 10.517/2002.

Art. 245. Utilizar a via para depósito de mercadorias, materiais ou equipamentos, sem autorização do órgão ou entidade de trânsito com circunscrição sobre a via:

Infração – grave;

Penalidade – multa;

Medida administrativa – remoção da mercadoria ou do material.

Parágrafo único. A penalidade e a medida administrativa incidirão sobre a pessoa física ou jurídica responsável.

Art. 246. Deixar de sinalizar qualquer obstáculo à livre circulação, à segurança de veículo e pedestres, tanto no leito da via terrestre como na calçada, ou obstaculizar a via indevidamente:

Infração – gravíssima;

Penalidade – multa, agravada em até cinco vezes, a critério da autoridade de trânsito, conforme o risco à segurança.

Parágrafo único. A penalidade será aplicada à pessoa física ou jurídica responsável pela obstrução, devendo a autoridade com circunscrição sobre a via providenciar a sinalização de emergência, às expensas do responsável, ou, se possível, promover a desobstrução.

Art. 247. Deixar de conduzir pelo bordo da pista de rolamento, em fila única, os veículos de tração ou propulsão humana e os de tração animal, sempre que não houver acostamento ou faixa a eles destinados:

Infração – média;

Penalidade – multa.

Art. 248. Transportar em veículo destinado ao transporte de passageiros carga excedente em desacordo com o estabelecido no art. 109:

Infração – grave;

Penalidade – multa;

Medida administrativa – retenção para o transbordo.

Art. 249. Deixar de manter acesas, à noite, as luzes de posição, quando o veículo estiver parado, para fins de embarque ou desembarque de passageiros e carga ou descarga de mercadorias:

Infração – média;

Penalidade – multa.

Art. 250. Quando o veículo estiver em movimento:

I – deixar de manter acesa a luz baixa:

a) durante a noite;

b) de dia, nos túneis providos de iluminação pública;

c) de dia e de noite, tratando-se de veículo de transporte coletivo de passageiros, circulando em faixas ou pistas a eles destinadas;

d) de dia e de noite, tratando-se de ciclomotores;

II – deixar de manter acesas pelo menos as luzes de posição sob chuva forte, neblina ou cerração;

III – deixar de manter a placa traseira iluminada, à noite;

Infração – média;

Penalidade – multa.

Art. 251. Utilizar as luzes do veículo:

I – o pisca-alerta, exceto em imobilizações ou situações de emergência;

II – baixa e alta de forma intermitente, exceto nas seguintes situações:

a) a curtos intervalos, quando for conveniente advertir a outro condutor que se tem o propósito de ultrapassá-lo;

b) em imobilizações ou situação de emergência, como advertência, utilizando pisca-alerta;

c) quando a sinalização de regulamentação da via determinar o uso do pisca-alerta:

Infração – média;

Penalidade – multa.

Art. 252. Dirigir o veículo:

I – com o braço do lado de fora;

II – transportando pessoas, animais ou volume à sua esquerda ou entre os braços e pernas;

III – com incapacidade física ou mental temporária que comprometa a segurança do trânsito;

IV – usando calçado que não se firme nos pés ou que comprometa a utilização dos pedais;

V – com apenas uma das mãos, exceto quando deva fazer sinais regulamentares de braço, mudar a marcha do veículo, ou acionar equipamentos e acessórios do veículo;

VI – utilizando-se de fones nos ouvidos conectados a aparelhagem sonora ou de telefone celular;

Infração – média;

Penalidade – multa.

VII – realizando a cobrança de tarifa com o veículo em movimento:

→ Inciso VII acrescentado pela Lei 13.154/2015.

Infração – média;

Penalidade – multa.

Art. 253. Bloquear a via com veículo:

Infração – gravíssima;

Penalidade – multa e apreensão do veículo;

Medida administrativa – remoção do veículo.

Art. 253-A. Usar veículo para, deliberadamente, interromper, restringir ou perturbar a circulação na via:

→ Artigo acrescentado pela MP 699/2015.

Infração – gravíssima;

Penalidade – multa (trinta vezes), suspensão do direito de dirigir por doze meses e apreensão do veículo;

Medida administrativa – recolhimento do documento de habilitação, remoção do veículo e proibição de receber incentivo creditício por dez anos para aquisição de veículos.

§ 1º Aplica-se a multa agravada em cem vezes aos organizadores da conduta prevista no caput.

§ 2º Aplica-se em dobro a multa em caso de reincidência no período de doze meses.

Art. 254. É proibido ao pedestre:

I – permanecer ou andar nas pistas de rolamento, exceto para cruzá-las onde for permitido;

II – cruzar pistas de rolamento nos viadutos, pontes, ou túneis, salvo onde exista permissão;

III – atravessar a via dentro das áreas de cruzamento, salvo quando houver sinalização para esse fim;

IV – utilizar-se da via em agrupamentos capazes de perturbar o trânsito, ou para a prática de qualquer folguedo, esporte, desfiles e similares, salvo em casos especiais e com a devida licença da autoridade competente;

V – andar fora da faixa própria, passarela, passagem aérea ou subterrânea;

VI – desobedecer à sinalização de trânsito específica;

Infração – leve;

Penalidade – multa, em 50% (cinquenta por cento) do valor da infração de natureza leve.

Art. 255. Conduzir bicicleta em passeios onde não seja permitida a circulação desta, ou de forma agressiva, em desacordo com o disposto no parágrafo único do art. 59:

Infração – média;

Penalidade – multa;

Medida administrativa – remoção da bicicleta, mediante recibo para o pagamento da multa.

Capítulo XVI
DAS PENALIDADES

Art. 256. A autoridade de trânsito, na esfera das competências estabelecidas neste Código e dentro de sua circunscrição, deverá aplicar, às infrações nele previstas, as seguintes penalidades:

I – advertência por escrito;

II – multa;

III – suspensão do direito de dirigir;

IV – apreensão do veículo;

V – cassação da Carteira Nacional de Habilitação;

VI – cassação da Permissão para Dirigir;

VII – frequência obrigatória em curso de reciclagem.

§ 1º A aplicação das penalidades previstas neste Código não elide as punições originárias de ilícitos penais decorrentes de crimes de trânsito, conforme disposições de lei.

§ 2º (*Vetado*).

§ 3º A imposição da penalidade será comunicada aos órgãos ou entidades executivos de trânsito responsáveis pelo licenciamento do veículo e habilitação do condutor.

Art. 257. As penalidades serão impostas ao condutor, ao proprietário do veículo, ao embarcador e ao transportador, salvo os casos de descumprimento de obrigações e deveres impostos a pessoas físicas ou jurídicas expressamente mencionados neste Código.

§ 1º Aos proprietários e condutores de veículos serão impostas concomitantemente as penalidades de que trata este Código toda vez que houver responsabilidade solidária em infração dos preceitos que lhes couber observar, respondendo cada um de *per si* pela falta em comum que lhes for atribuída.

§ 2º Ao proprietário caberá sempre a responsabilidade pela infração referente à prévia regularização e preenchimento das formalidades e condições exigidas para o trânsito do veículo na via terrestre, conservação e inalterabilidade de suas características, componentes, agregados, habilitação legal e compatível de seus condutores, quando esta for exigida, e outras disposições que deva observar.

§ 3º Ao condutor caberá a responsabilidade pelas infrações decorrentes de atos praticados na direção do veículo.

§ 4º O embarcador é responsável pela infração relativa ao transporte de carga com excesso de peso nos eixos ou no peso bruto total, quando simultaneamente for o único remetente da carga e o peso declarado na nota fiscal, fatura ou manifesto for inferior àquele aferido.

§ 5º O transportador é o responsável pela infração relativa ao transporte de carga com excesso de peso nos eixos ou quando a carga proveniente de mais de um embarcador ultrapassar o peso bruto total.

§ 6º O transportador e o embarcador são solidariamente responsáveis pela infração relativa ao excesso de peso bruto total, se o peso declarado na nota fiscal, fatura ou manifesto for superior ao limite legal.

§ 7º Não sendo imediata a identificação do infrator, o proprietário do veículo terá 15 (quinze) dias de prazo, após a notificação da autuação, para apresentá-lo, na forma em que dispuser o Contran, ao fim do qual, não o fazendo, será considerado responsável pela infração.

§ 8º Após o prazo previsto no parágrafo anterior, não havendo identificação do infrator e sendo o veículo de propriedade de pessoa jurídica, será lavrada nova multa ao proprietário do veículo, mantida a originada pela infração, cujo valor é o da multa multiplicada pelo número de infrações iguais cometidas no período de 12 (doze) meses.

§ 9º O fato de o infrator ser pessoa jurídica não o exime do disposto no § 3º do art. 258 e no art. 259.

→ Referido § 3º do art. 258 foi vetado.

Art. 258. As infrações punidas com multa classificam-se, de acordo com sua gravidade, em quatro categorias:

I – infração de natureza gravíssima, punida com multa de valor correspondente a 180 (cento e oitenta) Ufir;

II – infração de natureza grave, punida com multa de valor correspondente a 120 (cento e vinte) Ufir;

III – infração de natureza média, punida com multa de valor correspondente a 80 (oitenta) Ufir;

IV – infração de natureza leve, punida com multa de valor correspondente a 50 (cinquenta) Ufir.

§ 1º Os valores das multas serão corrigidos no primeiro dia útil de cada mês pela variação da Ufir ou outro índice legal de correção dos débitos fiscais.

§ 2º Quando se tratar de multa agravada, o fator multiplicador ou índice adicional específico é o previsto neste Código.

§ 3º (*Vetado*).

§ 4º (*Vetado*).

Art. 259. A cada infração cometida são computados os seguintes números de pontos:

I – gravíssima – sete pontos;

II – grave – cinco pontos;

III – média – quatro pontos;

IV – leve – três pontos.

§ 1º (*Vetado*).

§ 2º (*Vetado*).

§ 3º (*Vetado*).

→ § 3º acrescentado pela Lei 12.619/2012.

§ 4º Ao condutor identificado no ato da infração será atribuída pontuação pelas infrações de sua responsabilidade, nos termos previstos no § 3º do art. 257, excetuando-se aquelas praticadas por passageiros usuários do serviço de transporte rodoviário de passageiros em viagens de longa distância transitando em rodovias com a utilização de ônibus, em linhas regulares intermunicipal, interestadual, internacional e aquelas em viagem de longa distância por fretamento e turismo ou de qualquer modalidade, excetuadas as situações regulamentadas pelo Contran a teor do art. 65 da Lei 9.503, de 23 de setembro de 1997 – Código de Trânsito Brasileiro.

→ § 4º acrescentado pela Lei 13.103/2015.

Art. 260. As multas serão impostas e arrecadadas pelo órgão ou entidade de trânsito com circunscrição sobre a via onde haja ocorrido a infração, de acordo com a competência estabelecida neste Código.

§ 1º As multas decorrentes de infração cometida em unidade da Federação diversa da do licenciamento do veículo serão arrecadadas e compensadas na forma estabelecida pelo Contran.

§ 2º As multas decorrentes de infração cometida em unidade da Federação diversa daquela do licenciamento do veículo poderão ser comunicadas ao órgão ou entidade responsável pelo seu licenciamento, que providenciará a notificação.

§ 3º (*Revogado pela Lei 9.602/1998*).

§ 4º Quando a infração for cometida com veículo licenciado no exterior, em trânsito no território nacional, a multa respectiva deverá ser paga antes de sua saída do País, respeitado o princípio de reciprocidade.

Art. 261. A penalidade de suspensão do direito de dirigir será aplicada, nos casos previstos neste Código, pelo prazo mínimo de 1 (um) mês até o máximo de 1 (um) ano e, no caso de reincidência no período de 12 (doze) meses, pelo prazo mínimo de 6 (seis) meses até o máximo de 2 (dois) anos, segundo critérios estabelecidos pelo Contran.

§ 1º Além dos casos previstos em outros artigos deste Código e excetuados aqueles especificados no art. 263, a suspensão do direito de dirigir será aplicada quando o infrator atingir, no período de 12 (doze) meses, a contagem de 20 (vinte) pontos, conforme pontuação indicada no art. 259.

→ § 1º com redação alterada pela Lei 12.547/2011.

§ 2º Quando ocorrer a suspensão do direito de dirigir, a Carteira Nacional de Habilitação será devolvida a seu titular imediatamente após cumprida a penalidade e o curso de reciclagem.

§ 3º A imposição da penalidade de suspensão do direito de dirigir elimina os 20 (vinte) pontos computados para fins de contagem subsequente.

→ § 3º acrescentado pela Lei 12.547/2011.

§ 4º (*Vetado*).

→ § 4º acrescentado pela Lei 12.619/2012.

§ 5º O condutor que exerce atividade remunerada em veículo, habilitado na categoria C, D ou E, será convocado pelo órgão executivo de trânsito estadual a participar de curso preventivo de reciclagem sempre que, no período de um ano, atingir quatorze pontos, conforme regulamentação do Contran.

→ § 5º acrescentado pela Lei 13.154/2015.

§ 6º Concluído o curso de reciclagem previsto no § 5o, o condutor terá eliminados os pontos que lhe tiverem sido atribuídos, para fins de contagem subsequente.

→ § 6º acrescentado pela Lei 13.154/2015.

§ 7º Após o término do curso de reciclagem, na forma do § 5o, o condutor não poderá ser novamente convocado antes de transcorrido o período de um ano.

→ § 7º acrescentado pela Lei 13.154/2015.

§ 8º A pessoa jurídica concessionária ou permissionária de serviço público tem o direito de ser informada dos pontos atribuídos, na forma do art. 259, aos motoristas que integrem seu quadro funcional, exercendo atividade remunerada ao volante, na forma que dispuser o Contran.

→ § 8º acrescentado pela Lei 13.154/2015.

Art. 262. O veículo apreendido em decorrência de penalidade aplicada será recolhido ao depósito e nele permanecerá sob custódia e responsabilidade do órgão ou entidade apreendedora, com ônus para o seu proprietário, pelo prazo de até 30 (trinta) dias, conforme critério a ser estabelecido pelo Contran.

§ 1º No caso de infração em que seja aplicável a penalidade de apreensão do veículo, o agente de trânsito deverá, desde logo, adotar a medida administrativa de recolhimento do Certificado de Licenciamento Anual.

§ 2º A restituição dos veículos apreendidos só ocorrerá mediante o prévio pagamento das multas impostas, taxas e despesas com remoção e estada, além de outros encargos previstos na legislação específica.

→ v. Súmula 510 do STJ.

§ 3º A retirada dos veículos apreendidos é condicionada, ainda, ao reparo de qualquer componente ou equipamento obrigatório que não esteja em perfeito estado de funcionamento.

§ 4º Se o reparo referido no parágrafo anterior demandar providência que não possa ser tomada no depósito, a autoridade responsável pela apreensão liberará o veículo para reparo, mediante autorização, assinando prazo para a sua reapresentação e vistoria.

§ 5º O recolhimento ao depósito, bem como a sua manutenção, ocorrerá por serviço público executado diretamente ou contratado por licitação pública pelo critério de menor preço.

→ § 5º acrescentado pela Lei 12.760/2012.

Art. 263. A cassação do documento de habilitação dar-se-á:

I – quando, suspenso o direito de dirigir, o infrator conduzir qualquer veículo;

II – no caso de reincidência, no prazo de 12 (doze) meses, das infrações previstas no inciso III do art. 162 e nos arts. 163, 164, 165, 173, 174 e 175;

III – quando condenado judicialmente por delito de trânsito, observado o disposto no art. 160.

§ 1º Constatada, em processo administrativo, a irregularidade na expedição do documento de habilitação, a autoridade expedidora promoverá o seu cancelamento.

§ 2º Decorridos 2 (dois) anos da cassação da Carteira Nacional de Habilitação, o infrator poderá requerer sua reabilitação, submetendo-se a todos os exames necessários à habilitação, na forma estabelecida pelo Contran.

Art. 264. (*Vetado*).

Art. 265. As penalidades de suspensão do direito de dirigir e de cassação do documento de habilitação serão aplicadas por decisão fundamentada da autoridade de trânsito competente, em processo administrativo, assegurado ao infrator amplo direito de defesa.

Art. 266. Quando o infrator cometer, simultaneamente, duas ou mais infrações, ser-lhe-ão aplicadas, cumulativamente, as respectivas penalidades.

Art. 267. Poderá ser imposta a penalidade de advertência por escrito à infração de natureza leve ou média, passível de ser punida com multa, não sendo reincidente o infrator, na mesma infração, nos últimos 12 (doze) meses, quando a autoridade, considerando o prontuário do infrator, entender esta providência como mais educativa.

§ 1º A aplicação da advertência por escrito não elide o acréscimo do valor da multa prevista no § 3º do art. 258, imposta por infração posteriormente cometida.

→ Referido § 3º do art. 258 foi vetado.

§ 2º O disposto neste artigo aplica-se igualmente aos pedestres, podendo a multa ser transformada na participação do infrator em cursos de segurança viária, a critério da autoridade de trânsito.

Art. 268. O infrator será submetido a curso de reciclagem, na forma estabelecida pelo Contran:

I – quando, sendo contumaz, for necessário à sua reeducação;

II – quando suspenso do direito de dirigir;

III – quando se envolver em acidente grave para o qual haja contribuído, independentemente de processo judicial;

IV – quando condenado judicialmente por delito de trânsito;

V – a qualquer tempo, se for constatado que o condutor está colocando em risco a segurança do trânsito;

VI – em outras situações a serem definidas pelo Contran.

Capítulo XVII
DAS MEDIDAS ADMINISTRATIVAS

Art. 269. A autoridade de trânsito ou seus agentes, na esfera das competências estabelecidas neste Código e dentro de sua circunscrição, deverá adotar as seguintes medidas administrativas:

I – retenção do veículo;

II – remoção do veículo;

III – recolhimento da Carteira Nacional de Habilitação;

IV – recolhimento da Permissão para Dirigir;

V – recolhimento do Certificado de Registro;

VI – recolhimento do Certificado de Licenciamento Anual;

VII – (*Vetado*).

VIII – transbordo do excesso de carga;

IX – realização de teste de dosagem de alcoolemia ou perícia de substância entorpecente ou que determine dependência física ou psíquica;

X – recolhimento de animais que se encontrem soltos nas vias e na faixa de domínio das vias de circulação, restituindo-os aos seus proprietários, após o pagamento de multas e encargos devidos;

XI – realização de exames de aptidão física, mental, de legislação, de prática de primeiros socorros e de direção veicular.

→ Inciso XI acrescentado pela Lei 9.602/1998.

§ 1º A ordem, o consentimento, a fiscalização, as medidas administrativas e coercitivas adotadas pelas autoridades de trânsito e seus agentes terão por objetivo prioritário a proteção à vida e à incolumidade física da pessoa.

§ 2º As medidas administrativas previstas neste artigo não elidem a aplicação das penalidades impostas por infrações estabelecidas neste Código, possuindo caráter complementar a estas.

§ 3º São documentos de habilitação a Carteira Nacional de Habilitação e a Permissão para Dirigir.

§ 4º Aplica-se aos animais recolhidos na forma do inciso X o disposto nos arts. 271 e 328, no que couber.

Art. 270. O veículo poderá ser retido nos casos expressos neste Código.

→ v. Súmula 510 do STJ.

§ 1º Quando a irregularidade puder ser sanada no local da infração, o veículo será liberado tão logo seja regularizada a situação.

§ 2º Não sendo possível sanar a falha no local da infração, o veículo, desde que ofereça condições de segurança para circulação, poderá ser liberado e entregue a condutor regularmente habilitado, mediante recolhimento do Certificado de Licenciamento Anual, contra apresentação de recibo, assinalando-se prazo razoável ao condutor para regularizar a situação, para o que se considerará, desde logo, notificado.

→ § 2º com redação alterada pela Lei 13.160/2015, em vigor após decorridos cento e cinquenta dias de sua publicação oficial – *D.O.U.* de 26.8.2015.

→ **Anterior redação:** § 2º Não sendo possível sanar a falha no local da infração, o veículo poderá ser retirado por condutor regularmente habilitado, mediante recolhimento do Certificado de Licenciamento Anual, contra recibo, assinalando-se ao condutor prazo para sua regularização, para o que se considerará, desde logo, notificado.

§ 3º O Certificado de Licenciamento Anual será devolvido ao condutor no órgão ou entidade aplicadores das medidas administrativas, tão logo o veículo seja apresentado à autoridade devidamente regularizado.

§ 4º Não se apresentando condutor habilitado no local da infração, o veículo será recolhido ao depósito, aplicando-se neste caso o disposto nos parágrafos do art. 262.

§ 5º A critério do agente, não se dará a retenção imediata, quando se tratar de veículo de transporte coletivo transportando passageiros ou veículo transportando produto perigoso ou perecível, desde que ofereça condições de segurança para circulação em via pública.

§ 6º Não efetuada a regularização no prazo a que se refere o § 2º, será feito registro de restrição administrativa no Renavam por órgão ou entidade executivo de trânsito dos Estados e do Distrito Federal, que será retirada após comprovada a regularização.

→ § 6º acrescentado pela Lei 13.160/2015, em vigor após decorridos cento e cinquenta dias de sua publicação oficial – *D.O.U.* de 26.8.2015.

§ 7º O descumprimento das obrigações estabelecidas no § 2º resultará em recolhimento do veículo ao depósito, aplicando-se, nesse caso, o disposto no art. 271.

→ § 7º acrescentado pela Lei 13.160/2015, em vigor após decorridos cento e cinquenta dias de sua publicação oficial – *D.O.U.* de 26.8.2015.

Art. 271. O veículo será removido, nos casos previstos neste Código, para o depósito fixado pelo órgão ou entidade competente, com circunscrição sobre a via.

§ 1º A restituição do veículo removido só ocorrerá mediante prévio pagamento de multas, taxas e despesas com remoção e estada, além de outros encargos previstos na legislação específica.

→ § 1º acrescentado pela Lei 13.160/2015, em vigor após decorridos cento e cinquenta dias de sua publicação oficial – *D.O.U.* de 26.8.2015.

§ 2º A liberação do veículo removido é condicionada ao reparo de qualquer componente ou equipamento obrigatório que não esteja em perfeito estado de funcionamento.

→ § 2º acrescentado pela Lei 13.160/2015, em vigor após decorridos cento e cinquenta dias de sua publicação oficial – *D.O.U.* de 26.8.2015.

§ 3º Se o reparo referido no § 2º demandar providência que não possa ser tomada no depósito, a autoridade responsável pela remoção liberará o veículo para reparo, mediante autorização, assinalando prazo para reapresentação e vistoria.

→ § 3º acrescentado pela Lei 13.160/2015, em vigor após decorridos cento e cinquenta dias de sua publicação oficial – *D.O.U.* de 26.8.2015.

§ 4º A remoção, o depósito e a guarda do veículo serão realizados diretamente por órgão público ou serão contratados por licitação pública.

→ § 4º acrescentado pela Lei 13.160/2015, em vigor após decorridos cento e cinquenta dias de sua publicação oficial – *D.O.U.* de 26.8.2015.

§ 5º O proprietário ou o condutor deverá ser notificado, no ato de remoção do veículo, sobre as providências necessárias à sua restituição e sobre o disposto no art. 328, conforme regulamentação do CONTRAN.

→ § 5º acrescentado pela Lei 13.160/2015, em vigor após decorridos cento e cinquenta dias de sua publicação oficial – *D.O.U.* de 26.8.2015.

§ 6º Caso o proprietário ou o condutor não esteja presente no momento de remoção do veículo, a autoridade de trânsito, no prazo de dez dias contado da data de apreensão, deverá expedir a notificação prevista no § 5º ao proprietário, por remessa postal ou por outro meio tecnológico hábil que assegure a sua ciência.

→ § 6º acrescentado pela Lei 13.160/2015, em vigor após decorridos cento e cinquenta dias de sua publicação oficial – *D.O.U.* de 26.8.2015.

§ 7º A notificação devolvida por desatualização do endereço do proprietário do veículo ou por recusa desse de recebê-la será considerada recebida para todos os efeitos.

→ § 7º acrescentado pela Lei 13.160/2015, em vigor após decorridos cento e cinquenta dias de sua publicação oficial – *D.O.U.* de 26.8.2015.

§ 8º Em caso de veículo licenciado no exterior, a notificação será feita por edital.

→ § 8º acrescentado pela Lei 13.160/2015, em vigor após decorridos cento e cinquenta dias de sua publicação oficial – *D.O.U.* de 26.8.2015.

§ 9º Não caberá remoção nos casos em que a irregularidade puder ser sanada no local da infração.

→ § 9º acrescentado pela Lei 13.160/2015, em vigor após decorridos cento e cinquenta dias de sua publicação oficial – *D.O.U.* de 26.8.2015.

→ **Anterior redação: Art. 271.** (...) **Parágrafo único.** A restituição dos veículos removidos só ocorrerá mediante o pagamento das multas, taxas e despesas com remoção e estada, além de outros encargos previstos na legislação específica.

Art. 271-A. Os serviços de recolhimento, depósito e guarda de veículo poderão ser executados por ente público ou por particular contratado.

→ Artigo acrescentado pela MP 699/2015.

§ 1º Os custos relativos ao disposto no caput são de responsabilidade do proprietário do veículo.

§ 2º Os custos da contratação de particulares serão pagos pelo proprietário diretamente ao contratado.

§ 3º A contratação de particulares poderá ser feita por meio de pregão.

§ 4º O disposto neste artigo não afasta a possibilidade de o ente da federação respectivo estabelecer a cobrança por meio de taxa instituída em lei.

§ 5º No caso de o proprietário do veículo objeto do recolhimento comprovar, administrativamente ou judicialmente, que o recolhimento foi indevido ou que houve abuso no período de retenção em depósito, é da responsabilidade do ente público a devolução das quantias pagas por força deste artigo, segundo os mesmos critério da devolução de multas indevidas.

Art. 272. O recolhimento da Carteira Nacional de Habilitação e da Permissão para Dirigir dar-se-á mediante recibo, além dos casos previstos neste Código, quando houver suspeita de sua inautenticidade ou adulteração.

Art. 273. O recolhimento do Certificado de Registro dar-se-á mediante recibo, além dos casos previstos neste Código, quando:

I – houver suspeita de inautenticidade ou adulteração;

II – se, alienado o veículo, não for transferida sua propriedade no prazo de 30 (trinta) dias.

Art. 274. O recolhimento do Certificado de Licenciamento Anual dar-se-á mediante recibo, além dos casos previstos neste Código, quando:

I – houver suspeita de inautenticidade ou adulteração;

II – se o prazo de licenciamento estiver vencido;

III – no caso de retenção do veículo, se a irregularidade não puder ser sanada no local.

Art. 275. O transbordo da carga com peso excedente é condição para que o veículo possa prosseguir viagem e será efetuado às expensas do proprietário do veículo, sem prejuízo da multa aplicável.

Parágrafo único. Não sendo possível desde logo atender ao disposto neste artigo, o veículo será recolhido ao depósito, sendo liberado após sanada a irregularidade e pagas as despesas de remoção e estada.

Art. 276. Qualquer concentração de álcool por litro de sangue ou por litro de ar alveolar sujeita o condutor às penalidades previstas no art. 165.

→ Artigo com redação alterada pela Lei 12.760/2012.

Parágrafo único. O Contran disciplinará as margens de tolerância quando a infração for apurada por meio de aparelho de medição, observada a legislação metrológica.

Art. 277. O condutor de veículo automotor envolvido em acidente de trânsito ou que for alvo de fiscalização de trânsito poderá ser submetido a teste, exame clínico, perícia ou outro procedimento que, por meios técnicos ou científicos, na forma disciplinada pelo Contran, permita certificar influência de álcool ou outra substância psicoativa que determine dependência.

→ *Caput* com redação alterada pela Lei 12.760/2012.

§ 1º (*Revogado pela Lei 12.760/2012*).

§ 2º A infração prevista no art. 165 também poderá ser caracterizada mediante imagem, vídeo, constatação de sinais que indiquem, na forma disciplinada pelo Contran, alteração da capacidade psicomotora ou produção de quaisquer outras provas em direito admitidas.

→ § 2º com redação alterada pela Lei 12.760/2012.

§ 3º Serão aplicadas as penalidades e medidas administrativas estabelecidas no art. 165 deste Código ao condutor que se recusar a se submeter a qualquer dos procedimentos previstos no *caput* deste artigo.

→ § 3º acrescentado pela Lei 11.705/2008.

Art. 278. Ao condutor que se evadir da fiscalização, não submetendo veículo à pesagem obrigatória nos pontos de pesagem, fixos ou móveis, será aplicada a penalidade prevista no art. 209, além da obrigação de retornar ao ponto de evasão para fim de pesagem obrigatória.

Parágrafo único. No caso de fuga do condutor à ação policial, a apreensão do veículo dar-se-á tão logo seja localizado, aplicando-se, além das penalidades em que incorre, as estabelecidas no art. 210.

Art. 279. Em caso de acidente com vítima, envolvendo veículo equipado com registrador instantâneo de velocidade e tempo, somente o perito oficial encarregado do levantamento pericial poderá retirar o disco ou unidade armazenadora do registro.

Capítulo XVIII
DO PROCESSO ADMINISTRATIVO

Seção I
Da Autuação

Art. 280. Ocorrendo infração prevista na legislação de trânsito, lavrar-se-á auto de infração, do qual constará:

I – tipificação da infração;

II – local, data e hora do cometimento da infração;

III – caracteres da placa de identificação do veículo, sua marca e espécie, e outros elementos julgados necessários à sua identificação;

IV – o prontuário do condutor, sempre que possível;

V – identificação do órgão ou entidade e da autoridade ou agente autuador ou equipamento que comprovar a infração;

VI – assinatura do infrator, sempre que possível, valendo esta como notificação do cometimento da infração.

§ 1º (*Vetado*).

§ 2º A infração deverá ser comprovada por declaração da autoridade ou do agente da autoridade de trânsito, por aparelho eletrônico ou por equipamento audiovisual, reações químicas ou qualquer outro meio tecnologicamente disponível, previamente regulamentado pelo Contran.

§ 3º Não sendo possível a autuação em flagrante, o agente de trânsito relatará o fato à autoridade no próprio auto de infração, informando os dados a respeito do veículo, além dos constantes nos incisos I, II e III, para o procedimento previsto no artigo seguinte.

§ 4º O agente da autoridade de trânsito competente para lavrar o auto de infração poderá ser servidor civil, estatutário ou celetista ou, ainda, policial militar designado pela autoridade de trânsito com jurisdição sobre a via no âmbito de sua competência.

Seção II
Do Julgamento das Autuações e Penalidades

Art. 281. A autoridade de trânsito, na esfera da competência estabelecida neste Código e dentro de sua circunscrição, julgará a consistência do auto de infração e aplicará a penalidade cabível.

Parágrafo único. O auto de infração será arquivado e seu registro julgado insubsistente:

I – se considerado inconsistente ou irregular;

II – se, no prazo máximo de 30 (trinta) dias, não for expedida a notificação da autuação.

→ Inciso II com redação alterada pela Lei 9.602/1998.

Art. 282. Aplicada a penalidade, será expedida notificação ao proprietário do veículo ou ao infrator, por remessa postal ou por qualquer outro meio tecnológico hábil, que assegure a ciência da imposição da penalidade.

§ 1º A notificação devolvida por desatualização do endereço do proprietário do veículo será considerada válida para todos os efeitos.

§ 2º A notificação a pessoal de missões diplomáticas, de repartições consulares de carreira e de representações de organismos internacionais e de seus integrantes será remetida ao Ministério das Relações Exteriores para as providências cabíveis e cobrança dos valores, no caso de multa.

§ 3º Sempre que a penalidade de multa for imposta a condutor, à exceção daquela de que trata o § 1º do art. 259, a notificação será encaminhada ao proprietário do veículo, responsável pelo seu pagamento.

→ Referido § 1º do art. 259 foi vetado.

§ 4º Da notificação deverá constar a data do término do prazo para apresentação de recurso pelo responsável pela infração, que não será inferior a 30 (trinta) dias contados da data da notificação da penalidade.

→ § 4º acrescentado pela Lei 9.602/1998.

§ 5º No caso de penalidade de multa, a data estabelecida no parágrafo anterior será a data para o recolhimento de seu valor.

→ § 5º acrescentado pela Lei 9.602/1998.

Art. 283. (*Vetado*).

Art. 284. O pagamento da multa poderá ser efetuado até a data do vencimento expressa na notificação, por 80% (oitenta por cento) do seu valor.

Parágrafo único. Não ocorrendo o pagamento da multa no prazo estabelecido, seu valor será atualizado à data do pagamento, pelo mesmo número de Ufir fixado no art. 258.

Art. 285. O recurso previsto no art. 283 será interposto perante a autoridade que impôs a penalidade, a qual remetê-lo-á à Jari, que deverá julgá-lo em até 30 (trinta) dias.

→ Referido art. 283 foi vetado.

§ 1º O recurso não terá efeito suspensivo.

§ 2º A autoridade que impôs a penalidade remeterá o recurso ao órgão julgador, dentro dos 10 (dez) dias úteis subsequentes à sua apresentação, e, se o entender intempestivo, assinalará o fato no despacho de encaminhamento.

§ 3º Se, por motivo de força maior, o recurso não for julgado dentro do prazo previsto neste artigo, a autoridade que impôs a penalidade, de ofício, ou por solicitação do recorrente, poderá conceder-lhe efeito suspensivo.

Art. 286. O recurso contra a imposição de multa poderá ser interposto no prazo legal, sem o recolhimento do seu valor.

§ 1º No caso de não provimento do recurso, aplicar-se-á o estabelecido no parágrafo único do art. 284.

§ 2º Se o infrator recolher o valor da multa e apresentar recurso, se julgada improcedente a penalidade, ser-lhe-á devolvida a importância paga, atualizada em Ufir ou por índice legal de correção dos débitos fiscais.

Art. 287. Se a infração for cometida em localidade diversa daquela do licenciamento do veículo, o recurso poderá ser apresentado junto ao órgão ou entidade de trânsito da residência ou domicílio do infrator.

Parágrafo único. A autoridade de trânsito que receber o recurso deverá remetê-lo, de pronto, à autoridade que impôs a penalidade acompanhado das cópias dos prontuários necessários ao julgamento.

Art. 288. Das decisões da Jari cabe recurso a ser interposto, na forma do artigo seguinte, no prazo de 30 (trinta) dias contado da publicação ou da notificação da decisão.

§ 1º O recurso será interposto, da decisão do não provimento, pelo responsável pela infração, e da decisão de provimento, pela autoridade que impôs a penalidade.

§ 2º (*Revogado pela Lei 12.249/2010*).

Art. 289. O recurso de que trata o artigo anterior será apreciado no prazo de 30 (trinta) dias:

I – tratando-se de penalidade imposta pelo órgão ou entidade de trânsito da União:

a) em caso de suspensão do direito de dirigir por mais de 6 (seis) meses, cassação do documento de habilitação ou penalidade por infrações gravíssimas, pelo Contran;

b) nos demais casos, por colegiado especial integrado pelo Coordenador-Geral da Jari, pelo Presidente da Junta que apreciou o recurso e por mais um Presidente de Junta;

II – tratando-se de penalidade imposta por órgão ou entidade de trânsito estadual, municipal ou do Distrito Federal, pelos Cetran e Contrandife, respectivamente.

Parágrafo único. No caso da alínea *b* do inciso I, quando houver apenas uma Jari, o recurso será julgado por seus próprios membros.

Art. 290. A apreciação do recurso previsto no art. 288 encerra a instância administrativa de julgamento de infrações e penalidades.

Parágrafo único. Esgotados os recursos, as penalidades aplicadas nos termos deste Código serão cadastradas no Renach.

Capítulo XIX
DOS CRIMES DE TRÂNSITO
Seção I
Disposições gerais

Art. 291. Aos crimes cometidos na direção de veículos automotores, previstos neste Código, aplicam-se as normas gerais do Código Penal e do Código de Processo Penal, se este Capítulo não dispuser de modo diverso, bem como a Lei 9.099, de 26 de setembro de 1995, no que couber.

§ 1º Aplica-se aos crimes de trânsito de lesão corporal culposa o disposto nos arts. 74, 76 e 88 da Lei 9.099, de 26 de setembro de 1995, exceto se o agente estiver:

→ Anterior parágrafo único renumerado e alterado pela Lei 11.705/2008.

I – sob a influência de álcool ou qualquer outra substância psicoativa que determine dependência;

II – participando, em via pública, de corrida, disputa ou competição automobilística, de exibição ou demonstração de perícia em manobra de veículo automotor, não autorizada pela autoridade competente;

III – transitando em velocidade superior à máxima permitida para a via em 50 km/h (cinquenta quilômetros por hora).

§ 2º Nas hipóteses previstas no § 1º deste artigo, deverá ser instaurado inquérito policial para a investigação da infração penal.

→ § 2º acrescentado pela Lei 11.705/2008.

Art. 292. A suspensão ou a proibição de se obter a permissão ou a habilitação para dirigir veículo automotor pode ser imposta isolada ou cumulativamente com outras penalidades.

→ Artigo com redação alterada pela Lei 12.971/2014, em vigor no 1º (primeiro) dia do 6º (sexto) mês após a sua publicação – *D.O.U.* de 12.5.2014.

→ **Anterior redação: Art. 292.** A suspensão ou a proibição de se obter a permissão ou a habilitação para dirigir veículo automotor pode ser imposta como penalidade principal, isolada ou cumulativamente com outras penalidades.

Art. 293. A penalidade de suspensão ou de proibição de se obter a permissão ou a habilitação, para dirigir veículo automotor, tem a duração de 2 (dois) meses a 5 (cinco) anos.

§ 1º Transitada em julgado a sentença condenatória, o réu será intimado a entregar à autoridade judiciária, em 48 (quarenta e oito) horas, a Permissão para Dirigir ou a Carteira de Habilitação.

§ 2º A penalidade de suspensão ou de proibição de se obter a permissão ou a habilitação para dirigir veículo automotor não se inicia enquanto o sentenciado, por efeito de condenação penal, estiver recolhido a estabelecimento prisional.

Art. 294. Em qualquer fase da investigação ou da ação penal, havendo necessidade para a garantia da ordem pública, poderá o juiz, como medida cautelar, de ofício, ou a requerimento do Ministério Público ou ainda mediante representação da autoridade policial, decretar, em decisão motivada, a suspensão da permissão ou da habilitação para dirigir veículo automotor, ou a proibição de sua obtenção.

Parágrafo único. Da decisão que decretar a suspensão ou a medida cautelar, ou da que indeferir o requerimento do Ministério Público, caberá recurso em sentido estrito, sem efeito suspensivo.

Art. 295. A suspensão para dirigir veículo automotor ou a proibição de se obter a permissão ou a habilitação será sempre comunicada pela autoridade judiciária ao Conselho Nacional de Trânsito – Contran, e ao órgão de trânsito do Estado em que o indiciado ou réu for domiciliado ou residente.

Art. 296. Se o réu for reincidente na prática de crime previsto neste Código, o juiz aplicará a penalidade de suspensão da permissão ou habilitação para dirigir veículo automotor, sem prejuízo das demais sanções penais cabíveis.

→ Artigo com redação alterada pela Lei 11.705/2008.

Art. 297. A penalidade de multa reparatória consiste no pagamento, mediante depósito judicial em favor da vítima, ou seus sucessores, de quantia calculada com base no disposto no § 1º do art. 49 do Código Penal, sempre que houver prejuízo material resultante do crime.

§ 1º A multa reparatória não poderá ser superior ao valor do prejuízo demonstrado no processo.

§ 2º Aplica-se à multa reparatória o disposto nos arts. 50 a 52 do Código Penal.

§ 3º Na indenização civil do dano, o valor da multa reparatória será descontado.

Art. 298. São circunstâncias que sempre agravam as penalidades dos crimes de trânsito ter o condutor do veículo cometido a infração:

I – com dano potencial para duas ou mais pessoas ou com grande risco de grave dano patrimonial a terceiros;

II – utilizando o veículo sem placas, com placas falsas ou adulteradas;

III – sem possuir Permissão para Dirigir ou Carteira de Habilitação;

IV – com Permissão para Dirigir ou Carteira de Habilitação de categoria diferente da do veículo;

V – quando a sua profissão ou atividade exigir cuidados especiais com o transporte de passageiros ou de carga;

VI – utilizando veículo em que tenham sido adulterados equipamentos ou características que afetem a sua segurança ou o seu funcionamento de acordo com os limites de velocidade prescritos nas especificações do fabricante;

VII – sobre faixa de trânsito temporária ou permanentemente destinada a pedestres.

Art. 299. *(Vetado).*

Art. 300. *(Vetado).*

Art. 301. Ao condutor de veículo, nos casos de acidentes de trânsito de que resulte vítima, não se imporá a prisão em flagrante, nem se exigirá fiança, se prestar pronto e integral socorro àquela.

Seção II
Dos crimes em espécie

Art. 302. Praticar homicídio culposo na direção de veículo automotor:

Penas – detenção, de 2 (dois) a 4 (quatro) anos, e suspensão ou proibição de se obter a permissão ou a habilitação para dirigir veículo automotor.

§ 1º No homicídio culposo cometido na direção de veículo automotor, a pena é aumentada de 1/3 (um terço) à metade, se o agente:

→ § 1º acrescentado pela Lei 12.971/2014, em vigor no 1º (primeiro) dia do 6º (sexto) mês após a sua publicação – *D.O.U.* de 12.5.2014.

I – não possuir Permissão para Dirigir ou Carteira de Habilitação;

II – praticá-lo em faixa de pedestres ou na calçada;

III – deixar de prestar socorro, quando possível fazê-lo sem risco pessoal, à vítima do acidente;

IV – no exercício de sua profissão ou atividade, estiver conduzindo veículo de transporte de passageiros.

V – *(Revogado pela Lei 11.705/2008).*

§ 2º Se o agente conduz veículo automotor com capacidade psicomotora alterada em razão da influência de álcool ou de outra substância psicoativa que determine dependência ou participa, em via, de corrida, disputa ou competição automobilística ou ainda de exibição ou demonstração de perícia em manobra de veículo automotor, não autorizada pela autoridade competente:

→ § 2º acrescentado pela Lei 12.971/2014, em vigor no 1º (primeiro) dia do 6º (sexto) mês após a sua publicação – *D.O.U.* de 12.5.2014.

Penas – reclusão, de 2 (dois) a 4 (quatro) anos, e suspensão ou proibição de se obter a permissão ou a habilitação para dirigir veículo automotor.

→ **Anterior redação: Art. 302.** Praticar homicídio culposo na direção de veículo automotor: Penas – detenção, de dois a quatro anos, e suspensão ou proibição de se obter a permissão ou a habilitação para dirigir veículo automotor. **Parágrafo único.** No homicídio culposo cometido na direção de veículo automotor, a pena é aumentada de um terço à metade, se o agente: I – não possuir Permissão para Dirigir ou Carteira de Habilitação; II – praticá-lo em faixa de pedestres ou na calçada; III – deixar de prestar socorro, quando possível fazê-lo sem risco pessoal, à vítima do acidente; IV – no exercício de sua profissão ou atividade, estiver conduzindo veículo de transporte de passageiros. V – estiver sob a influência de álcool ou substância tóxica ou entorpecente de efeitos análogos. (Inciso V acrescentado pela Lei 11.275/2006).

Art. 303. Praticar lesão corporal culposa na direção de veículo automotor:

Penas – detenção, de 6 (seis) meses a 2 (dois) anos e suspensão ou proibição de se obter a permissão ou a habilitação para dirigir veículo automotor.

Parágrafo único. Aumenta-se a pena de 1/3 (um terço) à metade, se ocorrer qualquer das hipóteses do § 1º do art. 302.

→ Parágrafo único com redação alterada pela Lei 12.971/2014, em vigor no 1º (primeiro) dia do 6º (sexto) mês após a sua publicação – *D.O.U.* de 12.5.2014.

→ **Anterior redação: Art. 303.** Praticar lesão corporal culposa na direção de veículo automotor: Penas - detenção, de seis meses a dois anos e suspensão ou proibição de se obter a permissão ou a habilitação para dirigir veículo automotor. **Parágrafo único.** Aumenta-se a pena de um terço à metade, se ocorrer qualquer das hipóteses do parágrafo único do artigo anterior.

Art. 304. Deixar o condutor do veículo, na ocasião do acidente, de prestar imediato socorro à vítima, ou, não podendo fazê-lo diretamente, por justa causa, deixar de solicitar auxílio da autoridade pública:

Penas – detenção, de 6 (seis) meses a 1 (um) ano, ou multa, se o fato não constituir elemento de crime mais grave.

Parágrafo único. Incide nas penas previstas neste artigo o condutor do veículo, ainda que a sua omissão seja suprida por terceiros ou que se trate de vítima com morte instantânea ou com ferimentos leves.

Art. 305. Afastar-se o condutor do veículo do local do acidente, para fugir à responsabilidade penal ou civil que lhe possa ser atribuída:

Penas – detenção, de 6 (seis) meses a 1 (um) ano, ou multa.

Art. 306. Conduzir veículo automotor com capacidade psicomotora alterada em razão da influência de álcool ou de outra substância psicoativa que determine dependência:

→ *Caput* com redação alterada pela Lei 12.760/2012.

Penas – detenção, de 6 (seis) meses a 3 (três) anos, multa e suspensão ou proibição de se obter a permissão ou a habilitação para dirigir veículo automotor.

§ 1º As condutas previstas no *caput* serão constatadas por:

→ § 1º acrescentado pela Lei 12.760/2012.

I – concentração igual ou superior a 6 decigramas de álcool por litro de sangue ou igual ou superior a 0,3 miligrama de álcool por litro de ar alveolar; ou

II – sinais que indiquem, na forma disciplinada pelo Contran, alteração da capacidade psicomotora.

§ 2º A verificação do disposto neste artigo poderá ser obtida mediante teste de alcoolemia ou toxicológico, exame clínico, perícia, vídeo, prova testemunhal ou outros meios de prova em direito admitidos, observado o direito à contraprova.

→ § 2º com redação alterada pela Lei 12.971/2014, em vigor no 1º (primeiro) dia do 6º (sexto) mês após a sua publicação – *D.O.U.* de 12.5.2014.

§ 3º O Contran disporá sobre a equivalência entre os distintos testes de alcoolemia ou toxicológicos para efeito de caracterização do crime tipificado neste artigo.

→ § 3º com redação alterada pela Lei 12.971/2014, em vigor no 1º (primeiro) dia do 6º (sexto) mês após a sua publicação – *D.O.U.* de 12.5.2014.

→ **Anterior redação: Art. 306.** Conduzir veículo automotor com capacidade psicomotora alterada em razão da influência de álcool ou de outra substância psicoativa que determine dependência: (*Caput* com redação alterada pela Lei 12.760/2012): Penas – detenção, de 6 (seis) meses a 3 (três) anos, multa e suspensão ou proibição de se obter a permissão ou a habilitação para dirigir veículo automotor. § 1º As condutas previstas no *caput* serão constatadas por: I – concentração igual ou superior a 6 decigramas de álcool por litro de sangue ou igual ou superior a 0,3 miligrama de álcool por litro de ar alveolar; ou II – sinais que indiquem, na forma disciplinada pelo Contran, alteração da capacidade psicomotora. (§ 1º acrescentado pela Lei 12.760/2012) § 2º A verificação do disposto neste artigo poderá ser obtida mediante teste de alcoolemia, exame clínico, perícia, vídeo, prova testemunhal ou outros meios de prova em direito admitidos, observado o direito à contraprova. (§ 2º acrescentado pela Lei 12.760/2012) § 3º O Contran disporá sobre a equivalência entre os distintos testes de alcoolemia para efeito de caracterização do crime tipificado neste artigo. (§ 3º acrescentado pela Lei 12.760/2012).

Art. 307. Violar a suspensão ou a proibição de se obter a permissão ou a habilitação para dirigir veículo automotor imposta com fundamento neste Código:

Penas – detenção, de 6 (seis) meses a 1 (um) ano, e multa, com nova imposição adicional de idêntico prazo de suspensão ou de proibição.

Parágrafo único. Nas mesmas penas incorre o condenado que deixa de entregar, no prazo estabelecido no § 1º do art. 293, a Permissão para Dirigir ou a Carteira de Habilitação.

Art. 308. Participar, na direção de veículo automotor, em via pública, de corrida, disputa ou competição automobilística não autorizada pela autoridade competente, gerando situação de risco à incolumidade pública ou privada:

Penas – detenção, de 6 (seis) meses a 3 (três) anos, multa e suspensão ou proibição de se obter a permissão ou a habilitação para dirigir veículo automotor.

→ Artigo com redação alterada pela Lei 12.971/2014, em vigor no 1º (primeiro) dia do 6º (sexto) mês após a sua publicação – *D.O.U.* de 12.5.2014.

§ 1º Se da prática do crime previsto no *caput* resultar lesão corporal de natureza grave, e as circunstâncias demonstrarem que o agente não quis o resultado nem assumiu o risco de produzi-lo, a pena privativa de liberdade é de reclusão, de 3 (três) a 6 (seis) anos, sem prejuízo das outras penas previstas neste artigo.

§ 2º Se da prática do crime previsto no *caput* resultar morte, e as circunstâncias demonstrarem que o agente não quis o resultado nem assumiu o risco de produzi-lo, a pena privativa de liberdade é de reclusão de 5 (cinco) a 10 (dez) anos, sem prejuízo das outras penas previstas neste artigo.

→ **Anterior redação: Art. 308.** Participar, na direção de veículo automotor, em via pública, de corrida, disputa ou competição automobilística não autorizada pela autoridade competente, desde que resulte dano potencial à incolumidade pública ou privada: Penas – detenção, de seis meses a dois anos, multa e suspensão ou proibição de se obter a permissão ou a habilitação para dirigir veículo automotor.

Art. 309. Dirigir veículo automotor, em via pública, sem a devida Permissão para Dirigir ou Habilitação ou, ainda, se cassado o direito de dirigir, gerando perigo de dano:

Penas – detenção, de 6 (seis) meses a 1 (um) ano, ou multa.

→ *v.* Súmula 720 do STF.

Art. 310. Permitir, confiar ou entregar a direção de veículo automotor a pessoa não habilitada, com habilitação cassada ou com o direito de dirigir suspenso, ou, ainda, a quem, por seu estado de saúde, física ou mental, ou por embriaguez, não esteja em condições de conduzi-lo com segurança:

Penas – detenção, de 6 (seis) meses a 1 (um) ano, ou multa.

Art. 310-A. *(Vetado).*

→ Artigo acrescentado pela Lei 12.619/2012.

Art. 311. Trafegar em velocidade incompatível com a segurança nas proximidades de escolas, hospitais, estações de embarque e desembarque de passageiros, logradouros estreitos, ou onde haja grande movimentação ou concentração de pessoas, gerando perigo de dano:

Penas – detenção, de 6 (seis) meses a 1 (um) ano, ou multa.

Art. 312. Inovar artificiosamente, em caso de acidente automobilístico com vítima, na pendência do respectivo procedimento policial preparatório, inquérito policial ou processo penal, o estado de lugar, de coisa ou de pessoa, a fim de induzir a erro o agente policial, o perito, ou juiz:

Penas – detenção, de 6 (seis) meses a 1 (um) ano, ou multa.

Parágrafo único. Aplica-se o disposto neste artigo, ainda que não iniciados, quando da inovação, o procedimento preparatório, o inquérito ou o processo aos quais se refere.

Capítulo XX
DISPOSIÇÕES FINAIS E TRANSITÓRIAS

Art. 313. O Poder Executivo promoverá a nomeação dos membros do Contran no prazo de 60 (sessenta) dias da publicação deste Código.

Art. 314. O Contran tem o prazo de 240 (duzentos e quarenta) dias a partir da publicação deste Código para expedir as resoluções necessárias à sua melhor execução, bem como revisar todas as resoluções anteriores à sua publicação, dando prioridade àquelas que visam a diminuir o número de acidentes e a assegurar a proteção de pedestres.

Parágrafo único. As resoluções do Contran, existentes até a data de publicação deste Código, continuam em vigor naquilo em que não conflitem com ele.

Art. 315. O Ministério da Educação e do Desporto, mediante proposta do Contran, deverá, no prazo de 240 (duzentos e quarenta) dias contado da publicação, estabelecer o currículo com conteúdo programático relativo à segurança e à educação de trânsito, a fim de atender o disposto neste Código.

Art. 316. O prazo de notificação previsto no inciso II do parágrafo único do art. 281 só entrará em vigor após 240 (duzentos e quarenta) dias contados da publicação desta Lei.

Art. 317. Os órgãos e entidades de trânsito concederão prazo de até 1 (um) ano para a adaptação dos veículos de condução de escolares e de aprendizagem às normas do inciso III do art. 136 e art. 154, respectivamente.

Art. 318. *(Vetado).*

Art. 319. Enquanto não forem baixadas novas normas pelo Contran, continua em vigor o disposto no art. 92 do Regulamento do Código Nacional de Trânsito – Decreto 62.127, de 16 de janeiro de 1968.

Art. 320. A receita arrecadada com a cobrança das multas de trânsito será aplicada, exclusivamente, em sinalização, engenharia de tráfego, de campo, policiamento, fiscalização e educação de trânsito.

Parágrafo único. O percentual de 5% (cinco por cento) do valor das multas de trânsito arrecadadas será depositado, mensalmente, na conta de fundo de âmbito nacional destinado à segurança e educação de trânsito.

Art. 320-A. Os órgãos e entidades do Sistema Nacional de Trânsito poderão integrar-se para a ampliação e aprimoramento da fiscalização de trânsito, inclusive por meio do compartilhamento da receita arrecadada com a cobrança das multas de trânsito.

→ Artigo acrescentado pela MP 699/2015.

Art. 321. *(Vetado).*

Art. 322. *(Vetado).*

Art. 323. O Contran, em 180 (cento e oitenta) dias, fixará a metodologia de aferição de peso de veículos, estabelecendo percentuais de tolerância, sendo durante este período suspensa a vigência das penalidades previstas no inciso V do art. 231, aplicando-se a penalidade de vinte Ufir por duzentos quilogramas ou fração de excesso.

Parágrafo único. Os limites de tolerância a que se refere este artigo, até a sua fixação pelo Contran, são aqueles estabelecidos pela Lei 7.408, de 25 de novembro de 1985.

Art. 324. *(Vetado).*

Art. 325. As repartições de trânsito conservarão por 5 (cinco) anos os documentos relativos à habilitação de condutores e ao registro e licenciamento de veículos, podendo ser microfilmados ou armazenados em meio magnético ou óptico para todos os efeitos legais.

Art. 326. A Semana Nacional de Trânsito será comemorada anualmente no período compreendido entre 18 e 25 de setembro.

Art. 327. A partir da publicação deste Código, somente poderão ser fabricados e licenciados veículos que obedeçam aos limites de peso e dimensões fixados na forma desta Lei, ressalvados os que vierem a ser regulamentados pelo Contran.

Parágrafo único. *(Vetado).*

Art. 328. O veículo apreendido ou removido a qualquer título e não reclamado por seu proprietário dentro do prazo de sessenta dias, contado da data de recolhimento, será avaliado e levado a leilão, a ser realizado preferencialmente por meio eletrônico.

→ *Caput* com redação alterada pela Lei 13.160/2015, em vigor após decorridos cento e cinquenta dias de sua publicação oficial – *D.O.U.* de 26.8.2015.

§ 1º Publicado o edital do leilão, a preparação poderá ser iniciada após trinta dias, contados da data de recolhimento do veículo, o qual será classificado em duas categorias:

→ § 1º acrescentado pela Lei 13.160/2015, em vigor após decorridos cento e cinquenta dias de sua publicação oficial – *D.O.U.* de 26.8.2015.

I – conservado, quando apresenta condições de segurança para trafegar; e

II – sucata, quando não está apto a trafegar.

§ 2º Se não houver oferta igual ou superior ao valor da avaliação, o lote será incluído no leilão seguinte, quando será arrematado pelo maior lance, desde que por valor não inferior a cinquenta por cento do avaliado.

→ § 2º acrescentado pela Lei 13.160/2015, em vigor após decorridos cento e cinquenta dias de sua publicação oficial – *D.O.U.* de 26.8.2015.

§ 3º Mesmo classificado como conservado, o veículo que for levado a leilão por duas vezes e não for arrematado será leiloado como sucata.

→ § 3º acrescentado pela Lei 13.160/2015, em vigor após decorridos cento e cinquenta dias de sua publicação oficial – *D.O.U.* de 26.8.2015.

§ 4º É vedado o retorno do veículo leiloado como sucata à circulação.

→ § 4º acrescentado pela Lei 13.160/2015, em vigor após decorridos cento e cinquenta dias de sua publicação oficial – *D.O.U.* de 26.8.2015.

§ 5º A cobrança das despesas com estada no depósito será limitada ao prazo de seis meses.

→ § 5º acrescentado pela Lei 13.160/2015, em vigor após decorridos cento e cinquenta dias de sua publicação oficial – *D.O.U.* de 26.8.2015.

§ 6º Os valores arrecadados em leilão deverão ser utilizados para custeio da realização do leilão, dividindo-se os custos entre os veículos arrematados, proporcionalmente ao valor da arrematação, e destinando-se os valores remanescentes, na seguinte ordem, para:

→ § 6º acrescentado pela Lei 13.160/2015, em vigor após decorridos cento e cinquenta dias de sua publicação oficial – *D.O.U.* de 26.8.2015.

I – as despesas com remoção e estada;

II – os tributos vinculados ao veículo, na forma do § 10;

III – os credores trabalhistas, tributários e titulares de crédito com garantia real, segundo a ordem de preferência estabelecida no art. 186 da Lei 5.172, de 25 de outubro de 1966 (Código Tributário Nacional);

IV – as multas devidas ao órgão ou à entidade responsável pelo leilão;

V – as demais multas devidas aos órgãos integrantes do Sistema Nacional de Trânsito, segundo a ordem cronológica; e

VI – os demais créditos, segundo a ordem de preferência legal.

§ 7º Sendo insuficiente o valor arrecadado para quitar os débitos incidentes sobre o veículo, a situação será comunicada aos credores.

→ § 7º acrescentado pela Lei 13.160/2015, em vigor após decorridos cento e cinquenta dias de sua publicação oficial – *D.O.U.* de 26.8.2015.

§ 8º Os órgãos públicos responsáveis serão comunicados do leilão previamente para que formalizem a desvinculação dos ônus incidentes sobre o veículo no prazo máximo de dez dias.

→ § 8º acrescentado pela Lei 13.160/2015, em vigor após decorridos cento e cinquenta dias de sua publicação oficial – *D.O.U.* de 26.8.2015.

§ 9º Os débitos incidentes sobre o veículo antes da alienação administrativa ficam dele automaticamente desvinculados, sem prejuízo da cobrança contra o proprietário anterior.

→ § 9º acrescentado pela Lei 13.160/2015, em vigor após decorridos cento e cinquenta dias de sua publicação oficial – *D.O.U.* de 26.8.2015.

§ 10. Aplica-se o disposto no § 9o inclusive ao débito relativo a tributo cujo fato gerador seja a propriedade, o domínio útil, a posse, a circulação ou o licenciamento de veículo.

→ § 10 acrescentado pela Lei 13.160/2015, em vigor após decorridos cento e cinquenta dias de sua publicação oficial – *D.O.U.* de 26.8.2015.

§ 11. Na hipótese de o antigo proprietário reaver o veículo, por qualquer meio, os débitos serão novamente vinculados ao bem, aplicando-se, nesse caso, o disposto nos §§ 1º, 2º e 3º do art. 271.

→ § 11 acrescentado pela Lei 13.160/2015, em vigor após decorridos cento e cinquenta dias de sua publicação oficial – *D.O.U.* de 26.8.2015.

§ 12. Quitados os débitos, o saldo remanescente será depositado em conta específica do órgão responsável pela realização do leilão e ficará à disposição do antigo proprietário, devendo ser expedida notificação a ele, no máximo em trinta dias após a realização do leilão, para o levantamento do valor no prazo de cinco anos, após os quais o valor será transferido, definitivamente, para o fundo a que se refere o parágrafo único do art. 320.

→ § 12 acrescentado pela Lei 13.160/2015, em vigor após decorridos cento e cinquenta dias de sua publicação oficial – *D.O.U.* de 26.8.2015.

§ 13. Aplica-se o disposto neste artigo, no que couber, ao animal recolhido, a qualquer título, e não reclamado por seu proprietário no prazo de sessenta dias, a contar da data de recolhimento, conforme regulamentação do CONTRAN.

→ § 13 acrescentado pela Lei 13.160/2015, em vigor após decorridos cento e cinquenta dias de sua publicação oficial – *D.O.U.* de 26.8.2015.

§ 14. Não se aplica o disposto neste artigo ao veículo recolhido a depósito por ordem judicial ou ao que esteja à disposição de autoridade policial.

→ § 14 acrescentado pela Lei 13.160/2015, em vigor após decorridos cento e cinquenta dias de sua publicação oficial – *D.O.U.* de 26.8.2015.

→ **Anterior redação: Art. 328.** Os veículos apreendidos ou removidos a qualquer título e os animais não reclamados por seus proprietários, dentro do prazo de 90 (noventa) dias, serão levados à hasta pública, deduzindo-se, do valor arrecadado, o montante da dívida relativa a multas, tributos e encargos legais, e o restante, se houver, depositado à conta do ex-proprietário, na forma da lei.

Art. 329. Os condutores dos veículos de que tratam os arts. 135 e 136, para exercerem suas atividades, deverão apresentar, previamente, certidão negativa do registro de distribuição criminal relativamente aos crimes de homicídio, roubo, estupro e corrupção de menores, renovável a cada cinco anos, junto ao órgão responsável pela respectiva concessão ou autorização.

Art. 330. Os estabelecimentos onde se executem reformas ou recuperação de veículos e os que comprem, vendam ou desmontem veículos, usados ou não, são obrigados a possuir livros de registro de seu movimento de entrada e saída e de uso de placas de experiência, conforme modelos aprovados e rubricados pelos órgãos de trânsito.

§ 1º Os livros indicarão:

I – data de entrada do veículo no estabelecimento;

II – nome, endereço e identidade do proprietário ou vendedor;

III – data da saída ou baixa, nos casos de desmontagem;

IV – nome, endereço e identidade do comprador;

V – características do veículo constantes do seu certificado de registro;

VI – número da placa de experiência.

§ 2º Os livros terão suas páginas numeradas tipograficamente e serão encadernados ou em folhas soltas, sendo que, no primeiro caso, conterão termo de abertura e encerramento lavrados pelo proprietário e rubricados pela repartição de trânsito, enquanto, no segundo, todas as folhas serão autenticadas pela repartição de trânsito.

§ 3º A entrada e a saída de veículos nos estabelecimentos referidos neste artigo registrar-se-ão no mesmo dia em que se verificarem assinaladas, inclusive, as horas a elas correspondentes, podendo os veículos irregulares lá encontrados ou suas sucatas ser apreendidos ou retidos para sua completa regularização.

§ 4º As autoridades de trânsito e as autoridades policiais terão acesso aos livros sempre que o solicitarem, não podendo, entretanto, retirá-los do estabelecimento.

§ 5º A falta de escrituração dos livros, o atraso, a fraude ao realizá-lo e a recusa de sua exibição serão punidas com a multa prevista para as infrações gravíssimas, independente das demais cominações legais cabíveis.

§ 6º Os livros previstos neste artigo poderão ser substituídos por sistema eletrônico, na forma regulamentada pelo Contran.

→ § 6º acrescentado pela Lei 13.154/2015.

Art. 331. Até a nomeação e posse dos membros que passarão a integrar os colegiados destinados ao julgamento dos recursos administrativos previstos na Seção II do Capítulo XVIII deste Código, o julgamento dos recursos ficará a cargo dos órgãos ora existentes.

Art. 332. Os órgãos e entidades integrantes do Sistema Nacional de Trânsito proporcionarão aos membros do Contran, Cetran e Contrandife, em serviço, todas as facilidades para o cumprimento de sua missão, fornecendo-lhes as informações que solicitarem, permitindo-lhes inspecionar a execução de quaisquer serviços e deverão atender prontamente suas requisições.

Art. 333. O Contran estabelecerá, em até 120 (cento e vinte) dias após a nomeação de seus membros, as disposições previstas nos arts. 91 e 92, que terão de ser atendidas pelos órgãos e entidades executivos de trânsito e executivos rodoviários para exercerem suas competências.

→ Referido art. 92 foi vetado.

§ 1º Os órgãos e entidades de trânsito já existentes terão prazo de 1 (um) ano, após a edição das normas, para se adequarem às novas disposições estabelecidas pelo Contran, conforme disposto neste artigo.

§ 2º Os órgãos e entidades de trânsito a serem criados exercerão as competências previstas neste Código em cumprimento às exigências estabelecidas pelo Contran, conforme disposto neste artigo, acompanhados pelo respectivo Cetran, se órgão ou entidade municipal, ou Contran, se órgão ou entidade estadual, do Distrito Federal ou da União, passando a integrar o Sistema Nacional de Trânsito.

Art. 334. As ondulações transversais existentes deverão ser homologadas pelo órgão ou entidade competente no prazo de 1 (um) ano, a partir da publicação deste Código, devendo ser retiradas em caso contrário.

Art. 335. (*Vetado*).

Art. 336. Aplicam-se os sinais de trânsito previstos no Anexo II até a aprovação pelo Contran, no prazo de 360 (trezentos e sessenta) dias da publicação desta Lei, após a manifestação da Câmara Temática de Engenharia, de Vias e Veículos e obedecidos os padrões internacionais.

Art. 337. Os Cetran terão suporte técnico e financeiro dos Estados e Municípios que os compõem e, o Contrandife, do Distrito Federal.

Art. 338. As montadoras, encarroçadoras, os importadores e fabricantes, ao comerciarem veículos automotores de qualquer categoria e ciclos, são obrigados a fornecer, no ato da comercialização do respectivo veículo, manual contendo normas de circulação, infrações, penalidades, direção defensiva, primeiros socorros e Anexos do Código de Trânsito Brasileiro.

Art. 339. Fica o Poder Executivo autorizado a abrir crédito especial no valor de R$ 264.954,00 (duzentos e sessenta e quatro mil, novecentos e cinquenta e quatro reais), em favor do ministério ou órgão a que couber a coordenação máxima do Sistema Nacional de Trânsito, para atender as despesas decorrentes da implantação deste Código.

Art. 340. Este Código entra em vigor 120 (cento e vinte) dias após a data de sua publicação.

Art. 341. Ficam revogadas as Leis 5.108, de 21 de setembro de 1966, 5.693, de 16 de agosto de 1971, 5.820, de 10 de novembro de 1972, 6.124, de 25 de outubro de 1974, 6.308, de 15 de dezembro de 1975, 6.369, de 27 de outubro de 1976, 6.731, de 4 de dezembro de 1979, 7.031, de 20 de setembro de 1982, 7.052, de 2 de dezembro de 1982, 8.102, de 10 de dezembro de 1990, os arts. 1º a 6º e 11 do Decreto-lei 237, de 28 de fevereiro de 1967, e os Decretos-leis 584, de 16 de maio de 1969, 912, de 2 de outubro de 1969, e 2.448, de 21 de julho de 1988.

Brasília, 23 de setembro de 1997; 176º da Independência e 109º da República.

Fernando Henrique Cardoso

(Publicação no *D.O.U.* 24.9.1997; retificação: 25.9.1997)

ANEXO I
DOS CONCEITOS E DEFINIÇÕES

Para efeito deste Código adotam-se as seguintes definições:

ACOSTAMENTO – parte da via diferenciada da pista de rolamento destinada à parada ou estacionamento de veículos, em caso de emergência, e à circulação de pedestres e bicicletas, quando não houver local apropriado para esse fim.

AGENTE DA AUTORIDADE DE TRÂNSITO – pessoa, civil ou policial militar, credenciada pela autoridade de trânsito para o exercício das atividades de fiscalização, operação, policiamento ostensivo de trânsito ou patrulhamento.

AR ALVEOLAR – ar expirado pela boca de um indivíduo, originário dos alvéolos pulmonares.

→ Item acrescentado pela Lei 12.760/2012.

AUTOMÓVEL – veículo automotor destinado ao transporte de passageiros, com capacidade para até 8 (oito) pessoas, exclusive o condutor.

AUTORIDADE DE TRÂNSITO – dirigente máximo de órgão ou entidade executivo integrante do Sistema Nacional de Trânsito ou pessoa por ele expressamente credenciada.

BALANÇO TRASEIRO – distância entre o plano vertical passando pelos centros das rodas traseiras extremas e o ponto mais recuado do veículo, considerando-se todos os elementos rigidamente fixados ao mesmo.

BICICLETA – veículo de propulsão humana, dotado de duas rodas, não sendo, para efeito deste Código, similar à motocicleta, motoneta e ciclomotor.

BICICLETÁRIO – local, na via ou fora dela, destinado ao estacionamento de bicicletas.

BONDE – veículo de propulsão elétrica que se move sobre trilhos.

BORDO DA PISTA – margem da pista, podendo ser demarcada por linhas longitudinais de bordo que delineiam a parte da via destinada à circulação de veículos.

CALÇADA – parte da via, normalmente segregada e em nível diferente, não destinada à circulação de veículos, reservada ao trânsito de pedestres e, quando possível, à implantação de mobiliário urbano, sinalização, vegetação e outros fins.

CAMINHÃO-TRATOR – veículo automotor destinado a tracionar ou arrastar outro.

CAMINHONETE – veículo destinado ao transporte de carga com peso bruto total de até três mil e quinhentos quilogramas.

CAMIONETA – veículo misto destinado ao transporte de passageiros e carga no mesmo compartimento.

CANTEIRO CENTRAL – obstáculo físico construído como separador de duas pistas de rolamento, eventualmente substituído por marcas viárias (canteiro fictício).

CAPACIDADE MÁXIMA DE TRAÇÃO – máximo peso que a unidade de tração é capaz de tracionar, indicado pelo fabricante, baseado em condições sobre suas limitações de geração e multiplicação de momento de força e resistência dos elementos que compõem a transmissão.

CARREATA – deslocamento em fila na via de veículos automotores em sinal de regozijo, de reivindicação, de protesto cívico ou de uma classe.

CARRO DE MÃO – veículo de propulsão humana utilizado no transporte de pequenas cargas.

CARROÇA – veículo de tração animal destinado ao transporte de carga.

CATADIÓPTRICO – dispositivo de reflexão e refração da luz utilizado na sinalização de vias e veículos (olho de gato).

CHARRETE – veículo de tração animal destinado ao transporte de pessoas.

CICLO – veículo de pelo menos duas rodas a propulsão humana.

CICLOFAIXA – parte da pista de rolamento destinada à circulação exclusiva de ciclos, delimitada por sinalização específica.

CICLOMOTOR – veículo de duas ou três rodas, provido de um motor de combustão interna, cuja cilindrada não exceda a cinquenta centímetros cúbicos (3,05 polegadas cúbicas) e cuja velocidade máxima de fabricação não exceda a cinquenta quilômetros por hora.

CICLOVIA – pista própria destinada à circulação de ciclos, separada fisicamente do tráfego comum.

CONVERSÃO – movimento em ângulo, à esquerda ou à direita, de mudança da direção original do veículo.

CRUZAMENTO – interseção de duas vias em nível.

DISPOSITIVO DE SEGURANÇA – qualquer elemento que tenha a função específica de proporcionar maior segurança ao usuário da via, alertando-o sobre situações de perigo que possam colocar em risco sua integridade física e dos demais usuários da via, ou danificar seriamente o veículo.

ESTACIONAMENTO – imobilização de veículos por tempo superior ao necessário para embarque ou desembarque de passageiros.

ESTRADA – via rural não pavimentada.

ETILÔMETRO – aparelho destinado à medição do teor alcoólico no ar alveolar.

→ Item acrescentado pela Lei 12.760/2012.

FAIXAS DE DOMÍNIO – superfície lindeira às vias rurais, delimitada por lei específica e sob responsabilidade do órgão ou entidade de trânsito competente com circunscrição sobre a via.

FAIXAS DE TRÂNSITO – qualquer uma das áreas longitudinais em que a pista pode ser subdividida, sinalizada ou não por marcas viárias longitudinais, que tenham uma largura suficiente para permitir a circulação de veículos automotores.

FISCALIZAÇÃO – ato de controlar o cumprimento das normas estabelecidas na legislação de trânsito, por meio do poder de polícia administrativa de trânsito, no âmbito de circunscrição dos órgãos e entidades executivos de trânsito e de acordo com as competências definidas neste Código.

FOCO DE PEDESTRES – indicação luminosa de permissão ou impedimento de locomoção na faixa apropriada.

FREIO DE ESTACIONAMENTO – dispositivo destinado a manter o veículo imóvel na ausência do condutor ou, no caso de um reboque, se este se encontra desengatado.

FREIO DE SEGURANÇA OU MOTOR – dispositivo destinado a diminuir a marcha do veículo no caso de falha do freio de serviço.

FREIO DE SERVIÇO – dispositivo destinado a provocar a diminuição da marcha do veículo ou pará-lo.

GESTOS DE AGENTES – movimentos convencionais de braço, adotados exclusivamente pelos agentes de autoridades de trânsito nas vias, para orientar, indicar o direito de passagem dos veículos ou pedestres ou emitir ordens, sobrepondo-se ou completando outra sinalização ou norma constante deste Código.

GESTOS DE CONDUTORES – movimentos convencionais de braço, adotados exclusivamente pelos condutores, para orientar ou indicar que vão efetuar uma manobra de mudança de direção, redução brusca de velocidade ou parada.

ILHA – obstáculo físico, colocado na pista de rolamento, destinado à ordenação dos fluxos de trânsito em uma interseção.

INFRAÇÃO – inobservância a qualquer preceito da legislação de trânsito, às normas emanadas do Código de Trânsito, do Conselho Nacional de Trânsito e a regulamentação estabelecida pelo órgão ou entidade executiva do trânsito.

INTERSEÇÃO – todo cruzamento em nível, entroncamento ou bifurcação, incluindo as áreas formadas por tais cruzamentos, entroncamentos ou bifurcações.

INTERRUPÇÃO DE MARCHA – imobilização do veículo para atender circunstância momentânea do trânsito.

LICENCIAMENTO – procedimento anual, relativo a obrigações do proprietário de veículo, comprovado por meio de documento específico (Certificado de Licenciamento Anual).

LOGRADOURO PÚBLICO – espaço livre destinado pela municipalidade à circulação, parada ou estacionamento de veículos, ou à circulação de pedestres, tais como calçada, parques, áreas de lazer, calçadões.

LOTAÇÃO – carga útil máxima, incluindo condutor e passageiros, que o veículo transporta, expressa em quilogramas para os veículos de carga, ou número de pessoas, para os veículos de passageiros.

LOTE LINDEIRO – aquele situado ao longo das vias urbanas ou rurais e que com elas se limita.

LUZ ALTA – facho de luz do veículo destinado a iluminar a via até uma grande distância do veículo.

LUZ BAIXA – facho de luz do veículo destinada a iluminar a via diante do veículo, sem ocasionar ofuscamento ou incômodo injustificáveis aos condutores e outros usuários da via que venham em sentido contrário.

LUZ DE FREIO – luz do veículo destinada a indicar aos demais usuários da via, que se encontram atrás do veículo, que o condutor está aplicando o freio de serviço.

LUZ INDICADORA DE DIREÇÃO (pisca-pisca) – luz do veículo destinada a indicar aos demais usuários da via que o condutor tem o propósito de mudar de direção para a direita ou para a esquerda.

LUZ DE MARCHA À RÉ – luz do veículo destinada a iluminar atrás do veículo e advertir aos demais usuários da via que o veículo está efetuando ou a ponto de efetuar uma manobra de marcha à ré.

LUZ DE NEBLINA – luz do veículo destinada a aumentar a iluminação da via em caso de neblina, chuva forte ou nuvens de pó.

LUZ DE POSIÇÃO (lanterna) – luz do veículo destinada a indicar a presença e a largura do veículo.

MANOBRA – movimento executado pelo condutor para alterar a posição em que o veículo está no momento em relação à via.

MARCAS VIÁRIAS – conjunto de sinais constituídos de linhas, marcações, símbolos ou legendas, em tipos e cores diversas, apostos ao pavimento da via.

MICRO-ÔNIBUS – veículo automotor de transporte coletivo com capacidade para até vinte passageiros.

MOTOCICLETA – veículo automotor de duas rodas, com ou sem *side-car*, dirigido por condutor em posição montada.

MOTONETA – veículo automotor de duas rodas, dirigido por condutor em posição sentada.

MOTOR-CASA (MOTOR-*HOME*) – veículo automotor cuja carroçaria seja fechada e destinada a alojamento, escritório, comércio ou finalidades análogas.

NOITE – período do dia compreendido entre o pôr do sol e o nascer do sol.

ÔNIBUS – veículo automotor de transporte coletivo com capacidade para mais de 20 (vinte) passageiros, ainda que, em virtude de adaptações com vista à maior comodidade destes, transporte número menor.

OPERAÇÃO DE CARGA E DESCARGA – imobilização do veículo, pelo tempo estritamente necessário ao carregamento ou descarregamento de animais ou carga, na forma disciplinada pelo órgão ou entidade executivo de trânsito competente com circunscrição sobre a via.

OPERAÇÃO DE TRÂNSITO – monitoramento técnico baseado nos conceitos de Engenharia de Tráfego, das condições de fluidez, de estacionamento e parada na via, de forma a reduzir as interferências tais como veículos quebrados, acidentados, estacionados irregularmente atrapalhando o trânsito, prestando socorros imediatos e informações aos pedestres e condutores.

PARADA – imobilização do veículo com a finalidade e pelo tempo estritamente necessário para efetuar embarque ou desembarque de passageiros.

PASSAGEM DE NÍVEL – todo cruzamento de nível entre uma via e uma linha férrea ou trilho de bonde com pista própria.

PASSAGEM POR OUTRO VEÍCULO – movimento de passagem à frente de outro veículo que se desloca no mesmo sentido, em menor velocidade, mas em faixas distintas da via.

PASSAGEM SUBTERRÂNEA – obra de arte destinada à transposição de vias, em desnível subterrâneo, e ao uso de pedestres ou veículos.

PASSARELA – obra de arte destinada à transposição de vias, em desnível aéreo, e ao uso de pedestres.

PASSEIO – parte da calçada ou da pista de rolamento, neste último caso, separada por pintura ou elemento físico separador, livre de interferências, destinada à circulação exclusiva de pedestres e, excepcionalmente, de ciclistas.

PATRULHAMENTO – função exercida pela Polícia Rodoviária Federal com o objetivo de garantir obediência às normas de trânsito, assegurando a livre circulação e evitando acidentes.

PERÍMETRO URBANO – limite entre área urbana e área rural.

PESO BRUTO TOTAL – peso máximo que o veículo transmite ao pavimento, constituído da soma da tara mais a lotação.

PESO BRUTO TOTAL COMBINADO – peso máximo transmitido ao pavimento pela combinação de um caminhão-trator mais seu semirreboque ou do caminhão mais o seu reboque ou reboques.

PISCA-ALERTA – luz intermitente do veículo, utilizada em caráter de advertência, destinada a indicar aos demais usuários da via que o veículo está imobilizado ou em situação de emergência.

PISTA – parte da via normalmente utilizada para a circulação de veículos, identificada por elementos separadores ou por diferença de nível em relação às calçadas, ilhas ou aos canteiros centrais.

PLACAS – elementos colocados na posição vertical, fixados ao lado ou suspensos sobre a pista, transmitindo mensagens de caráter permanente e, eventualmente, variáveis, mediante símbolo ou legendas pré-reconhecidas e legalmente instituídas como sinais de trânsito.

POLICIAMENTO OSTENSIVO DE TRÂNSITO – função exercida pelas Polícias Militares com o objetivo de prevenir e reprimir atos relacionados com a segurança pública e de garantir obediência às normas relativas à segurança de trânsito, assegurando a livre circulação e evitando acidentes.

PONTE – obra de construção civil destinada a ligar margens opostas de uma superfície líquida qualquer.

REBOQUE – veículo destinado a ser engatado atrás de um veículo automotor.

REGULAMENTAÇÃO DA VIA – implantação de sinalização de regulamentação pelo órgão ou entidade competente com circunscrição sobre a via, definindo, entre outros, sentido de direção, tipo de estacionamento, horários e dias.

REFÚGIO – parte da via, devidamente sinalizada e protegida, destinada ao uso de pedestres durante a travessia da mesma.

RENACH – Registro Nacional de Condutores Habilitados.

RENAVAM – Registro Nacional de Veículos Automotores.

RETORNO – movimento de inversão total de sentido da direção original de veículos.

RODOVIA – via rural pavimentada.

SEMIRREBOQUE – veículo de um ou mais eixos que se apoia na sua unidade tratora ou é a ela ligado por meio de articulação.

SINAIS DE TRÂNSITO – elementos de sinalização viária que se utilizam de placas, marcas viárias, equipamentos de controle luminosos, dispositivos auxiliares, apitos e gestos, destinados exclusivamente a ordenar ou dirigir o trânsito dos veículos e pedestres.

SINALIZAÇÃO – conjunto de sinais de trânsito e dispositivos de segurança colocados na via pública com o objetivo de garantir sua utilização adequada, possibilitando melhor fluidez no trânsito e maior segurança dos veículos e pedestres que nela circulam.

SONS POR APITO – sinais sonoros, emitidos exclusivamente pelos agentes da autoridade de trânsito nas vias, para orientar ou indicar o direito de passagem dos veículos ou pedestres, sobrepondo-se ou completando sinalização existente no local ou norma estabelecida neste Código.

TARA – peso próprio do veículo, acrescido dos pesos da carroçaria e equipamento, do combustível, das ferramentas e acessórios, da roda sobressalente, do extintor de incêndio e do fluido de arrefecimento, expresso em quilogramas.

TRAILER – reboque ou semirreboque tipo casa, com duas, quatro, ou seis rodas, acoplado ou adaptado à traseira de automóvel ou camionete, utilizado em geral em atividades turísticas como alojamento, ou para atividades comerciais.

TRÂNSITO – movimentação e imobilização de veículos, pessoas e animais nas vias terrestres.

TRANSPOSIÇÃO DE FAIXAS – passagem de um veículo de uma faixa demarcada para outra.

TRATOR – veículo automotor construído para realizar trabalho agrícola, de construção e pavimentação e tracionar outros veículos e equipamentos.

ULTRAPASSAGEM – movimento de passar à frente de outro veículo que se desloca no mesmo sentido, em menor velocidade e na mesma faixa de tráfego, necessitando sair e retornar à faixa de origem.

UTILITÁRIO – veículo misto caracterizado pela versatilidade do seu uso, inclusive fora de estrada.

VEÍCULO ARTICULADO – combinação de veículos acoplados, sendo um deles automotor.

VEÍCULO AUTOMOTOR – todo veículo a motor de propulsão que circule por seus próprios meios, e que serve normalmente para o transporte viário de pessoas e coisas, ou para a tração viária de veículos utilizados para o transporte de pessoas e coisas. O termo compreende os veículos conectados a uma linha elétrica e que não circulam sobre trilhos (ônibus elétrico).

VEÍCULO DE CARGA – veículo destinado ao transporte de carga, podendo transportar dois passageiros, exclusive o condutor.

VEÍCULO DE COLEÇÃO – aquele que, mesmo tendo sido fabricado há mais de 30 anos, conserva suas características originais de fabricação e possui valor histórico próprio.

VEÍCULO CONJUGADO – combinação de veículos, sendo o primeiro um veículo automotor e os demais reboques ou equipamentos de trabalho agrícola, construção, terraplenagem ou pavimentação.

VEÍCULO DE GRANDE PORTE – veículo automotor destinado ao transporte de carga com peso bruto total máximo superior a dez mil quilogramas e de passageiros, superior a 20 (vinte) passageiros.

VEÍCULO DE PASSAGEIROS – veículo destinado ao transporte de pessoas e suas bagagens.

VEÍCULO MISTO – veículo automotor destinado ao transporte simultâneo de carga e passageiro.

VIA – superfície por onde transitam veículos, pessoas e animais, compreendendo a pista, a calçada, o acostamento, ilha e canteiro central.

VIA DE TRÂNSITO RÁPIDO – aquela caracterizada por acessos especiais com trânsito livre, sem interseções em nível, sem acessibilidade direta aos lotes lindeiros e sem travessia de pedestres em nível.

VIA ARTERIAL – aquela caracterizada por interseções em nível, geralmente controlada por semáforo, com acessibilidade aos lotes lindeiros e às vias secundárias e locais, possibilitando o trânsito entre as regiões da cidade.

VIA COLETORA – aquela destinada a coletar e distribuir o trânsito que tenha necessidade de entrar ou sair das vias de trânsito rápido ou arteriais, possibilitando o trânsito dentro das regiões da cidade.

VIA LOCAL – aquela caracterizada por interseções em nível não semaforizadas, destinada apenas ao acesso local ou a áreas restritas.

VIA RURAL – estradas e rodovias.

VIA URBANA – ruas, avenidas, vielas, ou caminhos e similares abertos à circulação pública, situados na área urbana, caracterizados principalmente por possuírem imóveis edificados ao longo de sua extensão.

VIAS E ÁREAS DE PEDESTRES – vias ou conjunto de vias destinadas à circulação prioritária de pedestres.

VIADUTO – obra de construção civil destinada a transpor uma depressão de terreno ou servir de passagem superior.

ANEXO II

→ *V.* Resolução do Contran 160/2004 (Aprova o Anexo II do Código de Trânsito Brasileiro).

→ Não publicamos o Anexo II do CTB.

NOVO CÓDIGO FLORESTAL

VADE MECUM DE LEGISLAÇÃO FOCO

ÍNDICE SISTEMÁTICO DO NOVO CÓDIGO FLORESTAL

LEI 12.651, DE 25 DE MAIO DE 2012

NOVO CÓDIGO FLORESTAL

LEI 12.651,
DE 25 DE MAIO DE 2012

Dispõe sobre a proteção da vegetação nativa; altera as Leis 6.938, de 31 de agosto de 1981, 9.393, de 19 de dezembro de 1996, e 11.428, de 22 de dezembro de 2006; revoga as Leis 4.771, de 15 de setembro de 1965, e 7.754, de 14 de abril de 1989, e a Medida Provisória 2.166-67, de 24 de agosto de 2001; e dá outras providências.

A Presidenta da República:

Faço saber que o Congresso Nacional decreta e eu sanciono a seguinte Lei:

Capítulo I
DISPOSIÇÕES GERAIS

Art. 1º *(Vetado).*

Art. 1º-A. Esta Lei estabelece normas gerais sobre a proteção da vegetação, áreas de Preservação Permanente e as áreas de Reserva Legal; a exploração florestal, o suprimento de matéria-prima florestal, o controle da origem dos produtos florestais e o controle e prevenção dos incêndios florestais, e prevê instrumentos econômicos e financeiros para o alcance de seus objetivos.

→ Artigo acrescentado pela Lei 12.727/2012.

Parágrafo único. Tendo como objetivo o desenvolvimento sustentável, esta Lei atenderá aos seguintes princípios:

I – afirmação do compromisso soberano do Brasil com a preservação das suas florestas e demais formas de vegetação nativa, bem como da biodiversidade, do solo, dos recursos hídricos e da integridade do sistema climático, para o bem estar das gerações presentes e futuras;

II – reafirmação da importância da função estratégica da atividade agropecuária e do papel das florestas e demais formas de vegetação nativa na sustentabilidade, no crescimento econômico, na melhoria da qualidade de vida da população brasileira e na presença do País nos mercados nacional e internacional de alimentos e bioenergia;

III – ação governamental de proteção e uso sustentável de florestas, consagrando o compromisso do País com a compatibilização e harmonização entre o uso produtivo da terra e a preservação da água, do solo e da vegetação;

IV – responsabilidade comum da União, Estados, Distrito Federal e Municípios, em colaboração com a sociedade civil, na criação de políticas para a preservação e restauração da vegetação nativa e de suas funções ecológicas e sociais nas áreas urbanas e rurais;

V – fomento à pesquisa científica e tecnológica na busca da inovação para o uso sustentável do solo e da água, a recuperação e a preservação das florestas e demais formas de vegetação nativa;

VI – criação e mobilização de incentivos econômicos para fomentar a preservação e a recuperação da vegetação nativa e para promover o desenvolvimento de atividades produtivas sustentáveis.

Art. 2º As florestas existentes no território nacional e as demais formas de vegetação nativa, reconhecidas de utilidade às terras que revestem, são bens de interesse comum a todos os habitantes do País, exercendo-se os direitos de propriedade com as limitações que a legislação em geral e especialmente esta Lei estabelecem.

→ *v.* Art.225, *caput*, da CF/1988.

§ 1º Na utilização e exploração da vegetação, as ações ou omissões contrárias às disposições desta Lei são consideradas uso irregular da propriedade, aplicando-se o procedimento sumário previsto no inciso II do art. 275 da Lei 5.869, de 11 de janeiro de 1973 – Código de Processo Civil, sem prejuízo da responsabilidade civil, nos termos do § 1º do art. 14 da Lei 6.938, de 31 de agosto de 1981, e das sanções administrativas, civis e penais.

§ 2º As obrigações previstas nesta Lei têm natureza real e são transmitidas ao sucessor, de qualquer natureza, no caso de transferência de domínio ou posse do imóvel rural.

Art. 3º Para os efeitos desta Lei, entende-se por:

I – Amazônia Legal: os Estados do Acre, Pará, Amazonas, Roraima, Rondônia, Amapá e Mato Grosso e as regiões situadas ao norte do paralelo 13° S, dos Estados de Tocantins e Goiás, e ao oeste do meridiano de 44° W, do Estado do Maranhão;

→ *v.* Arts. 12, I, *a*, *b*, e *c*, da Lei 12.651/2012.

II – Área de Preservação Permanente - APP: área protegida, coberta ou não por vegetação nativa, com a função ambiental de preservar os recursos hídricos, a paisagem, a estabilidade geológica e a biodiversidade, facilitar o fluxo gênico de fauna e flora, proteger o solo e assegurar o bem-estar das populações humanas;

III – Reserva Legal: área localizada no interior de uma propriedade ou posse rural, delimitada nos termos do art. 12, com a função de assegurar o uso econômico de modo sustentável dos recursos naturais do imóvel rural, auxiliar a conservação e a reabilitação dos processos ecológicos e promover a conservação da biodiversidade, bem como o abrigo e a proteção de fauna silvestre e da flora nativa;

IV – área rural consolidada: área de imóvel rural com ocupação antrópica preexistente a 22 de julho de 2008, com edificações, benfeitorias ou atividades agrossilvipastoris, admitida, neste último caso, a adoção do regime de pousio;

V – pequena propriedade ou posse rural familiar: aquela explorada mediante o trabalho pessoal do agricultor familiar e empreendedor familiar rural, incluindo os assentamentos e projetos de reforma agrária, e que atenda ao disposto no art. 3º da Lei 11.326, de 24 de julho de 2006;

VI – uso alternativo do solo: substituição de vegetação nativa e formações sucessoras por outras coberturas do solo, como atividades agropecuárias, industriais, de geração e transmissão de energia, de mineração e de transporte, assentamentos urbanos ou outras formas de ocupação humana;

VII – manejo sustentável: administração da vegetação natural para a obtenção de benefícios econômicos, sociais e ambientais, respeitando-se os mecanismos de sustentação do ecossistema objeto do manejo e considerando-se, cumulativa ou alternativamente, a utilização de múltiplas espécies madeireiras ou não, de múltiplos produtos e subprodutos da flora, bem como a utilização de outros bens e serviços;

VIII – utilidade pública:

a) as atividades de segurança nacional e proteção sanitária;

b) as obras de infraestrutura destinadas às concessões e aos serviços públicos de transporte, sistema viário, inclusive aquele necessário aos parcelamentos de solo urbano aprovados pelos Municípios, saneamento, gestão de resíduos, energia, telecomunicações, radiodifusão, instalações necessárias à realização de competições esportivas estaduais, nacionais ou internacionais, bem como mineração, exceto, neste último caso, a extração de areia, argila, saibro e cascalho;

c) atividades e obras de defesa civil;

d) atividades que comprovadamente proporcionem melhorias na proteção das funções ambientais referidas no inciso II deste artigo;

e) outras atividades similares devidamente caracterizadas e motivadas em procedimento administrativo próprio, quando inexistir alternativa técnica e locacional ao empreendimento proposto, definidas em ato do Chefe do Poder Executivo federal;

IX – interesse social:

a) as atividades imprescindíveis à proteção da integridade da vegetação nativa, tais como prevenção, combate e controle do fogo, controle da erosão, erradicação de invasoras e proteção de plantios com espécies nativas;

b) a exploração agroflorestal sustentável praticada na pequena propriedade ou posse rural familiar ou por povos e comunidades tradicionais, desde que não descaracterize a cobertura vegetal existente e não prejudique a função ambiental da área;

c) a implantação de infraestrutura pública destinada a esportes, lazer e atividades educacionais e culturais ao ar livre em áreas urbanas e rurais consolidadas, observadas as condições estabelecidas nesta Lei;

d) a regularização fundiária de assentamentos humanos ocupados predominantemente por população de baixa renda em áreas urbanas consolidadas, observadas as condições estabelecidas na Lei 11.977, de 7 de julho de 2009;

e) implantação de instalações necessárias à captação e condução de água e de efluentes tratados para projetos cujos recursos hídricos são partes integrantes e essenciais da atividade;

f) as atividades de pesquisa e extração de areia, argila, saibro e cascalho, outorgadas pela autoridade competente;

g) outras atividades similares devidamente caracterizadas e motivadas em procedimento administrativo próprio, quando inexistir alternativa técnica e locacional à atividade proposta, definidas em ato do Chefe do Poder Executivo federal;

X – atividades eventuais ou de baixo impacto ambiental:

a) abertura de pequenas vias de acesso interno e suas pontes e pontilhões, quando necessárias à travessia de um curso d'água, ao acesso de pessoas e animais para a obtenção de água ou à retirada de produtos oriundos das atividades de manejo agroflorestal sustentável;

b) implantação de instalações necessárias à captação e condução de água e efluentes tratados, desde que comprovada a outorga do direito de uso da água, quando couber;

c) implantação de trilhas para o desenvolvimento do ecoturismo;

d) construção de rampa de lançamento de barcos e pequeno ancoradouro;

e) construção de moradia de agricultores familiares, remanescentes de comunidades quilombolas e outras populações extrativistas e tradicionais em áreas rurais, onde o abastecimento de água se dê pelo esforço próprio dos moradores;

f) construção e manutenção de cercas na propriedade;

g) pesquisa científica relativa a recursos ambientais, respeitados outros requisitos previstos na legislação aplicável;

h) coleta de produtos não madeireiros para fins de subsistência e produção de mudas, como sementes, castanhas e frutos, respeitada a legislação específica de acesso a recursos genéticos;

i) plantio de espécies nativas produtoras de frutos, sementes, castanhas e outros produtos vegetais, desde que não implique supressão da vegetação existente nem prejudique a função ambiental da área;

j) exploração agroflorestal e manejo florestal sustentável, comunitário e familiar, incluindo a extração de produtos florestais não madeireiros, desde que não descaracterizem a cobertura vegetal nativa existente nem prejudiquem a função ambiental da área;

k) outras ações ou atividades similares, reconhecidas como eventuais e de baixo impacto ambiental em ato do Conselho Nacional do Meio Ambiente – Conama ou dos Conselhos Estaduais de Meio Ambiente;

XI – (*Vetado*);

XII – vereda: fitofisionomia de savana, encontrada em solos hidromórficos, usualmente com a palmeira arbórea Mauritiaflexuosa - buriti emergente, sem formar dossel, em meio a agrupamentos de espécies arbustivo-herbáceas;

→ Inciso XII com redação alterada pela Lei 12.727/2012.

XIII – manguezal: ecossistema litorâneo que ocorre em terrenos baixos, sujeitos à ação das marés, formado por vasas lodosas recentes ou arenosas, às quais se associa, predominantemente, a vegetação natural conhecida como mangue, com influência fluviomarinha, típica de solos limosos de regiões estuarinas e com dispersão descontínua ao longo da costa brasileira, entre os Estados do Amapá e de Santa Catarina;

XIV – salgado ou marismas tropicais hipersalinos: áreas situadas em regiões com frequências de inundações intermediárias entre marés de sizígias e de quadratura, com solos cuja salinidade varia entre 100 (cem) e 150 (cento e cinquenta) partes por 1.000 (mil), onde pode ocorrer a presença de vegetação herbácea específica;

XV – apicum: áreas de solos hipersalinos situadas nas regiões entre marés superiores, inundadas apenas pelas marés de sizígias, que apresentam salinidade superior a 150 (cento e cinquenta) partes por 1.000 (mil), desprovidas de vegetação vascular;

XVI – restinga: depósito arenoso paralelo à linha da costa, de forma geralmente alongada, produzido por processos de sedimentação, onde se encontram diferentes comunidades que recebem influência marinha, com cobertura vegetal em mosaico, encontrada em praias, cordões arenosos, dunas e depressões, apresentando, de acordo com o estágio sucessional, estrato herbáceo, arbustivo e arbóreo, este último mais interiorizado;

XVII – nascente: afloramento natural do lençol freático que apresenta perenidade e dá início a um curso d'água;

XVIII – olho d'água: afloramento natural do lençol freático, mesmo que intermitente;

XIX – leito regular: a calha por onde correm regularmente as águas do curso d'água durante o ano;

XX – área verde urbana: espaços, públicos ou privados, com predomínio de vegetação, preferencialmente nativa, natural ou recuperada, previstos no Plano Diretor, nas Leis de Zoneamento Urbano e Uso do Solo do Município, indisponíveis para construção de moradias, destinados aos propósitos de recreação, lazer, melhoria da qualidade ambiental urbana, proteção dos recursos hídricos, manutenção ou melhoria paisagística, proteção de bens e manifestações culturais;

XXI – várzea de inundação ou planície de inundação: áreas marginais a cursos d'água sujeitas a enchentes e inundações periódicas;

XXII – faixa de passagem de inundação: área de várzea ou planície de inundação adjacente a cursos d'água que permite o escoamento da enchente;

XXIII – relevo ondulado: expressão geomorfológica usada para designar área caracterizada por movimentações do terreno que geram depressões, cuja intensidade permite sua classificação como relevo suave ondulado, ondulado, fortemente ondulado e montanhoso;

XXIV – pousio: prática de interrupção temporária de atividades ou usos agrícolas, pecuários ou silviculturais, por no máximo 5 (cinco) anos, para possibilitar a recuperação da capacidade de uso ou da estrutura física do solo;

→ Inciso XXIV acrescentado pela Lei 12.727/2012.

→ v. Art. 3º, III, da Lei 11.428/2006.

XXV – áreas úmidas: pantanais e superfícies terrestres cobertas de forma periódica por águas, cobertas originalmente por florestas ou outras formas de vegetação adaptadas à inundação;

→ Inciso XXV acrescentado pela Lei 12.727/2012.

XXVI – área urbana consolidada: aquela de que trata o inciso II do *caput* do art. 47 da Lei 11.977, de 7 de julho de 2009; e

→ Inciso XXVI acrescentado pela Lei 12.727/2012.

XXVII – crédito de carbono: título de direito sobre bem intangível e incorpóreo transacionável.

→ Inciso XXVII acrescentado pela Lei 12.727/2012.

Parágrafo único. Para os fins desta Lei, estende-se o tratamento dispensado aos imóveis a que se refere o inciso V deste artigo às propriedades e posses rurais com até 4 (quatro) módulos fiscais que desenvolvam atividades agrossilvipastoris, bem como às terras indígenas demarcadas e às demais áreas tituladas de povos e comunidades tradicionais que façam uso coletivo do seu território.

Capítulo II
DAS ÁREAS DE PRESERVAÇÃO PERMANENTE

Seção I
Da delimitação das áreas de preservação permanente

Art. 4º Considera-se Área de Preservação Permanente, em zonas rurais ou urbanas, para os efeitos desta Lei:

I – as faixas marginais de qualquer curso d'água natural perene e intermitente, excluídos os efêmeros, desde a borda da calha do leito regular, em largura mínima de:

→ Inciso I acrescentado pela Lei 12.727/2012.

a) 30 (trinta) metros, para os cursos d'água de menos de 10 (dez) metros de largura;

b) 50 (cinquenta) metros, para os cursos d'água que tenham de 10 (dez) a 50 (cinquenta) metros de largura;

c) 100 (cem) metros, para os cursos d'água que tenham de 50 (cinquenta) a 200 (duzentos) metros de largura;

d) 200 (duzentos) metros, para os cursos d'água que tenham de 200 (duzentos) a 600 (seiscentos) metros de largura;

e) 500 (quinhentos) metros, para os cursos d'água que tenham largura superior a 600 (seiscentos) metros;

II – as áreas no entorno dos lagos e lagoas naturais, em faixa com largura mínima de:

a) 100 (cem) metros, em zonas rurais, exceto para o corpo d'água com até 20 (vinte) hectares de superfície, cuja faixa marginal será de 50 (cinquenta) metros;

b) 30 (trinta) metros, em zonas urbanas;

III – as áreas no entorno dos reservatórios d'água artificiais, decorrentes de barramento ou represamento de cursos d'água naturais, na faixa definida na licença ambiental do empreendimento;

→ Inciso III acrescentado pela Lei 12.727/2012.

IV – as áreas no entorno das nascentes e dos olhos d'água perenes, qualquer que seja sua situação topográfica, no raio mínimo de 50 (cinquenta) metros;

→ Inciso IV com redação alterada pela Lei 12.727/2012.

V – as encostas ou partes destas com declividade superior a 45°, equivalente a 100% (cem por cento) na linha de maior declive;

VI – as restingas, como fixadoras de dunas ou estabilizadoras de mangues;

VII – os manguezais, em toda a sua extensão;

VIII – as bordas dos tabuleiros ou chapadas, até a linha de ruptura do relevo, em faixa nunca inferior a 100 (cem) metros em projeções horizontais;

IX – no topo de morros, montes, montanhas e serras, com altura mínima de 100 (cem) metros e inclinação média maior que 25°, as áreas delimitadas a partir da curva de nível correspondente a 2/3 (dois terços) da altura mínima da elevação sempre em relação à base, sendo esta definida pelo plano horizontal determinado por planície ou espelho d'água adjacente ou, nos relevos ondulados, pela cota do ponto de sela mais próximo da elevação;

X – as áreas em altitude superior a 1.800 (mil e oitocentos) metros, qualquer que seja a vegetação;

XI – em veredas, a faixa marginal, em projeção horizontal, com largura mínima de 50 (cinquenta) metros, a partir do espaço permanentemente brejoso e encharcado.

→ Inciso XI com redação alterada pela Lei 12.727/2012.

§ 1º Não será exigida Área de Preservação Permanente no entorno de reservatórios artificiais de água que não decorram de barramento ou represamento de cursos d'água naturais.

→ § 1º com redação alterada pela Lei 12.727/2012.

§ 2º (*Revogado pela Lei 12.727/2012*).

§ 3º (*Vetado*).

§ 4º Nas acumulações naturais ou artificiais de água com superfície inferior a 1 (um) hectare, fica dispensada a reserva da faixa de proteção prevista nos incisos II e III do *caput*, vedada nova supressão de áreas de vegetação nativa, salvo autorização do órgão ambiental competente do Sistema Nacional do Meio Ambiente – Sisnama.

→ § 4º com redação alterada pela Lei 12.727/2012.

§ 5º É admitido, para a pequena propriedade ou posse rural familiar, de que trata o inciso V do art. 3º desta Lei, o plantio de culturas temporárias e sazonais de vazante de ciclo curto na faixa de terra que fica exposta no período de vazante dos rios ou lagos, desde que não implique supressão de novas áreas de vegetação nativa, seja conservada a qualidade da água e do solo e seja protegida a fauna silvestre.

§ 6º Nos imóveis rurais com até 15 (quinze) módulos fiscais, é admitida, nas áreas de que tratam os incisos I e II do *caput* deste artigo, a prática da aquicultura e a infraestrutura física diretamente a ela associada, desde que:

I – sejam adotadas práticas sustentáveis de manejo de solo e água e de recursos hídricos, garantindo sua qualidade e quantidade, de acordo com norma dos Conselhos Estaduais de Meio Ambiente;

II – esteja de acordo com os respectivos planos de bacia ou planos de gestão de recursos hídricos;

III – seja realizado o licenciamento pelo órgão ambiental competente;

IV – o imóvel esteja inscrito no Cadastro Ambiental Rural – CAR.

V - não implique novas supressões de vegetação nativa.

→ Inciso V acrescentado pela Lei 12.727/2012.

§ 7º (*Vetado*).

§ 8º (*Vetado*).

§ 9º (*Vetado*).

→ § 9º acrescentado pela Lei 12.727/2012.

Art. 5º Na implantação de reservatório d'água artificial destinado a geração de energia ou abastecimento público, é obrigatória a aquisição, desapropriação ou instituição de servidão administrativa pelo empreendedor das Áreas de Preservação Permanente criadas em seu entorno, conforme estabelecido no licenciamento ambiental, observando-se a faixa mínima de 30 (trinta) metros e máxima de 100 (cem) metros em área rural, e a faixa mínima de 15 (quinze) metros e máxima de 30 (trinta) metros em área urbana.

→ *Caput* com redação alterada pela Lei 12.727/2012.

§ 1º Na implantação de reservatórios d'água artificiais de que trata o *caput*, o empreendedor, no âmbito do licenciamento ambiental, elaborará Plano Ambiental de Conservação e Uso do Entorno do Reservatório, em conformidade com termo de referência expedido pelo órgão competente do Sistema Nacional do Meio Ambiente – Sisnama, não podendo o uso exceder a 10% (dez por cento) do total da Área de Preservação Permanente.

→ § 1º com redação alterada pela Lei 12.727/2012.

§ 2º O Plano Ambiental de Conservação e Uso do Entorno de Reservatório Artificial, para os empreendimentos licitados a partir da vigência desta Lei, deverá ser apresentado ao órgão ambiental concomitantemente com o Plano Básico Ambiental e aprovado até o início da operação do empreendimento, não constituindo a sua ausência impedimento para a expedição da licença de instalação.

§ 3º (*Vetado*).

Art. 6º Consideram-se, ainda, de preservação permanente, quando declaradas de interesse social por ato do Chefe do Poder Executivo, as áreas cobertas com florestas ou outras formas de vegetação destinadas a uma ou mais das seguintes finalidades:

I – conter a erosão do solo e mitigar riscos de enchentes e deslizamentos de terra e de rocha;

II – proteger as restingas ou veredas;

III – proteger várzeas;

IV – abrigar exemplares da fauna ou da flora ameaçados de extinção;

V – proteger sítios de excepcional beleza ou de valor científico, cultural ou histórico;

VI – formar faixas de proteção ao longo de rodovias e ferrovias;

VII – assegurar condições de bem-estar público;

VIII – auxiliar a defesa do território nacional, a critério das autoridades militares;

IX – proteger áreas úmidas, especialmente as de importância internacional.

→ Inciso IX acrescentado pela Lei 12.727/2012.

Seção II
Do regime de proteção das áreas de preservação permanente

Art. 7º A vegetação situada em Área de Preservação Permanente deverá ser mantida pelo proprietário da área, possuidor ou ocupante a qualquer título, pessoa física ou jurídica, de direito público ou privado.

§ 1º Tendo ocorrido supressão de vegetação situada em Área de Preservação Permanente, o proprietário da área, possuidor ou ocupante a qualquer título é obrigado a promover a recomposição da vegetação, ressalvados os usos autorizados previstos nesta Lei.

§ 2º A obrigação prevista no § 1º tem natureza real e é transmitida ao sucessor no caso de transferência de domínio ou posse do imóvel rural.

§ 3º No caso de supressão não autorizada de vegetação realizada após 22 de julho de 2008, é vedada a concessão de novas autorizações de supressão de vegetação enquanto não cumpridas as obrigações previstas no § 1º.

Art. 8º A intervenção ou a supressão de vegetação nativa em Área de Preservação Permanente somente ocorrerá nas hipóteses de utilidade pública, de interesse social ou de baixo impacto ambiental previstas nesta Lei.

§ 1º A supressão de vegetação nativa protetora de nascentes, dunas e restingas somente poderá ser autorizada em caso de utilidade pública.

§ 2º A intervenção ou a supressão de vegetação nativa em Área de Preservação Permanente de que tratam os incisos VI e VII do *caput* do art. 4º poderá ser autorizada, excepcionalmente, em locais onde a função ecológica do manguezal esteja comprometida, para execução de obras habitacionais e de urbanização, inseridas em projetos de regularização fundiária de interesse social, em áreas urbanas consolidadas ocupadas por população de baixa renda.

§ 3º É dispensada a autorização do órgão ambiental competente para a execução, em caráter de urgência, de atividades de segurança nacional e obras de interesse da defesa civil destinadas à prevenção e mitigação de acidentes em áreas urbanas.

§ 4º Não haverá, em qualquer hipótese, direito à regularização de futuras intervenções ou supressões de vegetação nativa, além das previstas nesta Lei.

Art. 9º É permitido o acesso de pessoas e animais às Áreas de Preservação Permanente para obtenção de água e para realização de atividades de baixo impacto ambiental.

Capítulo III

DAS ÁREAS DE USO RESTRITO

Art. 10. Nos pantanais e planícies pantaneiras, é permitida a exploração ecologicamente sustentável, devendo-se considerar as recomendações técnicas dos órgãos oficiais de pesquisa, ficando novas supressões de vegetação nativa para uso alternativo do solo condicionadas à autorização do órgão estadual do meio ambiente, com base nas recomendações mencionadas neste artigo.

→ Artigo com redação alterada pela Lei 12.727/2012.

Art. 11. Em áreas de inclinação entre 25° e 45°, serão permitidos o manejo florestal sustentável e o exercício de atividades agrossilvipastoris, bem como a manutenção da infraestrutura física associada ao desenvolvimento das atividades, observadas boas práticas agronômicas, sendo vedada a conversão de novas áreas, excetuadas as hipóteses de utilidade pública e interesse social.

Capítulo III-A

DO USO ECOLOGICAMENTE SUSTENTÁVEL DOS APICUNS E SALGADOS

→ Capítulo acrescentado pela Lei 12.727/2012.

→ *v.* Art. 3º, XIV e XV, da Lei 12.651/2012.

Art. 11-A. A Zona Costeira é patrimônio nacional, nos termos do § 4º do art. 225 da Constituição Federal, devendo sua ocupação e exploração dar-se de modo ecologicamente sustentável.

→ Artigo acrescentado pela Lei 12.727/2012.

§ 1º Os apicuns e salgados podem ser utilizados em atividades de carcinicultura e salinas, desde que observados os seguintes requisitos:

I – área total ocupada em cada Estado não superior a 10% (dez por cento) dessa modalidade de fitofisionomia no bioma amazônico e a 35% (trinta e cinco por cento) no restante do País, excluídas as ocupações consolidadas que atendam ao disposto no § 6º deste artigo;

II – salvaguarda da absoluta integridade dos manguezais arbustivos e dos processos ecológicos essenciais a eles associados, bem como da sua produtividade biológica e condição de berçário de recursos pesqueiros;

III – licenciamento da atividade e das instalações pelo órgão ambiental estadual, cientificado o Instituto Brasileiro do Meio Ambiente e dos Recursos Naturais Renováveis - Ibama e, no caso de uso de terrenos de marinha ou outros bens da União, realizada regularização prévia da titulação perante a União

IV – recolhimento, tratamento e disposição adequados dos efluentes e resíduos;

V – garantia da manutenção da qualidade da água e do solo, respeitadas as Áreas de Preservação Permanente; e

VI – respeito às atividades tradicionais de sobrevivência das comunidades locais.

→ *v.* Art. 3º, X, da Lei 11.284/2006.

§ 2º A licença ambiental, na hipótese deste artigo, será de 5 (cinco) anos, renovável apenas se o empreendedor cumprir as exigências da legislação ambiental e do próprio licenciamento, mediante comprovação anual, inclusive por mídia fotográfica.

§ 3º São sujeitos à apresentação de Estudo Prévio de Impacto Ambiental – Epia e Relatório de Impacto Ambiental - Rima os novos empreendimentos:

→ *v.* Art. 10 da Lei 6.938/1981.

I – com área superior a 50 (cinquenta) hectares, vedada a fragmentação do projeto para ocultar ou camuflar seu porte;

II – com área de até 50 (cinquenta) hectares, se potencialmente causadores de significativa degradação do meio ambiente; ou

III – localizados em região com adensamento de empreendimentos de carcinicultura ou salinas cujo impacto afete áreas comuns.

§ 4º O órgão licenciador competente, mediante decisão motivada, poderá, sem prejuízo das sanções administrativas, cíveis e penais cabíveis, bem como do dever de recuperar os danos ambientais causados, alterar as condicionantes e as medidas de controle e adequação, quando ocorrer:

I – descumprimento ou cumprimento inadequado das condicionantes ou medidas de controle previstas no licenciamento, ou desobediência às normas aplicáveis;

II – fornecimento de informação falsa, dúbia ou enganosa, inclusive por omissão, em qualquer fase do licenciamento ou período de validade da licença; ou

III – superveniência de informações sobre riscos ao meio ambiente ou à saúde pública.

§ 5º A ampliação da ocupação de apicuns e salgados respeitará o Zoneamento Ecológico-Econômico da Zona Costeira – Zeezoc, com a individualização das áreas ainda passíveis de uso, em escala mínima de 1:10.000, que deverá ser concluído por cada Estado no prazo máximo de 1 (um) ano a partir da data da publicação desta Lei.

§ 6º É assegurada a regularização das atividades e empreendimentos de carcinicultura e salinas cuja ocupação e implantação tenham ocorrido antes de 22 de julho de 2008, desde que o empreendedor, pessoa física ou jurídica, comprove sua localização em apicum ou salgado e se obrigue, por termo de compromisso, a proteger a integridade dos manguezais arbustivos adjacentes.

§ 7º É vedada a manutenção, licenciamento ou regularização, em qualquer hipótese ou forma, de ocupação ou exploração irregular em apicum ou salgado, ressalvadas as exceções previstas neste artigo.

Capítulo IV

DA ÁREA DE RESERVA LEGAL

Seção I

Da delimitação da área de reserva legal

Art. 12. Todo imóvel rural deve manter área com cobertura de vegetação nativa, a título de Reserva Legal, sem prejuízo da aplicação das normas sobre as Áreas de Preservação Permanente, observados os seguintes percentuais mínimos em relação à área do imóvel, excetuados os casos previstos no art. 68 desta Lei:

→ *Caput* com redação alterada pela Lei 12.727/2012.

I – localizado na Amazônia Legal:

a) 80% (oitenta por cento), no imóvel situado em área de florestas;

b) 35% (trinta e cinco por cento), no imóvel situado em área de cerrado;

c) 20% (vinte por cento), no imóvel situado em área de campos gerais;

II – localizado nas demais regiões do País: 20% (vinte por cento).

§ 1º Em caso de fracionamento do imóvel rural, a qualquer título, inclusive para assentamentos pelo Programa de Reforma Agrária, será considerada, para fins do disposto do *caput*, a área do imóvel antes do fracionamento.

§ 2º O percentual de Reserva Legal em imóvel situado em área de formações florestais, de cerrado ou de campos gerais na Amazônia Legal será definido considerando separadamente os índices contidos nas alíneas *a*, *b* e *c* do inciso I do *caput*.

§ 3º Após a implantação do CAR, a supressão de novas áreas de floresta ou outras formas de vegetação nativa apenas será autorizada pelo órgão ambiental estadual integrante do Sisnama se o imóvel estiver inserido no mencionado cadastro, ressalvado o previsto no art. 30.

§ 4º Nos casos da alínea *a* do inciso I, o poder público poderá reduzir a Reserva Legal para até 50% (cinquenta por cento), para fins de recomposição, quando o Município tiver mais de 50% (cinquenta por cento) da área ocupada por unidades de conservação da natureza de domínio público e por terras indígenas homologadas.

§ 5º Nos casos da alínea *a* do inciso I, o poder público estadual, ouvido o Conselho Estadual de Meio Ambiente, poderá reduzir a Reserva Legal para até 50% (cinquenta por cento), quando o Estado tiver Zoneamento Ecológico-Econômico aprovado e mais de 65% (sessenta e cinco por cento) do seu território ocupado por unidades de conservação da natureza de domínio público, devidamente regularizadas, e por terras indígenas homologadas.

§ 6º Os empreendimentos de abastecimento público de água e tratamento de esgoto não estão sujeitos à constituição de Reserva Legal.

§ 7º Não será exigido Reserva Legal relativa às áreas adquiridas ou desapropriadas por detentor de concessão, permissão ou autorização para exploração de potencial de energia hidráulica, nas quais funcionem empreendimentos de geração de energia elétrica, subestações ou sejam instaladas linhas de transmissão e de distribuição de energia elétrica.

§ 8º Não será exigido Reserva Legal relativa às áreas adquiridas ou desapropriadas com o objetivo de implantação e ampliação de capacidade de rodovias e ferrovias.

Art. 13. Quando indicado pelo Zoneamento Ecológico-Econômico – ZEE estadual, realizado segundo metodologia unificada, o poder público federal poderá:

I – reduzir, exclusivamente para fins de regularização, mediante recomposição, regeneração ou compensação da Reserva Legal de imóveis com área rural consolidada, situados em área de floresta localizada na Amazônia Legal, para até 50% (cinquenta por cento) da propriedade, excluídas as áreas prioritárias para conservação da biodiversidade e dos recursos hídricos e os corredores ecológicos;

II – ampliar as áreas de Reserva Legal em até 50% (cinquenta por cento) dos percentuais previstos nesta Lei, para cumprimento de metas nacionais de proteção à biodiversidade ou de redução de emissão de gases de efeito estufa.

§ 1º No caso previsto no inciso I do *caput*, o proprietário ou possuidor de imóvel rural que mantiver Reserva Legal conservada e averbada em área superior aos percentuais exigidos no referido inciso poderá instituir servidão ambiental sobre a área excedente, nos termos da Lei 6.938, de 31 de agosto de 1981, e Cota de Reserva Ambiental.

§ 2º Os Estados que não possuem seus Zoneamentos Ecológico-Econômicos – ZEEs segundo a metodologia unificada, estabelecida em norma federal, terão o prazo de 5 (cinco) anos, a partir da data da publicação desta Lei, para a sua elaboração e aprovação.

Art. 14. A localização da área de Reserva Legal no imóvel rural deverá levar em consideração os seguintes estudos e critérios:

I – o plano de bacia hidrográfica;

II – o Zoneamento Ecológico-Econômico

III – a formação de corredores ecológicos com outra Reserva Legal, com Área de Preservação Permanente, com Unidade de Conservação ou com outra área legalmente protegida;

IV – as áreas de maior importância para a conservação da biodiversidade; e

V – as áreas de maior fragilidade ambiental.

§ 1º O órgão estadual integrante do Sisnama ou instituição por ele habilitada deverá aprovar a localização da Reserva Legal após a inclusão do imóvel no CAR, conforme o art. 29 desta Lei.

§ 2º Protocolada a documentação exigida para a análise da localização da área de Reserva Legal, ao proprietário ou possuidor rural não poderá ser imputada sanção administrativa, inclusive restrição a direitos, por qualquer órgão ambiental competente integrante do Sisnama, em razão da não formalização da área de Reserva Legal.

→ § 2º com redação alterada pela Lei 12.727/2012.

Art. 15. Será admitido o cômputo das Áreas de Preservação Permanente no cálculo do percentual da Reserva Legal do imóvel, desde que:

I – o benefício previsto neste artigo não implique a conversão de novas áreas para o uso alternativo do solo;

II – a área a ser computada esteja conservada ou em processo de recuperação, conforme comprovação do proprietário ao órgão estadual integrante do Sisnama; e

III – o proprietário ou possuidor tenha requerido inclusão do imóvel no Cadastro Ambiental Rural – CAR, nos termos desta Lei.

§ 1º O regime de proteção da Área de Preservação Permanente não se altera na hipótese prevista neste artigo.

§ 2º O proprietário ou possuidor de imóvel com Reserva Legal conservada e inscrita no Cadastro Ambiental Rural – CAR de que trata o art. 29, cuja área ultrapasse o mínimo exigido por esta Lei, poderá utilizar a área excedente para fins de constituição de servidão ambiental, Cota de Reserva Ambiental e outros instrumentos congêneres previstos nesta Lei.

§ 3º O cômputo de que trata o *caput* aplica-se a todas as modalidades de cumprimento da Reserva Legal, abrangendo a regeneração, a recomposição e a compensação.

→ § 3º com redação alterada pela Lei 12.727/2012.

§ 4º É dispensada a aplicação do inciso I do *caput* deste artigo, quando as Áreas de Preservação Permanente conservadas ou em processo de recuperação, somadas às demais florestas e outras formas de vegetação nativa existentes em imóvel, ultrapassarem:

→ § 4º acrescentado pela Lei 12.727/2012.

I – 80% (oitenta por cento) do imóvel rural localizado em áreas de floresta na Amazônia Legal; e

II – (*Vetado*).

Art. 16. Poderá ser instituído Reserva Legal em regime de condomínio ou coletiva entre propriedades rurais, respeitado o percentual previsto no art. 12 em relação a cada imóvel.

→ *Caput* com redação alterada pela Lei 12.727/2012.

Parágrafo único. No parcelamento de imóveis rurais, a área de Reserva Legal poderá ser agrupada em regime de condomínio entre os adquirentes.

Seção II
Do regime de proteção da reserva legal

Art. 17. A Reserva Legal deve ser conservada com cobertura de vegetação nativa pelo proprietário do imóvel rural, possuidor ou ocupante a qualquer título, pessoa física ou jurídica, de direito público ou privado.

§ 1º Admite-se a exploração econômica da Reserva Legal mediante manejo sustentável, previamente aprovado pelo órgão competente do Sisnama, de acordo com as modalidades previstas no art. 20.

§ 2º Para fins de manejo de Reserva Legal na pequena propriedade ou posse rural familiar, os órgãos integrantes do Sisnama deverão estabelecer procedimentos simplificados de elaboração, análise e aprovação de tais planos de manejo.

§ 3º É obrigatória a suspensão imediata das atividades em área de Reserva Legal desmatada irregularmente após 22 de julho de 2008.

→ § 3º com redação alterada pela Lei 12.727/2012.

§ 4º Sem prejuízo das sanções administrativas, cíveis e penais cabíveis, deverá ser iniciado, nas áreas de que trata o § 3º deste artigo, o processo de recomposição da Reserva Legal em até 2 (dois) anos contados a partir da data da publicação desta Lei, devendo tal processo ser concluído nos prazos estabelecidos pelo Programa de Regularização Ambiental – PRA, de que trata o art. 59.

→ § 4º acrescentado pela Lei 12.727/2012.

Art. 18. A área de Reserva Legal deverá ser registrada no órgão ambiental competente por meio de inscrição no CAR de que trata o art. 29, sendo vedada a alteração de sua destinação, nos casos de transmissão, a qualquer título, ou de desmembramento, com as exceções previstas nesta Lei.

§ 1º A inscrição da Reserva Legal no CAR será feita mediante a apresentação de planta e memorial descritivo, contendo a indicação das coordenadas geográficas com pelo menos um ponto de amarração, conforme ato do Chefe do Poder Executivo.

§ 2º Na posse, a área de Reserva Legal é assegurada por termo de compromisso firmado pelo possuidor com o órgão competente do Sisnama, com força de título executivo extrajudicial, que explicite, no mínimo, a localização da área de Reserva Legal e as obrigações assumidas pelo possuidor por força do previsto nesta Lei.

§ 3º A transferência da posse implica a sub-rogação das obrigações assumidas no termo de compromisso de que trata o § 2º.

§ 4º O registro da Reserva Legal no CAR desobriga a averbação no Cartório de Registro de Imóveis, sendo que, no período entre a data da publicação desta Lei e o registro no CAR, o proprietário ou possuidor rural que desejar fazer a averbação terá direito à gratuidade deste ato.

→ § 4º com redação alterada pela Lei 12.727/2012.

Art. 19. A inserção do imóvel rural em perímetro urbano definido mediante lei municipal não desobriga o proprietário ou posseiro da manutenção da área de Reserva Legal, que só será extinta concomitantemente ao registro do parcelamento do solo para fins urbanos aprovado segundo a legislação específica e consoante as diretrizes do plano diretor de que trata o § 1º do art. 182 da Constituição Federal.

→ v. Art. 32, § 1º, do CTN.

→ v. Art. 3º, XX, da Lei 12.651/2012.

→ v. Art. 47, II, da Lei 11.977/2009.

Art. 20. No manejo sustentável da vegetação florestal da Reserva Legal, serão adotadas práticas de exploração seletiva nas modalidades de manejo sustentável sem propósito comercial para consumo na propriedade e manejo sustentável para exploração florestal com propósito comercial.

Art. 21. É livre a coleta de produtos florestais não madeireiros, tais como frutos, cipós, folhas e sementes, devendo-se observar:

I – os períodos de coleta e volumes fixados em regulamentos específicos, quando houver;

II – a época de maturação dos frutos e sementes;

III – técnicas que não coloquem em risco a sobrevivência de indivíduos e da espécie coletada no caso de coleta de flores, folhas, cascas, óleos, resinas, cipós, bulbos, bambus e raízes.

Art. 22. O manejo florestal sustentável da vegetação da Reserva Legal com propósito comercial depende de autorização do órgão competente e deverá atender as seguintes diretrizes e orientações:

I – não descaracterizar a cobertura vegetal e não prejudicar a conservação da vegetação nativa da área;

II – assegurar a manutenção da diversidade das espécies;

III – conduzir o manejo de espécies exóticas com a adoção de medidas que favoreçam a regeneração de espécies nativas.

Art. 23. O manejo sustentável para exploração florestal eventual sem propósito comercial, para consumo no próprio imóvel, independe de autorização dos órgãos competentes, devendo apenas ser declarados previamente ao órgão ambiental a motivação da exploração e o volume explorado, limitada a exploração anual a 20 (vinte) metros cúbicos.

Art. 24. No manejo florestal nas áreas fora de Reserva Legal, aplica-se igualmente o disposto nos arts. 21, 22 e 23.

Seção III
Do regime de proteção das áreas verdes urbanas

Art. 25. O poder público municipal contará, para o estabelecimento de áreas verdes urbanas, com os seguintes instrumentos:

→ *v.* Art. 30, I II, da CF/1988.

→ *v.* Art. 9º da LC 140/2011.

I – o exercício do direito de preempção para aquisição de remanescentes florestais relevantes, conforme dispõe a Lei 10.257, de 10 de julho de 2001;

II – a transformação das Reservas Legais em áreas verdes nas expansões urbanas;

III – o estabelecimento de exigência de áreas verdes nos loteamentos, empreendimentos comerciais e na implantação de infraestrutura; e

IV – aplicação em áreas verdes de recursos oriundos da compensação ambiental.

Capítulo V
DA SUPRESSÃO DE VEGETAÇÃO PARA USO ALTERNATIVO DO SOLO

Art. 26. A supressão de vegetação nativa para uso alternativo do solo, tanto de domínio público como de domínio privado, dependerá do cadastramento do imóvel no CAR, de que trata o art. 29, e de prévia autorização do órgão estadual competente do Sisnama.

→ *v.* Art. 9º, XV, *a* e *b*, da LC 140/2011.

§ 1º (*Vetado*).

§ 2º (*Vetado*).

§ 3º No caso de reposição florestal, deverão ser priorizados projetos que contemplem a utilização de espécies nativas do mesmo bioma onde ocorreu a supressão.

§ 4º O requerimento de autorização de supressão de que trata o *caput* conterá, no mínimo, as seguintes informações:

I – a localização do imóvel, das Áreas de Preservação Permanente, da Reserva Legal e das áreas de uso restrito, por coordenada geográfica, com pelo menos um ponto de amarração do perímetro do imóvel;

II – a reposição ou compensação florestal, nos termos do § 4º do art. 33;

III – a utilização efetiva e sustentável das áreas já convertidas;

IV – o uso alternativo da área a ser desmatada.

Art. 27. Nas áreas passíveis de uso alternativo do solo, a supressão de vegetação que abrigue espécie da flora ou da fauna ameaçada de extinção, segundo lista oficial publicada pelos órgãos federal ou estadual ou municipal do Sisnama, ou espécies migratórias, dependerá da adoção de medidas compensatórias e mitigadoras que assegurem a conservação da espécie.

Art. 28. Não é permitida a conversão de vegetação nativa para uso alternativo do solo no imóvel rural que possuir área abandonada.

Capítulo VI
DO CADASTRO AMBIENTAL RURAL

→ *v.* Decreto 7.830/2012 – Sistema de Cadastro Ambiental Rural.

→ *v.* Arts. 4º, § 6º, IV, 12, § 3º, 14, § 1º, 15, III, 18, § 4º, 26, 41, e 44 da Lei 12.651/2012.

Art. 29. É criado o Cadastro Ambiental Rural – CAR, no âmbito do Sistema Nacional de Informação sobre Meio Ambiente – Sinima, registro público eletrônico de âmbito nacional, obrigatório para todos os imóveis rurais, com a finalidade de integrar as informações ambientais das propriedades e posses rurais, compondo base de dados para controle, monitoramento, planejamento ambiental e econômico e combate ao desmatamento.

§ 1º A inscrição do imóvel rural no CAR deverá ser feita, preferencialmente, no órgão ambiental municipal ou estadual, que, nos termos do regulamento, exigirá do proprietário ou possuidor rural:

→ *Caput* do § 1º com redação alterada pela Lei 12.727/2012.

I – identificação do proprietário ou possuidor rural;

II – comprovação da propriedade ou posse;

III – identificação do imóvel por meio de planta e memorial descritivo, contendo a indicação das coordenadas geográficas com pelo menos um ponto de amarração do perímetro do imóvel, informando a localização dos remanescentes de vegetação nativa, das Áreas de Preservação Permanente, das Áreas de Uso Restrito, das áreas consolidadas e, caso existente, também da localização da Reserva Legal.

§ 2º O cadastramento não será considerado título para fins de reconhecimento do direito de propriedade ou posse, tampouco elimina a necessidade de cumprimento do disposto no art. 2º da Lei 10.267, de 28 de agosto de 2001.

§ 3º A inscrição no CAR será obrigatória para todas as propriedades e posses rurais, devendo ser requerida no prazo de 1 (um) ano contado da sua implantação, prorrogável, uma única vez, por igual período por ato do Chefe do Poder Executivo.

Art. 30. Nos casos em que a Reserva Legal já tenha sido averbada na matrícula do imóvel e em que essa averbação identifique o perímetro e a localização da reserva, o proprietário não será obrigado a fornecer ao órgão ambiental as informações relativas à Reserva Legal previstas no inciso III do § 1º do art. 29.

Parágrafo único. Para que o proprietário se desobrigue nos termos do *caput*, deverá apresentar ao órgão ambiental competente a certidão de registro de imóveis onde conste a averbação da Reserva Legal ou termo de compromisso já firmado nos casos de posse.

Capítulo VII
DA EXPLORAÇÃO FLORESTAL

Art. 31. A exploração de florestas nativas e formações sucessoras, de domínio público ou privado, ressalvados os casos previstos nos arts. 21, 23 e 24, dependerá de licenciamento pelo órgão competente do Sisnama, mediante aprovação prévia de Plano de Manejo Florestal Sustentável – PMFS que contemple técnicas de condução, exploração, reposição florestal e manejo compatíveis com os variados ecossistemas que a cobertura arbórea forme.

§ 1º O PMFS atenderá os seguintes fundamentos técnicos e científicos:

I – caracterização dos meios físico e biológico;

II – determinação do estoque existente;

III – intensidade de exploração compatível com a capacidade de suporte ambiental da floresta;

IV – ciclo de corte compatível com o tempo de restabelecimento do volume de produto extraído da floresta;

V – promoção da regeneração natural da floresta;

VI – adoção de sistema silvicultural adequado;

VII – adoção de sistema de exploração adequado;

VIII – monitoramento do desenvolvimento da floresta remanescente;

IX - adoção de medidas mitigadoras dos impactos ambientais e sociais.

§ 2º A aprovação do PMFS pelo órgão competente do Sisnama confere ao seu detentor a licença ambiental para a prática do manejo florestal sustentável, não se aplicando outras etapas de licenciamento ambiental.

§ 3º O detentor do PMFS encaminhará relatório anual ao órgão ambiental competente com as informações sobre toda a área de manejo florestal sustentável e a descrição das atividades realizadas.

§ 4º O PMFS será submetido a vistorias técnicas para fiscalizar as operações e atividades desenvolvidas na área de manejo.

§ 5º Respeitado o disposto neste artigo, serão estabelecidas em ato do Chefe do Poder Executivo disposições diferenciadas sobre os PMFS em escala empresarial, de pequena escala e comunitário.

§ 6º Para fins de manejo florestal na pequena propriedade ou posse rural familiar, os órgãos do Sisnama deverão estabelecer procedimentos simplificados de elaboração, análise e aprovação dos referidos PMFS.

§ 7º Compete ao órgão federal de meio ambiente a aprovação de PMFS incidentes em florestas públicas de domínio da União.

Art. 32. São isentos de PMFS:

I – a supressão de florestas e formações sucessoras para uso alternativo do solo;

II – o manejo e a exploração de florestas plantadas localizadas fora das Áreas de Preservação Permanente e de Reserva Legal;

III – a exploração florestal não comercial realizada nas propriedades rurais a que se refere o inciso V do art. 3º ou por populações tradicionais.

Art. 33. As pessoas físicas ou jurídicas que utilizam matéria-prima florestal em suas atividades devem suprir-se de recursos oriundos de:

I – florestas plantadas;

II – PMFS de floresta nativa aprovado pelo órgão competente do Sisnama;

III – supressão de vegetação nativa autorizada pelo órgão competente do Sisnama;

IV – outras formas de biomassa florestal definidas pelo órgão competente do Sisnama.

§ 1º São obrigadas à reposição florestal as pessoas físicas ou jurídicas que utilizam matéria-prima florestal oriunda de supressão de vegetação nativa ou que detenham autorização para supressão de vegetação nativa.

§ 2º É isento da obrigatoriedade da reposição florestal aquele que utilize:

I – costaneiras, aparas, cavacos ou outros resíduos provenientes da atividade industrial;

II – matéria-prima florestal:

a) oriunda de PMFS;

b) oriunda de floresta plantada;

c) não madeireira.

§ 3º A isenção da obrigatoriedade da reposição florestal não desobriga o interessado da comprovação perante a autoridade competente da origem do recurso florestal utilizado.

§ 4º A reposição florestal será efetivada no Estado de origem da matéria-prima utilizada, mediante o plantio de espécies preferencialmente nativas, conforme determinações do órgão competente do Sisnama.

Art. 34. As empresas industriais que utilizam grande quantidade de matéria-prima florestal são obrigadas a elaborar e implementar Plano de Suprimento Sustentável - PSS, a ser submetido à aprovação do órgão competente do Sisnama.

§ 1º O PSS assegurará produção equivalente ao consumo de matéria-prima florestal pela atividade industrial.

§ 2º O PSS incluirá, no mínimo:

I – programação de suprimento de matéria-prima florestal;

II – indicação das áreas de origem da matéria-prima florestal georreferenciadas;

III – cópia do contrato entre os particulares envolvidos, quando o PSS incluir suprimento de matéria-prima florestal oriunda de terras pertencentes a terceiros.

§ 3º Admite-se o suprimento mediante matéria-prima em oferta no mercado:

I – na fase inicial de instalação da atividade industrial, nas condições e durante o período, não superior a 10 (dez) anos, previstos no PSS, ressalvados os contratos de suprimento mencionados no inciso III do § 2º;

II – no caso de aquisição de produtos provenientes do plantio de florestas exóticas, licenciadas por órgão competente do Sisnama, o suprimento será comprovado posteriormente mediante relatório anual em que conste a localização da floresta e as quantidades produzidas.

§ 4º O PSS de empresas siderúrgicas, metalúrgicas ou outras que consumam grandes quantidades de carvão vegetal ou lenha estabelecerá a utilização exclusiva de matéria-prima oriunda de florestas plantadas ou de PMFS e será parte integrante do processo de licenciamento ambiental do empreendimento.

§ 5º Serão estabelecidos, em ato do Chefe do Poder Executivo, os parâmetros de utilização de matéria-prima florestal para fins de enquadramento das empresas industriais no disposto no *caput*.

Capítulo VIII
DO CONTROLE DA ORIGEM DOS PRODUTOS FLORESTAIS

Art. 35. O controle da origem da madeira, do carvão e de outros produtos ou subprodutos florestais incluirá sistema nacional que integre os dados dos diferentes entes federativos, coordenado, fiscalizado e regulamentado pelo órgão federal competente do Sisnama.

→ *Caput* com redação alterada pela Lei 12.727/2012.

§ 1º O plantio ou reflorestamento com espécies florestais nativas ou exóticas independem de autorização prévia, desde que observadas as limitações e condições previstas nesta Lei, devendo ser informados ao órgão competente, no prazo de até 1 (um) ano, para fins de controle de origem.

§ 2º É livre a extração de lenha e demais produtos de florestas plantadas nas áreas não consideradas Áreas de Preservação Permanente e Reserva Legal.

§ 3º O corte ou a exploração de espécies nativas plantadas em área de uso alternativo do solo serão permitidos independentemente de autorização prévia, devendo o plantio ou reflorestamento estar previamente cadastrado no órgão ambiental competente e a exploração ser previamente declarada nele para fins de controle de origem.

§ 4º Os dados do sistema referido no *caput* serão disponibilizados para acesso público por meio da rede mundial de computadores, cabendo ao órgão federal coordenador do sistema fornecer os programas de informática a serem utilizados e definir o prazo para integração dos dados e as informações que deverão ser aportadas ao sistema nacional.

§ 5º O órgão federal coordenador do sistema nacional poderá bloquear a emissão de Documento de Origem Florestal – DOF dos entes federativos não integrados ao sistema e fiscalizar os dados e relatórios respectivos.

→ § 5º acrescentado pela Lei 12.727/2012.

Art. 36. O transporte, por qualquer meio, e o armazenamento de madeira, lenha, carvão e outros produtos ou subprodutos florestais oriundos de florestas de espécies nativas, para fins comerciais ou industriais, requerem licença do órgão competente do Sisnama, observado o disposto no art. 35.

§ 1º A licença prevista no *caput* será formalizada por meio da emissão do DOF, que deverá acompanhar o material até o beneficiamento final.

§ 2º Para a emissão do DOF, a pessoa física ou jurídica responsável deverá estar registrada no Cadastro Técnico Federal de Atividades Potencialmente Poluidoras ou Utilizadoras de Recursos Ambientais, previsto no art. 17 da Lei 6.938, de 31 de agosto de 1981.

§ 3º Todo aquele que recebe ou adquire, para fins comerciais ou industriais, madeira, lenha, carvão e outros produtos ou subprodutos de florestas de espécies nativas é obrigado a exigir a apresentação do DOF e munir-se da via que deverá acompanhar o material até o beneficiamento final.

§ 4º No DOF deverão constar a especificação do material, sua volumetria e dados sobre sua origem e destino.

§ 5º O órgão ambiental federal do Sisnama regulamentará os casos de dispensa da licença prevista no *caput*.

→ § 5º acrescentado pela Lei 12.727/2012.

Art. 37. O comércio de plantas vivas e outros produtos oriundos da flora nativa dependerá de licença do órgão estadual competente do Sisnama e de registro no Cadastro Técnico Federal de Atividades Potencialmente Poluidoras ou Utilizadoras de Recursos Ambientais, previsto no art. 17 da Lei 6.938, de 31 de agosto de 1981, sem prejuízo de outras exigências cabíveis.

Parágrafo único. A exportação de plantas vivas e outros produtos da flora dependerá de licença do órgão federal competente do Sisnama, observadas as condições estabelecidas no *caput*.

Capítulo IX
DA PROIBIÇÃO DO USO DE FOGO E DO CONTROLE DOS INCÊNDIOS

Art. 38. É proibido o uso de fogo na vegetação, exceto nas seguintes situações:

I – em locais ou regiões cujas peculiaridades justifiquem o emprego do fogo em práticas agropastoris ou florestais, mediante prévia aprovação do órgão estadual ambiental competente do Sisnama, para cada imóvel rural ou de forma regionalizada, que estabelecerá os critérios de monitoramento e controle;

II – emprego da queima controlada em Unidades de Conservação, em conformidade com o respectivo plano de manejo e mediante prévia aprovação do órgão gestor da Unidade de Conservação, visando ao manejo conservacionista da vegetação nativa, cujas características ecológicas estejam associadas evolutivamente à ocorrência do fogo;

III – atividades de pesquisa científica vinculada a projeto de pesquisa devidamente aprovado pelos órgãos competentes e realizada por instituição de pesquisa reconhecida, mediante prévia aprovação do órgão ambiental competente do Sisnama.

§ 1º Na situação prevista no inciso I, o órgão estadual ambiental competente do Sisnama exigirá que os estudos demandados para o licenciamento da atividade rural contenham planejamento específico sobre o emprego do fogo e o controle dos incêndios.

§ 2º Excetuam-se da proibição constante no *caput* as práticas de prevenção e combate aos incêndios e as de agricultura de subsistência exercidas pelas populações tradicionais e indígenas.

§ 3º Na apuração da responsabilidade pelo uso irregular do fogo em terras públicas ou particulares, a autoridade competente para fiscalização e autuação deverá comprovar o nexo de causalidade entre a ação do proprietário ou qualquer preposto e o dano efetivamente causado.

§ 4º É necessário o estabelecimento de nexo causal na verificação das responsabilidades por infração pelo uso irregular do fogo em terras públicas ou particulares.

Art. 39. Os órgãos ambientais do Sisnama, bem como todo e qualquer órgão público ou privado responsável pela gestão de áreas com vegetação nativa ou plantios florestais, deverão elaborar, atualizar e implantar planos de contingência para o combate aos incêndios florestais.

Art. 40. O Governo Federal deverá estabelecer uma Política Nacional de Manejo e Controle de Queimadas, Prevenção e Combate aos Incêndios Florestais, que promova a articulação institucional com vistas na substituição do uso do fogo no meio rural, no controle de queimadas, na prevenção e no combate aos incêndios florestais e no manejo do fogo em áreas naturais protegidas.

§ 1º A Política mencionada neste artigo deverá prever instrumentos para a análise dos impactos das queimadas sobre mudanças climáticas e mudanças no uso da terra, conservação dos ecossistemas, saúde pública e fauna, para subsidiar planos estratégicos de prevenção de incêndios florestais.

§ 2º A Política mencionada neste artigo deverá observar cenários de mudanças climáticas e potenciais aumentos de risco de ocorrência de incêndios florestais.

Capítulo X
DO PROGRAMA DE APOIO E INCENTIVO À PRESERVAÇÃO E RECUPERAÇÃO DO MEIO AMBIENTE

Art. 41. É o Poder Executivo federal autorizado a instituir, sem prejuízo do cumprimento da legislação ambiental, programa de apoio e incentivo à conservação do meio ambiente, bem como para adoção de tecnologias e boas práticas que conciliem a produtividade agropecuária e florestal, com redução dos impactos ambientais, como forma de promoção do desenvolvimento ecologicamente sustentável, observados sempre os critérios de progressividade, abrangendo as seguintes categorias e linhas de ação:

→ *Caput* com redação alterada pela Lei 12.727/2012.

I – pagamento ou incentivo a serviços ambientais como retribuição, monetária ou não, às atividades de conservação e melhoria dos ecossistemas e que gerem serviços ambientais, tais como, isolada ou cumulativamente:

a) o sequestro, a conservação, a manutenção e o aumento do estoque e a diminuição do fluxo de carbono;

b) a conservação da beleza cênica natural;

c) a conservação da biodiversidade;

d) a conservação das águas e dos serviços hídricos;

e) a regulação do clima;

f) a valorização cultural e do conhecimento tradicional ecossistêmico;

g) a conservação e o melhoramento do solo;

h) a manutenção de Áreas de Preservação Permanente, de Reserva Legal e de uso restrito;

II – compensação pelas medidas de conservação ambiental necessárias para o cumprimento dos objetivos desta Lei, utilizando-se dos seguintes instrumentos, dentre outros:

a) obtenção de crédito agrícola, em todas as suas modalidades, com taxas de juros menores, bem como limites e prazos maiores que os praticados no mercado;

b) contratação do seguro agrícola em condições melhores que as praticadas no mercado;

c) dedução das Áreas de Preservação Permanente, de Reserva Legal e de uso restrito da base de cálculo do Imposto sobre a Propriedade Territorial Rural - ITR, gerando créditos tributários;

d) destinação de parte dos recursos arrecadados com a cobrança pelo uso da água, na forma da Lei 9.433, de 8 de janeiro de 1997, para a manutenção, recuperação ou recomposição das Áreas de Preservação Permanente, de Reserva Legal e de uso restrito na bacia de geração da receita;

e) linhas de financiamento para atender iniciativas de preservação voluntária de vegetação nativa, proteção de espécies da flora nativa ameaçadas de extinção, manejo florestal e agroflorestal sustentável realizados na propriedade ou posse rural, ou recuperação de áreas degradadas;

f) isenção de impostos para os principais insumos e equipamentos, tais como: fios de arame, postes de madeira tratada, bombas d'água, trado de perfuração de solo, dentre outros utilizados para os processos de recuperação e manutenção das Áreas de Preservação Permanente, de Reserva Legal e de uso restrito;

III – incentivos para comercialização, inovação e aceleração das ações de recuperação, conservação e uso sustentável das florestas e demais formas de vegetação nativa, tais como:

a) participação preferencial nos programas de apoio à comercialização da produção agrícola;

b) destinação de recursos para a pesquisa científica e tecnológica e a extensão rural relacionadas à melhoria da qualidade ambiental.

§ 1º Para financiar as atividades necessárias à regularização ambiental das propriedades rurais, o programa poderá prever:

I – destinação de recursos para a pesquisa científica e tecnológica e a extensão rural relacionadas à melhoria da qualidade ambiental;

II – dedução da base de cálculo do imposto de renda do proprietário ou possuidor de imóvel rural, pessoa física ou jurídica, de parte dos gastos efetuados com a recomposição das Áreas de Preservação Permanente, de Reserva Legal e de uso restrito cujo desmatamento seja anterior a 22 de julho de 2008;

III – utilização de fundos públicos para concessão de créditos reembolsáveis e não reembolsáveis destinados à compensação, recuperação ou recomposição das Áreas de Preservação Permanente, de Reserva Legal e de uso restrito cujo desmatamento seja anterior a 22 de julho de 2008.

§ 2º O programa previsto no *caput* poderá, ainda, estabelecer diferenciação tributária para empresas que industrializem ou comercializem produtos originários de propriedades ou posses rurais que cumpram os padrões e limites estabelecidos nos arts. 4º, 6º, 11 e 12 desta Lei, ou que estejam em processo de cumpri-los.

§ 3º Os proprietários ou possuidores de imóveis rurais inscritos no CAR, inadimplentes em relação ao cumprimento do termo de compromisso ou PRA ou que estejam sujeitos a sanções por infrações ao disposto nesta Lei, exceto aquelas suspensas em virtude do disposto no Capítulo XIII, não são elegíveis para os incentivos previstos nas alíneas *a* a *e* do inciso II do *caput* deste artigo até que as referidas sanções sejam extintas.

§ 4º As atividades de manutenção das Áreas de Preservação Permanente, de Reserva Legal e de uso restrito são elegíveis para quaisquer pagamentos ou incentivos por serviços ambientais, configurando adicionalidade para fins de mercados nacionais e internacionais de reduções de emissões certificadas de gases de efeito estufa.

§ 5º O programa relativo a serviços ambientais previsto no inciso I do *caput* deste artigo deverá integrar os sistemas em âmbito nacional e estadual, objetivando a criação de um mercado de serviços ambientais.

§ 6º Os proprietários localizados nas zonas de amortecimento de Unidades de Conservação de Proteção Integral são elegíveis para receber apoio técnico-financeiro da compensação prevista no art. 36 da Lei 9.985, de 18 de julho de 2000, com a finalidade de recuperação e manutenção de áreas prioritárias para a gestão da unidade.

§ 7º O pagamento ou incentivo a serviços ambientais a que se refere o inciso I deste artigo serão prioritariamente destinados aos agricultores familiares como definidos no inciso V do art. 3º desta Lei.

→ § 7º acrescentado pela Lei 12.727/2012.

Art. 42. O Governo Federal implantará programa para conversão da multa prevista no art. 50 do Decreto 6.514, de 22 de julho de 2008, destinado a imóveis rurais, referente a autuações vinculadas a desmatamentos em áreas onde não era vedada a supressão, que foram promovidos sem autorização ou licença, em data anterior a 22 de julho de 2008.

→ Artigo acrescentado pela Lei 12.727/2012.

→ *v.* Art. 72, § 4º, da Lei 9.605/1998.

Art. 43. (*Vetado*).

Art. 44. É instituída a Cota de Reserva Ambiental – CRA, título nominativo representativo de área com vegetação nativa, existente ou em processo de recuperação:

I – sob regime de servidão ambiental, instituída na forma do art. 9º-A da Lei 6.938, de 31 de agosto de 1981;

II – correspondente à área de Reserva Legal instituída voluntariamente sobre a vegetação que exceder os percentuais exigidos no art. 12 desta Lei;

III – protegida na forma de Reserva Particular do Patrimônio Natural – RPPN, nos termos do art. 21 da Lei 9.985, de 18 de julho de 2000;

IV – existente em propriedade rural localizada no interior de Unidade de Conservação de domínio público que ainda não tenha sido desapropriada.

§ 1º A emissão de CRA será feita mediante requerimento do proprietário, após inclusão do imóvel no CAR e laudo comprobatório emitido pelo próprio órgão ambiental ou por entidade credenciada, assegurado o controle do órgão federal competente do Sisnama, na forma de ato do Chefe do Poder Executivo.

§ 2º A CRA não pode ser emitida com base em vegetação nativa localizada em área de RPPN instituída em sobreposição à Reserva Legal do imóvel.

§ 3º A Cota de Reserva Florestal – CRF emitida nos termos do art. 44-B da Lei 4.771,de 15 de setembro de 1965, passa a ser considerada, pelo efeito desta Lei, como Cota de Reserva Ambiental.

§ 4º Poderá ser instituída CRA da vegetação nativa que integra a Reserva Legal dos imóveis a que se refere o inciso V do art. 3º desta Lei.

Art. 45. A CRA será emitida pelo órgão competente do Sisnama em favor de proprietário de imóvel incluído no CAR que mantenha área nas condições previstas no art. 44.

§ 1º O proprietário interessado na emissão da CRA deve apresentar ao órgão referido no *caput* proposta acompanhada de:

I – certidão atualizada da matrícula do imóvel expedida pelo registro de imóveis competente;

II – cédula de identidade do proprietário, quando se tratar de pessoa física;

III – ato de designação de responsável, quando se tratar de pessoa jurídica;

IV – certidão negativa de débitos do Imposto sobre a Propriedade Territorial Rural – ITR;

V – memorial descritivo do imóvel, com a indicação da área a ser vinculada ao título, contendo pelo menos um ponto de amarração georreferenciado relativo ao perímetro do imóvel e um ponto de amarração georreferenciado relativo à Reserva Legal.

§ 2º Aprovada a proposta, o órgão referido no *caput* emitirá a CRA correspondente, identificando:

I – o número da CRA no sistema único de controle;

II – o nome do proprietário rural da área vinculada ao título;

III – a dimensão e a localização exata da área vinculada ao título, com memorial descritivo contendo pelo menos um ponto de amarração georreferenciado;

IV – o bioma correspondente à área vinculada ao título;

V – a classificação da área em uma das condições previstas no art. 46.

§ 3º O vínculo de área à CRA será averbado na matrícula do respectivo imóvel no registro de imóveis competente.

§ 4º O órgão federal referido no *caput* pode delegar ao órgão estadual competente atribuições para emissão, cancelamento e transferência da CRA, assegurada a implementação de sistema único de controle.

Art. 46. Cada CRA corresponderá a 1 (um) hectare:

I – de área com vegetação nativa primária ou com vegetação secundária em qualquer estágio de regeneração ou recomposição;

II – de áreas de recomposição mediante reflorestamento com espécies nativas.

§ 1º O estágio sucessional ou o tempo de recomposição ou regeneração da vegetação nativa será avaliado pelo órgão ambiental estadual competente com base em declaração do proprietário e vistoria de campo.

§ 2º A CRA não poderá ser emitida pelo órgão ambiental competente quando a regeneração ou recomposição da área forem improváveis ou inviáveis.

Art. 47. É obrigatório o registro da CRA pelo órgão emitente, no prazo de 30 (trinta) dias, contado da data da sua emissão, em bolsas de mercadorias de âmbito nacional ou em sistemas de registro e de liquidação financeira de ativos autorizados pelo Banco Central do Brasil.

Art. 48. A CRA pode ser transferida, onerosa ou gratuitamente, a pessoa física ou a pessoa jurídica de direito público ou privado, mediante termo assinado pelo titular da CRA e pelo adquirente.

§ 1º A transferência da CRA só produz efeito uma vez registrado o termo previsto no *caput* no sistema único de controle.

§ 2º A CRA só pode ser utilizada para compensar Reserva Legal de imóvel rural situado no mesmo bioma da área à qual o título está vinculado.

§ 3º A CRA só pode ser utilizada para fins de compensação de Reserva Legal se respeitados os requisitos estabelecidos no § 6º do art. 66.

§ 4º A utilização de CRA para compensação da Reserva Legal será averbada na matrícula do imóvel no qual se situa a área vinculada ao título e na do imóvel beneficiário da compensação.

Art. 49. Cabe ao proprietário do imóvel rural em que se situa a área vinculada à CRA a responsabilidade plena pela manutenção das condições de conservação da vegetação nativa da área que deu origem ao título.

§ 1º A área vinculada à emissão da CRA com base nos incisos I, II e III do art. 44 desta Lei poderá ser utilizada conforme PMFS.

§ 2º A transmissão *inter vivos* ou *causa mortis* do imóvel não elimina nem altera o vínculo de área contida no imóvel à CRA.

Art. 50. A CRA somente poderá ser cancelada nos seguintes casos:

I – por solicitação do proprietário rural, em caso de desistência de manter áreas nas condições previstas nos incisos I e II do art. 44;

II – automaticamente, em razão de término do prazo da servidão ambiental;

III – por decisão do órgão competente do Sisnama, no caso de degradação da vegetação nativa da área vinculada à CRA cujos custos e prazo de recuperação ambiental inviabilizem a continuidade do vínculo entre a área e o título.

§ 1º O cancelamento da CRA utilizada para fins de compensação de Reserva Legal só pode ser efetivado se assegurada Reserva Legal para o imóvel no qual a compensação foi aplicada.

§ 2º O cancelamento da CRA nos termos do inciso III do *caput* independe da aplicação das devidas sanções administrativas e penais decorrentes de infração à legislação ambiental, nos termos da Lei 9.605, de 12 de fevereiro de 1998.

§ 3º O cancelamento da CRA deve ser averbado na matrícula do imóvel no qual se situa a área vinculada ao título e do imóvel no qual a compensação foi aplicada.

Capítulo XI
DO CONTROLE DO DESMATAMENTO

Art. 51. O órgão ambiental competente, ao tomar conhecimento do desmatamento em desacordo com o disposto nesta Lei, deverá embargar a obra ou atividade que deu causa ao uso alternativo do solo, como medida administrativa voltada a impedir a continuidade do dano ambiental, propiciar a regeneração do meio ambiente e dar viabilidade à recuperação da área degradada.

§ 1º O embargo restringe-se aos locais onde efetivamente ocorreu o desmatamento ilegal, não alcançando as atividades de subsistência ou as demais atividades realizadas no imóvel não relacionadas com a infração.

§ 2º O órgão ambiental responsável deverá disponibilizar publicamente as informações sobre o imóvel embargado, inclusive por meio da rede mundial de computadores, resguardados os dados protegidos por legislação específica, caracterizando o exato local da área embargada e informando em que estágio se encontra o respectivo procedimento administrativo.

§ 3º A pedido do interessado, o órgão ambiental responsável emitirá certidão em que conste a atividade, a obra e a parte da área do imóvel que são objetos do embargo, conforme o caso.

Capítulo XII
DA AGRICULTURA FAMILIAR

Art. 52. A intervenção e a supressão de vegetação em Áreas de Preservação Permanente e de Reserva Legal para as atividades eventuais ou de baixo impacto ambiental, previstas no inciso X do art. 3º, excetuadas as alíneas *b* e *g*,quando desenvolvidas nos imóveis a que se refere o inciso V do art. 3º, dependerão de simples declaração ao órgão ambiental competente, desde que esteja o imóvel devidamente inscrito no CAR.

Art. 53. Para o registro no CAR da Reserva Legal, nos imóveis a que se refere o inciso V do art. 3º, o proprietário ou possuidor apresentará os dados identificando a área proposta de Reserva Legal, cabendo aos órgãos competentes integrantes do Sisnama, ou instituição por ele habilitada, realizar a captação das respectivas coordenadas geográficas.

Parágrafo único. O registro da Reserva Legal nos imóveis a que se refere o inciso V do art. 3º é gratuito, devendo o poder público prestar apoio técnico e jurídico.

Art. 54. Para cumprimento da manutenção da área de reserva legal nos imóveis a que se refere o inciso V do art. 3º, poderão ser computados os plantios de árvores frutíferas, ornamentais ou industriais, compostos por espécies exóticas, cultivadas em sistema intercalar ou em consórcio com espécies nativas da região em sistemas agroflorestais.

Parágrafo único. O poder público estadual deverá prestar apoio técnico para a recomposição da vegetação da Reserva Legal nos imóveis a que se refere o inciso V do art. 3º.

Art. 55. A inscrição no CAR dos imóveis a que se refere o inciso V do art. 3º observará procedimento simplificado no qual será obrigatória apenas a apresentação dos documentos mencionados nos incisos I e II do § 1º do art. 29 e de croqui indicando o perímetro do imóvel, as Áreas de Preservação Permanente e os remanescentes que formam a Reserva Legal.

Art. 56. O licenciamento ambiental de PMFS comercial nos imóveis a que se refere o inciso V do art. 3º se beneficiará de procedimento simplificado de licenciamento ambiental.

§ 1º O manejo sustentável da Reserva Legal para exploração florestal eventual, sem propósito comercial direto ou indireto, para consumo no próprio imóvel a que se refere o inciso V do art. 3º, independe de autorização dos órgãos ambientais competentes, limitada a retirada anual de material lenhoso a 2 (dois) metros cúbicos por hectare.

§ 2º O manejo previsto no § 1º não poderá comprometer mais de 15% (quinze por cento) da biomassa da Reserva Legal nem ser superior a 15 (quinze) metros cúbicos de lenha para uso doméstico e uso energético, por propriedade ou posse rural, por ano.

§ 3º Para os fins desta Lei, entende-se por manejo eventual, sem propósito comercial, o suprimento, para uso no próprio imóvel, de lenha ou madeira serrada destinada a benfeitorias e uso energético nas propriedades e posses rurais, em quantidade não superior ao estipulado no § 1º deste artigo.

§ 4º Os limites para utilização previstos no § 1º deste artigo no caso de posse coletiva de populações tradicionais ou de agricultura familiar serão adotados por unidade familiar.

§ 5º As propriedades a que se refere o inciso V do art. 3º são desobrigadas da reposição florestal se a matéria-prima florestal for utilizada para consumo próprio.

Art. 57. Nos imóveis a que se refere o inciso V do art. 3º, o manejo florestal madeireiro sustentável da Reserva Legal com propósito comercial direto ou indireto depende de autorização simplificada do órgão ambiental competente, devendo o interessado apresentar, no mínimo, as seguintes informações:

I – dados do proprietário ou possuidor rural;

II – dados da propriedade ou posse rural, incluindo cópia da matrícula do imóvel no Registro Geral do Cartório de Registro de Imóveis ou comprovante de posse;

III – croqui da área do imóvel com indicação da área a ser objeto do manejo seletivo, estimativa do volume de produtos e subprodutos florestais a serem obtidos com o manejo seletivo, indicação da sua destinação e cronograma de execução previsto.

Art. 58. Assegurado o controle e a fiscalização dos órgãos ambientais competentes dos respectivos planos ou projetos, assim como as obrigações do detentor do imóvel, o poder público poderá instituir programa de apoio técnico e incentivos financeiros, podendo incluir medidas indutoras e linhas de financiamento para atender, prioritariamente, os imóveis a que se refere o inciso V do *caput* do art. 3º, nas iniciativas de:

→ *Caput* com redação alterada pela Lei 12.727/2012.

I – preservação voluntária de vegetação nativa acima dos limites estabelecidos no art. 12;

II – proteção de espécies da flora nativa ameaçadas de extinção;

III – implantação de sistemas agroflorestal e agrossilvipastoril;

IV – recuperação ambiental de Áreas de Preservação Permanente e de Reserva Legal;

V – recuperação de áreas degradadas;

VI – promoção de assistência técnica para regularização ambiental e recuperação de áreas degradadas;

VII – produção de mudas e sementes;

VIII – pagamento por serviços ambientais.

Capítulo XIII
DISPOSIÇÕES TRANSITÓRIAS

Seção I
Disposições gerais

Art. 59. A União, os Estados e o Distrito Federal deverão, no prazo de 1 (um) ano, contado a partir da data da publicação desta Lei, prorrogável por uma única vez, por igual período, por ato do Chefe do Poder Executivo, implantar Programas de Regularização Ambiental – PRAs de posses e propriedades rurais, com o objetivo de adequá-las aos termos deste Capítulo.

§ 1º Na regulamentação dos PRAs, a União estabelecerá, em até 180 (cento e oitenta) dias a partir da data da publicação desta Lei, sem prejuízo do prazo definido no *caput*, normas de caráter geral, incumbindo-se aos Estados e ao Distrito Federal o detalhamento por meio da edição de normas de caráter específico, em razão de suas peculiaridades territoriais, climáticas, históricas, culturais, econômicas e sociais, conforme preceitua o art. 24 da Constituição Federal.

§ 2º A inscrição do imóvel rural no CAR é condição obrigatória para a adesão ao PRA, devendo esta adesão ser requerida pelo interessado no prazo de 1 (um) ano, contado a partir da implantação a que se refere o *caput*, prorrogável por uma única vez, por igual período, por ato do Chefe do Poder Executivo.

§ 3º Com base no requerimento de adesão ao PRA, o órgão competente integrante do Sisnama convocará o proprietário ou possuidor para assinar o termo de compromisso, que constituirá título executivo extrajudicial.

§ 4º No período entre a publicação desta Lei e a implantação do PRA em cada Estado e no Distrito Federal, bem como após a adesão do interessado ao PRA e enquanto estiver sendo cumprido o termo de compromisso, o proprietário ou possuidor não poderá ser autuado por infrações cometidas antes de 22 de julho de 2008, relativas à supressão irregular de vegetação em Áreas de Preservação Permanente, de Reserva Legal e de uso restrito.

§ 5º A partir da assinatura do termo de compromisso, serão suspensas as sanções decorrentes das infrações mencionadas no § 4º deste artigo e, cumpridas as obrigações estabelecidas no PRA ou no termo de compromisso para a regularização ambiental das exigências desta Lei, nos prazos e condições neles estabelecidos, as multas referidas neste artigo serão consideradas como convertidas em serviços de preservação, melhoria e recuperação da qualidade do meio ambiente, regularizando o uso de áreas rurais consolidadas conforme definido no PRA.

§ 6º (*Vetado*).

→ § 6º acrescentado pela Lei 12.727/2012.

Art. 60. A assinatura de termo de compromisso para regularização de imóvel ou posse rural perante o órgão ambiental competente, mencionado no art. 59, suspenderá a punibilidade dos crimes previstos nos arts. 38, 39 e 48 da Lei 9.605, de 12 de fevereiro de 1998, enquanto o termo estiver sendo cumprido.

§ 1º A prescrição ficará interrompida durante o período de suspensão da pretensão punitiva.

§ 2º Extingue-se a punibilidade com a efetiva regularização prevista nesta Lei.

Seção II
Das áreas consolidadas em áreas de preservação permanente

Art. 61. (*Vetado*).

Art. 61-A. Nas Áreas de Preservação Permanente, é autorizada, exclusivamente, a continuidade das atividades agrossilvipastoris, de ecoturismo e de turismo rural em áreas rurais consolidadas até 22 de julho de 2008.

→ Artigo acrescentado pela Lei 12.727/2012.

§ 1º Para os imóveis rurais com área de até 1 (um) módulo fiscal que possuam áreas consolidadas em Áreas de Preservação Permanente ao longo de cursos d'água naturais, será obrigatória a recomposição das respectivas faixas marginais em 5 (cinco) metros, contados da borda da calha do leito regular, independentemente da largura do curso d'água.

§ 2º Para os imóveis rurais com área superior a 1 (um) módulo fiscal e de até 2 (dois) módulos fiscais que possuam áreas consolidadas em Áreas de Preservação Permanente ao longo de cursos d'água naturais, será obrigatória a recomposição das respectivas faixas marginais em 8 (oito) metros, contados da borda da calha do leito regular, independentemente da largura do curso d'água.

§ 3º Para os imóveis rurais com área superior a 2 (dois) módulos fiscais e de até 4 (quatro) módulos fiscais que possuam áreas consolidadas em Áreas de Preservação Permanente ao longo de cursos d'água naturais, será obrigatória a recomposição das respectivas faixas marginais em 15 (quinze) metros, contados da borda da calha do leito regular, independentemente da largura do curso d'água.

§ 4º Para os imóveis rurais com área superior a 4 (quatro) módulos fiscais que possuam áreas consolidadas em Áreas de Preservação Permanente ao longo de cursos d'água naturais, será obrigatória a recomposição das respectivas faixas marginais:

I – (*Vetado*); e

II – nos demais casos, conforme determinação do PRA, observado o mínimo de 20 (vinte) e o máximo de 100 (cem) metros, contados da borda da calha do leito regular.

§ 5º Nos casos de áreas rurais consolidadas em Áreas de Preservação Permanente no entorno de nascentes e olhos d'água perenes, será admitida a manutenção de atividades agrossilvipastoris, de ecoturismo ou de turismo rural, sendo obrigatória a recomposição do raio mínimo de 15 (quinze) metros.

§ 6º Para os imóveis rurais que possuam áreas consolidadas em Áreas de Preservação Permanente no entorno de lagos e lagoas naturais, será admitida a manutenção de atividades agrossilvipastoris, de ecoturismo ou de turismo rural, sendo obrigatória a recomposição de faixa marginal com largura mínima de:

I – 5 (cinco) metros, para imóveis rurais com área de até 1 (um) módulo fiscal;

II – 8 (oito) metros, para imóveis rurais com área superior a 1 (um) módulo fiscal e de até 2 (dois) módulos fiscais;

III – 15 (quinze) metros, para imóveis rurais com área superior a 2 (dois) módulos fiscais e de até 4 (quatro) módulos fiscais; e

IV – 30 (trinta) metros, para imóveis rurais com área superior a 4 (quatro) módulos fiscais.

§ 7º Nos casos de áreas rurais consolidadas em veredas, será obrigatória a recomposição das faixas marginais, em projeção horizontal, delimitadas a partir do espaço brejoso e encharcado, de largura mínima de:

I – 30 (trinta) metros, para imóveis rurais com área de até 4 (quatro) módulos fiscais; e

II – 50 (cinquenta) metros, para imóveis rurais com área superior a 4 (quatro) módulos fiscais.

§ 8º Será considerada, para os fins do disposto no *caput* e nos §§ 1º a 7º, a área detida pelo imóvel rural em 22 de julho de 2008.

§ 9º A existência das situações previstas no *caput* deverá ser informada no CAR para fins de monitoramento, sendo exigida, nesses casos, a adoção de técnicas de conservação do solo e da água que visem à mitigação dos eventuais impactos.

§ 10. Antes mesmo da disponibilização do CAR, no caso das intervenções já existentes, é o proprietário ou possuidor rural responsável pela conservação do solo e da água, por meio de adoção de boas práticas agronômicas.

§ 11. A realização das atividades previstas no *caput* observará critérios técnicos de conservação do solo e da água indicados no PRA previsto nesta Lei, sendo vedada a conversão de novas áreas para uso alternativo do solo nesses locais.

§ 12. Será admitida a manutenção de residências e da infraestrutura associada às atividades agrossilvipastoris, de ecoturismo e de turismo rural, inclusive o acesso a essas atividades, independentemente das determinações contidas no *caput* e nos §§ 1º a 7º, desde que não estejam em área que ofereça risco à vida ou à integridade física das pessoas.

§ 13. A recomposição de que trata este artigo poderá ser feita, isolada ou conjuntamente, pelos seguintes métodos:

I – condução de regeneração natural de espécies nativas;

II – plantio de espécies nativas;

III – plantio de espécies nativas conjugado com a condução da regeneração natural de espécies nativas;

IV – plantio intercalado de espécies lenhosas, perenes ou de ciclo longo, exóticas com nativas de ocorrência regional, em até 50% (cinquenta por cento) da área total a ser recomposta, no caso dos imóveis a que se refere o inciso V do *caput* do art. 3º;

V – (*Vetado*).

§ 14. Em todos os casos previstos neste artigo, o poder público, verificada a existência de risco de agravamento de processos erosivos ou de inundações, determinará a adoção de medidas mitigadoras que garantam a estabilidade das margens e a qualidade da água, após deliberação do Conselho Estadual de Meio Ambiente ou de órgão colegiado estadual equivalente.

§ 15. A partir da data da publicação desta Lei e até o término do prazo de adesão ao PRA de que trata o § 2º do art. 59, é autorizada a continuidade das atividades desenvolvidas nas áreas de que trata o *caput*, as quais deverão ser informadas no CAR para fins de monitoramento, sendo exigida a adoção de medidas de conservação do solo e da água.

§ 16. As Áreas de Preservação Permanente localizadas em imóveis inseridos nos limites de Unidades de Conservação de Proteção Integral criadas por ato do poder público até a data de publicação desta Lei não são passíveis de ter quaisquer atividades consideradas como consolidadas nos termos do *caput* e dos §§ 1º a 15, ressalvado o que dispuser o Plano de Manejo elaborado e aprovado de acordo com as orientações emitidas pelo órgão competente do Sisnama, nos termos do que dispuser regulamento do Chefe do Poder Executivo, devendo o proprietário, possuidor rural ou ocupante a qualquer título adotar todas as medidas indicadas.

→ V. Art. 28, parágrafo único, da Lei 9.985/2000.

§ 17. Em bacias hidrográficas consideradas críticas, conforme previsto em legislação específica, o Chefe do Poder Executivo poderá, em ato próprio, estabelecer metas e diretrizes de recuperação ou conservação da vegetação nativa superiores às definidas no *caput* e nos §§ 1º a 7º, como projeto prioritário, ouvidos o Comitê de Bacia Hidrográfica e o Conselho Estadual de Meio Ambiente.

§ 18. (*Vetado*).

Art. 61-B. Aos proprietários e possuidores dos imóveis rurais que, em 22 de julho de 2008, detinham até 10 (dez) módulos fiscais e desenvolviam atividades agrossilvipastoris nas áreas consolidadas em Áreas de Preservação Permanente é garantido que a exigência de recomposição, nos termos desta Lei, somadas todas as Áreas de Preservação Permanente do imóvel, não ultrapassará:

→ Artigo acrescentado pela Lei 12.727/2012.

I – 10% (dez por cento) da área total do imóvel, para imóveis rurais com área de até 2 (dois) módulos fiscais;

II – 20% (vinte por cento) da área total do imóvel, para imóveis rurais com área superior a 2 (dois) e de até 4 (quatro) módulos fiscais;

III – (*Vetado*).

Art. 61-C. Para os assentamentos do Programa de Reforma Agrária, a recomposição de áreas consolidadas em Áreas de Preservação Permanente ao longo ou no entorno de cursos d'água, lagos e lagoas naturais observará as exigências estabelecidas no art. 61-A, observados os limites de cada área demarcada individualmente, objeto de contrato de concessão de uso, até a titulação por parte do Instituto Nacional de Colonização e Reforma Agrária – Incra.

→ Artigo acrescentado pela Lei 12.727/2012.

Art. 62. Para os reservatórios artificiais de água destinados a geração de energia ou abastecimento público que foram registrados ou tiveram seus contratos de concessão ou autorização assinados anteriormente à Medida Provisória 2.166-67, de 24 de agosto de 2001, a faixa da Área de Preservação Permanente será a distância entre o nível máximo operativo normal e a cota máxima *maximorum*.

Art. 63. Nas áreas rurais consolidadas nos locais de que tratam os incisos V, VIII, IX e X do art. 4º, será admitida a manutenção de atividades florestais, culturas de espécies lenhosas, perenes ou de ciclo longo, bem como da infraestrutura física associada ao desenvolvimento de atividades agrossilvipastoris, vedada a conversão de novas áreas para uso alternativo do solo.

§ 1º O pastoreio extensivo nos locais referidos no *caput* deverá ficar restrito às áreas de vegetação campestre natural ou já convertidas para vegetação campestre, admitindo-se o consórcio com vegetação lenhosa perene ou de ciclo longo.

§ 2º A manutenção das culturas e da infraestrutura de que trata o *caput* é condicionada à adoção de práticas conservacionistas do solo e da água indicadas pelos órgãos de assistência técnica rural.

§ 3º Admite-se, nas Áreas de Preservação Permanente, previstas no inciso VIII do art. 4º, dos imóveis rurais de até 4 (quatro) módulos fiscais, no âmbito do PRA, a partir de boas práticas agronômicas e de conservação do solo e da água, mediante deliberação dos Conselhos Estaduais de Meio Ambiente ou órgãos colegiados estaduais equivalentes, a consolidação de outras atividades agrossilvipastoris, ressalvadas as situações de risco de vida.

Art. 64. Na regularização fundiária de interesse social dos assentamentos inseridos em área urbana de ocupação consolidada e que ocupam Áreas de Preservação Permanente, a regularização ambiental será admitida por meio da aprovação do projeto de regularização fundiária, na forma da Lei 11.977, de 7 de julho de 2009.

§ 1º O projeto de regularização fundiária de interesse social deverá incluir estudo técnico que demonstre a melhoria das condições ambientais em relação à situação anterior com a adoção das medidas nele preconizadas.

§ 2º O estudo técnico mencionado no § 1º deverá conter, no mínimo, os seguintes elementos:

I – caracterização da situação ambiental da área a ser regularizada;

II – especificação dos sistemas de saneamento básico;

III – proposição de intervenções para a prevenção e o controle de riscos geotécnicos e de inundações;

IV – recuperação de áreas degradadas e daquelas não passíveis de regularização;

V – comprovação da melhoria das condições de sustentabilidade urbano-ambiental, considerados o uso adequado dos recursos hídricos, a não ocupação das áreas de risco e a proteção das unidades de conservação, quando for o caso;

VI – comprovação da melhoria da habitabilidade dos moradores propiciada pela regularização proposta; e

VII – garantia de acesso público às praias e aos corpos d'água.

Art. 65. Na regularização fundiária de interesse específico dos assentamentos inseridos em área urbana consolidada e que ocupam Áreas de Preservação Permanente não identificadas como áreas de risco, a regularização ambiental será admitida por meio da aprovação do projeto de regularização fundiária, na forma da Lei 11.977, de 7 de julho de 2009.

§ 1º O processo de regularização ambiental, para fins de prévia autorização pelo órgão ambiental competente, deverá ser instruído com os seguintes elementos:

I – a caracterização físico-ambiental, social, cultural e econômica da área;

II – a identificação dos recursos ambientais, dos passivos e fragilidades ambientais e das restrições e potencialidades da área;

III – a especificação e a avaliação dos sistemas de infraestrutura urbana e de saneamento básico implantados, outros serviços e equipamentos públicos;

IV – a identificação das unidades de conservação e das áreas de proteção de mananciais na área de influência direta da ocupação, sejam elas águas superficiais ou subterrâneas;

V – a especificação da ocupação consolidada existente na área;

VI – a identificação das áreas consideradas de risco de inundações e de movimentos de massa rochosa, tais como deslizamento, queda e rolamento de blocos, corrida de lama e outras definidas como de risco geotécnico;

VII – a indicação das faixas ou áreas em que devem ser resguardadas as características típicas da Área de Preservação Permanente com a devida proposta de recuperação de áreas degradadas e daquelas não passíveis de regularização;

VIII – a avaliação dos riscos ambientais;

IX – a comprovação da melhoria das condições de sustentabilidade urbano-ambiental e de habitabilidade dos moradores a partir da regularização; e

X – a demonstração de garantia de acesso livre e gratuito pela população às praias e aos corpos d'água, quando couber.

§ 2º Para fins da regularização ambiental prevista no *caput*, ao longo dos rios ou de qualquer curso d'água, será mantida faixa não edificável com largura mínima de 15 (quinze) metros de cada lado.

§ 3º Em áreas urbanas tombadas como patrimônio histórico e cultural, a faixa não edificável de que trata o § 2º poderá ser redefinida de maneira a atender aos parâmetros do ato do tombamento.

Seção III
Das áreas consolidadas em áreas de reserva legal

Art. 66. O proprietário ou possuidor de imóvel rural que detinha, em 22 de julho de 2008, área de Reserva Legal em extensão inferior ao estabelecido no art. 12, poderá regularizar sua situação, independentemente da adesão ao PRA, adotando as seguintes alternativas, isolada ou conjuntamente:

I – recompor a Reserva Legal;

II – permitir a regeneração natural da vegetação na área de Reserva Legal;

III – compensar a Reserva Legal.

§ 1º A obrigação prevista no *caput* tem natureza real e é transmitida ao sucessor no caso de transferência de domínio ou posse do imóvel rural.

§ 2º A recomposição de que trata o inciso I do *caput* deverá atender os critérios estipulados pelo órgão competente do Sisnama e ser concluída em até 20 (vinte) anos, abrangendo, a cada 2 (dois) anos, no mínimo 1/10 (um décimo) da área total necessária à sua complementação.

§ 3º A recomposição de que trata o inciso I do *caput* poderá ser realizada mediante o plantio intercalado de espécies nativas com exóticas ou frutíferas, em sistema agroflorestal, observados os seguintes parâmetros:

→ *Caput do § 3º acrescentado pela Lei 12.727/2012.*

I – o plantio de espécies exóticas deverá ser combinado com as espécies nativas de ocorrência regional;

II – a área recomposta com espécies exóticas não poderá exceder a 50% (cinquenta por cento) da área total a ser recuperada.

§ 4º Os proprietários ou possuidores do imóvel que optarem por recompor a Reserva Legal na forma dos §§ 2º e 3º terão direito à sua exploração econômica, nos termos desta Lei.

§ 5º A compensação de que trata o inciso III do *caput* deverá ser precedida pela inscrição da propriedade no CAR e poderá ser feita mediante:

I – aquisição de Cota de Reserva Ambiental – CRA;

II – arrendamento de área sob regime de servidão ambiental ou Reserva Legal;

III – doação ao poder público de área localizada no interior de Unidade de Conservação de domínio público pendente de regularização fundiária;

IV – cadastramento de outra área equivalente e excedente à Reserva Legal, em imóvel de mesma titularidade ou adquirida em imóvel de terceiro, com vegetação nativa estabelecida, em regeneração ou recomposição, desde que localizada no mesmo bioma.

§ 6º As áreas a serem utilizadas para compensação na forma do § 5º deverão:

I – ser equivalentes em extensão à área da Reserva Legal a ser compensada;

II – estar localizadas no mesmo bioma da área de Reserva Legal a ser compensada;

III – se fora do Estado, estar localizadas em áreas identificadas como prioritárias pela União ou pelos Estados.

§ 7º A definição de áreas prioritárias de que trata o § 6º buscará favorecer, entre outros, a recuperação de bacias hidrográficas excessivamente desmatadas, a criação de corredores ecológicos, a conservação de grandes áreas protegidas e a conservação ou recuperação de ecossistemas ou espécies ameaçados.

§ 8º Quando se tratar de imóveis públicos, a compensação de que trata o inciso III do *caput* poderá ser feita mediante concessão de direito real de uso ou doação, por parte da pessoa jurídica de direito público proprietária de imóvel rural que não detém Reserva Legal em extensão suficiente, ao órgão público responsável pela Unidade de Conservação de área localizada no interior de Unidade de Conservação de domínio público, a ser criada ou pendente de regularização fundiária.

§ 9º As medidas de compensação previstas neste artigo não poderão ser utilizadas como forma de viabilizar a conversão de novas áreas para uso alternativo do solo.

Art. 67. Nos imóveis rurais que detinham, em 22 de julho de 2008, área de até 4 (quatro) módulos fiscais e que possuam remanescente de vegetação nativa em percentuais inferiores ao previsto no art. 12, a Reserva Legal será constituída com a área ocupada com a vegetação nativa existente em 22 de julho de 2008, vedadas novas conversões para uso alternativo do solo.

Art. 68. Os proprietários ou possuidores de imóveis rurais que realizaram supressão de vegetação nativa respeitando os percentuais de Reserva Legal previstos pela legislação em vigor à época em que ocorreu a supressão são dispensados de promover a recomposição, compensação ou regeneração para os percentuais exigidos nesta Lei.

§ 1º Os proprietários ou possuidores de imóveis rurais poderão provar essas situações consolidadas por documentos tais como a descrição de fatos históricos de ocupação da região, registros de comercialização, dados agropecuários da atividade, contratos e documentos bancários relativos à produção, e por todos os outros meios de prova em direito admitidos.

§ 2º Os proprietários ou possuidores de imóveis rurais, na Amazônia Legal, e seus herdeiros necessários que possuam índice de Reserva Legal maior que 50% (cinquenta por cento) de cobertura florestal e não realizaram a supressão da vegetação nos percentuais previstos pela legislação em vigor à época poderão utilizar a área excedente de Reserva Legal também para fins de constituição de servidão ambiental, Cota de Reserva Ambiental – CRA e outros instrumentos congêneres previstos nesta Lei.

Capítulo XIV
DISPOSIÇÕES COMPLEMENTARES E FINAIS

Art. 69. São obrigados a registro no órgão federal competente do Sisnama os estabelecimentos comerciais responsáveis pela comercialização de motosserras, bem como aqueles que as adquirirem.

§ 1º A licença para o porte e uso de motosserras será renovada a cada 2 (dois) anos.

§ 2º Os fabricantes de motosserras são obrigados a imprimir, em local visível do equipamento, numeração cuja sequência será encaminhada ao órgão federal competente do Sisnama e constará nas correspondentes notas fiscais.

Art. 70. Além do disposto nesta Lei e sem prejuízo da criação de unidades de conservação da natureza, na forma da Lei 9.985, de 18 de julho de 2000, e de outras ações cabíveis voltadas à proteção das florestas e outras formas de vegetação, o poder público federal, estadual ou municipal poderá:

I – proibir ou limitar o corte das espécies da flora raras, endêmicas, em perigo ou ameaçadas de extinção, bem como das espécies necessárias à subsistência das populações tradicionais, delimitando as áreas compreendidas no ato, fazendo depender de autorização prévia, nessas áreas, o corte de outras espécies;

II – declarar qualquer árvore imune de corte, por motivo de sua localização, raridade, beleza ou condição de porta-sementes;

III – estabelecer exigências administrativas sobre o registro e outras formas de controle de pessoas físicas ou jurídicas que se dedicam à extração, indústria ou comércio de produtos ou subprodutos florestais.

Art. 71. A União, em conjunto com os Estados, o Distrito Federal e os Municípios, realizará o Inventário Florestal Nacional, para subsidiar a análise da existência e qualidade das florestas do País, em imóveis privados e terras públicas.

Parágrafo único. A União estabelecerá critérios e mecanismos para uniformizar a coleta, a manutenção e a atualização das informações do Inventário Florestal Nacional.

Art. 72. Para efeitos desta Lei, a atividade de silvicultura, quando realizada em área apta ao uso alternativo do solo, é equiparada à atividade agrícola, nos termos da Lei 8.171, de 17 de janeiro de 1991, que "dispõe sobre a política agrícola".

Art. 73. Os órgãos centrais e executores do Sisnama criarão e implementarão, com a participação dos órgãos estaduais, indicadores de sustentabilidade, a serem publicados semestralmente, com vistas em aferir a evolução dos componentes do sistema abrangidos por disposições desta Lei.

Art. 74. A Câmara de Comércio Exterior – Camex, de que trata o art. 20-B da Lei 9.649, de 27 de maio de 1998, com a redação dada pela Medida Provisória 2.216-37, de31 de agosto de 2001, é autorizada a adotar medidas de restrição às importações de bens de origem agropecuária ou florestal produzidos em países que não observem normas e padrões de proteção do meio ambiente compatíveis com as estabelecidas pela legislação brasileira.

Art. 75. Os PRAs instituídos pela União, Estados e Distrito Federal deverão incluir mecanismo que permita o acompanhamento de sua implementação, considerando os objetivos e metas nacionais para florestas, especialmente a implementação dos instrumentos previstos nesta Lei, a adesão cadastral dos proprietários e possuidores de imóvel rural, a evolução da regularização das propriedades e posses rurais, o grau de regularidade do uso de matéria-prima florestal e o controle e prevenção de incêndios florestais.

Art. 76. (*Vetado*).

Art. 77. (*Vetado*).

Art. 78. O art. 9º-A da Lei 6.938, de 31 de agosto de 1981, passa a vigorar com a seguinte redação:

"Art. 9º-A. O proprietário ou possuidor de imóvel, pessoa natural ou jurídica, pode, por instrumento público ou particular ou por termo administrativo firmado perante órgão integrante do Sisnama, limitar o uso de toda a sua propriedade ou de parte dela para preservar, conservar ou recuperar os recursos ambientais existentes, instituindo servidão ambiental.

§ 1º O instrumento ou termo de instituição da servidão ambiental deve incluir, no mínimo, os seguintes itens:

I – memorial descritivo da área da servidão ambiental, contendo pelo menos um ponto de amarração georreferenciado;

II – objeto da servidão ambiental;

III – direitos e deveres do proprietário ou possuidor instituidor;

IV – prazo durante o qual a área permanecerá como servidão ambiental.

§ 2º A servidão ambiental não se aplica às Áreas de Preservação Permanente e à Reserva Legal mínima exigida.

§ 3º A restrição ao uso ou à exploração da vegetação da área sob servidão ambiental deve ser, no mínimo, a mesma estabelecida para a Reserva Legal.

§ 4º Devem ser objeto de averbação na matrícula do imóvel no registro de imóveis competente:

I – o instrumento ou termo de instituição da servidão ambiental;

II – o contrato de alienação, cessão ou transferência da servidão ambiental.

§ 5º Na hipótese de compensação de Reserva Legal, a servidão ambiental deve ser averbada na matrícula de todos os imóveis envolvidos.

§ 6º É vedada, durante o prazo de vigência da servidão ambiental, a alteração da destinação da área, nos casos de transmissão do imóvel a qualquer título, de desmembramento ou de retificação dos limites do imóvel.

§ 7º As áreas que tenham sido instituídas na forma de servidão florestal, nos termos do art. 44-A da Lei 4.771, de 15 de setembro de 1965, passam a ser consideradas, pelo efeito desta Lei, como de servidão ambiental."

Art. 78-A. Após 5 (cinco) anos da data da publicação desta Lei, as instituições financeiras só concederão crédito agrícola, em qualquer de suas modalidades, para proprietários de imóveis rurais que estejam inscritos no CAR.

→ Artigo acrescentado pela Lei 12.727/2012.

Art. 79. A Lei 6.938, de 31 de agosto de 1981, passa a vigorar acrescida dos seguintes arts. 9º-B e 9º-C:

"Art. 9º-B. A servidão ambiental poderá ser onerosa ou gratuita, temporária ou perpétua.

§ 1º O prazo mínimo da servidão ambiental temporária é de 15 (quinze) anos.

§ 2º A servidão ambiental perpétua equivale, para fins creditícios, tributários e de acesso aos recursos de fundos públicos, à Reserva Particular do Patrimônio Natural – RPPN, definida no art. 21 da Lei 9.985, de 18 de julho de 2000.

§ 3º O detentor da servidão ambiental poderá aliená-la, cedê-la ou transferi-la, total ou parcialmente, por prazo determinado ou em caráter definitivo, em favor de outro proprietário ou de entidade pública ou privada que tenha a conservação ambiental como fim social."

"Art. 9º-C. O contrato de alienação, cessão ou transferência da servidão ambiental deve ser averbado na matrícula do imóvel.

§ 1º O contrato referido no *caput* deve conter, no mínimo, os seguintes itens:

I – a delimitação da área submetida a preservação, conservação ou recuperação ambiental;

II – o objeto da servidão ambiental;

III – os direitos e deveres do proprietário instituidor e dos futuros adquirentes ou sucessores;

IV – os direitos e deveres do detentor da servidão ambiental;

V – os benefícios de ordem econômica do instituidor e do detentor da servidão ambiental;

VI – a previsão legal para garantir o seu cumprimento, inclusive medidas judiciais necessárias, em caso de ser descumprido.

§ 2º São deveres do proprietário do imóvel serviente, entre outras obrigações estipuladas no contrato:

I – manter a área sob servidão ambiental;

II – prestar contas ao detentor da servidão ambiental sobre as condições dos recursos naturais ou artificiais;

III – permitir a inspeção e a fiscalização da área pelo detentor da servidão ambiental;

IV – defender a posse da área serviente, por todos os meios em direito admitidos.

§ 3º São deveres do detentor da servidão ambiental, entre outras obrigações estipuladas no contrato:

I – documentar as características ambientais da propriedade;

II – monitorar periodicamente a propriedade para verificar se a servidão ambiental está sendo mantida;

III – prestar informações necessárias a quaisquer interessados na aquisição ou aos sucessores da propriedade;

IV – manter relatórios e arquivos atualizados com as atividades da área objeto da servidão;

V – defender judicialmente a servidão ambiental."

Art. 80. A alínea *d* do inciso II do § 1º do art. 10 da Lei 9.393, de 19 de dezembro de 1996, passa a vigorar com a seguinte redação:

"Art. 10. (....)

§ 1º (....)

(....)

II – (....)

(....)

d) sob regime de servidão ambiental;

(....)"

Art. 81. O *caput* do art. 35 da Lei 11.428, de 22 de dezembro de 2006, passa a vigorar com a seguinte redação:

"Art. 35. A conservação, em imóvel rural ou urbano, da vegetação primária ou da vegetação secundária em qualquer estágio de regeneração do Bioma Mata Atlântica cumpre função social e é de interesse público, podendo, a critério do proprietário, as áreas sujeitas à restrição de que trata esta Lei ser computadas para efeito da Reserva Legal e seu excedente utilizado para fins de compensação ambiental ou instituição de Cota de Reserva Ambiental – CRA.

(....)"

Art. 82. São a União, os Estados, o Distrito Federal e os Municípios autorizados a instituir, adaptar ou reformular, no prazo de 6 (seis) meses, no âmbito do Sisnama, instituições florestais ou afins, devidamente aparelhadas para assegurar a plena consecução desta Lei.

Parágrafo único. As instituições referidas no *caput* poderão credenciar, mediante edital de seleção pública, profissionais devidamente habilitados para apoiar a regularização ambiental das propriedades previstas no inciso V do art. 3º, nos termos de regulamento baixado por ato do Chefe do Poder Executivo.

Art. 83. Revogam-se as Leis 4.771, de 15 de setembro de 1965, e 7.754, de 14 de abril de 1989, e suas alterações posteriores, e a Medida Provisória 2.166-67, de 24 de agosto de 2001.

Art. 84. Esta Lei entra em vigor na data de sua publicação.

Brasília, 25 de maio de 2012; 191º da Independência e 124º da República.

Dilma Rousseff

(Publicação no *D.O.U.* de 28.5.2012)

C. FLORESTAL

ESTATUTOS

VADE MECUM DE LEGISLAÇÃO FOCO

ESTATUTO DO ESTRANGEIRO

LEI 6.815,
DE 19 DE AGOSTO DE 1980

Define a situação jurídica do estrangeiro no Brasil, cria o Conselho Nacional de Imigração.

➜ Esta Lei foi republicada por determinação do art. 11 da Lei 6.964/1981.

O Presidente da República:

Faço saber que o Congresso Nacional decreta e eu sanciono a seguinte Lei:

Art. 1º Em tempo de paz, qualquer estrangeiro poderá, satisfeitas as condições desta Lei, entrar e permanecer no Brasil e dele sair, resguardados os interesses nacionais.

Título I
Da aplicação

Art. 2º Na aplicação desta Lei atender-se-á precipuamente à segurança nacional, à organização institucional, aos interesses políticos, socioeconômicos e culturais do Brasil, bem assim à defesa do trabalhador nacional.

Art. 3º A concessão do visto, a sua prorrogação ou transformação ficarão sempre condicionadas aos interesses nacionais.

Título II
Da admissão, entrada e impedimento

Capítulo I
DA ADMISSÃO

Art. 4º Ao estrangeiro que pretenda entrar no território nacional poderá ser concedido visto:

I – de trânsito;

II – de turista;

III – temporário;

IV – permanente;

V – de cortesia;

VI – oficial; e

VII – diplomático.

Parágrafo único. O visto é individual e sua concessão poderá estender-se a dependentes legais, observado o disposto no artigo 7º.

Art. 5º Serão fixados em regulamento os requisitos para a obtenção dos vistos de entrada previstos nesta Lei.

Art. 6º A posse ou a propriedade de bens no Brasil não confere ao estrangeiro o direito de obter visto de qualquer natureza, ou autorização de permanência no território nacional.

Art. 7º Não se concederá visto ao estrangeiro:

I – menor de 18 (dezoito) anos, desacompanhado do responsável legal ou sem a sua autorização expressa;

II – considerado nocivo à ordem pública ou aos interesses nacionais;

III – anteriormente expulso do País, salvo se a expulsão tiver sido revogada;

IV – condenado ou processado em outro país por crime doloso, passível de extradição segundo a lei brasileira; ou

V – que não satisfaça as condições de saúde estabelecidas pelo Ministério da Saúde.

Art. 8º O visto de trânsito poderá ser concedido ao estrangeiro que, para atingir o país de destino, tenha de entrar em território nacional.

§ 1º O visto de trânsito é válido para uma estada de até 10 (dez) dias improrrogáveis e uma só entrada.

§ 2º Não se exigirá visto de trânsito ao estrangeiro em viagem contínua, que só se interrompa para escalas obrigatórias do meio de transporte utilizado.

Art. 9º O visto de turista poderá ser concedido ao estrangeiro que venha ao Brasil em caráter recreativo ou de visita, assim considerado aquele que não tenha finalidade imigratória, nem intuito de exercício de atividade remunerada.

§ 1º O visto de turista poderá, alternativamente, ser solicitado e emitido por meio eletrônico, conforme regulamento.

➜ § 1º acrescentado pela Lei 12.968/2014.

§ 2º As solicitações do visto de que trata o § 1º serão processadas pelo Sistema Consular Integrado do Ministério das Relações Exteriores, na forma disciplinada pelo Poder Executivo.

➜ § 2º acrescentado pela Lei 12.968/2014.

§ 3º Para a obtenção de visto por meio eletrônico, o estrangeiro deverá:

➜ § 3º acrescentado pela Lei 12.968/2014.

I – preencher e enviar formulário eletrônico disponível no Portal Consular do Ministério das Relações Exteriores;

II – apresentar por meio eletrônico os documentos solicitados para comprovar o que tiver sido declarado no requerimento;

III – pagar os emolumentos e taxas cobrados para processamento do pedido de visto;

IV – seguir o rito procedimental previsto nas normas do Manual do Serviço Consular e Jurídico do Ministério das Relações Exteriores.

§ 4º A autoridade consular brasileira poderá solicitar a apresentação dos originais dos documentos para dirimir dúvidas, bem como solicitar documentos adicionais para a instrução do pedido.

➜ § 4º acrescentado pela Lei 12.968/2014.

§ 5º O Ministério das Relações Exteriores poderá editar normas visando a:

➜ § 5º acrescentado pela Lei 12.968/2014.

I – simplificação de procedimentos, por reciprocidade ou por outros motivos que julgar pertinentes;

II – sem prejuízo da segurança do sistema e de outras cominações legais cabíveis, inclusão de regras para a obtenção de vistos fisicamente separados da caderneta de passaporte do requerente.

§ 6º O estrangeiro que fornecer informações falsas ou descumprir as regras previstas nos §§ 3º e 4º e nas normas legais pertinentes estará sujeito às penalidades previstas nos incisos I, III, IV, XIII, XV e XVI do art. 125 e no art. 126 desta Lei.

➜ § 6º acrescentado pela Lei 12.968/2014.

Art. 10. Poderá ser estabelecida a dispensa recíproca do visto de turista e dos vistos temporários a que se referem os incisos II e III do *caput* do art. 13, observados prazos de estada definidos nesta Lei.

➜ Artigo com redação alterada pela Lei 12.968/2014.

Parágrafo único. A dispensa de vistos a que se refere o *caput* deste artigo será concedida mediante acordo internacional, salvo, a juízo do Ministério das Relações Exteriores, aos nacionais de país que assegure a reciprocidade de tratamento aos nacionais brasileiros, situação em que a dispensa poderá ser concedida, enquanto durar essa reciprocidade, mediante comunicação diplomática, sem a necessidade de acordo internacional.

Art. 11. A empresa transportadora deverá verificar, por ocasião do embarque, no Exterior, a documentação exigida, sendo responsável, no caso de irregularidade apurada no momento da entrada, pela saída do estrangeiro, sem prejuízo do disposto no artigo 125, VI.

Art. 12. O prazo de validade do visto de turista será de até 5 (cinco) anos, fixado pelo Ministério das Relações Exteriores, dentro de critérios de reciprocidade, e proporcionará múltiplas entradas no País, com estadas não excedentes a 90 (noventa) dias, prorrogáveis por igual período, totalizando o máximo de 180 (cento e oitenta) dias por ano.

➜ Artigo com redação alterada pela Lei 9.076/1995.

Art. 13. O visto temporário poderá ser concedido ao estrangeiro que pretenda vir ao Brasil:

I – em viagem cultural ou em missão de estudos;

II – em viagem de negócios;

III – na condição de artista ou desportista;

IV – na condição de estudante;

V – na condição de cientista, pesquisador, professor, técnico ou profissional de outra categoria, sob regime de contrato ou a serviço do governo brasileiro;

→ Inciso V com redação alterada pela Lei 13.243/2016.

VI – na condição de correspondente de jornal, revista, rádio, televisão ou agência noticiosa estrangeira;

VII – na condição de ministro de confissão religiosa ou membro de instituto de vida consagrada e de congregação ou ordem religiosa.

→ Inciso VII acrescentado pela Lei 6.964/1981.

VIII – na condição de beneficiário de bolsa vinculada a projeto de pesquisa, desenvolvimento e inovação concedida por órgão ou agência de fomento.

→ Inciso VIII acrescentado pela Lei 13.243/2016.

Art. 14. O prazo de estada no Brasil, nos casos dos incisos II e III do art. 13, será de até 90 (noventa) dias, no caso do inciso VII, de até 1 (um) ano, e nos demais, salvo o disposto no parágrafo único deste artigo, o correspondente à duração da missão, do contrato, ou da prestação de serviços, comprovada perante a autoridade consular, observado o disposto na legislação trabalhista.

→ *Caput* com redação alterada pela Lei 6.964/1981.

Parágrafo único. No caso do item IV do artigo 13 o prazo será de até 1 (um) ano, prorrogável, quando for o caso, mediante prova do aproveitamento escolar e da matrícula.

Art. 15. Ao estrangeiro referido nos item III ou V do artigo 13 só se concederá o visto se satisfizer às exigências especiais estabelecidas pelo Conselho Nacional de Imigração e for parte em contrato de trabalho, visado pelo Ministério do Trabalho, salvo no caso de comprovada prestação de serviço ao Governo brasileiro.

Art. 16. O visto permanente poderá ser concedido ao estrangeiro que pretenda se fixar definitivamente no Brasil.

Parágrafo único. A imigração objetivará, primordialmente, propiciar mão de obra especializada aos vários setores da economia nacional, visando à Política Nacional de Desenvolvimento em todos os seus aspectos e, em especial, ao aumento da produtividade, à assimilação de tecnologia e à captação de recursos para setores específicos.

→ Parágrafo único com redação alterada pela Lei 6.964/1981.

Art. 17. Para obter visto permanente o estrangeiro deverá satisfazer, além dos requisitos referidos no artigo 5º, as exigências de caráter especial previstas nas normas de seleção de imigrantes estabelecidas pelo Conselho Nacional de Imigração.

Art. 18. A concessão do visto permanente poderá ficar condicionada, por prazo não superior a 5 (cinco) anos, ao exercício de atividade certa e à fixação em região determinada do território nacional.

Art. 19. O Ministério das Relações Exteriores definirá os casos de concessão, prorrogação ou dispensa dos vistos diplomáticos, oficial e de cortesia.

Art. 20. Pela concessão de visto cobrar-se-ão emolumentos consulares, ressalvados:

I – os regulados por acordos que concedam gratuidade;

II – os vistos de cortesia, oficial ou diplomático;

III – os vistos de trânsito, temporário ou de turista, se concedidos a titulares de passaporte diplomático ou de serviço.

Parágrafo único. A validade para a utilização de qualquer dos vistos é de 90 (noventa) dias, contados da data de sua concessão, podendo ser prorrogada pela autoridade consular uma só vez, por igual prazo, cobrando-se os emolumentos devidos, aplicando-se esta exigência somente a cidadãos de países onde seja verificada a limitação recíproca.

→ Parágrafo único com redação alterada pela Lei 12.134/2009.

Art. 21. Ao natural de país limítrofe, domiciliado em cidade contígua ao território nacional, respeitados os interesses da segurança nacional, poder-se-á permitir a entrada nos Municípios fronteiriços a seu respectivo país, desde que apresente prova de identidade.

§ 1º Ao estrangeiro, referido neste artigo, que pretenda exercer atividade remunerada ou frequentar estabelecimento de ensino naqueles municípios, será fornecido documento especial que o identifique e caracterize a sua condição, e, ainda, Carteira de Trabalho e Previdência Social, quando for o caso.

§ 2º Os documentos referidos no parágrafo anterior não conferem o direito de residência no Brasil, nem autorizam o afastamento dos limites territoriais daqueles municípios.

Capítulo II
DA ENTRADA

Art. 22. A entrada no território nacional far-se-á somente pelos locais onde houver fiscalização dos órgãos competentes dos Ministérios da Saúde, da Justiça e da Fazenda.

Art. 23. O transportador ou seu agente responderá, a qualquer tempo, pela manutenção e demais despesas do passageiro em viagem contínua ou do tripulante que não estiver presente por ocasião da saída do meio de transporte, bem como pela retirada dos mesmos do território nacional.

Art. 24. Nenhum estrangeiro procedente do Exterior poderá afastar-se do local de entrada e inspeção, sem que o seu documento de viagem e o cartão de entrada e saída hajam sido visados pelo órgão competente do Ministério da Justiça.

→ Artigo com redação alterada pela Lei 6.964/1981.

Art. 25. Não poderá ser resgatado no Brasil, sem prévia autorização do Ministério da Justiça, o bilhete de viagem do estrangeiro que tenha entrado no território nacional na condição de turista ou em trânsito.

Capítulo III
DO IMPEDIMENTO

Art. 26. O visto concedido pela autoridade consular configura mera expectativa de direito, podendo a entrada, a estada ou o registro do estrangeiro ser obstado ocorrendo qualquer dos casos do artigo 7º, ou a inconveniência de sua presença no território nacional, a critério do Ministério da Justiça.

§ 1º O estrangeiro que se tiver retirado do País sem recolher a multa devida em virtude desta Lei, não poderá reentrar sem efetuar o seu pagamento, acrescido de correção monetária.

§ 2º O impedimento de qualquer dos integrantes da família poderá estender-se a todo o grupo familiar.

Art. 27. A empresa transportadora responde, a qualquer tempo, pela saída do clandestino e do impedido.

Parágrafo único. Na impossibilidade da saída do impedido ou do clandestino, o Ministério da Justiça poderá permitir a sua entrada condicional, mediante termo de responsabilidade firmado pelo representante da empresa transportadora, que lhe assegure a manutenção, fixados o prazo de estada e o local em que deva permanecer o impedido, ficando o clandestino custodiado pelo prazo máximo de 30 (trinta) dias, prorrogável por igual período.

Título III
Da condição de asilado

Art. 28. O estrangeiro admitido no território nacional na condição de asilado político ficará sujeito, além dos deveres que lhe forem impostos pelo Direito Internacional, a cumprir as disposições da legislação vigente e as que o Governo brasileiro lhe fixar.

Art. 29. O asilado não poderá sair do País sem prévia autorização do Governo brasileiro.

Parágrafo único. A inobservância do disposto neste artigo importará na renúncia ao asilo e impedirá o reingresso nessa condição.

Título IV
Do registro e suas alterações

Capítulo I
DO REGISTRO

Art. 30. O estrangeiro admitido na condição de permanente, de temporário (incisos I e de IV a VII do art. 13) ou de asilado é obrigado a registrar-se no Ministério da Justiça, dentro dos 30 (trinta) dias seguintes à entrada ou à concessão do asilo e a identificar-se pelo sistema datiloscópico, observadas as disposições regulamentares.

→ Artigo com redação alterada pela Lei 6.964/1981.

Art. 31. O nome e a nacionalidade do estrangeiro, para o efeito de registro, serão os constantes do documento de viagem.

Art. 32. O titular de visto diplomático, oficial ou de cortesia, acreditado junto ao Governo brasileiro ou cujo prazo previsto de estada no País seja superior a 90 (noventa) dias, deverá providenciar seu registro no Ministério das Relações Exteriores.

Parágrafo único. O estrangeiro titular de passaporte de serviço, oficial ou diplomático, que haja entrado no Brasil ao amparo de acordo de dispensa de visto, deverá, igualmente, proceder ao registro mencionado neste artigo sempre que sua estada no Brasil deva ser superior a 90 (noventa) dias.

Art. 33. Ao estrangeiro registrado será fornecido documento de identidade.

Parágrafo único. A emissão de documento de identidade, salvo nos casos de asilado ou de titular de visto de cortesia, oficial ou diplomático, está sujeita ao pagamento da taxa prevista na tabela de que trata o artigo 130.

Capítulo II
DA PRORROGAÇÃO DO PRAZO DE ESTADA

Art. 34. Ao estrangeiro que tenha entrado na condição de turista, temporário ou asilado e aos titulares de visto de cortesia, oficial ou diplomático, poderá ser concedida a prorrogação do prazo de estada no Brasil.

Art. 35. A prorrogação do prazo de estada do turista não excederá a 90 (noventa) dias, podendo ser cancelada a critério do Ministério da Justiça.

Art. 36. A prorrogação do prazo de estada do titular do visto temporário, de que trata o item VII do artigo 13, não excederá a 1 (um) ano.

→ Artigo acrescentado pela Lei 6.964/1981.

Capítulo III
DA TRANSFORMAÇÃO DOS VISTOS

Art. 37. O titular do visto de que trata o artigo 13, V e VII, poderá obter transformação do mesmo para permanente (art. 16), satisfeitas às condições previstas nesta Lei e no seu Regulamento.

→ Anterior artigo 36 renumerado para artigo 37 e com redação alterada pela Lei 6.964/1981.

§ 1º Ao titular do visto temporário previsto no inciso VII do art. 13 só poderá ser concedida a transformação após o prazo de dois anos de residência no País.

→ § 1º acrescentado pela Lei 6.964/1981.

§ 2º Na transformação do visto poder-se-á aplicar o disposto no artigo 18 desta Lei.

→ § 2º acrescentado pela Lei 6.964/1981.

Art. 38. É vedada a legalização da estada de clandestino e de irregular, e a transformação em permanente, dos vistos de trânsito, de turista, temporário (artigo 13, I a IV e VI) e de cortesia.

→ Anterior artigo 37 renumerado para artigo 38 pela Lei 6.964/1981.

Art. 39. O titular de visto diplomático ou oficial poderá obter transformação desses vistos para temporário (artigo 13, I a VI) ou para permanente (artigo 16), ouvido o Ministério das Relações Exteriores, e satisfeitas as exigências previstas nesta Lei e no seu Regulamento.

→ Anterior artigo 38 renumerado para artigo 39 pela Lei 6.964/1981.

Parágrafo único. A transformação do visto oficial ou diplomático em temporário ou permanente importará na cessação de todas as prerrogativas, privilégios e imunidades decorrentes daqueles vistos.

Art. 40. A solicitação da transformação de visto não impede a aplicação do disposto no artigo 57, se o estrangeiro ultrapassar o prazo legal de estada no território nacional.

→ Anterior artigo 39 renumerado para artigo 40 pela Lei 6.964/1981.

Parágrafo único. Do despacho que denegar a transformação do visto, caberá pedido de reconsideração na forma definida em Regulamento.

Art. 41. A transformação de vistos de que tratam os artigos 37 e 39 ficará sem efeito, se não for efetuado o registro no prazo de 90 (noventa) dias, contados da publicação, no Diário Oficial, do deferimento do pedido.

→ Anterior artigo 40 renumerado para artigo 41 pela Lei 6.964/1981.

Art. 42. O titular de quaisquer dos vistos definidos nos artigos 8º, 9º, 10, 13 e 16, poderá ter os mesmos transformados para oficial ou diplomático.

→ Anterior artigo 41 renumerado para artigo 42 pela Lei 6.964/1981.

Capítulo IV
DA ALTERAÇÃO DE ASSENTAMENTOS

Art. 43. O nome do estrangeiro, constante do registro (art. 30), poderá ser alterado:

→ Anterior artigo 42 renumerado para artigo 43 pela Lei 6.964/1981.

I – se estiver comprovadamente errado;

II – se tiver sentido pejorativo ou expuser o titular ao ridículo; ou

III – se for de pronunciação e compreensão difíceis e puder ser traduzido ou adaptado à prosódia da língua portuguesa.

§ 1º O pedido de alteração de nome deverá ser instruído com a documentação prevista em Regulamento e será sempre objeto de investigação sobre o comportamento do requerente.

§ 2º Os erros materiais no registro serão corrigidos de ofício.

§ 3º A alteração decorrente de desquite ou divórcio obtido em país estrangeiro dependerá de homologação, no Brasil, da sentença respectiva.

§ 4º Poderá ser averbado no registro o nome abreviado usado pelo estrangeiro como firma comercial registrada ou em qualquer atividade profissional.

Art. 44. Compete ao Ministro da Justiça autorizar a alteração de assentamentos constantes do registro de estrangeiro.

→ Anterior artigo 43 renumerado para artigo 44 pela Lei 6.964/1981.

Capítulo V
DA ATUALIZAÇÃO DO REGISTRO

Art. 45. A Junta Comercial, ao registrar firma de que participe estrangeiro, remeterá ao Ministério da Justiça os dados de identificação do estrangeiro e os do seu documento de identidade emitido no Brasil.

→ Anterior artigo 44 renumerado para artigo 45 pela Lei 6.964/1981.

Parágrafo único. Tratando-se de sociedade anônima, a providência é obrigatória em relação ao estrangeiro que figure na condição de administrador, gerente, diretor ou acionista controlador.

→ Parágrafo único acrescentado pela Lei 6.964/1981.

Art. 46. Os Cartórios de Registro Civil remeterão, mensalmente, ao Ministério da Justiça cópia dos registros de casamento e de óbito de estrangeiro.

→ Anterior artigo 45 renumerado para artigo 46 pela Lei 6.964/1981.

Art. 47. O estabelecimento hoteleiro, a empresa imobiliária, o proprietário, locador, sublocador ou locatário de imóvel e o síndico de edifício remeterão ao Ministério da Justiça, quando requisitados, os dados de identificação do estrangeiro admitido na condição de hóspede, locatário, sublocatário ou morador.

→ Anterior artigo 46 renumerado para artigo 47 e com redação alterada pela Lei 6.964/1981.

Art. 48. Salvo o disposto no § 1º do artigo 21, a admissão de estrangeiro a serviço de entidade pública ou privada, ou a matrícula em estabelecimento de ensino de qualquer grau, só se efetivará se o mesmo estiver devidamente registrado (art. 30).

→ Anterior artigo 47 renumerado para artigo 48 pela Lei 6.964/1981.

Parágrafo único. As entidades, a que se refere este artigo, remeterão ao Ministério da Justiça, que dará conhecimento ao Ministério do Trabalho, quando for o caso, os dados de identificação do estrangeiro admitido ou matriculado e comunicarão, à medida que ocorrer, o término do contrato de trabalho, sua rescisão ou prorrogação, bem como a suspensão ou cancelamento da matrícula e a conclusão do curso.

Capítulo VI
DO CANCELAMENTO E DO RESTABELECIMENTO DO REGISTRO

Art. 49. O estrangeiro terá o registro cancelado:

→ Anterior artigo 48 renumerado para artigo 49 pela Lei 6.964/1981.

I – se obtiver naturalização brasileira;

II – se tiver decretada sua expulsão;

III – se requerer a saída do território nacional em caráter definitivo, renunciando, expressamente, ao direito de retorno previsto no artigo 51;

IV – se permanecer ausente do Brasil por prazo superior ao previsto no artigo 51;

V – se ocorrer a transformação de visto de que trata o artigo 42;

VI – se houver transgressão do artigo 18, artigo 37, § 2º, ou 99 a 101; e

VII – se temporário ou asilado, no término do prazo de sua estada no território nacional.

§ 1º O registro poderá ser restabelecido, nos casos do item I ou II, se cessada a causa do cancelamento, e, nos demais casos, se o estrangeiro retornar ao território nacional com visto de que trata o artigo 13 ou 16, ou obtiver a transformação prevista no artigo 39.

§ 2º Ocorrendo a hipótese prevista no item III deste artigo, o estrangeiro deverá proceder à entrega do documento de identidade para estrangeiro e deixar o território nacional dentro de 30 (trinta) dias.

§ 3º Se da solicitação de que trata o item III deste artigo resultar isenção de ônus fiscal ou financeiro, o restabelecimento do registro dependerá, sempre, da satisfação prévia dos referidos encargos.

Título V
Da saída e do retorno

Art. 50. Não se exigirá visto de saída do estrangeiro que pretender sair do território nacional.

→ Anterior artigo 49 renumerado para artigo 50 pela Lei 6.964/1981.

§ 1º O Ministro da Justiça poderá, a qualquer tempo, estabelecer a exigência de visto de saída, quando razões de segurança interna aconselharem a medida.

§ 2º Na hipótese do parágrafo anterior, o ato que estabelecer a exigência disporá sobre o prazo de validade do visto e as condições para a sua concessão.

§ 3º O asilado deverá observar o disposto no artigo 29.

Art. 51. O estrangeiro registrado como permanente, que se ausentar do Brasil, poderá regressar independentemente de visto se o fizer dentro de 2 (dois) anos.

→ Anterior artigo 50 renumerado para artigo 51 pela Lei 6.964/1981.

Parágrafo único. A prova da data da saída, para os fins deste artigo, far-se-á pela anotação aposta, pelo órgão competente do Ministério da Justiça, no documento de viagem do estrangeiro, no momento em que o mesmo deixar o território nacional.

Art. 52. O estrangeiro registrado como temporário, que se ausentar do Brasil, poderá regressar independentemente de novo visto, se o fizer dentro do prazo de validade de sua estada no território nacional.

→ Anterior artigo 51 renumerado para artigo 52 pela Lei 6.964/1981.

Art. 53. *(Suprimido pela Lei 9.076/1995).*

Título VI
Do documento de viagem para estrangeiro

Art. 54. São documentos de viagem o passaporte para estrangeiro e o *laissez-passer*.

→ Anterior artigo 53 renumerado para artigo 54 pela Lei 6.964/1981.

Parágrafo único. Os documentos de que trata este artigo são de propriedade da União, cabendo a seus titulares a posse direta e o uso regular.

Art. 55. Poderá ser concedido passaporte para estrangeiro:

→ Anterior artigo 54 renumerado para artigo 55 pela Lei 6.964/1981.

I – no Brasil:

a) ao apátrida e ao de nacionalidade indefinida;

b) a nacional de país que não tenha representação diplomática ou consular no Brasil, nem representante de outro país encarregado de protegê-lo;

c) a asilado ou a refugiado, como tal admitido no Brasil;

II – no Brasil e no Exterior, ao cônjuge ou à viúva de brasileiro que haja perdido a nacionalidade originária em virtude do casamento.

Parágrafo único. A concessão de passaporte, no caso da letra *b*, do item I deste artigo, dependerá de prévia consulta ao Ministério das Relações Exteriores.

Art. 56. O *laissez-passer* poderá ser concedido, no Brasil ou no Exterior, ao estrangeiro portador de documento de viagem emitido por governo não reconhecido pelo Governo brasileiro, ou não válido para o Brasil.

→ Anterior artigo 55 renumerado para artigo 56 pela Lei 6.964/1981.

§ 1º A concessão, no Exterior, de *laissez-passer* a estrangeiro registrado no Brasil como permanente, temporário ou asilado, dependerá de audiência prévia do Ministério da Justiça.

→ Anterior parágrafo único renumerado para § 1º pela Lei 12.968/2014.

§ 2º O visto concedido pela autoridade consular poderá ser aposto a qualquer documento de viagem emitido nos padrões estabelecidos pela Organização da Aviação Civil Internacional – OACI, não implicando a aposição do visto o reconhecimento de Estado ou Governo pelo Governo brasileiro.

→ § 2º acrescentado pela Lei 12.968/2014.

Título VII
Da deportação

Art. 57. Nos casos de entrada ou estada irregular de estrangeiro, se este não se retirar voluntariamente do território nacional no prazo fixado em Regulamento, será promovida sua deportação.

→ Anterior artigo 56 renumerado para artigo 57 pela Lei 6.964/1981.

§ 1º Será igualmente deportado o estrangeiro que infringir o disposto nos artigos 21, § 2º, 24, 37, § 2º, 98 a 101, §§ 1º ou 2º do artigo 104 ou artigo 105.

§ 2º Desde que conveniente aos interesses nacionais, a deportação far-se-á independentemente da fixação do prazo de que trata o *caput* deste artigo.

Art. 58. A deportação consistirá na saída compulsória do estrangeiro.

→ Anterior artigo 57 renumerado para artigo 58 pela Lei 6.964/1981.

Parágrafo único. A deportação far-se-á para o país da nacionalidade ou de procedência do estrangeiro, ou para outro que consinta em recebê-lo.

Art. 59. Não sendo apurada a responsabilidade do transportador pelas despesas com a retirada do estrangeiro, nem podendo este ou terceiro por ela responder, serão as mesmas custeadas pelo Tesouro Nacional.

→ Anterior artigo 58 renumerado para artigo 59 pela Lei 6.964/1981.

Art. 60. O estrangeiro poderá ser dispensado de qualquer penalidade relativa à entrada ou estada irregular no Brasil ou formalidade cujo cumprimento possa dificultar a deportação.

→ Anterior artigo 59 renumerado para artigo 60 pela Lei 6.964/1981.

Art. 61. O estrangeiro, enquanto não se efetivar a deportação, poderá ser recolhido à prisão por ordem do Ministro da Justiça, pelo prazo de 60 (sessenta) dias.

→ Anterior artigo 60 renumerado para artigo 61 pela Lei 6.964/1981.

Parágrafo único. Sempre que não for possível, dentro do prazo previsto neste artigo, determinar-se a identidade do deportando ou obter-se documento de viagem para promover a sua retirada, a prisão poderá ser prorrogada por igual período, findo o qual será ele posto em liberdade, aplicando-se o disposto no artigo 73.

Art. 62. Não sendo exequível a deportação ou quando existirem indícios sérios de periculosidade ou indesejabilidade do estrangeiro, proceder-se-á à sua expulsão.

→ Anterior artigo 61 renumerado para artigo 62 pela Lei 6.964/1981.

Art. 63. Não se procederá à deportação se implicar em extradição inadmitida pela lei brasileira.

→ Anterior artigo 62 renumerado para artigo 63 pela Lei 6.964/1981.

Art. 64. O deportado só poderá reingressar no território nacional se ressarcir o Tesouro Nacional, com correção monetária, das despesas com a sua deportação e efetuar, se for o caso, o pagamento da multa devida à época, também corrigida.

→ Anterior artigo 63 renumerado para artigo 64 pela Lei 6.964/1981.

Título VIII
Da expulsão

Art. 65. É passível de expulsão o estrangeiro que, de qualquer forma, atentar contra a segurança nacional, a ordem política ou social, a tranquilidade ou moralidade pública e a economia popular, ou cujo procedimento o torne nocivo à conveniência e aos interesses nacionais.

→ Anterior artigo 64 renumerado para artigo 65 pela Lei 6.964/1981.

Parágrafo único. É passível, também, de expulsão o estrangeiro que:

a) praticar fraude a fim de obter a sua entrada ou permanência no Brasil;

b) havendo entrado no território nacional com infração à lei, dele não se retirar no prazo que lhe for determinado para fazê-lo, não sendo aconselhável a deportação;

c) entregar-se à vadiagem ou à mendicância; ou

d) desrespeitar proibição especialmente prevista em lei para estrangeiro.

Art. 66. Caberá exclusivamente ao Presidente da República resolver sobre a conveniência e a oportunidade da expulsão ou de sua revogação.

→ Anterior artigo 65 renumerado para artigo 66 pela Lei 6.964/1981.

Parágrafo único. A medida expulsória ou a sua revogação far-se-á por decreto.

Art. 67. Desde que conveniente ao interesse nacional, a expulsão do estrangeiro poderá efetivar-se, ainda que haja processo ou tenha ocorrido condenação.

→ Anterior artigo 66 renumerado para artigo 67 pela Lei 6.964/1981.

Art. 68. Os órgãos do Ministério Público remeterão ao Ministério da Justiça, de ofício, até 30 (trinta) dias após o trânsito em julgado, cópia da sentença condenatória de estrangeiro autor de crime doloso ou de qualquer crime contra a segurança nacional, a ordem política ou social, a economia popular, a moralidade ou a saúde pública, assim como da folha de antecedentes penais constantes dos autos.

→ Anterior artigo 67 renumerado para artigo 68 pela Lei 6.964/1981.

Parágrafo único. O Ministro da Justiça, recebidos os documentos mencionados neste artigo, determinará a instauração de inquérito para a expulsão do estrangeiro.

Art. 69. O Ministro da Justiça, a qualquer tempo, poderá determinar a prisão, por 90 (noventa) dias, do estrangeiro submetido a processo de expulsão e, para concluir o inquérito ou assegurar a execução da medida, prorrogá-la por igual prazo.

→ Anterior artigo 68 renumerado para artigo 69 pela Lei 6.964/1981.

Parágrafo único. Em caso de medida interposta junto ao Poder Judiciário que suspenda, provisoriamente, a efetivação do ato expulsório, o prazo de prisão de que trata a parte final do *caput* deste artigo ficará interrompido, até a decisão definitiva do tribunal a que estiver submetido o feito.

Art. 70. Compete ao Ministro da Justiça, de ofício ou acolhendo solicitação fundamentada, determinar a instauração de inquérito para a expulsão do estrangeiro.

→ Anterior artigo 69 renumerado para artigo 70 pela Lei 6.964/1981.

Art. 71. Nos casos de infração contra a segurança nacional, a ordem política ou social e a economia popular, assim como nos casos de comércio, posse ou facilitação de uso indevido de substância entorpecente ou que determine dependência física ou psíquica, ou de desrespeito à proibição especialmente prevista em lei para estrangeiro, o inquérito será sumário e não excederá o prazo de 15 (quinze) dias, dentro do qual fica assegurado ao expulsando o direito de defesa.

→ Anterior artigo 70 renumerado para artigo 71 pela Lei 6.964/1981.

Art. 72. Salvo as hipóteses previstas no artigo anterior, caberá pedido de reconsideração no prazo de 10 (dez) dias, a contar da publicação do decreto de expulsão, no Diário Oficial da União.

→ Anterior artigo 71 renumerado para artigo 72 pela Lei 6.964/1981.

Art. 73. O estrangeiro, cuja prisão não se torne necessária, ou que tenha o prazo desta vencido, permanecerá em liberdade vigiada, em lugar designado pelo Ministério da Justiça, e guardará as normas de comportamento que lhe forem estabelecidas.

→ Anterior artigo 72 renumerado para artigo 73 pela Lei 6.964/1981.

Parágrafo único. Descumprida qualquer das normas fixadas de conformidade com o disposto neste artigo ou no seguinte, o Ministro da Justiça, a qualquer tempo, poderá determinar a prisão administrativa do estrangeiro, cujo prazo não excederá a 90 (noventa) dias.

Art. 74. O Ministro da Justiça poderá modificar, de ofício ou a pedido, as normas de conduta impostas ao estrangeiro e designar outro lugar para a sua residência.

→ Anterior artigo 73 renumerado para artigo 74 pela Lei 6.964/1981.

Art. 75. Não se procederá à expulsão:

→ Anterior artigo 74 renumerado para artigo 75 e com redação alterada pela Lei 6.964/1981.

I – se implicar extradição inadmitida pela lei brasileira; ou

II – quando o estrangeiro tiver:

a) cônjuge brasileiro do qual não esteja divorciado ou separado, de fato ou de direito, e desde que o casamento tenha sido celebrado há mais de 5 (cinco) anos; ou

b) filho brasileiro que, comprovadamente, esteja sob sua guarda e dele dependa economicamente.

§ 1º Não constituem impedimento à expulsão a adoção ou o reconhecimento de filho brasileiro supervenientes ao fato que a motivar.

§ 2º Verificados o abandono do filho, o divórcio ou a separação, de fato ou de direito, a expulsão poderá efetivar-se a qualquer tempo.

Título IX
Da extradição

Art. 76. A extradição poderá ser concedida quando o governo requerente se fundamentar em tratado, ou quando prometer ao Brasil a reciprocidade.

→ Anterior artigo 75 renumerado para artigo 76 e com redação alterada pela Lei 6.964/1981.

Art. 77. Não se concederá a extradição quando:

→ Anterior artigo 76 renumerado para artigo 77 pela Lei 6.964/1981.

I – se tratar de brasileiro, salvo se a aquisição dessa nacionalidade verificar-se após o fato que motivar o pedido;

II – o fato que motivar o pedido não for considerado crime no Brasil ou no Estado requerente;

III – o Brasil for competente, segundo suas leis, para julgar o crime imputado ao extraditando;

IV – a lei brasileira impuser ao crime a pena de prisão igual ou inferior a 1 (um) ano;

V – o extraditando estiver a responder a processo ou já houver sido condenado ou absolvido no Brasil pelo mesmo fato em que se fundar o pedido;

VI – estiver extinta a punibilidade pela prescrição segundo a lei brasileira ou a do Estado requerente;

VII – o fato constituir crime político; e

VIII – o extraditando houver de responder, no Estado requerente, perante tribunal ou juízo de exceção.

§ 1º A exceção do item VII não impedirá a extradição quando o fato constituir, principalmente, infração da lei penal comum, ou quando o crime comum, conexo ao delito político, constituir o fato principal.

§ 2º Caberá, exclusivamente, ao Supremo Tribunal Federal, a apreciação do caráter da infração.

§ 3º O Supremo Tribunal Federal poderá deixar de considerar crimes políticos os atentados contra chefes de Estado ou quaisquer autoridades, bem assim os atos de anarquismo, terrorismo, sabotagem, sequestro de pessoa, ou que importem propaganda de guerra ou de processos violentos para subverter a ordem política ou social.

Art. 78. São condições para concessão de extradição:

→ Anterior artigo 77 renumerado para artigo 78 pela Lei 6.964/1981.

I – ter sido o crime cometido no território do Estado requerente ou serem aplicáveis ao extraditando as leis penais desse Estado; e

II – existir sentença final de privação de liberdade, ou estar a prisão do extraditando autorizada por juiz, tribunal ou autoridade competente do Estado requerente, salvo o disposto no artigo 82.

Art. 79. Quando mais de um Estado requerer a extradição da mesma pessoa, pelo mesmo fato, terá preferência o pedido daquele em cujo território a infração foi cometida.

→ Anterior artigo 78 renumerado para artigo 79 pela Lei 6.964/1981.

§ 1º Tratando-se de crimes diversos, terão preferência, sucessivamente:

I – o Estado requerente em cujo território haja sido cometido o crime mais grave, segundo a lei brasileira;

II – o que em primeiro lugar houver pedido a entrega do extraditando, se a gravidade dos crimes for idêntica; e

III – o Estado de origem, ou, na sua falta, o domiciliar do extraditando, se os pedidos forem simultâneos.

§ 2º Nos casos não previstos decidirá sobre a preferência o Governo brasileiro.

§ 3º Havendo tratado ou convenção com algum dos Estados requerentes, prevalecerão suas normas no que disserem respeito à preferência de que trata este artigo.

→ § 3º com redação alterada pela Lei 6.964/1981.

Art. 80. A extradição será requerida por via diplomática ou, quando previsto em tratado, diretamente ao Ministério da Justiça, devendo o pedido ser instruído com a cópia autêntica ou a certidão da sentença condenatória ou decisão penal proferida por juiz ou autoridade competente.

→ Artigo com redação alterada pela Lei 12.878/2013.

§ 1º O pedido deverá ser instruído com indicações precisas sobre o local, a data, a natureza e as circunstâncias do fato criminoso, a identidade do extraditando e, ainda, cópia dos textos legais sobre o crime, a competência, a pena e sua prescrição.

§ 2º O encaminhamento do pedido pelo Ministério da Justiça ou por via diplomática confere autenticidade aos documentos.

§ 3º Os documentos indicados neste artigo serão acompanhados de versão feita oficialmente para o idioma português.

Art. 81. O pedido, após exame da presença dos pressupostos formais de admissibilidade exigidos nesta Lei ou em tratado, será encaminhado pelo Ministério da Justiça ao Supremo Tribunal Federal.

→ Artigo com redação alterada pela Lei 12.878/2013.

Parágrafo único. Não preenchidos os pressupostos de que trata o *caput*, o pedido será arquivado mediante decisão fundamentada do Ministro de Estado da Justiça, sem prejuízo de renovação do pedido, devidamente instruído, uma vez superado o óbice apontado.

Art. 82. O Estado interessado na extradição poderá, em caso de urgência e antes da formalização do pedido de extradição, ou conjuntamente com este, requerer a prisão cautelar do extraditando por via diplomática ou, quando previsto em tratado, ao Ministério da Justiça, que, após exame da presença dos pressupostos formais de admissibilidade exigidos nesta Lei ou em tratado, representará ao Supremo Tribunal Federal.

→ Artigo com redação alterada pela Lei 12.878/2013.

§ 1º O pedido de prisão cautelar noticiará o crime cometido e deverá ser fundamentado, podendo ser apresentado por correio, fax, mensagem eletrônica ou qualquer outro meio que assegure a comunicação por escrito.

§ 2º O pedido de prisão cautelar poderá ser apresentado ao Ministério da Justiça por meio da Organização Internacional de Polícia Criminal (Interpol), devidamente instruído com a documentação comprobatória da existência de ordem de prisão proferida por Estado estrangeiro.

§ 3º O Estado estrangeiro deverá, no prazo de 90 (noventa) dias contado da data em que tiver sido cientificado da prisão do extraditando, formalizar o pedido de extradição.

§ 4º Caso o pedido não seja formalizado no prazo previsto no § 3º, o extraditando deverá ser posto em liberdade, não se admitindo novo pedido de prisão cautelar pelo mesmo fato sem que a extradição haja sido devidamente requerida.

Art. 83. Nenhuma extradição será concedida sem prévio pronunciamento do Plenário do Supremo Tribunal Federal sobre sua legalidade e procedência, não cabendo recurso da decisão.

→ Anterior artigo 82 renumerado para artigo 83 pela Lei 6.964/1981.

Art. 84. Efetivada a prisão do extraditando (artigo 81), o pedido será encaminhado ao Supremo Tribunal Federal.

→ Anterior artigo 83 renumerado para artigo 84 pela Lei 6.964/1981.

Parágrafo único. A prisão perdurará até o julgamento final do Supremo Tribunal Federal, não sendo admitidas a liberdade vigiada, a prisão domiciliar, nem a prisão-albergue.

Art. 85. Ao receber o pedido, o relator designará dia e hora para o interrogatório do extraditando e, conforme o caso, dar-lhe-á curador ou advogado, se não o tiver, correndo do interrogatório o prazo de 10 (dez) dias para a defesa.

→ Anterior artigo 84 renumerado para artigo 85 pela Lei 6.964/1981.

§ 1º A defesa versará sobre a identidade da pessoa reclamada, defeito de forma dos documentos apresentados ou ilegalidade da extradição.

§ 2º Não estando o processo devidamente instruído, o tribunal, a requerimento do procurador-geral da República, poderá converter o julgamento em diligência para suprir a falta no prazo improrrogável de 60 (sessenta) dias, decorridos os quais o pedido será julgado independentemente da diligência.

§ 3º O prazo referido no parágrafo anterior correrá da data da notificação que o Ministério das Relações Exteriores fizer à missão diplomática do Estado requerente.

Art. 86. Concedida a extradição, será o fato comunicado através do Ministério das Relações Exteriores à missão diplomática do Estado requerente que, no prazo de 60 (sessenta) dias da comunicação, deverá retirar o extraditando do território nacional.

→ Anterior artigo 85 renumerado para artigo 86 pela Lei 6.964/1981.

Art. 87. Se o Estado requerente não retirar o extraditando do território nacional no prazo do artigo anterior, será ele posto em liberdade, sem prejuízo de responder a processo de expulsão, se o motivo da extradição o recomendar.

→ Anterior artigo 86 renumerado para artigo 87 pela Lei 6.964/1981.

Art. 88. Negada a extradição, não se admitirá novo pedido baseado no mesmo fato.

→ Anterior artigo 87 renumerado para artigo 88 pela Lei 6.964/1981.

Art. 89. Quando o extraditando estiver sendo processado, ou tiver sido condenado, no Brasil, por crime punível com pena privativa de liberdade, a extradição será executada somente depois da conclusão do processo ou do cumprimento da pena, ressalvado, entretanto, o disposto no artigo 67.

→ Anterior artigo 88 renumerado para artigo 89 pela Lei 6.964/1981.

Parágrafo único. A entrega do extraditando ficará igualmente adiada se a efetivação da medida puser em risco a sua vida por causa de enfermidade grave comprovada por laudo médico oficial.

Art. 90. O Governo poderá entregar o extraditando ainda que responda a processo ou esteja condenado por contravenção.

→ Anterior artigo 89 renumerado para artigo 90 pela Lei 6.964/1981.

Art. 91. Não será efetivada a entrega sem que o Estado requerente assuma o compromisso:

→ Anterior artigo 90 renumerado para artigo 91 pela Lei 6.964/1981.

I – de não ser o extraditando preso nem processado por fatos anteriores ao pedido;

II – de computar o tempo de prisão que, no Brasil, foi imposta por força da extradição;

III – de comutar em pena privativa de liberdade a pena corporal ou de morte, ressalvados, quanto à última, os casos em que a lei brasileira permitir a sua aplicação;

IV – de não ser o extraditando entregue, sem consentimento do Brasil, a outro Estado que o reclame; e

V – de não considerar qualquer motivo político, para agravar a pena.

Art. 92. A entrega do extraditando, de acordo com as leis brasileiras e respeitado o direito de terceiro, será feita com os objetos e instrumentos do crime encontrados em seu poder.

→ Anterior artigo 91 renumerado para artigo 92 pela Lei 6.964/1981.

Parágrafo único. Os objetos e instrumentos referidos neste artigo poderão ser entregues independentemente da entrega do extraditando.

Art. 93. O extraditando que, depois de entregue ao Estado requerente, escapar à ação da Justiça e homiziar-se no Brasil, ou por ele transitar, será detido mediante pedido feito diretamente por via diplomática, e de novo entregue sem outras formalidades.

→ Anterior artigo 92 renumerado para artigo 93 pela Lei 6.964/1981.

Art. 94. Salvo motivo de ordem pública, poderá ser permitido, pelo Ministro da Justiça, o trânsito, no território nacional, de pessoas extraditadas por Estados estrangeiros, bem assim o da respectiva guarda, mediante apresentação de documentos comprobatórios de concessão da medida.

→ Anterior artigo 93 renumerado para artigo 94 pela Lei 6.964/1981.

Título X
Dos direitos e deveres do estrangeiro

Art. 95. O estrangeiro residente no Brasil goza de todos os direitos reconhecidos aos brasileiros, nos termos da Constituição e das leis.

→ Anterior artigo 94 renumerado para artigo 95 pela Lei 6.964/1981.

Art. 96. Sempre que lhe for exigido por qualquer autoridade ou seu agente, o estrangeiro deverá exibir documento comprobatório de sua estada legal no território nacional.

→ Anterior artigo 95 renumerado para artigo 96 pela Lei 6.964/1981.

Parágrafo único. Para os fins deste artigo e dos artigos 43, 45, 47 e 48, o documento deverá ser apresentado no original.

Art. 97. O exercício de atividade remunerada e a matrícula em estabelecimento de ensino são permitidos ao estrangeiro com as restrições estabelecidas nesta Lei e no seu Regulamento.

→ Anterior artigo 96 renumerado para artigo 97 pela Lei 6.964/1981.

Art. 98. Ao estrangeiro que se encontra no Brasil ao amparo de visto de turista, de trânsito ou temporário de que trata o artigo 13, IV, bem como aos dependentes de titulares de quaisquer vistos temporários, é vedado o exercício de atividade remunerada. Ao titular de visto temporário de que trata o artigo 13, VI, é vedado o exercício de atividade remunerada por fonte brasileira.

→ Anterior artigo 97 renumerado para artigo 98 pela Lei 6.964/1981.

Art. 99. Ao estrangeiro titular de visto temporário e ao que se encontre no Brasil na condição do artigo 21, § 1º, é vedado estabelecer-se com firma individual, ou exercer cargo ou função de administrador, gerente ou diretor de sociedade comercial ou civil, bem como inscrever-se em entidade fiscalizadora do exercício de profissão regulamentada.

→ Anterior artigo 98 renumerado para artigo 99 pela Lei 6.964/1981.

Parágrafo único. Aos estrangeiros portadores do visto de que trata o inciso V do art. 13 é permitida a inscrição temporária em entidade fiscalizadora do exercício de profissão regulamentada.

→ Parágrafo único acrescentado pela Lei 6.964/1981.

Art. 100. O estrangeiro admitido na condição de temporário, sob regime de contrato, só poderá exercer atividade junto à entidade pela qual foi contratado, na oportunidade da concessão do visto, salvo autorização expressa do Ministério da Justiça, ouvido o Ministério do Trabalho.

→ Anterior artigo 99 renumerado para artigo 100 pela Lei 6.964/1981.

Art. 101. O estrangeiro admitido na forma do artigo 18, ou do artigo 37, § 2º, para o desempenho de atividade profissional certa, e a fixação em região determinada, não poderá, dentro do prazo que lhe for fixado na oportunidade da concessão ou da transformação do visto, mudar de domicílio nem de atividade profissional, ou exercê-la fora daquela região, salvo em caso excepcional, mediante autorização prévia do Ministério da Justiça, ouvido o Ministério do Trabalho, quando necessário.

→ Anterior artigo 100 renumerado para artigo 101 pela Lei 6.964/1981.

Art. 102. O estrangeiro registrado é obrigado a comunicar ao Ministério da Justiça a mudança do seu domicílio ou residência, devendo fazê-lo nos 30 (trinta) dias imediatamente seguintes à sua efetivação.

→ Anterior artigo 101 renumerado para artigo 102 pela Lei 6.964/1981.

Art. 103. O estrangeiro que adquirir nacionalidade diversa da constante do registro (art. 30), deverá, nos 90 (noventa) dias seguintes, requerer a averbação da nova nacionalidade em seus assentamentos.

→ Anterior artigo 102 renumerado para artigo 103 pela Lei 6.964/1981.

Art. 104. O portador de visto de cortesia, oficial ou diplomático só poderá exercer atividade remunerada em favor do Estado estrangeiro, organização ou agência internacional de caráter intergovernamental a cujo serviço se encontre no País, ou do governo ou de entidade brasileiros, mediante instrumento internacional firmado com outro governo que encerre cláusula específica sobre o assunto.

→ Anterior artigo 103 renumerado para artigo 104 pela Lei 6.964/1981.

§ 1º O serviçal com visto de cortesia só poderá exercer atividade remunerada a serviço particular de titular de visto de cortesia, oficial ou diplomático.

§ 2º A missão, organização ou pessoa, a cujo serviço se encontra o serviçal, fica responsável pela sua saída do território nacional, no prazo de 30 (trinta) dias, a contar da data em que cessar o vínculo empregatício, sob pena de deportação do mesmo.

§ 3º Ao titular de quaisquer dos vistos referidos neste artigo não se aplica o disposto na legislação trabalhista brasileira.

Art. 105. Ao estrangeiro que tenha entrado no Brasil na condição de turista ou em trânsito é proibido o engajamento como tripulante em porto brasileiro, salvo em navio de bandeira de seu país, por viagem não redonda, a requerimento do transportador ou do seu agente, mediante autorização do Ministério da Justiça.

→ Anterior artigo 104 renumerado para artigo 105 pela Lei 6.964/1981.

Art. 106. É vedado ao estrangeiro:

→ Anterior artigo 105 renumerado para artigo 106 pela Lei 6.964/1981.

I – ser proprietário, armador ou comandante de navio nacional, inclusive nos serviços de navegação fluvial e lacustre;

II – ser proprietário de empresa jornalística de qualquer espécie, e de empresas de televisão e de radiodifusão, sócio ou acionista de sociedade proprietária dessas empresas;

III – ser responsável, orientador intelectual ou administrativo das empresas mencionadas no item anterior;

IV – obter concessão ou autorização para a pesquisa, prospecção, exploração e aproveitamento das jazidas, minas e demais recursos minerais e dos potenciais de energia hidráulica;

V – ser proprietário ou explorador de aeronave brasileira, ressalvado o disposto na legislação específica;

VI – ser corretor de navios, de fundos públicos, leiloeiro e despachante aduaneiro;

VII – participar da administração ou representação de sindicato ou associação profissional, bem como de entidade fiscalizadora do exercício de profissão regulamentada;

VIII – ser prático de barras, portos, rios, lagos e canais;

IX – possuir, manter ou operar, mesmo como amador, aparelho de radiodifusão, de radiotelegrafia e similar, salvo reciprocidade de tratamento; e

X – prestar assistência religiosa às Forças Armadas e auxiliares, e também aos estabelecimentos de internação coletiva.

§ 1º O disposto no item I deste artigo não se aplica aos navios nacionais de pesca.

§ 2º Ao português, no gozo dos direitos e obrigações previstos no Estatuto da Igualdade, apenas lhe é defeso:

a) assumir a responsabilidade e a orientação intelectual e administrativa das empresas mencionadas no item II deste artigo;

b) ser proprietário, armador ou comandante de navio nacional, inclusive de navegação fluvial e lacustre, ressalvado o disposto no parágrafo anterior; e

c) prestar assistência religiosa às Forças Armadas e auxiliares.

Art. 107. O estrangeiro admitido no território nacional não pode exercer atividade de natureza política, nem se imiscuir, direta ou indiretamente, nos negócios públicos do Brasil, sendo-lhe especialmente vedado:

→ Anterior artigo 106 renumerado para artigo 107 pela Lei 6.964/1981.

I – organizar, criar ou manter sociedade ou quaisquer entidades de caráter político, ainda que tenham por fim apenas a propaganda ou a difusão, exclusivamente entre compatriotas, de ideias, programas ou normas de ação de partidos políticos do país de origem;

II – exercer ação individual, junto a compatriotas ou não, no sentido de obter, mediante coação ou constrangimento de qualquer natureza, adesão a ideias, programas ou normas de ação de partidos ou facções políticas de qualquer país;

III – organizar desfiles, passeatas, comícios e reuniões de qualquer natureza, ou deles participar, com os fins a que se referem os itens I e II deste artigo.

Parágrafo único. O disposto no *caput* deste artigo não se aplica ao português beneficiário do Estatuto da Igualdade ao qual tiver sido reconhecido o gozo de direitos políticos.

Art. 108. É lícito aos estrangeiros associarem-se para fins culturais, religiosos, recreativos, beneficentes ou de assistência, filiarem-se a clubes sociais e desportivos, e a quaisquer outras entidades com iguais fins, bem como participarem de reunião comemorativa de datas nacionais ou acontecimentos de significação patriótica.

→ Anterior artigo 107 renumerado para artigo 108 e alterado pela Lei 6.964/1981.

Parágrafo único. As entidades mencionadas neste artigo, se constituídas de mais da metade de associados estrangeiros, somente poderão funcionar mediante autorização do Ministro da Justiça.

Art. 109. A entidade que houver obtido registro mediante falsa declaração de seus fins ou que, depois de registrada, passar a exercer atividades ilícitas, terá sumariamente cassada a autorização a que se refere o parágrafo único do artigo anterior e o seu funcionamento será suspenso por ato do Ministro da Justiça, até final julgamento do processo de dissolução, a ser instaurado imediatamente.

→ Anterior artigo 108 renumerado para artigo 109 e com redação alterada pela Lei 6.964/1981.

Art. 110. O Ministro da Justiça poderá, sempre que considerar conveniente aos interesses nacionais, impedir a realização, por estrangeiros, de conferências, congressos e exibições artísticas ou folclóricas.

→ Anterior artigo 109 renumerado para artigo 110 pela Lei 6.964/1981.

Título XI
Da naturalização

Capítulo I
DAS CONDIÇÕES

Art. 111. A concessão da naturalização nos casos previstos no artigo 145, II, *b*, da Constituição é faculdade exclusiva do Poder Executivo e far-se-á mediante portaria do Ministro da Justiça.

→ Anterior artigo 110 renumerado para artigo 111 pela Lei 6.964/1981.

Art. 112. São condições para a concessão da naturalização:

→ Anterior artigo 111 renumerado para artigo 112 pela Lei 6.964/1981.

I – capacidade civil, segundo a lei brasileira;

II – ser registrado como permanente no Brasil;

III – residência contínua no território nacional, pelo prazo mínimo de 4 (quatro) anos, imediatamente anteriores ao pedido de naturalização;

IV – ler e escrever a língua portuguesa, consideradas as condições do naturalizando;

V – exercício de profissão ou posse de bens suficientes à manutenção própria e da família;

VI – bom procedimento;

VII – inexistência de denúncia, pronúncia ou condenação no Brasil ou no Exterior por crime doloso a que seja cominada pena mínima de prisão, abstratamente considerada, superior a 1 (um) ano; e

VIII – boa saúde.

§ 1º Não se exigirá a prova de boa saúde a nenhum estrangeiro que residir no País há mais de 2 (dois) anos.

→ § 1º acrescentado pela Lei 6.964/1981.

§ 2º Verificada, a qualquer tempo, a falsidade ideológica ou material de qualquer dos requisitos exigidos neste artigo ou nos arts. 113 e 114 desta Lei, será declarado nulo o ato de naturalização sem prejuízo da ação penal cabível pela infração cometida.

→ Anterior § 1º renumerado para § 2º e com redação alterada pela Lei 6.964/1981.

§ 3º A declaração de nulidade a que se refere o parágrafo anterior processar-se-á administrativamente, no Ministério da Justiça, de ofício ou mediante representação fundamentada, concedido ao naturalizado, para defesa, o prazo de 15 (quinze) dias, contados da notificação.

→ Anterior § 2º renumerado para § 3º pela Lei 6.964/1981.

Art. 113. O prazo de residência fixado no artigo 112, III, poderá ser reduzido se o naturalizando preencher quaisquer das seguintes condições:

→ Anterior artigo 112 renumerado para artigo 113 pela Lei 6.964/1981.

I – ter filho ou cônjuge brasileiro;

II – ser filho de brasileiro;

III – haver prestado ou poder prestar serviços relevantes ao Brasil, a juízo do Ministro da Justiça;

IV – recomendar-se por sua capacidade profissional, científica ou artística; ou

V – ser proprietário, no Brasil, de bem imóvel, cujo valor seja igual, pelo menos, a 1.000 vezes o maior valor de referência; ou ser industrial que disponha de fundos de igual valor; ou possuir cota ou ações integralizadas de montante, no mínimo, idêntico, em sociedade comercial ou civil, destinada, principal e permanentemente, à exploração de atividade industrial ou agrícola.

Parágrafo único. A residência será, no mínimo, de 1 (um) ano, nos casos dos itens I a III; de 2 (dois) anos, no do item IV; e de 3 (três) anos, no do item V.

Art. 114. Dispensar-se-á o requisito da residência, exigindo-se apenas a estada no Brasil por 30 (trinta) dias, quando se tratar:

→ Anterior artigo 113 renumerado para artigo 114 pela Lei 6.964/1981.

I – de cônjuge estrangeiro casado há mais de 5 (cinco) anos com diplomata brasileiro em atividade; ou

II – de estrangeiro que, empregado em missão diplomática ou em repartição consular do Brasil, contar mais de 10 (dez) anos de serviços ininterruptos.

Art. 115. O estrangeiro que pretender a naturalização deverá requerê-la ao Ministro da Justiça, declarando: nome por extenso, naturalidade, nacionalidade, filiação, sexo, estado civil, dia, mês e ano de nascimento, profissão, lugares onde haja residido anteriormente no Brasil e no Exterior, se satisfaz o requisito a que alude o artigo 112, VII, e se deseja ou não traduzir ou adaptar o seu nome à língua portuguesa.

→ Anterior artigo 114 renumerado para artigo 115 pela Lei 6.964/1981.

§ 1º A petição será assinada pelo naturalizando e instruída com os documentos a serem especificados em Regulamento.

→ § 1º acrescentado pela Lei 6.964/1981.

§ 2º Exigir-se-á a apresentação apenas de documento de identidade para estrangeiro, atestado policial de residência contínua no Brasil e atestado policial de antecedentes, passado pelo serviço competente do lugar de residência no Brasil, quando se tratar de:

→ § 2º acrescentado pela Lei 6.964/1981.

I – estrangeiro admitido no Brasil até a idade de 5 (cinco) anos, radicado definitivamente no território nacional, desde que requeira a naturalização até 2 (dois) anos após atingir a maioridade;

II – estrangeiro que tenha vindo residir no Brasil, antes de atingida a maioridade e haja feito curso superior em estabelecimento nacional de ensino, se requerida a naturalização até 1 (um) ano depois da formatura.

§ 3º Qualquer mudança de nome ou de prenome, posteriormente à naturalização, só por exceção e motivadamente será permitida, mediante autorização do Ministro da Justiça.

→ Anterior parágrafo único renumerado para § 3º pela Lei 6.964/1981.

Art. 116. O estrangeiro admitido no Brasil durante os primeiros 5 (cinco) anos de vida, estabelecido definitivamente no território nacional, poderá, enquanto menor, requerer ao Ministro da Justiça, por intermédio de seu representante legal, a emissão de certificado provisório de naturalização, que valerá como prova de nacionalidade brasileira até 2 (dois) anos depois de atingida a maioridade.

→ Anterior artigo 115 renumerado para artigo 116 pela Lei 6.964/1981.

Parágrafo único. A naturalização se tornará definitiva se o titular do certificado provisório, até 2 (dois) anos após atingir a maioridade, confirmar expressamente a intenção de continuar brasileiro, em requerimento dirigido ao Ministro da Justiça.

Art. 117. O requerimento de que trata o artigo 115, dirigido ao Ministro da Justiça, será apresentado, no Distrito Federal, Estados e Territórios, ao órgão competente do Ministério da Justiça, que procederá à sindicância sobre a vida pregressa do naturalizando e opinará quanto à conveniência da naturalização.

→ Anterior artigo 116 renumerado para artigo 117 pela Lei 6.964/1981.

Art. 118. Recebido o processo pelo dirigente do órgão competente do Ministério da Justiça, poderá ele determinar, se necessário, outras diligências. Em qualquer hipótese, o processo deverá ser submetido, com parecer, ao Ministro da Justiça.

→ Anterior artigo 117 renumerado para artigo 118 pela Lei 6.964/1981.

Parágrafo único. O dirigente do órgão competente do Ministério da Justiça determinará o arquivamento do pedido, se o naturalizando não satisfizer, conforme o caso, a qualquer das condições previstas no artigo 112 ou 116, cabendo reconsideração desse despacho; se o arquivamento for mantido, poderá o naturalizando recorrer ao Ministro da Justiça; em ambos os casos, o prazo é de 30 (trinta) dias contados da publicação do ato.

Art. 119. Publicada no *Diário Oficial* a portaria de naturalização, será ela arquivada no órgão competente do Ministério da Justiça, que emitirá certificado relativo a cada naturalizando, o qual será solenemente entregue, na forma fixada em Regulamento, pelo juiz federal da cidade onde tenha domicílio o interessado.

→ Anterior artigo 118 renumerado para artigo 119 e com redação alterada pela Lei 6.964/1981.

§ 1º Onde houver mais de um juiz federal, a entrega será feita pelo da Primeira Vara.

§ 1º acrescentado pela Lei 6.964/1981.

§ 2º Quando não houver juiz federal na cidade em que tiverem domicílio os interessados, a entrega será feita através do juiz ordinário da comarca e, na sua falta, pelo da comarca mais próxima.

§ 2º acrescentado pela Lei 6.964/1981.

§ 3º A naturalização ficará sem efeito, se o certificado não for solicitado pelo naturalizado no prazo de 12 (doze) meses contados da data de publicação do ato, salvo motivo de força maior, devidamente comprovado.

→ Anterior parágrafo único renumerado para § 3º pela Lei 6.964/1981.

Art. 120. No curso do processo de naturalização, poderá qualquer do povo impugná-la, desde que o faça fundamentadamente.

→ Anterior artigo 119 renumerado para artigo 120 pela Lei 6.964/1981.

Art. 121. A satisfação das condições previstas nesta Lei não assegura ao estrangeiro direito à naturalização.

→ Anterior artigo 120 renumerado para artigo 121 pela Lei 6.964/1981.

Capítulo II
DOS EFEITOS DA NATURALIZAÇÃO

Art. 122. A naturalização, salvo a hipótese do artigo 116, só produzirá efeitos após a entrega do certificado e confere ao naturalizado o gozo de todos os direitos civis e políticos, excetuados os que a Constituição Federal atribui exclusivamente ao brasileiro nato.

→ Anterior artigo 121 renumerado para artigo 122 pela Lei 6.964/1981.

Art. 123. A naturalização não importa aquisição da nacionalidade brasileira pelo cônjuge e filhos do naturalizado, nem autoriza que estes entrem ou se radiquem no Brasil sem que satisfaçam as exigências desta Lei.

→ Anterior artigo 122 renumerado para artigo 123 pela Lei 6.964/1981.

Art. 124. A naturalização não extingue a responsabilidade civil ou penal a que o naturalizando estava anteriormente sujeito em qualquer outro país.

→ Anterior artigo 123 renumerado para artigo 124 pela Lei 6.964/1981.

Título XII
Das infrações, penalidades e seu procedimento

Capítulo I
DAS INFRAÇÕES E PENALIDADES

Art. 125. Constitui infração, sujeitando o infrator às penas aqui cominadas:

→ Anterior artigo 124 renumerado para artigo 125 pela Lei 6.964/1981.

I – entrar no território nacional sem estar autorizado (clandestino):

Pena: deportação.

II – demorar-se no território nacional após esgotado o prazo legal de estada:

Pena: multa de um décimo do maior valor de referência, por dia de excesso, até o máximo de 10 (dez) vezes o maior valor de referência, e deportação, caso não saia no prazo fixado.

III – deixar de registrar-se no órgão competente, dentro do prazo estabelecido nesta Lei (artigo 30):

Pena: multa de um décimo do maior valor de referência, por dia de excesso, até o máximo de 10 (dez) vezes o maior valor de referência.

IV – deixar de cumprir o disposto nos artigos 96, 102 e 103:

Pena: multa de duas a dez vezes o maior valor de referência.

V – deixar a empresa transportadora de atender à manutenção ou promover a saída do território nacional do clandestino ou do impedido (artigo 27):

Pena: multa de 30 (trinta) vezes o maior valor de referência, por estrangeiro.

VI – transportar para o Brasil estrangeiro que esteja sem a documentação em ordem:

Pena: multa de 10 (dez) vezes o maior valor de referência, por estrangeiro, além da responsabilidade pelas despesas com a retirada deste do território nacional.

→ Inciso VI com redação alterada pela Lei 6.964/1981.

VII – empregar ou manter a seu serviço estrangeiro em situação irregular ou impedido de exercer atividade remunerada:

Pena: multa de 30 (trinta) vezes o maior valor de referência, por estrangeiro.

VIII – infringir o disposto nos artigos 21, § 2º, 24, 98, 104, §§ 1º ou 2º e 105:

Pena: deportação.

IX – infringir o disposto no artigo 25:

Pena: multa de 5 (cinco) vezes o maior valor de referência para o resgatador e deportação para o estrangeiro.

X – infringir o disposto nos artigos 18, 37, § 2º, ou 99 a 101:

Pena: cancelamento do registro e deportação.

XI – infringir o disposto nos artigos 106 ou 107:

Pena: detenção de 1 (um) a 3 (três) anos e expulsão.

XII – introduzir estrangeiro clandestinamente ou ocultar clandestino ou irregular:

Pena: detenção de 1 (um) a 3 (três) anos e, se o infrator for estrangeiro, expulsão.

XIII – fazer declaração falsa em processo de transformação de visto, de registro, de alteração de assentamentos, de naturalização, ou para a obtenção de passaporte para estrangeiro, *laissez-passer*, ou, quando exigido, visto de saída:

Pena: reclusão de 1 (um) a 5 (cinco) anos e, se o infrator for estrangeiro, expulsão.

XIV – infringir o disposto nos artigos 45 a 48:

Pena: multa de 5 (cinco) a 10 (dez) vezes o maior valor de referência.

XV – infringir o disposto nos artigos 26, § 1º, ou 64:

Pena: deportação e na reincidência, expulsão.

XVI – infringir ou deixar de observar qualquer disposição desta Lei ou de seu Regulamento para a qual não seja cominada sanção especial:

Pena: multa de 2 (duas) a 5 (cinco) vezes o maior valor de referência.

Parágrafo único. As penalidades previstas no item XI aplicam-se também aos diretores das entidades referidas no item I do artigo 107.

Art. 126. As multas previstas neste Capítulo, nos casos de reincidência, poderão ter os respectivos valores aumentados do dobro ao quíntuplo.

→ Anterior artigo 125 renumerado para artigo 126 pela Lei 6.964/1981.

Capítulo II
DO PROCEDIMENTO PARA APURAÇÃO DAS INFRAÇÕES

Art. 127. A infração punida com multa será apurada em processo administrativo, que terá por base o respectivo auto, conforme se dispuser em regulamento.

→ Anterior artigo 126 renumerado para artigo 127 pela Lei 6.964/1981.

Art. 128. No caso do artigo 125, XI a XIII, observar-se-á o Código de Processo Penal e, nos casos de deportação e expulsão, o disposto nos Títulos VII e VIII desta Lei, respectivamente.

→ Anterior artigo 127 renumerado para artigo 128 pela Lei 6.964/1981.

Título XIII
Disposições gerais e transitórias

Art. 129. *(Revogado pela Lei 8.422/1992).*

Art. 130. O Poder Executivo fica autorizado a firmar acordos internacionais pelos quais, observado o princípio da reciprocidade de tratamento a brasileiros e respeitados a conveniência e os interesses nacionais, estabeleçam-se as condições para a concessão, gratuidade, isenção ou dispensa dos vistos estatuídos nesta Lei.

→ Anterior artigo 129 renumerado para artigo 130 pela Lei 6.964/1981.

Art. 130-A. Tendo em vista os Jogos Olímpicos e Paralímpicos de 2016, a serem realizados na cidade do Rio de Janeiro, Rio 2016, portaria conjunta dos Ministérios das Relações Exteriores, da Justiça e do Turismo poderá dispor sobre a dispensa unilateral da exigência de visto de turismo previsto nesta Lei para os nacionais de países nela especificados, que venham a entrar em território nacional até a data de 18 de setembro de 2016, com prazo de estada de até noventa dias, improrrogáveis, a contar da data da primeira entrada em território nacional.

→ Artigo acrescentado pela Lei 13.193/2015.

Parágrafo único. A dispensa unilateral prevista no *caput* não estará condicionada à comprovação de aquisição de ingressos para assistir a qualquer evento das modalidades desportivas dos Jogos Rio 2016.

Art. 131. Fica aprovada a tabela de emolumentos consulares e taxas que integra esta Lei.

→ Anterior artigo 130 renumerado para artigo 131 pela Lei 6.964/1981.

→ *v.* Dec.-lei 2.236/1985 - Altera a tabela de emolumentos e taxas.

§ 1º Os valores das taxas incluídas na tabela terão reajustamento anual na mesma proporção do coeficiente do valor de referência.

§ 2º O Ministro das Relações Exteriores fica autorizado a aprovar, mediante Portaria, a revisão dos valores dos emolumentos consulares, tendo em conta a taxa de câmbio do cruzeiro-ouro com as principais moedas de livre convertibilidade.

Art. 132. Fica o Ministro da Justiça autorizado a instituir modelo único de cédula de identidade para estrangeiro, portador de visto temporário ou permanente, a qual terá validade em todo o território nacional e substituirá as carteiras de identidade em vigor.

→ Anterior artigo 131 renumerado para artigo 132 pela Lei 6.964/1981.

Parágrafo único. Enquanto não for criada a cédula de que trata este artigo, continuarão válidas:

I – as carteiras de identidade emitidas com base no artigo 135 do Decreto 3.010, de 20 de agosto de 1938, bem como as certidões de que trata o § 2º do artigo 149, do mesmo Decreto; e

II – as emitidas e as que o sejam, com base no Decreto-Lei 670, de 3 de julho de 1969, e nos artigos 57, § 1º, e 60, § 2º, do Decreto 66.689, de 11 de junho de 1970.

Art. 133. *(Revogado pela Lei 7.180/1983).*

Art. 134. Poderá ser regularizada, provisoriamente, a situação dos estrangeiros de que trata o artigo anterior.

→ Artigo acrescentado pela Lei 6.964/1981.

§ 1º Para os fins deste artigo, fica instituído no Ministério da Justiça o registro provisório de estrangeiro.

§ 2º O registro de que trata o parágrafo anterior implicará na expedição de cédula de identidade, que permitirá ao estrangeiro em situação ilegal o exercício de atividade remunerada e a livre locomoção no território nacional.

§ 3º O pedido de registro provisório deverá ser feito no prazo de 120 (cento e vinte) dias, a contar da data de publicação desta Lei.

§ 4º A petição, em formulário próprio, será dirigida ao órgão do Departamento de Polícia mais próximo do domicílio do interessado e instruída com um dos seguintes documentos:

I – cópia autêntica do passaporte ou documento equivalente;

II – certidão fornecida pela representação diplomática ou consular do país de que seja nacional o estrangeiro, atestando a sua nacionalidade;

III – certidão do registro de nascimento ou casamento;

IV – qualquer outro documento idôneo que permita à Administração conferir os dados de qualificação do estrangeiro.

§ 5º O registro provisório e a cédula de identidade, de que trata este artigo, terão prazo de validade de 2 (dois) anos improrrogáveis, ressalvado o disposto no parágrafo seguinte.

§ 6º Firmados, antes de esgotar o prazo previsto no § 5º, os acordos bilaterais, referidos no artigo anterior, os nacionais dos países respectivos deverão requerer a regularização de sua situação, no prazo previsto na alínea *c*, do item II do art. 133.

§ 7º O Ministro da Justiça instituirá modelo especial da cédula de identidade de que trata este artigo.

Art. 135. O estrangeiro que se encontre residindo no Brasil na condição prevista no artigo 26 do Decreto-Lei 941, de 13 de outubro de 1969, deverá, para continuar a residir no território nacional, requerer permanência ao órgão competente do Ministério da Justiça dentro do prazo de 90 (noventa) dias improrrogável, a contar da data da entrada em vigor desta Lei.

→ Anterior artigo 134 renumerado para artigo 135 pela Lei 6.964/1981.

→ O Dec.-lei 941/1969 foi revogado pela Lei 6.815/1980.

Parágrafo único. Independerá da satisfação das exigências de caráter especial referidas no artigo 17 desta Lei a autorização a que alude este artigo.

Art. 136. Se o estrangeiro tiver ingressado no Brasil até 20 de agosto de 1938, data da entrada em vigor do Decreto 3.010, desde que tenha mantido residência contínua no território nacional, a partir daquela data, e prove a qualificação, inclusive a nacionalidade, poderá requerer permanência ao órgão competente do Ministério da Justiça, observado o disposto no parágrafo único do artigo anterior.

→ Artigo renumerado pela Lei 6.964/1981.

Art. 137. Aos processos em curso no Ministério da Justiça, na data de publicação desta Lei, aplicar-se-á o disposto no Decreto-lei 941, de 13 de outubro de 1969, e no seu Regulamento, Decreto 66.689, de 11 de junho de 1970.

→ Anterior artigo 135 renumerado para artigo 137 e com redação alterada pela Lei 6.964/1981.

→ O Dec.-lei 941/1969 foi revogado pela Lei 6.815/1980.

Parágrafo único. O disposto neste artigo não se aplica aos processos de naturalização, sobre os quais incidirão, desde logo, as normas desta Lei.

→ Parágrafo único com redação alterada pela Lei 6.964/1981.

Art. 138. Aplica-se o disposto nesta Lei às pessoas de nacionalidade portuguesa, sob reserva de disposições especiais expressas na Constituição Federal ou nos tratados em vigor.

→ Artigo acrescentado pela Lei 6.964/1981.

Art. 139. Fica o Ministro da Justiça autorizado a delegar a competência, que esta Lei lhe atribui, para determinar a prisão do estrangeiro, em caso de deportação, expulsão e extradição.

→ Artigo acrescentado pela Lei 6.964/1981.

Art. 140. Esta Lei entrará em vigor na data de sua publicação.

→ Artigo desmembrado pela Lei 6.964/1981.

Art. 141. Revogam-se as disposições em contrário, especialmente o Decreto-Lei 406, de 4 de maio de 1938; artigo 69 do Decreto-Lei 3.688, de 3 de outubro de 1941; Decreto-Lei 5.101, de 17 de dezembro de 1942; Decreto-Lei 7.967, de 18 de setembro de 1945; Lei 5.333, de 11 de outubro de 1967; Decreto-Lei 417, de 10 de janeiro de 1969; Decreto-Lei 941, de 13 de outubro de 1969; artigo 2º da Lei 5.709, de 7 de outubro de 1971, e Lei 6.262, de 18 de novembro de 1975.

→ Artigo desmembrado pela Lei 6.964/1981.

Brasília, em 19 de agosto de 1980; 159º da Independência e 92º da República.

João Figueiredo

(Publicação no *D.O.U.* de 21.8.1980; retificação: 22.8.1980)

→ Não publicamos o Anexo desta Lei.

ESTATUTO DA CRIANÇA E DO ADOLESCENTE

LEI 8.069,

DE 13 DE JULHO DE 1990

Dispõe sobre o Estatuto da Criança e do Adolescente, e dá outras providências.

O Presidente da República:

Faço saber que o Congresso Nacional decreta e eu sanciono a seguinte Lei:

→ v. Art. 3º da Lei 12.010/2009 – A expressão "pátrio poder" fica substituída pela expressão "poder familiar".

LIVRO I
PARTE GERAL

Título I
Das disposições preliminares

Art. 1º Esta Lei dispõe sobre a proteção integral à criança e ao adolescente.

→ v. Arts. 6º, 24, XV, da CF/1988.

Art. 2º Considera-se criança, para os efeitos desta Lei, a pessoa até 12 (doze) anos de idade incompletos, e adolescente aquela entre 12 (doze) e 18 (dezoito) anos de idade.

→ v. Arts. 3º, 4º e 5º do CC.

→ v. Art. 27 do CP.

→ v. Art. 3º da Lei 810/1949.

Parágrafo único. Nos casos expressos em lei, aplica-se excepcionalmente este Estatuto às pessoas entre 18 (dezoito) e 21 (vinte e um) anos de idade.

→ v. Art. 228 da CF/1988.

Art. 3º A criança e o adolescente gozam de todos os direitos fundamentais inerentes à pessoa humana, sem prejuízo da proteção integral de que trata esta Lei, assegurando-se-lhes, por lei ou por outros meios, todas as oportunidades e facilidades, a fim de lhes facultar o desenvolvimento físico, mental, moral, espiritual e social, em condições de liberdade e de dignidade.

→ v. Art. 3º, IV, da CF/1988.

Art. 4º É dever da família, da comunidade, da sociedade em geral e do Poder Público assegurar, com absoluta prioridade, a efetivação dos direitos referentes à vida, à saúde, à alimentação, à educação, ao esporte, ao lazer, à profissionalização, à cultura, à dignidade, ao respeito, à liberdade e à convivência familiar e comunitária.

→ v. Arts. 3º, I e III, 227 a 229 da CF/1988.

→ v. Art. 29, item 1, da Declaração Universal dos Direitos Humanos.

Parágrafo único. A garantia de prioridade compreende:

a) primazia de receber proteção e socorro em quaisquer circunstâncias;

b) precedência de atendimento nos serviços públicos ou de relevância pública;

c) preferência na formulação e na execução das políticas sociais públicas;

d) destinação privilegiada de recursos públicos nas áreas relacionadas com a proteção à infância e à juventude.

Art. 5º Nenhuma criança ou adolescente será objeto de qualquer forma de negligência, discriminação, exploração, violência, crueldade e opressão, punido na forma da lei qualquer atentado, por ação ou omissão, aos seus direitos fundamentais.

→ v. Arts. 225 a 258-B do ECA.

Art. 6º Na interpretação desta Lei levar-se-ão em conta os fins sociais a que ela se dirige, as exigências do bem comum, os direitos e deveres individuais e coletivos, e a condição peculiar da criança e do adolescente como pessoas em desenvolvimento.

→ v. Art. 5º da LINDB.

Título II
Dos direitos fundamentais

Capítulo I
DO DIREITO À VIDA E À SAÚDE

Art. 7º A criança e o adolescente têm direito a proteção à vida e à saúde, mediante a efetivação de políticas sociais públicas que permitam o nascimento e o desenvolvimento sadio e harmonioso, em condições dignas de existência.

→ v. Art. 5º da CF/1988.

Art. 8º É assegurado à gestante, através do Sistema Único de Saúde, o atendimento pré e perinatal.

→ v. Arts. 124 a 127 do CP.

→ v. Art. 129, III, do ECA.

§ 1º A gestante será encaminhada aos diferentes níveis de atendimento, segundo critérios médicos específicos, obedecendo-se aos princípios de regionalização e hierarquização do Sistema.

§ 2º A parturiente será atendida preferencialmente pelo mesmo médico que a acompanhou na fase pré-natal.

§ 3º Incumbe ao Poder Público propiciar apoio alimentar à gestante e à nutriz que dele necessitem.

§ 4º Incumbe ao poder público proporcionar assistência psicológica à gestante e à mãe, no período pré e pós-natal, inclusive como forma de prevenir ou minorar as consequências do estado puerperal.

→ § 4º acrescentado pela Lei 12.010/2009.

§ 5º A assistência referida no § 4º deste artigo deverá ser também prestada a gestantes ou mães que manifestem interesse em entregar seus filhos para adoção.

→ § 5º acrescentado pela Lei 12.010/2009.

Art. 9º O Poder Público, as instituições e os empregadores propiciarão condições adequadas ao aleitamento materno, inclusive aos filhos de mães submetidas a medida privativa de liberdade.

→ v. Art. 5º, L, da CF/1988.

→ v. Art. 9º da CLT.

→ v. Art. 63, § 2º, da Lei 12.594/2012.

→ v. Art. 83, § 2º, da Lei 7.210/1984.

Art. 10. Os hospitais e demais estabelecimentos de atenção à saúde de gestantes, públicos e particulares, são obrigados a:

→ v. Arts. 228 e 229 do ECA.

I – manter registro das atividades desenvolvidas, através de prontuários individuais, pelo prazo de 18 (dezoito) anos;

II – identificar o recém-nascido mediante o registro de sua impressão plantar e digital e da impressão digital da mãe, sem prejuízo de outras formas normatizadas pela autoridade administrativa competente;

III – proceder a exames visando ao diagnóstico e terapêutica de anormalidades no metabolismo do recém-nascido, bem como prestar orientação aos pais;

IV – fornecer declaração de nascimento onde constem necessariamente as intercorrências do parto e do desenvolvimento do neonato;

V – manter alojamento conjunto, possibilitando ao neonato a permanência junto à mãe.

Art. 11. É assegurado atendimento integral à saúde da criança e do adolescente, por intermédio do Sistema Único de Saúde, garantido o acesso universal e igualitário às ações e serviços para promoção, proteção e recuperação da saúde.

→ *Caput* com redação alterada pela Lei 11.185/2005.

→ *v.* Art. 198 da CF/1988.

§ 1º A criança e o adolescente portadores de deficiência receberão atendimento especializado.

§ 2º Incumbe ao Poder Público fornecer gratuitamente àqueles que necessitarem os medicamentos, próteses e outros recursos relativos ao tratamento, habilitação ou reabilitação.

Art. 12. Os estabelecimentos de atendimento à saúde deverão proporcionar condições para a permanência em tempo integral de um dos pais ou responsável, nos casos de internação de criança ou adolescente.

Art. 13. Os casos de suspeita ou confirmação de castigo físico, de tratamento cruel ou degradante e de maus-tratos contra criança ou adolescente serão obrigatoriamente comunicados ao Conselho Tutelar da respectiva localidade, sem prejuízo de outras providências legais.

→ *Caput* com redação alterada pela Lei 13.010/2014.

→ *v.* Art. 136 do CP.

→ *v.* Art. 245 do ECA.

Parágrafo único. As gestantes ou mães que manifestem interesse em entregar seus filhos para adoção serão obrigatoriamente encaminhadas à Justiça da Infância e da Juventude.

→ Parágrafo único acrescentado pela Lei 12.010/2009.

Art. 14. O Sistema Único de Saúde promoverá programas de assistência médica e odontológica para a prevenção das enfermidades que ordinariamente afetam a população infantil, e campanhas de educação sanitária para pais, educadores e alunos.

Parágrafo único. É obrigatória a vacinação das crianças nos casos recomendados pelas autoridades sanitárias.

Capítulo II
DO DIREITO À LIBERDADE, AO RESPEITO E À DIGNIDADE

Art. 15. A criança e o adolescente têm direito à liberdade, ao respeito e à dignidade como pessoas humanas em processo de desenvolvimento e como sujeitos de direitos civis, humanos e sociais garantidos na Constituição e nas leis.

Art. 16. O direito à liberdade compreende os seguintes aspectos:

I – ir, vir e estar nos logradouros públicos e espaços comunitários, ressalvadas as restrições legais;

II – opinião e expressão;

III – crença e culto religioso;

IV – brincar, praticar esportes e divertir-se;

V – participar da vida familiar e comunitária, sem discriminação;

VI – participar da vida política, na forma da lei;

VII – buscar refúgio, auxílio e orientação.

Art. 17. O direito ao respeito consiste na inviolabilidade da integridade física, psíquica e moral da criança e do adolescente, abrangendo a preservação da imagem, da identidade, da autonomia, dos valores, ideias e crenças, dos espaços e objetos pessoais.

→ *v.* Art. 5º, X, da CF/1988.

→ *v.* Arts. 186, 927 e 928 do CC.

Art. 18. É dever de todos velar pela dignidade da criança e do adolescente, pondo-os a salvo de qualquer tratamento desumano, violento, aterrorizante, vexatório ou constrangedor.

Art. 18-A. A criança e o adolescente têm o direito de ser educados e cuidados sem o uso de castigo físico ou de tratamento cruel ou degradante, como formas de correção, disciplina, educação ou qualquer outro pretexto, pelos pais, pelos integrantes da família ampliada, pelos responsáveis, pelos agentes públicos executores de medidas socioeducativas ou por qualquer pessoa encarregada de cuidar deles, tratá-los, educá-los ou protegê-los.

→ Artigo acrescentado pela Lei 13.010/2014.

Parágrafo único. Para os fins desta Lei, considera-se:

I – castigo físico: ação de natureza disciplinar ou punitiva aplicada com o uso da força física sobre a criança ou o adolescente que resulte em:

a) sofrimento físico; ou

b) lesão;

II – tratamento cruel ou degradante: conduta ou forma cruel de tratamento em relação à criança ou ao adolescente que:

a) humilhe; ou

b) ameace gravemente; ou

c) ridicularize.

Art. 18-B. Os pais, os integrantes da família ampliada, os responsáveis, os agentes públicos executores de medidas socioeducativas ou qualquer pessoa encarregada de cuidar de crianças e de adolescentes, tratá-los, educá-los ou protegê-los que utilizarem castigo físico ou tratamento cruel ou degradante como formas de correção, disciplina, educação ou qualquer outro pretexto estarão sujeitos, sem prejuízo de outras sanções cabíveis, às seguintes medidas, que serão aplicadas de acordo com a gravidade do caso:

→ Artigo acrescentado pela Lei 13.010/2014.

I – encaminhamento a programa oficial ou comunitário de proteção à família;

II – encaminhamento a tratamento psicológico ou psiquiátrico;

III – encaminhamento a cursos ou programas de orientação;

IV – obrigação de encaminhar a criança a tratamento especializado;

V – advertência.

Parágrafo único. As medidas previstas neste artigo serão aplicadas pelo Conselho Tutelar, sem prejuízo de outras providências legais.

Capítulo III
DO DIREITO À CONVIVÊNCIA FAMILIAR E COMUNITÁRIA

Seção I
Disposições gerais

Art. 19. Toda criança ou adolescente tem direito a ser criado e educado no seio da sua família e, excepcionalmente, em família substituta, assegurada a convivência familiar e comunitária, em ambiente livre da presença de pessoas dependentes de substâncias entorpecentes.

→ *v.* Art. 101, VI, do ECA.

§ 1º Toda criança ou adolescente que estiver inserido em programa de acolhimento familiar ou institucional terá sua situação reavaliada, no máximo, a cada 6 (seis) meses, devendo a autoridade judiciária competente, com base em relatório elaborado por equipe interprofissional ou multidisciplinar, decidir de forma fundamentada pela possibilidade de reintegração familiar ou colocação em família substituta, em quaisquer das modalidades previstas no art. 28 desta Lei.

→ § 1º acrescentado pela Lei 12.010/2009.

§ 2º A permanência da criança e do adolescente em programa de acolhimento institucional não se prolongará por mais de 2 (dois) anos, salvo comprovada necessidade que atenda ao seu superior interesse, devidamente fundamentada pela autoridade judiciária.

→ § 2º acrescentado pela Lei 12.010/2009.

§ 3º A manutenção ou reintegração de criança ou adolescente à sua família terá preferência em relação a qualquer outra providência, caso em que será esta incluída em programas de orientação e auxílio, nos termos do parágrafo único do art. 23, dos incisos I e IV do *caput* do art. 101 e dos incisos I a IV do *caput* do art. 129 desta Lei.

→ § 3º acrescentado pela Lei 12.010/2009.

§ 4º Será garantida a convivência da criança e do adolescente com a mãe ou o pai privado de liberdade, por meio de visitas periódicas promovidas pelo responsável ou, nas hipóteses de acolhimento institucional, pela entidade responsável, independentemente de autorização judicial.

→ § 4º acrescentado pela Lei 12.962/2014.

Art. 20. Os filhos, havidos ou não da relação do casamento, ou por adoção, terão os mesmos direitos e qualificações, proibidas quaisquer designações discriminatórias relativas à filiação.

→ *v.* Art. 227, § 6º, da CF/1988.

Art. 21. O poder familiar será exercido, em igualdade de condições, pelo pai e pela mãe, na forma do que dispuser a legislação civil, assegurado a qualquer deles o direito de, em caso de discordância, recorrer à autoridade judiciária competente para a solução da divergência.

→ *v.* Art. 226, § 5º, da CF/1988.

→ *v.* Art. 3º da Lei 12.010/2009.

Art. 22. Aos pais incumbe o dever de sustento, guarda e educação dos filhos menores, cabendo-lhes ainda, no interesse destes, a obrigação de cumprir e fazer cumprir as determinações judiciais.

→ *v.* Arts. 1.634 do CC.

Art. 23. A falta ou a carência de recursos materiais não constitui motivo suficiente para a perda ou a suspensão do poder familiar.

§ 1º Não existindo outro motivo que por si só autorize a decretação da medida, a criança ou o adolescente será mantido em sua família de origem, a qual deverá obrigatoriamente ser incluída em programas oficiais de auxílio.

→ § 1º acrescentado pela Lei 12.962/2014.

§ 2º A condenação criminal do pai ou da mãe não implicará a destituição do poder familiar, exceto na hipótese de condenação por crime doloso, sujeito à pena de reclusão, contra o próprio filho ou filha.

→ § 2º acrescentado pela Lei 12.962/2014.

Art. 24. A perda e a suspensão do poder familiar serão decretadas judicialmente, em procedimento contraditório, nos casos previstos na legislação civil, bem como na hipótese de descumprimento injustificado dos deveres e obrigações a que alude o art. 22.

→ v. Arts. 155 e ss. do ECA.

→ v. Lei 12.318/2010 – Alienação parental.

Seção II
Da família natural

Art. 25. Entende-se por família natural a comunidade formada pelos pais ou qualquer deles e seus descendentes.

Parágrafo único. Entende-se por família extensa ou ampliada aquela que se estende para além da unidade pais e filhos ou da unidade do casal, formada por parentes próximos com os quais a criança ou adolescente convive e mantém vínculos de afinidade e afetividade.

→ Parágrafo único acrescentado pela Lei 12.010/2009.

Art. 26. Os filhos havidos fora do casamento poderão ser reconhecidos pelos pais, conjunta ou separadamente, no próprio termo de nascimento, por testamento, mediante escritura ou outro documento público, qualquer que seja a origem da filiação.

Parágrafo único. O reconhecimento pode preceder o nascimento do filho ou suceder-lhe ao falecimento, se deixar descendentes.

Art. 27. O reconhecimento do estado de filiação é direito personalíssimo, indisponível e imprescritível, podendo ser exercitado contra os pais ou seus herdeiros, sem qualquer restrição, observado o segredo de Justiça.

Seção III
Da família substituta

Subseção I
Disposições gerais

Art. 28. A colocação em família substituta far-se-á mediante guarda, tutela ou adoção, independentemente da situação jurídica da criança ou adolescente, nos termos desta Lei.

§ 1º Sempre que possível, a criança ou o adolescente será previamente ouvido por equipe interprofissional, respeitado seu estágio de desenvolvimento e grau de compreensão sobre as implicações da medida, e terá sua opinião devidamente considerada.

→ § 1º com redação alterada pela Lei 12.010/2009.

→ v. Arts. 150 e 151 do ECA.

§ 2º Tratando-se de maior de 12 (doze) anos de idade, será necessário seu consentimento, colhido em audiência.

→ § 2º com redação alterada pela Lei 12.010/2009.

§ 3º Na apreciação do pedido levar-se-á em conta o grau de parentesco e a relação de afinidade ou de afetividade, a fim de evitar ou minorar as consequências decorrentes da medida.

→ § 3º acrescentado pela Lei 12.010/2009.

§ 4º Os grupos de irmãos serão colocados sob adoção, tutela ou guarda da mesma família substituta, ressalvada a comprovada existência de risco de abuso ou outra situação que justifique plenamente a excepcionalidade de solução diversa, procurando-se, em qualquer caso, evitar o rompimento definitivo dos vínculos fraternais.

→ § 4º acrescentado pela Lei 12.010/2009.

§ 5º A colocação da criança ou adolescente em família substituta será precedida de sua preparação gradativa e acompanhamento posterior, realizados pela equipe interprofissional a serviço da Justiça da Infância e da Juventude, preferencialmente com o apoio dos técnicos responsáveis pela execução da política municipal de garantia do direito à convivência familiar.

→ § 5º acrescentado pela Lei 12.010/2009.

§ 6º Em se tratando de criança ou adolescente indígena ou proveniente de comunidade remanescente de quilombo, é ainda obrigatório:

→ § 6º acrescentado pela Lei 12.010/2009.

I – que sejam consideradas e respeitadas sua identidade social e cultural, os seus costumes e tradições, bem como suas instituições, desde que não sejam incompatíveis com os direitos fundamentais reconhecidos por esta Lei e pela Constituição Federal;

II – que a colocação familiar ocorra prioritariamente no seio de sua comunidade ou junto a membros da mesma etnia;

III – a intervenção e oitiva de representantes do órgão federal responsável pela política indigenista, no caso de crianças e adolescentes indígenas, e de antropólogos, perante a equipe interprofissional ou multidisciplinar que irá acompanhar o caso.

Art. 29. Não se deferirá colocação em família substituta a pessoa que revele, por qualquer modo, incompatibilidade com a natureza da medida ou não ofereça ambiente familiar adequado.

Art. 30. A colocação em família substituta não admitirá transferência da criança ou adolescente a terceiros ou a entidades governamentais ou não governamentais, sem autorização judicial.

Art. 31. A colocação em família substituta estrangeira constitui medida excepcional, somente admissível na modalidade de adoção.

Art. 32. Ao assumir a guarda ou a tutela, o responsável prestará compromisso de bem e fielmente desempenhar o encargo, mediante termo nos autos.

Subseção II
Da guarda

→ v. Arts. 1.566, IV, 1.583 e 1.584 do CC.

Art. 33. A guarda obriga à prestação de assistência material, moral e educacional à criança ou adolescente, conferindo a seu detentor o direito de opor-se a terceiros, inclusive aos pais.

§ 1º A guarda destina-se a regularizar a posse de fato, podendo ser deferida, liminar ou incidentalmente, nos procedimentos de tutela e adoção, exceto no de adoção por estrangeiros.

§ 2º Excepcionalmente, deferir-se-á a guarda, fora dos casos de tutela e adoção, para atender a situações peculiares ou suprir a falta eventual dos pais ou responsável, podendo ser deferido o direito de representação para a prática de atos determinados.

§ 3º A guarda confere à criança ou adolescente a condição de dependente, para todos os fins e efeitos de direito, inclusive previdenciários.

→ v. Art. 16, § 2º, da Lei 8.213/1991.

§ 4º Salvo expressa e fundamentada determinação em contrário, da autoridade judiciária competente, ou quando a medida for aplicada em preparação para adoção, o deferimento da guarda de criança ou adolescente a terceiros não impede o exercício do direito de visitas pelos pais, assim como o dever de prestar alimentos, que serão objeto de regulamentação específica, a pedido do interessado ou do Ministério Público.

→ § 4º acrescentado pela Lei 12.010/2009.

→ v. Art. 1.589 do CC.

Art. 34. O poder público estimulará, por meio de assistência jurídica, incentivos fiscais e subsídios, o acolhimento, sob a forma de guarda, de criança ou adolescente afastado do convívio familiar.

→ Artigo com redação alterada pela Lei 12.010/2009.

§ 1º A inclusão da criança ou adolescente em programas de acolhimento familiar terá preferência a seu acolhimento institucional, observado, em qualquer caso, o caráter temporário e excepcional da medida, nos termos desta Lei.

§ 2º Na hipótese do § 1º deste artigo a pessoa ou casal cadastrado no programa de acolhimento familiar poderá receber a criança ou adolescente mediante guarda, observado o disposto nos arts. 28 a 33 desta Lei.

Art. 35. A guarda poderá ser revogada a qualquer tempo, mediante ato judicial fundamentado, ouvido o Ministério Público.

Subseção III
Da tutela

Art. 36. A tutela será deferida, nos termos da lei civil, a pessoa de até 18 (dezoito) anos incompletos.

→ *Caput* com redação alterada pela Lei 12.010/2009.

Parágrafo único. O deferimento da tutela pressupõe a prévia decretação da perda ou suspensão do poder familiar e implica necessariamente o dever de guarda.

Art. 37. O tutor nomeado por testamento ou qualquer documento autêntico, conforme previsto no parágrafo único do art. 1.729 da Lei 10.406, de 10 de janeiro de 2002 – Código Civil, deverá, no prazo de 30 (trinta) dias após a abertura da sucessão, ingressar com pedido destinado ao controle judicial do ato, observando o procedimento previsto nos arts. 165 a 170 desta Lei.

→ Artigo com redação alterada pela Lei 12.010/2009.

Parágrafo único. Na apreciação do pedido, serão observados os requisitos previstos nos arts. 28 e 29 desta Lei, somente sendo deferida a tutela à pessoa indicada na disposição de última vontade, se restar comprovado que a medida é vantajosa ao tutelando e que não existe outra pessoa em melhores condições de assumi-la.

→ v. Art. 1.745 do CC.

Art. 38. Aplica-se à destituição da tutela o disposto no art. 24.

Subseção IV
Da adoção

→ *v.* Lei 12.010/2009 – Lei Nacional da Adoção

Art. 39. A adoção de criança e de adolescente reger-se-á segundo o disposto nesta Lei.

§ 1º A adoção é medida excepcional e irrevogável, à qual se deve recorrer apenas quando esgotados os recursos de manutenção da criança ou adolescente na família natural ou extensa, na forma do parágrafo único do art. 25 desta Lei.

→ § 1º acrescentado pela Lei 12.010/2009.

§ 2º É vedada a adoção por procuração.

→ § 2º acrescentado pela Lei 12.010/2009.

Art. 40. O adotando deve contar com, no máximo, 18 (dezoito) anos à data do pedido, salvo se já estiver sob a guarda ou tutela dos adotantes.

Art. 41. A adoção atribui a condição de filho ao adotado, com os mesmos direitos e deveres, inclusive sucessórios, desligando-o de qualquer vínculo com pais e parentes, salvo os impedimentos matrimoniais.

§ 1º Se um dos cônjuges ou concubinos adota o filho do outro, mantêm-se os vínculos de filiação entre o adotado e o cônjuge ou concubino do adotante e os respectivos parentes.

§ 2º É recíproco o direito sucessório entre o adotado, seus descendentes, o adotante, seus ascendentes, descendentes e colaterais até o 4º grau, observada a ordem de vocação hereditária.

Art. 42. Podem adotar os maiores de 18 (dezoito) anos, independentemente do estado civil.

→ *Caput* com redação alterada pela Lei 12.010/2009.

§ 1º Não podem adotar os ascendentes e os irmãos do adotando.

§ 2º Para adoção conjunta, é indispensável que os adotantes sejam casados civilmente ou mantenham união estável, comprovada a estabilidade da família.

→ § 2º com redação alterada pela Lei 12.010/2009.

§ 3º O adotante há de ser, pelo menos, 16 (dezesseis) anos mais velho do que o adotando.

§ 4º Os divorciados, os judicialmente separados e os ex-companheiros podem adotar conjuntamente, contanto que acordem sobre a guarda e o regime de visitas e desde que o estágio de convivência tenha sido iniciado na constância do período de convivência e que seja comprovada a existência de vínculos de afinidade e afetividade com aquele não detentor da guarda, que justifiquem a excepcionalidade da concessão.

→ § 4º com redação alterada pela Lei 12.010/2009.

→ *v.* Arts. 1.583 e 1.584 do CC.

§ 5º Nos casos do § 4º deste artigo, desde que demonstrado efetivo benefício ao adotando, será assegurada a guarda compartilhada, conforme previsto no art. 1.584 da Lei 10.406, de 10 de janeiro de 2002 – Código Civil.

→ § 5º com redação alterada pela Lei 12.010/2009.

§ 6º A adoção poderá ser deferida ao adotante que, após inequívoca manifestação de vontade, vier a falecer no curso do procedimento, antes de prolatada a sentença.

→ § 6º acrescentado pela Lei 12.010/2009.

Art. 43. A adoção será deferida quando apresentar reais vantagens para o adotando e fundar-se em motivos legítimos.

Art. 44. Enquanto não der conta de sua administração e saldar o seu alcance, não pode o tutor ou o curador adotar o pupilo ou o curatelado.

Art. 45. A adoção depende do consentimento dos pais ou do representante legal do adotando.

§ 1º O consentimento será dispensado em relação à criança ou adolescente cujos pais sejam desconhecidos ou tenham sido destituídos do poder familiar.

§ 2º Em se tratando de adotando maior de 12 (doze) anos de idade, será também necessário o seu consentimento.

Art. 46. A adoção será precedida de estágio de convivência com a criança ou adolescente, pelo prazo que a autoridade judiciária fixar, observadas as peculiaridades do caso.

§ 1º O estágio de convivência poderá ser dispensado se o adotando já estiver sob a tutela ou guarda legal do adotante durante tempo suficiente para que seja possível avaliar a conveniência da constituição do vínculo.

→ § 1º com redação alterada pela Lei 12.010/2009.

§ 2º A simples guarda de fato não autoriza, por si só, a dispensa da realização do estágio de convivência.

→ § 2º com redação alterada pela Lei 12.010/2009.

§ 3º Em caso de adoção por pessoa ou casal residente ou domiciliado fora do País, o estágio de convivência, cumprido no território nacional, será de, no mínimo, 30 (trinta) dias.

→ § 3º acrescentado pela Lei 12.010/2009.

§ 4º O estágio de convivência será acompanhado pela equipe interprofissional a serviço da Justiça da Infância e da Juventude, preferencialmente com apoio dos técnicos responsáveis pela execução da política de garantia do direito à convivência familiar, que apresentarão relatório minucioso acerca da conveniência do deferimento da medida.

→ § 4º acrescentado pela Lei 12.010/2009.

Art. 47. O vínculo da adoção constitui-se por sentença judicial, que será inscrita no registro civil mediante mandado do qual não se fornecerá certidão.

§ 1º A inscrição consignará o nome dos adotantes como pais, bem como o nome de seus ascendentes.

§ 2º O mandado judicial, que será arquivado, cancelará o registro original do adotado.

§ 3º A pedido do adotante, o novo registro poderá ser lavrado no Cartório do Registro Civil do Município de sua residência.

→ § 3º com redação alterada pela Lei 12.010/2009.

§ 4º Nenhuma observação sobre a origem do ato poderá constar nas certidões do registro.

→ § 4º com redação alterada pela Lei 12.010/2009.

§ 5º A sentença conferirá ao adotado o nome do adotante e, a pedido de qualquer deles, poderá determinar a modificação do prenome.

→ § 5º com redação alterada pela Lei 12.010/2009.

§ 6º Caso a modificação de prenome seja requerida pelo adotante, é obrigatória a oitiva do adotando, observado o disposto nos §§ 1º e 2º do art. 28 desta Lei.

→ § 6º com redação alterada pela Lei 12.010/2009.

§ 7º A adoção produz seus efeitos a partir do trânsito em julgado da sentença constitutiva, exceto na hipótese prevista no § 6º do art. 42 desta Lei, caso em que terá força retroativa à data do óbito.

→ § 7º acrescentado pela Lei 12.010/2009.

§ 8º O processo relativo à adoção assim como outros a ele relacionados serão mantidos em arquivo, admitindo-se seu armazenamento em microfilme ou por outros meios, garantida a sua conservação para consulta a qualquer tempo.

→ § 8º acrescentado pela Lei 12.010/2009.

§ 9º Terão prioridade de tramitação os processos de adoção em que o adotando for criança ou adolescente com deficiência ou com doença crônica.

→ § 9º acrescentado pela Lei 12.955/2014.

Art. 48. O adotado tem direito de conhecer sua origem biológica, bem como de obter acesso irrestrito ao processo no qual a medida foi aplicada e seus eventuais incidentes, após completar 18 (dezoito) anos.

→ Artigo com redação alterada pela Lei 12.010/2009.

→ *v.* Súmula 149 do STF.

→ *v.* Súmula 301 do STJ.

Parágrafo único. O acesso ao processo de adoção poderá ser também deferido ao adotado menor de 18 (dezoito) anos, a seu pedido, assegurada orientação e assistência jurídica e psicológica.

Art. 49. A morte dos adotantes não restabelece o poder familiar dos pais naturais.

Art. 50. A autoridade judiciária manterá, em cada comarca ou foro regional, um registro de crianças e adolescentes em condições de serem adotados e outro de pessoas interessadas na adoção.

→ *v.* Art. 197-E do ECA.

§ 1º O deferimento da inscrição dar-se-á após prévia consulta aos órgãos técnicos do Juizado, ouvido o Ministério Público.

§ 2º Não será deferida a inscrição se o interessado não satisfizer os requisitos legais, ou verificada qualquer das hipóteses previstas no art. 29.

§ 3º A inscrição de postulantes à adoção será precedida de um período de preparação psicossocial e jurídica, orientado pela equipe técnica da Justiça da Infância e da Juventude, preferencialmente com apoio dos técnicos responsáveis pela execução da política municipal de garantia do direito à convivência familiar.

→ § 3º acrescentado pela Lei 12.010/2009.

§ 4º Sempre que possível e recomendável, a preparação referida no § 3º deste artigo incluirá o contato com crianças e adolescentes em acolhimento familiar ou institucional em condições de serem adotados, a ser realizado sob a orientação, supervisão e avaliação da equipe técnica da Justiça da Infância e da Juventude, com apoio dos técnicos responsáveis pelo programa de acolhimento e pela execução da política municipal de garantia do direito à convivência familiar.

→ § 4º acrescentado pela Lei 12.010/2009.

§ 5º Serão criados e implementados cadastros estaduais e nacional de crianças e adolescentes em condições de serem adotados e de pessoas ou casais habilitados à adoção.

→ § 5º acrescentado pela Lei 12.010/2009.

§ 6º Haverá cadastros distintos para pessoas ou casais residentes fora do País, que somente serão consultados na inexistência de postulantes nacionais habilitados nos cadastros mencionados no § 5º deste artigo.

→ § 6º acrescentado pela Lei 12.010/2009.

§ 7º As autoridades estaduais e federais em matéria de adoção terão acesso integral aos cadastros, incumbindo-lhes a troca de informações e a cooperação mútua, para melhoria do sistema.

→ § 7º acrescentado pela Lei 12.010/2009.

§ 8º A autoridade judiciária providenciará, no prazo de 48 (quarenta e oito) horas, a inscrição das crianças e adolescentes em condições de serem adotados que não tiveram colocação familiar na comarca de origem, e das pessoas ou casais que tiveram deferida sua habilitação à adoção nos cadastros estadual e nacional referidos no § 5º deste artigo, sob pena de responsabilidade.

→ § 8º acrescentado pela Lei 12.010/2009.

§ 9º Compete à Autoridade Central Estadual zelar pela manutenção e correta alimentação dos cadastros, com posterior comunicação à Autoridade Central Federal Brasileira.

→ § 9º acrescentado pela Lei 12.010/2009.

§ 10. A adoção internacional somente será deferida se, após consulta ao cadastro de pessoas ou casais habilitados à adoção, mantido pela Justiça da Infância e da Juventude na comarca, bem como aos cadastros estadual e nacional referidos no § 5º deste artigo, não for encontrado interessado com residência permanente no Brasil.

→ § 10 acrescentado pela Lei 12.010/2009.

§ 11. Enquanto não localizada pessoa ou casal interessado em sua adoção, a criança ou o adolescente, sempre que possível e recomendável, será colocado sob guarda de família cadastrada em programa de acolhimento familiar.

→ § 11 acrescentado pela Lei 12.010/2009.

§ 12. A alimentação do cadastro e a convocação criteriosa dos postulantes à adoção serão fiscalizadas pelo Ministério Público.

→ § 12 acrescentado pela Lei 12.010/2009.

§ 13. Somente poderá ser deferida adoção em favor de candidato domiciliado no Brasil não cadastrado previamente nos termos desta Lei quando:

→ § 13 acrescentado pela Lei 12.010/2009.

I – se tratar de pedido de adoção unilateral;

II – for formulada por parente com o qual a criança ou adolescente mantenha vínculos de afinidade e afetividade;

III – oriundo o pedido de quem detém a tutela ou guarda legal de criança maior de 3 (três) anos ou adolescente, desde que o lapso de tempo de convivência comprove a fixação de laços de afinidade e afetividade, e não seja constatada a ocorrência de má-fé ou qualquer das situações previstas nos arts. 237 ou 238 desta Lei.

§ 14. Nas hipóteses previstas no § 13 deste artigo, o candidato deverá comprovar, no curso do procedimento, que preenche os requisitos necessários à adoção, conforme previsto nesta Lei.

→ § 14 acrescentado pela Lei 12.010/2009.

Art. 51. Considera-se adoção internacional aquela na qual a pessoa ou casal postulante é residente ou domiciliado fora do Brasil, conforme previsto no Artigo 2 da Convenção de Haia, de 29 de maio de 1993, Relativa à Proteção das Crianças e à Cooperação em Matéria de Adoção Internacional, aprovada pelo Decreto Legislativo 1, de 14 de janeiro de 1999, e promulgada pelo Decreto 3.087, de 21 de junho de 1999.

→ *Caput* com redação alterada pela Lei 12.010/2009.

§ 1º A adoção internacional de criança ou adolescente brasileiro ou domiciliado no Brasil somente terá lugar quando restar comprovado:

→ § 1º com redação alterada pela Lei 12.010/2009.

I – que a colocação em família substituta é a solução adequada ao caso concreto;

II – que foram esgotadas todas as possibilidades de colocação da criança ou adolescente em família substituta brasileira, após consulta aos cadastros mencionados no art. 50 desta Lei;

III – que, em se tratando de adoção de adolescente, este foi consultado, por meios adequados ao seu estágio de desenvolvimento, e que se encontra preparado para a medida, mediante parecer elaborado por equipe interprofissional, observado o disposto nos §§ 1º e 2º do art. 28 desta Lei.

§ 2º Os brasileiros residentes no exterior terão preferência aos estrangeiros, nos casos de adoção internacional de criança ou adolescente brasileiro.

→ § 2º com redação alterada pela Lei 12.010/2009.

§ 3º A adoção internacional pressupõe a intervenção das Autoridades Centrais Estaduais e Federal em matéria de adoção internacional.

→ § 3º com redação alterada pela Lei 12.010/2009.

§ 4º (*Revogado pela Lei 12.010/2009*).

Art. 52. A adoção internacional observará o procedimento previsto nos arts. 165 a 170 desta Lei, com as seguintes adaptações:

→ Artigo com redação alterada pela Lei 12.010/2009.

I – a pessoa ou casal estrangeiro, interessado em adotar criança ou adolescente brasileiro, deverá formular pedido de habilitação à adoção perante a Autoridade Central em matéria de adoção internacional no país de acolhida, assim entendido aquele onde está situada sua residência habitual;

II – se a Autoridade Central do país de acolhida considerar que os solicitantes estão habilitados e aptos para adotar, emitirá um relatório que contenha informações sobre a identidade, a capacidade jurídica e adequação dos solicitantes para adotar, sua situação pessoal, familiar e médica, seu meio social, os motivos que os animam e sua aptidão para assumir uma adoção internacional;

III – a Autoridade Central do país de acolhida enviará o relatório à Autoridade Central Estadual, com cópia para a Autoridade Central Federal Brasileira;

IV – o relatório será instruído com toda a documentação necessária, incluindo estudo psicossocial elaborado por equipe interprofissional habilitada e cópia autenticada da legislação pertinente, acompanhada da respectiva prova de vigência;

V – os documentos em língua estrangeira serão devidamente autenticados pela autoridade consular, observados os tratados e convenções internacionais, e acompanhados da respectiva tradução, por tradutor público juramentado;

VI – a Autoridade Central Estadual poderá fazer exigências e solicitar complementação sobre o estudo psicossocial do postulante estrangeiro à adoção, já realizado no país de acolhida;

VII – verificada, após estudo realizado pela Autoridade Central Estadual, a compatibilidade da legislação estrangeira com a nacional, além do preenchimento por parte dos postulantes à medida dos requisitos objetivos e subjetivos necessários ao seu deferimento, tanto à luz do que dispõe esta Lei como da legislação do país de acolhida, será expedido laudo de habilitação à adoção internacional, que terá validade por, no máximo, 1 (um) ano;

VIII – de posse do laudo de habilitação, o interessado será autorizado a formalizar pedido de adoção perante o Juízo da Infância e da Juventude do local em que se encontra a criança ou adolescente, conforme indicação efetuada pela Autoridade Central Estadual.

§ 1º Se a legislação do país de acolhida assim o autorizar, admite-se que os pedidos de habilitação à adoção internacional sejam intermediados por organismos credenciados.

§ 2º Incumbe à Autoridade Central Federal Brasileira o credenciamento de organismos nacionais e estrangeiros encarregados de intermediar pedidos de habilitação à adoção internacional, com posterior comunicação às Autoridades Centrais Estaduais e publicação nos órgãos oficiais de imprensa e em sítio próprio da internet.

§ 3º Somente será admissível o credenciamento de organismos que:

I – sejam oriundos de países que ratificaram a Convenção de Haia e estejam devidamente credenciados pela Autoridade Central do país onde estiverem sediados e no país de acolhida do adotando para atuar em adoção internacional no Brasil;

II – satisfizerem as condições de integridade moral, competência profissional, experiência e responsabilidade exigidas pelos países respectivos e pela Autoridade Central Federal Brasileira;

III – forem qualificados por seus padrões éticos e sua formação e experiência para atuar na área de adoção internacional;

IV – cumprirem os requisitos exigidos pelo ordenamento jurídico brasileiro e pelas normas estabelecidas pela Autoridade Central Federal Brasileira.

§ 4º Os organismos credenciados deverão ainda:

I – perseguir unicamente fins não lucrativos, nas condições e dentro dos limites fixados pelas autoridades competentes do país onde estiverem sediados, do país de acolhida e pela Autoridade Central Federal Brasileira;

II – ser dirigidos e administrados por pessoas qualificadas e de reconhecida idoneidade moral, com comprovada formação ou experiência para atuar na área de adoção internacional, cadastradas pelo Departamento de Polícia Federal e aprovadas pela Autoridade Central Federal Brasileira, mediante publicação de portaria do órgão federal competente;

III – estar submetidos à supervisão das autoridades competentes do país onde estiverem sediados e no país de acolhida, inclusive quanto à sua composição, funcionamento e situação financeira;

IV – apresentar à Autoridade Central Federal Brasileira, a cada ano, relatório geral das atividades desenvolvidas, bem como relatório de acompanhamento das adoções internacionais efetuadas no período, cuja cópia será encaminhada ao Departamento de Polícia Federal;

V – enviar relatório pós-adotivo semestral para a Autoridade Central Estadual, com cópia para a Autoridade Central Federal Brasileira, pelo período mínimo de 2 (dois) anos. O envio do relatório será mantido até a juntada de cópia autenticada do registro civil, estabelecendo a cidadania do país de acolhida para o adotado;

VI – tomar as medidas necessárias para garantir que os adotantes encaminhem à Autoridade Central Federal Brasileira cópia da certidão de registro de nascimento estrangeira e do certificado de nacionalidade tão logo lhes sejam concedidos.

§ 5º A não apresentação dos relatórios referidos no § 4º deste artigo pelo organismo credenciado poderá acarretar a suspensão de seu credenciamento.

§ 6º O credenciamento de organismo nacional ou estrangeiro encarregado de intermediar pedidos de adoção internacional terá validade de 2 (dois) anos.

§ 7º A renovação do credenciamento poderá ser concedida mediante requerimento protocolado na Autoridade Central Federal Brasileira nos 60 (sessenta) dias anteriores ao término do respectivo prazo de validade.

§ 8º Antes de transitada em julgado a decisão que concedeu a adoção internacional, não será permitida a saída do adotando do território nacional.

§ 9º Transitada em julgado a decisão, a autoridade judiciária determinará a expedição de alvará com autorização de viagem, bem como para obtenção de passaporte, constando, obrigatoriamente, as características da criança ou adolescente adotado, como idade, cor, sexo, eventuais sinais ou traços peculiares, assim como foto recente e a aposição da impressão digital do seu polegar direito, instruindo o documento com cópia autenticada da decisão e certidão de trânsito em julgado.

§ 10. A Autoridade Central Federal Brasileira poderá, a qualquer momento, solicitar informações sobre a situação das crianças e adolescentes adotados.

§ 11. A cobrança de valores por parte dos organismos credenciados, que sejam considerados abusivos pela Autoridade Central Federal Brasileira e que não estejam devidamente comprovados, é causa de seu descredenciamento.

§ 12. Uma mesma pessoa ou seu cônjuge não podem ser representados por mais de uma entidade credenciada para atuar na cooperação em adoção internacional.

§ 13. A habilitação de postulante estrangeiro ou domiciliado fora do Brasil terá validade máxima de 1 (um) ano, podendo ser renovada.

§ 14. É vedado o contato direto de representantes de organismos de adoção, nacionais ou estrangeiros, com dirigentes de programas de acolhimento institucional ou familiar, assim como com crianças e adolescentes em condições de serem adotados, sem a devida autorização judicial.

§ 15. A Autoridade Central Federal Brasileira poderá limitar ou suspender a concessão de novos credenciamentos sempre que julgar necessário, mediante ato administrativo fundamentado.

Art. 52-A. É vedado, sob pena de responsabilidade e descredenciamento, o repasse de recursos provenientes de organismos estrangeiros encarregados de intermediar pedidos de adoção internacional a organismos nacionais ou a pessoas físicas.

→ Artigo acrescentado pela Lei 12.010/2009.

Parágrafo único. Eventuais repasses somente poderão ser efetuados via Fundo dos Direitos da Criança e do Adolescente e estarão sujeitos às deliberações do respectivo Conselho de Direitos da Criança e do Adolescente.

Art. 52-B. A adoção por brasileiro residente no exterior em país ratificante da Convenção de Haia, cujo processo de adoção tenha sido processado em conformidade com a legislação vigente no país de residência e atendido o disposto na alínea *c* do artigo 17 da referida Convenção, será automaticamente recepcionada com o reingresso no Brasil.

→ Artigo acrescentado pela Lei 12.010/2009.

§ 1º Caso não tenha sido atendido o disposto na alínea *c* do Artigo 17 da Convenção de Haia, deverá a sentença ser homologada pelo Superior Tribunal de Justiça.

§ 2º O pretendente brasileiro residente no exterior em país não ratificante da Convenção de Haia, uma vez reingressado no Brasil, deverá requerer a homologação da sentença estrangeira pelo Superior Tribunal de Justiça.

Art. 52-C. Nas adoções internacionais, quando o Brasil for o país de acolhida, a decisão da autoridade competente do país de origem da criança ou do adolescente será conhecida pela Autoridade Central Estadual que tiver processado o pedido de habilitação dos pais adotivos, que comunicará o fato à Autoridade Central Federal e determinará as providências necessárias à expedição do Certificado de Naturalização Provisório.

→ Artigo acrescentado pela Lei 12.010/2009.

§ 1º A Autoridade Central Estadual, ouvido o Ministério Público, somente deixará de reconhecer os efeitos daquela decisão se restar demonstrado que a adoção é manifestamente contrária à ordem pública ou não atende ao interesse superior da criança ou do adolescente.

§ 2º Na hipótese de não reconhecimento da adoção, prevista no § 1º deste artigo, o Ministério Público deverá imediatamente requerer o que for de direito para resguardar os interesses da criança ou do adolescente, comunicando-se as providências à Autoridade Central Estadual, que fará a comunicação à Autoridade Central Federal Brasileira e à Autoridade Central do país de origem.

Art. 52-D. Nas adoções internacionais, quando o Brasil for o país de acolhida e a adoção não tenha sido deferida no país de origem porque a sua legislação a delega ao país de acolhida, ou, ainda, na hipótese de, mesmo com decisão, a criança ou o adolescente ser oriundo de país que não tenha aderido à Convenção referida, o processo de adoção seguirá as regras da adoção nacional.

→ Artigo acrescentado pela Lei 12.010/2009.

Capítulo IV
DO DIREITO À EDUCAÇÃO, À CULTURA, AO ESPORTE E AO LAZER

→ v. Arts. 205 a 217 da CF/1988.

→ v. Arts. 4º, II, 5º, 30, 32 da Lei 9.394/1996.

Art. 53. A criança e o adolescente têm direito à educação, visando ao pleno desenvolvimento de sua pessoa, preparo para o exercício da cidadania e qualificação para o trabalho, assegurando-se-lhes:

I – igualdade de condições para o acesso e permanência na escola;

II – direito de ser respeitado por seus educadores;

III – direito de contestar critérios avaliativos, podendo recorrer às instâncias escolares superiores;

IV – direito de organização e participação em entidades estudantis;

V – acesso a escola pública e gratuita próxima de sua residência.

Parágrafo único. É direito dos pais ou responsáveis ter ciência do processo pedagógico, bem como participar da definição das propostas educacionais.

Art. 54. É dever do Estado assegurar à criança e ao adolescente:

I – ensino fundamental, obrigatório e gratuito, inclusive para os que a ele não tiveram acesso na idade própria;

II – progressiva extensão da obrigatoriedade e gratuidade ao ensino médio;

III – atendimento educacional especializado aos portadores de deficiência, preferencialmente na rede regular de ensino;

IV – atendimento em creche e pré-escola às crianças de 0 (zero) a 6 (seis) anos de idade;

V – acesso aos níveis mais elevados do ensino, da pesquisa e da criação artística, segundo a capacidade de cada um;

VI – oferta de ensino noturno regular, adequado às condições do adolescente trabalhador;

VII – atendimento no ensino fundamental, através de programas suplementares de material didático-escolar, transporte, alimentação e assistência à saúde.

§ 1º O acesso ao ensino obrigatório e gratuito é direito público subjetivo.

§ 2º O não oferecimento do ensino obrigatório pelo Poder Público ou sua oferta irregular importa responsabilidade da autoridade competente.

§ 3º Compete ao Poder Público recensear os educandos no ensino fundamental, fazer-lhes a chamada e zelar, junto aos pais ou responsável, pela frequência à escola.

Art. 55. Os pais ou responsável têm a obrigação de matricular seus filhos ou pupilos na rede regular de ensino.

Art. 56. Os dirigentes de estabelecimentos de ensino fundamental comunicarão ao Conselho Tutelar os casos de:

I – maus-tratos envolvendo seus alunos;

II – reiteração de faltas injustificadas e de evasão escolar, esgotados os recursos escolares;

III – elevados níveis de repetência.

Art. 57. O Poder Público estimulará pesquisas, experiências e novas propostas relativas a calendário, seriação, currículo, metodologia, didática e avaliação, com vistas à inserção de crianças e adolescentes excluídos do ensino fundamental obrigatório.

Art. 58. No processo educacional respeitar-se-ão os valores culturais, artísticos e históricos próprios do contexto social da criança e do adolescente, garantindo-se a estes a liberdade de criação e o acesso às fontes de cultura.

Art. 59. Os Municípios, com apoio dos Estados e da União, estimularão e facilitarão a destinação de recursos e espaços para programações culturais, esportivas e de lazer voltadas para a infância e a juventude.

Capítulo V
DO DIREITO À PROFISSIONALIZAÇÃO E À PROTEÇÃO NO TRABALHO

Art. 60. É proibido qualquer trabalho a menores de 14 (quatorze) anos de idade, salvo na condição de aprendiz.

→ v. Art. 428 da CLT.

Art. 61. A proteção ao trabalho dos adolescentes é regulada por legislação especial, sem prejuízo do disposto nesta Lei.

Art. 62. Considera-se aprendizagem a formação técnico-profissional ministrada segundo as diretrizes e bases da legislação de educação em vigor.

Art. 63. A formação técnico-profissional obedecerá aos seguintes princípios:

I – garantia de acesso e frequência obrigatória ao ensino regular;

II – atividade compatível com o desenvolvimento do adolescente;

III – horário especial para o exercício das atividades.

Art. 64. Ao adolescente até 14 (quatorze) anos de idade é assegurada bolsa de aprendizagem.

Art. 65. Ao adolescente aprendiz, maior de 14 (quatorze) anos, são assegurados os direitos trabalhistas e previdenciários.

Art. 66. Ao adolescente portador de deficiência é assegurado trabalho protegido.

Art. 67. Ao adolescente empregado, aprendiz, em regime familiar de trabalho, aluno de escola técnica, assistido em entidade governamental ou não governamental, é vedado trabalho:

I – noturno, realizado entre as 22 (vinte e duas) horas de um dia e as 5 (cinco) horas do dia seguinte;

II – perigoso, insalubre ou penoso;

III – realizado em locais prejudiciais à sua formação e ao seu desenvolvimento físico, psíquico, moral e social;

IV – realizado em horários e locais que não permitam a frequência à escola.

Art. 68. O programa social que tenha por base o trabalho educativo, sob responsabilidade de entidade governamental ou não governamental sem fins lucrativos, deverá assegurar ao adolescente que dele participe condições de capacitação para o exercício de atividade regular remunerada.

§ 1º Entende-se por trabalho educativo a atividade laboral em que as exigências pedagógicas relativas ao desenvolvimento pessoal e social do educando prevalecem sobre o aspecto produtivo.

§ 2º A remuneração que o adolescente recebe pelo trabalho efetuado ou a participação na venda dos produtos de seu trabalho não desfigura o caráter educativo.

Art. 69. O adolescente tem direito à profissionalização e à proteção no trabalho, observados os seguintes aspectos, entre outros:

I – respeito à condição peculiar de pessoa em desenvolvimento;

II – capacitação profissional adequada ao mercado de trabalho.

Título III
Da prevenção

Capítulo I
DISPOSIÇÕES GERAIS

Art. 70. É dever de todos prevenir a ocorrência de ameaça ou violação dos direitos da criança e do adolescente.

Art. 70-A. A União, os Estados, o Distrito Federal e os Municípios deverão atuar de forma articulada na elaboração de políticas públicas e na execução de ações destinadas a coibir o uso de castigo físico ou de tratamento cruel ou degradante e difundir formas não violentas de educação de crianças e de adolescentes, tendo como principais ações:

→ Artigo acrescentado pela Lei 13.010/2014.

I – a promoção de campanhas educativas permanentes para a divulgação do direito da criança e do adolescente de serem educados e cuidados sem o uso de castigo físico ou de tratamento cruel ou degradante e dos instrumentos de proteção aos direitos humanos;

II – a integração com os órgãos do Poder Judiciário, do Ministério Público e da Defensoria Pública, com o Conselho Tutelar, com os Conselhos de Direitos da Criança e do Adolescente e com as entidades não governamentais que atuam na promoção, proteção e defesa dos direitos da criança e do adolescente;

III – a formação continuada e a capacitação dos profissionais de saúde, educação e assistência social e dos demais agentes que atuam na promoção, proteção e defesa dos direitos da criança e do adolescente para o desenvolvimento das competências necessárias à prevenção, à identificação de evidências, ao diagnóstico e ao enfrentamento de todas as formas de violência contra a criança e o adolescente;

IV – o apoio e o incentivo às práticas de resolução pacífica de conflitos que envolvam violência contra a criança e o adolescente;

V – a inclusão, nas políticas públicas, de ações que visem a garantir os direitos da criança e do adolescente, desde a atenção pré-natal, e de atividades junto aos pais e responsáveis com o objetivo de promover a informação, a reflexão, o debate e a orientação sobre alternativas ao uso de castigo físico ou de tratamento cruel ou degradante no processo educativo;

VI – a promoção de espaços intersetoriais locais para a articulação de ações e a elaboração de planos de atuação conjunta focados nas famílias em situação de violência, com participação de profissionais de saúde, de assistência social e de educação e de órgãos de promoção, proteção e defesa dos direitos da criança e do adolescente.

Parágrafo único. As famílias com crianças e adolescentes com deficiência terão prioridade de atendimento nas ações e políticas públicas de prevenção e proteção.

Art. 70-B. As entidades, públicas e privadas, que atuem nas áreas a que se refere o art. 71, dentre outras, devem contar, em seus quadros, com pessoas capacitadas a reconhecer e comunicar ao Conselho Tutelar suspeitas ou casos de maus-tratos praticados contra crianças e adolescentes.

→ Artigo acrescentado pela Lei 13.046/2014.

Parágrafo único. São igualmente responsáveis pela comunicação de que trata este artigo, as pessoas encarregadas, por razão de cargo, função, ofício, ministério, profissão ou ocupação, do cuidado, assistência ou guarda de crianças e adolescentes, punível, na forma deste Estatuto, o injustificado retardamento ou omissão, culposos ou dolosos.

Art. 71. A criança e o adolescente têm direito a informação, cultura, lazer, esportes, diversões, espetáculos e produtos e serviços que respeitem sua condição peculiar de pessoa em desenvolvimento.

Art. 72. As obrigações previstas nesta Lei não excluem da prevenção especial outras decorrentes dos princípios por ela adotados.

Art. 73. A inobservância das normas de prevenção importará em responsabilidade da pessoa física ou jurídica, nos termos desta Lei.

Capítulo II
DA PREVENÇÃO ESPECIAL

Seção I
Da informação, cultura, lazer, esportes, diversões e espetáculos

Art. 74. O Poder Público, através do órgão competente, regulará as diversões e espetáculos públicos, informando sobre a natureza deles, as faixas etárias a que não se recomendem, locais e horários em que sua apresentação se mostre inadequada.

Parágrafo único. Os responsáveis pelas diversões e espetáculos públicos deverão afixar, em lugar visível e de fácil acesso, à entrada do local de exibição, informação destacada sobre a natureza do espetáculo e a faixa etária especificada no certificado de classificação.

Art. 75. Toda criança ou adolescente terá acesso às diversões e espetáculos públicos classificados como adequados à sua faixa etária.

Parágrafo único. As crianças menores de 10 (dez) anos somente poderão ingressar e permanecer nos locais de apresentação ou exibição quando acompanhadas dos pais ou responsável.

Art. 76. As emissoras de rádio e televisão somente exibirão, no horário recomendado para o público infanto-juvenil, programas com finalidades educativas, artísticas, culturais e informativas.

Parágrafo único. Nenhum espetáculo será apresentado ou anunciado sem aviso de sua classificação, antes de sua transmissão, apresentação ou exibição.

Art. 77. Os proprietários, diretores, gerentes e funcionários de empresas que explorem a venda ou aluguel de fitas de programação em vídeo cuidarão para que não haja venda ou locação em desacordo com a classificação atribuída pelo órgão competente.

Parágrafo único. As fitas a que alude este artigo deverão exibir, no invólucro, informação sobre a natureza da obra e a faixa etária a que se destinam.

Art. 78. As revistas e publicações contendo material impróprio ou inadequado a crianças e adolescentes deverão ser comercializadas em embalagem lacrada, com a advertência de seu conteúdo.

→ *V.* Art. 257 do ECA.

Parágrafo único. As editoras cuidarão para que as capas que contenham mensagens pornográficas ou obscenas sejam protegidas com embalagem opaca.

Art. 79. As revistas e publicações destinadas ao público infanto-juvenil não poderão conter ilustrações, fotografias, legendas, crônicas ou anúncios de bebidas alcoólicas, tabaco, armas e munições, e deverão respeitar os valores éticos e sociais da pessoa e da família.

→ *V.* Art. 257 do ECA.

Art. 80. Os responsáveis por estabelecimentos que explorem comercialmente bilhar, sinuca ou congênere ou por casas de jogos, assim entendidas as que realizem apostas, ainda que eventualmente, cuidarão para que não seja permitida a entrada e a permanência de crianças e adolescentes no local, afixando aviso para orientação do público.

Seção II
Dos produtos e serviços

Art. 81. É proibida a venda à criança ou ao adolescente de:

I – armas, munições e explosivos;

II – bebidas alcoólicas;

III – produtos cujos componentes possam causar dependência física ou psíquica ainda que por utilização indevida;

IV – fogos de estampido e de artifício, exceto aqueles que pelo seu reduzido potencial sejam incapazes de provocar qualquer dano físico em caso de utilização indevida;

V – revistas e publicações a que alude o art. 78;

VI – bilhetes lotéricos e equivalentes.

Art. 82. É proibida a hospedagem de criança ou adolescente em hotel, motel, pensão ou estabelecimento congênere, salvo se autorizado ou acompanhado pelos pais ou responsável.

Seção III
Da autorização para viajar

→ *V.* Art. 5º, XV, da CF/1988.

Art. 83. Nenhuma criança poderá viajar para fora da comarca onde reside, desacompanhada dos pais ou responsável, sem expressa autorização judicial.

§ 1º A autorização não será exigida quando:

a) tratar-se de comarca contígua à da residência da criança, se na mesma unidade da Federação, ou incluída na mesma região metropolitana;

b) a criança estiver acompanhada:

1) de ascendente ou colateral maior, até o terceiro grau, comprovado documentalmente o parentesco;

2) de pessoa maior, expressamente autorizada pelo pai, mãe ou responsável.

§ 2º A autoridade judiciária poderá, a pedido dos pais ou responsável, conceder autorização válida por 2 (dois) anos.

Art. 84. Quando se tratar de viagem ao exterior, a autorização é dispensável, se a criança ou adolescente:

I – estiver acompanhado de ambos os pais ou responsável;

II – viajar na companhia de um dos pais, autorizado expressamente pelo outro através de documento com firma reconhecida.

Art. 85. Sem prévia e expressa autorização judicial, nenhuma criança ou adolescente nascido em território nacional poderá sair do País em companhia de estrangeiro residente ou domiciliado no exterior.

LIVRO II
Parte especial

Título I
Da política de atendimento

Capítulo I
DISPOSIÇÕES GERAIS

→ *V.* Arts. 203, I e II, 227, § 3º, VI, da CF/1988.

→ *V.* Art. 260 do ECA.

Art. 86. A política de atendimento dos direitos da criança e do adolescente far-se-á através de um conjunto articulado de ações governamentais e não governamentais, da União, dos Estados, do Distrito Federal e dos Municípios.

Art. 87. São linhas de ação da política de atendimento:

I – políticas sociais básicas;

II – políticas e programas de assistência social, em caráter supletivo, para aqueles que deles necessitem;

III – serviços especiais de prevenção e atendimento médico e psicossocial às vítimas de negligência, maus-tratos, exploração, abuso, crueldade e opressão;

IV – serviço de identificação e localização de pais, responsável, crianças e adolescentes desaparecidos;

V – proteção jurídico-social por entidades de defesa dos direitos da criança e do adolescente.

VI – políticas e programas destinados a prevenir ou abreviar o período de afastamento do convívio familiar e a garantir o efetivo exercício do direito à convivência familiar de crianças e adolescentes;

→ Inciso VI acrescentado pela Lei 12.010/2009.

VII – campanhas de estímulo ao acolhimento sob forma de guarda de crianças e adolescentes afastados do convívio familiar e à adoção, especificamente inter-racial, de crianças maiores ou de adolescentes, com necessidades específicas de saúde ou com deficiências e de grupos de irmãos.

→ Inciso VII acrescentado pela Lei 12.010/2009.

Art. 88. São diretrizes da política de atendimento:

I – municipalização do atendimento;

II – criação de conselhos municipais, estaduais e nacional dos direitos da criança e do adolescente, órgãos deliberativos e controladores das ações em todos os níveis, assegurada a participação popular paritária por meio de organizações representativas, segundo leis federal, estaduais e municipais;

III – criação e manutenção de programas específicos, observada a descentralização político-administrativa;

IV – manutenção de fundos nacional, estaduais e municipais vinculados aos respectivos conselhos dos direitos da criança e do adolescente;

V – integração operacional de órgãos do Judiciário, Ministério Público, Defensoria, Segurança Pública e Assistência Social, preferencialmente em um mesmo local, para efeito de agilização do atendimento inicial a adolescente a quem se atribua autoria de ato infracional;

→ *V.* Art. 4º, VII, da Lei 12.594/2012.

VI – integração operacional de órgãos do Judiciário, Ministério Público, Defensoria, Conselho Tutelar e encarregados da execução das políticas sociais básicas e de assistência social, para efeito de agilização do atendimento de crianças e de adolescentes inseridos em programas de acolhimento familiar ou institucional, com vista na sua rápida reintegração à família de origem ou, se tal solução se mostrar comprovadamente inviável, sua colocação em família substituta, em quaisquer das modalidades previstas no art. 28 desta Lei;

→ Inciso VI com redação alterada pela Lei 12.010/2009.

VII – mobilização da opinião pública para a indispensável participação dos diversos segmentos da sociedade.

→ Inciso VII acrescentado pela Lei 12.010/2009.

Art. 89. A função de membro do Conselho Nacional e dos conselhos estaduais e municipais dos direitos da criança e do adolescente é considerada de interesse público relevante e não será remunerada.

Capítulo II
DAS ENTIDADES DE ATENDIMENTO

Seção I
Disposições gerais

→ *V.* Art. 649, IX, do CPC/1973.

→ *V.* Art. 833, IX, do NCPC.

Art. 90. As entidades de atendimento são responsáveis pela manutenção das próprias unidades, assim como pelo planejamento e execução de programas de proteção e socioeducativos destinados a crianças e adolescentes, em regime de:

I – orientação e apoio sociofamiliar;

II – apoio socioeducativo em meio aberto;

III – colocação familiar;

IV – acolhimento institucional;

→ Inciso IV com redação alterada pela Lei 12.010/2009.

V – prestação de serviços à comunidade;

→ Inciso V com redação alterada pela Lei 12.594/2012.

VI – liberdade assistida;

→ Inciso VI com redação alterada pela Lei 12.594/2012.

VII – semiliberdade; e

→ Inciso VII com redação alterada pela Lei 12.594/2012.

VIII – internação.

→ Inciso VIII com redação alterada pela Lei 12.594/2012.

§ 1º As entidades governamentais e não governamentais deverão proceder à inscrição de seus programas, especificando os regimes de atendimento, na forma definida neste artigo, no Conselho Municipal dos Direitos da Criança e do Adolescente, o qual manterá registro das inscrições e de suas alterações, do que fará comunicação ao Conselho Tutelar e à autoridade judiciária.

→ § 1º acrescentado pela Lei 12.010/2009.

§ 2º Os recursos destinados à implementação e manutenção dos programas relacionados neste artigo serão previstos nas dotações orçamentárias dos órgãos públicos encarregados das áreas de Educação, Saúde e Assistência Social, dentre outros, observando- se o princípio da prioridade absoluta à criança e ao adolescente preconizado pelo *caput* do art. 227 da Constituição Federal e pelo *caput* e parágrafo único do art. 4º desta Lei.

→ § 2º acrescentado pela Lei 12.010/2009.

§ 3º Os programas em execução serão reavaliados pelo Conselho Municipal dos Direitos da Criança e do Adolescente, no máximo, a cada 2 (dois) anos, constituindo-se critérios para renovação da autorização de funcionamento:

→ § 3º acrescentado pela Lei 12.010/2009.

I – o efetivo respeito às regras e princípios desta Lei, bem como às resoluções relativas à modalidade de atendimento prestado expedidas pelos Conselhos de Direitos da Criança e do Adolescente, em todos os níveis;

II – a qualidade e eficiência do trabalho desenvolvido, atestadas pelo Conselho Tutelar, pelo Ministério Público e pela Justiça da Infância e da Juventude;

III – em se tratando de programas de acolhimento institucional ou familiar, serão considerados os índices de sucesso na reintegração familiar ou de adaptação à família substituta, conforme o caso.

Art. 91. As entidades não governamentais somente poderão funcionar depois de registradas no Conselho Municipal dos Direitos da Criança e do Adolescente, o qual comunicará o registro ao Conselho Tutelar e à autoridade judiciária da respectiva localidade.

§ 1º Será negado o registro à entidade que:

→ *Caput* do § 1º acrescentado pela Lei 12.010/2009.

a) não ofereça instalações físicas em condições adequadas de habitabilidade, higiene, salubridade e segurança;

b) não apresente plano de trabalho compatível com os princípios desta Lei;

c) esteja irregularmente constituída;

d) tenha em seus quadros pessoas inidôneas.

e) não se adequar ou deixar de cumprir as resoluções e deliberações relativas à modalidade de atendimento prestado expedidas pelos Conselhos de Direitos da Criança e do Adolescente, em todos os níveis.

→ Alínea *e* acrescentada pela Lei 12.010/2009.

§ 2º O registro terá validade máxima de 4 (quatro) anos, cabendo ao Conselho Municipal dos Direitos da Criança e do Adolescente, periodicamente, reavaliar o cabimento de sua renovação, observado o disposto no § 1º deste artigo.

→ § 2º acrescentado pela Lei 12.010/2009.

Art. 92. As entidades que desenvolvam programas de acolhimento familiar ou institucional deverão adotar os seguintes princípios:

→ *Caput* com redação alterada pela Lei 12.010/2009.

I – preservação dos vínculos familiares e promoção da reintegração familiar;

→ Inciso I com redação alterada pela Lei 12.010/2009.

II – integração em família substituta, quando esgotados os recursos de manutenção na família natural ou extensa;

→ Inciso II com redação alterada pela Lei 12.010/2009.

III – atendimento personalizado e em pequenos grupos;

IV – desenvolvimento de atividades em regime de coeducação;

V – não desmembramento de grupos de irmãos;

VI – evitar, sempre que possível, a transferência para outras entidades de crianças e adolescentes abrigados;

VII – participação na vida da comunidade local;

VIII – preparação gradativa para o desligamento;

IX – participação de pessoas da comunidade no processo educativo.

§ 1º O dirigente de entidade que desenvolve programa de acolhimento institucional é equiparado ao guardião, para todos os efeitos de direito.

→ § 1º acrescentado pela Lei 12.010/2009.

§ 2º Os dirigentes de entidades que desenvolvem programas de acolhimento familiar ou institucional remeterão à autoridade judiciária, no máximo a cada 6 (seis) meses, relatório circunstanciado acerca da situação de cada criança ou adolescente acolhido e sua família, para fins da reavaliação prevista no § 1º do art. 19 desta Lei.

→ § 2º acrescentado pela Lei 12.010/2009.

§ 3º Os entes federados, por intermédio dos Poderes Executivo e Judiciário, promoverão conjuntamente a permanente qualificação dos profissionais que atuam direta ou indiretamente em programas de acolhimento institucional e destinados à colocação familiar de crianças e adolescentes, incluindo membros do Poder Judiciário, Ministério Público e Conselho Tutelar.

→ § 3º acrescentado pela Lei 12.010/2009.

§ 4º Salvo determinação em contrário da autoridade judiciária competente, as entidades que desenvolvem programas de acolhimento familiar ou institucional, se necessário com o auxílio do Conselho Tutelar e dos órgãos de assistência social, estimularão o contato da criança ou adolescente com seus pais e parentes, em cumprimento ao disposto nos incisos I e VIII do *caput* deste artigo.

→ § 4º acrescentado pela Lei 12.010/2009.

§ 5º As entidades que desenvolvem programas de acolhimento familiar ou institucional somente poderão receber recursos públicos se comprovado o atendimento dos princípios, exigências e finalidades desta Lei.

→ § 5º acrescentado pela Lei 12.010/2009.

§ 6º O descumprimento das disposições desta Lei pelo dirigente de entidade que desenvolva programas de acolhimento familiar ou institucional é causa de sua destituição, sem prejuízo da apuração de sua responsabilidade administrativa, civil e criminal.

→ § 6º acrescentado pela Lei 12.010/2009.

Art. 93. As entidades que mantenham programa de acolhimento institucional poderão, em caráter excepcional e de urgência, acolher crianças e adolescentes sem prévia determinação da autoridade competente, fazendo comunicação do fato em até 24 (vinte e quatro) horas ao Juiz da Infância e da Juventude, sob pena de responsabilidade.

→ Artigo com redação alterada pela Lei 12.010/2009.

Parágrafo único. Recebida a comunicação, a autoridade judiciária, ouvido o Ministério Público e se necessário com o apoio do Conselho Tutelar local, tomará as medidas necessárias para promover a imediata reintegração familiar da criança ou do adolescente ou, se por qualquer razão não for isso possível ou recomendável, para seu encaminhamento a programa de acolhimento familiar, institucional ou a família substituta, observado o disposto no § 2º do art. 101 desta Lei.

Art. 94. As entidades que desenvolvem programas de internação têm as seguintes obrigações, entre outras:

I – observar os direitos e garantias de que são titulares os adolescentes;

II – não restringir nenhum direito que não tenha sido objeto de restrição na decisão de internação;

III – oferecer atendimento personalizado, em pequenas unidades e grupos reduzidos;

IV – preservar a identidade e oferecer ambiente de respeito e dignidade ao adolescente;

V – diligenciar no sentido do restabelecimento e da preservação dos vínculos familiares;

VI – comunicar à autoridade judiciária, periodicamente, os casos em que se mostre inviável ou impossível o reatamento dos vínculos familiares;

VII – oferecer instalações físicas em condições adequadas de habitabilidade, higiene, salubridade e segurança e os objetos necessários à higiene pessoal;

VIII – oferecer vestuário e alimentação suficientes e adequados à faixa etária dos adolescentes atendidos;

IX – oferecer cuidados médicos, psicológicos, odontológicos e farmacêuticos;

X – propiciar escolarização e profissionalização;

XI – propiciar atividades culturais, esportivas e de lazer;

XII – propiciar assistência religiosa àqueles que desejarem, de acordo com suas crenças;

XIII – proceder a estudo social e pessoal de cada caso;

XIV – reavaliar periodicamente cada caso, com intervalo máximo de 6 (seis) meses, dando ciência dos resultados à autoridade competente;

XV – informar, periodicamente, o adolescente internado sobre sua situação processual;

XVI – comunicar às autoridades competentes todos os casos de adolescentes portadores de moléstias infectocontagiosas;

XVII – fornecer comprovante de depósito dos pertences dos adolescentes;

XVIII – manter programas destinados ao apoio e acompanhamento de egressos;

XIX – providenciar os documentos necessários ao exercício da cidadania àqueles que não os tiverem;

XX – manter arquivo de anotações onde constem data e circunstâncias do atendimento, nome do adolescente, seus pais ou responsável, parentes, endereços, sexo, idade, acompanhamento da sua formação, relação de seus pertences e demais dados que possibilitem sua identificação e a individualização do atendimento.

§ 1º Aplicam-se, no que couber, as obrigações constantes deste artigo às entidades que mantêm programas de acolhimento institucional e familiar.

→ § 1º com redação alterada pela Lei 12.010/2009.

§ 2º No cumprimento das obrigações a que alude este artigo as entidades utilizarão preferencialmente os recursos da comunidade.

Art. 94-A. As entidades, públicas ou privadas, que abriguem ou recepcionem crianças e adolescentes, ainda que em caráter temporário, devem ter, em seus quadros, profissionais capacitados a reconhecer e reportar ao Conselho Tutelar suspeitas ou ocorrências de maus-tratos.

→ Artigo acrescentado pela Lei 13.046/2014.

Seção II
Da fiscalização das entidades

Art. 95. As entidades governamentais e não governamentais, referidas no art. 90, serão fiscalizadas pelo Judiciário, pelo Ministério Público e pelos Conselhos Tutelares.

Art. 96. Os planos de aplicação e as prestações de contas serão apresentados ao Estado ou ao Município, conforme a origem das dotações orçamentárias.

Art. 97. São medidas aplicáveis às entidades de atendimento que descumprirem obrigação constante do art. 94, sem prejuízo da responsabilidade civil e criminal de seus dirigentes ou prepostos:

I – às entidades governamentais:

a) advertência;

b) afastamento provisório de seus dirigentes;

c) afastamento definitivo de seus dirigentes;

d) fechamento de unidade ou interdição de programa;

II – às entidades não governamentais:

a) advertência;

b) suspensão total ou parcial do repasse de verbas públicas;

c) interdição de unidades ou suspensão de programa;

d) cassação do registro.

§ 1º Em caso de reiteradas infrações cometidas por entidades de atendimento, que coloquem em risco os direitos assegurados nesta Lei, deverá ser o fato comunicado ao Ministério Público ou representado perante autoridade judiciária competente para as providências cabíveis, inclusive suspensão das atividades ou dissolução da entidade.

→ § 1º acrescentado pela Lei 12.010/2009.

§ 2º As pessoas jurídicas de direito público e as organizações não governamentais responderão pelos danos que seus agentes causarem às crianças e aos adolescentes, caracterizado o descumprimento dos princípios norteadores das atividades de proteção específica.

→ § 2º acrescentado pela Lei 12.010/2009.

Título II
Das medidas de proteção

Capítulo I
DISPOSIÇÕES GERAIS

→ *v.* Arts. 101, I a VI, 105, 137 e 262 do ECA.

→ *v.* Lei 8.560/1992 – Investigação de paternidade.

Art. 98. As medidas de proteção à criança e ao adolescente são aplicáveis sempre que os direitos reconhecidos nesta Lei forem ameaçados ou violados:

I – por ação ou omissão da sociedade ou do Estado;

II – por falta, omissão ou abuso dos pais ou responsável;

III – em razão de sua conduta.

Capítulo II
DAS MEDIDAS ESPECÍFICAS DE PROTEÇÃO

Art. 99. As medidas previstas neste Capítulo poderão ser aplicadas isolada ou cumulativamente, bem como substituídas a qualquer tempo.

Art. 100. Na aplicação das medidas levar-se-ão em conta as necessidades pedagógicas, preferindo-se aquelas que visem ao fortalecimento dos vínculos familiares e comunitários.

Parágrafo único. São também princípios que regem a aplicação das medidas:

→ Parágrafo único acrescentado pela Lei 12.010/2009.

I – condição da criança e do adolescente como sujeitos de direitos: crianças e adolescentes são os titulares dos direitos previstos nesta e em outras Leis, bem como na Constituição Federal;

II – proteção integral e prioritária: a interpretação e aplicação de toda e qualquer norma contida nesta Lei deve ser voltada à proteção integral e prioritária dos direitos de que crianças e adolescentes são titulares;

III – responsabilidade primária e solidária do poder público: a plena efetivação dos direitos assegurados a crianças e a adolescentes por esta Lei e pela Constituição Federal, salvo nos casos por esta expressamente ressalvados, é de responsabilidade primária e solidária das 3 (três) esferas de governo, sem prejuízo da municipalização do atendimento e da possibilidade da execução de programas por entidades não governamentais;

IV – interesse superior da criança e do adolescente: a intervenção deve atender prioritariamente aos interesses e direitos da criança e do adolescente, sem prejuízo da consideração que for devida a outros interesses legítimos no âmbito da pluralidade dos interesses presentes no caso concreto;

V – privacidade: a promoção dos direitos e proteção da criança e do adolescente deve ser efetuada no respeito pela intimidade, direito à imagem e reserva da sua vida privada;

VI – intervenção precoce: a intervenção das autoridades competentes deve ser efetuada logo que a situação de perigo seja conhecida;

VII – intervenção mínima: a intervenção deve ser exercida exclusivamente pelas autoridades e instituições cuja ação seja indispensável à efetiva promoção dos direitos e à proteção da criança e do adolescente;

VIII – proporcionalidade e atualidade: a intervenção deve ser a necessária e adequada à situação de perigo em que a criança ou o adolescente se encontram no momento em que a decisão é tomada;

IX – responsabilidade parental: a intervenção deve ser efetuada de modo que os pais assumam os seus deveres para com a criança e o adolescente;

X – prevalência da família: na promoção de direitos e na proteção da criança e do adolescente deve ser dada prevalência às medidas que os mantenham ou reintegrem na sua família natural ou extensa ou, se isto não for possível, que promovam a sua integração em família substituta;

XI – obrigatoriedade da informação: a criança e o adolescente, respeitado seu estágio de desenvolvimento e capacidade de compreensão, seus pais ou responsável devem ser informados dos seus direitos, dos motivos que determinaram a intervenção e da forma como esta se processa;

XII – oitiva obrigatória e participação: a criança e o adolescente, em separado ou na companhia dos pais, de responsável ou de pessoa por si indicada, bem como os seus pais ou responsável, têm direito a ser ouvidos e a participar nos atos e na definição da medida de promoção dos direitos e de proteção, sendo sua opinião devidamente considerada pela autoridade judiciária competente, observado o disposto nos §§ 1º e 2º do art. 28 desta Lei.

Art. 101. Verificada qualquer das hipóteses previstas no art. 98, a autoridade competente poderá determinar, dentre outras, as seguintes medidas:

I – encaminhamento aos pais ou responsável, mediante termo de responsabilidade;

II – orientação, apoio e acompanhamento temporários;

III – matrícula e frequência obrigatórias em estabelecimento oficial de ensino fundamental;

IV – inclusão em programa comunitário ou oficial de auxílio à família, à criança e ao adolescente;

V – requisição de tratamento médico, psicológico ou psiquiátrico, em regime hospitalar ou ambulatorial;

VI – inclusão em programa oficial ou comunitário de auxílio, orientação e tratamento a alcoólatras e toxicômanos;

VII – acolhimento institucional;

→ Inciso VII com redação alterada pela Lei 12.010/2009.

VIII – inclusão em programa de acolhimento familiar;

→ Inciso VIII com redação alterada pela Lei 12.010/2009.

IX – colocação em família substituta.

→ Inciso IX acrescentado pela Lei 12.010/2009.

§ 1º O acolhimento institucional e o acolhimento familiar são medidas provisórias e excepcionais, utilizáveis como forma de transição para reintegração familiar ou, não sendo esta possível, para colocação em família substituta, não implicando privação de liberdade.

→ § 1º acrescentado pela Lei 12.010/2009.

§ 2º Sem prejuízo da tomada de medidas emergenciais para proteção de vítimas de violência ou abuso sexual e das providências a que alude o art. 130 desta Lei, o afastamento da criança ou adolescente do convívio familiar é de competência exclusiva da autoridade judiciária e importará na deflagração, a pedido do Ministério Público ou de quem tenha legítimo interesse, de procedimento judicial contencioso, no qual se garanta aos pais ou ao responsável legal o exercício do contraditório e da ampla defesa.

→ § 2º acrescentado pela Lei 12.010/2009.

§ 3º Crianças e adolescentes somente poderão ser encaminhados às instituições que executam programas de acolhimento institucional, governamentais ou não, por meio de uma Guia de Acolhimento, expedida pela autoridade judiciária, na qual obrigatoriamente constará, dentre outros:

→ § 3º acrescentado pela Lei 12.010/2009.

I – sua identificação e a qualificação completa de seus pais ou de seu responsável, se conhecidos;

II – o endereço de residência dos pais ou do responsável, com pontos de referência;

III – os nomes de parentes ou de terceiros interessados em tê-los sob sua guarda;

IV – os motivos da retirada ou da não reintegração ao convívio familiar.

§ 4º Imediatamente após o acolhimento da criança ou do adolescente, a entidade responsável pelo programa de acolhimento institucional ou familiar elaborará um plano individual de atendimento, visando à reintegração familiar, ressalvada a existência de ordem escrita e fundamentada em contrário de autoridade judiciária competente, caso em que também deverá contemplar sua colocação em família substituta, observadas as regras e princípios desta Lei.

→ § 4º acrescentado pela Lei 12.010/2009.

§ 5º O plano individual será elaborado sob a responsabilidade da equipe técnica do respectivo programa de atendimento e levará em consideração a opinião da criança ou do adolescente e a oitiva dos pais ou do responsável.

→ § 5º acrescentado pela Lei 12.010/2009.

§ 6º Constarão do plano individual, dentre outros:

→ § 6º acrescentado pela Lei 12.010/2009.

I – os resultados da avaliação interdisciplinar;

II – os compromissos assumidos pelos pais ou responsável; e

III – a previsão das atividades a serem desenvolvidas com a criança ou com o adolescente acolhido e seus pais ou responsável, com vista na reintegração familiar ou, caso seja esta vedada por expressa e fundamentada determinação judicial, as providências a serem tomadas para sua colocação em família substituta, sob direta supervisão da autoridade judiciária.

§ 7º O acolhimento familiar ou institucional ocorrerá no local mais próximo à residência dos pais ou do responsável e, como parte do processo de reintegração familiar, sempre que identificada a necessidade, a família de origem será incluída em programas oficiais de orientação, de apoio e de promoção social, sendo facilitado e estimulado o contato com a criança ou com o adolescente acolhido.

→ § 7º acrescentado pela Lei 12.010/2009.

§ 8º Verificada a possibilidade de reintegração familiar, o responsável pelo programa de acolhimento familiar ou institucional fará imediata comunicação à autoridade judiciária, que dará vista ao Ministério Público, pelo prazo de 5 (cinco) dias, decidindo em igual prazo.

→ § 8º acrescentado pela Lei 12.010/2009.

§ 9º Em sendo constatada a impossibilidade de reintegração da criança ou do adolescente à família de origem, após seu encaminhamento a programas oficiais ou comunitários de orientação, apoio e promoção social, será enviado relatório fundamentado ao Ministério Público, no qual conste a descrição pormenorizada das providências tomadas e a expressa recomendação, subscrita pelos técnicos da entidade ou responsáveis pela execução da política municipal de garantia do direito à convivência familiar, para a destituição do poder familiar, ou destituição de tutela ou guarda.

→ § 9º acrescentado pela Lei 12.010/2009.

§ 10. Recebido o relatório, o Ministério Público terá o prazo de 30 (trinta) dias para o ingresso com a ação de destituição do poder familiar, salvo se entender necessária a realização de estudos complementares ou outras providências que entender indispensáveis ao ajuizamento da demanda.

→ § 10 acrescentado pela Lei 12.010/2009.

§ 11. A autoridade judiciária manterá, em cada comarca ou foro regional, um cadastro contendo informações atualizadas sobre as crianças e adolescentes em regime de acolhimento familiar e institucional sob sua responsabilidade, com informações pormenorizadas sobre a situação jurídica de cada um, bem como as providências tomadas para sua reintegração familiar ou colocação em família substituta, em qualquer das modalidades previstas no art. 28 desta Lei.

→ § 11 acrescentado pela Lei 12.010/2009.

§ 12. Terão acesso ao cadastro o Ministério Público, o Conselho Tutelar, o órgão gestor da Assistência Social e os Conselhos Municipais dos Direitos da Criança e do Adolescente e da Assistência Social, aos quais incumbe deliberar sobre a implementação de políticas públicas que permitam reduzir o número de crianças e adolescentes afastados do convívio familiar e abreviar o período de permanência em programa de acolhimento.

→ § 12 acrescentado pela Lei 12.010/2009.

Art. 102. As medidas de proteção de que trata este Capítulo serão acompanhadas da regularização do registro civil.

§ 1º Verificada a inexistência de registro anterior, o assento de nascimento da criança ou adolescente será feito à vista dos elementos disponíveis, mediante requisição da autoridade judiciária.

§ 2º Os registros e certidões necessárias à regularização de que trata este artigo são isentos de multas, custas e emolumentos, gozando de absoluta prioridade.

§ 3º Caso ainda não definida a paternidade, será deflagrado procedimento específico destinado à sua averiguação, conforme previsto pela Lei 8.560, de 29 de dezembro de 1992.

→ § 3º acrescentado pela Lei 12.010/2009.

§ 4º Nas hipóteses previstas no § 3º deste artigo, é dispensável o ajuizamento de ação de investigação de paternidade pelo Ministério Público se, após o não comparecimento ou a recusa do suposto pai em assumir a paternidade a ele atribuída, a criança for encaminhada para adoção.

→ § 4º acrescentado pela Lei 12.010/2009.

Título III
Da prática de ato infracional

Capítulo I
DISPOSIÇÕES GERAIS

Art. 103. Considera-se ato infracional a conduta descrita como crime ou contravenção penal.

Art. 104. São penalmente inimputáveis os menores de 18 (dezoito) anos, sujeitos às medidas previstas nesta Lei.

Parágrafo único. Para os efeitos desta Lei, deve ser considerada a idade do adolescente à data do fato.

Art. 105. Ao ato infracional praticado por criança corresponderão as medidas previstas no art. 101.

Capítulo II
DOS DIREITOS INDIVIDUAIS

→ v. Art. 230 do ECA.

Art. 106. Nenhum adolescente será privado de sua liberdade senão em flagrante de ato infracional ou por ordem escrita e fundamentada da autoridade judiciária competente.

→ v. Art. 301 e ss. do CPP.

Parágrafo único. O adolescente tem direito à identificação dos responsáveis pela sua apreensão, devendo ser informado acerca de seus direitos.

Art. 107. A apreensão de qualquer adolescente e o local onde se encontra recolhido serão incontinenti comunicados à autoridade judiciária competente e à família do apreendido ou à pessoa por ele indicada.

→ v. Art. 231 do ECA.

Parágrafo único. Examinar-se-á, desde logo e sob pena de responsabilidade, a possibilidade de liberação imediata.

Art. 108. A internação, antes da sentença, pode ser determinada pelo prazo máximo de 45 (quarenta e cinco) dias.

Parágrafo único. A decisão deverá ser fundamentada e basear-se em indícios suficientes de autoria e materialidade, demonstrada a necessidade imperiosa da medida.

Art. 109. O adolescente civilmente identificado não será submetido a identificação compulsória pelos órgãos policiais, de proteção e judiciais, salvo para efeito de confrontação, havendo dúvida fundada.

→ v. Art. 5º, LVIII, da CF/1988.

→ v. Lei 12.037/2009 – Identificação criminal do civilmente identificado.

Capítulo III
DAS GARANTIAS PROCESSUAIS

Art. 110. Nenhum adolescente será privado de sua liberdade sem o devido processo legal.

→ *v.* Súmulas 265 e 342 do STJ.

→ *v.* Art. 5º, LIV, da CF/1988.

Art. 111. São asseguradas ao adolescente, entre outras, as seguintes garantias:

I – pleno e formal conhecimento da atribuição de ato infracional, mediante citação ou meio equivalente;

II – igualdade na relação processual, podendo confrontar-se com vítimas e testemunhas e produzir todas as provas necessárias à sua defesa;

III – defesa técnica por advogado;

→ *v.* Art. 207 do ECA.

IV – assistência judiciária gratuita e integral aos necessitados, na forma da lei;

→ *v.* Lei 1.060/1950 – Assistência judiciária.

V – direito de ser ouvido pessoalmente pela autoridade competente;

→ *v.* Art. 111, V, do ECA.

VI – direito de solicitar a presença de seus pais ou responsável em qualquer fase do procedimento.

Capítulo IV
DAS MEDIDAS SOCIOEDUCATIVAS

Seção I
Disposições gerais

→ *v.* Arts. 43, 45 e 46 da Lei 12.594/2012.

Art. 112. Verificada a prática de ato infracional, a autoridade competente poderá aplicar ao adolescente as seguintes medidas:

→ *v.* Súmula 108 do STJ.

I – advertência;

II – obrigação de reparar o dano;

III – prestação de serviços à comunidade;

IV – liberdade assistida;

V – inserção em regime de semiliberdade;

VI – internação em estabelecimento educacional;

VII – qualquer uma das previstas no art. 101, I a VI.

→ A Lei 12.010/2009 acrescentou os incisos VII, VIII e IX ao art. 101 da Lei 8.069/1990.

§ 1º A medida aplicada ao adolescente levará em conta a sua capacidade de cumpri-la, as circunstâncias e a gravidade da infração.

§ 2º Em hipótese alguma e sob pretexto algum, será admitida a prestação de trabalho forçado.

§ 3º Os adolescentes portadores de doença ou deficiência mental receberão tratamento individual e especializado, em local adequado às suas condições.

Art. 113. Aplica-se a este Capítulo o disposto nos arts. 99 e 100.

Art. 114. A imposição das medidas previstas nos incisos II a VI do art. 112 pressupõe a existência de provas suficientes da autoria e da materialidade da infração, ressalvada a hipótese de remissão, nos termos do art. 127.

Parágrafo único. A advertência poderá ser aplicada sempre que houver prova da materialidade e indícios suficientes da autoria.

Seção II
Da advertência

Art. 115. A advertência consistirá em admoestação verbal, que será reduzida a termo e assinada.

Seção III
Da obrigação de reparar o dano

Art. 116. Em se tratando de ato infracional com reflexos patrimoniais, a autoridade poderá determinar, se for o caso, que o adolescente restitua a coisa, promova o ressarcimento do dano, ou, por outra forma, compense o prejuízo da vítima.

Parágrafo único. Havendo manifesta impossibilidade, a medida poderá ser substituída por outra adequada.

Seção IV
Da prestação de serviços à comunidade

Art. 117. A prestação de serviços comunitários consiste na realização de tarefas gratuitas de interesse geral, por período não excedente a 6 (seis) meses, junto a entidades assistenciais, hospitais, escolas e outros estabelecimentos congêneres, bem como em programas comunitários ou governamentais.

→ *v.* Art. 43, IV, do CP.

Parágrafo único. As tarefas serão atribuídas conforme as aptidões do adolescente, devendo ser cumpridas durante jornada máxima de 8 (oito) horas semanais, aos sábados, domingos e feriados ou em dias úteis, de modo a não prejudicar a frequência à escola ou à jornada normal de trabalho.

Seção V
Da liberdade assistida

Art. 118. A liberdade assistida será adotada sempre que se afigurar a medida mais adequada para o fim de acompanhar, auxiliar e orientar o adolescente.

§ 1º A autoridade designará pessoa capacitada para acompanhar o caso, a qual poderá ser recomendada por entidade ou programa de atendimento.

§ 2º A liberdade assistida será fixada pelo prazo mínimo de 6 (seis) meses, podendo a qualquer tempo ser prorrogada, revogada ou substituída por outra medida, ouvido o orientador, o Ministério Público e o defensor.

Art. 119. Incumbe ao orientador, com o apoio e a supervisão da autoridade competente, a realização dos seguintes encargos, entre outros:

I – promover socialmente o adolescente e sua família, fornecendo-lhes orientação e inserindo-os, se necessário, em programa oficial ou comunitário de auxílio e assistência social;

II – supervisionar a frequência e o aproveitamento escolar do adolescente, promovendo, inclusive, sua matrícula;

III – diligenciar no sentido da profissionalização do adolescente e de sua inserção no mercado de trabalho;

IV – apresentar relatório do caso.

Seção VI
Do regime de semiliberdade

Art. 120. O regime de semiliberdade pode ser determinado desde o início, ou como forma de transição para o meio aberto, possibilitada a realização de atividades externas, independentemente de autorização judicial.

§ 1º É obrigatória a escolarização e a profissionalização, devendo, sempre que possível, ser utilizados os recursos existentes na comunidade.

§ 2º A medida não comporta prazo determinado, aplicando-se, no que couber, as disposições relativas à internação.

Seção VII
Da internação

Art. 121. A internação constitui medida privativa da liberdade, sujeita aos princípios de brevidade, excepcionalidade e respeito à condição peculiar de pessoa em desenvolvimento.

§ 1º Será permitida a realização de atividades externas, a critério da equipe técnica da entidade, salvo expressa determinação judicial em contrário.

§ 2º A medida não comporta prazo determinado, devendo sua manutenção ser reavaliada, mediante decisão fundamentada, no máximo a cada 6 (seis) meses.

→ *v.* Art. 50 da Lei 12.594/2012.

§ 3º Em nenhuma hipótese o período máximo de internação excederá a 3 (três) anos.

§ 4º Atingido o limite estabelecido no parágrafo anterior, o adolescente deverá ser liberado, colocado em regime de semiliberdade ou de liberdade assistida.

§ 5º A liberação será compulsória aos 21 (vinte e um) anos de idade.

→ *v.* Art. 2º, parágrafo único, do ECA.

§ 6º Em qualquer hipótese a desinternação será precedida de autorização judicial, ouvido o Ministério Público.

§ 7º A determinação judicial mencionada no § 1º poderá ser revista a qualquer tempo pela autoridade judiciária.

→ § 7º acrescentado pela Lei 12.594/2012.

Art. 122. A medida de internação só poderá ser aplicada quando:

→ *v.* Súmula 492 do STJ.

I – tratar-se de ato infracional cometido mediante grave ameaça ou violência a pessoa;

II – por reiteração no cometimento de outras infrações graves;

III – por descumprimento reiterado e injustificável da medida anteriormente imposta.

§ 1º O prazo de internação na hipótese do inciso III deste artigo não poderá ser superior a 3 (três) meses, devendo ser decretada judicialmente após o devido processo legal.

→ § 1º com redação alterada pela Lei 12.594/2012.

§ 2º Em nenhuma hipótese será aplicada a internação, havendo outra medida adequada.

Art. 123. A internação deverá ser cumprida em entidade exclusiva para adolescentes, em local distinto daquele destinado ao abrigo, obedecida rigorosa separação por critérios de idade, compleição física e gravidade da infração.

Parágrafo único. Durante o período de internação, inclusive provisória, serão obrigatórias atividades pedagógicas.

Art. 124. São direitos do adolescente privado de liberdade, entre outros, os seguintes:

I – entrevistar-se pessoalmente com o representante do Ministério Público;

II – peticionar diretamente a qualquer autoridade;

III – avistar-se reservadamente com seu defensor;

IV – ser informado de sua situação processual, sempre que solicitada;

V – ser tratado com respeito e dignidade;

VI – permanecer internado na mesma localidade ou naquela mais próxima ao domicílio de seus pais ou responsável;

VII – receber visitas, ao menos semanalmente;

VIII – corresponder-se com seus familiares e amigos;

IX – ter acesso aos objetos necessários à higiene e asseio pessoal;

X – habitar alojamento em condições adequadas de higiene e salubridade;

XI – receber escolarização e profissionalização;

XII – realizar atividades culturais, esportivas e de lazer;

XIII – ter acesso aos meios de comunicação social;

XIV – receber assistência religiosa, segundo a sua crença, e desde que assim o deseje;

XV – manter a posse de seus objetos pessoais e dispor de local seguro para guardá-los, recebendo comprovante daqueles porventura depositados em poder da entidade;

XVI – receber, quando de sua desinternação, os documentos pessoais indispensáveis à vida em sociedade.

§ 1º Em nenhum caso haverá incomunicabilidade.

§ 2º A autoridade judiciária poderá suspender temporariamente a visita, inclusive de pais ou responsável, se existirem motivos sérios e fundados de sua prejudicialidade aos interesses do adolescente.

Art. 125. É dever do Estado zelar pela integridade física e mental dos internos, cabendo-lhe adotar as medidas adequadas de contenção e segurança.

Capítulo V
DA REMISSÃO

Art. 126. Antes de iniciado o procedimento judicial para apuração de ato infracional, o representante do Ministério Público poderá conceder a remissão, como forma de exclusão do processo, atendendo às circunstâncias e consequências do fato, ao contexto social, bem como à personalidade do adolescente e sua maior ou menor participação no ato infracional.

→ v. Súmula 108 do STJ.

Parágrafo único. Iniciado o procedimento, a concessão da remissão pela autoridade judiciária importará na suspensão ou extinção do processo.

Art. 127. A remissão não implica necessariamente o reconhecimento ou comprovação da responsabilidade, nem prevalece para efeito de antecedentes, podendo incluir eventualmente a aplicação de qualquer das medidas previstas em lei, exceto a colocação em regime de semiliberdade e a internação.

→ v. Súmula 108 do STJ.

Art. 128. A medida aplicada por força da remissão poderá ser revista judicialmente, a qualquer tempo, mediante pedido expresso do adolescente ou de seu representante legal, ou do Ministério Público.

Título IV
Das medidas pertinentes aos pais ou responsável

Art. 129. São medidas aplicáveis aos pais ou responsável:

→ v. Arts. 22 e 249 do ECA.

→ v. Art. 1.634 do CC.

I – encaminhamento a programa oficial ou comunitário de proteção à família;

II – inclusão em programa oficial ou comunitário de auxílio, orientação e tratamento a alcoólatras e toxicômanos;

III – encaminhamento a tratamento psicológico ou psiquiátrico;

IV – encaminhamento a cursos ou programas de orientação;

V – obrigação de matricular o filho ou pupilo e acompanhar sua frequência e aproveitamento escolar;

VI – obrigação de encaminhar a criança ou adolescente a tratamento especializado;

→ v. Art. 244 do CP.

VII – advertência;

VIII – perda da guarda;

→ v. Arts. 33 a 35 do ECA.

IX – destituição da tutela;

→ v. Arts. 36 a 38 do ECA.

X – suspensão ou destituição do poder familiar.

→ v. Arts. 121 a 124 do ECA.

Parágrafo único. Na aplicação das medidas previstas nos incisos IX e X deste artigo, observar-se-á o disposto nos arts. 23 e 24.

Art. 130. Verificada a hipótese de maus-tratos, opressão ou abuso sexual impostos pelos pais ou responsável, a autoridade judiciária poderá determinar, como medida cautelar, o afastamento do agressor da moradia comum.

→ v. Arts. 13 e 245 do ECA.

→ v. Art. 136 do CP.

Parágrafo único. Da medida cautelar constará, ainda, a fixação provisória dos alimentos de que necessitem a criança ou o adolescente dependentes do agressor.

→ Parágrafo único acrescentado pela Lei 12.415/2011.

Título V
Do Conselho tutelar

Capítulo I
DISPOSIÇÕES GERAIS

Art. 131. O Conselho Tutelar é órgão permanente e autônomo, não jurisdicional, encarregado pela sociedade de zelar pelo cumprimento dos direitos da criança e do adolescente, definidos nesta Lei.

Art. 132. Em cada Município e em cada Região Administrativa do Distrito Federal haverá, no mínimo, 1 (um) Conselho Tutelar como órgão integrante da administração pública local, composto de 5 (cinco) membros, escolhidos pela população local para mandato de 4 (quatro) anos, permitida 1 (uma) recondução, mediante novo processo de escolha.

→ Artigo com redação alterada pela Lei 12.696/2012.

→ v. Art. 30, II, da CF/1988.

Art. 133. Para a candidatura a membro do Conselho Tutelar, serão exigidos os seguintes requisitos:

I – reconhecida idoneidade moral;

II – idade superior a 21 (vinte e um) anos;

III – residir no município.

Art. 134. Lei municipal ou distrital disporá sobre o local, dia e horário de funcionamento do Conselho Tutelar, inclusive quanto à remuneração dos respectivos membros, aos quais é assegurado o a:

→ Artigo com redação alterada pela Lei 12.696/2012.

I – cobertura previdenciária;

II – gozo de férias anuais remuneradas, acrescidas de 1/3 (um terço) do valor da remuneração mensal;

III – licença-maternidade;

IV – licença-paternidade;

V – gratificação natalina.

Parágrafo único. Constará da lei orçamentária municipal e da do Distrito Federal previsão dos recursos necessários ao funcionamento do Conselho Tutelar e à remuneração e formação continuada dos conselheiros tutelares.

Art. 135. O exercício efetivo da função de conselheiro constituirá serviço público relevante e estabelecerá presunção de idoneidade moral.

→ Artigo com redação alterada pela Lei 12.696/2012.

Capítulo II
DAS ATRIBUIÇÕES DO CONSELHO

Art. 136. São atribuições do Conselho Tutelar:

I – atender as crianças e adolescentes nas hipóteses previstas nos arts. 98 e 105, aplicando as medidas previstas no art. 101, I a VII;

→ A Lei 12.010/2009 acrescentou os incisos VII, VIII e IX ao art. 101 da Lei 8.069/1990.

II – atender e aconselhar os pais ou responsável, aplicando as medidas previstas no art. 129, I a VII;

III – promover a execução de suas decisões, podendo para tanto:

a) requisitar serviços públicos nas áreas de saúde, educação, serviço social, previdência, trabalho e segurança;

b) representar junto à autoridade judiciária nos casos de descumprimento injustificado de suas deliberações;

IV – encaminhar ao Ministério Público notícia de fato que constitua infração administrativa ou penal contra os direitos da criança ou adolescente;

V – encaminhar à autoridade judiciária os casos de sua competência;

VI – providenciar a medida estabelecida pela autoridade judiciária, dentre as previstas no art. 101, de I a VI, para o adolescente autor de ato infracional;

VII – expedir notificações;

VIII – requisitar certidões de nascimento e de óbito de criança ou adolescente quando necessário;

IX – assessorar o Poder Executivo local na elaboração da proposta orçamentária para planos e programas de atendimento dos direitos da criança e do adolescente;

X – representar, em nome da pessoa e da família, contra a violação dos direitos previstos no art. 220, § 3º, inciso II da Constituição Federal;

XI – representar ao Ministério Público para efeito das ações de perda ou suspensão do poder familiar, após esgotadas as possibilidades de manutenção da criança ou do adolescente junto à família natural.

→ Inciso XI com redação alterada pela Lei 12.010/2009.

XII – promover e incentivar, na comunidade e nos grupos profissionais, ações de divulgação e treinamento para o reconhecimento de sintomas de maus-tratos em crianças e adolescentes.

→ Inciso XII acrescentado pela Lei 13.046/2014.

Parágrafo único. Se, no exercício de suas atribuições, o Conselho Tutelar entender necessário o afastamento do convívio familiar, comunicará incontinenti o fato ao Ministério Público, prestando-lhe informações sobre os motivos de tal entendimento e as providências tomadas para a orientação, o apoio e a promoção social da família.

→ Parágrafo único acrescentado pela Lei 12.010/2009.

Art. 137. As decisões do Conselho Tutelar somente poderão ser revistas pela autoridade judiciária a pedido de quem tenha legítimo interesse.

Capítulo III
DA COMPETÊNCIA

Art. 138. Aplica-se ao Conselho Tutelar a regra de competência constante do art. 147.

Capítulo IV
DA ESCOLHA DOS CONSELHEIROS

Art. 139. O processo para a escolha dos membros do Conselho Tutelar será estabelecido em lei municipal e realizado sob a responsabilidade do Conselho Municipal dos Direitos da Criança e do Adolescente, e a fiscalização do Ministério Público.

→ *Caput* com redação alterada pela Lei 8.242/1991.

§ 1º O processo de escolha dos membros do Conselho Tutelar ocorrerá em data unificada em todo o território nacional a cada 4 (quatro) anos, no primeiro domingo do mês de outubro do ano subsequente ao da eleição presidencial.

→ § 1º acrescentado pela Lei 12.696/2012.

§ 2º A posse dos conselheiros tutelares ocorrerá no dia 10 de janeiro do ano subsequente ao processo de escolha.

→ § 2º acrescentado pela Lei 12.696/2012.

§ 3º No processo de escolha dos membros do Conselho Tutelar, é vedado ao candidato doar, oferecer, prometer ou entregar ao eleitor bem ou vantagem pessoal de qualquer natureza, inclusive brindes de pequeno valor.

→ § 3º acrescentado pela Lei 12.696/2012.

Capítulo V
DOS IMPEDIMENTOS

Art. 140. São impedidos de servir no mesmo Conselho marido e mulher, ascendentes e descendentes, sogro e genro ou nora, irmãos, cunhados, durante o cunhadio, tio e sobrinho, padrasto ou madrasta e enteado.

Parágrafo único. Estende-se o impedimento do conselheiro, na forma deste artigo, em relação à autoridade judiciária e ao representante do Ministério Público com atuação na Justiça da Infância e da Juventude, em exercício na Comarca, Foro Regional ou Distrital.

Título VI
Do acesso à Justiça

Capítulo I
DISPOSIÇÕES GERAIS

Art. 141. É garantido o acesso de toda criança ou adolescente à Defensoria Pública, ao Ministério Público e ao Poder Judiciário, por qualquer de seus órgãos.

§ 1º A assistência judiciária gratuita será prestada aos que dela necessitarem, através de defensor público ou advogado nomeado.

§ 2º As ações judiciais da competência da Justiça da Infância e da Juventude são isentas de custas e emolumentos, ressalvada a hipótese de litigância de má-fé.

Art. 142. Os menores de 16 (dezesseis) anos serão representados e os maiores de 16 (dezesseis) e menores de 21 (vinte e um) anos assistidos por seus pais, tutores ou curadores, na forma da legislação civil ou processual.

Parágrafo único. A autoridade judiciária dará curador especial à criança ou adolescente, sempre que os interesses destes colidirem com os de seus pais ou responsável, ou quando carecer de representação ou assistência legal ainda que eventual.

Art. 143. É vedada a divulgação de atos judiciais, policiais e administrativos que digam respeito a crianças e adolescentes a que se atribua autoria de ato infracional.

Parágrafo único. Qualquer notícia a respeito do fato não poderá identificar a criança ou adolescente, vedando-se fotografia, referência a nome, apelido, filiação, parentesco, residência e, inclusive, iniciais do nome e sobrenome.

→ Parágrafo único com redação alterada pela Lei 10.764/2003.

Art. 144. A expedição de cópia ou certidão de atos a que se refere o artigo anterior somente será deferida pela autoridade judiciária competente, se demonstrado o interesse e justificada a finalidade.

Capítulo II
DA JUSTIÇA DA INFÂNCIA E DA JUVENTUDE

Seção I
Disposições gerais

Art. 145. Os Estados e o Distrito Federal poderão criar varas especializadas e exclusivas da infância e da juventude, cabendo ao Poder Judiciário estabelecer sua proporcionalidade por número de habitantes, dotá-las de infraestrutura e dispor sobre o atendimento, inclusive em plantões.

Seção II
Do Juiz

Art. 146. A autoridade a que se refere esta Lei é o Juiz da Infância e da Juventude, ou o Juiz que exerce essa função, na forma da Lei de Organização Judiciária local.

→ *v.* Súmula 108 do STJ.

Art. 147. A competência será determinada:

I – pelo domicílio dos pais ou responsável;

→ *v.* Súmula 383 do STJ.

II – pelo lugar onde se encontre a criança ou adolescente, à falta dos pais ou responsável.

§ 1º Nos casos de ato infracional, será competente a autoridade do lugar da ação ou omissão, observadas as regras de conexão, continência e prevenção.

§ 2º A execução das medidas poderá ser delegada à autoridade competente da residência dos pais ou responsável, ou do local onde sediar-se a entidade que abrigar a criança ou adolescente.

§ 3º Em caso de infração cometida através de transmissão simultânea de rádio ou televisão, que atinja mais de uma comarca, será competente, para aplicação da penalidade, a autoridade judiciária do local da sede estadual da emissora ou rede, tendo a sentença eficácia para todas as transmissoras ou retransmissoras do respectivo Estado.

Art. 148. A Justiça da Infância e da Juventude é competente para:

→ *v.* Súmula 108 do STJ.

I – conhecer de representações promovidas pelo Ministério Público, para apuração de ato infracional atribuído a adolescente, aplicando as medidas cabíveis;

II – conceder a remissão, como forma de suspensão ou extinção do processo;

III – conhecer de pedidos de adoção e seus incidentes;

IV – conhecer de ações civis fundadas em interesses individuais, difusos ou coletivos afetos à criança e ao adolescente, observado o disposto no art. 209;

V – conhecer de ações decorrentes de irregularidades em entidades de atendimento, aplicando as medidas cabíveis;

VI – aplicar penalidades administrativas nos casos de infrações contra norma de proteção à criança ou adolescentes;

VII – conhecer de casos encaminhados pelo Conselho Tutelar, aplicando as medidas cabíveis.

Parágrafo único. Quando se tratar de criança ou adolescente nas hipóteses do art. 98, é também competente a Justiça da Infância e da Juventude para o fim de:

a) conhecer de pedidos de guarda e tutela

→ *v.* Art. 1.744, II, do CC.

b) conhecer de ações de destituição do poder familiar, perda ou modificação da tutela ou guarda;

ESTATUTOS

c) suprir a capacidade ou o consentimento para o casamento;

d) conhecer de pedidos baseados em discordância paterna ou materna, em relação ao exercício do poder familiar;

e) conceder a emancipação, nos termos da lei civil, quando faltarem os pais;

f) designar curador especial em casos de apresentação de queixa ou representação, ou de outros procedimentos judiciais ou extrajudiciais em que haja interesses de criança ou adolescente;

g) conhecer de ações de alimentos;

h) determinar o cancelamento, a retificação e o suprimento dos registros de nascimento e óbito.

Art. 149. Compete à autoridade judiciária disciplinar, através de portaria, ou autorizar, mediante alvará:

I – a entrada e permanência de criança ou adolescente, desacompanhado dos pais ou responsável, em:

a) estádio, ginásio e campo desportivo;

b) bailes ou promoções dançantes;

c) boate ou congêneres;

d) casa que explore comercialmente diversões eletrônicas;

e) estúdios cinematográficos, de teatro, rádio e televisão;

II – a participação de criança e adolescente em:

a) espetáculos públicos e seus ensaios;

b) certames de beleza.

§ 1º Para os fins do disposto neste artigo, a autoridade judiciária levará em conta, dentre outros fatores:

a) os princípios desta Lei;

b) as peculiaridades locais;

c) a existência de instalações adequadas;

d) o tipo de frequência habitual ao local;

e) a adequação do ambiente a eventual participação ou frequência de crianças e adolescentes;

f) a natureza do espetáculo.

§ 2º As medidas adotadas na conformidade deste artigo deverão ser fundamentadas, caso a caso, vedadas as determinações de caráter geral.

Seção III
Dos serviços auxiliares

Art. 150. Cabe ao Poder Judiciário, na elaboração de sua proposta orçamentária, prever recursos para manutenção de equipe interprofissional, destinada a assessorar a Justiça da Infância e da Juventude.

Art. 151. Compete à equipe interprofissional, dentre outras atribuições que lhe forem reservadas pela legislação local, fornecer subsídios por escrito, mediante laudos, ou verbalmente, na audiência, e bem assim desenvolver trabalhos de aconselhamento, orientação, encaminhamento, prevenção e outros, tudo sob a imediata subordinação à autoridade judiciária, assegurada a livre manifestação do ponto de vista técnico.

Capítulo III
DOS PROCEDIMENTOS

Seção I
Disposições gerais

Art. 152. Aos procedimentos regulados nesta Lei aplicam-se subsidiariamente as normas gerais previstas na legislação processual pertinente.

Parágrafo único. É assegurada, sob pena de responsabilidade, prioridade absoluta na tramitação dos processos e procedimentos previstos nesta Lei, assim como na execução dos atos e diligências judiciais a eles referentes.

→ Parágrafo único acrescentado pela Lei 12.010/2009.

Art. 153. Se a medida judicial a ser adotada não corresponder a procedimento previsto nesta ou em outra lei, a autoridade judiciária poderá investigar os fatos e ordenar de ofício as providências necessárias, ouvido o Ministério Público.

Parágrafo único. O disposto neste artigo não se aplica para o fim de afastamento da criança ou do adolescente de sua família de origem e em outros procedimentos necessariamente contenciosos.

→ Parágrafo único acrescentado pela Lei 12.010/2009.

Art. 154. Aplica-se às multas o disposto no art. 214.

Seção II
Da perda e da suspensão do poder familiar

Art. 155. O procedimento para a perda ou a suspensão do poder familiar terá início por provocação do Ministério Público ou de quem tenha legítimo interesse.

Art. 156. A petição inicial indicará:

I – a autoridade judiciária a que for dirigida;

II – o nome, o estado civil, a profissão e a residência do requerente e do requerido, dispensada a qualificação em se tratando de pedido formulado por representante do Ministério Público;

III – a exposição sumária do fato e o pedido;

IV – as provas que serão produzidas, oferecendo, desde logo, o rol de testemunhas e documentos.

Art. 157. Havendo motivo grave, poderá a autoridade judiciária, ouvido o Ministério Público, decretar a suspensão do poder familiar, liminar ou incidentalmente, até o julgamento definitivo da causa, ficando a criança ou adolescente confiado a pessoa idônea, mediante termo de responsabilidade.

→ *v.* Art. 102, 6º, da Lei 6.015/1973.

Art. 158. O requerido será citado para, no prazo de 10 (dez) dias, oferecer resposta escrita, indicando as provas a serem produzidas e oferecendo desde logo o rol de testemunhas e documentos.

→ *v.* Art. 191 do CPC/1973.

→ *v.* Art. 229 do NCPC.

§ 1º A citação será pessoal, salvo se esgotados todos os meios para sua realização.

→ § 1º acrescentado pela Lei 12.962/2014.

§ 2º O requerido privado de liberdade deverá ser citado pessoalmente.

→ § 2º acrescentado pela Lei 12.962/2014.

Art. 159. Se o requerido não tiver possibilidade de constituir advogado, sem prejuízo do próprio sustento e de sua família, poderá requerer, em cartório, que lhe seja nomeado dativo, ao qual incumbirá a apresentação de resposta, contando-se o prazo a partir da intimação do despacho de nomeação.

Parágrafo único. Na hipótese de requerido privado de liberdade, o oficial de justiça deverá perguntar, no momento da citação pessoal, se deseja que lhe seja nomeado defensor.

→ Parágrafo único acrescentado pela Lei 12.962/2014.

Art. 160. Sendo necessário, a autoridade judiciária requisitará de qualquer repartição ou órgão público a apresentação de documento que interesse à causa, de ofício ou a requerimento das partes ou do Ministério Público.

Art. 161. Não sendo contestado o pedido, a autoridade judiciária dará vista dos autos ao Ministério Público, por 5 (cinco) dias, salvo quando este for o requerente, decidindo em igual prazo.

§ 1º A autoridade judiciária, de ofício ou a requerimento das partes ou do Ministério Público, determinará a realização de estudo social ou perícia por equipe interprofissional ou multidisciplinar, bem como a oitiva de testemunhas que comprovem a presença de uma das causas de suspensão ou destituição do poder familiar previstas nos arts. 1.637 e 1.638 da Lei 10.406, de 10 de janeiro de 2002 – Código Civil, ou no art. 24 desta Lei.

→ § 1º com redação alterada pela Lei 12.010/2009.

§ 2º Em sendo os pais oriundos de comunidades indígenas, é ainda obrigatória a intervenção, junto à equipe profissional ou multidisciplinar referida no § 1º deste artigo, de representantes do órgão federal responsável pela política indigenista, observado o disposto no § 6º do art. 28 desta Lei.

→ § 2º com redação alterada pela Lei 12.010/2009.

§ 3º Se o pedido importar em modificação de guarda, será obrigatória, desde que possível e razoável, a oitiva da criança ou adolescente, respeitado seu estágio de desenvolvimento e grau de compreensão sobre as implicações da medida.

→ § 3º acrescentado pela Lei 12.010/2009.

§ 4º É obrigatória a oitiva dos pais sempre que esses forem identificados e estiverem em local conhecido.

→ § 4º acrescentado pela Lei 12.010/2009.

§ 5º Se o pai ou a mãe estiverem privados de liberdade, a autoridade judicial requisitará sua apresentação para a oitiva.

→ § 5º acrescentado pela Lei 12.962/2014.

Art. 162. Apresentada a resposta, a autoridade judiciária dará vista dos autos ao Ministério Público, por 5 (cinco) dias, salvo quando este for o requerente, designando, desde logo, audiência de instrução e julgamento.

§ 1º A requerimento de qualquer das partes, do Ministério Público, ou de ofício, a autoridade judiciária poderá determinar a realização de estudo social ou, se possível, de perícia por equipe interprofissional.

§ 2º Na audiência, presentes as partes e o Ministério Público, serão ouvidas as testemunhas, colhendo-se oralmente o parecer técnico, salvo quando apresentado por escrito, manifestando-se sucessivamente o requerente, o requerido e o Ministério Público, pelo tempo de 20 (vinte) minutos cada um, prorrogável por mais 10 (dez). A decisão será proferida na audiência, podendo a autoridade judiciária, excepcionalmente, designar data para sua leitura no prazo máximo de 5 (cinco) dias.

Art. 163. O prazo máximo para conclusão do procedimento será de 120 (cento e vinte) dias.

→ Artigo com redação alterada pela Lei 12.010/2009.

Parágrafo único. A sentença que decretar a perda ou a suspensão do poder familiar será averbada à margem do registro de nascimento da criança ou do adolescente.

Seção III
Da destituição da tutela

Art. 164. Na destituição da tutela, observar-se-á o procedimento para a remoção de tutor previsto na lei processual civil e, no que couber, o disposto na seção anterior.

Seção IV
Da colocação em família substituta

Art. 165. São requisitos para a concessão de pedidos de colocação em família substituta:

I – qualificação completa do requerente e de seu eventual cônjuge, ou companheiro, com expressa anuência deste;

II – indicação de eventual parentesco do requerente e de seu cônjuge, ou companheiro, com a criança ou adolescente, especificando se tem ou não parente vivo;

III – qualificação completa da criança ou adolescente e de seus pais, se conhecidos;

IV – indicação do cartório onde foi inscrito nascimento, anexando, se possível, uma cópia da respectiva certidão;

V – declaração sobre a existência de bens, direitos ou rendimentos relativos à criança ou ao adolescente.

Parágrafo único. Em se tratando de adoção, observar-se-ão também os requisitos específicos.

Art. 166. Se os pais forem falecidos, tiverem sido destituídos ou suspensos do poder familiar, ou houverem aderido expressamente ao pedido de colocação em família substituta, este poderá ser formulado diretamente em cartório, em petição assinada pelos próprios requerentes, dispensada a assistência de advogado.

→ Artigo com redação alterada pela Lei 12.010/2009.

§ 1º Na hipótese de concordância dos pais, esses serão ouvidos pela autoridade judiciária e pelo representante do Ministério Público, tomando-se por termo as declarações.

§ 2º O consentimento dos titulares do poder familiar será precedido de orientações e esclarecimentos prestados pela equipe interprofissional da Justiça da Infância e da Juventude, em especial, no caso de adoção, sobre a irrevogabilidade da medida.

§ 3º O consentimento dos titulares do poder familiar será colhido pela autoridade judiciária competente em audiência, presente o Ministério Público, garantida a livre manifestação de vontade e esgotados os esforços para manutenção da criança ou do adolescente na família natural ou extensa.

§ 4º O consentimento prestado por escrito não terá validade se não for ratificado na audiência a que se refere o § 3º deste artigo.

§ 5º O consentimento é retratável até a data da publicação da sentença constitutiva da adoção.

§ 6º O consentimento somente terá valor se for dado após o nascimento da criança.

§ 7º A família substituta receberá a devida orientação por intermédio de equipe técnica interprofissional a serviço do Poder Judiciário, preferencialmente com apoio dos técnicos responsáveis pela execução da política municipal de garantia do direito à convivência familiar.

Art. 167. A autoridade judiciária, de ofício ou a requerimento das partes ou do Ministério Público, determinará a realização de estudo social ou, se possível, perícia por equipe interprofissional, decidindo sobre a concessão de guarda provisória, bem como, no caso de adoção, sobre o estágio de convivência.

Parágrafo único. Deferida a concessão da guarda provisória ou do estágio de convivência, a criança ou o adolescente será entregue ao interessado, mediante termo de responsabilidade.

→ Parágrafo único acrescentado pela Lei 12.010/2009.

Art. 168. Apresentado o relatório social ou o laudo pericial, e ouvida, sempre que possível, a criança ou o adolescente, dar-se-á vista dos autos ao Ministério Público, pelo prazo de 5 (cinco) dias, decidindo a autoridade judiciária em igual prazo.

Art. 169. Nas hipóteses em que a destituição da tutela, a perda ou a suspensão do poder familiar constituir pressuposto lógico da medida principal de colocação em família substituta, será observado o procedimento contraditório previsto nas seções II e III deste Capítulo.

Parágrafo único. A perda ou a modificação da guarda poderá ser decretada nos mesmos autos do procedimento, observado o disposto no art. 35.

Art. 170. Concedida a guarda ou a tutela, observar-se-á o disposto no art. 32, e, quanto à adoção, o contido no art. 47.

Parágrafo único. A colocação de criança ou adolescente sob a guarda de pessoa inscrita em programa de acolhimento familiar será comunicada pela autoridade judiciária à entidade por este responsável no prazo máximo de 5 (cinco) dias.

→ Parágrafo único acrescentado pela Lei 12.010/2009.

Seção V
Da apuração de ato infracional atribuído a adolescente

Art. 171. O adolescente apreendido por força de ordem judicial será, desde logo, encaminhado à autoridade judiciária.

Art. 172. O adolescente apreendido em flagrante de ato infracional será, desde logo, encaminhado à autoridade policial competente.

→ v. Art. 301 e ss. do CPP.

Parágrafo único. Havendo repartição policial especializada para atendimento de adolescente e em se tratando de ato infracional praticado em coautoria com maior, prevalecerá a atribuição da repartição especializada, que, após as providências necessárias e conforme o caso, encaminhará o adulto à repartição policial própria.

Art. 173. Em caso de flagrante de ato infracional cometido mediante violência ou grave ameaça a pessoa, a autoridade policial, sem prejuízo do disposto nos arts. 106, parágrafo único, e 107, deverá:

I – lavrar auto de apreensão, ouvidos as testemunhas e o adolescente;

II – apreender o produto e os instrumentos da infração;

III – requisitar os exames ou perícias necessários à comprovação da materialidade e autoria da infração.

Parágrafo único. Nas demais hipóteses de flagrante, a lavratura do auto poderá ser substituída por boletim de ocorrência circunstanciada.

Art. 174. Comparecendo qualquer dos pais ou responsável, o adolescente será prontamente liberado pela autoridade policial, sob termo de compromisso e responsabilidade de sua apresentação ao representante do Ministério Público, no mesmo dia ou, sendo impossível, no primeiro dia útil imediato, exceto quando, pela gravidade do ato infracional e sua repercussão social, deva o adolescente permanecer sob internação para garantia de sua segurança pessoal ou manutenção da ordem pública.

Art. 175. Em caso de não liberação, a autoridade policial encaminhará, desde logo, o adolescente ao representante do Ministério Público, juntamente com cópia do auto de apreensão ou boletim de ocorrência.

§ 1º Sendo impossível a apresentação imediata, a autoridade policial encaminhará o adolescente a entidade de atendimento, que fará a apresentação ao representante do Ministério Público no prazo de 24 (vinte e quatro) horas.

§ 2º Nas localidades onde não houver entidade de atendimento, a apresentação far-se-á pela autoridade policial. À falta de repartição policial especializada, o adolescente aguardará a apresentação em dependência separada da destinada a maiores, não podendo, em qualquer hipótese, exceder o prazo referido no parágrafo anterior.

Art. 176. Sendo o adolescente liberado, a autoridade policial encaminhará imediatamente ao representante do Ministério Público cópia do auto de apreensão ou boletim de decorrência.

Art. 177. Se, afastada a hipótese de flagrante, houver indícios de participação de adolescente na prática de ato infracional, a autoridade policial encaminhará ao representante do Ministério Público relatório das investigações e demais documentos.

Art. 178. O adolescente a quem se atribua autoria de ato infracional não poderá ser conduzido ou transportado em compartimento fechado de veículo policial, em condições atentatórias à sua dignidade, ou que impliquem risco à sua integridade física ou mental, sob pena de responsabilidade.

Art. 179. Apresentado o adolescente, o representante do Ministério Público, no mesmo dia e à vista do auto de apreensão, boletim de ocorrência ou relatório policial devidamente autuados pelo cartório judicial e com informação sobre os antecedentes do adolescente, procederá imediata e informalmente à sua oitiva e, em sendo possível, de seus pais ou responsável, vítima e testemunhas.

Parágrafo único. Em caso de não apresentação, o representante do Ministério Público notificará os pais ou responsável para apresentação do adolescente, podendo requisitar o concurso das Polícias Civil e Militar.

Art. 180. Adotadas as providências a que alude o artigo anterior, o representante do Ministério Público poderá:

→ *v.* Súmula 108 do STJ.

I – promover o arquivamento dos autos;

II – conceder a remissão;

III – representar à autoridade judiciária para a aplicação de medida socioeducativa.

Art. 181. Promovido o arquivamento dos autos ou concedida a remissão pelo representante do Ministério Público, mediante termo fundamentado, que conterá o resumo dos fatos, os autos serão conclusos à autoridade judiciária para homologação.

§ 1º Homologado o arquivamento ou a remissão, a autoridade judiciária determinará, conforme o caso, o cumprimento da medida.

§ 2º Discordando, a autoridade judiciária fará remessa dos autos ao Procurador-Geral de Justiça, mediante despacho fundamentado, e este oferecerá representação, designará outro membro do Ministério Público para apresentá-la, ou ratificará o arquivamento ou a remissão, que só então estará a autoridade judiciária obrigada a homologar.

Art. 182. Se, por qualquer razão, o representante do Ministério Público não promover o arquivamento ou conceder a remissão, oferecerá representação à autoridade judiciária, propondo a instauração de procedimento para aplicação da medida socioeducativa que se afigurar a mais adequada.

→ *v.* Súmula 108 do STJ.

→ *v.* Art. 28 do CPP.

§ 1º A representação será oferecida por petição, que conterá o breve resumo dos fatos e a classificação do ato infracional e, quando necessário, o rol de testemunhas, podendo ser deduzida oralmente, em sessão diária instalada pela autoridade judiciária.

§ 2º A representação independe de prova pré-constituída da autoria e materialidade.

Art. 183. O prazo máximo e improrrogável para a conclusão do procedimento, estando o adolescente internado provisoriamente, será de 45 (quarenta e cinco) dias.

Art. 184. Oferecida a representação, a autoridade judiciária designará audiência de apresentação do adolescente, decidindo, desde logo, sobre a decretação ou manutenção da internação, observado o disposto no art. 108 e parágrafo.

§ 1º O adolescente e seus pais ou responsável serão cientificados do teor da representação, e notificados a comparecer à audiência, acompanhados de advogado.

§ 2º Se os pais ou responsável não forem localizados, a autoridade judiciária dará curador especial ao adolescente.

§ 3º Não sendo localizado o adolescente, a autoridade judiciária expedirá mandado de busca e apreensão, determinando o sobrestamento do feito, até a efetiva apresentação.

§ 4º Estando o adolescente internado, será requisitada a sua apresentação, sem prejuízo da notificação dos pais ou responsável.

Art. 185. A internação, decretada ou mantida pela autoridade judiciária, não poderá ser cumprida em estabelecimento prisional.

§ 1º Inexistindo na comarca entidade com as características definidas no art. 123, o adolescente deverá ser imediatamente transferido para a localidade mais próxima.

§ 2º Sendo impossível a pronta transferência, o adolescente aguardará sua remoção em repartição policial, desde que em seção isolada dos adultos e com instalações apropriadas, não podendo ultrapassar o prazo máximo de 5 (cinco) dias, sob pena de responsabilidade.

Art. 186. Comparecendo o adolescente, seus pais ou responsável, a autoridade judiciária procederá à oitiva dos mesmos, podendo solicitar opinião de profissional qualificado.

§ 1º Se a autoridade judiciária entender adequada a remissão, ouvirá o representante do Ministério Público, proferindo decisão.

§ 2º Sendo o fato grave, passível de aplicação de medida de internação ou colocação em regime de semiliberdade, a autoridade judiciária, verificando que o adolescente não possui advogado constituído, nomeará defensor, designando, desde logo, audiência em continuação, podendo determinar a realização de diligências e estudo do caso.

§ 3º O advogado constituído ou o defensor nomeado, no prazo de 3 (três) dias contado da audiência de apresentação, oferecerá defesa prévia e rol de testemunhas.

§ 4º Na audiência em continuação, ouvidas as testemunhas arroladas na representação e na defesa prévia, cumpridas as diligências e juntado o relatório da equipe interprofissional, será dada a palavra ao representante do Ministério Público e ao defensor, sucessivamente, pelo tempo de 20 (vinte) minutos para cada um, prorrogável por mais 10 (dez), a critério da autoridade judiciária, que em seguida proferirá decisão.

Art. 187. Se o adolescente, devidamente notificado, não comparecer, injustificadamente, à audiência de apresentação, a autoridade judiciária designará nova data, determinando sua condução coercitiva.

Art. 188. A remissão, como forma de extinção ou suspensão do processo, poderá ser aplicada em qualquer fase do procedimento, antes da sentença.

Art. 189. A autoridade judiciária não aplicará qualquer medida, desde que reconheça na sentença:

I – estar provada a inexistência do fato;

II – não haver prova da existência do fato;

III – não constituir o fato ato infracional;

IV – não existir prova de ter o adolescente concorrido para o ato infracional.

Parágrafo único. Na hipótese deste artigo, estando o adolescente internado, será imediatamente colocado em liberdade.

Art. 190. A intimação da sentença que aplicar medida de internação ou regime de semiliberdade será feita:

I – ao adolescente e ao seu defensor;

II – quando não for encontrado o adolescente, a seus pais ou responsável, sem prejuízo do defensor.

§ 1º Sendo outra a medida aplicada, a intimação far-se-á unicamente na pessoa do defensor.

§ 2º Recaindo a intimação na pessoa do adolescente, deverá este manifestar se deseja ou não recorrer da sentença.

Seção VI
Da apuração de irregularidades em entidade de atendimento

Art. 191. O procedimento de apuração de irregularidades em entidade governamental e não governamental terá início mediante portaria da autoridade judiciária ou representação do Ministério Público ou do Conselho Tutelar, onde conste, necessariamente, resumo dos fatos.

→ *v.* Arts. 188 e 191 do CPC/1973.

→ *v.* Arts. 180 e 229, do NCPC.

Parágrafo único. Havendo motivo grave, poderá a autoridade judiciária, ouvido o Ministério Público, decretar liminarmente o afastamento provisório do dirigente da entidade, mediante decisão fundamentada.

Art. 192. O dirigente da entidade será citado para, no prazo de 10 (dez) dias, oferecer resposta escrita, podendo juntar documentos e indicar as provas a produzir.

Art. 193. Apresentada ou não a resposta, e sendo necessário, a autoridade judiciária designará audiência de instrução e julgamento, intimando as partes.

§ 1º Salvo manifestação em audiência, as partes e o Ministério Público terão 5 (cinco) dias para oferecer alegações finais, decidindo a autoridade judiciária em igual prazo.

§ 2º Em se tratando de afastamento provisório ou definitivo de dirigente de entidade governamental, a autoridade judiciária oficiará à autoridade administrativa imediatamente superior ao afastado, marcando prazo para a substituição.

§ 3º Antes de aplicar qualquer das medidas, a autoridade judiciária poderá fixar prazo para a remoção das irregularidades verificadas. Satisfeitas as exigências, o processo será extinto, sem julgamento de mérito.

§ 4º A multa e a advertência serão impostas ao dirigente da entidade ou programa de atendimento.

Seção VII
Da apuração de infração administrativa às normas de proteção à criança e ao adolescente

→ *v.* Arts. 245 a 258-B do ECA.

Art. 194. O procedimento para imposição de penalidade administrativa por infração às normas de proteção à criança e ao adolescente terá início por representação do Ministério Público, ou do Conselho Tutelar, ou auto de infração elaborado por servidor efetivo ou voluntário credenciado, e assinado por 2 (duas) testemunhas, se possível.

§ 1º No procedimento iniciado com o auto de infração, poderão ser usadas fórmulas impressas, especificando-se a natureza e as circunstâncias da infração.

§ 2º Sempre que possível, à verificação da infração seguir-se-á a lavratura do auto, certificando-se, em caso contrário, dos motivos do retardamento.

Art. 195. O requerido terá prazo de 10 (dez) dias para apresentação de defesa, contado da data da intimação, que será feita:

I – pelo autuante, no próprio auto, quando este for lavrado na presença do requerido;

II – por oficial de justiça ou funcionário legalmente habilitado, que entregará cópia do auto ou da representação ao requerido, ou a seu representante legal, lavrando certidão;

III – por via postal, com aviso de recebimento, se não for encontrado o requerido ou seu representante legal;

IV – por edital, com prazo de 30 (trinta) dias, se incerto ou não sabido o paradeiro do requerido ou de seu representante legal.

Art. 196. Não sendo apresentada a defesa no prazo legal, a autoridade judiciária dará vista dos autos ao Ministério Público, por 5 (cinco) dias, decidindo em igual prazo.

Art. 197. Apresentada a defesa, a autoridade judiciária procederá na conformidade do artigo anterior, ou, sendo necessário, designará audiência de instrução e julgamento.

Parágrafo único. Colhida a prova oral, manifestar-se-ão sucessivamente o Ministério Público e o procurador do requerido, pelo tempo de 20 (vinte) minutos para cada um, prorrogável por mais 10 (dez), a critério da autoridade judiciária, que em seguida proferirá sentença.

Seção VIII
Da habilitação de pretendentes à adoção

→ Seção VIII acrescentada pela Lei 12.010/2009.

Art. 197-A. Os postulantes à adoção, domiciliados no Brasil, apresentarão petição inicial na qual conste:

→ Artigo acrescentado pela Lei 12.010/2009.

I – qualificação completa;

II – dados familiares;

III – cópias autenticadas de certidão de nascimento ou casamento, ou declaração relativa ao período de união estável;

IV – cópias da cédula de identidade e inscrição no Cadastro de Pessoas Físicas;

V – comprovante de renda e domicílio;

VI – atestados de sanidade física e mental;

VII – certidão de antecedentes criminais;

VIII – certidão negativa de distribuição cível.

Art. 197-B. A autoridade judiciária, no prazo de 48 (quarenta e oito) horas, dará vista dos autos ao Ministério Público, que no prazo de 5 (cinco) dias poderá:

→ Artigo acrescentado pela Lei 12.010/2009.

I – apresentar quesitos a serem respondidos pela equipe interprofissional encarregada de elaborar o estudo técnico a que se refere o art. 197-C desta Lei;

II – requerer a designação de audiência para oitiva dos postulantes em juízo e testemunhas;

III – requerer a juntada de documentos complementares e a realização de outras diligências que entender necessárias.

Art. 197-C. Intervirá no feito, obrigatoriamente, equipe interprofissional a serviço da Justiça da Infância e da Juventude, que deverá elaborar estudo psicossocial, que conterá subsídios que permitam aferir a capacidade e o preparo dos postulantes para o exercício de uma paternidade ou maternidade responsável, à luz dos requisitos e princípios desta Lei.

→ Artigo acrescentado pela Lei 12.010/2009.

§ 1º É obrigatória a participação dos postulantes em programa oferecido pela Justiça da Infância e da Juventude preferencialmente com apoio dos técnicos responsáveis pela execução da política municipal de garantia do direito à convivência familiar, que inclua preparação psicológica, orientação e estímulo à adoção inter-racial, de crianças maiores ou de adolescentes, com necessidades específicas de saúde ou com deficiências e de grupos de irmãos.

§ 2º Sempre que possível e recomendável, a etapa obrigatória da preparação referida no § 1º deste artigo incluirá o contato com crianças e adolescentes em regime de acolhimento familiar ou institucional em condições de serem adotados, a ser realizado sob a orientação, supervisão e avaliação da equipe técnica da Justiça da Infância e da Juventude, com o apoio dos técnicos responsáveis pelo programa de acolhimento familiar ou institucional e pela execução da política municipal de garantia do direito à convivência familiar.

Art. 197-D. Certificada nos autos a conclusão da participação no programa referido no art. 197-C desta Lei, a autoridade judiciária, no prazo de 48 (quarenta e oito) horas, decidirá acerca das diligências requeridas pelo Ministério Público e determinará a juntada do estudo psicossocial, designando, conforme o caso, audiência de instrução e julgamento.

→ Artigo acrescentado pela Lei 12.010/2009.

Parágrafo único. Caso não sejam requeridas diligências, ou sendo essas indeferidas, a autoridade judiciária determinará a juntada do estudo psicossocial, abrindo a seguir vista dos autos ao Ministério Público, por 5 (cinco) dias, decidindo em igual prazo.

Art. 197-E. Deferida a habilitação, o postulante será inscrito nos cadastros referidos no art. 50 desta Lei, sendo a sua convocação para a adoção feita de acordo com ordem cronológica de habilitação e conforme a disponibilidade de crianças ou adolescentes adotáveis.

→ Artigo acrescentado pela Lei 12.010/2009.

§ 1º A ordem cronológica das habilitações somente poderá deixar de ser observada pela autoridade judiciária nas hipóteses previstas no § 13 do art. 50 desta Lei, quando comprovado ser essa a melhor solução no interesse do adotando.

§ 2º A recusa sistemática na adoção das crianças ou adolescentes indicados importará na reavaliação da habilitação concedida.

Capítulo IV
DOS RECURSOS

→ *v.* Arts. 475 e 520 do CPC/1973.

→ *v.* Arts. 496 e 1.012, do NCPC.

Art. 198. Nos procedimentos afetos à Justiça da Infância e da Juventude, inclusive os relativos à execução das medidas socioeducativas, adotar-se-á o sistema recursal da Lei 5.869, de 11 de janeiro de 1973 (Código de Processo Civil), com as seguintes adaptações:

→ *Caput* com redação alterada pela Lei 12.594/2012.

→ *v.* Lei 13.105/2015 – Institui o Novo Código de Processo Civil, em vigor após decorrido 1 (um) ano da data de sua publicação oficial (Art. 1.045 do NCPC) – *D.O.U.* de 17.3.2015.

I – os recursos serão interpostos independentemente de preparo;

II – em todos os recursos, salvo nos embargos de declaração, o prazo para o Ministério Público e para a defesa será sempre de 10 (dez) dias;

→ Inciso II com redação alterada pela Lei 12.594/2012.

III – os recursos terão preferência de julgamento e dispensarão revisor;

IV – (*Revogado pela Lei 12.010/2009*).

V – (*Revogado pela Lei 12.010/2009*).

VI – (*Revogado pela Lei 12.010/2009*).

VII – antes de determinar a remessa dos autos à superior instância, no caso de apelação, ou do instrumento, no caso de agravo, a autoridade judiciária proferirá despacho fundamentado, mantendo ou reformando a decisão, no prazo de 5 (cinco) dias;

VIII – mantida a decisão apelada ou agravada, o escrivão remeterá os autos ou o instrumento à superior instância dentro de 24 (vinte e quatro) horas, independentemente de novo pedido do recorrente; se a reformar, a remessa dos autos dependerá de pedido expresso da parte interessada ou do Ministério Público, no prazo de 5 (cinco) dias, contados da intimação.

Art. 199. Contra as decisões proferidas com base no art. 149 caberá recurso de apelação.

Art. 199-A. A sentença que deferir a adoção produz efeito desde logo, embora sujeita a apelação, que será recebida exclusivamente no efeito devolutivo, salvo se se tratar de adoção internacional ou se houver perigo de dano irreparável ou de difícil reparação ao adotando.

→ Artigo acrescentado pela Lei 12.010/2009.

Art. 199-B. A sentença que destituir ambos ou qualquer dos genitores do poder familiar fica sujeita a apelação, que deverá ser recebida apenas no efeito devolutivo.

→ Artigo acrescentado pela Lei 12.010/2009.

Art. 199-C. Os recursos nos procedimentos de adoção e de destituição de poder familiar, em face da relevância das questões, serão processados com prioridade absoluta, devendo ser imediatamente distribuídos, ficando vedado que aguardem, em qualquer situação, oportuna distribuição, e serão colocados em mesa para julgamento sem revisão e com parecer urgente do Ministério Público.

→ Artigo acrescentado pela Lei 12.010/2009.

Art. 199-D. O relator deverá colocar o processo em mesa para julgamento no prazo máximo de 60 (sessenta) dias, contado da sua conclusão.

→ Artigo acrescentado pela Lei 12.010/2009.

Parágrafo único. O Ministério Público será intimado da data do julgamento e poderá na sessão, se entender necessário, apresentar oralmente seu parecer.

Art. 199-E. O Ministério Público poderá requerer a instauração de procedimento para apuração de responsabilidades se constatar o descumprimento das providências e do prazo previstos nos artigos anteriores.

→ Artigo acrescentado pela Lei 12.010/2009.

Capítulo V
DO MINISTÉRIO PÚBLICO

→ *v.* Arts. 5º, X, 37, 93, IX, 127 a 129 da CF/1988.

→ *v.* Art. 927 e ss. do CC.

→ *v.* Lei 8.625/1993 – Lei Orgânica Nacional do Ministério Público.

Art. 200. As funções do Ministério Público, previstas nesta Lei, serão exercidas nos termos da respectiva Lei Orgânica.

Art. 201. Compete ao Ministério Público:

I – conceder a remissão como forma de exclusão do processo;

II – promover e acompanhar os procedimentos relativos às infrações atribuídas a adolescentes;

III – promover e acompanhar as ações de alimentos e os procedimentos de suspensão e destituição do poder familiar, nomeação e remoção de tutores, curadores e guardiães, bem como oficiar em todos os demais procedimentos da competência da Justiça da Infância e da Juventude;

IV – promover, de ofício ou por solicitação dos interessados, a especialização e a inscrição de hipoteca legal e a prestação de contas dos tutores, curadores e quaisquer administradores de bens de crianças e adolescentes nas hipóteses do art. 98;

V – promover o inquérito civil e a ação civil pública para a proteção dos interesses individuais, difusos ou coletivos relativos à infância e à adolescência, inclusive os definidos no art. 220, § 3º, inciso II, da Constituição Federal;

VI – instaurar procedimentos administrativos e, para instruí-los:

a) expedir notificações para colher depoimentos ou esclarecimentos e, em caso de não comparecimento injustificado, requisitar condução coercitiva, inclusive pela polícia civil ou militar;

b) requisitar informações, exames, perícias e documentos de autoridades municipais, estaduais e federais, da administração direta ou indireta, bem como promover inspeções e diligências investigatórias;

c) requisitar informações e documentos a particulares e instituições privadas;

VII – instaurar sindicâncias, requisitar diligências investigatórias e determinar a instauração de inquérito policial, para apuração de ilícitos ou infrações às normas de proteção à infância e à juventude;

VIII – zelar pelo efetivo respeito aos direitos e garantias legais assegurados às crianças e adolescentes, promovendo as medidas judiciais e extrajudiciais cabíveis;

IX – impetrar mandado de segurança, de injunção e *habeas corpus*, em qualquer juízo, instância ou tribunal, na defesa dos interesses sociais e individuais indisponíveis afetos à criança e ao adolescente;

X – representar ao juízo visando à aplicação de penalidade por infrações cometidas contra as normas de proteção à infância e à juventude, sem prejuízo da promoção da responsabilidade civil e penal do infrator, quando cabível;

XI – inspecionar as entidades públicas e particulares de atendimento e os programas de que trata esta Lei, adotando de pronto as medidas administrativas ou judiciais necessárias à remoção de irregularidades porventura verificadas;

XII – requisitar força policial, bem como a colaboração dos serviços médicos, hospitalares, educacionais e de assistência social, públicos ou privados, para o desempenho de suas atribuições.

§ 1º A legitimação do Ministério Público para as ações cíveis previstas neste artigo não impede a de terceiros, nas mesmas hipóteses, segundo dispuserem a Constituição e esta Lei.

§ 2º As atribuições constantes deste artigo não excluem outras, desde que compatíveis com a finalidade do Ministério Público.

§ 3º O representante do Ministério Público, no exercício de suas funções, terá livre acesso a todo local onde se encontre criança ou adolescente.

§ 4º O representante do Ministério Público será responsável pelo uso indevido das informações e documentos que requisitar, nas hipóteses legais de sigilo.

§ 5º Para o exercício da atribuição de que trata o inciso VIII deste artigo, poderá o representante do Ministério Público:

a) reduzir a termo as declarações do reclamante, instaurando o competente procedimento, sob sua presidência;

b) entender-se diretamente com a pessoa ou autoridade reclamada, em dia, local e horário previamente notificados ou acertados;

c) efetuar recomendações visando à melhoria dos serviços públicos e de relevância pública afetos à criança e ao adolescente, fixando prazo razoável para sua perfeita adequação.

Art. 202. Nos processos e procedimentos em que não for parte, atuará obrigatoriamente o Ministério Público na defesa dos direitos e interesses de que cuida esta Lei, hipótese em que terá vista dos autos depois das partes, podendo juntar documentos e requerer diligência, usando os recursos cabíveis.

Art. 203. A intimação do Ministério Público, em qualquer caso, será feita pessoalmente.

Art. 204. A falta de intervenção do Ministério Público acarreta a nulidade do feito, que será declarada de ofício pelo juiz ou a requerimento de qualquer interessado.

Art. 205. As manifestações processuais do representante do Ministério Público deverão ser fundamentadas.

Capítulo VI
DO ADVOGADO

→ *v.* Arts. 5º, LXXIV, 133 e 135 da CF/1988.

→ *v.* Art. 265, § 2º, do CPP.

→ *v.* Lei 8.906/1994 – Estatuto da Advocacia e a Ordem dos Advogados do Brasil.

Art. 206. A criança ou o adolescente, seus pais ou responsável, e qualquer pessoa que tenha legítimo interesse na solução da lide poderão intervir nos procedimentos de que trata esta Lei, através de advogado, o qual será intimado para todos os atos, pessoalmente ou por publicação oficial, respeitado o segredo de justiça.

Parágrafo único. Será prestada assistência judiciária integral e gratuita àqueles que dela necessitarem.

Art. 207. Nenhum adolescente a quem se atribua a prática de ato infracional, ainda que ausente ou foragido, será processado sem defensor.

§ 1º Se o adolescente não tiver defensor, ser-lhe-á nomeado pelo juiz, ressalvado o direito de, a todo tempo, constituir outro de sua preferência.

§ 2º A ausência do defensor não determinará o adiamento de nenhum ato do processo, devendo o juiz nomear substituto, ainda que provisoriamente, ou para o só efeito do ato.

§ 3º Será dispensada a outorga de mandato, quando se tratar de defensor nomeado ou, sido constituído, tiver sido indicado por ocasião de ato formal com a presença da autoridade judiciária.

Capítulo VII
DA PROTEÇÃO JUDICIAL DOS INTERESSES INDIVIDUAIS, DIFUSOS E COLETIVOS

→ *v.* Art. 225 da CF/1988.

→ *v.* Lei 12.016/2009 – Mandado de segurança.

→ *v.* Lei 8.078/1990 – Código de Defesa do Consumidor.

→ *v.* Lei 7.347/1985 – Ação civil pública.

Art. 208. Regem-se pelas disposições desta Lei as ações de responsabilidade por ofensa aos direitos assegurados à criança e ao adolescente, referentes ao não oferecimento ou oferta irregular:

I – do ensino obrigatório;

II – de atendimento educacional especializado aos portadores de deficiência;

III – de atendimento em creche e pré-escola às crianças de 0 (zero) a 6 (seis) anos de idade;

IV – de ensino noturno regular, adequado às condições do educando;

V – de programas suplementares de oferta de material didático-escolar, transporte e assistência à saúde do educando do ensino fundamental;

VI – de serviço de assistência social visando à proteção à família, à maternidade, à infância e à adolescência, bem como ao amparo às crianças e adolescentes que dele necessitem;

VII – de acesso às ações e serviços de saúde;

VIII – de escolarização e profissionalização dos adolescentes privados de liberdade;

IX – de ações, serviços e programas de orientação, apoio e promoção social de famílias e destinados ao pleno exercício do direito à convivência familiar por crianças e adolescentes.

→ Inciso IX acrescentado pela Lei 12.010/2009.

X – de programas de atendimento para a execução das medidas socioeducativas e aplicação de medidas de proteção.

→ Inciso X acrescentado pela Lei 12.594/2012.

§ 1º As hipóteses previstas neste artigo não excluem da proteção judicial outros interesses individuais, difusos ou coletivos, próprios da infância e da adolescência, protegidos pela Constituição e pela Lei.

→ Anterior parágrafo único renumerado para § 1º pela Lei 11.259/2005.

§ 2º A investigação do desaparecimento de crianças ou adolescentes será realizada imediatamente após notificação aos órgãos competentes, que deverão comunicar o fato aos portos, aeroportos, Polícia Rodoviária e companhias de transporte interestaduais e internacionais, fornecendo-lhes todos os dados necessários à identificação do desaparecido.

→ § 2º acrescentado pela Lei 11.259/2005.

Art. 209. As ações previstas neste Capítulo serão propostas no foro do local onde ocorreu ou deva ocorrer a ação ou omissão, cujo juízo terá competência absoluta para processar a causa, ressalvadas a competência da Justiça Federal e a competência originária dos Tribunais Superiores.

Art. 210. Para as ações cíveis fundadas em interesses coletivos ou difusos, consideram-se legitimados concorrentemente:

I – o Ministério Público;

II – a União, os Estados, os Municípios, o Distrito Federal e os Territórios;

III – as associações legalmente constituídas há pelo menos um ano e que incluam entre seus fins institucionais a defesa dos interesses e direitos protegidos por esta Lei, dispensada a autorização da assembleia, se houver prévia autorização estatutária.

§ 1º Admitir-se-á litisconsórcio facultativo entre os Ministérios Públicos da União e dos Estados na defesa dos interesses e direitos de que cuida esta Lei.

§ 2º Em caso de desistência ou abandono da ação por associação legitimada, o Ministério Público ou outro legitimado poderá assumir a titularidade ativa.

Art. 211. Os órgãos públicos legitimados poderão tomar dos interessados compromisso de ajustamento de sua conduta às exigências legais, o qual terá eficácia de título executivo extrajudicial.

Art. 212. Para defesa dos direitos e interesses protegidos por esta Lei, são admissíveis todas as espécies de ações pertinentes.

§ 1º Aplicam-se às ações previstas neste Capítulo as normas do Código de Processo Civil.

→ *v.* Lei 13.105/2015 – Institui o Novo Código de Processo Civil, em vigor após decorrido 1 (um) ano da data de sua publicação oficial (Art. 1.045 do NCPC) – *D.O.U.* de 17.3.2015.

§ 2º Contra atos ilegais ou abusivos de autoridade pública ou agente de pessoa jurídica no exercício de atribuições do Poder Público, que lesem direito líquido e certo previsto nesta Lei, caberá ação mandamental, que se regerá pelas normas da lei do mandado de segurança.

Art. 213. Na ação que tenha por objeto o cumprimento de obrigação de fazer ou não fazer, o juiz concederá a tutela específica da obrigação ou determinará providências que assegurem o resultado prático equivalente ao do adimplemento.

§ 1º Sendo relevante o fundamento da demanda e havendo justificado receio de ineficácia do provimento final, é lícito ao juiz conceder a tutela liminarmente ou após justificação prévia, citando o réu.

§ 2º O juiz poderá, na hipótese do parágrafo anterior ou na sentença, impor multa diária ao réu, independentemente de pedido do autor, se for suficiente ou compatível com a obrigação, fixando prazo razoável para o cumprimento do preceito.

§ 3º A multa só será exigível do réu após o trânsito em julgado da sentença favorável ao autor, mas será devida desde o dia em que se houver configurado o descumprimento.

Art. 214. Os valores das multas reverterão ao fundo gerido pelo Conselho dos Direitos da Criança e do Adolescente do respectivo município.

§ 1º As multas não recolhidas até 30 (trinta) dias após o trânsito em julgado da decisão serão exigidas através de execução promovida pelo Ministério Público, nos mesmos autos, facultada igual iniciativa aos demais legitimados.

§ 2º Enquanto o fundo não for regulamentado, o dinheiro ficará depositado em estabelecimento oficial de crédito, em conta com correção monetária.

Art. 215. O juiz poderá conferir efeito suspensivo aos recursos, para evitar dano irreparável à parte.

Art. 216. Transitada em julgado a sentença que impuser condenação ao Poder Público, o juiz determinará a remessa de peças à autoridade competente, para apuração da responsabilidade civil e administrativa do agente a que se atribua a ação ou omissão.

Art. 217. Decorridos 60 (sessenta) dias do trânsito em julgado da sentença condenatória sem que a associação autora lhe promova a execução, deverá fazê-lo o Ministério Público, facultada igual iniciativa aos demais legitimados.

Art. 218. O juiz condenará a associação autora a pagar ao réu os honorários advocatícios arbitrados na conformidade do § 4º do art. 20 da Lei 5.869, de 11 de janeiro de 1973 – Código de Processo Civil, quando reconhecer que a pretensão é manifestamente infundada.

→ *v.* Lei 13.105/2015 – Institui o Novo Código de Processo Civil, em vigor após decorrido 1 (um) ano da data de sua publicação oficial (Art. 1.045 do NCPC) – D.O.U. de 17.3.2015.

Parágrafo único. Em caso de litigância de má-fé, a associação autora e os diretores responsáveis pela propositura da ação serão solidariamente condenados ao décuplo das custas, sem prejuízo de responsabilidade por perdas e danos.

Art. 219. Nas ações de que trata este Capítulo, não haverá adiantamento de custas, emolumentos, honorários periciais e quaisquer outras despesas.

Art. 220. Qualquer pessoa poderá e o servidor público deverá provocar a iniciativa do Ministério Público, prestando-lhe informações sobre fatos que constituam objeto de ação civil, e indicando-lhe os elementos de convicção.

Art. 221. Se, no exercício de suas funções, os juízes e tribunais tiverem conhecimento de fatos que possam ensejar a propositura de ação civil, remeterão peças ao Ministério Público para as providências cabíveis.

Art. 222. Para instruir a petição inicial, o interessado poderá requerer às autoridades competentes as certidões e informações que julgar necessárias, que serão fornecidas no prazo de 15 (quinze) dias.

Art. 223. O Ministério Público poderá instaurar, sob sua presidência, inquérito civil, ou requisitar, de qualquer pessoa, organismo público ou particular, certidões, informações, exames ou perícias, no prazo que assinalar, o qual não poderá ser inferior a 10 (dez) dias úteis.

§ 1º Se o órgão do Ministério Público, esgotadas todas as diligências, se convencer da inexistência de fundamento para a propositura da ação cível, promoverá o arquivamento dos autos do inquérito civil ou das peças informativas, fazendo-o fundamentadamente.

§ 2º Os autos do inquérito civil ou as peças de informação arquivados serão remetidos, sob pena de se incorrer em falta grave, no prazo de 3 (três) dias, ao Conselho Superior do Ministério Público.

§ 3º Até que seja homologada ou rejeitada a promoção de arquivamento, em sessão do Conselho Superior do Ministério Público, poderão as associações legitimadas apresentar razões escritas ou documentos, que serão juntados aos autos do inquérito ou anexados às peças de informação.

§ 4º A promoção de arquivamento será submetida a exame e deliberação do Conselho Superior do Ministério Público, conforme dispuser o seu Regimento.

§ 5º Deixando o Conselho Superior de homologar a promoção de arquivamento, designará, desde logo, outro órgão do Ministério Público para o ajuizamento da ação.

Art. 224. Aplicam-se subsidiariamente, no que couber, as disposições da Lei 7.347, de 24 de julho de 1985.

Título VII
Dos crimes e das infrações administrativas

Capítulo I
DOS CRIMES

Seção I
Disposições gerais

Art. 225. Este Capítulo dispõe sobre crimes praticados contra a criança e o adolescente, por ação ou omissão, sem prejuízo do disposto na legislação penal.

Art. 226. Aplicam-se aos crimes definidos nesta Lei as normas da Parte Geral do Código Penal e, quanto ao processo, as pertinentes ao Código de Processo Penal.

→ *v.* Súmula 338 do STJ.

→ *v.* Arts. 61, II, *h*, 109 e ss. do CP.

→ *v.* Art. 40, VI, da Lei 11.343/2006.

Art. 227. Os crimes definidos nesta Lei são de ação pública incondicionada.

Seção II
Dos crimes em espécie

Art. 228. Deixar o encarregado de serviço ou o dirigente de estabelecimento de atenção à saúde de gestante de manter registro das atividades desenvolvidas, na forma e prazo referidos no art. 10 desta Lei, bem como de fornecer à parturiente ou a seu responsável, por ocasião da alta médica, declaração de nascimento, onde constem as intercorrências do parto e do desenvolvimento do neonato:

Pena – detenção de 6 (seis) meses a 2 (dois) anos.

Parágrafo único. Se o crime é culposo:

Pena – detenção de 2 (dois) a 6 (seis) meses, ou multa.

Art. 229. Deixar o médico, enfermeiro ou dirigente de estabelecimento de atenção à saúde de gestante de identificar corretamente o neonato e a parturiente, por ocasião do parto, bem como deixar de proceder aos exames referidos no art. 10 desta Lei:

Pena – detenção de 6 (seis) meses a 2 (dois) anos.

Parágrafo único. Se o crime é culposo:

Pena – detenção de 2 (dois) a 6 (seis) meses, ou multa.

Art. 230. Privar a criança ou o adolescente de sua liberdade, procedendo à sua apreensão sem estar em flagrante de ato infracional ou inexistindo ordem escrita da autoridade judiciária competente:

→ v. Súmula 711 do STF.

→ v. Art. 148 do CP.

Pena – detenção de 6 (seis) meses a 2 (dois) anos.

Parágrafo único. Incide na mesma pena aquele que procede à apreensão sem observância das formalidades legais.

Art. 231. Deixar a autoridade policial responsável pela apreensão de criança ou adolescente de fazer imediata comunicação à autoridade judiciária competente e à família do apreendido ou à pessoa por ele indicada:

→ v. Art. 4º, *c*, da Lei 4.898/1965.

Pena – detenção de 6 (seis) meses a 2 (dois) anos.

Art. 232. Submeter criança ou adolescente sob sua autoridade, guarda ou vigilância a vexame ou a constrangimento:

→ v. Art. 4º, *b*, da Lei 4.898/1965.

Pena – detenção de 6 (seis) meses a 2 (dois) anos.

Art. 233. (*Revogado pela Lei 9.455/1997*).

Art. 234. Deixar a autoridade competente, sem justa causa, de ordenar a imediata liberação de criança ou adolescente, tão logo tenha conhecimento da ilegalidade da apreensão:

→ v. Art. 4º, *d*, da Lei 4.898/1965.

Pena – detenção de 6 (seis) meses a 2 (dois) anos.

Art. 235. Descumprir, injustificadamente, prazo fixado nesta Lei em benefício de adolescente privado de liberdade:

→ v. Art. 4º, *i*, da Lei 4.898/1965.

Pena – detenção de 6 (seis) meses a 2 (dois) anos.

Art. 236. Impedir ou embaraçar a ação de autoridade judiciária, membro do Conselho Tutelar ou representante do Ministério Público no exercício de função prevista nesta Lei:

→ v. Art. 95 do ECA.

Pena – detenção de 6 (seis) meses a 2 (dois) anos.

Art. 237. Subtrair criança ou adolescente ao poder de quem o tem sob sua guarda em virtude de lei ou ordem judicial, com o fim de colocação em lar substituto:

Pena – reclusão de 2 (dois) a 6 (seis) anos, e multa.

Art. 238. Prometer ou efetivar a entrega de filho ou pupilo a terceiro, mediante paga ou recompensa:

→ v. Art. 245 do CP.

Pena – reclusão de 1 (um) a 4 (quatro) anos, e multa.

Parágrafo único. Incide nas mesmas penas quem oferece ou efetiva a paga ou recompensa.

Art. 239. Promover ou auxiliar a efetivação de ato destinado ao envio de criança ou adolescente para o exterior com inobservância das formalidades legais ou com o fito de obter lucro:

Pena – reclusão de 4 (quatro) a 6 (seis) anos, e multa.

Parágrafo único. Se há emprego de violência, grave ameaça ou fraude:

Pena – reclusão, de 6 (seis) a 8 (oito) anos, além da pena correspondente à violência.

→ Parágrafo único acrescentado pela Lei 10.764/2003.

Art. 240. Produzir, reproduzir, dirigir, fotografar, filmar ou registrar, por qualquer meio, cena de sexo explícito ou pornográfica, envolvendo criança ou adolescente:

→ v. Art. 227 da CF/1988.

→ v. Art. 111, V, do CP.

Pena – reclusão, de 4 (quatro) a 8 (oito) anos, e multa.

→ Artigo com redação alterada pela Lei 11.829/2008.

→ v. Art. 33, § 2º, *c*, do CP.

§ 1º Incorre nas mesmas penas quem agencia, facilita, recruta, coage, ou de qualquer modo intermedeia a participação de criança ou adolescente nas cenas referidas no *caput* deste artigo, ou ainda quem com esses contracena.

§ 2º Aumenta-se a pena de 1/3 (um terço) se o agente comete o crime:

I – no exercício de cargo ou função pública ou a pretexto de exercê-la;

II – prevalecendo-se de relações domésticas, de coabitação ou de hospitalidade; ou

III – prevalecendo-se de relações de parentesco consanguíneo ou afim até o terceiro grau, ou por adoção, de tutor, curador, preceptor, empregador da vítima ou de quem, a qualquer outro título, tenha autoridade sobre ela, ou com seu consentimento.

Art. 241. Vender ou expor à venda fotografia, vídeo ou outro registro que contenha cena de sexo explícito ou pornográfica envolvendo criança ou adolescente:

Pena – reclusão, de 4 (quatro) a 8 (oito) anos, e multa.

→ Artigo com redação alterada pela Lei 11.829/2008.

Art. 241-A. Oferecer, trocar, disponibilizar, transmitir, distribuir, publicar ou divulgar por qualquer meio, inclusive por meio de sistema de informática ou telemático, fotografia, vídeo ou outro registro que contenha cena de sexo explícito ou pornográfica envolvendo criança ou adolescente:

Pena – reclusão, de 3 (três) a 6 (seis) anos, e multa.

→ Artigo acrescentado pela Lei 11.829/2008.

§ 1º Nas mesmas penas incorre quem:

I – assegura os meios ou serviços para o armazenamento das fotografias, cenas ou imagens de que trata o *caput* deste artigo;

II – assegura, por qualquer meio, o acesso por rede de computadores às fotografias, cenas ou imagens de que trata o *caput* deste artigo.

§ 2º As condutas tipificadas nos incisos I e II do § 1º deste artigo são puníveis quando o responsável legal pela prestação do serviço, oficialmente notificado, deixa de desabilitar o acesso ao conteúdo ilícito de que trata o *caput* deste artigo.

Art. 241-B. Adquirir, possuir ou armazenar, por qualquer meio, fotografia, vídeo ou outra forma de registro que contenha cena de sexo explícito ou pornográfica envolvendo criança ou adolescente:

Pena – reclusão, de 1 (um) a 4 (quatro) anos, e multa.

→ Artigo acrescentado pela Lei 11.829/2008.

§ 1º A pena é diminuída de 1 (um) a 2/3 (dois terços) se de pequena quantidade o material a que se refere o *caput* deste artigo.

§ 2º Não há crime se a posse ou o armazenamento tem a finalidade de comunicar às autoridades competentes a ocorrência das condutas descritas nos arts. 240, 241, 241-A e 241-C desta Lei, quando a comunicação for feita por:

I – agente público no exercício de suas funções;

II – membro de entidade, legalmente constituída, que inclua, entre suas finalidades institucionais, o recebimento, o processamento e o encaminhamento de notícia dos crimes referidos neste parágrafo;

III – representante legal e funcionários responsáveis de provedor de acesso ou serviço prestado por meio de rede de computadores, até o recebimento do material relativo à notícia feita à autoridade policial, ao Ministério Público ou ao Poder Judiciário.

§ 3º As pessoas referidas no § 2º deste artigo deverão manter sob sigilo o material ilícito referido.

Art. 241-C. Simular a participação de criança ou adolescente em cena de sexo explícito ou pornográfica por meio de adulteração, montagem ou modificação de fotografia, vídeo ou qualquer outra forma de representação visual:

Pena – reclusão, de 1 (um) a 3 (três) anos, e multa.

→ Artigo acrescentado pela Lei 11.829/2008.

Parágrafo único. Incorre nas mesmas penas quem vende, expõe à venda, disponibiliza, distribui, publica ou divulga por qualquer meio, adquire, possui ou armazena o material produzido na forma do *caput* deste artigo.

Art. 241-D. Aliciar, assediar, instigar ou constranger, por qualquer meio de comunicação, criança, com o fim de com ela praticar ato libidinoso:

Pena – reclusão, de 1 (um) a 3 (três) anos, e multa.

→ Artigo acrescentado pela Lei 11.829/2008.

Parágrafo único. Nas mesmas penas incorre quem:

I – facilita ou induz o acesso à criança de material contendo cena de sexo explícito ou pornográfica com o fim de com ela praticar ato libidinoso;

II – pratica as condutas descritas no *caput* deste artigo com o fim de induzir criança a se exibir de forma pornográfica ou sexualmente explícita.

Art. 241-E. Para efeito dos crimes previstos nesta Lei, a expressão "cena de sexo explícito ou pornográfica" compreende qualquer situação que envolva criança ou adolescente em atividades sexuais explícitas, reais ou simuladas, ou exibição dos órgãos genitais de uma criança ou adolescente para fins primordialmente sexuais.

→ Artigo acrescentado pela Lei 11.829/2008.

Art. 242. Vender, fornecer ainda que gratuitamente ou entregar, de qualquer forma, a criança ou adolescente arma, munição ou explosivo:

→ *V.* Art. 81, I, do ECA.

→ *V.* Art. 13 da Lei 10.826/2003.

Pena – reclusão, de 3 (três) a 6 (seis) anos.

→ Pena com redação alterada pela Lei 10.764/2003.

Art. 243. Vender, fornecer, servir, ministrar ou entregar, ainda que gratuitamente, de qualquer forma, a criança ou a adolescente, bebida alcoólica ou, sem justa causa, outros produtos cujos componentes possam causar dependência física ou psíquica:

→ *Caput* com redação alterada pela Lei 13.106/2015.

Pena – detenção, de 2 (dois) a 4 (quatro) anos, e multa, se o fato não constitui crime mais grave.

→ Pena com redação alterada pela Lei 13.106/2015.

Art. 244. Vender, fornecer ainda que gratuitamente ou entregar, de qualquer forma, a criança ou adolescente fogos de estampido ou de artifício, exceto aqueles que, pelo seu reduzido potencial, sejam incapazes de provocar qualquer dano físico em caso de utilização indevida:

Pena – detenção de 6 (seis) meses a 2 (dois) anos, e multa.

Art. 244-A. Submeter criança ou adolescente, como tais definidos no *caput* do art. 2º desta Lei, à prostituição ou à exploração sexual:

Pena – reclusão de 4 (quatro) a 10 (dez) anos, e multa.

→ Artigo acrescentado pela Lei 9.975/2000.

§ 1º Incorrem nas mesmas penas o proprietário, o gerente ou o responsável pelo local em que se verifique a submissão de criança ou adolescente às práticas referidas no *caput* deste artigo.

→ *V.* Art. 29 do CP.

§ 2º Constitui efeito obrigatório da condenação a cassação da licença de localização e de funcionamento do estabelecimento.

Art. 244-B. Corromper ou facilitar a corrupção de menor de 18 (dezoito) anos, com ele praticando infração penal ou induzindo-o a praticá-la:

Pena – reclusão, de 1 (um) a 4 (quatro) anos.

→ Artigo acrescentado pela Lei 12.015/2009.

§ 1º Incorre nas penas previstas no *caput* deste artigo quem pratica as condutas ali tipificadas utilizando-se de quaisquer meios eletrônicos, inclusive salas de bate-papo da internet.

§ 2º As penas previstas no *caput* deste artigo são aumentadas de 1/3 (um terço) no caso de a infração cometida ou induzida estar incluída no rol do art. 1º da Lei 8.072, de 25 de julho de 1990.

Capítulo II
DAS INFRAÇÕES ADMINISTRATIVAS

Art. 245. Deixar o médico, professor ou responsável por estabelecimento de atenção à saúde e de ensino fundamental, pré-escola ou creche, de comunicar à autoridade competente os casos de que tenha conhecimento, envolvendo suspeita ou confirmação de maus-tratos contra criança ou adolescente:

Pena – multa de três a vinte salários de referência, aplicando-se o dobro em caso de reincidência.

Art. 246. Impedir o responsável ou funcionário de entidade de atendimento o exercício dos direitos constantes nos incisos II, III, VII, VIII e XI do art. 124 desta Lei:

Pena – multa de três a vinte salários de referência, aplicando-se o dobro em caso de reincidência.

Art. 247. Divulgar, total ou parcialmente, sem autorização devida, por qualquer meio de comunicação, nome, ato ou documento de procedimento policial, administrativo ou judicial relativo a criança ou adolescente a que se atribua ato infracional:

Pena – multa de três a vinte salários de referência, aplicando-se o dobro em caso de reincidência.

§ 1º Incorre na mesma pena quem exibe, total ou parcialmente, fotografia de criança ou adolescente envolvido em ato infracional, ou qualquer ilustração que lhe diga respeito ou se refira a atos que lhe sejam atribuídos, de forma a permitir sua identificação, direta ou indiretamente.

§ 2º Se o fato for praticado por órgão de imprensa ou emissora de rádio ou televisão, além da pena prevista neste artigo, a autoridade judiciária poderá determinar a apreensão da publicação ou a suspensão da programação da emissora até por 2 (dois) dias, bem como da publicação do periódico até por dois números.

→ *V.* ADIn 8.692-2, (*D.O.U.* 3.9.2004) – o Plenário do STF decidiu pela inconstitucionalidade da expressão "ou a suspensão da programação da emissora até por 2 (dois) dias, bem como da publicação do periódico até por dois números", pois limita a liberdade de manifestação do pensamento, pelas suas variadas formas. Restrição que há de estar explícita ou implicitamente prevista na própria Constituição.

Art. 248. Deixar de apresentar à autoridade judiciária de seu domicílio, no prazo de 5 (cinco) dias, com o fim de regularizar a guarda, adolescente trazido de outra comarca para a prestação de serviço doméstico, mesmo que autorizado pelos pais ou responsável:

Pena – multa de três a vinte salários de referência, aplicando-se o dobro em caso de reincidência, independentemente das despesas de retorno do adolescente, se for o caso.

Art. 249. Descumprir, dolosa ou culposamente, os deveres inerentes ao poder familiar ou decorrentes de tutela ou guarda, bem assim determinação da autoridade judiciária ou Conselho Tutelar:

Pena – multa de três a vinte salários de referência, aplicando-se o dobro em caso de reincidência.

Art. 250. Hospedar criança ou adolescente desacompanhado dos pais ou responsável, ou sem autorização escrita desses ou da autoridade judiciária, em hotel, pensão, motel ou congênere:

Pena – multa.

→ Artigo com redação alterada pela Lei 12.038/2009.

§ 1º Em caso de reincidência, sem prejuízo da pena de multa, a autoridade judiciária poderá determinar o fechamento do estabelecimento por até 15 (quinze) dias.

§ 2º Se comprovada a reincidência em período inferior a 30 (trinta) dias, o estabelecimento será definitivamente fechado e terá sua licença cassada.

Art. 251. Transportar criança ou adolescente, por qualquer meio, com inobservância do disposto nos arts. 83, 84 e 85 desta Lei:

Pena – multa de três a vinte salários de referência, aplicando-se o dobro em caso de reincidência.

Art. 252. Deixar o responsável por diversão ou espetáculo público de afixar, em lugar visível e de fácil acesso, à entrada do local de exibição, informação destacada sobre a natureza da diversão ou espetáculo e a faixa etária especificada no certificado de classificação:

Pena – multa de três a vinte salários de referência, aplicando-se o dobro em caso de reincidência.

Art. 253. Anunciar peças teatrais, filmes ou quaisquer representações ou espetáculos, sem indicar os limites de idade a que não se recomendem:

Pena – multa de três a vinte salários de referência, duplicada em caso de reincidência, aplicável, separadamente, à casa de espetáculo e aos órgãos de divulgação ou publicidade.

Art. 254. Transmitir, através de rádio ou televisão, espetáculo em horário diverso do autorizado ou sem aviso de sua classificação:

Pena – multa de vinte a cem salários de referência; duplicada em caso de reincidência a autoridade judiciária poderá determinar a suspensão da programação da emissora por até 2 (dois) dias.

Art. 255. Exibir filme, *trailer*, peça, amostra ou congênere classificado pelo órgão competente como inadequado às crianças ou adolescentes admitidos ao espetáculo:

Pena – multa de vinte a cem salários de referência; na reincidência, a autoridade poderá determinar a suspensão do espetáculo ou o fechamento do estabelecimento por até 15 (quinze) dias.

Art. 256. Vender ou locar a criança ou adolescente fita de programação em vídeo, em desacordo com a classificação atribuída pelo órgão competente:

Pena – multa de três a vinte salários de referência; em caso de reincidência, a autoridade judiciária poderá determinar o fechamento do estabelecimento por até 15 (quinze) dias.

Art. 257. Descumprir obrigação constante dos arts. 78 e 79 desta Lei:

Pena – multa de três a vinte salários de referência, duplicando-se a pena em caso de reincidência, sem prejuízo de apreensão da revista ou publicação.

Art. 258. Deixar o responsável pelo estabelecimento ou o empresário de observar o que dispõe esta Lei sobre o acesso de criança ou adolescente aos locais de diversão, ou sobre sua participação no espetáculo:

Pena – multa de três a vinte salários de referência; em caso de reincidência, a autoridade judiciária poderá determinar o fechamento do estabelecimento por até 15 (quinze) dias.

Art. 258-A. Deixar a autoridade competente de providenciar a instalação e operacionalização dos cadastros previstos no art. 50 e no § 11 do art. 101 desta Lei:

Pena – multa de R$ 1.000,00 (mil reais) a R$ 3.000,00 (três mil reais).

→ Artigo acrescentado pela Lei 12.010/2009.

Parágrafo único. Incorre nas mesmas penas a autoridade que deixa de efetuar o cadastramento de crianças e de adolescentes em condições de serem adotadas, de pessoas ou casais habilitados à adoção e de crianças e adolescentes em regime de acolhimento institucional ou familiar.

Art. 258-B. Deixar o médico, enfermeiro ou dirigente de estabelecimento de atenção à saúde de gestante de efetuar imediato encaminhamento à autoridade judiciária de caso de que tenha conhecimento de mãe ou gestante interessada em entregar seu filho para adoção:

Pena – multa de R$ 1.000,00 (mil reais) a R$ 3.000,00 (três mil reais).

→ Artigo acrescentado pela Lei 12.010/2009.

Parágrafo único. Incorre na mesma pena o funcionário de programa oficial ou comunitário destinado à garantia do direito à convivência familiar que deixa de efetuar a comunicação referida no *caput* deste artigo.

Art. 258-C. Descumprir a proibição estabelecida no inciso II do art. 81:

Pena – multa de R$ 3.000,00 (três mil reais) a R$ 10.000,00 (dez mil reais);

Medida Administrativa – interdição do estabelecimento comercial até o recolhimento da multa aplicada.

→ Artigo acrescentado pela Lei 13.106/2015.

Disposições finais e transitórias

Art. 259. A União, no prazo de 90 (noventa) dias contados da publicação deste Estatuto, elaborará projeto de lei dispondo sobre a criação ou adaptação de seus órgãos às diretrizes da política de atendimento fixadas no art. 88 e ao que estabelece o Título V do Livro II.

Parágrafo único. Compete aos Estados e Municípios promoverem a adaptação de seus órgãos e programas às diretrizes e princípios estabelecidos nesta Lei.

Art. 260. Os contribuintes poderão efetuar doações aos Fundos dos Direitos da Criança e do Adolescente nacional, distrital, estaduais ou municipais, devidamente comprovadas, sendo essas integralmente deduzidas do imposto de renda, obedecidos os seguintes limites:

→ *Caput* com redação alterada pela Lei 12.594/2012.

I – 1% (um por cento) do imposto sobre a renda devido apurado pelas pessoas jurídicas tributadas com base no lucro real; e

→ Inciso I acrescentado pela Lei 12.594/2012.

II – 6% (seis por cento) do imposto sobre a renda apurado pelas pessoas físicas na Declaração de Ajuste Anual, observado o disposto no art. 22 da Lei 9.532, de 10 de dezembro de 1997.

→ Inciso II acrescentado pela Lei 12.594/2012.

§ 1º (*Revogado pela Lei 9.532/1997*).

§ 1º-A. Na definição das prioridades a serem atendidas com os recursos captados pelos Fundos Nacional, Estaduais e Municipais dos Direitos da Criança e do Adolescente, serão consideradas as disposições do Plano Nacional de Promoção, Proteção e Defesa dos Direitos de Crianças e Adolescentes à Convivência Familiar, bem como as regras e princípios relativos à garantia do direito à convivência familiar previstos nesta Lei.

→ § 1º-A acrescentado pela Lei 12.010/2009.

§ 2º Os Conselhos Municipais, Estaduais e Nacional dos Direitos da Criança e do Adolescente fixarão critérios de utilização, através de planos de aplicação das doações subsidiadas e demais receitas, aplicando necessariamente percentual para incentivo ao acolhimento, sob a forma de guarda, de criança ou adolescente, órfão ou abandonado, na forma do disposto no art. 227, § 3º, VI, da Constituição Federal.

§ 3º O Departamento da Receita Federal, do Ministério da Economia, Fazenda e Planejamento, regulamentará a comprovação das doações feitas aos Fundos, nos termos deste artigo.

→ § 3º acrescentado pela Lei 8.242/1991.

§ 4º O Ministério Público determinará em cada comarca a forma de fiscalização da aplicação, pelo Fundo Municipal dos Direitos da Criança e do Adolescente, dos incentivos fiscais referidos neste artigo.

→ § 4º acrescentado pela Lei 8.242/1991.

§ 5º Observado o disposto no § 4º do art. 3º da Lei 9.249, de 26 de dezembro de 1995, a dedução de que trata o inciso I do *caput*:

→ § 5º com redação alterada pela Lei 12.594/2012.

I – será considerada isoladamente, não se submetendo a limite em conjunto com outras deduções do imposto; e

II – não poderá ser computada como despesa operacional na apuração do lucro real.

Art. 260-A. A partir do exercício de 2010, ano-calendário de 2009, a pessoa física poderá optar pela doação de que trata o inciso II do *caput* do art. 260 diretamente em sua Declaração de Ajuste Anual.

→ Artigo acrescentado pela Lei 12.594/2012.

§ 1º A doação de que trata o *caput* poderá ser deduzida até os seguintes percentuais aplicados sobre o imposto apurado na declaração:

I – (*Vetado*);

II – (*Vetado*);

III – 3% (três por cento) a partir do exercício de 2012.

§ 2º A dedução de que trata o *caput*:

I – está sujeita ao limite de 6% (seis por cento) do imposto sobre a renda apurado na declaração de que trata o inciso II do *caput* do art. 260;

II – não se aplica à pessoa física que:

a) utilizar o desconto simplificado;

b) presentar declaração em formulário; ou

c) entregar a declaração fora do prazo;

III – só se aplica às doações em espécie; e

IV – não exclui ou reduz outros benefícios ou deduções em vigor.

§ 3º O pagamento da doação deve ser efetuado até a data de vencimento da primeira quota ou quota única do imposto, observadas instruções específicas da Secretaria da Receita Federal do Brasil.

§ 4º O não pagamento da doação no prazo estabelecido no § 3º implica a glosa definitiva desta parcela de dedução, ficando a pessoa física obrigada ao recolhimento da diferença de imposto devido apurado na Declaração de Ajuste Anual com os acréscimos legais previstos na legislação.

§ 5º A pessoa física poderá deduzir do imposto apurado na Declaração de Ajuste Anual as doações feitas, no respectivo ano-calendário, aos fundos controlados pelos Conselhos dos Direitos da Criança e do Adolescente municipais, distrital, estaduais e nacional concomitantemente com a opção de que trata o *caput*, respeitado o limite previsto no inciso II do art. 260.

Art. 260-B. A doação de que trata o inciso I do art. 260 poderá ser deduzida:

→ Artigo acrescentado pela Lei 12.594/2012.

I – do imposto devido no trimestre, para as pessoas jurídicas que apuram o imposto trimestralmente; e

II – o imposto devido mensalmente e no ajuste anual, para as pessoas jurídicas que apuram o imposto anualmente.

Parágrafo único. A doação deverá ser efetuada dentro do período a que se refere a apuração do imposto.

Art. 260-C. As doações de que trata o art. 260 desta Lei podem ser efetuadas em espécie ou em bens.

→ Artigo acrescentado pela Lei 12.594/2012.

Parágrafo único. As doações efetuadas em espécie devem ser depositadas em conta específica, em instituição financeira pública, vinculadas aos respectivos fundos de que trata o art. 260.

Art. 260-D. Os órgãos responsáveis pela administração das contas dos Fundos dos Direitos da Criança e do Adolescente nacional, estaduais, distrital e municipais devem emitir recibo em favor do doador, assinado por pessoa competente e pelo presidente do Conselho correspondente, especificando:

→ Artigo acrescentado pela Lei 12.594/2012.

I – número de ordem;

II – nome, Cadastro Nacional da Pessoa Jurídica (CNPJ) e endereço do emitente;

III – nome, CNPJ ou Cadastro de Pessoas Físicas (CPF) do doador;

IV – data da doação e valor efetivamente recebido; e

V – ano-calendário a que se refere a doação.

§ 1º O comprovante de que trata o *caput* deste artigo pode ser emitido anualmente, desde que discrimine os valores doados mês a mês.

§ 2º no caso de doação em bens, o comprovante deve conter a identificação dos bens, mediante descrição em campo próprio ou em relação anexa ao comprovante, informando também se houve avaliação, o nome, CPF ou CNPJ e endereço dos avaliadores.

Art. 260-E. Na hipótese da doação em bens, o doador deverá:

→ Artigo acrescentado pela Lei 12.594/2012.

I – comprovar a propriedade dos bens, mediante documentação hábil;

II – baixar os bens doados na declaração de bens e direitos, quando se tratar de pessoa física, e na escrituração, no caso de pessoa jurídica; e

III – considerar como valor dos bens doados:

a) para as pessoas físicas, o valor constante da última declaração do imposto de renda, desde que não exceda o valor de mercado;

b) para as pessoas jurídicas, o valor contábil dos bens.

Parágrafo único. O preço obtido em caso de leilão não será considerado na determinação do valor dos bens doados, exceto se o leilão for determinado por autoridade judiciária.

Art. 260-F. Os documentos a que se referem os arts. 260-D e 260-E devem ser mantidos pelo contribuinte por um prazo de 5 (cinco) anos para fins de comprovação da dedução perante a Receita Federal do Brasil.

→ Artigo acrescentado pela Lei 12.594/2012.

Art. 260-G. Os órgãos responsáveis pela administração das contas dos Fundos dos Direitos da Criança e do Adolescente nacional, estaduais, distrital e municipais devem:

→ Artigo acrescentado pela Lei 12.594/2012.

I – manter conta bancária específica destinada exclusivamente a gerir os recursos do Fundo;

II – manter controle das doações recebidas; e

III – informar anualmente à Secretaria da Receita Federal do Brasil as doações recebidas mês a mês, identificando os seguintes dados por doador:

a) nome, CNPJ ou CPF;

b) valor doado, especificando se a doação foi em espécie ou em bens.

Art. 260-H. Em caso de descumprimento das obrigações previstas no art. 260-G, a Secretaria da Receita Federal do Brasil dará conhecimento do fato ao Ministério Público.

→ Artigo acrescentado pela Lei 12.594/2012.

Art. 260-I. Os Conselhos dos Direitos da Criança e do Adolescente nacional, estaduais, distrital e municipais divulgarão amplamente à comunidade:

→ Artigo acrescentado pela Lei 12.594/2012.

I – o calendário de suas reuniões;

II – as ações prioritárias para aplicação das políticas de atendimento à criança e ao adolescente;

III – os requisitos para a apresentação de projetos a serem beneficiados com recursos dos Fundos dos Direitos da Criança e do Adolescente nacional, estaduais, distrital ou municipais;

IV – a relação dos projetos aprovados em cada ano-calendário e o valor dos recursos previstos para implementação das ações, por projeto;

V – o total dos recursos recebidos e a respectiva destinação, por projeto atendido, inclusive com cadastramento na base de dados do Sistema de Informações sobre a Infância e a Adolescência; e

VI – a avaliação dos resultados dos projetos beneficiados com recursos dos Fundos dos Direitos da Criança e do Adolescente nacional, estaduais, distrital e municipais.

Art. 260-J. O Ministério Público determinará, em cada Comarca, a forma de fiscalização da aplicação dos incentivos fiscais referidos no art. 260 desta Lei.

→ Artigo acrescentado pela Lei 12.594/2012.

Parágrafo único. O descumprimento do disposto nos arts. 260-G e 260-I sujeitará os infratores a responder por ação judicial proposta pelo Ministério Público, que poderá atuar de ofício, a requerimento ou representação de qualquer cidadão.

Art. 260-K. A Secretaria de Direitos Humanos da Presidência da República (SDH/PR) encaminhará à Secretaria da Receita Federal do Brasil, até 31 de outubro de cada ano, arquivo eletrônico contendo a relação atualizada dos Fundos dos Direitos da Criança e do Adolescente nacional, distrital, estaduais e municipais, com a indicação dos respectivos números de inscrição no CNPJ e das contas bancárias específicas mantidas em instituições financeiras públicas, destinadas exclusivamente a gerir os recursos dos Fundos.

→ Artigo acrescentado pela Lei 12.594/2012.

Art. 260-L. A Secretaria da Receita Federal do Brasil expedirá as instruções necessárias à aplicação do disposto nos arts. 260 a 260-K.

→ Artigo acrescentado pela Lei 12.594/2012.

Art. 261. À falta dos Conselhos Municipais dos Direitos da Criança e do Adolescente, os registros, inscrições e alterações a que se referem os arts. 90, parágrafo único, e 91 desta Lei serão efetuados perante a autoridade judiciária da comarca a que pertencer a entidade.

Parágrafo único. A União fica autorizada a repassar aos Estados e Municípios, e os Estados aos Municípios, os recursos referentes aos programas e atividades previstos nesta Lei, tão logo estejam criados os Conselhos dos Direitos da Criança e do Adolescente nos seus respectivos níveis.

Art. 262. Enquanto não instalados os Conselhos Tutelares, as atribuições a eles conferidas serão exercidas pela autoridade judiciária.

Art. 263. O Decreto-lei 2.848, de 7 de dezembro de 1940, Código Penal, passa a vigorar com as seguintes alterações:

→ Alterações efetuadas no CP.

Art. 264. O art. 102 da Lei 6.015, de 31 de dezembro de 1973, fica acrescido do seguinte item:

→ Alterações efetuadas no texto da referida Lei.

Art. 265. A Imprensa Nacional e demais gráficas da União, da administração direta ou indireta, inclusive fundações instituídas e mantidas pelo Poder Público Federal, promoverão edição popular do texto integral deste Estatuto, que será posto à disposição das escolas e das entidades de atendimento e de defesa dos direitos da criança e do adolescente.

Art. 266. Esta Lei entra em vigor 90 (noventa) dias após sua publicação.

Parágrafo único. Durante o período de vacância deverão ser promovidas atividades e campanhas de divulgação e esclarecimentos acerca do disposto nesta Lei.

Art. 267. Revogam-se as Leis 4.513, de 1964, e 6.697, de 10 de outubro de 1979 (Código de Menores), e as demais disposições em contrário.

Brasília, em 13 de julho de 1990; 169º da Independência e 102º da República.

Fernando Collor

(Publicação no *D.O.U. de* 16.7.1990; retificação: 27.9.1990)

ESTATUTO DA CIDADE

LEI 10.257, DE 10 DE JULHO DE 2001

Regulamenta os arts. 182 e 183 da Constituição Federal, estabelece diretrizes gerais da política urbana e dá outras providências.

→ *V.* Resolução do Conama 335/2003 – Licenciamento ambiental de cemitérios.

O Presidente da República:

Faço saber que o Congresso Nacional decreta e eu sanciono a seguinte Lei:

Capítulo I
DIRETRIZES GERAIS

Art. 1º Na execução da política urbana, de que tratam os arts. 182 e 183 da Constituição Federal, será aplicado o previsto nesta Lei.

Parágrafo único. Para todos os efeitos, esta Lei, denominada Estatuto da Cidade, estabelece normas de ordem pública e interesse social que regulam o uso da propriedade urbana em prol do bem coletivo, da segurança e do bem-estar dos cidadãos, bem como do equilíbrio ambiental.

→ *V.* Art. 225 da CF/1988.

Art. 2º A política urbana tem por objetivo ordenar o pleno desenvolvimento das funções sociais da cidade e da propriedade urbana, mediante as seguintes diretrizes gerais:

→ *V.* Arts. 1º, IV, 5º, 6º, 30, I, II, V, VIII, 170 e 175 da CF/1988.

→ *V.* Art. 2.035, parágrafo único, do CC.

→ *V.* Art. 3º da LC 140/2011.

→ *V.* Lei 11.445/2007 – Diretrizes nacionais para o saneamento básico.

→ *V.* Arts. 1º, § 2º, e 24 da Lei 9.503/1997.

I – garantia do direito a cidades sustentáveis, entendido como o direito à terra urbana, à moradia, ao saneamento ambiental, à infraestrutura urbana, ao transporte e aos serviços públicos, ao trabalho e ao lazer, para as presentes e futuras gerações;

II – gestão democrática por meio da participação da população e de associações representativas dos vários segmentos da comunidade na formulação, execução e acompanhamento de planos, programas e projetos de desenvolvimento urbano;

III – cooperação entre os governos, a iniciativa privada e os demais setores da sociedade no processo de urbanização, em atendimento ao interesse social;

IV – planejamento do desenvolvimento das cidades, da distribuição espacial da população e das atividades econômicas do Município e do território sob sua área de influência, de modo a evitar e corrigir as distorções do crescimento urbano e seus efeitos negativos sobre o meio ambiente;

V – oferta de equipamentos urbanos e comunitários, transporte e serviços públicos adequados aos interesses e necessidades da população e às características locais;

VI – ordenação e controle do uso do solo, de forma a evitar:

a) a utilização inadequada dos imóveis urbanos;

b) a proximidade de usos incompatíveis ou inconvenientes;

c) o parcelamento do solo, a edificação ou o uso excessivos ou inadequados em relação à infraestrutura urbana;

d) a instalação de empreendimentos ou atividades que possam funcionar como polos geradores de tráfego, sem a previsão da infraestrutura correspondente;

e) a retenção especulativa de imóvel urbano, que resulte na sua subutilização ou não utilização;

f) a deterioração das áreas urbanizadas;

g) a poluição e a degradação ambiental;

h) a exposição da população a riscos de desastres;

→ Alínea *h* acrescentada pela Lei 12.608/2012.

VII – integração e complementaridade entre as atividades urbanas e rurais, tendo em vista o desenvolvimento socioeconômico do Município e do território sob sua área de influência;

VIII – adoção de padrões de produção e consumo de bens e serviços e de expansão urbana compatíveis com os limites da sustentabilidade ambiental, social e econômica do Município e do território sob sua área de influência;

IX – justa distribuição dos benefícios e ônus decorrentes do processo de urbanização;

X – adequação dos instrumentos de política econômica, tributária e financeira e dos gastos públicos aos objetivos do desenvolvimento urbano, de modo a privilegiar os investimentos geradores de bem-estar geral e a fruição dos bens pelos diferentes segmentos sociais;

XI – recuperação dos investimentos do Poder Público de que tenha resultado a valorização de imóveis urbanos;

XII – proteção, preservação e recuperação do meio ambiente natural e construído, do patrimônio cultural, histórico, artístico, paisagístico e arqueológico;

XIII – audiência do Poder Público municipal e da população interessada nos processos de implantação de empreendimentos ou atividades com efeitos potencialmente negativos sobre o meio ambiente natural ou construído, o conforto ou a segurança da população;

XIV – regularização fundiária e urbanização de áreas ocupadas por população de baixa renda mediante o estabelecimento de normas especiais de urbanização, uso e ocupação do solo e edificação, consideradas a situação socioeconômica da população e as normas ambientais;

XV – simplificação da legislação de parcelamento, uso e ocupação do solo e das normas edilícias, com vistas a permitir a redução dos custos e o aumento da oferta dos lotes e unidades habitacionais;

XVI – isonomia de condições para os agentes públicos e privados na promoção de empreendimentos e atividades relativos ao processo de urbanização, atendido o interesse social.

XVII – estímulo à utilização, nos parcelamentos do solo e nas edificações urbanas, de sistemas operacionais, padrões construtivos e aportes tecnológicos que objetivem a redução de impactos ambientais e a economia de recursos naturais.

→ Inciso XVII acrescentado pela Lei 12.836/2013.

XVIII – tratamento prioritário às obras e edificações de infraestrutura de energia, telecomunicações, abastecimento de água e saneamento.

→ Inciso XVIII acrescentado pela Lei 13.116/2015.

Art. 3º Compete à União, entre outras atribuições de interesse da política urbana:

→ *v.* Arts. 21, IX, e XX, 23, IX, e parágrafo único, 24, I, e § 2º, 30, II, e VIII, da CF/1988.

I – legislar sobre normas gerais de direito urbanístico;

II – legislar sobre normas para a cooperação entre a União, os Estados, o Distrito Federal e os Municípios em relação à política urbana, tendo em vista o equilíbrio do desenvolvimento e do bem-estar em âmbito nacional;

III – promover, por iniciativa própria e em conjunto com os Estados, o Distrito Federal e os Municípios, programas de construção de moradias e melhoria das condições habitacionais, de saneamento básico, das calçadas, dos passeios públicos, do mobiliário urbano e dos demais espaços de uso público;

→ Inciso III com redação alterada pela Lei 13.146/2015, em vigor após decorridos 180 (cento e oitenta) dias de sua publicação oficial – *D.O.U.* de 7.7.2015.

IV – instituir diretrizes para desenvolvimento urbano, inclusive habitação, saneamento básico, transporte e mobilidade urbana, que incluam regras de acessibilidade aos locais de uso público;

→ Inciso IV com redação alterada pela Lei 13.146/2015, em vigor após decorridos 180 (cento e oitenta) dias de sua publicação oficial – *D.O.U.* de 7.7.2015.

V – elaborar e executar planos nacionais e regionais de ordenação do território e de desenvolvimento econômico e social.

→ **Anterior redação: Art. 3º** (...) III – promover, por iniciativa própria e em conjunto com os Estados, o Distrito Federal e os Municípios, programas de construção de moradias e a melhoria das condições habitacionais e de saneamento básico; IV – instituir diretrizes para o desenvolvimento urbano, inclusive habitação, saneamento básico, transportes urbanos e infraestrutura de energia e telecomunicações (inciso IV com redação alterada pela Lei 13.116/2015); (...)

Capítulo II
DOS INSTRUMENTOS DA POLÍTICA URBANA

Seção I
Dos instrumentos em geral

Art. 4º Para os fins desta Lei, serão utilizados, entre outros instrumentos:

→ *v.* Art. 1.228, §§ 4º e 5º, do CC.

I – planos nacionais, regionais e estaduais de ordenação do território e de desenvolvimento econômico e social;

II – planejamento das regiões metropolitanas, aglomerações urbanas e microrregiões;

III – planejamento municipal, em especial:

a) plano diretor;

b) disciplina do parcelamento, do uso e da ocupação do solo;

c) zoneamento ambiental;

d) plano plurianual;

e) diretrizes orçamentárias e orçamento anual;

f) gestão orçamentária participativa;

g) planos, programas e projetos setoriais;

h) planos de desenvolvimento econômico e social;

IV – institutos tributários e financeiros:

a) imposto sobre a propriedade predial e territorial urbana – IPTU;

b) contribuição de melhoria;

c) incentivos e benefícios fiscais e financeiros;

V – institutos jurídicos e políticos:

a) desapropriação;

b) servidão administrativa;

c) limitações administrativas;

d) tombamento de imóveis ou de mobiliário urbano;

e) instituição de unidades de conservação;

f) instituição de zonas especiais de interesse social;

g) concessão de direito real de uso;

h) concessão de uso especial para fins de moradia;

i) parcelamento, edificação ou utilização compulsórios;

j) usucapião especial de imóvel urbano;

l) direito de superfície;

m) direito de preempção;

n) outorga onerosa do direito de construir e de alteração de uso;

o) transferência do direito de construir;

p) operações urbanas consorciadas;

q) regularização fundiária;

r) assistência técnica e jurídica gratuita para as comunidades e grupos sociais menos favorecidos;

→ *v.* Lei 11.888/2008 – Assegura às famílias de baixa renda assistência técnica pública e gratuita para o projeto e a construção de habitação de interesse social.

s) referendo popular e plebiscito;

t) demarcação urbanística para fins de regularização fundiária;

→ Alínea *t* acrescentada pela Lei 11.977/2009.

u) legitimação de posse.

→ Alínea *u* acrescentada pela Lei 11.977/2009.

VI – estudo prévio de impacto ambiental (EIA) e estudo prévio de impacto de vizinhança (EIV).

§ 1º Os instrumentos mencionados neste artigo regem-se pela legislação que lhes é própria, observado o disposto nesta Lei.

§ 2º Nos casos de programas e projetos habitacionais de interesse social, desenvolvidos por órgãos ou entidades da Administração Pública com atuação específica nessa área, a concessão de direito real de uso de imóveis públicos poderá ser contratada coletivamente.

§ 3º Os instrumentos previstos neste artigo que demandam dispêndio de recursos por parte do Poder Público municipal devem ser objeto de controle social, garantida a participação de comunidades, movimentos e entidades da sociedade civil.

Seção II
Do parcelamento, edificação ou utilização compulsórios

Art. 5º Lei municipal específica para área incluída no plano diretor poderá determinar o parcelamento, a edificação ou a utilização compulsórios do solo urbano não edificado, subutilizado ou não utilizado, devendo fixar as condições e os prazos para implementação da referida obrigação.

→ *v.* Art. 182, § 2º, da CF/1988.

→ *v.* Art. 1.299 do CC.

→ *v.* Art. 42, I, da Lei 10.257/2001.

§ 1º Considera-se subutilizado o imóvel:

I – cujo aproveitamento seja inferior ao mínimo definido no plano diretor ou em legislação dele decorrente;

II – (*Vetado*).

§ 2º O proprietário será notificado pelo Poder Executivo municipal para o cumprimento da obrigação, devendo a notificação ser averbada no cartório de registro de imóveis.

§ 3º A notificação far-se-á:

I – por funcionário do órgão competente do Poder Público municipal, ao proprietário do imóvel ou, no caso de este ser pessoa jurídica, a quem tenha poderes de gerência geral ou administração;

II – por edital quando frustrada, por 3 (três) vezes, a tentativa de notificação na forma prevista pelo inciso I.

§ 4º Os prazos a que se refere o *caput* não poderão ser inferiores a:

I – 1 (um) ano, a partir da notificação, para que seja protocolado o projeto no órgão municipal competente;

II – 2 (dois) anos, a partir da aprovação do projeto, para iniciar as obras do empreendimento.

§ 5º Em empreendimentos de grande porte, em caráter excepcional, a lei municipal específica a que se refere o *caput* poderá prever a conclusão em etapas, assegurando-se que o projeto aprovado compreenda o empreendimento como um todo.

Art. 6º A transmissão do imóvel, por ato *inter vivos* ou *causa mortis*, posterior à data da notificação, transfere as obrigações de parcelamento, edificação ou utilização previstas no art. 5º desta Lei, sem interrupção de quaisquer prazos.

Seção III
Do IPTU progressivo no tempo

Art. 7º Em caso de descumprimento das condições e dos prazos previstos na forma do *caput* do art. 5º desta Lei, ou não sendo cumpridas as etapas previstas no § 5º do art. 5º desta Lei, o Município procederá à aplicação do imposto sobre a propriedade predial e territorial urbana (IPTU) progressivo no tempo, mediante a majoração da alíquota pelo prazo de 5 (cinco) anos consecutivos.

§ 1º O valor da alíquota a ser aplicado a cada ano será fixado na lei específica a que se refere o *caput* do art. 5º desta Lei e não excederá a 2 (duas) vezes o valor referente ao ano anterior, respeitada a alíquota máxima de 15% (quinze por cento).

§ 2º Caso a obrigação de parcelar, edificar ou utilizar não esteja atendida em 5 (cinco) anos, o Município manterá a cobrança pela alíquota máxima, até que se cumpra a referida obrigação, garantida a prerrogativa prevista no art. 8º.

§ 3º É vedada a concessão de isenções ou de anistia relativas à tributação progressiva de que trata este artigo.

Seção IV
Da desapropriação com pagamento em títulos

Art. 8º Decorridos 5 (cinco) anos de cobrança do IPTU progressivo sem que o proprietário tenha cumprido a obrigação de parcelamento, edificação ou utilização, o Município poderá proceder à desapropriação do imóvel, com pagamento em títulos da dívida pública.

→ *v.* Arts. 150, II, 182, § 4º, III, da CF/1988.

→ *v.* Art. 170 do CTN.

§ 1º Os títulos da dívida pública terão prévia aprovação pelo Senado Federal e serão resgatados no prazo de até 10 (dez) anos, em prestações anuais, iguais e sucessivas, assegurados o valor real da indenização e os juros legais de 6% (seis por cento) ao ano.

§ 2º O valor real da indenização:

→ *v.* Art. 33 do CTN.

I – refletirá o valor da base de cálculo do IPTU, descontado o montante incorporado em função de obras realizadas pelo Poder Público na área onde o mesmo se localiza após a notificação de que trata o § 2º do art. 5º desta Lei;

II – não computará expectativas de ganhos, lucros cessantes e juros compensatórios.

§ 3º Os títulos de que trata este artigo não terão poder liberatório para pagamento de tributos.

§ 4º O Município procederá ao adequado aproveitamento do imóvel no prazo máximo de 5 (cinco) anos, contado a partir da sua incorporação ao patrimônio público.

→ *v.* Art. 1º, VI, da Lei 7.347/1985.

§ 5º O aproveitamento do imóvel poderá ser efetivado diretamente pelo Poder Público ou por meio de alienação ou concessão a terceiros, observando-se, nesses casos, o devido procedimento licitatório.

§ 6º Ficam mantidas para o adquirente de imóvel nos termos do § 5º as mesmas obrigações de parcelamento, edificação ou utilização previstas no art. 5º desta Lei.

Seção V
Da usucapião especial de imóvel urbano

Art. 9º Aquele que possuir como sua área ou edificação urbana de até 250m2 (duzentos e cinquenta metros quadrados), por 5 (cinco) anos, ininterruptamente e sem oposição, utilizando-a para sua moradia ou de sua família, adquirir-lhe-á o domínio, desde que não sejá proprietário de outro imóvel urbano ou rural.

→ *v.* Arts. 183, *caput*, §§ 1º e 2º, 191, parágrafo único, da CF/1988.

→ *v.* Art. 1.240 do CC.

→ *v.* Art. 1º da MP 2.220/2001.

§ 1º O título de domínio será conferido ao homem ou à mulher, ou a ambos, independentemente do estado civil.

→ *v.* Art. 1º, § 1º, da MP 2.220/2001.

§ 2º O direito de que trata este artigo não será reconhecido ao mesmo possuidor mais de uma vez.

→ *v.* Art. 1º, § 2º, da MP 2.220/2001.

§ 3º Para os efeitos deste artigo, o herdeiro legítimo continua, de pleno direito, a posse de seu antecessor, desde que já resida no imóvel por ocasião da abertura da sucessão.

→ *v.* Art. 1º, § 3º, da MP 2.220/2001.

Art. 10. As áreas urbanas com mais de 250m2 (duzentos e cinquenta metros quadrados), ocupadas por população de baixa renda para sua moradia, por 5 (cinco) anos, ininterruptamente e sem oposição, onde não for possível identificar os terrenos ocupados por cada possuidor, são susceptíveis de serem usucapidas coletivamente, desde que os possuidores não sejam proprietários de outro imóvel urbano ou rural.

→ *v.* Art. 2º da MP 2.220/2001.

§ 1º O possuidor pode, para o fim de contar o prazo exigido por este artigo, acrescentar sua posse à de seu antecessor, contanto que ambas sejam contínuas.

→ *v.* Art. 2º, § 1º, da MP 2.220/2001.

§ 2º A usucapião especial coletiva de imóvel urbano será declarada pelo juiz, mediante sentença, a qual servirá de título para registro no cartório de registro de imóveis.

§ 3º Na sentença, o juiz atribuirá igual fração ideal de terreno a cada possuidor, independentemente da dimensão do terreno que cada um ocupe, salvo hipótese de acordo escrito entre os condôminos, estabelecendo frações ideais diferenciadas.

§ 4º O condomínio especial constituído é indivisível, não sendo passível de extinção, salvo deliberação favorável tomada por, no mínimo, 2/3 (dois terços) dos condôminos, no caso de execução de urbanização posterior à constituição do condomínio.

§ 5º As deliberações relativas à administração do condomínio especial serão tomadas por maioria de votos dos condôminos presentes, obrigando também os demais, discordantes ou ausentes.

Art. 11. Na pendência da ação de usucapião especial urbana, ficarão sobrestadas quaisquer outras ações, petitórias ou possessórias, que venham a ser propostas relativamente ao imóvel usucapiendo.

Art. 12. São partes legítimas para a propositura da ação de usucapião especial urbana:

I – o possuidor, isoladamente ou em litisconsórcio originário ou superveniente;

II – os possuidores, em estado de composse;

III – como substituto processual, a associação de moradores da comunidade, regularmente constituída, com personalidade jurídica, desde que explicitamente autorizada pelos representados.

§ 1º Na ação de usucapião especial urbana é obrigatória a intervenção do Ministério Público.

§ 2º O autor terá os benefícios da justiça e da assistência judiciária gratuita, inclusive perante o cartório de registro de imóveis.

Art. 13. A usucapião especial de imóvel urbano poderá ser invocada como matéria de defesa, valendo a sentença que a reconhecer como título para registro no cartório de registro de imóveis.

Art. 14. Na ação judicial de usucapião especial de imóvel urbano, o rito processual a ser observado é o sumário.

Seção VI
Da concessão de uso especial para fins de moradia

Art. 15. (*Vetado*).

Art. 16. (*Vetado*).

Art. 17. (*Vetado*).

Art. 18. (*Vetado*).

Art. 19. (*Vetado*).

Art. 20. (*Vetado*).

Seção VII
Do direito de superfície

Art. 21. O proprietário urbano poderá conceder a outrem o direito de superfície do seu terreno, por tempo determinado ou indeterminado, mediante escritura pública registrada no cartório de registro de imóveis.

→ *V.* Arts. 1.369 a 1.372 do CC.

§ 1º O direito de superfície abrange o direito de utilizar o solo, o subsolo ou o espaço aéreo relativo ao terreno, na forma estabelecida no contrato respectivo, atendida a legislação urbanística.

§ 2º A concessão do direito de superfície poderá ser gratuita ou onerosa.

§ 3º O superficiário responderá integralmente pelos encargos e tributos que incidirem sobre a propriedade superficiária, arcando, ainda, proporcionalmente à sua parcela de ocupação efetiva, com os encargos e tributos sobre a área objeto da concessão do direito de superfície, salvo disposição em contrário do contrato respectivo.

§ 4º O direito de superfície pode ser transferido a terceiros, obedecidos os termos do contrato respectivo.

§ 5º Por morte do superficiário, os seus direitos transmitem-se a seus herdeiros.

Art. 22. Em caso de alienação do terreno, ou do direito de superfície, o superficiário e o proprietário, respectivamente, terão direito de preferência, em igualdade de condições à oferta de terceiros.

→ *V.* Arts. 513, parágrafo único, 516, 1.373 do CC.

Art. 23. Extingue-se o direito de superfície:

I – pelo advento do termo;

II – pelo descumprimento das obrigações contratuais assumidas pelo superficiário.

Art. 24. Extinto o direito de superfície, o proprietário recuperará o pleno domínio do terreno, bem como das acessões e benfeitorias introduzidas no imóvel, independentemente de indenização, se as partes não houverem estipulado o contrário no respectivo contrato.

→ *V.* Art. 1.375 do CC.

§ 1º Antes do termo final do contrato, extinguir-se-á o direito de superfície se o superficiário der ao terreno destinação diversa daquela para a qual for concedida.

→ *V.* Art. 1.374 do CC.

§ 2º A extinção do direito de superfície será averbada no cartório de registro de imóveis.

Seção VIII
Do direito de preempção

Art. 25. O direito de preempção confere ao Poder Público municipal preferência para aquisição de imóvel urbano objeto de alienação onerosa entre particulares.

→ *V.* Art. 513 e ss. do CC.

§ 1º Lei municipal, baseada no plano diretor, delimitará as áreas em que incidirá o direito de preempção e fixará prazo de vigência, não superior a 5 (cinco) anos, renovável a partir de 1 (um) ano após o decurso do prazo inicial de vigência.

§ 2º O direito de preempção fica assegurado durante o prazo de vigência fixado na forma do § 1º, independentemente do número de alienações referentes ao mesmo imóvel.

Art. 26. O direito de preempção será exercido sempre que o Poder Público necessitar de áreas para:

I – regularização fundiária;

II – execução de programas e projetos habitacionais de interesse social;

III – constituição de reserva fundiária;

IV – ordenamento e direcionamento da expansão urbana;

V – implantação de equipamentos urbanos e comunitários;

VI – criação de espaços públicos de lazer e áreas verdes;

VII – criação de unidades de conservação ou proteção de outras áreas de interesse ambiental;

VIII – proteção de áreas de interesse histórico, cultural ou paisagístico;

IX – (*Vetado*).

Parágrafo único. A lei municipal prevista no § 1º do art. 25 desta Lei deverá enquadrar cada área em que incidirá o direito de preempção em uma ou mais das finalidades enumeradas por este artigo.

Art. 27. O proprietário deverá notificar sua intenção de alienar o imóvel, para que o Município, no prazo máximo de 30 (trinta) dias, manifeste por escrito seu interesse em comprá-lo.

§ 1º À notificação mencionada no *caput* será anexada proposta de compra assinada por terceiro interessado na aquisição do imóvel, da qual constarão preço, condições de pagamento e prazo de validade.

§ 2º O Município fará publicar, em órgão oficial e em pelo menos um jornal local ou regional de grande circulação, edital de aviso da notificação recebida nos termos do *caput* e da intenção de aquisição do imóvel nas condições da proposta apresentada.

§ 3º Transcorrido o prazo mencionado no *caput* sem manifestação, fica o proprietário autorizado a realizar a alienação para terceiros, nas condições da proposta apresentada.

§ 4º Concretizada a venda a terceiro, o proprietário fica obrigado a apresentar ao Município, no prazo de 30 (trinta) dias, cópia do instrumento público de alienação do imóvel.

§ 5º A alienação processada em condições diversas da proposta apresentada é nula de pleno direito.

§ 6º Ocorrida a hipótese prevista no § 5º o Município poderá adquirir o imóvel pelo valor da base de cálculo do IPTU ou pelo valor indicado na proposta apresentada, se este for inferior àquele.

Seção IX
Da outorga onerosa do direito de construir

Art. 28. O plano diretor poderá fixar áreas nas quais o direito de construir poderá ser exercido acima do coeficiente de aproveitamento básico adotado, mediante contrapartida a ser prestada pelo beneficiário.

§ 1º Para os efeitos desta Lei, coeficiente de aproveitamento é a relação entre a área edificável e a área do terreno.

§ 2º O plano diretor poderá fixar coeficiente de aproveitamento básico único para toda a zona urbana ou diferenciado para áreas específicas dentro da zona urbana.

§ 3º O plano diretor definirá os limites máximos a serem atingidos pelos coeficientes de aproveitamento, considerando a proporcionalidade entre a infraestrutura existente e o aumento de densidade esperado em cada área.

Art. 29. O plano diretor poderá fixar áreas nas quais poderá ser permitida alteração de uso do solo, mediante contrapartida a ser prestada pelo beneficiário.

Art. 30. Lei municipal específica estabelecerá as condições a serem observadas para a outorga onerosa do direito de construir e de alteração de uso, determinando:

I – a fórmula de cálculo para a cobrança;

II – os casos passíveis de isenção do pagamento da outorga;

III – a contrapartida do beneficiário.

Art. 31. Os recursos auferidos com a adoção da outorga onerosa do direito de construir e de alteração de uso serão aplicados com as finalidades previstas nos incisos I a IX do art. 26 desta Lei.

Seção X
Das operações urbanas consorciadas

Art. 32. Lei municipal específica, baseada no plano diretor, poderá delimitar área para aplicação de operações consorciadas.

§ 1º Considera-se operação urbana consorciada o conjunto de intervenções e medidas coordenadas pelo Poder Público municipal, com a participação dos proprietários, moradores, usuários permanentes e investidores privados, com o objetivo de alcançar em uma área transformações urbanísticas estruturais, melhorias sociais e a valorização ambiental.

§ 2º Poderão ser previstas nas operações urbanas consorciadas, entre outras medidas:

I – a modificação de índices e características de parcelamento, uso e ocupação do solo e subsolo, bem como alterações das normas edilícias, considerado o impacto ambiental delas decorrente;

II – a regularização de construções, reformas ou ampliações executadas em desacordo com a legislação vigente.

III – a concessão de incentivos a operações urbanas que utilizam tecnologias visando a redução de impactos ambientais, e que comprovem a utilização, nas construções e uso de edificações urbanas, de tecnologias que reduzam os impactos ambientais e economizem recursos naturais, especificadas as modalidades de *design* e de obras a serem contempladas.

→ Inciso III acrescentado pela Lei 12.836/2013.

Art. 33. Da lei específica que aprovar a operação urbana consorciada constará o plano de operação urbana consorciada, contendo, no mínimo:

I – definição da área a ser atingida;

II – programa básico de ocupação da área;

III – programa de atendimento econômico e social para a população diretamente afetada pela operação;

IV – finalidades da operação;

V – estudo prévio de impacto de vizinhança;

VI – contrapartida a ser exigida dos proprietários, usuários permanentes e investidores privados em função da utilização dos benefícios previstos nos incisos I, II e III do § 2º do art. 32 desta Lei;

→ Inciso VI com redação alterada pela Lei 12.836/2013.

VII – forma de controle da operação, obrigatoriamente compartilhado com representação da sociedade civil.

VIII – natureza dos incentivos a serem concedidos aos proprietários, usuários permanentes e investidores privados, uma vez atendido o disposto no inciso III do § 2º do art. 32 desta Lei.

→ Inciso VIII acrescentado pela Lei 12.836/2013.

§ 1º Os recursos obtidos pelo Poder Público municipal na forma do inciso VI deste artigo serão aplicados exclusivamente na própria operação urbana consorciada.

§ 2º A partir da aprovação da lei específica de que trata o *caput*, são nulas as licenças e autorizações a cargo do Poder Público municipal expedidas em desacordo com o plano de operação urbana consorciada.

Art. 34. A lei específica que aprovar a operação urbana consorciada poderá prever a emissão pelo Município de quantidade determinada de certificados de potencial adicional de construção, que serão alienados em leilão ou utilizados diretamente no pagamento das obras necessárias à própria operação.

§ 1º Os certificados de potencial adicional de construção serão livremente negociados, mas conversíveis em direito de construir unicamente na área objeto da operação.

§ 2º Apresentado pedido de licença para construir, o certificado de potencial adicional será utilizado no pagamento da área de construção que supere os padrões estabelecidos pela legislação de uso e ocupação do solo, até o limite fixado pela lei específica que aprovar a operação urbana consorciada.

Art. 34-A. Nas regiões metropolitanas ou nas aglomerações urbanas instituídas por lei complementar estadual, poderão ser realizadas operações urbanas consorciadas interfederativas, aprovadas por leis estaduais específicas.

→ Artigo acrescentado pela Lei 13.089/2015.

Parágrafo único. As disposições dos arts. 32 a 34 desta Lei aplicam-se às operações urbanas consorciadas interfederativas previstas no caput deste artigo, no que couber.

Seção XI
Da transferência do direito de construir

Art. 35. Lei municipal, baseada no plano diretor, poderá autorizar o proprietário de imóvel urbano, privado ou público, a exercer em outro local, ou alienar, mediante escritura pública, o direito de construir previsto no plano diretor ou em legislação urbanística dele decorrente, quando o referido imóvel for considerado necessário para fins de:

I – implantação de equipamentos urbanos e comunitários;

II – preservação, quando o imóvel for considerado de interesse histórico, ambiental, paisagístico, social ou cultural;

III – servir a programas de regularização fundiária, urbanização de áreas ocupadas por população de baixa renda e habitação de interesse social.

§ 1º A mesma faculdade poderá ser concedida ao proprietário que doar ao Poder Público seu imóvel, ou parte dele, para os fins previstos nos incisos I a III do *caput*.

§ 2º A lei municipal referida no *caput* estabelecerá as condições relativas à aplicação da transferência do direito de construir.

Seção XII
Do estudo de impacto de vizinhança

Art. 36. Lei municipal definirá os empreendimentos e atividades privados ou públicos em área urbana que dependerão de elaboração de estudo prévio de impacto de vizinhança (EIV) para obter as licenças ou autorizações de construção, ampliação ou funcionamento a cargo do Poder Público municipal.

Art. 37. O EIV será executado de forma a contemplar os efeitos positivos e negativos do empreendimento ou atividade quanto à qualidade de vida da população residente na área e suas proximidades, incluindo a análise, no mínimo, das seguintes questões:

I – adensamento populacional;

II – equipamentos urbanos e comunitários;

III – uso e ocupação do solo;

IV – valorização imobiliária;

V – geração de tráfego e demanda por transporte público;

VI – ventilação e iluminação;

VII – paisagem urbana e patrimônio natural e cultural.

Parágrafo único. Dar-se-á publicidade aos documentos integrantes do EIV, que ficarão disponíveis para consulta, no órgão competente do Poder Público municipal, por qualquer interessado.

Art. 38. A elaboração do EIV não substitui a elaboração e a aprovação de estudo prévio de impacto ambiental (EIA), requeridas nos termos da legislação ambiental.

Capítulo III
DO PLANO DIRETOR

Art. 39. A propriedade urbana cumpre sua função social quando atende às exigências fundamentais de ordenação da cidade expressas no plano diretor, assegurando o atendimento das necessidades dos cidadãos quanto à qualidade de vida, à justiça social e ao desenvolvimento das atividades econômicas, respeitadas as diretrizes previstas no art. 2º desta Lei.

→ v. Art. 184, § 4º, da CF/1988.

Art. 40. O plano diretor, aprovado por lei municipal, é o instrumento básico da política de desenvolvimento e expansão urbana.

§ 1º O plano diretor é parte integrante do processo de planejamento municipal, devendo o plano plurianual, as diretrizes orçamentárias e o orçamento anual incorporar as diretrizes e as prioridades nele contidas.

§ 2º O plano diretor deverá englobar o território do Município como um todo.

→ v. Art. 2º, VII, da Lei 10.257/2001.

§ 3º A lei que instituir o plano diretor deverá ser revista, pelo menos, a cada 10 (dez) anos.

§ 4º No processo de elaboração do plano diretor e na fiscalização de sua implementação, os Poderes Legislativo e Executivo municipais garantirão:

I – a promoção de audiências públicas e debates com a participação da população e de associações representativas dos vários segmentos da comunidade;

II – a publicidade quanto aos documentos e informações produzidos;

III – o acesso de qualquer interessado aos documentos e informações produzidos.

§ 5º (*Vetado*).

Art. 41. O plano diretor é obrigatório para cidades:

I – com mais de 20.000 (vinte mil) habitantes;

II – integrantes de regiões metropolitanas e aglomerações urbanas;

III – onde o Poder Público municipal pretenda utilizar os instrumentos previstos no § 4º do art. 182 da Constituição Federal;

IV – integrantes de áreas de especial interesse turístico;

V – inseridas na área de influência de empreendimentos ou atividades com significativo impacto ambiental de âmbito regional ou nacional.

VI – incluídas no cadastro nacional de Municípios com áreas suscetíveis à ocorrência de deslizamentos de grande impacto, inundações bruscas ou processos geológicos ou hidrológicos correlatos.

→ Inciso VI acrescentado pela Lei 12.608/2012.

§ 1º No caso da realização de empreendimentos ou atividades enquadrados no inciso V do *caput*, os recursos técnicos e financeiros para a elaboração do plano diretor estarão inseridos entre as medidas de compensação adotadas.

§ 2º No caso de cidades com mais de 500.000 (quinhentos mil) habitantes, deverá ser elaborado um plano de transporte urbano integrado, compatível com o plano diretor ou nele inserido.

§ 3º As cidades de que trata o caput deste artigo devem elaborar plano de rotas acessíveis, compatível com o plano diretor no qual está inserido, que disponha sobre os passeios públicos a serem implantados ou reformados pelo poder público, com vistas a garantir acessibilidade da pessoa com deficiência ou com mobilidade reduzida a todas as rotas e vias existentes, inclusive as que concentrem os focos geradores de maior circulação de pedestres, como os órgãos públicos e os locais de prestação de serviços públicos e privados de saúde, educação, assistência social, esporte, cultura, correios e telégrafos, bancos, entre outros, sempre que possível de maneira integrada com os sistemas de transporte coletivo de passageiros.

→ § 3º acrescentado pela Lei 13.146/2015, em vigor após decorridos 180 (cento e oitenta) dias de sua publicação oficial – *D.O.U.* de 7/7/2015.

Art. 42. O plano diretor deverá conter no mínimo:

I – a delimitação das áreas urbanas onde poderá ser aplicado o parcelamento, edificação ou utilização compulsórios, considerando a existência de infraestrutura e de demanda para utilização, na forma do art. 5º desta Lei;

II – disposições requeridas pelos arts. 25, 28, 29, 32 e 35 desta Lei;

III – sistema de acompanhamento e controle.

Art. 42-A. Além do conteúdo previsto no art. 42, o plano diretor dos Municípios incluídos no cadastro nacional de municípios com áreas suscetíveis à ocorrência de deslizamentos de grande impacto, inundações bruscas ou processos geológicos ou hidrológicos correlatos deverá conter:

→ *Caput* acrescentado pela Lei 12.608/2012.

I – parâmetros de parcelamento, uso e ocupação do solo, de modo a promover a diversidade de usos e a contribuir para a geração de emprego e renda;

→ Inciso I acrescentado pela Lei 12.608/2012.

II – mapeamento contendo as áreas suscetíveis à ocorrência de deslizamentos de grande impacto, inundações bruscas ou processos geológicos ou hidrológicos correlatos;

→ Inciso II acrescentado pela Lei 12.608/2012.

III – planejamento de ações de intervenção preventiva e realocação de população de áreas de risco de desastre;

→ Inciso III acrescentado pela Lei 12.608/2012.

IV – medidas de drenagem urbana necessárias à prevenção e à mitigação de impactos de desastres; e

→ Inciso IV acrescentado pela Lei 12.608/2012.

V – diretrizes para a regularização fundiária de assentamentos urbanos irregulares, se houver, observadas a Lei 11.977, de 7 de julho de 2009, e demais normas federais e estaduais pertinentes, e previsão de áreas para habitação de interesse social por meio da demarcação de zonas especiais de interesse social e de outros instrumentos de política urbana, onde o uso habitacional for permitido.

→ Inciso V acrescentado pela Lei 12.608/2012.

VI – identificação e diretrizes para a preservação e ocupação das áreas verdes municipais, quando for o caso, com vistas à redução da impermeabilização das cidades.

→ Inciso VI acrescentado pela Lei 12.983/2014.

§ 1º A identificação e o mapeamento de áreas de risco levarão em conta as cartas geotécnicas.

→ § 1º acrescentado pela Lei 12.608/2012.

§ 2º O conteúdo do plano diretor deverá ser compatível com as disposições insertas nos planos de recursos hídricos, formulados consoante a Lei 9.433, de 8 de janeiro de 1997.

→ § 2º acrescentado pela Lei 12.608/2012.

§ 3º Os Municípios adequarão o plano diretor às disposições deste artigo, por ocasião de sua revisão, observados os prazos legais.

→ § 3º acrescentado pela Lei 12.608/2012.

§ 4º Os Municípios enquadrados no inciso VI do art. 41 desta Lei e que não tenham plano diretor aprovado terão o prazo de 5 (cinco) anos para o seu encaminhamento para aprovação pela Câmara Municipal.

→ § 4º acrescentado pela Lei 12.608/2012.

Art. 42-B. Os Municípios que pretendam ampliar o seu perímetro urbano após a data de publicação desta Lei deverão elaborar projeto específico que contenha, no mínimo:

→ Artigo acrescentado pela Lei 12.608/2012.

I – demarcação do novo perímetro urbano;

II – delimitação dos trechos com restrições à urbanização e dos trechos sujeitos a controle especial em função de ameaça de desastres naturais;

III – definição de diretrizes específicas e de áreas que serão utilizadas para infraestrutura, sistema viário, equipamentos e instalações públicas, urbanas e sociais;

IV – definição de parâmetros de parcelamento, uso e ocupação do solo, de modo a promover a diversidade de usos e contribuir para a geração de emprego e renda;

V – a previsão de áreas para habitação de interesse social por meio da demarcação de zonas especiais de interesse social e de outros instrumentos de política urbana, quando o uso habitacional for permitido;

VI – definição de diretrizes e instrumentos específicos para proteção ambiental e do patrimônio histórico e cultural;

VII – definição de mecanismos para garantir a justa distribuição dos ônus e benefícios decorrentes do processo de urbanização do território de expansão urbana e a recuperação para a coletividade da valorização imobiliária resultante da ação do poder público.

1º O projeto específico de que trata o *caput* deste artigo deverá ser instituído por lei municipal e atender às diretrizes do plano diretor, quando houver.

2º Quando o plano diretor contemplar as exigências estabelecidas no *caput*, o Município ficará dispensado da elaboração do projeto específico de que trata o *caput* deste artigo.

§ 3º A aprovação de projetos de parcelamento do solo no novo perímetro urbano ficará condicionada à existência do projeto específico e deverá obedecer às suas disposições.

Capítulo IV
DA GESTÃO DEMOCRÁTICA DA CIDADE

Art. 43. Para garantir a gestão democrática da cidade, deverão ser utilizados, entre outros, os seguintes instrumentos:

I – órgãos colegiados de política urbana, nos níveis nacional, estadual e municipal;

II – debates, audiências e consultas públicas;

III – conferências sobre assuntos de interesse urbano, nos níveis nacional, estadual e municipal;

IV – iniciativa popular de projeto de lei e de planos, programas e projetos de desenvolvimento urbano;

V – *(Vetado).*

Art. 44. No âmbito municipal, a gestão orçamentária participativa de que trata a alínea *f* do inciso III do art. 4º desta Lei incluirá a realização de debates, audiências e consultas públicas sobre as propostas do plano plurianual, da lei de diretrizes orçamentárias e do orçamento anual, como condição obrigatória para sua aprovação pela Câmara Municipal.

Art. 45. Os organismos gestores das regiões metropolitanas e aglomerações urbanas incluirão obrigatória e significativa participação da população e de associações representativas dos vários segmentos da comunidade, de modo a garantir o controle direto de suas atividades e o pleno exercício da cidadania.

Capítulo V
DISPOSIÇÕES GERAIS

Art. 46. O Poder Público municipal poderá facultar ao proprietário de área atingida pela obrigação de que trata o *caput* do art. 5º desta Lei, a requerimento deste, o estabelecimento de consórcio imobiliário como forma de viabilização financeira do aproveitamento do imóvel.

§ 1º Considera-se consórcio imobiliário a forma de viabilização de planos de urbanização ou edificação por meio da qual o proprietário transfere ao Poder Público municipal seu imóvel e, após a realização das obras, recebe, como pagamento, unidades imobiliárias devidamente urbanizadas ou edificadas.

§ 2º O valor das unidades imobiliárias a serem entregues ao proprietário será correspondente ao valor do imóvel antes da execução das obras, observado o disposto no § 2º do art. 8º desta Lei.

Art. 47. Os tributos sobre imóveis urbanos, assim como as tarifas relativas a serviços públicos urbanos, serão diferenciados em função do interesse social.

Art. 48. Nos casos de programas e projetos habitacionais de interesse social, desenvolvidos por órgãos ou entidades da Administração Pública com atuação específica nessa área, os contratos de concessão de direito real de uso de imóveis públicos:

I – terão, para todos os fins de direito, caráter de escritura pública, não se aplicando o disposto no inciso II do art. 134 do Código Civil;

→ A referência é ao CC/1916.

→ *v.* Art. 108 do CC.

II – constituirão título de aceitação obrigatória em garantia de contratos de financiamentos habitacionais.

Art. 49. Os Estados e Municípios terão o prazo de 90 (noventa) dias, a partir da entrada em vigor desta Lei, para fixar prazos, por lei, para a expedição de diretrizes de empreendimentos urbanísticos, aprovação de projetos de parcelamento e de edificação, realização de vistorias e expedição de termo de verificação e conclusão de obras.

Parágrafo único. Não sendo cumprida a determinação do *caput*, fica estabelecido o prazo de 60 (sessenta) dias para a realização de cada um dos referidos atos administrativos, que valerá até que os Estados e Municípios disponham em lei de forma diversa.

Art. 50. Os Municípios que estejam enquadrados na obrigação prevista nos incisos I e II do *caput* do art. 41 desta Lei e que não tenham plano diretor aprovado na data de entrada em vigor desta Lei deverão aprová-lo até 30 de junho de 2008.

→ Artigo com redação alterada pela Lei 11.673/2008.

Art. 51. Para os efeitos desta Lei, aplicam-se ao Distrito Federal e ao Governador do Distrito Federal as disposições relativas, respectivamente, a Município e a Prefeito.

Art. 52. Sem prejuízo da punição de outros agentes públicos envolvidos e da aplicação de outras sanções cabíveis, o Prefeito incorre em improbidade administrativa, nos termos da Lei 8.429, de 2 de junho de 1992, quando:

I – (*Vetado*).

II – deixar de proceder, no prazo de 5 (cinco) anos, o adequado aproveitamento do imóvel incorporado ao patrimônio público, conforme o disposto no § 4º do art. 8º desta Lei;

III – utilizar áreas obtidas por meio do direito de preempção em desacordo com o disposto no art. 26 desta Lei;

IV – aplicar os recursos auferidos com a outorga onerosa do direito de construir e de alteração de uso em desacordo com o previsto no art. 31 desta Lei;

V – aplicar os recursos auferidos com operações consorciadas em desacordo com o previsto no § 1º do art. 33 desta Lei;

VI – impedir ou deixar de garantir os requisitos contidos nos incisos I a III do § 4º do art. 40 desta Lei;

VII – deixar de tomar as providências necessárias para garantir a observância do disposto no § 3º do art. 40 e no art. 50 desta Lei;

VIII – adquirir imóvel objeto de direito de preempção, nos termos dos arts. 25 a 27 desta Lei, pelo valor da proposta apresentada, se este for, comprovadamente, superior ao de mercado.

Art. 53. O art. 1º da Lei 7.347, de 24 de julho de 1985, passa a vigorar acrescido de novo inciso III, renumerando o atual inciso III e os subsequentes:

→ Artigo com eficácia suspensa pela MP 2.180-35/2001.

"Art. 1º (...)

(...)

III – à ordem urbanística;

(...)".

Art. 54. O art. 4º da Lei 7.347, de 1985, passa a vigorar com a seguinte redação:

→ Alteração efetuada na referida Lei.

Art. 55. O art. 167, inciso I, item 28, da Lei 6.015, de 31 de dezembro de 1973, alterado pela Lei 6.216, de 30 de junho de 1975, passa a vigorar com a seguinte redação:

→ Alteração efetuada na referida Lei.

Art. 56. O art. 167, inciso I, da Lei 6.015, de 1973, passa a vigorar acrescido dos seguintes itens 37, 38 e 39:

→ Alterações efetuadas na referida Lei.

Art. 57. O art. 167, inciso II, da Lei 6.015, de 1973, passa a vigorar acrescido dos seguintes itens 18, 19 e 20:

→ Alteração efetuada na referida Lei.

Art. 58. Esta Lei entra em vigor após decorridos 90 (noventa) dias de sua publicação.

Brasília, 10 de julho de 2001; 180º da Independência e 113º da República.

Fernando Henrique Cardoso

(Publicação no *D.O.U.* de 11.7.2001)

ESTATUTO DO IDOSO

LEI 10.741,
DE 1º DE OUTUBRO DE 2003

Dispõe sobre o Estatuto do Idoso e dá outras providências.

O Presidente da República:

Faço saber que o Congresso Nacional decreta e eu sanciono a seguinte Lei:

Título I
Disposições preliminares

Art. 1º É instituído o Estatuto do Idoso, destinado a regular os direitos assegurados às pessoas com idade igual ou superior a 60 (sessenta) anos.

Art. 2º O idoso goza de todos os direitos fundamentais inerentes à pessoa humana, sem prejuízo da proteção integral de que trata esta Lei, assegurando-se-lhe, por lei ou por outros meios, todas as oportunidades e facilidades, para preservação de sua saúde física e mental e seu aperfeiçoamento moral, intelectual, espiritual e social, em condições de liberdade e dignidade.

Art. 3º É obrigação da família, da comunidade, da sociedade e do Poder Público assegurar ao idoso, com absoluta prioridade, a efetivação do direito à vida, à saúde, à alimentação, à educação, à cultura, ao esporte, ao lazer, ao trabalho, à cidadania, à liberdade, à dignidade, ao respeito e à convivência familiar e comunitária.

Parágrafo único. A garantia de prioridade compreende:

I – atendimento preferencial imediato e individualizado junto aos órgãos públicos e privados prestadores de serviços à população;

II – preferência na formulação e na execução de políticas sociais públicas específicas;

III – destinação privilegiada de recursos públicos nas áreas relacionadas com a proteção ao idoso;

IV – viabilização de formas alternativas de participação, ocupação e convívio do idoso com as demais gerações;

V – priorização do atendimento do idoso por sua própria família, em detrimento do atendimento asilar, exceto dos que não a possuam ou careçam de condições de manutenção da própria sobrevivência;

VI – capacitação e reciclagem dos recursos humanos nas áreas de geriatria e gerontologia e na prestação de serviços aos idosos;

VII – estabelecimento de mecanismos que favoreçam a divulgação de informações de caráter educativo sobre os aspectos biopsicossociais de envelhecimento;

VIII – garantia de acesso à rede de serviços de saúde e de assistência social locais;

IX – prioridade no recebimento da restituição do Imposto de Renda.

→ Inciso IX acrescentado pela Lei 11.765/2008.

Art. 4º Nenhum idoso será objeto de qualquer tipo de negligência, discriminação, violência, crueldade ou opressão, e todo atentado aos seus direitos, por ação ou omissão, será punido na forma da lei.

§ 1º É dever de todos prevenir a ameaça ou violação aos direitos do idoso.

§ 2º As obrigações previstas nesta Lei não excluem da prevenção outras decorrentes dos princípios por ela adotados.

Art. 5º A inobservância das normas de prevenção importará em responsabilidade à pessoa física ou jurídica nos termos da lei.

Art. 6º Todo cidadão tem o dever de comunicar à autoridade competente qualquer forma de violação a esta Lei que tenha testemunhado ou de que tenha conhecimento.

Art. 7º Os Conselhos Nacional, Estaduais, do Distrito Federal e Municipais do Idoso, previstos na Lei 8.842, de 4 de janeiro de 1994, zelarão pelo cumprimento dos direitos do idoso, definidos nesta Lei.

Título II
Dos direitos fundamentais

Capítulo I
DO DIREITO À VIDA

Art. 8º O envelhecimento é um direito personalíssimo e a sua proteção um direito social, nos termos desta Lei e da legislação vigente.

Art. 9º É obrigação do Estado, garantir à pessoa idosa a proteção à vida e à saúde, mediante efetivação de políticas sociais públicas que permitam um envelhecimento saudável e em condições de dignidade.

Capítulo II
DO DIREITO À LIBERDADE, AO RESPEITO E À DIGNIDADE

Art. 10. É obrigação do Estado e da sociedade, assegurar à pessoa idosa a liberdade, o respeito e a dignidade, como pessoa humana e sujeito de direitos civis, políticos, individuais e sociais, garantidos na Constituição e nas leis.

§ 1º O direito à liberdade compreende, entre outros, os seguintes aspectos:

I – faculdade de ir, vir e estar nos logradouros públicos e espaços comunitários, ressalvadas as restrições legais;

II – opinião e expressão;

III – crença e culto religioso;

IV – prática de esportes e de diversões;

V – participação na vida familiar e comunitária;

VI – participação na vida política, na forma da lei;

VII – faculdade de buscar refúgio, auxílio e orientação.

§ 2º O direito ao respeito consiste na inviolabilidade da integridade física, psíquica e moral, abrangendo a preservação da imagem, da identidade, da autonomia, de valores, ideias e crenças, dos espaços e dos objetos pessoais.

§ 3º É dever de todos zelar pela dignidade do idoso, colocando-o a salvo de qualquer tratamento desumano, violento, aterrorizante, vexatório ou constrangedor.

Capítulo III
DOS ALIMENTOS

Art. 11. Os alimentos serão prestados ao idoso na forma da lei civil.

Art. 12. A obrigação alimentar é solidária, podendo o idoso optar entre os prestadores.

Art. 13. As transações relativas a alimentos poderão ser celebradas perante o Promotor de Justiça ou Defensor Público, que as referendará, e passarão a ter efeito de título executivo extrajudicial nos termos da lei processual civil.

→ Artigo com redação alterada pela Lei 11.737/2008.

Art. 14. Se o idoso ou seus familiares não possuírem condições econômicas de prover o seu sustento, impõe-se ao Poder Público esse provimento, no âmbito da assistência social.

Capítulo IV
DO DIREITO À SAÚDE

Art. 15. É assegurada a atenção integral à saúde do idoso, por intermédio do Sistema Único de Saúde – SUS, garantindo-lhe o acesso universal e igualitário, em conjunto articulado e contínuo das ações e serviços, para a prevenção, promoção, proteção e recuperação da saúde, incluindo a atenção especial às doenças que afetam preferencialmente os idosos.

§ 1º A prevenção e a manutenção da saúde do idoso serão efetivadas por meio de:

I – cadastramento da população idosa em base territorial;

II – atendimento geriátrico e gerontológico em ambulatórios;

III – unidades geriátricas de referência, com pessoal especializado nas áreas de geriatria e gerontologia social;

IV – atendimento domiciliar, incluindo a internação, para a população que dele necessitar e esteja impossibilitada de se locomover, inclusive para idosos abrigados e acolhidos por instituições públicas, filantrópicas ou sem fins lucrativos e eventualmente conveniadas com o Poder Público, nos meios urbano e rural;

→ v. Portaria MS 2.529/2006 - Institui a Internação Domiciliar no âmbito do SUS.

V – reabilitação orientada pela geriatria e gerontologia, para redução das sequelas decorrentes do agravo da saúde.

§ 2º Incumbe ao Poder Público fornecer aos idosos, gratuitamente, medicamentos, especialmente os de uso continuado, assim como próteses, órteses e outros recursos relativos ao tratamento, habilitação ou reabilitação.

§ 3º É vedada a discriminação do idoso nos planos de saúde pela cobrança de valores diferenciados em razão da idade.

§ 4º Os idosos portadores de deficiência ou com limitação incapacitante terão atendimento especializado, nos termos da lei.

§ 5º É vedado exigir o comparecimento do idoso enfermo perante os órgãos públicos, hipótese na qual será admitido o seguinte procedimento:

→ § 5º acrescentado pela Lei 12.896/2013.

I – quando de interesse do poder público, o agente promoverá o contato necessário com o idoso em sua residência; ou

II – quando de interesse do próprio idoso, este se fará representar por procurador legalmente constituído.

§ 6º É assegurado ao idoso enfermo o atendimento domiciliar pela perícia médica do Instituto Nacional do Seguro Social – INSS, pelo serviço público de saúde ou pelo serviço privado de saúde, contratado ou conveniado, que integre o Sistema Único de Saúde – SUS, para expedição do laudo de saúde necessário ao exercício de seus direitos sociais e de isenção tributária.

→ § 6º acrescentado pela Lei 12.896/2013.

Art. 16. Ao idoso internado ou em observação é assegurado o direito a acompanhante, devendo o órgão de saúde proporcionar as condições adequadas para a sua permanência em tempo integral, segundo o critério médico.

Parágrafo único. Caberá ao profissional de saúde responsável pelo tratamento conceder autorização para o acompanhamento do idoso ou, no caso de impossibilidade, justificá-la por escrito.

Art. 17. Ao idoso que esteja no domínio de suas faculdades mentais é assegurado o direito de optar pelo tratamento de saúde que lhe for reputado mais favorável.

Parágrafo único. Não estando o idoso em condições de proceder à opção, esta será feita:

I – pelo curador, quando o idoso for interditado;

II – pelos familiares, quando o idoso não tiver curador ou este não puder ser contactado em tempo hábil;

III – pelo médico, quando ocorrer iminente risco de vida e não houver tempo hábil para consulta a curador ou familiar;

IV – pelo próprio médico, quando não houver curador ou familiar conhecido, caso em que deverá comunicar o fato ao Ministério Público.

Art. 18. As instituições de saúde devem atender aos critérios mínimos para o atendimento às necessidades do idoso, promovendo o treinamento e a capacitação dos profissionais, assim como orientação a cuidadores familiares e grupos de autoajuda.

Art. 19. Os casos de suspeita ou confirmação de violência praticada contra idosos serão objeto de notificação compulsória pelos serviços de saúde públicos e privados à autoridade sanitária, bem como serão obrigatoriamente comunicados por eles a quaisquer dos seguintes órgãos:

→ *Caput* com redação alterada pela Lei 12.461/2011.

I – autoridade policial;

II – Ministério Público;

III – Conselho Municipal do Idoso;

IV – Conselho Estadual do Idoso;

V – Conselho Nacional do Idoso.

§ 1º Para os efeitos desta Lei, considera-se violência contra o idoso qualquer ação ou omissão praticada em local público ou privado que lhe cause morte, dano ou sofrimento físico ou psicológico.

→ § 1º acrescentado pela Lei 12.461/2011.

§ 2º Aplica-se, no que couber, à notificação compulsória prevista no *caput* deste artigo, o disposto na Lei 6.259, de 30 de outubro de 1975.

→ § 2º acrescentado pela Lei 12.461/2011.

Capítulo V
DA EDUCAÇÃO, CULTURA, ESPORTE E LAZER

Art. 20. O idoso tem direito a educação, cultura, esporte, lazer, diversões, espetáculos, produtos e serviços que respeitem sua peculiar condição de idade.

Art. 21. O Poder Público criará oportunidades de acesso do idoso à educação, adequando currículos, metodologias e material didático aos programas educacionais a ele destinados.

§ 1º Os cursos especiais para idosos incluirão conteúdo relativo às técnicas de comunicação, computação e demais avanços tecnológicos, para sua integração à vida moderna.

§ 2º Os idosos participarão das comemorações de caráter cívico ou cultural, para transmissão de conhecimentos e vivências às demais gerações, no sentido da preservação da memória e da identidade culturais.

Art. 22. Nos currículos mínimos dos diversos níveis de ensino formal serão inseridos conteúdos voltados ao processo de envelhecimento, ao respeito e à valorização do idoso, de forma a eliminar o preconceito e a produzir conhecimentos sobre a matéria.

Art. 23. A participação dos idosos em atividades culturais e de lazer será proporcionada mediante descontos de pelo menos 50% (cinquenta por cento) nos ingressos para eventos artísticos, culturais, esportivos e de lazer, bem como o acesso preferencial aos respectivos locais.

Art. 24. Os meios de comunicação manterão espaços ou horários especiais voltados aos idosos, com finalidade informativa, educativa, artística e cultural, e ao público sobre o processo de envelhecimento.

Art. 25. O Poder Público apoiará a criação de universidade aberta para as pessoas idosas e incentivará a publicação de livros e periódicos, de conteúdo e padrão editorial adequados ao idoso, que facilitem a leitura, considerada a natural redução da capacidade visual.

Capítulo VI
DA PROFISSIONALIZAÇÃO E DO TRABALHO

Art. 26. O idoso tem direito ao exercício de atividade profissional, respeitadas suas condições físicas, intelectuais e psíquicas.

Art. 27. Na admissão do idoso em qualquer trabalho ou emprego, é vedada a discriminação e a fixação de limite máximo de idade, inclusive para concursos, ressalvados os casos em que a natureza do cargo o exigir.

Parágrafo único. O primeiro critério de desempate em concurso público será a idade, dando-se preferência ao de idade mais elevada.

Art. 28. O Poder Público criará e estimulará programas de:

I – profissionalização especializada para os idosos, aproveitando seus potenciais e habilidades para atividades regulares e remuneradas;

II – preparação dos trabalhadores para a aposentadoria, com antecedência mínima de 1 (um) ano, por meio de estímulo a novos projetos sociais, conforme seus interesses, e de esclarecimento sobre os direitos sociais e de cidadania;

III – estímulo às empresas privadas para admissão de idosos ao trabalho.

Capítulo VII
DA PREVIDÊNCIA SOCIAL

Art. 29. Os benefícios de aposentadoria e pensão do Regime Geral da Previdência Social observarão, na sua concessão, critérios de cálculo que preservem o valor real dos salários sobre os quais incidiram contribuição, nos termos da legislação vigente.

Parágrafo único. Os valores dos benefícios em manutenção serão reajustados na mesma data de reajuste do salário mínimo, *pro rata*, de acordo com suas respectivas datas de início ou do seu último reajustamento, com base em percentual definido em regulamento, observados os critérios estabelecidos pela Lei 8.213, de 24 de julho de 1991.

Art. 30. A perda da condição de segurado não será considerada para a concessão da aposentadoria por idade, desde que a pessoa conte com, no mínimo, o tempo de contribuição correspondente ao exigido para efeito de carência na data de requerimento do benefício.

Parágrafo único. O cálculo do valor do benefício previsto no *caput* observará o disposto no *caput* e § 2º do art. 3º da Lei 9.876, de 26 de novembro de 1999, ou, não havendo salários de contribuição recolhidos a partir da competência de julho de 1994, o disposto no art. 35 da Lei 8.213, de 1991.

Art. 31. O pagamento de parcelas relativas a benefícios, efetuado com atraso por responsabilidade da Previdência Social, será atualizado pelo mesmo índice utilizado para os reajustamentos dos benefícios do Regime Geral de Previdência Social, verificado no período compreendido entre o mês que deveria ter sido pago e o mês do efetivo pagamento.

Art. 32. O Dia Mundial do Trabalho, 1º de Maio, é a data-base dos aposentados e pensionistas.

Capítulo VIII
DA ASSISTÊNCIA SOCIAL

Art. 33. A assistência social aos idosos será prestada, de forma articulada, conforme os princípios e diretrizes previstos na Lei Orgânica da Assistência Social, na Política Nacional do Idoso, no Sistema Único de Saúde e demais normas pertinentes.

Art. 34. Aos idosos, a partir de 65 (sessenta e cinco) anos, que não possuam meios para prover sua subsistência, nem de tê-la provida por sua família, é assegurado o benefício mensal de 1 (um) salário mínimo, nos termos da Lei Orgânica da Assistência Social – Loas.

Parágrafo único. O benefício já concedido a qualquer membro da família nos termos do *caput* não será computado para os fins do cálculo da renda familiar *per capita* a que se refere a Loas.

Art. 35. Todas as entidades de longa permanência, ou casa-lar, são obrigadas a firmar contrato de prestação de serviços com a pessoa idosa abrigada.

§ 1º No caso de entidades filantrópicas, ou casa-lar, é facultada a cobrança de participação do idoso no custeio da entidade.

§ 2º O Conselho Municipal do Idoso ou o Conselho Municipal da Assistência Social estabelecerá a forma de participação prevista no § 1º, que não poderá exceder a 70% (setenta por cento) de qualquer benefício previdenciário ou de assistência social percebido pelo idoso.

§ 3º Se a pessoa idosa for incapaz, caberá a seu representante legal firmar o contrato a que se refere o *caput* deste artigo.

Art. 36. O acolhimento de idosos em situação de risco social, por adulto ou núcleo familiar, caracteriza a dependência econômica, para os efeitos legais.

Capítulo IX
DA HABITAÇÃO

Art. 37. O idoso tem direito a moradia digna, no seio da família natural ou substituta, ou desacompanhado de seus familiares, quando assim o desejar, ou, ainda, em instituição pública ou privada.

§ 1º A assistência integral na modalidade de entidade de longa permanência será prestada quando verificada inexistência de grupo familiar, casa-lar, abandono ou carência de recursos financeiros próprios ou da família.

§ 2º Toda instituição dedicada ao atendimento ao idoso fica obrigada a manter identificação externa visível, sob pena de interdição, além de atender toda a legislação pertinente.

§ 3º As instituições que abrigarem idosos são obrigadas a manter padrões de habitação compatíveis com as necessidades deles, bem como provê-los com alimentação regular e higiene indispensáveis às normas sanitárias e com estas condizentes, sob as penas da lei.

Art. 38. Nos programas habitacionais, públicos ou subsidiados com recursos públicos, o idoso goza de prioridade na aquisição de imóvel para moradia própria, observado o seguinte:

I – reserva de pelo menos 3% (três por cento) das unidades habitacionais residenciais para atendimento aos idosos;

→ Inciso I com redação alterada pela Lei 12.418/2011.

II – implantação de equipamentos urbanos comunitários voltados ao idoso;

III – eliminação de barreiras arquitetônicas e urbanísticas, para garantia de acessibilidade ao idoso;

IV – critérios de financiamento compatíveis com os rendimentos de aposentadoria e pensão.

Parágrafo único. As unidades residenciais reservadas para atendimento a idosos devem situar-se, preferencialmente, no pavimento térreo.

→ Parágrafo único acrescentado pela Lei 12.419/2011.

Capítulo X
DO TRANSPORTE

Art. 39. Aos maiores de 65 (sessenta e cinco) anos fica assegurada a gratuidade dos transportes coletivos públicos urbanos e semiurbanos, exceto nos serviços seletivos e especiais, quando prestados paralelamente aos serviços regulares.

§ 1º Para ter acesso à gratuidade, basta que o idoso apresente qualquer documento pessoal que faça prova de sua idade.

§ 2º Nos veículos de transporte coletivo de que trata este artigo, serão reservados 10% (dez por cento) dos assentos para os idosos, devidamente identificados com a placa de reservado preferencialmente para idosos.

§ 3º No caso das pessoas compreendidas na faixa etária entre 60 (sessenta) e 65 (sessenta e cinco) anos, ficará a critério da legislação local dispor sobre as condições para exercício da gratuidade nos meios de transporte previstos no *caput* deste artigo.

Art. 40. No sistema de transporte coletivo interestadual observar-se-á, nos termos da legislação específica:

I – a reserva de 2 (duas) vagas gratuitas por veículo para idosos com renda igual ou inferior a 2 (dois) salários mínimos;

II – desconto de 50% (cinquenta por cento), no mínimo, no valor das passagens, para os idosos que excederem as vagas gratuitas, com renda igual ou inferior a 2 (dois) salários mínimos.

Parágrafo único. Caberá aos órgãos competentes definir os mecanismos e os critérios para o exercício dos direitos previstos nos incisos I e II.

Art. 41. É assegurada a reserva, para os idosos, nos termos da lei local, de 5% (cinco por cento) das vagas nos estacionamentos públicos e privados, as quais deverão ser posicionadas de forma a garantir a melhor comodidade ao idoso.

Art. 42. São asseguradas a prioridade e a segurança do idoso nos procedimentos de embarque e desembarque nos veículos do sistema de transporte coletivo.

→ Artigo com redação alterada pela Lei 12.899/2013.

Título III
Das medidas de proteção

Capítulo I
DAS DISPOSIÇÕES GERAIS

Art. 43. As medidas de proteção ao idoso são aplicáveis sempre que os direitos reconhecidos nesta Lei forem ameaçados ou violados:

I – por ação ou omissão da sociedade ou do Estado;

II – por falta, omissão ou abuso da família, curador ou entidade de atendimento;

III – em razão de sua condição pessoal.

Capítulo II
DAS MEDIDAS ESPECÍFICAS DE PROTEÇÃO

Art. 44. As medidas de proteção ao idoso previstas nesta Lei poderão ser aplicadas, isolada ou cumulativamente, e levarão em conta os fins sociais a que se destinam e o fortalecimento dos vínculos familiares e comunitários.

Art. 45. Verificada qualquer das hipóteses previstas no art. 43, o Ministério Público ou o Poder Judiciário, a requerimento daquele, poderá determinar, dentre outras, as seguintes medidas:

I – encaminhamento à família ou curador, mediante termo de responsabilidade;

II – orientação, apoio e acompanhamento temporários;

III – requisição para tratamento de sua saúde, em regime ambulatorial, hospitalar ou domiciliar;

IV – inclusão em programa oficial ou comunitário de auxílio, orientação e tratamento a usuários dependentes de drogas lícitas ou ilícitas, ao próprio idoso ou à pessoa de sua convivência que lhe cause perturbação;

V – abrigo em entidade;

VI – abrigo temporário.

ESTATUTOS

Título IV
Da política de atendimento ao idoso

Capítulo I
DISPOSIÇÕES GERAIS

Art. 46. A política de atendimento ao idoso far-se-á por meio do conjunto articulado de ações governamentais e não governamentais da União, dos Estados, do Distrito Federal e dos Municípios.

Art. 47. São linhas de ação da política de atendimento:

I – políticas sociais básicas, previstas na Lei 8.842, de 4 de janeiro de 1994;

II – políticas e programas de assistência social, em caráter supletivo, para aqueles que necessitarem;

III – serviços especiais de prevenção e atendimento às vítimas de negligência, maus-tratos, exploração, abuso, crueldade e opressão;

IV – serviço de identificação e localização de parentes ou responsáveis por idosos abandonados em hospitais e instituições de longa permanência;

V – proteção jurídico-social por entidades de defesa dos direitos dos idosos;

VI – mobilização da opinião pública no sentido da participação dos diversos segmentos da sociedade no atendimento do idoso.

Capítulo II
DAS ENTIDADES DE ATENDIMENTO AO IDOSO

Art. 48. As entidades de atendimento são responsáveis pela manutenção das próprias unidades, observadas as normas de planejamento e execução emanadas do órgão competente da Política Nacional do Idoso, conforme a Lei 8.842, de 1994.

Parágrafo único. As entidades governamentais e não governamentais de assistência ao idoso ficam sujeitas à inscrição de seus programas, junto ao órgão competente da Vigilância Sanitária e Conselho Municipal da Pessoa Idosa, e em sua falta, junto ao Conselho Estadual ou Nacional da Pessoa Idosa, especificando os regimes de atendimento, observados os seguintes requisitos:

I – oferecer instalações físicas em condições adequadas de habitabilidade, higiene, salubridade e segurança;

II – apresentar objetivos estatutários e plano de trabalho compatíveis com os princípios desta Lei;

III – estar regularmente constituída;

IV – demonstrar a idoneidade de seus dirigentes.

Art. 49. As entidades que desenvolvam programas de institucionalização de longa permanência adotarão os seguintes princípios:

I – preservação dos vínculos familiares;

II – atendimento personalizado e em pequenos grupos;

III – manutenção do idoso na mesma instituição, salvo em caso de força maior;

IV – participação do idoso nas atividades comunitárias, de caráter interno e externo;

V – observância dos direitos e garantias dos idosos;

VI – preservação da identidade do idoso e oferecimento de ambiente de respeito e dignidade.

Parágrafo único. O dirigente de instituição prestadora de atendimento ao idoso responderá civil e criminalmente pelos atos que praticar em detrimento do idoso, sem prejuízo das sanções administrativas.

Art. 50. Constituem obrigações das entidades de atendimento:

I – celebrar contrato escrito de prestação de serviço com o idoso, especificando o tipo de atendimento, as obrigações da entidade e prestações decorrentes do contrato, com os respectivos preços, se for o caso;

II – observar os direitos e as garantias de que são titulares os idosos;

III – fornecer vestuário adequado, se for pública, e alimentação suficiente;

IV – oferecer instalações físicas em condições adequadas de habitabilidade;

V – oferecer atendimento personalizado;

VI – diligenciar no sentido da preservação dos vínculos familiares;

VII – oferecer acomodações apropriadas para recebimento de visitas;

VIII – proporcionar cuidados à saúde, conforme a necessidade do idoso;

IX – promover atividades educacionais, esportivas, culturais e de lazer;

X – propiciar assistência religiosa àqueles que desejarem, de acordo com suas crenças;

XI – proceder a estudo social e pessoal de cada caso;

XII – comunicar à autoridade competente de saúde toda ocorrência de idoso portador de doenças infectocontagiosas;

XIII – providenciar ou solicitar que o Ministério Público requisite os documentos necessários ao exercício da cidadania àqueles que não os tiverem, na forma da lei;

XIV – fornecer comprovante de depósito dos bens móveis que receberem dos idosos;

XV – manter arquivo de anotações onde constem data e circunstâncias do atendimento, nome do idoso, responsável, parentes, endereços, cidade, relação de seus pertences, bem como o valor de contribuições, e suas alterações, se houver, e demais dados que possibilitem sua identificação e a individualização do atendimento;

XVI – comunicar ao Ministério Público, para as providências cabíveis, a situação de abandono moral ou material por parte dos familiares;

XVII – manter no quadro de pessoal profissionais com formação específica.

Art. 51. As instituições filantrópicas ou sem fins lucrativos prestadoras de serviço ao idoso terão direito à assistência judiciária gratuita.

Capítulo III
DA FISCALIZAÇÃO DAS ENTIDADES DE ATENDIMENTO

Art. 52. As entidades governamentais e não governamentais de atendimento ao idoso serão fiscalizadas pelos Conselhos do Idoso, Ministério Público, Vigilância Sanitária e outros previstos em lei.

Art. 53. O art. 7º da Lei 8.842, de 1994, passa a vigorar com a seguinte redação:

"Art. 7º Compete aos Conselhos de que trata o art. 6º desta Lei a supervisão, o acompanhamento, a fiscalização e a avaliação da política nacional do idoso, no âmbito das respectivas instâncias político-administrativas."

Art. 54. Será dada publicidade das prestações de contas dos recursos públicos e privados recebidos pelas entidades de atendimento.

Art. 55. As entidades de atendimento que descumprirem as determinações desta Lei ficarão sujeitas, sem prejuízo da responsabilidade civil e criminal de seus dirigentes ou prepostos, às seguintes penalidades, observado o devido processo legal:

I – as entidades governamentais:

a) advertência;

b) afastamento provisório de seus dirigentes;

c) afastamento definitivo de seus dirigentes;

d) fechamento de unidade ou interdição de programa;

II – as entidades não governamentais:

a) advertência;

b) multa;

c) suspensão parcial ou total do repasse de verbas públicas;

d) interdição de unidade ou suspensão de programa;

e) proibição de atendimento a idosos a bem do interesse público.

§ 1º Havendo danos aos idosos abrigados ou qualquer tipo de fraude em relação ao programa, caberá o afastamento provisório dos dirigentes ou a interdição da unidade e a suspensão do programa.

§ 2º A suspensão parcial ou total do repasse de verbas públicas ocorrerá quando verificada a má aplicação ou desvio de finalidade dos recursos.

§ 3º Na ocorrência de infração por entidade de atendimento, que coloque em risco os direitos assegurados nesta Lei, será o fato comunicado ao Ministério Público, para as providências cabíveis, inclusive para promover a suspensão das atividades ou dissolução da entidade, com a proibição de atendimento a idosos a bem do interesse público, sem prejuízo das providências a serem tomadas pela Vigilância Sanitária.

§ 4º Na aplicação das penalidades, serão consideradas a natureza e a gravidade da infração cometida, os danos que dela provierem para o idoso, as circunstâncias agravantes ou atenuantes e os antecedentes da entidade.

Capítulo IV
DAS INFRAÇÕES ADMINISTRATIVAS

Art. 56. Deixar a entidade de atendimento de cumprir as determinações do art. 50 desta Lei:

Pena – multa de R$ 500,00 (quinhentos reais) a R$ 3.000,00 (três mil reais), se o fato não for caracterizado como crime, podendo haver a interdição do estabelecimento até que sejam cumpridas as exigências legais.

Parágrafo único. No caso de interdição do estabelecimento de longa permanência, os idosos abrigados serão transferidos para outra instituição, a expensas do estabelecimento interditado, enquanto durar a interdição.

Art. 57. Deixar o profissional de saúde ou o responsável por estabelecimento de saúde ou instituição de longa permanência de comunicar à autoridade competente os casos de crimes contra idoso de que tiver conhecimento:

Pena – multa de R$ 500,00 (quinhentos reais) a R$ 3.000,00 (três mil reais), aplicada em dobro no caso de reincidência.

Art. 58. Deixar de cumprir as determinações desta Lei sobre a prioridade no atendimento ao idoso:

Pena – multa de R$ 500,00 (quinhentos reais) a R$ 1.000,00 (um mil reais) e multa civil a ser estipulada pelo juiz, conforme o dano sofrido pelo idoso.

Capítulo V
DA APURAÇÃO ADMINISTRATIVA DE INFRAÇÃO ÀS NORMAS DE PROTEÇÃO AO IDOSO

Art. 59. Os valores monetários expressos no Capítulo IV serão atualizados anualmente, na forma da lei.

Art. 60. O procedimento para a imposição de penalidade administrativa por infração às normas de proteção ao idoso terá início com requisição do Ministério Público ou auto de infração elaborado por servidor efetivo e assinado, se possível, por duas testemunhas.

§ 1º No procedimento iniciado com o auto de infração poderão ser usadas fórmulas impressas, especificando-se a natureza e as circunstâncias da infração.

§ 2º Sempre que possível, à verificação da infração seguir-se-á a lavratura do auto, ou este será lavrado dentro de 24 (vinte e quatro) horas, por motivo justificado.

Art. 61. O autuado terá prazo de 10 (dez) dias para a apresentação da defesa, contado da data da intimação, que será feita:

I – pelo autuante, no instrumento de autuação, quando for lavrado na presença do infrator;

II – por via postal, com aviso de recebimento.

Art. 62. Havendo risco para a vida ou à saúde do idoso, a autoridade competente aplicará à entidade de atendimento as sanções regulamentares, sem prejuízo da iniciativa e das providências que vierem a ser adotadas pelo Ministério Público ou pelas demais instituições legitimadas para a fiscalização.

Art. 63. Nos casos em que não houver risco para a vida ou a saúde da pessoa idosa abrigada, a autoridade competente aplicará à entidade de atendimento as sanções regulamentares, sem prejuízo da iniciativa e das providências que vierem a ser adotadas pelo Ministério Público ou pelas demais instituições legitimadas para a fiscalização.

Capítulo VI
DA APURAÇÃO JUDICIAL DE IRREGULARIDADES EM ENTIDADE DE ATENDIMENTO

Art. 64. Aplicam-se, subsidiariamente, ao procedimento administrativo de que trata este Capítulo as disposições das Leis 6.437, de 20 de agosto de 1977, e 9.784, de 29 de janeiro de 1999.

Art. 65. O procedimento de apuração de irregularidade em entidade governamental e não governamental de atendimento ao idoso terá início mediante petição fundamentada de pessoa interessada ou iniciativa do Ministério Público.

Art. 66. Havendo motivo grave, poderá a autoridade judiciária, ouvido o Ministério Público, decretar liminarmente o afastamento provisório do dirigente da entidade ou outras medidas que julgar adequadas, para evitar lesão aos direitos do idoso, mediante decisão fundamentada.

Art. 67. O dirigente da entidade será citado para, no prazo de 10 (dez) dias, oferecer resposta escrita, podendo juntar documentos e indicar as provas a produzir.

Art. 68. Apresentada a defesa, o juiz procederá na conformidade do art. 69 ou, se necessário, designará audiência de instrução e julgamento, deliberando sobre a necessidade de produção de outras provas.

§ 1º Salvo manifestação em audiência, as partes e o Ministério Público terão 5 (cinco) dias para oferecer alegações finais, decidindo a autoridade judiciária em igual prazo.

§ 2º Em se tratando de afastamento provisório ou definitivo de dirigente de entidade governamental, a autoridade judiciária oficiará a autoridade administrativa imediatamente superior ao afastado, fixando-lhe prazo de 24 (vinte e quatro) horas para proceder à substituição.

§ 3º Antes de aplicar qualquer das medidas, a autoridade judiciária poderá fixar prazo para a remoção das irregularidades verificadas. Satisfeitas as exigências, o processo será extinto, sem julgamento do mérito.

§ 4º A multa e a advertência serão impostas ao dirigente da entidade ou ao responsável pelo programa de atendimento.

Título V
Do acesso à justiça

Capítulo I
DISPOSIÇÕES GERAIS

Art. 69. Aplica-se, subsidiariamente, às disposições deste Capítulo, o procedimento sumário previsto no Código de Processo Civil, naquilo que não contrarie os prazos previstos nesta Lei.

Art. 70. O Poder Público poderá criar varas especializadas e exclusivas do idoso.

→ *v.* Lei 13.105/2015 – Institui o Novo Código de Processo Civil, em vigor após decorrido 1 (um) ano da data de sua publicação oficial (Art. 1.045 do NCPC) – *D.O.U.* de 17.3.2015.

Art. 71. É assegurada prioridade na tramitação dos processos e procedimentos e na execução dos atos e diligências judiciais em que figure como parte ou interveniente pessoa com idade igual ou superior a 60 (sessenta) anos, em qualquer instância.

§ 1º O interessado na obtenção da prioridade a que alude este artigo, fazendo prova de sua idade, requererá o benefício à autoridade judiciária competente para decidir o feito, que determinará as providências a serem cumpridas, anotando-se essa circunstância em local visível nos autos do processo.

§ 2º A prioridade não cessará com a morte do beneficiado, estendendo-se em favor do cônjuge supérstite, companheiro ou companheira, com união estável, maior de 60 (sessenta) anos.

§ 3º A prioridade se estende aos processos e procedimentos na Administração Pública, empresas prestadoras de serviços públicos e instituições financeiras, ao atendimento preferencial junto à Defensoria Pública da União, dos Estados e do Distrito Federal em relação aos Serviços de Assistência Judiciária.

§ 4º Para o atendimento prioritário será garantido ao idoso o fácil acesso aos assentos e caixas, identificados com a destinação a idosos em local visível e caracteres legíveis.

Capítulo II
DO MINISTÉRIO PÚBLICO

Art. 72. *(Vetado).*

Art. 73. As funções do Ministério Público, previstas nesta Lei, serão exercidas nos termos da respectiva Lei Orgânica.

Art. 74. Compete ao Ministério Público:

I – instaurar o inquérito civil e a ação civil pública para a proteção dos direitos e interesses difusos ou coletivos, individuais indisponíveis e individuais homogêneos do idoso;

II – promover e acompanhar as ações de alimentos, de interdição total ou parcial, de designação de curador especial, em circunstâncias que justifiquem a medida e oficiar em todos os feitos em que se discutam os direitos de idosos em condições de risco;

III – atuar como substituto processual do idoso em situação de risco, conforme o disposto no art. 43 desta Lei;

IV – promover a revogação de instrumento procuratório do idoso, nas hipóteses previstas no art. 43 desta Lei, quando necessário ou o interesse público justificar;

V – instaurar procedimento administrativo e, para instruí-lo:

a) expedir notificações, colher depoimentos ou esclarecimentos e, em caso de não comparecimento injustificado da pessoa notificada, requisitar condução coercitiva, inclusive pela Polícia Civil ou Militar;

b) requisitar informações, exames, perícias e documentos de autoridades municipais, estaduais e federais, da administração direta e indireta, bem como promover inspeções e diligências investigatórias;

c) requisitar informações e documentos particulares de instituições privadas;

VI – instaurar sindicâncias, requisitar diligências investigatórias e a instauração de inquérito policial, para a apuração de ilícitos ou infrações às normas de proteção ao idoso;

VII – zelar pelo efetivo respeito aos direitos e garantias legais assegurados ao idoso, promovendo as medidas judiciais e extrajudiciais cabíveis;

VIII – inspecionar as entidades públicas e particulares de atendimento e os programas de que trata esta Lei, adotando de pronto as medidas administrativas ou judiciais necessárias à remoção de irregularidades porventura verificadas;

IX – requisitar força policial, bem como a colaboração dos serviços de saúde, educacionais e de assistência social, públicos, para o desempenho de suas atribuições;

X – referendar transações envolvendo interesses e direitos dos idosos previstos nesta Lei.

§ 1º A legitimação do Ministério Público para as ações cíveis previstas neste artigo não impede a de terceiros, nas mesmas hipóteses, segundo dispuser a lei.

§ 2º As atribuições constantes deste artigo não excluem outras, desde que compatíveis com a finalidade e atribuições do Ministério Público.

§ 3º O representante do Ministério Público, no exercício de suas funções, terá livre acesso a toda entidade de atendimento ao idoso.

Art. 75. Nos processos e procedimentos em que não for parte, atuará obrigatoriamente o Ministério Público na defesa dos direitos e interesses de que cuida esta Lei, hipóteses em que terá vista dos autos depois das partes, podendo juntar documentos, requerer diligências e produção de outras provas, usando os recursos cabíveis.

Art. 76. A intimação do Ministério Público, em qualquer caso, será feita pessoalmente.

Art. 77. A falta de intervenção do Ministério Público acarreta a nulidade do feito, que será declarada de ofício pelo juiz ou a requerimento de qualquer interessado.

Capítulo III
DA PROTEÇÃO JUDICIAL DOS INTERESSES DIFUSOS, COLETIVOS E INDIVIDUAIS INDISPONÍVEIS OU HOMOGÊNEOS

Art. 78. As manifestações processuais do representante do Ministério Público deverão ser fundamentadas.

Art. 79. Regem-se pelas disposições desta Lei as ações de responsabilidade por ofensa aos direitos assegurados ao idoso, referentes à omissão ou ao oferecimento insatisfatório de:

I – acesso às ações e serviços de saúde;

II – atendimento especializado ao idoso portador de deficiência ou com limitação incapacitante;

III – atendimento especializado ao idoso portador de doença infectocontagiosa;

IV – serviço de assistência social visando ao amparo do idoso.

Parágrafo único. As hipóteses previstas neste artigo não excluem da proteção judicial outros interesses difusos, coletivos, individuais indisponíveis ou homogêneos, próprios do idoso, protegidos em lei.

Art. 80. As ações previstas neste Capítulo serão propostas no foro do domicílio do idoso, cujo juízo terá competência absoluta para processar a causa, ressalvadas as competências da Justiça Federal e a competência originária dos Tribunais Superiores.

Art. 81. Para as ações cíveis fundadas em interesses difusos, coletivos, individuais indisponíveis ou homogêneos, consideram-se legitimados, concorrentemente:

I – o Ministério Público;

II – a União, os Estados, o Distrito Federal e os Municípios;

III – a Ordem dos Advogados do Brasil;

IV – as associações legalmente constituídas há pelo menos 1 (um) ano e que incluam entre os fins institucionais a defesa dos interesses e direitos da pessoa idosa, dispensada a autorização da assembleia, se houver prévia autorização estatutária.

§ 1º Admitir-se-á litisconsórcio facultativo entre os Ministérios Públicos da União e dos Estados na defesa dos interesses e direitos de que cuida esta Lei.

§ 2º Em caso de desistência ou abandono da ação por associação legitimada, o Ministério Público ou outro legitimado deverá assumir a titularidade ativa.

Art. 82. Para defesa dos interesses e direitos protegidos por esta Lei, são admissíveis todas as espécies de ação pertinentes.

Parágrafo único. Contra atos ilegais ou abusivos de autoridade pública ou agente de pessoa jurídica no exercício de atribuições de Poder Público, que lesem direito líquido e certo previsto nesta Lei, caberá ação mandamental, que se regerá pelas normas da lei do mandado de segurança.

Art. 83. Na ação que tenha por objeto o cumprimento de obrigação de fazer ou não fazer, o juiz concederá a tutela específica da obrigação ou determinará providências que assegurem o resultado prático equivalente ao adimplemento.

§ 1º Sendo relevante o fundamento da demanda e havendo justificado receio de ineficácia do provimento final, é lícito ao juiz conceder a tutela liminarmente ou após justificação prévia, na forma do art. 273 do Código de Processo Civil.

→ V. Arts. 294, 296, 298, 300 e 305, parágrafo único, do NCPC.

§ 2º O juiz poderá, na hipótese do § 1º ou na sentença, impor multa diária ao réu, independentemente do pedido do autor, se for suficiente ou compatível com a obrigação, fixando prazo razoável para o cumprimento do preceito.

§ 3º A multa só será exigível do réu após o trânsito em julgado da sentença favorável ao autor, mas será devida desde o dia em que se houver configurado.

Art. 84. Os valores das multas previstas nesta Lei reverterão ao Fundo do Idoso, onde houver, ou na falta deste, ao Fundo Municipal de Assistência Social, ficando vinculados ao atendimento ao idoso.

Parágrafo único. As multas não recolhidas até 30 (trinta) dias após o trânsito em julgado da decisão serão exigidas por meio de execução promovida pelo Ministério Público, nos mesmos autos, facultada igual iniciativa aos demais legitimados em caso de inércia daquele.

Art. 85. O juiz poderá conferir efeito suspensivo aos recursos, para evitar dano irreparável à parte.

Art. 86. Transitada em julgado a sentença que impuser condenação ao Poder Público, o juiz determinará a remessa de peças à autoridade competente, para apuração da responsabilidade civil e administrativa do agente a que se atribua a ação ou omissão.

Art. 87. Decorridos 60 (sessenta) dias do trânsito em julgado da sentença condenatória favorável ao idoso sem que o autor lhe promova a execução, deverá fazê-lo o Ministério Público, facultada, igual iniciativa aos demais legitimados, como assistentes ou assumindo o polo ativo, em caso de inércia desse órgão.

Art. 88. Nas ações de que trata este Capítulo, não haverá adiantamento de custas, emolumentos, honorários periciais e quaisquer outras despesas.

Parágrafo único. Não se imporá sucumbência ao Ministério Público.

Art. 89. Qualquer pessoa poderá, e o servidor deverá, provocar a iniciativa do Ministério Público, prestando-lhe informações sobre os fatos que constituam objeto de ação civil e indicando-lhe os elementos de convicção.

Art. 90. Os agentes públicos em geral, os juízes e tribunais, no exercício de suas funções, quando tiverem conhecimento de fatos que possam configurar crime de ação pública contra idoso ou ensejar a propositura de ação para sua defesa, devem encaminhar as peças pertinentes ao Ministério Público, para as providências cabíveis.

Art. 91. Para instruir a petição inicial, o interessado poderá requerer às autoridades competentes as certidões e informações que julgar necessárias, que serão fornecidas no prazo de 10 (dez) dias.

Art. 92. O Ministério Público poderá instaurar sob sua presidência, inquérito civil, ou requisitar, de qualquer pessoa, organismo público ou particular, certidões, informações, exames ou perícias, no prazo que assinalar, o qual não poderá ser inferior a 10 (dez) dias.

§ 1º Se o órgão do Ministério Público, esgotadas todas as diligências, se convencer da inexistência de fundamento para a propositura da ação civil ou de peças informativas, determinará o seu arquivamento, fazendo-o fundamentadamente.

§ 2º Os autos do inquérito civil ou as peças de informação arquivados serão remetidos, sob pena de se incorrer em falta grave, no prazo de 3 (três) dias, ao Conselho Superior do Ministério Público ou à Câmara de Coordenação e Revisão do Ministério Público.

§ 3º Até que seja homologado ou rejeitado o arquivamento, pelo Conselho Superior do Ministério Público ou por Câmara de Coordenação e Revisão do Ministério Público, as associações legitimadas poderão apresentar razões escritas ou documentos, que serão juntados ou anexados às peças de informação.

§ 4º Deixando o Conselho Superior ou a Câmara de Coordenação e Revisão do Ministério Público de homologar a promoção de arquivamento, será designado outro membro do Ministério Público para o ajuizamento da ação.

Título VI
Dos crimes

→ *v.* Lei 13.228/2015 – Estelionato contra idoso.

Capítulo I
DISPOSIÇÕES GERAIS

Art. 93. Aplicam-se subsidiariamente, no que couber, as disposições da Lei 7.347, de 24 de julho de 1985.

Art. 94. Aos crimes previstos nesta Lei, cuja pena máxima privativa de liberdade não ultrapasse 4 (quatro) anos, aplica-se o procedimento previsto na Lei 9.099, de 26 de setembro de 1995, e, subsidiariamente, no que couber, as disposições do Código Penal e do Código de Processo Penal.

→ *v.* ADIn 3.096-5 (*D.O.U.* 25.6.2010), o STF deu interpretação conforme à Constituição ao art. 94 da Lei 10.741/2003, "com redução de texto, para suprimir a expressão "do Código Penal e"".

Capítulo II
DOS CRIMES EM ESPÉCIE

Art. 95. Os crimes definidos nesta Lei são de ação penal pública incondicionada, não se lhes aplicando os arts. 181 e 182 do Código Penal.

Art. 96. Discriminar pessoa idosa, impedindo ou dificultando seu acesso a operações bancárias, aos meios de transporte, ao direito de contratar ou por qualquer outro meio ou instrumento necessário ao exercício da cidadania, por motivo de idade:

Pena – reclusão de 6 (seis) meses a 1 (um) ano e multa.

§ 1º Na mesma pena incorre quem desdenhar, humilhar, menosprezar ou discriminar pessoa idosa, por qualquer motivo.

§ 2º A pena será aumentada de 1/3 (um terço) se a vítima se encontrar sob os cuidados ou responsabilidade do agente.

Art. 97. Deixar de prestar assistência ao idoso, quando possível fazê-lo sem risco pessoal, em situação de iminente perigo, ou recusar, retardar ou dificultar sua assistência à saúde, sem justa causa, ou não pedir, nesses casos, o socorro de autoridade pública:

Pena – detenção de 6 (seis) meses a 1 (um) ano e multa.

Parágrafo único. A pena é aumentada de metade, se da omissão resulta lesão corporal de natureza grave, e triplicada, se resulta a morte.

Art. 98. Abandonar o idoso em hospitais, casas de saúde, entidades de longa permanência, ou congêneres, ou não prover suas necessidades básicas, quando obrigado por lei ou mandado:

Pena – detenção de 6 (seis) meses a 3 (três) anos e multa.

Art. 99. Expor a perigo a integridade e a saúde, física ou psíquica, do idoso, submetendo-o a condições desumanas ou degradantes ou privando-o de alimentos e cuidados indispensáveis, quando obrigado a fazê-lo, ou sujeitando-o a trabalho excessivo ou inadequado:

Pena – detenção de 2 (dois) meses a 1 (um) ano e multa.

§ 1º Se do fato resulta lesão corporal de natureza grave:

Pena – reclusão de 1 (um) a 4 (quatro) anos.

§ 2º Se resulta a morte:

Pena – reclusão de 4 (quatro) a 12 (doze) anos.

Art. 100. Constitui crime punível com reclusão de 6 (seis) meses a 1 (um) ano e multa:

I – obstar o acesso de alguém a qualquer cargo público por motivo de idade;

II – negar a alguém, por motivo de idade, emprego ou trabalho;

III – recusar, retardar ou dificultar atendimento ou deixar de prestar assistência à saúde, sem justa causa, a pessoa idosa;

IV – deixar de cumprir, retardar ou frustrar, sem justo motivo, a execução de ordem judicial expedida na ação civil a que alude esta Lei;

V – recusar, retardar ou omitir dados técnicos indispensáveis à propositura da ação civil objeto desta Lei, quando requisitados pelo Ministério Público.

Art. 101. Deixar de cumprir, retardar ou frustrar, sem justo motivo, a execução de ordem judicial expedida nas ações em que for parte ou interveniente o idoso:

Pena – detenção de 6 (seis) meses a 1 (um) ano e multa.

Art. 102. Apropriar-se de ou desviar bens, proventos, pensão ou qualquer outro rendimento do idoso, dando-lhes aplicação diversa da de sua finalidade:

Pena – reclusão de 1 (um) a 4 (quatro) anos e multa.

Art. 103. Negar o acolhimento ou a permanência do idoso, como abrigado, por recusa deste em outorgar procuração à entidade de atendimento:

Pena – detenção de 6 (seis) meses a 1 (um) ano e multa.

Art. 104. Reter o cartão magnético de conta bancária relativa a benefícios, proventos ou pensão do idoso, bem como qualquer outro documento com objetivo de assegurar recebimento ou ressarcimento de dívida:

Pena – detenção de 6 (seis) meses a 2 (dois) anos e multa.

Art. 105. Exibir ou veicular, por qualquer meio de comunicação, informações ou imagens depreciativas ou injuriosas à pessoa do idoso:

Pena – detenção de 1 (um) a 3 (três) anos e multa.

Art. 106. Induzir pessoa idosa sem discernimento de seus atos a outorgar procuração para fins de administração de bens ou deles dispor livremente:

Pena – reclusão de 2 (dois) a 4 (quatro) anos.

Art. 107. Coagir, de qualquer modo, o idoso a doar, contratar, testar ou outorgar procuração:

Pena – reclusão de 2 (dois) a 5 (cinco) anos.

Art. 108. Lavrar ato notarial que envolva pessoa idosa sem discernimento de seus atos, sem a devida representação legal:

Pena – reclusão de 2 (dois) a 4 (quatro) anos.

Título VII
Disposições finais e transitórias

Art. 109. Impedir ou embaraçar ato do representante do Ministério Público ou de qualquer outro agente fiscalizador:

Pena – reclusão de 6 (seis) meses a 1 (um) ano e multa.

Art. 110. O Decreto-lei 2.848, de 7 de dezembro de 1940, Código Penal, passa a vigorar com as seguintes alterações:

→ Alterações efetuadas no CP.

Art. 111. O art. 21 do Decreto-Lei 3.688, de 3 de outubro de 1941, Lei das Contravenções Penais, passa a vigorar acrescido do seguinte parágrafo único:

→ Alterações efetuadas no CP.

Art. 112. O inciso II do § 4º do art. 1º da Lei 9.455, de 7 de abril de 1997, passa a vigorar com a seguinte redação:

→ Alterações efetuadas na referida Lei.

Art. 113. O inciso III do art. 18 da Lei 6.368, de 21 de outubro de 1976, passa a vigorar com a seguinte redação:

→ Referida Lei 6.368/1976 foi revogada pela Lei 11.343/2006.

"Art. 18. (...)

(...)

III – se qualquer deles decorrer de associação ou visar a menores de 21 (vinte e um) anos ou a pessoa com idade igual ou superior a 60 (sessenta) anos ou a quem tenha, por qualquer causa, diminuída ou suprimida a capacidade de discernimento ou de autodeterminação:

(...)"

Art. 114. O art. 1º da Lei 10.048, de 8 de novembro de 2000, passa a vigorar com a seguinte redação:

"Art. 1º As pessoas portadoras de deficiência, os idosos com idade igual ou superior a 60 (sessenta) anos, as gestantes, as lactantes e as pessoas acompanhadas por crianças de colo terão atendimento prioritário, nos termos desta Lei."

Art. 115. O Orçamento da Seguridade Social destinará ao Fundo Nacional de Assistência Social, até que o Fundo Nacional do Idoso seja criado, os recursos necessários, em cada exercício financeiro, para aplicação em programas e ações relativos ao idoso.

Art. 116. Serão incluídos nos censos demográficos dados relativos à população idosa do País.

Art. 117. O Poder Executivo encaminhará ao Congresso Nacional projeto de lei revendo os critérios de concessão do Benefício de Prestação Continuada previsto na Lei Orgânica da Assistência Social, de forma a garantir que o acesso ao direito seja condizente com o estágio de desenvolvimento socioeconômico alcançado pelo País.

Art. 118. Esta Lei entra em vigor decorridos 90 (noventa) dias da sua publicação, ressalvado o disposto no *caput* do art. 36, que vigorará a partir de 1º de janeiro de 2004.

Brasília, 1º de outubro de 2003; 182º da Independência e 115º da República.

Luiz Inácio Lula da Silva

(Publicação no *D.O.U.* de 3.10.2003)

ESTATUTO DO TORCEDOR

LEI 10.671, DE 15 DE MAIO DE 2003

Dispõe sobre o Estatuto de Defesa do Torcedor e dá outras providências.

O Presidente da República:

Faço saber que o Congresso Nacional decreta e eu sanciono a seguinte Lei:

Capítulo I
DISPOSIÇÕES GERAIS

Art. 1º Este Estatuto estabelece normas de proteção e defesa do torcedor.

Art. 1º-A. A prevenção da violência nos esportes é de responsabilidade do poder público, das confederações, federações, ligas, clubes, associações ou entidades esportivas, entidades recreativas e associações de torcedores, inclusive de seus respectivos dirigentes, bem como daqueles que, de qualquer forma, promovem, organizam, coordenam ou participam dos eventos esportivos.

→ Artigo acrescentado pela Lei 12.299/2010.

Art. 2º Torcedor é toda pessoa que aprecie, apoie ou se associe a qualquer entidade de prática desportiva do País e acompanhe a prática de determinada modalidade esportiva.

Parágrafo único. Salvo prova em contrário, presumem-se a apreciação, o apoio ou o acompanhamento de que trata o *caput* deste artigo.

Art. 2º-A. Considera-se torcida organizada, para os efeitos desta Lei, a pessoa jurídica de direito privado ou existente de fato, que se organize para o fim de torcer e apoiar entidade de prática esportiva de qualquer natureza ou modalidade.

→ Artigo acrescentado pela Lei 12.299/2010.

Parágrafo único. A torcida organizada deverá manter cadastro atualizado de seus associados ou membros, o qual deverá conter, pelo menos, as seguintes informações:

I – nome completo;

II – fotografia;

III – filiação;

IV – número do registro civil;

V – número do CPF;

VI – data de nascimento;

VII – estado civil;

VIII – profissão;

IX – endereço completo; e

X – escolaridade.

Art. 3º Para todos os efeitos legais, equiparam-se a fornecedor, nos termos da Lei 8.078, de 11 de setembro de 1990, a entidade responsável pela organização da competição, bem como a entidade de prática desportiva detentora do mando de jogo.

Art. 4º *(Vetado).*

Capítulo II
DA TRANSPARÊNCIA NA ORGANIZAÇÃO

Art. 5º São asseguradas ao torcedor a publicidade e transparência na organização das competições administradas pelas entidades de administração do desporto, bem como pelas ligas de que trata o art. 20 da Lei 9.615, de 24 de março de 1998.

§ 1º As entidades de que trata o *caput* farão publicar na internet, em sítio da entidade responsável pela organização do evento:

→ § 1º acrescentado pela Lei 12.299/2010.

I – a íntegra do regulamento da competição;

II – as tabelas da competição, contendo as partidas que serão realizadas, com especificação de sua data, local e horário;

III – o nome e as formas de contato do Ouvidor da Competição de que trata o art. 6º;

IV – os borderôs completos das partidas;

V – a escalação dos árbitros imediatamente após sua definição; e

VI – a relação dos nomes dos torcedores impedidos de comparecer ao local do evento desportivo.

§ 2º Os dados contidos nos itens V e VI também deverão ser afixados ostensivamente em local visível, em caracteres facilmente legíveis, do lado externo de todas as entradas do local onde se realiza o evento esportivo.

→ § 2º acrescentado pela Lei 12.299/2010.

§ 3º O juiz deve comunicar às entidades de que trata o *caput* decisão judicial ou aceitação de proposta de transação penal ou suspensão do processo que implique o impedimento do torcedor de frequentar estádios desportivos.

→ § 3º acrescentado pela Lei 12.299/2010.

Art. 6º A entidade responsável pela organização da competição, previamente ao seu início, designará o Ouvidor da Competição, fornecendo-lhe os meios de comunicação necessários ao amplo acesso dos torcedores.

§ 1º São deveres do Ouvidor da Competição recolher as sugestões, propostas e reclamações que receber dos torcedores, examiná-las e propor à respectiva entidade medidas necessárias ao aperfeiçoamento da competição e ao benefício do torcedor.

§ 2º É assegurado ao torcedor:

I – o amplo acesso ao Ouvidor da Competição, mediante comunicação postal ou mensagem eletrônica; e

II – o direito de receber do Ouvidor da Competição as respostas às sugestões, propostas e reclamações, que encaminhou, no prazo de 30 (trinta) dias.

§ 3º Na hipótese de que trata o inciso II do § 2º, o Ouvidor da Competição utilizará, prioritariamente, o mesmo meio de comunicação utilizado pelo torcedor para o encaminhamento de sua mensagem.

§ 4º O sítio da internet em que forem publicadas as informações de que trata o § 1º do art. 5º conterá, também, as manifestações e propostas do Ouvidor da Competição.

→ § 4º com redação alterada pela Lei 12.299/2010.

§ 5º A função de Ouvidor da Competição poderá ser remunerada pelas entidades de prática desportiva participantes da competição.

Art. 7º É direito do torcedor a divulgação, durante a realização da partida, da renda obtida pelo pagamento de ingressos e do número de espectadores pagantes e não pagantes, por intermédio dos serviços de som e imagem instalados no estádio em que se realiza a partida, pela entidade responsável pela organização da competição.

Art. 8º As competições de atletas profissionais de que participem entidades integrantes da organização desportiva do País deverão ser promovidas de acordo com calendário anual de eventos oficiais que:

I – garanta às entidades de prática desportiva participação em competições durante pelo menos 10 (dez) meses do ano;

II – adote, em pelo menos uma competição de âmbito nacional, sistema de disputa em que as equipes participantes conheçam, previamente ao seu início, a quantidade de partidas que disputarão, bem como seus adversários.

Capítulo III
DO REGULAMENTO DA COMPETIÇÃO

Art. 9º É direito do torcedor que o regulamento, as tabelas da competição e o nome do Ouvidor da Competição sejam divulgados até 60 (sessenta) dias antes de seu início, na forma do § 1º do art. 5º.

→ *Caput* com redação alterada pela Lei 12.299/2010.

§ 1º Nos 10 (dez) dias subsequentes à divulgação de que trata o *caput*, qualquer interessado poderá manifestar-se sobre o regulamento diretamente ao Ouvidor da Competição.

§ 2º O Ouvidor da Competição elaborará, em 72 (setenta e duas) horas, relatório contendo as principais propostas e sugestões encaminhadas.

§ 3º Após o exame do relatório, a entidade responsável pela organização da competição decidirá, em 48 (quarenta e oito) horas, motivadamente, sobre a conveniência da aceitação das propostas e sugestões relatadas.

§ 4º O regulamento definitivo da competição será divulgado, na forma do § 1º do art. 5º, 45 (quarenta e cinco) dias antes de seu início.

→ § 4º com redação alterada pela Lei 12.299/2010.

§ 5º É vedado proceder alterações no regulamento da competição desde sua divulgação definitiva, salvo nas hipóteses de:

I – apresentação de novo calendário anual de eventos oficiais para o ano subsequente, desde que aprovado pelo Conselho Nacional do Esporte – CNE;

II – após 2 (dois) anos de vigência do mesmo regulamento, observado o procedimento de que trata este artigo.

§ 6º A competição que vier a substituir outra, segundo o novo calendário anual de eventos oficiais apresentado para o ano subsequente, deverá ter âmbito territorial diverso da competição a ser substituída.

Art. 10. É direito do torcedor que a participação das entidades de prática desportiva em competições organizadas pelas entidades de que trata o art. 5º seja exclusivamente em virtude de critério técnico previamente definido.

§ 1º Para os fins do disposto neste artigo, considera-se critério técnico a habilitação de entidade de prática desportiva em razão de:

→ *Caput* do § 1º com redação alterada pela Lei 13.155/2015.

I – colocação obtida em competição anterior; e

→ Inciso I acrescentado pela Lei 13.155/2015.

II – cumprimento dos seguintes requisitos:

→ Inciso II acrescentado pela Lei 13.155/2015.

a) regularidade fiscal, atestada por meio de apresentação de Certidão Negativa de Débitos relativos a Créditos Tributários Federais e à Dívida Ativa da União – CND;

b) apresentação de certificado de regularidade do Fundo de Garantia do Tempo de Serviço - FGTS; e

c) comprovação de pagamento dos vencimentos acertados em contratos de trabalho e dos contratos de imagem dos atletas.

§ 2º Fica vedada a adoção de qualquer outro critério, especialmente o convite, observado o disposto no art. 89 da Lei 9.615, de 24 de março de 1998.

§ 3º Em campeonatos ou torneios regulares com mais de uma divisão, serão observados o princípio do acesso e do descenso e as seguintes determinações, sem prejuízo da perda de pontos, na forma do regulamento:

→ *Caput* do § 3º com redação alterada pela Lei 13.155, de 2015.

I – a entidade de prática desportiva que não cumprir todos os requisitos estabelecidos no inciso II do § 1º deste artigo participará da divisão imediatamente inferior à que se encontra classificada;

→ Inciso I acrescentado pela Lei 13.155/2015.

II – a vaga desocupada pela entidade de prática desportiva rebaixada nos termos do inciso I deste parágrafo será ocupada por entidade de prática desportiva participante da divisão que receberá a entidade rebaixada nos termos do inciso I deste parágrafo, obedecida a ordem de classificação do campeonato do ano anterior e desde que cumpridos os requisitos exigidos no inciso II do § 1º deste artigo.

→ Inciso II acrescentado pela Lei 13.155/2015.

§ 4º Serão desconsideradas as partidas disputadas pela entidade de prática desportiva que não tenham atendido ao critério técnico previamente definido, inclusive para efeito de pontuação na competição.

§ 5º A comprovação da regularidade fiscal de que trata a alínea a do inciso II do § 1º deste artigo poderá ser feita mediante a apresentação de Certidão Positiva com Efeitos de Negativa de Débitos relativos a Créditos Tributários Federais e à Dívida Ativa da União – CPEND.

→ § 5º acrescentado pela Lei 13.155/2015.

§ 6º (*Vetado*).

→ § 6º acrescentado pela Lei 13.155/2015.

§ 7º (*Vetado*).

→ § 7º acrescentado pela Lei 13.155/2015.

§ 8º (*Vetado*).

→ § 8º acrescentado pela Lei 13.155/2015.

Art. 11. É direito do torcedor que o árbitro e seus auxiliares entreguem, em até 4 (quatro) horas contadas do término da partida, a súmula e os relatórios da partida ao representante da entidade responsável pela organização da competição.

§ 1º Em casos excepcionais, de grave tumulto ou necessidade de laudo médico, os relatórios da partida poderão ser complementados em até 24 (vinte e quatro) horas após o seu término.

§ 2º A súmula e os relatórios da partida serão elaborados em 3 (três) vias, de igual teor e forma, devidamente assinadas pelo árbitro, auxiliares e pelo representante da entidade responsável pela organização da competição.

§ 3º A primeira via será acondicionada em envelope lacrado e ficará na posse de representante da entidade responsável pela organização da competição, que a encaminhará ao setor competente da respectiva entidade até as 13 (treze) horas do primeiro dia útil subsequente.

§ 4º O lacre de que trata o § 3º será assinado pelo árbitro e seus auxiliares.

§ 5º A segunda via ficará na posse do árbitro da partida, servindo-lhe como recibo.

§ 6º A terceira via ficará na posse do representante da entidade responsável pela organização da competição, que a encaminhará ao Ouvidor da Competição até as 13 (treze) horas do primeiro dia útil subsequente, para imediata divulgação.

Art. 12. A entidade responsável pela organização da competição dará publicidade à súmula e aos relatórios da partida no sítio de que trata o § 1º do art. 5º até as 14 (quatorze) horas do 3º (terceiro) dia útil subsequente ao da realização da partida.

→ Artigo com redação alterada pela Lei 12.299/2010.

Capítulo IV
DA SEGURANÇA DO TORCEDOR PARTÍCIPE DO EVENTO ESPORTIVO

Art. 13. O torcedor tem direito a segurança nos locais onde são realizados os eventos esportivos antes, durante e após a realização das partidas.

Parágrafo único. Será assegurado acessibilidade ao torcedor portador de deficiência ou com mobilidade reduzida.

Art. 13-A. São condições de acesso e permanência do torcedor no recinto esportivo, sem prejuízo de outras condições previstas em lei:

→ Artigo acrescentado pela Lei 12.299/2010.

I – estar na posse de ingresso válido;

II – não portar objetos, bebidas ou substâncias proibidas ou suscetíveis de gerar ou possibilitar a prática de atos de violência;

III – consentir com a revista pessoal de prevenção e segurança;

IV – não portar ou ostentar cartazes, bandeiras, símbolos ou outros sinais com mensagens ofensivas, inclusive de caráter racista ou xenófobo;

V – não entoar cânticos discriminatórios, racistas ou xenófobos;

VI – não arremessar objetos, de qualquer natureza, no interior do recinto esportivo;

VII – não portar ou utilizar fogos de artifício ou quaisquer outros engenhos pirotécnicos ou produtores de efeitos análogos;

VIII – não incitar e não praticar atos de violência no estádio, qualquer que seja a sua natureza; e

IX – não invadir e não incitar a invasão, de qualquer forma, da área restrita aos competidores.

X - não utilizar bandeiras, inclusive com mastro de bambu ou similares, para outros fins que não o da manifestação festiva e amigável.

→ Inciso X acrescentado pela Lei 12.663/2012.

Parágrafo único. O não cumprimento das condições estabelecidas neste artigo implicará a impossibilidade de ingresso do torcedor ao recinto esportivo, ou, se for o caso, o seu afastamento imediato do recinto, sem prejuízo de outras sanções administrativas, civis ou penais eventualmente cabíveis.

Art. 14. Sem prejuízo do disposto nos arts. 12 a 14 da Lei 8.078, de 11 de setembro de 1990, a responsabilidade pela segurança do torcedor em evento esportivo é da entidade de prática desportiva detentora do mando de jogo e de seus dirigentes, que deverão:

I – solicitar ao Poder Público competente a presença de agentes públicos de segurança, devidamente identificados, responsáveis pela segurança dos torcedores dentro e fora dos estádios e demais locais de realização de eventos esportivos;

II – informar imediatamente após a decisão acerca da realização da partida, dentre outros, aos órgãos públicos de segurança, transporte e higiene, os dados necessários à segurança da partida, especialmente:

a) o local;

b) o horário de abertura do estádio;

c) a capacidade de público do estádio; e

d) a expectativa de público;

III – colocar à disposição do torcedor orientadores e serviço de atendimento para que aquele encaminhe suas reclamações no momento da partida, em local:

a) amplamente divulgado e de fácil acesso; e

b) situado no estádio.

§ 1º É dever da entidade de prática desportiva detentora do mando de jogo solucionar imediatamente, sempre que possível, as reclamações dirigidas ao serviço de atendimento referido no inciso III, bem como reportá-las ao Ouvidor da Competição e, nos casos relacionados à violação de direitos e interesses de consumidores, aos órgãos de defesa e proteção do consumidor.

§ 2º *(Revogado pela Lei 12.299/2010).*

Art. 15. O detentor do mando de jogo será uma das entidades de prática desportiva envolvidas na partida, de acordo com os critérios definidos no regulamento da competição.

Art. 16. É dever da entidade responsável pela organização da competição:

I – confirmar, com até 48 (quarenta e oito) horas de antecedência, o horário e o local da realização das partidas em que a definição das equipes dependa de resultado anterior;

II – contratar seguro de acidentes pessoais, tendo como beneficiário o torcedor portador de ingresso, válido a partir do momento em que ingressar no estádio;

III – disponibilizar um médico e dois enfermeiros-padrão para cada dez mil torcedores presentes à partida;

IV – disponibilizar uma ambulância para cada dez mil torcedores presentes à partida; e

V – comunicar previamente à autoridade de saúde a realização do evento.

Art. 17. É direito do torcedor a implementação de planos de ação referentes a segurança, transporte e contingências que possam ocorrer durante a realização de eventos esportivos.

§ 1º Os planos de ação de que trata o *caput* serão elaborados pela entidade responsável pela organização da competição, com a participação das entidades de prática desportiva que a disputarão e dos órgãos responsáveis pela segurança pública, transporte e demais contingências que possam ocorrer, das localidades em que se realizarão as partidas da competição.

→ § 1º com redação alterada pela Lei 12.299/2010.

§ 2º Planos de ação especiais poderão ser apresentados em relação a eventos esportivos com excepcional expectativa de público.

§ 3º Os planos de ação serão divulgados no sítio dedicado à competição de que trata o parágrafo único do art. 5º no mesmo prazo de publicação do regulamento definitivo da competição.

Art. 18. Os estádios com capacidade superior a 10.000 (dez mil) pessoas deverão manter central técnica de informações, com infraestrutura suficiente para viabilizar o monitoramento por imagem do público presente.

→ Artigo com redação alterada pela Lei 12.299/2010.

Art. 19. As entidades responsáveis pela organização da competição, bem como seus dirigentes respondem solidariamente com as entidades de que trata o art. 15 e seus dirigentes, independentemente da existência de culpa, pelos prejuízos causados a torcedor que decorram de falhas de segurança nos estádios ou da inobservância do disposto neste capítulo.

Capítulo V
DOS INGRESSOS

Art. 20. É direito do torcedor partícipe que os ingressos para as partidas integrantes de competições profissionais sejam colocados à venda até 72 (setenta e duas) horas antes do início da partida correspondente.

§ 1º O prazo referido no *caput* será de 48 (quarenta e oito) horas nas partidas em que:

I – as equipes sejam definidas a partir de jogos eliminatórios; e

II – a realização não seja possível prever com antecedência de 4 (quatro) dias.

§ 2º A venda deverá ser realizada por sistema que assegure a sua agilidade e amplo acesso à informação.

§ 3º É assegurado ao torcedor partícipe o fornecimento de comprovante de pagamento, logo após a aquisição dos ingressos.

§ 4º Não será exigida, em qualquer hipótese, a devolução do comprovante de que trata o § 3º.

§ 5º Nas partidas que compõem as competições de âmbito nacional ou regional de primeira e segunda divisão, a venda de ingressos será realizada em, pelo menos, cinco postos de venda localizados em distritos diferentes da cidade.

Art. 21. A entidade detentora do mando de jogo implementará, na organização da emissão e venda de ingressos, sistema de segurança contra falsificações, fraudes e outras práticas que contribuam para a evasão da receita decorrente do evento esportivo.

Art. 22. São direitos do torcedor partícipe:

I – que todos os ingressos emitidos sejam numerados; e

II – ocupar o local correspondente ao número constante do ingresso.

§ 1º O disposto no inciso II não se aplica aos locais já existentes para assistência em pé, nas competições que o permitirem, limitando-se, nesses locais, o número de pessoas, de acordo com critérios de saúde, segurança e bem-estar.

§ 2º A emissão de ingressos e o acesso ao estádio nas primeira e segunda divisões da principal competição nacional e nas partidas finais das competições eliminatórias de âmbito nacional deverão ser realizados por meio de sistema eletrônico que viabilize a fiscalização e o controle da quantidade de público e do movimento financeiro da partida.

→ § 2º com redação alterada pela Lei 12.299/2010.

§ 3º O disposto no § 2º não se aplica aos eventos esportivos realizados em estádios com capacidade inferior a 10.000 (dez mil) pessoas.

→ § 3º com redação alterada pela Lei 12.299/2010.

Art. 23. A entidade responsável pela organização da competição apresentará ao Ministério Público dos Estados e do Distrito Federal, previamente à sua realização, os laudos técnicos expedidos pelos órgãos e autoridades competentes pela vistoria das condições de segurança dos estádios a serem utilizados na competição.

→ *v.* Artigo regulamentado pelo Decreto 6.795/2009.

§ 1º Os laudos atestarão a real capacidade de público dos estádios, bem como suas condições de segurança.

§ 2º Perderá o mando de jogo por, no mínimo, 6 (seis) meses, sem prejuízo das demais sanções cabíveis, a entidade de prática desportiva detentora do mando do jogo em que:

I – tenha sido colocado à venda número de ingressos maior do que a capacidade de público do estádio; ou

II – tenham entrado pessoas em número maior do que a capacidade de público do estádio.

III – tenham sido disponibilizados portões de acesso ao estádio em número inferior ao recomendado pela autoridade pública.

→ Inciso III acrescentado pela Lei 12.299/2010.

Art. 24. É direito do torcedor partícipe que conste no ingresso o preço pago por ele.

§ 1º Os valores estampados nos ingressos destinados a um mesmo setor do estádio não poderão ser diferentes entre si, nem daqueles divulgados antes da partida pela entidade detentora do mando de jogo.

§ 2º O disposto no § 1º não se aplica aos casos de venda antecipada de carnê para um conjunto de, no mínimo, três partidas de uma mesma equipe, bem como na venda de ingresso com redução de preço decorrente de previsão legal.

Art. 25. O controle e a fiscalização do acesso do público ao estádio com capacidade para mais de 10.000 (dez mil) pessoas deverão contar com meio de monitoramento por imagem das catracas, sem prejuízo do disposto no art. 18 desta Lei.

→ Artigo com redação alterada pela Lei 12.299/2010.

Capítulo VI
DO TRANSPORTE

Art. 26. Em relação ao transporte de torcedores para eventos esportivos, fica assegurado ao torcedor partícipe:

I – o acesso a transporte seguro e organizado;

II – a ampla divulgação das providências tomadas em relação ao acesso ao local da partida, seja em transporte público ou privado; e

III – a organização das imediações do estádio em que será disputada a partida, bem como suas entradas e saídas, de modo a viabilizar, sempre que possível, o acesso seguro e rápido ao evento, na entrada, e aos meios de transporte, na saída.

Art. 27. A entidade responsável pela organização da competição e a entidade de prática desportiva detentora do mando de jogo solicitarão formalmente, direto ou mediante convênio, ao Poder Público competente:

I – serviços de estacionamento para uso por torcedores partícipes durante a realização de eventos esportivos, assegurando a estes acesso a serviço organizado de transporte para o estádio, ainda que oneroso; e

II – meio de transporte, ainda que oneroso, para condução de idosos, crianças e pessoas portadoras de deficiência física aos estádios, partindo de locais de fácil acesso, previamente determinados.

Parágrafo único. O cumprimento do disposto neste artigo fica dispensado na hipótese de evento esportivo realizado em estádio com capacidade inferior a 10.000 (dez mil) pessoas.

→ Parágrafo único com redação alterada pela Lei 12.299/2010.

Capítulo VII
DA ALIMENTAÇÃO E DA HIGIENE

Art. 28. O torcedor partícipe tem direito à higiene e à qualidade das instalações físicas dos estádios e dos produtos alimentícios vendidos no local.

§ 1º O Poder Público, por meio de seus órgãos de vigilância sanitária, verificará o cumprimento do disposto neste artigo, na forma da legislação em vigor.

§ 2º É vedado impor preços excessivos ou aumentar sem justa causa os preços dos produtos alimentícios comercializados no local de realização do evento esportivo.

Art. 29. É direito do torcedor partícipe que os estádios possuam sanitários em número compatível com sua capacidade de público, em plenas condições de limpeza e funcionamento.

Parágrafo único. Os laudos de que trata o art. 23 deverão aferir o número de sanitários em condições de uso e emitir parecer sobre a sua compatibilidade com a capacidade de público do estádio.

Capítulo VIII
DA RELAÇÃO COM A ARBITRAGEM ESPORTIVA

Art. 30. É direito do torcedor que a arbitragem das competições desportivas seja independente, imparcial, previamente remunerada e isenta de pressões.

Parágrafo único. A remuneração do árbitro e de seus auxiliares será de responsabilidade da entidade de administração do desporto ou da liga organizadora do evento esportivo.

Art. 31. A entidade detentora do mando do jogo e seus dirigentes deverão convocar os agentes públicos de segurança visando a garantia da integridade física do árbitro e de seus auxiliares.

Art. 31-A. É dever das entidades de administração do desporto contratar seguro de vida e acidentes pessoais, tendo como beneficiária a equipe de arbitragem, quando exclusivamente no exercício dessa atividade.

→ Artigo acrescentado pela Lei 12.299/2010.

Art. 32. É direito do torcedor que os árbitros de cada partida sejam escolhidos mediante sorteio, dentre aqueles previamente selecionados, ou audiência pública transmitida ao vivo pela rede mundial de computadores, sob pena de nulidade.

→ *Caput* com redação alterada pela Lei 13.155/2015.

§ 1º O sorteio ou audiência pública serão realizados no mínimo quarenta e oito horas antes de cada rodada, em local e data previamente definidos.

→ § 1º com redação alterada pela Lei 13.155/2015.

§ 2º O sorteio será aberto ao público, garantida sua ampla divulgação.

Capítulo IX
DA RELAÇÃO COM A ENTIDADE DE PRÁTICA DESPORTIVA

Art. 33. Sem prejuízo do disposto nesta Lei, cada entidade de prática desportiva fará publicar documento que contemple as diretrizes básicas de seu relacionamento com os torcedores, disciplinando, obrigatoriamente:

I – o acesso ao estádio e aos locais de venda dos ingressos;

II – mecanismos de transparência financeira da entidade, inclusive com disposições relativas à realização de auditorias independentes, observado o disposto no art. 46-A da Lei 9.615, de 24 de março de 1998; e

III – a comunicação entre o torcedor e a entidade de prática desportiva.

Parágrafo único. A comunicação entre o torcedor e a entidade de prática desportiva de que trata o inciso III do *caput* poderá, dentre outras medidas, ocorrer mediante:

I – a instalação de uma ouvidoria estável;

II – a constituição de um órgão consultivo formado por torcedores não sócios; ou

III – reconhecimento da figura do sócio-torcedor, com direitos mais restritos que os dos demais sócios.

Capítulo X
DA RELAÇÃO COM A JUSTIÇA DESPORTIVA

Art. 34. É direito do torcedor que os órgãos da Justiça Desportiva, no exercício de suas funções, observem os princípios da impessoalidade, da moralidade, da celeridade, da publicidade e da independência.

Art. 35. As decisões proferidas pelos órgãos da Justiça Desportiva devem ser, em qualquer hipótese, motivadas e ter a mesma publicidade que as decisões dos tribunais federais.

§ 1º Não correm em segredo de justiça os processos em curso perante a Justiça Desportiva.

§ 2º As decisões de que trata o *caput* serão disponibilizadas no sítio de que trata o § 1º do art. 5º.

→ § 2º com redação alterada pela Lei 12.299/2010.

Art. 36. São nulas as decisões proferidas que não observarem o disposto nos arts. 34 e 35.

Capítulo XI
DAS PENALIDADES

Art. 37. Sem prejuízo das demais sanções cabíveis, a entidade de administração do desporto, a liga ou a entidade de prática desportiva que violar ou de qualquer forma concorrer para a violação do disposto nesta Lei, observado o devido processo legal, incidirá nas seguintes sanções:

I – destituição de seus dirigentes, na hipótese de violação das regras de que tratam os Capítulos II, IV e V desta Lei;

II – suspensão por 6 (seis) meses dos seus dirigentes, por violação dos dispositivos desta Lei não referidos no inciso I;

III – impedimento de gozar de qualquer benefício fiscal em âmbito federal; e

IV – suspensão por 6 (seis) meses dos repasses de recursos públicos federais da administração direta e indireta, sem prejuízo do disposto no art. 18 da Lei 9.615, de 24 de março de 1998.

§ 1º Os dirigentes de que tratam os incisos I e II do *caput* deste artigo serão sempre:

I – o presidente da entidade, ou aquele que lhe faça as vezes; e

II – o dirigente que praticou a infração, ainda que por omissão.

§ 2º A União, os Estados, o Distrito Federal e os Municípios poderão instituir, no âmbito de suas competências, multas em razão do descumprimento do disposto nesta Lei, observado o valor mínimo de R$ 100,00 (cem reais) e o valor máximo de R$ 2.000.000,00 (dois milhões de reais).

→ § 2º com redação alterada pela Lei 13.155/2015.

§ 3º A instauração do processo apuratório acarretará adoção cautelar do afastamento compulsório dos dirigentes e demais pessoas que, de forma direta ou indiretamente, puderem interferir prejudicialmente na completa elucidação dos fatos, além da suspensão dos repasses de verbas públicas, até a decisão final.

Art. 38. *(Vetado).*

Art. 39. *(Revogado pela Lei 12.299/2010).*

Art. 39-A. A torcida organizada que, em evento esportivo, promover tumulto; praticar ou incitar a violência; ou invadir local restrito aos competidores, árbitros, fiscais, dirigentes, organizadores ou jornalistas será impedida, assim como seus associados ou membros, de comparecer a eventos esportivos pelo prazo de até 3 (três) anos.

→ Artigo acrescentado pela Lei 12.299/2010.

Art. 39-B. A torcida organizada responde civilmente, de forma objetiva e solidária, pelos danos causados por qualquer dos seus associados ou membros no local do evento esportivo, em suas imediações ou no trajeto de ida e volta para o evento.

→ Artigo acrescentado pela Lei 12.299/2010.

Art. 40. A defesa dos interesses e direitos dos torcedores em juízo observará, no que couber, a mesma disciplina da defesa dos consumidores em juízo de que trata o Título III da Lei 8.078, de 11 de setembro de 1990.

Art. 41. A União, os Estados, o Distrito Federal e os Municípios promoverão a defesa do torcedor, e, com a finalidade de fiscalizar o cumprimento do disposto nesta Lei, poderão:

I – constituir órgão especializado de defesa do torcedor; ou

II – atribuir a promoção e defesa do torcedor aos órgãos de defesa do consumidor.

Art. 41-A. Os juizados do torcedor, órgãos da Justiça Ordinária com competência cível e criminal, poderão ser criados pelos Estados e pelo Distrito Federal para o processo, o julgamento e a execução das causas decorrentes das atividades reguladas nesta Lei.

→ Artigo acrescentado pela Lei 12.299/2010.

Capítulo XI-A
DOS CRIMES

→ Capítulo XI-A acrescentado pela Lei 12.299/2010.

Art. 41-B. Promover tumulto, praticar ou incitar a violência, ou invadir local restrito aos competidores em eventos esportivos:

Pena – reclusão de 1 (um) a 2 (dois) anos e multa.

→ Artigo acrescentado pela Lei 12.299/2010.

§ 1º Incorrerá nas mesmas penas o torcedor que:

I – promover tumulto, praticar ou incitar a violência num raio de 5.000 (cinco mil) metros ao redor do local de realização do evento esportivo, ou durante o trajeto de ida e volta do local da realização do evento;

II – portar, deter ou transportar, no interior do estádio, em suas imediações ou no seu trajeto, em dia de realização de evento esportivo, quaisquer instrumentos que possam servir para a prática de violência.

§ 2º Na sentença penal condenatória, o juiz deverá converter a pena de reclusão em pena impeditiva de comparecimento às proximidades do estádio, bem como a qualquer local em que se realize evento esportivo, pelo prazo de 3 (três) meses a 3 (três) anos, de acordo com a gravidade da conduta, na hipótese de o agente ser primário, ter bons antecedentes e não ter sido punido anteriormente pela prática de condutas previstas neste artigo.

§ 3º A pena impeditiva de comparecimento às proximidades do estádio, bem como a qualquer local em que se realize evento esportivo, converter-se-á em privativa de liberdade quando ocorrer o descumprimento injustificado da restrição imposta.

§ 4º Na conversão de pena prevista no § 2º, a sentença deverá determinar, ainda, a obrigatoriedade suplementar de o agente permanecer em estabelecimento indicado pelo juiz, no período compreendido entre as 2 (duas) horas antecedentes e as 2 (duas) horas posteriores à realização de partidas de entidade de prática desportiva ou de competição determinada.

§ 5º Na hipótese de o representante do Ministério Público propor aplicação da pena restritiva de direito prevista no art. 76 da Lei 9.099, de 26 de setembro de 1995, o juiz aplicará a sanção prevista no § 2º.

Art. 41-C. Solicitar ou aceitar, para si ou para outrem, vantagem ou promessa de vantagem patrimonial ou não patrimonial para qualquer ato ou omissão destinado a alterar ou falsear o resultado de competição esportiva ou evento a ela associado:

→ *Caput* com redação alterada pela Lei 13.155/2015.

Pena - reclusão de 2 (dois) a 6 (seis) anos e multa.

→ Pena acrescentada pela Lei 12.299/2010.

Art. 41-D. Dar ou prometer vantagem patrimonial ou não patrimonial com o fim de alterar ou falsear o resultado de uma competição desportiva ou evento a ela associado:

→ *Caput* com redação alterada pela Lei 13.155/2015.

Pena – reclusão de 2 (dois) a 6 (seis) anos e multa.

→ Pena acrescentada pela Lei 12.299/2010.

Art. 41-E. Fraudar, por qualquer meio, ou contribuir para que se fraude, de qualquer forma, o resultado de competição esportiva ou evento a ela associado:

→ *Caput* com redação alterada pela Lei 13.155/2015.

Pena - reclusão de 2 (dois) a 6 (seis) anos e multa.

→ Pena acrescentada pela Lei 12.299/2010.

Art. 41-F. Vender ingressos de evento esportivo, por preço superior ao estampado no bilhete:

Pena – reclusão de 1 (um) a 2 (dois) anos e multa.

→ Artigo acrescentado pela Lei 12.299/2010.

Art. 41-G. Fornecer, desviar ou facilitar a distribuição de ingressos para venda por preço superior ao estampado no bilhete:

Pena – reclusão de 2 (dois) a 4 (quatro) anos e multa.

→ Artigo acrescentado pela Lei 12.299/2010.

Parágrafo único. A pena será aumentada de 1/3 (um terço) até a 1/2 (metade) se o agente for servidor público, dirigente ou funcionário de entidade de prática desportiva, entidade responsável pela organização da competição, empresa contratada para o processo de emissão, distribuição e venda de ingressos ou torcida organizada e se utilizar desta condição para os fins previstos neste artigo.

Capítulo XII
DISPOSIÇÕES FINAIS E TRANSITÓRIAS

Art. 42. O Conselho Nacional de Esportes – CNE promoverá, no prazo de 6 (seis) meses, contado da publicação desta Lei, a adequação do Código de Justiça Desportiva ao disposto na Lei 9.615, de 24 de março de 1998, nesta Lei e em seus respectivos regulamentos.

Art. 43. Esta Lei aplica-se apenas ao desporto profissional.

Art. 44. O disposto no parágrafo único do art. 13, e nos arts. 18, 22, 25 e 33 entrará em vigor após 6 (seis) meses da publicação desta Lei.

Art. 45. Esta Lei entra em vigor na data de sua publicação.

Brasília, 15 de maio de 2003; 182º da Independência e 115º da República.

Luiz Inácio Lula da Silva

(Publicação no *D.O.U.* de 16.5.2003)

ESTATUTO DO DESARMAMENTO

LEI 10.826,
DE 22 DE DEZEMBRO DE 2003

Dispõe sobre registro, posse e comercialização de armas de fogo e munição, sobre o Sistema Nacional de Armas – SINARM, define crimes e dá outras providências.

→ *V.* Decreto 5.123/2004 – Regulamenta a Lei 10.826/2003.

O Presidente da República:

Faço saber que o Congresso Nacional decreta e eu sanciono a seguinte Lei:

Capítulo I
DO SISTEMA NACIONAL DE ARMAS

Art. 1º O Sistema Nacional de Armas – SINARM, instituído no Ministério da Justiça, no âmbito da Polícia Federal, tem circunscrição em todo o território nacional.

Art. 2º Ao SINARM compete:

I – identificar as características e a propriedade de armas de fogo, mediante cadastro;

II – cadastrar as armas de fogo produzidas, importadas e vendidas no País;

III – cadastrar as autorizações de porte de arma de fogo e as renovações expedidas pela Polícia Federal;

IV – cadastrar as transferências de propriedade, extravio, furto, roubo e outras ocorrências suscetíveis de alterar os dados cadastrais, inclusive as decorrentes de fechamento de empresas de segurança privada e de transporte de valores;

V – identificar as modificações que alterem as características ou o funcionamento de arma de fogo;

VI – integrar no cadastro os acervos policiais já existentes;

VII – cadastrar as apreensões de armas de fogo, inclusive as vinculadas a procedimentos policiais e judiciais;

VIII – cadastrar os armeiros em atividade no País, bem como conceder licença para exercer a atividade;

IX – cadastrar mediante registro os produtores, atacadistas, varejistas, exportadores e importadores autorizados de armas de fogo, acessórios e munições;

X – cadastrar a identificação do cano da arma, as características das impressões de raiamento e de microestriamento de projétil disparado, conforme marcação e testes obrigatoriamente realizados pelo fabricante;

XI – informar às Secretarias de Segurança Pública dos Estados e do Distrito Federal os registros e autorizações de porte de armas de fogo nos respectivos territórios, bem como manter o cadastro atualizado para consulta.

Parágrafo único. As disposições deste artigo não alcançam as armas de fogo das Forças Armadas e Auxiliares, bem como as demais que constem dos seus registros próprios.

Capítulo II
DO REGISTRO

Art. 3º É obrigatório o registro de arma de fogo no órgão competente.

Parágrafo único. As armas de fogo de uso restrito serão registradas no Comando do Exército, na forma do regulamento desta Lei.

Art. 4º Para adquirir arma de fogo de uso permitido o interessado deverá, além de declarar a efetiva necessidade, atender aos seguintes requisitos:

I – comprovação de idoneidade, com a apresentação de certidões negativas de antecedentes criminais fornecidas pela Justiça Federal, Estadual, Militar e Eleitoral e de não estar respondendo a inquérito policial ou a processo criminal, que poderão ser fornecidas por meios eletrônicos;

→ Inciso I com redação alterada pela Lei 11.706/2008.

II – apresentação de documento comprobatório de ocupação lícita e de residência certa;

III – comprovação de capacidade técnica e de aptidão psicológica para o manuseio de arma de fogo, atestadas na forma disposta no regulamento desta Lei.

§ 1º O SINARM expedirá autorização de compra de arma de fogo após atendidos os requisitos anteriormente estabelecidos, em nome do requerente e para a arma indicada, sendo intransferível esta autorização.

§ 2º A aquisição de munição somente poderá ser feita no calibre correspondente à arma registrada e na quantidade estabelecida no regulamento desta Lei.

→ § 2º com redação alterada pela Lei 11.706/2008.

§ 3º A empresa que comercializar arma de fogo em território nacional é obrigada a comunicar a venda à autoridade competente, como também a manter banco de dados com todas as características da arma e cópia dos documentos previstos neste artigo.

§ 4º A empresa que comercializa armas de fogo, acessórios e munições responde legalmente por essas mercadorias, ficando registradas como de sua propriedade enquanto não forem vendidas.

§ 5º A comercialização de armas de fogo, acessórios e munições entre pessoas físicas somente será efetivada mediante autorização do SINARM.

§ 6º A expedição da autorização a que se refere o § 1º será concedida, ou recusada com a devida fundamentação, no prazo de 30 (trinta) dias úteis, a contar da data do requerimento do interessado.

§ 7º O registro precário a que se refere o § 4º prescinde do cumprimento dos requisitos dos incisos I, II e III deste artigo.

§ 8º Estará dispensado das exigências constantes do inciso III do *caput* deste artigo, na forma do regulamento, o interessado em adquirir arma de fogo de uso permitido que comprove estar autorizado a portar arma com as mesmas características daquela a ser adquirida.

→ § 8º acrescentado pela Lei 11.706/2008.

Art. 5º O certificado de Registro de Arma de Fogo, com validade em todo o território nacional, autoriza o seu proprietário a manter a arma de fogo exclusivamente no interior de sua residência ou domicílio, ou dependência desses, ou, ainda, no seu local de trabalho, desde que seja ele o titular ou o responsável legal pelo estabelecimento ou empresa.

→ *Caput* com redação alterada pela Lei 10.884/2004.

§ 1º O certificado de registro de arma de fogo será expedido pela Polícia Federal e será precedido de autorização do SINARM.

§ 2º Os requisitos de que tratam os incisos I, II e III do art. 4º deverão ser comprovados periodicamente, em período não inferior a 3 (três) anos, na conformidade do estabelecido no regulamento desta Lei, para a renovação do Certificado de Registro de Arma de Fogo.

§ 3º O proprietário de arma de fogo com certificados de registro de propriedade expedido por órgão estadual ou do Distrito Federal até a data da publicação desta Lei que não optar pela entrega espontânea prevista no art. 32 desta Lei deverá renová-lo mediante o pertinente registro federal, até o dia 31 de dezembro de 2008, ante a apresentação de documento de identificação pessoal e comprovante de residência fixa, ficando dispensado do pagamento de taxas e do cumprimento das demais exigências constantes dos incisos I a III do *caput* do art. 4º desta Lei.

→ § 3º com redação alterada pela Lei 11.706/2008.

→ O art. 20 da Lei 11.922/2009 prorrogou o prazo descrito até 31.12.2009.

§ 4º Para fins do cumprimento do disposto no § 3º deste artigo, o proprietário de arma de fogo poderá obter, no Departamento de Polícia Federal, certificado de registro provisório, expedido na rede mundial de computadores – internet, na forma do regulamento e obedecidos os procedimentos a seguir:

→ § 4º acrescentado pela Lei 11.706/2008.

I – emissão de certificado de registro provisório pela internet, com validade inicial de 90 (noventa) dias; e

II – revalidação pela unidade do Departamento de Polícia Federal do certificado de registro provisório pelo prazo que estimar como necessário para a emissão definitiva do certificado de registro de propriedade.

Capítulo III
DO PORTE

Art. 6º É proibido o porte de arma de fogo em todo o território nacional, salvo para os casos previstos em legislação própria e para:

I – os integrantes das Forças Armadas;

II – os integrantes de órgãos referidos nos incisos do *caput* do art. 144 da Constituição Federal;

III – os integrantes das guardas municipais das capitais dos Estados e dos Municípios com mais de 500.000 (quinhentos mil) habitantes, nas condições estabelecidas no regulamento desta Lei;

IV – os integrantes das guardas municipais dos Municípios com mais de 50.000 (cinquenta mil) e menos de 500.000 (quinhentos mil) habitantes, quando em serviço;

→ Inciso IV com redação alterada pela Lei 10.867/2004.

V – os agentes operacionais da Agência Brasileira de Inteligência e os agentes do Departamento de Segurança do Gabinete de Segurança Institucional da Presidência da República;

VI – os integrantes dos órgãos policiais referidos no art. 51, IV, e no art. 52, XIII, da Constituição Federal;

VII – os integrantes do quadro efetivo dos agentes e guardas prisionais, os integrantes das escoltas de presos e as guardas portuárias;

VIII – as empresas de segurança privada e de transporte de valores constituídas, nos termos desta Lei;

IX – para os integrantes das entidades de desporto legalmente constituídas, cujas atividades esportivas demandem o uso de armas de fogo, na forma do regulamento desta Lei, observando-se, no que couber, a legislação ambiental.

X – integrantes das Carreiras de Auditoria da Receita Federal do Brasil e de Auditoria-Fiscal do Trabalho, cargos de Auditor-Fiscal e Analista Tributário.

→ Inciso X com redação alterada pela Lei 11.501/2007.

XI – os tribunais do Poder Judiciário descritos no art. 92 da Constituição Federal e os Ministérios Públicos da União e dos Estados, para uso exclusivo de servidores de seus quadros pessoais que efetivamente estejam no exercício de funções de segurança, na forma de regulamento a ser emitido pelo Conselho Nacional de Justiça – CNJ e pelo Conselho Nacional do Ministério Público – CNMP.

→ Inciso XI acrescentado pela Lei 12.694/2012.

§ 1º As pessoas previstas nos incisos I, II, III, V e VI do *caput* deste artigo terão direito de portar arma de fogo de propriedade particular ou fornecida pela respectiva corporação ou instituição, mesmo fora de serviço, nos termos do regulamento desta Lei, com validade em âmbito nacional para aquelas constantes dos incisos I, II, V e VI.

→ § 1º com redação alterada pela Lei 11.706/2008.

§ 1º-A. (*Revogado pela Lei 11.706/2008*).

§ 1º-B. Os integrantes do quadro efetivo de agentes e guardas prisionais poderão portar arma de fogo de propriedade particular ou fornecida pela respectiva corporação ou instituição, mesmo fora de serviço, desde que estejam:

→ § 1º-B acrescentado pela Lei 12.993/2014.

I – submetidos a regime de dedicação exclusiva;

II – sujeitos à formação funcional, nos termos do regulamento; e

III – subordinados a mecanismos de fiscalização e de controle interno.

§ 1º-C. (*Vetado*).

→ § 1º-C acrescentado pela Lei 12.993/2014.

§ 2º A autorização para o porte de arma de fogo aos integrantes das instituições descritas nos incisos V, VI, VII e X do *caput* deste artigo está condicionada à comprovação do requisito a que se refere o inciso III do *caput* do art. 4º desta Lei nas condições estabelecidas no regulamento desta Lei.

→ § 2º com redação alterada pela Lei 11.706/2008.

§ 3º A autorização para o porte de arma de fogo das guardas municipais está condicionada à formação funcional de seus integrantes em estabelecimentos de ensino de atividade policial, à existência de mecanismos de fiscalização e de controle interno, nas condições estabelecidas no regulamento desta Lei, observada a supervisão do Ministério da Justiça.

→ § 3º com redação alterada pela Lei 10.884/2004.

§ 4º Os integrantes das Forças Armadas, das polícias federais e estaduais e do Distrito Federal, bem como os militares dos Estados e do Distrito Federal, ao exercerem o direito descrito no art. 4º, ficam dispensados do cumprimento do disposto nos incisos I, II e III do mesmo artigo, na forma do regulamento desta Lei.

§ 5º Aos residentes em áreas rurais, maiores de 25 (vinte e cinco) anos que comprovem depender do emprego de arma de fogo para prover sua subsistência alimentar familiar será concedido pela Polícia Federal o porte de arma de fogo, na categoria caçador para subsistência, de uma arma de uso permitido, de tiro simples, com 1 (um) ou 2 (dois) canos, de alma lisa e de calibre igual ou inferior a 16 (dezesseis), desde que o interessado comprove a efetiva necessidade em requerimento ao qual deverão ser anexados os seguintes documentos:

→ § 5º com redação alterada pela Lei 11.706/2008.

I – documento de identificação pessoal;

II – comprovante de residência em área rural; e

III – atestado de bons antecedentes.

§ 6º O caçador para subsistência que der outro uso à sua arma de fogo, independentemente de outras tipificações penais, responderá, conforme o caso, por porte ilegal ou por disparo de arma de fogo de uso permitido.

→ § 6º com redação alterada pela Lei 11.706/2008.

§ 7º Aos integrantes das guardas municipais dos Municípios que integram regiões metropolitanas será autorizado porte de arma de fogo, quando em serviço.

→ § 7º acrescentado pela Lei 11.706/2008.

Art. 7º As armas de fogo utilizadas pelos empregados das empresas de segurança privada e de transporte de valores, constituídas na forma da lei, serão de propriedade, responsabilidade e guarda das respectivas empresas, somente podendo ser utilizadas quando em serviço, devendo essas observar as condições de uso e de armazenagem estabelecidas pelo órgão competente, sendo o certificado de registro e a autorização de porte expedidos pela Polícia Federal em nome da empresa.

§ 1º O proprietário ou diretor responsável de empresa de segurança privada e de transporte de valores responderá pelo crime previsto no parágrafo único do art. 13 desta Lei, sem prejuízo das demais sanções administrativas e civis, se deixar de registrar ocorrência policial e de comunicar à Polícia Federal perda, furto, roubo ou outras formas de extravio de armas de fogo, acessórios e munições que estejam sob sua guarda, nas primeiras 24 (vinte e quatro) horas depois de ocorrido o fato.

§ 2º A empresa de segurança e de transporte de valores deverá apresentar documentação comprobatória do preenchimento dos requisitos constantes do art. 4º desta Lei quanto aos empregados que portarão arma de fogo.

§ 3º A listagem dos empregados das empresas referidas neste artigo deverá ser atualizada semestralmente junto ao SINARM.

Art. 7º-A. As armas de fogo utilizadas pelos servidores das instituições descritas no inciso XI do art. 6º serão de propriedade, responsabilidade e guarda das respectivas instituições, somente podendo ser utilizadas quando em serviço, devendo estas observar as condições de uso e de armazenagem estabelecidas pelo órgão competente, sendo o certificado de registro e a autorização de porte expedidos pela Polícia Federal em nome da instituição.

→ § 7º-A acrescentado pela Lei 12.694/2012.

§ 1º A autorização para o porte de arma de fogo de que trata este artigo independe do pagamento de taxa.

§ 2º O presidente do tribunal ou o chefe do Ministério Público designará os servidores de seus quadros pessoais no exercício de funções de segurança que poderão portar arma de fogo, respeitado o limite máximo de 50% (cinquenta por cento) do número de servidores que exerçam funções de segurança.

§ 3º O porte de arma pelos servidores das instituições de que trata este artigo fica condicionado à apresentação de documentação comprobatória do preenchimento dos requisitos constantes do art. 4º desta Lei, bem como à formação funcional em estabelecimentos de ensino de atividade policial e à existência de mecanismos de fiscalização e de controle interno, nas condições estabelecidas no regulamento desta Lei.

§ 4º A listagem dos servidores das instituições de que trata este artigo deverá ser atualizada semestralmente no SINARM.

§ 5º As instituições de que trata este artigo são obrigadas a registrar ocorrência policial e a comunicar à Polícia Federal eventual perda, furto, roubo ou outras formas de extravio de armas de fogo, acessórios e munições que estejam sob sua guarda, nas primeiras 24 (vinte e quatro) horas depois de ocorrido o fato.

Art. 8º As armas de fogo utilizadas em entidades desportivas legalmente constituídas devem obedecer às condições de uso e de armazenagem estabelecidas pelo órgão competente, respondendo o possuidor ou o autorizado a portar a arma pela sua guarda na forma do regulamento desta Lei.

Art. 9º Compete ao Ministério da Justiça a autorização do porte de arma para os responsáveis pela segurança de cidadãos estrangeiros em visita ou sediados no Brasil e, ao Comando do Exército, nos termos do regulamento desta Lei, o registro e a concessão de porte de trânsito de arma de fogo para colecionadores, atiradores e caçadores e de representantes estrangeiros em competição internacional oficial de tiro realizada no território nacional.

Art. 10. A autorização para o porte de arma de fogo de uso permitido, em todo o território nacional, é de competência da Polícia Federal e somente será concedida após autorização do SINARM.

§ 1º A autorização prevista neste artigo poderá ser concedida com eficácia temporária e territorial limitada, nos termos de atos regulamentares, e dependerá de o requerente:

I – demonstrar a sua efetiva necessidade por exercício de atividade profissional de risco ou de ameaça à sua integridade física;

II – atender às exigências previstas no art. 4º desta Lei;

III – apresentar documentação de propriedade de arma de fogo, bem como o seu devido registro no órgão competente.

§ 2º A autorização de porte de arma de fogo, prevista neste artigo, perderá automaticamente sua eficácia caso o portador dela seja detido ou abordado em estado de embriaguez ou sob efeito de substâncias químicas ou alucinógenas.

Art. 11. Fica instituída a cobrança de taxas, nos valores constantes do Anexo desta Lei, pela prestação de serviços relativos:

I – ao registro de arma de fogo;

II – à renovação de registro de arma de fogo;

III – à expedição de segunda via de registro de arma de fogo;

IV – à expedição de porte federal de arma de fogo;

V – à renovação de porte de arma de fogo;

VI – à expedição de segunda via de porte federal de arma de fogo.

§ 1º Os valores arrecadados destinam-se ao custeio e à manutenção das atividades do SINARM, da Polícia Federal e do Comando do Exército, no âmbito de suas respectivas responsabilidades.

§ 2º São isentas do pagamento das taxas previstas neste artigo as pessoas e as instituições a que se referem os incisos I a VII e X e o § 5º do art. 6º desta Lei.

→ § 2º com redação alterada pela Lei 11.706/2008.

Art. 11-A. O Ministério da Justiça disciplinará a forma e as condições do credenciamento de profissionais pela Polícia Federal para comprovação da aptidão psicológica e da capacidade técnica para o manuseio de arma de fogo.

→ Artigo acrescentado pela Lei 11.706/2008.

§ 1º Na comprovação da aptidão psicológica, o valor cobrado pelo psicólogo não poderá exceder ao valor médio dos honorários profissionais para realização de avaliação psicológica constante do item 1.16 da tabela do Conselho Federal de Psicologia.

§ 2º Na comprovação da capacidade técnica, o valor cobrado pelo instrutor de armamento e tiro não poderá exceder R$ 80,00 (oitenta reais), acrescido do custo da munição.

§ 3º A cobrança de valores superiores aos previstos nos §§ 1º e 2º deste artigo implicará o descredenciamento do profissional pela Polícia Federal.

Capítulo IV
DOS CRIMES E DAS PENAS

Posse irregular de arma de fogo de uso permitido

Art. 12. Possuir ou manter sob sua guarda arma de fogo, acessório ou munição, de uso permitido, em desacordo com determinação legal ou regulamentar, no interior de sua residência ou dependência desta, ou, ainda no seu local de trabalho, desde que seja o titular ou o responsável legal do estabelecimento ou empresa:

Pena – detenção, de 1 (um) a 3 (três) anos, e multa.

Omissão de cautela

Art. 13. Deixar de observar as cautelas necessárias para impedir que menor de 18 (dezoito) anos ou pessoa portadora de deficiência mental se apodere de arma de fogo que esteja sob sua posse ou que seja de sua propriedade:

→ v. Art. 242 do ECA.

Pena – detenção, de 1 (um) a 2 (dois) anos, e multa.

Parágrafo único. Nas mesmas penas incorrem o proprietário ou diretor responsável de empresa de segurança e transporte de valores que deixarem de registrar ocorrência policial e de comunicar à Polícia Federal perda, furto, roubo ou outras formas de extravio de arma de fogo, acessório ou munição que estejam sob sua guarda, nas primeiras 24 (vinte quatro) horas depois de ocorrido o fato.

→ v. Art. 25 do Decreto 5.123/2004.

Porte ilegal de arma de fogo de uso permitido

Art. 14. Portar, deter, adquirir, fornecer, receber, ter em depósito, transportar, ceder, ainda que gratuitamente, emprestar, remeter, empregar, manter sob guarda ou ocultar arma de fogo, acessório ou munição, de uso permitido, sem autorização e em desacordo com determinação legal ou regulamentar:

Pena – reclusão, de 2 (dois) a 4 (quatro) anos, e multa.

Parágrafo único. O crime previsto neste artigo é inafiançável, salvo quando a arma de fogo estiver registrada em nome do agente.

→ v. ADIn 3.112-1, (*D.O.U.* 10.5.2007), o STF, por maioria, julgou procedente, em parte, a ação para declarar a inconstitucionalidade do parágrafo único do art. 14.

Disparo de arma de fogo

Art. 15. Disparar arma de fogo ou acionar munição em lugar habitado ou em suas adjacências, em via pública ou em direção a ela, desde que essa conduta não tenha como finalidade a prática de outro crime:

Pena – reclusão, de 2 (dois) a 4 (quatro) anos, e multa.

Parágrafo único. O crime previsto neste artigo é inafiançável.

→ v. ADIn 3.112-1, (*D.O.U.* 10.5.2007), o STF, por maioria, julgou procedente, em parte, a ação para declarar a inconstitucionalidade do parágrafo único do art. 15.

Posse ou porte ilegal de arma de fogo de uso restrito

Art. 16. Possuir, deter, portar, adquirir, fornecer, receber, ter em depósito, transportar, ceder, ainda que gratuitamente, emprestar, remeter, empregar, manter sob sua guarda ou ocultar arma de fogo, acessório ou munição de uso proibido ou restrito, sem autorização e em desacordo com determinação legal ou regulamentar:

→ v. Art. 3º, LXXX, do Decreto 3.665/2000.

Pena – reclusão, de 3 (três) a 6 (seis) anos, e multa.

Parágrafo único. Nas mesmas penas incorre quem:

I – suprimir ou alterar marca, numeração ou qualquer sinal de identificação de arma de fogo ou artefato;

→ v. Art. 3º, II, do Decreto 3.665/2000.

II – modificar as características de arma de fogo, de forma a torná-la equivalente a arma de fogo de uso proibido ou restrito ou para fins de dificultar ou de qualquer modo induzir a erro autoridade policial, perito ou juiz;

III – possuir, detiver, fabricar ou empregar artefato explosivo ou incendiário, sem autorização ou em desacordo com determinação legal ou regulamentar;

IV – portar, possuir, adquirir, transportar ou fornecer arma de fogo com numeração, marca ou qualquer outro sinal de identificação raspado, suprimido ou adulterado;

V – vender, entregar ou fornecer, ainda que gratuitamente, arma de fogo, acessório, munição ou explosivo a criança ou adolescente; e

→ v. Art. 242 do ECA.

VI – produzir, recarregar ou reciclar, sem autorização legal, ou adulterar, de qualquer forma, munição ou explosivo.

Comércio ilegal de arma de fogo

Art. 17. Adquirir, alugar, receber, transportar, conduzir, ocultar, ter em depósito, desmontar, montar, remontar, adulterar, vender, expor à venda, ou de qualquer forma utilizar, em proveito próprio ou alheio, no exercício de atividade comercial ou industrial, arma de fogo, acessório ou munição, sem autorização ou em desacordo com determinação legal ou regulamentar:

Pena – reclusão, de 4 (quatro) a 8 (oito) anos, e multa.

Parágrafo único. Equipara-se à atividade comercial ou industrial, para efeito deste artigo, qualquer forma de prestação de serviços, fabricação ou comércio irregular ou clandestino, inclusive o exercido em residência.

→ v. Art. 180, § 2º, do CP.

Tráfico internacional de arma de fogo

Art. 18. Importar, exportar, favorecer a entrada ou saída do território nacional, a qualquer título, de arma de fogo, acessório ou munição, sem autorização da autoridade competente:

→ v. Art. 109, IV e V, da CF/1988.

→ v. Arts. 318 e 334 do CP.

→ v. Arts. 1º e 7º da Lei 9.112/1995.

→ v. Arts. 1º, 2º e 12 da Lei 7.170/1983.

Pena – reclusão, de 4 (quatro) a 8 (oito) anos, e multa.

Art. 19. Nos crimes previstos nos arts. 17 e 18, a pena é aumentada da metade se a arma de fogo, acessório ou munição forem de uso proibido ou restrito.

Art. 20. Nos crimes previstos nos arts. 14, 15, 16, 17 e 18, a pena é aumentada da metade se forem praticados por integrante dos órgãos e empresas referidas nos arts. 6º, 7º e 8º desta Lei.

Art. 21. Os crimes previstos nos arts. 16, 17 e 18 são insuscetíveis de liberdade provisória.

→ v. ADIn 3.112-1, (*D.O.U.* 10.5.2007), o STF, por maioria, julgou procedente, em parte, a ação, para declarar a inconstitucionalidade do art. 21.

Capítulo V
DISPOSIÇÕES GERAIS

Art. 22. O Ministério da Justiça poderá celebrar convênios com os Estados e o Distrito Federal para o cumprimento do disposto nesta Lei.

Art. 23. A classificação legal, técnica e geral bem como a definição das armas de fogo e demais produtos controlados, de usos proibidos, restritos, permitidos ou obsoletos e de valor histórico serão disciplinadas em ato do chefe do Poder Executivo Federal, mediante proposta do Comando do Exército.

→ *Caput* com redação alterada pela Lei 11.706/2008.

§ 1º Todas as munições comercializadas no País deverão estar acondicionadas em embalagens com sistema de código de barras, gravado na caixa, visando possibilitar a identificação do fabricante e do adquirente, entre outras informações definidas pelo regulamento desta Lei.

§ 2º Para os órgãos referidos no art. 6º, somente serão expedidas autorizações de compra de munição com identificação do lote e do adquirente no culote dos projéteis, na forma do regulamento desta Lei.

§ 3º As armas de fogo fabricadas a partir de 1 (um) ano da data de publicação desta Lei conterão dispositivo intrínseco de segurança e de identificação, gravado no corpo da arma, definido pelo regulamento desta Lei, exclusive para os órgãos previstos no art. 6º.

§ 4º As instituições de ensino policial e as guardas municipais referidas nos incisos III e IV do *caput* do art. 6º desta Lei e no seu § 7º poderão adquirir insumos e máquinas de recarga de munição para o fim exclusivo de suprimento de suas atividades, mediante autorização concedida nos termos definidos em regulamento.

→ § 4º acrescentado pela Lei 11.706/2008.

Art. 24. Excetuadas as atribuições a que se refere o art. 2º desta Lei, compete ao Comando do Exército autorizar e fiscalizar a produção, exportação, importação, desembaraço alfandegário e o comércio de armas de fogo e demais produtos controlados, inclusive o registro e o porte de trânsito de arma de fogo de colecionadores, atiradores e caçadores.

Art. 25. As armas de fogo apreendidas, após a elaboração do laudo pericial e sua juntada aos autos, quando não mais interessarem à persecução penal serão encaminhadas pelo juiz competente ao Comando do Exército, no prazo máximo de 48 (quarenta e oito) horas, para destruição ou doação aos órgãos de segurança pública ou às Forças Armadas, na forma do regulamento desta Lei.

→ Artigo com redação alterada pela Lei 11.706/2008.

§ 1º As armas de fogo encaminhadas ao Comando do Exército que receberem parecer favorável à doação, obedecidos o padrão e a dotação de cada Força Armada ou órgão de segurança pública, atendidos os critérios de prioridade estabelecidos pelo Ministério da Justiça e ouvido o Comando do Exército, serão arroladas em relatório reservado trimestral a ser encaminhado àquelas instituições, abrindo-se-lhes prazo para manifestação de interesse.

§ 2º O Comando do Exército encaminhará a relação das armas a serem doadas ao juiz competente, que determinará o seu perdimento em favor da instituição beneficiada.

§ 3º O transporte das armas de fogo doadas será de responsabilidade da instituição beneficiada, que procederá ao seu cadastramento no SINARM ou no SIGMA.

§ 4º (*Vetado*).

§ 5º O Poder Judiciário instituirá instrumentos para o encaminhamento ao SINARM ou ao SIGMA, conforme se trate de arma de uso permitido ou de uso restrito, semestralmente, da relação de armas acauteladas em juízo, mencionando suas características e o local onde se encontram.

Art. 26. São vedadas a fabricação, a venda, a comercialização e a importação de brinquedos, réplicas e simulacros de armas de fogo, que com estas se possam confundir.

Parágrafo único. Excetuam-se da proibição as réplicas e os simulacros destinados a instrução, ao adestramento, ou à coleção de usuário autorizado, nas condições fixadas pelo Comando do Exército.

Art. 27. Caberá ao Comando do Exército autorizar, excepcionalmente, a aquisição de armas de fogo de uso restrito.

Parágrafo único. O disposto neste artigo não se aplica às aquisições dos Comandos Militares.

Art. 28. É vedado ao menor de 25 (vinte e cinco) anos adquirir arma de fogo, ressalvados os integrantes das entidades constantes dos incisos I, II, III, V, VI, VII e X do *caput* do art. 6º desta Lei.

→ Artigo com redação alterada pela Lei 11.706/2008.

Art. 29. As autorizações de porte de armas de fogo já concedidas expirar-se-ão 90 (noventa) dias após a publicação desta Lei.

→ v. Lei 10.884/2004 – Altera o prazo previsto no art. 29, indicando que "passa a fluir a partir da publicação do decreto que os regulamentar, não ultrapassando, para ter efeito, a data limite de 23 de junho de 2004".

Parágrafo único. O detentor de autorização com prazo de validade superior a 90 (noventa) dias poderá renová-la, perante a Polícia Federal, nas condições dos arts. 4º, 6º e 10 desta Lei, no prazo de 90 (noventa) dias após sua publicação, sem ônus para o requerente.

Art. 30. Os possuidores e proprietários de arma de fogo de uso permitido ainda não registrada deverão solicitar seu registro até o dia 31 de dezembro de 2008, mediante apresentação de documento de identificação pessoal e comprovante de residência fixa, acompanhados de nota fiscal de compra ou comprovação da origem lícita da posse, pelos meios de prova admitidos em direito, ou declaração firmada na qual constem as características da arma e a sua condição de proprietário, ficando este dispensado do pagamento de taxas e do cumprimento das demais exigências constantes dos incisos I a III do *caput* do art. 4º desta Lei.

→ Artigo com redação alterada pela Lei 11.706/2008.

→ v. Súmula 513 do STJ.

→ v. Art. 20 da Lei 11.922/2009, que prorrogou o prazo previsto no *caput* para 31.12.2009.

Parágrafo único. Para fins do cumprimento do disposto no *caput* deste artigo, o proprietário de arma de fogo poderá obter, no Departamento de Polícia Federal, certificado de registro provisório, expedido na forma do § 4º do art. 5º desta Lei.

Art. 31. Os possuidores e proprietários de armas de fogo adquiridas regularmente poderão, a qualquer tempo, entregá-las à Polícia Federal, mediante recibo e indenização, nos termos do regulamento desta Lei.

→ v. Arts. 68 e 70 do Decreto 5.123/2004.

→ v. Portaria do MJ 797/20111 – Procedimentos de entrega de arma de fogo, acessório ou munição e da indenização

Art. 32. Os possuidores e proprietários de arma de fogo poderão entregá-la, espontaneamente, mediante recibo, e, presumindo-se de boa-fé, serão indenizados, na forma do regulamento, ficando extinta a punibilidade de eventual posse irregular da referida arma.

→ *Caput* com redação alterada pela Lei 11.706/2008.

→ v. Súmula 513 do STJ.

→ v. Portaria do MJ 797/20111 – Procedimentos de entrega de arma de fogo, acessório ou munição e da indenização

Parágrafo único. (*Revogado pela Lei 11.706/2008*).

Art. 33. Será aplicada multa de R$ 100.000,00 (cem mil reais) a R$ 300.000,00 (trezentos mil reais), conforme especificar o regulamento desta Lei:

I – à empresa de transporte aéreo, rodoviário, ferroviário, marítimo, fluvial ou lacustre que deliberadamente, por qualquer meio, faça, promova, facilite ou permita o transporte de arma ou munição sem a devida autorização ou com inobservância das normas de segurança;

II – à empresa de produção ou comércio de armamentos que realize publicidade para venda, estimulando o uso indiscriminado de armas de fogo, exceto nas publicações especializadas.

Art. 34. Os promotores de eventos em locais fechados, com aglomeração superior a 1.000 (um mil) pessoas, adotarão, sob pena de responsabilidade, as providências necessárias para evitar o ingresso de pessoas armadas, ressalvados os eventos garantidos pelo inciso VI do art. 5º da Constituição Federal.

Parágrafo único. As empresas responsáveis pela prestação dos serviços de transporte internacional e interestadual de passageiros adotarão as providências necessárias para evitar o embarque de passageiros armados.

Capítulo VI
DISPOSIÇÕES FINAIS

Art. 35. É proibida a comercialização de arma de fogo e munição em todo o território nacional, salvo para as entidades previstas no art. 6º desta Lei.

§ 1º Este dispositivo, para entrar em vigor, dependerá de aprovação mediante referendo popular, a ser realizado em outubro de 2005.

§ 2º Em caso de aprovação do referendo popular, o disposto neste artigo entrará em vigor na data de publicação de seu resultado pelo Tribunal Superior Eleitoral.

Art. 36. É revogada a Lei 9.437, de 20 de fevereiro de 1997.

Art. 37. Esta Lei entra em vigor na data de sua publicação.

Brasília, 22 de dezembro de 2003; 182º da Independência e 115º da República.

Luiz Inácio Lula da Silva

(Publicação no *D.O.U.* de 23.12.2003)

ANEXO
Tabela de taxas

→ Anexo com redação alterada pela Lei 11.706/2008.

ATO ADMINISTRATIVO	R$
I – Registro de arma de fogo:	
– até 31 de dezembro de 2008	Gratuito (art. 30)
– a partir de 1º de janeiro de 2009	60,00
II – Renovação do certificado de registro de arma de fogo:	
– até 31 de dezembro de 2008	Gratuito (art. 5º, § 3º)
– a partir de 1º de janeiro de 2009	60,00
III – Registro de arma de fogo para empresa de segurança privada e de transporte de valores	60,00
IV – Renovação do certificado de registro de arma de fogo para empresa de segurança privada e de transporte de valores:	
– até 30 de junho de 2008	30,00
– de 1º de julho de 2008 a 31 de outubro de 2008	45,00
– a partir de 1º de novembro de 2008	60,00
V – Expedição de porte de arma de fogo	1.000,00
VI – Renovação de porte de arma de fogo	1.000,00
VII – Expedição de segunda via de certificado de registro de arma de fogo	60,00
VIII – Expedição de segunda via de porte de arma de fogo	60,00

ESTATUTO DE RECUPERAÇÃO DE EMPRESA E FALÊNCIA

LEI 11.101,
DE 9 DE FEVEREIRO DE 2005

Regula a recuperação judicial, a extrajudicial e a falência do empresário e da sociedade empresária.

→ *v.* LC 147/2014 – Altera a LC 123/2006.

O Presidente da República:

Faço saber que o Congresso Nacional decreta e eu sanciono a seguinte Lei:

Capítulo I
DISPOSIÇÕES PRELIMINARES

Art. 1º Esta Lei disciplina a recuperação judicial, a recuperação extrajudicial e a falência do empresário e da sociedade empresária, doravante referidos simplesmente como devedor.

→ *v.* Arts. 966, 972, 980-A, 981 e 982, parágrafo único, do CC.

Art. 2º Esta Lei não se aplica a:

I – empresa pública e sociedade de economia mista;

II – instituição financeira pública ou privada, cooperativa de crédito, consórcio, entidade de previdência complementar, sociedade operadora de plano de assistência à saúde, sociedade seguradora, sociedade de capitalização e outras entidades legalmente equiparadas às anteriores.

Art. 3º É competente para homologar o plano de recuperação extrajudicial, deferir a recuperação judicial ou decretar a falência o juízo do local do principal estabelecimento do devedor ou da filial de empresa que tenha sede fora do Brasil.

Art. 4º *(Vetado).*

Capítulo II
DISPOSIÇÕES COMUNS À RECUPERAÇÃO JUDICIAL E À FALÊNCIA

Seção I
Disposições gerais

Art. 5º Não são exigíveis do devedor, na recuperação judicial ou na falência:

I – as obrigações a título gratuito;

II – as despesas que os credores fizerem para tomar parte na recuperação judicial ou na falência, salvo as custas judiciais decorrentes de litígio com o devedor.

Art. 6º A decretação da falência ou o deferimento do processamento da recuperação judicial suspende o curso da prescrição e de todas as ações e execuções em face do devedor, inclusive aquelas dos credores particulares do sócio solidário.

§ 1º Terá prosseguimento no juízo no qual estiver se processando a ação que demandar quantia ilíquida.

§ 2º É permitido pleitear, perante o administrador judicial, habilitação, exclusão ou modificação de créditos derivados da relação de trabalho, mas as ações de natureza trabalhista, inclusive as impugnações a que se refere o art. 8º desta Lei, serão processadas perante a justiça especializada até a apuração do respectivo crédito, que será inscrito no quadro geral de credores pelo valor determinado em sentença.

§ 3º O juiz competente para as ações referidas nos §§ 1º e 2º deste artigo poderá determinar a reserva da importância que estimar devida na recuperação judicial ou na falência, e, uma vez reconhecido líquido o direito, será o crédito incluído na classe própria.

§ 4º Na recuperação judicial, a suspensão de que trata o *caput* deste artigo em hipótese nenhuma excederá o prazo improrrogável de 180 (cento e oitenta) dias contado do deferimento do processamento da recuperação, restabelecendo-se, após o decurso do prazo, o direito dos credores de iniciar ou continuar suas ações e execuções, independentemente de pronunciamento judicial.

§ 5º Aplica-se o disposto no § 2º deste artigo à recuperação judicial durante o período de suspensão de que trata o § 4º deste artigo, mas, após o fim da suspensão, as execuções trabalhistas poderão ser normalmente concluídas, ainda que o crédito já esteja inscrito no quadro geral de credores.

§ 6º Independentemente da verificação periódica perante os cartórios de distribuição, as ações que venham a ser propostas contra o devedor deverão ser comunicadas ao juízo da falência ou da recuperação judicial:

I – pelo juiz competente, quando do recebimento da petição inicial;

II – pelo devedor, imediatamente após a citação.

§ 7º As execuções de natureza fiscal não são suspensas pelo deferimento da recuperação judicial, ressalvada a concessão de parcelamento nos termos do Código Tributário Nacional e da legislação ordinária específica.

→ *v.* Arts. 151, VI, 155-A, e 187, do CTN.

§ 8º A distribuição do pedido de falência ou de recuperação judicial previne a jurisdição para qualquer outro pedido de recuperação judicial ou de falência, relativo ao mesmo devedor.

Seção II
Da verificação e da habilitação de créditos

Art. 7º A verificação dos créditos será realizada pelo administrador judicial, com base nos livros contábeis e documentos comerciais e fiscais do devedor e nos documentos que lhe forem apresentados pelos credores, podendo contar com o auxílio de profissionais ou empresas especializadas.

§ 1º Publicado o edital previsto no art. 52, § 1º, ou no parágrafo único do art. 99 desta Lei, os credores terão o prazo de 15 (quinze) dias para apresentar ao administrador judicial suas habilitações ou suas divergências quanto aos créditos relacionados.

§ 2º O administrador judicial, com base nas informações e documentos colhidos na forma do *caput* e do § 1º deste artigo, fará publicar edital contendo a relação de credores no prazo de 45 (quarenta e cinco) dias, contado do fim do prazo do § 1º deste artigo, devendo indicar o local, o horário e o prazo comum em que as pessoas indicadas no art. 8º desta Lei terão acesso aos documentos que fundamentaram a elaboração dessa relação.

Art. 8º No prazo de 10 (dez) dias, contado da publicação da relação referida no art. 7º, § 2º, desta Lei, o Comitê, qualquer credor, o devedor ou seus sócios ou o Ministério Público podem apresentar ao juiz impugnação contra a relação de credores, apontando a ausência de qualquer crédito ou manifestando-se contra a legitimidade, importância ou classificação de crédito relacionado.

Parágrafo único. Autuada em separado, a impugnação será processada nos termos dos arts. 13 a 15 desta Lei.

Art. 9º A habilitação de crédito realizada pelo credor nos termos do art. 7º, § 1º, desta Lei deverá conter:

I – o nome, o endereço do credor e o endereço em que receberá comunicação de qualquer ato do processo;

II – o valor do crédito, atualizado até a data da decretação da falência ou do pedido de recuperação judicial, sua origem e classificação;

III – os documentos comprobatórios do crédito e a indicação das demais provas a serem produzidas;

IV – a indicação da garantia prestada pelo devedor, se houver, e o respectivo instrumento;

V – a especificação do objeto da garantia que estiver na posse do credor.

Parágrafo único. Os títulos e documentos que legitimam os créditos deverão ser exibidos no original ou por cópias autenticadas se estiverem juntados em outro processo.

Art. 10. Não observado o prazo estipulado no art. 7º, § 1º, desta Lei, as habilitações de crédito serão recebidas como retardatárias.

§ 1º Na recuperação judicial, os titulares de créditos retardatários, excetuados os titulares de créditos derivados da relação de trabalho, não terão direito a voto nas deliberações da assembleia geral de credores.

§ 2º Aplica-se o disposto no § 1º deste artigo ao processo de falência, salvo se, na data da realização da assembleia geral, já houver sido homologado o quadro geral de credores contendo o crédito retardatário.

§ 3º Na falência, os créditos retardatários perderão o direito a rateios eventualmente realizados e ficarão sujeitos ao pagamento de custas, não se computando os acessórios compreendidos entre o término do prazo e a data do pedido de habilitação.

§ 4º Na hipótese prevista no § 3º deste artigo, o credor poderá requerer a reserva de valor para satisfação de seu crédito.

§ 5º As habilitações de crédito retardatárias, se apresentadas antes da homologação do quadro geral de credores, serão recebidas como impugnação e processadas na forma dos arts. 13 a 15 desta Lei.

§ 6º Após a homologação do quadro geral de credores, aqueles que não habilitaram seu crédito poderão, observado, no que couber, o procedimento ordinário previsto no Código de Processo Civil, requerer ao juízo da falência ou da recuperação judicial a retificação do quadro geral para inclusão do respectivo crédito.

→ *v.* Lei 13.105/2015 – Institui o Novo Código de Processo Civil, em vigor após decorrido 1 (um) ano da data de sua publicação oficial (Art. 1.045 do NCPC) – *D.O.U.* de 17.3.2015.

Art. 11. Os credores cujos créditos forem impugnados serão intimados para contestar a impugnação, no prazo de 5 (cinco) dias, juntando os documentos que tiverem e indicando outras provas que reputem necessárias.

Art. 12. Transcorrido o prazo do art. 11 desta Lei, o devedor e o Comitê, se houver, serão intimados pelo juiz para se manifestar sobre ela no prazo comum de 5 (cinco) dias.

Parágrafo único. Findo o prazo a que se refere o *caput* deste artigo, o administrador judicial será intimado pelo juiz para emitir parecer no prazo de 5 (cinco) dias, devendo juntar à sua manifestação o laudo elaborado pelo profissional ou empresa especializada, se for o caso, e todas as informações existentes nos livros fiscais e demais documentos do devedor acerca do crédito, constante ou não da relação de credores, objeto da impugnação.

Art. 13. A impugnação será dirigida ao juiz por meio de petição, instruída com os documentos que tiver o impugnante, o qual indicará as provas consideradas necessárias.

Parágrafo único. Cada impugnação será autuada em separado, com os documentos a ela relativos, mas terão uma só autuação as diversas impugnações versando sobre o mesmo crédito.

Art. 14. Caso não haja impugnações, o juiz homologará, como quadro geral de credores, a relação dos credores constante do edital de que trata o art. 7º, § 2º, desta Lei, dispensada a publicação de que trata o art. 18 desta Lei.

Art. 15. Transcorridos os prazos previstos nos arts. 11 e 12 desta Lei, os autos de impugnação serão conclusos ao juiz, que:

I – determinará a inclusão no quadro geral de credores das habilitações de créditos não impugnadas, no valor constante da relação referida no § 2º do art. 7º desta Lei;

II – julgará as impugnações que entender suficientemente esclarecidas pelas alegações e provas apresentadas pelas partes, mencionando, de cada crédito, o valor e a classificação;

III – fixará, em cada uma das restantes impugnações, os aspectos controvertidos e decidirá as questões processuais pendentes;

IV – determinará as provas a serem produzidas, designando audiência de instrução e julgamento, se necessário.

Art. 16. O juiz determinará, para fins de rateio, a reserva de valor para satisfação do crédito impugnado.

Parágrafo único. Sendo parcial, a impugnação não impedirá o pagamento da parte incontroversa.

Art. 17. Da decisão judicial sobre a impugnação caberá agravo.

Parágrafo único. Recebido o agravo, o relator poderá conceder efeito suspensivo à decisão que reconhece o crédito ou determinar a inscrição ou modificação do seu valor ou classificação no quadro geral de credores, para fins de exercício de direito de voto em assembleia geral.

Art. 18. O administrador judicial será responsável pela consolidação do quadro geral de credores, a ser homologado pelo juiz, com base na relação dos credores a que se refere o art. 7º, § 2º, desta Lei e nas decisões proferidas nas impugnações oferecidas.

Parágrafo único. O quadro geral, assinado pelo juiz e pelo administrador judicial, mencionará a importância e a classificação de cada crédito na data do requerimento da recuperação judicial ou da decretação da falência, será juntado aos autos e publicado no órgão oficial, no prazo de 5 (cinco) dias, contado da data da sentença que houver julgado as impugnações.

Art. 19. O administrador judicial, o Comitê, qualquer credor ou o representante do Ministério Público poderá, até o encerramento da recuperação judicial ou da falência, observado, no que couber, o procedimento ordinário previsto no Código de Processo Civil, pedir a exclusão, outra classificação ou a retificação de qualquer crédito, nos casos de descoberta de falsidade, dolo, simulação, fraude, erro essencial ou, ainda, documentos ignorados na época do julgamento do crédito ou da inclusão no quadro geral de credores.

→ v. Lei 13.105/2015 – Institui o Novo Código de Processo Civil, em vigor após decorrido 1 (um) ano da data de sua publicação oficial (Art. 1.045 do NCPC) – *D.O.U.* de 17.3.2015.

§ 1º A ação prevista neste artigo será proposta exclusivamente perante o juízo da recuperação judicial ou da falência ou, nas hipóteses previstas no art. 6º, §§ 1º e 2º, desta Lei, perante o juízo que tenha originariamente reconhecido o crédito.

§ 2º Proposta a ação de que trata este artigo, o pagamento ao titular do crédito por ela atingido somente poderá ser realizado mediante a prestação de caução no mesmo valor do crédito questionado.

Art. 20. As habilitações dos credores particulares do sócio ilimitadamente responsável processar-se-ão de acordo com as disposições desta Seção.

Seção III
Do administrador judicial e do Comitê de Credores

Art. 21. O administrador judicial será profissional idôneo, preferencialmente advogado, economista, administrador de empresas ou contador, ou pessoa jurídica especializada.

Parágrafo único. Se o administrador judicial nomeado for pessoa jurídica, declarar-se-á, no termo de que trata o art. 33 desta Lei, o nome de profissional responsável pela condução do processo de falência ou de recuperação judicial, que não poderá ser substituído sem autorização do juiz.

Art. 22. Ao administrador judicial compete, sob a fiscalização do juiz e do Comitê, além de outros deveres que esta Lei lhe impõe:

I – na recuperação judicial e na falência:

a) enviar correspondência aos credores constantes na relação de que trata o inciso III do *caput* do art. 51, o inciso III do *caput* do art. 99 ou o inciso II do *caput* do art. 105 desta Lei, comunicando a data do pedido de recuperação judicial ou da decretação da falência, a natureza, o valor e a classificação dada ao crédito;

b) fornecer, com presteza, todas as informações pedidas pelos credores interessados;

c) dar extratos dos livros do devedor, que merecerão fé de ofício, a fim de servirem de fundamento nas habilitações e impugnações de créditos;

d) exigir dos credores, do devedor ou seus administradores quaisquer informações;

e) elaborar a relação de credores de que trata o § 2º do art. 7º desta Lei;

f) consolidar o quadro geral de credores nos termos do art. 18 desta Lei;

g) requerer ao juiz convocação da assembleia geral de credores nos casos previstos nesta Lei ou quando entender necessária sua ouvida para a tomada de decisões;

h) contratar, mediante autorização judicial, profissionais ou empresas especializadas para, quando necessário, auxiliá-lo no exercício de suas funções;

i) manifestar-se nos casos previstos nesta Lei;

II – na recuperação judicial:

a) fiscalizar as atividades do devedor e o cumprimento do plano de recuperação judicial;

b) requerer a falência no caso de descumprimento de obrigação assumida no plano de recuperação;

c) apresentar ao juiz, para juntada aos autos, relatório mensal das atividades do devedor;

d) apresentar o relatório sobre a execução do plano de recuperação, de que trata o inciso III do *caput* do art. 63 desta Lei;

III – na falência:

a) avisar, pelo órgão oficial, o lugar e hora em que, diariamente, os credores terão à sua disposição os livros e documentos do falido;

b) examinar a escrituração do devedor;

c) relacionar os processos e assumir a representação judicial da massa falida;

d) receber e abrir a correspondência dirigida ao devedor, entregando a ele o que não for assunto de interesse da massa;

e) apresentar, no prazo de 40 (quarenta) dias, contado da assinatura do termo de compromisso, prorrogável por igual período, relatório sobre as causas e circunstâncias que conduziram à situação de falência, no qual apontará a responsabilidade civil e penal dos envolvidos, observado o disposto no art. 186 desta Lei;

f) arrecadar os bens e documentos do devedor e elaborar o auto de arrecadação, nos termos dos arts. 108 e 110 desta Lei;

g) avaliar os bens arrecadados;

h) contratar avaliadores, de preferência oficiais, mediante autorização judicial, para a avaliação dos bens caso entenda não ter condições técnicas para a tarefa;

i) praticar os atos necessários à realização do ativo e ao pagamento dos credores;

j) requerer ao juiz a venda antecipada de bens perecíveis, deterioráveis ou sujeitos a considerável desvalorização ou de conservação arriscada ou dispendiosa, nos termos do art. 113 desta Lei;

l) praticar todos os atos conservatórios de direitos e ações, diligenciar a cobrança de dívidas e dar a respectiva quitação;

m) remir, em benefício da massa e mediante autorização judicial, bens apenhados, penhorados ou legalmente retidos;

n) representar a massa falida em juízo, contratando, se necessário, advogado, cujos honorários serão previamente ajustados e aprovados pelo Comitê de Credores;

→ v. Art. 766, II, do CPC/1973.

o) requerer todas as medidas e diligências que forem necessárias para o cumprimento desta Lei, a proteção da massa ou a eficiência da administração;

p) apresentar ao juiz para juntada aos autos, até o 10º (décimo) dia do mês seguinte ao vencido, conta demonstrativa da administração, que especifique com clareza a receita e a despesa;

q) entregar ao seu substituto todos os bens e documentos da massa em seu poder, sob pena de responsabilidade;

r) prestar contas ao final do processo, quando for substituído, destituído ou renunciar ao cargo.

§ 1º As remunerações dos auxiliares do administrador judicial serão fixadas pelo juiz, que considerará a complexidade dos trabalhos a serem executados e os valores praticados no mercado para o desempenho de atividades semelhantes.

§ 2º Na hipótese da alínea *d* do inciso I do *caput* deste artigo, se houver recusa, o juiz, a requerimento do administrador judicial, intimará aquelas pessoas para que compareçam à sede do juízo, sob pena de desobediência, oportunidade em que as interrogará na presença do administrador judicial, tomando seus depoimentos por escrito.

§ 3º Na falência, o administrador judicial não poderá, sem autorização judicial, após ouvidos o Comitê e o devedor no prazo comum de 2 (dois) dias, transigir sobre obrigações e direitos da massa falida e conceder abatimento de dívidas, ainda que sejam consideradas de difícil recebimento.

§ 4º Se o relatório de que trata a alínea *e* do inciso III do *caput* deste artigo apontar responsabilidade penal de qualquer dos envolvidos, o Ministério Público será intimado para tomar conhecimento de seu teor.

Art. 23. O administrador judicial que não apresentar, no prazo estabelecido, suas contas ou qualquer dos relatórios previstos nesta Lei será intimado pessoalmente a fazê-lo no prazo de 5 (cinco) dias, sob pena de desobediência.

Parágrafo único. Decorrido o prazo do *caput* deste artigo, o juiz destituirá o administrador judicial e nomeará substituto para elaborar relatórios ou organizar as contas, explicitando as responsabilidades de seu antecessor.

Art. 24. O juiz fixará o valor e a forma de pagamento da remuneração do administrador judicial, observados a capacidade de pagamento do devedor, o grau de complexidade do trabalho e os valores praticados no mercado para o desempenho de atividades semelhantes.

§ 1º Em qualquer hipótese, o total pago ao administrador judicial não excederá 5% (cinco por cento) do valor devido aos credores submetidos à recuperação judicial ou do valor de venda dos bens na falência.

§ 2º Será reservado 40% (quarenta por cento) do montante devido ao administrador judicial para pagamento após atendimento do previsto nos arts. 154 e 155 desta Lei.

§ 3º O administrador judicial substituído será remunerado proporcionalmente ao trabalho realizado, salvo se renunciar sem relevante razão ou for destituído de suas funções por desídia, culpa, dolo ou descumprimento das obrigações fixadas nesta Lei, hipóteses em que não terá direito à remuneração.

§ 4º Também não terá direito a remuneração o administrador que tiver suas contas desaprovadas.

§ 5º A remuneração do administrador judicial fica reduzida ao limite de 2% (dois por cento), no caso de microempresas e empresas de pequeno porte.

→ § 5º acrescentado pela LC 147/2014.

Art. 25. Caberá ao devedor ou à massa falida arcar com as despesas relativas à remuneração do administrador judicial e das pessoas eventualmente contratadas para auxiliá-lo.

Art. 26. O Comitê de Credores será constituído por deliberação de qualquer das classes de credores na assembleia geral e terá a seguinte composição:

I – 1 (um) representante indicado pela classe de credores trabalhistas, com 2 (dois) suplentes;

II – 1 (um) representante indicado pela classe de credores com direitos reais de garantia ou privilégios especiais, com 2 (dois) suplentes;

III – 1 (um) representante indicado pela classe de credores quirografários e com privilégios gerais, com 2 (dois) suplentes.

IV – 1 (um) representante indicado pela classe de credores representantes de microempresas e empresas de pequeno porte, com 2 (dois) suplentes.

→ Inciso IV acrescentado pela LC 147/2014.

§ 1º A falta de indicação de representante por quaisquer das classes não prejudicará a constituição do Comitê, que poderá funcionar com número inferior ao previsto no *caput* deste artigo.

§ 2º O juiz determinará, mediante requerimento subscrito por credores que representem a maioria dos créditos de uma classe, independentemente da realização de assembleia:

I – a nomeação do representante e dos suplentes da respectiva classe ainda não representada no Comitê; ou

II – a substituição do representante ou dos suplentes da respectiva classe.

§ 3º Caberá aos próprios membros do Comitê indicar, entre eles, quem irá presidi-lo.

Art. 27. O Comitê de Credores terá as seguintes atribuições, além de outras previstas nesta Lei:

I – na recuperação judicial e na falência:

a) fiscalizar as atividades e examinar as contas do administrador judicial;

b) zelar pelo bom andamento do processo e pelo cumprimento da lei;

c) comunicar ao juiz, caso detecte violação dos direitos ou prejuízo aos interesses dos credores;

d) apurar e emitir parecer sobre quaisquer reclamações dos interessados;

e) requerer ao juiz a convocação da assembleia geral de credores;

f) manifestar-se nas hipóteses previstas nesta Lei;

II – na recuperação judicial:

a) fiscalizar a administração das atividades do devedor, apresentando, a cada 30 (trinta) dias, relatório de sua situação;

b) fiscalizar a execução do plano de recuperação judicial;

c) submeter à autorização do juiz, quando ocorrer o afastamento do devedor nas hipóteses previstas nesta Lei, a alienação de bens do ativo permanente, a constituição de ônus reais e outras garantias, bem como atos de endividamento necessários à continuação da atividade empresarial durante o período que antecede a aprovação do plano de recuperação judicial.

§ 1º As decisões do Comitê, tomadas por maioria, serão consignadas em livro de atas, rubricado pelo juízo, que ficará à disposição do administrador judicial, dos credores e do devedor.

§ 2º Caso não seja possível a obtenção de maioria em deliberação do Comitê, o impasse será resolvido pelo administrador judicial ou, na incompatibilidade deste, pelo juiz.

Art. 28. Não havendo Comitê de Credores, caberá ao administrador judicial ou, na incompatibilidade deste, ao juiz exercer suas atribuições.

Art. 29. Os membros do Comitê não terão sua remuneração custeada pelo devedor ou pela massa falida, mas as despesas realizadas para a realização de ato previsto nesta Lei, se devidamente comprovadas e com a autorização do juiz, serão ressarcidas atendendo às disponibilidades de caixa.

Art. 30. Não poderá integrar o Comitê ou exercer as funções de administrador judicial quem, nos últimos 5 (cinco) anos, no exercício do cargo de administrador judicial ou de membro do Comitê em falência ou recuperação judicial anterior, foi destituído, deixou de prestar contas dentro dos prazos legais ou teve a prestação de contas desaprovada.

§ 1º Ficará também impedido de integrar o Comitê ou exercer a função de administrador judicial quem tiver relação de parentesco ou afinidade até o 3º (terceiro) grau com o devedor, seus administradores, controladores ou representantes legais ou deles for amigo, inimigo ou dependente.

§ 2º O devedor, qualquer credor ou o Ministério Público poderá requerer ao juiz a substituição do administrador judicial ou dos membros do Comitê nomeados em desobediência aos preceitos desta Lei.

§ 3º O juiz decidirá, no prazo de 24 (vinte e quatro) horas, sobre o requerimento do § 2º deste artigo.

Art. 31. O juiz, de ofício ou a requerimento fundamentado de qualquer interessado, poderá determinar a destituição do administrador judicial ou de quaisquer dos membros do Comitê de Credores quando verificar desobediência aos preceitos desta Lei, descumprimento de deveres, omissão, negligência ou prática de ato lesivo às atividades do devedor ou a terceiros.

§ 1º No ato de destituição, o juiz nomeará novo administrador judicial ou convocará os suplentes para recompor o Comitê.

§ 2º Na falência, o administrador judicial substituído prestará contas no prazo de 10 (dez) dias, nos termos dos §§ 1º a 6º do art. 154 desta Lei.

Art. 32. O administrador judicial e os membros do Comitê responderão pelos prejuízos causados à massa falida, ao devedor ou aos credores por dolo ou culpa, devendo o dissidente em deliberação do Comitê consignar sua discordância em ata para eximir-se da responsabilidade.

Art. 33. O administrador judicial e os membros do Comitê de Credores, logo que nomeados, serão intimados pessoalmente para, em 48 (quarenta e oito) horas, assinar, na sede do juízo, o termo de compromisso de bem e fielmente desempenhar o cargo e assumir todas as responsabilidades a ele inerentes.

Art. 34. Não assinado o termo de compromisso no prazo previsto no art. 33 desta Lei, o juiz nomeará outro administrador judicial.

Seção IV
Da assembleia geral de credores

Art. 35. A assembleia geral de credores terá por atribuições deliberar sobre:

I – na recuperação judicial:

a) aprovação, rejeição ou modificação do plano de recuperação judicial apresentado pelo devedor;

b) a constituição do Comitê de Credores, a escolha de seus membros e sua substituição;

c) *(Vetado)*;

d) o pedido de desistência do devedor, nos termos do § 4º do art. 52 desta Lei;

e) o nome do gestor judicial, quando do afastamento do devedor;

f) qualquer outra matéria que possa afetar os interesses dos credores;

II – na falência:

a) *(Vetado)*;

b) a constituição do Comitê de Credores, a escolha de seus membros e sua substituição;

c) a adoção de outras modalidades de realização do ativo, na forma do art. 145 desta Lei;

d) qualquer outra matéria que possa afetar os interesses dos credores.

Art. 36. A assembleia geral de credores será convocada pelo juiz por edital publicado no órgão oficial e em jornais de grande circulação nas localidades da sede e filiais, com antecedência mínima de 15 (quinze) dias, o qual conterá:

I – local, data e hora da assembleia em 1ª (primeira) e em 2ª (segunda) convocação, não podendo esta ser realizada menos de 5 (cinco) dias depois da 1ª (primeira);

II – a ordem do dia;

III – local onde os credores poderão, se for o caso, obter cópia do plano de recuperação judicial a ser submetido à deliberação da assembleia.

§ 1º Cópia do aviso de convocação da assembleia deverá ser afixada de forma ostensiva na sede e filiais do devedor.

§ 2º Além dos casos expressamente previstos nesta Lei, credores que representem no mínimo 25% (vinte e cinco por cento) do valor total dos créditos de uma determinada classe poderão requerer ao juiz a convocação de assembleia geral.

§ 3º As despesas com a convocação e a realização da assembleia geral correm por conta do devedor ou da massa falida, salvo se convocada em virtude de requerimento do Comitê de Credores ou na hipótese do § 2º deste artigo.

Art. 37. A assembleia será presidida pelo administrador judicial, que designará 1 (um) secretário dentre os credores presentes.

§ 1º Nas deliberações sobre o afastamento do administrador judicial ou em outras em que haja incompatibilidade deste, a assembleia será presidida pelo credor presente que seja titular do maior crédito.

§ 2º A assembleia instalar-se-á, em 1ª (primeira) convocação, com a presença de credores titulares de mais da metade dos créditos de cada classe, computados pelo valor, e, em 2ª (segunda) convocação, com qualquer número.

§ 3º Para participar da assembleia, cada credor deverá assinar a lista de presença, que será encerrada no momento da instalação.

§ 4º O credor poderá ser representado na assembleia geral por mandatário ou representante legal, desde que entregue ao administrador judicial, até 24 (vinte e quatro) horas antes da data prevista no aviso de convocação, documento hábil que comprove seus poderes ou a indicação das folhas dos autos do processo em que se encontre o documento.

§ 5º Os sindicatos de trabalhadores poderão representar seus associados titulares de créditos derivados da legislação do trabalho ou decorrentes de acidente de trabalho que não comparecerem, pessoalmente ou por procurador, à assembleia.

§ 6º Para exercer a prerrogativa prevista no § 5º deste artigo, o sindicato deverá:

I – apresentar ao administrador judicial, até 10 (dez) dias antes da assembleia, a relação dos associados que pretende representar, e o trabalhador que conste da relação de mais de um sindicato deverá esclarecer, até 24 (vinte e quatro) horas antes da assembleia, qual sindicato o representa, sob pena de não ser representado em assembleia por nenhum deles; e

II – *(Vetado)*.

§ 7º Do ocorrido na assembleia, lavrar-se-á ata que conterá o nome dos presentes e as assinaturas do presidente, do devedor e de 2 (dois) membros de cada uma das classes votantes, e que será entregue ao juiz, juntamente com a lista de presença, no prazo de 48 (quarenta e oito) horas.

Art. 38. O voto do credor será proporcional ao valor de seu crédito, ressalvado, nas deliberações sobre o plano de recuperação judicial, o disposto no § 2º do art. 45 desta Lei.

Parágrafo único. Na recuperação judicial, para fins exclusivos de votação em assembleia geral, o crédito em moeda estrangeira será convertido para moeda nacional pelo câmbio da véspera da data de realização da assembleia.

Art. 39. Terão direito a voto na assembleia geral as pessoas arroladas no quadro geral de credores ou, na sua falta, na relação de credores apresentada pelo administrador judicial na forma do art. 7º, § 2º, desta Lei, ou, ainda, na falta desta, na relação apresentada pelo próprio devedor nos termos dos arts. 51, incisos III e IV do *caput*, 99, inciso III do *caput*, ou 105, inciso II do *caput*, desta Lei, acrescidas, em qualquer caso, das que estejam habilitadas na data da realização da assembleia ou que tenham créditos admitidos ou alterados por decisão judicial, inclusive as que tenham obtido reserva de importâncias, observado o disposto nos §§ 1º e 2º do art. 10 desta Lei.

§ 1º Não terão direito a voto e não serão considerados para fins de verificação do *quorum* de instalação e de deliberação os titulares de créditos excetuados na forma dos §§ 3º e 4º do art. 49 desta Lei.

§ 2º As deliberações da assembleia geral não serão invalidadas em razão de posterior decisão judicial acerca da existência, quantificação ou classificação de créditos.

§ 3º No caso de posterior invalidação de deliberação da assembleia, ficam resguardados os direitos de terceiros de boa-fé, respondendo os credores que aprovarem a deliberação pelos prejuízos comprovados causados por dolo ou culpa.

Art. 40. Não será deferido provimento liminar, de caráter cautelar ou antecipatório dos efeitos da tutela, para a suspensão ou adiamento da assembleia geral de credores em razão de pendência de discussão acerca da existência, da quantificação ou da classificação de créditos.

Art. 41. A assembleia geral será composta pelas seguintes classes de credores:

I – titulares de créditos derivados da legislação do trabalho ou decorrentes de acidentes de trabalho;

II – titulares de créditos com garantia real;

III – titulares de créditos quirografários, com privilégio especial, com privilégio geral ou subordinados.

IV – titulares de créditos enquadrados como microempresa ou empresa de pequeno porte.

→ Inciso IV acrescentado pela LC 147/2014.

§ 1º Os titulares de créditos derivados da legislação do trabalho votam com a classe prevista no inciso I do *caput* deste artigo com o total de seu crédito, independentemente do valor.

§ 2º Os titulares de créditos com garantia real votam com a classe prevista no inciso II do *caput* deste artigo até o limite do valor do bem gravado e com a classe prevista no inciso III do *caput* deste artigo pelo restante do valor de seu crédito.

Art. 42. Considerar-se-á aprovada a proposta que obtiver votos favoráveis de credores que representem mais da metade do valor total dos créditos presentes à assembleia geral, exceto nas deliberações sobre o plano de recuperação judicial nos termos da alínea *a* do inciso I do *caput* do art. 35 desta Lei, a composição do Comitê de Credores ou forma alternativa de realização do ativo nos termos do art. 145 desta Lei.

Art. 43. Os sócios do devedor, bem como as sociedades coligadas, controladoras, controladas ou as que tenham sócio ou acionista com participação superior a 10% (dez por cento) do capital social do devedor ou em que o devedor ou algum de seus sócios detenham participação superior a 10% (dez por cento) do capital social, poderão participar da assembleia geral de credores, sem ter direito a voto e não serão considerados para fins de verificação do *quorum* de instalação e de deliberação.

Parágrafo único. O disposto neste artigo também se aplica ao cônjuge ou parente, consanguíneo ou afim, colateral até o 2º (segundo) grau, ascendente ou descendente do devedor, de administrador, do sócio controlador, de membro dos conselhos consultivo, fiscal ou semelhantes da sociedade devedora e à sociedade em que quaisquer dessas pessoas exerçam essas funções.

Art. 44. Na escolha dos representantes de cada classe no Comitê de Credores, somente os respectivos membros poderão votar.

ESTATUTOS

Art. 45. Nas deliberações sobre o plano de recuperação judicial, todas as classes de credores referidas no art. 41 desta Lei deverão aprovar a proposta.

§ 1º Em cada uma das classes referidas nos incisos II e III do art. 41 desta Lei, a proposta deverá ser aprovada por credores que representem mais da metade do valor total dos créditos presentes à assembleia e, cumulativamente, pela maioria simples dos credores presentes.

§ 2º Nas classes previstas nos incisos I e IV do art. 41 desta Lei, a proposta deverá ser aprovada pela maioria simples dos credores presentes, independentemente do valor de seu crédito.

→ § 2º com redação alterada pela LC 147/2014.

§ 3º O credor não terá direito a voto e não será considerado para fins de verificação de *quorum* de deliberação se o plano de recuperação judicial não alterar o valor ou as condições originais de pagamento de seu crédito.

Art. 46. A aprovação de forma alternativa de realização do ativo na falência, prevista no art. 145 desta Lei, dependerá do voto favorável de credores que representem 2/3 (dois terços) dos créditos presentes à assembleia.

Capítulo III
DA RECUPERAÇÃO JUDICIAL

Seção I
Disposições gerais

Art. 47. A recuperação judicial tem por objetivo viabilizar a superação da situação de crise econômico-financeira do devedor, a fim de permitir a manutenção da fonte produtora, do emprego dos trabalhadores e dos interesses dos credores, promovendo, assim, a preservação da empresa, sua função social e o estímulo à atividade econômica.

→ *v.* Art. 170, III, da CF/1988.

Art. 48. Poderá requerer recuperação judicial o devedor que, no momento do pedido, exerça regularmente suas atividades há mais de 2 (dois) anos e que atenda aos seguintes requisitos, cumulativamente:

I – não ser falido e, se o foi, estejam declaradas extintas, por sentença transitada em julgado, as responsabilidades daí decorrentes;

II – não ter, há menos de 5 (cinco) anos, obtido concessão de recuperação judicial;

III – não ter, há menos de 5 (cinco) anos, obtido concessão de recuperação judicial com base no plano especial de que trata a Seção V deste Capítulo;

→ Inciso III com redação alterada pela LC 147/2014.

IV – não ter sido condenado ou não ter, como administrador ou sócio controlador, pessoa condenada por qualquer dos crimes previstos nesta Lei.

§ 1º A recuperação judicial também poderá ser requerida pelo cônjuge sobrevivente, herdeiros do devedor, inventariante ou sócio remanescente.

→ Anterior parágrafo único renumerado para § 1º pela Lei 12.873/2013.

§ 2º Tratando-se de exercício de atividade rural por pessoa jurídica, admite-se a comprovação do prazo estabelecido no *caput* deste artigo por meio da Declaração de Informações Econômico-fiscais da Pessoa Jurídica – DIPJ que tenha sido entregue tempestivamente.

→ § 2º acrescentado pela Lei 12.873/2013.

Art. 49. Estão sujeitos à recuperação judicial todos os créditos existentes na data do pedido, ainda que não vencidos.

§ 1º Os credores do devedor em recuperação judicial conservam seus direitos e privilégios contra os coobrigados, fiadores e obrigados de regresso.

§ 2º As obrigações anteriores à recuperação judicial observarão as condições originalmente contratadas ou definidas em lei, inclusive no que diz respeito aos encargos, salvo se de modo diverso ficar estabelecido no plano de recuperação judicial.

§ 3º Tratando-se de credor titular da posição de proprietário fiduciário de bens móveis ou imóveis, de arrendador mercantil, de proprietário ou promitente vendedor de imóvel cujos respectivos contratos contenham cláusula de irrevogabilidade ou irretratabilidade, inclusive em incorporações imobiliárias, ou de proprietário em contrato de venda com reserva de domínio, seu crédito não se submeterá aos efeitos da recuperação judicial e prevalecerão os direitos de propriedade sobre a coisa e as condições contratuais, observada a legislação respectiva, não se permitindo, contudo, durante o prazo de suspensão a que se refere o § 4º do art. 6º desta Lei, a venda ou a retirada do estabelecimento do devedor dos bens de capital essenciais a sua atividade empresarial.

→ *v.* Art. 1.361 do CC.

→ *v.* Art. 7º do Dec.-lei 911/1969.

§ 4º Não se sujeitará aos efeitos da recuperação judicial a importância a que se refere o inciso II do art. 86 desta Lei.

§ 5º Tratando-se de crédito garantido por penhor sobre títulos de crédito, direitos creditórios, aplicações financeiras ou valores mobiliários, poderão ser substituídas ou renovadas as garantias liquidadas ou vencidas durante a recuperação judicial e, enquanto não renovadas ou substituídas, o valor eventualmente recebido em pagamento das garantias permanecerá em conta vinculada durante o período de suspensão de que trata o § 4º do art. 6º desta Lei.

Art. 50. Constituem meios de recuperação judicial, observada a legislação pertinente a cada caso, dentre outros:

I – concessão de prazos e condições especiais para pagamento das obrigações vencidas ou vincendas;

II – cisão, incorporação, fusão ou transformação de sociedade, constituição de subsidiária integral, ou cessão de cotas ou ações, respeitados os direitos dos sócios, nos termos da legislação vigente;

III – alteração do controle societário;

IV – substituição total ou parcial dos administradores do devedor ou modificação de seus órgãos administrativos;

V – concessão aos credores de direito de eleição em separado de administradores e de poder de veto em relação às matérias que o plano especificar;

VI – aumento de capital social;

VII – trespasse ou arrendamento de estabelecimento, inclusive à sociedade constituída pelos próprios empregados;

VIII – redução salarial, compensação de horários e redução da jornada, mediante acordo ou convenção coletiva;

IX – dação em pagamento ou novação de dívidas do passivo, com ou sem constituição de garantia própria ou de terceiro;

X – constituição de sociedade de credores;

XI – venda parcial dos bens;

XII – equalização de encargos financeiros relativos a débitos de qualquer natureza, tendo como termo inicial a data da distribuição do pedido de recuperação judicial, aplicando-se inclusive aos contratos de crédito rural, sem prejuízo do disposto em legislação específica;

XIII – usufruto da empresa;

XIV – administração compartilhada;

XV – emissão de valores mobiliários;

XVI – constituição de sociedade de propósito específico para adjudicar, em pagamento dos créditos, os ativos do devedor.

§ 1º Na alienação de bem objeto de garantia real, a supressão da garantia ou sua substituição somente serão admitidas mediante aprovação expressa do credor titular da respectiva garantia.

§ 2º Nos créditos em moeda estrangeira, a variação cambial será conservada como parâmetro de indexação da correspondente obrigação e só poderá ser afastada se o credor titular do respectivo crédito aprovar expressamente previsão diversa no plano de recuperação judicial.

Seção II
Do pedido e do processamento da recuperação judicial

Art. 51. A petição inicial de recuperação judicial será instruída com:

→ *v.* Art. 282 do CPC/1973.

→ *v.* Art. 319 do NCPC.

I – a exposição das causas concretas da situação patrimonial do devedor e das razões da crise econômico-financeira;

II – as demonstrações contábeis relativas aos 3 (três) últimos exercícios sociais e as levantadas especialmente para instruir o pedido, confeccionadas com estrita observância da legislação societária aplicável e compostas obrigatoriamente de:

a) balanço patrimonial;

b) demonstração de resultados acumulados;

c) demonstração do resultado desde o último exercício social;

d) relatório gerencial de fluxo de caixa e de sua projeção;

III – a relação nominal completa dos credores, inclusive aqueles por obrigação de fazer ou de dar, com a indicação do endereço de cada um, a natureza, a classificação e o valor atualizado do crédito, discriminando sua origem, o regime dos respectivos vencimentos e a indicação dos registros contábeis de cada transação pendente;

IV – a relação integral dos empregados, em que constem as respectivas funções, salários, indenizações e outras parcelas a que têm direito, com o correspondente mês de competência, e a discriminação dos valores pendentes de pagamento;

V – certidão de regularidade do devedor no Registro Público de Empresas, o ato constitutivo atualizado e as atas de nomeação dos atuais administradores;

VI – a relação dos bens particulares dos sócios controladores e dos administradores do devedor;

VII – os extratos atualizados das contas bancárias do devedor e de suas eventuais aplicações financeiras de qualquer modalidade, inclusive em fundos de investimento ou em bolsas de valores, emitidos pelas respectivas instituições financeiras;

VIII – certidões dos cartórios de protestos situados na comarca do domicílio ou sede do devedor e naquelas onde possui filial;

IX – a relação, subscrita pelo devedor, de todas as ações judiciais em que este figure como parte, inclusive as de natureza trabalhista, com a estimativa dos respectivos valores demandados.

§ 1º Os documentos de escrituração contábil e demais relatórios auxiliares, na forma e no suporte previstos em lei, permanecerão à disposição do juízo, do administrador judicial e, mediante autorização judicial, de qualquer interessado.

§ 2º Com relação à exigência prevista no inciso II do *caput* deste artigo, as microempresas e empresas de pequeno porte poderão apresentar livros e escrituração contábil simplificados nos termos da legislação específica.

§ 3º O juiz poderá determinar o depósito em cartório dos documentos a que se referem os §§ 1º e 2º deste artigo ou de cópia destes.

Art. 52. Estando em termos a documentação exigida no art. 51 desta Lei, o juiz deferirá o processamento da recuperação judicial e, no mesmo ato:

I – nomeará o administrador judicial, observado o disposto no art. 21 desta Lei;

II – determinará a dispensa da apresentação de certidões negativas para que o devedor exerça suas atividades, exceto para contratação com o Poder Público ou para recebimento de benefícios ou incentivos fiscais ou creditícios, observando o disposto no art. 69 desta Lei;

III – ordenará a suspensão de todas as ações ou execuções contra o devedor, na forma do art. 6º desta Lei, permanecendo os respectivos autos no juízo onde se processam, ressalvadas as ações previstas nos §§ 1º, 2º e 7º do art. 6º desta Lei e as relativas a créditos excetuados na forma dos §§ 3º e 4º do art. 49 desta Lei;

IV – determinará ao devedor a apresentação de contas demonstrativas mensais enquanto perdurar a recuperação judicial, sob pena de destituição de seus administradores;

V – ordenará a intimação do Ministério Público e a comunicação por carta às Fazendas Públicas Federal e de todos os Estados e Municípios em que o devedor tiver estabelecimento.

§ 1º O juiz ordenará a expedição de edital, para publicação no órgão oficial, que conterá:

I – o resumo do pedido do devedor e da decisão que defere o processamento da recuperação judicial;

II – a relação nominal de credores, em que se discrimine o valor atualizado e a classificação de cada crédito;

III – a advertência acerca dos prazos para habilitação dos créditos, na forma do art. 7º, § 1º, desta Lei, e para que os credores apresentem objeção ao plano de recuperação judicial apresentado pelo devedor nos termos do art. 55 desta Lei.

§ 2º Deferido o processamento da recuperação judicial, os credores poderão, a qualquer tempo, requerer a convocação de assembleia geral para a constituição do Comitê de Credores ou substituição de seus membros, observado o disposto no § 2º do art. 36 desta Lei.

§ 3º No caso do inciso III do *caput* deste artigo, caberá ao devedor comunicar a suspensão aos juízos competentes.

§ 4º O devedor não poderá desistir do pedido de recuperação judicial após o deferimento de seu processamento, salvo se obtiver aprovação da desistência na assembleia geral de credores.

Seção III
Do plano de recuperação judicial

Art. 53. O plano de recuperação será apresentado pelo devedor em juízo no prazo improrrogável de 60 (sessenta) dias da publicação da decisão que deferir o processamento da recuperação judicial, sob pena de convolação em falência, e deverá conter:

I – discriminação pormenorizada dos meios de recuperação a ser empregados, conforme o art. 50 desta Lei, e seu resumo;

II – demonstração de sua viabilidade econômica; e

III – laudo econômico-financeiro e de avaliação dos bens e ativos do devedor, subscrito por profissional legalmente habilitado ou empresa especializada.

Parágrafo único. O juiz ordenará a publicação de edital contendo aviso aos credores sobre o recebimento do plano de recuperação e fixando o prazo para a manifestação de eventuais objeções, observado o art. 55 desta Lei.

Art. 54. O plano de recuperação judicial não poderá prever prazo superior a 1 (um) ano para pagamento dos créditos derivados da legislação do trabalho ou decorrentes de acidentes de trabalho vencidos até a data do pedido de recuperação judicial.

Parágrafo único. O plano não poderá, ainda, prever prazo superior a 30 (trinta) dias para o pagamento, até o limite de cinco salários mínimos por trabalhador, dos créditos de natureza estritamente salarial vencidos nos 3 (três) meses anteriores ao pedido de recuperação judicial.

Seção IV
Do procedimento de recuperação judicial

Art. 55. Qualquer credor poderá manifestar ao juiz sua objeção ao plano de recuperação judicial no prazo de 30 (trinta) dias contado da publicação da relação de credores de que trata o § 2º do art. 7º desta Lei.

Parágrafo único. Caso, na data da publicação da relação de que trata o *caput* deste artigo, não tenha sido publicado o aviso previsto no art. 53, parágrafo único, desta Lei, contar-se-á da publicação deste o prazo para as objeções.

Art. 56. Havendo objeção de qualquer credor ao plano de recuperação judicial, o juiz convocará a assembleia geral de credores para deliberar sobre o plano de recuperação.

§ 1º A data designada para a realização da assembleia geral não excederá 150 (cento e cinquenta) dias contados do deferimento do processamento da recuperação judicial.

§ 2º A assembleia geral que aprovar o plano de recuperação judicial poderá indicar os membros do Comitê de Credores, na forma do art. 26 desta Lei, se já não estiver constituído.

§ 3º O plano de recuperação judicial poderá sofrer alterações na assembleia geral, desde que haja expressa concordância do devedor e em termos que não impliquem diminuição dos direitos exclusivamente dos credores ausentes.

§ 4º Rejeitado o plano de recuperação pela assembleia geral de credores, o juiz decretará a falência do devedor.

Art. 57. Após a juntada aos autos do plano aprovado pela assembleia geral de credores ou decorrido o prazo previsto no art. 55 desta Lei sem objeção de credores, o devedor apresentará certidões negativas de débitos tributários nos termos dos arts. 151, 205, 206 da Lei 5.172, de 25 de outubro de 1966 – Código Tributário Nacional.

→ *v.* Art. 191-A do CTN.

Art. 58. Cumpridas as exigências desta Lei, o juiz concederá a recuperação judicial do devedor cujo plano não tenha sofrido objeção de credor nos termos do art. 55 desta Lei ou tenha sido aprovado pela assembléia-geral de credores na forma do art. 45 desta Lei.

§ 1º O juiz poderá conceder a recuperação judicial com base em plano que não obteve aprovação na forma do art. 45 desta Lei, desde que, na mesma assembleia, tenha obtido, de forma cumulativa:

I – o voto favorável de credores que representem mais da metade do valor de todos os créditos presentes à assembleia, independentemente de classes;

II – a aprovação de duas das classes de credores nos termos do art. 45 desta Lei ou, caso haja somente 2 (duas) classes com credores votantes, a aprovação de pelo menos 1 (uma) delas;

III – na classe que o houver rejeitado, o voto favorável de mais de 1/3 (um terço) dos credores, computados na forma dos §§ 1º e 2º do art. 45 desta Lei.

§ 2º A recuperação judicial somente poderá ser concedida com base no § 1º deste artigo se o plano não implicar tratamento diferenciado entre os credores da classe que o houver rejeitado.

Art. 59. O plano de recuperação judicial implica novação dos créditos anteriores ao pedido, e obriga o devedor e todos os credores a ele sujeitos, sem prejuízo das garantias, observado o disposto no § 1º do art. 50 desta Lei.

§ 1º A decisão judicial que conceder a recuperação judicial constituirá título executivo judicial, nos termos do art. 584, inciso III, do *caput* da Lei 5.869, de 11 de janeiro de 1973 – Código de Processo Civil.

→ Referido artigo foi revogado pela Lei 11.232/2005.

§ 2º Contra a decisão que conceder a recuperação judicial caberá agravo, que poderá ser interposto por qualquer credor e pelo Ministério Público.

→ *v.* Art. 522 do CPC/1973.

→ *v.* Art. 1.015 do NCPC.

Art. 60. Se o plano de recuperação judicial aprovado envolver alienação judicial de filiais ou de unidades produtivas isoladas do devedor, o juiz ordenará a sua realização, observado o disposto no art. 142 desta Lei.

Parágrafo único. O objeto da alienação estará livre de qualquer ônus e não haverá sucessão do arrematante nas obrigações do devedor, inclusive as de natureza tributária, observado o disposto no § 1º do art. 141 desta Lei.

→ *v.* Art. 133, § 1º, II, e § 2º, do CTN.

Art. 61. Proferida a decisão prevista no art. 58 desta Lei, o devedor permanecerá em recuperação judicial até que se cumpram todas as obrigações previstas no plano que se vencerem até 2 (dois) anos depois da concessão da recuperação judicial.

§ 1º Durante o período estabelecido no *caput* deste artigo, o descumprimento de qualquer obrigação prevista no plano acarretará a convolação da recuperação em falência, nos termos do art. 73 desta Lei.

§ 2º Decretada a falência, os credores terão reconstituídos seus direitos e garantias nas condições originalmente contratadas, deduzidos os valores eventualmente pagos e ressalvados os atos validamente praticados no âmbito da recuperação judicial.

Art. 62. Após o período previsto no art. 61 desta Lei, no caso de descumprimento de qualquer obrigação prevista no plano de recuperação judicial, qualquer credor poderá requerer a execução específica ou a falência com base no art. 94 desta Lei.

Art. 63. Cumpridas as obrigações vencidas no prazo previsto no *caput* do art. 61 desta Lei, o juiz decretará por sentença o encerramento da recuperação judicial e determinará:

I – o pagamento do saldo de honorários ao administrador judicial, somente podendo efetuar a quitação dessas obrigações mediante prestação de contas, no prazo de 30 (trinta) dias, e aprovação do relatório previsto no inciso III do *caput* deste artigo;

II – a apuração do saldo das custas judiciais a serem recolhidas;

III – a apresentação de relatório circunstanciado do administrador judicial, no prazo máximo de 15 (quinze) dias, versando sobre a execução do plano de recuperação pelo devedor;

IV – a dissolução do Comitê de Credores e a exoneração do administrador judicial;

V – a comunicação ao Registro Público de Empresas para as providências cabíveis.

Art. 64. Durante o procedimento de recuperação judicial, o devedor ou seus administradores serão mantidos na condução da atividade empresarial, sob fiscalização do Comitê, se houver, e do administrador judicial, salvo se qualquer deles:

I – houver sido condenado em sentença penal transitada em julgado por crime cometido em recuperação judicial ou falência anteriores ou por crime contra o patrimônio, a economia popular ou a ordem econômica previstos na legislação vigente;

II – houver indícios veementes de ter cometido crime previsto nesta Lei;

III – houver agido com dolo, simulação ou fraude contra os interesses de seus credores;

IV – houver praticado qualquer das seguintes condutas:

a) efetuar gastos pessoais manifestamente excessivos em relação a sua situação patrimonial;

b) efetuar despesas injustificáveis por sua natureza ou vulto, em relação ao capital ou gênero do negócio, ao movimento das operações e a outras circunstâncias análogas;

c) descapitalizar injustificadamente a empresa ou realizar operações prejudiciais ao seu funcionamento regular;

d) simular ou omitir créditos ao apresentar a relação de que trata o inciso III do *caput* do art. 51 desta Lei, sem relevante razão de direito ou amparo de decisão judicial;

V – negar-se a prestar informações solicitadas pelo administrador judicial ou pelos demais membros do Comitê;

VI – tiver seu afastamento previsto no plano de recuperação judicial.

Parágrafo único. Verificada qualquer das hipóteses do *caput* deste artigo, o juiz destituirá o administrador, que será substituído na forma prevista nos atos constitutivos do devedor ou do plano de recuperação judicial.

Art. 65. Quando do afastamento do devedor, nas hipóteses previstas no art. 64 desta Lei, o juiz convocará a assembleia geral de credores para deliberar sobre o nome do gestor judicial que assumirá a administração das atividades do devedor, aplicando-se-lhe, no que couber, todas as normas sobre deveres, impedimentos e remuneração do administrador judicial.

§ 1º O administrador judicial exercerá as funções de gestor enquanto a assembleia geral não deliberar sobre a escolha deste.

§ 2º Na hipótese de o gestor indicado pela assembleia geral de credores recusar ou estar impedido de aceitar o encargo para gerir os negócios do devedor, o juiz convocará, no prazo de 72 (setenta e duas) horas, contado da recusa ou da declaração do impedimento nos autos, nova assembleia geral, aplicado o disposto no § 1º deste artigo.

Art. 66. Após a distribuição do pedido de recuperação judicial, o devedor não poderá alienar ou onerar bens ou direitos de seu ativo permanente, salvo evidente utilidade reconhecida pelo juiz, depois de ouvido o Comitê, com exceção daqueles previamente relacionados no plano de recuperação judicial.

Art. 67. Os créditos decorrentes de obrigações contraídas pelo devedor durante a recuperação judicial, inclusive aqueles relativos a despesas com fornecedores de bens ou serviços e contratos de mútuo, serão considerados extraconcursais, em caso de decretação de falência, respeitada, no que couber, a ordem estabelecida no art. 83 desta Lei.

Parágrafo único. Os créditos quirografários sujeitos à recuperação judicial pertencentes a fornecedores de bens ou serviços que continuarem a provê-los normalmente após o pedido de recuperação judicial terão privilégio geral de recebimento em caso de decretação de falência, no limite do valor dos bens ou serviços fornecidos durante o período da recuperação.

Art. 68. As Fazendas Públicas e o Instituto Nacional do Seguro Social – INSS poderão deferir, nos termos da legislação específica, parcelamento de seus créditos, em sede de recuperação judicial, de acordo com os parâmetros estabelecidos na Lei 5.172, de 25 de outubro de 1966 – Código Tributário Nacional.

→ *v.* Art. 155-A, §§ 3º e 4º, do CTN.

Parágrafo único. As microempresas e empresas de pequeno porte farão jus a prazos 20% (vinte por cento) superiores àqueles regularmente concedidos às demais empresas.

→ Parágrafo único acrescentado pela LC 147/2014.

Art. 69. Em todos os atos, contratos e documentos firmados pelo devedor sujeito ao procedimento de recuperação judicial deverá ser acrescida, após o nome empresarial, a expressão "em Recuperação Judicial".

Parágrafo único. O juiz determinará ao Registro Público de Empresas a anotação da recuperação judicial no registro correspondente.

Seção V
Do plano de recuperação judicial para microempresas e empresas de pequeno porte

Art. 70. As pessoas de que trata o art. 1º desta Lei e que se incluam nos conceitos de microempresa ou empresa de pequeno porte, nos termos da legislação vigente, sujeitam-se às normas deste Capítulo.

§ 1º As microempresas e as empresas de pequeno porte, conforme definidas em lei, poderão apresentar plano especial de recuperação judicial, desde que afirmem sua intenção de fazê-lo na petição inicial de que trata o art. 51 desta Lei.

§ 2º Os credores não atingidos pelo plano especial não terão seus créditos habilitados na recuperação judicial.

Art. 71. O plano especial de recuperação judicial será apresentado no prazo previsto no art. 53 desta Lei e limitar-se á às seguintes condições:

I – abrangerá todos os créditos existentes na data do pedido, ainda que não vencidos, excetuados os decorrentes de repasse de recursos oficiais, os fiscais e os previstos nos §§ 3º e 4º do art. 49;

→ Inciso I com redação alterada pela LC 147/2014.

II – preverá parcelamento em até 36 (trinta e seis) parcelas mensais, iguais e sucessivas, acrescidas de juros equivalentes à taxa Sistema Especial de Liquidação e de Custódia – Selic, podendo conter ainda a proposta de abatimento do valor das dívidas;

→ Inciso II com redação alterada pela LC 147/2014.

III – preverá o pagamento da 1ª (primeira) parcela no prazo máximo de 180 (cento e oitenta) dias, contado da distribuição do pedido de recuperação judicial;

IV – estabelecerá a necessidade de autorização do juiz, após ouvido o administrador judicial e o Comitê de Credores, para o devedor aumentar despesas ou contratar empregados.

Parágrafo único. O pedido de recuperação judicial com base em plano especial não acarreta a suspensão do curso da prescrição nem das ações e execuções por créditos não abrangidos pelo plano.

Art. 72. Caso o devedor de que trata o art. 70 desta Lei opte pelo pedido de recuperação judicial com base no plano especial disciplinado nesta Seção, não será convocada assembleia geral de credores para deliberar sobre o plano, e o juiz concederá a recuperação judicial se atendidas as demais exigências desta Lei.

Parágrafo único. O juiz também julgará improcedente o pedido de recuperação judicial e decretará a falência do devedor se houver objeções, nos termos do art. 55, de credores titulares de mais da metade de qualquer uma das classes de créditos previstos no art. 83, computados na forma do art. 45, todos desta Lei.

→ Parágrafo único com redação alterada pela LC 147/2014.

Capítulo IV
DA CONVOLAÇÃO DA RECUPERAÇÃO JUDICIAL EM FALÊNCIA

Art. 73. O juiz decretará a falência durante o processo de recuperação judicial:

I – por deliberação da assembleia geral de credores, na forma do art. 42 desta Lei;

II – pela não apresentação, pelo devedor, do plano de recuperação no prazo do art. 53 desta Lei;

III – quando houver sido rejeitado o plano de recuperação, nos termos do § 4º do art. 56 desta Lei;

IV – por descumprimento de qualquer obrigação assumida no plano de recuperação, na forma do § 1º do art. 61 desta Lei.

Parágrafo único. O disposto neste artigo não impede a decretação da falência por inadimplemento de obrigação não sujeita à recuperação judicial, nos termos dos incisos I ou II do *caput* do art. 94 desta Lei, ou por prática de ato previsto no inciso III do *caput* do art. 94 desta Lei.

Art. 74. Na convolação da recuperação em falência, os atos de administração, endividamento, oneração ou alienação praticados durante a recuperação judicial presumem-se válidos, desde que realizados na forma desta Lei.

Capítulo V
DA FALÊNCIA

Seção I
Disposições gerais

Art. 75. A falência, ao promover o afastamento do devedor de suas atividades, visa a preservar e otimizar a utilização produtiva dos bens, ativos e recursos produtivos, inclusive os intangíveis, da empresa.

Parágrafo único. O processo de falência atenderá aos princípios da celeridade e da economia processual.

Art. 76. O juízo da falência é indivisível e competente para conhecer todas as ações sobre bens, interesses e negócios do falido, ressalvadas as causas trabalhistas, fiscais e aquelas não reguladas nesta Lei em que o falido figurar como autor ou litisconsorte ativo.

Parágrafo único. Todas as ações, inclusive as excetuadas no *caput* deste artigo, terão prosseguimento com o administrador judicial, que deverá ser intimado para representar a massa falida, sob pena de nulidade do processo.

Art. 77. A decretação da falência determina o vencimento antecipado das dívidas do devedor e dos sócios ilimitada e solidariamente responsáveis, com o abatimento proporcional dos juros, e converte todos os créditos em moeda estrangeira para a moeda do País, pelo câmbio do dia da decisão judicial, para todos os efeitos desta Lei.

Art. 78. Os pedidos de falência estão sujeitos a distribuição obrigatória, respeitada a ordem de apresentação.

Parágrafo único. As ações que devam ser propostas no juízo da falência estão sujeitas a distribuição por dependência.

Art. 79. Os processos de falência e os seus incidentes preferem a todos os outros na ordem dos feitos, em qualquer instância.

Art. 80. Considerar-se-ão habilitados os créditos remanescentes da recuperação judicial, quando definitivamente incluídos no quadro geral de credores, tendo prosseguimento as habilitações que estejam em curso.

Art. 81. A decisão que decreta a falência da sociedade com sócios ilimitadamente responsáveis também acarreta a falência destes, que ficam sujeitos aos mesmos efeitos jurídicos produzidos em relação à sociedade falida e, por isso, deverão ser citados para apresentar contestação, se assim o desejarem.

§ 1º O disposto no *caput* deste artigo aplica-se ao sócio que tenha se retirado voluntariamente ou que tenha sido excluído da sociedade, há menos de dois anos, quanto às dívidas existentes na data do arquivamento da alteração do contrato, no caso de não terem sido solvidas até a data da decretação da falência.

§ 2º As sociedades falidas serão representadas na falência por seus administradores ou liquidantes, os quais terão os mesmos direitos e, sob as mesmas penas, ficarão sujeitos às obrigações que cabem ao falido.

Art. 82. A responsabilidade pessoal dos sócios de responsabilidade limitada, dos controladores e dos administradores da sociedade falida, estabelecida nas respectivas leis, será apurada no próprio juízo da falência, independentemente da realização do ativo e da prova da sua insuficiência para cobrir o passivo, observado o procedimento ordinário previsto no Código de Processo Civil.

→ *V.* Arts. 318 e ss., do NCPC.

§ 1º Prescreverá em 2 (dois) anos, contados do trânsito em julgado da sentença de encerramento da falência, a ação de responsabilização prevista no *caput* deste artigo.

§ 2º O juiz poderá, de ofício ou mediante requerimento das partes interessadas, ordenar a indisponibilidade de bens particulares dos réus, em quantidade compatível com o dano provocado, até o julgamento da ação de responsabilização.

Seção II
Da classificação dos créditos

Art. 83. A classificação dos créditos na falência obedece à seguinte ordem:

I – os créditos derivados da legislação do trabalho, limitados a 150 (cento e cinquenta) salários mínimos por credor, e os decorrentes de acidentes de trabalho;

II – créditos com garantia real até o limite do valor do bem gravado;

III – créditos tributários, independentemente da sua natureza e tempo de constituição, excetuadas as multas tributárias;

IV – créditos com privilégio especial, a saber:

a) os previstos no art. 964 da Lei 10.406, de 10 de janeiro de 2002;

b) os assim definidos em outras leis civis e comerciais, salvo disposição contrária desta Lei;

c) aqueles a cujos titulares a lei confira o direito de retenção sobre a coisa dada em garantia;

d) aqueles em favor dos microempreendedores individuais e das microempresas e empresas de pequeno porte de que trata a Lei Complementar 123, de 14 de dezembro de 2006;

→ Alínea *d* acrescentada pela LC 147/2014.

V – créditos com privilégio geral, a saber:

a) os previstos no art. 965 da Lei 10.406, de 10 de janeiro de 2002;

b) os previstos no parágrafo único do art. 67 desta Lei;

c) os assim definidos em outras leis civis e comerciais, salvo disposição contrária desta Lei;

VI – créditos quirografários, a saber:

a) aqueles não previstos nos demais incisos deste artigo;

b) os saldos dos créditos não cobertos pelo produto da alienação dos bens vinculados ao seu pagamento;

c) os saldos dos créditos derivados da legislação do trabalho que excederem o limite estabelecido no inciso I do *caput* deste artigo;

VII – as multas contratuais e as penas pecuniárias por infração das leis penais ou administrativas, inclusive as multas tributárias;

VIII – créditos subordinados, a saber:

a) os assim previstos em lei ou em contrato;

b) os créditos dos sócios e dos administradores sem vínculo empregatício.

§ 1º Para os fins do inciso II do *caput* deste artigo, será considerado como valor do bem objeto de garantia real a importância efetivamente arrecadada com sua venda, ou, no caso de alienação em bloco, o valor de avaliação do bem individualmente considerado.

§ 2º Não são oponíveis à massa os valores decorrentes de direito de sócio ao recebimento de sua parcela do capital social na liquidação da sociedade.

§ 3º As cláusulas penais dos contratos unilaterais não serão atendidas se as obrigações neles estipuladas se vencerem em virtude da falência.

§ 4º Os créditos trabalhistas cedidos a terceiros serão considerados quirografários.

Art. 84. Serão considerados créditos extraconcursais e serão pagos com precedência sobre os mencionados no art. 83 desta Lei, na ordem a seguir, os relativos a:

I – remunerações devidas ao administrador judicial e seus auxiliares, e créditos derivados da legislação do trabalho ou decorrentes de acidentes de trabalho relativos a serviços prestados após a decretação da falência;

II – quantias fornecidas à massa pelos credores;

III – despesas com arrecadação, administração, realização do ativo e distribuição do seu produto, bem como custas do processo de falência;

IV – custas judiciais relativas às ações e execuções em que a massa falida tenha sido vencida;

V – obrigações resultantes de atos jurídicos válidos praticados durante a recuperação judicial, nos termos do art. 67 desta Lei, ou após a decretação da falência, e tributos relativos a fatos geradores ocorridos após a decretação da falência, respeitada a ordem estabelecida no art. 83 desta Lei.

Seção III
Do pedido de restituição

Art. 85. O proprietário de bem arrecadado no processo de falência ou que se encontre em poder do devedor na data da decretação da falência poderá pedir sua restituição.

Parágrafo único. Também pode ser pedida a restituição de coisa vendida a crédito e entregue ao devedor nos 15 (quinze) dias anteriores ao requerimento de sua falência, se ainda não alienada.

→ *v.* Art. 7º do Dec.-lei 911/1969.

Art. 86. Proceder-se-á à restituição em dinheiro:

I – se a coisa não mais existir ao tempo do pedido de restituição, hipótese em que o requerente receberá o valor da avaliação do bem, ou, no caso de ter ocorrido sua venda, o respectivo preço, em ambos os casos no valor atualizado;

II – da importância entregue ao devedor, em moeda corrente nacional, decorrente de adiantamento a contrato de câmbio para exportação, na forma do art. 75, §§ 3º e 4º, da Lei 4.728, de 14 de julho de 1965, desde que o prazo total da operação, inclusive eventuais prorrogações, não exceda o previsto nas normas específicas da autoridade competente;

III – dos valores entregues ao devedor pelo contratante de boa-fé na hipótese de revogação ou ineficácia do contrato, conforme disposto no art. 136 desta Lei.

Parágrafo único. As restituições de que trata este artigo somente serão efetuadas após o pagamento previsto no art. 151 desta Lei.

Art. 87. O pedido de restituição deverá ser fundamentado e descreverá a coisa reclamada.

§ 1º O juiz mandará autuar em separado o requerimento com os documentos que o instruírem e determinará a intimação do falido, do Comitê, dos credores e do administrador judicial para que, no prazo sucessivo de 5 (cinco) dias, se manifestem, valendo como contestação a manifestação contrária à restituição.

§ 2º Contestado o pedido e deferidas as provas porventura requeridas, o juiz designará audiência de instrução e julgamento, se necessária.

§ 3º Não havendo provas a realizar, os autos serão conclusos para sentença.

Art. 88. A sentença que reconhecer o direito do requerente determinará a entrega da coisa no prazo de 48 (quarenta e oito) horas.

Parágrafo único. Caso não haja contestação, a massa não será condenada ao pagamento de honorários advocatícios.

Art. 89. A sentença que negar a restituição, quando for o caso, incluirá o requerente no quadro geral de credores, na classificação que lhe couber, na forma desta Lei.

Art. 90. Da sentença que julgar o pedido de restituição caberá apelação sem efeito suspensivo.

Parágrafo único. O autor do pedido de restituição que pretender receber o bem ou a quantia reclamada antes do trânsito em julgado da sentença prestará caução.

Art. 91. O pedido de restituição suspende a disponibilidade da coisa até o trânsito em julgado.

Parágrafo único. Quando diversos requerentes houverem de ser satisfeitos em dinheiro e não existir saldo suficiente para o pagamento integral, far-se-á rateio proporcional entre eles.

Art. 92. O requerente que tiver obtido êxito no seu pedido ressarcirá a massa falida ou a quem tiver suportado as despesas de conservação da coisa reclamada.

Art. 93. Nos casos em que não couber pedido de restituição, fica resguardado o direito dos credores de propor embargos de terceiros, observada a legislação processual civil.

Seção IV
Do procedimento para a decretação da falência

Art. 94. Será decretada a falência do devedor que:

→ *v.* Lei 9.492/1997 - Define a competência, regulamenta os serviços concernentes ao protesto de títulos e outros documentos de dívida e dá outras providências.

I – sem relevante razão de direito, não paga, no vencimento, obrigação líquida materializada em título ou títulos executivos protestados cuja soma ultrapasse o equivalente a 40 (quarenta) salários mínimos na data do pedido de falência;

II – executado por qualquer quantia líquida, não paga, não deposita e não nomeia à penhora bens suficientes dentro do prazo legal;

III – pratica qualquer dos seguintes atos, exceto se fizer parte de plano de recuperação judicial:

a) procede à liquidação precipitada de seus ativos ou lança mão de meio ruinoso ou fraudulento para realizar pagamentos;

b) realiza ou, por atos inequívocos, tenta realizar, com o objetivo de retardar pagamentos ou fraudar credores, negócio simulado ou alienação de parte ou da totalidade de seu ativo a terceiro, credor ou não;

c) transfere estabelecimento a terceiro, credor ou não, sem o consentimento de todos os credores e sem ficar com bens suficientes para solver seu passivo;

d) simula a transferência de seu principal estabelecimento com o objetivo de burlar a legislação ou a fiscalização ou para prejudicar credor;

e) dá ou reforça garantia a credor por dívida contraída anteriormente sem ficar com bens livres e desembaraçados suficientes para saldar seu passivo;

f) ausenta-se sem deixar representante habilitado e com recursos suficientes para pagar os credores, abandona estabelecimento ou tenta ocultar-se de seu domicílio, do local de sua sede ou de seu principal estabelecimento;

g) deixa de cumprir, no prazo estabelecido, obrigação assumida no plano de recuperação judicial.

§ 1º Credores podem reunir-se em litisconsórcio a fim de perfazer o limite mínimo para o pedido de falência com base no inciso I do *caput* deste artigo.

§ 2º Ainda que líquidos, não legitimam o pedido de falência os créditos que nela não se possam reclamar.

§ 3º Na hipótese do inciso I do *caput* deste artigo, o pedido de falência será instruído com os títulos executivos na forma do parágrafo único do art. 9º desta Lei, acompanhados, em qualquer caso, dos respectivos instrumentos de protesto para fim falimentar nos termos da legislação específica.

§ 4º Na hipótese do inciso II do *caput* deste artigo, o pedido de falência será instruído com certidão expedida pelo juízo em que se processa a execução.

§ 5º Na hipótese do inciso III do *caput* deste artigo, o pedido de falência descreverá os fatos que a caracterizam, juntando-se as provas que houver e especificando-se as que serão produzidas.

Art. 95. Dentro do prazo de contestação, o devedor poderá pleitear sua recuperação judicial.

Art. 96. A falência requerida com base no art. 94, inciso I do *caput*, desta Lei, não será decretada se o requerido provar:

I – falsidade de título;

II – prescrição;

III – nulidade de obrigação ou de título;

IV – pagamento da dívida;

V – qualquer outro fato que extinga ou suspenda obrigação ou não legitime a cobrança de título;

VI – vício em protesto ou em seu instrumento;

VII – apresentação de pedido de recuperação judicial no prazo da contestação, observados os requisitos do art. 51 desta Lei;

VIII – cessação das atividades empresariais mais de 2 (dois) anos antes do pedido de falência, comprovada por documento hábil do Registro Público de Empresas, o qual não prevalecerá contra prova de exercício posterior ao ato registrado.

§ 1º Não será decretada a falência de sociedade anônima após liquidado e partilhado seu ativo nem do espólio após 1 (um) ano da morte do devedor.

§ 2º As defesas previstas nos incisos I a VI do *caput* deste artigo não obstam a decretação de falência se, ao final, restarem obrigações não atingidas pelas defesas em montante que supere o limite previsto naquele dispositivo.

Art. 97. Podem requerer a falência do devedor:

I – o próprio devedor, na forma do disposto nos arts. 105 a 107 desta Lei;

II – o cônjuge sobrevivente, qualquer herdeiro do devedor ou o inventariante;

III – o cotista ou o acionista do devedor na forma da lei ou do ato constitutivo da sociedade;

IV – qualquer credor.

§ 1º O credor empresário apresentará certidão do Registro Público de Empresas que comprove a regularidade de suas atividades.

§ 2º O credor que não tiver domicílio no Brasil deverá prestar caução relativa às custas e ao pagamento da indenização de que trata o art. 101 desta Lei.

Art. 98. Citado, o devedor poderá apresentar contestação no prazo de 10 (dez) dias.

Parágrafo único. Nos pedidos baseados nos incisos I e II do *caput* do art. 94 desta Lei, o devedor poderá, no prazo da contestação, depositar o valor correspondente ao total do crédito, acrescido de correção monetária, juros e honorários advocatícios, hipótese em que a falência não será decretada e, caso julgado procedente o pedido de falência, o juiz ordenará o levantamento do valor pelo autor.

Art. 99. A sentença que decretar a falência do devedor, dentre outras determinações:

I – conterá a síntese do pedido, a identificação do falido e os nomes dos que forem a esse tempo seus administradores;

II – fixará o termo legal da falência, sem poder retrotraí-lo por mais de 90 (noventa) dias contados do pedido de falência, do pedido de recuperação judicial ou do 1º (primeiro) protesto por falta de pagamento, excluindo-se, para esta finalidade, os protestos que tenham sido cancelados;

III – ordenará ao falido que apresente, no prazo máximo de 5 (cinco) dias, relação nominal dos credores, indicando endereço, importância, natureza e classificação dos respectivos créditos, se esta já não se encontrar nos autos, sob pena de desobediência;

IV – explicitará o prazo para as habilitações de crédito, observado o disposto no § 1º do art. 7º desta Lei;

V – ordenará a suspensão de todas as ações ou execuções contra o falido, ressalvadas as hipóteses previstas nos §§ 1º e 2º do art. 6º desta Lei;

VI – proibirá a prática de qualquer ato de disposição ou oneração de bens do falido, submetendo-os preliminarmente à autorização judicial e do Comitê, se houver, ressalvados os bens cuja venda faça parte das atividades normais do devedor se autorizada a continuação provisória nos termos do inciso XI do *caput* deste artigo;

VII – determinará as diligências necessárias para salvaguardar os interesses das partes envolvidas, podendo ordenar a prisão preventiva do falido ou de seus administradores quando requerida com fundamento em provas da prática de crime definido nesta Lei;

VIII – ordenará ao Registro Público de Empresas que proceda à anotação da falência no registro do devedor, para que conste a expressão "Falido", a data da decretação da falência e a inabilitação de que trata o art. 102 desta Lei;

IX – nomeará o administrador judicial, que desempenhará suas funções na forma do inciso III do *caput* do art. 22 desta Lei sem prejuízo do disposto na alínea *a* do inciso II do *caput* do art. 35 desta Lei;

X – determinará a expedição de ofícios aos órgãos e repartições públicas e outras entidades para que informem a existência de bens e direitos do falido;

XI – pronunciar-se-á a respeito da continuação provisória das atividades do falido com o administrador judicial ou da lacração dos estabelecimentos, observado o disposto no art. 109 desta Lei;

XII – determinará, quando entender conveniente, a convocação da assembleia geral de credores para a constituição de Comitê de Credores, podendo ainda autorizar a manutenção do Comitê eventualmente em funcionamento na recuperação judicial quando da decretação da falência;

XIII – ordenará a intimação do Ministério Público e a comunicação por carta às Fazendas Públicas Federal e de todos os Estados e Municípios em que o devedor tiver estabelecimento, para que tomem conhecimento da falência.

Parágrafo único. O juiz ordenará a publicação de edital contendo a íntegra da decisão que decreta a falência e a relação de credores.

Art. 100. Da decisão que decreta a falência cabe agravo, e da sentença que julga a improcedência do pedido cabe apelação.

Art. 101. Quem por dolo requerer a falência de outrem será condenado, na sentença que julgar improcedente o pedido, a indenizar o devedor, apurando-se as perdas e danos em liquidação de sentença.

§ 1º Havendo mais de 1 (um) autor do pedido de falência, serão solidariamente responsáveis aqueles que se conduziram na forma prevista no *caput* deste artigo.

§ 2º Por ação própria, o terceiro prejudicado também pode reclamar indenização dos responsáveis.

Seção V
Da inabilitação empresarial, dos direitos e deveres do falido

Art. 102. O falido fica inabilitado para exercer qualquer atividade empresarial a partir da decretação da falência e até a sentença que extingue suas obrigações, respeitado o disposto no § 1º do art. 181 desta Lei.

Parágrafo único. Findo o período de inabilitação, o falido poderá requerer ao juiz da falência que proceda à respectiva anotação em seu registro.

Art. 103. Desde a decretação da falência ou do sequestro, o devedor perde o direito de administrar os seus bens ou deles dispor.

Parágrafo único. O falido poderá, contudo, fiscalizar a administração da falência, requerer as providências necessárias para a conservação de seus direitos ou dos bens arrecadados e intervir nos processos em que a massa falida seja parte ou interessada, requerendo o que for de direito e interpondo os recursos cabíveis.

Art. 104. A decretação da falência impõe ao falido os seguintes deveres:

I – assinar nos autos, desde que intimado da decisão, termo de comparecimento, com a indicação do nome, nacionalidade, estado civil, endereço completo do domicílio, devendo ainda declarar, para constar do dito termo:

a) as causas determinantes da sua falência, quando requerida pelos credores;

b) tratando-se de sociedade, os nomes e endereços de todos os sócios, acionistas controladores, diretores ou administradores, apresentando o contrato ou estatuto social e a prova do respectivo registro, bem como suas alterações;

c) o nome do contador encarregado da escrituração dos livros obrigatórios;

d) os mandatos que porventura tenha outorgado, indicando seu objeto, nome e endereço do mandatário;

e) seus bens imóveis e os móveis que não se encontram no estabelecimento;

f) se faz parte de outras sociedades, exibindo respectivo contrato;

g) suas contas bancárias, aplicações, títulos em cobrança e processos em andamento em que for autor ou réu;

II – depositar em cartório, no ato de assinatura do termo de comparecimento, os seus livros obrigatórios, a fim de serem entregues ao administrador judicial, depois de encerrados por termos assinados pelo juiz;

III – não se ausentar do lugar onde se processa a falência sem motivo justo e comunicação expressa ao juiz, e sem deixar procurador bastante, sob as penas cominadas na lei;

IV – comparecer a todos os atos da falência, podendo ser representado por procurador, quando não for indispensável sua presença;

V – entregar, sem demora, todos os bens, livros, papéis e documentos ao administrador judicial, indicando-lhe, para serem arrecadados, os bens que porventura tenha em poder de terceiros;

VI – prestar as informações reclamadas pelo juiz, administrador judicial, credor ou Ministério Público sobre circunstâncias e fatos que interessem à falência;

VII – auxiliar o administrador judicial com zelo e presteza;

VIII – examinar as habilitações de crédito apresentadas;

IX – assistir ao levantamento, à verificação do balanço e ao exame dos livros;

X – manifestar-se sempre que for determinado pelo juiz;

XI – apresentar, no prazo fixado pelo juiz, a relação de seus credores;

XII – examinar e dar parecer sobre as contas do administrador judicial.

Parágrafo único. Faltando ao cumprimento de quaisquer dos deveres que esta Lei lhe impõe, após intimado pelo juiz a fazê-lo, responderá o falido por crime de desobediência.

Seção VI
Da falência requerida pelo próprio devedor

Art. 105. O devedor em crise econômico-financeira que julgue não atender aos requisitos para pleitear sua recuperação judicial deverá requerer ao juízo sua falência, expondo as razões da impossibilidade de prosseguimento da atividade empresarial, acompanhadas dos seguintes documentos:

I – demonstrações contábeis referentes aos 3 (três) últimos exercícios sociais e as levantadas especialmente para instruir o pedido, confeccionadas com estrita observância da legislação societária aplicável e compostas obrigatoriamente de:

a) balanço patrimonial;

b) demonstração de resultados acumulados;

c) demonstração do resultado desde o último exercício social;

d) relatório do fluxo de caixa;

II – relação nominal dos credores, indicando endereço, importância, natureza e classificação dos respectivos créditos;

III – relação dos bens e direitos que compõem o ativo, com a respectiva estimativa de valor e documentos comprobatórios de propriedade;

IV – prova da condição de empresário, contrato social ou estatuto em vigor ou, se não houver, a indicação de todos os sócios, seus endereços e a relação de seus bens pessoais;

V – os livros obrigatórios e documentos contábeis que lhe forem exigidos por lei;

VI – relação de seus administradores nos últimos 5 (cinco) anos, com os respectivos endereços, suas funções e participação societária.

Art. 106. Não estando o pedido regularmente instruído, o juiz determinará que seja emendado.

Art. 107. A sentença que decretar a falência do devedor observará a forma do art. 99 desta Lei.

Parágrafo único. Decretada a falência, aplicam-se integralmente os dispositivos relativos à falência requerida pelas pessoas referidas nos incisos II a IV do *caput* do art. 97 desta Lei.

Seção VII
Da arrecadação e da custódia dos bens

Art. 108. Ato contínuo à assinatura do termo de compromisso, o administrador judicial efetuará a arrecadação dos bens e documentos e a avaliação dos bens, separadamente ou em bloco, no local em que se encontrem, requerendo ao juiz, para esses fins, as medidas necessárias.

§ 1º Os bens arrecadados ficarão sob a guarda do administrador judicial ou de pessoa por ele escolhida, sob responsabilidade daquele, podendo o falido ou qualquer de seus representantes ser nomeado depositário dos bens.

§ 2º O falido poderá acompanhar a arrecadação e a avaliação.

§ 3º O produto dos bens penhorados ou por outra forma apreendidos entrará para a massa, cumprindo ao juiz deprecar, a requerimento do administrador judicial, às autoridades competentes, determinando sua entrega.

§ 4º Não serão arrecadados os bens absolutamente impenhoráveis.

§ 5º Ainda que haja avaliação em bloco, o bem objeto de garantia real será também avaliado separadamente, para os fins do § 1º do art. 83 desta Lei.

Art. 109. O estabelecimento será lacrado sempre que houver risco para a execução da etapa de arrecadação ou para a preservação dos bens da massa falida ou dos interesses dos credores.

Art. 110. O auto de arrecadação, composto pelo inventário e pelo respectivo laudo de avaliação dos bens, será assinado pelo administrador judicial, pelo falido ou seus representantes e por outras pessoas que auxiliarem ou presenciarem o ato.

§ 1º Não sendo possível a avaliação dos bens no ato da arrecadação, o administrador judicial requererá ao juiz a concessão de prazo para apresentação do laudo de avaliação, que não poderá exceder 30 (trinta) dias, contados da apresentação do auto de arrecadação.

§ 2º Serão referidos no inventário:

I – os livros obrigatórios e os auxiliares ou facultativos do devedor, designando-se o estado em que se acham, número e denominação de cada um, páginas escrituradas, data do início da escrituração e do último lançamento, e se os livros obrigatórios estão revestidos das formalidades legais;

II – dinheiro, papéis, títulos de crédito, documentos e outros bens da massa falida;

III – os bens da massa falida em poder de terceiro, a título de guarda, depósito, penhor ou retenção;

IV – os bens indicados como propriedade de terceiros ou reclamados por estes, mencionando-se essa circunstância.

§ 3º Quando possível, os bens referidos no § 2º deste artigo serão individualizados.

§ 4º Em relação aos bens imóveis, o administrador judicial, no prazo de 15 (quinze) dias após a sua arrecadação, exibirá as certidões de registro, extraídas posteriormente à decretação da falência, com todas as indicações que nele constarem.

Art. 111. O juiz poderá autorizar os credores, de forma individual ou coletiva, em razão dos custos e no interesse da massa falida, a adquirir ou adjudicar, de imediato, os bens arrecadados, pelo valor da avaliação, atendida a regra de classificação e preferência entre eles, ouvido o Comitê.

Art. 112. Os bens arrecadados poderão ser removidos, desde que haja necessidade de sua melhor guarda e conservação, hipótese em que permanecerão em depósito sob responsabilidade do administrador judicial, mediante compromisso.

Art. 113. Os bens perecíveis, deterioráveis, sujeitos à considerável desvalorização ou que sejam de conservação arriscada ou dispendiosa, poderão ser vendidos antecipadamente, após a arrecadação e a avaliação, mediante autorização judicial, ouvidos o Comitê e o falido no prazo de 48 (quarenta e oito) horas.

Art. 114. O administrador judicial poderá alugar ou celebrar outro contrato referente aos bens da massa falida, com o objetivo de produzir renda para a massa falida, mediante autorização do Comitê.

§ 1º O contrato disposto no *caput* deste artigo não gera direito de preferência na compra e não pode importar disposição total ou parcial dos bens.

§ 2º O bem objeto da contratação poderá ser alienado a qualquer tempo, independentemente do prazo contratado, rescindindo-se, sem direito a multa, o contrato realizado, salvo se houver anuência do adquirente.

Seção VIII
Dos efeitos da decretação da falência sobre as obrigações do devedor

Art. 115. A decretação da falência sujeita todos os credores, que somente poderão exercer os seus direitos sobre os bens do falido e do sócio ilimitadamente responsável na forma que esta Lei prescrever.

Art. 116. A decretação da falência suspende:

I – o exercício do direito de retenção sobre os bens sujeitos à arrecadação, os quais deverão ser entregues ao administrador judicial;

II – o exercício do direito de retirada ou de recebimento do valor de suas quotas ou ações, por parte dos sócios da sociedade falida.

Art. 117. Os contratos bilaterais não se resolvem pela falência e podem ser cumpridos pelo administrador judicial se o cumprimento reduzir ou evitar o aumento do passivo da massa falida ou for necessário à manutenção e preservação de seus ativos, mediante autorização do Comitê.

§ 1º O contratante pode interpelar o administrador judicial, no prazo de até 90 (noventa) dias, contado da assinatura do termo de sua nomeação, para que, dentro de 10 (dez) dias, declare se cumpre ou não o contrato.

§ 2º A declaração negativa ou o silêncio do administrador judicial confere ao contraente o direito à indenização, cujo valor, apurado em processo ordinário, constituirá crédito quirografário.

Art. 118. O administrador judicial, mediante autorização do Comitê, poderá dar cumprimento a contrato unilateral se esse fato reduzir ou evitar o aumento do passivo da massa falida ou for necessário à manutenção e preservação de seus ativos, realizando o pagamento da prestação pela qual está obrigada.

Art. 119. Nas relações contratuais a seguir mencionadas prevalecerão as seguintes regras:

I – o vendedor não pode obstar a entrega das coisas expedidas ao devedor e ainda em trânsito, se o comprador, antes do requerimento da falência, as tiver revendido, sem fraude, à vista das faturas e conhecimentos de transporte, entregues ou remetidos pelo vendedor;

II – se o devedor vendeu coisas compostas e o administrador judicial resolver não continuar a execução do contrato, poderá o comprador pôr à disposição da massa falida as coisas já recebidas, pedindo perdas e danos;

III – não tendo o devedor entregue coisa móvel ou prestado serviço que vendera ou contratara a prestações, e resolvendo o administrador judicial não executar o contrato, o crédito relativo ao valor pago será habilitado na classe própria;

IV – o administrador judicial, ouvido o Comitê, restituirá a coisa móvel comprada pelo devedor com reserva de domínio do vendedor se resolver não continuar a execução do contrato, exigindo a devolução, nos termos do contrato, dos valores pagos;

V – tratando-se de coisas vendidas a termo, que tenham cotação em bolsa ou mercado, e não se executando o contrato pela efetiva entrega daquelas e pagamento do preço, prestar-se-á a diferença entre a cotação do dia do contrato e a da época da liquidação em bolsa ou mercado;

VI – na promessa de compra e venda de imóveis, aplicar-se-á a legislação respectiva;

VII – a falência do locador não resolve o contrato de locação e, na falência do locatário, o administrador judicial pode, a qualquer tempo, denunciar o contrato;

VIII – caso haja acordo para compensação e liquidação de obrigações no âmbito do sistema financeiro nacional, nos termos da legislação vigente, a parte não falida poderá considerar o contrato vencido antecipadamente, hipótese em que será liquidado na forma estabelecida em regulamento, admitindo-se a compensação de eventual crédito que venha a ser apurado em favor do falido com créditos detidos pelo contratante;

IX – os patrimônios de afetação, constituídos para cumprimento de destinação específica, obedecerão ao disposto na legislação respectiva, permanecendo seus bens, direitos e obrigações separados dos do falido até o advento do respectivo termo ou até o cumprimento de sua finalidade, ocasião em que o administrador judicial arrecadará o saldo a favor da massa falida ou inscreverá na classe própria o crédito que contra ela remanescer.

Art. 120. O mandato conferido pelo devedor, antes da falência, para a realização de negócios, cessará seus efeitos com a decretação da falência, cabendo ao mandatário prestar contas de sua gestão.

§ 1º O mandato conferido para representação judicial do devedor continua em vigor até que seja expressamente revogado pelo administrador judicial.

§ 2º Para o falido, cessa o mandato ou comissão que houver recebido antes da falência, salvo os que versem sobre matéria estranha à atividade empresarial.

Art. 121. As contas correntes com o devedor consideram-se encerradas no momento de decretação da falência, verificando-se o respectivo saldo.

Art. 122. Compensam-se, com preferência sobre todos os demais credores, as dívidas do devedor vencidas até o dia da decretação da falência, provenha o vencimento da sentença de falência ou não, obedecidos os requisitos da legislação civil.

Parágrafo único. Não se compensam:

I – os créditos transferidos após a decretação da falência, salvo em caso de sucessão por fusão, incorporação, cisão ou morte; ou

II – os créditos, ainda que vencidos anteriormente, transferidos quando já conhecido o estado de crise econômico-financeira do devedor ou cuja transferência se operou com fraude ou dolo.

Art. 123. Se o falido fizer parte de alguma sociedade como sócio comanditário ou cotista, para a massa falida entrarão somente os haveres que na sociedade ele possuir e forem apurados na forma estabelecida no contrato ou estatuto social.

§ 1º Se o contrato ou o estatuto social nada disciplinar a respeito, a apuração far-se-á judicialmente, salvo se, por lei, pelo contrato ou estatuto, a sociedade tiver de liquidar-se, caso em que os haveres do falido, somente após o pagamento de todo o passivo da sociedade, entrarão para a massa falida.

§ 2º Nos casos de condomínio indivisível de que participe o falido, o bem será vendido e deduzir-se-á do valor arrecadado o que for devido aos demais condôminos, facultada a estes a compra da quota-parte do falido nos termos da melhor proposta obtida.

Art. 124. Contra a massa falida não são exigíveis juros vencidos após a decretação da falência, previstos em lei ou em contrato, se o ativo apurado não bastar para o pagamento dos credores subordinados.

Parágrafo único. Excetuam-se desta disposição os juros das debêntures e dos créditos com garantia real, mas por eles responde, exclusivamente, o produto dos bens que constituem a garantia.

Art. 125. Na falência do espólio, ficará suspenso o processo de inventário, cabendo ao administrador judicial a realização de atos pendentes em relação aos direitos e obrigações da massa falida.

Art. 126. Nas relações patrimoniais não reguladas expressamente nesta Lei, o juiz decidirá o caso atendendo à unidade, à universalidade do concurso e à igualdade de tratamento dos credores, observado o disposto no art. 75 desta Lei.

Art. 127. O credor de coobrigados solidários cujas falências sejam decretadas tem o direito de concorrer, em cada uma delas, pela totalidade do seu crédito, até recebê-lo por inteiro, quando então comunicará ao juízo.

§ 1º O disposto no *caput* deste artigo não se aplica ao falido cujas obrigações tenham sido extintas por sentença, na forma do art. 159 desta Lei.

§ 2º Se o credor ficar integralmente pago por uma ou por diversas massas coobrigadas, as que pagaram terão direito regressivo contra as demais, em proporção à parte que pagaram e àquela que cada uma tinha a seu cargo.

→ v. Arts. 283 a 285 do CC.

§ 3º Se a soma dos valores pagos ao credor em todas as massas coobrigadas exceder o total do crédito, o valor será devolvido às massas na proporção estabelecida no § 2º deste artigo.

§ 4º Se os coobrigados eram garantes uns dos outros, o excesso de que trata o § 3º deste artigo pertencerá, conforme a ordem das obrigações, às massas dos coobrigados que tiverem o direito de ser garantidas.

Art. 128. Os coobrigados solventes e os garantes do devedor ou dos sócios ilimitadamente responsáveis podem habilitar o crédito correspondente às quantias pagas ou devidas, se o credor não se habilitar no prazo legal.

Seção IX
Da ineficácia e da revogação de atos praticados antes da falência

Art. 129. São ineficazes em relação à massa falida, tenha ou não o contratante conhecimento do estado de crise econômico-financeira do devedor, seja ou não intenção deste fraudar credores:

I – o pagamento de dívidas não vencidas realizado pelo devedor dentro do termo legal, por qualquer meio extintivo do direito de crédito, ainda que pelo desconto do próprio título;

II – o pagamento de dívidas vencidas e exigíveis realizado dentro do termo legal, por qualquer forma que não seja a prevista pelo contrato;

III – a constituição de direito real de garantia, inclusive a retenção, dentro do termo legal, tratando-se de dívida contraída anteriormente; se os bens dados em hipoteca forem objeto de outras posteriores, a massa falida receberá a parte que devia caber ao credor da hipoteca revogada;

IV – a prática de atos a título gratuito, desde 2 (dois) anos antes da decretação da falência;

V – a renúncia à herança ou a legado, até 2 (dois) anos antes da decretação da falência;

VI – a venda ou transferência de estabelecimento feita sem o consentimento expresso ou o pagamento de todos os credores, a esse tempo existentes, não tendo restado ao devedor bens suficientes para solver o seu passivo, salvo se, no prazo de 30 (trinta) dias, não houver oposição dos credores, após serem devidamente notificados, judicialmente ou pelo oficial do registro de títulos e documentos;

VII – os registros de direitos reais e de transferência de propriedade entre vivos, por título oneroso ou gratuito, ou a averbação relativa a imóveis realizados após a decretação da falência, salvo se tiver havido prenotação anterior.

Parágrafo único. A ineficácia poderá ser declarada de ofício pelo juiz, alegada em defesa ou pleiteada mediante ação própria ou incidentalmente no curso do processo.

Art. 130. São revogáveis os atos praticados com a intenção de prejudicar credores, provando-se o conluio fraudulento entre o devedor e o terceiro que com ele contratar e o efetivo prejuízo sofrido pela massa falida.

Art. 131. Nenhum dos atos referidos nos incisos I a III e VI do art. 129 desta Lei que tenham sido previstos e realizados na forma definida no plano de recuperação judicial será declarado ineficaz ou revogado.

Art. 132. A ação revocatória, de que trata o art. 130 desta Lei, deverá ser proposta pelo administrador judicial, por qualquer credor ou pelo Ministério Público no prazo de 3 (três) anos contado da decretação da falência.

Art. 133. A ação revocatória pode ser promovida:

I – contra todos os que figuraram no ato ou que por efeito dele foram pagos, garantidos ou beneficiados;

II – contra os terceiros adquirentes, se tiveram conhecimento, ao se criar o direito, da intenção do devedor de prejudicar os credores;

III – contra os herdeiros ou legatários das pessoas indicadas nos incisos I e II do *caput* deste artigo.

Art. 134. A ação revocatória correrá perante o juízo da falência e obedecerá ao procedimento ordinário previsto na Lei 5.869, de 11 de janeiro de 1973 – Código de Processo Civil.

→ v. Lei 13.105/2015 – Institui o Novo Código de Processo Civil, em vigor após decorrido 1 (um) ano da data de sua publicação oficial (Art. 1.045 do NCPC) – *D.O.U.* de 17.3.2015.

Art. 135. A sentença que julgar procedente a ação revocatória determinará o retorno dos bens à massa falida em espécie, com todos os acessórios, ou o valor de mercado, acrescidos das perdas e danos.

Parágrafo único. Da sentença cabe apelação.

Art. 136. Reconhecida a ineficácia ou julgada procedente a ação revocatória, as partes retornarão ao estado anterior, e o contratante de boa-fé terá direito à restituição dos bens ou valores entregues ao devedor.

§ 1º Na hipótese de securitização de créditos do devedor, não será declarada a ineficácia ou revogado o ato de cessão em prejuízo dos direitos dos portadores de valores mobiliários emitidos pelo securitizador.

§ 2º É garantido ao terceiro de boa-fé, a qualquer tempo, propor ação por perdas e danos contra o devedor ou seus garantes.

Art. 137. O juiz poderá, a requerimento do autor da ação revocatória, ordenar, como medida preventiva, na forma da lei processual civil, o sequestro dos bens retirados do patrimônio do devedor que estejam em poder de terceiros.

Art. 138. O ato pode ser declarado ineficaz ou revogado, ainda que praticado com base em decisão judicial, observado o disposto no art. 131 desta Lei.

Parágrafo único. Revogado o ato ou declarada sua ineficácia, ficará rescindida a sentença que o motivou.

Seção X
Da realização do ativo

Art. 139. Logo após a arrecadação dos bens, com a juntada do respectivo auto ao processo de falência, será iniciada a realização do ativo.

Art. 140. A alienação dos bens será realizada de uma das seguintes formas, observada a seguinte ordem de preferência:

I – alienação da empresa, com a venda de seus estabelecimentos em bloco;

II – alienação da empresa, com a venda de suas filiais ou unidades produtivas isoladamente;

III – alienação em bloco dos bens que integram cada um dos estabelecimentos do devedor;

IV – alienação dos bens individualmente considerados.

§ 1º Se convier à realização do ativo, ou em razão de oportunidade, podem ser adotadas mais de uma forma de alienação.

§ 2º A realização do ativo terá início independentemente da formação do quadro geral de credores.

§ 3º A alienação da empresa terá por objeto o conjunto de determinados bens necessários à operação rentável da unidade de produção, que poderá compreender a transferência de contratos específicos.

§ 4º Nas transmissões de bens alienados na forma deste artigo que dependam de registro público, a este servirá como título aquisitivo suficiente o mandado judicial respectivo.

Art. 141. Na alienação conjunta ou separada de ativos, inclusive da empresa ou de suas filiais, promovida sob qualquer das modalidades de que trata este artigo:

I – todos os credores, observada a ordem de preferência definida no art. 83 desta Lei, sub-rogam-se no produto da realização do ativo;

II – o objeto da alienação estará livre de qualquer ônus e não haverá sucessão do arrematante nas obrigações do devedor, inclusive as de natureza tributária, as derivadas da legislação do trabalho e as decorrentes de acidentes de trabalho.

§ 1º O disposto no inciso II do *caput* deste artigo não se aplica quando o arrematante for:

I – sócio da sociedade falida, ou sociedade controlada pelo falido;

II – parente, em linha reta ou colateral até o 4º (quarto) grau, consanguíneo ou afim, do falido ou de sócio da sociedade falida; ou

III – identificado como agente do falido com o objetivo de fraudar a sucessão.

§ 2º Empregados do devedor contratados pelo arrematante serão admitidos mediante novos contratos de trabalho e o arrematante não responde por obrigações decorrentes do contrato anterior.

Art. 142. O juiz, ouvido o administrador judicial e atendendo à orientação do Comitê, se houver, ordenará que se proceda à alienação do ativo em uma das seguintes modalidades:

I – leilão, por lances orais;

II – propostas fechadas;

III – pregão.

§ 1º A realização da alienação em quaisquer das modalidades de que trata este artigo será antecedida por publicação de anúncio em jornal de ampla circulação, com 15 (quinze) dias de antecedência, em se tratando de bens móveis, e com 30 (trinta) dias na alienação da empresa ou de bens imóveis, facultada a divulgação por outros meios que contribuam para o amplo conhecimento da venda.

§ 2º A alienação dar-se-á pelo maior valor oferecido, ainda que seja inferior ao valor de avaliação.

§ 3º No leilão por lances orais, aplicam-se, no que couber, as regras da Lei 5.869, de 11 de janeiro de 1973 – Código de Processo Civil.

→ *V.* Lei 13.105/2015 – Institui o Novo Código de Processo Civil, em vigor após decorrido 1 (um) ano da data de sua publicação oficial (Art. 1.045 do NCPC) – *D.O.U.* de 17.3.2015.

§ 4º A alienação por propostas fechadas ocorrerá mediante a entrega, em cartório e sob recibo, de envelopes lacrados, a serem abertos pelo juiz, no dia, hora e local designados no edital, lavrando o escrivão o auto respectivo, assinado pelos presentes, e juntando as propostas aos autos da falência.

§ 5º A venda por pregão constitui modalidade híbrida das anteriores, comportando 2 (duas) fases:

I – recebimento de propostas, na forma do § 3º deste artigo;

II – leilão por lances orais, de que participarão somente aqueles que apresentarem propostas não inferiores a 90% (noventa por cento) da maior proposta ofertada, na forma do § 2º deste artigo.

§ 6º A venda por pregão respeitará as seguintes regras:

I – recebidas e abertas as propostas na forma do § 5º deste artigo, o juiz ordenará a notificação dos ofertantes, cujas propostas atendam ao requisito de seu inciso II, para comparecer ao leilão;

II – o valor de abertura do leilão será o da proposta recebida do maior ofertante presente, considerando-se esse valor como lance, ao qual ele fica obrigado;

III – caso não compareça ao leilão o ofertante da maior proposta e não seja dado lance igual ou superior ao valor por ele ofertado, fica obrigado a prestar a diferença verificada, constituindo a respectiva certidão do juízo título executivo para a cobrança dos valores pelo administrador judicial.

§ 7º Em qualquer modalidade de alienação, o Ministério Público será intimado pessoalmente, sob pena de nulidade.

Art. 143. Em qualquer das modalidades de alienação referidas no art. 142 desta Lei, poderão ser apresentadas impugnações por quaisquer credores, pelo devedor ou pelo Ministério Público, no prazo de 48 (quarenta e oito) horas da arrematação, hipótese em que os autos serão conclusos ao juiz, que, no prazo de 5 (cinco) dias, decidirá sobre as impugnações e, julgando-as improcedentes, ordenará a entrega dos bens ao arrematante, respeitadas as condições estabelecidas no edital.

Art. 144. Havendo motivos justificados, o juiz poderá autorizar, mediante requerimento fundamentado do administrador judicial ou do Comitê, modalidades de alienação judicial diversas das previstas no art. 142 desta Lei.

Art. 145. O juiz homologará qualquer outra modalidade de realização do ativo, desde que aprovada pela assembleia geral de credores, inclusive com a constituição de sociedade de credores ou dos empregados do próprio devedor, com a participação, se necessária, dos atuais sócios ou de terceiros.

§ 1º Aplica-se à sociedade mencionada neste artigo o disposto no art. 141 desta Lei.

§ 2º No caso de constituição de sociedade formada por empregados do próprio devedor, estes poderão utilizar créditos derivados da legislação do trabalho para a aquisição ou arrendamento da empresa.

§ 3º Não sendo aprovada pela assembleia geral a proposta alternativa para a realização do ativo, caberá ao juiz decidir a forma que será adotada, levando em conta a manifestação do administrador judicial e do Comitê.

Art. 146. Em qualquer modalidade de realização do ativo adotada, fica a massa falida dispensada da apresentação de certidões negativas.

Art. 147. As quantias recebidas a qualquer título serão imediatamente depositadas em conta remunerada de instituição financeira, atendidos os requisitos da lei ou das normas de organização judiciária.

Art. 148. O administrador judicial fará constar do relatório de que trata a alínea *p* do inciso III do art. 22 os valores eventualmente recebidos no mês vencido, explicitando a forma de distribuição dos recursos entre os credores, observado o disposto no art. 149 desta Lei.

Seção XI
Do pagamento aos credores

Art. 149. Realizadas as restituições, pagos os créditos extraconcursais, na forma do art. 84 desta Lei, e consolidado o quadro geral de credores, as importâncias recebidas com a realização do ativo serão destinadas ao pagamento dos credores, atendendo à classificação prevista no art. 83 desta Lei, respeitados os demais dispositivos desta Lei e as decisões judiciais que determinam reserva de importâncias.

§ 1º Havendo reserva de importâncias, os valores a ela relativos ficarão depositados até o julgamento definitivo do crédito e, no caso de não ser este finalmente reconhecido, no todo ou em parte, os recursos depositados serão objeto de rateio suplementar entre os credores remanescentes.

§ 2º Os credores que não procederem, no prazo fixado pelo juiz, ao levantamento dos valores que lhes couberam em rateio serão intimados a fazê-lo no prazo de 60 (sessenta) dias, após o qual os recursos serão objeto de rateio suplementar entre os credores remanescentes.

Art. 150. As despesas cujo pagamento antecipado seja indispensável à administração da falência, inclusive na hipótese de continuação provisória das atividades previstas no inciso XI do *caput* do art. 99 desta Lei, serão pagas pelo administrador judicial com os recursos disponíveis em caixa.

Art. 151. Os créditos trabalhistas de natureza estritamente salarial vencidos nos 3 (três) meses anteriores à decretação da falência, até o limite de 5 (cinco) salários mínimos por trabalhador, serão pagos tão logo haja disponibilidade em caixa.

Art. 152. Os credores restituirão em dobro as quantias recebidas, acrescidas dos juros legais, se ficar evidenciado dolo ou má-fé na constituição do crédito ou da garantia.

Art. 153. Pagos todos os credores, o saldo, se houver, será entregue ao falido.

Seção XII
Do encerramento da falência e da extinção das obrigações do falido

Art. 154. Concluída a realização de todo o ativo, e distribuído o produto entre os credores, o administrador judicial apresentará suas contas ao juiz no prazo de 30 (trinta) dias.

§ 1º As contas, acompanhadas dos documentos comprobatórios, serão prestadas em autos apartados que, ao final, serão apensados aos autos da falência.

§ 2º O juiz ordenará a publicação de aviso de que as contas foram entregues e se encontram à disposição dos interessados, que poderão impugná-las no prazo de 10 (dez) dias.

§ 3º Decorrido o prazo do aviso e realizadas as diligências necessárias à apuração dos fatos, o juiz intimará o Ministério Público para manifestar-se no prazo de 5 (cinco) dias, findo o qual o administrador judicial será ouvido se houver impugnação ou parecer contrário do Ministério Público.

§ 4º Cumpridas as providências previstas nos §§ 2º e 3º deste artigo, o juiz julgará as contas por sentença.

§ 5º A sentença que rejeitar as contas do administrador judicial fixará suas responsabilidades, poderá determinar a indisponibilidade ou o sequestro de bens e servirá como título executivo para indenização da massa.

§ 6º Da sentença cabe apelação.

Art. 155. Julgadas as contas do administrador judicial, ele apresentará o relatório final da falência no prazo de 10 (dez) dias, indicando o valor do ativo e o do produto de sua realização, o valor do passivo e o dos pagamentos feitos aos credores, e especificará justificadamente as responsabilidades com que continuará o falido.

Art. 156. Apresentado o relatório final, o juiz encerrará a falência por sentença.

Parágrafo único. A sentença de encerramento será publicada por edital e dela caberá apelação.

Art. 157. O prazo prescricional relativo às obrigações do falido recomeça a correr a partir do dia em que transitar em julgado a sentença do encerramento da falência.

→ v. Arts. 197 a 201 do CC.

Art. 158. Extingue as obrigações do falido:

I – o pagamento de todos os créditos;

II – o pagamento, depois de realizado todo o ativo, de mais de 50% (cinquenta por cento) dos créditos quirografários, sendo facultado ao falido o depósito da quantia necessária para atingir essa porcentagem se para tanto não bastou a integral liquidação do ativo;

III – o decurso do prazo de 5 (cinco) anos, contado do encerramento da falência, se o falido não tiver sido condenado por prática de crime previsto nesta Lei;

IV – o decurso do prazo de 10 (dez) anos, contado do encerramento da falência, se o falido tiver sido condenado por prática de crime previsto nesta Lei.

Art. 159. Configurada qualquer das hipóteses do art. 158 desta Lei, o falido poderá requerer ao juízo da falência que suas obrigações sejam declaradas extintas por sentença.

§ 1º O requerimento será autuado em apartado com os respectivos documentos e publicado por edital no órgão oficial e em jornal de grande circulação.

§ 2º No prazo de 30 (trinta) dias contado da publicação do edital, qualquer credor pode opor-se ao pedido do falido.

§ 3º Findo o prazo, o juiz, em 5 (cinco) dias, proferirá sentença e, se o requerimento for anterior ao encerramento da falência, declarará extintas as obrigações na sentença de encerramento.

§ 4º A sentença que declarar extintas as obrigações será comunicada a todas as pessoas e entidades informadas da decretação da falência.

§ 5º Da sentença cabe apelação.

§ 6º Após o trânsito em julgado, os autos serão apensados aos da falência.

Art. 160. Verificada a prescrição ou extintas as obrigações nos termos desta Lei, o sócio de responsabilidade ilimitada também poderá requerer que seja declarada por sentença a extinção de suas obrigações na falência.

Capítulo VI
DA RECUPERAÇÃO EXTRAJUDICIAL

Art. 161. O devedor que preencher os requisitos do art. 48 desta Lei poderá propor e negociar com credores plano de recuperação extrajudicial.

§ 1º Não se aplica o disposto neste Capítulo a titulares de créditos de natureza tributária, derivados da legislação do trabalho ou decorrentes de acidente de trabalho, assim como àqueles previstos nos arts. 49, § 3º, e 86, inciso II do *caput*, desta Lei.

§ 2º O plano não poderá contemplar o pagamento antecipado de dívidas nem tratamento desfavorável aos credores que a ele não estejam sujeitos.

§ 3º O devedor não poderá requerer a homologação de plano extrajudicial, se estiver pendente pedido de recuperação judicial ou se houver obtido recuperação judicial ou homologação de outro plano de recuperação extrajudicial há menos de 2 (dois) anos.

§ 4º O pedido de homologação do plano de recuperação extrajudicial não acarretará suspensão de direitos, ações ou execuções, nem a impossibilidade do pedido de decretação de falência pelos credores não sujeitos ao plano de recuperação extrajudicial.

§ 5º Após a distribuição do pedido de homologação, os credores não poderão desistir da adesão ao plano, salvo com a anuência expressa dos demais signatários.

§ 6º A sentença de homologação do plano de recuperação extrajudicial constituirá título executivo judicial, nos termos do art. 584, inciso III do *caput*, da Lei 5.869, de 11 de janeiro de 1973 – Código de Processo Civil.

→ v. Referido artigo foi revogado pela Lei 11.232/2005.

Art. 162. O devedor poderá requerer a homologação em juízo do plano de recuperação extrajudicial, juntando sua justificativa e o documento que contenha seus termos e condições, com as assinaturas dos credores que a ele aderiram.

Art. 163. O devedor poderá, também, requerer a homologação de plano de recuperação extrajudicial que obriga a todos os credores por ele abrangidos, desde que assinado por credores que representem mais de 3/5 (três quintos) de todos os créditos de cada espécie por ele abrangidos.

§ 1º O plano poderá abranger a totalidade de uma ou mais espécies de créditos previstos no art. 83, incisos II, IV, V, VI e VIII do *caput*, desta Lei, ou grupo de credores de mesma natureza e sujeito a semelhantes condições de pagamento, e, uma vez homologado, obriga a todos os credores das espécies por ele abrangidas, exclusivamente em relação aos créditos constituídos até a data do pedido de homologação.

§ 2º Não serão considerados para fins de apuração do percentual previsto no *caput* deste artigo os créditos não incluídos no plano de recuperação extrajudicial, os quais não poderão ter seu valor ou condições originais de pagamento alteradas.

§ 3º Para fins exclusivos de apuração do percentual previsto no *caput* deste artigo:

I – o crédito em moeda estrangeira será convertido para moeda nacional pelo câmbio da véspera da data de assinatura do plano; e

II – não serão computados os créditos detidos pelas pessoas relacionadas no art. 43 deste artigo.

§ 4º Na alienação de bem objeto de garantia real, a supressão da garantia ou sua substituição somente serão admitidas mediante a aprovação expressa do credor titular da respectiva garantia.

§ 5º Nos créditos em moeda estrangeira, a variação cambial só poderá ser afastada se o credor titular do respectivo crédito aprovar expressamente previsão diversa no plano de recuperação extrajudicial.

§ 6º Para a homologação do plano de que trata este artigo, além dos documentos previstos no *caput* do art. 162 desta Lei, o devedor deverá juntar:

I – exposição da situação patrimonial do devedor;

II – as demonstrações contábeis relativas ao último exercício social e as levantadas especialmente para instruir o pedido, na forma do inciso II do *caput* do art. 51 desta Lei; e

III – os documentos que comprovem os poderes dos subscritores para novar ou transigir, relação nominal completa dos credores, com a indicação do endereço de cada um, a natureza, a classificação e o valor atualizado do crédito, discriminando sua origem, o regime dos respectivos vencimentos e a indicação dos registros contábeis de cada transação pendente.

Art. 164. Recebido o pedido de homologação do plano de recuperação extrajudicial previsto nos arts. 162 e 163 desta Lei, o juiz ordenará a publicação de edital no órgão oficial e em jornal de grande circulação nacional ou das localidades da sede e das filiais do devedor, convocando todos os credores do devedor para apresentação de suas impugnações ao plano de recuperação extrajudicial, observado o § 3º deste artigo.

§ 1º No prazo do edital, deverá o devedor comprovar o envio de carta a todos os credores sujeitos ao plano, domiciliados ou sediados no país, informando a distribuição do pedido, as condições do plano e prazo para impugnação.

§ 2º Os credores terão prazo de 30 (trinta) dias, contado da publicação do edital, para impugnarem o plano, juntando a prova de seu crédito.

§ 3º Para opor-se, em sua manifestação, à homologação do plano, os credores somente poderão alegar:

I – não preenchimento do percentual mínimo previsto no *caput* do art. 163 desta Lei;

II – prática de qualquer dos atos previstos no inciso III do art. 94 ou do art. 130 desta Lei, ou descumprimento de requisito previsto nesta Lei;

III – descumprimento de qualquer outra exigência legal.

§ 4º Sendo apresentada impugnação, será aberto prazo de 5 (cinco) dias para que o devedor sobre ela se manifeste.

§ 5º Decorrido o prazo do § 4º deste artigo, os autos serão conclusos imediatamente ao juiz para apreciação de eventuais impugnações e decidirá, no prazo de 5 (cinco) dias, acerca do plano de recuperação extrajudicial, homologando-o por sentença se entender que não implica prática de atos previstos no art. 130 desta Lei e que não há outras irregularidades que recomendem sua rejeição.

§ 6º Havendo prova de simulação de créditos ou vício de representação dos credores que subscreverem o plano, a sua homologação será indeferida.

§ 7º Da sentença cabe apelação sem efeito suspensivo.

§ 8º Na hipótese de não homologação do plano o devedor poderá, cumpridas as formalidades, apresentar novo pedido de homologação de plano de recuperação extrajudicial.

Art. 165. O plano de recuperação extrajudicial produz efeitos após sua homologação judicial.

§ 1º É lícito, contudo, que o plano estabeleça a produção de efeitos anteriores à homologação, desde que exclusivamente em relação à modificação do valor ou da forma de pagamento dos credores signatários.

§ 2º Na hipótese do § 1º deste artigo, caso o plano seja posteriormente rejeitado pelo juiz, devolve-se aos credores signatários o direito de exigir seus créditos nas condições originais, deduzidos os valores efetivamente pagos.

Art. 166. Se o plano de recuperação extrajudicial homologado envolver alienação judicial de filiais ou de unidades produtivas isoladas do devedor, o juiz ordenará a sua realização, observado, no que couber, o disposto no art. 142 desta Lei.

Art. 167. O disposto neste Capítulo não implica impossibilidade de realização de outras modalidades de acordo privado entre o devedor e seus credores.

Capítulo VII
DISPOSIÇÕES PENAIS

Seção I
Dos crimes em espécie

Fraude a credores

Art. 168. Praticar, antes ou depois da sentença que decretar a falência, conceder a recuperação judicial ou homologar a recuperação extrajudicial, ato fraudulento de que resulte ou possa resultar prejuízo aos credores, com o fim de obter ou assegurar vantagem indevida para si ou para outrem:

Pena – reclusão, de 3 (três) a 6 (seis) anos, e multa.

Aumento da pena

§ 1º A pena aumenta-se de 1/6 (um sexto) a 1/3 (um terço), se o agente:

I – elabora escrituração contábil ou balanço com dados inexatos;

II – omite, na escrituração contábil ou no balanço, lançamento que deles deveria constar, ou altera escrituração ou balanço verdadeiros;

III – destrói, apaga ou corrompe dados contábeis ou negociais armazenados em computador ou sistema informatizado;

IV – simula a composição do capital social;

V – destrói, oculta ou inutiliza, total ou parcialmente, os documentos de escrituração contábil obrigatórios.

Contabilidade paralela

§ 2º A pena é aumentada de 1/3 (um terço) até metade se o devedor manteve ou movimentou recursos ou valores paralelamente à contabilidade exigida pela legislação.

Concurso de pessoas

§ 3º Nas mesmas penas incidem os contadores, técnicos contábeis, auditores e outros profissionais que, de qualquer modo, concorrerem para as condutas criminosas descritas neste artigo, na medida de sua culpabilidade.

Redução ou substituição da pena

§ 4º Tratando-se de falência de microempresa ou de empresa de pequeno porte, e não se constatando prática habitual de condutas fraudulentas por parte do falido, poderá o juiz reduzir a pena de reclusão de 1/3 (um terço) a 2/3 (dois terços) ou substituí-la pelas penas restritivas de direitos, pelas de perda de bens e valores ou pelas de prestação de serviços à comunidade ou a entidades públicas.

Violação de sigilo empresarial

Art. 169. Violar, explorar ou divulgar, sem justa causa, sigilo empresarial ou dados confidenciais sobre operações ou serviços, contribuindo para a condução do devedor a estado de inviabilidade econômica ou financeira:

Pena – reclusão, de 2 (dois) a 4 (quatro) anos, e multa.

Divulgação de informações falsas

Art. 170. Divulgar ou propalar, por qualquer meio, informação falsa sobre devedor em recuperação judicial, com o fim de levá-lo à falência ou de obter vantagem:

Pena – reclusão, de 2 (dois) a 4 (quatro) anos, e multa.

Indução a erro

Art. 171. Sonegar ou omitir informações ou prestar informações falsas no processo de falência, de recuperação judicial ou de recuperação extrajudicial, com o fim de induzir a erro o juiz, o Ministério Público, os credores, a assembleia geral de credores, o Comitê ou o administrador judicial:

Pena – reclusão, de 2 (dois) a 4 (quatro) anos, e multa.

Favorecimento de credores

Art. 172. Praticar, antes ou depois da sentença que decretar a falência, conceder a recuperação judicial ou homologar plano de recuperação extrajudicial, ato de disposição ou oneração patrimonial ou gerador de obrigação, destinado a favorecer um ou mais credores em prejuízo dos demais:

Pena – reclusão, de 2 (dois) a 5 (cinco) anos, e multa.

Parágrafo único. Nas mesmas penas incorre o credor que, em conluio, possa beneficiar-se de ato previsto no *caput* deste artigo.

Desvio, ocultação ou apropriação de bens

Art. 173. Apropriar-se, desviar ou ocultar bens pertencentes ao devedor sob recuperação judicial ou à massa falida, inclusive por meio da aquisição por interposta pessoa:

Pena – reclusão, de 2 (dois) a 4 (quatro) anos, e multa.

Aquisição, recebimento ou uso ilegal de bens

Art. 174. Adquirir, receber, usar, ilicitamente, bem que sabe pertencer à massa falida ou influir para que terceiro, de boa-fé, o adquira, receba ou use:

Pena – reclusão, de 2 (dois) a 4 (quatro) anos, e multa.

Habilitação ilegal de crédito

Art. 175. Apresentar, em falência, recuperação judicial ou recuperação extrajudicial, relação de créditos, habilitação de créditos ou reclamação falsas, ou juntar a elas título falso ou simulado:

Pena – reclusão, de 2 (dois) a 4 (quatro) anos, e multa.

Exercício ilegal de atividade

Art. 176. Exercer atividade para a qual foi inabilitado ou incapacitado por decisão judicial, nos termos desta Lei:

Pena – reclusão, de 1 (um) a 4 (quatro) anos, e multa.

Violação de impedimento

Art. 177. Adquirir o juiz, o representante do Ministério Público, o administrador judicial, o gestor judicial, o perito, o avaliador, o escrivão, o oficial de justiça ou o leiloeiro, por si ou por interposta pessoa, bens de massa falida ou de devedor em recuperação judicial, ou, em relação a estes, entrar em alguma especulação de lucro, quando tenham atuado nos respectivos processos:

Pena – reclusão, de 2 (dois) a 4 (quatro) anos, e multa.

Omissão dos documentos contábeis obrigatórios

Art. 178. Deixar de elaborar, escriturar ou autenticar, antes ou depois da sentença que decretar a falência, conceder a recuperação judicial ou homologar o plano de recuperação extrajudicial, os documentos de escrituração contábil obrigatórios:

Pena – detenção, de 1 (um) a 2 (dois) anos, e multa, se o fato não constitui crime mais grave.

Seção II
Disposições comuns

Art. 179. Na falência, na recuperação judicial e na recuperação extrajudicial de sociedades, os seus sócios, diretores, gerentes, administradores e conselheiros, de fato ou de direito, bem como o administrador judicial, equiparam-se ao devedor ou falido para todos os efeitos penais decorrentes desta Lei, na medida de sua culpabilidade.

Art. 180. A sentença que decreta a falência, concede a recuperação judicial ou concede a recuperação extrajudicial de que trata o art. 163 desta Lei é condição objetiva de punibilidade das infrações penais descritas nesta Lei.

Art. 181. São efeitos da condenação por crime previsto nesta Lei:

I – a inabilitação para o exercício de atividade empresarial;

II – o impedimento para o exercício de cargo ou função em conselho de administração, diretoria ou gerência das sociedades sujeitas a esta Lei;

III – a impossibilidade de gerir empresa por mandato ou por gestão de negócio.

§ 1º Os efeitos de que trata este artigo não são automáticos, devendo ser motivadamente declarados na sentença, e perdurarão até 5 (cinco) anos após a extinção da punibilidade, podendo, contudo, cessar antes pela reabilitação penal.

§ 2º Transitada em julgado a sentença penal condenatória, será notificado o Registro Público de Empresas para que tome as medidas necessárias para impedir novo registro em nome dos inabilitados.

Art. 182. A prescrição dos crimes previstos nesta Lei reger-se-á pelas disposições do Decreto-Lei 2.848, de 7 de dezembro de 1940 – Código Penal, começando a correr do dia da decretação da falência, da concessão da recuperação judicial ou da homologação do plano de recuperação extrajudicial.

Parágrafo único. A decretação da falência do devedor interrompe a prescrição cuja contagem tenha iniciado com a concessão da recuperação judicial ou com a homologação do plano de recuperação extrajudicial.

Seção III
Do procedimento penal

Art. 183. Compete ao juiz criminal da jurisdição onde tenha sido decretada a falência, concedida a recuperação judicial ou homologado o plano de recuperação extrajudicial, conhecer da ação penal pelos crimes previstos nesta Lei.

Art. 184. Os crimes previstos nesta Lei são de ação penal pública incondicionada.

Parágrafo único. Decorrido o prazo a que se refere o art. 187, § 1º, sem que o representante do Ministério Público ofereça denúncia, qualquer credor habilitado ou o administrador judicial poderá oferecer ação penal privada subsidiária da pública, observado o prazo decadencial de 6 (seis) meses.

Art. 185. Recebida a denúncia ou a queixa, observar-se-á o rito previsto nos arts. 531 a 540 do Decreto-Lei 3.689, de 3 de outubro de 1941 – Código de Processo Penal.

Art. 186. No relatório previsto na alínea *e* do inciso III do *caput* do art. 22 desta Lei, o administrador judicial apresentará ao juiz da falência exposição circunstanciada, considerando as causas da falência, o procedimento do devedor, antes e depois da sentença, e outras informações detalhadas a respeito da conduta do devedor e de outros responsáveis, se houver, por atos que possam constituir crime relacionado com a recuperação judicial ou com a falência, ou outro delito conexo a estes.

Parágrafo único. A exposição circunstanciada será instruída com laudo do contador encarregado do exame da escrituração do devedor.

Art. 187. Intimado da sentença que decreta a falência ou concede a recuperação judicial, o Ministério Público, verificando a ocorrência de qualquer crime previsto nesta Lei, promoverá imediatamente a competente ação penal ou, se entender necessário, requisitará a abertura de inquérito policial.

§ 1º O prazo para oferecimento da denúncia regula-se pelo art. 46 do Decreto-Lei 3.689, de 3 de outubro de 1941 – Código de Processo Penal, salvo se o Ministério Público, estando o réu solto ou afiançado, decidir aguardar a apresentação da exposição circunstanciada de que trata o art. 186 desta Lei, devendo, em seguida, oferecer a denúncia em 15 (quinze) dias.

§ 2º Em qualquer fase processual, surgindo indícios da prática dos crimes previstos nesta Lei, o juiz da falência ou da recuperação judicial ou da recuperação extrajudicial cientificará o Ministério Público.

Art. 188. Aplicam-se subsidiariamente as disposições do Código de Processo Penal, no que não forem incompatíveis com esta Lei.

Capítulo VIII
DISPOSIÇÕES FINAIS E TRANSITÓRIAS

Art. 189. Aplica-se a Lei 5.869, de 11 de janeiro de 1973 – Código de Processo Civil, no que couber, aos procedimentos previstos nesta Lei.

→ *v.* Lei 13.105/2015 – Institui o Novo Código de Processo Civil, em vigor após decorrido 1 (um) ano da data de sua publicação oficial (Art. 1.045 do NCPC) – *D.O.U.* de 17.3.2015.

Art. 190. Todas as vezes que esta Lei se referir a devedor ou falido, compreender-se-á que a disposição também se aplica aos sócios ilimitadamente responsáveis.

Art. 191. Ressalvadas as disposições específicas desta Lei, as publicações ordenadas serão feitas preferencialmente na imprensa oficial e, se o devedor ou a massa falida comportar, em jornal ou revista de circulação regional ou nacional, bem como em quaisquer outros periódicos que circulem em todo o país.

Parágrafo único. As publicações ordenadas nesta Lei conterão a epígrafe "recuperação judicial de", "recuperação extrajudicial de" ou "falência de".

Art. 192. Esta Lei não se aplica aos processos de falência ou de concordata ajuizados anteriormente ao início de sua vigência, que serão concluídos nos termos do Decreto-Lei 7.661, de 21 de junho de 1945.

§ 1º Fica vedada a concessão de concordata suspensiva nos processos de falência em curso, podendo ser promovida a alienação dos bens da massa falida assim que concluída sua arrecadação, independentemente da formação do quadro geral de credores e da conclusão do inquérito judicial.

§ 2º A existência de pedido de concordata anterior à vigência desta Lei não obsta o pedido de recuperação judicial pelo devedor que não houver descumprido obrigação no âmbito da concordata, vedado, contudo, o pedido baseado no plano especial de recuperação judicial para microempresas e empresas de pequeno porte a que se refere a Seção V do Capítulo III desta Lei.

§ 3º No caso do § 2º deste artigo, se deferido o processamento da recuperação judicial, o processo de concordata será extinto e os créditos submetidos à concordata serão inscritos por seu valor original na recuperação judicial, deduzidas as parcelas pagas pelo concordatário.

§ 4º Esta Lei aplica-se às falências decretadas em sua vigência resultantes de convolação de concordatas ou de pedidos de falência anteriores, às quais se aplica, até a decretação, o Decreto-Lei 7.661, de 21 de junho de 1945, observado, na decisão que decretar a falência, o disposto no art. 99 desta Lei.

§ 5º O juiz poderá autorizar a locação ou arrendamento de bens imóveis ou móveis a fim de evitar a sua deterioração, cujos resultados reverterão em favor da massa.

→ § 5º acrescentado pela Lei 11.127/2005.

Art. 193. O disposto nesta Lei não afeta as obrigações assumidas no âmbito das câmaras ou prestadoras de serviços de compensação e de liquidação financeira, que serão ultimadas e liquidadas pela câmara ou prestador de serviços, na forma de seus regulamentos.

Art. 194. O produto da realização das garantias prestadas pelo participante das câmaras ou prestadores de serviços de compensação e de liquidação financeira submetidos aos regimes de que trata esta Lei, assim como os títulos, valores mobiliários e quaisquer outros de seus ativos objetos de compensação ou liquidação serão destinados à liquidação das obrigações assumidas no âmbito das câmaras ou prestadoras de serviços.

Art. 195. A decretação da falência das concessionárias de serviços públicos implica extinção da concessão, na forma da lei.

Art. 196. Os Registros Públicos de Empresas manterão banco de dados público e gratuito, disponível na rede mundial de computadores, contendo a relação de todos os devedores falidos ou em recuperação judicial.

Parágrafo único. Os Registros Públicos de Empresas deverão promover a integração de seus bancos de dados em âmbito nacional.

Art. 197. Enquanto não forem aprovadas as respectivas leis específicas, esta Lei aplica-se subsidiariamente, no que couber, aos regimes previstos no Decreto-Lei 73, de 21 de novembro de 1966, na Lei 6.024, de 13 de março de 1974, no Decreto-Lei 2.321, de 25 de fevereiro de 1987, e na Lei 9.514, de 20 de novembro de 1997.

Art. 198. Os devedores proibidos de requerer concordata nos termos da legislação específica em vigor na data da publicação desta Lei ficam proibidos de requerer recuperação judicial ou extrajudicial nos termos desta Lei.

Art. 199. Não se aplica o disposto no art. 198 desta Lei às sociedades a que se refere o art. 187 da Lei 7.565, de 19 de dezembro de 1986.

§ 1º Na recuperação judicial e na falência das sociedades de que trata o *caput* deste artigo, em nenhuma hipótese ficará suspenso o exercício de direitos derivados de contratos de locação, arrendamento mercantil ou de qualquer outra modalidade de arrendamento de aeronaves ou de suas partes.

→ Anterior parágrafo único renumerado pela Lei 11.196/2005.

§ 2º Os créditos decorrentes dos contratos mencionados no § 1º deste artigo não se submeterão aos efeitos da recuperação judicial ou extrajudicial, prevalecendo os direitos de propriedade sobre a coisa e as condições contratuais, não se lhes aplicando a ressalva contida na parte final do § 3º do art. 49 desta Lei.

→ § 2º acrescentado pela Lei 11.196/2005.

§ 3º Na hipótese de falência das sociedades de que trata o *caput* deste artigo, prevalecerão os direitos de propriedade sobre a coisa relativos a contratos de locação, de arrendamento mercantil ou de qualquer outra modalidade de arrendamento de aeronaves ou de suas partes.

→ § 3º acrescentado pela Lei 11.196/2005.

Art. 200. Ressalvado o disposto no art. 192 desta Lei, ficam revogados o Decreto-Lei 7.661, de 21 de junho de 1945, e os arts. 503 a 512 do Decreto-Lei 3.689, de 3 de outubro de 1941 – Código de Processo Penal.

Art. 201. Esta Lei entra em vigor 120 (cento e vinte) dias após sua publicação.

Brasília, 9 de fevereiro de 2005; 184º da Independência e 117º da República.

Luiz Inácio Lula da Silva

(Publicação no *D.O.U.* de 9. 2.2005, ed. extra)

ESTATUTO DA MICROEMPRESA

LEI COMPLEMENTAR 123,

DE 14 DE DEZEMBRO DE 2006

Institui o Estatuto Nacional da Microempresa e da Empresa de Pequeno Porte; altera dispositivos das Leis 8.212 e 8.213, ambas de 24 de julho de 1991, da Consolidação das Leis do Trabalho – CLT, aprovada pelo Decreto-Lei 5.452, de 1º de maio de 1943, da Lei 10.189, de 14 de fevereiro de 2001, da Lei Complementar 63, de 11 de janeiro de 1990; e revoga as Leis 9.317, de 5 de dezembro de 1996, e 9.841, de 5 de outubro de 1999.

→ Republicação em atendimento ao disposto no art. 5º da LC 139, de 10 de novembro de 2011

→ *v.* Súmula Vinculante 48 do STF.

→ *v.* LC 147/2014 – Altera a LC 123/2006.

→ *v.* Lei 10.189/2001 – Programa de Recuperação Fiscal – Refis.

→ *v.* Decreto 8.538/2015 – Regulamenta o tratamento favorecido, diferenciado e simplificado para ME e EPP.

O Presidente da República:

Faço saber que o Congresso Nacional decreta e eu sanciono a seguinte Lei Complementar:

Capítulo I
DISPOSIÇÕES PRELIMINARES

Art. 1º Esta Lei Complementar estabelece normas gerais relativas ao tratamento diferenciado e favorecido a ser dispensado às microempresas e empresas de pequeno porte no âmbito dos Poderes da União, dos Estados, do Distrito Federal e dos Municípios, especialmente no que se refere:

I – à apuração e recolhimento dos impostos e contribuições da União, dos Estados, do Distrito Federal e dos Municípios, mediante regime único de arrecadação, inclusive obrigações acessórias;

II – ao cumprimento de obrigações trabalhistas e previdenciárias, inclusive obrigações acessórias;

III – ao acesso a crédito e ao mercado, inclusive quanto à preferência nas aquisições de bens e serviços pelos Poderes Públicos, à tecnologia, ao associativismo e às regras de inclusão.

IV – ao cadastro nacional único de contribuintes a que se refere o inciso IV do parágrafo único do art. 146, *in fine*, da Constituição Federal.

→ Inciso IV acrescentado pela LC 147/2014.

§ 1º Cabe ao Comitê Gestor do Simples Nacional (CGSN) apreciar a necessidade de revisão, a partir de 1º de janeiro de 2015, dos valores expressos em moeda nesta Lei Complementar.

§ 2º *(Vetado).*

§ 3º Ressalvado o disposto no Capítulo IV, toda nova obrigação que atinja as microempresas e empresas de pequeno porte deverá apresentar, no instrumento que a instituiu, especificação do tratamento diferenciado, simplificado e favorecido para cumprimento.

→ § 3º acrescentado pela LC 147/2014.

→ *v.* Lei 13.146/2015 – Estatuto da Pessoa com Deficiência.

§ 4º Na especificação do tratamento diferenciado, simplificado e favorecido de que trata o § 3º, deverá constar prazo máximo, quando forem necessários procedimentos adicionais, para que os órgãos fiscalizadores cumpram as medidas necessárias à emissão de documentos, realização de vistorias e atendimento das demandas realizadas pelas microempresas e empresas de pequeno porte com o objetivo de cumprir a nova obrigação.

→ § 4º acrescentado pela LC 147/2014.

§ 5º Caso o órgão fiscalizador descumpra os prazos estabelecidos na especificação do tratamento diferenciado e favorecido, conforme o disposto no § 4º, a nova obrigação será inexigível até que seja realizada visita para fiscalização orientadora e seja reiniciado o prazo para regularização.

→ § 5º acrescentado pela LC 147/2014.

§ 6º A ausência de especificação do tratamento diferenciado, simplificado e favorecido ou da determinação de prazos máximos, de acordo com os §§ 3º e 4º, tornará a nova obrigação inexigível para as microempresas e empresas de pequeno porte.

→ § 6º acrescentado pela LC 147/2014.

§ 7º A inobservância do disposto nos §§ 3º a 6º resultará em atentado aos direitos e garantias legais assegurados ao exercício profissional da atividade empresarial.

→ § 7º acrescentado pela LC 147/2014.

Art. 2º O tratamento diferenciado e favorecido a ser dispensado às microempresas e empresas de pequeno porte de que trata o art. 1º desta Lei Complementar será gerido pelas instâncias a seguir especificadas:

I – Comitê Gestor do Simples Nacional, vinculado ao Ministério da Fazenda, composto por 4 (quatro) representantes da Secretaria da Receita Federal do Brasil, como representantes da União, 2 (dois) dos Estados e do Distrito Federal e 2 (dois) dos Municípios, para tratar dos aspectos tributários; e

II – Fórum Permanente das Microempresas e Empresas de Pequeno Porte, com a participação dos órgãos federais competentes e das entidades vinculadas ao setor, para tratar dos demais aspectos, ressalvado o disposto no inciso III do *caput* deste artigo;

III – Comitê para Gestão da Rede Nacional para Simplificação do Registro e da Legalização de Empresas e Negócios – CGSIM, vinculado à Secretaria da Micro e Pequena Empresa da Presidência da República, composto por representantes da União, dos Estados e do Distrito Federal, dos Municípios e demais órgãos de apoio e de registro empresarial, na forma definida pelo Poder Executivo, para tratar do processo de registro e de legalização de empresários e de pessoas jurídicas.

→ Inciso III com redação alterada pela LC 147/2014.

§ 1º Os Comitês de que tratam os incisos I e III do *caput* deste artigo serão presididos e coordenados por representantes da União.

§ 2º Os representantes dos Estados e do Distrito Federal nos Comitês referidos nos incisos I e III do *caput* deste artigo serão indicados pelo Conselho Nacional de Política Fazendária – Confaz e os dos Municípios serão indicados, um pela entidade representativa das Secretarias de Finanças das Capitais e outro pelas entidades de representação nacional dos Municípios brasileiros.

§ 3º As entidades de representação referidas no inciso III do *caput* e no § 2º deste artigo serão aquelas regularmente constituídas há pelo menos 1 (um) ano antes da publicação desta Lei Complementar.

§ 4º Os Comitês de que tratam os incisos I e III do *caput* deste artigo elaborarão seus regimentos internos mediante resolução.

§ 5º O Fórum referido no inciso II do *caput* deste artigo tem por finalidade orientar e assessorar a formulação e coordenação da política nacional de desenvolvimento das microempresas e empresas de pequeno porte, bem como acompanhar e avaliar a sua implantação, sendo presidido e coordenado pela Secretaria da Micro e Pequena Empresa da Presidência da República.

→ § 5º com redação alterada pela Lei 12.792/2013.

§ 6º Ao Comitê de que trata o inciso I do *caput* deste artigo compete regulamentar a opção, exclusão, tributação, fiscalização, arrecadação, cobrança, dívida ativa, recolhimento e demais itens relativos ao regime de que trata o art. 12 desta Lei Complementar, observadas as demais disposições desta Lei Complementar.

§ 7º Ao Comitê de que trata o inciso III do *caput* deste artigo compete, na forma da lei, regulamentar a inscrição, cadastro, abertura, alvará, arquivamento, licenças, permissão, autorização, registros e demais itens relativos à abertura, legalização e funcionamento de empresários e de pessoas jurídicas de qualquer porte, atividade econômica ou composição societária.

§ 8º Os membros dos Comitês de que tratam os incisos I e III do *caput* deste artigo serão designados, respectivamente, pelos Ministros de Estado da Fazenda e da Secretaria da Micro e Pequena Empresa da Presidência da República, mediante indicação dos órgãos e entidades vinculados.

→ § 8º com redação alterada pela LC 147/2014.

§ 9º O CGSN poderá determinar, com relação à microempresa e à empresa de pequeno porte optante pelo Simples Nacional, a forma, a periodicidade e o prazo:

→ § 9º acrescentado pela LC 147/2014.

I – de entrega à Secretaria da Receita Federal do Brasil – RFB de uma única declaração com dados relacionados a fatos geradores, base de cálculo e valores da contribuição para a Seguridade Social devida sobre a remuneração do trabalho, inclusive a descontada dos trabalhadores a serviço da empresa, do Fundo de Garantia do Tempo de Serviço – FGTS e outras informações de interesse do Ministério do Trabalho e Emprego – MTE, do Instituto Nacional do Seguro Social – INSS e do Conselho Curador do FGTS, observado o disposto no § 7º deste artigo; e

II – do recolhimento das contribuições descritas no inciso I e do FGTS.

§ 10. O recolhimento de que trata o inciso II do § 9º deste artigo poderá se dar de forma unificada relativamente aos tributos apurados na forma do Simples Nacional.

→ § 10 acrescentado pela LC 147/2014.

§ 11. A entrega da declaração de que trata o inciso I do § 9º substituirá, na forma regulamentada pelo CGSN, a obrigatoriedade de entrega de todas as informações, formulários e declarações a que estão sujeitas as demais empresas ou equiparados que contratam trabalhadores, inclusive relativamente ao recolhimento do FGTS, à Relação Anual de Informações Sociais e ao Cadastro Geral de Empregados e Desempregados.

→ § 11 acrescentado pela LC 147/2014.

§ 12. Na hipótese de recolhimento do FGTS na forma do inciso II do § 9º deste artigo, deve-se assegurar a transferência dos recursos e dos elementos identificadores do recolhimento ao gestor desse fundo para crédito na conta vinculada do trabalhador.

→ § 12 acrescentado pela LC 147/2014.

§ 13. O documento de que trata o inciso I do § 9º tem caráter declaratório, constituindo instrumento hábil e suficiente para a exigência dos tributos, contribuições e dos débitos fundiários que não tenham sido recolhidos resultantes das informações nele prestadas.

→ § 13 acrescentado pela LC 147/2014.

Capítulo II
DA DEFINIÇÃO DE MICROEMPRESA E DE EMPRESA DE PEQUENO PORTE

Art. 3º Para os efeitos desta Lei Complementar, consideram-se microempresas ou empresas de pequeno porte a sociedade empresária, a sociedade simples, a empresa individual de responsabilidade limitada e o empresário a que se refere o art. 966 da Lei 10.406, de 10 de janeiro de 2002 (Código Civil), devidamente registrados no Registro de Empresas Mercantis ou no Registro Civil de Pessoas Jurídicas, conforme o caso, desde que:

I – no caso da microempresa, aufira, em cada ano-calendário, receita bruta igual ou inferior a R$ 360.000,00 (trezentos e sessenta mil reais); e

II – no caso da empresa de pequeno porte, aufira, em cada ano-calendário, receita bruta superior a R$ 360.000,00 (trezentos e sessenta mil reais) e igual ou inferior a R$ 3.600.000,00 (três milhões e seiscentos mil reais).

§ 1º Considera-se receita bruta, para fins do disposto no *caput* deste artigo, o produto da venda de bens e serviços nas operações de conta própria, o preço dos serviços prestados e o resultado nas operações em conta alheia, não incluídas as vendas canceladas e os descontos incondicionais concedidos.

§ 2º No caso de início de atividade no próprio ano-calendário, o limite a que se refere o *caput* deste artigo será proporcional ao número de meses em que a microempresa ou a empresa de pequeno porte houver exercido atividade, inclusive as frações de meses.

§ 3º O enquadramento do empresário ou da sociedade simples ou empresária como microempresa ou empresa de pequeno porte bem como o seu desenquadramento não implicarão alteração, denúncia ou qualquer restrição em relação a contratos por elas anteriormente firmados.

§ 4º Não poderá se beneficiar do tratamento jurídico diferenciado previsto nesta Lei Complementar, incluído o regime de que trata o art. 12 desta Lei Complementar, para nenhum efeito legal, a pessoa jurídica:

I – de cujo capital participe outra pessoa jurídica;

II – que seja filial, sucursal, agência ou representação, no País, de pessoa jurídica com sede no exterior;

III – de cujo capital participe pessoa física que seja inscrita como empresário ou seja sócia de outra empresa que receba tratamento jurídico diferenciado nos termos desta Lei Complementar, desde que a receita bruta global ultrapasse o limite de que trata o inciso II do *caput* deste artigo;

IV – cujo titular ou sócio participe com mais de 10% (dez por cento) do capital de outra empresa não beneficiada por esta Lei Complementar, desde que a receita bruta global ultrapasse o limite de que trata o inciso II do *caput* deste artigo;

V – cujo sócio ou titular seja administrador ou equiparado de outra pessoa jurídica com fins lucrativos, desde que a receita bruta global ultrapasse o limite de que trata o inciso II do *caput* deste artigo;

VI – constituída sob a forma de cooperativas, salvo as de consumo;

VII – que participe do capital de outra pessoa jurídica;

VIII – que exerça atividade de banco comercial, de investimentos e de desenvolvimento, de caixa econômica, de sociedade de crédito, financiamento e investimento ou de crédito imobiliário, de corretora ou de distribuidora de títulos, valores mobiliários e câmbio, de empresa de arrendamento mercantil, de seguros privados e de capitalização ou de previdência complementar;

IX – resultante ou remanescente de cisão ou qualquer outra forma de desmembramento de pessoa jurídica que tenha ocorrido em um dos 5 (cinco) anos-calendário anteriores;

X – constituída sob a forma de sociedade por ações.

XI – cujos titulares ou sócios guardem, cumulativamente, com o contratante do serviço, relação de pessoalidade, subordinação e habitualidade.

→ Inciso XI acrescentado pela LC 147/2014.

§ 5º O disposto nos incisos IV e VII do § 4º deste artigo não se aplica à participação no capital de cooperativas de crédito, bem como em centrais de compras, bolsas de subcontratação, no consórcio referido no art. 50 desta Lei Complementar e na sociedade de propósito específico prevista no art. 56 desta Lei Complementar, e em associações assemelhadas, sociedades de interesse econômico, sociedades de garantia solidária e outros tipos de sociedade, que tenham como objetivo social a defesa exclusiva dos interesses econômicos das microempresas e empresas de pequeno porte.

§ 6º Na hipótese de a microempresa ou empresa de pequeno porte incorrer em alguma das situações previstas nos incisos do § 4º, será excluída do tratamento jurídico diferenciado previsto nesta Lei Complementar, bem como do regime de que trata o art. 12, com efeitos a partir do mês seguinte ao que incorrida a situação impeditiva.

§ 7º Observado o disposto no § 2º deste artigo, no caso de início de atividades, a microempresa que, no ano-calendário, exceder o limite de receita bruta anual previsto no inciso I do *caput* deste artigo passa, no ano-calendário seguinte, à condição de empresa de pequeno porte.

§ 8º Observado o disposto no § 2º deste artigo, no caso de início de atividades, a empresa de pequeno porte que, no ano-calendário, não ultrapassar o limite de receita bruta anual previsto no inciso I do *caput* deste artigo passa, no ano-calendário seguinte, à condição de microempresa.

§ 9º A empresa de pequeno porte que, no ano-calendário, exceder o limite de receita bruta anual previsto no inciso II do *caput* fica excluída, no mês subsequente à ocorrência do excesso, do tratamento jurídico diferenciado previsto nesta Lei Complementar, incluído o regime de que trata o art. 12, para todos os efeitos legais, ressalvado o disposto nos §§ 9º-A, 10 e 12.

§ 9º-A. Os efeitos da exclusão prevista no § 9º dar-se-ão no ano-calendário subsequente se o excesso verificado em relação à receita bruta não for superior a 20% (vinte por cento) do limite referido no inciso II do *caput*.

§ 10. A empresa de pequeno porte que no decurso do ano-calendário de início de atividade ultrapassar o limite proporcional de receita bruta de que trata o § 2º estará excluída do tratamento jurídico diferenciado previsto nesta Lei Complementar, bem como do regime de que trata o art. 12 desta Lei Complementar, com efeitos retroativos ao início de suas atividades.

§ 11. Na hipótese de o Distrito Federal, os Estados e os respectivos Municípios adotarem um dos limites previstos nos incisos I e II do *caput* do art. 19 e no art. 20, caso a receita bruta auferida pela empresa durante o ano-calendário de início de atividade ultrapasse 1/12 (um doze avos) do limite estabelecido multiplicado pelo número de meses de funcionamento nesse período, a empresa não poderá recolher o ICMS e o ISS na forma do Simples Nacional, relativos ao estabelecimento localizado na unidade da federação que os houver adotado, com efeitos retroativos ao início de suas atividades.

§ 12. A exclusão de que trata o § 10 não retroagirá ao início das atividades se o excesso verificado em relação à receita bruta não for superior a 20% (vinte por cento) do respectivo limite referido naquele parágrafo, hipótese em que os efeitos da exclusão dar-se-ão no ano-calendário subsequente.

§ 13. O impedimento de que trata o § 11 não retroagirá ao início das atividades se o excesso verificado em relação à receita bruta não for superior a 20% (vinte por cento) dos respectivos limites referidos naquele parágrafo, hipótese em que os efeitos do impedimento ocorrerão no ano-calendário subsequente.

§ 14. Para fins de enquadramento como microempresa ou empresa de pequeno porte, poderão ser auferidas receitas no mercado interno até o limite previsto no inciso II do *caput* ou no § 2º, conforme o caso, e, adicionalmente, receitas decorrentes da exportação de mercadorias ou serviços, inclusive quando realizada por meio de comercial exportadora ou da sociedade de propósito específico prevista no art. 56 desta Lei Complementar, desde que as receitas de exportação também não excedam os referidos limites de receita bruta anual.

→ § 14 com redação alterada pela LC 147/2014, em vigor na data de sua publicação, produzindo efeitos a partir de 1º de janeiro do primeiro ano subsequente ao da data de publicação da referida Lei Complementar – *D.O.U.* 8.8.2014.

§ 15. Na hipótese do § 14, para fins de determinação da alíquota de que trata o § 1º do art. 18, da base de cálculo prevista em seu § 3º e das majorações de alíquotas previstas em seus §§ 16, 16-A, 17 e 17-A, serão consideradas separadamente as receitas brutas auferidas no mercado interno e aquelas decorrentes da exportação.

→ § 15 com redação alterada pela LC 147/2014, em vigor na data de sua publicação, produzindo efeitos a partir de 1º de janeiro do segundo ano subsequente ao da data de publicação da referida Lei Complementar – *D.O.U.* de 8.8.2014.

→ **Anterior redação:** § 15. Na hipótese do § 14, para fins de determinação da alíquota de que trata o § 1º do art. 18, da base de cálculo prevista em seu § 3º e das majorações de alíquotas previstas em seus §§ 16, 16-A, 17 e 17-A, será considerada a receita bruta total da empresa nos mercados interno e externo.

§ 16. O disposto neste artigo será regulamentado por resolução do CGSN.

→ § 16 acrescentado pela LC 147/2014.

Art. 3º-A. Aplica-se ao produtor rural pessoa física e ao agricultor familiar conceituado na Lei 11.326, de 24 de julho de 2006, com situação regular na Previdência Social e no Município que tenham auferido receita bruta anual até o limite de que trata o inciso II do *caput* do art. 3º o disposto nos arts. 6º e 7º, nos Capítulos V a X, na Seção IV do Capítulo XI e no Capítulo XII desta Lei Complementar, ressalvadas as disposições da Lei 11.718, de 20 de junho de 2008.

→ Artigo acrescentado pela LC 147/2014.

Parágrafo único. A equiparação de que trata o *caput* não se aplica às disposições do Capítulo IV desta Lei Complementar.

Art. 3º-B. Os dispositivos desta Lei Complementar, com exceção dos dispostos no Capítulo IV, são aplicáveis a todas as microempresas e empresas de pequeno porte, assim definidas pelos incisos I e II do *caput* e § 4º do art. 3º, ainda que não enquadradas no regime tributário do Simples Nacional, por vedação ou por opção.

→ Artigo acrescentado pela LC 147/2014.

Capítulo III
DA INSCRIÇÃO E DA BAIXA

Art. 4º Na elaboração de normas de sua competência, os órgãos e entidades envolvidos na abertura e fechamento de empresas, dos 3 (três) âmbitos de governo, deverão considerar a unicidade do processo de registro e de legalização de empresários e de pessoas jurídicas, para tanto devendo articular as competências próprias com aquelas dos demais membros, e buscar, em conjunto, compatibilizar e integrar procedimentos, de modo a evitar a duplicidade de exigências e garantir a linearidade do processo, da perspectiva do usuário.

§ 1º O processo de abertura, registro, alteração e baixa da microempresa e empresa de pequeno porte, bem como qualquer exigência para o início de seu funcionamento, deverão ter trâmite especial e simplificado, preferencialmente eletrônico, opcional para o empreendedor, observado o seguinte:

→ *Caput* do § 1º com redação alterada pela LC 147/2014.

I – poderão ser dispensados o uso da firma, com a respectiva assinatura autógrafa, o capital, requerimentos, demais assinaturas, informações relativas ao estado civil e regime de bens, bem como remessa de documentos, na forma estabelecida pelo CGSIM; e

→ v. Art. 968, II do CC.

II – (*Revogado pela LC 147/2014, em vigor na data de sua publicação, produzindo efeitos a partir de 1º de janeiro do segundo ano subsequente ao da data de publicação da referida Lei Complementar – D.O.U. 8.8.2014*).

→ **Anterior Redação:** II – o cadastro fiscal estadual ou municipal poderá ser simplificado ou ter sua exigência postergada, sem prejuízo da possibilidade de emissão de documentos fiscais de compra, venda ou prestação de serviços, vedada, em qualquer hipótese, a imposição de custos pela autorização para emissão, inclusive na modalidade avulsa.

§ 2º (*Revogado*).

§ 3º Ressalvado o disposto nesta Lei Complementar, ficam reduzidos a 0 (zero) todos os custos, inclusive prévios, relativos à abertura, à inscrição, ao registro, ao funcionamento, ao alvará, à licença, ao cadastro, às alterações e procedimentos de baixa e encerramento e aos demais itens relativos ao Microempreendedor Individual, incluindo os valores referentes a taxas, a emolumentos e a demais contribuições relativas aos órgãos de registro, de licenciamento, sindicais, de regulamentação, de anotação de responsabilidade técnica, de vistoria e de fiscalização do exercício de profissões regulamentadas.

→ § 3º com redação alterada pela LC 147/2014.

§ 3º-A. O agricultor familiar, definido conforme a Lei 11.326, de 24 de julho de 2006, e identificado pela Declaração de Aptidão ao Pronaf – DAP física ou jurídica, bem como o MEI e o empreendedor de economia solidária ficam isentos de taxas e outros valores relativos à fiscalização da vigilância sanitária.

→ § 3º-A acrescentado pela LC 147/2014.

§ 4º No caso do MEI, de que trata o art. 18-A desta Lei Complementar, a cobrança associativa ou oferta de serviços privados relativos aos atos de que trata o § 3º deste artigo somente poderá ser efetuada a partir de demanda prévia do próprio MEI, firmado por meio de contrato com assinatura autógrafa, observando-se que:

→ § 4º acrescentado pela LC 147/2014.

I – para a emissão de boletos de cobrança, os bancos públicos e privados deverão exigir das instituições sindicais e associativas autorização prévia específica a ser emitida pelo CGSIM;

II – o desrespeito ao disposto neste parágrafo configurará vantagem ilícita pelo induzimento ao erro em prejuízo do MEI, aplicando-se as sanções previstas em lei.

§ 5º (*Vetado*).

→ § 5º acrescentado pela LC 147/2014.

Art. 5º Os órgãos e entidades envolvidos na abertura e fechamento de empresas, dos 3 (três) âmbitos de governo, no âmbito de suas atribuições, deverão manter à disposição dos usuários, de forma presencial e pela rede mundial de computadores, informações, orientações e instrumentos, de forma integrada e consolidada, que permitam pesquisas prévias às etapas de registro ou inscrição, alteração e baixa de empresários e pessoas jurídicas, de modo a prover ao usuário certeza quanto à documentação exigível e quanto à viabilidade do registro ou inscrição.

Parágrafo único. As pesquisas prévias à elaboração de ato constitutivo ou de sua alteração deverão bastar a que o usuário seja informado pelos órgãos e entidades competentes:

I – da descrição oficial do endereço de seu interesse e da possibilidade de exercício da atividade desejada no local escolhido;

II – de todos os requisitos a serem cumpridos para obtenção de licenças de autorização de funcionamento, segundo a atividade pretendida, o porte, o grau de risco e a localização; e

III – da possibilidade de uso do nome empresarial de seu interesse.

Art. 6º Os requisitos de segurança sanitária, metrologia, controle ambiental e prevenção contra incêndios, para os fins de registro e legalização de empresários e pessoas jurídicas, deverão ser simplificados, racionalizados e uniformizados pelos órgãos envolvidos na abertura e fechamento de empresas, no âmbito de suas competências.

§ 1º Os órgãos e entidades envolvidos na abertura e fechamento de empresas que sejam responsáveis pela emissão de licenças e autorizações de funcionamento somente realizarão vistorias após o início de operação do estabelecimento, quando a atividade, por sua natureza, comportar grau de risco compatível com esse procedimento.

§ 2º Os órgãos e entidades competentes definirão, em 6 (seis) meses, contados da publicação desta Lei Complementar, as atividades cujo grau de risco seja considerado alto e que exigirão vistoria prévia.

§ 3º Na falta de legislação estadual, distrital ou municipal específica relativa à definição do grau de risco da atividade aplicar-se-á resolução do CGSIM.

→ § 3º acrescentado pela LC 147/2014.

§ 4º A classificação de baixo grau de risco permite ao empresário ou à pessoa jurídica a obtenção do licenciamento de atividade mediante o simples fornecimento de dados e a substituição da comprovação prévia do cumprimento de exigências e restrições por declarações do titular ou responsável.

→ § 4º acrescentado pela LC 147/2014.

§ 5º O disposto neste artigo não é impeditivo da inscrição fiscal.

→ § 5º acrescentado pela LC 147/2014.

Art. 7º Exceto nos casos em que o grau de risco da atividade seja considerado alto, os Municípios emitirão Alvará de Funcionamento Provisório, que permitirá o início de operação do estabelecimento imediatamente após o ato de registro.

Parágrafo único. Nos casos referidos no *caput* deste artigo, poderá o Município conceder Alvará de Funcionamento Provisório para o microempreendedor individual, para microempresas e para empresas de pequeno porte:

I – instaladas em área ou edificação desprovidas de regulação fundiária e imobiliária, inclusive habite-se; ou

→ Inciso I com redação alterada pela LC 147/2014.

II – em residência do microempreendedor individual ou do titular ou sócio da microempresa ou empresa de pequeno porte, na hipótese em que a atividade não gere grande circulação de pessoas.

Art. 8º Será assegurado aos empresários e pessoas jurídicas:

→ Artigo com redação alterada pela LC 147/2014.

I – entrada única de dados e documentos;

II – processo de registro e legalização integrado entre os órgãos e entes envolvidos, por meio de sistema informatizado que garanta:

a) sequenciamento das seguintes etapas: consulta prévia de nome empresarial e de viabilidade de localização, registro empresarial, inscrições fiscais e licenciamento de atividade;

b) criação da base nacional cadastral única de empresas;

III – identificação nacional cadastral única que corresponderá ao número de inscrição no Cadastro Nacional de Pessoas Jurídicas – CNPJ.

§ 1º O sistema de que trata o inciso II do *caput* deve garantir aos órgãos e entidades integrados:

I – compartilhamento irrestrito dos dados da base nacional única de empresas;

II – autonomia na definição das regras para comprovação do cumprimento de exigências nas respectivas etapas do processo.

§ 2º A identificação nacional cadastral única substituirá para todos os efeitos as demais inscrições, sejam elas federais, estaduais ou municipais, após a implantação do sistema a que se refere o inciso II do *caput*, no prazo e na forma estabelecidos pelo CGSIM.

§ 3º É vedado aos órgãos e entidades integrados ao sistema informatizado de que trata o inciso II do *caput* o estabelecimento de exigências não previstas em lei.

§ 4º A coordenação do desenvolvimento e da implantação do sistema de que trata o inciso II do *caput* ficará a cargo do CGSIM.

Art. 9º O registro dos atos constitutivos, de suas alterações e extinções (baixas), referentes a empresários e pessoas jurídicas em qualquer órgão dos 3 (três) âmbitos de governo ocorrerá independentemente da regularidade de obrigações tributárias, previdenciárias ou trabalhistas, principais ou acessórias, do empresário, da sociedade, dos sócios, dos administradores ou de empresas de que participem, sem prejuízo das responsabilidades do empresário, dos titulares, dos sócios ou dos administradores por tais obrigações, apuradas antes ou após o ato de extinção.

→ *Caput* com redação alterada pela LC 147/2014.

§ 1º O arquivamento, nos órgãos de registro, dos atos constitutivos de empresários, de sociedades empresárias e de demais equiparados que se enquadrarem como microempresa ou empresa de pequeno porte bem como o arquivamento de suas alterações são dispensados das seguintes exigências:

I – certidão de inexistência de condenação criminal, que será substituída por declaração do titular ou administrador, firmada sob as penas da lei, de não estar impedido de exercer atividade mercantil ou a administração de sociedade, em virtude de condenação criminal;

II – prova de quitação, regularidade ou inexistência de débito referente a tributo ou contribuição de qualquer natureza.

§ 2º Não se aplica às microempresas e às empresas de pequeno porte o disposto no § 2º do art. 1º da Lei 8.906, de 4 de julho de 1994.

§ 3º (*Revogado pela LC 147/2014*).

§ 4º A baixa do empresário ou da pessoa jurídica não impede que, posteriormente, sejam lançados ou cobrados tributos, contribuições e respectivas penalidades, decorrentes da falta do cumprimento de obrigações ou da prática comprovada e apurada em processo administrativo ou judicial de outras irregularidades praticadas pelos empresários, pelas pessoas jurídicas ou por seus titulares, sócios ou administradores.

→ § 4º com redação alterada pela LC 147/2014.

§ 5º A solicitação de baixa do empresário ou da pessoa jurídica importa responsabilidade solidária dos empresários, dos titulares, dos sócios e dos administradores no período da ocorrência dos respectivos fatos geradores.

→ § 5º com redação alterada pela LC 147/2014.

§ 6º Os órgãos referidos no *caput* deste artigo terão o prazo de 60 (sessenta) dias para efetivar a baixa nos respectivos cadastros.

§ 7º Ultrapassado o prazo previsto no § 6º deste artigo sem manifestação do órgão competente, presumir-se-á a baixa dos registros das microempresas e a das empresas de pequeno porte.

§ 8º (*Revogado pela LC 147/2014*).

§ 9º (*Revogado pela LC 147/2014*).

§ 10. (*Revogado pela LC 147/2014*).

§ 11. (*Revogado pela LC 147/2014*).

§ 12. (*Revogado pela LC 147/2014*).

Art. 10. Não poderão ser exigidos pelos órgãos e entidades envolvidos na abertura e fechamento de empresas, dos 3 (três) âmbitos de governo:

I – excetuados os casos de autorização prévia, quaisquer documentos adicionais aos requeridos pelos órgãos executores do Registro Público de Empresas Mercantis e Atividades Afins e do Registro Civil de Pessoas Jurídicas;

II – documento de propriedade ou contrato de locação do imóvel onde será instalada a sede, filial ou outro estabelecimento, salvo para comprovação do endereço indicado;

III – comprovação de regularidade de prepostos dos empresários ou pessoas jurídicas com seus órgãos de classe, sob qualquer forma, como requisito para deferimento de ato de inscrição, alteração ou baixa de empresa, bem como para autenticação de instrumento de escrituração.

Art. 11. Fica vedada a instituição de qualquer tipo de exigência de natureza documental ou formal, restritiva ou condicionante, pelos órgãos envolvidos na abertura e fechamento de empresas, dos 3 (três) âmbitos de governo, que exceda o estrito limite dos requisitos pertinentes à essência do ato de registro, alteração ou baixa da empresa.

Capítulo IV
DOS TRIBUTOS E CONTRIBUIÇÕES

Seção I
Da instituição e abrangência

Art. 12. Fica instituído o Regime Especial Unificado de Arrecadação de Tributos e Contribuições devidos pelas Microempresas e Empresas de Pequeno Porte – Simples Nacional.

Art. 13. O Simples Nacional implica o recolhimento mensal, mediante documento único de arrecadação, dos seguintes impostos e contribuições:

I – Imposto sobre a Renda da Pessoa Jurídica – IRPJ;

II – Imposto sobre Produtos Industrializados – IPI, observado o disposto no inciso XII do § 1º deste artigo;

III – Contribuição Social sobre o Lucro Líquido – CSLL;

IV – Contribuição para o Financiamento da Seguridade Social – Cofins, observado o disposto no inciso XII do § 1º deste artigo;

V – contribuição para o PIS/Pasep, observado o disposto no inciso XII do § 1º deste artigo;

VI – Contribuição Patronal Previdenciária – CPP para a Seguridade Social, a cargo da pessoa jurídica, de que trata o art. 22 da Lei 8.212, de 24 de julho de 1991, exceto no caso da microempresa e da empresa de pequeno porte que se dedique às atividades de prestação de serviços referidas no § 5º-C do art. 18 desta Lei Complementar;

VII – Imposto sobre Operações Relativas à Circulação de Mercadorias e Sobre Prestações de Serviços de Transporte Interestadual e Intermunicipal e de Comunicação – ICMS;

VIII – Imposto sobre Serviços de Qualquer Natureza – ISS.

§ 1º O recolhimento na forma deste artigo não exclui a incidência dos seguintes impostos ou contribuições, devidos na qualidade de contribuinte ou responsável, em relação aos quais será observada a legislação aplicável às demais pessoas jurídicas:

I – Imposto sobre Operações de Crédito, Câmbio e Seguro, ou Relativas a Títulos ou Valores Mobiliários – IOF;

II – Imposto sobre a Importação de Produtos Estrangeiros – II;

III – Imposto sobre a Exportação, para o Exterior, de Produtos Nacionais ou Nacionalizados – IE;

IV – Imposto sobre a Propriedade Territorial Rural – ITR;

V – Imposto de Renda, relativo aos rendimentos ou ganhos líquidos auferidos em aplicações de renda fixa ou variável;

VI – Imposto de Renda relativo aos ganhos de capital auferidos na alienação de bens do ativo permanente;

VII – Contribuição Provisória sobre Movimentação ou Transmissão de Valores e de Créditos e Direitos de Natureza Financeira – CPMF;

VIII – Contribuição para o Fundo de Garantia do Tempo de Serviço – FGTS;

IX – Contribuição para manutenção da Seguridade Social, relativa ao trabalhador;

X – Contribuição para a Seguridade Social, relativa à pessoa do empresário, na qualidade de contribuinte individual;

XI – Imposto de Renda relativo aos pagamentos ou créditos efetuados pela pessoa jurídica a pessoas físicas;

XII – Contribuição para o PIS/Pasep, Cofins e IPI incidentes na importação de bens e serviços;

XIII – ICMS devido:

a) nas operações sujeitas ao regime de substituição tributária, tributação concentrada em uma única etapa (monofásica) e sujeitas ao regime de antecipação do recolhimento do imposto com encerramento de tributação, envolvendo combustíveis e lubrificantes; energia elétrica; cigarros e outros produtos derivados do fumo; bebidas; óleos e azeites vegetais comestíveis; farinha de trigo e misturas de farinha de trigo; massas alimentícias; açúcares; produtos lácteos; carnes e suas preparações; preparações à base de cereais; chocolates; produtos de padaria e da indústria de bolachas e biscoitos; sorvetes e preparados para fabricação de sorvetes em máquinas; cafés e mates, seus extratos, essências e concentrados; preparações para molhos e molhos preparados; preparações de produtos vegetais; rações para animais domésticos; veículos automotivos e automotores, suas peças, componentes e acessórios; pneumáticos; câmaras de ar e protetores de borracha; medicamentos e outros produtos farmacêuticos para uso humano ou veterinário; cosméticos; produtos de perfumaria e de higiene pessoal; papéis; plásticos; canetas e malas; cimentos; cal e argamassas; produtos cerâmicos; vidros; obras de metal e plástico para construção; telhas e caixas d'água; tintas e vernizes; produtos eletrônicos, eletroeletrônicos e eletrodomésticos; fios; cabos e outros condutores; transformadores elétricos e reatores; disjuntores; interruptores e tomadas; isoladores; para-raios e lâmpadas; máquinas e aparelhos de ar-condicionado; centrifugadores de uso doméstico; aparelhos e instrumentos de pesagem de uso doméstico; extintores; aparelhos ou máquinas de barbear; máquinas de cortar o cabelo ou de tosquiar; aparelhos de depilar, com motor elétrico incorporado; aquecedores elétricos de água para uso doméstico e termômetros; ferramentas; álcool etílico; sabões em pó e líquidos para roupas; detergentes; alvejantes; esponjas; palhas de aço e amaciantes de roupas; venda de mercadorias pelo sistema porta a porta; nas operações sujeitas ao regime de substituição tributária pelas operações anteriores; e nas prestações de serviços sujeitas aos regimes de substituição tributária e de antecipação de recolhimento do imposto com encerramento de tributação;

→ Alínea *a* com redação alterada pela LC 147/2014, em vigor na data de sua publicação, produzindo efeitos a partir de 1º de janeiro do segundo ano subsequente ao da data de publicação da referida Lei Complementar – *D.O.U.* de 8.8.2014.

→ **Anterior redação:** *a)* nas operações ou prestações sujeitas ao regime de substituição tributária;

b) por terceiro, a que o contribuinte se ache obrigado, por força da legislação estadual ou distrital vigente;

c) na entrada, no território do Estado ou do Distrito Federal, de petróleo, inclusive lubrificantes e combustíveis líquidos e gasosos dele derivados, bem como energia elétrica, quando não destinados à comercialização ou industrialização;

d) por ocasião do desembaraço aduaneiro;

e) na aquisição ou manutenção em estoque de mercadoria desacobertada de documento fiscal;

f) na operação ou prestação desacobertada de documento fiscal;

g) nas operações com bens ou mercadorias sujeitas ao regime de antecipação do recolhimento do imposto, nas aquisições em outros Estados e Distrito Federal:

1. com encerramento da tributação, observado o disposto no inciso IV do § 4º do art. 18 desta Lei Complementar;

2. sem encerramento da tributação, hipótese em que será cobrada a diferença entre a alíquota interna e a interestadual, sendo vedada a agregação de qualquer valor;

h) nas aquisições em outros Estados e no Distrito Federal de bens ou mercadorias, não sujeitas ao regime de antecipação do recolhimento do imposto, relativo à diferença entre a alíquota interna e a interestadual;

XIV – ISS devido:

a) em relação aos serviços sujeitos à substituição tributária ou retenção na fonte;

b) na importação de serviços;

XV – demais tributos de competência da União, dos Estados, do Distrito Federal ou dos Municípios, não relacionados nos incisos anteriores.

§ 2º Observada a legislação aplicável, a incidência do imposto de renda na fonte, na hipótese do inciso V do § 1º deste artigo, será definitiva.

§ 3º As microempresas e empresas de pequeno porte optantes pelo Simples Nacional ficam dispensadas do pagamento das demais contribuições instituídas pela União, inclusive as contribuições para as entidades privadas de serviço social e de formação profissional vinculadas ao sistema sindical, de que trata o art. 240 da Constituição Federal, e demais entidades de serviço social autônomo.

§ 4º *(Vetado).*

§ 5º A diferença entre a alíquota interna e a interestadual de que tratam as alíneas *g* e *h* do inciso XIII do § 1º deste artigo será calculada tomando-se por base as alíquotas aplicáveis às pessoas jurídicas não optantes pelo Simples Nacional.

§ 6º O Comitê Gestor do Simples Nacional:

I – disciplinará a forma e as condições em que será atribuída à microempresa ou empresa de pequeno porte optante pelo Simples Nacional a qualidade de substituta tributária; e

II – poderá disciplinar a forma e as condições em que será estabelecido o regime de antecipação do ICMS previsto na alínea *g* do inciso XIII do § 1º deste artigo.

§ 7º O disposto na alínea *a* do inciso XIII do § 1º será disciplinado por convênio celebrado pelos Estados e pelo Distrito Federal, ouvidos o CGSN e os representantes dos segmentos econômicos envolvidos.

→ § 7º acrescentado pela LC 147/2014, em vigor na data de sua publicação, produzindo efeitos a partir de 1º de janeiro do segundo ano subsequente ao da data de publicação da referida Lei Complementar – *D.O.U.* de 8.8.2014.

§ 8º Em relação às bebidas não alcóolicas, massas alimentícias, produtos lácteos, carnes e suas preparações, preparações à base de cereais, chocolates, produtos de padaria e da indústria de bolachas e biscoitos, preparações para molhos e molhos preparados, preparações de produtos vegetais, telhas e outros produtos cerâmicos para construção e detergentes, aplica-se o disposto na alínea *a* do inciso XIII do § 1º aos fabricados em escala industrial relevante em cada segmento, observado o disposto no § 7º.

→ § 8º acrescentado pela LC 147/2014, em vigor na data de sua publicação, produzindo efeitos a partir de 1º de janeiro do segundo ano subsequente ao da data de publicação da referida Lei Complementar – *D.O.U.* de 8.8.2014.

Art. 14. Consideram-se isentos do imposto de renda, na fonte e na declaração de ajuste do beneficiário, os valores efetivamente pagos ou distribuídos ao titular ou sócio da microempresa ou empresa de pequeno porte optante pelo Simples Nacional, salvo os que corresponderem a pró-labore, aluguéis ou serviços prestados.

§ 1º A isenção de que trata o *caput* deste artigo fica limitada ao valor resultante da aplicação dos percentuais de que trata o art. 15 da Lei 9.249, de 26 de dezembro de 1995, sobre a receita bruta mensal, no caso de antecipação de fonte, ou da receita bruta total anual, tratando-se de declaração de ajuste, subtraído do valor devido na forma do Simples Nacional no período.

§ 2º O disposto no § 1º deste artigo não se aplica na hipótese de a pessoa jurídica manter escrituração contábil e evidenciar lucro superior àquele limite.

Art. 15. *(Vetado).*

Art. 16. A opção pelo Simples Nacional da pessoa jurídica enquadrada na condição de microempresa e empresa de pequeno porte dar-se-á na forma a ser estabelecida em ato do Comitê Gestor, sendo irretratável para todo o ano-calendário.

§ 1º Para efeito de enquadramento no Simples Nacional, considerar-se-á microempresa ou empresa de pequeno porte aquela cuja receita bruta no ano-calendário anterior ao da opção esteja compreendida dentro dos limites previstos no art. 3º desta Lei Complementar.

§ 1º-A. A opção pelo Simples Nacional implica aceitação de sistema de comunicação eletrônica, destinado, dentre outras finalidades, a:

I – cientificar o sujeito passivo de quaisquer tipos de atos administrativos, incluídos os relativos ao indeferimento de opção, à exclusão do regime e a ações fiscais;

II – encaminhar notificações e intimações; e

III – expedir avisos em geral.

§ 1º-B. O sistema de comunicação eletrônica de que trata o § 1º-A será regulamentado pelo CGSN, observando-se o seguinte:

I – as comunicações serão feitas, por meio eletrônico, em portal próprio, dispensando-se a sua publicação no Diário Oficial e o envio por via postal;

II – a comunicação feita na forma prevista no *caput* será considerada pessoal para todos os efeitos legais;

III – a ciência por meio do sistema de que trata o § 1º-A com utilização de certificação digital ou de código de acesso possuirá os requisitos de validade;

IV – considerar-se-á realizada a comunicação no dia em que o sujeito passivo efetivar a consulta eletrônica ao teor da comunicação; e

V – na hipótese do inciso IV, nos casos em que a consulta se dê em dia não útil, a comunicação será considerada como realizada no primeiro dia útil seguinte.

§ 1º-C. A consulta referida nos incisos IV e V do § 1º-B deverá ser feita em até 45 (quarenta e cinco) dias contados da data da disponibilização da comunicação no portal a que se refere o inciso I do § 1º-B, ou em prazo superior estipulado pelo CGSN, sob pena de ser considerada automaticamente realizada na data do término desse prazo.

§ 1º-D. Enquanto não editada a regulamentação de que trata o § 1º-B, os entes federativos poderão utilizar sistemas de comunicação eletrônica, com regras próprias, para as finalidades previstas no § 1º-A, podendo a referida regulamentação prever a adoção desses sistemas como meios complementares de comunicação.

§ 2º A opção de que trata o *caput* deste artigo deverá ser realizada no mês de janeiro, até o seu último dia útil, produzindo efeitos a partir do 1º (primeiro) dia do ano-calendário da opção, ressalvado o disposto no § 3º deste artigo.

§ 3º A opção produzirá efeitos a partir da data do início de atividade, desde que exercida nos termos, prazo e condições a serem estabelecidos no ato do Comitê Gestor a que se refere o *caput* deste artigo.

§ 4º Serão consideradas inscritas no Simples Nacional, em 1º de julho de 2007, as microempresas e empresas de pequeno porte regularmente optantes pelo regime tributário de que trata a Lei 9.317, de 5 de dezembro de 1996, salvo as que estiverem impedidas de optar por alguma vedação imposta por esta Lei Complementar.

§ 5º O Comitê Gestor regulamentará a opção automática prevista no § 4º deste artigo.

§ 6º O indeferimento da opção pelo Simples Nacional será formalizado mediante ato da Administração Tributária segundo regulamentação do Comitê Gestor.

Seção II
Das vedações ao ingresso no Simples Nacional

Art. 17. Não poderão recolher os impostos e contribuições na forma do Simples Nacional a microempresa ou a empresa de pequeno porte:

I – que explore atividade de prestação cumulativa e contínua de serviços de assessoria creditícia, gestão de crédito, seleção e riscos, administração de contas a pagar e a receber, gerenciamento de ativos (asset management), compras de direitos creditórios resultantes de vendas mercantis a prazo ou de prestação de serviços (factoring);

II – que tenha sócio domiciliado no exterior;

III – de cujo capital participe entidade da administração pública, direta ou indireta, federal, estadual ou municipal;

IV – *(Revogado).*

V – que possua débito com o Instituto Nacional do Seguro Social - INSS, ou com as Fazendas Públicas Federal, Estadual ou Municipal, cuja exigibilidade não esteja suspensa;

VI – que preste serviço de transporte intermunicipal e interestadual de passageiros, exceto quando na modalidade fluvial ou quando possuir características de transporte urbano ou metropolitano ou realizar-se sob fretamento contínuo em área metropolitana para o transporte de estudantes ou trabalhadores;

→ Inciso VI com redação alterada pela LC 147/2014, em vigor na data de sua publicação, produzindo efeitos a partir de 1º de janeiro do primeiro ano subsequente ao da data de publicação da referida Lei Complementar – *D.O.U.* 8.8.2014.

VII – que seja geradora, transmissora, distribuidora ou comercializadora de energia elétrica;

VIII – que exerça atividade de importação ou fabricação de automóveis e motocicletas;

IX – que exerça atividade de importação de combustíveis;

X – que exerça atividade de produção ou venda no atacado de:

a) cigarros, cigarrilhas, charutos, filtros para cigarros, armas de fogo, munições e pólvoras, explosivos e detonantes;

b) bebidas a seguir descritas:

1. alcoólicas;

2. *(Revogado pela LC 147/2014)*;

3. *(Revogado pela LC 147/2014)*;

4 – cervejas sem álcool;

XI – *(Revogado pela LC 147/2014, em vigor na data de sua publicação, produzindo efeitos a partir de 1º de janeiro do primeiro ano subsequente ao da data de publicação da referida Lei Complementar –* D.O.U. *8.8.2014)*

XII – que realize cessão ou locação de mão-de-obra;

XIII – *(Revogado pela LC 147/2014, em vigor na data de sua publicação, produzindo efeitos a partir de 1º de janeiro do primeiro ano subsequente ao da data de publicação da referida Lei Complementar –* D.O.U. *8.8.2014)*.

XIV – que se dedique ao loteamento e à incorporação de imóveis;

XV – que realize atividade de locação de imóveis próprios, exceto quando se referir a prestação de serviços tributados pelo ISS;

XVI – com ausência de inscrição ou com irregularidade em cadastro fiscal federal, municipal ou estadual, quando exigível.

§ 1º As vedações relativas a exercício de atividades previstas no *caput* deste artigo não se aplicam às pessoas jurídicas que se dediquem exclusivamente às atividades referidas nos §§ 5º-B a 5º-E do art. 18 desta Lei Complementar, ou as exerçam em conjunto com outras atividades que não tenham sido objeto de vedação no *caput* deste artigo.

I – *(Revogado).*

II – *(Revogado).*

III – *(Revogado).*

IV – *(Revogado).*

V – *(Revogado).*

VI – *(Revogado).*

VII – *(Revogado).*

VIII – *(Revogado).*

IX – *(Revogado).*

X – *(Revogado).*

XI – *(Revogado).*

XII – *(Revogado).*

XIII – *(Revogado).*

XIV – *(Revogado).*

XV – *(Revogado).*

XVI – *(Revogado).*

XVII – *(Revogado).*

XVIII – *(Revogado).*

XIX – *(Revogado).*

XX – *(Revogado).*

XXI – *(Revogado).*

XXII – *(Vetado).*

XXIII – *(Revogado).*

XXIV – *(Revogado).*

XXV – *(Revogado).*

XXVI – *(Revogado).*

XXVII – *(Revogado).*

XXVIII – *(Vetado).*

§ 2º Também poderá optar pelo Simples Nacional a microempresa ou empresa de pequeno porte que se dedique à prestação de outros serviços que não tenham sido objeto de vedação expressa neste artigo, desde que não incorra em nenhuma das hipóteses de vedação previstas nesta Lei Complementar.

§ 3º *(Vetado).*

§ 4º Na hipótese do inciso XVI do *caput*, deverá ser observado, para o MEI, o disposto no art. 4º desta Lei Complementar.

Seção III
Das alíquotas e base de cálculo

Art. 18. O valor devido mensalmente pela microempresa ou empresa de pequeno porte, optante pelo Simples Nacional, será determinado mediante aplicação das alíquotas constantes das tabelas dos Anexos I a VI desta Lei Complementar sobre a base de cálculo de que trata o § 3º deste artigo, observado o disposto no § 15 do art. 3º.

→ *Caput* com redação alterada pela LC 147/2014, em vigor na data de sua publicação, produzindo efeitos a partir de 1º de janeiro do primeiro ano subsequente ao da data de publicação da referida Lei Complementar – *D.O.U.* 8.8.2014.

§ 1º Para efeito de determinação da alíquota, o sujeito passivo utilizará a receita bruta acumulada nos 12 (doze) meses anteriores ao do período de apuração.

§ 2º Em caso de início de atividade, os valores de receita bruta acumulada constantes das tabelas dos Anexos I a VI desta Lei Complementar devem ser proporcionalizados ao número de meses de atividade no período.

→ § 2º com redação alterada pela LC 147/2014, em vigor na data de sua publicação, produzindo efeitos a partir de 1º de janeiro do primeiro ano subsequente ao da data de publicação da referida Lei Complementar – *D.O.U.* 8.8.2014.

§ 3º Sobre a receita bruta auferida no mês incidirá a alíquota determinada na forma do *caput* e dos §§ 1º e 2º deste artigo, podendo tal incidência se dar, à opção do contribuinte, na forma regulamentada pelo Comitê Gestor, sobre a receita recebida no mês, sendo essa opção irretratável para todo o ano-calendário.

§ 4º O contribuinte deverá considerar, destacadamente, para fim de pagamento, as receitas decorrentes da:

→ § 4º com redação alterada pela LC 147/2014.

I – revenda de mercadorias, que serão tributadas na forma do Anexo I desta Lei Complementar;

II – venda de mercadorias industrializadas pelo contribuinte, que serão tributadas na forma do Anexo II desta Lei Complementar;

III – prestação de serviços de que trata o § 5º-B deste artigo e dos serviços vinculados à locação de bens imóveis e corretagem de imóveis desde que observado o disposto no inciso XV do art. 17, que serão tributados na forma do Anexo III desta Lei Complementar;

IV – prestação de serviços de que tratam os §§ 5º-C a 5º-F e 5º-I deste artigo, que serão tributadas na forma prevista naqueles parágrafos;

V – locação de bens móveis, que serão tributadas na forma do Anexo III desta Lei Complementar, deduzida a parcela correspondente ao ISS;

VI – atividade com incidência simultânea de IPI e de ISS, que serão tributadas na forma do Anexo II desta Lei Complementar, deduzida a parcela correspondente ao ICMS e acrescida a parcela correspondente ao ISS prevista no Anexo III desta Lei Complementar;

VII – comercialização de medicamentos e produtos magistrais produzidos por manipulação de fórmulas:

a) sob encomenda para entrega posterior ao adquirente, em caráter pessoal, mediante prescrições de profissionais habilitados ou indicação pelo farmacêutico, produzidos no próprio estabelecimento após o atendimento inicial, que serão tributadas na forma do Anexo III desta Lei Complementar;

b) nos demais casos, quando serão tributadas na forma do Anexo I desta Lei Complementar.

§ 4º-A. O contribuinte deverá segregar, também, as receitas:

→ § 4º-A acrescentado pela LC 147/2014.

I – decorrentes de operações ou prestações sujeitas à tributação concentrada em uma única etapa (monofásica), bem como, em relação ao ICMS, que o imposto já tenha sido recolhido por substituto tributário ou por antecipação tributária com encerramento de tributação;

II – sobre as quais houve retenção de ISS na forma do § 6º deste artigo e § 4º do art. 21 desta Lei Complementar, ou, na hipótese do § 22-A deste artigo, seja devido em valor fixo ao respectivo município;

III – sujeitas à tributação em valor fixo ou que tenham sido objeto de isenção ou redução de ISS ou de ICMS na forma prevista nesta Lei Complementar;

IV – decorrentes da exportação para o exterior, inclusive as vendas realizadas por meio de comercial exportadora ou da sociedade de propósito específico prevista no art. 56 desta Lei Complementar;

V – sobre as quais o ISS seja devido a Município diverso do estabelecimento prestador, quando será recolhido no Simples Nacional.

§ 5º As atividades industriais serão tributadas na forma do Anexo II desta Lei Complementar.

I – *(Revogado).*

II – *(Revogado).*

III – *(Revogado).*

IV – *(Revogado).*

V – *(Revogado).*

VI – *(Revogado).*

VII – *(Revogado).*

§ 5º-A. (*Revogado pela LC 147/2014, em vigor na data de sua publicação, produzindo efeitos a partir de 1º de janeiro do primeiro ano subsequente ao da data de publicação da referida Lei Complementar* – D.O.U. *8.8.2014*)

§ 5º-B. Sem prejuízo do disposto no § 1º do art. 17 desta Lei Complementar, serão tributadas na forma do Anexo III desta Lei Complementar as seguintes atividades de prestação de serviços:

I – creche, pré-escola e estabelecimento de ensino fundamental, escolas técnicas, profissionais e de ensino médio, de línguas estrangeiras, de artes, cursos técnicos de pilotagem, preparatórios para concursos, gerenciais e escolas livres, exceto as previstas nos incisos II e III do § 5º-D deste artigo;

II – agência terceirizada de correios;

III – agência de viagem e turismo;

IV – centro de formação de condutores de veículos automotores de transporte terrestre de passageiros e de carga;

V – agência lotérica;

VI – *(Revogado).*

VII – *(Revogado).*

VIII – *(Revogado).*

IX – serviços de instalação, de reparos e de manutenção em geral, bem como de usinagem, solda, tratamento e revestimento em metais;

X – *(Revogado).*

XI – *(Revogado).*

XII – *(Revogado).*

XIII – transporte municipal de passageiros;

XIV – escritórios de serviços contábeis, observado o disposto nos §§ 22-B e 22-C deste artigo;

XV – produções cinematográficas, audiovisuais, artísticas e culturais, sua exibição ou apresentação, inclusive no caso de música, literatura, artes cênicas, artes visuais, cinematográficas e audiovisuais.

XVI – fisioterapia;

→ Inciso XVI acrescentado pela LC 147/2014.

XVII – corretagem de seguros.

→ Inciso XVII acrescentado pela LC 147/2014.

§ 5º-C. Sem prejuízo do disposto no § 1º do art. 17 desta Lei Complementar, as atividades de prestação de serviços seguintes serão tributadas na forma do Anexo IV desta Lei Complementar, hipótese em que não estará incluída no Simples Nacional a contribuição prevista no inciso VI do *caput* do art. 13 desta Lei Complementar, devendo ela ser recolhida segundo a legislação prevista para os demais contribuintes ou responsáveis:

I – construção de imóveis e obras de engenharia em geral, inclusive sob a forma de subempreitada, execução de projetos e serviços de paisagismo, bem como decoração de interiores;

II – *(Revogado).*

III – *(Revogado).*

IV – *(Revogado).*

V – *(Revogado).*

VI – serviço de vigilância, limpeza ou conservação.

VII – serviços advocatícios.

→ Inciso VII acrescentado pela LC 147/2014.

§ 5º-D. Sem prejuízo do disposto no § 1º do art. 17 desta Lei Complementar, as atividades de prestação de serviços seguintes serão tributadas na forma do Anexo V desta Lei Complementar:

I – administração e locação de imóveis de terceiros;

→ Inciso I com redação alterada pela LC 147/2014, em vigor na data de sua publicação, produzindo efeitos a partir de 1º de janeiro do primeiro ano subsequente ao da data de publicação da referida Lei Complementar – *D.O.U.* 8.8.2014.

II – academias de dança, de capoeira, de ioga e de artes marciais;

III – academias de atividades físicas, desportivas, de natação e escolas de esportes;

IV – elaboração de programas de computadores, inclusive jogos eletrônicos, desde que desenvolvidos em estabelecimento do optante;

V – licenciamento ou cessão de direito de uso de programas de computação;

VI – planejamento, confecção, manutenção e atualização de páginas eletrônicas, desde que realizados em estabelecimento do optante;

VII – *(Revogado).*

VIII – *(Revogado).*

IX – empresas montadoras de estandes para feiras;

X – *(Revogado).*

XI – *(Revogado).*

XII – laboratórios de análises clínicas ou de patologia clínica;

XIII – serviços de tomografia, diagnósticos médicos por imagem, registros gráficos e métodos óticos, bem como ressonância magnética;

XIV – serviços de prótese em geral.

§ 5º-E. Sem prejuízo do disposto no § 1º do art. 17 desta Lei Complementar, as atividades de prestação de serviços de comunicação e de transportes interestadual e intermunicipal de cargas, e de transportes autorizados no inciso VI do *caput* do art. 17, inclusive na modalidade fluvial, serão tributadas na forma do Anexo III, deduzida a parcela correspondente ao ISS e acrescida a parcela correspondente ao ICMS prevista no Anexo I.

→ § 5º-E com redação alterada pela LC 147/2014.

§ 5º-F. As atividades de prestação de serviços referidas no § 2º do art. 17 desta Lei Complementar serão tributadas na forma do Anexo III desta Lei Complementar, salvo se, para alguma dessas atividades, houver previsão expressa de tributação na forma dos Anexos IV, V ou VI desta Lei Complementar.

→ § 5º-F com redação alterada pela LC 147/2014, em vigor na data de sua publicação, produzindo efeitos a partir de 1º de janeiro do primeiro ano subsequente ao da data de publicação da referida Lei Complementar – *D.O.U.* 8.8.2014.

§ 5º-G. (*Revogado pela LC 147/2014, em vigor na data de sua publicação, produzindo efeitos a partir de 1º de janeiro do primeiro ano subsequente ao da data de publicação da referida Lei Complementar* – D.O.U. *8.8.2014*).

§ 5º-H A vedação de que trata o inciso XII do *caput* do art. 17 desta Lei Complementar não se aplica às atividades referidas no § 5º-C deste artigo.

§ 5º-I. Sem prejuízo do disposto no § 1º do art. 17 desta Lei Complementar, as seguintes atividades de prestação de serviços serão tributadas na forma do Anexo VI desta Lei Complementar:

→ § 5º-I acrescentado pela LC 147/2014, em vigor na data de sua publicação, produzindo efeitos a partir de 1º de janeiro do primeiro ano subsequente ao da data de publicação da referida Lei Complementar – *D.O.U.* 8.8.2014.

I – medicina, inclusive laboratorial e enfermagem;

II – medicina veterinária;

III – odontologia;

IV – psicologia, psicanálise, terapia ocupacional, acupuntura, podologia, fonoaudiologia, clínicas de nutrição e de vacinação e bancos de leite;

V – serviços de comissária, de despachantes, de tradução e de interpretação;

VI – arquitetura, engenharia, medição, cartografia, topografia, geologia, geodésia, testes, suporte e análises técnicas e tecnológicas, pesquisa, design, desenho e agronomia;

VII – representação comercial e demais atividades de intermediação de negócios e serviços de terceiros;

VIII – perícia, leilão e avaliação;

IX – auditoria, economia, consultoria, gestão, organização, controle e administração;

X – jornalismo e publicidade;

XI – agenciamento, exceto de mão de obra;

XII – outras atividades do setor de serviços que tenham por finalidade a prestação de serviços decorrentes do exercício de atividade intelectual, de natureza técnica, científica, desportiva, artística ou cultural, que constitua profissão regulamentada ou não, desde que não sujeitas à tributação na forma dos Anexos III, IV ou V desta Lei Complementar.

§ 6º No caso dos serviços previstos no § 2º do art. 6º da Lei Complementar 116, de 31 de julho de 2003, prestados pelas microempresas e pelas empresas de pequeno porte, o tomador do serviço deverá reter o montante correspondente na forma da legislação do município onde estiver localizado, observado o disposto no § 4º do art. 21 desta Lei Complementar.

§ 7º A sociedade de propósito específico de que trata o art. 56 desta Lei Complementar que houver adquirido mercadorias de microempresa ou empresa de pequeno porte que seja sua sócia, bem como a empresa comercial exportadora que houver adquirido mercadorias ou serviços de empresa optante pelo Simples Nacional, com o fim específico de exportação para o exterior, que, no prazo de 180 (cento e oitenta) dias, contado da data da emissão da nota fiscal pela vendedora, não comprovar o seu embarque para o exterior ficará sujeita ao pagamento de todos os impostos e contribuições que deixaram de ser pagos pela empresa vendedora, acrescidos de juros de mora e multa, de mora ou de ofício, calculados na forma da legislação relativa à cobrança do tributo não pago, aplicável à sociedade de propósito específico ou à própria comercial exportadora.

→ § 7º com redação alterada pela LC 147/2014, em vigor na data de sua publicação, produzindo efeitos a partir de 1º de janeiro do primeiro ano subsequente ao da data de publicação da referida Lei Complementar – *D.O.U.* 8.8.2014.

§ 8º Para efeito do disposto no § 7º deste artigo, considera-se vencido o prazo para o pagamento na data em que a empresa vendedora deveria fazê-lo, caso a venda houvesse sido efetuada para o mercado interno.

§ 9º Relativamente à contribuição patronal previdenciária, devida pela vendedora, a sociedade de propósito específico de que trata o art. 56 desta Lei Complementar ou a comercial exportadora deverão recolher, no prazo previsto no § 8º deste artigo, o valor correspondente a 11% (onze por cento) do valor das mercadorias não exportadas nos termos do § 7º deste artigo.

§ 10. Na hipótese do § 7º deste artigo, a sociedade de propósito específico de que trata o art. 56 desta Lei Complementar ou a empresa comercial exportadora não poderão deduzir do montante devido qualquer valor a título de crédito de Imposto sobre Produtos Industrializados – IPI da Contribuição para o PIS/Pasep ou da Cofins, decorrente da aquisição das mercadorias e serviços objeto da incidência.

§ 11. Na hipótese do § 7º deste artigo, a sociedade de propósito específico ou a empresa comercial exportadora deverão pagar, também, os impostos e contribuições devidos nas vendas para o mercado interno, caso, por qualquer forma, tenham alienado ou utilizado as mercadorias.

§ 12. Na apuração do montante devido no mês relativo a cada tributo, para o contribuinte que apure receitas mencionadas nos incisos I a III e V do § 4º-A deste artigo, serão consideradas as reduções relativas aos tributos já recolhidos, ou sobre os quais tenha havido tributação monofásica, isenção, redução ou, no caso do ISS, que o valor tenha sido objeto de retenção ou seja devido diretamente ao Município.

→ § 12 com redação alterada pela LC 147/2014.

§ 13. Para efeito de determinação da redução de que trata o § 12 deste artigo, as receitas serão discriminadas em comerciais, industriais ou de prestação de serviços na forma dos Anexos I, II, III, IV, V e VI desta Lei Complementar.

→ § 13 com redação alterada pela LC 147/2014, em vigor na data de sua publicação, produzindo efeitos a partir de 1º de janeiro do primeiro ano subsequente ao da data de publicação da referida Lei Complementar – *D.O.U.* 8.8.2014.

§ 14. A redução no montante a ser recolhido no Simples Nacional relativo aos valores das receitas decorrentes da exportação de que trata o inciso IV do § 4º-A deste artigo corresponderá tão somente aos percentuais relativos à Cofins, à Contribuição para o PIS/Pasep, ao IPI, ao ICMS e ao ISS, constantes dos Anexos I a VI desta Lei Complementar.

→ *Caput* do § 14 com redação alterada pela LC 147/2014, em vigor na data de sua publicação, produzindo efeitos a partir de 1º de janeiro do primeiro ano subsequente ao da data de publicação da referida Lei Complementar – *D.O.U.* 8.8.2014.

I – *(Revogado pela LC 147/2014, em vigor na data de sua publicação, produzindo efeitos a partir de 1º de janeiro do primeiro ano subsequente ao da data de publicação da referida Lei Complementar* – D.O.U. *8.8.2014).*

II – *(Revogado pela LC 147/2014, em vigor na data de sua publicação, produzindo efeitos a partir de 1º de janeiro do primeiro ano subsequente ao da data de publicação da referida Lei Complementar* – D.O.U. *8.8.2014).*

§ 15. Será disponibilizado sistema eletrônico para realização do cálculo simplificado do valor mensal devido referente ao Simples Nacional.

§ 15-A. As informações prestadas no sistema eletrônico de cálculo de que trata o § 15:

I – têm caráter declaratório, constituindo confissão de dívida e instrumento hábil e suficiente para a exigência dos tributos e contribuições que não tenham sido recolhidos resultantes das informações nele prestadas; e

II – deverão ser fornecidas à Secretaria da Receita Federal do Brasil até o vencimento do prazo para pagamento dos tributos devidos no Simples Nacional em cada mês, relativamente aos fatos geradores ocorridos no mês anterior.

§ 16. Na hipótese do § 12 do art. 3º, a parcela de receita bruta que exceder o montante determinado no § 10 daquele artigo estará sujeita às alíquotas máximas previstas nos Anexos I a VI desta Lei Complementar, proporcionalmente conforme o caso, acrescidas de 20% (vinte por cento).

→ § 16 com redação alterada pela LC 147/2014, em vigor na data de sua publicação, produzindo efeitos a partir de 1º de janeiro do primeiro ano subsequente ao da data de publicação da referida Lei Complementar – *D.O.U.* 8.8.2014.

§ 16-A. O disposto no § 16 aplica-se, ainda, às hipóteses de que trata o § 9º do art. 3º, a partir do mês em que ocorrer o excesso do limite da receita bruta anual e até o mês anterior aos efeitos da exclusão.

§ 17. Na hipótese do § 13 do art. 3º, a parcela de receita bruta que exceder os montantes determinados no § 11 daquele artigo estará sujeita, em relação aos percentuais aplicáveis ao ICMS e ao ISS, às alíquotas máximas correspondentes a essas faixas previstas nos Anexos I a VI desta Lei Complementar, proporcionalmente conforme o caso, acrescidas de 20% (vinte por cento).

→ § 17 com redação alterada pela LC 147/2014, em vigor na data de sua publicação, produzindo efeitos a partir de 1º de janeiro do primeiro ano subsequente ao da data de publicação da referida Lei Complementar – *D.O.U.* 8.8.2014.

§ 17-A. O disposto no § 17 aplica-se, ainda, à hipótese de que trata o § 1º do art. 20, a partir do mês em que ocorrer o excesso do limite da receita bruta anual e até o mês anterior aos efeitos do impedimento.

§ 18. Os Estados, o Distrito Federal e os Municípios, no âmbito das respectivas competências, poderão estabelecer, na forma definida pelo Comitê Gestor, independentemente da receita bruta recebida no mês pelo contribuinte, valores fixos mensais para o recolhimento do ICMS e do ISS devido por microempresa que aufira receita bruta, no ano-calendário anterior, de até o limite máximo previsto na segunda faixa de receitas brutas anuais constantes dos Anexos I a VI, ficando a microempresa sujeita a esses valores durante todo o ano-calendário, ressalvado o disposto no § 18-A.

→ § 18 com redação alterada pela LC 147/2014, em vigor na data de sua publicação, produzindo efeitos a partir de 1º de janeiro do primeiro ano subsequente ao da data de publicação da referida Lei Complementar – *D.O.U.* 8.8.2014.

§ 18-A. A microempresa que, no ano-calendário, exceder o limite de receita bruta previsto no § 18 fica impedida de recolher o ICMS ou o ISS pela sistemática de valor fixo, a partir do mês subsequente à ocorrência do excesso, sujeitando-se à apuração desses tributos na forma das demais empresas optantes pelo Simples Nacional.

→ § 18-A acrescentado pela LC 147/2014, em vigor na data de sua publicação, produzindo efeitos a partir de 1º de janeiro do primeiro ano subsequente ao da data de publicação da referida Lei Complementar – *D.O.U.* 8.8.2014.

§ 19. Os valores estabelecidos no § 18 deste artigo não poderão exceder a 50% (cinquenta por cento) do maior recolhimento possível do tributo para a faixa de enquadramento prevista na tabela do *caput* deste artigo, respeitados os acréscimos decorrentes do tipo de atividade da empresa estabelecidos no § 5º deste artigo.

§ 20. Na hipótese em que o Estado, o Município ou o Distrito Federal concedam isenção ou redução do ICMS ou do ISS devido por microempresa ou empresa de pequeno porte, ou ainda determine recolhimento de valor fixo para esses tributos, na forma do § 18 deste artigo, será realizada redução proporcional ou ajuste do valor a ser recolhido, na forma definida em resolução do Comitê Gestor.

§ 20-A. A concessão dos benefícios de que trata o § 20 deste artigo poderá ser realizada:

I – mediante deliberação exclusiva e unilateral do Estado, do Distrito Federal ou do Município concedente;

II – de modo diferenciado para cada ramo de atividade.

§ 20-B. A União, os Estados e o Distrito Federal poderão, em lei específica destinada à ME ou EPP optante pelo Simples Nacional, estabelecer isenção ou redução de COFINS, Contribuição para o PIS/Pasep e ICMS para produtos da cesta básica, discriminando a abrangência da sua concessão.

→ § 20-B acrescentado pela LC 147/2014.

§ 21. O valor a ser recolhido na forma do disposto no § 20 deste artigo, exclusivamente na hipótese de isenção, não integrará o montante a ser partilhado com o respectivo Município, Estado ou Distrito Federal.

§ 22. *(Revogado).*

§ 22-A. A atividade constante do inciso XIV do § 5º-B deste artigo recolherá o ISS em valor fixo, na forma da legislação municipal.

§ 22-B. Os escritórios de serviços contábeis, individualmente ou por meio de suas entidades representativas de classe, deverão:

I – promover atendimento gratuito relativo à inscrição, à opção de que trata o art. 18-A desta Lei Complementar e à primeira declaração anual simplificada da microempresa individual, podendo, para tanto, por meio de suas entidades representativas de classe, firmar convênios e acordos com a União, os Estados, o Distrito Federal e os Municípios, por intermédio dos seus órgãos vinculados;

II – fornecer, na forma estabelecida pelo Comitê Gestor, resultados de pesquisas quantitativas e qualitativas relativas às microempresas e empresas de pequeno porte optantes pelo Simples Nacional por eles atendidas;

III – promover eventos de orientação fiscal, contábil e tributária para as microempresas e empresas de pequeno porte optantes pelo Simples Nacional por eles atendidas.

§ 22-C. Na hipótese de descumprimento das obrigações de que trata o § 22-B deste artigo, o escritório será excluído do Simples Nacional, com efeitos a partir do mês subsequente ao do descumprimento, na forma regulamentada pelo Comitê Gestor.

§ 23. Da base de cálculo do ISS será abatido o material fornecido pelo prestador dos serviços previstos nos itens 7.02 e 7.05 da lista de serviços anexa à Lei Complementar 116, de 31 de julho de 2003.

§ 24. Para efeito de aplicação dos Anexos V e VI desta Lei Complementar, considera-se folha de salários, incluídos encargos, o montante pago, nos 12 (doze) meses anteriores ao do período de apuração, a título de remunerações a pessoas físicas decorrentes do trabalho, incluídas retiradas de pró-labore, acrescidos do montante efetivamente recolhido a título de contribuição patronal previdenciária e para o FGTS.

→ § 24 com redação alterada pela LC 147/2014, em vigor na data de sua publicação, produzindo efeitos a partir de 1º de janeiro do primeiro ano subsequente ao da data de publicação da referida Lei Complementar – *D.O.U.* 8.8.2014.

§ 25. Para efeito do disposto no § 24 deste artigo, deverão ser consideradas tão somente as remunerações informadas na forma prevista no inciso IV do *caput* do art. 32 da Lei 8.212, de 24 de julho de 1991.

§ 26. Não são considerados, para efeito do disposto no § 24, valores pagos a título de aluguéis e de distribuição de lucros, observado o disposto no § 1º do art. 14.

Art. 18-A. O Microempreendedor Individual – MEI poderá optar pelo recolhimento dos impostos e contribuições abrangidos pelo Simples Nacional em valores fixos mensais, independentemente da receita bruta por ele auferida no mês, na forma prevista neste artigo.

§ 1º Para os efeitos desta Lei Complementar, considera-se MEI o empresário individual a que se refere o art. 966 da Lei 10.406, de 10 de janeiro de 2002 (Código Civil), que tenha auferido receita bruta, no ano-calendário anterior, de até R$ 60.000,00 (sessenta mil reais), optante pelo Simples Nacional e que não esteja impedido de optar pela sistemática prevista neste artigo.

§ 2º No caso de início de atividades, o limite de que trata o § 1º será de R$ 5.000,00 (cinco mil reais) multiplicados pelo número de meses compreendido entre o início da atividade e o final do respectivo ano-calendário, consideradas as frações de meses como um mês inteiro.

§ 3º Na vigência da opção pela sistemática de recolhimento prevista no *caput* deste artigo:

I – não se aplica o disposto no § 18 do art. 18 desta Lei Complementar;

II – não se aplica a redução prevista no § 20 do art. 18 desta Lei Complementar ou qualquer dedução na base de cálculo;

III – não se aplicam as isenções específicas para as microempresas e empresas de pequeno porte concedidas pelo Estado, Município ou Distrito Federal a partir de 1º de julho de 2007 que abranjam integralmente a faixa de receita bruta anual até o limite previsto no § 1º;

IV – a opção pelo enquadramento como Microempreendedor Individual importa opção pelo recolhimento da contribuição referida no inciso X do § 1º do art. 13 desta Lei Complementar na forma prevista no § 2º do art. 21 da Lei 8.212, de 24 de julho de 1991;

V – o Microempreendedor Individual recolherá, na forma regulamentada pelo Comitê Gestor, valor fixo mensal correspondente à soma das seguintes parcelas:

a) R$ 45,65 (quarenta e cinco reais e sessenta e cinco centavos), a título da contribuição prevista no inciso IV deste parágrafo;

b) R$ 1,00 (um real), a título do imposto referido no inciso VII do *caput* do art. 13 desta Lei Complementar, caso seja contribuinte do ICMS; e

c) R$ 5,00 (cinco reais), a título do imposto referido no inciso VIII do *caput* do art. 13 desta Lei Complementar, caso seja contribuinte do ISS;

VI – sem prejuízo do disposto nos §§ 1º a 3º do art. 13, o MEI terá isenção dos tributos referidos nos incisos I a VI do *caput* daquele artigo, ressalvado o disposto no art. 18-C.

§ 4º Não poderá optar pela sistemática de recolhimento prevista no *caput* deste artigo o MEI:

I – cuja atividade seja tributada na forma dos Anexos V ou VI desta Lei Complementar, salvo autorização relativa a exercício de atividade isolada na forma regulamentada pelo CGSN;

→ Inciso I com redação alterada pela LC 147/2014, em vigor na data de sua publicação, produzindo efeitos a partir de 1º de janeiro do primeiro ano subsequente ao da data de publicação da referida Lei Complementar – *D.O.U.* 8.8.2014.

II – que possua mais de um estabelecimento;

III – que participe de outra empresa como titular, sócio ou administrador; ou

IV – que contrate empregado.

§ 4º-A. Observadas as demais condições deste artigo, poderá optar pela sistemática de recolhimento prevista no *caput* o empresário individual que exerça atividade de comercialização e processamento de produtos de natureza extrativista.

§ 4º-B. O CGSN determinará as atividades autorizadas a optar pela sistemática de recolhimento de que trata este artigo, de forma a evitar a fragilização das relações de trabalho, bem como sobre a incidência do ICMS e do ISS.

§ 5º A opção de que trata o *caput* deste artigo dar-se-á na forma a ser estabelecida em ato do Comitê Gestor, observando-se que:

I – será irretratável para todo o ano-calendário;

II – deverá ser realizada no início do ano-calendário, na forma disciplinada pelo Comitê Gestor, produzindo efeitos a partir do primeiro dia do ano-calendário da opção, ressalvado o disposto no inciso III;

III – produzirá efeitos a partir da data do início de atividade desde que exercida nos termos, prazo e condições a serem estabelecidos em ato do Comitê Gestor a que se refere o *caput* deste parágrafo.

§ 6º O desenquadramento da sistemática de que trata o *caput* deste artigo será realizado de ofício ou mediante comunicação do MEI.

§ 7º O desenquadramento mediante comunicação do MEI à Secretaria da Receita Federal do Brasil – RFB dar-se-á:

I – por opção, que deverá ser efetuada no início do ano-calendário, na forma disciplinada pelo Comitê Gestor, produzindo efeitos a partir de 1º de janeiro do ano-calendário da comunicação;

II – obrigatoriamente, quando o MEI incorrer em alguma das situações previstas no § 4º deste artigo, devendo a comunicação ser efetuada até o último dia útil do mês subsequente àquele em que ocorrida a situação de vedação, produzindo efeitos a partir do mês subsequente ao da ocorrência da situação impeditiva;

III – obrigatoriamente, quando o MEI exceder, no ano-calendário, o limite de receita bruta previsto no § 1º deste artigo, devendo a comunicação ser efetuada até o último dia útil do mês subsequente àquele em que ocorrido o excesso, produzindo efeitos:

a) a partir de 1º de janeiro do ano-calendário subsequente ao da ocorrência do excesso, na hipótese de não ter ultrapassado o referido limite em mais de 20% (vinte por cento);

b) retroativamente a 1º de janeiro do ano-calendário da ocorrência do excesso, na hipótese de ter ultrapassado o referido limite em mais de 20% (vinte por cento);

IV – obrigatoriamente, quando o MEI exceder o limite de receita bruta previsto no § 2º deste artigo, devendo a comunicação ser efetuada até o último dia útil do mês subsequente àquele em que ocorrido o excesso, produzindo efeitos:

a) a partir de 1º de janeiro do ano-calendário subsequente ao da ocorrência do excesso, na hipótese de não ter ultrapassado o referido limite em mais de 20% (vinte por cento);

b) retroativamente ao início de atividade, na hipótese de ter ultrapassado o referido limite em mais de 20% (vinte por cento).

§ 8º O desenquadramento de ofício dar-se-á quando verificada a falta de comunicação de que trata o § 7º deste artigo.

§ 9º O Empresário Individual desenquadrado da sistemática de recolhimento prevista no *caput* deste artigo passará a recolher os tributos devidos pela regra geral do Simples Nacional a partir da data de início dos efeitos do desenquadramento, ressalvado o disposto no § 10 deste artigo.

§ 10. Nas hipóteses previstas nas alíneas *a* dos incisos III e IV do § 7º deste artigo, o MEI deverá recolher a diferença, sem acréscimos, em parcela única, juntamente com a da apuração do mês de janeiro do ano-calendário subsequente ao do excesso, na forma a ser estabelecida em ato do Comitê Gestor.

§ 11. O valor referido na alínea a do inciso V do § 3º deste artigo será reajustado, na forma prevista em lei ordinária, na mesma data de reajustamento dos benefícios de que trata a Lei 8.213, de 24 de julho de 1991, de forma a manter equivalência com a contribuição de que trata o § 2º do art. 21 da Lei 8.212, de 24 de julho de 1991.

§ 12. Aplica-se ao MEI que tenha optado pela contribuição na forma do § 1º deste artigo o disposto no § 4º do art. 55 e no § 2º do art. 94, ambos da Lei 8.213, de 24 de julho de 1991, exceto se optar pela complementação da contribuição previdenciária a que se refere o § 3º do art. 21 da Lei 8.212, de 24 de julho de 1991.

§ 13. O MEI está dispensado, ressalvado o disposto no art. 18-C desta Lei Complementar, de:

I – atender o disposto no inciso IV do *caput* do art. 32 da Lei 8.212, de 24 de julho de 1991;

II – apresentar a Relação Anual de Informações Sociais (Rais); e

III – declarar ausência de fato gerador para a Caixa Econômica Federal para emissão da Certidão de Regularidade Fiscal perante o FGTS.

§ 14. O Comitê Gestor disciplinará o disposto neste artigo.

§ 15. A inadimplência do recolhimento do valor previsto na alínea a do inciso V do § 3º tem como consequência a não contagem da competência em atraso para fins de carência para obtenção dos benefícios previdenciários respectivos.

§ 15-A. Ficam autorizados os Estados, o Distrito Federal e os Municípios a promover a remissão dos débitos decorrentes dos valores previstos nas alíneas *b* e *c* do inciso V do § 3º, inadimplidos isolada ou simultaneamente.

→ § 15-A acrescentado pela LC 147/2014.

§ 15-B. O MEI poderá ter sua inscrição automaticamente cancelada após período de 12 (doze) meses consecutivos sem recolhimento ou declarações, independentemente de qualquer notificação, devendo a informação ser publicada no Portal do Empreendedor, na forma regulamentada pelo CGSIM.

→ § 15-B acrescentado pela LC 147/2014.

§ 16. O CGSN estabelecerá, para o MEI, critérios, procedimentos, prazos e efeitos diferenciados para desenquadramento da sistemática de que trata este artigo, cobrança, inscrição em dívida ativa e exclusão do Simples Nacional.

§ 17. A alteração de dados no CNPJ informada pelo empresário à Secretaria da Receita Federal do Brasil equivalerá à comunicação obrigatória de desenquadramento da sistemática de recolhimento de que trata este artigo, nas seguintes hipóteses:

I – alteração para natureza jurídica distinta de empresário individual a que se refere o art. 966 da Lei 10.406, de 10 de janeiro de 2002 (Código Civil);

II – inclusão de atividade econômica não autorizada pelo CGSN;

III – abertura de filial.

§ 18. Os Municípios somente poderão realizar o cancelamento da inscrição do MEI caso tenham regulamentação própria de classificação de risco e o respectivo processo simplificado de inscrição e legalização, em conformidade com esta Lei Complementar e com as resoluções do CGSIM.

→ § 18 acrescentado pela LC 147/2014.

§ 19. Fica vedada aos conselhos representativos de categorias econômicas a exigência de obrigações diversas das estipuladas nesta Lei Complementar para inscrição do MEI em seus quadros, sob pena de responsabilidade.

→ § 19 acrescentado pela LC 147/2014, em vigor na data de sua publicação, produzindo efeitos a partir de 1º de janeiro do primeiro ano subsequente ao da data de publicação da referida Lei Complementar – *D.O.U.* 8.8.2014.

§ 20. Os documentos fiscais das microempresas e empresas de pequeno porte poderão ser emitidos diretamente por sistema nacional informatizado e pela internet, sem custos para o empreendedor, na forma regulamentada pelo Comitê Gestor do Simples Nacional.

→ § 20 acrescentado pela LC 147/2014.

§ 21. Assegurar-se-á o registro nos cadastros oficiais ao guia de turismo inscrito como MEI.

→ § 21 acrescentado pela LC 147/2014.

§ 22. Fica vedado às concessionárias de serviço público o aumento das tarifas pagas pelo MEI por conta da modificação da sua condição de pessoa física para pessoa jurídica.

→ § 22 acrescentado pela LC 147/2014.

§ 23. (*Vetado*).

→ § 23 acrescentado pela LC 147/2014.

§ 24. Aplica-se ao MEI o disposto no inciso XI do § 4º do art. 3º.

→ § 24 acrescentado pela LC 147/2014.

Art. 18-B. A empresa contratante de serviços executados por intermédio do MEI mantém, em relação a esta contratação, a obrigatoriedade de recolhimento da contribuição a que se refere o inciso III do *caput* e o § 1º do art. 22 da Lei 8.212, de 24 de julho de 1991, e o cumprimento das obrigações acessórias relativas à contratação de contribuinte individual.

§ 1º Aplica-se o disposto neste artigo exclusivamente em relação ao MEI que for contratado para prestar serviços de hidráulica, eletricidade, pintura, alvenaria, carpintaria e de manutenção ou reparo de veículos.

→ § 1º com redação alterada pela LC 147/2014.

§ 2º O disposto no *caput* e no § 1º não se aplica quando presentes os elementos da relação de emprego, ficando a contratante sujeita a todas as obrigações dela decorrentes, inclusive trabalhistas, tributárias e previdenciárias.

Art. 18-C. Observado o disposto no art. 18-A, e seus parágrafos, desta Lei Complementar, poderá se enquadrar como MEI o empresário individual que possua um único empregado que receba exclusivamente 1 (um) salário mínimo ou o piso salarial da categoria profissional.

§ 1º Na hipótese referida no *caput*, o MEI:

I – deverá reter e recolher a contribuição previdenciária relativa ao segurado a seu serviço na forma da lei, observados prazo e condições estabelecidos pelo CGSN;

II – é obrigado a prestar informações relativas ao segurado a seu serviço, na forma estabelecida pelo CGSN; e

III – está sujeito ao recolhimento da contribuição de que trata o inciso VI do *caput* do art. 13, calculada à alíquota de 3% (três por cento) sobre o salário de contribuição previsto no *caput*, na forma e prazos estabelecidos pelo CGSN.

§ 2º Para os casos de afastamento legal do único empregado do MEI, será permitida a contratação de outro empregado, inclusive por prazo determinado, até que cessem as condições do afastamento, na forma estabelecida pelo Ministério do Trabalho e Emprego.

§ 3º O CGSN poderá determinar, com relação ao MEI, a forma, a periodicidade e o prazo:

I – de entrega à Secretaria da Receita Federal do Brasil de uma única declaração com dados relacionados a fatos geradores, base de cálculo e valores dos tributos previstos nos arts. 18-A e 18-C, da contribuição para a Seguridade Social descontada do empregado e do Fundo de Garantia do Tempo de Serviço (FGTS), e outras informações de interesse do Ministério do Trabalho e Emprego, do Instituto Nacional do Seguro Social (INSS) e do Conselho Curador do FGTS, observado o disposto no § 7º do art. 26;

II – do recolhimento dos tributos previstos nos arts. 18-A e 18-C, bem como do FGTS e da contribuição para a Seguridade Social descontada do empregado.

§ 4º A entrega da declaração única de que trata o inciso I do § 3º substituirá, na forma regulamentada pelo CGSN, a obrigatoriedade de entrega de todas as informações, formulários e declarações a que estão sujeitas as demais empresas ou equiparados que contratam empregados, inclusive as relativas ao recolhimento do FGTS, à Relação Anual de Informações Sociais (Rais) e ao Cadastro Geral de Empregados e Desempregados (Caged).

§ 5º Na hipótese de recolhimento do FGTS na forma do inciso II do § 3º, deve-se assegurar a transferência dos recursos e dos elementos identificadores do recolhimento ao gestor desse fundo para crédito na conta vinculada do trabalhador.

§ 6º O documento de que trata o inciso I do § 3º deste artigo tem caráter declaratório, constituindo instrumento hábil e suficiente para a exigência dos tributos e dos débitos fundiários que não tenham sido recolhidos resultantes das informações nele prestadas.

→ § 6º acrescentado pela LC 147/2014.

Art. 18-D. A tributação municipal do imposto sobre imóveis prediais urbanos deverá assegurar tratamento mais favorecido ao MEI para realização de sua atividade no mesmo local em que residir, mediante aplicação da menor alíquota vigente para aquela localidade, seja residencial ou comercial, nos termos da lei, sem prejuízo de eventual isenção ou imunidade existente.

→ Artigo acrescentado pela LC 147/2014.

Art. 18-E. O instituto do MEI é uma política pública que tem por objetivo a formalização de pequenos empreendimentos e a inclusão social e previdenciária.

→ Artigo acrescentado pela LC 147/2014.

§ 1º A formalização de MEI não tem caráter eminentemente econômico ou fiscal.

§ 2º Todo benefício previsto nesta Lei Complementar aplicável à microempresa estende-se ao MEI sempre que lhe for mais favorável.

§ 3º O MEI é modalidade de microempresa.

§ 4º É vedado impor restrições ao MEI relativamente ao exercício de profissão ou participação em licitações, em função da sua respectiva natureza jurídica.

Art. 19. Sem prejuízo da possibilidade de adoção de todas as faixas de receita previstas nos Anexos I a VI desta Lei Complementar, os Estados poderão optar pela aplicação de sublimite para efeito de recolhimento do ICMS na forma do Simples Nacional em seus respectivos territórios, da seguinte forma:

→ *Caput* com redação alterada pela LC 147/2014, em vigor na data de sua publicação, produzindo efeitos a partir de 1º de janeiro do primeiro ano subsequente ao da data de publicação da referida Lei Complementar – *D.O.U.* 8.8.2014.

I – os Estados cuja participação no Produto Interno Bruto brasileiro seja de até 1% (um por cento) poderão optar pela aplicação, em seus respectivos territórios, das faixas de receita bruta anual até 35% (trinta e cinco por cento), ou até 50% (cinquenta por cento), ou até 70% (setenta por cento) do limite previsto no inciso II do *caput* do art. 3º;

II – os Estados cuja participação no Produto Interno Bruto brasileiro seja de mais de 1% (um por cento) e de menos de 5% (cinco por cento) poderão optar pela aplicação, em seus respectivos territórios, das faixas de receita bruta anual até 50% (cinquenta por cento) ou até 70% (setenta por cento) do limite previsto no inciso II do *caput* do art. 3º; e

III – os Estados cuja participação no Produto Interno Bruto brasileiro seja igual ou superior a 5% (cinco por cento) ficam obrigados a adotar todas as faixas de receita bruta anual.

§ 1º A participação no Produto Interno Bruto brasileiro será apurada levando em conta o último resultado divulgado pelo Instituto Brasileiro de Geografia e Estatística ou outro órgão que o substitua.

§ 2º A opção prevista nos incisos I e II do *caput*, bem como a obrigatoriedade prevista no inciso III do *caput*, surtirá efeitos somente para o ano-calendário subsequente, salvo deliberação do CGSN.

§ 3º O disposto neste artigo aplica-se ao Distrito Federal.

Art. 20. A opção feita na forma do art. 19 desta Lei Complementar pelos Estados importará adoção do mesmo limite de receita bruta anual para efeito de recolhimento na forma do ISS dos Municípios nele localizados, bem como para o do ISS devido no Distrito Federal.

§ 1º A empresa de pequeno porte que ultrapassar os limites a que se referem os incisos I ou II do *caput* do art. 19 estará automaticamente impedida de recolher o ICMS e o ISS na forma do Simples Nacional, a partir do mês subsequente ao que tiver ocorrido o excesso, relativamente aos seus estabelecimentos localizados na unidade da Federação que os houver adotado, ressalvado o disposto nos §§ 11 e 13 do art. 3º.

§ 1º-A. Os efeitos do impedimento previsto no § 1º ocorrerão no ano-calendário subsequente se o excesso verificado não for superior a 20% (vinte por cento) dos limites referidos.

§ 2º O disposto no § 1º deste artigo não se aplica na hipótese de o Estado ou de o Distrito Federal adotarem, compulsoriamente ou por opção, a aplicação de faixa de receita bruta superior à que vinha sendo utilizada no ano-calendário em que ocorreu o excesso da receita bruta.

§ 3º Na hipótese em que o recolhimento do ICMS ou do ISS não esteja sendo efetuado por meio do Simples Nacional por força do disposto neste artigo e no art. 19 desta Lei Complementar, as faixas de receita do Simples Nacional superiores àquela que tenha sido objeto de opção pelos Estados ou pelo Distrito Federal sofrerão, para efeito de recolhimento do Simples Nacional, redução na alíquota equivalente aos percentuais relativos a esses impostos constantes dos Anexos I a VI desta Lei Complementar, conforme o caso.

→ § 3º com redação alterada pela LC 147/2014, em vigor na data de sua publicação, produzindo efeitos a partir de 1º de janeiro do primeiro ano subsequente ao da data de publicação da referida Lei Complementar – *D.O.U.* 8.8.2014.

§ 4º O Comitê Gestor regulamentará o disposto neste artigo e no art. 19 desta Lei Complementar.

Seção IV
Do recolhimento dos tributos devidos

Art. 21. Os tributos devidos, apurados na forma dos arts. 18 a 20 desta Lei Complementar, deverão ser pagos:

I – por meio de documento único de arrecadação, instituído pelo Comitê Gestor;

II – *(Revogado).*

III – enquanto não regulamentado pelo Comitê Gestor, até o último dia útil da primeira quinzena do mês subsequente àquele a que se referir;

IV – em banco integrante da rede arrecadadora do Simples Nacional, na forma regulamentada pelo Comitê Gestor.

§ 1º Na hipótese de a microempresa ou a empresa de pequeno porte possuir filiais, o recolhimento dos tributos do Simples Nacional dar-se-á por intermédio da matriz.

§ 2º Poderá ser adotado sistema simplificado de arrecadação do Simples Nacional, inclusive sem utilização da rede bancária, mediante requerimento do Estado, Distrito Federal ou Município ao Comitê Gestor.

§ 3º O valor não pago até a data do vencimento sujeitar-se-á à incidência de encargos legais na forma prevista na legislação do imposto sobre a renda.

§ 4º A retenção na fonte de ISS das microempresas ou das empresas de pequeno porte optantes pelo Simples Nacional somente será permitida se observado o disposto no art. 3º da Lei Complementar 116, de 31 de julho de 2003, e deverá observar as seguintes normas:

I – a alíquota aplicável na retenção na fonte deverá ser informada no documento fiscal e corresponderá ao percentual de ISS previsto nos Anexos III, IV, V ou VI desta Lei Complementar para a faixa de receita bruta a que a microempresa ou a empresa de pequeno porte estiver sujeita no mês anterior ao da prestação;

→ Inciso I com redação alterada pela LC 147/2014, em vigor na data de sua publicação, produzindo efeitos a partir de 1º de janeiro do primeiro ano subsequente ao da data de publicação da referida Lei Complementar – *D.O.U.* 8.8.2014.

II – na hipótese de o serviço sujeito à retenção ser prestado no mês de início de atividades da microempresa ou empresa de pequeno porte, deverá ser aplicada pelo tomador a alíquota correspondente ao percentual de ISS referente à menor alíquota prevista nos Anexos III, IV, V ou VI desta Lei Complementar;

→ Inciso II com redação alterada pela LC 147/2014, em vigor na data de sua publicação, produzindo efeitos a partir de 1º de janeiro do primeiro ano subsequente ao da data de publicação da referida Lei Complementar – *D.O.U.* 8.8.2014.

III – na hipótese do inciso II deste parágrafo, constatando-se que houve diferença entre a alíquota utilizada e a efetivamente apurada, caberá à microempresa ou empresa de pequeno porte prestadora dos serviços efetuar o recolhimento dessa diferença no mês subsequente ao do início de atividade em guia própria do Município;

IV – na hipótese de a microempresa ou empresa de pequeno porte estar sujeita à tributação do ISS no Simples Nacional por valores fixos mensais, não caberá a retenção a que se refere o *caput* deste parágrafo;

V – na hipótese de a microempresa ou empresa de pequeno porte não informar a alíquota de que tratam os incisos I e II deste parágrafo no documento fiscal, aplicar-se-á a alíquota correspondente ao percentual de ISS referente à maior alíquota prevista nos Anexos III, IV, V ou VI desta Lei Complementar;

→ Inciso V com redação alterada pela LC 147/2014, em vigor na data de sua publicação, produzindo efeitos a partir de 1º de janeiro do primeiro ano subsequente ao da data de publicação da referida Lei Complementar – *D.O.U.* 8.8.2014.

VI – não será eximida a responsabilidade do prestador de serviços quando a alíquota do ISS informada no documento fiscal for inferior à devida, hipótese em que o recolhimento dessa diferença será realizado em guia própria do Município;

VII – o valor retido, devidamente recolhido, será definitivo, não sendo objeto de partilha com os municípios, e sobre a receita de prestação de serviços que sofreu a retenção não haverá incidência de ISS a ser recolhido no Simples Nacional.

§ 4º-A. Na hipótese de que tratam os incisos I e II do § 4º, a falsidade na prestação dessas informações sujeitará o responsável, o titular, os sócios ou os administradores da microempresa e da empresa de pequeno porte, juntamente com as demais pessoas que para ela concorrerem, às penalidades previstas na legislação criminal e tributária.

§ 5º O CGSN regulará a compensação e a restituição dos valores do Simples Nacional recolhidos indevidamente ou em montante superior ao devido.

§ 6º O valor a ser restituído ou compensado será acrescido de juros obtidos pela aplicação da taxa referencial do Sistema Especial de Liquidação e de Custódia (Selic) para títulos federais, acumulada mensalmente, a partir do mês subsequente ao do pagamento indevido ou a maior que o devido até o mês anterior ao da compensação ou restituição, e de 1% (um por cento) relativamente ao mês em que estiver sendo efetuada.

§ 7º Os valores compensados indevidamente serão exigidos com os acréscimos moratórios de que trata o art. 35.

§ 8º Na hipótese de compensação indevida, quando se comprove falsidade de declaração apresentada pelo sujeito passivo, o contribuinte estará sujeito à multa isolada aplicada no percentual previsto no inciso I do *caput* do art. 44 da Lei 9.430, de 27 de dezembro de 1996, aplicado em dobro, e terá como base de cálculo o valor total do débito indevidamente compensado.

§ 9º É vedado o aproveitamento de créditos não apurados no Simples Nacional, inclusive de natureza não tributária, para extinção de débitos do Simples Nacional.

§ 10. Os créditos apurados no Simples Nacional não poderão ser utilizados para extinção de outros débitos para com as Fazendas Públicas, salvo por ocasião da compensação de ofício oriunda de deferimento em processo de restituição ou após a exclusão da empresa do Simples Nacional.

§ 11. No Simples Nacional, é permitida a compensação tão somente de créditos para extinção de débitos para com o mesmo ente federado e relativos ao mesmo tributo.

§ 12. Na restituição e compensação no Simples Nacional serão observados os prazos de decadência e prescrição previstos na Lei 5.172, de 25 de outubro de 1966 (Código Tributário Nacional).

§ 13. É vedada a cessão de créditos para extinção de débitos no Simples Nacional.

§ 14. Aplica-se aos processos de restituição e de compensação o rito estabelecido pelo CGSN.

§ 15. Compete ao CGSN fixar critérios, condições para rescisão, prazos, valores mínimos de amortização e demais procedimentos para parcelamento dos recolhimentos em atraso dos débitos tributários apurados no Simples Nacional, observado o disposto no § 3º deste artigo e no art. 35 e ressalvado o disposto no § 19 deste artigo.

§ 16. Os débitos de que trata o § 15 poderão ser parcelados em até 60 (sessenta) parcelas mensais, na forma e condições previstas pelo CGSN.

§ 17. O valor de cada prestação mensal, por ocasião do pagamento, será acrescido de juros equivalentes à taxa referencial do Sistema Especial de Liquidação e de Custódia (Selic) para títulos federais, acumulada mensalmente, calculados a partir do mês subsequente ao da consolidação até o mês anterior ao do pagamento, e de 1% (um por cento) relativamente ao mês em que o pagamento estiver sendo efetuado, na forma regulamentada pelo CGSN.

§ 18. Será admitido reparcelamento de débitos constantes de parcelamento em curso ou que tenha sido rescindido, podendo ser incluídos novos débitos, na forma regulamentada pelo CGSN.

§ 19. Os débitos constituídos de forma isolada por parte de Estado, do Distrito Federal ou de Município, em face de ausência de aplicativo para lançamento unificado, relativo a tributo de sua competência, que não estiverem inscritos em Dívida Ativa da União, poderão ser parcelados pelo ente responsável pelo lançamento de acordo com a respectiva legislação, na forma regulamentada pelo CGSN.

§ 20. O pedido de parcelamento deferido importa confissão irretratável do débito e configura confissão extrajudicial.

§ 21. Serão aplicadas na consolidação as reduções das multas de lançamento de ofício previstas na legislação federal, conforme regulamentação do CGSN.

§ 22. O repasse para os entes federados dos valores pagos e da amortização dos débitos parcelados será efetuado proporcionalmente ao valor de cada tributo na composição da dívida consolidada.

§ 23. No caso de parcelamento de débito inscrito em dívida ativa, o devedor pagará custas, emolumentos e demais encargos legais.

§ 24. Implicará imediata rescisão do parcelamento e remessa do débito para inscrição em dívida ativa ou prosseguimento da execução, conforme o caso, até deliberação do CGSN, a falta de pagamento:

I – de 3 (três) parcelas, consecutivas ou não; ou

II – de 1 (uma) parcela, estando pagas todas as demais.

Art. 21-A. A inscrição de microempresa ou empresa de pequeno porte no Cadastro Informativo dos créditos não quitados do setor público federal – CADIN, somente ocorrerá mediante notificação prévia com prazo para contestação.

→ Artigo acrescentado pela LC 147/2014, em vigor na data de sua publicação, produzindo efeitos a partir de 1º de janeiro do segundo ano subsequente ao da data de publicação da referida Lei Complementar – *D.O.U.* de 8.8.2014.

Art. 21-B. Os Estados e o Distrito Federal deverão observar, em relação ao ICMS, o prazo mínimo de 60 (sessenta) dias, contado a partir do primeiro dia do mês do fato gerador da obrigação tributária, para estabelecer a data de vencimento do imposto devido por substituição tributária, tributação concentrada em uma única etapa (monofásica) e por antecipação tributária com ou sem encerramento de tributação, nas hipóteses em que a responsabilidade recair sobre operações ou prestações subsequentes, na forma regulamentada pelo Comitê Gestor.

→ Artigo acrescentado pela LC 147/2014.

Seção V
Do repasse do produto da arrecadação

Art. 22. O Comitê Gestor definirá o sistema de repasses do total arrecadado, inclusive encargos legais, para o:

I – Município ou Distrito Federal, do valor correspondente ao ISS;

II – Estado ou Distrito Federal, do valor correspondente ao ICMS;

III – Instituto Nacional do Seguro Social, do valor correspondente à Contribuição para manutenção da Seguridade Social.

Parágrafo único. Enquanto o Comitê Gestor não regulamentar o prazo para o repasse previsto no inciso II do *caput* deste artigo, esse será efetuado nos prazos estabelecidos nos convênios celebrados no âmbito do colegiado a que se refere a alínea *g* do inciso XII do § 2º do art. 155 da Constituição Federal.

Seção VI
Dos créditos

Art. 23. As microempresas e as empresas de pequeno porte optantes pelo Simples Nacional não farão jus à apropriação nem transferirão créditos relativos a impostos ou contribuições abrangidos pelo Simples Nacional.

§ 1º As pessoas jurídicas e aquelas a elas equiparadas pela legislação tributária não optantes pelo Simples Nacional terão direito a crédito correspondente ao ICMS incidente sobre as suas aquisições de mercadorias de microempresa ou empresa de pequeno porte optante pelo Simples Nacional, desde que destinadas à comercialização ou industrialização e observado, como limite, o ICMS efetivamente devido pelas optantes pelo Simples Nacional em relação a essas aquisições.

§ 2º A alíquota aplicável ao cálculo do crédito de que trata o § 1º deste artigo deverá ser informada no documento fiscal e corresponderá ao percentual de ICMS previsto nos Anexos I ou II desta Lei Complementar para a faixa de receita bruta a que a microempresa ou a empresa de pequeno porte estiver sujeita no mês anterior ao da operação.

§ 3º Na hipótese de a operação ocorrer no mês de início de atividades da microempresa ou empresa de pequeno porte optante pelo Simples Nacional, a alíquota aplicável ao cálculo do crédito de que trata o § 1º deste artigo corresponderá ao percentual de ICMS referente à menor alíquota prevista nos Anexos I ou II desta Lei Complementar.

§ 4º Não se aplica o disposto nos §§ 1º a 3º deste artigo quando:

I – a microempresa ou empresa de pequeno porte estiver sujeita à tributação do ICMS no Simples Nacional por valores fixos mensais;

II – a microempresa ou a empresa de pequeno porte não informar a alíquota de que trata o § 2º deste artigo no documento fiscal;

III – houver isenção estabelecida pelo Estado ou Distrito Federal que abranja a faixa de receita bruta a que a microempresa ou a empresa de pequeno porte estiver sujeita no mês da operação;

IV – o remetente da operação ou prestação considerar, por opção, que a alíquota determinada na forma do *caput* e dos §§ 1º e 2º do art. 18 desta Lei Complementar deverá incidir sobre a receita recebida no mês.

§ 5º Mediante deliberação exclusiva e unilateral dos Estados e do Distrito Federal, poderá ser concedido às pessoas jurídicas e àquelas a elas equiparadas pela legislação tributária não optantes pelo Simples Nacional crédito correspondente ao ICMS incidente sobre os insumos utilizados nas mercadorias adquiridas de indústria optante pelo Simples Nacional, sendo vedado o estabelecimento de diferenciação no valor do crédito em razão da procedência dessas mercadorias.

§ 6º O Comitê Gestor do Simples Nacional disciplinará o disposto neste artigo.

Art. 24. As microempresas e as empresas de pequeno porte optantes pelo Simples Nacional não poderão utilizar ou destinar qualquer valor a título de incentivo fiscal.

Parágrafo único. Não serão consideradas quaisquer alterações em bases de cálculo, alíquotas e percentuais ou outros fatores que alterem o valor de imposto ou contribuição apurado na forma do Simples Nacional, estabelecidas pela União, Estado, Distrito Federal ou Município, exceto as previstas ou autorizadas nesta Lei Complementar.

Seção VII
Das obrigações fiscais acessórias

Art. 25. A microempresa ou empresa de pequeno porte optante pelo Simples Nacional deverá apresentar anualmente à Secretaria da Receita Federal do Brasil declaração única e simplificada de informações socioeconômicas e fiscais, que deverá ser disponibilizada aos órgãos de fiscalização tributária e previdenciária, observados prazo e modelo aprovados pelo CGSN e observado o disposto no § 15-A do art. 18.

§ 1º A declaração de que trata o *caput* deste artigo constitui confissão de dívida e instrumento hábil e suficiente para a exigência dos tributos e contribuições que não tenham sido recolhidos resultantes das informações nela prestadas.

§ 2º A situação de inatividade deverá ser informada na declaração de que trata o *caput* deste artigo, na forma regulamentada pelo Comitê Gestor.

§ 3º Para efeito do disposto no § 2º deste artigo, considera-se em situação de inatividade a microempresa ou a empresa de pequeno porte que não apresente mutação patrimonial e atividade operacional durante todo o ano-calendário.

§ 4º A declaração de que trata o *caput* deste artigo, relativa ao MEI definido no art. 18-A desta Lei Complementar, conterá, para efeito do disposto no art. 3º da Lei Complementar 63, de 11 de janeiro de 1990, tão somente as informações relativas à receita bruta total sujeita ao ICMS, sendo vedada a instituição de declarações adicionais em decorrência da referida Lei Complementar.

§ 5º A declaração de que trata o *caput*, a partir das informações relativas ao ano-calendário de 2012, poderá ser prestada por meio da declaração de que trata o § 15-A do art. 18 desta Lei Complementar, na periodicidade e prazos definidos pelo CGSN.

→ § 5º acrescentado pela LC 147/2014.

Art. 26. As microempresas e empresas de pequeno porte optantes pelo Simples Nacional ficam obrigadas a:

I – emitir documento fiscal de venda ou prestação de serviço, de acordo com instruções expedidas pelo Comitê Gestor;

II – manter em boa ordem e guarda os documentos que fundamentaram a apuração dos impostos e contribuições devidos e o cumprimento das obrigações acessórias a que se refere o art. 25 desta Lei Complementar enquanto não decorrido o prazo decadencial e não prescritas eventuais ações que lhes sejam pertinentes.

§ 1º O MEI fará a comprovação da receita bruta mediante apresentação do registro de vendas ou de prestação de serviços na forma estabelecida pelo CGSN, ficando dispensado da emissão do documento fiscal previsto no inciso I do *caput*, ressalvadas as hipóteses de emissão obrigatória previstas pelo referido Comitê.

I – *(Revogado).*

II – *(Revogado).*

III – *(Revogado).*

§ 2º As demais microempresas e as empresas de pequeno porte, além do disposto nos incisos I e II do *caput* deste artigo, deverão, ainda, manter o livro-caixa em que será escriturada sua movimentação financeira e bancária.

§ 3º A exigência de declaração única a que se refere o *caput* do art. 25 desta Lei Complementar não desobriga a prestação de informações relativas a terceiros.

§ 4º É vedada a exigência de obrigações tributárias acessórias relativas aos tributos apurados na forma do Simples Nacional além daquelas estipuladas pelo CGSN e atendidas por meio do Portal do Simples Nacional, bem como, o estabelecimento de exigências adicionais e unilaterais pelos entes federativos, exceto os programas de cidadania fiscal.

→ § 4º com redação alterada pela LC 147/2014.

§ 4º-A. A escrituração fiscal digital ou obrigação equivalente não poderá ser exigida da microempresa ou empresa de pequeno porte optante pelo Simples Nacional, salvo se, cumulativamente, houver:

→ § 4º-A acrescentado pela LC 147/2014.

I – autorização específica do CGSN, que estabelecerá as condições para a obrigatoriedade;

II – disponibilização por parte da administração tributária estipulante de aplicativo gratuito para uso da empresa optante.

§ 4º-B. A exigência de apresentação de livros fiscais em meio eletrônico aplicar-se-á somente na hipótese de substituição da entrega em meio convencional, cuja obrigatoriedade tenha sido prévia e especificamente estabelecida pelo CGSN.

→ § 4º-B acrescentado pela LC 147/2014.

§ 4º-C. Até a implantação de sistema nacional uniforme estabelecido pelo CGSN com compartilhamento de informações com os entes federados, permanece válida norma publicada por ente federado até o primeiro trimestre de 2014 que tenha veiculado exigência vigente de a microempresa ou empresa de pequeno porte apresentar escrituração fiscal digital ou obrigação equivalente.

→ § 4º-C acrescentado pela LC 147/2014.

§ 5º As microempresas e empresas de pequeno porte ficam sujeitas à entrega de declaração eletrônica que deva conter os dados referentes aos serviços prestados ou tomados de terceiros, na conformidade do que dispuser o Comitê Gestor.

§ 6º Na hipótese do § 1º deste artigo:

I – deverão ser anexados ao registro de vendas ou de prestação de serviços, na forma regulamentada pelo Comitê Gestor, os documentos fiscais comprobatórios das entradas de mercadorias e serviços tomados referentes ao período, bem como os documentos fiscais relativos às operações ou prestações realizadas eventualmente emitidos;

II – será obrigatória a emissão de documento fiscal nas vendas e nas prestações de serviços realizadas pelo MEI para destinatário cadastrado no Cadastro Nacional da Pessoa Jurídica (CNPJ), ficando dispensado desta emissão para o consumidor final.

§ 7º Cabe ao CGSN dispor sobre a exigência da certificação digital para o cumprimento de obrigações principais e acessórias por parte da microempresa, inclusive o MEI, ou empresa de pequeno porte optante pelo Simples Nacional, inclusive para o recolhimento do FGTS.

§ 8º O CGSN poderá disciplinar sobre a disponibilização, no portal do SIMPLES Nacional, de documento fiscal eletrônico de venda ou de prestação de serviço para o MEI, microempresa ou empresa de pequeno porte optante pelo Simples Nacional.

→ § 8º acrescentado pela LC 147/2014.

§ 9º O desenvolvimento e a manutenção das soluções de tecnologia, capacitação e orientação aos usuários relativas ao disposto no § 8º, bem como as demais relativas ao Simples Nacional, poderão ser apoiadas pelo Serviço Brasileiro de Apoio às Micro e Pequenas Empresas – SEBRAE.

→ § 9º acrescentado pela LC 147/2014.

§ 10. O ato de emissão ou de recepção de documento fiscal por meio eletrônico estabelecido pelas administrações tributárias, em qualquer modalidade, de entrada, de saída ou de prestação, na forma estabelecida pelo CGSN, representa sua própria escrituração fiscal e elemento suficiente para a fundamentação e a constituição do crédito tributário.

→ § 10 acrescentado pela LC 147/2014.

§ 11. Os dados dos documentos fiscais de qualquer espécie podem ser compartilhados entre as administrações tributárias da União, Estados, Distrito Federal e Municípios e, quando emitidos por meio eletrônico, na forma estabelecida pelo CGSN, a microempresa ou empresa de pequeno porte optante pelo Simples Nacional fica desobrigada de transmitir seus dados às administrações tributárias.

→ § 11 acrescentado pela LC 147/2014.

§ 12. As informações a serem prestadas relativas ao ICMS devido na forma prevista nas alíneas *a*, *g* e *h* do inciso XIII do § 1º do art. 13 serão fornecidas por meio de aplicativo único.

→ § 12 acrescentado pela LC 147/2014, em vigor na data de sua publicação, produzindo efeitos a partir de 1º de janeiro do segundo ano subsequente ao da data de publicação da referida Lei Complementar – *D.O.U.* de 8.8.2014.

§ 13. Fica estabelecida a obrigatoriedade de utilização de documentos fiscais eletrônicos estabelecidos pelo Confaz nas operações e prestações relativas ao ICMS efetuadas por microempresas e empresas de pequeno porte nas hipóteses previstas nas alíneas *a*, *g* e *h* do inciso XIII do § 1º do art. 13.

→ § 13 acrescentado pela LC 147/2014, em vigor na data de sua publicação, produzindo efeitos a partir de 1º de janeiro do segundo ano subsequente ao da data de publicação da referida Lei Complementar – *D.O.U.* de 8.8.2014.

§ 14. Os aplicativos necessários ao cumprimento do disposto nos §§ 12 e 13 deste artigo serão disponibilizados, de forma gratuita, no portal do Simples Nacional.

→ § 14 acrescentado pela LC 147/2014, em vigor na data de sua publicação, produzindo efeitos a partir de 1º de janeiro do segundo ano subsequente ao da data de publicação da referida Lei Complementar – *D.O.U.* de 8.8.2014.

§ 15. O CGSN regulamentará o disposto neste artigo.

→ § 15 acrescentado pela LC 147/2014.

Art. 27. As microempresas e empresas de pequeno porte optantes pelo Simples Nacional poderão, opcionalmente, adotar contabilidade simplificada para os registros e controles das operações realizadas, conforme regulamentação do Comitê Gestor.

Seção VIII
Da exclusão do Simples Nacional

Art. 28. A exclusão do Simples Nacional será feita de ofício ou mediante comunicação das empresas optantes.

Parágrafo único. As regras previstas nesta seção e o modo de sua implementação serão regulamentados pelo Comitê Gestor.

Art. 29. A exclusão de ofício das empresas optantes pelo Simples Nacional dar-se-á quando:

I – verificada a falta de comunicação de exclusão obrigatória;

II – for oferecido embaraço à fiscalização, caracterizado pela negativa não justificada de exibição de livros e documentos a que estiverem obrigadas, bem como pelo não fornecimento de informações sobre bens, movimentação financeira, negócio ou atividade que estiverem intimadas a apresentar, e nas demais hipóteses que autorizam a requisição de auxílio da força pública;

III – for oferecida resistência à fiscalização, caracterizada pela negativa de acesso ao estabelecimento, ao domicílio fiscal ou a qualquer outro local onde desenvolvam suas atividades ou se encontrem bens de sua propriedade;

IV – a sua constituição ocorrer por interpostas pessoas;

V – tiver sido constatada prática reiterada de infração ao disposto nesta Lei Complementar;

VI – a empresa for declarada inapta, na forma dos arts. 81 e 82 da Lei 9.430, de 27 de dezembro de 1996, e alterações posteriores;

VII – comercializar mercadorias objeto de contrabando ou descaminho;

VIII – houver falta de escrituração do livro-caixa ou não permitir a identificação da movimentação financeira, inclusive bancária;

IX – for constatado que durante o ano-calendário o valor das despesas pagas supera em 20% (vinte por cento) o valor de ingressos de recursos no mesmo período, excluído o ano de início de atividade;

X – for constatado que durante o ano-calendário o valor das aquisições de mercadorias para comercialização ou industrialização, ressalvadas hipóteses justificadas de aumento de estoque, for superior a 80% (oitenta por cento) dos ingressos de recursos no mesmo período, excluído o ano de início de atividade;

XI – houver descumprimento reiterado da obrigação contida no inciso I do *caput* do art. 26;

XII – omitir de forma reiterada da folha de pagamento da empresa ou de documento de informações previsto pela legislação previdenciária, trabalhista ou tributária, segurado empregado, trabalhador avulso ou contribuinte individual que lhe preste serviço.

§ 1º Nas hipóteses previstas nos incisos II a XII do *caput* deste artigo, a exclusão produzirá efeitos a partir do próprio mês em que incorridas, impedindo a opção pelo regime diferenciado e favorecido desta Lei Complementar pelos próximos 3 (três) anos-calendário seguintes.

§ 2º O prazo de que trata o § 1º deste artigo será elevado para 10 (dez) anos caso seja constatada a utilização de artifício, ardil ou qualquer outro meio fraudulento que induza ou mantenha a fiscalização em erro, com o fim de suprimir ou reduzir o pagamento de tributo apurável segundo o regime especial previsto nesta Lei Complementar.

§ 3º A exclusão de ofício será realizada na forma regulamentada pelo Comitê Gestor, cabendo o lançamento dos tributos e contribuições apurados aos respectivos entes tributantes.

§ 4º *(Revogado).*

§ 5º A competência para exclusão de ofício do Simples Nacional obedece ao disposto no art. 33, e o julgamento administrativo, ao disposto no art. 39, ambos desta Lei Complementar.

§ 6º Nas hipóteses de exclusão previstas no *caput*, a notificação:

I – será efetuada pelo ente federativo que promoveu a exclusão; e

II – poderá ser feita por meio eletrônico, observada a regulamentação do CGSN.

§ 7º *(Revogado).*

§ 8º A notificação de que trata o § 6º aplica-se ao indeferimento da opção pelo Simples Nacional.

§ 9º Considera-se prática reiterada, para fins do disposto nos incisos V, XI e XII do *caput*:

I – a ocorrência, em 2 (dois) ou mais períodos de apuração, consecutivos ou alternados, de idênticas infrações, inclusive de natureza acessória, verificada em relação aos últimos 5 (cinco) anos-calendário, formalizadas por intermédio de auto de infração ou notificação de lançamento; ou

II – a segunda ocorrência de idênticas infrações, caso seja constatada a utilização de artifício, ardil ou qualquer outro meio fraudulento que induza ou mantenha a fiscalização em erro, com o fim de suprimir ou reduzir o pagamento de tributo.

Art. 30. A exclusão do Simples Nacional, mediante comunicação das microempresas ou das empresas de pequeno porte, dar-se-á:

I – por opção;

II – obrigatoriamente, quando elas incorrerem em qualquer das situações de vedação previstas nesta Lei Complementar; ou

III – obrigatoriamente, quando ultrapassado, no ano-calendário de início de atividade, o limite proporcional de receita bruta de que trata o § 2º do art. 3º;

IV – obrigatoriamente, quando ultrapassado, no ano-calendário, o limite de receita bruta previsto no inciso II do *caput* do art. 3º, quando não estiver no ano-calendário de início de atividade.

§ 1º A exclusão deverá ser comunicada à Secretaria da Receita Federal:

I – na hipótese do inciso I do *caput* deste artigo, até o último dia útil do mês de janeiro;

II – na hipótese do inciso II do *caput* deste artigo, até o último dia útil do mês subsequente àquele em que ocorrida a situação de vedação;

III – na hipótese do inciso III do *caput*:

a) até o último dia útil do mês seguinte àquele em que tiver ultrapassado em mais de 20% (vinte por cento) o limite proporcional de que trata o § 10 do art. 3º; ou

b) até o último dia útil do mês de janeiro do ano-calendário subsequente ao de início de atividades, caso o excesso seja inferior a 20% (vinte por cento) do respectivo limite;

IV – na hipótese do inciso IV do *caput*:

a) até o último dia útil do mês subsequente à ultrapassagem em mais de 20% (vinte por cento) do limite de receita bruta previsto no inciso II do *caput* do art. 3º; ou

b) até o último dia útil do mês de janeiro do ano-calendário subsequente, na hipótese de não ter ultrapassado em mais de 20% (vinte por cento) o limite de receita bruta previsto no inciso II do *caput* do art. 3º.

§ 2º A comunicação de que trata o *caput* deste artigo dar-se-á na forma a ser estabelecida pelo Comitê Gestor.

§ 3º A alteração de dados no CNPJ, informada pela ME ou EPP à Secretaria da Receita Federal do Brasil, equivalerá à comunicação obrigatória de exclusão do Simples Nacional nas seguintes hipóteses:

I – alteração de natureza jurídica para Sociedade Anônima, Sociedade Empresária em Comandita por Ações, Sociedade em Conta de Participação ou Estabelecimento, no Brasil, de Sociedade Estrangeira;

II – inclusão de atividade econômica vedada à opção pelo Simples Nacional;

III – inclusão de sócio pessoa jurídica;

IV – inclusão de sócio domiciliado no exterior;

V – cisão parcial; ou

VI – extinção da empresa.

Art. 31. A exclusão das microempresas ou das empresas de pequeno porte do Simples Nacional produzirá efeitos:

I – na hipótese do inciso I do *caput* do art. 30 desta Lei Complementar, a partir de 1º de janeiro do ano-calendário subsequente, ressalvado o disposto no § 4º deste artigo;

II – na hipótese do inciso II do *caput* do art. 30 desta Lei Complementar, a partir do mês seguinte da ocorrência da situação impeditiva;

III – na hipótese do inciso III do *caput* do art. 30 desta Lei Complementar:

a) desde o início das atividades;

b) a partir de 1º de janeiro do ano-calendário subsequente, na hipótese de não ter ultrapassado em mais de 20% (vinte por cento) o limite proporcional de que trata o § 10 do art. 3º;

IV – na hipótese do inciso V do *caput* do art. 17 desta Lei Complementar, a partir do ano-calendário subsequente ao da ciência da comunicação da exclusão.

V – na hipótese do inciso IV do *caput* do art. 30:

a) a partir do mês subsequente à ultrapassagem em mais de 20% (vinte por cento) do limite de receita bruta previsto no inciso II do art. 3º;

b) a partir de 1º de janeiro do ano-calendário subsequente, na hipótese de não ter ultrapassado em mais de 20% (vinte por cento) o limite de receita bruta previsto no inciso II do art. 3º.

§ 1º Na hipótese prevista no inciso III do *caput* do art. 30 desta Lei Complementar, a microempresa ou empresa de pequeno porte não poderá optar, no ano-calendário subsequente ao do início de atividades, pelo Simples Nacional.

§ 2º Na hipótese dos incisos V e XVI do *caput* do art. 17, será permitida a permanência da pessoa jurídica como optante pelo Simples Nacional mediante a comprovação da regularização do débito ou do cadastro fiscal no prazo de até 30 (trinta) dias contados a partir da ciência da comunicação da exclusão.

§ 3º O CGSN regulamentará os procedimentos relativos ao impedimento de recolher o ICMS e o ISS na forma do Simples Nacional, em face da ultrapassagem dos limites estabelecidos na forma dos incisos I ou II do art. 19 e do art. 20.

§ 4º No caso de a microempresa ou a empresa de pequeno porte ser excluída do Simples Nacional no mês de janeiro, na hipótese do inciso I do *caput* do art. 30 desta Lei Complementar, os efeitos da exclusão dar-se-ão nesse mesmo ano.

§ 5º Na hipótese do inciso II do *caput* deste artigo, uma vez que o motivo da exclusão deixe de existir, havendo a exclusão retroativa de ofício no caso do inciso I do *caput* do art. 29 desta Lei Complementar, o efeito desta dar-se-á a partir do mês seguinte ao da ocorrência da situação impeditiva, limitado, porém, ao último dia do ano-calendário em que a referida situação deixou de existir.

Art. 32. As microempresas ou as empresas de pequeno porte excluídas do Simples Nacional sujeitar-se-ão, a partir do período em que se processarem os efeitos da exclusão, às normas de tributação aplicáveis às demais pessoas jurídicas.

§ 1º Para efeitos do disposto no *caput* deste artigo, na hipótese da alínea *a* do inciso III do *caput* do art. 31 desta Lei Complementar, a microempresa ou a empresa de pequeno porte desenquadrada ficará sujeita ao pagamento da totalidade ou diferença dos respectivos impostos e contribuições, devidos de conformidade com as normas gerais de incidência, acrescidos, tão somente, de juros de mora, quando efetuado antes do início de procedimento de ofício.

§ 2º Para efeito do disposto no *caput* deste artigo, o sujeito passivo poderá optar pelo recolhimento do imposto de renda e da Contribuição Social sobre o Lucro Líquido na forma do lucro presumido, lucro real trimestral ou anual.

§ 3º Aplica-se o disposto no *caput* e no § 1º em relação ao ICMS e ao ISS à empresa impedida de recolher esses impostos na forma do Simples Nacional, em face da ultrapassagem dos limites a que se referem os incisos I e II do *caput* do art. 19, relativamente ao estabelecimento localizado na unidade da federação que os houver adotado.

Seção IX
Da fiscalização

Art. 33. A competência para fiscalizar o cumprimento das obrigações principais e acessórias relativas ao Simples Nacional e para verificar a ocorrência das hipóteses previstas no art. 29 desta Lei Complementar é da Secretaria da Receita Federal e das Secretarias de Fazenda ou de Finanças do Estado ou do Distrito Federal, segundo a localização do estabelecimento, e, tratando-se de prestação de serviços incluídos na competência tributária municipal, a competência será também do respectivo Município.

§ 1º As Secretarias de Fazenda ou Finanças dos Estados poderão celebrar convênio com os Municípios de sua jurisdição para atribuir a estes a fiscalização a que se refere o *caput* deste artigo.

§ 1º-A. Dispensa-se o convênio de que trata o § 1º na hipótese de ocorrência de prestação de serviços sujeita ao ISS por estabelecimento localizado no Município.

§ 1º-B. A fiscalização de que trata o *caput*, após iniciada, poderá abranger todos os demais estabelecimentos da microempresa ou da empresa de pequeno porte, independentemente da atividade por eles exercida ou de sua localização, na forma e condições estabelecidas pelo CGSN.

§ 1º-C. As autoridades fiscais de que trata o *caput* têm competência para efetuar o lançamento de todos os tributos previstos nos incisos I a VIII do art. 13, apurados na forma do Simples Nacional, relativamente a todos os estabelecimentos da empresa, independentemente do ente federado instituidor.

§ 1º-D. A competência para autuação por descumprimento de obrigação acessória é privativa da administração tributária perante a qual a obrigação deveria ter sido cumprida.

§ 2º Na hipótese de a microempresa ou empresa de pequeno porte exercer alguma das atividades de prestação de serviços previstas no § 5º-C do art. 18 desta Lei Complementar, caberá à Secretaria da Receita Federal do Brasil a fiscalização da Contribuição para a Seguridade Social, a cargo da empresa, de que trata o art. 22 da Lei 8.212, de 24 de julho de 1991.

§ 3º O valor não pago, apurado em procedimento de fiscalização, será exigido em lançamento de ofício pela autoridade competente que realizou a fiscalização.

§ 4º O Comitê Gestor disciplinará o disposto neste artigo.

Seção X
Da omissão de receita

Art. 34. Aplicam-se à microempresa e à empresa de pequeno porte optantes pelo Simples Nacional todas as presunções de omissão de receita existentes nas legislações de regência dos impostos e contribuições incluídos no Simples Nacional.

Seção XI
Dos acréscimos legais

Art. 35. Aplicam-se aos impostos e contribuições devidos pela microempresa e pela empresa de pequeno porte, inscritas no Simples Nacional, as normas relativas aos juros e multa de mora e de ofício previstas para o imposto de renda, inclusive, quando for o caso, em relação ao ICMS e ao ISS.

Art. 36. A falta de comunicação, quando obrigatória, da exclusão da pessoa jurídica do Simples Nacional, nos prazos determinados no § 1º do art. 30 desta Lei Complementar, sujeitará a pessoa jurídica a multa correspondente a 10% (dez por cento) do total dos impostos e contribuições devidos de conformidade com o Simples Nacional no mês que anteceder o início dos efeitos da exclusão, não inferior a R$ 200,00 (duzentos reais), insusceptível de redução.

Art. 36-A. A falta de comunicação, quando obrigatória, do desenquadramento do microempreendedor individual da sistemática de recolhimento prevista no art. 18-A desta Lei Complementar nos prazos determinados em seu § 7º sujeitará o microempreendedor individual a multa no valor de R$ 50,00 (cinquenta reais), insusceptível de redução.

Art. 37. A imposição das multas de que trata esta Lei Complementar não exclui a aplicação das sanções previstas na legislação penal, inclusive em relação a declaração falsa, adulteração de documentos e emissão de nota fiscal em desacordo com a operação efetivamente praticada, a que estão sujeitos o titular ou sócio da pessoa jurídica.

Art. 38. O sujeito passivo que deixar de apresentar a Declaração Simplificada da Pessoa Jurídica a que se refere o art. 25 desta Lei Complementar, no prazo fixado, ou que a apresentar com incorreções ou omissões, será intimado a apresentar declaração original, no caso de não apresentação, ou a prestar esclarecimentos, nos demais casos, no prazo estipulado pela autoridade fiscal, na forma definida pelo Comitê Gestor, e sujeitar-se-á às seguintes multas:

I – de 2% (dois por cento) ao mês-calendário ou fração, incidentes sobre o montante dos tributos e contribuições informados na Declaração Simplificada da Pessoa Jurídica, ainda que integralmente pago, no caso de falta de entrega da declaração ou entrega após o prazo, limitada a 20% (vinte por cento), observado o disposto no § 3º deste artigo;

II – de R$ 100,00 (cem reais) para cada grupo de 10 (dez) informações incorretas ou omitidas.

§ 1º Para efeito de aplicação da multa prevista no inciso I do *caput* deste artigo, será considerado como termo inicial o dia seguinte ao término do prazo originalmente fixado para a entrega da declaração e como termo final a data da efetiva entrega ou, no caso de não apresentação, da lavratura do auto de infração.

§ 2º Observado o disposto no § 3º deste artigo, as multas serão reduzidas:

I – à ½ (metade), quando a declaração for apresentada após o prazo, mas antes de qualquer procedimento de ofício;

II – a 75% (setenta e cinco por cento), se houver a apresentação da declaração no prazo fixado em intimação.

§ 3º A multa mínima a ser aplicada será de R$ 200,00 (duzentos reais).

§ 4º Considerar-se-á não entregue a declaração que não atender às especificações técnicas estabelecidas pelo Comitê Gestor.

§ 5º Na hipótese do § 4º deste artigo, o sujeito passivo será intimado a apresentar nova declaração, no prazo de 10 (dez) dias, contados da ciência da intimação, e sujeitar-se-á à multa prevista no inciso I do *caput* deste artigo, observado o disposto nos §§ 1º a 3º deste artigo.

§ 6º A multa mínima de que trata o § 3º deste artigo a ser aplicada ao Microempreendedor Individual na vigência da opção de que trata o art. 18-A desta Lei Complementar será de R$ 50,00 (cinquenta reais).

Art. 38-A. O sujeito passivo que deixar de prestar as informações no sistema eletrônico de cálculo de que trata o § 15 do art. 18, no prazo previsto no § 15-A do mesmo artigo, ou que as prestar com incorreções ou omissões, será intimado a fazê-lo, no caso de não apresentação, ou a prestar esclarecimentos, nos demais casos, no prazo estipulado pela autoridade fiscal, na forma definida pelo CGSN, e sujeitar-se-á às seguintes multas, para cada mês de referência:

I – de 2% (dois por cento) ao mês-calendário ou fração, a partir do primeiro dia do quarto mês do ano subsequente à ocorrência dos fatos geradores, incidentes sobre o montante dos impostos e contribuições decorrentes das informações prestadas no sistema eletrônico de cálculo de que trata o § 15 do art. 18, ainda que integralmente pago, no caso de ausência de prestação de informações ou sua efetuação após o prazo, limitada a 20% (vinte por cento), observado o disposto no § 2º deste artigo; e

II – de R$ 20,00 (vinte reais) para cada grupo de 10 (dez) informações incorretas ou omitidas.

§ 1º Para efeito de aplicação da multa prevista no inciso I do *caput*, será considerado como termo inicial o primeiro dia do quarto mês do ano subsequente à ocorrência dos fatos geradores e como termo final a data da efetiva prestação ou, no caso de não prestação, da lavratura do auto de infração.

§ 2º A multa mínima a ser aplicada será de R$ 50,00 (cinquenta reais) para cada mês de referência.

§ 3º Aplica-se ao disposto neste artigo o disposto nos §§ 2º, 4º e 5º do art. 38.

§ 4º O CGSN poderá estabelecer data posterior à prevista no inciso I do *caput* e no § 1º.

Art. 38-B. As multas relativas à falta de prestação ou à incorreção no cumprimento de obrigações acessórias para com os órgãos e entidades federais, estaduais, distritais e municipais, quando em valor fixo ou mínimo, e na ausência de previsão legal de valores específicos e mais favoráveis para MEI, microempresa ou empresa de pequeno porte, terão redução de:

→ Artigo acrescentado pela LC 147/2014, em vigor na data de sua publicação, produzindo efeitos a partir de 1º de janeiro do segundo ano subsequente ao da data de publicação da referida Lei Complementar – *D.O.U.* de 8.8.2014.

I – 90% (noventa por cento) para os MEI;

II – 50% (cinquenta por cento) para as microempresas ou empresas de pequeno porte optantes pelo Simples Nacional.

Parágrafo único. As reduções de que tratam os incisos I e II do *caput* não se aplicam na:

I – hipótese de fraude, resistência ou embaraço à fiscalização;

II – ausência de pagamento da multa no prazo de 30 (trinta) dias após a notificação.

Seção XII
Do processo administrativo fiscal

Art. 39. O contencioso administrativo relativo ao Simples Nacional será de competência do órgão julgador integrante da estrutura administrativa do ente federativo que efetuar o lançamento, o indeferimento da opção ou a exclusão de ofício, observados os dispositivos legais atinentes aos processos administrativos fiscais desse ente.

§ 1º O Município poderá, mediante convênio, transferir a atribuição de julgamento exclusivamente ao respectivo Estado em que se localiza.

§ 2º No caso em que o contribuinte do Simples Nacional exerça atividades incluídas no campo de incidência do ICMS e do ISS e seja apurada omissão de receita de que não se consiga identificar a origem, a autuação será feita utilizando a maior alíquota prevista nesta Lei Complementar, e a parcela autuada que não seja correspondente aos tributos e contribuições federais será rateada entre Estados e Municípios ou Distrito Federal.

§ 3º Na hipótese referida no § 2º deste artigo, o julgamento caberá ao Estado ou ao Distrito Federal.

§ 4º A intimação eletrônica dos atos do contencioso administrativo observará o disposto nos §§ 1º-A a 1º-D do art. 16.

§ 5º A impugnação relativa ao indeferimento da opção ou à exclusão poderá ser decidida em órgão diverso do previsto no *caput*, na forma estabelecida pela respectiva administração tributária.

§ 6º Na hipótese prevista no § 5º, o CGSN poderá disciplinar procedimentos e prazos, bem como, no processo de exclusão, prever efeito suspensivo na hipótese de apresentação de impugnação, defesa ou recurso.

Art. 40. As consultas relativas ao Simples Nacional serão solucionadas pela Secretaria da Receita Federal, salvo quando se referirem a tributos e contribuições de competência estadual ou municipal, que serão solucionadas conforme a respectiva competência tributária, na forma disciplinada pelo Comitê Gestor.

Seção XIII
Do processo judicial

Art. 41. Os processos relativos a impostos e contribuições abrangidos pelo Simples Nacional serão ajuizados em face da União, que será representada em juízo pela Procuradoria-Geral da Fazenda Nacional, observado o disposto no § 5º deste artigo.

§ 1º Os Estados, Distrito Federal e Municípios prestarão auxílio à Procuradoria-Geral da Fazenda Nacional, em relação aos tributos de sua competência, na forma a ser disciplinada por ato do Comitê Gestor.

§ 2º Os créditos tributários oriundos da aplicação desta Lei Complementar serão apurados, inscritos em Dívida Ativa da União e cobrados judicialmente pela Procuradoria-Geral da Fazenda Nacional, observado o disposto no inciso V do § 5º deste artigo.

§ 3º Mediante convênio, a Procuradoria-Geral da Fazenda Nacional poderá delegar aos Estados e Municípios a inscrição em dívida ativa estadual e municipal e a cobrança judicial dos tributos estaduais e municipais a que se refere esta Lei Complementar.

§ 4º Aplica-se o disposto neste artigo aos impostos e contribuições que não tenham sido recolhidos resultantes das informações prestadas:

I – no sistema eletrônico de cálculo dos valores devidos no Simples Nacional de que trata o § 15 do art. 18;

II – na declaração a que se refere o art. 25.

§ 5º Excetuam-se do disposto no *caput* deste artigo:

I – os mandados de segurança nos quais se impugnem atos de autoridade coatora pertencente a Estado, Distrito Federal ou Município;

II – as ações que tratem exclusivamente de tributos de competência dos Estados, do Distrito Federal ou dos Municípios, as quais serão propostas em face desses entes federativos, representados em juízo por suas respectivas procuradorias;

III – as ações promovidas na hipótese de celebração do convênio de que trata o § 3º deste artigo.

IV – o crédito tributário decorrente de auto de infração lavrado exclusivamente em face de descumprimento de obrigação acessória, observado o disposto no § 1º-D do art. 33.

V – o crédito tributário relativo ao ICMS e ao ISS de que tratam as alíneas b e c do inciso V do § 3º do art. 18-A desta Lei Complementar.

→ Inciso V com redação alterada pela LC 147/2014.

Capítulo V
DO ACESSO AOS MERCADOS

→ Rubrica com redação alterada pela LC 147/2014, em vigor na data de sua publicação, produzindo efeitos a partir de 1º de janeiro do primeiro ano subsequente ao da data de publicação da referida Lei Complementar – *D.O.U.* 8.8.2014.

Seção I
Das Aquisições Públicas

→ Anterior Seção Única renomeada para Seção I pela LC 147/2014, em vigor na data de sua publicação, produzindo efeitos a partir de 1º de janeiro do primeiro ano subsequente ao da data de publicação da referida Lei Complementar – *D.O.U.* 8.8.2014.

Art. 42. Nas licitações públicas, a comprovação de regularidade fiscal das microempresas e empresas de pequeno porte somente será exigida para efeito de assinatura do contrato.

Art. 43. As microempresas e empresas de pequeno porte, por ocasião da participação em certames licitatórios, deverão apresentar toda a documentação exigida para efeito de comprovação de regularidade fiscal, mesmo que esta apresente alguma restrição.

§ 1º Havendo alguma restrição na comprovação da regularidade fiscal, será assegurado o prazo de 5 (cinco) dias úteis, cujo termo inicial corresponderá ao momento em que o proponente for declarado o vencedor do certame, prorrogável por igual período, a critério da administração pública, para a regularização da documentação, pagamento ou parcelamento do débito e emissão de eventuais certidões negativas ou positivas com efeito de certidão negativa.

→ § 1º com redação alterada pela LC 147/2014.

§ 2º A não regularização da documentação, no prazo previsto no § 1º deste artigo, implicará decadência do direito à contratação, sem prejuízo das sanções previstas no art. 81 da Lei 8.666, de 21 de junho de 1993, sendo facultado à Administração convocar os licitantes remanescentes, na ordem de classificação, para a assinatura do contrato, ou revogar a licitação.

Art. 44. Nas licitações será assegurada, como critério de desempate, preferência de contratação para as microempresas e empresas de pequeno porte.

§ 1º Entende-se por empate aquelas situações em que as propostas apresentadas pelas microempresas e empresas de pequeno porte sejam iguais ou até 10% (dez por cento) superiores à proposta mais bem classificada.

§ 2º Na modalidade de pregão, o intervalo percentual estabelecido no § 1º deste artigo será de até 5% (cinco por cento) superior ao melhor preço.

Art. 45. Para efeito do disposto no art. 44 desta Lei Complementar, ocorrendo o empate, proceder-se-á da seguinte forma:

I – a microempresa ou empresa de pequeno porte mais bem classificada poderá apresentar proposta de preço inferior àquela considerada vencedora do certame, situação em que será adjudicado em seu favor o objeto licitado;

II – não ocorrendo a contratação da microempresa ou empresa de pequeno porte, na forma do inciso I do *caput* deste artigo, serão convocadas as remanescentes que porventura se enquadrem na hipótese dos §§ 1º e 2º do art. 44 desta Lei Complementar, na ordem classificatória, para o exercício do mesmo direito;

III – no caso de equivalência dos valores apresentados pelas microempresas e empresas de pequeno porte que se encontrem nos intervalos estabelecidos nos §§ 1º e 2º do art. 44 desta Lei Complementar, será realizado sorteio entre elas para que se identifique aquela que primeiro poderá apresentar melhor oferta.

§ 1º Na hipótese da não contratação nos termos previstos no *caput* deste artigo, o objeto licitado será adjudicado em favor da proposta originalmente vencedora do certame.

§ 2º O disposto neste artigo somente se aplicará quando a melhor oferta inicial não tiver sido apresentada por microempresa ou empresa de pequeno porte.

§ 3º No caso de pregão, a microempresa ou empresa de pequeno porte mais bem classificada será convocada para apresentar nova proposta no prazo máximo de 5 (cinco) minutos após o encerramento dos lances, sob pena de preclusão.

Art. 46. A microempresa e a empresa de pequeno porte titular de direitos creditórios decorrentes de empenhos liquidados por órgãos e entidades da União, Estados, Distrito Federal e Município não pagos em até 30 (trinta) dias contados da data de liquidação poderão emitir cédula de crédito microempresarial.

Parágrafo único. (*Revogado pela LC 147/2014*).

Art. 47. Nas contratações públicas da administração direta e indireta, autárquica e fundacional, federal, estadual e municipal, deverá ser concedido tratamento diferenciado e simplificado para as microempresas e empresas de pequeno porte objetivando a promoção do desenvolvimento econômico e social no âmbito municipal e regional, a ampliação da eficiência das políticas públicas e o incentivo à inovação tecnológica.

→ *Caput* com redação alterada pela LC 147/2014.

Parágrafo único. No que diz respeito às compras públicas, enquanto não sobrevier legislação estadual, municipal ou regulamento específico de cada órgão mais favorável à microempresa e empresa de pequeno porte, aplica-se a legislação federal.

→ Parágrafo único acrescentado pela LC 147/2014.

Art. 48. Para o cumprimento do disposto no art. 47 desta Lei Complementar, a administração pública:

→ *Caput* com redação alterada pela LC 147/2014.

I – deverá realizar processo licitatório destinado exclusivamente à participação de microempresas e empresas de pequeno porte nos itens de contratação cujo valor seja de até R$ 80.000,00 (oitenta mil reais);

→ Inciso I com redação alterada pela LC 147/2014.

II – poderá, em relação aos processos licitatórios destinados à aquisição de obras e serviços, exigir dos licitantes a subcontratação de microempresa ou empresa de pequeno porte;

→ Inciso II com redação alterada pela LC 147/2014.

III – deverá estabelecer, em certames para aquisição de bens de natureza divisível, cota de até 25% (vinte e cinco por cento) do objeto para a contratação de microempresas e empresas de pequeno porte.

→ Inciso III com redação alterada pela LC 147/2014.

§ 1º (*Revogado pela LC 147/2014*).

§ 2º Na hipótese do inciso II do *caput* deste artigo, os empenhos e pagamentos do órgão ou entidade da administração pública poderão ser destinados diretamente às microempresas e empresas de pequeno porte subcontratadas.

§ 3º Os benefícios referidos no *caput* deste artigo poderão, justificadamente, estabelecer a prioridade de contratação para as microempresas e empresas de pequeno porte sediadas local ou regionalmente, até o limite de 10% (dez por cento) do melhor preço válido.

→ § 3º acrescentado pela LC 147/2014.

Art. 49. Não se aplica o disposto nos arts. 47 e 48 desta Lei Complementar quando:

I – (*Revogado pela LC 147/2014, em vigor na data de sua publicação, produzindo efeitos a partir de 1º de janeiro do primeiro ano subsequente* ao da data de *publicação da referida Lei Complementar* – D.O.U. *8.8.2014*);

II – não houver um mínimo de 3 (três) fornecedores competitivos enquadrados como microempresas ou empresas de pequeno porte sediados local ou regionalmente e capazes de cumprir as exigências estabelecidas no instrumento convocatório;

III – o tratamento diferenciado e simplificado para as microempresas e empresas de pequeno porte não for vantajoso para a administração pública ou representar prejuízo ao conjunto ou complexo do objeto a ser contratado;

IV – a licitação for dispensável ou inexigível, nos termos dos arts. 24 e 25 da Lei 8.666, de 21 de junho de 1993, excetuando-se as dispensas tratadas pelos incisos I e II do art. 24 da mesma Lei, nas quais a compra deverá ser feita preferencialmente de microempresas e empresas de pequeno porte, aplicando-se o disposto no inciso I do art. 48.

→ Inciso IV com redação alterada pela LC 147/2014.

Seção II
Acesso ao Mercado Externo

→ Seção II acrescentada pela LC 147/2014, em vigor na data de sua publicação, produzindo efeitos a partir de 1º de janeiro do primeiro ano subsequente ao da data de publicação da referida Lei Complementar – *D.O.U.* 8.8.2014.

Art. 49-A. A microempresa e a empresa de pequeno porte beneficiárias do SIMPLES usufruirão de regime de exportação que contemplará procedimentos simplificados de habilitação, licenciamento, despacho aduaneiro e câmbio, na forma do regulamento.

→ Artigo acrescentado pela LC 147/2014.

Parágrafo único. As pessoas jurídicas prestadoras de serviço de logística internacional quando contratadas por beneficiários do SIMPLES estão autorizadas a realizar atividades relativas a licenciamento administrativo, despacho aduaneiro, consolidação e desconsolidação de carga, bem como a contratação de seguro, câmbio, transporte e armazenagem de mercadorias, objeto da prestação do serviço, na forma do regulamento.

Capítulo VI
DA SIMPLIFICAÇÃO DAS RELAÇÕES DE TRABALHO

Seção I
Da segurança e da medicina do trabalho

Art. 50. As microempresas e as empresas de pequeno porte serão estimuladas pelo poder público e pelos Serviços Sociais Autônomos a formar consórcios para acesso a serviços especializados em segurança e medicina do trabalho.

Seção II
Das obrigações trabalhistas

Art. 51. As microempresas e as empresas de pequeno porte são dispensadas:

I – da afixação de Quadro de Trabalho em suas dependências;

II – da anotação das férias dos empregados nos respectivos livros ou fichas de registro;

III – de empregar e matricular seus aprendizes nos cursos dos Serviços Nacionais de Aprendizagem;

IV – da posse do livro intitulado "Inspeção do Trabalho"; e

V – de comunicar ao Ministério do Trabalho e Emprego a concessão de férias coletivas.

Art. 52. O disposto no art. 51 desta Lei Complementar não dispensa as microempresas e as empresas de pequeno porte dos seguintes procedimentos:

I – anotações na Carteira de Trabalho e Previdência Social – CTPS;

II – arquivamento dos documentos comprobatórios de cumprimento das obrigações trabalhistas e previdenciárias, enquanto não prescreverem essas obrigações;

III – apresentação da Guia de Recolhimento do Fundo de Garantia do Tempo de Serviço e Informações à Previdência Social – GFIP;

IV – apresentação das Relações Anuais de Empregados e da Relação Anual de Informações Sociais – RAIS e do Cadastro Geral de Empregados e Desempregados – CAGED.

Parágrafo único. (*Vetado*).

Art. 53. (*Revogado*).

Seção III
Do acesso à Justiça do Trabalho

Art. 54. É facultado ao empregador de microempresa ou de empresa de pequeno porte fazer-se substituir ou representar perante a Justiça do Trabalho por terceiros que conheçam dos fatos, ainda que não possuam vínculo trabalhista ou societário.

Capítulo VII
DA FISCALIZAÇÃO ORIENTADORA

Art. 55. A fiscalização, no que se refere aos aspectos trabalhista, metrológico, sanitário, ambiental, de segurança e de uso e ocupação do solo das microempresas e empresas de pequeno porte deverá ter natureza prioritariamente orientadora, quando a atividade ou situação, por sua natureza, comportar grau de risco compatível com esse procedimento.

→ *Caput* com redação alterada pela LC 147/2014.

§ 1º Será observado o critério de dupla visita para lavratura de autos de infração, salvo quando for constatada infração por falta de registro de empregado ou anotação da Carteira de Trabalho e Previdência Social – CTPS, ou, ainda, na ocorrência de reincidência, fraude, resistência ou embaraço à fiscalização.

§ 2º (*Vetado*).

§ 3º Os órgãos e entidades competentes definirão, em 12 (doze) meses, as atividades e situações cujo grau de risco seja considerado alto, as quais não se sujeitarão ao disposto neste artigo.

§ 4º O disposto neste artigo não se aplica ao processo administrativo fiscal relativo a tributos, que se dará na forma dos arts. 39 e 40 desta Lei Complementar.

§ 5º O disposto no § 1º aplica-se à lavratura de multa pelo descumprimento de obrigações acessórias relativas às matérias do *caput*, inclusive quando previsto seu cumprimento de forma unificada com matéria de outra natureza, exceto a trabalhista.

→ § 5º acrescentada pela LC 147/2014.

§ 6º A inobservância do critério de dupla visita implica nulidade do auto de infração lavrado sem cumprimento ao disposto neste artigo, independentemente da natureza principal ou acessória da obrigação.

→ § 6º acrescentada pela LC 147/2014.

§ 7º Os órgãos e entidades da administração pública federal, estadual, distrital e municipal deverão observar o princípio do tratamento diferenciado, simplificado e favorecido por ocasião da fixação de valores decorrentes de multas e demais sanções administrativas.

→ § 7º acrescentada pela LC 147/2014.

§ 8º A inobservância do disposto no *caput* deste artigo implica atentado aos direitos e garantias legais assegurados ao exercício profissional da atividade empresarial.

→ § 8º acrescentada pela LC 147/2014.

§ 9º O disposto no *caput* deste artigo não se aplica a infrações relativas à ocupação irregular da reserva de faixa não edificável, de área destinada a equipamentos urbanos, de áreas de preservação permanente e nas faixas de domínio público das rodovias, ferrovias e dutovias ou de vias e logradouros públicos.

→ § 9º acrescentada pela LC 147/2014.

Capítulo VIII
DO ASSOCIATIVISMO

Seção Única
Da sociedade de propósito específico formada por microempresas e empresas de pequeno porte optantes pelo Simples Nacional

Art. 56. As microempresas ou as empresas de pequeno porte poderão realizar negócios de compra e venda de bens e serviços para os mercados nacional e internacional, por meio de sociedade de propósito específico, nos termos e condições estabelecidos pelo Poder Executivo federal.

→ *Caput* com redação alterada pela LC 147/2014.

§ 1º Não poderão integrar a sociedade de que trata o *caput* deste artigo pessoas jurídicas não optantes pelo Simples Nacional.

§ 2º A sociedade de propósito específico de que trata este artigo:

I – terá seus atos arquivados no Registro Público de Empresas Mercantis;

II – terá por finalidade realizar:

a) operações de compras para revenda às microempresas ou empresas de pequeno porte que sejam suas sócias;

b) operações de venda de bens adquiridos das microempresas e empresas de pequeno porte que sejam suas sócias para pessoas jurídicas que não sejam suas sócias;

III – poderá exercer atividades de promoção dos bens referidos na alínea *b* do inciso II deste parágrafo;

IV – apurará o imposto de renda das pessoas jurídicas com base no lucro real, devendo manter a escrituração dos livros Diário e Razão;

V – apurará a Cofins e a Contribuição para o PIS/Pasep de modo não cumulativo;

VI – exportará, exclusivamente, bens a ela destinados pelas microempresas e empresas de pequeno porte que dela façam parte;

VII – será constituída como sociedade limitada;

VIII – deverá, nas revendas às microempresas ou empresas de pequeno porte que sejam suas sócias, observar preço no mínimo igual ao das aquisições realizadas para revenda; e

IX – deverá, nas revendas de bens adquiridos de microempresas ou empresas de pequeno porte que sejam suas sócias, observar preço no mínimo igual ao das aquisições desses bens.

§ 3º A aquisição de bens destinados à exportação pela sociedade de propósito específico não gera direito a créditos relativos a impostos ou contribuições abrangidos pelo Simples Nacional.

§ 4º A microempresa ou a empresa de pequeno porte não poderá participar simultaneamente de mais de uma sociedade de propósito específico de que trata este artigo.

§ 5º A sociedade de propósito específico de que trata este artigo não poderá:

I – ser filial, sucursal, agência ou representação, no País, de pessoa jurídica com sede no exterior;

II – ser constituída sob a forma de cooperativas, inclusive de consumo;

III – participar do capital de outra pessoa jurídica;

IV – exercer atividade de banco comercial, de investimentos e de desenvolvimento, de caixa econômica, de sociedade de crédito, financiamento e investimento ou de crédito imobiliário, de corretora ou de distribuidora de títulos, valores mobiliários e câmbio, de empresa de arrendamento mercantil, de seguros privados e de capitalização ou de previdência complementar;

V – ser resultante ou remanescente de cisão ou qualquer outra forma de desmembramento de pessoa jurídica que tenha ocorrido em um dos 5 (cinco) anos-calendário anteriores;

VI – exercer a atividade vedada às microempresas e empresas de pequeno porte optantes pelo Simples Nacional.

§ 6º A inobservância do disposto no § 4º deste artigo acarretará a responsabilidade solidária das microempresas ou empresas de pequeno porte sócias da sociedade de propósito específico de que trata este artigo na hipótese em que seus titulares, sócios ou administradores conhecessem ou devessem conhecer tal inobservância.

§ 7º O Poder Executivo regulamentará o disposto neste artigo até 31 de dezembro de 2008.

Capítulo IX
DO ESTÍMULO AO CRÉDITO E À CAPITALIZAÇÃO

Seção I
Disposições gerais

Art. 57. O Poder Executivo federal proporá, sempre que necessário, medidas no sentido de melhorar o acesso das microempresas e empresas de pequeno porte aos mercados de crédito e de capitais, objetivando a redução do custo de transação, a elevação da eficiência alocativa, o incentivo ao ambiente concorrencial e a qualidade do conjunto informacional, em especial o acesso e portabilidade das informações cadastrais relativas ao crédito.

Art. 58. Os bancos comerciais públicos e os bancos múltiplos públicos com carteira comercial e a Caixa Econômica Federal manterão linhas de crédito específicas para as microempresas e para as empresas de pequeno porte, devendo o montante disponível e suas condições de acesso ser expressos nos respectivos orçamentos e amplamente divulgadas.

Parágrafo único. As instituições mencionadas no *caput* deste artigo deverão publicar, juntamente com os respectivos balanços, relatório circunstanciado dos recursos alocados às linhas de crédito referidas no *caput* deste artigo e aqueles efetivamente utilizados, consignando, obrigatoriamente, as justificativas do desempenho alcançado.

→ Conforme publicação oficial.

§ 2º O acesso às linhas de crédito específicas previstas no *caput* deste artigo deverá ter tratamento simplificado e ágil, com divulgação ampla das respectivas condições e exigências.

→ § 2º acrescentado pela LC 147/2014.

Art. 58-A. Os bancos públicos e privados não poderão contabilizar, para cumprimento de metas, empréstimos realizados a pessoas físicas, ainda que sócios de empresas, como disponibilização de crédito para microempresas e empresas de pequeno porte.

→ Artigo acrescentado pela LC 147/2014.

Art. 59. As instituições referidas no *caput* do art. 58 desta Lei Complementar devem se articular com as respectivas entidades de apoio e representação das microempresas e empresas de pequeno porte, no sentido de proporcionar e desenvolver programas de treinamento, desenvolvimento gerencial e capacitação tecnológica.

Art. 60. *(Vetado).*

Art. 60-A. Poderá ser instituído Sistema Nacional de Garantias de Crédito pelo Poder Executivo, com o objetivo de facilitar o acesso das microempresas e empresas de pequeno porte a crédito e demais serviços das instituições financeiras, o qual, na forma de regulamento, proporcionará a elas tratamento diferenciado, favorecido e simplificado, sem prejuízo de atendimento a outros públicos-alvo.

Parágrafo único. O Sistema Nacional de Garantias de Crédito integrará o Sistema Financeiro Nacional.

Art. 60-B. Os fundos garantidores de risco de crédito empresarial que possuam participação da União na composição do seu capital atenderão, sempre que possível, as operações de crédito que envolvam microempresas e empresas de pequeno porte, definidas na forma do art. 3º desta Lei.

→ Artigo acrescentado pela LC 147/2014.

Art. 60-C. *(Vetado).*

→ Artigo acrescentado pela LC 147/2014.

Art. 61. Para fins de apoio creditício às operações de comércio exterior das microempresas e das empresas de pequeno porte, serão utilizados os parâmetros de enquadramento ou outros instrumentos de alta significância para as microempresas, empresas de pequeno porte exportadoras segundo o porte de empresas, aprovados pelo Mercado Comum do Sul – Mercosul.

Seção II
Das responsabilidades do Banco Central do Brasil

Art. 62. O Banco Central do Brasil disponibilizará dados e informações das instituições financeiras integrantes do Sistema Financeiro Nacional, inclusive por meio do Sistema de Informações de Crédito – SCR, de modo a ampliar o acesso ao crédito para microempresas e empresas de pequeno porte e fomentar a competição bancária.

→ *Caput* com redação alterada pela LC 147/2014.

§ 1º O disposto no *caput* deste artigo alcança a disponibilização de dados e informações específicas relativas ao histórico de relacionamento bancário e creditício das microempresas e das empresas de pequeno porte, apenas aos próprios titulares.

§ 2º O Banco Central do Brasil poderá garantir o acesso simplificado, favorecido e diferenciado dos dados e informações constantes no § 1º deste artigo aos seus respectivos interessados, podendo a instituição optar por realizá-lo por meio das instituições financeiras, com as quais o próprio cliente tenha relacionamento.

Seção III
Das condições de acesso aos depósitos especiais do Fundo de Amparo ao Trabalhador – FAT

Art. 63. O Codefat poderá disponibilizar recursos financeiros por meio da criação de programa específico para as cooperativas de crédito de cujos quadros de cooperados participem microempreendedores, empreendedores de microempresa e empresa de pequeno porte bem como suas empresas.

Parágrafo único. Os recursos referidos no *caput* deste artigo deverão ser destinados exclusivamente às microempresas e empresas de pequeno porte.

Capítulo X
DO ESTÍMULO À INOVAÇÃO

Seção I
Disposições gerais

Art. 64. Para os efeitos desta Lei Complementar considera-se:

I – inovação: a concepção de um novo produto ou processo de fabricação, bem como a agregação de novas funcionalidades ou características ao produto ou processo que implique melhorias incrementais e efetivo ganho de qualidade ou produtividade, resultando em maior competitividade no mercado;

II – agência de fomento: órgão ou instituição de natureza pública ou privada que tenha entre os seus objetivos o financiamento de ações que visem a estimular e promover o desenvolvimento da ciência, da tecnologia e da inovação;

III – Instituição Científica e Tecnológica – ICT: órgão ou entidade da administração pública que tenha por missão institucional, dentre outras, executar atividades de pesquisa básica ou aplicada de caráter científico ou tecnológico;

IV – núcleo de inovação tecnológica: núcleo ou órgão constituído por uma ou mais ICT com a finalidade de gerir sua política de inovação;

V – instituição de apoio: instituições criadas sob o amparo da Lei 8.958, de 20 de dezembro de 1994, com a finalidade de dar apoio a projetos de pesquisa, ensino e extensão e de desenvolvimento institucional, científico e tecnológico.

VI – instrumentos de apoio tecnológico para a inovação: qualquer serviço disponibilizado presencialmente ou na internet que possibilite acesso a informações, orientações, bancos de dados de soluções de informações, respostas técnicas, pesquisas e atividades de apoio complementar desenvolvidas pelas instituições previstas nos incisos II a V deste artigo.

→ Artigo acrescentado pela LC 147/2014.

Seção II
Do apoio à inovação

Art. 65. A União, os Estados, o Distrito Federal e os Municípios, e as respectivas agências de fomento, as ICT, os núcleos de inovação tecnológica e as instituições de apoio manterão programas específicos para as microempresas e para as empresas de pequeno porte, inclusive quando estas revestirem a forma de incubadoras, observando-se o seguinte:

I – as condições de acesso serão diferenciadas, favorecidas e simplificadas;

II – o montante disponível e suas condições de acesso deverão ser expressos nos respectivos orçamentos e amplamente divulgados.

§ 1º As instituições deverão publicar, juntamente com as respectivas prestações de contas, relatório circunstanciado das estratégias para maximização da participação do segmento, assim como dos recursos alocados às ações referidas no *caput* deste artigo e aqueles efetivamente utilizados, consignando, obrigatoriamente, as justificativas do desempenho alcançado no período.

§ 2º As pessoas jurídicas referidas no *caput* deste artigo terão por meta a aplicação de, no mínimo, 20% (vinte por cento) dos recursos destinados à inovação para o desenvolvimento de tal atividade nas microempresas ou nas empresas de pequeno porte.

§ 3º Os órgãos e entidades integrantes da administração pública federal, estadual e municipal atuantes em pesquisa, desenvolvimento ou capacitação tecnológica terão por meta efetivar suas aplicações, no percentual mínimo fixado neste artigo, em programas e projetos de apoio às microempresas ou às empresas de pequeno porte, transmitindo ao Ministério da Ciência, Tecnologia e Inovação, no primeiro trimestre de cada ano, informação relativa aos valores alocados e a respectiva relação percentual em relação ao total dos recursos destinados para esse fim.

→ § 3º com redação alterada pela LC 147/2014.

§ 4º Ficam autorizados a reduzir a 0 (zero) as alíquotas dos impostos e contribuições a seguir indicados, incidentes na aquisição, ou importação, de equipamentos, máquinas, aparelhos, instrumentos, acessórios, sobressalentes e ferramentas que os acompanhem, na forma definida em regulamento, quando adquiridos, ou importados, diretamente por microempresas ou empresas de pequeno porte para incorporação ao seu ativo imobilizado:

I – a União, em relação ao IPI, à Cofins, à Contribuição para o PIS/Pasep, à Cofins--Importação e à Contribuição para o PIS/Pasep-Importação; e

II – os Estados e o Distrito Federal, em relação ao ICMS.

§ 5º A microempresa ou empresa de pequeno porte, adquirente de bens com o benefício previsto no § 4º deste artigo, fica obrigada, nas hipóteses previstas em regulamento, a recolher os impostos e contribuições que deixaram de ser pagos, acrescidos de juros e multa, de mora ou de ofício, contados a partir da data da aquisição, no mercado interno, ou do registro da declaração de importação – DI, calculados na forma da legislação que rege a cobrança do tributo não pago.

§ 6º Para efeito da execução do orçamento previsto neste artigo, os órgãos e instituições poderão alocar os recursos destinados à criação e ao custeio de ambientes de inovação, incluindo incubadoras, parques e centros vocacionais tecnológicos, laboratórios metrológicos, de ensaio, de pesquisa ou apoio ao treinamento, bem como custeio de bolsas de extensão e remuneração de professores, pesquisadores e agentes envolvidos nas atividades de apoio tecnológico complementar.

→ § 6º acrescentado pela LC 147/2014.

Art. 66. No primeiro trimestre do ano subsequente, os órgãos e entidades a que alude o art. 67 desta Lei Complementar transmitirão ao Ministério da Ciência e Tecnologia relatório circunstanciado dos projetos realizados, compreendendo a análise do desempenho alcançado.

Art. 67. Os órgãos congêneres ao Ministério da Ciência e Tecnologia estaduais e municipais deverão elaborar e divulgar relatório anual indicando o valor dos recursos recebidos, inclusive por transferência de terceiros, que foram aplicados diretamente ou por organizações vinculadas, por Fundos Setoriais e outros, no segmento das microempresas e empresas de pequeno porte, retratando e avaliando os resultados obtidos e indicando as previsões de ações e metas para ampliação de sua participação no exercício seguinte.

Capítulo XI
DAS REGRAS CIVIS E EMPRESARIAIS

Seção I
Das regras civis

Subseção I
Do pequeno empresário

Art. 68. Considera-se pequeno empresário, para efeito de aplicação do disposto nos arts. 970 e 1.179 da Lei 10.406, de 2002, o empresário individual caracterizado como microempresa na forma desta Lei Complementar que aufira receita bruta anual até o limite previsto no § 1º do art. 18-A.

Subseção II
(Vetado).

Art. 69. *(Vetado).*

Seção II
Das deliberações sociais e da estrutura organizacional

Art. 70. As microempresas e as empresas de pequeno porte são desobrigadas da realização de reuniões e assembleias em qualquer das situações previstas na legislação civil, as quais serão substituídas por deliberação representativa do primeiro número inteiro superior à ½ (metade) do capital social.

§ 1º O disposto no *caput* deste artigo não se aplica caso haja disposição contratual em contrário, caso ocorra hipótese de justa causa que enseje a exclusão de sócio ou caso um ou mais sócios ponham em risco a continuidade da empresa em virtude de atos de inegável gravidade.

§ 2º Nos casos referidos no § 1º deste artigo, realizar-se-á reunião ou assembleia de acordo com a legislação civil.

Art. 71. Os empresários e as sociedades de que trata esta Lei Complementar, nos termos da legislação civil, ficam dispensados da publicação de qualquer ato societário.

Seção III
Do nome empresarial

Art. 72. As microempresas e as empresas de pequeno porte, nos termos da legislação civil, acrescentarão à sua firma ou denominação as expressões "Microempresa" ou "Empresa de Pequeno Porte", ou suas respectivas abreviações, "ME" ou "EPP", conforme o caso, sendo facultativa a inclusão do objeto da sociedade.

Seção IV
Do protesto de títulos

Art. 73. O protesto de título, quando o devedor for microempresário ou empresa de pequeno porte, é sujeito às seguintes condições:

I – sobre os emolumentos do tabelião não incidirão quaisquer acréscimos a título de taxas, custas e contribuições para o Estado ou Distrito Federal, carteira de previdência, fundo de custeio de atos gratuitos, fundos especiais do Tribunal de Justiça, bem como de associação de classe, criados ou que venham a ser criados sob qualquer título ou denominação, ressalvada a cobrança do devedor das despesas de correio, condução e publicação de edital para realização da intimação;

II – para o pagamento do título em cartório, não poderá ser exigido cheque de emissão de estabelecimento bancário, mas, feito o pagamento por meio de cheque, de emissão de estabelecimento bancário ou não, a quitação dada pelo tabelionato de protesto será condicionada à efetiva liquidação do cheque;

III – o cancelamento do registro de protesto, fundado no pagamento do título, será feito independentemente de declaração de anuência do credor, salvo no caso de impossibilidade de apresentação do original protestado;

IV – para os fins do disposto no *caput* e nos incisos I, II e III do *caput* deste artigo, o devedor deverá provar sua qualidade de microempresa ou de empresa de pequeno porte perante o tabelionato de protestos de títulos, mediante documento expedido pela Junta Comercial ou pelo Registro Civil das Pessoas Jurídicas, conforme o caso;

V – quando o pagamento do título ocorrer com cheque sem a devida provisão de fundos, serão automaticamente suspensos pelos cartórios de protesto, pelo prazo de 1 (um) ano, todos os benefícios previstos para o devedor neste artigo, independentemente da lavratura e registro do respectivo protesto.

Art. 73-A. São vedadas cláusulas contratuais relativas à limitação da emissão ou circulação de títulos de crédito ou direitos creditórios originados de operações de compra e venda de produtos e serviços por microempresas e empresas de pequeno porte.

→ Artigo acrescentado pela LC 147/2014.

Capítulo XII
DO ACESSO À JUSTIÇA

Seção I
Do acesso aos juizados especiais

Art. 74. Aplica-se às microempresas e às empresas de pequeno porte de que trata esta Lei Complementar o disposto no § 1º do art. 8º da Lei 9.099, de 26 de setembro de 1995, e no inciso I do *caput* do art. 6º da Lei 10.259, de 12 de julho de 2001, as quais, assim como as pessoas físicas capazes, passam a ser admitidas como proponentes de ação perante o Juizado Especial, excluídos os cessionários de direito de pessoas jurídicas.

Art. 74-A. O Poder Judiciário, especialmente por meio do Conselho Nacional de Justiça – CNJ, e o Ministério da Justiça implementarão medidas para disseminar o tratamento diferenciado e favorecido às microempresas e empresas de pequeno porte em suas respectivas áreas de competência.

→ Artigo acrescentado pela LC 147/2014.

Seção II
Da conciliação prévia, mediação e arbitragem

Art. 75. As microempresas e empresas de pequeno porte deverão ser estimuladas a utilizar os institutos de conciliação prévia, mediação e arbitragem para solução dos seus conflitos.

§ 1º Serão reconhecidos de pleno direito os acordos celebrados no âmbito das comissões de conciliação prévia.

§ 2º O estímulo a que se refere o *caput* deste artigo compreenderá campanhas de divulgação, serviços de esclarecimento e tratamento diferenciado, simplificado e favorecido no tocante aos custos administrativos e honorários cobrados.

Seção III
Das parcerias

Art. 75-A. Para fazer face às demandas originárias do estímulo previsto nos arts. 74 e 75 desta Lei Complementar, entidades privadas, públicas, inclusive o Poder Judiciário, poderão firmar parcerias entre si, objetivando a instalação ou utilização de ambientes propícios para a realização dos procedimentos inerentes a busca da solução de conflitos.

Capítulo XIII
DO APOIO E DA REPRESENTAÇÃO

Art. 76. Para o cumprimento do disposto nesta Lei Complementar, bem como para desenvolver e acompanhar políticas públicas voltadas às microempresas e empresas de pequeno porte, o poder público, em consonância com o Fórum Permanente das Microempresas e Empresas de Pequeno Porte, sob a coordenação da Secretaria da Micro e Pequena Empresa da Presidência da República, deverá incentivar e apoiar a criação de fóruns com participação dos órgãos públicos competentes e das entidades vinculadas ao setor.

→ Artigo com redação alterada pela Lei 12.792/2013.

Parágrafo único. A Secretaria da Micro e Pequena Empresa da Presidência da República coordenará com as entidades representativas das microempresas e empresas de pequeno porte a implementação dos fóruns regionais nas unidades da federação.

Art. 76-A. As instituições de representação e apoio empresarial deverão promover programas de sensibilização, de informação, de orientação e apoio, de educação fiscal, de regularidade dos contratos de trabalho e de adoção de sistemas informatizados e eletrônicos, como forma de estímulo à formalização de empreendimentos, de negócios e empregos, à ampliação da competitividade e à disseminação do associativismo entre as microempresas, os microempreendedores individuais, as empresas de pequeno porte e equiparados.

→ Artigo acrescentado pela LC 147/2014.

Capítulo XIV
DISPOSIÇÕES FINAIS E TRANSITÓRIAS

Art. 77. Promulgada esta Lei Complementar, o Comitê Gestor expedirá, em 30 (trinta) meses, as instruções que se fizerem necessárias à sua execução.

§ 1º O Ministério do Trabalho e Emprego, a Secretaria da Receita Federal, a Secretaria da Receita Previdenciária, os Estados, o Distrito Federal e os Municípios deverão editar, em 1 (um) ano, as leis e demais atos necessários para assegurar o pronto e imediato tratamento jurídico diferenciado, simplificado e favorecido às microempresas e às empresas de pequeno porte.

§ 2º A administração direta e indireta federal, estadual e municipal e as entidades paraestatais acordarão, no prazo previsto no § 1º deste artigo, as providências necessárias à adaptação dos respectivos atos normativos ao disposto nesta Lei Complementar.

§ 3º *(Vetado).*

§ 4º O Comitê Gestor regulamentará o disposto no inciso I do § 6º do art. 13 desta Lei Complementar até 31 de dezembro de 2008.

§ 5º A partir de 1º de janeiro de 2009, perderão eficácia as substituições tributárias que não atenderem à disciplina estabelecida na forma do § 4º deste artigo.

§ 6º O Comitê de que trata o inciso III do *caput* do art. 2º desta Lei Complementar expedirá, até 31 de dezembro de 2009, as instruções que se fizerem necessárias relativas a sua competência.

Art. 78. *(Revogado).*

Art. 79. Será concedido, para ingresso no Simples Nacional, parcelamento, em até 100 (cem) parcelas mensais e sucessivas, dos débitos com o Instituto Nacional do Seguro Social – INSS, ou com as Fazendas Públicas federal, estadual ou municipal, de responsabilidade da microempresa ou empresa de pequeno porte e de seu titular ou sócio, com vencimento até 30 de junho de 2008.

§ 1º O valor mínimo da parcela mensal será de R$ 100,00 (cem reais), considerados isoladamente os débitos para com a Fazenda Nacional, para com a Seguridade Social, para com a Fazenda dos Estados, dos Municípios ou do Distrito Federal.

§ 2º Esse parcelamento alcança inclusive débitos inscritos em dívida ativa.

§ 3º O parcelamento será requerido à respectiva Fazenda para com a qual o sujeito passivo esteja em débito.

§ 3º-A. O parcelamento deverá ser requerido no prazo estabelecido em regulamentação do Comitê Gestor.

§ 4º Aplicam-se ao disposto neste artigo as demais regras vigentes para parcelamento de tributos e contribuições federais, na forma regulamentada pelo Comitê Gestor.

§ 5º *(Vetado).*

§ 6º *(Vetado).*

§ 7º *(Vetado).*

§ 8º *(Vetado).*

§ 9º O parcelamento de que trata o *caput* deste artigo não se aplica na hipótese de reingresso de microempresa ou empresa de pequeno porte no Simples Nacional.

Art. 79-A. *(Vetado).*

Art. 79-B. Excepcionalmente para os fatos geradores ocorridos em julho de 2007, os tributos apurados na forma dos arts. 18 a 20 desta Lei Complementar deverão ser pagos até o último dia útil de agosto de 2007.

Art. 79-C. A microempresa e a empresa de pequeno porte que, em 30 de junho de 2007, se enquadravam no regime previsto na Lei 9.317, de 5 de dezembro de 1996, e que não ingressaram no regime previsto no art. 12 desta Lei Complementar sujeitar-se-ão, a partir de 1º de julho de 2007, às normas de tributação aplicáveis às demais pessoas jurídicas.

§ 1º Para efeito do disposto no *caput* deste artigo, o sujeito passivo poderá optar pelo recolhimento do Imposto sobre a Renda da Pessoa Jurídica – IRPJ e da Contribuição Social sobre o Lucro Líquido – CSLL na forma do lucro real, trimestral ou anual, ou do lucro presumido.

§ 2º A opção pela tributação com base no lucro presumido dar-se-á pelo pagamento, no vencimento, do IRPJ e da CSLL devidos, correspondente ao 3º (terceiro) trimestre de 2007 e, no caso do lucro real anual, com o pagamento do IRPJ e da CSLL relativos ao mês de julho de 2007 com base na estimativa mensal.

Art. 79-D. Excepcionalmente, para os fatos geradores ocorridos entre 1º de julho de 2007 e 31 de dezembro de 2008, as pessoas jurídicas que exerçam atividade sujeita simultaneamente à incidência do IPI e do ISS deverão recolher o ISS diretamente ao Município em que este imposto é devido até o último dia útil de fevereiro de 2009, aplicando-se, até esta data, o disposto no parágrafo único do art. 100 da Lei 5.172, de 25 de outubro de 1966 – Código Tributário Nacional – CTN.

Art. 79-E. A empresa de pequeno porte optante pelo Simples Nacional em 31 de dezembro de 2011 que durante o ano-calendário de 2011 auferir receita bruta total anual entre R$ 2.400.000,01 (dois milhões, quatrocentos mil reais e um centavo) e R$ 3.600.000,00 (três milhões e seiscentos mil reais) continuará automaticamente incluída no Simples Nacional com efeitos a partir de 1º de janeiro de 2012, ressalvado o direito de exclusão por comunicação da optante.

Art. 80. O art. 21 da Lei 8.212, de 24 de julho de 1991, fica acrescido dos seguintes §§ 2º e 3º, passando o parágrafo único a vigorar como § 1º:

→ Alterações efetuadas na referida Lei.

Art. 81. O art. 45 da Lei 8.212, de 24 de julho de 1991, passa a vigorar com as seguintes alterações:

→ Alterações efetuadas na referida Lei.

Art. 82. A Lei 8.213, de 24 de julho de 1991, passa a vigorar com as seguintes alterações:

→ Alterações efetuadas na referida Lei.

Art. 83. O art. 94 da Lei 8.213, de 24 de julho de 1991, fica acrescido do seguinte § 2º, passando o parágrafo único a vigorar como § 1º:

→ Alterações efetuadas na referida Lei.

Art. 84. O art. 58 da Consolidação das Leis do Trabalho – CLT, aprovada pelo Decreto-Lei 5.452, de 1º de maio de 1943, passa a vigorar acrescido do seguinte § 3º:

→ Alterações efetuadas na CLT.

Art. 85. *(Vetado).*

Art. 85-A. Caberá ao Poder Público Municipal designar Agente de Desenvolvimento para a efetivação do disposto nesta Lei Complementar, observadas as especificidades locais.

§ 1º A função de Agente de Desenvolvimento caracteriza-se pelo exercício de articulação das ações públicas para a promoção do desenvolvimento local e territorial, mediante ações locais ou comunitárias, individuais ou coletivas, que visem ao cumprimento das disposições e diretrizes contidas nesta Lei Complementar, sob supervisão do órgão gestor local responsável pelas políticas de desenvolvimento.

§ 2º O Agente de Desenvolvimento deverá preencher os seguintes requisitos:

I – residir na área da comunidade em que atuar;

II – haver concluído, com aproveitamento, curso de qualificação básica para a formação de Agente de Desenvolvimento; e

III – possuir formação ou experiência compatível com a função a ser exercida;

→ Inciso III com redação alterada pela LC 147/2014.

IV – ser preferencialmente servidor efetivo do Município.

→ Inciso IV acrescentado pela LC 147/2014.

§ 3º A Secretaria da Micro e Pequena Empresa da Presidência da República juntamente com as entidades municipalistas e de apoio e representação empresarial prestarão suporte aos referidos agentes na forma de capacitação, estudos e pesquisas, publicações, promoção de intercâmbio de informações e experiências.

→ § 3º com redação alterada pela Lei 12.792/2013.

Art. 86. As matérias tratadas nesta Lei Complementar que não sejam reservadas constitucionalmente a lei complementar poderão ser objeto de alteração por lei ordinária.

Art. 87. O § 1º do art. 3º da Lei Complementar 63, de 11 de janeiro de 1990, passa a vigorar com a seguinte redação:

"Art. 3º (...)

§ 1º O valor adicionado corresponderá, para cada Município:

I – ao valor das mercadorias saídas, acrescido do valor das prestações de serviços, no seu território, deduzido o valor das mercadorias entradas, em cada ano civil;

II – nas hipóteses de tributação simplificada a que se refere o parágrafo único do art. 146 da Constituição Federal, e, em outras situações, em que se dispensem os controles de entrada, considerar-se-á como valor adicionado o percentual de 32% (trinta e dois por cento) da receita bruta.

(...)"

Art. 87-A. Os Poderes Executivos da União, Estados, Distrito Federal e Municípios expedirão, anualmente, até o dia 30 de novembro, cada um, em seus respectivos âmbitos de competência, decretos de consolidação da regulamentação aplicável relativamente às microempresas e empresas de pequeno porte.

→ Artigo acrescentado pela LC 147/2014.

Art. 88. Esta Lei Complementar entra em vigor na data de sua publicação, ressalvado o regime de tributação das microempresas e empresas de pequeno porte, que entra em vigor em 1º de julho de 2007.

Art. 89. Ficam revogadas, a partir de 1º de julho de 2007, a Lei 9.317, de 5 de dezembro de 1996, e a Lei 9.841, de 5 de outubro de 1999.

Brasília, 14 de dezembro de 2006; 185º da Independência e 118º da República.

Luiz Inácio Lula da Silva

(Publicação no *D.O.U.* de 15.12.2006; republicação 31.1.2009, em 31.1.2012 e 6.3.2012)

ANEXO I – (VIGÊNCIA: 01/01/2012)

ALÍQUOTAS E PARTILHA DO SIMPLES NACIONAL – COMÉRCIO

Receita Bruta em 12 meses (em R$)	Alíquota	IRPJ	CSLL	Cofins	PIS/Pasep	CPP	ICMS
Até 180.000,00	4,00%	0,00%	0,00%	0,00%	0,00%	2,75%	1,25%
De 180.000,01 a 360.000,00	5,47%	0,00%	0,00%	0,86%	0,00%	2,75%	1,86%
De 360.000,01 a 540.000,00	6,84%	0,27%	0,31%	0,95%	0,23%	2,75%	2,33%
De 540.000,01 a 720.000,00	7,54%	0,35%	0,35%	1,04%	0,25%	2,99%	2,56%
De 720.000,01 a 900.000,00	7,60%	0,35%	0,35%	1,05%	0,25%	3,02%	2,58%
De 900.000,01 a 1.080.000,00	8,28%	0,38%	0,38%	1,15%	0,27%	3,28%	2,82%
De 1.080.000,01 a 1.260.000,00	8,36%	0,39%	0,39%	1,16%	0,28%	3,30%	2,84%
De 1.260.000,01 a 1.440.000,00	8,45%	0,39%	0,39%	1,17%	0,28%	3,35%	2,87%
De 1.440.000,01 a 1.620.000,00	9,03%	0,42%	0,42%	1,25%	0,30%	3,57%	3,07%
De 1.620.000,01 a 1.800.000,00	9,12%	0,43%	0,43%	1,26%	0,30%	3,60%	3,10%
De 1.800.000,01 a 1.980.000,00	9,95%	0,46%	0,46%	1,38%	0,33%	3,94%	3,38%
De 1.980.000,01 a 2.160.000,00	10,04%	0,46%	0,46%	1,39%	0,33%	3,99%	3,41%
De 2.160.000,01 a 2.340.000,00	10,13%	0,47%	0,47%	1,40%	0,33%	4,01%	3,45%
De 2.340.000,01 a 2.520.000,00	10,23%	0,47%	0,47%	1,42%	0,34%	4,05%	3,48%
De 2.520.000,01 a 2.700.000,00	10,32%	0,48%	0,48%	1,43%	0,34%	4,08%	3,51%
De 2.700.000,01 a 2.880.000,00	11,23%	0,52%	0,52%	1,56%	0,37%	4,44%	3,82%
De 2.880.000,01 a 3.060.000,00	11,32%	0,52%	0,52%	1,57%	0,37%	4,49%	3,85%
De 3.060.000,01 a 3.240.000,00	11,42%	0,53%	0,53%	1,58%	0,38%	4,52%	3,88%
De 3.240.000,01 a 3.420.000,00	11,51%	0,53%	0,53%	1,60%	0,38%	4,56%	3,91%
De 3.420.000,01 a 3.600.000,00	11,61%	0,54%	0,54%	1,60%	0,38%	4,60%	3,95%

ANEXO II – (VIGÊNCIA: 01/01/2012)

ALÍQUOTAS E PARTILHA DO SIMPLES NACIONAL – INDÚSTRIA

Receita Bruta em 12 meses (em R$)	Alíquota	IRPJ	CSLL	Cofins	PIS/Pasep	CPP	ICMS	IPI
Até 180.000,00	4,50%	0,00%	0,00%	0,00%	0,00%	2,75%	1,25%	0,50%
De 180.000,01 a 360.000,00	5,97%	0,00%	0,00%	0,86%	0,00%	2,75%	1,86%	0,50%
De 360.000,01 a 540.000,00	7,34%	0,27%	0,31%	0,95%	0,23%	2,75%	2,33%	0,50%
De 540.000,01 a 720.000,00	8,04%	0,35%	0,35%	1,04%	0,25%	2,99%	2,56%	0,50%
De 720.000,01 a 900.000,00	8,10%	0,35%	0,35%	1,05%	0,25%	3,02%	2,58%	0,50%
De 900.000,01 a 1.080.000,00	8,78%	0,38%	0,38%	1,15%	0,27%	3,28%	2,82%	0,50%
De 1.080.000,01 a 1.260.000,00	8,86%	0,39%	0,39%	1,16%	0,28%	3,30%	2,84%	0,50%
De 1.260.000,01 a 1.440.000,00	8,95%	0,39%	0,39%	1,17%	0,28%	3,35%	2,87%	0,50%
De 1.440.000,01 a 1.620.000,00	9,53%	0,42%	0,42%	1,25%	0,30%	3,57%	3,07%	0,50%
De 1.620.000,01 a 1.800.000,00	9,62%	0,42%	0,42%	1,26%	0,30%	3,62%	3,10%	0,50%
De 1.800.000,01 a 1.980.000,00	10,45%	0,46%	0,46%	1,38%	0,33%	3,94%	3,38%	0,50%
De 1.980.000,01 a 2.160.000,00	10,54%	0,46%	0,46%	1,39%	0,33%	3,99%	3,41%	0,50%
De 2.160.000,01 a 2.340.000,00	10,63%	0,47%	0,47%	1,40%	0,33%	4,01%	3,45%	0,50%
De 2.340.000,01 a 2.520.000,00	10,73%	0,47%	0,47%	1,42%	0,34%	4,05%	3,48%	0,50%
De 2.520.000,01 a 2.700.000,00	10,82%	0,48%	0,48%	1,43%	0,34%	4,08%	3,51%	0,50%
De 2.700.000,01 a 2.880.000,00	11,73%	0,52%	0,52%	1,56%	0,37%	4,44%	3,82%	0,50%
De 2.880.000,01 a 3.060.000,00	11,82%	0,52%	0,52%	1,57%	0,37%	4,49%	3,85%	0,50%
De 3.060.000,01 a 3.240.000,00	11,92%	0,53%	0,53%	1,58%	0,38%	4,52%	3,88%	0,50%
De 3.240.000,01 a 3.420.000,00	12,01%	0,53%	0,53%	1,60%	0,38%	4,56%	3,91%	0,50%
De 3.420.000,01 a 3.600.000,00	12,11%	0,54%	0,54%	1,60%	0,38%	4,60%	3,95%	0,50%

ANEXO III – (VIGÊNCIA: 01/01/2012)

ALÍQUOTAS E PARTILHA DO SIMPLES NACIONAL – RECEITAS DE LOCAÇÃO DE BENS MÓVEIS E DE PRESTAÇÃO DE SERVIÇOS NÃO RELACIONADOS NOS §§ 5º-C E 5º-D DO ART. 18 DESTA LEI COMPLEMENTAR

Receita Bruta em 12 meses (em R$)	Alíquota	IRPJ	CSLL	Cofins	PIS/Pasep	CPP	ISS
Até 180.000,00	6,00%	0,00%	0,00%	0,00%	0,00%	4,00%	2,00%
De 180.000,01 a 360.000,00	8,21%	0,00%	0,00%	1,42%	0,00%	4,00%	2,79%
De 360.000,01 a 540.000,00	10,26%	0,48%	0,43%	1,43%	0,35%	4,07%	3,50%
De 540.000,01 a 720.000,00	11,31%	0,53%	0,53%	1,56%	0,38%	4,47%	3,84%
De 720.000,01 a 900.000,00	11,40%	0,53%	0,52%	1,58%	0,38%	4,52%	3,87%
De 900.000,01 a 1.080.000,00	12,42%	0,57%	0,57%	1,73%	0,40%	4,92%	4,23%
De 1.080.000,01 a 1.260.000,00	12,54%	0,59%	0,56%	1,74%	0,42%	4,97%	4,26%
De 1.260.000,01 a 1.440.000,00	12,68%	0,59%	0,57%	1,76%	0,42%	5,03%	4,31%
De 1.440.000,01 a 1.620.000,00	13,55%	0,63%	0,61%	1,88%	0,45%	5,37%	4,61%
De 1.620.000,01 a 1.800.000,00	13,68%	0,63%	0,64%	1,89%	0,45%	5,42%	4,65%
De 1.800.000,01 a 1.980.000,00	14,93%	0,69%	0,69%	2,07%	0,50%	5,98%	5,00%
De 1.980.000,01 a 2.160.000,00	15,06%	0,69%	0,69%	2,09%	0,50%	6,09%	5,00%
De 2.160.000,01 a 2.340.000,00	15,20%	0,71%	0,70%	2,10%	0,50%	6,19%	5,00%
De 2.340.000,01 a 2.520.000,00	15,35%	0,71%	0,70%	2,13%	0,51%	6,30%	5,00%
De 2.520.000,01 a 2.700.000,00	15,48%	0,72%	0,70%	2,15%	0,51%	6,40%	5,00%
De 2.700.000,01 a 2.880.000,00	16,85%	0,78%	0,76%	2,34%	0,56%	7,41%	5,00%
De 2.880.000,01 a 3.060.000,00	16,98%	0,78%	0,78%	2,36%	0,56%	7,50%	5,00%
De 3.060.000,01 a 3.240.000,00	17,13%	0,80%	0,79%	2,37%	0,57%	7,60%	5,00%
De 3.240.000,01 a 3.420.000,00	17,27%	0,80%	0,79%	2,40%	0,57%	7,71%	5,00%
De 3.420.000,01 a 3.600.000,00	17,42%	0,81%	0,79%	2,42%	0,57%	7,83%	5,00%

ANEXO IV – (VIGÊNCIA: 01/01/2012)

ALÍQUOTAS E PARTILHA DO SIMPLES NACIONAL – RECEITAS DECORRENTES DA PRESTAÇÃO DE SERVIÇOS RELACIONADOS NO § 5º-C DO ART. 18 DESTA LEI COMPLEMENTAR

Receita Bruta em 12 meses (em R$)	Alíquota	IRPJ	CSLL	Cofins	PIS/Pasep	ISS
Até 180.000,00	4,50%	0,00%	1,22%	1,28%	0,00%	2,00%
De 180.000,01 a 360.000,00	6,54%	0,00%	1,84%	1,91%	0,00%	2,79%
De 360.000,01 a 540.000,00	7,70%	0,16%	1,85%	1,95%	0,24%	3,50%
De 540.000,01 a 720.000,00	8,49%	0,52%	1,87%	1,99%	0,27%	3,84%
De 720.000,01 a 900.000,00	8,97%	0,89%	1,89%	2,03%	0,29%	3,87%
De 900.000,01 a 1.080.000,00	9,78%	1,25%	1,91%	2,07%	0,32%	4,23%
De 1.080.000,01 a 1.260.000,00	10,26%	1,62%	1,93%	2,11%	0,34%	4,26%
De 1.260.000,01 a 1.440.000,00	10,76%	2,00%	1,95%	2,15%	0,35%	4,31%
De 1.440.000,01 a 1.620.000,00	11,51%	2,37%	1,97%	2,19%	0,37%	4,61%
De 1.620.000,01 a 1.800.000,00	12,00%	2,74%	2,00%	2,23%	0,38%	4,65%
De 1.800.000,01 a 1.980.000,00	12,80%	3,12%	2,01%	2,27%	0,40%	5,00%
De 1.980.000,01 a 2.160.000,00	13,25%	3,49%	2,03%	2,31%	0,42%	5,00%
De 2.160.000,01 a 2.340.000,00	13,70%	3,86%	2,05%	2,35%	0,44%	5,00%
De 2.340.000,01 a 2.520.000,00	14,15%	4,23%	2,07%	2,39%	0,46%	5,00%
De 2.520.000,01 a 2.700.000,00	14,60%	4,60%	2,10%	2,43%	0,47%	5,00%
De 2.700.000,01 a 2.880.000,00	15,05%	4,90%	2,19%	2,47%	0,49%	5,00%
De 2.880.000,01 a 3.060.000,00	15,50%	5,21%	2,27%	2,51%	0,51%	5,00%
De 3.060.000,01 a 3.240.000,00	15,95%	5,51%	2,36%	2,55%	0,53%	5,00%
De 3.240.000,01 a 3.420.000,00	16,40%	5,81%	2,45%	2,59%	0,55%	5,00%
De 3.420.000,01 a 3.600.000,00	16,85%	6,12%	2,53%	2,63%	0,57%	5,00%

ANEXO V – (VIGÊNCIA: 01/01/2012)

ALÍQUOTAS E PARTILHA DO SIMPLES NACIONAL – RECEITAS DECORRENTES DA PRESTAÇÃO DE SERVIÇOS RELACIONADOS NO § 5º-D DO ART. 18 DESTA LEI COMPLEMENTAR

1) Será apurada a relação (r) conforme abaixo:

$$(r) = \frac{\text{Folha de Salários incluídos encargos (em 12 meses)}}{\text{Receita Bruta (em 12 meses)}}$$

2) Nas hipóteses em que (r) corresponda aos intervalos centesimais da Tabela V-A, onde "<" significa menor que, ">" significa maior que, "≤" significa igual ou menor que e "≥" significa maior ou igual que, as alíquotas do Simples Nacional relativas ao IRPJ, PIS/Pasep, CSLL, Cofins e CPP corresponderão ao seguinte:

TABELA V-A:

Receita Bruta em 12 meses (em R$)	(r)<0,10	0,10≤ (r) e (r) < 0,15	0,15≤ (r) e (r) < 0,20	0,20≤ (r) e (r) < 0,25	0,25≤ (r) e (r) < 0,30	0,30≤ (r) e (r) < 0,35	0,35≤ (r) e (r) < 0,40	(r) ≥ 0,40
Até 180.000,00	17,50%	15,70%	13,70%	11,82%	10,47%	9,97%	8,80%	8,00%
De 180.000,01 a 360.000,00	17,52%	15,75%	13,90%	12,60%	12,33%	10,72%	9,10%	8,48%
De 360.000,01 a 540.000,00	17,55%	15,95%	14,20%	12,90%	12,64%	11,11%	9,58%	9,03%
De 540.000,01 a 720.000,00	17,95%	16,70%	15,00%	13,70%	13,45%	12,00%	10,56%	9,34%
De 720.000,01 a 900.000,00	18,15%	16,95%	15,30%	14,03%	13,53%	12,40%	11,04%	10,06%
De 900.000,01 a 1.080.000,00	18,45%	17,20%	15,40%	14,10%	13,60%	12,60%	11,60%	10,60%
De 1.080.000,01 a 1.260.000,00	18,55%	17,30%	15,50%	14,11%	13,68%	12,68%	11,68%	10,68%
De 1.260.000,01 a 1.440.000,00	18,62%	17,32%	15,60%	14,12%	13,69%	12,69%	11,69%	10,69%
De 1.440.000,01 a 1.620.000,00	18,72%	17,42%	15,70%	14,13%	14,08%	13,08%	12,08%	11,08%
De 1.620.000,01 a 1.800.000,00	18,86%	17,56%	15,80%	14,14%	14,09%	13,09%	12,09%	11,09%

De 1.800.000,01 a 1.980.000,00	18,96%	17,66%	15,90%	14,49%	14,45%	13,61%	12,78%	11,87%
De 1.980.000,01 a 2.160.000,00	19,06%	17,76%	16,00%	14,67%	14,64%	13,89%	13,15%	12,28%
De 2.160.000,01 a 2.340.000,00	19,26%	17,96%	16,20%	14,86%	14,82%	14,17%	13,51%	12,68%
De 2.340.000,01 a 2.520.000,00	19,56%	18,30%	16,50%	15,46%	15,18%	14,61%	14,04%	13,26%
De 2.520.000,01 a 2.700.000,00	20,70%	19,30%	17,45%	16,24%	16,00%	15,52%	15,03%	14,29%
De 2.700.000,01 a 2.880.000,00	21,20%	20,00%	18,20%	16,91%	16,72%	16,32%	15,93%	15,23%
De 2.880.000,01 a 3.060.000,00	21,70%	20,50%	18,70%	17,40%	17,13%	16,82%	16,38%	16,17%
De 3.060.000,01 a 3.240.000,00	22,20%	20,90%	19,10%	17,80%	17,55%	17,22%	16,82%	16,51%
De 3.240.000,01 a 3.420.000,00	22,50%	21,30%	19,50%	18,20%	17,97%	17,44%	17,21%	16,94%
De 3.420.000,01 a 3.600.000,00	22,90%	21,80%	20,00%	18,60%	18,40%	17,85%	17,60%	17,18%

3) Somar-se-á a alíquota do Simples Nacional relativa ao IRPJ, PIS/Pasep, CSLL, Cofins e CPP apurada na forma acima a parcela correspondente ao ISS prevista no Anexo IV.

4) A partilha das receitas relativas ao IRPJ, PIS/Pasep, CSLL, Cofins e CPP arrecadadas na forma deste Anexo será realizada com base nos parâmetros definidos na Tabela V-B, onde:

(I) = pontos percentuais da partilha destinada à CPP;

(J) = pontos percentuais da partilha destinada ao IRPJ, calculados após o resultado do fator (I);

(K) = pontos percentuais da partilha destinada à CSLL, calculados após o resultado dos fatores (I) e (J);

(L) = pontos percentuais da partilha destinada à Cofins, calculados após o resultado dos fatores (I), (J) e (K);

(M) = pontos percentuais da partilha destinada à contribuição para o PIS/Pasep, calculados após os resultados dos fatores (I), (J), (K) e (L);

(I) + (J) + (K) + (L) + (M) = 100

N = relação (r) dividida por 0,004, limitando-se o resultado a 100;

P = 0,1 dividido pela relação (r), limitando-se o resultado a 1.

TABELA V-B

Receita Bruta em 12 meses (em R$)	CPP	IRPJ	CSLL	Cofins	PIS/Pasep
	I	J	K	L	M
Até 180.000,00	N x 0,9	0,75 X (100 – I) X P	0,25 X (100 – I) X P	0,75 X (100 – I – J – K)	100 – I – J – K – L
De 180.000,01 a 360.000,00	N x 0,875	0,75 X (100 – I) X P	0,25 X (100 – I) X P	0,75 X (100 – I – J – K)	100 – I – J – K – L
De 360.000,01 a 540.000,00	N x 0,85	0,75 X (100 – I) X P	0,25 X (100 – I) X P	0,75 X (100 – I – J – K)	100 – I – J – K – L
De 540.000,01 a 720.000,00	N x 0,825	0,75 X (100 – I) X P	0,25 X (100 – I) X P	0,75 X (100 – I – J – K)	100 – I – J – K – L
De 720.000,01 a 900.000,00	N x 0,8	0,75 X (100 – I) X P	0,25 X (100 – I) X P	0,75 X (100 – I – J – K)	100 – I – J – K – L
De 900.000,01 a 1.080.000,00	N x 0,775	0,75 X (100 – I) X P	0,25 X (100 – I) X P	0,75 X (100 – I – J – K)	100 – I – J – K – L
De 1.080.000,01 a 1.260.000,00	N x 0,75	0,75 X (100 – I) X P	0,25 X (100 – I) X P	0,75 X (100 – I – J – K)	100 – I – J – K – L
De 1.260.000,01 a 1.440.000,00	N x 0,725	0,75 X (100 – I) X P	0,25 X (100 – I) X P	0,75 X (100 – I – J – K)	100 – I – J – K – L

De 1.440.000,01 a 1.620.000,00	N x 0,7	0,75 X (100 – I) X P	0,25 X (100 – I) X P	0,75 X (100 – I – J – K)	100 – I – J – K – L
De 1.620.000,01 a 1.800.000,00	N x 0,675	0,75 X (100 – I) X P	0,25 X (100 – I) X P	0,75 X (100 – I – J – K)	100 – I – J – K – L
De 1.800.000,01 a 1.980.000,00	N x 0,65	0,75 X (100 – I) X P	0,25 X (100 – I) X P	0,75 X (100 – I – J – K)	100 – I – J – K – L
De 1.980.000,01 a 2.160.000,00	N x 0,625	0,75 X (100 – I) X P	0,25 X (100 – I) X P	0,75 X (100 – I – J – K)	100 – I – J – K – L
De 2.160.000,01 a 2.340.000,00	N x 0,6	0,75 X (100 – I) X P	0,25 X (100 – I) X P	0,75 X (100 – I – J – K)	100 – I – J – K – L
De 2.340.000,01 a 2.520.000,00	N x 0,575	0,75 X (100 – I) X P	0,25 X (100 – I) X P	0,75 X (100 – I – J – K)	100 – I – J – K – L
De 2.520.000,01 a 2.700.000,00	N x 0,55	0,75 X (100 – I) X P	0,25 X (100 – I) X P	0,75 X (100 – I – J – K)	100 – I – J – K – L
De 2.700.000,01 a 2.880.000,00	N x 0,525	0,75 X (100 – I) X P	0,25 X (100 – I) X P	0,75 X (100 – I – J – K)	100 – I – J – K – L
De 2.880.000,01 a 3.060.000,00	N x 0,5	0,75 X (100 – I) X P	0,25 X (100 – I) X P	0,75 X (100 – I – J – K)	100 – I – J – K – L
De 3.060.000,01 a 3.240.000,00	N x 0,475	0,75 X (100 – I) X P	0,25 X (100 – I) X P	0,75 X (100 – I – J – K)	100 – I – J – K – L
De 3.240.000,01 a 3.420.000,00	N x 0,45	0,75 X (100 – I) X P	0,25 X (100 – I) X P	0,75 X (100 – I – J – K)	100 – I – J – K – L
De 3.420.000,01 a 3.600.000,00	N x 0,425	0,75 X (100 – I) X P	0,25 X (100 – I) X P	0,75 X (100 – I – J – K)	100 – I – J – K – L

ANEXO VI

→ Anexo VI acrescentado pela LC 147/2014, em vigor na data de sua publicação, produzindo efeitos a partir de 1º de janeiro do primeiro ano subsequente ao da data de publicação da referida Lei Complementar – *D.O.U.* 8.8.2014.

Alíquotas e Partilha do Simples Nacional – Receitas decorrentes da prestação de serviços relacionados no § 5º-I do art. 18 desta Lei Complementar.

1. Será apurada a relação (r) conforme abaixo:

$$(r) = \frac{\text{Folha de Salários incluidos encargos (em 12 meses)}}{\text{Receita Bruta (em 12 meses)}}$$

2. A partilha das receitas relativas ao IRPJ, PIS/Pasep, CSLL, Cofins e CPP arrecadadas na forma deste Anexo será realizada com base nos parâmetros definidos na Tabela V-B do Anexo V desta Lei Complementar.

3. Independentemente do resultado da relação (r), as alíquotas do Simples Nacional corresponderão ao seguinte:

TABELA VI

Receita Bruta em 12 meses (em R$)	Alíquota	IRPJ, PIS/Pasep, CSLL, Cofins e CPP	ISS
Até 180.000,00	16,93%	14,93%	2,00%
De 180.000,01 a 360.000,00	17,72%	14,93%	2,79%
De 360.000,01 a 540.000,00	18,43%	14,93%	3,50%
De 540.000,01 a 720.000,00	18,77%	14,93%	3,84%
De 720.000,01 a 900.000,00	19,04%	15,17%	3,87%
De 900.000,01 a 1.080.000,00	19,94%	15,71%	4,23%
De 1.080.000,01 a 1.260.000,00	20,34%	16,08%	4,26%
De 1.260.000,01 a 1.440.000,00	20,66%	16,35%	4,31%
De 1.440.000,01 a 1.620.000,00	21,17%	16,56%	4,61%
De 1.620.000,01 a 1.800.000,00	21,38%	16,73%	4,65%
De 1.800.000,01 a 1.980.000,00	21,86%	16,86%	5,00%
De 1.980.000,01 a 2.160.000,00	21,97%	16,97%	5,00%
De 2.160.000,01 a 2.340.000,00	22,06%	17,06%	5,00%
De 2.340.000,01 a 2.520.000,00	22,14%	17,14%	5,00%
De 2.520.000,01 a 2.700.000,00	22,21%	17,21%	5,00%
De 2.700.000,01 a 2.880.000,00	22,21%	17,21%	5,00%
De 2.880.000,01 a 3.060.000,00	22,32%	17,32%	5,00%
De 3.060.000,01 a 3.240.000,00	22,37%	17,37%	5,00%
De 3.240.000,01 a 3.420.000,00	22,41%	17,41%	5,00%
De 3.420.000,01 a 3.600.000,00	22,45%	17,45%	5,00%

ESTATUTO DA IGUALDADE RACIAL

LEI 12.288,

DE 20 DE JULHO DE 2010

Institui o Estatuto da Igualdade Racial; altera as Leis 7.716, de 5 de janeiro de 1989, 9.029, de 13 de abril de 1995, 7.347, de 24 de julho de 1985, e 10.778, de 24 de novembro de 2003.

O Presidente da República:

Faço saber que o Congresso Nacional decreta e eu sanciono a seguinte Lei:

Título I
Disposições preliminares

Art. 1º Esta Lei institui o Estatuto da Igualdade Racial, destinado a garantir à população negra a efetivação da igualdade de oportunidades, a defesa dos direitos étnicos individuais, coletivos e difusos e o combate à discriminação e às demais formas de intolerância étnica.

Parágrafo único. Para efeito deste Estatuto, considera-se:

I – discriminação racial ou étnico-racial: toda distinção, exclusão, restrição ou preferência baseada em raça, cor, descendência ou origem nacional ou étnica que tenha por objeto anular ou restringir o reconhecimento, gozo ou exercício, em igualdade de condições, de direitos humanos e liberdades fundamentais nos campos político, econômico, social, cultural ou em qualquer outro campo da vida pública ou privada;

II – desigualdade racial: toda situação injustificada de diferenciação de acesso e fruição de bens, serviços e oportunidades, nas esferas pública e privada, em virtude de raça, cor, descendência ou origem nacional ou étnica;

III – desigualdade de gênero e raça: assimetria existente no âmbito da sociedade que acentua a distância social entre mulheres negras e os demais segmentos sociais;

IV – população negra: o conjunto de pessoas que se autodeclaram pretas e pardas, conforme o quesito cor ou raça usado pela Fundação Instituto Brasileiro de Geografia e Estatística (IBGE), ou que adotam autodefinição análoga;

V – políticas públicas: as ações, iniciativas e programas adotados pelo Estado no cumprimento de suas atribuições institucionais;

VI – ações afirmativas: os programas e medidas especiais adotados pelo Estado e pela iniciativa privada para a correção das desigualdades raciais e para a promoção da igualdade de oportunidades.

Art. 2º É dever do Estado e da sociedade garantir a igualdade de oportunidades, reconhecendo a todo cidadão brasileiro, independentemente da etnia ou da cor da pele, o direito à participação na comunidade, especialmente nas atividades políticas, econômicas, empresariais, educacionais, culturais e esportivas, defendendo sua dignidade e seus valores religiosos e culturais.

Art. 3º Além das normas constitucionais relativas aos princípios fundamentais, aos direitos e garantias fundamentais e aos direitos sociais, econômicos e culturais, o Estatuto da Igualdade Racial adota como diretriz político-jurídica a inclusão das vítimas de desigualdade étnico-racial, a valorização da igualdade étnica e o fortalecimento da identidade nacional brasileira.

Art. 4º A participação da população negra, em condição de igualdade de oportunidade, na vida econômica, social, política e cultural do País será promovida, prioritariamente, por meio de:

I – inclusão nas políticas públicas de desenvolvimento econômico e social;

II – adoção de medidas, programas e políticas de ação afirmativa;

III – modificação das estruturas institucionais do Estado para o adequado enfrentamento e a superação das desigualdades étnicas decorrentes do preconceito e da discriminação étnica;

IV – promoção de ajustes normativos para aperfeiçoar o combate à discriminação étnica e às desigualdades étnicas em todas as suas manifestações individuais, institucionais e estruturais;

V – eliminação dos obstáculos históricos, socioculturais e institucionais que impedem a representação da diversidade étnica nas esferas pública e privada;

VI – estímulo, apoio e fortalecimento de iniciativas oriundas da sociedade civil direcionadas à promoção da igualdade de oportunidades e ao combate às desigualdades étnicas, inclusive mediante a implementação de incentivos e critérios de condicionamento e prioridade no acesso aos recursos públicos;

VII – implementação de programas de ação afirmativa destinados ao enfrentamento das desigualdades étnicas no tocante à educação, cultura, esporte e lazer, saúde, segurança, trabalho, moradia, meios de comunicação de massa, financiamentos públicos, acesso à terra, à Justiça, e outros.

Parágrafo único. Os programas de ação afirmativa constituir-se-ão em políticas públicas destinadas a reparar as distorções e desigualdades sociais e demais práticas discriminatórias adotadas, nas esferas pública e privada, durante o processo de formação social do País.

Art. 5º Para a consecução dos objetivos desta Lei, é instituído o Sistema Nacional de Promoção da Igualdade Racial (Sinapir), conforme estabelecido no Título III.

Título II
Dos direitos fundamentais

Capítulo I
DO DIREITO À SAÚDE

Art. 6º O direito à saúde da população negra será garantido pelo poder público mediante políticas universais, sociais e econômicas destinadas à redução do risco de doenças e de outros agravos.

§ 1º O acesso universal e igualitário ao Sistema Único de Saúde (SUS) para promoção, proteção e recuperação da saúde da população negra será de responsabilidade dos órgãos e instituições públicas federais, estaduais, distritais e municipais, da administração direta e indireta.

§ 2º O poder público garantirá que o segmento da população negra vinculado aos seguros privados de saúde seja tratado sem discriminação.

Art. 7º O conjunto de ações de saúde voltadas à população negra constitui a Política Nacional de Saúde Integral da População Negra, organizada de acordo com as diretrizes abaixo especificadas:

I – ampliação e fortalecimento da participação de lideranças dos movimentos sociais em defesa da saúde da população negra nas instâncias de participação e controle social do SUS;

II – produção de conhecimento científico e tecnológico em saúde da população negra;

III – desenvolvimento de processos de informação, comunicação e educação para contribuir com a redução das vulnerabilidades da população negra.

Art. 8º Constituem objetivos da Política Nacional de Saúde Integral da População Negra:

I – a promoção da saúde integral da população negra, priorizando a redução das desigualdades étnicas e o combate à discriminação nas instituições e serviços do SUS;

II – a melhoria da qualidade dos sistemas de informação do SUS no que tange à coleta, ao processamento e à análise dos dados desagregados por cor, etnia e gênero;

III – o fomento à realização de estudos e pesquisas sobre racismo e saúde da população negra;

IV – a inclusão do conteúdo da saúde da população negra nos processos de formação e educação permanente dos trabalhadores da saúde;

V – a inclusão da temática saúde da população negra nos processos de formação política das lideranças de movimentos sociais para o exercício da participação e controle social no SUS.

Parágrafo único. Os moradores das comunidades de remanescentes de quilombos serão beneficiários de incentivos específicos para a garantia do direito à saúde, incluindo melhorias nas condições ambientais, no saneamento básico, na segurança alimentar e nutricional e na atenção integral à saúde.

Capítulo II
DO DIREITO À EDUCAÇÃO, À CULTURA, AO ESPORTE E AO LAZER

Seção I
Disposições gerais

Art. 9º A população negra tem direito a participar de atividades educacionais, culturais, esportivas e de lazer adequadas a seus interesses e condições, de modo a contribuir para o patrimônio cultural de sua comunidade e da sociedade brasileira.

Art. 10. Para o cumprimento do disposto no art. 9º, os governos federal, estaduais, distrital e municipais adotarão as seguintes providências:

I – promoção de ações para viabilizar e ampliar o acesso da população negra ao ensino gratuito e às atividades esportivas e de lazer;

II – apoio à iniciativa de entidades que mantenham espaço para promoção social e cultural da população negra;

III – desenvolvimento de campanhas educativas, inclusive nas escolas, para que a solidariedade aos membros da população negra faça parte da cultura de toda a sociedade;

IV – implementação de políticas públicas para o fortalecimento da juventude negra brasileira.

Seção II
Da educação

Art. 11. Nos estabelecimentos de ensino fundamental e de ensino médio, públicos e privados, é obrigatório o estudo da história geral da África e da história da população negra no Brasil, observado o disposto na Lei 9.394, de 20 de dezembro de 1996.

§ 1º Os conteúdos referentes à história da população negra no Brasil serão ministrados no âmbito de todo o currículo escolar, resgatando sua contribuição decisiva para o desenvolvimento social, econômico, político e cultural do País.

§ 2º O órgão competente do Poder Executivo fomentará a formação inicial e continuada de professores e a elaboração de material didático específico para o cumprimento do disposto no *caput* deste artigo.

§ 3º Nas datas comemorativas de caráter cívico, os órgãos responsáveis pela educação incentivarão a participação de intelectuais e representantes do movimento negro para debater com os estudantes suas vivências relativas ao tema em comemoração.

Art. 12. Os órgãos federais, distritais e estaduais de fomento à pesquisa e à pós-graduação poderão criar incentivos a pesquisas e a programas de estudo voltados para temas referentes às relações étnicas, aos quilombos e às questões pertinentes à população negra.

Art. 13. O Poder Executivo federal, por meio dos órgãos competentes, incentivará as instituições de ensino superior públicas e privadas, sem prejuízo da legislação em vigor, a:

I – resguardar os princípios da ética em pesquisa e apoiar grupos, núcleos e centros de pesquisa, nos diversos programas de pós-graduação que desenvolvam temáticas de interesse da população negra;

II – incorporar nas matrizes curriculares dos cursos de formação de professores temas que incluam valores concernentes à pluralidade étnica e cultural da sociedade brasileira;

III – desenvolver programas de extensão universitária destinados a aproximar jovens negros de tecnologias avançadas, assegurado o princípio da proporcionalidade de gênero entre os beneficiários;

IV – estabelecer programas de cooperação técnica, nos estabelecimentos de ensino públicos, privados e comunitários, com as escolas de educação infantil, ensino fundamental, ensino médio e ensino técnico, para a formação docente baseada em princípios de equidade, de tolerância e de respeito às diferenças étnicas.

Art. 14. O poder público estimulará e apoiará ações socioeducacionais realizadas por entidades do movimento negro que desenvolvam atividades voltadas para a inclusão social, mediante cooperação técnica, intercâmbios, convênios e incentivos, entre outros mecanismos.

Art. 15. O poder público adotará programas de ação afirmativa.

Art. 16. O Poder Executivo federal, por meio dos órgãos responsáveis pelas políticas de promoção da igualdade e de educação, acompanhará e avaliará os programas de que trata esta Seção.

Seção III
Da cultura

Art. 17. O poder público garantirá o reconhecimento das sociedades negras, clubes e outras formas de manifestação coletiva da população negra, com trajetória histórica comprovada, como patrimônio histórico e cultural, nos termos dos arts. 215 e 216 da Constituição Federal.

Art. 18. É assegurado aos remanescentes das comunidades dos quilombos o direito à preservação de seus usos, costumes, tradições e manifestos religiosos, sob a proteção do Estado.

Parágrafo único. A preservação dos documentos e dos sítios detentores de reminiscências históricas dos antigos quilombos, tombados nos termos do § 5º do art. 216 da Constituição Federal, receberá especial atenção do poder público.

Art. 19. O poder público incentivará a celebração das personalidades e das datas comemorativas relacionadas à trajetória do samba e de outras manifestações culturais de matriz africana, bem como sua comemoração nas instituições de ensino públicas e privadas.

Art. 20. O poder público garantirá o registro e a proteção da capoeira, em todas as suas modalidades, como bem de natureza imaterial e de formação da identidade cultural brasileira, nos termos do art. 216 da Constituição Federal.

Parágrafo único. O poder público buscará garantir, por meio dos atos normativos necessários, a preservação dos elementos formadores tradicionais da capoeira nas suas relações internacionais.

Seção IV
Do esporte e lazer

Art. 21. O poder público fomentará o pleno acesso da população negra às práticas desportivas, consolidando o esporte e o lazer como direitos sociais.

Art. 22. A capoeira é reconhecida como desporto de criação nacional, nos termos do art. 217 da Constituição Federal.

§ 1º A atividade de capoeirista será reconhecida em todas as modalidades em que a capoeira se manifesta, seja como esporte, luta, dança ou música, sendo livre o exercício em todo o território nacional.

§ 2º É facultado o ensino da capoeira nas instituições públicas e privadas pelos capoeiristas e mestres tradicionais, pública e formalmente reconhecidos.

Capítulo III
DO DIREITO À LIBERDADE DE CONSCIÊNCIA E DE CRENÇA E AO LIVRE EXERCÍCIO DOS CULTOS RELIGIOSOS

Art. 23. É inviolável a liberdade de consciência e de crença, sendo assegurado o livre exercício dos cultos religiosos e garantida, na forma da lei, a proteção aos locais de culto e a suas liturgias.

Art. 24. O direito à liberdade de consciência e de crença e ao livre exercício dos cultos religiosos de matriz africana compreende:

I – a prática de cultos, a celebração de reuniões relacionadas à religiosidade e a fundação e manutenção, por iniciativa privada, de lugares reservados para tais fins;

II – a celebração de festividades e cerimônias de acordo com preceitos das respectivas religiões;

III – a fundação e a manutenção, por iniciativa privada, de instituições beneficentes ligadas às respectivas convicções religiosas;

IV – a produção, a comercialização, a aquisição e o uso de artigos e materiais religiosos adequados aos costumes e às práticas fundadas na respectiva religiosidade, ressalvadas as condutas vedadas por legislação específica;

V – a produção e a divulgação de publicações relacionadas ao exercício e à difusão das religiões de matriz africana;

VI – a coleta de contribuições financeiras de pessoas naturais e jurídicas de natureza privada para a manutenção das atividades religiosas e sociais das respectivas religiões;

VII – o acesso aos órgãos e aos meios de comunicação para divulgação das respectivas religiões;

VIII – a comunicação ao Ministério Público para abertura de ação penal em face de atitudes e práticas de intolerância religiosa nos meios de comunicação e em quaisquer outros locais.

Art. 25. É assegurada a assistência religiosa aos praticantes de religiões de matrizes africanas internados em hospitais ou em outras instituições de internação coletiva, inclusive àqueles submetidos a pena privativa de liberdade.

Art. 26. O poder público adotará as medidas necessárias para o combate à intolerância com as religiões de matrizes africanas e à discriminação de seus seguidores, especialmente com o objetivo de:

I – coibir a utilização dos meios de comunicação social para a difusão de proposições, imagens ou abordagens que exponham pessoa ou grupo ao ódio ou ao desprezo por motivos fundados na religiosidade de matrizes africanas;

II – inventariar, restaurar e proteger os documentos, obras e outros bens de valor artístico e cultural, os monumentos, mananciais, flora e sítios arqueológicos vinculados às religiões de matrizes africanas;

III – assegurar a participação proporcional de representantes das religiões de matrizes africanas, ao lado da representação das demais religiões, em comissões, conselhos, órgãos e outras instâncias de deliberação vinculadas ao poder público.

Capítulo IV
DO ACESSO À TERRA E À MORADIA ADEQUADA

Seção I
Do acesso à terra

Art. 27. O poder público elaborará e implementará políticas públicas capazes de promover o acesso da população negra à terra e às atividades produtivas no campo.

Art. 28. Para incentivar o desenvolvimento das atividades produtivas da população negra no campo, o poder público promoverá ações para viabilizar e ampliar o seu acesso ao financiamento agrícola.

Art. 29. Serão assegurados à população negra a assistência técnica rural, a simplificação do acesso ao crédito agrícola e o fortalecimento da infraestrutura de logística para a comercialização da produção.

Art. 30. O poder público promoverá a educação e a orientação profissional agrícola para os trabalhadores negros e as comunidades negras rurais.

Art. 31. Aos remanescentes das comunidades dos quilombos que estejam ocupando suas terras é reconhecida a propriedade definitiva, devendo o Estado emitir-lhes os títulos respectivos.

Art. 32. O Poder Executivo federal elaborará e desenvolverá políticas públicas especiais voltadas para o desenvolvimento sustentável dos remanescentes das comunidades dos quilombos, respeitando as tradições de proteção ambiental das comunidades.

Art. 33. Para fins de política agrícola, os remanescentes das comunidades dos quilombos receberão dos órgãos competentes tratamento especial diferenciado, assistência técnica e linhas especiais de financiamento público, destinados à realização de suas atividades produtivas e de infraestrutura.

Art. 34. Os remanescentes das comunidades dos quilombos se beneficiarão de todas as iniciativas previstas nesta e em outras leis para a promoção da igualdade étnica.

Seção II
Da moradia

Art. 35. O poder público garantirá a implementação de políticas públicas para assegurar o direito à moradia adequada da população negra que vive em favelas, cortiços, áreas urbanas subutilizadas, degradadas ou em processo de degradação, a fim de reintegrá-las à dinâmica urbana e promover melhorias no ambiente e na qualidade de vida.

Parágrafo único. O direito à moradia adequada, para os efeitos desta Lei, inclui não apenas o provimento habitacional, mas também a garantia da infraestrutura urbana e dos equipamentos comunitários associados à função habitacional, bem como a assistência técnica e jurídica para a construção, a reforma ou a regularização fundiária da habitação em área urbana.

Art. 36. Os programas, projetos e outras ações governamentais realizadas no âmbito do Sistema Nacional de Habitação de Interesse Social (SNHIS), regulado pela Lei 11.124, de 16 de junho de 2005, devem considerar as peculiaridades sociais, econômicas e culturais da população negra.

Parágrafo único. Os Estados, o Distrito Federal e os Municípios estimularão e facilitarão a participação de organizações e movimentos representativos da população negra na composição dos conselhos constituídos para fins de aplicação do Fundo Nacional de Habitação de Interesse Social (FNHIS).

Art. 37. Os agentes financeiros, públicos ou privados, promoverão ações para viabilizar o acesso da população negra aos financiamentos habitacionais.

Capítulo V
DO TRABALHO

Art. 38. A implementação de políticas voltadas para a inclusão da população negra no mercado de trabalho será de responsabilidade do poder público, observando-se:

I – o instituído neste Estatuto;

II – os compromissos assumidos pelo Brasil ao ratificar a Convenção Internacional sobre a Eliminação de Todas as Formas de Discriminação Racial, de 1965;

III – os compromissos assumidos pelo Brasil ao ratificar a Convenção 111, de 1958, da Organização Internacional do Trabalho (OIT), que trata da discriminação no emprego e na profissão;

IV – os demais compromissos formalmente assumidos pelo Brasil perante a comunidade internacional.

Art. 39. O poder público promoverá ações que assegurem a igualdade de oportunidades no mercado de trabalho para a população negra, inclusive mediante a implementação de medidas visando à promoção da igualdade nas contratações do setor público e o incentivo à adoção de medidas similares nas empresas e organizações privadas.

§ 1º A igualdade de oportunidades será lograda mediante a adoção de políticas e programas de formação profissional, de emprego e de geração de renda voltados para a população negra.

§ 2º As ações visando a promover a igualdade de oportunidades na esfera da administração pública far-se-ão por meio de normas estabelecidas ou a serem estabelecidas em legislação específica e em seus regulamentos.

§ 3º O poder público estimulará, por meio de incentivos, a adoção de iguais medidas pelo setor privado.

§ 4º As ações de que trata o *caput* deste artigo assegurarão o princípio da proporcionalidade de gênero entre os beneficiários.

§ 5º Será assegurado o acesso ao crédito para a pequena produção, nos meios rural e urbano, com ações afirmativas para mulheres negras.

§ 6º O poder público promoverá campanhas de sensibilização contra a marginalização da mulher negra no trabalho artístico e cultural.

§ 7º O poder público promoverá ações com o objetivo de elevar a escolaridade e a qualificação profissional nos setores da economia que contém com alto índice de ocupação por trabalhadores negros de baixa escolarização.

Art. 40. O Conselho Deliberativo do Fundo de Amparo ao Trabalhador (Codefat) formulará políticas, programas e projetos voltados para a inclusão da população negra no mercado de trabalho e orientará a destinação de recursos para seu financiamento.

Art. 41. As ações de emprego e renda, promovidas por meio de financiamento para constituição e ampliação de pequenas e médias empresas e de programas de geração de renda, contemplarão o estímulo à promoção de empresários negros.

Parágrafo único. O poder público estimulará as atividades voltadas ao turismo étnico com enfoque nos locais, monumentos e cidades que retratem a cultura, os usos e os costumes da população negra.

Art. 42. O Poder Executivo federal poderá implementar critérios para provimento de cargos em comissão e funções de confiança destinados a ampliar a participação de negros, buscando reproduzir a estrutura da distribuição étnica nacional ou, quando for o caso, estadual, observados os dados demográficos oficiais.

Capítulo VI
DOS MEIOS DE COMUNICAÇÃO

Art. 43. A produção veiculada pelos órgãos de comunicação valorizará a herança cultural e a participação da população negra na história do País.

Art. 44. Na produção de filmes e programas destinados à veiculação pelas emissoras de televisão e em salas cinematográficas, deverá ser adotada a prática de conferir oportunidades de emprego para atores, figurantes e técnicos negros, sendo vedada toda e qualquer discriminação de natureza política, ideológica, étnica ou artística.

Parágrafo único. A exigência disposta no *caput* não se aplica aos filmes e programas que abordem especificidades de grupos étnicos determinados.

Art. 45. Aplica-se à produção de peças publicitárias destinadas à veiculação pelas emissoras de televisão e em salas cinematográficas o disposto no art. 44.

Art. 46. Os órgãos e entidades da administração pública federal direta, autárquica ou fundacional, as empresas públicas e as sociedades de economia mista federais deverão incluir cláusulas de participação de artistas negros nos contratos de realização de filmes, programas ou quaisquer outras peças de caráter publicitário.

§ 1º Os órgãos e entidades de que trata este artigo incluirão, nas especificações para contratação de serviços de consultoria, conceituação, produção e realização de filmes, programas ou peças publicitárias, a obrigatoriedade da prática de iguais oportunidades de emprego para as pessoas relacionadas com o projeto ou serviço contratado.

§ 2º Entende-se por prática de iguais oportunidades de emprego o conjunto de medidas sistemáticas executadas com a finalidade de garantir a diversidade étnica, de sexo e de idade na equipe vinculada ao projeto ou serviço contratado.

§ 3º A autoridade contratante poderá, se considerar necessário para garantir a prática de iguais oportunidades de emprego, requerer auditoria por órgão do poder público federal.

§ 4º A exigência disposta no *caput* não se aplica às produções publicitárias quando abordarem especificidades de grupos étnicos determinados.

Título III
Do Sistema Nacional de Promoção da Igualdade Racial (Sinapir)

Capítulo I
DISPOSIÇÃO PRELIMINAR

Art. 47. É instituído o Sistema Nacional de Promoção da Igualdade Racial (Sinapir) como forma de organização e de articulação voltadas à implementação do conjunto de políticas e serviços destinados a superar as desigualdades étnicas existentes no País, prestados pelo poder público federal.

§ 1º Os Estados, o Distrito Federal e os Municípios poderão participar do Sinapir mediante adesão.

§ 2º O poder público federal incentivará a sociedade e a iniciativa privada a participar do Sinapir.

Capítulo II
DOS OBJETIVOS

Art. 48. São objetivos do Sinapir:

I – promover a igualdade étnica e o combate às desigualdades sociais resultantes do racismo, inclusive mediante adoção de ações afirmativas;

II – formular políticas destinadas a combater os fatores de marginalização e a promover a integração social da população negra;

III – descentralizar a implementação de ações afirmativas pelos governos estaduais, distrital e municipais;

IV – articular planos, ações e mecanismos voltados à promoção da igualdade étnica;

V – garantir a eficácia dos meios e dos instrumentos criados para a implementação das ações afirmativas e o cumprimento das metas a serem estabelecidas.

Capítulo III
DA ORGANIZAÇÃO E COMPETÊNCIA

Art. 49. O Poder Executivo federal elaborará plano nacional de promoção da igualdade racial contendo as metas, princípios e diretrizes para a implementação da Política Nacional de Promoção da Igualdade Racial (PNPIR).

§ 1º A elaboração, implementação, coordenação, avaliação e acompanhamento da PNPIR, bem como a organização, articulação e coordenação do Sinapir, serão efetivados pelo órgão responsável pela política de promoção da igualdade étnica em âmbito nacional.

§ 2º É o Poder Executivo federal autorizado a instituir fórum intergovernamental de promoção da igualdade étnica, a ser coordenado pelo órgão responsável pelas políticas de promoção da igualdade étnica, com o objetivo de implementar estratégias que visem à incorporação da política nacional de promoção da igualdade étnica nas ações governamentais de Estados e Municípios.

§ 3º As diretrizes das políticas nacional e regional de promoção da igualdade étnica serão elaboradas por órgão colegiado que assegure a participação da sociedade civil.

Art. 50. Os Poderes Executivos estaduais, distrital e municipais, no âmbito das respectivas esferas de competência, poderão instituir conselhos de promoção da igualdade étnica, de caráter permanente e consultivo, compostos por igual número de representantes de órgãos e entidades públicas e de organizações da sociedade civil representativas da população negra.

Parágrafo único. O Poder Executivo priorizará o repasse dos recursos referentes aos programas e atividades previstos nesta Lei aos Estados, Distrito Federal e Municípios que tenham criado conselhos de promoção da igualdade étnica.

Capítulo IV
DAS OUVIDORIAS PERMANENTES E DO ACESSO À JUSTIÇA E À SEGURANÇA

Art. 51. O poder público federal instituirá, na forma da lei e no âmbito dos Poderes Legislativo e Executivo, Ouvidorias Permanentes em Defesa da Igualdade Racial, para receber e encaminhar denúncias de preconceito e discriminação com base em etnia ou cor e acompanhar a implementação de medidas para a promoção da igualdade.

Art. 52. É assegurado às vítimas de discriminação étnica o acesso aos órgãos de Ouvidoria Permanente, à Defensoria Pública, ao Ministério Público e ao Poder Judiciário, em todas as suas instâncias, para a garantia do cumprimento de seus direitos.

Parágrafo único. O Estado assegurará atenção às mulheres negras em situação de violência, garantida a assistência física, psíquica, social e jurídica.

Art. 53. O Estado adotará medidas especiais para coibir a violência policial incidente sobre a população negra.

Parágrafo único. O Estado implementará ações de ressocialização e proteção da juventude negra em conflito com a lei e exposta a experiências de exclusão social.

Art. 54. O Estado adotará medidas para coibir atos de discriminação e preconceito praticados por servidores públicos em detrimento da população negra, observado, no que couber, o disposto na Lei 7.716, de 5 de janeiro de 1989.

Art. 55. Para a apreciação judicial das lesões e das ameaças de lesão aos interesses da população negra decorrentes de situações de desigualdade étnica, recorrer-se-á, entre outros instrumentos, à ação civil pública, disciplinada na Lei 7.347, de 24 de julho de 1985.

Capítulo V
DO FINANCIAMENTO DAS INICIATIVAS DE PROMOÇÃO DA IGUALDADE RACIAL

Art. 56. Na implementação dos programas e das ações constantes dos planos plurianuais e dos orçamentos anuais da União, deverão ser observadas as políticas de ação afirmativa a que se refere o inciso VII do art. 4º desta Lei e outras políticas públicas que tenham como objetivo promover a igualdade de oportunidades e a inclusão social da população negra, especialmente no que tange a:

I – promoção da igualdade de oportunidades em educação, emprego e moradia;

II – financiamento de pesquisas, nas áreas de educação, saúde e emprego, voltadas para a melhoria da qualidade de vida da população negra;

III – incentivo à criação de programas e veículos de comunicação destinados à divulgação de matérias relacionadas aos interesses da população negra;

IV – incentivo à criação e à manutenção de microempresas administradas por pessoas autodeclaradas negras;

V – iniciativas que incrementem o acesso e a permanência das pessoas negras na educação fundamental, média, técnica e superior;

VI – apoio a programas e projetos dos governos estaduais, distrital e municipais e de entidades da sociedade civil voltados para a promoção da igualdade de oportunidades para a população negra;

VII – apoio a iniciativas em defesa da cultura, da memória e das tradições africanas e brasileiras.

§ 1º O Poder Executivo federal é autorizado a adotar medidas que garantam, em cada exercício, a transparência na alocação e na execução dos recursos necessários ao financiamento das ações previstas neste Estatuto, explicitando, entre outros, a proporção dos recursos orçamentários destinados aos programas de promoção da igualdade, especialmente nas áreas de educação, saúde, emprego e renda, desenvolvimento agrário, habitação popular, desenvolvimento regional, cultura, esporte e lazer.

§ 2º Durante os 5 (cinco) primeiros anos, a contar do exercício subsequente à publicação deste Estatuto, os órgãos do Poder Executivo federal que desenvolvem políticas e programas nas áreas referidas no § 1º deste artigo discriminarão em seus orçamentos anuais a participação nos programas de ação afirmativa referidos no inciso VII do art. 4º desta Lei.

§ 3º O Poder Executivo é autorizado a adotar as medidas necessárias para a adequada implementação do disposto neste artigo, podendo estabelecer patamares de participação crescente dos programas de ação afirmativa nos orçamentos anuais a que se refere o § 2º deste artigo.

§ 4º O órgão colegiado do Poder Executivo federal responsável pela promoção da igualdade racial acompanhará e avaliará a programação das ações referidas neste artigo nas propostas orçamentárias da União.

Art. 57. Sem prejuízo da destinação de recursos ordinários, poderão ser consignados nos orçamentos fiscal e da seguridade social para financiamento das ações de que trata o art. 56:

I – transferências voluntárias dos Estados, do Distrito Federal e dos Municípios;

II – doações voluntárias de particulares;

III – doações de empresas privadas e organizações não governamentais, nacionais ou internacionais;

IV – doações voluntárias de fundos nacionais ou internacionais;

V – doações de Estados estrangeiros, por meio de convênios, tratados e acordos internacionais.

Título IV
Disposições finais

Art. 58. As medidas instituídas nesta Lei não excluem outras em prol da população negra que tenham sido ou venham a ser adotadas no âmbito da União, dos Estados, do Distrito Federal ou dos Municípios.

Art. 59. O Poder Executivo federal criará instrumentos para aferir a eficácia social das medidas previstas nesta Lei e efetuará seu monitoramento constante, com a emissão e a divulgação de relatórios periódicos, inclusive pela rede mundial de computadores.

Art. 60. Os arts. 3º e 4º da Lei 7.716, de 1989, passam a vigorar com a seguinte redação:

→ Alterações efetuadas na referida Lei.

Art. 61. Os arts. 3º e 4º da Lei 9.029, de 13 de abril de 1995, passam a vigorar com a seguinte redação:

"Art. 3º Sem prejuízo do prescrito no art. 2º e nos dispositivos legais que tipificam os crimes resultantes de preconceito de etnia, raça ou cor, as infrações do disposto nesta Lei são passíveis das seguintes cominações:

(...)"

"Art. 4º O rompimento da relação de trabalho por ato discriminatório, nos moldes desta Lei, além do direito à reparação pelo dano moral, faculta ao empregado optar entre:

(...)"

Art. 62. O art. 13 da Lei 7.347, de 1985, passa a vigorar acrescido do seguinte § 2º, renumerando-se o atual parágrafo único como § 1º:

→ Alterações efetuadas na referida Lei.

Art. 63. O § 1º do art. 1º da Lei 10.778, de 24 de novembro de 2003, passa a vigorar com a seguinte redação:

"Art. 1º (...)

§ 1º Para os efeitos desta Lei, entende-se por violência contra a mulher qualquer ação ou conduta, baseada no gênero, inclusive decorrente de discriminação ou desigualdade étnica, que cause morte, dano ou sofrimento físico, sexual ou psicológico à mulher, tanto no âmbito público quanto no privado.

(...)"

Art. 64. O § 3º do art. 20 da Lei 7.716, de 1989, passa a vigorar acrescido do seguinte inciso III:

→ Alterações efetuadas na referida Lei.

Art. 65. Esta Lei entra em vigor 90 (noventa) dias após a data de sua publicação.

Brasília, 20 de julho de 2010; 189º da Independência e 122º da República.

Luiz Inácio Lula da Silva

(Publicação no *D.O.U.* de 21.7.2010)

ESTATUTO DA JUVENTUDE

LEI 12.852,
DE 5 DE AGOSTO DE 2013

Institui o Estatuto da Juventude e dispõe sobre os direitos dos jovens, os princípios e diretrizes das políticas públicas de juventude e o Sistema Nacional de Juventude – SINAJUVE.

A Presidenta da República

Faço saber que o Congresso Nacional decreta e eu sanciono a seguinte Lei:

Título I
Dos Direitos e das Políticas Públicas de Juventude

Capítulo I
DOS PRINCÍPIOS E DIRETRIZES DAS POLÍTICAS PÚBLICAS DE JUVENTUDE

Art. 1º Esta Lei institui o Estatuto da Juventude e dispõe sobre os direitos dos jovens, os princípios e diretrizes das políticas públicas de juventude e o Sistema Nacional de Juventude - SINAJUVE.

§ 1º Para os efeitos desta Lei, são consideradas jovens as pessoas com idade entre 15 (quinze) e 29 (vinte e nove) anos de idade.

§ 2º Aos adolescentes com idade entre 15 (quinze) e 18 (dezoito) anos aplica-se a Lei nº 8.069, de 13 de julho de 1990 - Estatuto da Criança e do Adolescente, e, excepcionalmente, este Estatuto, quando não conflitar com as normas de proteção integral do adolescente.

Seção I
Dos Princípios

Art. 2º O disposto nesta Lei e as políticas públicas de juventude são regidos pelos seguintes princípios:

I – promoção da autonomia e emancipação dos jovens;

II – valorização e promoção da participação social e política, de forma direta e por meio de suas representações;

III – promoção da criatividade e da participação no desenvolvimento do País;

IV – reconhecimento do jovem como sujeito de direitos universais, geracionais e singulares;

V – promoção do bem-estar, da experimentação e do desenvolvimento integral do jovem;

VI – respeito à identidade e à diversidade individual e coletiva da juventude;

VII – promoção da vida segura, da cultura da paz, da solidariedade e da não discriminação; e

VIII – valorização do diálogo e convívio do jovem com as demais gerações.

Parágrafo único. A emancipação dos jovens a que se refere o inciso I do *caput* refere-se à trajetória de inclusão, liberdade e participação do jovem na vida em sociedade, e não ao instituto da emancipação disciplinado pela Lei 10.406, de 10 de janeiro de 2002 – Código Civil.

Seção II
Diretrizes Gerais

Art. 3º Os agentes públicos ou privados envolvidos com políticas públicas de juventude devem observar as seguintes diretrizes:

I – desenvolver a intersetorialidade das políticas estruturais, programas e ações;

II – incentivar a ampla participação juvenil em sua formulação, implementação e avaliação;

III – ampliar as alternativas de inserção social do jovem, promovendo programas que priorizem o seu desenvolvimento integral e participação ativa nos espaços decisórios;

IV – proporcionar atendimento de acordo com suas especificidades perante os órgãos públicos e privados prestadores de serviços à população, visando ao gozo de direitos simultaneamente nos campos da saúde, educacional, político, econômico, social, cultural e ambiental;

V – garantir meios e equipamentos públicos que promovam o acesso à produção cultural, à prática esportiva, à mobilidade territorial e à fruição do tempo livre;

VI – promover o território como espaço de integração;

VII – fortalecer as relações institucionais com os entes federados e as redes de órgãos, gestores e conselhos de juventude;

VIII – estabelecer mecanismos que ampliem a gestão de informação e produção de conhecimento sobre juventude;

IX – promover a integração internacional entre os jovens, preferencialmente no âmbito da América Latina e da África, e a cooperação internacional;

X – garantir a integração das políticas de juventude com os Poderes Legislativo e Judiciário, com o Ministério Público e com a Defensoria Pública; e

XI – zelar pelos direitos dos jovens com idade entre 18 (dezoito) e 29 (vinte e nove) anos privados de liberdade e egressos do sistema prisional, formulando políticas de educação e trabalho, incluindo estímulos à sua reinserção social e laboral, bem como criando e estimulando oportunidades de estudo e trabalho que favoreçam o cumprimento do regime semiaberto.

Capítulo II
DOS DIREITOS DOS JOVENS

Seção I
Do Direito à Cidadania, à Participação Social e Política e à Representação Juvenil

Art. 4º O jovem tem direito à participação social e política e na formulação, execução e avaliação das políticas públicas de juventude.

Parágrafo único. Entende-se por participação juvenil:

I – a inclusão do jovem nos espaços públicos e comunitários a partir da sua concepção como pessoa ativa, livre, responsável e digna de ocupar uma posição central nos processos políticos e sociais;

II – o envolvimento ativo dos jovens em ações de políticas públicas que tenham por objetivo o próprio benefício, o de suas comunidades, cidades e regiões e o do País;

III – a participação individual e coletiva do jovem em ações que contemplem a defesa dos direitos da juventude ou de temas afetos aos jovens; e

IV – a efetiva inclusão dos jovens nos espaços públicos de decisão com direito a voz e voto.

Art. 5º A interlocução da juventude com o poder público pode realizar-se por intermédio de associações, redes, movimentos e organizações juvenis.

Parágrafo único. É dever do poder público incentivar a livre associação dos jovens.

Art. 6º São diretrizes da interlocução institucional juvenil:

I – a definição de órgão governamental específico para a gestão das políticas públicas de juventude;

II – o incentivo à criação de conselhos de juventude em todos os entes da Federação.

Parágrafo único. Sem prejuízo das atribuições do órgão governamental específico para a gestão das políticas públicas de juventude e dos conselhos de juventude com relação aos direitos previstos neste Estatuto, cabe ao órgão governamental de gestão e aos conselhos dos direitos da criança e do adolescente a interlocução institucional com adolescentes de idade entre 15 (quinze) e 18 (dezoito) anos.

Seção II
Do Direito à Educação

Art. 7º O jovem tem direito à educação de qualidade, com a garantia de educação básica, obrigatória e gratuita, inclusive para os que a ela não tiveram acesso na idade adequada.

§ 1º A educação básica será ministrada em língua portuguesa, assegurada aos jovens indígenas e de povos e comunidades tradicionais a utilização de suas línguas maternas e de processos próprios de aprendizagem.

§ 2º É dever do Estado oferecer aos jovens que não concluíram a educação básica programas na modalidade da educação de jovens e adultos, adaptados às necessidades e especificidades da juventude, inclusive no período noturno, ressalvada a legislação educacional específica.

§ 3º São assegurados aos jovens com surdez o uso e o ensino da Língua Brasileira de Sinais - LIBRAS, em todas as etapas e modalidades educacionais.

§ 4º É assegurada aos jovens com deficiência a inclusão no ensino regular em todos os níveis e modalidades educacionais, incluindo o atendimento educacional especializado, observada a acessibilidade a edificações, transportes, espaços, mobiliários, equipamentos, sistemas e meios de comunicação e assegurados os recursos de tecnologia assistiva e adaptações necessárias a cada pessoa.

§ 5º A Política Nacional de Educação no Campo contemplará a ampliação da oferta de educação para os jovens do campo, em todos os níveis e modalidades educacionais.

Art. 8º O jovem tem direito à educação superior, em instituições públicas ou privadas, com variados graus de abrangência do saber ou especialização do conhecimento, observadas as regras de acesso de cada instituição.

§ 1º É assegurado aos jovens negros, indígenas e alunos oriundos da escola pública o acesso ao ensino superior nas instituições públicas por meio de políticas afirmativas, nos termos da lei.

§ 2º O poder público promoverá programas de expansão da oferta de educação superior nas instituições públicas, de financiamento estudantil e de bolsas de estudos nas instituições privadas, em especial para jovens com deficiência, negros, indígenas e alunos oriundos da escola pública.

Art. 9º O jovem tem direito à educação profissional e tecnológica, articulada com os diferentes níveis e modalidades de educação, ao trabalho, à ciência e à tecnologia, observada a legislação vigente.

Art. 10. É dever do Estado assegurar ao jovem com deficiência o atendimento educacional especializado gratuito, preferencialmente, na rede regular de ensino.

Art. 11. O direito ao programa suplementar de transporte escolar de que trata o art. 4º da Lei nº 9.394, de 20 de dezembro de 1996, será progressivamente estendido ao jovem estudante do ensino fundamental, do ensino médio e da educação superior, no campo e na cidade.

§ 1º (Vetado).

§ 2º (Vetado).

Art. 12. É garantida a participação efetiva do segmento juvenil, respeitada sua liberdade de organização, nos conselhos e instâncias deliberativas de gestão democrática das escolas e universidades.

Art. 13. As escolas e as universidades deverão formular e implantar medidas de democratização do acesso e permanência, inclusive programas de assistência estudantil, ação afirmativa e inclusão social para os jovens estudantes.

Seção III
Do Direito à Profissionalização, ao Trabalho e à Renda

Art. 14. O jovem tem direito à profissionalização, ao trabalho e à renda, exercido em condições de liberdade, equidade e segurança, adequadamente remunerado e com proteção social.

Art. 15. A ação do poder público na efetivação do direito do jovem à profissionalização, ao trabalho e à renda contempla a adoção das seguintes medidas:

I – promoção de formas coletivas de organização para o trabalho, de redes de economia solidária e da livre associação;

II – oferta de condições especiais de jornada de trabalho por meio de:

a) compatibilização entre os horários de trabalho e de estudo;

b) oferta dos níveis, formas e modalidades de ensino em horários que permitam a compatibilização da frequência escolar com o trabalho regular;

III – criação de linha de crédito especial destinada aos jovens empreendedores;

IV – atuação estatal preventiva e repressiva quanto à exploração e precarização do trabalho juvenil;

V – adoção de políticas públicas voltadas para a promoção do estágio, aprendizagem e trabalho para a juventude;

VI – apoio ao jovem trabalhador rural na organização da produção da agricultura familiar e dos empreendimentos familiares rurais, por meio das seguintes ações:

a) estímulo à produção e à diversificação de produtos;

b) fomento à produção sustentável baseada na agroecologia, nas agroindústrias familiares, na integração entre lavoura, pecuária e floresta e no extrativismo sustentável;

c) investimento em pesquisa de tecnologias apropriadas à agricultura familiar e aos empreendimentos familiares rurais;

d) estímulo à comercialização direta da produção da agricultura familiar, aos empreendimentos familiares rurais e à formação de cooperativas;

e) garantia de projetos de infraestrutura básica de acesso e escoamento de produção, priorizando a melhoria das estradas e do transporte;

f) promoção de programas que favoreçam o acesso ao crédito, à terra e à assistência técnica rural;

VII – apoio ao jovem trabalhador com deficiência, por meio das seguintes ações:

a) estímulo à formação e à qualificação profissional em ambiente inclusivo;

b) oferta de condições especiais de jornada de trabalho;

c) estímulo à inserção no mercado de trabalho por meio da condição de aprendiz.

Art. 16. O direito à profissionalização e à proteção no trabalho dos adolescentes com idade entre 15 (quinze) e 18 (dezoito) anos de idade será regido pelo disposto na Lei nº 8.069, de 13 de julho de 1990 - Estatuto da Criança e do Adolescente, e em leis específicas, não se aplicando o previsto nesta Seção.

Seção IV
Do Direito à Diversidade e à Igualdade

Art. 17. O jovem tem direito à diversidade e à igualdade de direitos e de oportunidades e não será discriminado por motivo de:

I – etnia, raça, cor da pele, cultura, origem, idade e sexo;

II – orientação sexual, idioma ou religião;

III – opinião, deficiência e condição social ou econômica.

Art. 18. A ação do poder público na efetivação do direito do jovem à diversidade e à igualdade contempla a adoção das seguintes medidas:

I – adoção, nos âmbitos federal, estadual, municipal e do Distrito Federal, de programas governamentais destinados a assegurar a igualdade de direitos aos jovens de todas as raças e etnias, independentemente de sua origem, relativamente à educação, à profissionalização, ao trabalho e renda, à cultura, à saúde, à segurança, à cidadania e ao acesso à justiça;

II – capacitação dos professores dos ensinos fundamental e médio para a aplicação das diretrizes curriculares nacionais no que se refere ao enfrentamento de todas as formas de discriminação;

III – inclusão de temas sobre questões étnicas, raciais, de deficiência, de orientação sexual, de gênero e de violência doméstica e sexual praticada contra a mulher na formação dos profissionais de educação, de saúde e de segurança pública e dos operadores do direito;

IV – observância das diretrizes curriculares para a educação indígena como forma de preservação dessa cultura;

V – inclusão, nos conteúdos curriculares, de informações sobre a discriminação na sociedade brasileira e sobre o direito de todos os grupos e indivíduos a tratamento igualitário perante a lei; e

VI – inclusão, nos conteúdos curriculares, de temas relacionados à sexualidade, respeitando a diversidade de valores e crenças.

Seção V
Do Direito à Saúde

Art. 19. O jovem tem direito à saúde e à qualidade de vida, considerando suas especificidades na dimensão da prevenção, promoção, proteção e recuperação da saúde de forma integral.

Art. 20. A política pública de atenção à saúde do jovem será desenvolvida em consonância com as seguintes diretrizes:

I – acesso universal e gratuito ao Sistema Único de Saúde - SUS e a serviços de saúde humanizados e de qualidade, que respeitem as especificidades do jovem;

II – atenção integral à saúde, com especial ênfase ao atendimento e à prevenção dos agravos mais prevalentes nos jovens;

III – desenvolvimento de ações articuladas entre os serviços de saúde e os estabelecimentos de ensino, a sociedade e a família, com vistas à prevenção de agravos;

IV – garantia da inclusão de temas relativos ao consumo de álcool, tabaco e outras drogas, à saúde sexual e reprodutiva, com enfoque de gênero e dos direitos sexuais e reprodutivos nos projetos pedagógicos dos diversos níveis de ensino;

V – reconhecimento do impacto da gravidez planejada ou não, sob os aspectos médico, psicológico, social e econômico;

VI – capacitação dos profissionais de saúde, em uma perspectiva multiprofissional, para lidar com temas relativos à saúde sexual e reprodutiva dos jovens, inclusive com deficiência, e ao abuso de álcool, tabaco e outras drogas pelos jovens;

VII – habilitação dos professores e profissionais de saúde e de assistência social para a identificação dos problemas relacionados ao uso abusivo e à dependência de álcool, tabaco e outras drogas e o devido encaminhamento aos serviços assistenciais e de saúde;

VIII – valorização das parcerias com instituições da sociedade civil na abordagem das questões de prevenção, tratamento e reinserção social dos usuários e dependentes de álcool, tabaco e outras drogas;

IX – proibição de propagandas de bebidas contendo qualquer teor alcoólico com a participação de pessoa com menos de 18 (dezoito) anos de idade;

X – veiculação de campanhas educativas relativas ao álcool, ao tabaco e a outras drogas como causadores de dependência; e

XI – articulação das instâncias de saúde e justiça na prevenção do uso e abuso de álcool, tabaco e outras drogas, inclusive esteróides anabolizantes e, especialmente,crack.

Seção VI
Do Direito à Cultura

Art. 21. O jovem tem direito à cultura, incluindo a livre criação, o acesso aos bens e serviços culturais e a participação nas decisões de política cultural, à identidade e diversidade cultural e à memória social.

Art. 22. Na consecução dos direitos culturais da juventude, compete ao poder público:

I – garantir ao jovem a participação no processo de produção, reelaboração e fruição dos bens culturais;

II – propiciar ao jovem o acesso aos locais e eventos culturais, mediante preços reduzidos, em âmbito nacional;

III – incentivar os movimentos de jovens a desenvolver atividades artístico-culturais e ações voltadas à preservação do patrimônio histórico;

IV – valorizar a capacidade criativa do jovem, mediante o desenvolvimento de programas e projetos culturais;

V – propiciar ao jovem o conhecimento da diversidade cultural, regional e étnica do País;

VI – promover programas educativos e culturais voltados para a problemática do jovem nas emissoras de rádio e televisão e nos demais meios de comunicação de massa;

VII – promover a inclusão digital dos jovens, por meio do acesso às novas tecnologias da informação e comunicação;

VIII – assegurar ao jovem do campo o direito à produção e à fruição cultural e aos equipamentos públicos que valorizem a cultura camponesa; e

IX – garantir ao jovem com deficiência acessibilidade e adaptações razoáveis.

Parágrafo único. A aplicação dos incisos I, III e VIII do *caput* deve observar a legislação específica sobre o direito à profissionalização e à proteção no trabalho dos adolescentes.

Art. 23. É assegurado aos jovens de até 29 (vinte e nove) anos pertencentes a famílias de baixa renda e aos estudantes, na forma do regulamento, o acesso a salas de cinema, cineclubes, teatros, espetáculos musicais e circenses, eventos educativos, esportivos, de lazer e entretenimento, em todo o território nacional, promovidos por quaisquer entidades e realizados em estabelecimentos públicos ou particulares, mediante pagamento da metade do preço do ingresso cobrado do público em geral.

§ 1º Terão direito ao benefício previsto no *caput* os estudantes regularmente matriculados nos níveis e modalidades de educação e ensino previstos no Título V da Lei nº9.394, de 20 de dezembro de 1996 - Lei de Diretrizes e Bases da Educação Nacional, que comprovem sua condição de discente, mediante apresentação, no momento da aquisição do ingresso e na portaria do local de realização do evento, da Carteira de Identificação Estudantil - CIE.

§ 2º A CIE será expedida preferencialmente pela Associação Nacional de Pós-Graduandos, pela União Nacional dos Estudantes, pela União Brasileira dos Estudantes Secundaristas e por entidades estudantis estaduais e municipais a elas filiadas.

§ 3º É garantida a gratuidade na expedição da CIE para estudantes pertencentes a famílias de baixa renda, nos termos do regulamento.

§ 4º As entidades mencionadas no § 2º deste artigo deverão tornar disponível, para eventuais consultas pelo poder público e pelos estabelecimentos referidos no *caput*, banco de dados com o nome e o número de registro dos estudantes portadores da Carteira de Identificação Estudantil, expedida nos termos do § 3º deste artigo.

§ 5º A CIE terá validade até o dia 31 de março do ano subsequente à data de sua expedição.

§ 6º As entidades mencionadas no § 2º deste artigo são obrigadas a manter o documento comprobatório do vínculo do aluno com o estabelecimento escolar, pelo mesmo prazo de validade da respectiva Carteira de Identificação Estudantil.

§ 7º Cabe aos órgãos públicos competentes federais, estaduais, municipais e do Distrito Federal a fiscalização do cumprimento do disposto neste artigo e a aplicação das sanções cabíveis, nos termos do regulamento.

§ 8º Os benefícios previstos neste artigo não incidirão sobre os eventos esportivos de que tratam as Leis nºs 12.663, de 5 de junho de 2012, e 12.780, de 9 de janeiro de 2013.

§ 9º Considera-se de baixa renda, para os fins do disposto no *caput*, a família inscrita no Cadastro Único para Programas Sociais do Governo Federal - CadÚnico cuja renda mensal seja de até 2 (dois) salários mínimos.

§ 10. A concessão do benefício da meia-entrada de que trata o *caput* é limitada a 40% (quarenta por cento) do total de ingressos disponíveis para cada evento.

Art. 24. O poder público destinará, no âmbito dos respectivos orçamentos, recursos financeiros para o fomento dos projetos culturais destinados aos jovens e por eles produzidos.

Art. 25. Na destinação dos recursos do Fundo Nacional da Cultura - FNC, de que trata a Lei 8.313, de 23 de dezembro de 1991, serão consideradas as necessidades específicas dos jovens em relação à ampliação do acesso à cultura e à melhoria das condições para o exercício do protagonismo no campo da produção cultural.

Parágrafo único. As pessoas físicas ou jurídicas poderão optar pela aplicação de parcelas do imposto sobre a renda a título de doações ou patrocínios, de que trata a Lei nº 8.313, de 23 de dezembro de 1991, no apoio a projetos culturais apresentados por entidades juvenis legalmente constituídas há, pelo menos, 1 (um) ano.

Seção VII
Do Direito à Comunicação e à Liberdade de Expressão

Art. 26. O jovem tem direito à comunicação e à livre expressão, à produção de conteúdo, individual e colaborativo, e ao acesso às tecnologias de informação e comunicação.

Art. 27. A ação do poder público na efetivação do direito do jovem à comunicação e à liberdade de expressão contempla a adoção das seguintes medidas:

I – incentivar programas educativos e culturais voltados para os jovens nas emissoras de rádio e televisão e nos demais meios de comunicação de massa;

II – promover a inclusão digital dos jovens, por meio do acesso às novas tecnologias de informação e comunicação;

III – promover as redes e plataformas de comunicação dos jovens, considerando a acessibilidade para os jovens com deficiência;

IV – incentivar a criação e manutenção de equipamentos públicos voltados para a promoção do direito do jovem à comunicação; e

V – garantir a acessibilidade à comunicação por meio de tecnologias assistivas e adaptações razoáveis para os jovens com deficiência.

Seção VIII
Do Direito ao Desporto e ao Lazer

Art. 28. O jovem tem direito à prática desportiva destinada a seu pleno desenvolvimento, com prioridade para o desporto de participação.

Parágrafo único. O direito à prática desportiva dos adolescentes deverá considerar sua condição peculiar de pessoa em desenvolvimento.

Art. 29. A política pública de desporto e lazer destinada ao jovem deverá considerar:

I – a realização de diagnóstico e estudos estatísticos oficiais acerca da educação física e dos desportos e dos equipamentos de lazer no Brasil;

II – a adoção de lei de incentivo fiscal para o esporte, com critérios que priorizem a juventude e promovam a equidade;

III – a valorização do desporto e do paradesporto educacional;

IV – a oferta de equipamentos comunitários que permitam a prática desportiva, cultural e de lazer.

Art. 30. Todas as escolas deverão buscar pelo menos um local apropriado para a prática de atividades poliesportivas.

Seção IX
Do Direito ao Território e à Mobilidade

Art. 31. O jovem tem direito ao território e à mobilidade, incluindo a promoção de políticas públicas de moradia, circulação e equipamentos públicos, no campo e na cidade.

Parágrafo único. Ao jovem com deficiência devem ser garantidas a acessibilidade e as adaptações necessárias.

Art. 32. No sistema de transporte coletivo interestadual, observar-se-á, nos termos da legislação específica:

I – a reserva de 2 (duas) vagas gratuitas por veículo para jovens de baixa renda;

II – a reserva de 2 (duas) vagas por veículo com desconto de 50% (cinquenta por cento), no mínimo, no valor das passagens, para os jovens de baixa renda, a serem utilizadas após esgotadas as vagas previstas no inciso I.

Parágrafo único. Os procedimentos e os critérios para o exercício dos direitos previstos nos incisos I e II serão definidos em regulamento.

Art. 33. A União envidará esforços, em articulação com os Estados, o Distrito Federal e os Municípios, para promover a oferta de transporte público subsidiado para os jovens, com prioridade para os jovens em situação de pobreza e vulnerabilidade, na forma do regulamento.

Seção X
Do Direito à Sustentabilidade e ao Meio Ambiente

Art. 34. O jovem tem direito à sustentabilidade e ao meio ambiente ecologicamente equilibrado, bem de uso comum do povo, essencial à sadia qualidade de vida, e o dever de defendê-lo e preservá-lo para a presente e as futuras gerações.

Art. 35. O Estado promoverá, em todos os níveis de ensino, a educação ambiental voltada para a preservação do meio ambiente e a sustentabilidade, de acordo com a Política Nacional do Meio Ambiente.

Art. 36. Na elaboração, na execução e na avaliação de políticas públicas que incorporem a dimensão ambiental, o poder público deverá considerar:

I – o estímulo e o fortalecimento de organizações, movimentos, redes e outros coletivos de juventude que atuem no âmbito das questões ambientais e em prol do desenvolvimento sustentável;

II – o incentivo à participação dos jovens na elaboração das políticas públicas de meio ambiente;

III – a criação de programas de educação ambiental destinados aos jovens; e

IV – o incentivo à participação dos jovens em projetos de geração de trabalho e renda que visem ao desenvolvimento sustentável nos âmbitos rural e urbano.

Parágrafo único. A aplicação do disposto no inciso IV do *caput* deve observar a legislação específica sobre o direito à profissionalização e à proteção no trabalho dos adolescentes.

Seção XI
Do Direito à Segurança Pública e ao Acesso à Justiça

Art. 37. Todos os jovens têm direito de viver em um ambiente seguro, sem violência, com garantia da sua incolumidade física e mental, sendo-lhes asseguradas a igualdade de oportunidades e facilidades para seu aperfeiçoamento intelectual, cultural e social.

Art. 38. As políticas de segurança pública voltadas para os jovens deverão articular ações da União, dos Estados, do Distrito Federal e dos Municípios e ações não governamentais, tendo por diretrizes:

I – a integração com as demais políticas voltadas à juventude;

II – a prevenção e enfrentamento da violência;

III – a promoção de estudos e pesquisas e a obtenção de estatísticas e informações relevantes para subsidiar as ações de segurança pública e permitir a avaliação periódica dos impactos das políticas públicas quanto às causas, às consequências e à frequência da violência contra os jovens;

IV – a priorização de ações voltadas para os jovens em situação de risco, vulnerabilidade social e egressos do sistema penitenciário nacional;

V – a promoção do acesso efetivo dos jovens à Defensoria Pública, considerando as especificidades da condição juvenil; e

VI – a promoção do efetivo acesso dos jovens com deficiência à justiça em igualdade de condições com as demais pessoas, inclusive mediante a provisão de adaptações processuais adequadas a sua idade.

Título II
Do Sistema Nacional de Juventude

Capítulo I
DO SISTEMA NACIONAL DE JUVENTUDE – SINAJUVE

Art. 39. É instituído o Sistema Nacional de Juventude - SINAJUVE, cujos composição, organização, competência e funcionamento serão definidos em regulamento.

Art. 40. O financiamento das ações e atividades realizadas no âmbito do Sinajuve será definido em regulamento.

Capítulo II
DAS COMPETÊNCIAS

Art. 41. Compete à União:

I – formular e coordenar a execução da Política Nacional de Juventude;

II – coordenar e manter o Sinajuve;

III – estabelecer diretrizes sobre a organização e o funcionamento do Sinajuve;

IV – elaborar o Plano Nacional de Políticas de Juventude, em parceria com os Estados, o Distrito Federal, os Municípios e a sociedade, em especial a juventude;

V – convocar e realizar, em conjunto com o Conselho Nacional de Juventude, as Conferências Nacionais de Juventude, com intervalo máximo de 4 (quatro) anos;

VI – prestar assistência técnica e suplementação financeira aos Estados, ao Distrito Federal e aos Municípios para o desenvolvimento de seus sistemas de juventude;

VII – contribuir para a qualificação e ação em rede do Sinajuve em todos os entes da Federação;

VIII – financiar, com os demais entes federados, a execução das políticas públicas de juventude;

IX – estabelecer formas de colaboração com os Estados, o Distrito Federal e os Municípios para a execução das políticas públicas de juventude; e

X – garantir a publicidade de informações sobre repasses de recursos para financiamento das políticas públicas de juventude aos conselhos e gestores estaduais, do Distrito Federal e municipais.

Art. 42. Compete aos Estados:

I – coordenar, em âmbito estadual, o Sinajuve;

II – elaborar os respectivos planos estaduais de juventude, em conformidade com o Plano Nacional, com a participação da sociedade, em especial da juventude;

III – criar, desenvolver e manter programas, ações e projetos para a execução das políticas públicas de juventude;

IV – convocar e realizar, em conjunto com o Conselho Estadual de Juventude, as Conferências Estaduais de Juventude, com intervalo máximo de 4 (quatro) anos;

V – editar normas complementares para a organização e o funcionamento do Sinajuve, em âmbito estadual e municipal;

VI – estabelecer com a União e os Municípios formas de colaboração para a execução das políticas públicas de juventude; e

VII – cofinanciar, com os demais entes federados, a execução de programas, ações e projetos das políticas públicas de juventude.

Parágrafo único. Serão incluídos nos censos demográficos dados relativos à população jovem do País.

Art. 43. Compete aos Municípios:

I – coordenar, em âmbito municipal, o Sinajuve;

II – elaborar os respectivos planos municipais de juventude, em conformidade com os respectivos Planos Nacional e Estadual, com a participação da sociedade, em especial da juventude;

III – criar, desenvolver e manter programas, ações e projetos para a execução das políticas públicas de juventude;

IV – convocar e realizar, em conjunto com o Conselho Municipal de Juventude, as Conferências Municipais de Juventude, com intervalo máximo de 4 (quatro) anos;

V – editar normas complementares para a organização e funcionamento do Sinajuve, em âmbito municipal;

VI – cofinanciar, com os demais entes federados, a execução de programas, ações e projetos das políticas públicas de juventude; e

VII – estabelecer mecanismos de cooperação com os Estados e a União para a execução das políticas públicas de juventude.

Parágrafo único. Para garantir a articulação federativa com vistas ao efetivo cumprimento das políticas públicas de juventude, os Municípios podem instituir os consórcios de que trata a Lei nº 11.107, de 6 de abril de 2005, ou qualquer outro instrumento jurídico adequado, como forma de compartilhar responsabilidades.

Art. 44. As competências dos Estados e Municípios são atribuídas, cumulativamente, ao Distrito Federal.

Capítulo III
DOS CONSELHOS DE JUVENTUDE

Art. 45. Os conselhos de juventude são órgãos permanentes e autônomos, não jurisdicionais, encarregados de tratar das políticas públicas de juventude e da garantia do exercício dos direitos do jovem, com os seguintes objetivos:

I – auxiliar na elaboração de políticas públicas de juventude que promovam o amplo exercício dos direitos dos jovens estabelecidos nesta Lei;

II – utilizar instrumentos de forma a buscar que o Estado garanta aos jovens o exercício dos seus direitos;

III – colaborar com os órgãos da administração no planejamento e na implementação das políticas de juventude;

IV – estudar, analisar, elaborar, discutir e propor a celebração de instrumentos de cooperação, visando à elaboração de programas, projetos e ações voltados para a juventude;

V – promover a realização de estudos relativos à juventude, objetivando subsidiar o planejamento das políticas públicas de juventude;

VI – estudar, analisar, elaborar, discutir e propor políticas públicas que permitam e garantam a integração e a participação do jovem nos processos social, econômico, político e cultural no respectivo ente federado;

VII – propor a criação de formas de participação da juventude nos órgãos da administração pública;

VIII – promover e participar de seminários, cursos, congressos e eventos correlatos para o debate de temas relativos à juventude;

IX – desenvolver outras atividades relacionadas às políticas públicas de juventude.

§ 1º A lei, em âmbito federal, estadual, do Distrito Federal e municipal, disporá sobre a organização, o funcionamento e a composição dos conselhos de juventude, observada a participação da sociedade civil mediante critério, no mínimo, paritário com os representantes do poder público.

§ 2º (Vetado).

Art. 46. São atribuições dos conselhos de juventude:

I – encaminhar ao Ministério Público notícia de fato que constitua infração administrativa ou penal contra os direitos do jovem garantidos na legislação;

II – encaminhar à autoridade judiciária os casos de sua competência;

III – expedir notificações;

IV – solicitar informações das autoridades públicas;

V – assessorar o Poder Executivo local na elaboração dos planos, programas, projetos, ações e proposta orçamentária das políticas públicas de juventude.

Art. 47. Sem prejuízo das atribuições dos conselhos de juventude com relação aos direitos previstos neste Estatuto, cabe aos conselhos de direitos da criança e do adolescente deliberar e controlar as ações em todos os níveis relativas aos adolescentes com idade entre 15 (quinze) e 18 (dezoito) anos.

Art. 48. Esta Lei entra em vigor após decorridos 180 (cento e oitenta) dias de sua publicação oficial.

Brasília, 5 de agosto de 2013; 192º da Independência e 125º da República.

Dilma Rousseff

(Publicação no *D.O.U.* de 6.8.2013)

ESTATUTO GERAL DAS GUARDAS MUNICIPAIS

LEI 13.022,
DE 8 DE AGOSTO DE 2014

Dispõe sobre o Estatuto Geral das Guardas Municipais.

A Presidenta da República:

Faço saber que o Congresso Nacional decreta e eu sanciono a seguinte Lei:

Capítulo I
DISPOSIÇÕES PRELIMINARES

Art. 1º Esta Lei institui normas gerais para as guardas municipais, disciplinando o § 8º do art. 144 da Constituição Federal.

Art. 2º Incumbe às guardas municipais, instituições de caráter civil, uniformizadas e armadas conforme previsto em lei, a função de proteção municipal preventiva, ressalvadas as competências da União, dos Estados e do Distrito Federal.

Capítulo II
DOS PRINCÍPIOS

Art. 3º São princípios mínimos de atuação das guardas municipais:

I – proteção dos direitos humanos fundamentais, do exercício da cidadania e das liberdades públicas;

II – preservação da vida, redução do sofrimento e diminuição das perdas;

III – patrulhamento preventivo;

IV – compromisso com a evolução social da comunidade; e

V – uso progressivo da força.

Capítulo III
DAS COMPETÊNCIAS

Art. 4º É competência geral das guardas municipais a proteção de bens, serviços, logradouros públicos municipais e instalações do Município.

Parágrafo único. Os bens mencionados no *caput* abrangem os de uso comum, os de uso especial e os dominiais.

Art. 5º São competências específicas das guardas municipais, respeitadas as competências dos órgãos federais e estaduais:

I – zelar pelos bens, equipamentos e prédios públicos do Município;

II – prevenir e inibir, pela presença e vigilância, bem como coibir, infrações penais ou administrativas e atos infracionais que atentem contra os bens, serviços e instalações municipais;

III – atuar, preventiva e permanentemente, no território do Município, para a proteção sistêmica da população que utiliza os bens, serviços e instalações municipais;

IV – colaborar, de forma integrada com os órgãos de segurança pública, em ações conjuntas que contribuam com a paz social;

V – colaborar com a pacificação de conflitos que seus integrantes presenciarem, atentando para o respeito aos direitos fundamentais das pessoas;

VI – exercer as competências de trânsito que lhes forem conferidas, nas vias e logradouros municipais, nos termos da Lei 9.503, de 23 de setembro de 1997 (Código de Trânsito Brasileiro), ou de forma concorrente, mediante convênio celebrado com órgão de trânsito estadual ou municipal;

VII – proteger o patrimônio ecológico, histórico, cultural, arquitetônico e ambiental do Município, inclusive adotando medidas educativas e preventivas;

VIII – cooperar com os demais órgãos de defesa civil em suas atividades;

IX – interagir com a sociedade civil para discussão de soluções de problemas e projetos locais voltados à melhoria das condições de segurança das comunidades;

X – estabelecer parcerias com os órgãos estaduais e da União, ou de Municípios vizinhos, por meio da celebração de convênios ou consórcios, com vistas ao desenvolvimento de ações preventivas integradas;

XI – articular-se com os órgãos municipais de políticas sociais, visando à adoção de ações interdisciplinares de segurança no Município;

XII – integrar-se com os demais órgãos de poder de polícia administrativa, visando a contribuir para a normatização e a fiscalização das posturas e ordenamento urbano municipal;

XIII – garantir o atendimento de ocorrências emergenciais, ou prestá-lo direta e imediatamente quando deparar-se com elas;

XIV – encaminhar ao delegado de polícia, diante de flagrante delito, o autor da infração, preservando o local do crime, quando possível e sempre que necessário;

XV – contribuir no estudo de impacto na segurança local, conforme plano diretor municipal, por ocasião da construção de empreendimentos de grande porte;

XVI – desenvolver ações de prevenção primária à violência, isoladamente ou em conjunto com os demais órgãos da própria municipalidade, de outros Municípios ou das esferas estadual e federal;

XVII – auxiliar na segurança de grandes eventos e na proteção de autoridades e dignatários; e

XVIII – atuar mediante ações preventivas na segurança escolar, zelando pelo entorno e participando de ações educativas com o corpo discente e docente das unidades de ensino municipal, de forma a colaborar com a implantação da cultura de paz na comunidade local.

Parágrafo único. No exercício de suas competências, a guarda municipal poderá colaborar ou atuar conjuntamente com órgãos de segurança pública da União, dos Estados e do Distrito Federal ou de congêneres de Municípios vizinhos e, nas hipóteses previstas nos incisos XIII e XIV deste artigo, diante do comparecimento de órgão descrito nos incisos do *caput* do art. 144 da Constituição Federal, deverá a guarda municipal prestar todo o apoio à continuidade do atendimento.

Capítulo IV
DA CRIAÇÃO

Art. 6º O Município pode criar, por lei, sua guarda municipal.

Parágrafo único. A guarda municipal é subordinada ao chefe do Poder Executivo municipal.

Art. 7º As guardas municipais não poderão ter efetivo superior a:

I – 0,4% (quatro décimos por cento) da população, em Municípios com até 50.000 (cinquenta mil) habitantes;

II – 0,3% (três décimos por cento) da população, em Municípios com mais de 50.000 (cinquenta mil) e menos de 500.000 (quinhentos mil) habitantes, desde que o efetivo não seja inferior ao disposto no inciso I;

III – 0,2% (dois décimos por cento) da população, em Municípios com mais de 500.000 (quinhentos mil) habitantes, desde que o efetivo não seja inferior ao disposto no inciso II.

Parágrafo único. Se houver redução da população referida em censo ou estimativa oficial da Fundação Instituto Brasileiro de Geografia e Estatística (IBGE), é garantida a preservação do efetivo existente, o qual deverá ser ajustado à variação populacional, nos termos de lei municipal.

Art. 8º Municípios limítrofes podem, mediante consórcio público, utilizar, reciprocamente, os serviços da guarda municipal de maneira compartilhada.

Art. 9º A guarda municipal é formada por servidores públicos integrantes de carreira única e plano de cargos e salários, conforme disposto em lei municipal.

Capítulo V
DAS EXIGÊNCIAS PARA INVESTIDURA

Art. 10. São requisitos básicos para investidura em cargo público na guarda municipal:

I – nacionalidade brasileira;

II – gozo dos direitos políticos;

III – quitação com as obrigações militares e eleitorais;

IV – nível médio completo de escolaridade;

V – idade mínima de 18 (dezoito) anos;

VI – aptidão física, mental e psicológica; e

VII – idoneidade moral comprovada por investigação social e certidões expedidas perante o Poder Judiciário estadual, federal e distrital.

Parágrafo único. Outros requisitos poderão ser estabelecidos em lei municipal.

Capítulo VI
DA CAPACITAÇÃO

Art. 11. O exercício das atribuições dos cargos da guarda municipal requer capacitação específica, com matriz curricular compatível com suas atividades.

Parágrafo único. Para fins do disposto no *caput*, poderá ser adaptada a matriz curricular nacional para formação em segurança pública, elaborada pela Secretaria Nacional de Segurança Pública (Senasp) do Ministério da Justiça.

Art. 12. É facultada ao Município a criação de órgão de formação, treinamento e aperfeiçoamento dos integrantes da guarda municipal, tendo como princípios norteadores os mencionados no art. 3º.

§ 1º Os Municípios poderão firmar convênios ou consorciar-se, visando ao atendimento do disposto no *caput* deste artigo.

§ 2º O Estado poderá, mediante convênio com os Municípios interessados, manter órgão de formação e aperfeiçoamento centralizado, em cujo conselho gestor seja assegurada a participação dos Municípios conveniados.

§ 3º O órgão referido no § 2º não pode ser o mesmo destinado a formação, treinamento e aperfeiçoamento de forças militares.

Capítulo VII
DO CONTROLE

Art. 13. O funcionamento das guardas municipais será acompanhado por órgãos próprios, permanentes, autônomos e com atribuições de fiscalização, investigação e auditoria, mediante:

I – controle interno, exercido por corregedoria, naquelas com efetivo superior a 50 (cinquenta) servidores da guarda e em todas as que utilizam arma de fogo, para apurar as infrações disciplinares atribuídas aos integrantes de seu quadro; e

II – controle externo, exercido por ouvidoria, independente em relação à direção da respectiva guarda, qualquer que seja o número de servidores da guarda municipal, para receber, examinar e encaminhar reclamações, sugestões, elogios e denúncias acerca da conduta de seus dirigentes e integrantes e das atividades do órgão, propor soluções, oferecer recomendações e informar os resultados aos interessados, garantindo-lhes orientação, informação e resposta.

§ 1º O Poder Executivo municipal poderá criar órgão colegiado para exercer o controle social das atividades de segurança do Município, analisar a alocação e aplicação dos recursos públicos e monitorar os objetivos e metas da política municipal de segurança e, posteriormente, a adequação e eventual necessidade de adaptação das medidas adotadas face aos resultados obtidos.

§ 2º Os corregedores e ouvidores terão mandato cuja perda será decidida pela maioria absoluta da Câmara Municipal, fundada em razão relevante e específica prevista em lei municipal.

Art. 14. Para efeito do disposto no inciso I do *caput* do art. 13, a guarda municipal terá código de conduta próprio, conforme dispuser lei municipal.

Parágrafo único. As guardas municipais não podem ficar sujeitas a regulamentos disciplinares de natureza militar.

Capítulo VIII
DAS PRERROGATIVAS

Art. 15. Os cargos em comissão das guardas municipais deverão ser providos por membros efetivos do quadro de carreira do órgão ou entidade.

§ 1º Nos primeiros 4 (quatro) anos de funcionamento, a guarda municipal poderá ser dirigida por profissional estranho a seus quadros, preferencialmente com experiência ou formação na área de segurança ou defesa social, atendido o disposto no *caput*.

§ 2º Para ocupação dos cargos em todos os níveis da carreira da guarda municipal, deverá ser observado o percentual mínimo para o sexo feminino, definido em lei municipal.

§ 3º Deverá ser garantida a progressão funcional da carreira em todos os níveis.

Art. 16. Aos guardas municipais é autorizado o porte de arma de fogo, conforme previsto em lei.

Parágrafo único. Suspende-se o direito ao porte de arma de fogo em razão de restrição médica, decisão judicial ou justificativa da adoção da medida pelo respectivo dirigente.

Art. 17. A Agência Nacional de Telecomunicações (Anatel) destinará linha telefônica de número 153 e faixa exclusiva de frequência de rádio aos Municípios que possuam guarda municipal.

Art. 18. É assegurado ao guarda municipal o recolhimento à cela, isoladamente dos demais presos, quando sujeito à prisão antes de condenação definitiva.

Capítulo IX
DAS VEDAÇÕES

Art. 19. A estrutura hierárquica da guarda municipal não pode utilizar denominação idêntica à das forças militares, quanto aos postos e graduações, títulos, uniformes, distintivos e condecorações.

Capítulo X
DA REPRESENTATIVIDADE

Art. 20. É reconhecida a representatividade das guardas municipais no Conselho Nacional de Segurança Pública, no Conselho Nacional das Guardas Municipais e, no interesse dos Municípios, no Conselho Nacional de Secretários e Gestores Municipais de Segurança Pública.

Capítulo XI
DISPOSIÇÕES DIVERSAS E TRANSITÓRIAS

Art. 21. As guardas municipais utilizarão uniforme e equipamentos padronizados, preferencialmente, na cor azul-marinho.

Art. 22. Aplica-se esta Lei a todas as guardas municipais existentes na data de sua publicação, a cujas disposições devem adaptar-se no prazo de 2 (dois) anos.

Parágrafo único. É assegurada a utilização de outras denominações consagradas pelo uso, como guarda civil, guarda civil municipal, guarda metropolitana e guarda civil metropolitana.

Art. 23. Esta Lei entra em vigor na data de sua publicação.

Brasília, 8 de agosto de 2014; 193º da Independência e 126º da República.

Dilma Rousseff

(Publicação no *D.O.U.* de 11.8.2014)

ESTATUTO DA METRÓPOLE

LEI 13.089,
DE 12 DE JANEIRO DE 2015

Institui o Estatuto da Metrópole, altera a Lei 10.257, de 10 de julho de 2001, e dá outras providências.

A Presidenta da República:

Faço saber que o Congresso Nacional decreta e eu sanciono a seguinte Lei:

Capítulo I
DISPOSIÇÕES PRELIMINARES

Art. 1º Esta Lei, denominada Estatuto da Metrópole, estabelece diretrizes gerais para o planejamento, a gestão e a execução das funções públicas de interesse comum em regiões metropolitanas e em aglomerações urbanas instituídas pelos Estados, normas gerais sobre o plano de desenvolvimento urbano integrado e outros instrumentos de governança interfederativa, e critérios para o apoio da União a ações que envolvam governança interfederativa no campo do desenvolvimento urbano, com base nos incisos XX do art. 21, IX do art. 23 e I do art. 24, no § 3º do art. 25 e no art. 182 da Constituição Federal.

§ 1º Além das regiões metropolitanas e das aglomerações urbanas, as disposições desta Lei aplicam-se, no que couber:

I – às microrregiões instituídas pelos Estados com fundamento em funções públicas de interesse comum com características predominantemente urbanas;

II – (*Vetado*).

§ 2º Na aplicação das disposições desta Lei, serão observadas as normas gerais de direito urbanístico estabelecidas na Lei 10.257, de 10 de julho de 2001 – Estatuto da Cidade, que regulamenta os arts. 182 e 183 da Constituição Federal, estabelece diretrizes gerais da política urbana e dá outras providências, e em outras leis federais, bem como as regras que disciplinam a política nacional de desenvolvimento urbano, a política nacional de desenvolvimento regional e as políticas setoriais de habitação, saneamento básico, mobilidade urbana e meio ambiente.

Art. 2º Para os efeitos desta Lei, consideram-se:

I – aglomeração urbana: unidade territorial urbana constituída pelo agrupamento de 2 (dois) ou mais Municípios limítrofes, caracterizada por complementaridade funcional e integração das dinâmicas geográficas, ambientais, políticas e socioeconômicas;

II – função pública de interesse comum: política pública ou ação nela inserida cuja realização por parte de um Município, isoladamente, seja inviável ou cause impacto em Municípios limítrofes;

III – gestão plena: condição de região metropolitana ou de aglomeração urbana que possui:

a) formalização e delimitação mediante lei complementar estadual;

b) estrutura de governança interfederativa própria, nos termos do art. 8º desta Lei; e

c) plano de desenvolvimento urbano integrado aprovado mediante lei estadual;

IV – governança interfederativa: compartilhamento de responsabilidades e ações entre entes da Federação em termos de organização, planejamento e execução de funções públicas de interesse comum;

V – metrópole: espaço urbano com continuidade territorial que, em razão de sua população e relevância política e socioeconômica, tem influência nacional ou sobre uma região que configure, no mínimo, a área de influência de uma capital regional, conforme os critérios adotados pela Fundação Instituto Brasileiro de Geografia e Estatística – IBGE;

VI – plano de desenvolvimento urbano integrado: instrumento que estabelece, com base em processo permanente de planejamento, as diretrizes para o desenvolvimento urbano da região metropolitana ou da aglomeração urbana;

VII – região metropolitana: aglomeração urbana que configure uma metrópole.

Parágrafo único. Os critérios para a delimitação da região de influência de uma capital regional, previstos no inciso V do *caput* deste artigo considerarão os bens e serviços fornecidos pela cidade à região, abrangendo produtos industriais, educação, saúde, serviços bancários, comércio, empregos e outros itens pertinentes, e serão disponibilizados pelo IBGE na rede mundial de computadores.

Capítulo II
DA INSTITUIÇÃO DE REGIÕES METROPOLITANAS E DE AGLOMERAÇÕES URBANAS

Art. 3º Os Estados, mediante lei complementar, poderão instituir regiões metropolitanas e aglomerações urbanas, constituídas por agrupamento de Municípios limítrofes, para integrar a organização, o planejamento e a execução de funções públicas de interesse comum.

Parágrafo único. Estado e Municípios inclusos em região metropolitana ou em aglomeração urbana formalizada e delimitada na forma do *caput* deste artigo deverão promover a governança interfederativa, sem prejuízo de outras determinações desta Lei.

Art. 4º A instituição de região metropolitana ou de aglomeração urbana que envolva Municípios pertencentes a mais de um Estado será formalizada mediante a aprovação de leis complementares pelas assembleias legislativas de cada um dos Estados envolvidos.

Parágrafo único. Até a aprovação das leis complementares previstas no *caput* deste artigo por todos os Estados envolvidos, a região metropolitana ou a aglomeração urbana terá validade apenas para os Municípios dos Estados que já houverem aprovado a respectiva lei.

Art. 5º As leis complementares estaduais referidas nos arts. 3º e 4º desta Lei definirão, no mínimo:

I – os Municípios que integram a unidade territorial urbana;

II – os campos funcionais ou funções públicas de interesse comum que justificam a instituição da unidade territorial urbana;

III – a conformação da estrutura de governança interfederativa, incluindo a organização administrativa e o sistema integrado de alocação de recursos e de prestação de contas; e

IV – os meios de controle social da organização, do planejamento e da execução de funções públicas de interesse comum.

§ 1º No processo de elaboração da lei complementar, serão explicitados os critérios técnicos adotados para a definição do conteúdo previsto nos incisos I e II do *caput* deste artigo.

§ 2º Respeitadas as unidades territoriais urbanas criadas mediante lei complementar estadual até a data de entrada em vigor desta Lei, a instituição de região metropolitana impõe a observância do conceito estabelecido no inciso VII do *caput* do art. 2º.

Capítulo III
DA GOVERNANÇA INTERFEDERATIVA DE REGIÕES METROPOLITANAS E DE AGLOMERAÇÕES URBANAS

Art. 6º A governança interfederativa das regiões metropolitanas e das aglomerações urbanas respeitará os seguintes princípios:

I – prevalência do interesse comum sobre o local;

II – compartilhamento de responsabilidades para a promoção do desenvolvimento urbano integrado;

III – autonomia dos entes da Federação;

IV – observância das peculiaridades regionais e locais;

V – gestão democrática da cidade, consoante os arts. 43 a 45 da Lei 10.257, de 10 de julho de 2001;

VI – efetividade no uso dos recursos públicos;

VII – busca do desenvolvimento sustentável.

Art. 7º Além das diretrizes gerais estabelecidas no art. 2º da Lei 10.257, de 10 de julho de 2001, a governança interfederativa das regiões metropolitanas e das aglomerações urbanas observará as seguintes diretrizes específicas:

I – implantação de processo permanente e compartilhado de planejamento e de tomada de decisão quanto ao desenvolvimento urbano e às políticas setoriais afetas às funções públicas de interesse comum;

II – estabelecimento de meios compartilhados de organização administrativa das funções públicas de interesse comum;

III – estabelecimento de sistema integrado de alocação de recursos e de prestação de contas;

IV – execução compartilhada das funções públicas de interesse comum, mediante rateio de custos previamente pactuado no âmbito da estrutura de governança interfederativa;

V – participação de representantes da sociedade civil nos processos de planejamento e de tomada de decisão, no acompanhamento da prestação de serviços e na realização de obras afetas às funções públicas de interesse comum;

VI – compatibilização dos planos plurianuais, leis de diretrizes orçamentárias e orçamentos anuais dos entes envolvidos na governança interfederativa;

VII – compensação por serviços ambientais ou outros serviços prestados pelo Município à unidade territorial urbana, na forma da lei e dos acordos firmados no âmbito da estrutura de governança interfederativa.

Parágrafo único. Na aplicação das diretrizes estabelecidas neste artigo, devem ser consideradas as especificidades dos Municípios integrantes da unidade territorial urbana quanto à população, à renda, ao território e às características ambientais.

Art. 8º A governança interfederativa das regiões metropolitanas e das aglomerações urbanas compreenderá em sua estrutura básica:

I – instância executiva composta pelos representantes do Poder Executivo dos entes federativos integrantes das unidades territoriais urbanas;

II – instância colegiada deliberativa com representação da sociedade civil;

III – organização pública com funções técnico-consultivas; e

IV – sistema integrado de alocação de recursos e de prestação de contas.

Capítulo IV
DOS INSTRUMENTOS DE DESENVOLVIMENTO URBANO INTEGRADO

Art. 9º Sem prejuízo da lista apresentada no art. 4º da Lei 10.257, de 10 de julho 2001, no desenvolvimento urbano integrado de regiões metropolitanas e de aglomerações urbanas serão utilizados, entre outros, os seguintes instrumentos:

I – plano de desenvolvimento urbano integrado;

II – planos setoriais interfederativos;

III – fundos públicos;

IV – operações urbanas consorciadas interfederativas;

V – zonas para aplicação compartilhada dos instrumentos urbanísticos previstos na Lei 10.257, de 10 de julho de 2001;

VI – consórcios públicos, observada a Lei 11.107, de 6 de abril de 2005;

VII – convênios de cooperação;

VIII – contratos de gestão;

IX – compensação por serviços ambientais ou outros serviços prestados pelo Município à unidade territorial urbana, conforme o inciso VII do *caput* do art. 7º desta Lei;

X – parcerias público-privadas interfederativas.

Art. 10. As regiões metropolitanas e as aglomerações urbanas deverão contar com plano de desenvolvimento urbano integrado, aprovado mediante lei estadual.

§ 1º Respeitadas as disposições do plano previsto no *caput* deste artigo, poderão ser formulados planos setoriais interfederativos para políticas públicas direcionadas à região metropolitana ou à aglomeração urbana.

§ 2º A elaboração do plano previsto no *caput* deste artigo não exime o Município integrante da região metropolitana ou aglomeração urbana da formulação do respectivo plano diretor, nos termos do § 1º do art. 182 da Constituição Federal e da Lei 10.257, de 10 de julho de 2001.

§ 3º Nas regiões metropolitanas e nas aglomerações urbanas instituídas mediante lei complementar estadual, o Município deverá compatibilizar seu plano diretor com o plano de desenvolvimento urbano integrado da unidade territorial urbana.

§ 4º O plano previsto no *caput* deste artigo será elaborado no âmbito da estrutura de governança interfederativa e aprovado pela instância colegiada deliberativa a que se refere o inciso II do *caput* do art. 8º desta Lei, antes do envio à respectiva assembleia legislativa estadual.

Art. 11. A lei estadual que instituir o plano de desenvolvimento urbano integrado de região metropolitana ou de aglomeração urbana deverá ser revista, pelo menos, a cada 10 (dez) anos.

Art. 12. O plano de desenvolvimento urbano integrado de região metropolitana ou de aglomeração urbana deverá considerar o conjunto de Municípios que compõem a unidade territorial urbana e abranger áreas urbanas e rurais.

§ 1º O plano previsto no *caput* deste artigo deverá contemplar, no mínimo:

I – as diretrizes para as funções públicas de interesse comum, incluindo projetos estratégicos e ações prioritárias para investimentos;

II – o macrozoneamento da unidade territorial urbana;

III – as diretrizes quanto à articulação dos Municípios no parcelamento, uso e ocupação no solo urbano;

IV – as diretrizes quanto à articulação intersetorial das políticas públicas afetas à unidade territorial urbana;

V – a delimitação das áreas com restrições à urbanização visando à proteção do patrimônio ambiental ou cultural, bem como das áreas sujeitas a controle especial pelo risco de desastres naturais, se existirem; e

VI – o sistema de acompanhamento e controle de suas disposições.

§ 2º No processo de elaboração do plano previsto no *caput* deste artigo e na fiscalização de sua aplicação, serão assegurados:

I – a promoção de audiências públicas e debates com a participação de representantes da sociedade civil e da população, em todos os Municípios integrantes da unidade territorial urbana;

II – a publicidade quanto aos documentos e informações produzidos; e

III – o acompanhamento pelo Ministério Público.

Capítulo V
DA ATUAÇÃO DA UNIÃO
Seção I
Do apoio da União ao Desenvolvimento Urbano Integrado

Art. 13. Em suas ações inclusas na política nacional de desenvolvimento urbano, a União apoiará as iniciativas dos Estados e dos Municípios voltadas à governança interfederativa, observados as diretrizes e os objetivos do plano plurianual, as metas e as prioridades fixadas pelas leis de diretrizes orçamentárias e o limite das disponibilidades propiciadas pelas leis orçamentárias anuais.

Art. 14. Para o apoio da União à governança interfederativa em região metropolitana ou em aglomeração urbana, será exigido que a unidade territorial urbana possua gestão plena, nos termos do inciso III do *caput* do art. 2º desta Lei.

§ 1º Além do disposto no *caput* deste artigo, o apoio da União à governança interfederativa em região metropolitana impõe a observância do inciso VII do *caput* do art. 2º desta Lei.

§ 2º Admite-se o apoio da União para a elaboração e a revisão do plano de desenvolvimento urbano integrado de que tratam os arts. 10 a 12 desta Lei.

§ 3º Serão estabelecidos em regulamento requisitos adicionais para o apoio da União à governança interfederativa, bem como para as microrregiões e cidades referidas no § 1º do art. 1º desta Lei e para os consórcios públicos constituídos para atuação em funções públicas de interesse comum no campo do desenvolvimento urbano.

Art. 15. A região metropolitana instituída mediante lei complementar estadual que não atenda o disposto no inciso VII do *caput* do art. 2º desta Lei será enquadrada como aglomeração urbana para efeito das políticas públicas a cargo do Governo Federal, independentemente de as ações nesse sentido envolverem ou não transferência de recursos financeiros.

Art. 16. A União manterá ações voltadas à integração entre cidades gêmeas localizadas na faixa de fronteira com outros países, em relação à mobilidade urbana, como previsto na Lei 12.587, de 3 de janeiro de 2012, e a outras políticas públicas afetas ao desenvolvimento urbano.

Seção II
Do Fundo Nacional de Desenvolvimento Urbano Integrado

Art. 17. (*Vetado*).

Art. 18. (*Vetado*).

Capítulo VI
DISPOSIÇÕES FINAIS

Art. 19. (*Vetado*).

Art. 20. A aplicação das disposições desta Lei será coordenada pelos entes públicos que integram o Sistema Nacional de Desenvolvimento Urbano – SNDU, assegurando-se a participação da sociedade civil.

§ 1º O SNDU incluirá um subsistema de planejamento e informações metropolitanas, coordenado pela União e com a participação dos Governos estaduais e municipais, na forma do regulamento.

§ 2º O subsistema de planejamento e informações metropolitanas reunirá dados estatísticos, cartográficos, ambientais, geológicos e outros relevantes para o planejamento, a gestão e a execução das funções públicas de interesse comum em regiões metropolitanas e em aglomerações urbanas.

§ 3º As informações referidas no § 2º deste artigo deverão estar preferencialmente georreferenciadas.

Art. 21. Incorre em improbidade administrativa, nos termos da Lei 8.429, de 2 de junho de 1992:

I – o governador ou agente público que atue na estrutura de governança interfederativa que deixar de tomar as providências necessárias para:

a) garantir o cumprimento do disposto no *caput* do art. 10 desta Lei, no prazo de 3 (três) anos da instituição da região metropolitana ou da aglomeração urbana mediante lei complementar estadual;

b) elaborar e aprovar, no prazo de 3 (três) anos, o plano de desenvolvimento urbano integrado das regiões metropolitanas ou das aglomerações urbanas instituídas até a data de entrada em vigor desta Lei mediante lei complementar estadual;

II – o prefeito que deixar de tomar as providências necessárias para garantir o cumprimento do disposto no § 3º do art. 10 desta Lei, no prazo de 3 (três) anos da aprovação do plano de desenvolvimento integrado mediante lei estadual.

Art. 22. As disposições desta Lei aplicam-se, no que couber, às regiões integradas de desenvolvimento que tenham características de região metropolitana ou de aglomeração urbana, criadas mediante lei complementar federal, com base no art. 43 da Constituição Federal, até a data de entrada em vigor desta Lei.

Parágrafo único. A partir da data de entrada em vigor desta Lei, a instituição de unidades territoriais urbanas que envolvam Municípios pertencentes a mais de um Estado deve ocorrer na forma prevista no art. 4º, sem prejuízo da possibilidade de constituição de consórcios intermunicipais.

Art. 23. Independentemente das disposições desta Lei, os Municípios podem formalizar convênios de cooperação e constituir consórcios públicos para atuação em funções públicas de interesse comum no campo do desenvolvimento urbano, observada a Lei 11.107, de 6 de abril de 2005.

Art. 24. A Lei 10.257, de 10 de julho de 2001, passa a vigorar acrescida do seguinte art. 34-A:

"Art. 34-A. Nas regiões metropolitanas ou nas aglomerações urbanas instituídas por lei complementar estadual, poderão ser realizadas operações urbanas consorciadas interfederativas, aprovadas por leis estaduais específicas.

Parágrafo único. As disposições dos arts. 32 a 34 desta Lei aplicam-se às operações urbanas consorciadas interfederativas previstas no *caput* deste artigo, no que couber."

Art. 25. Esta Lei entra em vigor na data de sua publicação.

Brasília, 12 de janeiro de 2015; 194º da Independência e 127º da República.

Dilma Rousseff

(Publicação no *D.O.U.* de 13.1.2015)

ESTATUTO DA PESSOA COM DEFICIÊNCIA

LEI 13.146,
DE 6 DE JULHO DE 2015

Institui a Lei Brasileira de Inclusão da Pessoa com Deficiência (Estatuto da Pessoa com Deficiência).

A Presidenta da República:

Faço saber que o Congresso Nacional decreta e eu sanciono a seguinte Lei:

LIVRO I
PARTE GERAL

Título I
Disposições Preliminares

Capítulo I
DISPOSIÇÕES GERAIS

Art. 1º É instituída a Lei Brasileira de Inclusão da Pessoa com Deficiência (Estatuto da Pessoa com Deficiência), destinada a assegurar e a promover, em condições de igualdade, o exercício dos direitos e das liberdades fundamentais por pessoa com deficiência, visando à sua inclusão social e cidadania.

→ *v.* Art. 5º da CF/1988.

Parágrafo único. Esta Lei tem como base a Convenção sobre os Direitos das Pessoas com Deficiência e seu Protocolo Facultativo, ratificados pelo Congresso Nacional por meio do Decreto Legislativo 186, de 9 de julho de 2008, em conformidade com o procedimento previsto no § 3º do art. 5º da Constituição da República Federativa do Brasil, em vigor para o Brasil, no plano jurídico externo, desde 31 de agosto de 2008, e promulgados peloDecreto 6.949, de 25 de agosto de 2009, data de início de sua vigência no plano interno.

Art. 2º Considera-se pessoa com deficiência aquela que tem impedimento de longo prazo de natureza física, mental, intelectual ou sensorial, o qual, em interação com uma ou mais barreiras, pode obstruir sua participação plena e efetiva na sociedade em igualdade de condições com as demais pessoas.

§ 1º A avaliação da deficiência, quando necessária, será biopsicossocial, realizada por equipe multiprofissional e interdisciplinar e considerará:

→ *v.* Art. 124 desta lei.

I – os impedimentos nas funções e nas estruturas do corpo;

II – os fatores socioambientais, psicológicos e pessoais;

III – a limitação no desempenho de atividades; e

IV – a restrição de participação.

§ 2º O Poder Executivo criará instrumentos para avaliação da deficiência.

→ *v.* Art. 124 desta lei.

Art. 3º Para fins de aplicação desta Lei, consideram-se:

I – acessibilidade: possibilidade e condição de alcance para utilização, com segurança e autonomia, de espaços, mobiliários, equipamentos urbanos, edificações, transportes, informação e comunicação, inclusive seus sistemas e tecnologias, bem como de outros serviços e instalações abertos ao público, de uso público ou privados de uso coletivo, tanto na zona urbana como na rural, por pessoa com deficiência ou com mobilidade reduzida;

→ *v.* Arts. 227, § 2º e 244, da CF/1988.

II – desenho universal: concepção de produtos, ambientes, programas e serviços a serem usados por todas as pessoas, sem necessidade de adaptação ou de projeto específico, incluindo os recursos de tecnologia assistiva;

→ *v.* Art. 227, II e § 2º, da CF/1988.

III – tecnologia assistiva ou ajuda técnica: produtos, equipamentos, dispositivos, recursos, metodologias, estratégias, práticas e serviços que objetivem promover a funcionalidade, relacionada à atividade e à participação da pessoa com deficiência ou com mobilidade reduzida, visando à sua autonomia, independência, qualidade de vida e inclusão social;

IV – barreiras: qualquer entrave, obstáculo, atitude ou comportamento que limite ou impeça a participação social da pessoa, bem como o gozo, a fruição e o exercício de seus direitos à acessibilidade, à liberdade de movimento e de expressão, à comunicação, ao acesso à informação, à compreensão, à circulação com segurança, entre outros, classificadas em:

→ *v.* Arts. 227, II, § 2º, e 244, da CF/1988.

a) barreiras urbanísticas: as existentes nas vias e nos espaços públicos e privados abertos ao público ou de uso coletivo;

b) barreiras arquitetônicas: as existentes nos edifícios públicos e privados;

c) barreiras nos transportes: as existentes nos sistemas e meios de transportes;

d) barreiras nas comunicações e na informação: qualquer entrave, obstáculo, atitude ou comportamento que dificulte ou impossibilite a expressão ou o recebimento de mensagens e de informações por intermédio de sistemas de comunicação e de tecnologia da informação;

e) barreiras atitudinais: atitudes ou comportamentos que impeçam ou prejudiquem a participação social da pessoa com deficiência em igualdade de condições e oportunidades com as demais pessoas;

f) barreiras tecnológicas: as que dificultam ou impedem o acesso da pessoa com deficiência às tecnologias;

V – comunicação: forma de interação dos cidadãos que abrange, entre outras opções, as línguas, inclusive a Língua Brasileira de Sinais (Libras), a visualização de textos, o Braille, o sistema de sinalização ou de comunicação tátil, os caracteres ampliados, os dispositivos multimídia, assim como a linguagem simples, escrita e oral, os sistemas auditivos e os meios de voz digitalizados e os modos, meios e formatos aumentativos e alternativos de comunicação, incluindo as tecnologias da informação e das comunicações;

VI – adaptações razoáveis: adaptações, modificações e ajustes necessários e adequados que não acarretem ônus desproporcional e indevido, quando requeridos em cada caso, a fim de assegurar que a pessoa com deficiência possa gozar ou exercer, em igualdade de condições e oportunidades com as demais pessoas, todos os direitos e liberdades fundamentais;

VII – elemento de urbanização: quaisquer componentes de obras de urbanização, tais como os referentes a pavimentação, saneamento, encanamento para esgotos, distribuição de energia elétrica e de gás, iluminação pública, serviços de comunicação, abastecimento e distribuição de água, paisagismo e os que materializam as indicações do planejamento urbanístico;

VIII – mobiliário urbano: conjunto de objetos existentes nas vias e nos espaços públicos, superpostos ou adicionados aos elementos de urbanização ou de edificação, de forma que sua modificação ou seu traslado não provoque alterações substanciais nesses elementos, tais como semáforos, postes de sinalização e similares, terminais e pontos de acesso coletivo às telecomunicações, fontes de água, lixeiras, toldos, marquises, bancos, quiosques e quaisquer outros de natureza análoga;

IX – pessoa com mobilidade reduzida: aquela que tenha, por qualquer motivo, dificuldade de movimentação, permanente ou temporária, gerando redução efetiva da mobilidade, da flexibilidade, da coordenação motora ou da percepção, incluindo idoso, gestante, lactante, pessoa com criança de colo e obeso;

X – residências inclusivas: unidades de oferta do Serviço de Acolhimento do Sistema Único de Assistência Social (Suas) localizadas em áreas residenciais da comunidade, com estruturas adequadas, que possam contar com apoio psicossocial para o atendimento das necessidades da pessoa acolhida, destinadas a jovens e adultos com deficiência, em situação de dependência, que não dispõem de condições de autossustentabilidade e com vínculos familiares fragilizados ou rompidos;

XI – moradia para a vida independente da pessoa com deficiência: moradia com estruturas adequadas capazes de proporcionar serviços de apoio coletivos e individualizados que respeitem e ampliem o grau de autonomia de jovens e adultos com deficiência;

XII – atendente pessoal: pessoa, membro ou não da família, que, com ou sem remuneração, assiste ou presta cuidados básicos e essenciais à pessoa com deficiência no exercício de suas atividades diárias, excluídas as técnicas ou os procedimentos identificados com profissões legalmente estabelecidas;

XIII – profissional de apoio escolar: pessoa que exerce atividades de alimentação, higiene e locomoção do estudante com deficiência e atua em todas as atividades escolares nas quais se fizer necessária, em todos os níveis e modalidades de ensino, em instituições públicas e privadas, excluídas as técnicas ou os procedimentos identificados com profissões legalmente estabelecidas;

XIV – acompanhante: aquele que acompanha a pessoa com deficiência, podendo ou não desempenhar as funções de atendente pessoal.

Capítulo II
DA IGUALDADE E DA NÃO DISCRIMINAÇÃO

→ *v.* Arts. 5º, 7º, XXXI, 37, VIII, 40, § 4º, I, 200, § 1º, 203, IV e V, 208, III, e 244, da CF/1988.

Art. 4º Toda pessoa com deficiência tem direito à igualdade de oportunidades com as demais pessoas e não sofrerá nenhuma espécie de discriminação.

§ 1º Considera-se discriminação em razão da deficiência toda forma de distinção, restrição ou exclusão, por ação ou omissão, que tenha o propósito ou o efeito de prejudicar, impedir ou anular o reconhecimento ou o exercício dos direitos e das liberdades fundamentais de pessoa com deficiência, incluindo a recusa de adaptações razoáveis e de fornecimento de tecnologias assistivas.

§ 2º A pessoa com deficiência não está obrigada à fruição de benefícios decorrentes de ação afirmativa.

Art. 5º A pessoa com deficiência será protegida de toda forma de negligência, discriminação, exploração, violência, tortura, crueldade, opressão e tratamento desumano ou degradante.

Parágrafo único. Para os fins da proteção mencionada no *caput* deste artigo, são considerados especialmente vulneráveis a criança, o adolescente, a mulher e o idoso, com deficiência.

Art. 6º A deficiência não afeta a plena capacidade civil da pessoa, inclusive para:

→ *v.* Arts. 3º, II e 4º, III e parágrafo único, do CC/2002.

I – casar-se e constituir união estável;

II – exercer direitos sexuais e reprodutivos;

III – exercer o direito de decidir sobre o número de filhos e de ter acesso a informações adequadas sobre reprodução e planejamento familiar;

IV – conservar sua fertilidade, sendo vedada a esterilização compulsória;

V – exercer o direito à família e à convivência familiar e comunitária; e

VI – exercer o direito à guarda, à tutela, à curatela e à adoção, como adotante ou adotando, em igualdade de oportunidades com as demais pessoas.

Art. 7º É dever de todos comunicar à autoridade competente qualquer forma de ameaça ou de violação aos direitos da pessoa com deficiência.

Parágrafo único. Se, no exercício de suas funções, os juízes e os tribunais tiverem conhecimento de fatos que caracterizem as violações previstas nesta Lei, devem remeter peças ao Ministério Público para as providências cabíveis.

Art. 8º É dever do Estado, da sociedade e da família assegurar à pessoa com deficiência, com prioridade, a efetivação dos direitos referentes à vida, à saúde, à sexualidade, à paternidade e à maternidade, à alimentação, à habitação, à educação, à profissionalização, ao trabalho, à previdência social, à habilitação e à reabilitação, ao transporte, à acessibilidade, à cultura, ao desporto, ao turismo, ao lazer, à informação, à comunicação, aos avanços científicos e tecnológicos, à dignidade, ao respeito, à liberdade, à convivência familiar e comunitária, entre outros decorrentes da Constituição Federal, da Convenção sobre os Direitos das Pessoas com Deficiência e seu Protocolo Facultativo e das leis e de outras normas que garantam seu bem-estar pessoal, social e econômico.

→ *v.* Arts. 23, II, 24, XIV, 37, VIII, 203, IV e V, 227, II e § 2º, da CF/1988,

Seção Única
Do Atendimento Prioritário

→ *v.* Art. 227, II, da CF/1988.

Art. 9º A pessoa com deficiência tem direito a receber atendimento prioritário, sobretudo com a finalidade de:

I – proteção e socorro em quaisquer circunstâncias;

II – atendimento em todas as instituições e serviços de atendimento ao público;

III – disponibilização de recursos, tanto humanos quanto tecnológicos, que garantam atendimento em igualdade de condições com as demais pessoas;

IV – disponibilização de pontos de parada, estações e terminais acessíveis de transporte coletivo de passageiros e garantia de segurança no embarque e no desembarque;

V – acesso a informações e disponibilização de recursos de comunicação acessíveis;

VI – recebimento de restituição de imposto de renda;

VII – tramitação processual e procedimentos judiciais e administrativos em que for parte ou interessada, em todos os atos e diligências.

§ 1º Os direitos previstos neste artigo são extensivos ao acompanhante da pessoa com deficiência ou ao seu atendente pessoal, exceto quanto ao disposto nos incisos VI e VII deste artigo.

§ 2º Nos serviços de emergência públicos e privados, a prioridade conferida por esta Lei é condicionada aos protocolos de atendimento médico.

TÍTULO II
Dos Direitos Fundamentais

Capítulo I
DO DIREITO À VIDA

Art. 10. Compete ao poder público garantir a dignidade da pessoa com deficiência ao longo de toda a vida.

Parágrafo único. Em situações de risco, emergência ou estado de calamidade pública, a pessoa com deficiência será considerada vulnerável, devendo o poder público adotar medidas para sua proteção e segurança.

Art. 11. A pessoa com deficiência não poderá ser obrigada a se submeter a intervenção clínica ou cirúrgica, a tratamento ou a institucionalização forçada.

Parágrafo único. O consentimento da pessoa com deficiência em situação de curatela poderá ser suprido, na forma da lei.

Art. 12. O consentimento prévio, livre e esclarecido da pessoa com deficiência é indispensável para a realização de tratamento, procedimento, hospitalização e pesquisa científica.

§ 1º Em caso de pessoa com deficiência em situação de curatela, deve ser assegurada sua participação, no maior grau possível, para a obtenção de consentimento.

§ 2º A pesquisa científica envolvendo pessoa com deficiência em situação de tutela ou de curatela deve ser realizada, em caráter excepcional, apenas quando houver indícios de benefício direto para sua saúde ou para a saúde de outras pessoas com deficiência e desde que não haja outra opção de pesquisa de eficácia comparável com participantes não tutelados ou curatelados.

Art. 13. A pessoa com deficiência somente será atendida sem seu consentimento prévio, livre e esclarecido em casos de risco de morte e de emergência em saúde, resguardado seu superior interesse e adotadas as salvaguardas legais cabíveis.

Capítulo II
DO DIREITO À HABILITAÇÃO E À REABILITAÇÃO

→ v. Art. 203, IV e V, da CF/1988.

Art. 14. O processo de habilitação e de reabilitação é um direito da pessoa com deficiência.

Parágrafo único. O processo de habilitação e de reabilitação tem por objetivo o desenvolvimento de potencialidades, talentos, habilidades e aptidões físicas, cognitivas, sensoriais, psicossociais, atitudinais, profissionais e artísticas que contribuam para a conquista da autonomia da pessoa com deficiência e de sua participação social em igualdade de condições e oportunidades com as demais pessoas.

Art. 15. O processo mencionado no art. 14 desta Lei baseia-se em avaliação multidisciplinar das necessidades, habilidades e potencialidades de cada pessoa, observadas as seguintes diretrizes:

I – diagnóstico e intervenção precoces;

II – adoção de medidas para compensar perda ou limitação funcional, buscando o desenvolvimento de aptidões;

III – atuação permanente, integrada e articulada de políticas públicas que possibilitem a plena participação social da pessoa com deficiência;

IV – oferta de rede de serviços articulados, com atuação intersetorial, nos diferentes níveis de complexidade, para atender às necessidades específicas da pessoa com deficiência;

V – prestação de serviços próximo ao domicílio da pessoa com deficiência, inclusive na zona rural, respeitadas a organização das Redes de Atenção à Saúde (RAS) nos territórios locais e as normas do Sistema Único de Saúde (SUS).

Art. 16. Nos programas e serviços de habilitação e de reabilitação para a pessoa com deficiência, são garantidos:

I – organização, serviços, métodos, técnicas e recursos para atender às características de cada pessoa com deficiência;

II – acessibilidade em todos os ambientes e serviços;

III – tecnologia assistiva, tecnologia de reabilitação, materiais e equipamentos adequados e apoio técnico profissional, de acordo com as especificidades de cada pessoa com deficiência;

IV – capacitação continuada de todos os profissionais que participem dos programas e serviços.

Art. 17. Os serviços do SUS e do Suas deverão promover ações articuladas para garantir à pessoa com deficiência e sua família a aquisição de informações, orientações e formas de acesso às políticas públicas disponíveis, com a finalidade de propiciar sua plena participação social.

Parágrafo único. Os serviços de que trata o *caput* deste artigo podem fornecer informações e orientações nas áreas de saúde, de educação, de cultura, de esporte, de lazer, de transporte, de previdência social, de assistência social, de habitação, de trabalho, de empreendedorismo, de acesso ao crédito, de promoção, proteção e defesa de direitos e nas demais áreas que possibilitem à pessoa com deficiência exercer sua cidadania.

Capítulo III
DO DIREITO À SAÚDE

→ v. Arts. 23, II, 24, XIV e 203, IV e V, da CF/1988.

Art. 18. É assegurada atenção integral à saúde da pessoa com deficiência em todos os níveis de complexidade, por intermédio do SUS, garantido acesso universal e igualitário.

§ 1º É assegurada a participação da pessoa com deficiência na elaboração das políticas de saúde a ela destinadas.

§ 2º É assegurado atendimento segundo normas éticas e técnicas, que regulamentarão a atuação dos profissionais de saúde e contemplarão aspectos relacionados aos direitos e às especificidades da pessoa com deficiência, incluindo temas como sua dignidade e autonomia.

§ 3º Aos profissionais que prestam assistência à pessoa com deficiência, especialmente em serviços de habilitação e de reabilitação, deve ser garantida capacitação inicial e continuada.

§ 4º As ações e os serviços de saúde pública destinados à pessoa com deficiência devem assegurar:

I – diagnóstico e intervenção precoces, realizados por equipe multidisciplinar;

II – serviços de habilitação e de reabilitação sempre que necessários, para qualquer tipo de deficiência, inclusive para a manutenção da melhor condição de saúde e qualidade de vida;

III – atendimento domiciliar multidisciplinar, tratamento ambulatorial e internação;

IV – campanhas de vacinação;

V – atendimento psicológico, inclusive para seus familiares e atendentes pessoais;

VI – respeito à especificidade, à identidade de gênero e à orientação sexual da pessoa com deficiência;

VII – atenção sexual e reprodutiva, incluindo o direito à fertilização assistida;

VIII – informação adequada e acessível à pessoa com deficiência e a seus familiares sobre sua condição de saúde;

IX – serviços projetados para prevenir a ocorrência e o desenvolvimento de deficiências e agravos adicionais;

X – promoção de estratégias de capacitação permanente das equipes que atuam no SUS, em todos os níveis de atenção, no atendimento à pessoa com deficiência, bem como orientação a seus atendentes pessoais;

XI – oferta de órteses, próteses, meios auxiliares de locomoção, medicamentos, insumos e fórmulas nutricionais, conforme as normas vigentes do Ministério da Saúde.

§ 5º As diretrizes deste artigo aplicam-se também às instituições privadas que participem de forma complementar do SUS ou que recebam recursos públicos para sua manutenção.

Art. 19. Compete ao SUS desenvolver ações destinadas à prevenção de deficiências por causas evitáveis, inclusive por meio de:

I – acompanhamento da gravidez, do parto e do puerpério, com garantia de parto humanizado e seguro;

II – promoção de práticas alimentares adequadas e saudáveis, vigilância alimentar e nutricional, prevenção e cuidado integral dos agravos relacionados à alimentação e nutrição da mulher e da criança;

III – aprimoramento e expansão dos programas de imunização e de triagem neonatal;

IV – identificação e controle da gestante de alto risco.

Art. 20. As operadoras de planos e seguros privados de saúde são obrigadas a garantir à pessoa com deficiência, no mínimo, todos os serviços e produtos ofertados aos demais clientes.

Art. 21. Quando esgotados os meios de atenção à saúde da pessoa com deficiência no local de residência, será prestado atendimento fora de domicílio, para fins de diagnóstico e de tratamento, garantidos o transporte e a acomodação da pessoa com deficiência e de seu acompanhante.

Art. 22. À pessoa com deficiência internada ou em observação é assegurado o direito a acompanhante ou a atendente pessoal, devendo o órgão ou a instituição de saúde proporcionar condições adequadas para sua permanência em tempo integral.

§ 1º Na impossibilidade de permanência do acompanhante ou do atendente pessoal junto à pessoa com deficiência, cabe ao profissional de saúde responsável pelo tratamento justificá-la por escrito.

§ 2º Na ocorrência da impossibilidade prevista no § 1º deste artigo, o órgão ou a instituição de saúde deve adotar as providências cabíveis para suprir a ausência do acompanhante ou do atendente pessoal.

Art. 23. São vedadas todas as formas de discriminação contra a pessoa com deficiência, inclusive por meio de cobrança de valores diferenciados por planos e seguros privados de saúde, em razão de sua condição.

Art. 24. É assegurado à pessoa com deficiência o acesso aos serviços de saúde, tanto públicos como privados, e às informações prestadas e recebidas, por meio de recursos de tecnologia assistiva e de todas as formas de comunicação previstas no inciso V do art. 3º desta Lei.

Art. 25. Os espaços dos serviços de saúde, tanto públicos quanto privados, devem assegurar o acesso da pessoa com deficiência, em conformidade com a legislação em vigor, mediante a remoção de barreiras, por meio de projetos arquitetônico, de ambientação de interior e de comunicação que atendam às especificidades das pessoas com deficiência física, sensorial, intelectual e mental.

Art. 26. Os casos de suspeita ou de confirmação de violência praticada contra a pessoa com deficiência serão objeto de notificação compulsória pelos serviços de saúde públicos e privados à autoridade policial e ao Ministério Público, além dos Conselhos dos Direitos da Pessoa com Deficiência.

Parágrafo único. Para os efeitos desta Lei, considera-se violência contra a pessoa com deficiência qualquer ação ou omissão, praticada em local público ou privado, que lhe cause morte ou dano ou sofrimento físico ou psicológico.

Capítulo IV
DO DIREITO À EDUCAÇÃO

→ v. Art. 208, III, da CF/1988.

Art. 27. A educação constitui direito da pessoa com deficiência, assegurados sistema educacional inclusivo em todos os níveis e aprendizado ao longo de toda a vida, de forma a alcançar o máximo desenvolvimento possível de seus talentos e habilidades físicas, sensoriais, intelectuais e sociais, segundo suas características, interesses e necessidades de aprendizagem.

Parágrafo único. É dever do Estado, da família, da comunidade escolar e da sociedade assegurar educação de qualidade à pessoa com deficiência, colocando-a a salvo de toda forma de violência, negligência e discriminação.

Art. 28. Incumbe ao poder público assegurar, criar, desenvolver, implementar, incentivar, acompanhar e avaliar:

I – sistema educacional inclusivo em todos os níveis e modalidades, bem como o aprendizado ao longo de toda a vida;

II – aprimoramento dos sistemas educacionais, visando a garantir condições de acesso, permanência, participação e aprendizagem, por meio da oferta de serviços e de recursos de acessibilidade que eliminem as barreiras e promovam a inclusão plena;

III – projeto pedagógico que institucionalize o atendimento educacional especializado, assim como os demais serviços e adaptações razoáveis, para atender às características dos estudantes com deficiência e garantir o seu pleno acesso ao currículo em condições de igualdade, promovendo a conquista e o exercício de sua autonomia;

IV – oferta de educação bilíngue, em Libras como primeira língua e na modalidade escrita da língua portuguesa como segunda língua, em escolas e classes bilíngues e em escolas inclusivas;

V – adoção de medidas individualizadas e coletivas em ambientes que maximizem o desenvolvimento acadêmico e social dos estudantes com deficiência, favorecendo o acesso, a permanência, a participação e a aprendizagem em instituições de ensino;

VI – pesquisas voltadas para o desenvolvimento de novos métodos e técnicas pedagógicas, de materiais didáticos, de equipamentos e de recursos de tecnologia assistiva;

VII – planejamento de estudo de caso, de elaboração de plano de atendimento educacional especializado, de organização de recursos e serviços de acessibilidade e de disponibilização e usabilidade pedagógica de recursos de tecnologia assistiva;

VIII – participação dos estudantes com deficiência e de suas famílias nas diversas instâncias de atuação da comunidade escolar;

IX – adoção de medidas de apoio que favoreçam o desenvolvimento dos aspectos linguísticos, culturais, vocacionais e profissionais, levando-se em conta o talento, a criatividade, as habilidades e os interesses do estudante com deficiência;

X – adoção de práticas pedagógicas inclusivas pelos programas de formação inicial e continuada de professores e oferta de formação continuada para o atendimento educacional especializado;

XI – formação e disponibilização de professores para o atendimento educacional especializado, de tradutores e intérpretes da Libras, de guias intérpretes e de profissionais de apoio;

XII – oferta de ensino da Libras, do Sistema Braille e de uso de recursos de tecnologia assistiva, de forma a ampliar habilidades funcionais dos estudantes, promovendo sua autonomia e participação;

XIII – acesso à educação superior e à educação profissional e tecnológica em igualdade de oportunidades e condições com as demais pessoas;

XIV – inclusão em conteúdos curriculares, em cursos de nível superior e de educação profissional técnica e tecnológica, de temas relacionados à pessoa com deficiência nos respectivos campos de conhecimento;

XV – acesso da pessoa com deficiência, em igualdade de condições, a jogos e a atividades recreativas, esportivas e de lazer, no sistema escolar;

XVI – acessibilidade para todos os estudantes, trabalhadores da educação e demais integrantes da comunidade escolar às edificações, aos ambientes e às atividades concernentes a todas as modalidades, etapas e níveis de ensino;

XVII – oferta de profissionais de apoio escolar;

XVIII – articulação intersetorial na implementação de políticas públicas.

§ 1º Às instituições privadas, de qualquer nível e modalidade de ensino, aplica-se obrigatoriamente o disposto nos incisos I, II, III, V, VII, VIII, IX, X, XI, XII, XIII, XIV, XV, XVI, XVII e XVIII do *caput* deste artigo, sendo vedada a cobrança de valores adicionais de qualquer natureza em suas mensalidades, anuidades e matrículas no cumprimento dessas determinações.

§ 2º Na disponibilização de tradutores e intérpretes da Libras a que se refere o inciso XI do *caput* deste artigo, deve-se observar o seguinte:

I – os tradutores e intérpretes da Libras atuantes na educação básica devem, no mínimo, possuir ensino médio completo e certificado de proficiência na Libras;

→ v. Art. 125, I, desta lei.

II – os tradutores e intérpretes da Libras, quando direcionados à tarefa de interpretar nas salas de aula dos cursos de graduação e pós-graduação, devem possuir nível superior, com habilitação, prioritariamente, em Tradução e Interpretação em Libras.

→ v. Art. 125, I, desta lei.

Art. 29. (*Vetado*).

Art. 30. Nos processos seletivos para ingresso e permanência nos cursos oferecidos pelas instituições de ensino superior e de educação profissional e tecnológica, públicas e privadas, devem ser adotadas as seguintes medidas:

I – atendimento preferencial à pessoa com deficiência nas dependências das Instituições de Ensino Superior (IES) e nos serviços;

II – disponibilização de formulário de inscrição de exames com campos específicos para que o candidato com deficiência informe os recursos de acessibilidade e de tecnologia assistiva necessários para sua participação;

III – disponibilização de provas em formatos acessíveis para atendimento às necessidades específicas do candidato com deficiência;

IV – disponibilização de recursos de acessibilidade e de tecnologia assistiva adequados, previamente solicitados e escolhidos pelo candidato com deficiência;

V – dilação de tempo, conforme demanda apresentada pelo candidato com deficiência, tanto na realização de exame para seleção quanto nas atividades acadêmicas, mediante prévia solicitação e comprovação da necessidade;

VI – adoção de critérios de avaliação das provas escritas, discursivas ou de redação que considerem a singularidade linguística da pessoa com deficiência, no domínio da modalidade escrita da língua portuguesa;

VII – tradução completa do edital e de suas retificações em Libras.

Capítulo V
DO DIREITO À MORADIA

Art. 31. A pessoa com deficiência tem direito à moradia digna, no seio da família natural ou substituta, com seu cônjuge ou companheiro ou desacompanhada, ou em moradia para a vida independente da pessoa com deficiência, ou, ainda, em residência inclusiva.

§ 1º O poder público adotará programas e ações estratégicas para apoiar a criação e a manutenção de moradia para a vida independente da pessoa com deficiência.

§ 2º A proteção integral na modalidade de residência inclusiva será prestada no âmbito do Suas à pessoa com deficiência em situação de dependência que não disponha de condições de autossustentabilidade, com vínculos familiares fragilizados ou rompidos.

Art. 32. Nos programas habitacionais, públicos ou subsidiados com recursos públicos, a pessoa com deficiência ou o seu responsável goza de prioridade na aquisição de imóvel para moradia própria, observado o seguinte:

I – reserva de, no mínimo, 3% (três por cento) das unidades habitacionais para pessoa com deficiência;

II – (*Vetado*);

III – em caso de edificação multifamiliar, garantia de acessibilidade nas áreas de uso comum e nas unidades habitacionais no piso térreo e de acessibilidade ou de adaptação razoável nos demais pisos;

IV – disponibilização de equipamentos urbanos comunitários acessíveis;

V – elaboração de especificações técnicas no projeto que permitam a instalação de elevadores.

§ 1º O direito à prioridade, previsto no *caput* deste artigo, será reconhecido à pessoa com deficiência beneficiária apenas uma vez.

§ 2º Nos programas habitacionais públicos, os critérios de financiamento devem ser compatíveis com os rendimentos da pessoa com deficiência ou de sua família.

§ 3º Caso não haja pessoa com deficiência interessada nas unidades habitacionais reservadas por força do disposto no inciso I do *caput* deste artigo, as unidades não utilizadas serão disponibilizadas às demais pessoas.

Art. 33. Ao poder público compete:

I – adotar as providências necessárias para o cumprimento do disposto nos arts. 31 e 32 desta Lei; e

II – divulgar, para os agentes interessados e beneficiários, a política habitacional prevista nas legislações federal, estaduais, distrital e municipais, com ênfase nos dispositivos sobre acessibilidade.

Capítulo VI
DO DIREITO AO TRABALHO

Seção I
Disposições Gerais

→ *v.* Arts. 7º, XXXI, 40, § 4º, I, 200, § 1º, da CF/1988.

Art. 34. A pessoa com deficiência tem direito ao trabalho de sua livre escolha e aceitação, em ambiente acessível e inclusivo, em igualdade de oportunidades com as demais pessoas.

§ 1º As pessoas jurídicas de direito público, privado ou de qualquer natureza são obrigadas a garantir ambientes de trabalho acessíveis e inclusivos.

§ 2º A pessoa com deficiência tem direito, em igualdade de oportunidades com as demais pessoas, a condições justas e favoráveis de trabalho, incluindo igual remuneração por trabalho de igual valor.

§ 3º É vedada restrição ao trabalho da pessoa com deficiência e qualquer discriminação em razão de sua condição, inclusive nas etapas de recrutamento, seleção, contratação, admissão, exames admissional e periódico, permanência no emprego, ascensão profissional e reabilitação profissional, bem como exigência de aptidão plena.

§ 4º A pessoa com deficiência tem direito à participação e ao acesso a cursos, treinamentos, educação continuada, planos de carreira, promoções, bonificações e incentivos profissionais oferecidos pelo empregador, em igualdade de oportunidades com os demais empregados.

§ 5º É garantida aos trabalhadores com deficiência acessibilidade em cursos de formação e de capacitação.

Art. 35. É finalidade primordial das políticas públicas de trabalho e emprego promover e garantir condições de acesso e de permanência da pessoa com deficiência no campo de trabalho.

Parágrafo único. Os programas de estímulo ao empreendedorismo e ao trabalho autônomo, incluídos o cooperativismo e o associativismo, devem prever a participação da pessoa com deficiência e a disponibilização de linhas de crédito, quando necessárias.

Seção II
Da Habilitação Profissional e Reabilitação Profissional

Art. 36. O poder público deve implementar serviços e programas completos de habilitação profissional e de reabilitação profissional para que a pessoa com deficiência possa ingressar, continuar ou retornar ao campo do trabalho, respeitados sua livre escolha, sua vocação e seu interesse.

§ 1º Equipe multidisciplinar indicará, com base em critérios previstos no § 1º do art. 2º desta Lei, programa de habilitação ou de reabilitação que possibilite à pessoa com deficiência restaurar sua capacidade e habilidade profissional ou adquirir novas capacidades e habilidades de trabalho.

§ 2º A habilitação profissional corresponde ao processo destinado a propiciar à pessoa com deficiência aquisição de conhecimentos, habilidades e aptidões para exercício de profissão ou de ocupação, permitindo nível suficiente de desenvolvimento profissional para ingresso no campo de trabalho.

§ 3º Os serviços de habilitação profissional, de reabilitação profissional e de educação profissional devem ser dotados de recursos necessários para atender a toda pessoa com deficiência, independentemente de sua característica específica, a fim de que ela possa ser capacitada para trabalho que lhe seja adequado e ter perspectivas de obtê-lo, de conservá-lo e de nele progredir.

§ 4º Os serviços de habilitação profissional, de reabilitação profissional e de educação profissional deverão ser oferecidos em ambientes acessíveis e inclusivos.

§ 5º A habilitação profissional e a reabilitação profissional devem ocorrer articuladas com as redes públicas e privadas, especialmente de saúde, de ensino e de assistência social, em todos os níveis e modalidades, em entidades de formação profissional ou diretamente com o empregador.

§ 6º A habilitação profissional pode ocorrer em empresas por meio de prévia formalização do contrato de emprego da pessoa com deficiência, que será considerada para o cumprimento da reserva de vagas prevista em lei, desde que por tempo determinado e concomitante com a inclusão profissional na empresa, observado o disposto em regulamento.

§ 7º A habilitação profissional e a reabilitação profissional atenderão à pessoa com deficiência.

Seção III
Da Inclusão da Pessoa com Deficiência no Trabalho

Art. 37. Constitui modo de inclusão da pessoa com deficiência no trabalho a colocação competitiva, em igualdade de oportunidades com as demais pessoas, nos termos da legislação trabalhista e previdenciária, na qual devem ser atendidas as regras de acessibilidade, o fornecimento de recursos de tecnologia assistiva e a adaptação razoável no ambiente de trabalho.

Parágrafo único. A colocação competitiva da pessoa com deficiência pode ocorrer por meio de trabalho com apoio, observadas as seguintes diretrizes:

I – prioridade no atendimento à pessoa com deficiência com maior dificuldade de inserção no campo de trabalho;

II – provisão de suportes individualizados que atendam a necessidades específicas da pessoa com deficiência, inclusive a disponibilização de recursos de tecnologia assistiva, de agente facilitador e de apoio no ambiente de trabalho;

III – respeito ao perfil vocacional e ao interesse da pessoa com deficiência apoiada;

IV – oferta de aconselhamento e de apoio aos empregadores, com vistas à definição de estratégias de inclusão e de superação de barreiras, inclusive atitudinais;

V – realização de avaliações periódicas;

VI – articulação intersetorial das políticas públicas;

VII – possibilidade de participação de organizações da sociedade civil.

Art. 38. A entidade contratada para a realização de processo seletivo público ou privado para cargo, função ou emprego está obrigada à observância do disposto nesta Lei e em outras normas de acessibilidade vigentes.

Capítulo VII
DO DIREITO À ASSISTÊNCIA SOCIAL

Art. 39. Os serviços, os programas, os projetos e os benefícios no âmbito da política pública de assistência social à pessoa com deficiência e sua família têm como objetivo a garantia da segurança de renda, da acolhida, da habilitação e da reabilitação, do desenvolvimento da autonomia e da convivência familiar e comunitária, para a promoção do acesso a direitos e da plena participação social.

§ 1º A assistência social à pessoa com deficiência, nos termos do *caput* deste artigo, deve envolver conjunto articulado de serviços do âmbito da Proteção Social Básica e da Proteção Social Especial, ofertados pelo Suas, para a garantia de seguranças fundamentais no enfrentamento de situações de vulnerabilidade e de risco, por fragilização de vínculos e ameaça ou violação de direitos.

§ 2º Os serviços socioassistenciais destinados à pessoa com deficiência em situação de dependência deverão contar com cuidadores sociais para prestar-lhe cuidados básicos e instrumentais.

Art. 40. É assegurado à pessoa com deficiência que não possua meios para prover sua subsistência nem de tê-la provida por sua família o benefício mensal de 1 (um) salário-mínimo, nos termos da Lei 8.742, de 7 de dezembro de 1993.

Capítulo VIII
DO DIREITO À PREVIDÊNCIA SOCIAL

Art. 41. A pessoa com deficiência segurada do Regime Geral de Previdência Social (RGPS) tem direito à aposentadoria nos termos da Lei Complementar 142, de 8 de maio de 2013.

Capítulo IX
DO DIREITO À CULTURA, AO ESPORTE, AO TURISMO E AO LAZER

→ *v.* Arts. 203, IV e V, 227, II e § 2º, e 244, da CF/1988.

Art. 42. A pessoa com deficiência tem direito à cultura, ao esporte, ao turismo e ao lazer em igualdade de oportunidades com as demais pessoas, sendo-lhe garantido o acesso:

I – a bens culturais em formato acessível;

II – a programas de televisão, cinema, teatro e outras atividades culturais e desportivas em formato acessível; e

III – a monumentos e locais de importância cultural e a espaços que ofereçam serviços ou eventos culturais e esportivos.

§ 1º É vedada a recusa de oferta de obra intelectual em formato acessível à pessoa com deficiência, sob qualquer argumento, inclusive sob a alegação de proteção dos direitos de propriedade intelectual.

§ 2º O poder público deve adotar soluções destinadas à eliminação, à redução ou à superação de barreiras para a promoção do acesso a todo patrimônio cultural, observadas as normas de acessibilidade, ambientais e de proteção do patrimônio histórico e artístico nacional.

Art. 43. O poder público deve promover a participação da pessoa com deficiência em atividades artísticas, intelectuais, culturais, esportivas e recreativas, com vistas ao seu protagonismo, devendo:

I – incentivar a provisão de instrução, de treinamento e de recursos adequados, em igualdade de oportunidades com as demais pessoas;

II – assegurar acessibilidade nos locais de eventos e nos serviços prestados por pessoa ou entidade envolvida na organização das atividades de que trata este artigo; e

III – assegurar a participação da pessoa com deficiência em jogos e atividades recreativas, esportivas, de lazer, culturais e artísticas, inclusive no sistema escolar, em igualdade de condições com as demais pessoas.

Art. 44. Nos teatros, cinemas, auditórios, estádios, ginásios de esporte, locais de espetáculos e de conferências e similares, serão reservados espaços livres e assentos para a pessoa com deficiência, de acordo com a capacidade de lotação da edificação, observado o disposto em regulamento.

§ 1º Os espaços e assentos a que se refere este artigo devem ser distribuídos pelo recinto em locais diversos, de boa visibilidade, em todos os setores, próximos aos corredores, devidamente sinalizados, evitando-se áreas segregadas de público e obstrução das saídas, em conformidade com as normas de acessibilidade.

§ 2º No caso de não haver comprovada procura pelos assentos reservados, esses podem, excepcionalmente, ser ocupados por pessoas sem deficiência ou que não tenham mobilidade reduzida, observado o disposto em regulamento.

§ 3º Os espaços e assentos a que se refere este artigo devem situar-se em locais que garantam a acomodação de, no mínimo, 1 (um) acompanhante da pessoa com deficiência ou com mobilidade reduzida, resguardado o direito de se acomodar proximamente a grupo familiar e comunitário.

§ 4º Nos locais referidos no *caput* deste artigo, deve haver, obrigatoriamente, rotas de fuga e saídas de emergência acessíveis, conforme padrões das normas de acessibilidade, a fim de permitir a saída segura da pessoa com deficiência ou com mobilidade reduzida, em caso de emergência.

§ 5º Todos os espaços das edificações previstas no *caput* deste artigo devem atender às normas de acessibilidade em vigor.

§ 6º As salas de cinema devem oferecer, em todas as sessões, recursos de acessibilidade para a pessoa com deficiência.

→ *v.* Art. 125, II, desta lei.

§ 7º O valor do ingresso da pessoa com deficiência não poderá ser superior ao valor cobrado das demais pessoas.

Art. 45. Os hotéis, pousadas e similares devem ser construídos observando-se os princípios do desenho universal, além de adotar todos os meios de acessibilidade, conforme legislação em vigor.

→ *v.* Art. 125, III, desta lei.

§ 1º Os estabelecimentos já existentes deverão disponibilizar, pelo menos, 10% (dez por cento) de seus dormitórios acessíveis, garantida, no mínimo, 1 (uma) unidade acessível.

§ 2º Os dormitórios mencionados no § 1º deste artigo deverão ser localizados em rotas acessíveis.

Capítulo X
DO DIREITO AO TRANSPORTE E À MOBILIDADE

→ *v.* Arts. 203, IV e V, 227, II e § 2º, e 244, da CF/1988.

Art. 46. O direito ao transporte e à mobilidade da pessoa com deficiência ou com mobilidade reduzida será assegurado em igualdade de oportunidades com as demais pessoas, por meio de identificação e de eliminação de todos os obstáculos e barreiras ao seu acesso.

§ 1º Para fins de acessibilidade aos serviços de transporte coletivo terrestre, aquaviário e aéreo, em todas as jurisdições, consideram-se como integrantes desses serviços os veículos, os terminais, as estações, os pontos de parada, o sistema viário e a prestação do serviço.

§ 2º São sujeitas ao cumprimento das disposições desta Lei, sempre que houver interação com a matéria nela regulada, a outorga, a concessão, a permissão, a autorização, a renovação ou a habilitação de linhas e de serviços de transporte coletivo.

§ 3º Para colocação do símbolo internacional de acesso nos veículos, as empresas de transporte coletivo de passageiros dependem da certificação de acessibilidade emitida pelo gestor público responsável pela prestação do serviço.

Art. 47. Em todas as áreas de estacionamento aberto ao público, de uso público ou privado de uso coletivo e em vias públicas, devem ser reservadas vagas próximas aos acessos de circulação de pedestres, devidamente sinalizadas, para veículos que transportem pessoa com deficiência com comprometimento de mobilidade, desde que devidamente identificados.

§ 1º As vagas a que se refere o *caput* deste artigo devem equivaler a 2% (dois por cento) do total, garantida, no mínimo, 1 (uma) vaga devidamente sinalizada e com as especificações de desenho e traçado de acordo com as normas técnicas vigentes de acessibilidade.

§ 2º Os veículos estacionados nas vagas reservadas devem exibir, em local de ampla visibilidade, a credencial de beneficiário, a ser confeccionada e fornecida pelos órgãos de trânsito, que disciplinarão suas características e condições de uso.

§ 3º A utilização indevida das vagas de que trata este artigo sujeita os infratores às sanções previstas no inciso XVII do art. 181 da Lei 9.503, de 23 de setembro de 1997 (Código de Trânsito Brasileiro).

§ 4º A credencial a que se refere o § 2º deste artigo é vinculada à pessoa com deficiência que possui comprometimento de mobilidade e é válida em todo o território nacional.

Art. 48. Os veículos de transporte coletivo terrestre, aquaviário e aéreo, as instalações, as estações, os portos e os terminais em operação no País devem ser acessíveis, de forma a garantir o seu uso por todas as pessoas.

§ 1º Os veículos e as estruturas de que trata o *caput* deste artigo devem dispor de sistema de comunicação acessível que disponibilize informações sobre todos os pontos do itinerário.

§ 2º São asseguradas à pessoa com deficiência prioridade e segurança nos procedimentos de embarque e de desembarque nos veículos de transporte coletivo, de acordo com as normas técnicas.

§ 3º Para colocação do símbolo internacional de acesso nos veículos, as empresas de transporte coletivo de passageiros dependem da certificação de acessibilidade emitida pelo gestor público responsável pela prestação do serviço.

Art. 49. As empresas de transporte de fretamento e de turismo, na renovação de suas frotas, são obrigadas ao cumprimento do disposto nos arts. 46 e 48 desta Lei.

→ v. Art. 12, IV, desta lei.

Art. 50. O poder público incentivará a fabricação de veículos acessíveis e a sua utilização como táxis e vans, de forma a garantir o seu uso por todas as pessoas.

Art. 51. As frotas de empresas de táxi devem reservar 10% (dez por cento) de seus veículos acessíveis à pessoa com deficiência.

§ 1º É proibida a cobrança diferenciada de tarifas ou de valores adicionais pelo serviço de táxi prestado à pessoa com deficiência.

§ 2º O poder público é autorizado a instituir incentivos fiscais com vistas a possibilitar a acessibilidade dos veículos a que se refere o *caput* deste artigo.

Art. 52. As locadoras de veículos são obrigadas a oferecer 1 (um) veículo adaptado para uso de pessoa com deficiência, a cada conjunto de 20 (vinte) veículos de sua frota.

Parágrafo único. O veículo adaptado deverá ter, no mínimo, câmbio automático, direção hidráulica, vidros elétricos e comandos manuais de freio e de embreagem.

Título III
Da Acessibilidade

→ v. Arts. 203, IV e V, 227, II e § 2º, e 244, da CF/1988.

Capítulo I
DISPOSIÇÕES GERAIS

Art. 53. A acessibilidade é direito que garante à pessoa com deficiência ou com mobilidade reduzida viver de forma independente e exercer seus direitos de cidadania e de participação social.

Art. 54. São sujeitas ao cumprimento das disposições desta Lei e de outras normas relativas à acessibilidade, sempre que houver interação com a matéria nela regulada:

I – a aprovação de projeto arquitetônico e urbanístico ou de comunicação e informação, a fabricação de veículos de transporte coletivo, a prestação do respectivo serviço e a execução de qualquer tipo de obra, quando tenham destinação pública ou coletiva;

II – a outorga ou a renovação de concessão, permissão, autorização ou habilitação de qualquer natureza;

III – a aprovação de financiamento de projeto com utilização de recursos públicos, por meio de renúncia ou de incentivo fiscal, contrato, convênio ou instrumento congênere; e

IV – a concessão de aval da União para obtenção de empréstimo e de financiamento internacionais por entes públicos ou privados.

Art. 55. A concepção e a implantação de projetos que tratem do meio físico, de transporte, de informação e comunicação, inclusive de sistemas e tecnologias da informação e comunicação, e de outros serviços, equipamentos e instalações abertos ao público, de uso público ou privado de uso coletivo, tanto na zona urbana como na rural, devem atender aos princípios do desenho universal, tendo como referência as normas de acessibilidade.

§ 1º O desenho universal será sempre tomado como regra de caráter geral.

§ 2º Nas hipóteses em que comprovadamente o desenho universal não possa ser empreendido, deve ser adotada adaptação razoável.

§ 3º Caberá ao poder público promover a inclusão de conteúdos temáticos referentes ao desenho universal nas diretrizes curriculares da educação profissional e tecnológica e do ensino superior e na formação das carreiras de Estado.

§ 4º Os programas, os projetos e as linhas de pesquisa a serem desenvolvidos com o apoio de organismos públicos de auxílio à pesquisa e de agências de fomento deverão incluir temas voltados para o desenho universal.

§ 5º Desde a etapa de concepção, as políticas públicas deverão considerar a adoção do desenho universal.

Art. 56. A construção, a reforma, a ampliação ou a mudança de uso de edificações abertas ao público, de uso público ou privadas de uso coletivo deverão ser executadas de modo a serem acessíveis.

§ 1º As entidades de fiscalização profissional das atividades de Engenharia, de Arquitetura e correlatas, ao anotarem a responsabilidade técnica de projetos, devem exigir a responsabilidade profissional declarada de atendimento às regras de acessibilidade previstas em legislação e em normas técnicas pertinentes.

§ 2º Para a aprovação, o licenciamento ou a emissão de certificado de projeto executivo arquitetônico, urbanístico e de instalações e equipamentos temporários ou permanentes e para o licenciamento ou a emissão de certificado de conclusão de obra ou de serviço, deve ser atestado o atendimento às regras de acessibilidade.

§ 3º O poder público, após certificar a acessibilidade de edificação ou de serviço, determinará a colocação, em espaços ou em locais de ampla visibilidade, do símbolo internacional de acesso, na forma prevista em legislação e em normas técnicas correlatas.

Art. 57. As edificações públicas e privadas de uso coletivo já existentes devem garantir acessibilidade à pessoa com deficiência em todas as suas dependências e serviços, tendo como referência as normas de acessibilidade vigentes.

Art. 58. O projeto e a construção de edificação de uso privado multifamiliar devem atender aos preceitos de acessibilidade, na forma regulamentar.

§ 1º As construtoras e incorporadoras responsáveis pelo projeto e pela construção das edificações a que se refere o *caput* deste artigo devem assegurar percentual mínimo de suas unidades internamente acessíveis, na forma regulamentar.

§ 2º É vedada a cobrança de valores adicionais para a aquisição de unidades internamente acessíveis a que se refere o § 1º deste artigo.

Art. 59. Em qualquer intervenção nas vias e nos espaços públicos, o poder público e as empresas concessionárias responsáveis pela execução das obras e dos serviços devem garantir, de forma segura, a fluidez do trânsito e a livre circulação e acessibilidade das pessoas, durante e após sua execução.

Art. 60. Orientam-se, no que couber, pelas regras de acessibilidade previstas em legislação e em normas técnicas, observado o disposto na Lei 10.098, de 19 de dezembro de 2000, 10.257, de 10 de julho de 2001, e 12.587, de 3 de janeiro de 2012:

I – os planos diretores municipais, os planos diretores de transporte e trânsito, os planos de mobilidade urbana e os planos de preservação de sítios históricos elaborados ou atualizados a partir da publicação desta Lei;

II – os códigos de obras, os códigos de postura, as leis de uso e ocupação do solo e as leis do sistema viário;

III – os estudos prévios de impacto de vizinhança;

IV – as atividades de fiscalização e a imposição de sanções; e

V – a legislação referente à prevenção contra incêndio e pânico.

§ 1º A concessão e a renovação de alvará de funcionamento para qualquer atividade são condicionadas à observação e à certificação das regras de acessibilidade.

§ 2º A emissão de carta de habite-se ou de habilitação equivalente e sua renovação, quando esta tiver sido emitida anteriormente às exigências de acessibilidade, é condicionada à observação e à certificação das regras de acessibilidade.

Art. 61. A formulação, a implementação e a manutenção das ações de acessibilidade atenderão às seguintes premissas básicas:

I – eleição de prioridades, elaboração de cronograma e reserva de recursos para implementação das ações; e

II – planejamento contínuo e articulado entre os setores envolvidos.

Art. 62. É assegurado à pessoa com deficiência, mediante solicitação, o recebimento de contas, boletos, recibos, extratos e cobranças de tributos em formato acessível.

Capítulo II
DO ACESSO À INFORMAÇÃO E À COMUNICAÇÃO

Art. 63. É obrigatória a acessibilidade nos sítios da internet mantidos por empresas com sede ou representação comercial no País ou por órgãos de governo, para uso da pessoa com de-

ESTATUTOS

ficiência, garantindo-lhe acesso às informações disponíveis, conforme as melhores práticas e diretrizes de acessibilidade adotadas internacionalmente.

§ 1º Os sítios devem conter símbolo de acessibilidade em destaque.

§ 2º Telecentros comunitários que receberem recursos públicos federais para seu custeio ou sua instalação e lanhouses devem possuir equipamentos e instalações acessíveis.

§ 3º Os telecentros e as lanhouses de que trata o § 2º deste artigo devem garantir, no mínimo, 10% (dez por cento) de seus computadores com recursos de acessibilidade para pessoa com deficiência visual, sendo assegurado pelo menos 1 (um) equipamento, quando o resultado percentual for inferior a 1 (um).

Art. 64. A acessibilidade nos sítios da internet de que trata o art. 63 desta Lei deve ser observada para obtenção do financiamento de que trata o inciso III do art. 54 desta Lei.

Art. 65. As empresas prestadoras de serviços de telecomunicações deverão garantir pleno acesso à pessoa com deficiência, conforme regulamentação específica.

Art. 66. Cabe ao poder público incentivar a oferta de aparelhos de telefonia fixa e móvel celular com acessibilidade que, entre outras tecnologias assistivas, possuam possibilidade de indicação e de ampliação sonoras de todas as operações e funções disponíveis.

Art. 67. Os serviços de radiodifusão de sons e imagens devem permitir o uso dos seguintes recursos, entre outros:

I – subtitulação por meio de legenda oculta;

II – janela com intérprete da Libras;

III – audiodescrição.

Art. 68. O poder público deve adotar mecanismos de incentivo à produção, à edição, à difusão, à distribuição e à comercialização de livros em formatos acessíveis, inclusive em publicações da administração pública ou financiadas com recursos públicos, com vistas a garantir à pessoa com deficiência o direito de acesso à leitura, à informação e à comunicação.

§ 1º Nos editais de compras de livros, inclusive para o abastecimento ou a atualização de acervos de bibliotecas em todos os níveis e modalidades de educação e de bibliotecas públicas, o poder público deverá adotar cláusulas de impedimento à participação de editoras que não ofertem sua produção também em formatos acessíveis.

§ 2º Consideram-se formatos acessíveis os arquivos digitais que possam ser reconhecidos e acessados por softwares leitores de telas ou outras tecnologias assistivas que vierem a substituí-los, permitindo leitura com voz sintetizada, ampliação de caracteres, diferentes contrastes e impressão em Braille.

§ 3º O poder público deve estimular e apoiar a adaptação e a produção de artigos científicos em formato acessível, inclusive em Libras.

Art. 69. O poder público deve assegurar a disponibilidade de informações corretas e claras sobre os diferentes produtos e serviços ofertados, por quaisquer meios de comunicação empregados, inclusive em ambiente virtual, contendo a especificação correta de quantidade, qualidade, características, composição e preço, bem como sobre os eventuais riscos à saúde e à segurança do consumidor com deficiência, em caso de sua utilização, aplicando-se, no que couber, os arts. 30 a 41 da Lei 8.078, de 11 de setembro de 1990.

§ 1º Os canais de comercialização virtual e os anúncios publicitários veiculados na imprensa escrita, na internet, no rádio, na televisão e nos demais veículos de comunicação abertos ou por assinatura devem disponibilizar, conforme a compatibilidade do meio, os recursos de acessibilidade de que trata o art. 67 desta Lei, a expensas do fornecedor do produto ou do serviço, sem prejuízo da observância do disposto nos arts. 36 a 38 da Lei 8.078, de 11 de setembro de 1990.

§ 2º Os fornecedores devem disponibilizar, mediante solicitação, exemplares de bulas, prospectos, textos ou qualquer outro tipo de material de divulgação em formato acessível.

Art. 70. As instituições promotoras de congressos, seminários, oficinas e demais eventos de natureza científico-cultural devem oferecer à pessoa com deficiência, no mínimo, os recursos de tecnologia assistiva previstos no art. 67 desta Lei.

Art. 71. Os congressos, os seminários, as oficinas e os demais eventos de natureza científico-cultural promovidos ou financiados pelo poder público devem garantir as condições de acessibilidade e os recursos de tecnologia assistiva.

Art. 72. Os programas, as linhas de pesquisa e os projetos a serem desenvolvidos com o apoio de agências de financiamento e de órgãos e entidades integrantes da administração pública que atuem no auxílio à pesquisa devem contemplar temas voltados à tecnologia assistiva.

Art. 73. Caberá ao poder público, diretamente ou em parceria com organizações da sociedade civil, promover a capacitação de tradutores e intérpretes da Libras, de guias intérpretes e de profissionais habilitados em Braille, audiodescrição, estenotipia e legendagem.

Capítulo III
DA TECNOLOGIA ASSISTIVA

Art. 74. É garantido à pessoa com deficiência acesso a produtos, recursos, estratégias, práticas, processos, métodos e serviços de tecnologia assistiva que maximizem sua autonomia, mobilidade pessoal e qualidade de vida.

Art. 75. O poder público desenvolverá plano específico de medidas, a ser renovado em cada período de 4 (quatro) anos, com a finalidade de:

I – facilitar o acesso a crédito especializado, inclusive com oferta de linhas de crédito subsidiadas, específicas para aquisição de tecnologia assistiva;

II –agilizar, simplificar e priorizar procedimentos de importação de tecnologia assistiva, especialmente as questões atinentes a procedimentos alfandegários e sanitários;

III – criar mecanismos de fomento à pesquisa e à produção nacional de tecnologia assistiva, inclusive por meio de concessão de linhas de crédito subsidiado e de parcerias com institutos de pesquisa oficiais;

IV – eliminar ou reduzir a tributação da cadeia produtiva e de importação de tecnologia assistiva;

V – facilitar e agilizar o processo de inclusão de novos recursos de tecnologia assistiva no rol de produtos distribuídos no âmbito do SUS e por outros órgãos governamentais.

Parágrafo único. Para fazer cumprir o disposto neste artigo, os procedimentos constantes do plano específico de medidas deverão ser avaliados, pelo menos, a cada 2 (dois) anos.

Capítulo IV
DO DIREITO À PARTICIPAÇÃO NA VIDA PÚBLICA E POLÍTICA

Art. 76. O poder público deve garantir à pessoa com deficiência todos os direitos políticos e a oportunidade de exercê-los em igualdade de condições com as demais pessoas.

§ 1º À pessoa com deficiência será assegurado o direito de votar e de ser votada, inclusive por meio das seguintes ações:

I – garantia de que os procedimentos, as instalações, os materiais e os equipamentos para votação sejam apropriados, acessíveis a todas as pessoas e de fácil compreensão e uso, sendo vedada a instalação de seções eleitorais exclusivas para a pessoa com deficiência;

II – incentivo à pessoa com deficiência a candidatar-se e a desempenhar quaisquer funções públicas em todos os níveis de governo, inclusive por meio do uso de novas tecnologias assistivas, quando apropriado;

III – garantia de que os pronunciamentos oficiais, a propaganda eleitoral obrigatória e os debates transmitidos pelas emissoras de televisão possuam, pelo menos, os recursos elencados no art. 67 desta Lei;

IV – garantia do livre exercício do direito ao voto e, para tanto, sempre que necessário e a seu pedido, permissão para que a pessoa com deficiência seja auxiliada na votação por pessoa de sua escolha.

§ 2º O poder público promoverá a participação da pessoa com deficiência, inclusive quando institucionalizada, na condução das questões públicas, sem discriminação e em igualdade de oportunidades, observado o seguinte:

I – participação em organizações não governamentais relacionadas à vida pública e à política do País e em atividades e administração de partidos políticos;

II – formação de organizações para representar a pessoa com deficiência em todos os níveis;

III – participação da pessoa com deficiência em organizações que a representem.

Título IV
Da Ciênciae Tecnologia

Art. 77. O poder público deve fomentar o desenvolvimento científico, a pesquisa e a inovação e a capacitação tecnológicas, voltados à melhoria da qualidade de vida e ao trabalho da pessoa com deficiência e sua inclusão social.

§ 1º O fomento pelo poder público deve priorizar a geração de conhecimentos e técnicas que visem à prevenção e ao tratamento de deficiências e ao desenvolvimento de tecnologias assistiva e social.

§ 2º A acessibilidade e as tecnologias assistiva e social devem ser fomentadas mediante a criação de cursos de pós-graduação, a formação de recursos humanos e a inclusão do tema nas diretrizes de áreas do conhecimento.

§ 3º Deve ser fomentada a capacitação tecnológica de instituições públicas e privadas para o desenvolvimento de tecnologias assistiva e social que sejam voltadas para melhoria da funcionalidade e da participação social da pessoa com deficiência.

§ 4º As medidas previstas neste artigo devem ser reavaliadas periodicamente pelo poder público, com vistas ao seu aperfeiçoamento.

Art. 78. Devem ser estimulados a pesquisa, o desenvolvimento, a inovação e a difusão de tecnologias voltadas para ampliar o acesso da pessoa com deficiência às tecnologias da informação e comunicação e às tecnologias sociais.

Parágrafo único. Serão estimulados, em especial:

I – o emprego de tecnologias da informação e comunicação como instrumento de superação de limitações funcionais e de barreiras à comunicação, à informação, à educação e ao entretenimento da pessoa com deficiência;

II – a adoção de soluções e a difusão de normas que visem a ampliar a acessibilidade da pessoa com deficiência à computação e aos sítios da internet, em especial aos serviços de governo eletrônico.

LIVRO II
PARTE ESPECIAL

Título I
Do Acessoà Justiça

Capítulo I
DISPOSIÇÕES GERAIS

Art. 79. O poder público deve assegurar o acesso da pessoa com deficiência à justiça, em igualdade de oportunidades com as demais pessoas, garantindo, sempre que requeridos, adaptações e recursos de tecnologia assistiva.

→ *v.* Art. 199 do NCPC.

§ 1º A fim de garantir a atuação da pessoa com deficiência em todo o processo judicial, o poder público deve capacitar os membros e os servidores que atuam no Poder Judiciário, no Ministério Público, na Defensoria Pública, nos órgãos de segurança pública e no sistema penitenciário quanto aos direitos da pessoa com deficiência.

§ 2º Devem ser assegurados à pessoa com deficiência submetida a medida restritiva de liberdade todos os direitos e garantias a que fazem jus os apenados sem deficiência, garantida a acessibilidade.

§ 3º A Defensoria Pública e o Ministério Público tomarão as medidas necessárias à garantia dos direitos previstos nesta Lei.

Art. 80. Devem ser oferecidos todos os recursos de tecnologia assistiva disponíveis para que a pessoa com deficiência tenha garantido o acesso à justiça, sempre que figure em um dos polos da ação ou atue como testemunha, partícipe da lide posta em juízo, advogado, defensor público, magistrado ou membro do Ministério Público.

Parágrafo único. A pessoa com deficiência tem garantido o acesso ao conteúdo de todos os atos processuais de seu interesse, inclusive no exercício da advocacia.

Art. 81. Os direitos da pessoa com deficiência serão garantidos por ocasião da aplicação de sanções penais.

Art. 82. (*Vetado*).

Art. 83. Os serviços notariais e de registro não podem negar ou criar óbices ou condições diferenciadas à prestação de seus serviços em razão de deficiência do solicitante, devendo reconhecer sua capacidade legal plena, garantida a acessibilidade.

Parágrafo único. O descumprimento do disposto no *caput* deste artigo constitui discriminação em razão de deficiência.

Capítulo II
DO RECONHECIMENTO IGUAL PERANTE A LEI

→ *v.* Arts. 5º e 7º, XXXI, da CF/1988.

→ *v.* Arts. 3º e 4º, do CC/2002.

Art. 84. A pessoa com deficiência tem assegurado o direito ao exercício de sua capacidade legal em igualdade de condições com as demais pessoas.

§ 1º Quando necessário, a pessoa com deficiência será submetida à curatela, conforme a lei.

§ 2º É facultado à pessoa com deficiência a adoção de processo de tomada de decisão apoiada.

§ 3º A definição de curatela de pessoa com deficiência constitui medida protetiva extraordinária, proporcional às necessidades e às circunstâncias de cada caso, e durará o menor tempo possível.

§ 4º Os curadores são obrigados a prestar, anualmente, contas de sua administração ao juiz, apresentando o balanço do respectivo ano.

Art. 85. A curatela afetará tão somente os atos relacionados aos direitos de natureza patrimonial e negocial.

§ 1º A definição da curatela não alcança o direito ao próprio corpo, à sexualidade, ao matrimônio, à privacidade, à educação, à saúde, ao trabalho e ao voto.

§ 2º A curatela constitui medida extraordinária, devendo constar da sentença as razões e motivações de sua definição, preservados os interesses do curatelado.

§ 3º No caso de pessoa em situação de institucionalização, ao nomear curador, o juiz deve dar preferência a pessoa que tenha vínculo de natureza familiar, afetiva ou comunitária com o curatelado.

Art. 86. Para emissão de documentos oficiais, não será exigida a situação de curatela da pessoa com deficiência.

Art. 87. Em casos de relevância e urgência e a fim de proteger os interesses da pessoa com deficiência em situação de curatela, será lícito ao juiz, ouvido o Ministério Público, de ofício ou a requerimento do interessado, nomear, desde logo, curador provisório, o qual estará sujeito, no que couber, às disposições do Código de Processo Civil.

Título II
Dos Crimes e das Infrações Administrativas

Art. 88. Praticar, induzir ou incitar discriminação de pessoa em razão de sua deficiência:

Pena – reclusão, de 1 (um) a 3 (três) anos, e multa.

§ 1º Aumenta-se a pena em 1/3 (um terço) se a vítima encontrar-se sob cuidado e responsabilidade do agente.

§ 2º Se qualquer dos crimes previstos no *caput* deste artigo é cometido por intermédio de meios de comunicação social ou de publicação de qualquer natureza:

Pena – reclusão, de 2 (dois) a 5 (cinco) anos, e multa.

§ 3º Na hipótese do § 2º deste artigo, o juiz poderá determinar, ouvido o Ministério Público ou a pedido deste, ainda antes do inquérito policial, sob pena de desobediência:

I – recolhimento ou busca e apreensão dos exemplares do material discriminatório;

II – interdição das respectivas mensagens ou páginas de informação na internet.

§ 4º Na hipótese do § 2º deste artigo, constitui efeito da condenação, após o trânsito em julgado da decisão, a destruição do material apreendido.

Art. 89. Apropriar-se de ou desviar bens, proventos, pensão, benefícios, remuneração ou qualquer outro rendimento de pessoa com deficiência:

Pena – reclusão, de 1 (um) a 4 (quatro) anos, e multa.

Parágrafo único. Aumenta-se a pena em 1/3 (um terço) se o crime é cometido:

I – por tutor, curador, síndico, liquidatário, inventariante, testamenteiro ou depositário judicial; ou

II – por aquele que se apropriou em razão de ofício ou de profissão.

Art. 90. Abandonar pessoa com deficiência em hospitais, casas de saúde, entidades de abrigamento ou congêneres:

Pena – reclusão, de 6 (seis) meses a 3 (três) anos, e multa.

Parágrafo único. Na mesma pena incorre quem não prover as necessidades básicas de pessoa com deficiência quando obrigado por lei ou mandado.

Art. 91. Reter ou utilizar cartão magnético, qualquer meio eletrônico ou documento de pessoa com deficiência destinados ao recebimento de benefícios, proventos, pensões ou remuneração ou à realização de operações financeiras, com o fim de obter vantagem indevida para si ou para outrem:

Pena – detenção, de 6 (seis) meses a 2 (dois) anos, e multa.

Parágrafo único. Aumenta-se a pena em 1/3 (um terço) se o crime é cometido por tutor ou curador.

Título III
Disposições Finais e Transitórias

Art. 92. É criado o Cadastro Nacional de Inclusão da Pessoa com Deficiência (Cadastro-Inclusão), registro público eletrônico com a finalidade de coletar, processar, sistematizar e disseminar informações georreferenciadas que permitam a identificação e a caracterização socioeconômica da pessoa com deficiência, bem como das barreiras que impedem a realização de seus direitos.

§ 1º O Cadastro-Inclusão será administrado pelo Poder Executivo federal e constituído por base de dados, instrumentos, procedimentos e sistemas eletrônicos.

§ 2º Os dados constituintes do Cadastro-Inclusão serão obtidos pela integração dos sistemas de informação e da base de dados de todas as políticas públicas relacionadas aos direitos da pessoa com deficiência, bem como por informações coletadas, inclusive em censos nacionais e nas demais pesquisas realizadas no País, de acordo com os parâmetros estabelecidos pela Convenção sobre os Direitos das Pessoas com Deficiência e seu Protocolo Facultativo.

§ 3º Para coleta, transmissão e sistematização de dados, é facultada a celebração de convênios, acordos, termos de parceria ou contratos com instituições públicas e privadas, observados os requisitos e procedimentos previstos em legislação específica.

§ 4º Para assegurar a confidencialidade, a privacidade e as liberdades fundamentais da pessoa com deficiência e os princípios éticos que regem a utilização de informações, devem ser observadas as salvaguardas estabelecidas em lei.

§ 5º Os dados do Cadastro-Inclusão somente poderão ser utilizados para as seguintes finalidades:

I – formulação, gestão, monitoramento e avaliação das políticas públicas para a pessoa com deficiência e para identificar as barreiras que impedem a realização de seus direitos;

II – realização de estudos e pesquisas.

§ 6º As informações a que se refere este artigo devem ser disseminadas em formatos acessíveis.

Art. 93. Na realização de inspeções e de auditorias pelos órgãos de controle interno e externo, deve ser observado o cumprimento da legislação relativa à pessoa com deficiência e das normas de acessibilidade vigentes.

Art. 94. Terá direito a auxílio-inclusão, nos termos da lei, a pessoa com deficiência moderada ou grave que:

I – receba o benefício de prestação continuada previsto no art. 20 da Lei 8.742, de 7 de dezembro de 1993, e que passe a exercer atividade remunerada que a enquadre como segurado obrigatório do RGPS;

II – tenha recebido, nos últimos 5 (cinco) anos, o benefício de prestação continuada previsto no art. 20 da Lei 8.742, de 7 de dezembro de 1993, e que exerça atividade remunerada que a enquadre como segurado obrigatório do RGPS.

Art. 95. É vedado exigir o comparecimento de pessoa com deficiência perante os órgãos públicos quando seu deslocamento, em razão de sua limitação funcional e de condições de acessibilidade, imponha-lhe ônus desproporcional e indevido, hipótese na qual serão observados os seguintes procedimentos:

I – quando for de interesse do poder público, o agente promoverá o contato necessário com a pessoa com deficiência em sua residência;

II – quando for de interesse da pessoa com deficiência, ela apresentará solicitação de atendimento domiciliar ou fará representar-se por procurador constituído para essa finalidade.

Parágrafo único. É assegurado à pessoa com deficiência atendimento domiciliar pela perícia médica e social do Instituto Nacional do Seguro Social (INSS), pelo serviço público de saúde ou pelo serviço privado de saúde, contratado ou conveniado, que integre o SUS e pelas entidades da rede socioassistencial integrantes do Suas, quando seu deslocamento, em razão de sua limitação funcional e de condições de acessibilidade, imponha-lhe ônus desproporcional e indevido.

Art. 96. O § 6º-A do art. 135 da Lei 4.737, de 15 de julho de 1965 (Código Eleitoral), passa a vigorar com a seguinte redação:

"Art. 135. (...)

(...)

§ 6º-A. Os Tribunais Regionais Eleitorais deverão, a cada eleição, expedir instruções aos Juízes Eleitorais para orientá-los na escolha dos locais de votação, de maneira a garantir acessibilidade para o eleitor com deficiência ou com mobilidade reduzida, inclusive em seu entorno e nos sistemas de transporte que lhe dão acesso.

(...)"

Art. 97. A Consolidação das Leis do Trabalho (CLT), aprovada pelo Decreto-Lei 5.452, de 1º de maio de 1943, passa a vigorar com as seguintes alterações:

"Art. 428. (...)

(...)

§ 6º Para os fins do contrato de aprendizagem, a comprovação da escolaridade de aprendiz com deficiência deve considerar, sobretudo, as habilidades e competências relacionadas com a profissionalização.

(...)

§ 8º Para o aprendiz com deficiência com 18 (dezoito) anos ou mais, a validade do contrato de aprendizagem pressupõe anotação na CTPS e matrícula e frequência em programa de aprendizagem desenvolvido sob orientação de entidade qualificada em formação técnico-profissional metódica."

"Art. 433. (...)

(...)

I – desempenho insuficiente ou inadaptação do aprendiz, salvo para o aprendiz com deficiência quando desprovido de recursos de acessibilidade, de tecnologias assistivas e de apoio necessário ao desempenho de suas atividades;

(...)"

Art. 98. A Lei 7.853, de 24 de outubro de 1989, passa a vigorar com as seguintes alterações:

"Art. 3º As medidas judiciais destinadas à proteção de interesses coletivos, difusos, individuais homogêneos e individuais indisponíveis da pessoa com deficiência poderão ser propostas pelo Ministério Público, pela Defensoria Pública, pela União, pelos Estados, pelos Municípios, pelo Distrito Federal, por associação constituída há mais de 1 (um) ano, nos termos da lei civil, por autarquia, por empresa pública e por fundação ou sociedade de economia mista que inclua, entre suas finalidades institucionais, a proteção dos interesses e a promoção de direitos da pessoa com deficiência.

(...)"

"Art. 8º Constitui crime punível com reclusão de 2 (dois) a 5 (cinco) anos e multa:

I – recusar, cobrar valores adicionais, suspender, procrastinar, cancelar ou fazer cessar inscrição de aluno em estabelecimento de ensino de qualquer curso ou grau, público ou privado, em razão de sua deficiência;

II – obstar inscrição em concurso público ou acesso de alguém a qualquer cargo ou emprego público, em razão de sua deficiência;

III – negar ou obstar emprego, trabalho ou promoção à pessoa em razão de sua deficiência;

IV – recusar, retardar ou dificultar internação ou deixar de prestar assistência médico-hospitalar e ambulatorial à pessoa com deficiência;

V – deixar de cumprir, retardar ou frustrar execução de ordem judicial expedida na ação civil a que alude esta Lei;

VI – recusar, retardar ou omitir dados técnicos indispensáveis à propositura da ação civil pública objeto desta Lei, quando requisitados.

§ 1º Se o crime for praticado contra pessoa com deficiência menor de 18 (dezoito) anos, a pena é agravada em 1/3 (um terço).

§ 2º A pena pela adoção deliberada de critérios subjetivos para indeferimento de inscrição, de aprovação e de cumprimento de estágio probatório em concursos públicos não exclui a responsabilidade patrimonial pessoal do administrador público pelos danos causados.

§ 3º Incorre nas mesmas penas quem impede ou dificulta o ingresso de pessoa com deficiência em planos privados de assistência à saúde, inclusive com cobrança de valores diferenciados.

§ 4º Se o crime for praticado em atendimento de urgência e emergência, a pena é agravada em 1/3 (um terço)."

Art. 99. O art. 20 da Lei 8.036, de 11 de maio de 1990, passa a vigorar acrescido do seguinte inciso XVIII:

"Art. 20. (...)

(...)

XVIII – quando o trabalhador com deficiência, por prescrição, necessite adquirir órtese ou prótese para promoção de acessibilidade e de inclusão social.

(...)"

Art. 100. A Lei 8.078, de 11 de setembro de 1990 (Código de Defesa do Consumidor), passa a vigorar com as seguintes alterações:

"Art. 6º (...)

(...)

Parágrafo único. A informação de que trata o inciso III do *caput* deste artigo deve ser acessível à pessoa com deficiência, observado o disposto em regulamento."

"Art. 43. (...)

(...)

§ 6º Todas as informações de que trata o *caput* deste artigo devem ser disponibilizadas em formatos acessíveis, inclusive para a pessoa com deficiência, mediante solicitação do consumidor."

Art. 101. A Lei 8.213, de 24 de julho de 1991, passa a vigorar com as seguintes alterações:

"Art. 16. (...)

I – o cônjuge, a companheira, o companheiro e o filho não emancipado, de qualquer condição, menor de 21 (vinte e um) anos ou inválido ou que tenha deficiência intelectual ou mental ou deficiência grave;

(...)

III – o irmão não emancipado, de qualquer condição, menor de 21 (vinte e um) anos ou inválido ou que tenha deficiência intelectual ou mental ou deficiência grave;

(...)"

"Art. 77. (...)

(...)

§ 2º (...)

(...)

II – para o filho, a pessoa a ele equiparada ou o irmão, de ambos os sexos, pela emancipação ou ao completar 21 (vinte e um) anos de idade, salvo se for inválido ou tiver deficiência intelectual ou mental ou deficiência grave;

(...)

§ 4º (*Vetado*).

(...)"

"Art. 93. (*Vetado*):

I – (*Vetado*);

II – (*Vetado*);

III – (*Vetado*);

IV – (Vetado);

V – (*Vetado*).

§ 1º A dispensa de pessoa com deficiência ou de beneficiário reabilitado da Previdência Social ao final de contrato por prazo determinado de mais de 90 (noventa) dias e a dispensa imotivada em contrato por prazo indeterminado somente poderão ocorrer após a contratação de outro trabalhador com deficiência ou beneficiário reabilitado da Previdência Social.

§ 2º Ao Ministério do Trabalho e Emprego incumbe estabelecer a sistemática de fiscalização, bem como gerar dados e estatísticas sobre o total de empregados e as vagas preenchidas por pessoas com deficiência e por beneficiários reabilitados da Previdência Social, fornecendo-os, quando solicitados, aos sindicatos, às entidades representativas dos empregados ou aos cidadãos interessados.

§ 3º Para a reserva de cargos será considerada somente a contratação direta de pessoa com deficiência, excluído o aprendiz com deficiência de que trata a Consolidação das Leis do Trabalho (CLT), aprovada pelo Decreto-Lei 5.452, de 1º de maio de 1943.

§ 4º (*Vetado*)."

"Art. 110-A. No ato de requerimento de benefícios operacionalizados pelo INSS, não será exigida apresentação de termo de curatela de titular ou de beneficiário com deficiência, observados os procedimentos a serem estabelecidos em regulamento."

Art. 102. O art. 2º da Lei 8.313, de 23 de dezembro de 1991, passa a vigorar acrescido do seguinte § 3º:

"Art. 2º (...)

(...).

§ 3º Os incentivos criados por esta Lei somente serão concedidos a projetos culturais que forem disponibilizados, sempre que tecnicamente possível, também em formato acessível à pessoa com deficiência, observado o disposto em regulamento."

Art. 103. O art. 11 da Lei 8.429, de 2 de junho de 1992, passa a vigorar acrescido do seguinte inciso IX:

"Art. 11. (...)

(...)

IX – deixar de cumprir a exigência de requisitos de acessibilidade previstos na legislação."

Art. 104. A Lei 8.666, de 21 de junho de 1993, passa a vigorar com as seguintes alterações:

"Art. 3º (...)

(...)

§ 2º (...)

(...)

V – produzidos ou prestados por empresas que comprovem cumprimento de reserva de cargos prevista em lei para pessoa com deficiência ou para reabilitado da Previdência Social e que atendam às regras de acessibilidade previstas na legislação.

(...)

§ 5º Nos processos de licitação, poderá ser estabelecida margem de preferência para:

I – produtos manufaturados e para serviços nacionais que atendam a normas técnicas brasileiras; e

II – bens e serviços produzidos ou prestados por empresas que comprovem cumprimento de reserva de cargos prevista em lei para pessoa com deficiência ou para reabilitado da Previdência Social e que atendam às regras de acessibilidade previstas na legislação.

(...)"

"Art. 66-A. As empresas enquadradas no inciso V do § 2º e no inciso II do § 5º do art. 3º desta Lei deverão cumprir, durante todo o período de execução do contrato, a reserva de cargos prevista em lei para pessoa com deficiência ou para reabilitado da Previdência Social, bem como as regras de acessibilidade previstas na legislação.

Parágrafo único. Cabe à administração fiscalizar o cumprimento dos requisitos de acessibilidade nos serviços e nos ambientes de trabalho."

Art. 105. O art. 20 da Lei 8.742, de 7 de dezembro de 1993, passa a vigorar com as seguintes alterações:

"Art. 20. (...)

(...)

§ 2º Para efeito de concessão do benefício de prestação continuada, considera-se pessoa com deficiência aquela que tem impedimento de longo prazo de natureza física, mental, intelectual ou sensorial, o qual, em interação com uma ou mais barreiras, pode obstruir sua participação plena e efetiva na sociedade em igualdade de condições com as demais pessoas.

(...)

§ 9º Os rendimentos decorrentes de estágio supervisionado e de aprendizagem não serão computados para os fins de cálculo da renda familiar per capita a que se refere o § 3º deste artigo.

(...)

§ 11. Para concessão do benefício de que trata o *caput* deste artigo, poderão ser utilizados outros elementos probatórios da condição de miserabilidade do grupo familiar e da situação de vulnerabilidade, conforme regulamento."

Art. 106. (*Vetado*).

Art. 107. A Lei 9.029, de 13 de abril de 1995, passa a vigorar com as seguintes alterações:

"Art. 1º É proibida a adoção de qualquer prática discriminatória e limitativa para efeito de acesso à relação de trabalho, ou de sua manutenção, por motivo de sexo, origem, raça, cor, estado civil, situação familiar, deficiência, reabilitação profissional, idade, entre outros, ressalvadas, nesse caso, as hipóteses de proteção à criança e ao adolescente previstas no inciso XXXIII do art. 7º da Constituição Federal."

"Art. 3º Sem prejuízo do prescrito no art. 2º desta Lei e nos dispositivos legais que tipificam os crimes resultantes de preconceito de etnia, raça, cor ou deficiência, as infrações ao disposto nesta Lei são passíveis das seguintes cominações:

(...)"

"Art. 4º (...)

I – a reintegração com ressarcimento integral de todo o período de afastamento, mediante pagamento das remunerações devidas, corrigidas monetariamente e acrescidas de juros legais;

(...)"

Art. 108. O art. 35 da Lei 9.250, de 26 de dezembro de 1995, passa a vigorar acrescido do seguinte § 5º:

"Art. 35. (...)

(...)

§ 5º Sem prejuízo do disposto no inciso IX do parágrafo único do art. 3º da Lei 10.741, de 1º de outubro de 2003, a pessoa com deficiência, ou o contribuinte que tenha dependente nessa condição, tem preferência na restituição referida no inciso III do art. 4º e na alínea c do inciso II do art. 8º."

Art. 109. A Lei 9.503, de 23 de setembro 1997 (Código de Trânsito Brasileiro), passa a vigorar com as seguintes alterações:

"Art. 2º (...)

Parágrafo único. Para os efeitos deste Código, são consideradas vias terrestres as praias abertas à circulação pública, as vias internas pertencentes aos condomínios constituídos por unidades autônomas e as vias e áreas de estacionamento de estabelecimentos privados de uso coletivo."

"Art. 86-A. As vagas de estacionamento regulamentado de que trata o inciso XVII do art. 181 desta Lei deverão ser sinalizadas com as respectivas placas indicativas de destinação e com placas informando os dados sobre a infração por estacionamento indevido."

"Art. 147-A. Ao candidato com deficiência auditiva é assegurada acessibilidade de comunicação, mediante emprego de tecnologias assistivas ou de ajudas técnicas em todas as etapas do processo de habilitação.

§ 1º O material didático audiovisual utilizado em aulas teóricas dos cursos que precedem os exames previstos no art. 147 desta Lei deve ser acessível, por meio de subtitulação com legenda oculta associada à tradução simultânea em Libras.

§ 2º É assegurado também ao candidato com deficiência auditiva requerer, no ato de sua inscrição, os serviços de intérprete da Libras, para acompanhamento em aulas práticas e teóricas."

"Art. 154. (*Vetado*)."

"Art. 181. (...)

(...)

XVII – (...)

Infração – grave;

(...)"

Art. 110. O inciso VI e o § 1º do art. 56 da Lei 9.615, de 24 de março de 1998, passam a vigorar com a seguinte redação:

"Art. 56. (...)

(...)

VI – 2,7% (dois inteiros e sete décimos por cento) da arrecadação bruta dos concursos de prognósticos e loterias federais e similares cuja realização estiver sujeita a autorização federal, deduzindo-se esse valor do montante destinado aos prêmios;

(...)

§ 1º Do total de recursos financeiros resultantes do percentual de que trata o inciso VI do *caput*, 62,96% (sessenta e dois inteiros e noventa e seis centésimos por cento) serão destinados ao Comitê Olímpico Brasileiro (COB) e 37,04% (trinta e sete inteiros e quatro centésimos por cento) ao Comitê Paralímpico Brasileiro (CPB), devendo ser observado, em ambos os casos, o conjunto de normas aplicáveis à celebração de convênios pela União.

(...)"

Art. 111. O art. 1º da Lei 10.048, de 8 de novembro de 2000, passa a vigorar com a seguinte redação:

"Art. 1º As pessoas com deficiência, os idosos com idade igual ou superior a 60 (sessenta) anos, as gestantes, as lactantes, as pessoas com crianças de colo e os obesos terão atendimento prioritário, nos termos desta Lei."

Art. 112. A Lei 10.098, de 19 de dezembro de 2000, passa a vigorar com as seguintes alterações:

"Art. 2º (...)

I – acessibilidade: possibilidade e condição de alcance para utilização, com segurança e autonomia, de espaços, mobiliários, equipamentos urbanos, edificações, transportes, informação e comunicação, inclusive seus sistemas e tecnologias, bem como de outros serviços e instalações abertos ao público, de uso público ou privados de uso coletivo, tanto na zona urbana como na rural, por pessoa com deficiência ou com mobilidade reduzida;

II – barreiras: qualquer entrave, obstáculo, atitude ou comportamento que limite ou impeça a participação social da pessoa, bem como o gozo, a fruição e o exercício de seus direitos à acessibilidade, à liberdade de movimento e de expressão, à comunicação, ao acesso à informação, à compreensão, à circulação com segurança, entre outros, classificadas em:

a) barreiras urbanísticas: as existentes nas vias e nos espaços públicos e privados abertos ao público ou de uso coletivo;

b) barreiras arquitetônicas: as existentes nos edifícios públicos e privados;

c) barreiras nos transportes: as existentes nos sistemas e meios de transportes;

d) barreiras nas comunicações e na informação: qualquer entrave, obstáculo, atitude ou comportamento que dificulte ou impossibilite a expressão ou o recebimento de mensagens e de informações por intermédio de sistemas de comunicação e de tecnologia da informação;

III – pessoa com deficiência: aquela que tem impedimento de longo prazo de natureza física, mental, intelectual ou sensorial, o qual, em interação com uma ou mais barreiras, pode obstruir sua participação plena e efetiva na sociedade em igualdade de condições com as demais pessoas;

IV – pessoa com mobilidade reduzida: aquela que tenha, por qualquer motivo, dificuldade de movimentação, permanente ou temporária, gerando redução efetiva da mobilidade, da flexibilidade, da coordenação motora ou da percepção, incluindo idoso, gestante, lactante, pessoa com criança de colo e obeso;

V – acompanhante: aquele que acompanha a pessoa com deficiência, podendo ou não desempenhar as funções de atendente pessoal;

VI – elemento de urbanização: quaisquer componentes de obras de urbanização, tais como os referentes a pavimentação, saneamento, encanamento para esgotos, distribuição de energia elétrica e de gás, iluminação pública, serviços de comunicação, abastecimento e distribuição de água, paisagismo e os que materializam as indicações do planejamento urbanístico;

VII – mobiliário urbano: conjunto de objetos existentes nas vias e nos espaços públicos, superpostos ou adicionados aos elementos de urbanização ou de edificação, de forma que sua modificação ou seu traslado não provoque alterações substanciais nesses elementos, tais como semáforos, postes de sinalização e similares, terminais e pontos de acesso coletivo às telecomunicações, fontes de água, lixeiras, toldos, marquises, bancos, quiosques e quaisquer outros de natureza análoga;

VIII – tecnologia assistiva ou ajuda técnica: produtos, equipamentos, dispositivos, recursos, metodologias, estratégias, práticas e serviços que objetivem promover a funcionalidade, relacionada à atividade e à participação da pessoa com deficiência ou com mobilidade reduzida, visando à sua autonomia, independência, qualidade de vida e inclusão social;

IX – comunicação: forma de interação dos cidadãos que abrange, entre outras opções, as línguas, inclusive a Língua Brasileira de Sinais (Libras), a visualização de textos, o Braille, o sistema de sinalização ou de comunicação tátil, os caracteres ampliados, os dispositivos multimídia, assim como a linguagem simples, escrita e oral, os sistemas auditivos e os meios de voz digitalizados e os modos, meios e formatos aumentativos e alternativos de comunicação, incluindo as tecnologias da informação e das comunicações;

X – desenho universal: concepção de produtos, ambientes, programas e serviços a serem usados por todas as pessoas, sem necessidade de adaptação ou de projeto específico, incluindo os recursos de tecnologia assistiva."

"Art. 3º O planejamento e a urbanização das vias públicas, dos parques e dos demais espaços de uso público deverão ser concebidos e executados de forma a torná-los acessíveis para todas as pessoas, inclusive para aquelas com deficiência ou com mobilidade reduzida.

Parágrafo único. O passeio público, elemento obrigatório de urbanização e parte da via pública, normalmente segregado e em nível diferente, destina-se somente à circulação de pedestres e, quando possível, à implantação de mobiliário urbano e de vegetação."

"Art. 9º (...)

Parágrafo único. Os semáforos para pedestres instalados em vias públicas de grande circulação, ou que deem acesso aos serviços de reabilitação, devem obrigatoriamente estar equipados com mecanismo que emita sinal sonoro suave para orientação do pedestre."

"Art. 10-A. A instalação de qualquer mobiliário urbano em área de circulação comum para pedestre que ofereça risco de acidente à pessoa com deficiência deverá ser indicada mediante sinalização tátil de alerta no piso, de acordo com as normas técnicas pertinentes."

"Art. 12-A. Os centros comerciais e os estabelecimentos congêneres devem fornecer carros e cadeiras de rodas, motorizados ou não, para o atendimento da pessoa com deficiência ou com mobilidade reduzida."

Art. 113. A Lei 10.257, de 10 de julho de 2001 (Estatuto da Cidade), passa a vigorar com as seguintes alterações:

"Art. 3º (...)

(...)

ESTATUTOS

III – promover, por iniciativa própria e em conjunto com os Estados, o Distrito Federal e os Municípios, programas de construção de moradias e melhoria das condições habitacionais, de saneamento básico, das calçadas, dos passeios públicos, do mobiliário urbano e dos demais espaços de uso público;

IV – instituir diretrizes para desenvolvimento urbano, inclusive habitação, saneamento básico, transporte e mobilidade urbana, que incluam regras de acessibilidade aos locais de uso público;

(...)"

"Art. 41. (...)

(...)

§ 3º As cidades de que trata o *caput* deste artigo devem elaborar plano de rotas acessíveis, compatível com o plano diretor no qual está inserido, que disponha sobre os passeios públicos a serem implantados ou reformados pelo poder público, com vistas a garantir acessibilidade da pessoa com deficiência ou com mobilidade reduzida a todas as rotas e vias existentes, inclusive as que concentrem os focos geradores de maior circulação de pedestres, como os órgãos públicos e os locais de prestação de serviços públicos e privados de saúde, educação, assistência social, esporte, cultura, correios e telégrafos, bancos, entre outros, sempre que possível de maneira integrada com os sistemas de transporte coletivo de passageiros."

Art. 114. A Lei 10.406, de 10 de janeiro de 2002 (Código Civil), passa a vigorar com as seguintes alterações:

"Art. 3º São absolutamente incapazes de exercer pessoalmente os atos da vida civil os menores de 16 (dezesseis) anos.

I – (*Revogado*);

II – (*Revogado*);

III – (*Revogado*)."

"Art. 4º São incapazes, relativamente a certos atos ou à maneira de os exercer:

(...)

II – os ébrios habituais e os viciados em tóxico;

III – aqueles que, por causa transitória ou permanente, não puderem exprimir sua vontade;

(...)

Parágrafo único. A capacidade dos indígenas será regulada por legislação especial."

"Art. 228. (...)

(...)

II – (*Revogado*);

III – (*Revogado*);

(...)

§ 1º (...)

§ 2º A pessoa com deficiência poderá testemunhar em igualdade de condições com as demais pessoas, sendo-lhe assegurados todos os recursos de tecnologia assistiva."

"Art. 1.518. Até a celebração do casamento podem os pais ou tutores revogar a autorização."

"Art. 1.548. (...)

I – (*Revogado*);

(...)"

"Art. 1.550. (...)

(...)

§ 1º (...)

§ 2º A pessoa com deficiência mental ou intelectual em idade núbia poderá contrair matrimônio, expressando sua vontade diretamente ou por meio de seu responsável ou curador."

"Art. 1.557. (...)

(...)

III – a ignorância, anterior ao casamento, de defeito físico irremediável que não caracterize deficiência ou de moléstia grave e transmissível, por contágio ou por herança, capaz de pôr em risco a saúde do outro cônjuge ou de sua descendência;

IV – (*Revogado*)."

"Art. 1.767. (...)

I – aqueles que, por causa transitória ou permanente, não puderem exprimir sua vontade;

II – (*Revogado*);

III – os ébrios habituais e os viciados em tóxico;

IV – (*Revogado*);

(...)"

"Art. 1.768. O processo que define os termos da curatela deve ser promovido:

(...)

IV – pela própria pessoa."

"Art. 1.769. O Ministério Público somente promoverá o processo que define os termos da curatela:

I – nos casos de deficiência mental ou intelectual;

(...)

III – se, existindo, forem menores ou incapazes as pessoas mencionadas no inciso II."

"Art. 1.771. Antes de se pronunciar acerca dos termos da curatela, o juiz, que deverá ser assistido por equipe multidisciplinar, entrevistará pessoalmente o interditando."

"Art. 1.772. O juiz determinará, segundo as potencialidades da pessoa, os limites da curatela, circunscritos às restrições constantes do art. 1.782, e indicará curador.

Parágrafo único. Para a escolha do curador, o juiz levará em conta a vontade e as preferências do interditando, a ausência de conflito de interesses e de influência indevida, a proporcionalidade e a adequação às circunstâncias da pessoa."

"Art. 1.775-A. Na nomeação de curador para a pessoa com deficiência, o juiz poderá estabelecer curatela compartilhada a mais de uma pessoa."

"Art. 1.777. As pessoas referidas no inciso I do art. 1.767 receberão todo o apoio necessário para ter preservado o direito à convivência familiar e comunitária, sendo evitado o seu recolhimento em estabelecimento que os afaste desse convívio."

Art. 115. O Título IV do Livro IV da Parte Especial da Lei 10.406, de 10 de janeiro de 2002 (Código Civil), passa a vigorar com a seguinte redação:

"TÍTULO IV

Da Tutela, da Curatela e da Tomada de Decisão Apoiada"

Art. 116. O Título IV do Livro IV da Parte Especial da Lei nº 10.406, de 10 de janeiro de 2002 (Código Civil), passa a vigorar acrescido do seguinte Capítulo III:

"CAPÍTULO III

Da Tomada de Decisão Apoiada

Art. 1.783-A. A tomada de decisão apoiada é o processo pelo qual a pessoa com deficiência elege pelo menos 2 (duas) pessoas idôneas, com as quais mantenha vínculos e que gozem de sua confiança, para prestar-lhe apoio na tomada de decisão sobre atos da vida civil, fornecendo-lhes os elementos e informações necessários para que possa exercer sua capacidade.

§ 1º Para formular pedido de tomada de decisão apoiada, a pessoa com deficiência e os apoiadores devem apresentar termo em que constem os limites do apoio a ser oferecido e os compromissos dos apoiadores, inclusive o prazo de vigência do acordo e o respeito à vontade, aos direitos e aos interesses da pessoa que devem apoiar.

§ 2º O pedido de tomada de decisão apoiada será requerido pela pessoa a ser apoiada, com indicação expressa das pessoas aptas a prestarem o apoio previsto no *caput* deste artigo.

§ 3º Antes de se pronunciar sobre o pedido de tomada de decisão apoiada, o juiz, assistido por equipe multidisciplinar, após oitiva do Ministério Público, ouvirá pessoalmente o requerente e as pessoas que lhe prestarão apoio.

§ 4º A decisão tomada por pessoa apoiada terá validade e efeitos sobre terceiros, sem restrições, desde que esteja inserida nos limites do apoio acordado.

§ 5º Terceiro com quem a pessoa apoiada mantenha relação negocial pode solicitar que os apoiadores contra-assinem o contrato ou acordo, especificando, por escrito, sua função em relação ao apoiado.

§ 6º Em caso de negócio jurídico que possa trazer risco ou prejuízo relevante, havendo divergência de opiniões entre a pessoa apoiada e um dos apoiadores, deverá o juiz, ouvido o Ministério Público, decidir sobre a questão.

§ 7º Se o apoiador agir com negligência, exercer pressão indevida ou não adimplir as obrigações assumidas, poderá a pessoa apoiada ou qualquer pessoa apresentar denúncia ao Ministério Público ou ao juiz.

§ 8º Se procedente a denúncia, o juiz destituirá o apoiador e nomeará, ouvida a pessoa apoiada e se for de seu interesse, outra pessoa para prestação de apoio.

§ 9º A pessoa apoiada pode, a qualquer tempo, solicitar o término de acordo firmado em processo de tomada de decisão apoiada.

§ 10. O apoiador pode solicitar ao juiz a exclusão de sua participação do processo de tomada de decisão apoiada, sendo seu desligamento condicionado à manifestação do juiz sobre a matéria.

§ 11. Aplicam-se à tomada de decisão apoiada, no que couber, as disposições referentes à prestação de contas na curatela."

Art. 117. O art. 1º da Lei 11.126, de 27 de junho de 2005, passa a vigorar com a seguinte redação:

"Art. 1º É assegurado à pessoa com deficiência visual acompanhada de cão-guia o direito de ingressar e de permanecer com o animal em todos os meios de transporte e em estabelecimentos abertos ao público, de uso público e privados de uso coletivo, desde que observadas as condições impostas por esta Lei.

(...)

§ 2º O disposto no *caput* deste artigo aplica-se a todas as modalidades e jurisdições do serviço de transporte coletivo de passageiros, inclusive em esfera internacional com origem no território brasileiro."

Art. 118. O inciso IV do art. 46 da Lei 11.904, de 14 de janeiro de 2009, passa a vigorar acrescido da seguinte alínea "k":

"Art. 46. (...)

(...)

IV – (...)

(...)

k) de acessibilidade a todas as pessoas.

(...)"

Art. 119. A Lei 12.587, de 3 de janeiro de 2012, passa a vigorar acrescida do seguinte art. 12-B:

"Art. 12-B. Na outorga de exploração de serviço de táxi, reservar-se-ão 10% (dez por cento) das vagas para condutores com deficiência.

§ 1º Para concorrer às vagas reservadas na forma do *caput* deste artigo, o condutor com deficiência deverá observar os seguintes requisitos quanto ao veículo utilizado:

I – ser de sua propriedade e por ele conduzido; e

II – estar adaptado às suas necessidades, nos termos da legislação vigente.

§ 2º No caso de não preenchimento das vagas na forma estabelecida no *caput* deste artigo, as remanescentes devem ser disponibilizadas para os demais concorrentes."

Art. 120. Cabe aos órgãos competentes, em cada esfera de governo, a elaboração de relatórios circunstanciados sobre o cumprimento dos prazos estabelecidos por força das Leis 10.048, de 8 de novembro de 2000, e 10.098, de 19 de dezembro de 2000, bem como o seu encaminhamento ao Ministério Público e aos órgãos de regulação para adoção das providências cabíveis.

Parágrafo único. Os relatórios a que se refere o *caput* deste artigo deverão ser apresentados no prazo de 1 (um) ano a contar da entrada em vigor desta Lei.

Art. 121. Os direitos, os prazos e as obrigações previstos nesta Lei não excluem os já estabelecidos em outras legislações, inclusive em pactos, tratados, convenções e declarações internacionais aprovados e promulgados pelo Congresso Nacional, e devem ser aplicados em conformidade com as demais normas internas e acordos internacionais vinculantes sobre a matéria.

Parágrafo único. Prevalecerá a norma mais benéfica à pessoa com deficiência.

Art. 122. Regulamento disporá sobre a adequação do disposto nesta Lei ao tratamento diferenciado, simplificado e favorecido a ser dispensado às microempresas e às empresas de pequeno porte, previsto no § 3º do art. 1º da Lei Complementar 123, de 14 de dezembro de 2006.

Art. 123. Revogam-se os seguintes dispositivos:

→ v. Art. 127 desta lei.

I – o inciso II do § 2º do art. 1º da Lei 9.008, de 21 de março de 1995;

II – os incisos I, II e III do art. 3º da Lei 10.406, de 10 de janeiro de 2002 (Código Civil);

III – os incisos II e III do art. 228 da Lei 10.406, de 10 de janeiro de 2002 (Código Civil);

IV – o inciso I do art. 1.548 da Lei 10.406, de 10 de janeiro de 2002 (Código Civil);

V – o inciso IV do art. 1.557 da Lei 10.406, de 10 de janeiro de 2002 (Código Civil);

VI – os incisos II e IV do art. 1.767 da Lei 10.406, de 10 de janeiro de 2002 (Código Civil);

VII – os arts. 1.776 e 1.780 da Lei 10.406, de 10 de janeiro de 2002 (Código Civil).

Art. 124. O § 1º do art. 2º desta Lei deverá entrar em vigor em até 2 (dois) anos, contados da entrada em vigor desta Lei.

Art. 125. Devem ser observados os prazos a seguir discriminados, a partir da entrada em vigor desta Lei, para o cumprimento dos seguintes dispositivos:

I – incisos I e II do § 2º do art. 28, 48 (quarenta e oito) meses;

II – § 6º do art. 44, 48 (quarenta e oito) meses;

III – art. 45, 24 (vinte e quatro) meses;

IV – art. 49, 48 (quarenta e oito) meses.

Art. 126. Prorroga-se até 31 de dezembro de 2021 a vigência da Lei 8.989, de 24 de fevereiro de 1995.

Art. 127. Esta Lei entra em vigor após decorridos 180 (cento e oitenta) dias de sua publicação oficial.

Brasília, 6 de julho de 2015; 194º da Independência e 127º da República.

Dilma Roussef

(Publicação no *D.O.U.* de 7.7.2015)

OAB E DIPLOMAS NORMATIVOS CORRELATOS

VADE MECUM DE LEGISLAÇÃO FOCO

ÍNDICE SISTEMÁTICO DO ESTATUTO DA ADVOCACIA E A OAB

LEI 8.906, DE 4 DE JULHO DE 1994

TÍTULO I – DA ADVOCACIA

TÍTULO II – DA ORDEM DOS ADVOGADOS DO BRASIL

TÍTULO III – DO PROCESSO NA OAB

TÍTULO IV – DAS DISPOÇÕES GERAIS E TRANSITÓRIAS

ESTATUTO DA ADVOCACIA E A OAB

LEI 8.906, DE 4 DE JULHO DE 1994

Dispõe sobre o Estatuto da Advocacia e a Ordem dos Advogados do Brasil – OAB.

O Presidente da República:

Faço saber que o Congresso Nacional decreta e eu sanciono a seguinte Lei:

Título I
Da advocacia

Capítulo I
DA ATIVIDADE DA ADVOCACIA

→ v. Arts. 1º a 7º do Novo Código de Ética e Disciplina da OAB.

→ v. Arts. 1º a 10 do Regulamento Geral da OAB.

→ v. Arts. 206 e ss. da Lei 8.096/1990 – ECA.

Art. 1º São atividades privativas de advocacia:

I – a postulação a qualquer órgão do Poder Judiciário e aos juizados especiais;

→ v. ADIn 1.127-8 (*D.O.U.* 26.5.2006), o STF declarou a inconstitucionalidade da expressão "qualquer".

→ v. Art. 791 do CPP.

→ v. Art. 1º, I, da Lei 9.099/1995.

II – as atividades de consultoria, assessoria e direção jurídicas.

§ 1º Não se inclui na atividade privativa de advocacia a impetração de habeas corpus em qualquer instância ou tribunal.

→ v. Art. 5º, LXIII, da CF.

→ v. Art. 654 do CPP.

§ 2º Os atos e contratos constitutivos de pessoas jurídicas, sob pena de nulidade, só podem ser admitidos a registro, nos órgãos competentes, quando visados por advogados.

→ v. Art. 45 do CC.

§ 3º É vedada a divulgação de advocacia em conjunto com outra atividade.

Art. 2º O advogado é indispensável à administração da justiça.

§ 1º No seu ministério privado, o advogado presta serviço público e exerce função social.

§ 2º No processo judicial, o advogado contribui, na postulação de decisão favorável ao seu constituinte, ao convencimento do julgador, e seus atos constituem múnus público.

§ 3º No exercício da profissão, o advogado é inviolável por seus atos e manifestações, nos limites desta Lei.

Art. 3º O exercício da atividade de advocacia no território brasileiro e a denominação de advogado são privativos dos inscritos na Ordem dos Advogados do Brasil – OAB.

→ v. Art. 103 do NCPC.

§ 1º Exercem atividade de advocacia, sujeitando-se ao regime desta Lei, além do regime próprio a que se subordinem, os integrantes da Advocacia-Geral da União, da Procuradoria da Fazenda Nacional, da Defensoria Pública e das Procuradorias e Consultorias Jurídicas dos Estados, do Distrito Federal, dos Municípios e das respectivas entidades de administração indireta e fundacional.

§ 2º O estagiário de advocacia, regularmente inscrito, pode praticar os atos previstos no art. 1º, na forma do Regulamento Geral, em conjunto com advogado e sob responsabilidade deste.

Art. 4º São nulos os atos privativos de advogado praticados por pessoa não inscrita na OAB, sem prejuízo das sanções civis, penais e administrativas.

→ v. Art. 8º do Regulamento Geral da OAB.

Parágrafo único. São também nulos os atos praticados por advogado impedido – no âmbito do impedimento – suspenso, licenciado ou que passar a exercer atividade incompatível com a advocacia.

Art. 5º O advogado postula, em juízo ou fora dele, fazendo prova do mandato.

→ v. Arts. 10 a 20 e 26 do Novo Código de Ética e Disciplina da OAB.

→ v. Art. 6º do Regulamento Geral.

§ 1º O advogado, afirmando urgência, pode atuar sem procuração, obrigando-se a apresentá-la no prazo de 15 (quinze) dias, prorrogável por igual período.

→ v. Art. 104 do NCPC.

§ 2º A procuração para o foro em geral habilita o advogado a praticar todos os atos judiciais, em qualquer juízo ou instância, salvo os que exijam poderes especiais.

→ v. Art. 105 do NCPC.

§ 3º O advogado que renunciar ao mandato continuará, durante os 10 (dez) dias seguintes à notificação da renúncia, a representar o mandante, salvo se for substituído antes do término desse prazo.

→ v. Arts. 111 e 112 do NCPC.

→ v. Art. 265 do CPP.

Capítulo II
DOS DIREITOS DO ADVOGADO

Art. 6º Não há hierarquia nem subordinação entre advogados, magistrados e membros do Ministério Público, devendo todos tratar-se com consideração e respeito recíprocos.

Parágrafo único. As autoridades, os servidores públicos e os serventuários da justiça devem dispensar ao advogado, no exercício da profissão, tratamento compatível com a dignidade da advocacia e condições adequadas a seu desempenho.

Art. 7º São direitos do advogado:

I – exercer, com liberdade, a profissão em todo o território nacional;

II – a inviolabilidade de seu escritório ou local de trabalho, bem como de seus instrumentos de trabalho, de sua correspondência escrita, eletrônica, telefônica e telemática, desde que relativas ao exercício da advocacia;

→ Inciso II com redação alterada pela Lei 11.767/2008.

→ v. Art. 5º, XI, da CF.

→ v. Art. 246 do CPP.

III – comunicar-se com seus clientes, pessoal e reservadamente, mesmo sem procuração, quando estes se acharem presos, detidos ou recolhidos em estabelecimentos civis ou militares, ainda que considerados incomunicáveis;

→ v. Art. 21 do CPP.

→ v. Art. 41, IX, da LEP.

IV – ter a presença de representante da OAB, quando preso em flagrante, por motivo ligado ao exercício da advocacia, para lavratura do auto respectivo, sob pena de nulidade e, nos demais casos, a comunicação expressa à seccional da OAB;

V – não ser recolhido preso, antes de sentença transitada em julgado, senão em sala de Estado Maior, com instalações e comodidades condignas, assim reconhecidas pela OAB, e, na sua falta, em prisão domiciliar;

→ v. ADIn 1.127-8 (*D.O.U.* 26.5.2006), o STF declarou a inconstitucionalidade da expressão "assim reconhecidas pela OAB".

VI – ingressar livremente:

a) nas salas de sessões dos tribunais, mesmo além dos cancelos que separam a parte reservada aos magistrados;

b) nas salas e dependências de audiências, secretarias, cartórios, ofícios de justiça, serviços notariais e de registro, e, no caso de delegacias e prisões, mesmo fora da hora de expediente e independentemente da presença de seus titulares;

c) em qualquer edifício ou recinto em que funcione repartição judicial ou outro serviço público onde o advogado deva praticar ato ou colher prova ou informação útil ao exercício da atividade profissional, dentro do expediente ou fora dele, e ser atendido, desde que se ache presente qualquer servidor ou empregado;

d) em qualquer assembleia ou reunião de que participe ou possa participar o seu cliente, ou perante a qual este deva comparecer, desde que munido de poderes especiais;

VII – permanecer sentado ou em pé e retirar-se de quaisquer locais indicados no inciso anterior, independentemente de licença;

VIII – dirigir-se diretamente aos magistrados nas salas e gabinetes de trabalho, independentemente de horário previamente marcado ou outra condição, observando-se a ordem de chegada;

IX – sustentar oralmente as razões de qualquer recurso ou processo, nas sessões de julgamento, após o voto do relator, em instância judicial ou administrativa, pelo prazo de 15 (quinze) minutos, salvo se prazo maior for concedido;

→ v. ADINs 1.127-8 e 1.105-7 (*D.O.U.* 26.5.2006), o STF declarou a inconstitucionalidade do inciso IX do artigo 7º.

X – usar da palavra, pela ordem, em qualquer juízo ou tribunal, mediante intervenção sumária, para esclarecer equívoco ou dúvida surgida em relação a fatos, documentos ou afirmações que influam no julgamento, bem como para replicar acusação ou censura que lhe forem feitas;

XI – reclamar, verbalmente ou por escrito, perante qualquer juízo, tribunal ou autoridade, contra a inobservância de preceito de lei, regulamento ou regimento;

XII – falar, sentado ou em pé, em juízo, tribunal ou órgão de deliberação coletiva da Administração Pública ou do Poder Legislativo;

→ v. Art. 793, parágrafo único, do CPP.

XIII – examinar, em qualquer órgão dos Poderes Judiciário e Legislativo, ou da Administração Pública em geral, autos de processos findos ou em andamento, mesmo sem procuração, quando não estejam sujeitos a sigilo, assegurada a obtenção de cópias, podendo tomar apontamentos;

→ v. Art. 5º, XXXIII, da CF.

→ v. Arts. 107 e 234 do NCPC.

XIV – examinar, em qualquer instituição responsável por conduzir investigação, mesmo sem procuração, autos de flagrante e de investigações de qualquer natureza, findos ou em andamento, ainda que conclusos à autoridade, podendo copiar peças e tomar apontamentos, em meio físico ou digital;

→ Inciso XIV com redação alterada pela Lei 13.245/2016.

→ v. Art. 5º, XXXIII, da CF.

→ v. Art. 20 do CPP.

XV – ter vista dos processos judiciais ou administrativos de qualquer natureza, em cartório ou na repartição competente, ou retirá-los pelos prazos legais;

→ v. Arts. 107do NCPC.

→ v. Art. 161, § 1º, da Lei 8.112/1990.

XVI – retirar autos de processos findos, mesmo sem procuração, pelo prazo de 10 (dez) dias;

→ v. Arts. 107 e 234 do NCPC.

XVII – ser publicamente desagravado, quando ofendido no exercício da profissão ou em razão dela;

XVIII – usar os símbolos privativos da profissão de advogado;

XIX – recusar-se a depor como testemunha em processo no qual funcionou ou deva funcionar, ou sobre fato relacionado com pessoa de quem seja ou foi advogado, mesmo quando autorizado ou solicitado pelo constituinte, bem como sobre fato que constitua sigilo profissional;

→ v. Art. 448, II, do NCPC.

→ v. Art.154 do CP.

→ v. Art. 207 do CPP.

→ v. Arts. 20, 21 e 37 do Novo Código de Ética e Disciplina da OAB.

XX – retirar-se do recinto onde se encontre aguardando pregão para ato judicial, após 30 (trinta) minutos do horário designado e ao qual ainda não tenha comparecido a autoridade que deva presidir a ele, mediante comunicação protocolizada em juízo.

XXI – assistir a seus clientes investigados durante a apuração de infrações, sob pena de nulidade absoluta do respectivo interrogatório ou depoimento e, subsequentemente, de todos os elementos investigatórios e probatórios dele decorrentes ou derivados, direta ou indiretamente, podendo, inclusive, no curso da respectiva apuração:

→ Inciso XXI acrescentado pela Lei 13.245/2016.

a) apresentar razões e quesitos;

b) (*Vetado*).

§ 1º Não se aplica o disposto nos incisos XV e XVI:

→ v. Art. 234 do NCPC.

1) aos processos sob regime de segredo de justiça;

2) quando existirem nos autos documentos originais de difícil restauração ou ocorrer circunstância relevante que justifique a permanência dos autos no cartório, secretaria ou repartição, reconhecida pela autoridade em despacho motivado, proferido de ofício, mediante representação ou a requerimento da parte interessada;

3) até o encerramento do processo, ao advogado que houver deixado de devolver os respectivos autos no prazo legal, e só o fizer depois de intimado.

§ 2º O advogado tem imunidade profissional, não constituindo injúria, difamação ou desacato puníveis qualquer manifestação de sua parte, no exercício de sua atividade, em juízo ou fora dele, sem prejuízo das sanções disciplinares perante a OAB, pelos excessos que cometer.

→ v. ADIn 1.127-8 (D.O.U. 26.5.2006), o STF declarou a inconstitucionalidade da expressão "ou desacato".

→ v. Art. 78 do NCPC.

→ v. Art. 142 do CP.

§ 3º O advogado somente poderá ser preso em flagrante, por motivo de exercício da profissão, em caso de crime inafiançável, observado o disposto no inciso IV deste artigo.

§ 4º O Poder Judiciário e o Poder Executivo devem instalar, em todos os juizados, fóruns, tribunais, delegacias de polícia e presídios, salas especiais permanentes para os advogados, com uso e controle assegurados à OAB.

→ v. ADIn 1.127-8 (*D.O.U.* 26.5.2006), o STF declarou a inconstitucionalidade da expressão "e controle".

§ 5º No caso de ofensa a inscrito na OAB, no exercício da profissão ou de cargo ou função de órgão da OAB, o conselho competente deve promover o desagravo público do ofendido, sem prejuízo da responsabilidade criminal em que incorrer o infrator.

§ 6º Presentes indícios de autoria e materialidade da prática de crime por parte de advogado, a autoridade judiciária competente poderá decretar a quebra da inviolabilidade de que trata o inciso II do *caput* deste artigo, em decisão motivada, expedindo mandado de busca e apreensão, específico e pormenorizado, a ser cumprido na presença de representante da OAB, sendo, em qualquer hipótese, vedada a utilização dos documentos, das mídias e dos objetos pertencentes a clientes do advogado averiguado, bem como dos demais instrumentos de trabalho que contenham informações sobre clientes.

→ § 6º acrescentado pela Lei 11.767/2008.

→ v. Art. 5º, XIII, da CF.

§ 7º A ressalva constante do § 6º deste artigo não se estende a clientes do advogado averiguado que estejam sendo formalmente investigados como seus partícipes ou coautores pela prática do mesmo crime que deu causa à quebra da inviolabilidade.

→ § 7º acrescentado pela Lei 11.767/2008.

→ v. Art. 5º, XIII, da CF.

§ 8º (*Vetado*).

→ § 8º acrescentado pela Lei 11.767/2008.

§ 9º (*Vetado*).

→ § 9º acrescentado pela Lei 11.767/2008.

§ 10. Nos autos sujeitos a sigilo, deve o advogado apresentar procuração para o exercício dos direitos de que trata o inciso XIV.

→ § 10 acrescentado pela Lei 13.245/2016.

§ 11. No caso previsto no inciso XIV, a autoridade competente poderá delimitar o acesso do advogado aos elementos de prova relacionados a diligências em andamento e ainda não documentados nos autos, quando houver risco de comprometimento da eficiência, da eficácia ou da finalidade das diligências.

→ § 11 acrescentado pela Lei 13.245/2016.

§ 12. A inobservância aos direitos estabelecidos no inciso XIV, o fornecimento incompleto de autos ou o fornecimento de autos em que houve a retirada de peças já incluídas no caderno investigativo implicará responsabilização criminal e funcional por abuso de autoridade do responsável que impedir o acesso do advogado com o intuito de prejudicar o exercício da defesa, sem prejuízo do direito subjetivo do advogado de requerer acesso aos autos ao juiz competente.

→ § 12 acrescentado pela Lei 13.245/2016.

Capítulo III
DA INSCRIÇÃO

→ v. Arts. 20 a 36 do Regulamento Geral da OAB.

→ v. Provimento do CFOB 166/2015 – Advocacia *pro bono*.

→ v. Provimentos do CFOAB 144/2011, 156/2013 e 167/2015 – Exame de Ordem.

Art. 8º Para inscrição como advogado é necessário:

I – capacidade civil;

II – diploma ou certidão de graduação em direito, obtido em instituição de ensino oficialmente autorizada e credenciada;

III – título de eleitor e quitação do serviço militar, se brasileiro;

IV – aprovação em Exame de Ordem;

V – não exercer atividade incompatível com a advocacia;

VI – idoneidade moral;

VII – prestar compromisso perante o Conselho.

§ 1º O Exame de Ordem é regulamentado em provimento do Conselho Federal da OAB.

§ 2º O estrangeiro ou brasileiro, quando não graduado em direito no Brasil, deve fazer prova do título de graduação, obtido em instituição estrangeira, devidamente revalidado, além de atender aos demais requisitos previstos neste artigo.

§ 3º A inidoneidade moral, suscitada por qualquer pessoa, deve ser declarada mediante decisão que obtenha no mínimo 2/3 (dois terços) dos votos de todos os membros do conselho competente, em procedimento que observe os termos do processo disciplinar.

§ 4º Não atende ao requisito de idoneidade moral aquele que tiver sido condenado por crime infamante, salvo reabilitação judicial.

Art. 9º Para inscrição como estagiário é necessário:

→ *v.* Art. 76 do Novo Código de Ética da OAB.

→ *v.* Arts. 27 a 31 e 35 do Regulamento Geral da OAB.

I – preencher os requisitos mencionados nos incisos I, III, V, VI e VII do art. 8º;

II – ter sido admitido em estágio profissional de advocacia.

§ 1º O estágio profissional de advocacia, com duração de 2 (dois) anos, realizado nos últimos anos do curso jurídico, pode ser mantido pelas respectivas instituições de ensino superior pelos Conselhos da OAB, ou por setores, órgãos jurídicos e escritórios de advocacia credenciados pela OAB, sendo obrigatório o estudo deste Estatuto e do Código de Ética e Disciplina.

§ 2º A inscrição do estagiário é feita no Conselho Seccional em cujo território se localize seu curso jurídico.

§ 3º O aluno de curso jurídico que exerça atividade incompatível com a advocacia pode frequentar o estágio ministrado pela respectiva instituição de ensino superior, para fins de aprendizagem, vedada a inscrição na OAB.

§ 4º O estágio profissional poderá ser cumprido por bacharel em Direito que queira se inscrever na Ordem.

Art. 10. A inscrição principal do advogado deve ser feita no Conselho Seccional em cujo território pretende estabelecer o seu domicílio profissional, na forma do Regulamento Geral.

§ 1º Considera-se domicílio profissional a sede principal da atividade de advocacia, prevalecendo, na dúvida, o domicílio da pessoa física do advogado.

§ 2º Além da principal, o advogado deve promover a inscrição suplementar nos Conselhos Seccionais em cujos territórios passar a exercer habitualmente a profissão, considerando-se habitualidade a intervenção judicial que exceder de 5 (cinco) causas por ano.

§ 3º No caso de mudança efetiva de domicílio profissional para outra unidade federativa, deve o advogado requerer a transferência de sua inscrição para o Conselho Seccional correspondente.

§ 4º O Conselho Seccional deve suspender o pedido de transferência ou de inscrição suplementar, ao verificar a existência de vício ou ilegalidade na inscrição principal, contra ela representando ao Conselho Federal.

Art. 11. Cancela-se a inscrição do profissional que:

I – assim o requerer;

II – sofrer penalidade de exclusão;

III – falecer;

IV – passar a exercer, em caráter definitivo, atividade incompatível com a advocacia;

V – perder qualquer um dos requisitos necessários para inscrição.

§ 1º Ocorrendo uma das hipóteses dos incisos II, III e IV, o cancelamento deve ser promovido, de ofício, pelo Conselho competente ou em virtude de comunicação por qualquer pessoa.

§ 2º Na hipótese de novo pedido de inscrição – que não restaura o número de inscrição anterior – deve o interessado fazer prova dos requisitos dos incisos I, V, VI e VII do art. 8º.

§ 3º Na hipótese do inciso II deste artigo, o novo pedido de inscrição também deve ser acompanhado de provas de reabilitação.

Art. 12. Licencia-se o profissional que:

I – assim o requerer, por motivo justificado;

II – passar a exercer, em caráter temporário, atividade incompatível com o exercício da advocacia;

III – sofrer doença mental considerada curável.

Art. 13. O documento de identidade profissional, na forma prevista no Regulamento Geral, é de uso obrigatório no exercício da atividade de advogado ou de estagiário e constitui prova de identidade civil para todos os fins legais.

Art. 14. É obrigatória a indicação do nome e do número de inscrição em todos os documentos assinados pelo advogado, no exercício de sua atividade.

Parágrafo único. É vedado anunciar ou divulgar qualquer atividade relacionada com o exercício da advocacia ou o uso da expressão escritório de advocacia, sem indicação expressa do nome e do número de inscrição dos advogados que o integrem ou o número de registro da sociedade de advogados na OAB.

Capítulo IV
DA SOCIEDADE DE ADVOGADOS

→ *v.* Art. 19 do Novo Código de Ética e Disciplina da OAB.

→ *v.* Arts. 37 a 43 do Regulamento Geral da OAB.

Art. 15. Os advogados podem reunir-se em sociedade simples de prestação de serviços de advocacia ou constituir sociedade unipessoal de advocacia, na forma disciplinada nesta Lei e no regulamento geral.

→ *Caput* com redação alterada pela Lei 13.247/2016.

§ 1º A sociedade de advogados e a sociedade unipessoal de advocacia adquirem personalidade jurídica com o registro aprovado dos seus atos constitutivos no Conselho Seccional da OAB em cuja base territorial tiver sede.

→ § 1º com redação alterada pela Lei 13.247/2016.

§ 2º Aplica-se à sociedade de advogados e à sociedade unipessoal de advocacia o Código de Ética e Disciplina, no que couber.

→ § 2º com redação alterada pela Lei 13.247/2016.

§ 3º As procurações devem ser outorgadas individualmente aos advogados e indicar a sociedade de que façam parte.

§ 4º Nenhum advogado pode integrar mais de uma sociedade de advogados, constituir mais de uma sociedade unipessoal de advocacia, ou integrar, simultaneamente, uma sociedade de advogados e uma sociedade unipessoal de advocacia, com sede ou filial na mesma área territorial do respectivo Conselho Seccional.

→ § 4º com redação alterada pela Lei 13.247/2016.

§ 5º O ato de constituição de filial deve ser averbado no registro da sociedade e arquivado no Conselho Seccional onde se instalar, ficando os sócios, inclusive o titular da sociedade unipessoal de advocacia, obrigados à inscrição suplementar.

→ § 5º com redação alterada pela Lei 13.247/2016.

§ 6º Os advogados sócios de uma mesma sociedade profissional não podem representar em juízo clientes de interesses opostos.

§ 7º A sociedade unipessoal de advocacia pode resultar da concentração por um advogado das quotas de uma sociedade de advogados, independentemente das razões que motivaram tal concentração.

→ § 7º acrescentado pela Lei 13.247/2016.

Art. 16. Não são admitidas a registro nem podem funcionar todas as espécies de sociedades de advogados que apresentem forma ou características de sociedade empresária, que adotem denominação de fantasia, que realizem atividades estranhas à advocacia, que incluam como sócio ou titular de sociedade unipessoal de advocacia pessoa não inscrita como advogado ou totalmente proibida de advogar.

→ *Caput* com redação alterada pela Lei 13.247/2016.

§ 1º A razão social deve ter, obrigatoriamente, o nome de, pelo menos, um advogado responsável pela sociedade, podendo permanecer o de sócio falecido, desde que prevista tal possibilidade no ato constitutivo.

→ *v.* Art. 997, II, do CC.

§ 2º O licenciamento do sócio para exercer atividade incompatível com a advocacia em caráter temporário deve ser averbado no registro da sociedade, não alterando sua constituição.

§ 3º É proibido o registro, nos cartórios de registro civil de pessoas jurídicas e nas juntas comerciais, de sociedade que inclua, entre outras finalidades, a atividade de advocacia.

§ 4º A denominação da sociedade unipessoal de advocacia deve ser obrigatoriamente formada pelo nome do seu titular, completo ou parcial, com a expressão 'Sociedade Individual de Advocacia.

→ § 4º acrescentado pela Lei 13.247/2016.

Art. 17. Além da sociedade, o sócio e o titular da sociedade individual de advocacia respondem subsidiária e ilimitadamente pelos danos causados aos clientes por ação ou omissão no exercício da advocacia, sem prejuízo da responsabilidade disciplinar em que possam incorrer.

→ Artigo com redação alterada pela Lei 13.247/2016.

Capítulo V
DO ADVOGADO EMPREGADO

→ *v.* Art. 25 do Novo Código de Ética e Disciplina da OAB.

→ *v.* Arts. 11 a 14 do Regulamento Geral da OAB.

Art. 18. A relação de emprego, na qualidade de advogado, não retira a isenção técnica nem reduz a independência profissional inerentes à advocacia.

Parágrafo único. O advogado empregado não está obrigado à prestação de serviços profissionais de interesse pessoal dos empregadores, fora da relação de emprego.

Art. 19. O salário mínimo profissional do advogado será fixado em sentença normativa, salvo se ajustado em acordo ou convenção coletiva de trabalho.

Art. 20. A jornada de trabalho do advogado empregado, no exercício da profissão, não poderá exceder a duração diária de 4 (quatro) horas contínuas e a de 20 (vinte) horas semanais, salvo acordo ou convenção coletiva ou em caso de dedicação exclusiva.

§ 1º Para efeitos deste artigo, considera-se como período de trabalho o tempo em que o advogado estiver à disposição do empregador, aguardando ou executando ordens, no seu escritório ou em atividades externas, sendo-lhe reembolsadas as despesas feitas com transporte, hospedagem e alimentação.

§ 2º As horas trabalhadas que excederem a jornada normal são remuneradas por um adicional não inferior a 100% (cem por cento) sobre o valor da hora normal, mesmo havendo contrato escrito.

§ 3º As horas trabalhadas no período das 20 (vinte) horas de um dia até as 5 (cinco) horas do dia seguinte são remuneradas como noturnas, acrescidas do adicional de 25% (vinte e cinco por cento).

Art. 21. Nas causas em que for parte o empregador, ou pessoa por este representada, os honorários de sucumbência são devidos aos advogados empregados.

Parágrafo único. Os honorários de sucumbência, percebidos por advogado empregado de sociedade de advogados são partilhados entre ele e a empregadora, na forma estabelecida em acordo.

Capítulo VI
DOS HONORÁRIOS ADVOCATÍCIOS

→ v. Súmula Vinculante 47 do STF.

→ v. Art. 389 do CC.

→ v. Arts. 85 e ss. do NCPC.

→ v. Arts. 48 a 54 do Novo Código de Ética e Disciplina da OAB.

→ v. Arts. 14, 37 e 111 do Regulamento Geral da OAB.

Art. 22. A prestação de serviço profissional assegura aos inscritos na OAB o direito aos honorários convencionados, aos fixados por arbitramento judicial e aos de sucumbência.

§ 1º O advogado, quando indicado para patrocinar causa de juridicamente necessitado, no caso de impossibilidade da Defensoria Pública no local da prestação de serviço, tem direito aos honorários fixados pelo juiz, segundo tabela organizada pelo Conselho Seccional da OAB, e pagos pelo Estado.

→ v. Art. 264 do CPP.

§ 2º Na falta de estipulação ou de acordo, os honorários são fixados por arbitramento judicial, em remuneração compatível com o trabalho e o valor econômico da questão, não podendo ser inferiores aos estabelecidos na tabela organizada pelo Conselho Seccional da OAB.

§ 3º Salvo estipulação em contrário, 1/3 (um terço) dos honorários é devido no início do serviço, outro terço até a decisão de primeira instância e o restante no final.

§ 4º Se o advogado fizer juntar aos autos o seu contrato de honorários antes de expedir-se o mandado de levantamento ou precatório, o juiz deve determinar que lhe sejam pagos diretamente, por dedução da quantia a ser recebida pelo constituinte, salvo se este provar que já os pagou.

§ 5º O disposto neste artigo não se aplica quando se tratar de mandato outorgado por advogado para defesa em processo oriundo de ato ou omissão praticada no exercício da profissão.

→ v. Art. 692 do CC.

Art. 23. Os honorários incluídos na condenação, por arbitramento ou sucumbência, pertencem ao advogado, tendo este direito autônomo para executar a sentença nesta parte, podendo requerer que o precatório, quando necessário, seja expedido em seu favor.

Art. 24. A decisão judicial que fixar ou arbitrar honorários e o contrato escrito que os estipular são títulos executivos e constituem crédito privilegiado na falência, concordata, concurso de credores, insolvência civil e liquidação extrajudicial.

→ v. Art. 784, XII, do NCPC.

§ 1º A execução dos honorários pode ser promovida nos mesmos autos da ação em que tenha atuado o advogado, se assim lhe convier.

§ 2º Na hipótese de falecimento ou incapacidade civil do advogado, os honorários de sucumbência, proporcionais ao trabalho realizado, são recebidos por seus sucessores ou representantes legais.

§ 3º É nula qualquer disposição, cláusula, regulamento ou convenção individual ou coletiva que retire do advogado o direito ao recebimento dos honorários de sucumbência.

§ 4º O acordo feito pelo cliente do advogado e a parte contrária, salvo aquiescência do profissional, não lhe prejudica os honorários, quer os convencionados, quer os concedidos por sentença.

Art. 25. Prescreve em 5 (cinco) anos a ação de cobrança de honorários de advogado, contado o prazo:

I – do vencimento do contrato, se houver;

II – do trânsito em julgado da decisão que os fixar;

III – da ultimação do serviço extrajudicial;

IV – da desistência ou transação;

V – da renúncia ou revogação do mandato.

Art. 25-A. Prescreve em 5 (cinco) anos a ação de prestação de contas pelas quantias recebidas pelo advogado de seu cliente, ou de terceiros por conta dele (art. 34, XXI).

→ Artigo acrescentado pela Lei 11.902/2009.

Art. 26. O advogado substabelecido, com reserva de poderes, não pode cobrar honorários sem a intervenção daquele que lhe conferiu o substabelecimento.

Capítulo VII
DAS INCOMPATIBILIDADES E IMPEDIMENTOS

→ v. Art. 8º do Regulamento Geral da OAB.

Art. 27. A incompatibilidade determina a proibição total, e o impedimento, a proibição parcial do exercício da advocacia.

Art. 28. A advocacia é incompatível, mesmo em causa própria, com as seguintes atividades:

→ v. Art. 7º, parágrafo único, da Lei 9.099/1995.

I – chefe do Poder Executivo e membros da Mesa do Poder Legislativo e seus substitutos legais;

II – membros de órgãos do Poder Judiciário, do Ministério Público, dos tribunais e conselhos de contas, dos juizados especiais, da justiça de paz, juízes classistas, bem como de todos os que exerçam função de julgamento em órgãos de deliberação coletiva da administração pública direta ou indireta;

→ v. ADIn 1.127-8 (*D.O.U.* 26.5.2006), o STF excluiu, do âmbito de abrangência do inciso II, os juízes eleitorais e seus suplentes.

III – ocupantes de cargos ou funções de direção em órgãos da Administração Pública direta ou indireta, em suas fundações e em suas empresas controladas ou concessionárias de serviço público;

IV – ocupantes de cargos ou funções vinculados direta ou indiretamente a qualquer órgão do Poder Judiciário e os que exercem serviços notariais e de registro;

V – ocupantes de cargos ou funções vinculados direta ou indiretamente a atividade policial de qualquer natureza;

VI – militares de qualquer natureza, na ativa;

VII – ocupantes de cargos ou funções que tenham competência de lançamento, arrecadação ou fiscalização de tributos e contribuições parafiscais;

VIII – ocupantes de funções de direção e gerência em instituições financeiras, inclusive privadas.

§ 1º A incompatibilidade permanece mesmo que o ocupante do cargo ou função deixe de exercê-lo temporariamente.

§ 2º Não se incluem nas hipóteses do inciso III os que não detenham poder de decisão relevante sobre interesses de terceiro, a juízo do Conselho competente da OAB, bem como a administração acadêmica diretamente relacionada ao magistério jurídico.

Art. 29. Os Procuradores-Gerais, Advogados-Gerais, Defensores-Gerais e dirigentes de órgãos jurídicos da Administração Pública direta, indireta e fundacional são exclusivamente legitimados para o exercício da advocacia vinculada à função que exerçam, durante o período da investidura.

Art. 30. São impedidos de exercer a advocacia:

→ v. Art. 167, § 5º, do NCPC.

I – os servidores da administração direta, indireta e fundacional, contra a Fazenda Pública que os remunere ou à qual seja vinculada a entidade empregadora;

II – os membros do Poder Legislativo, em seus diferentes níveis, contra ou a favor das pessoas jurídicas de direito público, empresas públicas, sociedades de economia mista, fundações públicas, entidades paraestatais ou empresas concessionárias ou permissionárias de serviço público.

Parágrafo único. Não se incluem nas hipóteses do inciso I os docentes dos cursos jurídicos.

Capítulo VIII
DA ÉTICA DO ADVOGADO

→ v. Arts. 77 e 78 do NCPC.

→ v. Arts. 2º a 7º, 22 a 24 e 27 a 30 do Novo Código de Ética e Disciplina da OAB.

Art. 31. O advogado deve proceder de forma que o torne merecedor de respeito e que contribua para o prestígio da classe e da advocacia.

§ 1º O advogado, no exercício da profissão, deve manter independência em qualquer circunstância.

§ 2º Nenhum receio de desagradar a magistrado ou a qualquer autoridade, nem de incorrer em impopularidade, deve deter o advogado no exercício da profissão.

Art. 32. O advogado é responsável pelos atos que, no exercício profissional, praticar com dolo ou culpa.

→ v. Art. 31 do NCPC.

Parágrafo único. Em caso de lide temerária, o advogado será solidariamente responsável com seu cliente, desde que coligado com este para lesar a parte contrária, o que será apurado em ação própria.

Art. 33. O advogado obriga-se a cumprir rigorosamente os deveres consignados no Código de Ética e Disciplina.

Parágrafo único. O Código de Ética e Disciplina regula os deveres do advogado para com a comunidade, o cliente, o outro profissional e, ainda, a publicidade, a recusa do patrocínio, o dever de assistência jurídica, o dever geral de urbanidade e os respectivos procedimentos disciplinares.

→ v. Arts. 39 a 47 do Novo Código de Ética e Disciplina da OAB.

Capítulo IX
DAS INFRAÇÕES E SANÇÕES DISCIPLINARES

Art. 34. Constitui infração disciplinar:

→ v. Art. 355 do CP.

I – exercer a profissão, quando impedido de fazê-lo, ou facilitar, por qualquer meio, o seu exercício aos não inscritos, proibidos ou impedidos;

II – manter sociedade profissional fora das normas e preceitos estabelecidos nesta Lei;

III – valer-se de agenciador de causas, mediante participação nos honorários a receber;

IV – angariar ou captar causas, com ou sem a intervenção de terceiros;

V – assinar qualquer escrito destinado a processo judicial ou para fim extrajudicial que não tenha feito, ou em que não tenha colaborado;

VI – advogar contra literal disposição de lei, presumindo-se a boa-fé quando fundamentado na inconstitucionalidade, na injustiça da lei ou em pronunciamento judicial anterior;

VII – violar, sem justa causa, sigilo profissional;

→ v. Art. 404, IV, do NCPC.

→ v. Arts. 20, 21 e 37 do Novo Código de Ética e Disciplina da OAB.

VIII – estabelecer entendimento com a parte adversa sem autorização do cliente ou ciência do advogado contrário;

IX – prejudicar, por culpa grave, interesse confiado ao seu patrocínio;

X – acarretar, conscientemente, por ato próprio, a anulação ou a nulidade do processo em que funcione;

XI – abandonar a causa sem justo motivo ou antes de decorridos 10 (dez) dias da comunicação da renúncia;

XII – recusar-se a prestar, sem justo motivo, assistência jurídica, quando nomeado em virtude de impossibilidade da Defensoria Pública;

XIII – fazer publicar na imprensa, desnecessária e habitualmente, alegações forenses ou relativas a causas pendentes;

XIV – deturpar o teor de dispositivo de lei, de citação doutrinária ou de julgado, bem como de depoimentos, documentos e alegações da parte contrária, para confundir o adversário ou iludir o juiz da causa;

XV – fazer, em nome do constituinte, sem autorização escrita deste, imputação a terceiro de fato definido como crime;

XVI – deixar de cumprir, no prazo estabelecido, determinação emanada do órgão ou autoridade da Ordem, em matéria da competência desta, depois de regularmente notificado;

XVII – prestar concurso a clientes ou a terceiros para realização de ato contrário à lei ou destinado a fraudá-la;

XVIII – solicitar ou receber de constituinte qualquer importância para aplicação ilícita ou desonesta;

XIX – receber valores, da parte contrária ou de terceiro, relacionados com o objeto do mandato, sem expressa autorização do constituinte;

XX – locupletar-se, por qualquer forma, à custa do cliente ou da parte adversa, por si ou interposta pessoa;

XXI – recusar-se, injustificadamente, a prestar contas ao cliente de quantias recebidas dele ou de terceiros por conta dele;

XXII – reter, abusivamente, ou extraviar autos recebidos com vista ou em confiança;

XXIII – deixar de pagar as contribuições, multas e preços de serviços devidos à OAB, depois de regularmente notificado a fazê-lo;

XXIV – incidir em erros reiterados que evidenciem inépcia profissional;

XXV – manter conduta incompatível com a advocacia;

XXVI – fazer falsa prova de qualquer dos requisitos para inscrição na OAB;

XXVII – tornar-se moralmente inidôneo para o exercício da advocacia;

XXVIII – praticar crime infamante;

XXIX – praticar, o estagiário, ato excedente de sua habilitação.

Parágrafo único. Inclui-se na conduta incompatível:

a) prática reiterada de jogo de azar, não autorizado por lei;

b) incontinência pública e escandalosa;

c) embriaguez ou toxicomania habituais.

Art. 35. As sanções disciplinares consistem em:

I – censura;

II – suspensão;

III – exclusão;

IV – multa.

Parágrafo único. As sanções devem constar dos assentamentos do inscrito, após o trânsito em julgado da decisão, não podendo ser objeto de publicidade a de censura.

Art. 36. A censura é aplicável nos casos de:

I – infrações definidas nos incisos I a XVI e XXIX do art. 34;

II – violação a preceito do Código de Ética e Disciplina;

III – violação a preceito desta Lei, quando para a infração não se tenha estabelecido sanção mais grave.

Parágrafo único. A censura pode ser convertida em advertência, em ofício reservado, sem registro nos assentamentos do inscrito, quando presente circunstância atenuante.

Art. 37. A suspensão é aplicável nos casos de:

I – infrações definidas nos incisos XVII a XXV do art. 34;

II – reincidência em infração disciplinar.

§ 1º A suspensão acarreta ao infrator a interdição do exercício profissional, em todo o território nacional, pelo prazo de 30 (trinta) dias a 12 (doze) meses, de acordo com os critérios de individualização previstos neste capítulo.

§ 2º Nas hipóteses dos incisos XXI e XXIII do art. 34, a suspensão perdura até que satisfaça integralmente a dívida, inclusive com correção monetária.

§ 3º Na hipótese do inciso XXIV do art. 34, a suspensão perdura até que preste novas provas de habilitação.

Art. 38. A exclusão é aplicável nos casos de:

I – aplicação, por 3 (três) vezes, de suspensão;

II – infrações definidas nos incisos XXVI a XXVIII do art. 34.

Parágrafo único. Para a aplicação da sanção disciplinar de exclusão, é necessária a manifestação favorável de 2/3 (dois terços) dos membros do Conselho Seccional competente.

Art. 39. A multa, variável entre o mínimo correspondente ao valor de uma anuidade e o máximo de seu décuplo, é aplicável cumulativamente com a censura ou suspensão, em havendo circunstâncias agravantes.

Art. 40. Na aplicação das sanções disciplinares, são consideradas, para fins de atenuação, as seguintes circunstâncias, entre outras:

I – falta cometida na defesa de prerrogativa profissional;

II – ausência de punição disciplinar anterior;

III – exercício assíduo e proficiente de mandato ou cargo em qualquer órgão da OAB;

IV – prestação de relevantes serviços à advocacia ou à causa pública.

Parágrafo único. Os antecedentes profissionais do inscrito, as atenuantes, o grau de culpa por ele revelada, as circunstâncias e as consequências da infração são considerados para o fim de decidir:

a) sobre a conveniência da aplicação cumulativa da multa e de outra sanção disciplinar;

b) sobre o tempo de suspensão e o valor da multa aplicáveis.

Art. 41. É permitido ao que tenha sofrido qualquer sanção disciplinar requerer, um ano após seu cumprimento, a reabilitação, em face de provas efetivas de bom comportamento.

Parágrafo único. Quando a sanção disciplinar resultar da prática de crime, o pedido de reabilitação depende também da correspondente reabilitação criminal.

Art. 42. Fica impedido de exercer o mandato o profissional a quem forem aplicadas as sanções disciplinares de suspensão ou exclusão.

Art. 43. A pretensão à punibilidade das infrações disciplinares prescreve em 5 (cinco) anos, contados da data da constatação oficial do fato.

§ 1º Aplica-se a prescrição a todo processo disciplinar paralisado por mais de 3 (três) anos, pendente de despacho ou julgamento, devendo ser arquivado de ofício, ou a requerimento da parte interessada, sem prejuízo de serem apuradas as responsabilidades pela paralisação.

§ 2º A prescrição interrompe-se:

I – pela instauração de processo disciplinar ou pela notificação válida feita diretamente ao representado;

II – pela decisão condenatória recorrível de qualquer órgão julgador da OAB.

Título II
Da ordem dos advogados do brasil

Capítulo I
DOS FINS E DA ORGANIZAÇÃO

➔ *v.* Arts. 44 a 150 do Regulamento Geral da OAB.

Art. 44. A Ordem dos Advogados do Brasil – OAB, serviço público, dotada de personalidade jurídica e forma federativa, tem por finalidade:

I – defender a Constituição, a ordem jurídica do Estado democrático de direito, os direitos humanos, a justiça social, e pugnar pela boa aplicação das leis, pela rápida administração da justiça e pelo aperfeiçoamento da cultura e das instituições jurídicas;

II – promover, com exclusividade, a representação, a defesa, a seleção e a disciplina dos advogados em toda a República Federativa do Brasil.

§ 1º A OAB não mantém com órgãos da Administração Pública qualquer vínculo funcional ou hierárquico.

§ 2º O uso da sigla OAB é privativo da Ordem dos Advogados do Brasil.

Art. 45. São órgãos da OAB:

I – o Conselho Federal;

II – os Conselhos Seccionais;

III – as Subseções;

IV – as Caixas de Assistência dos Advogados.

§ 1º O Conselho Federal, dotado de personalidade jurídica própria, com sede na capital da República, é o órgão supremo da OAB.

§ 2º Os Conselhos Seccionais, dotados de personalidade jurídica própria, têm jurisdição sobre os respectivos territórios dos Estados-membros, do Distrito Federal e dos Territórios.

§ 3º As Subseções são partes autônomas do Conselho Seccional, na forma desta Lei e de seu ato constitutivo.

§ 4º As Caixas de Assistência dos Advogados, dotadas de personalidade jurídica própria, são criadas pelos Conselhos Seccionais, quando estes contarem com mais de 1.500 (mil e quinhentos) inscritos.

§ 5º A OAB, por constituir serviço público, goza de imunidade tributária total em relação a seus bens, rendas e serviços.

§ 6º Os atos conclusivos dos órgãos da OAB, salvo quando reservados ou de administração interna, devem ser publicados na imprensa oficial ou afixados no fórum, na íntegra ou em resumo.

Art. 46. Compete à OAB fixar e cobrar, de seus inscritos, contribuições, preços de serviços e multas.

Parágrafo único. Constitui título executivo extrajudicial a certidão passada pela diretoria do Conselho competente, relativa a crédito previsto neste artigo.

Art. 47. O pagamento da contribuição anual à OAB isenta os inscritos nos seus quadros do pagamento obrigatório da contribuição sindical.

Art. 48. O cargo de conselheiro ou de membro de diretoria de órgão da OAB é de exercício gratuito e obrigatório, considerado serviço público relevante, inclusive para fins de disponibilidade e aposentadoria.

Art. 49. Os Presidentes dos Conselhos e das Subseções da OAB têm legitimidade para agir, judicial e extrajudicialmente, contra qualquer pessoa que infringir as disposições ou os fins desta Lei.

Parágrafo único. As autoridades mencionadas no *caput* deste artigo têm, ainda, legitimidade para intervir, inclusive como assistentes, nos inquéritos e processos em que sejam indiciados, acusados ou ofendidos os inscritos na OAB.

➔ *v.* Art. 268 do CPP.

Art. 50. Para os fins desta Lei, os Presidentes dos Conselhos da OAB e das Subseções podem requisitar cópias de peças de autos e documentos a qualquer tribunal, magistrado, cartório e órgão da Administração Pública direta, indireta e fundacional.

➔ *v.* ADIn 1.127-8 (*D.O.U.* 26.5.2006), o STF julgou parcialmente procedente a ação para, "sem redução de texto, dar interpretação conforme ao dispositivo, de modo a fazer compreender a palavra 'requisitar' como dependente de motivação, compatibilização com as finalidades da lei e atendimento de custos desta requisição. Ficam ressalvados, desde já, os documentos cobertos por sigilo".

Capítulo II
DO CONSELHO FEDERAL

Art. 51. O Conselho Federal compõe-se:

I – dos conselheiros federais, integrantes das delegações de cada unidade federativa;

II – dos seus ex-presidentes, na qualidade de membros honorários vitalícios.

§ 1º Cada delegação é formada por 3 (três) conselheiros federais.

§ 2º Os ex-presidentes têm direito apenas a voz nas sessões.

Art. 52. Os presidentes dos Conselhos Seccionais, nas sessões do Conselho Federal, têm lugar reservado junto à delegação respectiva e direito somente a voz.

Art. 53. O Conselho Federal tem sua estrutura e funcionamento definidos no Regulamento Geral da OAB.

§ 1º O Presidente, nas deliberações do Conselho, tem apenas o voto de qualidade.

§ 2º O voto é tomado por delegação, e não pode ser exercido nas matérias de interesse da unidade que represente.

§ 3º Na eleição para a escolha da Diretoria do Conselho Federal, cada membro da delegação terá direito a 1 (um) voto, vedado aos membros honorários vitalícios.

➔ § 3º acrescentado pela Lei 11.179/2005.

Art. 54. Compete ao Conselho Federal:

I – dar cumprimento efetivo às finalidades da OAB;

II – representar, em juízo ou fora dele, os interesses coletivos ou individuais dos advogados;

III – velar pela dignidade, independência, prerrogativas e valorização da advocacia;

IV – representar, com exclusividade, os advogados brasileiros nos órgãos e eventos internacionais da advocacia;

V – editar e alterar o Regulamento Geral, o Código de Ética e Disciplina, e os Provimentos que julgar necessários;

VI – adotar medidas para assegurar o regular funcionamento dos Conselhos Seccionais;

VII – intervir nos Conselhos Seccionais, onde e quando constatar grave violação desta Lei ou do Regulamento Geral;

VIII – cassar ou modificar, de ofício ou mediante representação, qualquer ato, de órgão ou autoridade da OAB, contrário a esta Lei, ao Regulamento Geral, ao Código de Ética e Disciplina, e aos Provimentos, ouvida a autoridade ou o órgão em causa;

IX – julgar, em grau de recurso, as questões decididas pelos Conselhos Seccionais, nos casos previstos neste Estatuto e no Regulamento Geral;

X – dispor sobre a identificação dos inscritos na OAB e sobre os respectivos símbolos privativos;

XI – apreciar o relatório anual e deliberar sobre o balanço e as contas de sua diretoria;

XII – homologar ou mandar suprir relatório anual, o balanço e as contas dos Conselhos Seccionais;

XIII – elaborar as listas constitucionalmente previstas, para o preenchimento dos cargos nos tribunais judiciários de âmbito nacional ou interestadual, com advogados que estejam em pleno exercício da profissão, vedada a inclusão de nome de membro do próprio Conselho ou de outro órgão da OAB;

XIV – ajuizar ação direta de inconstitucionalidade de normas legais e atos normativos, ação civil pública, mandado de segurança coletivo, mandado de injunção e demais ações cuja legitimação lhe seja outorgada por lei;

XV – colaborar com o aperfeiçoamento dos cursos jurídicos, e opinar, previamente, nos pedidos apresentados aos órgãos competentes para criação, reconhecimento ou credenciamento desses cursos;

XVI – autorizar, pela maioria absoluta das delegações, a oneração ou alienação de seus bens imóveis;

XVII – participar de concursos públicos, nos casos previstos na Constituição e na lei, em todas as suas fases, quando tiverem abrangência nacional ou interestadual;

XVIII – resolver os casos omissos neste Estatuto.

Parágrafo único. A intervenção referida no inciso VII deste artigo depende de prévia aprovação por 2/3 (dois terços) das delegações, garantido o amplo direito de defesa do Conselho Seccional respectivo, nomeando-se diretoria provisória para o prazo que se fixar.

Art. 55. A diretoria do Conselho Federal é composta de um Presidente, de um Vice-Presidente, de um Secretário-Geral, de um Secretário-Geral Adjunto e de um Tesoureiro.

§ 1º O Presidente exerce a representação nacional e internacional da OAB, competindo-lhe convocar o Conselho Federal, presidi-lo, representá-lo ativa e passivamente, em juízo ou fora dele, promover-lhe a administração patrimonial e dar execução às suas decisões.

§ 2º O Regulamento Geral define as atribuições dos membros da Diretoria e a ordem de substituição em caso de vacância, licença, falta ou impedimento.

§ 3º Nas deliberações do Conselho Federal, os membros da diretoria votam como membros de suas delegações, cabendo ao Presidente, apenas, o voto de qualidade e o direito de embargar a decisão, se esta não for unânime.

Capítulo III
DO CONSELHO SECCIONAL

Art. 56. O Conselho Seccional compõe-se de conselheiros em número proporcional ao de seus inscritos, segundo critérios estabelecidos no Regulamento Geral.

§ 1º São membros honorários vitalícios os seus ex-presidentes, somente com direito a voz em suas sessões.

§ 2º O Presidente do Instituto dos Advogados local é membro honorário, somente com direito a voz nas sessões do Conselho.

§ 3º Quando presentes às sessões do Conselho Seccional, o Presidente do Conselho Federal, os Conselheiros Federais integrantes da respectiva delegação, o Presidente da Caixa de Assistência dos Advogados e os Presidentes das Subseções, têm direito a voz.

Art. 57. O Conselho Seccional exerce e observa, no respectivo território, as competências, vedações e funções atribuídas ao Conselho Federal, no que couber e no âmbito de sua competência material e territorial, e as normas gerais estabelecidas nesta Lei, no Regulamento Geral, no Código de Ética e Disciplina, e nos Provimentos.

Art. 58. Compete privativamente ao Conselho Seccional:

I – editar seu Regimento Interno e Resoluções;

II – criar as Subseções e a Caixa de Assistência dos Advogados;

III – julgar, em grau de recurso, as questões decididas por seu Presidente, por sua diretoria, pelo Tribunal de Ética e Disciplina, pelas diretorias das Subseções e da Caixa de Assistência dos Advogados;

IV – fiscalizar a aplicação da receita, apreciar o relatório anual e deliberar sobre o balanço e as contas de sua diretoria, das diretorias das Subseções e da Caixa de Assistência dos Advogados;

V – fixar a tabela de honorários, válida para todo o território estadual;

VI – realizar o Exame de Ordem;

VII – decidir os pedidos de inscrição nos quadros de advogados e estagiários;

VIII – manter cadastro de seus inscritos;

IX – fixar, alterar e receber contribuições obrigatórias, preços de serviços e multas;

X – participar da elaboração dos concursos públicos, em todas as suas fases, nos casos previstos na Constituição e nas leis, no âmbito do seu território;

XI – determinar, com exclusividade, critérios para o traje dos advogados, no exercício profissional;

XII – aprovar e modificar seu orçamento anual;

XIII – definir a composição e o funcionamento do Tribunal de Ética e Disciplina, e escolher seus membros;

XIV – eleger as listas, constitucionalmente previstas, para preenchimento dos cargos nos tribunais judiciários, no âmbito de sua competência e na forma do Provimento do Conselho Federal, vedada a inclusão de membros do próprio Conselho e de qualquer órgão da OAB;

XV – intervir nas Subseções e na Caixa de Assistência dos Advogados;

XVI – desempenhar outras atribuições previstas no Regulamento Geral.

Art. 59. A diretoria do Conselho Seccional tem composição idêntica e atribuições equivalentes às do Conselho Federal, na forma do Regimento Interno daquele.

Capítulo IV
DA SUBSEÇÃO

Art. 60. A Subseção pode ser criada pelo Conselho Seccional, que fixa sua área territorial e seus limites de competência e autonomia.

§ 1º A área territorial da Subseção pode abranger um ou mais municípios, ou parte de município, inclusive da capital do Estado, contando com um mínimo de 15 (quinze) advogados, nela profissionalmente domiciliados.

§ 2º A Subseção é administrada por uma diretoria, com atribuições e composição equivalentes às da diretoria do Conselho Seccional.

§ 3º Havendo mais de 100 (cem) advogados, a Subseção pode ser integrada, também, por um Conselho em número de membros fixado pelo Conselho Seccional.

§ 4º Os quantitativos referidos nos §§ 1º e 3º deste artigo podem ser ampliados, na forma do Regimento Interno do Conselho Seccional.

§ 5º Cabe ao Conselho Seccional fixar, em seu orçamento, dotações específicas destinadas à manutenção das Subseções.

§ 6º O Conselho Seccional, mediante o voto de 2/3 (dois terços) de seus membros, pode intervir nas Subseções, onde constatar grave violação desta Lei ou do Regimento Interno daquele.

Art. 61. Compete à Subseção, no âmbito de seu território:

I – dar cumprimento efetivo às finalidades da OAB;

II – velar pela dignidade, independência e valorização da advocacia, e fazer valer as prerrogativas do advogado;

III – representar a OAB perante os poderes constituídos;

IV – desempenhar as atribuições previstas no Regulamento Geral ou por delegação de competência do Conselho Seccional.

Parágrafo único. Ao Conselho da Subseção, quando houver, compete exercer as funções e atribuições do Conselho Seccional, na forma do Regimento Interno deste, e ainda:

a) editar seu Regimento Interno, a ser referendado pelo Conselho Seccional;

b) editar resoluções, no âmbito de sua competência;

c) instaurar e instruir processos disciplinares, para julgamento pelo Tribunal de Ética e Disciplina;

d) receber pedido de inscrição nos quadros de advogado e estagiário, instruindo e emitindo parecer prévio, para decisão do Conselho Seccional.

Capítulo V
DA CAIXA DE ASSISTÊNCIA DOS ADVOGADOS

Art. 62. A Caixa de Assistência dos Advogados, com personalidade jurídica própria, destina-se a prestar assistência aos inscritos no Conselho Seccional a que se vincule.

§ 1º A Caixa é criada e adquire personalidade jurídica com a aprovação e registro de seu Estatuto pelo respectivo Conselho Seccional da OAB, na forma do Regulamento Geral.

§ 2º A Caixa pode, em benefício dos advogados, promover a seguridade complementar.

§ 3º Compete ao Conselho Seccional fixar contribuição obrigatória devida por seus inscritos, destinada à manutenção do disposto no parágrafo anterior, incidente sobre atos decorrentes do efetivo exercício da advocacia.

§ 4º A diretoria da Caixa é composta de 5 (cinco) membros, com atribuições definidas no seu Regimento Interno.

§ 5º Cabe à Caixa a metade da receita das anuidades recebidas pelo Conselho Seccional, considerado o valor resultante após as deduções regulamentares obrigatórias.

§ 6º Em caso de extinção ou desativação da Caixa, seu patrimônio se incorpora ao do Conselho Seccional respectivo.

§ 7º O Conselho Seccional, mediante voto de 2/3 (dois terços) de seus membros, pode intervir na Caixa de Assistência dos Advogados, no caso de descumprimento de suas finalidades, designando diretoria provisória, enquanto durar a intervenção.

Capítulo VI
DAS ELEIÇÕES E DOS MANDATOS

→ v. Arts. 128 a 137-C do Regulamento Geral da OAB.

Art. 63. A eleição dos membros de todos os órgãos da OAB será realizada na segunda quinzena do mês de novembro, do último ano do mandato, mediante cédula única e votação direta dos advogados regularmente inscritos.

§ 1º A eleição, na forma e segundo os critérios e procedimentos estabelecidos no Regulamento Geral, é de comparecimento obrigatório para todos os advogados inscritos na OAB.

§ 2º O candidato deve comprovar situação regular junto à OAB, não ocupar cargo exonerável *ad nutum*, não ter sido condenado por infração disciplinar, salvo reabilitação, e exercer efetivamente a profissão há mais de 5 (cinco) anos.

Art. 64. Consideram-se eleitos os candidatos integrantes da chapa que obtiver a maioria dos votos válidos.

§ 1º A chapa para o Conselho Seccional deve ser composta dos candidatos ao Conselho e à sua Diretoria e, ainda, à delegação ao Conselho Federal e à Diretoria da Caixa de Assistência dos Advogados para eleição conjunta.

§ 2º A chapa para a Subseção deve ser composta com os candidatos à diretoria, e de seu Conselho quando houver.

Art. 65. O mandato em qualquer órgão da OAB é de 3 (três) anos, iniciando-se em 1º de janeiro do ano seguinte ao da eleição, salvo o Conselho Federal.

Parágrafo único. Os conselheiros federais eleitos iniciam seus mandatos em 1º de fevereiro do ano seguinte ao da eleição.

Art. 66. Extingue-se o mandato automaticamente, antes do seu término, quando:

I – ocorrer qualquer hipótese de cancelamento de inscrição ou de licenciamento do profissional;

II – o titular sofrer condenação disciplinar;

III – o titular faltar, sem motivo justificado, a 3 (três) reuniões ordinárias consecutivas de cada órgão deliberativo do Conselho ou da diretoria da Subseção ou da Caixa de Assistência dos Advogados, não podendo ser reconduzido no mesmo período de mandato.

Parágrafo único. Extinto qualquer mandato, nas hipóteses deste artigo, cabe ao Conselho Seccional escolher o substituto, caso não haja suplente.

Art. 67. A eleição da Diretoria do Conselho Federal, que tomará posse no dia 1º de fevereiro, obedecerá às seguintes regras:

I – será admitido registro, junto ao Conselho Federal, de candidatura à presidência, desde 6 (seis) meses até 1 (um) mês antes da eleição;

II – o requerimento de registro deverá vir acompanhado do apoiamento de, no mínimo, 6 (seis) Conselhos Seccionais;

III – até 1 (um) mês antes das eleições, deverá ser requerido o registro da chapa completa, sob pena de cancelamento da candidatura respectiva;

IV – no dia 31 de janeiro do ano seguinte ao da eleição, o Conselho Federal elegerá, em reunião presidida pelo conselheiro mais antigo, por voto secreto e para mandato de 3 (três) anos, sua diretoria, que tomará posse no dia seguinte;

→ Inciso IV com redação alterada pela Lei 11.179/2005.

V – será considerada eleita a chapa que obtiver maioria simples dos votos dos Conselheiros Federais, presente a metade mais 1 (um) de seus membros.

→ Inciso V com redação alterada pela Lei 11.179/2005.

Parágrafo único. Com exceção do candidato a Presidente, os demais integrantes da chapa deverão ser conselheiros federais eleitos.

Título III
Do processo na OAB

→ *V.* Arts. 55 a 69 do Novo Código de Ética e Disciplina da OAB.

→ *V.* Arts. 120 e 137-D a 144-A do Regulamento Geral da OAB.

Capítulo I
DISPOSIÇÕES GERAIS

Art. 68. Salvo disposição em contrário, aplicam-se subsidiariamente ao processo disciplinar as regras da legislação processual penal comum e, aos demais processos, as regras gerais do procedimento administrativo comum e da legislação processual civil, nessa ordem.

Art. 69. Todos os prazos necessários à manifestação de advogados, estagiários e terceiros, nos processos em geral da OAB, são de 15 (quinze) dias, inclusive para interposição de recursos.

§ 1º Nos casos de comunicação por ofício reservado, ou de notificação pessoal, o prazo se conta a partir do dia útil imediato ao da notificação do recebimento.

§ 2º Nos casos de publicação na imprensa oficial do ato ou da decisão, o prazo inicia-se no primeiro dia útil seguinte.

Capítulo II
DO PROCESSO DISCIPLINAR

Art. 70. O poder de punir disciplinarmente os inscritos na OAB compete exclusivamente ao Conselho Seccional em cuja base territorial tenha ocorrido a infração, salvo se a falta for cometida perante o Conselho Federal.

§ 1º Cabe ao Tribunal de Ética e Disciplina, do Conselho Seccional competente, julgar os processos disciplinares, instruídos pelas Subseções ou por relatores do próprio Conselho.

§ 2º A decisão condenatória irrecorrível deve ser imediatamente comunicada ao Conselho Seccional onde o representado tenha inscrição principal, para constar dos respectivos assentamentos.

§ 3º O Tribunal de Ética e Disciplina do Conselho onde o acusado tenha inscrição principal pode suspendê-lo preventivamente, em caso de repercussão prejudicial à dignidade da advocacia, depois de ouvi-lo em sessão especial para a qual deve ser notificado a comparecer, salvo se não atender à notificação. Neste caso, o processo disciplinar deve ser concluído no prazo máximo de 90 (noventa) dias.

Art. 71. A jurisdição disciplinar não exclui a comum e, quando o fato constituir crime ou contravenção, deve ser comunicado às autoridades competentes.

Art. 72. O processo disciplinar instaura-se de ofício ou mediante representação de qualquer autoridade ou pessoa interessada.

§ 1º O Código de Ética e Disciplina estabelece os critérios de admissibilidade da representação e os procedimentos disciplinares.

§ 2º O processo disciplinar tramita em sigilo, até o seu término, só tendo acesso às suas informações as partes, seus defensores e a autoridade judiciária competente.

Art. 73. Recebida a representação, o Presidente deve designar relator, a quem compete a instrução do processo e o oferecimento de parecer preliminar a ser submetido ao Tribunal de Ética e Disciplina.

§ 1º Ao representado deve ser assegurado amplo direito de defesa, podendo acompanhar o processo em todos os termos, pessoalmente ou por intermédio de procurador, oferecendo defesa prévia após ser notificado, razões finais após a instrução e defesa oral perante o Tribunal de Ética e Disciplina, por ocasião do julgamento.

§ 2º Se, após a defesa prévia, o relator se manifestar pelo indeferimento liminar da representação, este deve ser decidido pelo Presidente do Conselho Seccional, para determinar seu arquivamento.

§ 3º O prazo para defesa prévia pode ser prorrogado por motivo relevante, a juízo do relator.

§ 4º Se o representado não for encontrado, ou for revel, o Presidente do Conselho ou da Subseção deve designar-lhe defensor dativo.

§ 5º É também permitida a revisão do processo disciplinar, por erro de julgamento ou por condenação baseada em falsa prova.

Art. 74. O Conselho Seccional pode adotar as medidas administrativas e judiciais pertinentes, objetivando a que o profissional suspenso ou excluído devolva os documentos de identificação.

Capítulo III
DOS RECURSOS

Art. 75. Cabe recurso ao Conselho Federal de todas as decisões definitivas proferidas pelo Conselho Seccional, quando não tenham sido unânimes ou, sendo unânimes, contrariem esta Lei, decisão do Conselho Federal ou de outro Conselho Seccional e, ainda, o Regulamento Geral, o Código de Ética e Disciplina e os Provimentos.

Parágrafo único. Além dos interessados, o Presidente do Conselho Seccional é legitimado a interpor o recurso referido neste artigo.

Art. 76. Cabe recurso ao Conselho Seccional de todas as decisões proferidas por seu Presidente, pelo Tribunal de Ética e Disciplina, ou pela diretoria da Subseção ou da Caixa de Assistência dos Advogados.

Art. 77. Todos os recursos têm efeito suspensivo, exceto quando tratarem de eleições (arts. 63 e seguintes), de suspensão preventiva decidida pelo Tribunal de Ética e Disciplina, e de cancelamento da inscrição obtida com falsa prova.

Parágrafo único. O Regulamento Geral disciplina o cabimento de recursos específicos, no âmbito de cada órgão julgador.

Título IV
Das disposições gerais e transitórias

Art. 78. Cabe ao Conselho Federal da OAB, por deliberação de 2/3 (dois terços), pelo menos, das delegações, editar o Regulamento Geral deste Estatuto, no prazo de 6 (seis) meses, contados da publicação desta Lei.

Art. 79. Aos servidores da OAB, aplica-se o regime trabalhista.

→ *V.* ADIn 3.026-4 (*D.O.U.* 3.3.2005) do STF.

§ 1º Aos servidores da OAB, sujeitos ao regime da Lei 8.112, de 11 de dezembro de 1990, é concedido o direito de opção pelo regime trabalhista, no prazo de 90 (noventa) dias a partir da vigência desta Lei, sendo assegurado aos optantes o pagamento de indenização, quando da aposentadoria, correspondente a 5 (cinco) vezes o valor da última remuneração.

§ 2º Os servidores que não optarem pelo regime trabalhista serão posicionados no quadro em extinção, assegurado o direito adquirido ao regime legal anterior.

Art. 80. Os Conselhos Federal e Seccionais devem promover trienalmente as respectivas Conferências, em data não coincidente com o ano eleitoral, e, periodicamente, reunião do colégio de presidentes a eles vinculados, com finalidade consultiva.

Art. 81. Não se aplicam aos que tenham assumido originariamente o cargo de Presidente do Conselho Federal ou dos Conselhos Seccionais, até a data da publicação desta Lei, as normas contidas no Título II, acerca da composição desses Conselhos, ficando assegurado o pleno direito de voz e voto em suas sessões.

Art. 82. Aplicam-se as alterações previstas nesta Lei, quanto a mandatos, eleições, composição e atribuições dos órgãos da OAB, a partir do término do mandato dos atuais membros, devendo os Conselhos Federal e Seccionais disciplinarem os respectivos procedimentos de adaptação.

Parágrafo único. Os mandatos dos membros dos órgãos da OAB, eleitos na primeira eleição sob a vigência desta Lei, e na forma do Capítulo VI do Título II, terão início no dia seguinte ao término dos atuais mandatos, encerrando-se em 31 de dezembro do terceiro ano do mandato e em 31 de janeiro do terceiro ano do mandato, neste caso com relação ao Conselho Federal.

Art. 83. Não se aplica o disposto no art. 28, inciso II, desta Lei, aos membros do Ministério Público que, na data de promulgação da Constituição, se incluam na previsão do art. 29, § 3º, do seu Ato das Disposições Constitucionais Transitórias.

Art. 84. O estagiário, inscrito no respectivo quadro, fica dispensado do Exame de Ordem, desde que comprove, em até 2 (dois) anos da promulgação desta Lei, o exercício e resultado do estágio profissional ou a conclusão, com aproveitamento, do estágio de Prática Forense e Organização Judiciária, realizado junto à respectiva faculdade, na forma da legislação em vigor.

Art. 85. O Instituto dos Advogados Brasileiros e as instituições a ele filiadas têm qualidade para promover perante a OAB o que julgarem do interesse dos advogados em geral ou de qualquer dos seus membros.

Art. 86. Esta Lei entra em vigor na data de sua publicação.

Art. 87. Revogam-se as disposições em contrário, especialmente a Lei 4.215, de 27 de abril de 1963, a Lei 5.390, de 23 de fevereiro de 1968, o Decreto-lei 505, de 18 de março de 1969, a Lei 5.681, de 20 de julho de 1971, a Lei 5.842, de 6 de dezembro de 1972, a Lei 5.960, de 10 de dezembro de 1973, a Lei 6.743, de 5 de dezembro de 1979, a Lei 6.884, de 9 de dezembro de 1980, a Lei 6.994, de 26 de maio de 1982, mantidos os efeitos da Lei 7.346, de 22 de julho de 1985.

Brasília, 4 de julho de 1994; 173º da Independência e 106º da República.

Itamar Franco

(Publicação no *D.O.U.* de 5.7.1994)

ÍNDICE SISTEMÁTICO DO REGULAMENTO GERAL DO ESTATUTO DA ADVOCACIA E A OAB

TÍTULO I – DA ADVOCACIA

TÍTULO II – DA ORDEM DOS ADVOGADOS DO BRASIL (OAB)

TÍTULO III – DAS DISPOSIÇÕES GERAIS E TRANSITÓRIAS

ÍNDICE SISTEMÁTICO DO REGULAMENTO GERAL DO ESTATUTO DA ADVOCACIA E A OAB

REGULAMENTO GERAL DO ESTATUTO DA ADVOCACIA E A OAB

Dispõe sobre o Regulamento Geral previsto na Lei 8.906, de 4 de julho de 1994.

O Conselho Federal da Ordem dos Advogados do Brasil, no uso das atribuições conferidas pelos artigos 54, V, e 78 da Lei 8.906, de 4 de julho de 1994, resolve:

Título I
Da advocacia

Capítulo I
DA ATIVIDADE DE ADVOCACIA

→ *v.* Arts. 1º a 4º da Lei 8.906/1994.

→ *v.* Arts. 1º a 7º do Novo Código de Ética e Disciplina da OAB.

Seção I
Da atividade de advocacia em geral

Art. 1º A atividade de advocacia é exercida com observância da Lei 8.906/1994 (Estatuto), deste Regulamento Geral, do Código de Ética e Disciplina e dos Provimentos.

Art. 2º O visto do advogado em atos constitutivos de pessoas jurídicas, indispensável ao registro e arquivamento nos órgãos competentes, deve resultar da efetiva constatação, pelo profissional que os examinar, de que os respectivos instrumentos preenchem as exigências legais pertinentes.

→ *Caput* com redação alterada pelo Conselho Pleno do CFOAB (*D.J.* 12.12.2000).

Parágrafo único. Estão impedidos de exercer o ato de advocacia referido neste artigo os advogados que prestem serviços a órgãos ou entidades da Administração Pública direta ou indireta, da unidade federativa a que se vincule a Junta Comercial, ou a quaisquer repartições administrativas competentes para o mencionado registro.

Art. 3º É defeso ao advogado funcionar no mesmo processo, simultaneamente, como patrono e preposto do empregador ou cliente.

Art. 4º A prática de atos privativos de advocacia, por profissionais e sociedades não inscritos na OAB, constitui exercício ilegal da profissão.

Parágrafo único. É defeso ao advogado prestar serviços de assessoria e consultoria jurídicas para terceiros, em sociedades que não possam ser registradas na OAB.

Art. 5º Considera-se efetivo exercício da atividade de advocacia a participação anual mínima em cinco atos privativos previstos no artigo 1º do Estatuto, em causas ou questões distintas.

Parágrafo único. A comprovação do efetivo exercício faz-se mediante:

a) certidão expedida por cartórios ou secretarias judiciais;

b) cópia autenticada de atos privativos;

c) certidão expedida pelo órgão público no qual o advogado exerça função privativa do seu ofício, indicando os atos praticados.

Art. 6º O advogado deve notificar o cliente da renúncia ao mandato (art. 5º, § 3º, do Estatuto), preferencialmente mediante carta com aviso de recepção, comunicando, após, o Juízo.

→ *v.* Art. 5º da Lei 8.906/1994.

→ *v.* Arts. 10 a 20 e 26 do Novo Código de Ética e Disciplina da OAB.

Art. 7º A função de diretoria e gerência jurídicas em qualquer empresa pública, privada ou paraestatal, inclusive em instituições financeiras, é privativa de advogado, não podendo ser exercida por quem não se encontre inscrito regularmente na OAB.

Art. 8º A incompatibilidade prevista no art. 28, II, do Estatuto, não se aplica aos advogados que participam dos órgãos nele referidos, na qualidade de titulares ou suplentes, como representantes dos advogados.

→ Artigo com redação alterada pelo Conselho Pleno do CFOAB (*D.J.* 12.12.2000).

→ *v.* Arts. 4º e 27 a 30 da Lei 8.906/1994.

§ 1º Ficam, entretanto, impedidos de exercer a advocacia perante os órgãos em que atuam, enquanto durar a investidura.

§ 2º A indicação dos representantes dos advogados nos juizados especiais deverá ser promovida pela Subseção ou, na sua ausência, pelo Conselho Seccional.

Seção II
Da advocacia pública

Art. 9º Exercem a advocacia pública os integrantes da Advocacia-Geral da União, da Defensoria Pública e das Procuradorias e Consultorias Jurídicas dos Estados, do Distrito Federal, dos Municípios, das autarquias e das fundações públicas, estando obrigados à inscrição na OAB, para o exercício de suas atividades.

Parágrafo único. Os integrantes da advocacia pública são elegíveis e podem integrar qualquer órgão da OAB.

Art. 10. Os integrantes da advocacia pública, no exercício de atividade privativa prevista no art. 1º do Estatuto, sujeitam-se ao regime do Estatuto, deste Regulamento Geral e do Código de Ética e Disciplina, inclusive quanto às infrações e sanções disciplinares.

→ *v.* Capítulo V, Título I da Lei 8.906/1994.

Seção III
Do advogado empregado

→ *v.* Capítulo V, Título I da Lei 8.906/1994.

→ *v.* Art. 25 do Novo Código de Ética e Disciplina da OAB.

Art. 11. Compete a sindicato de advogados e, na sua falta, a federação ou confederação de advogados, a representação destes nas convenções coletivas celebradas com as entidades sindicais representativas dos empregadores, nos acordos coletivos celebrados com a empresa empregadora e nos dissídios coletivos perante a Justiça do Trabalho, aplicáveis às relações de trabalho.

Art. 12. Para os fins do art. 20 da Lei 8.906/1994, considera-se dedicação exclusiva o regime de trabalho que for expressamente previsto em contrato individual de trabalho.

→ Artigo com redação alterada pelo Conselho Pleno do CFOAB (*D.J.* 12.12.2000).

Parágrafo único. Em caso de dedicação exclusiva, serão remuneradas como extraordinárias as horas trabalhadas que excederem a jornada normal de 8 (oito) horas diárias.

Art. 13. *(Revogado pelo Conselho Pleno do CFOAB (D.J. 12.12.2000)).*

Art. 14. Os honorários de sucumbência, por decorrerem precipuamente do exercício da advocacia e só acidentalmente da relação de emprego, não integram o salário ou a remuneração, não podendo, assim, ser considerados para efeitos trabalhistas ou previdenciários.

→ *v.* Arts. 22 a 26 da Lei 8.906/1994.

→ *v.* Arts. 48 a 54 do Novo Código de Ética e Disciplina da OAB.

Parágrafo único. Os honorários de sucumbência dos advogados empregados constituem fundo comum, cuja destinação é decidida pelos profissionais integrantes do serviço jurídico da empresa ou por seus representantes.

→ *v.* ADIn 1.194 (*D.O.U.* 28.5.2009), o STF "O tribunal, por unanimidade, julgou procedente a ação para declarar sua inconstitucionalidade quanto ao § 3º do art. 24 e por maioria, julgou parcialmente procedente a ação direta para dar interpretação conforme ao art. 21 e seu parágrafo único".

Capítulo II
DOS DIREITOS E DAS PRERROGATIVAS

→ *v.* Arts. 6º e 7º da Lei 8.906/1994.

Seção I
Da defesa judicial dos direitos e das prerrogativas

Art. 15. Compete ao Presidente do Conselho Federal, do Conselho Seccional ou da Subseção, ao tomar conhecimento de fato que possa causar, ou que já causou, violação de direitos ou prerrogativas da profissão, adotar as providências judiciais e extrajudiciais cabíveis para prevenir ou restaurar o império do Estatuto, em sua plenitude, inclusive mediante representação administrativa.

Parágrafo único. O Presidente pode designar advogado, investido de poderes bastantes, para as finalidades deste artigo.

Art. 16. Sem prejuízo da atuação de seu defensor, contará o advogado com a assistência de representante da OAB nos inquéritos policiais ou nas ações penais em que figurar como indiciado, acusado ou ofendido, sempre que o fato a ele imputado decorrer do exercício da profissão ou a este vincular-se.

→ Artigo com redação alterada pelo Conselho Pleno do CFOAB (*D.J.* 24.11.1997).

Art. 17. Compete ao Presidente do Conselho ou da Subseção representar contra o responsável por abuso de autoridade, quando configurada hipótese de atentado à garantia legal de exercício profissional, prevista na Lei 4.898, de 9 de dezembro de 1965.

Seção II
Do desagravo público

Art. 18. O inscrito na OAB, quando ofendido comprovadamente em razão do exercício profissional ou de cargo ou função da OAB, tem direito ao desagravo público promovido pelo Conselho competente, de ofício, a seu pedido ou de qualquer pessoa.

→ *Caput* com redação alterada pelo Conselho Pleno do CFOAB (*D.J.* 24.11.1997).

§ 1º Compete ao relator, convencendo-se da existência de prova ou indício de ofensa relacionada ao exercício da profissão ou de cargo da OAB, propor ao Presidente que solicite informações da pessoa ou autoridade ofensora, no prazo de 15 (quinze) dias, salvo em caso de urgência e notoriedade do fato.

§ 2º O relator pode propor o arquivamento do pedido se a ofensa for pessoal, se não estiver relacionada com o exercício profissional ou com as prerrogativas gerais do advogado ou se configurar crítica de caráter doutrinário, político ou religioso.

§ 3º Recebidas ou não as informações e convencendo-se da procedência da ofensa, o relator emite parecer que é submetido ao Conselho.

§ 4º Em caso de acolhimento do parecer, é designada a sessão de desagravo, amplamente divulgada.

§ 5º Na sessão de desagravo o Presidente lê a nota a ser publicada na imprensa, encaminhada ao ofensor e às autoridades e registrada nos assentamentos do inscrito.

§ 6º Ocorrendo a ofensa no território da Subseção a que se vincule o inscrito, a sessão de desagravo pode ser promovida pela diretoria ou conselho da Subseção, com representação do Conselho Seccional.

§ 7º O desagravo público, como instrumento de defesa dos direitos e prerrogativas da advocacia, não depende de concordância do ofendido, que não pode dispensá-lo, devendo ser promovido a critério do Conselho.

→ § 7º com redação alterada pelo Conselho Pleno do CFOAB (*D.J.* 24.11.1997).

Art. 19. Compete ao Conselho Federal promover o desagravo público de Conselheiro Federal ou de Presidente de Conselho Seccional, quando ofendidos no exercício das atribuições de seus cargos e ainda quando a ofensa a advogado se revestir de relevância e grave violação às prerrogativas profissionais, com repercussão nacional.

Parágrafo único. O Conselho Federal, observado o procedimento previsto no art. 18 deste Regulamento, indica seus representantes para a sessão pública de desagravo, na sede do Conselho Seccional, salvo no caso de ofensa a Conselheiro Federal.

Capítulo III
DA INSCRIÇÃO NA OAB

→ *V.* Arts. 8º a 14 da Lei 8.906/1994.

→ *V.* Provimento do CFOAB 166/2015 – Advocacia *pro bono*.

→ *V.* Provimentos do CFOAB 144/2011, 156/2013 e 167/2015 – Exame de Ordem.

Art. 20. O requerente à inscrição principal no quadro de advogados presta o seguinte compromisso perante o Conselho Seccional, a Diretoria ou o Conselho da Subseção: "Prometo exercer a advocacia com dignidade e independência, observar a ética, os deveres e prerrogativas profissionais e defender a Constituição, a ordem jurídica do Estado Democrático, os direitos humanos, a justiça social, a boa aplicação das leis, a rápida administração da justiça e o aperfeiçoamento da cultura e das instituições jurídicas".

§ 1º É indelegável, por sua natureza solene e personalíssima, o compromisso referido neste artigo.

§ 2º A conduta incompatível com a advocacia, comprovadamente imputável ao requerente, impede a inscrição no quadro de advogados.

→ Anterior § 3º renumerado, após supressão do anterior § 2º, pelo Conselho Pleno do CFOAB (*D.J.* 24.11.1997).

Art. 21. O advogado pode requerer o registro, nos seus assentamentos, de fatos comprovados de sua atividade profissional ou cultural, ou a ela relacionados, e de serviços prestados à classe, à OAB e ao País.

Art. 22. O advogado, regularmente notificado, deve quitar seu débito relativo às anuidades, no prazo de 15 (quinze) dias da notificação, sob pena de suspensão, aplicada em processo disciplinar.

Parágrafo único. Cancela-se a inscrição quando ocorrer a terceira suspensão, relativa ao não pagamento de anuidades distintas.

→ *V.* Modificação do Regulamento Geral (*D.J.* 13.11.1998).

Art. 23. O requerente à inscrição no quadro de advogados, na falta de diploma regularmente registrado, apresenta certidão de graduação em direito, acompanhada de cópia autenticada do respectivo histórico escolar.

Parágrafo único. *(Revogado pelo Conselho Pleno do CFOAB – D.J. 12.12.2000).*

Art. 24. Aos Conselhos Seccionais da OAB incumbe alimentar, automaticamente e em tempo real, por via eletrônica, o Cadastro Nacional dos Advogados - CNA, mantendo as informações correspondentes constantemente atualizadas.

→ Artigo com redação alterada pela Resolução do Conselho Pleno do CFOAB 1/2012.

→ *V.* Resolução do CFOAB 1/2003 – Cria o Cadastro de Sanções Disciplinares da Ordem dos Advogados do Brasil.

→ *V.* Art. 137-D do Regulamento Geral.

→ *V.* Provimento do CFOAB 95/2000 – Cadastro Nacional dos Advogados.

→ *V.* Provimento do CFOAB 99/2002 – Cadastro Nacional de Consultores e de Sociedades de Consultores em Direito Estrangeiro.

§ 1º O CNA deve conter o nome completo de cada advogado, o número da inscrição, o Conselho Seccional e a Subseção a que está vinculado, o número de inscrição no CPF, a filiação, o sexo, a data de inscrição na OAB e sua modalidade, a existência de penalidades eventualmente aplicadas, estas em campo reservado, a fotografia, o endereço completo e o número de telefone profissional, o endereço do correio eletrônico e o nome da sociedade de advogados de que eventualmente faça parte, ou esteja associado, e, opcionalmente, o nome profissional, a existência de deficiência de que seja portador, opção para doação de órgãos, Registro Geral, data e órgão emissor, número do título de eleitor, zona, seção, UF eleitoral, certificado militar e passaporte.

§ 2º No cadastro são incluídas, igualmente, informações sobre o cancelamento das inscrições.

§ 3º *(Revogado pela Resolução do* Conselho Pleno do CFOAB *1/2012).*

Art. 24-A. Aos Conselhos Seccionais da OAB incumbe alimentar, automaticamente e em tempo real, por via eletrônica, o Cadastro Nacional das Sociedades de Advogados – CNSA, mantendo as informações correspondentes constantemente atualizadas.

→ Artigo acrescentado pela Resolução do Conselho Pleno do CFOAB 1/2012.

§ 1º O CNSA deve conter a razão social, o número de registro perante a seccional, a data do pedido de registro e a do efetivo registro, o prazo de duração, o endereço completo, inclusive telefone e correio eletrônico, nome e qualificação de todos os sócios e as modificações ocorridas em seu quadro social.

§ 2º Mantendo a sociedade filiais, os dados destas, bem como os números de inscrição suplementar de seus sócios (Provimento 112/2006, art. 7º, § 1º), após averbados no Conselho Seccional no qual se localiza o escritório sede, serão averbados no CNSA.

§ 3º São igualmente averbados no CNSA os ajustes de associação ou de colaboração.

§ 4º São proibidas razões sociais iguais ou semelhantes, prevalecendo a razão social da sociedade com inscrição mais antiga.

§ 5º Constatando-se semelhança ou identidade de razões sociais, o Conselho Federal da OAB solicitará, de ofício, a alteração da razão social mais recente, caso a sociedade com registro mais recente não requeira a alteração da sua razão social, acrescentando ou excluindo dados que a distinga da sociedade precedentemente registrada.

§ 6º Verificado conflito de interesses envolvendo sociedades em razão de identidade ou semelhança de razões sociais, em Estados diversos, a questão será apreciada pelo Conselho Federal da OAB, garantindo-se o devido processo legal.

Art. 24-B. Aplicam-se ao Cadastro Nacional das Sociedades de Advogados - CNSA as normas estabelecidas no Provimento 95/2000 para os advogados, assim como as restrições quanto à divulgação das informações nele inseridas.

→ Artigo acrescentado pela Resolução do Conselho Pleno do CFOAB 1/2012.

Art. 25. Os pedidos de transferência de inscrição de advogados são regulados em Provimento do Conselho Federal.

→ Artigo com redação alterada pelo Conselho Pleno do CFOAB (*D.J.* 24.11.1997).

→ *v.* Provimento CFOAB 42/1978 – Uniformização de normas para exame pelas Seções da Ordem dos Advogados do Brasil nos pedidos de transferência de inscrições de advogados.

Art. 26. O advogado fica dispensado de comunicar o exercício eventual da profissão, até o total de cinco causas por ano, acima do qual obriga-se à inscrição suplementar.

Capítulo IV
DO ESTÁGIO PROFISSIONAL

→ *v.* Art. 9º da Lei 8.906/1994.

→ *v.* Art. 76 do Novo Código de Ética e Disciplina da OAB.

Art. 27. O estágio profissional de advocacia, inclusive para graduados, é requisito necessário à inscrição no quadro de estagiários da OAB e meio adequado de aprendizagem prática.

§ 1º O estágio profissional de advocacia pode ser oferecido pela instituição de ensino superior autorizada e credenciada, em convênio com a OAB, complementando-se a carga horária do estágio curricular supervisionado com atividades práticas típicas de advogado e de estudo do Estatuto e do Código de Ética e Disciplina, observado o tempo conjunto mínimo de 300 (trezentas) horas, distribuído em 2 (dois) ou mais anos.

§ 2º A complementação da carga horária, no total estabelecido no convênio, pode ser efetivada na forma de atividades jurídicas no núcleo de prática jurídica da instituição de ensino, na Defensoria Pública, em escritórios de advocacia ou em setores jurídicos públicos ou privados, credenciados e fiscalizados pela OAB.

§ 3º As atividades de estágio ministrado por instituição de ensino, para fins de convênio com a OAB, são exclusivamente práticas, incluindo a redação de atos processuais e profissionais, as rotinas processuais, a assistência e a atuação em audiências e sessões, as visitas a órgãos judiciários, a prestação de serviços jurídicos e as técnicas de negociação coletiva, de arbitragem e de conciliação.

Art. 28. O estágio realizado na Defensoria Pública da União, do Distrito Federal ou dos Estados, na forma do artigo 145 da Lei Complementar 80, de 12 de janeiro de 1994, é considerado válido para fins de inscrição no quadro de estagiários da OAB.

Art. 29. Os atos de advocacia, previstos no art. 1º do Estatuto, podem ser subscritos por estagiário inscrito na OAB, em conjunto com o advogado ou o defensor público.

§ 1º O estagiário inscrito na OAB pode praticar isoladamente os seguintes atos, sob a responsabilidade do advogado:

I – retirar e devolver autos em cartório, assinando a respectiva carga;

II – obter junto aos escrivães e chefes de secretarias certidões de peças ou autos de processos em curso ou findos;

III – assinar petições de juntada de documentos a processos judiciais ou administrativos.

§ 2º Para o exercício de atos extrajudiciais, o estagiário pode comparecer isoladamente, quando receber autorização ou substabelecimento do advogado.

Art. 30. O estágio profissional de advocacia, realizado integralmente fora da instituição de ensino, compreende as atividades fixadas em convênio entre o escritório de advocacia ou entidade que receba o estagiário e a OAB.

Art. 31. Cada Conselho Seccional mantém uma Comissão de Estágio e Exame de Ordem, a quem incumbe coordenar, fiscalizar e executar as atividades decorrentes do estágio profissional da advocacia.

→ *Caput* com redação alterada pela Resolução do Conselho Pleno CFOAB 1/2011.

§ 1º Os convênios de estágio profissional e suas alterações, firmados pelo Presidente do Conselho ou da Subseção, quando esta receber delegação de competência, são previamente elaborados pela Comissão, que tem poderes para negociá-los com as instituições interessadas.

→ § 1º com redação alterada pela Resolução do Conselho Pleno CFOAB 1/2011.

§ 2º A Comissão pode instituir subcomissões nas Subseções.

§ 3º *(Revogado pela Resolução do CFOAB 1/2011).*

§ 4º Compete ao Presidente do Conselho Seccional designar a Comissão, que pode ser composta por advogados não integrantes do Conselho.

Capítulo V
DA IDENTIDADE PROFISSIONAL

Art. 32. São documentos de identidade profissional a carteira e o cartão emitidos pela OAB, de uso obrigatório pelos advogados e estagiários inscritos, para o exercício de suas atividades.

Parágrafo único. O uso do cartão dispensa o da carteira.

Art. 33. A carteira de identidade do advogado, relativa à inscrição originária, tem as dimensões de 7,00 (sete) x 11,00 (onze) centímetros e observa os seguintes critérios:

I – a capa, em fundo vermelho, contém as armas da República e as expressões "Ordem dos Advogados do Brasil" e "Carteira de Identidade de Advogado";

II – a primeira página repete o conteúdo da capa, acrescentado da expressão "Conselho Seccional de (...)" e do inteiro teor do art. 13 do Estatuto;

III – a segunda página destina-se aos dados de identificação do advogado, na seguinte ordem: número da inscrição, nome, filiação, naturalidade, data do nascimento, nacionalidade, data da colação de grau, data do compromisso e data da expedição, e à assinatura do Presidente do Conselho Seccional;

IV – a terceira página é dividida para os espaços de uma foto 3 (três) x 4 (quatro) centímetros, da impressão digital e da assinatura do portador;

V – as demais páginas, em branco e numeradas, destinam-se ao reconhecimento de firma dos signatários e às anotações da OAB, firmadas pelo Secretário-Geral ou Adjunto, incluindo as incompatibilidades e os impedimentos, o exercício de mandatos, as designações para comissões, as funções na OAB, os serviços relevantes à profissão e os dados da inscrição suplementar, pelo Conselho que a deferir;

VI – a última página destina-se à transcrição do art. 7º do Estatuto.

Parágrafo único. O Conselho Seccional pode delegar a competência do Secretário-Geral ao Presidente da Subseção.

Art. 34. O cartão de identidade tem o mesmo modelo e conteúdo do cartão de identificação pessoal (registro geral), com as seguintes adaptações, segundo o modelo aprovado pela Diretoria do Conselho Federal:

I – o fundo é de cor branca e a impressão dos caracteres e armas da República, de cor vermelha;

II – o anverso contém os seguintes dados, nesta sequência: Ordem dos Advogados do Brasil, Conselho Seccional de (...), Identidade de Advogado (em destaque), n. da inscrição, nome, filiação, naturalidade, data do nascimento e data da expedição, e a assinatura do Presidente, podendo ser acrescentados os dados de identificação de registro geral, de CPF, eleitoral e outros;

III – o verso destina-se à fotografia, observações e assinatura do portador.

→ Inciso III com redação alterada pela Resolução do CFOAB 4/2006.

§ 1º No caso de inscrição suplementar o cartão é específico, indicando-se: "N. da Inscrição Suplementar:" (em negrito ou sublinhado).

§ 2º Os Conselhos Federal e Seccionais podem emitir cartão de identidade para os seus membros e para os membros das Subseções, acrescentando, abaixo do termo "Identidade de Advogado", sua qualificação de conselheiro ou dirigente da OAB e, no verso, o prazo de validade, coincidente com o mandato.

Art. 35. O cartão de identidade do estagiário tem o mesmo modelo e conteúdo do cartão de identidade do advogado, com a indicação de "Identidade de Estagiário", em destaque, e do prazo de validade, que não pode ultrapassar 3 (três) anos nem ser prorrogado.

Parágrafo único. O cartão de identidade do estagiário perde sua validade imediatamente após a prestação do compromisso como advogado.

→ Parágrafo único com redação alterada pelo Conselho Pleno do CFOAB (*D. J.* 24.11.1997).

Art. 36. O suporte material do cartão de identidade é resistente, devendo conter dispositivo para armazenamento de certificado digital.

→ Artigo com redação alterada pela Resolução do CFOAB 2/2006.

Capítulo VI
DAS SOCIEDADES DE ADVOGADOS

→ *v.* Arts. 15 e ss. da Lei 8.906/1994.

→ *v.* Art.19 do Novo Código de Ética e Disciplina da OAB.

→ *v.* Provimento CFOAB 69/1989 – Prática de atos privativos por sociedades não registradas na Ordem.

→ *v.* Provimento CFOAB 91/2000 – Exercício da atividade de consultores e sociedades de consultores em direito estrangeiro no Brasil.

→ *v.* Provimento CFOAB 94/2000 – Publicidade, a propaganda e a informação da advocacia.

→ *v.* Provimento CFOAB 112/2006 – Sociedades de Advogados.

→ *v.* Resolução do Conselho Pleno do CFOAB 1/2012 – Altera o art. 24 e acrescenta os arts. 24-A e 24-B do Regulamento Geral do Estatuto da Advocacia e da OAB - Lei 8.906, de 1994 e revoga o Provimento 98/2002, que "Dispõe sobre o Cadastro Nacional das Sociedades de Advogados".

Art. 37. Os advogados podem reunir-se, para colaboração profissional recíproca, em sociedade civil de prestação de serviços de advocacia, regularmente registrada no Conselho Seccional da OAB em cuja base territorial tiver sede.

Parágrafo único. As atividades profissionais privativas dos advogados são exercidas individualmente, ainda que revertam à sociedade os honorários respectivos.

→ *v.* Arts. 22 a 26 da Lei 8.906/1994.

→ *v.* Arts. 48 a 54 do Novo Código de Ética e Disciplina da OAB.

Art. 38. O nome completo ou abreviado de, no mínimo, um advogado responsável pela sociedade consta obrigatoriamente da razão social, podendo permanecer o nome de sócio falecido se, no ato constitutivo ou na alteração contratual em vigor, essa possibilidade tiver sido prevista.

Art. 39. A sociedade de advogados pode associar-se com advogados, sem vínculo de emprego, para participação nos resultados.

Parágrafo único. Os contratos referidos neste artigo são averbados no registro da sociedade de advogados.

Art. 40. Os advogados sócios e os associados respondem subsidiária e ilimitadamente pelos danos causados diretamente ao cliente, nas hipóteses de dolo ou culpa e por ação ou omissão, no exercício dos atos privativos da advocacia, sem prejuízo da responsabilidade disciplinar em que possam incorrer.

Art. 41. As sociedades de advogados podem adotar qualquer forma de administração social, permitida a existência de sócios gerentes, com indicação dos poderes atribuídos.

Art. 42. Podem ser praticados pela sociedade de advogados, com uso da razão social, os atos indispensáveis às suas finalidades, que não sejam privativos de advogado.

Art. 43. O registro da sociedade de advogados observa os requisitos e procedimentos previstos em Provimento do Conselho Federal.

→ Artigo com redação alterada pelo Conselho Pleno do CFOAB (*D.J.* 24.11.1997).

Título II
Da Ordem dos Advogados do Brasil (OAB)

Capítulo I
DOS FINS E DA ORGANIZAÇÃO

→ *v.* Arts. 44 a 62 da Lei 8.906/1994.

Art. 44. As finalidades da OAB, previstas no art. 44 do Estatuto, são cumpridas pelos Conselhos Federal e Seccionais e pelas Subseções, de modo integrado, observadas suas competências específicas.

Art. 45. A exclusividade da representação dos advogados pela OAB, prevista no art. 44, II, do Estatuto, não afasta a competência própria dos sindicatos e associações sindicais de advogados, quanto à defesa dos direitos peculiares da relação de trabalho do profissional empregado.

Art. 46. Os novos Conselhos Seccionais serão criados mediante Resolução do Conselho Federal.

Art. 47. O patrimônio do Conselho Federal, do Conselho Seccional, da Caixa de Assistência dos Advogados e da Subseção é constituído de bens móveis e imóveis e outros bens e valores que tenham adquirido ou venham a adquirir.

Art. 48. A alienação ou oneração de bens imóveis depende de aprovação do Conselho Federal ou do Conselho Seccional, competindo à Diretoria do órgão decidir pela aquisição de qualquer bem e dispor sobre os bens móveis.

Parágrafo único. A alienação ou oneração de bens imóveis depende de autorização da maioria das delegações, no Conselho Federal, e da maioria dos membros efetivos, no Conselho Seccional.

Art. 49. Os cargos da Diretoria do Conselho Seccional têm as mesmas denominações atribuídas aos da Diretoria do Conselho Federal.

Parágrafo único. Os cargos da Diretoria da Subseção e da Caixa de Assistência dos Advogados têm as seguintes denominações: Presidente, Vice-Presidente, Secretário, Secretário Adjunto e Tesoureiro.

Art. 50. Ocorrendo vaga de cargo de diretoria do Conselho Federal ou do Conselho Seccional, inclusive do Presidente, em virtude de perda do mandato (art. 66 do Estatuto), morte ou renúncia, o substituto é eleito pelo Conselho a que se vincule, dentre os seus membros.

Art. 51. A elaboração das listas constitucionalmente previstas, para preenchimento dos cargos nos tribunais judiciários, é disciplinada em Provimento do Conselho Federal.

→ *v.* Provimento do CFOAB 102/2004 – Indicação, em lista sêxtupla, de advogados que devam integrar os Tribunais Judiciários e Administrativo.

Art. 52. A OAB participa dos concursos públicos, previstos na Constituição e nas leis, em todas as suas fases, por meio de representante do Conselho competente, designado pelo Presidente, incumbindo-lhe apresentar relatório sucinto de suas atividades.

Parágrafo único. Incumbe ao representante da OAB velar pela garantia da isonomia e da integridade do certame, retirando-se quando constatar irregularidades ou favorecimentos e comunicando os motivos ao Conselho.

Art. 53. Os conselheiros e dirigentes dos órgãos da OAB tomam posse firmando, juntamente com o Presidente, o termo específico, após prestar o seguinte compromisso: "Prometo manter, defender e cumprir os princípios e finalidades da OAB, exercer com dedicação e ética as atribuições que me são delegadas e pugnar pela dignidade, independência, prerrogativas e valorização da advocacia".

Art. 54. Compete à Diretoria dos Conselhos Federal e Seccionais, da Subseção ou da Caixa de Assistência declarar extinto o mandato, ocorrendo uma das hipóteses previstas no art. 66 do Estatuto, encaminhando ofício ao Presidente do Conselho Seccional.

§ 1º A Diretoria, antes de declarar extinto o mandato, salvo no caso de morte ou renúncia, ouve o interessado no prazo de 15 (quinze) dias, notificando-o mediante ofício com aviso de recebimento.

§ 2º Havendo suplentes de Conselheiros, a ordem de substituição é definida no Regimento Interno do Conselho Seccional.

§ 3º Inexistindo suplentes, o Conselho Seccional elege, na sessão seguinte à data do recebimento do ofício, o Conselheiro Federal, o diretor do Conselho Seccional, o Conselheiro Seccional, o diretor da Subseção ou o diretor da Caixa de Assistência dos Advogados, onde se deu a vaga.

§ 4º Na Subseção onde houver conselho, este escolhe o substituto.

Capítulo II
DA RECEITA

→ *v.* Provimento do CFOAB 101/2003 – Processo Administrativo de Prestação de Contas do Conselho Federal e dos Conselhos Seccionais da OAB.

Art. 55. Aos inscritos na OAB incumbe o pagamento das anuidades, contribuições, multas e preços de serviços fixados pelo Conselho Seccional.

→ *Caput* com redação alterada pelo Conselho Pleno do CFOAB (*D.J.* 24.11.1997).

§ 1º As anuidades, contribuições, multas e preços de serviços previstos no *caput* deste artigo serão fixados pelo Conselho Seccional, devendo seus valores ser comunicados ao Conselho Federal até o dia 30 de novembro do ano anterior, salvo em ano eleitoral, quando serão determinadas e comunicadas ao Conselho Federal até o dia 31 de janeiro do ano da posse, podendo ser estabelecidos pagamentos em cotas periódicas.

→ § 1º com redação alterada pela Resolução do CFOAB 2/2007.

§ 2º (*Revogado pelo Conselho Pleno do CFOAB – v. Protocolo 0651/2006-COP – D.J. 28.3.2006; republicação 30.3.2006*)

§ 3º O edital a que se refere o *caput* do art. 128 deste Regulamento divulgará a possibilidade de parcelamento e o número máximo de parcelas.

Art. 56. As receitas brutas mensais das anuidades, incluídas as eventuais atualizações monetárias e juros, serão deduzidas em 60% (sessenta por cento) para seguinte destinação:

→ *Caput* com redação alterada pela Resolução do CFOAB 2/2013.

I – 10% (dez por cento) para o Conselho Federal;

→ Inciso I com redação alterada pela Resolução do CFOAB 2/2007.

II – 3% (três por cento) para o Fundo Cultural;

→ Inciso II com redação alterada pela Resolução do CFOAB 2/2007.

III – 2% (dois por cento) para o Fundo de Integração e Desenvolvimento Assistencial dos Advogados – Fida, regulamentado em Provimento do Conselho Federal;

→ Inciso III com redação alterada pela Resolução do CFOAB 2/2007.

→ *v.* Provimento do CFOAB 122/2007 – Conselho Federal - Regulamenta o Fundo de Integração e Desenvolvimento Assistencial dos Advogados – Fida.

IV – 45% (quarenta e cinco por cento) para as despesas administrativas e manutenção do Conselho Seccional.

→ Inciso IV com redação alterada pela Resolução do CFOAB 2/2007.

§ 1º Os repasses das receitas previstas neste artigo efetuam-se em instituição financeira, indicada pelo Conselho Federal em comum acordo com o Conselho Seccional, através de compartilhamento obrigatório, automático e imediato, com destinação em conta corrente específica deste, do Fundo Cultural, do Fundo de Integração e Desenvolvimento Assistencial dos Advogados – Fida e da Caixa de Assistência dos Advogados, vedado o recebimento na Tesouraria do Conselho Seccional, exceto quanto às receitas de preços e serviços, e observados os termos do modelo aprovado pelo Diretor-Tesoureiro do Conselho Federal, sob pena de aplicação do art. 54, VII, do Estatuto da Advocacia e da OAB.

→ § 1º com redação alterada pela Resolução do CFOAB 2/2007.

§ 2º O Fundo Cultural será administrado pela Escola Superior de Advocacia, mediante deliberação da Diretoria do Conselho Seccional.

→ § 2º com redação alterada pela Resolução do CFOAB 2/2007.

§ 3º O Fundo de Integração e Desenvolvimento Assistencial dos Advogados – Fida será administrado por um Conselho Gestor designado pela Diretoria do Conselho Federal.

→ § 3º com redação alterada pela Resolução do CFOAB 2/2007.

§ 4º Os Conselhos Seccionais elaborarão seus orçamentos anuais considerando o limite disposto no inciso IV para manutenção da sua estrutura administrativa e das subseções, utilizando a margem resultante para suplementação orçamentária do exercício, caso se faça necessária.

→ § 4º com redação alterada pela Resolução do CFOAB 2/2007.

§ 5º Qualquer transferência de bens ou recursos de um Conselho Seccional a outro depende de autorização do Conselho Federal.

→ § 5º com redação alterada pela Resolução do CFOAB 2/2007.

Art. 57. Cabe à Caixa de Assistência dos Advogados a metade da receita das anuidades, incluídas as eventuais atualizações monetárias e juros, recebidas pelo Conselho Seccional, considerado o valor resultante após as deduções obrigatórias, nos percentuais previstos no art. 56 do Regulamento Geral.

→ *Caput* com redação alterada pela Resolução do CFOAB 2/2013.

§ 1º Poderão ser deduzidas despesas nas receitas destinadas à Caixa Assistência, desde que previamente pactuadas.

→ § 1º com redação alterada pela Resolução do CFOAB 2/2007.

§ 2º A aplicação dos recursos da Caixa de Assistência deverá estar devidamente demonstrada nas prestações de contas periódicas do Conselho Seccional, obedecido o disposto no § 5º do art. 60 do Regulamento Geral.

→ § 2º com redação alterada pela Resolução do CFOAB 2/2007.

Art. 58. Compete privativamente ao Conselho Seccional, na primeira sessão ordinária do ano, apreciar o relatório anual e deliberar sobre o balanço e as contas da Diretoria do Conselho Seccional, da Caixa de Assistência dos Advogados e das Subseções, referentes ao exercício anterior, na forma de seu Regimento Interno.

§ 1º O Conselho Seccional elege, dentre seus membros, uma comissão de orçamento e contas para fiscalizar a aplicação da receita e opinar previamente sobre a proposta de orçamento anual e as contas.

§ 2º O Conselho Seccional pode utilizar os serviços de auditoria independente para auxiliar a comissão de orçamento e contas.

§ 3º O exercício financeiro dos Conselhos Federal e Seccionais encerra-se no dia 31 de dezembro de cada ano.

Art. 59. Deixando o cargo, por qualquer motivo, no curso do mandato, os Presidentes do Conselho Federal, do Conselho Seccional, da Caixa de Assistência e da Subseção apresentam, de forma sucinta, relatório e contas ao seu sucessor.

Art. 60. Os Conselhos Seccionais aprovarão seus orçamentos anuais, para o exercício seguinte, até o mês de outubro e o Conselho Federal até a última sessão do ano, permitida a alteração dos mesmos no curso do exercício, mediante justificada necessidade, devidamente aprovada pelos respectivos colegiados.

→ *Caput* com redação alterada pelo Conselho Pleno do CFOAB (*D. J.* 24.11.1997).

§ 1º O orçamento do Conselho Seccional, incluindo as Subseções, estima a receita, fixa a despesa e prevê as deduções destinadas ao Conselho Federal, ao Fundo Cultural, ao Fundo de Integração e Desenvolvimento Assistencial dos Advogados – Fida e à Caixa de Assistência, e deverá ser encaminhado, mediante cópia, até o dia 10 do mês subsequente, ao Conselho Federal, podendo o seu Diretor-Tesoureiro, após análise prévia, devolvê-lo à Seccional, para os devidos ajustes.

→ § 1º com redação alterada pela Resolução do CFOAB 2/2007.

§ 2º Aprovado o orçamento e, igualmente, as eventuais suplementações orçamentárias, encaminhar-se-á cópia ao Conselho Federal, até o dia 10 do mês subsequente, para os fins regulamentares.

→ § 2º com redação alterada pelo Conselho Pleno do CFOAB (*D.J.* 24.11.1997).

§ 3º O Conselho Seccional recém empossado deverá promover, se necessário, preferencialmente nos dois primeiros meses de gestão, a reformulação do orçamento anual, encaminhando cópia do instrumento respectivo ao Conselho Federal, até o dia 10 do mês de março do ano em curso.

→ § 3º com redação alterada pela Resolução do CFOAB 2/2007.

§ 4º A Caixa de Assistência dos Advogados aprovará seu orçamento para o exercício seguinte, até a última sessão do ano.

→ § 4º com redação alterada pela Resolução do CFOAB 2/2007.

§ 5º O Conselho Seccional fixa o modelo e os requisitos formais e materiais para o orçamento, o relatório e as contas da Caixa de Assistência e das Subseções.

→ Anterior § 4º renumerado pela Resolução do CFOAB 2/2007.

Art. 61. O relatório, o balanço e as contas dos Conselhos Seccionais e da Diretoria do Conselho Federal, na forma prevista em Provimento, são julgados pela Terceira Câmara do Conselho Federal, com recurso para o Órgão Especial.

§ 1º Cabe à Terceira Câmara fixar os modelos dos orçamentos, balanços e contas da Diretoria do Conselho Federal e dos Conselhos Seccionais.

§ 2º A Terceira Câmara pode determinar a realização de auditoria independente nas contas do Conselho Seccional, com ônus para este, sempre que constatar a existência de graves irregularidades.

§ 3º O relatório, o balanço e as contas dos Conselhos Seccionais do ano anterior serão remetidos a Terceira Câmara até o final do quarto mês do ano seguinte.

→ § 3º com redação alterada pelo Conselho Pleno do CFOAB (*D.J.* 24.11.1997).

§ 4º O relatório, o balanço e as contas da Diretoria do Conselho Federal são apreciados pela Terceira Câmara a partir da primeira sessão ordinária do ano seguinte ao do exercício.

§ 5º Os Conselhos Seccionais só podem pleitear recursos materiais e financeiros ao Conselho Federal se comprovadas as seguintes condições:

→ § 5º com redação alterada pelo Conselho Pleno do CFOAB (*D.J.* 24.11.1997).

a) remessa de cópia do orçamento e das eventuais suplementações orçamentárias, no prazo estabelecido pelo § 2º do art. 60;

b) prestação de contas aprovada na forma regulamentar; e

c) repasse atualizado da receita devida ao Conselho Federal, suspendendo-se o pedido, em caso de controvérsia, até decisão definitiva sobre a liquidez dos valores correspondentes.

→ Alínea *c* com redação alterada pelo Conselho Pleno do CFOAB (*D.J.* 24.11.1997).

Capítulo III
DO CONSELHO FEDERAL

Seção I
Da estrutura e do funcionamento

→ Rubrica da Seção I com redação alterada pelo Conselho Pleno do CFOAB.

Art. 62. O Conselho Federal, órgão supremo da OAB, com sede na Capital da República, compõe-se de um Presidente, dos Conselheiros Federais integrantes das delegações de cada unidade federativa e de seus ex-presidentes.

§ 1º Os ex-presidentes têm direito a voz nas sessões do Conselho, sendo assegurado o direito de voto aos que exerceram mandato antes de 5 de julho de 1994 ou em seu exercício se encontravam naquela data.

→ § 1º com redação alterada pelo Conselho Pleno do CFOAB (*D.J.* 24.11.1997).

→ *v.* Resolução do CFOAB 1/2006 – Altera Regulamento Geral do Estatuto da Advocacia e da Ordem dos Advogados.

§ 2º O Presidente, nas suas relações externas, apresenta-se como Presidente Nacional da OAB.

§ 3º O Presidente do Conselho Seccional tem lugar reservado junto à delegação respectiva e direito a voz em todas as sessões do Conselho e de suas Câmaras.

Art. 63. O Presidente do Instituto dos Advogados Brasileiros e os agraciados com a "Medalha Rui Barbosa" podem participar das sessões do Conselho Pleno, com direito a voz.

Art. 64. O Conselho Federal atua mediante os seguintes órgãos:

I – Conselho Pleno;

II – Órgão Especial do Conselho Pleno;

III – Primeira, Segunda e Terceira Câmaras;

IV – Diretoria;

V – Presidente.

Parágrafo único. Para o desempenho de suas atividades, o Conselho conta também com comissões permanentes, definidas em Provimento, e com comissões temporárias, todas designadas pelo Presidente, integradas ou não por Conselheiros Federais, submetidas a um regimento interno único, aprovado pela Diretoria do Conselho Federal, que o levará ao conhecimento do Conselho Pleno.

→ Parágrafo único com redação alterada pelo Conselho Pleno do CFOAB (*D.J.* 12.12.2000).

Art. 65. No exercício do mandato, o Conselheiro Federal atua no interesse da advocacia nacional e não apenas no de seus representados diretos.

§ 1º O cargo de Conselheiro Federal é incompatível com o de membro de outros órgãos da OAB, exceto quando se tratar de ex-presidente do Conselho Federal e do Conselho Seccional, ficando impedido de debater e votar as matérias quando houver participado da deliberação local.

§ 2º Na apuração da antiguidade do Conselheiro Federal somam-se todos os períodos de mandato, mesmo que interrompidos.

Art. 66. Considera-se ausente das sessões ordinárias mensais dos órgãos deliberativos do Conselho Federal o Conselheiro que, sem motivo justificado, faltar a qualquer uma.

Parágrafo único. Compete ao Conselho Federal fornecer ajuda de transporte e hospedagem aos Conselheiros Federais integrantes das bancadas dos Conselhos Seccionais que não tenham capacidade financeira para suportar a despesa correspondente.

→ Parágrafo único com redação alterada pelo Conselho Pleno do CFOAB (*D.J.* 24.11.1997).

Art. 67. Os Conselheiros Federais, integrantes de cada delegação, após a posse, são distribuídos pelas três Câmaras especializadas, mediante deliberação da própria delegação, comunicada ao Secretário-Geral, ou, na falta desta, por decisão do Presidente, dando-se preferência ao mais antigo no Conselho e, havendo coincidência, ao de inscrição mais antiga.

§ 1º O Conselheiro, na sua delegação, é substituto dos demais, em qualquer órgão do Conselho, nas faltas ou impedimentos ocasionais ou no caso de licença.

→ *V.* Provimento do CFOAB 115/2007 – Comissões Permanentes do Conselho Federal da Ordem dos Advogados do Brasil.

§ 2º Quando estiverem presentes dois substitutos, concomitantemente, a preferência é do mais antigo no Conselho e, em caso de coincidência, do que tiver inscrição mais antiga.

§ 3º A delegação indica seu representante ao Órgão Especial do Conselho Pleno.

Art. 68. O voto em qualquer órgão colegiado do Conselho Federal é tomado por delegação, em ordem alfabética, seguido dos ex-presidentes presentes, com direito a voto.

§ 1º Os membros da Diretoria votam como integrantes de suas delegações.

§ 2º O Conselheiro Federal opina mas não participa da votação de matéria de interesse específico da unidade que representa.

§ 3º Na eleição dos membros da Diretoria do Conselho Federal, somente votam os Conselheiros Federais, individualmente.

→ § 3º acrescentado pela Resolução do CFOAB 1/2006.

Art. 69. A seleção das decisões dos órgãos deliberativos do Conselho Federal é periodicamente divulgada em forma de ementário.

Art. 70. Os órgãos deliberativos do Conselho Federal podem cassar ou modificar atos ou deliberações de órgãos ou autoridades da OAB, ouvidos estes e os interessados previamente, no prazo de 15 (quinze) dias, contado do recebimento da notificação, sempre que contrariem o Estatuto, este Regulamento Geral, o Código de Ética e Disciplina e os Provimentos.

Art. 71. Toda matéria pertinente às finalidades e às competências do Conselho Federal da OAB será distribuída automaticamente no órgão colegiado competente a um relator, mediante sorteio eletrônico, com inclusão na pauta da sessão seguinte, organizada segundo critério de antiguidade.

→ *Caput* com redação alterada pela Resolução CFOAB 1/2013.

§ 1º Se o relator determinar alguma diligência, o processo é retirado da ordem do dia, figurando em anexo da pauta com indicação da data do despacho.

§ 2º Incumbe ao relator apresentar na sessão seguinte, por escrito, o relatório, o voto e a proposta de ementa.

§ 3º O relator pode determinar diligências, requisitar informações, instaurar representação incidental, propor ao Presidente a redistribuição da matéria e o arquivamento, quando for irrelevante ou impertinente às finalidades da OAB, ou o encaminhamento do processo ao Conselho Seccional competente, quando for de interesse local.

§ 4º Em caso de inevitável perigo de demora da decisão, pode o relator conceder provimento cautelar, com recurso de ofício ao órgão colegiado, para apreciação preferencial na sessão posterior.

§ 5º O relator notifica o Conselho Seccional e os interessados, quando forem necessárias suas manifestações.

§ 6º Compete ao relator manifestar-se sobre as desistências, prescrições, decadências e intempestividades dos recursos, para decisão do Presidente do órgão colegiado.

Art. 72. O processo será redistribuído automaticamente caso o relator, após a inclusão em pauta, não o apresente para julgamento na sessão seguinte ou quando, fundamentadamente e no prazo de 5 (cinco) dias, a contar do recebimento dos autos, declinar da relatoria.

→ Artigo com redação alterada pela Resolução CFOAB 1/2013.

§ 1º O presidente do colegiado competente poderá deferir a prorrogação do prazo de apresentação do processo para julgamento estipulado no *caput*, por 01 (uma) sessão, mediante requerimento por escrito e fundamentado do relator.

§ 2º Redistribuído o processo, caso os autos encontrem-se com o relator, o presidente do órgão colegiado determinará sua devolução à secretaria, em até 05 (cinco) dias.

Art. 73. Em caso de matéria complexa, o Presidente designa uma comissão em vez de relator individual.

Parágrafo único. A comissão escolhe um relator e delibera coletivamente, não sendo considerados os votos minoritários para fins de relatório e voto.

Seção II
Do Conselho Pleno

Art. 74. O Conselho Pleno é integrado pelos Conselheiros Federais de cada delegação e pelos ex-presidentes, sendo presidido pelo Presidente do Conselho Federal e secretariado pelo Secretário-Geral.

Art. 75. Compete ao Conselho Pleno deliberar, em caráter nacional, sobre propostas e indicações relacionadas às finalidades institucionais da OAB (art. 44, I, do Estatuto) e sobre as demais atribuições previstas no art. 54 do Estatuto, respeitadas as competências privativas dos demais órgãos deliberativos do Conselho Federal, fixadas neste Regulamento Geral, e ainda:

I – eleger o sucessor dos membros da Diretoria do Conselho Federal, em caso de vacância;

II – regular, mediante resolução, matérias de sua competência que não exijam edição de Provimento;

III – instituir, mediante Provimento, comissões permanentes para assessorar o Conselho Federal e a Diretoria.

→ Inciso III com redação alterada pelo Conselho Pleno do CFOAB (*D.J.* 12.12.2000).

Parágrafo único. O Conselho Pleno pode decidir sobre todas as matérias privativas de seu Órgão Especial, quando o Presidente atribuir-lhes caráter de urgência e grande relevância.

Art. 76. As proposições e os requerimentos deverão ser oferecidos por escrito, cabendo ao relator apresentar relatório e voto na sessão seguinte, acompanhados de ementa do acórdão.

→ *Caput* com redação alterada pela Resolução do CFOAB 1/2013.

§ 1º No Conselho Pleno, o Presidente, em caso de urgência e relevância, pode designar relator para apresentar relatório e voto orais na mesma sessão.

§ 2º Quando a proposta importar despesas não previstas no orçamento, pode ser apreciada apenas depois de ouvido o Diretor Tesoureiro quanto às disponibilidades financeiras para sua execução.

Art. 77. O voto da delegação é o de sua maioria, havendo divergência entre seus membros, considerando-se invalidado em caso de empate.

§ 1º O Presidente não integra a delegação de sua unidade federativa de origem e não vota, salvo em caso de empate.

§ 2º Os ex-Presidentes empossados antes de 5 de julho de 1994 têm direito de voto equivalente ao de uma delegação, em todas as matérias, exceto na eleição dos membros da Diretoria do Conselho Federal.

→ § 2º com redação alterada pela Resolução do CFOAB 1/2006.

Art. 78. Para editar e alterar o Regulamento Geral, o Código de Ética e Disciplina e os Provimentos e para intervir nos Conselhos Seccionais é indispensável o *quorum* de 2/3 (dois terços) das delegações.

Parágrafo único. Para as demais matérias prevalece o *quorum* de instalação e de votação estabelecido neste Regulamento Geral.

Art. 79. A proposta que implique baixar normas gerais de competência do Conselho Pleno ou encaminhar projeto legislativo ou emendas aos Poderes competentes somente pode ser deliberada se o relator ou a comissão designada elaborar o texto normativo, a ser remetido aos Conselheiros juntamente com a convocação da sessão.

§ 1º Antes de apreciar proposta de texto normativo, o Conselho Pleno delibera sobre a admissibilidade da relevância da matéria.

§ 2º Admitida a relevância, o Conselho passa a decidir sobre o conteúdo da proposta do texto normativo, observados os seguintes critérios:

a) procede-se à leitura de cada dispositivo, considerando-o aprovado se não houver destaque levantado por qualquer membro ou encaminhado por Conselho Seccional;

b) havendo destaque, sobre ele manifesta-se apenas aquele que o levantou e a comissão relatora ou o relator, seguindo-se a votação.

§ 3º Se vários membros levantarem destaque sobre o mesmo ponto controvertido, um, dentre eles, é eleito como porta-voz.

§ 4º Se o texto for totalmente rejeitado ou prejudicado pela rejeição, o Presidente designa novo relator ou comissão revisora para redigir outro.

Art. 80. A OAB pode participar e colaborar em eventos internacionais, de interesse da advocacia, mas somente se associa a organismos internacionais que congreguem entidades congêneres.

Parágrafo único. Os Conselhos Seccionais podem representar a OAB em geral ou os advogados brasileiros em eventos internacionais ou no exterior, quando autorizados pelo Presidente Nacional.

Art. 81. Constatando grave violação do Estatuto ou deste Regulamento Geral, a Diretoria do Conselho Federal notifica o Conselho Seccional para apresentar defesa e, havendo necessidade, designa representantes para promover verificação ou sindicância, submetendo o relatório ao Conselho Pleno.

§ 1º Se o relatório concluir pela intervenção, notifica-se o Conselho Seccional para apresentar defesa por escrito e oral perante o Conselho Pleno, no prazo e tempo fixados pelo Presidente.

§ 2º Se o Conselho Pleno decidir pela intervenção, fixa prazo determinado, que pode ser prorrogado, cabendo à Diretoria designar diretoria provisória.

§ 3º Ocorrendo obstáculo imputável à Diretoria do Conselho Seccional para a sindicância, ou no caso de irreparabilidade do perigo pela demora, o Conselho Pleno pode aprovar liminarmente a intervenção provisória.

Art. 82. As indicações de ajuizamento de ação direta de inconstitucionalidade submetem-se ao juízo prévio de admissibilidade da Diretoria para aferição da relevância da defesa dos princípios e normas constitucionais e, sendo admitidas, observam o seguinte procedimento:

I – o relator, designado pelo Presidente, independentemente da decisão da Diretoria, pode levantar preliminar de inadmissibilidade perante o Conselho Pleno, quando não encontrar norma ou princípio constitucional violados pelo ato normativo;

II – aprovado o ajuizamento da ação, esta será proposta pelo Presidente do Conselho Federal;

→ Inciso II com redação alterada pelo Conselho Pleno do CFOAB (*D.J.* 12.12.2000).

III – cabe à assessoria do Conselho acompanhar o andamento da ação.

§ 1º Em caso de urgência que não possa aguardar a sessão ordinária do Conselho Pleno, ou durante o recesso do Conselho Federal, a Diretoria decide quanto ao mérito, *ad referendum* daquele.

§ 2º Quando a indicação for subscrita por Conselho Seccional da OAB, por entidade de caráter nacional ou por delegação do Conselho Federal, a matéria não se sujeita ao juízo de admissibilidade da Diretoria.

Art. 83. Compete à Comissão Nacional de Educação Jurídica do Conselho Federal opinar previamente nos pedidos para criação, reconhecimento e credenciamento dos cursos jurídicos referidos no art. 54, XV, do Estatuto.

→ *Caput* com redação alterada pela Resolução do Conselho Pleno CFOAB 1/2011.

§ 1º O Conselho Seccional em cuja área de atuação situar-se a instituição de ensino superior interessada será ouvido, preliminarmente, nos processos que tratem das matérias referidas neste artigo, devendo a seu respeito manifestar-se no prazo de 30 (trinta) dias.

→ Anterior parágrafo único renumerado pela Resolução CFOAB 3/2006.

§ 2º A manifestação do Conselho Seccional terá em vista, especialmente, os seguintes aspectos:

→ § 2º acrescentado pela Resolução do CFOAB 3/2006.

a) a verossimilhança do projeto pedagógico do curso, em face da realidade local;

b) a necessidade social da criação do curso, aferida em função dos critérios estabelecidos pela Comissão de Ensino Jurídico do Conselho Federal;

c) a situação geográfica do município sede do curso, com indicação de sua população e das condições de desenvolvimento cultural e econômico que apresente, bem como da distância em relação ao município mais próximo onde haja curso jurídico;

d) as condições atuais das instalações físicas destinadas ao funcionamento do curso;

e) a existência de biblioteca com acervo adequado, a que tenham acesso direto os estudantes.

§ 3º A manifestação do Conselho Seccional deverá informar sobre cada um dos itens mencionados no parágrafo anterior, abstendo-se, porém, de opinar, conclusivamente, sobre a conveniência ou não da criação do curso.

→ § 3º acrescentado pela Resolução do CFOAB 3/2006.

§ 4º O Conselho Seccional encaminhará sua manifestação diretamente à Comissão de Ensino Jurídico do Conselho Federal, dela não devendo fornecer cópia à instituição interessada ou a terceiro antes do pronunciamento final do Conselho Federal.

→ § 4º acrescentado pela Resolução do CFOAB 3/2006.

Seção III
Do Órgão Especial do Conselho Pleno

Art. 84. O Órgão Especial é composto por um Conselheiro Federal integrante de cada delegação, sem prejuízo de sua participação no Conselho Pleno, e pelos ex-presidentes, sendo presidido pelo Vice-Presidente e secretariado pelo Secretário-Geral Adjunto.

Parágrafo único. O Presidente do Órgão Especial, além de votar por sua delegação, tem o voto de qualidade, no caso de empate.

Art. 85. Compete ao Órgão Especial deliberar, privativamente e em caráter irrecorrível, sobre:

I – recurso contra decisões das Câmaras, quando não tenham sido unânimes ou, sendo unânimes, contrariem a Constituição, as leis, o Estatuto, decisões do Conselho Federal, este Regulamento Geral, o Código de Ética e Disciplina ou os Provimentos;

→ Inciso I com redação alterada pela Resolução do CFOAB 1/2007.

II – recurso contra decisões unânimes das Turmas, quando estas contrariarem a Constituição, as leis, o Estatuto, decisões do Conselho Federal, este Regulamento Geral, o Código de Ética e Disciplina ou os Provimentos;

→ Inciso II com redação alterada pela Resolução do CFOAB 1/2007.

→ Resolução do CFOAB 1/2011 – Disciplina o processamento de processos ético-disciplinares previstos no art. 70, *caput*, *in fine*, do Estatuto da Advocacia e da Ordem dos Advogados do Brasil (Lei 8.906/1994).

III – recurso contra decisões do Presidente ou da Diretoria do Conselho Federal e do Presidente do Órgão Especial;

→ Anterior inciso II renumerado pela Resolução do CFOAB 1/2007.

IV – consultas escritas, formuladas em tese, relativas às matérias de competência das Câmaras especializadas ou à interpretação do Estatuto, deste Regulamento Geral, do Código de Ética e Disciplina e dos Provimentos, devendo todos os Conselhos Seccionais ser cientificados do conteúdo das respostas;

→ Anterior inciso III renumerado pela Resolução do CFOAB 1/2007 e com redação alterada pelo Conselho Pleno do CFOAB (*DJ* 12.12.2000).

V – conflitos ou divergências entre órgãos da OAB;

→ Anterior inciso IV renumerado pela Resolução do CFOAB 1/2007.

VI – determinação ao Conselho Seccional competente para instaurar processo, quando, em autos ou peças submetidos ao conhecimento do Conselho Federal, encontrar fato que constitua infração disciplinar.

→ Anterior inciso V renumerado pela Resolução do CFOAB 1/2007.

§ 1º Os recursos ao Órgão Especial podem ser manifestados pelo Presidente do Conselho Federal, pelas partes ou pelos recorrentes originários.

§ 2º O relator pode propor ao Presidente do Órgão Especial o arquivamento da consulta, quando não se revestir de caráter geral ou não tiver pertinência com as finalidades da OAB, ou o seu encaminhamento ao Conselho Seccional, quando a matéria for de interesse local.

Art. 86. A decisão do Órgão Especial constitui orientação dominante da OAB sobre a matéria, quando consolidada em súmula publicada na imprensa oficial.

Seção IV
Das Câmaras

Art. 87. As Câmaras são presididas:

I – a Primeira, pelo Secretário-Geral;

II – a Segunda, pelo Secretário-Geral Adjunto;

III – a Terceira, pelo Tesoureiro.

§ 1º Os Secretários das Câmaras são designados, dentre seus integrantes, por seus Presidentes.

§ 2º Nas suas faltas e impedimentos, os Presidentes e Secretários das Câmaras são substituídos pelos Conselheiros mais antigos e, havendo coincidência, pelos de inscrição mais antiga.

§ 3º O Presidente da Câmara, além de votar por sua delegação, tem o voto de qualidade, no caso de empate.

Art. 88. Compete à Primeira Câmara:

I – decidir os recursos sobre:

a) atividade de advocacia e direitos e prerrogativas dos advogados e estagiários;

b) inscrição nos quadros da OAB;

c) incompatibilidades e impedimentos;

II – expedir resoluções regulamentando o Exame de Ordem, para garantir sua eficiência e padronização nacional, ouvida a Comissão Nacional de Exame de Ordem;

→ Inciso II com redação alterada pelo Conselho Pleno do CFOAB (*D.J.* 12.12.2000).

→ *v.* Art. 8º, § 1º da Lei 8.906/1994.

→ *v.* Arts. 58, VI e 112 do Regulamento.

→ Provimento do CFOAB 144/2011 – Exame de Ordem.

III – julgar as representações sobre as matérias de sua competência;

→ Inciso III com redação alterada pelo Conselho Pleno do CFOAB (*D.J.* 24.11.1997).

IV – propor, instruir e julgar os incidentes de uniformização de decisões de sua competência;

→ Inciso IV com redação alterada pelo Conselho Pleno do CFOAB (*D.J.* 24.11.1997).

V – determinar ao Conselho Seccional competente a instauração de processo quando, em autos ou peças submetidas ao seu julgamento, tomar conhecimento de fato que constitua infração disciplinar;

→ Inciso V acrescentado pelo Conselho Pleno do CFOAB (*D.J.* 12.12.2000).

VI – julgar os recursos interpostos contra decisões de seu Presidente.

→ Inciso VI acrescentado pelo Conselho Pleno do CFOAB (*D.J.* 12.12.2000).

Art. 89. Compete à Segunda Câmara:

I – decidir os recursos sobre ética e deveres do advogado, infrações e sanções disciplinares;

II – promover em âmbito nacional a ética do advogado, juntamente com os Tribunais de Ética e Disciplina, editando resoluções regulamentares ao Código de Ética e Disciplina;

III – julgar as representações sobre as matérias de sua competência;

→ Inciso III com redação alterada pelo Conselho Pleno do CFOAB (*D.J.* 24.11.1997).

IV – propor, instruir e julgar os incidentes de uniformização de decisões de sua competência;

→ Inciso IV com redação alterada pelo Conselho Pleno do CFOAB (*D.J.* 24.11.1997).

V – determinar ao Conselho Seccional competente a instauração de processo quando, em autos ou peças submetidas ao seu julgamento, tomar conhecimento de fato que constitua infração disciplinar;

→ Inciso V acrescentado pelo Conselho Pleno do CFOAB (*D.J.* 12.12.2000).

VI – julgar os recursos interpostos contra decisões de seu Presidente;

→ Inciso VI acrescentado pelo Conselho Pleno do CFOAB (*D.J.* 12.12.2000).

VII – eleger, dentre seus integrantes, os membros da Corregedoria do Processo Disciplinar, em número máximo de três, com atribuição, em caráter nacional, de orientar e fiscalizar a tramitação dos processos disciplinares de competência da OAB, podendo, para tanto, requerer informações e realizar diligências, elaborando relatório anual dos processos em trâmite no Conselho Federal e nos Conselhos Seccionais e Subseções.

→ Inciso VII acrescentado pelo Conselho Pleno do CFOAB (*D.J.* 12.12.2000).

Art. 89-A. A Segunda Câmara será dividida em três Turmas, entre elas repartindo-se, com igualdade, os processos recebidos pela Secretaria.

→ *Caput* acrescentado pela Resolução do CFOAB 1/2007.

§ 1º Na composição das Turmas, que se dará por ato do Presidente da Segunda Câmara, será observado o critério de representatividade regional, de sorte a nelas estarem presentes todas as Regiões do País.

→ § 1º acrescentado pela Resolução do CFOAB 1/2007.

§ 2º As Turmas serão presididas pelo Conselheiro presente de maior antiguidade no Conselho Federal, admitido-se o revezamento, a critério dos seus membros, salvo a Turma integrada pelo Presidente da Segunda Câmara, que será por ele presidida.

→ § 2º acrescentado pela Resolução do CFOAB 1/2007.

§ 3º Das decisões não unânimes das Turmas caberá recurso para o Pleno da Segunda Câmara.

→ § 3º acrescentado pela Resolução do CFOAB 1/2007.

→ *v.* Resolução do CFOAB 1/2011 – Disciplina o processamento de processos ético-disciplinares previstos no art. 70, *caput*, *in fine*, do Estatuto da Advocacia e da Ordem dos Advogados do Brasil (Lei 8.906/1994).

§ 4º No julgamento do recurso, o relator ou qualquer membro da Turma poderá propor que esta o afete ao Pleno da Câmara, em vista da relevância ou especial complexidade da matéria versada, podendo proceder do mesmo modo quando suscitar questões de ordem que impliquem a adoção de procedimentos comuns pelas Turmas.

→ § 4º acrescentado pela Resolução do CFOAB 1/2009.

Art. 90. Compete à Terceira Câmara:

I – decidir os recursos relativos à estrutura, aos órgãos e ao processo eleitoral da OAB;

II – decidir os recursos sobre sociedades de advogados, advogados associados e advogados empregados;

III – apreciar os relatórios anuais e deliberar sobre o balanço e as contas da Diretoria do Conselho Federal e dos Conselhos Seccionais;

IV – suprir as omissões ou regulamentar as normas aplicáveis às Caixas de Assistência dos Advogados, inclusive mediante resoluções;

V – modificar ou cancelar, de ofício ou a pedido de qualquer pessoa, dispositivo do Regimento Interno do Conselho Seccional que contrarie o Estatuto ou este Regulamento Geral;

VI – julgar as representações sobre as matérias de sua competência;

→ Inciso VI com redação alterada pelo Conselho Pleno do CFOAB (*D.J.* 24.11.1997).

VII – propor, instruir e julgar os incidentes de uniformização de decisões de sua competência;

→ Inciso VII com redação alterada pelo Conselho Pleno do CFOAB (*D.J.* 24.11.1997).

VIII – determinar ao Conselho Seccional competente a instauração de processo quando, em autos ou peças submetidas ao seu julgamento, tomar conhecimento de fato que constitua infração disciplinar;

→ Inciso VIII acrescentado pelo Conselho Pleno do CFOAB (*D.J.* 12.12.2000).

IX – julgar os recursos interpostos contra decisões de seu Presidente.

→ Inciso IX acrescentado pelo Conselho Pleno do CFOAB (*D.J.* 12.12.2000).

Seção V
Das sessões

Art. 91. Os órgãos colegiados do Conselho Federal reúnem-se ordinariamente nos meses de fevereiro a dezembro de cada ano, em sua sede no Distrito Federal, nas datas fixadas pela Diretoria.

→ *Caput* com redação alterada pela Resolução do CFOAB 1/2010.

§ 1º Em caso de urgência ou no período de recesso (janeiro), o Presidente ou 1/3 (um terço) das delegações do Conselho Federal pode convocar sessão extraordinária.

→ § 1º com redação alterada pela Resolução do CFOAB 1/2010.

§ 2º A sessão extraordinária, em caráter excepcional e de grande relevância, pode ser convocada para local diferente da sede do Conselho Federal.

§ 3º As convocações para as sessões ordinárias são acompanhadas de minuta da ata da sessão anterior e dos demais documentos necessários.

§ 4º Mediante prévia deliberação do Conselho Pleno, poderá ser dispensada a realização da sessão ordinária do mês de julho, sem prejuízo da regular fruição dos prazos processuais e regulamentares.

→ § 4º acrescentado pela Resolução do CFOAB 1/2010.

Art. 92. Para instalação e deliberação dos órgãos colegiados do Conselho Federal da OAB exige-se a presença de metade das delegações, salvo nos casos de *quorum* qualificado, previsto neste Regulamento Geral.

§ 1º A deliberação é tomada pela maioria de votos dos presentes.

§ 2º Comprova-se a presença pela assinatura no documento próprio, sob controle do Secretário da sessão.

§ 3º Qualquer membro presente pode requerer a verificação do *quorum*, por chamada.

§ 4º A ausência à sessão, depois da assinatura de presença, não justificada ao Presidente, é contada para efeito de perda do mandato.

Art. 93. Nas sessões observa-se a seguinte ordem:

I – verificação do *quorum* e abertura;

II – leitura, discussão e aprovação da ata da sessão anterior;

III – comunicações do Presidente;

IV – ordem do dia;

V – expediente e comunicações dos presentes.

Parágrafo único. A ordem dos trabalhos ou da pauta pode ser alterada pelo Presidente, em caso de urgência ou de pedido de preferência.

Art. 94. O julgamento de qualquer processo ocorre do seguinte modo:

I – leitura do relatório, do voto e da proposta de ementa do acórdão, todos escritos, pelo relator;

II – sustentação oral pelo interessado ou seu advogado, no prazo de 15 (quinze) minutos, tendo o respectivo processo preferência no julgamento;

III – discussão da matéria, dentro do prazo máximo fixado pelo Presidente, não podendo cada Conselheiro fazer uso da palavra mais de uma vez nem por mais de 3 (três) minutos, salvo se lhe for concedida prorrogação;

IV – votação da matéria, não sendo permitidas questões de ordem ou justificativa oral de voto, precedendo as questões prejudiciais e preliminares às de mérito;

V – a votação da matéria será realizada mediante chamada em ordem alfabética das bancadas, iniciando-se com a delegação integrada pelo relator do processo em julgamento;

→ Inciso V acrescentado pela Resolução CFOAB 3/2013.

VI – proclamação do resultado pelo Presidente, com leitura da súmula da decisão.

→ Anterior inciso V renumerado para inciso VI pela Resolução CFOAB 3/2013.

§ 1º Os apartes só serão admitidos quando concedidos pelo orador. Não será admitido aparte:

→ § 1º com redação alterada pelo Conselho Pleno do CFOAB (*D.J.* 12.12.2000).

a) à palavra do Presidente;

b) ao Conselheiro que estiver suscitando questão de ordem.

§ 2º Se durante a discussão o Presidente julgar que a matéria é complexa e não se encontra suficientemente esclarecida, suspende o julgamento, designando revisor para sessão seguinte.

→ Anterior § 1º renumerado pelo Conselho Pleno do CFOAB (*D.J.* 12.12.2000).

§ 3º A justificação escrita do voto pode ser encaminhada à Secretaria até 15 (quinze) dias após a votação da matéria.

→ Anterior § 2º renumerado pelo Conselho Pleno do CFOAB (*D.J.* 12.12.2000).

§ 4º O Conselheiro pode pedir preferência para antecipar seu voto se necessitar ausentar-se justificadamente da sessão.

→ Anterior § 3º renumerado pelo Conselho Pleno do CFOAB (*D.J.* 12.12.2000).

§ 5º O Conselheiro pode eximir-se de votar se não tiver assistido à leitura do relatório.

→ Anterior § 4º renumerado pelo Conselho Pleno do CFOAB (*D.J.* 12.12.2000).

§ 6º O relatório e o voto do relator, na ausência deste, são lidos pelo Secretário.

→ Anterior § 5º renumerado pelo Conselho Pleno do CFOAB (*D.J.* 12.12.2000).

§ 7º Vencido o relator, o autor do voto vencedor lavra o acórdão.

→ Anterior § 6º renumerado pelo Conselho Pleno do CFOAB (*D.J.* 12.12.2000).

Art. 95. O pedido justificado de vista por qualquer Conselheiro, quando não for em mesa, não adia a discussão, sendo deliberado como preliminar antes da votação da matéria.

Parágrafo único. A vista concedida é coletiva, permanecendo os autos do processo na Secretaria, com envio de cópias aos que as solicitarem, devendo a matéria ser julgada na sessão ordinária seguinte, com preferência sobre as demais, ainda que ausentes o relator ou o Conselheiro requerente.

Art. 96. As decisões coletivas são formalizadas em acórdãos, assinados pelo Presidente e pelo relator, e publicadas.

§ 1º As manifestações gerais do Conselho Pleno podem dispensar a forma de acórdão.

§ 2º As ementas têm numeração sucessiva e anual, relacionada ao órgão deliberativo.

Art. 97. As pautas e decisões são publicadas na Imprensa Oficial, ou comunicadas pessoalmente aos interessados, e afixadas em local de fácil acesso na sede do Conselho Federal.

→ Artigo com redação alterada pelo Conselho Pleno do CFOAB (*D.J.* 12.12.2000).

→ *v.* Provimento do CFOAB 26/1966 – Publicação local, pelos Conselhos Seccionais, de todos os Provimentos baixados pela Ordem dos Advogados do Brasil.

→ *v.* Provimento do CFOAB 47/1979 – Acrescenta parágrafo único ao art. 1º do Provimento 26, de 24 de maio de 1966, que trata da publicação, pelos Conselhos Seccionais, dos provimentos baixados pela Ordem dos Advogados do Brasil.

Seção VI
Da Diretoria do Conselho Federal

Art. 98. O Presidente é substituído em suas faltas, licenças e impedimentos pelo Vice-Presidente, pelo Secretário-Geral, pelo Secretário-Geral Adjunto e pelo Tesoureiro, sucessivamente.

§ 1º O Vice-Presidente, o Secretário-Geral, o Secretário-Geral Adjunto e o Tesoureiro substituem-se nessa ordem, em suas faltas e impedimentos ocasionais, sendo o último substituído pelo Conselheiro Federal mais antigo e, havendo coincidência de mandatos, pelo de inscrição mais antiga.

§ 2º No caso de licença temporária, o Diretor é substituído pelo Conselheiro designado pelo Presidente.

§ 3º No caso de vacância de cargo da Diretoria, em virtude de perda do mandato, morte ou renúncia, o sucessor é eleito pelo Conselho Pleno.

§ 4º Para o desempenho de suas atividades, a Diretoria contará, também, com dois representantes institucionais permanentes, cujas funções serão exercidas por Conselheiros Federais por ela designados, ad referendum do Conselho Pleno, destinadas ao acompanhamento dos interesses da Advocacia no Conselho Nacional de Justiça e no Conselho Nacional do Ministério Público.

→ § 4º acrescentado pela Resolução CFOAB 1/2015.

Art. 99. Compete à Diretoria, coletivamente:

I – dar execução às deliberações dos órgãos deliberativos do Conselho;

II – elaborar e submeter à Terceira Câmara, na forma e prazo estabelecidos neste Regulamento Geral, o orçamento anual da receita e da despesa, o relatório anual, o balanço e as contas;

III – elaborar estatística anual dos trabalhos e julgados do Conselho;

IV – distribuir e redistribuir as atribuições e competências entre os seus membros;

V – elaborar e aprovar o plano de cargos e salários e a política de administração de pessoal do Conselho, propostos pelo Secretário-Geral;

VI – promover assistência financeira aos órgãos da OAB, em caso de necessidade comprovada e de acordo com previsão orçamentária;

VII – definir critérios para despesas com transporte e hospedagem dos Conselheiros, membros das comissões e convidados;

VIII – alienar ou onerar bens móveis;

IX – resolver os casos omissos no Estatuto e no Regulamento Geral, *ad referendum* do Conselho Pleno.

Art. 100. Compete ao Presidente:

I – representar a OAB em geral e os advogados brasileiros, no país e no exterior, em juízo ou fora dele;

II – representar o Conselho Federal, em juízo ou fora dele;

III – convocar e presidir o Conselho Federal e executar suas decisões;

IV – adquirir, onerar e alienar bens imóveis, quando autorizado, e administrar o patrimônio do Conselho Federal, juntamente com o Tesoureiro;

V – aplicar penas disciplinares, no caso de infração cometida no âmbito do Conselho Federal;

VI – assinar, com o Tesoureiro, cheques e ordens de pagamento;

VII – executar e fazer executar o Estatuto e a legislação complementar.

Art. 101. Compete ao Vice-Presidente:

I – presidir o órgão Especial e executar suas decisões;

II – executar as atribuições que lhe forem cometidas pela Diretoria ou delegadas, por portaria, pelo Presidente.

Art. 102. Compete ao Secretário-Geral:

I – presidir a Primeira Câmara e executar suas decisões;

II – dirigir todos os trabalhos de Secretaria do Conselho Federal;

III – secretariar as sessões do Conselho Pleno;

IV – manter sob sua guarda e inspeção todos os documentos do Conselho Federal;

V – controlar a presença e declarar a perda de mandato dos Conselheiros Federais;

VI – executar a administração do pessoal do Conselho Federal;

VII – emitir certidões e declarações do Conselho Federal.

Art. 103. Compete ao Secretário-Geral Adjunto:

I – presidir a Segunda Câmara e executar suas decisões;

II – organizar e manter o cadastro nacional dos advogados e estagiários, requisitando os dados e informações necessários aos Conselhos Seccionais e promovendo as medidas necessárias;

→ *v.* Arts. 24 e 137-D do Regulamento Geral.

→ *v.* Provimento do CFOAB 95/2000 – Cadastro Nacional dos Advogados.

→ *v.* Provimento do CFOAB 99/2002 – Cadastro Nacional de Consultores e de Sociedades de Consultores em Direito Estrangeiro.

→ *v.* Resolução do CFOAB 1/2003 – Cria o Cadastro de Sanções Disciplinares da Ordem dos Advogados do Brasil.

→ *v.* Resolução do CFOAB 1/2012 – Altera o art. 24 e acrescenta os arts. 24-A e 24-B do Regulamento Geral do Estatuto da Advocacia e da OAB – Lei 8.906, de 1994 e revoga o Provimento 98/2002, que "dispõe sobre o Cadastro Nacional das Sociedades de Advogados".

III – executar as atribuições que lhe forem cometidas pela Diretoria ou delegadas pelo Secretário-Geral;

IV – secretariar o Órgão Especial.

Art. 104. Compete ao Tesoureiro:

I – presidir a Terceira Câmara e executar suas decisões;

II – manter sob sua guarda os bens e valores e o almoxarifado do Conselho;

III – administrar a Tesouraria, controlar e pagar todas as despesas autorizadas e assinar cheques e ordens de pagamento com o Presidente;

IV – elaborar a proposta de orçamento anual, o relatório, os balanços e as contas mensais e anuais da Diretoria;

V – propor à Diretoria a tabela de custas do Conselho Federal;

VI – fiscalizar e cobrar as transferências devidas pelos Conselhos Seccionais ao Conselho Federal, propondo à Diretoria a intervenção nas Tesourarias dos inadimplentes;

VII – manter inventário dos bens móveis e imóveis do Conselho Federal, atualizado anualmente;

VIII – receber e dar quitação dos valores recebidos pelo Conselho Federal.

§ 1º Em casos imprevistos, o Tesoureiro pode realizar despesas não constantes do orçamento anual, quando autorizadas pela Diretoria.

§ 2º Cabe ao Tesoureiro propor à Diretoria o regulamento para aquisições de material de consumo e permanente.

Capítulo IV
DO CONSELHO SECCIONAL

Art. 105. Compete ao Conselho Seccional, além do previsto nos arts. 57 e 58 do Estatuto:

I – cumprir o disposto nos incisos I, II e III do art. 54 do Estatuto;

II – adotar medidas para assegurar o regular funcionamento das Subseções;

III – intervir, parcial ou totalmente, nas Subseções e na Caixa de Assistência dos Advogados, onde e quando constatar grave violação do Estatuto, deste Regulamento Geral e do Regimento Interno do Conselho Seccional;

IV – cassar ou modificar, de ofício ou mediante representação, qualquer ato de sua diretoria e dos demais órgãos executivos e deliberativos, da diretoria ou do conselho da Subseção e da diretoria da Caixa de Assistência dos Advogados, contrários ao Estatuto, ao Regulamento Geral, aos Provimentos, ao Código de Ética e Disciplina, ao seu Regimento Interno e às suas Resoluções;

V – ajuizar, após deliberação:

a) ação direta de inconstitucionalidade de leis ou atos normativos estaduais e municipais, em face da Constituição Estadual ou da Lei Orgânica do Distrito Federal;

b) ação civil pública, para defesa de interesses difusos de caráter geral e coletivos e individuais homogêneos;

→ Alínea *b* com redação alterada pelo Conselho Pleno do CFOAB (*D.J.* 12.12.2000).

c) mandado de segurança coletivo, em defesa de seus inscritos, independentemente de autorização pessoal dos interessados;

d) mandado de injunção, em face da Constituição Estadual ou da Lei Orgânica do Distrito Federal.

Parágrafo único. O ajuizamento é decidido pela Diretoria, no caso de urgência ou recesso do Conselho Seccional.

Art. 106. Os Conselhos Seccionais são compostos de conselheiros eleitos, incluindo os membros da Diretoria, proporcionalmente ao número de advogados com inscrição concedida, observados os seguintes critérios:

I – abaixo de 3.000 (três) mil inscritos, até 30 (trinta) membros;

→ Inciso I com redação alterada pela Resolução do CFOAB 2/2009.

II – a partir de 3.000 (três mil) inscritos, mais um membro por grupo completo de 3.000 (três mil) inscritos, até o total de 80 (oitenta) membros.

→ Inciso II com redação alterada pela Resolução do CFOAB 2/2009.

§ 1º Cabe ao Conselho Seccional, observado o número da última inscrição concedida, fixar o número de seus membros, mediante resolução, sujeita a referendo do Conselho Federal, que aprecia a base de cálculo e reduz o excesso, se houver.

§ 2º O Conselho Seccional, a delegação do Conselho Federal, a diretoria da Caixa de Assistência dos Advogados, a diretoria e o conselho da Subseção podem ter suplentes, eleitos na chapa vencedora, em número fixado entre a metade e o total de conselheiros titulares.

→ § 2º com redação alterada pela Resolução do Conselho Pleno do CFOAB 3/2012.

§ 3º Não se incluem no cálculo da composição dos elegíveis ao Conselho seus ex-presidentes e o Presidente do Instituto dos Advogados.

Art. 107. Todos os órgãos vinculados ao Conselho Seccional reúnem-se, ordinariamente, nos meses de fevereiro a dezembro, em suas sedes, e para a sessão de posse no mês de janeiro do primeiro ano do mandato.

§ 1º Em caso de urgência ou nos períodos de recesso (janeiro), os Presidentes dos órgãos ou 1/3 (um terço) de seus membros podem convocar sessão extraordinária.

→ § 1º com redação alterada pela Resolução do CFOAB 1/2010.

→ *v.* Art. 91 do Regulamento Geral.

§ 2º As convocações para as sessões ordinárias são acompanhadas de minuta da ata da sessão anterior e dos demais documentos necessários.

Art. 108. Para aprovação ou alteração do Regimento Interno do Conselho, de criação e intervenção em Caixa de Assistência dos Advogados e Subseções e para aplicação da pena de exclusão de inscrito é necessário *quorum* de presença de 2/3 (dois terços) dos conselheiros.

§ 1º Para as demais matérias exige-se *quorum* de instalação e deliberação de metade dos membros de cada órgão deliberativo, não se computando no cálculo os ex-presidentes presentes, com direito a voto.

§ 2º A deliberação é tomada pela maioria dos votos dos presentes, incluindo os ex-presidentes com direito a voto.

§ 3º Comprova-se a presença pela assinatura no documento próprio, sob controle do Secretário da sessão.

§ 4º Qualquer membro presente pode requerer a verificação do *quorum*, por chamada.

§ 5º A ausência à sessão depois da assinatura de presença, não justificada ao Presidente, é contada para efeito de perda do mandato.

Art. 109. O Conselho Seccional pode dividir-se em órgãos deliberativos e instituir comissões especializadas, para melhor desempenho de suas atividades.

§ 1º Os órgãos do Conselho podem receber a colaboração gratuita de advogados não conselheiros, inclusive para instrução processual, considerando-se função relevante em benefício da advocacia.

§ 2º No Conselho Seccional e na Subseção que disponha de conselho é obrigatória a instalação e o funcionamento da Comissão de Direitos Humanos, da Comissão de Orçamento e Contas e da Comissão de Estágio e Exame de Ordem.

→ *v.* Provimento do CFOAB 56/1985 – Revê e consolida normas do Provimento 50, de 27 de julho de 1981, sobre a criação, nas Seções, de Comissões de Direitos Humanos.

→ *v.* Provimento do CFOAB 115/2007 – Comissões Permanentes do Conselho Federal da Ordem dos Advogados do Brasil.

§ 3º Os suplentes podem desempenhar atividades permanentes e temporárias, na forma do Regimento Interno.

§ 4º As Câmaras e os órgãos julgadores em que se dividirem os Conselhos Seccionais para o exercício das respectivas competências serão integradas exclusivamente por Conselheiros eleitos, titulares ou suplentes.

→ § 4º acrescentado pela Resolução do CFOAB 4/2010.

Art. 110. Os relatores dos processos em tramitação no Conselho Seccional têm competência para instrução, podendo ouvir depoimentos, requisitar documentos, determinar diligências e propor o arquivamento ou outra providência porventura cabível ao Presidente do órgão colegiado competente.

Art. 111. O Conselho Seccional fixa tabela de honorários advocatícios, definindo as referências mínimas e as proporções, quando for o caso.

→ *v.* Arts. 22 a 26 da Lei 8.906/1994.

→ *v.* Arts. 48 a 54 do Novo Código de Ética e Disciplina da OAB.

Parágrafo único. A tabela é amplamente divulgada entre os inscritos e encaminhada ao Poder Judiciário para os fins do art. 22 do Estatuto.

Art. 112. O Exame de Ordem será regulamentado por Provimento editado pelo Conselho Federal.

→ Artigo com redação alterada pela Resolução do Conselho Pleno CFOAB 1/2011.

→ *v.* Provimentos do CFOAB 144/2011, 156/2013 e 167/2015 – Exame de Ordem.

→ *v.* Arts. 8º, § 1º, e 58, VI, da Lei 8.906/1994.

→ *v.* Art. 88, II, do Regulamento Geral.

§ 1º O Exame de Ordem é organizado pela Coordenação Nacional de Exame de Ordem, na forma de Provimento do Conselho Federal.

§ 2º Às Comissões de Estágio e Exame de Ordem dos Conselhos Seccionais compete fiscalizar a aplicação da prova e verificar o preenchimento dos requisitos exigidos dos examinandos quando dos pedidos de inscrição, assim como difundir as diretrizes e defender a necessidade do Exame de Ordem.

Art. 113. O Regimento Interno do Conselho Seccional define o procedimento de intervenção total ou parcial nas Subseções e na Caixa de Assistência dos Advogados, observados os critérios estabelecidos neste Regulamento Geral para a intervenção no Conselho Seccional.

Art. 114. Os Conselhos Seccionais definem nos seus Regimentos Internos a composição, o modo de eleição e o funcionamento dos Tribunais de Ética e Disciplina, observados os procedimentos do Código de Ética e Disciplina.

→ Provimento do CFOAB 83/1996 – Processos éticos de representação por advogado contra advogado.

§ 1º Os membros dos Tribunais de Ética e Disciplina, inclusive seus Presidentes, são eleitos na primeira sessão ordinária após a posse dos Conselhos Seccionais, dentre os seus integrantes ou advogados de notável reputação ético-profissional, observados os mesmos requisitos para a eleição do Conselho Seccional.

§ 2º O mandato dos membros dos Tribunais de Ética e Disciplina tem a duração de 3 (três) anos.

§ 3º Ocorrendo qualquer das hipóteses do art. 66 do Estatuto, o membro do Tribunal de Ética e Disciplina perde o mandato antes do seu término, cabendo ao Conselho Seccional eleger o substituto.

Capítulo V
DAS SUBSEÇÕES

Art. 115. Compete às subseções dar cumprimento às finalidades previstas no art. 61 do Estatuto e neste Regulamento Geral.

Art. 116. O Conselho Seccional fixa, em seu orçamento anual, dotações específicas para as subseções, e as repassa segundo programação financeira aprovada ou em duodécimos.

Art. 117. A criação de Subseção depende, além da observância dos requisitos estabelecidos no Regimento Interno do Conselho Seccional, de estudo preliminar de viabilidade realizado por comissão especial designada pelo Presidente do Conselho Seccional, incluindo o número de advogados efetivamente residentes na base territorial, a existência de comarca judiciária, o levantamento e a perspectiva do mercado de trabalho, o custo de instalação e de manutenção.

Art. 118. A resolução do Conselho Seccional que criar a Subseção deve:

I – fixar sua base territorial;

II – definir os limites de suas competências e autonomia;

III – fixar a data da eleição da diretoria e do conselho, quando for o caso, e o início do mandato com encerramento coincidente com o do Conselho Seccional;

IV – definir a composição do conselho da Subseção e suas atribuições, quando for o caso.

§ 1º Cabe à Diretoria do Conselho Seccional encaminhar cópia da resolução ao Conselho Federal, comunicando a composição da diretoria e do conselho.

§ 2º Os membros da diretoria da Subseção integram seu conselho, que tem o mesmo presidente.

Art. 119. Os conflitos de competência entre subseções e entre estas e o Conselho Seccional são por este decididos, com recurso voluntário ao Conselho Federal.

Art. 120. Quando a Subseção dispuser de conselho, o Presidente deste designa um de seus membros, como relator, para instruir processo de inscrição no quadro da OAB, para os residentes em sua base territorial, ou processo disciplinar, quando o fato tiver ocorrido na sua base territorial.

→ *v.* Arts. 68 a 77 da Lei 8.906/1994.

→ *v.* Arts. 55 a 69 do Novo Código de Ética e Disciplina da OAB.

§ 1º Os relatores dos processos em tramitação na Subseção têm competência para instrução, podendo ouvir depoimentos, requisitar documentos, determinar diligências e propor o arquivamento ou outra providência ao Presidente.

§ 2º Concluída a instrução do pedido de inscrição, o relator submete parecer prévio ao conselho da Subseção, que pode ser acompanhado pelo relator do Conselho Seccional.

§ 3º Concluída a instrução do processo disciplinar, nos termos previstos no Estatuto e no Código de Ética e Disciplina, o relator emite parecer prévio, o qual, se homologado pelo Conselho da Subseção, é submetido ao julgamento do Tribunal de Ética e Disciplina.

§ 4º Os demais processos, até mesmo os relativos à atividade de advocacia, incompatibilidades e impedimentos, obedecem a procedimento equivalente.

Capítulo VI
DAS CAIXAS DE ASSISTÊNCIA DOS ADVOGADOS

Art. 121. As Caixas de Assistência dos Advogados são criadas mediante aprovação e registro de seus estatutos pelo Conselho Seccional.

Art. 122. O estatuto da Caixa define as atividades da Diretoria e a sua estrutura organizacional.

§ 1º A Caixa pode contar com departamentos específicos, integrados por profissionais designados por sua Diretoria.

§ 2º O plano de empregos e salários do pessoal da Caixa é aprovado por sua Diretoria e homologado pelo Conselho Seccional.

Art. 123. A assistência aos inscritos na OAB é definida no estatuto da Caixa e está condicionada à:

I – regularidade do pagamento, pelo inscrito, da anuidade à OAB;

II – carência de 1 (um) ano, após o deferimento da inscrição;

III – disponibilidade de recursos da Caixa.

Parágrafo único. O estatuto da Caixa pode prever a dispensa dos requisitos de que cuidam os incisos I e II, em casos especiais.

Art. 124. A seguridade complementar pode ser implementada pela Caixa, segundo dispuser seu estatuto.

Art. 125. As Caixas promovem entre si convênios de colaboração e execução de suas finalidades.

Art. 126. A Coordenação Nacional das Caixas, por elas mantida, composta de seus presidentes, é órgão de assessoramento do Conselho Federal da OAB para a política nacional de assistência e seguridade dos advogados, tendo seu Coordenador direito a voz nas sessões, em matéria a elas pertinente.

Art. 127. O Conselho Federal pode constituir fundos nacionais de seguridade e assistência dos advogados, coordenados pelas Caixas, ouvidos os Conselhos Seccionais.

Capítulo VII
DAS ELEIÇÕES

→ *v.* Provimento do CFOAB 146/2011 – Procedimentos, critérios, condições de elegibilidade, normas de campanha eleitoral e pressupostos de proclamação dos eleitos nas eleições dos Conselheiros e da Diretoria do Conselho Federal, dos Conselhos Seccionais e das Subseções da Ordem dos Advogados do Brasil e da Diretoria das Caixas de Assistência dos Advogados e dá outras providências.

→ *v.* Arts. 63 a 37 da Lei 8.906/1994.

Art. 128. O Conselho Seccional, até 45 (quarenta e cinco) dias antes da data da votação, no último ano do mandato, convocará os advogados inscritos para a votação obrigatória, mediante edital resumido, publicado na imprensa oficial, do qual constarão, dentre outros, os seguintes itens:

→ *Caput* com redação alterada pela Resolução CFOAB 1/2014.

I – dia da eleição, na segunda quinzena de novembro, dentro do prazo contínuo de 8 (oito) horas, com início fixado pelo Conselho Seccional;

II – prazo para o registro das chapas, na Secretaria do Conselho, até 30 (trinta) dias antes da votação;

III – modo de composição da chapa, incluindo o número de membros do Conselho Seccional;

IV – prazo de 3 (três) dias úteis, tanto para a impugnação das chapas quanto para a defesa, após o encerramento do prazo do pedido de registro (item II), e de 5 (cinco) dias úteis para a decisão da Comissão Eleitoral;

V – nominata dos membros da Comissão Eleitoral escolhida pela Diretoria;

VI – locais de votação;

VII – referência a este capítulo do Regulamento Geral, cujo conteúdo estará à disposição dos interessados.

§ 1º O edital define se as chapas concorrentes às Subseções são registradas nestas ou na Secretaria do próprio Conselho.

§ 2º Cabe aos Conselhos Seccionais promover ampla divulgação das eleições, em seus meios de comunicação, não podendo recusar a publicação, em condições de absoluta igualdade, do programa de todas as chapas.

→ § 2º com redação alterada pelo Conselho Pleno do CFOAB (*D.J.* 12.12.2000).

§ 3º Mediante requerimento escrito formulado pela chapa e assinado por seu representante legal, dirigido ao Presidente da Comissão Eleitoral, esta fornecerá, em 72 (setenta e duas) horas, listagem atualizada com nome e endereço postal dos advogados.

→ § 3º com redação alterada pela Resolução do Conselho Pleno CFOAB 2/2011.

§ 4º A listagem a que se refere o § 3º será fornecida mediante o pagamento das taxas fixadas pelo Conselho Seccional, não se admitindo mais de um requerimento por chapa concorrente.

→ § 4º acrescentado pelo Conselho Pleno do CFOAB (*D.J.* 12.12.2000).

Art. 128-A. A Diretoria do Conselho Federal, no mês de fevereiro do ano das eleições, designará Comissão Eleitoral Nacional, composta por 05 (cinco) advogados e presidida preferencialmente por Conselheiro Federal que não seja candidato, como órgão deliberativo encarregado de supervisionar, com função correcional e consultiva, as eleições seccionais e a eleição para a Diretoria do Conselho Federal.

→ Artigo acrescentado pela Resolução CFOAB 1/2014.

Art. 129. A Comissão Eleitoral é composta de cinco advogados, sendo um Presidente, que não integrem qualquer das chapas concorrentes.

§ 1º A Comissão Eleitoral utiliza os serviços das Secretarias do Conselho Seccional e das Subseções, com o apoio necessário de suas Diretorias, convocando ou atribuindo tarefas aos respectivos servidores.

§ 2º No prazo de 5 (cinco) dias úteis, após a publicação do edital de convocação das eleições, qualquer advogado pode arguir a suspeição de membro da Comissão Eleitoral, a ser julgada pelo Conselho Seccional.

§ 3º A Comissão Eleitoral pode designar Subcomissões para auxiliar suas atividades nas Subseções.

§ 4º As mesas eleitorais são designadas pela Comissão Eleitoral.

§ 5º A Diretoria do Conselho Seccional pode substituir os membros da Comissão Eleitoral quando, comprovadamente, não estejam cumprindo suas atividades, em prejuízo da organização e da execução das eleições.

Art. 130. Contra decisão da Comissão Eleitoral cabe recurso ao Conselho Seccional, no prazo de 15 (quinze) dias, e deste para o Conselho Federal, no mesmo prazo, ambos sem efeito suspensivo.

Parágrafo único. Quando a maioria dos membros do Conselho Seccional estiver concorrendo às eleições, o recurso contra decisão da Comissão Eleitoral será encaminhado diretamente ao Conselho Federal.

→ Parágrafo único acrescentado pela Resolução do Conselho Pleno CFOAB 2/2011.

Art. 131. São admitidas a registro apenas chapas completas, que deverão atender ao mínimo de 30% (trinta por cento) e ao máximo de 70% (setenta por cento) para candidaturas de cada sexo, com indicação dos candidatos aos cargos de diretoria do Conselho Seccional, de conselheiros seccionais, de conselheiros federais, de diretoria da Caixa de Assistência dos Advogados e de suplentes, se houver, sendo vedadas candidaturas isoladas ou que integrem mais de uma chapa.

→ *Caput* com redação alterada pela Resolução CFOAB 1/2014.

§ 1º O percentual mínimo previsto no caput deste artigo poderá ser alcançado levando-se em consideração a chapa completa, compreendendo os cargos de titular e de suplência, não sendo obrigatória a observância em cargos específicos ou de diretoria, incluindo a do Conselho Federal.

→ § 1º com redação alterada pela Resolução CFOAB 1/2014.

§ 2º Para o alcance do percentual mínimo previsto no *caput* deste artigo observar-se-á o arredondamento de fração para cima, considerando-se o número inteiro de vagas subsequente.

→ § 2º com redação alterada pela Resolução CFOAB 1/2014.

→ *v.* Arts. 4º e 5º do Provimento do CFOAB 146/2011.

§ 3º É facultativa a observação do percentual mínimo previsto neste artigo nas Subseções que não possuam Conselho.

→ § 3º com redação alterada pela Resolução CFOAB 1/2014.

§ 4º O requerimento de inscrição, dirigido ao Presidente da Comissão Eleitoral, é subscrito pelo candidato a Presidente e por 02 (dois) outros candidatos à Diretoria, contendo nome completo, nº de inscrição na OAB e endereço profissional de cada candidato, com indicação do cargo a que concorre, acompanhado das autorizações escritas dos integrantes da chapa.

→ § 4º com redação alterada pela Resolução CFOAB 1/2014.

§ 5º Somente integra chapa o candidato que, cumulativamente:

→ § 5º renumerado pela Resolução CFOAB 1/2014.

a) seja advogado regularmente inscrito na respectiva Seccional da OAB, com inscrição principal ou suplementar;

b) esteja em dia com as anuidades;

c) não ocupe cargos ou funções incompatíveis com a advocacia, referidos no art. 28 do Estatuto, em caráter permanente ou temporário, ressalvado o disposto no art. 83 da mesma Lei;

d) não ocupe cargos ou funções dos quais possa ser exonerável ad nutum, mesmo que compatíveis com a advocacia;

e) não tenha sido condenado em definitivo por qualquer infração disciplinar, salvo se reabilitado pela OAB, ou não tenha representação disciplinar em curso, já julgada procedente por órgão do Conselho Federal;

f) exerça efetivamente a profissão, há mais de cinco anos, excluído o período de estagiário, sendo facultado à Comissão Eleitoral exigir a devida comprovação;

g) não esteja em débito com a prestação de contas ao Conselho Federal, na condição de dirigente do Conselho Seccional ou da Caixa de Assistência dos Advogados, responsável pelas referidas contas, ou não tenha tido prestação de contas rejeitada, após apreciação do Conselho Federal, com trânsito em julgado, nos 08 (oito) anos seguintes;

h) com contas rejeitadas segundo o disposto na alínea a do inciso II do art. 7º do Provimento n. 101/2003, ressarcir o dano apurado pelo Conselho Federal, sem prejuízo do cumprimento do prazo de 08 (oito) anos previsto na alínea g;

i) não integre listas, com processo em tramitação, para provimento de cargos nos tribunais judiciais ou administrativos.

§ 6º A Comissão Eleitoral publica no quadro de avisos das Secretarias do Conselho Seccional e das subseções a composição das chapas com registro requerido, para fins de impugnação por qualquer advogado inscrito.

→ § 6º renumerado pela Resolução do CFOAB 1/2014.

§ 7º A Comissão Eleitoral suspende o registro da chapa incompleta ou que inclua candidato inelegível na forma do § 5º, concedendo ao candidato a Presidente do Conselho Seccional prazo improrrogável de cinco dias úteis para sanar a irregularidade, devendo a Secretaria e a Tesouraria do Conselho ou da Subseção prestar as informações necessárias.

→ § 7º renumerado pela Resolução do CFOAB 1/2014.

§ 8º A chapa é registrada com denominação própria, observada a preferência pela ordem de apresentação dos requerimentos, não podendo as seguintes utilizar termos, símbolos ou expressões iguais ou assemelhados.

→ § 8º renumerado pela Resolução do CFOAB 1/2014.

§ 9º Em caso de desistência, morte ou inelegibilidade de qualquer integrante da chapa, a substituição pode ser requerida, sem alteração da cédula única já composta, considerando-se votado o substituído.

→ § 9º renumerado pela Resolução do CFOAB 1/2014.

§ 10. Os membros dos órgãos da OAB, no desempenho de seus mandatos, podem neles permanecer se concorrerem às eleições.

→ § 10 renumerado pela Resolução do CFOAB 1/2014.

Art. 131-A. São condições de elegibilidade: ser o candidato advogado inscrito na Seccional, com inscrição principal ou suplementar, em efetivo exercício há mais de 5 (cinco) anos, e estar em dia com as anuidades na data de protocolo do pedido de registro de candidatura, considerando-se regulares aqueles que parcelaram seus débitos e estão adimplentes com a quitação das parcelas.

→ Artigo acrescentado pela Resolução do Conselho Pleno CFOAB 2/2011.

§ 1º O candidato deverá comprovar sua adimplência junto à OAB por meio da apresentação de certidão da Seccional onde é candidato.

§ 2º Sendo o candidato inscrito em várias Seccionais, deverá, ainda, quando da inscrição da chapa na qual concorrer, declarar, sob a sua responsabilidade e sob as penas legais, que se encontra adimplente com todas elas.

§ 3º O período de 5 (cinco) anos estabelecido no *caput* deste artigo é o que antecede imediatamente a data da posse, computado continuamente.

Art.131-B. Desde o pedido de registro da chapa, poderá ser efetuada doação para a campanha por advogados, inclusive candidatos, sendo vedada a doação por pessoas físicas que não sejam advogados e por qualquer empresa ou pessoa jurídica, sob pena de indeferimento de registro ou cassação do mandato.

→ Artigo acrescentado pela Resolução CFOAB 1/2014.

→ A Resolução 1/2014, de 4.11.2014, do Conselho Pleno, estabeleceu no seu art. 2º: "Art. 2º O disposto nos §§ 1º e 2º do art. 131-B do Regulamento Geral, segundo a redação atribuída por esta Resolução, será regulamentado em normativo posterior do Conselho Federal, que organizará o sistema de controle interno para esse fim, devendo ser aplicado a partir das eleições da Ordem dos Advogados do Brasil a serem realizadas no ano de 2018".

§ 1º Será obrigatória a prestação de contas de campanha por parte das chapas concorrentes, devendo ser fixado pelo Conselho Federal o limite máximo de gastos.

§ 2º Também será fixado pelo Conselho Federal o limite máximo de doações para as campanhas eleitorais por parte de quem não é candidato.

Art. 132. A votação será realizada através de urna eletrônica, salvo comprovada impossibilidade, devendo ser feita no número atribuído a cada chapa, por ordem de inscrição.

→ *Caput* com redação alterada pela Resolução do Conselho Pleno CFOAB 2/2011.

§ 1º Caso não seja adotada a votação eletrônica, a cédula eleitoral será única, contendo as chapas concorrentes na ordem em que foram registradas, com uma só quadrícula ao lado de cada denominação, e agrupadas em colunas, observada a seguinte ordem:

→ § 1º acrescentado pelo Conselho Pleno do CFOAB (*D.J.* 9.12.2005).

I – denominação da chapa e nome do candidato a Presidente, em destaque;

II – Diretoria do Conselho Seccional;

III – Conselheiros Seccionais;

IV – Conselheiros Federais;

V – Diretoria da Caixa de Assistência dos Advogados;

VI – Suplentes.

§ 2º Nas Subseções, não sendo adotado o voto eletrônico, além da cédula referida neste Capítulo, haverá outra cédula para as chapas concorrentes à Diretoria da Subseção e do respectivo Conselho, se houver, observando-se idêntica forma.

→ § 2º acrescentado pelo Conselho Pleno do CFOAB (*D.J.* 9.12.2005).

§ 3º O Conselho Seccional, ao criar o Conselho da Subseção, fixará, na resolução, a data da eleição suplementar, regulamentando-a segundo as regras deste Capítulo.

→ § 3º acrescentado pelo Conselho Pleno do CFOAB (*D.J.* 9.12.2005).

§ 4º Os eleitos ao primeiro Conselho da Subseção complementam o prazo do mandato da Diretoria.

→ § 4º acrescentado pelo Conselho Pleno do CFOAB (*D.J.* 9.12.2005).

Art. 133. Perderá o registro a chapa que praticar ato de abuso de poder econômico, político e dos meios de comunicação, ou for diretamente beneficiada, ato esse que se configura por:

→ *v.* Art. 10 do Provimento do CFOAB 146/2011.

I – propaganda transmitida por meio de emissora de televisão ou rádio, permitindo-se entrevistas e debates com os candidatos;

II – propaganda por meio de outdoors ou com emprego de carros de som ou assemelhados;

III – propaganda na imprensa, a qualquer título, ainda que gratuita, que exceda, por edição, a um oitavo de página de jornal padrão e a um quarto de página de revista ou tabloide, não podendo exceder, ainda, a 10 (dez) edições;

IV – uso de bens imóveis e móveis pertencentes à OAB, à Administração direta ou indireta da União, dos Estados, do Distrito Federal e dos Municípios, ou de serviços por estes custeados, em benefício de chapa ou de candidato, ressalvados os espaços da Ordem que devam ser utilizados, indistintamente, pelas chapas concorrentes;

V – pagamento, por candidato ou chapa, de anuidades de advogados ou fornecimento de quaisquer outros tipos de recursos financeiros ou materiais que possam desvirtuar a liberdade do voto;

VI – utilização de servidores da OAB em atividades de campanha eleitoral.

§ 1º A propaganda eleitoral, que só poderá ter início após o pedido de registro da chapa, tem como finalidade apresentar e debater propostas e ideias relacionadas às finalidades da OAB e aos interesses da Advocacia, sendo vedada a prática de atos que visem a exclusiva promoção pessoal de candidatos e, ainda, a abordagem de temas de modo a comprometer a dignidade da profissão e da Ordem dos Advogados do Brasil ou ofender a honra e imagem de candidatos.

→ § 1º com redação alterada pela Resolução CFOAB 1/2014.

§ 2º A propaganda antecipada ou proibida importará em notificação de advertência a ser expedida pela Comissão Eleitoral competente para que, em 24 (vinte e quatro horas), seja suspensa, sob pena de aplicação de multa correspondente ao valor de 01(uma) até 10 (dez) anuidades.

→ § 2º com redação alterada pela Resolução CFOAB 1/2014.

§ 3º Havendo recalcitrância ou reincidência, a Comissão Eleitoral procederá à abertura de procedimento de indeferimento ou cassação de registro da chapa ou do mandato, se já tiver sido eleita.

→ § 3º com redação alterada pela Resolução CFOAB 1/2014.

§ 4º Se a Comissão Eleitoral entender que qualquer ato configure infração disciplinar, deverá notificar os órgãos correcionais competentes da OAB.

→ § 4º com redação alterada pela Resolução CFOAB 1/2014.

§ 5º É vedada:

→ § 5º renumerado pela Resolução CFOAB 1/2014.

I – no período de 15 (quinze) dias antes da data das eleições, a divulgação de pesquisa eleitoral;

II – no período de 30 (trinta) dias antes da data das eleições, a regularização da situação financeira de advogado perante a OAB para torná-lo apto a votar;

→ Inciso II com redação alterada pela Resolução CFOAB 1/2014.

III – no período de 60 (sessenta) dias antes das eleições, a promoção pessoal de candidatos na inauguração de obras e serviços da OAB;

IV – no período de 90 (noventa) dias antes da data das eleições, a concessão ou distribuição, às Seccionais e Subseções, por dirigente, candidato ou chapa, de recursos financeiros, salvo os destinados ao pagamento de despesas de pessoal e de custeio ou decorrentes de obrigações e de projetos pré-existentes, bem como de máquinas, equipamentos, móveis e utensílios, ressalvados os casos de reposição, e a convolação de débitos em auxílios financeiros, salvo quanto a obrigações e a projetos pré-existentes.

§ 6º Qualquer chapa pode representar, à Comissão Eleitoral, relatando fatos e indicando provas, indícios e circunstâncias, para que se promova a apuração de abuso.

→ § 6º renumerado pela Resolução CFOAB 1/2014.

→ *v.* Art. 14 do Provimento CFOAB 146/2011.

§ 7º Cabe ao Presidente da Comissão Eleitoral, de ofício ou mediante representação, até a proclamação do resultado do pleito, instaurar processo e determinar a notificação da chapa representada, por intermédio de qualquer dos candidatos à Diretoria do Conselho ou, se for o caso, da Subseção, para que apresente defesa no prazo de 5 (cinco) dias, acompanhada de documentos e rol de testemunhas.

→ § 7º renumerado pela Resolução CFOAB 1/2014.

§ 8º Pode o Presidente da Comissão Eleitoral determinar à representada que suspenda o ato impugnado, se entender relevante o fundamento e necessária a medida para preservar a normalidade e legitimidade do pleito, cabendo recurso, à Comissão Eleitoral, no prazo de 3 (três) dias.

→ § 8º renumerado pela Resolução CFOAB 1/2014.

§ 9º Apresentada ou não a defesa, a Comissão Eleitoral procede, se for o caso, a instrução do processo, pela requisição de documentos e a oitiva de testemunhas, no prazo de 3 (três) dias.

→ § 9º renumerado pela Resolução CFOAB 1/2014.

§ 10. Encerrada a dilação probatória, as partes terão prazo comum de 2 (dois) dias para apresentação das alegações finais.

→ § 10 renumerado pela Resolução CFOAB 1/2014.

§ 11. Findo o prazo de alegações finais, a Comissão Eleitoral decidirá, em no máximo 2 (dois) dias, notificando as partes da decisão, podendo, para isso, valer-se do uso de fax.

→ § 11 renumerado pela Resolução CFOAB 1/2014.

§ 12. A decisão que julgar procedente a representação implica no cancelamento de registro da chapa representada e, se for o caso, na anulação dos votos, com a perda do mandato de seus componentes.

→ § 12 renumerado pela Resolução CFOAB 1/2014.

§ 13. Se a nulidade atingir mais da metade dos votos a eleição estará prejudicada, convocando-se outra no prazo de 30 (trinta) dias.

→ § 13 renumerado pela Resolução CFOAB 1/2014.

§ 14. Os candidatos da chapa que tiverem dado causa à anulação da eleição não podem concorrer no pleito que se realizar em complemento.

→ § 14 renumerado pela Resolução CFOAB 1/2014.

§ 15. Ressalvado o disposto no § 7º deste artigo, os prazos correm em Secretaria, publicando-se, no quadro de avisos do Conselho Seccional ou da Subseção, se for o caso, os editais relativos aos atos do processo eleitoral.

→ § 15 renumerado pela Resolução CFOAB 1/2014.

Art. 134. O voto é obrigatório para todos os advogados inscritos da OAB, sob pena de multa equivalente a 20% (vinte por cento) do valor da anuidade, salvo ausência justificada por escrito, a ser apreciada pela Diretoria do Conselho Seccional.

§ 1º O eleitor faz prova de sua legitimação apresentando seu Cartão ou a Carteira de Identidade de Advogado, a Cédula de Identidade – RG, a Carteira Nacional de Habilitação – CNH, a Carteira de Trabalho e Previdência Social – CTPS ou o Passaporte, e o comprovante de quitação com a OAB, suprível por listagem atualizada da Tesouraria do Conselho ou da Subseção.

→ § 1º com redação alterada pela Resolução do Conselho Pleno CFOAB 2/2011.

§ 2º O eleitor, na cabine indevassável, deverá optar pela chapa de sua escolha, na urna eletrônica ou na cédula fornecida e rubricada pelo presidente da mesa eleitoral.

→ § 2º com redação alterada pela Resolução do Conselho Pleno CFOAB 2/2011.

§ 3º Não pode o eleitor suprir ou acrescentar nomes ou rasurar a cédula, sob pena de nulidade do voto.

§ 4º O advogado com inscrição suplementar pode exercer opção de voto, comunicando ao Conselho onde tenha inscrição principal.

§ 5º O eleitor somente pode votar no local que lhe for designado, sendo vedada a votação em trânsito.

§ 6º Na hipótese de voto eletrônico, adotar-se-ão, no que couber, as regras estabelecidas na legislação eleitoral.

→ § 6º acrescentado pelo Conselho Pleno do CFOAB (*D.J.* 24.11.1997).

§ 7º A transferência do domicílio eleitoral para exercício do voto somente poderá ser requerida até as 18 (dezoito) horas do dia anterior à publicação do edital de abertura do período eleitoral da respectiva Seccional, observado o art. 10 do Estatuto e ressalvados os casos do § 4º do art. 134 do Regulamento Geral e dos novos inscritos.

→ § 7º acrescentado pela Resolução do Conselho Pleno do CFOAB 4/2012.

Art. 135. Encerrada a votação, as mesas receptoras apuram os votos das respectivas urnas, nos mesmos locais ou em outros designados pela Comissão Eleitoral, preenchendo e assinando os documentos dos resultados e entregando todo o material à Comissão Eleitoral ou à Subcomissão.

§ 1º As chapas concorrentes podem credenciar até dois fiscais para atuar alternadamente junto a cada mesa eleitoral e assinar os documentos dos resultados.

§ 2º As impugnações promovidas pelos fiscais são registradas nos documentos dos resultados, pela mesa, para decisão da Comissão Eleitoral ou de sua Subcomissão, mas não prejudicam a contagem de cada urna.

§ 3º As impugnações devem ser formuladas às mesas eleitorais, sob pena de preclusão.

Art. 136. Concluída a totalização da apuração pela Comissão Eleitoral, esta proclamará o resultado, lavrando ata encaminhada ao Conselho Seccional.

§ 1º São considerados eleitos os integrantes da chapa que obtiver a maioria dos votos válidos, proclamada vencedora pela Comissão Eleitoral, sendo empossados no primeiro dia do início de seus mandatos.

§ 2º A totalização dos votos relativos às eleições para diretoria da Subseção e do conselho, quando houver, é promovida pela Subcomissão Eleitoral, que proclama o resultado, lavrando ata encaminhada à Subseção e ao Conselho Seccional.

Art. 137. A eleição para a Diretoria do Conselho Federal observa o disposto no art. 67 do Estatuto.

§ 1º O requerimento de registro das candidaturas, a ser apreciado pela Diretoria do Conselho Federal, deve ser protocolado ou postado com endereçamento ao Presidente da entidade:

→ § 1º com redação alterada pela Resolução do CFOAB 1/2006.

I – de 31 de julho a 31 de dezembro do ano anterior à eleição, para registro de candidatura à Presidência, acompanhado das declarações de apoio de, no mínimo, seis Conselhos Seccionais;

II – até 31 de dezembro do ano anterior à eleição, para registro de chapa completa, com assinaturas, nomes, números de inscrição na OAB e comprovantes de eleição para o Conselho Federal, dos candidatos aos demais cargos da Diretoria.

§ 2º Os recursos interpostos nos processos de registro de chapas serão decididos pelo Conselho Pleno do Conselho Federal.

→ § 2º com redação alterada pela Resolução do CFOAB 1/2006.

§ 3º A Diretoria do Conselho Federal concederá o prazo de 5 (cinco) dias úteis para a correção de eventuais irregularidades sanáveis.

→ § 3º com redação alterada pela Resolução do CFOAB 1/2006.

§ 4º O Conselho Federal confecciona as cédulas únicas, com indicação dos nomes das chapas, dos respectivos integrantes e dos cargos a que concorrem, na ordem em que forem registradas.

→ § 4º com redação alterada pela Resolução do CFOAB 1/2006.

§ 5º O eleitor indica seu voto assinalando a quadrícula ao lado da chapa escolhida.

→ § 5º com redação alterada pela Resolução do CFOAB 1/2006.

§ 6º Não pode o eleitor suprimir ou acrescentar nomes ou rasurar a cédula, sob pena de nulidade do voto.

→ § 6º com redação alterada pela Resolução do CFOAB 1/2006.

§ 7º *(Suprimido pela Resolução do CFOAB 1/2006).*

Art. 137-A. A eleição dos membros da Diretoria do Conselho Federal será realizada às 19 horas do dia 31 de janeiro do ano seguinte ao da eleição nas Seccionais.

→ Artigo com redação alterada pela Resolução do CFOAB 1/2006.

§ 1º Comporão o colégio eleitoral os Conselheiros Federais eleitos no ano anterior, nas respectivas Seccionais.

§ 2º O colégio eleitoral será presidido pelo mais antigo dos Conselheiros Federais eleitos, e, em caso de empate, o de inscrição mais antiga, o qual designará um dos membros como Secretário.

§ 3º O colégio eleitoral reunir-se-á no Plenário do Conselho Federal, devendo os seus membros ocupar as bancadas das respectivas Unidades federadas.

§ 4º Instalada a sessão, com a presença da maioria absoluta dos Conselheiros Federais eleitos, será feita a distribuição da cédula de votação a todos os eleitores, incluído o Presidente.

§ 5º As cédulas serão rubricadas pelo Presidente e pelo Secretário-Geral e distribuídas entre todos os membros presentes.

§ 6º O colégio eleitoral contará com serviços de apoio de servidores do Conselho Federal, especificamente designados pela Diretoria.

§ 7º As cédulas deverão ser recolhidas mediante o chamamento dos representantes de cada uma das Unidades federadas, observada a ordem alfabética, devendo ser depositadas em urna colocada na parte central e à frente da mesa, após o que o eleitor deverá assinar lista de frequência, sob guarda do Secretário-Geral.

§ 8º Imediatamente após a votação, será feita a apuração dos votos por comissão de três membros, designada pelo Presidente, dela não podendo fazer parte eleitor da mesma Unidade federada dos integrantes das chapas.

§ 9º Será proclamada eleita a chapa que obtiver a maioria simples do colegiado, presente metade mais um dos eleitores.

§ 10. No caso de nenhuma das chapas atingir a maioria indicada no § 9º, haverá outra votação, na qual concorrerão as duas chapas mais votadas, repetindo-se a votação até que a maioria seja atingida.

§ 11. Proclamada a chapa eleita, será suspensa a reunião para a elaboração da ata, que deverá ser lida, discutida e votada, considerada aprovada se obtiver a maioria de votos dos presentes. As impugnações serão apreciadas imediatamente pelo colégio eleitoral.

Art. 137-B. Os membros do colegiado tomarão posse para o exercício do mandato trienal de Conselheiro Federal, em reunião realizada no Plenário, presidida pelo Presidente do Conselho Federal, após prestarem o respectivo compromisso.

→ Artigo acrescentado pela Resolução do CFOAB 1/2006 (*D.J.* 4.9.2006).

Art. 137-C. Na ausência de normas expressas no Estatuto e neste Regulamento, ou em Provimento, aplica-se, supletivamente, no que couber, a legislação eleitoral.

→ Artigo acrescentado pela Resolução do CFOAB 1/2006 (*D.J.* 4.9.2006).

Capítulo VIII
DAS NOTIFICAÇÕES E DOS RECURSOS

Art. 137-D. A notificação inicial para a apresentação de defesa prévia ou manifestação em processo administrativo perante a OAB deverá ser feita através de correspondência, com aviso de recebimento, enviada para o endereço profissional ou residencial constante do cadastro do Conselho Seccional.

→ Anterior art. 137-A renumerado pela Resolução do CFOAB 1/2006 (*D.J.* 4.9.2006).

→ *v.* Art. 24 do Regulamento Geral.

→ *v.* Arts. 68 a 77 da Lei 8.906/1994.

→ *v.* Arts. 55 a 69 do Novo Código de Ética e Disciplina da OAB.

→ *v.* Provimento do CFOAB 95/2000 – Cadastro Nacional dos Advogados.

→ *v.* Provimento do CFOAB 99/2002 – Cadastro Nacional de Consultores e de Sociedades de Consultores em Direito Estrangeiro.

→ *v.* Resolução do CFOAB 1/2003 – Cria o Cadastro de Sanções Disciplinares da Ordem dos Advogados do Brasil.

→ *v.* Resolução do CFOAB 1/2011 – Disciplina o processamento de processos ético-disciplinares previstos no art. 70, *caput*, *in fine*, do Estatuto da Advocacia e da Ordem dos Advogados do Brasil (Lei 8.906/1994).

→ *v.* Resolução do CFOAB 1/2012 – Altera o art. 24 e acrescenta os arts. 24-A e 24-B do Regulamento Geral do Estatuto da Advocacia e da OAB – Lei 8.906, de 1994 e revoga o Provimento 98/2002, que "Dispõe sobre o Cadastro Nacional das Sociedades de Advogados".

§ 1º Incumbe ao advogado manter sempre atualizado o seu endereço residencial e profissional no cadastro do Conselho Seccional, presumindo-se recebida a correspondência enviada para o endereço nele constante.

§ 2º Frustrada a entrega da notificação de que trata o *caput* deste artigo, será a mesma realizada através de edital, a ser publicado na imprensa oficial do Estado.

§ 3º Quando se tratar de processo disciplinar, a notificação inicial feita através de edital deverá respeitar o sigilo de que trata o artigo 72, § 2º, da Lei 8.906/1994, dele não podendo constar qualquer referência de que se trate de matéria disciplinar, constando apenas o nome completo do advogado, o seu número de inscrição e a observação de que ele deverá comparecer à sede do Conselho Seccional ou da Subseção para tratar de assunto de seu interesse.

§ 4º As demais notificações no curso do processo disciplinar serão feitas através de correspondência, na forma prevista no *caput* deste artigo, ou através de publicação na imprensa oficial do Estado ou da União, quando se tratar de processo em trâmite perante o Conselho Federal, devendo, as publicações, observarem que o nome do representado deverá ser substituído pelas suas respectivas iniciais, indicando-se o nome completo do seu procurador ou o seu, na condição de advogado, quando postular em causa própria.

§ 5º A notificação de que trata o inciso XXIII, do artigo 34, da Lei 8.906/1994 será feita na forma prevista no *caput* deste artigo ou através de edital coletivo publicado na imprensa oficial do Estado.

Art. 138. À exceção dos embargos de declaração, os recursos são dirigidos ao órgão julgador superior competente, embora interpostos perante a autoridade ou órgão que proferiu a decisão recorrida.

§ 1º O juízo de admissibilidade é do relator do órgão julgador a que se dirige o recurso, não podendo a autoridade ou órgão recorrido rejeitar o encaminhamento.

§ 2º O recurso tem efeito suspensivo, exceto nas hipóteses previstas no Estatuto.

§ 3º Os embargos de declaração são dirigidos ao relator da decisão recorrida, que lhes pode negar seguimento, fundamentadamente, se os tiver por manifestamente protelatórios, intempestivos ou carentes dos pressupostos legais para interposição.

§ 4º Admitindo os embargos de declaração, o relator os colocará em mesa para julgamento, independentemente de inclusão em pauta ou publicação, na primeira sessão seguinte, salvo justificado impedimento.

§ 5º Não cabe recurso contra as decisões referidas nos §§ 3º e 4º.

Art. 139. O prazo para qualquer recurso é de 15 (quinze) dias, contados do primeiro dia útil seguinte, seja da publicação da decisão na imprensa oficial, seja da data do recebimento da notificação, anotada pela Secretaria do órgão da OAB ou pelo agente dos Correios.

→ Artigo com redação alterada pelo Conselho Pleno do CFOAB (*D.J.* 12.12.2000).

§ 1º O recurso poderá ser interposto via *fac-símile* ou similar, devendo o original ser entregue até 10 (dez) dias da data da interposição.

§ 2º Os recursos poderão ser protocolados nos Conselhos Seccionais ou nas Subseções nos quais se originaram os processos correspondentes, devendo o interessado indicar a quem recorre e remeter cópia integral da peça, no prazo de 10 (dez) dias, ao órgão julgador superior competente, via sistema postal rápido, *fac-símile* ou correio eletrônico.

→ § 2º com redação alterada pela Resolução do Conselho Pleno do CFOAB 2/2012.

§ 3º Durante o período de recesso do Conselho da OAB que proferiu a decisão recorrida, os prazos são suspensos, reiniciando-se no primeiro dia útil após o seu término.

Art. 140. O relator, ao constatar intempestividade ou ausência dos pressupostos legais para interposição do recurso, profere despacho indicando ao Presidente do órgão julgador o indeferimento liminar, devolvendo-se o processo ao órgão recorrido para executar a decisão.

Parágrafo único. Contra a decisão do Presidente, referida neste artigo, cabe recurso voluntário ao órgão julgador.

Art. 141. Se o relator da decisão recorrida também integrar o órgão julgador superior, fica neste impedido de relatar o recurso.

Art. 142. Quando a decisão, inclusive dos Conselhos Seccionais, conflitar com orientação de órgão colegiado superior, fica sujeita ao duplo grau de jurisdição.

Art. 143. Contra decisão do Presidente ou da Diretoria da Subseção cabe recurso ao Conselho Seccional, mesmo quando houver conselho na Subseção.

Art. 144. Contra a decisão do Tribunal de Ética e Disciplina cabe recurso ao plenário ou órgão especial equivalente do Conselho Seccional.

Parágrafo único. O Regimento Interno do Conselho Seccional disciplina o cabimento dos recursos no âmbito de cada órgão julgador.

Art. 144-A. Para a formação do recurso interposto contra decisão de suspensão preventiva de advogado (art. 77, Lei 8.906/1994), dever-se-á juntar cópia integral dos autos da representação disciplinar, permanecendo o processo na origem para cumprimento da pena preventiva e tramitação final, nos termos do artigo 70, § 3º, do Estatuto.

→ Artigo acrescentado pelo Conselho Pleno do CFOAB (*D.J.* 12.12.2000).

Capítulo IX
DAS CONFERÊNCIAS E DOS COLÉGIOS DE PRESIDENTES

Art. 145. A Conferência Nacional dos Advogados é órgão consultivo máximo do Conselho Federal, reunindo-se trienalmente, no segundo ano do mandato, tendo por objetivo o estudo e o debate das questões e problemas que digam respeito às finalidades da OAB e ao congraçamento dos advogados.

§ 1º As Conferências dos Advogados dos Estados e do Distrito Federal são órgãos consultivos dos Conselhos Seccionais, reunindo-se trienalmente, no segundo ano do mandato.

§ 2º No primeiro ano do mandato do Conselho Federal ou do Conselho Seccional, decidem-se a data, o local e o tema central da Conferência.

§ 3º As conclusões das Conferências têm caráter de recomendação aos Conselhos correspondentes.

Art. 146. São membros das Conferências:

I – efetivos: os Conselheiros e Presidentes dos órgãos da OAB presentes, os advogados e estagiários inscritos na Conferência, todos com direito a voto;

II – convidados: as pessoas a quem a Comissão Organizadora conceder tal qualidade, sem direito a voto, salvo se for advogado.

§ 1º Os convidados, expositores e membros dos órgãos da OAB têm identificação especial durante a Conferência.

§ 2º Os estudantes de direito, mesmo inscritos como estagiários na OAB, são membros ouvintes, escolhendo um porta-voz entre os presentes em cada sessão da Conferência.

Art. 147. A Conferência é dirigida por uma Comissão Organizadora, designada pelo Presidente do Conselho, por ele presidida e integrada pelos membros da Diretoria e outros convidados.

§ 1º O Presidente pode desdobrar a Comissão Organizadora em comissões específicas, definindo suas composições e atribuições.

§ 2º Cabe à Comissão Organizadora definir a distribuição do temário, os nomes dos expositores, a programação dos trabalhos, os serviços de apoio e infraestrutura e o regimento interno da Conferência.

Art. 148. Durante o funcionamento da Conferência, a Comissão Organizadora é representada pelo Presidente, com poderes para cumprir a programação estabelecida e decidir as questões ocorrentes e os casos omissos.

Art. 149. Os trabalhos da Conferência desenvolvem-se em sessões plenárias, painéis ou outros modos de exposição ou atuação dos participantes.

§ 1º As sessões são dirigidas por um Presidente e um Relator, escolhidos pela Comissão Organizadora.

§ 2º Quando as sessões se desenvolvem em forma de painéis, os expositores ocupam a metade do tempo total e a outra metade é destinada aos debates e votação de propostas ou conclusões pelos participantes.

§ 3º É facultado aos expositores submeter as suas conclusões à aprovação dos participantes.

Art. 150. O Colégio de Presidentes dos Conselhos Seccionais é regulamentado em Provimento.

→ *v.* Provimento do CFOAB 61/1987 – Colégio de Presidentes dos Conselhos Seccionais.

Parágrafo único. O Colégio de Presidentes das Subseções é regulamentado no Regimento Interno do Conselho Seccional.

Título III
Das disposições gerais e transitórias

Art. 151. Os órgãos da OAB não podem se manifestar sobre questões de natureza pessoal, exceto em caso de homenagem a quem tenha prestado relevantes serviços à sociedade e à advocacia.

Parágrafo único. As salas e dependências dos órgãos da OAB não podem receber nomes de pessoas vivas ou inscrições estranhas às suas finalidades, respeitadas as situações já existentes na data da publicação deste Regulamento Geral.

Art. 152. A "Medalha Rui Barbosa" é a comenda máxima conferida pelo Conselho Federal às grandes personalidades da advocacia brasileira.

Parágrafo único. A Medalha só pode ser concedida uma vez, no prazo do mandato do Conselho, e será entregue ao homenageado em sessão solene.

Art. 153. Os estatutos das Caixas criadas anteriormente ao advento do Estatuto serão a ele adaptados e submetidos ao Conselho Seccional, no prazo de 120 (cento e vinte) dias, contado da publicação deste Regulamento Geral.

Art. 154. Os Provimentos editados pelo Conselho Federal complementam este Regulamento Geral, no que não sejam com ele incompatíveis.

→ *v.* Provimento do CFOAB 26/1966 – Publicação local, pelos Conselhos Seccionais, de todos os Provimentos baixados pela Ordem dos Advogados do Brasil.

→ *v.* Provimento do CFOAB 47/1979 – Acrescenta parágrafo único ao art. 1º do Provimento 26, de 24 de maio de 1966, que trata da publicação, pelos Conselhos Seccionais, dos provimentos baixados pela Ordem dos Advogados do Brasil.

Parágrafo único. Todas as matérias relacionadas à Ética do advogado, às infrações e sanções disciplinares e ao processo disciplinar são regulamentadas pelo Código de Ética e Disciplina.

Art. 155. Os Conselhos Seccionais, até o dia 31 de dezembro de 2007, adotarão os documentos de identidade profissional, na forma prevista nos artigos 32 a 36 deste Regulamento.

→ *Caput* com redação alterada pela Resolução do CFOAB 2/2006.

→ *v.* Resolução do CFOAB 1/2009 – Acrescenta o § 4º ao art. 89-A do Regulamento Geral do Estatuto da Advocacia e da OAB (Lei 8.906, de1994).

§ 1º Os advogados inscritos até a data da implementação a que se refere o *caput* deste artigo deverão substituir os cartões de identidade até 31 de janeiro de 2009.

→ § 1º com redação alterada pela Resolução do CFOAB 1/2008.

→ *v.* Resolução do CFOAB 1/2009 – Acrescenta o § 4º ao art. 89-A do Regulamento Geral do Estatuto da Advocacia e da OAB (Lei 8.906, de 1994).

§ 2º Facultar-se-á ao advogado inscrito até 31 de dezembro de 1997 o direito de usar e permanecer exclusivamente com a carteira de identidade, desde que, até 31 de dezembro de 1999, assim solicite formalmente.

→ § 2º com redação alterada pelo Conselho Pleno do CFOAB (*D.J.* 24.11.1997).

→ *v.* Resolução do CFOAB 1/2009 – Acrescenta o § 4º ao art. 89-A do Regulamento Geral do Estatuto da Advocacia e da OAB (Lei 8.906, de 1994).

§ 3º O pedido de uso e permanência da carteira de identidade, que impede a concessão de uma nova, deve ser anotado no documento profissional, como condição de sua validade.

→ § 3º com redação alterada pelo Conselho Pleno do CFOAB (*D.J.* 24.11.1997).

§ 4º Salvo nos casos previstos neste artigo, findos os prazos nele fixados, os atuais documentos perderão a validade, mesmo que permaneçam em poder de seus portadores.

→ § 4º com redação alterada pelo Conselho Pleno do CFOAB (*D.J.* 24.11.1997).

→ *v.* Resolução do CFOAB 1/2009 – Acrescenta o § 4º ao art. 89-A do Regulamento Geral do Estatuto da Advocacia e da OAB (Lei 8.906, de1994).

Art. 156. Os processos em pauta para julgamento das Câmaras Reunidas serão apreciados pelo Órgão Especial, a ser instalado na primeira sessão após a publicação deste Regulamento Geral, mantidos os relatores anteriormente designados, que participarão da respectiva votação.

Art. 156-A. Excetuados os prazos regulados pelo Provimento 102/2004, previstos em editais próprios, ficam suspensos até 1º de agosto de 2010 os prazos processuais iniciados antes ou durante o mês de julho de 2010.

→ Artigo acrescentado pela Resolução do CFOAB 1/2010.

Art. 157. Revogam-se as disposições em contrário, especialmente os Provimentos de ns. 1, 2, 3, 5, 6, 7, 9, 10, 11, 12, 13, 14, 15, 16, 17, 18, 19, 20, 21, 22, 24, 25, 27, 28, 29, 30, 31, 32, 33, 34, 35, 36, 38, 39, 40, 41, 46, 50, 51, 52, 54, 57, 59, 60, 63, 64, 65, 67 e 71, e o Regimento Interno do Conselho Federal, mantidos os efeitos das Resoluções 1/1994 e 2/1994.

Art. 158. Este Regulamento Geral entra em vigor na data de sua publicação.

Sala das Sessões, em Brasília, 16 de outubro e 6 de novembro de 1994.

José Roberto Batochio
Presidente

(Publicação no *D.J.* de 16.11.1994)

ÍNDICE SISTEMÁTICO DO ANTIGO CED DA OAB

ANTIGO CÓDIGO DE ÉTICA E DISCIPLINA DA OAB

O Conselho Federal da Ordem dos Advogados do Brasil, ao instituir o Código de Ética e Disciplina, norteou-se por princípios que formam a consciência profissional do advogado e representam imperativos de sua conduta, tais como: os de lutar sem receio pelo primado da Justiça; pugnar pelo cumprimento da Constituição e pelo respeito à Lei, fazendo com que esta seja interpretada com retidão, em perfeita sintonia com os fins sociais a que se dirige e as exigências do bem comum; ser fiel à verdade para poder servir à Justiça como um de seus elementos essenciais; proceder com lealdade e boa-fé em suas relações profissionais e em todos os atos do seu ofício; empenhar-se na defesa das causas confiadas ao seu patrocínio, dando ao constituinte o amparo do Direito, e proporcionando-lhe a realização prática de seus legítimos interesses; comportar-se, nesse mister, com independência e altivez, defendendo com o mesmo denodo humildes e poderosos; exercer a advocacia com o indispensável senso profissional, mas também com desprendimento, jamais permitindo que o anseio de ganho material sobreleve à finalidade social do seu trabalho; aprimorar-se no culto dos princípios éticos e no domínio da ciência jurídica, de modo a tornar-se merecedor da confiança do cliente e da sociedade como um todo, pelos atributos intelectuais e pela probidade pessoal; agir, em suma, com a dignidade das pessoas de bem e a correção dos profissionais que honram e engrandecem a sua classe.

Inspirado nesses postulados é que o Conselho Federal da Ordem dos Advogados do Brasil, no uso das atribuições que lhe são conferidas pelos arts. 33 e 54, V, da Lei 8.906, de 4 de julho de 1994, aprova e edita este Código, exortando os advogados brasileiros à sua fiel observância.

Título I
Da ética do advogado

Capítulo I
DAS REGRAS DEONTOLÓGICAS FUNDAMENTAIS

Art. 1º O exercício da advocacia exige conduta compatível com os preceitos deste Código, do Estatuto, do Regulamento Geral, dos Provimentos e com os demais princípios da moral individual, social e profissional.

Art. 2º O advogado, indispensável à administração da Justiça, é defensor do Estado democrático de direito, da cidadania, da moralidade pública, da Justiça e da paz social, subordinando a atividade do seu Ministério Privado à elevada função pública que exerce.

Parágrafo único. São deveres do advogado:

I – preservar, em sua conduta, a honra, a nobreza e a dignidade da profissão, zelando pelo seu caráter de essencialidade e indispensabilidade;

II – atuar com destemor, independência, honestidade, decoro, veracidade, lealdade, dignidade e boa-fé;

III – velar por sua reputação pessoal e profissional;

IV – empenhar-se, permanentemente, em seu aperfeiçoamento pessoal e profissional;

V – contribuir para o aprimoramento das instituições, do Direito e das leis;

VI – estimular a conciliação entre os litigantes, prevenindo, sempre que possível, a instauração de litígios;

VII – aconselhar o cliente a não ingressar em aventura judicial;

VIII – abster-se de:

a) utilizar de influência indevida, em seu benefício ou do cliente;

b) patrocinar interesses ligados a outras atividades estranhas à advocacia, em que também atue;

c) vincular o seu nome a empreendimentos de cunho manifestamente duvidoso;

d) emprestar concurso aos que atentem contra a ética, a moral, a honestidade e a dignidade da pessoa humana;

e) entender-se diretamente com a parte adversa que tenha patrono constituído, sem o assentimento deste;

IX – pugnar pela solução dos problemas da cidadania e pela efetivação dos seus direitos individuais, coletivos e difusos, no âmbito da comunidade.

Art. 3º O advogado deve ter consciência de que o Direito é um meio de mitigar as desigualdades para o encontro de soluções justas e que a lei é um instrumento para garantir a igualdade de todos.

Art. 4º O advogado vinculado ao cliente ou constituinte, mediante relação empregatícia ou por contrato de prestação permanente de serviços, integrante de departamento jurídico, ou órgão de assessoria jurídica, pública ou privada, deve zelar pela sua liberdade e independência.

Parágrafo único. É legítima a recusa, pelo advogado, do patrocínio de pretensão concernente a lei ou direito que também lhe seja aplicável, ou contrarie expressa orientação sua, manifestada anteriormente.

Art. 5º O exercício da advocacia é incompatível com qualquer procedimento de mercantilização.

Art. 6º É defeso ao advogado expor os fatos em Juízo falseando deliberadamente a verdade ou estribando-se na má-fé.

Art. 7º É vedado o oferecimento de serviços profissionais que impliquem, direta ou indiretamente, inculcação ou captação de clientela.

Capítulo II
DAS RELAÇÕES COM O CLIENTE

Art. 8º O advogado deve informar o cliente, de forma clara e inequívoca, quanto a eventuais riscos da sua pretensão, e das consequências que poderão advir da demanda.

Art. 9º A conclusão ou desistência da causa, com ou sem a extinção do mandato, obriga o advogado à devolução de bens, valores e documentos recebidos no exercício do mandato, e à pormenorizada prestação de contas, não excluindo outras prestações solicitadas, pelo cliente, a qualquer momento.

Art. 10. Concluída a causa ou arquivado o processo, presumem-se o cumprimento a cessação do mandato.

Art. 11. O advogado não deve aceitar procuração de quem já tenha patrono constituído, sem prévio conhecimento deste, salvo por motivo justo ou para adoção de medidas judiciais urgentes e inadiáveis.

Art. 12. O advogado não deve deixar ao abandono ou ao desamparo os feitos, sem motivo justo e comprovada ciência do constituinte.

Art. 13. A renúncia ao patrocínio implica omissão do motivo e a continuidade da responsabilidade profissional do advogado ou escritório de advocacia, durante o prazo estabelecido em lei; não exclui, todavia, a responsabilidade pelos danos causados dolosa ou culposamente aos clientes ou a terceiros.

Art. 14. A revogação do mandato judicial por vontade do cliente não o desobriga do pagamento das verbas honorárias contratadas, bem como não retira o direito do advogado de receber o quanto lhe seja devido em eventual verba honorária de sucumbência, calculada proporcionalmente, em face do serviço efetivamente prestado.

Art. 15. O mandato judicial ou extrajudicial deve ser outorgado individualmente aos advogados que integrem sociedade de que façam parte, e será exercido no interesse do cliente, respeitada a liberdade de defesa.

Art. 16. O mandato judicial ou extrajudicial não se extingue pelo decurso de tempo, desde que permaneça a confiança recíproca entre o outorgante e o seu patrono no interesse da causa.

Art. 17. Os advogados integrantes da mesma sociedade profissional, ou reunidos em caráter permanente para a cooperação recíproca, não podem representar em juízo clientes com interesses opostos.

Art. 18. Sobrevindo conflitos de interesse entre seus constituintes, e não estando acordes os interessados, com a devida prudência e discernimento, optará o advogado por um dos mandatos, renunciando aos demais, resguardado o sigilo profissional.

Art. 19. O advogado, ao postular em nome de terceiros, contra ex-cliente ou ex-empregador, judicial e extrajudicialmente, deve resguardar o segredo profissional e as informações reservadas ou privilegiadas que lhe tenham sido confiadas.

Art. 20. O advogado deve abster-se de patrocinar causa contrária à ética, à moral ou à validade de ato jurídico em que tenha colaborado, orientado ou conhecido em consulta; da mesma forma, deve declinar seu impedimento ético quando tenha sido convidado pela outra parte, se esta lhe houver revelado segredos ou obtido seu parecer.

Art. 21. É direito e dever do advogado assumir a defesa criminal, sem considerar sua própria opinião sobre a culpa do acusado.

Art. 22. O advogado não é obrigado a aceitar a imposição de seu cliente que pretenda ver com ele atuando outros advogados, nem aceitar a indicação de outro profissional para com ele trabalhar no processo.

Art. 23. É defeso ao advogado funcionar no mesmo processo, simultaneamente, como patrono e preposto do empregador ou cliente.

Art. 24. O substabelecimento do mandato, com reserva de poderes, é ato pessoal do advogado da causa.

§ 1º O substabelecimento do mandato sem reservas de poderes exige o prévio e inequívoco conhecimento do cliente.

§ 2º O substabelecido com reservas de poderes deve ajustar antecipadamente seus honorários com o substabelecente.

Capítulo III
DO SIGILO PROFISSIONAL

→ *V.* Arts. 7º, II e XIX, 34, VII, e 72, § 2º da Lei 8.906/1994.

Art. 25. O sigilo profissional é inerente à profissão, impondo-se o seu respeito, salvo grave ameaça ao direito à vida, à honra, ou quando o advogado se veja afrontado pelo próprio cliente e, em defesa própria, tenha que revelar segredo, porém sempre restrito ao interesse da causa.

Art. 26. O advogado deve guardar sigilo, mesmo em depoimento judicial, sobre o que saiba em razão de seu ofício, cabendo-lhe recusar-se a depor como testemunha em processo no qual funcionou ou deva funcionar, ou sobre fato relacionado com pessoa de quem seja ou tenha sido advogado, mesmo que autorizado ou solicitado pelo constituinte.

Art. 27. As confidências feitas ao advogado pelo cliente podem ser utilizadas nos limites da necessidade da defesa, desde que autorizado aquele pelo constituinte.

Parágrafo único. Presumem-se confidenciais as comunicações epistolares entre advogado e cliente, as quais não podem ser reveladas a terceiros.

Capítulo IV
DA PUBLICIDADE

→ *V.* Arts. 1º, § 3º, 14, parágrafo único, 33, parágrafo único, 34, XIII, e 35, parágrafo único, da Lei 8.906/1994.

→ *V.* Provimento do CFOAB 94/2000 – Publicidade, a propaganda e a informação da advocacia.

Art. 28. O advogado pode anunciar os seus serviços profissionais, individual ou coletivamente, com discrição e moderação, para finalidade exclusivamente informativa, vedada a divulgação em conjunto com outra atividade.

→ *V.* Art. 1º, § 3º, da Lei 8.906/1994.

Art. 29. O anúncio deve mencionar o nome completo do advogado e o número da inscrição na OAB, podendo fazer referência a títulos ou qualificações profissionais, especialização técnico-científica e associações culturais e científicas, endereços, horário do expediente e meios de comunicação, vedadas a sua veiculação pelo rádio e televisão e a denominação de fantasia.

§ 1º Títulos ou qualificações profissionais são os relativos à profissão de advogado, conferidos por universidades ou instituições de ensino superior, reconhecidas.

§ 2º Especialidades são os ramos do Direito, assim entendidos pelos doutrinadores ou legalmente reconhecidos.

§ 3º Correspondências, comunicados e publicações, versando sobre constituição, colaboração, composição e qualificação de componentes de escritório e especificação de especialidades profissionais, bem como boletins informativos e comentários sobre legislação, somente podem ser fornecidos a colegas, clientes, ou pessoas que os solicitem ou os autorizem previamente.

§ 4º O anúncio de advogado não deve mencionar, direta ou indiretamente, qualquer cargo, função pública ou relação de emprego e patrocínio que tenha exercido, passível de captar clientela.

§ 5º O uso das expressões "escritório de advocacia" ou "sociedade de advogados" deve estar acompanhado da indicação de número de registro na OAB ou do nome e do número de inscrição dos advogados que o integrem.

→ *V.* Art. 14, parágrafo único, da Lei 8.906/1994.

§ 6º O anúncio, no Brasil, deve adotar o idioma português, e, quando em idioma estrangeiro, deve estar acompanhado da respectiva tradução.

Art. 30. O anúncio sob a forma de placas, na sede profissional ou na residência do advogado, deve observar discrição quanto ao conteúdo, forma e dimensões, sem qualquer aspecto mercantilista, vedada a utilização de *outdoor* ou equivalente.

Art. 31. O anúncio não deve conter fotografias, ilustrações, cores, figuras, desenhos, logotipos, marcas ou símbolos incompatíveis com a sobriedade da advocacia, sendo proibido o uso dos símbolos oficiais e dos que sejam utilizados pela Ordem dos Advogados do Brasil.

§ 1º São vedadas referências a valores dos serviços, tabelas, gratuidade ou forma de pagamento, termos ou expressões que possam iludir ou confundir o público, informações de serviços jurídicos suscetíveis de implicar, direta ou indiretamente, captação de causa ou clientes, bem como menção ao tamanho, qualidade e estrutura da sede profissional.

§ 2º Considera-se imoderado o anúncio profissional do advogado mediante remessa de correspondência a uma coletividade, salvo para comunicar a clientes e colegas a instalação ou mudança de endereço, a indicação expressa do seu nome e escritório em partes externas de veículo, ou a inserção de seu nome em anúncio relativo a outras atividades não advocatícias, faça delas parte ou não.

Art. 32. O advogado que eventualmente participar de programa de televisão ou de rádio, de entrevista na imprensa, de reportagem televisionada ou de qualquer outro meio, para manifestação profissional, deve visar a objetivos exclusivamente ilustrativos, educacionais e instrutivos, sem propósito de promoção pessoal ou profissional, vedados pronunciamentos sobre métodos de trabalho usados por seus colegas de profissão.

Parágrafo único. Quando convidado para manifestação pública, por qualquer modo e forma, visando ao esclarecimento de tema jurídico de interesse geral, deve o advogado evitar insinuações a promoção pessoal ou profissional, bem como o debate de caráter sensacionalista.

Art. 33. O advogado deve abster-se de:

I – responder com habitualidade consulta sobre matéria jurídica, nos meios de comunicação social, com intuito de promover-se profissionalmente;

II – debater, em qualquer veículo de divulgação, causa sob seu patrocínio ou patrocínio de colega;

III – abordar tema de modo a comprometer a dignidade da profissão e da instituição que o congrega;

IV – divulgar ou deixar que seja divulgada a lista de clientes e demandas;

V – insinuar-se para reportagens e declarações públicas.

Art. 34. A divulgação pública, pelo advogado, de assuntos técnicos ou jurídicos de que tenha ciência em razão do exercício profissional como advogado constituído, assessor jurídico ou parecerista, deve limitar-se a aspectos que não quebrem ou violem o segredo ou o sigilo profissional.

Capítulo V
DOS HONORÁRIOS PROFISSIONAIS

→ *V.* Arts. 21 a 26 e 34, III, da Lei 8.906/1994.

→ *V.* Arts. 14 e 111 do Regulamento Geral.

Art. 35. Os honorários advocatícios e sua eventual correção, bem como sua majoração decorrente do aumento dos atos judiciais que advierem como necessários, devem ser previstos em contrato escrito, qualquer que seja o objeto e o meio da prestação do serviço profissional, contendo todas as especificações e forma de pagamento, inclusive no caso de acordo.

§ 1º Os honorários da sucumbência não excluem os contratados, porém devem ser levados em conta no acerto final com o cliente ou constituinte, tendo sempre presente o que foi ajustado na aceitação da causa.

§ 2º A compensação ou o desconto dos honorários contratados e de valores que devam ser entregues ao constituinte ou cliente só podem ocorrer se houver prévia autorização ou previsão contratual.

§ 3º A forma e as condições de resgate dos encargos gerais, judiciais e extrajudiciais, inclusive eventual remuneração de outro profissional, advogado ou não, para desempenho de serviço auxiliar ou complementar técnico e especializado, ou com incumbência pertinente fora da Comarca, devem integrar as condições gerais do contrato.

Art. 36. Os honorários profissionais devem ser fixados com moderação, atendidos os elementos seguintes:

I – a relevância, o vulto, a complexidade e a dificuldade das questões versadas;

II – o trabalho e o tempo necessários;

III – a possibilidade de ficar o advogado impedido de intervir em outros casos, ou de se desavir com outros clientes ou terceiros;

IV – o valor da causa, a condição econômica do cliente e o proveito para ele resultante do serviço profissional;

V – o caráter da intervenção, conforme se trate de serviço a cliente avulso, habitual ou permanente;

VI – o lugar da prestação dos serviços, fora ou não do domicílio do advogado;

VII – a competência e o renome do profissional;

VIII – a praxe do foro sob trabalhos análogos.

Art. 37. Em face da imprevisibilidade do prazo de tramitação da demanda, devem ser delimitados os serviços profissionais a se prestarem nos procedimentos preliminares, judiciais ou conciliatórios, a fim de que outras medidas, solicitadas ou necessárias, incidentais ou não, diretas ou indiretas, decorrentes da causa, possam ter novos honorários estimados, e da mesma forma receber do constituinte ou cliente a concordância hábil.

Art. 38. Na hipótese da adoção de cláusula *quota litis*, os honorários devem ser necessariamente representados por pecúnia e, quando acrescidos dos de honorários da sucumbência, não podem ser superiores às vantagens advindas em favor do constituinte ou do cliente.

Parágrafo único. A participação do advogado em bens particulares de cliente, comprovadamente sem condições pecuniárias, só é tolerada em caráter excepcional, e desde que contratada por escrito.

Art. 39. A celebração de convênios para prestação de serviços jurídicos com redução dos valores estabelecidos na Tabela de Honorários implica captação de clientes ou causa, salvo se as condições peculiares da necessidade e dos carentes puderem ser demonstradas com a devida antecedência ao respectivo Tribunal de Ética e Disciplina, que deve analisar a sua oportunidade.

Art. 40. Os honorários advocatícios devidos ou fixados em tabelas no regime da assistência judiciária não podem ser alterados no *quantum* estabelecido; mas a verba honorária decorrente da sucumbência pertence ao advogado.

Art. 41. O advogado deve evitar o aviltamento de valores dos serviços profissionais, não os fixando de forma irrisória ou inferior ao mínimo fixado pela Tabela de Honorários, salvo motivo plenamente justificável.

Art. 42. O crédito por honorários advocatícios, seja do advogado autônomo, seja de sociedade de advogados, não autoriza o saque de duplicatas ou qualquer outro título de crédito de natureza mercantil, exceto a emissão de fatura, desde que constitua exigência do constituinte ou assistido, decorrente de contrato escrito, vedada a tiragem de protesto.

Art. 43. Havendo necessidade de arbitramento e cobrança judicial dos honorários advocatícios, deve o advogado renunciar ao patrocínio da causa, fazendo-se representar por um colega.

Capítulo VI
DO DEVER DE URBANIDADE

Art. 44. Deve o advogado tratar o público, os colegas, as autoridades e os funcionários do Juízo com respeito, discrição e independência, exigindo igual tratamento e zelando pelas prerrogativas a que tem direito.

Art. 45. Impõe-se ao advogado lhaneza, emprego de linguagem escorreita e polida, esmero e disciplina na execução dos serviços.

Art. 46. O advogado, na condição de defensor nomeado, conveniado ou dativo, deve comportar-se com zelo, empenhando-se para que o cliente se sinta amparado e tenha a expectativa de regular desenvolvimento da demanda.

Capítulo VII
DAS DISPOSIÇÕES GERAIS

Art. 47. A falta ou inexistência, neste Código, de definição ou orientação sobre questão de ética profissional, que seja relevante para o exercício da advocacia ou dele advenha, enseja consulta e manifestação do Tribunal de Ética e Disciplina ou do Conselho Federal.

Art. 48. Sempre que tenha conhecimento de transgressão das normas deste Código, do Estatuto, do Regulamento Geral e dos Provimentos, o Presidente do Conselho Seccional, da Subseção, ou do Tribunal de Ética e Disciplina deve chamar a atenção do responsável para o dispositivo violado, sem prejuízo da instauração do competente procedimento para apuração das infrações e aplicação das penalidades cominadas.

Título II
Do processo disciplinar

→ *v.* Arts. 43, 58, III, 61, parágrafo único, *c*, 68, e 70 a 74, da Lei 8.906/1994

→ *v.* Arts. 89, V e VII, 120, § 3º, 137-A e ss. do Regulamento Geral.

→ *v.* Provimento do CFOAB 83/1996 – Processos éticos de representação por advogado contra advogado.

Capítulo I
DA COMPETÊNCIA DO TRIBUNAL DE ÉTICA E DISCIPLINA

Art. 49. O Tribunal de Ética e Disciplina é competente para orientar e aconselhar sobre ética profissional, respondendo às consultas em tese, e julgar os processos disciplinares.

Parágrafo único. O Tribunal reunir-se-á mensalmente ou em menor período, se necessário, e todas as sessões serão plenárias.

Art. 50. Compete também ao Tribunal de Ética e Disciplina:

I – instaurar, de ofício, processo competente sobre ato ou matéria que considere passível de configurar, em tese, infração a princípio ou norma de ética profissional;

II – organizar, promover e desenvolver cursos, palestras, seminários e discussões a respeito de ética profissional, inclusive junto aos Cursos Jurídicos, visando à formação da consciência dos futuros profissionais para os problemas fundamentais da Ética;

III – expedir provisões ou resoluções sobre o modo de proceder em casos previstos nos regulamentos e costumes do foro;

IV – mediar e conciliar nas questões que envolvam:

a) dúvidas e pendências entre advogados;

b) partilha de honorários contratados em conjunto ou mediante substabelecimento, ou decorrente de sucumbência;

c) controvérsias surgidas quando da dissolução de sociedade de advogados.

Capítulo II
DOS PROCEDIMENTOS

→ *v.* Provimento CFOAB 83/1996 – Dispõe sobre processos éticos de representação por advogado contra advogado.

→ *v.* Manual de Procedimentos do Processo Ético-Disciplinar, editado pela Segunda Câmara do Conselho Federal.

Art. 51. O processo disciplinar instaura-se de ofício ou mediante representação dos interessados, que não pode ser anônima.

§ 1º Recebida a representação, o Presidente do Conselho Seccional ou da Subseção, quando esta dispuser de Conselho, designa relator um de seus integrantes, para presidir a instrução processual.

§ 2º O relator pode propor ao Presidente do Conselho Seccional ou da Subseção o arquivamento da representação, quando estiver desconstituída dos pressupostos de admissibilidade.

§ 3º A representação contra membros do Conselho Federal e Presidentes dos Conselhos Seccionais é processada e julgada pelo Conselho Federal.

Art. 52. Compete ao relator do processo disciplinar determinar a notificação dos interessados para esclarecimentos, ou do representado para a defesa prévia, em qualquer caso no prazo de 15 (quinze) dias.

§ 1º Se o representado não for encontrado ou for revel, o Presidente do Conselho ou da Subseção deve designar-lhe defensor dativo.

§ 2º Oferecida a defesa prévia, que deve estar acompanhada de todos os documentos e o rol de testemunhas, até o máximo de cinco, é proferido o despacho saneador e, ressalvada a hipótese do § 2º do art. 73 do Estatuto, designada, se reputada necessária, a audiência para oitiva do interessado, do representado e das testemunhas. O interessado e o representado deverão incumbir-se do comparecimento de suas testemunhas, a não ser que prefiram suas intimações pessoais, o que deverá ser requerido na representação e na defesa prévia. As intimações pessoais não serão renovadas em caso de não comparecimento, facultada a substituição de testemunhas, se presente a substituta na audiência.

→ § 2º com redação alterada pelo Conselho Pleno do CFOAB (*D.J.* 3.2.2003).

§ 3º O relator pode determinar a realização de diligências que julgar convenientes.

§ 4º Concluída a instrução, será aberto o prazo sucessivo de 15 (quinze) dias para a apresentação de razões finais pelo interessado e pelo representado, após a juntada da última intimação.

§ 5º Extinto o prazo das razões finais, o relator profere parecer preliminar, a ser submetido ao Tribunal.

Art. 53. O Presidente do Tribunal, após o recebimento do processo devidamente instruído, designa relator para proferir o voto.

§ 1º O processo é inserido automaticamente na pauta da primeira sessão de julgamento, após o prazo de 20 (vinte) dias de seu recebimento pelo Tribunal, salvo se o relator determinar diligências.

§ 2º O representado é intimado pela Secretaria do Tribunal para a defesa oral na sessão, com 15 (quinze) dias de antecedência.

§ 3º A defesa oral é produzida na sessão de julgamento perante o Tribunal, após o voto do relator, no prazo de 15 (quinze) minutos, pelo representado ou por seu advogado.

Art. 54. Ocorrendo a hipótese do art. 70, § 3º, do Estatuto, na sessão especial designada pelo Presidente do Tribunal, são facultadas ao representado ou ao seu defensor a apresentação de defesa, a produção de prova e a sustentação oral, restritas, entretanto, à questão do cabimento, ou não, da suspensão preventiva.

Art. 55. O expediente submetido à apreciação do Tribunal é autuado pela Secretaria, registrado em livro próprio e distribuído às Seções ou Turmas julgadoras, quando houver.

Art. 56. As consultas formuladas recebem autuação em apartado, e a esse processo são designados relator e revisor, pelo Presidente.

§ 1º O relator e o revisor têm prazo de 10 (dez) dias, cada um, para elaboração de seus pareceres, apresentado-os na primeira sessão seguinte, para julgamento.

§ 2º Qualquer dos membros pode pedir vista do processo pelo prazo de uma sessão e desde que a matéria não seja urgente, caso em que o exame deve ser procedido durante a mesma sessão. Sendo vários os pedidos, a Secretaria providencia a distribuição do prazo, proporcionalmente, entre os interessados.

§ 3º Durante o julgamento e para dirimir dúvidas, o relator e o revisor, nessa ordem, têm preferência na manifestação.

§ 4º O relator permitirá aos interessados produzir provas, alegações e arrazoados, respeitado o rito sumário atribuído por este Código.

§ 5º Após o julgamento, os autos vão ao relator designado ou ao membro que tiver parecer vencedor para lavratura de acórdão, contendo ementa a ser publicada no órgão oficial do Conselho Seccional.

Art. 57. Aplica-se ao funcionamento das sessões do Tribunal o procedimento adotado no Regimento Interno do Conselho Seccional.

Art. 58. Comprovado que os interessados no processo nele tenham intervindo de modo temerário, com sentido de emulação ou procrastinação, tal fato caracteriza falta de ética passível de punição.

Art. 59. Considerada a natureza da infração ética cometida, o Tribunal pode suspender temporariamente a aplicação das penas de advertência e censura impostas, desde que o infrator primário, dentro do prazo de 120 (cento e vinte) dias, passe a frequentar e conclua, comprovadamente, curso, simpósio, seminário ou atividade equivalente, sobre Ética Profissional do Advogado, realizado por entidade de notória idoneidade.

Art. 60. Os recursos contra decisões do Tribunal de Ética e Disciplina, ao Conselho Seccional, regem-se pelas disposições do Estatuto, do Regulamento Geral e do Regimento Interno do Conselho Seccional.

Parágrafo único. O Tribunal dará conhecimento de todas as suas decisões ao Conselho Seccional, para que determine periodicamente a publicação de seus julgados.

Art. 61. Cabe revisão do processo disciplinar, na forma prescrita no art. 73, § 5º, do Estatuto.

Capítulo III
DAS DISPOSIÇÕES GERAIS E TRANSITÓRIAS

Art. 62. O Conselho Seccional deve oferecer os meios e suporte imprescindíveis para o desenvolvimento das atividades do Tribunal.

Art. 63. O Tribunal de Ética e Disciplina deve organizar seu Regimento Interno, a ser submetido ao Conselho Seccional e, após, ao Conselho Federal.

Art. 64. A pauta de julgamentos do Tribunal é publicada em órgão oficial e no quadro de avisos gerais, na sede do Conselho Seccional, com antecedência de 7 (sete) dias, devendo ser dada prioridade nos julgamentos para os interessados que estiverem presentes.

Art. 65. As regras deste Código obrigam igualmente as sociedades de advogados e os estagiários, no que lhes forem aplicáveis.

Art. 66. Este Código entra em vigor, em todo território nacional, na data de sua publicação, cabendo aos Conselhos Federal e Seccionais e às Subseções da OAB promover a sua ampla divulgação, revogadas as disposições em contrário.

Brasília-DF, 13 de fevereiro de 1995.

José Roberto Batochio

Presidente

(Publicação no *D.J. de* 1º.3.1995)

ÍNDICE SISTEMÁTICO DO NOVO CED DA OAB

RESOLUÇÃO 02/2015 DO CFOAB

TÍTULO I – DA ÉTICA DO ADVOGADO

TÍTULO II – DO PROCESSO DISCIPLINAR

TÍTULO III – DAS DISPOSIÇÕES GERAIS E TRANSITÓRIAS

NOVO CÓDIGO DE ÉTICA E DISCIPLINA DA OAB

CÓDIGO DE ÉTICA E DISCIPLINA DA ORDEM DOS ADVOGADOS DO BRASIL – OAB

RESOLUÇÃO 02/2015 DO CFOAB – NOVO CÓDIGO DE ÉTICA

O CONSELHO FEDERAL DA ORDEM DOS ADVOGADOS DO BRASIL, ao instituir o Código de Ética e Disciplina, norteou-se por princípios que formam a consciência profissional do advogado e representam imperativos de sua conduta, os quais se traduzem nos seguintes mandamentos: lutar sem receio pelo primado da Justiça; pugnar pelo cumprimento da Constituição e pelo respeito à Lei, fazendo com que o ordenamento jurídico seja interpretado com retidão, em perfeita sintonia com os fins sociais a que se dirige e as exigências do bem comum; ser fiel à verdade para poder servir à Justiça como um de seus elementos essenciais; proceder com lealdade e boa-fé em suas relações profissionais e em todos os atos do seu ofício; empenhar-se na defesa das causas confiadas ao seu patrocínio, dando ao constituinte o amparo do Direito, e proporcionando-lhe a realização prática de seus legítimos interesses; comportar-se, nesse mister, com independência e altivez, defendendo com o mesmo denodo humildes e poderosos; exercer a advocacia com o indispensável senso profissional, mas também com desprendimento, jamais permitindo que o anseio de ganho material sobreleve a finalidade social do seu trabalho; aprimorar-se no culto dos princípios éticos e no domínio da ciência jurídica, de modo a tornar-se merecedor da confiança do cliente e da sociedade como um todo, pelos atributos intelectuais e pela probidade pessoal; agir, em suma, com a dignidade e a correção dos profissionais que honram e engrandecem a sua classe.

Inspirado nesses postulados, o Conselho Federal da Ordem dos Advogados do Brasil, no uso das atribuições que lhe são conferidas pelos arts. 33 e 54, V, da Lei n. 8.906, de 04 de julho de 1994, aprova e edita este Código, exortando os advogados brasileiros à sua fiel observância.

Título I
Da Ética do Advogado

➔ *v.* Arts. 1º a 4º, 31 e 32 da Lei 8.906/1994.

➔ *v.* Arts. 1º a 10 do Regulamento Geral da OAB.

Capítulo I
DOS PRINCÍPIOS FUNDAMENTAIS

Art. 1º O exercício da advocacia exige conduta compatível com os preceitos deste Código, do Estatuto, do Regulamento Geral, dos Provimentos e com os princípios da moral individual, social e profissional.

Art. 2º O advogado, indispensável à administração da Justiça, é defensor do Estado Democrático de Direito, dos direitos humanos e garantias fundamentais, da cidadania, da moralidade, da Justiça e da paz social, cumprindo-lhe exercer o seu ministério em consonância com a sua elevada função pública e com os valores que lhe são inerentes.

➔ *v.* Art. 2º da Lei 8.906/1994.

Parágrafo único. São deveres do advogado:

I – preservar, em sua conduta, a honra, a nobreza e a dignidade da profissão, zelando pelo caráter de essencialidade e indispensabilidade da advocacia;

II – atuar com destemor, independência, honestidade, decoro, veracidade, lealdade, dignidade e boa-fé;

III – velar por sua reputação pessoal e profissional;

IV – empenhar-se, permanentemente, no aperfeiçoamento pessoal e profissional;

V – contribuir para o aprimoramento das instituições, do Direito e das leis;

VI – estimular, a qualquer tempo, a conciliação e a mediação entre os litigantes, prevenindo, sempre que possível, a instauração de litígios;

VII – desaconselhar lides temerárias, a partir de um juízo preliminar de viabilidade jurídica;

VIII – abster-se de:

a) utilizar de influência indevida, em seu benefício ou do cliente;

b) vincular seu nome a empreendimentos sabidamente escusos;

c) emprestar concurso aos que atentem contra a ética, a moral, a honestidade e a dignidade da pessoa humana;

d) entender-se diretamente com a parte adversa que tenha patrono constituído, sem o assentimento deste;

e) ingressar ou atuar em pleitos administrativos ou judiciais perante autoridades com as quais tenha vínculos negociais ou familiares;

f) contratar honorários advocatícios em valores aviltantes.

IX – pugnar pela solução dos problemas da cidadania e pela efetivação dos direitos individuais, coletivos e difusos;

X – adotar conduta consentânea com o papel de elemento indispensável à administração da Justiça;

XI – cumprir os encargos assumidos no âmbito da Ordem dos Advogados do Brasil ou na representação da classe;

XII – zelar pelos valores institucionais da OAB e da advocacia;

XIII – ater-se, quando no exercício da função de defensor público, à defesa dos necessitados.

Art. 3º O advogado deve ter consciência de que o Direito é um meio de mitigar as desigualdades para o encontro de soluções justas e que a lei é um instrumento para garantir a igualdade de todos.

Art. 4º O advogado, ainda que vinculado ao cliente ou constituinte, mediante relação empregatícia ou por contrato de prestação permanente de serviços, ou como integrante de departamento jurídico, ou de órgão de assessoria jurídica, público ou privado, deve zelar pela sua liberdade e independência.

Parágrafo único. É legítima a recusa, pelo advogado, do patrocínio de causa e de manifestação, no âmbito consultivo, de pretensão concernente a direito que também lhe seja aplicável ou contrarie orientação que tenha manifestado anteriormente.

Art. 5º O exercício da advocacia é incompatível com qualquer procedimento de mercantilização.

Art. 6º É defeso ao advogado expor os fatos em Juízo ou na via administrativa falseando deliberadamente a verdade e utilizando de má-fé.

Art. 7º É vedado o oferecimento de serviços profissionais que implique, direta ou indiretamente, angariar ou captar clientela.

Capítulo II
DA ADVOCACIA PÚBLICA

Art. 8º As disposições deste Código obrigam igualmente os órgãos de advocacia pública, e advogados públicos, incluindo aqueles que ocupem posição de chefia e direção jurídica.

§ 1º O advogado público exercerá suas funções com independência técnica, contribuindo para a solução ou redução de litigiosidade, sempre que possível.

§ 2º O advogado público, inclusive o que exerce cargo de chefia ou direção jurídica, observará nas relações com os colegas, autoridades, servidores e o público em geral, o dever de urbanidade, tratando a todos com respeito e consideração, ao mesmo tempo em que preservará suas prerrogativas e o direito de receber igual tratamento das pessoas com as quais se relacione.

Capítulo III
DAS RELAÇÕES COM O CLIENTE

Art. 9º O advogado deve informar o cliente, de modo claro e inequívoco, quanto a eventuais riscos da sua pretensão, e das consequências que poderão advir da demanda. Deve, igualmente, denunciar, desde logo, a quem lhe solicite parecer ou patrocínio, qualquer circunstância que possa influir na resolução de submeter-lhe a consulta ou confiar-lhe a causa.

Art. 10. As relações entre advogado e cliente baseiam-se na confiança recíproca. Sentindo o advogado que essa confiança lhe falta, é recomendável que externe ao cliente sua impressão e, não se dissipando as dúvidas existentes, promova, em seguida, o substabelecimento do mandato ou a ele renuncie.

→ *v.* Art. 5º da Lei 8.906/1994.

→ *v.* Art. 6º do Regulamento Geral da OAB.

Art. 11. O advogado, no exercício do mandato, atua como patrono da parte, cumprindo-lhe, por isso, imprimir à causa orientação que lhe pareça mais adequada, sem se subordinar a intenções contrárias do cliente, mas, antes, procurando esclarecê-lo quanto à estratégia traçada.

Art. 12. A conclusão ou desistência da causa, tenha havido, ou não, extinção do mandato, obriga o advogado a devolver ao cliente bens, valores e documentos que lhe hajam sido confiados e ainda estejam em seu poder, bem como a prestar-lhe contas, pormenorizadamente, sem prejuízo de esclarecimentos complementares que se mostrem pertinentes e necessários.

Parágrafo único. A parcela dos honorários paga pelos serviços até então prestados não se inclui entre os valores a ser devolvidos.

Art. 13. Concluída a causa ou arquivado o processo, presume-se cumprido e extinto o mandato.

Art. 14. O advogado não deve aceitar procuração de quem já tenha patrono constituído, sem prévio conhecimento deste, salvo por motivo plenamente justificável ou para adoção de medidas judiciais urgentes e inadiáveis.

Art. 15. O advogado não deve deixar ao abandono ou ao desamparo as causas sob seu patrocínio, sendo recomendável que, em face de dificuldades insuperáveis ou inércia do cliente quanto a providências que lhe tenham sido solicitadas, renuncie ao mandato.

Art. 16. A renúncia ao patrocínio deve ser feita sem menção do motivo que a determinou, fazendo cessar a responsabilidade profissional pelo acompanhamento da causa, uma vez decorrido o prazo previsto em lei (EAOAB, Art.5º, § 3º).

§ 1º A renúncia ao mandato não exclui responsabilidade por danos eventualmente causados ao cliente ou a terceiros.

§ 2º O advogado não será responsabilizado por omissão do cliente quanto a documento ou informação que lhe devesse fornecer para a prática oportuna de ato processual do seu interesse.

Art. 17. A revogação do mandato judicial por vontade do cliente não o desobriga do pagamento das verbas honorárias contratadas, assim como não retira o direito do advogado de receber o quanto lhe seja devido em eventual verba honorária de sucumbência, calculada proporcionalmente em face do serviço efetivamente prestado.

Art. 18. O mandato judicial ou extrajudicial não se extingue pelo decurso de tempo, salvo se o contrário for consignado no respectivo instrumento.

Art. 19. Os advogados integrantes da mesma sociedade profissional, ou reunidos em caráter permanente para cooperação recíproca, não podem representar, em juízo ou fora dele, clientes com interesses opostos.

→ *v.* Arts. 15 a 17 da Lei 8.906/1994.

→ *v.* Arts. 37 a 43 do Regulamento Geral da OAB.

Art. 20. Sobrevindo conflitos de interesse entre seus constituintes e não conseguindo o advogado harmonizá-los, caber-lhe-á optar, com prudência e discrição, por um dos mandatos, renunciando aos demais, resguardado sempre o sigilo profissional.

→ *v.* Arts. 7º, XIX e 34, VII, da Lei 8.906/1994.

Art. 21. O advogado, ao postular em nome de terceiros, contra ex-cliente ou ex- empregador, judicial e extrajudicialmente, deve resguardar o sigilo profissional.

→ *v.* Arts. 7º, XIX e 34, VII, da Lei 8.906/1994.

Art. 22. Ao advogado cumpre abster-se de patrocinar causa contrária à validade ou legitimidade de ato jurídico em cuja formação haja colaborado ou intervindo de qualquer maneira; da mesma forma, deve declinar seu impedimento ou o da sociedade que integre quando houver conflito de interesses motivado por intervenção anterior no trato de assunto que se prenda ao patrocínio solicitado.

Art. 23. É direito e dever do advogado assumir a defesa criminal, sem considerar sua própria opinião sobre a culpa do acusado.

Parágrafo único. Não há causa criminal indigna de defesa, cumprindo ao advogado agir, como defensor, no sentido de que a todos seja concedido tratamento condizente com a dignidade da pessoa humana, sob a égide das garantias constitucionais.

Art. 24. O advogado não se sujeita à imposição do cliente que pretenda ver com ele atuando outros advogados, nem fica na contingência de aceitar a indicação de outro profissional para com ele trabalhar no processo.

Art. 25. É defeso ao advogado funcionar no mesmo processo, simultaneamente, como patrono e preposto do empregador ou cliente.

→ *v.* Arts. 18 a 21 da Lei 8.906/1994.

→ *v.* Arts. 11 a 14 do Regulamento Geral da OAB.

Art. 26. O substabelecimento do mandato, com reserva de poderes, é ato pessoal do advogado da causa.

§ 1º O substabelecimento do mandato sem reserva de poderes exige o prévio e inequívoco conhecimento do cliente.

§ 2º O substabelecido com reserva de poderes deve ajustar antecipadamente seus honorários com o substabelecente.

Capítulo IV
DAS RELAÇÕES COM OS COLEGAS, AGENTES POLÍTICOS, AUTORIDADES, SERVIDORES PÚBLICOS E TERCEIROS

Art. 27. O advogado observará, nas suas relações com os colegas de profissão, agentes políticos, autoridades, servidores públicos e terceiros em geral, o dever de urbanidade, tratando a todos com respeito e consideração, ao mesmo tempo em que preservará seus direitos e prerrogativas, devendo exigir igual tratamento de todos com quem se relacione.

§ 1º O dever de urbanidade há de ser observado, da mesma forma, nos atos e manifestações relacionados aos pleitos eleitorais no âmbito da Ordem dos Advogados do Brasil.

§ 2º No caso de ofensa à honra do advogado ou à imagem da instituição, adotar-se-ão as medidas cabíveis, instaurando-se processo ético-disciplinar e dando-se ciência às autoridades competentes para apuração de eventual ilícito penal.

Art. 28. Consideram-se imperativos de uma correta atuação profissional o emprego de linguagem escorreita e polida, bem como a observância da boa técnica jurídica.

Art. 29. O advogado que se valer do concurso de colegas na prestação de serviços advocatícios, seja em caráter individual, seja no âmbito de sociedade de advogados ou de empresa ou entidade em que trabalhe, dispensar-lhes-á tratamento condigno, que não os torne subalternos seus nem lhes avilte os serviços prestados mediante remuneração incompatível com a natureza do trabalho profissional ou inferior ao mínimo fixado pela Tabela de Honorários que for aplicável.

Parágrafo único. Quando o aviltamento de honorários for praticado por empresas ou entidades públicas ou privadas, os advogados responsáveis pelo respectivo departamento ou gerência jurídica serão instados a corrigir o abuso, inclusive intervindo junto aos demais órgãos competentes e com poder de decisão da pessoa jurídica de que se trate, sem prejuízo das providências que a Ordem dos Advogados do Brasil possa adotar com o mesmo objetivo.

Capítulo V
DA ADVOCACIA *PRO BONO*

→ *v.* Provimento do CFOAB 166/2015 – Advocacia *pro bono*.

Art. 30. No exercício da advocacia *pro bono*, e ao atuar como defensor nomeado, conveniado ou dativo, o advogado empregará o zelo e a dedicação habituais, de forma que a parte por ele assistida se sinta amparada e confie no seu patrocínio.

§ 1º Considera-se advocacia *pro bono* a prestação gratuita, eventual e voluntária de serviços jurídicos em favor de instituições sociais sem fins econômicos e aos seus assistidos, sempre que os beneficiários não dispuserem de recursos para a contratação de profissional.

§ 2º A advocacia *pro bono* pode ser exercida em favor de pessoas naturais que, igualmente, não dispuserem de recursos para, sem prejuízo do próprio sustento, contratar advogado.

§ 3º A advocacia *pro bono* não pode ser utilizada para fins político-partidários ou eleitorais, nem beneficiar instituições que visem a tais objetivos, ou como instrumento de publicidade para captação de clientela.

Capítulo VI
DO EXERCÍCIO DE CARGOS E FUNÇÕES NA OAB E NA REPRESENTAÇÃO DA CLASSE

Art. 31. O advogado, no exercício de cargos ou funções em órgãos da Ordem dos Advogados do Brasil ou na representação da classe junto a quaisquer instituições, órgãos ou comissões, públicos ou privados, manterá conduta consentânea com as disposições deste Código e que revele plena lealdade aos interesses, direitos e prerrogativas da classe dos advogados que representa.

Art. 32. Não poderá o advogado, enquanto exercer cargos ou funções em órgãos da OAB ou representar a classe junto a quaisquer instituições, órgãos ou comissões, públicos ou privados, firmar contrato oneroso de prestação de serviços ou fornecimento de produtos com tais entidades nem adquirir bens postos à venda por quaisquer órgãos da OAB.

Art. 33. Salvo em causa própria, não poderá o advogado, enquanto exercer cargos ou funções em órgãos da OAB ou tiver assento, em qualquer condição, nos seus Conselhos, atuar em processos que tramitem perante a entidade nem oferecer pareceres destinados a instruí-los.

Parágrafo único. A vedação estabelecida neste artigo não se aplica aos dirigentes de Seccionais quando atuem, nessa qualidade, como legitimados a recorrer nos processos em trâmite perante os órgãos da OAB.

Art. 34. Ao submeter seu nome à apreciação do Conselho Federal ou dos Conselhos Seccionais com vistas à inclusão em listas destinadas ao provimento de vagas reservadas à classe nos tribunais, no Conselho Nacional de Justiça, no Conselho Nacional do Ministério Público e em outros colegiados, o candidato assumirá o compromisso de respeitar os direitos e prerrogativas do advogado, não praticar nepotismo nem agir em desacordo com a moralidade administrativa e com os princípios deste Código, no exercício de seu mister.

Capítulo VII
DO SIGILO PROFISSIONAL

→ *v.* Arts. 7º, II e XIX, 34, VII, e 72, § 2º, da Lei 8.906/1994.

Art. 35. O advogado tem o dever de guardar sigilo dos fatos de que tome conhecimento no exercício da profissão.

Parágrafo único. O sigilo profissional abrange os fatos de que o advogado tenha tido conhecimento em virtude de funções desempenhadas na Ordem dos Advogados do Brasil.

Art. 36. O sigilo profissional é de ordem pública, independendo de solicitação de reserva que lhe seja feita pelo cliente.

§ 1º Presumem-se confidenciais as comunicações de qualquer natureza entre advogado e cliente.

§ 2º O advogado, quando no exercício das funções de mediador, conciliador e árbitro, se submete às regras de sigilo profissional.

Art. 37. O sigilo profissional cederá em face de circunstâncias excepcionais que configurem justa causa, como nos casos de grave ameaça ao direito à vida e à honra ou que envolvam defesa própria.

→ *v.* Arts. 7º, XIX e 34, VII, da Lei 8.906/1994.

Art. 38. O advogado não é obrigado a depor, em processo ou procedimento judicial, administrativo ou arbitral, sobre fatos a cujo respeito deva guardar sigilo profissional.

Capítulo VIII
DA PUBLICIDADE PROFISSIONAL

→ *v.* Arts. 1º, § 3º, 14, parágrafo único, 33, parágrafo único, 34, XIII, e 35, parágrafo único, da Lei 8.906/1994.

→ *v.* Provimento do CFOAB 94/2000 – Publicidade, a propaganda e a informação da advocacia.

Art. 39. A publicidade profissional do advogado tem caráter meramente informativo e deve primar pela discrição e sobriedade, não podendo configurar captação de clientela ou mercantilização da profissão.

→ *v.* Arts. 1º, § 3º e 33 da Lei 8.906/1994

Art. 40. Os meios utilizados para a publicidade profissional hão de ser compatíveis com a diretriz estabelecida no artigo anterior, sendo vedados:

I – a veiculação da publicidade por meio de rádio, cinema e televisão;

II – o uso de *outdoors*, painéis luminosos ou formas assemelhadas de publicidade;

III – as inscrições em muros, paredes, veículos, elevadores ou em qualquer espaço público;

IV – a divulgação de serviços de advocacia juntamente com a de outras atividades ou a indicação de vínculos entre uns e outras;

V – o fornecimento de dados de contato, como endereço e telefone, em colunas ou artigos literários, culturais, acadêmicos ou jurídicos, publicados na imprensa, bem assim quando de eventual participação em programas de rádio ou televisão, ou em veiculação de matérias pela internet, sendo permitida a referência a e-mail;

VI – a utilização de mala direta, a distribuição de panfletos ou formas assemelhadas de publicidade, com o intuito de captação de clientela.

Parágrafo único. Exclusivamente para fins de identificação dos escritórios de advocacia, é permitida a utilização de placas, painéis luminosos e inscrições em suas fachadas, desde que respeitadas as diretrizes previstas no artigo 39.

Art. 41. As colunas que o advogado mantiver nos meios de comunicação social ou os textos que por meio deles divulgar não deverão induzir o leitor a litigar nem promover, dessa forma, captação de clientela.

Art. 42. É vedado ao advogado:

I – responder com habitualidade a consulta sobre matéria jurídica, nos meios de comunicação social;

II – debater, em qualquer meio de comunicação, causa sob o patrocínio de outro advogado;

III – abordar tema de modo a comprometer a dignidade da profissão e da instituição que o congrega;

IV – divulgar ou deixar que sejam divulgadas listas de clientes e demandas;

V – insinuar-se para reportagens e declarações públicas.

Art. 43. O advogado que eventualmente participar de programa de televisão ou de rádio, de entrevista na imprensa, de reportagem televisionada ou veiculada por qualquer outro meio, para manifestação profissional, deve visar a objetivos exclusivamente ilustrativos, educacionais e instrutivos, sem propósito de promoção pessoal ou profissional, vedados pronunciamentos sobre métodos de trabalho usados por seus colegas de profissão.

Parágrafo único. Quando convidado para manifestação pública, por qualquer modo e forma, visando ao esclarecimento de tema jurídico de interesse geral, deve o advogado evitar insinuações com o sentido de promoção pessoal ou profissional, bem como o debate de caráter sensacionalista.

Art. 44. Na publicidade profissional que promover ou nos cartões e material de escritório de que se utilizar, o advogado fará constar seu nome ou o da sociedade de advogados, o número ou os números de inscrição na OAB.

§ 1º Poderão ser referidos apenas os títulos acadêmicos do advogado e as distinções honoríficas relacionadas à vida profissional, bem como as instituições jurídicas de que faça parte, e as especialidades a que se dedicar, o endereço, e-mail, site, página eletrônica, *QR code*, logotipo e a fotografia do escritório, o horário de atendimento e os idiomas em que o cliente poderá ser atendido.

§ 2º É vedada a inclusão de fotografias pessoais ou de terceiros nos cartões de visitas do advogado, bem como menção a qualquer emprego, cargo ou função ocupado, atual ou pretérito, em qualquer órgão ou instituição, salvo o de professor universitário.

Art. 45. São admissíveis como formas de publicidade o patrocínio de eventos ou publicações de caráter científico ou cultural, assim como a divulgação de boletins, por meio físico ou eletrônico, sobre matéria cultural de interesse dos advogados, desde que sua circulação fique adstrita a clientes e a interessados do meio jurídico.

Art. 46. A publicidade veiculada pela internet ou por outros meios eletrônicos deverá observar as diretrizes estabelecidas neste capítulo.

Parágrafo único. A telefonia e a internet podem ser utilizadas como veículo de publicidade, inclusive para o envio de mensagens a destinatários certos, desde que estas não impliquem o oferecimento de serviços ou representem forma de captação de clientela.

Art. 47. As normas sobre publicidade profissional constantes deste capítulo poderão ser complementadas por outras que o Conselho Federal aprovar, observadas as diretrizes do presente Código.

Capítulo IX
DOS HONORÁRIOS PROFISSIONAIS

→ *v.* Arts. 21 a 26 e 34, III, da Lei 8.906/1994.

→ *v.* Arts. 14, 37 e 111 do Regulamento Geral da OAB.

Art. 48. A prestação de serviços profissionais por advogado, individualmente ou integrado em sociedades, será contratada, preferentemente, por escrito.

§ 1º O contrato de prestação de serviços de advocacia não exige forma especial, devendo estabelecer, porém, com clareza e precisão, o seu objeto, os honorários ajustados, a forma de pagamento, a extensão do patrocínio, esclarecendo se este abrangerá todos os atos do processo ou limitar-se-á a determinado grau de jurisdição, além de dispor sobre a hipótese de a causa encerrar-se mediante transação ou acordo.

§ 2º A compensação de créditos, pelo advogado, de importâncias devidas ao cliente, somente será admissível quando o contrato de prestação de serviços a autorizar ou quando houver autorização especial do cliente para esse fim, por este firmada.

§ 3º O contrato de prestação de serviços poderá dispor sobre a forma de contratação de profissionais para serviços auxiliares, bem como sobre o pagamento de custas e emolumentos, os quais, na ausência de disposição em contrário, presumem-se devam ser atendidos pelo cliente. Caso o contrato preveja que o advogado antecipe tais despesas, ser-lhe-á lícito reter o respectivo valor atualizado, no ato de prestação de contas, mediante comprovação documental.

§ 4º As disposições deste capítulo aplicam-se à mediação, à conciliação, à arbitragem ou a qualquer outro método adequado de solução dos conflitos.

§ 5º É vedada, em qualquer hipótese, a diminuição dos honorários contratados em decorrência da solução do litígio por qualquer mecanismo adequado de solução extrajudicial.

§ 6º Deverá o advogado observar o valor mínimo da Tabela de Honorários instituída pelo respectivo Conselho Seccional onde for realizado o serviço, inclusive aquele referente às diligências, sob pena de caracterizar-se aviltamento de honorários.

§ 7º O advogado promoverá, preferentemente, de forma destacada a execução dos honorários contratuais ou sucumbenciais.

Art. 49. Os honorários profissionais devem ser fixados com moderação, atendidos os elementos seguintes:

I – a relevância, o vulto, a complexidade e a dificuldade das questões versadas;

II – o trabalho e o tempo a ser empregados;

III – a possibilidade de ficar o advogado impedido de intervir em outros casos, ou de se desavir com outros clientes ou terceiros;

IV – o valor da causa, a condição econômica do cliente e o proveito para este resultante do serviço profissional;

V – o caráter da intervenção, conforme se trate de serviço a cliente eventual, frequente ou constante;

VI – o lugar da prestação dos serviços, conforme se trate do domicílio do advogado ou de outro;

VII – a competência do profissional;

VIII – a praxe do foro sobre trabalhos análogos.

Art. 50. Na hipótese da adoção de cláusula *quota litis*, os honorários devem ser necessariamente representados por pecúnia e, quando acrescidos dos honorários da sucumbência, não podem ser superiores às vantagens advindas a favor do cliente.

§ 1º A participação do advogado em bens particulares do cliente só é admitida em caráter excepcional, quando esse, comprovadamente, não tiver condições pecuniárias de satisfazer o débito de honorários e ajustar com o seu patrono, em instrumento contratual, tal forma de pagamento.

§ 2º Quando o objeto do serviço jurídico versar sobre prestações vencidas e vincendas, os honorários advocatícios poderão incidir sobre o valor de umas e outras, atendidos os requisitos da moderação e da razoabilidade.

Art. 51. Os honorários da sucumbência e os honorários contratuais, pertencendo ao advogado que houver atuado na causa, poderão ser por ele executados, assistindo-lhe direito autônomo para promover a execução do capítulo da sentença que os estabelecer ou para postular, quando for o caso, a expedição de precatório ou requisição de pequeno valor em seu favor.

§ 1º No caso de substabelecimento, a verba correspondente aos honorários da sucumbência será repartida entre o substabelecente e o substabelecido, proporcionalmente à atuação de cada um no processo ou conforme haja sido entre eles ajustado.

§ 2º Quando for o caso, a Ordem dos Advogados do Brasil ou os seus Tribunais de Ética e Disciplina poderão ser solicitados a indicar mediador que contribua no sentido de que a distribuição dos honorários da sucumbência, entre advogados, se faça segundo o critério estabelecido no § 1º.

§ 3º Nos processos disciplinares que envolverem divergência sobre a percepção de honorários da sucumbência, entre advogados, deverá ser tentada a conciliação destes, preliminarmente, pelo relator.

Art. 52. O crédito por honorários advocatícios, seja do advogado autônomo, seja de sociedade de advogados, não autoriza o saque de duplicatas ou qualquer outro título de crédito de natureza mercantil, podendo, apenas, ser emitida fatura, quando o cliente assim pretender, com fundamento no contrato de prestação de serviços, a qual, porém, não poderá ser levada a protesto.

Parágrafo único. Pode, todavia, ser levado a protesto o cheque ou a nota promissória emitido pelo cliente em favor do advogado, depois de frustrada a tentativa de recebimento amigável.

Art. 53. É lícito ao advogado ou à sociedade de advogados empregar, para o recebimento de honorários, sistema de cartão de crédito, mediante credenciamento junto a empresa operadora do ramo.

Parágrafo único. Eventuais ajustes com a empresa operadora que impliquem pagamento antecipado não afetarão a responsabilidade do advogado perante o cliente, em caso de rescisão do contrato de prestação de serviços, devendo ser observadas as disposições deste quanto à hipótese.

Art. 54. Havendo necessidade de promover arbitramento ou cobrança judicial de honorários, deve o advogado renunciar previamente ao mandato que recebera do cliente em débito.

TÍTULO II
Do Processo Disciplinar

→ *V.* Arts. 43, 58, III, 61, parágrafo único, *c*, 68, e 70 a 74, da Lei 8.906/1994

→ *V.* Arts. 89, V e VII, 120, § 3º, 137-A e ss. do Regulamento Geral.

→ *V.* Provimento do CFOAB 83/1996 – Processos éticos de representação por advogado contra advogado.

Capítulo I
DOS PROCEDIMENTOS

→ *V.* Provimento CFOAB 83/1996 – Dispõe sobre processos éticos de representação por advogado contra advogado.

→ *V.* Manual de Procedimentos do Processo Ético-Disciplinar, editado pela Segunda Câmara do Conselho Federal.

→ *V.* Arts. 68 a 77 da Lei 8.906/1994.

→ *V.* Arts. 120, 137-D a 144-A do Regulamento Geral da OAB.

Art. 55. O processo disciplinar instaura-se de ofício ou mediante representação do interessado.

§ 1º A instauração, de ofício, do processo disciplinar dar-se-á em função do conhecimento do fato, quando obtido por meio de fonte idônea ou em virtude de comunicação da autoridade competente.

§ 2º Não se considera fonte idônea a que consistir em denúncia anônima.

Art. 56. A representação será formulada ao Presidente do Conselho Seccional ou ao Presidente da Subseção, por escrito ou verbalmente, devendo, neste último caso, ser reduzida a termo.

Parágrafo único. Nas Seccionais cujos Regimentos Internos atribuírem competência ao Tribunal de Ética e Disciplina para instaurar o processo ético disciplinar, a representação poderá ser dirigida ao seu Presidente ou será a este encaminhada por qualquer dos dirigentes referidos no *caput* deste artigo que a houver recebido.

Art. 57. A representação deverá conter:

I – a identificação do representante, com a sua qualificação civil e endereço;

II – a narração dos fatos que a motivam, de forma que permita verificar a existência, em tese, de infração disciplinar;

III – os documentos que eventualmente a instruam e a indicação de outras provas a ser produzidas, bem como, se for o caso, o rol de testemunhas, até o máximo de cinco;

IV – a assinatura do representante ou a certificação de quem a tomou por termo, na impossibilidade de obtê-la.

Art. 58. Recebida a representação, o Presidente do Conselho Seccional ou o da Subseção, quando esta dispuser de Conselho, designa relator, por sorteio, um de seus integrantes, para presidir a instrução processual.

§ 1º Os atos de instrução processual podem ser delegados ao Tribunal de Ética e Disciplina, conforme dispuser o regimento interno do Conselho Seccional, caso em que caberá ao seu Presidente, por sorteio, designar relator.

§ 2º Antes do encaminhamento dos autos ao relator, serão juntadas a ficha cadastral do representado e certidão negativa ou positiva sobre a existência de punições anteriores, com menção das faltas atribuídas. Será providenciada, ainda, certidão sobre a existência ou não de representações em andamento, a qual, se positiva, será acompanhada da informação sobre as faltas imputadas.

§ 3º O relator, atendendo aos critérios de admissibilidade, emitirá parecer propondo a instauração de processo disciplinar ou o arquivamento liminar da representação, no prazo de 30 (trinta) dias, sob pena de redistribuição do feito pelo Presidente do Conselho Seccional ou da Subseção para outro relator, observando-se o mesmo prazo.

§ 4º O Presidente do Conselho competente ou, conforme o caso, o do Tribunal de Ética e Disciplina, proferirá despacho declarando instaurado o processo disciplinar ou determinando o arquivamento da representação, nos termos do parecer do relator ou segundo os fundamentos que adotar.

§ 5º A representação contra membros do Conselho Federal e Presidentes de Conselhos Seccionais é processada e julgada pelo Conselho Federal, sendo competente a Segunda Câmara reunida em sessão plenária. A representação contra membros da diretoria do Conselho Federal, Membros Honorários Vitalícios e detentores da Medalha Rui Barbosa será processada e julgada pelo Conselho Federal, sendo competente o Conselho Pleno.

§ 6º A representação contra dirigente de Subseção é processada e julgada pelo Conselho Seccional.

Art. 59. Compete ao relator do processo disciplinar determinar a notificação dos interessados para prestar esclarecimentos ou a do representado para apresentar defesa prévia, no prazo de 15 (quinze) dias, em qualquer caso.

§ 1º A notificação será expedida para o endereço constante do cadastro de inscritos do Conselho Seccional, observando-se, quanto ao mais, o disposto no Regulamento Geral.

§ 2º Se o representado não for encontrado ou ficar revel, o Presidente do Conselho competente ou, conforme o caso, o do Tribunal de Ética e Disciplina designar-lhe-á defensor dativo.

§ 3º Oferecida a defesa prévia, que deve ser acompanhada dos documentos que possam instruí-la e do rol de testemunhas, até o limite de 5 (cinco), será proferido despacho saneador e, ressalvada a hipótese do § 2º do art. 73 do EAOAB, designada, se for o caso, audiência para oitiva do representante, do representado e das testemunhas.

§ 4º O representante e o representado incumbir-se-ão do comparecimento de suas testemunhas, salvo se, ao apresentarem o respectivo rol, requererem, por motivo justificado, sejam elas notificadas a comparecer à audiência de instrução do processo.

§ 5º O relator pode determinar a realização de diligências que julgar convenientes, cumprindo-lhe dar andamento ao processo, de modo que este se desenvolva por impulso oficial.

§ 6º O relator somente indeferirá a produção de determinado meio de prova quando esse for ilícito, impertinente, desnecessário ou protelatório, devendo fazê-lo fundamentadamente.

§ 7º Concluída a instrução, o relator profere parecer preliminar, a ser submetido ao Tribunal de Ética e Disciplina, dando enquadramento legal aos fatos imputados ao representado.

§ 8º Abre-se, em seguida, prazo comum de 15 (quinze) dias para apresentação de razões finais.

Art. 60. O Presidente do Tribunal de Ética e Disciplina, após o recebimento do processo, devidamente instruído, designa, por sorteio, relator para proferir voto.

§ 1º Se o processo já estiver tramitando perante o Tribunal de Ética e Disciplina ou perante o Conselho competente, o relator não será o mesmo designado na fase de instrução.

§ 2º O processo será incluído em pauta na primeira sessão de julgamento após a distribuição ao relator, da qual serão as partes notificadas com 15 (quinze) dias de antecedência.

§ 3º O representante e o representado são notificados pela Secretaria do Tribunal, com 15 (quinze) dias de antecedência, para comparecerem à sessão de julgamento.

§ 4º Na sessão de julgamento, após o voto do relator, é facultada a sustentação oral pelo tempo de 15 (quinze) minutos, primeiro pelo representante e, em seguida, pelo representado.

Art. 61. Do julgamento do processo disciplinar lavrar-se-á acórdão, do qual constarão, quando procedente a representação, o enquadramento legal da infração, a sanção aplicada, o quórum de instalação e o de deliberação, a indicação de haver sido esta adotada com base no voto do relator ou em voto divergente, bem como as circunstâncias agravantes ou atenuantes consideradas e as razões determinantes de eventual conversão da censura aplicada em advertência sem registro nos assentamentos do inscrito.

Art. 62. Nos acórdãos serão observadas, ainda, as seguintes regras:

§ 1º O acórdão trará sempre a ementa, contendo a essência da decisão.

§ 2º O autor do voto divergente que tenha prevalecido figurará como redator para o acórdão.

§ 3º O voto condutor da decisão deverá ser lançado nos autos, com os seus fundamentos.

§ 4º O voto divergente, ainda que vencido, deverá ter seus fundamentos lançados nos autos, em voto escrito ou em transcrição na ata de julgamento do voto oral proferido, com seus fundamentos.

§ 5º Será atualizado nos autos o relatório de antecedentes do representado, sempre que o relator o determinar.

Art. 63. Na hipótese prevista no art. 70, § 3º, do EAOAB, em sessão especial designada pelo Presidente do Tribunal, serão facultadas ao representado ou ao seu defensor a apresentação de defesa, a produção de prova e a sustentação oral.

Art. 64. As consultas submetidas ao Tribunal de Ética e Disciplina receberão autuação própria, sendo designado relator, por sorteio, para o seu exame, podendo o Presidente, em face da complexidade da questão, designar, subsequentemente, revisor.

Parágrafo único. O relator e o revisor têm prazo de 10 (dez) dias cada um para elaboração de seus pareceres, apresentando-os na primeira sessão seguinte, para deliberação.

Art. 65. As sessões do Tribunal de Ética e Disciplina obedecerão ao disposto no respectivo Regimento Interno, aplicando-se-lhes, subsidiariamente, o do Conselho Seccional.

Art. 66. A conduta dos interessados, no processo disciplinar, que se revele temerária ou caracterize a intenção de alterar a verdade dos fatos, assim como a interposição de recursos com intuito manifestamente protelatório, contrariam os princípios deste Código, sujeitando os responsáveis à correspondente sanção.

Art. 67. Os recursos contra decisões do Tribunal de Ética e Disciplina, ao Conselho Seccional, regem-se pelas disposições do Estatuto da Advocacia e da Ordem dos Advogados do Brasil, do Regulamento Geral e do Regimento Interno do Conselho Seccional.

Parágrafo único. O Tribunal dará conhecimento de todas as suas decisões ao Conselho Seccional, para que determine periodicamente a publicação de seus julgados.

Art. 68. Cabe revisão do processo disciplinar, na forma prevista no Estatuto da Advocacia e da Ordem dos Advogados do Brasil (art. 73, § 5º).

§ 1º Tem legitimidade para requerer a revisão o advogado punido com a sanção disciplinar.

§ 2º A competência para processar e julgar o processo de revisão é do órgão de que emanou a condenação final.

§ 3º Quando o órgão competente for o Conselho Federal, a revisão processar-se-á perante a Segunda Câmara, reunida em sessão plenária.

§ 4º Observar-se-á, na revisão, o procedimento do processo disciplinar, no que couber.

§ 5º O pedido de revisão terá autuação própria, devendo os autos respectivos ser apensados aos do processo disciplinar a que se refira.

Art. 69. O advogado que tenha sofrido sanção disciplinar poderá requerer reabilitação, no prazo e nas condições previstos no Estatuto da Advocacia e da Ordem dos Advogados do Brasil (art. 41).

§ 1º A competência para processar e julgar o pedido de reabilitação é do Conselho Seccional em que tenha sido aplicada a sanção disciplinar. Nos casos de competência originária do Conselho Federal, perante este tramitará o pedido de reabilitação.

§ 2º Observar-se-á, no pedido de reabilitação, o procedimento do processo disciplinar, no que couber.

§ 3º O pedido de reabilitação terá autuação própria, devendo os autos respectivos ser apensados aos do processo disciplinar a que se refira.

§ 4º O pedido de reabilitação será instruído com provas de bom comportamento, no exercício da advocacia e na vida social, cumprindo à Secretaria do Conselho competente certificar, nos autos, o efetivo cumprimento da sanção disciplinar pelo requerente.

§ 5º Quando o pedido não estiver suficientemente instruído, o relator assinará prazo ao requerente para que complemente a documentação; não cumprida a determinação, o pedido será liminarmente arquivado.

Capítulo II
DOS ÓRGÃOS DISCIPLINARES

Seção I
Dos Tribunais de Ética e Disciplina

Art. 70. O Tribunal de Ética e Disciplina poderá funcionar dividido em órgãos fracionários, de acordo com seu regimento interno.

Art. 71. Compete aos Tribunais de Ética e Disciplina:

I – julgar, em primeiro grau, os processos ético-disciplinares;

II – responder a consultas formuladas, em tese, sobre matéria ético-disciplinar;

III – exercer as competências que lhe sejam conferidas pelo Regimento Interno da Seccional ou por este Código para a instauração, instrução e julgamento de processos ético-disciplinares;

IV – suspender, preventivamente, o acusado, em caso de conduta suscetível de acarretar repercussão prejudicial à advocacia, nos termos do Estatuto da Advocacia e da Ordem dos Advogados do Brasil;

V – organizar, promover e ministrar cursos, palestras, seminários e outros eventos da mesma natureza acerca da ética profissional do advogado ou estabelecer parcerias com as Escolas de Advocacia, com o mesmo objetivo;

VI – atuar como órgão mediador ou conciliador nas questões que envolvam:

a) dúvidas e pendências entre advogados;

b) partilha de honorários contratados em conjunto ou decorrentes de substabelecimento, bem como os que resultem de sucumbência, nas mesmas hipóteses;

c) controvérsias surgidas quando da dissolução de sociedade de advogados.

Seção II
Das Corregedorias-Gerais

Art. 72. As Corregedorias-Gerais integram o sistema disciplinar da Ordem dos Advogados do Brasil.

§ 1º O Secretário-Geral Adjunto exerce, no âmbito do Conselho Federal, as funções de Corregedor-Geral, cuja competência é definida em Provimento.

§ 2º Nos Conselhos Seccionais, as Corregedorias-Gerais terão atribuições da mesma natureza, observando, no que couber, Provimento do Conselho Federal sobre a matéria.

§ 3º A Corregedoria-Geral do Processo Disciplinar coordenará ações do Conselho Federal e dos Conselhos Seccionais voltadas para o objetivo de reduzir a ocorrência das infrações disciplinares mais frequentes.

TÍTULO III
Das Disposições Gerais e Transitórias

Art. 73. O Conselho Seccional deve oferecer os meios e o suporte de apoio material, logístico, de informática e de pessoal necessários ao pleno funcionamento e ao desenvolvimento das atividades do Tribunal de Ética e Disciplina.

§ 1º Os Conselhos Seccionais divulgarão, trimestralmente, na internet, a quantidade de processos ético-disciplinares em andamento e as punições decididas em caráter definitivo, preservadas as regras de sigilo.

§ 2º A divulgação das punições referidas no parágrafo anterior destacará cada infração tipificada no artigo 34 da Lei n. 8.906/94.

Art. 74. Em até 180 (cento e oitenta) dias após o início da vigência do presente Código de Ética e Disciplina da OAB, os Conselhos Seccionais e os Tribunais de Ética e Disciplina deverão elaborar ou rever seus Regimentos Internos, adaptando-os às novas regras e disposições deste Código. No caso dos Tribunais de Ética e Disciplina, os Regimentos Internos serão submetidos à aprovação do respectivo Conselho Seccional e, subsequentemente, do Conselho Federal.

Art. 75. A pauta de julgamentos do Tribunal é publicada em órgão oficial e no quadro de avisos gerais, na sede do Conselho Seccional, com antecedência de 15 (quinze) dias, devendo ser dada prioridade, nos julgamentos, aos processos cujos interessados estiverem presentes à respectiva sessão.

Art. 76. As disposições deste Código obrigam igualmente as sociedades de advogados, os consultores e as sociedades consultoras em direito estrangeiro e os estagiários, no que lhes forem aplicáveis.

→ v. Art. 9º da Lei 8.906/1994.

→ v. Arts. 27 a 31 e 35 do Regulamento Geral da OAB.

Art. 77. As disposições deste Código aplicam-se, no que couber, à mediação, à conciliação e à arbitragem, quando exercidas por advogados.

Art. 78. Os autos do processo disciplinar podem ter caráter virtual, mediante adoção de processo eletrônico.

Parágrafo único. O Conselho Federal da OAB regulamentará em Provimento o processo ético-disciplinar por meio eletrônico.

Art. 79. Este Código entra em vigor 180 (cento e oitenta) dias após a data de sua publicação, cabendo ao Conselho Federal e aos Conselhos Seccionais, bem como às Subseções da OAB, promover-lhe ampla divulgação.

Art. 80. Fica revogado o Código de Ética e Disciplina editado em 13 de fevereiro de 1995, bem como as demais disposições em contrário.

Brasília, 19 de outubro de 2015.

(*D.O.U.* 04.11.2015)

Marcus Vinicius Furtado Coêlho

Presidente Nacional da OAB

Paulo Roberto de Gouvêa Medina

Relator originário e para sistematização final

Humberto Henrique Costa Fernandes do Rêgo

Relator em Plenário

PROVIMENTO DO CFOAB 166, DE 9 DE NOVEMBRO DE 2015

Dispõe sobre a advocacia pro bono.

→ v. Art. 30 do Novo Código de Ética e Disciplina da OAB.

O Conselho Federal da Ordem dos Advogados do Brasil, no uso das atribuições que lhe são conferidas pelo art. 54, V, da Lei 8.906, de 04 de julho de 1994 – Estatuto da Advocacia e da OAB, e considerando o decidido nos autos da Proposição 49.0000.2013.002310-8/COP, resolve:

Art. 1º Considera-se advocacia *pro bono* a prestação gratuita, eventual e voluntária de serviços jurídicos em favor de instituições sociais sem fins econômicos e aos seus assistidos, sempre que os beneficiários não dispuserem de recursos para a contratação de profissional.

Parágrafo único. A advocacia *pro bono* pode ser exercida em favor de pessoas naturais que, igualmente, não dispuserem de recursos para, sem prejuízo do próprio sustento, contratar advogado.

Art. 2º Aplicam-se à advocacia *pro bono* os dispositivos do Estatuto da Advocacia e da OAB, do Regulamento Geral, do Código de Ética e Disciplina da Ordem dos Advogados do Brasil e dos Provimentos do Conselho Federal da OAB.

Art. 3º Não se aplica este Provimento à assistência jurídica pública, prevista no art. 5º, LXXIV, e no art. 134 da Constituição da República, realizada, fundamentalmente, pela atuação das Defensorias Públicas da União e dos Estados. Também não se aplica este Provimento à assistência judiciária decorrente de convênios celebrados pela Ordem dos Advogados do Brasil.

Art. 4º Os advogados e os integrantes das sociedades de advogados e dos departamentos jurídicos de empresas que desempenharem a advocacia *pro bono* definida no art. 1º deste Provimento estão impedidos de exercer a advocacia remunerada, em qualquer esfera, para a pessoa natural ou jurídica que se utilize de seus serviços *pro bono*.

§ 1º O impedimento de que trará este artigo cessará uma vez decorridos 03 (três) anos do encerramento da prestação do serviço *pro bono*.

§ 2º É igualmente vedado vincular ou condicionar a prestação de serviços *pro bono* à contratação de serviços remunerados, em qualquer circunstância.

Art. 5º A advocacia *pro bono* não pode ser utilizada para fins político-partidários ou eleitorais, nem beneficiar instituições que visem a tais objetivos, ou como instrumento de publicidade para captação de clientela, permitida apenas a divulgação institucional e genérica da atividade.

Art. 6º No exercício da advocacia *pro bono*, o advogado empregará o zelo e a dedicação habituais, de forma que a parte por ele assistida se sinta amparada e confie no seu patrocínio.

Art. 7º Este Provimento entra em vigor na data de sua publicação, revogadas as disposições em contrário.

Brasília, 9 de novembro de 2015.

Marcus Vinicius Furtado Coêlho

Presidente do Conselho

Luiz Flávio Borges D´urso

Relator

(Publicação no *D.O.U.* de 4.12.2015)

LEGISLAÇÃO COMPLEMENTAR SELECIONADA

VADE MECUM DE LEGISLAÇÃO FOCO

LEGISLAÇÃO COMPLEMENTAR SELECIONADA

VADE MECUM DE LEGISLAÇÃO FOCO

LEGISLAÇÃO COMPLEMENTAR SELECIONADA

DECRETO 2.044,

DE 31 DE DEZEMBRO DE 1908

Define a letra de câmbio e a nota promissória e regula as operações cambiais.

O Presidente da República dos Estados Unidos do Brasil:

Faço saber que o Congresso Nacional decreta e eu sanciono a seguinte Resolução:

Título I
Da letra de câmbio

→ v. Arts. 2º e 3º do Decreto 427/1969.

→ v. Decreto 57.663/1966 – Convenções para adoção de uma Lei Uniforme em matéria de letras de câmbio e notas promissórias.

Capítulo I
DO SAQUE

Art. 1º A letra de câmbio é uma ordem de pagamento e deve conter estes requisitos, lançados, por extenso, no contexto:

I – a denominação "letra de câmbio" ou a denominação equivalente na língua em que for emitida;

II – a soma de dinheiro a pagar e a espécie de moeda;

III – o nome da pessoa que deve pagá-la. Esta indicação pode ser inserida abaixo do contexto;

IV – o nome da pessoa a quem deve ser paga. A letra pode ser ao portador e também pode ser emitida por ordem e conta de terceiro. O sacador pode designar-se como tomador;

V – a assinatura do próprio punho do sacador ou do mandatário especial. A assinatura deve ser firmada abaixo do contexto.

Art. 2º Não será letra de câmbio o escrito a que faltar qualquer dos requisitos acima enumerados.

Art. 3º Esses requisitos são considerados lançados ao tempo da emissão da letra. A prova em contrário será admitida no caso de má-fé do portador.

→ v. Súmula 387 do STF.

Art. 4º Presume-se mandato ao portador para inserir a data e o lugar do saque, na letra que não os contiver.

Art. 5º Havendo diferença entre o valor lançado por algarismo e o que se achar por extenso no corpo da letra, este último será sempre considerado verdadeiro e a diferença não prejudicará a letra. Diversificando as indicações da soma de dinheiro no contexto, o título não será letra de câmbio.

Art. 6º A letra pode ser passada:

I – à vista;

II – a dia certo;

III – a tempo certo da data;

IV – a tempo certo da vista.

Art. 7º A época do pagamento deve ser precisa, uma e única para a totalidade da soma cambial.

Capítulo II
DO ENDOSSO

Art. 8º O endosso transmite a propriedade da letra de câmbio. Para a validade do endosso, é suficiente a simples assinatura do próprio punho do endossador ou do mandatário especial, no verso da letra. O endossatário pode completar este endosso.

§ 1º A cláusula "por procuração", lançada no endosso, indica o mandato com todos os poderes, salvo o caso de restrição, que deve ser expressa no mesmo endosso.

§ 2º O endosso posterior ao vencimento da letra tem o efeito de cessão civil.

§ 3º É vedado o endosso parcial.

Capítulo III
DO ACEITE

Art. 9º A apresentação da letra ao aceite é facultativa quando certa a data do vencimento. A letra a tempo certo da vista deve ser apresentada ao aceite do sacado, dentro do prazo nela marcado; na falta de designação, dentro de 6 (seis) meses contados da data da emissão do título, sob pena de perder o portador o direito regressivo contra o sacador, endossadores e avalistas.

Parágrafo único. O aceite da letra, a tempo certo da vista, deve ser datado, presumindo-se, na falta de data, o mandato ao portador para inseri-la.

Art. 10. Sendo dois ou mais os sacados, o portador deve apresentar a letra ao primeiro nomeado; na falta ou recusa do aceite, ao segundo, se estiver domiciliado na mesma praça; assim, sucessivamente, sem embargo da forma da indicação na letra dos nomes dos sacados.

Art. 11. Para a validade do aceite é suficiente a simples assinatura do próprio punho do sacado ou do mandatário especial, no anverso da letra.

Vale, como aceite puro, a declaração que não traduzir inequivocamente a recusa, limitação ou modificação.

Parágrafo único. Para os efeitos cambiais, a limitação ou modificação do aceite equivale à recusa, ficando, porém, o aceitante cambialmente vinculado, nos termos da limitação ou modificação.

Art. 12. O aceite, uma vez firmado, não pode ser cancelado nem retirado.

Art. 13. A falta ou recusa do aceite prova-se pelo protesto.

Capítulo IV
DO AVAL

Art. 14. O pagamento de uma letra de câmbio, independente do aceite e do endosso, pode ser garantido por aval. Para a validade do aval, é suficiente a simples assinatura do próprio punho do avalista ou do mandatário especial, no verso ou no anverso da letra.

Art. 15. O avalista é equiparado àquele cujo nome indicar; na falta de indicação, àquele abaixo de cuja assinatura lançar a sua; fora destes casos, ao aceitante e, não estando aceita a letra, ao sacador.

→ v. Súmula 189 do STF.

Capítulo V
DA MULTIPLICAÇÃO DA LETRA DE CÂMBIO

Seção Única
Das duplicatas

Art. 16. O sacador, sob pena de responder por perdas e interesses, é obrigado a dar, ao portador, as vias de letra que este reclamar antes do vencimento, diferençadas, no contexto, por números de ordem ou pela ressalva, das que se extraviaram. Na falta da diferenciação ou da ressalva, que torne inequívoca a unicidade da obrigação, cada exemplar valerá como letra distinta.

§ 1º O endossador e o avalista, sob pena de responderem por perdas e interesses, são obrigados a repetir, na duplicata, o endosso e o aval firmados no original.

§ 2º O sacado fica cambialmente obrigado por cada um dos exemplares em que firmar o aceite.

§ 3º O endossador de dois ou mais exemplares da mesma letra a pessoas diferentes, e os sucessivos endossadores e avalistas ficam cambialmente obrigados.

§ 4º O detentor da letra expedida para o aceite é obrigado a entregá-la ao legítimo portador da duplicata, sob pena de responder por perdas e interesses.

Capítulo VI
DO VENCIMENTO

Art. 17. A letra à vista vence-se no ato da apresentação ao sacado.

A letra, a dia certo, vence-se nesse dia. A letra, a dias da data ou da vista, vence-se no último dia do prazo; não se conta, para a primeira, o dia do saque, e, para a segunda, o dia do aceite.

A letra a semanas, meses ou anos da data ou da vista vence no dia da semana, mês ou ano do pagamento, correspondente ao dia do saque ou dia do aceite. Na falta do dia correspondente, vence-se no último dia do mês do pagamento.

Art. 18. Sacada a letra em país onde vigorar outro calendário, sem a declaração do adotado, verifica-se o termo do vencimento contando-se do dia do calendário gregoriano, correspondente ao da emissão da letra pelo outro calendário.

Art. 19. A letra é considerada vencida, quando protestada:

I – pela falta ou recusa do aceite;

II – pela falência do aceitante.

O pagamento, nestes casos, continua diferido até ao dia do vencimento ordinário da letra, ocorrendo o aceite de outro sacado nomeado ou, na falta, a aquiescência do portador, expressa no ato do protesto, ao aceite na letra, pelo interveniente voluntário.

Capítulo VII
DO PAGAMENTO

Art. 20. A letra deve ser apresentada ao sacado ou ao aceitante para o pagamento, no lugar designado e no dia do vencimento ou, sendo este dia feriado por lei, no primeiro dia útil imediato, sob pena de perder o portador o direito de regresso contra o sacador, endossadores e avalistas.

§ 1º Será pagável à vista a letra que não indicar a época do vencimento. Será pagável, no lugar mencionado ao pé do nome do sacado, a letra que não indicar o lugar do pagamento.

É facultada a indicação alternativa de lugares de pagamento, tendo o portador direito de opção. A letra pode ser sacada sobre uma pessoa, para ser paga no domicílio de outra, indicada pelo sacador ou pelo aceitante.

§ 2º No caso de recusa ou falta de pagamento pelo aceitante, sendo dois ou mais os sacados, o portador deve apresentar a letra ao primeiro nomeado, se estiver domiciliado na mesma praça; assim sucessivamente, sem embargo da forma da indicação na letra dos nomes dos sacados.

§ 3º Sobrevindo caso fortuito ou força maior, a apresentação deve ser feita, logo que cessar o impedimento.

Art. 21. A letra à vista deve ser apresentada ao pagamento dentro do prazo nela marcado; na falta desta designação, dentro de 12 (doze) meses, contados da data da emissão do título, sob pena de perder o portador o direito de regresso contra o sacador, endossadores e avalistas.

Art. 22. O portador não é obrigado a receber o pagamento antes do vencimento da letra. Aquele que paga uma letra, antes do respectivo vencimento, fica responsável pela validade desse pagamento.

§ 1º O portador é obrigado a receber o pagamento parcial, ao tempo do vencimento.

§ 2º O portador é obrigado a entregar a letra com a quitação àquele que efetua o pagamento; no caso do pagamento parcial, em que se não opera a tradição do título, além da quitação em separado, outra deve ser firmada na própria letra.

Art. 23. Presume-se validamente desonerado aquele que paga a letra no vencimento, sem oposição.

Parágrafo único. A oposição ao pagamento é somente admissível no caso de extravio da letra, de falência ou incapacidade do portador para recebê-lo.

Art. 24. O pagamento feito pelo aceitante ou pelos respectivos avalistas desonera da responsabilidade cambial todos os coobrigados.

O pagamento feito pelo sacador, pelos endossadores ou respectivos avalistas desonera da responsabilidade cambial os coobrigados posteriores.

→ v. Súmula 189 do STF.

Parágrafo único. O endossador ou avalista, que paga ao endossatário ou ao avalista posterior, pode riscar o próprio endosso ou aval e os dos endossadores ou avalistas posteriores.

Art. 25. A letra de câmbio deve ser paga na moeda indicada. Designada moeda estrangeira, o pagamento, salvo determinação em contrário, expressa na letra, deve ser efetuado em moeda nacional, ao câmbio à vista do dia do vencimento e do lugar do pagamento; não havendo no lugar curso de câmbio, pelo da praça mais próxima.

Art. 26. Se o pagamento de uma letra de câmbio não for exigido no vencimento, o aceitante pode, depois de expirado o prazo para o protesto por falta de pagamento, depositar o valor da mesma, por conta e risco do portador, independente de qualquer citação.

Art. 27. A falta ou recusa, total ou parcial, de pagamento, prova-se pelo protesto.

→ v. Súmula 153 do STF.

Capítulo VIII
DO PROTESTO

Art. 28. A letra que houver de ser protestada por falta de aceite ou de pagamento deve ser entregue ao oficial competente, no primeiro dia útil que se seguir ao da recusa do aceite ou ao do vencimento, e o respectivo protesto tirado dentro de 3 (três) dias úteis.

Parágrafo único. O protesto deve ser tirado do lugar indicado na letra para o aceite ou para o pagamento. Sacada ou aceita a letra para ser paga em outro domicílio que não o do sacado, naquele domicílio deve ser tirado o protesto.

Art. 29. O instrumento de protesto deve conter:

I – a data;

II – a transcrição literal da letra e das declarações nela inseridas pela ordem respectiva;

III – a certidão da intimação ao sacado ou ao aceitante ou aos outros sacados, nomeados na letra para aceitar ou pagar, a resposta dada ou a declaração da falta da resposta.

A intimação é dispensada no caso do sacado ou aceitante firmar na letra a declaração da recusa do aceite ou do pagamento e, na hipótese de protesto, por causa da falência do aceitante;

IV – a certidão de não haver sido encontrada ou de ser desconhecida a pessoa indicada para aceitar ou para pagar. Nesta hipótese, o oficial afixará a intimação nos lugares do estilo e, se possível, a publicará pela imprensa;

V – a indicação dos intervenientes voluntários e das firmas por eles honradas;

VI – a aquiescência do portador ao aceite por honra;

VII – a assinatura, com o sinal público, do oficial do protesto.

Parágrafo único. Este instrumento, depois de registrado no livro de protesto, deverá ser entregue ao detentor ou portador da letra ou àquele que houver efetuado o pagamento.

Art. 30. O portador é obrigado a dar aviso do protesto ao último endossador, dentro de 2 (dois) dias, contados da data do instrumento do protesto e cada endossatário, dentro de 2 (dois) dias, contados do recebimento do aviso, deve transmiti-lo ao seu endossador, sob pena de responder por perdas e interesses.

Não constando do endosso o domicílio ou a residência do endossador, o aviso deve ser transmitido ao endossador anterior, que houver satisfeito aquela formalidade.

Parágrafo único. O aviso pode ser dado em carta registrada. Para esse fim, a carta será levada aberta ao Correio, onde, verificada a existência do aviso, se declarará o conteúdo da carta registrada no conhecimento e talão respectivo.

Art. 31. Recusada a entrega da letra por aquele que a recebeu para firmar o aceite ou para efetuar o pagamento, o protesto pode ser tirado por outro exemplar ou, na falta, pelas indicações do protestante.

Parágrafo único. Pela prova do fato, pode ser decretada a prisão do detentor da letra, salvo depositando este a soma cambial e a importância das despesas feitas.

Art. 32. O portador que não tira, em tempo útil e forma regular, o instrumento do protesto da letra perde o direito de regresso contra o sacador, endossadores e avalistas.

Art. 33. O oficial que não lavra, em tempo útil e forma regular, o instrumento do protesto, além da pena em que incorrer, segundo o Código Penal, responde por perdas e interesses.

Capítulo IX
DA INTERVENÇÃO

Art. 34. No ato do protesto pela falta ou recusa do aceite, a letra pode ser aceita por terceiro, mediante a aquiescência do detentor ou portador.

A responsabilidade cambial deste interveniente é equiparada à do sacado que aceita.

Art. 35. No ato do protesto, excetuada apenas a hipótese do artigo anterior, qualquer pessoa tem o direito de intervir para efetuar o pagamento da letra, por honra de qualquer das firmas.

§ 1º O pagamento, por honra da firma do aceitante ou dos respectivos avalistas, desonera da responsabilidade cambial todos os coobrigados.

O pagamento, por honra da firma do sacador, do endossador ou dos respectivos avalistas desonera da responsabilidade cambial todos os coobrigados posteriores.

§ 2º Não indicada a firma, entende-se ter sido honrada a do sacador; quando aceita a letra, a do aceitante.

§ 3º Sendo múltiplas as intervenções, concorram ou não coobrigados, deve ser preferido o interveniente que desonera maior número de firmas.

Múltiplas as intervenções pela mesma firma, deve ser preferido o interveniente coobrigado, na falta deste, o sacado; na falta de ambos, o detentor ou portador tem a opção. É vedada a intervenção ao aceitante ou ao respectivo avalista.

Capítulo X
DA ANULAÇÃO DA LETRA

Art. 36. Justificando a propriedade e o extravio ou a destruição total ou parcial da letra, descrita com clareza e precisão, o proprietário pode requerer ao juiz competente do lugar do pagamento, na hipótese de extravio, a intimação do sacado ou do aceitante e dos coobrigados, para não pagarem a aludida letra, e a citação do detentor para apresentá-la em juízo, dentro do prazo de 3 (três) meses, e, nos casos de extravio e de destruição, a citação dos coobrigados para, dentro do referido prazo, oporem contestação firmada em defeito de forma do título ou, na falta de requisito essencial, ao exercício da ação cambial.

Estas citações e intimações devem ser feitas pela imprensa, publicadas no jornal oficial do Estado e no *Diário Oficial* para o Distrito Federal e nos periódicos indicados pelo juiz, além de afixadas nos lugares do estilo e na bolsa da praça do pagamento.

§ 1º O prazo de 3 (três) meses corre da data do vencimento; estando vencida a letra, da data da publicação no jornal oficial.

§ 2º Durante o curso desse prazo, munido da certidão do requerimento e do despacho favorável do juiz, fica o proprietário autorizado a praticar todos os atos necessários à garantia do direito creditório, podendo, vencida a letra, reclamar do aceitante o depósito judicial da soma devida.

§ 3º Decorrido o prazo, sem se apresentar o portador legitimado (art. 39) da letra, ou sem a contestação do coobrigado (art. 36), o juiz decretará a nulidade do título extraviado ou destruído e ordenará, em benefício do proprietário, o levantamento do depósito da soma, caso tenha sido feito.

§ 4º Por esta sentença, fica o proprietário habilitado, para o exercício da ação executiva, contra o aceitante e os outros coobrigados.

§ 5º Apresentada a letra pelo portador legitimado (art. 39) ou oferecida a contestação (art. 36) pelo coobrigado, o juiz julgará prejudicado o pedido de anulação da letra, deixando, salvo à parte, o recurso aos meios ordinários.

→ *v.* Arts. 907 a 913 do CPC/1973.

→ *v.* Art. 259, II, do NCPC.

§ 6º Da sentença proferida no processo cabe o recurso de agravo com efeito suspensivo.

§ 7º Este processo não impede o recurso à duplicata e nem para os efeitos da responsabilidade civil do coobrigado dispensa o aviso imediato do extravio, por cartas registradas endereçadas ao sacado, ao aceitante e aos outros coobrigados, pela forma indicada no parágrafo único do art. 30.

Capítulo XI
DO RESSAQUE

Art. 37. O portador da letra protestada pode haver o embolso da soma devida, pelo ressaque de nova letra de câmbio, à vista, sobre qualquer dos obrigados.

O ressacado que paga pode, por seu turno, ressacar sob qualquer dos coobrigados a ele anteriores.

Parágrafo único. O ressaque deve ser acompanhado da letra protestada, do instrumento de protesto e da conta de retorno.

Art. 38. A conta de retorno deve indicar:

I – a soma cambial e a dos juros legais, desde o dia do vencimento;

II – a soma das despesas legais: protesto, comissão, porte de cartas, selos, e dos juros legais, desde o dia em que foram feitas;

III – o nome do ressacado;

IV – o preço do câmbio, certificado por corretor ou, na falta, por dois comerciantes.

§ 1º O recâmbio é regulado pelo curso do câmbio da praça do pagamento, sobre a praça do domicílio ou da residência do ressacado; o recâmbio, devido ao endossador ou ao avalista que ressaca, é regulado pelo curso do câmbio da praça do ressaque, sobre a praça da residência ou do domicílio do ressacado.

Não havendo curso de câmbio na praça do ressaque, o recâmbio é regulado pelo curso do câmbio da praça mais próxima.

§ 2º É facultado o cúmulo dos recâmbios nos sucessivos ressaques.

Capítulo XII
DOS DIREITOS E DAS OBRIGAÇÕES CAMBIAIS

Seção I
Dos direitos

Art. 39. O possuidor é considerado legítimo proprietário da letra ao portador e da letra endossada em branco.

O último endossatário é considerado legítimo proprietário da letra endossada em preto, se o primeiro endosso estiver assinado pelo tomador e cada um dos outros, pelo endossatário do endosso, imediatamente anterior.

Seguindo-se ao endosso em branco outro endosso presume-se haver o endossador deste adquirido por aquele a propriedade da letra.

§ 1º No caso de pluralidade de tomadores ou endossatários, conjuntos ou disjuntos, o tomador ou o endossatário possuidor da letra é considerado, para os efeitos cambiais, o credor único da obrigação.

§ 2º O possuidor, legitimado de acordo com este artigo, somente no caso de má-fé na aquisição, pode ser obrigado a abrir mão da letra de câmbio.

Art. 40. Quem paga não está obrigado a verificar a autenticidade dos endossos.

Parágrafo único. O interveniente voluntário que paga fica sub-rogado em todos os direitos daquele, cuja firma foi por ele honrada.

Art. 41. O detentor, embora sem título algum, está autorizado a praticar as diligências necessárias à garantia do crédito, a reclamar o aceite, a tirar os protestos, a exigir, ao tempo do vencimento, o depósito da soma cambial.

Seção II
Das obrigações

Art. 42. Pode obrigar-se, por letra de câmbio, quem tem a capacidade civil ou comercial.

Parágrafo único. Tendo a capacidade pela lei brasileira, o estrangeiro fica obrigado pela declaração que firmar, sem embargo da sua incapacidade, pela lei do Estado a que pertencer.

Art. 43. As obrigações cambiais são autônomas e independentes umas das outras. O signatário da declaração cambial fica, por ela, vinculado e solidariamente responsável pelo aceite e pelo pagamento da letra, sem embargo da falsidade, da falsificação ou da nulidade de qualquer outra assinatura.

Art. 44. Para os efeitos cambiais, são consideradas não escritas:

I – a cláusula de juros;

II – a cláusula proibitiva do endosso ou do protesto, a excludente da responsabilidade pelas despesas e qualquer outra, dispensando a observância dos termos ou das formalidades prescritas por esta Lei;

III – a cláusula proibitiva da apresentação da letra ao aceite do sacado;

IV – a cláusula excludente ou restritiva da responsabilidade e qualquer outra beneficiando o devedor ou o credor, além dos limites fixados por esta Lei.

§ 1º Para os efeitos cambiais, o endosso ou aval cancelado é considerado não escrito.

§ 2º Não é letra de câmbio o título em que o emitente exclui ou restringe a sua responsabilidade cambial.

Art. 45. Pelo aceite, o sacado fica cambialmente obrigado para com o sacador e respectivos avalistas.

§ 1º A letra endossada ao aceitante pode ser por este reendossada, antes do vencimento.

§ 2º Pelo reendosso da letra, endossada ao sacador, ao endossado ou ao avalista, continuam cambialmente obrigados os codevedores intermédios.

Art. 46. Aquele que assina a declaração cambial, como mandatário ou representante legal de outrem, sem estar devidamente autorizado, fica, por ela, pessoalmente obrigado.

Art. 47. A substância, os efeitos, a forma extrínseca e os meios de prova da obrigação cambial são regulados pela lei do lugar onde a obrigação foi firmada.

Art. 48. Sem embargo da desoneração da responsabilidade cambial o sacador ou aceitante fica obrigado a restituir ao portador com os juros legais, a soma com a qual se locupletou à custa deste.

A ação do portador, para este fim, é ordinária.

Capítulo XIII
DA AÇÃO CAMBIAL

Art. 49. A ação cambial é a executiva.

Por ela tem também o credor o direito de reclamar a importância que receberia pelo ressaque (art. 38).

Art. 50. A ação cambial pode ser proposta contra um, alguns ou todos os coobrigados, sem estar o credor adstrito à observância da ordem dos endossos.

Art. 51. Na ação cambial, somente é admissível defesa fundada no direito pessoal do réu contra o autor, em defeito de forma do título e na falta de requisito necessário ao exercício da ação.

Capítulo XIV
DA PRESCRIÇÃO DA AÇÃO CAMBIAL

Art. 52. A ação cambial, contra o sacador, aceitante e respectivos avalistas, prescreve em 5 (cinco) anos.

A ação cambial contra o endossador e respectivo avalista prescreve em 12 (doze) meses.

Art. 53. O prazo da prescrição é contado do dia em que a ação pode ser proposta; para o endossador ou respectivo avalista que paga, do dia desse pagamento.

Título II
Da nota promissória

Capítulo I
DA EMISSÃO

Art. 54. A nota promissória é uma promessa de pagamento e deve conter estes requisitos essenciais, lançados, por extenso, no contexto:

I – a denominação de "nota promissória" ou termo correspondente, na língua em que for emitida;

II – a soma de dinheiro a pagar;

III – o nome da pessoa a quem deve ser paga;

IV – a assinatura do próprio punho do emitente ou do mandatário especial.

§ 1º Presume-se ter o portador o mandato para inserir a data e lugar da emissão da nota promissória, que não contiver estes requisitos.

§ 2º Será pagável à vista a nota promissória que não indicar a época do vencimento. Será pagável no domicílio do emitente a nota promissória que não indicar o lugar do pagamento.

É facultada a indicação alternativa de lugar de pagamento, tendo o portador direito de opção.

§ 3º Diversificando as indicações da soma do dinheiro, será considerada verdadeira a que se achar lançada por extenso no contexto.

Diversificando no contexto as indicações da soma de dinheiro, o título não será nota promissória.

§ 4º Não será nota promissória o escrito ao qual faltar qualquer dos requisitos acima enumerados. Os requisitos essenciais são considerados lançados ao tempo da emissão da nota promissória. No caso de má-fe do portador, será admitida prova em contrário.

Art. 55. A nota promissória pode ser passada:

I – à vista;

II – a dia certo;

III – a tempo certo da data.

Parágrafo único. A época do pagamento deve ser precisa e única para toda a soma devida.

Capítulo II
DISPOSIÇÕES GERAIS

Art. 56. São aplicáveis à nota promissória, com as modificações necessárias, todos os dispositivos do Título I desta Lei, exceto os que se referem ao aceite e às duplicatas.

Para o efeito da aplicação de tais dispositivos, o emitente da nota promissória é equiparado ao aceitante da letra de câmbio.

Art. 57. Ficam revogados todos os artigos do Título XVI do Código Comercial e mais disposições em contrário.

Rio de Janeiro, 31 de dezembro de 1908; 20º da República.

Afonso Augusto Moreira Pena

(Coleção de Leis do Brasil, 31.12.1908, Publicação no *D.O.U.* de 6.1.1909)

DECRETO 20.910,
DE 6 DE JANEIRO DE 1932

Regula a prescrição quinquenal.

O Chefe do Governo Provisório da República dos Estados Unidos do Brasil, usando das atribuições contidas no art. 1º do Dec. 19.398, de 11 de novembro de 1930, decreta:

Art. 1º As dívidas passivas da União, dos Estados e dos Municípios, bem assim todo e qualquer direito ou ação contra a Fazenda federal, estadual ou municipal, seja qual for a sua natureza, prescrevem em 5 (cinco) anos, contados da data do ato ou fato do qual se originarem.

➔ *v.* Art. 174 do CTN.

➔ *v.* Dec.-lei 4.597/1942 – Dispõe sobre a prescrição das ações contra a Fazenda Pública e dá outras providências.

Art. 2º Prescrevem igualmente no mesmo prazo todo o direito e as prestações correspondentes a pensões vencidas ou por vencerem, ao meio soldo e ao montepio civil e militar ou a quaisquer restituições ou diferenças.

Art. 3º Quando o pagamento se dividir por dias, meses ou anos, a prescrição atingirá progressivamente as prestações, à medida que completarem os prazos estabelecidos pelo presente decreto.

Art. 4º Não corre a prescrição durante a demora que, no estudo, no reconhecimento ou no pagamento da dívida, considerada líquida, tiverem as repartições ou funcionários encarregados de estudar e apurá-la.

Parágrafo único. A suspensão da prescrição, neste caso, verificar-se-á pela entrada do requerimento do titular do direito ou do credor nos livros ou protocolos das repartições públicas, com designação do dia, mês e ano.

Art. 5º *(Revogado pela Lei 2.211/1954).*

Art. 6º O direito à reclamação administrativa, que não tiver prazo fixado em disposição de lei para ser formulada, prescreve em 1 (um) ano a contar da data do ato ou fato do qual a mesma se originar.

Art. 7º A citação inicial não interrompe a prescrição quando, por qualquer motivo, o processo tenha sido anulado.

➔ *v.* Art. 8º, § 2º, da Lei 6.830/1980.

Art. 8º A prescrição somente poderá ser interrompida uma vez.

Art. 9º A prescrição interrompida recomeça a correr, pela metade do prazo, da data do ato que a interrompeu ou do último ato ou termo do respectivo processo.

Art. 10. O disposto nos artigos anteriores não altera as prescrições de menor prazo, constantes das leis e regulamentos, as quais ficam subordinadas às mesmas regras.

Art. 11. Revogam-se as disposições em contrário.

Rio de Janeiro, 6 de janeiro de 1932; 111º da Independência e 44º da República.

Getúlio Vargas

(Publicação no *D.O.U.* 8.1.1932)

DECRETO 22.626,
DE 7 DE ABRIL DE 1933

Dispõe sobre os juros nos contratos e da outras providências.

O Chefe do Governo Provisório da República dos Estados Unidos do Brasil:

Considerando que todas as legislações modernas adotam normas severas para regular, impedir e reprimir os excessos praticados pela usura;

Considerando que é de interesse superior da economia do país não tenha o capital remuneração exagerada impedindo o desenvolvimento das classes produtoras; decreta:

Art. 1º É vedado, e será punido nos termos desta Lei, estipular em quaisquer contratos taxas de juros superiores ao dobro da taxa legal (Código Civil, art. 1.062).

§ 1º (*Revogado pelo Decreto-lei 182/1938*).

§ 2º (*Revogado pelo Decreto-lei 182/1938*).

§ 3º A taxa de juros deve ser estipulada em escritura pública ou escrito particular, e não o sendo, entender-se-á que as partes acordaram nos juros de 6% (seis por cento) ao ano, a contar da data da propositura da respectiva ação ou do protesto cambial.

Art. 2º É vedado, a pretexto de comissão; receber taxas maiores do que as permitidas por esta Lei.

Art. 3º As taxas de juros estabelecidas nesta Lei entrarão em vigor com a sua publicação e a partir desta data serão aplicáveis aos contratos existentes ou já ajuizados.

Art. 4º É proibido contar juros dos juros; esta proibição não compreende a acumulação de juros vencidos aos saldos líquidos em conta-corrente de ano a ano.

Art. 5º Admite-se que pela mora dos juros contratados estes sejam elevados de 1% (um por cento) e não mais.

Art. 6º Tratando-se de operações a prazo superior a 6 (seis) meses, quando os juros ajustados forem pagos por antecipação, o calculo deve ser feito de modo que a importância desses juros não exceda a que produziria a importância liquida da operação no prazo convencionado, as taxas máximas que esta Lei permite.

Art. 7º O devedor poderá sempre liquidar ou amortizar a dívida quando hipotecária ou pignoratícia antes do vencimento, sem sofrer imposição de multa, gravame ou encargo de qualquer natureza por motivo dessa antecipação.

§ 1º O credor poderá exigir que a amortização não seja inferior a 25% (vinte e cinco por cento) do valor inicial da dívida.

§ 2º Em caso de amortização, os juros só serão devidos sobre o saldo devedor.

Art. 8º As multas ou cláusulas penais, quando convencionadas, reputam-se estabelecidas para atender á despesas judiciais e honorários de advogados, e não poderão ser exigidas quando não for intentada ação judicial para cobrança da respectiva obrigação.

→ *v.* Súmula 616 do STF.

Parágrafo único. Quando se tratar de empréstimo até Cr$ 100.000,00 (cem mil cruzeiros) e com garantia hipotecária, as multas ou cláusulas penais convencionadas reputam-se estabelecidas para atender, apenas, a honorários de advogados, sendo as despesas judiciais pagas de acordo com a conta feita nos autos da ação judicial para cobrança da respectiva obrigação.

→ Parágrafo único acrescentado pela Lei 3.942/1961.

Art. 9º Não é válida a cláusula penal superior à importância de 10% (dez por cento) do valor da dívida.

Art. 10. As dívidas a que se refere o art. 1º, § 1º, *in-fine*, e 2º, se existentes ao tempo da publicação desta Lei, quando efetivamente cobertas, poderão ser pagas em 10 (dez) prestações anuais iguais e continuadas, si assim entender o devedor.

Parágrafo único. A falta de pagamento de uma prestação, decorrido um ano da publicação desta Lei, determina o vencimento da dívida e dá ao credor o direito de excussão.

Art. 11. O contrato celebrado com infração desta Lei é nulo de pleno direito, ficando assegurado ao devedor a repetição do que houver pago a mais.

Art. 12. Os corretores e intermediários, que aceitarem negócios contrários ao texto da presente Lei, incorrerão em multa de cinco a vinte contos de réis, aplicada pelo ministro da fazenda e, em caso de reincidência, serão demitidos, sem prejuízo de outras penalidades aplicáveis.

Art. 13. É considerado delito de usura, toda a simulação ou prática tendente a ocultar a verdadeira taxa do juro ou a fraudar os dispositivos desta Lei, para o fim de sujeitar o devedor a maiores prestações ou encargos, além dos estabelecidos no respectivo título ou instrumento.

Penas – prisão por 6 (seis) meses a 1 (um) ano e multas de 5 (cinco) contos a cinquenta contos de réis.

No caso de reincidência, tais penas serão elevadas ao dobro.

Parágrafo único. Serão responsáveis como coautores o agente e o intermediário, e, em se tratando de pessoa jurídica, os que tiverem qualidade para representá-la.

Art. 14. A tentativa deste crime é punível nos termos da lei penal vigente.

Art. 15. São consideradas circunstâncias agravantes o fato de, para conseguir aceitação de exigências contrárias a esta Lei, valer-se o credor da inexperiência ou das paixões do menor, ou da deficiência ou doença mental de alguém, ainda que não esteja interdito, ou de circunstâncias aflitivas em que se encontre o devedor.

Art. 16. Continuam em vigor, os arts. 24, parágrafo único, n. 4 e 27 do Decreto 5.746, de 9 de Dezembro de 1929, e art. 44, n. 1, do Decreto 2.044, de 17 de dezembro de 1908, e as disposições do Código Comercial, no que não contravierem com esta Lei.

Art. 17. O governo federal baixará uma lei especial, dispondo sobre as casas de empréstimos sobre penhores e congêneres.

Art. 18. O teor desta Lei será transmitido por telegrama a todos os interventores federais, para que a façam publicar incontinenti.

Art. 19. Revogam-se as disposições em contrário.

Rio de Janeiro, 7 de abril de 1933, 112º da Independência e 45º da República.

Getúlio Vargas

(Publicação no *D.O.U.* de 8.4.1933; retificação 17.4.1933)

DECRETO-LEI 25,
DE 30 DE NOVEMBRO DE 1937

Organiza a proteção do patrimônio histórico e artístico nacional.

O Presidente da República, usando da atribuição que lhe confere o art. 180 da Constituição, decreta:

Capítulo I
DO PATRIMÔNIO HISTÓRICO E ARTÍSTICO NACIONAL

Art. 1º Constitui o patrimônio histórico e artístico nacional o conjunto dos bens móveis e imóveis existentes no país e cuja conservação seja de interesse público, quer por sua vinculação a fatos memoráveis da história do Brasil, quer por seu excepcional valor arqueológico ou etnográfico, bibliográfico ou artístico.

→ *v.* Art. 216 da CF/1988.

§ 1º Os bens a que se refere o presente artigo só serão considerados parte integrante do patrimônio histórico o artístico nacional, depois de inscritos separada ou agrupadamente num dos quatro Livros do Tombo, de que trata o art. 4º desta Lei.

§ 2º Equiparam-se aos bens a que se refere o presente artigo e são também sujeitos a tombamento os monumentos naturais, bem como os sítios e paisagens que importe conservar e proteger pela feição notável com que tenham sido dotados pela natureza ou agenciados pela indústria humana.

→ *v.* Art. 166 do CP.

→ *v.* Art. 63 da Lei 9.605/1998.

Art. 2º A presente lei se aplica às coisas pertencentes às pessoas naturais, bem como às pessoas jurídicas de direito privado e de direito público interno.

Art. 3º Excluem-se do patrimônio histórico e artístico nacional as obras de origem estrangeira:

1) que pertençam às representações diplomáticas ou consulares acreditadas no país;

2) que adornem quaisquer veículos pertencentes a empresas estrangeiras, que façam carreira no país;

3) que se incluam entre os bens referidos no art. 10 da Introdução do Código Civil, e que continuam sujeitas à lei pessoal do proprietário;

4) que pertençam a casas de comércio de objetos históricos ou artísticos;

5) que sejam trazidas para exposições comemorativas, educativas ou comerciais:

6) que sejam importadas por empresas estrangeiras expressamente para adorno dos respectivos estabelecimentos.

Parágrafo único. As obras mencionadas nas alíneas 4 e 5 terão guia de licença para livre trânsito, fornecida pelo Serviço ao Patrimônio Histórico e Artístico Nacional.

Capítulo II
DO TOMBAMENTO

→ *v.* Art. 216, § 1º, da CF/1988.

→ *v.* Lei 8.394/1991 – Preservação, organização e proteção dos acervos documentais privados dos presidentes da República.

Art. 4º O Serviço do Patrimônio Histórico e Artístico Nacional possuirá quatro Livros do Tombo, nos quais serão inscritas as obras a que se refere o art. 1º desta Lei, a saber:

1) no Livro do Tombo Arqueológico, Etnográfico e Paisagístico, as coisas pertencentes às categorias de arte arqueológica, etnográfica, ameríndia e popular, e bem assim as mencionadas no § 2º do citado art. 1º.

2) no Livro do Tombo Histórico, as coisas de interesse histórico e as obras de arte histórica;

3) no Livro do Tombo das Belas Artes, as coisas de arte erudita, nacional ou estrangeira;

4) no Livro do Tombo das Artes Aplicadas, as obras que se incluírem na categoria das artes aplicadas, nacionais ou estrangeiras.

§ 1º Cada um dos Livros do Tombo poderá ter vários volumes.

§ 2º Os bens, que se incluem nas categorias enumeradas nas alíneas 1, 2, 3 e 4 do presente artigo, serão definidos e especificados no regulamento que for expedido para execução da presente lei.

Art. 5º O tombamento dos bens pertencentes à União, aos Estados e aos Municípios se fará de ofício, por ordem do diretor do Serviço do Patrimônio Histórico e Artístico Nacional, mas deverá ser notificado à entidade a quem pertencer, ou sob cuja guarda estiver a coisa tombada, a fim de produzir os necessários efeitos.

Art. 6º O tombamento de coisa pertencente à pessoa natural ou à pessoa jurídica de direito privado se fará voluntária ou compulsoriamente.

Art. 7º Proceder-se-á ao tombamento voluntário sempre que o proprietário o pedir e a coisa se revestir dos requisitos necessários para constituir parte integrante do patrimônio histórico e artístico nacional, a juízo do Conselho Consultivo do Serviço do Patrimônio Histórico e Artístico Nacional, ou sempre que o mesmo proprietário anuir, por escrito, à notificação, que se lhe fizer, para a inscrição da coisa em qualquer dos Livros do Tombo.

Art. 8º Proceder-se-á ao tombamento compulsório quando o proprietário se recusar a anuir à inscrição da coisa.

Art. 9º O tombamento compulsório se fará de acordo com o seguinte processo:

1) o Serviço do Patrimônio Histórico e Artístico Nacional, por seu órgão competente, notificará o proprietário para anuir ao tombamento, dentro do prazo de quinze dias, a contar do recebimento da notificação, ou para, si o quiser impugnar, oferecer dentro do mesmo prazo as razões de sua impugnação.

LEGISLAÇÃO

2) no caso de não haver impugnação dentro do prazo assinado que é fatal, o diretor do Serviço do Patrimônio Histórico e Artístico Nacional mandará por simples despacho que se proceda à inscrição da coisa no competente Livro do Tombo.

3) se a impugnação for oferecida dentro do prazo assinado, far-se-á vista da mesma, dentro de outros quinze dias fatais, ao órgão de que houver emanado a iniciativa do tombamento, a fim de sustentá-la. Em seguida, independentemente de custas, será o processo remetido ao Conselho Consultivo do Serviço do Patrimônio Histórico e Artístico Nacional, que proferirá decisão a respeito, dentro do prazo de sessenta dias, a contar do seu recebimento. Dessa decisão não caberá recurso.

Art. 10. O tombamento dos bens, a que se refere o art. 6º desta Lei, será considerado provisório ou definitivo, conforme esteja o respectivo processo iniciado pela notificação ou concluído pela inscrição dos referidos bens no competente Livro do Tombo.

Parágrafo único. Para todos os efeitos, salvo a disposição do art. 13 desta Lei, o tombamento provisório se equiparará ao definitivo.

Capítulo III
DOS EFEITOS DO TOMBAMENTO

Art. 11. As coisas tombadas, que pertençam à União, aos Estados ou aos Municípios, inalienáveis por natureza, só poderão ser transferidas de uma à outra das referidas entidades.

Parágrafo único. Feita a transferência, dela deve o adquirente dar imediato conhecimento ao Serviço do Patrimônio Histórico e Artístico Nacional.

Art. 12. A alienabilidade das obras históricas ou artísticas tombadas, de propriedade de pessoas naturais ou jurídicas de direito privado sofrerá as restrições constantes da presente lei.

Art. 13. O tombamento definitivo dos bens de propriedade particular será, por iniciativa do órgão competente do Serviço do Patrimônio Histórico e Artístico Nacional, transcrito para os devidos efeitos em livro a cargo dos oficiais do registro de imóveis e averbado ao lado da transcrição do domínio.

§ 1º No caso de transferência de propriedade dos bens de que trata este artigo, deverá o adquirente, dentro do prazo de trinta dias, sob pena de multa de dez por cento sobre o respectivo valor, fazê-la constar do registro, ainda que se trate de transmissão judicial ou causa mortis.

§ 2º Na hipótese de deslocação de tais bens, deverá o proprietário, dentro do mesmo prazo e sob pena da mesma multa, inscrevê-los no registro do lugar para que tiverem sido deslocados.

§ 3º A transferência deve ser comunicada pelo adquirente, e a deslocação pelo proprietário, ao Serviço do Patrimônio Histórico e Artístico Nacional, dentro do mesmo prazo e sob a mesma pena.

Art. 14. A. coisa tombada não poderá sair do país, senão por curto prazo, sem transferência de domínio e para fim de intercâmbio cultural, a juízo do Conselho Consultivo do Serviço do Patrimônio Histórico e Artístico Nacional.

Art. 15. Tentada, a não ser no caso previsto no artigo anterior, a exportação, para fora do país, da coisa tombada, será esta sequestrada pela União ou pelo Estado em que se encontrar.

→ v. Art. 822, I, do CPC/1973.

→ v. Art. 301 do NCPC.

§ 1º Apurada a responsabilidade do proprietário, ser-lhe-á imposta a multa de cinquenta por cento do valor da coisa, que permanecerá sequestrada em garantia do pagamento, e até que este se faça.

§ 2º No caso de reincidência, a multa será elevada ao dobro.

§ 3º A pessoa que tentar a exportação de coisa tombada, além de incidir na multa a que se referem os parágrafos anteriores, incorrerá, nas penas cominadas no Código Penal para o crime de contrabando.

→ v. Art. 334 do CP.

Art. 16. No caso de extravio ou furto de qualquer objeto tombado, o respectivo proprietário deverá dar conhecimento do fato ao Serviço do Patrimônio Histórico e Artístico Nacional, dentro do prazo de cinco dias, sob pena de multa de dez por cento sobre o valor da coisa.

Art. 17. As coisas tombadas não poderão, em caso nenhum ser destruídas, demolidas ou mutiladas, nem, sem prévia autorização especial do Serviço do Patrimônio Histórico e Artístico Nacional, ser reparadas, pintadas ou restauradas, sob pena de multa de cinquenta por cento do dano causado.

→ v. Art. 165 do CP.

Parágrafo único. Tratando-se de bens pertencentes à União, aos Estados ou aos municípios, a autoridade responsável pela infração do presente artigo incorrerá pessoalmente na multa.

Art. 18. Sem prévia autorização do Serviço do Patrimônio Histórico e Artístico Nacional, não se poderá, na vizinhança da coisa tombada, fazer construção que lhe impeça ou reduza a visibilidade, nem nela colocar anúncios ou cartazes, sob pena de ser mandada destruir a obra ou retirar o objeto, impondo-se neste caso a multa de cinquenta por cento do valor do mesmo objeto.

Art. 19. O proprietário de coisa tombada, que não dispuser de recursos para proceder às obras de conservação e reparação que a mesma requerer, levará ao conhecimento do Serviço do Patrimônio Histórico e Artístico Nacional a necessidade das mencionadas obras, sob pena de multa correspondente ao dobro da importância em que for avaliado o dano sofrido pela mesma coisa.

§ 1º Recebida a comunicação, e consideradas necessárias as obras, o diretor do Serviço do Patrimônio Histórico e Artístico Nacional mandará executá-las, a expensas da União, devendo as mesmas ser iniciadas dentro do prazo de seis meses, ou providenciará para que seja feita a desapropriação da coisa.

§ 2º À falta de qualquer das providências previstas no parágrafo anterior, poderá o proprietário requerer que seja cancelado o tombamento da coisa.

→ v. Lei 6.292/1975 – Tombamento de bens no Instituto do Patrimônio Histórico e Artístico Nacional (IPHAN).

§ 3º Uma vez que verifique haver urgência na realização de obras e conservação ou reparação em qualquer coisa tombada, poderá o Serviço do Patrimônio Histórico e Artístico Nacional tomar a iniciativa de projetá-las e executá-las, a expensas da União, independentemente da comunicação a que alude este artigo, por parte do proprietário.

Art. 20. As coisas tombadas ficam sujeitas à vigilância permanente do Serviço do Patrimônio Histórico e Artístico Nacional, que poderá inspecioná-los sempre que for julgado conveniente, não podendo os respectivos proprietários ou responsáveis criar obstáculos à inspeção, sob pena de multa de cem mil-réis, elevada ao dobro em caso de reincidência.

Art. 21. Os atentados cometidos contra os bens de que trata o art. 1º desta Lei são equiparados aos cometidos contra o patrimônio nacional.

Capítulo IV
DO DIREITO DE PREFERÊNCIA

Art. 22. *(Revogado pela Lei 13.105/2015, em vigor após decorrido 1 (um) ano da data de sua publicação – D.O.U. de 17.3.2015 (v. Art. 1.045 do NCPC)).*

Anterior redação: Art. 22. Em face da alienação onerosa de bens tombados, pertencentes a pessoas naturais ou a pessoas jurídicas de direito privado, a União, os Estados e os municípios terão, nesta ordem, o direito de preferência. § 1º Tal alienação não será permitida, sem que previamente sejam os bens oferecidos, pelo mesmo preço, à União, bem como ao Estado e ao município em que se encontrarem. O proprietário deverá notificar os titulares do direito de preferência a usá-lo, dentro de trinta dias, sob pena de perdê-lo. § 2º É nula alienação realizada com violação do disposto no parágrafo anterior, ficando qualquer dos titulares do direito de preferência habilitado a sequestrar a coisa e a impor a multa de vinte por cento do seu valor ao transmitente e ao adquirente, que serão por ela solidariamente responsáveis. A nulidade será pronunciada, na forma da lei, pelo juiz que conceder o sequestro, o qual só será levantado depois de paga a multa e se qualquer dos titulares do direito de preferência não tiver adquirido a coisa no prazo de trinta dias. § 3º O direito de preferência não inibe o proprietário de gravar livremente a coisa tombada, de penhor, anticrese ou hipoteca. § 4º Nenhuma venda judicial de bens tombados se poderá realizar sem que, previamente, os titulares do direito de preferência sejam disso notificados judicialmente, não podendo os editais de praça ser expedidos, sob pena de nulidade, antes de feita a notificação. § 5º Aos titulares do direito de preferência assistirá o direito de remissão, se dela não lançarem mão, até a assinatura do auto de arrematação ou até a sentença de adjudicação, as pessoas que, na forma da lei, tiverem a faculdade de remir. § 6º O direito de remissão por parte da União, bem como do Estado e do município em que os bens se encontrarem, poderá ser exercido, dentro de cinco dias a partir da assinatura do auto de arrematação ou da sentença de adjudicação, não se podendo extrair a carta, enquanto não se esgotar este prazo, salvo se o arrematante ou o adjudicante for qualquer dos titulares do direito de preferência.

Capítulo V
DISPOSIÇÕES GERAIS

Art. 23. O Poder Executivo providenciará a realização de acordos entre a União e os Estados, para melhor coordenação e desenvolvimento das atividades relativas à proteção do patrimônio histórico e artístico nacional e para a uniformização da legislação estadual complementar sobre o mesmo assunto.

Art. 24. A União manterá, para a conservação e a exposição de obras históricas e artísticas de sua propriedade, além do Museu Histórico Nacional e do Museu Nacional de Belas Artes, tantos outros museus nacionais quantos se tornarem necessários, devendo, outrossim, providenciar no sentido de favorecer a instituição de museus estaduais e municipais, com finalidades similares.

Art. 25. O Serviço do Patrimônio Histórico e Artístico Nacional procurará entendimentos com as autoridades eclesiásticas, instituições científicas, históricas ou artísticas e pessoas naturais ou jurídicas, com o objetivo de obter a cooperação das mesmas em benefício do patrimônio histórico e artístico nacional.

Art. 26. Os negociantes de antiguidades, de obras de arte de qualquer natureza, de manuscritos e livros antigos ou raros são obrigados a um registro especial no Serviço do Patrimônio Histórico e Artístico Nacional, cumprindo-lhes, outrossim, apresentar semestralmente ao mesmo relações completas das coisas históricas e artísticas que possuírem.

Art. 27. Sempre que os agentes de leilões tiverem de vender objetos de natureza idêntica a dos mencionados no artigo anterior, deverão apresentar a respectiva relação ao órgão competente do Serviço do Patrimônio Histórico e Artístico Nacional, sob pena de incidirem na multa de cinquenta por cento sobre o valor dos objetos vendidos.

Art. 28. Nenhum objeto de natureza idêntica à dos referidos no art. 26 desta Lei poderá ser posto à venda pelos comerciantes ou agentes de leilões, sem que tenha sido previamente autenticado pelo Serviço do Patrimônio Histórico e Artístico Nacional, ou por perito em que o mesmo se louvar, sob pena de multa de cinquenta por cento sobre o valor atribuído ao objeto.

Parágrafo único. A. autenticação do mencionado objeto será feita mediante o pagamento de uma taxa de peritagem de cinco por cento sobre o valor da coisa, se este for inferior ou equivalente a um conto de réis, e de mais cinco mil-réis por conto de réis ou fração, que exceder.

Art. 29. O titular do direito de preferência goza de privilégio especial sobre o valor produzido em praça por bens tombados, quanto ao pagamento de multas impostas em virtude de infrações da presente lei.

Parágrafo único. Só terão prioridade sobre o privilégio a que se refere este artigo os créditos inscritos no registro competente, antes do tombamento da coisa pelo Serviço do Patrimônio Histórico e Artístico Nacional.

Art. 30. Revogam-se as disposições em contrário.

Rio de Janeiro, 30 de novembro de 1937, 116º da Independência e 49º da República.

Getulio Vargas

(Publicação no *D.O.U.* de 6.12.1937)

DECRETO-LEI 2.627,
DE 26 DE SETEMBRO DE 1940

Dispõe sobre as sociedades por ações.

O Presidente da República, usando da atribuição que lhe confere o art. 180 da Constituição, decreta:

(...)

Capítulo VIII
DA SOCIEDADE ANÔNIMA OU COMPANHIA CUJO FUNCIONAMENTO DEPENDE DE AUTORIZAÇÃO DO GOVERNO, SOCIEDADES ANÔNIMAS OU COMPANHIAS NACIONAIS E ESTRANGEIRAS

Art. 59. A sociedade anônima ou companhia que dependa de autorização do Governo para funcionar, reger-se-á por esta lei, sem prejuízo do que estabelecer a lei especial.

Parágrafo único. A competência para a autorização é sempre do Governo Federal.

Art. 60. São nacionais as sociedades organizadas na conformidade da lei brasileira e que têm no país a sede de sua administração.

Parágrafo único. Quando a lei exigir que todos os acionistas ou certo número deles sejam brasileiros, as ações da companhia ou sociedade anônima revestirão a forma nominativa. Na sede da sociedade ficará arquivada uma cópia autêntica do documento comprobatório da nacionalidade.

Art. 61. O requerimento ou pedido de autorização das sociedades nacionais deve ser acompanhado:

a) do projeto dos estatutos;

b) da lista dos subscritores, organizada como se prescreve em o art. 42;

c) do documento comprobatório do depósito, em dinheiro, da décima parte do capital, se maior percentagem não for exigida pela lei especial (art. 38);

d) de cópia autêntica da ata da assembleia de constituição ou certidão da escritura pública, se por essa forma se houver constituído a sociedade.

§ 1º O Governo poderá determinar alterações ou aditamentos nos estatutos da sociedade. Verificada tal hipótese, os fundadores convocarão os subscritores, afim de que deliberem, em assembleia, que funcionará na forma prevista no art. 44, sobre as alterações ou aditamentos exigidos pelo Governo; aprovadas as alterações ou aditamentos, os fundadores juntarão ao processo de autorização cópia autêntica da ata.

§ 2º O Governo poderá ordenar que a sociedade, cumpridas as formalidades legais para o seu funcionamento, promova, na Bolsa de Valores da Capital da República, a cotação de seus títulos. Essa determinação é obrigatória para as sociedades que gozem, ou venham a gozar, de favores do Governo Federal.

§ 3º Concedida a autorização, o respectivo decreto e os demais atos a que alude este artigo deverão, mediante certidões passadas pela repartição competente e dentro de 30 (trinta) dias, depois de pagos os emolumentos e impostos devidos, ser publicados no órgão oficial da União, do qual se arquivará um exemplar no Registro do Comércio da sede da sociedade.

§ 4º A certidão do arquivamento será publicada no referido órgão oficial.

§ 5º Qualquer alteração ou modificação dos estatutos sociais dependerá de aprovação do Governo Federal.

Art. 62. O Governo Federal poderá recusar a autorização pedida, se a sociedade anônima ou companhia não satisfizer as condições econômicas, financeiras ou jurídicas especificadas na lei, ou quando sua criação contrariar os interesses da economia nacional.

Art. 63. As sociedades anônimas ou companhias nacionais, que dependem de autorização do Governo para funcionar, não poderão constituir-se sem prévia autorização, quando seus fundadores pretenderem recorrer a subscrição pública para a formação do capital.

Parágrafo único. Os fundadores deverão juntar ao seu requerimento cópias autênticas do projeto dos estatutos e do prospecto (artigo 40, I e II), observando-se o disposto nos §§ 1º e 2º do art. 61. Obtida a autorização e constituída a sociedade, serão os respectivos atos arquivados e publicados, como dispõem os arts. 51 a 54.

Art. 64. As sociedades anônimas ou companhias estrangeiras, qualquer que seja o seu objeto, não podem, sem autorização do Governo Federal, funcionar no país, por si mesmas, ou por filiais, sucursais, agências, ou estabelecimentos que as representem, podendo, todavia, ressalvados os casos expressos em lei, ser acionistas de sociedade anônima brasileira (art. 60).

Parágrafo único. O pedido ou requerimento de autorização deve ser instruído com:

a) prova de achar-se a sociedade constituída conforme a lei de seu país;

b) o inteiro teor dos estatutos;

c) a lista dos acionistas, com os nomes, profissões, domicílios e número de ações de cada um, salvo quando, por serem as ações ao portador, for impossível cumprir tal exigência;

d) cópia da ata da assembleia geral que autorizou o funcionamento no Brasil e fixou o capital destinado às operações no território nacional;

e) prova de nomeação do representante no Brasil, ao qual devem ser concedidos poderes para aceitar as condições em que é dada a autorização;

f) o último balanço.

Todos os documentos devem estar autenticados, na conformidade da lei nacional da sociedade anônima requerente, e legalizados no Consulado Brasileiro da sede respectiva.

Com os documentos originais, serão oferecidas as respectivas traduções em vernáculo, feitas por tradutor público juramentado.

Art. 65. O Governo Federal, na autorização, poderá estabelecer as condições que julgar convenientes à defesa dos interesses nacionais, além das exigidas por lei especial, inclusive a constante do art. 61, § 2º.

Aceitas as condições pelo representante da sociedade anônima requerente, o Governo expedirá o decreto de autorização, observando-se, em seguida, as prescrições dos §§ 3º e 4º do art. 61.

Parágrafo único. Será também arquivado o documento comprobatório do depósito, em dinheiro, da parte do capital destinado às operações no país, capital que o Governo fixará no decreto de autorização.

Art. 66. As sociedades anônimas estrangeiras funcionarão no território nacional com a mesma denominação que tiverem no seu país de origem, podendo, entretanto, acrescentar as palavras – "do Brasil" ou "para o Brasil".

Art. 67. As sociedades anônimas estrangeiras, autorizadas a funcionar, são obrigadas a ter, permanentemente, representante no Brasil, com plenos poderes para tratar de quaisquer questões e resolvê-las definitivamente, podendo ser demandado e receber citação inicial pela sociedade.

Parágrafo único. Só depois de arquivado no Registro do Comércio o instrumento de sua nomeação poderá o representante entrar em relação com terceiros.

Art. 68. As sociedades anônimas estrangeiras autorizadas a funcionar ficarão sujeitas às leis e aos tribunais brasileiros quanto aos atos ou operações que praticarem no Brasil.

Art. 69. Qualquer alteração que a sociedade anônima estrangeira fizer nos seus estatutos dependerá de aprovação do Governo Federal para produzir efeitos em território brasileiro.

Art. 70. As sociedades anônimas estrangeiras devem, sob pena de ser-lhes cassada a autorização para funcionar no país, reproduzir no órgão oficial da União, e do Estado, si for caso (art. 173), as publicações que, segundo a sua lei nacional ou de origem, sejam obrigadas a fazer relativamente ao balanço, conta de lucros e perdas e atos de sua administração.

Parágrafo único. Sob a mesma pena, deverão as referidas sociedades publicar o balanço anual e a conta de lucros e perdas das sucursais, filiais ou agências existentes no país.

Art. 71. A sociedade anônima estrangeira, autorizada a funcionar no país, pode, mediante autorização do Governo Federal, nacionalizar-se, transferindo sua sede para o Brasil.

§ 1º Para esse fim, deverá, por seus representantes habilitados; oferecer, com o requerimento, os documentos exigidos no art. 64, parágrafo único, letras a, b e c, sem a exceção admitida nesta letra, e f, a prova da realização do capital, pela forma declarada nos estatutos, e a ata, da assembleia geral em que foi resolvida a nacionalização.

§ 2º O Governo Federal poderá impor as condições que julgar convenientes à defesa dos interesses nacionais.

§ 3º Aceitas pelo representante habilitado as condições, expedirá o Governo Federal o decreto de nacionalização, observando-se, em seguida, o disposto nos §§ 3º o 4º do art. 61.

Art. 72. A sociedade anônima ou companhia brasileira somente poderá mudar de nacionalidade mediante o consentimento unânime dos acionistas.

Art. 73. O Governo Federal poderá, a qualquer tempo, e sem prejuízo da responsabilidade penal que couber, cassar a autorização, concedida às sociedades anônimas, nacionais ou estrangeiras, quando infringirem disposição de ordem pública ou praticarem atos contrários aos fins declarados nos estatutos ou nocivos à economia nacional.

(...)

Rio de Janeiro, 26 de setembro de 1940, 119º da Independência e 52º da República.

Getúlio Vargas

(Publicação no *D.O.U.* de 1º.10.1988)

DECRETO-LEI 3.365, DE 21 DE JUNHO DE 1941

Dispõe sobre desapropriações por utilidade pública.

O Presidente da República, usando da atribuição que lhe confere o art. 180 da Constituição, decreta:

DISPOSIÇÕES PRELIMINARES

Art. 1º A desapropriação por utilidade pública regular-se-á por esta Lei, em todo o território nacional.

→ *v.* Arts. 5º, XXIV, 22, II, 182, §§ 3º e 4º, III, 184 a 186 da CF/1988.

→ *v.* Arts. 1.228, § 3º, e 1.275, V, do CC.

→ *v.* Arts. 17, *a*, 18 a 23 da Lei 4.504/1964.

→ *v.* Lei 4.132/1962 – Desapropriação por interesse social.

Art. 2º Mediante declaração de utilidade pública, todos os bens poderão ser desapropriados, pela União, pelos Estados, Municípios, Distrito Federal e Territórios.

§ 1º A desapropriação do espaço aéreo ou do subsolo só se tornará necessária, quando de sua utilização resultar prejuízo patrimonial do proprietário do solo.

→ *v.* Art. 176 da CF/1988.

§ 2º Será exigida autorização legislativa para a desapropriação dos bens de domínio dos Estados, dos Municípios e do Distrito Federal pela União e dos bens de domínio dos Municípios pelos Estados.

→ § 2º com redação alterada pela MP 700/2015.

§ 2º-A Será dispensada a autorização legislativa a que se refere o § 2º quando a desapropriação for realizada mediante acordo entre os entes federativos, no qual serão fixadas as respectivas responsabilidades financeiras quanto ao pagamento das indenizações correspondentes.

→ § 2º-A acrescentado pela MP 700/2015.

§ 3º É vedada a desapropriação, pelos Estados, Distrito Federal, Territórios e Municípios, de ações, cotas e direitos representativos do capital de instituições e empresas cujo funcionamento dependa de autorização do Governo Federal e se subordine à sua fiscalização, salvo mediante prévia autorização, por decreto do Presidente da República.

→ § 3º acrescentado pelo Dec.-lei 856/1969.

→ *v.* Súmula 157 do STF.

Art. 3º Poderão promover a desapropriação mediante autorização expressa constante de lei ou contrato:

→ *Caput* com redação alterada pela MP 700/2015.

I – os concessionários, inclusive aqueles contratados nos termos da Lei 11.079, de 30 de dezembro de 2004, permissionários, autorizatários e arrendatários;

→ Inciso I acrescentado pela MP 700/2015.

II – as entidades públicas;

→ Inciso II acrescentado pela MP 700/2015.

III – as entidades que exerçam funções delegadas do Poder Público; e

→ Inciso III acrescentado pela MP 700/2015.

IV – o contratado pelo Poder Público para fins de execução de obras e serviços de engenharia sob os regimes de empreitada por preço global, empreitada integral e contratação integrada.

→ Inciso IV acrescentado pela MP 700/2015.

Parágrafo único. Na hipótese prevista no inciso IV do caput, o edital deverá prever expressamente:

→ Parágrafo único acrescentado pela MP 700/2015.

I – o responsável por cada fase do procedimento expropriatório;

II – o orçamento estimado para sua realização; e

III – a distribuição objetiva de riscos entre as partes, incluído o risco pela variação do custo das desapropriações em relação ao orçamento estimado.

Art. 4º A desapropriação poderá abranger a área contígua necessária ao desenvolvimento da obra a que se destina, e as zonas que se valorizarem extraordinariamente, em consequência da realização do serviço. Em qualquer caso, a declaração de utilidade pública deverá compreendê-las, mencionando-se quais as indispensáveis à continuação da obra e as que se destinam à revenda.

Parágrafo único. Quando a desapropriação executada pelos autorizados a que se refere o art. 3º destinar-se a planos de urbanização, de renovação urbana ou de parcelamento ou reparcelamento do solo, previstos no Plano Diretor, o edital de licitação poderá prever que a receita decorrente da revenda ou da utilização imobiliária integre projeto associado por conta e risco do contratado, garantido ao Poder Público responsável pela contratação, no mínimo, o ressarcimento dos desembolsos com indenizações, quando estas ficarem sob sua responsabilidade.

→ Parágrafo único com redação alterada pela MP 700/2015.

Art. 4º-A. Quando o imóvel a ser desapropriado estiver ocupado coletivamente por assentamentos sujeitos a regularização fundiária de interesse social, nos termos do inciso VII do *caput* do art. 47 da Lei 11.977, de 7 de julho de 2009, o ente expropriante deverá prever, no planejamento da ação de desapropriação, medidas compensatórias.

→ Artigo acrescentado pela MP 700/2015.

§ 1º Para fins do disposto no caput, não serão caracterizados como assentamentos sujeitos a regularização fundiária de interesse social aqueles localizados em Zona Especial de Interesse Social de área vazia destinada à produção habitacional, nos termos do Plano Diretor ou de lei municipal específica.

§ 2º As medidas compensatórias a que se refere o *caput* incluem a realocação de famílias em outra unidade habitacional, a indenização de benfeitorias ou a compensação financeira suficiente para assegurar o restabelecimento da família em outro local, exigindo-se, para este fim, o prévio cadastramento dos ocupantes.

§ 3º Poderá ser equiparada à família ou à pessoa de baixa renda aquela não proprietária que, por sua situação fática específica, apresente condição de vulnerabilidade, conforme definido pelo expropriante.

Art. 5º Consideram-se casos de utilidade pública:

→ *v.* Súmula 476 do STF.

a) a segurança nacional;

b) a defesa do Estado;

c) o socorro público em caso de calamidade;

d) a salubridade pública;

e) a criação e melhoramento de centros de população, seu abastecimento regular de meios de subsistência;

f) o aproveitamento industrial das minas e das jazidas minerais, das águas e da energia hidráulica;

g) a assistência pública, as obras de higiene e decoração, casas de saúde, clínicas, estações de clima e fontes medicinais;

h) a exploração ou a conservação dos serviços públicos;

i) a abertura, conservação e melhoramento de vias ou logradouros públicos; a execução de planos de urbanização; o parcelamento do solo, com ou sem edificação, para sua melhor utilização econômica, higiênica ou estética; a construção ou ampliação de distritos industriais;

→ Alínea *i* com redação alterada pela Lei 9.785/1999.

j) o funcionamento dos meios de transporte coletivo;

k) a preservação e conservação dos monumentos históricos e artísticos, isolados ou integrados em conjuntos urbanos ou rurais, bem como as medidas necessárias a manter-lhes e realçar-lhes os aspectos mais valiosos ou característicos e, ainda, a proteção de paisagens e locais particularmente dotados pela natureza;

l) a preservação e a conservação adequada de arquivos, documentos e outros bens móveis de valor histórico ou artístico;

m) a construção de edifícios públicos, monumentos comemorativos e cemitérios;

n) a criação de estádios, aeródromos ou campos de pouso para aeronaves;

o) a reedição ou divulgação de obra ou invento de natureza científica, artística ou literária;

p) os demais casos previstos por leis especiais.

§ 1º A construção ou ampliação de distritos industriais, de que trata a alínea *i* do *caput* deste artigo, inclui o loteamento das áreas necessárias à instalação de indústrias e atividades correlatas, bem como a revenda ou locação dos respectivos lotes a empresas previamente qualificadas.

→ § 1º acrescentado pela Lei 6.602/1978.

§ 2º A efetivação da desapropriação para fins de criação ou ampliação de distritos industriais depende de aprovação, prévia e expressa, pelo Poder Público competente, do respectivo projeto de implantação.

→ § 2º acrescentado pela Lei 6.602/1978.

§ 3º Ao imóvel desapropriado para implantação de parcelamento popular, destinado às classes de menor renda, não se dará outra utilização nem haverá retrocessão.

→ § 3º acrescentado pela Lei 9.785/1999.

§ 4º Os bens desapropriados para fins de utilidade pública e os direitos decorrentes da respectiva imissão na posse poderão ser alienados a terceiros, locados, cedidos, arrendados, outorgados em regimes de concessão de direito real de uso, de concessão comum ou de parceria público-privada e ainda transferidos como integralização de fundos de investimento ou sociedades de propósito específico.

→ § 4º acrescentado pela MP 700/2015.

§ 5º Aplica-se o disposto no § 4º nos casos de desapropriação para fins de execução de planos de urbanização, de renovação urbana ou de parcelamento ou reparcelamento do solo, desde que seja assegurada a destinação prevista no referido plano de urbanização ou de parcelamento de solo.

→ § 5º acrescentado pela MP 700/2015.

§ 6º Comprovada a inviabilidade ou a perda objetiva de interesse público em manter a destinação do bem prevista no Decreto expropriatório, o expropriante deverá adotar uma das seguintes medidas, nesta ordem de preferência:

→ § 6º acrescentado pela MP 700/2015.

I – destinar a área não utilizada para outra finalidade pública; ou

II – alienar o bem a qualquer interessado, na forma prevista em lei, assegurado o direito de preferência à pessoa física ou jurídica desapropriada.

§ 7º No caso de desapropriação para fins de execução de planos de urbanização, de renovação urbana ou de parcelamento ou reparcelamento do solo, as diretrizes do plano de urbanização ou de parcelamento do solo deverão estar previstas no Plano Diretor, na legislação de uso e ocupação do solo ou em lei municipal específica.

→ § 7º acrescentado pela MP 700/2015.

Art. 6º A declaração de utilidade pública far-se-á por decreto do Presidente da República, governador, interventor ou prefeito.

Art. 7º Declarada a utilidade pública, ficam as autoridades administrativas do expropriante ou seus representantes autorizados a ingressar nas áreas compreendidas na declaração, inclusive para realizar inspeções e levantamentos de campo, podendo recorrer, em caso de resistência, ao auxílio de força policial.

→ *Caput* com redação alterada pela MP 700/2015.

Parágrafo único. Em caso de dano por excesso ou abuso de poder ou originário das inspeções e levantamentos de campo realizados, cabe indenização por perdas e danos, sem prejuízo da ação penal.

→ Parágrafo único acrescentado pela MP 700/2015.

Art. 8º O Poder Legislativo poderá tomar a iniciativa da desapropriação, cumprindo, neste caso, ao Executivo, praticar os atos necessários à sua efetivação.

Art. 9º Ao Poder Judiciário é vedado, no processo de desapropriação, decidir se se verificam ou não os casos de utilidade pública.

Art. 10. A desapropriação deverá efetivar-se mediante acordo ou intentar-se judicialmente dentro de 5 (cinco) anos, contados da data da expedição do respectivo decreto e findos os quais este caducará.

Neste caso, somente decorrido 1 (um) ano, poderá ser o mesmo bem objeto de nova declaração.

Parágrafo único. Extingue-se em 5 (cinco) anos o direito de propor ação que vise a indenização por restrições decorrentes de atos do Poder Público.

→ Parágrafo único acrescentado pela MP 2.183-56/2001.

DO PROCESSO JUDICIAL

Art. 11. A ação, quando a União for autora, será proposta no Distrito Federal ou no foro da Capital do Estado onde for domiciliado o réu, perante o juízo privativo, se houver; sendo outro o autor, no foro da situação dos bens.

→ *v.* Súmulas 150 e 324 do STJ.

→ *v.* Art. 109, I, da CF/1988.

Art. 12. Somente os juízes que tiverem garantia da vitaliciedade, inamovibilidade e irredutibilidade de vencimentos poderão conhecer dos processos de desapropriação.

Art. 13. A petição inicial, além dos requisitos previstos no Código de Processo Civil, conterá a oferta do preço e será instruída com um exemplar do contrato, ou do jornal oficial que houver publicado o decreto de desapropriação, ou cópia autenticada dos mesmos, e a planta ou descrição dos bens e suas confrontações.

→ *v.* Arts. 319 a 321, e 334, do NCPC.

Parágrafo único. Sendo o valor da causa igual ou inferior a dois contos de réis, dispensam-se os autos suplementares.

Art. 14. Ao despachar a inicial, o juiz designará um perito de sua livre escolha, sempre que possível, técnico, para proceder à avaliação dos bens.

Parágrafo único. O autor e o réu poderão indicar assistente técnico do perito.

Art. 15. Se o expropriante alegar urgência e depositar quantia arbitrada de conformidade com o art. 685 do Código de Processo Civil, o juiz mandará imiti-lo provisoriamente na posse dos bens.

→ A referência é ao CPC/1939.

→ *v.* Súmulas 164 e 476 do STF.

→ *v.* Súmulas 69 e 70 do STJ.

→ *v.* Arts. 131 e 803 do CPC/1973.

→ *v.* Arts. 371, 307 e 874, do NCPC.

§ 1º A imissão provisória poderá ser feita, independentemente da citação do réu, mediante o depósito:

→ § 1º acrescentado pela Lei 2.786/1956.

→ *v.* Súmula 652 do STF.

a) do preço oferecido, se este for superior a 20 (vinte) vezes o valor locativo, caso o imóvel esteja sujeito ao imposto predial;

b) da quantia correspondente a 20 (vinte) vezes o valor locativo, estando o imóvel sujeito ao imposto predial e sendo menor o preço oferecido;

c) do valor cadastral do imóvel, para fins de lançamento do imposto territorial, urbano ou rural, caso o referido valor tenha sido atualizado no ano fiscal imediatamente anterior;

d) não tendo havido a atualização a que se refere o inciso *c*, o juiz fixará, independentemente de avaliação, a importância do depósito, tendo em vista a época em que houver sido fixado originariamente o valor cadastral e a valorização ou desvalorização posterior do imóvel.

§ 2º A alegação de urgência, que não poderá ser renovada, obrigará o expropriante a requerer a imissão provisória dentro do prazo improrrogável de 120 (cento e vinte) dias.

→ § 2º acrescentado pela Lei 2.786/1956.

§ 3º Excedido o prazo fixado no parágrafo anterior não será concedida a imissão provisória.

→ § 3º acrescentado pela Lei 2.786/1956.

§ 4º A imissão provisória na posse será registrada no registro de imóveis competente.

→ § 4º acrescentado pela Lei 11.977/2009.

Art. 15-A. No caso de imissão prévia na posse, na desapropriação por necessidade ou utilidade pública e interesse social prevista na Lei 4.132, de 10 de setembro de 1962, na hipótese de haver divergência entre o preço ofertado em juízo e o valor do bem fixado na sentença, expressos em termos reais, poderão incidir juros compensatórios de até doze por cento ao ano sobre o valor da diferença eventualmente apurada, contado da data de imissão na posse, vedada a aplicação de juros compostos.

→ Artigo com redação alterada pela MP 700/2015.

§ 1º Os juros compensatórios destinam-se apenas a compensar danos correspondentes a lucros cessantes comprovadamente sofridos pelo proprietário, não incidindo nas indenizações relativas às desapropriações que tiverem como pressuposto o descumprimento da função social da propriedade, previstas nos art. 182, § 4º, inciso III, e art. 184 da Constituição.

§ 2º O disposto no caput aplica-se também às ações ordinárias de indenização por apossamento administrativo ou por desapropriação indireta e às ações que visem à indenização por restrições decorrentes de atos do Poder Público.

§ 3º Nas ações referidas no § 2º, o Poder Público não será onerado por juros compensatórios relativos a período anterior à aquisição da propriedade ou da posse titulada pelo autor da ação.

Art. 15-B. Nas ações a que se refere o art. 15-A, os juros moratórios destinam-se a recompor a perda decorrente do atraso no efetivo pagamento da indenização fixada na decisão final de mérito, e somente serão devidos à razão de até 6% (seis por cento) ao ano, a partir de 1º de janeiro do exercício seguinte àquele em que o pagamento deveria ser feito, nos termos do art. 100 da Constituição.

→ Artigo acrescentado pela MP 2.183-56/2001.

Art. 16. A citação far-se-á por mandado na pessoa do proprietário dos bens; a do marido dispensa a da mulher; a de um sócio, ou administrador, a dos demais, quando o bem pertencer a sociedade; a do administrador da coisa, no caso de condomínio, exceto o de edifício de apartamento constituindo cada um propriedade autônoma, a dos demais condôminos e a do inventariante, e, se não houver, a do cônjuge, herdeiro, ou legatário, detentor da herança, a dos demais interessados, quando o bem pertencer a espólio.

Parágrafo único. Quando não encontrar o citando, mas ciente de que se encontra no território da jurisdição do juiz, o oficial portador do mandado marcará desde logo hora certa para a citação, ao fim de 48 (quarenta e oito) horas, independentemente de nova diligência ou despacho.

Art. 17. Quando a ação não for proposta no foro do domicílio ou da residência do réu, a citação far-se-á por precatória, se o mesmo estiver em lugar certo, fora do território da jurisdição do juiz.

→ *V.* Arts. 202 a 212 do CPC/1973.

→ *V.* Arts. 260 a 268, e 960, do NCPC.

Art. 18. A citação far-se-á por edital se o citando não for conhecido, ou estiver em lugar ignorado, incerto ou inacessível, ou, ainda, no estrangeiro, o que dois oficiais do juízo certificarão.

→ *V.* Arts. 231 a 233 do CPC/1973.

→ *V.* Arts. 256 a 258, do NCPC.

Art. 19. Feita a citação, a causa seguirá com o rito ordinário.

→ *V.* Arts. 274 e 297 a 474 do CPC/1973.

→ *V.* Arts. 146, 294, 297, 302 a 337, 341 a 248, 356, parágrafo único, 358 a 362, 367, § 6º, 368, 369, 371, 373, 375 a 380, 385 a 410, 412 a 435, 437, § 1º, 438, 442 a 448, 449, parágrafo único, 450 a 470, 472, 473, § 3º, 474 a 483, 489, 490, 492 a 495, 497, 499, 500 a 508, e 536 a 538, do NCPC.

Art. 20. A contestação só poderá versar sobre vício do processo judicial ou impugnação do preço; qualquer outra questão deverá ser decidida por ação direta.

Art. 21. A instância não se interrompe. No caso de falecimento do réu, ou perda de sua capacidade civil, o juiz, logo que disso tenha conhecimento, nomeará curador à lide, até que se habilite o interessado.

Parágrafo único. Os atos praticados da data do falecimento ou perda da capacidade à investidura do curador à lide poderão ser ratificados ou impugnados por ele, ou pelo representante do espólio ou do incapaz.

Art. 22. Havendo concordância sobre o preço, o juiz o homologará por sentença no despacho saneador.

→ *V.* Arts. 162, § 1º, e 269, III, do CPC/1973.

→ *V.* Arts. 203, § 1º, e 487, II, *b*, do NCPC.

Art. 23. Findo o prazo para a contestação e não havendo concordância expressa quanto ao preço, o perito apresentará o laudo em cartório até 5 (cinco) dias, pelo menos, antes da audiência de instrução e julgamento.

§ 1º O perito poderá requisitar das autoridades públicas os esclarecimentos ou documentos que se tornarem necessários à elaboração do laudo, e deverá indicar nele, entre outras circunstâncias atendíveis para a fixação da indenização, as enumeradas no art. 27.

Ser-lhe-ão abonadas, como custas, as despesas com certidões e, a arbítrio do juiz, as de outros documentos que juntar ao laudo.

§ 2º Antes de proferido o despacho saneador, poderá o perito solicitar prazo especial para apresentação do laudo.

Art. 24. Na audiência de instrução e julgamento proceder-se-á na conformidade do Código de Processo Civil. Encerrado o debate, o juiz proferirá sentença fixando o preço da indenização.

→ *V.* Arts. 444 a 457 do CPC/1973.

→ *V.* Arts. 356, parágrafo único, 358 a 361, 364 a 368, do NCPC.

Parágrafo único. Se não se julgar habilitado a decidir, o juiz designará desde logo outra audiência que se realizará dentro de 10 (dez) dias, a fim de publicar a sentença.

Art. 25. O principal e os acessórios serão computados em parcelas autônomas.

Parágrafo único. O juiz poderá arbitrar quantia módica para desmonte e transporte de maquinismos instalados e em funcionamento.

Art. 26. No valor da indenização que será contemporâneo da avaliação não se incluirão direitos de terceiros contra o expropriado.

→ *Caput* com redação alterada pela Lei 2.786/1956.

→ *V.* Súmulas 69 e 70 do STJ.

§ 1º Serão atendidas as benfeitorias necessárias feitas após a desapropriação; as úteis, quando feitas com autorização do expropriante.

→ Anterior parágrafo único renumerado para § 1º pela Lei 4.686/1965.

→ *V.* Súmula 23 do STF.

§ 2º Decorrido prazo superior a 1 (um) ano a partir da avaliação, o juiz ou o tribunal, antes da decisão final, determinará a correção monetária do valor apurado, conforme índice que será fixado, trimestralmente, pela Secretaria de Planejamento da Presidência da República.

→ § 2º com redação alterada pela Lei 6.306/1975.

→ *V.* Súmulas 164, 254, 475 e 618 do STF.

→ *V.* Súmulas 12, 56, 102, 113 e 114 do STJ.

Art. 27. O juiz indicará na sentença os fatos que motivaram o seu convencimento e deverá atender, especialmente, à estimação dos bens para efeitos fiscais; ao preço de aquisição e interesse que deles aufere o proprietário; à sua situação, estado de conservação e segurança; ao valor venal dos da mesma espécie, nos últimos 5 (cinco) anos, à valorização ou depreciação de área remanescente, pertencente ao réu.

→ *V.* Súmula 617 do STF.

§ 1º A sentença que fixar o valor da indenização quando este for superior ao preço oferecido condenará o desapropriante a pagar honorários do advogado, que serão fixados entre meio e cinco por cento do valor da diferença, observado o disposto no § 4º do art. 20 do Código de Processo Civil, não podendo os honorários ultrapassar R$ 151.000,00 (cento e cinquenta e um mil reais).

→ § 1º com redação alterada pela MP 2.183-56/2001.

→ *V.* Súmula 141 do STJ.

→ *V.* ADIn 2.332-2 (*D.J.U.* 13.9.2001), o STF deferiu a medida liminar para suspender a eficácia da expressão "não podendo os honorários ultrapassar R$ 151.000,00 (cento e cinquenta e um mil reais)".

→ *V.* Arts. 82, 84 e 85, do NCPC.

§ 2º A transmissão da propriedade decorrente de desapropriação amigável ou judicial não ficará sujeita ao Imposto de Lucro Imobiliário.

→ § 2º acrescentado pela Lei 2.786/1956.

§ 3º O disposto no § 1º deste artigo se aplica:

→ § 3º acrescentado pela MP 2.183-56/2001.

I – ao procedimento contraditório especial, de rito sumário, para o processo de desapropriação de imóvel rural, por interesse social, para fins de reforma agrária;

II – às ações de indenização por apossamento administrativo ou desapropriação indireta.

§ 4º O valor a que se refere o § 1º será atualizado, a partir de maio de 2000, no dia 1º de janeiro de cada ano, com base na variação acumulada do Índice de Preços ao Consumidor Amplo – IPCA do respectivo período.

→ § 4º acrescentado pela MP 2.183-56/2001.

Art. 28. Da sentença que fixar o preço da indenização caberá apelação com efeito simplesmente devolutivo, quando interposta pelo expropriado, e com ambos os efeitos, quando o for pelo expropriante.

§ 1º A sentença que condenar a Fazenda Pública em quantia superior ao dobro da oferecida fica sujeita ao duplo grau de jurisdição.

→ § 1º com redação alterada pela Lei 6.071/1974.

§ 2º Nas causas de valor igual ou inferior a dois contos de réis observar-se-á o disposto no art. 839 do Código de Processo Civil.

→ A referência é ao CPC/1939.

Art. 29. Efetuando o pagamento ou a consignação, expedir-se-á, em favor do expropriante, mandado de imissão de posse valendo a sentença como título hábil para a transcrição no Registro de Imóveis.

Art. 30. As custas serão pagas pelo autor se o réu aceitar o preço oferecido; em caso contrário, pelo vencido, ou em proporção, na forma da lei.

DISPOSIÇÕES FINAIS

Art. 31. Ficam sub-rogados no preço quaisquer ônus ou direitos que recaiam sobre o bem expropriado.

Art. 32. O pagamento do preço será prévio e em dinheiro.

→ *Caput* com redação alterada pela Lei 2.786/1956.

→ *v.* Súmula 416 do STF.

§ 1º As dívidas fiscais serão deduzidas dos valores depositados, quando inscritas e ajuizadas.

→ § 1º acrescentado pela Lei 11.977/2009.

§ 2º Incluem-se na disposição prevista no § 1º as multas decorrentes de inadimplemento e de obrigações fiscais.

→ § 2º acrescentado pela Lei 11.977/2009.

§ 3º A discussão acerca dos valores inscritos ou executados será realizada em ação própria.

→ § 3º acrescentado pela Lei 11.977/2009.

Art. 33. O depósito do preço fixado por sentença, à disposição do juiz da causa, é considerado pagamento prévio da indenização.

§ 1º O depósito far-se-á no Banco do Brasil ou, onde este não tiver agência, em estabelecimento bancário acreditado, a critério do juiz.

→ Anterior parágrafo único renumerado pela Lei 2.786/1956.

§ 2º O desapropriado, ainda que discorde do preço oferecido, do arbitrado ou do fixado pela sentença, poderá levantar até 80% (oitenta por cento) do depósito feito para o fim previsto neste e no art. 15, observado o processo estabelecido no art. 34.

→ § 2º acrescentado pela Lei 2.786/1956.

Art. 34. O levantamento do preço será deferido mediante prova de propriedade, de quitação de dívidas fiscais que recaiam sobre o bem expropriado, e publicação de editais, com o prazo de 10 (dez) dias, para conhecimento de terceiros.

Parágrafo único. Se o juiz verificar que há dúvida fundada sobre o domínio, o preço ficará em depósito, ressalvada aos interessados a ação própria para disputá-lo.

Art. 35. Os bens expropriados, uma vez incorporados à Fazenda Pública, não podem ser objeto de reivindicação, ainda que fundada em nulidade do processo de desapropriação. Qualquer ação, julgada procedente, resolver-se-á em perdas e danos.

→ *v.* Súmula 111 do STF.

Art. 36. É permitida a ocupação temporária, que será indenizada, a final, por ação própria, de terrenos não edificados, vizinhos às obras e necessários à sua realização. O expropriante prestará caução, quando exigida.

Art. 37. Aquele cujo bem for prejudicado extraordinariamente em sua destinação econômica pela desapropriação de áreas contíguas terá direito a reclamar perdas e danos do expropriante.

Art. 38. O réu responderá perante terceiros, e por ação própria, pela omissão ou sonegação de quaisquer informações que possam interessar à marcha do processo ou ao recebimento da indenização.

Art. 39. A ação de desapropriação pode ser proposta durante as férias forenses, e não se interrompe pela superveniência destas.

Art. 40. O expropriante poderá constituir servidões, mediante indenização na forma desta Lei.

Art. 41. As disposições desta Lei aplicam-se aos processos de desapropriação em curso, não se permitindo depois de sua vigência outros termos e atos além dos por ela admitidos, nem o seu processamento por forma diversa da que por ela é regulada.

Art. 42. No que esta Lei for omissa aplica-se o Código de Processo Civil.

→ *v.* Lei 13.105/2015 – Novo CPC.

Art. 43. Esta Lei entrará em vigor 10 (dez) dias depois de publicada, no Distrito Federal, e 30 (trinta) dias nos Estados e Território do Acre; revogadas as disposições em contrário.

Rio de Janeiro, em 21 de junho de 1941; 120º da Independência e 53º da República.

Getúlio Vargas

(Publicação no *D.O.U.* de 18.7.1941)

DECRETO-LEI 3.688, DE 3 DE OUTUBRO DE 1941

Lei das Contravenções Penais.

O Presidente da República, usando das atribuições que lhe confere o artigo 180 da Constituição, decreta:

→ O Art. 2º da Lei 7.209/1984 cancelou, na Parte Especial do Código Penal e nas leis especiais alcançadas pelo art. 12 do Código Penal, quaisquer referências a valores de multas, substituindo-se a expressão multa de por multa. (*D.O.U.* de 13.7.1984).

LEI DAS CONTRAVENÇÕES PENAIS

PARTE GERAL

A aplicação das regras gerais do Código Penal

Art. 1º Aplicam-se as contravenções às regras gerais do Código Penal, sempre que a presente lei não disponha de modo diverso.

Territorialidade

Art. 2º A lei brasileira só é aplicável à contravenção praticada no território nacional.

Voluntariedade. Dolo e culpa

Art. 3º Para a existência da contravenção, basta a ação ou omissão voluntária. Deve-se, todavia, ter em conta o dolo ou a culpa, se a lei faz depender, de um ou de outra, qualquer efeito jurídico.

Tentativa

Art. 4º Não é punível a tentativa de contravenção.

Penas principais

Art. 5º As penas principais são:

I – prisão simples.

II – multa.

Prisão simples

Art. 6º A pena de prisão simples deve ser cumprida, sem rigor penitenciário, em estabelecimento especial ou seção especial de prisão comum, em regime semiaberto ou aberto.

→ *Caput* com redação alterada pela Lei 6.416/1977.

§ 1º O condenado a pena de prisão simples fica sempre separado dos condenados a pena de reclusão ou de detenção.

§ 2º O trabalho é facultativo, se a pena aplicada, não excede a quinze dias.

Reincidência

Art. 7º Verifica-se a reincidência quando o agente pratica uma contravenção depois de passar em julgado a sentença que o tenha condenado, no Brasil ou no estrangeiro, por qualquer crime, ou, no Brasil, por motivo de contravenção.

Erro de direito

Art. 8º No caso de ignorância ou de errada compreensão da lei, quando escusáveis, a pena pode deixar de ser aplicada.

Conversão da multa em prisão simples

Art. 9º A multa converte-se em prisão simples, de acordo com o que dispõe o Código Penal sobre a conversão de multa em detenção.

Parágrafo único. Se a multa é a única pena cominada, a conversão em prisão simples se faz entre os limites de quinze dias e três meses.

Limites das penas

Art. 10. A duração da pena de prisão simples não pode, em caso algum, ser superior a 5 (cinco) anos, nem a importância das multas ultrapassar cinquenta contos.

Suspensão condicional da pena de prisão simples

Art. 11. Desde que reunidas as condições legais, o juiz pode suspender por tempo não inferior a 1 (um) ano nem superior a 3 (três), a execução da pena de prisão simples, bem como conceder livramento condicional.

→ Artigo com redação alterada pela Lei 6.416/1977.

Penas acessórias

Art. 12. As penas acessórias são a publicação da sentença e as seguintes interdições de direitos:

I – a incapacidade temporária para profissão ou atividade, cujo exercício dependa de habilitação especial, licença ou autorização do poder público;

II – a suspensão dos direitos políticos.

Parágrafo único. Incorrem:

a) na interdição sob n. I, por 1 (um) mês a 2 (dois) anos, o condenado por motivo de contravenção cometida com abuso de profissão ou atividade ou com infração de dever a ela inerente;

b) na interdição sob n. II, o condenado a pena privativa de liberdade, enquanto dure a execução da pena ou a aplicação da medida de segurança detentiva.

Medidas de segurança

Art. 13. Aplicam-se, por motivo de contravenção, as medidas de segurança estabelecidas no Código Penal, à exceção do exílio local.

Presunção de periculosidade

Art. 14. Presumem-se perigosos, além dos indivíduos a que se referem os ns. I e II do art. 78 do Código Penal:

I – o condenado por motivo de contravenção cometido, em estado de embriaguez pelo álcool ou substância de efeitos análogos, quando habitual a embriaguez;

II – o condenado por vadiagem ou mendicância;

III – (*Revogado pela Lei 6.416/1977*);

IV – (*Revogado pela Lei 6.416/1977*).

Internação em colônia agrícola ou em instituto de trabalho, de reeducação ou de ensino profissional

Art. 15. São internados em colônia agrícola ou em instituto de trabalho, de reeducação ou de ensino profissional, pelo prazo mínimo de 1 (um) ano:

I – o condenado por vadiagem (art. 59);

II – o condenado por mendicância (art. 60 e seu parágrafo);

III – (*Revogado pela Lei 6.416/1977*).

Internação em manicômio judiciário ou em casa de custódia e tratamento

Art. 16. O prazo mínimo de duração da internação em manicômio judiciário ou em casa de custódia e tratamento é de 6 (seis) meses.

Parágrafo único. O juiz, entretanto, pode, ao invés de decretar a internação, submeter o indivíduo a liberdade vigiada.

Ação penal

Art. 17. A ação penal é pública, devendo a autoridade proceder de ofício.

PARTE ESPECIAL

Capítulo I

DAS CONTRAVENÇÕES REFERENTES À PESSOA

Fabrico, comércio, ou detenção de armas ou munição

Art. 18. Fabricar, importar, exportar, ter em depósito ou vender, sem permissão da autoridade, arma ou munição:

Pena – prisão simples, de 3 (três) meses a 1 (um) ano, ou multa, de um a cinco contos de réis, ou ambas cumulativamente, se o fato não constitui crime contra a ordem política ou social.

Porte de arma

Art. 19. Trazer consigo arma fora de casa ou de dependência desta, sem licença da autoridade:

Pena – prisão simples, de quinze dias a seis meses, ou multa, de duzentos mil réis a três contos de réis, ou ambas cumulativamente.

§ 1º A pena é aumentada de 1/3 (um terço) até 1/2 (metade), se o agente já foi condenado, em sentença irrecorrível, por violência contra pessoa.

§ 2º Incorre na pena de prisão simples, de 15 (quinze) dias a 3 (três) meses, ou multa, de duzentos mil réis a um conto de réis, quem, possuindo arma ou munição:

a) deixa de fazer comunicação ou entrega à autoridade, quando a lei o determina;

b) permite que alienado menor de 18 anos ou pessoa inexperiente no manejo de arma a tenha consigo;

c) omite as cautelas necessárias para impedir que dela se apodere facilmente alienado, menor de 18 (dezoito) anos ou pessoa inexperiente em manejá-la.

Anúncio de meio abortivo

Art. 20. Anunciar processo, substância ou objeto destinado a provocar aborto:

➔ Artigo com redação alterada pela Lei 6.734/1979.

Pena – multa de hum mil cruzeiros a dez mil cruzeiros.

Vias de fato

Art. 21. Praticar vias de fato contra alguém:

Pena – prisão simples, de 15 (quinze) dias a 3 (três) meses, ou multa, de cem mil réis a um conto de réis, se o fato não constitui crime.

Parágrafo único. Aumenta-se a pena de 1/3 (um terço) até a 1/2 metade se a vítima é maior de 60 (sessenta) anos.

➔ Parágrafo único acrescentado pela Lei 10.741/2003.

Internação irregular em estabelecimento psiquiátrico

Art. 22. Receber em estabelecimento psiquiátrico, e nele internar, sem as formalidades legais, pessoa apresentada como doente mental:

Pena – multa, de trezentos mil réis a três contos de réis.

§ 1º Aplica-se a mesma pena a quem deixa de comunicar a autoridade competente, no prazo legal, internação que tenha admitido, por motivo de urgência, sem as formalidades legais.

§ 2º Incorre na pena de prisão simples, de 15 (quinze) dias a 3 (três) meses, ou multa de quinhentos mil réis a cinco contos de réis, aquele que, sem observar as prescrições legais, deixa retirar-se ou despede de estabelecimento psiquiátrico pessoa nele, internada.

Indevida custódia de doente mental

Art. 23. Receber e ter sob custódia doente mental, fora do caso previsto no artigo anterior, sem autorização de quem de direito:

Pena – prisão simples, de 15 (quinze) dias a 3 (três) meses, ou multa, de quinhentos mil réis a cinco contos de réis.

Capítulo II

DAS CONTRAVENÇÕES REFERENTES AO PATRIMÔNIO

Instrumento de emprego usual na prática de furto

Art. 24. Fabricar, ceder ou vender gazua ou instrumento empregado usualmente na prática de crime de furto:

Pena – prisão simples, de 6 (seis) meses a 2 (dois) anos, e multa, de trezentos mil réis a três contos de réis.

Posse não justificada de instrumento de emprego usual na prática de furto

Art. 25. Ter alguém em seu poder, depois de condenado, por crime de furto ou roubo, ou enquanto sujeito à liberdade vigiada ou quando conhecido como vadio ou mendigo, gazuas, chaves falsas ou alteradas ou instrumentos empregados usualmente na prática de crime de furto, desde que não prove destinação legítima:

Pena – prisão simples, de 2 (dois) meses a 1 (um) ano, e multa de duzentos mil réis a dois contos de réis.

Violação de lugar ou objeto

Art. 26. Abrir alguém, no exercício de profissão de serralheiro ou ofício análogo, a pedido ou por incumbência de pessoa de cuja legitimidade não se tenha certificado previamente, fechadura ou qualquer outro aparelho destinado à defesa de lugar ou objeto:

Pena – prisão simples, de 15 (quinze) dias a 3 (três) meses, ou multa, de duzentos mil réis a um conto de réis.

Exploração da credulidade pública

Art. 27. (*Revogado pela Lei 9.521/1997*).

Capítulo III

DAS CONTRAVENÇÕES REFERENTES À INCOLUMIDADE PÚBLICA

Disparo de arma de fogo

Art. 28. Disparar arma de fogo em lugar habitado ou em suas adjacências, em via pública ou em direção a ela:

Pena – prisão simples, de 1 (um) a 6 (seis) meses, ou multa, de trezentos mil réis a três contos de réis.

Parágrafo único. Incorre na pena de prisão simples, de 15 (quinze) dias a 2 (dois) meses, ou multa, de duzentos mil réis a dois contos de réis, quem, em lugar habitado ou em suas adjacências, em via pública ou em direção a ela, sem licença da autoridade, causa deflagração perigosa, queima fogo de artifício ou solta balão aceso.

Desabamento de construção

Art. 29. Provocar o desabamento de construção ou, por erro no projeto ou na execução, dar-lhe causa:

Pena – multa, de um a dez contos de réis, se o fato não constitui crime contra a incolumidade pública.

Perigo de desabamento

Art. 30. Omitir alguém a providência reclamada pelo Estado ruinoso de construção que lhe pertence ou cuja conservação lhe incumbe:

Pena – multa, de um a cinco contos de réis.

Omissão de cautela na guarda ou condução de animais

Art. 31. Deixar em liberdade, confiar à guarda de pessoa inexperiente, ou não guardar com a devida cautela animal perigoso:

Pena – prisão simples, de 10 (dez) dias a 2 (dois) meses, ou multa, de cem mil réis a um conto de réis.

Parágrafo único. Incorre na mesma pena quem:

a) na via pública, abandona animal de tiro, carga ou corrida, ou o confia à pessoa inexperiente;

b) excita ou irrita animal, expondo a perigo a segurança alheia;

c) conduz animal, na via pública, pondo em perigo a segurança alheia.

Falta de habilitação para dirigir veículo

Art. 32. Dirigir, sem a devida habilitação, veículo na via pública, ou embarcação a motor em águas públicas:

→ *v.* Súmula 720 do STF.

Pena – multa, de duzentos mil réis a dois contos de réis.

Direção não licenciada de aeronave

Art. 33. Dirigir aeronave sem estar devidamente licenciado:

Pena – prisão simples, de 15 (quinze) dias a 3 (três) meses, e multa, de duzentos mil réis a dois contos de réis.

Direção perigosa de veículo na via pública

Art. 34. Dirigir veículos na via pública, ou embarcações em águas públicas, pondo em perigo a segurança alheia:

Pena – prisão simples, de 15 (quinze) das a 3 (três) meses, ou multa, de trezentos mil réis a dois contos de réis.

Abuso na prática da aviação

Art. 35. Entregar-se na prática da aviação, a acrobacias ou a voos baixos, fora da zona em que a lei o permite, ou fazer descer a aeronave fora dos lugares destinados a esse fim:

Pena – prisão simples, de 15 (quinze) dias a 3 (três) meses, ou multa, de quinhentos mil réis a cinco contos de réis.

Sinais de perigo

Art. 36. Deixar de colocar na via pública, sinal ou obstáculo, determinado em lei ou pela autoridade e destinado a evitar perigo a transeuntes:

Pena – prisão simples, de 10 (dez) dias a 2 (dois) meses, ou multa, de duzentos mil réis a dois contos de réis.

Parágrafo único. Incorre na mesma pena quem:

a) apaga sinal luminoso, destrói ou remove sinal de outra natureza ou obstáculo destinado a evitar perigo a transeuntes;

b) remove qualquer outro sinal de serviço público.

Arremesso ou colocação perigosa

Art. 37. Arremessar ou derramar em via pública, ou em lugar de uso comum, ou do uso alheio, coisa que possa ofender, sujar ou molestar alguém:

Pena – multa, de duzentos mil réis a dois contos de réis.

Parágrafo único. Na mesma pena incorre aquele que, sem as devidas cautelas, coloca ou deixa suspensa coisa que, caindo em via pública ou em lugar de uso comum ou de uso alheio, possa ofender, sujar ou molestar alguém.

Emissão de fumaça, vapor ou gás

Art. 38. Provocar, abusivamente, emissão de fumaça, vapor ou gás, que possa ofender ou molestar alguém:

Pena – multa, de duzentos mil réis a dois contos de réis.

Capítulo IV
DAS CONTRAVENÇÕES REFERENTES À PAZ PÚBLICA

Associação secreta

Art. 39. Participar de associação de mais de 5 (cinco) pessoas, que se reúnam periodicamente, sob compromisso de ocultar à autoridade a existência, objetivo, organização ou administração da associação:

Pena – prisão simples, de 1 (um) a 6 (seis) meses, ou multa, de trezentos mil réis a três contos de réis.

§ 1º Na mesma pena incorre o proprietário ou ocupante de prédio que o cede, no todo ou em parte, para reunião de associação que saiba ser de caráter secreto.

§ 2º O juiz pode, tendo em vista as circunstâncias, deixar de aplicar a pena, quando lícito o objeto da associação.

Provocação de tumulto. Conduta inconveniente

Art. 40. Provocar tumulto ou portar-se de modo inconveniente ou desrespeitoso, em solenidade ou ato oficial, em assembleia ou espetáculo público, se o fato não constitui infração penal mais grave;

Pena – prisão simples, de 15 (quinze) dias a 6 (seis) meses, ou multa, de duzentos mil réis a dois contos de réis.

Falso alarma

Art. 41. Provocar alarma, anunciando desastre ou perigo inexistente, ou praticar qualquer ato capaz de produzir pânico ou tumulto:

Pena – prisão simples, de 15 (quinze) dias a 6 (seis) meses, ou multa, de duzentos mil réis a dois contos de réis.

Perturbação do trabalho ou do sossego alheios

Art. 42. Perturbar alguém o trabalho ou o sossego alheios:

I – com gritaria ou algazarra;

II – exercendo profissão incômoda ou ruidosa, em desacordo com as prescrições legais;

III – abusando de instrumentos sonoros ou sinais acústicos;

IV – provocando ou não procurando impedir barulho produzido por animal de que tem a guarda:

Pena – prisão simples, de 15 (quinze) dias a 3 (três) meses, ou multa, de duzentos mil réis a dois contos de réis.

Capítulo V
DAS CONTRAVENÇÕES REFERENTES À FÉ PÚBLICA

Recusa de moeda de curso legal

Art. 43. Recusar-se a receber, pelo seu valor, moeda de curso legal no país:

Pena – multa, de duzentos mil réis a dois contos de réis.

Imitação de moeda para propaganda

Art. 44. Usar, como propaganda, de impresso ou objeto que pessoa inexperiente ou rústica possa confundir com moeda:

Pena – multa, de duzentos mil réis a dois contos de réis.

Simulação da qualidade de funcionário

Art. 45. Fingir-se funcionário público:

Pena – prisão simples, de 1 (um) a 3 (três) meses, ou multa, de quinhentos mil réis a três contos de réis.

Uso ilegítimo de uniforme ou distintivo

Art. 46. Usar, publicamente, de uniforme, ou distintivo de função pública que não exerce; usar, indevidamente, de sinal, distintivo ou denominação cujo emprego seja regulado por lei.

→ Artigo com redação alterada pelo Dec.-lei 6.916/1944.

Pena – multa, de duzentos a dois mil cruzeiros, se o fato não constitui infração penal mais grave.

Capítulo VI
DAS CONTRAVENÇÕES RELATIVAS À ORGANIZAÇÃO DO TRABALHO

Exercício ilegal de profissão ou atividade

Art. 47. Exercer profissão ou atividade econômica ou anunciar que a exerce, sem preencher as condições a que por lei está subordinado o seu exercício:

Pena – prisão simples, de 15 (quinze) dias a 3 (três) meses, ou multa, de quinhentos mil réis a cinco contos de réis.

Exercício ilegal do comércio de coisas antigas e obras de arte

Art. 48. Exercer, sem observância das prescrições legais, comércio de antiguidades, de obras de arte, ou de manuscritos e livros antigos ou raros:

Pena – prisão simples de 1 (um) a 6 (seis) meses, ou multa, de um a dez contos de réis.

Matrícula ou escrituração de indústria e profissão

Art. 49. Infringir determinação legal relativa à matrícula ou à escrituração de indústria, de comércio, ou de outra atividade:

Pena – multa, de duzentos mil réis a cinco contos de réis.

Capítulo VII
DAS CONTRAVENÇÕES RELATIVAS À POLÍCIA DE COSTUMES

Jogo de azar

Art. 50. Estabelecer ou explorar jogo de azar em lugar público ou acessível ao público, mediante o pagamento de entrada ou sem ele:

Pena – prisão simples, de 3 (três) meses a 1 (um) ano, e multa, de dois a quinze contos de réis, estendendo-se os efeitos da condenação à perda dos móveis e objetos de decoração do local.

§ 1º A pena é aumentada de um terço, se existe entre os empregados ou participa do jogo pessoa menor de dezoito anos.

§ 2º Incorre na pena de multa, de R$ 2.000,00 (dois mil reais) a R$ 200.000,00 (duzentos mil reais), quem é encontrado a participar do jogo, ainda que pela internet ou por qualquer outro meio de comunicação, como ponteiro ou apostador.

→ § 2º com redação alterada pela Lei 13.155/2015.

§ 3º Consideram-se, jogos de azar:

a) o jogo em que o ganho e a perda dependem exclusiva ou principalmente da sorte;

b) as apostas sobre corrida de cavalos fora de hipódromo ou de local onde sejam autorizadas;

c) as apostas sobre qualquer outra competição esportiva.

§ 4º Equiparam-se, para os efeitos penais, a lugar acessível ao público:

a) a casa particular em que se realizam jogos de azar, quando deles habitualmente participam pessoas que não sejam da família de quem a ocupa;

b) o hotel ou casa de habitação coletiva, a cujos hóspedes e moradores se proporciona jogo de azar;

c) a sede ou dependência de sociedade ou associação, em que se realiza jogo de azar;

d) o estabelecimento destinado à exploração de jogo de azar, ainda que se dissimule esse destino.

Loteria não autorizada

Art. 51. Promover ou fazer extrair loteria, sem autorização legal:

Pena – prisão simples, de 6 (seis) meses a 2 (dois) anos, e multa, de cinco a dez contos de réis, estendendo-se os efeitos da condenação à perda dos móveis existentes no local.

§ 1º Incorre na mesma pena quem guarda, vende ou expõe à venda, tem sob sua guarda para o fim de venda, introduz ou tenta introduzir na circulação bilhete de loteria não autorizada.

§ 2º Considera-se loteria toda operação que, mediante a distribuição de bilhete, listas, cupões, vales, sinais, símbolos ou meios análogos, faz depender de sorteio a obtenção de prêmio em dinheiro ou bens de outra natureza.

§ 3º Não se compreendem na definição do parágrafo anterior os sorteios autorizados na legislação especial.

Loteria estrangeira

Art. 52. Introduzir, no país, para o fim de comércio, bilhete de loteria, rifa ou tômbola estrangeiras:

Pena – prisão simples, de 4 (quatro) meses a 1 (um) ano, e multa, de um a cinco contos de réis.

Parágrafo único. Incorre na mesma pena quem vende, expõe à venda, tem sob sua guarda, para o fim de venda, introduz ou tenta introduzir na circulação, bilhete de loteria estrangeira.

Loteria estadual

Art. 53. Introduzir, para o fim de comércio, bilhete de loteria estadual em território onde não possa legalmente circular:

Pena – prisão simples, de 2 (dois) a 6 (seis) meses, e multa, de um a três contos de réis.

Parágrafo único. Incorre na mesma pena quem vende, expõe à venda, tem sob sua guarda, para o fim de venda, introduz ou torta introduzir na circulação, bilhete de loteria estadual, em território onde não possa legalmente circular.

Exibição ou guarda de lista de sorteio

Art. 54. Exibir ou ter sob sua guarda lista de sorteio de loteria estrangeira:

Pena – prisão simples, de 1 (um) a 3 (três) meses, e multa, de duzentos mil réis a um conto de réis.

Parágrafo único. Incorre na mesma pena quem exibe ou tem sob sua guarda lista de sorteio de loteria estadual, em território onde esta não possa legalmente circular.

Impressão de bilhetes, listas ou anúncios

Art. 55. Imprimir ou executar qualquer serviço de feitura de bilhetes, lista de sorteio, avisos ou cartazes relativos a loteria, em lugar onde ela não possa legalmente circular:

Pena – prisão simples, de 1 (um) a 6 (seis) meses, e multa, de duzentos mil réis a dois contos de réis.

Distribuição ou transporte de listas ou avisos

Art. 56. Distribuir ou transportar cartazes, listas de sorteio ou avisos de loteria, onde ela não possa legalmente circular:

Pena – prisão simples, de 1 (um) a 3 (três) meses, e multa, de cem a quinhentos mil réis.

Publicidade de sorteio

Art. 57. Divulgar, por meio de jornal ou outro impresso, de rádio, cinema, ou qualquer outra forma, ainda que disfarçadamente, anúncio, aviso ou resultado de extração de loteria, onde a circulação dos seus bilhetes não seria legal:

Pena – multa, de 1 (um) a 10 (dez) contos de réis.

Jogo do bicho

Art. 58. Explorar ou realizar a loteria denominada jogo do bicho, ou praticar qualquer ato relativo à sua realização ou exploração:

Pena – prisão simples, de 4 (quatro) meses a 1 (um) ano, e multa, de dois a vinte contos de réis.

Parágrafo único. Incorre na pena de multa, de duzentos mil réis a dois contos de réis, aquele que participa da loteria, visando a obtenção de prêmio, para si ou para terceiro.

Vadiagem

Art. 59. Entregar-se alguém habitualmente à ociosidade, sendo válido para o trabalho, sem ter renda que lhe assegure meios bastantes de subsistência, ou prover à própria subsistência mediante ocupação ilícita:

Pena – prisão simples, de 15 (quinze) dias a 3 (três) meses.

Parágrafo único. A aquisição superveniente de renda, que assegure ao condenado meios bastantes de subsistência, extingue a pena.

Mendicância

Art. 60. (*Revogado pela Lei 11.983/2009*).

Importunação ofensiva ao pudor

Art. 61. Importunar alguém, em lugar público ou acessível ao público, de modo ofensivo ao pudor:

Pena – multa, de duzentos mil réis a dois contos de réis.

Embriaguez

Art. 62. Apresentar-se publicamente em estado de embriaguez, de modo que cause escândalo ou ponha em perigo a segurança própria ou alheia:

Pena – prisão simples, de 15 (quinze) dias a 3 (três) meses, ou multa, de duzentos mil réis a dois contos de réis.

Parágrafo único. Se habitual a embriaguez, o contraventor é internado em casa de custódia e tratamento.

Bebidas alcoólicas

Art. 63. Servir bebidas alcoólicas:

I – (*Revogado pela Lei 13.106/2015*);

II – a quem se acha em estado de embriaguez;

III – a pessoa que o agente sabe sofrer das faculdades mentais;

IV – a pessoa que o agente sabe estar judicialmente proibida de frequentar lugares onde se consome bebida de tal natureza:

Pena – prisão simples, de 2 (dois) meses a 1 (um) ano, ou multa, de quinhentos mil réis a cinco contos de réis.

Crueldade contra animais

Art. 64. Tratar animal com crueldade ou submetê-lo a trabalho excessivo:

Pena – prisão simples, de 10 (dez) dias a 1 (um) mês, ou multa, de cem a quinhentos mil réis.

§ 1º Na mesma pena incorre aquele que, embora para fins didáticos ou científicos, realiza em lugar público ou exposto ao publico, experiência dolorosa ou cruel em animal vivo.

§ 2º Aplica-se a pena com aumento de metade, se o animal é submetido a trabalho excessivo ou tratado com crueldade, em exibição ou espetáculo público.

Perturbação da tranquilidade

Art. 65. Molestar alguém ou perturbar-lhe a tranquilidade, por acinte ou por motivo reprovável:

Pena – prisão simples, de 15 (quinze) dias a 2 (dois) meses, ou multa, de duzentos mil réis a dois contos de réis.

Capítulo VIII
DAS CONTRAVENÇÕES REFERENTES À ADMINISTRAÇÃO PÚBLICA

Omissão de comunicação de crime

Art. 66. Deixar de comunicar à autoridade competente:

I – crime de ação pública, de que teve conhecimento no exercício de função pública, desde que a ação penal não dependa de representação;

II – crime de ação pública, de que teve conhecimento no exercício da medicina ou de outra profissão sanitária, desde que a ação penal não dependa de representação e a comunicação não exponha o cliente a procedimento criminal:

Pena – multa, de trezentos mil réis a três contos de réis.

Inumação ou exumação de cadáver

Art. 67. Inumar ou exumar cadáver, com infração das disposições legais:

Pena – prisão simples, de 1 (um) mês a 1 (um) ano, ou multa, de duzentos mil réis a dois contos de réis.

Recusa de dados sobre própria identidade ou qualificação

Art. 68. Recusar à autoridade, quando por esta, justificadamente solicitados ou exigidos, dados ou indicações concernentes à própria identidade, estado, profissão, domicílio e residência:

Pena – multa, de duzentos mil réis a dois contos de réis.

Parágrafo único. Incorre na pena de prisão simples, de 1 (um) a 6 (seis) meses, e multa, de duzentos mil réis a dois contos de réis, se o fato não constitui infração penal mais grave, quem, nas mesmas circunstâncias, faz declarações inverídicas a respeito de sua identidade pessoal, estado, profissão, domicílio e residência.

Proibição de atividade remunerada a estrangeiro

Art. 69. *(Revogado pela Lei 6.815/1980).*

Violação do privilégio postal da União

Art. 70. Praticar qualquer ato que importe violação do monopólio postal da União:

Pena – prisão simples, de 3 (três) meses a 1 (um) ano, ou multa, de três a dez contos de réis, ou ambas cumulativamente.

Disposições finais

Art. 71. Ressalvada a legislação especial sobre florestas, caça e pesca, revogam-se as disposições em contrário.

Art. 72. Esta lei entrará em vigor no dia 1º de janeiro de 1942.

Rio de Janeiro, 3 de outubro de 1941; 120º da Independência e 58º da República.

Getúlio Vargas

Francisco Campos

(Publicação no *D.O.U.* de 3.10.1941)

DECRETO-LEI 4.597,
DE 19 DE AGOSTO DE 1942

Dispõe sobre a prescrição das ações contra a Fazenda Pública e dá outras providências.

O Presidente da República, usando da atribuição que lhe confere o art. 180 da Constituição, decreta:

→ A ementa do Dec.-lei 4.597/1942 faz menção à Constituição Federal de 1937.

Art. 1º Salvo o caso do foro do contrato, compete, à justiça de cada Estado e à do Distrito Federal, processar e julgar as causas em que for interessado, como autor, réu assistente ou opoente, respectivamente, o mesmo Estado ou seus Municípios, e o Distrito Federal.

Parágrafo único. O disposto neste artigo não se aplica às causas já ajuizadas.

Art. 2º O Dec. 20.910, de 6 de janeiro de 1932, que regula a prescrição quinquenal, abrange as dívidas passivas das autarquias, ou entidades e órgãos paraestatais, criados por lei e mantidos mediante impostos, taxas ou quaisquer contribuições exigidas em virtude de lei federal, estadual ou municipal, bem como a todo e qualquer direito e ação contra os mesmos.

→ *v.* Arts. 156, V, e 174 do CTN.

Art. 3º A prescrição das dívidas, direitos e ações a que se refere o Dec. 20.910, de 6 de janeiro de 1932, somente pode ser interrompida uma vez, e recomeça a correr, pela metade do prazo, da data do ato que a interrompeu, ou do último do processo para a interromper; consumar-se-á a prescrição no curso da lide sempre que a partir do último ato ou termo da mesma, inclusive da sentença nela proferida, embora passada em julgado, decorrer o prazo de dois anos e meio.

Art. 4º As disposições do artigo anterior aplicam-se desde logo a todas as dívidas, direitos e ações a que se referem, ainda não extintos por qualquer causa, ajuizados ou não, devendo a prescrição ser alegada e decretada em qualquer tempo e instância, inclusive nas execuções de sentença.

Art. 5º Este Decreto-lei entrará em vigor na data de sua publicação, revogadas as disposições em contrário.

Rio de Janeiro, 19 de agosto de 1942; 121º da Independência e 54º da República.

Getúlio Vargas

(Publicação no *D.O.U.* 20.8.1942)

LEI 605,
DE 5 DE JANEIRO DE 1949

Repouso semanal remunerado e o pagamento de salário nos dias feriados civis e religiosos.

O Presidente da República:

Faço saber que o Congresso Nacional decreta e eu sanciono a seguinte lei:

Art. 1º Todo empregado tem direito ao repouso semanal remunerado de vinte e quatro horas consecutivas, preferentemente aos domingos e, nos limites das exigências técnicas das empresas, nos feriados civis e religiosos, de acordo com a tradição local.

Art. 2º Entre os empregados a que se refere esta lei, incluem-se os trabalhos rurais, salvo os que operem em qualquer regime de parceria, meação, ou forma semelhante de participação na produção.

Art. 3º O regime desta lei será extensivo àqueles que, sob forma autônoma, trabalhem agrupados, por intermédio de Sindicato, Caixa Portuária, ou entidade congênere. A remuneração do repouso obrigatório, nesse caso, consistirá no acréscimo de um 1/6 (um sexto) calculado sobre os salários efetivamente percebidos pelo trabalhador e paga juntamente com os mesmos.

Art. 4º É devido o repouso semanal remunerado, nos termos desta lei, aos trabalhadores das autarquias e de empresas industriais, ou sob administração da União, dos Estados e dos Municípios ou incorporadas nos seus patrimônios, que não estejam subordinados ao regime do funcionalismo público.

Art. 5º Esta lei não se aplica às seguintes pessoas:

a) *(Revogada pela Lei 11.324/2006).*

b) aos funcionários públicos da União, dos Estados e dos Municípios e aos respectivos extranumerários em serviço nas próprias repartições;

c) aos servidores de autarquias paraestatais, desde que sujeitos a regime próprio de proteção ao trabalho que lhes assegure situação análoga à dos funcionários públicos.

Parágrafo único. São exigências técnicas, para os efeitos desta lei, as que, pelas condições peculiares às atividades da empresa, ou em razão do interesse público, tornem indispensável a continuidade do serviço.

Art. 6º Não será devida a remuneração quando, sem motivo justificado, o empregado não tiver trabalhado durante toda a semana anterior, cumprindo integralmente o seu horário de trabalho.

§ 1º São motivos justificados:

a) os previstos no artigo 473 e seu parágrafo único da Consolidação das Leis do Trabalho;

b) a ausência do empregado devidamente justificada, a critério da administração do estabelecimento;

c) a paralisação do serviço nos dias em que, por conveniência do empregador, não tenha havido trabalho;

d) a ausência do empregado, até três dias consecutivos, em virtude do seu casamento;

e) a falta ao serviço com fundamento na lei sobre acidente do trabalho;

f) a doença do empregado, devidamente comprovada.

§ 2º A doença será comprovada mediante atestado de médico da instituição da previdência social a que estiver filiado o empregado, e, na falta deste e sucessivamente, de médico do Serviço Social do Comércio ou da Indústria; de médico da empresa ou por ela designado; de médico a serviço de representação federal, estadual ou municipal incumbido de assuntos de higiene ou de saúde pública; ou não existindo estes, na localidade em que trabalhar, de médico de sua escolha.

→ § 2º com redação alterada pela Lei 2.761/1956.

§ 3º Nas empresas em que vigorar regime de trabalho reduzido, a frequência exigida corresponderá ao número de dias em que o empregado tiver de trabalhar.

Art. 7º A remuneração do repouso semanal corresponderá:

a) para os que trabalham por dia, semana, quinzena ou mês, à de um dia de serviço, computadas as horas extraordinárias habitualmente prestadas;

→ Alínea *a* com redação alterada pela Lei 7.415/1985.

b) para os que trabalham por hora, à sua jornada norma de trabalho, computadas as horas extraordinárias habitualmente prestadas;

→ Alínea *b* com redação alterada pela Lei 7.415/1985.

c) para os que trabalham por tarefa ou peça, o equivalente ao salário correspondente às tarefas ou peças feitas durante a semana, no horário normal de trabalho, dividido pelos dias de serviço efetivamente prestados ao empregador;

d) para o empregado em domicílio, o equivalente ao quociente da divisão por 6 (seis) da importância total da sua produção na semana.

§ 1º Os empregados cujos salários não sofram descontos por motivo de feriados civis ou religiosos são considerados já remunerados nesses mesmos dias de repouso, conquanto tenham direito à remuneração dominical.

§ 2º Consideram-se já remunerados os dias de repouso semanal do empregado mensalista ou quinzenalista cujo cálculo de salário mensal ou quinzenal, ou cujos descontos por falta sejam efetuados na base do número de dias do mês ou de 30 (trinta) e 15 (quinze) diárias, respectivamente.

Art. 8º Excetuados os casos em que a execução do serviço for imposta pelas exigências técnicas das empresas, é vedado o trabalho em dias feriados, civis e religiosos, garantida, entretanto, aos empregados a remuneração respectiva, observados os dispositivos dos artigos 6º e 7º desta lei.

Art. 9º Nas atividades em que não for possível, em virtude das exigências técnicas das empresas, a suspensão do trabalho, nos dias feriados civis e religiosos, a remuneração será paga em dobro, salvo se o empregador determinar outro dia de folga.

Art. 10. Na verificação das exigências técnicas a que se referem os artigos anteriores, ter-se-ão em vista as de ordem econômica, permanentes ou ocasionais, bem como as peculiaridades locais.

Parágrafo único. O Poder Executivo, em decreto especial ou no regulamento que expedir par fiel execução desta lei, definirá as mesmas exigências e especificará, tanto quanto possível, as empresas a elas sujeitas, ficando desde já incluídas entre elas as de serviços públicos e de transportes.

Art. 11. *(Revogado pela Lei 9.093/1995).*

Art. 12. As infrações ao disposto nesta Lei serão punidas, com multa de R$ 40,25 (quarenta reais e vinte e cinco centavos) a R$ 4.025,33 (quatro mil e vinte e cinco reais e trinta e três centavos), segundo a natureza da infração, sua extensão e a intenção de quem a praticou, aplicada em dobro no caso de reincidência e oposição à fiscalização ou desacato à autoridade.

→ Artigo com redação alterada pela Lei 12.544/2011.

Art. 13. Serão originariamente competentes, para a imposição das multas de que trata a presente lei, os delegados regionais do Ministério do Trabalho e, nos Estados, onde houver delegação de atribuições, a autoridade delegada.

Art. 14. A fiscalização da execução da presente lei, o processo de autuação dos seus infratores, os recursos e a cobrança das multas reger-se-ão pelo disposto no Título VII da Consolidação das Leis do Trabalho.

Art. 15. A presente lei entrará em vigor na data de sua publicação.

Art. 16. Revogam-se as disposições em contrário.

Rio de Janeiro, 5 de janeiro de 1949; 128º da Independência e 61º da República.

Eurico Gaspar Dutra

(Publicação no *D.O.U.* de 14.1.1949)

LEI 810,
DE 6 DE SETEMBRO DE 1949

Define o ano civil.

O Presidente da República:

Faço saber que o Congresso Nacional decreta e eu sanciono a seguinte Lei:

Art. 1º Considera-se ano o período de 12 (doze) meses contado do dia do início ao dia e mês correspondentes do ano seguinte.

Art. 2º Considera-se mês o período de tempo contado do dia do início ao dia correspondente do mês seguinte.

Art. 3º Quando no ano ou mês do vencimento não houver o dia correspondente ao do início do prazo, este findará no primeiro dia subsequente.

Art. 4º Revogam-se as disposições em contrário.

Rio de Janeiro, 6 de setembro de 1949; 128º da Independência e 61º da República.

Eurico G. Dutra

(Publicação no *D.O.U.* de 16.9.1949)

LEI 1.060,
DE 5 DE FEVEREIRO DE 1950

Estabelece normas para a concessão de assistência judiciária aos necessitados.

→ *v.* LC 80/1994 - Organiza a Defensoria Pública da União, do Distrito Federal e dos Territórios e prescreve normas gerais para sua organização nos Estados, e dá outras providências.

O Presidente da República:

Faço saber que o Congresso Nacional decreta e eu sanciono a seguinte Lei:

Art. 1º Os poderes públicos federal e estadual, independentemente da colaboração que possam receber dos municípios e da Ordem dos Advogados do Brasil – OAB, concederão assistência judiciária aos necessitados, nos termos desta Lei *(vetado)*.

→ Artigo com redação alterada pela Lei 7.510/1986.

→ *v.* Art. 5º, LXXIV, da CF/1988.

→ *v.* Súmula 79 do JEF.

→ *v.* Art. 19 do CPC/1973.

→ *v.* Art. 82 do NCPC.

→ *v.* Lei 5.584/1970 – Dispõe sobre normas de Direito Processual do Trabalho.

Art. 2º *(Revogado pela Lei 13.105/2015, em vigor após decorrido 1 (um) ano da data de sua publicação – D.O.U. de 17.3.2015 (v. Art. 1.045 do NCPC).*

→ **Anterior redação: Art. 2º.** Gozarão dos benefícios desta Lei os nacionais ou estrangeiros residentes no País que necessitarem recorrer à justiça penal, civil, militar ou do trabalho. **Parágrafo único.** Considera-se necessitado, para os fins legais, todo aquele cuja situação econômica não lhe permita pagar as custas do processo e os honorários de advogado, sem prejuízo do sustento próprio ou da família.

Art. 3º *(Revogado pela Lei 13.105/2015, em vigor após decorrido 1 (um) ano da data de sua publicação – D.O.U. de 17.3.2015 (v. Art. 1.045 do NCPC).*

→ **Anterior redação: Art. 3º.** A assistência judiciária compreende as seguintes isenções: I – das taxas judiciárias e dos selos; II – dos emolumentos e custas devidos aos juízes, órgãos do Ministério Público e serventuários da justiça; III – das despesas com as publicações indispensáveis no jornal encarregado da divulgação dos atos oficiais; IV – das indenizações devidas às testemunhas que, quando empregados, receberão do empregador salário integral, como se em serviço estivessem, ressalvado o direito regressivo contra o poder público federal, no Distrito Federal e nos Territórios, ou contra o poder público estadual, nos Estados; V – dos honorários de advogado e peritos; VI – das despesas com a realização do exame de código genético – DNA que for requisitado pela autoridade judiciária nas ações de investigação de paternidade ou maternidade. (Inciso VI acrescentado pela Lei 10.317/2001). VII – dos depósitos previstos em lei para interposição de recurso, ajuizamento de ação e demais atos processuais inerentes ao exercício da ampla defesa e do contraditório. (Inciso VII acrescentado pela LC 132/2009). **Parágrafo único**. A publicação de edital em jornal encarregado da divulgação de atos oficiais, na forma do inciso III, dispensa a publicação em outro jornal. (Parágrafo único acrescentado pela Lei 7.288/1984).

Art. 4º *(Revogado pela Lei 13.105/2015, em vigor após decorrido 1 (um) ano da data de sua publicação – D.O.U. de 17.3.2015 (v. Art. 1.045 do NCPC).*

→ **Anterior redação: Art. 4º.** A parte gozará dos benefícios da assistência judiciária, mediante simples afirmação, na própria petição inicial, de que não está em condições de pagar as custas do processo e os honorários de advogado, sem prejuízo próprio ou de sua família. (Caput com redação alterada pela Lei 7.510/1986). § 1º Presume-se pobre, até prova em contrário, quem afirmar essa condição nos termos desta Lei, sob pena de pagamento até o décuplo das custas judiciais. (§ 1º com redação alterada pela Lei 7.510/1986). § 2º A impugnação do direito à assistência judiciária não suspende o curso do processo e será feita em autos apartados. (§ 2º com redação alterada pela Lei 7.510/1986). § 3º A apresentação da carteira de trabalho e previdência social, devidamente legalizada, onde o juiz verificará a necessidade da parte, substituirá os atestados exigidos nos §§ 1º e 2º deste artigo. (§ 3º acrescentado pela Lei 6.654/1979).

Art. 5º O juiz, se não tiver fundadas razões para indeferir o pedido, deverá julgá-lo de plano, motivando ou não o deferimento dentro do prazo de 72 (setenta e duas) horas.

§ 1º Deferido o pedido, o juiz determinará que o serviço de assistência judiciária, organizado e mantido pelo Estado, onde houver, indique, no prazo de 2 (dois) dias úteis, o advogado que patrocinará a causa do necessitado.

§ 2º Se no Estado não houver serviço de assistência judiciária, por ele mantido, caberá a indicação à Ordem dos Advogados, por suas seções estaduais, ou subseções municipais.

§ 3º Nos municípios em que não existem Subseções da Ordem dos Advogados do Brasil, o próprio juiz fará a nomeação do advogado que patrocinará a causa do necessitado.

§ 4º Será preferido para a defesa da causa o advogado que o interessado indicar e que declare aceitar o encargo.

§ 5º Nos Estados onde a Assistência Judiciária seja organizada e por eles mantida, o Defensor Público, ou quem exerça cargo equivalente, será intimado pessoalmente de todos os atos do processo, em ambas as Instâncias, contando-se lhes em dobro todos os prazos.

→ § 5º acrescentado pela Lei 7.871/1989.

Art. 6º *(Revogado pela Lei 13.105/2015, em vigor após decorrido 1 (um) ano da data de sua publicação* – D.O.U. *de 17.3.2015* (*v. Art. 1.045 do NCPC*).

→ **Anterior redação: Art. 6º.** O pedido, quando formulado no curso da ação, não a suspenderá, podendo o juiz, em face das provas, conceder ou denegar de plano o benefício da assistência. A petição, neste caso, será autuada em separado, apensando-se os respectivos autos aos da causa principal, depois de resolvido o incidente.

Art. 7º *(Revogado pela Lei 13.105/2015, em vigor após decorrido 1 (um) ano da data de sua publicação* – D.O.U. *de 17.3.2015* (*v. Art. 1.045 do NCPC*).

→ **Anterior redação: Art. 7º.** A parte contrária poderá, em qualquer fase da lide, requerer a revogação dos benefícios de assistência, desde que prove a inexistência ou o desaparecimento dos requisitos essenciais à sua concessão. **Parágrafo único.** Tal requerimento não suspenderá o curso da ação e se processará pela forma estabelecida no final do art. 6º desta Lei.

Parágrafo único. Tal requerimento não suspenderá o curso da ação e se processará pela forma estabelecida no final do art. 6º desta Lei.

Art. 8º Ocorrendo as circunstâncias mencionadas no artigo anterior, poderá o juiz, *ex officio*, decretar a revogação dos benefícios, ouvida a parte interessada dentro de 48 (quarenta e oito) horas improrrogáveis.

Art. 9º Os benefícios da assistência judiciária compreendem todos os atos do processo até decisão final do litígio, em todas as instâncias.

Art. 10. São individuais e concedidos em cada caso ocorrente os benefícios de assistência judiciária que se não transmitem ao cessionário de direito e se extinguem pela morte do beneficiário, podendo, entretanto, ser concedidos aos herdeiros que continuarem a demanda, e que necessitarem de tais favores na forma estabelecida nesta Lei.

Art. 11. *(Revogado pela Lei 13.105/2015, em vigor após decorrido 1 (um) ano da data de sua publicação* – D.O.U. *de 17.3.2015* (*v. Art. 1.045 do NCPC*).

Anterior redação: Art. 11. Os honorários de advogados e peritos, as custas do processo, as taxas e selos judiciários serão pagos pelo vencido, quando o beneficiário de assistência for vencedor na causa. § 1º Os honorários do advogado serão arbitrados pelo juiz até o máximo de 15% (quinze por cento) sobre o líquido apurado na execução da sentença. § 2º A parte vencida poderá acionar a vencedora para reaver as despesas do processo, inclusive honorários do advogado, desde que prove ter a última perdido a condição legal de necessitada.

Art. 12. *(Revogado pela Lei 13.105/2015, em vigor após decorrido 1 (um) ano da data de sua publicação* – D.O.U. *de 17.3.2015* (*v. Art. 1.045 do NCPC*).

→ **Anterior redação: Art. 12.** A parte beneficiada pela isenção do pagamento das custas ficará obrigada a pagá-las, desde que possa fazê-lo sem prejuízo do sustento próprio ou da família. Se, dentro de cinco anos, a contar da sentença final, o assistido não puder satisfazer tal pagamento, a obrigação ficará prescrita.

Art. 13. Se o assistido puder atender, em parte, às despesas do processo, o juiz mandará pagar as custas, que serão rateadas entre os que tiverem direito ao seu recebimento.

Art. 14. Os profissionais liberais designados para o desempenho do encargo de defensor ou de perito, conforme o caso, salvo justo motivo previsto em lei ou, na sua omissão, a critério da autoridade judiciária competente, são obrigados ao respectivo cumprimento, sob pena de multa de mil cruzeiros a dez mil cruzeiros, sujeita ao reajustamento estabelecido na Lei 6.205, de 29 de abril de 1975, sem prejuízo da sanção disciplinar cabível.

→ Artigo com redação alterada pela Lei 6.465/1977.

§ 1º Na falta de indicação pela assistência ou pela própria parte, o juiz solicitará a do órgão de classe respectivo.

§ 2º A multa prevista neste artigo reverterá em benefício do profissional que assumir o encargo na causa.

Art. 15. São motivos para a recusa do mandato pelo advogado designado ou nomeado:

1º) estar impedido de exercer a advocacia;

2º) ser procurador constituído pela parte contrária ou ter com ela relações profissionais de interesse atual;

3º) ter necessidade de se ausentar da sede do juízo para atender a outro mandato anteriormente outorgado ou para defender interesses próprios inadiáveis;

4º) já haver manifestado, por escrito, sua opinião contrária ao direito que o necessitado pretende pleitear;

5º) haver dado à parte contrária parecer escrito sobre a contenda.

Parágrafo único. A recusa será solicitada ao juiz que, de plano, a concederá, temporária ou definitivamente, ou a denegará.

Art. 16. Se o advogado, ao comparecer em juízo, não exibir o instrumento de mandato outorgado pelo assistido, o juiz determinará que se exarem na ata da audiência os termos da referida outorga.

Parágrafo único. O instrumento de mandato não será exigido, quando a parte for representada em juízo por advogado integrante de entidade de direito público incumbido, na forma da lei, de prestação de assistência judiciária gratuita, ressalvados:

→ Parágrafo único acrescentado pela Lei 6.248/1975.

a) os atos previstos no art. 38 do Código de Processo Civil;

→ *v.* Art. 105, *caput*, e § 1º, do NCPC.

b) o requerimento de abertura de inquérito por crime de ação privada, a proposição de ação penal privada ou o oferecimento de representação por crime de ação pública condicionada.

Art. 17. *(Revogado pela Lei 13.105/2015, em vigor após decorrido 1 (um) ano da data de sua publicação* – D.O.U. *de 17.3.2015* (*v. Art. 1.045 do NCPC*).

→ **Anterior redação: Art. 17.** Caberá apelação das decisões proferidas em consequência da aplicação desta Lei; a apelação será recebida somente no efeito devolutivo, quando a sentença conceder o pedido. (Artigo com redação alterada pela Lei 6.014/1973).

Art. 18. Os acadêmicos de direito, a partir da 4ª série, poderão ser indicados pela assistência judiciária, ou nomeados pelo juiz para auxiliar o patrocínio das causas dos necessitados, ficando sujeitos às mesmas obrigações impostas por esta Lei aos advogados.

Art. 19. Esta Lei entrará em vigor 30 (trinta) dias depois de sua publicação no *Diário Oficial da União*, revogadas as disposições em contrário.

Rio de Janeiro, 5 de fevereiro de 1950; 129º da Independência e 62º da República.

Eurico G. Dutra

(Publicação no *D.O.U.* 13.2.1950)

LEI 1.079,
DE 10 DE ABRIL DE 1950

Define os crimes de responsabilidade e regula o respectivo processo de julgamento.

O Presidente da República:

Faço saber que o Congresso Nacional decreta e eu sanciono a seguinte Lei:

PARTE PRIMEIRA
Do Presidente da República e Ministros de Estado

→ *v.* Súmulas 396 e 451 do STF.

→ *v.* Dec.-lei 201/1967 – Responsabilidade dos prefeitos e vereadores.

Art. 1º São crimes de responsabilidade os que esta Lei especifica.

Art. 2º Os crimes definidos nesta Lei, ainda quando simplesmente tentados, são passíveis da pena de perda do cargo, com inabilitação, até 5 (cinco) anos, para o exercício de qualquer função pública, imposta pelo Senado Federal nos processos contra o Presidente da República ou ministros de Estado, contra os ministros do Supremo Tribunal Federal ou contra o procurador-geral da República.

→ *v.* Art. 85 da CF/1988.

Art. 3º A imposição da pena referida no artigo anterior não exclui o processo e julgamento do acusado por crime comum, na justiça ordinária, nos termos das leis de processo penal.

Art. 4º São crimes de responsabilidade os atos do Presidente da República que atentarem contra a Constituição Federal, e, especialmente, contra:

I – a existência da União;

II – o livre exercício do poder Legislativo, do Poder Judiciário e dos poderes constitucionais dos Estados;

III – o exercício dos direitos políticos, individuais e sociais;

IV – a segurança interna do País;

V – a probidade na administração;

VI – a lei orçamentária;

VII – a guarda e o legal emprego dos dinheiros públicos;

VIII – o cumprimento das decisões judiciárias (Constituição, art. 89).

→ A referência é à Constituição de 1946.

→ v. Art. 85 da CF/1988.

Título I

Capítulo I

DOS CRIMES CONTRA A EXISTÊNCIA DA UNIÃO

Art. 5º São crimes de responsabilidade contra a existência política da União:

→ v. Art. 85, I, da CF/1988.

1) entreter, direta ou indiretamente, inteligência com governo estrangeiro, provocando-o a fazer guerra ou cometer hostilidade contra a República, prometer-lhe assistência ou favor, ou dar-lhe qualquer auxílio nos preparativos ou planos de guerra contra a República;

2) tentar, diretamente, e por fatos, submeter a União ou algum dos Estados ou Territórios a domínio estrangeiro, ou dela separar qualquer Estado ou porção do território nacional;

3) cometer ato de hostilidade contra nação estrangeira, expondo a República ao perigo da guerra, ou comprometendo-lhe a neutralidade;

4) revelar negócios políticos ou militares, que devam ser mantidos secretos a bem da defesa da segurança externa ou dos interesses da Nação;

5) auxiliar, por qualquer modo, nação inimiga a fazer a guerra ou a cometer hostilidade contra a República;

6) celebrar tratados, convenções ou ajustes que comprometam a dignidade da Nação;

7) violar a imunidade dos embaixadores ou ministros estrangeiros acreditados no País;

8) declarar a guerra, salvo os casos de invasão ou agressão estrangeira, ou fazer a paz, sem autorização do Congresso Nacional;

9) não empregar contra o inimigo os meios de defesa de que poderia dispor;

10) permitir o Presidente da República, durante as sessões legislativas e sem autorização do Congresso Nacional, que forças estrangeiras transitem pelo território do País, ou, por motivo de guerra, nele permaneçam temporariamente;

11) violar tratados legitimamente feitos com nações estrangeiras.

Capítulo II

DOS CRIMES CONTRA O LIVRE EXERCÍCIO DOS PODERES CONSTITUCIONAIS

Art. 6º São crimes de responsabilidade contra o livre exercício dos Poderes Legislativo e Judiciário e dos poderes constitucionais dos Estados:

→ v. Arts. 49, II, e 85, II, da CF/1988.

1) tentar dissolver o Congresso Nacional, impedir a reunião ou tentar impedir por qualquer modo o funcionamento de qualquer de suas Câmaras;

2) usar de violência ou ameaça contra algum representante da nação para afastá-lo da Câmara a que pertença ou para coagi-lo no modo de exercer o seu mandato bem como conseguir ou tentar conseguir o mesmo objetivo mediante suborno ou outras formas de corrupção;

3) violar as imunidades asseguradas aos membros do Congresso Nacional, das Assembleias Legislativas dos Estados, da Câmara dos Vereadores do Distrito Federal e das Câmaras Municipais;

4) permitir que força estrangeira transite pelo território do país ou nele permaneça quando a isso se oponha o Congresso Nacional;

→ v. Art. 84, XXII, da CF/1988.

5) opor-se diretamente e por fatos ao livre exercício do Poder Judiciário, ou obstar, por meios violentos, ao efeito dos seus atos, mandados ou sentenças;

6) usar de violência ou ameaça, para constranger juiz, ou jurado, a proferir ou deixar de proferir despacho, sentença ou voto, ou a fazer ou deixar de fazer ato do seu ofício;

7) praticar contra os poderes estaduais ou municipais ato definido como crime neste artigo;

8) intervir em negócios peculiares aos Estados ou aos Municípios com desobediência às normas constitucionais.

Capítulo III

DOS CRIMES CONTRA O EXERCÍCIO DOS DIREITOS POLÍTICOS, INDIVIDUAIS E SOCIAIS

Art. 7º São crimes de responsabilidade contra o livre exercício dos direitos políticos, individuais e sociais:

→ v. Art. 85, III, da CF/1988.

1) impedir por violência, ameaça ou corrupção, o livre exercício do voto;

2) obstar ao livre exercício das funções dos mesários eleitorais;

3) violar o escrutínio de seção eleitoral ou inquinar de nulidade o seu resultado pela subtração, desvio ou inutilização do respectivo material;

4) utilizar o poder federal para impedir a livre execução da lei eleitoral;

5) servir-se das autoridades sob sua subordinação imediata para praticar abuso do poder, ou tolerar que essas autoridades o pratiquem sem repressão sua;

6) subverter ou tentar subverter por meios violentos a ordem política e social;

7) incitar militares à desobediência à lei ou infração à disciplina;

8) provocar animosidade entre as classes armadas ou contra elas, ou delas contra as instituições civis;

9) violar patentemente qualquer direito ou garantia individual constante do art. 141, e bem assim os direitos sociais assegurados no art. 157 da Constituição;

→ v. A referência é à Constituição de 1946.

→ v. Arts. 5º, 7º, e 201 da CF/1988.

10) tomar ou autorizar, durante o estado de sítio, medidas de repressão que excedam os limites estabelecidos na Constituição.

Capítulo IV

DOS CRIMES CONTRA A SEGURANÇA INTERNA DO PAÍS

Art. 8º São crimes contra a segurança interna do país:

→ v. Art. 85, IV, da CF/1988.

1) tentar mudar por violência a forma de governo da República;

2) tentar mudar por violência a Constituição Federal ou de algum dos Estados, ou lei da União, de Estado ou Município;

3) decretar o estado de sítio, estando reunido o Congresso Nacional, ou no recesso deste, não havendo comoção interna grave nem fatos que evidenciem estar a mesma a irromper ou não ocorrendo guerra externa;

4) praticar ou concorrer para que se perpetre qualquer dos crimes contra a segurança interna, definidos na legislação penal;

5) não dar as providências de sua competência para impedir ou frustrar a execução desses crimes;

6) ausentar-se do País sem autorização do Congresso Nacional;

7) permitir, de forma expressa ou tácita, a infração de lei federal de ordem pública;

8) deixar de tomar, nos prazos fixados, as providências determinadas por lei ou tratado federal e necessárias à sua execução e cumprimento.

Capítulo V

DOS CRIMES CONTRA A PROBIDADE NA ADMINISTRAÇÃO

Art. 9º São crimes de responsabilidade contra a probidade na administração:

→ v. Arts. 37, § 4º, e 84, V, da CF/1988.

→ v. Lei 8.429/1992 – Lei de Improbidade Administrativa.

1) omitir ou retardar dolosamente a publicação das leis e resoluções do Poder Legislativo ou dos atos do Poder Executivo;

2) não prestar ao Congresso Nacional, dentro de 60 (sessenta) dias após a abertura da sessão legislativa, as contas relativas ao exercício anterior;

3) não tornar efetiva a responsabilidade dos seus subordinados, quando manifesta em delitos funcionais ou na prática de atos contrários à Constituição;

4) expedir ordens ou fazer requisição de forma contrária às disposições expressas da Constituição;

5) infringir, no provimento dos cargos públicos, as normas legais;

LEGISLAÇÃO

6) usar de violência ou ameaça contra funcionário público para coagi-lo a proceder ilegalmente, bem como utilizar-se de suborno ou de qualquer outra forma de corrupção para o mesmo fim;

7) proceder de modo incompatível com a dignidade, a honra e o decoro do cargo.

Capítulo VI
DOS CRIMES CONTRA A LEI ORÇAMENTÁRIA

→ *v.* Art. 85, VI, da CF/1988.

Art. 10. São crimes de responsabilidade contra a lei orçamentária:

1) não apresentar ao Congresso Nacional a proposta do orçamento da República dentro dos primeiros dois meses de cada sessão legislativa;

2) exceder ou transportar, sem autorização legal, as verbas do orçamento;

3) realizar o estorno de verbas;

4) infringir, patentemente, e de qualquer modo, dispositivo da lei orçamentária;

5) deixar de ordenar a redução do montante da dívida consolidada, nos prazos estabelecidos em lei, quando o montante ultrapassar o valor resultante da aplicação do limite máximo fixado pelo Senado Federal;

→ Item 5 acrescentado pela Lei 10.028/2000.

→ *v.* Art. 52, VI, da CF/1988.

6) ordenar ou autorizar a abertura de crédito em desacordo com os limites estabelecidos pelo Senado Federal, sem fundamento na lei orçamentária ou na de crédito adicional ou com inobservância de prescrição legal;

→ Item 6 acrescentado pela Lei 10.028/2000.

→ *v.* Arts. 98, § 5º, 165, § 8º, 167, V, § 3º, da CF/1988.

7) deixar de promover ou ordenar na forma de lei, o cancelamento, a amortização ou a constituição de reserva para anular os efeitos da operação de crédito realizada com inobservância de limite, condição ou montante estabelecido em lei;

→ Item 7 acrescentado pela Lei 10.028/2000.

→ *v.* Art. 99, § 5º, da CF/1988.

8) deixar de promover ou de ordenar a liquidação integral de operação de crédito por antecipação de receita orçamentária, inclusive os respectivos juros e demais encargos, até o encerramento do exercício financeiro;

→ Item 8 acrescentado pela Lei 10.028/2000.

9) ordenar ou autorizar, em desacordo com a lei, a realização de operação de crédito com qualquer um dos demais entes da Federação, inclusive suas entidades de administração indireta, ainda que na forma de novação, refinanciamento ou postergação de dívida contraída anteriormente;

→ Item 9 acrescentado pela Lei 10.028/2000.

10) captar recursos a título de antecipação de receita de tributo ou contribuição cujo fato gerador ainda não tenha ocorrido;

→ Item 10 acrescentado pela Lei 10.028/2000.

11) ordenar ou autorizar a destinação de recursos provenientes da emissão de títulos para finalidade diversa da prevista na lei que a autorizou;

→ Item 11 acrescentado pela Lei 10.028/2000.

12) realizar ou receber transferência voluntária em desacordo com limite ou condição estabelecida em lei.

→ Item 12 acrescentado pela Lei 10.028/2000.

Capítulo VII
DOS CRIMES CONTRA A GUARDA E LEGAL EMPREGO DOS DINHEIROS PÚBLICOS

Art. 11. São crimes de responsabilidade contra a guarda e o legal emprego dos dinheiros públicos:

1) ordenar despesas não autorizadas por lei ou sem observância das prescrições legais relativas às mesmas;

2) abrir crédito sem fundamento em lei ou sem as formalidades legais;

3) contrair empréstimo, emitir moeda corrente ou apólices, ou efetuar operação de crédito sem autorização legal;

4) alienar imóveis nacionais ou empenhar rendas públicas sem autorização em lei;

5) negligenciar a arrecadação das rendas, impostos e taxas, bem como a conservação do patrimônio nacional.

Capítulo VIII
DOS CRIMES CONTRA O CUMPRIMENTO DAS DECISÕES JUDICIÁRIAS

Art. 12. São crimes de responsabilidade contra as decisões judiciárias:

→ *v.* Art. 85, VII, da CF/1988.

1) impedir, por qualquer meio, o efeito dos atos, mandados ou decisões do Poder Judiciário;

2) recusar o cumprimento das decisões do Poder Judiciário no que depender do exercício das funções do Poder Executivo;

3) deixar de atender a requisição de intervenção federal do Supremo Tribunal Federal ou do Tribunal Superior Eleitoral;

4) impedir ou frustrar pagamento determinado por sentença judiciária.

Título II
Dos Ministros de Estado

→ *v.* Arts. 87 e 88 da CF/1988.

Art. 13. São crimes de responsabilidade dos ministros de Estado:

1) os atos definidos nesta Lei, quando por eles praticados ou ordenados;

2) os atos previstos nesta Lei, que os ministros assinarem com o Presidente da República ou por ordem deste praticarem;

3) a falta de comparecimento sem justificação, perante a Câmara dos Deputados ou o Senado Federal, ou qualquer das suas comissões, quando uma ou outra casa do Congresso os convocar para, pessoalmente, prestarem informações acerca de assunto previamente determinado;

4) não prestarem dentro em 30 (trinta) dias e sem motivo justo, a qualquer das Câmaras do Congresso Nacional, as informações que ela lhes solicitar por escrito, ou prestarem-nas com falsidade.

PARTE SEGUNDA
Processo e julgamento

Título único
Do Presidente da República e Ministros de Estado

Capítulo I
DA DENÚNCIA

Art. 14. É permitido a qualquer cidadão denunciar o Presidente da República ou ministro de Estado, por crime de responsabilidade, perante a Câmara dos Deputados.

→ *v.* Súmula 14 do STF.

Art. 15. A denúncia só poderá ser recebida enquanto o denunciado não tiver, por qualquer motivo, deixado definitivamente o cargo.

Art. 16. A denúncia assinada pelo denunciante e com a firma reconhecida, deve ser acompanhada dos documentos que a comprovem, ou da declaração de impossibilidade de apresentá-los, com a indicação do local onde possam ser encontrados. Nos crimes de que haja prova testemunhal, a denúncia deverá conter o rol das testemunhas, em número de cinco no mínimo.

Art. 17. No processo de crime de responsabilidade, servirá de escrivão um funcionário da secretaria da Câmara dos Deputados, ou do Senado, conforme se achar o mesmo em uma ou outra casa do Congresso Nacional.

Art. 18. As testemunhas arroladas no processo deverão comparecer para prestar o seu depoimento, e a mesa da Câmara dos Deputados ou do Senado, por ordem de quem serão notificadas, tomará as providências legais que se tornarem necessárias para compeli-las à obediência.

Capítulo II
DA ACUSAÇÃO

→ *v.* Arts. 52, I, 86, e 102, II, *b*, da CF/1988.

Art. 19. Recebida a denúncia, será lida no expediente da sessão seguinte e despachada a uma comissão especial eleita, da qual participem, observada a respectiva proporção, representantes de todos os partidos para opinar sobre a mesma.

Art. 20. A comissão a que alude o artigo anterior se reunirá dentro de 48 (quarenta e oito) horas e, depois de eleger seu presidente e relator, emitirá parecer, dentro do prazo de 10 (dez) dias, sobre se a denúncia deve ser ou não julgada objeto de deliberação. Dentro desse período poderá a comissão proceder as diligências que julgar necessárias ao esclarecimento da denúncia.

§ 1º O parecer da comissão especial será lido no expediente da sessão da Câmara dos Deputados e publicado integralmente no Diário do Congresso Nacional e em avulsos, juntamente com a denúncia, devendo as publicações ser distribuídas a todos os deputados.

§ 2º Quarenta e oito horas após a publicação oficial do parecer da comissão especial, será o mesmo incluído, em primeiro lugar, na ordem do dia da Câmara dos Deputados, para uma discussão única.

Art. 21. Cinco representantes de cada partido poderão falar, durante uma hora, sobre o parecer, ressalvado ao relator da comissão especial o direito de responder a cada um.

Art. 22. Encerrada a discussão do parecer, e submetido o mesmo a votação nominal, será a denúncia, com os documentos que a instruam, arquivada, se não for considerada objeto de deliberação. No caso contrário, será remetida por cópia autêntica ao denunciado, que terá o prazo de 20 (vinte) dias para contestá-la e indicar os meios de prova com que pretenda demonstrar a verdade do alegado.

§ 1º Findo esse prazo e com ou sem a contestação, a comissão especial determinará as diligências requeridas, ou que julgar convenientes, e realizará as sessões necessárias para a tomada do depoimento das testemunhas de ambas as partes, podendo ouvir o denunciante e o denunciado, que poderá assistir pessoalmente, ou por seu procurador, a todas as audiências e diligências realizadas pela comissão, interrogando e contestando as testemunhas e requerendo a reinquirição ou acareação das mesmas.

§ 2º Findas essas diligências, a comissão especial proferirá, no prazo de 10 (dez) dias, parecer sobre a procedência ou improcedência da denúncia.

§ 3º Publicado e distribuído esse parecer na forma do § 1º do art. 20, será o mesmo incluído na ordem do dia da sessão imediata para ser submetido a duas discussões, com o interregno de 48 (quarenta e oito) horas entre uma e outra.

§ 4º Nas discussões do parecer sobre a procedência ou improcedência da denúncia, cada representante de partido poderá falar uma só vez e durante uma hora, ficando as questões de ordem subordinadas ao disposto no § 2º do art. 20.

Art. 23. Encerrada a discussão do parecer, será o mesmo submetido a votação nominal, não sendo permitida, então, questões de ordem, nem encaminhamento de votação.

§ 1º Se da aprovação do parecer resultar a procedência da denúncia, considerar-se-á decretada a acusação pela Câmara dos Deputados.

§ 2º Decretada a acusação, será o denunciado intimado imediatamente pela mesa da Câmara dos Deputados, por intermédio do 1º secretário.

§ 3º Se o denunciado estiver ausente do Distrito Federal, a sua intimação será solicitada pela mesa da Câmara dos Deputados, ao presidente do Tribunal de Justiça do Estado em que ele se encontrar.

§ 4º A Câmara dos Deputados elegerá uma comissão de três membros para acompanhar o julgamento do acusado.

§ 5º São efeitos imediatos ao decreto da acusação do Presidente da República, ou de ministro de Estado, a suspensão do exercício das funções do acusado e da metade do subsídio ou do vencimento, até sentença final.

§ 6º Conforme se trate da acusação de crime comum ou de responsabilidade, o processo será enviado ao Supremo Tribunal Federal ou ao Senado Federal.

Capítulo III
DO JULGAMENTO

→ v. Art. 52, parágrafo único, da CF/1988.

Art. 24. Recebido no Senado o decreto de acusação com o processo enviado pela Câmara dos Deputados e apresentado o libelo pela comissão acusadora, remeterá o presidente cópia de tudo ao acusado, que, na mesma ocasião e nos termos dos §§ 2º e 3º do art. 23, será notificado para comparecer em dia prefixado perante o Senado.

Parágrafo único. Ao presidente do Supremo Tribunal Federal enviar-se-á o processo em original, com a comunicação do dia designado para o julgamento.

Art. 25. O acusado comparecerá, por si ou pelos seus advogados, podendo, ainda, oferecer novos meios de prova.

Art. 26. No caso de revelia, marcará o presidente novo dia para o julgamento e nomeará para a defesa do acusado um advogado, a quem se facultará o exame de todas as peças de acusação.

Art. 27. No dia aprazado para o julgamento, presentes o acusado, seus advogados, ou o defensor nomeado a sua revelia, e a comissão acusadora, o presidente do Supremo Tribunal Federal, abrindo a sessão, mandará ler o processo preparatório, o libelo e os artigos de defesa; em seguida inquirirá as testemunhas, que deverão depor publicamente e fora da presença umas das outras.

Art. 28. Qualquer membro da comissão acusadora ou do Senado, e bem assim o acusado ou seus advogados poderão requerer que se façam às testemunhas perguntas que julgarem necessárias.

Parágrafo único. A comissão acusadora, ou o acusado ou seus advogados, poderão contestar ou arguir as testemunhas sem contudo interrompê-las e requerer a acareação.

Art. 29. Realizar-se-á a seguir o debate verbal entre a comissão acusadora e o acusado ou os seus advogados pelo prazo que o presidente fixar e que não poderá exceder de 2 (duas) horas.

Art. 30. Findos os debates orais e retiradas as partes, abrir-se-á discussão sobre o objeto da acusação.

Art. 31. Encerrada a discussão o presidente do Supremo Tribunal Federal fará relatório resumido da denúncia e das provas da acusação e da defesa e submeterá à votação nominal dos senadores o julgamento.

Art. 32. Se o julgamento for absolutório produzirá, desde logo, todos os efeitos a favor do acusado.

Art. 33. No caso de condenação, o Senado por iniciativa do presidente fixará o prazo de inabilitação do condenado para o exercício de qualquer função pública; e no caso de haver crime comum deliberará ainda sobre se o presidente o deverá submeter à justiça ordinária, independentemente da ação de qualquer interessado.

Art. 34. Proferida a sentença condenatória, o acusado estará, *ipso facto*, destituído do cargo.

Art. 35. A resolução do Senado constará da sentença que será lavrada, nos autos do processo, pelo presidente do Supremo Tribunal Federal, assinada pelos senadores que funcionarem como juízes, transcrita na ata da sessão e, dentro desta, publicada no *Diário Oficial* e no *Diário do Congresso Nacional*.

Art. 36. Não pode interferir, em nenhuma fase do processo de responsabilidade do Presidente da República ou dos Ministros de Estado, o deputado ou senador:

a) que tiver parentesco consanguíneo ou afim, com o acusado, em linha reta; em linha colateral, os irmãos, cunhados, enquanto durar o cunhadio, e os primos coirmãos;

b) que, como testemunha do processo, tiver deposto de ciência própria.

Art. 37. O Congresso Nacional deverá ser convocado, extraordinariamente, pelo terço de uma de suas câmaras, caso a sessão legislativa se encerre sem que se tenha ultimado o julgamento do Presidente da República, ou de ministro de Estado, bem como no caso de ser necessário o início imediato do processo.

Art. 38. No processo e julgamento do Presidente da República e dos ministros de Estado, serão subsidiários desta lei naquilo em que lhes forem aplicáveis, assim os regimentos internos da Câmara dos Deputados e do Senado Federal, como o Código de Processo Penal.

PARTE TERCEIRA

Título I

Capítulo I
DOS MINISTROS DO SUPREMO TRIBUNAL FEDERAL

→ v. Arts. 101 a 103-B da CF/1988.

Art. 39. São crimes de responsabilidade dos ministros do Supremo Tribunal Federal:

1) alterar, por qualquer forma, exceto por via de recurso, a decisão ou voto já proferido em sessão do tribunal;

2) proferir julgamento, quando, por lei, seja suspeito na causa;

3) exercer atividade político-partidária;

4) ser patentemente desidioso no cumprimento dos deveres do cargo;

5) proceder de modo incompatível com a honra, dignidade e decoro de suas funções.

Art. 39-A. Constituem, também, crimes de responsabilidade do Presidente do Supremo Tribunal Federal ou de seu substituto quando no exercício da Presidência, as condutas previstas no art. 10 desta Lei, quando por eles ordenadas ou praticadas.

→ Artigo acrescentado pela Lei 10.028/2000.

Parágrafo único. O disposto neste artigo aplica-se aos Presidentes, e respectivos substitutos quando no exercício da Presidência, dos Tribunais Superiores, dos Tribunais de Contas, dos Tribunais Regionais Federais, do Trabalho e Eleitorais, dos Tribunais de Justiça e de Alçada dos Estados e do Distrito Federal, e aos Juízes Diretores de Foro ou função equivalente no primeiro grau de jurisdição.

→ A partir da Constituição de 1946, a nomenclatura Tribunal de Apelação passou a ser Tribunal de Justiça.

Capítulo II
DO PROCURADOR-GERAL DA REPÚBLICA

Art. 40. São crimes de responsabilidade do procurador-geral da República:

1) emitir parecer, quando, por lei, seja suspeito na causa;

2) recusar-se à prática de ato que lhe incumba;

3) ser patentemente desidioso no cumprimento de suas atribuições;

4) proceder de modo incompatível com a dignidade e o decoro do cargo.

Art. 40-A. Constituem, também, crimes do Procurador-Geral da República, ou de seu substituto quando no exercício da chefia do Ministério Público da União, as condutas previstas no art. 10 desta Lei, quando por eles ordenadas ou praticadas.

→ Artigo acrescentado pela Lei 10.028/2000.

Parágrafo único. O disposto neste artigo aplica-se:

I – ao Advogado-Geral da União;

II – aos Procuradores-Gerais do Trabalho, Eleitoral e Militar, aos Procuradores-Gerais de Justiça dos Estados e do Distrito Federal, aos Procuradores-Gerais dos Estados e do Distrito Federal, e aos membros do Ministério Público da União e dos Estados, da Advocacia-Geral da União, das Procuradorias dos Estados e do Distrito Federal, quando no exercício de função de chefia das unidades regionais ou locais das respectivas instituições.

Título II
Do processo e julgamento

Capítulo I
DA DENÚNCIA

→ *v.* Art. 52, II, da CF/1988.

Art. 41. É permitido a todo cidadão denunciar, perante o Senado Federal, os ministros do Supremo Tribunal Federal e o procurador-geral da República, pelos crimes de responsabilidade que cometerem (arts. 39 e 40).

Art. 41-A. Respeitada a prerrogativa de foro que assiste às autoridades a que se referem o parágrafo único do art. 39-A e o inciso II do parágrafo único do art. 40-A, as ações penais contra elas ajuizadas pela prática dos crimes de responsabilidade previstos no art. 10 desta Lei serão processadas e julgadas de acordo com o rito instituído pela Lei 8.038, de 28 de maio de 1990, permitido, a todo cidadão, o oferecimento da denúncia.

→ Artigo acrescentado pela Lei 10.028/2000.

Art. 42. A denúncia só poderá ser recebida se o denunciado não tiver, por qualquer motivo, deixado definitivamente o cargo.

Art. 43. A denúncia, assinada pelo denunciante com a firma reconhecida, deve ser acompanhada dos documentos que a comprovem ou da declaração de impossibilidade de apresentá-los, com a indicação do local onde possam ser encontrados. Nos crimes de que haja prova testemunhal, a denúncia deverá conter o rol das testemunhas, em número de cinco, no mínimo.

Art. 44. Recebida a denúncia pela mesa do Senado, será lida no expediente da sessão seguinte e despachada a uma comissão especial, eleita para opinar sobre a mesma.

Art. 45. A comissão a que alude o artigo anterior, reunir-se-á dentro de 48 (quarenta e oito) horas e, depois de eleger o seu presidente e relator, emitirá parecer no prazo de 10 (dez) dias sobre se a denúncia deve ser, ou não, julgada objeto de deliberação. Dentro desse período poderá a comissão proceder às diligências que julgar necessárias.

Art. 46. O parecer da comissão, com a denúncia e os documentos que a instruírem será lido no expediente de sessão do Senado, publicado no *Diário do Congresso Nacional* e em avulsos, que deverão ser distribuídos entre os senadores, e dado para ordem do dia da sessão seguinte.

Art. 47. O parecer será submetido a uma só discussão, e a votação nominal, considerando-se aprovado se reunir a maioria simples de votos.

Art. 48. Se o Senado resolver que a denúncia não deve constituir objeto de deliberação, serão os papéis arquivados.

Art. 49. Se a denúncia for considerada objeto de deliberação, a mesa remeterá cópia de tudo ao denunciado, para responder à acusação no prazo de 10 (dez) dias.

Art. 50. Se o denunciado estiver fora do Distrito Federal, a cópia lhe será entregue pelo presidente do Tribunal de Justiça do Estado em que se achar. Caso se ache fora do País ou em lugar incerto e não sabido, o que será verificado pelo 1º secretário do Senado, a intimação far-se-á por edital, publicado no *Diário do Congresso Nacional*, com a antecedência de 60 (sessenta) dias, aos quais se acrescerá, em comparecendo o denunciado, o prazo do art. 49.

Art. 51. Findo o prazo para a resposta do denunciado, seja esta recebida, ou não, a comissão dará parecer, dentro de 10 (dez) dias, sobre a procedência ou improcedência da acusação.

Art. 52. Perante a comissão, o denunciante e o denunciado poderão comparecer pessoalmente ou por procurador, assistir a todos os atos e diligências por ela praticados, inquirir, reinquirir, contestar testemunhas e requerer a sua acareação. Para esse efeito, a comissão dará aos interessados conhecimento das suas reuniões e das diligências a que deva proceder, com a indicação de lugar, dia e hora.

Art. 53. Findas as diligências, a comissão emitirá sobre elas o seu parecer, que será publicado e distribuído, com todas as peças que o instruírem, e dado para ordem do dia 48 (quarenta e oito) horas, no mínimo, depois da distribuição.

Art. 54. Esse parecer terá uma só discussão e considerar-se-á aprovado se, em votação nominal, reunir a maioria simples dos votos.

Art. 55. Se o Senado entender que não procede a acusação, serão os papéis arquivados. Caso decida o contrário, a mesa dará imediato conhecimento dessa decisão ao Supremo Tribunal Federal, ao Presidente da República, ao denunciante e ao denunciado.

Art. 56. Se o denunciado não estiver no Distrito Federal, a decisão ser-lhe-á comunicada à requisição da mesa, pelo presidente do Tribunal de Justiça do Estado onde se achar. Se estiver fora do País ou em lugar incerto e não sabido, o que será verificado pelo 1º secretário do Senado, far-se-á a intimação mediante edital pelo *Diário do Congresso Nacional*, com a antecedência de 60 (sessenta) dias.

Art. 57. A decisão produzirá desde a data da sua intimação os seguintes efeitos contra o denunciado:

a) ficar suspenso do exercício das suas funções até sentença final;

b) ficar sujeito à acusação criminal;

c) perder, até sentença final, 1/3 (um terço) dos vencimentos, que lhe será pago no caso de absolvição.

Capítulo II
DA ACUSAÇÃO E DA DEFESA

Art. 58. Intimado o denunciante ou o seu procurador da decisão a que aludem os três últimos artigos, ser-lhe-á dada vista do processo, na secretaria do Senado, para, dentro de 48 (quarenta e oito) horas, oferecer o libelo acusatório e o rol das testemunhas. Em seguida abrir-se-á vista ao denunciado ou ao seu defensor, pelo mesmo prazo para oferecer a contrariedade e o rol das testemunhas.

Art. 59. Decorridos esses prazos, com o libelo e a contrariedade ou sem eles, serão os autos remetidos, em original, ao presidente do Supremo Tribunal Federal, ou ao seu substituto legal, quando seja ele o denunciado, comunicando-se-lhe o dia designado para o julgamento e convidando-o para presidir a sessão.

Art. 60. O denunciante e o acusado serão notificados pela forma estabelecida no art. 56, para assistirem ao julgamento, devendo as testemunhas ser, por um magistrado, intimadas a comparecer à requisição da mesa.

Parágrafo único. Entre a notificação e o julgamento deverá mediar o prazo mínimo de 10 (dez) dias.

Art. 61. No dia e hora marcados para o julgamento, o Senado reunir-se-á, sob a presidência do presidente do Supremo Tribunal Federal ou do seu substituto legal. Verificada a presença de número legal de senadores, será aberta a sessão e feita a chamada das partes, acusador e acusado, que poderão comparecer pessoalmente ou pelos seus procuradores.

Art. 62. A revelia do acusador não importará transferência do julgamento, nem perempção da acusação.

§ 1º A revelia do acusado determinará o adiamento do julgamento, para o qual o presidente designará novo dia, nomeando um advogado para defender o revel.

§ 2º Ao defensor nomeado será facultado o exame de todas as peças do processo.

Art. 63. No dia definitivamente aprazado para o julgamento, verificado o número legal de senadores, será aberta a sessão e facultado o ingresso às partes ou aos seus procuradores.

Serão juízes todos os senadores presentes, com exceção dos impedidos nos termos do art. 36.

Parágrafo único. O impedimento poderá ser oposto pelo acusador ou pelo acusado e invocado por qualquer senador.

Art. 64. Constituído o Senado em tribunal de julgamento, o presidente mandará ler o processo e, em seguida, inquirirá publicamente as testemunhas, fora da presença umas das outras.

Art. 65. O acusador e o acusado, ou os seus procuradores, poderão reinquirir as testemunhas, contestá-las sem interrompê-las e requerer a sua acareação. Qualquer senador poderá requerer sejam feitas as perguntas que julgar necessárias.

Art. 66. Finda a inquirição, haverá debate oral, facultadas a réplica e a tréplica entre o acusador e o acusado, pelo prazo que o presidente determinar.

Parágrafo único. Ultimado o debate, retirar-se-ão as partes do recinto da sessão e abrir-se-á uma discussão única entre os senadores sobre o objeto da acusação.

Art. 67. Encerrada a discussão, fará o presidente um relatório resumido dos fundamentos da acusação e da defesa, bem como das respectivas provas, submetendo em seguida o caso a julgamento.

Capítulo III
DA SENTENÇA

Art. 68. O julgamento será feito, em votação nominal pelos senadores desimpedidos que responderão "sim" ou "não" à seguinte pergunta enunciada pelo presidente: "Cometeu o acusado F o crime que lhe é imputado e deve ser condenado à perda do seu cargo?"

Parágrafo único. Se a resposta afirmativa obtiver, pelo menos, 2/3 (dois terços) dos votos dos senadores presentes, o presidente fará nova consulta ao plenário sobre o tempo não excedente de 5 (cinco) anos, durante o qual o condenado deverá ficar inabilitado para o exercício de qualquer função pública.

Art. 69. De acordo com a decisão do Senado, o presidente lavrará, nos autos, a sentença que será assinada por ele e pelos senadores, que tiverem tomado parte no julgamento, e transcrita na ata.

Art. 70. No caso de condenação, fica o acusado desde logo destituído do seu cargo. Se a sentença for absolutória, produzirá a imediata reabilitação do acusado, que voltará ao exercício do cargo, com direito à parte dos vencimentos de que tenha sido privado.

Art. 71. Da sentença, dar-se-á imediato conhecimento ao Presidente da República, ao Supremo Tribunal Federal e ao acusado.

Art. 72. Se no dia do encerramento do Congresso Nacional não estiver concluído o processo ou julgamento de ministro do Supremo Tribunal Federal ou do procurador-geral da República, deverá ele ser convocado extraordinariamente pelo terço do Senado Federal.

Art. 73. No processo e julgamento de ministro do Supremo Tribunal, ou do procurador-geral da República, serão subsidiários desta lei, naquilo em que lhes forem aplicáveis, o Regimento Interno do Senado Federal e o Código de Processo Penal.

PARTE QUARTA

Título Único

Capítulo I
DOS GOVERNADORES E SECRETÁRIOS DOS ESTADOS

Art. 74. Constituem crimes de responsabilidade dos governadores dos Estados ou dos seus secretários, quando por eles praticados, os atos definidos como crime nesta Lei.

→ v. Art. 87 do CPP.

→ v. Lei 7.106/1983 – Crimes de responsabilidade do Governador do Distrito Federal, dos Governadores dos Territórios Federais e de seus respectivos Secretários.

Capítulo II
DA DENÚNCIA, ACUSAÇÃO E JULGAMENTO

Art. 75. É permitido a todo cidadão denunciar o governador perante a Assembleia Legislativa, por crime de responsabilidade.

Art. 76. A denúncia, assinada pelo denunciante e com a firma reconhecida, deve ser acompanhada dos documentos que a comprovem, ou da declaração de impossibilidade de apresentá-los, com a indicação do local em que possam ser encontrados. Nos crimes de que houver prova testemunhal, conterá o rol das testemunhas, em número de cinco pelo menos.

Parágrafo único. Não será recebida a denúncia depois que o governador, por qualquer motivo, houver deixado definitivamente o cargo.

Art. 77. Apresentada a denúncia e julgada objeto de deliberação, se a Assembleia Legislativa, por maioria absoluta, decretar a procedência da acusação, será o governador imediatamente suspenso de suas funções.

Art. 78. O governador será julgado, nos crimes de responsabilidade, pela forma que determinar a Constituição do Estado e não poderá ser condenado, senão à perda do cargo, com inabilitação, até 5 (cinco) anos, para o exercício de qualquer função pública, sem prejuízo da ação da justiça comum.

§ 1º Quando o tribunal de julgamento for de jurisdição mista, serão iguais, pelo número, os representantes dos órgãos que o integrarem, excluído o presidente, que será o presidente do Tribunal de Justiça.

§ 2º Em qualquer hipótese, só poderá ser decretada a condenação pelo voto de 2/3 (dois terços) dos membros de que se compuser o tribunal de julgamento.

§ 3º Nos Estados, onde as Constituições não determinarem o processo nos crimes de responsabilidade dos governadores, aplicar-se-á o disposto nesta lei, devendo, porém, o julgamento ser proferido por um tribunal composto de cinco membros do Legislativo e de cinco desembargadores, sob a presidência do Tribunal de Justiça local, que terá direito de voto no caso de empate. A escolha desse tribunal será feita: a dos membros do Legislativo, mediante eleição pela Assembleia; a dos desembargadores, mediante sorteio.

§ 4º Esses atos deverão ser executados dentro em 5 (cinco) dias contados da data em que a Assembleia enviar ao presidente do Tribunal de Justiça os autos do processo, depois de decretada a procedência da acusação.

Art. 79. No processo e julgamento do governador serão subsidiários desta lei naquilo em que lhe forem aplicáveis, assim o regimento interno da Assembleia Legislativa e do Tribunal de Justiça, como o Código de Processo Penal.

Parágrafo único. Os secretários de Estado, nos crimes conexos com os dos governadores, serão sujeitos ao mesmo processo e julgamento.

Disposições Gerais

Art. 80. Nos crimes de responsabilidade do Presidente da República e dos ministros de Estado, a Câmara dos Deputados é tribunal de pronúncia e o Senado Federal, tribunal de julgamento; nos crimes de responsabilidade dos ministros do Supremo Tribunal Federal e do procurador-geral da República, o Senado Federal é, simultaneamente, tribunal de pronúncia e julgamento.

Parágrafo único. O Senado Federal, na apuração e julgamento dos crimes de responsabilidade, funciona sob a presidência do presidente do Supremo Tribunal, e só proferirá sentença condenatória pelo voto de 2/3 (dois terços) dos seus membros.

Art. 81. A declaração de procedência da acusação nos crimes de responsabilidade só poderá ser decretada pela maioria absoluta da Câmara que a proferir.

Art. 82. Não poderá exceder de 120 (cento e vinte) dias, contados da data da declaração da procedência da acusação, o prazo para o processo e julgamento dos crimes definidos nesta Lei.

Art. 83. Esta Lei entrará em vigor na data da sua publicação, revogadas as disposições em contrário.

Rio de Janeiro, 10 de abril de 1950; 129º da Independência e 62º da República.

Eurico G. Dutra

(Publicação no *D.O.U.* de 12.4.1950)

LEI 1.408,
DE 9 DE AGOSTO DE 1951

Prorroga vencimento de prazos judiciais e dá outras providências.

O Presidente da República:

Faço saber que o Congresso Nacional decreta e eu sanciono a seguinte Lei:

Art. 1º Sempre que, por motivo de ordem pública, se fizer necessário o fechamento do Foro, de edifícios anexos ou de quaisquer dependências do serviço judiciário ou o respectivo expediente tiver de ser encerrado antes da hora legal, observar-se-á o seguinte:

a) os prazos serão restituídos aos interessados na medida que houverem sido atingidos pela providência tomada;

b) as audiências, que ficarem prejudicadas, serão realizadas em outro dia mediante designação da autoridade competente.

Art. 2º O fechamento extraordinário do Foro e dos edifícios anexos e as demais medidas, a que se refere o art. 1°, poderão ser determinados pelo presidente dos Tribunais de Justiça, nas comarcas onde esses tribunais tiverem a sede e pelos juízes de direito nas respectivas comarcas.

Art. 3º Os prazos judiciais que se iniciarem ou vencerem aos sábados serão prorrogados por 1 (um) dia útil.

→ Artigo com redação alterada pela Lei 4.674/1965.

Art. 4º Se o jornal, que divulgar o expediente oficial do Foro, se publicar à tarde, serão dilatados de 1 (um) dia os prazos que devam correr de sua inserção nessa folha e feitas, na véspera da realização do ato oficial, as publicações que devam ser efetuadas no dia fixado para esse ato.

Art. 5º Não haverá expediente no Foro e nos ofícios de justiça, no "Dia da Justiça", nos feriados nacionais, na terça-feira de Carnaval, na Sexta-Feira Santa, e nos dias que a lei estadual designar.

Parágrafo único. Os casamentos e ato de registro civil serão realizados em qualquer dia.

Art. 6º Esta Lei entrará em vigor na data de sua publicação, revogadas as disposições em contrário.

Rio de Janeiro, 9 de agosto de 1951; 130º da Independência e 63º da República.

Getúlio Vargas

(Publicação no *D.O.U.* de 13.8.1951)

LEI 1.521, DE 26 DE DEZEMBRO DE 1951

Altera dispositivos da legislação vigente sobre crimes contra a economia popular.

O Presidente da República:

Faço saber que o Congresso Nacional decreta e eu sanciono a seguinte Lei:

Art. 1º Serão punidos, na forma desta Lei, os crimes e as contravenções contra a economia popular. Esta Lei regulará o seu julgamento.

Art. 2º São crimes desta natureza:

I – recusar individualmente em estabelecimento comercial a prestação de serviços essenciais à subsistência; sonegar mercadoria ou recusar vendê-la a quem esteja em condições de comprar a pronto pagamento;

II – favorecer ou preferir comprador ou freguês em detrimento de outro, ressalvados os sistemas de entrega ao consumo por intermédio de distribuidores ou revendedores;

III – expor à venda ou vender mercadoria ou produto alimentício, cujo fabrico haja desatendido a determinações oficiais, quanto ao peso e composição;

IV – negar ou deixar o fornecedor de serviços essenciais de entregar ao freguês a nota relativa à prestação de serviço, desde que a importância exceda de 15 (quinze) cruzeiros, e com a indicação do preço, do nome e endereço do estabelecimento, do nome da firma ou responsável, da data e do local da transação e do nome e residência do freguês;

V – misturar gêneros e mercadorias de espécies diferentes, expô-los à venda ou vendê-los, como puros; misturar gêneros e mercadorias de qualidades desiguais para expô-los à venda ou vendê-lo por preço marcado para os de mais alto custo;

VI – transgredir tabelas oficiais de gêneros e mercadorias, ou de serviços essenciais, bem como expor à venda ou oferecer ao público ou vender tais gêneros, mercadorias ou serviços, por preço superior ao tabelado, assim como não manter afixadas, em lugar visível e de fácil leitura, as tabelas de preços aprovadas pelos órgãos competentes;

VII – negar ou deixar o vendedor de fornecer nota ou caderno de venda de gêneros de primeira necessidade, seja à vista ou a prazo, e cuja a importância exceda de dez cruzeiros, ou de especificar na nota ou caderno – que serão isentos de selo – o preço da mercadoria vendida, o nome e o endereço do estabelecimento, a firma ou o responsável, a data e local da transação e o nome e residência do freguês;

VIII – celebrar ajuste para impor determinado preço de revenda ou exigir do comprador que não compre de outro vendedor;

IX – obter ou tentar obter ganhos ilícitos em detrimento do povo ou de número indeterminado de pessoas mediante especulações ou processos fraudulentos ("bola de neve", "cadeias", "pichardismo" e quaisquer outros equivalentes);

X – violar contrato de venda a prestações, fraudando sorteios ou deixando de entregar a coisa vendida, sem devolução das prestações pagas, ou descontar destas, nas vendas com reserva de domínio, quando o contrato for rescindido por culpa do comprador, quantia maior do que a correspondente à depreciação do objeto;

XI – fraudar pesos ou medidas padronizados em lei ou regulamentos; possuí-los ou detê-los, para efeitos de comércio, sabendo estarem fraudados.

Pena – detenção, de 6 (seis) meses a 2 (dois) anos, e multa de dois mil a cinquenta mil cruzeiros.

Parágrafo único. Na configuração dos crimes previstos nesta Lei, bem como na de qualquer outro de defesa da economia popular, sua guarda e seu emprego considerar-se-ão como de primeira necessidade ou necessários ao consumo do povo, os gêneros, artigos, mercadorias e qualquer outra espécie de coisas ou bens indispensáveis à subsistência do indivíduo em condições higiênicas e ao exercício normal de suas atividades. Estão compreendidos nesta definição os artigos destinados à alimentação, ao vestuário e à iluminação, os terapêuticos ou sanitários, o combustível, a habitação e os materiais de construção.

Art. 3º São também crimes desta natureza:

I – destruir ou inutilizar, intencionalmente e sem autorização legal, com o fim de determinar alta de preços, em proveito próprio ou de terceiro, matérias-primas ou produtos necessários ao consumo do povo;

II – abandonar ou fazer abandonar lavoura ou plantações, suspender ou fazer suspender a atividade de fábricas, usinas ou quaisquer estabelecimentos de produção, ou meios de transporte, mediante indenização paga pela desistência da competição;

III – promover ou participar de consórcio, convênio, ajuste, aliança ou fusão de capitais, com o fim de impedir ou dificultar, para o efeito de aumento arbitrário de lucros, a concorrência em matéria de produção, transportes ou comércio;

IV – reter ou açambarcar matérias-primas, meios de produção ou produtos necessários ao consumo do povo, com o fim de dominar o mercado em qualquer ponto do País e provocar a alta dos preços;

V – vender mercadorias abaixo do preço de custo com o fim de impedir a concorrência;

VI – provocar a alta ou baixa de preços de mercadorias, títulos públicos, valores ou salários por meio de notícias falsas, operações fictícias ou qualquer outro artifício;

VII – dar indicações ou fazer afirmações falsas em prospectos ou anúncios, para fim de substituição, compra ou venda de títulos, ações ou quotas;

VIII – exercer funções de direção, administração ou gerência de mais de uma empresa ou sociedade do mesmo ramo de indústria ou comércio com o fim de impedir ou dificultar a concorrência;

IX – gerir fraudulenta ou temerariamente bancos ou estabelecimentos bancários, ou de capitalização; sociedades de seguros, pecúlios ou pensões vitalícias; sociedades para empréstimos ou financiamento de construções e de vendas de imóveis a prestações, com ou sem sorteio ou preferência por meio de pontos ou quotas; caixas econômicas; caixas Raiffeisen; caixas mútuas de beneficência, socorros ou empréstimos; caixas de pecúlios, pensão e aposentadoria; caixas construtoras; cooperativas; sociedades de economia coletiva, levando-as à falência ou à insolvência, ou não cumprindo qualquer das cláusulas contratuais com prejuízo dos interessados;

X – fraudar de qualquer modo escriturações, lançamentos, registros, relatórios, pareceres e outras informações devidas a sócios de sociedades civis ou comerciais, em que o capital seja fracionado em ações, ou quotas de valor nominativo igual ou inferior a um mil cruzeiros com o fim de sonegar lucros, dividendos, percentagens, rateios ou bonificações, ou de desfalcar ou desviar fundos de reserva ou reservas técnicas.

Pena – detenção, de 2 (dois) anos a 10 (dez) anos, e multa de vinte mil a cem mil cruzeiros.

Art. 4º Constitui crime da mesma natureza a usura pecuniária ou real, assim se considerando:

a) cobrar juros, comissões ou descontos percentuais, sobre dívidas em dinheiro, superiores à taxa permitida por lei; cobrar ágio superior à taxa oficial de câmbio, sobre quantia permutada por moeda estrangeira; ou, ainda, emprestar sob penhor que seja privativo de instituição oficial de crédito;

→ *V.* Art. 10 da Lei 1.807/1953.

b) obter, ou estipular, em qualquer contrato, abusando da premente necessidade, inexperiência ou leviandade de outra parte, lucro patrimonial que exceda o quinto do valor corrente ou justo da prestação feita ou prometida.

LEGISLAÇÃO

Pena – detenção, de 6 (seis) meses a 2 (dois) anos, e multa de cinco mil a vinte mil cruzeiros.

§ 1º Nas mesmas penas incorrerão os procuradores, mandatários ou mediadores que intervierem na operação usurária, bem como os cessionários de crédito usurário que, cientes de sua natureza ilícita, o fizerem valer em sucessiva transmissão ou execução judicial.

§ 2º São circunstâncias agravantes do crime de usura:

I – ser cometido em época de grave crise econômica;

II – ocasionar grave dano individual;

III – dissimular-se a natureza usurária do contrato;

IV – quando cometido:

a) por militar, funcionário público, ministro de culto religioso; por pessoa cuja condição econômico-social seja manifestamente superior à da vítima;

b) em detrimento de operário ou de agricultor; de menor de 18 (dezoito) anos ou de deficiente mental, interditado ou não.

§ 3º A estipulação de juros ou lucros usurários será nula, devendo o juiz ajustá-los à medida legal, ou, caso já tenha sido cumprida, ordenar a restituição da quantia para em excesso, com os juros legais a contar da data do pagamento indevido.

→ § 3º com eficácia suspensa pela MP 2.172-32/2001.

Art. 5º Nos crimes definidos nesta lei, haverá suspensão da pena e livramento condicional em todos os casos permitidos pela legislação comum. Será a fiança concedida nos termos da legislação em vigor, devendo ser arbitrada dentro dos limites de cinco mil cruzeiros a cinquenta mil cruzeiros, nas hipóteses do artigo 2º, e dentro dos limites de dez mil cruzeiros a cem mil cruzeiros nos demais casos, reduzida a metade dentro desses limites, quando o infrator for empregado do estabelecimento comercial ou industrial, ou não ocupe cargo ou posto de direção dos negócios.

→ Artigo com redação alterada pela Lei 3.290/1957.

Art. 6º Verificado qualquer crime contra a economia popular ou contra a saúde pública (Capítulo III do Título VIII do Código Penal) e atendendo à gravidade do fato, sua repercussão e efeitos, o juiz, na sentença, declarará a interdição de direito, determinada no art. 69, IV, do Código Penal, de 6 (seis) meses a 1 (um) ano, assim como, mediante representação da autoridade policial, poderá decretar, dentro de 48 (quarenta e oito) horas, a suspensão provisória, pelo prazo de 15 (quinze) dias, do exercício da profissão ou atividade do infrator.

→ A referência é anterior à reforma do CP pela Lei 7.209/1984.

→ v. Art. 47 do CP.

Art. 7º Os juízes recorrerão de ofício sempre que absolverem os acusados em processo por crime contra a economia popular ou contra a saúde pública, ou quando determinarem o arquivamento dos autos do respectivo inquérito policial.

Art. 8º Nos crimes contra a saúde pública, os exames periciais serão realizados, no Distrito Federal, pelas repartições da Secretaria-Geral da Saúde e Assistência e da Secretaria da Agricultura, Indústria e Comércio da Prefeitura ou pelo Gabinete de Exames Periciais do Departamento de Segurança Pública e nos Estados e Territórios pelos serviços congêneres, valendo qualquer dos laudos como corpo de delito.

Art. 9º *(Revogado pela Lei 6.649/1979).*

Art. 10. Terá forma sumária, nos termos do Capítulo V, Título II, Livro II, do Código de Processo Penal, o processo das contravenções e dos crimes contra a economia popular, não submetidos ao julgamento pelo júri.

§ 1º Os atos policiais (inquérito ou processo iniciado por portaria) deverão terminar no prazo de 10 (dez) dias.

§ 2º O prazo para oferecimento da denúncia será de 2 (dois) dias, esteja ou não o réu preso.

§ 3º A sentença do juiz será proferida dentro do prazo de 30 (trinta) dias contados do recebimento dos autos da autoridade policial (art. 536 do Código de Processo Penal).

§ 4º A retardação injustificada, pura e simples, dos prazos indicados nos parágrafos anteriores, importa em crime de prevaricação (art. 319 do Código Penal).

Art. 11. No Distrito Federal, o processo das infrações penais relativas à economia popular caberá, indistintamente, a todas as varas criminais com exceção das 1ª e 20ª, observadas as disposições quanto aos crimes da competência do júri de que trata o art. 12.

Arts. 12 a 32. *(Referidos artigos são inaplicáveis por força da Emenda Constitucional 1/1969, tratavam do Tribunal do Juri para crimes contra a economia popular).*

Art. 33. Esta Lei entrará em vigor 60 (sessenta) dias depois de sua publicação, aplicando-se aos processos iniciados na sua vigência.

Art. 34. Revogam-se as disposições em contrário.

Rio de Janeiro, 26 de dezembro de 1951; 130º da Independência e 63º da República.

Getúlio Vargas

(Publicação no *D.O.U.* de 27.12.1951)

LEI 1.579, DE 18 DE MARÇO DE 1952

Dispõe sobre as Comissões Parlamentares de Inquérito.

O Presidente da República:

Faço saber que o Congresso Nacional decreta e eu sanciono a seguinte Lei:

Art. 1º As Comissões Parlamentares de Inquérito, criadas na forma do art. 53 da Constituição Federal, terão ampla ação nas pesquisas destinadas a apurar os fatos determinados que deram origem à sua formação.

Parágrafo único. A criação de Comissão Parlamentar de Inquérito dependerá de deliberação plenária, se não for determinada pelo terço da totalidade dos membros da Câmara dos Deputados ou do Senado.

Art. 2º No exercício de suas atribuições, poderão as Comissões Parlamentares de Inquérito determinar as diligências que reputarem necessárias e requerer a convocação de ministro de Estado, tomar o depoimento de quaisquer autoridades federais, estaduais ou municipais, ouvir os indiciados, inquirir testemunhas sob compromisso, requisitar de repartições públicas e autárquicas informações e documentos, e transportar-se aos lugares onde se fizer mister a sua presença.

Art. 3º Indiciados e testemunhas serão intimados de acordo com as prescrições estabelecidas na legislação penal.

§ 1º Em caso de não comparecimento da testemunha sem motivo justificado, a sua intimação será solicitada ao juiz criminal da localidade em que resida ou se encontre, na forma do art. 218 do Código de Processo Penal.

→ Anterior parágrafo único renumerado para § 1º pela Lei 10.679/2003.

§ 2º O depoente poderá fazer-se acompanhar de advogado, ainda que em reunião secreta.

→ § 2º acrescentado pela Lei 10.679/2003.

Art. 4º Constitui crime:

I – impedir, ou tentar impedir, mediante violência, ameaça ou assuadas, o regular funcionamento de Comissão Parlamentar de Inquérito, ou o livre exercício das atribuições de qualquer dos seus membros:

Pena – a do art. 329 do Código Penal.

II – fazer afirmação falsa, ou negar ou calar a verdade como testemunha, perito, tradutor ou intérprete, perante a Comissão Parlamentar de Inquérito:

Pena – a do art. 342 do Código Penal.

Art. 5º As Comissões Parlamentares de Inquérito apresentarão relatório de seus trabalhos à respectiva Câmara, concluindo por projeto de resolução.

§ 1º Se forem diversos os fatos, objeto de inquérito, a comissão dirá, em separado, sobre cada um, podendo fazê-lo antes mesmo de finda a investigação dos demais.

§ 2º A incumbência da Comissão Parlamentar de Inquérito termina com a sessão legislativa em que tiver sido outorgada, salvo deliberação da respectiva Câmara, prorrogando-a dentro da legislatura em curso.

Art. 6º O processo e a instrução dos inquéritos obedecerão ao que prescreve esta Lei, no que lhes for aplicável, às normas do processo penal.

Art. 7º Esta Lei entrará em vigor na data de sua publicação, revogadas as disposições em contrário.

Rio de Janeiro, 18 de março de 1952; 131º da Independência e 64º da República.

Getúlio Vargas

(Publicação no *D.O.U.* de 21.3.1952)

LEI 2.889,
DE 1º DE OUTUBRO DE 1956

Define e pune o crime de genocídio.

O Presidente da República:

Faço saber que o Congresso Nacional decreta e eu sanciono a seguinte Lei:

Art. 1º Quem, com a intenção de destruir, no todo ou em parte, grupo nacional, étnico, racial ou religioso, como tal:

→ v. Art. 109, V-A, da CF/1988.

→ v. Art. 7º, I, *d*, do CP.

→ v. Art. 1º da Lei 8.072/1990.

a) matar membros do grupo;

b) causar lesão grave à integridade física ou mental de membros do grupo;

c) submeter intencionalmente o grupo a condições de existência capazes de ocasionar-lhe a destruição física total ou parcial;

d) adotar medidas destinadas a impedir os nascimentos no seio do grupo;

e) efetuar a transferência forçada de crianças do grupo para outro grupo.

Será punido:

com as penas do art. 121, § 2º, do Código Penal, no caso da letra *a*;

com as penas do art. 129, § 2º, no caso da letra *b*;

com as penas do art. 270, no caso da letra *c*;

com as penas do art. 125, no caso da letra *d*;

com as penas do art. 148, no caso da letra *e*.

Art. 2º Associarem-se mais de três pessoas para prática dos crimes mencionados no artigo anterior:

→ v. Art. 288 do CP.

Pena – metade da cominada aos crimes ali previstos.

Art. 3º Incitar, direta e publicamente, alguém a cometer qualquer dos crimes de que trata o art. 1º:

→ v. Art. 286 do CP.

Pena – metade das penas ali cominadas.

§ 1º A pena pelo crime de incitação será a mesma de crime incitado, se este se consumar.

§ 2º A pena será aumentada de 1/3 (um terço), quando a incitação for cometida pela imprensa.

Art. 4º A pena será agravada de 1/3 (um terço), no caso dos arts. 1º, 2º e 3º, quando cometido o crime por governante ou funcionário público.

Art. 5º Será punida com 2/3 (dois terços) das respectivas penas a tentativa dos crimes definidos nesta Lei.

→ v. Art. 14, II, do CP.

Art. 6º Os crimes de que trata esta Lei não serão considerados crimes políticos para efeitos de extradição.

→ v. Art. 5º, LII, da CF/1988.

Art. 7º Revogam-se as disposições em contrário.

Rio de Janeiro, em 1º de outubro de 1956; 135º da Independência e 68º da República.

Juscelino Kubitschek

(Publicação no *D.O.U.* de 2.10.1956)

LEI 4.090,
DE 13 DE JULHO DE 1962

Institui a gratificação de Natal para os trabalhadores.

→ v. Decreto 57.155/1965 - Expede nova regulamentação da Lei 4.090/1962.

O Presidente da República:

Faço saber que o Congresso Nacional decreta e eu sanciono a seguinte Lei:

Art. 1º No mês de dezembro de cada ano, a todo empregado será paga, pelo empregador, uma gratificação salarial, independentemente da remuneração a que fizer jus.

§ 1º A gratificação corresponderá a 1/12 (um doze avos) da remuneração devida em dezembro, por mês de serviço, do ano correspondente.

§ 2º A fração igual ou superior a 15 (quinze) dias de trabalho será havida como mês integral para os efeitos do parágrafo anterior.

§ 3º A gratificação será proporcional:

→ § 3º acrescentado pela Lei 9.011/1995.

I – na extinção dos contratos a prazo, entre estes incluídos os de safra, ainda que a relação de emprego haja findado antes de dezembro; e

II – na cessação da relação de emprego resultante da aposentadoria do trabalhador, ainda que verificada antes de dezembro.

Art. 2º As faltas legais e justificadas ao serviço não serão deduzidas para os fins previstos no § 1º do art. 1º desta Lei.

Art. 3º Ocorrendo rescisão, sem justa causa, do contrato de trabalho, o empregado receberá a gratificação devida nos termos dos §§ 1º e 2º do art. 1º desta Lei, calculada sobre a remuneração do mês da rescisão.

Art. 4º Esta Lei entrará em vigor na data de sua publicação, revogadas as disposições em contrário.

Brasília, 13 de julho de 1962; 141º da Independência e 74º da República.

João Goulart

(Publicação no *D.O.U.* de 26.7.1962)

LEI 4.132,
DE 10 DE SETEMBRO DE 1962

Define os casos de desapropriação por interesse social e dispõe sobre sua aplicação.

O Presidente da República:

Faço saber que o Congresso Nacional decreta e eu sanciono a seguinte Lei:

Art. 1º A desapropriação por interesse social será decretada para promover a justa distribuição da propriedade ou condicionar o seu uso ao bem-estar social, na forma do art. 147 da Constituição Federal.

→ v. Arts. 5º, XXIII e XXIV, e 184 a 186 da CF/1988.

→ v. Arts. 1.228, § 3º, e 1.275, V, do CC.

→ v. Arts. 17, *a*, 18 a 23 da Lei 4.504/1964.

Art. 2º Considera-se de interesse social:

I – o aproveitamento de todo bem improdutivo ou explorado sem correspondência com as necessidades de habitação, trabalho e consumo dos centros de população a que deve ou possa suprir por seu destino econômico;

II – a instalação ou a intensificação das culturas nas áreas em cuja exploração não se obedeça a plano de zoneamento agrícola *(vetado)*;

III – o estabelecimento e a manutenção de colônias ou cooperativas de povoamento e trabalho agrícola;

IV – a manutenção de posseiros em terrenos urbanos onde, com a tolerância expressa ou tácita do proprietário, tenham construído sua habitação, formando núcleos residenciais de mais de dez famílias;

V – a construção de casas populares;

VI – as terras e águas suscetíveis de valorização extraordinária, pela conclusão de obras e serviços públicos, notadamente de saneamento, portos, transporte, eletrificação, armazenamento de água e irrigação, no caso em que não sejam ditas áreas socialmente aproveitadas;

VII – a proteção do solo e a preservação de cursos e mananciais de água e de reservas florestais;

VIII – a utilização de áreas, locais ou bens que, por suas características, sejam apropriados ao desenvolvimento de atividades turísticas.

→ Inciso VIII acrescentado pela Lei 6.513/1977.

§ 1º O disposto no item I deste artigo só se aplicará nos casos de bens retirados de produção ou tratando-se de imóveis rurais cuja produção, por ineficientemente explorados, seja inferior à média da região, atendidas as condições naturais do seu solo e sua situação em relação aos mercados.

§ 2º As necessidades de habitação, trabalho e consumo serão apuradas anualmente segundo a conjuntura e condições econômicas locais, cabendo o seu estudo e verificação às autoridades encarregadas de velar pelo bem-estar e pelo abastecimento das respectivas populações.

Art. 3º O expropriante tem o prazo de 2 (dois) anos, a partir da decretação da desapropriação por interesse social, para efetivar a aludida desapropriação e iniciar as providências de aproveitamento do bem expropriado.

Parágrafo único. *(Vetado).*

Art. 4º Os bens desapropriados serão objeto de venda ou locação, a quem estiver em condições de dar-lhes a destinação social prevista.

Art. 5º No que esta Lei for omissa aplicam-se as normas legais que regulam a desapropriação por utilidade pública, inclusive no tocante ao processo e à justa indenização devida ao proprietário.

Art. 6º Revogam-se as disposições em contrário.

Brasília, 10 de setembro de 1962; 141º da Independência e 74º da República.

João Goulart

(Publicação no *D.O.U.* de 7.11.1962)

LEGISLAÇÃO

LEI 4.320,
DE 17 DE MARÇO DE 1964

Estatui Normas Gerais de Direito Financeiro para elaboração e controle dos orçamentos e balanços da União, dos Estados, dos Municípios e do Distrito Federal.

Faço saber que o Congresso Nacional decreta e eu sanciono a seguinte Lei:

DISPOSIÇÃO PRELIMINAR

Art. 1º Esta Lei estatui normas gerais de direito financeiro para elaboração e controle dos orçamentos e balanços da União, dos Estados, dos Municípios e do Distrito Federal, de acordo com o disposto no art. 5º, XV, *b*, da Constituição Federal.

→ O Art. 1º faz menção à Constituição Federal de 1946.

→ Art. 1º do CTN.

Título I
Da Lei de Orçamento

Capítulo I
DISPOSIÇÕES GERAIS

Art. 2º A Lei de Orçamento conterá a discriminação da receita e despesa de forma a evidenciar a política econômico-financeira e o programa de trabalho do Governo, obedecidos os princípios de unidade universalidade e anualidade.

→ *v.* Art. 24, I, da CF/1988.

§ 1º Integrarão a Lei de Orçamento:

I – sumário geral da receita por fontes e da despesa por funções do Governo;

II – quadro demonstrativo da receita e despesa segundo as categorias econômicas, na forma do Anexo 1;

III – quadro discriminativo da receita por fontes e respectiva legislação;

IV – quadro das dotações por órgãos do Governo e da Administração.

§ 2º Acompanharão a Lei de Orçamento:

I – quadros demonstrativos da receita e planos de aplicação dos fundos especiais;

II – quadros demonstrativos da despesa, na forma dos Anexos 6 a 9;

III – quadro demonstrativo do programa anual de trabalho do Governo, em termos de realização de obras e de prestação de serviços.

Art. 3º A Lei de Orçamento compreenderá todas as receitas, inclusive as de operações de crédito autorizadas em lei.

Parágrafo único. Não se consideram para os fins deste artigo as operações de crédito por antecipação da receita, as emissões de papel-moeda e outras entradas compensatórias, no ativo e passivo financeiros.

Art. 4º A Lei de Orçamento compreenderá todas as despesas próprias dos órgãos do Governo e da Administração centralizada, ou que, por intermédio deles se devam realizar, observado o disposto no artigo 2º.

Art. 5º A Lei de Orçamento não consignará dotações globais destinadas a atender indiferentemente a despesas de pessoal, material, serviços de terceiros, transferências ou quaisquer outras, ressalvado o disposto no artigo 20 e seu parágrafo único.

Art. 6º Todas as receitas e despesas constarão da Lei de Orçamento pelos seus totais, vedadas quaisquer deduções.

§ 1º As cotas de receitas que uma entidade pública deva transferir a outra incluir-se-ão, como despesa, no orçamento da entidade obrigada à transferência e, como receita, no orçamento da que as deva receber.

§ 2º Para cumprimento do disposto no parágrafo anterior, o cálculo das cotas terá por base os dados apurados no balanço do exercício anterior àquele em que se elaborar a proposta orçamentária do Governo obrigado a transferência.

Art. 7º A Lei de Orçamento poderá conter autorização ao Executivo para:

I – abrir créditos suplementares até determinada importância obedecidas as disposições do artigo 43;

II – realizar em qualquer mês do exercício financeiro, operações de crédito por antecipação da receita, para atender a insuficiências de caixa.

§ 1º Em casos de *deficit*, a Lei de Orçamento indicará as fontes de recursos que o Poder Executivo fica autorizado a utilizar para atender a sua cobertura.

§ 2º O produto estimado de operações de crédito e de alienação de bens imóveis somente se incluirá na receita quando umas e outras forem especificamente autorizadas pelo Poder Legislativo em forma que juridicamente possibilite ao Poder Executivo realizá-las no exercício.

§ 3º A autorização legislativa a que se refere o parágrafo anterior, no tocante a operações de crédito, poderá constar da própria Lei de Orçamento.

Art. 8º A discriminação da receita geral e da despesa de cada órgão do Governo ou unidade administrativa, a que se refere o artigo 2º, § 1º, III e IV, obedecerá à forma do Anexo 2.

§ 1º Os itens da discriminação da receita e da despesa, mencionados nos artigos 11, § 4º, e 13, serão identificados por números de código decimal, na forma dos Anexos 3 e 4.

§ 2º Completarão os números do código decimal referido no parágrafo anterior os algarismos caracterizadores da classificação funcional da despesa, conforme estabelece o Anexo 5.

§ 3º O código geral estabelecido nesta Lei não prejudicará a adoção de códigos locais.

Capítulo II
DA RECEITA

Art. 9º Tributo e a receita derivada instituída pelas entidades de direito público, compreendendo os impostos, as taxas e contribuições, nos termos da Constituição e das leis vigentes em matéria financeira, destinando-se o seu produto ao custeio de atividades gerais ou específicas exercidas por essas entidades.

Art. 10. *(Vetado).*

Art. 11. A receita classificar-se-á nas seguintes categorias econômicas: Receitas Correntes e Receitas de Capital.

→ Artigo com redação alterada pelo Dec.-lei 1.939/1982.

§ 1º São Receitas Correntes as receitas tributária, de contribuições, patrimonial, agropecuária, industrial, de serviços e outras e, ainda, as provenientes de recursos financeiros recebidos de outras pessoas de direito público ou privado, quando destinadas a atender despesas classificáveis em Despesas Correntes.

§ 2º São Receitas de Capital as provenientes da realização de recursos financeiros oriundos de constituição de dívidas; da conversão, em espécie, de bens e direitos; os recursos recebidos de outras pessoas de direito público ou privado, destinados a atender despesas classificáveis em Despesas de Capital e, ainda, o *superavit* do Orçamento Corrente.

§ 3º O *superavit* do Orçamento Corrente resultante do balanceamento dos totais das receitas e despesas correntes, apurado na demonstração a que se refere o Anexo 1, não constituirá item de receita orçamentária.

§ 4º A classificação da receita obedecerá ao seguinte esquema:

RECEITAS CORRENTES

RECEITA TRIBUTÁRIA

Impostos.

Taxas.

Contribuições de Melhoria.

RECEITA DE CONTRIBUIÇÕES

RECEITA PATRIMONIAL

RECEITA AGROPECUÁRIA

RECEITA INDUSTRIAL

RECEITA DE SERVIÇOS

TRANSFERÊNCIAS CORRENTES

OUTRAS RECEITAS CORRENTES

RECEITAS DE CAPITAL

OPERAÇÕES DE CRÉDITO

ALIENAÇÃO DE BENS

AMORTIZAÇÃO DE EMPRÉSTIMOS

TRANSFERÊNCIAS DE CAPITAL

OUTRAS RECEITAS DE CAPITAL

Capítulo III
DA DESPESA

Art. 12. A despesa será classificada nas seguintes categorias econômicas:

→ *v.* § 1º do art. 3º do Dec.-lei nº 1.805/1980.

DESPESAS CORRENTES

Despesas de Custeio.

Transferências Correntes.

DESPESAS DE CAPITAL

Investimentos.

Inversões Financeiras.

Transferências de Capital.

§ 1º Classificam-se como Despesas de Custeio as dotações para manutenção de serviços anteriormente criados, inclusive as destinadas a atender a obras de conservação e adaptação de bens imóveis.

LEGISLAÇÃO

§ 2º Classificam-se como Transferências Correntes as dotações para despesas as quais não corresponda contraprestação direta em bens ou serviços, inclusive para contribuições e subvenções destinadas a atender à manifestação de outras entidades de direito público ou privado.

§ 3º Consideram-se subvenções, para os efeitos desta Lei, as transferências destinadas a cobrir despesas de custeio das entidades beneficiadas, distinguindo-se como:

I – subvenções sociais, as que se destinem a instituições públicas ou privadas de caráter assistencial ou cultural, sem finalidade lucrativa;

II – subvenções econômicas, as que se destinem a empresas públicas ou privadas de caráter industrial, comercial, agrícola ou pastoril.

§ 4º Classificam-se como investimentos as dotações para o planejamento e a execução de obras, inclusive as destinadas à aquisição de imóveis considerados necessários à realização destas últimas, bem como para os programas especiais de trabalho, aquisição de instalações, equipamentos e material permanente e constituição ou aumento do capital de empresas que não sejam de caráter comercial ou financeiro.

§ 5º Classificam-se como Inversões Financeiras as dotações destinadas a:

I – aquisição de imóveis, ou de bens de capital já em utilização;

II – aquisição de títulos representativos do capital de empresas ou entidades de qualquer espécie, já constituídas, quando a operação não importe aumento do capital;

III – constituição ou aumento do capital de entidades ou empresas que visem a objetivos comerciais ou financeiros, inclusive operações bancárias ou de seguros.

§ 6º São Transferências de Capital as dotações para investimentos ou inversões financeiras que outras pessoas de direito público ou privado devam realizar, independentemente de contraprestação direta em bens ou serviços, constituindo essas transferências auxílios ou contribuições, segundo derivem diretamente da Lei de Orçamento ou de lei especialmente anterior, bem como as dotações para amortização da dívida pública.

Art. 13. Observadas as categorias econômicas do art. 12, a discriminação ou especificação da despesa por elementos, em cada unidade administrativa ou órgão de governo, obedecerá ao seguinte esquema:

DESPESAS CORRENTES

Despesas de Custeio

Pessoal Civil.

Pessoal Militar.

Material de Consumo.

Serviços de Terceiros.

Encargos Diversos.

TRANSFERÊNCIAS CORRENTES

Subvenções Sociais.

Subvenções Econômicas.

Inativos.

Pensionistas.

Salário-Família e Abono Familiar.

Juros da Dívida Pública.

Contribuições de Previdência Social.

Diversas Transferências Correntes.

DESPESAS DE CAPITAL

INVESTIMENTOS

Obras Públicas.

Serviços em Regime de Programação Especial.

Equipamentos e Instalações.

Material Permanente.

Participação em Constituição ou Aumento de Capital de Empresas ou Entidades Industriais ou Agrícolas.

INVERSÕES FINANCEIRAS

Aquisição de Imóveis.

Participação em Constituição ou Aumento de Capital de Empresas ou Entidades Comerciais ou Financeiras.

Aquisição de Títulos Representativos de Capital de Empresa em Funcionamento.

Constituição de Fundos Rotativos.

Concessão de Empréstimos.

Diversas Inversões Financeiras.

TRANSFERÊNCIAS DE CAPITAL

Amortização da Dívida Pública.

Auxílios para Obras Públicas.

Auxílios para Equipamentos e Instalações.

Auxílios para Inversões Financeiras.

Outras Contribuições.

Art. 14. Constitui unidade orçamentária o agrupamento de serviços subordinados ao mesmo órgão ou repartição a que serão consignadas dotações próprias.

Parágrafo único. Em casos excepcionais, serão consignadas dotações a unidades administrativas subordinadas ao mesmo órgão.

Art. 15. Na Lei de Orçamento a discriminação da despesa far-se-á no mínimo por elementos.

§ 1º Entende-se por elementos o desdobramento da despesa com pessoal, material, serviços, obras e outros meios de que se serve a administração pública para consecução dos seus fins.

§ 2º Para efeito de classificação da despesa, considera-se material permanente o de duração superior a 2 (dois) anos.

Seção I
Das despesas correntes

Subseção Única
Das transferências correntes

I) Das subvenções sociais

Art. 16. Fundamentalmente e nos limites das possibilidades financeiras a concessão de subvenções sociais visará a prestação de serviços essenciais de assistência social, médica e educacional, sempre que a suplementação de recursos de origem privada aplicados a esses objetivos, revelar-se mais econômica.

Parágrafo único. O valor das subvenções, sempre que possível, será calculado com base em unidades de serviços efetivamente prestados ou postos à disposição dos interessados obedecidos os padrões mínimos de eficiência previamente fixados.

Art. 17. Somente à instituição cujas condições de funcionamento forem julgadas satisfatórias pelos órgãos oficiais de fiscalização serão concedidas subvenções.

II) Das subvenções econômicas

Art. 18. A cobertura dos *deficit* de manutenção das empresas públicas, de natureza autárquica ou não, far-se-á mediante subvenções econômicas expressamente incluídas nas despesas correntes do orçamento da União, do Estado, do Município ou do Distrito Federal.

Parágrafo único. Consideram-se, igualmente, como subvenções econômicas:

a) as dotações destinadas a cobrir a diferença entre os preços de mercado e os preços de revenda, pelo Governo, de gêneros alimentícios ou outros materiais;

b) as dotações destinadas ao pagamento de bonificações a produtores de determinados gêneros ou materiais.

Art. 19. A Lei de Orçamento não consignará ajuda financeira, a qualquer título, a empresa de fins lucrativos, salvo quando se tratar de subvenções cuja concessão tenha sido expressamente autorizada em lei especial.

Seção II
Das despesas de capital

Subseção Primeira
Dos investimentos

Art. 20. Os investimentos serão discriminados na Lei de Orçamento segundo os projetos de obras e de outras aplicações.

Parágrafo único. Os programas especiais de trabalho que, por sua natureza, não possam cumprir-se subordinadamente às normas gerais de execução da despesa poderão ser custeados por dotações globais, classificadas entre as Despesas de Capital.

Subseção Segunda
Das transferências de capital

Art. 21. A Lei de Orçamento não consignará auxílio para investimentos que se devam incorporar ao patrimônio das empresas privadas de fins lucrativos.

Parágrafo único. O disposto neste artigo aplica-se às transferências de capital à conta de fundos especiais ou dotações sob regime excepcional de aplicação.

Título II
Da proposta orçamentária

Capítulo I
CONTEÚDO E FORMA DA PROPOSTA ORÇAMENTÁRIA

Art. 22. A proposta orçamentária que o Poder Executivo encaminhará ao Poder Legislativo nos prazos estabelecidos nas Constituições e nas Leis Orgânicas dos Municípios, compor-se-á:

I – mensagem, que conterá: exposição circunstanciada da situação econômico-financeira, documentada com demonstração da dívida fundada e flutuante, saldos de créditos especiais, restos a pagar e outros compromissos financeiros exigíveis; exposição e justificação da política econômico-financeira do Governo; justificação da receita e despesa, particularmente no tocante ao orçamento de capital;

II – projeto de Lei de Orçamento;

III – tabelas explicativas, das quais, além das estimativas de receita e despesa, constarão, em colunas distintas e para fins de comparação:

a) a receita arrecadada nos três últimos exercícios anteriores àquele em que se elaborou a proposta;

b) a receita prevista para o exercício em que se elabora a proposta;

c) a receita prevista para o exercício a que se refere a proposta;

d) a despesa realizada no exercício imediatamente anterior;

e) a despesa fixada para o exercício em que se elabora a proposta; e

f) a despesa prevista para o exercício a que se refere a proposta;

IV – especificação dos programas especiais de trabalho custeados por dotações globais, em termos de metas visadas, decompostas em estimativa do custo das obras a realizar e dos serviços a prestar, acompanhadas de justificação econômica, financeira, social e administrativa.

Parágrafo único. Constará da proposta orçamentária, para cada unidade administrativa, descrição sucinta de suas principais finalidades, com indicação da respectiva legislação.

Capítulo II
DA ELABORAÇÃO DA PROPOSTA ORÇAMENTÁRIA

Seção Primeira
Das previsões plurienais

→ Consta conforme publicação oficial.

Art. 23. As receitas e despesas de capital serão objeto de um Quadro de Recursos de Aplicação de Capital, aprovado por decreto do Poder Executivo, abrangendo, no mínimo um triênio.

Parágrafo único. O Quadro de Recursos e de Aplicação de Capital será anualmente reajustado acrescentando-se-lhe as previsões de mais 1 (um) ano, de modo a assegurar a projeção contínua dos períodos.

Art. 24. O Quadro de Recursos e de Aplicação de Capital abrangerá:

I – as despesas e, como couber, também as receitas previstas em planos especiais aprovados em lei e destinados a atender a regiões ou a setores da administração ou da economia;

II – as despesas à conta de fundos especiais e, como couber, as receitas que os constituam;

III – em anexos, as despesas de capital das entidades referidas no Título X desta Lei, com indicação das respectivas receitas, para as quais forem previstas transferências de capital.

Art. 25. Os programas constantes do Quadro de Recursos e de Aplicação de Capital sempre que possível serão correlacionados a metas objetivas em termos de realização de obras e de prestação de serviços.

Parágrafo único. Consideram-se metas os resultados que se pretendem obter com a realização de cada programa.

Art. 26. A proposta orçamentária conterá o programa anual atualizado dos investimentos, inversões financeiras e transferências previstos no Quadro de Recursos e de Aplicação de Capital.

Seção Segunda
Das previsões anuais

Art. 27. As propostas parciais de orçamento guardarão estrita conformidade com a política econômico-financeira, o programa anual de trabalho do Governo e, quando fixado, o limite global máximo para o orçamento de cada unidade administrativa.

Art. 28. As propostas parciais das unidades administrativas, organizadas em formulário próprio, serão acompanhadas de:

I – tabelas explicativas da despesa, sob a forma estabelecida no artigo 22, III, *d, e* e *f*;

II – justificação pormenorizada de cada dotação solicitada, com a indicação dos atos de aprovação de projetos e orçamentos de obras públicas, para cujo início ou prosseguimento ela se destina.

Art. 29. Caberá aos órgãos de contabilidade ou de arrecadação organizar demonstrações mensais da receita arrecadada, segundo as rubricas, para servirem de base a estimativa da receita, na proposta orçamentária.

Parágrafo único. Quando houver órgão central de orçamento, essas demonstrações ser-lhe-ão remetidas mensalmente.

Art. 30. A estimativa da receita terá por base as demonstrações a que se refere o artigo anterior à arrecadação dos três últimos exercícios, pelo menos bem como as circunstâncias de ordem conjuntural e outras, que possam afetar a produtividade de cada fonte de receita.

Art. 31. As propostas orçamentárias parciais serão revistas e coordenadas na proposta geral, considerando-se a receita estimada e as novas circunstâncias.

Título III
Da elaboração da lei de orçamento

Art. 32. Se não receber a proposta orçamentária no prazo fixado nas Constituições ou nas Leis Orgânicas dos Municípios, o Poder Legislativo considerará como proposta a Lei de Orçamento vigente.

Art. 33. Não se admitirão emendas ao projeto de Lei de Orçamento que visem a:

a) alterar a dotação solicitada para despesa de custeio, salvo quando provada, nesse ponto, a inexatidão da proposta;

b) conceder dotação para o início de obra cujo projeto não esteja aprovado pelos órgãos competentes;

c) conceder dotação para instalação ou funcionamento de serviço que não esteja anteriormente criado;

d) conceder dotação superior aos quantitativos previamente fixados em resolução do Poder Legislativo para concessão de auxílios e subvenções.

Título IV
Do exercício financeiro

Art. 34. O exercício financeiro coincidirá com o ano civil.

Art. 35. Pertencem ao exercício financeiro:

I – as receitas nele arrecadadas;

II – as despesas nele legalmente empenhadas.

Art. 36. Consideram-se Restos a Pagar as despesas empenhadas mas não pagas até o dia 31 de dezembro distinguindo-se as processadas das não processadas.

Parágrafo único. Os empenhos que sorvem a conta de créditos com vigência plurienal, que não tenham sido liquidados, só serão computados como Restos a Pagar no último ano de vigência do crédito.

→ Consta conforme publicação oficial.

Art. 37. As despesas de exercícios encerrados, para as quais o orçamento respectivo consignava crédito próprio, com saldo suficiente para atendê-las, que não se tenham processado na época própria, bem como os Restos a Pagar com prescrição interrompida e os compromissos reconhecidos após o encerramento do exercício correspondente poderão ser pagos à conta de dotação específica consignada no orçamento, discriminada por elementos, obedecida, sempre que possível, a ordem cronológica.

Art. 38. Reverte à dotação a importância de despesa anulada no exercício, quando a anulação ocorrer após o encerramento deste considerar-se-á receita do ano em que se efetivar.

Art. 39. Os créditos da Fazenda Pública, de natureza tributária ou não tributária, serão escriturados como receita do exercício em que forem arrecadados, nas respectivas rubricas orçamentárias.

→ Artigo com redação alterada pelo Dec.-lei 1.735/1979.

§ 1º Os créditos de que trata este artigo, exigíveis pelo transcurso do prazo para pagamento, serão inscritos, na forma da legislação própria, como Dívida Ativa, em registro próprio, após apurada a sua liquidez e certeza, e a respectiva receita será escriturada a esse título.

§ 2º Dívida Ativa Tributária é o crédito da Fazenda Pública dessa natureza, proveniente de obrigação legal relativa a tributos e respectivos adicionais e multas, e Dívida Ativa não - Tributária são os demais créditos da Fazenda Pública, tais como os provenientes de empréstimos compulsórios, contribuições estabelecidas em lei, multas de qualquer origem ou natureza, exceto as tributárias, foros, laudêmios, aluguéis ou taxas de ocupação, custas processuais, preços de serviços prestados por estabelecimentos públicos, indenizações, reposições, restituições, alcances dos responsáveis definitivamente julgados, bem assim os créditos decorrentes de obrigações em moeda estrangeira, de sub-rogação de hipoteca, fiança, aval ou outra garantia, de contratos em geral ou de outras obrigações legais.

→ *v.* Art. 202 do CTN.

→ *v.* Art. 2º da Lei 6.830/1980.

§ 3º O valor do crédito da Fazenda Nacional em moeda estrangeira será convertido ao correspondente valor na moeda nacional à taxa cambial oficial, para compra, na data da notificação ou intimação do devedor, pela autoridade administrativa, ou, à sua falta, na data da inscrição da Dívida Ativa, incidindo, a partir da conversão, a atualização monetária e os juros de mora, de acordo com preceitos legais pertinentes aos débitos tributários.

§ 4º A receita da Dívida Ativa abrange os créditos mencionados nos parágrafos anteriores, bem como os valores correspondentes à respectiva atualização monetária, à multa e juros de mora e ao encargo de que tratam o art. 1º do Decreto-lei 1.025, de 21 de outubro de 1969, e o art. 3º do Decreto-lei 1.645, de 11 de dezembro de 1978.

§ 5º A Dívida Ativa da União será apurada e inscrita na Procuradoria da Fazenda Nacional.

Título V
Dos créditos adicionais

Art. 40. São créditos adicionais, as autorizações de despesa não computadas ou insuficientemente dotadas na Lei de Orçamento.

Art. 41. Os créditos adicionais classificam-se em:

I – suplementares, os destinados a reforço de dotação orçamentária;

II – especiais, os destinados a despesas para as quais não haja dotação orçamentária específica;

III – extraordinários, os destinados a despesas urgentes e imprevistas, em caso de guerra, comoção intestina ou calamidade pública.

Art. 42. Os créditos suplementares e especiais serão autorizados por lei e abertos por decreto executivo.

Art. 43. A abertura dos créditos suplementares e especiais depende da existência de recursos disponíveis para ocorrer a despesa e será precedida de exposição justificativa.

§ 1º Consideram-se recursos para o fim deste artigo, desde que não comprometidos:

I – o *superavit* financeiro apurado em balanço patrimonial do exercício anterior;

II – os provenientes de excesso de arrecadação;

III – os resultantes de anulação parcial ou total de dotações orçamentárias ou de créditos adicionais, autorizados em lei;

IV – o produto de operações de crédito autorizadas, em forma que juridicamente possibilite ao Poder Executivo realizá-las.

§ 2º Entende-se por *superavit* financeiro a diferença positiva entre o ativo financeiro e o passivo financeiro, conjugando-se, ainda, os saldos dos créditos adicionais transferidos e as operações de crédito a eles vinculadas.

§ 3º Entende-se por excesso de arrecadação, para os fins deste artigo, o saldo positivo das diferenças acumuladas mês a mês entre a arrecadação prevista e a realizada, considerando-se, ainda, a tendência do exercício.

§ 4º Para o fim de apurar os recursos utilizáveis, provenientes de excesso de arrecadação, deduzir-se-á a importância dos créditos extraordinários abertos no exercício.

Art. 44. Os créditos extraordinários serão abertos por decreto do Poder Executivo, que deles dará imediato conhecimento ao Poder Legislativo.

Art. 45. Os créditos adicionais terão vigência adstrita ao exercício financeiro em que forem abertos, salvo expressa disposição legal em contrário, quanto aos especiais e extraordinários.

Art. 46. O ato que abrir crédito adicional indicará a importância, a espécie do mesmo e a classificação da despesa, até onde for possível.

Título VI
Da execução do orçamento

Capítulo I
DA PROGRAMAÇÃO DA DESPESA

Art. 47. Imediatamente após a promulgação da Lei de Orçamento e com base nos limites nela fixados, o Poder Executivo aprovará um quadro de cotas trimestrais da despesa que cada unidade orçamentária fica autorizada a utilizar.

Art. 48. A fixação das cotas a que se refere o artigo anterior atenderá aos seguintes objetivos:

a) assegurar às unidades orçamentárias, em tempo útil a soma de recursos necessários e suficientes a melhor execução do seu programa anual de trabalho;

b) manter, durante o exercício, na medida do possível o equilíbrio entre a receita arrecadada e a despesa realizada, de modo a reduzir ao mínimo eventuais insuficiências de tesouraria.

Art. 49. A programação da despesa orçamentária, para efeito do disposto no artigo anterior, levará em conta os créditos adicionais e as operações extraorçamentárias.

Art. 50. As cotas trimestrais poderão ser alteradas durante o exercício, observados o limite da dotação e o comportamento da execução orçamentária.

Capítulo II
DA RECEITA

Art. 51. Nenhum tributo será exigido ou aumentado sem que a lei o estabeleça, nenhum será cobrado em cada exercício sem prévia autorização orçamentária, ressalvados a tarifa aduaneira e o imposto lançado por motivo de guerra.

Art. 52. São objeto de lançamento os impostos diretos e quaisquer outras rendas com vencimento determinado em lei, regulamento ou contrato.

Art. 53. O lançamento da receita, o ato da repartição competente, que verifica a procedência do crédito fiscal e a pessoa que lhe é devedora e inscreve o débito desta.

Art. 54. Não será admitida a compensação da observação de recolher rendas ou receitas com direito creditório contra a Fazenda Pública.

Art. 55. Os agentes da arrecadação devem fornecer recibos das importâncias que arrecadarem.

§ 1º Os recibos devem conter o nome da pessoa que paga a soma arrecadada, proveniência e classificação, bem como a data e assinatura do agente arrecadador.

§ 2º Os recibos serão fornecidos em uma única via.

Art. 56. O recolhimento de todas as receitas far-se-á em estrita observância ao princípio de unidade de tesouraria, vedada qualquer fragmentação para criação de caixas especiais.

Art. 57. Ressalvado o disposto no parágrafo único do artigo 3º desta Lei serão classificadas como receita orçamentária, sob as rubricas próprias, todas as receitas arrecadadas, inclusive as provenientes de operações de crédito, ainda que não previstas no Orçamento.

Capítulo III
DA DESPESA

Art. 58. O empenho de despesa é o ato emanado de autoridade competente que cria para o Estado obrigação de pagamento pendente ou não de implemento de condição.

Art. 59. O empenho da despesa não poderá exceder o limite dos créditos concedidos.

→ Artigo com redação alterada pela Lei 6.397/1976.

§ 1º Ressalvado o disposto no art. 67 da Constituição Federal, é vedado aos Municípios empenhar, no último mês do mandato do prefeito, mais do que o duodécimo da despesa prevista no Orçamento vigente.

§ 2º Fica, também, vedado aos Municípios, no mesmo período, assumir, por qualquer forma, compromissos financeiros para execução depois do término do mandato do prefeito.

§ 3º As disposições dos parágrafos anteriores não se aplicam nos casos comprovados de calamidade pública.

§ 4º Reputam-se nulos e de nenhum efeito os empenhos e atos praticados em desacordo com o disposto nos parágrafos 1º e 2º deste artigo, sem prejuízo da responsabilidade do prefeito nos termos do art. 1º, V, do Decreto-lei 201, de 27 de fevereiro de 1967.

Art. 60. É vedada a realização de despesa sem prévio empenho.

§ 1º Em casos especiais previstos na legislação específica será dispensada a emissão da nota de empenho.

§ 2º Será feito por estimativa o empenho da despesa cujo montante não se possa determinar.

§ 3º É permitido o empenho global de despesas contratuais e outras, sujeitas a parcelamento.

Art. 61. Para cada empenho será extraído um documento denominado "nota de empenho" que indicará o nome do credor, a representação e a importância da despesa bem como a dedução desta do saldo da dotação própria.

Art. 62. O pagamento da despesa só será efetuado quando ordenado após sua regular liquidação.

Art. 63. A liquidação da despesa consiste na verificação do direito adquirido pelo credor tendo por base os títulos e documentos comprobatórios do respectivo crédito.

§ 1º Essa verificação tem por fim apurar:

I – a origem e o objeto do que se deve pagar;

II – a importância exata a pagar;

→ v. § 4º do art. 13 da Lei 12.712/2012.

→ v. Art. 1º da Lei 12.793/2013.

III – a quem se deve pagar a importância, para extinguir a obrigação.

§ 2º A liquidação da despesa por fornecimentos feitos ou serviços prestados terá por base:

I – o contrato, ajuste ou acordo respectivo;

II – a nota de empenho;

III – os comprovantes da entrega de material ou da prestação efetiva do serviço.

Art. 64. A ordem de pagamento é o despacho exarado por autoridade competente, determinando que a despesa seja paga.

Parágrafo único. A ordem de pagamento só poderá ser exarada em documentos processados pelos serviços de contabilidade.

Art. 65. O pagamento da despesa será efetuado por tesouraria ou pagadoria regularmente instituídos por estabelecimentos bancários credenciados e, em casos excepcionais, por meio de adiantamento.

Art. 66. As dotações atribuídas às diversas unidades orçamentárias poderão quando expressamente determinado na Lei de Orçamento ser movimentadas por órgãos centrais de administração geral.

Parágrafo único. É permitida a redistribuição de parcelas das dotações de pessoal, de uma para outra unidade orçamentária, quando considerada indispensável à movimentação de pessoal dentro das tabelas ou quadros comuns às unidades interessadas, a que se realize em obediência à legislação específica.

Art. 67. Os pagamentos devidos pela Fazenda Pública, em virtude de sentença judiciária, far-se-ão na ordem de apresentação dos precatórios e à conta dos créditos respectivos, sendo proibida a designação de casos ou de pessoas nas dotações orçamentárias e nos créditos adicionais abertos para esse fim.

Art. 68. O regime de adiantamento é aplicável aos casos de despesas expressamente definidos em lei e consiste na entrega de numerário a servidor, sempre precedida de empenho na dotação própria para o fim de realizar despesas, que não possam subordinar-se ao processo normal de aplicação.

Art. 69. Não se fará adiantamento a servidor em alcance nem a responsável por dois adiantamentos.

Art. 70. A aquisição de material, o fornecimento e a adjudicação de obras e serviços serão regulados em lei, respeitado o princípio da concorrência.

Título VII
Dos fundos especiais

Art. 71. Constitui fundo especial o produto de receitas especificadas que por lei se vinculam à realização de determinados objetivos ou serviços, facultada a adoção de normas peculiares de aplicação.

→ v. Instrução Normativa RFB 1.143/2011 – Dispõe sobre os fundos públicos inscritos no Cadastro Nacional da Pessoa Jurídica (CNPJ) como órgãos públicos.

Art. 72. A aplicação das receitas orçamentárias vinculadas a fundos especiais far-se-á através de dotação consignada na Lei de Orçamento ou em créditos adicionais.

→ Consta conforme publicação oficial.

Art. 73. Salvo determinação em contrário da lei que o instituiu, o saldo positivo do fundo especial apurado em balanço será transferido para o exercício seguinte, a crédito do mesmo fundo.

Art. 74. A lei que instituir fundo especial poderá determinar normas peculiares de controle, prestação e tomada de contas, sem de qualquer modo, elidir a competência específica do Tribunal de Contas ou órgão equivalente.

Título VIII
Do controle da execução orçamentária

Capítulo I
DISPOSIÇÕES GERAIS

Art. 75. O controle da execução orçamentária compreenderá:

I – a legalidade dos atos de que resultem a arrecadação da receita ou a realização da despesa, o nascimento ou a extinção de direitos e obrigações;

II – a fidelidade funcional dos agentes da administração, responsáveis por bens e valores públicos;

III – o cumprimento do programa de trabalho expresso em termos monetários e em termos de realização de obras e prestação de serviços.

Capítulo II
DO CONTROLE INTERNO

Art. 76. O Poder Executivo exercerá os três tipos de controle a que se refere o artigo 75, sem prejuízo das atribuições do Tribunal de Contas ou órgão equivalente.

Art. 77. A verificação da legalidade dos atos de execução orçamentária será prévia, concomitante e subsequente.

Art. 78. Além da prestação ou tomada de contas anual, quando instituída em lei, ou por fim de gestão, poderá haver, a qualquer tempo, levantamento, prestação ou tomada de contas de todos os responsáveis por bens ou valores públicos.

Art. 79. Ao órgão incumbido da elaboração da proposta orçamentária ou a outro indicado na legislação, caberá o controle estabelecido no inciso III do artigo 75.

Parágrafo único. Esse controle far-se-á, quando for o caso, em termos de unidades de medida, previamente estabelecidos para cada atividade.

Art. 80. Compete aos serviços de contabilidade ou órgãos equivalentes verificar a exata observância dos limites das cotas trimestrais atribuídas a cada unidade orçamentária, dentro do sistema que for instituído para esse fim.

Capítulo III
DO CONTROLE EXTERNO

Art. 81. O controle da execução orçamentária, pelo Poder Legislativo, terá por objetivo verificar a probidade da administração, a guarda e legal emprego dos dinheiros públicos e o cumprimento da Lei de Orçamento.

Art. 82. O Poder Executivo, anualmente, prestará contas ao Poder Legislativo, no prazo estabelecido nas Constituições ou nas Leis Orgânicas dos Municípios.

§ 1º As contas do Poder Executivo serão submetidas ao Poder Legislativo, com Parecer prévio do Tribunal de Contas ou órgão equivalente.

§ 2º Quando, no Município não houver Tribunal de Contas ou órgão equivalente, a Câmara de Vereadores poderá designar peritos contadores para verificarem as contas do prefeito e sobre elas emitirem parecer.

Título IX
Da contabilidade

Capítulo I
DISPOSIÇÕES GERAIS

Art. 83. A contabilidade evidenciará perante a Fazenda Pública a situação de todos quantos, de qualquer modo, arrecadem receitas, efetuem despesas, administrem ou guardem bens a ela pertencentes ou confiados.

Art. 84. Ressalvada a competência do Tribunal de Contas ou órgão equivalente, a tomada de contas dos agentes responsáveis por bens ou dinheiros públicos será realizada ou superintendida pelos serviços de contabilidade.

Art. 85. Os serviços de contabilidade serão organizados de forma a permitirem o acompanhamento da execução orçamentária, o conhecimento da composição patrimonial, a determinação dos custos dos serviços industriais, o levantamento dos balanços gerais, a análise e a interpretação dos resultados econômicos e financeiros.

Art. 86. A escrituração sintética das operações financeiras e patrimoniais efetuar-se-á pelo método das partidas dobradas.

Art. 87. Haverá controle contábil dos direitos e obrigações oriundos de ajustes ou contratos em que a administração pública for parte.

Art. 88. Os débitos e créditos serão escriturados com individuação do devedor ou do credor e especificação da natureza, importância e data do vencimento, quando fixada.

Art. 89. A contabilidade evidenciará os fatos ligados à administração orçamentária, financeira patrimonial e industrial.

Capítulo II
DA CONTABILIDADE ORÇAMENTÁRIA E FINANCEIRA

Art. 90. A contabilidade deverá evidenciar, em seus registros, o montante dos créditos orçamentários vigentes, a despesa empenhada e a despesa realizada, à conta dos mesmos créditos, e às dotações disponíveis.

Art. 91. O registro contábil da receita e da despesa far-se-á de acordo com as especificações constantes da Lei de Orçamento e dos créditos adicionais.

Art. 92. A dívida flutuante compreende:

I – os restos a pagar, excluídos os serviços da dívida;

II – os serviços da dívida a pagar;

III – os depósitos;

IV – os débitos de tesouraria.

Parágrafo único. O registro dos restos a pagar far-se-á por exercício e por credor distinguindo-se as despesas processadas das não processadas.

Art. 93. Todas as operações de que resultem débitos e créditos de natureza financeira, não compreendidas na execução orçamentária, serão também objeto de registro, individuação e controle contábil.

Capítulo III
DA CONTABILIDADE PATRIMONIAL E INDUSTRIAL

Art. 94. Haverá registros analíticos de todos os bens de caráter permanente, com indicação dos elementos necessários para a perfeita caracterização de cada um deles e dos agentes responsáveis pela sua guarda e administração.

Art. 95. A contabilidade manterá registros sintéticos dos bens móveis e imóveis.

Art. 96. O levantamento geral dos bens móveis e imóveis terá por base o inventário analítico de cada unidade administrativa e os elementos da escrituração sintética na contabilidade.

Art. 97. Para fins orçamentários e determinação dos devedores, ter-se-á o registro contábil das receitas patrimoniais, fiscalizando-se sua efetivação.

Art. 98. A dívida fundada compreende os compromissos de exigibilidade superior a 12 (doze) meses, contraídos para atender a desequilíbrio orçamentário ou a financeiro de obras e serviços públicos.

Parágrafo único. A dívida fundada será escriturada com individuação e especificações que permitem verificar, a qualquer momento, a posição dos empréstimos, bem como os respectivos serviços de amortização e juros.

Art. 99. Os serviços públicos industriais, ainda que não organizados como empresa pública ou autárquica, manterão contabilidade especial para determinação dos custos, ingressos e resultados, sem prejuízo da escrituração patrimonial e financeiro comum.

Art. 100. As alterações da situação líquida patrimonial, que abrangem os resultados da execução orçamentária, bem como as variações independentes dessa execução e as superveniências e insubsistência ativas e passivas, constituirão elementos da conta patrimonial.

Capítulo IV
DOS BALANÇOS

Art. 101. Os resultados gerais do exercício serão demonstrados no Balanço Orçamentário, no Balanço Financeiro, no Balanço Patrimonial, na Demonstração das Variações Patrimoniais, segundo os Anexos 12, 13, 14 e 15 e os quadros demonstrativos constantes dos Anexos 1, 6, 7, 8, 9, 10, 11, 16 e 17.

Art. 102. O Balanço Orçamentário demonstrará as receitas e despesas previstas em confronto com as realizadas.

Art. 103. O Balanço Financeiro demonstrará a receita e a despesa orçamentárias bem como os recebimentos e os pagamentos de natureza extraorçamentária, conjugados com os saldos em espécie provenientes do exercício anterior, e os que se transferem para o exercício seguinte.

Parágrafo único. Os Restos a Pagar do exercício serão computados na receita extraorçamentária para compensar sua inclusão na despesa orçamentária.

Art. 104. A Demonstração das Variações Patrimoniais evidenciará as alterações verificadas no patrimônio, resultantes ou independentes da execução orçamentária, e indicará o resultado patrimonial do exercício.

Art. 105. O Balanço Patrimonial demonstrará:

I – o Ativo Financeiro;

II – o Ativo Permanente;

III – o Passivo Financeiro;

IV – o Passivo Permanente;

V – o Saldo Patrimonial;

VI – as Contas de Compensação.

§ 1º O Ativo Financeiro compreenderá os créditos e valores realizáveis independentemente de autorização orçamentária e os valores numerários.

§ 2º O Ativo Permanente compreenderá os bens, créditos e valores, cuja mobilização ou alienação dependa de autorização legislativa.

§ 3º O Passivo Financeiro compreenderá as dívidas fundadas e outras, cujo pagamento independa de autorização orçamentária.

§ 4º O Passivo Permanente compreenderá as dívidas fundadas e outras que dependam de autorização legislativa para amortização ou resgate.

§ 5º Nas contas de compensação serão registrados os bens, valores, obrigações, e situações não compreendidas nos parágrafos anteriores e que, imediata ou indiretamente, possam vir a afetar o patrimônio.

Art. 106. A avaliação dos elementos patrimoniais obedecerá as normas seguintes:

I – os débitos e créditos, bem como os títulos de renda, pelo seu valor nominal, feita a conversão, quando em moeda estrangeira, à taxa de câmbio vigente na data do balanço;

II – os bens móveis e imóveis, pelo valor de aquisição ou pelo custo de produção ou de construção;

III – os bens de almoxarifado, pelo preço médio ponderado das compras.

§ 1º Os valores em espécie, assim como os débitos e créditos, quando em moeda estrangeira, deverão figurar ao lado das correspondentes importâncias em moeda nacional.

§ 2º As variações resultantes da conversão dos débitos, créditos e valores em espécie serão levadas à conta patrimonial.

§ 3º Poderão ser feitas reavaliações dos bens móveis e imóveis.

Título X
Das autarquias e outras entidades

Art. 107. As entidades autárquicas ou paraestatais, inclusive de previdência social ou investidas de delegação para arrecadação de contribuições para fiscais da União, dos Estados, dos Municípios e do Distrito Federal terão seus orçamentos aprovados por decreto do Poder Executivo, salvo se disposição legal expressa determinar que o sejam pelo Poder Legislativo.

Parágrafo único. Compreendem-se nesta disposição as empresas com autonomia financeira e administrativa cujo capital pertencer, integralmente, ao Poder Público.

Art. 108. Os orçamentos das entidades referidas no artigo anterior vincular-se-ão ao orçamento da União, dos Estados, dos Municípios e do Distrito Federal, pela inclusão:

I – como receita, salvo disposição legal em contrário, de saldo positivo previsto entre os totais das receitas e despesas;

II – como subvenção econômica, na receita do orçamento da beneficiária, salvo disposição legal em contrário, do saldo negativo previsto entre os totais das receitas e despesas.

§ 1º Os investimentos ou inversões financeiras da União, dos Estados, dos Municípios e do Distrito Federal, realizados por intermédio das entidades aludidas no artigo anterior, serão classificados como receita de capital destas e despesa de transferência de capital daqueles.

§ 2º As previsões para depreciação serão computadas para efeito de apuração do saldo líquido das mencionadas entidades.

Art. 109. Os orçamentos e balanços das entidades compreendidas no artigo 107 serão publicados como complemento dos orçamentos e balanços da União, dos Estados, dos Municípios e do Distrito Federal a que estejam vinculados.

Art. 110. Os orçamentos e balanços das entidades já referidas, obedecerão aos padrões e normas instituídas por esta Lei, ajustados às respectivas peculiaridades.

Parágrafo único. Dentro do prazo que a legislação fixar, os balanços serão remetidos ao órgão central de contabilidade da União, dos Estados, dos Municípios e do Distrito Federal, para fins de incorporação dos resultados, salvo disposição legal em contrário.

Título XI
Disposições finais

Art. 111. O Conselho Técnico de Economia e Finanças do Ministério da Fazenda, além de outras apurações, para fins estatísticos, de interesse nacional, organizará e publicará o balanço consolidado das contas da União, Estados, Municípios e Distrito Federal, suas autarquias e outras entidades, bem como um quadro estruturalmente idêntico, baseado em dados orçamentários.

§ 1º Os quadros referidos neste artigo terão a estrutura do Anexo 1.

§ 2º O quadro baseado nos orçamentos será publicado até o último dia do primeiro semestre do próprio exercício e o baseado nos balanços, até o último dia do segundo semestre do exercício imediato àquele a que se referirem.

Art. 112. Para cumprimento do disposto no artigo precedente, a União, os Estados, os Municípios e o Distrito Federal remeterão ao mencionado órgão, até 30 de abril, os orçamentos do exercício, e até 30 de junho, os balanços do exercício anterior.

Parágrafo único. O pagamento, pela União, de auxílio ou contribuição a Estados, Municípios ou Distrito Federal, cuja concessão não decorra de imperativo constitucional, dependerá de prova do atendimento ao que se determina neste artigo.

Art. 113. Para fiel e uniforme aplicação das presentes normas, o Conselho Técnico de Economia e Finanças do Ministério da Fazenda atenderá a consultas, coligirá elementos, promoverá o intercâmbio de dados informativos, expedirá recomendações técnicas, quando solicitadas, e atualizará sempre que julgar conveniente, os anexos que integram a presente Lei.

Parágrafo único. Para os fins previstos neste artigo, poderão ser promovidas, quando necessário, conferências ou reuniões técnicas, com a participação de representantes das entidades abrangidas por estas normas.

Art. 114. Os efeitos desta Lei são contados a partir de 1º de janeiro de 1964 para o fim da elaboração dos orçamentos e a partir de 1º de janeiro de 1965, quanto às demais atividades estatuídas.

→ Artigo com redação alterada pela Lei 4.489/1964.

Art. 115. Revogam-se as disposições em contrário.

→ Deixamos de publicar os anexos a esta Lei.

Brasília, 17 de março de 1964; 143º da Independência e 76º da República.

João Goulart

(Publicação no *D.O.U.* 23.3.1964; retificações 9.4.1964 e 3.6.1964)

LEI 4.717,
DE 29 DE JUNHO DE 1965

Regula a ação popular.

O Presidente da República:

Faço saber que o Congresso Nacional decreta e eu sanciono a seguinte Lei:

Art. 1º Qualquer cidadão será parte legítima para pleitear a anulação ou a declaração de nulidade de atos lesivos ao patrimônio da União, do Distrito Federal, dos Estados, dos Municípios, de entidades autárquicas, de sociedades de economia mista (Constituição, art. 141, § 38), de sociedades mútuas de seguro nas quais a União represente os segurados ausentes, de empresas públicas, de serviços sociais autônomos, de instituições ou fundações para cuja criação ou custeio o tesouro público haja concorrido ou concorra com mais de cinquenta por cento do patrimônio ou da receita ânua, de empresas incorporadas ao patrimônio da União, do Distrito Federal, dos Estados e dos Municípios, e de quaisquer pessoas jurídicas ou entidades subvencionadas pelos cofres públicos.

→ Referida Constituição é a de 1946.

§ 1º Consideram-se patrimônio público para os fins referidos neste artigo, os bens e direitos de valor econômico, artístico, estético, histórico ou turístico.

→ § 1º com redação alterada pela Lei 6.513/1977.

§ 2º Em se tratando de instituições ou fundações, para cuja criação ou custeio o tesouro público concorra com menos de cinquenta por cento do patrimônio ou da receita ânua, bem como de pessoas jurídicas ou entidades subvencionadas, as consequências patrimoniais da invalidez dos atos lesivos terão por limite a repercussão deles sobre a contribuição dos cofres públicos.

§ 3º A prova da cidadania, para ingresso em juízo, será feita com o título eleitoral, ou com documento que a ele corresponda.

§ 4º Para instruir a inicial, o cidadão poderá requerer às entidades, a que se refere este artigo, as certidões e informações que julgar necessárias, bastando para isso indicar a finalidade das mesmas.

§ 5º As certidões e informações, a que se refere o parágrafo anterior, deverão ser fornecidas dentro de 15 (quinze) dias da entrega, sob recibo, dos respectivos requerimentos, e só poderão ser utilizadas para a instrução de ação popular.

§ 6º Somente nos casos em que o interesse público, devidamente justificado, impuser sigilo, poderá ser negada certidão ou informação.

§ 7º Ocorrendo a hipótese do parágrafo anterior, a ação poderá ser proposta desacompanhada das certidões ou informações negadas, cabendo ao juiz, após apreciar os motivos do indeferimento, e salvo em se tratando de razão de segurança nacional, requisitar umas e outras; feita a requisição, o processo correrá em segredo de justiça, que cessará com o trânsito em julgado de sentença condenatória.

Art. 2º São nulos os atos lesivos ao patrimônio das entidades mencionadas no artigo anterior, nos casos de:

a) incompetência;

b) vício de forma;

c) ilegalidade do objeto;

d) inexistência dos motivos;

e) desvio de finalidade.

Parágrafo único. Para a conceituação dos casos de nulidade observar-se-ão as seguintes normas:

a) a incompetência fica caracterizada quando o ato não se incluir nas atribuições legais do agente que o praticou;

b) o vício de forma consiste na omissão ou na observância incompleta ou irregular de formalidades indispensáveis à existência ou seriedade do ato;

c) a ilegalidade do objeto ocorre quando o resultado do ato importa em violação de lei, regulamento ou outro ato normativo;

d) a inexistência dos motivos se verifica quando a matéria de fato ou de direito, em que se fundamenta o ato, é materialmente inexistente ou juridicamente inadequada ao resultado obtido;

e) o desvio de finalidade se verifica quando o agente pratica o ato visando a fim diverso daquele previsto, explícita ou implicitamente, na regra de competência.

Art. 3º Os atos lesivos ao patrimônio das pessoas de direito público ou privado, ou das entidades mencionadas no art. 1º, cujos vícios não se compreendam nas especificações do artigo anterior, serão anuláveis, segundo as prescrições legais, enquanto compatíveis com a natureza deles.

Art. 4º São também nulos os seguintes atos ou contratos, praticados ou celebrados por quaisquer das pessoas ou entidades referidas no art. 1º.

I – A admissão ao serviço público remunerado, com desobediência, quanto às condições de habilitação, das normas legais, regulamentares ou constantes de instruções gerais.

II – A operação bancária ou de crédito real, quando:

a) for realizada com desobediência a normas legais, regulamentares, estatutárias, regimentais ou internas;

b) o valor real do bem dado em hipoteca ou penhor for inferior ao constante de escritura, contrato ou avaliação.

III – A empreitada, a tarefa e a concessão do serviço público, quando:

a) o respectivo contrato houver sido celebrado sem prévia concorrência pública ou administrativa, sem que essa condição seja estabelecida em lei, regulamento ou norma geral;

b) no edital de concorrência forem incluídas cláusulas ou condições, que comprometam o seu caráter competitivo;

c) a concorrência administrativa for processada em condições que impliquem na limitação das possibilidades normais de competição.

IV – As modificações ou vantagens, inclusive prorrogações que forem admitidas, em favor do adjudicatário, durante a execução dos contratos de empreitada, tarefa e concessão de serviço público, sem que estejam previstas em lei ou nos respectivos instrumentos;

V – A compra e venda de bens móveis ou imóveis, nos casos em que não cabível concorrência pública ou administrativa, quando:

a) for realizada com desobediência a normas legais, regulamentares, ou constantes de instruções gerais;

b) o preço de compra dos bens for superior ao corrente no mercado, na época da operação;

c) o preço de venda dos bens for inferior ao corrente no mercado, na época da operação.

VI – A concessão de licença de exportação ou importação, qualquer que seja a sua modalidade, quando:

a) houver sido praticada com violação das normas legais e regulamentares ou de instruções e ordens de serviço;

b) resultar em exceção ou privilégio, em favor de exportador ou importador.

VII – A operação de redesconto quando sob qualquer aspecto, inclusive o limite de valor, desobedecer a normas legais, regulamentares ou constantes de instruções gerais.

VIII – O empréstimo concedido pelo Banco Central da República, quando:

a) concedido com desobediência de quaisquer normas legais, regulamentares, regimentais ou constantes de instruções gerias:

b) o valor dos bens dados em garantia, na época da operação, for inferior ao da avaliação.

IX – A emissão, quando efetuada sem observância das normas constitucionais, legais e regulamentadoras que regem a espécie.

DA COMPETÊNCIA

Art. 5º Conforme a origem do ato impugnado, é competente para conhecer da ação, processá-la e julgá-la o juiz que, de acordo com a organização judiciária de cada Estado, o for para as causas que interessem à União, ao Distrito Federal, ao Estado ou ao Município.

§ 1º Para fins de competência, equiparam-se atos da União, do Distrito Federal, do Estado ou dos Municípios os atos das pessoas criadas ou mantidas por essas pessoas jurídicas de direito público, bem como os atos das sociedades de que elas sejam acionistas e os das pessoas ou entidades por elas subvencionadas ou em relação às quais tenham interesse patrimonial.

§ 2º Quando o pleito interessar simultaneamente à União e a qualquer outra pessoa ou entidade, será competente o juiz das causas da União, se houver; quando interessar simultaneamente ao Estado e ao Município, será competente o juiz das causas do Estado, se houver.

§ 3º A propositura da ação prevenirá a jurisdição do juízo para todas as ações, que forem posteriormente intentadas contra as mesmas partes e sob os mesmos fundamentos.

§ 4º Na defesa do patrimônio público caberá a suspensão liminar do ato lesivo impugnado.

→ § 4º acrescentado pela Lei 6.513/1977.

DOS SUJEITOS PASSIVOS DA AÇÃO E DOS ASSISTENTES

Art. 6º A ação será proposta contra as pessoas públicas ou privadas e as entidades referidas no art. 1º, contra as autoridades, funcionários ou administradores que houverem autorizado, aprovado, ratificado ou praticado o ato impugnado, ou que, por omissas, tiverem dado oportunidade à lesão, e contra os beneficiários diretos do mesmo.

§ 1º Se não houver benefício direto do ato lesivo, ou se for ele indeterminado ou desconhecido, a ação será proposta somente contra as outras pessoas indicadas neste artigo.

§ 2º No caso de que trata o inciso II, item b, do art. 4º, quando o valor real do bem for inferior ao da avaliação, citar-se-ão como réus, além das pessoas públicas ou privadas e entidades referidas no art. 1º, apenas os responsáveis pela avaliação inexata e os beneficiários da mesma.

§ 3º A pessoas jurídica de direito público ou de direito privado, cujo ato seja objeto de impugnação, poderá abster-se de contestar o pedido, ou poderá atuar ao lado do autor, desde que isso se afigure útil ao interesse público, a juízo do respectivo representante legal ou dirigente.

§ 4º O Ministério Público acompanhará a ação, cabendo-lhe apressar a produção da prova e promover a responsabilidade, civil ou criminal, dos que nela incidirem, sendo-lhe vedado, em qualquer hipótese, assumir a defesa do ato impugnado ou dos seus autores.

§ 5º É facultado a qualquer cidadão habilitar-se como litisconsorte ou assistente do autor da ação popular.

DO PROCESSO

Art. 7º A ação obedecerá ao procedimento ordinário, previsto no Código de Processo Civil, observadas as seguintes normas modificativas:

→ V. Art. 318 e ss., do NCPC.

I – Ao despachar a inicial, o juiz ordenará:

a) além da citação dos réus, a intimação do representante do Ministério Público;

b) a requisição, às entidades indicadas na petição inicial, dos documentos que tiverem sido referidos pelo autor (art. 1º, § 6º), bem como a de outros que se lhe afigurem necessários ao esclarecimento dos fatos, ficando prazos de 15 (quinze) a 30 (trinta) dias para o atendimento.

§ 1º O representante do Ministério Público providenciará para que as requisições, a que se refere o inciso anterior, sejam atendidas dentro dos prazos fixados pelo juiz.

§ 2º Se os documentos e informações não puderem ser oferecidos nos prazos assinalados, o juiz poderá autorizar prorrogação dos mesmos, por prazo razoável.

II – Quando o autor o preferir, a citação dos beneficiários far-se-á por edital com o prazo de 30 (trinta) dias, afixado na sede do juízo e publicado três vezes no jornal oficial do Distrito Federal, ou da Capital do Estado ou Território em que seja ajuizada a ação. A publicação será gratuita e deverá iniciar-se no máximo 3 (três) dias após a entrega, na repartição competente, sob protocolo, de uma via autenticada do mandado.

III – Qualquer pessoa, beneficiada ou responsável pelo ato impugnado, cuja existência ou identidade se torne conhecida no curso do processo e antes de proferida a sentença final de primeira instância, deverá ser citada para a integração do contraditório, sendo-lhe restituído o prazo para contestação e produção de provas, Salvo, quanto a beneficiário, se a citação se houver feito na forma do inciso anterior.

IV – O prazo de contestação é de 20 (vinte) dias, prorrogáveis por mais 20 (vinte), a requerimento do interessado, se particularmente difícil a produção de prova documental, e será comum a todos os interessados, correndo da entrega em cartório do mandado cumprido, ou, quando for o caso, do decurso do prazo assinado em edital.

V – Caso não requerida, até o despacho saneador, a produção de prova testemunhal ou pericial, o juiz ordenará vista às partes por 10 (dez) dias, para alegações, sendo-lhe os autos conclusos, para sentença, 48 (quarenta e oito) horas após a expiração desse prazo; havendo requerimento de prova, o processo tomará o rito ordinário.

VI – A sentença, quando não prolatada em audiência de instrução e julgamento, deverá ser proferida dentro de 15 (quinze) dias do recebimento dos autos pelo juiz.

Parágrafo único. O proferimento da sentença além do prazo estabelecido privará o juiz da inclusão em lista de merecimento para promoção, durante 2 (dois) anos, e acarretará a perda, para efeito de promoção por antiguidade, de tantos dias quantos forem os do retardamento, salvo motivo justo, declinado nos autos e comprovado perante o órgão disciplinar competente.

Art. 8º Ficará sujeita à pena de desobediência, salvo motivo justo devidamente comprovado, a autoridade, o administrador ou o dirigente, que deixar de fornecer, no prazo fixado no art. 1º, § 5º, ou naquele que tiver sido estipulado pelo juiz (art. 7º, n. I, letra b), informações e certidão ou fotocópia de documento necessários à instrução da causa.

Parágrafo único. O prazo contar-se-á do dia em que entregue, sob recibo, o requerimento do interessado ou o ofício de requisição (art. 1º, § 5º, e art. 7º, n. I, letra b).

Art. 9º Se o autor desistir da ação ou der motiva à absolvição da instância, serão publicados editais nos prazos e condições previstos no art. 7º, inciso II, ficando assegurado a qualquer cidadão, bem como ao representante do Ministério Público, dentro do prazo de 90 (noventa) dias da última publicação feita, promover o prosseguimento da ação.

Art. 10. As partes só pagarão custas e preparo a final.

Art. 11. A sentença que, julgando procedente a ação popular, decretar a invalidade do ato impugnado, condenará ao pagamento de perdas e danos os responsáveis pela sua prática e os beneficiários dele, ressalvada a ação regressiva contra os funcionários causadores de dano, quando incorrerem em culpa.

Art. 12. A sentença incluirá sempre, na condenação dos réus, o pagamento, ao autor, das custas e demais despesas, judiciais e extrajudiciais, diretamente relacionadas com a ação e comprovadas, bem como o dos honorários de advogado.

Art. 13. A sentença que, apreciando o fundamento de direito do pedido, julgar a lide manifestamente temerária, condenará o autor ao pagamento do décuplo das custas.

Art. 14. Se o valor da lesão ficar provado no curso da causa, será indicado na sentença; se depender de avaliação ou perícia, será apurado na execução.

§ 1º Quando a lesão resultar da falta ou isenção de qualquer pagamento, a condenação imporá o pagamento devido, com acréscimo de juros de mora e multa legal ou contratual, se houver.

§ 2º Quando a lesão resultar da execução fraudulenta, simulada ou irreal de contratos, a condenação versará sobre a reposição do débito, com juros de mora.

§ 3º Quando o réu condenado perceber dos cofres públicos, a execução far-se-á por desconto em folha até o integral ressarcimento do dano causado, se assim mais convier ao interesse público.

§ 4º A parte condenada a restituir bens ou valores ficará sujeita a sequestro e penhora, desde a prolação da sentença condenatória.

Art. 15. Se, no curso da ação, ficar provada a infringência da lei penal ou a prática de falta disciplinar a que a lei comine a pena de demissão ou a de rescisão de contrato de trabalho, o juiz, ex-officio, determinará a remessa de cópia autenticada das peças necessárias às autoridades ou aos administradores a quem competir aplicar a sanção.

Art. 16. Caso decorridos 60 (sessenta) dias da publicação da sentença condenatória de segunda instância, sem que o autor ou terceiro promova a respectiva execução o representante do Ministério Público a promoverá nos 30 (trinta) dias seguintes, sob pena de falta grave.

Art. 17. É sempre permitida às pessoas ou entidades referidas no art. 1º, ainda que hajam contestado a ação, promover, em qualquer tempo, e no que as beneficiar a execução da sentença contra os demais réus.

Art. 18. A sentença terá eficácia de coisa julgada oponível erga omnes, exceto no caso de haver sido a ação julgada improcedente por deficiência de prova; neste caso, qualquer cidadão poderá intentar outra ação com idêntico fundamento, valendo-se de nova prova.

Art. 19. A sentença que concluir pela carência ou pela improcedência da ação está sujeita ao duplo grau de jurisdição, não produzindo efeito senão depois de confirmada pelo tribunal; da que julgar a ação procedente caberá apelação, com efeito suspensivo.

➜ Artigo com redação alterada pela Lei 6.014/1973.

§ 1º Das decisões interlocutórias cabe agravo de instrumento.

§ 2º Das sentenças e decisões proferidas contra o autor da ação e suscetíveis de recurso, poderá recorrer qualquer cidadão e também o Ministério Público.

DISPOSIÇÕES GERAIS

Art. 20. Para os fins desta lei, consideram-se entidades autárquicas:

a) o serviço estatal descentralizado com personalidade jurídica, custeado mediante orçamento próprio, independente do orçamento geral;

b) as pessoas jurídicas especialmente instituídas por lei, para a execução de serviços de interesse público ou social, custeados por tributos de qualquer natureza ou por outros recursos oriundos do Tesouro Público;

c) as entidades de direito público ou privado a que a lei tiver atribuído competência para receber e aplicar contribuições parafiscais.

Art. 21. A ação prevista nesta lei prescreve em 5 (cinco) anos.

Art. 22. Aplicam-se à ação popular as regras do Código de Processo Civil, naquilo em que não contrariem os dispositivos desta Lei, nem a natureza específica da ação.

➜ *V.* Lei 13.105/2015 – Novo CPC.

Brasília, 29 de junho de 1965; 144º da Independência e 77º da República.

H. Castello Branco

(Publicação no *D.O.U.* de 5.7.1965, republicação 8.4.1974)

LEI 4.729, DE 14 DE JULHO DE 1965

Define o crime de sonegação fiscal e dá outras providências.

O Presidente da República:

Faço saber que o Congresso Nacional decreta e eu sanciono a seguinte Lei:

Art. 1º Constitui crime de sonegação fiscal:

I – prestar declaração falsa ou omitir, total ou parcialmente, informação que deva ser produzida a agentes das pessoas jurídicas de direito público interno, com a intenção de eximir-se, total ou parcialmente, do pagamento de tributos, taxas e quaisquer adicionais devidos por lei;

II – inserir elementos inexatos ou omitir rendimentos ou operações de qualquer natureza em documentos ou livros exigidos pelas leis fiscais, com a intenção de exonerar-se do pagamento de tributos devidos à Fazenda Pública;

III – alterar faturas e quaisquer documentos relativos a operações mercantis com o propósito de fraudar a Fazenda Pública;

IV – fornecer ou emitir documentos graciosos ou alterar despesas, majorando-as, com o objetivo de obter dedução de tributos devidos à Fazenda Pública, sem prejuízo das sanções administrativas cabíveis;

V – exigir, pagar ou receber, para si ou para o contribuinte beneficiário da paga, qualquer percentagem sobre a parcela dedutível ou deduzida do Imposto sobre a Renda como incentivo fiscal.

Pena – detenção, de 6 (seis) meses a 2 (dois) anos, e multa de duas a cinco vezes o valor do tributo.

➜ Inciso V acrescentado pela Lei 5.569/1969.

➜ *v.* Súmula 609 do STF.

§ 1º Quando se tratar de criminoso primário, a pena será reduzida à multa de dez vezes o valor do tributo.

§ 2º Se o agente cometer o crime prevalecendo-se do cargo público que exerce, a pena será aumentada da sexta parte.

§ 3º O funcionário público com atribuições de verificação, lançamento ou fiscalização de tributos, que concorrer para a prática do crime de sonegação fiscal, será punido com a pena deste artigo, aumentada da terça parte, com a abertura obrigatória do competente processo administrativo.

Art. 2º *(Revogado pela Lei 8.383/1991).*

Art. 3º Somente os atos definidos nesta Lei poderão constituir crime de sonegação fiscal.

Art. 4º A multa aplicada nos termos desta Lei será computada e recolhida, integralmente, como receita pública extraordinária.

Art. 5º No art. 334, do Código Penal, substituam-se os §§ 1º e 2º pelos seguintes:

➜ Alterações efetuadas no CP.

Art. 6º Quando se tratar de pessoa jurídica, a responsabilidade penal pelas infrações previstas nesta Lei será de todos os que, direta ou indiretamente ligados à mesma, de modo permanente ou eventual, tenham praticado ou concorrido para a prática da sonegação fiscal.

Art. 7º As autoridades administrativas que tiverem conhecimento de crime previsto nesta Lei, inclusive em autos e papéis que conhecerem, sob pena de responsabilidade, remeterão ao Ministério Público os elementos comprobatórios da infração, para instrução do procedimento criminal cabível.

§ 1º Se os elementos comprobatórios forem suficientes, o Ministério Público oferecerá, desde logo, denúncia.

§ 2º Sendo necessários esclarecimentos, documentos ou diligências complementares, o Ministério Público os requisitará, na forma estabelecida no Código de Processo Penal.

Art. 8º Em tudo o mais em que couber e não contrariar os arts. 1º a 7º desta Lei, aplicar-se-ão o Código Penal e o Código de Processo Penal.

Art. 9º *(Revogado pela Lei 8.021/1990).*

Art. 10. O Poder Executivo procederá às alterações do Regulamento do Imposto de Renda decorrentes das modificações constantes desta Lei.

Art. 11. Esta Lei entrará em vigor 60 (sessenta) dias após sua publicação.

Art. 12. Revogam-se as disposições em contrário.

Brasília, em 14 de julho de 1965; 144º da Independência e 77º da República.

H. Castello Branco

(Publicação no *D.O.U.* 19.7.1965)

LEI 4.749, DE 12 DE AGOSTO DE 1965

Dispõe sobre o pagamento da gratificação prevista na Lei 4.090, de 13 de julho de 1962.

O Presidente da República:

Faço saber que o Congresso Nacional decreta e eu sanciono a seguinte Lei:

Art. 1º A gratificação salarial instituída pela Lei 4.090, de 13 de julho de 1962, será paga pelo empregador até o dia 20 de dezembro de cada ano, compensada a importância que, a título de adiantamento, o empregado houver recebido na forma do artigo seguinte.

Parágrafo único. *(Vetado).*

Art. 2º Entre os meses de fevereiro e novembro de cada ano, o empregador pagará, como adiantamento da gratificação referida no artigo precedente, de uma só vez, metade do salário recebido pelo respectivo empregado no mês anterior.

§ 1º O empregador não estará obrigado a pagar o adiantamento, no mesmo mês, a todos os seus empregados.

§ 2º O adiantamento será pago ao ensejo das férias do empregado, sempre que este o requerer no mês de janeiro do correspondente ano.

Art. 3º Ocorrendo a extinção do contrato de trabalho antes do pagamento de que trata o art. 1º desta Lei, o empregador poderá compensar o adiantamento mencionado com a gratificação devida nos termos do art. 3º da Lei 4.090, de 13 de julho de 1962, e, se não bastar, com outro crédito de natureza trabalhista que possua o respectivo empregado.

Art. 4º As contribuições devidas ao Instituto Nacional de Previdência Social, que incidem sobre a gratificação salarial referida nesta Lei, ficam sujeitas ao limite estabelecido na legislação de Previdência Social.

Art. 5º Aplica-se, no corrente ano, a regra estatuída no art. 2º desta Lei, podendo o empregado usar da faculdade estatuída no seu § 2º no curso dos primeiros 30 (trinta) dias de vigência desta Lei.

Art. 6º O Poder Executivo, no prazo de 30 (trinta) dias, adaptará o regulamento aprovado pelo Decreto 1.881, de 14 de dezembro de 1962, aos preceitos desta Lei.

Art. 7º Esta Lei entra em vigor na data de sua publicação.

Art. 8º Revogam-se as disposições em contrário.

Brasília, 12 de agosto de 1965; 144º da Independência e 77º da República.

H. Castello Branco

(Publicação no *D.O.U.* de 13.8.1965)

LEI 4.886,
DE 9 DE DEZEMBRO DE 1965

Regula as atividades dos representantes comerciais autônomos.

→ *v.* Arts. 710 a 721 do CC.

→ *v.* Lei 6.729/1979 – Dispõe sobre a concessão comercial entre produtores e distribuidores de veículos automotores de via terrestre.

O Presidente da República:

Faço saber que o Congresso Nacional decreta e eu sanciono a seguinte Lei:

Art. 1º Exerce a representação comercial autônoma a pessoa jurídica ou a pessoa física, sem relação de emprego, que desempenha, em caráter não eventual por conta de uma ou mais pessoas, a mediação para a realização de negócios mercantis, agenciando propostas ou pedidos, para transmiti-los aos representados, praticando ou não atos relacionados com a execução dos negócios.

Parágrafo único. Quando a representação comercial incluir poderes atinentes ao mandato mercantil, serão aplicáveis, quanto ao exercício deste, os preceitos próprios da legislação comercial.

→ *v.* Arts. 653 a 691 do CC.

Art. 2º É obrigatório o registro dos que exerçam a representação comercial autônoma nos Conselhos Regionais criados pelo art. 6º desta Lei.

Parágrafo único. As pessoas que, na data da publicação da presente Lei, estiverem no exercício da atividade, deverão registrar-se nos Conselhos Regionais, no prazo de 90 (noventa) dias a contar da data em que estes forem instalados.

Art. 3º O candidato a registro, como representante comercial, deverá apresentar:

a) prova de identidade;

b) prova de quitação com o serviço militar, quando a ele obrigado;

c) prova de estar em dia com as exigências da legislação eleitoral;

d) folha corrida de antecedentes, expedida pelos cartórios criminais das comarcas em que o registrado houver sido domiciliado nos últimos dez anos;

e) quitação com o Imposto Sindical.

§ 1º O estrangeiro é desobrigado da apresentação dos documentos constantes das alíneas *b* e *c* deste artigo.

§ 2º Nos casos de transferência ou de exercício simultâneo da profissão, em mais de uma região, serão feitas as devidas anotações na carteira profissional do interessado, pelos respectivos Conselhos Regionais.

§ 3º As pessoas jurídicas deverão fazer prova de sua existência legal.

Art. 4º Não pode ser representante comercial:

a) o que não pode ser comerciante;

→ *v.* Arts. 972 a 980 do CC.

b) o falido não reabilitado;

→ *v.* Art. 176 da Lei 11.101/2005.

c) o que tenha sido condenado por infração penal de natureza infamante, tais como falsidade, estelionato, apropriação indébita, contrabando, roubo, furto, lenocínio ou crimes também punidos com a perda de cargo público;

d) o que estiver com seu registro comercial cancelado como penalidade.

Art. 5º Somente será devida remuneração, como mediador de negócios comerciais, a representante comercial devidamente registrado.

→ Entende-se que a norma não foi recepcionada pela Constituição de 1967, não sendo reconhecida, portanto, pela Constituição Federal de 1988.

Art. 6º São criados o Conselho Federal e os Conselhos Regionais dos Representantes Comerciais, aos quais incumbirá a fiscalização do exercício da profissão, na forma desta Lei.

Parágrafo único. É vedado, aos Conselhos Federal e Regionais dos Representantes Comerciais, desenvolverem quaisquer atividades não compreendidas em suas finalidades previstas nesta Lei, inclusive as de caráter político e partidárias.

Art. 7º O Conselho Federal instalar-se-á dentro de 90 dias, a contar da vigência da presente Lei, no Estado da Guanabara, onde funcionará provisoriamente, transferindo-se para a Capital da República, quando estiver em condições de fazê-lo a juízo da maioria dos Conselhos Regionais.

→ *v.* LC. 20/1974 – Fusão entre o Estado do Rio de Janeiro e da Guanabara.

§ 1º O Conselho Federal será presidido por um dos seus membros, na forma que dispuser o Regimento Interno do Conselho, cabendo-lhe, além do próprio voto, o de qualidade, no caso de empate.

§ 2º A renda do Conselho Federal será constituída de 20% (vinte por cento) da renda bruta dos Conselhos Regionais.

Art. 8º O Conselho Federal será composto de representantes comerciais de cada Estado, eleitos pelos Conselhos Regionais, dentre seus membros, cabendo a cada Conselho Regional a escolha de dois delegados.

Art. 9º Compete ao Conselho Federal determinar o número dos Conselhos Regionais, o qual não poderá ser superior a um por Estado, Território Federal e Distrito Federal e estabelecer-lhes as bases territoriais.

Art. 10. Compete, privativamente, ao Conselho Federal:

I – elaborar o seu regimento interno;

→ Inciso I renumerado pela Lei 12.246/2010.

II – dirimir as dúvidas suscitadas pelos Conselhos Regionais;

→ Inciso II renumerado pela Lei 12.246/2010.

III – aprovar os regimentos internos dos Conselhos Regionais;

→ Inciso III renumerado pela Lei 12.246/2010.

IV – julgar quaisquer recursos relativos às decisões dos Conselhos Regionais;

→ Inciso IV renumerado pela Lei 12.246/2010.

V – baixar instruções para a fiel observância da presente Lei;

→ Inciso V renumerado pela Lei 12.246/2010.

VI – elaborar o Código de Ética Profissional;

→ Inciso VI renumerado pela Lei 12.246/2010.

VII – resolver os casos omissos;

→ Inciso VII renumerado pela Lei 12.246/2010.

VIII – fixar, mediante resolução, os valores das anuidades e emolumentos devidos pelos representantes comerciais, pessoas físicas e jurídicas, aos Conselhos Regionais dos Representantes Comerciais nos quais estejam registrados, observadas as peculiaridades regionais e demais situações inerentes à capacidade contributiva da categoria profissional nos respectivos Estados e necessidades de cada entidade, e respeitados os seguintes limites máximos:

→ Inciso VIII acrescentado pela Lei 12.246/2010.

a) anuidade para pessoas físicas – até R$ 300,00 (trezentos reais);

b) (Vetada);

c) anuidade para pessoas jurídicas, de acordo com as seguintes classes de capital social:

1. de R$ 1,00 (um real) a R$ 10.000,00 (dez mil reais) – até R$ 350,00 (trezentos e cinquenta reais);

2. de R$ 10.000,01 (dez mil reais e um centavo) a R$ 50.000,00 (cinquenta mil reais) – até R$ 420,00 (quatrocentos e vinte reais);

3. de R$ 50.000,01 (cinquenta mil reais e um centavo) a R$ 100.000,00 (cem mil reais) – até R$ 504,00 (quinhentos e quatro reais);

4. de R$ 100.000,01 (cem mil reais e um centavo) a R$ 300.000,00 (trezentos mil reais) – até R$ 604,00 (seiscentos e quatro reais);

5. de R$ 300.000,01 (trezentos mil reais e um centavo) a R$ 500.000,00 (quinhentos mil reais) – até R$ 920,00 (novecentos e vinte reais);

6. acima de R$ 500.000,00 (quinhentos mil reais) – até R$ 1.370,00 (mil, trezentos e setenta reais);

d) (Vetada);

e) (Vetada).

§ 1º *(Suprimido pela Lei 12.246/2010).*

§ 2º Os valores correspondentes aos limites máximos estabelecidos neste artigo serão corrigidos anualmente pelo índice oficial de preços ao consumidor.

→ § 2º acrescentado pela Lei 12.246/2010.

§ 3º O pagamento da anuidade será efetuado pelo representante comercial, pessoa física ou jurídica, até o dia 31 de março de cada ano, com desconto de 10% (dez por cento), ou em até 3 (três) parcelas, sem descontos, vencendo-se a primeira em 30 de abril, a segunda em 31 de agosto e a terceira em 31 de dezembro de cada ano.

→ § 3º acrescentado pela Lei 12.246/2010.

§ 4º Ao pagamento antecipado será concedido desconto de 20% (vinte por cento) até 31 de janeiro e 15% (quinze por cento) até 28 de fevereiro de cada ano.

→ § 4º acrescentado pela Lei 12.246/2010.

§ 5º As anuidades que forem pagas após o vencimento serão acrescidas de 2% (dois por cento) de multa, 1% (um por cento) de juros de mora por mês de atraso e atualização monetária pelo índice oficial de preços ao consumidor.

→ § 5º acrescentado pela Lei 12.246/2010.

§ 6º A filial ou representação de pessoa jurídica instalada em jurisdição de outro Conselho Regional que não o da sua sede pagará anuidade em valor que não exceda a 50% (cinquenta por cento) do que for pago pela matriz.

→ § 6º acrescentado pela Lei 12.246/2010.

§ 7º *(Vetado).*

→ § 7º acrescentado pela Lei 12.246/2010.

§ 8º *(Vetado).*

→ § 8º acrescentado pela Lei 12.246/2010.

§ 9º O representante comercial pessoa física, como responsável técnico de pessoa jurídica devidamente registrada no Conselho Regional dos Representantes Comerciais, pagará anuidade em valor correspondente a 50% (cinquenta por cento) da anuidade devida pelos demais profissionais autônomos registrados no mesmo Conselho.

→ § 9º acrescentado pela Lei 12.246/2010.

Parágrafo único. *(Suprimido pela Lei 8.420/1992).*

Art. 11. Dentro de 60 dias, contados da vigência da presente Lei, serão instalados os Conselhos Regionais correspondentes aos Estados onde existirem órgãos sindicais de representação da classe dos representantes comerciais, atualmente reconhecidos pelo Ministério do Trabalho e Previdência Social.

→ *v.* Art. 26 da Lei 4.886/1965.

Art. 12. Os Conselhos Regionais terão a seguinte composição:

→ *v.* Art. 26 da Lei 4.886/1965.

a) 2/3 (dois terços) de seus membros serão constituídos pelo presidente do mais antigo sindicato da classe do respectivo Estado e por diretores de sindicatos da classe, do mesmo Estado, eleitos estes em assembleia geral;

b) 1/3 (um terço) formado de representantes comerciais no exercício efetivo da profissão, eleitos em assembleia geral realizada no sindicato da classe.

§ 1º A secretaria do sindicato incumbido da realização das eleições organizará cédula única, por ordem alfabética dos candidatos, destinada à votação.

§ 2º Se os órgãos sindicais de representação da classe não tomarem as providências previstas quanto à instalação dos Conselhos Regionais, o Conselho Federal determinará, imediatamente, a sua constituição, mediante eleições em assembleia geral, com a participação dos representantes comerciais no exercício efetivo da profissão no respectivo Estado.

§ 3º Havendo, num mesmo Estado, mais de um sindicato de representantes comerciais, as eleições a que se refere este artigo se processarão na sede do sindicato da classe situado na Capital e, na sua falta, na sede do mais antigo.

§ 4º O Conselho Regional será presidido por um dos seus membros, na forma que dispuser o seu Regimento Interno, cabendo-lhe, além do próprio voto, o de qualidade, no caso de empate.

§ 5º Os Conselhos Regionais terão no máximo trinta membros e, no mínimo, o número que for fixado pelo Conselho Federal.

Art. 13. Os mandatos dos membros do Conselho Federal e dos Conselhos Regionais serão de 3 (três) anos.

§ 1º Todos os mandatos serão exercidos gratuitamente.

§ 2º A aceitação do cargo de presidente, secretário ou tesoureiro importará na obrigação de residir na localidade em que estiver sediado o respectivo Conselho.

Art. 14. O Conselho Federal e os Conselhos Regionais serão administrados por uma diretoria que não poderá exceder a 1/3 (um terço) dos seus integrantes.

Art. 15. Os presidentes dos Conselhos Federal e Regionais completarão o prazo do seu mandato, caso sejam substituídos na presidência do sindicato.

Art. 16. Constituem renda dos Conselhos Regionais as contribuições e multas devidas pelos representantes comerciais, pessoas físicas ou jurídicas, neles registrados.

Art. 17. Compete aos Conselhos Regionais:

a) elaborar o seu regimento interno, submetendo-o à apreciação do Conselho Federal;

b) decidir sobre os pedidos de registros de representantes comerciais, pessoas físicas ou jurídicas, na conformidade desta Lei;

c) manter o cadastro profissional;

d) expedir as carteiras profissionais e anotá-las, quando necessário;

e) impor as sanções disciplinares previstas nesta Lei, mediante a feitura de processo adequado, de acordo com o disposto no art. 18;

f) arrecadar, cobrar e executar as anuidades e emolumentos devidos pelos representantes comerciais, pessoas físicas e jurídicas, registrados, servindo como título executivo extrajudicial a certidão relativa aos seus créditos.

→ Alínea *f* com redação alterada pela Lei 12.246/2010.

Parágrafo único. *(Suprimido pela Lei 8.420/1992).*

Art. 18. Compete aos Conselhos Regionais aplicar, ao representante comercial faltoso, as seguintes penas disciplinares:

a) advertência, sempre sem publicidade;

b) multa até a importância equivalente ao maior salário mínimo vigente no País;

c) suspensão do exercício profissional, até um ano;

d) cancelamento do registro, com apreensão da carteira profissional.

§ 1º No caso de reincidência ou de falta manifestamente grave, o representante comercial poderá ser suspenso do exercício de sua atividade ou ter cancelado o seu registro.

§ 2º As penas disciplinares serão aplicadas após processo regular, sem prejuízo, quando couber, da responsabilidade civil ou criminal.

§ 3º O acusado deverá ser citado, inicialmente, dando sê-lhe ciência do inteiro teor da denúncia ou queixa, sendo-lhe assegurado, sempre, o amplo direito de defesa, por si ou por procurador regularmente constituído.

§ 4º O processo disciplinar será presidido por um dos membros do Conselho Regional, ao qual incumbirá coligir as provas necessárias.

§ 5º Encerradas as provas de iniciativa da autoridade processante, ao acusado será dado requerer e produzir as suas próprias provas, após o que lhe será assegurado o direito de apresentar, por escrito, defesa final e o de sustentar, oralmente, suas razões, na sessão do julgamento.

§ 6º Da decisão dos Conselhos Regionais caberá recurso voluntário, com efeito suspensivo, para o Conselho Federal.

Art. 19. Constituem faltas no exercício da profissão de representante comercial:

a) prejudicar, por dolo ou culpa, os interesses confiados aos seus cuidados;

b) auxiliar ou facilitar, por qualquer meio, o exercício da profissão aos que estiverem proibidos, impedidos ou não habilitados a exercê-la;

c) promover ou facilitar negócios ilícitos, bem como quaisquer transações que prejudiquem interesse da Fazenda Pública;

d) violar o sigilo profissional;

e) negar ao representado as competentes prestações de contas, recibos de quantias ou documentos que lhe tiverem sido entregues, para qualquer fim;

f) recusar a apresentação da carteira profissional, quando solicitada por quem de direito.

Art. 20. Observados os princípios desta Lei, o Conselho Federal dos Representantes Comerciais expedirá instruções relativas à aplicação das penalidades em geral e, em particular, aos casos em que couber imposições da pena de multa.

Art. 21. As repartições federais, estaduais e municipais, ao receberem tributos relativos à atividade do representante comercial, pessoa física ou jurídica, exigirão prova de seu registro no Conselho Regional da respectiva região.

Art. 22. Da propaganda deverá constar, obrigatoriamente, o número da carteira profissional.

Parágrafo único. As pessoas jurídicas farão constar, também, da propaganda, além do número da carteira do representante comercial responsável, o seu próprio número de registro no Conselho Regional.

Art. 23. O exercício financeiro dos Conselhos Federal e Regionais coincidirá com o ano civil.

Art. 24. As diretorias dos Conselhos Regionais prestarão contas da sua gestão ao próprio Conselho, até o dia 15 de fevereiro de cada ano.

→ Artigo com redação alterada pela Lei 8.420/1992.

Art. 25. Os Conselhos Regionais prestarão contas até o último dia do mês de fevereiro de cada ano ao Conselho Federal.

→ Artigo com redação alterada pela Lei 8.420/1992.

Parágrafo único. A diretoria do Conselho Federal prestará contas ao respectivo plenário até o último dia do mês de março de cada ano.

Art. 26. Os sindicatos incumbidos do processamento das eleições, a que se refere o art. 12, deverão tomar, dentro do prazo de 30 (trinta) dias, a contar da publicação desta Lei, as providências necessárias à instalação dos Conselhos Regionais dentro do prazo previsto no art. 11.

Art. 27. Do contrato de representação comercial, além dos elementos comuns e outros, a juízo dos interessados, constarão, obrigatoriamente:

→ *Caput* com redação alterada pela Lei 8.420/1992.

a) condições e requisitos gerais da representação;

b) indicação genérica ou específica dos produtos ou artigos objeto da representação;

c) prazo certo ou indeterminado da representação;

d) indicação da zona ou zonas em que será exercida a representação;

→ Alínea *d* com redação alterada pela Lei 8.420/1992.

e) garantia ou não, parcial ou total, ou por certo prazo, da exclusividade de zona ou setor de zona;

f) retribuição e época do pagamento, pelo exercício da representação, dependente da efetiva realização dos negócios, e recebimento, ou não, pelo representado, dos valores respectivos;

g) os casos em que se justifique a restrição de zona concedida com exclusividade;

h) obrigações e responsabilidades das partes contratantes;

i) exercício exclusivo ou não da representação a favor do representado;

j) indenização devida ao representante, pela rescisão do contrato fora dos casos previstos no art. 35, cujo montante não poderá ser inferior a 1/12 (um doze avos) do total da retribuição auferida durante o tempo em que exerceu a representação.

→ Alínea *j* com redação alterada pela Lei 8.420/1992.

§ 1º Na hipótese de contrato a prazo certo, a indenização corresponderá à importância equivalente à média mensal da retribuição auferida até a data da rescisão, multiplicada pela metade dos meses resultantes do prazo contratual.

→ § 1º com redação alterada pela Lei 8.420/1992.

§ 2º O contrato com prazo determinado, uma vez prorrogado o prazo inicial, tácita ou expressamente, torna-se a prazo indeterminado.

→ § 2º acrescentado pela Lei 8.420/1992.

§ 3º Considera-se por prazo indeterminado todo contrato que suceder, dentro de seis meses, a outro contrato, com ou sem determinação de prazo.

→ § 3º acrescentado pela Lei 8.420/1992.

Art. 28. O representante comercial fica obrigado a fornecer ao representado, segundo as disposições do contrato ou, sendo este omisso, quando lhe for solicitado, informações detalhadas sobre o andamento dos negócios a seu cargo, devendo dedicar-se à representação, de modo a expandir os negócios do representado e promover os seus produtos.

→ *v.* Art. 30, parágrafo único, da Lei 4.886/1965.

Art. 29. Salvo autorização expressa, não poderá o representante conceder abatimentos, descontos ou dilações, nem agir em desacordo com as instruções do representado.

Art. 30. Para que o representante possa exercer a representação em juízo, em nome do representado, requer-se mandato expresso. Incumbir-lhe-á, porém, tomar conhecimento das reclamações atinentes aos negócios, transmitindo-as ao representado e sugerindo as providências acauteladoras do interesse deste.

Parágrafo único. O representante, quanto aos atos que praticar, responde segundo as normas do contrato e, sendo este omisso, na conformidade do direito comum.

Art. 31. Prevendo o contrato de representação a exclusividade de zona ou zonas, ou quando este for omisso, fará jus o representante à comissão pelos negócios aí realizados, ainda que diretamente pelo representado ou por intermédio de terceiros.

→ Artigo com redação alterada pela Lei 8.420/1992.

Parágrafo único. A exclusividade de representação não se presume na ausência de ajustes expressos.

→ *v.* Art. 41 da Lei 4.886/1965.

Art. 32. O representante comercial adquire o direito às comissões quando do pagamento dos pedidos ou propostas.

→ *Caput* com redação alterada pela Lei 8.420/1992.

§ 1º O pagamento das comissões deverá ser efetuado até o dia 15 do mês subsequente ao da liquidação da fatura, acompanhada das respectivas cópias das notas fiscais.

→ § 1º acrescentado pela Lei 8.420/1992.

§ 2º As comissões pagas fora do prazo previsto no parágrafo anterior deverão ser corrigidas monetariamente.

→ § 2º acrescentado pela Lei 8.420/1992.

§ 3º É facultado ao representante comercial emitir títulos de créditos para cobrança de comissões.

→ § 3º acrescentado pela Lei 8.420/1992.

§ 4º As comissões deverão ser calculadas pelo valor total das mercadorias.

→ § 4º acrescentado pela Lei 8.420/1992.

§ 5º Em caso de rescisão injusta do contrato por parte do representando, a eventual retribuição pendente, gerada por pedidos em carteira ou em fase de execução e recebimento, terá vencimento na data da rescisão.

→ § 5º acrescentado pela Lei 8.420/1992.

§ 6º *(Vetado).*

→ § 6º acrescentado pela Lei 8.420/1992.

§ 7º São vedadas na representação comercial alterações que impliquem, direta ou indiretamente, a diminuição da média dos resultados auferidos pelo representante nos últimos seis meses de vigência.

→ § 7º acrescentado pela Lei 8.420/1992.

Art. 33. Não sendo previstos, no contrato de representação, os prazos para recusa das propostas ou pedidos, que hajam sido entregues pelo representante, acompanhados dos requisitos exigíveis, ficará o representado obrigado a creditar-lhe a respectiva comissão, se não manifestar a recusa, por escrito, nos prazos de 15 (quinze), 30 (trinta), 60 (sessenta) ou 120 (cento e vinte) dias, conforme se trate de comprador domiciliado, respectivamente, na mesma praça, em outra do mesmo Estado, em outro Estado ou no estrangeiro.

§ 1º Nenhuma retribuição será devida ao representante comercial, se a falta de pagamento resultar de insolvência do comprador, bem como se o negócio vier a ser por ele desfeito ou for sustada a entrega de mercadorias devido à situação comercial do comprador, capaz de comprometer ou tornar duvidosa a liquidação.

§ 2º Salvo ajuste em contrário, as comissões devidas serão pagas mensalmente, expedindo o representado a conta respectiva, conforme cópias das faturas remetidas aos compradores, no respectivo período.

§ 3º Os valores das comissões para efeito tanto do pré-aviso como da indenização, prevista nesta Lei, deverão ser corrigidos monetariamente.

→ § 3º acrescentado pela Lei 8.420/1992.

Art. 34. A denúncia, por qualquer das partes, sem causa justificada, do contrato de representação, ajustado por tempo indeterminado e que haja vigorado por mais de 6 (seis) meses, obriga o denunciante, salvo outra garantia prevista no contrato, à concessão de pré-aviso, com antecedência mínima de 30 (trinta) dias, ou ao pagamento de importância igual a 1/3 (um terço) das comissões auferidas pelo representante, nos três meses anteriores.

Art. 35. Constituem motivos justos para rescisão do contrato de representação comercial, pelo representado:

a) a desídia do representante no cumprimento das obrigações decorrentes do contrato;

b) a prática de atos que importem em descrédito comercial do representado;

c) a falta de cumprimento de quaisquer obrigações inerentes ao contrato de representação comercial;

d) a condenação definitiva por crime considerado infamante;

e) força maior.

Art. 36. Constituem motivos justos para rescisão do contrato de representação comercial, pelo representante:

a) redução de esfera de atividade do representante em desacordo com as cláusulas do contrato;

b) a quebra, direta ou indireta, da exclusividade, se prevista no contrato;

c) a fixação abusiva de preços em relação à zona do representante, com o exclusivo escopo de impossibilitar-lhe ação regular;

d) o não pagamento de sua retribuição na época devida;

e) força maior.

Art. 37. Somente ocorrendo motivo justo para a rescisão do contrato, poderá o representado reter comissões devidas ao representante, com o fim de ressarcir-se de danos por este causados e, bem assim, nas hipóteses previstas no art. 35, a título de compensação.

Art. 38. Não serão prejudicados os direitos dos representantes comerciais quando, a título de cooperação, desempenhem, temporariamente, a pedido do representado, encargos ou atribuições diversos dos previstos no contrato de representação.

Art. 39. Para julgamento das controvérsias que surgirem entre representante e representado é competente a Justiça Comum e o Foro do domicílio do representante, aplicando-se o procedimento sumaríssimo previsto no art. 275 do Código de Processo Civil, ressalvada a competência do Juizado de Pequenas Causas.

→ Artigo com redação alterada pela Lei 8.420/1992.

→ *v.* Arts. 102 a 111 do CPC/1973.

→ *v.* Art.s 54 a 63, do NCPC.

→ *v.* Lei 9.099/1995 – Dispõe sobre os Juizados Especiais Cíveis e Criminais.

Art. 40. Dentro de 180 (cento e oitenta) dias da publicação da presente Lei, serão formalizadas, entre representado e representantes, em documento escrito, as condições das representações comerciais vigentes.

Parágrafo único. A indenização devida pela rescisão dos contratos de representação comercial vigentes na data desta Lei, fora dos casos previstos no art. 35, e quando as partes não tenham usado da faculdade prevista neste artigo, será calculada, sobre a retribuição percebida, pelo representante, nos últimos cinco anos anteriores à vigência desta Lei.

Art. 41. Ressalvada expressa vedação contratual, o representante comercial poderá exercer sua atividade para mais de uma empresa e empregá-la em outros misteres ou ramos de negócios.

→ Artigo acrescentado pela Lei 8.420/1992.

Art. 42. Observadas as disposições constantes do artigo anterior, é facultado ao representante contratar com outros representantes comerciais a execução dos serviços relacionados com a representação.

→ *Artigo* acrescentado pela Lei 8.420/1992.

§ 1º Na hipótese deste artigo, o pagamento das comissões a representante comercial contratado dependerá da liquidação da conta de comissão devida pelo representando ao representante contratante.

§ 2º Ao representante contratado, no caso de rescisão de representação será devida pelo representante contratante a participação no que houver recebido da representada a título de indenização e aviso prévio, proporcionalmente às retribuições auferidas pelo representante contratado na vigência do contrato.

§ 3º Se o contrato referido no *caput* deste artigo for rescindido sem motivo justo pelo representante contratante, o representante contratado fará jus ao aviso prévio e indenização na forma da lei.

§ 4º Os prazos de que trata o art. 33 desta Lei são aumentados em 10 (dez) dias quando se tratar de contrato realizado entre representantes comerciais.

Art. 43. É vedada no contrato de representação comercial a inclusão de cláusulas *delcredere*.

→ Artigo acrescentado pela Lei 8.420/1992.

Art. 44. No caso de falência do representado as importâncias por ele devidas ao representante comercial, relacionadas com a representação, inclusive comissões vencidas e vincendas, indenização e aviso prévio, serão considerados créditos da mesma natureza dos créditos trabalhistas.

→ Artigo acrescentado pela Lei 8.420/1992.

→ *V.* Lei 11.101/2005 – Regula a recuperação judicial, a extrajudicial e a falência do empresário e da sociedade empresária.

Parágrafo único. Prescreve em 5 (cinco) anos a ação do representante comercial para pleitear a retribuição que lhe é devida e os demais direitos que lhe são garantidos por esta Lei.

Art. 45. Não constitui motivo justo para rescisão do contrato de representação comercial o impedimento temporário do representante comercial que estiver em gozo do benefício de auxílio-doença concedido pela Previdência Social.

→ Artigo acrescentado pela Lei 8.420/1992.

Art. 46. Os valores a que se referem a alínea *j* do art. 27, o § 5º do art. 32 e o art. 34 desta Lei serão corrigidos monetariamente com base na variação dos BTNs ou por outro indexador que venha a substituí-los e legislação ulterior aplicável à matéria.

→ Artigo acrescentado pela Lei 8.420/1992.

Art. 47. Compete ao Conselho Federal dos Representantes Comerciais fiscalizar a execução da presente Lei.

→ Artigo acrescentado pela Lei 8.420/1992.

Parágrafo único. Em caso de inobservância das prescrições legais, caberá intervenção do Conselho Federal nos Conselhos Regionais, por decisão da Diretoria do primeiro, *ad referendum* da reunião plenária, assegurado, em qualquer caso, o direito de defesa. A intervenção cessará quando do cumprimento da Lei.

Art. 48. Esta Lei entra em vigor na data de sua publicação.

Art. 49. Revogam-se as disposições em contrário.

Brasília, 9 de dezembro de 1965; 144º da Independência e 77º da República.

H. Castello Branco

(Publicação no *D.O.U.* de 10.12.1965)

LEI 4.898,
DE 9 DE DEZEMBRO DE 1965

Regula o direito de representação e o processo de responsabilidade administrativa, civil e penal, nos casos de abuso de autoridade.

O Presidente da República:

Faço saber que o Congresso Nacional decreta e eu sanciono a seguinte Lei:

Art. 1º O direito de representação e o processo de responsabilidade administrativa civil e penal, contra as autoridades que, no exercício de suas funções, cometerem abusos, são regulados pela presente Lei.

→ *V.* Art. 5º, XXXIV, *a*, da CF/1988.

Art. 2º O direito de representação será exercido por meio de petição:

→ *V.* Art. 5º, IV, da CF/1988.

a) dirigida à autoridade superior que tiver competência legal para aplicar, à autoridade, civil ou militar culpada, a respectiva sanção;

→ *V.* Súmula 172 do STJ.

→ *V.* Art. 176 do CPM.

b) dirigida ao órgão do Ministério Público que tiver competência para iniciar processo-crime contra a autoridade culpada.

Parágrafo único. A representação será feita em duas vias e conterá a exposição do fato constitutivo do abuso de autoridade, com todas as suas circunstâncias, a qualificação do acusado e o rol de testemunhas, no máximo de três, se as houver.

→ *V.* Art. 5º, § 1º, do CPP.

→ *V.* Lei 5.249/1967 – Ação Pública de Crimes de Responsabilidade.

Art. 3º Constitui abuso de autoridade qualquer atentado:

a) à liberdade de locomoção;

→ *V.* Art. 5º, XV, da CF/1988.

b) à inviolabilidade do domicílio;

→ *V.* Art. 5º, XI, da CF/1988.

→ *V.* Art. 150, §§ 4º e 5º, do CP.

→ *V.* Art. 245 do CPP.

c) ao sigilo da correspondência;

→ *V.* Art. 5º, XII, da CF/1988.

→ *V.* Arts. 151 e 152 do CP.

d) à liberdade de consciência e de crença;

→ *V.* Art. 5º, VIII, da CF/1988.

e) ao livre exercício do culto religioso;

→ *V.* Art. 5º, VI, da CF/1988.

f) à liberdade de associação;

→ *V.* Art. 5º, XVII a XX, da CF/1988.

g) aos direitos e garantias legais assegurados ao exercício do voto;

→ *V.* Art. 14 da CF/1988.

h) ao direito de reunião;

→ *V.* Art. 5º, XVI, da CF/1988.

i) à incolumidade física do indivíduo;

→ *V.* Arts. 129 e 146 do CP.

→ *V.* Art. 292 do CPP.

j) aos direitos e garantias legais assegurados ao exercício profissional.

→ Alínea *j* acrescentada pela Lei 6.657/1979.

→ *V.* Art. 7º da CF/1988.

Art. 4º Constitui também abuso de autoridade:

a) ordenar ou executar medida privativa de liberdade individual, sem as formalidades legais ou com abuso de poder;

→ *V.* Art. 5º, LXI, LXIII e LXIV da CF/1988.

→ *V.* Arts. 282 a 300 do CPP.

→ *V.* Art. 230 do ECA.

→ *V.* Arts. 107 e 172 da Lei 7.210/1984.

b) submeter pessoa sob sua guarda ou custódia a vexame ou a constrangimento não autorizado em lei;

→ *V.* Art. 5º, III, e XLIX, da CF/1988.

→ *V.* Art. 232 do ECA.

c) deixar de comunicar, imediatamente, ao juiz competente a prisão ou detenção de qualquer pessoa;

→ *V.* Arts. 5º, LIII e LXII, e 136, § 3º, I, da CF/1988.

→ *V.* Art. 231 do ECA.

d) deixar o juiz de ordenar o relaxamento de prisão ou detenção ilegal que lhe seja comunicada;

→ *V.* Art. 5º, LXV, da CF/1988.

→ *V.* Art. 234 do ECA.

e) levar à prisão e nela deter quem quer que se proponha a prestar fiança, permitida em lei;

→ *V.* Art. 5º, LXVI, da CF/1988.

→ *V.* Arts. 323 e 324 do CPP.

→ *V.* Arts. 1º e 2º, II, da Lei 8.072/1990.

f) cobrar o carcereiro ou agente de autoridade policial carceragem, custas, emolumentos ou qualquer outra despesa, desde que a cobrança não tenha apoio em lei, quer quanto à espécie, quer quanto ao seu valor;

→ *V.* Arts. 316 e 317 do CP.

g) recusar o carcereiro ou agente de autoridade policial recibo de importância recebida a título de carceragem, custas, emolumentos ou de qualquer outra despesa;

h) o ato lesivo da honra, ou do patrimônio de pessoa natural ou jurídica, quando praticado com abuso ou desvio de poder ou sem competência legal;

→ *v.* Art. 5º, X, da CF/1988.

i) prolongar a execução de prisão temporária, de pena ou de medida de segurança, deixando de expedir em tempo oportuno ou de cumprir imediatamente ordem de liberdade.

→ Alínea *i* acrescentada pela Lei 7.960/1989.

→ *v.* Art. 235 do ECA.

Art. 5º Considera-se autoridade, para os efeitos desta Lei, quem exerce cargo, emprego ou função pública, de natureza civil, ou militar, ainda que transitoriamente e sem remuneração.

→ *v.* Art. 327 do CP.

Art. 6º O abuso de autoridade sujeitará o seu autor à sanção administrativa, civil e penal.

§ 1º A sanção administrativa será aplicada de acordo com a gravidade do abuso cometido e consistirá em:

a) advertência;

b) repreensão;

c) suspensão do cargo, função ou posto por prazo de 5 (cinco) a 180 (cento e oitenta) dias, com perda de vencimentos e vantagens;

d) destituição de função;

e) demissão;

f) demissão, a bem do serviço público.

§ 2º A sanção civil, caso não seja possível fixar o valor do dano, consistirá no pagamento de uma indenização de quinhentos a dez mil cruzeiros.

§ 3º A sanção penal será aplicada de acordo com as regras dos arts. 42 a 56 do Código Penal e consistirá em:

→ A referência é anterior à reforma do CP pela Lei 7.209/1984.

→ *v.* Arts. 59 a 76 do CP.

a) multa de cem cruzeiros a cinco mil cruzeiros;

→ Conforme art. 2º da Lei 7.209/1984, "são canceladas, na Parte Especial do Código Penal e nas leis especiais alcançadas pelo art. 12 do Código Penal, quaisquer referências a valores de multas, substituindo-se a expressão multa de por multa".

→ *v.* Art. 49 e ss. do CP.

b) detenção por 10 (dez) dias a 6 (seis) meses;

c) perda do cargo e a inabilitação para o exercício de qualquer outra função pública por prazo até 3 (três) anos.

→ *v.* Art. 92, I, do CP.

§ 4º As penas previstas no parágrafo anterior poderão ser aplicadas autônoma ou cumulativamente.

§ 5º Quando o abuso for cometido por agente de autoridade policial, civil ou militar, de qualquer categoria, poderá ser cominada a pena autônoma ou acessória, de não poder o acusado exercer funções de natureza policial ou militar no município da culpa, por prazo de 1 (um) a 5 (cinco) anos.

Art. 7º Recebida a representação em que for solicitada a aplicação administrativa, a autoridade civil ou militar competente determinará a instauração de inquérito para apurar o fato.

→ *v.* Arts. 319 e 320 do CP.

§ 1º O inquérito administrativo obedecerá às normas estabelecidas nas leis municipais, estaduais ou federais, civis ou militares, que estabeleçam o respectivo processo.

§ 2º Não existindo no Município, no Estado ou na legislação militar normas reguladoras do inquérito administrativo serão aplicadas, supletivamente, as disposições dos arts. 219 a 225 da Lei 1.711, de 28 de outubro de 1952 (Estatuto dos Funcionários Públicos Civis da União).

→ A Lei 1.711/1952 foi revogada pela Lei 8.112/1990.

→ *v.* Arts. 143 a 182 da Lei 8.112/1990.

§ 3º O processo administrativo não poderá ser sobrestado para o fim de aguardar a decisão da ação penal ou civil.

Art. 8º A sanção aplicada será anotada na ficha funcional da autoridade civil ou militar.

Art. 9º Simultaneamente com a representação dirigida à autoridade administrativa ou independentemente dela, poderá ser promovida, pela vítima do abuso, a responsabilidade civil ou penal ou ambas, da autoridade culpada.

→ *v.* Art. 37, § 6º, da CF/1988.

Art. 10. *(Vetado).*

Art. 11. À ação civil serão aplicáveis as normas do Código de Processo Civil.

→ *v.* Lei 13.105/2015 – Novo CPC.

Art. 12. A ação penal será iniciada, independentemente de inquérito policial ou justificação, por denúncia do Ministério Público, instruída com a representação da vítima do abuso.

→ *v.* Art. 1º da Lei 5.249/1967.

Art. 13. Apresentada ao Ministério Público a representação da vítima, aquele, no prazo de 48 (quarenta e oito) horas, denunciará o réu, desde que o fato narrado constitua abuso de autoridade, e requererá ao juiz a sua citação, e, bem assim, a designação de audiência de instrução e julgamento.

→ *v.* Art. 514 do CPP.

§ 1º A denúncia do Ministério Público será apresentada em duas vias.

Art. 14. Se o ato ou fato constitutivo do abuso de autoridade houver deixado vestígios o ofendido ou o acusado poderá:

→ *v.* Arts. 158 e 167 do CPP.

a) promover a comprovação da existência de tais vestígios, por meio de duas testemunhas qualificadas;

b) requerer ao juiz, até 72 (setenta e duas) horas antes da audiência de instrução e julgamento, a designação de um perito para fazer as verificações necessárias.

§ 1º O perito ou as testemunhas farão o seu relatório e prestarão seus depoimentos verbalmente, ou o apresentarão por escrito, querendo, na audiência de instrução e julgamento.

§ 2º No caso previsto na letra a deste artigo a representação poderá conter a indicação de mais duas testemunhas.

Art. 15. Se o órgão do Ministério Público, ao invés de apresentar a denúncia, requerer o arquivamento da representação, o juiz, no caso de considerar improcedentes as razões invocadas, fará remessa da representação ao procurador-geral e este oferecerá a denúncia, ou designará outro órgão do Ministério Público para oferecê-la ou insistirá no arquivamento, ao qual só então deverá o juiz atender.

→ *v.* Art. 28 do CPP.

Art. 16. Se o órgão do Ministério Público não oferecer a denúncia no prazo fixado nesta Lei, será admitida ação privada. O órgão do Ministério Público poderá porém aditar a queixa, repudiá-la e oferecer denúncia substitutiva e intervir em todos os termos do processo, interpor recurso e, a todo tempo, no caso de negligência do querelante, retomar a ação como parte principal.

→ *v.* Art. 29 do CPP.

Art. 17. Recebidos os autos, o juiz, dentro do prazo de 48 (quarenta e oito) horas, proferirá despacho, recebendo ou rejeitando a denúncia.

→ *v.* Arts. 41 e 395 do CPP.

§ 1º No despacho em que receber a denúncia, o juiz designará, desde logo, dia e hora para a audiência de instrução e julgamento, que deverá ser realizada, improrrogavelmente, dentro de 5 (cinco) dias.

§ 2º A citação do réu para se ver processar, até julgamento final e para comparecer à audiência de instrução e julgamento, será feita por mandado sucinto que será acompanhado de segunda via da representação e da denúncia.

Art. 18. As testemunhas de acusação e defesa poderão ser apresentadas em juízo, independentemente de intimação.

Parágrafo único. Não serão deferidos pedidos de precatória para a audiência ou a intimação de testemunhas ou, salvo o caso previsto no art. 14, *b*, requerimentos para a realização de diligências, perícias ou exames, a não ser que o juiz, em despacho motivado, considere indispensável tais providências.

Art. 19. À hora marcada, o juiz mandará que o porteiro dos auditórios ou o oficial de justiça declare aberta a audiência, apregoando em seguida o réu, as testemunhas, o perito, o representante do Ministério Público ou o advogado que tenha subscrito a queixa e o advogado ou defensor do réu.

Parágrafo único. A audiência somente deixará de realizar-se se ausente o juiz.

Art. 20. Se até meia hora depois da hora marcada o juiz não houver comparecido, os presentes poderão retirar-se devendo o ocorrido constar do livro de termos de audiência.

Art. 21. A audiência de instrução e julgamento será pública, se contrariamente não dispuser o juiz, e realizar-se-á em dia útil, entre 10 e 18 horas, na sede do juízo ou, excepcionalmente, no local que o juiz designar.

Art. 22. Aberta a audiência o juiz fará a qualificação e o interrogatório do réu, se estiver presente.

→ *v.* Art. 185 do CPP.

Parágrafo único. Não comparecendo o réu nem seu advogado, o juiz nomeará imediatamente defensor para funcionar na audiência e nos ulteriores termos do processo.

Art. 23. Depois de ouvidas as testemunhas e o perito, o juiz dará a palavra, sucessivamente, ao Ministério Público ou ao advogado que houver subscrito a queixa e ao advogado ou defensor do réu, pelo prazo de 15 (quinze) minutos para cada um, prorrogável por mais 10 (dez), a critério do juiz.

Art. 24. Encerrado o debate, o juiz proferirá imediatamente a sentença.

Art. 25. Do ocorrido na audiência o escrivão lavrará no livro próprio, ditado pelo juiz, termo que conterá, em resumo, os depoimentos e as alegações da acusação e da defesa, os requerimentos e, por extenso, os despachos e a sentença.

Art. 26. Subscreverão o termo o juiz, o representante do Ministério Público ou o advogado que houver subscrito a queixa, o advogado ou o defensor do réu e o escrivão.

Art. 27. Nas comarcas onde os meios de transporte forem difíceis e não permitirem a observância dos prazos fixados nesta Lei, o juiz poderá aumentá-los, sempre motivadamente, até o dobro.

Art. 28. Nos casos omissos, serão aplicáveis as normas do Código de Processo Penal, sempre que compatíveis com o sistema de instrução e julgamento regulado por esta Lei.

Parágrafo único. Das decisões, despachos e sentenças, caberão os recursos e apelações previstas no Código de Processo Penal.

Art. 29. Revogam-se as disposições em contrário.

Brasília, 9 de dezembro de 1965; 144º da Independência e 77º da República.

H. Castello Branco

(Publicação no *D.O.U.* de 13.12.1965)

DECRETO 57.595, DE 4 DE JANEIRO DE 1966

Promulga as Convenções para adoção de uma Lei Uniforme em matéria de cheques.

O Presidente da República:

Havendo o Governo brasileiro, por nota da Legação em Berna, datada de 26 de agosto de 1942, ao secretário-geral da Liga das Nações, aderido às seguintes Convenções assinadas em Genebra, a 19 de março de 1931:

1º) Convenção para adoção de uma Lei Uniforme sobre cheques, Anexos e Protocolo, com reservas aos arts. 2, 3, 4, 5, 6, 7, 8, 9, 10, 11, 12, 14, 15, 16, 17, 18, 19, 20, 21, 23, 25, 26, 29 e 30 do Anexo II;

2º) Convenção destinada a regular certos conflitos de leis em matéria de cheques e Protocolo;

3º) Convenção relativa ao Imposto de Selo em matéria de cheques e Protocolo;

Havendo as referidas Convenções entrado em vigor para o Brasil 90 (noventa) dias após a data do registro pela Secretaria-Geral da Liga das Nações, isto é, a 26 de novembro de 1942;

E havendo o Congresso Nacional aprovado pelo Dec. Leg. 54, de 1964, as referidas Convenções;

Decreta que as mesmas, apensas por cópia ao presente Decreto, sejam executadas e cumpridas tão inteiramente como nelas se contém, observadas as reservas feitas à Convenção relativa à Lei Uniforme sobre cheques.

Brasília, 7 de janeiro de 1966; 145º da Independência e 78º da República.

H. Castello Branco

(Publicação no *D.O.U.* de 17.1.1966)

CONVENÇÃO PARA ADOÇÃO DE UMA LEI UNIFORME EM MATÉRIA DE CHEQUES

O Presidente do Reich Alemão; o Presidente Federal da República Austríaca; Sua Majestade o Rei dos Belgas; Sua Majestade o Rei da Dinamarca e da Islândia; o Presidente da República da Polônia, pela Cidade Livre de Dantzig; o Presidente da República do Equador; Sua Majestade o Rei da Espanha; o Presidente da República da Finlândia; o Presidente da República Francesa; o Presidente da República Helênica; Sua Alteza Sereníssima o Regente do Reino da Hungria; Sua Majestade o Rei da Itália; Sua Majestade o Imperador do Japão; Sua Alteza Real a Grã-Duquesa do Luxemburgo; o Presidente dos Estados Unidos do México; Sua Alteza Sereníssima o Príncipe de Mônaco; Sua Majestade o Rei da Noruega; Sua Majestade a Rainha da Holanda; o Presidente da República da Polônia; o Presidente da República Portuguesa; Sua Majestade o Rei da Rumânia; Sua Majestade o Rei da Suécia; o Conselho Federal Suíço; o Presidente da República Tchecoslovaca; o Presidente da República Turca; Sua Majestade o Rei da Iugoslávia,

Desejando evitar as dificuldades originadas pela diversidade de legislação nos vários países em que os cheques circulam e aumentar assim a segurança e rapidez das relações do comércio internacional,

Designaram como seus plenipotenciários,

Os quais, depois de terem apresentado os seus plenos poderes, achados em boa e devida forma, acordaram nas disposições seguintes:

Artigo 1º

As Altas Partes Contratantes obrigam-se a adotar nos territórios respectivos, quer num dos textos originais, quer nas suas línguas nacionais, a Lei Uniforme que constitui o Anexo I da presente Convenção.

Esta obrigação poderá ficar subordinada a certas reservas, que deverão eventualmente ser formuladas por cada uma das Altas Partes Contratantes no momento da sua ratificação ou adesão. Estas reservas deverão ser escolhidas entre as mencionadas no Anexo II da presente Convenção.

Todavia, as reservas a que se referem os arts. 9º, 22, 27 e 30 do citado Anexo II poderão ser feitas posteriormente à ratificação ou adesão, desde que sejam notificadas ao secretário-geral da Sociedade das Nações, o qual imediatamente comunicará o seu texto aos membros da Sociedade das Nações e aos Estados não membros em cujo nome tenha sido ratificada a presente Convenção ou que a ela tenham aderido. Essas reservas só produzirão efeitos 90 (noventa) dias depois de o secretário-geral ter recebido a referida notificação.

Qualquer das Altas Partes Contratantes poderá, em caso de urgência, fazer uso, depois da ratificação ou da adesão, das reservas indicadas nos arts. 17 e 28 do referido Anexo II. Neste caso deverá comunicar essas reservas direta e imediatamente a todas as outras Altas Partes Contratantes e ao secretário-geral da Sociedade das Nações. Esta notificação produzirá os seus efeitos 2 (dois) dias depois de recebida a dita comunicação pelas Altas Partes Contratantes.

Artigo 2º

A Lei Uniforme não será aplicável no território de cada uma das Altas Partes Contratantes aos cheques já passados à data da entrada em vigor da presente Convenção.

Artigo 3º

A presente Convenção, cujos textos em francês e inglês farão ambos igualmente fé, terá a data de hoje.

Poderá ser ulteriormente assinada, até 15 de julho de 1931, em nome de qualquer membro da Sociedade das Nações e qualquer Estado não membro.

Artigo 4º

A presente Convenção será ratificada.

Os instrumentos de ratificação serão transmitidos, antes de 1º de setembro de 1933, ao secretário-geral da Sociedade das Nações, que notificará imediatamente do seu depósito todos os membros da Sociedade das Nações e os Estados não membros em nome dos quais a presente Convenção tenha sido assinada ou que a ela tenham aderido.

Artigo 5º

A partir de 15 de julho de 1931, qualquer membro da Sociedade das Nações e qualquer Estado não membro poderá aderir à presente Convenção.

Esta adesão efetuar-se-á por meio de notificação ao secretário-geral da Sociedade das Nações, que será depositada nos Arquivos do Secretariado.

O secretário-geral notificará imediatamente desse depósito todos os membros da Sociedade das Nações e os Estados não membros em nome dos quais a presente Convenção tenha sido assinada ou que a ela tenham aderido.

Artigo 6º

A presente Convenção somente entrará em vigor depois de ter sido ratificada ou de a ela terem aderido sete membros da Sociedade das Nações ou Estados não membros, entre os quais deverão figurar três dos membros da Sociedade das Nações com representação permanente no Conselho.

Começará vigorar 90 (noventa) dias depois de recebida pelo secretário-geral da Sociedade das Nações a sétima ratificação ou adesão, em conformidade com o disposto na alínea primeira do presente artigo.

O secretário-geral da Sociedade das Nações, nas notificações previstas nos arts. 4º e 5º, fará menção especial de terem sido recebidas as ratificações ou adesões a que se refere a alínea primeira do presente artigo.

Artigo 7º

As ratificações ou adesões, após a entrada em vigor da presente Convenção, em conformidade com o disposto no art. 6º, produzirão os seus efeitos 90 (noventa) dias depois da data da sua recepção pelo secretário-geral da Sociedade das Nações.

Artigo 8º

Exceto nos casos de urgência, a presente Convenção não poderá ser denunciada antes de decorrido um prazo de 2 (dois) anos a contar da data em que tiver começado a vigorar para o membro da Sociedade das Nações ou para o Estado não membro que a denuncia; esta denúncia produzirá os seus efeitos 90 (noventa) dias depois de recebida pelo secretário-geral a respectiva notificação.

Qualquer denúncia será imediatamente comunicada pelo secretário-geral da Sociedade das Nações a todas as Altas Partes Contratantes.

Nos casos de urgência a Alta Parte Contratante que efetuar a denúncia comunicará esse fato direta e imediatamente a todas as outras Altas Partes Contratantes, e a denúncia produzirá os seus efeitos 2 (dois) dias depois de recebida a dita comunicação pelas respectivas Altas Partes Contratantes. A Alta Parte Contratante que fizer a denúncia nestas condições dará igualmente conhecimento da sua decisão ao secretário-geral da Sociedade das Nações.

Qualquer denúncia só produzirá efeitos em relação à Alta Parte Contratante em nome da qual ela tenha sido feita.

Artigo 9º

Decorrido um prazo de 4 (quatro) anos da entrada em vigor da presente Convenção, qualquer membro da Sociedade das Nações ou Estado não membro a ela ligado poderá formular ao secretário-geral da Sociedade das Nações um pedido de revisão de algumas ou de todas as disposições da Convenção.

Se este pedido, comunicado aos outros membros ou Estados não membros para os quais a Convenção estiver então em vigor, for apoiado dentro do prazo de 1 (um) ano por seis, pelo menos, dentre eles, o Conselho da Sociedade das Nações decidirá se deve ser convocada uma Conferência para aquele fim.

Artigo 10

Qualquer das Altas Partes Contratantes poderá declarar no momento da assinatura, da ratificação ou da adesão que, aceitando a presente Convenção, não assume nenhuma obrigação pelo que respeita a todas ou parte das suas colônias, protetorados ou territórios sob a sua soberania ou mandato, caso em que a presente Convenção se não aplicará aos territórios mencionados nessa declaração. Qualquer das Altas Partes Contratantes poderá, posteriormente, comunicar ao secretário-geral da Sociedade das Nações o seu desejo de que a presente Convenção se aplique a todos ou parte dos seus territórios que tenham sido objeto da declaração prevista na alínea precedente, e nesse caso a presente Convenção aplicar-se-á aos territórios mencionados nessa comunicação 90 (noventa) dias depois desta ter sido recebida pelo secretário-geral da Sociedade das Nações.

As Altas Partes Contratantes reservam-se igualmente o direito, nos termos do art. 8º, de denunciar a presente Convenção pelo que se refere a todas ou parte das suas colônias, protetorados ou territórios sob a sua soberania ou mandato.

Artigo 11

A presente Convenção será registrada pelo secretário-geral da Sociedade das Nações desde que entre em vigor.

Em fé do que os plenipotenciários acima designados assinaram a presente Convenção.

Feito em Genebra, aos dezenove de março de mil novecentos e trinta e um, num só exemplar, que será depositado nos arquivos do Secretariado da Sociedade das Nações. Será transmitida cópia autêntica a todos os membros da Sociedade das Nações e a todos os Estados não membros representados na Conferência.

Alemanha: L. Quassowski, Dr. Albrecht, Erwin Patzold; Áustria: Dr. Guido Strobele; Bélgica: De La Vallée Poussin; Dinamarca: Helper, V. Efgtved; Cidade Livre de Dantzig: Jósef Sulkowski; Equador: Alej. Gastelú; Espanha: Francisco Bernis; Finlândia: F. Grüvall; França: Percerou; Grécia: R. Raphael, A. Contoumas; Hungria: Pelénvi; Itália: Amedeo Giannini, Giovanni Zappala; Japão: N. Kawashima, Ukitsu Tanaka; Luxemburgo: Ch. G. Vermaire; México: Antonio Castro-Leal; Mônaco: C. Hentsch, *Ad referendum*; Noruega: Stub Holmboe; Holanda: J. Kosters; Polônia: Jósef Sulkowski; Portugal: José Caieiro da Mata; Rumânia: C. Antoniade; Suécia: E. Marks von Würtemberg, Birger Ekeberg, K. Dahlberg; Sob reserva de ratificação por S. M. o Rei da Suécia, com a aprovação do Riksdag; Suíça: Vischer Hulftegger; Checoslováquia: Dr. Karel Hermann-Otavsky; Turquia: Cemal Hüsnü; Iugoslávia: I. Choumenkovitch.

ANEXO I
LEI UNIFORME RELATIVA AO CHEQUE

Capítulo I
DA EMISSÃO E FORMA DO CHEQUE

Artigo 1º

O cheque contém:

→ v. Art. 1º da Lei 7.357/1985.

1º) a palavra "cheque" inserta no próprio texto do título e expressa na língua empregada para a redação deste título;

2º) o mandato puro e simples de pagar uma quantia determinada;

3º) o nome de quem deve pagar (sacado);

4º) a indicação do lugar em que o pagamento se deve efetuar;

5º) a indicação da data em que e do lugar onde o cheque é passado;

6º) a assinatura de quem passa o cheque (sacador).

Artigo 2º

O título a que faltar qualquer dos requisitos enumerados no artigo precedente não produz efeito como cheque, salvo nos casos determinados nas alíneas seguintes:

Na falta de indicação especial, o lugar designado ao lado do nome do sacado considera-se como sendo o lugar de pagamento. Se forem indicados vários lugares ao lado do nome do sacado, o cheque é pagável no primeiro lugar indicado.

Na ausência destas indicações ou de qualquer outra indicação, o cheque é pagável no lugar em que o sacado tem o seu estabelecimento principal.

O cheque sem indicação do lugar da sua emissão considera-se passado no lugar designado ao lado do nome do sacador.

Artigo 3º

O cheque é sacado sobre um banqueiro que tenha fundos à disposição do sacador e em harmonia com uma convenção expressa ou tácita, segundo a qual o sacador tem o direito de dispor desses fundos por meio de cheque. A validade do título como cheque não fica, todavia, prejudicada no caso de inobservância destas prescrições.

Artigo 4º

O cheque não pode ser aceito. A menção de aceite lançada no cheque considera-se como não escrita.

Artigo 5º

O cheque pode ser feito pagável: a uma determinada pessoa, com ou sem cláusula expressa "à ordem"; a uma determinada pessoa, com a cláusula "não à ordem" ou outra equivalente; ao portador. O cheque passado a favor duma determinada pessoa, mas que contenha a menção "ou ao portador", ou outra equivalente, é considerado como cheque ao portador. O cheque sem indicação do beneficiário é considerado como cheque ao portador.

→ v. Art. 8º da Lei 7.357/1985.

Artigo 6º

O cheque pode ser passado à ordem do próprio sacador.

O cheque pode ser sacado por conta de terceiro.

O cheque não pode ser passado sobre o próprio sacador, salvo no caso em que se trate dum cheque sacado por um estabelecimento sobre outro estabelecimento, ambos pertencentes ao mesmo sacador.

Artigo 7º

Considera-se como não escrita qualquer estipulação de juros inserta no cheque.

Artigo 8º

O cheque pode ser pagável no domicílio de terceiro, quer na localidade onde o sacado tem o seu domicílio, quer numa outra localidade, sob a condição no entanto de que o terceiro seja banqueiro.

Artigo 9º

O cheque cuja importância for expressa por extenso e em algarismos vale, em caso de divergência, pela quantia designada por extenso.

O cheque cuja importância for expressa várias vezes, quer por extenso, quer em algarismos, vale, em caso de divergência, pela menor quantia indicada.

Artigo 10

Se o cheque contém assinaturas de pessoas incapazes de se obrigarem por cheque, assinaturas falsas, assinaturas de pessoas fictícias, ou assinaturas que por qualquer outra razão não poderiam obrigar as pessoas que assinarem o cheque, ou em nome das quais ele foi assinado, as obrigações dos outros signatários não deixam por esse fato de ser válidas.

→ v. Art. 10 da Lei 7.357/1985.

Artigo 11

Todo aquele que apuser a sua assinatura num cheque, como representante duma pessoa, para representar a qual não tinha de fato poderes, fica obrigado em virtude do cheque e, se o pagar, tem os mesmos direitos que o pretendido representado. A mesma regra se aplica ao representante que tenha excedido os seus poderes.

Artigo 12

O sacador garante o pagamento. Considera-se como não escrita qualquer declaração pela qual o sacador se exima a esta garantia.

Artigo 13

Se um cheque incompleto no momento de ser passado tiver sido completado contrariamente aos acordos realizados, não pode a inobservância desses acordos ser motivo de oposição ao portador, salvo se este tiver adquirido o cheque de má-fé, ou, adquirindo-o, tenha cometido uma falta grave.

Capítulo II
DA TRANSMISSÃO

Artigo 14

O cheque estipulado pagável a favor duma determinada pessoa, com ou sem cláusula expressa "à ordem", é transmissível por via de endosso.

O cheque estipulado pagável a favor duma determinada pessoa, com a cláusula "não à ordem" ou outra equivalente, só é transmissível pela forma e com os efeitos duma cessão ordinária.

O endosso deve ser puro e simples, a favor do sacador ou de qualquer outro coobrigado. Essas pessoas podem endossar novamente o cheque.

Artigo 15

O endosso deve ser puro e simples. Considera-se como não escrita qualquer condição a que ele esteja subordinado.

É nulo o endosso parcial.

É nulo igualmente o endosso feito pelo sacado.

O endosso ao portador vale como endosso em branco.

O endosso ao sacado só vale como quitação, salvo no caso de o sacado ter vários estabelecimentos e de o endosso ser feito em benefício de um estabelecimento diferente daquele sobre o qual o cheque foi sacado.

Artigo 16

O endosso deve ser escrito no cheque ou numa folha ligada a este (Anexo). Deve ser assinado pelo endossante.

O endosso pode não designar o beneficiário ou consistir simplesmente na assinatura do endossante (endosso em branco). Neste último caso o endosso, para ser válido, deve ser escrito no verso do cheque ou na folha anexa.

Artigo 17

O endosso transmite todos os direitos resultantes do cheque.

Se o endosso é em branco, o portador pode:

1º) preencher o espaço em branco, quer com o seu nome, quer com o nome de outra pessoa;

2º) endossar o cheque de novo em branco ou a outra pessoa;

3º) transferir o cheque a um terceiro sem preencher o espaço em branco nem o endossar.

Artigo 18

Salvo estipulação em contrário, o endossante garante o pagamento.

O endossante pode proibir um novo endosso, e neste caso não garante o pagamento às pessoas a quem o cheque for posteriormente endossado.

Artigo 19

O detentor de um cheque endossável é considerado portador legítimo se justifica o seu direito por uma série ininterrupta de endossos, mesmo se o último for em branco. Os endossos riscados são, para este efeito, considerados como não escritos. Quando o endosso em branco é seguido de um outro endosso, presume-se que o signatário deste adquiriu o cheque pelo endosso em branco.

Artigo 20

Um endosso num cheque passado ao portador torna o endossante responsável nos termos das disposições que regulam o direito de ação, mas nem por isso converte o título num cheque à ordem.

Artigo 21

Quando uma pessoa foi por qualquer maneira desapossada de um cheque, o detentor a cujas mãos ele foi parar – quer se trate de um cheque ao portador, quer se trate de um cheque endossável em relação ao qual o detentor justifique o seu direito pela forma indicada no art. 19 – não é obrigado a restituí-lo, a não ser que o tenha adquirido de má-fé, ou que, adquirindo-o, tenha cometido uma falta grave.

Artigo 22

As pessoas acionadas em virtude de um cheque não podem opor ao portador as exceções fundadas sobre as relações pessoais delas com o sacador, ou com os portadores anteriores, salvo se o portador ao adquirir o cheque tiver procedido conscientemente em detrimento do devedor.

Artigo 23

Quando um endosso contém a menção "valor a cobrar" (*valeur en recouvrement*), "para cobrança" (pour encaissement), "por procuração" (*par procuration*), ou qualquer outra menção que implique um simples mandato, o portador pode exercer todos os direitos resultantes do cheque, mas só pode endossá-lo na qualidade de procurador.

Os coobrigados neste caso só podem invocar contra o portador as exceções que eram oponíveis ao endossante.

O mandato que resulta de um endosso por procuração não se extingue por morte ou pela superveniência de incapacidade legal do mandatário.

Artigo 24

O endosso feito depois de protesto ou uma declaração equivalente, ou depois de ter terminado o prazo para apresentação, produz apenas os efeitos de uma cessão ordinária.

Salvo prova em contrário, presume-se que um endosso sem data haja sido feito antes do protesto ou das declarações equivalentes ou antes de findo o prazo indicado na alínea precedente.

Capítulo III
DO AVAL

Artigo 25

O pagamento de um cheque pode ser garantido no todo ou em parte do seu valor por um aval.

Esta garantia pode ser dada por um terceiro, excetuado o sacado, ou mesmo por um signatário do cheque.

Artigo 26

O aval é dado sobre o cheque ou sobre a folha anexa.

Exprime-se pelas palavras "bom para aval", ou por qualquer outra fórmula equivalente; é assinado pelo avalista.

Considera-se como resultante da simples aposição da assinatura do avalista na face do cheque, exceto quando se trate da assinatura do sacador.

O aval deve indicar a quem é prestado. Na falta desta indicação considera-se prestado ao sacador.

Artigo 27

O avalista é obrigado da mesma forma que a pessoa que ele garante.

A sua responsabilidade subsiste ainda mesmo que a obrigação que ele garantiu fosse nula por qualquer razão que não seja um vício de forma.

Pagando o cheque, o avalista adquire os direitos resultantes dele contra o garantido e contra os obrigados para com este em virtude do cheque.

Capítulo IV
DA APRESENTAÇÃO E DO PAGAMENTO

Artigo 28

O cheque é pagável à vista. Considera-se como não escrita qualquer menção em contrário.

O cheque apresentado a pagamento antes do dia indicado como data da emissão é pagável no dia da apresentação.

Artigo 29

O cheque pagável no país onde foi passado deve ser apresentado a pagamento no prazo de 8 (oito) dias.

O cheque passado num país diferente daquele em que é pagável deve ser apresentado respectivamente num prazo de 20 (vinte) dias ou de 70 (setenta) dias, conforme o lugar de emissão e o lugar de pagamento se encontrem situados na mesma ou em diferentes partes do mundo.

Para este efeito os cheques passados num país europeu e pagáveis num país à beira do Mediterrâneo, ou vice-versa, são considerados como passados e pagáveis na mesma parte do mundo.

Os prazos acima indicados começam a contar-se do dia indicado no cheque como data da emissão.

Artigo 30

Quando o cheque for passado num lugar e pagável noutro em que se adote um calendário diferente, a data da emissão será o dia correspondente no calendário do lugar do pagamento.

Artigo 31

A apresentação do cheque a uma câmara de compensação equivale à apresentação a pagamento.

Artigo 32

A revogação do cheque só produz efeito depois de findo o prazo de apresentação.

Se o cheque não tiver sido revogado, o sacado pode pagá-lo mesmo depois de findo o prazo.

Artigo 33

A morte do sacador ou a sua incapacidade posterior à emissão do cheque não invalidam os efeitos deste.

Artigo 34

O sacador pode exigir, ao pagar o cheque, que este lhe seja entregue munido de recibo passado pelo portador.

O portador não pode recusar um pagamento parcial.

No caso de pagamento parcial, o sacado pode exigir que desse pagamento se faça menção no cheque e que lhe seja entregue o respectivo recibo.

Artigo 35

O sacado que paga um cheque endossável é obrigado a verificar a regularidade da sucessão dos endossos, mas não a assinatura dos endossantes.

Artigo 36

Quando um cheque é pagável numa moeda que não tem curso no lugar do pagamento, a sua importância pode ser paga, dentro do prazo da apresentação do cheque, na moeda do país em que é apresentado, segundo o seu valor no dia do pagamento. Se o pagamento não foi efetuado à apresentação, o portador pode, à sua escolha, pedir que o pagamento da importância do cheque na moeda do país em que é apresentado seja efetuado ao câmbio, quer do dia da apresentação, quer do dia do pagamento.

A determinação do valor da moeda estrangeira será feita segundo os usos do lugar de pagamento. O sacador pode, todavia, estipular que a soma a pagar seja calculada segundo uma taxa indicada no cheque.

As regras acima indicadas não se aplicam ao caso em que o sacador tenha estipulado que o pagamento deverá ser efetuado numa certa moeda especificada (cláusula de pagamento efetivo em moeda estrangeira).

Se a importância do cheque for indicada numa moeda que tenha a mesma denominação mas valor diferente no país de emissão e no de pagamento, presume-se que se fez referência à moeda do lugar de pagamento.

Capítulo V
DOS CHEQUES CRUZADOS E CHEQUES A LEVAR EM CONTA

Artigo 37

O sacador ou o portador dum cheque pode cruzá-lo, produzindo assim os efeitos indicados no artigo seguinte.

O cruzamento efetua-se por meio de duas linhas paralelas traçadas na face do cheque e pode ser geral ou especial.

O cruzamento é geral quando consiste apenas nos dois traçados paralelos, ou se entre eles está escrita a palavra "banqueiro" ou outra equivalente; é especial quando tem escrito entre os dois traços o nome dum banqueiro.

O cruzamento geral pode ser convertido em cruzamento especial, mas este não pode ser convertido em cruzamento geral.

A inutilização do cruzamento ou do nome do banqueiro indicado considera-se como não feita.

Artigo 38

Um cheque com cruzamento geral só pode ser pago pelo sacado a um banqueiro ou a um cliente do sacado.

Um cheque com cruzamento especial só pode ser pago pelo sacado ao banqueiro designado, ou, se este é o sacado, ao seu cliente. O banqueiro designado pode, contudo, recorrer a outro banqueiro para liquidar o cheque.

Um banqueiro só pode adquirir um cheque cruzado a um dos seus clientes ou a outro banqueiro. Não pode cobrá-lo por conta doutras pessoas que não sejam as acima indicadas.

Um cheque que contenha vários cruzamentos especiais só poderá ser pago pelo sacado no caso de se tratar de dois cruzamentos, dos quais um para liquidação por uma câmara de compensação.

O sacado ou o banqueiro que deixar de observar as disposições acima referidas é responsável pelo prejuízo que daí possa resultar até uma importância igual ao valor do cheque.

Artigo 39

O sacador ou o portador dum cheque podem proibir o seu pagamento em numerário inserindo na face do cheque transversalmente a menção "para levar em conta", ou outra equivalente.

Neste caso o sacado só pode fazer a liquidação do cheque por lançamento de escrita (crédito em conta, transferência duma conta para outra ou compensação). A liquidação por lançamento de escrita vale como pagamento.

A inutilização da menção "para levar em conta" considera-se como não feita.

O sacado que deixar de observar as disposições acima referidas é responsável pelo prejuízo que daí possa resultar até uma importância igual ao valor do cheque.

Capítulo VI
DA AÇÃO POR FALTA DE PAGAMENTO

Artigo 40

O portador pode exercer os seus direitos de ação contra os endossantes, sacador e outros coobrigados, se o cheque, apresentado em tempo útil, não for pago e se a recusa de pagamento for verificada:

1º) quer por um ato formal (protesto);

2º) quer por uma declaração do sacado, datada e escrita sobre o cheque, com a indicação do dia em que este foi apresentado;

3º) quer por uma declaração datada duma câmara de compensação, constatando que o cheque foi apresentado em tempo útil e não foi pago.

Artigo 41

O protesto ou declaração equivalente devem ser feitos antes de expirar o prazo para a apresentação.

Se o cheque for apresentado no último dia do prazo, o protesto ou a declaração equivalente podem ser feitos no primeiro dia útil seguinte.

Artigo 42

O portador deve avisar da falta de pagamento o seu endossante e o sacador, dentro dos 4 (quatro) dias úteis que se seguirem ao dia do protesto, ou da declaração equivalente, ou que contiver a cláusula "sem despesas". Cada um dos endossantes deve por sua vez, dentro dos 2 (dois) dias úteis que se seguirem ao da recepção do aviso, informar o seu endossante do aviso que recebeu, indicando os nomes e endereços dos que enviaram os avisos precedentes, e assim contam-se a partir da recepção do aviso precedente.

Quando, em conformidade com o disposto na alínea anterior, se avisou um signatário do cheque, deve avisar-se igualmente o seu avalista dentro do mesmo prazo de tempo.

No caso de um endossante não ter indicado o seu endereço, ou de o ter feito de maneira ilegível, basta que o aviso seja enviado ao endossante que o precede.

A pessoa que tenha de enviar um aviso pode fazê-lo por qualquer forma, mesmo pela simples devolução do cheque.

Essa pessoa deverá provar que o aviso foi enviado dentro do prazo prescrito. O prazo considerar-se-á como tendo sido observado desde que a carta que contém o aviso tenha sido posta no correio dentro dele.

A pessoa que não der o aviso dentro do prazo acima indicado não perde os seus direitos. Será responsável pelo prejuízo, se o houver, motivado pela sua negligência, sem que a responsabilidade possa exceder o valor do cheque.

Artigo 43

O sacador, um endossante ou um avalista, pode, pela cláusula "sem despesas", "sem protesto", ou outra cláusula equivalente, dispensar o portador de estabelecer um protesto ou outra declaração equivalente para exercer os seus direitos de ação.

Essa cláusula não dispensa o portador da apresentação do cheque dentro do prazo prescrito nem tampouco dos avisos a dar. A prova da inobservância do prazo incumbe àquele que dela se prevaleça contra o portador.

Se a cláusula foi escrita pelo sacador, produz os seus efeitos em relação a todos os signatários do cheque; se for inserida por um endossante ou por um avalista, só produz efeito em relação a esse endossante ou avalista. Se, apesar da cláusula escrita pelo sacador, o portador faz o protesto ou a declaração equivalente, as respectivas despesas serão por conta dele. Quando a cláusula emanar de um endossante ou de um avalista, as despesas do protesto, ou da declaração equivalente, se for feito, podem ser cobradas de todos os signatários do cheque.

Artigo 44

Todas as pessoas obrigadas em virtude de um cheque são solidariamente responsáveis para com o portador.

O portador tem o direito de proceder contra essas pessoas, individual ou coletivamente, sem necessidade de observar a ordem segundo a qual elas se obrigaram.

O mesmo direito tem todo o signatário dum cheque que o tenha pago.

A ação intentada contra um dos coobrigados não obsta ao procedimento contra os outros, embora esses se tivessem obrigado posteriormente àquele que foi acionado em primeiro lugar.

Artigo 45

O portador pode reclamar daquele contra o qual exerceu o seu direito de ação:

1º) a importância do cheque não pago;

2º) os juros à taxa de 6% (seis por cento) desde o dia da apresentação;

3º) as despesas do protesto ou da declaração equivalente, as dos avisos feitos e as outras despesas.

Artigo 46

A pessoa que tenha pago o cheque pode reclamar daqueles que são responsáveis para com ele:

1º) a importância integral que pagou;

2º) os juros da mesma importância, à taxa de 6% (seis por cento), desde o dia em que a pagou;

3º) as despesas por ela feitas.

Artigo 47

Qualquer dos coobrigados, contra o qual se intentou ou pode ser intentada uma ação, pode exigir, desde que reembolse o cheque, a sua entrega com o protesto ou declaração equivalente e um recibo.

Qualquer endossante que tenha pago o cheque pode inutilizar o seu endosso e os endossos dos endossantes subsequentes.

Artigo 48

Quando a apresentação do cheque, o seu protesto ou a declaração equivalente não puder efetuar-se dentro dos prazos indicados por motivo de obstáculo insuperável (prescrição legal declarada por um Estado qualquer ou caso de força maior), esses prazos serão prorrogados.

O portador deverá avisar imediatamente do caso de força maior o seu endossante e fazer menção datada e assinada desse aviso no cheque ou na folha anexa; para os demais aplicar-se-ão as disposições do art. 42.

Desde que tenha cessado o caso de força maior, o portador deve apresentar imediatamente o cheque a pagamento, e, caso haja motivo para tal, fazer o protesto ou uma declaração equivalente.

Se o caso de força maior se prolongar além de 15 (quinze) dias a contar da data em que o portador, mesmo antes de expirado o prazo para a apresentação, avisou o endossante do dito caso de força maior, podem promover-se ações sem que haja necessidade de apresentação, de protesto ou de declaração equivalente.

Não são considerados casos de força maior os fatos que sejam de interesse puramente pessoal do portador ou da pessoa por ele encarregada da apresentação do cheque ou de efetivar o protesto ou a declaração equivalente.

Capítulo VII
DA PLURALIDADE DE EXEMPLARES

Artigo 49

Excetuado o cheque ao portador, qualquer outro cheque emitido num país e pagável noutro país ou numa possessão ultramarina desse país, e vice-versa, ou ainda emitido e pagável na mesma possessão ou em diversas possessões ultramarinas do mesmo país, pode ser passado em vários exemplares idênticos. Quando um cheque é passado em vários exemplares, esses exemplares devem ser numerados no texto do próprio título, pois do contrário cada um será considerado como sendo um cheque distinto.

Artigo 50

O pagamento efetuado contra um dos exemplares é liberatório, mesmo quando não esteja estipulado que este pagamento anula o efeito dos outros.

O endossante que transmitiu os exemplares do cheque a várias pessoas, bem como os endossantes subsequentes, são responsáveis por todos os exemplares por eles assinados que não forem restituídos.

Capítulo VIII
DAS ALTERAÇÕES

Artigo 51

No caso de alteração do texto dum cheque, os signatários posteriores a essa alteração ficam obrigados nos termos do texto alterado; os signatários anteriores são obrigados nos termos do original.

Capítulo IX
DA PRESCRIÇÃO

Artigo 52

Toda a ação do portador contra os endossantes, contra o sacador ou contra os demais coobrigados prescreve decorridos que sejam 6 (seis) meses, contados do termo do prazo de apresentação.

Toda a ação de um dos coobrigados no pagamento de um cheque contra os demais prescreve no prazo de 6 (seis) meses, contados do dia em que ele tenha pago o cheque ou do dia em que ele próprio foi acionado.

Artigo 53

A interrupção da prescrição só produz efeito em relação à pessoa para a qual a interrupção foi feita.

Capítulo X
DISPOSIÇÕES GERAIS

Artigo 54

Na presente Lei a palavra "banqueiro" compreende também as pessoas ou instituições assimiladas por lei aos banqueiros.

Artigo 55

A apresentação e o protesto dum cheque só podem efetuar-se em dia útil.

Quando o último dia do prazo prescrito na lei para a realização dos atos relativos ao cheque, e principalmente para a sua apresentação ou estabelecimento do protesto ou dum ato equivalente, for feriado legal, esse prazo é prorrogado até o primeiro dia útil que se seguir ao termo do mesmo. Os dias feriados intermédios são compreendidos na contagem do prazo.

Artigo 56

Os prazos previstos na presente Lei não compreendem o dia que marca o seu início.

Artigo 57

Não são admitidos dias de perdão, quer legal quer judicial.

ANEXO II

Artigo 1º

Qualquer das Altas Partes Contratantes pode prescrever que a obrigação de inserir nos cheques passados no seu território a palavra "cheque" prevista no art. 1º, n. 1, da Lei Uniforme, e bem assim a obrigação, a que se refere o n. 5 do mesmo artigo, de indicar o lugar onde o cheque é passado, só se aplicarão 6 (seis) meses após a entrada em vigor da presente Convenção.

Artigo 2º

Qualquer das Altas Partes Contratantes tem, pelo que respeita às obrigações contraídas em matéria de cheques no seu território, a faculdade de determinar de que maneira pode ser suprida a falta da assinatura, desde que por uma declaração autêntica escrita no cheque se possa constatar a vontade daquele que deveria ter assinado.

Artigo 3º

Por derrogação da alínea 3 do art. 2º da Lei Uniforme qualquer das Altas Partes Contratantes tem a faculdade de prescrever que um cheque sem indicação do lugar de pagamento é considerado pagável no lugar onde foi passado.

Artigo 4º

Qualquer das Altas Partes Contratantes reserva-se a faculdade, quanto aos cheques passados e pagáveis no seu território, de decidir que os cheques sacados sobre pessoas que não sejam banqueiros ou entidades ou instituições assimiladas por lei aos banqueiros não são válidos como cheques.

Qualquer das Altas Partes Contratantes reserva-se igualmente a faculdade de inserir na sua lei nacional o art. 3º da Lei Uniforme na forma e termos que melhor se adaptem ao uso que ela fizer das disposições da alínea precedente.

Artigo 5º

Qualquer das Altas Partes Contratantes tem a faculdade de determinar em que momento deve o sacador ter fundos disponíveis em poder do sacado.

Artigo 6º

Qualquer das Altas Partes Contratantes tem a faculdade de admitir que o sacado inscreva sobre o cheque uma menção de certificação, confirmação, visto ou outra declaração equivalente e de regular os seus efeitos jurídicos; tal menção não deve ter, porém, o efeito dum aceite.

Artigo 7º

Por derrogação dos arts. 5º e 14 da Lei Uniforme, qualquer das Altas Partes Contratantes reserva-se a faculdade de determinar, no que respeita aos cheques pagáveis no seu território que contenham a cláusula "não transmissível", que eles só podem ser pagos aos portadores que os tenham recebido com essa cláusula.

Artigo 8º

Qualquer das Altas Partes Contratantes reserva-se a faculdade de decidir se, fora dos casos previstos no art. 6º da Lei Uniforme, um cheque pode ser sacado sobre o próprio sacador.

Artigo 9º

Por derrogação do art. 6º da Lei Uniforme, qualquer das Altas Partes Contratantes, quer admita de uma maneira geral o cheque sacado sobre o próprio sacador (art. 8º do presente Anexo), quer o admita somente no caso de múltiplos estabelecimentos (art. 6º da Lei Uniforme), reserva-se o direito de proibir a emissão ao portador de cheques deste gênero.

Artigo 10

Qualquer das Altas Partes Contratantes, por derrogação do art. 8º da Lei Uniforme, reserva-se a faculdade de admitir que um cheque possa ser pago no domicílio de terceiro que não seja banqueiro.

Artigo 11

Qualquer das Altas Partes Contratantes reserva-se a faculdade de não inserir na sua lei nacional o art. 13 da Lei Uniforme.

Artigo 12

Qualquer das Altas Partes Contratantes reserva-se a faculdade de não aplicar o art. 21 da Lei Uniforme pelo que respeita a cheques ao portador.

Artigo 13

Por derrogação do art. 26 da Lei Uniforme qualquer das Altas Partes Contratantes tem a faculdade de admitir a possibilidade de ser dado um aval no seu território por ato separado em que se indique o lugar onde foi feito.

Artigo 14

Qualquer das Altas Partes Contratantes reserva-se a faculdade de prolongar o prazo fixado na alínea 1 do art. 29 da Lei Uniforme e de determinar os prazos da apresentação pelo que respeita aos territórios submetidos à sua soberania ou autoridade.

Qualquer das Altas Partes Contratantes, por derrogação da alínea 2 do art. 29 da Lei Uniforme, reserva-se a faculdade de prolongar os prazos previstos na referida alínea para os cheques emitidos e pagáveis em diferentes partes do mundo ou em diferentes países de outra parte do mundo que não seja a Europa.

Duas ou mais das Altas Partes Contratantes têm a faculdade, pelo que respeita aos cheques passados e pagáveis nos seus respectivos territórios, de acordarem entre si uma modificação dos prazos a que se refere a alínea 2 do art. 29 da Lei Uniforme.

Artigo 15

Para os efeitos da aplicação do art. 31 da Lei Uniforme, qualquer das Altas Partes Contratantes tem a faculdade de determinar as instituições que, segundo a lei nacional, devam ser consideradas câmaras de compensação.

Artigo 16

Qualquer das Altas Partes Contratantes, por derrogação do art. 32 da Lei Uniforme, reserva-se a faculdade de, no que respeita aos cheques pagáveis no seu território:

a) admitir a revogação do cheque mesmo antes de expirado o prazo de apresentação;

b) proibir a revogação do cheque mesmo depois de expirado o prazo de apresentação.

Qualquer das Altas Partes Contratantes tem, além disso, a faculdade de determinar as medidas a tomar em caso de perda ou roubo dum cheque e de regular os seus efeitos jurídicos.

Artigo 17

Pelo que se refere aos cheques pagáveis no seu território, qualquer das Altas Partes Contratantes tem a faculdade de sustar, se o julgar necessário em circunstâncias excepcionais relacionadas com a taxa de câmbio da moeda nacional, os efeitos da cláusula prevista no art. 36 da Lei Uniforme, relativa ao pagamento efetivo em moeda estrangeira. A mesma regra se aplica no que respeita à emissão no território nacional de cheques em moedas estrangeiras.

Artigo 18

Por derrogação dos arts. 37, 38 e 39 da Lei Uniforme, qualquer das Altas Partes Contratantes reserva-se a faculdade de só admitir na sua lei nacional os cheques cruzados ou os cheques para levar em conta. Todavia, os cheques cruzados e para levar em conta emitidos no estrangeiro e pagáveis no território de uma dessas Altas Partes Contratantes serão respectivamente considerados como cheques para levar em conta e como cheques cruzados.

Artigo 19

A Lei Uniforme não abrange a questão de saber se o portador tem direitos especiais sobre a provisão e quais são as consequências desses direitos.

O mesmo sucede relativamente a qualquer outra questão que diz respeito às relações jurídicas que serviram de base à emissão do cheque.

Artigo 20

Qualquer das Altas Partes Contratantes reserva-se a faculdade de não subordinar à apresentação do cheque e ao estabelecimento do protesto ou duma declaração equivalente em tempo útil a conservação do direito de ação contra o sacador, bem como a faculdade de determinar os efeitos dessa ação.

Artigo 21

Qualquer das Altas Partes Contratantes reserva-se a faculdade de determinar, pelo que respeita aos cheques pagáveis no seu território, que a verificação da recusa de pagamento prevista nos arts. 40 e 41 da Lei Uniforme, para a conservação do direito de ação deve ser obrigatoriamente feita por meio de protesto, com exclusão de qualquer outro ato equivalente.

Qualquer das Altas Partes Contratantes tem igualmente a faculdade de determinar que as declarações previstas nos ns. 2º e 3º do art. 40 da Lei Uniforme sejam transcritas num registro público dentro do prazo fixado para o protesto.

Artigo 22

Por derrogação do art. 42 da Lei Uniforme, qualquer das Altas Partes Contratantes tem a faculdade de manter ou de introduzir o sistema de aviso por intermédio de um agente público, que consiste no seguinte: ao fazer o protesto, o notário ou o funcionário incumbido desse serviço, em conformidade com a lei nacional, é obrigado a dar comunicação por escrito desse protesto às pessoas obrigadas pelo cheque, cujos endereços figurem nele, ou sejam conhecidos do agente que faz o protesto, ou sejam indicados pelas pessoas que exigiram o protesto. As despesas originadas por esses avisos serão adicionadas às despesas do protesto.

Artigo 23

Qualquer das Altas Partes Contratantes tem a faculdade de determinar, quanto aos cheques passados e pagáveis no seu território, que a taxa de juro a que se refere o art. 45, n. 2º, e o art. 46, n. 2º, da Lei Uniforme poderá ser substituída pela taxa legal em vigor no seu território.

Artigo 24

Por derrogação do art. 45 da Lei Uniforme, qualquer das Altas Partes Contratantes reserva-se a faculdade de inserir na lei nacional uma disposição determinando que o portador pode reclamar daquele contra o qual exerce o seu direito de ação uma comissão cuja importância será fixada pela mesma lei nacional.

Por derrogação do art. 46 da Lei Uniforme, a mesma regra é aplicável à pessoa que, tendo pago o cheque, reclama o seu valor aos que para com ele são responsáveis.

Artigo 25

Qualquer das Altas Partes Contratantes tem liberdade de decidir que, no caso de perda de direitos ou de prescrição, no seu território subsistirá o direito de procedimento contra o sacador que não constituir provisão ou contra um sacador ou endossante que tenha feito lucros ilegítimos.

Artigo 26

A cada uma das Altas Partes Contratantes compete determinar na sua legislação nacional as causas de interrupção e de suspensão da prescrição das ações relativas a cheques que os seus tribunais são chamados a conhecer.

As outras Altas Partes Contratantes têm a faculdade de determinar as condições a que subordinarão o conhecimento de tais causas. O mesmo sucede quanto ao efeito de uma ação como meio de indicação do início do prazo de prescrição, a que se refere a alínea 2 do art. 52 da Lei Uniforme.

Artigo 27

Qualquer das Altas Partes Contratantes tem a faculdade de determinar que certos dias úteis sejam assimilados aos dias feriados legais, pelo que respeita ao prazo de apresentação e a todos os atos relativos a cheques.

Artigo 28

Qualquer das Altas Partes Contratantes tem a faculdade de tomar medidas excepcionais de ordem geral relativas ao adiantamento do pagamento e aos prazos de tempo que dizem respeito a atos tendentes à conservação de direitos.

Artigo 29

Compete a cada uma das Altas Partes Contratantes, para os efeitos da aplicação da Lei Uniforme, determinar as pessoas que devem ser consideradas banqueiros e as entidades ou instituições que, em virtude da natureza das suas funções, devem ser assimiladas a banqueiros.

Artigo 30

Qualquer das Altas Partes Contratantes reserva-se o direito de excluir, no todo ou em parte, da aplicação da Lei Uniforme os cheques postais e os cheques especiais, quer dos Bancos emissores, quer das caixas do Tesouro, quer das instituições públicas de crédito, na medida em que os instrumentos acima mencionados estejam submetidos a uma legislação especial.

Artigo 31

Qualquer das Altas Partes Contratantes compromete-se a reconhecer as disposições adotadas por outra das Altas Partes Contratantes em virtude dos arts. 1º a 13, 14, alíneas 1 e 2, 15 e 16, 18 a 25, 27, 29 e 30 do presente Anexo.

PROTOCOLO

Ao assinar a Convenção datada de hoje, estabelecendo uma Lei Uniforme em matéria de cheques, os abaixo assinados, devidamente autorizados, acordaram nas disposições seguintes:

A

Os membros da Sociedade das Nações e os Estados não membros que não tenham podido efetuar, antes de 1º de setembro de 1933, o depósito da ratificação da referida Convenção obrigam-se a enviar, dentro de 15 (quinze) dias, a contar daquela data, uma comunicação ao secretário-geral da Sociedade das Nações, dando-lhe a conhecer a situação em que se encontram no que diz respeito à ratificação.

B

Se em 1º de novembro de 1933 não se tiverem verificado as condições previstas na alínea 1 do art. 6º para a entrada em vigor da Convenção, o secretário-geral da Sociedade das Nações convocará uma reunião dos membros da Sociedade das Nações e Estados não membros que tenham assinado a Convenção ou a ela tenham aderido, a fim de ser examinada a situação e as medidas que devam porventura ser tomadas para a resolver.

C

As Altas Partes Contratantes comunicar-se-ão, reciprocamente, a partir da sua entrada em vigor, as disposições legislativas promulgadas nos respectivos territórios para tornar efetiva a Convenção.

Em fé do que os plenipotenciários acima mencionados assinaram o presente Protocolo.

Feito em Genebra, aos dezenove de março de mil novecentos e trinta e um, num só exemplar que será depositado nos arquivos do Secretariado da Sociedade das Nações. Será transmitida cópia autêntica a todos os membros da Sociedade das Nações e a todos os Estados não membros representados na Conferência.

CONVENÇÃO DESTINADA A REGULAR CERTOS CONFLITOS DE LEIS EM MATÉRIA DE CHEQUES E PROTOCOLO

O Presidente do Reich Alemão; o Presidente Federal da República Austríaca; Sua Majestade o Rei dos Belgas; Sua Majestade o Rei da Dinamarca e da Islândia; o Presidente da República da Polônia, pela Cidade Livre de Dantzig; o Presidente da República do Equador; Sua Majestade o Rei da Espanha; o Presidente da República da Finlândia; o Presidente da República Francesa; o Presidente da República Helênica, Sua Alteza Sereníssima o Regente do Reino da Hungria; Sua Majestade o Rei da Itália; Sua Majestade o Imperador do Japão; Sua Alteza Real a Grã-Duquesa do Luxemburgo; o Presidente dos Estados Unidos do México; Sua Alteza Sereníssima o Príncipe de Mônaco; Sua Majestade o Rei da Noruega; Sua Majestade a Rainha da Holanda; o Presidente da República da Polônia; o Presidente da República Portuguesa; Sua Majestade o Rei da Rumânia; Sua Majestade o Rei da Suécia; o Conselho Federal Suíço; o Presidente da República Tchecoslovaca; o Presidente da República Turca; Sua Majestade o Rei da Iugoslávia,

Desejando adotar disposições para regular certos conflitos de leis em matéria de cheques, designaram seus plenipotenciários,

Os quais, depois de terem apresentado os seus plenos poderes, achados em boa e devida forma, acordaram nas disposições seguintes:

Artigo 1º

As Altas Partes Contratantes obrigam-se mutuamente a aplicar para a solução dos conflitos de leis em matéria de cheques, a seguir enumerados, as disposições constantes dos artigos seguintes:

Artigo 2º

A capacidade de uma pessoa para se obrigar por virtude de um cheque é regulada pela respectiva lei nacional. Se a lei nacional declarar competente a lei de um outro país, será aplicada esta última.

A pessoa incapaz, segundo a lei indicada na alínea precedente, é contudo havida como validamente obrigada se tiver aposto a sua assinatura em território de um país segundo cuja legislação teria sido considerada capaz.

Qualquer das Altas Partes Contratantes tem a faculdade de não reconhecer como válida a obrigação contraída em matéria de cheques por um dos seus nacionais, desde que para essa obrigação ser válida no território das outras Altas Partes Contratantes seja necessária a aplicação da alínea precedente deste artigo.

Artigo 3º

A lei do país em que o cheque é pagável determina quais as pessoas sobre as quais pode ser sacado um cheque.

Se, em conformidade com esta Lei, o título não for válido como cheque por causa da pessoa sobre quem é sacado, nem por isso deixam de ser válidas as assinaturas nele apostas em outros países cujas leis não contenham tal disposição.

Artigo 4º

A forma das obrigações contraídas em matéria de cheques é regulada pela lei do país em cujo território essas obrigações tenham sido assumidas. Será, todavia, suficiente o cumprimento das formas prescritas pela lei do lugar do pagamento.

No entanto, se as obrigações contraídas por virtude de um cheque não forem válidas nos termos da alínea precedente, mas o forem em face da legislação do país em que tenha posteriormente sido contraída uma outra obrigação, o fato de as primeiras obrigações serem irregulares quanto à forma não afeta a validade da obrigação posterior.

Qualquer das Altas Partes Contratantes tem a faculdade de determinar que as obrigações contraídas no estrangeiro por um dos seus nacionais, em matéria de cheques, serão válidas no seu próprio território em relação a qualquer outro dos seus nacionais desde que tenham sido contraídas na forma estabelecida na lei nacional.

Artigo 5º

A lei do país em cujo território as obrigações emergentes do cheque forem contraídas regula os efeitos dessas obrigações.

Artigo 6º

Os prazos para o exercício do direito de ação são regulados por todos os signatários pela lei do lugar da criação do título.

Artigo 7º

A lei do país em que o cheque é pagável regula:

1º) se o cheque é necessariamente à vista ou se pode ser sacado a um determinado prazo de vista, e também quais os efeitos de o cheque ser pós-datado;

2º) o prazo da apresentação;

3º) se o cheque pode ser aceito, certificado, confirmado ou visado, e quais os efeitos destas menções;

4º) se o portador pode exigir e se é obrigado a receber um pagamento parcial;

5º) se o cheque pode ser cruzado ou conter a cláusula "para levar em conta", ou outra expressão equivalente, e quais os efeitos desse cruzamento, dessa cláusula ou da expressão equivalente;

6º) se o portador tem direitos especiais sobre a provisão e qual a natureza desses direitos;

7º) se o sacador pode revogar o cheque ou opor-se ao seu pagamento;

8º) as medidas a tomar em caso de perda ou roubo do cheque;

9º) se é necessário um protesto, ou uma declaração equivalente para conservar o direito de ação contra o endossante, o sacador e os outros coobrigados.

Artigo 8º

A forma e os prazos do protesto, assim como a forma dos outros atos necessários ao exercício ou à conservação dos direitos em matéria de cheques são regulados pela lei do país em cujo território se deva fazer o protesto ou praticar os referidos atos.

Artigo 9º

Qualquer das Altas Partes Contratantes reserva-se a faculdade de não aplicar os princípios de direito internacional privado consignado na presente Convenção pelo que respeita:

1º) a uma obrigação contraída fora do território de uma das Altas Partes Contratantes;

2º) a uma lei que seria aplicável em conformidade com estes princípios, mas que não seja lei em vigor no território de uma das Altas Partes Contratantes.

Artigo 10

As disposições da presente Convenção não serão aplicáveis no território de cada uma das Altas Partes Contratantes, aos cheques já emitidos à data da entrada em vigor da Convenção.

Artigo 11

A presente Convenção, cujos textos francês e inglês farão, ambos, igualmente fé, terá a data de hoje.

Poderá ser ulteriormente assinada, até 15 de julho de 1931, em nome de qualquer membro da Liga das Nações e qualquer Estado não membro.

Artigo 12

A presente Convenção será ratificada.

Os instrumentos de ratificação serão transmitidos, antes de 1º de setembro de 1933, ao secretário-geral da Liga das Nações, que notificará imediatamente do seu depósito todos os membros da Liga das Nações e os Estados não membros em nome dos quais a presente Convenção tenha sido assinada ou que a ela tenham aderido.

Artigo 13

A partir de 15 de julho de 1931 qualquer membro da Liga das Nações e qualquer Estado não membro poderá aderir à presente Convenção.

Esta adesão efetuar-se-á por meio de notificação ao secretário-geral da Liga das Nações que será depositada nos arquivos do Secretariado.

O secretário-geral notificará imediatamente desse depósito todos os membros da Liga das Nações e os Estados não membros em nome dos quais a presente Convenção tenha sido assinada ou que a ela tenham aderido.

Artigo 14

A presente Convenção somente entrará em vigor depois de ter sido ratificada ou de a ela terem aderido sete membros da Liga das Nações ou Estados não membros, entre os quais deverão figurar três dos membros da Liga das Nações com representação permanente no Conselho.

Começará vigorar 90 (noventa) dias depois de recebida pelo secretário-geral da Liga das Nações a sétima ratificação ou adesão, em conformidade com o disposto na alínea 1ª do presente artigo.

O secretário-geral da Liga das Nações, nas notificações previstas nos arts. 12 e 13, fará menção especial de terem sido recebidas as ratificações ou adesões a que se refere a alínea 1ª do presente artigo.

Artigo 15

As ratificações ou adesões após a entrada em vigor da presente Convenção em conformidade com o disposto no art. 14 produzirão os seus efeitos 90 (noventa) dias depois da data da sua recepção pelo secretário-geral da Liga das Nações.

Artigo 16

A presente Convenção não poderá ser denunciada antes de decorrido um prazo de 2 (dois) anos a contar da data em que ela tiver começado a vigorar para o membro da Liga das Nações ou para o Estado não membro que a denuncia; esta denúncia produzirá os seus efeitos 90 (noventa) dias depois de recebida pelo secretário-geral a respectiva notificação.

Qualquer denúncia será imediatamente comunicada pelo secretário-geral da Liga das Nações, a todos os membros da Liga das Nações e aos Estados não membros em nome dos quais a presente Convenção tenha sido assinada ou que a ela tenham aderido.

A denúncia só produzirá efeito em relação ao membro da Liga das Nações ou ao Estado não membro em nome do qual ela tenha sido feita.

Artigo 17

Decorrido um prazo de 4 (quatro) anos da entrada em vigor da presente Convenção, qualquer membro da Liga das Nações ou Estado não membro ligado à Convenção poderá formular ao secretário-geral da Liga das Nações um pedido de revisão de algumas ou de todas as suas disposições.

Se este pedido, comunicado aos outros membros ou Estados não membros para os quais a Convenção estiver então em vigor, for apoiado dentro do prazo de 1 (um) ano por 6 (seis), pelo menos, dentre eles, o Conselho da Liga das Nações decidirá se deve ser convocada uma conferência para aquele fim.

Artigo 18

Qualquer das Altas Partes Contratantes poderá declarar no momento da assinatura, da ratificação ou da adesão, que ao aceitar a presente Convenção não assume nenhuma obrigação pelo que respeita, a todas ou parte das suas colônias, protetorados ou territórios sob a sua soberania ou mandato, caso em que a presente Convenção se não aplicará aos territórios mencionados nessa declaração.

Qualquer das Altas Partes Contratantes poderá, posteriormente, comunicar ao secretário-geral da Liga das Nações o seu desejo de que a presente Convenção se aplique a todos ou parte dos seus territórios que tenham sido objeto da declaração prevista na alínea precedente, e nesse caso a presente Convenção aplicar-se-á aos territórios mencionados nessa comunicação 90 (noventa) dias depois de esta ter sido recebida pelo secretário-geral da Liga das Nações.

Qualquer das Altas Partes Contratantes poderá, a todo o tempo, declarar que deseja que a presente Convenção cesse de se aplicar a todas ou parte das suas colônias, protetorados ou territórios sob a sua soberania ou mandato, caso em que a Convenção deixará de se aplicar aos territórios mencionados nessa declaração 1 (um) ano após esta ter sido recebida pelo secretário-geral da Liga das Nações.

Artigo 19

A presente Convenção será registrada pelo secretário-geral da Liga das Nações desde que entre em vigor.

Em fé do que os plenipotenciários acima designados assinaram a presente Convenção.

Feito em Genebra, aos dezenove de março de mil novecentos e trinta e um, num só exemplar, que será depositado nos arquivos do Secretariado da Liga das Nações. Será transmitida cópia autêntica a todos os membros da Liga das Nações e a todos os Estados não membros representados na Conferência.

→ Assinaturas dispostas após o art. 11 da Convenção para adoção de uma Lei Uniforme em matéria de cheques.

PROTOCOLO

Ao assinar a Convenção datada de hoje, destinada a regular certos conflitos de leis em matéria de cheques, os abaixo assinados, devidamente autorizados, acordaram nas disposições seguintes:

A

Os membros da Liga das Nações e os Estados não membros que não tenham podido efetuar, antes de 1º de setembro de 1933, o depósito da ratificação da referida Convenção obrigam-se a enviar, dentro de 15 (quinze) dias a partir daquela data, uma comunicação ao secretário-geral da Liga das Nações, dando-lhe a conhecer a situação em que se encontram no que diz respeito à ratificação.

B

Se, em 1º de novembro de 1933, não se tiverem verificado as condições previstas na alínea 1 do art. 14 para a entrada em vigor da Convenção, o secretário-geral da Liga das Nações convocará uma reunião dos membros da Liga das Nações e Estados não membros que tenham assinado a Convenção ou a ela tenham aderido, a fim de ser examinada a situação e as medidas que devam porventura ser tomadas para a resolver.

C

As Altas Partes Contratantes comunicar-se-ão, reciprocamente a partir de sua entrada em vigor, as disposições legislativas promulgadas nos respectivos territórios para tornar efetiva a Convenção.

Em fé do que os plenipotenciários acima designados assinaram a presente Convenção.

Feito em Genebra, aos dezenove de março de mil novecentos e trinta e um, num só exemplar, que será depositado nos arquivos do Secretariado da Liga das Nações. Será transmitida cópia autêntica a todos os membros da Liga das Nações e a todos os Estados não membros representados na Conferência.

CONVENÇÃO RELATIVA AO IMPOSTO DO SELO EM MATÉRIA DE CHEQUES

→ Não foi publicada a referida Convenção por se tratar de tribunal extinto no Brasil.

DECRETO-LEI 195, DE 24 DE FEVEREIRO DE 1967

Dispõe sobre a cobrança da Contribuição de Melhoria.

O Presidente da República:

Usando das atribuições que lhe confere o § 2º do art. 9º do Ato Institucional 4, de 7 de dezembro de 1966,

Resolve baixar o seguinte Decreto-Lei:

Art. 1º A Contribuição de Melhoria, prevista na Constituição Federal tem como fato gerador o acréscimo do valor do imóvel localizado nas áreas beneficiadas direta ou indiretamente por obras públicas.

Art. 2º Será devida a Contribuição de Melhoria, no caso de valorização de imóveis de propriedade privada, em virtude de qualquer das seguintes obras públicas:

I – abertura, alargamento, pavimentação, iluminação, arborização, esgotos pluviais e outros melhoramentos de praças e vias públicas;

II – construção e ampliação de parques, campos de desportos, pontes, túneis e viadutos;

III – construção ou ampliação de sistemas de trânsito rápido inclusive todas as obras e edificações necessárias ao funcionamento do sistema;

IV – serviços e obras de abastecimento de água potável, esgotos, instalações de redes elétricas, telefônicas, transportes e comunicações em geral ou de suprimento de gás, funiculares, ascensores e instalações de comodidade pública;

V – proteção contra secas, inundações, erosão, ressacas, e de saneamento de drenagem em geral, diques, cais, desobstrução de barras, portos e canais, retificação e regularização de cursos d'água e irrigação;

VI – construção de estradas de ferro e construção, pavimentação e melhoramento de estradas de rodagem;

VII – construção de aeródromos e aeroportos e seus acessos;

VIII – aterros e realizações de embelezamento em geral, inclusive desapropriações em desenvolvimento de plano de aspecto paisagístico.

Art. 3º A Contribuição de Melhoria a ser exigida pela União, Estado, Distrito Federal e Municípios para fazer face ao custo das obras públicas, será cobrada pela Unidade Administrativa que as realizar, adotando-se como critério o benefício resultante da obra, calculado através de índices cadastrais das respectivas zonas de influência, a serem fixados em regulamentação deste Decreto-lei.

§ 1º A apuração, dependendo da natureza das obras, far-se-á levando em conta a situação do imóvel na zona de influência, sua testada, área, finalidade de exploração econômica e outros elementos a serem considerados, isolada ou conjuntamente.

§ 2º A determinação da Contribuição de Melhoria far-se-á rateando, proporcionalmente, o custo parcial ou total das obras, entre todos os imóveis incluídos nas respectivas zonas de influência.

§ 3º A Contribuição de Melhoria será cobrada dos proprietários de imóveis do domínio privado, situados nas áreas direta e indiretamente beneficiadas pela obra.

§ 4º Reputam-se feitas pela União as obras executadas pelos Territórios.

Art. 4º A cobrança da Contribuição de Melhoria terá como limite o custo das obras, computadas as despesas de estudos, projetos, fiscalização, desapropriações, administração, execução e financiamento, inclusive prêmios de reembolso e outras de praxe em financiamento ou empréstimos e terá a sua expressão monetária atualizada na época do lançamento mediante aplicação de coeficientes de correção monetária.

§ 1º Serão incluídos nos orçamentos de custo das obras, todos os investimentos necessários para que os benefícios delas decorrentes sejam integralmente alcançados pelos imóveis situados nas respectivas zonas de influência.

§ 2º A percentagem do custo real a ser cobrada mediante Contribuição de Melhoria será fixada tendo em vista a natureza da obra, os benefícios para os usuários, as atividades econômicas predominantes e o nível de desenvolvimento da região.

Art. 5º Para cobrança da Contribuição de Melhoria, a Administração competente deverá publicar o Edital, contendo, entre outros, os seguintes elementos:

I – Delimitação das áreas direta e indiretamente beneficiadas e a relação dos imóveis nelas compreendidos;

II – memorial descritivo do projeto;

III – orçamento total ou parcial do custo das obras;

IV – determinação da parcela do custo das obras a ser ressarcida pela contribuição, com o correspondente plano de rateio entre os imóveis beneficiados.

Parágrafo único. O disposto neste artigo aplica-se, também, aos casos de cobrança da Contribuição de Melhoria por obras públicas em execução, constantes de projetos ainda não concluídos.

Art. 6º Os proprietários de imóveis situados nas zonas beneficiadas pelas obras públicas têm o prazo de 30 (trinta) dias, a começar da data da publicação do Edital referido no artigo 5º, para a impugnação de qualquer dos elementos dele constantes, cabendo ao impugnante o ônus da prova.

Art. 7º A impugnação deverá ser dirigida à Administração competente, através de petição, que servirá para o início do processo administrativo conforme venha a ser regulamentado por decreto federal.

Art. 8º Responde pelo pagamento da Contribuição de Melhoria o proprietário do imóvel ao tempo do seu lançamento, e esta responsabilidade se transmite aos adquirentes e sucessores, a qualquer título, do domínio do imóvel.

§ 1º No caso de enfiteuse, responde pela Contribuição de Melhoria o enfiteuta.

§ 2º No imóvel locado é licito ao locador exigir aumento de aluguel correspondente a 10% (dez por cento) ao ano da Contribuição de Melhoria efetivamente paga.

§ 3º É nula a cláusula do contrato de locação que atribua ao locatário o pagamento, no todo ou em parte, da Contribuição de Melhoria lançada sobre o imóvel.

§ 4º Os bens indivisos, serão considerados como pertencentes a um só proprietário e àquele que for lançado terá direito de exigir dos condôminos as parcelas que lhes couberem.

Art. 9º Executada a obra de melhoramento na sua totalidade ou em parte suficiente para beneficiar determinados imóveis, de modo a justificar o início da cobrança da Contribuição de Melhoria, proceder-se-á ao lançamento referente a esses imóveis depois de publicado o respectivo demonstrativo de custos.

Art. 10. O órgão encarregado do lançamento deverá escriturar, em registro próprio, o débito da Contribuição de Melhoria correspondente a cada imóvel, notificando o proprietário, diretamente ou por edital, do:

I – valor da Contribuição de Melhoria lançada;

II – prazo para o seu pagamento, suas prestações e vencimentos;

III – prazo para a impugnação;

IV – local do pagamento.

Parágrafo único. Dentro do prazo que lhe for concedido na notificação do lançamento, que não será inferior a 30 (trinta) dias, o contribuinte poderá reclamar, ao órgão lançador, contra:

I – o erro na localização e dimensões do imóvel;

II – o cálculo dos índices atribuídos;

III – o valor da contribuição;

IV – o número de prestações.

Art. 11. Os requerimentos de impugnação de reclamação, como também quaisquer recursos administrativos não suspendem o início ou prosseguimento das obras e nem terão efeito de obstar a administração a pratica dos atos necessários ao lançamento e cobrança da contribuição de melhoria.

Art. 12. A Contribuição de Melhoria será paga pelo contribuinte da forma que a sua parcela anual não exceda a 3% (três por cento) do maior valor fiscal do seu imóvel, atualizado à época da cobrança.

§ 1º O ato da autoridade que determinar o lançamento poderá fixar descontos para o pagamento à vista, ou em prazos menores que o lançado.

§ 2º As prestações da Contribuição de Melhoria serão corrigidas monetariamente, de acordo com os coeficientes aplicáveis na correção dos débitos fiscais.

§ 3º O atraso no pagamento das prestações fixadas no lançamento sujeitará o contribuinte à multa de mora de 12% (doze por cento), ao ano.

§ 4º É lícito ao contribuinte, liquidar a Contribuição de Melhoria com títulos da dívida pública, emitidos especialmente para financiamento da obra pela qual foi lançado; neste caso, o pagamento será feito pelo valor nominal do título, se o preço do mercado for inferior.

§ 5º No caso do serviço público concedido, o poder concedente poderá lançar e arrecadar a contribuição.

§ 6º Mediante convênio, a União poderá legar aos Estados e Municípios, ou ao Distrito Federal, o lançamento e a arrecadação da Contribuição de Melhoria devida por obra pública federal, fixando a percentagem na receita, que caberá ao Estado ou Município que arrecadar a Contribuição.

§ 7º Nas obras federais, quando, por circunstâncias da área ser lançada ou da natureza da obra, o montante previsto na arrecadação da Contribuição de Melhoria não compensar o lançamento pela União, ou por seus órgãos, o lançamento poderá ser delegado aos municípios interessados e neste caso:

a) caberão aos Municípios o lançamento, arrecadação e as receitas apuradas; e

b) o órgão federal delegante se limitará a fixar os índices e critérios para o lançamento.

Art. 13. A cobrança da Contribuição de Melhorias, resultante de obras executadas pela União, situadas em áreas urbanas de um único Município, poderá ser efetuada pelo órgão arrecadador municipal, em convênio com o órgão federal que houver realizado as referidas obras.

Art. 14. A conservação, a operação e a manutenção das obras referidas no artigo anterior, depois de concluídas constituem encargos do Município em que estiverem situadas.

Art. 15. Os encargos de conservação, operação e manutenção das obras de drenagem e irrigação, não abrangidas pelo art. 13 e implantadas através da Contribuição de Melhorias, serão custeados pelos seus usuários.

Art. 16. Do produto de arrecadação de Contribuição de Melhorias, nas áreas prioritários para a Reforma Agrária, cobrado pela União e prevista como integrante do Fundo Nacional de Reforma Agrária (art. 28, I, da Lei 4.504, de 30.11.1964), o Instituto Brasileiro de Reforma Agrária, destinará importância idêntica a recolhida, para ser aplicada em novas obras e projetos de Reforma Agrária pelo mesmo órgão que realizou as obras públicas do que decorreu a contribuição.

Art. 17. Para efeito do imposto sobre a renda, devido, sobre a valorização imobiliária resultante de obra pública, deduzir-se-á a importância que o contribuinte houver pagado, o título de Contribuição de Melhorias.

Art. 18. A dívida fiscal oriunda da Contribuição de Melhoria, terá preferência sobre outras dívidas fiscais quanto ao imóvel beneficiado.

Art. 19. Fica revogada a Lei número 854, de 10 de outubro de 1949, e demais disposições legais em contrário.

Art. 20. Dentro de 90 (noventa) dias o Poder Executivo baixará decreto regulamentando o presente decreto-lei, que entra em vigor na data de sua publicação.

Brasília, 24 de fevereiro de 1967; 146º da Independência e 79º da República.

H. Castello Branco

(Publicação no *D.O.U.* 25.2.1967)

DECRETO-LEI 201, DE 27 DE FEVEREIRO DE 1967

Dispõe sobre a responsabilidade dos prefeitos e vereadores, e dá outras providências.

→ *v.* Arts. 15, V, 37, § 4º, e 97, § 10, III, da CF/1988.

→ *v.* Lei 8.429/1992 (Lei de improbidade administrativa).

O Presidente da República, usando da atribuição que lhe confere o § 2º do art. 9º do Ato Institucional n. 4, de 7 de dezembro de 1966, decreta:

Art. 1º São crimes de responsabilidade dos prefeitos municipais, sujeitos ao julgamento do Poder Judiciário, independentemente do pronunciamento da Câmara dos Vereadores:

→ *v.* Súmula 703 do STF.

I – apropriar-se de bens ou rendas públicas, ou desviá-los em proveito próprio ou alheio;

II – utilizar-se, indevidamente, em proveito próprio ou alheio, de bens, rendas ou serviços públicos;

III – desviar, ou aplicar indevidamente, rendas ou verbas públicas;

IV – empregar subvenções, auxílios, empréstimos ou recursos de qualquer natureza, em desacordo com os planos ou programas a que se destinam;

V – ordenar ou efetuar despesas não autorizadas por lei, ou realizá-las em desacordo com as normas financeiras pertinentes;

VI – deixar de prestar contas anuais da administração financeira do Município à Câmara dos Vereadores, ou ao órgão que a Constituição do Estado indicar, nos prazos e condições estabelecidos;

VII – deixar de prestar contas no devido tempo, ao órgão competente, da aplicação de recursos, empréstimos, subvenções ou auxílios internos ou externos, recebidos a qualquer título;

VIII – contrair empréstimos, emitir apólices, ou obrigar o Município por títulos de crédito, sem autorização da Câmara, ou em desacordo com a lei;

IX – conceder empréstimos, auxílios ou subvenções sem autorização da Câmara, ou em desacordo com a lei;

X – alienar ou onerar bens imóveis, ou rendas municipais, sem autorização da Câmara, ou em desacordo com a lei;

XI – adquirir bens, ou realizar serviços e obras, sem concorrência ou coleta de preços, nos casos exigidos em lei;

XII – antecipar ou inverter a ordem de pagamento a credores do Município, sem vantagem para o erário;

XIII – nomear, admitir ou designar servidor, contra expressa disposição de lei;

XIV – negar execução a lei federal, estadual ou municipal, ou deixar de cumprir ordem judicial, sem dar o motivo da recusa ou da impossibilidade, por escrito, à autoridade competente;

XV – deixar de fornecer certidões de atos ou contratos municipais, dentro do prazo estabelecido em lei;

XVI – deixar de ordenar a redução do montante da dívida consolidada, nos prazos estabelecidos em lei, quando o montante ultrapassar o valor resultante da aplicação do limite máximo fixado pelo Senado Federal;

→ Inciso XVI acrescentado pela Lei 10.028/2000.

XVII – ordenar ou autorizar a abertura de crédito em desacordo com os limites estabelecidos pelo Senado Federal, sem fundamento na lei orçamentária ou na de crédito adicional ou com inobservância de prescrição legal;

→ Inciso XVII acrescentado pela Lei 10.028/2000.

XVIII – deixar de promover ou ordenar na forma de lei, o cancelamento, a amortização ou a constituição de reserva para anular os efeitos da operação de crédito realizada com inobservância de limite, condição ou montante estabelecido em lei;

→ Inciso XVIII acrescentado pela Lei 10.028/2000.

XIX – deixar de promover ou de ordenar a liquidação integral de operação de crédito por antecipação de receita orçamentária, inclusive os respectivos juros e demais encargos, até o encerramento do exercício financeiro;

→ Inciso XIX acrescentado pela Lei 10.028/2000.

XX – ordenar ou autorizar, em desacordo com a lei, a realização de operação de crédito com qualquer um dos demais entes da Federação, inclusive suas entidades de administração indireta, ainda que na forma de novação, refinanciamento ou postergação de dívida contraída anteriormente;

→ Inciso XX acrescentado pela Lei 10.028/2000.

XXI – captar recursos a título de antecipação de receita de tributo ou contribuição cujo fato gerador ainda não tenha ocorrido;

→ Inciso XXI acrescentado pela Lei 10.028/2000.

XXII – ordenar ou autorizar a destinação de recursos provenientes da emissão de títulos para finalidade diversa da prevista na lei que a autorizou;

→ Inciso XXII acrescentado pela Lei 10.028/2000.

XXIII – realizar ou receber transferência voluntária em desacordo com limite ou condição estabelecida em lei.

→ Inciso XXIII acrescentado pela Lei 10.028/2000.

§ 1º Os crimes definidos neste artigo são de ação pública, punidos os dos itens I e II, com a pena de reclusão, de 2 (dois) a 12 (doze) anos, e os demais, com a pena de detenção, de 3 (três) meses a 3 (três) anos.

§ 2º A condenação definitiva em qualquer dos crimes definidos neste artigo, acarreta a perda do cargo e a inabilitação, pelo prazo de 5 (cinco) anos, para o exercício de cargo ou função pública, eletivo ou de nomeação, sem prejuízo da reparação civil do dano causado ao patrimônio público ou particular.

→ *v.* Súmula 209 do STJ.

→ *v.* Art. 29, X, da CF/1988.

Art. 2º O processo dos crimes definidos no artigo anterior é o comum do juízo singular, estabelecido pelo Código de Processo Penal, com as seguintes modificações:

I – antes de receber a denúncia, o juiz ordenará a notificação do acusado para apresentar defesa prévia, no prazo de 5 (cinco) dias. Se o acusado não for encontrado para a notificação, ser-lhe-á nomeado defensor, a quem caberá apresentar a defesa, dentro do mesmo prazo;

II – ao receber a denúncia, o juiz manifestar-se-á, obrigatória e motivadamente, sobre a prisão preventiva do acusado nos casos dos itens I e II do artigo anterior, e sobre o seu afastamento do exercício do cargo durante a instrução criminal, em todos os casos;

III – do despacho, concessivo ou denegatório, de prisão preventiva, ou de afastamento do cargo do acusado, caberá recurso em sentido estrito, para o tribunal competente, no prazo de 5 (cinco) dias em autos apartados. O recurso do despacho que decretar a prisão preventiva ou o afastamento do cargo terá efeito suspensivo.

§ 1º Os órgãos federais, estaduais ou municipais, interessados na apuração da responsabilidade do prefeito, podem requerer a abertura de inquérito policial ou a instauração da ação penal pelo Ministério Público, bem como intervir, em qualquer fase do processo, como assistente da acusação.

§ 2º Se as providências para a abertura do inquérito policial ou instauração da ação penal não forem atendidas pela autoridade policial ou pelo Ministério Público estadual, poderão ser requeridas ao procurador-geral da República.

Art. 3º O Vice-Prefeito, ou quem vier a substituir o Prefeito, fica sujeito ao mesmo processo do substituído, ainda que tenha cessado a substituição.

Art. 4º São infrações político-administrativas dos Prefeitos Municipais sujeitas ao julgamento pela Câmara dos Vereadores e sancionadas com a cassação do mandato:

I – impedir o funcionamento regular da Câmara;

II – impedir o exame de livros, folhas de pagamento e demais documentos que devam constar dos arquivos da Prefeitura, bem como a verificação de obras e serviços municipais, por comissão de investigação da Câmara ou auditoria, regularmente instituída;

III – desatender, sem motivo justo, as convocações ou os pedidos de informações da Câmara, quando efeitos a tempo e em forma regular;

IV – retardar a publicação ou deixar de publicar as leis e atos sujeitos a essa formalidade;

V – deixar de apresentar à Câmara, no devido tempo, e em forma regular, a proposta orçamentária;

VI – descumprir o orçamento aprovado para o exercício financeiro;

VII – praticar, contra expressa disposição de lei, ato de sua competência ou omitir-se na sua prática;

VIII – omitir-se ou negligenciar na defesa de bens, rendas, direitos ou interesses do Município, sujeitos à administração da Prefeitura;

IX – ausentar-se do Município, por tempo superior ao permitido em lei, ou afastar-se da Prefeitura, sem autorização da Câmara dos Vereadores;

X – proceder de modo incompatível com a dignidade e o decoro do cargo.

Art. 5º O processo de cassação do mandato do Prefeito pela Câmara, por infrações definidas no artigo anterior, obedecerá ao seguinte rito, se outro não for estabelecido pela legislação do Estado respectivo:

I – a denúncia escrita da infração poderá ser feita por qualquer eleitor, com a exposição dos fatos e a indicação das provas. Se o denunciante for Vereador, ficará impedido de votar sobre a denúncia e de integrar a Comissão processante, podendo, todavia, praticar todos os atos de acusação. Se o denunciante for o Presidente da Câmara, passará a Presidência ao substituto legal, para os atos do processo, e só votará se necessário para completar o quorum de julgamento. Será convocado o suplente do Vereador impedido de votar, o qual não poderá integrar a Comissão processante;

II – de posse da denúncia, o Presidente da Câmara, na primeira sessão, determinará sua leitura e consultará a Câmara sobre o seu recebimento. Decidido o recebimento, pelo voto da maioria dos presentes, na mesma sessão será constituída a Comissão processante, com três Vereadores sorteados entre os desimpedidos, os quais elegerão, desde logo, o Presidente e o Relator;

III – recebendo o processo, o Presidente da Comissão iniciará os trabalhos, dentro em 5 (cinco) dias, notificando o denunciado, com a remessa de cópia da denúncia e documentos que a instruírem, para que, no prazo de 10 (dez) dias, apresente defesa prévia, por escrito, indique as provas que pretender produzir e arrole testemunhas, até o máximo de dez. Se estiver ausente do Município, a notificação far-se-á por edital, publicado duas vezes, no órgão oficial, com intervalo de 3 (três) dias, pelo menos, contado o prazo da primeira publicação. Decorrido o prazo de defesa, a Comissão processante emitirá parecer dentro em 5 (cinco) dias, opinando pelo prosseguimento ou arquivamento da denúncia, o qual, neste caso, será submetido ao Plenário. Se a Comissão opinar pelo prosseguimento, o Presidente designará, desde logo, o início da instrução, e determinará os atos, diligências e audiências que se fizerem necessários, para o depoimento do denunciado e inquirição das testemunhas;

IV – o denunciado deverá ser intimado de todos os atos do processo, pessoalmente, ou na pessoa de seu procurador, com a antecedência, pelo menos, de 24 (vinte e quatro) horas, sendo-lhe permitido assistir às diligências e audiências, bem como formular perguntas e reperguntas às testemunhas e requerer o que for de interesse da defesa;

V – concluída a instrução, será aberta vista do processo ao denunciado, para razões escritas, no prazo de 5 (cinco) dias, e, após, a Comissão processante emitirá parecer final, pela procedência ou improcedência da acusação, e solicitará ao Presidente da Câmara a convocação de sessão para julgamento. Na sessão de julgamento, serão lidas as peças requeridas por qualquer dos Vereadores e pelos denunciados, e, a seguir, os que desejarem poderão manifestar-se verbalmente, pelo tempo máximo de 15 (quinze) minutos cada um, e, ao final, o denunciado, ou seu procurador, terá o prazo máximo de 2 (duas) horas para produzir sua defesa oral;

→ Inciso V com redação alterada pela Lei 11.966/2009.

VI – concluída a defesa, proceder-se-á a tantas votações nominais quantas forem as infrações articuladas na denúncia. Considerar-se-á afastado, definitivamente, do cargo, o denunciado que for declarado, pelo voto de 2/3 (dois terços) pelo menos, dos membros da Câmara, incurso em qualquer das infrações especificadas na denúncia. Concluído o julgamento, o Presidente da Câmara proclamará imediatamente o resultado e fará lavrar ata que consigne a votação nominal sobre cada infração, e, se houver condenação, expedirá o competente decreto legislativo de cassação do mandato de Prefeito. Se o resultado da votação for absolutório, o presidente determinará o arquivamento do processo. Em qualquer dos casos, o Presidente da Câmara comunicará à Justiça Eleitoral o resultado;

VII – o processo, a que se refere este artigo, deverá estar concluído dentro em 90 (noventa) dias, contados da data em que se efetivar a notificação do acusado. Transcorrido o prazo sem o julgamento, o processo será arquivado, sem prejuízo de nova denúncia ainda que sobre os mesmos fatos.

Art. 6º Extingue-se o mandato de Prefeito, e, assim, deve ser declarado pelo Presidente da Câmara de Vereadores, quando:

I – ocorrer falecimento, renúncia por escrito, cassação dos direitos políticos ou condenação por crime funcional ou eleitoral;

II – deixar de tomar posse, sem motivo justo aceito pela Câmara, dentro do prazo estabelecido em lei;

III – incidir nos impedimentos para o exercício do cargo, estabelecidos em lei, e não se desincompatibilizar até a posse, e, nos casos supervenientes, no prazo que a lei ou a Câmara fixar.

Parágrafo único. A extinção do mandato independe de deliberação do plenário e se tornará efetiva desde a declaração do fato ou ato extintivo pelo Presidente e sua inserção em ata.

Art. 7º A Câmara poderá cassar o mandato de Vereador, quando:

I – utilizar-se do mandato para a prática de atos de corrupção ou de improbidade administrativa;

II – fixar residência fora do Município;

III – proceder de modo incompatível com a dignidade da Câmara ou faltar com o decoro na sua conduta pública.

§ 1º O processo de cassação de mandato de Vereador é, no que couber, o estabelecido no art. 5º deste Decreto-lei.

§ 2º *(Revogado pela Lei 9.504/1997).*

Art. 8º Extingue-se o mandato do Vereador e assim será declarado pelo Presidente da Câmara, quando:

I – ocorrer falecimento, renúncia por escrito, cassação dos direitos políticos ou condenação por crime funcional ou eleitoral;

II – deixar de tomar posse, sem motivo justo aceito pela Câmara, dentro do prazo estabelecido em lei;

III – deixar de comparecer, em cada sessão legislativa anual, à terça parte das sessões ordinárias da Câmara Municipal, salvo por motivo de doença comprovada, licença ou missão autorizada pela edilidade; ou, ainda, deixar de comparecer a 5 (cinco) sessões extraordinárias convocadas pelo Prefeito, por escrito e mediante recibo de recebimento, para apreciação de matéria urgente, assegurada ampla defesa, em ambos os casos;

→ Inciso III com redação alterada pela Lei 6.793/1980.

IV – incidir nos impedimentos para o exercício do mandato, estabelecidos em lei e não se desincompatibilizar até a posse, e, nos casos supervenientes, no prazo fixado em lei ou pela Câmara.

§ 1º Ocorrido e comprovado o ato ou fato extintivo, o Presidente da Câmara, na primeira sessão, comunicará ao plenário e fará constar da ata a declaração da extinção do mandato e convocará imediatamente o respectivo suplente.

§ 2º Se o Presidente da Câmara omitir-se nas providências do parágrafo anterior, o suplente do Vereador ou o Prefeito Municipal poderá requerer a declaração de extinção do mandato, por via judicial, e se procedente, o juiz condenará o Presidente omisso nas custas do processo e honorários de advogado que fixará de plano, importando a decisão judicial na destituição automática do cargo da Mesa e no impedimento para nova investidura durante toda a legislatura.

§ 3º O disposto no item III não se aplicará às sessões extraordinárias que forem convocadas pelo Prefeito, durante os períodos de recesso das Câmaras Municipais.

→ § 3º acrescentado pela Lei 5.659/1971.

Art. 9º O presente Decreto-lei entrará em vigor na data de sua publicação, revogadas as Leis 211, de 7 de janeiro de 1948, e 3.528, de 3 de janeiro de 1959, e demais disposições em contrário.

Brasília, 27 de fevereiro de 1967; 146º da Independência e 79º da República.

H. Castello Branco

(Publicação no *D.O.U.* de 27.2.1967; e retificado no *D.O.U.* de 14.3.1967)

LEI 5.256, DE 6 DE ABRIL DE 1967

Dispõe sobre a prisão especial.

O Presidente da República:

Faço saber que o Congresso Nacional decreta e eu sanciono a seguinte Lei:

Art. 1º Nas localidades em que não houver estabelecimento adequado ao recolhimento dos que tenham direito a prisão especial, o juiz, considerando a gravidade das circunstâncias do crime, ouvido o representante do Ministério Público, poderá autorizar a prisão do réu ou indiciado na própria residência, de onde o mesmo não poderá afastar-se sem prévio consentimento judicial.

→ *v.* Art. 295 do CPP.

Art. 2º A prisão domiciliar não exonera o réu ou indiciado da obrigação de comparecer aos atos policiais ou judiciais para os quais for convocado, ficando ainda sujeito a outras limitações que o juiz considerar indispensáveis à investigação policial e à instrução criminal.

Art. 3º Por ato de ofício do juiz, a requerimento do Ministério Público ou da autoridade policial, o beneficiário da prisão domiciliar poderá ser submetido a vigilância policial, exercida sempre com discrição e sem constrangimento para o réu ou indiciado e sua família.

→ *v.* Art. 38 do CP.

Art. 4º A violação de qualquer das condições impostas na conformidade da presente Lei implicará na perda do benefício da prisão domiciliar, devendo o réu ou indiciado ser recolhido a estabelecimento penal, onde permanecerá separado dos demais presos.

Parágrafo único. Neste caso, o diretor do estabelecimento poderá aproveitar o réu ou indiciado nas tarefas administrativas da prisão.

Art. 5º Esta Lei entra em vigor na data de sua publicação.

Art. 6º Revogam-se as disposições em contrário.

Brasília, 6 de abril de 1967; 146º da Independência e 79º da República.

A. Costa e Silva

(Publicação no *D.O.U.* de 7.4.1967)

LEI 5.474,
DE 18 DE JULHO DE 1968

Dispõe sobre as duplicatas e dá outras providências.

O Presidente da República:

Faço saber que o Congresso Nacional decreta e eu sanciono a seguinte Lei:

Capítulo I
DA FATURA E DA DUPLICATA

Art. 1º Em todo o contrato de compra e venda mercantil entre partes domiciliadas no território brasileiro, com prazo não inferior a 30 (trinta) dias, contado da data da entrega ou despacho das mercadorias, o vendedor extrairá a respectiva fatura para apresentação ao comprador.

§ 1º A fatura discriminará as mercadorias vendidas ou, quando convier ao vendedor, indicará somente os números e valores das notas parciais expedidas por ocasião das vendas, despachos ou entregas das mercadorias.

§ 2º *(Revogado pelo Dec.-lei 436/1969).*

Art. 2º No ato da emissão da fatura, dela poderá ser extraída uma duplicata para circulação como efeito comercial, não sendo admitida qualquer outra espécie de título de crédito para documentar o saque do vendedor pela importância faturada ao comprador.

§ 1º A duplicata conterá:

I – a denominação "duplicata", a data de sua emissão e o número de ordem;

II – o número da fatura;

III – a data certa do vencimento ou a declaração de ser a duplicata à vista;

IV – o nome e domicílio do vendedor e do comprador;

V – a importância a pagar, em algarismos e por extenso;

VI – a praça de pagamento;

VII – a cláusula à ordem;

VIII – a declaração do reconhecimento de sua exatidão e da obrigação de pagá-la, a ser assinada pelo comprador, como aceite cambial;

IX – a assinatura do emitente.

§ 2º Uma só duplicata não pode corresponder a mais de uma fatura.

§ 3º Nos casos de venda para pagamento em parcelas, poderá ser emitida duplicata única, em que se discriminarão todas as prestações e seus vencimentos, ou série de duplicatas, uma para cada prestação, distinguindo-se a numeração a que se refere o item I do § 1º deste artigo, pelo acréscimo de letra do alfabeto, em sequência.

Art. 3º A duplicata indicará sempre o valor total da fatura, ainda que o comprador tenha direito a qualquer rebate, mencionando o vendedor o valor líquido que o comprador deverá reconhecer como obrigação de pagar.

§ 1º Não se incluirão no valor total da duplicata os abatimentos de preços das mercadorias feitos pelo vendedor até o ato do faturamento, desde que constem da fatura.

§ 2º A venda mercantil para pagamento contra a entrega da mercadoria ou do conhecimento de transporte, sejam ou não da mesma praça vendedor e comprador, ou para pagamento em prazo inferior a 30 (trinta) dias, contado da entrega ou despacho das mercadorias, poderá representar-se, também, por duplicata, em que se declarará que o pagamento será feito nessas condições.

Art. 4º Nas vendas realizadas por consignatários ou comissários e faturadas em nome e por conta do consignante ou comitente, caberá àqueles cumprir os dispositivos desta Lei.

Art. 5º Quando a mercadoria for vendida por conta do consignatário, este é obrigado, na ocasião de expedir a fatura e a duplicata, a comunicar a venda ao consignante.

§ 1º Por sua vez, o consignante expedirá fatura e duplicata correspondente à mesma venda, a fim de ser esta assinada pelo consignatário, mencionando-se o prazo estipulado para a liquidação do saldo da conta.

§ 2º Fica o consignatário dispensado de emitir duplicata quando na comunicação a que se refere o § 1º declarar que o produto líquido apurado está à disposição do consignante.

Capítulo II
DA REMESSA E DA DEVOLUÇÃO DA DUPLICATA

Art. 6º A remessa de duplicata poderá ser feita diretamente pelo vendedor ou por seus representantes, por intermédio de instituições financeiras, procuradores ou correspondentes que se incumbam de apresentá-la ao comprador na praça ou no lugar de seu estabelecimento, podendo os intermediários devolvê-la, depois de assinada, ou conservá-la em seu poder até o momento do resgate, segundo as instruções de quem lhes cometeu o encargo.

§ 1º O prazo para remessa da duplicata será de 30 (trinta) dias, contado da data de sua emissão.

§ 2º Se a remessa for feita por intermédio de representantes, instituições financeiras, procuradores ou correspondentes, estes deverão apresentar o título ao comprador dentro de dez dias, contados da data de seu recebimento na praça de pagamento.

Art. 7º A duplicata, quando não for à vista, deverá ser devolvida pelo comprador ao apresentante dentro do prazo de 10 (dez) dias, contados da data de sua apresentação, devidamente assinada ou acompanhada de declaração, por escrito, contendo as razões da falta do aceite.

§ 1º Havendo expressa concordância da instituição financeira cobradora, o sacado poderá reter a duplicata em seu poder até a data do vencimento, desde que comunique, por escrito, à apresentante, o aceite e a retenção.

§ 2º A comunicação de que trata o parágrafo anterior substituirá, quando necessário, no ato do protesto ou na execução judicial, a duplicata a que se refere.

→ § 2º com redação alterada pela Lei 6.458/1977.

Art. 8º O comprador só poderá deixar de aceitar a duplicata por motivo de:

I – avaria ou não recebimento das mercadorias, quando não expedidas ou não entregues por sua conta e risco;

II – vícios, defeitos e diferenças na qualidade ou na quantidade das mercadorias, devidamente comprovados;

III – divergência nos prazos ou nos preços ajustados.

Capítulo III
DO PAGAMENTO DAS DUPLICATAS

Art. 9º É lícito ao comprador resgatar a duplicata antes de aceitá-la ou antes da data do vencimento.

§ 1º A prova do pagamento é o recibo, passado pelo legítimo portador ou por seu representante com poderes especiais, no verso do próprio título ou em documento, em separado, com referência expressa à duplicata.

→ *v.* Art. 324 do CC.

§ 2º Constituirá, igualmente, prova de pagamento, total ou parcial, da duplicata, a liquidação de cheque, a favor do estabelecimento endossatário, no qual conste, no verso, que seu valor se destina à amortização ou liquidação da duplicata nele caracterizada.

Art. 10. No pagamento da duplicata poderão ser deduzidos quaisquer créditos a favor do devedor, resultantes de devolução de mercadorias, diferenças de preço, enganos verificados, pagamentos por conta e outros motivos assemelhados, desde que devidamente autorizados.

Art. 11. A duplicata admite reforma ou prorrogação do prazo de vencimento mediante declaração em separado ou nela escrita, assinada pelo vendedor ou endossatário, ou por representante com poderes especiais.

Parágrafo único. A reforma ou prorrogação de que trata este artigo, para manter a coobrigação dos demais intervenientes por endosso ou aval, requer a anuência expressa destes.

Art. 12. O pagamento da duplicata poderá ser assegurado por aval, sendo o avalista equiparado àquele cujo nome indicar; na falta da indicação, àquele abaixo de cuja firma lançar a sua; fora desses casos, ao comprador.

Parágrafo único. O aval dado posteriormente ao vencimento do título produzirá os mesmos efeitos que o prestado anteriormente àquela ocorrência.

Capítulo IV
DO PROTESTO

Art. 13. A duplicata é protestável por falta de aceite, de devolução ou de pagamento.

→ Artigo com redação alterada pelo Dec.-lei 436/1969.

§ 1º Por falta de aceite, de devolução ou de pagamento, o protesto será tirado, conforme o caso, mediante apresentação da duplicata, da triplicata, ou, ainda, por simples indicações do portador, na falta de devolução do título.

§ 2º O fato de não ter sido exercida a faculdade de protestar o título, por falta de aceite ou de devolução, não elide a possibilidade de protesto por falta de pagamento.

§ 3º O protesto será tirado na praça de pagamento constante do título.

§ 4º O portador que não tirar o protesto da duplicata, em forma regular e dentro do prazo de 30 (trinta) dias, contado da data de seu vencimento, perderá o direito de regresso contra os endossantes e respectivos avalistas.

Art. 14. Nos casos de protesto, por falta de aceite, de devolução ou de pagamento, ou feitos por indicações do portador o instrumento de protesto deverá conter os requisitos enumerados no art. 29 do Dec. 2.044, de 31 de dezembro de 1908, exceto a transcrição mencionada no inciso II, que será substituída pela reprodução das indicações feitas pelo portador do título.

→ Artigo com redação alterada pelo Dec.-lei 436/1969.

Capítulo V
DO PROCESSO PARA COBRANÇA DA DUPLICATA

Art. 15. A cobrança judicial de duplicata ou triplicata será efetuada de conformidade com o processo aplicável aos títulos executivos extrajudiciais, de que cogita o Livro II do Código de Processo Civil, quando se tratar:

→ Artigo com redação alterada pela Lei 6.458/1977.

→ *V.* Arts. 771 e ss., do NCPC.

I – de duplicata ou triplicata aceita, protestada ou não;

II – de duplicata ou triplicata não aceita, contanto que, cumulativamente:

a) haja sido protestada;

b) esteja acompanhada de documento hábil comprobatório da entrega e recebimento da mercadoria; e

c) o sacado não tenha, comprovadamente, recusado o aceite, no prazo, nas condições e pelos motivos previstos nos arts. 7º e 8º desta Lei.

§ 1º Contra o sacador, os endossantes e respectivos avalistas caberá o processo de execução referido neste artigo, quaisquer que sejam a forma e as condições do protesto.

§ 2º Processar-se-á também da mesma maneira a execução de duplicata ou triplicata não aceita e não devolvida, desde que haja sido protestada mediante indicações do credor ou do apresentante do título, nos termos do art. 14, preenchidas as condições do inciso II deste artigo.

Art. 16. Aplica-se o procedimento ordinário previsto no Código de Processo Civil à ação do credor contra o devedor, por duplicata ou triplicata que não preencha os requisitos do art. 15, I e II, e §§ 1º e 2º, bem como à ação para ilidir as razões invocadas pelo devedor para o não aceite do título, nos casos previstos no art. 8º.

→ Artigo com redação alterada pela Lei 6.458/1977.

→ *V.* Arts. 282 a 475-R do CPC/1973.

→ *V.* Arts. 146, 294, 296 a 298, 300, 305, 318 a 332, 334 a 337, 341 a 348, 350 a 355, 357 a 369, 371, 373, 376 a 380, 385 a 410, 412 a 435, 437, § 1º, 438, 442 a 470, 472 a 484, 489, 490, 492 a 495, 497 a 499, 500 a 508, 536, § 1º, 537, § 1º e 538, do NCPC.

Art. 17. O foro competente para a cobrança judicial da duplicata ou da triplicata é o da praça de pagamento constante do título, ou outra de domicílio do comprador e, no caso de ação regressiva, a dos sacadores, dos endossantes e respectivos avalistas.

→ Artigo com redação alterada pela Lei 6.458/1977.

Art. 18. A pretensão à execução da duplicata prescreve:

→ Artigo com redação alterada pela Lei 6.458/1977.

I – contra o sacado e respectivos avalistas, em três anos, contados da data do vencimento do título;

II – contra endossante e seus avalistas, em um ano, contado da data do protesto;

III – de qualquer dos coobrigados, contra os demais, em um ano, contado da data em que haja sido efetuado o pagamento do título.

§ 1º A cobrança judicial poderá ser proposta contra um ou contra todos os coobrigados, sem observância da ordem em que figurem no título.

§ 2º Os coobrigados da duplicata respondem solidariamente pelo aceite e pelo pagamento.

→ *V.* Arts. 275 a 285 do CC.

Capítulo VI
DA ESCRITA ESPECIAL

Art. 19. A adoção do regime de vendas de que trata o art. 2º desta Lei obriga o vendedor a ter e a escriturar o Livro de Registro de Duplicatas.

→ *V.* Art. 1.180 do CC.

§ 1º No Registro de Duplicatas serão escrituradas, cronologicamente, todas as duplicatas emitidas, com o número de ordem, data e valor das faturas originárias e data de sua expedição; nome e domicílio do comprador; anotações das reformas; prorrogações e outras circunstâncias necessárias.

§ 2º Os Registros de Duplicatas, que não poderão conter emendas, borrões, rasuras ou entrelinhas, deverão ser conservados nos próprios estabelecimentos.

§ 3º O Registro de Duplicatas poderá ser substituído por qualquer sistema mecanizado, desde que os requisitos deste artigo sejam observados.

Capítulo VII
DAS DUPLICATAS DE PRESTAÇÃO DE SERVIÇOS

Art. 20. As empresas, individuais ou coletivas, fundações ou sociedades civis, que se dediquem à prestação de serviços, poderão, também, na forma desta Lei, emitir fatura e duplicata.

§ 1º A fatura deverá discriminar a natureza dos serviços prestados.

§ 2º A soma a pagar em dinheiro corresponderá ao preço dos serviços prestados.

§ 3º Aplicam-se à fatura e à duplicata ou triplicata de prestação de serviços, com as adaptações cabíveis, as disposições referentes à fatura e à duplicata ou triplicata de venda mercantil, constituindo documento hábil, para transcrição do instrumento de protesto, qualquer documento que comprove a efetiva prestação dos serviços e o vínculo contratual que a autorizou.

→ § 3º acrescentado pelo Dec.- lei 436/1969.

Art. 21. O sacado poderá deixar de aceitar a duplicata de prestação de serviços por motivo de:

I – não correspondência com os serviços efetivamente contratados;

II – vícios ou defeitos na qualidade dos serviços prestados, devidamente comprovados;

III – divergências nos prazos ou nos preços ajustados.

Art. 22. Equiparam-se às entidades constantes do art. 20, para os efeitos da presente Lei, ressalvado o disposto no Capítulo VI, os profissionais liberais e os que prestam serviço de natureza eventual, desde que o valor do serviço ultrapasse a cem cruzeiros novos.

§ 1º Nos casos deste artigo, o credor enviará ao devedor fatura ou conta que mencione a natureza e valor dos serviços prestados, data e local do pagamento e o vínculo contratual que deu origem aos serviços executados.

§ 2º Registrada a fatura ou conta no Cartório de Títulos e Documentos, será ela remetida ao devedor, com as cautelas constantes do art. 6º.

§ 3º O não pagamento da fatura ou conta no prazo nela fixado autorizará o credor a levá-la a protesto, valendo, na ausência do original, certidão do cartório competente.

§ 4º O instrumento do protesto, elaborado com as cautelas do art. 14, discriminando a fatura ou conta original ou a certidão do Cartório de Títulos e Documentos, autorizará o ajuizamento do competente processo de execução na forma prescrita nesta Lei.

→ § 4º com redação alterada pela Lei 6.458/1977.

Capítulo VIII
DAS DISPOSIÇÕES GERAIS

Art. 23. A perda ou extravio da duplicata obrigará o vendedor a extrair triplicata, que terá os mesmos efeitos e requisitos e obedecerá às mesmas formalidades daquela.

Art. 24. Da duplicata poderão constar outras indicações, desde que não alterem sua feição característica.

Art. 25. Aplicam-se à duplicata e à triplicata, no que couber, os dispositivos da legislação sobre emissão, circulação e pagamento das Letras de Câmbio.

Art. 26. O art. 172 do Código Penal (Dec.-lei 2.848, de 7 de dezembro de 1940) passa a vigorar com a seguinte redação:

"Art. 172. Expedir ou aceitar duplicata que não corresponda, juntamente com a fatura respectiva, a uma venda efetiva de bens ou a uma real prestação de serviço.

Pena – Detenção de 1 (um) a 5 (cinco) anos, e multa equivalente a 20% (vinte por cento) sobre o valor da duplicata.

Parágrafo único. Nas mesmas penas incorrerá aquele que falsificar ou adulterar a escrituração do Livro de Registro de Duplicatas."

Art. 27. O Conselho Monetário Nacional, por proposta do Ministério da Indústria e do Comércio, baixará, dentro de 120 (cento e vinte) dias da data da publicação desta Lei, normas para padronização formal dos títulos e documentos nela referidos fixando prazo para sua adoção obrigatória.

Art. 28. Esta Lei entrará em vigor 30 (trinta) dias após a data de sua publicação, revogando-se a Lei 187, de 15 de janeiro de 1936, a Lei 4.068, de 9 de junho de 1962, os Decs.-leis 265, de 28 de fevereiro de 1967; 320, de 29 de março de 1967; 331, de 21 de setembro de 1967 e 345, de 28 de dezembro de 1967, na parte referente às duplicatas e todas as demais disposições em contrário.

Brasília, 18 de julho de 1968; 147º da Independência e 80º da República.

A. Costa e Silva

(Publicação no *D.O.U.* de 19.7.1968)

LEI 5.478, DE 25 DE JULHO DE 1968

Dispõe sobre ação de alimentos e dá outras providências.

O Presidente da República:

Faço saber que o Congresso Nacional decreta e eu sanciono a seguinte Lei:

Art. 1º A ação de alimentos é de rito especial, independe de prévia distribuição e de anterior concessão do benefício de gratuidade.

→ v. Arts. 1.694 a 1.710 do CC.

→ v. Arts. 155, II, do CPC/1973.

→ v. Art. 189, II, do NCPC.

→ v. Lei 1.060/1950 – Estabelece normas para a concessão de assistência judiciária aos necessitados.

→ v. Arts. 16, 19 a 23, e 28 a 30 da Lei 6.515/1977.

§ 1º A distribuição será determinada posteriormente por ofício do juízo, inclusive para o fim de registro do feito.

§ 2º A parte que não estiver em condições de pagar as custas do processo, sem prejuízo do sustento próprio ou de sua família, gozará do benefício da gratuidade, por simples afirmativa dessas condições perante o juiz, sob pena de pagamento até o décuplo das custas judiciais.

§ 3º Presume-se pobre, até prova em contrário, quem afirmar essa condição, nos termos desta Lei.

§ 4º A impugnação do direito à gratuidade não suspende o curso do processo de alimentos e será feita em autos apartados.

Art. 2º O credor, pessoalmente ou por intermédio de advogado, dirigir-se-á ao juiz competente, qualificando-se, e exporá suas necessidades, provando, apenas, o parentesco ou a obrigação de alimentar do devedor, indicando seu nome e sobrenome, residência ou local de trabalho, profissão e naturalidade, quanto ganha aproximadamente ou os recursos de que dispõe.

§ 1º Dispensar-se-á a produção inicial de documentos probatórios:

I – quando existente em notas, registros, repartições ou estabelecimentos públicos e ocorrer impedimento ou demora em extrair certidões;

II – quando estiverem em poder do obrigado as prestações alimentícias ou de terceiro residente em lugar incerto ou não sabido.

§ 2º Os documentos públicos ficam isentos de reconhecimento de firma.

§ 3º Se o credor comparecer pessoalmente e não indicar profissional que haja concordado em assisti-lo, o juiz designará desde logo quem o deva fazer.

Art. 3º O pedido será apresentado por escrito, em três vias, e deverá conter a indicação do juiz a quem for dirigido, os elementos referidos no artigo anterior e um histórico sumário dos fatos.

§ 1º Se houver sido designado pelo juiz defensor para assistir o solicitante, na forma prevista no art. 2º, formulará o designado, dentro de 24 (vinte e quatro) horas da nomeação, o pedido, por escrito, podendo, se achar conveniente, indicar seja a solicitação verbal reduzida a termo.

§ 2º O termo previsto no parágrafo anterior será em três vias, datadas e assinadas pelo escrivão, observado, no que couber, o disposto no *caput* do presente artigo.

Art. 4º Ao despachar o pedido, o juiz fixará desde logo alimentos provisórios a serem pagos pelo devedor, salvo se o credor expressamente declarar que deles não necessita.

→ v. Arts. 852 a 854 do CPC/1973.

→ v. Art. 693, parágrafo único, do NCPC.

Parágrafo único. Se se tratar de alimentos provisórios pedidos pelo cônjuge, casado pelo regime da comunhão universal de bens, o juiz determinará igualmente que seja entregue ao credor, mensalmente, parte da renda líquida dos bens comuns, administrados pelo devedor.

Art. 5º O escrivão, dentro de 48 (quarenta e oito) horas, remeterá ao devedor a segunda via da petição ou do termo, juntamente com a cópia do despacho do juiz, e a comunicação do dia e hora da realização da audiência de conciliação e julgamento.

§ 1º Na designação da audiência o juiz fixará o prazo razoável que possibilite ao réu a contestação da ação proposta e a eventualidade de citação por edital.

§ 2º A comunicação, que será feita mediante registro postal isento de taxas e com aviso de recebimento, importa em citação, para todos os efeitos legais.

§ 3º Se o réu criar embaraços ao recebimento da citação, ou não for encontrado, repetir-se-á a diligência por intermédio do oficial de justiça, servindo de mandado a terceira via da petição ou do termo.

§ 4º Impossibilitada a citação do réu por qualquer dos modos acima previstos, será ele citado por edital afixado na sede do juízo e publicado três vezes consecutivas no órgão oficial do Estado, correndo a despesa por conta do vencido, a final, sendo previamente a conta juntada aos autos.

§ 5º O edital deverá conter um resumo do pedido inicial, a íntegra do despacho nele exarado, a data e a hora da audiência.

§ 6º O autor será notificado da data e hora da audiência no ato de recebimento da petição, ou da lavratura do termo.

§ 7º O juiz, ao marcar a audiência, oficiará ao empregador do réu, ou, se o mesmo for funcionário público, ao responsável por sua repartição, solicitando o envio, no máximo até a data marcada para a audiência, de informações sobre o salário ou os vencimentos do devedor, sob as penas previstas no art. 22 desta Lei.

§ 8º A citação do réu, mesmo no caso dos arts. 200 e 201 do Código de Processo Civil, far-se-á na forma do § 2º do art. 5º desta Lei.

→ § 8º com redação alterada pela Lei 6.014/1973.

Art. 6º Na audiência de conciliação e julgamento deverão estar presentes autor e réu, independentemente de intimação e de comparecimento de seus representantes.

Art. 7º O não comparecimento do autor determina o arquivamento do pedido, e a ausência do réu importa em revelia, além de confissão quanto à matéria de fato.

→ v. Arts. 319 e 322 do CPC/1973.

→ v. Arts. 329, II, e 344 a 346 do NCPC.

Art. 8º Autor e réu comparecerão à audiência acompanhados de suas testemunhas, três no máximo, apresentando, nessa ocasião, as demais provas.

Art. 9º Aberta a audiência, lida a petição, ou o termo, e a resposta, se houver, ou dispensada a leitura, o juiz ouvirá as partes litigantes e o representante do Ministério Público, propondo conciliação.

→ *Caput* com redação alterada pela Lei 6.014/1973.

§ 1º Se houver acordo, lavrar-se-á o respectivo termo, que será assinado pelo juiz, escrivão, partes e representantes do Ministério Público.

§ 2º Não havendo acordo, o juiz tomará o depoimento pessoal das partes e das testemunhas, ouvidos os peritos se houver, podendo julgar o feito sem a mencionada produção de provas, se as partes concordarem.

Art. 10. A audiência de julgamento será contínua; mas, se não for possível por motivo de força maior concluí-la no mesmo dia, o juiz marcará a sua continuação para o primeiro dia desimpedido, independentemente de novas intimações.

Art. 11. Terminada a instrução poderão as partes e o Ministério Público aduzir alegações finais, em prazo não excedente de 10 (dez) minutos para cada um.

Parágrafo único. Em seguida, o juiz renovará a proposta de conciliação e, não sendo aceita, ditará sua sentença, que conterá sucinto relatório do ocorrido na audiência.

Art. 12. Da sentença serão as partes intimadas, pessoalmente ou através de seus representantes, na própria audiência, ainda quando ausentes, desde que intimadas de sua realização.

Art. 13. O disposto nesta Lei aplica-se igualmente, no que couber, às ações ordinárias de desquite, nulidade e anulação de casamento, à revisão de sentenças proferidas em pedidos de alimentos e respectivas execuções.

§ 1º Os alimentos provisórios fixados na inicial poderão ser revistos a qualquer tempo, se houver modificação na situação financeira das partes, mas o pedido será sempre processado em apartado.

§ 2º Em qualquer caso, os alimentos fixados retroagem à data da citação.

§ 3º Os alimentos provisórios serão devidos até a decisão final, inclusive o julgamento do recurso extraordinário.

Art. 14. Da sentença caberá apelação no efeito devolutivo.

→ Artigo com redação alterada pela Lei 6.014/1973.

Art. 15. A decisão judicial sobre alimentos não transita em julgado e pode a qualquer tempo ser revista em face da modificação da situação financeira dos interessados.

Art. 16. *(Revogado pela Lei 13.105/2015, em vigor após decorrido 1 (um) ano da data de sua publicação* – D.O.U. *de 17.3.2015* (v. *Art. 1.045 do NCPC).*

→ **Anterior redação: Art. 16.** Na execução da sentença ou do acordo nas ações de alimentos será observado o disposto no art. 734 e seu parágrafo único do Código de Processo Civil. (Artigo com redação alterada pela Lei 6.014/1973).

Art. 17. *(Revogado pela Lei 13.105/2015, em vigor após decorrido 1 (um) ano da data de sua publicação* – D.O.U. *de 17.3.2015* (v. *Art. 1.045 do NCPC)).*

→ **Anterior redação: Art. 17.** Quando não for possível a efetivação executiva da sentença ou do acordo mediante desconto em folha, poderão ser as prestações cobradas de alugueres de prédios ou de quaisquer outros rendimentos do devedor, que serão recebidos diretamente pelo alimentando ou por depositário nomeado pelo juiz.

Art. 18. *(Revogado pela Lei 13.105/2015, em vigor após decorrido 1 (um) ano da data de sua publicação* – D.O.U. *de 17.3.2015* (v. *Art. 1.045 do NCPC).*

→ **Anterior redação: Art. 18.** Se, ainda assim, não for possível a satisfação do débito, poderá o credor requerer a execução da sentença, na forma dos arts. 732, 733 e 735 do Código de Processo Civil. (Artigo com redação alterada pela Lei 6.014/1973).

Art. 19. O juiz, para instrução da causa, ou na execução da sentença ou do acordo, poderá tomar todas as providências necessárias para seu esclarecimento ou para o cumprimento do julgado ou do acordo, inclusive a decretação de prisão do devedor até 60 (sessenta) dias.

→ v. Art. 5º, LXVII, da CF/1988.

§ 1º O cumprimento integral da pena de prisão não eximirá o devedor do pagamento das prestações alimentícias, vincendas ou vencidas e não pagas.

→ § 1º com redação alterada pela Lei 6.014/1973.

§ 2º Da decisão que decretar a prisão do devedor, caberá agravo de instrumento.

→ § 2º com redação alterada pela Lei 6.014/1973.

§ 3º A interposição do agravo não suspende a execução da ordem de prisão.

→ § 3º com redação alterada pela Lei 6.014/1973.

Art. 20. As repartições públicas, civis ou militares, inclusive do Imposto de Renda, darão todas as informações necessárias à instrução dos processos previstos nesta Lei e à execução do que for decidido ou acordado em juízo.

Art. 21. O art. 244 do Código Penal passa a vigorar com a seguinte redação:

"Art. 244. Deixar, sem justa causa, de prover a subsistência do cônjuge, ou de filho menor de 18 (dezoito) anos ou inapto para o trabalho ou de ascendente inválido ou valetudinário, não lhes proporcionando os recursos necessários ou faltando ao pagamento de pensão alimentícia judicialmente acordada, fixada ou majorada, deixar, sem justa causa, de socorrer descendente ou ascendente gravemente enfermo:

Pena – Detenção de 1 (um) ano a 4 (quatro) anos e multa, de 1 (uma) a 10 (dez) vezes o maior salário mínimo vigente no País.

Parágrafo único. Nas mesmas penas incide quem, sendo solvente, frustra ou ilide, de qualquer modo, inclusive por abandono injustificado de emprego ou função, o pagamento de pensão alimentícia judicialmente acordada, fixada ou majorada."

Art. 22. Constitui crime contra a administração da Justiça deixar o empregador ou funcionário público de prestar ao juízo competente as informações necessárias à instrução de processo ou execução de sentença ou acordo que fixe pensão alimentícia:

Pena – detenção de 6 (seis) meses a 1 (um) ano, sem prejuízo da pena acessória de suspensão do emprego de 30 (trinta) a 90 (noventa) dias.

Parágrafo único. Nas mesmas penas incide quem, de qualquer modo, ajuda o devedor a eximir-se ao pagamento de pensão alimentícia judicialmente acordada, fixada ou majorada, ou se recusa, ou procrastina a executar ordem de descontos em folhas de pagamento, expedida pelo juiz competente.

Art. 23. A prescrição quinquenal referida no art. 178, § 10, I, do Código Civil só alcança as prestações mensais e não o direito a alimentos, que, embora irrenunciável, pode ser provisoriamente dispensado.

Art. 24. A parte responsável pelo sustento da família, e que deixar a residência comum por motivo que não necessitará declarar, poderá tomar a iniciativa de comunicar ao juízo os rendimentos de que dispõe e de pedir a citação do credor, para comparecer à audiência de conciliação e julgamento destinada à fixação dos alimentos a que está obrigado.

Art. 25. A prestação não pecuniária estabelecida no art. 403 do Código Civil só pode ser autorizada pelo juiz se a ela anuir o alimentando capaz.

→ Referência ao art. 403 do Código Civil de 1916.

Art. 26. É competente para as ações de alimentos decorrentes da aplicação do Dec. Leg. 10, de 13 de novembro de 1958, e Dec. 56.826, de 2 de setembro de 1965, o juízo federal da capital da Unidade Federativa Brasileira em que reside o devedor, sendo considerada instituição intermediária, para os fins dos referidos decretos, a Procuradoria-Geral da República.

Parágrafo único. Nos termos do inciso III do art. 2º da Convenção Internacional sobre Ações de Alimentos, o Governo Brasileiro comunicará, sem demora, ao secretário-geral das Nações Unidas, o disposto neste artigo.

Art. 27. Aplicam-se supletivamente nos processos regulados por esta Lei as disposições do Código de Processo Civil.

→ v. Lei 13.105/2015 – Novo CPC.

Art. 28. Esta Lei entrará em vigor 30 (trinta) dias depois de sua publicação.

Art. 29. Revogam-se as disposições em contrário.

Brasília, 25 de julho de 1968; 147º da Independência e 80º da República.

A. Costa e Silva

(Publicação no *D.O.U.* de 26.7.1968)

DECRETO-LEI 1.075,
DE 22 DE JANEIRO DE 1970

Regula a imissão de posse, initio litis, *em imóveis residenciais urbanos.*

O Presidente da República, usando da atribuição que lhe confere o art. 55, I, da Constituição, e

Considerando que, na cidade de São Paulo, o grande número de desapropriações em zona residencial ameaça desalojar milhares de famílias;

Considerando que os proprietários de prédios residenciais encontram dificuldade, no sistema jurídico vigente, de obter, *initio litis*, uma indenização suficiente para a aquisição de nova casa própria;

Considerando que a oferta do poder expropriante, baseada em valor cadastral do imóvel, é inferior ao valor real apurado em avaliação no processo de desapropriação;

Considerando, finalmente, que o desabrigo dos expropriados causa grave risco à segurança nacional, por ser fermento de agitação social, decreta:

Art. 1º Na desapropriação por utilidade pública de prédio urbano residencial, o expropriante, alegando urgência, poderá imitir-se provisoriamente na posse do bem, mediante o depósito do preço oferecido, se este não for impugnado pelo expropriado em cinco dias da intimação da oferta.

→ v. Art. 182, § 3º, da CF/1988.

→ v. Arts. 5º ao 10, e 15 a 15-B, do Dec.-lei 3.365/1941.

Art. 2º Impugnada a oferta pelo expropriado, o juiz, servindo-se, caso necessário, de perito avaliador, fixará em 48 horas o valor provisório do imóvel.

Parágrafo único. O perito, quando designado, deverá apresentar o laudo no prazo máximo de 5 (cinco) dias.

→ v. Art. 421, do CPC/1973.

→ v. Art. 465 do NCPC.

Art. 3º Quando o valor arbitrado for superior à oferta, o juiz só autorizará a imissão provisória na posse do imóvel, se o expropriante complementar o depósito para que este atinja a metade do valor arbitrado.

Art. 4º No caso do artigo anterior, fica, porém, fixado em 2.300 salários mínimos vigentes na região, o máximo do depósito a que será obrigado o expropriante.

Art. 5º O expropriado, observadas as cautelas previstas no art. 34 do Dec.-lei 3.365, de 21 de junho de 1941, poderá levantar toda a importância depositada e complementada nos termos do art. 3º.

Parágrafo único. Quando o valor arbitrado for inferior ou igual ao dobro do preço oferecido, é lícito ao expropriado optar entre o levantamento de 80% (oitenta por cento) do preço oferecido ou da metade do valor arbitrado.

Art. 6º O disposto neste Decreto-lei só se aplica à desapropriação de prédio residencial urbano, habitado pelo proprietário ou compromissário comprador, cuja promessa de compra esteja devidamente inscrita no Registro de Imóveis.

→ v. Arts. 1.417 e 1.418 do CC.

→ v. Arts. 167, I, 9 e 20, e 172, da Lei 6.015/1973.

Art. 7º Este Decreto-lei entra em vigor na data de sua publicação, aplicando-se às ações já ajuizadas.

Art. 8º Revogam-se as disposições em contrário.

Brasília, 22 de janeiro de 1970; 149º da Independência e 82º da República.

Emílio G. Médici

(Publicação no *D.O.U.* de 22.1.1970)

LEI 5.584,
DE 26 DE JUNHO DE 1970

Dispõe sobre normas de direito processual do trabalho, altera dispositivo da Consolidação das Leis do Trabalho, disciplina a concessão e prestação de assistência judiciária na Justiça do Trabalho e dá outras providências.

→ v. Súmula 633 do STF.

O Presidente da República:

Faço saber que o Congresso Nacional decreta e eu sanciono a seguinte Lei:

Art. 1º Nos processos perante a Justiça do Trabalho, observar-se-ão os princípios estabelecidos nesta Lei.

Art. 2º Nos dissídios individuais, proposta a conciliação, e não havendo acordo, o presidente da Junta ou o Juiz, antes de passar à instrução da causa, fixar-lhe-á o valor para a determinação da alçada, se este for indeterminado no pedido.

§ 1º Em audiência, ao aduzir razões finais, poderá qualquer das partes impugnar o valor fixado e, se o juiz o mantiver, pedir revisão da decisão, no prazo de 48 (quarenta e oito) horas, ao presidente do Tribunal Regional.

§ 2º O pedido de revisão, que não terá efeito suspensivo, deverá ser instruído com a petição inicial e a Ata da Audiência, em cópia autenticada pela Secretaria da Junta, e será julgado em 48 (quarenta e oito) horas, a partir do seu recebimento pelo presidente do Tribunal Regional.

§ 3º Quando o valor fixado para a causa, na forma deste artigo, não exceder de 2 (duas) vezes o salário mínimo vigente na sede do Juízo, será dispensável o resumo dos depoimentos, devendo constar da Ata a conclusão da Junta quanto à matéria de fato.

§ 4º Salvo se versarem sobre matéria constitucional, nenhum recurso caberá das sentenças proferidas nos dissídios da alçada a que se refere o parágrafo anterior, considerado, para esse fim, o valor do salário mínimo à data do ajuizamento da ação.

→ § 4º com redação alterada pela Lei 7.402/1985.

Art. 3º Os exames periciais serão realizados por perito único designado pelo juiz, que fixará o prazo para entrega do laudo.

Parágrafo único. Permitir-se-á a cada parte a indicação de um assistente, cujo laudo terá que ser apresentado no mesmo prazo assinado para o perito, sob pena de ser desentranhado dos autos.

Art. 4º Nos dissídios de alçada exclusiva das Juntas e naqueles em que os empregados ou empregadores reclamarem pessoalmente, o processo poderá ser impulsionado de ofício pelo juiz.

Art. 5º Para exarar parecer, terá o órgão do Ministério Público da União, junto à Justiça do Trabalho, o prazo de 8 (oito) dias, contados da data em que lhe for distribuído o processo.

Art. 6º Será de 8 (oito) dias o prazo para interpor e contra-arrazoar qualquer recurso (CLT, art. 893).

Art. 7º A comprovação do depósito da condenação (CLT, art. 899, §§ 1º a 5º) terá que ser feita dentro do prazo para a interposição do recurso, sob pena de ser este considerado deserto.

Art. 8º Das decisões proferidas nos dissídios coletivos poderá a União interpor recurso, o qual será sempre recebido no efeito suspensivo quanto à parte que exceder o índice fixado pela política salarial do Governo.

Art. 9º No Tribunal Superior do Trabalho, quando o pedido do recorrente contrariar súmula de jurisprudência uniforme deste Tribunal já compendiada, poderá o relator negar prosseguimento ao recurso, indicando a correspondente súmula.

→ Artigo com redação alterada pela Lei 7.033/1982.

Art. 10. O art. 477 da Consolidação das Leis do Trabalho, alterado pela Lei 5.562, de 12.12.1968, e pelo Decreto-lei 766, de 15.8.1969, passa a vigorar com a seguinte redação:

"Art. 477. É assegurado a todo empregado, não existindo prazo estipulado para a terminação do respectivo contrato, e quando não haja ele dado motivo para cessação das relações de trabalho, o direto de haver do empregador uma indenização, paga na base da maior remuneração que tenha percebido na mesma empresa.

§ 1º O pedido de demissão ou recibo de quitação de rescisão, do contrato de trabalho, firmado por empregado com mais de 1 (um) ano de serviço, só será válido quando feito com a assistência do respectivo Sindicato ou perante a autoridade do Ministério do Trabalho e Previdência Social.

§ 2º O instrumento de rescisão ou recibo de quitação, qualquer que seja a causa ou forma de dissolução do contrato, deve ter especificada a natureza de cada parcela paga ao empregado e discriminado o seu valor, sendo válida a quitação, apenas, relativamente às mesmas parcelas.

§ 3º Quando não existir na localidade nenhum dos órgãos previstos neste artigo, a assistência será prestada pelo Represente do Ministério Público ou, onde houver, pelo Defensor Público e, na falta ou impedimento deste, pelo Juiz de Paz.

§ 4º O pagamento a que fizer jus o empregado será efetuado no ato da homologação da rescisão do contrato de trabalho, em dinheiro ou em cheque visado, conforme acordem as partes, salvo se o empregado for analfabeto, quando o pagamento somente poderá ser feito em dinheiro.

§ 5º Qualquer compensação no pagamento de que trata o parágrafo anterior não poderá exceder o equivalente a um mês de remuneração do empregado."

Art. 11. O art. 500 da Consolidação das Leis do Trabalho, revogado pela Lei 5.562, de 12.12.1968, passa a vigorar com a seguinte redação:

"Art. 500. O pedido de demissão do empregado estável só será válido quando feito com a assistência do respectivo Sindicato e, se não o houver, perante autoridade local competente do Ministério do Trabalho e Previdência Social ou da Justiça do Trabalho."

Art. 12. O art. 888 da Consolidação das Leis do Trabalho passa a vigorar com a seguinte redação:

"Art. 888. Concluída a avaliação, dentro de 10 (dez) dias, contados da data da nomeação do avaliador, seguir-se-á a arrematação, que será anunciada por edital afixado na sede do juízo ou tribunal e publicado no jornal local, se houver, com a antecedência de 20 (vinte) dias.

§ 1º A arrematação far-se-á em dia, hora e lugar anunciados e os bens serão vendidos pelo maior lance, tendo o exequente preferência para a adjudicação.

§ 2º O arrematante deverá garantir o lance com o sinal correspondente a 20% (vinte por cento) do seu valor.

§ 3º Não havendo licitante, e não requerendo o exequente a adjudicação dos bens penhorados, poderão os mesmos ser vendidos por leiloeiro nomeado pelo Juiz ou Presidente.

§ 4º Se o arrematante, ou seu fiador, não pagar dentro de 24 (vinte e quatro) horas o preço da arrematação, perderá, em benefício da execução, o sinal de que trata o § 2º deste artigo, voltando à praça os bens executados."

Art. 13. Em qualquer hipótese, a remição só será deferível ao executado se este oferecer preço igual ao valor da condenação.

DA ASSISTÊNCIA JUDICIÁRIA

Art. 14. Na Justiça do Trabalho, a assistência judiciária a que se refere a Lei 1.060, de 5 de fevereiro de 1950, será prestada pelo Sindicato da categoria profissional a que pertencer o trabalhador.

§ 1º A assistência é devida a todo aquele que perceber salário igual ou inferior ao dobro do mínimo legal, ficando assegurado igual benefício ao trabalhador de maior salário, uma vez provado que sua situação econômica não lhe permite demandar, sem prejuízo do sustento próprio ou da família.

§ 2º A situação econômica do trabalhador será comprovada em atestado fornecido pela autoridade local do Ministério do Trabalho e Previdência Social, mediante diligência sumária, que não poderá exceder de 48 (quarenta e oito) horas.

§ 3º Não havendo no local a autoridade referida no parágrafo anterior, o atestado deverá ser expedido pelo Delegado de Polícia da circunscrição onde resida o empregado.

Art. 15. Para auxiliar no patrocínio das causas, observados os arts. 50 e 72 da Lei 4.215, de 27 de abril de 1963, poderão ser designados pelas Diretorias dos Sindicatos Acadêmicos, de Direito, a partir da 4ª série, comprovadamente matriculados em estabelecimento de ensino oficial ou sob fiscalização do Governo Federal.

→ A Lei 4.215/1963 foi revogada pela Lei 8.906/1994.

Art. 16. Os honorários do advogado pagos pelo vencido reverterão em favor do Sindicato assistente.

Art. 17. Quando, nas respectivas comarcas, não houver Juntas de Conciliação e Julgamento ou não existir Sindicato da categoria profissional do trabalhador, é atribuído aos Promotores Públicos ou Defensores Públicos o encargo de prestar a assistência judiciária prevista nesta Lei.

Parágrafo único. Na hipótese prevista neste artigo, a importância proveniente da condenação nas despesas processuais será recolhida ao Tesouro do respectivo Estado.

Art. 18. A assistência judiciária, nos termos da presente lei, será prestada ao trabalhador ainda que não seja associado do respectivo Sindicato.

Art. 19. Os diretores do Sindicato que, sem comprovado motivo de ordem financeira, deixarem de dar cumprimento às disposições desta Lei ficarão sujeitos à penalidade prevista no art. 553, alínea *a*, da Consolidação das Leis do Trabalho.

Art. 20. Esta Lei entra em vigor na data de sua publicação, revogadas as disposições em contrário.

Brasília, 26 de junho de 1970; 149º da Independência e 82º da República.

Emílio G. Médici

(Publicação no *D.O.U.* de 29.6.1970)

LEI 5.764,
DE 16 DE DEZEMBRO DE 1971

Define a Política Nacional de Cooperativismo, institui o regime jurídico das sociedades cooperativas, e dá outras providências.

O Presidente da República:

Faço saber que o Congresso Nacional decreta e eu sanciono a seguinte Lei:

Capítulo I
DA POLÍTICA NACIONAL DE COOPERATIVISMO

Art. 1º Compreende-se como Política Nacional de Cooperativismo a atividade decorrente das iniciativas ligadas ao sistema cooperativo, originárias de setor público ou privado, isoladas ou coordenadas entre si, desde que reconhecido seu interesse público.

→ v. Arts. 1.093 a 1.096 do CC.

→ v. LC 130/2009 – Dispõe sobre o Sistema Nacional de Crédito Cooperativo e revoga dispositivos das Leis 4.595, de 31 de dezembro de 1964, e 5.764, de 16 de dezembro de 1971.

→ v. Lei 12.690/2012 – Dispõe sobre a organização e o funcionamento das Cooperativas de Trabalho.

Art. 2º As atribuições do Governo Federal na coordenação e no estímulo às atividades de cooperativismo no território nacional serão exercidas na forma desta Lei e das normas que surgirem em sua decorrência.

Parágrafo único. A ação do Poder Público se exercerá, principalmente, mediante prestação de assistência técnica e de incentivos financeiros e creditórios especiais, necessários à criação, desenvolvimento e integração das entidades cooperativas.

Capítulo II
DAS SOCIEDADES COOPERATIVAS

Art. 3º Celebram contrato de sociedade cooperativa as pessoas que reciprocamente se obrigam a contribuir com bens ou serviços para o exercício de uma atividade econômica, de proveito comum, sem objetivo de lucro.

→ v. Arts. 21 e 29 da Lei 5.764/1971.

Art. 4º As cooperativas são sociedades de pessoas, com forma e natureza jurídica próprias, de natureza civil, não sujeitas à falência, constituídas para prestar serviços aos associados, distinguindo-se das demais sociedades pelas seguintes características:

I – adesão voluntária, com número ilimitado de associados, salvo impossibilidade técnica de prestação de serviços;

II – variabilidade do capital social representado por quotas-partes;

III – limitação do número de quotas-partes do capital para cada associado, facultado, porém, o estabelecimento de critérios de proporcionalidade, se assim for mais adequado para o cumprimento dos objetivos sociais;

IV – incessibilidade das quotas-partes do capital a terceiros, estranhos à sociedade;

V – singularidade de voto, podendo as cooperativas centrais, federações e confederações de cooperativas, com exceção das que exerçam atividade de crédito, optar pelo critério da proporcionalidade;

VI – *quorum* para o funcionamento e deliberação da Assembleia Geral baseado no número de associados e não no capital;

VII – retorno das sobras líquidas do exercício, proporcionalmente às operações realizadas pelo associado, salvo deliberação em contrário da Assembleia Geral;

VIII – indivisibilidade dos Fundos de Reserva e de Assistência Técnica Educacional e Social;

IX – neutralidade política e indiscriminação religiosa, racial e social;

X – prestação de assistência aos associados, e, quando previsto nos estatutos, aos empregados da cooperativa;

XI – área de admissão de associados limitada às possibilidades de reunião, controle, operações e prestação de serviços.

→ v. Art. 1.094, II, do CC.

Capítulo III
DO OBJETIVO E CLASSIFICAÇÃO DAS SOCIEDADES COOPERATIVAS

Art. 5º As sociedades cooperativas poderão adotar por objeto qualquer gênero de serviço, operação ou atividade, assegurando-se lhes o direito exclusivo e exigindo-se lhes a obrigação do uso da expressão "cooperativa" em sua denominação.

Parágrafo único. É vedado às cooperativas o uso da expressão "banco".

→ v. Art. 1.159 do CC.

Art. 6º As sociedades cooperativas são consideradas:

I – singulares, as constituídas pelo número mínimo de 20 (vinte) pessoas físicas, sendo excepcionalmente permitida a admissão de pessoas jurídicas que tenham por objeto as mesmas ou correlatas atividades econômicas das pessoas físicas ou, ainda, aquelas sem fins lucrativos;

II – cooperativas centrais ou federações de cooperativas, as constituídas de, no mínimo, 3 (três) singulares, podendo, excepcionalmente, admitir associados individuais;

III – confederações de cooperativas, as constituídas, pelo menos, de 3 (três) federações de cooperativas ou cooperativas centrais, da mesma ou de diferentes modalidades.

§ 1º Os associados individuais das cooperativas centrais e federações de cooperativas serão inscritos no Livro de Matrícula da sociedade e classificados em grupos visando à transformação, no futuro, em cooperativas singulares que a elas se filiarão.

§ 2º A exceção estabelecida no item II, *in fine*, do *caput* deste art. não se aplica às centrais e federações que exerçam atividades de crédito.

Art. 7º As cooperativas singulares se caracterizam pela prestação direta de serviços aos associados.

Art. 8º As cooperativas centrais e federações de cooperativas objetivam organizar, em comum e em maior escala, os serviços econômicos e assistenciais de interesse das filiadas, integrando e orientando suas atividades, bem como facilitando a utilização recíproca dos serviços.

Parágrafo único. Para a prestação de serviços de interesse comum, é permitida a constituição de cooperativas centrais, às quais se associem outras cooperativas de objetivo e finalidades diversas.

Art. 9º As confederações de cooperativas têm por objetivo orientar e coordenar as atividades das filiadas, nos casos em que o vulto dos empreendimentos transcender o âmbito de capacidade ou conveniência de atuação das centrais e federações.

Art. 10. As cooperativas se classificam também de acordo com o objeto ou pela natureza das atividades desenvolvidas por elas ou por seus associados.

§ 1º Além das modalidades de cooperativas já consagradas, caberá ao respectivo órgão controlador apreciar e caracterizar outras que se apresentem.

§ 2º Serão consideradas mistas as cooperativas que apresentarem mais de um objeto de atividades.

§ 3º *(Revogado pela LC 130/2009).*

Art. 11. As sociedades cooperativas serão de responsabilidade limitada, quando a responsabilidade do associado pelos compromissos da sociedade se limitar ao valor do capital por ele subscrito.

Art. 12. As sociedades cooperativas serão de responsabilidade ilimitada, quando a responsabilidade do associado pelos compromissos da sociedade for pessoal, solidária e não tiver limite.

Art. 13. A responsabilidade do associado para com terceiros, como membro da sociedade, somente poderá ser invocada depois de judicialmente exigida da cooperativa.

Capítulo IV
DA CONSTITUIÇÃO DAS SOCIEDADES COOPERATIVAS

Art. 14. A sociedade cooperativa constitui-se por deliberação da Assembleia Geral dos fundadores, constantes da respectiva ata ou por instrumento público.

Art. 15. O ato constitutivo, sob pena de nulidade, deverá declarar:

I – a denominação da entidade, sede e objeto de funcionamento;

II – o nome, nacionalidade, idade, estado civil, profissão e residência dos associados, fundadores que o assinaram, bem como o valor e número da quota-parte de cada um;

III – aprovação do estatuto da sociedade;

IV – o nome, nacionalidade, estado civil, profissão e residência dos associados eleitos para os órgãos de administração, fiscalização e outros.

Art. 16. O ato constitutivo da sociedade e os estatutos, quando não transcritos naquele, serão assinados pelos fundadores.

Seção I
Da autorização de funcionamento

Art. 17. A cooperativa constituída na forma da legislação vigente apresentará ao respectivo órgão executivo federal de controle, no Distrito Federal, Estados ou Territórios, ou ao órgão local para isso credenciado, dentro de 30 (trinta) dias da data da constituição, para fins de autorização, requerimento acompanhado de 4 (quatro) vias do ato constitutivo, estatuto e lista nominativa, além de outros documentos considerados necessários.

→ v. Art. 62 da Lei 5.764/1971.

Art. 18. Verificada, no prazo máximo de 60 (sessenta) dias, a contar da data de entrada em seu protocolo, pelo respectivo órgão executivo federal de controle ou órgão local para isso credenciado, a existência de condições de funcionamento da cooperativa em constituição, bem como a regularidade da documentação apresentada, o órgão controlador devolverá, devidamente autenticadas, 2 (duas) vias à cooperativa, acompanhadas de documento dirigido à Junta Comercial do Estado, onde a entidade estiver sediada, comunicando a aprovação do ato constitutivo da requerente.

§ 1º Dentro desse prazo, o órgão controlador, quando julgar conveniente, no interesse do fortalecimento do sistema, poderá ouvir o Conselho Nacional de Cooperativismo, caso em que não se verificará a aprovação automática prevista no parágrafo seguinte.

§ 2º A falta de manifestação do órgão controlador no prazo a que se refere este artigo implicará a aprovação do ato constitutivo e o seu subsequente arquivamento na Junta Comercial respectiva.

§ 3º Se qualquer das condições citadas neste artigo não for atendida satisfatoriamente, o órgão ao qual compete conceder a autorização dará ciência ao requerente, indicando as exigências a serem cumpridas no prazo de 60 (sessenta) dias, findos os quais, se não atendidas, o pedido será automaticamente arquivado.

§ 4º À parte é facultado interpor da decisão proferida pelo órgão controlador, nos Estados, Distrito Federal ou Territórios, recurso para a respectiva administração central, dentro do prazo de 30 (trinta) dias contado da data do recebimento da comunicação e, em segunda e última instância, ao Conselho Nacional de Cooperativismo, também no prazo de 30 (trinta dias), exceção feita às cooperativas de crédito, às seções de crédito das cooperativas agrícolas mistas, e às cooperativas habitacionais, hipótese em que o recurso será apreciado pelo Conselho Monetário Nacional, no tocante às duas primeiras, e pelo Banco Nacional da Habitação em relação às últimas.

§ 5º Cumpridas as exigências, deverá o despacho do deferimento ou indeferimento da autorização ser exarado dentro de 60 (sessenta) dias, findos os quais, na ausência de decisão, o requerimento será considerado deferido. Quando a autorização depender de dois ou mais órgãos do Poder Público, cada um deles terá o prazo de 60 (sessenta) dias para se manifestar.

§ 6º Arquivados os documentos na Junta Comercial e feita a respectiva publicação, a cooperativa adquire personalidade jurídica, tornando-se apta a funcionar.

§ 7º A autorização caducará, independentemente de qualquer despacho, se a cooperativa não entrar em atividade dentro do prazo de 90 (noventa) dias contados da data em que forem arquivados os documentos na Junta Comercial.

§ 8º Cancelada a autorização, o órgão de controle expedirá comunicação à respectiva Junta Comercial, que dará baixa nos documentos arquivados.

§ 9º A autorização para funcionamento das cooperativas de habitação, das de crédito e das seções de crédito das cooperativas agrícolas mistas subordina-se ainda, à política dos respectivos órgãos normativos.

§ 10. *(Revogado pela LC 130/2009).*

Art. 19. A cooperativa escolar não estará sujeita ao arquivamento dos documentos de constituição, bastando remetê-los ao Instituto Nacional de Colonização e Reforma Agrária, ou respectivo órgão local de controle, devidamente autenticados pelo diretor do estabelecimento de ensino ou a maior autoridade escolar do município, quando a cooperativa congregar associações de mais de um estabelecimento de ensino.

Art. 20. A reforma de estatutos obedecerá, no que couber, ao disposto nos artigos anteriores, observadas as prescrições dos órgãos normativos.

Seção II
Do estatuto social

Art. 21. O estatuto da cooperativa, além de atender ao disposto no art. 4º, deverá indicar:

I – a denominação, sede, prazo de duração, área de ação, objeto da sociedade, fixação do exercício social e da data do levantamento do balanço geral;

II – os direitos e deveres dos associados, natureza de suas responsabilidades e as condições de admissão, demissão, eliminação e exclusão e as normas para sua representação nas Assembleias Gerais;

III – o capital mínimo, o valor da quota-parte, o mínimo de quotas-partes a ser subscrito pelo associado, o modo de integralização das quotas-partes, bem como as condições de sua retirada nos casos de demissão, eliminação ou de exclusão do associado;

IV – a forma de devolução das sobras registradas aos associados, ou do rateio das perdas apuradas por insuficiência de contribuição para cobertura das despesas da sociedade;

V – o modo de administração e fiscalização, estabelecendo os respectivos órgãos, com definição de suas atribuições, poderes e funcionamento, a representação ativa e passiva da sociedade em juízo ou fora dele, o prazo do mandato, bem como o processo de substituição dos administradores e conselheiros fiscais;

VI – as formalidades de convocação das Assembleias Gerais e a maioria requerida para a sua instalação e validade de suas deliberações, vedado o direito de voto aos que nelas tiverem interesse particular sem privá-los da participação nos debates;

VII – os casos de dissolução voluntária da sociedade;

VIII – o modo e o processo de alienação ou oneração de bens imóveis da sociedade;

IX – o modo de reformar o estatuto;

X – o número mínimo de associados.

Capítulo V
DOS LIVROS

Art. 22. A sociedade cooperativa deverá possuir os seguintes livros:

I – de Matrícula;

II – de Atas das Assembleias Gerais;

III – de Atas dos Órgãos de Administração;

IV – de Atas do Conselho Fiscal;

V – de presença dos Associados nas Assembleias Gerais;

VI – outros, fiscais e contábeis, obrigatórios.

Parágrafo único. É facultada a adoção de Livros de folhas soltas ou fichas.

Art. 23. No Livro de Matrícula, os associados serão inscritos por ordem cronológica de admissão, dele constando:

I – o nome, idade, estado civil, nacionalidade, profissão e residência do associado;

II – a data de sua admissão e, quando for o caso, de sua demissão a pedido, eliminação ou exclusão;

III – a conta corrente das respectivas quotas-partes do capital social.

Capítulo VI
DO CAPITAL SOCIAL

Art. 24. O capital social será subdividido em quotas-partes, cujo valor unitário não poderá ser superior ao maior salário mínimo vigente no País.

§ 1º Nenhum associado poderá subscrever mais de 1/3 (um terço) do total das quotas-partes, salvo nas sociedades em que a subscrição deva ser diretamente proporcional ao movimento financeiro do cooperado ou ao quantitativo dos produtos a serem comercializados, beneficiados ou transformados, ou ainda, em relação à área cultivada ou ao número de plantas e animais em exploração.

§ 2º Não estão sujeitas ao limite estabelecido no parágrafo anterior as pessoas jurídicas de direito público que participem de cooperativas de eletrificação, irrigação e telecomunicações.

§ 3º É vedado às cooperativas distribuírem qualquer espécie de benefício às quotas-partes do capital ou estabelecer outras vantagens ou privilégios, financeiros ou não, em favor de quaisquer associados ou terceiros excetuando-se os juros até o máximo de 12% (doze por cento) ao ano que incidirão sobre a parte integralizada.

§ 4º As quotas de que trata o *caput* deixam de integrar o patrimônio líquido da cooperativa quando se tornar exigível, na forma prevista no estatuto social e na legislação vigente, a restituição do capital integralizado pelo associado, em razão do seu desligamento, por demissão, exclusão ou eliminação.

→ § 4º acrescentado pela Lei 13.097/2015.

Art. 25. Para a formação do capital social poder-se-á estipular que o pagamento das quotas-partes seja realizado mediante prestações periódicas, independentemente de chamada, por meio de contribuições ou outra forma estabelecida a critério dos respectivos órgãos executivos federais.

Art. 26. A transferência de quotas-partes será averbada no Livro de Matrícula, mediante termo que conterá as assinaturas do cedente, do cessionário e do diretor que o estatuto designar.

Art. 27. A integralização das quotas-partes e o aumento do capital social poderão ser feitos com bens avaliados previamente e após homologação em Assembleia Geral ou mediante retenção de determinada porcentagem do valor do movimento financeiro de cada associado.

§ 1º O disposto neste artigo não se aplica às cooperativas de crédito, às agrícolas mistas com seção de crédito e às habitacionais.

§ 2º Nas sociedades cooperativas em que a subscrição de capital for diretamente proporcional ao movimento ou à expressão econômica de cada associado, o estatuto deverá prever sua revisão periódica para ajustamento às condições vigentes.

Capítulo VII
DOS FUNDOS

Art. 28. As cooperativas são obrigadas a constituir:

I – Fundo de Reserva destinado a reparar perdas e atender ao desenvolvimento de suas atividades, constituído com 10% (dez por cento), pelo menos, das sobras líquidas do exercício;

II – Fundo de Assistência Técnica, Educacional e Social, destinado a prestação de assistência aos associados, seus familiares e, quando previsto nos estatutos, aos empregados da cooperativa, constituído de 5% (cinco por cento), pelo menos, das sobras líquidas apuradas no exercício.

§ 1º Além dos previstos neste artigo, a Assembleia Geral poderá criar outros fundos, inclusive rotativos, com recursos destinados a fins específicos fixando o modo de formação, aplicação e liquidação.

§ 2º Os serviços a serem atendidos pelo Fundo de Assistência Técnica, Educacional e Social poderão ser executados mediante convênio com entidades públicas e privadas.

Capítulo VIII
DOS ASSOCIADOS

Art. 29. O ingresso nas cooperativas é livre a todos que desejarem utilizar os serviços prestados pela sociedade, desde que adiram aos propósitos sociais e preencham as condições estabelecidas no estatuto, ressalvado o disposto no art. 4º, I, desta Lei.

§ 1º A admissão dos associados poderá ser restrita, a critério do órgão normativo respectivo, às pessoas que exerçam determinada atividade ou profissão, ou estejam vinculadas a determinada entidade.

§ 2º Poderão ingressar nas cooperativas de pesca e nas constituídas por produtores rurais ou extrativistas, as pessoas jurídicas que pratiquem as mesmas atividades econômicas das pessoas físicas associadas.

§ 3º Nas cooperativas de eletrificação, irrigação e telecomunicações, poderão ingressar as pessoas jurídicas que se localizem na respectiva área de operações.

§ 4º Não poderão ingressar no quadro das cooperativas os agentes de comércio e empresários que operem no mesmo campo econômico da sociedade.

Art. 30. À exceção das cooperativas de crédito e das agrícolas mistas com seção de crédito, a admissão de associados, que se efetive mediante aprovação de seu pedido de ingresso pelo órgão de administração, complementa-se com a subscrição das quotas-partes de capital social e a sua assinatura no Livro de Matrícula.

Art. 31. O associado que aceitar e estabelecer relação empregatícia com a cooperativa, perde o direito de votar e ser votado, até que sejam aprovadas as contas do exercício em que ele deixou o emprego.

Art. 32. A demissão do associado será unicamente a seu pedido.

Art. 33. A eliminação do associado é aplicada em virtude de infração legal ou estatutária, ou por fato especial previsto no estatuto, mediante termo firmado por quem de direito no Livro de Matrícula, com os motivos que a determinaram.

Art. 34. A diretoria da cooperativa tem o prazo de 30 (trinta) dias para comunicar ao interessado a sua eliminação.

Parágrafo único. Da eliminação cabe recurso, com efeito suspensivo à primeira Assembleia Geral.

Art. 35. A exclusão do associado será feita:

I – por dissolução da pessoa jurídica;

II – por morte da pessoa física;

III – por incapacidade civil não suprida;

IV – por deixar de atender aos requisitos estatutários de ingresso ou permanência na cooperativa.

Art. 36. A responsabilidade do associado perante terceiros, por compromissos da sociedade, perdura para os demitidos, eliminados ou excluídos até quando aprovadas as contas do exercício em que se deu o desligamento.

Parágrafo único. As obrigações dos associados falecidos, contraídas com a sociedade, e as oriundas de sua responsabilidade como associado em face de terceiros, passam aos herdeiros, prescrevendo, porém, após um ano contado do dia da abertura da sucessão, ressalvados os aspectos peculiares das cooperativas de eletrificação rural e habitacionais.

Art. 37. A cooperativa assegurará a igualdade de direitos dos associados sendo-lhe defeso:

I – remunerar a quem agencie novos associados;

II – cobrar prêmios ou ágio pela entrada de novos associados ainda a título de compensação das reservas;

III – estabelecer restrições de qualquer espécie ao livre exercício dos direitos sociais.

Capítulo IX
DOS ÓRGÃOS SOCIAIS

Seção I
Das assembleias gerais

Art. 38. A Assembleia Geral dos associados é o órgão supremo da sociedade, dentro dos limites legais e estatutários, tendo poderes para decidir os negócios relativos ao objeto da sociedade e tomar as resoluções convenientes ao desenvolvimento e defesa desta, e suas deliberações vinculam a todos, ainda que ausentes ou discordantes.

§ 1º As Assembleias Gerais serão convocadas com antecedência mínima de 10 (dez) dias, em primeira convocação, mediante editais afixados em locais apropriados das dependências comumente mais frequentadas pelos associados, publicação em jornal e comunicação aos associados por intermédio de circulares. Não havendo no horário estabelecido *quorum* de instalação, as assembleias poderão ser realizadas em segunda ou terceira convocações desde que assim permitam os estatutos e conste do respectivo edital, quando então será observado o intervalo mínimo de 1 (uma) hora entre a realização por uma ou outra convocação.

§ 2º A convocação será feita pelo presidente, ou por qualquer dos órgãos de administração, pelo Conselho Fiscal, ou após solicitação não atendida, por 1/5 (um quinto) dos associados em pleno gozo dos seus direitos.

§ 3º As deliberações nas Assembleias Gerais serão tomadas por maioria de votos dos associados presentes com direito de votar.

Art. 39. É da competência das Assembleias Gerais, ordinárias ou extraordinárias, a destituição dos membros dos órgãos de administração ou fiscalização.

Parágrafo único. Ocorrendo destituição que possa afetar a regularidade da administração ou fiscalização da entidade, poderá a assembleia designar administradores e conselheiros provisórios, até a posse dos novos, cuja eleição se efetuará no prazo máximo de 30 (trinta) dias.

Art. 40. Nas Assembleias Gerais o *quorum* de instalação será o seguinte:

I – 2/3 (dois terços) do número de associados, em primeira convocação;

II – metade mais 1 (um) dos associados em segunda convocação;

III – mínimo de 10 (dez) associados na terceira convocação ressalvado o caso de cooperativas centrais e federações e confederações de cooperativas, que se instalarão com qualquer número.

Art. 41. Nas Assembleias Gerais das cooperativas centrais, federações e confederações de cooperativas, a representação será feita por delegados indicados na forma dos seus estatutos e credenciados pela diretoria das respectivas filiadas.

Parágrafo único. Os grupos de associados individuais das cooperativas centrais e federações de cooperativas serão representados por 1 (um) delegado, escolhido entre seus membros e credenciado pela respectiva administração.

Art. 42. Nas cooperativas singulares, cada associado presente não terá direito a mais de 1 (um) voto, qualquer que seja o número de suas quotas-partes.

→ Artigo com redação alterada pela Lei 6.981/1982.

§ 1º Não será permitida a representação por meio de mandatário.

§ 2º Quando o número de associados, nas cooperativas singulares exceder a 3.000 (três mil), pode o estatuto estabelecer que os mesmos sejam representados nas Assembleias Gerais por delegados que tenham a qualidade de associados no gozo de seus direitos sociais e não exerçam cargos eletivos na sociedade.

§ 3º O estatuto determinará o número de delegados, a época e forma de sua escolha por grupos seccionais de associados de igual número e o tempo de duração da delegação.

§ 4º Admitir-se-á, também, a delegação definida no parágrafo anterior nas cooperativas singulares cujo número de associados seja inferior a 3.000 (três mil), desde que haja filiados residindo a mais de 50 km (cinquenta quilômetros) da sede.

§ 5º Os associados, integrantes de grupos seccionais, que não sejam delegados, poderão comparecer às Assembleias Gerais, privados, contudo, de voz e voto.

§ 6º As Assembleias Gerais compostas por delegados decidem sobre todas as matérias que, nos termos da lei ou dos estatutos, constituem objeto de decisão da Assembleia Geral dos associados.

Art. 43. Prescreve em 4 (quatro) anos, a ação para anular as deliberações da Assembleia Geral viciadas de erro, dolo, fraude ou simulação, ou tomadas com violação da lei ou do estatuto, contado o prazo da data em que a assembleia foi realizada.

Seção II
Das assembleias gerais ordinárias

Art. 44. A Assembleia Geral ordinária, que se realizará anualmente nos 3 (três) primeiros meses após o término do exercício social, deliberará sobre os seguintes assuntos que deverão constar da ordem do dia:

I – prestação de contas dos órgãos de administração acompanhada de parecer do Conselho Fiscal, compreendendo:

a) relatório da gestão;

b) balanço;

c) demonstrativo das sobras apuradas ou das perdas decorrentes da insuficiência das contribuições para cobertura das despesas da sociedade e o parecer do Conselho Fiscal;

II – destinação das sobras apuradas ou rateio das perdas decorrentes da insuficiência das contribuições para cobertura das despesas da sociedade, deduzindo-se, no primeiro caso as parcelas para os fundos obrigatórios;

III – eleição dos componentes dos órgãos de administração, do Conselho Fiscal e de outros, quando for o caso;

IV – quando previsto, a fixação do valor dos honorários, gratificações e cédula de presença dos membros do Conselho de Administração ou da Diretoria e do Conselho Fiscal;

V – quaisquer assuntos de interesse social, excluídos os enumerados no art. 46.

§ 1º Os membros dos órgãos de administração e fiscalização não poderão participar da votação das matérias referidas nos itens I e IV deste artigo.

§ 2º À exceção das cooperativas de crédito e das agrícolas mistas com seção de crédito, a aprovação do relatório, balanço e contas dos órgãos de administração, desonera seus componentes de responsabilidade, ressalvados os casos de erro, dolo, fraude ou simulação, bem como a infração da lei ou do estatuto.

Seção III
Das assembleias gerais extraordinárias

Art. 45. A Assembleia Geral extraordinária realizar-se-á sempre que necessário e poderá deliberar sobre qualquer assunto de interesse da sociedade, desde que mencionado no edital de convocação.

Art. 46. É da competência exclusiva da Assembleia Geral extraordinária deliberar sobre os seguintes assuntos:

I – reforma do estatuto;

II – fusão, incorporação ou desmembramento;

III – mudança do objeto da sociedade;

IV – dissolução voluntária da sociedade e nomeação de liquidantes;

V – contas do liquidante.

Parágrafo único. São necessários os votos de 2/3 (dois terços) dos associados presentes, para tornar válidas as deliberações de que trata este artigo.

Seção IV
Dos órgãos de administração

Art. 47. A sociedade será administrada por uma Diretoria ou Conselho de Administração, composto exclusivamente de associados eleitos pela Assembleia Geral, com mandato nunca superior a 4 (quatro) anos, sendo obrigatória a renovação de, no mínimo, 1/3 (um terço) do Conselho de Administração.

§ 1º O estatuto poderá criar outros órgãos necessários à administração.

§ 2º A posse dos administradores e conselheiros fiscais das cooperativas de crédito e das agrícolas mistas com seção de crédito e habitacionais fica sujeita à prévia homologação dos respectivos órgãos normativos.

Art. 48. Os órgãos de administração podem contratar gerentes técnicos ou comerciais, que não pertençam ao quadro de associados, fixando-lhes as atribuições e salários.

Art. 49. Ressalvada a legislação específica que rege as cooperativas de crédito, as seções de crédito das cooperativas agrícolas mistas e as de habitação, os administradores eleitos ou contratados não serão pessoalmente responsáveis pelas obrigações que contraírem em nome da sociedade, mas responderão solidariamente pelos prejuízos resultantes de seus atos, se procederem com culpa ou dolo.

Parágrafo único. A sociedade responderá pelos atos a que se refere a última parte deste artigo se os houver ratificado ou deles logrado proveito.

Art. 50. Os participantes de ato ou operação social em que se oculte a natureza da sociedade podem ser declarados pessoalmente responsáveis pelas obrigações em nome dela contraídas, sem prejuízo das sanções penais cabíveis.

Art. 51. São inelegíveis, além das pessoas impedidas por lei, os condenados a pena que vede, ainda que temporariamente, o acesso a cargos públicos; ou por crime falimentar, de prevaricação, peita ou suborno, concussão, peculato, ou contra a economia popular, a fé pública ou a propriedade.

Parágrafo único. Não podem compor uma mesma Diretoria ou Conselho de Administração, os parentes entre si até 2º (segundo) grau, em linha reta ou colateral.

Art. 52. O diretor ou associado que, em qualquer operação, tenha interesse oposto ao da sociedade, não pode participar das deliberações referentes a essa operação, cumprindo-lhe acusar o seu impedimento.

Art. 53. Os componentes da Administração e do Conselho Fiscal, bem como os liquidantes, equiparam-se aos administradores das sociedades anônimas para efeito de responsabilidade criminal.

Art. 54. Sem prejuízo da ação que couber ao associado, a sociedade, por seus diretores, ou representada pelo associado escolhido em Assembleia Geral, terá direito de ação contra os administradores, para promover sua responsabilidade.

Art. 55. Os empregados de empresas que sejam eleitos diretores de sociedades cooperativas pelos mesmos criadas, gozarão das garantias asseguradas aos dirigentes sindicais pelo art. 543 da Consolidação das Leis do Trabalho (Decreto-Lei 5.452, de 1º de maio de 1943).

Seção V
DO CONSELHO FISCAL

Art. 56. A administração da sociedade será fiscalizada, assídua e minuciosamente, por um Conselho Fiscal, constituído de 3 (três) membros efetivos e 3 (três) suplentes, todos associados eleitos anualmente pela Assembleia Geral, sendo permitida apenas a reeleição de 1/3 (um terço) dos seus componentes.

→ v. Art. 16 da Lei 12.690/2012.

§ 1º Não podem fazer parte do Conselho Fiscal, além dos inelegíveis enumerados no artigo 51, os parentes dos diretores até o 2º (segundo) grau, em linha reta ou colateral, bem como os parentes entre si até esse grau.

§ 2º O associado não pode exercer cumulativamente cargos nos órgãos de administração e de fiscalização.

Capítulo X
FUSÃO, INCORPORAÇÃO E DESMEMBRAMENTO

Art. 57. Pela fusão, duas ou mais cooperativas formam nova sociedade.

§ 1º Deliberada a fusão, cada cooperativa interessada indicará nomes para comporem comissão mista que procederá aos estudos necessários à constituição da nova sociedade, tais como o levantamento patrimonial, balanço geral, plano de distribuição de quotas-partes, destino dos fundos de reserva e outros e o projeto de estatuto.

§ 2º Aprovado o relatório da comissão mista e constituída a nova sociedade em Assembleia Geral conjunta os respectivos documentos serão arquivados, para aquisição de personalidade jurídica, na Junta Comercial competente, e duas vias dos mesmos, com a publicação do arquivamento, serão encaminhadas ao órgão executivo de controle ou ao órgão local credenciado.

§ 3º Exclui-se do disposto no parágrafo anterior a fusão que envolver cooperativas que exerçam atividades de crédito. Nesse caso, aprovado o relatório da comissão mista e constituída a nova sociedade em Assembleia Geral conjunta, a autorização para funcionar e o registro dependerão de prévia anuência do Banco Central do Brasil.

Art. 58. A fusão determina a extinção das sociedades que se unem para formar a nova sociedade que lhe sucederá nos direitos e obrigações.

Art. 59. Pela incorporação, uma sociedade cooperativa absorve o patrimônio, recebe os associados, assume as obrigações e se investe nos direitos de outra ou outras cooperativas.

Parágrafo único. Na hipótese prevista neste artigo, serão obedecidas as mesmas formalidades estabelecidas para a fusão, limitadas as avaliações ao patrimônio da ou das sociedades incorporandas.

Art. 60. As sociedades cooperativas poderão desmembrar-se em tantas quantas forem necessárias para atender aos interesses dos seus associados, podendo uma das novas entidades ser constituída como cooperativa central ou federação de cooperativas, cujas autorizações de funcionamento e os arquivamentos serão requeridos conforme o disposto nos artigos 17 e seguintes.

Art. 61. Deliberado o desmembramento, a assembleia designará uma comissão para estudar as providências necessárias à efetivação da medida.

§ 1º O relatório apresentado pela comissão, acompanhado dos projetos de estatutos das novas cooperativas, será apreciado em nova assembleia especialmente convocada para esse fim.

§ 2º O plano de desmembramento preverá o rateio, entre as novas cooperativas, do ativo e passivo da sociedade desmembrada.

§ 3º No rateio previsto no parágrafo anterior, atribuir-se-á a cada nova cooperativa parte do capital social da sociedade desmembrada em quota correspondente à participação dos associados que passam a integrá-la.

§ 4º Quando uma das cooperativas for constituída como cooperativa central ou federação de cooperativas, prever-se-á o montante das quotas-partes que as associadas terão no capital social.

Art. 62. Constituídas as sociedades e observado o disposto nos artigos 17 e seguintes, proceder-se-á às transferências contábeis e patrimoniais necessárias à concretização das medidas adotadas.

Capítulo XI
DA DISSOLUÇÃO E LIQUIDAÇÃO

Art. 63. As sociedades cooperativas se dissolvem de pleno direito:

I – quando assim deliberar a Assembleia Geral, desde que os associados, totalizando o número mínimo exigido por esta Lei, não se disponham a assegurar a sua continuidade;

II – pelo decurso do prazo de duração;

III – pela consecução dos objetivos predeterminados;

IV – devido à alteração de sua forma jurídica;

V – pela redução do número mínimo de associados ou do capital social mínimo se, até a Assembleia Geral subsequente, realizada em prazo não inferior a 6 (seis) meses, eles não forem restabelecidos;

VI – pelo cancelamento da autorização para funcionar;

VII – pela paralisação de suas atividades por mais de 120 (cento e vinte) dias.

Parágrafo único. A dissolução da sociedade importará no cancelamento da autorização para funcionar e do registro.

Art. 64. Quando a dissolução da sociedade não for promovida voluntariamente, nas hipóteses previstas no artigo anterior, a medida poderá ser tomada judicialmente a pedido de qualquer associado ou por iniciativa do órgão executivo federal.

Art. 65. Quando a dissolução for deliberada pela Assembleia Geral, esta nomeará um liquidante ou mais, e um Conselho Fiscal de 3 (três) membros para proceder à sua liquidação.

§ 1º O processo de liquidação só poderá ser iniciado após a audiência do respectivo órgão executivo federal.

§ 2º A Assembleia Geral, nos limites de suas atribuições, poderá, em qualquer época, destituir os liquidantes e os membros do Conselho Fiscal, designando os seus substitutos.

Art. 66. Em todos os atos e operações, os liquidantes deverão usar a denominação da cooperativa, seguida da expressão: "Em liquidação".

Art. 67. Os liquidantes terão todos os poderes normais de administração podendo praticar atos e operações necessários à realização do ativo e pagamento do passivo.

Art. 68. São obrigações dos liquidantes:

I – providenciar o arquivamento, na Junta Comercial, da Ata da Assembleia Geral em que foi deliberada a liquidação;

II – comunicar à administração central do respectivo órgão executivo federal e ao Banco Nacional de Crédito Cooperativo S/A., a sua nomeação, fornecendo cópia da Ata da Assembleia Geral que decidiu a matéria;

III – arrecadar os bens, livros e documentos da sociedade, onde quer que estejam;

IV – convocar os credores e devedores e promover o levantamento dos créditos e débitos da sociedade;

V – proceder nos 15 (quinze) dias seguintes ao de sua investidura e com a assistência, sempre que possível, dos administradores, ao levantamento do inventário e balanço geral do ativo e passivo;

VI – realizar o ativo social para saldar o passivo e reembolsar os associados de suas quotas-partes, destinando o remanescente, inclusive o dos fundos indivisíveis, ao Banco Nacional de Crédito Cooperativo S/A.;

VII – exigir dos associados a integralização das respectivas quotas-partes do capital social não realizadas, quando o ativo não bastar para solução do passivo;

VIII – fornecer aos credores a relação dos associados, se a sociedade for de responsabilidade ilimitada e se os recursos apurados forem insuficientes para o pagamento das dívidas;

IX – convocar a Assembleia Geral, cada 6 (seis) meses ou sempre que necessário, para apresentar relatório e balanço do estado da liquidação e prestar contas dos atos praticados durante o período anterior;

X – apresentar à Assembleia Geral, finda a liquidação, o respectivo relatório e as contas finais;

XI – averbar, no órgão competente, a Ata da Assembleia Geral que considerar encerrada a liquidação.

Art. 69. As obrigações e as responsabilidades dos liquidantes regem-se pelos preceitos peculiares aos dos administradores da sociedade liquidanda.

Art. 70. Sem autorização da assembleia não poderá o liquidante gravar de ônus os móveis e imóveis, contrair empréstimos, salvo quando indispensáveis para o pagamento de obrigações inadiáveis, nem prosseguir, embora para facilitar a liquidação, na atividade social.

Art. 71. Respeitados os direitos dos credores preferenciais, pagará o liquidante as dívidas sociais proporcionalmente e sem distinção entre vencidas ou não.

Art. 72. A Assembleia Geral poderá resolver, antes de ultimada a liquidação, mas depois de pagos os credores, que o liquidante faça rateios por antecipação da partilha, à medida em que se apurem os haveres sociais.

Art. 73. Solucionado o passivo, reembolsados os cooperados até o valor de suas quotas-partes e encaminhado o remanescente conforme o estatuído, convocará o liquidante Assembleia Geral para prestação final de contas.

Art. 74. Aprovadas as contas, encerra-se a liquidação e a sociedade se extingue, devendo a ata da assembleia ser arquivada na Junta Comercial e publicada.

Parágrafo único. O associado discordante terá o prazo de 30 (trinta) dias, a contar da publicação da ata, para promover a ação que couber.

Art. 75. A liquidação extrajudicial das cooperativas poderá ser promovida por iniciativa do respectivo órgão executivo federal, que designará o liquidante, e será processada de acordo com a legislação específica e demais disposições regulamentares, desde que a sociedade deixe de oferecer condições operacionais, principalmente por constatada insolvência.

§ 1º A liquidação extrajudicial, tanto quanto possível, deverá ser precedida de intervenção na sociedade.

§ 2º Ao interventor, além dos poderes expressamente concedidos no ato de intervenção, são atribuídas funções, prerrogativas e obrigações dos órgãos de administração.

Art. 76. A publicação no Diário Oficial, da Ata da Assembleia Geral da sociedade, que deliberou sua liquidação, ou da decisão do órgão executivo federal quando a medida for de sua iniciativa, implicará a sustação de qualquer ação judicial contra a cooperativa, pelo prazo de 1 (um) ano, sem prejuízo, entretanto, da fluência dos juros legais ou pactuados e seus acessórios.

Parágrafo único. Decorrido o prazo previsto neste artigo, sem que, por motivo relevante, esteja encerrada a liquidação, poderá ser o mesmo prorrogado, no máximo por mais 1 (um) ano, mediante decisão do órgão citado no artigo, publicada, com os mesmos efeitos, no Diário Oficial.

Art. 77. Na realização do ativo da sociedade, o liquidante deverá:

I – mandar avaliar, por avaliadores judiciais ou de instituições financeiras públicas, os bens de sociedade;

II – proceder à venda dos bens necessários ao pagamento do passivo da sociedade, observadas, no que couber, as normas constantes dos artigos 117 e 118 do Decreto-Lei 7.661, de 21 de junho de 1945.

→ O Dec.-lei 7.661 foi revogado pela Lei 11.101/2005

→ *v.* Art. 142 da Lei 11.101/2005.

Art. 78. A liquidação das cooperativas de crédito e da seção de crédito das cooperativas agrícolas mistas reger-se-á pelas normas próprias legais e regulamentares.

Capítulo XII
DO SISTEMA OPERACIONAL DAS COOPERATIVAS

Seção I
Do ato cooperativo

Art. 79. Denominam-se atos cooperativos os praticados entre as cooperativas e seus associados, entre estes e aquelas e pelas cooperativas entre si quando associadas, para a consecução dos objetivos sociais.

Parágrafo único. O ato cooperativo não implica operação de mercado, nem contrato de compra e venda de produto ou mercadoria.

Seção II
Das distribuições de despesas

Art. 80. As despesas da sociedade serão cobertas pelos associados mediante rateio na proporção direta da fruição de serviços.

Parágrafo único. A cooperativa poderá, para melhor atender à equanimidade de cobertura das despesas da sociedade, estabelecer:

I – rateio, em partes iguais, das despesas gerais da sociedade entre todos os associados, quer tenham ou não, no ano, usufruído dos serviços por ela prestados, conforme definidas no estatuto;

II – rateio, em razão diretamente proporcional, entre os associados que tenham usufruído dos serviços durante o ano, das sobras líquidas ou dos prejuízos verificados no balanço do exercício, excluídas as despesas gerais já atendidas na forma do item anterior.

→ *v.* Art. 89 da Lei 5.764/1971.

Art. 81. A cooperativa que tiver adotado o critério de separar as despesas da sociedade e estabelecido o seu rateio na forma indicada no parágrafo único do artigo anterior deverá levantar separadamente as despesas gerais.

Seção III
Das operações da cooperativa

Art. 82. A cooperativa que se dedicar a vendas em comum poderá registrar-se como armazém geral, podendo também desenvolver as atividades previstas na Lei 9.973, de 29 de maio de 2000, e nessa condição expedir Conhecimento de Depósito, *Warrant*, Certificado de Depósito Agropecuário – CDA e *Warrant* Agropecuário – WA para os produtos de seus associados conservados em seus armazéns, próprios ou arrendados, sem prejuízo da emissão de outros títulos decorrentes de suas atividades normais, aplicando-se, no que couber, a legislação específica.

→ *Caput* com redação alterada pela Lei 11.076/2004.

§ 1º Para efeito deste artigo, os armazéns da cooperativa se equiparam aos "armazéns gerais", com as prerrogativas e obrigações destes, ficando os componentes do Conselho de Administração ou Diretoria Executiva, emitente do título, responsáveis pessoal e solidariamente, pela boa guarda e conservação dos produtos vinculados, respondendo criminal e civilmente pelas declarações constantes do título, como também por qualquer ação ou omissão que acarrete o desvio, deterioração ou perda dos produtos.

§ 2º Observado o disposto no § 1º, as cooperativas poderão operar unidades de armazenagem, embalagem e frigorificação, bem como armazéns gerais alfandegários, nos termos do disposto no Capítulo IV da Lei 5.025, de 10 de junho de 1966.

Art. 83. A entrega da produção do associado à sua cooperativa significa a outorga a esta de plenos poderes para a sua livre disposição, inclusive para gravá-la e dá-la em garantia de operações de crédito realizadas pela sociedade, salvo se, tendo em vista os usos e costumes relativos à comercialização de determinados produtos, sendo de interesse do produtor, os estatutos dispuserem de outro modo.

Art. 84. *(Revogado pela LC 130/2009).*

Art. 85. As cooperativas agropecuárias e de pesca poderão adquirir produtos de não associados, agricultores, pecuaristas ou pescadores, para completar lotes destinados ao cumprimento de contratos ou suprir capacidade ociosa de instalações industriais das cooperativas que as possuem.

Art. 86. As cooperativas poderão fornecer bens e serviços a não associados, desde que tal faculdade atenda aos objetivos sociais e estejam de conformidade com a presente Lei.

Parágrafo único. *(Revogado pela LC 130/2009).*

Art. 87. Os resultados das operações das cooperativas com não associados, mencionados nos artigos 85 e 86, serão levados à conta do "Fundo de Assistência Técnica, Educacional e Social" e serão contabilizados em separado, de molde a permitir cálculo para incidência de tributos.

Art. 88. Poderão as cooperativas participar de sociedades não cooperativas para melhor atendimento dos próprios objetivos e de outros de caráter acessório ou complementar.

→ Artigo com redação alterada pela MP 2.168-40/2001.

Seção IV
Dos prejuízos

Art. 89. Os prejuízos verificados no decorrer do exercício serão cobertos com recursos provenientes do Fundo de Reserva e, se insuficiente este, mediante rateio, entre os associados, na razão direta dos serviços usufruídos, ressalvada a opção prevista no parágrafo único do art. 80.

Seção V
Do sistema trabalhista

Art. 90. Qualquer que seja o tipo de cooperativa, não existe vínculo empregatício entre ela e seus associados.

Art. 91. As cooperativas igualam-se às demais empresas em relação aos seus empregados para os fins da legislação trabalhista e previdenciária.

Capítulo XIII
DA FISCALIZAÇÃO E CONTROLE

Art. 92. A fiscalização e o controle das sociedades cooperativas, nos termos desta Lei e dispositivos legais específicos, serão exercidos, de acordo com o objeto de funcionamento, da seguinte forma:

I – as de crédito e as seções de crédito das agrícolas mistas pelo Banco Central do Brasil;

II – as de habitação pelo Banco Nacional da Habitação;

III – as demais pelo Instituto Nacional de Colonização e Reforma Agrária.

§ 1º Mediante autorização do Conselho Nacional de Cooperativismo, os órgãos controladores federais, poderão solicitar, quando julgarem necessário, a colaboração de outros órgãos administrativos, na execução das atribuições previstas neste artigo.

§ 2º As sociedades cooperativas permitirão quaisquer verificações determinadas pelos respectivos órgãos de controle, prestando os esclarecimentos que lhes forem solicitados, além de serem obrigadas a remeter-lhes anualmente a relação dos associados admitidos, demitidos, eliminados e excluídos no período, cópias de atas, de balanços e dos relatórios do exercício social e parecer do Conselho Fiscal.

Art. 93. O Poder Público, por intermédio da administração central dos órgãos executivos federais competentes, por iniciativa própria ou solicitação da Assembleia Geral ou do Conselho Fiscal, intervirá nas cooperativas quando ocorrer um dos seguintes casos:

I – violação contumaz das disposições legais;

II – ameaça de insolvência em virtude de má administração da sociedade;

III – paralisação das atividades sociais por mais de 120 (cento e vinte) dias consecutivos;

IV – inobservância do art. 56, § 2º.

Parágrafo único. Aplica-se, no que couber, às cooperativas habitacionais, o disposto neste artigo.

Art. 94. Observar-se-á, no processo de intervenção, a disposição constante do § 2º do art. 75.

Capítulo XIV
DO CONSELHO NACIONAL DE COOPERATIVISMO

Art. 95. A orientação geral da política cooperativista nacional caberá ao Conselho Nacional de Cooperativismo – CNC, que passará a funcionar junto ao Instituto Nacional de Colonização e Reforma Agrária – Incra, com plena autonomia administrativa e financeira, na forma do art. 172 do Decreto-Lei 200, de 25 de fevereiro de 1967, sob a presidência do Ministro da Agricultura e composto de 8 (oito) membros indicados pelos seguintes representados:

I – Ministério do Planejamento e Coordenação-Geral;

II – Ministério da Fazenda, por intermédio do Banco Central do Brasil;

III – Ministério do Interior, por intermédio do Banco Nacional da Habitação;

IV – Ministério da Agricultura, por intermédio do Instituto Nacional de Colonização e Reforma Agrária – Incra, e do Banco Nacional de Crédito Cooperativo S/A.;

V – Organização das Cooperativas Brasileiras.

Parágrafo único. A entidade referida no inciso V deste artigo contará com 3 (três) elementos para fazer-se representar no Conselho.

Art. 96. O Conselho, que deverá reunir-se ordinariamente uma vez por mês, será presidido pelo Ministro da Agricultura, a quem caberá o voto de qualidade, sendo suas resoluções votadas por maioria simples, com a presença, no mínimo, de 3 (três) representantes dos órgãos oficiais mencionados nos itens I a IV do artigo anterior.

Parágrafo único. Nos seus impedimentos eventuais, o substituto do presidente será o presidente do Instituto Nacional de Colonização e Reforma Agrária.

Art. 97. Ao Conselho Nacional de Cooperativismo compete:

I – editar atos normativos para a atividade cooperativista nacional;

II – baixar normas regulamentadoras, complementares e interpretativas, da legislação cooperativista;

III – organizar e manter atualizado o cadastro geral das cooperativas nacionais;

IV – decidir, em última instância, os recursos originários de decisões do respectivo órgão executivo federal;

V – apreciar os anteprojetos que objetivam a revisão da legislação cooperativista;

VI – estabelecer condições para o exercício de quaisquer cargos eletivos de administração ou fiscalização de cooperativas;

VII – definir as condições de funcionamento do empreendimento cooperativo, a que se refere o art. 18;

VIII – votar o seu próprio regimento;

IX – autorizar, onde houver condições, a criação de Conselhos Regionais de Cooperativismo, definindo-lhes as atribuições;

X – decidir sobre a aplicação do Fundo Nacional de Cooperativismo, nos termos do art. 102 desta Lei;

XI – estabelecer em ato normativo ou de caso a caso, conforme julgar necessário, o limite a ser observado nas operações com não associados a que se referem os artigos 85 e 86.

Parágrafo único. As atribuições do Conselho Nacional de Cooperativismo não se estendem às cooperativas de habitação, às de crédito e às seções de crédito das cooperativas agrícolas mistas, no que forem regidas por legislação própria.

Art. 98. O Conselho Nacional de Cooperativismo – CNC contará com uma secretaria executiva que se incumbirá de seus encargos administrativos, podendo seu secretário executivo requisitar funcionários de qualquer órgão da Administração Pública.

§ 1º O secretário executivo do Conselho Nacional de Cooperativismo será o diretor do Departamento de Desenvolvimento Rural do Instituto Nacional de Colonização e Reforma Agrária – Incra, devendo o Departamento referido incumbir-se dos encargos administrativos do Conselho Nacional de Cooperativismo.

§ 2º Para os impedimentos eventuais do secretário executivo, este indicará à apreciação do Conselho seu substituto.

Art. 99. Compete ao presidente do Conselho Nacional de Cooperativismo:

I – presidir as reuniões;

II – convocar as reuniões extraordinárias;

III – proferir o voto de qualidade.

Art. 100. Compete à Secretaria Executiva do Conselho Nacional de Cooperativismo:

I – dar execução às resoluções do Conselho;

II – comunicar as decisões do Conselho ao respectivo órgão executivo federal;

III – manter relações com os órgãos executivos federais, bem assim com quaisquer outros órgãos públicos ou privados, nacionais ou estrangeiros, que possam influir no aperfeiçoamento do cooperativismo;

IV – transmitir aos órgãos executivos federais e entidade superior do movimento cooperativista nacional todas as informações relacionadas com a doutrina e práticas cooperativistas de seu interesse;

V – organizar e manter atualizado o cadastro geral das cooperativas nacionais e expedir as respectivas certidões;

VI – apresentar ao Conselho, em tempo hábil, a proposta orçamentária do órgão, bem como o relatório anual de suas atividades;

VII – providenciar todos os meios que assegurem o regular funcionamento do Conselho;

VIII – executar quaisquer outras atividades necessárias ao pleno exercício das atribuições do Conselho.

Art. 101. O Ministério da Agricultura incluirá, em sua proposta orçamentária anual, os recursos financeiros solicitados pelo Conselho Nacional de Cooperativismo – CNC, para custear seu funcionamento.

Parágrafo único. As contas do Conselho Nacional de Cooperativismo – CNC, serão prestadas por intermédio do Ministério da Agricultura, observada a legislação específica que regula a matéria.

Art. 102. Fica mantido, junto ao Banco Nacional de Crédito Cooperativo S/A., o "Fundo Nacional de Cooperativismo", criado pelo Decreto-Lei 59, de 21 de novembro de 1966, destinado a prover recursos de apoio ao movimento cooperativista nacional.

§ 1º O Fundo de que trata este artigo será suprido por:

I – dotação incluída no orçamento do Ministério da Agricultura para o fim específico de incentivos às atividades cooperativas;

II – juros e amortizações dos financiamentos realizados com seus recursos;

III – doações, legados e outras rendas eventuais;

IV – dotações consignadas pelo Fundo Federal Agropecuário e pelo Instituto Nacional de Colonização e Reforma Agrária – Incra.

§ 2º Os recursos do Fundo, deduzido o necessário ao custeio de sua administração, serão aplicados pelo Banco Nacional de Crédito Cooperativo S/A., obrigatoriamente, em financiamento de atividades que interessem de maneira relevante ao abastecimento das populações, a critério do Conselho Nacional de Cooperativismo.

§ 3º O Conselho Nacional de Cooperativismo poderá, por conta do Fundo, autorizar a concessão de estímulos ou auxílios para execução de atividades que, pela sua relevância socioeconômica, concorram para o desenvolvimento do sistema cooperativista nacional.

Capítulo XV
DOS ÓRGÃOS GOVERNAMENTAIS

Art. 103. As cooperativas permanecerão subordinadas, na parte normativa, ao Conselho Nacional de Cooperativismo, com exceção das de crédito, das seções de crédito das agrícolas mistas e das de habitação, cujas normas continuarão a ser baixadas pelo Conselho Monetário Nacional, relativamente às duas primeiras, e Banco Nacional da Habitação, com relação à última, observado o disposto no art. 92 desta Lei.

Parágrafo único. Os órgãos executivos federais, visando à execução descentralizada de seus serviços, poderão delegar sua competência, total ou parcialmente, a órgãos e entidades da administração estadual e municipal, bem como, excepcionalmente, a outros órgãos e entidades da administração federal.

Art. 104. Os órgãos executivos federais comunicarão todas as alterações havidas nas cooperativas sob a sua jurisdição ao Conselho Nacional de Cooperativismo, para fins de atualização do cadastro geral das cooperativas nacionais.

Capítulo XVI
DA REPRESENTAÇÃO DO SISTEMA COOPERATIVISTA

Art. 105. A representação do sistema cooperativista nacional cabe à Organização das Cooperativas Brasileiras - OCB, sociedade civil, com sede na Capital Federal, órgão técnico-consultivo do Governo, estruturada nos termos desta Lei, sem finalidade lucrativa, competindo-lhe precipuamente:

a) manter a neutralidade política e indiscriminação racial, religiosa e social;

b) integrar todos os ramos das atividades cooperativistas;

c) manter registro de todas as sociedades cooperativas que, para todos os efeitos, integram a Organização das Cooperativas Brasileiras - OCB;

d) manter serviços de assistência geral ao sistema cooperativista, seja quanto à estrutura social, seja quanto aos métodos operacionais e orientação jurídica, mediante pareceres e recomendações, sujeitas, quando for o caso, à aprovação do Conselho Nacional de Cooperativismo - CNC;

e) denunciar ao Conselho Nacional de Cooperativismo práticas nocivas ao desenvolvimento cooperativista;

f) opinar nos processos que lhe sejam encaminhados pelo Conselho Nacional de Cooperativismo;

g) dispor de setores consultivos especializados, de acordo com os ramos de cooperativismo;

h) fixar a política da organização com base nas proposições emanadas de seus órgãos técnicos;

i) exercer outras atividades inerentes à sua condição de órgão de representação e defesa do sistema cooperativista;

j) manter relações de integração com as entidades congêneres do exterior e suas cooperativas.

§ 1º A Organização das Cooperativas Brasileiras - OCB, será constituída de entidades, uma para cada Estado, Território e Distrito Federal, criadas com as mesmas características da organização nacional.

§ 2º As Assembleias Gerais do órgão central serão formadas pelos representantes credenciados das filiadas, 1 (um) por entidade, admitindo-se proporcionalidade de voto.

§ 3º A proporcionalidade de voto, estabelecida no parágrafo anterior, ficará a critério da OCB, baseando-se no número de associados - pessoas físicas e as exceções previstas nesta Lei - que compõem o quadro das cooperativas filiadas.

§ 4º A composição da diretoria da Organização das Cooperativas Brasileiras - OCB será estabelecida em seus estatutos sociais.

§ 5º Para o exercício de cargos de diretoria e Conselho Fiscal, as eleições se processarão por escrutínio secreto, permitida a reeleição para mais um mandato consecutivo.

Art. 106. A atual Organização das Cooperativas Brasileiras e as suas filiadas ficam investidas das atribuições e prerrogativas conferidas nesta Lei, devendo, no prazo de 1 (um) ano, promover a adaptação de seus estatutos e a transferência da sede nacional.

Art. 107. As cooperativas são obrigadas, para seu funcionamento, a registrar-se na Organização das Cooperativas Brasileiras ou na entidade estadual, se houver, mediante apresentação dos estatutos sociais e suas alterações posteriores.

Parágrafo único. Por ocasião do registro, a cooperativa pagará 10% (dez por cento) do maior salário mínimo vigente, se a soma do respectivo capital integralizado e fundos não exceder de 250 (duzentos e cinquenta) salários mínimos e 50% (cinquenta por cento) se aquele montante for superior.

Art. 108. Fica instituída, além do pagamento previsto no parágrafo único do artigo anterior, a Contribuição Cooperativista, que será recolhida anualmente pela cooperativa após o encerramento de seu exercício social, a favor da Organização das Cooperativas Brasileiras de que trata o art. 105 desta Lei.

§ 1º A Contribuição Cooperativista constituir-se-á de importância correspondente a 0,2% (dois décimos por cento) do valor do capital integralizado e fundos da sociedade cooperativa, no exercício social do ano anterior, sendo o respectivo montante distribuído, por metade, a suas filiadas, quando constituídas.

§ 2º No caso das cooperativas centrais ou federações, a Contribuição de que trata o parágrafo anterior será calculada sobre os fundos e reservas existentes.

§ 3º A Organização das Cooperativas Brasileiras poderá estabelecer um teto à Contribuição Cooperativista, com base em estudos elaborados pelo seu corpo técnico.

Capítulo XVII
DOS ESTÍMULOS CREDITÍCIOS

Art. 109. Caberá ao Banco Nacional de Crédito Cooperativo S/A., estimular e apoiar as cooperativas, mediante concessão de financiamentos necessários ao seu desenvolvimento.

§ 1º Poderá o Banco Nacional de Crédito Cooperativo S/A., receber depósitos das cooperativas de crédito e das seções de crédito das cooperativas agrícolas mistas.

§ 2º Poderá o Banco Nacional de Crédito Cooperativo S/A., operar com pessoas físicas ou jurídicas, estranhas ao quadro social cooperativo, desde que haja benefício para as cooperativas e estas figurem na operação bancária.

§ 3º O Banco Nacional de Crédito Cooperativo S/A., manterá linhas de crédito específicas para as cooperativas, de acordo com o objeto e a natureza de suas atividades, a juros módicos e prazos adequados inclusive com sistema de garantias ajustado às peculiaridades das cooperativas a que se destinam.

§ 4º O Banco Nacional de Crédito Cooperativo S/A., manterá linha especial de crédito para financiamento de quotas-partes de capital.

Art. 110. Fica extinta a contribuição de que trata o art. 13 do Decreto-Lei 60, de 21 de novembro de 1966, com a redação dada pelo Decreto-Lei 668, de 3 de julho de 1969.

Capítulo XVIII
DAS DISPOSIÇÕES GERAIS E TRANSITÓRIAS

Art. 111. Serão considerados como renda tributável os resultados positivos obtidos pelas cooperativas nas operações de que tratam os artigos 85, 86 e 88 desta Lei.

Art. 112. O Balanço Geral e o Relatório do exercício social que as cooperativas deverão encaminhar anualmente aos órgãos de controle serão acompanhados, a juízo destes, de parecer emitido por um serviço independente de auditoria credenciado pela Organização das Cooperativas Brasileiras.

Parágrafo único. Em casos especiais, tendo em vista a sede da Cooperativa, o volume de suas operações e outras circunstâncias dignas de consideração, a exigência da apresentação do parecer pode ser dispensada.

Art. 113. Atendidas as deduções determinadas pela legislação específica, às sociedades cooperativas ficará assegurada primeira prioridade para o recebimento de seus créditos de pessoas jurídicas que efetuem descontos na folha de pagamento de seus empregados, associados de cooperativas.

Art. 114. Fica estabelecido o prazo de 36 (trinta e seis) meses para que as cooperativas atualmente registradas nos órgãos competentes reformulem os seus estatutos, no que for cabível, adaptando-os ao disposto na presente Lei.

Art. 115. As Cooperativas dos Estados, Territórios ou do Distrito Federal, enquanto não constituírem seus órgãos de representação, serão convocadas às assembleias da OCB, como vogais, com 60 (sessenta) dias de antecedência, mediante editais publicados 3 (três) vezes em jornal de grande circulação local.

Art. 116. A presente Lei não altera o disposto nos sistemas próprios instituídos para as cooperativas de habitação e cooperativas de crédito, aplicando-se ainda, no que couber, o regime instituído para essas últimas às seções de crédito das agrícolas mistas.

Art. 117. Esta Lei entrará em vigor na data de sua publicação, revogadas as disposições em contrário e especificamente o Decreto-Lei 59, de 21 de novembro de 1966, bem como o Decreto 60.597, de 19 de abril de 1967.

Brasília, 16 de dezembro de 1971; 150º da Independência e 83º da República.

Emílio G. Médici

(Publicação no *D.O.U.* de 16.12.1971)

DECRETO 70.235,
DE 6 DE MARÇO DE 1972

Dispõe sobre o processo administrativo fiscal e dá outras providências.

O Presidente da República, usando das atribuições que lhe confere o art. 81, III, da Constituição e tendo em vista o disposto no art. 2º do Dec.-lei 822, de 5 de setembro de 1969, decreta:

→ *v.* Art. 5º, XXXIV, *a* e *b*, LIV e LV da CF/1988.

→ A Lei 12.844/2013 alterou diversos dispositivos deste decreto e foi publicada no *D.O.U.* de 19.7.2013.

→ v. Decreto 7.574/2011 – Processo de determinação e exigência de créditos tributários da União, o processo de consulta sobre a aplicação da legislação tributária federal.

→ v. Lei 9.784/1999 – Processo administrativo no âmbito da Administração Pública Federal.

DISPOSIÇÃO PRELIMINAR

Art. 1º Este Decreto rege o processo administrativo de determinação e exigência dos créditos tributários da União e o de consulta sobre a aplicação da legislação tributária federal.

Capítulo I
DO PROCESSO FISCAL

Seção I
Dos atos e termos processuais

→ v. Art. 1.211 do CPC/1973.

→ v. Art. 1.046, *caput* e § 1º, do NCPC.

→ v. Art. 144, § 1º, do CTN.

Art. 2º Os atos e termos processuais, quando a lei não prescrever forma determinada, conterão somente o indispensável à sua finalidade, sem espaço em branco, e sem entrelinhas, rasuras ou emendas não ressalvadas.

→ v. Art. 154 do CPC/1973.

→ v. Art. 188, 195 e 196, do NCPC.

→ v. Art. 22, § 1º, da Lei 9.784/1999.

Parágrafo único. Os atos e termos processuais poderão ser formalizados, tramitados, comunicados e transmitidos em formato digital, conforme disciplinado em ato da administração tributária.

→ Parágrafo único com redação alterada pela Lei 12.865/2013.

Art. 3º A autoridade local fará realizar, no prazo de 30 (trinta) dias, os atos processuais que devam ser praticados em sua jurisdição, por solicitação de outra autoridade preparadora ou julgadora.

Art. 4º Salvo disposição em contrário, o servidor executará os atos processuais no prazo de 8 (oito) dias.

Seção II
Dos prazos

Art. 5º Os prazos serão contínuos, excluindo-se na sua contagem o dia do início e incluindo-se o do vencimento.

→ v. Art. 210 do CTN.

Parágrafo único. Os prazos só se iniciam ou vencem no dia de expediente normal no órgão em que corra o processo ou deva ser praticado o ato.

Art. 6º *(Revogado pela Lei 8.748/1993).*

Seção III
Do procedimento

Art. 7º O procedimento fiscal tem início com:

→ v. Art. 142, parágrafo único, do CTN.

I – o primeiro ato de ofício, escrito, praticado por servidor competente, cientificado o sujeito passivo da obrigação tributária ou seu preposto;

II – a apreensão de mercadorias, documentos ou livros;

→ v. Art. 195 do CTN.

III – o começo de despacho aduaneiro de mercadoria importada.

§ 1º O início do procedimento exclui a espontaneidade do sujeito passivo em relação aos atos anteriores e, independentemente de intimação, a dos demais envolvidos nas infrações verificadas.

→ v. Art. 138 do CTN.

§ 2º Para os efeitos do disposto no § 1º, os atos referidos nos incisos I e II valerão pelo prazo de 60 (sessenta) dias, prorrogável, sucessivamente, por igual período com qualquer outro ato escrito que indique o prosseguimento dos trabalhos.

Art. 8º Os termos decorrentes de atividade fiscalizadora serão lavrados, sempre que possível, em livro fiscal, extraindo-se cópia para anexação ao processo; quando não lavrados em livro, entregar-se-á cópia autenticada à pessoa sob fiscalização.

Art. 9º A exigência do crédito tributário e a aplicação de penalidade isolada serão formalizados em autos de infração ou notificações de lançamento, distintos para cada tributo ou penalidade, os quais deverão estar instruídos com todos os termos, depoimentos, laudos e demais elementos de prova indispensáveis à comprovação do ilícito.

→ *Caput* com redação alterada pela Lei 11.941/2009.

→ v. Arts. 150, § 4º, e 173 do CTN.

§ 1º Os autos de infração e as notificações de lançamento de que trata o *caput* deste artigo, formalizados em relação ao mesmo sujeito passivo, podem ser objeto de um único processo, quando a comprovação dos ilícitos depender dos mesmos elementos de prova.

→ § 1º com redação alterada pela Lei 11.196/2005.

§ 2º Os procedimentos de que tratam este artigo e o art. 7º serão válidos, mesmo que formalizados por servidor competente de jurisdição diversa da do domicílio tributário do sujeito passivo.

→ § 2º com redação alterada pela Lei 8.748/1993.

§ 3º A formalização da exigência, nos termos do parágrafo anterior, previne a jurisdição e prorroga a competência da autoridade que dela primeiro conhecer.

→ § 3º acrescentado pela Lei 8.748/1993.

§ 4º O disposto no *caput* deste artigo aplica-se também nas hipóteses em que, constatada infração à legislação tributária, dela não resulte exigência de crédito tributário.

→ § 4º acrescentado pela Lei 11.941/2009.

§ 5º Os autos de infração e as notificações de lançamento de que trata o *caput* deste artigo, formalizados em decorrência de fiscalização relacionada a regime especial unificado de arrecadação de tributos, poderão conter lançamento único para todos os tributos por eles abrangidos.

→ § 5º acrescentado pela Lei 11.941/2009.

§ 6º O disposto no *caput* deste artigo não se aplica às contribuições de que trata o art. 3º da Lei 11.457, de 16 de março de 2007.

→ § 6º acrescentado pela Lei 11.941/2009.

Art. 10. O auto de infração será lavrado por servidor competente, no local da verificação da falta, e conterá obrigatoriamente:

I – a qualificação do autuado;

→ v. Arts. 121 a 126 e 128 a 138 do CTN.

II – o local, a data e a hora da lavratura;

III – a descrição do fato;

IV – a disposição legal infringida e a penalidade aplicável;

V – a determinação da exigência e a intimação para cumpri-la ou impugná-la no prazo de 30 (trinta) dias;

VI – a assinatura do autuante e a indicação de seu cargo ou função e o número de matrícula.

Art. 11. A notificação de lançamento será expedida pelo órgão que administra o tributo e conterá obrigatoriamente:

I – a qualificação do notificado;

II – o valor do crédito tributário e o prazo para recolhimento ou impugnação;

III – a disposição legal infringida, se for o caso;

IV – a assinatura do chefe do órgão expedidor ou de outro servidor autorizado e a indicação de seu cargo ou função e o número de matrícula.

Parágrafo único. Prescinde de assinatura a notificação de lançamento emitida por processo eletrônico.

Art. 12. O servidor que verificar a ocorrência de infração à legislação tributária federal e não for competente para formalizar a exigência comunicará o fato, em representação circunstanciada, a seu chefe imediato, que adotará as providências necessárias.

→ v. Art. 83 da Lei 9.430/1996.

Art. 13. A autoridade preparadora determinará que seja informado, no processo, se o infrator é reincidente, conforme definição da lei específica, se essa circunstância não tiver sido declarada na formalização da exigência.

Art. 14. A impugnação da exigência instaura a fase litigiosa do procedimento.

→ v. Art. 151 III, do CTN.

Art. 14-A. No caso de determinação e exigência de créditos tributários da União cujo sujeito passivo seja órgão ou entidade de direito público da administração pública federal, a submissão do litígio à composição extrajudicial pela Advocacia-Geral da União é considerada reclamação, para fins do disposto no inciso III do art. 151 da Lei 5.172, de 25 de outubro de 1966 – Código Tributário Nacional.

→ Artigo acrescentado pela Lei 13.140/2015, em vigor após decorridos cento e oitenta dias de sua publicação oficial – *D.O.U.* de 9.6.2015.

Art. 15. A impugnação, formalizada por escrito e instruída com os documentos em que se fundamentar, será apresentada ao órgão preparador no prazo de 30 (trinta) dias, contados da data em que for feita a intimação da exigência.

Parágrafo único. *(Revogado pela Lei 11.941/2009).*

Art. 16. A impugnação mencionará:

I – a autoridade julgadora a quem é dirigida;

II – a qualificação do impugnante;

III – os motivos de fato e de direito em que se fundamenta, os pontos de discordância e as razões e provas que possuir;

→ Inciso III com redação alterada pela Lei 8.748/1993.

IV – as diligências, ou perícias que o impugnante pretenda sejam efetuadas, expostos os motivos que as justifiquem, com a formulação dos quesitos referentes aos exames desejados, assim como, no caso de perícia, o nome, o endereço e a qualificação profissional do seu perito;

→ Inciso IV com redação alterada pela Lei 8.748/1993.

V – se a matéria impugnada foi submetida à apreciação judicial, devendo ser juntada cópia da petição.

→ Inciso V acrescentado pela Lei 11.196/2005.

§ 1º Considerar-se-á não formulado o pedido de diligência ou perícia que deixar de atender aos requisitos previstos no inciso IV do art. 16.

→ § 1º acrescentado pela Lei 8.748/1993.

§ 2º É defeso ao impugnante, ou a seu representante legal, empregar expressões injuriosas nos escritos apresentados no processo, cabendo ao julgador, de ofício ou a requerimento do ofendido, mandar riscá-las.

→ § 2º acrescentado pela Lei 8.748/1993.

§ 3º Quando o impugnante alegar direito municipal, estadual ou estrangeiro, provar-lhe-á o teor e a vigência, se assim o determinar o julgador.

→ § 3º acrescentado pela Lei 8.748/1993.

§ 4º A prova documental será apresentada na impugnação, precluindo o direito de o impugnante fazê-lo em outro momento processual, a menos que:

→ § 4º acrescentado pela Lei 9.532/1997.

a) fique demonstrada a impossibilidade de sua apresentação oportuna por motivo de força maior;

b) refira-se a fato ou a direito superveniente;

c) destine-se a contrapor fatos ou razões posteriormente trazidas aos autos.

§ 5º A juntada de documentos após a impugnação deverá ser requerida à autoridade julgadora, mediante petição em que se demonstre, com fundamentos, a ocorrência de uma das condições previstas nas alíneas do parágrafo anterior.

→ § 5º acrescentado pela Lei 9.532/1997.

§ 6º Caso já tenha sido proferida a decisão, os documentos apresentados permanecerão nos autos para, se for interposto recurso, serem apreciados pela autoridade julgadora de segunda instância.

→ § 6º acrescentado pela Lei 9.532/1997.

Art. 17. Considerar-se-á não impugnada a matéria que não tenha sido expressamente contestada pelo impugnante.

→ Artigo com redação alterada pela Lei 9.532/1997.

Art. 18. A autoridade julgadora de primeira instância determinará, de ofício ou a requerimento do impugnante, a realização de diligências ou perícias, quando entendê-las necessárias, indeferindo as que considerar prescindíveis ou impraticáveis, observando o disposto no art. 28, *in fine*.

→ *Caput* com redação alterada pela Lei 8.748/1993.

→ *V.* Art. 420 do CPC/1973.

→ *V.* Art. 464 do NCPC.

§ 1º Deferido o pedido de perícia, ou determinada de ofício, sua realização, a autoridade designará servidor para, como perito da União, a ela proceder e intimará o perito do sujeito passivo a realizar o exame requerido, cabendo a ambos apresentar os respectivos laudos em prazo que será fixado segundo o grau de complexidade dos trabalhos a serem executados.

→ § 1º com redação alterada pela Lei 8.748/1993.

§ 2º Os prazos para realização de diligência ou perícia poderão ser prorrogados, a juízo da autoridade.

→ § 2º com redação alterada pela Lei 8.748/1993.

§ 3º Quando, em exames posteriores, diligências ou perícias, realizados no curso do processo, forem verificadas incorreções, omissões ou inexatidões de que resultem agravamento da exigência inicial, inovação ou alteração da fundamentação legal da exigência, será lavrado auto de infração ou emitida notificação de lançamento complementar, devolvendo-se, ao sujeito passivo, prazo para impugnação no concernente à matéria modificada.

→ § 3º acrescentado pela Lei 8.748/1993.

Art. 19. *(Revogado pela Lei 8.748/1993).*

Art. 20. No âmbito da Secretaria da Receita Federal, a designação de servidor para proceder aos exames relativos a diligências ou perícias recairá sobre Auditor-Fiscal do Tesouro Nacional.

→ Artigo com redação alterada pela Lei 8.748/1993.

→ *V.* Art. 1º da Lei 11.457/2007.

Art. 21. Não sendo cumprida nem impugnada a exigência, a autoridade preparadora declarará a revelia, permanecendo o processo no órgão preparador, pelo prazo de 30 (trinta) dias, para cobrança amigável.

→ *Caput* com redação alterada pela Lei 8.748/1993.

§ 1º No caso de impugnação parcial, não cumprida a exigência relativa à parte não litigiosa do crédito, o órgão preparador, antes da remessa dos autos a julgamento, providenciará a formação de autos apartados para a imediata cobrança da parte não contestada, consignando essa circunstância no processo original.

→ § 1º com redação alterada pela Lei 8.748/1993.

§ 2º A autoridade preparadora, após a declaração de revelia e findo o prazo previsto no *caput* deste artigo, procederá, em relação às mercadorias e outros bens perdidos em razão de exigência não impugnada, na forma do art. 63.

→ § 2º com redação alterada pela Lei 8.748/1993.

§ 3º Esgotado o prazo de cobrança amigável sem que tenha sido pago o crédito tributário, o órgão preparador declarará o sujeito passivo devedor remisso e encaminhará o processo à autoridade competente para promover a cobrança executiva.

§ 4º O disposto no parágrafo anterior aplicar-se-á aos casos em que o sujeito passivo não cumprir as condições estabelecidas para a concessão de moratória.

Art. 22. O processo será organizado em ordem cronológica e terá suas folhas numeradas e rubricadas.

Seção IV
Da intimação

→ *V.* Art. 234 do CPC/1973.

→ *V.* Art. 269 do NCPC.

Art. 23. Far-se-á a intimação:

I – pessoal, pelo autor do procedimento ou por agente do órgão preparador, na repartição ou fora dela, provada com a assinatura do sujeito passivo, seu mandatário ou preposto, ou, no caso de recusa, com declaração escrita de quem o intimar;

→ Inciso I com redação alterada pela Lei 9.532/1997.

II – por via postal, telegráfica ou por qualquer outro meio ou via, com prova de recebimento no domicílio tributário eleito pelo sujeito passivo;

→ Inciso II com redação alterada pela Lei 9.532/1997.

III – por meio eletrônico, com prova de recebimento, mediante:

→ Inciso III com redação alterada pela Lei 11.196/2005.

a) envio ao domicílio tributário do sujeito passivo; ou

b) registro em meio magnético ou equivalente utilizado pelo sujeito passivo.

§ 1º Quando resultar improfícuo um dos meios previstos no *caput* deste artigo ou quando o sujeito passivo tiver sua inscrição declarada inapta perante o cadastro fiscal, a intimação poderá ser feita por edital publicado:

→ *Caput* do § 1º com redação alterada pela Lei 11.941/2009.

I – no endereço da administração tributária na internet;

→ Inciso I acrescentado pela Lei 11.196/2005.

II – em dependência, franqueada ao público, do órgão encarregado da intimação; ou

→ Inciso II acrescentado pela Lei 11.196/2005.

III – uma única vez, em órgão da imprensa oficial local.

→ Inciso III acrescentado pela Lei 11.196/2005.

§ 2º Considera-se feita a intimação:

I – na data da ciência do intimado ou da declaração de quem fizer a intimação, se pessoal;

II – no caso do inciso II do *caput* deste artigo, na data do recebimento ou, se omitida, 15 (quinze) dias após a data da expedição da intimação;

→ Inciso II com redação alterada pela Lei 9.532/1997.

III – se por meio eletrônico:

→ *Caput* do inciso III com redação alterada pela Lei 12.844/2013.

a) 15 (quinze) dias contados da data registrada no comprovante de entrega no domicílio tributário do sujeito passivo;

→ Alínea *a* com redação alterada pela Lei 12.844/2013.

b) na data em que o sujeito passivo efetuar consulta no endereço eletrônico a ele atribuído pela administração tributária, se ocorrida antes do prazo previsto na alínea a; ou

→ Alínea *b* com redação alterada pela Lei 12.844/2013.

c) na data registrada no meio magnético ou equivalente utilizado pelo sujeito passivo;

→ Alínea *c* acrescentada pela Lei 12.844/2013.

IV – 15 (quinze) dias após a publicação do edital, se este for o meio utilizado.

→ Inciso IV acrescentado pela Lei 11.196/2005.

§ 3º Os meios de intimação previstos nos incisos do *caput* deste artigo não estão sujeitos a ordem de preferência.

→ § 3º com redação alterada pela Lei 11.196/2005.

§ 4º Para fins de intimação, considera-se domicílio tributário do sujeito passivo:

→ *Caput* do § 4º com redação alterada pela Lei 11.196/2005.

I – o endereço postal por ele fornecido, para fins cadastrais, à administração tributária; e

→ Inciso I acrescentado pela Lei 11.196/2005.

II – o endereço eletrônico a ele atribuído pela administração tributária, desde que autorizado pelo sujeito passivo.

→ Inciso II acrescentado pela Lei 11.196/2005.

§ 5º O endereço eletrônico de que trata este artigo somente será implementado com expresso consentimento do sujeito passivo, e a administração tributária informar-lhe-á as normas e condições de sua utilização e manutenção.

→ § 5º acrescentado pela Lei 11.196/2005.

§ 6º As alterações efetuadas por este artigo serão disciplinadas em ato da administração tributária.

→ § 6º acrescentado pela Lei 11.196/2005.

§ 7º Os Procuradores da Fazenda Nacional serão intimados pessoalmente das decisões do Conselho de Contribuintes e da Câmara Superior de Recursos Fiscais, do Ministério da Fazenda na sessão das respectivas câmaras subsequente à formalização do acórdão.

→ § 7º acrescentado pela Lei 11.457/2007.

§ 8º Se os Procuradores da Fazenda Nacional não tiverem sido intimados pessoalmente em até 40 (quarenta) dias contados da formalização do acórdão do Conselho de Contribuintes ou da Câmara Superior de Recursos Fiscais, do Ministério da Fazenda, os respectivos autos serão remetidos e entregues, mediante protocolo, à Procuradoria da Fazenda Nacional, para fins de intimação.

→ § 8º acrescentado pela Lei 11.457/2007.

§ 9º Os Procuradores da Fazenda Nacional serão considerados intimados pessoalmente das decisões do Conselho de Contribuintes e da Câmara Superior de Recursos Fiscais, do Ministério da Fazenda, com o término do prazo de 30 (trinta) dias contados da data em que os respectivos autos forem entregues à Procuradoria na forma do § 8º deste artigo.

→ § 9º acrescentado pela Lei 11.457/2007.

Seção V
Da competência

Art. 24. O preparo do processo compete à autoridade local do órgão encarregado da administração do tributo.

Parágrafo único. Quando o ato for praticado por meio eletrônico, a administração tributária poderá atribuir o preparo do processo a unidade da administração tributária diversa da prevista no *caput* deste artigo.

→ Parágrafo único acrescentado pela Lei 11.941/2009.

Art. 25. O julgamento do processo de exigência de tributos ou contribuições administrados pela Secretaria da Receita Federal compete:

→ *Caput* com redação alterada pela MP 2.158-35/2001.

→ *v.* Art. 1º da Lei 11.457/2007.

I – em primeira instância, às Delegacias da Receita Federal de Julgamento, órgãos de deliberação interna e natureza colegiada da Secretaria da Receita Federal;

→ Inciso I com redação alterada pela MP 2.158-35/2001.

→ *v.* Art. 1º da Lei 11.457/2007.

a) aos Delegados da Receita Federal, titulares de Delegacias especializadas nas atividades concernentes a julgamento de processos, quanto aos tributos e contribuições administrados pela Secretaria da Receita Federal.

→ Alínea *a* com redação alterada pela Lei 8.748/1993.

→ *v.* Art. 1º da Lei 11.457/2007.

b) às autoridades mencionadas na legislação de cada um dos demais tributos ou, na falta dessa indicação, aos chefes da projeção regional ou local da entidade que administra o tributo, conforme for por ela estabelecido.

II – em segunda instância, ao Conselho Administrativo de Recursos Fiscais, órgão colegiado, paritário, integrante da estrutura do Ministério da Fazenda, com atribuição de julgar recursos de ofício e voluntários de decisão de primeira instância, bem como recursos de natureza especial.

→ Inciso II com redação alterada pela Lei 11.941/2009.

§ 1º O Conselho Administrativo de Recursos Fiscais será constituído por seções e pela Câmara Superior de Recursos Fiscais.

→ *Caput* do § 1º com redação alterada pela Lei 11.941/2009.

I – *(Revogado pela Lei 11.941/2009).*

II – *(Revogado pela Lei 11.941/2009).*

III – *(Revogado pela Lei 11.941/2009).*

IV – *(Revogado pela Lei 11.941/2009).*

§ 2º As seções serão especializadas por matéria e constituídas por câmaras.

→ § 2º com redação alterada pela Lei 11.941/2009.

§ 3º A Câmara Superior de Recursos Fiscais será constituída por turmas, compostas pelos Presidentes e Vice-Presidentes das câmaras.

→ § 3º com redação alterada pela Lei 11.941/2009.

§ 4º As câmaras poderão ser divididas em turmas.

→ § 4º com redação alterada pela Lei 11.941/2009.

§ 5º O Ministro de Estado da Fazenda poderá criar, nas seções, turmas especiais, de caráter temporário, com competência para julgamento de processos que envolvam valores reduzidos, que poderão funcionar nas cidades onde estão localizadas as Superintendências Regionais da Receita Federal do Brasil.

→ § 5º com redação alterada pela Lei 11.941/2009.

§ 6º *(Vetado).*

→ § 6º acrescentado pela Lei 11.941/2009.

§ 7º As turmas da Câmara Superior de Recursos Fiscais serão constituídas pelo Presidente do Conselho Administrativo de Recursos Fiscais, pelo Vice-Presidente, pelos Presidentes e pelos Vice-Presidentes das câmaras, respeitada a paridade.

→ § 7º acrescentado pela Lei 11.941/2009.

§ 8º A presidência das turmas da Câmara Superior de Recursos Fiscais será exercida pelo Presidente do Conselho Administrativo de Recursos Fiscais e a vice-presidência, por conselheiro representante dos contribuintes.

→ § 8º acrescentado pela Lei 11.941/2009.

§ 9º Os cargos de Presidente das Turmas da Câmara Superior de Recursos Fiscais, das câmaras, das suas turmas e das turmas especiais serão ocupados por conselheiros representantes da Fazenda Nacional, que, em caso de empate, terão o voto de qualidade, e os cargos de Vice-Presidente, por representantes dos contribuintes.

→ § 9º acrescentado pela Lei 11.941/2009.

§ 10. Os conselheiros serão designados pelo Ministro de Estado da Fazenda para mandato, limitando-se as reconduções, na forma e no prazo estabelecidos no regimento interno.

→ § 10 acrescentado pela Lei 11.941/2009.

§ 11. O Ministro de Estado da Fazenda, observado o devido processo legal, decidirá sobre a perda do mandato dos conselheiros que incorrerem em falta grave, definida no regimento interno.

→ § 11 acrescentado pela Lei 11.941/2009.

Art. 26. Compete ao Ministro da Fazenda, em instância especial:

I – julgar recursos de decisões dos Conselhos de Contribuintes, interpostos pelos procuradores representantes da Fazenda junto aos mesmos Conselhos;

II – decidir sobre as propostas de aplicação de equidade apresentadas pelos Conselhos de Contribuintes.

Art. 26-A. No âmbito do processo administrativo fiscal, fica vedado aos órgãos de julgamento afastar a aplicação ou deixar de observar tratado, acordo internacional, lei ou decreto, sob fundamento de inconstitucionalidade.

→ *Caput* com redação alterada pela Lei 11.941/2009.

§ 1º *(Revogado pela Lei 11.941/2009).*

§ 2º *(Revogado pela Lei 11.941/2009).*

§ 3º *(Revogado pela Lei 11.941/2009).*

§ 4º *(Revogado pela Lei 11.941/2009).*

§ 5º *(Revogado pela Lei 11.941/2009).*

§ 6º O disposto no *caput* deste artigo não se aplica aos casos de tratado, acordo internacional, lei ou ato normativo:

→ § 6º acrescentado pela Lei 11.941/2009.

I – que já tenha sido declarado inconstitucional por decisão definitiva plenária do Supremo Tribunal Federal;

II – que fundamente crédito tributário objeto de:

a) dispensa legal de constituição ou de ato declaratório do Procurador-Geral da Fazenda Nacional, na forma dos arts. 18 e 19 da Lei 10.522, de 19 de julho de 2002;

b) súmula da Advocacia-Geral da União, na forma do art. 43 da Lei Complementar 73, de 10 de fevereiro de 1993; ou

c) pareceres do Advogado-Geral da União aprovados pelo Presidente da República, na forma do art. 40 da Lei Complementar 73, de 10 de fevereiro de 1993.

Seção VI
Do julgamento em primeira instância

Art. 27. Os processos remetidos para apreciação da autoridade julgadora de primeira instância deverão ser qualificados e identificados, tendo prioridade no julgamento aqueles em que estiverem presentes as circunstâncias de crime contra a ordem tributária ou de elevado valor, este definido em ato do Ministro de Estado da Fazenda.

→ *Caput* com redação alterada pela Lei 9.532/1997.

Parágrafo único. Os processos serão julgados na ordem e nos prazos estabelecidos em ato do Secretário da Receita Federal, observada a prioridade de que trata o caput deste artigo.

→ Parágrafo único acrescentado pela Lei 9.532/1997.

Art. 28. Na decisão em que for julgada questão preliminar será também julgado o mérito, salvo quando incompatíveis, e dela constará o indeferimento fundamentado do pedido de diligência ou perícia, se for o caso.

→ Artigo com redação alterada pela Lei 8.748/1993.

→ *v.* Arts. 560 e 561 do CPC/1973.

→ *v.* Arts. 938 e 939, do NCPC.

Art. 29. Na apreciação da prova, a autoridade julgadora formará livremente sua convicção, podendo determinar as diligências que entender necessárias.

Art. 30. Os laudos ou pareceres do Laboratório Nacional de Análises, do Instituto Nacional de Tecnologia e de outros órgãos federais congêneres serão adotados nos aspectos técnicos de sua competência, salvo se comprovada a improcedência desses laudos ou pareceres.

§ 1º Não se considera como aspecto técnico a classificação fiscal de produtos.

§ 2º A existência no processo de laudos ou pareceres técnicos não impede a autoridade julgadora de solicitar outros a qualquer dos órgãos referidos neste artigo.

§ 3º Atribuir-se-á eficácia aos laudos e pareceres técnicos sobre produtos, exarados em outros processos administrativos fiscais e transladados mediante certidão de inteiro teor ou cópia fiel, nos seguintes casos:

→ § 3º acrescentado pela Lei 9.532/1997.

a) quando tratarem de produtos originários do mesmo fabricante, com igual denominação, marca e especificação;

b) quando tratarem de máquinas, aparelhos, equipamentos, veículos e outros produtos complexos de fabricação em série, do mesmo fabricante, com iguais especificações, marca e modelo.

Art. 31. A decisão conterá relatório resumido do processo, fundamentos legais, conclusão e ordem de intimação, devendo referir-se, expressamente, a todos os autos de infração e notificações de lançamento objeto do processo, bem como às razões de defesa suscitadas pelo impugnante contra todas as exigências.

→ Artigo com redação alterada pela Lei 8.748/1993.

Art. 32. As inexatidões materiais devidas a lapso manifesto e os erros de escrita ou de cálculos existentes na decisão poderão ser corrigidos de ofício ou a requerimento do sujeito passivo.

→ *v.* ADIn 1976-6 (*D.J.U.* 18.5.2007), o STF "julgou, por unanimidade, procedente a ação direta para declarar a inconstitucionalidade do art. 32 da Medida Provisória 1.699-41/1998, convertida na Lei 10.522/2002, que deu nova redação ao art. 33, § 2º, do Decreto 70.235/1972".

Art. 33. Da decisão caberá recurso voluntário, total ou parcial, com efeito suspensivo, dentro dos 30 (trinta) dias seguintes à ciência da decisão.

§ 1º *(Revogado pela Lei 12.096/2009).*

§ 2º Em qualquer caso, o recurso voluntário somente terá seguimento se o recorrente arrolar bens e direitos de valor equivalente a 30% (trinta por cento) da exigência fiscal definida na decisão, limitado o arrolamento, sem prejuízo do seguimento do recurso, ao total do ativo permanente se pessoa jurídica ou ao patrimônio se pessoa física.

→ § 2º acrescentado pela Lei 10.522/2002.

§ 3º O arrolamento de que trata o § 2º será realizado preferencialmente sobre bens imóveis.

→ § 3º acrescentado pela Lei 10.522/2002.

§ 4º O Poder Executivo editará as normas regulamentares necessárias à operacionalização do arrolamento previsto no § 2º.

→ § 4º acrescentado pela Lei 10.522/2002.

Art. 34. A autoridade de primeira instância recorrerá de ofício sempre que a decisão:

I – exonerar o sujeito passivo do pagamento de tributo e encargos de multa de valor total (lançamento principal e decorrentes) a ser fixado em ato do Ministro de Estado da Fazenda;

→ Inciso I com redação alterada pela Lei 9.532/1997.

II – deixar de aplicar pena de perda de mercadorias ou outros bens cominados à infração denunciada na formalização da exigência.

§ 1º O recurso será interposto mediante declaração na própria decisão.

§ 2º Não sendo interposto o recurso, o servidor que verificar o fato representará à autoridade julgadora, por intermédio de seu chefe imediato, no sentido de que seja observada aquela formalidade.

Art. 35. O recurso, mesmo perempto, será encaminhado ao órgão de segunda instância, que julgará a perempção.

Art. 36. Da decisão de primeira instância não cabe pedido de reconsideração.

Seção VII
Do julgamento em segunda instância

Art. 37. O julgamento no Conselho Administrativo de Recursos Fiscais far-se-á conforme dispuser o regimento interno.

→ *Caput* com redação alterada pela Lei 11.941/2009.

§ 1º *(Revogado pelo Dec. 83.304/1979).*

§ 2º Caberá recurso especial à Câmara Superior de Recursos Fiscais, no prazo de 15 (quinze) dias da ciência do acórdão ao interessado:

→ *Caput* do § 2º com redação alterada pela Lei 11.941/2009.

I – *(Vetado).*

→ Inciso I acrescentado pela Lei 11.941/2009.

II – de decisão que der à lei tributária interpretação divergente da que lhe tenha dado outra Câmara, turma de Câmara, turma especial ou a própria Câmara Superior de Recursos Fiscais.

→ Inciso II acrescentado pela Lei 11.941/2009.

§ 3º (*Vetado*):

I – *(Revogado pela Lei 11.941/2009).*

II – *(Revogado pela Lei 11.941/2009).*

Art. 38. O julgamento em outros órgãos da administração federal far-se-á de acordo com a legislação própria, ou, na sua falta, conforme dispuser o órgão que administra o tributo.

Seção VIII
Do julgamento em instância especial

Art. 39. Não cabe pedido de reconsideração de ato do Ministro da Fazenda que julgar ou decidir as matérias de sua competência.

Art. 40. As propostas de aplicação de equidade apresentadas pelos Conselhos de Contribuintes atenderão às características pessoais ou materiais da espécie julgada e serão restritas à dispensa total ou parcial de penalidade pecuniária, nos casos em que não houver reincidência nem sonegação, fraude ou conluio.

Art. 41. O órgão preparador dará ciência ao sujeito passivo da decisão do Ministro da Fazenda, intimando-o, quando for o caso, a cumpri-la, no prazo de 30 (trinta) dias.

Seção IX
Da eficácia e execução das decisões

Art. 42. São definitivas as decisões:

I – de primeira instância, esgotado o prazo para recurso voluntário sem que este tenha sido interposto;

II – de segunda instância, de que não caiba recurso ou, se cabível, quando decorrido o prazo sem sua interposição;

III – de instância especial.

Parágrafo único. Serão também definitivas as decisões de primeira instância na parte que não for objeto de recurso voluntário ou não estiver sujeita a recurso de ofício.

Art. 43. A decisão definitiva contrária ao sujeito passivo será cumprida no prazo para cobrança amigável fixado no art. 21, aplicando-se, no caso de descumprimento, o disposto no § 3º do mesmo artigo.

§ 1º A quantia depositada para evitar a correção monetária do crédito tributário ou para liberar mercadoria será convertida em renda se o sujeito passivo não comprovar, no prazo legal, a propositura de ação judicial.

§ 2º Se o valor depositado não for suficiente para cobrir o crédito tributário, aplicar-se-á à cobrança do restante o disposto no *caput* deste artigo; se exceder o exigido, a autoridade promoverá a restituição da quantia excedente, na forma da legislação específica.

Art. 44. A decisão que declarar a perda de mercadoria ou outros bens será executada pelo órgão preparador, findo o prazo previsto no art. 21, segundo dispuser a legislação aplicável.

Art. 45. No caso de decisão definitiva favorável ao sujeito passivo, cumpre à autoridade preparadora exonerá-lo, de ofício, dos gravames decorrentes do litígio.

Capítulo II
DO PROCESSO DA CONSULTA

Art. 46. O sujeito passivo poderá formular consulta sobre dispositivos da legislação tributária aplicáveis a fato determinado.

Parágrafo único. Os órgãos da administração pública e as entidades representativas de categorias econômicas ou profissionais também poderão formular consulta.

Art. 47. A consulta deverá ser apresentada por escrito, no domicílio tributário do consulente, ao órgão local da entidade incumbida de administrar o tributo sobre que versa.

Art. 48. Salvo o disposto no artigo seguinte, nenhum procedimento fiscal será instaurado contra o sujeito passivo relativamente à espécie consultada, a partir da apresentação da consulta até o trigésimo dia subsequente à data da ciência:

I – de decisão de primeira instância da qual não haja sido interposto recurso;

II – de decisão de segunda instância.

Art. 49. A consulta não suspende o prazo para recolhimento de tributo, retido na fonte ou auto lançado antes ou depois de sua apresentação, nem o prazo para apresentação de declaração de rendimentos.

Art. 50. A decisão de segunda instância não obriga ao recolhimento de tributo que deixou de ser retido ou auto lançado após a decisão reformada e de acordo com a orientação desta, no período compreendido entre as datas de ciência das duas decisões.

Art. 51. No caso de consulta formulada por entidade representativa de categoria econômica ou profissional, os efeitos referidos no art. 48 só alcançam seus associados ou filiados depois de cientificado o consulente da decisão.

Art. 52. Não produzirá efeito a consulta formulada:

I – em desacordo com os arts. 46 e 47;

II – por quem tiver sido intimado a cumprir obrigação relativa ao fato objeto da consulta;

III – por quem estiver sob procedimento fiscal iniciado para apurar fatos que se relacionem com a matéria consultada;

IV – quando o fato já houver sido objeto de decisão anterior, ainda não modificada, proferida em consulta ou litígio em que tenha sido parte o consulente;

V – quando o fato estiver disciplinado em ato normativo, publicado antes de sua apresentação;

VI – quando o fato estiver definido ou declarado em disposição literal da lei;

VII – quando o fato for definido como crime ou contravenção penal;

VIII – quando não descrever, completa ou exatamente, a hipótese a que se referir, ou não contiver os elementos necessários à sua solução, salvo se a inexatidão ou omissão for escusável, a critério da autoridade julgadora.

Art. 53. O preparo do processo compete ao órgão local da entidade encarregada da administração do tributo.

Art. 54. O julgamento compete:

I – em primeira instância:

a) aos superintendentes regionais da Receita Federal, quanto aos tributos administrados pela Secretaria da Receita Federal, atendida, no julgamento, a orientação emanada dos atos normativos da Coordenação do Sistema de Tributação;

→ *v.* Art. 1º da Lei 11.457/2007.

b) às autoridades referidas na alínea *b* do inciso I do art. 25;

II – em segunda instância:

a) ao coordenador do Sistema de Tributação da Secretaria da Receita Federal, salvo quanto aos tributos incluídos na competência julgadora de outro órgão da administração federal;

→ *v.* Art. 1º da Lei 11.457/2007.

b) à autoridade mencionada na legislação dos tributos ressalvados na alínea precedente ou, na falta dessa indicação, à que for designada pela entidade que administra o tributo;

III – em instância única, ao coordenador do Sistema de Tributação, quanto às consultas relativas aos tributos administrados pela Secretaria da Receita Federal e formuladas:

→ *v.* Art. 1º da Lei 11.457/2007.

a) sobre classificação fiscal de mercadorias;

b) pelos órgãos centrais da administração pública;

c) por entidades representativas de categorias econômicas ou profissionais, de âmbito nacional.

Art. 55. Compete à autoridade julgadora declarar a ineficácia da consulta.

Art. 56. Cabe recurso voluntário, com efeito suspensivo, de decisão de primeira instância, dentro de 30 (trinta) dias, contados da ciência.

Art. 57. A autoridade de primeira instância recorrerá de ofício de decisão favorável ao consulente.

Art. 58. Não cabe pedido de reconsideração de decisão proferida em processo de consulta, inclusive da que declarar a sua ineficácia.

Capítulo III
DAS NULIDADES

Art. 59. São nulos:

→ *v.* Art. 12 do Decreto 7.574/2011.

I – os atos e termos lavrados por pessoa incompetente;

II – os despachos e decisões proferidos por autoridade incompetente ou com preterição do direito de defesa.

§ 1º A nulidade de qualquer ato só prejudica os posteriores que dele diretamente dependam ou sejam consequência.

→ *v.* Art. 248 do CPC/1973.

→ *v.* Art. 281 do NCPC.

§ 2º Na declaração de nulidade, a autoridade dirá os atos alcançados e determinará as providências necessárias ao prosseguimento ou solução do processo.

→ *v.* Art. 249 do CPC/1973.

→ *v.* Art. 282 do NCPC.

§ 3º Quando puder decidir do mérito a favor do sujeito passivo a quem aproveitaria a declaração de nulidade, a autoridade julgadora não a pronunciará nem mandará repetir o ato ou suprir-lhe a falta.

→ § 3º acrescentado pela Lei 8.748/1993.

→ *v.* Arts. 249, §§ 1º e 2º e 250 do CPC/1973.

→ *v.* Arts. 282, §§ 1º e 2º, e 283, do NCPC.

Art. 60. As irregularidades, incorreções e omissões diferentes das referidas no artigo anterior não importarão em nulidade e serão sanadas quando resultarem em prejuízo para o sujeito passivo, salvo se este lhes houver dado causa, ou quando não influírem na solução do litígio.

→ *v.* Art. 13 do Decreto 7.574/2011.

Art. 61. A nulidade será declarada pela autoridade competente para praticar o ato ou julgar a sua legitimidade.

Capítulo IV
DISPOSIÇÕES FINAIS E TRANSITÓRIAS

Art. 62. Durante a vigência de medida judicial que determinar a suspensão da cobrança do tributo não será instaurado procedimento fiscal contra o sujeito passivo favorecido pela decisão, relativamente à matéria sobre que versar a ordem de suspensão.

Parágrafo único. Se a medida referir-se a matéria objeto de processo fiscal, o curso deste não será suspenso exceto quanto aos atos executórios.

Art. 63. A destinação de mercadorias ou outros bens apreendidos ou dados em garantia de pagamento do crédito tributário obedecerá às normas estabelecidas na legislação aplicável.

Art. 64. Os documentos que instruem o processo poderão ser restituídos, em qualquer fase, a requerimento do sujeito passivo, desde que a medida não prejudique a instrução e deles fique cópia autenticada no processo.

Art. 64-A. Os documentos que instruem o processo poderão ser objeto de digitalização, observado o disposto nos arts. 1º e 3º da Lei 12.682, de 9 de julho de 2012.

→ Artigo acrescentado pela Lei 12.865/2013.

Art. 64-B. No processo eletrônico, os atos, documentos e termos que o instruem poderão ser natos digitais ou produzidos por meio de digitalização, observado o disposto na Medida Provisória 2.200-2, de 24 de agosto de 2001.

→ *Caput* acrescentado pela Lei 12.865/2013.

§ 1º Os atos, termos e documentos submetidos a digitalização pela administração tributária e armazenados eletronicamente possuem o mesmo valor probante de seus originais.

→ § 1º acrescentado pela Lei 12.865/2013.

§ 2º Os autos de processos eletrônicos, ou parte deles, que tiverem de ser remetidos a órgãos ou entidades que não disponham de sistema compatível de armazenagem e tramitação poderão ser encaminhados impressos em papel ou por meio digital, conforme disciplinado em ato da administração tributária.

→ § 2º acrescentado pela Lei 12.865/2013.

§ 3º As matrizes físicas dos atos, dos termos e dos documentos digitalizados e armazenados eletronicamente, nos termos do § 1º, poderão ser descartadas, conforme regulamento.

→ § 3º acrescentado pela Lei 13.097/2015.

Art. 65. O disposto neste Decreto não prejudicará a validade dos atos praticados na vigência da legislação anterior.

§ 1º O preparo dos processos em curso, até a decisão de primeira instância, continuará regido pela legislação precedente.

§ 2º Não se modificarão os prazos iniciados antes da entrada em vigor deste Decreto.

Art. 66. O Conselho Superior de Tarifa passa a denominar-se 4º Conselho de Contribuintes.

Art. 67. Os Conselhos de Contribuintes, no prazo de 90 (noventa) dias, adaptarão seus regimentos internos às disposições deste Decreto.

Art. 68. Revogam-se as disposições em contrário.

Brasília, 6 de março de 1972; 151º da Independência e 84º da República.

Emílio G. Médici

(Publicação no *D.O.U.* de 7.3.1972)

LEI 5.889,
DE 8 DE JUNHO DE 1973

Estatui normas reguladoras do trabalho rural e dá outras providências.

→ *v.* Súmula 196 do STF.

→ *v.* Art. 7º, *caput*, da CF/1988.

→ *v.* Art. 7º, *b*, da CLT.

→ *v.* Decreto 73.626/1974 – Regulamenta a Lei 5.889/1973.

O Presidente da República:

Faço saber que o Congresso Nacional decreta e eu sanciono a seguinte Lei:

Art. 1º As relações de trabalho rural serão reguladas por esta Lei e, no que com ela não colidirem, pelas normas da Consolidação das Leis do Trabalho, aprovada pelo Decreto-lei 5.452, de 1º de maio de 1943.

Parágrafo único. Observadas as peculiaridades do trabalho rural, a ele também se aplicam as Leis 605, de 5 de janeiro de 1949; 4.090, de 13 de julho de 1962; 4.725, de 13 de julho de 1965, com as alterações da Lei 4.903, de 16 de dezembro de 1965; e os Decretos-leis 15, de 29 de julho de 1966; 17, de 22 de agosto de 1966, e 368, de 19 de dezembro de 1968.

→ *v.* Art. 506 da CLT.

Art. 2º Empregado rural é toda pessoa física que, em propriedade rural ou prédio rústico, presta serviços de natureza não eventual a empregador rural, sob a dependência deste e mediante salário.

Art. 3º Considera-se empregador rural, para os efeitos desta Lei, a pessoa física ou jurídica, proprietário ou não, que explore atividade agro econômica, em caráter permanente ou temporário, diretamente ou através de prepostos e com auxílio de empregados.

§ 1º Inclui-se na atividade econômica referida no caput deste artigo, além da exploração industrial em estabelecimento agrário não compreendido na Consolidação das Leis do Trabalho – CLT, aprovada pelo Decreto-Lei 5.452, de 1º de maio de 1943, a exploração do turismo rural ancilar à exploração agroeconômica.

→ § 1º com redação alterada pela Lei 13.171/2015.

§ 2º Sempre que uma ou mais empresas, embora tendo cada uma delas personalidade jurídica própria, estiverem sob direção, controle ou administração de outra, ou ainda quando, mesmo guardando cada uma sua autonomia, integrem grupo econômico ou financeiro rural, serão responsáveis solidariamente nas obrigações decorrentes da relação de emprego.

Art. 4º Equipara-se ao empregador rural, a pessoa física ou jurídica que, habitualmente, em caráter profissional e por conta de terceiros, execute serviços de natureza agrária, mediante utilização do trabalho de outrem.

Art. 5º Em qualquer trabalho contínuo, de duração superior a seis horas, será obrigatória a concessão de um intervalo para repouso ou alimentação, observados os usos e costumes da região, não se computando este intervalo na duração do trabalho. Entre duas jornadas de trabalho haverá um período mínimo de 11 horas consecutivas para descanso.

Art. 6º Nos serviços, caracteristicamente intermitentes, não serão computados, como de efetivo exercício, os intervalos entre uma e outra parte da execução da tarefa diária, desde que tal hipótese seja expressamente ressalvada na Carteira de Trabalho e Previdência Social.

→ *v.* Art. 66 e ss. da CLT.

Art. 7º Para os efeitos desta Lei, considera-se trabalho noturno o executado entre as 21 horas de um dia e as 5 horas do dia seguinte, na lavoura, e entre as 20 horas de um dia e as 4 horas do dia seguinte, na atividade pecuária.

Parágrafo único. Todo trabalho noturno será acrescido de 25% (vinte e cinco por cento) sobre a remuneração normal.

→ *v.* Art. 7º, IX, da CF/1988.

Art. 8º Ao menor de 18 anos é vedado o trabalho noturno.

→ *v.* Art. 7º, XXXIII, da CF/1988.

Art. 9º Salvo as hipóteses de autorização legal ou decisão judiciária, só poderão ser descontadas do empregado rural as seguintes parcelas, calculadas sobre o salário mínimo:

a) até o limite de 20% (vinte por cento) pela ocupação da morada;

b) até 25% (vinte e cinco por cento) pelo fornecimento de alimentação sadia e farta, atendidos os preços vigentes na região;

c) adiantamentos em dinheiro.

§ 1º As deduções acima especificadas deverão ser previamente autorizadas, sem o que serão nulas de pleno direito.

§ 2º Sempre que mais de um empregado residir na mesma morada, o desconto, previsto na letra *a* deste artigo, será dividido proporcionalmente ao número de empregados, vedada, em qualquer hipótese, a moradia coletiva de famílias.

§ 3º Rescindido ou findo o contrato de trabalho, o empregado será obrigado a desocupar a casa dentro de 30 dias.

§ 4º O Regulamento desta Lei especificará os tipos de morada para fins de dedução.

§ 5º A cessão pelo empregador, de moradia e de sua infraestrutura básica, assim como, bens destinados à produção para sua subsistência e de sua família, não integram o salário do trabalhador rural, desde que caracterizados como tais, em contrato escrito celebrado entre as partes, com testemunhas e notificação obrigatória ao respectivo sindicato de trabalhadores rurais.

→ § 5º acrescentado pela Lei 9.300/1996.

Art. 10. A prescrição dos direitos assegurados por esta lei aos trabalhadores rurais só ocorrerá após dois anos de cessação do contrato de trabalho.

→ *v.* Art. 11, II, da CLT.

Parágrafo único. Contra o menor de 18 anos não corre qualquer prescrição.

→ *v.* Art. 198 do CC.

Art. 11. Ao empregado rural maior de 16 anos é assegurado salário mínimo igual ao do empregado adulto.

Parágrafo único. Ao empregado menor de 16 anos é assegurado salário mínimo fixado em valor correspondente à metade do salário mínimo estabelecido para o adulto.

Art. 12. Nas regiões em que se adota a plantação subsidiária ou intercalar (cultura secundária), a cargo do empregado rural, quando autorizada ou permitida, será objeto de contrato em separado.

Parágrafo único. Embora devendo integrar o resultado anual a que tiver direito o empregado rural, a plantação subsidiária ou intercalar não poderá compor a parte correspondente ao salário mínimo na remuneração geral do empregado, durante o ano agrícola.

Art. 13. Nos locais de trabalho rural serão observadas as normas de segurança e higiene estabelecidas em portaria do Ministro do Trabalho e Previdência Social.

→ *v.* Art. 182 da CLT.

Art. 14. Expirado normalmente o contrato, a empresa pagará ao safrista, a título de indenização do tempo de serviço, importância correspondente a 1/12 (um doze avos) do salário mensal, por mês de serviço ou fração superior a 14 dias.

Parágrafo único. Considera-se contrato de safra o que tenha sua duração dependente de variações estacionais da atividade agrária.

Art. 14-A. O produtor rural pessoa física poderá realizar contratação de trabalhador rural por pequeno prazo para o exercício de atividades de natureza temporária.

→ Artigo acrescentado pela Lei 11.718/2008.

§ 1º A contratação de trabalhador rural por pequeno prazo que, dentro do período de 1 (um) ano, superar 2 (dois) meses fica convertida em contrato de trabalho por prazo indeterminado, observando-se os termos da legislação aplicável.

§ 2º A filiação e a inscrição do trabalhador de que trata este artigo na Previdência Social decorrem, automaticamente, da sua inclusão pelo empregador na Guia de Recolhimento do Fundo de Garantia do Tempo de Serviço e Informações à Previdência Social – GFIP, cabendo à Previdência Social instituir mecanismo que permita a sua identificação.

§ 3º O contrato de trabalho por pequeno prazo deverá ser formalizado mediante a inclusão do trabalhador na GFIP, na forma do disposto no § 2º deste artigo, e:

I – mediante a anotação na Carteira de Trabalho e Previdência Social e em Livro ou Ficha de Registro de Empregados; ou

II – mediante contrato escrito, em 2 (duas) vias, uma para cada parte, onde conste, no mínimo:

a) expressa autorização em acordo coletivo ou convenção coletiva;

b) identificação do produtor rural e do imóvel rural onde o trabalho será realizado e indicação da respectiva matrícula;

c) identificação do trabalhador, com indicação do respectivo Número de Inscrição do Trabalhador – NIT.

§ 4º A contratação de trabalhador rural por pequeno prazo só poderá ser realizada por produtor rural pessoa física, proprietário ou não, que explore diretamente atividade agro econômica.

§ 5º A contribuição do segurado trabalhador rural contratado para prestar serviço na forma deste artigo é de 8% (oito por cento) sobre o respectivo salário-de-contribuição definido no inciso I do *caput* do art. 28 da Lei 8.212, de 24 de julho de 1991.

→ *v.* Art. 214 do Decreto 3.048/1999.

§ 6º A não inclusão do trabalhador na GFIP pressupõe a inexistência de contratação na forma deste artigo, sem prejuízo de comprovação, por qualquer meio admitido em direito, da existência de relação jurídica diversa.

§ 7º Compete ao empregador fazer o recolhimento das contribuições previdenciárias nos termos da legislação vigente, cabendo à Previdência Social e à Receita Federal do Brasil instituir mecanismos que facilitem o acesso do trabalhador e da entidade sindical que o representa às informações sobre as contribuições recolhidas.

§ 8º São assegurados ao trabalhador rural contratado por pequeno prazo, além de remuneração equivalente à do trabalhador rural permanente, os demais direitos de natureza trabalhista.

§ 9º Todas as parcelas devidas ao trabalhador de que trata este artigo serão calculadas dia a dia e pagas diretamente a ele mediante recibo.

§ 10. O Fundo de Garantia do Tempo de Serviço – FGTS deverá ser recolhido e poderá ser levantado nos termos da Lei 8.036, de 11 de maio de 1990.

Art. 15. Durante o prazo do aviso-prévio, se a rescisão tiver sido promovida pelo empregador, o empregado rural terá direito a um dia por semana, sem prejuízo do salário integral, para procurar outro trabalho.

→ v. Art. 487 e ss. da CLT.

Art. 16. Toda propriedade rural, que mantenha a seu serviço ou trabalhando em seus limites mais de 50 famílias de trabalhadores de qualquer natureza, é obrigada a possuir e conservar em funcionamento escola primária, inteiramente gratuita, para os filhos destes, com tantas classes quantos sejam os grupos de 40 crianças em idade escolar.

Parágrafo único. A matrícula da população em idade escolar será obrigatória, sem qualquer outra exigência, além da certidão de nascimento, para cuja obtenção o empregador proporcionará todas as facilidades aos responsáveis pelas crianças.

Art. 17. As normas da presente Lei são aplicáveis, no que couber, aos trabalhadores rurais não compreendidos na definição do art. 2º, que prestem serviços a empregador rural.

Art. 18. As infrações aos dispositivos desta Lei serão punidas com multa de R$ 380,00 (trezentos e oitenta reais) por empregado em situação irregular.

→ Artigo com redação alterada pela MP 2.164-41/2001.

§ 1º As infrações aos dispositivos da Consolidação das Leis do Trabalho – CLT e legislação esparsa, cometidas contra o trabalhador rural, serão punidas com as multas nelas previstas.

§ 2º As penalidades serão aplicadas pela autoridade competente do Ministério do Trabalho e Emprego, de acordo com o disposto no Título VII da CLT.

§ 3º A fiscalização do Ministério do Trabalho e Emprego exigirá dos empregadores rurais ou produtores equiparados a comprovação do recolhimento da Contribuição Sindical Rural das categorias econômica e profissional.

Art. 19. O enquadramento e a contribuição sindical rurais continuam regidos pela legislação ora em vigor; o seguro social e o seguro contra acidente do trabalho rurais serão regulados por lei especial.

→ v. Lei 6.195/1974 – Atribui ao FUNRURAL a concessão de prestações por acidente do trabalho.

Art. 20. Lei especial disporá sobre a aplicação ao trabalhador rural, no que couber, do regime do Fundo de Garantia do Tempo de Serviço.

Art. 21. Esta Lei entra em vigor na data de sua publicação, revogadas as disposições em contrário, em especial a Lei 4.214, de 2 de março de 1963, e o Dec.-lei 761, de 14 de agosto de 1969.

Brasília, 8 de junho de 1973; 152º da Independência e 85º da República.

Emílio G. Médici

(Publicado no *D.O.U.* de 11.6.1973)

LEI 6.015, DE 31 DE DEZEMBRO DE 1973

Dispõe sobre os Registros Públicos e dá outras providências.

→ A Lei 6.216/1975 renumerou e alterou diversos dispositivos da Lei 6.015/1973, posteriormente referida lei foi republicada integralmente em 16.9.1975, nos termos do art. 2º da Lei 6.216/1975.

O Presidente da República:

Faço saber que o Congresso Nacional decreta e eu sanciono a seguinte Lei:

→ v. item 21 da lista de serviços anexa à Lei Complementar 116/2003.

→ v. Art. 35 da Lei 10.150/2000.

→ v. Lei 7.433/1985 – Dispõe sobre os requisitos para a lavratura de escrituras públicas e dá outras providências.

→ v. Lei 8.935/1994 – Regulamenta o art. 236 da Constituição Federal, dispondo sobre serviços notariais e de registro. (Lei dos cartórios).

→ v. Decreto 6.289/2007 – Estabelece o Compromisso Nacional pela Erradicação do Sub-registro Civil de Nascimento e Ampliação do Acesso à Documentação Básica, institui o Comitê Gestor Nacional do Plano Social Registro Civil de Nascimento e Documentação Básica e a Semana Nacional de Mobilização para o Registro Civil de Nascimento e a Documentação Básica.

Título I
Das disposições gerais

Capítulo I
DAS ATRIBUIÇÕES

Art. 1º Os serviços concernentes aos Registros Públicos, estabelecidos pela legislação civil para autenticidade, segurança e eficácia dos atos jurídicos, ficam sujeitos ao regime estabelecido nesta Lei.

§ 1º Os registros referidos neste artigo são os seguintes:

I – o registro civil de pessoas naturais;

→ v. Arts. 1º a 40 do CC/2002.

II – o registro civil de pessoas jurídicas;

→ v. Arts. 44 a 46 do CC/2002.

III – o registro de títulos e documentos;

→ v. Art. 1.245 do CC/2002.

IV – o registro de imóveis.

§ 2º Os demais registros reger-se-ão por leis próprias.

Art. 2º Os registros indicados no § 1º do artigo anterior ficam a cargo de serventuários privativos nomeados de acordo com o estabelecido na Lei de Organização Administrativa e Judiciária do Distrito Federal e dos Territórios e nas Resoluções sobre a Divisão e Organização Judiciária dos Estados, e serão feitos:

→ v. Art. 236 da CF/1988.

I – o do item I, nos ofícios privativos, ou nos Cartórios de Registro de Nascimentos, Casamentos e Óbitos;

II – os dos itens II e III, nos ofícios privativos, ou nos Cartórios de Registro de Títulos e Documentos;

III – o do item IV, nos ofícios privativos, ou nos Cartórios de Registro de Imóveis.

Capítulo II
DA ESCRITURAÇÃO

Art. 3º A escrituração será feita em livros encadernados, que obedecerão aos modelos anexos a esta Lei, sujeitos à correição da autoridade judiciária competente.

§ 1º Os livros podem ter 0,22m até 0,40m de largura e de 0,33m até 0,55m de altura, cabendo ao oficial a escolha, dentro dessas dimensões, de acordo com a conveniência do serviço.

§ 2º Para facilidade do serviço podem os livros ser escriturados mecanicamente, em folhas soltas, obedecidos os modelos aprovados pela autoridade judiciária competente.

Art. 4º Os livros de escrituração serão abertos, numerados, autenticados e encerrados pelo oficial do registro, podendo ser utilizado, para tal fim, processo mecânico de autenticação previamente aprovado pela autoridade judiciária competente.

Parágrafo único. Os livros notariais, nos modelos existentes, em folhas fixas ou soltas, serão também abertos, numerados, autenticados e encerrados pelo tabelião, que determinará a respectiva quantidade a ser utilizada, de acordo com a necessidade do serviço.

→ Parágrafo único acrescentado pela Lei 9.955/2000.

Art. 5º Considerando a quantidade dos registros o juiz poderá autorizar a diminuição do número de páginas dos livros respectivos, até a terça parte do consignado nesta Lei.

Art. 6º Findando-se um livro, o imediato tomará o número seguinte, acrescido à respectiva letra, salvo no registro de imóveis, em que o número será conservado, com a adição sucessiva de letras, na ordem alfabética simples, e, depois, repetidas em combinações com a primeira, com a segunda, e assim indefinidamente. Exemplos: 2-A a 2-Z; 2-AA a 2-AZ; 2-BA a 2-BZ etc.

Art. 7º Os números de ordem dos registros não serão interrompidos no fim de cada livro, mas continuarão, indefinidamente, nos seguintes da mesma espécie.

Capítulo III
DA ORDEM DO SERVIÇO

Art. 8º O serviço começará e terminará às mesmas horas em todos os dias úteis.

Parágrafo único. O Registro Civil de Pessoas Naturais funcionará todos os dias, sem exceção.

Art. 9º Será nulo o registro lavrado fora das horas regulamentares ou em dias em que não houver expediente, sendo civil e criminalmente responsável o oficial que der causa à nulidade.

→ v. Art. 166, VII, do CC/2002.

Art. 10. Todos os títulos, apresentados no horário regulamentar e que não forem registrados até a hora do encerramento do serviço, aguardarão o dia seguinte, no qual serão registrados, preferencialmente, aos apresentados nesse dia.

Parágrafo único. O registro civil de pessoas naturais não poderá, entretanto, ser adiado.

Art. 11. Os oficiais adotarão o melhor regime interno de modo a assegurar às partes a ordem de precedência na apresentação dos seus títulos, estabelecendo-se, sempre, o número de ordem geral.

Art. 12. Nenhuma exigência fiscal, ou dívida, obstará a apresentação de um título e o seu lançamento do Protocolo com o respectivo número de ordem, nos casos em que da precedência decorra prioridade de direitos para o apresentante.

Parágrafo único. Independem de apontamento no Protocolo os títulos apresentados apenas para exame e cálculo dos respectivos emolumentos.

Art. 13. Salvo as anotações e as averbações obrigatórias, os atos do registro serão praticados:

I - por ordem judicial;

II - a requerimento verbal ou escrito dos interessados;

III - a requerimento do Ministério Público, quando a lei autorizar.

§ 1° O reconhecimento de firma nas comunicações ao Registro Civil pode ser exigido pelo respectivo oficial.

§ 2° A emancipação concedida por sentença judicial será anotada às expensas do interessado.

Art. 14. Pelos atos que praticarem, em decorrência desta Lei, os oficiais do registro terão direito, a título de remuneração, aos emolumentos fixados nos Regimentos de Custas do Distrito Federal, dos Estados e dos Territórios, os quais serão pagos, pelo interessado que os requerer, no ato de requerimento ou no da apresentação do título.

Parágrafo único. O valor correspondente às custas de escrituras, certidões, buscas, averbações, registros de qualquer natureza, emolumentos e despesas legais constará, obrigatoriamente, do próprio documento, independentemente da expedição do recibo, quando solicitado.

→ Parágrafo único acrescentado pela Lei 6.724/1979.

→ *v.* Art. 35 da Lei 10.150/2000.

Art. 15. Quando o interessado no registro for o oficial encarregado de fazê-lo ou algum parente seu, em grau que determine impedimento, o ato incumbe ao substituto legal do oficial.

Capítulo IV
DA PUBLICIDADE

Art. 16. Os oficiais e os encarregados das repartições em que se façam os registros são obrigados:

→ *v.* Art. 5°, LXXVI, *a*, da CF/1988.

1°) a lavrar certidão do que lhes for requerido;

2°) a fornecer às partes as informações solicitadas.

Art. 17. Qualquer pessoa pode requerer certidão do registro sem informar ao oficial ou ao funcionário o motivo ou interesse do pedido.

Parágrafo único. O acesso ou envio de informações aos Registros Públicos, quando forem realizados por meio da rede mundial de computadores (internet) deverão ser assinados com uso de certificado digital, que atenderá os requisitos da Infraestrutura de Chaves Públicas Brasileira – ICP.

→ Parágrafo único acrescentado pela Lei 11.977/2009.

Art. 18. Ressalvado o disposto nos arts. 45, 57, § 7°, e 95, parágrafo único, a certidão será lavrada independentemente de despacho judicial, devendo mencionar o livro de registro ou o documento arquivado no cartório.

→ Artigo com redação alterada pela Lei 9.807/1999.

Art. 19. A certidão será lavrada em inteiro teor, em resumo, ou em relatório, conforme quesitos, e devidamente autenticada pelo oficial ou seus substitutos legais, não podendo ser retardada por mais de 5 (cinco) dias.

§ 1° A certidão, de inteiro teor, poderá ser extraída por meio datilográfico ou reprográfico.

§ 2° As certidões do Registro Civil de Pessoas Naturais mencionarão, sempre, a data em que foi lavrado o assento e serão manuscritas ou datilografadas e, no caso de adoção de papéis impressos, os claros serão preenchidos também em manuscrito ou datilografados.

§ 3° Nas certidões de Registro Civil, não se mencionará a circunstância de ser legítima, ou não, a filiação, salvo a requerimento do próprio interessado, ou em virtude de determinação judicial.

§ 4° As certidões de nascimento mencionarão, além da data em que foi feito o assento, a data, por extenso, do nascimento e, ainda, expressamente, o lugar onde o fato houver ocorrido.

§ 5° As certidões extraídas dos Registros Públicos deverão ser fornecidas em papel e mediante escrita que permitam a sua reprodução por fotocópia, ou outro processo equivalente.

Art. 20. No caso de recusa ou retardamento na expedição da certidão, o interessado poderá reclamar à autoridade competente, que aplicará, se for o caso, a pena disciplinar cabível.

Parágrafo único. Para a verificação do retardamento, o oficial, logo que receber alguma petição, fornecerá à parte uma nota de entrega devidamente autenticada.

Art. 21. Sempre que houver qualquer alteração posterior ao ato cuja certidão é pedida, deve o oficial mencioná-la, obrigatoriamente, não obstante as especificações do pedido, sob pena de responsabilidade civil e penal, ressalvado o disposto nos artigos 45 e 95.

Parágrafo único. A alteração a que se refere este artigo deverá ser anotada na própria certidão, contendo a inscrição de que "a presente certidão envolve elementos de averbação à margem do termo".

Capítulo V
DA CONSERVAÇÃO

Art. 22. Os livros de registro, bem como as fichas que os substituam, somente sairão do respectivo cartório mediante autorização judicial.

Art. 23. Todas as diligências judiciais e extrajudiciais que exigirem a apresentação de qualquer livro, ficha substitutiva de livro ou documento, efetuar-se-ão no próprio cartório.

Art. 24. Os oficiais devem manter em segurança, permanentemente, os livros e documentos e respondem pela sua ordem e conservação.

Art. 25. Os papéis referentes ao serviço do registro serão arquivados em cartório mediante utilização de processos racionais que facilitem as buscas, facultada a utilização de microfilmagem e de outros meios de reprodução autorizados em lei.

Art. 26. Os livros e papéis pertencentes ao arquivo do cartório ali permanecerão indefinidamente.

Art. 27. Quando a lei criar novo cartório, e enquanto este não for instalado, os registros continuarão a ser feitos no cartório que sofreu o desmembramento, não sendo necessário repeti-los no novo ofício.

Parágrafo único. O arquivo do antigo cartório continuará a pertencer-lhe.

Capítulo VI
DA RESPONSABILIDADE

Art. 28. Além dos casos expressamente consignados, os oficiais são civilmente responsáveis por todos os prejuízos que, pessoalmente, ou pelos prepostos ou substitutos que indicarem, causarem, por culpa ou dolo, aos interessados no registro.

Parágrafo único. A responsabilidade civil independe da criminal pelos delitos que cometerem.

Título II
Do registro de pessoas naturais

Capítulo I
DISPOSIÇÕES GERAIS

Art. 29. Serão registrados no Registro Civil de Pessoas Naturais:

→ *v.* Decreto 7.231/2010 – Regulamenta o art. 29, incisos I, II e III, da Lei 6.015/1973, que dispõe sobre os registros públicos, e dá outras providências.

I – os nascimentos;

II – os casamentos;

→ *v.* Arts. 1.525 a 1.547 do CC/2002.

III – os óbitos;

→ *v.* Art. 9°, I, do CC/2002.

IV – as emancipações;

→ *v.* Arts. 5°, parágrafo único, e 9°, I, do CC/2002.

V – as interdições;

→ *v.* Art. 9°, III, do CC/2002.

→ *v.* Art. 1.184 do CPC/1973.

→ *v.* Art. 755, § 3°, do NCPC.

VI – as sentenças declaratórias de ausência;

→ *v.* Art. 1.159 do CPC/1973.

→ *v.* Art. 744 do NCPC.

VII – as opções de nacionalidade;

VIII – as sentenças que deferirem a legitimação adotiva.

→ *v.* Art. 227, § 6°, da CF/1988.

§ 1° Serão averbados:

a) as sentenças que decidirem a nulidade ou anulação do casamento, o desquite e o restabelecimento da sociedade conjugal;

b) as sentenças que julgarem ilegítimos os filhos concebidos na constância do casamento e as que declararem a filiação legítima;

c) os casamentos de que resultar a legitimação de filhos havidos ou concebidos anteriormente;

d) os atos judiciais ou extrajudiciais de reconhecimento de filhos ilegítimos;

e) as escrituras de adoção e os atos que a dissolverem;

f) as alterações ou abreviaturas de nomes.

§ 2° É competente para a inscrição da opção de nacionalidade o cartório da residência do optante, ou de seus pais. Se forem residentes no estrangeiro, far-se-á o registro no Distrito Federal.

Art. 30. Não serão cobrados emolumentos pelo registro civil de nascimento e pelo assento de óbito, bem como pela primeira certidão respectiva.

→ *Caput* com redação alterada pela Lei 9.534/1997.

§ 1º Os reconhecidamente pobres estão isentos de pagamento de emolumentos pelas demais certidões extraídas pelo cartório de registro civil.

→ § 1º com redação alterada pela Lei 9.534/1997.

§ 2º O estado de pobreza será comprovado por declaração do próprio interessado ou a rogo, tratando-se de analfabeto, neste caso, acompanhada da assinatura de duas testemunhas.

→ § 2º com redação alterada pela Lei 9.534/1997.

§ 3º A falsidade da declaração ensejará a responsabilidade civil e criminal do interessado.

→ § 3º acrescentado pela Lei 9.534/1997.

§ 3º-A. Comprovado o descumprimento, pelos oficiais de Cartórios de Registro Civil, do disposto no *caput* deste artigo, aplicar-se-ão as penalidades previstas nos arts. 32 e 33 da Lei 8.935, de 18 de novembro de 1994.

→ § 3º-A acrescentado pela Lei 9.812/1999.

§ 3º-B. Esgotadas as penalidades a que se refere o parágrafo anterior e verificando-se novo descumprimento, aplicar-se-á o disposto no art. 39 da Lei 8.935, de 18 de novembro de 1994.

→ § 3º-B acrescentado pela Lei 9.812/1999.

§ 3º-C. Os cartórios de Registros Públicos deverão afixar, em local de grande visibilidade, que permita fácil leitura e acesso ao público, quadros contendo tabelas atualizadas das custas e emolumentos, além de informações claras sobre a gratuidade prevista no *caput* deste artigo.

→ § 3º-C acrescentado pela Lei 11.802/2008.

§ 4º É proibida a inserção nas certidões de que trata o § 1º deste artigo de expressões que indiquem condição de pobreza ou semelhantes.

→ § 4º acrescentado pela Lei 11.789/2008.

§ 4º *(Vetado).*

→ § 4º acrescentado pela Lei 9.534/1997.

§ 5º *(Vetado).*

→ § 5º acrescentado pela Lei 9.534/1997.

§ 6º *(Vetado).*

→ § 6º acrescentado pela Lei 9.534/1997.

§ 7º *(Vetado).*

→ § 7º acrescentado pela Lei 9.534/1997.

§ 8º *(Vetado).*

→ § 8º acrescentado pela Lei 9.534/1997.

Art. 31. Os fatos concernentes ao registro civil, que se derem a bordo dos navios de guerra e mercantes, em viagem, e no exército, em campanha, serão imediatamente registrados e comunicados em tempo oportuno, por cópia autêntica, aos respectivos Ministérios, a fim de que, através do Ministério da Justiça, sejam ordenados os assentamentos, notas ou averbações nos livros competentes das circunscrições a que se referirem.

Art. 32. Os assentos de nascimento, óbito e de casamento de brasileiros em país estrangeiro serão considerados autênticos, nos termos da lei do lugar em que forem feitos, legalizadas as certidões pelos cônsules ou, quando por estes tomados, nos termos do regulamento consular.

§ 1º Os assentos de que trata este artigo serão, porém, trasladados nos cartórios do 1º Ofício do domicílio do registrado ou no 1º Ofício do Distrito Federal, em falta de domicílio conhecido, quando tiverem de produzir efeito no País, ou, antes, por meio de segunda via que os cônsules serão obrigados a remeter por intermédio do Ministério das Relações Exteriores.

§ 2º O filho de brasileiro ou brasileira, nascido no estrangeiro, e cujos pais não estejam ali a serviço do Brasil, desde que registrado em consulado brasileiro ou não registrado, venha a residir no território nacional antes de atingir a maioridade, poderá requerer, no juízo de seu domicílio, se registre, no livro "E" do 1º Ofício do Registro Civil, o termo de nascimento.

§ 3º Do termo e das respectivas certidões do nascimento registrado na forma do parágrafo antecedente constará que só valerão como prova de nacionalidade brasileira, até 4 (quatro) anos depois de atingida a maioridade.

§ 4º Dentro do prazo de 4 (quatro) anos, depois de atingida a maioridade pelo interessado referido no § 2º deverá ele manifestar a sua opção pela nacionalidade brasileira perante o juízo federal. Deferido o pedido, proceder-se-á ao registro no livro "E" do Cartório do 1º Ofício do domicílio do optante.

§ 5º Não se verificando a hipótese prevista no parágrafo anterior, o oficial cancelará, de ofício, o registro provisório efetuado na forma do § 2º.

Capítulo II
DA ESCRITURAÇÃO E ORDEM DE SERVIÇO

Art. 33. Haverá, em cada cartório, os seguintes livros, todos com 300 (trezentas) folhas cada um:

I – "A" – de registro de nascimento;

II – "B" – de registro de casamento;

III – "B Auxiliar" – de registro de casamento religioso para efeitos civis;

IV – "C" – de registro de óbitos;

V – "C Auxiliar" – de registro de natimortos;

VI – "D" – de registro de proclama.

Parágrafo único. No Cartório do 1º Ofício ou da 1ª subdivisão judiciária, em cada comarca, haverá outro livro para inscrição dos demais atos relativos ao estado civil, designado sob a letra "E", com 150 (cento e cinquenta) folhas, podendo o juiz competente, nas comarcas de grande movimento, autorizar o seu desdobramento, pela natureza dos atos que nele devam ser registrados, em livros especiais.

Art. 34. O oficial juntará, a cada um dos livros, índice alfabético dos assentos lavrados pelos nomes das pessoas a quem se referirem.

Parágrafo único. O índice alfabético poderá, a critério do oficial, ser organizado pelo sistema de fichas, desde que preencham estas os requisitos de segurança, comodidade e pronta busca.

Art. 35. A escrituração será feita seguidamente, em ordem cronológica de declarações, sem abreviaturas, nem algarismos; no fim de cada assento e antes da subscrição e das assinaturas, serão ressalvadas as emendas, entrelinhas ou outras circunstâncias que puderem ocasionar dúvidas. Entre um assento e outro, será traçada uma linha de intervalo, tendo cada um o seu número de ordem.

Art. 36. Os livros de registro serão divididos em três partes, sendo na da esquerda lançado o número de ordem e na central o assento, ficando na da direita espaço para as notas, averbações e retificações.

Art. 37. As partes, ou seus procuradores, bem como as testemunhas, assinarão os assentos, inserindo-se neles as declarações feitas de acordo com a lei ou ordenadas por sentença. As procurações serão arquivadas, declarando-se no termo a data, o livro, a folha e o ofício em que foram lavradas, quando constarem de instrumento público.

§ 1º Se os declarantes, ou as testemunhas não puderem, por qualquer circunstância, assinar, far-se-á declaração no assento, assinando a rogo outra pessoa e tomando-se a impressão dactiloscópica da que não assinar, à margem do assento.

§ 2º As custas com o arquivamento das procurações ficarão a cargo dos interessados.

Art. 38. Antes da assinatura dos assentos, serão estes lidos às partes e às testemunhas, do que se fará menção.

Art. 39. Tendo havido omissão ou erro de modo que seja necessário fazer adição ou emenda, estas serão feitas antes da assinatura ou ainda em seguida, mas antes de outro assento, sendo a ressalva novamente por todos assinada.

Art. 40. Fora da retificação feita no ato, qualquer outra só poderá ser efetuada nos termos dos arts. 109 a 112 desta Lei.

→ Artigo com redação alterada pela Lei 12.100/2009.

Art. 41. Reputam-se inexistentes e sem efeitos jurídicos quaisquer emendas ou alterações posteriores, não ressalvadas ou não lançadas na forma indicada nos artigos 39 e 40.

Art. 42. A testemunha para os assentos de registro deve satisfazer às condições exigidas pela lei civil, sendo admitido o parente, em qualquer grau, do registrado.

Parágrafo único. Quando a testemunha não for conhecida do oficial do registro, deverá apresentar documento hábil da sua identidade, do qual se fará, no assento, expressa menção.

Art. 43. Os livros de proclamas serão escriturados cronologicamente com o resumo do que constar dos editais expedidos pelo próprio cartório ou recebidos de outros, todos assinados pelo oficial.

Parágrafo único. As despesas de publicação do edital serão pagas pelo interessado.

Art. 44. O registro do edital de casamento conterá todas as indicações quanto à época de publicação e aos documentos apresentados, abrangendo também o edital remetido por outro oficial processante.

Art. 45. A certidão relativa ao nascimento de filho legitimado por subsequente matrimônio deverá ser fornecida sem o teor da declaração ou averbação a esse respeito, como se fosse legítimo; na certidão de casamento também será omitida a referência àquele filho, salvo havendo em qualquer dos casos, determinação judicial, deferida em favor de quem demonstre legítimo interesse em obtê-la.

Capítulo III
DAS PENALIDADES

Art. 46. As declarações de nascimento feitas após o decurso do prazo legal serão registradas no lugar de residência do interessado.

→ *Caput* com redação alterada pela Lei 11.790/2008.

§ 1º O requerimento de registro será assinado por 2 (duas) testemunhas, sob as penas da lei.

→ § 1º com redação alterada pela Lei 11.790/2008.

§ 2º (*Revogado pela Lei 10.215/2001*).

§ 3º O oficial do Registro Civil, se suspeitar da falsidade da declaração, poderá exigir prova suficiente.

→ § 3º com redação alterada pela Lei 11.790/2008.

§ 4º Persistindo a suspeita, o oficial encaminhará os autos ao juízo competente.

→ § 4º com redação alterada pela Lei 11.790/2008.

§ 5º Se o juiz não fixar prazo menor, o oficial deverá lavrar o assento dentro em 5 (cinco) dias, sob pena de pagar multa correspondente a um salário mínimo da região.

Art. 47. Se o oficial do registro civil recusar fazer ou retardar qualquer registro, averbação ou anotação, bem como o fornecimento de certidão, as partes prejudicadas poderão queixar-se à autoridade judiciária, a qual, ouvindo o acusado, decidirá dentro de 5 (cinco) dias.

§ 1º Se for injusta a recusa ou injustificada a demora, o juiz que tomar conhecimento do fato poderá impor ao oficial multa de um a dez salários mínimos da região, ordenando que, no prazo improrrogável de 24 (vinte e quatro) horas, seja feito o registro, a averbação, a anotação ou fornecida certidão, sob pena de prisão de 5 (cinco) a 20 (vinte) dias.

§ 2º Os pedidos de certidão feitos por via postal, telegráfica ou bancária serão obrigatoriamente atendidos pelo oficial do registro civil, satisfeitos os emolumentos devidos, sob as penas previstas no parágrafo anterior.

Art. 48. Os juízes farão correição e fiscalização nos livros de registro, conforme as normas da organização judiciária.

Art. 49. Os oficiais do registro civil remeterão à Fundação Instituto Brasileiro de Geografia e Estatística, dentro dos primeiros oito dias dos meses de janeiro, abril, julho e outubro de cada ano, um mapa dos nascimentos, casamentos e óbitos ocorridos no trimestre anterior.

→ *Caput* com redação alterada pela Lei 6.140/1974.

§ 1º A Fundação Instituto Brasileiro de Geografia e Estatística fornecerá mapas para a execução do disposto neste artigo, podendo requisitar aos oficiais do registro que façam as correções que forem necessárias.

→ § 1º com redação alterada pela Lei 6.140/1974.

§ 2º Os oficiais que, no prazo legal, não remeterem os mapas, incorrerão na multa de um a cinco salários mínimos da região, que será cobrada como dívida ativa da União, sem prejuízo da ação penal que no caso couber.

→ § 2º com redação alterada pela Lei 6.140/1974.

§ 3º No mapa de que trata o *caput* deverá ser informado o número da identificação da Declaração de Nascido Vivo.

→ § 3º acrescentado pela Lei 12.662/2012.

§ 4º Os mapas dos nascimentos deverão ser remetidos aos órgãos públicos interessados no cruzamento das informações do registro civil e da Declaração de Nascido Vivo conforme o regulamento, com o objetivo de integrar a informação e promover a busca ativa de nascimentos.

→ § 4º acrescentado pela Lei 12.662/2012.

§ 5º Os mapas previstos no *caput* e no § 4º deverão ser remetidos por meio digital quando o registrador detenha capacidade de transmissão de dados.

→ § 5º acrescentado pela Lei 12.662/2012.

Capítulo IV
DO NASCIMENTO

Art. 50. Todo nascimento que ocorrer no território nacional deverá ser dado a registro, no lugar em que tiver ocorrido o parto ou no lugar da residência dos pais, dentro do prazo de 15 (quinze) dias, que será ampliado em até 3 (três) meses para os lugares distantes mais de trinta quilômetros da sede do cartório.

→ *Caput* com redação alterada pela Lei 9.053/1995.

§ 1º Quando for diverso o lugar da residência dos pais, observar-se-á a ordem contida nos itens 1º e 2º do art. 52.

→ § 1º acrescentado pela Lei 9.053/1995.

§ 2º Os índios, enquanto não integrados, não estão obrigados a inscrição do nascimento. Este poderá ser feito em livro próprio do órgão federal de assistência aos índios.

→ Anterior § 1º renumerado para § 2º pela Lei 9.053/1995.

§ 3º Os menores de 21 (vinte um) anos e maiores de 18 (dezoito) anos poderão, pessoalmente e isentos de multa, requerer o registro de seu nascimento.

→ Anterior § 2º renumerado para § 3º pela Lei 9.053/1995.

§ 4º É facultado aos nascidos anteriormente à obrigatoriedade do registro civil requerer, isentos de multa, a inscrição de seu nascimento.

→ Anterior § 3º renumerado para § 4º pela Lei 9.053/1995.

§ 5º Aos brasileiros nascidos no estrangeiro aplicará o disposto neste artigo, ressalvadas as prescrições legais relativas aos consulados.

→ Anterior § 4º renumerado para § 5º pela Lei 9.053/1995.

Art. 51. Os nascimentos ocorridos a bordo, quando não registrados nos termos do artigo 65, deverão ser declarados dentro de 5 (cinco) dias, a contar da chegada do navio ou aeronave ao local do destino, no respectivo cartório ou consulado.

Art. 52. São obrigados a fazer a declaração de nascimento:

1º) o pai ou a mãe, isoladamente ou em conjunto, observado o disposto no § 2º do art. 54;

→ Item 1º com redação alterada pela Lei 13.112/2015.

2º) no caso de falta ou de impedimento de um dos indicados no item 1º, outro indicado, que terá o prazo para declaração prorrogado por 45 (quarenta e cinco) dias;

→ Item 2º com redação alterada pela Lei 13.112/2015.

3º) no impedimento de ambos, o parente mais próximo, sendo maior e achando-se presente;

4º) em falta ou impedimento do parente referido no número anterior, os administradores de hospitais ou os médicos e parteiras, que tiverem assistido o parto;

5º) pessoa idônea da casa em que ocorrer, sendo fora da residência da mãe;

6º) finalmente, as pessoas (vetado) encarregadas da guarda do menor.

→ Item 6º com redação alterada pela Lei 6.216/1975.

§ 1º Quando o oficial tiver motivo para duvidar da declaração, poderá ir à casa do recém-nascido verificar a sua existência, ou exigir atestação do médico ou parteira que tiver assistido o parto, ou o testemunho de duas pessoas que não forem os pais e tiverem visto o recém-nascido.

§ 2º Tratando-se de registro fora do prazo legal, o oficial, em caso de dúvida, poderá requerer ao juiz as providências que forem cabíveis para esclarecimento do fato.

Art. 53. No caso de ter a criança nascido morta ou no de ter morrido na ocasião do parto, será, não obstante, feito o assento com os elementos que couberem e com remissão ao do óbito.

§ 1º No caso de ter a criança nascido morta, será o registro feito no livro "C Auxiliar", com os elementos que couberem.

§ 2º No caso de a criança morrer na ocasião do parto, tendo, entretanto, respirado, serão feitos os dois assentos, o de nascimento e o de óbito, com os elementos cabíveis e com remissões recíprocas.

Art. 54. O assento do nascimento deverá conter:

→ *V.* Art. 5º da Lei 8.650/1992 – Investigação de paternidade dos filhos havidos fora do casamento e dá outras providências.

1º) o dia, mês, ano e lugar do nascimento e a hora certa, sendo possível determiná-la, ou aproximada;

2º) o sexo do registrando;

3º) o fato de ser gêmeo, quando assim tiver acontecido;

4º) o nome e o prenome, que forem postos à criança;

5º) a declaração de que nasceu morta, ou morreu no ato ou logo depois do parto;

6º) a ordem de filiação de outros irmãos do mesmo prenome que existirem ou tiverem existido;

7º) os nomes e prenomes, a naturalidade, a profissão dos pais, o lugar e cartório onde se casaram, a idade da genitora, do registrando em anos completos, na ocasião do parto, e o domicílio ou a residência do casal;

→ Item 7º com redação alterada pela Lei 6.140/1974.

8º) os nomes e prenomes dos avós paternos e maternos;

9º) os nomes e prenomes, a profissão e a residência das duas testemunhas do assento, quando se tratar de parto ocorrido sem assistência médica em residência ou fora de unidade hospitalar ou casa de saúde.

→ Item 9º com redação alterada pela Lei 9.997/2000.

10) número de identificação da Declaração de Nascido Vivo - com controle do dígito verificador, ressalvado na hipótese de registro tardio previsto no art. 46 desta Lei.

→ Item 10 acrescentado pela Lei 12.662/2012.

§ 1º Não constituem motivo para recusa, devolução ou solicitação de retificação da Declaração de Nascido Vivo por parte do Registrador Civil das Pessoas Naturais:

→ § 1º acrescentado pela Lei 12.662/2012.

I – equívocos ou divergências que não comprometam a identificação da mãe;

LEGISLAÇÃO

II – omissão do nome do recém-nascido ou do nome do pai;

III – divergência parcial ou total entre o nome do recém-nascido constante da declaração e o escolhido em manifestação perante o registrador no momento do registro de nascimento, prevalecendo este último;

IV – divergência parcial ou total entre o nome do pai constante da declaração e o verificado pelo registrador nos termos da legislação civil, prevalecendo este último;

V – demais equívocos, omissões ou divergências que não comprometam informações relevantes para o registro de nascimento.

§ 2º O nome do pai constante da Declaração de Nascido Vivo não constitui prova ou presunção da paternidade, somente podendo ser lançado no registro de nascimento quando verificado nos termos da legislação civil vigente.

→ § 2º acrescentado pela Lei 12.662/2012.

§ 3º Nos nascimentos frutos de partos sem assistência de profissionais da saúde ou parteiras tradicionais, a Declaração de Nascido Vivo será emitida pelos Oficiais de Registro Civil que lavrarem o registro de nascimento, sempre que haja demanda das Secretarias Estaduais ou Municipais de Saúde para que realizem tais emissões.

→ § 3º acrescentado pela Lei 12.662/2012.

Art. 55. Quando o declarante não indicar o nome completo, o oficial lançará adiante do prenome escolhido o nome do pai, e, na falta, o da mãe, se forem conhecidos e não o impedir a condição de ilegitimidade, salvo reconhecimento no ato.

Parágrafo único. Os oficiais do registro civil não registrarão prenomes suscetíveis de expor ao ridículo os seus portadores. Quando os pais não se conformarem com a recusa do oficial, este submeterá por escrito o caso, independente da cobrança de quaisquer emolumentos, à decisão do juiz competente.

Art. 56. O interessado, no primeiro ano após ter atingido a maioridade civil, poderá, pessoalmente ou por procurador bastante, alterar o nome, desde que não prejudique os apelidos de família, averbando-se a alteração que será publicada pela imprensa.

Art. 57. A alteração posterior de nome, somente por exceção e motivadamente, após audiência do Ministério Público, será permitida por sentença do juiz a que estiver sujeito o registro, arquivando-se o mandado e publicando-se a alteração pela imprensa, ressalvada a hipótese do art. 110 desta Lei.

→ *Caput* com redação alterada pela Lei 12.100/2009.

§ 1º Poderá, também, ser averbado, nos mesmos termos, o nome abreviado, usado como firma comercial registrada ou em qualquer atividade profissional.

§ 2º A mulher solteira, desquitada ou viúva, que viva com homem solteiro desquitado ou viúvo, excepcionalmente e havendo motivo ponderável, poderá requerer ao juiz competente que, no registro de nascimento, seja averbado o patronímico de seu companheiro, sem prejuízo dos apelidos próprios, de família, desde que haja impedimento legal para o casamento, decorrente do estado civil de qualquer das partes ou de ambas.

§ 3º O juiz competente somente processará o pedido, se tiver expressa concordância do companheiro, e se da vida em comum houverem decorrido, no mínimo, 5 (cinco) anos ou existirem filhos da união.

§ 4º O pedido de averbação só terá curso, quando desquitado o companheiro, se a ex-esposa houver sido condenada ou tiver renunciado ao uso dos apelidos do marido, ainda que dele receba pensão alimentícia.

§ 5º O aditamento regulado nesta Lei será cancelado a requerimento de uma das partes, ouvida a outra.

§ 6º Tanto o aditamento quanto o cancelamento da averbação previstos neste artigo serão processados em segredo de justiça.

§ 7º Quando a alteração de nome for concedida em razão de fundada coação ou ameaça decorrente de colaboração com a apuração de crime, o juiz competente determinará que haja a averbação no registro de origem de menção da existência de sentença concessiva da alteração, sem a averbação do nome alterado, que somente poderá ser procedida mediante determinação posterior, que levará em consideração a cessação da coação ou ameaça que deu causa à alteração.

→ § 7º acrescentado pela Lei 9.807/1999.

§ 8º O enteado ou a enteada, havendo motivo ponderável e na forma dos §§ 2º e 7º deste artigo, poderá requerer ao juiz competente que, no registro de nascimento, seja averbado o nome de família de seu padrasto ou de sua madrasta, desde que haja expressa concordância destes, sem prejuízo de seus apelidos de família.

→ § 8º acrescentado pela Lei 11.924/2009.

Art. 58. O prenome será definitivo, admitindo-se, todavia, a sua substituição por apelidos públicos notórios.

→ *Caput* com redação alterada pela Lei 9.708/1998.

Parágrafo único. A substituição do prenome será ainda admitida em razão de fundada coação ou ameaça decorrente da colaboração com a apuração de crime, por determinação, em sentença, de juiz competente, ouvido o Ministério Público.

→ Parágrafo único com redação alterada pela Lei 9.807/1999.

Art. 59. Quando se tratar de filho ilegítimo, não será declarado o nome do pai sem que este expressamente o autorize e compareça, por si ou por procurador especial, para, reconhecendo-o, assinar, ou não sabendo ou não podendo, mandar assinar a seu rogo o respectivo assento com duas testemunhas.

Art. 60. O registro conterá o nome do pai ou da mãe, ainda que ilegítimos, quando qualquer deles for o declarante.

Art. 61. Tratando-se de exposto, o registro será feito de acordo com as declarações que os estabelecimentos de caridade, as autoridades ou os particulares comunicarem ao oficial competente, nos prazos mencionados no artigo 51, a partir do achado ou entrega, sob a pena do art. 46, apresentando ao oficial, salvo motivo de força maior comprovada, o exposto e os objetos a que se refere o parágrafo único deste artigo.

Parágrafo único. Declarar-se-á o dia, mês e ano, lugar em que foi exposto, a hora em que foi encontrado e a sua idade aparente. Nesse caso, o envoltório, roupas e quaisquer outros objetos e sinais que trouxer a criança e que possam a todo tempo fazê-la reconhecer, serão numerados, alistados e fechados em caixa lacrada e selada, com o seguinte rótulo: "Pertence ao exposto tal, assento de fls.. do livro..." e remetidos imediatamente, com uma guia em duplicata, ao juiz, para serem recolhidos a lugar seguro. Recebida e arquivada a duplicata com o competente recibo do depósito, far-se-á à margem do assento a correspondente anotação.

Art. 62. O registro do nascimento do menor abandonado, sob jurisdição do juiz de menores, poderá fazer-se por iniciativa deste, à vista dos elementos de que dispuser e com observância, no que for aplicável, do que preceitua o artigo anterior.

Art. 63. No caso de gêmeos, será declarada no assento especial de cada um a ordem de nascimento. Os gêmeos que tiverem o prenome igual deverão ser inscritos com duplo prenome ou nome completo diverso, de modo que possam distinguir-se.

Parágrafo único. Também serão obrigados a duplo prenome, ou a nome completo diverso, os irmãos a que se pretender dar o mesmo prenome.

Art. 64. Os assentos de nascimentos em navio brasileiro mercante ou de guerra serão lavrados, logo que o fato se verificar, pelo modo estabelecido na legislação de marinha, devendo, porém, observar-se as disposições da presente Lei.

Art. 65. No primeiro porto a que se chegar, o comandante depositará imediatamente, na capitania do porto, ou em sua falta, na estação fiscal, ou ainda, no consulado, em se tratando de porto estrangeiro, duas cópias autenticadas dos assentos referidos no artigo anterior, uma das quais será remetida, por intermédio do Ministério da Justiça, ao oficial do registro, para o registro, no lugar de residência dos pais ou, se não for possível descobri-lo, no 1º Ofício do Distrito Federal. Uma terceira cópia será entregue pelo comandante ao interessado que, após conferência na capitania do porto, por ela poderá, também, promover o registro no cartório competente.

Parágrafo único. Os nascimentos ocorridos a bordo de quaisquer aeronaves, ou de navio estrangeiro, poderão ser dados a registro pelos pais brasileiros no cartório ou consulado do local do desembarque.

Art. 66. Pode ser tomado assento de nascimento de filho de militar ou assemelhado em livro criado pela administração militar mediante declaração feita pelo interessado ou remetida pelo comandante de unidade, quando em campanha. Esse assento será publicado em boletim da unidade e, logo que possível, trasladado por cópia autenticada, *ex officio* ou a requerimento do interessado, para o Cartório de Registro Civil a que competir ou para o do 1º Ofício do Distrito Federal, quando não puder ser conhecida a residência do pai.

Parágrafo único. A providência de que trata este artigo será extensiva ao assento de nascimento de filho de civil, quando, em consequência de operações de guerra, não funcionarem os cartórios locais.

Capítulo V
DA HABILITAÇÃO PARA O CASAMENTO

→ v. Arts. 1.525 a 1.532 do CC/2002.

Art. 67. Na habilitação para o casamento, os interessados, apresentando os documentos exigidos pela lei civil, requererão ao oficial do registro do distrito de residência de um dos nubentes, que lhes expeça certidão de que se acham habilitados para se casarem.

§ 1º Autuada a petição com os documentos, o oficial mandará afixar proclamas de casamento em lugar ostensivo de seu cartório e fará publicá-los na imprensa local, se houver. Em seguida, abrirá vista dos autos ao órgão do Ministério Público, para manifestar-se sobre o pedido e requerer o que for necessário à sua regularidade, podendo exigir a apresentação de atestado de residência, firmado por autoridade policial, ou qualquer outro elemento de convicção admitido em direito.

§ 2º Se o órgão do Ministério Público impugnar o pedido ou a documentação, os autos serão encaminhados ao juiz, que decidirá sem recurso.

§ 3º Decorrido o prazo de 15 (quinze) dias a contar da afixação do edital em cartório, se não aparecer quem oponha impedimento nem constar algum dos que de ofício deva declarar, ou se tiver sido rejeitada a impugnação do órgão do Ministério Público, o oficial do registro certificará a circunstância nos autos e entregará aos nubentes certidão de que estão habilitados para se casar dentro do prazo previsto em lei.

§ 4º Se os nubentes residirem em diferentes distritos do Registro Civil, em um e em outro se publicará e se registrará o edital.

§ 5º Se houver apresentação de impedimento, o oficial dará ciência do fato aos nubentes, para que indiquem em 3 (três) dias prova que pretendam produzir, e remeterá os autos a juízo; produzidas as provas pelo oponente e pelos nubentes, no prazo de 10 (dez) dias, com ciência do Ministério Público, e ouvidos os interessados e o órgão do Ministério Público em 5 (cinco) dias, decidirá o juiz em igual prazo.

§ 6º Quando o casamento se der em circunscrição diferente daquela da habilitação, o oficial do registro comunicará ao da habilitação esse fato, com os elementos necessários às anotações nos respectivos autos.

Art. 68. Se o interessado quiser justificar fato necessário à habilitação para o casamento, deduzirá sua intenção perante o juiz competente, em petição circunstanciada, indicando testemunhas e apresentando documentos que comprovem as alegações.

§ 1º Ouvidas as testemunhas, se houver, dentro do prazo de 5 (cinco) dias, com a ciência do órgão do Ministério Público, este terá o prazo de 24 (vinte e quatro) horas para manifestar-se, decidindo o juiz em igual prazo, sem recurso.

§ 2º Os autos da justificação serão encaminhados ao oficial do registro para serem anexados ao processo da habilitação matrimonial.

Art. 69. Para a dispensa de proclamas, nos casos previstos em lei, os contraentes, em petição dirigida ao juiz, deduzirão os motivos de urgência do casamento, provando-a, desde logo, com documentos ou indicando outras provas para demonstração do alegado.

§ 1º Quando o pedido se fundar em crime contra os costumes, a dispensa de proclamas será precedida da audiência dos contraentes, separadamente e em segredo de justiça.

§ 2º Produzidas as provas dentro de 5 (cinco) dias, com a ciência do órgão do Ministério Público, que poderá manifestar-se, a seguir, em 24 (vinte e quatro) horas, o juiz decidirá, em igual prazo, sem recurso, remetendo os autos para serem anexados ao processo de habilitação matrimonial.

Capítulo VI
DO CASAMENTO

Art. 70. Do matrimônio, logo depois de celebrado, será lavrado assento, assinado pelo presidente do ato, os cônjuges, as testemunhas e o oficial, sendo exarados:

1º) os nomes, prenomes, nacionalidade, data e lugar do nascimento, profissão, domicílio e residência atual dos cônjuges;

2º) os nomes, prenomes, nacionalidade, data de nascimento ou de morte, domicílio e residência atual dos pais;

3º) os nomes e prenomes do cônjuge precedente e a data da dissolução do casamento anterior, quando for o caso;

4º) a data da publicação dos proclamas e da celebração do casamento;

5º) a relação dos documentos apresentados ao oficial do registro;

6º) os nomes, prenomes, nacionalidade, profissão, domicílio e residência atual das testemunhas;

7º) o regime de casamento, com declaração da data e do cartório em cujas notas foi tomada a escritura antenupcial, quando o regime não for o da comunhão ou o legal que, sendo conhecido, será declarado expressamente;

8º) o nome, que passa a ter a mulher, em virtude do casamento;

9º) os nomes e as idades dos filhos havidos de matrimônio anterior ou legitimados pelo casamento;

10) à margem do termo, a impressão digital do contraente que não souber assinar o nome.

Parágrafo único. As testemunhas serão, pelo menos, duas, não dispondo a lei de modo diverso.

Capítulo VII
DO REGISTRO DO CASAMENTO RELIGIOSO PARA EFEITOS CIVIS

→ v. Art. 226, § 2º, da CF/1988.

→ v. Lei 1.110/1950 – Regula o reconhecimento dos efeitos civis ao casamento religioso.

Art. 71. Os nubentes habilitados para o casamento poderão pedir ao oficial que lhes forneça a respectiva certidão, para se casarem perante autoridade ou ministro religioso, nela mencionando o prazo legal de validade da habilitação.

Art. 72. O termo ou assento do casamento religioso, subscrito pela autoridade ou ministro que o celebrar, pelos nubentes e por duas testemunhas, conterá os requisitos do artigo 71, exceto o 5º.

Art. 73. No prazo de 30 (trinta) dias a contar da realização, o celebrante ou qualquer interessado poderá, apresentando o assento ou termo do casamento religioso, requerer-lhe o registro ao oficial do cartório que expediu a certidão.

§ 1º O assento ou termo conterá a data da celebração, o lugar, o culto religioso, o nome do celebrante, sua qualidade, o cartório que expediu a habilitação, sua data, os nomes, profissões, residências, nacionalidades das testemunhas que o assinarem e os nomes dos contraentes.

§ 2º Anotada a entrada do requerimento o oficial fará o registro no prazo de 24 (vinte e quatro) horas.

§ 3º A autoridade ou ministro celebrante arquivará a certidão de habilitação que lhe foi apresentada, devendo, nela, anotar a data da celebração do casamento.

Art. 74. O casamento religioso, celebrado sem a prévia habilitação, perante o oficial de registro público, poderá ser registrado desde que apresentados pelos nubentes, com o requerimento de registro, a prova do ato religioso e os documentos exigidos pelo Código Civil, suprindo eles eventual falta de requisitos no termo da celebração.

→ v. Art. 1.516 do CC/2002.

Parágrafo único. Processada a habilitação com a publicação dos editais e certificada a inexistência de impedimentos, o oficial fará o registro do casamento religioso, de acordo com a prova do ato e os dados constantes do processo, observado o disposto no artigo 70.

Art. 75. O registro produzirá efeitos jurídicos a contar da celebração do casamento.

Capítulo VIII
DO CASAMENTO EM IMINENTE RISCO DE VIDA

Art. 76. Ocorrendo iminente risco de vida de algum dos contraentes, e não sendo possível a presença da autoridade competente para presidir o ato, o casamento poderá realizar-se na presença de seis testemunhas, que comparecerão, dentro de 5 (cinco) dias, perante a autoridade judiciária mais próxima, a fim de que sejam reduzidas a termo suas declarações.

→ v. Arts. 1.539 a 1.541 do CC/2002.

§ 1º Não comparecendo as testemunhas, espontaneamente, poderá qualquer interessado requerer a sua intimação.

§ 2º Autuadas as declarações e encaminhadas à autoridade judiciária competente, se outra for a que as tomou por termo, será ouvido o órgão do Ministério Público e se realizarão as diligências necessárias para verificar a inexistência de impedimento para o casamento.

§ 3º Ouvidos dentro de 5 (cinco) dias os interessados que o requerem e o órgão do Ministério Público, o juiz decidirá em igual prazo.

§ 4º Da decisão caberá apelação com ambos os efeitos.

§ 5º Transitada em julgado a sentença, o juiz mandará registrá-la no Livro de Casamento.

Capítulo IX
DO ÓBITO

→ v. Lei 11.789/2008 – Proíbe a inserção nas certidões de nascimento e de óbito de expressões que indiquem condição de pobreza ou semelhantes.

Art. 77. Nenhum sepultamento será feito sem certidão, do oficial de registro do lugar do falecimento, extraída após a lavratura do assento de óbito, em vista do atestado de médico, se houver no lugar, ou em caso contrário, de duas pessoas qualificadas que tiverem presenciado ou verificado a morte.

§ 1º Antes de proceder ao assento de óbito de criança de menos de 1 (um) ano, o oficial verificará se houve registro de nascimento, que, em caso de falta, será previamente feito.

§ 2º A cremação de cadáver somente será feita daquele que houver manifestado a vontade de ser incinerado ou no interesse da saúde pública e se o atestado de óbito houver sido firmado por 2 (dois) médicos ou por 1 (um) médico legista e, no caso de morte violenta, depois de autorizada pela autoridade judiciária.

Art. 78. Na impossibilidade de ser feito o registro dentro de 24 (vinte e quatro) horas do falecimento, pela distância ou qualquer outro motivo relevante, o assento será lavrado depois, com a maior urgência, e dentro dos prazos fixados no artigo 50.

Art. 79. São obrigados a fazer declaração de óbito:

1º) o chefe de família, a respeito de sua mulher, filhos, hóspedes, agregados e fâmulos;

2º) a viúva, a respeito de seu marido, e de cada uma das pessoas indicadas no número antecedente;

3º) o filho, a respeito do pai ou da mãe; o irmão, a respeito dos irmãos e demais pessoas de casa, indicadas no n. 1; o parente mais próximo maior e presente;

4º) o administrador, diretor ou gerente de qualquer estabelecimento público ou particular, a respeito dos que nele faleceram, salvo se estiver presente algum parente em grau acima indicado;

5º) na falta de pessoa competente, nos termos dos números anteriores, a que tiver assistido aos últimos momentos do finado, o médico, o sacerdote ou vizinho que do falecimento tiver notícia;

6º) a autoridade policial, a respeito de pessoas encontradas mortas.

Parágrafo único. A declaração poderá ser feita por meio de preposto, autorizando-o o declarante em escrito, de que constem os elementos necessários ao assento de óbito.

Art. 80. O assento de óbito deverá conter:

1º) a hora, se possível, dia, mês e ano do falecimento;

2º) o lugar do falecimento, com indicação precisa;

3º) o prenome, nome, sexo, idade, cor, estado, profissão, naturalidade, domicílio e residência do morto;

4º) se era casado, o nome do cônjuge sobrevivente, mesmo quando desquitado; se viúvo, o do cônjuge pré-defunto; e o cartório de casamento em ambos os casos;

5º) os nomes, prenomes, profissão, naturalidade e residência dos pais;

6º) se faleceu com testamento conhecido;

7º) se deixou filhos, nome e idade de cada um;

8º) se a morte foi natural ou violenta e a causa conhecida, com o nome dos atestantes;

9º) o lugar do sepultamento;

10) se deixou bens e herdeiros menores ou interditos;

11) se era eleitor;

12) pelo menos uma das informações a seguir arroladas: número de inscrição do PIS/Pasep; número de inscrição no Instituto Nacional do Seguro Social – INSS, se contribuinte individual; número de benefício previdenciário – NB, se a pessoa falecida for titular de qualquer benefício pago pelo INSS; número do CPF; número de registro da Carteira de Identidade e respectivo órgão emissor; número do título de eleitor; número do registro de nascimento, com informação do livro, da folha e do termo; número e série da Carteira de Trabalho.

→ Item 12 acrescentado pela MP 2.187-13/2001.

Parágrafo único. O oficial de registro civil comunicará o óbito à Receita Federal e à Secretaria de Segurança Pública da unidade da Federação que tenha emitido a cédula de identidade, exceto se, em razão da idade do falecido, essa informação for manifestamente desnecessária.

→ Parágrafo único acrescentado pela Lei 13.114/2015.

Art. 81. Sendo o finado desconhecido, o assento deverá conter declaração de estatura ou medida, se for possível, cor, sinais aparentes, idade presumida, vestuário e qualquer outra indicação que possa auxiliar de futuro o seu reconhecimento; e, no caso de ter sido encontrado morto, serão mencionados esta circunstância e o lugar em que se achava e o da necropsia, se tiver havido.

Parágrafo único. Neste caso, será extraída a individual dactiloscópica, se no local existir esse serviço.

Art. 82. O assento deverá ser assinado pela pessoa que fizer a comunicação ou por alguém a seu rogo, se não souber ou não puder assinar.

Art. 83. Quando o assento for posterior ao enterro, faltando atestado de médico ou de duas pessoas qualificadas, assinarão, com a que fizer a declaração, duas testemunhas que tiverem assistido ao falecimento ou ao funeral e puderem atestar, por conhecimento próprio ou por informação que tiverem colhido, a identidade do cadáver.

Art. 84. Os assentos de óbitos de pessoas falecidas a bordo de navio brasileiro serão lavrados de acordo com as regras estabelecidas para os nascimentos, no que lhes for aplicável, com as referências constantes do artigo 80, salvo se o enterro for no porto, onde será tomado o assento.

Art. 85. Os óbitos, verificados em campanha, serão registrados em livro próprio, para esse fim designado, nas formações sanitárias e corpos de tropas, pelos oficiais da corporação militar correspondente, autenticado cada assento com a rubrica do respectivo médico chefe, ficando a cargo da unidade que proceder ao sepultamento o registro, nas condições especificadas, dos óbitos que se derem no próprio local de combate.

Art. 86. Os óbitos a que se refere o artigo anterior, serão publicados em boletim da corporação e registrados no Registro Civil, mediante relações autenticadas, remetidas ao Ministério da Justiça, contendo os nomes dos mortos, idade, naturalidade, estado civil, designação dos corpos a que pertenciam, lugar da residência ou de mobilização, dia, mês, ano e lugar do falecimento e do sepultamento para, à vista dessas relações, se fazerem os assentamentos de conformidade com o que a respeito está disposto no artigo 66.

Art. 87. O assentamento de óbito ocorrido em hospital, prisão ou outro qualquer estabelecimento público será feito, em falta de declaração de parentes, segundo a da respectiva administração, observadas as disposições dos artigos 80 a 83; e o relativo a pessoa encontrada acidental ou violentamente morta, segundo a comunicação, *ex officio*, das autoridades policiais, às quais incumbe fazê-la logo que tenham conhecimento do fato.

Art. 88. Poderão os juízes togados admitir justificação para o assento de óbito de pessoas desaparecidas em naufrágio, inundação, incêndio, terremoto ou qualquer outra catástrofe, quando estiver provada a sua presença no local do desastre e não for possível encontrar-se o cadáver para exame.

Parágrafo único. Será também admitida a justificação no caso de desaparecimento em campanha, provados a impossibilidade de ter sido feito o registro nos termos do artigo 85 e os fatos que convençam da ocorrência do óbito.

Capítulo X
DA EMANCIPAÇÃO, INTERDIÇÃO E AUSÊNCIA

→ *v.* Art. 5º, parágrafo único, do CC/2002.

→ *v.* Lei 2.375/1954 – Dispõe sobre a inscrição no Registro Público da emancipação por outorga do pai ou da mãe.

Art. 89. No Cartório do 1º Ofício ou da 1ª subdivisão judiciária de cada comarca serão registrados, em livro especial, as sentenças de emancipação, bem como os atos dos pais que a concederem, em relação aos menores nela domiciliados.

Art. 90. O registro será feito mediante trasladação da sentença oferecida em certidão ou do instrumento, limitando-se, se for de escritura pública, às referências da data, livro, folha e ofício em que for lavrada sem dependência, em qualquer dos casos, da presença de testemunhas, mas com a assinatura do apresentante. Dele sempre constarão:

1º) data do registro e da emancipação;

2º) nome, prenome, idade, filiação, profissão, naturalidade e residência do emancipado; data e cartório em que foi registrado o seu nascimento;

3º) nome, profissão, naturalidade e residência dos pais ou do tutor.

Art. 91. Quando o juiz conceder emancipação, deverá comunicá-la, de ofício, ao oficial de registro, se não constar dos autos haver sido efetuado este dentro de 8 (oito) dias.

Parágrafo único. Antes do registro, a emancipação, em qualquer caso, não produzirá efeito.

Art. 92. As interdições serão registradas no mesmo cartório e no mesmo livro de que trata o artigo 89, salvo a hipótese prevista na parte final do parágrafo único do artigo 33, declarando-se:

1º) data do registro;

2º) nome, prenome, idade, estado civil, profissão, naturalidade, domicílio e residência do interdito, data e cartório em que forem registrados o nascimento e o casamento, bem como o nome do cônjuge, se for casado;

3º) data da sentença, nome e vara do juiz que a proferiu;

4º) nome, profissão, estado civil, domicílio e residência do curador;

5º) nome do requerente da interdição e causa desta;

6º) limites da curadoria, quando for parcial a interdição;

7º) lugar onde está internado o interdito.

Art. 93. A comunicação, com os dados necessários, acompanhados de certidão de sentença, será remetida pelo juiz ao cartório para registro de ofício, se o curador ou promovente não o tiver feito dentro de 8 (oito) dias.

Parágrafo único. Antes de registrada a sentença, não poderá o curador assinar o respectivo termo.

Art. 94. O registro das sentenças declaratórias de ausência, que nomearem curador, será feito no cartório do domicílio anterior do ausente, com as mesmas cautelas e efeitos do registro de interdição, declarando-se:

1º) data do registro;

2º) nome, idade, estado civil, profissão e domicílio anterior do ausente, data e cartório em que foram registrados o nascimento e o casamento, bem como o nome do cônjuge, se for casado;

3º) tempo de ausência até a data da sentença;

4º) nome do promotor do processo;

5º) data da sentença, nome e vara do juiz que a proferiu;

6º) nome, estado civil, profissão, domicílio e residência do curador e os limites da curatela.

Capítulo XI
DA LEGITIMAÇÃO ADOTIVA

Art. 95. Serão registradas no registro de nascimento as sentenças de legitimação adotiva, consignando-se nele os nomes dos pais adotivos como pais legítimos e os dos ascendentes dos mesmos se já falecidos, ou sendo vivos, se houverem, em qualquer tempo, manifestado por escrito sua adesão ao ato (Lei 4.655, de 2 de junho de 1965, art. 6º).

Parágrafo único. O mandado será arquivado, dele não podendo o oficial fornecer certidão, a não ser por determinação judicial e em segredo de justiça, para salvaguarda de direitos (Lei 4.655, de 2.6.1965, art. 8º, parágrafo único).

→ v. Art. 227, §§ 5º e 6º, da CF/1988.

Art. 96. Feito o registro, será cancelado o assento de nascimento original do menor.

Capítulo XII
DA AVERBAÇÃO

Art. 97. A averbação será feita pelo oficial do cartório em que constar o assento à vista da carta de sentença, de mandado ou de petição acompanhada de certidão ou documento legal e autêntico, com audiência do Ministério Público.

Art. 98. A averbação será feita à margem do assento e, quando não houver espaço, no livro corrente, com as notas e remissões recíprocas, que facilitem a busca.

Art. 99. A averbação será feita mediante a indicação minuciosa da sentença ou ato que a determinar.

Art. 100. No livro de casamento, será feita averbação da sentença de nulidade e anulação de casamento, bem como de desquite, declarando-se a data em que o juiz a proferiu, a sua conclusão, os nomes das partes e o trânsito em julgado.

§ 1º Antes de averbação, as sentenças não produzirão efeito contra terceiros.

§ 2º As sentenças de nulidade ou anulação de casamento não serão averbadas enquanto sujeitas a recurso, qualquer que seja o seu efeito.

§ 3º A averbação a que se refere o parágrafo anterior será feita à vista da carta de sentença, subscrita pelo presidente ou outro juiz do tribunal que julgar a ação em grau de recurso, da qual constem os requisitos mencionados neste artigo e, ainda, certidão do trânsito em julgado do acórdão.

§ 4º O oficial do registro comunicará, dentro de 48 (quarenta e oito) horas, o lançamento da averbação respectiva ao juiz que houver subscrito a carta de sentença mediante ofício sob registro postal.

§ 5º Ao oficial, que deixar de cumprir as obrigações consignadas nos parágrafos anteriores, será imposta a multa de cinco salários mínimos da região e a suspensão do cargo até 6 (seis) meses; em caso de reincidência ser-lhe-á aplicada, em dobro, a pena pecuniária, ficando sujeito à perda do cargo.

Art. 101. Será também averbado, com as mesmas indicações e efeitos, o ato de restabelecimento de sociedade conjugal.

Art. 102. No livro de nascimento serão averbados:

1º) as sentenças que julgarem ilegítimos os filhos concebidos nas constância do casamento;

2º) as sentenças que declararem legítima a filiação;

3º) as escrituras de adoção e os atos que a dissolverem;

4º) o reconhecimento judicial ou voluntário dos filhos ilegítimos;

5º) a perda de nacionalidade brasileira, quando comunicada pelo Ministério da Justiça;

6º) a perda e a suspensão do pátrio poder.

→ Item acrescentado pela Lei 8.069/1990.

Art. 103. Será feita, ainda de ofício, diretamente quando no mesmo cartório, ou por comunicação do oficial que registrar o casamento, a averbação da legitimação dos filhos por subsequente matrimônio dos pais, quando tal circunstância constar do assento de casamento.

Art. 104. No livro de emancipação, interdições e ausências, será feita a averbação das sentenças que puserem termo à interdição, das substituições dos curadores de interditos ou ausentes, das alterações dos limites de curatela, da cessação ou mudança de internação, bem como da cessação de ausência pelo aparecimento do ausente, de acordo com o disposto nos artigos anteriores.

→ v. Art. 5º, parágrafo único, do CC/2002.

→ v. Art. 1.165 do CPC/1973.

Parágrafo único. Averbar-se-á, também, no assento de ausência, a sentença de abertura de sucessão provisória, após o trânsito em julgado, com referência especial ao testamento do ausente se houver e indicação de seus herdeiros habilitados.

Art. 105. Para a averbação de escritura de adoção de pessoa cujo registro de nascimento haja sido fora do País, será trasladado, sem ônus para os interessados, no livro "A" do Cartório do 1º Ofício ou da 1ª subdivisão judiciária da comarca em que for domiciliado o adotante, aquele registro, legalmente traduzido, se for o caso, para que se faça, à margem dele, a competente averbação.

→ v. Art. 47, §§ 3º e 4º, do ECA.

Capítulo XIII
DAS ANOTAÇÕES

Art. 106. Sempre que o oficial fizer algum registro ou averbação, deverá, no prazo de 5 (cinco) dias, anotá-lo nos atos anteriores, com remissões recíprocas, se lançados em seu cartório, ou fará comunicação, com resumo do assento, ao oficial em cujo cartório estiverem os registros primitivos, obedecendo-se sempre à forma prescrita no artigo 98.

Parágrafo único. As comunicações serão feitas mediante cartas relacionadas em protocolo, anotando-se à margem ou sob o ato comunicado, o número do protocolo e ficarão arquivadas no cartório que as receber.

Art. 107. O óbito deverá ser anotado, com as remissões recíprocas, nos assentos de casamento e nascimento, e o casamento no deste.

§ 1º A emancipação, a interdição e a ausência serão anotadas pela mesma forma, nos assentos de nascimento e casamento, bem como a mudança do nome da mulher, em virtude de casamento, ou sua dissolução, anulação ou desquite.

§ 2º A dissolução e a anulação do casamento e o restabelecimento da sociedade conjugal serão, também, anotados nos assentos de nascimento dos cônjuges.

Art. 108. Os oficiais, além das penas disciplinares em que incorrerem, são responsáveis civil e criminalmente pela omissão ou atraso na remessa de comunicações a outros cartórios.

Capítulo XIV
DAS RETIFICAÇÕES, RESTAURAÇÕES E SUPRIMENTOS

Art. 109. Quem pretender que se restaure, supra ou retifique assentamento no Registro Civil, requererá, em petição fundamentada e instruída com documentos ou com indicação de testemunhas, que o juiz o ordene, ouvido o órgão do Ministério Público e os interessados, no prazo de 5 (cinco) dias, que correrá em cartório.

§ 1º Se qualquer interessado ou o órgão do Ministério Público impugnar o pedido, o juiz determinará a produção da prova, dentro do prazo de 10 (dez) dias e ouvidos, sucessivamente, em 3 (três) dias, os interessados e o órgão do Ministério Público, decidirá em 5 (cinco) dias.

§ 2º Se não houver impugnação ou necessidade de mais provas, o juiz decidirá no prazo de 5 (cinco) dias.

§ 3º Da decisão do juiz, caberá o recurso de apelação com ambos os efeitos.

→ v. Arts. 513 a 523 do CPC/1973.

→ v. Art. 938, § 1º, 1.007, § 6º, 1.009, 1.010, 1.012 a 1.015, do NCPC.

§ 4º Julgado procedente o pedido, o juiz ordenará que se expeça mandado para que seja lavrado, restaurado ou retificado o assentamento, indicando, com precisão, os fatos ou circunstâncias que devam ser retificados, e em que sentido, ou os que devam ser objeto do novo assentamento.

§ 5º Se houver de ser cumprido em jurisdição diversa, o mandado será remetido, por ofício, ao juiz sob cuja jurisdição estiver o cartório do Registro Civil e, com o seu "cumpra-se", executar-se-á.

§ 6º As retificações serão feitas à margem do registro, com as indicações necessárias, ou, quando for o caso, com a trasladação do mandado, que ficará arquivado. Se não houver espaço, far-se-á o transporte do assento, com as remissões à margem do registro original.

Art. 110. Os erros que não exijam qualquer indagação para a constatação imediata de necessidade de sua correção poderão ser corrigidos de ofício pelo oficial de registro no próprio cartório onde se encontrar o assentamento, mediante petição assinada pelo interessado, representante legal ou procurador, independentemente de pagamento de selos e taxas, após manifestação conclusiva do Ministério Público.

→ Artigo com redação alterada pela Lei 12.100/2009.

§ 1º Recebido o requerimento instruído com os documentos que comprovem o erro, o oficial submetê-lo-á ao órgão do Ministério Público que o despachará em 5 (cinco) dias.

§ 2º Quando a prova depender de dados existentes no próprio cartório, poderá o oficial certificá-lo nos autos.

§ 3º Entendendo o órgão do Ministério Público que o pedido exige maior indagação, requererá ao juiz a distribuição dos autos a um dos cartórios da circunscrição, caso em que se processará a retificação, com assistência de advogado, observado o rito sumaríssimo.

§ 4º Deferido o pedido, o oficial averbará a retificação à margem do registro, mencionando o número do protocolo e a data da sentença e seu trânsito em julgado, quando for o caso.

Art. 111. Nenhuma justificação em matéria de registro civil, para retificação, restauração ou abertura de assento, será entregue à parte.

Art. 112. Em qualquer tempo poderá ser apreciado o valor probante da justificação, em original ou por traslado, pela autoridade judiciária competente ao conhecer de ações que se relacionem com os fatos justificados.

Art. 113. As questões de filiação legítima ou ilegítima serão decididas em processo contencioso para anulação ou reforma de assento.

Título III
Do registro civil de pessoas jurídicas

Capítulo I
DA ESCRITURAÇÃO

Art. 114. No Registro Civil de Pessoas Jurídicas serão inscritos:

I – os contratos, os atos constitutivos, o estatuto ou compromissos das sociedades civis, religiosas, pias, morais, científicas ou literárias, bem como o das fundações e das associações de utilidade pública;

→ *v.* Art. 45 do CC/2002.

II – as sociedades civis que revestirem as formas estabelecidas nas leis comerciais, salvo as anônimas;

III – os atos constitutivos e os estatutos dos partidos políticos.

→ Inciso III acrescentado pela Lei 9.096/1995.

Parágrafo único. No mesmo cartório será feito o registro dos jornais, periódicos, oficinas impressoras, empresas de radiodifusão e agências de notícias a que se refere o art. 8º da Lei 5.250, de 9/2/1967.

Art. 115. Não poderão ser registrados os atos constitutivos de pessoas jurídicas, quando o seu objeto ou circunstâncias relevantes indiquem destino ou atividades ilícitos ou contrários, nocivos ou perigosos ao bem público, à segurança do Estado e da coletividade, à ordem pública ou social, à moral e aos bons costumes.

Parágrafo único. Ocorrendo qualquer dos motivos previstos neste artigo, o oficial do registro, de ofício ou por provocação de qualquer autoridade, sobrestará no processo de registro e suscitará dúvida para o juiz, que a decidirá.

Art. 116. Haverá, para o fim previsto nos artigos anteriores, os seguintes livros:

I – Livro A, para os fins indicados nos números I e II, do art. 114, com 300 folhas;

II – Livro B, para matrícula das oficinas impressoras, jornais, periódicos, empresas de radiodifusão e agências de notícias, com 150 folhas.

Art. 117. Todos os exemplares de contratos, de atos, de estatuto e de publicações, registrados e arquivados, serão encadernados por períodos certos, acompanhados de índice que facilite a busca e o exame.

Art. 118. Os oficiais farão índices, pela ordem cronológica e alfabética, de todos os registros e arquivamentos, podendo adotar o sistema de fichas, mas ficando sempre responsáveis por qualquer erro ou omissão.

Art. 119. A existência legal das pessoas jurídicas só começa com o registro de seus atos constitutivos.

Parágrafo único. Quando o funcionamento da sociedade depender de aprovação da autoridade, sem esta não poderá ser feito o registro.

Capítulo II
DA PESSOA JURÍDICA

Art. 120. O registro das sociedades, fundações e partidos políticos consistirá na declaração, feita em livro, pelo oficial, do número de ordem, da data da apresentação e da espécie do ato constitutivo, com as seguintes indicações:

→ *Caput* com redação alterada pela Lei 9.096/1995.

→ *v.* Dec.-lei 9.085/1946 – Dispõe sobre o registro civil das pessoas jurídicas

I – a denominação, o fundo social, quando houver, os fins e a sede da associação ou fundação, bem como o tempo de sua duração;

II – o modo por que se administra e representa a sociedade, ativa e passivamente, judicial e extrajudicialmente;

III – se o estatuto, o contrato ou o compromisso é reformável, no tocante à administração, e de que modo;

IV – se os membros respondem ou não, subsidiariamente, pelas obrigações sociais;

V – as condições de extinção da pessoa jurídica e nesse caso o destino do seu patrimônio;

VI – os nomes dos fundadores ou instituidores e dos membros da diretoria, provisória ou definitiva, com indicação da nacionalidade, estado civil e profissão de cada um, bem como o nome e residência do apresentante dos exemplares.

Parágrafo único. Para o registro dos partidos políticos, serão obedecidos, além dos requisitos deste artigo, os estabelecidos em lei específica.

→ Parágrafo único acrescentado pela Lei 9.096/1995.

Art. 121. Para o registro serão apresentadas duas vias do estatuto, compromisso ou contrato, pelas quais far-se-á o registro mediante petição do representante legal da sociedade, lançando o oficial, nas duas vias, a competente certidão do registro, com o respectivo número de ordem, livro e folha. Uma das vias será entregue ao representante e a outra arquivada em cartório, rubricando o oficial as folhas em que estiver impresso o contrato, compromisso ou estatuto.

→ Artigo com redação alterada pela Lei 9.042/1995.

Capítulo III
DO REGISTRO DE JORNAIS, OFICINAS IMPRESSORAS, EMPRESAS DE RADIODIFUSÃO E AGÊNCIAS DE NOTÍCIAS

Art. 122. No Registro Civil das Pessoas Jurídicas serão matriculados:

I – os jornais e demais publicações periódicas;

II – as oficinas impressoras de qualquer natureza, pertencentes a pessoas naturais ou jurídicas;

III – as empresas de radiodifusão que mantenham serviços de notícias, reportagens, comentários, debates e entrevistas;

IV – as empresas que tenham por objeto o agenciamento de notícias.

Art. 123. O pedido de matrícula conterá as informações e será instruído com os documentos seguintes:

I – no caso de jornais ou outras publicações periódicas:

a) título do jornal ou periódico, sede da redação, administração e oficinas impressoras, esclarecendo, quanto a estas, se são próprias ou de terceiros, e indicando, neste caso, os respectivos proprietários;

b) nome, idade, residência e prova da nacionalidade do diretor ou redator-chefe;

c) nome, idade, residência e prova da nacionalidade do proprietário;

d) se propriedade de pessoa jurídica, exemplar do respectivo estatuto ou contrato social e nome, idade, residência e prova da nacionalidade dos diretores, gerentes e sócios da pessoa jurídica proprietária;

II – nos casos de oficinas impressoras:

a) nome, nacionalidade, idade e residência do gerente e do proprietário, se pessoa natural;

b) sede da administração, lugar, rua e número onde funcionam as oficinas e denominação destas;

c) exemplar do contrato ou estatuto social, se pertencentes a pessoa jurídica;

III – no caso de empresas de radiodifusão:

a) designação da emissora, sede de sua administração e local das instalações do estúdio;

b) nome, idade, residência e prova de nacionalidade do diretor ou redator-chefe responsável pelos serviços de notícias, reportagens, comentários, debates e entrevistas;

IV – no caso de empresas noticiosas:

a) nome, nacionalidade, idade e residência do gerente e do proprietário, se pessoa natural;

b) sede da administração;

c) exemplar do contrato ou estatuto social, se pessoa jurídica.

§ 1º As alterações em qualquer dessas declarações ou documentos deverão ser averbadas na matrícula, no prazo de 8 (oito) dias.

§ 2º A cada declaração a ser averbada deverá corresponder um requerimento.

Art. 124. A falta de matrícula das declarações, exigidas no artigo anterior, ou da averbação da alteração, será punida com multa que terá o valor de meio a dois salários mínimos da região.

§ 1º A sentença que impuser a multa fixará prazo, não inferior a 20 (vinte) dias, para matrícula ou alteração das declarações.

§ 2º A multa será aplicada pela autoridade judiciária em representação feita pelo oficial, e cobrada por processo executivo, mediante ação do órgão competente.

§ 3º Se a matrícula ou alteração não for efetivada no prazo referido no § 1º deste artigo, o juiz poderá impor nova multa, agravando-a de 50% (cinquenta por cento) toda vez que seja ultrapassado de 10 (dez) dias o prazo assinalado na sentença.

Art. 125. Considera-se clandestino o jornal, ou outra publicação periódica, não matriculado nos termos do artigo 122 ou de cuja matrícula não constem os nomes e as qualificações do diretor ou redator e do proprietário.

Art. 126. O processo de matrícula será o mesmo do registro prescrito no artigo 121.

Título IV
Do registro de títulos e documentos

Capítulo I
DAS ATRIBUIÇÕES

Art. 127. No Registro de Títulos e Documentos será feita a transcrição:

I – dos instrumentos particulares, para a prova das obrigações convencionais de qualquer valor;

→ v. Art. 221 do CC/2002.

II – do penhor comum sobre coisas móveis;

→ v. Arts. 1.431 e 1.432 do CC/2002.

III – da caução de títulos de crédito pessoal e da dívida pública federal, estadual ou municipal, ou de bolsa ao portador;

IV – do contrato de penhor de animais, não compreendido nas disposições do art. 10 da Lei 492, de 30/08/1934;

→ v. Art. 1.444 do CC/2002.

V – do contrato de parceria agrícola ou pecuária;

VI – do mandado judicial de renovação do contrato de arrendamento para sua vigência, quer entre as partes contratantes, quer em face de terceiros (art. 19, § 2º, do Decreto 24.150, de 20 de abril de 1934);

→ O mencionado Decreto foi revogado pela Lei 8.245/1991.

VII – facultativa, de quaisquer documentos, para sua conservação.

Parágrafo único. Caberá ao Registro de Títulos e Documentos a realização de quaisquer registros não atribuídos expressamente a outro ofício.

Art. 128. À margem dos respectivos registros, serão averbadas quaisquer ocorrências que os alterem, quer em relação às obrigações, quer em atinência às pessoas que nos atos figurarem, inclusive quanto à prorrogação dos prazos.

Art. 129. Estão sujeitos a registro, no Registro de Títulos e Documentos, para surtir efeitos em relação a terceiros:

1º) os contratos de locação de prédios, sem prejuízo do disposto no artigo 167, I, 3;

2º) os documentos decorrentes de depósitos, ou de cauções feitos em garantia de cumprimento de obrigações contratuais, ainda que em separado dos respectivos instrumentos;

3º) as cartas de fiança, em geral, feitas por instrumento particular, seja qual for a natureza do compromisso por elas abonado;

4º) os contratos de locação de serviços não atribuídos a outras repartições;

5º) os contratos de compra e venda em prestações, com reserva de domínio ou não, qualquer que seja a forma de que se revistam, os de alienação ou de promessas de venda referentes a bens móveis e os de alienação fiduciária;

6º) todos os documentos de procedência estrangeira, acompanhados das respectivas traduções, para produzirem efeitos em repartições da União, dos Estados, do Distrito Federal, dos Territórios e dos Municípios ou em qualquer instância, juízo ou tribunal;

7º) as quitações, recibos e contratos de compra e venda de automóveis, bem como o penhor destes, qualquer que seja a forma que revistam;

→ v. Súmula 132 do STJ.

8º) os atos administrativos expedidos para cumprimento de decisões judiciais, sem trânsito em julgado, pelas quais for determinada a entrega, pelas alfândegas e mesas de renda, de bens e mercadorias procedentes do exterior;

9º) os instrumentos de cessão de direitos e de créditos, de sub-rogação e de dação em pagamento.

Art. 130. Dentro do prazo de 20 (vinte) dias da data da sua assinatura pelas partes, todos os atos enumerados nos arts. 128 e 129 serão registrados no domicílio das partes contratantes e, quando residam estas em circunscrições territoriais diversas, far-se-á o registro em todas elas.

Parágrafo único. Os registros de documentos apresentados, depois de findo o prazo, produzirão efeitos a partir da data da apresentação.

Art. 131. Os registros referidos nos artigos anteriores serão feitos independentemente de prévia distribuição.

Capítulo II
DA ESCRITURAÇÃO

Art. 132. No Registro de Títulos e Documentos haverá os seguintes livros, todos com 300 folhas:

I – Livro A – protocolo para apontamentos de todos o títulos, documentos e papéis apresentados, diariamente, para serem registrados, ou averbados;

II – Livro B – para trasladação integral de títulos e documentos, sua conservação e validade contra terceiros, ainda que registrados por extratos em outros livros;

III – Livro C – para inscrição, por extração, de títulos e documentos, a fim de surtirem efeitos em relação a terceiros e autenticação de data;

IV – Livro D – indicador pessoal, substituível pelo sistema de fichas, a critério e sob a responsabilidade do oficial, o qual é obrigado a fornecer, com presteza, as certidões pedidas pelos nomes das partes que figurarem, por qualquer modo, nos livros de registros.

Art. 133. Na parte superior de cada página do livro se escreverá o título, a letra com o número e o ano em que começar.

Art. 134. O juiz, em caso de afluência de serviço, poderá autorizar o desdobramento dos livros de registro para escrituração das várias espécies de atos, sem prejuízo da unidade do protocolo e de sua numeração em ordem rigorosa.

Parágrafo único. Esses livros desdobrados terão as indicações de E, F, G, H etc.

Art. 135. O protocolo deverá conter colunas para as seguintes anotações:

1º) número de ordem, continuando, indefinidamente, nos seguintes;

2º) dia e mês;

3º) natureza do título e qualidade do lançamento (integral, resumido, penhor etc.);

4º) o nome do apresentante;

5º) anotações e averbações.

Parágrafo único. Em seguida ao registro, far-se-á, no protocolo, remissão ao número da página do livro em que foi ele lançado, mencionando-se, também, o número e a página de outros livros em que houver qualquer nota ou declaração concernente ao mesmo ato.

Art. 136. O livro de registro integral de títulos será escriturado nos termos do artigo 142, lançando-se, antes de cada registro, o número de ordem, a data do protocolo e o nome do apresentante, e conterá colunas para as seguintes declarações:

1º) número de ordem;

2º) dia e mês;

3º) transcrição;

4º) anotações e averbações.

Art. 137. O livro de registro, por extrato, conterá colunas para as seguintes declarações:

1º) número de ordem;

2º) dia e mês;

3º) espécie e resumo do título;

4º) anotações e averbações.

Art. 138. O indicador pessoal será dividido alfabeticamente para a indicação do nome de todas as pessoas que, ativa ou passivamente, individual ou coletivamente, figurarem nos livros de registro e deverá conter, além dos nomes das pessoas, referências aos números de ordem e páginas dos outros livros e anotações.

Art. 139. Se a mesma pessoa já estiver mencionada no indicador, somente se fará, na coluna das anotações, uma referência ao número de ordem, página e número do livro em que estiver lançado o novo registro ou averbação.

Art. 140. Se no mesmo registro ou averbação, figurar mais de uma pessoa, ativa ou passivamente, o nome de cada uma será lançado distintamente, no indicador, com referência recíproca na coluna das anotações.

Art. 141. Sem prejuízo do disposto no art. 161, ao oficial é facultado efetuar o registro por meio de microfilmagem, desde que, por lançamentos remissivos, com menção ao protocolo, ao nome dos contratantes, à data e à natureza dos documentos apresentados, sejam os microfilmes havidos como partes integrantes dos livros de registro, nos seus termos de abertura e encerramento.

Capítulo III
DA TRANSCRIÇÃO E DA AVERBAÇÃO

Art. 142. O registro integral dos documentos consistirá na trasladação dos mesmos, com a mesma ortografia e pontuação, com referência às entrelinhas ou quaisquer acréscimos, alterações, defeitos ou vícios que tiver o original apresentado, e, bem assim, com menção precisa aos seus característicos exteriores e às formalidades legais, podendo a transcrição dos documentos mercantis, quando levados a registro, ser feita na mesma disposição gráfica em que estiverem escritos, se o interessado assim o desejar.

§ 1º Feita a trasladação, na última linha, de maneira a não ficar espaço em branco, será conferida e realizado o seu encerramento, depois do que o oficial, seu substituto legal ou escrevente designado pelo oficial e autorizado pelo juiz competente, ainda que o primeiro não esteja afastado, assinará o seu nome por inteiro.

§ 2º Tratando-se de documento impresso, idêntico a outro já anteriormente registrado na íntegra, no mesmo livro, poderá o registro limitar-se a consignar o nome das partes contratantes, as características do objeto e demais dados constantes dos claros preenchidos, fazendo-se remissão, quanto ao mais, àquele já registrado.

Art. 143. O registro resumido consistirá na declaração da natureza do título, do documento ou papel, valor, prazo, lugar em que tenha sido feito, nome e condição jurídica das partes, nomes das testemunhas, data da assinatura e do reconhecimento de firma por tabelião, se houver, o nome deste, o do apresentante, o número de ordem e a data do protocolo, e da averbação, a importância e a qualidade do imposto pago, depois do que será datado e rubricado pelo oficial ou servidores referidos no artigo 142, § 1º.

Art. 144. O registro de contratos de penhor, caução e parceria será feito com declaração do nome, profissão e domicílio do credor e do devedor, valor da dívida, juros, penas, vencimento e especificações dos objetos apenhados, pessoa em poder de quem ficam, espécie do título, condições do contrato, data e número de ordem.

Parágrafo único. Nos contratos de parceria, serão considerados credor o parceiro proprietário e devedor, o parceiro cultivador ou criador.

Art. 145. Qualquer dos interessados poderá levar a registro os contratos de penhor ou caução.

Capítulo IV
DA ORDEM DO SERVIÇO

Art. 146. Apresentado o título ou documento para registro ou averbação, serão anotados, no protocolo, a data de sua apresentação, sob o número de ordem que se seguir imediatamente, a natureza do instrumento, a espécie de lançamento a fazer (registro integral ou resumido, ou averbação), o nome do apresentante, reproduzindo-se as declarações relativas ao número de ordem, à data, e à espécie de lançamento a fazer no corpo do título, do documento ou do papel.

Art. 147. Protocolizado o título ou documento, far-se-á, em seguida, no livro respectivo, o lançamento (registro integral ou resumido, ou averbação) e, concluído este, declarar-se-á no corpo do título, documento ou papel, o número de ordem e a data do procedimento no livro competente, rubricando o oficial ou os servidores referidos no art. 142, § 1º, esta declaração e as demais folhas do título, do documento ou do papel.

Art. 148. Os títulos, documentos e papéis escritos em língua estrangeira, uma vez adotados os caracteres comuns, poderão ser registrados no original, para o efeito da sua conservação ou perpetuidade. Para produzirem efeitos legais no País e para valerem contra terceiros, deverão, entretanto, ser vertidos em vernáculo e registrada a tradução, o que, também, se observará em relação às procurações lavradas em língua estrangeira.

Parágrafo único. Para o registro resumido, os títulos, documentos ou papéis em língua estrangeira, deverão ser sempre traduzidos.

Art. 149. Depois de concluídos os lançamentos nos livros respectivos, será feita, nas anotações do protocolo, referência ao número de ordem sob o qual tiver sido feito o registro, ou a averbação, no livro respectivo, datando e rubricando, em seguida, o oficial ou os servidores referidos no art. 142, § 1º.

Art. 150. O apontamento do título, documento ou papel no protocolo será feito, seguida e imediatamente um depois do outro. Sem prejuízo da numeração individual de cada documento, se a mesma pessoa apresentar simultaneamente diversos documentos de idêntica natureza, para lançamento da mesma espécie, serão eles lançados no protocolo englobadamente.

Parágrafo único. Onde terminar cada apontamento, será traçada uma linha horizontal, separando-o do seguinte, sendo lavrado, no fim do expediente diário, o termo de encerramento do próprio punho do oficial por este datado e assinado.

Art. 151. O lançamento dos registros e das averbações nos livros respectivos será feito, também seguidamente, na ordem de prioridade do seu apontamento no protocolo, quando não for obstado por ordem de autoridade judiciária competente, ou por dúvida superveniente; neste caso, seguir-se-ão os registros ou averbações dos imediatos, sem prejuízo da data autenticada pelo competente apontamento.

Art. 152. Cada registro ou averbação será datado e assinado por inteiro, pelo oficial ou pelos servidores referidos no artigo 142, § 1º, separados, um do outro, por uma linha horizontal.

Art. 153. Os títulos terão sempre um número diferente, segundo a ordem de apresentação, ainda que se refiram à mesma pessoa. O registro e a averbação deverão ser imediatos e, quando não o puderem ser, por acúmulo de serviço, o lançamento será feito no prazo estritamente necessário, e sem prejuízo da ordem da prenotação. Em qualquer desses casos, o oficial, depois de haver dado entrada no protocolo e lançado no corpo do título as declarações prescritas, fornecerá um recibo contendo a declaração da data da apresentação, o número de ordem desta no protocolo e a indicação do dia em que deverá ser entregue, devidamente legalizado; o recibo será restituído pelo apresentante contra a devolução do documento.

Art. 154. Nos termos de encerramento diário do protocolo, lavrados ao findar a hora regulamentar, deverão ser mencionados, pelos respectivos números, os títulos apresentados cujos registros ficarem adiados, com a declaração dos motivos do adiamento.

Parágrafo único. Ainda que o expediente continue para ultimação do serviço, nenhuma nova apresentação será admitida depois da hora regulamentar.

Art. 155. Quando o título, já registrado por extrato, for levado a registro integral, ou for exigido simultaneamente pelo apresentante o duplo registro, mencionar-se-á essa circunstância no lançamento posterior e, nas anotações do protocolo, far-se-ão referências recíprocas para verificação das diversas espécies de lançamento do mesmo título.

Art. 156. O oficial deverá recusar registro a título e a documento que não se revistam das formalidades legais.

Parágrafo único. Se tiver suspeita de falsificação, poderá o oficial sobrestar no registro, depois de protocolado o documento, até notificar o apresentante dessa circunstância; se este insistir, o registro será feito com essa nota, podendo o oficial, entretanto, submeter a dúvida ao juiz competente, ou notificar o signatário para assistir ao registro, mencionando também as alegações pelo último aduzidas.

Art. 157. O oficial, salvo quando agir de má-fé, devidamente comprovada, não será responsável pelos danos decorrentes da anulação do registro, ou da averbação, por vício intrínseco ou extrínseco do documento, título ou papel, mas, tão somente, pelos erros ou vícios no processo de registro.

Art. 158. As procurações deverão trazer reconhecidas as firmas dos outorgantes.

Art. 159. As folhas do título, documento ou papel que tiver sido registrado e as das certidões serão rubricadas pelo oficial, antes de entregues aos apresentantes. As declarações no protocolo, bem como as dos registros e das averbações lançadas no título, documento ou papel e as respectivas datas poderão ser apostas por carimbo, sendo, porém, para autenticação, de próprio punho do oficial, ou de quem suas vezes fizer, a assinatura ou a rubrica.

Art. 160. O oficial será obrigado, quando o apresentante o requerer, a notificar do registro ou da averbação os demais interessados que figurarem no título, documento, o papel apresentado, e a quaisquer terceiros que lhes sejam indicados, podendo requisitar dos oficiais de registro em outros Municípios, as notificações necessárias. Por esse processo, também, poderão ser feitos avisos, denúncias e notificações, quando não for exigida a intervenção judicial.

§ 1º Os certificados de notificação ou da entrega de registros serão lavrados nas colunas das anotações, no livro competente, à margem dos respectivos registros.

§ 2º O serviço das notificações e demais diligências poderá ser realizado por escreventes designados pelo oficial e autorizados pelo juiz competente.

Art. 161. As certidões do registro integral de títulos terão o mesmo valor probante dos originais, ressalvado o incidente de falsidade destes, oportunamente levantado em juízo.

§ 1º O apresentante do título para registro integral poderá também deixá-lo arquivado em cartório ou a sua fotocópia, autenticada pelo oficial, circunstâncias que serão declaradas no registro e nas certidões.

§ 2º Quando houver acúmulo de trabalho, um dos suboficiais poderá ser autorizado pelo juiz, a pedido do oficial e sob sua responsabilidade, a lavrar e subscrever certidão.

Art. 162. O fato da apresentação de um título, documento ou papel, para registro ou averbação, não constituirá, para o apresentante, direito sobre o mesmo, desde que não seja o próprio interessado.

Art. 163. Os tabeliães e escrivão, nos atos que praticarem, farão sempre referência ao livro e à folha do registro de títulos e documentos em que tenham sido trasladados os mandatos de origem estrangeira, a que tenham de reportar-se.

Capítulo V
DO CANCELAMENTO

Art. 164. O cancelamento poderá ser feito em virtude de sentença ou de documento autêntico de quitação ou de exoneração do título registrado.

Art. 165. Apresentado qualquer dos documentos referidos no artigo anterior, o oficial certificará, na coluna das averbações do livro respectivo, o cancelamento e a razão dele, mencionando-se o documento que o autorizou, datando e assinando a certidão, de tudo fazendo referência nas anotações do protocolo.

Parágrafo único. Quando não for suficiente o espaço da coluna das averbações, será feito novo registro, com referências recíprocas, na coluna própria.

Art. 166. Os requerimentos de cancelamento serão arquivados com os documentos que os instruírem.

Título V
Do registro de imóveis
Capítulo I
DAS ATRIBUIÇÕES

Art. 167. No Registro de Imóveis, além da matrícula, serão feitos:

→ v. Art. 366 do CPC/1973.

→ v. Art. 406 do NCPC.

I – o registro:

1) da instituição de bem de família;

→ v. Arts. 1.711 a 1.722 do CC/2002.

→ v. Lei 8.009/1990 – Dispõe sobre a impenhorabilidade do bem de família.

2) das hipotecas legais, judiciais e convencionais;

→ v. Art. 1.136 do CPC/1973.

3) dos contratos de locação de prédios, nos quais tenha sido consignada cláusula de vigência no caso de alienação da coisa locada;

→ v. Art. 576 do CC/2002.

→ v. Art. 8º da Lei 8.245/1991.

4) do penhor de máquinas e de aparelhos utilizados na indústria, instalados e em funcionamento, com os respectivos pertences ou sem eles;

5) das penhoras, arrestos e sequestro de imóveis;

6) das servidões em geral;

→ v. Arts. 1.378 a 1.389 do CC/2002.

7) do usufruto e do uso sobre imóveis e da habitação, quando não resultarem do direito de família;

→ v. Arts. 1.390 a 1.416 do CC/2002.

8) das rendas constituídas sobre imóveis ou a eles vinculadas por disposição de última vontade;

→ v. Arts. 803 a 813 do CC/2002.

9) dos contratos de compromisso de compra e venda de cessão deste e de promessa de cessão, com ou sem cláusula de arrependimento, que tenham por objeto imóveis não loteados e cujo preço tenha sido pago no ato de sua celebração, ou deva sê-lo a prazo, de uma só vez ou em prestações;

→ v. Arts. 1.417 e 1.418 do CC/2002.

10) da enfiteuse;

11) da anticrese;

→ v. Arts. 1.506 a 1.510 do CC/2002.

12) das convenções antenupciais;

13) das cédulas de crédito rural;

14) das cédulas de crédito, industrial;

15) dos contratos de penhor rural;

16) dos empréstimos por obrigações ao portador ou debêntures, inclusive as conversíveis em ações;

17) das incorporações, instituições e convenções de condomínio;

→ v. Arts. 1.331 a 1.358 do CC/2002.

→ v. Arts. 9º, 32 e 33 Lei 4.591/1964.

18) dos contratos de promessa de venda, cessão ou promessa de cessão de unidades autônomas condominiais a que alude a Lei 4.591, de 16 de dezembro de 1964, quando a incorporação ou a instituição de condomínio se formalizar na vigência desta Lei;

19) dos loteamentos urbanos e rurais;

→ v. Lei 6.766/1979 – Dispõe sobre o Parcelamento do Solo Urbano e dá outras Providências.

20) dos contratos de promessa de compra e venda de terrenos loteados em conformidade com o Decreto-lei 58, de 10 de dezembro de 1937, e respectiva cessão e promessa de cessão, quando o loteamento se formalizar na vigência desta Lei;

→ v. Arts. 1.417 e 1.418 do CC/2002.

21) das citações de ações reais ou pessoais reipersecutórias, relativas a imóveis;

22) *(Revogado pela Lei 6.850/1980)*;

23) dos julgados e atos jurídicos entre vivos que dividirem imóveis ou os demarcarem inclusive nos casos de incorporação que resultarem em constituição de condomínio e atribuírem uma ou mais unidades aos incorporadores;

24) das sentenças que nos inventários, arrolamentos e partilhas, adjudicarem bens de raiz em pagamento das dívidas da herança;

→ v. Arts. 962 a 1.045 do CPC/1973.

→ v. Arts. 583 a 598, 610 a 647, 649, 652 a 664, 666 a 673, do NCPC.

25) dos atos de entrega de legados de imóveis, dos formais de partilha e das sentenças de adjudicação em inventário ou arrolamento quando não houver partilha;

→ v. Art. 1.027 do CPC/1973.

→ v. Art. 655 do NCPC.

26) da arrematação e da adjudicação em hasta pública;

→ v. Arts. 686 a 707 do CPC/1973.

→ v. Arts. 881, 882, 884, 886, 887, §§ 3º a 6º, 888, 889, V, 890, 891, 894, 895, §§ 1º e 2º, 896 a 898, 900 e 903, do NCPC.

27) do dote;

28) das sentenças declaratórias de usucapião;

→ Item 28 com redação alterada pela MP 2.220/2001.

→ v. Art. 945 do CPC/1973.

29) da compra e venda pura e da condicional;

30) da permuta;

31) da dação em pagamento;

→ v. Arts. 356 a 359 do CC/2002.

32) da transferência, de imóvel a sociedade, quando integrar quota social;

33) da doação entre vivos;

34) da desapropriação amigável e das sentenças que, em processo de desapropriação, fixarem o valor da indenização;

35) da alienação fiduciária em garantia de coisa imóvel;

→ Item 35 acrescentado pela Lei 9.514/1997.

36) da imissão provisória na posse, quando concedida à União, aos Estados, ao Distrito Federal, aos Municípios ou às suas entidades delegadas, e respectiva cessão e promessa de cessão;

→ Item 36 com redação alterada pela Lei 12.424/2011.

37) dos termos administrativos ou das sentenças declaratórias da concessão de uso especial para fins de moradia;

→ Item 37 com redação alterada pela MP 2.220/2001.

38) *(Vetado).*

→ Item 38 acrescentado pela Lei 10.257/2001.

39) da constituição do direito de superfície de imóvel urbano;

→ Item 39 acrescentado pela Lei 10.257/2001.

40) do contrato de concessão de direito real de uso de imóvel público;

→ Item 40 acrescentado pela MP 2.220/2001.

41) da legitimação de posse;

→ Item 41 acrescentado pela Lei 11.977/2009.

42) da conversão da legitimação de posse em propriedade, prevista no art. 60 da Lei 11.977, de 7 de julho de 2009;

→ Item 42 acrescentado pela Lei 12.424/2011.

II – a averbação:

1) das convenções antenupciais e do regime de bens diversos do legal, nos registros referentes a imóveis ou a direitos reais pertencentes a qualquer dos cônjuges, inclusive os adquiridos posteriormente ao casamento;

→ v. Arts. 979, 1.536, VII, 1.640, parágrafo único, e 1.653 a 1.657, do CC/2002.

2) por cancelamento, da extinção dos ônus e direitos reais;

3) dos contratos de promessa de compra e venda, das cessões e das promessas de cessão a que alude o Decreto-lei 58, de 10 de dezembro de 1937, quando o loteamento se tiver formalizado anteriormente à vigência desta Lei;

4) da mudança de denominação e de numeração dos prédios, da edificação, da reconstrução, da demolição, do desmembramento e do loteamento de imóveis;

5) da alteração do nome por casamento ou por desquite, ou, ainda, de outras circunstâncias que, de qualquer modo, tenham influência no registro ou nas pessoas nele interessadas;

→ *v.* Arts. 17 e 18 da Lei 6.515/1977.

6) dos atos pertinentes a unidades autônomas condominiais a que alude a Lei 4.591, de 16 de dezembro de 1964, quando a incorporação tiver sido formalizada anteriormente à vigência desta Lei;

7) das cédulas hipotecárias;

8) da caução e da cessão fiduciária de direitos relativos a imóveis;

9) das sentenças de separação de dote;

10) do restabelecimento da sociedade conjugal;

11) das cláusulas de inalienabilidade, impenhorabilidade e incomunicabilidade impostas a imóveis, bem como da constituição de fideicomisso;

12) das decisões, recursos e seus efeitos, que tenham por objeto atos ou títulos registrados ou averbados;

13) *ex officio*, dos nomes dos logradouros, decretados pelo poder público;

14) das sentenças de separação judicial, de divórcio e de nulidade ou anulação de casamento, quando nas respectivas partilhas existirem imóveis ou direitos reais sujeitos a registro;

→ Item 14 acrescentado pela Lei 6.850/1980.

15) da rerratificação do contrato de mútuo com pacto adjeto de hipoteca em favor de entidade integrante do Sistema Financeiro da Habitação, ainda que importando elevação da dívida, desde que mantidas as mesmas partes e que inexista outra hipoteca registrada em favor de terceiros;

→ Item 15 acrescentado pela Lei 6.941/1981.

16) do contrato de locação, para os fins de exercício de direito de preferência;

→ Item 16 acrescentado pela Lei 8.245/1991.

17) do Termo de Securitização de créditos imobiliários, quando submetidos a regime fiduciário;

→ Item 17 acrescentado pela Lei 9.514/1997.

18) da notificação para parcelamento, edificação ou utilização compulsórios de imóvel urbano;

→ Item 18 acrescentado pela Lei 10.257/2001.

19) da extinção da concessão de uso especial para fins de moradia;

→ Item 19 acrescentado pela Lei 10.257/2001.

20) da extinção do direito de superfície do imóvel urbano;

→ Item 20 acrescentado pela Lei 10.257/2001.

21) da cessão de crédito imobiliário.

→ Item 21 acrescentado pela Lei 10.931/2004.

22) da reserva legal;

→ Item 22 acrescentado pela Lei 11.284/2006.

23) da servidão ambiental.

→ Item 23 acrescentado pela Lei 11.284/2006.

24) do destaque de imóvel de gleba pública originária.

→ Item 24 acrescentado pela Lei 11.952/2009.

25) *(A Lei 11.952/2009, conversão da MP 458/2009, nada dispôs sobre este item).*

26) do auto de demarcação urbanística.

→ Item 26 acrescentado pela Lei 11.977/2009.

27) da extinção da legitimação de posse;

→ Item 27 acrescentado pela Lei 12.424/2011.

28) da extinção da concessão de uso especial para fins de moradia;

→ Item 28 acrescentado pela Lei 12.424/2011.

29) da extinção da concessão de direito real de uso.

→ Item 29 acrescentado pela Lei 12.424/2011.

30) da sub-rogação de dívida, da respectiva garantia fiduciária ou hipotecária e da alteração das condições contratuais, em nome do credor que venha a assumir tal condição na forma do disposto pelo art. 31 da Lei 9.514, de 20 de novembro de 1997, ou do art. 347 da Lei 10.406, de 10 de janeiro de 2002 – Código Civil, realizada em ato único, a requerimento do interessado instruído com documento comprobatório firmado pelo credor original e pelo mutuário.

→ Item 30 alterado pela Lei 12.810/2013.

Art. 168. Na designação genérica de registro, consideram-se englobadas a inscrição e a transcrição a que se referem as leis civis.

Art. 169. Todos os atos enumerados no art. 167 são obrigatórios e efetuar-se-ão no cartório da situação do imóvel, salvo:

I – as averbações, que serão efetuadas na matrícula ou à margem do registro a que se referirem, ainda que o imóvel tenha passado a pertencer a outra circunscrição;

II – os registros relativos a imóveis situados em comarcas ou circunscrições limítrofes, que serão feitos em todas elas, devendo os Registros de Imóveis fazer constar dos registros tal ocorrência;

→ Inciso II com redação alterada pela Lei 10.267/2001.

III – o registro previsto no n. 3 do inciso I do art. 167, e a averbação prevista no n. 16 do inciso II do art. 167 serão efetuados no cartório onde o imóvel esteja matriculado mediante apresentação de qualquer das vias do contrato, assinado pelas partes e subscrito por duas testemunhas, bastando a coincidência entre o nome de um dos proprietários e o locador.

→ Inciso III acrescentado pela Lei 8.245/1991.

Art. 170. O desmembramento territorial posterior ao registro não exige sua repetição no novo cartório.

Art. 171. Os atos relativos, a vias férreas serão registrados no cartório correspondente à estação inicial da respectiva linha.

Capítulo II
DA ESCRITURAÇÃO

Art. 172. No Registro de Imóveis serão feitos, nos termos desta Lei, o registro e a averbação dos títulos ou atos constitutivos, declaratórios, translativos e extintivos de direitos reais sobre imóveis reconhecidos em lei, *inter vivos* ou *mortis causa*, quer para sua constituição, transferência e extinção, quer para sua validade em relação a terceiros, quer para a sua disponibilidade.

Art. 173. Haverá, no Registro de Imóveis, os seguintes livros:

I – Livro n. 1 – Protocolo;

II – Livro n. 2 – Registro Geral;

III – Livro n. 3 – Registro Auxiliar;

IV – Livro n. 4 – Indicador Real;

V – Livro n. 5 – Indicador Pessoal.

Parágrafo único. Observado o disposto no § 2º do art. 3º, desta Lei, os Livros ns. 2, 3, 4 e 5 poderão ser substituídos por fichas.

Art. 174. O Livro n. 1 – Protocolo – servirá para apontamento de todos os títulos apresentados diariamente, ressalvado o disposto no parágrafo único do art. 12 desta Lei.

Art. 175. São requisitos da escrituração do Livro n. 1 – Protocolo:

I – o número de ordem, que seguirá indefinidamente nos livros da mesma espécie;

II – a data da apresentação;

III – o nome do apresentante;

IV – a natureza formal do título;

V – os atos que formalizar, resumidamente mencionados.

Art. 176. O Livro n. 2 – Registro Geral – será destinado, à matrícula dos imóveis e ao registro ou averbação dos atos relacionados no art. 167 e não atribuídos ao Livro n. 3.

§ 1º A escrituração do Livro nº 2 obedecerá às seguintes normas:

→ Anterior parágrafo único renumerado para § 1º pela Lei 6.688/1979.

I – cada imóvel terá matrícula própria, que será aberta por ocasião do primeiro registro a ser feito na vigência desta Lei;

II – são requisitos da matrícula:

1) o número de ordem, que seguirá ao infinito;

2) a data;

3) a identificação do imóvel, que será feita com indicação:

→ Item 3 com redação alterada pela Lei 10.267/2001.

a) se rural, do código do imóvel, dos dados constantes do CCIR, da denominação e de suas características, confrontações, localização e área;

b) se urbano, de suas características e confrontações, localização, área, logradouro, número e de sua designação cadastral, se houver.

4) o nome, domicílio e nacionalidade do proprietário, bem como:

a) tratando-se de pessoa física, o estado civil, a profissão, o número de inscrição no Cadastro de Pessoas Físicas do Ministério da Fazenda ou do Registro Geral da cédula de identidade, ou à falta deste, sua filiação;

b) tratando-se de pessoa jurídica, a sede social e o número de inscrição no Cadastro Geral de Contribuintes do Ministério da Fazenda;

5) o número do registro anterior.

III – são requisitos do registro no Livro n. 2:

1) a data;

2) o nome, domicílio e nacionalidade do transmitente, ou do devedor, e do adquirente, ou credor, bem como:

a) tratando-se de pessoa física, o estado civil, a profissão e o número de inscrição no Cadastro de Pessoas Físicas do Ministério da Fazenda ou do Registro Geral da cédula de identidade, ou, à falta deste, sua filiação;

b) tratando-se de pessoa jurídica, a sede social e o número de inscrição no Cadastro Geral de Contribuintes do Ministério da Fazenda;

3) o título da transmissão ou do ônus;

4) a forma do título, sua procedência e caracterização;

5) o valor do contrato, da coisa ou da dívida, prazo desta, condições e mais especificações, inclusive os juros, se houver.

§ 2º Para a matrícula e registro das escrituras e partilhas, lavradas ou homologadas na vigência do Decreto 4.857, de 9 de novembro de 1939, não serão observadas as exigências deste artigo, devendo tais atos obedecer ao disposto na legislação anterior.

→ § 2º acrescentado pela Lei 6.688/1979.

§ 3º Nos casos de desmembramento, parcelamento ou remembramento de imóveis rurais, a identificação prevista na alínea *a* do item 3 do inciso II do § 1º será obtida a partir de memorial descritivo, assinado por profissional habilitado e com a devida Anotação de Responsabilidade Técnica – ART, contendo as coordenadas dos vértices definidores dos limites dos imóveis rurais, georreferenciadas ao Sistema Geodésico Brasileiro e com precisão posicional a ser fixada pelo Incra, garantida a isenção de custos financeiros aos proprietários de imóveis rurais cuja somatória da área não exceda a quatro módulos fiscais.

→ § 3º acrescentado pela Lei 10.267/2001.

§ 4º A identificação de que trata o § 3º tornar-se-á obrigatória para efetivação de registro, em qualquer situação de transferência de imóvel rural, nos prazos fixados por ato do Poder Executivo.

→ § 4º acrescentado pela Lei 10.267/2001.

§ 5º Nas hipóteses do § 3º, caberá ao Incra certificar que a poligonal objeto do memorial descritivo não se sobrepõe a nenhuma outra constante de seu cadastro georreferenciado e que o memorial atende às exigências técnicas, conforme ato normativo próprio.

→ § 5º acrescentado pela Lei 11.952/2009.

§ 6º A certificação do memorial descritivo de glebas públicas será referente apenas ao seu perímetro originário.

→ § 6º acrescentado pela Lei 11.952/2009.

§ 7º Não se exigirá, por ocasião da efetivação do registro do imóvel destacado de glebas públicas, a retificação do memorial descritivo da área remanescente, que somente ocorrerá a cada 3 (três) anos, contados a partir do primeiro destaque, englobando todos os destaques realizados no período.

→ § 7º acrescentado pela Lei 11.952/2009.

§ 8º O ente público proprietário ou imitido na posse a partir de decisão proferida em processo judicial de desapropriação em curso poderá requerer a abertura de matrícula de parte de imóvel situado em área urbana ou de expansão urbana, previamente matriculado ou não, com base em planta e memorial descritivo, podendo a apuração de remanescente ocorrer em momento posterior.

→ § 8º acrescentado pela Lei 12.424/2011.

Art. 176-A. O registro de aquisição originária ensejará a abertura de matrícula relativa ao imóvel adquirido se não houver ou quando:

→ Artigo acrescentado pela Lei MP 700/2015.

I – atingir parte de imóvel objeto de registro anterior; ou

II - atingir, total ou parcialmente, mais de um imóvel objeto de registro anterior.

§ 1º A matrícula será aberta com base em planta e memorial descritivo do imóvel utilizados na instrução do procedimento administrativo ou judicial que ensejou a aquisição.

§ 2º As matrículas atingidas deverão, conforme o caso, ser encerradas ou receber averbação dos respectivos desfalques, dispensada, para este fim, a retificação do memorial descritivo da área remanescente.

§ 3º Eventuais divergências entre a descrição do imóvel constante do registro e aquela apresentada pelo requerente não obstarão o registro.

§ 4º Se a área adquirida em caráter originário for maior do que a constante do registro existente, a informação sobre a diferença apurada será averbada na matrícula aberta.

Art. 176-B. O disposto no art. 176-A aplica-se, sem prejuízo de outros, ao registro:

→ Artigo acrescentado pela Lei MP 700/2015.

I – de ato de imissão provisória na posse, em procedimento de desapropriação;

II – de carta de adjudicação em procedimento judicial de desapropriação;

III – de escritura pública, termo ou contrato administrativo em procedimento extrajudicial de desapropriação;

IV – de aquisição de área por usucapião ou por concessão de uso especial para fins de moradia; e

V – de sentença judicial de aquisição de imóvel em procedimento expropriatório de que tratam os § 4º e § 5º do art. 1.228 da Lei 10.406, de 10 de janeiro de 2002 – Código Civil.

Art. 177. O Livro n. 3 – Registro Auxiliar – será destinado ao registro dos atos que, sendo atribuídos ao Registro de Imóveis por disposição legal, não digam respeito diretamente a imóvel matriculado.

Art. 178. Registrar-se-ão no Livro n. 3 – Registro Auxiliar:

I – a emissão de debêntures, sem prejuízo do registro eventual e definitivo, na matrícula do imóvel, da hipoteca, anticrese ou penhor que abonarem especialmente tais emissões, firmando-se pela ordem do registro a prioridade entre as séries de obrigações emitidas pela sociedade;

II – as cédulas de crédito rural e de crédito industrial, sem prejuízo do registro da hipoteca cedular;

III – as convenções de condomínio;

IV – o penhor de máquinas e de aparelhos utilizados na indústria, instalados e em funcionamento, com os respectivos pertences ou sem eles;

V – as convenções antenupciais;

VI – os contratos de penhor rural;

VII – os títulos que, a requerimento do interessado, forem registrados no seu inteiro teor, sem prejuízo do ato, praticado no Livro n. 2.

Art. 179. O Livro n. 4 – Indicador Real – será o repositório de todos os imóveis que figurarem nos demais livros, devendo conter sua identificação, referência aos números de ordem dos outros livros e anotações necessárias.

§ 1º Se não for utilizado o sistema de fichas, o Livro n. 4 conterá, ainda, o número de ordem, que seguirá indefinidamente, nos livros da mesma espécie.

§ 2º Adotado o sistema previsto no parágrafo precedente, os oficiais deverão ter, para auxiliar a consulta, um livro-índice ou fichas pelas ruas, quando se tratar de imóveis urbanos, e pelos nomes e situações, quando rurais.

Art. 180. O Livro n. 5 – Indicador Pessoal – dividido alfabeticamente, será o repositório dos nomes de todas as pessoas que, individual ou coletivamente, ativa ou passivamente, direta ou indiretamente, figurarem nos demais livros, fazendo-se referência aos respectivos números de ordem.

Parágrafo único. Se não for utilizado o sistema de fichas, o Livro n. 5 conterá, ainda, o número de ordem de cada letra do alfabeto, que seguirá indefinidamente, nos livros da mesma espécie. Os oficiais poderão adotar, para auxiliar as buscas, um livro-índice ou fichas em ordem alfabética.

Art. 181. Poderão ser abertos e escriturados, concomitantemente, até 10 (dez) livros de "Registro Geral", obedecendo, neste caso, a sua escrituração ao algarismo final da matrícula, sendo as matrículas de número final 1 (um) feitas no Livro 2-1, as de final 2 (dois) no Livro 2-2 e as de final 3 (três) no Livro 2-3, e assim, sucessivamente.

Parágrafo único. Também poderão ser desdobrados, a critério do oficial, os Livros ns. 3 "Registro Auxiliar", 4 "Indicador Real" e 5 "Indicador Pessoal".

Capítulo III
DO PROCESSO DO REGISTRO

Art. 182. Todos os títulos tomarão, no Protocolo, o número de ordem que lhes competir em razão da sequência rigorosa de sua apresentação.

Art. 183. Reproduzir-se-á, em cada título, o número de ordem respectivo e a data de sua prenotação.

Art. 184. O Protocolo será encerrado diariamente.

Art. 185. A escrituração do Protocolo incumbirá tanto ao oficial titular como ao seu substituto legal, podendo, ser feita, ainda, por escrevente auxiliar expressamente designado pelo oficial titular ou pelo seu substituto legal mediante autorização do juiz competente, ainda que os primeiros não estejam nem afastados nem impedidos.

Art. 186. O número de ordem determinará a prioridade do título, e esta a preferência dos direitos reais, ainda que apresentados pela mesma pessoa mais de um título simultaneamente.

Art. 187. Em caso de permuta, e pertencendo os imóveis à mesma circunscrição, serão feitos os registros nas matrículas correspondentes, sob um único número de ordem no Protocolo.

Art. 188. Protocolizado o título, proceder-se-á ao registro, dentro do prazo de 30 (trinta) dias, salvo nos casos previstos nos artigos seguintes.

Art. 189. Apresentado título de segunda hipoteca, com referência expressa à existência de outra anterior, o oficial, depois de prenotá-lo, aguardará durante 30 (trinta) dias que os interessados na primeira promovam a inscrição. Esgotado esse prazo, que correrá da data da prenotação, sem que seja apresentado o título anterior, o segundo será inscrito e obterá preferência sobre aquele.

Art. 190. Não serão registrados, no mesmo dia, títulos pelos quais se constituam direitos reais contraditórios sobre o mesmo imóvel.

Art. 191. Prevalecerão, para efeito de prioridade de registro, quando apresentados no mesmo dia, os títulos prenotados no Protocolo sob número de ordem mais baixo, protelando-se o registro dos apresentados posteriormente, pelo prazo correspondente a, pelo menos, 1 (um) dia útil.

Art. 192. O disposto nos arts. 190 e 191 não se aplica às escrituras públicas, da mesma data e apresentadas no mesmo dia, que determinem, taxativamente, a hora da sua lavratura, prevalecendo, para efeito de prioridade, a que foi lavrada em primeiro lugar.

Art. 193. O registro será feito pela simples exibição do título, sem dependência de extratos.

Art. 194. O título de natureza particular apresentado em uma só via será arquivado em cartório, fornecendo o oficial, a pedido, certidão do mesmo.

Art. 195. Se o imóvel não estiver matriculado ou registrado em nome do outorgante, o oficial exigirá a prévia matrícula e o registro do título anterior, qualquer que seja a sua natureza, para manter a continuidade do registro.

Art. 195-A. O Município poderá solicitar ao registro de imóveis competente a abertura de matrícula de parte ou da totalidade de imóveis públicos oriundos de parcelamento do solo urbano, ainda que não inscrito ou registrado, por meio de requerimento acompanhado dos seguintes documentos:

→ Artigo acrescentado pela Lei 12.424/2011.

I – planta e memorial descritivo do imóvel público a ser matriculado, dos quais constem a sua descrição, com medidas perimetrais, área total, localização, confrontantes e coordenadas preferencialmente georreferenciadas dos vértices definidores de seus limites;

II – comprovação de intimação dos confrontantes para que informem, no prazo de 15 (quinze) dias, se os limites definidos na planta e no memorial descritivo do imóvel público a ser matriculado se sobrepõem às suas respectivas áreas, se for o caso;

III – as respostas à intimação prevista no inciso II, quando houver; e

IV – planta de parcelamento assinada pelo loteador ou aprovada pela prefeitura, acompanhada de declaração de que o parcelamento se encontra implantado, na hipótese deste não ter sido inscrito ou registrado.

§ 1º Apresentados pelo Município os documentos relacionados no *caput*, o registro de imóveis deverá proceder ao registro dos imóveis públicos decorrentes do parcelamento do solo urbano na matrícula ou transcrição da gleba objeto de parcelamento.

§ 2º Na abertura de matrícula de imóvel público oriundo de parcelamento do solo urbano, havendo divergência nas medidas perimetrais de que resulte, ou não, alteração de área, a situação de fato implantada do bem deverá prevalecer sobre a situação constante do registro ou da planta de parcelamento, respeitados os limites dos particulares lindeiros.

§ 3º Não será exigido, para transferência de domínio, formalização da doação de áreas públicas pelo loteador nos casos de parcelamentos urbanos realizados na vigência do Decreto-Lei 58, de 10 de dezembro de 1937.

§ 4º Recebido o requerimento e verificado o atendimento aos requisitos previstos neste artigo, o oficial do registro de imóveis abrirá a matrícula em nome do Município.

§ 5º A abertura de matrícula de que trata o *caput* independe do regime jurídico do bem público.

Art. 195-B. A União, os Estados, o Distrito Federal e os Municípios poderão solicitar ao registro de imóveis competente a abertura de matrícula de parte ou da totalidade de imóveis urbanos sem registro anterior, cujo domínio lhe tenha sido assegurado pela legislação, por meio de requerimento acompanhado dos documentos previstos nos incisos I, II e III do *caput* do art. 195-A.

→ *Caput* com redação alterada pela MP 700/2015.

§ 1º Recebido o requerimento na forma prevista no *caput*, o oficial de registro de imóveis abrirá a matrícula em nome do requerente, observado o disposto no § 5º do art. 195-A.

→ § 1º acrescentado pela Lei 12.424/2011.

§ 2º Sem prejuízo da possibilidade de requerer a abertura de matrícula para seus bens, nos termos do caput, o Município poderá, em acordo com o Estado, requerer, em nome deste, a abertura de matrícula de imóveis urbanos estaduais situados nos limites do respectivo território municipal no registro de imóveis competente.

→ § 2º com redação alterada pela MP 700/2015.

Art. 196. A matrícula será feita à vista dos elementos constantes do título apresentado e do registro anterior que constar do próprio cartório.

Art. 197. Quando o título anterior estiver registrado em outro cartório, o novo título será apresentado juntamente com certidão atualizada, comprobatória do registro anterior, e da existência ou inexistência de ônus.

Art. 198. Havendo exigência a ser satisfeita, o oficial indicá-la-á por escrito. Não se conformando o apresentante com a exigência do oficial, ou não a podendo satisfazer, será o título, a seu requerimento e com a declaração de dúvida, remetido ao juízo competente para dirimi-la, obedecendo-se ao seguinte:

I – no Protocolo, anotará o oficial, à margem da prenotação, a ocorrência da dúvida;

II – após certificar, no título, a prenotação e a suscitação da dúvida, rubricará o oficial todas as suas folhas;

III – em seguida, o oficial dará ciência dos termos da dúvida ao apresentante, fornecendo-lhe cópia da suscitação e notificando-o para impugná-la, perante o juízo competente, no prazo de 15 (quinze) dias;

IV – certificado o cumprimento do disposto no item anterior, remeter-se-ão ao juízo competente, mediante carga, as razões da dúvida, acompanhadas do título.

Art. 199. Se o interessado não impugnar a dúvida no prazo referido no item III do artigo anterior, será ela, ainda assim, julgada por sentença.

Art. 200. Impugnada a dúvida com os documentos que o interessado apresentar, será ouvido o Ministério Público, no prazo de 10 (dez) dias.

Art. 201. Se não forem requeridas diligências, o juiz proferirá decisão no prazo de 15 (quinze) dias, com base nos elementos constantes dos autos.

Art. 202. Da sentença, poderão interpor apelação, com os efeitos devolutivo e suspensivo, o interessado, o Ministério Público e o terceiro prejudicado.

Art. 203. Transitada em julgado a decisão da dúvida, proceder-se-á do seguinte modo:

I – se for julgada procedente, os documentos serão restituídos à parte, independentemente de traslado, dando-se ciência da decisão ao oficial, para que a consigne no Protocolo e cancele a prenotação;

II – se for julgada improcedente, o interessado apresentará, de novo, os seus documentos, com o respectivo mandado, ou certidão da sentença, que ficarão arquivados, para que, desde logo, se proceda ao registro, declarando o oficial o fato na coluna de anotações do Protocolo.

Art. 204. A decisão da dúvida tem natureza administrativa e não impede o uso do processo contencioso competente.

Art. 205. Cessarão automaticamente os efeitos da prenotação se, decorridos 30 (trinta) dias do seu lançamento no Protocolo, o título não tiver sido registrado por omissão do interessado em atender às exigências legais.

Parágrafo único. Nos procedimentos de regularização fundiária de interesse social, os efeitos da prenotação cessarão decorridos 60 (sessenta) dias de seu lançamento no protocolo.

→ Parágrafo único acrescentado pela Lei 12.424/2011.

Art. 206. Se o documento, uma vez prenotado, não puder ser registrado, ou o apresentante desistir do seu registro, a importância relativa às despesas previstas no art. 14 será restituída, deduzida a quantia correspondente às buscas e à prenotação.

Art. 207. No processo, de dúvida, somente serão devidas custas, a serem pagas pelo interessado, quando a dúvida for julgada procedente.

Art. 208. O registro começado dentro das horas fixadas não será interrompido, salvo motivo de força maior declarado, prorrogando-se o expediente até ser concluído.

Art. 209. Durante a prorrogação nenhuma nova apresentação será admitida, lavrando o termo de encerramento no Protocolo.

Art. 210. Todos os atos serão assinados e encerrados pelo oficial, por seu substituto legal, ou por escrevente expressamente designado pelo oficial ou por seu substituto legal e autorizado pelo juiz competente ainda que os primeiros não estejam nem afastados nem impedidos.

Art. 211. Nas vias dos títulos restituídas aos apresentantes, serão declarados resumidamente, por carimbo, os atos praticados.

Art. 212. Se o registro ou a averbação for omissa, imprecisa ou não exprimir a verdade, a retificação será feita pelo Oficial do Registro de Imóveis competente, a requerimento do interessado, por meio do procedimento administrativo previsto no art. 213, facultado ao interessado requerer a retificação por meio de procedimento judicial.

→ Artigo com redação alterada pela Lei 10.931/2004.

Parágrafo único. A opção pelo procedimento administrativo previsto no art. 213 não exclui a prestação jurisdicional, a requerimento da parte prejudicada.

Art. 213. O oficial retificará o registro ou a averbação:

→ *Caput* com redação alterada pela Lei 10.931/2004.

I – de ofício ou a requerimento do interessado nos casos de:

→ Inciso I acrescentado pela Lei 10.931/2004.

a) omissão ou erro cometido na transposição de qualquer elemento do título;

b) indicação ou atualização de confrontação;

c) alteração de denominação de logradouro público, comprovada por documento oficial;

d) retificação que vise a indicação de rumos, ângulos de deflexão ou inserção de coordenadas georreferenciadas, em que não haja alteração das medidas perimetrais;

e) alteração ou inserção que resulte de mero cálculo matemático feito a partir das medidas perimetrais constantes do registro;

f) reprodução de descrição de linha divisória de imóvel confrontante que já tenha sido objeto de retificação;

g) inserção ou modificação dos dados de qualificação pessoal das partes, comprovada por documentos oficiais, ou mediante despacho judicial quando houver necessidade de produção de outras provas;

II – a requerimento do interessado, no caso de inserção ou alteração de medida perimetral de que resulte, ou não, alteração de área, instruído com planta e memorial descritivo assinado por profissional legalmente habilitado, com prova de anotação de responsabilidade técnica no competente Conselho Regional de Engenharia e Arquitetura – Crea, bem assim pelos confrontantes.

→ Inciso II acrescentado pela Lei 10.931/2004.

→ *v.* Lei 12.378/2010 – Regulamenta o exercício da Arquitetura e Urbanismo; cria o Conselho de Arquitetura e Urbanismo do Brasil – CAU/BR e os Conselhos de Arquitetura e Urbanismo dos Estados e do Distrito Federal – CAUs; e dá outras providências.

§ 1º Uma vez atendidos os requisitos de que trata o *caput* do art. 225, o oficial averbará a retificação.

→ § 1º com redação alterada pela Lei 10.931/2004.

§ 2º Se a planta não contiver a assinatura de algum confrontante, este será notificado pelo Oficial de Registro de Imóveis competente, a requerimento do interessado, para se manifestar em 15 (quinze) dias, promovendo-se a notificação pessoalmente ou pelo correio, com aviso de recebimento, ou, ainda, por solicitação do Oficial de Registro de Imóveis, pelo Oficial de Registro de Títulos e Documentos da comarca da situação do imóvel ou do domicílio de quem deva recebê-la.

→ § 2º com redação alterada pela Lei 10.931/2004.

§ 3º A notificação será dirigida ao endereço do confrontante constante do Registro de Imóveis, podendo ser dirigida ao próprio imóvel contíguo ou àquele fornecido pelo requerente; não sendo encontrado o confrontante ou estando em lugar incerto e não sabido, tal fato será certificado pelo oficial encarregado da diligência, promovendo-se a notificação do confrontante mediante edital, com o mesmo prazo fixado no § 2º, publicado por duas vezes em jornal local de grande circulação.

→ § 3º com redação alterada pela Lei 10.931/2004.

§ 4º Presumir-se-á a anuência do confrontante que deixar de apresentar impugnação no prazo da notificação.

→ § 4º com redação alterada pela Lei 10.931/2004.

§ 5º Findo o prazo sem impugnação, o oficial averbará a retificação requerida; se houver impugnação fundamentada por parte de algum confrontante, o oficial intimará o requerente e o profissional que houver assinado a planta e o memorial a fim de que, no prazo de 5 (cinco) dias, se manifestem sobre a impugnação.

→ § 5º com redação alterada pela Lei 10.931/2004.

§ 6º Havendo impugnação e se as partes não tiverem formalizado transação amigável para solucioná-la, o oficial remeterá o processo ao juiz competente, que decidirá de plano ou após instrução sumária, salvo se a controvérsia versar sobre o direito de propriedade de alguma das partes, hipótese em que remeterá o interessado para as vias ordinárias.

→ § 6º acrescentado pela Lei 10.931/2004.

§ 7º Pelo mesmo procedimento previsto neste artigo poderão ser apurados os remanescentes de áreas parcialmente alienadas, caso em que serão considerados como confrontantes tão somente os confinantes das áreas remanescentes.

→ § 7º acrescentado pela Lei 10.931/2004.

§ 8º As áreas públicas poderão ser demarcadas ou ter seus registros retificados pelo mesmo procedimento previsto neste artigo, desde que constem do registro ou sejam logradouros devidamente averbados.

→ § 8º acrescentado pela Lei 10.931/2004.

§ 9º Independentemente de retificação, dois ou mais confrontantes poderão, por meio de escritura pública, alterar ou estabelecer as divisas entre si e, se houver transferência de área, com o recolhimento do devido imposto de transmissão e desde que preservadas, se rural o imóvel, a fração mínima de parcelamento e, quando urbano, a legislação urbanística.

→ § 9º acrescentado pela Lei 10.931/2004.

§ 10. Entendem-se como confrontantes não só os proprietários dos imóveis contíguos, mas, também, seus eventuais ocupantes; o condomínio geral, de que tratam os arts. 1.314 e seguintes do Código Civil, será representado por qualquer dos condôminos e o condomínio edilício, de que tratam os arts. 1.331 e seguintes do Código Civil, será representado, conforme o caso, pelo síndico ou pela Comissão de Representantes.

→ § 10 acrescentado pela Lei 10.931/2004.

§ 11. Independe de retificação:

→ *Caput* do § 11 acrescentado pela Lei 10.931/2004.

I – a regularização fundiária de interesse social realizada em Zonas Especiais de Interesse Social, promovida por Município ou pelo Distrito Federal, quando os lotes já estiverem cadastrados individualmente ou com lançamento fiscal há mais de 10 (dez) anos;

→ Inciso I com redação alterada pela Lei 12.424/2011.

II – a adequação da descrição de imóvel rural às exigências dos arts. 176, §§ 3º e 4º, e 225, § 3º, desta Lei.

→ Inciso II acrescentado pela Lei 10.931/2004.

III – a adequação da descrição de imóvel urbano decorrente de transformação de coordenadas geodésicas entre os sistemas de georreferenciamento oficiais;

→ Inciso III acrescentado pela Lei 12.424/2011.

IV – a averbação do auto de demarcação urbanística e o registro do parcelamento decorrente de projeto de regularização fundiária de interesse social de que trata a Lei 11.977, de 7 de julho de 2009; e

→ Inciso IV acrescentado pela Lei 12.424/2011.

V – o registro do parcelamento de glebas para fins urbanos anterior a 19 de dezembro de 1979, que esteja implantado e integrado à cidade, nos termos do art. 71 da Lei 11.977, de 7 de julho de 2009.

→ Inciso V acrescentado pela Lei 12.424/2011.

§ 12. Poderá o oficial realizar diligências no imóvel para a constatação de sua situação em face dos confrontantes e localização na quadra.

→ § 12 acrescentado pela Lei 10.931/2004.

§ 13. Não havendo dúvida quanto à identificação do imóvel, o título anterior à retificação poderá ser levado a registro desde que requerido pelo adquirente, promovendo-se o registro em conformidade com a nova descrição.

→ § 13 acrescentado pela Lei 10.931/2004.

§ 14. Verificado a qualquer tempo não serem verdadeiros os fatos constantes do memorial descritivo, responderão os requerentes e o profissional que o elaborou pelos prejuízos causados, independentemente das sanções disciplinares e penais.

→ § 14 acrescentado pela Lei 10.931/2004.

§ 15. Não são devidos custas ou emolumentos notariais ou de registro decorrentes de regularização fundiária de interesse social a cargo da administração pública.

→ § 15 acrescentado pela Lei 10.931/2004.

§ 16. Na retificação de que trata o inciso II do *caput*, serão considerados confrontantes somente os confinantes de divisas que forem alcançadas pela inserção ou alteração de medidas perimetrais.

→ § 16 acrescentado pela Lei 12.424/2011.

Art. 214. As nulidades de pleno direito do registro, uma vez provadas, invalidam-no, independentemente de ação direta.

§ 1º A nulidade será decretada depois de ouvidos os atingidos.

→ § 1º acrescentado pela Lei 10.931/2004.

§ 2º Da decisão tomada no caso do § 1º caberá apelação ou agravo conforme o caso.

→ § 2º acrescentado pela Lei 10.931/2004.

§ 3º Se o juiz entender que a superveniência de novos registros poderá causar danos de difícil reparação poderá determinar de ofício, a qualquer momento, ainda que sem oitiva das partes, o bloqueio da matrícula do imóvel.

→ § 3º acrescentado pela Lei 10.931/2004.

§ 4º Bloqueada a matrícula, o oficial não poderá mais nela praticar qualquer ato, salvo com autorização judicial, permitindo-se, todavia, aos interessados a prenotação de seus títulos, que ficarão com o prazo prorrogado até a solução do bloqueio.

→ § 4º acrescentado pela Lei 10.931/2004.

§ 5º A nulidade não será decretada se atingir terceiro de boa-fé que já tiver preenchido as condições de usucapião do imóvel.

→ § 5º acrescentado pela Lei 10.931/2004.

Art. 215. São nulos os registros efetuados após sentença de abertura de falência, ou do termo legal nele fixado, salvo se a apresentação tiver sido feita anteriormente.

Art. 216. O registro poderá também ser retificado ou anulado por sentença em processo contencioso, ou por efeito do julgado em ação de anulação ou de declaração de nulidade de ato jurídico, ou de julgado sobre fraude à execução.

Art. 216-A. Sem prejuízo da via jurisdicional, é admitido o pedido de reconhecimento extrajudicial de usucapião, que será processado diretamente perante o cartório do registro de imóveis da comarca em que estiver situado o imóvel usucapiendo, a requerimento do interessado, representado por advogado, instruído com:

→ Artigo acrescentado pela Lei 13.105/2015, em vigor após decorrido 1 (um) ano da data de sua publicação – *D.O.U.* de 17.3.2015 (*v.* Art. 1.045 do NCPC).

I – ata notarial lavrada pelo tabelião, atestando o tempo de posse do requerente e seus antecessores, conforme o caso e suas circunstâncias;

II – planta e memorial descritivo assinado por profissional legalmente habilitado, com prova de anotação de responsabilidade técnica no respectivo conselho de fiscalização profissional, e pelos titulares de direitos reais e de outros direitos registrados ou averbados na matrícula do imóvel usucapiendo e na matrícula dos imóveis confinantes;

III – certidões negativas dos distribuidores da comarca da situação do imóvel e do domicílio do requerente;

IV – justo título ou quaisquer outros documentos que demonstrem a origem, a continuidade, a natureza e o tempo da posse, tais como o pagamento dos impostos e das taxas que incidirem sobre o imóvel.

§ 1º O pedido será autuado pelo registrador, prorrogando-se o prazo da prenotação até o acolhimento ou a rejeição do pedido.

§ 2º Se a planta não contiver a assinatura de qualquer um dos titulares de direitos reais e de outros direitos registrados ou averbados na matrícula do imóvel usucapiendo e na matrícula dos imóveis confinantes, esse será notificado pelo registrador competente, pessoalmente ou pelo correio com aviso de recebimento, para manifestar seu consentimento expresso em 15 (quinze) dias, interpretado o seu silêncio como discordância.

§ 3º O oficial de registro de imóveis dará ciência à União, ao Estado, ao Distrito Federal e ao Município, pessoalmente, por intermédio do oficial de registro de títulos e documentos, ou pelo correio com aviso de recebimento, para que se manifestem, em 15 (quinze) dias, sobre o pedido.

§ 4º O oficial de registro de imóveis promoverá a publicação de edital em jornal de grande circulação, onde houver, para a ciência de terceiros eventualmente interessados, que poderão se manifestar em 15 (quinze) dias.

§ 5º Para a elucidação de qualquer ponto de dúvida, poderão ser solicitadas ou realizadas diligências pelo oficial de registro de imóveis.

§ 6º Transcorrido o prazo de que trata o § 4º deste artigo, sem pendência de diligências na forma do § 5º deste artigo e achando-se em ordem a documentação, com inclusão da concordância expressa dos titulares de direitos reais e de outros direitos registrados ou averbados na matrícula do imóvel usucapiendo e na matrícula dos imóveis confinantes, o oficial de registro de imóveis registrará a aquisição do imóvel com as descrições apresentadas, sendo permitida a abertura de matrícula, se for o caso.

§ 7º Em qualquer caso, é lícito ao interessado suscitar o procedimento de dúvida, nos termos desta Lei.

§ 8º Ao final das diligências, se a documentação não estiver em ordem, o oficial de registro de imóveis rejeitará o pedido.

§ 9º A rejeição do pedido extrajudicial não impede o ajuizamento de ação de usucapião.

§ 10. Em caso de impugnação do pedido de reconhecimento extrajudicial de usucapião, apresentada por qualquer um dos titulares de direito reais e de outros direitos registrados ou averbados na matrícula do imóvel usucapiendo e na matrícula dos imóveis confinantes, por algum dos entes públicos ou por algum terceiro interessado, o oficial de registro de imóveis remeterá os autos ao juízo competente da comarca da situação do imóvel, cabendo ao requerente emendar a petição inicial para adequá-la ao procedimento comum.

Capítulo IV
DAS PESSOAS

Art. 217. O registro e a averbação poderão ser provocados por qualquer pessoa, incumbindo-lhe as despesas respectivas.

Art. 218. Nos atos a título gratuito, o registro pode também ser promovido pelo transferente, acompanhado da prova de aceitação do beneficiado.

Art. 219. O registro do penhor rural independe do consentimento do credor hipotecário.

Art. 220. São considerados, para fins de escrituração, credores e devedores, respectivamente:

I – nas servidões, o dono do prédio dominante e dono do prédio serviente;

II – no uso, o usuário e o proprietário;

III – na habitação, o habitante e proprietário;

IV – na anticrese, o mutuante e mutuário;

V – no usufruto, o usufrutuário e o nu-proprietário;

VI – na enfiteuse, o senhorio e o enfiteuta;

VII – na constituição de renda, o beneficiário e o rendeiro censuário;

VIII – na locação, o locatário e o locador;

IX – nas promessas de compra e venda, o promitente comprador e o promitente vendedor;

X – nas penhoras e ações, o autor e o réu;

XI – nas cessões de direitos, o cessionário e o cedente;

XII – nas promessas de cessão de direitos, o promitente cessionário e o promitente cedente.

Capítulo V
DOS TÍTULOS

→ *v.* Lei 6.739/1979 – Dispõe sobre a Matrícula e o Registro de Imóveis Rurais, e dá outras Providências.

Art. 221. Somente são admitidos a registro:

I – escrituras públicas, inclusive as lavradas em consulados brasileiros;

II – escritos particulares autorizados em lei, assinados pelas partes e testemunhas, com as firmas reconhecidas, dispensado o reconhecimento quando se tratar de atos praticados por entidades vinculadas ao Sistema Financeiro da Habitação;

III – atos autênticos de países estrangeiros, com força de instrumento público, legalizados e traduzidos na forma da lei, e registrados no Cartório do Registro de Títulos e Documentos, assim como sentenças proferidas por tribunais estrangeiros após homologação pelo Supremo Tribunal Federal;

IV – cartas de sentença, formais de partilha, certidões e mandados extraídos de autos de processo.

V – contratos ou termos administrativos, assinados com a União, Estados, Municípios ou o Distrito Federal, no âmbito de programas de regularização fundiária e de programas habitacionais de interesse social, dispensado o reconhecimento de firma; e

→ Inciso V com redação alterada pela MP 700/2015.

VI – contratos ou termos administrativos, assinados com os legitimados a que se refere o art. 3º do Decreto-Lei 3.365, de 21 de junho de 1941, no âmbito das desapropriações extrajudiciais.

→ Inciso VI acrescentado pela MP 700/2015.

§ 1º Serão registrados os contratos e termos mencionados no inciso V do *caput* assinados a rogo com a impressão dactiloscópica do beneficiário, quando este for analfabeto ou não puder assinar, acompanhados da assinatura de 2 (duas) testemunhas.

→ § 1º acrescentado pela Lei 12.424/2011.

§ 2º Os contratos ou termos administrativos mencionados no inciso V do *caput* poderão ser celebrados constando apenas o nome e o número de documento oficial do beneficiário, podendo sua qualificação completa ser efetuada posteriormente, no momento do registro do termo ou contrato, mediante simples requerimento do interessado dirigido ao registro de imóveis.

→ § 2º acrescentado pela Lei 12.424/2011.

§ 3º Os contratos e termos administrativos mencionados no inciso VI deverão ser submetidos à qualificação registral pelo Oficial de Registro de Imóveis, previamente ao pagamento do valor devido ao expropriado.

→ § 3º acrescentado pela MP 700/2015.

Art. 222. Em todas as escrituras e em todos os atos relativos a imóveis, bem como nas cartas de sentença e formais de partilha, o tabelião ou escrivão deve fazer referência à matrícula ou ao registro anterior, seu número e cartório.

Art. 223. Ficam sujeitas à obrigação, a que alude o artigo anterior, as partes que, por instrumento particular, celebrarem atos relativos a imóveis.

Art. 224. Nas escrituras, lavradas em decorrência de autorização judicial, serão mencionados, por certidão, em breve relatório com todas as minúcias que permitam identificá-los, os respectivos alvarás.

Art. 225. Os tabeliães, escrivães e juízes farão com que, nas escrituras e nos autos judiciais, as partes indiquem, com precisão, os característicos, as confrontações e as localizações dos imóveis, mencionando os nomes dos confrontantes e, ainda, quando se tratar só de terreno, se esse fica do lado par ou do lado ímpar do logradouro, em que quadra e a que distância métrica da edificação ou da esquina mais próxima, exigindo dos interessados certidão do Registro Imobiliário.

§ 1º As mesmas minúcias, com relação à caracterização do imóvel, devem constar dos instrumentos particulares apresentados em cartório para registro.

§ 2º Consideram-se irregulares, para efeito de matrícula, os títulos nos quais a caracterização do imóvel não coincida com a que consta do registro anterior.

§ 3º Nos autos judiciais que versem sobre imóveis rurais, a localização, os limites e as confrontações serão obtidos a partir de memorial descritivo assinado por profissional habilitado e com a devida Anotação de Responsabilidade Técnica – ART, contendo as coordenadas dos vértices definidores dos limites dos imóveis rurais, georreferenciadas ao Sistema Geodésico Brasileiro e com precisão posicional a ser fixada pelo Incra, garantida a isenção de custos financeiros aos proprietários de imóveis rurais cuja somatória da área não exceda a quatro módulos fiscais.

→ § 3º acrescentado pela Lei 10.267/2001.

Art. 226. Tratando-se de usucapião, os requisitos da matrícula devem constar do mandado judicial.

Capítulo VI
DA MATRÍCULA

→ *v.* Lei 6.739/1979 – Dispõe sobre a Matrícula e o Registro de Imóveis Rurais, e dá outras Providências.

Art. 227. Todo imóvel objeto de título a ser registrado deve estar matriculado no Livro n. 2 – Registro Geral – obedecido o disposto no art. 176.

Art. 228. A matrícula será efetuada por ocasião do primeiro registro a ser lançado na vigência desta Lei, mediante os elementos constantes do título apresentado e do registro anterior nele mencionado.

→ *v.* Art. 366 do CPC/1973.

→ *v.* Art. 406 do NCPC.

Art. 229. Se o registro anterior foi efetuado em outra circunscrição, a matrícula será aberta com os elementos constantes do título apresentado e da certidão atualizada daquele registro, a qual ficará arquivada em cartório.

Art. 230. Se na certidão constar ônus, o oficial fará a matrícula, e, logo em seguida ao registro, averbará a existência do ônus, sua natureza e valor, certificando o fato no título que devolver à parte, o que ocorrerá, também, quando o ônus estiver lançado no próprio cartório.

Art. 231. No preenchimento dos livros, observar-se-ão as seguintes normas:

I – no alto da face de cada folha será lançada a matrícula do imóvel, com os requisitos constantes do art. 176, e no espaço restante e no verso, serão lançados por ordem cronológica e em forma narrativa, os registros e averbações dos atos pertinentes ao imóvel matriculado;

II – preenchida uma folha, será feito o transporte para a primeira folha em branco do mesmo livro ou do livro da mesma série que estiver em uso, onde continuarão os lançamentos, com remissões recíprocas.

Art. 232. Cada lançamento de registro será precedido pela letra "R" e o da averbação pelas letras "AV", seguindo-se o número de ordem do lançamento e o da matrícula (ex.: R-1-1, R-2-1, AV-3-1, R-4-1, AV-5-1 etc.).

Art. 233. A matrícula será cancelada:

I – por decisão judicial;

II – quando em virtude de alienações parciais, o imóvel for inteiramente transferido a outros proprietários;

III – pela fusão, nos termos do artigo seguinte.

Art. 234. Quando dois ou mais imóveis contíguos pertencentes ao mesmo proprietário, constarem de matrículas autônomas, pode ele requerer a fusão destas em uma só, de novo número, encerrando-se as primitivas.

Art. 235. Podem, ainda, ser unificados, com abertura de matrícula única:

I – dois ou mais imóveis constantes de transcrições anteriores a esta Lei, à margem das quais será averbada a abertura da matrícula que os unificar;

II – dois ou mais imóveis, registrados por ambos os sistemas, caso em que, nas transcrições, será feita a averbação prevista no item anterior, as matrículas serão encerradas na forma do artigo anterior.

III – dois ou mais imóveis contíguos objeto de imissão provisória registrada em nome da União, dos Estados, do Distrito Federal, dos Municípios ou de suas entidades delegadas ou contratadas e sua respectiva cessão e promessa de cessão.

→ Inciso III com redação alterada pela MP 700/2015.

§ 1º Os imóveis de que trata este artigo, bem como os oriundos de desmembramentos, partilha e glebas destacadas de maior porção, serão desdobrados em novas matrículas, juntamente com os ônus que sobre eles existirem, sempre que ocorrer a transferência de 1 (uma) ou mais unidades, procedendo-se, em seguida, ao que estipula o inciso II do art. 233.

→ § 1º acrescentado pela Lei 12.424/2011.

§ 2º A hipótese de que trata o inciso III somente poderá ser utilizada nos casos de imóveis inseridos em área urbana ou de expansão urbana e com a finalidade de implementar programas habitacionais ou de regularização fundiária, o que deverá ser informado no requerimento de unificação.

→ § 2º com eficácia suspensa pela MP 700/2015.

§ 3º Na hipótese de que trata o inciso III, a unificação poderá abranger matrículas ou transcrições relativas a imóveis contíguos àqueles que tenham sido objeto da imissão provisória na posse.

→ § 3º com redação alterada pela MP 700/2015.

Capítulo VII
DO REGISTRO

→ *v.* Lei 6.739/1979 – Dispõe sobre a Matrícula e o Registro de Imóveis Rurais, e dá outras Providências.

Art. 236. Nenhum registro poderá ser feito sem que o imóvel a que se referir esteja matriculado.

Art. 237. Ainda que o imóvel esteja matriculado, não se fará registro que dependa da apresentação de título anterior, a fim de que se preserve a continuidade do registro.

Art. 237-A. Após o registro do parcelamento do solo ou da incorporação imobiliária, até a emissão da carta de habite-se, as averbações e registros relativos à pessoa do incorporador ou referentes a direitos reais de garantias, cessões ou demais negócios jurídicos que envolvam o empreendimento serão realizados na matrícula de origem do imóvel e em cada uma das matrículas das unidades autônomas eventualmente abertas.

→ *Caput* acrescentado pela Lei 11.977/2009.

§ 1º Para efeito de cobrança de custas e emolumentos, as averbações e os registros relativos ao mesmo ato jurídico ou negócio jurídico e realizados com base no *caput* serão considerados como ato de registro único, não importando a quantidade de unidades autônomas envolvidas ou de atos intermediários existentes.

→ § 1º com redação alterada pela Lei 12.424/2011.

§ 2º Nos registros decorrentes de processo de parcelamento do solo ou de incorporação imobiliária, o registrador deverá observar o prazo máximo de 15 (quinze) dias para o fornecimento do número do registro ao interessado ou a indicação das pendências a serem satisfeitas para sua efetivação.

→ § 2º acrescentado pela Lei 11.977/2009.

§ 3º O registro da instituição de condomínio ou da especificação do empreendimento constituirá ato único para fins de cobrança de custas e emolumentos.

→ § 3º acrescentado pela Lei 12.424/2011.

Art. 238. O registro de hipoteca convencional valerá pelo prazo de 30 (trinta) anos, findo o qual só será mantido o número anterior se reconstituída por novo título e novo registro.

Art. 239. As penhoras, arrestos e sequestro de imóveis serão registrados depois de pagas as custas do registro pela parte interessada, em cumprimento de mandado ou à vista de certidão do escrivão, de que constem, além dos requisitos exigidos para o registro, os nomes do juiz, do depositário, das partes e a natureza do processo.

Parágrafo único. A certidão será lavrada pelo escrivão do feito, com a declaração do fim especial a que se destina, após a entrega, em cartório, do mandado devidamente cumprido.

Art. 240. O registro da penhora faz prova quanto à fraude de qualquer transação posterior.

Art. 241. O registro da anticrese no Livro n. 2 declarará, também, o prazo, a época do pagamento e a forma de administração.

Art. 242. O contrato de locação, com cláusula expressa de vigência no caso de alienação do imóvel, registrado no Livro n. 2, consignará também, o seu valor, a renda, o prazo, o tempo e o lugar do pagamento, bem como pena convencional.

Art. 243. A matrícula do imóvel promovida pelo titular do domínio direto aproveita ao titular do domínio útil, e vice-versa.

Art. 244. As escrituras antenupciais serão registradas no Livro n. 3 do cartório do domicílio conjugal, sem prejuízo de sua averbação obrigatória no lugar da situação dos imóveis de propriedade do casal, ou dos que forem sendo adquiridos e sujeitos a regime de bens diverso do comum, com a declaração das respectivas cláusulas, para ciência de terceiros.

Art. 245. Quando o regime de separação de bens for determinado por lei, far-se-á a respectiva averbação nos termos do artigo anterior, incumbindo ao Ministério Público zelar pela fiscalização e observância dessa providência.

Capítulo VIII
DA AVERBAÇÃO E DO CANCELAMENTO

→ v. Arts. 346 a 351 do CC/2002.

Art. 246. Além dos casos expressamente indicados no item II do artigo 167, serão averbadas na matrícula as sub-rogações e outras ocorrências que, por qualquer modo, alterem o registro.

§ 1º As averbações a que se referem os itens 4 e 5 do inciso II do art. 167 serão as feitas a requerimento dos interessados, com firma reconhecida, instruído com documento dos interessados, com firma reconhecida, instruído com documento comprobatório fornecido pela autoridade competente. A alteração do nome só poderá ser averbada quando devidamente comprovada por certidão do Registro Civil.

→ § 1º acrescentado pela Lei 10.267/2001.

§ 2º Tratando-se de terra indígena com demarcação homologada, a União promoverá o registro da área em seu nome.

→ § 2º acrescentado pela Lei 10.267/2001.

§ 3º Constatada, durante o processo demarcatório, a existência de domínio privado nos limites da terra indígena, a União requererá ao Oficial de Registro a averbação, na respectiva matrícula, dessa circunstância.

→ § 3º acrescentado pela Lei 10.267/2001.

§ 4º As providências a que se referem os §§ 2º e 3º deste artigo deverão ser efetivadas pelo cartório, no prazo de 30 (trinta) dias, contado a partir do recebimento da solicitação de registro e averbação, sob pena de aplicação de multa diária no valor de R$ 1.000,00 (mil reais), sem prejuízo da responsabilidade civil e penal do Oficial de Registro.

→ § 4º acrescentado pela Lei 10.267/2001.

Art. 247. Averbar-se-á, também, na matrícula, a declaração de indisponibilidade de bens, na forma prevista na Lei.

Art. 248. O cancelamento efetuar-se-á mediante averbação, assinada pelo oficial, seu substituto legal ou escrevente autorizado, e declarará o motivo que o determinou, bem como o título em virtude do qual foi feito.

Art. 249. O cancelamento poderá ser total ou parcial e referir-se a qualquer dos atos do registro.

Art. 250. Far-se-á o cancelamento:

I – em cumprimento de decisão judicial transitada em julgado;

II – a requerimento unânime das partes que tenham participado do ato registrado, se capazes, com as firmas reconhecidas por tabelião;

III – a requerimento do interessado, instruído com documento hábil.

IV – a requerimento da Fazenda Pública, instruído com certidão de conclusão de processo administrativo que declarou, na forma da lei, a rescisão do título de domínio ou de concessão de direito real de uso de imóvel rural, expedido para fins de regularização fundiária, e a reversão do imóvel ao patrimônio público.

→ Inciso IV acrescentado pela Lei 11.952/2009.

Art. 251. O cancelamento de hipoteca só pode ser feito:

I – à vista de autorização expressa ou quitação outorgada pelo credor ou seu sucessor, em instrumento público ou particular;

II – em razão de procedimento administrativo ou contencioso, no qual o credor tenha sido intimado (art. 698 do Código de Processo Civil);

→ v. Art. 889, V, do NCPC.

III – na conformidade da legislação referente às cédulas hipotecárias.

Art. 252. O registro, enquanto não cancelado, produz todos os efeitos legais ainda que, por outra maneira, se prove que o título está desfeito, anulado, extinto ou rescindido.

Art. 253. Ao terceiro prejudicado é lícito, em juízo, fazer prova da extinção dos ônus, reais, e promover o cancelamento do seu registro.

Art. 254. Se, cancelado o registro, subsistirem o título e os direitos dele decorrentes, poderá o credor promover novo registro, o qual só produzirá efeitos a partir da nova data.

Art. 255. Além dos casos previstos nesta Lei, a inscrição de incorporação ou loteamento só será cancelada a requerimento do incorporador ou loteador, enquanto nenhuma unidade ou lote for objeto de transação averbada, ou mediante o consentimento de todos os compromissários ou cessionários.

Art. 256. O cancelamento da servidão, quando o prédio dominante estiver hipotecado, só poderá ser feito com aquiescência do credor, expressamente manifestada.

Art. 257. O dono do prédio serviente terá, nos termos da lei, direito a cancelar a servidão.

Art. 258. O foreiro poderá, nos termos da lei, averbar a renúncia de seu direito, sem dependência do consentimento do senhorio direto.

Art. 259. O cancelamento não pode ser feito em virtude de sentença sujeita, ainda, a recurso.

Capítulo IX
DO BEM DE FAMÍLIA

→ v. Arts. 1.711 a 1.722 do CC/2002.

→ v. Lei 8.009/1990 – Dispõe sobre a impenhorabilidade do bem de família.

Art. 260. A instituição do bem de família far-se-á por escritura pública, declarando o instituidor que determinado prédio se destina a domicílio de sua família e ficará isento de execução por dívida.

Art. 261. Para a inscrição do bem de família, o instituidor apresentará ao oficial do registro a escritura pública de instituição, para que mande publicá-la na imprensa local e, à falta, na da Capital do Estado ou do Território.

Art. 262. Se não ocorrer razão para dúvida, o oficial fará a publicação, em forma de edital, do qual constará:

I – o resumo da escritura, nome, naturalidade e profissão do instituidor, data do instrumento e nome do tabelião que o fez, situação e característicos do prédio;

II – o aviso de que, se alguém se julgar prejudicado, deverá, dentro em 30 (trinta) dias, contados da data da publicação, reclamar contra a instituição, por escrito e perante o oficial.

Art. 263. Findo o prazo do n. II do artigo anterior, sem que tenha havido reclamação, o oficial transcreverá a escritura, integralmente, no Livro n. 3 e fará a inscrição na competente matrícula, arquivando um exemplar do jornal em que a publicação houver sido feita e restituindo o instrumento ao apresentante, com a nota da inscrição.

Art. 264. Se for apresentada reclamação, dela fornecerá o oficial, ao instituidor, cópia autêntica e lhe restituirá a escritura, com a declaração de haver sido suspenso o registro, cancelando a prenotação.

§ 1º O instituidor poderá requerer ao juiz que ordene o registro, sem embargo da reclamação.

§ 2º Se o juiz determinar que se proceda ao registro, ressalvará ao reclamante o direito de recorrer à ação competente para anular a instituição ou de fazer execução sobre o prédio instituído, na hipótese de tratar-se de dívida anterior e cuja solução se tornou inexequível em virtude do ato da instituição.

§ 3º O despacho do juiz será irrecorrível e, se deferir o pedido será transcrito integralmente, juntamente com o instrumento.

Art. 265. Quando o bem de família for instituído juntamente com a transmissão da propriedade (Decreto-Lei 3.200, de 14 de abril de 1941, art. 8º, § 5º), a inscrição far-se-á imediatamente após o registro da transmissão ou, se for o caso, com a matrícula.

→ A data correta do referido Decreto-Lei é 19 de abril de 1941, diferentemente do que consta da publicação oficial.

Capítulo X
DA REMIÇÃO DO IMÓVEL HIPOTECADO

Art. 266. Para remir o imóvel hipotecado, o adquirente requererá, no prazo legal, a citação dos credores hipotecários propondo, para a remição, no mínimo, o preço por que adquiriu o imóvel.

→ v. Arts. 1.481 a 1.484 do CC/2002.

Art. 267. Se o credor, citado, não se opuser à remição, ou não comparecer, lavrar-se-á termo de pagamento e quitação e o juiz ordenará, por sentença, o cancelamento da hipoteca.

Parágrafo único. No caso de revelia, consignar-se-á o preço à custa do credor.

Art. 268. Se o credor, citado, comparecer e impugnar o preço oferecido, o juiz mandará promover a licitação entre os credores hipotecários, os fiadores e o próprio adquirente, autorizando a venda judicial a quem oferecer maior preço.

§ 1º Na licitação, será preferido, em igualdade de condições, o lanço do adquirente.

§ 2º Na falta de arrematante, o valor será o proposto pelo adquirente.

Art. 269. Arrematado o imóvel e depositado, dentro de 48 (quarenta e oito) horas, o respectivo preço, o juiz mandará cancelar a hipoteca, sub-rogando-se no produto da venda os direitos do credor hipotecário.

Art. 270. Se o credor de segunda hipoteca, embora não vencida a dívida, requerer a remição, juntará o título e certidão da inscrição da anterior e depositará a importância devida ao primeiro credor, pedindo a citação deste para levantar o depósito e a do devedor para dentro do prazo de 5 (cinco) dias remir a hipoteca, sob pena de ficar o requerente sub-rogado nos direitos creditórios, sem prejuízo dos que lhe couberem em virtude da segunda hipoteca.

Art. 271. Se o devedor não comparecer ou não remir a hipoteca, os autos serão conclusos ao juiz para julgar por sentença a remição pedida pelo segundo credor.

Art. 272. Se o devedor comparecer e quiser efetuar a remição, notificar-se-á o credor para receber o preço, ficando sem efeito o depósito realizado pelo autor.

Art. 273. Se o primeiro credor estiver promovendo a execução da hipoteca, a remição, que abrangerá a importância das custas e despesas realizadas, não se efetuará antes da primeira praça, nem depois de assinado o auto de arrematação.

Art. 274. Na remição de hipoteca legal em que haja interesse de incapaz intervirá o Ministério Público.

Art. 275. Das sentenças que julgarem o pedido de remição caberá o recurso de apelação com ambos os efeitos.

Art. 276. Não é necessária a remição quando o credor assinar, com o vendedor, escritura de venda do imóvel gravado.

Capítulo XI
DO REGISTRO TORRENS

Art. 277. Requerida a inscrição de imóvel rural no Registro Torrens, o oficial protocolizará e autuará o requerimento e documentos que o instruírem e verificará se o pedido se acha em termos de ser despachado.

→ *V.* Art. 1.218, IV, do CPC/1973.

→ *V.* Art. 1.046 do NCPC.

Art. 278. O requerimento será instruído com:

I – os documentos comprobatórios do domínio do requerente;

II – a prova de quaisquer atos que modifiquem ou limitem a sua propriedade;

III – o memorial de que constem os encargos do imóvel os nomes dos ocupantes, confrontantes, quaisquer interessados, e a indicação das respectivas residências;

IV – a planta do imóvel, cuja escala poderá variar entre os limites: 1:500m (1/500) e 1:5.000m (1/5.000).

§ 1º O levantamento da planta obedecerá às seguintes regras:

a) empregar-se-ão goniômetros ou outros instrumentos de maior precisão;

b) a planta será orientada segundo o mediano do lugar, determinada a declinação magnética;

c) fixação dos pontos de referência necessários a verificações ulteriores e de marcos especiais, ligados a pontos certos e estáveis nas sedes das propriedades, de maneira que a planta possa incorporar-se à carta geral cadastral.

§ 2º Às plantas serão anexados o memorial e as cadernetas das operações de campo, autenticadas pelo agrimensor.

Art. 279. O imóvel sujeito a hipoteca ou ônus real não será admitido a registro sem consentimento expresso do credor hipotecário ou da pessoa em favor de quem se tenha instituído o ônus.

Art. 280. Se o oficial considerar irregular o pedido ou a documentação, poderá conceder o prazo de 30 (trinta) dias para que o interessado os regularize. Se o requerente não estiver de acordo com a exigência do oficial, este suscitará dúvida.

Art. 281. Se o oficial considerar em termos o pedido, remetê-lo-á a juízo para ser despachado.

Art. 282. O juiz, distribuído o pedido a um dos cartórios judiciais se entender que os documentos justificam a propriedade do requerente, mandará expedir edital que será afixado no lugar de costume e publicado uma vez no órgão oficial do Estado e 3 (três) vezes na imprensa local, se houver, marcando prazo não menor de 2 (dois) meses, nem maior de 4 (quatro) meses para que se ofereça oposição.

Art. 283. O juiz ordenará, de ofício ou a requerimento da parte, que, à custa do peticionário, se notifiquem do requerimento as pessoas nele indicadas.

Art. 284. Em qualquer hipótese, será ouvido o órgão do Ministério Público, que poderá impugnar o registro por falta de prova completa do domínio ou preterição de outra formalidade legal.

Art. 285. Feita a publicação do edital, a pessoa que se julgar com direito sobre o imóvel, no todo ou em parte, poderá contestar o pedido no prazo de 15 (quinze) dias.

§ 1º A contestação mencionará o nome e a residência do réu, fará a descrição exata do imóvel e indicará os direitos reclamados e os títulos em que se fundarem.

§ 2º Se não houver contestação, e se o Ministério Público não impugnar o pedido, o juiz ordenará que se inscreva o imóvel, que ficará, assim, submetido aos efeitos do Registro Torrens.

Art. 286. Se houver contestação ou impugnação, o procedimento será ordinário, cancelando-se, mediante mandado, a prenotação.

Art. 287. Da sentença que deferir, ou não, o pedido, cabe o recurso de apelação, com ambos os efeitos.

Art. 288. Transitada em julgado a sentença que deferir o pedido, o oficial inscreverá, na matrícula, o julgado que determinou a submissão do imóvel aos efeitos do Registro Torrens, arquivando em cartório a documentação autuada.

Capítulo XII
DO REGISTRO DA REGULARIZAÇÃO FUNDIÁRIA URBANA

→ Capítulo XII acrescentado pela Lei 12.424/2011.

Art. 288-A. O registro da regularização fundiária urbana de que trata a Lei 11.977, de 7 de julho de 2009, deverá ser requerido diretamente ao oficial do registro de imóveis e será efetivado independentemente de manifestação judicial, importando:

→ Artigo acrescentado pela Lei 12.424/2011.

I – na abertura de matrícula para a área objeto de regularização, se não houver;

II – no registro do parcelamento decorrente do projeto de regularização fundiária; e

III – na abertura de matrícula para cada uma das parcelas resultantes do parcelamento decorrente do projeto de regularização fundiária.

§ 1º O registro da regularização fundiária poderá ser requerido pelos legitimados previstos no art. 50 da Lei 11.977, de 7 de julho de 2009, independentemente de serem proprietários ou detentores de direitos reais da gleba objeto de regularização.

§ 2º As matrículas das áreas destinadas a uso público deverão ser abertas de ofício, com averbação das respectivas destinações e, se for o caso, das limitações administrativas e restrições convencionais ou legais.

§ 3º O registro do parcelamento decorrente de projeto de regularização fundiária poderá ser cancelado, parcialmente ou em sua totalidade, observado o disposto no art. 250.

§ 4º Independe da aprovação de projeto de regularização fundiária o registro:

I – da sentença de usucapião, da sentença declaratória ou da planta, elaborada para outorga administrativa, de concessão de uso especial para fins de moradia; e

II – do parcelamento de glebas para fins urbanos anterior a 19 de dezembro de 1979 que não possuir registro, desde que o parcelamento esteja implantado e integrado à cidade, nos termos do art. 71 da Lei 11.977, de 7 de julho de 2009.

Art. 288-B. Na hipótese da regularização fundiária implementada por etapas, o registro será feito com base em planta e memorial descritivo referentes à totalidade da área objeto de regularização, que especifiquem as porções ainda não regularizadas.

→ Artigo acrescentado pela Lei 12.424/2011.

Art. 288-C. A planta e o memorial descritivo exigidos para o registro da regularização fundiária a cargo da administração pública deverão ser assinados por profissional legalmente habilitado, dispensada a apresentação de anotação de responsabilidade técnica no competente Conselho Regional de Engenharia e Arquitetura – Crea, quando o responsável técnico for servidor ou empregado público.

→ Artigo acrescentado pela Lei 12.424/2011.

Art. 288-D. A averbação da demarcação urbanística para fins de regularização fundiária de interesse social observará o disposto nos arts. 56 e 57 da Lei 11.977, de 7 de julho de 2009, e será feita mediante requerimento do poder público dirigido ao registro de imóveis responsável pela circunscrição imobiliária na qual o imóvel estiver situado.

→ Artigo acrescentado pela Lei 12.424/2011.

§ 1º Na hipótese de a demarcação urbanística abranger imóveis situados em mais de uma circunscrição imobiliária, o procedimento previsto no art. 57 da Lei 11.977, de 7 de julho de 2009, será feito no registro de imóveis que contiver a maior porção da área demarcada.

§ 2º O requerimento de que trata o *caput* deverá ser acompanhado do auto de demarcação urbanística, instruído com os documentos relacionados nos incisos I a III do § 1º do art. 56 da Lei 11.977, de 7 de julho de 2009.

§ 3º Recepcionado o auto de demarcação urbanística, o oficial deverá proceder às buscas para identificação do proprietário da área a ser regularizada e de matrículas ou transcrições que a tenham por objeto.

§ 4º Realizadas as buscas, o oficial do registro de imóveis deverá notificar o proprietário e os confrontantes da área demarcada para apresentar impugnação à averbação da demarcação urbanística, no prazo de 15 (quinze) dias, podendo a notificação ser feita:

I – pessoalmente;

II – por correio, com aviso de recebimento; ou

III – por solicitação ao oficial de registro de títulos e documentos da comarca da situação do imóvel ou do domicílio de quem deva recebê-la.

§ 5º No caso de o proprietário ou de os confrontantes não serem localizados nos endereços constantes do registro de imóveis ou naqueles fornecidos pelo poder público, para notificação na forma estabelecida no § 4º, disso o oficial deverá comunicar o poder público responsável pelo procedimento para notificação nos termos dos §§ 2º e 3º do art. 57 da Lei 11.977, de 7 de julho de 2009.

§ 6º Havendo impugnação, o oficial do registro de imóveis deverá notificar o poder público para que se manifeste no prazo de 60 (sessenta) dias.

§ 7º O oficial de registro de imóveis deverá promover tentativa de acordo entre o impugnante e o poder público.

§ 8º Havendo impugnação apenas em relação à parcela da área objeto do auto de demarcação urbanística, o procedimento seguirá em relação à parcela não impugnada.

§ 9º Não havendo acordo, a demarcação urbanística será encerrada em relação à área impugnada.

Art. 288-E. Nas hipóteses de curso do prazo sem impugnação ou de superação da oposição ao procedimento, a demarcação urbanística será averbada nas matrículas alcançadas pelo auto, devendo ser informadas:

→ Artigo acrescentado pela Lei 12.424/2011.

I – a área total e o perímetro correspondente ao auto de demarcação urbanística;

II – as matrículas alcançadas pelo auto de demarcação urbanística e, quando possível, a área abrangida em cada uma delas; e

III – a existência de áreas cuja origem não tenha sido identificada em razão de imprecisões dos registros anteriores.

§ 1º Na hipótese de o auto de demarcação urbanística incidir sobre imóveis ainda não matriculados, previamente à averbação, será aberta matrícula nos termos do art. 228, devendo esta refletir a situação registrada do imóvel, dispensadas a retificação do memorial descritivo e a apuração de área remanescente.

§ 2º Nos casos de registro anterior efetuado em outra circunscrição, para abertura da matrícula de que trata o § 1º, o oficial requererá, de ofício, certidões atualizadas daquele registro.

§ 3º Na hipótese de que trata o § 1º do art. 288-D, o oficial do registro de imóveis responsável pelo procedimento comunicará as demais circunscrições imobiliárias envolvidas para averbação da demarcação urbanística nas respectivas matrículas.

§ 4º A demarcação urbanística será averbada ainda que a área abrangida pelo auto supere a área disponível nos registros anteriores, não se aplicando neste caso o disposto no § 2º do art. 225.

§ 5º Não se exigirá, para a averbação da demarcação urbanística, a retificação do memorial descritivo da área não abrangida pelo auto, ficando a apuração de remanescente sob a responsabilidade do proprietário do imóvel atingido.

Art. 288-F. O parcelamento decorrente de projeto de regularização fundiária de interesse social deverá ser registrado na matrícula correspondente.

→ Artigo acrescentado pela Lei 12.424/2011.

§ 1º O registro do parcelamento implicará a imediata abertura de matrícula para cada parcela, inclusive daquelas referentes a áreas destinadas ao uso público, nos termos do § 2º do art. 288-A.

§ 2º Os documentos exigíveis para o registro do parcelamento, conforme o caso, são aqueles relacionados nos incisos I a IV do art. 65 da Lei 11.977, de 7 de julho de 2009.

§ 3º O registro do parcelamento independe do atendimento aos requisitos constantes da Lei 6.766, de 19 de dezembro de 1979.

Art. 288-G. Na hipótese de procedimento de demarcação urbanística, o registro do parcelamento decorrente de projeto de regularização fundiária de interesse social será feito em todas as matrículas nas quais o auto de demarcação urbanística estiver averbado, devendo ser informadas, quando possível, as parcelas correspondentes a cada matrícula.

→ Artigo acrescentado pela Lei 12.424/2011.

§ 1º No procedimento de demarcação urbanística, admite-se o registro de parcelamento decorrente de projeto de regularização fundiária ainda que a área parcelada, correspondente ao auto de demarcação urbanística, supere a área disponível nos registros anteriores, não se aplicando neste caso o disposto no § 2º do art. 225.

§ 2º Nas matrículas abertas para cada parcela deverão constar, nos campos referentes ao registro anterior e ao proprietário:

I – quando for possível identificar a exata origem da parcela matriculada, por meio de planta de sobreposição do parcelamento com os registros existentes, a matrícula anterior e o nome de seu proprietário;

II – quando não for possível identificar a exata origem da parcela matriculada, todas as matrículas anteriores atingidas pelo auto e a expressão "proprietário não identificado", dispensando-se neste caso os requisitos dos itens 4 e 5 do inciso II do art. 167.

§ 3º Nas matrículas abertas para as áreas destinadas a uso público, deverá ser observado o mesmo procedimento definido no § 2º.

§ 4º O título de legitimação de posse e a conversão da legitimação de posse em propriedade serão registrados na matrícula da parcela correspondente.

Título VI
Das disposições finais e transitórias

Art. 289. No exercício de suas funções, cumpre aos oficiais de registro fazer rigorosa fiscalização do pagamento dos impostos devidos por força dos atos que lhes forem apresentados em razão do ofício.

Art. 290. Os emolumentos devidos pelos atos relacionados com a primeira aquisição imobiliária para fins residenciais, financiada pelo Sistema Financeiro da Habitação, serão reduzidos em 50% (cinquenta por cento).

→ *Caput* com redação alterada pela Lei 6.941/1981.

§ 1º O registro e a averbação referentes à aquisição da casa própria, em que seja parte cooperativa habitacional ou entidade assemelhada, serão considerados, para efeito de cálculo de custas e emolumentos, como um ato apenas, não podendo a sua cobrança exceder o limite correspondente a 40% (quarenta por cento) do Maior Valor de Referência.

→ § 1º com redação alterada pela Lei 6.941/1981.

§ 2º Nos demais programas de interesse social, executados pelas Companhias de Habitação Popular – Cohabs ou entidades assemelhadas, os emolumentos e as custas devidos pelos atos de aquisição de imóveis e pelos de averbação de construção estarão sujeitos às seguintes limitações:

→ § 2º com redação alterada pela Lei 6.941/1981.

a) imóvel de até 60 m² (sessenta metros quadrados) de área construída: 10% (dez por cento) do Maior Valor de Referência;

b) de mais de 60 m² (sessenta metros quadrados) até 70 m² (setenta metros quadrados) de área construída: 15% (quinze por cento) do Maior Valor de Referência;

c) de mais de 70 m² (setenta metros quadrados) e até 80 m² (oitenta metros quadrados) de área construída: 20% (vinte por cento) do Maior Valor de Referência.

§ 3º Os emolumentos devidos pelos atos relativos a financiamento rural serão cobrados de acordo com a legislação federal.

→ § 3º com redação alterada pela Lei 6.941/1981.

§ 4º As custas e emolumentos devidos aos Cartórios de Notas e de Registro de Imóveis, nos atos relacionados com a aquisição imobiliária para fins residenciais, oriundas de programas e convênios com a União, Estados, Distrito Federal e Municípios, para a construção de habitações populares destinadas a famílias de baixa renda, pelo sistema de mutirão e autoconstrução orientada, serão reduzidos para 20% (vinte por cento) da tabela cartorária normal, considerando-se que o imóvel será limitado a até 69 m² de área construída, em terreno de até 250 m².

→ § 4º acrescentado pela Lei 9.934/1999.

§ 5º Os cartórios que não cumprirem o disposto no § 4º ficarão sujeitos a multa de até R$ 1.120,00 (um mil, cento e vinte reais) a ser aplicada pelo juiz, com a atualização que se fizer necessária, em caso de desvalorização da moeda.

→ § 5º acrescentado pela Lei 9.934/1999.

Art. 290-A. Devem ser realizados independentemente do recolhimento de custas e emolumentos:

→ *Caput* acrescentado pela Lei 11.481/2007.

I – o primeiro registro de direito real constituído em favor de beneficiário de regularização fundiária de interesse social em áreas urbanas e em áreas rurais de agricultura familiar;

→ Inciso I acrescentado pela Lei 11.481/2007.

II – a primeira averbação de construção residencial de até 70 m² (setenta metros quadrados) de edificação em áreas urbanas objeto de regularização fundiária de interesse social

→ Inciso II acrescentado pela Lei 11.481/2007.

III – o registro de título de legitimação de posse, concedido pelo poder público, de que trata o art. 59 da Lei 11.977, de 7 de julho de 2009, e de sua conversão em propriedade.

→ Inciso III acrescentado pela Lei 12.424/2011.

§ 1º O registro e a averbação de que tratam os incisos I, II e III do *caput* deste artigo independem da comprovação do pagamento de quaisquer tributos, inclusive previdenciários.

→ § 1º com redação alterada pela Lei 12.424/2011.

§ 2º *(Revogado pela Lei 12.424/2011).*

Art. 291. A emissão ou averbação da Cédula Hipotecária, consolidando créditos hipotecários de um só credor, não implica modificação da ordem preferencial dessas hipotecas em relação a outras que lhes sejam posteriores e que garantam créditos não incluídos na consolidação.

→ Artigo acrescentado pela Lei 6.941/1981.

Art. 292. É vedado aos tabeliães e aos oficiais de registro de imóveis, sob pena de responsabilidade, lavrar ou registrar escritura ou escritos particulares autorizados por lei, que tenham por objeto imóvel hipotecado a entidade do Sistema Financeiro da Habitação, ou direitos a eles relativos, sem que conste dos mesmos, expressamente, a menção ao ônus real e ao credor, bem como a comunicação ao credor, necessariamente feita pelo alienante, com antecedência de, no mínimo 30 (trinta) dias.

→ Artigo acrescentado pela Lei 6.941/1981.

Art. 293. Se a escritura deixar de ser lavrada no prazo de 60 (sessenta) dias a contar da data da comunicação do alienante, esta perderá a validade.

→ Artigo com redação alterada pela Lei 6.941/1981.

Parágrafo único. A ciência da comunicação não importará consentimento tácito do credor hipotecário.

Art. 294. Nos casos de incorporação de bens imóveis do patrimônio público, para a formação ou integralização do capital de sociedade por ações da administração indireta ou para a formação do patrimônio de empresa pública, o oficial do respectivo registro de imóveis fará o novo registro em nome da entidade a que os mesmos forem incorporados ou transferidos, valendo-se, para tanto, dos dados característicos e confrontações constantes do anterior.

→ Artigo renumerado pela Lei 6.941/1981.

§ 1º Servirá como título hábil para o novo registro o instrumento pelo qual a incorporação ou transferência se verificou, em cópia autêntica, ou exemplar do órgão oficial no qual foi aquele publicado.

§ 2º Na hipótese de não coincidência das características do imóvel com as constantes do registro existente, deverá a entidade, ao qual foi o mesmo incorporado ou transferido, promover a respectiva correção mediante termo aditivo ao instrumento de incorporação ou transferência e do qual deverão constar, entre outros elementos, seus limites ou confrontações, sua descrição e caracterização.

§ 3º Para fins do registro de que trata o presente artigo, considerar-se-á, como valor de transferência dos bens, o constante do instrumento a que alude o § 1º.

Art. 295. O encerramento dos livros em uso, antes da vigência da presente Lei, não exclui a validade dos atos neles registrados, nem impede que, neles, se façam as averbações e anotações posteriores.

→ Artigo renumerado pela Lei 6.941/1981.

Parágrafo único. Se a averbação ou anotação dever ser feita no Livro n. 2 do Registro de Imóvel, pela presente Lei, e não houver espaço nos anteriores Livros de Transcrição das Transmissões, será aberta a matrícula do imóvel.

Art. 296. Aplicam-se aos registros referidos no art. 1º, § 1º, I, II e III, desta Lei, as disposições relativas ao processo de dúvida no registro de imóveis.

→ Artigo renumerado pela Lei 6.941/1981.

Art. 297. Os oficiais, na data de vigência desta Lei, lavrarão termo de encerramento nos livros, e dele remeterão cópia ao juiz a que estiverem subordinados.

→ Artigo renumerado pela Lei 6.941/1981.

Parágrafo único. Sem prejuízo do cumprimento integral das disposições desta Lei, os livros antigos poderão ser aproveitados, até o seu esgotamento, mediante autorização judicial e adaptação aos novos modelos, iniciando-se nova numeração.

Art. 298. Esta Lei entrará em vigor no dia 1º de janeiro de 1976.

→ Artigo renumerado pela Lei 6.941/1981.

Art. 299. Revogam-se a Lei 4.827, de 7 de março de 1924, os Decretos 4.857, de 9 de novembro de 1939, 5.318, de 29 de fevereiro de 1940, 5.553, de 6 de maio de 1940, e as demais disposições em contrário.

→ Artigo renumerado pela Lei 6.941/1981.

Brasília, 31 de dezembro de 1973; 152º da Independência e 85º da República.

Emílio G. Médici

(Publicação no *D.O.U* de 31.12.1973; republicação 16.9.1975 – supl.; retificação 30.10.1975)

REGISTRO DE IMÓVEIS – Modelo do Livro nº 1 – Protocolo

REGISTRO DE IMÓVEIS PROTOCOLO Livro nº 1				ANO:
Nº de ordem	Data	NOME DO APRESENTANTE	Natureza folmal do título	ANOTAÇÕES

Dimensões máximas de acordo com o art. 3º, § 1º:

Altura: 0,55m

Largura: 0,40m

REGISTRO DE IMÓVEIS – Modelo do Livro nº 2 – Registro Geral

REGISTRO DE IMÓVEIS REGISTRO GERAL Livro nº 2	Fl.:.
MATRÍCULA Nº IDENTIDADE NOMINAL: NOME, DOMICÍLIO E NACIONALIDADE DO PROPRIETÁRIO: NÚMERO DO REGISTRO ANTERIOR:	Data:

Dimensões máximas de acordo com o art. 3º, § 1º:

Altura: 0,55m

Largura: 0,40m

REGISTRO DE IMÓVEIS – Modelo do Livro nº 3 – Registro Auxiliar

REGISTRO DE IMÓVEIS REGISTRO AUXILIAR Livro nº 3				ANO:
Nº de ordem	Data	REGISTRO	Ref. aos demais livros	AVERBAÇÕES

Dimensões máximas de acordo com o art. 3º, § 1º:

Altura: 0,55m

Largura: 0,40m

REGISTRO DE IMÓVEIS – Modelo do Livro nº 4 – Indicador Real

REGISTRO DE IMÓVEIS INDICADOR REAL Livro nº 4			ANO:
Nº de ordem	IDENTIFICAÇÃO DO IMÓVEL	Ref. aos demais livros	ANOTAÇÕES

Dimensões máximas de acordo com o art. 3º, § 1º:

Altura: 0,55m

Largura: 0,40m

REGISTRO DE IMÓVEIS – Modelo do Livro nº 5 – Indicador Pessoal

REGISTRO DE IMÓVEIS INDICADOR PESSOAL Livro nº 5			ANO:
Nº de ordem	PESSOAS	Ref. aos demais livros	ANOTAÇÕES

Dimensões máximas de acordo com o art. 3º, § 1º:

Altura: 0,55m

Largura: 0,40m

LEI 6.019,
DE 3 DE JANEIRO DE 1974

Dispõe sobre o trabalho temporário nas empresas urbanas e dá outras providências.

→ Regulamentada pelo Dec. 73.841/1974.

→ *v.* Instrução Normativa do MTb 14/2009 – Contrato de trabalho temporário.

→ *v.* Portaria do MTb 550/2010 – Contrato de trabalho temporário.

O Presidente da República:

Faço saber que o Congresso Nacional decreta e eu sanciono a seguinte Lei:

Art. 1º É instituído o regime de trabalho temporário, nas condições estabelecidas na presente Lei.

Art. 2º Trabalho temporário é aquele prestado por pessoa física a uma empresa, para atender à necessidade transitória de substituição de seu pessoal regular e permanente ou a acréscimo extraordinário de serviços.

→ *v.* Art. 13 da CLT.

Art. 3º É reconhecida a atividade da empresa de trabalho temporário, que passa a integrar o plano básico do enquadramento sindical a que se refere o art. 577, da Consolidação das Leis do Trabalho.

Art. 4º Compreende-se como empresa de trabalho temporário a pessoa física ou jurídica urbana, cuja atividade consiste em colocar à disposição de outras empresas, temporariamente, trabalhadores, devidamente qualificados, por elas remunerados e assistidos.

Art. 5º O funcionamento da empresa de trabalho temporário dependerá de registro no Departamento Nacional de Mão de Obra do Ministério do Trabalho.

Art. 6º O pedido de registro para funcionar deverá ser instruído com os seguintes documentos:

a) prova de constituição da firma e de nacionalidade brasileira de seus sócios, com o competente registro na Junta Comercial da localidade em que tenha sede;

b) prova de possuir capital social de no mínimo 500 vezes o valor do maior salário mínimo vigente no País;

c) prova de entrega da relação de trabalhadores a que se refere o art. 360, da Consolidação das Leis do Trabalho, bem como apresentação do Certificado de Regularidade de Situação, fornecido pelo Instituto Nacional de Previdência Social;

d) prova do recolhimento da Contribuição Sindical;

e) prova da propriedade do imóvel-sede ou recibo referente ao último mês, relativo ao contrato de locação;

f) prova de inscrição no Cadastro Geral de Contribuintes do Ministério da Fazenda.

Parágrafo único. No caso de mudança de sede ou de abertura de filiais, agências ou escritórios, é dispensada a apresentação dos documentos de que trata este artigo, exigindo-se, no entanto, o encaminhamento prévio ao Departamento Nacional de Mão de Obra de comunicação por escrito, com justificativa e endereço da nova sede ou das unidades operacionais da empresa.

Art. 7º A empresa de trabalho temporário que estiver funcionando na data da vigência desta Lei terá o prazo de 90 (noventa) dias para o atendimento das exigências contidas no artigo anterior.

Parágrafo único. A empresa infratora do presente artigo poderá ter o seu funcionamento suspenso, por ato do Diretor-Geral do Departamento Nacional de Mão de Obra, cabendo recurso ao Ministro de Estado, no prazo de 10 (dez) dias, a contar da publicação do ato no *Diário Oficial da União*.

Art. 8º A empresa de trabalho temporário é obrigada a fornecer ao Departamento Nacional de Mão de Obra, quando solicitada, os elementos de informação julgados necessários ao estudo do mercado de trabalho.

Art. 9º O contrato entre a empresa de trabalho temporário e a empresa tomadora de serviço ou cliente deverá ser obrigatoriamente escrito e dele deverá constar expressamente o motivo justificador da demanda de trabalho temporário, assim como as modalidades de remuneração da prestação de serviço.

Art. 10. O contrato entre a empresa de trabalho temporário e a empresa tomadora ou cliente, com relação a um mesmo empregado, não poderá exceder de três meses, salvo autorização conferida pelo órgão local do Ministério do Trabalho e Previdência Social, segundo instruções a serem baixadas pelo Departamento Nacional de Mão de Obra.

Art. 11. O contrato de trabalho celebrado entre empresa de trabalho temporário e cada um dos assalariados colocados à disposição de uma empresa tomadora ou cliente será, obrigatoriamente, escrito e dele deverão constar, expressamente, os direitos conferidos aos trabalhadores por esta Lei.

Parágrafo único. Será nula de pleno direito qualquer cláusula de reserva, proibindo a contratação do trabalhador pela empresa tomadora ou cliente ao fim do prazo em que tenha sido colocado à sua disposição pela empresa de trabalho temporário.

Art. 12. Ficam assegurados ao trabalhador temporário os seguintes direitos:

a) remuneração equivalente à percebida pelos empregados de mesma categoria da empresa tomadora ou cliente calculados à base horária, garantida, em qualquer hipótese, a percepção do salário mínimo regional;

b) jornada de oito horas, remuneradas as horas extraordinárias não excedentes de duas, com acréscimo de 20% (vinte por cento);

→ *v.* Art. 58 da CLT.

c) férias proporcionais, nos termos do art. 26 da Lei 5.107, de 13 de setembro de 1966;

→ Referida Lei 5.107/1966 foi revogada pela Lei 7.839/1989 que foi revogada pela Lei 8.036/1990.

→ *v.* Arts. 129 e 130 da CLT.

d) repouso semanal remunerado;

→ *v.* Art. 71 da CLT.

e) adicional por trabalho noturno;

→ *v.* Art. 381 da CLT.

f) indenização por dispensa sem justa causa ou término normal do contrato, correspondente a 1/12 (um doze avos) do pagamento recebido;

→ *v.* Art. 479 da CLT.

g) seguro contra acidente do trabalho;

h) proteção previdenciária nos termos do disposto na Lei Orgânica da Previdência Social, com as alterações introduzidas pela Lei 5.890, de 8 de junho de 1973 (art. 5º, item III, letra c, do Decreto 72.771, de 6 de setembro de 1973).

§ 1º Registrar-se-á na Carteira de Trabalho e Previdência Social do trabalhador sua condição de temporário.

→ *v.* Arts. 13 e 14 da CLT.

→ *v.* Dec.-lei 926/1969 – Carteira de Trabalho e Previdência Social.

→ *v.* Portaria do MTE 210/2008 – Carteira de Trabalho e Previdência Social – CTPS Informatizada.

§ 2º A empresa tomadora ou cliente é obrigada a comunicar à empresa de trabalho temporário a ocorrência de todo acidente cuja vítima seja um assalariado posto à sua disposição, considerando-se local de trabalho, para efeito da legislação específica, tanto aquele onde se efetua a prestação do trabalho quanto a sede da empresa de trabalho temporário.

Art. 13. Constituem justa causa para rescisão do contrato do trabalhador temporário os atos e circunstâncias mencionados nos arts. 482 e 483, da Consolidação das Leis do Trabalho, ocorrentes entre o trabalhador e a empresa de trabalho temporário ou entre aquele e a empresa cliente onde estiver prestando serviço.

Art. 14. As empresas de trabalho temporário são obrigadas a fornecer às empresas tomadoras ou clientes, a seu pedido, comprovante da regularidade de sua situação com o Instituto Nacional de Previdência Social.

Art. 15. A fiscalização do trabalho poderá exigir da empresa tomadora ou cliente a apresentação do contrato firmado com a empresa de trabalho temporário, e, desta última, o contrato firmado com o trabalhador, bem como a comprovação do respectivo recolhimento das contribuições previdenciárias.

Art. 16. No caso de falência da empresa de trabalho temporário, a empresa tomadora ou cliente é solidariamente responsável pelo recolhimento das contribuições previdenciárias, no tocante ao tempo em que o trabalhador esteve sob suas ordens, assim como em referência ao mesmo período, pela remuneração e indenização previstas nesta Lei.

→ *v.* Art. 449 da CLT.

→ *v.* Lei 11.101/2005 - Regula a recuperação judicial, a extrajudicial e a falência do empresário e da sociedade empresária.

Art. 17. É defeso às empresas de prestação de serviço temporário a contratação de estrangeiros com visto provisório de permanência no País.

→ *v.* Art. 353 da CLT.

→ *v.* Lei 6.815/1980 – Situação jurídica do estrangeiro no país; e seu regulamento: Decreto 86.715/1981.

Art. 18. É vedado à empresa de trabalho temporário cobrar do trabalhador qualquer importância, mesmo a título de mediação, podendo apenas efetuar os descontos previstos em Lei.

Parágrafo único. A infração deste artigo importa no cancelamento do registro para funcionamento da empresa de trabalho temporário, sem prejuízo das sanções administrativas e penais cabíveis.

Art. 19. Competirá à Justiça do Trabalho dirimir os litígios entre as empresas de serviço temporário e seus trabalhadores.

Art. 20. Esta Lei entrará em vigor 60 (sessenta) dias após sua publicação, revogadas as disposições em contrário.

Brasília, 3 de janeiro de 1974; 153º da Independência e 86º da República.

Emílio G. Médici

(Publicado no *D.O.U.* de 4.1.1974)

LEI 6.024,
DE 13 DE MARÇO DE 1974

Dispõe sobre a intervenção e a liquidação extrajudicial de instituições financeiras e dá outras providências.

O Presidente da República:

Faço saber que o Congresso Nacional decreta e eu sanciono a seguinte Lei:

Capítulo I
DISPOSIÇÃO PRELIMINAR

Art. 1º As instituições financeiras privadas e as públicas não federais, assim como as cooperativas de crédito, estão sujeitas, nos termos desta Lei, à intervenção ou à liquidação extrajudicial, em ambos os casos efetuada e decretada pelo Banco Central do Brasil, sem prejuízo do disposto nos arts. 137 e 138 do Dec.-lei 2.627, de 26 de setembro de 1940, ou à falência, nos termos da legislação vigente.

→ Os citados arts. 137 e 138 do Dec.-lei 2.627/1940 foram revogados pela Lei 6.404/1976.

→ *v.* Arts. 17 e 45 da Lei 4.595/1964.

→ *v.* Lei 9.447/1997 – Responsabilidade solidária de controladores de instituições submetidas aos regimes de que tratam a Lei 6.024/1974, e o Decreto-lei 2.321/1987; sobre a indisponibilidade de seus bens; sobre a responsabilização das empresas de auditoria contábil ou dos auditores contábeis independentes; sobre privatização de instituições cujas ações sejam desapropriadas, na forma do Decreto-lei 2.321/1987.

→ *v.* Art. 2º, II, da Lei 11.101/2005.

Capítulo II
DA INTERVENÇÃO E SEU PROCESSO

Seção I
Da intervenção

Art. 2º Far-se-á a intervenção quando se verificarem as seguintes anormalidades nos negócios sociais da instituição:

I – a entidade sofrer prejuízo, decorrente de má administração, que sujeite a riscos os seus credores;

II – forem verificadas reiteradas infrações a dispositivos da legislação bancária não regularizadas após as determinações do Banco Central do Brasil, no uso das suas atribuições de fiscalização;

III – na hipótese de ocorrer qualquer dos fatos mencionados nos arts. 1º e 2º do Dec.-lei 7.661, de 21 de junho de 1945 (Lei de Falências), houver possibilidade de evitar-se a liquidação extrajudicial.

→ O citado Dec.-lei 7.661/1945 foi revogado pela Lei 11.101/2005 – Lei de Recuperação de Empresa e Falência.

Art. 3º A intervenção será decretada *ex officio* pelo Banco Central do Brasil, ou por solicitação dos administradores da instituição – se o respectivo estatuto lhes conferir esta competência – com indicação das causas do pedido, sem prejuízo da responsabilidade civil e criminal em que incorrerem os mesmos administradores, pela indicação falsa ou dolosa.

Art. 4º O período da intervenção não excederá a seis meses, o qual, por decisão do Banco Central do Brasil, poderá ser prorrogado, uma única vez, até o máximo de outros seis meses.

Art. 5º A intervenção será executada por interventor nomeado pelo Banco Central do Brasil, com plenos poderes de gestão.

Parágrafo único. Dependerão de prévia e expressa autorização do Banco Central do Brasil os atos do interventor que impliquem em disposição ou oneração do patrimônio da sociedade, admissão e demissão de pessoal.

Art. 6º A intervenção produzirá, desde sua decretação, os seguintes efeitos:

a) suspensão da exigibilidade das obrigações vencidas;

b) suspensão da fluência do prazo das obrigações vincendas anteriormente contraídas;

c) inexigibilidade dos depósitos já existentes à data de sua decretação.

Art. 7º A intervenção cessará:

a) se os interessados, apresentando as necessárias condições de garantia, julgados a critério do Banco Central do Brasil, tomarem a si o prosseguimento das atividades econômicas da empresa;

b) quando, a critério do Banco Central do Brasil, a situação da entidade se houver normalizado;

c) se decretada a liquidação extrajudicial, ou a falência da entidade.

Seção II
Do processo da intervenção

Art. 8º Independentemente da publicação do ato de sua nomeação, o interventor será investido, de imediato, em suas funções, mediante termo de posse lavrado no "Diário" da entidade, ou, na falta deste, no livro que o substituir, com a transcrição do ato que houver decretado a medida e que o tenha nomeado.

Art. 9º Ao assumir suas funções, o interventor:

a) arrecadará, mediante termo, todos os livros da entidade e os documentos de interesse da administração;

b) levantará o balanço geral e o inventário de todos os livros, documentos, dinheiro e demais bens da entidade, ainda que em poder de terceiros, a qualquer título.

Parágrafo único. O termo de arrecadação, o balanço geral e o inventário, deverão ser assinados também pelos administradores em exercício no dia anterior ao da posse do interventor, os quais poderão apresentar, em separado, as declarações e observações que julgarem a bem dos seus interesses.

Art. 10. Os ex-administradores da entidade deverão entregar ao interventor, dentro de cinco dias, contados da posse deste, declaração, assinada em conjunto por todos eles, de que conste a indicação:

a) do nome, nacionalidade, estado civil e endereço dos administradores e membros do Conselho Fiscal, que estiverem em exercício nos últimos 12 meses anteriores à decretação da medida;

b) dos mandatos que, porventura, tenham outorgado em nome da instituição, indicando o seu objeto, nome e endereço do mandatário;

c) dos bens imóveis, assim como dos móveis, que não se encontrem no estabelecimento;

d) da participação que, porventura, cada administrador ou membro do Conselho Fiscal tenha em outras sociedades, com a respectiva indicação.

Art. 11. O interventor, dentro em 60 dias, contados de sua posse, prorrogável se necessário, apresentará ao Banco Central do Brasil relatório, que conterá:

a) exame da escrituração, da aplicação dos fundos e disponibilidade, e da situação econômico-financeira da instituição;

b) indicação, devidamente comprovada, dos atos e omissões danosos que eventualmente tenha verificado;

c) proposta justificada da adoção das providências que lhe pareçam convenientes à instituição.

Parágrafo único. As disposições deste artigo não impedem que o interventor, antes da apresentação do relatório, proponha ao Banco Central do Brasil a adoção de qualquer providência que lhe pareça necessária e urgente.

Art. 12. À vista do relatório ou da proposta do interventor, o Banco Central do Brasil poderá:

a) determinar a cessação da intervenção, hipótese em que o interventor será autorizado a promover os atos que, nesse sentido, se tornarem necessários;

b) manter a instituição sob intervenção, até serem eliminadas as irregularidades que a motivaram, observado o disposto no art. 4º;

c) decretar a liquidação extrajudicial da entidade;

d) autorizar o interventor a requerer a falência da entidade quando o seu ativo não for suficiente para cobrir sequer metade do valor dos créditos quirografários, ou quando julgada inconveniente a liquidação extrajudicial, ou quando a complexidade dos negócios da instituição ou a gravidade dos fatos apurados aconselharem a medida.

Art. 13. Das decisões do interventor caberá recurso, sem efeito suspensivo, dentro de dez dias da respectiva ciência, para o Banco Central do Brasil, em única instância.

§ 1º Findo o prazo, sem a interposição de recurso, a decisão assumirá caráter definitivo.

§ 2º O recurso será entregue, mediante protocolo, ao interventor que o informará e o encaminhará, dentro em cinco dias, ao Banco Central do Brasil.

Art. 14. O interventor prestará contas ao Banco Central do Brasil, independentemente de qualquer exigência, no momento em que deixar suas funções, ou a qualquer tempo, quando solicitado, e responderá, civil e criminalmente, por seus atos.

Capítulo III
DA LIQUIDAÇÃO EXTRAJUDICIAL

Seção I
Da aplicação e dos efeitos da medida

Art. 15. Decretar-se-á a liquidação extrajudicial da instituição financeira:

I – *ex officio*:

a) em razão de ocorrências que comprometam sua situação econômica ou financeira especialmente quando deixar de satisfazer, com pontualidade, seus compromissos ou quando se caracterizar qualquer dos motivos que autorizem a declaração de falência;

b) quando a administração violar gravemente as normas legais e estatutárias que disciplinam a atividade da instituição, bem como as determinações do Conselho Monetário Nacional ou do Banco Central do Brasil, no uso de suas atribuições legais;

c) quando a instituição sofrer prejuízo que sujeite a risco anormal seus credores quirografários;

d) quando, cassada a autorização para funcionar, a instituição não iniciar, nos 90 dias seguintes, sua liquidação ordinária, ou quando, iniciada esta, verificar o Banco Central do Brasil que a morosidade de sua administração pode acarretar prejuízo para os credores;

II – a requerimento dos administradores da instituição – se o respectivo estatuto social lhes conferir esta competência ou por proposta do interventor, expostos circunstanciadamente os motivos justificadores da medida.

§ 1º O Banco Central do Brasil decidirá sobre a gravidade dos fatos determinantes da liquidação extrajudicial, considerando as repercussões deste sobre os interesses dos mercados financeiro e de capitais, e, poderá, em lugar da liquidação, efetuar a intervenção, se julgar esta medida suficiente para a normalização dos negócios da instituição, e preservação daqueles interesses.

§ 2º O ato do Banco Central do Brasil, que decretar a liquidação extrajudicial, indicará a data em que se tenha caracterizado o estado que a determinou, fixando o termo legal da liquidação que não poderá ser superior a 60 (sessenta) dias contados do primeiro protesto por falta de pagamento ou, na falta deste do ato que haja decretado a intervenção ou a liquidação.

Art. 16. A liquidação extrajudicial será executada por liquidante nomeado pelo Banco Central do Brasil, com amplos poderes de administração e liquidação, especialmente os de verificação e classificação dos créditos, podendo nomear e demitir funcionários, fixando-lhes os vencimentos, outorgar e cassar mandatos, propor ações e representar a massa em juízo ou fora dele.

§ 1º Com prévia e expressa autorização do Banco Central do Brasil, poderá o liquidante, em benefício da massa, ultimar os negócios pendentes e, a qualquer tempo, onerar ou alienar seus bens, neste último caso através de licitações.

§ 2º Os honorários do liquidante, a serem pagos por conta da liquidanda, serão fixados pelo Banco Central do Brasil.

Art. 17. Em todos os atos, documentos e publicações de interesse da liquidação, será usada, obrigatoriamente, a expressão "Em liquidação extrajudicial", em seguida à denominação da entidade.

Art. 18. A decretação da liquidação extrajudicial produzirá, de imediato, os seguintes efeitos:

a) suspensão das ações e execuções iniciadas sobre direitos e interesses relativos ao acervo da entidade liquidanda, não podendo ser intentadas quaisquer outras, enquanto durar a liquidação;

b) vencimento antecipado das obrigações da liquidanda;

→ *v.* Art. 190 da Lei 5.172/1966.

c) não atendimento das cláusulas penais dos contratos unilaterais vencidos em virtude da decretação da liquidação extrajudicial;

d) não fluência de juros, mesmo que estipulados, contra a massa, enquanto não integralmente pago o passivo;

e) interrupção da prescrição relativa a obrigações de responsabilidade da instituição;

f) não reclamação de correção monetária de quaisquer dívidas passivas, nem de penas pecuniárias por infração de leis penais ou administrativas.

→ *v.* Art. 2º da Dec.-lei 1.477/1976.

Art. 19. A liquidação extrajudicial cessará:

a) se os interessados, apresentando as necessárias condições de garantia, julgadas a critério do Banco Central do Brasil, tomarem a si o prosseguimento das atividades econômicas da empresa;

b) por transformação em liquidação ordinária;

c) com a aprovação das contas finais do liquidante e baixa no registro público competente;

d) se decretada a falência da entidade.

→ *v.* Arts. 94 e 99 da Lei 11.101/2005.

Seção II
Do processo da liquidação extrajudicial

Art. 20. Aplicam-se, ao processo da liquidação extrajudicial, as disposições relativas ao processo da intervenção, constantes dos arts. 8º, 9º, 10 e 11, desta Lei.

Art. 21. À vista do relatório ou da proposta previstos no art. 11, apresentados pelo liquidante na conformidade do artigo anterior, o Banco Central do Brasil poderá autorizá-lo a:

a) prosseguir na liquidação extrajudicial;

b) requerer a falência da entidade, quando o seu ativo não for suficiente para cobrir pelo menos a metade do valor dos créditos quirografários, ou quando houver fundados indícios de crimes falimentares.

Parágrafo único. Sem prejuízo do disposto neste artigo, em qualquer tempo, o Banco Central do Brasil poderá estudar pedidos de cessação da liquidação extrajudicial, formulados pelos interessados, concedendo ou recusando a medida pleiteada, segundo as garantias oferecidas e as conveniências de ordem geral.

Art. 22. Se determinado o prosseguimento da liquidação extrajudicial o liquidante fará publicar, no *Diário Oficial da União* e em jornal de grande circulação do local da sede da entidade, aviso aos credores para que declarem os respectivos créditos, dispensados desta formalidade os credores por depósitos ou por letras de câmbio de aceite da instituição financeira liquidanda.

§ 1º No aviso de que trata este artigo, o liquidante fixará o prazo para a declaração dos créditos, o qual não será inferior a 20 (vinte), nem superior a 40 (quarenta) dias, conforme a importância da liquidação e os interesses nela envolvidos.

§ 2º Relativamente aos créditos dispensados de habilitação, o liquidante manterá, na sede da liquidanda, relação nominal dos depositantes e respectivos saldos, bem como relação das letras de câmbio de seu aceite.

§ 3º Aos credores obrigados à declaração assegurar-se-á o direito de obterem do liquidante as informações, extratos de contas, saldos e outros elementos necessários à defesa dos seus interesses e à prova dos respectivos créditos.

§ 4º O liquidante dará sempre recibo das declarações de crédito e dos documentos recebidos.

Art. 23. O liquidante juntará a cada declaração a informação completa a respeito do resultado das averiguações a que procedeu nos livros, papéis e assentamentos da entidade, relativos ao crédito declarado, bem como sua decisão quanto à legitimidade, valor e classificação.

Parágrafo único. O liquidante poderá exigir dos ex-administradores da instituição que prestem informações sobre qualquer dos créditos declarados.

Art. 24. Os credores serão notificados, por escrito, da decisão do liquidante, os quais, a contar da data do recebimento da notificação, terão o prazo de 10 (dez) dias para recorrer, ao Banco Central do Brasil, do ato que lhes pareça desfavorável.

Art. 25. Esgotado o prazo para a declaração de créditos e julgados estes, o liquidante organizará o quadro geral de credores e publicará, na forma prevista no art. 22, aviso de que dito quadro, juntamente com o balanço geral, se acha fixado na sede e demais dependências da entidade, para conhecimento dos interessados.

Parágrafo único. Após a publicação mencionada neste artigo, qualquer interessado poderá impugnar a legitimidade, valor, ou a classificação dos créditos constantes do referido quadro.

Art. 26. A impugnação será apresentada por escrito, devidamente justificada com os documentos julgados convenientes, dentro de dez dias, contados da data da publicação de que trata o artigo anterior.

§ 1º A entrega da impugnação será feita contra recibo, passado pelo liquidante, com cópia que será juntada ao processo.

§ 2º O titular do crédito impugnado será notificado pelo liquidante e, a contar da data do recebimento da notificação, terá o prazo de 5 (cinco) dias para oferecer as alegações e provas que julgar convenientes à defesa dos seus direitos.

§ 3º O liquidante encaminhará as impugnações com o seu parecer, juntando os elementos probatórios, à decisão do Banco Central do Brasil.

§ 4º Julgadas todas as impugnações, o liquidante fará publicar avisos na forma do art. 22, sobre as eventuais modificações no quadro geral de credores que, a partir desse momento, será considerado definitivo.

Art. 27. Os credores que se julgarem prejudicados pelo não provimento do recurso interposto, ou pela decisão proferida na impugnação poderão prosseguir nas ações que tenham sido suspensas por força do art. 18, ou propor as que couberem, dando ciência do fato ao liquidante para que este reserve fundos suficientes à eventual satisfação dos respectivos pedidos.

Parágrafo único. Decairão do direito assegurado neste artigo os interessados que não o exercitarem dentro do prazo de 30 (trinta) dias, contados da data em que for considerado definitivo o quadro geral dos credores, com a publicação a que alude o § 4º do artigo anterior.

Art. 28. Nos casos de descoberta de falsidade, dolo, simulação, fraude, erro essencial, ou de documentos ignorados na época do julgamento dos créditos, o liquidante ou qualquer credor admitido pode pedir ao Banco Central do Brasil, até ao encerramento da liquidação, a exclusão, ou outra classificação, ou a simples retificação de qualquer crédito.

Parágrafo único. O titular desse crédito será notificado do pedido e, a contar da data do recebimento da notificação, terá o prazo de 5 (cinco) dias para oferecer as alegações e provas que julgar convenientes, sendo-lhe assegurado o direito a que se refere o artigo anterior, se se julgar prejudicado pela decisão proferida, que lhe será notificada por escrito, contando-se da data do recebimento da notificação o prazo de decadência fixado no parágrafo único do mesmo artigo.

Art. 29. Incluem-se, entre os encargos da massa, as quantias a ela fornecidas pelos credores, pelo liquidante ou pelo Banco Central do Brasil.

Art. 30. Salvo expressa disposição em contrário desta Lei, das decisões do liquidante caberá recurso, sem efeito suspensivo, dentro em dez dias da respectiva ciência, para o Banco Central do Brasil, em única instância.

§ 1º Findo o prazo, sem a interposição de recurso, a decisão assumirá caráter definitivo.

§ 2º O recurso será entregue, mediante protocolo, ao liquidante, que o informará e o encaminhará, dentro de cinco dias, ao Banco Central do Brasil.

Art. 31. No resguardo da economia pública, da poupança privada e da segurança nacional, sempre que a atividade da entidade liquidanda colidir com os interesses daquelas áreas, poderá o liquidante, prévia e expressamente autorizado pelo Banco Central do Brasil, adotar qualquer forma especial ou qualificada de realização do ativo e liquidação do passivo, ceder o ativo a terceiros, organizar ou reorganizar sociedade para continuação geral ou parcial do negócio ou atividade da liquidanda.

→ Artigo 31 da Lei 6.024/1974 regulamentado pelo Decreto 92.061/1985.

§ 1º Os atos referidos neste artigo produzem efeitos jurídicos imediatos, independentemente de formalidades e registros.

§ 2º Os registros correspondentes serão procedidos no prazo de 15 (quinze) dias, pelos Oficiais dos Registros de Imóveis e pelos Registros do Comércio, bem como pelos demais órgãos da administração pública, quando for o caso, à vista da comunicação formal, que lhes tenha sido feita pelo liquidante.

Art. 32. Apurados, no curso da liquidação, seguros elementos de prova, mesmo indiciária, da prática de contravenções penais ou crimes, por parte de qualquer dos antigos administradores e membros do Conselho Fiscal, o liquidante os encaminhará ao órgão do Ministério Público para que este promova a ação penal.

Art. 33. O liquidante prestará contas ao Banco Central do Brasil independentemente de qualquer exigência no momento em que deixar suas funções ou a qualquer tempo, quando solicitado, e responderá, civil e criminalmente, por seus atos.

Art. 34. Aplicam-se à liquidação extrajudicial no que couberem e não colidirem com os preceitos desta Lei, as disposições da Lei de Falências (Dec.-lei 7.661 de 21 de junho de 1945), equiparando-se ao síndico, o liquidante, ao juiz da falência, o Banco Central do Brasil, sendo competente para conhecer da ação revocatória prevista no art. 55 daquele Decreto-lei, o juiz a quem caberia processar e julgar a falência da instituição liquidanda.

→ O citado Dec.-lei 7.661/1945 foi revogado pela Lei 11.101/2005 – Lei de Recuperação de Empresa e Falência.

Art. 35. Os atos indicados nos arts. 52 e 53 da Lei de Falências (Dec.-lei 7.661, de 1945) praticados pelos administradores da liquidanda poderão ser declarados nulos ou revogados, cumprindo o disposto nos arts. 54 e 58 da mesma Lei.

→ O citado Dec.-lei 7.661/1945 foi revogado pela Lei 11.101/2005 – Lei de Recuperação de Empresa e Falência.

Parágrafo único. A ação revogatória será proposta pelo liquidante, observado o disposto nos arts. 55, 56 e 57 da Lei de Falências.

Capítulo IV
DOS ADMINISTRADORES E MEMBROS DO CONSELHO FISCAL

Seção I
Da indisponibilidade dos bens

Art. 36. Os administradores das instituições financeiras em intervenção, em liquidação extrajudicial ou em falência, ficarão com todos os seus bens indisponíveis, não podendo, por qualquer forma, direta ou indireta, aliená-los ou onerá-los, até apuração e liquidação final de suas responsabilidades.

§ 1º A indisponibilidade prevista neste artigo decorre do ato que decretar a intervenção, a liquidação extrajudicial ou a falência, e atinge a todos aqueles que tenham estado no exercício das funções nos 12 meses anteriores ao mesmo ato.

§ 2º Por proposta do Banco Central do Brasil, aprovada pelo Conselho Monetário Nacional, a indisponibilidade prevista neste artigo poderá ser estendida:

a) aos bens de gerentes, conselheiros fiscais e aos de todos aqueles que, até o limite da responsabilidade estimada de cada um, tenham concorrido, nos últimos 12 meses, para a decretação da intervenção ou da liquidação extrajudicial;

b) aos bens de pessoas que, nos últimos 12 meses, os tenham a qualquer título, adquirido de administradores da instituição, ou das pessoas referidas na alínea anterior, desde que haja seguros elementos de convicção de que se trata de simulada transferência com o fim de evitar os efeitos desta Lei.

§ 3º Não se incluem nas disposições deste artigo os bens considerados inalienáveis ou impenhoráveis pela legislação em vigor.

§ 4º Não são igualmente atingidos pela indisponibilidade os bens objeto de contrato de alienação, de promessa de compra e venda, de cessão ou promessa de cessão de direitos, desde que os respectivos instrumentos tenham sido levados ao competente registro público, anteriormente à data da decretação da intervenção, da liquidação extrajudicial ou da falência.

Art. 37. Os abrangidos pela indisponibilidade de bens de que trata o artigo anterior não poderão ausentar-se do foro da intervenção, da liquidação extrajudicial ou da falência, sem prévia e expressa autorização do Banco Central do Brasil ou do juiz da falência.

Art. 38. Decretada a intervenção, a liquidação extrajudicial ou a falência, o interventor, o liquidante ou escrivão da falência comunicará ao registro público competente e às Bolsas de Valores a indisponibilidade de bens imposta no art. 36.

Parágrafo único. Recebida a comunicação, a autoridade competente ficará relativamente a esses bens impedida de:

a) fazer transcrições, inscrições ou averbações de documentos públicos ou particulares;

b) arquivar atos ou contratos que importem em transferência de cotas sociais, ações ou partes beneficiárias;

c) realizar ou registrar operações e títulos de qualquer natureza;

d) processar a transferência de propriedade de veículos automotores.

Seção II
Da responsabilidade dos administradores e membros do Conselho Fiscal

Art. 39. Os administradores e membros do Conselho Fiscal de instituições financeiras responderão, a qualquer tempo, salvo prescrição extintiva, pelos atos que tiverem praticado ou omissões em que houverem incorrido.

Art. 40. Os administradores de instituições financeiras respondem solidariamente pelas obrigações por elas assumidas durante sua gestão, até que se cumpram.

→ *v.* Arts. 1º a 3º da Lei 9.447/1997.

Parágrafo único. A responsabilidade solidária se circunscreverá ao montante dos prejuízos causados.

Art. 41. Decretada a intervenção, a liquidação extrajudicial ou a falência de instituição financeira, o Banco Central do Brasil procederá a inquérito, a fim de apurar as causas que levaram a sociedade àquela situação e a responsabilidade de seus administradores e membros do Conselho Fiscal.

§ 1º Para os efeitos deste artigo, decretada a falência, o escrivão do feito a comunicará, dentro em 24 horas, ao Banco Central do Brasil.

§ 2º O inquérito será aberto imediatamente à decretação da intervenção ou da liquidação extrajudicial, ou ao recebimento da comunicação da falência, e concluído dentro em 120 (cento e vinte) dias, prorrogáveis, se absolutamente necessário, por igual prazo.

§ 3º No inquérito, o Banco Central do Brasil poderá:

a) examinar, quando e quantas vezes julgar necessário, a contabilidade, os arquivos, os documentos, os valores e mais elementos das instituições;

b) tomar depoimentos solicitando para isso, se necessário, o auxílio da polícia;

c) solicitar informações a qualquer autoridade ou repartição pública, ao juiz da falência, ao órgão do Ministério Público, ao síndico, ao liquidante ou ao interventor;

d) examinar, por pessoa que designar, os autos da falência e obter, mediante solicitação escrita, cópias ou certidões de peças desses autos;

e) examinar a contabilidade e os arquivos de terceiros com os quais a instituição financeira tiver negociado e no que entender com esses negócios, bem como a contabilidade e os arquivos dos ex-administradores, se comerciantes ou industriais sob firma individual, e as respectivas contas junto a outras instituições financeiras.

§ 4º Os ex-administradores poderão acompanhar o inquérito, oferecer documentos e indicar diligências.

Art. 42. Concluída a apuração, os ex-administradores serão convidados, por carta, a apresentar, por escrito, suas alegações e explicações dentro em cinco dias, comuns para todos.

Art. 43. Transcorrido o prazo do artigo anterior, com ou sem a defesa, será o inquérito encerrado com um relatório, do qual constarão, em síntese, a situação da entidade examinada, as causas de sua queda, o nome, a qualificação e a relação dos bens particulares dos que, nos últimos cinco anos, geriram a sociedade, bem como o montante ou a estimativa dos prejuízos apurados em cada gestão.

Art. 44. Se o inquérito concluir pela inexistência de prejuízo, será, no caso de intervenção e de liquidação extrajudicial, arquivado no próprio Banco Central do Brasil ou, no caso de falência, será remetido ao competente juiz, que o mandará apensar aos respectivos autos.

Parágrafo único. Na hipótese prevista neste artigo, o Banco Central do Brasil, nos casos de intervenção e de liquidação extrajudicial, ou o juiz, no caso de falência, de ofício ou a requerimento de qualquer interessado, determinará o levantamento da indisponibilidade de que trata o art. 36.

Art. 45. Concluindo o inquérito pela existência de prejuízos, será ele, com o respectivo relatório, remetido pelo Banco Central do Brasil ao juiz da falência, ou ao que for competente para decretá-la, o qual o fará com vista ao órgão do Ministério Público, que, em oito dias, sob pena de responsabilidade, requererá o sequestro dos bens dos ex-administradores, que não tinham sido atingidos pela indisponibilidade prevista no art. 36, quantos bastem para a efetivação da responsabilidade.

§ 1º Em caso de intervenção ou liquidação extrajudicial, a distribuição do inquérito ao juízo competente, na forma deste artigo, previne a jurisdição do mesmo juízo na hipótese de vir a ser decretada a falência.

§ 2º Feito o arresto, os bens serão depositados em mãos do interventor, do liquidante ou do síndico, conforme a hipótese, cumprindo ao depositário administrá-los, receber os respectivos rendimentos e prestar contas a final.

Art. 46. A responsabilidade dos ex-administradores, definida nesta Lei, será apurada em ação própria, proposta no juízo da falência ou no que for para ela competente.

Parágrafo único. O órgão do Ministério Público, nos casos de intervenção e liquidação extrajudicial, proporá a ação obrigatoriamente dentro em 30 (trinta) dias a contar da realização do arresto, sob pena de responsabilidade e preclusão da sua iniciativa. Findo esse prazo, ficarão os autos em cartório, à disposição de qualquer credor que poderá iniciar a ação, nos 15 dias seguintes. Se neste último prazo ninguém o fizer, levantar-se-ão o arresto e a indisponibilidade, apensando-se os autos aos da falência, se for o caso.

Art. 47. Se, decretado o arresto ou proposta a ação, sobrevier a falência da entidade, competirá ao síndico tomar, daí por diante, as providências necessárias ao efetivo cumprimento das determinações desta Lei, cabendo-lhe promover a devida substituição processual, no prazo de 30 (trinta) dias, contados da data do seu compromisso.

Art. 48. Independentemente do inquérito e do arresto, qualquer das partes, a que se refere o parágrafo único do art. 46, no prazo nele previsto, poderá propor a ação de responsabilidade dos ex-administradores, na forma desta Lei.

Art. 49. Passada em julgado a sentença que declarar a responsabilidade dos ex-administradores, o arresto e a indisponibilidade de bens se convolarão em penhora, seguindo-se o processo de execução.

§ 1º Apurados os bens penhorados e pagas as custas judiciais, o líquido será entregue ao interventor, ao liquidante ou ao síndico, conforme o caso, para rateio entre os credores da instituição.

§ 2º Se, no curso da ação ou da execução, encerrar-se a intervenção ou a liquidação extrajudicial, o interventor ou o liquidante, por ofício, dará conhecimento da ocorrência ao juiz, solicitando sua substituição como depositário dos bens arrestados ou penhorados, e fornecendo a relação nominal e respectivos saldos dos credores a serem, nesta hipótese, diretamente contemplados com o rateio previsto no parágrafo anterior.

Capítulo V
DISPOSIÇÕES GERAIS

Art. 50. A intervenção determina a suspensão, e, a liquidação extrajudicial, a perda do mandato, respectivamente, dos administradores e membros do Conselho Fiscal e dos de quaisquer outros órgãos criados pelo estatuto, competindo, exclusivamente, ao interventor e ao liquidante a convocação da assembleia geral nos casos em que julgarem conveniente.

Art. 51. Com o objetivo de preservar os interesses da poupança popular e a integridade do acervo das entidades submetidas a intervenção ou a liquidação extrajudicial, o Banco Central do Brasil poderá estabelecer idêntico regime para as pessoas jurídicas que com elas tenham integração de atividade ou vínculo de interesse, ficando os seus administradores sujeitos aos preceitos desta Lei.

Parágrafo único. Verifica-se integração de atividade ou vínculo de interesse, quando as pessoas jurídicas referidas neste artigo forem devedoras da sociedade sob intervenção ou submetida a liquidação extrajudicial, ou quando seus sócios ou acionistas participarem do capital desta em importância superior a 10% (dez por cento), ou sejam cônjuges, ou parentes até o segundo grau, consanguíneos ou afins, de seus diretores ou membros dos conselhos consultivo, administrativo, fiscal ou semelhantes.

Art. 52. Aplicam-se as disposições da presente Lei às sociedades ou empresas que integram o sistema de distribuição de títulos ou valores mobiliários no mercado de capitais (art. 5º da Lei 4.728, de 14 de julho de 1965), assim como às sociedades ou empresas corretoras de câmbio.

§ 1º A intervenção nessas sociedades ou empresas, ou sua liquidação extrajudicial, poderá ser decretada pelo Banco Central do Brasil por iniciativa própria ou por solicitação das Bolsas de Valores, quanto às corretoras a elas associadas, mediante representação fundamentada.

§ 2º Por delegação de competência do Banco Central do Brasil e sem prejuízo de suas atribuições, a intervenção ou a liquidação extrajudicial das sociedades corretoras, membros das Bolsas de Valores, poderá ser processada por estas, sendo competente, no caso, aquela da área em que a sociedade tiver sede.

Art. 53. As sociedades ou empresas que integram o sistema de distribuição de títulos ou valores mobiliários no mercado de capitais, assim como as sociedades ou empresas corretoras de câmbio, não poderão como as instituições financeiras impetrar concordata.

Art. 54. As disposições da presente Lei estendem-se às intervenções e liquidações extrajudiciais em curso, no que couberem.

Art. 55. O Banco Central do Brasil é autorizado a prestar assistência financeira às Bolsas de Valores, nas condições fixadas pelo Conselho Monetário Nacional, quando, a seu critério, se fizer necessária para que elas se adaptem, inteiramente, às exigências do mercado de capitais.

Parágrafo único. A assistência financeira prevista neste artigo poderá ser estendida às Bolsas de Valores, nos casos de intervenção ou liquidação extrajudicial em sociedades corretoras de valores mobiliários e de câmbio, com vistas a resguardar legítimos interesses de investidores.

Art. 56. Ao art. 129 do Dec.-lei 2.627, de 26 de setembro de 1940, é acrescentado o seguinte parágrafo, além do que já lhe fora aditado pela Lei 5.589, de 3 de julho de 1970.

"§ 3º O Conselho Monetário Nacional estabelecerá os critérios de padronização dos documentos de que trata os § 2º podendo ainda, autorizar o Banco Central do Brasil a prorrogar o prazo neste estabelecido determinado então, as condições a que estarão sujeitas as sociedades beneficiárias da prorrogação."

→ Referido art. 129 do Dec.-lei 2.627/1940 foi revogada pela Lei 6.404/1976.

Art. 57. Esta Lei entrará em vigor na data de sua publicação, revogada a Lei 1.808, de 7 de janeiro de 1953, os Decs.-leis 9.228, de 3 de maio de 1946; 9.328, de 10 de junho de 1946; 9.346, de 10 de junho de 1946; 48, de 18 de novembro de 1966; 462, de 11 de fevereiro de 1969, e 685, de 17 de julho de 1969, e demais disposições gerais e especiais em contrário.

Brasília, 13 de março de 1974; 153º da Independência e 86º da República.

Emílio G. Médici

(Publicação no *D.O.U.* de 14.3.1974)

LEI 6.404,
DE 15 DE DEZEMBRO DE 1976

Dispõe sobre as sociedades por ações.

→ *v.* Lei 12.838/2013 - Dispõe sobre crédito presumido apurado com base em créditos decorrentes de diferenças temporárias oriundos de provisões para créditos de liquidação duvidosa nas condições que estabelece e dispõe sobre os títulos de crédito e instrumentos emitidos por instituições financeiras e demais instituições autorizadas a funcionar pelo Banco Central do Brasil, para composição de seu patrimônio de referência, e altera a Lei 12.249/2010.

O Presidente da República:

Faço saber que o Congresso Nacional decreta e eu sanciono a seguinte Lei:

Capítulo I
CARACTERÍSTICAS E NATUREZA DA COMPANHIA OU SOCIEDADE ANÔNIMA

Características

Art. 1º A companhia ou sociedade anônima terá o capital dividido em ações, e a responsabilidade dos sócios ou acionistas será limitada ao preço de emissão das ações subscritas ou adquiridas.

Objetivo social

Art. 2º Pode ser objeto da companhia qualquer empresa de fim lucrativo, não contrário à lei, à ordem pública e aos bons costumes.

§ 1º Qualquer que seja o objeto, a companhia é mercantil e se rege pelas leis e usos do comércio.

§ 2º O estatuto social definirá o objeto de modo preciso e completo.

§ 3º A companhia pode ter por objeto participar de outras sociedades; ainda que não prevista no estatuto, a participação é facultada como meio de realizar o objeto social, ou para beneficiar-se de incentivos fiscais.

Denominação

Art. 3º A sociedade será designada por denominação acompanhada das expressões "companhia", ou "sociedade anônima", expressas por extenso ou abreviadamente mas vedada a utilização da primeira ao final.

§ 1º O nome do fundador, acionista, ou pessoa que por qualquer outro modo tenha concorrido para o êxito da empresa, poderá figurar na denominação.

§ 2º Se a denominação for idêntica ou semelhante a de companhia já existente assistirá à prejudicada o direito de requerer a modificação, por via administrativa (artigo 97) ou em juízo, e demandar as perdas e danos resultantes.

→ *v.* Art. 1.163 do CC/2002.

→ *v.* Art. 35, V, da Lei 8.934/1994.

Companhia aberta e fechada

Art. 4º Para os efeitos desta Lei, a companhia é aberta ou fechada conforme os valores mobiliários de sua emissão estejam ou não admitidos à negociação no mercado de valores mobiliários.

→ Artigo com redação alterada pela Lei 10.303/2001.

→ *v.* Lei 6.385/1976 – Dispõe sobre o mercado de valores mobiliários e cria a Comissão de Valores Mobiliários.

LEGISLAÇÃO

§ 1º Somente os valores mobiliários de emissão de companhia registrada na Comissão de Valores Mobiliários podem ser negociados no mercado de valores mobiliários.

§ 2º Nenhuma distribuição pública de valores mobiliários será efetivada no mercado sem prévio registro na Comissão de Valores Mobiliários.

§ 3º A Comissão de Valores Mobiliários poderá classificar as companhias abertas em categorias, segundo as espécies e classes dos valores mobiliários por ela emitidos negociados no mercado, e especificará as normas sobre companhias abertas aplicáveis a cada categoria.

§ 4º O registro de companhia aberta para negociação de ações no mercado somente poderá ser cancelado se a companhia emissora de ações, o acionista controlador ou a sociedade que a controle, direta ou indiretamente, formular oferta pública para adquirir a totalidade das ações em circulação no mercado, por preço justo, ao menos igual ao valor de avaliação da companhia, apurado com base nos critérios, adotados de forma isolada ou combinada, de patrimônio líquido contábil, de patrimônio líquido avaliado a preço de mercado, de fluxo de caixa descontado, de comparação por múltiplos, de cotação das ações no mercado de valores mobiliários, ou com base em outro critério aceito pela Comissão de Valores Mobiliários, assegurada a revisão do valor da oferta, em conformidade com o disposto no art. 4º-A.

§ 5º Terminado o prazo da oferta pública fixado na regulamentação expedida pela Comissão de Valores Mobiliários, se remanescerem em circulação menos de 5% (cinco por cento) do total das ações emitidas pela companhia, a assembleia geral poderá deliberar o resgate dessas ações pelo valor da oferta de que trata o § 4º, desde que deposite em estabelecimento bancário autorizado pela Comissão de Valores Mobiliários, à disposição dos seus titulares, o valor de resgate, não se aplicando, nesse caso, o disposto no § 6º do art. 44.

§ 6º O acionista controlador ou a sociedade controladora que adquirir ações da companhia aberta sob seu controle que elevem sua participação, direta ou indireta, em determinada espécie e classe de ações à porcentagem que, segundo normas gerais expedidas pela Comissão de Valores Mobiliários, impeça a liquidez de mercado das ações remanescentes, será obrigado a fazer oferta pública, por preço determinado nos termos do § 4º, para aquisição da totalidade das ações remanescentes no mercado.

Art. 4º-A. Na companhia aberta, os titulares de, no mínimo, 10% (dez por cento) das ações em circulação no mercado poderão requerer aos administradores da companhia que convoquem assembleia especial dos acionistas titulares de ações em circulação no mercado, para deliberar sobre a realização de nova avaliação pelo mesmo ou por outro critério, para efeito de determinação do valor de avaliação da companhia, referido no § 4º do art. 4º.

→ Artigo acrescentado pela Lei 10.303/2001.

§ 1º O requerimento deverá ser apresentado no prazo de 15 (quinze) dias da divulgação do valor da oferta pública, devidamente fundamentado e acompanhado de elementos de convicção que demonstrem a falha ou imprecisão no emprego da metodologia de cálculo ou no critério de avaliação adotado, podendo os acionistas referidos no *caput* convocar a assembleia quando os administradores não atenderem, no prazo de 8 (oito) dias, ao pedido de convocação.

§ 2º Consideram-se ações em circulação no mercado todas as ações do capital da companhia aberta menos as de propriedade do acionista controlador, de diretores, de conselheiros de administração e as em tesouraria.

§ 3º Os acionistas que requererem a realização de nova avaliação e aqueles que votarem a seu favor deverão ressarcir a companhia pelos custos incorridos, caso o novo valor seja inferior ou igual ao valor inicial da oferta pública.

§ 4º Caberá à Comissão de Valores Mobiliários disciplinar o disposto no art. 4º e neste artigo, e fixar prazos para a eficácia desta revisão.

Capítulo II
CAPITAL SOCIAL

Seção I
Valor

Fixação no estatuto e moeda

Art. 5º O estatuto da companhia fixará o valor do capital social, expresso em moeda nacional.

Parágrafo único. A expressão monetária do valor do capital social realizado será corrigida anualmente (artigo 167).

Alteração

Art. 6º O capital social somente poderá ser modificado com observância dos preceitos desta Lei e do estatuto social (artigos 166 a 174).

Seção II
Formação

Dinheiro e bens

Art. 7º O capital social poderá ser formado com contribuições em dinheiro ou em qualquer espécie de bens suscetíveis de avaliação em dinheiro.

Avaliação

Art. 8º A avaliação dos bens será feita por 3 (três) peritos ou por empresa especializada, nomeados em assembleia geral dos subscritores, convocada pela imprensa e presidida por um dos fundadores, instalando-se em primeira convocação com a presença de subscritores que representem metade, pelo menos, do capital social, e em segunda convocação com qualquer número.

§ 1º Os peritos ou a empresa avaliadora deverão apresentar laudo fundamentado, com a indicação dos critérios de avaliação e dos elementos de comparação adotados e instruído com os documentos relativos aos bens avaliados, e estarão presentes à assembleia que conhecer do laudo, a fim de prestarem as informações que lhes forem solicitadas.

§ 2º Se o subscritor aceitar o valor aprovado pela assembleia, os bens incorporar-se-ão ao patrimônio da companhia, competindo aos primeiros diretores cumprir as formalidades necessárias à respectiva transmissão.

§ 3º Se a assembleia não aprovar a avaliação, ou o subscritor não aceitar a avaliação aprovada, ficará sem efeito o projeto de constituição da companhia.

§ 4º Os bens não poderão ser incorporados ao patrimônio da companhia por valor acima do que lhes tiver dado o subscritor.

§ 5º Aplica-se à assembleia referida neste artigo o disposto nos §§ 1º e 2º do art. 115.

§ 6º Os avaliadores e o subscritor responderão perante a companhia, os acionistas e terceiros, pelos danos que lhes causarem por culpa ou dolo na avaliação dos bens, sem prejuízo da responsabilidade penal em que tenham incorrido; no caso de bens em condomínio, a responsabilidade dos subscritores é solidária.

Transferência dos bens

Art. 9º Na falta de declaração expressa em contrário, os bens transferem-se à companhia a título de propriedade.

Responsabilidade do subscritor

Art. 10. A responsabilidade civil dos subscritores ou acionistas que contribuírem com bens para a formação do capital social será idêntica à do vendedor.

Parágrafo único. Quando a entrada consistir em crédito, o subscritor ou acionista responderá pela solvência do devedor.

Capítulo III
AÇÕES

Seção I
Número e valor nominal

Fixação no estatuto

Art. 11. O estatuto fixará o número das ações em que se divide o capital social e estabelecerá se as ações terão, ou não, valor nominal.

§ 1º Na companhia com ações sem valor nominal, o estatuto poderá criar uma ou mais classes de ações preferenciais com valor nominal.

§ 2º O valor nominal será o mesmo para todas as ações da companhia.

§ 3º O valor nominal das ações de companhia aberta não poderá ser inferior ao mínimo fixado pela Comissão de Valores Mobiliários.

→ *v.* Art. 19, § 6º, da Lei 6.385/1976.

Alteração

Art. 12. O número e o valor nominal das ações somente poderão ser alterados nos casos de modificação do valor do capital social ou da sua expressão monetária, de desdobramento ou grupamento de ações, ou de cancelamento de ações autorizado nesta Lei.

Seção II
Preço de emissão

→ *v.* Súmula 371 do STJ.

Ações com valor nominal

Art. 13. É vedada a emissão de ações por preço inferior ao seu valor nominal.

§ 1º A infração do disposto neste artigo importará nulidade do ato ou operação e responsabilidade dos infratores, sem prejuízo da ação penal que no caso couber.

§ 2º A contribuição do subscritor que ultrapassar o valor nominal constituirá reserva de capital (artigo 182, § 1º).

Ações sem valor nominal

Art. 14. O preço de emissão das ações sem valor nominal será fixado, na constituição da companhia, pelos fundadores, e no aumento de capital, pela assembleia geral ou pelo conselho de administração (artigos 166 e 170, § 2º).

Parágrafo único. O preço de emissão pode ser fixado com parte destinada à formação de reserva de capital; na emissão de ações preferenciais com prioridade no reembolso do capital, somente a parcela que ultrapassar o valor de reembolso poderá ter essa destinação.

Seção III
Espécies e classes

Espécies

Art. 15. As ações, conforme a natureza dos direitos ou vantagens que confiram a seus titulares, são ordinárias, preferenciais, ou de fruição.

§ 1º As ações ordinárias da companhia fechada e as ações preferenciais da companhia aberta e fechada poderão ser de uma ou mais classes.

§ 2º O número de ações preferenciais sem direito a voto, ou sujeitas a restrição no exercício desse direito, não pode ultrapassar 50% (cinquenta por cento) do total das ações emitidas.

→ § 2º com redação alterada pela Lei 10.303/2001.

Ações ordinárias

Art. 16. As ações ordinárias de companhia fechada poderão ser de classes diversas, em função de:

I – conversibilidade em ações preferenciais;

→ Inciso I com redação alterada pela Lei 9.457/1997.

II – exigência de nacionalidade brasileira do acionista; ou

→ Inciso II com redação alterada pela Lei 9.457/1997.

III – direito de voto em separado para o preenchimento de determinados cargos de órgãos administrativos.

→ Inciso III com redação alterada pela Lei 9.457/1997.

Parágrafo único. A alteração do estatuto na parte em que regula a diversidade de classes, se não for expressamente prevista e regulada, requererá a concordância de todos os titulares das ações atingidas.

Ações preferenciais

Art. 17. As preferências ou vantagens das ações preferenciais podem consistir:

→ Artigo com redação alterada pela Lei 10.303/2001.

I – em prioridade na distribuição de dividendo, fixo ou mínimo;

II – em prioridade no reembolso do capital, com prêmio ou sem ele; ou

III – na acumulação das preferências e vantagens de que tratam os incisos I e II.

§ 1º Independentemente do direito de receber ou não o valor de reembolso do capital com prêmio ou sem ele, as ações preferenciais sem direito de voto ou com restrição ao exercício deste direito, somente serão admitidas à negociação no mercado de valores mobiliários se a elas for atribuída pelo menos uma das seguintes preferências ou vantagens:

I – direito de participar do dividendo a ser distribuído, correspondente a, pelo menos, 25% (vinte e cinco por cento) do lucro líquido do exercício, calculado na forma do art. 202, de acordo com o seguinte critério:

a) prioridade no recebimento dos dividendos mencionados neste inciso correspondente a, no mínimo, 3% (três por cento) do valor do patrimônio líquido da ação; e

b) direito de participar dos lucros distribuídos em igualdade de condições com as ordinárias, depois de a estas assegurado dividendo igual ao mínimo prioritário estabelecido em conformidade com a alínea *a*; ou

II – direito ao recebimento de dividendo, por ação preferencial, pelo menos 10% (dez por cento) maior do que o atribuído a cada ação ordinária; ou

III – direito de serem incluídas na oferta pública de alienação de controle, nas condições previstas no art. 254-A, assegurado o dividendo pelo menos igual ao das ações ordinárias.

§ 2º Deverão constar do estatuto, com precisão e minúcia, outras preferências ou vantagens que sejam atribuídas aos acionistas sem direito a voto, ou com voto restrito, além das previstas neste artigo.

§ 3º Os dividendos, ainda que fixos ou cumulativos, não poderão ser distribuídos em prejuízo do capital social, salvo quando, em caso de liquidação da companhia, essa vantagem tiver sido expressamente assegurada.

§ 4º Salvo disposição em contrário no estatuto, o dividendo prioritário não é cumulativo, a ação com dividendo fixo não participa dos lucros remanescentes e a ação com dividendo mínimo participa dos lucros distribuídos em igualdade de condições com as ordinárias, depois de a estas assegurado dividendo igual ao mínimo.

§ 5º Salvo no caso de ações com dividendo fixo, o estatuto não pode excluir ou restringir o direito das ações preferenciais de participar dos aumentos de capital decorrentes da capitalização de reservas ou lucros (art. 169).

§ 6º O estatuto pode conferir às ações preferenciais com prioridade na distribuição de dividendo cumulativo, o direito de recebê-lo, no exercício em que o lucro for insuficiente, à conta das reservas de capital de que trata o § 1º do art. 182.

§ 7º Nas companhias objeto de desestatização poderá ser criada ação preferencial de classe especial, de propriedade exclusiva do ente desestatizante, à qual o estatuto social poderá conferir os poderes que especificar, inclusive o poder de veto às deliberações da assembleia geral nas matérias que especificar.

Vantagens políticas

Art. 18. O estatuto pode assegurar a uma ou mais classes de ações preferenciais o direito de eleger, em votação em separado, um ou mais membros dos órgãos de administração.

Parágrafo único. O estatuto pode subordinar as alterações estatutárias que especificar à aprovação, em assembleia especial, dos titulares de uma ou mais classes de ações preferenciais.

Regulação no estatuto

Art. 19. O estatuto da companhia com ações preferenciais declarará as vantagens ou preferências atribuídas a cada classe dessas ações e as restrições a que ficarão sujeitas, e poderá prever o resgate ou a amortização, a conversão de ações de uma classe em ações de outra e em ações ordinárias, e destas em preferenciais, fixando as respectivas condições.

Seção IV
Forma

Art. 20. As ações devem ser nominativas.

→ Artigo com redação alterada pela Lei 8.021/1990.

Ações não integralizadas

Art. 21. Além dos casos regulados em lei especial, as ações terão obrigatoriamente forma nominativa ou endossável até o integral pagamento do preço de emissão.

Determinação no estatuto

Art. 22. O estatuto determinará a forma das ações e a conversibilidade de uma em outra forma.

Parágrafo único. As ações ordinárias da companhia aberta e ao menos uma das classes de ações ordinárias da companhia fechada, quando tiverem a forma ao portador, serão obrigatoriamente conversíveis, à vontade do acionista, em nominativas ou endossáveis.

Seção V
Certificados

Emissão

Art. 23. A emissão de certificado de ação somente será permitida depois de cumpridas as formalidades necessárias ao funcionamento legal da companhia.

§ 1º A infração do disposto neste artigo importa nulidade do certificado e responsabilidade dos infratores.

§ 2º Os certificados das ações, cujas entradas não consistirem em dinheiro, só poderão ser emitidos depois de cumpridas as formalidades necessárias à transmissão de bens, ou de realizados os créditos.

§ 3º A companhia poderá cobrar o custo da substituição dos certificados, quando pedida pelo acionista.

Requisitos

Art. 24. Os certificados das ações serão escritos em vernáculo e conterão as seguintes declarações:

I – denominação da companhia, sua sede e prazo de duração;

II – o valor do capital social, a data do ato que o tiver fixado, o número de ações em que se divide e o valor nominal das ações, ou a declaração de que não têm valor nominal;

III – nas companhias com capital autorizado, o limite da autorização, em número de ações ou valor do capital social;

IV – o número de ações ordinárias e preferenciais das diversas classes, se houver, as vantagens ou preferências conferidas a cada classe e as limitações ou restrições a que as ações estiverem sujeitas;

V – o número de ordem do certificado e da ação, e a espécie e classe a que pertence;

VI – os direitos conferidos às partes beneficiárias, se houver;

VII – a época e o lugar da reunião da assembleia geral ordinária;

VIII – a data da constituição da companhia e do arquivamento e publicação de seus atos constitutivos;

IX – o nome do acionista;

→ Inciso IX com redação alterada pela Lei 9.457/1997.

X – o débito do acionista e a época e o lugar de seu pagamento, se a ação não estiver integralizada;

→ Inciso X com redação alterada pela Lei 9.457/1997.

XI – a data da emissão do certificado e as assinaturas de dois diretores, ou do agente emissor de certificados (art. 27).

→ Inciso XI com redação alterada pela Lei 9.457/1997.

§ 1º A omissão de qualquer dessas declarações dá ao acionista direito à indenização por perdas e danos contra a companhia e os diretores na gestão dos quais os certificados tenham sido emitidos.

§ 2º Os certificados de ações emitidas por companhias abertas podem ser assinados por 2 (dois) mandatários com poderes especiais, ou autenticados por chancela mecânica, observadas as normas expedidas pela Comissão de Valores Mobiliários.

→ § 2º com redação alterada pela Lei 10.303/2001.

Títulos múltiplos e cautelas

Art. 25. A companhia poderá, satisfeitos os requisitos do artigo 24, emitir certificados de múltiplos de ações e, provisoriamente, cautelas que as representem.

Parágrafo único. Os títulos múltiplos das companhias abertas obedecerão à padronização de número de ações fixada pela Comissão de Valores Mobiliários.

Cupões

Art. 26. Aos certificados das ações ao portador podem ser anexados cupões relativos a dividendos ou outros direitos.

Parágrafo único. Os cupões conterão a denominação da companhia, a indicação do lugar da sede, o número de ordem do certificado, a classe da ação e o número de ordem do cupão.

Agente emissor de certificados

Art. 27. A companhia pode contratar a escrituração e a guarda dos livros de registro e transferência de ações e a emissão dos certificados com instituição financeira autorizada pela Comissão de Valores Mobiliários a manter esse serviço.

§ 1º Contratado o serviço, somente o agente emissor poderá praticar os atos relativos aos registros e emitir certificados.

§ 2º O nome do agente emissor constará das publicações e ofertas públicas de valores mobiliários feitas pela companhia.

§ 3º Os certificados de ações emitidos pelo agente emissor da companhia deverão ser numerados seguidamente, mas a numeração das ações será facultativa.

Seção VI
Propriedade e circulação

Indivisibilidade

Art. 28. A ação é indivisível em relação à companhia.

Parágrafo único. Quando a ação pertencer a mais de uma pessoa, os direitos por ela conferidos serão exercidos pelo representante do condomínio.

Negociabilidade

Art. 29. As ações da companhia aberta somente poderão ser negociadas depois de realizados 30% (trinta por cento) do preço de emissão.

Parágrafo único. A infração do disposto neste artigo importa na nulidade do ato.

Negociação com as próprias ações

Art. 30. A companhia não poderá negociar com as próprias ações.

§ 1º Nessa proibição não se compreendem:

a) as operações de resgate, reembolso ou amortização previstas em lei;

b) a aquisição, para permanência em tesouraria ou cancelamento, desde que até o valor do saldo de lucros ou reservas, exceto a legal, e sem diminuição do capital social ou por doação;

c) a alienação das ações adquiridas nos termos da alínea *b* e mantidas em tesouraria;

d) a compra quando, resolvida a redução do capital mediante restituição, em dinheiro, de parte do valor das ações, o preço destas em bolsa for inferior ou igual à importância que deve ser restituída.

§ 2º A aquisição das próprias ações pela companhia aberta obedecerá, sob pena de nulidade, às normas expedidas pela Comissão de Valores Mobiliários, que poderá subordiná-la a prévia autorização em cada caso.

§ 3º A companhia não poderá receber em garantia as próprias ações, salvo para assegurar a gestão dos seus administradores.

§ 4º As ações adquiridas nos termos da alínea *b* do § 1º, enquanto mantidas em tesouraria, não terão direito a dividendo nem a voto.

§ 5º No caso da alínea *d* do § 1º, as ações adquiridas serão retiradas definitivamente de circulação.

Ações nominativas

Art. 31. A propriedade das ações nominativas presume-se pela inscrição do nome do acionista no livro de "Registro de Ações Nominativas" ou pelo extrato que seja fornecido pela instituição custodiante, na qualidade de proprietária fiduciária das ações.

→ *Caput* com redação alterada pela Lei 10.303/2001.

§ 1º A transferência das ações nominativas opera-se por termo lavrado no livro de "Transferência de Ações Nominativas", datado e assinado pelo cedente e pelo cessionário, ou seus legítimos representantes.

§ 2º A transferência das ações nominativas em virtude de transmissão por sucessão universal ou legado, de arrematação, adjudicação ou outro ato judicial, ou por qualquer outro título, somente se fará mediante averbação no livro de "Registro de Ações Nominativas", à vista de documento hábil, que ficará em poder da companhia.

§ 3º Na transferência das ações nominativas adquiridas em Bolsa de Valores, o cessionário será representado, independentemente de instrumento de procuração, pela sociedade corretora, ou pela caixa de liquidação da Bolsa de Valores.

Ações endossáveis

Art. 32. *(Revogado pela Lei 8.021/1990).*

Ações ao portador

Art. 33. *(Revogado pela Lei 8.021/1990).*

Ações escriturais

Art. 34. O estatuto da companhia pode autorizar ou estabelecer que todas as ações da companhia, ou uma ou mais classes delas, sejam mantidas em contas de depósito, em nome de seus titulares, na instituição que designar, sem emissão de certificados.

§ 1º No caso de alteração estatutária, a conversão em ação escritural depende da apresentação e do cancelamento do respectivo certificado em circulação.

§ 2º Somente as instituições financeiras autorizadas pela Comissão de Valores Mobiliários podem manter serviços de escrituração de ações e de outros valores mobiliários.

→ § 2º com redação alterada pela Lei 12.810/2013.

→ *v.* Arts. 19, § 4º, da Lei 6.385/1976.

§ 3º A companhia responde pelas perdas e danos causados aos interessados por erros ou irregularidades no serviço de ações escriturais, sem prejuízo do eventual direito de regresso contra a instituição depositária.

Art. 35. A propriedade da ação escritural presume-se pelo registro na conta de depósito das ações, aberta em nome do acionista nos livros da instituição depositária.

§ 1º A transferência da ação escritural opera-se pelo lançamento efetuado pela instituição depositária em seus livros, a débito da conta de ações do alienante e a crédito da conta de ações do adquirente, à vista de ordem escrita do alienante, ou de autorização ou ordem judicial, em documento hábil que ficará em poder da instituição.

§ 2º A instituição depositária fornecerá ao acionista extrato da conta de depósito das ações escriturais, sempre que solicitado, ao término de todo mês em que for movimentada e, ainda que não haja movimentação, ao menos uma vez por ano.

§ 3º O estatuto pode autorizar a instituição depositária a cobrar do acionista o custo do serviço de transferência da propriedade das ações escriturais, observados os limites máximos fixados pela Comissão de Valores Mobiliários.

Limitações à circulação

Art. 36. O estatuto da companhia fechada pode impor limitações à circulação das ações nominativas, contanto que regule minuciosamente tais limitações e não impeça a negociação, nem sujeite o acionista ao arbítrio dos órgãos de administração da companhia ou da maioria dos acionistas.

Parágrafo único. A limitação à circulação criada por alteração estatutária somente se aplicará às ações cujos titulares com ela expressamente concordarem, mediante pedido de averbação no livro de "Registro de Ações Nominativas".

Suspensão dos serviços de certificados

Art. 37. A companhia aberta pode, mediante comunicação às Bolsas de Valores em que suas ações forem negociadas e publicação de anúncio, suspender, por períodos que não ultrapassem, cada um, 15 (quinze) dias, nem o total de 90 (noventa) dias durante o ano, os serviços de transferência, conversão e desdobramento de certificados.

Parágrafo único. O disposto neste artigo não prejudicará o registro da transferência das ações negociadas em bolsa anteriormente ao início do período de suspensão.

Perda ou extravio

Art. 38. O titular de certificado perdido ou extraviado de ação ao portador ou endossável poderá, justificando a propriedade e a perda ou extravio, promover, na forma da lei processual, o procedimento de anulação e substituição para obter a expedição de novo certificado.

§ 1º Somente será admitida a anulação e substituição de certificado ao portador ou endossado em branco à vista da prova, produzida pelo titular, da destruição ou inutilização do certificado a ser substituído.

§ 2º Até que o certificado seja recuperado ou substituído, as transferências poderão ser averbadas sob condição, cabendo à companhia exigir do titular, para satisfazer dividendo e demais direitos, garantia idônea de sua eventual restituição.

Seção VII
Constituição de direitos reais e outros ônus

Penhor

Art. 39. O penhor ou caução de ações se constitui pela averbação do respectivo instrumento no livro de Registro de Ações Nominativas.

→ *Caput* com redação alterada pela Lei 9.457/1997.

§ 1º O penhor da ação escritural se constitui pela averbação do respectivo instrumento nos livros da instituição financeira, a qual será anotada no extrato da conta de depósito fornecido ao acionista.

§ 2º Em qualquer caso, a companhia, ou a instituição financeira, tem o direito de exigir, para seu arquivo, um exemplar do instrumento de penhor.

Outros direitos e ônus

Art. 40. O usufruto, o fideicomisso, a alienação fiduciária em garantia e quaisquer cláusulas ou ônus que gravarem a ação deverão ser averbados:

I – se nominativa, no livro de "Registro de Ações Nominativas";

II – se escritural, nos livros da instituição financeira, que os anotará no extrato da conta de depósito fornecida ao acionista.

→ Inciso II com redação alterada pela Lei 9.457/1997.

Parágrafo único. Mediante averbação nos termos deste artigo, a promessa de venda da ação e o direito de preferência à sua aquisição são oponíveis a terceiros.

Seção VIII
Custódia de ações fungíveis

Art. 41. A instituição autorizada pela Comissão de Valores Mobiliários a prestar serviços de custódia de ações fungíveis pode contratar custódia em que as ações de cada espécie e classe da companhia sejam recebidas em depósito como valores fungíveis, adquirindo a instituição depositária a propriedade fiduciária das ações.

→ Artigo com redação alterada pela Lei 10.303/2001.

§ 1º A instituição depositária não pode dispor das ações e fica obrigada a devolver ao depositante a quantidade de ações recebidas, com as modificações resultantes de alterações no capital social ou no número de ações da companhia emissora, independentemente do número de ordem das ações ou dos certificados recebidos em depósito.

§ 2º Aplica-se o disposto neste artigo, no que couber, aos demais valores mobiliários.

§ 3º A instituição depositária ficará obrigada a comunicar à companhia emissora:

I – imediatamente, o nome do proprietário efetivo quando houver qualquer evento societário que exija a sua identificação; e

II – no prazo de até 10 (dez) dias, a contratação da custódia e a criação de ônus ou gravames sobre as ações.

§ 4º A propriedade das ações em custódia fungível será provada pelo contrato firmado entre o proprietário das ações e a instituição depositária.

§ 5º A instituição tem as obrigações de depositária e responde perante o acionista e terceiros pelo descumprimento de suas obrigações.

Representação e responsabilidade

Art. 42. A instituição financeira representa, perante a companhia, os titulares das ações recebidas em custódia nos termos do artigo 41, para receber dividendos e ações bonificadas e exercer direito de preferência para subscrição de ações.

§ 1º Sempre que houver distribuição de dividendos ou bonificação de ações e, em qualquer caso, ao menos uma vez por ano, a instituição financeira fornecerá à companhia a lista dos depositantes de ações recebidas nos termos deste artigo, assim como a quantidade de ações de cada um.

→ § 1º com redação alterada pela Lei 9.457/1997.

§ 2º O depositante pode, a qualquer tempo, extinguir a custódia e pedir a devolução dos certificados de suas ações.

§ 3º A companhia não responde perante o acionista nem terceiros pelos atos da instituição depositária das ações.

Seção IX
Certificado de depósito de ações

Art. 43. A instituição financeira autorizada a funcionar como agente emissor de certificados (art. 27) pode emitir título representativo das ações que receber em depósito, do qual constarão:

→ *Caput* com redação alterada pela Lei 9.457/1997.

I – o local e a data da emissão;

II – o nome da instituição emitente e as assinaturas de seus representantes;

III – a denominação "Certificado de Depósito de Ações";

IV – a especificação das ações depositadas;

V – a declaração de que as ações depositadas, seus rendimentos e o valor recebido nos casos de resgate ou amortização somente serão entregues ao titular do certificado de depósito, contra apresentação deste;

VI – o nome e a qualificação do depositante;

VII – o preço do depósito cobrado pelo banco, se devido na entrega das ações depositadas;

VIII – o lugar da entrega do objeto do depósito.

§ 1º A instituição financeira responde pela origem e autenticidade dos certificados das ações depositadas.

§ 2º Emitido o certificado de depósito, as ações depositadas, seus rendimentos, o valor de resgate ou de amortização não poderão ser objeto de penhora, arresto, sequestro, busca ou apreensão, ou qualquer outro embaraço que impeça sua entrega ao titular do certificado, mas este poderá ser objeto de penhora ou de qualquer medida cautelar por obrigação do seu titular.

§ 3º Os certificados de depósito de ações serão nominativos, podendo ser mantidos sob o sistema escritural.

→ § 3º com redação alterada pela Lei 9.457/1997.

§ 4º Os certificados de depósito de ações poderão, a pedido do seu titular, e por sua conta, ser desdobrados ou grupados.

§ 5º Aplicam-se ao endosso do certificado, no que couber, as normas que regulam o endosso de títulos cambiários.

Seção X
Resgate, amortização e reembolso

Resgate e amortização

Art. 44. O estatuto ou a assembleia geral extraordinária pode autorizar a aplicação de lucros ou reservas no resgate ou na amortização de ações, determinando as condições e o modo de proceder-se à operação.

§ 1º O resgate consiste no pagamento do valor das ações para retirá-las definitivamente de circulação, com redução ou não do capital social; mantido o mesmo capital, será atribuído, quando for o caso, novo valor nominal às ações remanescentes.

§ 2º A amortização consiste na distribuição aos acionistas, a título de antecipação e sem redução do capital social, de quantias que lhes poderiam tocar em caso de liquidação da companhia.

§ 3º A amortização pode ser integral ou parcial e abranger todas as classes de ações ou só uma delas.

§ 4º O resgate e a amortização que não abrangerem a totalidade das ações de uma mesma classe serão feitos mediante sorteio; sorteadas ações custodiadas nos termos do artigo 41, a instituição financeira especificará, mediante rateio, as resgatadas ou amortizadas, se outra forma não estiver prevista no contrato de custódia.

§ 5º As ações integralmente amortizadas poderão ser substituídas por ações de fruição, com as restrições fixadas pelo estatuto ou pela assembleia geral que deliberar a amortização; em qualquer caso, ocorrendo liquidação da companhia, as ações amortizadas só concorrerão ao acervo líquido depois de assegurado às ações não amortizadas valor igual ao da amortização, corrigido monetariamente.

§ 6º Salvo disposição em contrário do estatuto social, o resgate de ações de uma ou mais classes só será efetuado se, em assembleia especial convocada para deliberar essa matéria específica, for aprovado por acionistas que representem, no mínimo, a metade das ações da(s) classe(s) atingida(s).

→ § 6º acrescentado pela Lei 10.303/2001.

Reembolso

Art. 45. O reembolso é a operação pela qual, nos casos previstos em lei, a companhia paga aos acionistas dissidentes de deliberação da assembleia geral o valor de suas ações.

§ 1º O estatuto pode estabelecer normas para a determinação do valor de reembolso, que, entretanto, somente poderá ser inferior ao valor de patrimônio líquido constante do último balanço aprovado pela assembleia geral, observado o disposto no § 2º, se estipulado com base no valor econômico da companhia, a ser apurado em avaliação (§§ 3º e 4º).

→ § 1º com redação alterada pela Lei 9.457/1997.

§ 2º Se a deliberação da assembleia geral ocorrer mais de 60 (sessenta) dias depois da data do último balanço aprovado, será facultado ao acionista dissidente pedir, juntamente com o reembolso, levantamento de balanço especial em data que atenda àquele prazo. Nesse caso, a companhia pagará imediatamente 80% (oitenta por cento) do valor de reembolso calculado com base no último balanço e, levantado o balanço especial, pagará o saldo no prazo de 120 (cento e vinte), dias a contar da data da deliberação da assembleia geral.

§ 3º Se o estatuto determinar a avaliação da ação para efeito de reembolso, o valor será o determinado por 3 (três) peritos ou empresa especializada, mediante laudo que satisfaça os requisitos do § 1º do art. 8º e com a responsabilidade prevista no § 6º do mesmo artigo.

→ § 3º com redação alterada pela Lei 9.457/1997.

§ 4º Os peritos ou empresa especializada serão indicados em lista sêxtupla ou tríplice, respectivamente, pelo conselho de administração ou, se não houver, pela diretoria, e escolhidos pela Assembleia geral em deliberação tomada por maioria absoluta de votos, não se computando os votos em branco, cabendo a cada ação, independentemente de sua espécie ou classe, o direito a um voto.

→ § 4º com redação alterada pela Lei 9.457/1997.

§ 5º O valor de reembolso poderá ser pago à conta de lucros ou reservas, exceto a legal, e nesse caso as ações reembolsadas ficarão em tesouraria.

→ § 5º com redação alterada pela Lei 9.457/1997.

§ 6º Se, no prazo de 120 (cento e vinte) dias, a contar da publicação da ata da assembleia, não forem substituídos os acionistas cujas ações tenham sido reembolsadas à conta do capital social, este considerar-se-á reduzido no montante correspondente, cumprindo aos órgãos da administração convocar a assembleia geral, dentro de cinco dias, para tomar conhecimento daquela redução.

→ § 6º com redação alterada pela Lei 9.457/1997.

§ 7º Se sobrevier a falência da sociedade, os acionistas dissidentes, credores pelo reembolso de suas ações, serão classificados como quirografários em quadro separado, e os rateios que lhes couberem serão imputados no pagamento dos créditos constituídos anteriormente à data da publicação da ata da assembleia. As quantias assim atribuídas aos créditos mais antigos não se deduzirão dos créditos dos ex-acionistas, que subsistirão integralmente para serem satisfeitos pelos bens da massa, depois de pagos os primeiros.

→ § 7º acrescentado pela Lei 9.457/1997.

§ 8º Se, quando ocorrer a falência, já se houver efetuado, à conta do capital social, o reembolso dos ex-acionistas, estes não tiverem sido substituídos, e a massa não bastar para o pagamento dos créditos mais antigos, caberá ação revocatória para restituição do reembolso pago com redução do capital social, até a concorrência do que remanescer dessa parte do passivo. A restituição será havida, na mesma proporção, de todos os acionistas cujas ações tenham sido reembolsadas.

→ § 8º acrescentado pela Lei 9.457/1997.

Capítulo IV
PARTES BENEFICIÁRIAS

Características

Art. 46. A companhia pode criar, a qualquer tempo, títulos negociáveis, sem valor nominal e estranhos ao capital social, denominados "partes beneficiárias".

§ 1º As partes beneficiárias conferirão aos seus titulares direito de crédito eventual contra a companhia, consistente na participação nos lucros anuais (art. 190).

§ 2º A participação atribuída às partes beneficiárias, inclusive para formação de reserva para resgate, se houver, não ultrapassará 0,1 (um décimo) dos lucros.

§ 3º É vedado conferir às partes beneficiárias qualquer direito privativo de acionista, salvo o de fiscalizar, nos termos desta Lei, os atos dos administradores.

§ 4º É proibida a criação de mais de uma classe ou série de partes beneficiárias.

Emissão

Art. 47. As partes beneficiárias poderão ser alienadas pela companhia, nas condições determinadas pelo estatuto ou pela assembleia geral, ou atribuídas a fundadores, acionistas ou terceiros, como remuneração de serviços prestados à companhia.

Parágrafo único. É vedado às companhias abertas emitir partes beneficiárias.

→ Parágrafo único com redação alterada pela Lei 10.303/2001.

Resgate e conversão

Art. 48. O estatuto fixará o prazo de duração das partes beneficiárias e, sempre que estipular resgate, deverá criar reserva especial para esse fim.

§ 1º O prazo de duração das partes beneficiárias atribuídas gratuitamente, salvo as destinadas a sociedades ou fundações beneficentes dos empregados da companhia, não poderá ultrapassar 10 (dez) anos.

§ 2º O estatuto poderá prever a conversão das partes beneficiárias em ações, mediante capitalização de reserva criada para esse fim.

§ 3º No caso de liquidação da companhia, solvido o passivo exigível, os titulares das partes beneficiárias terão direito de preferência sobre o que restar do ativo até a importância da reserva para resgate ou conversão.

Certificados

Art. 49. Os certificados das partes beneficiárias conterão:

I – a denominação "Parte Beneficiária";

II – a denominação da companhia, sua sede e prazo de duração;

III – o valor do capital social, a data do ato que o fixou e o número de ações em que se divide;

IV – o número de partes beneficiárias criadas pela companhia e o respectivo número de ordem;

V – os direitos que lhes são atribuídos pelo estatuto, o prazo de duração e as condições de resgate, se houver;

VI – a data da constituição da companhia e do arquivamento e publicação dos seus atos constitutivos;

VII – o nome do beneficiário;

→ Inciso VII com redação alterada pela Lei 9.457/1997.

VIII – a data da emissão do certificado e as assinaturas de dois diretores.

→ Inciso VIII com redação alterada pela Lei 9.457/1997.

Forma, propriedade, circulação e ônus

Art. 50. As partes beneficiárias serão nominativas e a elas se aplica, no que couber, o disposto nas seções V a VII do Capítulo III.

→ *Caput* com redação alterada pela Lei 9.457/1997.

§ 1º As partes beneficiárias serão registradas em livros próprios, mantidos pela companhia.

→ § 1º com redação alterada pela Lei 9.457/1997.

§ 2º As partes beneficiárias podem ser objeto de depósito com emissão de certificado, nos termos do artigo 43.

Modificação dos direitos

Art. 51. A reforma do estatuto que modificar ou reduzir as vantagens conferidas às partes beneficiárias só terá eficácia quando aprovada pela metade, no mínimo, dos seus titulares, reunidos em assembleia geral especial.

§ 1º A assembleia será convocada, através da imprensa, de acordo com as exigências para convocação das assembleias de acionistas, com 1 (um) mês de antecedência, no mínimo. Se, após 2 (duas) convocações, deixar de instalar-se por falta de número, somente 6 (seis) meses depois outra poderá ser convocada.

§ 2º Cada parte beneficiária dá direito a 1 (um) voto, não podendo a companhia votar com os títulos que possuir em tesouraria.

§ 3º A emissão de partes beneficiárias poderá ser feita com a nomeação de agente fiduciário dos seus titulares, observado, no que couber, o disposto nos artigos 66 a 71.

Capítulo V
DEBÊNTURES

Características

Art. 52. A companhia poderá emitir debêntures que conferirão aos seus titulares direito de crédito contra ela, nas condições constantes da escritura de emissão e, se houver, do certificado.

→ Artigo com redação alterada pela Lei 10.303/2001.

Seção I
Direito dos debenturistas

Emissões e séries

Art. 53. A companhia poderá efetuar mais de uma emissão de debêntures, e cada emissão pode ser dividida em séries.

Parágrafo único. As debêntures da mesma série terão igual valor nominal e conferirão a seus titulares os mesmos direitos.

Valor nominal

Art. 54. A debênture terá valor nominal expresso em moeda nacional, salvo nos casos de obrigação que, nos termos da legislação em vigor, possa ter o pagamento estipulado em moeda estrangeira.

§ 1º A debênture poderá conter cláusula de correção monetária, com base nos coeficientes fixados para correção de títulos da dívida pública, na variação da taxa cambial ou em outros referenciais não expressamente vedados em lei.

→ § 1º acrescentado pela Lei 10.303/2001.

§ 2º A escritura de debênture poderá assegurar ao debenturista a opção de escolher receber o pagamento do principal e acessórios, quando do vencimento, amortização ou resgate, em moeda ou em bens avaliados nos termos do art. 8º.

→ § 2º acrescentado pela Lei 10.303/2001.

Vencimento, amortização e resgate

Art. 55. A época do vencimento da debênture deverá constar da escritura de emissão e do certificado, podendo a companhia estipular amortizações parciais de cada série, criar fundos de amortização e reservar-se o direito de resgate antecipado, parcial ou total, dos títulos da mesma série.

§ 1º A amortização de debêntures da mesma série deve ser feita mediante rateio.

→ § 1º com redação alterada pela Lei 12.431/2011.

§ 2º O resgate parcial de debêntures da mesma série deve ser feito:

→ § 2º com redação alterada pela Lei 12.431/2011.

I – mediante sorteio; ou

II – se as debêntures estiverem cotadas por preço inferior ao valor nominal, por compra no mercado organizado de valores mobiliários, observadas as regras expedidas pela Comissão de Valores Mobiliários.

§ 3º É facultado à companhia adquirir debêntures de sua emissão:

→ § 3º com redação alterada pela Lei 12.431/2011.

I – por valor igual ou inferior ao nominal, devendo o fato constar do relatório da administração e das demonstrações financeiras; ou

II – por valor superior ao nominal, desde que observe as regras expedidas pela Comissão de Valores Mobiliários.

§ 4º A companhia poderá emitir debêntures cujo vencimento somente ocorra nos casos de inadimplência da obrigação de pagar juros e dissolução da companhia, ou de outras condições previstas no título.

→ § 4º acrescentado pela Lei 12.431/2011.

Juros e outros direitos

Art. 56. A debênture poderá assegurar ao seu titular juros, fixos ou variáveis, participação no lucro da companhia e prêmio de reembolso.

Conversibilidade em ações

Art. 57. A debênture poderá ser conversível em ações nas condições constantes da escritura de emissão, que especificará:

I – as bases da conversão, seja em número de ações em que poderá ser convertida cada debênture, seja como relação entre o valor nominal da debênture e o preço de emissão das ações;

II – a espécie e a classe das ações em que poderá ser convertida;

III – o prazo ou época para o exercício do direito à conversão;

IV – as demais condições a que a conversão acaso fique sujeita.

§ 1º Os acionistas terão direito de preferência para subscrever a emissão de debêntures com cláusula de conversibilidade em ações, observado o disposto nos artigos 171 e 172.

§ 2º Enquanto puder ser exercido o direito à conversão, dependerá de prévia aprovação dos debenturistas, em assembleia especial, ou de seu agente fiduciário, a alteração do estatuto para:

a) mudar o objeto da companhia;

b) criar ações preferenciais ou modificar as vantagens das existentes, em prejuízo das ações em que são conversíveis as debêntures.

Seção II
Espécies

Art. 58. A debênture poderá, conforme dispuser a escritura de emissão, ter garantia real ou garantia flutuante, não gozar de preferência ou ser subordinada aos demais credores da companhia.

→ *V.* Arts. 83, II, V, VIII, *a*, e 124, parágrafo único, da Lei 11.101/2005.

§ 1º A garantia flutuante assegura à debênture privilégio geral sobre o ativo da companhia, mas não impede a negociação dos bens que compõem esse ativo.

§ 2º As garantias poderão ser constituídas cumulativamente.

§ 3º As debêntures com garantia flutuante de nova emissão são preferidas pelas de emissão ou emissões anteriores, e a prioridade se estabelece pela data da inscrição da escritura de emissão; mas dentro da mesma emissão, as séries concorrem em igualdade.

§ 4º A debênture que não gozar de garantia poderá conter cláusula de subordinação aos credores quirografários, preferindo apenas os acionistas no ativo remanescente, se houver, em caso de liquidação da companhia.

§ 5º A obrigação de não alienar ou onerar bem imóvel ou outro bem sujeito a registro de propriedade, assumida pela companhia na escritura de emissão, é oponível a terceiros, desde que averbada no competente registro.

§ 6º As debêntures emitidas por companhia integrante de grupo de sociedades (artigo 265) poderão ter garantia flutuante do ativo de 2 (duas) ou mais sociedades do grupo.

Seção III
Criação e emissão

Competência

Art. 59. A deliberação sobre emissão de debêntures é da competência privativa da assembleia geral, que deverá fixar, observado o que a respeito dispuser o estatuto:

I – o valor da emissão ou os critérios de determinação do seu limite, e a sua divisão em séries, se for o caso;

II – o número e o valor nominal das debêntures;

III – as garantias reais ou a garantia flutuante, se houver;

IV – as condições de correção monetária, se houver;

V – a conversibilidade ou não em ações e as condições a serem observadas na conversão;

VI – a época e as condições de vencimento, amortização ou resgate;

VII – a época e as condições do pagamento dos juros, da participação nos lucros e do prêmio de reembolso, se houver;

VIII – o modo de subscrição ou colocação, e o tipo das debêntures.

§ 1º Na companhia aberta, o conselho de administração pode deliberar sobre a emissão de debêntures não conversíveis em ações, salvo disposição estatutária em contrário.

→ § 1º com redação alterada pela Lei 12.431/2011.

§ 2º O estatuto da companhia aberta poderá autorizar o conselho de administração a, dentro dos limites do capital autorizado, deliberar sobre a emissão de debêntures conversíveis em ações, especificando o limite do aumento de capital decorrente da conversão das debêntures, em valor do capital social ou em número de ações, e as espécies e classes das ações que poderão ser emitidas.

→ § 2º com redação alterada pela Lei 12.431/2011.

§ 3º A assembleia geral pode deliberar que a emissão terá valor e número de série indeterminados, dentro dos limites por ela fixados.

→ § 3º com redação alterada pela Lei 12.431/2011.

§ 4º Nos casos não previstos nos §§ 1º e 2º, a assembleia geral pode delegar ao conselho de administração a deliberação sobre as condições de que tratam os incisos VI a VIII do *caput* e sobre a oportunidade da emissão.

→ § 4º acrescentado pela Lei 12.431/2011.

Limite de emissão

Art. 60. *(Revogado pela Lei 12.431/2011).*

Escritura de emissão

Art. 61. A companhia fará constar da escritura de emissão os direitos conferidos pelas debêntures, suas garantias e demais cláusulas ou condições.

§ 1º A escritura de emissão, por instrumento público ou particular, de debêntures distribuídas ou admitidas à negociação no mercado, terá obrigatoriamente a intervenção de agente fiduciário dos debenturistas (artigos 66 a 70).

§ 2º Cada nova série da mesma emissão será objeto de aditamento à respectiva escritura.

§ 3º A Comissão de Valores Mobiliários poderá aprovar padrões de cláusulas e condições que devam ser adotados nas escrituras de emissão de debêntures destinadas à negociação em bolsa ou no mercado de balcão, e recusar a admissão ao mercado da emissão que não satisfaça a esses padrões.

Registro

Art. 62. Nenhuma emissão de debêntures será feita sem que tenham sido satisfeitos os seguintes requisitos:

→ *Caput* com redação alterada pela Lei 10.303/2001.

I – arquivamento, no registro do comércio, e publicação da ata da assembleia geral, ou do conselho de administração, que deliberou sobre a emissão;

→ Inciso I com redação alterada pela Lei 10.303/2001.

II – inscrição da escritura de emissão no registro do comércio;

→ Inciso II com redação alterada pela Lei 10.303/2001.

III – constituição das garantias reais, se for o caso.

§ 1º Os administradores da companhia respondem pelas perdas e danos causados à companhia ou a terceiros por infração deste artigo.

§ 2º O agente fiduciário e qualquer debenturista poderão promover os registros requeridos neste artigo e sanar as lacunas e irregularidades porventura existentes nos registros promovidos pelos administradores da companhia; neste caso, o oficial do registro notificará a administração da companhia para que lhe forneça as indicações e documentos necessários.

§ 3º Os aditamentos à escritura de emissão serão averbados nos mesmos registros.

§ 4º Os registros do comércio manterão livro especial para inscrição das emissões de debêntures, no qual serão anotadas as condições essenciais de cada emissão.

→ § 4º com redação alterada pela Lei 10.303/2001.

Seção IV
Forma, propriedade, circulação e ônus

Art. 63. As debêntures serão nominativas, aplicando-se, no que couber, o disposto nas seções V a VII do Capítulo III.

→ *Caput* com redação alterada pela Lei 9.457/1997.

§ 1º As debêntures podem ser objeto de depósito com emissão de certificado, nos termos do art. 43.

→ Anterior parágrafo único renumerado para § 1º pela Lei 10.303/2001.

§ 2º A escritura de emissão pode estabelecer que as debêntures sejam mantidas em contas de custódia, em nome de seus titulares, na instituição que designar, sem emissão de certificados, aplicando-se, no que couber, o disposto no art. 41.

→ § 2º acrescentado pela Lei 10.303/2001.

Seção V
Certificados

Requisitos

Art. 64. Os certificados das debêntures conterão:

I – a denominação, sede, prazo de duração e objeto da companhia;

II – a data da constituição da companhia e do arquivamento e publicação dos seus atos constitutivos;

III – a data da publicação da ata da assembleia geral que deliberou sobre a emissão;

IV – a data e ofício do registro de imóveis em que foi inscrita a emissão;

V – a denominação "Debênture" e a indicação da sua espécie, pelas palavras "com garantia real", "com garantia flutuante", "sem preferência" ou "subordinada";

VI – a designação da emissão e da série;

VII – o número de ordem;

VIII – o valor nominal e a cláusula de correção monetária, se houver, as condições de vencimento, amortização, resgate, juros, participação no lucro ou prêmio de reembolso, e a época em que serão devidos;

IX – as condições de conversibilidade em ações, se for o caso;

X – o nome do debenturista;

→ Inciso X com redação alterada pela Lei 9.457/1997.

XI – o nome do agente fiduciário dos debenturistas, se houver;

→ Inciso XI com redação alterada pela Lei 9.457/1997.

XII – a data da emissão do certificado e a assinatura de dois diretores da companhia;

→ Inciso XII com redação alterada pela Lei 9.457/1997.

XIII – a autenticação do agente fiduciário, se for o caso.

→ Inciso XIII com redação alterada pela Lei 9.457/1997.

Títulos múltiplos e cautelas

Art. 65. A companhia poderá emitir certificados de múltiplos de debêntures e, provisoriamente, cautelas que as representem, satisfeitos os requisitos do artigo 64.

§ 1º Os títulos múltiplos de debêntures das companhias abertas obedecerão à padronização de quantidade fixada pela Comissão de Valores Mobiliários.

§ 2º Nas condições previstas na escritura de emissão com nomeação de agente fiduciário, os certificados poderão ser substituídos, desdobrados ou grupados.

Seção VI
Agente fiduciário dos debenturistas

Requisitos e incompatibilidades

Art. 66. O agente fiduciário será nomeado e deverá aceitar a função na escritura de emissão das debêntures.

§ 1º Somente podem ser nomeados agentes fiduciários as pessoas naturais que satisfaçam aos requisitos para o exercício de cargo em órgão de administração da companhia e as instituições financeiras que, especialmente autorizadas pelo Banco Central do Brasil, tenham por objeto a administração ou a custódia de bens de terceiros.

§ 2º A Comissão de Valores Mobiliários poderá estabelecer que nas emissões de debêntures negociadas no mercado o agente fiduciário, ou um dos agentes fiduciários, seja instituição financeira.

§ 3º Não pode ser agente fiduciário:

a) pessoa que já exerça a função em outra emissão da mesma companhia, a menos que autorizado, nos termos das normas expedidas pela Comissão de Valores Mobiliários;

→ Alínea *a* com redação alterada pela Lei 12.431/2011.

b) instituição financeira coligada à companhia emissora ou à entidade que subscreva a emissão para distribuí-la no mercado, e qualquer sociedade por elas controlada;

c) credor, por qualquer título, da sociedade emissora, ou sociedade por ele controlada;

d) instituição financeira cujos administradores tenham interesse na companhia emissora;

e) pessoa que, de qualquer outro modo, se coloque em situação de conflito de interesse pelo exercício da função.

§ 4º O agente fiduciário que, por circunstâncias posteriores à emissão, ficar impedido de continuar a exercer a função deverá comunicar imediatamente o fato aos debenturistas e pedir sua substituição.

Substituição, remuneração e fiscalização

Art. 67. A escritura de emissão estabelecerá as condições de substituição e remuneração do agente fiduciário, observadas as normas expedidas pela Comissão de Valores Mobiliários.

Parágrafo único. A Comissão de Valores Mobiliários fiscalizará o exercício da função de agente fiduciário das emissões distribuídas no mercado, ou de debêntures negociadas em bolsa ou no mercado de balcão, podendo:

a) nomear substituto provisório, nos casos de vacância;

b) suspender o agente fiduciário de suas funções e dar-lhe substituto, se deixar de cumprir os seus deveres.

Deveres e atribuições

Art. 68. O agente fiduciário representa, nos termos desta Lei e da escritura de emissão, a comunhão dos debenturistas perante a companhia emissora.

§ 1º São deveres do agente fiduciário:

a) proteger os direitos e interesses dos debenturistas, empregando no exercício da função o cuidado e a diligência que todo homem ativo e probo costuma empregar na administração de seus próprios bens;

b) elaborar relatório e colocá-lo anualmente à disposição dos debenturistas, dentro de 4 (quatro) meses do encerramento do exercício social da companhia, informando os fatos relevantes ocorridos durante o exercício, relativos à execução das obrigações assumidas pela companhia, aos bens garantidores das debêntures e à constituição e aplicação do fundo de amortização, se houver; do relatório constará, ainda, declaração do agente sobre sua aptidão para continuar no exercício da função;

c) notificar os debenturistas, no prazo máximo de 60 (sessenta) dias, de qualquer inadimplemento, pela companhia, de obrigações assumidas na escritura da emissão.

→ Alínea *c* com redação alterada pela Lei 10.303/2001.

§ 2º A escritura de emissão disporá sobre o modo de cumprimento dos deveres de que tratam as alíneas *b* e *c* do parágrafo anterior.

§ 3º O agente fiduciário pode usar de qualquer ação para proteger direitos ou defender interesses dos debenturistas, sendo-lhe especialmente facultado, no caso de inadimplemento da companhia:

a) declarar, observadas as condições da escritura de emissão, antecipadamente vencidas as debêntures e cobrar o seu principal e acessórios;

b) executar garantias reais, receber o produto da cobrança e aplicá-lo no pagamento, integral ou proporcional, dos debenturistas;

c) requerer a falência da companhia emissora, se não existirem garantias reais;

d) representar os debenturistas em processos de falência, concordata, intervenção ou liquidação extrajudicial da companhia emissora, salvo deliberação em contrário da assembleia dos debenturistas;

e) tomar qualquer providência necessária para que os debenturistas realizem os seus créditos.

§ 4º O agente fiduciário responde perante os debenturistas pelos prejuízos que lhes causar por culpa ou dolo no exercício das suas funções.

§ 5º O crédito do agente fiduciário por despesas que tenha feito para proteger direitos e interesses ou realizar créditos dos debenturistas será acrescido à dívida da companhia emissora, gozará das mesmas garantias das debêntures e preferirá a estas na ordem de pagamento.

§ 6º Serão reputadas não escritas as cláusulas da escritura de emissão que restringirem os deveres, atribuições e responsabilidade do agente fiduciário previstos neste artigo.

Outras funções

Art. 69. A escritura de emissão poderá ainda atribuir ao agente fiduciário as funções de autenticar os certificados de debêntures, administrar o fundo de amortização, manter em custódia bens dados em garantia e efetuar os pagamentos de juros, amortização e resgate.

Substituição de garantias e modificação da escritura

Art. 70. A substituição de bens dados em garantia, quando autorizada na escritura de emissão, dependerá da concordância do agente fiduciário.

Parágrafo único. O agente fiduciário não tem poderes para acordar na modificação das cláusulas e condições da emissão.

Seção VII
Assembleia de debenturistas

Art. 71. Os titulares de debêntures da mesma emissão ou série podem, a qualquer tempo, reunir-se em assembleia a fim de deliberar sobre matéria de interesse da comunhão dos debenturistas.

§ 1º A assembleia de debenturistas pode ser convocada pelo agente fiduciário, pela companhia emissora, por debenturistas que representem 10% (dez por cento), no mínimo, dos títulos em circulação, e pela Comissão de Valores Mobiliários.

§ 2º Aplica-se à assembleia de debenturistas, no que couber, o disposto nesta Lei sobre a assembleia geral de acionistas.

§ 3º A assembleia se instalará, em primeira convocação, com a presença de debenturistas que representem metade, no mínimo, das debêntures em circulação, e, em segunda convocação, com qualquer número.

§ 4º O agente fiduciário deverá comparecer à assembleia e prestar aos debenturistas as informações que lhe forem solicitadas.

§ 5º A escritura de emissão estabelecerá a maioria necessária, que não será inferior à metade das debêntures em circulação, para aprovar modificação nas condições das debêntures.

§ 6º Nas deliberações da assembleia, a cada debênture caberá um voto.

Seção VIII
Cédula de debêntures

→ Rubrica da Seção VIII com redação alterada pela Lei 9.457/1997.

Art. 72. As instituições financeiras autorizadas pelo Banco Central do Brasil a efetuar esse tipo de operação poderão emitir cédulas lastreadas em debêntures, com garantia própria, que conferirão a seus titulares direito de crédito contra o emitente, pelo valor nominal e os juros nela estipulados.

→ *Caput* com redação alterada pela Lei 9.457/1997.

§ 1º A cédula será nominativa, escritural ou não.

→ § 1º com redação alterada pela Lei 9.457/1997.

§ 2º O certificado da cédula conterá as seguintes declarações:

a) o nome da instituição financeira emitente e as assinaturas dos seus representantes;

b) o número de ordem, o local e a data da emissão;

c) a denominação "Cédula de Debêntures";

→ Alínea *c* com redação alterada pela Lei 9.457/1997.

d) o valor nominal e a data do vencimento;

e) os juros, que poderão ser fixos ou variáveis, e as épocas do seu pagamento;

f) o lugar do pagamento do principal e dos juros;

g) a identificação das debêntures-lastro, do seu valor e da garantia constituída;

→ Alínea *g* com redação alterada pela Lei 9.457/1997.

h) o nome do agente fiduciário dos debenturistas;

i) a cláusula de correção monetária, se houver;

j) o nome do titular;

→ Alínea *j* com redação alterada pela Lei 9.457/1997.

Seção IX
Emissão de debêntures no estrangeiro

Art. 73. Somente com a prévia aprovação do Banco Central do Brasil as companhias brasileiras poderão emitir debêntures no Exterior com garantia real ou flutuante de bens situados no País.

§ 1º Os credores por obrigações contraídas no Brasil terão preferência sobre os créditos por debêntures emitidas no Exterior por companhias estrangeiras autorizadas a funcionar no País, salvo se a emissão tiver sido previamente autorizada pelo Banco Central do Brasil e o seu produto aplicado em estabelecimento situado no território nacional.

§ 2º Em qualquer caso, somente poderão ser remetidos para o Exterior o principal e os encargos de debêntures registradas no Banco Central do Brasil.

§ 3º A emissão de debêntures no estrangeiro, além de observar os requisitos do artigo 62, requer a inscrição no registro de imóveis, do local da sede ou do estabelecimento, dos demais documentos exigidos pelas leis do lugar da emissão, autenticadas de acordo com a lei aplicável, legalizadas pelo consulado brasileiro no Exterior e acompanhadas de tradução em vernáculo, feita por tradutor público juramentado; e, no caso de companhia estrangeira, o arquivamento no registro do comércio e publicação do ato que, de acordo com o estatuto social e a lei do local da sede, tenha autorizado a emissão.

§ 4º A negociação, no mercado de capitais do Brasil, de debêntures emitidas no estrangeiro, depende de prévia autorização da Comissão de Valores Mobiliários.

Seção X
Extinção

Art. 74. A companhia emissora fará, nos livros próprios, as anotações referentes à extinção das debêntures, e manterá arquivados, pelo prazo de 5 (cinco) anos, juntamente com os documentos relativos à extinção, os certificados cancelados ou os recibos dos titulares das contas das debêntures escriturais.

§ 1º Se a emissão tiver agente fiduciário, caberá a este fiscalizar o cancelamento dos certificados.

§ 2º Os administradores da companhia responderão solidariamente pelas perdas e danos decorrentes da infração do disposto neste artigo.

Capítulo VI
BÔNUS DE SUBSCRIÇÃO

Características

Art. 75. A companhia poderá emitir, dentro do limite de aumento de capital autorizado no estatuto (artigo 168), títulos negociáveis denominados "Bônus de Subscrição".

Parágrafo único. Os bônus de subscrição conferirão aos seus titulares, nas condições constantes do certificado, direito de subscrever ações do capital social, que será exercido mediante apresentação do título à companhia e pagamento do preço de emissão das ações.

Competência

Art. 76. A deliberação sobre emissão de bônus de subscrição compete à assembleia geral, se o estatuto não a atribuir ao conselho de administração.

Emissão

Art. 77. Os bônus de subscrição serão alienados pela companhia ou por ela atribuídos, como vantagem adicional, aos subscritores de emissões de suas ações ou debêntures.

Parágrafo único. Os acionistas da companhia gozarão, nos termos dos artigos 171 e 172, de preferência para subscrever a emissão de bônus.

Forma, propriedade e circulação

Art. 78. Os bônus de subscrição terão a forma nominativa.

→ *Caput* com redação alterada pela Lei 9.457/1997.

Parágrafo único. Aplica-se aos bônus de subscrição, no que couber, o disposto nas Seções V a VII do Capítulo III.

Certificados

Art. 79. O certificado de bônus de subscrição conterá as seguintes declarações:

I – as previstas nos números. I a IV do artigo 24;

II – a denominação "Bônus de Subscrição";

III – o número de ordem;

IV – o número, a espécie e a classe das ações que poderão ser subscritas, o preço de emissão ou os critérios para sua determinação;

V – a época em que o direito de subscrição poderá ser exercido e a data do término do prazo para esse exercício;

VI – o nome do titular;

→ Inciso VI com redação alterada pela Lei 9.457/1997.

VII – a data da emissão do certificado e as assinaturas de dois diretores.

→ Inciso VII com redação alterada pela Lei 9.457/1997.

Capítulo VII
CONSTITUIÇÃO DA COMPANHIA

Seção I
Requisitos preliminares

Art. 80. A constituição da companhia depende do cumprimento dos seguintes requisitos preliminares:

I – subscrição, pelo menos por 2 (duas) pessoas, de todas as ações em que se divide o capital social fixado no estatuto;

II – realização, como entrada, de 10% (dez por cento), no mínimo, do preço de emissão das ações subscritas em dinheiro;

III – depósito, no Banco do Brasil S.A., ou em outro estabelecimento bancário autorizado pela Comissão de Valores Mobiliários, da parte do capital realizado em dinheiro.

Parágrafo único. O disposto no número II não se aplica às companhias para as quais a lei exige realização inicial de parte maior do capital social.

Depósito da entrada

Art. 81. O depósito referido no número III do artigo 80 deverá ser feito pelo fundador, no prazo de 5 (cinco) dias contados do recebimento das quantias, em nome do subscritor e a favor da sociedade em organização, que só poderá levantá-lo após haver adquirido personalidade jurídica.

Parágrafo único. Caso a companhia não se constitua dentro de 6 (seis) meses da data do depósito, o banco restituirá as quantias depositadas diretamente aos subscritores.

Seção II
Constituição por subscrição pública

Registro da emissão

Art. 82. A constituição de companhia por subscrição pública depende do prévio registro da emissão na Comissão de Valores Mobiliários, e a subscrição somente poderá ser efetuada com a intermediação de instituição financeira.

§ 1º O pedido de registro de emissão obedecerá às normas expedidas pela Comissão de Valores Mobiliários e será instruído com:

a) o estudo de viabilidade econômica e financeira do empreendimento;

b) o projeto do estatuto social;

c) o prospecto, organizado e assinado pelos fundadores e pela instituição financeira intermediária.

§ 2º A Comissão de Valores Mobiliários poderá condicionar o registro a modificações no estatuto ou no prospecto e denegá-lo por inviabilidade ou temeridade do empreendimento, ou inidoneidade dos fundadores.

Projeto de estatuto

Art. 83. O projeto de estatuto deverá satisfazer a todos os requisitos exigidos para os contratos das sociedades mercantis em geral e aos peculiares às companhias, e conterá as normas pelas quais se regerá a companhia.

→ *V.* Art. 997 do do CC/2002.

Prospecto

Art. 84. O prospecto deverá mencionar, com precisão e clareza, as bases da companhia e os motivos que justifiquem a expectativa de bom êxito do empreendimento, e em especial:

I – o valor do capital social a ser subscrito, o modo de sua realização e a existência ou não de autorização para aumento futuro;

II – a parte do capital a ser formada com bens, a discriminação desses bens e o valor a eles atribuídos pelos fundadores;

III – o número, as espécies e classes de ações em que se dividirá o capital; o valor nominal das ações, e o preço da emissão das ações;

IV – a importância da entrada a ser realizada no ato da subscrição;

V – as obrigações assumidas pelos fundadores, os contratos assinados no interesse da futura companhia e as quantias já despendidas e por despender;

VI – as vantagens particulares, a que terão direito os fundadores ou terceiros, e o dispositivo do projeto do estatuto que as regula;

VII – a autorização governamental para constituir-se a companhia, se necessária;

VIII – as datas de início e término da subscrição e as instituições autorizadas a receber as entradas;

IX – a solução prevista para o caso de excesso de subscrição;

X – o prazo dentro do qual deverá realizar-se a assembleia de constituição da companhia, ou a preliminar para avaliação dos bens, se for o caso;

XI – o nome, nacionalidade, estado civil, profissão e residência dos fundadores, ou, se pessoa jurídica, a firma ou denominação, nacionalidade e sede, bem como o número e espécie de ações que cada um houver subscrito;

XII – a instituição financeira intermediária do lançamento, em cujo poder ficarão depositados os originais do prospecto e do projeto de estatuto, com os documentos a que fizerem menção, para exame de qualquer interessado.

Lista, boletim e entrada

Art. 85. No ato da subscrição das ações a serem realizadas em dinheiro, o subscritor pagará entrada e assinará a lista ou o boletim individual autenticados pela instituição autorizada a receber as entradas, qualificando-se pelo nome, nacionalidade, residência, estado civil, profissão e documento de identidade, ou, se pessoa jurídica, pela firma ou denominação, nacionalidade e sede, devendo especificar o número das ações subscritas, a sua espécie e classe, se houver mais de uma, e o total da entrada.

Parágrafo único. A subscrição poderá ser feita, nas condições previstas no prospecto, por carta à instituição, com as declarações prescritas neste artigo e o pagamento da entrada.

Convocação de assembleia

Art. 86. Encerrada a subscrição e havendo sido subscrito todo o capital social, os fundadores convocarão a assembleia geral que deverá:

I – promover a avaliação dos bens, se for o caso (artigo 8º);

II – deliberar sobre a constituição da companhia.

Parágrafo único. Os anúncios de convocação mencionarão hora, dia e local da reunião e serão inseridos nos jornais em que houver sido feita a publicidade da oferta de subscrição.

Assembleia de constituição

Art. 87. A assembleia de constituição instalar-se-á, em primeira convocação, com a presença de subscritores que representem, no mínimo, metade do capital social, e, em segunda convocação, com qualquer número.

§ 1º Na assembleia, presidida por um dos fundadores e secretariada por subscritor, será lido o recibo de depósito de que trata o número III do artigo 80, bem como discutido e votado o projeto de estatuto.

§ 2º Cada ação, independentemente de sua espécie ou classe, dá direito a um voto; a maioria não tem poder para alterar o projeto de estatuto.

§ 3º Verificando-se que foram observadas as formalidades legais e não havendo oposição de subscritores que representem mais da metade do capital social, o presidente declarará constituída a companhia, procedendo-se, a seguir, à eleição dos administradores e fiscais.

§ 4º A ata da reunião, lavrada em duplicata, depois de lida e aprovada pela assembleia, será assinada por todos os subscritores presentes, ou por quantos bastem à validade das deliberações; um exemplar ficará em poder da companhia e o outro será destinado ao registro do comércio.

Seção III
Constituição por subscrição particular

Art. 88. A constituição da companhia por subscrição particular do capital pode fazer-se por deliberação dos subscritores em assembleia geral ou por escritura pública, considerando-se fundadores todos os subscritores.

§ 1º Se a forma escolhida for a de assembleia geral observar-se-á o disposto nos artigos 86 e 87, devendo ser entregues à assembleia o projeto do estatuto, assinado em duplicata por todos os subscritores do capital, e as listas ou boletins de subscrição de todas as ações.

§ 2º Preferida a escritura pública, será ela assinada por todos os subscritores, e conterá:

a) a qualificação dos subscritores, nos termos do artigo 85;

b) o estatuto da companhia;

c) a relação das ações tomadas pelos subscritores e a importância das entradas pagas;

d) a transcrição do recibo do depósito referido no número III do artigo 80;

e) a transcrição do laudo de avaliação dos peritos, caso tenha havido subscrição do capital social em bens (artigo 8º);

f) a nomeação dos primeiros administradores e, quando for o caso, dos fiscais.

Seção IV
Disposições gerais

Art. 89. A incorporação de imóveis para formação do capital social não exige escritura pública.

Art. 90. O subscritor pode fazer-se representar na assembleia geral ou na escritura pública por procurador com poderes especiais.

Art. 91. Nos atos e publicações referentes a companhia em constituição, sua denominação deverá ser aditada da cláusula "em organização".

Art. 92. Os fundadores e as instituições financeiras que participarem da constituição por subscrição pública responderão, no âmbito das respectivas atribuições, pelos prejuízos resultantes da inobservância de preceitos legais.

Parágrafo único. Os fundadores responderão, solidariamente, pelo prejuízo decorrente de culpa ou dolo em atos ou operações anteriores à constituição.

Art. 93. Os fundadores entregarão aos primeiros administradores eleitos todos os documentos, livros ou papéis relativos à constituição da companhia ou a esta pertencentes.

Capítulo VIII
FORMALIDADES COMPLEMENTARES DA CONSTITUIÇÃO

Arquivamento e publicação

Art. 94. Nenhuma companhia poderá funcionar sem que sejam arquivados e publicados seus atos constitutivos.

Companhia constituída por assembleia

Art. 95. Se a companhia houver sido constituída por deliberação em assembleia geral, deverão ser arquivados no registro do comércio do lugar da sede:

I – um exemplar do estatuto social, assinado por todos os subscritores (artigo 88, § 1º) ou, se a subscrição houver sido pública, os originais do estatuto e do prospecto, assinados pelos fundadores, bem como do jornal em que tiverem sido publicados;

II – a relação completa, autenticada pelos fundadores ou pelo presidente da assembleia, dos subscritores do capital social, com a qualificação, número das ações e o total da entrada de cada subscritor (artigo 85);

III – o recibo do depósito a que se refere o número III do artigo 80;

IV – duplicata das atas das assembleias realizadas para a avaliação de bens quando for o caso (artigo 8º);

V – duplicata da ata da assembleia geral dos subscritores que houver deliberado a constituição da companhia (artigo 87).

Companhia constituída por escritura pública

Art. 96. Se a companhia tiver sido constituída por escritura pública, bastará o arquivamento de certidão do instrumento.

Registro do comércio

Art. 97. Cumpre ao registro do comércio examinar se as prescrições legais foram observadas na constituição da companhia, bem como se no estatuto existem cláusulas contrárias à lei, à ordem pública e aos bons costumes.

§ 1º Se o arquivamento for negado, por inobservância de prescrição ou exigência legal ou por irregularidade verificada na constituição da companhia, os primeiros administradores deverão convocar imediatamente a assembleia geral para sanar a falta ou irregularidade, ou autorizar as providências que se fizerem necessárias. A instalação e funcionamento da assembleia obedecerão ao disposto no artigo 87, devendo a deliberação ser tomada por acionistas que representem, no mínimo, metade do capital social. Se a falta for do estatuto, poderá ser sanada na mesma assembleia, a qual deliberará, ainda, sobre se a companhia deve promover a responsabilidade civil dos fundadores (artigo 92).

§ 2º Com a 2ª via da ata da assembleia e a prova de ter sido sanada a falta ou irregularidade, o registro do comércio procederá o arquivamento dos atos constitutivos da companhia.

§ 3º A criação de sucursais, filiais ou agências, observado o disposto no estatuto, será arquivada no registro do comércio.

Publicação e transferência de bens

Art. 98. Arquivados os documentos relativos à constituição da companhia, os seus administradores providenciarão, nos 30 (trinta) dias subsequentes, a publicação deles, bem como a de certidão do arquivamento, em órgão oficial do local de sua sede.

§ 1º Um exemplar do órgão oficial deverá ser arquivado no registro do comércio.

§ 2º A certidão dos atos constitutivos da companhia, passada pelo registro do comércio em que foram arquivados, será o documento hábil para a transferência, por transcrição no registro público competente, dos bens com que o subscritor tiver contribuído para a formação do capital social (artigo 8º, § 2º).

§ 3º A ata da assembleia geral que aprovar a incorporação deverá identificar o bem com precisão, mas poderá descrevê-lo sumariamente, desde que seja suplementada por declaração, assinada pelo subscritor, contendo todos os elementos necessários para a transcrição no registro público.

Responsabilidade dos primeiros administradores

Art. 99. Os primeiros administradores são solidariamente responsáveis perante a companhia pelos prejuízos causados pela demora no cumprimento das formalidades complementares à sua constituição.

Parágrafo único. A companhia não responde pelos atos ou operações praticadas pelos primeiros administradores antes de cumpridas as formalidades de constituição, mas a assembleia geral poderá deliberar em contrário.

Capítulo IX
LIVROS SOCIAIS

Art. 100. A companhia deve ter, além dos livros obrigatórios para qualquer comerciante, os seguintes, revestidos das mesmas formalidades legais:

I – o livro de Registro de Ações Nominativas, para inscrição, anotação ou averbação:

→ *Caput* do inciso I com redação alterada pela Lei 9.457/1997.

a) do nome do acionista e do número das suas ações;

b) das entradas ou prestações de capital realizado;

c) das conversões de ações, de uma em outra espécie ou classe;

→ Alínea *c* com redação alterada pela Lei 9.457/1997.

d) do resgate, reembolso e amortização das ações, ou de sua aquisição pela companhia;

e) das mutações operadas pela alienação ou transferência de ações;

f) do penhor, usufruto, fideicomisso, da alienação fiduciária em garantia ou de qualquer ônus que grave as ações ou obste sua negociação;

II – o livro de "Transferência de Ações Nominativas", para lançamento dos termos de transferência, que deverão ser assinados pelo cedente e pelo cessionário ou seus legítimos representantes;

III – o livro de "Registro de Partes Beneficiárias Nominativas" e o de "Transferência de Partes Beneficiárias Nominativas", se tiverem sido emitidas, observando-se, em ambos, no que couber, o disposto nos números I e II deste artigo;

IV – o livro de Atas das Assembleias-Gerais;

→ Inciso IV com redação alterada pela Lei 9.457/1997.

V – o livro de Presença dos Acionistas;

→ Inciso V com redação alterada pela Lei 9.457/1997.

VI – os livros de Atas das Reuniões do Conselho de Administração, se houver, e de Atas das Reuniões de Diretoria;

→ Inciso VI com redação alterada pela Lei 9.457/1997.

VII – o livro de Atas e Pareceres do Conselho Fiscal.

→ Inciso VII com redação alterada pela Lei 9.457/1997.

§ 1º A qualquer pessoa, desde que se destinem a defesa de direitos e esclarecimento de situações de interesse pessoal ou dos acionistas ou do mercado de valores mobiliários, serão dadas certidões dos assentamentos constantes dos livros mencionados nos incisos I a III, e por elas a companhia poderá cobrar o custo do serviço, cabendo, do indeferimento do pedido por parte da companhia, recurso à Comissão de Valores Mobiliários.

→ § 1º com redação alterada pela Lei 9.457/1997.

§ 2º Nas companhias abertas, os livros referidos nos incisos I a V do *caput* deste artigo poderão ser substituídos, observadas as normas expedidas pela Comissão de Valores Mobiliários, por registros mecanizados ou eletrônicos.

→ § 2º com redação alterada pela Lei 12.431/2011.

Escrituração do agente emissor

Art. 101. O agente emissor de certificados (art. 27) poderá substituir os livros referidos nos incisos I a III do art. 100 pela sua escrituração e manter, mediante sistemas adequados, aprovados pela Comissão de Valores Mobiliários, os registros de propriedade das ações, partes beneficiárias, debêntures e bônus de subscrição, devendo uma vez por ano preparar lista dos seus titulares, com o número dos títulos de cada um, a qual será encadernada, autenticada no registro do comércio e arquivada na companhia.

→ *Caput* com redação alterada pela Lei 9.457/1997.

§ 1º Os termos de transferência de ações nominativas perante o agente emissor poderão ser lavrados em folhas soltas, à vista do certificado da ação, no qual serão averbados a transferência e o nome e qualificação do adquirente.

§ 2º Os termos de transferência em folhas soltas serão encadernados em ordem cronológica, em livros autenticados no registro do comércio e arquivados no agente emissor.

Ações escriturais

Art. 102. A instituição financeira depositária de ações escriturais deverá fornecer à companhia, ao menos uma vez por ano, cópia dos extratos das contas de depósito das ações e a lista dos acionistas com a quantidade das respectivas ações, que serão encadernadas em livros autenticados no registro do comércio e arquivados na instituição financeira.

Fiscalização e dúvidas no registro

Art. 103. Cabe à companhia verificar a regularidade das transferências e da constituição de direitos ou ônus sobre os valores mobiliários de sua emissão; nos casos dos artigos 27 e 34, essa atribuição compete, respectivamente, ao agente emissor de certificados e à instituição financeira depositária das ações escriturais.

Parágrafo único. As dúvidas suscitadas entre o acionista, ou qualquer interessado, e a companhia, o agente emissor de certificados ou a instituição financeira depositária das ações escriturais, a respeito das averbações ordenadas por esta Lei, ou sobre anotações, lançamentos ou transferências de ações, partes beneficiárias, debêntures, ou bônus de subscrição, nos livros de registro ou transferência, serão dirimidas pelo juiz competente para solucionar as dúvidas levantadas pelos oficiais dos registros públicos, excetuadas as questões atinentes à substância do direito.

Responsabilidade da companhia

Art. 104. A companhia é responsável pelos prejuízos que causar aos interessados por vícios ou irregularidades verificadas nos livros de que tratam os incisos I a III do art. 100.

→ *Caput* com redação alterada pela Lei 9.457/1997.

Parágrafo único. A companhia deverá diligenciar para que os atos de emissão e substituição de certificados, e de transferências e averbações nos livros sociais, sejam praticados no menor prazo possível, não excedente do fixado pela Comissão de Valores Mobiliários, respondendo perante acionistas e terceiros pelos prejuízos decorrentes de atrasos culposos.

Exibição dos livros

Art. 105. A exibição por inteiro dos livros da companhia pode ser ordenada judicialmente sempre que, a requerimento de acionistas que representem, pelo menos, 5% (cinco por cento) do capital social, sejam apontados atos violadores da lei ou do estatuto, ou haja fundada suspeita de graves irregularidades praticadas por qualquer dos órgãos da companhia.

Capítulo X
ACIONISTAS

Seção I
Obrigação de realizar o capital

Condições e mora

Art. 106. O acionista é obrigado a realizar, nas condições previstas no estatuto ou no boletim de subscrição, a prestação correspondente às ações subscritas ou adquiridas.

§ 1° Se o estatuto e o boletim forem omissos quanto ao montante da prestação e ao prazo ou data do pagamento, caberá aos órgãos da administração efetuar chamada, mediante avisos publicados na imprensa, por 3 (três) vezes, no mínimo, fixando prazo, não inferior a 30 (trinta) dias, para o pagamento.

§ 2° O acionista que não fizer o pagamento nas condições previstas no estatuto ou boletim, ou na chamada, ficará de pleno direito constituído em mora, sujeitando-se ao pagamento dos juros, da correção monetária e da multa que o estatuto determinar, esta não superior a 10% (dez por cento) do valor da prestação.

Acionista remisso

Art. 107. Verificada a mora do acionista, a companhia pode, à sua escolha:

I – promover contra o acionista, e os que com ele forem solidariamente responsáveis (artigo 108), processo de execução para cobrar as importâncias devidas, servindo o boletim de subscrição e o aviso de chamada como título extrajudicial nos termos do Código de Processo Civil; ou

→ V. Lei 13.105/2015 – Novo CPC.

II – mandar vender as ações em Bolsa de Valores, por conta e risco do acionista.

§ 1° Será havida como não escrita, relativamente à companhia, qualquer estipulação do estatuto ou do boletim de subscrição que exclua ou limite o exercício da opção prevista neste artigo, mas o subscritor de boa-fé terá ação, contra os responsáveis pela estipulação, para haver perdas e danos sofridos, sem prejuízo da responsabilidade penal que no caso couber.

§ 2° A venda será feita em leilão especial na Bolsa de Valores do lugar da sede social, ou, se não houver, na mais próxima, depois de publicado aviso, por 3 (três) vezes, com antecedência mínima de 3 (três) dias. Do produto da venda serão deduzidos as despesas com a operação e, se previsto no estatuto, os juros, correção monetária e multa, ficando o saldo à disposição do ex-acionista, na sede da sociedade.

§ 3° É facultado à companhia, mesmo após iniciada a cobrança judicial, mandar vender a ação em Bolsa de Valores; a companhia poderá também promover a cobrança judicial se as ações oferecidas em bolsa não encontrarem tomador, ou se o preço apurado não bastar para pagar os débitos do acionista.

§ 4° Se a companhia não conseguir, por qualquer dos meios previstos neste artigo, a integralização das ações, poderá declará-las caducas e fazer suas as entradas realizadas, integralizando-as com lucros ou reservas, exceto a legal; se não tiver lucros e reservas suficientes, terá o prazo de 1 (um) ano para colocar as ações caídas em comisso, findo o qual, não tendo sido encontrado comprador, a assembleia geral deliberará sobre a redução do capital em importância correspondente.

Responsabilidade dos alienantes

Art. 108. Ainda quando negociadas as ações, os alienantes continuarão responsáveis, solidariamente com os adquirentes, pelo pagamento das prestações que faltarem para integralizar as ações transferidas.

Parágrafo único. Tal responsabilidade cessará, em relação a cada alienante, no fim de 2 (dois) anos a contar da data da transferência das ações.

Seção II
Direitos essenciais

Art. 109. Nem o estatuto social nem a assembleia geral poderão privar o acionista dos direitos de:

I – participar dos lucros sociais;

II – participar do acervo da companhia, em caso de liquidação;

III – fiscalizar, na forma prevista nesta Lei, a gestão dos negócios sociais;

IV – preferência para subscrição de ações, partes beneficiárias conversíveis em ações, debêntures conversíveis em ações e bônus de subscrição, observado o disposto nos artigos 171 e 172;

V – retirar-se da sociedade nos casos previstos nesta Lei.

§ 1° As ações de cada classe conferirão iguais direitos aos seus titulares.

§ 2° Os meios, processos ou ações que a lei confere ao acionista para assegurar os seus direitos não podem ser elididos pelo estatuto ou pela assembleia geral.

§ 3° O estatuto da sociedade pode estabelecer que as divergências entre os acionistas e a companhia, ou entre os acionistas controladores e os acionistas minoritários, poderão ser solucionadas mediante arbitragem, nos termos em que especificar.

→ § 3° acrescentado pela Lei 10.303/2001.

Seção III
Direito de voto

Disposições gerais

Art. 110. A cada ação ordinária corresponde 1 (um) voto nas deliberações da assembleia geral.

§ 1° O estatuto pode estabelecer limitação ao número de votos de cada acionista.

§ 2° É vedado atribuir voto plural a qualquer classe de ações.

Ações preferenciais

Art. 111. O estatuto poderá deixar de conferir às ações preferenciais algum ou alguns dos direitos reconhecidos às ações ordinárias, inclusive o de voto, ou conferi-lo com restrições, observado o disposto no artigo 109.

§ 1° As ações preferenciais sem direito de voto adquirirão o exercício desse direito se a companhia, pelo prazo previsto no estatuto, não superior a 3 (três) exercícios consecutivos, deixar de pagar os dividendos fixos ou mínimos a que fizerem jus, direito que conservarão até o pagamento, se tais dividendos não forem cumulativos, ou até que sejam pagos os cumulativos em atraso.

§ 2° Na mesma hipótese e sob a mesma condição do § 1°, as ações preferenciais com direito de voto restrito terão suspensas as limitações ao exercício desse direito.

§ 3° O estatuto poderá estipular que o disposto nos §§ 1° e 2° vigorará a partir do término da implantação do empreendimento inicial da companhia.

Não exercício de voto pelas ações ao portador

Art. 112. Somente os titulares de ações nominativas endossáveis e escriturais poderão exercer o direito de voto.

Parágrafo único. Os titulares de ações preferenciais ao portador que adquirirem direito de voto de acordo com o disposto nos §§ 1° e 2° do artigo 111, e enquanto dele gozarem, poderão converter as ações em nominativas ou endossáveis, independentemente de autorização estatutária.

Voto das ações empenhadas e alienadas fiduciariamente

Art. 113. O penhor da ação não impede o acionista de exercer o direito de voto; será lícito, todavia, estabelecer, no contrato, que o acionista não poderá, sem consentimento do credor pignoratício, votar em certas deliberações.

Parágrafo único. O credor garantido por alienação fiduciária da ação não poderá exercer o direito de voto; o devedor somente poderá exercê-lo nos termos do contrato.

Voto das ações gravadas com usufruto

Art. 114. O direito de voto da ação gravada com usufruto, se não for regulado no ato de constituição do gravame, somente poderá ser exercido mediante prévio acordo entre o proprietário e o usufrutuário.

Abuso do direito de voto e conflito de interesses

Art. 115. O acionista deve exercer o direito a voto no interesse da companhia; considerar-se-á abusivo o voto exercido com o fim de causar dano à companhia ou a outros acionistas, ou de obter, para si ou para outrem, vantagem a que não faz jus e de que resulte, ou possa resultar, prejuízo para a companhia ou para outros acionistas.

→ *Caput* com redação alterada pela Lei 10.303/2001.

§ 1º O acionista não poderá votar nas deliberações da assembleia geral relativas ao laudo de avaliação de bens com que concorrer para a formação do capital social e à aprovação de suas contas como administrador, nem em quaisquer outras que puderem beneficiá-lo de modo particular, ou em que tiver interesse conflitante com o da companhia.

§ 2º Se todos os subscritores forem condôminos de bem com que concorreram para a formação do capital social, poderão aprovar o laudo, sem prejuízo da responsabilidade de que trata o § 6º do artigo 8º.

§ 3º O acionista responde pelos danos causados pelo exercício abusivo do direito de voto, ainda que seu voto não haja prevalecido.

§ 4º A deliberação tomada em decorrência do voto de acionista que tem interesse conflitante com o da companhia é anulável; o acionista responderá pelos danos causados e será obrigado a transferir para a companhia as vantagens que tiver auferido.

§ 5º *(Vetado).*

→ § 5º acrescentado pela Lei 10.303/2001.

§ 6º *(Vetado).*

→ § 6º acrescentado pela Lei 10.303/2001.

§ 7º *(Vetado).*

→ § 7º acrescentado pela Lei 10.303/2001.

§ 8º *(Vetado).*

→ § 8º acrescentado pela Lei 10.303/2001.

§ 9º *(Vetado).*

→ § 9º acrescentado pela Lei 10.303/2001.

§ 10. *(Vetado).*

→ § 10 acrescentado pela Lei 10.303/2001.

Seção IV
Acionista controlador

Deveres

Art. 116. Entende-se por acionista controlador a pessoa, natural ou jurídica, ou o grupo de pessoas vinculadas por acordo de voto, ou sob controle comum, que:

a) é titular de direitos de sócio que lhe assegurem, de modo permanente, a maioria dos votos nas deliberações da assembleia geral e o poder de eleger a maioria dos administradores da companhia; e

b) usa efetivamente seu poder para dirigir as atividades sociais e orientar o funcionamento dos órgãos da companhia.

Parágrafo único. O acionista controlador deve usar o poder com o fim de fazer a companhia realizar o seu objeto e cumprir sua função social, e tem deveres e responsabilidades para com os demais acionistas da empresa, os que nela trabalham e para com a comunidade em que atua, cujos direitos e interesses deve lealmente respeitar e atender.

Art. 116-A. O acionista controlador da companhia aberta e os acionistas, ou grupo de acionistas, que elegerem membro do conselho de administração ou membro do conselho fiscal, deverão informar imediatamente as modificações em sua posição acionária na companhia à Comissão de Valores Mobiliários e às Bolsas de Valores ou entidades do mercado de balcão organizado nas quais os valores mobiliários de emissão da companhia estejam admitidos à negociação, nas condições e na forma determinadas pela Comissão de Valores Mobiliários.

→ Artigo acrescentado pela Lei 10.303/2001.

Responsabilidade

Art. 117. O acionista controlador responde pelos danos causados por atos praticados com abuso de poder.

§ 1º São modalidades de exercício abusivo de poder:

a) orientar a companhia para fim estranho ao objeto social ou lesivo ao interesse nacional, ou levá-la a favorecer outra sociedade, brasileira ou estrangeira, em prejuízo da participação dos acionistas minoritários nos lucros ou no acervo da companhia, ou da economia nacional;

b) promover a liquidação de companhia próspera, ou a transformação, incorporação, fusão ou cisão da companhia, com o fim de obter, para si ou para outrem, vantagem indevida, em prejuízo dos demais acionistas, dos que trabalham na empresa ou dos investidores em valores mobiliários emitidos pela companhia;

c) promover alteração estatutária, emissão de valores mobiliários ou adoção de políticas ou decisões que não tenham por fim o interesse da companhia e visem a causar prejuízo a acionistas minoritários, aos que trabalham na empresa ou aos investidores em valores mobiliários emitidos pela companhia;

d) eleger administrador ou fiscal que sabe inapto, moral ou tecnicamente;

e) induzir, ou tentar induzir, administrador ou fiscal a praticar ato ilegal, ou, descumprindo seus deveres definidos nesta Lei e no estatuto, promover, contra o interesse da companhia, sua ratificação pela assembleia geral;

f) contratar com a companhia, diretamente ou através de outrem, ou de sociedade na qual tenha interesse, em condições de favorecimento ou não equitativas;

g) aprovar ou fazer aprovar contas irregulares de administradores, por favorecimento pessoal, ou deixar de apurar denúncia que saiba ou devesse saber procedente, ou que justifique fundada suspeita de irregularidade;

h) subscrever ações, para os fins do disposto no art. 170, com a realização em bens estranhos ao objeto social da companhia.

→ Alínea *h* acrescentada pela Lei 9.457/1997.

§ 2º No caso da alínea *e* do § 1º, o administrador ou fiscal que praticar o ato ilegal responde solidariamente com o acionista controlador.

§ 3º O acionista controlador que exerce cargo de administrador ou fiscal tem também os deveres e responsabilidades próprios do cargo.

Seção V
Acordo de acionistas

Art. 118. Os acordos de acionistas, sobre a compra e venda de suas ações, preferência para adquiri-las, exercício do direito a voto, ou do poder de controle deverão ser observados pela companhia quando arquivados na sua sede.

→ *Caput* com redação alterada pela Lei 10.303/2001.

§ 1º As obrigações ou ônus decorrentes desses acordos somente serão oponíveis a terceiros, depois de averbados nos livros de registro e nos certificados das ações, se emitidos.

§ 2º Esses acordos não poderão ser invocados para eximir o acionista de responsabilidade no exercício do direito de voto (artigo 115) ou do poder de controle (artigos 116 e 117).

§ 3º Nas condições previstas no acordo, os acionistas podem promover a execução específica das obrigações assumidas.

§ 4º As ações averbadas nos termos deste artigo não poderão ser negociadas em bolsa ou no mercado de balcão.

§ 5º No relatório anual, os órgãos da administração da companhia aberta informarão à assembleia geral as disposições sobre política de reinvestimento de lucros e distribuição de dividendos, constantes de acordos de acionistas arquivados na companhia.

§ 6º O acordo de acionistas cujo prazo for fixado em função de termo ou condição resolutiva somente pode ser denunciado segundo suas estipulações.

→ § 6º acrescentado pela Lei 10.303/2001.

§ 7º O mandato outorgado nos termos de acordo de acionistas para proferir, em assembleia geral ou especial, voto contra ou a favor de determinada deliberação, poderá prever prazo superior ao constante do § 1º do art. 126 desta Lei.

→ § 7º acrescentado pela Lei 10.303/2001.

§ 8º O presidente da assembleia ou do órgão colegiado de deliberação da companhia não computará o voto proferido com infração de acordo de acionistas devidamente arquivado.

→ § 8º acrescentado pela Lei 10.303/2001.

§ 9º O não comparecimento à assembleia ou às reuniões dos órgãos de administração da companhia, bem como as abstenções de voto de qualquer parte de acordo de acionistas ou de membros do conselho de administração eleitos nos termos de acordo de acionistas, assegura à parte prejudicada o direito de votar com as ações pertencentes ao acionista ausente ou omisso e, no caso de membro do conselho de administração, pelo conselheiro eleito com os votos da parte prejudicada.

→ § 9º acrescentado pela Lei 10.303/2001.

§ 10. Os acionistas vinculados a acordo de acionistas deverão indicar, no ato de arquivamento, representante para comunicar-se com a companhia, para prestar ou receber informações, quando solicitadas.

→ § 10 acrescentado pela Lei 10.303/2001.

§ 11. A companhia poderá solicitar aos membros do acordo esclarecimento sobre suas cláusulas.

→ § 11 acrescentado pela Lei 10.303/2001.

Seção VI
Representação de acionista residente ou domiciliado no exterior

Art. 119. O acionista residente ou domiciliado no Exterior deverá manter, no País, representante com poderes para receber citação em ações contra ele, propostas com fundamento nos preceitos desta Lei.

Parágrafo único. O exercício, no Brasil, de qualquer dos direitos de acionista, confere ao mandatário ou representante legal qualidade para receber citação judicial.

Seção VII
Suspensão do exercício de direitos

Art. 120. A assembleia geral poderá suspender o exercício dos direitos do acionista que deixar de cumprir obrigação imposta pela lei ou pelo estatuto, cessando a suspensão logo que cumprida a obrigação.

Capítulo XI
ASSEMBLEIA GERAL

Seção I
Disposições gerais

Art. 121. A assembleia geral, convocada e instalada de acordo com a lei e o estatuto, tem poderes para decidir todos os negócios relativos ao objeto da companhia e tomar as resoluções que julgar convenientes à sua defesa e desenvolvimento.

Parágrafo único. Nas companhias abertas, o acionista poderá participar e votar a distância em assembleia geral, nos termos da regulamentação da Comissão de Valores Mobiliários.

→ Parágrafo único acrescentado pela Lei 12.431/2011.

Competência privativa

Art. 122. Compete privativamente à assembleia geral:

→ *Caput* com redação alterada pela Lei 12.431/2011.

I – reformar o estatuto social;

→ Inciso I com redação alterada pela Lei 10.303/2001.

II – eleger ou destituir, a qualquer tempo, os administradores e fiscais da companhia, ressalvado o disposto no inciso II do art. 142;

→ Inciso II com redação alterada pela Lei 10.303/2001.

III – tomar, anualmente, as contas dos administradores e deliberar sobre as demonstrações financeiras por eles apresentadas;

→ Inciso III com redação alterada pela Lei 10.303/2001.

IV – autorizar a emissão de debêntures, ressalvado o disposto nos §§ 1º, 2º e 4º do art. 59;

→ Inciso IV com redação alterada pela Lei 12.431/2011.

V – suspender o exercício dos direitos do acionista (art. 120);

→ Inciso V com redação alterada pela Lei 10.303/2001.

VI – deliberar sobre a avaliação de bens com que o acionista concorrer para a formação do capital social;

→ Inciso VI com redação alterada pela Lei 10.303/2001.

VII – autorizar a emissão de partes beneficiárias;

→ Inciso VII com redação alterada pela Lei 10.303/2001.

VIII – deliberar sobre transformação, fusão, incorporação e cisão da companhia, sua dissolução e liquidação, eleger e destituir liquidantes e julgar-lhes as contas; e

→ Inciso VIII com redação alterada pela Lei 10.303/2001.

IX – autorizar os administradores a confessar falência e pedir concordata.

→ Inciso IX com redação alterada pela Lei 10.303/2001.

Parágrafo único. Em caso de urgência, a confissão de falência ou o pedido de concordata poderá ser formulado pelos administradores, com a concordância do acionista controlador, se houver, convocando-se imediatamente a assembleia geral, para manifestar-se sobre a matéria.

→ Parágrafo único com redação alterada pela Lei 10.303/2001.

Competência para convocação

Art. 123. Compete ao conselho de administração, se houver, ou aos diretores, observado o disposto no estatuto, convocar a assembleia geral.

Parágrafo único. A assembleia geral pode também ser convocada:

a) pelo conselho fiscal, nos casos previstos no número V do artigo 163;

b) por qualquer acionista, quando os administradores retardarem, por mais de 60 (sessenta) dias, a convocação nos casos previstos em lei ou no estatuto;

c) por acionistas que representem 5% (cinco por cento), no mínimo, do capital social, quando os administradores não atenderem, no prazo de oito dias, a pedido de convocação que apresentarem, devidamente fundamentado, com indicação das matérias a serem tratadas;

→ Alínea *c* com redação alterada pela Lei 9.457/1997.

d) por acionistas que representem 5% (cinco por cento), no mínimo, do capital votante, ou 5% (cinco por cento), no mínimo, dos acionistas sem direito a voto, quando os administradores não atenderem, no prazo de 8 (oito) dias, a pedido de convocação de assembleia para instalação do conselho fiscal.

→ Alínea *d* acrescentada pela Lei 9.457/1997.

Modo de convocação e local

Art. 124. A convocação far-se-á mediante anúncio publicado por 3 (três) vezes, no mínimo, contendo, além do local, data e hora da assembleia, a ordem do dia, e, no caso de reforma do estatuto, a indicação da matéria.

§ 1º A primeira convocação da assembleia geral deverá ser feita:

→ § 1º com redação alterada pela Lei 10.303/2001.

I – na companhia fechada, com 8 (oito) dias de antecedência, no mínimo, contado o prazo da publicação do primeiro anúncio; não se realizando a assembleia, será publicado novo anúncio, de segunda convocação, com antecedência mínima de 5 (cinco) dias;

II – na companhia aberta, o prazo de antecedência da primeira convocação será de 15 (quinze) dias e o da segunda convocação de 8 (oito) dias.

§ 2º Salvo motivo de força maior, a assembleia geral realizar-se-á no edifício onde a companhia tiver a sede; quando houver de efetuar-se em outro, os anúncios indicarão, com clareza, o lugar da reunião, que em nenhum caso poderá realizar-se fora da localidade da sede.

§ 3º Nas companhias fechadas, o acionista que representar 5% (cinco por cento), ou mais, do capital social, será convocado por telegrama ou carta registrada, expedidos com a antecedência prevista no § 1º, desde que o tenha solicitado, por escrito, à companhia, com a indicação do endereço completo e do prazo de vigência do pedido, não superior a 2 (dois) exercícios sociais, e renovável; essa convocação não dispensa a publicação do aviso previsto no § 1º, e sua inobservância dará ao acionista direito de haver, dos administradores da companhia, indenização pelos prejuízos sofridos.

§ 4º Independentemente das formalidades previstas neste artigo, será considerada regular a assembleia geral a que comparecerem todos os acionistas.

§ 5º A Comissão de Valores Mobiliários poderá, a seu exclusivo critério, mediante decisão fundamentada de seu Colegiado, a pedido de qualquer acionista, e ouvida a companhia:

→ § 5º acrescentado pela Lei 10.303/2001.

I – aumentar, para até 30 (trinta) dias, a contar da data em que os documentos relativos às matérias a serem deliberadas forem colocados à disposição dos acionistas, o prazo de antecedência de publicação do primeiro anúncio de convocação da assembleia geral de companhia aberta, quando esta tiver por objeto operações que, por sua complexidade, exijam maior prazo para que possam ser conhecidas e analisadas pelos acionistas;

II – interromper, por até 15 (quinze) dias, o curso do prazo de antecedência da convocação de assembleia geral extraordinária de companhia aberta, a fim de conhecer e analisar as propostas a serem submetidas à assembleia e, se for o caso, informar à companhia, até o término da interrupção, as razões pelas quais entende que a deliberação proposta à assembleia viola dispositivos legais ou regulamentares.

§ 6º As companhias abertas com ações admitidas à negociação em Bolsa de Valores deverão remeter, na data da publicação do anúncio de convocação da assembleia, à bolsa de valores em que suas ações forem mais negociadas, os documentos postos à disposição dos acionistas para deliberação na assembleia geral.

→ § 6º acrescentado pela Lei 10.303/2001.

Quorum de instalação

Art. 125. Ressalvadas as exceções previstas em lei, a assembleia geral instalar-se-á, em primeira convocação, com a presença de acionistas que representem, no mínimo, 1/4 (um quarto) do capital social com direito de voto; em segunda convocação, instalar-se-á com qualquer número.

Parágrafo único. Os acionistas sem direito de voto podem comparecer à assembleia geral e discutir a matéria submetida à deliberação.

Legitimação e representação

Art. 126. As pessoas presentes à assembleia deverão provar a sua qualidade de acionista, observadas as seguintes normas:

I – os titulares de ações nominativas exibirão, se exigido, documento hábil de sua identidade;

II – os titulares de ações escriturais ou em custódia nos termos do art. 41, além do documento de identidade, exibirão, ou depositarão na companhia, se o estatuto o exigir, comprovante expedido pela instituição financeira depositária;

→ Inciso II com redação alterada pela Lei 9.457/1997.

III – os titulares de ações ao portador exibirão os respectivos certificados, ou documento de depósito nos termos do número II;

IV - os titulares de ações escriturais ou em custódia nos termos do artigo 41, além do documento de identidade, exibirão, ou depositarão na companhia, se o estatuto o exigir, comprovante expedido pela instituição financeira depositária.

§ 1º O acionista pode ser representado na assembleia geral por procurador constituído há menos de 1 (um) ano, que seja acionista, administrador da companhia ou advogado; na companhia aberta, o procurador pode, ainda, ser instituição financeira, cabendo ao administrador de fundos de investimento representar os condôminos.

§ 2º O pedido de procuração mediante correspondência, ou anúncio publicado, sem prejuízo da regulamentação que, sobre o assunto vier a baixar a Comissão de Valores Mobiliários, deverá satisfazer aos seguintes requisitos:

a) conter todos os elementos informativos necessários ao exercício do voto pedido;

b) facultar ao acionista o exercício de voto contrário à decisão com indicação de outro procurador para o exercício desse voto;

c) ser dirigido a todos os titulares de ações cujos endereços constem da companhia.

→ Alínea *c* com redação alterada pela Lei 9.457/1997.

§ 3º É facultado a qualquer acionista, detentor de ações, com ou sem voto, que represente 0,5% (meio por cento), no mínimo, do capital social, solicitar relação de endereços dos acionistas, para os fins previstos no § 1º, obedecidos sempre os requisitos do parágrafo anterior.

→ § 3º com redação alterada pela Lei 9.457/1997.

§ 4º Têm a qualidade para comparecer à assembleia os representantes legais dos acionistas.

Livro de presença

Art. 127. Antes de abrir-se a assembleia, os acionistas assinarão o "Livro de Presença", indicando o seu nome, nacionalidade e residência, bem como a quantidade, espécie e classe das ações de que forem titulares.

Parágrafo único. Considera-se presente em assembleia geral, para todos os efeitos desta Lei, o acionista que registrar a distância sua presença, na forma prevista em regulamento da Comissão de Valores Mobiliários.

→ Parágrafo único acrescentado pela Lei 12.431/2011.

Mesa

Art. 128. Os trabalhos da assembleia serão dirigidos por mesa composta, salvo disposição diversa do estatuto, de presidente e secretário, escolhidos pelos acionistas presentes.

Quorum das deliberações

Art. 129. As deliberações da assembleia geral, ressalvadas as exceções previstas em lei, serão tomadas por maioria absoluta de votos, não se computando os votos em branco.

§ 1º O estatuto da companhia fechada pode aumentar o *quorum* exigido para certas deliberações, desde que especifique as matérias.

§ 2º No caso de empate, se o estatuto não estabelecer procedimento de arbitragem e não contiver norma diversa, a assembleia será convocada, com intervalo mínimo de 2 (dois) meses, para votar a deliberação; se permanecer o empate e os acionistas não concordarem em cometer a decisão a um terceiro, caberá ao Poder Judiciário decidir, no interesse da companhia.

Ata da assembleia

Art. 130. Dos trabalhos e deliberações da assembleia será lavrada, em livro próprio, ata assinada pelos membros da mesa e pelos acionistas presentes. Para validade da ata é suficiente a assinatura de quantos bastem para constituir a maioria necessária para as deliberações tomadas na assembleia. Da ata tirar-se-ão certidões ou cópias autênticas para os fins legais.

§ 1º A ata poderá ser lavrada na forma de sumário dos fatos ocorridos, inclusive dissidências e protestos, e conter a transcrição apenas das deliberações tomadas, desde que:

a) os documentos ou propostas submetidas à assembleia, assim como as declarações de voto ou dissidência, referidos na ata, sejam numerados seguidamente, autenticados pela mesa e por qualquer acionista que o solicitar, e arquivados na companhia;

b) a mesa, a pedido de acionista interessado, autentique exemplar ou cópia de proposta, declaração de voto ou dissidência, ou protesto apresentado.

§ 2º A assembleia geral da companhia aberta pode autorizar a publicação de ata com omissão das assinaturas dos acionistas.

§ 3º Se a ata não for lavrada na forma permitida pelo § 1º, poderá ser publicado apenas o seu extrato, com o sumário dos fatos ocorridos e a transcrição das deliberações tomadas.

Espécies de assembleia

Art. 131. A assembleia geral é ordinária quando tem por objeto as matérias previstas no artigo 132, e extraordinária nos demais casos.

Parágrafo único. A assembleia geral ordinária e a assembleia geral extraordinária poderão ser, cumulativamente, convocadas e realizadas no mesmo local, data e hora, instrumentadas em ata única.

Seção II
Assembleia geral ordinária

Objeto

Art. 132. Anualmente, nos 4 (quatro) primeiros meses seguintes ao término do exercício social, deverá haver 1 (uma) assembleia geral para:

I – tomar as contas dos administradores, examinar, discutir e votar as demonstrações financeiras;

II – deliberar sobre a destinação do lucro líquido do exercício e a distribuição de dividendos;

III – eleger os administradores e os membros do conselho fiscal, quando for o caso;

IV – aprovar a correção da expressão monetária do capital social (artigo 167).

Documentos da administração

Art. 133. Os administradores devem comunicar, até 1 (um) mês antes da data marcada para a realização da assembleia geral ordinária, por anúncios publicados na forma prevista no artigo 124, que se acham à disposição dos acionistas:

I – o relatório da administração sobre os negócios sociais e os principais fatos administrativos do exercício findo;

II – a cópia das demonstrações financeiras;

III – o parecer dos auditores independentes, se houver;

IV – o parecer do conselho fiscal, inclusive votos dissidentes, se houver; e

→ Inciso IV acrescentado pela Lei 10.303/2001.

V – demais documentos pertinentes a assuntos incluídos na ordem do dia.

→ Inciso V acrescentado pela Lei 10.303/2001.

§ 1º Os anúncios indicarão o local ou locais onde os acionistas poderão obter cópias desses documentos.

§ 2º A companhia remeterá cópia desses documentos aos acionistas que o pedirem por escrito, nas condições previstas no § 3º do art. 124.

§ 3º Os documentos referidos neste artigo, à exceção dos constantes dos incisos IV e V, serão publicados até 5 (cinco) dias, pelo menos, antes da data marcada para a realização da assembleia geral.

→ § 3º com redação alterada pela Lei 10.303/2001.

§ 4º A assembleia geral que reunir a totalidade dos acionistas poderá considerar sanada a falta de publicação dos anúncios ou a inobservância dos prazos referidos neste artigo; mas é obrigatória a publicação dos documentos antes da realização da assembleia.

§ 5º A publicação dos anúncios é dispensada quando os documentos a que se refere este artigo são publicados até 1 (um) mês antes da data marcada para a realização da assembleia geral ordinária.

Procedimento

Art. 134. Instalada a assembleia geral, proceder-se-á, se requerida por qualquer acionista, à leitura dos documentos referidos no artigo 133 e do parecer do conselho fiscal, se houver, os quais serão submetidos pela mesa à discussão e votação.

§ 1º Os administradores da companhia, ou ao menos um deles, e o auditor independente, se houver, deverão estar presentes à assembleia para atender a pedidos de esclarecimentos de acionistas, mas os administradores não poderão votar, como acionistas ou procuradores, os documentos referidos neste artigo.

§ 2º Se a assembleia tiver necessidade de outros esclarecimentos, poderá adiar a deliberação e ordenar diligências; também será adiada a deliberação, salvo dispensa dos acionistas presentes, na hipótese de não comparecimento de administrador, membro do conselho fiscal ou auditor independente.

§ 3º A aprovação, sem reserva, das demonstrações financeiras e das contas, exonera de responsabilidade os administradores e fiscais, salvo erro, dolo, fraude ou simulação (artigo 286).

§ 4º Se a assembleia aprovar as demonstrações financeiras com modificação no montante do lucro do exercício ou no valor das obrigações da companhia, os administradores promoverão, dentro de 30 (trinta) dias, a republicação das demonstrações, com as retificações deliberadas pela assembleia; se a destinação dos lucros proposta pelos órgãos de administração não lograr aprovação (artigo 176, § 3º), as modificações introduzidas constarão da ata da assembleia.

§ 5º A ata da assembleia geral ordinária será arquivada no registro do comércio e publicada.

§ 6º As disposições do § 1º, segunda parte, não se aplicam quando, nas sociedades fechadas, os diretores forem os únicos acionistas.

Seção III
Assembleia geral extraordinária

Reforma do estatuto

Art. 135. A assembleia geral extraordinária que tiver por objeto a reforma do estatuto somente se instalará em primeira convocação com a presença de acionistas que representem 2/3 (dois terços), no mínimo, do capital com direito a voto, mas poderá instalar-se em segunda com qualquer número.

§ 1º Os atos relativos a reformas do estatuto, para valerem contra terceiros, ficam sujeitos às formalidades de arquivamento e publicação, não podendo, todavia, a falta de cumprimento dessas formalidades ser oposta, pela companhia ou por seus acionistas, a terceiros de boa-fé.

§ 2º Aplica-se aos atos de reforma do estatuto o disposto no artigo 97 e seus §§ 1º e 2º e no artigo 98 e seu § 1º.

§ 3º Os documentos pertinentes à matéria a ser debatida na assembleia geral extraordinária deverão ser postos à disposição dos acionistas, na sede da companhia, por ocasião da publicação do primeiro anúncio de convocação da assembleia geral.

→ § 3º acrescentado pela Lei 10.303/2001.

Quorum qualificado

Art. 136. É necessária a aprovação de acionistas que representem metade, no mínimo, das ações com direito a voto, se maior *quorum* não for exigido pelo estatuto da companhia cujas ações não estejam admitidas à negociação em bolsa ou no mercado de balcão, para deliberação sobre:

→ *Caput* com redação alterada pela Lei 9.457/1997.

I – criação de ações preferenciais ou aumento de classe de ações preferenciais existentes, sem guardar proporção com as demais classes de ações preferenciais, salvo se já previstos ou autorizados pelo estatuto;

→ Inciso I com redação alterada pela Lei 10.303/2001.

II – alteração nas preferências, vantagens e condições de resgate ou amortização de uma ou mais classes de ações preferenciais, ou criação de nova classe mais favorecida;

→ Inciso II com redação alterada pela Lei 9.457/1997.

III – redução do dividendo obrigatório;

→ Inciso III com redação alterada pela Lei 9.457/1997.

IV – fusão da companhia, ou sua incorporação em outra;

→ Inciso IV com redação alterada pela Lei 9.457/1997.

V – participação em grupo de sociedades (art. 265);

→ Inciso V com redação alterada pela Lei 9.457/1997.

VI – mudança do objeto da companhia;

→ Inciso VI com redação alterada pela Lei 9.457/1997.

VII – cessação do estado de liquidação da companhia;

→ Inciso VII com redação alterada pela Lei 9.457/1997.

VIII – criação de partes beneficiárias;

→ Inciso VIII com redação alterada pela Lei 9.457/1997.

IX – cisão da companhia;

→ Inciso IX acrescentado pela Lei 9.457/1997.

X – dissolução da companhia.

→ Inciso X acrescentado pela Lei 9.457/1997.

§ 1º Nos casos dos incisos I e II, a eficácia da deliberação depende de prévia aprovação ou da ratificação, em prazo improrrogável de um ano, por titulares de mais da metade de cada classe de ações preferenciais prejudicadas, reunidos em assembleia especial convocada pelos administradores e instalada com as formalidades desta Lei.

→ § 1º com redação alterada pela Lei 9.457/1997.

§ 2º A Comissão de Valores Mobiliários pode autorizar a redução do *quorum* previsto neste artigo no caso de companhia aberta com a propriedade das ações dispersa no mercado, e cujas 3 (três) últimas assembleias tenham sido realizadas com a presença de acionistas representando menos da metade das ações com direito a voto. Neste caso, a autorização da Comissão de Valores Mobiliários será mencionada nos avisos de convocação e a deliberação com *quorum* reduzido somente poderá ser adotada em terceira convocação.

§ 3º O disposto no § 2º deste artigo aplica-se também às assembleias especiais de acionistas preferenciais de que trata o § 1º.

→ § 3º com redação alterada pela Lei 10.303/2001.

§ 4º Deverá constar da ata da assembleia geral que deliberar sobre as matérias dos incisos I e II, se não houver prévia aprovação, que a deliberação só terá eficácia após a sua ratificação pela assembleia especial prevista no § 1º.

→ § 4º acrescentado pela Lei 9.457/1997.

Direito de retirada

Art. 136-A. A aprovação da inserção de convenção de arbitragem no estatuto social, observado o quorum do art. 136, obriga a todos os acionistas, assegurado ao acionista dissidente o direito de retirar-se da companhia mediante o reembolso do valor de suas ações, nos termos do art. 45.

→ Artigo acrescentado pela Lei 13.129/2015, em vigor após decorridos 60 (sessenta) dias de sua publicação oficial – *D.O.U.* de 27.5.2015.

§ 1º A convenção somente terá eficácia após o decurso do prazo de 30 (trinta) dias, contado da publicação da ata da assembleia geral que a aprovou.

§ 2º O direito de retirada previsto no caput não será aplicável:

I – caso a inclusão da convenção de arbitragem no estatuto social represente condição para que os valores mobiliários de emissão da companhia sejam admitidos à negociação em segmento de listagem de bolsa de valores ou de mercado de balcão organizado que exija dispersão acionária mínima de 25% (vinte e cinco por cento) das ações de cada espécie ou classe;

II – caso a inclusão da convenção de arbitragem seja efetuada no estatuto social de companhia aberta cujas ações sejam dotadas de liquidez e dispersão no mercado, nos termos das alíneas a e b do inciso II do art. 137 desta Lei.

Art. 137. A aprovação das matérias previstas nos incisos I a VI e IX do art. 136 dá ao acionista dissidente o direito de retirar-se da companhia, mediante reembolso do valor das suas ações (art. 45), observadas as seguintes normas:

→ *Caput* com redação alterada pela Lei 10.303/2001.

I – nos casos dos incisos I e II do art. 136, somente terá direito de retirada o titular de ações de espécie ou classe prejudicadas;

→ Inciso I acrescentado pela Lei 9.457/1997.

II – nos casos dos incisos IV e V do art. 136, não terá direito de retirada o titular de ação de espécie ou classe que tenha liquidez e dispersão no mercado, considerando-se haver:

→ Inciso II com redação alterada pela Lei 10.303/2001.

a) liquidez, quando a espécie ou classe de ação, ou certificado que a represente, integre índice geral representativo de carteira de valores mobiliários admitido à negociação no mercado de valores mobiliários, no Brasil ou no exterior, definido pela Comissão de Valores Mobiliários; e

b) dispersão, quando o acionista controlador, a sociedade controladora ou outras sociedades sob seu controle detiverem menos da metade da espécie ou classe de ação;

III – no caso do inciso IX do art. 136, somente haverá direito de retirada se a cisão implicar:

→ Inciso III com redação alterada pela Lei 10.303/2001.

a) mudança do objeto social, salvo quando o patrimônio cindido for vertido para sociedade cuja atividade preponderante coincida com a decorrente do objeto social da sociedade cindida;

b) redução do dividendo obrigatório; ou

c) participação em grupo de sociedades;

IV – o reembolso da ação deve ser reclamado à companhia no prazo de 30 (trinta) dias contado da publicação da ata da assembleia geral;

→ Inciso IV com redação alterada pela Lei 10.303/2001.

V – o prazo para o dissidente de deliberação de assembleia especial (art. 136, § 1º) será contado da publicação da respectiva ata;

→ Inciso V com redação alterada pela Lei 10.303/2001.

VI – o pagamento do reembolso somente poderá ser exigido após a observância do disposto no § 3º e, se for o caso, da ratificação da deliberação pela assembleia geral.

→ Inciso VI acrescentado pela Lei 10.303/2001.

§ 1º O acionista dissidente de deliberação da assembleia, inclusive o titular de ações preferenciais sem direito de voto, poderá exercer o direito de reembolso das ações de que, comprovadamente, era titular na data da primeira publicação do edital de convocação da assembleia, ou na data da comunicação do fato relevante objeto da deliberação, se anterior.

→ § 1º com redação alterada pela Lei 9.457/1997.

§ 2º O direito de reembolso poderá ser exercido no prazo previsto nos incisos IV ou V do *caput* deste artigo, conforme o caso, ainda que o titular das ações tenha se abstido de votar contra a deliberação ou não tenha comparecido à assembleia.

→ § 2º com redação alterada pela Lei 10.303/2001.

§ 3º Nos 10 (dez) dias subsequentes ao término do prazo de que tratam os incisos IV e V do *caput* deste artigo, conforme o caso, contado da publicação da ata da assembleia geral ou da assembleia especial que ratificar a deliberação, é facultado aos órgãos da administração convocar a assembleia geral para ratificar ou reconsiderar a deliberação, se entenderem que o pagamento do preço do reembolso das ações aos acionistas dissidentes que exerceram o direito de retirada porá em risco a estabilidade financeira da empresa.

→ § 3º com redação alterada pela Lei 10.303/2001.

§ 4º Decairá do direito de retirada o acionista que não o exercer no prazo fixado.

→ § 4º acrescentado pela Lei 9.457/1997.

Capítulo XII
CONSELHO DE ADMINISTRAÇÃO E DIRETORIA

Administração da companhia

Art. 138. A administração da companhia competirá, conforme dispuser o estatuto, ao conselho de administração e à diretoria, ou somente à diretoria.

§ 1º O conselho de administração é órgão de deliberação colegiada, sendo a representação da companhia privativa dos diretores.

§ 2º As companhias abertas e as de capital autorizado terão, obrigatoriamente, conselho de administração.

Art. 139. As atribuições e poderes conferidos por lei aos órgãos de administração não podem ser outorgados a outro órgão, criado por lei ou pelo estatuto.

Seção I
Conselho de administração

Composição

Art. 140. O conselho de administração será composto por, no mínimo, 3 (três) membros, eleitos pela assembleia geral e por ela destituíveis a qualquer tempo, devendo o estatuto estabelecer:

I – o número de conselheiros, ou o máximo e mínimo permitidos, e o processo de escolha e substituição do presidente do conselho pela assembleia ou pelo próprio conselho;

→ Inciso I com redação alterada pela Lei 10.303/2001.

II – o modo de substituição dos conselheiros;

III – o prazo de gestão, que não poderá ser superior a 3 (três) anos, permitida a reeleição;

IV – as normas sobre convocação, instalação e funcionamento do conselho, que deliberará por maioria de votos, podendo o estatuto estabelecer *quorum* qualificado para certas deliberações, desde que especifique as matérias.

→ Inciso IV com redação alterada pela Lei 10.303/2001.

Parágrafo único. O estatuto poderá prever a participação no conselho de representantes dos empregados, escolhidos pelo voto destes, em eleição direta, organizada pela empresa, em conjunto com as entidades sindicais que os representem.

→ Parágrafo único acrescentado pela Lei 10.303/2001.

Voto múltiplo

Art. 141. Na eleição dos conselheiros, é facultado aos acionistas que representem, no mínimo, 0,1 (um décimo) do capital social com direito a voto, esteja ou não previsto no estatuto, requerer a adoção do processo de voto múltiplo, atribuindo-se a cada ação tantos votos quantos sejam os membros do conselho, e reconhecido ao acionista o direito de cumular os votos num só candidato ou distribuí-los entre vários.

§ 1º A faculdade prevista neste artigo deverá ser exercida pelos acionistas até 48 (quarenta e oito) horas antes da assembleia geral, cabendo à mesa que dirigir os trabalhos da assembleia informar previamente aos acionistas, à vista do "Livro de Presença", o número de votos necessários para a eleição de cada membro do conselho.

§ 2º Os cargos que, em virtude de empate, não forem preenchidos, serão objeto de nova votação, pelo mesmo processo, observado o disposto no § 1º, *in fine*.

§ 3º Sempre que a eleição tiver sido realizada por esse processo, a destituição de qualquer membro do conselho de administração pela assembleia geral importará destituição dos demais membros, procedendo-se a nova eleição; nos demais casos de vaga, não havendo suplente, a primeira assembleia geral procederá à nova eleição de todo o conselho.

§ 4º Terão direito de eleger e destituir um membro e seu suplente do conselho de administração, em votação em separado na assembleia geral, excluído o acionista controlador, a maioria dos titulares, respectivamente:

→ § 4º com redação alterada pela Lei 10.303/2001.

I – de ações de emissão de companhia aberta com direito a voto, que representem, pelo menos, 15% (quinze por cento) do total das ações com direito a voto; e

II – de ações preferenciais sem direito a voto ou com voto restrito de emissão de companhia aberta, que representem, no mínimo, 10% (dez por cento) do capital social, que não houverem exercido o direito previsto no estatuto, em conformidade com o art. 18.

§ 5º Verificando-se que nem os titulares de ações com direito a voto e nem os titulares de ações preferenciais sem direito a voto ou com voto restrito perfizeram, respectivamente, o *quorum* exigido nos incisos I e II do § 4º, ser-lhes-á facultado agregar suas ações para elegerem em conjunto um membro e seu suplente para o conselho de administração, observando-se, nessa hipótese, o *quorum* exigido pelo inciso II do § 4º.

→ § 5º acrescentado pela Lei 10.303/2001.

§ 6º Somente poderão exercer o direito previsto no § 4º os acionistas que comprovarem a titularidade ininterrupta da participação acionária ali exigida durante o período de 3 (três) meses, no mínimo, imediatamente anterior à realização da assembleia geral.

→ § 6º acrescentado pela Lei 10.303/2001.

§ 7º Sempre que, cumulativamente, a eleição do conselho de administração se der pelo sistema do voto múltiplo e os titulares de ações ordinárias ou preferenciais exercerem a prerrogativa de eleger conselheiro, será assegurado a acionista ou grupo de acionistas vinculados por acordo de votos que detenham mais do que 50% (cinquenta por cento) das ações com direito de voto o direito de eleger conselheiros em número igual ao dos eleitos pelos demais acionistas, mais um, independentemente do número de conselheiros que, segundo o estatuto, componha o órgão.

→ § 7º acrescentado pela Lei 10.303/2001.

§ 8º A companhia deverá manter registro com a identificação dos acionistas que exercerem a prerrogativa a que se refere o § 4º.

→ § 8º acrescentado pela Lei 10.303/2001.

§ 9º *(Vetado).*

→ § 9º acrescentado pela Lei 10.303/2001.

Competência

Art. 142. Compete ao conselho de administração:

I – fixar a orientação geral dos negócios da companhia;

II – eleger e destituir os diretores da companhia e fixar-lhes as atribuições, observado o que a respeito dispuser o estatuto;

→ v. Art. 122, II, da Lei 6.404/1976.

III – fiscalizar a gestão dos diretores, examinar, a qualquer tempo, os livros e papéis da companhia, solicitar informações sobre contratos celebrados ou em via de celebração, e quaisquer outros atos;

IV – convocar a assembleia geral quando julgar conveniente, ou no caso do artigo 132;

V – manifestar-se sobre o relatório da administração e as contas da diretoria;

VI – manifestar-se previamente sobre atos ou contratos, quando o estatuto assim o exigir;

VII – deliberar, quando autorizado pelo estatuto, sobre a emissão de ações ou de bônus de subscrição;

VIII – autorizar, se o estatuto não dispuser em contrário, a alienação de bens do ativo não circulante, a constituição de ônus reais e a prestação de garantias a obrigações de terceiros;

→ Inciso VIII com redação alterada pela Lei 11.941/2009.

IX – escolher e destituir os auditores independentes, se houver.

§ 1º Serão arquivadas no registro do comércio e publicadas as atas das reuniões do conselho de administração que contiverem deliberação destinada a produzir efeitos perante terceiros.

→ Anterior parágrafo único renumerado § 1º pela Lei 10.303/2001.

§ 2º A escolha e a destituição do auditor independente ficará sujeita a veto, devidamente fundamentado, dos conselheiros eleitos na forma do art. 141, § 4º, se houver.

→ § 2º acrescentado pela Lei 10.303/2001.

Seção II
Diretoria

Composição

Art. 143. A Diretoria será composta por 2 (dois) ou mais diretores, eleitos e destituíveis a qualquer tempo pelo conselho de administração, ou, se inexistente, pela assembleia geral, devendo o estatuto estabelecer:

I – o número de diretores, ou o máximo e o mínimo permitidos;

II – o modo de sua substituição;

III – o prazo de gestão, que não será superior a 3 (três) anos, permitida a reeleição;

IV – as atribuições e poderes de cada diretor.

§ 1º Os membros do conselho de administração, até o máximo de 1/3 (um terço), poderão ser eleitos para cargos de diretores.

§ 2º O estatuto pode estabelecer que determinadas decisões, de competência dos diretores, sejam tomadas em reunião da diretoria.

Representação

Art. 144. No silêncio do estatuto e inexistindo deliberação do conselho de administração (artigo 142, II e parágrafo único), competirão a qualquer diretor a representação da companhia e a prática dos atos necessários ao seu funcionamento regular.

Parágrafo único. Nos limites de suas atribuições e poderes, é lícito aos diretores constituir mandatários da companhia, devendo ser especificados no instrumento os atos ou operações que poderão praticar e a duração do mandato, que, no caso de mandato judicial, poderá ser por prazo indeterminado.

Seção III
Administradores

Normas comuns

Art. 145. As normas relativas a requisitos, impedimentos, investidura, remuneração, deveres e responsabilidades dos administradores aplicam-se a conselheiros e diretores.

Requisitos e impedimentos

Art. 146. Poderão ser eleitas para membros dos órgãos de administração pessoas naturais, devendo os diretores ser residentes no País.

→ *Caput* com redação alterada pela Lei 12.431/2011.

§ 1º A ata da assembleia geral ou da reunião do conselho de administração que eleger administradores deverá conter a qualificação e o prazo de gestão de cada um dos eleitos, devendo ser arquivada no registro do comércio e publicada.

→ § 1º com redação alterada pela Lei 10.303/2001.

§ 2º A posse do conselheiro residente ou domiciliado no exterior fica condicionada à constituição de representante residente no País, com poderes para receber citação em ações contra ele propostas com base na legislação societária, mediante procuração com prazo de validade que deverá estender-se por, no mínimo, 3 (três) anos após o término do prazo de gestão do conselheiro.

→ § 2º com redação alterada pela Lei 10.303/2001.

Art. 147. Quando a lei exigir certos requisitos para a investidura em cargo de administração da companhia, a assembleia geral somente poderá eleger quem tenha exibido os necessários comprovantes, dos quais se arquivará cópia autêntica na sede social.

§ 1º São inelegíveis para os cargos de administração da companhia as pessoas impedidas por lei especial, ou condenadas por crime falimentar, de prevaricação, peita ou suborno, concussão, peculato contra a economia popular, a fé pública ou a propriedade, ou a pena criminal que vede, ainda que temporariamente, o acesso a cargos públicos.

§ 2º São ainda inelegíveis para os cargos de administração de companhia aberta as pessoas declaradas inabilitadas por ato da Comissão de Valores Mobiliários.

§ 3º O conselheiro deve ter reputação ilibada, não podendo ser eleito, salvo dispensa da assembleia geral, aquele que:

→ § 3º acrescentado pela Lei 10.303/2001.

I – ocupar cargos em sociedades que possam ser consideradas concorrentes no mercado, em especial, em conselhos consultivos, de administração ou fiscal; e

II – tiver interesse conflitante com a sociedade.

§ 4º A comprovação do cumprimento das condições previstas no § 3º será efetuada por meio de declaração firmada pelo conselheiro eleito nos termos definidos pela Comissão de Valores Mobiliários, com vistas ao disposto nos arts. 145 e 159, sob as penas da lei.

→ § 4º acrescentado pela Lei 10.303/2001.

Garantia da gestão

Art. 148. O estatuto pode estabelecer que o exercício do cargo de administrador deva ser assegurado, pelo titular ou por terceiro, mediante penhor de ações da companhia ou outra garantia.

Parágrafo único. A garantia só será levantada após aprovação das últimas contas apresentadas pelo administrador que houver deixado o cargo.

Investidura

Art. 149. Os conselheiros e diretores serão investidos nos seus cargos mediante assinatura de termo de posse no livro de atas do conselho de administração ou da diretoria, conforme o caso.

§ 1º Se o termo não for assinado nos 30 (trinta) dias seguintes à nomeação, esta tornar-se-á sem efeito, salvo justificação aceita pelo órgão da administração para o qual tiver sido eleito.

→ Anterior parágrafo único renumerado para § 1º pela Lei 10.303/2001.

§ 2º O termo de posse deverá conter, sob pena de nulidade, a indicação de pelo menos um domicílio no qual o administrador receberá as citações e intimações em processos administrativos e judiciais relativos a atos de sua gestão, as quais reputar-se-ão cumpridas mediante entrega no domicílio indicado, o qual somente poderá ser alterado mediante comunicação por escrito à companhia.

→ § 2º acrescentado pela Lei 10.303/2001.

Substituição e término da gestão

Art. 150. No caso de vacância do cargo de conselheiro, salvo disposição em contrário do estatuto, o substituto será nomeado pelos conselheiros remanescentes e servirá até a primeira assembleia geral. Se ocorrer vacância da maioria dos cargos, a assembleia geral será convocada para proceder a nova eleição.

§ 1º No caso de vacância de todos os cargos do conselho de administração, compete à diretoria convocar a assembleia geral.

§ 2º No caso de vacância de todos os cargos da diretoria, se a companhia não tiver conselho de administração, compete ao conselho fiscal, se em funcionamento, ou a qualquer acionista, convocar a assembleia geral, devendo o representante de maior número de ações praticar, até a realização da assembleia, os atos urgentes de administração da companhia.

§ 3º O substituto eleito para preencher cargo vago completará o prazo de gestão do substituído.

§ 4º O prazo de gestão do conselho de administração ou da diretoria se estende até a investidura dos novos administradores eleitos.

Renúncia

Art. 151. A renúncia do administrador torna-se eficaz, em relação à companhia, desde o momento em que lhe for entregue a comunicação escrita do renunciante, e em relação a terceiros de boa-fé, após arquivamento no registro do comércio e publicação, que poderão ser promovidos pelo renunciante.

Remuneração

Art. 152. A assembleia geral fixará o montante global ou individual da remuneração dos administradores, inclusive benefícios de qualquer natureza e verbas de representação, tendo em conta suas responsabilidades, o tempo dedicado às suas funções, sua competência e reputação profissional e o valor dos seus serviços no mercado.

→ *Caput* com redação alterada pela Lei 9.457/1997.

§ 1º O estatuto da companhia que fixar o dividendo obrigatório em 25% (vinte e cinco por cento) ou mais do lucro líquido, pode atribuir aos administradores participação no lucro da companhia, desde que o seu total não ultrapasse a remuneração anual dos administradores nem 0,1 (um décimo) dos lucros (artigo 190), prevalecendo o limite que for menor.

§ 2º Os administradores somente farão jus à participação nos lucros do exercício social em relação ao qual for atribuído aos acionistas o dividendo obrigatório, de que trata o artigo 202.

Seção IV
Deveres e responsabilidades

Dever de diligência

Art. 153. O administrador da companhia deve empregar, no exercício de suas funções, o cuidado e diligência que todo homem ativo e probo costuma empregar na administração dos seus próprios negócios.

Finalidades das atribuições e desvio de poder

Art. 154. O administrador deve exercer as atribuições que a lei e o estatuto lhe conferem para lograr os fins e no interesse da companhia, satisfeitas as exigências do bem público e da função social da empresa.

§ 1º O administrador eleito por grupo ou classe de acionistas tem, para com a companhia, os mesmos deveres que os demais, não podendo, ainda que para defesa do interesse dos que o elegeram, faltar a esses deveres.

§ 2º É vedado ao administrador:

a) praticar ato de liberdade à custa da companhia;

b) sem prévia autorização da assembleia geral ou do conselho de administração, tomar por empréstimo recursos ou bens da companhia, ou usar, em proveito próprio, de sociedade em que tenha interesse, ou de terceiros, os seus bens, serviços ou crédito;

c) receber de terceiros, sem autorizarão estatutária ou da assembleia geral, qualquer modalidade de vantagens pessoal, direta ou indireta, em razão do exercício de seu cargo.

§ 3º As importâncias recebidas com infração ao disposto na alínea *c* do § 2º pertencerão à companhia.

§ 4º O conselho de administração ou a diretoria podem autorizar a prática de atos gratuitos razoáveis em benefício dos empregados ou da comunidade de que participe a empresa, tendo em vista suas responsabilidades sociais.

Dever de lealdade

Art. 155. O administrador deve servir com lealdade à companhia e manter reserva sobre os seus negócios, sendo-lhe vedado:

I – usar, em benefício próprio ou de outrem, com ou sem prejuízo para a companhia, as oportunidades comerciais de que tenha conhecimento em razão do exercício de seu cargo;

II – omitir-se no exercício ou proteção de direitos da companhia ou, visando à obtenção de vantagens, para si ou para outrem, deixar de aproveitar oportunidades de negócio de interesse da companhia;

III – adquirir, para revender com lucro, bem ou direito que sabe necessário à companhia, ou que esta tencione adquirir.

§ 1º Cumpre, ademais, ao administrador de companhia aberta, guardar sigilo sobre qualquer informação que ainda não tenha sido divulgada para conhecimento do mercado, obtida em razão do cargo e capaz de influir de modo ponderável na cotação de valores mobiliários, sendo-lhe vedado valer-se da informação para obter, para si ou para outrem, vantagem mediante compra ou venda de valores mobiliários.

§ 2º O administrador deve zelar para que a violação do disposto no § 1º não possa ocorrer através de subordinados ou terceiros de sua confiança.

§ 3º A pessoa prejudicada em compra e venda de valores mobiliários, contratada com infração do disposto nos §§ 1º e 2º, tem direito de haver do infrator indenização por perdas e danos, a menos que ao contratar já conhecesse a informação.

§ 4º É vedada a utilização de informação relevante ainda não divulgada, por qualquer pessoa que a ela tenha tido acesso, com a finalidade de auferir vantagem, para si ou para outrem, no mercado de valores mobiliários.

→ § 4º acrescentado pela Lei 10.303/2001.

Conflito de interesse

Art. 156. É vedado ao administrador intervir em qualquer posição social em que tiver interesse conflitante com o da companhia, bem como na deliberação que a respeito tomarem os demais administradores, cumprindo-lhe cientificá-los do seu impedimento e fazer consignar, em ata de reunião do conselho de administração ou da diretoria, a natureza e extensão do seu interesse.

§ 1º Ainda que observado o disposto neste artigo, o administrador somente pode contratar com a companhia em condições razoáveis ou equitativas, idênticas às que prevalecem no mercado ou em que a companhia contrataria com terceiros.

§ 2º O negócio contratado com infração do disposto no § 1º é anulável, e o administrador interessado será obrigado a transferir para a companhia as vantagens que dele tiver auferido.

Dever de informar

Art. 157. O administrador de companhia aberta deve declarar, ao firmar o termo de posse, o número de ações, bônus de subscrição, opções de compra de ações e debêntures conversíveis em ações, de emissão da companhia e de sociedades controladas ou do mesmo grupo, de que seja titular.

§ 1º O administrador de companhia aberta é obrigado a revelar à assembleia geral ordinária, a pedido de acionistas que representem 5% (cinco por cento) ou mais do capital social:

a) o número dos valores mobiliários de emissão da companhia ou de sociedades controladas, ou do mesmo grupo, que tiver adquirido ou alienado, diretamente ou através de outras pessoas, no exercício anterior;

b) as opções de compra de ações que tiver contratado ou exercido no exercício anterior;

c) os benefícios ou vantagens, indiretas ou complementares, que tenha recebido ou esteja recebendo da companhia e de sociedades coligadas, controladas ou do mesmo grupo;

d) as condições dos contratos de trabalho que tenham sido firmados pela companhia com os diretores e empregados de alto nível;

e) quaisquer atos ou fatos relevantes nas atividades da companhia.

§ 2º Os esclarecimentos prestados pelo administrador poderão, a pedido de qualquer acionista, ser reduzidos a escrito, autenticados pela mesa da assembleia, e fornecidos por cópia aos solicitantes.

§ 3º A revelação dos atos ou fatos de que trata este artigo só poderá ser utilizada no legítimo interesse da companhia ou do acionista, respondendo os solicitantes pelos abusos que praticarem.

§ 4º Os administradores da companhia aberta são obrigados a comunicar imediatamente à Bolsa de Valores e a divulgar pela imprensa qualquer deliberação da assembleia geral ou dos órgãos de administração da companhia, ou fato relevante ocorrido nos seus negócios, que possa influir, de modo ponderável, na decisão dos investidores do mercado de vender ou comprar valores mobiliários emitidos pela companhia.

§ 5º Os administradores poderão recusar-se a prestar a informação (§ 1º, *e*), ou deixar de divulgá-la (§ 4º), se entenderem que sua revelação porá em risco interesse legítimo da companhia, cabendo à Comissão de Valores Mobiliários, a pedido dos administradores, de qualquer acionista, ou por iniciativa própria, decidir sobre a prestação de informação e responsabilizar os administradores, se for o caso.

§ 6º Os administradores da companhia aberta deverão informar imediatamente, nos termos e na forma determinados pela Comissão de Valores Mobiliários, a esta e às Bolsas de Valores ou entidades do mercado de balcão organizado nas quais os valores mobiliários de emissão da companhia estejam admitidos à negociação, as modificações em suas posições acionárias na companhia.

→ § 6º acrescentado pela Lei 10.303/2001.

Responsabilidade dos administradores

Art. 158. O administrador não é pessoalmente responsável pelas obrigações que contrair em nome da sociedade e em virtude de ato regular de gestão; responde, porém, civilmente, pelos prejuízos que causar, quando proceder:

I – dentro de suas atribuições ou poderes, com culpa ou dolo;

II – com violação da lei ou do estatuto.

§ 1º O administrador não é responsável por atos ilícitos de outros administradores, salvo se com eles for conivente, se negligenciar em descobri-los ou se, deles tendo conhecimento, deixar de agir para impedir a sua prática. Exime-se de responsabilidade o administrador dissidente que faça consignar sua divergência em ata de reunião do órgão de administração ou, não sendo possível, dela dê ciência imediata e por escrito ao órgão da administração, ao conselho fiscal, se em funcionamento, ou à assembleia geral.

§ 2º Os administradores são solidariamente responsáveis pelos prejuízos causados em virtude do não cumprimento dos deveres impostos por lei para assegurar o funcionamento normal da companhia, ainda que, pelo estatuto, tais deveres não caibam a todos eles.

§ 3º Nas companhias abertas, a responsabilidade de que trata o § 2º ficará restrita, ressalvado o disposto no § 4º, aos administradores que, por disposição do estatuto, tenham atribuição específica de dar cumprimento àqueles deveres.

§ 4º O administrador que, tendo conhecimento do não cumprimento desses deveres por seu predecessor, ou pelo administrador competente nos termos do § 3º, deixar de comunicar o fato à assembleia geral, tornar-se-á por ele solidariamente responsável.

§ 5º Responderá solidariamente com o administrador quem, com o fim de obter vantagem para si ou para outrem, concorrer para a prática de ato com violação da lei ou do estatuto.

Ação de responsabilidade

Art. 159. Compete à companhia, mediante prévia deliberação da assembleia geral, a ação de responsabilidade civil contra o administrador, pelos prejuízos causados ao seu patrimônio.

§ 1º A deliberação poderá ser tomada em assembleia geral ordinária e, se prevista na ordem do dia, ou for consequência direta de assunto nela incluído, em assembleia geral extraordinária.

§ 2º O administrador ou administradores contra os quais deva ser proposta ação ficarão impedidos e deverão ser substituídos na mesma assembleia.

§ 3º Qualquer acionista poderá promover a ação, se não for proposta no prazo de 3 (três) meses da deliberação da assembleia geral.

§ 4º Se a assembleia deliberar não promover a ação, poderá ela ser proposta por acionistas que representem 5% (cinco por cento), pelo menos, do capital social.

§ 5º Os resultados da ação promovida por acionista deferem-se à companhia, mas esta deverá indenizá-lo, até o limite daqueles resultados, de todas as despesas em que tiver incorrido, inclusive correção monetária e juros dos dispêndios realizados.

§ 6º O juiz poderá reconhecer a exclusão da responsabilidade do administrador, se convencido de que este agiu de boa-fé e visando ao interesse da companhia.

§ 7º A ação prevista neste artigo não exclui a que couber ao acionista ou terceiro diretamente prejudicado por ato de administrador.

Órgãos técnicos e consultivos

Art. 160. As normas desta Seção aplicam-se aos membros de quaisquer órgãos, criados pelo estatuto, com funções técnicas ou destinados a aconselhar os administradores.

Capítulo XIII
CONSELHO FISCAL

Composição e funcionamento

Art. 161. A companhia terá um conselho fiscal e o estatuto disporá sobre seu funcionamento, de modo permanente ou nos exercícios sociais em que for instalado a pedido de acionistas.

§ 1º O conselho fiscal será composto de, no mínimo, 3 (três) e, no máximo, 5 (cinco) membros, e suplentes em igual número, acionistas ou não, eleitos pela assembleia geral.

§ 2º O conselho fiscal, quando o funcionamento não for permanente, será instalado pela assembleia geral a pedido de acionistas que representem, no mínimo, 0,1 (um décimo) das ações com direito a voto, ou 5% (cinco por cento) das ações sem direito a voto, e cada período de seu funcionamento terminará na primeira assembleia geral ordinária após a sua instalação.

§ 3º O pedido de funcionamento do conselho fiscal, ainda que a matéria não conste do anúncio de convocação, poderá ser formulado em qualquer assembleia geral, que elegerá os seus membros.

§ 4º Na constituição do conselho fiscal serão observadas as seguintes normas:

a) os titulares de ações preferenciais sem direito a voto, ou com voto restrito, terão direito de eleger, em votação em separado, 1 (um) membro e respectivo suplente; igual direito terão os acionistas minoritários, desde que representem, em conjunto, 10% (dez por cento) ou mais das ações com direito a voto;

b) ressalvado o disposto na alínea anterior, os demais acionistas com direito a voto poderão eleger os membros efetivos e suplentes que, em qualquer caso, serão em número igual ao dos eleitos nos termos da alínea *a*, mais um.

§ 5º Os membros do conselho fiscal e seus suplentes exercerão seus cargos até a primeira assembleia-geral ordinária que se realizar após a sua eleição, e poderão ser reeleitos.

§ 6º Os membros do conselho fiscal e seus suplentes exercerão seus cargos até a primeira assembleia geral ordinária que se realizar após a sua eleição, e poderão ser reeleitos.

→ § 6º acrescentado pela Lei 10.303/2001.

§ 7º A função de membro do conselho fiscal é indelegável.

→ § 7º acrescentado pela Lei 10.303/2001.

Requisitos, impedimentos e remuneração

Art. 162. Somente podem ser eleitas para o conselho fiscal pessoas naturais, residentes no País, diplomadas em curso de nível universitário, ou que tenham exercido por prazo mínimo de 3 (três) anos, cargo de administrador de empresa ou de conselheiro fiscal.

§ 1º Nas localidades em que não houver pessoas habilitadas, em número suficiente, para o exercício da função, caberá ao juiz dispensar a companhia da satisfação dos requisitos estabelecidos neste artigo.

§ 2º Não podem ser eleitos para o conselho fiscal, além das pessoas enumeradas nos parágrafos do artigo 147, membros de órgãos de administração e empregados da companhia ou de sociedade controlada ou do mesmo grupo, e o cônjuge ou parente, até terceiro grau, de administrador da companhia.

§ 3º A remuneração dos membros do conselho fiscal, além do reembolso, obrigatório, das despesas de locomoção e estada necessárias ao desempenho da função, será fixada pela assembleia geral que os eleger, e não poderá ser inferior, para cada membro em exercício, a 10% (dez por cento) da que, em média, for atribuída a cada diretor, não computados benefícios, verbas de representação e participação nos lucros.

→ § 3º com redação alterada pela Lei 9.457/1997.

Competência

Art. 163. Compete ao conselho fiscal:

I – fiscalizar, por qualquer de seus membros, os atos dos administradores e verificar o cumprimento dos seus deveres legais e estatutários;

→ Inciso I com redação alterada pela Lei 10.303/2001.

II – opinar sobre o relatório anual da administração, fazendo constar do seu parecer as informações complementares que julgar necessárias ou úteis à deliberação da assembleia geral;

III – opinar sobre as propostas dos órgãos da administração, a serem submetidas à assembleia geral, relativas a modificação do capital social, emissão de debêntures ou bônus de subscrição, planos de investimento ou orçamentos de capital, distribuição de dividendos, transformação, incorporação, fusão ou cisão;

IV – denunciar, por qualquer de seus membros, aos órgãos de administração e, se estes não tomarem as providências necessárias para a proteção dos interesses da companhia, à assembleia geral, os erros, fraudes ou crimes que descobrirem, e sugerir providências úteis à companhia;

→ Inciso IV com redação alterada pela Lei 10.303/2001.

V – convocar a assembleia geral ordinária, se os órgãos da administração retardarem por mais de 1 (um) mês essa convocação, e a extraordinária, sempre que ocorrerem motivos graves ou urgentes, incluindo na agenda das assembleias as matérias que considerarem necessárias;

VI – analisar, ao menos trimestralmente, o balancete e demais demonstrações financeiras elaboradas periodicamente pela companhia;

VII – examinar as demonstrações financeiras de exercício social e sobre elas opinar;

VIII – exercer essas atribuições, durante a liquidação, tendo em vista as disposições especiais que a regulam.

§ 1º Os órgãos de administração são obrigados, através de comunicação por escrito, a colocar à disposição dos membros em exercício do conselho fiscal, dentro de 10 (dez) dias, cópias das atas de suas reuniões e, dentro de 15 (quinze) dias do seu recebimento, cópias dos balancetes e demais demonstrações financeiras elaboradas periodicamente e, quando houver, dos relatórios de execução de orçamentos.

§ 2º O conselho fiscal, a pedido de qualquer dos seus membros, solicitará aos órgãos de administração esclarecimentos ou informações, desde que relativas à sua função fiscalizadora, assim como a elaboração de demonstrações financeiras ou contábeis especiais.

→ § 2º com redação alterada pela Lei 10.303/2001.

§ 3º Os membros do conselho fiscal assistirão às reuniões do conselho de administração, se houver, ou da diretoria, em que se deliberar sobre os assuntos em que devam opinar (ns. II, III e VII).

§ 4º Se a companhia tiver auditores independentes, o conselho fiscal, a pedido de qualquer de seus membros, poderá solicitar-lhes esclarecimentos ou informações, e a apuração de fatos específicos.

→ § 4º com redação alterada pela Lei 9.457/1997.

§ 5º Se a companhia não tiver auditores independentes, o conselho fiscal poderá, para melhor desempenho das suas funções, escolher contador ou firma de auditoria e fixar-lhes os honorários, dentro de níveis razoáveis, vigentes na praça e compatíveis com a dimensão econômica da companhia, os quais serão pagos por esta.

§ 6º O conselho fiscal deverá fornecer ao acionista, ou grupo de acionistas que representem, no mínimo, 5% (cinco por cento) do capital social, sempre que solicitadas, informações sobre matérias de sua competência.

§ 7º As atribuições e poderes conferidos pela lei ao conselho fiscal não podem ser outorgados a outro órgão da companhia.

§ 8º O conselho fiscal poderá, para apurar fato cujo esclarecimento seja necessário ao desempenho de suas funções, formular, com justificativa, questões a serem respondidas por perito e solicitar à diretoria que indique, para esse fim, no prazo máximo de 30 (trinta) dias, 3 (três) peritos, que podem ser pessoas físicas ou jurídicas, de notório conhecimento na área em questão, entre os quais o conselho fiscal escolherá um, cujos honorários serão pagos pela companhia.

→ § 8º acrescentado pela Lei 9.457/1997.

Pareceres e representações

Art. 164. Os membros do conselho fiscal, ou ao menos um deles, deverão comparecer às reuniões da assembleia geral e responder aos pedidos de informações formulados pelos acionistas.

Parágrafo único. Os pareceres e representações do conselho fiscal, ou de qualquer um de seus membros, poderão ser apresentados e lidos na assembleia geral, independentemente de publicação e ainda que a matéria não conste da ordem do dia.

→ Parágrafo único com redação alterada pela Lei 10.303/2001.

Deveres e responsabilidades

Art. 165. Os membros do conselho fiscal têm os mesmos deveres dos administradores de que tratam os arts. 153 a 156 e respondem pelos danos resultantes de omissão no cumprimento de seus deveres e de atos praticados com culpa ou dolo, ou com violação da lei ou do estatuto.

→ Artigo com redação alterada pela Lei 10.303/2001.

§ 1º Os membros do conselho fiscal deverão exercer suas funções no exclusivo interesse da companhia; considerar-se-á abusivo o exercício da função com o fim de causar dano à companhia, ou aos seus acionistas ou administradores, ou de obter, para si ou para outrem, vantagem a que não faz jus e de que resulte, ou possa resultar, prejuízo para a companhia, seus acionistas ou administradores.

§ 2º O membro do conselho fiscal não é responsável pelos atos ilícitos de outros membros, salvo se com eles foi conivente, ou se concorrer para a prática do ato.

§ 3º A responsabilidade dos membros do conselho fiscal por omissão no cumprimento de seus deveres é solidária, mas dela se exime o membro dissidente que fizer consignar sua divergência em ata da reunião do órgão e a comunicar aos órgãos da administração e à assembleia geral.

Art. 165-A. Os membros do conselho fiscal da companhia aberta deverão informar imediatamente as modificações em suas posições acionárias na companhia à Comissão de Valores Mobiliários e às Bolsas de Valores ou entidades do mercado de balcão organizado nas quais os valores mobiliários de emissão da companhia estejam admitidos à negociação, nas condições e na forma determinadas pela Comissão de Valores Mobiliários.

→ Artigo acrescentado pela Lei 10.303/2001.

Capítulo XIV
MODIFICAÇÃO DO CAPITAL SOCIAL

Seção I
Aumento

Competência

Art. 166. O capital social pode ser aumentado:

I – por deliberação da assembleia geral ordinária, para correção da expressão monetária do seu valor (artigo 167);

II – por deliberação da assembleia geral ou do conselho de administração, observado o que a respeito dispuser o estatuto, nos casos de emissão de ações dentro do limite autorizado no estatuto (artigo 168);

III – por conversão, em ações, de debêntures ou partes beneficiárias e pelo exercício de direitos conferidos por bônus de subscrição, ou de opção de compra de ações;

IV – por deliberação da assembleia geral extraordinária convocada para decidir sobre reforma do estatuto social, no caso de inexistir autorização de aumento, ou de estar a mesma esgotada.

§ 1º Dentro dos 30 (trinta) dias subsequentes à efetivação do aumento, a companhia requererá ao registro do comércio a sua averbação, nos casos dos números I a III, ou o arquivamento da ata da assembleia de reforma do estatuto, no caso do número IV.

§ 2º O conselho fiscal, se em funcionamento, deverá, salvo nos casos do número III, ser obrigatoriamente ouvido antes da deliberação sobre o aumento de capital.

Correção monetária anual

Art. 167. A reserva de capital constituída por ocasião do balanço de encerramento do exercício social e resultante da correção monetária do capital realizado (artigo 182, § 2º) será capitalizada por deliberação da assembleia geral ordinária que aprovar o balanço.

§ 1º Na companhia aberta, a capitalização prevista neste artigo será feita sem modificação do número de ações emitidas e com aumento do valor nominal das ações, se for o caso.

§ 2º A companhia poderá deixar de capitalizar o saldo da reserva correspondente às frações de centavo do valor nominal das ações, ou, se não tiverem valor nominal, à fração inferior a 1% (um por cento) do capital social.

§ 3º Se a companhia tiver ações com e sem valor nominal, a correção do capital correspondente às ações com valor nominal será feita separadamente, sendo a reserva resultante capitalizada em benefício dessas ações.

Capital autorizado

Art. 168. O estatuto pode conter autorização para aumento do capital social independentemente de reforma estatutária.

§ 1º A autorização deverá especificar:

a) o limite de aumento, em valor do capital ou em número de ações, e as espécies e classes das ações que poderão ser emitidas;

b) o órgão competente para deliberar sobre as emissões, que poderá ser a assembleia geral ou o conselho de administração;

c) as condições a que estiverem sujeitas as emissões;

d) os casos ou as condições em que os acionistas terão direito de preferência para subscrição, ou de inexistência desse direito (artigo 172).

§ 2º O limite de autorização, quando fixado em valor do capital social, será anualmente corrigido pela assembleia geral ordinária, com base nos mesmos índices adotados na correção do capital social.

§ 3º O estatuto pode prever que a companhia, dentro do limite de capital autorizado, e de acordo com plano aprovado pela assembleia geral, outorgue opção de compra de ações a seus administradores ou empregados, ou a pessoas naturais que prestem serviços à companhia ou a sociedade sob seu controle.

Capitalização de lucros e reservas

Art. 169. O aumento mediante capitalização de lucros ou de reservas importará alteração do valor nominal das ações ou distribuição das ações novas, correspondentes ao aumento, entre acionistas, na proporção do número de ações que possuírem.

§ 1º Na companhia com ações sem valor nominal, a capitalização de lucros ou de reservas poderá ser efetivada sem modificação do número de ações.

§ 2º Às ações distribuídas de acordo com este artigo se estenderão, salvo cláusula em contrário dos instrumentos que os tenham constituído, o usufruto, o fideicomisso, a inalienabilidade e a incomunicabilidade que porventura gravarem as ações de que elas forem derivadas.

§ 3º As ações que não puderem ser atribuídas por inteiro a cada acionista serão vendidas em Bolsa, dividindo-se o produto da venda, proporcionalmente, pelos titulares das frações; antes da venda, a companhia fixará prazo, não inferior a 30 (trinta) dias, durante o qual os acionistas poderão transferir as frações de ação.

Aumento mediante subscrição de ações

Art. 170. Depois de realizados 3/4 (três quartos), no mínimo, do capital social, a companhia pode aumentá-lo mediante subscrição pública ou particular de ações.

§ 1º O preço de emissão deverá ser fixado, sem diluição injustificada da participação dos antigos acionistas, ainda que tenham direito de preferência para subscrevê-las, tendo em vista, alternativa ou conjuntamente:

→ § 1º com redação alterada pela Lei 9.457/1997.

I – a perspectiva de rentabilidade da companhia;

II – o valor do patrimônio líquido da ação;

III – a cotação de suas ações em Bolsa de Valores ou no mercado de balcão organizado, admitido ágio ou deságio em função das condições do mercado.

§ 2º A assembleia geral, quando for de sua competência deliberar sobre o aumento, poderá delegar ao conselho de administração a fixação do preço de emissão de ações a serem distribuídas no mercado.

§ 3º A subscrição de ações para realização em bens será sempre procedida com observância do disposto no artigo 8º, e a ela se aplicará o disposto nos §§ 2º e 3º do artigo 98.

§ 4º As entradas e as prestações da realização das ações poderão ser recebidas pela companhia independentemente de depósito bancário.

§ 5º No aumento de capital observar-se-á, se mediante subscrição pública, o disposto no artigo 82, e se mediante subscrição particular, o que a respeito for deliberado pela assembleia geral ou pelo conselho de administração, conforme dispuser o estatuto.

§ 6º Ao aumento de capital aplica-se, no que couber, o disposto sobre a constituição da companhia, exceto na parte final do § 2º do art. 82.

§ 7º A proposta de aumento do capital deverá esclarecer qual o critério adotado, nos termos do § 1º deste artigo, justificando pormenorizadamente os aspectos econômicos que determinaram a sua escolha.

→ § 7º acrescentado pela Lei 9.457/1997.

Direito de preferência

Art. 171. Na proporção do número de ações que possuírem, os acionistas terão preferência para a subscrição do aumento de capital.

§ 1º Se o capital for dividido em ações de diversas espécies ou classes e o aumento for feito por emissão de mais de uma espécie ou classe, observar-se-ão as seguintes normas:

a) no caso de aumento, na mesma proporção, do número de ações de todas as espécies e classes existentes, cada acionista exercerá o direito de preferência sobre ações idênticas às de que for possuidor;

b) se as ações emitidas forem de espécies e classes existentes, mas importarem alteração das respectivas proporções no capital social, a preferência será exercida sobre ações de espécies e classes idênticas às de que forem possuidores os acionistas, somente se estendendo às demais se aquelas forem insuficientes para lhes assegurar, no capital aumentado, a mesma proporção que tinham no capital antes do aumento;

c) se houver emissão de ações de espécie ou classe diversa das existentes, cada acionista exercerá a preferência, na proporção do número de ações que possuir, sobre ações de todas as espécies e classes do aumento.

§ 2º No aumento mediante capitalização de créditos ou subscrição em bens, será sempre assegurado aos acionistas o direito de preferência e, se for o caso, as importâncias por eles pagas serão entregues ao titular do crédito a ser capitalizado ou do bem a ser incorporado.

§ 3º Os acionistas terão direito de preferência para subscrição das emissões de debêntures conversíveis em ações, bônus de subscrição e partes beneficiárias conversíveis em ações emitidas para alienação onerosa; mas na conversão desses títulos em ações, ou na outorga e no exercício de opção de compra de ações, não haverá direito de preferência.

§ 4º O estatuto ou a assembleia geral fixará prazo de decadência, não inferior a 30 (trinta) dias, para o exercício do direito de preferência.

§ 5º No usufruto e no fideicomisso, o direito de preferência, quando não exercido pelo acionista até 10 (dez) dias antes do vencimento do prazo, poderá sê-lo pelo usufrutuário ou fideicomissário.

§ 6º O acionista poderá ceder seu direito de preferência.

§ 7º Na companhia aberta, o órgão que deliberar sobre a emissão mediante subscrição particular deverá dispor sobre as sobras de valores mobiliários não subscritos, podendo:

a) mandar vendê-las em Bolsa, em benefício da companhia; ou

b) rateá-las, na proporção dos valores subscritos, entre os acionistas que tiverem pedido, no boletim ou lista de subscrição, reserva de sobras; nesse caso, a condição constará dos boletins e listas de subscrição e o saldo não rateado será vendido em Bolsa, nos termos da alínea anterior.

§ 8º Na companhia fechada, será obrigatório o rateio previsto na alínea *b* do § 7º, podendo o saldo, se houver, ser subscrito por terceiros, de acordo com os critérios estabelecidos pela assembleia geral ou pelos órgãos da administração.

Exclusão do direito de preferência

Art. 172. O estatuto da companhia aberta que contiver autorização para o aumento do capital pode prever a emissão, sem direito de preferência para os antigos acionistas, ou com redução do prazo de que trata o § 4º do art. 171, de ações e debêntures conversíveis em ações, ou bônus de subscrição, cuja colocação seja feita mediante:

→ *Caput* com redação alterada pela Lei 10.303/2001.

I – venda em Bolsa de Valores ou subscrição pública; ou

II – permuta por ações, em oferta pública de aquisição de controle, nos termos dos arts. 257 e 263.

→ Inciso II com redação alterada pela Lei 10.303/2001.

Parágrafo único. O estatuto da companhia, ainda que fechada, pode excluir o direito de preferência para subscrição de ações nos termos de lei especial sobre incentivos fiscais.

Seção II
Redução

Art. 173. A assembleia geral poderá deliberar a redução do capital social se houver perda, até o montante dos prejuízos acumulados, ou se julgá-lo excessivo.

§ 1º A proposta de redução do capital social, quando de iniciativa dos administradores, não poderá ser submetida à deliberação da assembleia geral sem o parecer do conselho fiscal, se em funcionamento.

§ 2º A partir da deliberação de redução ficarão suspensos os direitos correspondentes às ações cujos certificados tenham sido emitidos, até que sejam apresentados à companhia para substituição.

Oposição dos credores

Art. 174. Ressalvado o disposto nos artigos 45 e 107, a redução do capital social com restituição aos acionistas de parte do valor das ações, ou pela diminuição do valor destas, quando não integralizadas, à importância das entradas, só se tornará efetiva 60 (sessenta) dias após a publicação da ata da assembleia geral que a tiver deliberado.

§ 1º Durante o prazo previsto neste artigo, os credores quirografários por títulos anteriores à data da publicação da ata poderão, mediante notificação, de que se dará ciência ao registro do comércio da sede da companhia, opor-se à redução do capital; decairão desse direito os credores que o não exercerem dentro do prazo.

§ 2º Findo o prazo, a ata da assembleia geral que houver deliberado a redução poderá ser arquivada se não tiver havido oposição ou, se tiver havido oposição de algum credor, desde que feita a prova do pagamento do seu crédito ou do depósito judicial da importância respectiva.

§ 3º Se houver em circulação debêntures emitidas pela companhia, a redução do capital, nos casos previstos neste artigo, não poderá ser efetivada sem prévia aprovação pela maioria dos debenturistas, reunidos em assembleia especial.

Capítulo XV
EXERCÍCIO SOCIAL E DEMONSTRAÇÕES FINANCEIRAS

Seção I
Exercício social

Art. 175. O exercício social terá duração de 1 (um) ano e a data do término será fixada no estatuto.

Parágrafo único. Na constituição da companhia e nos casos de alteração estatutária o exercício social poderá ter duração diversa.

Seção II
Demonstrações financeiras

Disposições gerais

Art. 176. Ao fim de cada exercício social, a diretoria fará elaborar, com base na escrituração mercantil da companhia, as seguintes demonstrações financeiras, que deverão exprimir com clareza a situação do patrimônio da companhia e as mutações ocorridas no exercício:

I – balanço patrimonial;

II – demonstração dos lucros ou prejuízos acumulados;

III – demonstração do resultado do exercício; e

IV – demonstração dos fluxos de caixa; e

→ Inciso IV com redação alterada pela Lei 11.638/2007.

V – se companhia aberta, demonstração do valor adicionado.

→ Inciso V acrescentado pela Lei 11.638/2007.

§ 1º As demonstrações de cada exercício serão publicadas com a indicação dos valores correspondentes das demonstrações do exercício anterior.

§ 2º Nas demonstrações, as contas semelhantes poderão ser agrupadas; os pequenos saldos poderão ser agregados, desde que indicada a sua natureza e não ultrapassem 0,1 (um décimo) do valor do respectivo grupo de contas; mas é vedada a utilização de designações genéricas, como "diversas contas" ou "contas correntes".

§ 3º As demonstrações financeiras registrarão a destinação dos lucros segundo a proposta dos órgãos da administração, no pressuposto de sua aprovação pela assembleia geral.

§ 4º As demonstrações serão complementadas por notas explicativas e outros quadros analíticos ou demonstrações contábeis necessários para esclarecimento da situação patrimonial e dos resultados do exercício.

§ 5º As notas explicativas devem:

→ § 5º com redação alterada pela Lei 11.941/2009.

I – apresentar informações sobre a base de preparação das demonstrações financeiras e das práticas contábeis específicas selecionadas e aplicadas para negócios e eventos significativos;

II – divulgar as informações exigidas pelas práticas contábeis adotadas no Brasil que não estejam apresentadas em nenhuma outra parte das demonstrações financeiras;

III – fornecer informações adicionais não indicadas nas próprias demonstrações financeiras e consideradas necessárias para uma apresentação adequada; e

IV – indicar:

a) os principais critérios de avaliação dos elementos patrimoniais, especialmente estoques, dos cálculos de depreciação, amortização e exaustão, de constituição de provisões para encargos ou riscos, e dos ajustes para atender a perdas prováveis na realização de elementos do ativo;

b) os investimentos em outras sociedades, quando relevantes (art. 247, parágrafo único);

c) o aumento de valor de elementos do ativo resultante de novas avaliações (art. 182, § 3º);

d) os ônus reais constituídos sobre elementos do ativo, as garantias prestadas a terceiros e outras responsabilidades eventuais ou contingentes;

e) a taxa de juros, as datas de vencimento e as garantias das obrigações a longo prazo;

f) o número, espécies e classes das ações do capital social;

g) as opções de compra de ações outorgadas e exercidas no exercício;

h) os ajustes de exercícios anteriores (art. 186, § 1º); e

i) os eventos subsequentes à data de encerramento do exercício que tenham, ou possam vir a ter, efeito relevante sobre a situação financeira e os resultados futuros da companhia.

§ 6º A companhia fechada com patrimônio líquido, na data do balanço, inferior a R$ 2.000.000,00 (dois milhões de reais) não será obrigada à elaboração e publicação da demonstração dos fluxos de caixa.

→ § 6º com redação alterada pela Lei 11.638/2007.

§ 7º A Comissão de Valores Mobiliários poderá, a seu critério, disciplinar de forma diversa o registro de que trata o § 3º deste artigo.

→ § 7º acrescentado pela Lei 11.941/2009.

LEGISLAÇÃO

Escrituração

Art. 177. A escrituração da companhia será mantida em registros permanentes, com obediência aos preceitos da legislação comercial e desta Lei e aos princípios de contabilidade geralmente aceitos, devendo observar métodos ou critérios contábeis uniformes no tempo e registrar as mutações patrimoniais segundo o regime de competência.

§ 1º As demonstrações financeiras do exercício em que houver modificação de métodos ou critérios contábeis, de efeitos relevantes, deverão indicá-la em nota e ressaltar esses efeitos.

§ 2º A companhia observará exclusivamente em livros ou registros auxiliares, sem qualquer modificação da escrituração mercantil e das demonstrações reguladas nesta Lei, as disposições da lei tributária, ou de legislação especial sobre a atividade que constitui seu objeto, que prescrevam, conduzam ou incentivem a utilização de métodos ou critérios contábeis diferentes ou determinem registros, lançamentos ou ajustes ou a elaboração de outras demonstrações financeiras.

→ *Caput* do § 2º com redação alterada pela Lei 11.941/2009.

I – *(Revogado pela Lei 11.941/2009).*

II – *(Revogado pela Lei 11.941/2009).*

§ 3º As demonstrações financeiras das companhias abertas observarão, ainda, as normas expedidas pela Comissão de Valores Mobiliários e serão obrigatoriamente submetidas a auditoria por auditores independentes nela registrados.

→ § 3º com redação alterada pela Lei 11.941/2009.

§ 4º As demonstrações financeiras serão assinadas pelos administradores e por contabilistas legalmente habilitados.

§ 5º As normas expedidas pela Comissão de Valores Mobiliários a que se refere o § 3º deste artigo deverão ser elaboradas em consonância com os padrões internacionais de contabilidade adotados nos principais mercados de valores mobiliários.

→ § 5º acrescentado pela Lei 11.638/2007.

§ 6º As companhias fechadas poderão optar por observar as normas sobre demonstrações financeiras expedidas pela Comissão de Valores Mobiliários para as companhias abertas.

→ § 6º acrescentado pela Lei 11.638/2007.

§ 7º *(Revogado pela Lei 11.941/2009).*

Seção III
Balanço patrimonial

Grupo de contas

Art. 178. No balanço, as contas serão classificadas segundo os elementos do patrimônio que registrem, e agrupadas de modo a facilitar o conhecimento e a análise da situação financeira da companhia.

§ 1º No ativo, as contas serão dispostas em ordem decrescente de grau de liquidez dos elementos nelas registrados, nos seguintes grupos:

I – ativo circulante; e

→ Inciso I acrescentado pela Lei 11.941/2009.

II – ativo não circulante, composto por ativo realizável a longo prazo, investimentos, imobilizado e intangível.

→ Inciso II acrescentado pela Lei 11.941/2009.

§ 2º No passivo, as contas serão classificadas nos seguintes grupos:

I – passivo circulante;

→ Inciso I acrescentado pela Lei 11.941/2009.

II – passivo não circulante; e

→ Inciso II acrescentado pela Lei 11.941/2009.

III – patrimônio líquido, dividido em capital social, reservas de capital, ajustes de avaliação patrimonial, reservas de lucros, ações em tesouraria e prejuízos acumulados.

→ Inciso III acrescentado pela Lei 11.941/2009.

§ 3º Os saldos devedores e credores que a companhia não tiver direito de compensar serão classificados separadamente.

Ativo

Art. 179. As contas serão classificadas do seguinte modo:

I – no ativo circulante: as disponibilidades, os direitos realizáveis no curso do exercício social subsequente e as aplicações de recursos em despesas do exercício seguinte;

II – no ativo realizável a longo prazo: os direitos realizáveis após o término do exercício seguinte, assim como os derivados de vendas, adiantamentos ou empréstimos a sociedades coligadas ou controladas (artigo 243), diretores, acionistas ou participantes no lucro da companhia, que não constituírem negócios usuais na exploração do objeto da companhia;

III – em investimentos: as participações permanentes em outras sociedades e os direitos de qualquer natureza, não classificáveis no ativo circulante, e que não se destinem à manutenção da atividade da companhia ou da empresa;

IV – no ativo imobilizado: os direitos que tenham por objeto bens corpóreos destinados à manutenção das atividades da companhia ou da empresa ou exercidos com essa finalidade, inclusive os decorrentes de operações que transfiram à companhia os benefícios, riscos e controle desses bens;

→ Inciso IV com redação alterada pela Lei 11.638/2007.

V – *(Revogado pela Lei 11.941/2009).*

VI – no intangível: os direitos que tenham por objeto bens incorpóreos destinados à manutenção da companhia ou exercidos com essa finalidade, inclusive o fundo de comércio adquirido.

→ Inciso VI acrescentado pela Lei 11.638/2007.

Parágrafo único. Na companhia em que o ciclo operacional da empresa tiver duração maior que o exercício social, a classificação no circulante ou longo prazo terá por base o prazo desse ciclo.

Passivo exigível

Art. 180. As obrigações da companhia, inclusive financiamentos para aquisição de direitos do ativo não circulante, serão classificadas no passivo circulante, quando se vencerem no exercício seguinte, e no passivo não circulante, se tiverem vencimento em prazo maior, observado o disposto no parágrafo único do art. 179 desta Lei.

→ Artigo com redação alterada pela Lei 11.941/2009.

Resultados de exercícios futuros

Art. 181. *(Revogado pela Lei 11.941/2009).*

Patrimônio líquido

Art. 182. A conta do capital social discriminará o montante subscrito e, por dedução, a parcela ainda não realizada.

§ 1º Serão classificadas como reservas de capital as contas que registrarem:

a) a contribuição do subscritor de ações que ultrapassar o valor nominal e a parte do preço de emissão das ações sem valor nominal que ultrapassar a importância destinada à formação do capital social, inclusive nos casos de conversão em ações de debêntures ou partes beneficiárias;

b) o produto da alienação de partes beneficiárias e bônus de subscrição;

c) (Revogada pela Lei 11.638/2007).

d) (Revogada pela Lei 11.638/2007).

§ 2º Será ainda registrado como reserva de capital o resultado da correção monetária do capital realizado, enquanto não capitalizado.

§ 3º Serão classificadas como ajustes de avaliação patrimonial, enquanto não computadas no resultado do exercício em obediência ao regime de competência, as contrapartidas de aumentos ou diminuições de valor atribuídos a elementos do ativo e do passivo, em decorrência da sua avaliação a valor justo, nos casos previstos nesta Lei ou, em normas expedidas pela Comissão de Valores Mobiliários, com base na competência conferida pelo § 3º do art. 177 desta Lei.

→ § 3º com redação alterada pela Lei 11.941/2009.

§ 4º Serão classificadas como reservas de lucros as contas constituídas pela apropriação de lucros da companhia.

§ 5º As ações em tesouraria deverão ser destacadas no balanço como dedução da conta do patrimônio líquido que registrar a origem dos recursos aplicados na sua aquisição.

Critérios de avaliação do ativo

Art. 183. No balanço, os elementos do ativo serão avaliados segundo os seguintes critérios:

I – as aplicações em instrumentos financeiros, inclusive derivativos, e em direitos e títulos de créditos, classificados no ativo circulante ou no realizável a longo prazo:

→ *Caput* do inciso I com redação alterada pela Lei 11.638/2007.

a) pelo seu valor justo, quando se tratar de aplicações destinadas à negociação ou disponíveis para venda; e

→ Alínea *a* com redação alterada pela Lei 11.941/2009.

b) pelo valor de custo de aquisição ou valor de emissão, atualizado conforme disposições legais ou contratuais, ajustado ao valor provável de realização, quando este for inferior, no caso das demais aplicações e os direitos e títulos de crédito;

→ Alínea *b* acrescentada pela Lei 11.638/2007.

II – os direitos que tiverem por objeto mercadorias e produtos do comércio da companhia, assim como matérias-primas, produtos em fabricação e bens em almoxarifado, pelo custo de aquisição ou produção, deduzido de provisão para ajustá-lo ao valor de mercado, quando este for inferior;

III – os investimentos em participação no capital social de outras sociedades, ressalvado o disposto nos artigos 248 a 250, pelo custo de aquisição, deduzido de provisão para perdas prováveis na realização do seu valor, quando essa perda estiver comprovada como permanente, e que não será modificado em razão do recebimento, sem custo para a companhia, de ações ou quotas bonificadas;

IV – os demais investimentos, pelo custo de aquisição, deduzido de provisão para atender às perdas prováveis na realização do seu valor, ou para redução do custo de aquisição ao valor de mercado, quando este for inferior;

V – os direitos classificados no imobilizado, pelo custo de aquisição, deduzido do saldo da respectiva conta de depreciação, amortização ou exaustão;

VI – *(Revogado pela Lei 11.941/2009).*

VII – os direitos classificados no intangível, pelo custo incorrido na aquisição deduzido do saldo da respectiva conta de amortização;

→ Inciso VII acrescentado pela Lei 11.638/2007.

VIII – os elementos do ativo decorrentes de operações de longo prazo serão ajustados a valor presente, sendo os demais ajustados quando houver efeito relevante.

→ Inciso VIII acrescentado pela Lei 11.638/2007.

§ 1º Para efeitos do disposto neste artigo, considera-se valor justo:

→ *Caput* do § 1º com redação alterada pela Lei 11.941/2009.

a) das matérias-primas e dos bens em almoxarifado, o preço pelo qual possam ser repostos, mediante compra no mercado;

b) dos bens ou direitos destinados à venda, o preço líquido de realização mediante venda no mercado, deduzidos os impostos e demais despesas necessárias para a venda, e a margem de lucro;

c) dos investimentos, o valor líquido pelo qual possam ser alienados a terceiros.

d) dos instrumentos financeiros, o valor que pode se obter em um mercado ativo, decorrente de transação não compulsória realizada entre partes independentes; e, na ausência de um mercado ativo para um determinado instrumento financeiro:

→ Alínea *d* acrescentada pela Lei 11.638/2007.

1) o valor que se pode obter em um mercado ativo com a negociação de outro instrumento financeiro de natureza, prazo e risco similares;

2) o valor presente líquido dos fluxos de caixa futuros para instrumentos financeiros de natureza, prazo e risco similares; ou

3) o valor obtido por meio de modelos matemático-estatísticos de precificação de instrumentos financeiros.

§ 2º A diminuição do valor dos elementos dos ativos imobilizado e intangível será registrada periodicamente nas contas de:

→ *Caput* do § 2º com redação alterada pela Lei 11.941/2009.

a) depreciação, quando corresponder à perda do valor dos direitos que têm por objeto bens físicos sujeitos a desgaste ou perda de utilidade por uso, ação da natureza ou obsolescência;

b) amortização, quando corresponder à perda do valor do capital aplicado na aquisição de direitos da propriedade industrial ou comercial e quaisquer outros com existência ou exercício de duração limitada, ou cujo objeto sejam bens de utilização por prazo legal ou contratualmente limitado;

c) exaustão, quando corresponder à perda do valor, decorrente da sua exploração, de direitos cujo objeto sejam recursos minerais ou florestais, ou bens aplicados nessa exploração.

§ 3º A companhia deverá efetuar, periodicamente, análise sobre a recuperação dos valores registrados no imobilizado e no intangível, a fim de que sejam:

→ *Caput* do § 3º com redação alterada pela Lei 11.941/2009.

I – registradas as perdas de valor do capital aplicado quando houver decisão de interromper os empreendimentos ou atividades a que se destinavam ou quando comprovado que não poderão produzir resultados suficientes para recuperação desse valor; ou

→ Inciso I acrescentado pela Lei 11.638/2007.

II – revisados e ajustados os critérios utilizados para determinação da vida útil econômica estimada e para cálculo da depreciação, exaustão e amortização.

→ Inciso II acrescentado pela Lei 11.638/2007.

§ 4º Os estoques de mercadorias fungíveis destinadas à venda poderão ser avaliados pelo valor de mercado, quando esse for o costume mercantil aceito pela técnica contábil.

Critérios de avaliação do passivo

Art. 184. No balanço, os elementos do passivo serão avaliados de acordo com os seguintes critérios:

I – as obrigações, encargos e riscos, conhecidos ou calculáveis, inclusive Imposto sobre a Renda a pagar com base no resultado do exercício, serão computados pelo valor atualizado até a data do balanço;

II – as obrigações em moeda estrangeira, com cláusula de paridade cambial, serão convertidas em moeda nacional à taxa de câmbio em vigor na data do balanço;

III – as obrigações, os encargos e os riscos classificados no passivo não circulante serão ajustados ao seu valor presente, sendo os demais ajustados quando houver efeito relevante.

→ Inciso III com redação alterada pela Lei 11.941/2009.

Critérios de avaliação em operações societárias

→ Rubrica acrescentada pela Lei 11.941/2009.

Art. 184-A. A Comissão de Valores Mobiliários estabelecerá, com base na competência conferida pelo § 3º do art. 177 desta Lei, normas especiais de avaliação e contabilização aplicáveis à aquisição de controle, participações societárias ou negócios.

→ Artigo acrescentado pela Lei 11.941/2009.

Correção monetária

Art. 185. *(Revogado pela Lei 7.730/1989).*

Seção IV
Demonstração de lucros ou prejuízos acumulados

Art. 186. A demonstração de lucros ou prejuízos acumulados discriminará:

I – o saldo do início do período, os ajustes de exercícios anteriores e a correção monetária do saldo inicial;

II – as reversões de reservas e o lucro líquido do exercício;

III – as transferências para reservas, os dividendos, a parcela dos lucros incorporada ao capital e o saldo ao fim do período.

§ 1º Como ajustes de exercícios anteriores serão considerados apenas os decorrentes de efeitos da mudança de critério contábil, ou da retificação de erro imputável a determinado exercício anterior, e que não possam ser atribuídos a fatos subsequentes.

§ 2º A demonstração de lucros ou prejuízos acumulados deverá indicar o montante do dividendo por ação do capital social e poderá ser incluída na demonstração das mutações do patrimônio líquido, se elaborada e publicada pela companhia.

Seção V
Demonstração do resultado do exercício

Art. 187. A demonstração do resultado do exercício discriminará:

I – a receita bruta das vendas e serviços, as deduções das vendas, os abatimentos e os impostos;

II – a receita líquida das vendas e serviços, o custo das mercadorias e serviços vendidos e o lucro bruto;

III – as despesas com as vendas, as despesas financeiras, deduzidas das receitas, as despesas gerais e administrativas, e outras despesas operacionais;

IV – o lucro ou prejuízo operacional, as outras receitas e as outras despesas;

→ Inciso IV com redação alterada pela Lei 11.941/2009.

V – o resultado do exercício antes do Imposto sobre a Renda e a provisão para o imposto;

VI – as participações de debêntures, empregados, administradores e partes beneficiárias, mesmo na forma de instrumentos financeiros, e de instituições ou fundos de assistência ou previdência de empregados, que não se caracterizem como despesa;

→ Inciso VI com redação alterada pela Lei 11.941/2009.

VII – o lucro ou prejuízo líquido do exercício e o seu montante por ação do capital social.

§ 1º Na determinação do resultado do exercício serão computados:

a) as receitas e os rendimentos ganhos no período, independentemente da sua realização em moeda; e

b) os custos, despesas, encargos e perdas, pagos ou incorridos, correspondentes a essas receitas e rendimentos.

§ 2º *(Revogado pela Lei 11.638/2007).*

Seção VI
Demonstrações dos fluxos de caixa e do valor adicionado

→ Rubrica da Seção VI com redação alterada pela Lei 11.638/2007.

Art. 188. As demonstrações referidas nos incisos IV e V do *caput* do art. 176 desta Lei indicarão, no mínimo:

→ *Caput* com redação alterada pela Lei 11.638/2007.

I – demonstração dos fluxos de caixa – as alterações ocorridas, durante o exercício, no saldo de caixa e equivalentes de caixa, segregando-se essas alterações em, no mínimo, 3 (três) fluxos:

→ Inciso I com redação alterada pela Lei 11.638/2007.

a) das operações;

b) dos financiamentos; e

c) dos investimentos;

II – demonstração do valor adicionado – o valor da riqueza gerada pela companhia, a sua distribuição entre os elementos que contribuíram para a geração dessa riqueza, tais como empregados, financiadores, acionistas, governo e outros, bem como a parcela da riqueza não distribuída.

→ Inciso II com redação alterada pela Lei 11.638/2007.

III – *(Revogado pela Lei 11.941/2009).*

IV – *(Revogado pela Lei 11.941/2009).*

Capítulo XVI
LUCROS, RESERVAS E DIVIDENDOS

Seção I
Lucro

Dedução de prejuízos e imposto sobre a renda

Art. 189. Do resultado do exercício serão deduzidos, antes de qualquer participação, os prejuízos acumulados e a provisão para o Imposto sobre a Renda.

Parágrafo único. O prejuízo do exercício será obrigatoriamente absorvido pelos lucros acumulados, pelas reservas de lucros e pela reserva legal, nessa ordem.

Participações

Art. 190. As participações estatutárias de empregados, administradores e partes beneficiárias serão determinadas, sucessivamente e nessa ordem, com base nos lucros que remanescerem depois de deduzida a participação anteriormente calculada.

Parágrafo único. Aplica-se ao pagamento das participações dos administradores e das partes beneficiárias o disposto nos parágrafos do artigo 201.

Lucro líquido

Art. 191. Lucro líquido do exercício é o resultado do exercício que remanescer depois de deduzidas as participações de que trata o artigo 190.

Proposta de destinação do lucro

Art. 192. Juntamente com as demonstrações financeiras do exercício, os órgãos da administração da companhia apresentarão à assembleia geral ordinária, observado o disposto nos artigos 193 a 203 e no estatuto, proposta sobre a destinação a ser dada ao lucro líquido do exercício.

Seção II
Reservas e retenção de lucros

Reserva legal

Art. 193. Do lucro líquido do exercício, 5% (cinco por cento) serão aplicados, antes de qualquer outra destinação, na constituição da reserva legal, que não excederá de 20% (vinte por cento) do capital social.

§ 1º A companhia poderá deixar de constituir a reserva legal no exercício em que o saldo dessa reserva, acrescido do montante das reservas de capital de que trata o § 1º do artigo 182, exceder de 30% (trinta por cento) do capital social.

§ 2º A reserva legal tem por fim assegurar a integridade do capital social e somente poderá ser utilizada para compensar prejuízos ou aumentar o capital.

Reservas estatutárias

Art. 194. O estatuto poderá criar reservas desde que, para cada uma:

I – indique, de modo preciso e completo, a sua finalidade;

II – fixe os critérios para determinar a parcela anual dos lucros líquidos que serão destinados à sua constituição; e

III – estabeleça o limite máximo da reserva.

Reservas para contingências

Art. 195. A assembleia geral poderá, por proposta dos órgãos da administração, destinar parte do lucro líquido à formação de reserva com a finalidade de compensar, em exercício futuro, a diminuição do lucro decorrente de perda julgada provável, cujo valor possa ser estimado.

§ 1º A proposta dos órgãos da administração deverá indicar a causa da perda prevista e justificar, com as razões de prudência que a recomendem, a constituição da reserva.

§ 2º A reserva será revertida no exercício em que deixarem de existir as razões que justificarem a sua constituição ou em que ocorrer a perda.

Reserva de incentivos fiscais

→ Rubrica acrescentada pela Lei 11.638/2007.

Art. 195-A. A assembleia geral poderá, por proposta dos órgãos de administração, destinar para a reserva de incentivos fiscais a parcela do lucro líquido decorrente de doações ou subvenções governamentais para investimentos, que poderá ser excluída da base de cálculo do dividendo obrigatório (inciso I do *caput* do art. 202 desta Lei).

→ Artigo acrescentado pela Lei 11.638/2007.

Retenção de lucros

Art. 196. A assembleia geral poderá, por proposta dos órgãos da administração, deliberar reter parcela do lucro líquido do exercício prevista em orçamento de capital por ela previamente aprovado.

§ 1º O orçamento, submetido pelos órgãos da administração com a justificativa da retenção de lucros proposta, deverá compreender todas as fontes de recursos e aplicações de capital, fixo ou circulante, e poderá ter a duração de até 5 (cinco) exercícios, salvo no caso de execução, por prazo maior, de projeto de investimento.

§ 2º O orçamento poderá ser aprovado pela assembleia geral ordinária que deliberar sobre o balanço do exercício e revisado anualmente, quando tiver duração superior a um exercício social.

→ § 2º com redação alterada pela Lei 10.303/2001.

Reserva de lucros a realizar

Art. 197. No exercício em que o montante do dividendo obrigatório, calculado nos termos do estatuto ou do art. 202, ultrapassar a parcela realizada do lucro líquido do exercício, a assembleia geral poderá, por proposta dos órgãos de administração, destinar o excesso à constituição de reserva de lucros a realizar.

→ *Caput* com redação alterada pela Lei 10.303/2001.

§ 1º Para os efeitos deste artigo, considera-se realizada a parcela do lucro líquido do exercício que exceder da soma dos seguintes valores:

→ *Caput* do § 1º com redação alterada pela Lei 10.303/2001.

I – o resultado líquido positivo da equivalência patrimonial (art. 248); e

→ Inciso I acrescentado pela Lei 10.303/2001.

II – o lucro, rendimento ou ganho líquidos em operações ou contabilização de ativo e passivo pelo valor de mercado, cujo prazo de realização financeira ocorra após o término do exercício social seguinte.

→ Inciso II com redação alterada pela Lei 11.638/2007.

§ 2º A reserva de lucros a realizar somente poderá ser utilizada para pagamento do dividendo obrigatório e, para efeito do inciso III do art. 202, serão considerados como integrantes da reserva os lucros a realizar de cada exercício que forem os primeiros a serem realizados em dinheiro.

→ § 2º acrescentado pela Lei 10.303/2001.

Limite da constituição de reservas e retenção de lucros

Art. 198. A destinação dos lucros para constituição das reservas de que trata o artigo 194 e a retenção nos termos do artigo 196 não poderão ser aprovadas, em cada exercício, em prejuízo da distribuição do dividendo obrigatório (artigo 202).

Limite do saldo das reservas de lucro

→ Rubrica com redação alterada pela Lei 11.638/2007.

Art. 199. O saldo das reservas de lucros, exceto as para contingências, de incentivos fiscais e de lucros a realizar, não poderá ultrapassar o capital social. Atingindo esse limite, a assembleia deliberará sobre aplicação do excesso na integralização ou no aumento do capital social ou na distribuição de dividendos.

→ Artigo com redação alterada pela Lei 11.638/2007.

Reservas de capital

Art. 200. As reservas de capital somente poderão ser utilizadas para:

→ V. Art. 192 da Lei 6.404/1976.

I – absorção de prejuízos que ultrapassarem os lucros acumulados e as reservas de lucros (artigo 189, parágrafo único);

II – resgate, reembolso ou compra de ações;

III – resgate de partes beneficiárias;

IV – incorporação ao capital social;

V – pagamento de dividendo a ações preferenciais, quando essa vantagem lhes for assegurada (artigo 17, § 5º).

Parágrafo único. A reserva constituída com o produto da venda de partes beneficiárias poderá ser destinada ao resgate desses títulos.

Seção III
Dividendos

Origem

Art. 201. A companhia somente pode pagar dividendos à conta de lucro líquido do exercício, de lucros acumulados e de reserva de lucros; e à conta de reserva de capital, no caso das ações preferenciais de que trata o § 5º do artigo 17.

§ 1º A distribuição de dividendos com inobservância do disposto neste artigo implica responsabilidade solidária dos administradores

LEGISLAÇÃO

e fiscais, que deverão repor à caixa social a importância distribuída, sem prejuízo da ação penal que no caso couber.

§ 2º Os acionistas não são obrigados a restituir os dividendos que em boa-fé tenham recebido. Presume-se a má-fé quando os dividendos forem distribuídos sem o levantamento do balanço ou em desacordo com os resultados deste.

Dividendo obrigatório

Art. 202. Os acionistas têm direito de receber como dividendo obrigatório, em cada exercício, a parcela dos lucros estabelecida no estatuto ou, se este for omisso, a importância determinada de acordo com as seguintes normas:

→ *Caput* com redação alterada pela Lei 10.303/2001.

I – metade do lucro líquido do exercício diminuído ou acrescido dos seguintes valores:

→ Inciso I com redação alterada pela Lei 10.303/2001.

a) importância destinada à constituição da reserva legal (art. 193); e

b) importância destinada à formação da reserva para contingências (art. 195) e reversão da mesma reserva formada em exercícios anteriores;

II – o pagamento do dividendo determinado nos termos do inciso I poderá ser limitado ao montante do lucro líquido do exercício que tiver sido realizado, desde que a diferença seja registrada como reserva de lucros a realizar (art. 197);

→ Inciso II com redação alterada pela Lei 10.303/2001.

III – os lucros registrados na reserva de lucros a realizar, quando realizados e se não tiverem sido absorvidos por prejuízos em exercícios subsequentes, deverão ser acrescidos ao primeiro dividendo declarado após a realização.

→ Inciso III com redação alterada pela Lei 10.303/2001.

§ 1º O estatuto poderá estabelecer o dividendo como porcentagem do lucro ou do capital social, ou fixar outros critérios para determiná-lo, desde que sejam regulados com precisão e minúcia e não sujeitem os acionistas minoritários ao arbítrio dos órgãos de administração ou da maioria.

§ 2º Quando o estatuto for omisso e a assembleia geral deliberar alterá-lo para introduzir norma sobre a matéria, o dividendo obrigatório não poderá ser inferior a 25% (vinte e cinco por cento) do lucro líquido ajustado nos termos do inciso I deste artigo.

→ § 2º com redação alterada pela Lei 10.303/2001.

§ 3º A assembleia geral pode, desde que não haja oposição de qualquer acionista presente, deliberar a distribuição de dividendo inferior ao obrigatório, nos termos deste artigo, ou a retenção de todo o lucro líquido, nas seguintes sociedades:

→ § 3º com redação alterada pela Lei 10.303/2001.

I – companhias abertas exclusivamente para a captação de recursos por debêntures não conversíveis em ações;

II – companhias fechadas, exceto nas controladas por companhias abertas que não se enquadrem na condição prevista no inciso I.

§ 4º O dividendo previsto neste artigo não será obrigatório no exercício social em que os órgãos da administração informarem à assembleia geral ordinária ser ele incompatível com a situação financeira da companhia. O conselho fiscal, se em funcionamento, deverá dar parecer sobre essa informação e, na companhia aberta, seus administradores encaminharão à Comissão de Valores Mobiliários, dentro de 5 (cinco) dias da realização da assembleia geral, exposição justificativa da informação transmitida à assembleia.

§ 5º Os lucros que deixarem de ser distribuídos nos termos do § 4º serão registrados como reserva especial e, se não absorvidos por prejuízos em exercícios subsequentes, deverão ser pagos como dividendo assim que o permitir a situação financeira da companhia.

§ 6º Os lucros não destinados nos termos dos arts. 193 a 197 deverão ser distribuídos como dividendos.

→ § 6º acrescentado pela Lei 10.303/2001.

Dividendos de ações preferenciais

Art. 203. O disposto nos artigos 194 a 197, e 202, não prejudicará o direito dos acionistas preferenciais de receber os dividendos fixos ou mínimos a que tenham prioridade, inclusive os atrasados, se cumulativos.

Dividendos intermediários

Art. 204. A companhia que, por força de lei ou de disposição estatutária, levantar balanço semestral, poderá declarar, por deliberação dos órgãos de administração, se autorizados pelo estatuto, dividendo à conta do lucro apurado nesse balanço.

§ 1º A companhia poderá, nos termos de disposição estatutária, levantar balanço e distribuir dividendos em períodos menores, desde que o total dos dividendos pagos em cada semestre do exercício social não exceda o montante das reservas de capital de que trata o § 1º do artigo 182.

§ 2º O estatuto poderá autorizar os órgãos de administração a declarar dividendos intermediários, à conta de lucros acumulados ou de reservas de lucros existentes no último balanço anual ou semestral.

Pagamento de dividendos

Art. 205. A companhia pagará o dividendo de ações nominativas à pessoa que, na data do ato de declaração do dividendo, estiver inscrita como proprietária ou usufrutuária da ação.

§ 1º Os dividendos poderão ser pagos por cheque nominativo remetido por via postal para o endereço comunicado pelo acionista à companhia, ou mediante crédito em conta corrente bancária aberta em nome do acionista.

§ 2º Os dividendos das ações em custódia bancária ou em depósito nos termos dos artigos 41 e 43 serão pagos pela companhia à instituição financeira depositária, que será responsável pela sua entrega aos titulares das ações depositadas.

§ 3º O dividendo deverá ser pago, salvo deliberação em contrário da assembleia geral, no prazo de 60 (sessenta) dias da data em que for declarado e, em qualquer caso, dentro do exercício social.

Capítulo XVII
DISSOLUÇÃO, LIQUIDAÇÃO E EXTINÇÃO

Seção I
Dissolução

Art. 206. Dissolve-se a companhia:

I – de pleno direito:

a) pelo término do prazo de duração;

b) nos casos previstos no estatuto;

c) por deliberação da assembleia geral (art. 136, X);

→ Alínea *c* com redação alterada pela Lei 9.457/1997.

d) pela existência de 1 (um) único acionista, verificada em assembleia geral ordinária, se o mínimo de 2 (dois) não for reconstituído até à do ano seguinte, ressalvado o disposto no artigo 251;

e) pela extinção, na forma da lei, da autorização para funcionar;

II – por decisão judicial:

a) quando anulada a sua constituição, em ação proposta por qualquer acionista;

b) quando provado que não pode preencher o seu fim, em ação proposta por acionistas que representem 5% (cinco por cento) ou mais do capital social;

c) em caso de falência, na forma prevista na respectiva lei;

III – por decisão de autoridade administrativa competente, nos casos e na forma previstos em lei especial.

Efeitos

Art. 207. A companhia dissolvida conserva a personalidade jurídica, até a extinção, com o fim de proceder à liquidação.

Seção II
Liquidação

Liquidação pelos órgãos da companhia

Art. 208. Silenciando o estatuto, compete à assembleia geral, nos casos do número I do artigo 206, determinar o modo de liquidação e nomear o liquidante e o conselho fiscal que devam funcionar durante o período de liquidação.

§ 1º A companhia que tiver conselho de administração poderá mantê-lo, competindo-lhe nomear o liquidante; o funcionamento do conselho fiscal será permanente ou a pedido de acionistas, conforme dispuser o estatuto.

§ 2º O liquidante poderá ser destituído, a qualquer tempo, pelo órgão que o tiver nomeado.

Liquidação judicial

Art. 209. Além dos casos previstos no número II do artigo 206, a liquidação será processada judicialmente:

I – a pedido de qualquer acionista, se os administradores ou a maioria de acionistas deixarem de promover a liquidação, ou a ela se opuserem, nos casos do número I do artigo 206;

II – a requerimento do Ministério Público, à vista de comunicação da autoridade competente, se a companhia, nos 30 (trinta) dias subsequentes à dissolução, não iniciar a liquidação ou, se após iniciá-la, a interromper por mais de 15 (quinze) dias, no caso da alínea *e* do número I do artigo 301.

Parágrafo único. Na liquidação judicial será observado o disposto na lei processual, devendo o liquidante ser nomeado pelo juiz.

Deveres do liquidante

Art. 210. São deveres do liquidante:

I – arquivar e publicar a ata da assembleia geral, ou certidão de sentença, que tiver deliberado ou decidido a liquidação;

II – arrecadar os bens, livros e documentos da companhia, onde quer que estejam;

III – fazer levantar de imediato, em prazo não superior ao fixado pela assembleia geral ou pelo juiz, o balanço patrimonial da companhia;

IV – ultimar os negócios da companhia, realizar o ativo, pagar o passivo, e partilhar o remanescente entre os acionistas;

V – exigir dos acionistas, quando o ativo não bastar para a solução do passivo, a integralização de suas ações;

VI – convocar a assembleia geral, nos casos previstos em lei ou quando julgar necessário;

VII – confessar a falência da companhia e pedir concordata, nos casos previstos em lei;

VIII – finda a liquidação, submeter à assembleia geral relatório dos atos e operações da liquidação e suas contas finais;

IX – arquivar e publicar a ata da assembleia geral que houver encerrado a liquidação.

Poderes do liquidante

Art. 211. Compete ao liquidante representar a companhia e praticar todos os atos necessários à liquidação, inclusive alienar bens móveis ou imóveis, transigir, receber e dar quitação.

Parágrafo único. Sem expressa autorização da assembleia geral o liquidante não poderá gravar bens e contrair empréstimos, salvo quando indispensáveis ao pagamento de obrigações inadiáveis, nem prosseguir, ainda que para facilitar a liquidação, na atividade social.

Denominação da companhia

Art. 212. Em todos os atos ou operações, o liquidante deverá usar a denominação social seguida das palavras "em liquidação".

Assembleia geral

Art. 213. O liquidante convocará a assembleia geral cada 6 (seis) meses, para prestar-lhe contas dos atos e operações praticados no semestre e apresentar-lhe o relatório e o balanço do estado da liquidação; a assembleia geral pode fixar, para essas prestações de contas, períodos menores ou maiores que, em qualquer caso, não serão inferiores a 3 (três) nem superiores a 12 (doze) meses.

§ 1º Nas assembleias-gerais da companhia em liquidação todas as ações gozam de igual direito de voto, tornando-se ineficazes as restrições ou limitações porventura existentes em relação às ações ordinárias ou preferenciais; cessando o estado de liquidação, restaura-se a eficácia das restrições ou limitações relativas ao direito de voto.

§ 2º No curso da liquidação judicial, as assembleias-gerais necessárias para deliberar sobre os interesses da liquidação serão convocadas por ordem do juiz, a quem compete presidi-las e resolver, sumariamente, as dúvidas e litígios que forem suscitados. As atas das assembleias-gerais serão, por cópias autênticas, apensadas ao processo judicial.

Pagamento do passivo

Art. 214. Respeitados os direitos dos credores preferenciais, o liquidante pagará as dívidas sociais proporcionalmente e sem distinção entre vencidas e vincendas, mas, em relação a estas, com desconto às taxas bancárias.

Parágrafo único. Se o ativo for superior ao passivo, o liquidante poderá, sob sua responsabilidade pessoal, pagar integralmente as dívidas vencidas.

Partilha do ativo

Art. 215. A assembleia geral pode deliberar que antes de ultimada a liquidação, e depois de pagos todos os credores, se façam rateios entre os acionistas, à proporção que se forem apurando os haveres sociais.

§ 1º É facultado à assembleia geral aprovar, pelo voto de acionistas que representem 90% (noventa por cento), no mínimo, das ações depois de pagos ou garantidos os credores, condições especiais para partilha do ativo remanescente, com a atribuição de bens aos sócios, pelo valor contábil ou outro por ela fixado.

§ 2º Provado pelo acionista dissidente (artigo 216, § 2º) que as condições especiais de partilha visaram a favorecer a maioria, em detrimento da parcela que lhe tocaria, se inexistissem tais condições, será a partilha suspensa, se não consumada, ou, se já consumada, os acionistas majoritários indenizarão os minoritários pelos prejuízos apurados.

Prestação de contas

Art. 216. Pago o passivo e rateado o ativo remanescente, o liquidante convocará a assembleia geral para a prestação final das contas.

§ 1º Aprovadas as contas, encerra-se a liquidação e a companhia se extingue.

§ 2º O acionista dissidente terá o prazo de 30 (trinta) dias, a contar da publicação da ata, para promover a ação que lhe couber.

Responsabilidade na liquidação

Art. 217. O liquidante terá as mesmas responsabilidades do administrador, e os deveres e responsabilidades dos administradores, fiscais e acionistas subsistirão até a extinção da companhia.

Direito do credor não satisfeito

Art. 218. Encerrada a liquidação, o credor não satisfeito só terá direito de exigir dos acionistas, individualmente, o pagamento de seu crédito, até o limite da soma, por eles recebida, e de propor contra o liquidante, se for o caso, ação de perdas e danos. O acionista executado terá direito de haver dos demais a parcela que lhes couber no crédito pago.

Seção III
Extinção

Art. 219. Extingue-se a companhia:

I – pelo encerramento da liquidação;

II – pela incorporação ou fusão, e pela cisão com versão de todo o patrimônio em outras sociedades.

Capítulo XVIII
TRANSFORMAÇÃO, INCORPORAÇÃO, FUSÃO E CISÃO

Seção I
Transformação

Conceito e forma

Art. 220. A transformação é a operação pela qual a sociedade passa, independentemente de dissolução e liquidação, de um tipo para outro.

Parágrafo único. A transformação obedecerá aos preceitos que regulam a constituição e o registro do tipo a ser adotado pela sociedade.

Deliberação

Art. 221. A transformação exige o consentimento unânime dos sócios ou acionistas, salvo se prevista no estatuto ou no contrato social, caso em que o sócio dissidente terá o direito de retirar-se da sociedade.

Parágrafo único. Os sócios podem renunciar, no contrato social, ao direito da retirada no caso de transformação em companhia.

Direito dos credores

Art. 222. A transformação não prejudicará, em caso algum, os direitos dos credores, que continuarão, até o pagamento integral dos seus créditos, com as mesmas garantias que o tipo anterior de sociedade lhes oferecia.

Parágrafo único. A falência da sociedade transformada somente produzirá efeitos em relação aos sócios que, no tipo anterior, a eles estariam sujeitos, se o pedirem os titulares de créditos anteriores à transformação, e somente a estes beneficiará.

Seção II
Incorporação, fusão e cisão

Competência e processo

Art. 223. A incorporação, fusão e cisão podem ser operadas entre sociedades de tipos iguais ou diferentes e deverão ser deliberadas na forma prevista para a alteração dos respectivos estatutos ou contratos sociais.

§ 1º Nas operações em que houver criação de sociedade serão observadas as normas reguladoras da constituição das sociedades do seu tipo.

§ 2º Os sócios ou acionistas das sociedades incorporadas, fundidas ou cindidas receberão, diretamente da companhia emissora, as ações que lhes couberem.

§ 3º Se a incorporação, fusão ou cisão envolverem companhia aberta, as sociedades que a sucederem serão também abertas, devendo obter o respectivo registro e, se for o caso, promover a admissão de negociação das novas ações no mercado secundário, no prazo máximo de cento e vinte dias, contados da data da assembleia geral que aprovou a operação, observando as normas pertinentes baixadas pela Comissão de Valores Mobiliários.

→ § 3º acrescentado pela Lei 9.457/1997.

§ 4º O descumprimento do previsto no parágrafo anterior dará ao acionista direito de retirar-se da companhia, mediante reembolso do valor das suas ações (art. 45), nos trinta dias seguintes ao término do prazo nele referido, observado o disposto nos §§ 1º e 4º do art. 137.

→ § 4º acrescentado pela Lei 9.457/1997.

Protocolo

Art. 224. As condições da incorporação, fusão ou cisão com incorporação em sociedade existente constarão de protocolo firmado pelos órgãos de administração ou sócios das sociedades interessadas, que incluirá:

I – o número, espécie e classe das ações que serão atribuídas em substituição dos direitos de sócios que se extinguirão e os critérios utilizados para determinar as relações de substituição;

II – os elementos ativos e passivos que formarão cada parcela do patrimônio, no caso de cisão;

III – os critérios de avaliação do patrimônio líquido, a data a que será referida a avaliação, e o tratamento das variações patrimoniais posteriores;

IV – a solução a ser adotada quanto às ações ou quotas do capital de uma das sociedades possuídas por outra;

V – o valor do capital das sociedades a serem criadas ou do aumento ou redução do capital das sociedades que forem parte na operação;

VI – o projeto ou projetos de estatuto, ou de alterações estatutárias, que deverão ser aprovados para efetivar a operação;

VII – todas as demais condições a que estiver sujeita a operação.

Parágrafo único. Os valores sujeitos a determinação serão indicados por estimativa.

Justificação

Art. 225. As operações de incorporação, fusão e cisão serão submetidas à deliberação da assembleia geral das companhias interessadas mediante justificação, na qual serão expostos:

I – os motivos ou fins da operação, e o interesse da companhia na sua realização;

II – as ações que os acionistas preferenciais receberão e as razões para a modificação dos seus direitos, se prevista;

III – a composição, após a operação, segundo espécies e classes das ações, do capital das companhias que deverão emitir ações em substituição às que se deverão extinguir;

IV – o valor de reembolso das ações a que terão direito os acionistas dissidentes.

Transformação, incorporação, fusão e cisão

→ Rubrica com redação alterada pela Lei 11.638/2007.

Art. 226. As operações de incorporação, fusão e cisão somente poderão ser efetivadas nas condições aprovadas se os peritos nomeados determinarem que o valor do patrimônio ou patrimônios líquidos a serem vertidos para a formação de capital social é, ao menos, igual ao montante do capital a realizar.§ 1º As ações ou quotas do capital da sociedade a ser incorporada que forem de propriedade da companhia incorporadora poderão, conforme dispuser o protocolo de incorporação, ser extintas, ou substituídas por ações em tesouraria da incorporadora, até o limite dos lucros acumulados e reservas, exceto a legal.

§ 2º O disposto no § 1º aplicar-se-á aos casos de fusão, quando uma das sociedades fundidas for proprietária de ações ou quotas de outra, e de cisão com incorporação, quando a companhia que incorporar parcela do patrimônio da cindida for proprietária de ações ou quotas do capital desta.

§ 3º A Comissão de Valores Mobiliários estabelecerá normas especiais de avaliação e contabilização aplicáveis às operações de fusão, incorporação e cisão que envolvam companhia aberta.

→ § 3º com redação alterada pela Lei 11.941/2009.

Incorporação

Art. 227. A incorporação é a operação pela qual uma ou mais sociedades são absorvidas por outra, que lhes sucede em todos os direitos e obrigações.

§ 1º A assembleia geral da companhia incorporadora, se aprovar o protocolo da operação, deverá autorizar o aumento de capital a ser subscrito e realizado pela incorporada mediante versão do seu patrimônio líquido, e nomear os peritos que o avaliarão.

§ 2º A sociedade que houver de ser incorporada, se aprovar o protocolo da operação, autorizará seus administradores a praticarem os atos necessários à incorporação, inclusive a subscrição do aumento de capital da incorporadora.

§ 3º Aprovados pela assembleia geral da incorporadora o laudo de avaliação e a incorporação, extingue-se a incorporada, competindo à primeira promover o arquivamento e a publicação dos atos da incorporação.

Fusão

Art. 228. A fusão é a operação pela qual se unem duas ou mais sociedades para formar sociedade nova, que lhes sucederá em todos os direitos e obrigações.

§ 1º A assembleia geral de cada companhia, se aprovar o protocolo de fusão, deverá nomear os peritos que avaliarão os patrimônios líquidos das demais sociedades.

§ 2º Apresentados os laudos, os administradores convocarão os sócios ou acionistas das sociedades para uma assembleia geral, que deles tomará conhecimento e resolverá sobre a constituição definitiva da nova sociedade, vedado aos sócios ou acionistas votar o laudo de avaliação do patrimônio líquido da sociedade de que fazem parte.

§ 3º Constituída a nova companhia, incumbirá aos primeiros administradores promover o arquivamento e a publicação da fusão.

Cisão

Art. 229. A cisão é a operação pela qual a companhia transfere parcelas do seu patrimônio para uma ou mais sociedades, constituídas para esse fim ou já existentes, extinguindo-se a companhia cindida, se houver versão de todo o seu patrimônio, ou dividindo-se o seu capital, se parcial a versão.

§ 1º Sem prejuízo do disposto no artigo 233, a sociedade que absorver parcela do patrimônio da companhia cindida sucede a esta nos direitos e obrigações relacionados no ato da cisão; no caso de cisão com extinção, as sociedades que absorverem parcelas do patrimônio da companhia cindida sucederão a esta, na proporção dos patrimônios líquidos transferidos, nos direitos e obrigações não relacionados.

§ 2º Na cisão com versão de parcela do patrimônio em sociedade nova, a operação será deliberada pela assembleia geral da companhia à vista de justificação que incluirá as informações de que tratam os números do artigo 224; a assembleia, se a aprovar, nomeará os peritos que avaliarão a parcela do patrimônio a ser transferida, e funcionará como assembleia de constituição da nova companhia.

§ 3º A cisão com versão de parcela de patrimônio em sociedade já existente obedecerá às disposições sobre incorporação (artigo 227).

§ 4º Efetivada a cisão com extinção da companhia cindida, caberá aos administradores das sociedades que tiverem absorvido parcelas do seu patrimônio promover o arquivamento e publicação dos atos da operação; na cisão com versão parcial do patrimônio, esse dever caberá aos administradores da companhia cindida e da que absorver parcela do seu patrimônio.

§ 5º As ações integralizadas com parcelas de patrimônio da companhia cindida serão atribuídas a seus titulares, em substituição às extintas, na proporção das que possuíam; a atribuição em proporção diferente requer aprovação de todos os titulares, inclusive das ações sem direito a voto.

→ § 5º com redação alterada pela Lei 9.457/1997.

Direito da retirada

Art. 230. Nos casos de incorporação ou fusão, o prazo para exercício do direito de retirada, previsto no art. 137, inciso II, será contado a partir da publicação da ata que aprovar o protocolo ou justificação, mas o pagamento do preço de reembolso somente será devido se a operação vier a efetivar-se.

→ Artigo com redação alterada pela Lei 9.457/1997.

Direitos dos debenturistas

Art. 231. A incorporação, fusão ou cisão da companhia emissora de debêntures em circulação dependerá da prévia aprovação dos debenturistas, reunidos em assembleia especialmente convocada com esse fim.

§ 1º Será dispensada a aprovação pela assembleia se for assegurado aos debenturistas que o desejarem, durante o prazo mínimo de 6 (seis) meses a contar da data da publicação das atas das assembleias relativas à operação, o resgate das debêntures de que forem titulares.

§ 2º No caso do § 1º, a sociedade cindida e as sociedades que absorverem parcelas do seu patrimônio responderão solidariamente pelo resgate das debêntures.

Direitos dos credores na incorporação ou fusão

Art. 232. Até 60 (sessenta) dias depois de publicados os atos relativos à incorporação ou à fusão, o credor anterior por ela prejudicado poderá pleitear judicialmente a anulação da operação; findo o prazo, decairá do direito o credor que não o tiver exercido.

§ 1º A consignação da importância em pagamento prejudicará a anulação pleiteada.

§ 2º Sendo ilíquida a dívida, a sociedade poderá garantir-lhe a execução, suspendendo-se o processo de anulação.

§ 3º Ocorrendo, no prazo deste artigo, a falência da sociedade incorporadora ou da sociedade nova, qualquer credor anterior terá o direito de pedir a separação dos patrimônios, para o fim de serem os créditos pagos pelos bens das respectivas massas.

Direitos dos credores na cisão

Art. 233. Na cisão com extinção da companhia cindida, as sociedades que absorverem parcelas do seu patrimônio responderão solidariamente pelas obrigações da companhia extinta. A companhia cindida que subsistir e as que absorverem parcelas do seu patrimônio responderão solidariamente pelas obrigações da primeira anteriores à cisão.

Parágrafo único. O ato de cisão parcial poderá estipular que as sociedades que absorverem parcelas do patrimônio da companhia cindida serão responsáveis apenas pelas obrigações que lhes forem transferidas, sem solidariedade entre si ou com a companhia cindida, mas, nesse caso, qualquer credor anterior poderá se opor à estipulação, em relação ao seu crédito, desde que notifique a sociedade no prazo de 90 (noventa) dias a contar da data da publicação dos atos da cisão.

Averbação da sucessão

Art. 234. A certidão, passada pelo registro do comércio, da incorporação, fusão ou cisão, é documento hábil para a averbação, nos registros públicos competentes, da sucessão, decorrente da operação, em bens, direitos e obrigações.

Capítulo XIX
SOCIEDADES DE ECONOMIA MISTA

Legislação aplicável

Art. 235. As sociedades anônimas de economia mista estão sujeitas a esta Lei, sem prejuízo das disposições especiais de lei federal.

§ 1º As companhias abertas de economia mista estão também sujeitas às normas expedidas pela Comissão de Valores Mobiliários.

§ 2º As companhias de que participarem, majoritária ou minoritariamente, as sociedades de economia mista, estão sujeitas ao disposto nesta Lei, sem as exceções previstas neste Capítulo.

Constituição e aquisição de controle

Art. 236. A constituição de companhia de economia mista depende de prévia autorização legislativa.

Parágrafo único. Sempre que pessoa jurídica de direito público adquirir, por desapropriação, o controle de companhia em funcionamento, os acionistas terão direito de pedir, dentro de 60 (sessenta) dias da publicação da primeira ata da assembleia geral, realizada após a aquisição do controle, o reembolso das suas ações, salvo se a companhia já se achava sob o controle, direto ou indireto, de outra pessoa jurídica de direito público, ou no caso de concessionária de serviço público.

Objeto

Art. 237. A companhia de economia mista somente poderá explorar os empreendimentos ou exercer as atividades previstas na lei que autorizou a sua constituição.

§ 1º A companhia de economia mista somente poderá participar de outras sociedades quando autorizada por lei no exercício de opção legal para aplicar Imposto sobre a Renda ou investimentos para o desenvolvimento regional ou setorial.

§ 2º As instituições financeiras de economia mista poderão participar de outras sociedades, observadas as normas estabelecidas pelo Banco Central do Brasil.

Acionista controlador

Art. 238. A pessoa jurídica que controla a companhia de economia mista tem os deveres e responsabilidades do acionista controlador (artigos 116 e 117), mas poderá orientar as atividades da companhia de modo a atender ao interesse público que justificou a sua criação.

Administração

Art. 239. As companhias de economia mista terão obrigatoriamente conselho de administração, assegurado à minoria o direito de eleger um dos conselheiros, se maior número não lhes couber pelo processo de voto múltiplo.

Parágrafo único. Os deveres e responsabilidades dos administradores das companhias de economia mista são os mesmos dos administradores das companhias abertas.

Conselho Fiscal

Art. 240. O funcionamento do conselho fiscal será permanente nas companhias de economia mista; um dos seus membros, e respectivo suplente, será eleito pelas ações ordinárias minoritárias e outro pelas ações preferenciais, se houver.

Correção monetária

Art. 241. *(Revogado pelo Dec.-lei 2.287/1986).*

Falência e responsabilidade subsidiária

Art. 242. *(Revogado pela Lei 10.303/2001).*

Capítulo XX
SOCIEDADES COLIGADAS, CONTROLADORAS E CONTROLADAS

Seção I
Informações no relatório da administração

Art. 243. O relatório anual da administração deve relacionar os investimentos da companhia em sociedades coligadas e controladas e mencionar as modificações ocorridas durante o exercício.

§ 1º São coligadas as sociedades nas quais a investidora tenha influência significativa.

→ § 1º com redação alterada pela Lei 11.941/2009.

§ 2º Considera-se controlada a sociedade na qual a controladora, diretamente ou através de outras controladas, é titular de direitos de sócio que lhe assegurem, de modo permanente, preponderância nas deliberações sociais e o poder de eleger a maioria dos administradores.

§ 3º A companhia aberta divulgará as informações adicionais, sobre coligadas e controladas, que forem exigidas pela Comissão de Valores Mobiliários.

§ 4º Considera-se que há influência significativa quando a investidora detém ou exerce o poder de participar nas decisões das políticas financeira ou operacional da investida, sem controlá-la.

→ § 4º acrescentado pela Lei 11.941/2009.

§ 5º É presumida influência significativa quando a investidora for titular de 20% (vinte por cento) ou mais do capital votante da investida, sem controlá-la.

→ § 5º acrescentado pela Lei 11.941/2009.

Seção II
Participação recíproca

Art. 244. É vedada a participação recíproca entre a companhia e suas coligadas ou controladas.

§ 1º O disposto neste artigo não se aplica ao caso em que ao menos uma das sociedades participa de outra com observância das condições em que a lei autoriza a aquisição das próprias ações (artigo 30, § 1º, *b*).

§ 2º As ações do capital da controladora, de propriedade da controlada, terão suspenso o direito de voto.

§ 3º O disposto no § 2º do artigo 30 aplica-se à aquisição de ações da companhia aberta por suas coligadas e controladas.

§ 4º No caso do § 1º, a sociedade deverá alienar, dentro de 6 (seis) meses, as ações ou quotas que excederem do valor dos lucros ou reservas, sempre que esses sofrerem redução.

§ 5º A participação recíproca, quando ocorrer em virtude de incorporação, fusão ou cisão, ou da aquisição, pela companhia, do controle de sociedade, deverá ser mencionada nos relatórios e demonstrações financeiras de ambas as sociedades, e será eliminada no prazo máximo de 1 (um) ano; no caso de coligadas, salvo acordo em contrário, deverão ser alienadas as ações ou quotas de aquisição mais recente ou, se da mesma data, que representem menor porcentagem do capital social.

§ 6º A aquisição de ações ou quotas de que resulte participação recíproca com violação ao disposto neste artigo importa responsabilidade civil solidária dos administradores da sociedade, equiparando-se, para efeitos penais, à compra ilegal das próprias ações.

Seção III
Responsabilidade dos administradores e das sociedades controladoras

Administradores

Art. 245. Os administradores não podem, em prejuízo da companhia, favorecer sociedade coligada, controladora ou controlada, cumprindo-lhes zelar para que as operações entre as sociedades, se houver, observem condições estritamente comutativas, ou com pagamento compensatório adequado; e respondem perante a companhia pelas perdas e danos resultantes de atos praticados com infração ao disposto neste artigo.

Sociedade controladora

Art. 246. A sociedade controladora será obrigada a reparar os danos que causar à companhia por atos praticados com infração ao disposto nos artigos 116 e 117.

§ 1º A ação para haver reparação cabe:

a) a acionistas que representem 5% (cinco por cento) ou mais do capital social;

b) a qualquer acionista, desde que preste caução pelas custas e honorários de advogado devidos no caso de vir a ação ser julgada improcedente.

§ 2º A sociedade controladora, se condenada, além de reparar o dano e arcar com as custas, pagará honorários de advogado de 20% (vinte por cento) e prêmio de 5% (cinco por cento) ao autor da ação, calculados sobre o valor da indenização.

Seção IV
Demonstrações financeiras

Notas explicativas

Art. 247. As notas explicativas dos investimentos a que se refere o art. 248 desta Lei devem conter informações precisas sobre as sociedades coligadas e controladas e suas relações com a companhia, indicando:

→ *Caput* com redação alterada pela Lei 11.941/2009.

I – a denominação da sociedade, seu capital social e patrimônio líquido;

II – o número, espécies e classes das ações ou quotas de propriedade da companhia, e o preço de mercado das ações, se houver;

III – o lucro líquido do exercício;

IV – os créditos e obrigações entre a companhia e as sociedades coligadas e controladas;

V – o montante das receitas e despesas em operações entre a companhia e as sociedades coligadas e controladas.

Parágrafo único. Considera-se relevante o investimento:

a) em cada sociedade coligada ou controlada, se o valor contábil é igual ou superior a 10% (dez por cento) do valor do patrimônio líquido da companhia;

b) no conjunto das sociedades coligadas e controladas, se o valor contábil é igual ou superior a 15% (quinze por cento) do valor do patrimônio líquido da companhia.

Avaliação do investimento em coligadas e controladas

Art. 248. No balanço patrimonial da companhia, os investimentos em coligadas ou em controladas e em outras sociedades que façam parte de um mesmo grupo ou estejam sob controle comum serão avaliados pelo método da equivalência patrimonial, de acordo com as seguintes normas:

→ *Caput* com redação alterada pela Lei 11.941/2009.

I – o valor do patrimônio líquido da coligada ou da controlada será determinado com base em balanço patrimonial ou balancete de verificação levantado, com observância das normas desta Lei, na mesma data, ou até 60 (sessenta) dias, no máximo, antes da data do balanço da companhia; no valor de patrimônio líquido não serão computados os resultados não realizados decorrentes de negócios com a companhia, ou com outras sociedades coligadas à companhia, ou por ela controladas;

II – o valor do investimento será determinado mediante a aplicação, sobre o valor de patrimônio líquido referido no número anterior, da porcentagem de participação no capital da coligada ou controlada;

III – a diferença entre o valor do investimento, de acordo com o número II, e o custo de aquisição corrigido monetariamente; somente será registrada como resultado do exercício:

a) se decorrer de lucro ou prejuízo apurado na coligada ou controlada;

b) se corresponder, comprovadamente, a ganhos ou perdas efetivas;

c) no caso de companhia aberta, com observância das normas expedidas pela Comissão de Valores Mobiliários.

§ 1º Para efeito de determinar a relevância do investimento, nos casos deste artigo, serão computados como parte do custo de aquisição os saldos de créditos da companhia contra as coligadas e controladas.

§ 2º A sociedade coligada, sempre que solicitada pela companhia, deverá elaborar e fornecer o balanço ou balancete de verificação previsto no número I.

Demonstrações consolidadas

Art. 249. A companhia aberta que tiver mais de 30% (trinta por cento) do valor do seu patrimônio líquido representado por investimentos em sociedades controladas deverá elaborar e divulgar, juntamente com suas demonstrações financeiras, demonstrações consolidadas nos termos do artigo 250.

Parágrafo único. A Comissão de Valores Mobiliários poderá expedir normas sobre as sociedades cujas demonstrações devam ser abrangidas na consolidação, e:

a) determinar a inclusão de sociedades que, embora não controladas, sejam financeira ou administrativamente dependentes da companhia;

b) autorizar, em casos especiais, a exclusão de uma ou mais sociedades controladas.

Normas sobre consolidação

Art. 250. Das demonstrações financeiras consolidadas serão excluídas:

I – as participações de uma sociedade em outra;

II – os saldos de quaisquer contas entre as sociedades;

III – as parcelas dos resultados do exercício, dos lucros ou prejuízos acumulados e do custo de estoques ou do ativo não circulante que corresponderem a resultados, ainda não realizados, de negócios entre as sociedades.

→ Inciso III com redação alterada pela Lei 11.941/2009.

§ 1º A participação dos acionistas não controladores no patrimônio líquido e no lucro do exercício será destacada, respectivamente, no balanço patrimonial e na demonstração do resultado do exercício.

→ § 1º com redação alterada pela Lei 9.457/1997.

§ 2º A parcela do custo de aquisição do investimento em controlada, que não for absorvida na consolidação, deverá ser mantida no ativo não circulante, com dedução da provisão adequada para perdas já comprovadas, e será objeto de nota explicativa.

→ § 2º com redação alterada pela Lei 11.941/2009.

§ 3º O valor da participação que exceder do custo de aquisição constituirá parcela destacada dos resultados de exercícios futuros até que fique comprovada a existência de ganho efetivo.

§ 4º Para fins deste artigo, as sociedades controladas, cujo exercício social termine mais de 60 (sessenta) dias antes da data do encerramento do exercício da companhia, elaborarão, com observância das normas desta Lei, demonstrações financeiras extraordinárias em data compreendida nesse prazo.

Seção V
Subsidiária integral

Art. 251. A companhia pode ser constituída, mediante escritura pública, tendo como único acionista sociedade brasileira.

§ 1º A sociedade que subscrever em bens o capital de subsidiária integral deverá aprovar o laudo de avaliação de que trata o artigo 8º, respondendo nos termos do § 6º do artigo 8º e do artigo 10 e seu parágrafo único.

§ 2º A companhia pode ser convertida em subsidiária integral mediante aquisição, por sociedade brasileira, de todas as suas ações, ou nos termos do artigo 252.

Incorporação de ações

Art. 252. A incorporação de todas as ações do capital social ao patrimônio de outra companhia brasileira, para convertê-la em subsidiária integral, será submetida à deliberação da assembleia geral das duas companhias mediante protocolo e justificação, nos termos dos artigos 224 e 225.

§ 1º A assembleia geral da companhia incorporadora, se aprovar a operação, deverá autorizar o aumento do capital, a ser realizado com as ações a serem incorporadas e nomear os peritos que as avaliarão; os acionistas não terão direito de preferência para subscrever o aumento de capital, mas os dissidentes poderão retirar-se da companhia, observado o disposto no art. 137, II, mediante o reembolso do valor de suas ações, nos termos do art. 230.

→ § 1º com redação alterada pela Lei 9.457/1997.

§ 2º A assembleia geral da companhia cujas ações houverem de ser incorporadas somente poderá aprovar a operação pelo voto de metade, no mínimo, das ações com direito a voto, e se a aprovar, autorizará a diretoria a subscrever o aumento do capital da incorporadora, por conta dos seus acionistas; os dissidentes da deliberação terão direito de retirar-se da companhia, observado o disposto no art. 137, II, mediante o reembolso do valor de suas ações, nos termos do art. 230.

→ § 2º com redação alterada pela Lei 9.457/1997.

§ 3º Aprovado o laudo de avaliação pela assembleia geral da incorporadora, efetivar-se-á a incorporação e os titulares das ações incorporadas receberão diretamente da incorporadora as ações que lhes couberem.

§ 4º A Comissão de Valores Mobiliários estabelecerá normas especiais de avaliação e contabilização aplicáveis às operações de incorporação de ações que envolvam companhia aberta.

→ § 4º acrescentado pela Lei 11.941/2009.

Admissão de acionistas em subsidiária integral

Art. 253. Na proporção das ações que possuírem no capital da companhia, os acionistas terão direito de preferência para:

I – adquirir ações do capital da subsidiária integral, se a companhia decidir aliená-las no todo ou em parte; e

II – subscrever aumento de capital da subsidiária integral, se a companhia decidir admitir outros acionistas.

Parágrafo único. As ações ou o aumento de capital de subsidiária integral serão oferecidos aos acionistas da companhia em assembleia geral convocada para esse fim, aplicando-se à hipótese, no que couber, o disposto no artigo 171.

Seção VI
Alienação de controle
Divulgação

Art. 254. *(Revogado pela Lei 9.457/1997).*

Art. 254-A. A alienação, direta ou indireta, do controle de companhia aberta somente poderá ser contratada sob a condição, suspensiva ou resolutiva, de que o adquirente se obrigue a fazer oferta pública de aquisição das ações com direito a voto de propriedade dos demais acionistas da companhia, de modo a lhes assegurar o preço no mínimo igual a 80% (oitenta por cento) do valor pago por ação com direito a voto, integrante do bloco de controle.

→ Artigo acrescentado pela Lei 10.303/2001.

§ 1º Entende-se como alienação de controle a transferência, de forma direta ou indireta, de ações integrantes do bloco de controle, de ações vinculadas a acordos de acionistas e de valores mobiliários conversíveis em ações com direito a voto, cessão de direitos de subscrição de ações e de outros títulos ou direitos relativos a valores mobiliários conversíveis em ações que venham a resultar na alienação de controle acionário da sociedade.

§ 2º A Comissão de Valores Mobiliários autorizará a alienação de controle de que trata o *caput*, desde que verificado que as condições da oferta pública atendem aos requisitos legais.

§ 3º Compete à Comissão de Valores Mobiliários estabelecer normas a serem observadas na oferta pública de que trata o *caput*.

§ 4º O adquirente do controle acionário de companhia aberta poderá oferecer aos acionistas minoritários a opção de permanecer na companhia, mediante o pagamento de um prêmio equivalente à diferença entre o valor de mercado das ações e o valor pago por ação integrante do bloco de controle.

§ 5º *(Vetado).*

Companhia aberta sujeita a autorização

Art. 255. A alienação do controle de companhia aberta que dependa de autorização do governo para funcionar está sujeita à prévia autorização do órgão competente para aprovar a alteração do seu estatuto.

→ *Caput* com redação alterada pela Lei 9.457/1997.

§ 1º *(Revogado pela Lei 9.457/1997).*

§ 2º *(Revogado pela Lei 9.457/1997).*

Aprovação pela assembleia geral da compradora

Art. 256. A compra, por companhia aberta, do controle de qualquer sociedade mercantil, dependerá de deliberação da assembleia geral da compradora, especialmente convocada para conhecer da operação, sempre que:

I – o preço de compra constituir, para a compradora, investimento relevante (artigo 247, parágrafo único); ou

II – o preço médio de cada ação ou quota ultrapassar uma vez e meia o maior dos 3 (três) valores a seguir indicados:

a) cotação média das ações em bolsa ou no mercado de balcão organizado, durante os noventa dias anteriores à data da contratação;

→ Alínea *a* com redação alterada pela Lei 9.457/1997.

b) valor de patrimônio líquido (artigo 248) da ação ou quota, avaliado o patrimônio a preços de mercado (artigo 183, § 1º);

c) valor do lucro líquido da ação ou quota, que não poderá ser superior a 15 (quinze) vezes o lucro líquido anual por ação (artigo 187, VII) nos 2 (dois) últimos exercícios sociais, atualizado monetariamente.

§ 1º A proposta ou o contrato de compra, acompanhado de laudo de avaliação, observado o disposto no art. 8º, §§ 1º e 6º, será submetido à prévia autorização da assembleia geral, ou à sua ratificação, sob pena de responsabilidade dos administradores, instruído com todos os elementos necessários à deliberação.

→ § 1º com redação alterada pela Lei 9.457/1997.

§ 2º Se o preço da aquisição ultrapassar uma vez e meia o maior dos três valores de que trata o inciso II do *caput*, o acionista dissidente da deliberação da assembleia que a aprovar terá o direito de retirar-se da companhia mediante reembolso do valor de suas ações, nos termos do art. 137, observado o disposto em seu inciso II.

→ § 2º com redação alterada pela Lei 9.457/1997.

Seção VII
Aquisição de controle mediante oferta pública
Requisitos

Art. 257. A oferta pública para aquisição de controle de companhia aberta somente poderá ser feita com a participação de instituição financeira que garanta o cumprimento das obrigações assumidas pelo ofertante.

§ 1º Se a oferta contiver permuta, total ou parcial, dos valores mobiliários, somente poderá ser efetuada após prévio registro na Comissão de Valores Mobiliários.

§ 2º A oferta deverá ter por objeto ações com direito a voto em número suficiente para assegurar o controle da companhia e será irrevogável.

§ 3º Se o ofertante já for titular de ações votantes do capital da companhia, a oferta poderá ter por objeto o número de ações necessário para completar o controle, mas o ofertante deverá fazer prova, perante a Comissão de Valores Mobiliários, das ações de sua propriedade.

§ 4º A Comissão de Valores Mobiliários poderá expedir normas sobre oferta pública de aquisição de controle.

Instrumento da oferta de compra

Art. 258. O instrumento de oferta de compra, firmado pelo ofertante e pela instituição financeira que garante o pagamento, será publicado na imprensa e deverá indicar:

I – o número mínimo de ações que o ofertante se propõe a adquirir e, se for o caso, o número máximo;

II – o preço e as condições de pagamento;

III – a subordinação da oferta ao número mínimo de aceitantes e a forma de rateio entre os aceitantes, se o número deles ultrapassar o máximo fixado;

IV – o procedimento que deverá ser adotado pelos acionistas aceitantes para manifestar a sua aceitação e efetivar a transferência das ações;

V – o prazo de validade da oferta, que não poderá ser inferior a 20 (vinte) dias;

VI – informações sobre o ofertante.

Parágrafo único. A oferta será comunicada à Comissão de Valores Mobiliários dentro de 24 (vinte e quatro) horas da primeira publicação.

Instrumento de oferta de permuta

Art. 259. O projeto de instrumento de oferta de permuta será submetido à Comissão de Valores Mobiliários com o pedido de registro prévio da oferta e deverá conter, além das referidas no artigo 258, informações sobre os valores mobiliários oferecidos em permuta e as companhias emissoras desses valores.

Parágrafo único. A Comissão de Valores Mobiliários poderá fixar normas sobre o instrumento de oferta de permuta e o seu registro prévio.

Sigilo

Art. 260. Até a publicação da oferta, o ofertante, a instituição financeira intermediária e a Comissão de Valores Mobiliários devem manter sigilo sobre a oferta projetada, respondendo o infrator pelos danos que causar.

Processamento da oferta

Art. 261. A aceitação da oferta deverá ser feita nas instituições financeiras ou do mercado de valores mobiliários indicadas no instrumento de oferta e os aceitantes deverão firmar ordens irrevogáveis de venda ou permuta, nas condições ofertadas, ressalvado o disposto no § 1º do artigo 262.

§ 1º É facultado ao ofertante melhorar, uma vez, as condições de preço ou forma de pagamento, desde que em porcentagem igual ou superior a 5% (cinco por cento) e até 10 (dez) dias antes do término do prazo da oferta; as novas condições se estenderão aos acionistas que já tiverem aceito a oferta.

§ 2º Findo o prazo da oferta, a instituição financeira intermediária comunicará o resultado à Comissão de Valores Mobiliários e, mediante publicação pela imprensa, aos aceitantes.

§ 3º Se o número de aceitantes ultrapassar o máximo, será obrigatório o rateio, na forma prevista no instrumento da oferta.

Oferta concorrente

Art. 262. A existência de oferta pública em curso não impede oferta concorrente, desde que observadas as normas desta Seção.

§ 1º A publicação de oferta concorrente torna nulas as ordens de venda que já tenham sido firmadas em aceitação de oferta anterior.

§ 2º É facultado ao primeiro ofertante prorrogar o prazo de sua oferta até fazê-lo coincidir com o da oferta concorrente.

Negociação durante a oferta

Art. 263. A Comissão de Valores Mobiliários poderá expedir normas que disciplinem a negociação das ações objeto da oferta durante o seu prazo.

Seção VIII
Incorporação de companhia controlada

Art. 264. Na incorporação, pela controladora, de companhia controlada, a justificação, apresentada à assembleia geral da controlada, deverá conter, além das informações previstas nos arts. 224 e 225, o cálculo das relações de substituição das ações dos acionistas não controladores da controlada com base no valor do patrimônio líquido das ações da controladora e da controlada, avaliados os dois patrimônios segundo os mesmos critérios e na mesma data, a preços de mercado, ou com base em outro critério aceito pela Comissão de Valores Mobiliários, no caso de companhias abertas.

→ *Caput* com redação alterada pela Lei 10.303/2001.

§ 1º A avaliação dos dois patrimônios será feita por três peritos ou empresa especializada e, no caso de companhias abertas, por empresa especializada.

→ § 1º com redação alterada pela Lei 10.303/2001.

§ 2º Para efeito da comparação referida neste artigo, as ações do capital da controlada de propriedade da controladora serão avaliadas, no patrimônio desta, em conformidade com o disposto no *caput*.

→ § 2º com redação alterada pela Lei 10.303/2001.

§ 3º Se as relações de substituição das ações dos acionistas não controladores, previstas no protocolo da incorporação, forem menos vantajosas que as resultantes da comparação prevista neste artigo, os acionistas dissidentes da deliberação da assembleia geral da controlada que aprovar a operação, poderão optar, no prazo previsto no art. 230, entre o valor de reembolso fixado nos termos do art. 45 e o valor apurado em conformidade com o disposto no *caput*, observado o disposto no art. 137, inciso II.

→ § 3º com redação alterada pela Lei 10.303/2001.

§ 4º Aplicam-se as normas previstas neste artigo à incorporação de controladora por sua controlada, à fusão de companhia controladora com a controlada, à incorporação de ações de companhia controlada ou controladora, à incorporação, fusão e incorporação de ações de sociedades sob controle comum.

→ § 4º com redação alterada pela Lei 10.303/2001.

§ 5º O disposto neste artigo não se aplica no caso de as ações do capital da controlada terem sido adquiridas no pregão da Bolsa de Valores ou mediante oferta pública nos termos dos artigos 257 e 263.

Capítulo XXI
GRUPO DE SOCIEDADES

Seção I
Características e natureza

Características

Art. 265. A sociedade controladora e suas controladas podem constituir, nos termos deste Capítulo, grupo de sociedades, mediante convenção pela qual se obriguem a combinar recursos ou esforços para a realização dos respectivos objetos, ou a participar de atividades ou empreendimentos comuns.

§ 1º A sociedade controladora, ou de comando do grupo, deve ser brasileira, e exercer, direta ou indiretamente, e de modo permanente, o controle das sociedades filiadas, como titular de direitos de sócio ou acionista, ou mediante acordo com outros sócios ou acionistas.

§ 2º A participação recíproca das sociedades do grupo obedecerá ao disposto no artigo 244.

Natureza

Art. 266. As relações entre as sociedades, a estrutura administrativa do grupo e a coordenação ou subordinação dos administradores das sociedades filiadas serão estabelecidas na convenção do grupo, mas cada sociedade conservará personalidade e patrimônios distintos.

Designação

Art. 267. O grupo de sociedades terá designação de que constarão as palavras "grupo de sociedades" ou "grupo".

Parágrafo único. Somente os grupos organizados de acordo com este Capítulo poderão usar designação com as palavras "grupo" ou "grupo de sociedades".

Companhias sujeitas a autorização para funcionar

Art. 268. A companhia que, por seu objeto, depende de autorização para funcionar, somente poderá participar de grupo de sociedades após a aprovação da convenção do grupo pela autoridade competente para aprovar suas alterações estatutárias.

Seção II
Constituição, registro e publicidade

Art. 269. O grupo de sociedades será constituído por convenção aprovada pelas sociedades que o componham, a qual deverá conter:

I – a designação do grupo;

II – a indicação da sociedade de comando e das filiadas;

III – as condições de participação das diversas sociedades;

IV – o prazo de duração, se houver, e as condições de extinção;

V – as condições para admissão de outras sociedades e para a retirada das que o componham;

VI – os órgãos e cargos da administração do grupo, suas atribuições e as relações entre a estrutura administrativa do grupo e as das sociedades que o componham;

VII – a declaração da nacionalidade do controle do grupo;

VIII – as condições para alteração da convenção.

Parágrafo único. Para os efeitos do número VII, o grupo de sociedades considera-se sob controle brasileiro se a sua sociedade de comando está sob o controle de:

a) pessoas naturais residentes ou domiciliadas no Brasil;

b) pessoas jurídicas de direito público interno; ou

c) sociedade ou sociedades brasileiras que, direta ou indiretamente, estejam sob controle das pessoas referidas nas alíneas *a* e *b*.

Aprovação pelos sócios das sociedades

Art. 270. A convenção de grupo deve ser aprovada com observância das normas para alteração do contrato social ou do estatuto (art. 136, V).

→ *Caput* com redação alterada pela Lei 9.457/1997.

Parágrafo único. Os sócios ou acionistas dissidentes da deliberação de se associar a grupo têm direito, nos termos do artigo 137, ao reembolso de suas ações ou quotas.

Registro e publicidade

Art. 271. Considera-se constituído o grupo a partir da data do arquivamento, no registro do comércio da sede da sociedade de comando, dos seguintes documentos:

I – convenção de constituição do grupo;

II – atas das assembleias-gerais, ou instrumentos de alteração contratual, de todas as sociedades que tiverem aprovado a constituição do grupo;

III – declaração autenticada do número das ações ou quotas de que a sociedade de comando e as demais sociedades integrantes do grupo são titulares em cada sociedade filiada, ou exemplar de acordo de acionistas que assegura o controle da sociedade filiada.

§ 1º Quando as sociedades filiadas tiverem sede em locais diferentes, deverão ser arquivadas no registro do comércio das respectivas sedes as atas de assembleia ou alterações contratuais que tiverem aprovado a convenção, sem prejuízo do registro na sede da sociedade de comando.

§ 2º As certidões de arquivamento no Registro do comércio serão publicadas.

§ 3º A partir da data do arquivamento, a sociedade de comando e as filiadas passarão a usar as respectivas denominações acrescidas da designação do grupo.

§ 4º As alterações da convenção do grupo serão arquivadas e publicadas nos termos deste artigo, observando-se o disposto no § 1º do artigo 135.

Seção III
Administração

Administradores do grupo

Art. 272. A convenção deve definir a estrutura administrativa do grupo de sociedades, podendo criar órgãos de deliberação colegiada e cargos de direção-geral.

Parágrafo único. A representação das sociedades perante terceiros, salvo disposição expressa na convenção do grupo, arquivada no registro do comércio e publicada, caberá exclusivamente aos administradores de cada sociedade, de acordo com os respectivos estatutos ou contratos sociais.

Administradores das sociedades filiadas

Art. 273. Aos administradores das sociedades filiadas, sem prejuízo de suas atribuições, poderes e responsabilidades, de acordo com os respectivos estatutos ou contratos sociais, compete observar a orientação geral estabelecida e as instruções expedidas pelos administradores do grupo que não importem violação da lei ou da convenção do grupo.

Remuneração

Art. 274. Os administradores do grupo e os investidos em cargos de mais de uma sociedade poderão ter a sua remuneração rateada entre as diversas sociedades, e a gratificação dos administradores, se houver, poderá ser fixada, dentro dos limites do § 1º do artigo 152 com base nos resultados apurados nas demonstrações financeiras consolidadas do grupo.

Seção IV
Demonstrações financeiras

Art. 275. O grupo de sociedades publicará, além das demonstrações financeiras referentes a cada uma das companhias que o compõem, demonstrações consolidadas, compreendendo todas as sociedades do grupo, elaboradas com observância do disposto no artigo 250.

§ 1º As demonstrações consolidadas do grupo serão publicadas juntamente com as da sociedade de comando.

§ 2º A sociedade de comando deverá publicar demonstrações financeiras nos termos desta Lei, ainda que não tenha a forma de companhia.

§ 3º As companhias filiadas indicarão, em nota às suas demonstrações financeiras publicadas, o órgão que publicou a última demonstração consolidada do grupo a que pertencer.

§ 4º As demonstrações consolidadas de grupo de sociedades que inclua companhia aberta serão obrigatoriamente auditadas por auditores independentes registrados na Comissão de Valores Mobiliários, e observarão as normas expedidas por essa Comissão.

Seção V
Prejuízos resultantes de atos contrários à convenção

Art. 276. A combinação de recursos e esforços, a subordinação dos interesses de uma sociedade aos de outra, ou do grupo, e a participação em custos, receitas ou resultados de atividades ou empreendimentos somente poderão ser opostos aos sócios minoritários das sociedades filiadas nos termos da convenção do grupo.

§ 1º Consideram-se minoritários, para os efeitos deste artigo, todos os sócios da filiada, com exceção da sociedade de comando e das demais filiadas do grupo.

§ 2º A distribuição de custos, receitas e resultados e as compensações entre sociedades, previstas na convenção do grupo, deverão ser determinadas e registradas no balanço de cada exercício social das sociedades interessadas.

§ 3º Os sócios minoritários da filiada terão ação contra os seus administradores e contra a sociedade de comando do grupo para haver reparação de prejuízos resultantes de atos praticados com infração das normas deste artigo, observado o disposto nos parágrafos do artigo 246.

Conselho Fiscal das filiadas

Art. 277. O funcionamento do conselho fiscal da companhia filiada a grupo, quando não for permanente, poderá ser pedido por acionistas não controladores que representem, no mínimo, 5% (cinco por cento) das ações ordinárias, ou das ações preferenciais sem direito de voto.

§ 1º Na constituição do conselho fiscal da filiada serão observadas as seguintes normas:

a) os acionistas não controladores votarão em separado, cabendo às ações com direito a voto o direito de eleger 1 (um) membro e respectivo suplente e às ações sem direito a voto, ou com voto restrito, o de eleger outro;

b) a sociedade de comando e as filiadas poderão eleger número de membros, e respectivos suplentes, igual ao dos eleitos nos termos da alínea *a*, mais um.

§ 2º O conselho fiscal da sociedade filiada poderá solicitar aos órgãos de administração da sociedade de comando, ou de outras filiadas, os esclarecimentos ou informações que julgar necessários para fiscalizar a observância da convenção do grupo.

Capítulo XXII
CONSÓRCIO

Art. 278. As companhias e quaisquer outras sociedades, sob o mesmo controle ou não, podem constituir consórcio para executar determinado empreendimento, observado o disposto neste Capítulo.

§ 1º O consórcio não tem personalidade jurídica e as consorciadas somente se obrigam nas condições previstas no respectivo contrato, respondendo cada uma por suas obrigações, sem presunção de solidariedade.

§ 2º A falência de uma consorciada não se estende às demais, subsistindo o consórcio com as outras contratantes; os créditos que porventura tiver a falida serão apurados e pagos na forma prevista no contrato de consórcio.

Art. 279. O consórcio será constituído mediante contrato aprovado pelo órgão da sociedade competente para autorizar a alienação de bens do ativo não circulante, do qual constarão:

→ *Caput* com redação alterada pela Lei 11.941/2009.

→ *v.* Art. 32, II, *b*, da Lei 8.934/1994.

I – a designação do consórcio, se houver;

II – o empreendimento que constitua o objeto do consórcio;

III – a duração, endereço e foro;

IV – a definição das obrigações e responsabilidade de cada sociedade consorciada, e das prestações específicas;

V – normas sobre recebimento de receitas e partilha de resultados;

VI – normas sobre administração do consórcio, contabilização, representação das sociedades consorciadas e taxa de administração, se houver;

VII – forma de deliberação sobre assuntos de interesse comum, com o número de votos que cabe a cada consorciado;

VIII – contribuição de cada consorciado para as despesas comuns, se houver.

Parágrafo único. O contrato de consórcio e suas alterações serão arquivados no registro do comércio do lugar da sua sede, devendo a certidão do arquivamento ser publicada.

Capítulo XXIII
SOCIEDADES EM COMANDITA POR AÇÕES

Art. 280. A sociedade em comandita por ações terá o capital dividido em ações e reger-se-á pelas normas relativas às companhias ou sociedades anônimas, sem prejuízo das modificações constantes deste Capítulo.

Art. 281. A sociedade poderá comerciar sob firma ou razão social, da qual só farão parte os nomes dos sócios-diretores ou gerentes. Ficam ilimitada e solidariamente responsáveis, nos termos desta Lei, pelas obrigações sociais, os que, por seus nomes figurarem na firma ou razão social.

Parágrafo único. A denominação ou a firma deve ser seguida das palavras "Comandita por Ações", por extenso ou abreviadamente.

Art. 282. Apenas o sócio ou acionista tem qualidade para administrar ou gerir a sociedade, e, como diretor ou gerente, responder, subsidiária mas ilimitada e solidariamente, pelas obrigações da sociedade.

§ 1º Os diretores ou gerentes serão nomeados, sem limitação de tempo, no estatuto da sociedade, e somente poderão ser destituídos por deliberação de acionistas que representem 2/3 (dois terços), no mínimo, do capital social.

§ 2º O diretor ou gerente que for destituído ou se exonerar continuará responsável pelas obrigações sociais contraídas sob sua administração.

Art. 283. A assembleia geral não pode, sem o consentimento dos diretores ou gerentes, mudar o objeto essencial da sociedade, prorrogar-lhe o prazo de duração, aumentar ou diminuir o capital social, emitir debêntures ou criar partes beneficiárias nem aprovar a participação em grupo de sociedade.

→ Artigo com redação alterada pela Lei 9.457/1997.

Art. 284. Não se aplica à sociedade em comandita por ações o disposto nesta Lei sobre conselho de administração, autorização estatutária de aumento de capital e emissão de bônus de subscrição.

Capítulo XXIV
PRAZOS DE PRESCRIÇÃO

Art. 285. A ação para anular a constituição da companhia, por vício ou defeito, prescreve em 1 (um) ano, contado da publicação dos atos constitutivos.

Parágrafo único. Ainda depois de proposta a ação, é lícito à companhia, por deliberação da assembleia geral, providenciar para que seja sanado o vício ou defeito.

Art. 286. A ação para anular as deliberações tomadas em assembleia geral ou especial, irregularmente convocada ou instalada, violadoras da lei ou do estatuto, ou eivadas de erro, dolo, fraude ou simulação prescreve em 2 (dois) anos, contados da deliberação.

Art. 287. Prescreve:

I – em, 1 (um) ano:

a) a ação contra peritos e subscritores do capital, para deles haver reparação civil pela avaliação de bens, contado o prazo da publicação da ata da assembleia geral que aprovar o laudo;

b) a ação dos credores não pagos contra os acionistas e os liquidantes, contado o prazo da publicação da ata de encerramento da liquidação da companhia;

II – em 3 (três) anos:

a) a ação para haver dividendos, contado o prazo da data em que tenham sido postos à disposição do acionista;

b) a ação contra os fundadores, acionistas, administradores, liquidantes, fiscais ou sociedade de comando, para deles haver reparação civil por atos culposos ou dolosos, no caso de violação da lei, do estatuto ou da convenção do grupo, contado o prazo:

1) para os fundadores, da data da publicação dos atos constitutivos da companhia;

2) para os acionistas, administradores, fiscais e sociedades de comando, da data da publicação da ata que aprovar o balanço referente ao exercício em que a violação tenha ocorrido;

3) para os liquidantes, da data da publicação da ata da primeira assembleia geral posterior à violação;

c) a ação contra acionistas para restituição de dividendos recebidos de má-fé, contado o prazo da data da publicação da ata de assembleia geral ordinária do exercício em que os dividendos tenham sido declarados;

d) a ação contra os administradores ou titulares de partes beneficiárias para restituição das participações no lucro recebidas de má-fé, contado o prazo da data da publicação da ata da assembleia geral ordinária do exercício em que as participações tenham sido pagas;

e) a ação contra o agente fiduciário de debenturistas ou titulares de partes beneficiárias para dele haver reparação civil por atos culposos ou dolosos, no caso de violação da lei ou da escritura de emissão, a contar da publicação da ata da assembleia geral que tiver tomado conhecimento da violação;

f) a ação contra o violador do dever de sigilo de que trata o artigo 260 para dele haver reparação civil, a contar da data da publicação da oferta;

g) a ação movida pelo acionista contra a companhia, qualquer que seja o seu fundamento.

→ Alínea *g* acrescentada pela Lei 10.303/2001.

Art. 288. Quando a ação se originar de fato que deva ser apurado no juízo criminal, não ocorrerá prescrição antes da respectiva sentença definitiva, ou da prescrição da ação penal.

Capítulo XXV
DISPOSIÇÕES GERAIS

Art. 289. As publicações ordenadas pela presente Lei serão feitas no órgão oficial da União ou do Estado ou do Distrito Federal, conforme o lugar em que esteja situada a sede da companhia, e em outro jornal de grande circulação editado na localidade em que está situada a sede da companhia.

→ *Caput* com redação alterada pela Lei 9.457/1997.

§ 1º A Comissão de Valores Mobiliários poderá determinar que as publicações ordenadas por esta Lei sejam feitas, também, em jornal de grande circulação nas localidades em que os valores mobiliários da companhia sejam negociados em bolsa ou em mercado de balcão, ou disseminadas por algum outro meio que assegure sua ampla divulgação e imediato acesso às informações.

→ § 1º com redação alterada pela Lei 9.457/1997.

§ 2º Se no lugar em que estiver situada a sede da companhia não for editado jornal, a publicação se fará em órgão de grande circulação local.

§ 3º A companhia deve fazer as publicações previstas nesta Lei sempre no mesmo jornal, e qualquer mudança deverá ser precedida de aviso aos acionistas no extrato da ata da assembleia geral ordinária.

§ 4º O disposto no final do § 3º não se aplica à eventual publicação de atas ou balanços em outros jornais.

§ 5º Todas as publicações ordenadas nesta Lei deverão ser arquivadas no registro do comércio.

§ 6º As publicações do balanço e da demonstração de lucros e perdas poderão ser feitas adotando-se como expressão monetária o milhar de reais.

→ § 6º com redação alterada pela Lei 9.457/1997.

§ 7º Sem prejuízo do disposto no *caput* deste artigo, as companhias abertas poderão, ainda, disponibilizar as referidas publicações pela rede mundial de computadores.

→ § 7º acrescentado pela Lei 10.303/2001.

Art. 290. A indenização por perdas e danos em ações com fundamento nesta Lei será corrigida monetariamente até o trimestre civil em que for efetivamente liquidada.

Art. 291. A Comissão de Valores Mobiliários poderá reduzir, mediante fixação de escala em função do valor do capital social, a porcentagem mínima aplicável às companhias abertas, estabelecida no art. 105; na alínea *c* do parágrafo único do art. 123; no *caput* do art. 141; no § 1º do art. 157; no § 4º do art. 159; no § 2º do art. 161; no § 6º do art. 163; na alínea *a* do § 1º do art. 246; e no art. 277.

→ *Caput* com redação alterada pela Lei 10.303/2001.

Parágrafo único. A Comissão de Valores Mobiliários poderá reduzir a porcentagem de que trata o artigo 249.

Art. 292. As sociedades de que trata o artigo 62 da Lei 4.728, de 14 de julho de 1965, podem ter suas ações ao portador.

Art. 293. A Comissão de Valores Mobiliários autorizará as Bolsas de Valores a prestar os serviços previstos nos artigos 27; 34, § 2º; 39, § 1º; 40; 41; 42; 43; 44; 72; 102 e 103.

Parágrafo único. *(Revogado pela Lei 12.810/2013).*

Art. 294. A companhia fechada que tiver menos de vinte acionistas, com patrimônio líquido inferior a R$ 1.000.000,00 (um milhão de reais), poderá:

→ *Caput* com redação alterada pela Lei 10.303/2001.

I – convocar assembleia geral por anúncio entregue a todos os acionistas, contrarrecibo, com a antecedência prevista no artigo 124; e

II – deixar de publicar os documentos de que trata o artigo 133, desde que sejam, por cópias autenticadas, arquivados no registro do comércio juntamente com a ata da assembleia que sobre eles deliberar.

§ 1º A companhia deverá guardar os recibos de entrega dos anúncios de convocação e arquivar no registro de comércio, juntamente com a ata da assembleia, cópia autenticada dos mesmos.

§ 2º Nas companhias de que trata este artigo, o pagamento da participação dos administradores poderá ser feita sem observância do disposto no § 2º do artigo 152, desde que aprovada pela unanimidade dos acionistas.

§ 3º O disposto neste artigo não se aplica à companhia controladora de grupo de sociedade, ou a ela filiadas.

Capítulo XXVI
DISPOSIÇÕES TRANSITÓRIAS

Art. 295. A presente Lei entrará em vigor 60 (sessenta) dias após a sua publicação, aplicando-se, todavia, a partir da data da publicação, às companhias que se constituírem.

§ 1º O disposto neste artigo não se aplica às disposições sobre:

a) elaboração das demonstrações financeiras, que serão observadas pelas companhias existentes a partir do exercício social que se iniciar após 1º de janeiro de 1978;

b) a apresentação, nas demonstrações financeiras, de valores do exercício anterior (artigo 176, § 1º), que será obrigatória a partir do balanço do exercício social subsequente ao referido na alínea anterior;

c) elaboração e publicação de demonstrações financeiras consolidadas, que somente serão obrigatórias para os exercícios iniciados a partir de 1º de janeiro de 1978.

§ 2º A participação dos administradores nos lucros sociais continuará a regular-se pelas disposições legais e estatutárias em vigor, aplicando-se o disposto nos §§ 1º e 2º do artigo 152 a partir do exercício social que se iniciar no curso do ano de 1977.

§ 3º A restrição ao direito de voto das ações ao portador (artigo 112) só vigorará a partir de 1 (um) ano a contar da data em que esta Lei entrar em vigor.

Art. 296. As companhias existentes deverão proceder à adaptação do seu estatuto aos preceitos desta Lei no prazo de 1 (um) ano a contar da data em que ela entrar em vigor, devendo para esse fim ser convocada assembleia geral dos acionistas.

§ 1º Os administradores e membros do conselho fiscal respondem pelos prejuízos que causarem pela inobservância do disposto neste artigo.

§ 2º O disposto neste artigo não prejudicará os direitos pecuniários conferidos por partes beneficiárias e debêntures em circulação na data da publicação desta Lei, que somente poderão ser modificados ou reduzidos com observância do disposto no artigo 51 e no § 5º do artigo 71.

§ 3º As companhias existentes deverão eliminar, no prazo de 5 (cinco) anos a contar da data da entrada em vigor desta Lei, as participações recíprocas vedadas pelo artigo 244 e seus parágrafos.

§ 4º As companhias existentes, cujo estatuto for omisso quanto à fixação do dividendo, ou que o estabelecer em condições que não satisfaçam aos requisitos do § 1º do artigo 202 poderão, dentro do prazo previsto neste artigo, fixá-lo em porcentagem inferior à prevista no § 2º do artigo 202, mas os acionistas dissidentes dessa deliberação terão direito de retirar-se da companhia, mediante reembolso do valor de suas ações, com observância do disposto nos artigos 45 e 137.

§ 5º O disposto no artigo 199 não se aplica às reservas constituídas e aos lucros acumulados em balanços levantados antes de 1º de janeiro de 1977.

§ 6º O disposto nos §§ 1º e 2º do artigo 237 não se aplica às participações existentes na data da publicação desta Lei.

Art. 297. As companhias existentes que tiverem ações preferenciais com prioridade na distribuição de dividendo fixo ou mínimo ficarão dispensadas do disposto no artigo 167 e seu § 1º, desde que no prazo de que trata o artigo 296 regulem no estatuto a participação das ações preferenciais na correção anual do capital social, com observância das seguintes normas:

I – o aumento de capital poderá ficar na dependência de deliberação da assembleia geral, mas será obrigatório quando o saldo da conta de que trata o § 3º do artigo 182 ultrapassar 50% (cinquenta por cento) do capital social;

LEGISLAÇÃO

II – a capitalização da reserva poderá ser procedida mediante aumento do valor nominal das ações ou emissões de novas ações bonificadas, cabendo à assembleia geral escolher, em cada aumento de capital, o modo a ser adotado;

III – em qualquer caso, será observado o disposto no § 4º do artigo 17;

IV – as condições estatutárias de participação serão transcritas nos certificados das ações da companhia.

Art. 298. As companhias existentes, com capital inferior a Cr$ 5.000.000,00 (cinco milhões de cruzeiros), poderão, no prazo de que trata o artigo 296, deliberar, pelo voto de acionistas que representem 2/3 (dois terços) do capital social, a sua transformação em sociedade por quotas, de responsabilidade limitada, observadas as seguintes normas:

I – na deliberação da assembleia a cada ação caberá 1 (um) voto, independentemente de espécie ou classe;

II – a sociedade por quotas resultante da transformação deverá ter o seu capital integralizado e o seu contrato social assegurará aos sócios a livre transferência das quotas, entre si ou para terceiros;

III – o acionista dissidente da deliberação da assembleia poderá pedir o reembolso das ações pelo valor de patrimônio líquido a preços de mercado, observado o disposto nos artigos 45 e 137;

IV – o prazo para o pedido de reembolso será de 90 (noventa) dias a partir da data da publicação da ata da assembleia, salvo para os titulares de ações nominativas, que será contado da data do recebimento de aviso por escrito da companhia.

Art. 299. Ficam mantidas as disposições sobre sociedades por ações, constantes de legislação especial sobre a aplicação de incentivos fiscais nas áreas da Sudene, Sudam, Sudepe, Embratur e Reflorestamento, bem como todos os dispositivos das Leis 4.131, de 3 de setembro de 1962, e 4.390, de 29 de agosto de 1964.

Art. 299-A. O saldo existente em 31 de dezembro de 2008 no ativo diferido que, pela sua natureza, não puder ser alocado a outro grupo de contas, poderá permanecer no ativo sob essa classificação até sua completa amortização, sujeito à análise sobre a recuperação de que trata o § 3º do art. 183 desta Lei.

→ Artigo acrescentado pela Lei 11.941/2009.

Art. 299-B. O saldo existente no resultado de exercício futuro em 31 de dezembro de 2008 deverá ser reclassificado para o passivo não circulante em conta representativa de receita diferida.

→ Artigo acrescentado pela Lei 11.941/2009.

Parágrafo único. O registro do saldo de que trata o *caput* deste artigo deverá evidenciar a receita diferida e o respectivo custo diferido.

Art. 300. Ficam revogados o Decreto-Lei 2.627, de 26 de setembro de 1940, com exceção dos artigos 59 a 73, e demais disposições em contrário.

Brasília, 15 de dezembro de 1976; 155º da Independência e 88º da República.

Ernesto Geisel

(Publicação no *D.O.U.* de 17.12.1976)

LEI 6.515, DE 26 DE DEZEMBRO DE 1977

Regula os casos de dissolução da sociedade conjugal e do casamento, seus efeitos e respectivos processos, e dá outras providências

O Presidente da República:

Faço saber que o Congresso Nacional decreta e eu sanciono a seguinte Lei:

Art. 1º A separação judicial, a dissolução do casamento, ou a cessação de seus efeitos civis, de que trata a Emenda Constitucional n. 9, de 28 de junho de 1977, ocorrerão nos casos e segundo a forma que esta Lei regula.

Capítulo I
DA DISSOLUÇÃO DA SOCIEDADE CONJUGAL

Art. 2º A Sociedade Conjugal termina:

I – pela morte de um dos cônjuges;

II – pela nulidade ou anulação do casamento;

III – pela separação judicial;

IV – pelo divórcio.

Parágrafo único. O casamento válido somente se dissolve pela morte de um dos cônjuges ou pelo divórcio.

Seção I
Dos Casos e Efeitos da Separação Judicial

Art. 3º A separação judicial põe termo aos deveres de coabitação, fidelidade recíproca e ao regime matrimonial de bens, como se o casamento fosse dissolvido.

§ 1º O procedimento judicial da separação caberá somente aos cônjuges, e, no caso de incapacidade, serão representados por curador, ascendente ou irmão.

§ 2º O juiz deverá promover todos os meios para que as partes se reconciliem ou transijam, ouvindo pessoal e separadamente cada uma delas e, a seguir, reunindo-as em sua presença, se assim considerar necessário.

§ 3º Após a fase prevista no parágrafo anterior, se os cônjuges pedirem, os advogados deverão ser chamados a assistir aos entendimentos e deles participar.

Art. 4º Dar-se-á a separação judicial por mútuo consentimento dos cônjuges, se forem casados há mais de 2 (dois) anos, manifestado perante o juiz e devidamente homologado.

Art. 5º A separação judicial pode ser pedida por um só dos cônjuges quando imputar ao outro conduta desonrosa ou qualquer ato que importe em grave violação dos deveres do casamento e tornem insuportável a vida em comum.

§ 1º A separação judicial pode, também, ser pedida se um dos cônjuges provar a ruptura da vida em comum há mais de um ano consecutivo, e a impossibilidade de sua reconstituição.

→ § 1º com redação alterada pela Lei 8.408/1992.

§ 2º O cônjuge pode ainda pedir a separação judicial quando o outro estiver acometido de grave doença mental, manifestada após o casamento, que torne impossível a continuação da vida em comum, desde que, após uma duração de 5 (cinco) anos, a enfermidade tenha sido reconhecida de cura improvável.

§ 3º Nos casos dos parágrafos anteriores, reverterão, ao cônjuge que não houver pedido a separação judicial, os remanescentes dos bens que levou para o casamento, e, se o regime de bens adotado o permitir, também a meação nos adquiridos na constância da sociedade conjugal.

Art. 6º Nos casos dos §§ 1º e 2º do artigo anterior, a separação judicial poderá ser negada, se constituir respectivamente, causa de agravamento das condições pessoais ou da doença do outro cônjuge, ou determinar, em qualquer caso, consequências morais de excepcional gravidade para os filhos menores.

Art. 7º A separação judicial importará na separação de corpos e na partilha de bens.

§ 1º A separação de corpos poderá ser determinada como medida cautelar (art. 796 do CPC).

§ 2º A partilha de bens poderá ser feita mediante proposta dos cônjuges e homologada pelo juiz ou por este decidida.

Art. 8º A sentença que julgar a separação judicial produz seus efeitos à data de seu trânsito em julgado, o à da decisão que tiver concedido separação cautelar.

Seção II
Da Proteção da Pessoa dos Filhos

Art. 9º No caso de dissolução da sociedade conjugal pela separação judicial consensual (art. 4º), observar-se-á o que os cônjuges acordarem sobre a guarda dos filhos.

Art. 10. Na separação judicial fundada no *caput* do art. 5º, os filhos menores ficarão com o cônjuge que a e não houver dado causa.

§ 1º Se pela separação judicial forem responsáveis ambos os cônjuges; os filhos menores ficarão em poder da mãe, salvo se o juiz verificar que de tal solução possa advir prejuízo de ordem moral para eles.

§ 2º Verificado que não devem os filhos permanecer em poder da mãe nem do pai, deferirá o juiz a sua guarda a pessoa notoriamente idônea da família de qualquer dos cônjuges.

Art. 11. Quando a separação judicial ocorrer com fundamento no § 1º do art. 5º, os filhos ficarão em poder do cônjuge em cuja companhia estavam durante o tempo de ruptura da vida em comum.

Art. 12. Na separação judicial fundada no § 2º do art. 5º, o juiz deferirá a entrega dos filhos ao cônjuge que estiver em condições de assumir, normalmente, a responsabilidade de sua guarda e educação.

Art. 13. Se houver motivos graves, poderá o juiz, em qualquer caso, a bem dos filhos, regular por maneira diferente da estabelecida nos artigos anteriores a situação deles com os pais.

Art. 14. No caso de anulação do casamento, havendo filhos comuns, observar-se-á o disposto nos arts. 10 e 13.

Parágrafo único. Ainda que nenhum dos cônjuges esteja de boa-fé ao contrair o casamento, seus efeitos civis aproveitarão aos filhos comuns.

Art. 15. Os pais, em cuja guarda não estejam os filhos, poderão visitá-los e tê-los em sua companhia, segundo fixar o juiz, bem como fiscalizar sua manutenção e educação.

Art. 16. As disposições relativas à guarda e à prestação de alimentos aos filhos menores estendem-se aos filhos maiores inválidos.

Seção III
Do Uso do Nome

Art. 17. Vencida na ação de separação judicial (art. 5º, *caput*), voltará a mulher a usar o nome de solteira.

§ 1º Aplica-se, ainda, o disposto neste artigo, quando é da mulher a iniciativa da separação judicial com fundamento nos §§ 1º e 2º do art. 5º.

§ 2º Nos demais casos, caberá à mulher a opção pela conservação do nome de casada.

Art. 18. Vencedora na ação de separação judicial (art. 5º, *caput*), poderá a mulher renunciar, a qualquer momento, o direito de usar o nome do marido.

Seção IV
Dos Alimentos

Art. 19. O cônjuge responsável pela separação judicial prestará ao outro, se dela necessitar, a pensão que o juiz fixar.

Art. 20. Para manutenção dos filhos, os cônjuges, separados judicialmente, contribuirão na proporção de seus recursos.

Art. 21. Para assegurar o pagamento da pensão alimentícia, o juiz poderá determinar a constituição de garantia real ou fidejussória.

§ 1º Se o cônjuge credor preferir, o juiz poderá determinar que a pensão consista no usufruto de determinados bens do cônjuge devedor.

§ 2º Aplica-se, também, o disposto no parágrafo anterior, se o cônjuge credor justificar a possibilidade do não recebimento regular da pensão.

Art. 22. Salvo decisão judicial, as prestações alimentícias, de qualquer natureza, serão corrigidas monetariamente na forma dos índices de atualização das Obrigações Reajustáveis do Tesouro Nacional – ORTN.

Parágrafo único. No caso do não pagamento das referidas prestações no vencimento, o devedor responderá, ainda, por custas e honorários de advogado apurados simultaneamente.

Art. 23. A obrigação de prestar alimentos transmite-se aos herdeiros do devedor, na forma do art. 1.796 do Código Civil.

Capítulo II
DO DIVÓRCIO

Art. 24. O divórcio põe termo ao casamento e aos efeitos civis do matrimônio religioso.

Parágrafo único. O pedido somente competirá aos cônjuges, podendo, contudo, ser exercido, em caso de incapacidade, por curador, ascendente ou irmão.

Art. 25. A conversão em divórcio da separação judicial dos cônjuges existente há mais de um ano, contada da data da decisão ou da que concedeu a medida cautelar correspondente (art. 8º), será decretada por sentença, da qual não constará referência à causa que a determinou.

→ *Caput* com redação alterada pela Lei 8.408/1992.

Parágrafo único. A sentença de conversão determinará que a mulher volte a usar o nome que tinha antes de contrair matrimônio, só conservando o nome de família do ex-marido se alteração prevista neste artigo acarretar:

→ Parágrafo único acrescentado pela Lei 8.408/1992.

I – evidente prejuízo para a sua identificação;

II – manifesta distinção entre o seu nome de família e dos filhos havidos da união dissolvida;

III – dano grave reconhecido em decisão judicial.

Art. 26. No caso de divórcio resultante da separação prevista nos §§ 1º e 2º do art. 5º, o cônjuge que teve a iniciativa da separação continuará com o dever de assistência ao outro. (Código Civil – art. 231, n. III).

Art. 27. O divórcio não modificará os direitos e deveres dos pais em relação aos filhos.

Parágrafo único. O novo casamento de qualquer dos pais ou de ambos também não importará restrição a esses direitos e deveres.

Art. 28. Os alimentos devidos pelos pais e fixados na sentença de separação poderão ser alterados a qualquer tempo.

Art. 29. O novo casamento do cônjuge credor da pensão extinguirá a obrigação do cônjuge devedor.

Art. 30. Se o cônjuge devedor da pensão vier a casar-se, o novo casamento não alterará sua obrigação.

Art. 31. Não se decretará o divórcio se ainda não houver sentença definitiva de separação judicial, ou se esta não tiver decidido sobre a partilha dos bens.

Art. 32. A sentença definitiva do divórcio produzirá efeitos depois de registrada no Registro Público competente.

Art. 33. Se os cônjuges divorciados quiserem restabelecer a união conjugal só poderão fazê-lo mediante novo casamento.

Capítulo III
DO PROCESSO

Art. 34. A separação judicial consensual se fará pelo procedimento previsto nos arts. 1.120 e 1.124 do Código de Processo Civil, e as demais pelo procedimento ordinário.

→ v. Arts. 731 a 734, do NCPC.

§ 1º A petição será também assinada pelos advogados das partes ou pelo advogado escolhido de comum acordo.

§ 2º O juiz pode recusar a homologação e não decretar a separação judicial, se comprovar que a convenção não preserva suficientemente os interesses dos filhos ou de um dos cônjuges.

§ 3º Se os cônjuges não puderem ou não souberem assinar, é lícito que outrem o faça a rogo deles.

§ 4º Às assinaturas, quando não lançadas na presença do juiz, serão, obrigatoriamente, reconhecidas por tabelião.

Art. 35. A conversão da separação judicial em divórcio será feita mediante pedido de qualquer dos cônjuges.

Parágrafo único. O pedido será apensado aos autos da separação judicial. (art. 48)

Art. 36. Do pedido referido no artigo anterior, será citado o outro cônjuge, em cuja resposta não caberá reconvenção.

Parágrafo único. A contestação só pode fundar-se em:

I – falta do decurso de 1 (um) ano da separação judicial;

→ Inciso I com redação alterada pela 7.841/1989.

II – descumprimento das obrigações assumidas pelo requerente na separação.

Art. 37. O juiz conhecerá diretamente do pedido, quando não houver contestação ou necessidade de produzir prova em audiência, e proferirá sentença dentro em 10 (dez) dias.

§ 1º A sentença limitar-se-á à conversão da separação em divórcio, que não poderá ser negada, salvo se provada qualquer das hipóteses previstas no parágrafo único do artigo anterior.

§ 2º A improcedência do pedido de conversão não impede que o mesmo cônjuge o renove, desde que satisfeita a condição anteriormente descumprida.

Art. 38. *(Revogado pela Lei 7.841/1989).*

Art. 39. O capítulo III do Título II do Livro IV do Código de Processo Civil, as expressões "desquite por mútuo consentimento", "desquite" e "desquite litigioso" são substituídas por "separação consensual" e "separação judicial".

→ v. Arts. 731 a 734, do NCPC.

Capítulo IV
DAS DISPOSIÇÕES FINAIS E TRANSITÓRIAS

Art. 40. No caso de separação de fato, e desde que completados 2 (dois) anos consecutivos, poderá ser promovida ação de divórcio, na qual deverá ser comprovado decurso do tempo da separação.

→ *Caput* com redação alterada pela Lei 7.841/1989.

§ 1º *(Revogado pela* Lei *7.841/1989).*

§ 2º No divórcio consensual, o procedimento adotado será o previsto nos artigos 1.120 a 1.124 do Código de Processo Civil, observadas, ainda, as seguintes normas:

→ v. Arts. 731 a 734, do NCPC.

I – a petição conterá a indicação dos meios probatórios da separação de fato, e será instruída com a prova documental já existente;

II – a petição fixará o valor da pensão do cônjuge que dela necessitar para sua manutenção, e indicará as garantias para o cumprimento da obrigação assumida;

III – se houver prova testemunhal, ela será produzida na audiência de ratificação do pedido de divórcio a qual será obrigatoriamente realizada.

IV – a partilha dos bens deverá ser homologada pela sentença do divórcio.

§ 3º Nos demais casos, adotar-se-á o procedimento ordinário.

Art. 41. As causas de desquite em curso na data da vigência desta Lei, tanto as que se processam pelo procedimento especial quanto as de procedimento ordinário, passam automaticamente a visar à separação judicial.

Art. 42. As sentenças já proferidas em causas de desquite são equiparadas, para os efeitos desta Lei, às de separação judicial.

Art. 43. Se, na sentença do desquite, não tiver sido homologada ou decidida a partilha dos bens, ou quando esta não tenha sido feita posteriormente, a decisão de conversão disporá sobre ela.

Art. 44. Contar-se-á o prazo de separação judicial a partir da data em que, por decisão judicial proferida em qualquer processo, mesmo nos de jurisdição voluntária, for determinada ou presumida a separação dos cônjuges.

Art. 45. Quando o casamento se seguir a uma comunhão de vida entre os nubentes, existentes antes de 28 de junho de 1977, que haja perdurado por 10 (dez) anos consecutivos ou da qual tenha resultado filhos, o regime matrimonial de bens será estabelecido livremente, não se lhe aplicando o disposto no artigo 258, parágrafo único, n. II, do Código Civil.

Art. 46. Seja qual for a causa da separação judicial, e o modo como esta se faça, é permitido aos cônjuges restabelecer a todo o tempo a sociedade conjugal, nos termos sem que fora constituída, contanto que o façam mediante requerimento nos autos da ação de separação.

Parágrafo único. A reconciliação em nada prejudicará os direitos de terceiros, adquiridos antes e durante a separação, seja qual for o regime de bens.

Art. 47. Se os autos do desquite ou os da separação judicial tiverem sido extraviados, ou se encontrarem em outra circunscrição judiciária, o pedido de conversão em divórcio será instruído com a certidão da sentença, ou da sua averbação no assento de casamento.

Art. 48. Aplica-se o disposto no artigo anterior, quando a mulher desquitada tiver domicílio diverso daquele em que se julgou o desquite.

Art. 49. Os §§ 5º e 6º do art. 7º da Lei de Introdução ao Código Civil passam a vigorar com a seguinte redação:

→ Alterações efetuadas na referida Lei.

Art. 50. São introduzidas no Código Civil as alterações seguintes:

→ Alterações efetuadas no CC.

Art. 51. A Lei n. 883, de 21 de outubro de 1949 passa a vigorar com as seguintes alterações:

1) "Art. 1º. (...)

Parágrafo único. Ainda na vigência do casamento qualquer dos cônjuges poderá reconhecer o filho havido fora do matrimônio, em testamento cerrado, aprovado antes ou depois do nascimento do filho, e, nessa parte, irrevogável."

2) "Art. 2º. Qualquer que seja a natureza da filiação, o direito à herança será reconhecido em igualdade de condições."

3) "Art. 4º. (...)

Parágrafo único. Dissolvida a sociedade conjugal do que foi condenado a prestar alimentos, quem os obteve não precisa propor ação de investigação para ser reconhecido, cabendo, porém, aos interessados o direito de impugnar a filiação."

4) "Art. 9º. O filho havido fora do casamento e reconhecido pode ser privado da herança nos casos dos arts. 1.595 e 1.744 do Código Civil."

Art. 52. O n. I do art. 100, o n. II do art. 155 e o § 2º do art. 733 do Código de Processo Civil passam a vigorar com a seguinte redação:

→ Alterações efetuadas no CPC/1973.

→ *v.* Arts. 1.045 e 1.046, do NCPC.

Art. 53. A presente Lei entrará em vigor na data de sua publicação.

Art. 54. Revogam-se os arts. 315 a 328 e o § 1º do art. 1605 do Código Civil e as demais disposições em contrário.

Brasília, em 26 de dezembro de 1977; 156º da Independência e 89º da República.

Ernesto Geisel

(Publicação no *D.O.U.* 27.12.1977)

LEI 6.766, DE 19 DE DEZEMBRO DE 1979

Dispõe sobre o parcelamento do solo urbano e dá outras providências.

O Presidente da República:

Faço saber que o Congresso Nacional decreta e eu sanciono a seguinte Lei:

→ *v.* Lei 10.257/2001 – Estatuto da Cidade.

→ *v.* Decreto 3.365/1941 – Desapropriação por utilidade pública.

→ *v.* Dec.-lei 271/1967 – Loteamento urbano, responsabilidade do loteador concessão de uso e espaço aéreo.

Art. 1º O parcelamento do solo para fins urbanos será regido por esta Lei.

→ *v.* Arts. 21, XX, 24, VI, 30, VIII, e 182 da CF/1988.

→ *v.* Art. 32, §§ 1º e 2º, do CTN.

→ *v.* Art. 47, I e II, da Lei 11.977/2009.

Parágrafo único. Os Estados, o Distrito Federal e os Municípios poderão estabelecer normas complementares relativas ao parcelamento do solo municipal para adequar o previsto nesta Lei às peculiaridades regionais e locais.

Capítulo I
DISPOSIÇÕES PRELIMINARES

Art. 2º O parcelamento do solo urbano poderá ser feito mediante loteamento ou desmembramento, observadas as disposições desta Lei e as das legislações estaduais e municipais pertinentes.

→ *v.* Art. 167, II, item 4, da Lei 6.015/1973.

§ 1º Considera-se loteamento a subdivisão de gleba em lotes destinados a edificação, com abertura de novas vias de circulação, de logradouros públicos ou prolongamento, modificação ou ampliação das vias existentes.

§ 2º Considera-se desmembramento a subdivisão de gleba em lotes destinados a edificação, com aproveitamento do sistema viário existente, desde que não implique a abertura de novas vias e logradouros públicos, nem prolongamento, modificação ou ampliação dos já existentes.

§ 3º *(Vetado).*

→ § 3º acrescentado pela Lei 9.785/1999.

§ 4º Considera-se lote o terreno servido de infraestrutura básica cujas dimensões atendam aos índices urbanísticos definidos pelo plano diretor ou lei municipal para a zona em que se situe.

→ § 4º acrescentado pela Lei 9.785/1999.

§ 5º A infraestrutura básica dos parcelamentos é constituída pelos equipamentos urbanos de escoamento das águas pluviais, iluminação pública, esgotamento sanitário, abastecimento de água potável, energia elétrica pública e domiciliar e vias de circulação.

→ § 5º com redação alterada pela Lei 11.445/2007.

§ 6º A infraestrutura básica dos parcelamentos situados nas zonas habitacionais declaradas por lei como de interesse social (ZHIS) consistirá, no mínimo, de:

→ § 6º acrescentado pela Lei 9.785/1999.

I – vias de circulação;

II – escoamento das águas pluviais;

III – rede para o abastecimento de água potável; e

IV – soluções para o esgotamento sanitário e para a energia elétrica domiciliar.

Art. 3º Somente será admitido o parcelamento do solo para fins urbanos em zonas urbanas, de expansão urbana ou de urbanização específica, assim definidas pelo plano diretor ou aprovadas por lei municipal.

→ *Caput* com redação alterada pela Lei 9.785/1999.

→ *v.* Art. 182, § 1º, da CF/1988.

→ *v.* Lei 10.257/2001 – Estatuto da Cidade.

Parágrafo único. Não será permitido o parcelamento do solo:

I – em terrenos alagadiços e sujeitos a inundações, antes de tomadas as providências para assegurar o escoamento das águas;

II – em terrenos que tenham sido aterrados com material nocivo à saúde pública, sem que sejam previamente saneados;

III – em terreno com declividade igual ou superior a 30% (trinta por cento), salvo se atendidas exigências específicas das autoridades competentes;

IV – em terrenos onde as condições geológicas não aconselham a edificação;

V – em áreas de preservação ecológica ou naquelas onde a poluição impeça condições sanitárias suportáveis, até a sua correção.

Capítulo II
DOS REQUISITOS URBANÍSTICOS PARA LOTEAMENTO

Art. 4º Os loteamentos deverão atender, pelo menos, aos seguintes requisitos:

I – as áreas destinadas a sistemas de circulação, a implantação de equipamento urbano e comunitário, bem como a espaços livres de uso público, serão proporcionais à densidade de ocupação prevista pelo plano diretor ou aprovada por lei municipal para a zona em que se situem;

→ Inciso I com redação alterada pela Lei 9.785/1999.

II – os lotes terão área mínima de 125 m² (cento e vinte e cinco metros quadrados) e frente mínima de 5 (cinco) metros, salvo quando a legislação estadual ou municipal determinar maiores exigências, ou quando o loteamento se destinar a urbanização específica ou edificação de conjuntos habitacionais de interesse social, previamente aprovados pelos órgãos públicos competentes;

III – ao longo das águas correntes e dormentes e das faixas de domínio público das rodovias e ferrovias, será obrigatória a reserva de uma faixa não edificável de 15 (quinze) metros de cada lado, salvo maiores exigências da legislação específica;

→ Inciso III com redação alterada pela Lei 10.932/2004.

IV – as vias de loteamento deverão articular-se com as vias adjacentes oficiais, existentes ou projetadas, e harmonizar-se com a topografia local.

§ 1º A legislação municipal definirá, para cada zona em que se divida o território do Município, os usos permitidos e os índices urbanísticos de parcelamento e ocupação do solo, que incluirão, obrigatoriamente, as áreas mínimas e máximas de lotes e os coeficientes máximos de aproveitamento.

→ § 1º com redação alterada pela Lei 9.785/1999.

§ 2º Consideram-se comunitários os equipamentos públicos de educação, cultura, saúde, lazer e similares.

§ 3º Se necessária, a reserva de faixa não edificável vinculada a dutovias será exigida no âmbito do respectivo licenciamento ambiental, observados critérios e parâmetros que garantam a segurança da população e a proteção do meio ambiente, conforme estabelecido nas normas técnicas pertinentes.

→ § 3º acrescentado pela Lei 10.932/2004.

Art. 5º O Poder Público competente poderá complementarmente exigir, em cada loteamento, a reserva de faixa *non aedificandi* destinada a equipamentos urbanos.

Parágrafo único. Consideram-se urbanos os equipamentos públicos de abastecimento de água, serviços de esgotos, energia elétrica, coletas de águas pluviais, rede telefônica e gás canalizado.

Capítulo III
DO PROJETO DE LOTEAMENTO

Art. 6º Antes da elaboração do projeto de loteamento, o interessado deverá solicitar à Prefeitura Municipal, ou ao Distrito Federal quando for o caso, que defina as diretrizes para o uso do solo, traçado dos lotes, do sistema viário, dos espaços livres e das áreas reservadas para equipamento urbano e comunitário, apresentando, para este fim, requerimento e planta do imóvel contendo, pelo menos:

I – as divisas da gleba a ser loteada;

II – as curvas de nível a distância adequada, quando exigidas por lei estadual ou municipal;

III – a localização dos cursos d'água, bosques e construções existentes;

IV – a indicação dos arruamentos contíguos a todo o perímetro, a localização das vias de comunicação, das áreas livres, dos equipamentos urbanos e comunitários, existentes no local ou em suas adjacências, com as respectivas distâncias da área a ser loteada;

V – o tipo de uso predominante a que o loteamento se destina;

VI – as características, dimensões e localização das zonas de uso contíguas.

Art. 7º A Prefeitura Municipal, ou o Distrito Federal quando for o caso, indicará, nas plantas apresentadas junto com o requerimento, de acordo com as diretrizes de planejamento estadual e municipal:

I – as ruas ou estradas existentes ou projetadas, que compõem o sistema viário da cidade e do Município relacionadas com o loteamento pretendido e a serem respeitadas;

II – o traçado básico do sistema viário principal;

III – a localização aproximada dos terrenos destinados a equipamento urbano e comunitário e das áreas livres de uso público;

IV – as faixas sanitárias do terreno necessárias ao escoamento das águas pluviais e as faixas não edificáveis;

V – a zona ou zonas de uso predominante da área, com indicação dos usos compatíveis.

Parágrafo único. As diretrizes expedidas vigorarão pelo prazo máximo de 4 (quatro) anos.

→ Parágrafo único com redação alterada pela Lei 9.785/1999.

Art. 8º Os Municípios com menos de 50.000 (cinquenta mil) habitantes e aqueles cujo plano diretor contiver diretrizes de urbanização para a zona em que se situe o parcelamento poderão dispensar, por lei, a fase de fixação de diretrizes previstas nos arts. 6º e 7º desta Lei.

→ Artigo com redação alterada pela Lei 9.785/1999.

Art. 9º Orientado pelo traçado e diretrizes oficiais, quando houver, o projeto, contendo desenhos, memorial descritivo e cronograma de execução das obras com duração máxima de 4 (quatro) anos, será apresentado à Prefeitura Municipal, ou ao Distrito Federal, quando for o caso, acompanhado de certidão atualizada da matrícula da gleba, expedida pelo Cartório de Registro de Imóveis competente, de certidão negativa de tributos municipais e do competente instrumento de garantia, ressalvado o disposto no § 4º do art. 18.

→ *Caput* com redação alterada pela Lei 9.785/1999.

§ 1º Os desenhos conterão pelo menos:

I – a subdivisão das quadras em lotes, com as respectivas dimensões e numeração;

II – o sistema de vias com a respectiva hierarquia;

III – as dimensões lineares e angulares do projeto, com raios, cordas, arcos, ponto de tangência e ângulos centrais das vias;

IV – os perfis longitudinais e transversais de todas as vias de circulação e praças;

V – a indicação dos marcos de alinhamento e nivelamento localizados nos ângulos de curvas e vias projetadas;

VI – a indicação em planta e perfis de todas as linhas de escoamento das águas pluviais.

§ 2º O memorial descritivo deverá conter, obrigatoriamente, pelo menos:

I – a descrição sucinta do loteamento, com as suas características e a fixação da zona ou zonas de uso predominante;

II – as condições urbanísticas do loteamento e as limitações que incidem sobre os lotes e suas construções, além daquelas constantes das diretrizes fixadas;

III – a indicação das áreas públicas que passarão ao domínio do Município no ato de registro do loteamento;

IV – a enumeração dos equipamentos urbanos, comunitários e dos serviços públicos ou de utilidade pública, já existentes no loteamento e adjacências.

§ 3º Caso se constate, a qualquer tempo, que a certidão da matrícula apresentada como atual não tem mais correspondência com os registros e averbações cartorárias do tempo da sua apresentação, além das consequências penais cabíveis, serão consideradas insubsistentes tanto as diretrizes expedidas anteriormente, quanto às aprovações consequentes.

→ § 3º acrescentado pela Lei 9.785/1999.

Capítulo IV
DO PROJETO DE DESMEMBRAMENTO

Art. 10. Para a aprovação de projeto de desmembramento, o interessado apresentará requerimento à Prefeitura Municipal, ou ao Distrito Federal quando for o caso, acompanhado de certidão atualizada da matrícula da gleba, expedida pelo Cartório de Registro de Imóveis competente, ressalvado o disposto no § 4º do art. 18, e de planta do imóvel a ser desmembrado contendo:

→ *Caput* com redação alterada pela Lei 9.785/1999.

I – a indicação das vias existentes e dos loteamentos próximos;

II – a indicação do tipo de uso predominante no local;

III – a indicação da divisão de lotes pretendida na área.

Art. 11. Aplicam-se ao desmembramento, no que couber, as disposições urbanísticas vigentes para as regiões em que se situem ou, na ausência destas, as disposições urbanísticas para os loteamentos.

→ *Caput* com redação alterada pela Lei 9.785/1999.

Parágrafo único. O Município, ou o Distrito Federal quando for o caso, fixará os requisitos exigíveis para a aprovação de desmembramento de lotes decorrentes de loteamento cuja destinação da área pública tenha sido inferior à mínima prevista no § 1º do art. 4º desta Lei.

Capítulo V
DA APROVAÇÃO DO PROJETO DE LOTEAMENTO E DESMEMBRAMENTO

Art. 12. O projeto de loteamento e desmembramento deverá ser aprovado pela Prefeitura Municipal, ou pelo Distrito Federal quando for o caso, a quem compete também a fixação das diretrizes a que aludem os arts. 6º e 7º desta Lei, salvo a exceção prevista no artigo seguinte.

§ 1º O projeto aprovado deverá ser executado no prazo constante do cronograma de execução, sob pena de caducidade da aprovação.

→ § 1º acrescentado pela Lei 12.608/2012.

§ 2º Nos Municípios inseridos no cadastro nacional de municípios com áreas suscetíveis à ocorrência de deslizamentos de grande impacto, inundações bruscas ou processos geológicos ou hidrológicos correlatos, a aprovação do projeto de que trata o *caput* ficará vinculada ao atendimento dos requisitos constantes da carta geotécnica de aptidão à urbanização.

→ § 2º acrescentado pela Lei 12.608/2012, que entrará em vigor após decorridos 2 (dois) anos da data de sua publicação oficial – *D.O.U.* 11.4.2012.

§ 3º É vedada a aprovação de projeto de loteamento e desmembramento em áreas de risco definidas como não edificáveis, no plano diretor ou em legislação dele derivada.

→ § 3º acrescentado pela Lei 12.608/2012.

Art. 13. Aos Estados caberá disciplinar a aprovação pelos Municípios de loteamentos e desmembramentos nas seguintes condições:

→ *Caput* com redação alterada pela Lei 9.785/1999.

I – quando localizados em áreas de interesse especial, tais como as de proteção aos mananciais ou ao patrimônio cultural, histórico, paisagístico e arqueológico, assim definidas por legislação estadual ou federal;

II – quando o loteamento ou desmembramento localizar-se em área limítrofe do Município, ou que pertença a mais de um Município, nas regiões metropolitanas ou em aglomerações urbanas, definidas em lei estadual ou federal;

III – quando o loteamento abranger área superior a 1.000.000 m² (um milhão de metros quadrados).

Parágrafo único. No caso de loteamento ou desmembramento localizado em área de Município integrante de região metropolitana, o exame e a anuência prévia à aprovação do projeto caberão à autoridade metropolitana.

Art. 14. Os Estados definirão, por decreto, as áreas de proteção especial, previstas no inciso I do artigo anterior.

Art. 15. Os Estados estabelecerão, por decreto, as normas a que deverão submeter-se os projetos de loteamento e desmembramento nas áreas previstas no art. 13, observadas as disposições desta Lei.

Parágrafo único. Na regulamentação das normas previstas neste artigo, o Estado procurará atender às exigências urbanísticas do planejamento municipal.

Art. 16. A lei municipal definirá os prazos para que um projeto de parcelamento apresentado seja aprovado ou rejeitado e para que as obras executadas sejam aceitas ou recusadas.

→ *Caput* com redação alterada pela Lei 9.785/1999.

§ 1º Transcorridos os prazos sem a manifestação do Poder Público, o projeto será considerado rejeitado ou as obras recusadas, assegurada a indenização por eventuais danos derivados da omissão.

→ § 1º acrescentado pela Lei 9.785/1999.

§ 2º Nos Municípios cuja legislação for omissa, os prazos serão de 90 (noventa) dias para a aprovação ou rejeição e de 60 (sessenta) dias para a aceitação ou recusa fundamentada das obras de urbanização.

→ § 2º acrescentado pela Lei 9.785/1999.

Art. 17. Os espaços livres de uso comum, as vias e praças, as áreas destinadas a edifícios públicos e outros equipamentos urbanos, constantes do projeto e do memorial descritivo, não poderão ter sua destinação alterada pelo loteador, desde a aprovação do loteamento, salvo as hipóteses de caducidade da licença ou desistência do loteador, sendo, neste caso, observadas as exigências do art. 23 desta Lei.

Capítulo VI
DO REGISTRO DO LOTEAMENTO E DESMEMBRAMENTO

→ *V.* Lei 6.015/1973 – Registros Públicos.

Art. 18. Aprovado o projeto de loteamento ou de desmembramento, o loteador deverá submetê-lo ao Registro Imobiliário dentro de 180 (cento e oitenta) dias, sob pena de caducidade da aprovação, acompanhado dos seguintes documentos:

I – título de propriedade do imóvel ou certidão da matrícula, ressalvado o disposto nos §§ 4º e 5º;

→ Inciso I com redação alterada pela Lei 9.785/1999.

II – histórico dos títulos de propriedade do imóvel, abrangendo os últimos 20 (vinte) anos, acompanhado dos respectivos comprovantes;

III – certidões negativas:

a) de tributos federais, estaduais e municipais incidentes sobre o imóvel;

b) de ações reais referentes ao imóvel, pelo período de 10 (dez) anos;

c) de ações penais com respeito ao crime contra o patrimônio e contra a Administração Pública;

IV – certidões:

a) dos Cartórios de Protestos de Títulos, em nome do loteador, pelo período de 10 (dez) anos;

b) de ações pessoais relativas ao loteador, pelo período de 10 (dez) anos;

c) de ônus reais relativos ao imóvel;

d) de ações penais contra o loteador, pelo período de 10 (dez) anos;

V – cópia do ato de aprovação do loteamento e comprovante do termo de verificação pela Prefeitura Municipal ou pelo Distrito Federal, da execução das obras exigidas por legislação municipal, que incluirão, no mínimo, a execução das vias de circulação do loteamento, demarcação dos lotes, quadras e logradouros e das obras de escoamento das águas pluviais ou da aprovação de um cronograma, com a duração máxima de 4 (quatro) anos, acompanhado de competente instrumento de garantia para a execução das obras;

→ Inciso V com redação alterada pela Lei 9.785/1999.

VI – exemplar do contrato-padrão de promessa de venda, ou de cessão ou de promessa de cessão, do qual constarão obrigatoriamente as indicações previstas no art. 26 desta Lei;

VII – declaração do cônjuge do requerente de que consente no registro do loteamento.

§ 1º Os períodos referidos nos incisos III, *b*, e IV, *a*, *b* e *d*, tomarão por base a data do pedido de registro do loteamento, devendo todas elas ser extraídas em nome daqueles que, nos mencionados períodos, tenham sido titulares de direitos reais sobre o imóvel.

§ 2º A existência de protestos, de ações pessoais ou de ações penais, exceto as referentes a crime contra o patrimônio e contra a administração, não impedirá o registro do loteamento se o requerente comprovar que esses protestos ou ações não poderão prejudicar os adquirentes dos lotes. Se o oficial do registro de imóveis julgar insuficiente a comprovação feita, suscitará a dúvida perante o juiz competente.

§ 3º A declaração a que se refere o inciso VII deste artigo não dispensará o consentimento do declarante para os atos de alienação ou promessa de alienação de lotes, ou de direitos a eles relativos, que venham a ser praticados pelo seu cônjuge.

§ 4º O título de propriedade será dispensado quando se tratar de parcelamento popular, destinado às classes de menor renda, em imóvel declarado de utilidade pública, com processo de desapropriação judicial em curso e imissão provisória na posse, desde que promovido pela União, Estados, Distrito Federal, Municípios ou suas entidades delegadas, autorizadas por lei a implantar projetos de habitação.

→ § 4º acrescentado pela Lei 9.785/1999.

§ 5º No caso de que trata o § 4º, o pedido de registro do parcelamento, além dos documentos mencionados nos incisos V e VI deste artigo, será instruído com cópias autênticas da decisão que tenha concedido a imissão provisória na posse, do decreto de desapropriação, do comprovante de sua publicação na imprensa oficial e, quando formulado por entidades delegadas, da lei de criação e de seus atos constitutivos.

→ § 5º acrescentado pela Lei 9.785/1999.

Art. 19. Examinada a documentação e encontrada em ordem, o oficial do registro de imóveis encaminhará comunicação à Prefeitura e fará publicar, em resumo e com pequeno desenho de localização da área, edital do pedido de registro em 3 (três) dias consecutivos, podendo este ser impugnado no prazo de 15 (quinze) dias contados da data da última publicação.

§ 1º Findo o prazo sem impugnação, será feito imediatamente o registro. Se houver impugnação de terceiros, o oficial do registro de imóveis intimará o requerente e a Prefeitura Municipal, ou o Distrito Federal quando for o caso, para que sobre ela se manifestem no prazo de 5 (cinco) dias, sob pena de arquivamento do processo. Com tais manifestações o processo será enviado ao juiz competente para decisão.

§ 2º Ouvido o Ministério Público no prazo de 5 (cinco) dias, o juiz decidirá de plano ou após instrução sumária, devendo remeter ao interessado as vias ordinárias caso a matéria exija maior indagação.

§ 3º Nas capitais, a publicação do edital se fará no *Diário Oficial do Estado* e num dos jornais de circulação diária. Nos demais Municípios, a publicação se fará apenas num dos jornais locais, se houver, ou, não havendo, em jornal da região.

§ 4º O oficial do registro de imóveis que efetuar o registro em desacordo com as exigências desta Lei ficará sujeito a multa equivalente a 10 (dez) vezes os emolumentos regimentais fixados para o registro, na época em que for aplicada a penalidade pelo juiz corregedor do cartório, sem prejuízo das sanções penais e administrativas cabíveis.

§ 5º Registrado o loteamento, o oficial de registro comunicará, por certidão, o seu registro à Prefeitura.

Art. 20. O registro do loteamento será feito, por extrato, no livro próprio.

Parágrafo único. No Registro de Imóveis far-se-á o registro do loteamento, com uma indicação para cada lote, a averbação das alterações, a abertura de ruas e praças e as áreas destinadas a espaços livres ou a equipamentos urbanos.

Art. 21. Quando a área loteada estiver situada em mais de uma circunscrição imobiliária, o registro será requerido primeiramente perante aquela em que estiver localizada a maior parte da área loteada. Procedido o registro nessa circunscrição, o interessado requererá, sucessivamente, o registro do loteamento em cada uma das demais, comprovando perante cada qual o registro efetuado na anterior, até que o loteamento seja registrado em todas. Denegado o registro em qualquer das circunscrições, essa decisão será comunicada, pelo oficial do registro de imóveis, às demais para efeito de cancelamento dos registros feitos, salvo se ocorrer a hipótese prevista no § 4º deste artigo.

§ 1º Nenhum lote poderá situar-se em mais de uma circunscrição.

§ 2º É defeso ao interessado processar simultaneamente, perante diferentes circunscrições, pedidos de registro do mesmo loteamento, sendo nulos os atos praticados com infração a esta norma.

§ 3º Enquanto não procedidos todos os registros de que trata este artigo, considerar-se-á o loteamento como não registrado para os efeitos desta Lei.

§ 4º O indeferimento do registro do loteamento em uma circunscrição não determinará o cancelamento do registro procedido em outra, se o motivo do indeferimento naquela não se estender à área situada sob a competência desta, e desde que o interessado requeira a manutenção do registro obtido, submetido o remanescente do loteamento a uma aprovação prévia perante a Prefeitura Municipal, ou o Distrito Federal quando for o caso.

Art. 22. Desde a data de registro do loteamento, passam a integrar o domínio do Município as vias e praças, os espaços livres e as áreas destinadas a edifícios públicos e outros equipamentos urbanos, constantes do projeto e do memorial descritivo.

Parágrafo único. Na hipótese de parcelamento do solo implantado e não registrado, o Município poderá requerer, por meio da apresentação de planta de parcelamento elaborada pelo loteador ou aprovada pelo Município e de declaração de que o parcelamento se encontra implantado, o registro das áreas destinadas a uso público, que passarão dessa forma a integrar o seu domínio.

→ Parágrafo único acrescentado pela Lei 12.424/2011.

Art. 23. O registro do loteamento só poderá ser cancelado:

I – por decisão judicial;

II – a requerimento do loteador, com anuência da Prefeitura, ou do Distrito Federal quando for o caso, enquanto nenhum lote houver sido objeto de contrato;

III – a requerimento conjunto do loteador e de todos os adquirentes de lotes, com anuência da Prefeitura, ou do Distrito Federal quando for o caso, e do Estado.

§ 1º A Prefeitura e o Estado só poderão se opor ao cancelamento se disto resultar inconveniente comprovado para o desenvolvimento urbano ou se já se tiver realizado qualquer melhoramento na área loteada ou adjacências.

§ 2º Nas hipóteses dos incisos II e III, o oficial do registro de imóveis fará publicar, em resumo, edital do pedido de cancelamento, podendo este ser impugnado no prazo de 30 (trinta) dias contados da data da última publicação. Findo esse prazo, com ou sem impugnação, o processo será remetido ao juiz competente para homologação do pedido de cancelamento, ouvido o Ministério Público.

§ 3º A homologação de que trata o parágrafo anterior será precedida de vistoria judicial destinada a comprovar a inexistência de adquirentes instalados na área loteada.

Art. 24. O processo de loteamento e os contratos depositados em cartório poderão ser examinados por qualquer pessoa, a qualquer tempo, independentemente do pagamento de custas ou emolumentos, ainda que a título de busca.

Capítulo VII
DOS CONTRATOS

Art. 25. São irretratáveis os compromissos de compra e venda, cessões e promessas de cessão, os que atribuam direito a adjudicação compulsória e, estando registrados, confiram direito real oponível a terceiros.

→ *v.* Arts. 16 e 22 do Dec.-lei 58/1937.

Art. 26. Os compromissos de compra e venda, as cessões ou promessas de cessão poderão ser feitos por escritura pública ou por instrumento particular, de acordo com o modelo depositado na forma do inciso VI do art. 18 e conterão, pelo menos, as seguintes indicações:

I – nome, registro civil, cadastro fiscal no Ministério da Fazenda, nacionalidade, estado civil e residência dos contratantes;

II – denominação e situação do loteamento, número e data da inscrição;

III – descrição do lote ou dos lotes que forem objeto de compromissos, confrontações, área e outras características;

IV – preço, prazo, forma e local de pagamento bem como a importância do sinal;

V – taxa de juros incidentes sobre o débito em aberto e sobre as prestações vencidas e não pagas, bem como a cláusula penal, nunca excedente a 10% (dez por cento) do débito e só exigível nos casos de intervenção judicial ou de mora superior a 3 (três) meses;

VI – indicação sobre a quem incumbe o pagamento dos impostos e taxas incidentes sobre o lote compromissado;

VII – declaração das restrições urbanísticas convencionais do loteamento, supletivas da legislação pertinente.

§ 1º O contrato deverá ser firmado em três vias ou extraído em três traslados, sendo um para cada parte e o terceiro para arquivo no registro imobiliário, após o registro e anotações devidas.

§ 2º Quando o contrato houver sido firmado por procurador de qualquer das partes, será obrigatório o arquivamento da procuração no Registro Imobiliário.

§ 3º Admite-se a cessão da posse em que estiverem provisoriamente imitidas a União, os Estados, o Distrito Federal, os Municípios e suas entidades delegadas, o que poderá ocorrer por instrumento particular, ao qual se atribui, no caso dos parcelamentos populares, para todos os fins de direito, caráter de escritura pública, não se aplicando a disposição do art. 108 da Lei 10.406, de 10 de janeiro de 2002 – Código Civil.

→ § 3º com redação alterada pela MP 700/2015.

§ 4º A cessão da posse referida no § 3º, cumpridas as obrigações do cessionário, constitui crédito contra o expropriante, de aceitação obrigatória em garantia de contratos de financiamentos habitacionais.

→ § 4º acrescentado pela Lei 9.785/1999.

§ 5º Com o registro da sentença que, em processo de desapropriação, fixar o valor da indenização, a posse referida no § 3º converter-se-á em propriedade e a sua cessão, em compromisso de compra e venda ou venda e compra, conforme haja obrigações a cumprir ou estejam elas cumpridas, circunstância que, demonstradas ao Registro de Imóveis, serão averbadas na matrícula relativa ao lote.

→ § 5º acrescentado pela Lei 9.785/1999.

§ 6º Os compromissos de compra e venda, as cessões e as promessas de cessão valerão como título para o registro da propriedade do lote adquirido, quando acompanhados da respectiva prova de quitação.

→ § 6º acrescentado pela Lei 9.785/1999.

Art. 27. Se aquele que se obrigou a concluir contrato de promessa de venda ou de cessão não cumprir a obrigação, o credor poderá notificar o devedor para outorga do contrato ou oferecimento de impugnação no prazo de 15 (quinze) dias, sob pena de proceder-se ao registro do pré-contrato, passando as relações entre as partes a serem regidas pelo contrato-padrão.

§ 1º Para fins deste artigo, terão o mesmo valor de pré-contrato a promessa de cessão, a proposta de compra, a reserva de lote ou qualquer outro instrumento, do qual conste a manifestação da vontade das partes, a indicação do lote, o preço e modo de pagamento, e a promessa de contratar.

§ 2º O registro de que trata este artigo não será procedido se a parte que o requereu não comprovar haver cumprido a sua prestação, nem a oferecer na forma devida, salvo se ainda não exigível.

§ 3º Havendo impugnação daquele que se comprometeu a concluir o contrato, observar-se-á o disposto nos arts. 639 e 640 do Código de Processo Civil.

→ Referidos artigos foram revogados pela Lei 11.232/2005.

Art. 28. Qualquer alteração ou cancelamento parcial do loteamento registrado dependerá de acordo entre o loteador e os adquirentes de lotes atingidos pela alteração, bem como da aprovação pela Prefeitura Municipal, ou do Distrito Federal quando for o caso, devendo ser depositada no Registro de Imóveis, em complemento ao projeto original, com a devida averbação.

Art. 29. Aquele que adquirir a propriedade loteada mediante ato *inter vivos*, ou por sucessão *causa mortis*, sucederá o transmitente em todos os seus direitos e obrigações, ficando obrigado a respeitar os compromissos de compra e venda ou as promessas de cessão, em todas as suas cláusulas, sendo nula qualquer disposição em contrário, ressalvado o direito do herdeiro ou legatário de renunciar à herança ou ao legado.

Art. 30. A sentença declaratória de falência ou da insolvência de qualquer das partes não rescindirá os contratos de compromisso de compra e venda ou de promessa de cessão que tenham por objeto a área loteada ou lotes da mesma. Se a falência ou insolvência for do proprietário da área loteada ou do titular de direito sobre ela, incumbirá ao síndico ou ao administrador dar cumprimento aos referidos contratos; se do adquirente do lote, seus direitos serão levados à praça.

Art. 31. O contrato particular pode ser transferido por simples trespasse, lançado no verso das vias em poder das partes, ou por instrumento em separado, declarando-se o número do registro do loteamento, o valor da cessão e a qualificação do cessionário, para o devido registro.

§ 1º A cessão independe da anuência do loteador, mas, em relação a este, seus efeitos só se produzem depois de cientificado, por escrito, pelas partes ou quando registrada a cessão.

§ 2º Uma vez registrada a cessão, feita sem anuência do loteador, o oficial do registro dar-lhe-á ciência, por escrito, dentro de 10 (dez) dias.

Art. 32. Vencida e não paga a prestação, o contrato será considerado rescindido 30 (trinta) dias depois de constituído em mora o devedor.

§ 1º Para os fins deste artigo o devedor-adquirente será intimado, a requerimento do credor, pelo oficial do registro de imóveis, a satisfazer as prestações vencidas e as que se vencerem até a data do pagamento, os juros convencionados e as custas de intimação.

§ 2º Purgada a mora, convalescerá o contrato.

§ 3º Com a certidão de não haver sido feito o pagamento em cartório, o vendedor requererá ao oficial do registro o cancelamento da averbação.

Art. 33. Se o credor das prestações se recusar a recebê-las ou furtar-se ao seu recebimento, será constituído em mora mediante notificação do oficial do registro de imóveis para vir receber as importâncias depositadas pelo devedor no próprio Registro de Imóveis. Decorridos 15 (quinze) dias após o recebimento da intimação, considerar-se-á efetuado o pagamento, a menos que o credor impugne o depósito e, alegando inadimplemento do devedor, requeira a intimação deste para os fins do disposto no art. 32 desta Lei.

Art. 34. Em qualquer caso de rescisão por inadimplemento do adquirente, as benfeitorias necessárias ou úteis por ele levadas a efeito no imóvel deverão ser indenizadas, sendo de nenhum efeito qualquer disposição contratual em contrário.

→ *v.* Arts. 1.219 a 1.222 do CC.

Parágrafo único. Não serão indenizadas as benfeitorias feitas em desconformidade com o contrato ou com a lei.

Art. 35. Ocorrendo o cancelamento do registro por inadimplemento do contrato e tendo havido o pagamento de mais de um terço do preço ajustado, o oficial do registro de imóveis mencionará este fato no ato do cancelamento e a quantia paga; somente será efetuado novo registro relativo ao mesmo lote, se for comprovada a restituição do valor pago pelo vendedor ao titular do registro cancelado, ou mediante depósito em dinheiro à sua disposição junto ao Registro de Imóveis.

§ 1º Ocorrendo o depósito a que se refere este artigo, o oficial do registro de imóveis intimará o interessado para vir recebê-lo no prazo de 10 (dez) dias, sob pena de ser devolvido ao depositante.

§ 2º No caso de não ser encontrado o interessado, o oficial do registro de imóveis depositará a quantia em estabelecimento de crédito, segundo a ordem prevista no inciso I do art. 666 do Código de Processo Civil, em conta com incidência de juros e correção monetária.

→ *v.* Art. 840, I, do NCPC.

Art. 36. O registro do compromisso, cessão ou promessa de cessão só poderá ser cancelado:

I – por decisão judicial;

II – a requerimento conjunto das partes contratantes;

III – quando houver rescisão comprovada do contrato.

Capítulo VIII
DISPOSIÇÕES GERAIS

Art. 37. É vedado vender ou prometer vender parcela de loteamento ou desmembramento não registrado.

Art. 38. Verificado que o loteamento ou desmembramento não se acha registrado ou regularmente executado ou notificado pela Prefeitura Municipal, ou pelo Distrito Federal quando for o caso, deverá o adquirente do lote suspender o pagamento das prestações restantes e notificar o loteador para suprir a falta.

§ 1º Ocorrendo a suspensão do pagamento das prestações restantes, na forma do *caput* deste artigo, o adquirente efetuará o depósito das prestações devidas junto ao Registro de Imóveis competente, que as depositará em estabelecimento de crédito, segundo a ordem prevista no inciso I do art. 666 do Código de Processo Civil, em conta com incidência de juros e correção monetária, cuja movimentação dependerá de prévia autorização judicial.

→ *v.* Art. 840, I, do NCPC.

§ 2º A Prefeitura Municipal, ou o Distrito Federal quando for o caso, ou o Ministério Público, poderá promover a notificação ao loteador prevista no *caput* deste artigo.

§ 3º Regularizado o loteamento pelo loteador, este promoverá judicialmente a autorização para levantar as prestações depositadas, com os acréscimos de correção monetária e juros, sendo necessária a citação da Prefeitura, ou do Distrito Federal quando for o caso, para integrar o processo judicial aqui previsto, bem como audiência do Ministério Público.

§ 4º Após o reconhecimento judicial de regularidade do loteamento, o loteador notificará os adquirentes dos lotes, por intermédio do Registro de Imóveis competente, para que passem a pagar diretamente as prestações restantes, a contar da data da notificação.

§ 5º No caso de o loteador deixar de atender à notificação até o vencimento do prazo contratual, ou quando o loteamento ou desmembramento for regularizado pela Prefeitura Municipal, ou pelo Distrito Federal quando for o caso, nos termos do art. 40 desta Lei, o loteador não poderá, a qualquer título, exigir o recebimento das prestações depositadas.

Art. 39. Será nula de pleno direito a cláusula de rescisão de contrato por inadimplemento do adquirente, quando o loteamento não estiver regularmente inscrito.

Art. 40. A Prefeitura Municipal, ou o Distrito Federal quando for o caso, se desatendida pelo loteador a notificação, poderá regularizar loteamento ou desmembramento não autorizado ou executado sem observância das determinações do ato administrativo de licença, para evitar lesão aos seus padrões de desenvolvimento urbano e na defesa dos direitos dos adquirentes de lotes.

§ 1º A Prefeitura Municipal, ou o Distrito Federal quando for o caso, que promover a regularização, na forma deste artigo, obterá judicialmente o levantamento das prestações depositadas, com os respectivos acréscimos de correção monetária e juros, nos termos do § 1º do art. 38 desta Lei, a título de ressarcimento das importâncias despendidas com equipamentos urbanos ou expropriações necessárias para regularizar o loteamento ou desmembramento.

§ 2º As importâncias despendidas pela Prefeitura Municipal, ou pelo Distrito Federal quando for o caso, para regularizar o loteamento ou desmembramento, caso não sejam integralmente ressarcidas conforme o disposto no parágrafo anterior, serão exigidas na parte faltante do loteador, aplicando-se o disposto no art. 47 desta Lei.

§ 3º No caso de o loteador não cumprir o estabelecido no parágrafo anterior, a Prefeitura Municipal, ou o Distrito Federal quando for o caso, poderá receber as prestações dos adquirentes, até o valor devido.

§ 4º A Prefeitura Municipal, ou o Distrito Federal quando for o caso, para assegurar a regularização do loteamento ou desmembramento, bem como o ressarcimento integral de importâncias despendidas, ou a despender, poderá promover judicialmente os procedimentos cautelares necessários aos fins colimados.

§ 5º A regularização de um parcelamento pela Prefeitura Municipal, ou Distrito Federal, quando for o caso, não poderá contrariar o disposto nos arts. 3º e 4º desta Lei, ressalvado o disposto no § 1º desse último.

→ § 5º acrescentado pela Lei 9.785/1999.

Art. 41. Regularizado o loteamento ou desmembramento pela Prefeitura Municipal, ou pelo Distrito Federal quando for o caso, o adquirente do lote, comprovando o depósito de todas as prestações do preço avençado, poderá obter o registro de propriedade do lote adquirido, valendo para tanto o compromisso de venda e compra devidamente firmado.

Art. 42. Nas desapropriações não serão considerados como loteados ou loteáveis, para fins de indenização, os terrenos ainda não vendidos ou compromissados, objeto de loteamento ou desmembramento não registrado.

Art. 43. Ocorrendo a execução de loteamento não aprovado, a destinação de áreas públicas exigidas no inciso I do art. 4º desta Lei não se poderá alterar sem prejuízo da aplicação das sanções administrativas, civis e criminais previstas.

Parágrafo único. Neste caso, o loteador ressarcirá a Prefeitura Municipal ou o Distrito Federal quando for o caso, em pecúnia ou em área equivalente, no dobro da diferença entre o total das áreas públicas exigidas e as efetivamente destinadas.

→ Parágrafo único acrescentado pela Lei 9.785/1999.

Art. 44. O Município, o Distrito Federal e o Estado poderão expropriar áreas urbanas ou de expansão urbana para reloteamento, demolição, reconstrução e incorporação, ressalvada a preferência dos expropriados para a aquisição de novas unidades.

Art. 45. O loteador, ainda que já tenha vendido todos os lotes, ou os vizinhos, são partes legítimas para promover ação destinada a impedir construção em desacordo com restrições legais ou contratuais.

LEGISLAÇÃO

Art. 46. O loteador não poderá fundamentar qualquer ação ou defesa na presente Lei sem apresentação dos registros e contratos a que ela se refere.

Art. 47. Se o loteador integrar grupo econômico ou financeiro, qualquer pessoa física ou jurídica desse grupo, beneficiária de qualquer forma do loteamento ou desmembramento irregular, será solidariamente responsável pelos prejuízos por ele causados aos compradores de lotes e ao Poder Público.

Art. 48. O foro competente para os procedimentos judiciais previstos nesta Lei será sempre o da comarca da situação do lote.

Art. 49. As intimações e notificações previstas nesta Lei deverão ser feitas pessoalmente ao intimado ou notificado, que assinará o comprovante do recebimento, e poderão igualmente ser promovidas por meio dos Cartórios de Registro de Títulos e Documentos da comarca da situação do imóvel ou do domicílio de quem deva recebê-las.

§ 1º Se o destinatário se recusar a dar recibo ou se furtar ao recebimento, ou se for desconhecido o seu paradeiro, o funcionário incumbido da diligência informará esta circunstância ao oficial competente que a certificará, sob sua responsabilidade.

§ 2º Certificada a ocorrência dos fatos mencionados no parágrafo anterior, a intimação ou notificação será feita por edital na forma desta Lei, começando o prazo a correr 10 (dez) dias após a última publicação.

Capítulo IX
DISPOSIÇÕES PENAIS

Art. 50. Constitui crime contra a Administração Pública:

I – dar início, de qualquer modo, ou efetuar loteamento ou desmembramento do solo para fins urbanos sem autorização do órgão público competente, ou em desacordo com as disposições desta Lei ou das normas pertinentes do Distrito Federal, Estados e Municípios;

II – dar início, de qualquer modo, ou efetuar loteamento ou desmembramento do solo para fins urbanos sem observância das determinações constantes do ato administrativo de licença;

III – fazer, ou veicular em proposta, contrato, prospecto ou comunicação ao público ou a interessados, afirmação falsa sobre a legalidade de loteamento ou desmembramento do solo para fins urbanos, ou ocultar fraudulentamente fato a ele relativo.

Pena: reclusão, de 1 (um) a 4 (quatro) anos, e multa de cinco a 50 (cinquenta) vezes o maior salário mínimo vigente no País.

→ Conforme art. 2º da Lei 7.209/1984, "são canceladas, na Parte Especial do Código Penal e nas leis especiais alcançadas pelo art. 12 do Código Penal, quaisquer referências a valores de multas, substituindo-se a expressão multa de por multa"..

Parágrafo único. O crime definido neste artigo é qualificado, se cometido:

I – por meio de venda, promessa de venda, reserva de lote ou quaisquer outros instrumentos que manifestem a intenção de vender lote em loteamento ou desmembramento não registrado no Registro de Imóveis competente;

II – com inexistência de título legítimo de propriedade do imóvel loteado ou desmembrado, ressalvado o disposto no art. 18, §§ 4º e 5º, desta Lei, ou com omissão fraudulenta de fato a ele relativo, se o fato não constituir crime mais grave.

→ Inciso II com redação alterada pela Lei 9.785/1999.

Pena: reclusão, de 1 (um) a 5 (cinco) anos, e multa de dez a cem vezes o maior salário mínimo vigente no País.

Art. 51. Quem, de qualquer modo, concorra para a prática dos crimes previstos no artigo anterior desta Lei incide nas penas a estes cominadas, considerados em especial os atos praticados na qualidade de mandatário de loteador, diretor ou gerente de sociedade.

→ *v.* Art. 29 do CP.

Parágrafo único. *(Vetado).*

→ Parágrafo único acrescentado pela Lei 9.785/1999.

Art. 52. Registrar loteamento ou desmembramento não aprovado pelos órgãos competentes, registrar o compromisso de compra e venda, a cessão ou promessa de cessão de direitos, ou efetuar registro de contrato de venda de loteamento ou desmembramento não registrado.

Pena: detenção, de 1 (um) a 2 (dois) anos, e multa de 5 (cinco) a 50 (cinquenta) vezes o maior salário mínimo vigente no País, sem prejuízo das sanções administrativas cabíveis.

Capítulo X
DISPOSIÇÕES FINAIS

Art. 53. Todas as alterações de uso do solo rural para fins urbanos dependerão de prévia audiência do Instituto Nacional de Colonização e Reforma Agrária – INCRA, do Órgão Metropolitano, se houver, onde se localiza o Município, e da aprovação da Prefeitura Municipal, ou do Distrito Federal quando for o caso, segundo as exigências da legislação pertinente.

Art. 53-A. São considerados de interesse público os parcelamentos vinculados a planos ou programas habitacionais de iniciativa das Prefeituras Municipais e do Distrito Federal, ou entidades autorizadas por lei, em especial as regularizações de parcelamentos e de assentamentos.

→ Artigo acrescentado pela Lei 9.785/1999.

Parágrafo único. Às ações e intervenções de que trata este artigo não será exigível documentação que não seja a mínima necessária e indispensável aos registros no cartório competente, inclusive sob a forma de certidões, vedadas as exigências e as sanções pertinentes aos particulares, especialmente aquelas que visem garantir a realização de obras e serviços, ou que visem prevenir questões de domínio de glebas, que se presumirão asseguradas pelo Poder Público respectivo.

Art. 54. Esta Lei entrará em vigor na data de sua publicação.

Art. 55. Revogam-se as disposições em contrário.

Brasília, 19 de dezembro de 1979; 158º da Independência e 91º da República.

João Figueiredo

(Publicação no *D.O.U.* de 20.12.1979)

LEI 6.830,
DE 22 DE SETEMBRO DE 1980

Dispõe sobre a cobrança judicial da Dívida Ativa da Fazenda Pública e dá outras providências.

→ *v.* Súmula 521 do STJ

O Presidente da República:

Faço saber que o Congresso Nacional decreta e eu sanciono a seguinte Lei:

Art. 1º A execução judicial para cobrança da Dívida Ativa da União, dos Estados, do Distrito Federal, dos Municípios e respectivas autarquias será regida por esta Lei e, subsidiariamente, pelo Código de Processo Civil.

→ *v.* Arts. 578 e 579 do CPC/1973.

→ *v.* Arts. 46, § 5º e 782, § 2º, do NCPC.

Art. 2º Constitui Dívida Ativa da Fazenda Pública aquela definida como tributária ou não tributária na Lei 4.320, de 17 de março de 1964, com as alterações posteriores, que estatui normas gerais de direito financeiro para elaboração e controle dos orçamentos e balanços da União, dos Estados, dos Municípios e do Distrito Federal.

§ 1º Qualquer valor, cuja cobrança seja atribuída por lei às entidades de que trata o art. 1º, será considerado Dívida Ativa da Fazenda Pública.

§ 2º A Dívida Ativa da Fazenda Pública, compreendendo a tributária e a não tributária, abrange atualização monetária, juros e multa de mora e demais encargos previstos em lei ou contrato.

→ *v.* Art. 161, § 1º, do CTN.

§ 3º A inscrição, que se constitui no ato de controle administrativo da legalidade, será feita pelo órgão competente para apurar a liquidez e certeza do crédito e suspenderá a prescrição, para todos os efeitos de direito, por 180 (cento e oitenta) dias ou até a distribuição da execução fiscal, se esta ocorrer antes de findo aquele prazo.

→ *v.* Art. 174, parágrafo único, do CTN.

§ 4º A Dívida Ativa da União será apurada e inscrita na Procuradoria da Fazenda Nacional.

→ *v.* Súmula 139 do STJ.

→ *v.* Art. 1º da Lei 8.022/1990 – Administração das Receitas Federais.

§ 5º O Termo de Inscrição de Dívida Ativa deverá conter:

→ *v.* Art. 202 do CTN.

I – o nome do devedor, dos corresponsáveis e, sempre que conhecido, o domicílio ou residência de um e de outros;

II – o valor originário da dívida, bem como o termo inicial e a forma de calcular os juros de mora e demais encargos previstos em lei ou contrato;

III – a origem, a natureza e o fundamento legal ou contratual da dívida;

IV – a indicação, se for o caso, de estar a dívida sujeita à atualização monetária, bem como o respectivo fundamento legal e o termo inicial para o cálculo;

V – a data e o número da inscrição, no Registro de Dívida Ativa; e

VI – o número do processo administrativo ou do auto de infração, se neles estiver apurado o valor da dívida.

§ 6º A Certidão de Dívida Ativa conterá os mesmos elementos do Termo de Inscrição e será autenticada pela autoridade competente.

§ 7º O Termo de Inscrição e a Certidão de Dívida Ativa poderão ser preparados e numerados por processo manual, mecânico ou eletrônico.

§ 8º Até a decisão de primeira instância, a Certidão de Dívida Ativa poderá ser emendada ou substituída, assegurada ao executado a devolução do prazo para embargos.

→ *v.* Súmula 153 do STJ.

§ 9º O prazo para a cobrança das contribuições previdenciárias continua a ser o estabelecido no art. 144 da Lei 3.807, de 26 de agosto de 1960.

Art. 3º A Dívida Ativa regularmente inscrita goza da presunção de certeza e liquidez.

→ *v.* Art. 204, parágrafo único, do CTN.

Parágrafo único. A presunção a que se refere este artigo é relativa e pode ser ilidida por prova inequívoca, a cargo do executado ou de terceiro, a quem aproveite.

Art. 4º A execução fiscal poderá ser promovida contra:

→ *v.* Art. 568 do CPC/1973.

→ *v.* Art. 779 do NCPC.

I – o devedor;

II – o fiador;

III – o espólio;

IV – a massa;

V – o responsável, nos termos da lei, por dívidas, tributárias ou não, de pessoas físicas ou pessoas jurídicas de direito privado; e

VI – os sucessores a qualquer título.

§ 1º Ressalvado o disposto no art. 31, o síndico, o comissário, o liquidante, o inventariante e o administrador, nos casos de falência, concordata, liquidação, inventário, insolvência ou concurso de credores, se, antes de garantidos os créditos da Fazenda Pública, alienarem ou derem em garantia quaisquer dos bens administrados, respondem, solidariamente, pelo valor desses bens.

→ *v.* Lei. 11.101/2005 – Regula a recuperação judicial, a extrajudicial e a falência do empresário e da sociedade empresária.

§ 2º À Dívida Ativa da Fazenda Pública, de qualquer natureza, aplicam-se as normas relativas à responsabilidade prevista na legislação tributária, civil e comercial.

§ 3º Os responsáveis, inclusive as pessoas indicadas no § 1º deste artigo, poderão nomear bens livres e desembaraçados do devedor, tantos quantos bastem para pagar a dívida. Os bens dos responsáveis ficarão, porém, sujeitos à execução, se os do devedor forem insuficientes à satisfação da dívida.

→ *v.* Art. 595, *caput*, do CPC/1973.

→ *v.* Art. 794 do NCPC.

§ 4º Aplica-se à Dívida Ativa da Fazenda Pública de natureza não tributária o disposto nos arts. 186 e 188 a 192 do Código Tributário Nacional.

Art. 5º A competência para processar e julgar a execução da Dívida Ativa da Fazenda Pública exclui a de qualquer outro juízo, inclusive o da falência, da concordata, da liquidação, da insolvência ou do inventário.

→ *v.* Súmula 66 do STJ.

→ *v.* Art. 109, § 3º, da CF/1988.

→ *v.* Arts. 1.212 e 1.213 do CPC/1973.

→ *v.* Lei. 11.101/2005 – Regula a recuperação judicial, a extrajudicial e a falência do empresário e da sociedade empresária.

Art. 6º A petição inicial indicará apenas:

→ *v.* Art. 282 do CPC/1973.

→ *v.* Art. 319 do NCPC.

I – o juiz a quem é dirigida;

II – o pedido; e

III – o requerimento para a citação.

§ 1º A petição inicial será instruída com a Certidão da Dívida Ativa, que dela fará parte integrante, como se estivesse transcrita.

§ 2º A petição inicial e a Certidão de Dívida Ativa poderão constituir um único documento, preparado inclusive por processo eletrônico.

§ 3º A produção de provas pela Fazenda Pública independe de requerimento na petição inicial.

§ 4º O valor da causa será o da dívida constante da certidão, com os encargos legais.

Art. 7º O despacho do juiz que deferir a inicial importa em ordem para:

I – citação, pelas sucessivas modalidades previstas no art. 8º;

II – penhora, se não for paga a dívida, nem garantida a execução, por meio de depósito, fiança ou seguro garantia;

→ Inciso II com redação alterada pela Lei 13.043/2014.

→ *v.* Súmula Vinculante 25 do STF.

III – arresto, se o executado não tiver domicílio ou dele se ocultar;

IV – registro da penhora ou do arresto, independentemente do pagamento de custas ou outras despesas, observado o disposto no art. 14; e

V – avaliação dos bens penhorados ou arrestados.

Art. 8º O executado será citado para, no prazo de 5 (cinco) dias, pagar a dívida com os juros e multa de mora e encargos indicados na Certidão de Dívida Ativa, ou garantir a execução, observadas as seguintes normas:

→ *v.* Art. 653, *caput* do CPC/1973.

→ *v.* Art. 828, caput, do NCPC.

I – a citação será feita pelo correio, com aviso de recepção, se a Fazenda Pública não a requerer por outra forma;

→ *v.* Súmula 58 do STJ.

→ *v.* Art. 223 do CPC/1973.

→ *v.* Art. 248 do NCPC.

II – a citação pelo correio considera-se feita na data da entrega da carta no endereço do executado; ou, se a data for omitida, no aviso de recepção, 10 (dez) dias após a entrega da carta à agência postal;

III – se o aviso de recepção não retornar no prazo de 15 (quinze) dias da entrega da carta à agência postal, a citação será feita por oficial de justiça ou por edital;

→ *v.* Súmula 414 do STJ.

IV – o edital de citação será afixado na sede do juízo, publicado uma só vez no órgão oficial, gratuitamente, como expediente judiciário, com o prazo de 30 (trinta) dias, e conterá, apenas, a indicação da exequente, o nome do devedor e dos corresponsáveis, a quantia devida, a natureza da dívida, a data e o número da inscrição no Registro da Dívida Ativa, o prazo e o endereço da sede do juízo.

§ 1º O executado ausente do País será citado por edital, com prazo de 60 (sessenta) dias.

§ 2º O despacho do juiz, que ordenar a citação, interrompe a prescrição.

→ *v.* Art. 174, parágrafo único, I, do CTN.

Art. 9º Em garantia da execução, pelo valor da dívida, juros e multa de mora e encargos indicados na Certidão da Dívida Ativa, o executado poderá:

I – efetuar depósito em dinheiro, à ordem do juízo em estabelecimento oficial de crédito, que assegure atualização monetária;

II – oferecer fiança bancária ou seguro garantia;

→ Inciso II com redação alterada pela Lei 13.043/2014.

III – nomear bens à penhora, observada a ordem do art. 11; ou

IV – indicar à penhora bens oferecidos por terceiros e aceitos pela Fazenda Pública.

§ 1º O executado só poderá indicar e o terceiro oferecer bem imóvel à penhora com o consentimento expresso do respectivo cônjuge.

§ 2º Juntar-se-á aos autos a prova do depósito, da fiança bancária, do seguro garantia ou da penhora dos bens do executado ou de terceiros.

→ § 2º com redação alterada pela Lei 13.043/2014.

§ 3º A garantia da execução, por meio de depósito em dinheiro, fiança bancária ou seguro garantia, produz os mesmos efeitos da penhora.

→ § 3º com redação alterada pela Lei 13.043/2014.

§ 4º Somente o depósito em dinheiro, na forma do art. 32, faz cessar a responsabilidade pela atualização monetária e juros de mora.

§ 5º A fiança bancária prevista no inciso II obedecerá às condições preestabelecidas pelo Conselho Monetário Nacional.

§ 6º O executado poderá pagar parcela da dívida, que julgar incontroversa, e garantir a execução do saldo devedor.

Art. 10. Não ocorrendo o pagamento, nem a garantia da execução de que trata o art. 9º, a penhora poderá recair em qualquer bem do executado, exceto os que a lei declare absolutamente impenhoráveis.

Art. 11. A penhora ou arresto de bens obedecerá à seguinte ordem:

→ *v.* Arts. 655 e 813 do CPC/1973.

→ *v.* Arts. 292, parágrafo único, 296, 297, 299, 300, §§ 1º e 2º, 301, 302, 305 a 310, 528, 529, 831, 835 a 840, 843, 844, 845, § 2º, 846 a 849, 851 a 860, 862 a 864, 867 a 870 a 880, 881, 882, 884, 886, 887, §§ 3º a 6º, 888, 892, 895, §§ 1º e 2º, 889, V, 890, 891, 894, 896 a 898, 900, 903, §§ 4º e 6º, 904 a 910, 914 a 916, 917, §§ 3º e 4º, 918 a 923, 925, do NCPC.

I – dinheiro;

II – título da dívida pública, bem como título de crédito, que tenham cotação em Bolsa;

III – pedras e metais preciosos;

IV – imóveis;

LEGISLAÇÃO

V – navios e aeronaves;

VI – veículos;

VII – móveis ou semoventes; e

VIII – direitos e ações.

§ 1º Excepcionalmente, a penhora poderá recair sobre estabelecimento comercial, industrial ou agrícola, bem como em plantações ou edifícios em construção.

§ 2º A penhora efetuada em dinheiro será convertida no depósito de que trata o inciso I do art. 9º.

§ 3º O juiz ordenará a remoção do bem penhorado para depósito judicial, particular ou da Fazenda Pública exequente, sempre que esta o requerer, em qualquer fase do processo.

Art. 12. Na execução fiscal, far-se-á a intimação da penhora ao executado, mediante publicação, no órgão oficial, do ato de juntada do termo ou do auto de penhora.

§ 1º Nas comarcas do interior dos Estados, a intimação poderá ser feita pela remessa de cópia do termo ou do auto de penhora, pelo correio, na forma estabelecida no art. 8º, I e II, para a citação.

§ 2º Se a penhora recair sobre imóvel, far-se-á a intimação ao cônjuge, observadas as normas previstas para a citação.

§ 3º Far-se-á a intimação da penhora pessoalmente ao executado se, na citação feita pelo correio, o aviso de recepção não contiver a assinatura do próprio executado, ou de seu representante legal.

Art. 13. O termo ou auto de penhora conterá, também, a avaliação dos bens penhorados, efetuada por quem o lavrar.

§ 1º Impugnada a avaliação, pelo executado, ou pela Fazenda Pública, antes de publicado o edital de leilão, o juiz, ouvida a outra parte, nomeará avaliador oficial para proceder a nova avaliação dos bens penhorados.

§ 2º Se não houver, na comarca, avaliador oficial ou este não puder apresentar o laudo de avaliação no prazo de 15 (quinze) dias, será nomeada pessoa ou entidade habilitada, a critério do juiz.

§ 3º Apresentado o laudo, o juiz decidirá de plano sobre a avaliação.

Art. 14. O oficial de justiça entregará contrafé e cópia do termo ou do auto de penhora ou arresto, com a ordem de registro de que trata o art. 7º, IV:

I – no Ofício próprio, se o bem for imóvel ou a ele equiparado;

II – na repartição competente para emissão de certificado de registro, se for veículo;

III – na Junta Comercial, na Bolsa de Valores, e na sociedade comercial, se forem ações, debênture, parte beneficiária, cota ou qualquer outro título, crédito ou direito societário nominativo.

Art. 15. Em qualquer fase do processo, será deferida pelo juiz:

I – ao executado, a substituição da penhora por depósito em dinheiro, fiança bancária ou seguro garantia; e

→ Inciso I com redação alterada pela Lei 13.043/2014.

II – à Fazenda Pública, a substituição dos bens penhorados por outros, independentemente da ordem enumerada no art. 11, bem como o reforço da penhora insuficiente.

→ *v.* Art. 685, II do CPC/1973.

→ *v.* Art. 874, II, do NCPC.

Art. 16. O executado oferecerá embargos, no prazo de 30 (trinta) dias, contados:

I – do depósito;

II – da juntada da prova da fiança bancária ou do seguro garantia;

→ Inciso II com redação alterada pela Lei 13.043/2014.

III – da intimação da penhora.

§ 1º Não são admissíveis embargos do executado antes de garantida a execução.

§ 2º No prazo dos embargos, o executado deverá alegar toda matéria útil à defesa, requerer provas e juntar aos autos os documentos e rol de testemunhas, até três, ou, a critério do juiz, até o dobro desse limite.

§ 3º Não será admitida reconvenção, nem compensação, e as exceções, salvo as de suspeição, incompetência e impedimento, serão arguidas como matéria preliminar e serão processadas e julgadas com os embargos.

→ *v.* Súmula 393 do STJ.

→ *v.* Súmulas 276 e 277 do STF.

Art. 17. Recebidos os embargos, o juiz mandará intimar a Fazenda, para impugná-los no prazo de 30 (trinta) dias, designando, em seguida, audiência de instrução e julgamento.

Parágrafo único. Não se realizará audiência, se os embargos versarem sobre matéria de direito ou, sendo de direito e de fato, a prova for exclusivamente documental, caso em que o juiz proferirá a sentença no prazo de 30 (trinta) dias.

Art. 18. Caso não sejam oferecidos os embargos, a Fazenda Pública manifestar-se-á sobre a garantia da execução.

Art. 19. Não sendo embargada a execução ou sendo rejeitados os embargos, no caso de garantia prestada por terceiro, será este intimado, sob pena de contra ele prosseguir a execução nos próprios autos, para, no prazo de 15 (quinze) dias:

I – remir o bem, se a garantia for real; ou

II – pagar o valor da dívida, juros e multa de mora e demais encargos, indicados na Certidão de Dívida Ativa, pelos quais se obrigou, se a garantia for fidejussória.

Art. 20. Na execução por carta, os embargos do executado serão oferecidos no juízo deprecado, que os remeterá ao juízo deprecante, para instrução e julgamento.

Parágrafo único. Quando os embargos tiverem por objeto vícios ou irregularidades de atos do próprio juízo deprecado, caber-lhe-á unicamente o julgamento dessa matéria.

Art. 21. Na hipótese de alienação antecipada dos bens penhorados, o produto será depositado em garantia da execução, nos termos previstos no art. 9º, I.

→ *v.* Art. 1.113 do CPC/1973.

→ *v.* Art. 730 do NCPC.

Art. 22. A arrematação será precedida de edital, afixado no local do costume, na sede do juízo, e publicado, em resumo, uma só vez, gratuitamente, como expediente judiciário, no órgão oficial.

→ *v.* Súmula 128 do STJ.

§ 1º O prazo entre as datas de publicação do edital e do leilão não poderá ser superior a 30 (trinta), nem inferior a 10 (dez) dias.

§ 2º O representante judicial da Fazenda Pública será intimado, pessoalmente, da realização do leilão, com a antecedência prevista no parágrafo anterior.

Art. 23. A alienação de quaisquer bens penhorados será feita em leilão público, no lugar designado pelo juiz.

§ 1º A Fazenda Pública e o executado poderão requerer que os bens sejam leiloados englobadamente ou em lotes que indicarem.

→ *v.* Arts. 691 e 692 do CPC/1973.

→ *v.* Art. 891 do NCPC.

§ 2º Cabe ao arrematante o pagamento da comissão do leiloeiro e demais despesas indicadas no edital.

→ *v.* Art. 705, IV, do CPC/1973.

→ *v.* Art. 884, parágrafo único, do NCPC.

Art. 24. A Fazenda Pública poderá adjudicar os bens penhorados:

I – antes do leilão, pelo preço da avaliação, se a execução não for embargada ou se rejeitados os embargos;

II – findo o leilão:

a) se não houver licitante, pelo preço da avaliação;

b) havendo licitantes, com preferência, em igualdade de condições com a melhor oferta, no prazo de 30 (trinta) dias.

Parágrafo único. Se o preço da avaliação ou o valor da melhor oferta for superior ao dos créditos da Fazenda Pública, a adjudicação somente será deferida pelo juiz se a diferença for depositada, pela exequente, à ordem do juízo, no prazo de 30 (trinta) dias.

Art. 25. Na execução fiscal, qualquer intimação ao representante judicial da Fazenda Pública será feita pessoalmente.

→ *v.* Súmula 121 do STJ.

Parágrafo único. A intimação de que trata este artigo poderá ser feita mediante vista dos autos, com imediata remessa ao representante judicial da Fazenda Pública, pelo cartório ou secretaria.

Art. 26. Se, antes da decisão de primeira instância, a inscrição de Dívida Ativa for, a qualquer título, cancelada, a execução fiscal será extinta, sem qualquer ônus para as partes.

Art. 27. As publicações de atos processuais poderão ser feitas resumidamente ou reunir num só texto os de diferentes processos.

→ *v.* Súmula 121 do STJ.

Parágrafo único. As publicações farão sempre referência ao número do processo no respectivo juízo e ao número da correspondente inscrição de Dívida Ativa, bem como ao nome das partes e de seus advogados, suficientes para a sua identificação.

Art. 28. O juiz, a requerimento das partes, poderá, por conveniência da unidade da garantia da execução, ordenar a reunião de processos contra o mesmo devedor.

→ *v.* Art. 105 do CPC/1973.

→ *v.* Arts. 57 e 58, do NCPC.

→ *v.* Súmula 515 do STJ.

Parágrafo único. Na hipótese deste artigo, os processos serão redistribuídos ao juízo da primeira distribuição.

Art. 29. A cobrança judicial da Dívida Ativa da Fazenda Pública não é sujeita a concurso de credores ou habilitação em falência, concordata, liquidação, inventário ou arrolamento.

Parágrafo único. O concurso de preferência somente se verifica entre pessoas jurídicas de direito público, na seguinte ordem:

→ *v.* Súmula 497 do STJ.

I – União e suas autarquias;

II – Estados, Distrito Federal e Territórios e suas autarquias, conjuntamente e *pro rata*;

III – Municípios e suas autarquias, conjuntamente e *pro rata*.

Art. 30. Sem prejuízo dos privilégios especiais sobre determinados bens, que sejam previstos em lei, responde pelo pagamento da Dívida Ativa da Fazenda Pública a totalidade dos bens e das rendas, de qualquer origem ou natureza, do sujeito passivo, seu espólio ou sua massa, inclusive os gravados por ônus real ou cláusula de inalienabilidade ou impenhorabilidade, seja qual for a data da constituição do ônus ou da cláusula, excetuados unicamente os bens e rendas que a lei declara absolutamente impenhoráveis.

Art. 31. Nos processos de falência, concordata, liquidação, inventário, arrolamento ou concurso de credores, nenhuma alienação será judicialmente autorizada sem a prova de quitação da Dívida Ativa ou a concordância da Fazenda Pública.

→ *v.* Lei. 11.101/2005 – Regula a recuperação judicial, a extrajudicial e a falência do empresário e da sociedade empresária.

Art. 32. Os depósitos judiciais em dinheiro serão obrigatoriamente feitos:

I – na Caixa Econômica Federal, de acordo com o Dec.-lei 1.737, de 20 de dezembro de 1979, quando relacionados com a execução fiscal proposta pela União ou suas autarquias;

II – na Caixa Econômica ou no banco oficial da unidade federativa ou, à sua falta, na Caixa Econômica Federal, quando relacionados com execução fiscal proposta pelo Estado, Distrito Federal, Municípios e suas autarquias.

§ 1º Os depósitos de que trata este artigo estão sujeitos à atualização monetária, segundo os índices estabelecidos para os débitos tributários federais.

§ 2º Após o trânsito em julgado da decisão, o depósito, monetariamente atualizado, será devolvido ao depositante ou entregue à Fazenda Pública, mediante ordem do juízo competente.

Art. 33. O juízo, de ofício, comunicará à repartição competente da Fazenda Pública, para fins de averbação no Registro da Dívida Ativa, a decisão final, transitada em julgado, que der por improcedente a execução, total ou parcialmente.

Art. 34. Das sentenças de primeira instância proferidas em execuções de valor igual ou inferior a 50 (cinquenta) Obrigações Reajustáveis do Tesouro Nacional – ORTN, só se admitirão embargos infringentes e de declaração.

→ *v.* Súmula 640 do STF.

§ 1º Para os efeitos deste artigo, considerar-se-á o valor da dívida monetariamente atualizado e acrescido de multa e juros de mora e demais encargos legais, na data da distribuição.

§ 2º Os embargos infringentes, instruídos, ou não, com documentos novos, serão deduzidos, no prazo de 10 (dez) dias perante o mesmo juízo, em petição fundamentada.

§ 3º Ouvido o embargado, no prazo de 10 (dez) dias, serão os autos conclusos ao juiz, que, dentro de 20 (vinte) dias, os rejeitará ou reformará a sentença.

Art. 35. Nos processos regulados por esta Lei, poderá ser dispensada a audiência de revisor, no julgamento das apelações.

Art. 36. Compete à Fazenda Pública baixar normas sobre o recolhimento da Dívida Ativa respectiva, em juízo ou fora dele, e aprovar, inclusive, os modelos de documentos de arrecadação.

Art. 37. O auxiliar de justiça que, por ação ou omissão, culposa ou dolosa, prejudicar a execução, será responsabilizado, civil, penal e administrativamente.

Parágrafo único. O oficial de justiça deverá efetuar, em 10 (dez) dias, as diligências que lhe forem ordenadas, salvo motivo de força maior devidamente justificado perante o juízo.

Art. 38. A discussão judicial da Dívida Ativa da Fazenda Pública só é admissível em execução, na forma desta Lei, salvo as hipóteses de mandado de segurança, ação de repetição do indébito ou ação anulatória do ato declarativo da dívida, esta precedida do depósito preparatório do valor do débito, monetariamente corrigido e acrescido dos juros e multa de mora e demais encargos.

→ Arts. 165 a 169 do CTN.

→ *v.* Art. 4º do CPC/1973.

→ *v.* Arts. 19 e 20, do NCPC.

→ *v.* Lei 12.016/2009 – Disciplina o mandado de segurança individual e coletivo e dá outras providências.

Parágrafo único. A propositura, pelo contribuinte, da ação prevista neste artigo importa em renúncia ao poder de recorrer na esfera administrativa e desistência do recurso acaso interposto.

Art. 39. A Fazenda Pública não está sujeita ao pagamento de custas e emolumentos. A prática dos atos judiciais de seu interesse independerá de preparo ou de prévio depósito.

Parágrafo único. Se vencida, a Fazenda Pública ressarcirá o valor das despesas feitas pela parte contrária.

→ *v.* Art. 20 do CPC/1973.

→ *v.* Arts. 84 e 85, do NCPC.

Art. 40. O juiz suspenderá o curso da execução, enquanto não for localizado o devedor ou encontrados bens sobre os quais possa recair a penhora, e, nesses casos, não correrá o prazo de prescrição.

→ *v.* Súmula 314 do STJ.

→ *v.* Súmula 11 do CARF.

→ *v.* Art. 791, III, do CPC/1973.

→ *v.* Art. 921 do NCPC.

→ *v.* Art. 174, parágrafo único, do CTN.

§ 1º Suspenso o curso da execução, será aberta vista dos autos ao representante judicial da Fazenda Pública.

→ *v.* Art. 151 do CTN.

§ 2º Decorrido o prazo máximo de 1 (um) ano, sem que seja localizado o devedor ou encontrados bens penhoráveis, o juiz ordenará o arquivamento dos autos.

§ 3º Encontrados que sejam, a qualquer tempo, o devedor ou os bens, serão desarquivados os autos para prosseguimento da execução.

§ 4º Se da decisão que ordenar o arquivamento tiver decorrido o prazo prescricional, o juiz, depois de ouvida a Fazenda Pública, poderá, de ofício, reconhecer a prescrição intercorrente e decretá-la de imediato.

→ § 4º acrescentado pela Lei 11.051/2004.

→ *v.* Súmula 314 do STJ.

§ 5º A manifestação prévia da Fazenda Pública prevista no § 4º deste artigo será dispensada no caso de cobranças judiciais cujo valor seja inferior ao mínimo fixado por ato do Ministro de Estado da Fazenda.

→ § 5º acrescentado pela Lei 11.960/2009.

Art. 41. O processo administrativo correspondente à inscrição de Dívida Ativa, à execução fiscal ou à ação proposta contra a Fazenda Pública será mantido na repartição competente, dele se extraindo as cópias autenticadas ou certidões, que forem requeridas pelas partes ou requisitadas pelo juiz ou pelo Ministério Público.

→ *v.* Dec. 70.235/1972 – Dispõe sobre o processo administrativo fiscal, e dá outras providências.

Parágrafo único. Mediante requisição do juiz à repartição competente, com dia e hora previamente marcados, poderá o processo administrativo ser exibido na sede do juízo, pelo funcionário para esse fim designado, lavrando o serventuário termo da ocorrência, com indicação, se for o caso, das peças a serem trasladadas.

Art. 42. Revogadas as disposições em contrário, esta Lei entrará em vigor 90 (noventa) dias após a data de sua publicação.

Brasília, em 22 de setembro de 1980; 159º da Independência e 92º da República.

João Figueiredo

(Publicação no *D.O.U.* 24.9.1980)

LEI 6.899,
DE 8 DE ABRIL DE 1981

Determina a aplicação da correção monetária nos débitos oriundos de decisão judicial e dá outras providências.

→ *v.* Lei 8.177/1991 - Estabelece regras para a desindexação da economia e dá outras providências.

O Presidente da República:

Faço saber que o Congresso Nacional decreta e eu sanciono a seguinte Lei:

Art. 1º A correção monetária incide sobre qualquer débito resultante de decisão judicial, inclusive sobre custas e honorários advocatícios.

→ *v.* Súmulas 8, 29, 36 e 67 do STJ.

§ 1º Nas execuções de títulos de dívida líquida e certa, a correção será calculada a contar do respectivo vencimento.

§ 2º Nos demais casos, o cálculo far-se-á a partir do ajuizamento da ação.

Art. 2º O Poder Executivo, no prazo de 60 (sessenta) dias, regulamentará a forma pela qual será efetuado o cálculo da correção monetária.

Art. 3º O disposto nesta Lei aplica-se a todas as causas pendentes de julgamento.

Art. 4º Esta Lei entrará em vigor na data de sua publicação.

Art. 5º Revogam-se as disposições em contrário.

Brasília, em 8 de abril de 1981; 160º da Independência e 93º da República.

João Figueiredo

(Publicação no *D.O.U.* 9.4.1981)

LEI 6.938, DE 31 DE AGOSTO DE 1981

Dispõe sobre a Política Nacional do Meio Ambiente, seus fins e mecanismos de formulação e aplicação, e dá outras providências.

→ v. Lei 11.105/2005 – Regulamenta os incisos II, IV e V do § 1º do art. 225 da CF/1988.

→ v. Lei 9.605/1998 – Lei de crimes ambientais.

→ v. Decreto 7.830/2012 – Sistema de Cadastro Ambiental Rural.

→ v. Decreto de 15 de setembro de 2010 – Institui o Plano de Ação para Prevenção e Controle do Desmatamento e das Queimadas no Bioma Cerrado – PP Cerrado.

→ v. Decreto 6.514/2008 – Infrações e sanções administrativas ao meio ambiente.

→ v. Decreto 6.321/2007 – Prevenção, monitoramento e controle de desmatamento no Bioma Amazônia,

→ v. Decreto 5.092/2004 – Regras para identificação de áreas prioritárias para a conservação, utilização sustentável e repartição dos benefícios da biodiversidade, no âmbito das atribuições do Ministério do Meio Ambiente.

→ v. Decreto 4.339/2002 – Princípios e diretrizes para a implementação da Política Nacional da Biodiversidade.

→ v. Decreto 99.274/1990 – Regulamenta a Lei 6.938/1981.

O Presidente da República:

Faço saber que o Congresso Nacional decreta e eu sanciono a seguinte Lei:

Art. 1º Esta Lei, com fundamento nos incisos VI e VII do art. 23 e no art. 235 da Constituição, estabelece a Política Nacional do Meio Ambiente, seus fins e mecanismos de formulação e aplicação, constitui o Sistema Nacional do Meio Ambiente (Sisnama) e institui o Cadastro de Defesa Ambiental.

→ Artigo com redação alterada pela Lei 8.028/1990.

→ A referência correta é ao art. 225.

Da Política Nacional do Meio Ambiente

Art. 2º A Política Nacional do Meio Ambiente tem por objetivo a preservação, melhoria e recuperação da qualidade ambiental propícia à vida, visando assegurar, no País, condições ao desenvolvimento socioeconômico, aos interesses da segurança nacional e à proteção da dignidade da vida humana, atendidos os seguintes princípios:

I – ação governamental na manutenção do equilíbrio ecológico, considerando o meio ambiente como um patrimônio público a ser necessariamente assegurado e protegido, tendo em vista o uso coletivo;

→ v. Art. 225, § 1º, VII, da CF/1988.

→ v. Art. 1º da Decreto 99.274/1990.

II – racionalização do uso do solo, do subsolo, da água e do ar;

III – planejamento e fiscalização do uso dos recursos ambientais;

IV – proteção dos ecossistemas, com a preservação de áreas representativas;

V – controle e zoneamento das atividades potencial ou efetivamente poluidoras;

VI – incentivos ao estudo e à pesquisa de tecnologias orientadas para o uso racional e a proteção dos recursos ambientais;

VII – acompanhamento do estado da qualidade ambiental;

VIII – recuperação de áreas degradadas;

→ v. Decreto 97.632/1989 – Regulamenta o inciso VIII do art. 2º da Lei 6.938/1981.

IX – proteção de áreas ameaçadas de degradação;

X – educação ambiental a todos os níveis do ensino, inclusive a educação da comunidade, objetivando capacitá-la para participação ativa na defesa do meio ambiente.

Art. 3º Para os fins previstos nesta Lei, entende-se por:

I – meio ambiente, o conjunto de condições, leis, influências e interações de ordem física, química e biológica, que permite, abriga e rege a vida em todas as suas formas;

II – degradação da qualidade ambiental, a alteração adversa das características do meio ambiente;

III – poluição, a degradação da qualidade ambiental resultante de atividades que direta ou indiretamente:

a) prejudiquem a saúde, a segurança e o bem-estar da população;

b) criem condições adversas às atividades sociais e econômicas;

c) afetem desfavoravelmente a biota;

d) afetem as condições estéticas ou sanitárias do meio ambiente;

e) lancem matérias ou energia em desacordo com os padrões ambientais estabelecidos;

IV – poluidor, a pessoa física ou jurídica, de direito público ou privado, responsável, direta ou indiretamente, por atividade causadora de degradação ambiental;

V – recursos ambientais: a atmosfera, as águas interiores, superficiais e subterrâneas, os estuários, o mar territorial, o solo, o subsolo, os elementos da biosfera, a fauna e a flora.

→ Inciso V com redação alterada pela Lei 7.804/1989.

Dos objetivos da Política Nacional do Meio Ambiente

Art. 4º A Política Nacional do Meio Ambiente visará:

I – à compatibilização do desenvolvimento econômico-social com a preservação da qualidade do meio ambiente e do equilíbrio ecológico;

II – à definição de áreas prioritárias de ação governamental relativa à qualidade e ao equilíbrio ecológico, atendendo aos interesses da União, dos Estados, do Distrito Federal, dos Territórios e dos Municípios;

III – ao estabelecimento de critérios e padrões da qualidade ambiental e de normas relativas ao uso e manejo de recursos ambientais;

→ v. Decreto 5.975/2006 – Regulamenta o inciso III do art. 4º da Lei 6.938/1981

IV – ao desenvolvimento de pesquisas e de tecnologias nacionais orientadas para o uso racional de recursos ambientais;

V – à difusão de tecnologias de manejo do meio ambiente, à divulgação de dados e informações ambientais e à formação de uma consciência pública sobre a necessidade de preservação da qualidade ambiental e do equilíbrio ecológico;

VI – à preservação e restauração dos recursos ambientais com vistas à sua utilização racional e disponibilidade permanente, concorrendo para a manutenção do equilíbrio ecológico propício à vida;

VII – à imposição, ao poluidor e ao predador, da obrigação de recuperar e/ou indenizar os danos causados e, ao usuário, da contribuição pela utilização de recursos ambientais com fins econômicos.

Art. 5º As diretrizes da Política Nacional do Meio Ambiente serão formuladas em normas e planos, destinados a orientar a ação dos governos da União, dos Estados, do Distrito Federal, dos Territórios e dos Municípios no que se relaciona com a preservação da qualidade ambiental e manutenção do equilíbrio ecológico, observados os princípios estabelecidos no art. 2º desta Lei.

→ v. Decreto 5.098/2004 – Plano Nacional de Prevenção, Preparação e Resposta Rápida a Emergências Ambientais com Produtos Químicos Perigosos – P2R2.

Parágrafo único. As atividades empresariais públicas ou privadas serão exercidas em consonância com as diretrizes da Política Nacional do Meio Ambiente.

Do Sistema Nacional do Meio Ambiente

Art. 6º Os órgãos e entidades da União, dos Estados, do Distrito Federal, dos Territórios e dos Municípios, bem como as fundações instituídas pelo Poder Público, responsáveis pela proteção e melhoria da qualidade ambiental, constituirão o Sistema Nacional do Meio Ambiente – Sisnama, assim estruturado:

I – órgão superior: o Conselho de Governo, com a função de assessorar o Presidente da República na formulação da política nacional e nas diretrizes governamentais para o meio ambiente e os recursos ambientais;

→ Inciso I com redação alterada pela Lei 8.028/1990.

II – órgão consultivo e deliberativo: o Conselho Nacional do Meio Ambiente – Conama, com a finalidade de assessorar, estudar e propor ao Conselho de Governo, diretrizes de políticas governamentais para o meio ambiente e os recursos naturais e deliberar, no âmbito de sua competência, sobre normas e padrões compatíveis com o meio ambiente ecologicamente equilibrado e essencial à sadia qualidade de vida;

→ Inciso II com redação alterada pela Lei 8.028/1990.

III – órgão central: a Secretaria do Meio Ambiente da Presidência da República, com a finalidade de planejar, coordenar, supervisionar e controlar, como órgão federal, a política nacional e as diretrizes governamentais fixadas para o meio ambiente;

→ Inciso III com redação alterada pela Lei 8.028/1990.

IV – órgãos executores: o Instituto Brasileiro do Meio Ambiente e dos Recursos Naturais Renováveis – IBAMA e o Instituto Chico Mendes de Conservação da Biodiversidade – Instituto Chico Mendes, com a finalidade de executar e fazer executar a política e as diretrizes governamentais fixadas para o meio ambiente, de acordo com as respectivas competências;

→ Inciso IV com redação alterada pela Lei 12.856/2013.

V – órgãos seccionais: os órgãos ou entidades estaduais responsáveis pela execução de programas, projetos e pelo controle e fiscalização de atividades capazes de provocar a degradação ambiental;

→ Inciso V com redação alterada pela Lei 7.804/1989.

VI – órgãos locais: os órgãos ou entidades municipais, responsáveis pelo controle e fiscalização dessas atividades, nas suas respectivas jurisdições.

→ Inciso VI com redação alterada pela Lei 7.804/1989.

§ 1º Os Estados, na esfera de suas competências e nas áreas de sua jurisdição, elaborarão normas supletivas e complementares e padrões relacionados com o meio ambiente, observados os que forem estabelecidos pelo Conama.

§ 2º Os Municípios, observadas as normas e os padrões federais e estaduais, também poderão elaborar as normas mencionadas no parágrafo anterior.

§ 3º Os órgãos central, setoriais, seccionais e locais mencionados neste artigo deverão fornecer os resultados das análises efetuadas e sua fundamentação, quando solicitados por pessoa legitimamente interessada.

§ 4º De acordo com a legislação em vigor, é o Poder Executivo autorizado a criar uma fundação de apoio técnico e científico às atividades do Ibama.

Do Conselho Nacional do Meio Ambiente

Art. 7º *(Revogado pela Lei 8.028/1990).*

Art. 8º Compete ao Conama:

→ *Caput* com redação alterada pela Lei 8.028/1990.

I – estabelecer, mediante proposta do Ibama, normas e critérios para o licenciamento de atividades efetiva ou potencialmente poluidoras, a ser concedido pelos Estados e supervisionado pelo Ibama;

II – determinar, quando julgar necessário, a realização de estudos das alternativas e das possíveis consequências ambientais de projetos públicos ou privados, requisitando aos órgãos federais, estaduais e municipais, bem assim a entidades privadas, as informações indispensáveis para apreciação dos estudos de impacto ambiental, e respectivos relatórios, no caso de obras ou atividades de significativa degradação ambiental, especialmente nas áreas consideradas patrimônio nacional;

→ Inciso II com redação alterada pela Lei 8.028/1990.

III – *(Revogado pela Lei 11.941/2009).*

IV – homologar acordos visando à transformação de penalidades pecuniárias na obrigação de executar medidas de interesse para a proteção ambiental; *(vetado)*;

V – determinar, mediante representação do Ibama, a perda ou restrição de benefícios fiscais concedidos pelo Poder Público, em caráter geral ou condicional, e a perda ou suspensão de participação em linhas de financiamento em estabelecimentos oficiais de crédito;

VI – estabelecer, privativamente, normas e padrões nacionais de controle da poluição por veículos automotores, aeronaves e embarcações, mediante audiência dos Ministérios competentes;

VII – estabelecer normas, critérios e padrões relativos ao controle e à manutenção da qualidade do meio ambiente com vistas ao uso racional dos recursos ambientais, principalmente os hídricos.

→ *V.* Lei 9.433/1997 – Política Nacional de Recursos Hídricos.

Parágrafo único. O Secretário do Meio Ambiente é, sem prejuízo de suas funções, o Presidente do Conama.

→ Parágrafo único acrescentado pela Lei 8.028/1990.

Dos instrumentos da Política Nacional do Meio Ambiente

Art. 9º São instrumentos da Política Nacional do Meio Ambiente:

I – o estabelecimento de padrões de qualidade ambiental;

II – o zoneamento ambiental;

→ *V.* Decreto 4.297/2002 – Regulamenta o inc. II do art. 9º da Lei 6.938/1981.

→ *V.* Decreto 7.378/2010 – Macrozoneamento Ecológico-Econômico da Amazônia Legal – MacroZEE da Amazônia Legal.

III – a avaliação de impactos ambientais;

IV – o licenciamento e a revisão de atividades efetiva ou potencialmente poluidoras;

V – os incentivos à produção e instalação de equipamentos e a criação ou absorção de tecnologia, voltados para a melhoria da qualidade ambiental;

VI – a criação de espaços territoriais especialmente protegidos pelo Poder Público federal, estadual e municipal, tais como áreas de proteção ambiental, de relevante interesse ecológico e reservas extrativistas;

→ Inciso VI com redação alterada pela Lei 7.804/1989.

→ *V.* Art. 18, *caput*, da Lei 9.985/2000.

VII – o sistema nacional de informações sobre o meio ambiente;

VIII – o Cadastro Técnico Federal de Atividades e Instrumentos de Defesa Ambiental;

IX – as penalidades disciplinares ou compensatórias ao não cumprimento das medidas necessárias à preservação ou correção da degradação ambiental;

X – a instituição do Relatório de Qualidade do Meio Ambiente, a ser divulgado anualmente pelo Instituto Brasileiro do Meio Ambiente e Recursos Naturais Renováveis – Ibama;

→ Inciso X acrescentado pela Lei 7.804/1989.

XI – a garantia da prestação de informações relativas ao Meio Ambiente, obrigando-se o Poder Público a produzi-las, quando inexistentes;

→ Inciso XI acrescentado pela Lei 7.804/1989.

XII – o Cadastro Técnico Federal de atividades potencialmente poluidoras e/ou utilizadoras dos recursos ambientais.

→ Inciso XII acrescentado pela Lei 7.804/1989.

XIII – instrumentos econômicos, como concessão florestal, servidão ambiental, seguro ambiental e outros.

→ Inciso XIII acrescentado pela Lei 11.284/2006.

Art. 9º-A. O proprietário ou possuidor de imóvel, pessoa natural ou jurídica, pode, por instrumento público ou particular ou por termo administrativo firmado perante órgão integrante do Sisnama, limitar o uso de toda a sua propriedade ou de parte dela para preservar, conservar ou recuperar os recursos ambientais existentes, instituindo servidão ambiental.

→ Artigo com redação alterada pela Lei 12.651/2012.

→ *V.* Art. 1.378 e ss. do CC.

§ 1º O instrumento ou termo de instituição da servidão ambiental deve incluir, no mínimo, os seguintes itens:

I – memorial descritivo da área da servidão ambiental, contendo pelo menos um ponto de amarração georreferenciado;

II – objeto da servidão ambiental;

III – direitos e deveres do proprietário ou possuidor instituidor;

IV – prazo durante o qual a área permanecerá como servidão ambiental.

§ 2º A servidão ambiental não se aplica às Áreas de Preservação Permanente e à Reserva Legal mínima exigida.

→ *V.* Art. 44, I, da Lei 12.651/2012.

§ 3º A restrição ao uso ou à exploração da vegetação da área sob servidão ambiental deve ser, no mínimo, a mesma estabelecida para a Reserva Legal.

§ 4º Devem ser objeto de averbação na matrícula do imóvel no registro de imóveis competente:

I – o instrumento ou termo de instituição da servidão ambiental;

II – o contrato de alienação, cessão ou transferência da servidão ambiental.

§ 5º Na hipótese de compensação de Reserva Legal, a servidão ambiental deve ser averbada na matrícula de todos os imóveis envolvidos.

§ 6º É vedada, durante o prazo de vigência da servidão ambiental, a alteração da destinação da área, nos casos de transmissão do imóvel a qualquer título, de desmembramento ou de retificação dos limites do imóvel.

§ 7º As áreas que tenham sido instituídas na forma de servidão florestal, nos termos do art. 44-A da Lei n. 4.771, de 15 de setembro de 1965, passam a ser consideradas, pelo efeito desta Lei, como de servidão ambiental.

→ Referida Lei 4.771/1965 foi revogada pela Lei 12.651/2012.

Art. 9º-B. A servidão ambiental poderá ser onerosa ou gratuita, temporária ou perpétua.

→ Artigo acrescentado pela Lei 12.651/2012.

§ 1º O prazo mínimo da servidão ambiental temporária é de 15 (quinze) anos.

§ 2º A servidão ambiental perpétua equivale, para fins creditícios, tributários e de acesso aos recursos de fundos públicos, à Reserva Particular do Patrimônio Natural – RPPN, definida no art. 21 da Lei n. 9.985, de 18 de julho de 2000.

§ 3º O detentor da servidão ambiental poderá aliená-la, cedê-la ou transferi-la, total ou parcialmente, por prazo determinado ou em caráter definitivo, em favor de outro proprietário ou de entidade pública ou privada que tenha a conservação ambiental como fim social.

Art. 9º-C. O contrato de alienação, cessão ou transferência da servidão ambiental deve ser averbado na matrícula do imóvel.

→ Artigo acrescentado pela Lei 12.651/2012.

§ 1º O contrato referido no *caput* deve conter, no mínimo, os seguintes itens:

I – a delimitação da área submetida a preservação, conservação ou recuperação ambiental;

II – o objeto da servidão ambiental;

III – os direitos e deveres do proprietário instituidor e dos futuros adquirentes ou sucessores;

IV – os direitos e deveres do detentor da servidão ambiental;

V – os benefícios de ordem econômica do instituidor e do detentor da servidão ambiental;

VI – a previsão legal para garantir o seu cumprimento, inclusive medidas judiciais necessárias, em caso de ser descumprido.

§ 2º São deveres do proprietário do imóvel serviente, entre outras obrigações estipuladas no contrato:

I – manter a área sob servidão ambiental;

II – prestar contas ao detentor da servidão ambiental sobre as condições dos recursos naturais ou artificiais;

III – permitir a inspeção e a fiscalização da área pelo detentor da servidão ambiental;

IV – defender a posse da área serviente, por todos os meios em direito admitidos.

→ *v.* Art. 1.210, § 1º, do CC.

§ 3º São deveres do detentor da servidão ambiental, entre outras obrigações estipuladas no contrato:

I – documentar as características ambientais da propriedade;

II – monitorar periodicamente a propriedade para verificar se a servidão ambiental está sendo mantida;

III – prestar informações necessárias a quaisquer interessados na aquisição ou aos sucessores da propriedade;

IV – manter relatórios e arquivos atualizados com as atividades da área objeto da servidão;

V – defender judicialmente a servidão ambiental.

Art. 10. A construção, instalação, ampliação e funcionamento de estabelecimentos e atividades utilizadores de recursos ambientais, efetiva ou potencialmente poluidores ou capazes, sob qualquer forma, de causar degradação ambiental dependerão de prévio licenciamento ambiental.

→ *Caput* com redação alterada pela LC 140/2011.

→ *v.* Art. 11-A, § 3º, da Lei 12.651/2012.

§ 1º Os pedidos de licenciamento, sua renovação e a respectiva concessão serão publicados no jornal oficial, bem como em periódico regional ou local de grande circulação, ou em meio eletrônico de comunicação mantido pelo órgão ambiental competente.

→ § 1º com redação alterada pela LC 140/2011.

§ 2º *(Revogado pela LC 140/2011).*

§ 3º *(Revogado pela LC 140/2011).*

§ 4º *(Revogado pela LC 140/2011).*

Art. 11. Compete ao Ibama propor ao Conama normas e padrões para implantação, acompanhamento e fiscalização do licenciamento previsto no artigo anterior, além das que forem oriundas do próprio Conama.

→ *Caput* com redação alterada pela Lei 7.804/1989.

§ 1º *(Revogado pela LC 140/2011).*

§ 2º Inclui-se na competência da fiscalização e controle a análise de projetos de entidades, públicas ou privadas, objetivando a preservação ou a recuperação de recursos ambientais, afetados por processos de exploração predatórios ou poluidores.

Art. 12. As entidades e órgãos de financiamento e incentivos governamentais condicionarão a aprovação de projetos habilitados a esses benefícios ao licenciamento, na forma desta Lei, e ao cumprimento das normas, dos critérios e dos padrões expedidos pelo Conama.

Parágrafo único. As entidades e órgãos referidos no *caput* deste artigo deverão fazer constar dos projetos a realização de obras e aquisição de equipamentos destinados ao controle de degradação ambiental e à melhoria da qualidade do meio ambiente.

Art. 13. O Poder Executivo incentivará as atividades voltadas ao meio ambiente, visando:

I – ao desenvolvimento, no País, de pesquisas e processos tecnológicos destinados a reduzir a degradação da qualidade ambiental;

II – à fabricação de equipamentos antipoluidores;

III – a outras iniciativas que propiciem a racionalização do uso de recursos ambientais.

Parágrafo único. Os órgãos, entidades, e programas do Poder Público, destinados ao incentivo das pesquisas científicas e tecnológicas, considerarão, entre as suas metas prioritárias, o apoio aos projetos que visem a adquirir e desenvolver conhecimentos básicos e aplicáveis na área ambiental e ecológica.

Art. 14. Sem prejuízo das penalidades definidas pela legislação federal, estadual e municipal, o não cumprimento das medidas necessárias à preservação ou correção dos inconvenientes e danos causados pela degradação da qualidade ambiental sujeitará os transgressores:

I – à multa simples ou diária, nos valores correspondentes, no mínimo, a 10 (dez) e, no máximo, a 1.000 (mil) Obrigações do Tesouro Nacional – OTNs, agravada em casos de reincidência específica, conforme dispuser o regulamento, vedada a sua cobrança pela União se já tiver sido aplicada pelo Estado, Distrito Federal, Territórios ou pelos Municípios;

II – à perda ou restrição de incentivos e benefícios fiscais concedidos pelo Poder Público;

III – à perda ou suspensão de participação em linhas de financiamento em estabelecimentos oficiais de crédito;

IV – à suspensão de sua atividade.

§ 1º Sem obstar a aplicação das penalidades previstas neste artigo, é o poluidor obrigado, independentemente da existência de culpa, a indenizar ou reparar os danos causados ao meio ambiente e a terceiros, afetados por sua atividade. O Ministério Público da União e dos Estados terá legitimidade para propor ação de responsabilidade civil e criminal, por danos causados ao meio ambiente.

§ 2º No caso de omissão da autoridade estadual ou municipal, caberá ao Secretário do Meio Ambiente a aplicação das penalidades pecuniárias previstas neste artigo.

§ 3º Nos casos previstos nos incisos II e III deste artigo, o ato declaratório da perda, restrição ou suspensão será atribuição da autoridade administrativa ou financeira que concedeu os benefícios, incentivos ou financiamento, cumprindo resolução do Conama.

§ 4º *(Revogado pela Lei 9.966/2000).*

§ 5º A execução das garantias exigidas do poluidor não impede a aplicação das obrigações de indenização e reparação de danos previstas no § 1º deste artigo.

→ § 5º acrescentado pela Lei 11.284/2006.

Art. 15. O poluidor que expuser a perigo a incolumidade humana, animal ou vegetal, ou estiver tornando mais grave situação de perigo existente, fica sujeito à pena de reclusão de 1 (um) a 3 (três) anos e multa de 100 (cem) a 1.000 (mil) MVR.

→ Artigo com redação alterada pela Lei 7.804/1989.

§ 1º A pena é aumentada até o dobro se:

I – resultar:

a) dano irreversível à fauna, à flora e ao meio ambiente;

b) lesão corporal grave;

II – a poluição é decorrente de atividade industrial ou de transporte;

III – o crime é praticado durante a noite, em domingo ou em feriado.

§ 2º Incorre no mesmo crime a autoridade competente que deixar de promover as medidas tendentes a impedir a prática das condutas acima descritas.

Art. 16. *(Revogado pela Lei 7.804/1989).*

Art. 17. Fica instituído, sob a administração do Instituto Brasileiro do Meio Ambiente e Recursos Naturais Renováveis – Ibama:

→ Artigo com redação alterada pela Lei 7.804/1989.

I – Cadastro Técnico Federal de Atividades e Instrumentos de Defesa Ambiental, para registro obrigatório de pessoas físicas ou jurídicas que se dedicam à consultoria técnica sobre problemas ecológicos e ambientais e à indústria e comércio de equipamentos, aparelhos e instrumentos destinados ao controle de atividades efetiva ou potencialmente poluidoras;

→ *v.* Art. 76 do Decreto 6.514/2008.

II – Cadastro Técnico Federal de Atividades Potencialmente Poluidoras ou Utilizadoras de Recursos Ambientais, para registro obrigatório de pessoas físicas ou jurídicas que se dedicam a atividades potencialmente poluidoras e/ou à extração, produção, transporte e comercialização de produtos potencialmente perigosos ao meio ambiente, assim como de produtos e subprodutos da fauna e flora.

Art. 17-A. São estabelecidos os preços dos serviços e produtos do Instituto Brasileiro do Meio Ambiente e dos Recursos Naturais Renováveis – Ibama, a serem aplicados em âmbito nacional, conforme Anexo a esta Lei.

→ Artigo acrescentado pela Lei 9.960/2000.

Art. 17-B. Fica instituída a Taxa de Controle e Fiscalização Ambiental – TCFA, cujo fato gerador é o exercício regular do poder de polícia conferido ao Instituto Brasileiro do Meio Ambiente e dos Recursos Naturais Renováveis – Ibama para controle e fiscalização das atividades potencialmente poluidoras e utilizadoras de recursos naturais.

→ *Caput* com redação alterada pela Lei 10.165/2000.

§ 1º *(Revogado pela Lei 10.165/2000).*

§ 2º *(Revogado pela Lei 10.165/2000).*

Art. 17-C. É sujeito passivo da TCFA todo aquele que exerça as atividades constantes do Anexo VIII desta Lei.

→ *Caput* com redação alterada pela Lei 10.165/2000.

§ 1º O sujeito passivo do TCFA é obrigado a entregar até o dia 31 de março de cada ano relatório das atividades exercidas no ano anterior, cujo modelo será definido pelo Ibama, para o fim de colaborar com os procedimentos de controle e fiscalização.

→ § 1º com redação alterada pela Lei 10.165/2000.

§ 2º O descumprimento da providência determinada no § 1º sujeita o infrator a multa equivalente a 20% (vinte por cento) da TCFA devida, sem prejuízo da exigência desta.

→ § 2º com redação alterada pela Lei 10.165/2000.

§ 3º *(Revogado pela Lei 10.165/2000).*

Art. 17-D. A TCFA é devida por estabelecimento e os seus valores são os fixados no Anexo IX desta Lei.

→ Artigo com redação alterada pela Lei 10.165/2000.

§ 1º Para os fins desta Lei, consideram-se:

I – microempresa e empresa de pequeno porte, as pessoas jurídicas que se enquadrem, respectivamente, nas descrições dos incisos I e II do *caput* do art. 2º da Lei 9.841, de 5 de outubro de 1999;

→ Referida lei foi revogada pela LC 123/2006.

II – empresa de médio porte, a pessoa jurídica que tiver receita bruta anual superior a R$ 1.200.000,00 (um milhão e duzentos mil reais) e igual ou inferior a R$ 12.000.000,00 (doze milhões de reais);

III – empresa de grande porte, a pessoa jurídica que tiver receita bruta anual superior a R$ 12.000.000,00 (doze milhões de reais).

§ 2º O potencial de poluição (PP) e o grau de utilização (GU) de recursos naturais de cada uma das atividades sujeitas à fiscalização encontram-se definidos no Anexo VIII desta Lei.

§ 3º Caso o estabelecimento exerça mais de uma atividade sujeita à fiscalização, pagará a taxa relativamente a apenas uma delas, pelo valor mais elevado.

Art. 17-E. É o Ibama autorizado a cancelar débitos de valores inferiores a R$ 40,00 (quarenta reais), existentes até 31 de dezembro de 1999.

→ Artigo acrescentado pela Lei 9.960/2000.

Art. 17-F. São isentas do pagamento da TCFA as entidades públicas federais, distritais, estaduais e municipais, as entidades filantrópicas, aqueles que praticam agricultura de subsistência e as populações tradicionais.

→ Artigo com redação alterada pela Lei 10.165/2000.

Art. 17-G. A TCFA será devida no último dia útil de cada trimestre do ano civil, nos valores fixados no Anexo IX desta Lei, e o recolhimento será efetuado em conta bancária vinculada ao Ibama, por intermédio de documento próprio de arrecadação, até o quinto dia útil do mês subsequente.

→ *Caput* com redação alterada pela Lei 10.165/2000.

Parágrafo único. *(Revogado pela Lei 10.165/2000).*

§ 2º Os recursos arrecadados com a TCFA terão utilização restrita em atividades de controle e fiscalização ambiental.

→ § 2º acrescentado pela Lei 11.284/2006.

→ A numeração dos parágrafos consta conforme publicação oficial.

Art. 17-H. A TCFA não recolhida nos prazos e nas condições estabelecidas no artigo anterior será cobrada com os seguintes acréscimos:

→ Artigo com redação alterada pela Lei 10.165/2000.

I – juros de mora, na via administrativa ou judicial, contados do mês seguinte ao do vencimento, à razão de 1% (um por cento);

II – multa de mora de 20% (vinte por cento), reduzida a 10% (dez por cento) se o pagamento for efetuado até o último dia útil do mês subsequente ao do vencimento;

III – encargo de 20% (vinte por cento), substitutivo da condenação do devedor em honorários de advogado, calculado sobre o total do débito inscrito como Dívida Ativa, reduzido para 10% (dez por cento) se o pagamento for efetuado antes do ajuizamento da execução.

§ 1º-A. Os juros de mora não incidem sobre o valor da multa de mora.

§ 1º Os débitos relativos à TCFA poderão ser parcelados de acordo com os critérios fixados na legislação tributária, conforme dispuser o regulamento desta Lei.

→ A numeração dos parágrafos consta conforme publicação oficial.

Art. 17-I. As pessoas físicas e jurídicas que exerçam as atividades mencionadas nos incisos I e II do art. 17 e que não estiverem inscritas nos respectivos cadastros até o último dia útil do terceiro mês que se seguir ao da publicação desta Lei incorrerão em infração punível com multa de:

→ *Caput* com redação alterada pela Lei 10.165/2000.

I – R$ 50,00 (cinquenta reais), se pessoa física;

→ Inciso I acrescentado pela Lei 10.165/2000.

II – R$ 150,00 (cento e cinquenta reais), se microempresa;

→ Inciso II acrescentado pela Lei 10.165/2000.

III – R$ 900,00 (novecentos reais), se empresa de pequeno porte;

→ Inciso III acrescentado pela Lei 10.165/2000.

IV – R$ 1.800,00 (mil e oitocentos reais), se empresa de médio porte;

→ Inciso IV acrescentado pela Lei 10.165/2000.

V – R$ 9.000,00 (nove mil reais), se empresa de grande porte.

→ Inciso V acrescentado pela Lei 10.165/2000.

Parágrafo único. *(Revogado pela Lei 10.165, de 2000)*

Art. 17-J. *(Revogado pela Lei 10.165/2000).*

Art. 17-L. As ações de licenciamento, registro, autorizações, concessões e permissões relacionadas à fauna, à flora, e ao controle ambiental são de competência exclusiva dos órgãos integrantes do Sistema Nacional do Meio Ambiente.

→ Artigo acrescentado pela Lei 9.960/2000.

Art. 17-M. Os preços dos serviços administrativos prestados pelo Ibama, inclusive os referentes à venda de impressos e publicações, assim como os de entrada, permanência e utilização de áreas ou instalações nas unidades de conservação, serão definidos em portaria do Ministro de Estado do Meio Ambiente, mediante proposta do Presidente daquele Instituto.

→ Artigo acrescentado pela Lei 9.960/2000.

Art. 17-N. Os preços dos serviços técnicos do Laboratório de Produtos Florestais do Ibama, assim como os para venda de produtos da flora, serão, também, definidos em portaria do Ministro de Estado do Meio Ambiente, mediante proposta do Presidente daquele Instituto.

→ Artigo acrescentado pela Lei 9.960/2000.

Art. 17-O. Os proprietários rurais que se beneficiarem com redução do valor do Imposto sobre a Propriedade Territorial Rural – ITR, com base em Ato Declaratório Ambiental – ADA, deverão recolher ao Ibama a importância prevista no item 3.11 do Anexo VII da Lei 9.960, de 29 de janeiro de 2000, a título de Taxa de Vistoria.

→ Artigo com redação alterada pela Lei 10.165/2000.

§ 1º-A. A Taxa de Vistoria a que se refere o *caput* deste artigo não poderá exceder a 10% (dez por cento) do valor da redução do imposto proporcionada pelo ADA.

§ 1º A utilização do ADA para efeito de redução do valor a pagar do ITR é obrigatória.

§ 2º O pagamento de que trata o *caput* deste artigo poderá ser efetivado em cota única ou em parcelas, nos mesmos moldes escolhidos pelo contribuinte para o pagamento do ITR, em documento próprio de arrecadação do Ibama.

§ 3º Para efeito de pagamento parcelado, nenhuma parcela poderá ser inferior a R$ 50,00 (cinquenta reais).

§ 4º O inadimplemento de qualquer parcela ensejará a cobrança de juros e multa nos termos dos incisos I e II do *caput* e §§ 1º-A e 1º, todos do art. 17-H desta Lei.

§ 5º Após a vistoria, realizada por amostragem, caso os dados constantes do ADA não coincidam com os efetivamente levantados pelos técnicos do Ibama, estes lavrarão, de ofício, novo ADA, contendo os dados reais, o qual será encaminhado à Secretaria da Receita Federal, para as providências cabíveis.

Art. 17-P. Constitui crédito para compensação com o valor devido a título de TCFA, até o limite de 60% (sessenta por cento) e relativamente ao mesmo ano, o montante efetivamente pago pelo estabelecimento ao Estado, ao Município e ao Distrito Federal em razão de taxa de fiscalização ambiental.

→ Artigo acrescentado pela Lei 10.165/2000.

§ 1º Valores recolhidos ao Estado, ao Município e ao Distrito Federal a qualquer outro título, tais como taxas ou preços públicos de licenciamento e venda de produtos, não constituem crédito para compensação com a TCFA.

§ 2º A restituição, administrativa ou judicial, qualquer que seja a causa que a determine, da taxa de fiscalização ambiental estadual ou distrital compensada com a TCFA restaura o direito de crédito do Ibama contra o estabelecimento, relativamente ao valor compensado.

Art. 17-Q. É o Ibama autorizado a celebrar convênios com os Estados, os Municípios e o Distrito Federal para desempenharem atividades de fiscalização ambiental, podendo repassar-lhes parcela da receita obtida com a TCFA.

→ Artigo acrescentado pela Lei 10.165/2000.

Art. 18. *(Revogado pela Lei 9.985/2000).*

Art. 19. Ressalvado o disposto nas Leis 5.357, de 17 de novembro de 1967, e 7.661, de 16 de maio de 1988, a receita proveniente da aplicação desta Lei será recolhida de acordo com o disposto no art. 4º da Lei 7.735, de 22 de fevereiro de 1989.

→ Artigo acrescentado pela Lei 7.804/1989.

→ Referida Lei 5.357/1967 foi revogada pela Lei 9.966/2000.

Art. 20. Esta Lei entrará em vigor na data de sua publicação.

Art. 21. Revogam-se as disposições em contrário.

Brasília, em 31 de agosto de 1981; 160º da Independência e 93º da República.

João Figueiredo

(Publicação no *D.O.U.* de 2.9.1981)

ANEXO VII

TABELA DE PREÇOS DOS SERVIÇOS E PRODUTOS COBRADOS PELO INSTITUTO BRASILEIRO DO MEIO AMBIENTE E DOS RECURSOS NATURAIS RENOVÁVEIS – IBAMA

→ Anexo acrescentado pela Lei 9.960/2000.

→ Numeração do anexo conforme publicado na Lei 9.960/2000.

Descrição	Valor (R$)
I – FAUNA	
1. LICENÇA E RENOVAÇÃO	
1.1. Licença ou renovação para transporte nacional de fauna silvestre, partes, produtos e derivados para criadouros científicos ligados a instituições públicas de pesquisa, pesquisadores ligados a instituições públicas de pesquisa e zoológicos públicos	ISENTO
1.2. Licença ou renovação para transporte nacional de fauna silvestre, partes, produtos e derivados da fauna exótica constante do Anexo I da Convenção sobre Comércio Internacional de Espécies da Fauna e Flora em perigo de extinção – Cites (por formulário)	21,00
1.3. Licença ou renovação para exposição ou concurso de animais silvestres (por formulário)	32,00
1.4. Licença para importação, exportação ou reexportação de animais vivos, partes, produtos e derivados da fauna para criadouros científicos e pesquisadores ligados a instituições públicas de pesquisa e zoológicos públicos	ISENTO
1.5. Licença para importação, exportação ou reexportação de animais vivos, partes, produtos e derivados da fauna:	
1.5.1. Por formulário de até 14 itens	37,00
1.5.2. Por formulário adicional	6,00
2. LICENCIAMENTO AMBIENTAL	
2.1. Criadouro de espécimes da fauna exótica para fins comerciais:	
2.1.1. Pessoa física	600,00
2.1.2. Microempresa	800,00
2.1.3. Demais empresas	1.200,00
2.2. Mantenedor de fauna exótica:	
2.2.1. Pessoa física	300,00
2.2.2. Microempresa	400,00
2.2.3. Demais empresas	500,00
2.3. Importador de animais vivos, abatidos, partes, produtos e subprodutos da fauna silvestre brasileira e exótica:	
2.3.1. Microempresa	500,00
2.3.2. Demais empresas	600,00
2.4. Circo:	
2.4.1. Microempresa	300,00
2.4.2. Demais empresas	600,00
Obs.: O licenciamento ambiental da fauna será renovável a cada dois anos	

Descrição	Valor (R$)
3. REGISTRO	
3.1. Criadouros de espécies da fauna brasileira para fins científicos:	
3.1.1. Vinculados a instituições públicas de pesquisas	ISENTO
3.1.2. Não vinculados	100,00
3.2. Criadouros de espécies da fauna brasileira para fins comerciais:	
3.2.1. Categoria A – Pessoa Física	400,00
3.2.2. Categoria B – Pessoa Jurídica	300,00
3.3. Indústria de beneficiamento de peles, partes, produtos e derivados da fauna brasileira	400,00
3.4. Zoológico Público – Categorias A, B e C	ISENTO
3.5. Zoológico privado:	
3.5.1. Categorias A	300,00
3.5.2. Categorias B	350,00
3.5.3. Categorias C	400,00
3.6. Exportador de animais vivos, abatidos, partes, produtos e derivados da fauna	300,00
3.7. Importador de animais vivos, abatidos, partes, produtos e derivados da fauna	400,00
4. CAÇA AMADORISTA	
4.1. Liberação de armas e demais petrechos de caça	373,00
4.2. Autorização anual de caça amadorista de campo e licença de transporte das peças abatidas	300,00
4.3. Autorização anual de caça amadorista de banhado e licença de transporte das peças abatidas	300,00
4.4. Autorização de ingresso de caça abatida no exterior (por formulário)	319,00
5. VENDA DE PRODUTOS	
5.1. Selo de lacre de segurança para peles, partes, produtos e derivados da fauna	1,10
6. SERVIÇOS DIVERSOS	
6.1. Expedição ou renovação anual de carteira da fauna para sócios de clubes agrupados à Federação Ornitófila	30,00
6.2. Identificação ou marcação de espécimes da fauna (por unidade por ano)	16,00
II – FLORA	
1. LICENÇA E RENOVAÇÃO	
1.1. Licença ou renovação para exposição ou concurso de plantas ornamentais	53,00
1.2. Licença ou renovação para transporte nacional de flora brasileira, partes, produtos e derivados para jardins botânicos públicos e pesquisadores ligados a instituições públicas de pesquisa	ISENTO
1.3. Licença ou renovação para transporte nacional de flora exótica constante do Anexo I da Cites (por formulário)	21,00
1.4. Licença ou renovação para importação, exportação ou reexportação de plantas vivas, partes, produtos e derivados da flora para jardins botânicos públicos e pesquisadores ligados a instituições públicas de pesquisa	ISENTO
1.5. Licença ou renovação para importação, exportação ou reexportação de plantas vivas, partes, produtos e derivados da flora:	
1.5.1. Por formulário de 14 itens	37,00
1.5.2. Por formulário adicional	6,00
1.6. Licença para porte e uso de motosserra - anual	30,00
2. AUTORIZAÇÃO	
2.1. Autorização para uso do fogo em queimada controlada:	
2.1.1. Sem vistoria	ISENTO
2.1.2. Com vistoria:	

Descrição	Valor (R$)
2.1.2.1. Queimada Comunitária:	
• Área até 13 hectares	3,50
• De 14 a 35 hectares	7,00
• De 36 a 60 hectares	10,50
• De 61 a 85 hectares	14,00
• De 86 a 110 hectares	17,50
• De 111 a 135 hectares	21,50
• De 136 a 150 hectares	25,50
2.1.2.2. Demais Queimadas Controladas:	
• Área até 13 hectares	3,50
• Acima de 13 hectares – por hectare autorizado	3,50
2.2. Autorização de Transporte para Produtos Florestais – ATPF	
2.2.1. Para lenha, rachas e lascas, palanques roliços, escoramentos, xaxim, óleos essenciais e carvão vegetal	5,00
2.2.2. Para demais produtos	10,00
2.3. Autorização para Consumo de Matéria-Prima Florestal – m³ consumido/ano Até 1.000 = (125,00 + Q x 0,0020) Reais 1.001 a 10.000 = (374,50 + Q x 0,0030) Reais 10.001 a 25.000 = (623,80 + Q x 0,0035) Reais 25.001 a 50.000 = (873,80 + Q x 0,0040) Reais 50.001 a 100.000 = (1.248,30 + Q x 0,0045) Reais 100.001 a 1.000.000 = (1.373,30 + Q x 0,0050) Reais 1.000.001 a 2.500.000 = (1.550,00 + Q x 0,0055) Reais Acima de 2.500.000 = 22.500,00 Reais Q = quantidade consumida em metros cúbicos	vide fórmula
3. VISTORIA	
3.1. Vistorias para fins de loteamento urbano	532,00
3.2. Vistoria prévia para implantação de Plano de Manejo Florestal Sustentado (área projetada):	
• Até 250 há	289,00
• Acima de 250 ha. - Valor = R$ 289,00 + R$ 0,55 por ha. excedente	vide fórmula
3.3. Vistoria de acompanhamento de Plano de Manejo Florestal Sustentado (área explorada):	
• Até 250 ha	289,00
• Acima de 250 ha. - Valor R$ 289,00 + R$ 0,55 por ha excedente	vide fórmula
3.4. Vistoria técnica para coleta de plantas ornamentais e medicinais (área a ser explorada):	
• Até 20 ha/ano	ISENTO
• De 21 a 50 ha/ano	160,00
• De 51 a 100 ha/ano	289,00
• Acima de 100 ha/ano - Valor = R$ 289,00 + R$ 0,55 por ha	vide fórmula
3.5. Vistoria para limpeza de área (área solicitada)	289,00
3.6. Vistoria técnica de desmatamento para uso alternativo do solo de projetos enquadrados no Programa Nacional de Agricultura Familiar - Pronaf ou no Programa de Financiamento à Conservação e Controle do Meio Ambiente - FNE VERDE (área a ser explorada):	
• Até Módulo Incra por ano	ISENTO
• Acima de Módulo Incra por ano - Valor = R$ 128,00 + R$ 0,55 por ha excedente	vide fórmula
3.7. Vistorias de implantação, acompanhamento e exploração de florestas plantadas, enriquecimento (palmito e outras frutíferas) e cancelamentos de projetos (por área a ser vistoriada):	
• Até 50 ha/ano	64,00
• De 51 a 100 ha/ano	117,00
• Acima de 100 ha/ano - Valor = R$ 289,00 + R$ 0,55 por ha excedente	vide fórmula

Descrição			Valor (R$)
3.8. Vistoria técnica para desmatamento para uso alternativo do solo e utilização de sua matéria-prima florestal:			
• Até 20 ha			ISENTO
• De 21 a 50 ha/ano			160,00
• De 51 a 100 ha/ano			289,00
• Acima de 100 ha/ano - Valor = R$ 289,00 + R$ 0,55 por ha excedente			vide fórmula
3.9. Vistoria para fins de averbação de área de Reserva Legal (sobre a área total da propriedade):			
• Até 100 ha/ano			ISENTO
• De 101 a 300 ha/ano			75,00
• De 301 a 500 ha/ano			122,00
• De 501 a 750 ha/ano			160,00
• Acima de 750 ha/ano - Valor = R$ 160,00 + R$ 0,21 por ha excedente			vide fórmula
Obs.: Quando a solicitação de vistoria para averbação de reserva legal for concomitante a outras vistorias (desmatamento, plano de manejo etc.), cobra-se pelo maior valor			
3.10. Vistoria de áreas degradadas em recuperação, de avaliação de danos ambientais em áreas antropizadas e em empreendimentos cujas áreas estão sujeitas a impacto ambiental – EIA/Rima:			
• até 250 ha/ano			289,00
• acima de 250 ha/ano – Valor = R$ 289,00 + R$ 0,55 por ha excedente			vide fórmula
3.11. Demais Vistorias Técnicas Florestais:			
• Até 250 ha/ano			289,00
• acima de 250 ha/ano – Valor = R$ 289,00 + R$ 0,55 por ha excedente			vide fórmula
4. INSPEÇÃO DE PRODUTOS E SUBPRODUTOS DA FLORA PARA EXPORTAÇÃO OU IMPORTAÇÃO			
4.1. Inspeção de espécies contingenciadas			ISENTO
4.2. Levantamento circunstanciado de áreas vinculados à reposição florestal e ao Plano Integrado Florestal, Plano de Corte e Resinagem (projetos vinculados e projetos de reflorestamento para implantação ou cancelamento):			
• até 250 ha/ano			289,00
• acima de 250 ha/ano - Valor = R$ 289,00 + R$ 0,55 por ha excedente			vide fórmula
5. OPTANTES DE REPOSIÇÃO FLORESTAL			
5.1. Valor por árvore			1,10
III - CONTROLE AMBIENTAL			
1. LICENÇA E RENOVAÇÃO			
1.1. Licença Ambiental ou Renovação			vide tabela
EMPRESA DE PEQUENO PORTE			
Impacto Ambiental	*Pequeno*	*Médio*	*Alto*
Licença Prévia	2.000,00	4.000,00	8.000,00
Licença de Instalação	5.600,00	11.200,00	22.400,00
Licença de Operação	2.800,00	5.600,00	11.200,00
EMPRESA DE PORTE MÉDIO			
Impacto Ambiental	*Pequeno*	*Médio*	*Alto*
Licença Prévia	2.800,00	5.600,00	11.200,00
Licença de Instalação	7.800,00	15.600,00	31,200,00
Licença de Operação	3.600,00	7.800,00	15.600,00
EMPRESA DE GRANDE PORTE			
Impacto Ambiental	*Pequeno*	*Médio*	*Alto*
Licença Prévia	4.000,00	8.000,00	16.000,00
Licença de Instalação	11.200,00	22.400,00	44.800,00
Licença de Operação	5.600,00	11.200,00	22.400,00
1.2. Licença para uso da configuração de veículo ou motor			vide fórmula
Valor = R$ 266,00 + N x R$ 1,00			
N = número de veículos comercializados no mercado interno – pagamento até o último dia do mês subsequente à comercialização			

Descrição	Valor (R$)
1.3. Licença de uso do Selo Ruído	266,00
1.4. Certidão de dispensa de Licença para uso da configuração de veículo ou motor por unidade.	266,00
1.5. Declaração de atendimento aos limites de ruídos	266,00
2. AVALIAÇÃO E ANÁLISE	
2.1. Análise de documentação técnica que subsidie a emissão de: Registros, Autorizações, Licenças, inclusive para supressão de vegetação em Áreas de Preservação Permanente e respectivas renovações: Valor = {K + [(A x B x C) + (D x A x E)]} A – Nº de Técnicos envolvidos na análise B – Nº de horas/homem necessárias para análise C – Valor em Reais da hora/homem dos técnicos envolvidos na análise + total de obrigações sociais (OS) = 84,71% sobre o valor da hora/homem D – Despesas com viagem E – Nº de viagens necessárias K – Despesas administrativas = 5% do somatório de (A x B x C) + (D x A x E)	vide fórmula
2.2. Avaliação e classificação do Potencial de Periculosidade Ambiental - PPA:	
2.2.1. Produto Técnico	22.363,00
2.2.2. Produto formulado	11.714,00
2.2.3. Produto Atípico	6.389,00
2.2.4. PPA complementar	2.130,00
2.2.5. Pequenas alterações	319,00
2.3. Conferência de documentação técnica para avaliação e registro de agrotóxicos e afins	319,00
2.4. Avaliação de eficiência de agrotóxicos e afins para registro	2.130,00
2.5. Reavaliação técnica de agrotóxicos (inclusão de novos usos)	3.195,00
2.6. Avaliação Ambiental Preliminar de Agrotóxicos, seus componentes e afins, com ou sem emissão de Certidão de Registro Especial Temporário:	
2.6.1. Fase 2	532,00
2.6.2. Fase 3	2.130,00
2.6.3. Fase 4	4.260,00
2.7. Avaliação/Classificação Ambiental de Produtos Biotecnológicos para fins de registro	6.389,00
2.8. Avaliação Ambiental de Preservativos de Madeira	4.260,00
2.9. Avaliação Ambiental de Organismos Geneticamente Modificados	22.363,00
3. AUTORIZAÇÃO	
3.1. Autorizações para supressão de vegetação em Área de Preservação Permanente: • Até 50 há • Acima de 50 há Valor = R$ 6.250,00 + (25,00 x Área que excede 50 ha)	133,00 vide fórmula
3.2. Autorização para importação, produção, comercialização e uso de mercúrio Valor = R$ 125,00 + (125,00 x 0,003 x QM) QM = quantidade de Mercúrio Metálico (medido em quilograma) importado, comercializado ou produzido por ano	vide fórmula
4. REGISTRO	
4.1. Proprietário e comerciante de motosserra	ISENTO
4.2. Registro de agrotóxicos, seus componentes e afins	1.278,00
4.3. Manutenção de registro ou da classificação do PPA (Classe I e II)	7.454,00
4.4. Manutenção de registro ou da classificação do PPA (Classe III e IV)	3.195,00
4.5. Registro ou renovação de produto preservativo de madeira	1.278,00
4.6. Registro de produtos que contenham organismos geneticamente modificados	1.278,00
4.7. Manutenção de registro de produtos que contenham organismos geneticamente modificados	5.325,00

ANEXO VIII
ATIVIDADES POTENCIALMENTE POLUIDORAS E UTILIZADORAS DE RECURSOS AMBIENTAIS

→ Anexo acrescentado pela Lei 10.165/2000.

Código	Categoria	Descrição	Pp/gu
01	Extração e Tratamento de Minerais	– pesquisa mineral com guia de utilização; lavra a céu aberto, inclusive de aluvião, com ou sem beneficiamento; lavra subterrânea com ou sem beneficiamento, lavra garimpeira, perfuração de poços e produção de petróleo e gás natural.	AAlto
02	Indústria de Produtos Minerais Não Metálicos	– beneficiamento de minerais não metálicos, não associados a extração; fabricação e elaboração de produtos minerais não metálicos tais como produção de material cerâmico, cimento, gesso, amianto, vidro e similares.	MMédio
03	Indústria Metalúrgica	– fabricação de aço e de produtos siderúrgicos, produção de fundidos de ferro e aço, forjados, arames, relaminados com ou sem tratamento; de superfície, inclusive galvanoplastia, metalurgia dos metais não ferrosos, em formas primárias e secundárias, inclusive ouro; produção de laminados, ligas, artefatos de metais não ferrosos com ou sem tratamento de superfície, inclusive galvanoplastia; relaminação de metais não ferrosos, inclusive ligas, produção de soldas e anodos; metalurgia de metais preciosos; metalurgia do pó, inclusive peças moldadas; fabricação de estruturas metálicas com ou sem tratamento de superfície, inclusive; galvanoplastia, fabricação de artefatos de ferro, aço e de metais não ferrosos com ou sem tratamento de superfície, inclusive galvanoplastia, têmpera e cementação de aço, recozimento de arames, tratamento de superfície.	AAlto
04	Indústria Mecânica	– fabricação de máquinas, aparelhos, peças, utensílios e acessórios com e sem tratamento térmico ou de superfície.	MMédio
05	Indústria de material Elétrico, Eletrônico e Comunicações	– fabricação de pilhas, baterias e outros acumuladores, fabricação de material elétrico, eletrônico e equipamentos para telecomunicação e informática; fabricação de aparelhos elétricos e eletrodomésticos.	MMédio
06	Indústria de Material de Transporte	– fabricação e montagem de veículos rodoviários e ferroviários, peças e acessórios; fabricação e montagem de aeronaves; fabricação e reparo de embarcações e estruturas flutuantes.	MMédio
07	Indústria de Madeira	– serraria e desdobramento de madeira; preservação de madeira; fabricação de chapas, placas de madeira aglomerada, prensada e compensada; fabricação de estruturas de madeira e de móveis.	Médio
08	Indústria de Papel e Celulose	– fabricação de celulose e pasta mecânica; fabricação de papel e papelão; fabricação de artefatos de papel, papelão, cartolina, cartão e fibra prensada.	Alto
09	Indústria de Borracha	– beneficiamento de borracha natural, fabricação de câmara de ar, fabricação e recondicionamento de pneumáticos; fabricação de laminados e fios de borracha; fabricação de espuma de borracha e de artefatos de espuma de borracha, inclusive látex.	Pequeno
10	Indústria de Couros e Peles	– secagem e salga de couros e peles, curtimento e outras preparações de couros e peles; fabricação de artefatos diversos de couros e peles; fabricação de cola animal.	Alto
11	Indústria Têxtil, de Vestuário, Calçados e Artefatos de Tecidos	– beneficiamento de fibras têxteis, vegetais, de origem animal e sintéticos; fabricação e acabamento de fios e tecidos; tingimento, estamparia e outros acabamentos em peças do vestuário e artigos diversos de tecidos; fabricação de calçados e componentes para calçados.	Médio
12	Indústria de Produtos de Matéria Plástica	– fabricação de laminados plásticos, fabricação de artefatos de material plástico.	Pequeno
13	Indústria do Fumo	– fabricação de cigarros, charutos, cigarrilhas e outras atividades de beneficiamento do fumo.	Médio
14	Indústrias Diversas	– usinas de produção de concreto e de asfalto.	Pequeno

Código	Categoria	Descrição	Pp/gu
15	Indústria Química	– produção de substâncias e fabricação de produtos químicos, fabricação de produtos derivados do processamento de petróleo, de rochas betuminosas e da madeira; fabricação de combustíveis não derivados de petróleo, produção de óleos, gorduras, ceras, vegetais e animais, óleos essenciais, vegetais e produtos similares, da destilação da madeira, fabricação de resinas e de fibras e fios artificiais e sintéticos e de borracha e látex sintéticos, fabricação de pólvora, explosivos, detonantes, munição para caça e desporto, fósforo de segurança e artigos pirotécnicos; recuperação e refino de solventes, óleos minerais, vegetais e animais; fabricação de concentrados aromáticos naturais, artificiais e sintéticos; fabricação de preparados para limpeza e polimento, desinfetantes, inseticidas, germicidas e fungicidas; fabricação de tintas, esmaltes, lacas, vernizes, impermeabilizantes, solventes e secantes; fabricação de fertilizantes e agroquímicos; fabricação de produtos farmacêuticos e veterinários; fabricação de sabões, detergentes e velas; fabricação de perfumarias e cosméticos; produção de álcool etílico, metanol e similares.	Alto
16	Indústria de Produtos Alimentares e Bebidas	– beneficiamento, moagem, torrefação e fabricação de produtos alimentares; matadouros, abatedouros, frigoríficos, charqueadas e derivados de origem animal; fabricação de conservas; preparação de pescados e fabricação de conservas de pescados; beneficiamento e industrialização de leite e derivados; fabricação e refinação de açúcar; refino e preparação de óleo e gorduras vegetais; produção de manteiga, cacau, gorduras de origem animal para alimentação; fabricação de fermentos e leveduras; fabricação de rações balanceadas e de alimentos preparados para animais; fabricação de vinhos e vinagre; fabricação de cervejas, chopes e maltes; fabricação de bebidas não alcoólicas, bem como engarrafamento e gaseificação e águas minerais; fabricação de bebidas alcoólicas.	Médio
17	Serviços de Utilidade	– produção de energia termoelétrica; tratamento e destinação de resíduos industriais líquidos e sólidos; disposição de resíduos especiais tais como: de agroquímicos e suas embalagens; usadas e de serviço de saúde e similares; destinação de resíduos de esgotos sanitários e de resíduos sólidos urbanos, inclusive aqueles provenientes de fossas; dragagem e derrocamentos em corpos d'água; recuperação de áreas contaminadas ou degradadas.	Médio
18	Transporte, Terminais, Depósitos e Comércio	– transporte de cargas perigosas, transporte por dutos; marinas, portos e aeroportos; terminais de minério, petróleo e derivados e produtos químicos; depósitos de produtos químicos e produtos perigosos; comércio de combustíveis, derivados de petróleo e produtos químicos e produtos perigosos.	Alto
19	Turismo	– complexos turísticos e de lazer, inclusive parques temáticos.	Pequeno
20	Uso de Recursos Naturais	Silvicultura; exploração econômica da madeira ou lenha e subprodutos florestais; importação ou exportação da fauna e flora nativas brasileiras; atividade de criação e exploração econômica de fauna exótica e de fauna silvestre; utilização do patrimônio genético natural; exploração de recursos aquáticos vivos; introdução de espécies exóticas, exceto para melhoramento genético vegetal e uso na agricultura; introdução de espécies geneticamente modificadas previamente identificadas pela CTNBio como potencialmente causadoras de significativa degradação do meio ambiente; uso da diversidade biológica pela biotecnologia em atividades previamente identificadas pela CTNBio como potencialmente causadoras de significativa degradação do meio ambiente.	Médio
21	*(Vetado)*	x	x
22	*(Vetado)*	x	x

→ Código 20 com redação alterada pela Lei 11.105/2005.

ANEXO IX

VALORES, EM REAIS, DEVIDOS A TÍTULOS DE TCFA POR ESTABELECIMENTO POR TRIMESTRE

→ Anexo acrescentado pela Lei 10.165/2000.

Potencial de Poluição, Grau de Utilização de Recursos Naturais	Pessoa Física	Microempresa	Empresa de Pequeno Porte	Empresa de Médio Porte	Empresa de Grande Porte
Pequeno	-	-	112,50	225,00	450,00
Médio	-	-	180,00	360,00	900,00
Alto	-	50,00	225,00	450,00	2.250,00

LEI 7.170, DE 14 DE DEZEMBRO DE 1983

Define os crimes contra a segurança nacional, a ordem política e social, estabelece seu processo e julgamento e dá outras providências.

O Presidente da República:

Faço saber que o Congresso Nacional decreta e eu sanciono a seguinte Lei:

Título I Disposições gerais

Art. 1º Esta Lei prevê os crimes que lesam ou expõem a perigo de lesão:

I – a integridade territorial e a soberania nacional;

II – o regime representativo e democrático, a Federação e o Estado de Direito;

III – a pessoa dos Chefes dos Poderes da União.

Art. 2º Quando o fato estiver também previsto como crime no Código Penal, no Código Penal Militar ou em leis especiais, levar-se-ão em conta, para a aplicação desta Lei:

I – a motivação e os objetivos do agente;

II – a lesão real ou potencial aos bens jurídicos mencionados no artigo anterior.

Art. 3º Pune-se a tentativa com a pena correspondente ao crime consumado, reduzida de 1 (um) a 2/3 (dois terços), quando não houver expressa previsão e cominação específica para a figura tentada.

→ *v.* Art. 14, II, do CP.

Parágrafo único. O agente que, voluntariamente, desiste de prosseguir na execução, ou impede que o resultado se produza, só responde pelos atos já praticados.

→ *v.* Arts. 15 e 16 do CP.

Art. 4º São circunstâncias que sempre agravam a pena, quando não elementares do crime:

I – ser o agente reincidente;

→ *v.* Art. 63 do CP.

II – ter o agente:

a) praticado o crime com o auxílio, de qualquer espécie, de governo, organização internacional ou grupos estrangeiros;

b) promovido, organizado ou dirigido a atividade dos demais, no caso do concurso de agentes.

→ *v.* Art. 29 do CP.

Art. 5º Em tempo de paz, a execução da pena privativa da liberdade, não superior a 2 (dois) anos, pode ser suspensa, por 2 (dois) a 6 (seis) anos, desde que:

I – o condenado não seja reincidente em crime doloso, salvo o disposto no § 1º, do art. 71, do Código Penal Militar;

II – os seus antecedentes e personalidade, os motivos e as circunstâncias do crime, bem como sua conduta posterior, autorizem a presunção de que não tornará a delinquir.

→ *v.* Art. 77, II, do CP.

→ *v.* Art. 84, I, do CPM.

Parágrafo único. A sentença especificará as condições a que fica subordinada a suspensão.

Art. 6º Extingue-se a punibilidade dos crimes previstos nesta Lei:

I – pela morte do agente;

→ *v.* Art. 107, I, do CP.

→ *v.* Art. 123, I, do CPM.

II – pela anistia ou indulto;

→ *v.* Art. 107, II, do CP.

→ *v.* Art. 123, II, do CPM.

III – pela retroatividade da lei que não mais considera o fato como criminoso;

→ *v.* Art. 107, III, do CP.

→ *v.* Art. 123, III, do CPM.

IV – pela prescrição.

→ *v.* Art. 109 do CP.

→ *v.* Art. 123, IV, do CPM.

Art. 7º Na aplicação desta Lei, observar-se-á, no que couber, a Parte Geral do Código Penal Militar e, subsidiariamente, a sua Parte Especial.

Parágrafo único. Os menores de 18 anos são penalmente inimputáveis, ficando sujeitos às normas estabelecidas na legislação especial.

→ *v.* Art. 26 do CP.

→ *v.* Art. 50 do CPM.

Título II Dos crimes e das penas

Art. 8º Entrar em entendimento ou negociação com governo ou grupo estrangeiro, ou seus agentes, para provocar guerra ou atos de hostilidade contra o Brasil:

Pena – reclusão, de 3 (três) a 15 (quinze) anos.

Parágrafo único. Ocorrendo a guerra ou sendo desencadeados os atos de hostilidade, a pena aumenta-se até o dobro.

Art. 9º Tentar submeter o território nacional, ou parte dele, ao domínio ou à soberania de outro país:

Pena – reclusão, de 4 (quatro) a 20 (vinte) anos.

Parágrafo único. Se do fato resulta lesão corporal grave, a pena aumenta-se até 1/3 (um terço); se resulta morte, aumenta-se até a metade.

Art. 10. Aliciar indivíduos de outro país para invasão do território nacional:

Pena – reclusão, de 3 (três) a 10 (dez) anos.

Parágrafo único. Ocorrendo a invasão, a pena aumenta-se até o dobro.

Art. 11. Tentar desmembrar parte do território nacional para constituir país independente:

Pena – reclusão, de 4 (quatro) a 12 (doze) anos.

Art. 12. Importar ou introduzir, no território nacional, por qualquer forma, sem autorização da autoridade federal competente, armamento ou material militar privativo das Forças Armadas:

Pena – reclusão, de 3 (três) a 10 (dez) anos.

Parágrafo único. Na mesma pena incorre quem, sem autorização legal, fabrica, vende, transporta, recebe, oculta, mantém em depósito ou distribui o armamento ou material militar de que trata este artigo.

Art. 13. Comunicar, entregar ou permitir a comunicação ou a entrega, a governo ou grupo estrangeiro, ou a organização ou grupo de existência ilegal de dados, documentos ou cópias de documentos, planos, códigos, cifras ou assuntos que, no interesse do Estado Brasileiro, são classificados como sigilosos:

→ *v.* Arts. 152 e 153, § 1º-A, do CP.

Pena – reclusão, de 3 (três) a 15 (quinze) anos.

Parágrafo único. Incorre na mesma pena quem:

I – com o objetivo de realizar os atos previstos neste artigo, mantém serviço de espionagem ou dele participa;

II – com o mesmo objetivo, realiza atividade aerofotográfica ou de sensoreamento remoto, em qualquer parte do território nacional;

III – oculta ou presta auxílio a espião, sabendo-o tal, para subtraí-lo à ação da autoridade pública;

IV – obtém ou revela, para fim de espionagem, desenhos, projetos, fotografias, notícias ou informações a respeito de técnicas, de tecnologias, de componentes, de equipamentos, de instalações ou de sistemas de processamento automatizado de dados, em uso ou em desenvolvimento no País, que, reputados essenciais para a sua defesa, segurança ou economia, devem permanecer em segredo.

Art. 14. Facilitar, culposamente, a prática de qualquer dos crimes previstos nos arts. 12 e 13 e seus parágrafos:

→ *v.* Art. 18, II, do CP.

Pena – detenção, de 1 (um) a 5 (cinco) anos.

Art. 15. Praticar sabotagem contra instalações militares, meios de comunicações, meios e vias de transporte, estaleiros, portos, aeroportos, fábricas, usinas, barragens, depósitos e outras instalações congêneres:

→ *v.* Arts. 260, IV, e 265 do CP.

Pena – reclusão, de 3 (três) a 10 (dez) anos.

§ 1º Se do fato resulta:

a) lesão corporal grave, a pena aumenta-se até a metade;

→ *v.* Art. 129, § 1º, do CP.

b) dano, destruição ou neutralização de meios de defesa ou de segurança; paralisação, total ou parcial, de atividade ou serviços públicos reputados essenciais para a defesa, a segurança ou a economia do País, a pena aumenta-se até o dobro;

→ *v.* Art. 10 da Lei 7.783/1989.

c) morte, a pena aumenta-se até o triplo.

§ 2º Punem-se os atos preparatórios de sabotagem com a pena deste artigo reduzida de 2/3 (dois terços), se o fato não constitui crime mais grave.

→ *v.* Art. 31 do CP.

Art. 16. Integrar ou manter associação, partido, comitê, entidade de classe ou grupamento que tenha por objetivo a mudança do regime vigente ou do Estado de Direito, por meios violentos ou com emprego de grave ameaça:

Pena – reclusão, de 1 (um) a 5 (cinco) anos.

Art. 17. Tentar mudar, com emprego de violência ou grave ameaça, a ordem, o regime vigente ou o Estado de Direito:

Pena – reclusão, de 3 (três) a 15 (quinze) anos.

Parágrafo único. Se do fato resulta lesão corporal grave, a pena aumenta-se até a metade; se resulta morte, aumenta-se até o dobro.

→ *v.* Art. 129, §§ 1º a 3º, do CP.

Art. 18. Tentar impedir, com emprego de violência ou grave ameaça, o livre exercício de qualquer dos Poderes da União ou dos Estados:

Pena – reclusão, de 2 (dois) a 6 (seis) anos.

Art. 19. Apoderar-se ou exercer o controle de aeronave, embarcação ou veículo de transporte coletivo, com emprego de violência ou grave ameaça à tripulação ou a passageiros.

Pena – reclusão, de 2 (dois) a 10 (dez) anos.

Parágrafo único. Se do fato resulta lesão corporal grave, a pena aumenta-se até o dobro; se resulta morte, aumenta-se até o triplo.

Art. 20. Devastar, saquear, extorquir, roubar, sequestrar, manter em cárcere privado, incendiar, depredar, provocar explosão, praticar atentado pessoal ou atos de terrorismo, por inconformismo político ou para obtenção de fundos destinados à manutenção de organizações políticas clandestinas ou subversivas:

Pena – reclusão, de 3 (três) a 10 (dez) anos.

Parágrafo único. Se do fato resulta lesão corporal grave, a pena aumenta-se até o dobro; se resulta morte, aumenta-se até o triplo.

Art. 21. Revelar segredo obtido em razão de cargo, emprego ou função pública, relativamente a planos, ações ou operações militares ou policiais contra rebeldes, insurretos ou revolucionários:

→ *v.* Arts. 153, § 1º-A, e 325 do CP.

Pena – reclusão, de 2 (dois) a 10 (dez) anos.

Art. 22. Fazer, em público, propaganda:

I – de processos violentos ou ilegais para alteração da ordem política ou social;

II – de discriminação racial, de luta pela violência entre as classes sociais, de perseguição religiosa;

→ *v.* Art. 140, § 3º, do CP.

III – de guerra;

IV – de qualquer dos crimes previstos nesta Lei:

Pena – detenção, de 1 (um) a 4 (quatro) anos.

§ 1º A pena é aumentada de 1/3 (um terço) quando a propaganda for feita em local de trabalho ou por meio de rádio ou televisão.

§ 2º Sujeita-se à mesma pena quem distribui ou redistribui:

a) fundos destinados a realizar a propaganda de que trata este artigo;

b) ostensiva ou clandestinamente boletins ou panfletos contendo a mesma propaganda.

§ 3º Não constitui propaganda criminosa a exposição, a crítica ou o debate de quaisquer doutrinas.

Art. 23. Incitar:

I – à subversão da ordem política ou social;

II – à animosidade entre as Forças Armadas ou entre estas e as classes sociais ou as instituições civis;

III – à luta com violência entre as classes sociais;

IV – à prática de qualquer dos crimes previstos nesta Lei:

→ *v.* Art. 286 do CP.

Pena – reclusão, de 1 (um) a 4 (quatro) anos.

Art. 24. Constituir, integrar ou manter organização ilegal de tipo militar, de qualquer forma ou natureza, armada ou não, com ou sem fardamento, com finalidade combativa.

Pena – reclusão, de 2 (dois) a 8 (oito) anos.

Art. 25. Fazer funcionar, de fato, ainda que sob falso nome ou forma simulada, partido político ou associação dissolvidos por força de disposição legal ou decisão judicial:

Pena – reclusão, de 1 (um) a 5 (cinco) anos.

Art. 26. Caluniar ou difamar o Presidente da República, o do Senado Federal, o da Câmara dos Deputados ou o do Supremo Tribunal Federal, imputando-lhes fato definido como crime ou fato ofensivo à reputação:

→ *v.* Art. 141 do CP.

Pena – reclusão, de 1 (um) a 4 (quatro) anos.

Parágrafo único. Na mesma pena incorre quem, conhecendo o caráter ilícito da imputação, a propala ou divulga.

Art. 27. Ofender a integridade corporal ou a saúde de qualquer das autoridades mencionadas no artigo anterior:

Pena – reclusão, de 1 (um) a 3 (três) anos.

§ 1º Se a lesão é grave, aplica-se a pena de reclusão de 3 (três) a 15 (quinze) anos.

§ 2º Se da lesão resulta a morte e as circunstâncias evidenciam que este resultado pode ser atribuído a título de culpa ao agente, a pena é aumentada até 1/3 (um terço).

Art. 28. Atentar contra a liberdade pessoal de qualquer das autoridades referidas no art. 26:

Pena – reclusão, de 4 (quatro) a 12 (doze) anos.

Art. 29. Matar qualquer das autoridades referidas no art. 26:

Pena – reclusão, de 15 (quinze) a 30 (trinta) anos.

→ *v.* Art. 121 do CP.

Título III
Da competência, do processo e das normas especiais de procedimento

Art. 30. Compete à Justiça Militar processar e julgar os crimes previstos nesta Lei, com observância das normas estabelecidas no Código de Processo Penal Militar, no que não colidirem com disposição desta Lei, ressalvada a competência originária do Supremo Tribunal Federal nos casos previstos na Constituição.

→ *v.* Art. 109, IV, da CF/1988.

→ *v.* Art. 1º, IV, do CPP.

Parágrafo único. A ação penal é pública, promovendo-a o Ministério Público.

→ *v.* Art. 100 do CP.

→ *v.* Art. 257, I, do CPP.

Art. 31. Para apuração de fato que configure crime previsto nesta Lei, instaurar-se-á inquérito policial, pela Polícia Federal:

→ *v.* Art. 5º do CPP.

I – de ofício;

II – mediante requisição do Ministério Público;

III – mediante requisição de autoridade militar responsável pela segurança interna;

IV – mediante requisição do Ministro da Justiça.

Parágrafo único. Poderá a União delegar, mediante convênio, a Estado, ao Distrito Federal ou a Território, atribuições para a realização do inquérito referido neste artigo.

Art. 32. Será instaurado inquérito Policial-Militar se o agente for militar ou assemelhado, ou quando o crime:

→ *v.* Art. 9º e ss. do CPPM.

I – lesar patrimônio sob administração militar;

II – for praticado em lugar diretamente sujeito à administração militar ou contra militar ou assemelhado em serviço;

III – for praticado nas regiões alcançadas pela decretação do estado de emergência ou do estado de sítio.

Art. 33. Durante as investigações, a autoridade de que presidir o inquérito poderá manter o indiciado preso ou sob custódia, pelo prazo de 15 (quinze) dias, comunicando imediatamente o fato ao juízo competente.

→ *v.* Art. 5º, LIV e LXV, da CF/1988.

§ 1º Em caso de justificada necessidade, esse prazo poderá ser dilatado por mais 15 (quinze) dias, por decisão do juiz, a pedido do encarregado do inquérito, ouvido o Ministério Público.

§ 2º A incomunicabilidade do indiciado, no período inicial das investigações, será permitida pelo prazo improrrogável de, no máximo, 5 (cinco) dias.

→ *v.* Art. 136, § 3º, IV, da CF/1988.

§ 3º O preso ou custodiado deverá ser recolhido e mantido em lugar diverso do destinado aos presos por crimes comuns, com estrita observância do disposto nos arts. 237 a 242 do Código de Processo Penal Militar.

§ 4º Em qualquer fase do inquérito, a requerimento da defesa, do indiciado, de seu cônjuge, descendente ou ascendente, será realizado exame na pessoa do indiciado para verificação de sua integridade física e mental; uma via do laudo, elaborado por dois peritos médicos e instruída com fotografias, será juntada aos autos do inquérito.

→ *v.* Art. 159 do CPP.

§ 5º Esgotado o prazo de 15 (quinze) dias de prisão ou custódia ou de sua eventual prorrogação, o indiciado será imediatamente libertado, salvo se decretada prisão preventiva, a requerimento do encarregado do inquérito ou do órgão do Ministério Público.

→ *v.* Art. 312 do CPP.

§ 6º O tempo de prisão ou custódia será computado no de execução da pena privativa de liberdade.

Art. 34. Esta Lei entra em vigor na data de sua publicação.

Art. 35. Revogam-se a Lei 6.620, de 17 de dezembro de 1978, e demais disposições em contrário.

Brasília, 14 de dezembro de 1983; 162º da Independência e 95º da República.

João Figueiredo

(Publicação no *D.O.U.* de 15.12.1983)

LEI 7.209,
DE 11 DE JULHO DE 1984

Altera dispositivos do Dec.-lei 2.848, de 7 de dezembro de 1940 – Código Penal, e dá outras providências.

O Presidente da República:

Faço saber que o Congresso Nacional decreta e que sanciono a seguinte Lei:

Art. 1º O Decreto-lei 2.848, de 7 de dezembro de 1940 – Código Penal, passa a vigorar com as seguintes alterações:

→ Todas as alterações previstas neste artigo foram processadas no texto do referido Dec.-lei 2.848/1940 – Código Penal.

Art. 2º São canceladas, na Parte Especial do Código Penal e nas leis especiais alcançadas pelo art. 12 do Código Penal, quaisquer referências a valores de multas, substituindo-se a expressão multa de por multa.

Art. 3º Dentro de 1 (um) ano, a contar da vigência desta Lei, a União, Estados, Distrito Federal e Territórios tomarão as providências necessárias para a efetiva execução das penas restritivas de direitos, sem prejuízo da imediata aplicação e do cumprimento dessas penas onde seja isso possível.

Parágrafo único. Nas comarcas onde ainda não for possível a execução das penas previstas nos incisos I e III do art. 43 do Código Penal, poderá o juiz, até o vencimento do prazo de que trata este artigo, optar pela concessão da suspensão condicional, observado, no que couber, o disposto nos arts. 77 a 82 do mesmo Código.

Art. 4º O Poder Executivo fará republicar o Código Penal com seu texto atualizado.

Art. 5º Esta Lei entra em vigor 6 (seis) meses após a data de sua publicação.

Brasília, em 11 de julho de 1984; 163º da Independência e 96º da República.

João Figueiredo

(Publicação no *D.O.U.* de 13.7.1984)

EXPOSIÇÃO DE MOTIVOS DA LEI DE EXECUÇÃO PENAL

EXPOSIÇÃO DE MOTIVOS 213, DE 9 DE MAIO DE 1983

(DO SENHOR MINISTRO DE ESTADO DA JUSTIÇA)

Excelentíssimo Senhor Presidente da República,

1. A edição de lei específica para regular a execução das penas e das medidas de segurança tem sido preconizada por numerosos especialistas.

2. Em 1933, a Comissão integrada por Cândido Mendes de Almeida, José Gabriel de Lemos Brito e Heitor Carrilho apresentou ao Governo o Anteprojeto de Código Penitenciário da República, encaminhado dois anos depois à Câmara dos Deputados por iniciativa da bancada da Paraíba, e cuja discussão ficou impedida com o advento do Estado Novo.

3. Em 1955 e 1963, respectivamente, os eminentes juristas Oscar Stevenson e Roberto Lyra traziam a lume os Anteprojetos de Código das Execuções Penais, que haviam elaborado, e que não chegaram à fase de revisão. Objetiva-se, então, à constitucionalidade da iniciativa da união para legislar sobre as regras jurídicas fundamentais do regime penitenciário, de molde a instituir no País uma política penal executiva.

4. Contentou-se, assim, o Governo da República com a sanção, em 2 de outubro de 1957, da Lei 3.274, que dispõe sobre as normas gerais de regime penitenciário.

5. Finalmente, em 29 de outubro de 1970 o Coordenador da Comissão de Estudos Legislativos, Professor José Carlos Moreira Alves, encaminhou ao Ministro Alfredo Buzaid o texto do Anteprojeto de Código das Execuções Penais elaborado pelo Professor Benjamim Moraes Filho, revisto por Comissão composta dos Professores José Frederico Marques, José Salgado Martins e José Carlos Moreira Alves.

6. Na Exposição de Motivos desse último Anteprojeto já se demonstrou com bastante clareza a pertinência constitucional da iniciativa da União para editar um Código de Execuções Penais.

7. Foi essa a posição que sustentamos no relatório da Comissão Parlamentar de Inquérito instituída em 1975 na Câmara dos Deputados para apurar a situação penitenciária do País. Acentuávamos, ali, que a doutrina evoluíra no sentido da constitucionalidade de um diploma federal regulador da execução, alijando, assim, argumentos impugnadores da iniciativa da União para legislar sobre as regras jurídicas fundamentais do regime penitenciário. Com efeito, se a etapa de cumprimento das penas ou medidas de segurança não se dissocia do Direito Penal, sendo, ao contrário, o esteio central de seu sistema, não há como sustentar a ideia de um Código Penal unitário e leis de regulamentos regionais de execução penal. Uma lei específica e abrangente atenderá a todos os problemas relacionados com a execução penal, equacionando matérias pertinentes aos organismos administrativos, à intervenção jurisdicional e, sobretudo, ao tratamento penal em suas diversas fases e estágios, demarcando, assim, os limites penais de segurança. Retirará, em suma, a execução penal do hiato de legalidade em que se encontra (*Diário do Congresso Nacional*, Suplemento ao n. 61, de 04.06.1976, p. 9).

8. O tema relativo à instituição de lei específica para regular a execução penal vincula-se à autonomia científica da disciplina, que em razão de sua modernidade não possui designação definitiva. Tem-se usado a denominação *Direito Penitenciário*, à semelhança dos penalistas franceses, embora se restrinja essa expressão à problemática do cárcere. Outras, de sentido mais abrangente, foram propostas, como *Direito Penal Executivo* por Roberto Lyra (*As execuções penais no Brasil*, Rio de Janeiro, 1963, p. 13) e *Direito Executivo Penal* por Ítalo Luder ("El principio de legalidad en la ejecución de la pena", *Revista del Centro de Estudios Criminológicos*, Mendoza, 1968, p. 29 e ss.).

9. Em nosso entendimento pode-se denominar esse ramo *Direito de Execução Penal*, para abrangência do conjunto das normas jurídicas relativas à execução das penas e das medidas de segurança (cf. Cuello Calón, *Derecho penal*, Barcelona, 1971, v. II, t. I, p. 773; Jorge de Figueiredo Dias, *Direito processual penal*, Coimbra, 1974, p. 37).

10. Vencida a crença histórica de que o direito regulador da execução é de índole predominantemente administrativa, deve-se reconhecer, em nome de sua própria autonomia, a impossibilidade de sua inteira submissão aos domínios do Direito Penal e do Direito Processual Penal.

11. Seria, por outro lado, inviável a pretensão de confinar em diplomas herméticos todas as situações jurídicas oriundas das relações estabelecidas por uma disciplina. Na Constituição existem normas processuais penais, como as proibições de detenção arbitrária, da pena de morte, da prisão perpétua e da prisão por dívida. A Constituição consagra ainda regras características da execução ao estabelecer a personalidade e a individualização da pena como garantias do homem perante o Estado. Também no Código Penal existem regras de execução, destacando-se, dentre elas, as pertinentes aos estágios de cumprimento da pena e respectivos regimes prisionais.

12. O Projeto reconhece o caráter material de muitas de suas normas. Não sendo, porém, regulamento penitenciário ou estatuto do presidiário, avoca todo o complexo de princípios e regras que delimitam e jurisdicionalizam a execução das medidas de reação criminal. A execução das penas e das medidas de segurança deixa de ser um Livro do Código de Processo para ingressar nos costumes jurídicos do País com a autonomia inerente à dignidade de um novo ramo jurídico: o Direito de Execução Penal.

DO OBJETO E DA APLICAÇÃO DA LEI DE EXECUÇÃO PENAL

13. Contém o art. 1º duas ordens de finalidades: a correta efetivação dos mandamentos existentes nas sentenças ou outras decisões, destinados a reprimir e a prevenir os delitos, e a oferta de meios pelos quais os apenados e os submetidos às medidas de segurança venham a ter participação construtiva na comunhão social.

14. Sem questionar profundamente a grande temática das finalidades de pena, curva-se o Projeto, na esteira das concepções menos sujeitas à polêmica doutrinária, ao princípio de que as penas e medidas de segurança devem realizar a *proteção dos bens jurídicos* e a *reincorporação do autor à comunidade*.

15. À autonomia do Direito de Execução Penal corresponde o exercício de uma jurisdição especializada, razão pela qual, no art. 2º, se estabelece que a "jurisdição penal dos juízes ou tribunais da justiça ordinária, em todo o território nacional, será exercida, no processo de execução, na conformidade desta lei e do Código de Processo Penal".

16. A aplicação dos princípios e regras do Direito Processual Penal constitui corolário lógico da interação existente entre o *direito de execução das penas e das medidas de segurança* e os demais ramos do ordenamento jurídico, principalmente os que regulam em caráter fundamental ou complementar os problemas postos pela execução.

17. A igualdade da aplicação da lei ao preso provisório e ao condenado pela Justiça Eleitoral ou Militar, quando recolhidos a estabelecimento sujeito à jurisdição ordinária, assegurada no parágrafo único do art. 2º, visa a impedir o tratamento discriminatório de presos ou internados submetidos a jurisdições diversas.

LEGISLAÇÃO

18. Com o texto agora proposto, desaparece a injustificável diversidade de tratamento disciplinar a presos recolhidos ao mesmo estabelecimento, aos quais se assegura idêntico regime jurídico.

19. *O princípio da legalidade* domina o corpo e o espírito do Projeto, de forma a impedir que o excesso ou o desvio da execução comprometem a dignidade e a humanidade do Direito Penal.

20. É comum, no cumprimento das penas privativas da liberdade, a privação ou a limitação de direitos inerentes ao patrimônio jurídico do homem e não alcançados pela sentença condenatória. Essa *hipertrofia da punição* não só viola medida da proporcionalidade, como se transforma em poderoso fator de reincidência, pela formação de focos criminógenos que propicia.

21. O Projeto torna obrigatória a extensão, a toda a comunidade carcerária, de direitos sociais, econômicos e culturais de que ora se beneficia uma restrita percentagem da população penitenciária, tais como segurança social, saúde, trabalho remunerado sob regime previdenciário, ensino e desportos.

22. Como reconhece Hilde Kaufman "la ejecución penal humanizada no sólo no pone en peligro la seguridad y el orden estatal, sino todo lo contrario. Mientras la ejecución penal humanizada es un apoyo del orden y la seguridad estatal, una ejecución penal deshumanizada atenta precisamente contra la seguridad estatal" (*Principios para la reforma de la ejecución penal*, Buenos Aires, 1977, p. 55).

23. Com a declaração de que não haverá nenhuma distinção de natureza racial, social, religiosa ou política, o Projeto contempla o princípio da isonomia, comum à nossa tradição jurídica.

24. Nenhum programa destinado a enfrentar os problemas referentes ao delito, ao delinquente e à pena se completaria sem o indispensável e contínuo apoio comunitário.

25. Muito além da passividade ou da ausência de reação quanto às vítimas mortas ou traumatizadas, a comunidade participa ativamente do procedimento da execução, quer através de um conselho, quer através das pessoas jurídicas ou naturais, que assistem ou fiscalizam não somente as reações penais em meio fechado (penas privativas da liberdade e medida de segurança detentiva) como também em meio livre (pena de multa e penas restritivas de direitos).

DA CLASSIFICAÇÃO DOS CONDENADOS

26. A classificação dos condenados é requisito fundamental para demarcar o início da execução científica das penas privativas da liberdade e da medida de segurança detentiva. Além de constituir a efetivação de antiga norma geral do regime penitenciário, a classificação é o desdobramento lógico do princípio da *personalidade da pena*, inserido entre os direitos e garantias constitucionais. A exigência dogmática da *proporcionalidade da pena* está igualmente atendida no processo de classificação, de modo que a cada sentenciado, conhecida a sua personalidade e analisado o fato cometido, corresponda o tratamento penitenciário adequado.

27. Reduzir-se-á a mera falácia o princípio da individualização da pena, com todas as proclamações otimistas sobre a recuperação social, se não for efetuado o exame de personalidade no início da execução, como fator determinante do tipo de tratamento penal, e se não forem registradas as mutações de comportamento ocorridas no itinerário da execução.

28. O Projeto cria Comissão Técnica de Classificação com atribuições específicas para elaborar o programa de individualização e acompanhar a execução das penas privativas da liberdade e restritivas de direitos. Cabe-lhe propor as progressões e as regressões dos regimes, bem como as conversões que constituem incidentes de execução resolvidos pela autoridade judiciária competente.

29. Fiel aos objetivos assinados ao dinamismo do procedimento executivo, o sistema atende não somente aos direitos do condenado, como também, e inseparavelmente, aos interesses da defesa social. O mérito do sentenciado é o critério que comanda a execução progressiva, mas o Projeto também exige o cumprimento de pelo menos um sexto do tempo da pena no regime inicial ou anterior. Com esta ressalva, limitam-se os abusos a que conduz a execução arbitrária das penas privativas da liberdade em manifesta ofensa aos interesses sociais. Através da progressão, evolui-se de regime mais rigoroso para outro mais brando (do regime fechado para o semiaberto, do semiaberto para o aberto). Na regressão dá-se o inverso, se ocorrer qualquer das hipóteses taxativamente previstas pelo Projeto, entre elas a prática de fato definido como crime doloso ou falta grave.

30. Em homenagem ao princípio da *presunção de inocência*, o exame criminológico, pelas suas peculiaridades de investigação, somente é admissível após declarada a culpa ou a periculosidade do sujeito. O exame é obrigatório para os condenados à pena privativa da liberdade em regime fechado.

31. A gravidade do fato delituoso ou as condições pessoais do agente, determinantes da execução em regime fechado, aconselham o exame criminológico, que se orientará no sentido de conhecer a inteligência, a vida afetiva e os princípios morais do preso, para determinar a sua inserção no grupo com o qual conviverá no curso da execução da pena.

32. A ausência de tal exame e de outras cautelas tem permitido a transferência de reclusos para o regime de semiliberdade ou de prisão-albergue, bem como a concessão de livramento condicional, sem que eles estivessem para tanto preparados, em flagrante desatenção aos interesses da segurança social.

33. Com a adoção do exame criminológico entre as regras obrigatórias da execução da pena privativa da liberdade em regime fechado, os projetos de reforma da Parte Geral do Código Penal e da Lei de Execução Penal eliminam a controvérsia ainda não exaurida na literatura internacional acerca do momento processual e dos tipos criminológicos de autores passíveis desta forma de exame. Os escritores brasileiros tiveram o ensejo de analisar mais concretamente este ângulo do problema com a edição do Anteprojeto do Código de Processo Penal elaborado pelo Professor José Frederico Marques, quando se previu o exame facultativo de categorias determinadas de delinquentes, no curso do processo ou, conforme a condição do autor, no período inicial do cumprimento da sentença (Álvaro Mayrink da Costa, *Exame criminológico*, São Paulo, 1972, p. 255 e ss.). As discussões amplamente travadas a partir de tais textos revelaram, que não obstante as naturais inquietações a propósito dos destinatários das investigações e da fase em que deve processá-las, a soma das divergências não afetou a convicção da necessidade desse tipo de exame para o conhecimento mais aprofundado não só da relação delito-delinquente, mas também da essência e da circunstância do evento anti-social.

34. O Projeto distingue o *exame criminológico do exame da personalidade* com a espécie do gênero. O primeiro parte do binômio delito-delinquente, numa interação de causa e efeito, tendo como objetivo a investigação médica, psicológica e social, como o reclamavam os pioneiros da Criminologia. O segundo consiste no inquérito sobre o agente para além do crime cometido. Constitui tarefa exigida em todo o curso do procedimento criminal e não apenas elemento característico da execução da pena ou da medida de segurança. Diferem também quanto ao método esses dois tipos de análise, sendo o exame de personalidade submetido a esquemas técnicos de maior profundidade nos campos morfológico, funcional e psíquico, como recomendam os mais prestigiados especialistas, entre eles Di Tullio (*Principi di criminologia generale e clinica*, Roma, V. Ed., p. 213 e ss.).

35. O exame criminológico e o dossiê de personalidade constituem pontos de conexão necessários entre a Criminologia e o Direito Penal, particularmente sob as perspectivas da causalidade e da prevenção do delito.

36. O trabalho a ser desenvolvido pela Comissão Técnica de Classificação não se limita, pois, ao exame de peças ou informações processuais, o que restringiria a visão do condenado a certo trecho de sua vida mas não a ela toda. Observando as prescrições éticas, a Comissão poderá entrevistar pessoas e requisitar às repartições ou estabelecimentos privados elementos de informação sobre o condenado, além de proceder a outras diligências e exames que reputar necessários.

37. Trata-se, portanto, de *individualizar* a observação como meio prático de identificar o tratamento penal adequado em contraste com a perspectiva massificante e segregadora, responsável pela avaliação feita "através das grades: 'olhando' para um delinquente por fora de sua natureza e distante de sua condição humana" (René Ariel Dotti, *Bases e alternativas para o sistema de penas*, Curitiba, 1980, p. 162/3).

DA ASSISTÊNCIA

38. A assistência aos condenados e aos internados é exigência básica para se conceber a pena e a medida de segurança como processo de diálogo entre os seus destinatários e a comunidade.

39. No Relatório da CPI do Sistema Penitenciário acentuamos que "a ação educativa individualizada ou a individualização da pena sobre a personalidade, requisito inafastável para a eficiência do tratamento penal, é obstaculizada na quase totalidade do sistema penitenciário brasileiro pela superlotação carcerária, que impede a classificação dos prisioneiros em grupo e sua consequente distribuição por estabelecimentos distintos, onde se concretize o tratamento adequado"... "Tem, pois, esta singularidade o que entre nós se denomina sistema penitenciário: constitui-se de uma rede de prisões destinadas ao confinamento do recluso, caracterizadas pela ausência de qualquer tipo de tratamento penal e penitenciárias entre as quais há esforços sistematizados no sentido da reeducação do delinquente. Singularidade, esta, vincada por característica extremamente discriminatória: a minoria ínfima da população carcerária, recolhida a instituições penitenciárias, tem assistência clínica, psiquiátrica e psicológica nas diversas fases da execução da pena, tem cela individual, trabalho e estudo, pratica esportes e tem recreação. A grande maioria, porém, vive confinada em celas, sem trabalho, sem estudos, sem qualquer assistência no sentido da ressocialização" (*Diário do Congresso Nacional*, Suplemento ao n. 61, de 4.6.1976, p. 2).

40. Para evitar esse tratamento discriminatório, o projeto institui no Capítulo II a assistência ao preso e ao internado, concebendo-a como dever do Estado, visando a prevenir o delito e a reincidência e a orientar o retorno ao convívio social. Enumera o art. 11 as espécies de assistência a que terão direito o preso e o internado – material, à saúde, jurídica, educacional, social e religiosa – e a forma de sua prestação pelos estabelecimentos prisionais, cobrindo-se, dessa forma, o *vazio legislativo* dominante neste setor.

41. Tornou-se necessário esclarecer em que consiste cada uma das espécies de assistência em obediência aos princípios e regras internacionais sobre os direitos da pessoa presa, especialmente as que defluem das *regras mínimas* da ONU.

42. Em virtude de sua importância prática e das projeções naturais sobre a atividade dos estabelecimentos penais, o tema da assistência foi dos mais discutidos durante o I Congresso Brasileiro de Política Criminal e Penitenciária (Brasília, 27 a 30.9.1981) por grande número de especialistas. Reconhecido o acerto das disposições contidas no Anteprojeto, nenhum dos participantes fez objeção à existência de textos claros sobre a matéria. Os debates se travaram em torno de seus pormenores e de seu alcance, o mesmo ocorrendo em relação às emendas recebidas pela Comissão Revisora.

43. O projeto garante assistência social à família do preso e do internado, consistente em orientação e amparo, quando necessários, estendendo à vítima essa forma de atendimento.

44. Nesta quadra da vida nacional, marcada pela extensão de benefícios previdenciários a faixas crescentes da população, devem ser incluídas entre os assistidos, por via de legislação específica, as famílias das vítimas, quando carentes de recursos. A perda ou lesão por elas sofrida não deixa de ter como causa a falência, ainda que ocasional, dos organismos de prevenção da segurança pública, mantidos pelo Estado. Se os Poderes Públicos se preocupam com os delinquentes, com mais razão devem preocupar-se com a vítima e sua família.

45. Adotam alguns países, além do diploma legal regulador da execução, lei específica sobre o processo de reintegrar à vida social as pessoas liberadas do regime penitenciário.

46. O Projeto unifica os sistemas. A legislação ora proposta, ao cuidar minuciosamente dos problemas da execução em geral, cuida também da questão do egresso, ao qual se estende a assistência social nele estabelecida.

47. Para impedir distorção na aplicação da lei, o Projeto reconhece como egresso o liberado definitivo, pelo prazo de um ano, a contar da saída do estabelecimento penal, e o liberado condicional, durante o período de prova (art. 26).

48. A assistência ao egresso consiste em orientação e apoio para reintegrá-lo à vida em liberdade e na concessão, se necessária, de alojamento e alimentação em estabelecimento adequado, por dois meses, prorrogável por uma única vez mediante comprovação idônea de esforço na obtenção de emprego.

DO TRABALHO

49. No Projeto de reforma da Parte Geral do Código Penal ficou previsto que o trabalho do preso "será sempre remunerado, sendo-lhe garantidos os benefícios da Previdência Social".

50. A remuneração obrigatória do trabalho prisional foi introduzida na Lei 6.416, de 1977, que estabeleceu também a forma de sua aplicação. O Projeto mantém o texto, ficando assim reproduzido o elenco das exigências pertinentes ao emprego da remuneração obtida pelo preso: na indenização dos danos causados pelo crime, desde que determinados judicialmente e não reparados por outros meios; na assistência à própria família, segundo a lei civil; em pequenas despesas pessoais; e na constituição de pecúlio, em caderneta de poupança, que lhe será entregue à saída do estabelecimento penal.

51. Acrescentou-se a essas obrigações a previsão do ressarcimento do Estado quanto às despesas de manutenção do condenado, em proporção a ser fixada e sem prejuízo da destinação prevista nas letras anteriores (art. 29, §§ 1º e 2º).

52. A remuneração é previamente estabelecida em tabela própria e não poderá ser inferior a três quartos do salário mínimo (art. 29).

53. Essas disposições colocam o trabalho penitenciário sob a proteção de um regime jurídico. Até agora, nas penitenciárias onde o trabalho prisional é obrigatório, o preso não recebe remuneração e seu trabalho não é tutelado contra riscos nem amparado por seguro social. Nos estabelecimentos prisionais de qualquer natureza, os Poderes Públicos têm-se valido das aptidões profissionais dos presos em trabalhos gratuitos.

54. O Projeto adota a ideia de que o trabalho penitenciário deve ser organizado de forma tão aproximada quanto possível do trabalho na sociedade. Admite, por isso, observado o grau de recuperação e os interesses da segurança pública, o trabalho externo do condenado, nos estágios finais de execução da pena.

55. O trabalho externo, de natureza excepcional, depende da aptidão, disciplina e responsabilidade do preso, além do cumprimento mínimo de um sexto da pena. Tais exigências impedirão o favor arbitrário, em prejuízo do sistema progressivo a que se submete a execução da pena. Evidenciado tal critério, o Projeto dispõe sobre os casos em que deve ser revogada a autorização para o trabalho externo.

56. O Projeto conceitua o trabalho dos condenados presos como dever social e condição de dignidade humana – tal como dispõe a Constituição, no art. 160, inciso II –, assentando-o em dupla finalidade: educativa e produtiva.

→ A referência é à Constituição de 1967, Emenda Constitucional de 1969.

57. Procurando, também nesse passo, reduzir as diferenças entre a vida nas prisões e a vida em liberdade, os textos propostos aplicam ao trabalho, tanto interno como externo, a organização, métodos e precauções relativas à segurança e à higiene, embora não esteja submetida essa forma de atividade à Consolidação das Leis do Trabalho, dada a inexistência de condição fundamental, de que o preso foi despojado pela sentença condenatória: a liberdade para a formação do contrato.

58. Evitando possíveis antagonismos entre a obrigação de trabalhar e o princípio da individualização da pena, o Projeto dispõe que a atividade laboral será destinada ao preso na medida de suas aptidões e capacidade. Serão levadas em conta a habitação, a condição pessoal e as necessidades futuras do preso, bem como as oportunidades oferecidas pelo mercado.

59. O conjunto de normas a que se subordinará o trabalho do preso, sua remuneração e forma de aplicação de seus frutos, sua higiene e segurança poderiam tornar-se inócuas sem a previsão de mudança radical em sua direção e gerência, de forma a protegê-lo ao mesmo tempo dos excessos da burocracia e da imprevisão comercial.

60. O Projeto dispõe que o trabalho nos estabelecimentos prisionais será gerenciado por fundação ou empresa pública dotada de autonomia administrativa, com a finalidade específica de se dedicar à formação profissional do condenado. Incumbirá a essa entidade promover e supervisionar a produção, financiá-la e comercializá-la, bem como encarregar-se das obrigações salariais.

61. O Projeto limita o artesanato sem expressão econômica, permitindo-o apenas nos presídios existentes em regiões de turismo.

62. Voltado para o objetivo de dar preparação profissional ao preso, o Projeto faculta aos órgãos da administração direta ou indireta da União, Estados, Territórios, Distrito Federal e Municípios a adquirir, com dispensa da concorrência pública, os bens ou produtos do trabalho prisional, sempre que não for possível ou recomendável realizar-se a venda a particulares.

DOS DEVERES

63. A instituição dos deveres gerais do preso (art. 38) e do conjunto de regras inerentes à boa convivência (art. 39) representa uma tomada de posição da lei em face do fenômeno da prisionalização, visando a depurá-lo, tanto quanto possível, das distorções e dos estigmas que encerra. Sem característica infamante ou aflitiva, os deveres do condenado se inserem no repertório normal das obrigações do apenado como ônus naturais da existência comunitária.

64. A especificação exaustiva atende ao interesse do condenado, cuja conduta passa a ser regulada mediante regras disciplinares claramente previstas.

DOS DIREITOS

65. Tornar-se-á inútil, contudo, a luta contra os efeitos nocivos da prisionalização, sem que se estabeleça a garantia jurídica dos direitos do condenado.

66. O Projeto declara que ao condenado e ao internado serão assegurados todos os direitos não atingidos pela sentença ou pela lei (art. 3º). Trata-se de proclamação formal de garantia, que ilumina todo o procedimento da execução.

67. A norma do art. 40, que impõe a todas as autoridades o respeito à integridade física e moral dos condenados e presos provisórios, reedita a garantia constitucional que integra a Constituição do Brasil desde 1967.

68. No estágio atual de revisão dos métodos e meios de execução penal, o reconhecimento dos direitos da pessoa presa configura exigência fundamental.

69. As regras mínimas da ONU, de 1955, têm como antecedentes remotos as disposições do Congresso de Londres, de 1872, e as da reunião de Berna, de 1926. Publicadas em 1929 no *Boletim da Comissão Internacional Penal Penitenciária*, essas disposições foram levadas ao exame do Congresso de Praga em 1930 e submetidas à Assembleia Geral da Liga das Nações, que as aprovou em 26 de setembro de 1934.

70. Concluída a 2ª Grande Guerra, foram várias as sugestões oferecidas pelos especialistas no sentido da refusão dos textos. Reconhecendo que nos últimos vinte anos se promovera acentuada mudança de ideias sobre a execução penal, a Comissão Internacional Penal Penitenciária propôs no Congresso de Berna de 1949 o reexame do elenco de direitos da pessoa presa. Multiplicaram-se, a partir de então, os debates e trabalhos sobre o tema. Finalmente, durante o I Congresso das Nações Unidas sobre a Prevenção do Delito e Tratamento do Delinquente, realizado em Genebra, em agosto de 1955, foram aprovadas as novas regras mínimas que progressivamente se têm positivado nas legislações dos países-membros.

71. O tema foi novamente abordado pelo Grupo Consultivo das Nações Unidas sobre Prevenção do Delito e Tratamento do Delinquente, que recomendou ao Secretário-Geral da ONU a necessidade de novas modificações nas regras estabelecidas, em face do progresso da doutrina sobre a proteção dos direitos humanos nos domínios da execução da pena (*Pacto Internacional de Direitos Civis e Políticos*, Nova Iorque, 1956).

72. Cumprindo determinação tomada no IV Congresso da ONU sobre Prevenção do Delito e Tratamento do Delinquente, realizado em Kioto, em 1970, a Assembleia Geral recomendou aos Estados-Membros, pela Resolução 2.858, de 20 de dezembro de 1971, reiterada pela Resolução 3.218, de 6 de novembro de 1974, a implementação das *regras mínimas* na administração das instituições penais e de correção. A propósito dessa luta pelos direitos da pessoa presa, retomada, ainda, no V Congresso da ONU, realizado em Genebra, em 1975, merecem leitura a pesquisa e os comentários de Heleno Fragoso, Yolanda Catão e Elisabeth Sussekind, em *Direitos dos presos*, Rio de Janeiro, 1980, p. 17 e ss.

73. As *regras mínimas* da ONU constituem a expressão de valores universais tidos como imutáveis no patrimônio jurídico do homem. Paul Cornil observa a semelhança entre a redação do texto final de 1955 e as recomendações ditadas por John Howard dois séculos antes, afirmando que são "assombrosas as analogias entre ambos os textos" (Las reglas internacionales para el tratamiento de los delincuentes, *Revista Internacional de Política Criminal*, México, 1968, 26, p. 7).

74. A declaração desses direitos não pode conservar-se, porém, como corpo de regras meramente programáticas. O problema central está na conversão das *regras em direitos* do prisioneiro, positivados através de preceitos e sanções.

75. O Projeto indica com clareza e precisão o repertório dos direitos do condenado, a fim de evitar a fluidez e as incertezas resultantes de textos vagos ou omissos: alimentação suficiente e vestuário; atribuição de trabalho e sua remuneração; previdência social; constituição de pecúlio; proporcionalidade na distribuição do tempo para o trabalho, o descanso e a recreação; exercício das atividades profissionais, intelectuais, artísticas e desportivas anteriores, quando compatíveis com a execução da pena; assistência material, à saúde, jurídica, educacional, social e religiosa; proteção contra qualquer forma de sensacionalismo; entrevista pessoal e reservada com o advogado; visita do cônjuge, da companheira, de parentes e amigos; chamamento nominal; igualdade de tratamento; audiência com o diretor do estabelecimento; representação e petição a qualquer autoridade em defesa de direito; contato com o mundo exterior através de correspondência escrita, da leitura e de outros meios de informação (art. 41).

76. Esse repertório, de notável importância para o habitante do sistema prisional, seja ele condenado ou preso provisório, imputável, semi-imputável ou inimputável, se harmoniza não somente com as declarações internacionais de direitos mas também com os princípios subjacentes ou expressos de nosso sistema jurídico e ainda com o pensamento e ideias dos penitenciaristas (Jason Soares de Albergaria, *Os direitos do homem no processo penal e na execução da pena*, Belo Horizonte, 1975).

DA DISCIPLINA

77. O Projeto enfrenta de maneira adequada a tormentosa questão da disciplina. Consagra o princípio da reserva legal e defende os condenados e presos provisórios das sanções coletivas ou das que possam colocar em perigo sua integridade física, vedando, ainda, o emprego da chamada *cela escura* (art. 45 e §§).

78. Na Comissão Parlamentar de Inquérito que levantou a situação penitenciária do País, chegamos à conclusão de que a disciplina tem sido considerada "matéria vaga por excelência, dada a interveniência de dois fatores: o da superposição da vontade do diretor ou guarda ao texto disciplinar e o da concepção dominantemente repressiva do texto. Com efeito, cumulativamente atribuídos à direção de cada estabelecimento prisional a competência para elaborar o seu código disciplinar e o poder de executá-lo, podem as normas alterar-se a cada conjuntura e se substituírem as penas segundo um conceito variável de necessidade, o que importa, afinal, na prevalência de vontades pessoais sobre a eficácia da norma disciplinar. O regime disciplinar, por seu turno, tem visado à conquista da obediência pelo império da punição, sem a tônica da preocupação com o despertar do senso de responsabilidade e da capacidade de autodomínio do paciente" (*Diário do Congresso Nacional*, Suplemento ao n. 61, de 6.4.1976, p. 6).

79. O Projeto confia a enumeração das faltas leves e médias, bem como as respectivas sanções, ao poder discricionário do legislador local. As peculiaridades de cada região, o tipo de criminalidade, mutante quanto aos meios e modos de execução, a natureza do bem jurídico ofendido e outros aspectos sugerem tratamentos disciplinares que se harmonizem com as características do ambiente.

80. Com relação às faltas graves, porém, o Projeto adota solução diversa. Além das repercussões que causa na vida do estabelecimento e no quadro da execução, a falta grave justifica a *regressão*, consistente, como já se viu, na transferência do condenado para regime mais rigoroso. A falta grave, para tal efeito, é equiparada à prática de fato definido como crime (art. 118, I) e a sua existência obriga a autoridade administrativa a representar ao juiz da execução (parágrafo único do art. 48) para decidir sobre a regressão.

81. Dadas as diferenças entre as penas de prisão e as restritivas de direitos, os tipos de ilicitude são igualmente considerados como distintos.

82. As sanções disciplinares – advertência verbal, repreensão, suspensão, restrição de direito e isolamento na própria cela ou em local adequado, com as garantias mínimas de salubridade (art. 53) – demonstram moderado rigor.

83. Teve-se extremo cuidado na individualização concreta das sanções disciplinares, na exigência da motivação do ato determinante do procedimento e na garantia do direito de defesa.

84. O Projeto elimina a forma pela qual o sistema disciplinar, quase sempre humilhante e restritivo, é atualmente instituído nos estabelecimentos prisionais. Abole o arbítrio existente em sua aplicação. Introduz disposições precisas, no lugar da regulamentação vaga e quase sempre arbitrária. Dá a definição legal taxativa das faltas. Prevê as regras do processo disciplinar, assegura a defesa e institui o sistema de recursos. Submete, em suma, o problema da disciplina, a tratamento legislativo científico e humanizado.

DOS ÓRGÃOS DA EXECUÇÃO PENAL

85. De forma incomparavelmente superior às disposições atuais, que indicam os órgãos encarregados da execução e regulamentam as suas atribuições, o Projeto abre a relação indicando o Conselho Nacional de Política Criminal e Penitenciária.

86. Hoje não mais se admite que o fenômeno da execução das penas e das medidas de segurança se mantenha neutro em relação aos aspectos variados e dinâmicos da delinquência e da Justiça Criminal, nos quadros da prevenção e repressão dos ilícitos penais. Nem que persista como processo indiferente ou marginal às preocupações do Estado e da comunidade quanto aos problemas de Política Criminal e Penitenciária, de Estatísticas de planificação geral de combate ao delito, de avaliação periódica do sistema criminal para sua adequação às necessidades do País, de estímulo e promoção das investigações criminológicas, de elaboração do programa nacional penitenciário e de formação e aperfeiçoamento do servidor, de estabelecimento de regras sobre arquitetura e construção de estabelecimentos penais, de inspeção e fiscalização dos estabelecimentos penais e dos poderes de representação, sempre que ocorra violação das normas de execução ou quando o estabelecimento estiver funcionando sem as condições adequadas.

87. O Juízo da Execução, o Ministério Público, o Conselho Penitenciário, os Departamentos Penitenciários, o Patronato e o Conselho da Comunidade (art. 65 e ss.) são os demais órgãos da execução, segundo a distribuição feita no Projeto.

88. As atribuições pertinentes a cada um de tais órgãos foram estabelecidas de forma a evitar conflitos, realçando-se, ao contrário, a possibilidade da atuação conjunta, destinada a superar os inconvenientes graves, resultantes do antigo e generalizado conceito de que a execução das penas e medidas de segurança é assunto de natureza eminentemente administrativa.

89. Diante das dúvidas sobre a natureza jurídica da execução e do consequente hiato de legalidade nesse terreno, o controle jurisdicional, que deveria ser frequente, tem-se manifestado timidamente para não ferir a suposta "autonomia" administrativa do processo executivo.

90. Essa compreensão sobre o caráter administrativo da execução tem sua sede jurídica na doutrina política de Montesquieu sobre a separação dos poderes. Discorrendo sobre a "individualização administrativa", Montesquieu sustentou que a lei deve conceder bastante elasticidade para o desempenho da administração penitenciária, "porque ela individualiza a aplicação da pena às exigências educacionais e morais de cada um" (*L'individualisation de la peine*, Paris, 1927, p. 267/268).

91. O rigor metodológico dessa *divisão de poderes* tem sido, ao longo dos séculos, uma das causas marcantes do enfraquecimento do *direito penitenciário* como disciplina abrangente de todo o processo de execução.

92. A orientação estabelecida pelo Projeto, ao demarcar as áreas de competência dos órgãos da execução, vem consagrar antigos esforços no sentido de jurisdicionalizar, no que for possível, o Direito de Execução Penal. Já em 1893, no Congresso promovido pela recém-fundada União Internacional de Direito Penal, concluiu-se que como os tribunais e a administração penitenciária concorriam para um fim comum – valendo a condenação, principalmente, pelo seu modo de execução – o divisionismo consumado pelo Direito do final do século, entre as funções repressiva e penitenciária, deveria ser relegado como "irracional e danoso". O texto da conclusão votada naquele conclave já deixava antever a figura do juiz de execução, surgido na Itália em 1930 e em França após 1945.

93. Esse juízo especializado já existe, entre nós, em algumas Unidades da Federação. Com a transformação do Projeto em lei, estamos certos de que virá a ser criado, tão celeremente quanto possível, nos demais Estados e Territórios.

DOS ESTABELECIMENTOS PENAIS

94. Os estabelecimentos penais compreendem: 1º – a Penitenciária, destinada ao condenado à reclusão, a ser cumprida em regime fechado; 2º – a Colônia Agrícola, Industrial ou similar, reservada para a execução da pena de reclusão ou detenção em regime semiaberto; 3º – a Casa do Albergado, prevista para colher os condenados à pena privativa da liberdade em regime aberto e à pena de limitação de fim de semana; 4º – o Centro de Observação, onde serão realizados os exames gerais e o criminológico; 5º – o Hospital de Custódia e Tratamento Psiquiátrico, que se destina aos doentes mentais, aos portadores de desenvolvimento mental incompleto ou retardado e aos que manifestam perturbação das faculdades mentais; e, 6º – a Cadeia Pública, para onde devem ser remetidos os presos provisórios (prisão em flagrante, prisão temporária, prisão preventiva ou em razão da pronúncia) e, finalmente, os condenados enquanto não transitar em julgado a sentença (art. 87 e ss.).

95. O Projeto regulou as diferentes situações pessoais, dispondo que "a mulher será recolhida a estabelecimento próprio e adequado à sua condição pessoal", "o preso provisório ficará separado do condenado por sentença transitada em julgado", "o preso primário cumprirá a pena em seção distinta daquela reservada para os reincidentes" e "o preso que, ao tempo do fato, era funcionário da Administração da Justiça Criminal ficará em dependência separada" (arts. 82, § 1º, e 84 e §§).

96. Relaciona-se com o problema da separação dos presidiários a superlotação dos estabelecimentos penais.

97. Na CPI do Sistema Penitenciário salientamos que o "dramático problema da vida sexual nas prisões não se resume na prática do homossexualismo, posto que comum. Seu aspecto mais grave está no assalto sexual, vitimador dos presos vencidos pela força de um ou mais agressores em celas superpovoadas. Trata-se de consequência inelutável da superlotação carcerária, já que o problema praticamente desaparece nos estabelecimentos de semiliberdade, em que se faculta aos presos saídas periódicas. Sua existência torna imperiosa a adoção de cela individual" (*Diário do Congresso Nacional*, Suplemento ao n. 61, de 4.6.1976, p. 9).

98. O Projeto adota, sem vacilação, a regra da cela individual com requisitos básicos quanto à salubridade e área mínima. As Penitenciárias e as Cadeias Públicas terão, necessariamente, as celas individuais. As Colônias, pela natureza de estabelecimentos coletivos, porém com os requisitos legais de salubridade ambiental (aeração, insolação e condicionamento térmico adequado à existência humana).

99. Relativamente ao Hospital de Custódia e Tratamento Psiquiátrico não existe a previsão da cela individual, já que a estrutura e as divisões de tal unidade estão na dependência de planificação especializada, dirigida segundo os padrões da medicina psiquiátrica. Estabelecem-se, entretanto, as garantias mínimas de salubridade do ambiente e área física de cada aposento.

100. É de conhecimento geral que "grande parte da população carcerária está confinada em cadeias públicas, presídios, casas de detenção e estabelecimentos análogos, onde prisioneiros de alta periculosidade convivem em celas superlotadas com criminosos ocasionais, de escassa ou nenhuma periculosidade, e pacientes de imposição penal prévia (presos provisórios ou aguardando julgamento), para quem é um mito, no caso, a presunção de inocência. Nestes ambientes de estufa, a ociosidade é a regra; a intimidade, inevitável e profunda. A deterioração do caráter, resultante da influência corruptora da subcultura criminal, o hábito da ociosidade, a alienação mental, a perda paulatina da aptidão para o trabalho, o comprometimento da saúde, são consequências desse tipo de confinamento promíscuo, já definido alhures como 'sementeiras de reincidências', dados os seus efeitos criminógenos" (cf. o nosso Relatório à CPI do Sistema Penitenciário, loc. cit., p. 2).

101. O Projeto é incisivo ao declarar que "o estabelecimento penal deverá ter lotação compatível com a sua estrutura e finalidade" (art. 85).

102. Para evitar o inconveniente de se prefixar, através da lei, o número adequado de presos ou internados, defere-se ao Conselho Nacional de Política Criminal e Penitenciária a atribuição para determinar os limites máximos de capacidade de cada estabelecimento, atendendo à sua natureza e peculiaridades (parágrafo único, art. 85).

103. A violação da regra sobre a capacidade de lotação é punida com a interdição do estabelecimento, a ser determinada pelo juiz da execução (inciso VIII, art. 65). O Projeto igualmente prevê a sanção a ser imposta às unidades federativas, consistente na suspensão de qualquer ajuda financeira a elas destinadas pela União, a fim de atender às despesas de execução das penas e medidas de segurança (§ 4º, art. 203).

➔ A referência correta é art. 66, VIII.

104. A execução da pena privativa da liberdade em estabelecimento penal pertencente a outra unidade federativa é uma possibilidade já consagrada em nossos costumes penitenciários pelo Código Penal de 1940 (§ 3º, art. 29).

➔ A referência ao § 3º do art. 29 é anterior à reforma da parte geral do CP pela Lei 7.209/1984.

105. Anteriormente, o Código republicano (1890) dispunha que a prisão celular poderia ser cumprida em qualquer estabelecimento especial, ainda que não fosse no local do domicílio do condenado (art. 54).

106. O art. 86 do Projeto atende não somente ao interesse público da administração penitenciária como também ao interesse do próprio condenado.

107. Em princípio, a pena deve ser executada na comarca onde o delito se consumou, em coerência, aliás, com a regra da competência jurisdicional. Existem, no entanto, situações que determinam ou recomendam, no interesse da segurança pública ou do próprio condenado, o cumprimento da pena em local distante da condenação. Sendo assim, a previsão legal de que se cogita (§ 1º, art. 86) é pertinente à categoria especial de presidiários sujeitos à pena superior a quinze anos. O recolhimento depende de decisão judicial e poderá ocorrer no início ou durante a execução. Os estabelecimentos a serem construídos pela União podem ser tanto penitenciárias como colônias agrícolas, industriais ou similares.

108. O art. 83 dispõe que o estabelecimento penal, segundo a sua natureza, deverá contar em suas dependências com áreas e serviços destinados a dar assistência, educação, trabalho, recreação e prática desportiva. Trata-se de norma destinada a desartificializar o cenário que ainda hoje transparece em muitos presídios, nos quais se conservam a arquitetura e o cheiro de antiguidades medievais. Com grande propriedade, Eberhard Schmidt se referiu ao arcaísmo do sistema ortodoxo mundial, impregnado de "erros monumentais talhados em pedra" (cf. Peter Aebersold, "Le projet alternatif alleman d'une loi sur l'exécution des peines" (A.E.), trabalho divulgado na *Revue Internationale de Droit Pénal*, ns. 3/4, de 1975, p. 269 e ss.).

109. A Casa do Albergado deverá situar-se em centro urbano, separada dos demais estabelecimentos, caracterizando-se pela ausência de obstáculos físicos contra a fuga (art. 94). Tratando-se de estabelecimento que recolhe os condenados à pena privativa da liberdade em regime aberto e também os apenados com a limitação de fim de semana, há necessidade de conter, além dos aposentos para acomodar os presos, local apropriado para cursos e palestras (art. 95).

110. A experiência da prisão-albergue obteve grande receptividade no Estado de São Paulo, quando Secretário da Justiça o Professor Manoel Pedro Pimentel. Até o mês de outubro de 1977 já estavam instaladas 59 Casas do Albergado com uma população de 2.000 sentenciados. A propósito, o ilustre penalista iniciou uma grande campanha, "convocando as forças vivas da comunidade" (Clubes de Serviço, Lojas Maçônicas, Federações Espíritas, Igrejas Evangélicas, Igreja Católica), de maneira a ensejar uma pergunta: "por que o Estado, que já arrecada impostos para a prestação de serviços, não se encarrega da construção e manutenção das Casas do Albergado?" A resposta é simples. "Trata-se da necessidade de modificação da atitude da sociedade frente ao preso e da atitude do preso frente à sociedade. Estas atitudes jamais se modificarão se a sociedade não ficar conhecendo melhor o preso e este conhecendo melhor a sociedade. Não devemos esperar que o sentenciado seja o primeiro a estender a mão, por óbvias razões. O primeiro passo deve ser dado pela sociedade" (*Prisões fechadas. Prisões abertas*, São Paulo, 1978, p. 43).

111. Com a finalidade de melhor apurar o senso de responsabilidade dos condenados e promover-lhes a devida orientação, a Casa do Albergado deverá ser dotada de instalações apropriadas. Esta providência é uma das cautelas que, aliadas à rigorosa análise dos requisitos e das condições para o cumprimento da pena privativa da liberdade em regime aberto (art. 114 e ss.), permitirá à instituição permanecer no sistema, já que ao longo dos anos tem sido consagrada nos textos da reforma, como se poderá ver pelas Leis 6.016, de 31 de dezembro de 1973, e 6.416, de 24 de maio de 1977, e pelo Projeto de revisão da Parte Geral do Código Penal.

112. O funcionamento satisfatório da prisão-albergue depende, portanto, de regulamentação adequada quanto às condições de concessão e ao sujeito a que se destina. Além disso, a necessidade de efetivo controle jurisdicional, que impeça abusos, se coloca como providência indispensável para a estabilidade da instituição. O Projeto cuidou de tais aspectos visando a fazer da Casa do Albergado um estabelecimento idôneo para determinados tipos de condenados (cf., para maiores detalhes sobre o tema, Alípio Silveira, *Prisão albergue: teoria e prática*).

DA EXECUÇÃO DAS PENAS PRIVATIVAS DA LIBERDADE

113. O Título V do Projeto abre a parte que se poderia reconhecer como especial, em cotejo com uma parte geral. Inicia-se com disposições sobre a execução das penas em espécie, particularmente as penas privativas da liberdade.

114. A matéria tratada nas disposições gerais diz respeito às exigências formais relativas ao início do cumprimento da pena com a declaração da garantia de que "ninguém será recolhido, para cumprimento da pena privativa da liberdade, sem a guia expedida pela autoridade judiciária" (art. 107).

115. O Projeto evoluiu sensivelmente, ao ampliar o conteúdo da carta de guia, documento que deve servir de indicador e roteiro primários para o procedimento da execução.

116. Nos termos do art. 676 do Código de Processo Penal, a carta de guia deve conter:

I – o nome do réu e a alcunha por que for conhecido;

II – a sua qualificação civil (naturalidade, filiação, idade, estado, profissão), instrução e, se constar, o número do registro geral do Instituto de Identificação e Estatística ou de repartição congênere;

III – o teor integral da sentença condenatória e a data da terminação da pena.

117. Segundo a redação agora proposta, a carta de guia conterá, além desses dados, informações sobre os antecedentes e o grau de instrução do condenado. Ao Ministério Público se dará ciência da guia de recolhimento, por lhe incumbir a fiscalização da regularidade formal de tal documento, além dos deveres próprios no processo executivo (arts. 67 e 68).

118. O projeto dispõe que o regime inicial de execução da pena privativa da liberdade é o estabelecido na sentença de condenação, com observância do art. 33 e seus parágrafos do Código Penal (art. 110). Mas o processo de execução deve ser dinâmico, sujeito a mutações. As mudanças no itinerário da execução consistem na transferência do condenado de regime mais rigoroso para outro menos rigoroso (progressão) ou de regime menos rigoroso para outro mais rigoroso (regressão).

119. A progressão deve ser uma conquista do condenado pelo seu mérito e pressupõe o cumprimento mínimo de um sexto da pena no regime inicial ou anterior. A transferência é determinada somente pelo juiz da execução, cuja decisão será motivada e precedida de parecer da Comissão Técnica de Classificação. Quando se tratar de condenado oriundo do sistema fechado, é imprescindível o exame criminológico (art. 112 e parágrafo único).

→ A Lei 10.792/2003 alterou o art. 112 e inseriu mais um parágrafo.

120. Se o condenado estiver no regime fechado não poderá ser transferido diretamente para o regime aberto. Esta progressão depende do cumprimento mínimo de um sexto da pena no regime semiaberto, além da demonstração do mérito, compreendido tal vocábulo como aptidão, capacidade e merecimento, demonstrados no curso da execução.

121. Segundo a orientação do Projeto, a prisão-albergue é espécie do regime aberto. O ingresso do condenado em tal regime poderá ocorrer no início ou durante a execução. Na primeira hipótese, os requisitos são os seguintes: *a*) pena igual ou inferior a quatro anos; *b*) não ser o condenado reincidente; *c*) exercício do trabalho ou comprovação da possibilidade de trabalhar imediatamente; *d*) apresentar, pelos antecedentes ou resultado dos exames a que foi submetido, fundados indícios de que irá ajustar-se, com autodisciplina e senso de responsabilidade, ao novo regime (Projeto de revisão da Parte Geral do Código Penal, letra *c*, § 2º, arts. 33 e 113 do presente Projeto).

122. Para a segunda hipótese, isto é, a passagem do regime semiaberto para o aberto (progressão), além dos requisitos indicados nas letras *c* e *d*, exige-se, também, o cumprimento de um sexto da pena no regime anterior (art. 112).

123. O deferimento do regime aberto pressupõe a aceitação do programa de execução e as condições impostas pelo juiz, que se classificam em especiais e gerais. As primeiras serão impostas segundo o prudente arbítrio do magistrado, levando em consideração a natureza do delito e as condições pessoais de seu autor. As outras têm caráter obrigatório e consistem: 1ª – na permanência, no local designado, durante o repouso e nos dias de folga; 2ª – na saída para o trabalho e no retorno, nos horários fixados; 3ª – em não se ausentar da cidade onde reside, sem autorização judicial; 4ª – no comparecimento a juízo, para informar e justificar as atividades (art. 115).

124. Reconhecendo que a prisão-albergue não se confunde com a prisão-domiciliar, o Projeto declara, para evitar dúvidas, que o regime aberto não admite a execução da pena em residência particular, salvo quando se tratar de condenado maior de setenta anos ou acometido de grave doença e de condenada com filho menor ou deficiente físico ou mental ou, finalmente, de condenada gestante (art. 117). Trata-se, aí, de exceção plenamente justificada em face das condições pessoais do agente.

125. A regressão (transferência do condenado de regime menos rigoroso para outro mais rigoroso) será determinada pelo juiz quando o condenado praticar fato definido como crime doloso ou falta grave; sofrer condenação, por delito anterior, cuja pena, somada ao restante da pena em execução, torne incabível o regime. Relativamente à execução em regime aberto, a regressão também poderá ocorrer se o condenado frustrar os fins de execução ou podendo, não pagar a multa cumulativamente aplicada.

126. A legislação local poderá estabelecer normas complementares para o cumprimento da pena privativa da liberdade em regime aberto, no que tange à regulamentação das atividades exercidas fora do estabelecimento penal, bem como dos dias e dos horários de recolhimento e dos dias de folga.

127. As autorizações de saída (permissão de saída e saída temporária) constituem notáveis fatores para atenuar o rigor da execução contínua da pena de prisão. Não se confundem tais autorizações com os chamados favores gradativos que são característicos da matéria tratada no Cap. IV do Tít. II (mais especialmente dos direitos e da disciplina).

128. As autorizações de saída estão acima da categoria normal dos direitos (art. 41), visto que constituem ora aspectos da assistência em favor de todos os presidiários, ora etapa da progressão em favor dos condenados que satisfaçam determinados requisitos e condições. No primeiro caso estão as permissões de saída (art. 120 e incisos) que se fundam em razões humanitárias.

129. As saídas temporárias são restritas aos condenados que cumprem pena em regime semiaberto (colônias). Consistem na autorização para sair do estabelecimento para, sem vigilância direta, visitar a famílias, frequentar cursos na Comarca da execução e participar de atividades que concorram para o retorno ao convívio social (art. 122 e incisos). A relação é exaustiva.

130. A limitação do prazo para a saída, as hipóteses de revogação e recuperação do benefício, além da motivação do ato judicial, após audiência do Ministério Público e da administração penitenciária, conferem o necessário rigor a este mecanismo de progressão que depende dos seguintes requisitos: 1º – comportamento adequado; 2º – cumprimento mínimo de um sexto da pena para o primário e um quarto para o reincidente; e 3º – a compatibilidade do benefício com os objetivos da pena (art. 123 e incisos).

131. Na lição de Elias Neumam, as autorizações de saída representam um considerável avanço penalógico e os seus resultados são sempre proveitosos quando outorgados mediante bom senso e adequada fiscalização (*Prisión abierta*, Buenos Aires, 1962, p. 136/137).

132. A remição é uma nova proposta ao sistema e tem, entre outros méritos, o de abreviar, pelo trabalho, parte do tempo da condenação. Três dias de trabalho correspondem a um dia de resgate. O tempo remido será computado para a concessão do livramento condicional e do indulto, que a exemplo da remição constituem hipóteses práticas de sentença indeterminada como fenômeno que abranda os rigores da pré-fixação invariável, contrária aos objetivos da Política Criminal e da reversão pessoal do delinquente.

133. O instituto da remição é consagrado pelo Código Penal espanhol (art. 100). Tem origem no Direito Penal Militar da guerra civil e foi estabelecido por decreto de 28 de maio de 1937 para os prisioneiros de guerra e os condenados por crimes especiais. Em 7 de outubro de 1938 foi criado um patronato central para tratar da *redención de penas por el trabajo* e a partir de 14 de março de 1939 o benefício foi estendido aos crimes comuns. Após mais alguns avanços, a prática foi incorporada ao Código Penal com a Reforma de 1944. Outras ampliações ao funcionamento da remição verificaram-se em 1956 e 1963 (cf. Rodrigues Devesa, *Derecho penal español*, parte general, Madrid, 1971, p. 763 e ss.).

134. Com a finalidade de se evitarem as distorções que poderiam comprometer a eficiência e o crédito deste novo mecanismo em nosso sistema, o Projeto adota cautelas para a concessão e revogação do benefício, dependente da declaração judicial e audiência do Ministério Público. E reconhece caracterizado o crime de falsidade ideológica quando se declara ou atesta falsamente a prestação de serviço para instruir o pedido de remição.

135. Relativamente ao livramento condicional as alterações são relevantes, conforme orientação adotada pelo projeto de revisão da Parte Geral do Código Penal (art. 83 e ss.).

136. No quadro da execução (art. 131 e ss.) o tema do livramento condicional acompanhou as importantes modificações introduzidas pela Lei 6.416/1977, que alterou os art. 710 e ss. do Código de Processo Penal. Além do minucioso e adequado repertório de obrigações, deu-se ênfase à solenidade da audiência de concessão da medida e adotaram-se critérios de revogação fiéis ao regime de legalidade, de necessidade e de oportunidade. A observação cautelar e a proteção social do liberado constituem medidas de grande repercussão humana e social ao substituírem a chamada "vigilância da autoridade policial" prevista pelo Código de 1940 onde não existisse (e não existe em quase lugar algum do País!) patronato oficial ou particular.

137. Esses são alguns dos aspectos de acentuado valor para maior flexibilidade do livramento condicional, que é uma das medidas alternativas ao encarceramento.

DA EXECUÇÃO DAS PENAS RESTRITIVAS DE DIREITOS

138. A atividade judicial é de notável relevo na execução destas espécies de pena. Como se trata de inovação absoluta, inexistem parâmetros rigorosos a guiá-la. Cabe-lhe, assim, designar entidades ou programas comunitários ou estatais; determinar a intimação do condenado e adverti-lo das obrigações; alterar a forma de execução; verificar a natureza e a qualidade dos cursos a serem ministrados; comunicar à autoridade competente a existência da interdição temporária de direitos; determinar a apreensão dos documentos que autorizem o direito interditado etc. (art. 149 e ss.).

139. Na execução das penas restritivas de direitos domina também o princípio da individualização, aliado às características do estabelecimento, da entidade ou do programa comunitário ou estatal (art. 148).

140. A responsabilidade da autoridade judiciária no cumprimento das penas restritivas de direitos é dividida com as pessoas jurídicas de direito público ou privado ou com os particulares beneficiados com a prestação de serviços gratuitos. Mas o seu desempenho não é minimizado pelo servidor ou pela burocracia, como sucede, atualmente, com a execução das penas privativas da liberdade. O caráter pessoal e indelegável da jurisdição é marcante na hipótese de conversão da pena restritiva de direito em privativa da liberdade (art. 81) ou desta para aquela (art. 180).

141. Tais procedimentos revelam o dinamismo e a personalidade da execução.

DA SUSPENSÃO CONDICIONAL

142. A prática da suspensão condicional da pena tem revelado com frequência a perda do poder aflitivo que constitui a essência da reação anticriminal. Considerado como garantia de impunidade para o primeiro delito ou como expressão de clemência judicial, o instituto não tem atendido aos objetivos próprios à sua natureza.

143. O problema, visto pelos escritores italianos como a *debolezza della repressione*, tem contribuído para o descrédito da medida sob os ângulos da proporcionalidade e da intimidação. Marc Ancel analisa essa corrente crítica em obra vertida para a língua italiana sob o título *La sospensione dell'esecuzione della sentenza*, Milão, 1976, p. 80 e ss.

144. Na rotina forense, o procedimento da suspensão condicional da pena se encerra com a leitura de condições rotineiras que, distanciadas da realidade e do condenado, permanecem depois como naturezas mortas nos escaninhos dos cartórios.

145. Reagindo, porém, a essa letargia, o Projeto consagra as linhas da reforma introduzida pela Lei 6.416/1977, que emprestou novos contornos materiais e formais à suspensão da pena privativa da liberdade, mediante condições. Além de alterações que deram mais amplitude, como a aplicação geral aos casos de reclusão e aos reincidentes, salvo exceção expressa, o sistema exige que o juiz, ao impor pena privativa da liberdade não superior a dois anos, se pronuncie, obrigatória e motivadamente, sobre o *sursis*, quer o conceda, quer o denegue.

146. As condições devem ser adequadas ao fato e à situação pessoal do condenado, evitando-se dessa forma as generalizações incompatíveis com o princípio da individualização.

147. A leitura da sentença pelo juiz, com advertência formal sobre as consequências de nova infração e do descumprimento das condições (art. 160), confere dignidade à mecânica do instituto, que não se pode manter como ato de rotina. A audiência especial presidida pelo magistrado visa a emprestar à cerimônia dignidade compatível com o ato, evitando-se que a sentença e as condições sejam anunciadas por funcionários do cartório, que colhem, no balcão, a assinatura do condenado.

DA EXECUÇÃO DA PENA DE MULTA

148. A pena de multa fixada em dias constitui grande evolução no sistema ora proposto à consideração de Vossa Excelência. Para compatibilizar tal progresso com os meios para efetivar a cobrança, o Projeto prevê que a nomeação de bens à penhora e a posterior execução (quando o condenado, regularmente citado, não paga o valor da multa nem indica bens à penhora) se processem segundo as disposições do Código de Processo Civil (§ 2º, art. 163). Recaindo a penhora sobre bem imóvel, os autos de execução (que se formam em apartado) serão remetidos ao juízo cível para o devido prosseguimento (art. 165).

149. Melhor flexibilidade para o instituto da multa advém da forma de cobrança mediante desconto no vencimento ou salário do condenado, com a intimação do responsável pelo desconto para que proceda ao recolhimento mensal da importância determinada, até o dia fixado pelo juiz. A recusa ou a simples omissão caracteriza o delito de desobediência.

150. O desconto, porém, é limitado (no máximo, a quarta parte da remuneração, e no mínimo, um décimo) a fim de impedir que a execução da pena de multa alcance expressão aflitiva exagerada ou desproporcional, com sacrifício do objetivo da prevenção especial, tanto em se tratando de condenado em meio livre (art. 168) como de condenado que cumpre, cumulativamente, a pena privativa da liberdade (art. 170).

DA EXECUÇÃO DAS MEDIDAS DE SEGURANÇA

151. Extremamente simplificada é a execução das medidas de segurança em face da revisão imposta pelo Projeto que altera a Parte Geral do Código Penal, com a supressão de algumas espécies de medidas e estabelecimentos.

152. O sistema agora proposto contém apenas dois tipos de medidas de segurança: internamento e sujeição a tratamento ambulatorial.

153. A guia expedida pela autoridade judiciária constitui o documento indispensável para a execução de qualquer uma das medidas. Trata-se da reafirmação da garantia individual da liberdade que deve existir para todas as pessoas, independentemente de sua condição, salvo as exceções legais.

154. A exemplo do que ocorre com o procedimento executivo das penas privativas da liberdade, a guia de internamento ou tratamento ambulatorial contém as indicações necessárias à boa e fiel execução fiscalizada pelo Ministério Público, que deverá manifestar a ciência do ato no próprio documento.

155. Tanto o exame criminológico como o exame geral de personalidade são, conforme as circunstâncias do caso concreto, necessários ou recomendáveis em relação aos destinatários das medidas de segurança. Daí porque o Projeto expressamente consigna a realização de tais pesquisas. Em relação aos internados, o exame criminológico é obrigatório. É facultativo – na dependência da natureza do fato e das condições do agente – quanto aos submetidos a tratamento ambulatorial.

156. Findo o prazo mínimo de duração da medida de segurança, detentiva ou não detentiva, proceder-se-á à verificação do estado de periculosidade. Trata-se, em tal caso, de procedimento *ex officio*. A decisão judicial será instruída com o relatório da autoridade administrativa, laudo psiquiátrico e diligências. O Ministério Público e o curador ou defensor do agente serão necessariamente ouvidos, exigência que caracteriza a legalidade e o relevo de tal procedimento.

157. Significativa é a alteração proposta ao sistema atual, no sentido de que a averiguação do estado de periculosidade, antes mesmo de expirado o prazo mínimo, possa ser levada a cabo por iniciativa do próprio juiz da execução (art. 176). Atualmente, tal investigação somente é promovida por ordem do Tribunal (CPP, art. 777), suprimindo-se, portanto, a instância originária e natural, visto que a cessação da periculosidade é procedimento típico de execução.

158. A pesquisa sobre a condição dos internados ou dos submetidos a tratamento ambulatorial deve ser estimulada com rigor científico e desvelo humano. O problema assume contornos dramáticos em relação aos internamentos que não raro ultrapassam os limites razoáveis de durabilidade, consumando, em alguns casos, a perpétua privação da liberdade.

DOS INCIDENTES DE EXECUÇÃO

159. Os incidentes de execução compreendem as conversões, o excesso ou desvio de execução, a anistia e o indulto, salientando-se, quanto a estes dois últimos, o caráter substantivo de causas de extinção da punibilidade.

160. A conversão se distingue da transferência do condenado de um regime para outro, como ocorre com as progressões e as regressões.

161. Enquanto a conversão implica alterar de uma pena para outra (a detenção não superior a dois anos pode ser convertida em prestação de serviços à comunidade; a limitação de fim de semana pode ser convertida em detenção), a transferência é um evento que ocorre na dinâmica de execução da mesma pena (a reclusão é exequível em etapas: desde o regime fechado até o aberto, passando pelo semiaberto).

162. As hipóteses de conversão foram minuciosamente indicadas no Projeto (art. 180 e ss.) de modo a se cumprir fielmente o regime de legalidade e se atenderem amplamente aos interesses da defesa social e aos direitos do condenado.

163. A conversão, isto é, a alternatividade de uma pena por outra no curso da execução, poderá ser favorável ou prejudicial ao condenado. Exemplo do primeiro caso é a mudança da privação da liberdade para a restrição de direitos; exemplo do segundo caso é o processo inverso ou a passagem da multa para a detenção.

164. A instituição e a prática das conversões demonstram a orientação da reforma como um todo, consistente em dinamizar o quadro da execução de tal maneira que a pena finalmente cumprida não é, necessariamente, a pena da sentença. Esta possibilidade, permanentemente aberta, traduz o inegável empenho em dignificar o procedimento executivo das medidas de reação ao delito, em atenção ao interesse público e na dependência exclusiva da conduta e das condições pessoais do condenado. Todas as hipóteses de conversão, quer para agravar, quer para atenuar, resultam, necessariamente, do comportamento do condenado, embora sejam também considerados os antecedentes e a personalidade, mas de modo a complementar a investigação dos requisitos.

165. Uma das importantes alterações consiste em se eliminar a conversão da multa em detenção quando o condenado reincidente deixa de pagá-la, conforme prevê o art. 38, primeira parte, do Código Penal.

→ A referência é anterior à reforma da parte geral do CP pela Lei 7.209/1984.

166. Limitando a conversão da pena de multa em privativa da liberdade somente quando o condenado solvente deixa de pagá-la ou frustra a sua execução (art. 182), o Projeto se coloca em harmonia com as melhores lições que consideram desumana a prisão por insuficiência econômica.

→ Referido art. 182 foi revogado pela Lei 9.268/1996.

167. A conversão também ocorre quando se substitui a pena privativa da liberdade pela medida de segurança, sempre que, no curso da execução, sobrevier doença mental ou perturbação da saúde mental.

DO EXCESSO OU DESVIO

168. Todo procedimento está sujeito a desvios de rota. Em harmonia com o sistema instituído pelo Projeto, todos os atos e termos da execução se submetem aos rigores do princípio de legalidade. Um dos preceitos cardeais do texto ora posto à alta consideração de Vossa Excelência proclama que "ao condenado e ao internado serão assegurados todos os direitos não atingidos pela sentença ou pela lei" (art. 3º).

169. O excesso ou desvio na execução caracterizam fenômenos aberrantes não apenas sob a perspectiva individualista do *status* jurídico do destinatário das penas e das medidas de segurança. Para muito além dos direitos, a normalidade do processo de execução é uma das exigências da defesa social.

170. O excesso ou o desvio de execução consistem na prática de qualquer ato fora dos limites fixados pela sentença, por normas legais ou regulamentares.

171. Pode-se afirmar com segurança que a execução, no processo civil, guarda mais fidelidade aos limites da sentença, visto que se movimenta pelos caminhos rigorosamente traçados pela lei, o que nem sempre ocorre com o acidentado procedimento executivo penal. A explicação maior para essa diferença de tratamento consiste na previsão de sanções específicas para neutralizar o excesso de execução no cível – além da livre e atuante presença da parte executada –, o que não ocorre quanto à execução penal. A impotência da pessoa ou internado constitui poderoso obstáculo à autoproteção de direitos ou ao cumprimento dos princípios de legalidade e justiça que devem nortear o procedimento executivo. Na ausência de tal controle, necessariamente judicial, o arbítrio torna inseguras as suas próprias vítimas e o descompasso entre o crime e sua punição transforma a desproporcionalidade em fenômeno de hipertrofia e de abuso do poder.

172. As disposições em torno da anistia e do indulto (art. 187 e ss.) aprimoram sensivelmente os respectivos procedimentos e se ajustam também à orientação segundo a qual o instituto da graça foi absorvido pelo indulto, que pode ser individual ou coletivo. A Constituição Federal, aliás, não se refere à graça mas somente à anistia e ao indulto (arts. 8º, XVI; 43; 57, VI; 81, XXII). Em sentido amplo, a graça abrangeria tanto a anistia como o indulto.

→ A referência é à Constituição de 1967, Emenda Constitucional de 1969.

DO PROCEDIMENTO JUDICIAL

173. O Juízo da Execução é o foro natural para o conhecimento de todos os atos praticados por qualquer autoridade, na execução das penas e das medidas de segurança (art. 194 e ss.).

174. A legitimidade para provocar o procedimento se estende para além da iniciativa judicial, cabendo, também, ao Ministério Público, ao interessado, ao Conselho Penitenciário e às autoridades administrativas invocar a prestação jurisdicional em face da natureza complexa da execução.

175. O procedimento judicial comporta a produção de prova pericial ou oral e as decisões são todas recorríveis (art. 195 e ss.). O agravo, sem efeito suspensivo, é o recurso adequado.

DISPOSIÇÕES FINAIS E TRANSITÓRIAS

176. A segurança pública e individual é comprometida quando as fugas ou as tentativas de fuga se manifestam, principalmente fora dos limites físicos dos estabelecimentos prisionais, quando a redução do número de guardas e as circunstâncias do transporte dos presos impedem o melhor policialmente. Daí a necessidade do emprego de algemas como instrumentos de constrição física.

177. O uso de tal meio deve ser disciplinado em caráter geral e uniforme. Esta é a razão do disposto no art. 199, segundo o qual "o emprego de algemas será disciplinado por decreto federal".

178. A preocupação generalizada em preservar o condenado por delito político de tratamento penitenciário idêntico ao dos delinquentes comuns é hoje dominante. Daí a orientação do Projeto.

179. O cumprimento da prisão civil ou administrativa não se dará nos estabelecimentos do sistema. Até que se construa ou adapte o estabelecimento adequado, tais formas não criminais de privação da liberdade serão efetivadas em seção especial da Cadeia Pública.

180. A reabilitação ganhou autonomia científica quando o Projeto de reforma da Parte Geral do Código Penal libertou o instituto do confinamento imposto pelo atual sistema, tratado timidamente entre as causas de extinção da punibilidade. Alcançando quaisquer penas e também os efeitos da condenação (art. 93 e parágrafo único) a reabilitação deve ser preservada contra a devassa pública ou particular que comprometa o processo de ajustamento social do condenado.

181. O Código Penal de 1969 previa o cancelamento, mediante averbação, dos antecedentes criminais, uma vez declarada a reabilitação. Em consequência, o registro oficial das condenações penais não poderia ser comunicado senão à autoridade policial ou judiciária, ou ao representante do Ministério Público para instrução do processo penal que viesse a ser instaurado contra o reabilitado (arts. 119 e 120).

182. O Projeto adota solução mais econômica e eficiente. Dispõe que "cumprida ou extinta a pena não constará da folha corrida, atestados ou certidões fornecidas por autoridades policial ou por auxiliares da Justiça, nenhuma notícia ou referência à condenação, salvo para instruir processo pela prática de nova infração penal" (art. 202).

183. O art. 203 e seus parágrafos contêm preceitos de absoluta necessidade a fim de se prover a execução das penas e das medidas de segurança dos meios materiais e humanos e dos mecanismos indispensáveis à fiel aplicação do futuro diploma.

184. Atualmente o chamado Direito Penitenciário em nosso País é reduzido a meras proclamações otimistas, oriundas de princípios gerais e regras de proteção dos condenados ou internados. As normas gerais do regime penitenciário, caracterizadas na Lei 3.274/1957, não são verdadeiras normas jurídicas: materialmente, porque ineficazes nos casos concretos e, assim, inaplicáveis; formalmente, porque não contêm o elemento de coercibilidade, consistente na sanção para o descumprimento do comando emergente da norma. O referido diploma é sistematicamente ignorado, e ao longo de sua existência – mais de vinte anos – não ensejou o desenvolvimento da doutrina nem sensibilizou juízes, tribunais e a própria administração pública.

185. As unidades federativas, sob a orientação do novo diploma, devem prestar a necessária contribuição para que a frente de luta aberta contra a violência e a criminalidade possa alcançar bons resultados no campo prático, atenuando o sentimento de insegurança oriundos dos índices preocupantes da reincidência. O apoio da União é também fator poderoso para que o sistema de execução das penas e das medidas de segurança possa contar com os padrões científicos e humanos apropriados ao progresso social e cultural de nosso País.

CONCLUSÃO

186. O Projeto que tenho a honra de apresentar à consideração de Vossa Excelência constitui a síntese de todo um processo histórico no conjunto de problemas fundamentais à comunidade. A contribuição prestada por magistrados, membros do Ministério Público, professores de Direito, advogados e especialistas na questão penitenciária foi extensa e constante durante o tempo de maturação do Anteprojeto de Lei de Execução Penal, até o estágio final da revisão. As discussões abertas com a divulgação nacional do documento foram ensejadas pela Portaria 429, de 22 de julho de 1981, quando se declarou ser "do interesse do Governo o amplo e democrático debate sobre a reformulação das normas referentes à execução da pena". O I Congresso Brasileiro de Política Criminal e Penitenciária, realizado em Brasília (27 a 30.9.1981), foi o ponto de convergência das discussões entre os melhores especialistas, oportunidade em que o texto de reforma sofreu minudente e judiciosa apreciação crítica para aprimorá-lo. A elaboração do Anteprojeto foi iniciada em fevereiro de 1981, por Comissão integrada pelos Professores Francisco de Assis Toledo, Coordenador, René Ariel Dotti, Benjamin Moraes Filho, Miguel Reale Júnior, Rogério Lauria Tucci, Ricardo Antunes Andreucci, Sérgio Marcos de Moraes Pitombo e Negi Calixto. Os trabalhos de revisão, de que resultou o presente Projeto, foram levados a bom termo, um ano após, por Comissão Revisora composta pelos Professores Francisco de Assis Toledo, Coordenador, René Ariel Dotti, Jason Soares Albergaria e Ricardo Antunes Andreucci. Contou esta última, nas reuniões preliminares, com a colaboração dos Professores Sérgio Marcos de Moraes Pitombo e Everardo da Cunha Luna.

187. Merece referência especial o apoio dado às Comissões pelo Conselho Nacional de Política Penitenciária. Este órgão, eficientemente presidido pelo Doutor Pio Soares Canedo, tem proporcionado, desde a sua recente instalação, em julho do ano de 1980, valioso contingente de informações, de análises, de deliberações e de estímulo intelectual e material das atividades de prevenção da criminalidade.

188. Devo recomendar especialmente a Vossa Excelência os juristas mencionados, que tudo fizeram, com sacrifício de suas atividades normais, para que o Projeto alcançasse o estágio agora apresentado. Os trabalhos sintetizam a esperança e os esforços voltados para a causa universal do aprimoramento da pessoa humana e do progresso espiritual da comunidade.

189. Vencidas quatro décadas, durante as quais vigorou o regime penal-processual-penitenciário amoldado ao pensamento e à experiência da Europa do final do século passado e do começo deste, abre-se agora uma generosa e fecunda perspectiva. Apesar de inspirado também nas modernas e importantes contribuições científicas e doutrinárias, que não têm pátria, o sistema ora proposto não desconhece nem se afasta da realidade brasileira.

190. A sua transformação em lei fará com que a obra de reforma legislativa de Vossa Excelência seja inscrita entre os grandes monumentos de nossa história.

Valho-me da oportunidade para renovar a Vossa Excelência as expressões do meu profundo respeito.

Ibrahim Abi-Ackel
Ministro da Justiça
(*Diário do Congresso*, Seção II, de 29.5.1984)

LEI 7.210, DE 11 DE JULHO DE 1984

Institui a Lei de Execução Penal.

O Presidente da República:

Faço saber que o Congresso Nacional decreta e eu sanciono a seguinte Lei:

Título I
Do objeto e da aplicação da lei de execução penal

Art. 1º A execução penal tem por objetivo efetivar as disposições de sentença ou decisão criminal e proporcionar condições para a harmônica integração social do condenado e do internado.

→ *v.* Art. 5º, XLVI a L, da CF/1988.

Art. 2º A jurisdição penal dos juízes ou tribunais da justiça ordinária, em todo o território nacional, será exercida, no processo de execução, na conformidade desta Lei e do Código de Processo Penal.

→ *v.* Súmula 192 do STJ.

Parágrafo único. Esta Lei aplicar-se-á igualmente ao preso provisório e ao condenado pela Justiça Eleitoral ou Militar, quando recolhido a estabelecimento sujeito à jurisdição ordinária.

→ *v.* Súmula 717 do STF.

→ *v.* Art. 319, VII, do CPP.

→ *v.* Art. 31, parágrafo único, da Lei 7.210/1984.

Art. 3º Ao condenado e ao internado serão assegurados todos os direitos não atingidos pela sentença ou pela Lei.

→ *v.* Arts. 5º, XLIX, 15, III, da CF/1988.

Parágrafo único. Não haverá qualquer distinção de natureza racial, social, religiosa ou política.

→ *v.* Arts. 3º, IV, e 4º, VIII da CF/1988.

Art. 4º O Estado deverá recorrer à cooperação da comunidade nas atividades de execução da pena e da medida de segurança.

→ *v.* Arts. 78 a 81 da Lei 7.210/1984.

Título II
Do condenado e do internado

Capítulo I
DA CLASSIFICAÇÃO

Art. 5º Os condenados serão classificados, segundo os seus antecedentes e personalidade, para orientar a individualização da execução penal.

→ v. Art. 5º, XLVI, da CF/1988.

→ v. Art. 59 do CP.

Art. 6º A classificação será feita por Comissão Técnica de Classificação que elaborará o programa individualizador da pena privativa de liberdade adequada ao condenado ou preso provisório.

→ Artigo com redação alterada pela Lei 10.792/2003.

Art. 7º A Comissão Técnica de Classificação, existente em cada estabelecimento, será presidida pelo diretor e composta, no mínimo, por 2 (dois) chefes de serviço, 1 (um) psiquiatra, 1 (um) psicólogo e 1 (um) assistente social, quando se tratar de condenado à pena privativa da liberdade.

Parágrafo único. Nos demais casos a Comissão atuará junto ao Juízo da Execução e será integrada por fiscais do Serviço Social.

Art. 8º O condenado ao cumprimento de pena privativa de liberdade, em regime fechado, será submetido a exame criminológico para a obtenção dos elementos necessários a uma adequada classificação e com vistas à individualização da execução.

→ v. Art. 34 do CP.

Parágrafo único. Ao exame de que trata este artigo poderá ser submetido o condenado ao cumprimento da pena privativa de liberdade em regime semiaberto.

→ v. Art. 35 do CP.

Art. 9º A Comissão, no exame para a obtenção de dados reveladores da personalidade, observando a ética profissional e tendo sempre presentes peças ou informações do processo, poderá:

I – entrevistar pessoas;

II – requisitar, de repartições ou estabelecimentos privados, dados e informações a respeito do condenado;

III – realizar outras diligências e exames necessários.

Art. 9º-A. Os condenados por crime praticado, dolosamente, com violência de natureza grave contra pessoa, ou por qualquer dos crimes previstos no art. 1º da Lei 8.072, de 25 de julho de 1990, serão submetidos, obrigatoriamente, à identificação do perfil genético, mediante extração de DNA – ácido desoxirribonucleico, por técnica adequada e indolor.

→ Artigo acrescentado pela Lei 12.654/2012.

→ v. Art. 5º, LVIII, da CF/1988.

→ v. Lei 12.037/2009 – Identificação criminal do civilmente identificado.

§ 1º A identificação do perfil genético será armazenada em banco de dados sigiloso, conforme regulamento a ser expedido pelo Poder Executivo.

§ 2º A autoridade policial, federal ou estadual, poderá requerer ao juiz competente, no caso de inquérito instaurado, o acesso ao banco de dados de identificação de perfil genético.

Capítulo II
DA ASSISTÊNCIA

Seção I
Disposições gerais

Art. 10. A assistência ao preso e ao internado é dever do Estado, objetivando prevenir o crime e orientar o retorno à convivência em sociedade.

Parágrafo único. A assistência estende-se ao egresso.

→ v. Art. 26 da Lei 7.210/1984.

Art. 11. A assistência será:

I – material;

II – à saúde;

III – jurídica;

IV – educacional;

V – social;

VI – religiosa.

Seção II
Da assistência material

Art. 12. A assistência material ao preso e ao internado consistirá no fornecimento de alimentação, vestuário e instalações higiênicas.

→ v. Art. 39, V, da Lei 7.210/1984.

Art. 13. O estabelecimento disporá de instalações e serviços que atendam aos presos nas suas necessidades pessoais, além de locais destinados à venda de produtos e objetos permitidos e não fornecidos pela Administração.

Seção III
Da assistência à saúde

Art. 14. A assistência à saúde do preso e do internado, de caráter preventivo e curativo, compreenderá atendimento médico, farmacêutico e odontológico.

§ 1º (*Vetado*).

§ 2º Quando o estabelecimento penal não estiver aparelhado para prover a assistência médica necessária, esta será prestada em outro local, mediante autorização da direção do estabelecimento.

§ 3º Será assegurado acompanhamento médico à mulher, principalmente no pré-natal e no pós-parto, extensivo ao recém-nascido.

→ § 3º acrescentado pela Lei 11.942/2009.

→ v. Art. 5º, L, da CF/1988.

→ v. Art. 89 da Lei 7.210/1984.

Seção IV
Da assistência jurídica

Art. 15. A assistência jurídica é destinada aos presos e aos internados sem recursos financeiros para constituir advogado.

→ v. Art. 5º, LXXIV, da CF/1988.

→ v. Arts. 261, *caput*, e 263, parágrafo único, do CPP.

Art. 16. As Unidades da Federação deverão ter serviços de assistência jurídica, integral e gratuita, pela Defensoria Pública, dentro e fora dos estabelecimentos penais.

→ Artigo com redação alterada pela Lei 12.313/2010.

§ 1º As Unidades da Federação deverão prestar auxílio estrutural, pessoal e material à Defensoria Pública, no exercício de suas funções, dentro e fora dos estabelecimentos penais.

§ 2º Em todos os estabelecimentos penais, haverá local apropriado destinado ao atendimento pelo Defensor Público.

§ 3º Fora dos estabelecimentos penais, serão implementados Núcleos Especializados da Defensoria Pública para a prestação de assistência jurídica integral e gratuita aos réus, sentenciados em liberdade, egressos e seus familiares, sem recursos financeiros para constituir advogado.

Seção V
Da assistência educacional

Art. 17. A assistência educacional compreenderá a instrução escolar e a formação profissional do preso e do internado.

→ v. Arts. 205 e 208 da CF/1988.

→ v. Art. 32 da Lei 9.394/1996.

Art. 18. O ensino de 1º grau será obrigatório, integrando-se no sistema escolar da unidade federativa.

Art. 18-A. O ensino médio, regular ou supletivo, com formação geral ou educação profissional de nível médio, será implantado nos presídios, em obediência ao preceito constitucional de sua universalização.

→ Artigo acrescentado pela Lei 13.163/2015.

§ 1º O ensino ministrado aos presos e presas integrar-se-á ao sistema estadual e municipal de ensino e será mantido, administrativa e financeiramente, com o apoio da União, não só com os recursos destinados à educação, mas pelo sistema estadual de justiça ou administração penitenciária.

§ 2º Os sistemas de ensino oferecerão aos presos e às presas cursos supletivos de educação de jovens e adultos.

§ 3º A União, os Estados, os Municípios e o Distrito Federal incluirão em seus programas de educação à distância e de utilização de novas tecnologias de ensino, o atendimento aos presos e às presas.

Art. 19. O ensino profissional será ministrado em nível de iniciação ou de aperfeiçoamento técnico.

Parágrafo único. A mulher condenada terá ensino profissional adequado à sua condição.

Art. 20. As atividades educacionais podem ser objeto de convênio com entidades públicas ou particulares, que instalem escolas ou ofereçam cursos especializados.

Art. 21. Em atendimento às condições locais, dotar-se-á cada estabelecimento de uma biblioteca, para uso de todas as categorias de reclusos, provida de livros instrutivos, recreativos e didáticos.

Art. 21-A. O censo penitenciário deverá apurar:

→ Artigo acrescentado pela Lei 13.163/2015.

I – o nível de escolaridade dos presos e das presas;

II – a existência de cursos nos níveis fundamental e médio e o número de presos e presas atendidos;

III – a implementação de cursos profissionais em nível de iniciação ou aperfeiçoamento técnico e o número de presos e presas atendidos;

IV – a existência de bibliotecas e as condições de seu acervo;

V – outros dados relevantes para o aprimoramento educacional de presos e presas.

Seção VI
Da assistência social

Art. 22. A assistência social tem por finalidade amparar o preso e o internado e prepará-los para o retorno à liberdade.

Art. 23. Incumbe ao serviço de assistência social:

I – conhecer os resultados dos diagnósticos e exames;

II – relatar, por escrito, ao diretor do estabelecimento, os problemas e as dificuldades enfrentados pelo assistido;

III – acompanhar o resultado das permissões de saídas e das saídas temporárias;

IV – promover, no estabelecimento, pelos meios disponíveis, a recreação;

V – promover a orientação do assistido, na fase final do cumprimento da pena, e do liberando, de modo a facilitar o seu retorno à liberdade;

VI – providenciar a obtenção de documentos, dos benefícios da previdência social e do seguro por acidente no trabalho;

VII – orientar e amparar, quando necessário, a família do preso, do internado e da vítima.

Seção VII
Da assistência religiosa

Art. 24. A assistência religiosa, com liberdade de culto, será prestada aos presos e aos internados, permitindo-se-lhes a participação nos serviços organizados no estabelecimento penal, bem como a posse de livros de instrução religiosa.

→ *v.* Art. 5º, VI, da CF/1988.

§ 1º No estabelecimento haverá local apropriado para os cultos religiosos.

§ 2º Nenhum preso ou internado poderá ser obrigado a participar de atividade religiosa.

Seção VIII
Da assistência ao egresso

Art. 25. A assistência ao egresso consiste:

I – na orientação e apoio para reintegrá-lo à vida em liberdade;

II – na concessão, se necessário, de alojamento e alimentação, em estabelecimento adequado, pelo prazo de 2 (dois) meses.

Parágrafo único. O prazo estabelecido no inciso II poderá ser prorrogado uma única vez, comprovado, por declaração do assistente social, o empenho na obtenção de emprego.

Art. 26. Considera-se egresso para os efeitos desta Lei:

→ *v.* Art. 13, IV, do Decreto 3.048/1999.

I – o liberado definitivo, pelo prazo de 1 (um) ano a contar da saída do estabelecimento;

II – o liberado condicional, durante o período de prova.

Art. 27. O serviço de assistência social colaborará com o egresso para a obtenção de trabalho.

Capítulo III
DO TRABALHO

Seção I
Disposições gerais

Art. 28. O trabalho do condenado, como dever social e condição de dignidade humana, terá finalidade educativa e produtiva.

→ *v.* Art. 5º, XLVII, *c*, da CF/1988.

→ *v.* Art. 39, V, da Lei 7.210/1984.

§ 1º Aplicam-se à organização e aos métodos de trabalho as precauções relativas à segurança e à higiene.

§ 2º O trabalho do preso não está sujeito ao regime da Consolidação das Leis do Trabalho.

Art. 29. O trabalho do preso será remunerado, mediante prévia tabela, não podendo ser inferior a 3/4 (três quartos) do salário mínimo.

→ *v.* Art. 201, IV, da CF/1988.

→ *v.* Art. 39 do CP.

→ *v.* Art. 80 da Lei 8.213/1991.

→ *v.* Art. 11, § 1º, IX, do Decreto 3.048/1999.

§ 1º O produto da remuneração pelo trabalho deverá atender:

a) à indenização dos danos causados pelo crime, desde que determinados judicialmente e não reparados por outros meios;

b) à assistência à família;

c) a pequenas despesas pessoais;

d) ao ressarcimento ao Estado das despesas realizadas com a manutenção do condenado, em proporção a ser fixada e sem prejuízo da destinação prevista nas letras anteriores.

§ 2º Ressalvadas outras aplicações legais, será depositada a parte restante para constituição do pecúlio, em cadernetas de poupança, que será entregue ao condenado quando posto em liberdade.

Art. 30. As tarefas executadas como prestação de serviço à comunidade não serão remuneradas.

→ *v.* Art. 46, § 1º, do CP.

Seção II
Do trabalho interno

Art. 31. O condenado à pena privativa de liberdade está obrigado ao trabalho na medida de suas aptidões e capacidade.

Parágrafo único. Para o preso provisório, o trabalho não é obrigatório e só poderá ser executado no interior do estabelecimento.

Art. 32. Na atribuição do trabalho deverão ser levadas em conta a habilitação, a condição pessoal e as necessidades futuras do preso, bem como as oportunidades oferecidas pelo mercado.

§ 1º Deverá ser limitado, tanto quanto possível, o artesanato sem expressão econômica, salvo nas regiões de turismo.

§ 2º Os maiores de 60 anos poderão solicitar ocupação adequada à sua idade.

→ *v.* Art. 26 da Lei 10.741/2003.

§ 3º Os doentes ou deficientes físicos somente exercerão atividades apropriadas ao seu estado.

Art. 33. A jornada normal de trabalho não será inferior a 6 (seis), nem superior a 8 (oito) horas, com descanso nos domingos e feriados.

Parágrafo único. Poderá ser atribuído horário especial de trabalho aos presos designados para os serviços de conservação e manutenção do estabelecimento penal.

Art. 34. O trabalho poderá ser gerenciado por fundação, ou empresa pública, com autonomia administrativa, e terá por objetivo a formação profissional do condenado.

§ 1º Nessa hipótese, incumbirá à entidade gerenciadora promover e supervisionar a produção, com critérios e métodos empresariais, encarregar-se de sua comercialização, bem como suportar despesas, inclusive pagamento de remuneração adequada.

→ Anterior parágrafo único renumerado para § 1º pela Lei 10.792/2003.

§ 2º Os governos federal, estadual e municipal poderão celebrar convênio com a iniciativa privada, para implantação de oficinas de trabalho referentes a setores de apoio dos presídios.

→ § 2º acrescentado pela Lei 10.792/2003.

Art. 35. Os órgãos da administração direta ou indireta da União, Estados, Territórios, Distrito Federal e dos Municípios adquirirão, com dispensa de concorrência pública, os bens ou produtos do trabalho prisional, sempre que não for possível ou recomendável realizar-se a venda a particulares.

Parágrafo único. Todas as importâncias arrecadadas com as vendas reverterão em favor da fundação ou empresa pública a que alude o artigo anterior ou, na sua falta, do estabelecimento penal.

Seção III
Do trabalho externo

Art. 36. O trabalho externo será admissível para os presos em regime fechado somente em serviço ou obras públicas realizadas por órgãos da administração direta ou indireta, ou entidades privadas, desde que tomadas as cautelas contra a fuga e em favor da disciplina.

§ 1º O limite máximo do número de presos será de 10% (dez por cento) do total de empregados na obra.

§ 2º Caberá ao órgão da administração, à entidade ou à empresa empreiteira a remuneração desse trabalho.

§ 3º A prestação de trabalho a entidade privada depende do consentimento expresso do preso.

Art. 37. A prestação de trabalho externo, a ser autorizada pela direção do estabelecimento, dependerá de aptidão, disciplina e responsabilidade, além do cumprimento mínimo de 1/6 (um sexto) da pena.

→ *v.* Súmula 40 do STJ.

Parágrafo único. Revogar-se-á a autorização de trabalho externo ao preso que vier a praticar fato definido como crime, for punido por falta grave, ou tiver comportamento contrário aos requisitos estabelecidos neste artigo.

→ *v.* Art. 50 da Lei 7.210/1984.

Capítulo IV
DOS DEVERES, DOS DIREITOS E DA DISCIPLINA
Seção I
Dos deveres

Art. 38. Cumpre ao condenado, além das obrigações legais inerentes ao seu estado, submeter-se às normas de execução da pena.

Art. 39. Constituem deveres do condenado:

I – comportamento disciplinado e cumprimento fiel da sentença;

II – obediência ao servidor e respeito a qualquer pessoa com quem deva relacionar-se;

→ *v.* Arts. 50, VI e 51, III, da Lei 7.210/1984.

III – urbanidade e respeito no trato com os demais condenados;

IV – conduta oposta aos movimentos individuais ou coletivos de fuga ou de subversão à ordem ou à disciplina;

V – execução do trabalho, das tarefas e das ordens recebidas;

→ *v.* Arts. 50, VI e 51, III, da Lei 7.210/1984.

VI – submissão à sanção disciplinar imposta;

VII – indenização à vítima ou aos seus sucessores;

→ *v.* Arts. 83, IV, e 91, I, do CP.

VIII – indenização ao Estado, quando possível, das despesas realizadas com a sua manutenção, mediante desconto proporcional da remuneração do trabalho;

IX – higiene pessoal e asseio da cela ou alojamento;

→ *v.* Art. 88 da Lei 7.210/1984.

X – conservação dos objetos de uso pessoal.

Parágrafo único. Aplica-se ao preso provisório, no que couber, o disposto neste artigo.

Seção II
Dos direitos

Art. 40. Impõe-se a todas as autoridades o respeito à integridade física e moral dos condenados e dos presos provisórios.

→ *v.* Art. 5º, XLIX, da CF/1988.

Art. 41. Constituem direitos do preso:

I – alimentação suficiente e vestuário;

II – atribuição de trabalho e sua remuneração;

III – previdência social;

IV – constituição de pecúlio;

V – proporcionalidade na distribuição do tempo para o trabalho, o descanso e a recreação;

VI – exercício das atividades profissionais, intelectuais, artísticas e desportivas anteriores, desde que compatíveis com a execução da pena;

VII – assistência material, à saúde, jurídica, educacional, social e religiosa;

→ *v.* Arts. 10 e 11 da Lei 7.210/1984.

VIII – proteção contra qualquer forma de sensacionalismo;

→ *v.* Art. 198 da Lei 7.210/1984.

IX – entrevista pessoal e reservada com o advogado;

→ *v.* Art. 7º, III, da Lei 8.906/1994.

X – visita do cônjuge, da companheira, de parentes e amigos em dias determinados;

→ *v.* Art. 52, III, da Lei 7.210/1984.

XI – chamamento nominal;

XII – igualdade de tratamento salvo quanto às exigências da individualização da pena;

→ *v.* Art. 5º, XLVI, da CF/1988.

XIII – audiência especial com o diretor do estabelecimento;

XIV – representação e petição a qualquer autoridade, em defesa de direito;

→ *v.* Art. 5º, XXXIV e XXXV da CF/1988.

XV – contato com o mundo exterior por meio de correspondência escrita, da leitura e de outros meios de informação que não comprometam a moral e os bons costumes;

XVI – atestado de pena a cumprir, emitido anualmente, sob pena da responsabilidade da autoridade judiciária competente.

→ Inciso XVI acrescentado pela Lei 10.713/2003.

Parágrafo único. Os direitos previstos nos incisos V, X e XV poderão ser suspensos ou restringidos mediante ato motivado do diretor do estabelecimento.

Art. 42. Aplica-se ao preso provisório e ao submetido à medida de segurança, no que couber, o disposto nesta Seção.

Art. 43. É garantida a liberdade de contratar médico de confiança pessoal do internado ou do submetido a tratamento ambulatorial, por seus familiares ou dependentes, a fim de orientar e acompanhar o tratamento.

Parágrafo único. As divergências entre o médico oficial e o particular serão resolvidas pelo juiz de execução.

→ *v.* Art. 180 do CPP.

Seção III
Da disciplina

Subseção I
Disposições gerais

Art. 44. A disciplina consiste na colaboração com a ordem, na obediência às determinações das autoridades e seus agentes e no desempenho do trabalho.

→ *v.* Arts. 39, V, 41, V, VI e XIV, da Lei 7.210/1984.

Parágrafo único. Estão sujeitos à disciplina o condenado à pena privativa de liberdade ou restritiva de direitos e o preso provisório.

Art. 45. Não haverá falta nem sanção disciplinar sem expressa e anterior previsão legal ou regulamentar.

→ *v.* Art. 5º, XXXIX, da CF/1988.

→ *v.* Art. 1º do CP.

§ 1º As sanções não poderão colocar em perigo a integridade física e moral do condenado.

→ *v.* Art. 5º, XLIX, da CF/1988.

§ 2º É vedado o emprego de cela escura.

→ *v.* Art. 5º, XLVII, *e*, da CF/1988.

→ *v.* Art. 52, II, da Lei 7.210/1984.

§ 3º São vedadas as sanções coletivas.

→ *v.* Art. 5º, XLV, da CF/1988.

Art. 46. O condenado ou denunciado, no início da execução da pena ou da prisão, será cientificado das normas disciplinares.

Art. 47. O poder disciplinar, na execução da pena privativa de liberdade, será exercido pela autoridade administrativa conforme as disposições regulamentares.

→ *v.* Arts. 53 a 60 da Lei 7.210/1984.

Art. 48. Na execução das penas restritivas de direitos, o poder disciplinar será exercido pela autoridade administrativa a que estiver sujeito o condenado.

Parágrafo único. Nas faltas graves, a autoridade representará ao juiz da execução para os fins dos arts. 118, inciso I, 125, 127, 181, §§ 1º, letra *d*, e 2º desta Lei.

Subseção II
Das faltas disciplinares

→ *v.* Súmula 533 do STJ.

Art. 49. As faltas disciplinares classificam-se em leves, médias e graves. A legislação local especificará as leves e médias, bem assim as respectivas sanções.

→ *v.* Art. 24, I, da CF/1988.

→ *v.* Art. 45 da Lei 7.210/1984.

Parágrafo único. Pune-se a tentativa com a sanção correspondente à falta consumada.

Art. 50. Comete falta grave o condenado à pena privativa de liberdade que:

→ *v.* Súmulas 534 e 535 do STJ.

I – incitar ou participar de movimento para subverter a ordem ou a disciplina;

→ *v.* Arts. 352 e 354 do CP.

II – fugir;

III – possuir, indevidamente, instrumento capaz de ofender a integridade física de outrem;

IV – provocar acidente de trabalho;

V – descumprir, no regime aberto, as condições impostas;

→ *v.* Art. 115 da Lei 7.210/1984.

VI – inobservar os deveres previstos nos incisos II e V do art. 39 desta Lei.

VII – tiver em sua posse, utilizar ou fornecer aparelho telefônico, de rádio ou similar, que permita a comunicação com outros presos ou com o ambiente externo.

→ Inciso VII acrescentado pela Lei 11.466/2007.

→ *v.* Arts. 319-A e 349-A do CP.

Parágrafo único. O disposto neste artigo aplica-se, no que couber, ao preso provisório.

Art. 51. Comete falta grave o condenado à pena restritiva de direitos que:

→ *v.* Súmulas 534 e 535 do STJ.

I – descumprir, injustificadamente, a restrição imposta;

→ *v.* Art. 44, § 4º, primeira parte, do CP.

→ *v.* Art. 181, § 1º, *b* e *c* da Lei 7.210/1984.

II – retardar, injustificadamente, o cumprimento da obrigação imposta;

III – inobservar os deveres previstos nos incisos II e V do art. 39 desta Lei.

Art. 52. A prática de fato previsto como crime doloso constitui falta grave e, quando ocasione subversão da ordem ou disciplina internas, sujeita o preso provisório, ou condenado, sem prejuízo da sanção penal, ao regime disciplinar diferenciado, com as seguintes características:

→ v. Artigo com redação alterada pela Lei 10.792/2003.

→ v. Súmulas 526, 534 e 535 do STJ.

→ v. Lei 11.671/2008 – Transferência e inclusão de presos em estabelecimentos penais federais de segurança máxima.

I - duração máxima de 360 (trezentos e sessenta) dias, sem prejuízo de repetição da sanção por nova falta grave de mesma espécie, até o limite de 1/6 (um sexto) da pena aplicada;

II – recolhimento em cela individual;

→ v. Art. 88 da Lei 7.210/1984.

III – visitas semanais de 2 (duas) pessoas, sem contar as crianças, com duração de 2 (duas) horas;

IV – o preso terá direito à saída da cela por 2 (duas) horas diárias para banho de sol.

§ 1º O regime disciplinar diferenciado também poderá abrigar presos provisórios ou condenados, nacionais ou estrangeiros, que apresentem alto risco para a ordem e a segurança do estabelecimento penal ou da sociedade.

§ 2º Estará igualmente sujeito ao regime disciplinar diferenciado o preso provisório ou o condenado sob o qual recaiam fundadas suspeitas de envolvimento ou participação, a qualquer título, em organizações criminosas, quadrilha ou bando.

Subseção III
Das sanções e das recompensas

Art. 53. Constituem sanções disciplinares:

I – advertência verbal;

II – repreensão;

III – suspensão ou restrição de direitos (art. 41, parágrafo único);

IV – isolamento na própria cela, ou em local adequado, nos estabelecimentos que possuam alojamento coletivo, observado o disposto no art. 88 desta Lei;

V – inclusão no regime disciplinar diferenciado.

→ Inciso V acrescentado pela Lei 10.792/2003.

Art. 54. As sanções dos incisos I a IV do art. 53 serão aplicadas por ato motivado do diretor do estabelecimento e a do inciso V, por prévio e fundamentado despacho do juiz competente.

→ Artigo com redação alterada pela Lei 10.792/2003.

→ v. Art. 93, IX, da CF/1988.

§ 1º A autorização para a inclusão do preso em regime disciplinar dependerá de requerimento circunstanciado elaborado pelo diretor do estabelecimento ou outra autoridade administrativa.

§ 2º A decisão judicial sobre inclusão de preso em regime disciplinar será precedida de manifestação do Ministério Público e da defesa e prolatada no prazo máximo de 15 (quinze) dias.

→ v. Art. 60 da Lei 7.210/1984.

Art. 55. As recompensas têm em vista o bom comportamento reconhecido em favor do condenado, de sua colaboração com a disciplina e de sua dedicação ao trabalho.

Art. 56. São recompensas:

I – o elogio;

II – a concessão de regalias.

Parágrafo único. A legislação local e os regulamentos estabelecerão a natureza e a forma de concessão de regalias.

Subseção IV
Da aplicação das sanções

Art. 57. Na aplicação das sanções disciplinares, levar-se-ão em conta a natureza, os motivos, as circunstâncias e consequências do fato, bem como a pessoa do faltoso e seu tempo de prisão.

→ Artigo com redação alterada pela Lei 10.792/2003.

→ v. Art. 59 do CP.

Parágrafo único. Nas faltas graves, aplicam-se as sanções previstas nos incisos III a V do art. 53 desta Lei.

Art. 58. O isolamento, a suspensão e a restrição de direitos não poderão exceder a 30 (trinta) dias, ressalvada a hipótese do regime disciplinar diferenciado.

→ *Caput* com redação alterada pela Lei 10.792/2003.

Parágrafo único. O isolamento será sempre comunicado ao juiz da execução.

→ v. Art. 66, VI e VII, da Lei 7.210/1984.

Subseção V
Do procedimento disciplinar

→ v. Súmula 533 do STJ.

Art. 59. Praticada a falta disciplinar, deverá ser instaurado o procedimento para sua apuração, conforme regulamento, assegurado o direito de defesa.

→ v. Art. 185 da Lei 7.210/1985.

Parágrafo único. A decisão será motivada.

Art. 60. A autoridade administrativa poderá decretar o isolamento preventivo do faltoso pelo prazo de até 10 (dez) dias. A inclusão do preso no regime disciplinar diferenciado, no interesse da disciplina e da averiguação do fato, dependerá de despacho do juiz competente.

→ Artigo com redação alterada pela Lei 10.792/2003.

Parágrafo único. O tempo de isolamento ou inclusão preventiva no regime disciplinar diferenciado será computado no período de cumprimento da sanção disciplinar.

→ v. Art. 42 do CP.

Título III
Dos órgãos da execução penal

Capítulo I
DISPOSIÇÕES GERAIS

Art. 61. São órgãos da execução penal:

I – o Conselho Nacional de Política Criminal e Penitenciária;

II – o Juízo da Execução;

III – o Ministério Público;

IV – o Conselho Penitenciário;

→ v. Art. 69, § 1º, da Lei 7.210/1984.

V – os Departamentos Penitenciários;

→ v. Arts. 71 e 72 da Lei 7.210/1984.

VI – o Patronato;

→ v. Art. 79 da Lei 7.210/1984.

VII – o Conselho da Comunidade;

→ v. Arts. 66, IX e 80 da Lei 7.210/1984.

VIII – a Defensoria Pública.

→ Inciso VIII acrescentado pela Lei 12.313/2010.

Capítulo II
DO CONSELHO NACIONAL DE POLÍTICA CRIMINAL E PENITENCIÁRIA

Art. 62. O Conselho Nacional de Política Criminal e Penitenciária, com sede na Capital da República, é subordinado ao Ministério da Justiça.

Art. 63. O Conselho Nacional de Política Criminal e Penitenciária será integrado por 13 (treze) membros designados através de ato do Ministério da Justiça, dentre professores e profissionais da área do Direito Penal, Processual Penal, Penitenciário e ciências correlatas, bem como por representantes da comunidade e dos Ministérios da área social.

Parágrafo único. O mandato dos membros do Conselho terá duração de 2 (dois) anos, renovado 1/3 (um terço) em cada ano.

Art. 64. Ao Conselho Nacional de Política Criminal e Penitenciária, no exercício de suas atividades, em âmbito federal ou estadual, incumbe:

I – propor diretrizes da política criminal quanto à prevenção do delito, administração da justiça criminal e execução das penas e das medidas de segurança;

II – contribuir na elaboração de planos nacionais de desenvolvimento, sugerindo as metas e prioridades da política criminal e penitenciária;

III – promover a avaliação periódica do sistema criminal para a sua adequação às necessidades do País;

IV – estimular e promover a pesquisa criminológica;

V – elaborar programa nacional penitenciário de formação e aperfeiçoamento do servidor;

VI – estabelecer regras sobre a arquitetura e construção de estabelecimentos penais e casas de albergados;

VII – estabelecer os critérios para a elaboração da estatística criminal;

VIII – inspecionar e fiscalizar os estabelecimentos penais, bem assim informar-se, mediante relatório do Conselho Penitenciário, requisições, visitas ou outros meios, acerca do desenvolvimento da execução penal nos Estados, Territórios e Distrito Federal, propondo às autoridades dela incumbidas as medidas necessárias ao seu aprimoramento;

IX – representar ao juiz da execução ou à autoridade administrativa para instauração de sindicância ou procedimento administrativo, em caso de violação das normas referentes à execução penal;

X – representar à autoridade competente para a interdição, no todo ou em parte, de estabelecimento penal.

Capítulo III
DO JUÍZO DA EXECUÇÃO

Art. 65. A execução penal competirá ao juiz indicado na lei local de organização judiciária e, na sua ausência, ao da sentença.

→ v. Súmula 192 do STJ.

Art. 66. Compete ao juiz da execução:

→ v. Súmula 192 do STJ.

I – aplicar aos casos julgados lei posterior que de qualquer modo favorecer o condenado;

→ v. Súmula 611 do STF.

→ v. Art. 5º, XL, da CF/1988.

→ v. Art. 2º, parágrafo único, do CP.

II – declarar extinta a punibilidade;

→ v. Art. 107 do CP.

III – decidir sobre:

a) soma ou unificação de penas;

→ v. Arts. 70, 71 e 75 do CP.

→ v. Art. 82 do CPP.

b) progressão ou regressão nos regimes;

→ v. Súmula Vinculante 26 do STF.

→ v. Art. 33, § 2º, do CP.

→ v. Art. 118 da Lei 7.210/1984.

→ v. Art. 2º, § 2º, da Lei 8.072/1990.

c) detração e remição da pena;

→ v. Art. 42 do CP.

→ v. Arts. 126 a 130 da Lei 7.210/1984.

d) suspensão condicional da pena;

→ v. Art. 159, § 2º, da Lei 7.210/1984.

e) livramento condicional;

→ v. Arts. 83 a 90 do CP.

→ v. Arts. 131 a 146 da Lei 7.210/1984.

f) incidentes da execução;

→ v. Arts. 180, 181, 183 e 184 da Lei 7.210/1984.

IV – autorizar saídas temporárias;

→ v. Arts. 120 a 125 da Lei 7.210/1984.

V – determinar:

a) a forma de cumprimento da pena restritiva de direitos e fiscalizar sua execução;

b) a conversão da pena restrita de direitos e de multa em privativa de liberdade;

→ v. Art. 51 do CP.

→ v. Art. 181 da Lei 7.210/1984.

c) a conversão da pena privativa de liberdade em restritiva de direitos;

→ v. Art. 180 da Lei 7.284/1984.

d) a aplicação da medida de segurança, bem como a substituição da pena por medida de segurança;

→ v. Art. 183 da Lei 7.210/1984.

e) a revogação da medida de segurança;

→ v. Art. 97, § 3º, do CP.

f) a desinternação e o restabelecimento da situação anterior;

→ v. Art. 178 da Lei 7.210/1984.

g) o cumprimento de pena ou medida de segurança em outra comarca;

h) a remoção do condenado na hipótese prevista no § 1º do art. 86 desta Lei;

i) (Vetada);

→ Alínea *i* acrescentada pela Lei 12.258/2010.

VI – zelar pelo correto cumprimento da pena e da medida de segurança;

VII – inspecionar, mensalmente, os estabelecimentos penais, tomando providências para o adequado funcionamento e promovendo, quando for o caso, a apuração de responsabilidade;

VIII – interditar, no todo ou em parte, estabelecimento penal que estiver funcionando em condições inadequadas ou com infringência aos dispositivos desta Lei;

IX – compor e instalar o Conselho da Comunidade;

→ v. Arts. 80 e 81 da Lei 7.210/1984.

X – emitir anualmente atestado de pena a cumprir.

→ Inciso X acrescentado pela Lei 10.713/2003.

Capítulo IV
DO MINISTÉRIO PÚBLICO

Art. 67. O Ministério Público fiscalizará a execução da pena e da medida de segurança, oficiando no processo executivo e nos incidentes da execução.

Art. 68. Incumbe, ainda, ao Ministério Público:

I – fiscalizar a regularidade formal das guias de recolhimento e de internamento;

II – requerer:

a) todas as providências necessárias ao desenvolvimento do processo executivo;

b) a instauração dos incidentes de excesso ou desvio de execução;

c) a aplicação de medida de segurança, bem como a substituição da pena por medida de segurança;

d) a revogação da medida de segurança;

e) a conversão de pena, a progressão ou regressão nos regimes e a revogação da suspensão condicional da pena e do livramento condicional;

f) a internação, a desinternação e o restabelecimento da situação anterior;

III – interpor recursos de decisões proferidas pela autoridade judiciária, durante a execução.

Parágrafo único. O órgão do Ministério Público visitará mensalmente os estabelecimentos penais, registrando a sua presença em livro próprio.

→ v. Art. 66, VII, da Lei 7.210/1984.

Capítulo V
DO CONSELHO PENITENCIÁRIO

Art. 69. O Conselho Penitenciário é órgão consultivo e fiscalizador da execução da pena.

§ 1º O Conselho será integrado por membros nomeados pelo governador do Estado, do Distrito Federal e dos Territórios, dentre professores e profissionais da área de Direito Penal, Processual Penal, Penitenciário e ciências correlatas, bem como por representantes da comunidade. A legislação federal e estadual regulará o seu funcionamento.

§ 2º O mandato dos membros do Conselho Penitenciário terá a duração de 4 (quatro) anos.

Art. 70. Incumbe ao Conselho Penitenciário:

→ v. Art. 131 da Lei 7.210/1984.

I – emitir parecer sobre indulto e comutação de pena, excetuada a hipótese de pedido de indulto com base no estado de saúde do preso;

→ Inciso I com redação alterada pela Lei 10.792/2003.

→ v. Art. 84, XII, da CF/1988.

→ v. Art. 107, II, do CP.

II – inspecionar os estabelecimentos e serviços penais;

III – apresentar, no primeiro trimestre de cada ano, ao Conselho Nacional de Política Criminal e Penitenciária, relatório dos trabalhos efetuados no exercício anterior;

IV – supervisionar os patronatos, bem como a assistência aos egressos.

Capítulo VI
DOS DEPARTAMENTOS PENITENCIÁRIOS

Seção I
Do Departamento Penitenciário Nacional

Art. 71. O Departamento Penitenciário Nacional, subordinado ao Ministério da Justiça, é órgão executivo da Política Penitenciária Nacional e de apoio administrativo e financeiro do Conselho Nacional de Política Criminal e Penitenciária.

Art. 72. São atribuições do Departamento Penitenciário Nacional:

I – acompanhar a fiel aplicação das normas de execução penal em todo o território nacional;

II – inspecionar e fiscalizar periodicamente os estabelecimentos e serviços penais;

III – assistir tecnicamente as unidades federativas na implementação dos princípios e regras estabelecidos nesta Lei;

IV – colaborar com as unidades federativas, mediante convênios, na implantação de estabelecimentos e serviços penais;

V – colaborar com as unidades federativas para a realização de cursos de formação de pessoal penitenciário e de ensino profissionalizante do condenado e do internado;

VI – estabelecer, mediante convênios com as unidades federativas, o cadastro nacional das vagas existentes em estabelecimentos locais destinadas ao cumprimento de penas privativas de liberdade aplicadas pela justiça de outra unidade federativa, em especial para presos sujeitos a regime disciplinar.

→ Inciso VI acrescentado pela Lei 10.792/2003.

Parágrafo único. Incumbem também ao Departamento a coordenação e supervisão dos estabelecimentos penais e de internamento federais.

Seção II
Do Departamento Penitenciário local

Art. 73. A legislação local poderá criar Departamento Penitenciário ou órgão similar, com as atribuições que estabelecer.

Art. 74. O Departamento Penitenciário local, ou órgão similar, tem por finalidade supervisionar e coordenar os estabelecimentos penais da unidade da Federação a que pertencer.

Seção III
Da direção e do pessoal dos estabelecimentos penais

Art. 75. O ocupante do cargo de diretor de estabelecimento deverá satisfazer os seguintes requisitos:

I – ser portador de diploma de nível superior de Direito, ou Psicologia, ou Ciências Sociais, ou Pedagogia, ou Serviços Sociais;

II – possuir experiência administrativa na área;

III – ter idoneidade moral e reconhecida aptidão para o desempenho da função.

Parágrafo único. O diretor deverá residir no estabelecimento, ou nas proximidades, e dedicará tempo integral à sua função.

Art. 76. O Quadro do Pessoal Penitenciário será organizado em diferentes categorias funcionais, segundo as necessidades do serviço, com especificação de atribuições relativas às funções de direção, chefia e assessoramento do estabelecimento e às demais funções.

Art. 77. A escolha do pessoal administrativo, especializado, de instrução técnica e de vigilância atenderá a vocação, preparação profissional e antecedentes pessoais do candidato.

§ 1º O ingresso do pessoal penitenciário, bem como a progressão ou a ascensão funcional dependerão de cursos específicos de formação, procedendo-se à reciclagem periódica dos servidores em exercício.

§ 2º No estabelecimento para mulheres somente se permitirá o trabalho de pessoal do sexo feminino, salvo quando se tratar de pessoal técnico especializado.

Capítulo VII
DO PATRONATO

Art. 78. O Patronato público ou particular destina-se a prestar assistência aos albergados e aos egressos (art. 26).

Art. 79. Incumbe também ao Patronato:

I – orientar os condenados à pena restritiva de direitos;

II – fiscalizar o cumprimento das penas de prestação de serviço à comunidade e de limitação de fim de semana;

III – colaborar na fiscalização do cumprimento das condições da suspensão e do livramento condicional.

Capítulo VIII
DO CONSELHO DA COMUNIDADE

Art. 80. Haverá, em cada comarca, um Conselho da Comunidade composto, no mínimo, por 1 (um) representante de associação comercial ou industrial, 1 (um) advogado indicado pela Seção da Ordem dos Advogados do Brasil, 1 (um) Defensor Público indicado pelo Defensor Público Geral e 1 (um) assistente social escolhido pela Delegacia Seccional do Conselho Nacional de Assistentes Sociais.

→ *Caput* com redação alterada pela Lei 12.313/2010.

Parágrafo único. Na falta da representação prevista neste artigo, ficará a critério do juiz da execução a escolha dos integrantes do Conselho.

Art. 81. Incumbe ao Conselho da Comunidade:

I – visitar, pelo menos mensalmente, os estabelecimentos penais existentes na comarca;

II – entrevistar presos;

III – apresentar relatórios mensais ao juiz da execução e ao Conselho Penitenciário;

IV – diligenciar a obtenção de recursos materiais e humanos para melhor assistência ao preso ou internado, em harmonia com a direção do estabelecimento.

Capítulo IX
DA DEFENSORIA PÚBLICA

→ Capítulo IX acrescentado pela Lei 12.313/2010.

Art. 81-A. A Defensoria Pública velará pela regular execução da pena e da medida de segurança, oficiando, no processo executivo e nos incidentes da execução, para a defesa dos necessitados em todos os graus e instâncias, de forma individual e coletiva.

→ Artigo acrescentado pela Lei 12.313/2010.

Art. 81-B. Incumbe, ainda, à Defensoria Pública:

→ Artigo acrescentado pela Lei 12.313/2010.

I – requerer:

a) todas as providências necessárias ao desenvolvimento do processo executivo;

b) a aplicação aos casos julgados de lei posterior que de qualquer modo favorecer o condenado;

c) a declaração de extinção da punibilidade;

d) a unificação de penas;

e) a detração e remição da pena;

f) a instauração dos incidentes de excesso ou desvio de execução;

g) a aplicação de medida de segurança e sua revogação, bem como a substituição da pena por medida de segurança;

h) a conversão de penas, a progressão nos regimes, a suspensão condicional da pena, o livramento condicional, a comutação de pena e o indulto;

i) a autorização de saídas temporárias;

j) a internação, a desinternação e o restabelecimento da situação anterior;

k) o cumprimento de pena ou medida de segurança em outra comarca;

l) a remoção do condenado na hipótese prevista no § 1º do art. 86 desta Lei;

II – requerer a emissão anual do atestado de pena a cumprir;

III – interpor recursos de decisões proferidas pela autoridade judiciária ou administrativa durante a execução;

IV – representar ao Juiz da execução ou à autoridade administrativa para instauração de sindicância ou procedimento administrativo em caso de violação das normas referentes à execução penal;

V – visitar os estabelecimentos penais, tomando providências para o adequado funcionamento, e requerer, quando for o caso, a apuração de responsabilidade;

VI – requerer à autoridade competente a interdição, no todo ou em parte, de estabelecimento penal.

Parágrafo único. O órgão da Defensoria Pública visitará periodicamente os estabelecimentos penais, registrando a sua presença em livro próprio.

Título IV
Dos estabelecimentos penais

Capítulo I
DISPOSIÇÕES GERAIS

Art. 82. Os estabelecimentos penais destinam-se ao condenado, ao submetido à medida de segurança, ao preso provisório e ao egresso.

→ *v.* Arts. 25, II e 26 da Lei 7.210/1984.

§ 1º A mulher e o maior de 60 (sessenta) anos, separadamente, serão recolhidos a estabelecimento próprio e adequado à sua condição pessoal.

→ § 1º com redação alterada pela Lei 9.460/1997.

→ *v.* Art. 5º, XLVIII, da CF/1988.

§ 2º O mesmo conjunto arquitetônico poderá abrigar estabelecimentos de destinação diversa desde que devidamente isolados.

Art. 83. O estabelecimento penal, conforme a sua natureza, deverá contar em suas dependências com áreas e serviços destinados a dar assistência, educação, trabalho, recreação e prática esportiva.

§ 1º Haverá instalação destinada a estágio de estudantes universitários.

→ Anterior parágrafo único renumerado para § 1º pela Lei 9.046/1995.

§ 2º Os estabelecimentos penais destinados a mulheres serão dotados de berçário, onde as condenadas possam cuidar de seus filhos, inclusive amamentá-los, no mínimo, até 6 (seis) meses de idade.

→ § 2º com redação alterada pela Lei 11.942/2009.

→ *v.* Art. 5º, L, da CF/1988.

→ *v.* Art. 9º do ECA.

§ 3º Os estabelecimentos de que trata o § 2º deste artigo deverão possuir, exclusivamente, agentes do sexo feminino na segurança de suas dependências internas.

→ § 3º acrescentado pela Lei 12.121/2009.

→ *v.* Art. 5º, XLVIII e XLIX, da CF/1988.

→ *v.* Art. 249 do CPP.

§ 4º Serão instaladas salas de aulas destinadas a cursos do ensino básico e profissionalizante.

→ § 4º acrescentado pela Lei 12.245/2010.

→ *v.* Arts. 21, I, 32, 35 e 36-B da Lei 9.394/1996.

§ 5º Haverá instalação destinada à Defensoria Pública.

→ § 5º acrescentado pela Lei 12.313/2010.

Art. 83-A. Poderão ser objeto de execução indireta as atividades materiais acessórias, instrumentais ou complementares desenvolvidas em estabelecimentos penais, e notadamente:

→ Artigo acrescentado pela Lei 13.190/2015.

I – serviços de conservação, limpeza, informática, copeiragem, portaria, recepção, reprografia, telecomunicações, lavanderia e manutenção de prédios, instalações e equipamentos internos e externos;

II – serviços relacionados à execução de trabalho pelo preso.

§ 1º A execução indireta será realizada sob supervisão e fiscalização do poder público.

§ 2º Os serviços relacionados neste artigo poderão compreender o fornecimento de materiais, equipamentos, máquinas e profissionais.

Art. 83-B. São indelegáveis as funções de direção, chefia e coordenação no âmbito do sistema penal, bem como todas as atividades que exijam o exercício do poder de polícia, e notadamente:

→ Artigo acrescentado pela Lei 13.190/2015.

I – classificação de condenados;

II – aplicação de sanções disciplinares;

III – controle de rebeliões;

IV – transporte de presos para órgãos do Poder Judiciário, hospitais e outros locais externos aos estabelecimentos penais.

Art. 84. O preso provisório ficará separado do condenado por sentença transitada em julgado.

§ 1º Os presos provisórios ficarão separados de acordo com os seguintes critérios:

→ *Caput* com redação alterada pela Lei 13.167/2015.

I – acusados pela prática de crimes hediondos ou equiparados;

→ Inciso I acrescentado pela Lei 13.167/2015.

LEGISLAÇÃO

II – acusados pela prática de crimes cometidos com violência ou grave ameaça à pessoa;

→ Inciso II acrescentado pela Lei 13.167/2015.

III – acusados pela prática de outros crimes ou contravenções diversos dos apontados nos incisos I e II.

→ Inciso III acrescentado pela Lei 13.167/2015.

§ 2º O preso que, ao tempo do fato, era funcionário da administração da Justiça criminal ficará em dependência separada.

§ 3º Os presos condenados ficarão separados de acordo com os seguintes critérios:

→ § 3º acrescentado pela Lei 13.167/2015.

I – condenados pela prática de crimes hediondos ou equiparados;

II – reincidentes condenados pela prática de crimes cometidos com violência ou grave ameaça à pessoa;

III – primários condenados pela prática de crimes cometidos com violência ou grave ameaça à pessoa;

IV – demais condenados pela prática de outros crimes ou contravenções em situação diversa das previstas nos incisos I, II e III.

§ 4º O preso que tiver sua integridade física, moral ou psicológica ameaçada pela convivência com os demais presos ficará segregado em local próprio.

→ § 4º acrescentado pela Lei 13.167/2015.

Art. 85. O estabelecimento penal deverá ter lotação compatível com a sua estrutura e finalidade.

→ *v.* Art. 66, VI a VIII, da Lei 7.210/1984.

Parágrafo único. O Conselho Nacional de Política Criminal e Penitenciária determinará o limite máximo de capacidade do estabelecimento, atendendo a sua natureza e peculiaridades.

Art. 86. As penas privativas de liberdade aplicadas pela justiça de uma unidade federativa podem ser executadas em outra unidade, em estabelecimento local ou da União.

→ *v.* Art. 66, V, *g* e *h*, da Lei 7.210/1984.

§ 1º A União Federal poderá construir estabelecimento penal em local distante da condenação para recolher os condenados, quando a medida se justifique no interesse da segurança pública ou do próprio condenado.

→ § 1º com redação alterada pela Lei 10.792/2003.

→ *v.* Lei 11.671/2008 – Transferência e inclusão de presos em estabelecimentos penais federais de segurança máxima.

→ *v.* Art. 3º da Lei 8.072/1990.

§ 2º Conforme a natureza do estabelecimento, nele poderão trabalhar os liberados ou egressos que se dediquem a obras públicas ou ao aproveitamento de terras ociosas.

→ *v.* Arts. 26, 132, § 1º, *a*, 178 da Lei 7.210/1984.

§ 3º Caberá ao juiz competente, a requerimento da autoridade administrativa definir o estabelecimento prisional adequado para abrigar o preso provisório ou condenado, em atenção ao regime e aos requisitos estabelecidos.

→ § 3º acrescentado pela Lei 10.792/2003.

Capítulo II
DA PENITENCIÁRIA

Art. 87. A Penitenciária destina-se ao condenado à pena de reclusão, em regime fechado.

→ *v.* Art. 33 do CP.

Parágrafo único. A União Federal, os Estados, o Distrito Federal e os Territórios poderão construir Penitenciárias destinadas, exclusivamente, aos presos provisórios e condenados que estejam em regime fechado, sujeitos ao regime disciplinar diferenciado, nos termos do art. 52 desta Lei.

→ Parágrafo único acrescentado pela Lei 10.792/2003.

Art. 88. O condenado será alojado em cela individual que conterá dormitório, aparelho sanitário e lavatório.

→ *v.* Art. 6º do Decreto 6.049/2007.

Parágrafo único. São requisitos básicos da unidade celular:

a) salubridade do ambiente pela concorrência dos fatores de aeração, insolação e condicionamento térmico adequado à existência humana;

b) área mínima de 6 m^2.

Art. 89. Além dos requisitos referidos no art. 88, a penitenciária de mulheres será dotada de seção para gestante e parturiente e de creche para abrigar crianças maiores de 6 (seis) meses e menores de 7 (sete) anos, com a finalidade de assistir a criança desamparada cuja responsável estiver presa.

→ Artigo com redação alterada pela Lei 11.942/2009.

→ *v.* Art. 14, § 3º, da Lei 7.210/1984.

Parágrafo único. São requisitos básicos da seção e da creche referidas neste artigo:

I – atendimento por pessoal qualificado, de acordo com as diretrizes adotadas pela legislação educacional e em unidades autônomas; e

II – horário de funcionamento que garanta a melhor assistência à criança e à sua responsável.

Art. 90. A penitenciária de homens será construída em local afastado do centro urbano a distância que não restrinja a visitação.

Capítulo III
DA COLÔNIA AGRÍCOLA, INDUSTRIAL OU SIMILAR

Art. 91. A Colônia Agrícola, Industrial ou similar destina-se ao cumprimento da pena em regime semiaberto.

Art. 92. O condenado poderá ser alojado em compartimento coletivo, observados os requisitos da letra *a* do parágrafo único do art. 88 desta Lei.

→ *v.* Art. 53, IV, da Lei 7.210/1984.

Parágrafo único. São também requisitos básicos das dependências coletivas:

a) a seleção adequada dos presos;

b) o limite de capacidade máxima que atenda os objetivos de individualização da pena.

Capítulo IV
DA CASA DO ALBERGADO

Art. 93. A Casa do Albergado destina-se ao cumprimento de pena privativa de liberdade, em regime aberto, e da pena de limitação de fim de semana.

→ *v.* Art. 117 da Lei 7.210/1984.

Art. 94. O prédio deverá situar-se em centro urbano, separado dos demais estabelecimentos, e caracterizar-se pela ausência de obstáculos físicos contra a fuga.

→ *v.* Art. 36 do CP.

Art. 95. Em cada região haverá, pelo menos, 1 (uma) Casa de Albergado, a qual deverá conter, além dos aposentos para acomodar os presos, local adequado para cursos e palestras.

→ *v.* Art. 48, parágrafo único, do CP.

Parágrafo único. O estabelecimento terá instalações para os serviços de fiscalização e orientação dos condenados.

Capítulo V
DO CENTRO DE OBSERVAÇÃO

Art. 96. No Centro de Observação realizar-se-ão os exames gerais e o criminológico, cujos resultados serão encaminhados à Comissão Técnica de Classificação.

Parágrafo único. No Centro poderão ser realizadas pesquisas criminológicas.

Art. 97. O Centro de Observação será instalado em unidade autônoma ou em anexo a estabelecimento penal.

Art. 98. Os exames poderão ser realizados pela Comissão Técnica de Classificação, na falta do Centro de Observação.

Capítulo VI
DO HOSPITAL DE CUSTÓDIA E TRATAMENTO PSIQUIÁTRICO

Art. 99. O Hospital de Custódia e Tratamento Psiquiátrico destina-se aos inimputáveis e semi-imputáveis referidos no art. 26 e seu parágrafo único do Código Penal.

Parágrafo único. Aplica-se ao Hospital, no que couber, o disposto no parágrafo único do art. 88 desta Lei.

Art. 100. O exame psiquiátrico e os demais exames necessários ao tratamento são obrigatórios para todos os internados.

→ *v.* Art. 175 da Lei 7.210/1984.

Art. 101. O tratamento ambulatorial, previsto no art. 97, segunda parte, do Código Penal, será realizado no Hospital de Custódia e Tratamento Psiquiátrico ou em outro local com dependência médica adequada.

Capítulo VII
DA CADEIA PÚBLICA

Art. 102. A Cadeia Pública destina-se ao recolhimento de presos provisórios.

Art. 103. Cada comarca terá, pelo menos, 1 (uma) Cadeia Pública a fim de resguardar o interesse da administração da justiça criminal e a permanência do preso em local próximo ao seu meio social e familiar.

Art. 104. O estabelecimento de que trata este Capítulo será instalado próximo de centro urbano, observando-se na construção as exigências mínimas referidas no art. 88 e seu parágrafo único desta Lei.

Título V
Da execução das penas em espécie

Capítulo I
DAS PENAS PRIVATIVAS DE LIBERDADE

Seção I
Disposições gerais

Art. 105. Transitando em julgado a sentença que aplicar pena privativa de liberdade, se o réu estiver ou vier a ser preso, o juiz ordenará a expedição de guia de recolhimento para a execução.

Art. 106. A guia de recolhimento, extraída pelo escrivão, que a rubricará em todas as folhas e a assinará com o juiz, será remetida à autoridade administrativa incumbida da execução e conterá:

I – o nome do condenado;

II – a sua qualificação civil e o número do registro geral no órgão oficial de identificação;

III – o inteiro teor da denúncia e da sentença condenatória, bem como certidão do trânsito em julgado;

IV – a informação sobre os antecedentes e o grau de instrução;

V – a data da terminação da pena;

VI – outras peças do processo reputadas indispensáveis ao adequado tratamento penitenciário.

§ 1º Ao Ministério Público se dará ciência da guia de recolhimento.

§ 2º A guia de recolhimento será retificada sempre que sobrevier modificação quanto ao início da execução, ou ao tempo de duração da pena.

§ 3º Se o condenado, ao tempo do fato, era funcionário da administração da justiça criminal, far-se-á, na guia, menção dessa circunstância, para fins do disposto no § 2º do art. 84 desta Lei.

Art. 107. Ninguém será recolhido, para cumprimento de pena privativa de liberdade, sem a guia expedida pela autoridade judiciária.

→ *v.* Art. 4º, *a*, da Lei 4.898/1965.

§ 1º A autoridade administrativa incumbida da execução passará recibo da guia de recolhimento, para juntá-la aos autos do processo, e dará ciência dos seus termos ao condenado.

§ 2º As guias de recolhimento serão registradas em livro especial, segundo a ordem cronológica do recebimento, e anexadas ao prontuário do condenado, aditando-se, no curso da execução, o cálculo das remições e de outras retificações posteriores.

Art. 108. O condenado a quem sobrevier doença mental será internado em Hospital de Custódia e Tratamento Psiquiátrico.

→ *v.* Art. 183 da Lei 7.210/1984.

Art. 109. Cumprida ou extinta a pena, o condenado será posto em liberdade, mediante alvará do juiz, se por outro motivo não estiver preso.

→ *v.* Art. 107 do CP.

→ *v.* Art. 4º, *i*, da Lei 4.898/1965.

Seção II
Dos regimes

Art. 110. O juiz, na sentença, estabelecerá o regime no qual o condenado iniciará o cumprimento da pena privativa de liberdade, observado o disposto no art. 33 e seus parágrafos do Código Penal.

Art. 111. Quando houver condenação por mais de um crime, no mesmo processo ou em processos distintos, a determinação do regime de cumprimento será feita pelo resultado da soma ou unificação das penas, observada, quando for o caso, a detração ou remição.

→ *v.* Arts. 42 e 71 do CP.

→ *v.* Arts. 66, III, *a*, e 126, § 1º, da Lei 7.210/1984.

Parágrafo único. Sobrevindo condenação no curso da execução, somar-se-á a pena ao restante da que está sendo cumprida, para determinação do regime.

Art. 112. A pena privativa de liberdade será executada em forma progressiva com a transferência para regime menos rigoroso, a ser determinada pelo juiz, quando o preso tiver cumprido ao menos 1/6 (um sexto) da pena no regime anterior e ostentar bom comportamento carcerário, comprovado pelo diretor do estabelecimento, respeitadas as normas que vedam a progressão.

→ Artigo com redação alterada pela Lei 10.792/2003.

→ *v.* Súmula 716 do STF.

→ *v.* Súmulas 471 e 491 do STJ.

§ 1º A decisão será sempre motivada e precedida de manifestação do Ministério Público e do defensor.

→ *v.* Art. 93,. IX, da CF/1988.

§ 2º Idêntico procedimento será adotado na concessão de livramento condicional, indulto e comutação de penas, respeitados os prazos previstos nas normas vigentes.

Art. 113. O ingresso do condenado em regime aberto supõe a aceitação de seu programa e das condições impostas pelo juiz.

→ *v.* Art. 36 do CP.

Art. 114. Somente poderá ingressar no regime aberto o condenado que:

I – estiver trabalhando ou comprovar a possibilidade de fazê-lo imediatamente;

II – apresentar, pelos seus antecedentes ou pelo resultado dos exames a que foi submetido, fundados indícios de que irá ajustar-se, com autodisciplina e senso de responsabilidade, ao novo regime.

Parágrafo único. Poderão ser dispensadas do trabalho as pessoas referidas no art. 117 desta Lei.

Art. 115. O juiz poderá estabelecer condições especiais para a concessão de regime aberto, sem prejuízo das seguintes condições gerais e obrigatórias:

I – permanecer no local que for designado, durante o repouso e nos dias de folga;

II – sair para o trabalho e retornar, nos horários fixados;

III – não se ausentar da cidade onde reside, sem autorização judicial;

IV – comparecer a juízo, para informar e justificar as suas atividades, quando for determinado.

Art. 116. O juiz poderá modificar as condições estabelecidas, de ofício, a requerimento do Ministério Público, da autoridade administrativa ou do condenado, desde que as circunstâncias assim o recomendem.

Art. 117. Somente se admitirá o recolhimento do beneficiário de regime aberto em residência particular quando se tratar de:

I – condenado maior de 70 (setenta) anos;

II – condenado acometido de doença grave;

III – condenada com filho menor ou deficiente físico ou mental;

IV – condenada gestante.

Art. 118. A execução da pena privativa de liberdade ficará sujeita à forma regressiva, com a transferência para qualquer dos regimes mais rigorosos, quando o condenado:

I – praticar fato definido como crime doloso ou falta grave;

→ *v.* Súmula 526 do STJ.

II – sofrer condenação, por crime anterior, cuja pena, somada ao restante da pena em execução, torne incabível o regime (art. 111).

§ 1º O condenado será transferido do regime aberto se, além das hipóteses referidas nos incisos anteriores, frustrar os fins da execução ou não pagar, podendo, a multa cumulativamente imposta.

→ *v.* Art. 51 do CP.

§ 2º Nas hipóteses do inciso I e do parágrafo anterior, deverá ser ouvido, previamente, o condenado.

Art. 119. A legislação local poderá estabelecer normas complementares para o cumprimento da pena privativa de liberdade em regime aberto (art. 36, § 1º, do Código Penal).

Seção III
Das autorizações de saída

Subseção I
Da permissão de saída

→ *v.* Súmula 520 do STJ.

Art. 120. Os condenados que cumprem pena em regime fechado ou semiaberto e os presos provisórios poderão obter permissão para sair do estabelecimento, mediante escolta, quando ocorrer um dos seguintes fatos:

I – falecimento ou doença grave do cônjuge, companheira, ascendente, descendente ou irmão;

II – necessidade de tratamento médico (parágrafo único do art. 14).

→ A referência correta é § 2º do art. 14.

Parágrafo único. A permissão de saída será concedida pelo diretor do estabelecimento onde se encontra o preso.

Art. 121. A permanência do preso fora do estabelecimento terá duração necessária à finalidade da saída.

Subseção II
Da saída temporária

Art. 122. Os condenados que cumprem pena em regime semiaberto poderão obter autorização para saída temporária do estabelecimento, sem vigilância direta, nos seguintes casos:

→ *v.* Súmula 40 do STJ.

I – visita à família;

II – frequência a curso supletivo profissionalizante, bem como de instrução do 2º grau ou superior, na comarca do Juízo da Execução;

III – participação em atividades que concorram para o retorno ao convívio social.

Parágrafo único. A ausência de vigilância direta não impede a utilização de equipamento de monitoração eletrônica pelo condenado, quando assim determinar o juiz da execução.

→ Parágrafo único acrescentado pela Lei 12.258/2010.

Art. 123. A autorização será concedida por ato motivado do juiz da execução, ouvidos o Ministério Público e a administração penitenciária, e dependerá da satisfação dos seguintes requisitos:

I – comportamento adequado;

II – cumprimento mínimo de 1/6 (um sexto) da pena, se o condenado for primário, e 1/4 (um quarto), se reincidente;

→ *v.* Súmula 40 do STJ.

→ *v.* Art. 35, § 2º, do CP.

III – compatibilidade do benefício com os objetivos da pena.

Art. 124. A autorização será concedida por prazo não superior a 7 (sete) dias, podendo ser renovada por mais 4 (quatro) vezes durante o ano.

§ 1º Ao conceder a saída temporária, o juiz imporá ao beneficiário as seguintes condições, entre outras que entender compatíveis com as circunstâncias do caso e a situação pessoal do condenado:

→ § 1º acrescentado pela Lei 12.258/2010.

→ *v.* Art. 47, IV, do CP.

I – fornecimento do endereço onde reside a família a ser visitada ou onde poderá ser encontrado durante o gozo do benefício;

II – recolhimento à residência visitada, no período noturno;

III – proibição de frequentar bares, casas noturnas e estabelecimentos congêneres.

§ 2º Quando se tratar de frequência a curso profissionalizante, de instrução de ensino médio ou superior, o tempo de saída será o necessário para o cumprimento das atividades discentes.

→ § 2º acrescentado pela Lei 12.258/2010.

§ 3º Nos demais casos, as autorizações de saída somente poderão ser concedidas com prazo mínimo de 45 (quarenta e cinco) dias de intervalo entre uma e outra.

→ § 3º acrescentado pela Lei 12.258/2010.

Art. 125. O benefício será automaticamente revogado quando o condenado praticar fato definido como crime doloso, for punido por falta grave, desatender as condições impostas na autorização ou revelar baixo grau de aproveitamento do curso.

Parágrafo único. A recuperação do direito à saída temporária dependerá da absolvição no processo penal, do cancelamento da punição disciplinar ou da demonstração do merecimento do condenado.

Seção IV
Da remição

Art. 126. O condenado que cumpre a pena em regime fechado ou semiaberto poderá remir, por trabalho ou por estudo, parte do tempo de execução da pena.

→ Artigo com redação alterada pela Lei 12.433/2011.

→ *v.* Súmula 341 do STJ.

→ *v.* Art. 39, V, da Lei 7.210/1984.

§ 1º A contagem de tempo referida no *caput* será feita à razão de:

I – 1 (um) dia de pena a cada 12 (doze) horas de frequência escolar – atividade de ensino fundamental, médio, inclusive profissionalizante, ou superior, ou ainda de requalificação profissional – divididas, no mínimo, em 3 (três) dias;

II – 1 (um) dia de pena a cada 3 (três) dias de trabalho.

→ *v.* Art. 33 da Lei 7.210/1984.

§ 2º As atividades de estudo a que se refere o § 1º deste artigo poderão ser desenvolvidas de forma presencial ou por metodologia de ensino a distância e deverão ser certificadas pelas autoridades educacionais competentes dos cursos frequentados.

§ 3º Para fins de cumulação dos casos de remição, as horas diárias de trabalho e de estudo serão definidas de forma a se compatibilizarem.

§ 4º O preso impossibilitado, por acidente, de prosseguir no trabalho ou nos estudos continuará a beneficiar-se com a remição.

§ 5º O tempo a remir em função das horas de estudo será acrescido de 1/3 (um terço) no caso de conclusão do ensino fundamental, médio ou superior durante o cumprimento da pena, desde que certificada pelo órgão competente do sistema de educação.

§ 6º O condenado que cumpre pena em regime aberto ou semiaberto e o que usufrui liberdade condicional poderão remir, pela frequência a curso de ensino regular ou de educação profissional, parte do tempo de execução da pena ou do período de prova, observado o disposto no inciso I do § 1º deste artigo.

§ 7º O disposto neste artigo aplica-se às hipóteses de prisão cautelar.

§ 8º A remição será declarada pelo juiz da execução, ouvidos o Ministério Público e a defesa.

Art. 127. Em caso de falta grave, o juiz poderá revogar até 1/3 (um terço) do tempo remido, observado o disposto no art. 57, recomeçando a contagem a partir da data da infração disciplinar.

→ Artigo com redação alterada pela Lei 12.433/2011.

Art. 128. O tempo remido será computado como pena cumprida, para todos os efeitos.

→ Artigo com redação alterada pela Lei 12.433/2011.

Art. 129. A autoridade administrativa encaminhará mensalmente ao juízo da execução cópia do registro de todos os condenados que estejam trabalhando ou estudando, com informação dos dias de trabalho ou das horas de frequência escolar ou de atividades de ensino de cada um deles.

→ Artigo com redação alterada pela Lei 12.433/2011.

§ 1º O condenado autorizado a estudar fora do estabelecimento penal deverá comprovar mensalmente, por meio de declaração da respectiva unidade de ensino, a frequência e o aproveitamento escolar.

§ 2º Ao condenado dar-se-á a relação de seus dias remidos.

Art. 130. Constitui o crime do art. 299 do Código Penal declarar ou atestar falsamente prestação de serviço para fim de instruir pedido de remição.

Seção V
Do livramento condicional

Art. 131. O livramento condicional poderá ser concedido pelo juiz da execução, presentes os requisitos do art. 83, incisos e parágrafo único, do Código Penal, ouvidos o Ministério Público e o Conselho Penitenciário.

→ *v.* Súmula 441 do STJ.

→ *v.* Art. 83 do CP.

→ *v.* Art. 112, § 2º, da Lei 7.210/1984.

Art. 132. Deferido o pedido, o juiz especificará as condições a que fica subordinado o livramento.

§ 1º Serão sempre impostas ao liberado condicional as obrigações seguintes:

a) obter ocupação lícita, dentro de prazo razoável se for apto para o trabalho;

b) comunicar periodicamente ao juiz sua ocupação;

c) não mudar do território da comarca do Juízo da Execução, sem prévia autorização deste.

§ 2º Poderão ainda ser impostas ao liberado condicional, entre outras obrigações, as seguintes:

a) não mudar de residência sem comunicação ao juiz e à autoridade incumbida da observação cautelar e de proteção;

b) recolher-se à habitação em hora fixada;

c) não frequentar determinados lugares.

d) (*Vetada*).

→ Alínea *d* acrescentada pela Lei 12.258/2010.

Art. 133. Se for permitido ao liberado residir fora da comarca do Juízo da Execução, remeter-se-á cópia da sentença do livramento ao juízo do lugar para onde ele se houver transferido e à autoridade incumbida da observação cautelar e de proteção.

Art. 134. O liberado será advertido da obrigação de apresentar-se imediatamente às autoridades referidas no artigo anterior.

Art. 135. Reformada a sentença denegatória do livramento, os autos baixarão ao Juízo da Execução, para as providências cabíveis.

→ *v.* Art. 197 da Lei 7.210/1984.

Art. 136. Concedido o benefício, será expedida a carta de livramento com a cópia integral da sentença em 2 (duas) vias, remetendo-se uma à autoridade administrativa incumbida da execução e outra ao Conselho Penitenciário.

→ *v.* Art. 69 da Lei 7.210/1984.

Art. 137. A cerimônia do livramento condicional será realizada solenemente no dia marcado pelo presidente do Conselho Penitenciário, no estabelecimento onde está sendo cumprida a pena, observando-se o seguinte:

I – a sentença será lida ao liberando, na presença dos demais condenados, pelo presidente do Conselho Penitenciário ou membro por ele designado, ou, na falta, pelo juiz;

II – a autoridade administrativa chamará a atenção do liberando para as condições impostas na sentença de livramento;

III – o liberando declarará se aceita as condições.

§ 1º De tudo, em livro próprio, será lavrado termo subscrito por quem presidir a cerimônia e pelo liberando, ou alguém a seu rogo, se não souber ou não puder escrever.

§ 2º Cópia desse termo deverá ser remetida ao juiz da execução.

Art. 138. Ao sair o liberado do estabelecimento penal, ser-lhe-á entregue, além do saldo de seu pecúlio e do que lhe pertencer, uma caderneta, que exibirá à autoridade judiciária ou administrativa sempre que lhe for exigida.

§ 1º A caderneta conterá:

a) a identificação do liberado;

b) o texto impresso do presente Capítulo;

c) as condições impostas.

§ 2º Na falta de caderneta, será entregue ao liberado um salvo-conduto, em que constem as condições do livramento, podendo substituir-se a ficha de identificação ou o seu retrato pela descrição dos sinais que possam identificá-lo.

§ 3º Na caderneta e no salvo-conduto deverá haver espaço para consignar-se o cumprimento das condições referidas no art. 132 desta Lei.

Art. 139. A observação cautelar e a proteção realizadas por serviço social penitenciário, Patronato ou Conselho da Comunidade terão a finalidade de:

I – fazer observar o cumprimento das condições especificadas na sentença concessiva do benefício;

II – proteger o beneficiário, orientando-o na execução de suas obrigações e auxiliando-o na obtenção de atividade laborativa.

Parágrafo único. A entidade encarregada da observação cautelar e da proteção do liberado apresentará relatório ao Conselho Penitenciário, para efeito da representação prevista nos arts. 143 e 144 desta Lei.

→ *V.* Art. 70 da Lei 7.210/1984.

Art. 140. A revogação do livramento condicional dar-se-á nas hipóteses previstas nos arts. 86 e 87 do Código Penal.

Parágrafo único. Mantido o livramento condicional, na hipótese da revogação facultativa, o juiz deverá advertir o liberado ou agravar as condições.

Art. 141. Se a revogação for motivada por infração penal anterior à vigência do livramento, computar-se-á como tempo de cumprimento da pena o período de prova, sendo permitida, para a concessão de novo livramento, a soma do tempo das 2 (duas) penas.

Art. 142. No caso de revogação por outro motivo, não se computará na pena o tempo em que esteve solto o liberado, e tampouco se concederá, em relação à mesma pena, novo livramento.

Art. 143. A revogação será decretada a requerimento do Ministério Público, mediante representação do Conselho Penitenciário, ou de ofício, pelo juiz, ouvido o liberado.

Art. 144. O Juiz, de ofício, a requerimento do Ministério Público, da Defensoria Pública ou mediante representação do Conselho Penitenciário, e ouvido o liberado, poderá modificar as condições especificadas na sentença, devendo o respectivo ato decisório ser lido ao liberado por uma das autoridades ou funcionários indicados no inciso I do *caput* do art. 137 desta Lei, observado o disposto nos incisos II e III e §§ 1º e 2º do mesmo artigo.

→ Artigo com redação alterada pela Lei 12.313/2010.

Art. 145. Praticada pelo liberado outra infração penal, o juiz poderá ordenar a sua prisão, ouvidos o Conselho Penitenciário e o Ministério Público, suspendendo o curso do livramento condicional, cuja revogação, entretanto, ficará dependendo da decisão final.

→ *V.* Art. 89 do CP.

Art. 146. O juiz, de ofício, a requerimento do interessado, do Ministério Público ou mediante representação do Conselho Penitenciário, julgará extinta a pena privativa de liberdade, se expirar o prazo do livramento sem revogação.

→ *V.* Art. 90 do CP.

Seção VI
Da monitoração eletrônica

→ Rubrica da Seção VI acrescentada pela Lei 12.258/2010.

Art. 146-A. (*Vetado*).

→ Artigo acrescentado pela Lei 12.258/2010.

Art. 146-B. O juiz poderá definir a fiscalização por meio da monitoração eletrônica quando:

→ Artigo acrescentado pela Lei 12.258/2010.

I – (*Vetado*);

II – autorizar a saída temporária no regime semiaberto;

III – (*Vetado*);

IV – determinar a prisão domiciliar;

→ *V.* Art. 117 da Lei 7.210/1984.

V – (*Vetado*);

Parágrafo único. (*Vetado*).

Art. 146-C. O condenado será instruído acerca dos cuidados que deverá adotar com o equipamento eletrônico e dos seguintes deveres:

→ Artigo acrescentado pela Lei 12.258/2010.

I – receber visitas do servidor responsável pela monitoração eletrônica, responder aos seus contatos e cumprir suas orientações;

II – abster-se de remover, de violar, de modificar, de danificar de qualquer forma o dispositivo de monitoração eletrônica ou de permitir que outrem o faça;

III – (*Vetado*);

Parágrafo único. A violação comprovada dos deveres previstos neste artigo poderá acarretar, a critério do juiz da execução, ouvidos o Ministério Público e a defesa:

I – a regressão do regime;

II – a revogação da autorização de saída temporária;

III – (*Vetado*);

IV – (*Vetado*);

V – (*Vetado*);

VI – a revogação da prisão domiciliar;

VII – advertência, por escrito, para todos os casos em que o juiz da execução decida não aplicar alguma das medidas previstas nos incisos de I a VI deste parágrafo.

Art. 146-D. A monitoração eletrônica poderá ser revogada:

→ Artigo acrescentado pela Lei 12.258/2010.

→ *V.* Art. 319, IX, do CPP.

→ *V.* Decreto 7.627/2011 – Monitoração eletrônica.

I – quando se tornar desnecessária ou inadequada;

II – se o acusado ou condenado violar os deveres a que estiver sujeito durante a sua vigência ou cometer falta grave.

Capítulo II
DAS PENAS RESTRITIVAS DE DIREITO

Seção I
Disposições gerais

Art. 147. Transitada em julgado a sentença que aplicou a pena restritiva de direitos, o juiz de execução, de ofício ou a requerimento do Ministério Público, promoverá a execução, podendo, para tanto, requisitar, quando necessário, a colaboração de entidades públicas ou solicitá-la a particulares.

→ *V.* Arts. 43 a 48 do CP.

Art. 148. Em qualquer fase da execução, poderá o juiz, motivadamente, alterar a forma de cumprimento das penas de prestação de serviços à comunidade e de limitação de fim de semana, ajustando-as às condições pessoais do condenado e às características do estabelecimento, da entidade ou do programa comunitário ou estatal.

Seção II
Da prestação de serviços à comunidade

Art. 149. Caberá ao juiz da execução:

I – designar a entidade ou programa comunitário ou estatal, devidamente credenciado ou convencionado, junto ao qual o condenado deverá trabalhar gratuitamente, de acordo com as suas aptidões;

II – determinar a intimação do condenado, cientificando-o da entidade, dias e horário em que deverá cumprir a pena;

III – alterar a forma de execução, a fim de ajustá-la às modificações ocorridas na jornada de trabalho.

§ 1º O trabalho terá a duração de 8 (oito) horas semanais e será realizado aos sábados, domingos e feriados, ou em dias úteis, de modo a não prejudicar a jornada normal de trabalho, nos horários estabelecidos pelo juiz.

→ *V.* Art. 46, §§ 3º e 4º, do CP.

§ 2º A execução terá início a partir da data do primeiro comparecimento.

→ *V.* Art. 117, V, do CP.

Art. 150. A entidade beneficiada com a prestação de serviços encaminhará mensalmente, ao juiz da execução, relatório circunstanciado das atividades do condenado, bem como, a qualquer tempo, comunicação sobre ausência ou falta disciplinar.

→ *V.* Arts. 51 e 181, § 1º, da Lei 7.210/1984.

Seção III
Da limitação de fim de semana

Art. 151. Caberá ao juiz da execução determinar a intimação do condenado, cientificando-o do local, dias e horário em que deverá cumprir a pena.

→ *V.* Art. 48 do CP.

Parágrafo único. A execução terá início a partir da data do primeiro comparecimento.

Art. 152. Poderão ser ministrados ao condenado, durante o tempo de permanência, cursos e palestras, ou atribuídas atividades educativas.

Parágrafo único. Nos casos de violência doméstica contra a mulher, o juiz poderá determinar o comparecimento obrigatório do agressor a programas de recuperação e reeducação.

→ Parágrafo único acrescentado pela Lei 11.340/2006.

→ v. Art. 17 da Lei 11.340/2006.

Art. 153. O estabelecimento designado encaminhará, mensalmente, ao juiz da execução, relatório, bem assim comunicará, a qualquer tempo, a ausência ou falta disciplinar do condenado.

→ v. Arts. 51 e 181, § 2º, da Lei 7.210/1984.

Seção IV
Da interdição temporária de direitos

→ v. Art. 47, IV e V, do CP.

Art. 154. Caberá ao juiz da execução comunicar à autoridade competente a pena aplicada, determinada a intimação do condenado.

§ 1º Na hipótese de pena de interdição do art. 47, I, do Código Penal, a autoridade deverá, em 24 (vinte e quatro) horas, contadas do recebimento do ofício, baixar ato, a partir do qual a execução terá seu início.

§ 2º Nas hipóteses do art. 47, II e III, do Código Penal, o Juízo da Execução determinará a apreensão dos documentos, que autorizam o exercício do direito interditado.

→ v. Arts. 292 e 293 do CTB.

Art. 155. A autoridade deverá comunicar imediatamente ao juiz da execução o descumprimento da pena.

Parágrafo único. A comunicação prevista neste artigo poderá ser feita por qualquer prejudicado.

Capítulo III
DA SUSPENSÃO CONDICIONAL

Art. 156. O juiz poderá suspender, pelo período de 2 (dois) a 4 (quatro) anos, a execução da pena privativa de liberdade, não superior a 2 (dois) anos, na forma prevista nos arts. 77 a 82 do Código Penal.

Art. 157. O juiz ou tribunal, na sentença que aplicar pena privativa de liberdade, na situação determinada no artigo anterior, deverá pronunciar-se, motivadamente, sobre a suspensão condicional, quer a conceda, quer a denegue.

Art. 158. Concedida a suspensão, o juiz especificará as condições a que fica sujeito o condenado, pelo prazo fixado, começando este a correr da audiência prevista no art. 160 desta Lei.

§ 1º As condições serão adequadas ao fato e à situação pessoal do condenado, devendo ser incluída entre as mesmas a de prestar serviços à comunidade, ou limitação de fim de semana, salvo hipótese do art. 78, § 2º, do Código Penal.

§ 2º O juiz poderá, a qualquer tempo, de ofício, a requerimento do Ministério Público ou mediante proposta do Conselho Penitenciário, modificar as condições e regras estabelecidas na sentença, ouvido o condenado.

§ 3º A fiscalização do cumprimento das condições, regulada nos Estados, Territórios e Distrito Federal por normas supletivas, será atribuída a serviço social penitenciário, Patronato, Conselho da Comunidade ou instituição beneficiada com a prestação de serviços, inspecionados pelo Conselho Penitenciário, pelo Ministério Público, ou ambos, devendo o juiz da execução suprir, por ato, a falta das normas supletivas.

§ 4º O beneficiário, ao comparecer periodicamente à entidade fiscalizadora, para comprovar a observância das condições a que está sujeito, comunicará, também, a sua ocupação e os salários ou proventos de que vive.

§ 5º A entidade fiscalizadora deverá comunicar imediatamente ao órgão de inspeção, para os fins legais, qualquer fato capaz de acarretar a revogação do benefício, a prorrogação do prazo ou a modificação das condições.

→ v. Art. 81 do CP.

§ 6º Se for permitido ao beneficiário mudar-se, será feita comunicação ao juiz e à entidade fiscalizadora do local da nova residência, aos quais o primeiro deverá apresentar-se imediatamente.

Art. 159. Quando a suspensão condicional da pena for concedida por tribunal, a este caberá estabelecer as condições do benefício.

→ v. Arts. 78 e 79 do CP.

§ 1º De igual modo proceder-se-á quando o tribunal modificar as condições estabelecidas na sentença recorrida.

§ 2º O tribunal, ao conceder a suspensão condicional da pena, poderá, todavia, conferir ao Juízo da Execução a incumbência de estabelecer as condições do benefício, e, em qualquer caso, a de realizar a audiência admonitória.

Art. 160. Transitada em julgado a sentença condenatória, o juiz a lerá ao condenado, em audiência, advertindo-o das consequências de nova infração penal e do descumprimento das condições impostas.

Art. 161. Se, intimado pessoalmente ou por edital com prazo de 20 (vinte) dias, o réu não comparecer injustificadamente à audiência admonitória, a suspensão ficará sem efeito e será executada imediatamente a pena.

Art. 162. A revogação da suspensão condicional da pena e a prorrogação do período de prova dar-se-ão na forma do art. 81 e respectivos parágrafos do Código Penal.

Art. 163. A sentença condenatória será registrada, com a nota de suspensão, em livro especial do juízo a que couber a execução da pena.

§ 1º Revogada a suspensão ou extinta a pena, será o fato averbado à margem do registro.

§ 2º O registro e a averbação serão sigilosos, salvo para efeito de informações requisitadas por órgão judiciário ou pelo Ministério Público, para instruir processo penal.

Capítulo IV
DA PENA DE MULTA

Art. 164. Extraída certidão da sentença condenatória com trânsito em julgado, que valerá como título executivo judicial, o Ministério Público requererá, em autos apartados, a citação do condenado para, no prazo de 10 (dez) dias, pagar o valor da multa ou nomear bens à penhora.

→ v. Art. 51 do CP.

→ v. Lei 6.830/1980 – Cobrança judicial da Dívida Ativa da Fazenda Pública.

§ 1º Decorrido o prazo sem o pagamento da multa, ou o depósito da respectiva importância, proceder-se-á à penhora de tantos bens quantos bastem para garantir a execução.

§ 2º A nomeação de bens à penhora e a posterior execução seguirão o que dispuser a lei processual civil.

Art. 165. Se a penhora recair em bem imóvel, os autos apartados serão remetidos ao juízo cível para prosseguimento.

Art. 166. Recaindo a penhora em outros bens, dar-se-á prosseguimento nos termos do § 2º do art. 164 desta Lei.

Art. 167. A execução da pena de multa será suspensa quando sobrevier ao condenado doença mental (art. 52 do Código Penal).

Art. 168. O juiz poderá determinar que a cobrança da multa se efetue mediante desconto no vencimento ou salário do condenado, nas hipóteses do art. 50, § 1º, do Código Penal, observando-se o seguinte:

I – o limite máximo do desconto mensal será o da quarta parte da remuneração e o mínimo o de um décimo;

II – o desconto será feito mediante ordem do juiz a quem de direito;

III – o responsável pelo desconto será intimado a recolher mensalmente, até o dia fixado pelo juiz, a importância determinada.

Art. 169. Até o término do prazo a que se refere o art. 164 desta Lei, poderá o condenado requerer ao juiz o pagamento da multa em prestações mensais, iguais e sucessivas.

§ 1º O juiz, antes de decidir, poderá determinar diligências para verificar a real situação econômica do condenado e, ouvido o Ministério Público, fixará o número de prestações.

§ 2º Se o condenado for impontual ou se melhorar de situação econômica, o juiz, de ofício ou a requerimento do Ministério Público, revogará o benefício executando-se a multa, na forma prevista neste Capítulo, ou prosseguindo-se na execução já iniciada.

Art. 170. Quando a pena de multa for aplicada cumulativamente com pena privativa da liberdade, enquanto esta estiver sendo executada, poderá aquela ser cobrada mediante desconto na remuneração do condenado (art. 168).

§ 1º Se o condenado cumprir a pena privativa de liberdade ou obtiver livramento condicional, sem haver resgatado a multa, far-se-á a cobrança nos termos deste Capítulo.

§ 2º Aplicar-se-á o disposto no parágrafo anterior aos casos em que for concedida a suspensão condicional da pena.

Título VI
Da execução das medidas de segurança

Capítulo I
DISPOSIÇÕES GERAIS

Art. 171. Transitada em julgado a sentença que aplicar medida de segurança, será ordenada a expedição de guia para a execução.

Art. 172. Ninguém será internado em Hospital de Custódia e Tratamento Psiquiátrico, ou submetido a tratamento ambulatorial, para cumprimento de medida de segurança, sem a guia expedida pela autoridade judiciária.

→ *v.* Art. 150 do CPP.

→ *v.* Art. 107 da Lei 7.210/1984.

Art. 173. A guia de internamento ou de tratamento ambulatorial, extraída pelo escrivão, que a rubricará em todas as folhas e a subscreverá com o juiz, será remetida à autoridade administrativa incumbida da execução e conterá:

I - a qualificação do agente e o número do registro geral do órgão oficial de identificação;

II - o inteiro teor da denúncia e da sentença que tiver aplicado a medida de segurança, bem como a certidão do trânsito em julgado;

III - a data em que terminará o prazo mínimo de internação, ou do tratamento ambulatorial;

IV - outras peças do processo reputadas indispensáveis ao adequado tratamento ou internamento.

§ 1º Ao Ministério Público será dada ciência da guia de recolhimento e de sujeição a tratamento.

§ 2º A guia será retificada sempre que sobrevier modificação quanto ao prazo de execução.

Art. 174. Aplicar-se-á, na execução da medida de segurança, naquilo que couber, o disposto nos arts. 8º e 9º desta Lei.

Capítulo II
DA CESSAÇÃO DA PERICULOSIDADE

Art. 175. A cessação da periculosidade será averiguada no fim do prazo mínimo de duração da medida de segurança, pelo exame das condições pessoais do agente, observando-se o seguinte:

→ *v.* Arts. 26 e 97, § 1º, do CP.

I - a autoridade administrativa, até 1 (um) mês antes de expirar o prazo de duração mínima da medida, remeterá ao juiz minucioso relatório que o habilite a resolver sobre a revogação ou permanência da medida;

II - o relatório será instruído com o laudo psiquiátrico;

→ *v.* Art. 159 do CPP.

→ *v.* Art. 43 da Lei 7.210/1984.

III - juntado aos autos o relatório ou realizadas as diligências, serão ouvidos, sucessivamente, o Ministério Público e o curador ou defensor, no prazo de 3 (três) dias para cada um;

→ *v.* Art. 149, § 2º, do CPP.

IV - o juiz nomeará curador ou defensor para o agente que não o tiver;

V - o juiz, de ofício ou a requerimento de qualquer das partes, poderá determinar novas diligências, ainda que expirado o prazo de duração mínima da medida de segurança;

VI - ouvidas as partes ou realizadas as diligências a que se refere o inciso anterior, o juiz proferirá a sua decisão, no prazo de 5 (cinco) dias.

Art. 176. Em qualquer tempo, ainda no decorrer do prazo mínimo de duração da medida de segurança, poderá o juiz da execução, diante de requerimento fundamentado do Ministério Público ou do interessado, seu procurador ou defensor, ordenar o exame para que se verifique a cessação da periculosidade, procedendo-se nos termos do artigo anterior.

Art. 177. Nos exames sucessivos para verificar-se a cessação da periculosidade, observar-se-á, no que lhes for aplicável, o disposto no artigo anterior.

Art. 178. Nas hipóteses de desinternação ou de liberação (art. 97, § 3º, do Código Penal), aplicar-se-á o disposto nos arts. 132 e 133 desta Lei.

Art. 179. Transitada em julgado a sentença, o juiz expedirá ordem para a desinternação ou a liberação.

Título VII
Dos incidentes de execução

Capítulo I
DAS CONVERSÕES

→ *v.* Art. 44, §§ 4º e 5º, do CP.

Art. 180. A pena privativa de liberdade, não superior a 2 (dois) anos, poderá ser convertida em restritiva de direitos, desde que:

I - o condenado a esteja cumprindo em regime aberto;

II - tenha sido cumprido pelo menos 1/4 (um quarto) da pena;

III - os antecedentes e a personalidade do condenado indiquem ser a conversão recomendável.

Art. 181. A pena restritiva de direitos será convertida em privativa de liberdade nas hipóteses e na forma do art. 45 e seus incisos do Código Penal.

→ Onde se lê *incisos*, leia-se *parágrafos*.

§ 1º A pena de prestação de serviços à comunidade será convertida quando o condenado:

a) não for encontrado por estar em lugar incerto e não sabido, ou desatender à intimação por edital;

b) não comparecer, injustificadamente, à entidade ou programa em que deva prestar serviço;

c) recusar-se, injustificadamente, a prestar o serviço que lhe foi imposto;

d) praticar falta grave;

→ *v.* Art. 51 da Lei 7.210/1984.

e) sofrer condenação por outro crime à pena privativa de liberdade, cuja execução não tenha sido suspensa.

→ *v.* Art. 44, § 5º, do CP.

§ 2º A pena de limitação de fim de semana será convertida quando o condenado não comparecer ao estabelecimento designado para o cumprimento da pena, recusar-se a exercer a atividade determinada pelo juiz ou se ocorrer qualquer das hipóteses das letras *a*, *d* e *e* do parágrafo anterior.

§ 3º A pena de interdição temporária de direitos será convertida quando o condenado exercer, injustificadamente, o direito interditado ou se ocorrer qualquer das hipóteses das letras *a* e *e* do § 1º deste artigo.

Art. 182. *(Revogado pela Lei 9.268/1996).*

Art. 183. Quando, no curso da execução da pena privativa de liberdade, sobrevier doença mental ou perturbação da saúde mental, o Juiz, de ofício, a requerimento do Ministério Público, da Defensoria Pública ou da autoridade administrativa, poderá determinar a substituição da pena por medida de segurança.

→ Artigo com redação alterada pela Lei 12.313/2010.

→ *v.* Arts. 41, 75 e 91, § 1º do CP.

Art. 184. O tratamento ambulatorial poderá ser convertido em internação se o agente revelar incompatibilidade com a medida.

→ *v.* Art. 97, § 4º, do CP.

Parágrafo único. Nesta hipótese, o prazo mínimo de internação será de 1 (um) ano.

Capítulo II
DO EXCESSO OU DESVIO

Art. 185. Haverá excesso ou desvio de execução sempre que algum ato for praticado além dos limites fixados na sentença, em normas legais ou regulamentares.

Art. 186. Podem suscitar o incidente de excesso ou desvio de execução:

I - o Ministério Público;

II - o Conselho Penitenciário;

III - o sentenciado;

IV - qualquer dos demais órgãos da execução penal.

Capítulo III
DA ANISTIA E DO INDULTO

Art. 187. Concedida a anistia, o juiz, de ofício, a requerimento do interessado ou do Ministério Público, por proposta da autoridade administrativa ou do Conselho Penitenciário, declarará extinta a punibilidade.

→ *v.* Art. 107, II, do CP.

→ *v.* Art. 2º, I, da Lei 8.072/1990.

Art. 188. O indulto individual poderá ser provocado por petição do condenado, por iniciativa do Ministério Público, do Conselho Penitenciário, ou da autoridade administrativa.

Art. 189. A petição do indulto, acompanhada dos documentos que a instruírem, será entregue ao Conselho Penitenciário, para a elaboração de parecer e posterior encaminhamento ao Ministério da Justiça.

Art. 190. O Conselho Penitenciário, à vista dos autos do processo e do prontuário, promoverá as diligências que entender necessárias e fará, em relatório, a narração do ilícito penal e dos fundamentos da sentença condenatória, a exposição dos antecedentes do condenado e do procedimento deste depois da prisão, emitindo seu parecer sobre o mérito do pedido e esclarecendo qualquer formalidade ou circunstâncias omitidas na petição.

Art. 191. Processada no Ministério da Justiça com documentos e o relatório do Conselho Penitenciário, a petição será submetida a despacho do Presidente da República, a quem serão presentes os autos do processo ou a certidão de qualquer de suas peças, se ele o determinar.

Art. 192. Concedido o indulto e anexada aos autos cópia do decreto, o juiz declarará extinta a pena ou ajustará a execução aos termos do decreto, no caso de comutação.

→ *v.* Art. 107, II, do CP.

Art. 193. Se o sentenciado for beneficiado por indulto coletivo, o juiz, de ofício, a requerimento do interessado, do Ministério Público, ou por iniciativa do Conselho Penitenciário ou da autoridade administrativa, providenciará de acordo com o disposto no artigo anterior.

Título VIII
Do procedimento judicial

Art. 194. O procedimento correspondente às situações previstas nesta Lei será judicial, desenvolvendo-se perante o Juízo da Execução.

Art. 195. O procedimento judicial iniciar-se-á de ofício, a requerimento do Ministério Público, do interessado, de quem o represente, de seu cônjuge, parente ou descendente, mediante proposta do Conselho Penitenciário, ou, ainda, da autoridade administrativa.

Art. 196. A portaria ou petição será autuada ouvindo-se, em 3 (três) dias, o condenado e o Ministério Público, quando não figurem como requerentes da medida.

§ 1º Sendo desnecessária a produção de prova, o juiz decidirá de plano, em igual prazo.

§ 2º Entendendo indispensável a realização de prova pericial ou oral, o juiz a ordenará, decidindo após a produção daquela ou na audiência designada.

Art. 197. Das decisões proferidas pelo juiz caberá recurso de agravo, sem efeito suspensivo.

Título IX
Das disposições finais e transitórias

Art. 198. É defesa ao integrante dos órgãos da execução penal, e ao servidor a divulgação de ocorrência que perturbe a segurança e a disciplina dos estabelecimentos, bem como exponha o preso a inconveniente notoriedade, durante o cumprimento da pena.

Art. 199. O emprego de algemas será disciplinado por decreto federal.

→ *V.* Súmula Vinculante 11 do STF.

→ *V.* Arts. 284 e 292 do CPP.

→ *V.* Art. 58, III, do Decreto 6.049/2007.

Art. 200. O condenado por crime político não está obrigado ao trabalho.

Art. 201. Na falta de estabelecimento adequado, o cumprimento da prisão civil e da prisão administrativa se efetivará em seção especial da Cadeia Pública.

Art. 202. Cumprida ou extinta a pena, não constarão da folha corrida, atestados ou certidões fornecidas por autoridade policial ou por auxiliares da Justiça, qualquer notícia ou referência à condenação, salvo para instruir processo pela prática de nova infração penal ou outros casos expressos em lei.

Art. 203. No prazo de 6 (seis) meses, a contar da publicação desta Lei, serão editadas as normas complementares ou regulamentares, necessárias à eficácia dos dispositivos não autoaplicáveis.

§ 1º Dentro do mesmo prazo deverão as unidades federativas, em convênio com o Ministério da Justiça, projetar a adaptação, construção e equipamento de estabelecimentos e serviços penais previstos nesta Lei.

§ 2º Também, no mesmo prazo, deverá ser providenciada a aquisição ou desapropriação de prédios para instalação de casas de albergados.

§ 3º O prazo a que se refere o *caput* deste artigo poderá ser ampliado, por ato do Conselho Nacional de Política Criminal e Penitenciária, mediante justificada solicitação, instruída com os projetos de reforma ou de construção de estabelecimentos.

§ 4º O descumprimento injustificado dos deveres estabelecidos para as unidades federativas implicará na suspensão de qualquer ajuda financeira a elas destinada pela União, para atender às despesas de execução das penas e medidas de segurança.

Art. 204. Esta Lei entra em vigor concomitantemente com a lei de reforma da Parte Geral do Código Penal, revogadas as disposições em contrário, especialmente a Lei 3.274, de 2 de outubro de 1957.

Brasília, em 11 de julho de 1984; 163º da Independência e 96º da República.

João Figueiredo

(Publicação no *D.O.U* de 13.7.1984)

LEI 7.347,
DE 24 DE JULHO DE 1985

Disciplina a ação civil pública de responsabilidade por danos causados ao meio ambiente, ao consumidor, a bens e direitos de valor artístico, estético, histórico, turístico e paisagístico (vetado) *e dá outras providências.*

O Presidente da República:

Faço saber que o Congresso Nacional decreta e eu sanciono a seguinte Lei:

Art. 1º Regem-se pelas disposições desta Lei, sem prejuízo da ação popular, as ações de responsabilidade por danos morais e patrimoniais causados:

→ *Caput* com redação alterada pela Lei 12.529/2011.

I – ao meio ambiente;

→ *V.* Arts. 24, VIII, 170, VI, e 225, § 3º, da CF/1988.

II – ao consumidor;

III – aos bens e direitos de valor artístico, estético, histórico, turístico e paisagístico;

→ A MP 2.180-35/2001 revogou o art. 53 da Lei 10.257/2001 que havia dado nova redação ao inciso III, que permanece com a redação primitiva.

→ *V.* Art. 216, § 1º, da CF/1988.

IV – a qualquer outro interesse difuso ou coletivo;

→ Inciso IV acrescentado pela Lei 8.078/1990.

V – por infração da ordem econômica;

→ Inciso V com redação alterada pela Lei 12.529/2011.

→ *V.* Lei 4.717/1965 – Ação popular.

VI – à ordem urbanística.

→ Inciso VI acrescentado pela MP 2.180-35/2001.

→ *V.* Art. 8º, § 4º, da Lei 10.257/2001.

VII – à honra e à dignidade de grupos raciais, étnicos ou religiosos.

→ Inciso VII acrescentado pela Lei 12.966/2014.

VIII – ao patrimônio público e social.

→ Inciso VIII acrescentado pela Lei 13.004/2014, em vigor após decorridos 60 (sessenta) dias de sua Publicação oficial – *D.O.U.* 25.6.2014.

Parágrafo único. Não será cabível ação civil pública para veicular pretensões que envolvam tributos, contribuições previdenciárias, o Fundo de Garantia do Tempo de Serviço – FGTS ou outros fundos de natureza institucional cujos beneficiários podem ser individualmente determinados.

→ Parágrafo único acrescentado pela MP 2.180-35/2001.

Art. 2º As ações previstas nesta Lei serão propostas no foro do local onde ocorrer o dano, cujo juízo terá competência funcional para processar e julgar a causa.

→ *V.* Súmula 183 do STJ.

Parágrafo único. A propositura da ação prevenirá a jurisdição do juízo para todas as ações posteriormente intentadas que possuam a mesma causa de pedir ou o mesmo objeto.

→ Parágrafo único acrescentado pela MP 2.180-35/2001.

Art. 3º A ação civil poderá ter por objeto a condenação em dinheiro ou o cumprimento de obrigação de fazer ou não fazer.

Art. 4º Poderá ser ajuizada ação cautelar para os fins desta Lei, objetivando, inclusive, evitar dano ao patrimônio público e social, ao meio ambiente, ao consumidor, à honra e à dignidade de grupos raciais, étnicos ou religiosos, à ordem urbanística ou aos bens e direitos de valor artístico, estético, histórico, turístico e paisagístico.

→ Artigo com redação alterada pela Lei 13.004/2014, em vigor após decorridos 60 (sessenta) dias de sua Publicação oficial – *D.O.U.* 25.6.2014.

Art. 5º Têm legitimidade para propor a ação principal e a ação cautelar:

→ *Caput* com redação alterada pela Lei 11.448/2007.

I – o Ministério Público;

→ Inciso I com redação alterada pela Lei 11.448/2007.

→ *V.* Súmula 643 do STF.

→ *V.* Súmulas 329 e 470 do STJ.

→ *V.* Art. 129, III, da CF/1988.

II – a Defensoria Pública;

→ Inciso II com redação alterada pela Lei 11.448/2007.

→ *V.* Art. 134 da CF/1988.

III – a União, os Estados, o Distrito Federal e os Municípios;

→ Inciso III acrescentado pela Lei 11.448/2007.

→ *V.* Art. 24, VIII, da CF/1988.

IV – a autarquia, empresa pública, fundação ou sociedade de economia mista;

→ Inciso IV acrescentado pela Lei 11.448/2007.

V – a associação que, concomitantemente:

→ Inciso V acrescentado pela Lei 11.448/2007.

→ *V.* Art. 5º, XXI, da CF/1988.

a) esteja constituída há pelo menos 1 (um) ano nos termos da lei civil;

→ *V.* Arts. 62 a 69 do CC.

b) inclua, entre suas finalidades institucionais, a proteção ao patrimônio público e social, ao meio ambiente, ao consumidor, à ordem econômica, à livre concorrência, aos direitos de grupos raciais, étnicos ou religiosos ou ao patrimônio artístico, estético, histórico, turístico e paisagístico.

→ Alínea *b* com redação alterada pela Lei 13.004/2014, em vigor após decorridos 60 (sessenta) dias de sua Publicação oficial – *D.O.U.* 25.6.2014.

§ 1º O Ministério Público, se não intervier no processo como parte, atuará obrigatoriamente como fiscal da lei.

§ 2º Fica facultado ao Poder Público e a outras associações legitimadas nos termos deste artigo habilitar-se como litisconsortes de qualquer das partes.

§ 3º Em caso de desistência infundada ou abandono da ação por associação legitimada, o Ministério Público ou outro legitimado assumirá a titularidade ativa.

→ § 3º com redação alterada pela Lei 8.078/1990.

§ 4º O requisito da pré-constituição poderá ser dispensado pelo juiz, quando haja manifesto interesse social evidenciado pela dimensão ou característica do dano, ou pela relevância do bem jurídico a ser protegido.

→ § 4º acrescentado pela Lei 8.078/1990.

§ 5º Admitir-se-á o litisconsórcio facultativo entre os Ministérios Públicos da União, do Distrito Federal e dos Estados na defesa dos interesses e direitos de que cuida esta Lei.

→ § 5º acrescentado pela Lei 8.078/1990.

§ 6º Os órgãos públicos legitimados poderão tomar dos interessados compromisso de ajustamento de sua conduta às exigências legais, mediante cominações, que terá eficácia de título executivo extrajudicial.

→ § 6º acrescentado pela Lei 8.078/1990.

→ *V.* Art. 4º da Lei 9.469/1997.

Art. 6º Qualquer pessoa poderá e o servidor público deverá provocar a iniciativa do Ministério Público, ministrando-lhe informações sobre fatos que constituam objeto da ação civil e indicando-lhe os elementos de convicção.

Art. 7º Se, no exercício de suas funções, os juízes e tribunais tiverem conhecimento de fatos que possam ensejar a propositura da ação civil, remeterão peças ao Ministério Público para as providências cabíveis.

Art. 8º Para instruir a inicial, o interessado poderá requerer às autoridades competentes as certidões e informações que julgar necessárias, a serem fornecidas no prazo de 15 (quinze) dias.

§ 1º O Ministério Público poderá instaurar, sob sua presidência, inquérito civil, ou requisitar, de qualquer organismo público ou particular, certidões, informações, exames ou perícias, no prazo que assinalar, o qual não poderá ser inferior a 10 (dez) dias úteis.

§ 2º Somente nos casos em que a lei impuser sigilo, poderá ser negada certidão ou informação, hipótese em que a ação poderá ser proposta desacompanhada daqueles documentos, cabendo ao juiz requisitá-los.

Art. 9º Se o órgão do Ministério Público, esgotadas todas as diligências, se convencer da inexistência de fundamento para a propositura da ação civil, promoverá o arquivamento dos autos do inquérito civil ou das peças informativas, fazendo-o fundamentadamente.

§ 1º Os autos do inquérito civil ou das peças de informação arquivadas serão remetidos, sob pena de se incorrer em falta grave, no prazo de 3 (três) dias, ao Conselho Superior do Ministério Público.

§ 2º Até que, em sessão do Conselho Superior do Ministério Público, seja homologada ou rejeitada a promoção de arquivamento, poderão as associações legitimadas apresentar razões escritas ou documentos, que serão juntados aos autos do inquérito ou anexados às peças de informação.

§ 3º A promoção de arquivamento será submetida a exame e deliberação do Conselho Superior do Ministério Público, conforme dispuser o seu regimento.

§ 4º Deixando o Conselho Superior de homologar a promoção de arquivamento, designará, desde logo, outro órgão do Ministério Público para o ajuizamento da ação.

Art. 10. Constitui crime, punido com pena de reclusão de 1 (um) a 3 (três) anos, mais multa de dez a 1.000 Obrigações do Tesouro Nacional – OTN, a recusa, o retardamento ou a omissão de dados técnicos indispensáveis à propositura da ação civil, quando requisitados pelo Ministério Público.

Art. 11. Na ação que tenha por objeto o cumprimento de obrigação de fazer ou não fazer, o juiz determinará o cumprimento da prestação da atividade devida ou a cessação da atividade nociva, sob pena de execução específica, ou de cominação de multa diária, se esta for suficiente ou compatível, independentemente de requerimento do autor.

Art. 12. Poderá o juiz conceder mandado liminar, com ou sem justificação prévia, em decisão sujeita a agravo.

§ 1º A requerimento de pessoa jurídica de direito público interessada, e para evitar grave lesão à ordem, à saúde, à segurança e à economia pública, poderá o Presidente do Tribunal a que competir o conhecimento do respectivo recurso suspender a execução da liminar, em decisão fundamentada, da qual caberá agravo para uma das turmas julgadoras, no prazo de 5 (cinco) dias a partir da publicação do ato.

→ *V.* Art. 15 da Lei 12.016/2009.

§ 2º A multa cominada liminarmente só será exigível do réu após o trânsito em julgado da decisão favorável ao autor, mas será devida desde o dia em que se houver configurado o descumprimento.

Art. 13. Havendo condenação em dinheiro, a indenização pelo dano causado reverterá a um fundo gerido por um Conselho Federal ou por Conselhos Estaduais de que participarão necessariamente o Ministério Público e representantes da comunidade, sendo seus recursos destinados à reconstituição dos bens lesados.

→ *V.* Lei 12.288/2010 – Estatuto da igualdade racial.

→ *V.* Lei 9.008/1995 – Conselho Federal Gestor do Fundo de Defesa de Direitos Difusos (CFDD).

§ 1º Enquanto o fundo não for regulamentado, o dinheiro ficará depositado em estabelecimento oficial de crédito, em conta com correção monetária.

→ Anterior parágrafo único renumerado para § 1º pela Lei 12.288/2010.

§ 2º Havendo acordo ou condenação com fundamento em dano causado por ato de discriminação étnica nos termos do disposto no art. 1º desta Lei, a prestação em dinheiro reverterá diretamente ao fundo de que trata o *caput* e será utilizada para ações de promoção da igualdade étnica, conforme definição do Conselho Nacional de Promoção da Igualdade Racial, na hipótese de extensão nacional, ou dos Conselhos de Promoção de Igualdade Racial estaduais ou locais, nas hipóteses de danos com extensão regional ou local, respectivamente.

→ § 2º acrescentado pela Lei 12.288/2010.

Art. 14. O juiz poderá conferir efeito suspensivo aos recursos, para evitar dano irreparável à parte.

Art. 15. Decorridos 60 (sessenta) dias do trânsito em julgado da sentença condenatória, sem que a associação autora lhe promova a execução, deverá fazê-lo o Ministério Público, facultada igual iniciativa aos demais legitimados.

→ Artigo com redação alterada pela Lei 8.078/1990.

Art. 16. A sentença civil fará coisa julgada *erga omnes*, nos limites da competência territorial do órgão prolator, exceto se o pedido for julgado improcedente por insuficiência de provas, hipótese em que qualquer legitimado poderá intentar outra ação com idêntico fundamento, valendo-se de nova prova.

→ Artigo com redação alterada pela Lei 9.494/1997.

→ *V.* Art. 103, I, do CDC.

Art. 17. Em caso de litigância de má-fé, a associação autora e os diretores responsáveis pela propositura da ação serão solidariamente condenados em honorários advocatícios e ao décuplo das custas, sem prejuízo da responsabilidade por perdas e danos.

→ Artigo com redação alterada pela Lei 8.078/1990, que transformou o parágrafo único em *caput*.

Art. 18. Nas ações de que trata esta Lei, não haverá adiantamento de custas, emolumentos, honorários periciais e quaisquer outras despesas, nem condenação da associação autora, salvo comprovada má-fé, em honorários de advogado, custas e despesas processuais.

→ Artigo com redação alterada pela Lei 8.078/1990.

Art. 19. Aplica-se à ação civil pública, prevista nesta Lei, o Código de Processo Civil, aprovado pela Lei 5.869, de 11 de janeiro de 1973, naquilo em que não contrarie suas disposições.

→ *V.* Lei 13.105/2015 – Novo CPC.

Art. 20. O fundo de que trata o art. 13 desta Lei será regulamentado pelo Poder Executivo no prazo de 90 (noventa) dias.

→ *V.* Decreto 1.306/1994 – Regulamenta os arts. 13 e 20 da Lei 7.347/1985.

Art. 21. Aplicam-se à defesa dos direitos e interesses difusos, coletivos e individuais, no que for cabível, os dispositivos do Título III da Lei que instituiu o Código de Defesa do Consumidor.

→ Artigo acrescentado pela Lei 8.078/1990.

→ *V.* Art. 5º, XXXII, da CF/1988.

Art. 22. Esta Lei entra em vigor na data de sua publicação.

→ Artigo renumerado pela Lei 8.078/1990.

Art. 23. Revogam-se as disposições em contrário.

→ Artigo renumerado pela Lei 8.078/1990.

Brasília, 24 de julho de 1985; 164º da Independência e 97º da República.

José Sarney

(Publicação no *D.O.U.* de 25.7.1985)

LEI 7.357,
DE 2 DE SETEMBRO DE 1985

Dispõe sobre o cheque e dá outras providências.

O Presidente da República:

Faço saber que o Congresso Nacional decreta e eu sanciono a seguinte Lei:

Capítulo I
DA EMISSÃO E DA FORMA DO CHEQUE

Art. 1º O cheque contém:

I – a denominação "cheque" inscrita no contexto do título e expressa na língua em que este é regido;

II – a ordem incondicional de pagar quantia determinada;

LEGISLAÇÃO

III – o nome do banco ou da instituição financeira que deve pagar (sacado);

IV – a indicação do lugar de pagamento;

V – a indicação da data e do lugar de emissão;

VI – a assinatura do emitente (sacador), ou de seu mandatário com poderes especiais.

Parágrafo único. A assinatura do emitente ou da de seu mandatário com poderes especiais pode ser constituída, na forma de legislação específica, por chancela mecânica ou processo equivalente.

Art. 2º O título a que falte qualquer dos requisitos enumerados no artigo precedente não vale como cheque, salvo nos casos determinados a seguir:

I – na falta de indicação especial, é considerado lugar de pagamento o lugar designado junto ao nome do sacado; se designados vários lugares, o cheque é pagável no primeiro deles; não existindo qualquer indicação, o cheque é pagável no lugar de sua emissão;

II – não indicado o lugar de emissão, considera-se emitido o cheque no lugar indicado junto ao nome do emitente.

Art. 3º O cheque é emitido contra banco, ou instituição financeira que lhe seja equiparada, sob pena de não valer como cheque.

Art. 4º O emitente deve ter fundos disponíveis em poder do sacado e estar autorizado a sobre eles emitir cheque, em virtude de contrato expresso ou tácito. A infração desses preceitos não prejudica a validade do título como cheque.

§ 1º A existência de fundos disponíveis é verificada no momento da apresentação do cheque para pagamento.

§ 2º Consideram-se fundos disponíveis:

a) os créditos constantes de conta corrente bancária não subordinados a termo;

b) o saldo exigível de conta corrente contratual;

c) a soma proveniente de abertura de crédito.

Art. 5º *(Vetado).*

Art. 6º O cheque não admite aceite, considerando-se não escrita qualquer declaração com esse sentido.

Art. 7º Pode o sacado, a pedido do emitente ou do portador legitimado, lançar e assinar, no verso do cheque não ao portador e ainda não endossado, visto, certificação ou outra declaração equivalente, datada e por quantia igual à indicada no título.

§ 1º A aposição de visto, certificação ou outra declaração equivalente obriga o sacado a debitar à conta do emitente a quantia indicada no cheque e a reservá-la em benefício do portador legitimado, durante o prazo de apresentação, sem que fiquem exonerados o emitente, endossantes e demais coobrigados.

§ 2º O sacado creditará à conta do emitente a quantia reservada, uma vez vencido o prazo de apresentação; e, antes disso, se o cheque lhe for entregue para inutilização.

Art. 8º Pode-se estipular no cheque que seu pagamento seja feito:

I – a pessoa nomeada, com ou sem cláusula expressa "à ordem";

II – a pessoa nomeada, com a cláusula "não à ordem", ou outra equivalente;

→ *v.* Art. 17, § 1º, da Lei 7.357/1985.

III – ao portador.

→ *v.* Art. 69 da Lei 9.069/1995.

Parágrafo único. Vale como cheque ao portador o que não contém indicação do beneficiário e o emitido em favor de pessoa nomeada com a cláusula "ou ao portador", ou expressão equivalente.

→ *v.* Arts. 904 a 909 do CC.

Art. 9º O cheque pode ser emitido:

I – à ordem do próprio sacador;

II – por conta de terceiro;

III – contra o próprio banco sacador, desde que não ao portador.

Art. 10. Considera-se não escrita a estipulação de juros inserida no cheque.

Art. 11. O cheque pode ser pagável no domicílio de terceiro, quer na localidade em que o sacado tenha domicílio, quer em outra, desde que o terceiro seja banco.

Art. 12. Feita a indicação da quantia em algarismos e por extenso, prevalece esta no caso de divergência. Indicada a quantia mais de uma vez, quer por extenso, quer por algarismo, prevalece no caso de divergência, a indicação da menor quantia.

Art. 13. As obrigações contraídas do cheque são autônomas e independentes.

Parágrafo único. A assinatura de pessoa capaz cria obrigações para o signatário, mesmo que o cheque contenha assinatura de pessoas incapazes de se obrigar por cheque, ou assinaturas falsas, ou assinaturas de pessoas fictícias, ou assinaturas que, por qualquer outra razão, não poderiam obrigar as pessoas que assinaram o cheque, ou em nome das quais ele foi assinado.

Art. 14. Obriga-se pessoalmente quem assina cheque como mandatário ou representante, sem ter poderes para tal, ou excedendo os que lhe foram conferidos. Pagando o cheque, tem os mesmos direitos daquele em cujo nome assinou.

Art. 15. O emitente garante o pagamento, considerando-se não escrita a declaração pela qual se exima dessa garantia.

Art. 16. Se o cheque, incompleto no ato da emissão, for completado com inobservância do convencionado com o emitente, tal fato não pode ser oposto ao portador, a não ser que este tenha adquirido o cheque de má-fé.

Capítulo II
DA TRANSMISSÃO

Art. 17. O cheque pagável a pessoa nomeada, com ou sem cláusula expressa "à ordem", é transmissível por via de endosso.

§ 1º O cheque pagável a pessoa nomeada, com a cláusula "não à ordem", ou outra equivalente, só é transmissível pela forma e com os efeitos de cessão.

→ *v.* Arts. 286 a 298 do CC.

§ 2º O endosso pode ser feito ao emitente, ou a outro obrigado, que podem novamente endossar o cheque.

Art. 18. O endosso deve ser puro e simples, reputando-se não escrita qualquer condição a que seja subordinado.

→ *v.* Art. 912 do CC.

§ 1º São nulos o endosso parcial e o do sacado.

§ 2º Vale como em branco o endosso ao portador. O endosso ao sacado vale apenas como quitação, salvo no caso de o sacado ter vários estabelecimentos e o endosso ser feito em favor de estabelecimento diverso daquele contra o qual o cheque foi emitido.

Art. 19. O endosso deve ser lançado no cheque ou na folha de alongamento e assinado pelo endossante, ou seu mandatário com poderes especiais.

→ *v.* Art. 910 do CC.

§ 1º O endosso pode não designar o endossatário. Consistindo apenas na assinatura do endossante (endosso em branco), só é válido quando lançado no verso do cheque ou na folha de alongamento.

§ 2º A assinatura do endossante, ou a de seu mandatário com poderes especiais, pode ser constituída, na forma de legislação específica, por chancela mecânica, ou processo equivalente.

Art. 20. O endosso transmite todos os direitos resultantes do cheque. Se o endosso é em branco, pode o portador:

I – completá-lo com o seu nome ou com o de outra pessoa;

II – endossar novamente o cheque, em branco ou à outra pessoa;

III – transferir o cheque a um terceiro, sem completar o endosso e sem endossar.

Art. 21. Salvo estipulação em contrário, o endossante garante o pagamento.

Parágrafo único. Pode o endossante proibir novo endosso; neste caso, não garante o pagamento a quem seja o cheque posteriormente endossado.

Art. 22. O detentor de cheque "à ordem" é considerado portador legitimado, se provar seu direito por uma série ininterrupta de endossos, mesmo que o último seja em branco. Para esse efeito, os endossos cancelados são considerados não escritos.

Parágrafo único. Quando um endosso em branco for seguido de outro, entende-se que o signatário deste adquiriu o cheque pelo endosso em branco.

Art. 23. O endosso num cheque passado ao portador torna o endossante responsável, nos termos das disposições que regulam o direito de ação, mas nem por isso converte o título num cheque "à ordem".

Art. 24. Desapossado alguém de um cheque, em virtude de qualquer evento, novo portador legitimado não está obrigado a restituí-lo, se não o adquiriu de má-fé.

Parágrafo único. Sem prejuízo do disposto neste artigo, serão observadas, nos casos de perda, extravio, furto, roubo ou apropriação indébita do cheque, as disposições legais relativas à anulação e substituição de títulos ao portador, no que for aplicável.

→ *v.* Art. 909 do CC.

Art. 25. Quem for demandado por obrigação resultante de cheque não pode opor ao portador exceções fundadas em relações pessoais com o emitente, ou com os portadores anteriores, salvo se o portador o adquiriu conscientemente em detrimento do devedor.

Art. 26. Quando o endosso contiver a cláusula "valor em cobrança", "para cobrança", "por procuração", ou qualquer outra que implique apenas mandato, o portador pode exercer todos os direitos resultantes do cheque, mas só pode lançar no cheque endosso-mandato. Neste caso, os obrigados somente podem invocar contra o portador as exceções oponíveis ao endossante.

Parágrafo único. O mandato contido no endosso não se extingue por morte do endossante ou por superveniência de sua incapacidade.

Art. 27. O endosso posterior ao protesto, ou declaração equivalente, ou à expiração do prazo de apresentação produz apenas os efeitos de cessão. Salvo prova em contrário, o endosso sem data presume-se anterior ao protesto, ou declaração equivalente, ou à expiração do prazo de apresentação.

→ v. Arts. 286 a 298 do CC.

Art. 28. O endosso no cheque nominativo, pago pelo banco contra o qual foi sacado, prova o recebimento da respectiva importância pela pessoa a favor da qual foi emitido, e pelos endossantes subsequentes.

Parágrafo único. Se o cheque indica a nota, fatura, conta cambial, imposto lançado ou declarado a cujo pagamento se destina, ou outra causa da sua emissão, o endosso pela pessoa a favor da qual foi emitido a sua liquidação pelo banco sacado provam a extinção da obrigação indicada.

Capítulo III
DO AVAL

Art. 29. O pagamento do cheque pode ser garantido, no todo ou em parte, por aval prestado por terceiro, exceto o sacado, ou mesmo por signatário do título.

→ v. Arts. 897 a 900 do CC.

Art. 30. O aval é lançado no cheque ou na folha de alongamento. Exprime-se pelas palavras "por aval", ou fórmula equivalente, com a assinatura do avalista. Considera-se como resultante da simples assinatura do avalista, aposta no anverso do cheque, salvo quando se tratar da assinatura do emitente.

Parágrafo único. O aval deve indicar o avalizado. Na falta de indicação, considera-se avalizado o emitente.

Art. 31. O avalista se obriga da mesma maneira que o avalizado. Subsiste sua obrigação, ainda que nula a por ele garantida, salvo se a nulidade resultar de vício de forma.

Parágrafo único. O avalista que paga o cheque adquire todos os direitos dele resultantes contra o avalizado e contra os obrigados para com este em virtude do cheque.

Capítulo IV
DA APRESENTAÇÃO E DO PAGAMENTO

Art. 32. O cheque é pagável à vista. Considera-se não escrita qualquer menção em contrário.

Parágrafo único. O cheque apresentado para pagamento antes do dia indicado como data de emissão é pagável no dia da apresentação.

Art. 33. O cheque deve ser apresentado para pagamento, a contar do dia da emissão, no prazo de 30 (trinta) dias, quando emitido no lugar onde houver de ser pago; e de 60 (sessenta) dias, quando emitido em outro lugar do País ou no exterior.

Parágrafo único. Quando o cheque é emitido entre lugares com calendários diferentes, considera-se como de emissão o dia correspondente do calendário do lugar de pagamento.

Art. 34. A apresentação do cheque à câmara de compensação equivale à apresentação a pagamento.

Art. 35. O emitente do cheque pagável no Brasil pode revogá-lo, mercê de contraordem dada por aviso epistolar, ou por via judicial ou extrajudicial, com as razões motivadoras do ato.

Parágrafo único. A revogação ou contraordem só produz efeito depois de expirado o prazo de apresentação e, não sendo promovida, pode o sacado pagar o cheque até que decorra o prazo de prescrição, nos termos do art. 59 desta Lei.

Art. 36. Mesmo durante o prazo de apresentação, o emitente e o portador legitimado podem fazer sustar o pagamento, manifestando ao sacado, por escrito, oposição fundada em relevante razão de direito.

§ 1º A oposição do emitente e a revogação ou contraordem se excluem reciprocamente.

§ 2º Não cabe ao sacado julgar da relevância da razão invocada pelo oponente.

Art. 37. A morte do emitente ou sua incapacidade superveniente à emissão não invalidam os efeitos do cheque.

Art. 38. O sacado pode exigir, ao pagar o cheque, que este lhe seja entregue quitado pelo portador.

Parágrafo único. O portador não pode recusar pagamento parcial, e, nesse caso, o sacado pode exigir que esse pagamento conste do cheque e que o portador lhe dê a respectiva quitação.

Art. 39. O sacado que paga cheque "à ordem" é obrigado a verificar a regularidade da série de endossos, mas não a autenticidade das assinaturas dos endossantes. A mesma obrigação incumbe ao banco apresentante do cheque a câmara de compensação.

Parágrafo único. Ressalvada a responsabilidade do apresentante, no caso da parte final deste artigo, o banco sacado responde pelo pagamento do cheque falso, falsificado ou alterado, salvo dolo ou culpa do correntista, do endossante ou do beneficiário, dos quais poderá o sacado, no todo ou em parte, reaver o que pagou.

Art. 40. O pagamento se fará à medida em que forem apresentados os cheques e se dois ou mais forem apresentados simultaneamente, sem que os fundos disponíveis bastem para o pagamento de todos, terão preferência os de emissão mais antiga e, se da mesma data, os de número inferior.

Art. 41. O sacado pode pedir explicações ou garantia para pagar cheque mutilado, rasgado ou partido, ou que contenha borrões, emendas e dizeres que não pareçam formalmente normais.

Art. 42. O cheque em moeda estrangeira é pago, no prazo de apresentação, em moeda nacional ao câmbio do dia do pagamento, obedecida a legislação especial.

Parágrafo único. Se o cheque não for pago no ato da apresentação, pode o portador optar entre o câmbio do dia da apresentação e o do dia do pagamento para efeito de conversão em moeda nacional.

Art. 43. *(Vetado).*

§ 1º *(Vetado).*

§ 2º *(Vetado).*

Capítulo V
DO CHEQUE CRUZADO

Art. 44. O emitente ou o portador podem cruzar o cheque, mediante a aposição de dois traços paralelos no anverso do título.

§ 1º O cruzamento é geral se entre os dois traços não houver nenhuma indicação ou existir apenas a indicação "banco", ou outra equivalente. O cruzamento é especial se entre os dois traços existir a indicação do nome do banco.

§ 2º O cruzamento geral pode ser convertido em especial, mas este não pode converter-se naquele.

§ 3º A inutilização do cruzamento ou a do nome do banco é reputada como não existente.

Art. 45. O cheque com cruzamento geral só pode ser pago pelo sacado a banco ou a cliente do sacado, mediante crédito em conta. O cheque com cruzamento especial só pode ser pago pelo sacado ao banco indicado, ou, se este for o sacado, a cliente seu, mediante crédito em conta. Pode, entretanto, o banco designado incumbir outro da cobrança.

§ 1º O banco só pode adquirir cheque cruzado de cliente seu ou de outro banco. Só pode cobrá-lo por conta de tais pessoas.

§ 2º O cheque com vários cruzamentos especiais só pode ser pago pelo sacado no caso de dois cruzamentos, um dos quais para cobrança por câmara de compensação.

§ 3º Responde pelo dano, até a concorrência do montante do cheque, o sacado ou o banco portador que não observar as disposições precedentes.

Capítulo VI
DO CHEQUE PARA SER CREDITADO EM CONTA

Art. 46. O emitente ou o portador podem proibir que o cheque seja pago em dinheiro mediante a inscrição transversal, no anverso do título, da cláusula "para ser creditado em conta", ou outra equivalente. Nesse caso, o sacado só pode proceder a lançamento contábil (crédito em conta, transferência ou compensação), que vale como pagamento. O depósito do cheque em conta de seu beneficiário dispensa o respectivo endosso.

§ 1º A inutilização da cláusula é considerada como não existente.

§ 2º Responde pelo dano, até a concorrência do montante do cheque, o sacado que não observar as disposições precedentes.

Capítulo VII
DA AÇÃO POR FALTA DE PAGAMENTO

Art. 47. Pode o portador promover a execução do cheque:

I – contra o emitente e seu avalista;

II – contra os endossantes e seus avalistas, se o cheque apresentado em tempo hábil e a recusa de pagamento é comprovada pelo protesto ou por declaração do sacado, escrita e datada sobre o cheque, com indicação do dia de apresentação, ou, ainda, por declaração escrita e datada por câmara de compensação.

§ 1º Qualquer das declarações previstas neste artigo dispensa o protesto e produz os efeitos deste.

§ 2º Os signatários respondem pelos danos causados por declarações inexatas.

§ 3º O portador que não apresentar o cheque em tempo hábil, ou não comprovar a recusa de pagamento pela forma indicada neste artigo, perde o direito de execução contra o emitente, se este tinha fundos disponíveis durante o prazo de apresentação e os deixou de ter, em razão de fato que não lhe seja imputável.

§ 4º A execução independe do protesto e das declarações previstas neste artigo, se a apresentação ou o pagamento do cheque são obstados pelo fato de o sacado ter sido submetido a intervenção, liquidação extrajudicial ou falência.

Art. 48. O protesto ou as declarações do artigo anterior devem fazer-se no lugar de pagamento ou do domicílio do emitente, antes da expiração do prazo de apresentação. Se esta ocorrer no último dia do prazo, o protesto ou as declarações podem fazer-se no primeiro dia útil seguinte.

→ *v.* Lei 9.492/1997 – Define Competência, Regulamenta os Serviços Concernentes ao Protesto de Títulos.

§ 1º A entrega do cheque para protesto deve ser prenotada em livro especial e o protesto tirado no prazo de 3 (três) dias úteis a contar do recebimento do título.

§ 2º O instrumento do protesto, datado e assinado pelo oficial público competente, contém:

a) a transcrição literal do cheque, com todas as declarações nele inseridas, na ordem em que se acham lançadas;

b) a certidão da intimação do emitente, de seu mandatário especial ou representante legal, e as demais pessoas obrigadas no cheque;

c) a resposta dada pelos intimados ou a declaração da falta de resposta;

d) a certidão de não haverem sido encontrados ou de serem desconhecidos o emitente ou os demais obrigados, realizada a intimação, nesse caso, pela imprensa.

§ 3º O instrumento de protesto, depois de registrado em livro próprio, será entregue ao portador legitimado ou àquele que houver efetuado o pagamento.

§ 4º Pago o cheque depois do protesto, pode este ser cancelado, a pedido de qualquer interessado, mediante arquivamento de cópia autenticada da quitação que contenha perfeita identificação do título.

Art. 49. O portador deve dar aviso da falta de pagamento a seu endossante e ao emitente, nos quatro dias úteis seguintes ao do protesto ou das declarações previstas no art. 47 desta Lei ou, havendo cláusula "sem despesa", ao da apresentação.

§ 1º Cada endossante deve, nos dois dias úteis seguintes ao do recebimento do aviso, comunicar seu teor ao endossante precedente, indicando os nomes e endereços dos que deram os avisos anteriores, e assim por diante, até o emitente, contando-se os prazos do recebimento do aviso precedente.

§ 2º O aviso dado a um obrigado deve estender-se, no mesmo prazo, a seu avalista.

§ 3º Se o endossante não houver indicado seu endereço, ou o tiver feito de forma ilegível, basta o aviso ao endossante que o preceder.

§ 4º O aviso pode ser dado por qualquer forma, até pela simples devolução do cheque.

§ 5º Aquele que estiver obrigado a aviso deverá provar que o deu no prazo estipulado. Considera-se observado o prazo se, dentro dele, houver sido posta no correio a carta de aviso.

§ 6º Não decai do direito de regresso o que deixa de dar o aviso no prazo estabelecido. Responde, porém, pelo dano causado por sua negligência, sem que a indenização exceda o valor do cheque.

Art. 50. O emitente, o endossante e o avalista podem, pela cláusula "sem despesa", "sem protesto", ou outra equivalente, lançada no título e assinada, dispensar o portador, para promover a execução do título, do protesto ou da declaração equivalente.

§ 1º A cláusula não dispensa o portador da apresentação do cheque no prazo estabelecido, nem dos avisos. Incumbe a quem alega a inobservância de prazo a prova respectiva.

§ 2º A cláusula lançada pelo emitente produz efeito em relação a todos os obrigados; a lançada por endossante ou por avalista produz efeito somente em relação ao que lançar.

§ 3º Se, apesar da cláusula lançada pelo emitente, o portador promove o protesto, as despesas correm por sua conta. Por elas respondem todos os obrigados, se a cláusula é lançada por endossante ou avalista.

Art. 51. Todos os obrigados respondem solidariamente para com o portador do cheque.

§ 1º O portador tem o direito de demandar todos os obrigados, individual ou coletivamente, sem estar sujeito a observar a ordem em que se obrigaram. O mesmo direito cabe ao obrigado que pagar o cheque.

§ 2º A ação contra um dos obrigados não impede sejam os outros demandados, mesmo que se tenham obrigado posteriormente àquele.

§ 3º Regem-se pelas normas das obrigações solidárias as relações entre obrigados do mesmo grau.

→ *v.* Arts. 264 a 285 do CC.

Art. 52. O portador pode exigir do demandado:

I – a importância do cheque não pago;

II – os juros legais desde o dia da apresentação;

III – as despesas que fez;

IV – a compensação pela perda do valor aquisitivo da moeda, até o embolso das importâncias mencionadas nos itens antecedentes.

Art. 53. Quem paga o cheque pode exigir de seus garantes:

I – a importância integral que pagou;

II – os juros legais, a contar do dia do pagamento;

III – as despesas que fez;

IV – a compensação pela perda do valor aquisitivo da moeda, até o embolso das importâncias mencionadas nos itens antecedentes.

Art. 54. O obrigado contra o qual se promova execução, ou que a esta esteja sujeito, pode exigir, contra pagamento, a entrega do cheque, com o instrumento de protesto ou da declaração equivalente e a conta de juros e despesas quitada.

Parágrafo único. O endossante que pagou o cheque pode cancelar seu endosso e os dos endossantes posteriores.

Art. 55. Quando disposição legal ou caso de força maior impedir a apresentação do cheque, o protesto ou a declaração equivalente nos prazos estabelecidos, consideram-se estes prorrogados.

§ 1º O portador é obrigado a dar aviso imediato da ocorrência de força maior a seu endossante e a fazer menção do aviso dado mediante declaração datada e assinada por ele no cheque ou folha de alongamento. São aplicáveis, quanto ao mais, as disposições do art. 49 e seus parágrafos desta Lei.

§ 2º Cessado o impedimento, deve o portador, imediatamente, apresentar o cheque para pagamento e, se couber, promover o protesto ou a declaração equivalente.

§ 3º Se o impedimento durar por mais de 15 (quinze) dias, contados do dia em que o portador, mesmo antes de findo o prazo de apresentação, comunicou a ocorrência de força maior a seu endossante, poderá ser promovida a execução, sem necessidade de apresentação do protesto ou declaração equivalente.

§ 4º Não constituem casos de força maior os fatos puramente pessoais relativos ao portador ou à pessoa por ele incumbida da apresentação do cheque, do protesto ou da obtenção da declaração equivalente.

Capítulo VIII
DA PLURALIDADE DE EXEMPLARES

Art. 56. Excetuado o cheque ao portador, qualquer cheque emitido em um país e pagável em outro pode ser feito em vários exemplares idênticos, que devem ser numerados no próprio texto do título, sob pena de cada exemplar ser considerado cheque distinto.

Art. 57. O pagamento feito contra a apresentação de um exemplar é liberatório, ainda que não estipulado que o pagamento torna sem efeito os outros exemplares.

Parágrafo único. O endossante que transferir os exemplares a diferentes pessoas e os endossantes posteriores respondem por todos os exemplares que assinarem e que não forem restituídos.

Capítulo IX
DAS ALTERAÇÕES

Art. 58. No caso de alteração do texto do cheque, os signatários posteriores à alteração respondem nos termos do texto alterado e os signatários anteriores, nos do texto original.

Parágrafo único. Não sendo possível determinar se a firma foi aposta no título antes ou depois de sua alteração, presume-se que o tenha sido antes.

Capítulo X
DA PRESCRIÇÃO

Art. 59. Prescreve em seis meses, contados da expiração do prazo de apresentação, a ação que o art. 47 desta Lei assegura ao portador.

→ *v.* Súmula 531 do STJ.

Parágrafo único. A ação de regresso de um obrigado ao pagamento do cheque contra outro prescreve em seis meses, contados do dia em que o obrigado pagou o cheque ou do dia em que foi demandado.

Art. 60. A interrupção da prescrição produz efeito somente contra o obrigado em relação ao qual foi promovido o ato interruptivo.

→ *v.* Súmula 531 do STJ.

Art. 61. A ação de enriquecimento contra o emitente ou outros obrigados, que se locupletaram injustamente com o não pagamento do cheque, prescreve em dois anos, contados do dia em que se consumar a prescrição prevista no art. 59 e seu parágrafo desta Lei.

→ *v.* Súmula 531 do STJ.

Art. 62. Salvo prova de novação, a emissão ou a transferência do cheque não exclui a ação fundada na relação causal, feita a prova do não pagamento.

→ *v.* Súmula 531 do STJ.

Capítulo XI
DOS CONFLITOS DE LEIS EM MATÉRIA DE CHEQUES

Art. 63. Os conflitos de leis em matéria de cheques serão resolvidos de acordo com as normas constantes das Convenções aprovadas, promulgadas e mandadas aplicar no Brasil, na forma prevista pela Constituição Federal.

Capítulo XII
DAS DISPOSIÇÕES GERAIS

Art. 64. A apresentação do cheque, o protesto ou a declaração equivalente só podem ser feitos ou exigidos em dia útil, durante o expediente dos estabelecimentos de crédito, câmaras de compensação e cartório de protestos.

Parágrafo único. O cômputo dos prazos estabelecidos nesta Lei obedece às disposições do direito comum.

Art. 65. Os efeitos penais da emissão do cheque sem suficiente provisão de fundos, da frustração do pagamento do cheque, da falsidade, da falsificação e da alteração do cheque continuam regidos pela legislação criminal.

Art. 66. Os vales ou cheques postais, os cheques de poupança ou assemelhados, e os cheques de viagem regem-se pelas disposições especiais a eles referentes.

Art. 67. A palavra "banco", para os fins desta Lei, designa também a instituição financeira contra a qual a lei admita a emissão de cheque.

Art. 68. Os bancos e casas bancárias poderão fazer prova aos seus depositantes dos cheques por estes sacados, mediante apresentação de cópia fotográfica ou microfotográfica.

Art. 69. Fica ressalvada a competência do Conselho Monetário Nacional, nos termos e nos limites da legislação específica, para expedir normas relativas à matéria bancária relacionada com o cheque.

Parágrafo único. É da competência do Conselho Monetário Nacional:

a) a determinação das normas a que devem obedecer as contas de depósito para que possam ser fornecidos os talões de cheques aos depositantes;

b) a determinação das consequências do uso indevido do cheque, relativamente à conta do depositante;

c) a disciplina das relações entre o sacado e o opoente, na hipótese do artigo 36 desta Lei.

Art. 70. Esta Lei entra em vigor na data de sua publicação.

Art. 71. Revogam-se as disposições em contrário.

Brasília, em 2 de setembro de 1985; 164º da Independência e 97º da República.

José Sarney

(Publicação no *D.O.U.* de 3.9.1985)

LEI 7.418,
DE 16 DE DEZEMBRO DE 1985

Institui o Vale-Transporte e dá outras providências.

→ *v.* Art. 7º, IV, da CF /1988.

→ *v.* Art. 458, § 2º, III, da CLT.

→ *v.* Decreto 4.840/2003 – Autorização sobre descontos em folha de pagamento.

O Presidente da República:

Faço saber que o Congresso Nacional decreta e eu sanciono a seguinte Lei:

Art. 1º Fica instituído o Vale-Transporte *(vetado)* que o empregador, pessoa física ou jurídica, antecipará ao empregado para utilização efetiva em despesas de deslocamento residência-trabalho e vice-versa, através do sistema de transporte coletivo público, urbano ou intermunicipal e/ou interestadual com características semelhantes aos urbanos, geridos diretamente ou mediante concessão ou permissão de linhas regulares e com tarifas fixadas pela autoridade competente, excluídos os serviços seletivos e os especiais.

→ *Caput* com redação alterada pela Lei 7.619/1987.

§ 1º Equiparam-se ao trabalhador referido no *caput* deste artigo, para os benefícios desta Lei, os servidores públicos da Administração Federal direta ou indireta.

→ § 1º com eficácia suspensa pela MP 2.165-36/2001.

§ 2º *(Revogado pela Lei 7.619/1987).*

Art. 2º O Vale-Transporte, concedido nas condições e limites definidos nesta Lei, no que se refere à contribuição do empregador:

→ Anterior art. 3º renumerado para art. 2º pela Lei 7.619/1987.

a) não tem natureza salarial, nem se incorpora à remuneração para quaisquer efeitos;

b) não constitui base de incidência de contribuição previdenciária ou de Fundo de Garantia do Tempo de Serviço;

c) não se configura como rendimento tributável do trabalhador.

Art. 3º *(Revogado pela Lei 9.532/1997).*

Art. 4º A concessão do benefício ora instituído implica a aquisição pelo empregador dos Vales-Transporte necessários aos deslocamentos do trabalhador no percurso residência-trabalho e vice-versa, no serviço de transporte que melhor se adequar.

→ Anterior art. 5º renumerado para art. 4º pela Lei 7.619/1987.

Parágrafo único. O empregador participará dos gastos de deslocamento do trabalhador com a ajuda de custo equivalente à parcela que exceder a 6% (seis por cento) de seu salário básico.

Art. 5º A empresa operadora do sistema de transporte coletivo público fica obrigada a emitir e a comercializar o Vale-Transporte, ao preço da tarifa vigente, colocando-o à disposição dos empregadores em geral e assumindo os custos dessa obrigação, sem repassá-los para a tarifa dos serviços.

→ Anterior art. 6º renumerado para art. 5º pela Lei 7.619/1987.

§ 1º Nas regiões metropolitanas, aglomerações urbanas e microrregiões, será instalado, pelo menos, um posto de vendas para cada grupo de 100.000 habitantes na localidade, que comercializará todos os tipos de Vale-Transporte.

→ § 1º com redação alterada pela Lei 7.855/1989.

§ 2º Fica facultado à empresa operadora delegar a emissão e a comercialização do Vale-Transporte, bem como consorciar-se em central de vendas, para efeito de cumprimento do disposto nesta Lei.

§ 3º Para fins de cálculo do valor do Vale-Transporte, será adotada a tarifa integral do deslocamento do trabalhador, sem descontos, mesmo que previstos na legislação local.

Art. 6º O poder concedente fixará as sanções a serem aplicadas à empresa operadora que comercializar o vale diretamente ou através de delegação, no caso de falta ou insuficiência de estoque de Vales-Transporte necessários ao atendimento da demanda e ao funcionamento do sistema.

→ Anterior art. 7º renumerado para art. 6º pela Lei 7.619/1987.

Art. 7º Ficam resguardados os direitos adquiridos do trabalhador, se superiores aos instituídos nesta Lei, vedada a cumulação de vantagens.

→ Anterior art. 8º renumerado para art. 7º pela Lei 7.619/1987.

Art. 8º Asseguram-se os benefícios desta Lei ao empregador que proporcionar, por meios próprios ou contratados, em veículos adequados ao transporte coletivo, o deslocamento integral de seus trabalhadores.

→ Anterior art. 9º renumerado para art. 8º pela Lei 7.619/1987.

Art. 9º Os Vales-Transporte anteriores perdem sua validade decorridos 30 (trinta) dias da data de reajuste tarifário.

→ Anterior art. 10 renumerado para art. 9º pela Lei 7.619/1987.

Art. 10. O Poder Executivo regulamentará a presente Lei no prazo de 45 (quarenta e cinco) dias.

→ Anterior art. 11 renumerado para art. 10 pela Lei 7.619/1987.

Art. 11. Esta Lei entra em vigor na data de sua publicação.

→ Anterior art. 12 renumerado para art. 11 pela Lei 7.619/1987.

Art. 12. Revogam-se as disposições em contrário.

→ Anterior art. 13 renumerado para art. 12 pela Lei 7.619/1987.

Brasília, 16 de dezembro de 1985; 164º da Independência e 97º da República.

José Sarney

(Publicado no *D.O.U.* de 17.12.1985)

LEI 7.492,
DE 16 DE JUNHO DE 1986

Define os crimes contra o Sistema Financeiro Nacional e dá outras providências.

O Presidente da República:

Faço saber que o Congresso Nacional decreta e eu sanciono a seguinte Lei:

Art. 1º Considera-se instituição financeira, para efeito desta Lei, a pessoa jurídica de direito público ou privado, que tenha como atividade principal ou acessória, cumulativamente ou não, a captação, intermediação ou aplicação de recursos financeiros (*vetado*) de terceiros, em moeda nacional ou estrangeira, ou a custódia, emissão, distribuição, negociação, intermediação ou administração de valores mobiliários.

→ *v.* Súmula 595 do STF.

Parágrafo único. Equipara-se à instituição financeira:

I – a pessoa jurídica que capte ou administre seguros, câmbio, consórcio, capitalização ou qualquer tipo de poupança, ou recursos de terceiros;

II – a pessoa natural que exerça quaisquer das atividades referidas neste artigo, ainda que de forma eventual.

Dos crimes contra o Sistema Financeiro Nacional

Art. 2º Imprimir, reproduzir ou, de qualquer modo, fabricar ou pôr em circulação, sem autorização escrita da sociedade emissora, certificado, cautela ou outro documento representativo de título ou valor mobiliário:

Pena – reclusão, de 2 (dois) a 8 (oito) anos, e multa.

Parágrafo único. Incorre na mesma pena quem imprime, fabrica, divulga, distribui ou faz distribuir prospecto ou material de propaganda relativo aos papéis referidos neste artigo.

Art. 3º Divulgar informação falsa ou prejudicialmente incompleta sobre instituição financeira:

Pena – reclusão, de 2 (dois) a 6 (seis) anos, e multa.

Art. 4º Gerir fraudulentamente instituição financeira:

→ *v.* Art. 3º, IX da Lei 1.521/1951 – Crimes Contra e Economia Popular.

Pena – reclusão, de 3 (três) a 12 (doze) anos, e multa.

Parágrafo único. Se a gestão é temerária:

Pena – reclusão, de 2 (dois) a 8 (oito) anos, e multa.

Art. 5º Apropriar-se, quaisquer das pessoas mencionadas no art. 25 desta Lei, de dinheiro, título, valor ou qualquer outro bem móvel de que tem a posse, ou desviá-lo em proveito próprio ou alheio:

Pena – reclusão, de 2 (dois) a 6 (seis) anos, e multa.

→ *v.* Arts. 168 e 312 do CP.

Parágrafo único. Incorre na mesma pena qualquer das pessoas mencionadas no art. 25 desta Lei, que negociar direito, título ou qualquer outro bem móvel ou imóvel de que tem a posse, sem autorização de quem de direito.

Art. 6º Induzir ou manter em erro sócio, investidor ou repartição pública competente, relativamente a operação ou situação financeira, sonegando-lhe informação ou prestando-a falsamente:

Pena – reclusão, de 2 (dois) a 6 (seis) anos, e multa.

→ *v.* Art. 171 do CP.

Art. 7º Emitir, oferecer ou negociar, de qualquer modo, títulos ou valores mobiliários:

I – falsos ou falsificados;

II – sem registro prévio de emissão junto à autoridade competente, em condições divergentes das constantes do registro ou irregularmente registrados;

III – sem lastro ou garantia suficientes nos termos da legislação;

IV – sem autorização prévia da autoridade competente, quando legalmente exigida:

Pena – reclusão, de 2 (dois) a 8 (oito) anos, e multa.

→ *v.* Arts. 19 e 20 da Lei 6.385/1976 – Mercado de Valores Mobiliários.

Art. 8º Exigir, em desacordo com a legislação (*vetado*), juro, comissão ou qualquer tipo de remuneração sobre operação de crédito ou de seguro, administração de fundo mútuo ou fiscal ou de consórcio, serviço de corretagem ou distribuição de títulos ou valores mobiliários:

Pena – reclusão, de 1 (um) a 4 (quatro) anos, e multa.

Art. 9º Fraudar a fiscalização ou o investidor, inserindo ou fazendo inserir, em documento comprobatório de investimento em títulos ou valores mobiliários, declaração falsa ou diversa da que dele deveria constar:

Pena – reclusão, de 1 (um) a 5 (cinco) anos, e multa.

Art. 10. Fazer inserir elemento falso ou omitir elemento exigido pela legislação em demonstrativos contábeis de instituição financeira, seguradora ou instituição integrante do sistema de distribuição de títulos de valores mobiliários:

Pena – reclusão, de 1 (um) a 5 (cinco) anos, e multa.

→ *v.* Art. 299 do CP.

Art. 11. Manter ou movimentar recurso ou valor paralelamente à contabilidade exigida pela legislação:

Pena – reclusão, de 1 (um) a 5 (cinco) anos, e multa.

Art. 12. Deixar, o ex-administrador de instituição financeira, de apresentar, ao interventor, liquidante, ou síndico, nos prazos e condições estabelecidas em lei as informações, declarações ou documentos de sua responsabilidade:

Pena – reclusão, de 1 (um) a 4 (quatro) anos, e multa.

Art. 13. Desviar (*vetado*) bem alcançado pela indisponibilidade legal resultante de intervenção, liquidação extrajudicial ou falência de instituição financeira:

Pena – reclusão, de 2 (dois) a 6 (seis) anos, e multa.

Parágrafo único. Na mesma pena incorre o interventor, o liquidante ou o síndico que se apropriar de bem abrangido pelo *caput* deste artigo, ou desviá-lo em proveito próprio ou alheio.

Art. 14. Apresentar em liquidação extrajudicial, ou em falência de instituição financeira, declaração de crédito ou reclamação falsa, ou juntar a elas título falso ou simulado;

Pena – reclusão, de 2 (dois) a 8 (oito) anos, e multa.

Parágrafo único. Na mesma pena incorre o ex-administrador ou falido que reconhecer, como verdadeiro, crédito que não o seja.

Art. 15. Manifestar-se falsamente o interventor, o liquidante ou o síndico (*vetado*) a respeito de assunto relativo a intervenção, liquidação extrajudicial ou falência de instituição financeira:

Pena – reclusão, de 2 (dois) a 8 (oito) anos, e multa.

Art. 16. Fazer operar, sem a devida autorização, ou com autorização obtida mediante declaração (*vetado*) falsa, instituição financeira, inclusive de distribuição de valores mobiliários ou de câmbio:

Pena – reclusão, de 1 (um) a 4 (quatro) anos, e multa.

Art. 17. Tomar ou receber, qualquer das pessoas mencionadas no art. 25 desta Lei, direta ou indiretamente, empréstimo ou adiantamento, ou deferi-lo a controlador, a administrador, a membro de conselho estatutário, aos respectivos cônjuges, aos ascendentes ou descendentes, a parentes na linha colateral até o 2º grau, consangüíneos ou afins, ou a sociedade cujo controle seja por ela exercido, direta ou indiretamente, ou por qualquer dessas pessoas:

Pena – reclusão, de 2 (dois) a 6 (seis) anos, e multa.

Parágrafo único. Incorre na mesma pena quem:

I – em nome próprio, como controlador, ou na condição de administrador da sociedade, conceder ou receber adiantamento de honorários, remuneração, salário ou qualquer outro pagamento, nas condições referidas neste artigo;

II – de forma disfarçada, promover a distribuição ou receber lucros de instituição financeira.

Art. 18. Violar sigilo de operação ou de serviço prestado por instituição financeira ou integrante do sistema de distribuição de títulos mobiliários de que tenha conhecimento, em razão de ofício:

Pena – reclusão de 1 (um) a 4 (quatro) anos, e multa.

Art. 19. Obter, mediante fraude, financiamento em instituição financeira:

Pena – reclusão, de 2 (dois) a 6 (seis) anos, e multa.

Parágrafo único. A pena é aumentada de 1/3 (um terço) se o crime é cometido em detrimento de instituição financeira oficial ou por ela credenciada para o repasse de financiamento.

Art. 20. Aplicar, em finalidade diversa da prevista em lei ou contrato, recursos provenientes de financiamento concedido por instituição financeira oficial ou por instituição credenciada para repassá-lo:

Pena – reclusão, de 2 (dois) a 6 (seis) anos, e multa.

→ *v.* Art. 315 do CP.

Art. 21. Atribuir-se, ou atribuir a terceiro, falsa identidade, para realização de operação de câmbio:

Pena – detenção, de 1 (um) a 4 (quatro) anos, e multa.

→ *v.* Art. 307 do CP.

Parágrafo único. Incorre na mesma pena quem, para o mesmo fim, sonega informação que devia prestar ou presta informação falsa.

Art. 22. Efetuar operação de câmbio não autorizada, com o fim de promover evasão de divisas do País:

Pena – reclusão, de 2 (dois) a 6 (seis) anos, e multa.

Parágrafo único. Incorre na mesma pena quem, a qualquer título, promove, sem autorização legal, a saída de moeda ou divisa para o exterior, ou nele mantiver depósitos não declarados à repartição federal competente.

Art. 23. Omitir, retardar ou praticar, o funcionário público, contra disposição expressa de lei, ato de ofício necessário ao regular funcionamento do sistema financeiro nacional, bem como a preservação dos interesses e valores da ordem econômico-financeira:

Pena – reclusão, de 1 (um) a 4 (quatro) anos, e multa.

→ *v.* Art. 319 do CP.

Art. 24. *(Vetado).*

Da aplicação e do procedimento criminal

Art. 25. São penalmente responsáveis, nos termos desta Lei, o controlador e os administradores de instituição financeira, assim considerados os diretores, gerentes *(vetado)*.

§ 1º Equiparam-se aos administradores de instituição financeira *(vetado)* o interventor, o liquidante ou o síndico.

→ Anterior parágrafo único renumerado para § 1º pela Lei 9.080/1995.

§ 2º Nos crimes previstos nesta Lei, cometidos em quadrilha ou coautoria, o coautor ou partícipe que através de confissão espontânea revelar à autoridade policial ou judicial toda a trama delituosa terá sua pena reduzida de 1 (um) a 2/3 (dois terços).

→ § 2º acrescentado pela Lei 9.080/1995.

Art. 26. A ação penal, nos crimes previstos nesta Lei, será promovida pelo Ministério Público Federal, perante a Justiça Federal.

Parágrafo único. Sem prejuízo do disposto no art. 268 do Código de Processo Penal, aprovado pelo Dec.-lei 3.689, de 3 de outubro de 1941, será admitida a assistência da Comissão de Valores Mobiliários – CVM, quando o crime tiver sido praticado no âmbito de atividade sujeita à disciplina e à fiscalização dessa Autarquia, e do Banco Central do Brasil quando, fora daquela hipótese, houver sido cometido na órbita de atividade sujeita à sua disciplina e fiscalização.

Art. 27. Quando a denúncia não for intentada no prazo legal, o ofendido poderá representar ao Procurador-Geral da República, para que este a ofereça, designe outro órgão do Ministério Público para oferecê-la ou determine o arquivamento das peças de informação recebidas.

Art. 28. Quando, no exercício de suas atribuições legais, o Banco Central do Brasil ou a Comissão de Valores Mobiliários – CVM, verificar a ocorrência de crime previsto nesta Lei, disso deverá informar ao Ministério Público Federal, enviando-lhe os documentos necessários à comprovação do fato.

Parágrafo único. A conduta de que trata este artigo será observada pelo interventor, liquidante ou síndico que, no curso de intervenção, liquidação extrajudicial ou falência, verificar a ocorrência de crime de que trata esta Lei.

Art. 29. O órgão do Ministério Público Federal, sempre que julgar necessário, poderá requisitar, a qualquer autoridade, informação, documento ou diligência relativa à prova dos crimes previstos nesta Lei.

Parágrafo único. O sigilo dos serviços e operações financeiras não pode ser invocado como óbice ao atendimento da requisição prevista no *caput* deste artigo.

Art. 30. Sem prejuízo do disposto no art. 312 do Código de Processo Penal, aprovado pelo Dec.-lei 3.689, de 3 de outubro de 1941, a prisão preventiva do acusado da prática de crime previsto nesta Lei poderá ser decretada em razão da magnitude da lesão causada *(vetado)*.

Art. 31. Nos crimes previstos nesta Lei e punidos com pena de reclusão, o réu não poderá prestar fiança, nem apelar antes de ser recolhido à prisão, ainda que primário e de bons antecedentes, se estiver configurada situação que autoriza a prisão preventiva.

Art. 32. *(Vetado).*

§ 1º *(Vetado).*

§ 2º *(Vetado).*

§ 3º *(Vetado).*

Art. 33. Na fixação da pena de multa relativa aos crimes previstos nesta Lei, o limite a que se refere o § 1º do art. 49 do Código Penal, aprovado pelo Dec.-lei 2.848, de 7 de dezembro de 1940, pode ser estendido até o décuplo, se verificada a situação nele cogitada.

Art. 34. Esta Lei entra em vigor na data de sua publicação.

Art. 35. Revogam-se as disposições em contrário.

Brasília, em 16 de junho de 1986; 165º da Independência e 98º da República.

José Sarney

(Publicação no *D.O.U.* 18.6.1986)

LEI 7.716,
DE 5 DE JANEIRO DE 1989

Define os crimes resultantes de preconceitos de raça ou de cor.

O Presidente da República:

Faço saber que o Congresso Nacional decreta e eu sanciono a seguinte Lei:

Art. 1º Serão punidos, na forma desta Lei, os crimes resultantes de discriminação ou preconceito de raça, cor, etnia, religião ou procedência nacional.

→ Artigo com redação alterada pela Lei 9.459/1997.

→ *v.* Arts. 1º, III, 3º, IV, 4º, II e VII, 5º, *caput,* I, III, VI, VIII, X, XLI a XLIII, da CF/1988.

→ *v.* Art. 140, § 3º, do CP.

→ *v.* Lei 7.853/1989 – Tutela dos direitos difusos ou coletivos dos portadores de deficiência sobre o apoio a essas pessoas e sua integração social.

Art. 2º *(Vetado).*

Art. 3º Impedir ou obstar o acesso de alguém, devidamente habilitado, a qualquer cargo da Administração Direta ou Indireta, bem como das concessionárias de serviços públicos:

→ *v.* Arts. 8º e 9º da Lei 7.437/1985.

Pena – reclusão de 2 (dois) a 5 (cinco) anos.

Parágrafo único. Incorre na mesma pena quem, por motivo de discriminação de raça, cor, etnia, religião ou procedência nacional, obstar a promoção funcional.

→ Parágrafo único acrescentado pela Lei 12.288/2010.

Art. 4º Negar ou obstar emprego em empresa privada:

Pena – reclusão de 2 (dois) a 5 (cinco) anos.

§ 1º Incorre na mesma pena quem, por motivo de discriminação de raça ou de cor ou práticas resultantes do preconceito de descendência ou origem nacional ou étnica:

→ § 1º acrescentado pela Lei 12.288/2010.

I – deixar de conceder os equipamentos necessários ao empregado em igualdade de condições com os demais trabalhadores;

II – impedir a ascensão funcional do empregado ou obstar outra forma de benefício profissional;

III – proporcionar ao empregado tratamento diferenciado no ambiente de trabalho, especialmente quanto ao salário.

§ 2º Ficará sujeito às penas de multa e de prestação de serviços à comunidade, incluindo atividades de promoção da igualdade racial, quem, em anúncios ou qualquer outra forma de recrutamento de trabalhadores, exigir aspectos de aparência próprios de raça ou etnia para emprego cujas atividades não justifiquem essas exigências.

→ § 2º acrescentado pela Lei 12.288/2010. .

Art. 5º Recusar ou impedir acesso a estabelecimento comercial, negando-se a servir, atender ou receber cliente ou comprador:

→ *v.* Art. 7º, I, da Lei 8.137/1990.

→ *v.* Art. 8º da Lei 7.853/1989.

→ *v.* Arts. 4 e 6º da Lei 7.437/1985.

Pena – reclusão de 1 (um) a 3 (três) anos.

Art. 6º Recusar, negar ou impedir a inscrição ou ingresso de aluno em estabelecimento de ensino público ou privado de qualquer grau:

→ *v.* Art. 7º da Lei 7.437/1985.

Pena – reclusão de 3 (três) a 5 (cinco) anos.

Parágrafo único. Se o crime for praticado contra menor de 18 anos a pena é agravada de 1/3 (um terço).

Art. 7º Impedir o acesso ou recusar hospedagem em hotel, pensão, estalagem ou qualquer estabelecimento similar:

→ *v.* Art. 3º da Lei 7.437/1985.

Pena – reclusão de 3 (três) a 5 (cinco) anos.

Art. 8º Impedir o acesso ou recusar atendimento em restaurantes, bares, confeitarias, ou locais semelhantes abertos ao público:

→ *v.* Art. 4º da Lei 7.437/1985.

Pena – reclusão de 1 (um) a 3 (três) anos.

Art. 9º Impedir o acesso ou recusar atendimento em estabelecimentos esportivos, casas de diversões, ou clubes sociais abertos ao público:

→ *v.* Art. 5º da Lei 7.437/1985.

Pena – reclusão de 1 (um) a 3 (três) anos.

Art. 10. Impedir o acesso ou recusar atendimento em salões de cabeleireiros, barbearias, termas ou casas de massagem ou estabelecimentos com as mesmas finalidades:

Pena – reclusão de 1 (um) a 3 (três) anos.

Art. 11. Impedir o acesso às entradas sociais em edifícios públicos ou residenciais e elevadores ou escada de acesso aos mesmos:

Pena – reclusão de 1 (um) a 3 (três) anos.

Art. 12. Impedir o acesso ou uso de transportes públicos, como aviões, navios, barcas, barcos, ônibus, trens, metrô ou qualquer outro meio de transporte concedido:

Pena – reclusão de 1 (um) a 3 (três) anos.

Art. 13. Impedir ou obstar o acesso de alguém ao serviço em qualquer ramo das Forças Armadas:

Pena – reclusão de 2 (dois) a 4 (quatro) anos.

Art. 14. Impedir ou obstar, por qualquer meio ou forma, o casamento ou convivência familiar e social:

Pena – reclusão de 2 (dois) a 4 (quatro) anos.

Art. 15. *(Vetado).*

Art. 16. Constitui efeito da condenação a perda do cargo ou função pública, para o servidor público, e a suspensão do funcionamento do estabelecimento particular por prazo não superior a 3 (três) meses.

Art. 17. *(Vetado).*

Art. 18. Os efeitos de que tratam os arts. 16 e 17 desta Lei não são automáticos, devendo ser motivadamente declarados na sentença.

→ *v.* Art. 93, IX, da CF/1988.

Art. 19. *(Vetado).*

Art. 20. Praticar, induzir ou incitar a discriminação ou preconceito de raça, cor, etnia, religião ou procedência nacional:

Pena – reclusão, de 1 (um) a 3 (três) anos, e multa.

→ *Caput* com redação alterada pela Lei 9.459/1997.

§ 1º Fabricar, comercializar, distribuir ou veicular símbolos, emblemas, ornamentos, distintivos ou propaganda que utilizem a cruz suástica ou gamada, para fins de divulgação do nazismo:

Pena – reclusão, de 2 (dois) a 5 (cinco) anos, e multa.

→ § 1º acrescentado pela Lei 9.459/1997.

§ 2º Se qualquer dos crimes previstos no *caput* é cometido por intermédio dos meios de comunicação social ou publicação de qualquer natureza:

Pena – reclusão, de 2 (dois) a 5 (cinco) anos, e multa.

→ § 2º acrescentado pela Lei 9.459/1997.

§ 3º No caso do parágrafo anterior, o juiz poderá determinar, ouvido o Ministério Público ou a pedido deste, ainda antes do inquérito policial, sob pena de desobediência:

→ *Caput* do § 3º acrescentado pela Lei 9.459/1997.

I – o recolhimento imediato ou a busca e apreensão dos exemplares do material respectivo;

→ Inciso I acrescentado pela Lei 9.459/1997.

II – a cessação das respectivas transmissões radiofônicas, televisivas, eletrônicas ou da publicação por qualquer meio;

→ inciso II com redação alterada pela Lei 12.735/2012.

III – a interdição das respectivas mensagens ou páginas de informação na rede mundial de computadores.

→ Inciso III acrescentado pela Lei 12.288/2010.

§ 4º Na hipótese do § 2º, constitui efeito da condenação, após o trânsito em julgado da decisão, a destruição do material apreendido.

→ § 4º acrescentado pela Lei 9.459/1997.

Art. 21. Esta Lei entra em vigor na data de sua publicação.

→ Renumerado pela Lei 8.081/1990

Art. 22. Revogam-se as disposições em contrário.

→ Renumerado pela Lei 8.081/1990.

Brasília, 5 de janeiro de 1989; 168º da Independência e 101º da República.

José Sarney

(Publicação no *D.O.U.* de 6.1.1989)

LEI 7.783,

DE 28 DE JUNHO DE 1989

Dispõe sobre o exercício do direito de greve, define as atividades essenciais, regula o atendimento das necessidades inadiáveis da comunidade, e dá outras providências.

→ *v.* Art. 114, II, da CF/1988.

→ *v.* Decreto 7.777/2012 – Medidas para a continuidade de atividades e serviços públicos dos órgãos e entidades da administração pública federal durante greves.

O Presidente da República:

Faço saber que o Congresso Nacional decreta e eu sanciono a seguinte Lei:

Art. 1º É assegurado o direito de greve, competindo aos trabalhadores decidir sobre a oportunidade de exercê-lo e sobre os interesses que devam por meio dele defender.

→ *v.* Art. 9º da CF/1988.

Parágrafo único. O direito de greve será exercido na forma estabelecida nesta Lei.

Art. 2º Para os fins desta Lei, considera-se legítimo exercício do direito de greve a suspensão coletiva, temporária e pacífica, total ou parcial, de prestação pessoal de serviços a empregador.

Art. 3º Frustrada a negociação ou verificada a impossibilidade de recurso via arbitral, é facultada a cessação coletiva do trabalho.

Parágrafo único. A entidade patronal correspondente ou os empregadores diretamente interessados serão notificados, com antecedência mínima de 48 (quarenta e oito) horas, da paralisação.

Art. 4º Caberá à entidade sindical correspondente convocar, na forma do seu estatuto, assembleia geral que definirá as reivindicações da categoria e deliberará sobre a paralisação coletiva da prestação de serviços.

§ 1º O estatuto da entidade sindical deverá prever as formalidades de convocação e o quorum para a deliberação, tanto da deflagração quanto da cessação da greve.

§ 2º Na falta de entidade sindical, a assembleia geral dos trabalhadores interessados deliberará para os fins previstos no *caput*, constituindo comissão de negociação.

Art. 5º A entidade sindical ou comissão especialmente eleita representará os interesses dos trabalhadores nas negociações ou na Justiça do Trabalho.

Art. 6º São assegurados aos grevistas, dentre outros direitos:

I – o emprego de meios pacíficos tendentes a persuadir ou aliciar os trabalhadores a aderirem à greve;

II – a arrecadação de fundos e a livre divulgação do movimento.

§ 1º Em nenhuma hipótese, os meios adotados por empregados e empregadores poderão violar ou constranger os direitos e garantias fundamentais de outrem.

§ 2º É vedado às empresas adotar meios para constranger o empregado ao comparecimento ao trabalho, bem como capazes de frustrar a divulgação do movimento.

§ 3º As manifestações e atos de persuasão utilizados pelos grevistas não poderão impedir o acesso ao trabalho nem causar ameaça ou dano à propriedade ou pessoa.

Art. 7º Observadas as condições previstas nesta Lei, a participação em greve suspende o contrato de trabalho, devendo as relações obrigacionais durante o período ser regidas pelo acordo, convenção, laudo arbitral ou decisão da Justiça do Trabalho.

Parágrafo único. É vedada a rescisão do contrato de trabalho durante a greve, bem como a contratação de trabalhadores substitutos, exceto na ocorrência das hipóteses previstas nos arts. 9º e 14.

Art. 8º A Justiça do Trabalho, por iniciativa de qualquer das partes ou do Ministério Público do Trabalho, decidirá sobre a procedência, total ou parcial, ou improcedência das reivindicações, cumprindo ao Tribunal publicar, de imediato, o competente acórdão.

Art. 9º Durante a greve, o sindicato ou a comissão de negociação, mediante acordo com a entidade patronal ou diretamente com o empregador, manterá em atividade equipes de empregados com o propósito de assegurar os serviços cuja paralisação resultem em prejuízo irreparável, pela deterioração irreversível de bens, máquinas e equipamentos, bem como a manutenção daqueles essenciais à retomada das atividades da empresa quando da cessação do movimento.

Parágrafo único. Não havendo acordo, é assegurado ao empregador, enquanto perdurar a greve o direito de contratar diretamente os serviços necessários a que se refere este artigo.

Art. 10. São considerados serviços ou atividades essenciais:

→ *v.* Art. 9º, § 1º, da CF/1988.

I – tratamento e abastecimento de água; produção e distribuição de energia elétrica, gás e combustíveis;

II – assistência médica e hospitalar;

III – distribuição e comercialização de medicamentos e alimentos;

IV – funerários;

V – transporte coletivo;

VI – captação e tratamento de esgoto e lixo;

VII – telecomunicações;

VIII – guarda, uso e controle de substâncias radioativas, equipamentos e materiais nucleares;

IX – processamento de dados ligados a serviços essenciais;

X – controle de tráfego aéreo;

XI – compensação bancária.

Art. 11. Nos serviços ou atividades essenciais, os sindicatos, os empregadores e os trabalhadores ficam obrigados, de comum acordo, a garantir, durante a greve, a prestação dos serviços indispensáveis ao atendimento das necessidades inadiáveis da comunidade.

Parágrafo único. São necessidades inadiáveis da comunidade aquelas que, não atendidas, coloquem em perigo iminente a sobrevivência, a saúde ou a segurança da população.

Art. 12. No caso de inobservância do disposto no artigo anterior, o Poder Público assegurará a prestação dos serviços indispensáveis.

Art. 13. Na greve em serviços ou atividades essenciais, ficam as entidades sindicais ou os trabalhadores, conforme o caso, obrigados a comunicar a decisão aos empregadores e aos usuários com antecedência mínima de 72 (setenta e duas) horas da paralisação.

Art. 14. Constitui abuso do direito de greve a inobservância das normas contidas na presente Lei, bem como a manutenção da paralisação após a celebração de acordo, convenção ou decisão da Justiça do Trabalho.

Parágrafo único. Na vigência de acordo, convenção ou sentença normativa não constitui abuso do exercício do direito de greve a paralisação que:

I – tenha por objetivo exigir o cumprimento de cláusula ou condição;

II – seja motivada pela superveniência de fato novo ou acontecimento imprevisto que modifique substancialmente a relação de trabalho.

Art. 15. A responsabilidade pelos atos praticados, ilícitos ou crimes cometidos, no curso da greve, será apurada, conforme o caso, segundo a legislação trabalhista, civil ou penal.

Parágrafo único. Deverá o Ministério Público, de ofício, requisitar a abertura do competente inquérito e oferecer denúncia quando houver indício da prática de delito.

Art. 16. Para os fins previstos no art. 37, inciso VII, da Constituição, lei complementar definirá os termos e os limites em que o direito de greve poderá ser exercido.

Art. 17. Fica vedada a paralisação das atividades, por iniciativa do empregador, com o objetivo de frustrar negociação ou dificultar o atendimento de reivindicações dos respectivos empregados (*lock-out*).

Parágrafo único. A prática referida no *caput* assegura aos trabalhadores o direito à percepção dos salários durante o período de paralisação.

Art. 18. Ficam revogados a Lei 4.330, de 1º de junho de 1964, o Decreto-lei 1.632, de 4 de agosto de 1978, e demais disposições em contrário.

Art. 19. Esta Lei entra em vigor na data de sua publicação.

Brasília, 28 de junho de 1989; 168º da Independência e 101º da República.

José Sarney

(Publicação no *D.O.U.* de 29.6.1989)

LEI 7.853,
DE 24 DE OUTUBRO DE 1989

Dispõe sobre o apoio às pessoas portadoras de deficiência, sua integração social, sobre a Coordenadoria Nacional para Integração da Pessoa Portadora de Deficiência - Corde, institui a tutela jurisdicional de interesses coletivos ou difusos dessas pessoas, disciplina a atuação do Ministério Público, define crimes, e dá outras providências.

O Presidente da República:

Faço saber que o Congresso Nacional decreta e eu sanciono a seguinte Lei:

Art. 1º Ficam estabelecidas normas gerais que asseguram o pleno exercício dos direitos individuais e sociais das pessoas portadoras de deficiências, e sua efetiva integração social, nos termos desta Lei.

§ 1º Na aplicação e interpretação desta Lei, serão considerados os valores básicos da igualdade de tratamento e oportunidade, da justiça social, do respeito à dignidade da pessoa humana, do bem-estar, e outros, indicados na Constituição ou justificados pelos princípios gerais de direito.

§ 2º As normas desta Lei visam garantir às pessoas portadoras de deficiência as ações governamentais necessárias ao seu cumprimento e das demais disposições constitucionais e legais que lhes concernem, afastadas as discriminações e os preconceitos de qualquer espécie, e entendida a matéria como obrigação nacional a cargo do Poder Público e da sociedade.

Art. 2º Ao Poder Público e seus órgãos cabe assegurar às pessoas portadoras de deficiência o pleno exercício de seus direitos básicos, inclusive dos direitos à educação, à saúde, ao trabalho, ao lazer, à previdência social, ao amparo à infância e à maternidade, e de outros que, decorrentes da Constituição e das leis, propiciem seu bem-estar pessoal, social e econômico.

Parágrafo único. Para o fim estabelecido no *caput* deste artigo, os órgãos e entidades da administração direta e indireta devem dispensar, no âmbito de sua competência e finalidade, aos assuntos objetos esta Lei, tratamento prioritário e adequado, tendente a viabilizar, sem prejuízo de outras, as seguintes medidas:

I – na área da educação:

a) a inclusão, no sistema educacional, da Educação Especial como modalidade educativa que abranja a educação precoce, a pré-escolar, as de 1º e 2º graus, a supletiva, a habilitação e reabilitação profissionais, com currículos, etapas e exigências de diplomação próprios;

b) a inserção, no referido sistema educacional, das escolas especiais, privadas e públicas;

c) a oferta, obrigatória e gratuita, da Educação Especial em estabelecimento público de ensino;

d) o oferecimento obrigatório de programas de Educação Especial a nível pré-escolar, em unidades hospitalares e congêneres nas quais estejam internados, por prazo igual ou superior a 1 (um) ano, educandos portadores de deficiência;

e) o acesso de alunos portadores de deficiência aos benefícios conferidos aos demais educandos, inclusive material escolar, merenda escolar e bolsas de estudo;

f) a matrícula compulsória em cursos regulares de estabelecimentos públicos e particulares de pessoas portadoras de deficiência capazes de se integrarem no sistema regular de ensino;

II – na área da saúde:

a) a promoção de ações preventivas, como as referentes ao planejamento familiar, ao aconselhamento genético, ao acompanhamento da gravidez, do parto e do puerpério, à nutrição da mulher e da criança, à identificação e ao controle da gestante e do feto de alto risco, à imunização, às doenças do metabolismo e seu diagnóstico e ao encaminhamento precoce de outras doenças causadoras de deficiência;

b) o desenvolvimento de programas especiais de prevenção de acidente do trabalho e de trânsito, e de tratamento adequado a suas vítimas;

c) a criação de uma rede de serviços especializados em reabilitação e habilitação;

d) a garantia de acesso das pessoas portadoras de deficiência aos estabelecimentos de saúde públicos e privados, e de seu adequado tratamento neles, sob normas técnicas e padrões de conduta apropriados;

e) a garantia de atendimento domiciliar de saúde ao deficiente grave não internado;

f) o desenvolvimento de programas de saúde voltados para as pessoas portadoras de deficiência, desenvolvidos com a participação da sociedade e que lhes ensejem a integração social;

III – na área da formação profissional e do trabalho:

a) o apoio governamental à formação profissional, e a garantia de acesso aos serviços concernentes, inclusive aos cursos regulares voltados à formação profissional;

b) o empenho do Poder Público quanto ao surgimento e à manutenção de empregos, inclusive de tempo parcial, destinados às pessoas portadoras de deficiência que não tenham acesso aos empregos comuns;

c) a promoção de ações eficazes que propiciem a inserção, nos setores públicos e privado, de pessoas portadoras de deficiência;

d) a adoção de legislação específica que discipline a reserva de mercado de trabalho, em favor das pessoas portadoras de deficiência, nas entidades da Administração Pública e do setor privado, e que regulamente a organização de oficinas e congêneres integradas ao mercado de trabalho, e a situação, nelas, das pessoas portadoras de deficiência;

IV – na área de recursos humanos:

a) a formação de professores de nível médio para a Educação Especial, de técnicos de nível médio especializados na habilitação e reabilitação, e de instrutores para formação profissional;

b) a formação e qualificação de recursos humanos que, nas diversas áreas de conhecimento, inclusive de nível superior, atendam à demanda e às necessidades reais das pessoas portadoras de deficiências;

c) o incentivo à pesquisa e ao desenvolvimento tecnológico em todas as áreas do conhecimento relacionadas com a pessoa portadora de deficiência;

V – na área das edificações:

a) a adoção e a efetiva execução de normas que garantam a funcionalidade das edificações e vias públicas, que evitem ou removam os óbices às pessoas portadoras de deficiência, permitam o acesso destas a edifícios, a logradouros e a meios de transporte.

Art. 3º As medidas judiciais destinadas à proteção de interesses coletivos, difusos, individuais homogêneos e individuais indisponíveis da pessoa com deficiência poderão ser propostas pelo Ministério Público, pela Defensoria Pública, pela União, pelos Estados, pelos Municípios, pelo Distrito Federal, por associação constituída há mais de 1 (um) ano, nos termos da lei civil, por autarquia, por empresa pública e por fundação ou sociedade de economia mista que inclua, entre suas finalidades institucionais, a proteção dos interesses e a promoção de direitos da pessoa com deficiência.

→ *Caput* com redação alterada pela Lei 13.146/2015, em vigor após decorridos 180 (cento e oitenta) dias de sua publicação oficial – *D.O.U.* de 7.7.2015.

§ 1º Para instruir a inicial, o interessado poderá requerer às autoridades competentes as certidões e informações que julgar necessárias.

§ 2º As certidões e informações a que se refere o parágrafo anterior deverão ser fornecidas dentro de 15 (quinze) dias da entrega, sob recibo, dos respectivos requerimentos, e só poderão se utilizadas para a instrução da ação civil.

§ 3º Somente nos casos em que o interesse público, devidamente justificado, impuser sigilo, poderá ser negada certidão ou informação.

§ 4º Ocorrendo a hipótese do parágrafo anterior, a ação poderá ser proposta desacompanhada das certidões ou informações negadas, cabendo ao juiz, após apreciar os motivos do indeferimento, e, salvo quando se tratar de razão de segurança nacional, requisitar umas e outras; feita a requisição, o processo correrá em segredo de justiça, que cessará com o trânsito em julgado da sentença.

§ 5º Fica facultado aos demais legitimados ativos habilitarem-se como litisconsortes nas ações propostas por qualquer deles.

§ 6º Em caso de desistência ou abandono da ação, qualquer dos colegitimados pode assumir a titularidade ativa.

→ **Anterior redação: Art. 3º** As ações civis públicas destinadas à proteção de interesses coletivos ou difusos das pessoas portadoras de deficiência poderão ser propostas pelo Ministério Público, pela União, Estados, Municípios e Distrito Federal; por associação constituída há mais de 1 (um) ano, nos termos da lei civil, autarquia, empresa pública, fundação ou sociedade de economia mista que inclua, entre suas finalidades institucionais, a proteção das pessoas portadoras de deficiência. (...)

Art. 4º A sentença terá eficácia de coisa julgada oponível *erga omnes*, exceto no caso de haver sido a ação julgada improcedente por deficiência de prova, hipótese em que qualquer legitimado poderá intentar outra ação com idêntico fundamento, valendo-se de nova prova.

§ 1º A sentença que concluir pela carência ou pela improcedência da ação fica sujeita ao duplo grau de jurisdição, não produzindo efeito senão depois de confirmada pelo tribunal.

§ 2º Das sentenças e decisões proferidas contra o autor da ação e suscetíveis de recurso, poderá recorrer qualquer legitimado ativo, inclusive o Ministério Público.

Art. 5º O Ministério Público intervirá obrigatoriamente nas ações públicas, coletivas ou individuais, em que se discutam interesses relacionados à deficiência das pessoas.

Art. 6º O Ministério Público poderá instaurar, sob sua presidência, inquérito civil, ou requisitar, de qualquer pessoa física ou jurídica, pública ou particular, certidões, informações, exame ou perícias, no prazo que assinalar, não inferior a 10 (dez) dias úteis.

§ 1º Esgotadas as diligências, caso se convença o órgão do Ministério Público da inexistência de elementos para a propositura de ação civil, promoverá fundamentadamente o arquivamento do inquérito civil, ou das peças informativas. Neste caso, deverá remeter a reexame os autos ou as respectivas peças, em 3 (três) dias, ao Conselho Superior do Ministério Público, que os examinará, deliberando a respeito, conforme dispuser seu Regimento.

§ 2º Se a promoção do arquivamento for reformada, o Conselho Superior do Ministério Público designará desde logo outro órgão do Ministério Público para o ajuizamento da ação.

Art. 7º Aplicam-se à ação civil pública prevista nesta Lei, no que couber, os dispositivos da Lei 7.347, de 24 de julho de 1985.

Art. 8º Constitui crime punível com reclusão de 2 (dois) a 5 (cinco) anos e multa:

→ *Caput* com redação alterada pela Lei 13.146/2015, em vigor após decorridos 180 (cento e oitenta) dias de sua publicação oficial – *D.O.U.* de 7.7.2015.

I – recusar, cobrar valores adicionais, suspender, procrastinar, cancelar ou fazer cessar inscrição de aluno em estabelecimento de ensino de qualquer curso ou grau, público ou privado, em razão de sua deficiência;

→ Inciso I com redação alterada pela Lei 13.146/2015, em vigor após decorridos 180 (cento e oitenta) dias de sua publicação oficial – *D.O.U.* de 7.7.2015.

II – obstar inscrição em concurso público ou acesso de alguém a qualquer cargo ou emprego público, em razão de sua deficiência;

→ Inciso II com redação alterada pela Lei 13.146/2015, em vigor após decorridos 180 (cento e oitenta) dias de sua publicação oficial – *D.O.U.* de 7.7.2015.

III – negar ou obstar emprego, trabalho ou promoção à pessoa em razão de sua deficiência;

→ Inciso III com redação alterada pela Lei 13.146/2015, em vigor após decorridos 180 (cento e oitenta) dias de sua publicação oficial – *D.O.U.* de 7.7.2015.

IV – recusar, retardar ou dificultar internação ou deixar de prestar assistência médico-hospitalar e ambulatorial à pessoa com deficiência;

→ Inciso IV com redação alterada pela Lei 13.146/2015, em vigor após decorridos 180 (cento e oitenta) dias de sua publicação oficial – *D.O.U.* de 7.7.2015.

V – deixar de cumprir, retardar ou frustrar execução de ordem judicial expedida na ação civil a que alude esta Lei;

→ Inciso V com redação alterada pela Lei 13.146/2015, em vigor após decorridos 180 (cento e oitenta) dias de sua publicação oficial – *D.O.U.* de 7.7.2015.

VI – recusar, retardar ou omitir dados técnicos indispensáveis à propositura da ação civil pública objeto desta Lei, quando requisitados.

→ Inciso VI com redação alterada pela Lei 13.146/2015, em vigor após decorridos 180 (cento e oitenta) dias de sua publicação oficial – *D.O.U.* de 7.7.2015.

§ 1º Se o crime for praticado contra pessoa com deficiência menor de 18 (dezoito) anos, a pena é agravada em 1/3 (um terço).

→ § 1º acrescentado pela Lei 13.146/2015, em vigor após decorridos 180 (cento e oitenta) dias de sua publicação oficial – *D.O.U.* de 7.7.2015.

§ 2º A pena pela adoção deliberada de critérios subjetivos para indeferimento de inscrição, de aprovação e de cumprimento de estágio probatório em concursos públicos não exclui a responsabilidade patrimonial pessoal do administrador público pelos danos causados.

→ § 2º acrescentado pela Lei 13.146/2015, em vigor após decorridos 180 (cento e oitenta) dias de sua publicação oficial – *D.O.U.* de 7.7.2015.

§ 3º Incorre nas mesmas penas quem impede ou dificulta o ingresso de pessoa com deficiência em planos privados de assistência à saúde, inclusive com cobrança de valores diferenciados.

→ § 3º acrescentado pela Lei 13.146/2015, em vigor após decorridos 180 (cento e oitenta) dias de sua publicação oficial – *D.O.U.* de 7.7.2015.

§ 4º Se o crime for praticado em atendimento de urgência e emergência, a pena é agravada em 1/3 (um terço).

→ § 4º acrescentado pela Lei 13.146/2015, em vigor após decorridos 180 (cento e oitenta) dias de sua publicação oficial – *D.O.U.* de 7.7.2015.

→ **Anterior redação: Art. 8º** Constitui crime punível com reclusão de 1 (um) a 4 (quatro) anos, e multa: I – recusar, suspender, procrastinar, cancelar ou fazer cessar, sem justa causa, a inscrição de aluno em estabelecimento de ensino de qualquer curso ou grau, público ou privado, por motivos derivados da deficiência que porta; II – obstar, sem justa causa, o acesso de alguém a qualquer cargo público, por motivos derivados de sua deficiência; III – negar, sem justa causa, a alguém, por motivos derivados de sua deficiência, emprego ou trabalho; IV – recusar, retardar ou dificultar internação ou deixar de prestar assistência médico-hospitalar e ambulatorial, quando possível, à pessoa portadora de deficiência; V – deixar de cumprir, retardar ou frustrar, sem justo motivo, a execução de ordem judicial expedida na ação civil a que alude esta Lei; VI – recusar, retardar ou omitir dados técnicos indispensáveis à propositura da ação civil objeto desta Lei, quando requisitados pelo Ministério Público.

Art. 9º A Administração Pública Federal conferirá aos assuntos relativos às pessoas portadoras de deficiência tratamento prioritário e apropriado, para que lhes seja efetivamente ensejado o pleno exercício de seus direitos individuais e sociais, bem como sua completa integração social.

§ 1º Os assuntos a que alude este artigo serão objeto de ação, coordenada e integrada, dos órgãos da Administração Pública Federal, e incluir-se-ão em Política Nacional para Integração da Pessoa Portadora de Deficiência, na qual estejam compreendidos planos, programas e projetos sujeitos a prazos e objetivos determinados.

§ 2º Ter-se-ão como integrantes da Administração Pública Federal, para os fins desta Lei, além dos órgãos públicos, das autarquias, das empresas públicas e sociedades de economia mista, as respectivas subsidiárias e as fundações públicas.

Art. 10. A coordenação superior dos assuntos, ações governamentais e medidas referentes a pessoas portadoras de deficiência caberá à Secretaria Especial dos Direitos Humanos da Presidência da República.

→ *Caput* com redação alterada pela Lei 11.958, de 2009.

Parágrafo único. Ao órgão a que se refere este artigo caberá formular a Política Nacional para a Integração da Pessoa Portadora de Deficiência, seus planos, programas e projetos e cumprir as instruções superiores que lhes digam respeito, com a cooperação dos demais órgãos públicos.

→ Parágrafo único com redação alterada pela Lei 8.028/1990.

Art. 11. (*Revogado pela Lei 8.028/1990*).

Art. 12. Compete à Corde:

I – coordenar as ações governamentais e medidas que se refiram às pessoas portadoras de deficiência;

II – elaborar os planos, programas e projetos subsumidos na Política Nacional para a Integração de Pessoa Portadora de Deficiência, bem como propor as providências necessárias a sua completa implantação e seu adequado desenvolvimento, inclusive as pertinentes a recursos e as de caráter legislativo;

III – acompanhar e orientar a execução, pela Administração Pública Federal, dos planos, programas e projetos mencionados no inciso anterior;

IV – manifestar-se sobre a adequação à Política Nacional para a Integração da Pessoa Portadora de Deficiência dos projetos federais a ela conexos, antes da liberação dos recursos respectivos;

V – manter, com os Estados, Municípios, Territórios, o Distrito Federal, e o Ministério Público, estreito relacionamento, objetivando a concorrência de ações destinadas à integração social das pessoas portadoras de deficiência;

VI – provocar a iniciativa do Ministério Público, ministrando-lhe informações sobre fatos que constituam objeto da ação civil de que esta Lei, e indicando-lhe os elementos de convicção;

VII – emitir opinião sobre os acordos, contratos ou convênios firmados pelos demais órgãos da Administração Pública Federal, no âmbito da Política Nacional para a Integração da Pessoa Portadora de Deficiência;

VIII – promover e incentivar a divulgação e o debate das questões concernentes à pessoa portadora de deficiência, visando à conscientização da sociedade.

Parágrafo único. Na elaboração dos planos, programas e projetos a seu cargo, deverá a Corde recolher, sempre que possível, a opinião das pessoas e entidades interessadas, bem como considerar a necessidade de efetivo apoio aos entes particulares voltados para a integração social das pessoas portadoras de deficiência.

Art. 13. A Corde contará com o assessoramento de órgão colegiado, o Conselho da Coordenadoria Nacional para Integração da Pessoa Portadora de Deficiência.

→ Artigo com eficácia suspensa pela MP 2.216-37/2001.

§ 1º A composição e o funcionamento do Conselho Consultivo da Corde serão disciplinados em ato do Poder Executivo. Incluir-se-ão no Conselho representantes de órgãos e de organizações ligados aos assuntos pertinentes à pessoa portadora de deficiência, bem como representante do Ministério Público Federal.

§ 2º Compete ao Conselho Consultivo:

I – opinar sobre o desenvolvimento da Política Nacional para Integração da Pessoa Portadora de Deficiência;

II – apresentar sugestões para o encaminhamento dessa política;

III – responder a consultas formuladas pela Corde.

§ 3º O Conselho Consultivo reunir-se-á ordinariamente 1 (uma) vez por trimestre e, extraordinariamente, por iniciativa de 1/3 (um terço) de seus membros, mediante manifestação escrita, com antecedência de 10 (dez) dias, e deliberará por maioria de votos dos conselheiros presentes.

§ 4º Os integrantes do Conselho não perceberão qualquer vantagem pecuniária, salvo as de seus cargos de origem, sendo considerados de relevância pública os seus serviços.

§ 5º As despesas de locomoção e hospedagem dos conselheiros, quando necessárias, serão asseguradas pela Corde.

Art. 14. (*Vetado*).

Art. 15. Para atendimento e fiel cumprimento do que dispõe esta Lei, será reestruturada a Secretaria de Educação Especial do Ministério da Educação, e serão instituídos, no Ministério do Trabalho, no Ministério da Saúde e no Ministério da Previdência e Assistência Social, órgão encarregados da coordenação setorial dos assuntos concernentes às pessoas portadoras de deficiência.

Art. 16. O Poder Executivo adotará, nos 60 (sessenta) dias posteriores à vigência desta Lei, as providências necessárias à reestruturação e ao regular funcionamento da Corde, como aquelas decorrentes do artigo anterior.

Art. 17. Serão incluídas no censo demográfico de 1990, e nos subsequentes, questões concernentes à problemática da pessoa portadora de deficiência, objetivando o conhecimento atualizado do número de pessoas portadoras de deficiência no País.

Art. 18. Os órgãos federais desenvolverão, no prazo de 12 (doze) meses contado da publicação desta Lei, as ações necessárias à efetiva implantação das medidas indicadas no art. 2º desta Lei.

Art. 19. Esta Lei entra em vigor na data de sua publicação.

Art. 20. Revogam-se as disposições em contrário.

Brasília, 24 de outubro de 1989; 168º da Independência e 101º da República.

José Sarney

(Publicação no *D.O.U.* de 25.10.1989)

LEI 7.913,

DE 7 DE DEZEMBRO DE 1989

Dispõe sobre a ação civil pública de responsabilidade por danos causados aos investidores no mercado de valores mobiliários.

O Presidente da República:

Faço saber que o Congresso Nacional decreta e eu sanciono a seguinte Lei:

Art. 1º Sem prejuízo da ação de indenização do prejudicado, o Ministério Público, de ofício ou por solicitação da Comissão de Valores Mobiliários – CVM, adotará as medidas judiciais necessárias para evitar prejuízos ou obter ressarcimento de danos causados aos titulares de valores mobiliários e aos investidores do mercado, especialmente quando decorrerem de:

I – operação fraudulenta, prática não equitativa, manipulação de preços ou criação de condições artificiais de procura, oferta ou preço de valores mobiliários;

II – compra ou venda de valores mobiliários, por parte dos administradores e acionistas controladores de companhia aberta, utilizando-se de informação relevante, ainda não divulgada para conhecimento do mercado, ou a mesma operação realizada por quem a detenha em razão de sua profissão ou função, ou por quem quer que a tenha obtido por intermédio dessas pessoas;

III – omissão de informação relevante por parte de quem estava obrigado a divulgá-la, bem como sua prestação de forma incompleta, falsa ou tendenciosa.

Art. 2º As importâncias decorrentes da condenação, na ação de que trata esta Lei, reverterão aos investidores lesados, na proporção de seu prejuízo.

§ 1º As importâncias a que se refere este artigo ficarão depositadas em conta remunerada, à disposição do juízo, até que o investidor, convocado mediante edital, habilite-se ao recebimento da parcela que lhe couber.

§ 2º Decairá do direito à habilitação o investidor que não o exercer no prazo de 2 (dois) anos, contado da data da publicação do edital a que alude o parágrafo anterior, devendo a quantia correspondente ser recolhida ao Fundo a que se refere o art. 13 da Lei 7.347, de 24 de julho de 1985.

→ § 2º com redação alterada pela Lei 9.008/1995.

Art. 3º À ação de que trata esta Lei aplica-se, no que couber, o disposto na Lei 7.347, de 24 de julho de 1985.

Art. 4º Esta Lei entra em vigor na data de sua publicação.

Art. 5º Revogam-se as disposições em contrário.

Brasília, 7 de dezembro de 1989; 168º da Independência e 101º da República.

José Sarney

(Publicação no *D.O.U.* de 11.12.1989; republicação 12.12.1989)

LEI 7.960,
DE 21 DE DEZEMBRO DE 1989

Dispõe sobre prisão temporária.

O Presidente da República:

Faço saber que o Congresso Nacional decreta e eu sanciono a seguinte Lei:

Art. 1º Caberá prisão temporária:

→ *V.* Art. 5º, LXI, da CF/1988.

I – quando imprescindível para as investigações do inquérito policial;

II – quando o indiciado não tiver residência fixa ou não fornecer elementos necessários ao esclarecimento de sua identidade;

→ *V.* Art. 313, parágrafo único, do CPP.

III – quando houver fundadas razões, de acordo com qualquer prova admitida na legislação penal, de autoria ou participação do indiciado nos seguintes crimes:

a) homicídio doloso (art. 121, *caput*, e seu § 2º);

b) sequestro ou cárcere privado (art. 148, *caput*, e seus §§ 1º e 2º);

c) roubo (art. 157, *caput*, e seus §§ 1º, 2º e 3º);

d) extorsão (art. 158, *caput*, e seus §§ 1º e 2º);

→ *V.* Art. 158, § 3º, do CP.

e) extorsão mediante sequestro (art. 159, *caput*, e seus §§ 1º, 2º e 3º);

f) estupro (art. 213, *caput*, e sua combinação com o art. 223, *caput*, e parágrafo único);

→ O art. 223, *caput*, e parágrafo único foram revogados pela Lei 12.015/2009.

→ *V.* Art. 217-A do CP.

g) atentado violento ao pudor (art. 214, *caput*, e sua combinação com o art. 223, *caput*, e parágrafo único);

→ Os arts. 214, *caput*, 223, *caput*, e parágrafo único foram revogados pela Lei 12.015/2009.

→ *V.* Art. 213 do CP.

h) rapto violento (art. 219, e sua combinação com o art. 223, *caput*, e parágrafo único);

→ O art. 219 foi revogado pela Lei 11.106/2005.

→ O art. 223, *caput*, e parágrafo único foram revogados pela Lei 12.015/2009.

→ *V.* Art. 148, § 1º, V, do CP.

i) epidemia com resultado de morte (art. 267, § 1º);

j) envenenamento de água potável ou substância alimentícia ou medicinal qualificado pela morte (art. 270, *caput*, combinado com o art. 285);

l) quadrilha ou bando (art. 288), todos do Código Penal;

m) genocídio (arts. 1º, 2º e 3º da Lei 2.889, de 1.10.1956), em qualquer de suas formas típicas;

n) tráfico de drogas (art. 12 da Lei 6.368, de 21.10.1976);

→ Referida Lei 6.368/1976 foi revogada pela Lei 11.343/2006.

→ *V.* Art. 33 da Lei 11.343/2006.

o) crimes contra o sistema financeiro (Lei 7.492, de 16.06.1986).

Art. 2º A prisão temporária será decretada pelo Juiz, em face da representação da autoridade policial ou de requerimento do Ministério Público, e terá o prazo de 5 (cinco) dias, prorrogável por igual período em caso de extrema e comprovada necessidade.

→ *V.* Art. 5º, LXI, da CF/1988.

→ *V.* Art. 2º, § 4º, da Lei 8.072/1990.

§ 1º Na hipótese de representação da autoridade policial, o Juiz, antes de decidir, ouvirá o Ministério Público.

§ 2º O despacho que decretar a prisão temporária deverá ser fundamentado e prolatado dentro do prazo de 24 (vinte e quatro) horas, contadas a partir do recebimento da representação ou do requerimento.

→ *V.* Art. 93, IX, da CF/1988.

§ 3º O Juiz poderá, de ofício, ou a requerimento do Ministério Público e do Advogado, determinar que o preso lhe seja apresentado, solicitar informações e esclarecimentos da autoridade policial e submetê-lo a exame de corpo de delito.

§ 4º Decretada a prisão temporária, expedir-se-á mandado de prisão, em duas vias, uma das quais será entregue ao indiciado e servirá como nota de culpa.

→ *V.* Arts. 286 e 306, § 2º, do CPP.

§ 5º A prisão somente poderá ser executada depois da expedição de mandado judicial.

§ 6º Efetuada a prisão, a autoridade policial informará o preso dos direitos previstos no art. 5º da Constituição Federal.

→ *V.* Art. 5º, LXII a LXIV da CF/1988.

§ 7º Decorrido o prazo de 5 (cinco) dias de detenção, o preso deverá ser posto imediatamente em liberdade, salvo se já tiver sido decretada sua prisão preventiva.

→ *V.* Art. 312 do CPP.

Art. 3º Os presos temporários deverão permanecer, obrigatoriamente, separados dos demais detentos.

→ *V.* Art. 84 da Lei 7.210/1984.

Art. 4º O art. 4º da Lei 4.898, de 9 de dezembro de 1965, fica acrescido da alínea *i*, com a seguinte redação:

"Art. 4º (...)

(...)

i) prolongar a execução de prisão temporária, de pena ou de medida de segurança, deixando de expedir em tempo oportuno ou de cumprir imediatamente ordem de liberdade;"

Art. 5º Em todas as comarcas e seções judiciárias haverá um plantão permanente de 24 (vinte e quatro) horas do Poder Judiciário e do Ministério Público para apreciação dos pedidos de prisão temporária.

Art. 6º Esta Lei entra em vigor na data de sua publicação.

Art. 7º Revogam-se as disposições em contrário.

Brasília, 21 de dezembro de 1989; 168º da Independência e 101º da República.

José Sarney

(Publicação no *D.O.U.* de 22.12.1989)

LEI 7.998,
DE 11 DE JANEIRO DE 1990

Regula o Programa do Seguro-Desemprego, o Abono Salarial, institui o Fundo de Amparo ao Trabalhador (FAT), e dá outras providências.

O Presidente da República:

Faço saber que o Congresso Nacional decreta e eu sanciono a seguinte Lei:

Art. 1º Esta Lei regula o Programa do Seguro-Desemprego e o abono de que tratam o inciso II do art. 7º, o inciso IV do art. 201 e o art. 239, da Constituição Federal, bem como institui o Fundo de Amparo ao Trabalhador (FAT)

DO PROGRAMA DE SEGURO-DESEMPREGO

Art. 2º O Programa de Seguro-Desemprego tem por finalidade:

I – prover assistência financeira temporária ao trabalhador desempregado em virtude de dispensa sem justa causa, inclusive a indireta, e ao trabalhador comprovadamente resgatado de regime de trabalho forçado ou da condição análoga à de escravo;

→ Inciso I com redação alterada pela Lei 10.608/2002.

II – auxiliar os trabalhadores na busca ou preservação do emprego, promovendo, para tanto, ações integradas de orientação, recolocação e qualificação profissional.

→ Inciso II com redação alterada pela MP 2.164-41/2001.

Art. 2º-A. Para efeito do disposto no inciso II do art. 2º, fica instituída a bolsa de qualificação profissional, a ser custeada pelo Fundo de Amparo ao Trabalhador – FAT, à qual fará jus o trabalhador que estiver com o contrato de trabalho suspenso em virtude de PARTICIPAÇÃO em curso ou programa de qualificação profissional oferecido pelo empregador, em conformidade com o disposto em convenção ou acordo coletivo celebrado para este fim.

→ Artigo acrescentado pela MP 2.164-41/2001.

Art. 2º-B. *(Revogado pela Lei 13.134/2015).*

§ 1º *(Revogado pela Lei 13.134/2015).*

§ 2º *(Revogado pela Lei 13.134/2015).*

§ 3º *(Revogado pela Lei 13.134/2015).*

Art. 2º-C. O trabalhador que vier a ser identificado como submetido a regime de trabalho forçado ou reduzido a condição análoga à de escravo, em decorrência de ação de fiscalização do Ministério do Trabalho e Emprego, será dessa situação resgatado e terá direito à percepção de três parcelas de seguro-desemprego no valor de um salário mínimo cada, conforme o disposto no § 2º deste artigo.

→ Artigo acrescentado pela Lei 10.608/2002.

§ 1º O trabalhador resgatado nos termos do *caput* deste artigo será encaminhado, pelo Ministério do Trabalho e Emprego, para qualificação profissional e recolocação no mercado de trabalho, por meio do Sistema Nacional de Emprego – SINE, na forma estabelecida pelo Conselho Deliberativo do Fundo de Amparo ao Trabalhador – Codefat.

§ 2º Caberá ao Codefat, por proposta do Ministro de Estado do Trabalho e Emprego, estabelecer os procedimentos necessários ao recebimento do benefício previsto no *caput* deste artigo, observados os respectivos limites de comprometimento dos recursos do FAT, ficando vedado ao mesmo trabalhador o recebimento do benefício, em circunstâncias similares, nos doze meses seguintes à percepção da última parcela.

Art. 3º Terá direito à percepção do seguro-desemprego o trabalhador dispensado sem justa causa que comprove:

I – ter recebido salários de pessoa jurídica ou de pessoa física a ela equiparada, relativos a:

→ *Caput* do inciso I com redação alterada pela Lei 13.134/2015.

a) pelo menos 12 (doze) meses nos últimos 18 (dezoito) meses imediatamente anteriores à data de dispensa, quando da primeira solicitação;

→ Alínea *a* acrescentada pela Lei 13.134/2015.

b) pelo menos 9 (nove) meses nos últimos 12 (doze) meses imediatamente anteriores à data de dispensa, quando da segunda solicitação; e

→ Alínea *b* acrescentada pela Lei 13.134/2015.

c) cada um dos 6 (seis) meses imediatamente anteriores à data de dispensa, quando das demais solicitações;

→ Alínea *c* acrescentada pela Lei 13.134/2015.

II – *(Revogado pela Lei 13.134/2015)*;

III – não estar em gozo de qualquer benefício previdenciário de prestação continuada, previsto no Regulamento dos Benefícios da Previdência Social, excetuado o auxílio-acidente e o auxílio suplementar previstos na Lei 6.367, de 19 de outubro de 1976, bem como o abono de permanência em serviço previsto na Lei 5.890, de 8 de junho de 1973;

IV – não estar em gozo do auxílio-desemprego; e

V – não possuir renda própria de qualquer natureza suficiente à sua manutenção e de sua família.

VI – matrícula e frequência, quando aplicável, nos termos do regulamento, em curso de formação inicial e continuada ou de qualificação profissional habilitado pelo Ministério da Educação, nos termos do art. 18 da Lei 12.513, de 26 de outubro de 2011, ofertado por meio da Bolsa-Formação Trabalhador concedida no âmbito do Programa Nacional de Acesso ao Ensino Técnico e Emprego (Pronatec), instituído pela Lei 12.513, de 26 de outubro de 2011, ou de vagas gratuitas na rede de educação profissional e tecnológica.

→ Inciso VI acrescentado pela Lei 13.134/2015.

§ 1º A União poderá condicionar o recebimento da assistência financeira do Programa de Seguro-Desemprego à comprovação da matrícula e da frequência do trabalhador segurado em curso de formação inicial e continuada ou qualificação profissional, com carga horária mínima de 160 (cento e sessenta) horas.

→ § 1º acrescentado pela Lei 12.513/2011.

§ 2º O Poder Executivo regulamentará os critérios e requisitos para a concessão da assistência financeira do Programa de Seguro-Desemprego nos casos previstos no § 1º, considerando a disponibilidade de bolsas-formação no âmbito do Pronatec ou de vagas gratuitas na rede de educação profissional e tecnológica para o cumprimento da condicionalidade pelos respectivos beneficiários.

→ § 2º acrescentado pela Lei 12.513/2011.

§ 3º A oferta de bolsa para formação dos trabalhadores de que trata este artigo considerará, entre outros critérios, a capacidade de oferta, a reincidência no recebimento do benefício, o nível de escolaridade e a faixa etária do trabalhador.

→ § 3º acrescentado pela Lei 12.513/2011.

Art. 3º-A. A periodicidade, os valores, o cálculo do número de parcelas e os demais procedimentos operacionais de pagamento da bolsa de qualificação profissional, nos termos do art. 2º-A desta Lei, bem como os pré-requisitos para habilitação serão os mesmos adotados em relação ao benefício do Seguro-Desemprego, exceto quanto à dispensa sem justa causa.

→ § 3º-A acrescentado pela MP 2.164-41/2001.

Art. 4º O benefício do seguro-desemprego será concedido ao trabalhador desempregado, por período máximo variável de 3 (três) a 5 (cinco) meses, de forma contínua ou alternada, a cada período aquisitivo, contados da data de dispensa que deu origem à última habilitação, cuja duração será definida pelo Conselho Deliberativo do Fundo de Amparo ao Trabalhador (Codefat).

→ *Caput* com redação alterada pela Lei 13.134/2015.

§ 1º O benefício do seguro-desemprego poderá ser retomado a cada novo período aquisitivo, satisfeitas as condições arroladas nos incisos I, III, IV e V do *caput* do art. 3º.

→ § 1º acrescentado pela Lei 13.134/2015.

§ 2º A determinação do período máximo mencionado no *caput* observará a seguinte relação entre o número de parcelas mensais do benefício do seguro-desemprego e o tempo de serviço do trabalhador nos 36 (trinta e seis) meses que antecederem a data de dispensa que originou o requerimento do seguro-desemprego, vedado o cômputo de vínculos empregatícios utilizados em períodos aquisitivos anteriores:

→ *Caput* do § 2º acrescentado pela Lei 13.134/2015.

I – para a primeira solicitação:

→ *Caput* do inciso I acrescentado pela Lei 13.134/2015.

a) 4 (quatro) parcelas, se o trabalhador comprovar vínculo empregatício com pessoa jurídica ou pessoa física a ela equiparada de, no mínimo, 12 (doze) meses e, no máximo, 23 (vinte e três) meses, no período de referência; ou

→ Alínea *a* acrescentada pela Lei 13.134/2015.

b) 5 (cinco) parcelas, se o trabalhador comprovar vínculo empregatício com pessoa jurídica ou pessoa física a ela equiparada de, no mínimo, 24 (vinte e quatro) meses, no período de referência;

→ Alínea *b* acrescentada pela Lei 13.134/2015.

II – para a segunda solicitação:

→ *Caput* do inciso II acrescentado pela Lei 13.134/2015.

a) 3 (três) parcelas, se o trabalhador comprovar vínculo empregatício com pessoa jurídica ou pessoa física a ela equiparada de, no mínimo, 9 (nove) meses e, no máximo, 11 (onze) meses, no período de referência;

→ Alínea *a* acrescentada pela Lei 13.134/2015.

b) 4 (quatro) parcelas, se o trabalhador comprovar vínculo empregatício com pessoa jurídica ou pessoa física a ela equiparada de, no mínimo, 12 (doze) meses e, no máximo, 23 (vinte e três) meses, no período de referência; ou

→ Alínea *b* acrescentada pela Lei 13.134/2015.

c) 5 (cinco) parcelas, se o trabalhador comprovar vínculo empregatício com pessoa jurídica ou pessoa física a ela equiparada de, no mínimo, 24 (vinte e quatro) meses, no período de referência;

→ Alínea *c* acrescentada pela Lei 13.134/2015.

III – a partir da terceira solicitação:

→ *Caput* do inciso III acrescentado pela Lei 13.134/2015.

a) 3 (três) parcelas, se o trabalhador comprovar vínculo empregatício com pessoa jurídica ou pessoa física a ela equiparada de, no mínimo, 6 (seis) meses e, no máximo, 11 (onze) meses, no período de referência;

→ Alínea *a* acrescentada pela Lei 13.134/2015.

b) 4 (quatro) parcelas, se o trabalhador comprovar vínculo empregatício com pessoa jurídica ou pessoa física a ela equiparada de, no mínimo, 12 (doze) meses e, no máximo, 23 (vinte e três) meses, no período de referência; ou

→ Alínea *b* acrescentada pela Lei 13.134/2015.

c) 5 (cinco) parcelas, se o trabalhador comprovar vínculo empregatício com pessoa jurídica ou pessoa física a ela equiparada de, no mínimo, 24 (vinte e quatro) meses, no período de referência.

→ Alínea *c* acrescentada pela Lei 13.134/2015.

§ 3º A fração igual ou superior a 15 (quinze) dias de trabalho será havida como mês integral para os efeitos do § 2º.

→ § 3º acrescentado pela Lei 13.134/2015.

§ 4º Nos casos em que o cálculo da parcela do seguro-desemprego resultar em valores decimais, o valor a ser pago deverá ser arredondado para a unidade inteira imediatamente superior.

→ § 4º acrescentado pela Lei 13.134/2015.

§ 5º O período máximo de que trata o caput poderá ser excepcionalmente prolongado por até 2 (dois) meses, para grupos específicos de segurados, a critério do Codefat, desde que o gasto adicional representado por esse prolongamento não ultrapasse, em cada semestre, 10% (dez por cento) do montante da reserva mínima de liquidez de que trata o § 2º do art. 9º da Lei 8.019, de 11 de abril de 1990.

→ § 5º acrescentado pela Lei 13.134/2015.

§ 6º Na hipótese de prolongamento do período máximo de percepção do benefício do seguro-desemprego, o Codefat observará, entre outras variáveis, a evolução geográfica e setorial das taxas de desemprego no País e o tempo médio de desemprego de grupos específicos de trabalhadores.

→ § 6º acrescentado pela Lei 13.134/2015.

§ 7º O Codefat observará as estatísticas do mercado de trabalho, inclusive o tempo médio de permanência no emprego, por setor, e recomendará ao Ministro de Estado do Trabalho e Emprego a adoção de políticas públicas que julgar adequadas à mitigação da alta rotatividade no emprego.

→ § 7º acrescentado pela Lei 13.134/2015.

Art. 4º-A. *(Vetado).*

→ Artigo acrescentado pela Lei 13.134/2015.

Art. 5º O valor do benefício será fixado em Bônus do Tesouro Nacional (BTN), devendo ser calculado segundo 3 (três) faixas salariais, observados os seguintes critérios:

I – até 300 (trezentos) BTN, multiplicar-se-á o salário médio dos últimos 3 (três) meses pelo fator 0,8 (oito décimos);

II – de 300 (trezentos) a 500 (quinhentos) BTN aplicar-se-á, até o limite do inciso anterior, a regra nele contida e, no que exceder, o fator 0,5 (cinco décimos);

III – acima de 500 (quinhentos) BTN, o valor do benefício será igual a 340 (trezentos e quarenta) BTN.

§ 1º Para fins de apuração do benefício, será considerada a média dos salários dos últimos 3 (três) meses anteriores à dispensa, devidamente convertidos em BTN pelo valor vigente nos respectivos meses trabalhados.

§ 2º O valor do benefício não poderá ser inferior ao valor do salário mínimo.

§ 3º No pagamento dos benefícios, considerar-se-á:

I – o valor do BTN ou do salário mínimo do mês imediatamente anterior, para benefícios colocados à disposição do beneficiário até o dia 10 (dez) do mês;

II – o valor do BTN ou do salário mínimo do próprio mês, para benefícios colocados à disposição do beneficiário após o dia 10 (dez) do mês.

Art. 6º O seguro-desemprego é direito pessoal e intransferível do trabalhador, podendo ser requerido a partir do sétimo dia subsequente à rescisão do contrato de trabalho.

Art. 7º O pagamento do benefício do seguro-desemprego será suspenso nas seguintes situações:

I – admissão do trabalhador em novo emprego;

II – início de percepção de benefício de prestação continuada da Previdência Social, exceto o auxílio-acidente, o auxílio suplementar e o abono de permanência em serviço;

III – início de percepção de auxílio-desemprego.

IV – recusa injustificada por parte do trabalhador desempregado em participar de ações de recolocação de emprego, conforme regulamentação do Codefat.

→ Inciso IV acrescentado pela Lei 13.134/2015.

Art. 7º-A. O pagamento da bolsa de qualificação profissional será suspenso se ocorrer a rescisão do contrato de trabalho.

→ Artigo acrescentado pela MP 2.164-41/2001.

Art. 8º O benefício do seguro-desemprego será cancelado:

→ Artigo com redação alterada pela Lei 12.513/2011.

I – pela recusa por parte do trabalhador desempregado de outro emprego condizente com sua qualificação registrada ou declarada e com sua remuneração anterior;

II – por comprovação de falsidade na prestação das informações necessárias à habilitação;

III – por comprovação de fraude visando à percepção indevida do benefício do seguro-desemprego; ou

IV – por morte do segurado.

§ 1º Nos casos previstos nos incisos I a III deste artigo, será suspenso por um período de 2 (dois) anos, ressalvado o prazo de carência, o direito do trabalhador à percepção do seguro-desemprego, dobrando-se este período em caso de reincidência.

§ 2º O benefício poderá ser cancelado na hipótese de o beneficiário deixar de cumprir a condicionalidade de que trata o § 1º do art. 3º desta Lei, na forma do regulamento.

Art. 8º-A. O benefício da bolsa de qualificação profissional será cancelado nas seguintes situações:

→ Artigo acrescentado pela MP 2.164-41/2001.

I – fim da suspensão contratual e retorno ao trabalho;

II – por comprovação de falsidade na prestação das informações necessárias à habilitação;

III – por comprovação de fraude visando à percepção indevida da bolsa de qualificação profissional;

IV – por morte do beneficiário.

Art. 8º-B. Na hipótese prevista no § 5º do art. 476-A da Consolidação das Leis do Trabalho – CLT, as parcelas da bolsa de qualificação profissional que o empregado tiver recebido serão descontadas das parcelas do benefício do Seguro-Desemprego a que fizer jus, sendo-lhe garantido, no mínimo, o recebimento de uma parcela do Seguro-Desemprego.

→ Artigo acrescentado pela MP 2.164-41/2001.

Art. 8º-C. Para efeito de habilitação ao Seguro-Desemprego, desconsiderar-se-á o período de suspensão contratual de que trata o art. 476-A da CLT, para o cálculo dos períodos de que tratam os incisos I e II do art. 3º desta Lei.

→ Artigo acrescentado pela MP 2.164-41/2001.

DO ABONO SALARIAL

Art. 9º É assegurado o recebimento de abono salarial anual, no valor máximo de 1 (um) salário mínimo vigente na data do respectivo pagamento, aos empregados que:

→ *Caput* com redação alterada pela Lei 13.134/2015, em vigor na data de sua publicação, produzindo efeitos financeiros a partir do exercício de 2016 – *D.O.U.* de 17.6.2015.

I – tenham percebido, de empregadores que contribuem para o Programa de Integração Social (PIS) ou para o Programa de Formação do Patrimônio do Servidor Público (Pasep), até 2 (dois) salários mínimos médios de remuneração mensal no período trabalhado e que tenham exercido atividade remunerada pelo menos durante 30 (trinta) dias no ano-base;

→ Considerando-se, para os fins do disposto neste inciso, como ano-base para a sua aplicação o ano de 2015 (*v.* art. 4º da Lei 13.134/2015).

II – estejam cadastrados há pelo menos 5 (cinco) anos no Fundo de Participação PIS-Pasep ou no Cadastro Nacional do Trabalhador.

§ 1º No caso de beneficiários integrantes do Fundo de Participação PIS-Pasep, serão computados no valor do abono salarial os rendimentos proporcionados pelas respectivas contas individuais.

→ Anterior parágrafo único renumerado para § 1º pela Lei 13.134/2015.

§ 2º O valor do abono salarial anual de que trata o caput será calculado na proporção de 1/12 (um doze avos) do valor do salário-mínimo vigente na data do respectivo pagamento, multiplicado pelo número de meses trabalhados no ano correspondente.

→ § 2º acrescentado pela Lei 13.134/2015, em vigor na data de sua publicação, produzindo efeitos financeiros a partir do exercício de 2016 – *D.O.U.* de 17.6.2015.

§ 3º A fração igual ou superior a 15 (quinze) dias de trabalho será contada como mês integral para os efeitos do § 2º deste artigo.

→ § 3º acrescentado pela Lei 13.134/2015, em vigor na data de sua publicação, produzindo efeitos financeiros a partir do exercício de 2016 – *D.O.U.* de 17.6.2015.

§ 4º O valor do abono salarial será emitido em unidades inteiras de moeda corrente, com a suplementação das partes decimais até a unidade inteira imediatamente superior.

→ § 4º acrescentado pela Lei 13.134/2015, em vigor na data de sua publicação, produzindo efeitos financeiros a partir do exercício de 2016 – *D.O.U.* de 17.6.2015.

→ **Anterior redação: Art. 9º** É assegurado o recebimento de abono salarial anual, no valor máximo de um salário mínimo vigente na data do respectivo pagamento, aos empregados que: (Caput com redação alterada pela MP 665/2014). (...) **Parágrafo único.** No caso de beneficiários integrantes do Fundo de Participação PIS-Pasep, serão computados no valor do abono salarial os rendimentos proporcionados pelas respectivas contas individuais. (...)

Art. 9º-A. O abono será pago pelo Banco do Brasil S.A. e pela Caixa Econômica Federal mediante:

→ Artigo acrescentado pela Lei 13.134/2015.

I – depósito em nome do trabalhador;

II – saque em espécie; ou

III – folha de salários.

§ 1º Ao Banco do Brasil S.A. caberá o pagamento aos servidores e empregados dos contribuintes mencionados no art. 14 do Decreto-

-Lei 2.052, de 3 de agosto de 1983, e à Caixa Econômica Federal, aos empregados dos contribuintes a que se refere o art. 15 desse Decreto-Lei.

§ 2º As instituições financeiras pagadoras manterão em seu poder, à disposição das autoridades fazendárias, por processo que possibilite sua imediata recuperação, os comprovantes de pagamentos efetuados.

DO FUNDO DE AMPARO AO TRABALHADOR

Art. 10. É instituído o Fundo de Amparo ao Trabalhador (FAT), vinculado ao Ministério do Trabalho e Emprego, destinado ao custeio do Programa de Seguro-Desemprego, ao pagamento do abono salarial e ao financiamento de programas de educação profissional e tecnológica e de desenvolvimento econômico.

→ Artigo com redação alterada pela Lei 12.513/2011.

Parágrafo único. O FAT é um fundo contábil, de natureza financeira, subordinando-se, no que couber, à legislação vigente.

Art. 11. Constituem recursos do FAT:

I – o produto da arrecadação das contribuições devidas ao PIS e ao Pasep;

II – o produto dos encargos devidos pelos contribuintes, em decorrência da inobservância de suas obrigações;

III – a correção monetária e os juros devidos pelo agente aplicador dos recursos do fundo, bem como pelos agentes pagadores, incidentes sobre o saldo dos repasses recebidos;

IV – o produto da arrecadação da contribuição adicional pelo índice de rotatividade, de que trata o § 4º do art. 239 da Constituição Federal.

V – outros recursos que lhe sejam destinados.

Art. 12. *(Vetado).*

Art. 13. *(Vetado).*

Art. 14. *(Vetado).*

Art. 15. Compete aos Bancos Oficiais Federais o pagamento das despesas relativas ao Programa do Seguro-Desemprego e ao abono salarial conforme normas a serem definidas pelos gestores do FAT.

→ *V.* Lei 8.019/1990 – Altera a legislação do Fundo de Amparo ao Trabalhador (FAT).

Parágrafo único. Sobre o saldo de recursos não desembolsados, os agentes pagadores remunerarão o FAT, no mínimo com correção monetária.

Art. 16. *(Revogado pela Lei 8.019/1990).*

Art. 17. *(Revogado pela Lei 8.019/1990).*

GESTÃO

Art. 18. É instituído o Conselho Deliberativo do Fundo de Amparo ao Trabalhador – Codefat, composto por representação de trabalhadores, empregadores e órgãos e entidades governamentais, na forma estabelecida pelo Poder Executivo.

→ *Caput* com redação alterada pela MP 2.216-37/2001.

§ 1º O mandato de cada conselheiro é de 3 (três) anos.

→ § 1º com eficácia suspensa pela MP *2.216-37/2001.*

§ 2º Na primeira investidura, observar-se-á o seguinte:

→ § 2º com eficácia suspensa pela MP 2.216-37/2001.

I – 1/3 (um terço) dos representantes referidos nos incisos I e II do *caput* deste artigo será designado com mandato de 1 (um) ano; 1/3 (um terço), com mandato de 2(dois) anos e 1/3 (um terço), com mandato de 3(três) anos;

II – o representante do Ministério do Trabalho será designado com o mandato de 3 (três) anos; o representante do Ministério da Previdência e Assistência Social, com o mandato de 2 (dois) anos; o representante do BNDES, com o mandato de 1 (um) ano.

§ 3º Os representantes dos trabalhadores serão indicados pelas centrais sindicais e confederações de trabalhadores; e os representantes dos empregadores, pelas respectivas confederações.

§ 4º Compete ao Ministro do Trabalho a nomeação dos membros do Codefat.

§ 5º A Presidência do Conselho Deliberativo, anualmente renovada, será rotativa entre os seus membros.

→ § 5º com eficácia suspensa pela MP 2.216-37/2001.

§ 6º Pela atividade exercida no Codefat seus membros não serão remunerados.

Art. 19. Compete ao Codefat gerir o FAT e deliberar sobre as seguintes matérias:

I – *(Vetado).*

II – aprovar e acompanhar a execução do Plano de Trabalho Anual do Programa do Seguro-Desemprego e do abono salarial e os respectivos orçamentos;

III – deliberar sobre a prestação de conta e os relatórios de execução orçamentária e financeira do FAT;

IV – elaborar a proposta orçamentária do FAT, bem como suas alterações;

V – propor o aperfeiçoamento da legislação relativa ao seguro-desemprego e ao abono salarial e regulamentar os dispositivos desta Lei no âmbito de sua competência;

VI – decidir sobre sua própria organização, elaborando seu regimento interno;

VII – analisar relatórios do agente aplicador quanto à forma, prazo e natureza dos investimentos realizados;

VIII – fiscalizar a administração do fundo, podendo solicitar informações sobre contratos celebrados ou em vias de celebração e quaisquer outros atos;

IX – definir indexadores sucedâneos no caso de extinção ou alteração daqueles referidos nesta Lei;

X – baixar instruções necessárias à devolução de parcelas do benefício do seguro-desemprego, indevidamente recebidas;

XI – propor alteração das alíquotas referentes às contribuições a que alude o art. 239 da Constituição Federal, com vistas a assegurar a viabilidade econômico-financeira do FAT;

XII – *(Vetado);*

XIII – *(Vetado);*

XIV – fixar prazos para processamento e envio ao trabalhador da requisição do benefício do seguro-desemprego, em função das possibilidades técnicas existentes, estabelecendo-se como objetivo o prazo de 30 (trinta) dias;

XV – *(Vetado);*

XVI – *(Vetado);*

XVII – deliberar sobre outros assuntos de interesses do FAT.

Art. 19-A. O Codefat poderá priorizar projetos das entidades integrantes do Sistema Nacional de Atendimento Socioeducativo (Sinase) desde que:

→ Artigo acrescentado pela Lei 12.594/2012.

I – o ente federado de vinculação da entidade que solicita o recurso possua o respectivo Plano de Atendimento Socioeducativo aprovado;

II – as entidades governamentais e não governamentais integrantes do Sinase que solicitem recursos tenham se submetido à avaliação nacional do atendimento socioeducativo.

Art. 20. A Secretaria-Executiva do Conselho Deliberativo será exercida pelo Ministério do Trabalho, e a ela caberão as tarefas técnico-administrativas relativas ao seguro-desemprego e abono salarial.

Art. 21. As despesas com a implantação, administração e operação do Programa do Seguro-Desemprego e do abono salarial, exceto as de pessoal, correrão por conta do FAT.

Art. 22. Os recursos do FAT integrarão o orçamento da seguridade social na forma da legislação pertinente.

DA FISCALIZAÇÃO E PENALIDADES

Art. 23. Compete ao Ministério do Trabalho a fiscalização do cumprimento do Programa de Seguro-Desemprego e do abono salarial.

Art. 24. Os trabalhadores e empregadores prestarão as informações necessárias, bem como atenderão às exigências para a concessão do seguro-desemprego e o pagamento do abono salarial, nos termos e prazos fixados pelo Ministério do Trabalho.

Art. 25. O empregador que infringir os dispositivos desta Lei estará sujeito a multas de 400 (quatrocentos) a 40.000 (quarenta mil) BTN, segundo a natureza da infração, sua extensão e intenção do infrator, a serem aplicadas em dobro, no caso de reincidência, oposição à fiscalização ou desacato à autoridade.

§ 1º Serão competentes para impor as penalidades as Delegacias Regionais do Trabalho, nos termos do Título VII da Consolidação das Leis do Trabalho (CLT).

§ 2º Além das penalidades administrativas já referidas, os responsáveis por meios fraudulentos na habilitação ou na percepção do seguro-desemprego serão punidos civil e criminalmente, nos termos desta Lei.

Art. 25-A. O trabalhador que infringir o disposto nesta Lei e houver percebido indevidamente parcela de seguro-desemprego sujeitar-se-á à compensação automática do débito com o novo benefício, na forma e no percentual definidos por resolução do Codefat.

→ Artigo acrescentado pela Lei 13.134/2015.

§ 1º O ato administrativo de compensação automática poderá ser objeto de impugnação, no prazo de 10 (dez) dias, pelo trabalhador, por meio de requerimento de revisão simples, o qual seguirá o rito prescrito pela Lei 9.784, de 29 de janeiro de 1999.

§ 2º A restituição de valor devido pelo trabalhador de que trata o caput deste artigo será realizada mediante compensação do saldo de valores nas datas de liberação de cada parcela ou pagamento com Guia de Recolhimento da União (GRU), conforme regulamentação do Codefat.

DAS DISPOSIÇÕES FINAIS E TRANSITÓRIAS

Art. 26. *(Vetado).*

Art. 27. A primeira investidura do Codefat dar-se-á no prazo de 30 (trinta) dias da publicação desta Lei.

Art. 28. No prazo de trinta dias as contribuições ao PIS e ao Pasep, arrecadadas a partir de 5 de outubro de 1988 e não utilizadas nas finalidades previstas no art. 239 da Constituição Federal, serão recolhidas como receita do FAT.

→ Artigo com redação alterada pela Lei 8.019/1990.

Parágrafo único. *(Vetado).*

Art. 29. *(Revogado pela Lei 8.019/1990).*

Art. 30. O Poder Executivo regulamentará esta Lei no prazo de 90 (noventa) dias e apresentará projeto lei regulamentando a contribuição adicional pelo índice de rotatividade, de que trata o § 4º do art. 239 da Constituição Federal, no prazo de 180 (cento e oitenta) dias.

Art. 31. Esta Lei entra em vigor na data de sua publicação.

Art. 32. Revogam-se as disposições em contrário.

Brasília, 11 de janeiro de 1990; 169º da Independência e 102º da República.

José Sarney

(Publicação no *D.O.U.* de 12.1.1990)

LEI 8.009, DE 29 DE MARÇO DE 1990

Dispõe sobre a impenhorabilidade do bem de família.

Faço saber que o Presidente da República adotou a Medida Provisória 143, de 1990, que o Congresso Nacional aprovou, e eu Nelson Carneiro, Presidente do Senado Federal, para os efeitos do disposto no parágrafo único do art. 62 da Constituição Federal, promulgo a seguinte Lei:

Art. 1º O imóvel residencial próprio do casal, ou da entidade familiar, é impenhorável e não responderá por qualquer tipo de dívida civil, comercial, fiscal, previdenciária ou de outra natureza, contraída pelos cônjuges ou pelos pais ou filhos que sejam seus proprietários e nele residam, salvo nas hipóteses previstas nesta Lei.

→ V. Súmula 205 do STJ.

→ V. Art. 226, §§ 1º a 4º, da CF/1988.

→ V. Arts. 1.711 a 1.722 do CC.

→ V. Arts 648 a 650 do CPC/1973.

→ V. Arts. 832 a 834, do NCPC.

Parágrafo único. A impenhorabilidade compreende o imóvel sobre o qual se assentam a construção, as plantações, as benfeitorias de qualquer natureza e todos os equipamentos, inclusive os de uso profissional, ou móveis que guarnecem a casa, desde que quitados.

→ V. Súmulas 364 e 449 do STJ.

→ V. Art. 649, II e V, do CPC/1973.

→ V. Art. 833, II e V, do NCPC.

Art. 2º Excluem-se da impenhorabilidade os veículos de transporte, obras de arte e adornos suntuosos.

→ V. Art. 649, II, do CPC/1973.

→ V. Art. 833, II, do NCPC.

Parágrafo único. No caso de imóvel locado, a impenhorabilidade aplica-se aos bens móveis quitados que guarneçam a residência e que sejam de propriedade do locatário, observado o disposto neste artigo.

Art. 3º A impenhorabilidade é oponível em qualquer processo de execução civil, fiscal, previdenciária, trabalhista ou de outra natureza, salvo se movido:

→ V. Art. 1.517 do CC.

I – *(Revogado pela LC 150/2015)*;

II – pelo titular do crédito decorrente do financiamento destinado à construção ou à aquisição do imóvel, no limite dos créditos e acréscimos constituídos em função do respectivo contrato;

→ V. Art. 649, § 1º, do CPC/1973.

→ V. Art. 833, § 1º, do NCPC.

III – pelo credor da pensão alimentícia, resguardados os direitos, sobre o bem, do seu coproprietário que, com o devedor, integre união estável ou conjugal, observadas as hipóteses em que ambos responderão pela dívida;

→ Inciso III com redação alterada pela Lei 13.144/2015.

IV – para cobrança de impostos, predial ou territorial, taxas e contribuições devidas em função do imóvel familiar;

V – para execução de hipoteca sobre o imóvel oferecido como garantia real pelo casal ou pela entidade familiar;

VI – por ter sido adquirido com produto de crime ou para execução de sentença penal condenatória a ressarcimento, indenização ou perdimento de bens;

VII – por obrigação decorrente de fiança concedida em contrato de locação.

→ Inciso VII acrescentado pela Lei 8.245/1991.

Art. 4º Não se beneficiará do disposto nesta Lei aquele que, sabendo-se insolvente, adquire de má-fé imóvel mais valioso para transferir a residência familiar, desfazendo-se ou não da moradia antiga.

§ 1º Neste caso poderá o juiz, na respectiva ação do credor, transferir a impenhorabilidade para a moradia familiar anterior, ou anular-lhe a venda, liberando a mais valiosa para execução ou concurso, conforme a hipótese.

§ 2º Quando a residência familiar constituir-se em imóvel rural, a impenhorabilidade restringir-se-á à sede de moradia, com os respectivos bens móveis, e, nos casos do art. 5º, inciso XXVI, da Constituição, à área limitada como pequena propriedade rural.

Art. 5º Para os efeitos de impenhorabilidade, de que trata esta Lei, considera-se residência um único imóvel utilizado pelo casal ou pela entidade familiar para moradia permanente.

Parágrafo único. Na hipótese de o casal, ou entidade familiar, ser possuidor de vários imóveis utilizados como residência, a impenhorabilidade recairá sobre o de menor valor, salvo se outro tiver sido registrado, para esse fim, no Registro de Imóveis e na forma do art. 70 do Código Civil.

→ O referido art. 70 estava previsto no Código Civil de 1916.

Art. 6º São canceladas as execuções suspensas pela Medida Provisória 143, de 8 de março de 1990, que deu origem a esta Lei.

Art. 7º Esta Lei entra em vigor na data de sua publicação.

Art. 8º Revogam-se as disposições em contrário.

Senado Federal, em 29 de março de 1990; 169º da Independência e 102º da República.

Nelson Carneiro

(Publicação no *D.O.U.* de 30.3.1990)

LEI 8.021, DE 12 DE ABRIL DE 1990

Dispõe sobre a identificação dos contribuintes para fins fiscais, e dá outras providências.

O Presidente da República:

Faço saber que o Congresso Nacional decreta e eu sanciono a seguinte Lei:

Art. 1º A partir da vigência desta Lei, fica vedado o pagamento ou resgate de qualquer título ou aplicação, bem como dos seus rendimentos ou ganhos, a beneficiário não identificado.

Parágrafo único. O descumprimento do disposto neste artigo sujeitará o responsável pelo pagamento ou resgate a multa igual ao valor da operação, corrigido monetariamente a partir da data da operação até o dia do seu efetivo pagamento.

Art. 2º A partir da data de publicação desta Lei fica vedada:

I – a emissão de quotas ao portador ou nominativas-endossáveis, pelos fundos em condomínio;

II – a emissão de títulos e a captação de depósitos ou aplicações ao portador ou nominativos-endossáveis;

III – *(Revogado pela Lei 9.069/1995)*.

Parágrafo único. Os cheques emitidos em desacordo com o estabelecido no inciso III deste artigo não serão compensáveis por meio do Serviço de Compensação de Cheques e Outros Papéis.

→ Parágrafo único sem eficácia em razão da revogação do inciso III.

Art. 3º O contribuinte que receber o resgate de quotas de fundos ao portador e de títulos ou aplicações de renda fixa ao portador ou nominativos-endossáveis, existentes em 16 de março de 1990, ficará sujeito à retenção de Imposto de Renda na fonte, à alíquota de 25% (vinte e cinco por cento), calculado sobre o valor do resgate recebido.

§ 1º O imposto será retido pela instituição que efetuar o pagamento dos títulos e aplicações e seu recolhimento deverá ser efetuado de conformidade com as normas aplicáveis ao Imposto de Renda retido na fonte.

§ 2º O valor sobre o qual for calculado o imposto, diminuído deste, será computado como rendimento líquido, para efeito de justificar acréscimo patrimonial na declaração de bens (Lei 4.069/1962, art. 51) a ser apresentada no exercício financeiro subsequente.

§ 3º A retenção do imposto, prevista neste artigo, não exclui a incidência do Imposto de Renda na fonte sobre os rendimentos produzidos pelos respectivos títulos ou aplicações.

§ 4º A retenção do imposto, prevista neste artigo, será dispensada caso o contribuinte comprove, perante o Departamento da Receita Federal, que o valor resgatado tem origem em rendimentos próprios, declarados na forma da legislação do Imposto de Renda.

§ 5º A liberação dos recursos sem a observância do disposto no parágrafo anterior sujeitará a instituição financeira à multa de 25% (vinte e cinco por cento) sobre o valor do resgate dos títulos ou aplicações, corrigido monetariamente a partir da data do resgate até a data do seu efetivo recolhimento.

Art. 4º O art. 20 da Lei 6.404, de 15 de dezembro de 1976, passa a vigorar com a seguinte redação:

"Art. 20. As ações devem ser nominativas."

Art. 5º As sociedades por ações terão um prazo de 2 (dois) anos para adaptar seus estatutos ao disposto no artigo anterior.

§ 1º No prazo a que se refere este artigo, as operações com ações, ao portador ou endossáveis, existentes na data da publicação desta Lei, emitidas pelas sociedades por ações, somente poderão ser efetuadas quando atenderem, cumulativamente, às seguintes condições:

a) estiveram as ações sob custódia de instituição financeira ou de Bolsa de Valores, autorizada a operar por ato da Comissão de Valores Mobiliários (CVM) ou do Banco Central do Brasil, no âmbito de sua competência;

b) houver a identificação do vendedor e do comprador.

§ 2º As ações mencionadas neste artigo somente poderão ser retiradas da custódia mediante a identificação do proprietário.

§ 3º A instituição financeira ou bolsa custodiante deverá enviar ao Departamento da Receita Federal, até o dia 15 de cada mês, comunicação que identifique o proprietário, a quantidade, a espécie e o valor de aquisição das ações que houverem sido retiradas de sua custódia no mês anterior.

§ 4º A inobservância do disposto no parágrafo anterior sujeitará a instituição financeira ou bolsa custodiante à multa de 25% (vinte e cinco por cento) do valor das ações, corrigido monetariamente a partir do vencimento do prazo para a comunicação até a data do seu efetivo pagamento.

§ 5º Para efeito do disposto no parágrafo anterior, considera-se valor da ação o preço médio de negociação em pregão de Bolsas de Valores no dia da retirada da ação ou, na falta deste, o preço médio da ação da última negociação em pregão da Bolsa de Valores, corrigidos pelo BTN Fiscal até o dia da retirada da ação.

§ 6º Para as ações não admitidas à negociação em Bolsas de Valores, considera-se o valor patrimonial da ação corrigido pelo BTN Fiscal desde a data do último balanço até a data de sua retirada da custódia.

Art. 6º O lançamento de ofício, além dos casos já especificados em lei, far-se-á arbitrando-se os rendimentos com base na renda presumida, mediante utilização dos sinais exteriores de riqueza.

§ 1º Considera-se sinal exterior de riqueza a realização de gastos incompatíveis com a renda disponível do contribuinte.

§ 2º Constitui renda disponível a receita auferida pelo contribuinte, diminuída dos abatimentos e deduções admitidos pela legislação do Imposto de Renda em vigor e do Imposto de Renda pago pelo contribuinte.

§ 3º Ocorrendo a hipótese prevista neste artigo, o contribuinte será notificado para o devido procedimento fiscal de arbitramento.

§ 4º No arbitramento tomar-se-ão como base os preços de mercado vigentes à época da ocorrência dos fatos ou eventos, podendo, para tanto, ser adotados índices ou indicadores econômicos oficiais ou publicações técnicas especializadas.

§ 5º *(Revogado pela Lei 9.430/1996)*.

§ 6º Qualquer que seja a modalidade escolhida para o arbitramento, será sempre levada a efeito aquela que mais favorecer o contribuinte.

Art. 7º A autoridade fiscal do Ministério da Economia, Fazenda e Planejamento poderá proceder a exames de documentos, livros e registros das Bolsas de Valores, de mercadorias, de futuros e assemelhadas, bem como solicitar a prestação de esclarecimentos e informações a respeito de operações por elas praticadas, inclusive em relação a terceiros.

§ 1º As informações deverão ser prestadas no prazo máximo de 10 (dez) dias úteis contados da data da solicitação. O não cumprimento desse prazo sujeitará a instituição à multa de valor equivalente a mil BTN Fiscais por dia útil de atraso.

§ 2º As informações obtidas com base neste artigo somente poderão ser utilizadas para efeito de verificação do cumprimento de obrigações tributárias.

§ 3º O servidor que revelar, informações que tiver obtido na forma deste artigo estará sujeito às penas previstas no art. 325 do Código Penal Brasileiro.

Art. 8º Iniciado o procedimento fiscal, a autoridade fiscal poderá solicitar informações sobre operações realizadas pelo contribuinte em instituições financeiras, inclusive extratos de contas bancárias, não se aplicando, nesta hipótese, o disposto no art. 38 da Lei 4.595, de 31 de dezembro de 1964.

Parágrafo único. As informações, que obedecerão às normas regulamentares expedidas pelo Ministério da Economia, Fazenda e Planejamento, deverão ser prestadas no prazo máximo de 10 (dez) dias úteis contados da data da solicitação, aplicando-se, no caso de descumprimento desse prazo, a penalidade prevista no § 1º do art. 7º.

Art. 9º Os estabelecimentos bancários autorizados a acolher depósitos de qualquer natureza deverão centralizar, em um único estabelecimento de sua rede de agências, as contas de não residentes no País.

Art. 10. Fica o Poder Executivo autorizado a celebrar convênios com outros países para repatriar bens de qualquer natureza, inclusive financeiros e títulos de valores mobiliários, pertencentes a empresas brasileiras e pessoas físicas residentes e domiciliadas no País.

Parágrafo único. Os valores repatriados ficarão sujeitos ao Imposto de Renda à alíquota de 25% (vinte e cinco por cento).

Art. 11. O Poder Executivo regulamentará o disposto nesta Lei.

Art. 12. Esta lei entra em vigor na data de sua publicação.

Art. 13. Revogam-se o art. 9º da Lei 4.729, de 14 de julho de 1965, os arts. 32 e 33 da Lei 6.404, de 15 de dezembro de 1976, e demais disposições em contrário.

Brasília, 12 de abril de 1990; 169º da Independência e 102º da República.

Fernando Collor

(Publicação no *D.O.U.* de 13.4.1990, retificação 23.4.1990)

LEI 8.036,
DE 11 DE MAIO DE 1990

Dispõe sobre o Fundo de Garantia do Tempo de Serviço, e dá outras providências.

→ *V.* Lei 9.012/1995 – Proíbe as instituições oficiais de crédito de conceder empréstimos, financiamentos e outros benefícios a pessoas jurídicas em débito com o FGTS.

→ *V.* Decreto 99.684/1990 – Consolida as normas regulamentares do Fundo de Garantia do Tempo de Serviço (FGTS).

→ *V.* LC 110/2001 - Institui contribuições sociais, autoriza créditos de complementos de atualização monetária em contas vinculadas do Fundo de Garantia do Tempo de Serviço – FGTS.

O Presidente da República:

Faço saber que o Congresso Nacional decreta e eu sanciono a seguinte Lei:

Art. 1º O Fundo de Garantia do Tempo de Serviço – FGTS, instituído pela Lei 5.107, de 13 de setembro de 1966, passa a reger-se por esta Lei.

Art. 2º O FGTS é constituído pelos saldos das contas vinculadas a que se refere esta Lei e outros recursos a ele incorporados, devendo ser aplicados com atualização monetária e juros, de modo a assegurar a cobertura de suas obrigações.

§ 1º Constituem recursos incorporados ao FGTS, nos termos do *caput* deste artigo:

a) eventuais saldos apurados nos termos do art. 12, § 4º;

b) dotações orçamentárias específicas;

c) resultados das aplicações dos recursos do FGTS;

d) multas, correção monetária e juros moratórios devidos;

e) demais receitas patrimoniais e financeiras.

§ 2º As contas vinculadas em nome dos trabalhadores são absolutamente impenhoráveis.

Art. 3º O FGTS será regido por normas e diretrizes estabelecidas por um Conselho Curador, composto por representação de trabalhadores, empregadores e órgãos e entidades governamentais, na forma estabelecida pelo Poder Executivo.

→ *Caput* com redação alterada pela Lei 9.649/1998.

→ *V.* Art. 1º da MP 2.216-37/2001.

I – Ministério do Trabalho;

→ Inciso I acrescentado pela Lei 9.649/1998.

II – Ministério do Planejamento e Orçamento;

→ Inciso II acrescentado pela Lei 9.649/1998.

III – Ministério da Fazenda;

→ Inciso III acrescentado pela Lei 9.649/1998.

IV – Ministério da Indústria, do Comércio e do Turismo;

→ Inciso IV acrescentado pela Lei 9.649/1998.

V – Caixa Econômica Federal;

→ Inciso V acrescentado pela Lei 9.649/1998.

VI – Banco Central do Brasil.

→ VI acrescentado pela Lei 9.649/1998.

§ 1º A Presidência do Conselho Curador será exercida pelo representante do Ministério do Trabalho e da Previdência Social.

§ 2º Os Ministros de Estado e os Presidentes das entidades mencionadas neste artigo serão os membros titulares do Conselho Curador, cabendo, a cada um deles, indicar o seu respectivo suplente ao Presidente do Conselho, que os nomeará.

→ § 2º com eficácia suspensa pela MP 2.216-37/2001.

§ 3º Os representantes dos trabalhadores e dos empregadores e seus respectivos suplentes serão indicados pelas respectivas centrais sindicais e confederações nacionais e nomeados pelo Ministro do Trabalho e da Previdência Social, e terão mandato de 2 (dois) anos, podendo ser reconduzidos uma única vez.

§ 4º O Conselho Curador reunir-se-á ordinariamente, a cada bimestre, por convocação de seu Presidente. Esgotado esse período, não tendo ocorrido convocação, qualquer de seus membros poderá fazê-la, no prazo de 15 (quinze) dias. Havendo necessidade, qualquer membro poderá convocar reunião extraordinária, na forma que vier a ser regulamentada pelo Conselho Curador.

§ 5º As decisões do Conselho serão tomadas com a presença da maioria simples de seus membros, tendo o Presidente voto de qualidade.

→ § 5º com redação alterada pela Lei 9.649/1998.

→ v. Art. 1º da MP 2.216-37/2001.

§ 6º As despesas porventura exigidas para o comparecimento às reuniões do Conselho constituirão ônus das respectivas entidades representadas.

§ 7º As ausências ao trabalho dos representantes dos trabalhadores no Conselho Curador, decorrentes das atividades desse órgão, serão abonadas, computando-se como jornada efetivamente trabalhada para todos os fins e efeitos legais.

§ 8º Competirá ao Ministério do Trabalho e da Previdência Social proporcionar ao Conselho Curador os meios necessários ao exercício de sua competência, para o que contará com uma Secretaria Executiva do Conselho Curador do FGTS.

§ 9º Aos membros do Conselho Curador, enquanto representantes dos trabalhadores, efetivos e suplentes, é assegurada a estabilidade no emprego, da nomeação até 1 (um) ano após o término do mandato de representação, somente podendo ser demitidos por motivo de falta grave, regularmente comprovada através de processo sindical.

Art. 4º A gestão da aplicação do FGTS será efetuada pelo Ministério da Ação Social, cabendo à Caixa Econômica Federal (CEF) o papel de Agente Operador.

Art. 5º Ao Conselho Curador do FGTS compete:

I – estabelecer as diretrizes e os programas de alocação de todos os recursos do FGTS, de acordo com os critérios definidos nesta Lei, em consonância com a política nacional de desenvolvimento urbano e as políticas setoriais de habitação popular, saneamento básico e infraestrutura urbana estabelecidas pelo Governo Federal;

II – acompanhar e avaliar a gestão econômica e financeira dos recursos, bem como os ganhos sociais e o desempenho dos programas aprovados;

III – apreciar e aprovar os programas anuais e plurianuais do FGTS;

IV – pronunciar-se sobre as contas do FGTS, antes do seu encaminhamento aos órgãos de controle interno para os fins legais;

V – adotar as providências cabíveis para a correção de atos e fatos do Ministério da Ação Social e da Caixa Econômica Federal, que prejudiquem o desempenho e o cumprimento das finalidades no que concerne aos recursos do FGTS;

VI – dirimir dúvidas quanto à aplicação das normas regulamentares, relativas ao FGTS, nas matérias de sua competência;

VII – aprovar seu regimento interno;

VIII – fixar as normas e valores de remuneração do Agente Operador e dos Agentes Financeiros;

IX – fixar critérios para parcelamento de recolhimentos em atraso;

X – fixar critério e valor de remuneração para o exercício da fiscalização;

XI – divulgar, no Diário Oficial da União, todas as decisões proferidas pelo Conselho, bem como as contas do FGTS e os respectivos pareceres emitidos;

XII – fixar critérios e condições para compensação entre créditos do empregador, decorrentes de depósitos relativos a trabalhadores não optantes, com contratos extintos, e débitos resultantes de competências em atraso, inclusive aqueles que forem objeto de composição de dívida com o FGTS.

→ Inciso XII acrescentado pela Lei 9.711/1998.

XIII – em relação ao Fundo de Investimento do Fundo de Garantia do Tempo de Serviço – FI-FGTS:

→ Inciso XIII acrescentado pela Lei 11.491/2007.

a) aprovar a política de investimento do FI-FGTS por proposta do Comitê de Investimento;

b) decidir sobre o reinvestimento ou distribuição dos resultados positivos aos cotistas do FI-FGTS, em cada exercício;

c) definir a forma de deliberação, de funcionamento e a composição do Comitê de Investimento;

d) estabelecer o valor da remuneração da Caixa Econômica Federal pela administração e gestão do FI-FGTS, inclusive a taxa de risco;

e) definir a exposição máxima de risco dos investimentos do FI-FGTS;

f) estabelecer o limite máximo de participação dos recursos do FI-FGTS por setor, por empreendimento e por classe de ativo, observados os requisitos técnicos aplicáveis;

g) estabelecer o prazo mínimo de resgate das cotas e de retorno dos recursos à conta vinculada, observado o disposto no § 19 do art. 20 desta Lei;

h) aprovar o regulamento do FI-FGTS, elaborado pela Caixa Econômica Federal; e

i) autorizar a integralização de cotas do FI-FGTS pelos trabalhadores, estabelecendo previamente os limites globais e individuais, parâmetros e condições de aplicação e resgate.

Art. 6º Ao Ministério da Ação Social, na qualidade de gestor da aplicação do FGTS, compete:

I – praticar todos os atos necessários à gestão da aplicação do Fundo, de acordo com as diretrizes e programas estabelecidos pelo Conselho Curador;

II – expedir atos normativos relativos à alocação dos recursos para implementação dos programas aprovados pelo Conselho Curador;

III – elaborar orçamentos anuais e planos plurianuais de aplicação dos recursos, discriminando-os por Unidade da Federação, submetendo-os até 31 de julho ao Conselho Curador do Fundo;

IV – acompanhar a execução dos programas de habitação popular, saneamento básico e infraestrutura urbana, decorrentes de aplicação de recursos do FGTS, implementados pela CEF;

V – submeter à apreciação do Conselho Curador as contas do FGTS;

VI – subsidiar o Conselho Curador com estudos técnicos necessários ao aprimoramento operacional dos programas de habitação popular, saneamento básico e infraestrutura urbana;

VII – definir as metas a serem alcançadas nos programas de habitação popular, saneamento básico e infraestrutura urbana.

Art. 7º À Caixa Econômica Federal, na qualidade de Agente Operador, cabe:

I – centralizar os recursos do FGTS, manter e controlar as contas vinculadas, e emitir regularmente os extratos individuais correspondentes às contas vinculadas e participar da rede arrecadadora dos recursos do FGTS;

II – expedir atos normativos referentes aos procedimentos administrativo-operacionais dos bancos depositários, dos agentes financeiros, dos empregadores e dos trabalhadores, integrantes do sistema do FGTS;

III – definir os procedimentos operacionais necessários à execução dos programas de habitação popular, saneamento básico e infraestrutura urbana, estabelecidos pelo Conselho Curador com base nas normas e diretrizes de aplicação elaboradas pelo Ministério da Ação Social;

IV – elaborar as análises jurídica e econômico-financeira dos projetos de habitação popular, infraestrutura urbana e saneamento básico a serem financiados com recursos do FGTS;

V – emitir Certificado de Regularidade do FGTS;

VI – elaborar as contas do FGTS, encaminhando-as ao Ministério da Ação Social;

VII – implementar os atos emanados do Ministério da Ação Social relativos à alocação e aplicação dos recursos do FGTS, de acordo com as diretrizes estabelecidas pelo Conselho Curador.

VIII – *(Vetado).*

→ Inciso VIII acrescentado pela Lei 9.491/1997.

IX – garantir aos recursos alocados ao FI-FGTS, em cotas de titularidade do FGTS, a remuneração aplicável às contas vinculadas, na forma do *caput* do art. 13 desta Lei.

→ Inciso IX acrescentado pela Lei 11.491/2007.

Parágrafo único. O Ministério da Ação Social e a Caixa Econômica Federal deverão dar pleno cumprimento aos programas anuais em andamento, aprovados pelo Conselho Curador, sendo que eventuais alterações somente poderão ser processadas mediante prévia anuência daquele colegiado.

Art. 8º O Ministério da Ação Social, a Caixa Econômica Federal e o Conselho Curador do FGTS serão responsáveis pelo fiel cumprimento e observância dos critérios estabelecidos nesta Lei.

Art. 9º As aplicações com recursos do FGTS poderão ser realizadas diretamente pela Caixa Econômica Federal e pelos demais órgãos integrantes do Sistema Financeiro da Habitação – SFH, exclusivamente segundo critérios fixados pelo Conselho Curador do FGTS, em operações que preencham os seguintes requisitos:

→ *Caput* com redação alterada pela Lei 10.931/2004.

I – garantias:

→ Inciso I com redação alterada pela Lei 9.467/1997.

a) hipotecária;

b) caução de créditos hipotecários próprios, relativos a financiamentos concedidos com recursos do Agente Financeiro;

c) caução dos créditos hipotecários vinculados aos imóveis objeto de financiamento;

d) hipoteca sobre outros imóveis de propriedade do Agente Financeiro, desde que livres e desembaraçados de quaisquer ônus;

e) cessão de créditos do agente financeiro, derivados de financiamentos concedidos com recursos próprios, garantidos por penhor ou hipoteca;

f) hipoteca sobre imóvel de propriedade de terceiros;

g) seguro de crédito;

h) garantia real ou vinculação de receitas, inclusive tarifárias, nas aplicações contratadas com pessoa jurídica de direito público ou de direito privado a ela vinculada;

i) aval em nota promissória;

j) fiança pessoal;

l) alienação fiduciária de bens móveis em garantia;

m) fiança bancária;

n) outras, a critério do Conselho Curador do FGTS;

II – correção monetária igual à das contas vinculadas;

III – taxa de juros média mínima, por projeto, de 3% a.a. (três por cento ao ano);

IV – prazo máximo de 30 (trinta) anos.

→ Inciso IV com redação alterada pela Lei 8.692/1993.

§ 1º A rentabilidade média das aplicações deverá ser suficiente à cobertura de todos os custos incorridos pelo Fundo e ainda à formação de reserva técnica para o atendimento de gastos eventuais não previstos, sendo da Caixa Econômica Federal o risco de crédito.

§ 2º Os recursos do FGTS deverão ser aplicados em habitação, saneamento básico e infraestrutura urbana. As disponibilidades financeiras devem ser mantidas em volume que satisfaça as condições de liquidez e remuneração mínima necessária à preservação do poder aquisitivo da moeda.

§ 3º O programa de aplicações deverá destinar, no mínimo, 60% (sessenta por cento) para investimentos em habitação popular.

§ 4º Os projetos de saneamento básico e infraestrutura urbana, financiados com recursos do FGTS, deverão ser complementares aos programas habitacionais.

§ 5º As garantias, nas diversas modalidades discriminadas no inciso I do *caput* deste artigo, serão admitidas singular ou supletivamente, considerada a suficiência de cobertura para os empréstimos e financiamentos concedidos.

→ § 5º com redação alterada pela Lei 9.467/1997.

§ 6º Mantida a rentabilidade média de que trata o § 1º, as aplicações em habitação popular poderão contemplar sistemática de desconto, direcionada em função da renda familiar do beneficiário, onde o valor do benefício seja concedido mediante redução no valor das prestações a serem pagas pelo mutuário ou pagamento de parte da aquisição ou construção de imóvel, dentre outras, a critério do Conselho Curador do FGTS.

→ § 6º acrescentado pela MP 2.197-43/2001.

§ 7º Os recursos necessários para a consecução da sistemática de desconto serão destacados, anualmente, do orçamento de aplicação de recursos do FGTS, constituindo reserva específica, com contabilização própria.

→ § 7º acrescentado pela MP 2.197-43/2001.

§ 8º É da União o risco de crédito nas aplicações efetuadas até 1º de junho de 2001 pelos demais órgãos integrantes do Sistema Financeiro da Habitação – SFH e pelas entidades credenciadas pelo Banco Central do Brasil como agentes financeiros, sub-rogando-se nas garantias prestadas à Caixa Econômica Federal.

→ § 8º acrescentado pela MP 2.196-3/2001.

Art. 10. O Conselho Curador fixará diretrizes e estabelecerá critérios técnicos para as aplicações dos recursos do FGTS, visando:

I – exigir a participação dos contratantes de financiamentos nos investimentos a serem realizados;

II – assegurar o cumprimento, por parte dos contratantes inadimplentes, das obrigações decorrentes dos financiamentos obtidos;

III – evitar distorções na aplicação entre as regiões do País, considerando para tanto a demanda habitacional, a população e outros indicadores sociais.

Art. 11. Os depósitos feitos na rede bancária, a partir de 1º de outubro de 1989, relativos ao FGTS, serão transferidos à Caixa Econômica Federal no segundo dia útil subsequente à data em que tenham sido efetuados.

Art. 12. No prazo de 1 (um) ano, a contar da promulgação desta Lei, a Caixa Econômica Federal assumirá o controle de todas as contas vinculadas, nos termos do item I do art. 7º, passando os demais estabelecimentos bancários, findo esse prazo, à condição de agentes recebedores e pagadores do FGTS, mediante recebimento de tarifa, a ser fixada pelo Conselho Curador.

§ 1º Enquanto não ocorrer a centralização prevista no *caput* deste artigo, o depósito efetuado no decorrer do mês será contabilizado no saldo da conta vinculada do trabalhador, no primeiro dia útil do mês subsequente.

§ 2º Até que a Caixa Econômica Federal implemente as disposições do *caput* deste artigo, as contas vinculadas continuarão sendo abertas em estabelecimento bancário escolhido pelo empregador, dentre os para tanto autorizados pelo Banco Central do Brasil, em nome do trabalhador.

§ 3º Verificando-se mudança de emprego, até que venha a ser implementada a centralização no *caput* deste artigo, a conta vinculada será transferida para o estabelecimento bancário da escolha do novo empregador.

§ 4º Os resultados financeiros auferidos pela Caixa Econômica Federal no período entre o repasse dos bancos e o depósito nas contas vinculadas dos trabalhadores destinar-se-ão à cobertura das despesas de administração do FGTS e ao pagamento da tarifa aos bancos depositários, devendo os eventuais saldos ser incorporados ao patrimônio do Fundo nos termos do art. 2º, § 1º.

§ 5º Após a centralização das contas vinculadas, na Caixa Econômica Federal, o depósito realizado no prazo regulamentar passa a integrar o saldo da conta vinculada do trabalhador a partir do dia 10 (dez) do mês de sua ocorrência. O depósito realizado fora do prazo será contabilizado no saldo no dia 10 (dez) subsequente após atualização monetária e capitalização de juros.

Art. 13. Os depósitos efetuados nas contas vinculadas serão corrigidos monetariamente com base nos parâmetros fixados para atualização dos saldos dos depósitos de poupança e capitalizarão juros de 3% a.a. (três por cento ao ano).

§ 1º Até que ocorra a centralização prevista no item I do art. 7º, a atualização monetária e a capitalização de juros correrão à conta do Fundo e o respectivo crédito será efetuado na conta vinculada no primeiro dia útil de cada mês, com base no saldo existente no primeiro dia útil do mês anterior, deduzidos os saques ocorridos no período.

§ 2º Após a centralização das contas vinculadas, na Caixa Econômica Federal, a atualização monetária e a capitalização de juros correrão à conta do Fundo e o respectivo crédito será efetuado na conta vinculada, no dia 10 (dez) de cada mês, com base no saldo existente no dia 10 (dez) do mês anterior ou no primeiro dia útil subsequente, caso o dia 10 (dez) seja feriado bancário, deduzidos os saques ocorridos no período.

§ 3º Para as contas vinculadas dos trabalhadores optantes existentes à data de 22 de setembro de 1971, a capitalização dos juros dos depósitos continuará a ser feita na seguinte progressão, salvo no caso de mudança de empresa, quando a capitalização dos juros passará a ser feita à taxa de 3% a.a. (três por cento ao ano):

I – 3% (três por cento), durante os dois primeiros anos de permanência na mesma empresa;

II – 4% (quatro por cento), do terceiro ao quinto ano de permanência na mesma empresa;

III – 5% (cinco por cento), do sexto ao décimo ano de permanência na mesma empresa;

IV – 6% (seis por cento), a partir do décimo primeiro ano de permanência na mesma empresa.

§ 4º O saldo das contas vinculadas é garantido pelo Governo Federal, podendo ser instituído seguro especial para esse fim.

Art. 14. Fica ressalvado o direito adquirido dos trabalhadores que, à data da promulgação da Constituição Federal de 1988, já tinham o direito à estabilidade no emprego nos termos do Capítulo V do Título IV da CLT.

§ 1º O tempo do trabalhador não optante do FGTS, anterior a 5 de outubro de 1988, em caso de rescisão sem justa causa pelo empregador, reger-se-á pelos dispositivos constantes dos arts. 477, 478 e 497 da CLT.

§ 2º O tempo de serviço anterior à atual Constituição poderá ser transacionado entre empregador e empregado, respeitado o limite mínimo de 60% (sessenta por cento) da indenização prevista.

§ 3º É facultado ao empregador desobrigar-se da responsabilidade da indenização relativa ao tempo de serviço anterior à opção, depositando na conta vinculada do trabalhador, até o último dia útil do mês previsto em lei para o pagamento de salário, o valor correspondente à indenização, aplicando-se ao depósito, no que couber, todas as disposições desta Lei.

§ 4º Os trabalhadores poderão a qualquer momento optar pelo FGTS com efeito retroativo a 1º de janeiro de 1967 ou à data de sua admissão, quando posterior àquela.

Art. 15. Para os fins previstos nesta Lei, todos os empregadores ficam obrigados a depositar, até o dia 7 (sete) de cada mês, em conta bancária vinculada, a importância correspondente a 8% (oito por cento) da remuneração paga ou devida, no mês anterior, a cada trabalhador, incluídas na remuneração as parcelas de que tratam os arts. 457 e 458 da CLT e a gratificação de Natal a que se refere a Lei 4.090, de 13 de julho de 1962, com as modificações da Lei 4.749, de 12 de agosto de 1965.

§ 1º Entende-se por empregador a pessoa física ou a pessoa jurídica de direito privado ou de direito público, da administração pública direta, indireta ou fundacional de qualquer dos Poderes, da União, dos Estados, do Distrito Federal e dos Municípios, que admitir trabalhadores a seu serviço, bem assim aquele que, regido por legislação especial, encontrar-se nessa condição ou figurar como fornecedor ou tomador de mão-de-obra, independente da responsabilidade solidária e/ou subsidiária a que eventualmente venha obrigar-se.

§ 2º Considera-se trabalhador toda pessoa física que prestar serviços a empregador, a locador ou tomador de mão de obra, excluídos os eventuais, os autônomos e os servidores públicos civis e militares sujeitos a regime jurídico próprio.

§ 3º Os trabalhadores domésticos poderão ter acesso ao regime do FGTS, na forma que vier a ser prevista em Lei.

§ 4º Considera-se remuneração as retiradas de diretores não empregados, quando haja deliberação da empresa, garantindo-lhes os direitos decorrentes do contrato de trabalho de que trata o art. 16.

→ § 4º acrescentado pela Lei 9.711/1998

§ 5º O depósito de que trata o *caput* deste artigo é obrigatório nos casos de afastamento para prestação do serviço militar obrigatório e licença por acidente do trabalho.

→ § 5º acrescentado pela Lei 9.711/1998.

§ 6º Não se incluem na remuneração, para os fins desta Lei, as parcelas elencadas no § 9º do art. 28 da Lei 8.212, de 24 de julho de 1991.

→ § 6º acrescentado pela Lei 9.711/1998.

§ 7º Os contratos de aprendizagem terão a alíquota a que se refere o *caput* deste artigo reduzida para 2% (dois por cento).

→ § 7º acrescentado pela Lei 10.097/2000.

Art. 16. Para efeito desta Lei, as empresas sujeitas ao regime da legislação trabalhista poderão equiparar seus diretores não empregados aos demais trabalhadores sujeitos ao regime do FGTS. Considera-se diretor aquele que exerça cargo de administração previsto em Lei, estatuto ou contrato social, independente da denominação do cargo.

Art. 17. Os empregadores se obrigam a comunicar mensalmente aos trabalhadores os valores recolhidos ao FGTS e repassar-lhes todas as informações sobre suas contas vinculadas recebidas da Caixa Econômica Federal ou dos bancos depositários.

Art. 18. Ocorrendo rescisão do contrato de trabalho, por parte do empregador, ficará este obrigado a depositar na conta vinculada do trabalhador no FGTS os valores relativos aos depósitos referentes ao mês da rescisão e ao imediatamente anterior, que ainda não houver sido recolhido, sem prejuízo das cominações legais.

→ *Caput* com redação alterada pela Lei 9.491/1997.

§ 1º Na hipótese de despedida pelo empregador sem justa causa, depositará este, na conta vinculada do trabalhador no FGTS importância igual a 40% (quarenta por cento) do montante de todos os depósitos realizados na conta vinculada durante a vigência do contrato de trabalho, atualizados monetariamente e acrescidos dos respectivos juros.

→ § 1º com redação alterada pela Lei 9.491/1997.

§ 2º Quando ocorrer despedida por culpa recíproca ou força maior, reconhecida pela Justiça do Trabalho, o percentual de que trata o § 1º será de 20% (vinte por cento).

§ 3º As importâncias de que trata este artigo deverão constar da documentação comprobatória do recolhimento dos valores devidos a título de rescisão do contrato de trabalho, observado o disposto no art. 477 da CLT, eximindo o empregador, exclusivamente, quanto aos valores discriminados.

→ § 3º com redação alterada pela Lei 9.491/1997.

Art. 19. No caso de extinção do contrato de trabalho prevista no art. 14 desta Lei, serão observados os seguintes critérios:

I – havendo indenização a ser paga, o empregador, mediante comprovação do pagamento daquela, poderá sacar o saldo dos valores por ele depositados na conta individualizada do trabalhador;

II – não havendo indenização a ser paga, ou decorrido o prazo prescricional para a reclamação de direitos por parte do trabalhador, o empregador poderá levantar em seu favor o saldo da respectiva conta individualizada, mediante comprovação perante o órgão competente do Ministério do Trabalho e da Previdência Social.

Art. 19-A. É devido o depósito do FGTS na conta vinculada do trabalhador cujo contrato de trabalho seja declarado nulo nas hipóteses previstas no art. 37, § 2º, da Constituição Federal, quando mantido o direito ao salário.

→ Artigo acrescentado pela MP 2.164-41/2001.

Parágrafo único. O saldo existente em conta vinculada, oriundo de contrato declarado nulo até 28 de julho de 2001, nas condições do *caput*, que não tenha sido levantado até essa data, será liberado ao trabalhador a partir do mês de agosto de 2002.

Art. 20. A conta vinculada do trabalhador no FGTS poderá ser movimentada nas seguintes situações:

I – despedida sem justa causa, inclusive a indireta, de culpa recíproca e de força maior;

→ Inciso I com redação alterada pela MP 2.197-43/2001.

II – extinção total da empresa, fechamento de quaisquer de seus estabelecimentos, filiais ou agências, supressão de parte de suas atividades, declaração de nulidade do contrato de trabalho nas condições do art. 19-A, ou ainda falecimento do empregador individual sempre que qualquer dessas ocorrências implique rescisão de contrato de trabalho, comprovada por declaração escrita da empresa, suprida, quando for o caso, por decisão judicial transitada em julgado;

→ Inciso II com redação alterada pela MP 2.164-41/2001.

III – aposentadoria concedida pela Previdência Social;

IV – falecimento do trabalhador, sendo o saldo pago a seus dependentes, para esse fim habilitados perante a Previdência Social, segundo o critério adotado para a concessão de pensões por morte. Na falta de dependentes, farão jus ao recebimento do saldo da conta vinculada os seus sucessores previstos na lei civil, indicados em alvará judicial, expedido a requerimento do interessado, independente de inventário ou arrolamento;

V – pagamento de parte das prestações decorrentes de financiamento habitacional concedido no âmbito do Sistema Financeiro da Habitação (SFH), desde que:

a) o mutuário conte com o mínimo de 3 (três) anos de trabalho sob o regime do FGTS, na mesma empresa ou em empresas diferentes;

b) o valor bloqueado seja utilizado, no mínimo, durante o prazo de 12 (doze) meses;

c) o valor do abatimento atinja, no máximo, 80% (oitenta por cento) do montante da prestação;

VI – liquidação ou amortização extraordinária do saldo devedor de financiamento imobiliário, observadas as condições estabelecidas pelo Conselho Curador, dentre elas a de que o financiamento seja concedido no âmbito do SFH e haja interstício mínimo de 2 (dois) anos para cada movimentação;

VII – pagamento total ou parcial do preço de aquisição de moradia própria, ou lote urbanizado de interesse social não construído, observadas as seguintes condições:

→ *Caput* do inciso VII com redação alterada pela Lei 11.977/2009.

a) o mutuário deverá contar com o mínimo de 3 (três) anos de trabalho sob o regime do FGTS, na mesma empresa ou empresas diferentes;

b) seja a operação financiável nas condições vigentes para o SFH;

VIII – quando o trabalhador permanecer 3 (três) anos ininterruptos, a partir de 1º de junho de 1990, fora do regime do FGTS, podendo o saque, neste caso, ser efetuado a partir do mês de aniversário do titular da conta;

→ Inciso VIII com redação alterada pela Lei 8.678/1993.

IX – extinção normal do contrato a termo, inclusive o dos trabalhadores temporários regidos pela Lei 6.019, de 3 de janeiro de 1974;

X – suspensão total do trabalho avulso por período igual ou superior a 90 (noventa) dias, comprovada por declaração do sindicato representativo da categoria profissional;

XI – quando o trabalhador ou qualquer de seus dependentes for acometido de neoplasia maligna;

→ Inciso XI acrescentado pela Lei 8.922/1994.

XII – aplicação em quotas de Fundos Mútuos de Privatização, regidos pela Lei 6.385, de 7 de dezembro de 1976, permitida a utilização máxima de 50% (cinquenta por cento) do saldo existente e disponível em sua conta vinculada do Fundo de Garantia do Tempo de Serviço, na data em que exercer a opção.

→ Inciso XII acrescentado pela Lei 9.491/1997.

→ *v.* Decreto 2.430/1997 – Regulamenta o art. 31 da Lei nº 9.491, de 9 de setembro de 1997, que altera procedimentos relativos ao Programa Nacional de Desestatização.

XIII – quando o trabalhador ou qualquer de seus dependentes for portador do vírus HIV;

→ Inciso XIII acrescentado pela MP 2.164-41/2001.

XIV – quando o trabalhador ou qualquer de seus dependentes estiver em estágio terminal, em razão de doença grave, nos termos do regulamento;

→ Inciso XIV acrescentado pela MP 2.164-41/2001.

XV – quando o trabalhador tiver idade igual ou superior a 70 (setenta) anos.

→ Inciso XV acrescentado pela MP 2.164-41/2001.

XVI – necessidade pessoal, cuja urgência e gravidade decorra de desastre natural, conforme disposto em regulamento, observadas as seguintes condições:

→ Inciso XVI acrescentado pela Lei 10.878/2004.

→ *v.* Decreto 5.113/2004 – Regulamenta o art. 20, XVI, da Lei 8.036/1990.

a) o trabalhador deverá ser residente em áreas comprovadamente atingidas de Município ou do Distrito Federal em situação de emergência ou em estado de calamidade pública, formalmente reconhecidos pelo Governo Federal;

b) a solicitação de movimentação da conta vinculada será admitida até 90 (noventa) dias após a publicação do ato de reconhecimento, pelo Governo Federal, da situação de emergência ou de estado de calamidade pública; e

c) o valor máximo do saque da conta vinculada será definido na forma do regulamento.

XVII – integralização de cotas do FI-FGTS, respeitado o disposto na alínea *i* do inciso XIII do art. 5º desta Lei, permitida a utilização máxima de 30% (trinta por cento) do saldo existente e disponível na data em que exercer a opção.

→ Inciso XVII com redação alterada pela Lei 12.087/2009.

XVIII – quando o trabalhador com deficiência, por prescrição, necessite adquirir órtese ou prótese para promoção de acessibilidade e de inclusão social.

→ Inciso XVIII acrescentado pela Lei 13.146/2015, em vigor após decorridos 180 (cento e oitenta) dias de sua publicação oficial – *D.O.U.* de 7.7.2015.

§ 1º A regulamentação das situações previstas nos incisos I e II assegurar que a retirada a que faz jus o trabalhador corresponda aos depósitos efetuados na conta vinculada durante o período de vigência do último contrato de trabalho, acrescida de juros e atualização monetária, deduzidos os saques.

§ 2º O Conselho Curador disciplinará o disposto no inciso V, visando a beneficiar os trabalhadores de baixa renda e preservar o equilíbrio financeiro do FGTS.

§ 3º O direito de adquirir moradia com recursos de FGTS, pelo trabalhador, só poderá ser exercido para um único imóvel.

§ 4º O imóvel objeto de utilização do FGTS somente poderá ser objeto de outra transação com recursos do fundo, na forma que vier a ser regulamentada pelo Conselho Curador.

§ 5º O pagamento da retirada, após o período previsto em regulamento, implicará atualização monetária dos valores devidos.

§ 6º Os recursos aplicados em cotas de Fundos Mútuos de Privatização, referidos no inciso XII, serão destinados, nas condições aprovadas pelo CND, a aquisições de valores mobiliários, no âmbito do Programa Nacional de Desestatização, de que trata a Lei 9.491, de 1997, e de programas estaduais de desestatização, desde que, em ambos os casos, tais destinações sejam aprovadas pelo CND.

→ § 6º com redação alterada pela Lei 9.635/1998.

§ 7º Ressalvadas as alienações decorrentes das hipóteses de que trata o § 8º, os valores mobiliários a que se refere o parágrafo anterior só poderão ser integralmente vendidos, pelos respectivos Fundos, 6 (seis) meses após a sua aquisição, podendo ser alienada em prazo inferior parcela equivalente a 10% (dez por cento) do valor adquirido, autorizada a livre aplicação do produto dessa alienação, nos termos da Lei 6.385, de 7 de dezembro de 1976.

→ § 7º com redação alterada pela Lei 9.635/1998.

§ 8º As aplicações em Fundos Mútuos de Privatização e no FI-FGTS são nominativas, impenhoráveis e, salvo as hipóteses previstas nos incisos I a XI e XIII a XVI do *caput* deste artigo, indisponíveis por seus titulares.

→ § 8º com redação alterada pela Lei 11.491/2007.

§ 9º Decorrido o prazo mínimo de 12 (doze) meses, contados da efetiva transferência das quotas para os Fundos Mútuos de Privatização, os titulares poderão optar pelo retorno para sua conta vinculada no Fundo de Garantia do Tempo de Serviço.

→ § 9º acrescentado pela Lei 9.491/1997.

§ 10. A cada período de 6 (seis) meses, os titulares das aplicações em Fundos Mútuos de Privatização poderão transferi-las para outro fundo de mesma natureza.

→ § 10 acrescentado pela Lei 9.491/1997.

§ 11. O montante das aplicações de que trata o § 6º deste artigo ficará limitado ao valor dos créditos contra o Tesouro Nacional de que seja titular o Fundo de Garantia do Tempo de Serviço.

→ § 11 acrescentado pela Lei 9.491/1997.

§ 12. Desde que preservada a participação individual dos quotistas, será permitida a constituição de clubes de investimento, visando a aplicação em quotas de Fundos Mútuos de Privatização.

→ § 12 acrescentado pela Lei 9.491/1997.

§ 13. A garantia a que alude o § 4º do art. 13 desta Lei não compreende as aplicações a que se referem os incisos XII e XVII do *caput* deste artigo.

→ § 13 com redação alterada pela Lei 11.491/2007.

§ 14. Ficam isentos do imposto de renda:

→ § 14 com redação alterada pela Lei 11.491/2007.

I – a parcela dos ganhos nos Fundos Mútuos de Privatização até o limite da remuneração das contas vinculadas de que trata o art. 13 desta Lei, no mesmo período; e

II – os ganhos do FI-FGTS e do Fundo de Investimento em Cotas – FIC, de que trata o § 19 deste artigo.

§ 15. A transferência de recursos da conta do titular no Fundo de Garantia do Tempo de Serviço em razão da aquisição de ações, nos termos do inciso XII do *caput* deste artigo, ou de cotas do FI-FGTS não afetará a base de cálculo da multa rescisória de que tratam os §§ 1º e 2º do art. 18 desta Lei.

→ § 15 com redação alterada pela Lei 11.491/2007.

§ 16. Os clubes de investimento a que se refere o § 12 poderão resgatar, durante os 6 (seis) primeiros meses da sua constituição, parcela equivalente a 5% (cinco por cento) das quotas adquiridas, para atendimento de seus desembolsos, autorizada a livre aplicação do produto dessa venda, nos termos da Lei 6.385, de 7 de dezembro de 1976.

→ § 16 acrescentado pela Lei 9.635/1998.

§ 17. Fica vedada a movimentação da conta vinculada do FGTS nas modalidades previstas nos incisos V, VI e VII deste artigo, nas operações firmadas, a partir de 25 de junho de 1998, no caso em que o adquirente já seja proprietário ou promitente comprador de imóvel localizado no município onde resida, bem como no caso em que o adquirente já detenha, em qualquer parte do País, pelo menos um financiamento nas condições do SFH.

→ § 17 acrescentado pela MP 2.197-43/2001.

§ 18. É indispensável o comparecimento pessoal do titular da conta vinculada para o pagamento da retirada nas hipóteses previstas nos incisos I, II, III, VIII, IX e X deste artigo, salvo em caso de grave moléstia comprovada por perícia médica, quando será paga a procurador especialmente constituído para esse fim.

→ § 18 acrescentado pela MP 2.197-43/2001.

§ 19. A integralização das cotas previstas no inciso XVII do *caput* deste artigo será realizada por meio de Fundo de Investimento em Cotas – FIC, constituído pela Caixa Econômica Federal especificamente para essa finalidade.

→ § 19 acrescentado pela Lei 11.491/2007.

§ 20. A Comissão de Valores Mobiliários estabelecerá os requisitos para a integralização das cotas referidas no § 19 deste artigo, devendo condicioná-la pelo menos ao atendimento das seguintes exigências:

→ § 20 acrescentado pela Lei 11.491/2007.

I – elaboração e entrega de prospecto ao trabalhador; e

II – declaração por escrito, individual e específica, pelo trabalhador, de sua ciência quanto aos riscos do investimento que está realizando.

§ 21. As movimentações autorizadas nos incisos V e VI do *caput* serão estendidas aos contratos de participação de grupo de consórcio para aquisição de imóvel residencial, cujo bem já tenha sido adquirido pelo consorciado, na forma a ser regulamentada pelo Conselho Curador do FGTS.

→ § 21 acrescentado pela Lei 12.058/2009.

Art. 21. Os saldos das contas não individualizadas e das contas vinculadas que se conservem ininterruptamente sem créditos de depósitos por mais de 5 (cinco) anos, a partir de 1º de junho de 1990, em razão de o seu titular ter estado fora do regime do FGTS, serão incorporados ao patrimônio do fundo, resguardado o direito do beneficiário reclamar, a qualquer tempo, a reposição do valor transferido.

→ Artigo com redação alterada pela Lei 8.678/1993.

Parágrafo único. O valor, quando reclamado, será pago ao trabalhador acrescido da remuneração prevista no § 2º do art. 13 desta Lei.

Art. 22. O empregador que não realizar os depósitos previstos nesta Lei, no prazo fixado no art. 15, responderá pela incidência da Taxa Referencial – TR sobre a importância correspondente.

→ Artigo com redação alterada pela Lei 9.964/2000.

§ 1º Sobre o valor dos depósitos, acrescidos da TR, incidirão, ainda, juros de mora de 0,5% a.m. (meio por cento ao mês) ou fração e multa, sujeitando-se, também, às obrigações e sanções previstas no Decreto-Lei 368, de 19 de dezembro de 1968.

§ 2º A incidência da TR de que trata o *caput* deste artigo será cobrada por dia de atraso, tomando-se por base o índice de atualização das contas vinculadas do FGTS.

§ 2º-A. A multa referida no § 1º deste artigo será cobrada nas condições que se seguem:

I – 5% (cinco por cento) no mês de vencimento da obrigação;

II – 10% (dez por cento) a partir do mês seguinte ao do vencimento da obrigação.

§ 3º Para efeito de levantamento de débito para com o FGTS, o percentual de 8% (oito por cento) incidirá sobre o valor acrescido da TR até a data da respectiva operação.

Art. 23. Competirá ao Ministério do Trabalho e da Previdência Social a verificação, em nome da Caixa Econômica Federal, do cumprimento do disposto nesta Lei, especialmente quanto à apuração dos débitos e das infrações praticadas pelos empregadores ou tomadores de serviço, notificando-os para efetuarem e comprovarem os depósitos correspondentes e cumprirem as demais determinações legais, podendo, para tanto, contar com o concurso de outros órgãos do Governo Federal, na forma que vier a ser regulamentada.

§ 1º Constituem infrações para efeito desta Lei:

I – não depositar mensalmente o percentual referente ao FGTS, bem como os valores previstos no art. 18 desta Lei, nos prazos de que trata o § 6º do art. 477 da Consolidação das Leis do Trabalho – CLT;

→ Inciso I com redação alterada pela MP 2.197-43/2001.

II – omitir as informações sobre a conta vinculada do trabalhador;

III – apresentar as informações ao Cadastro Nacional do Trabalhador, dos trabalhadores beneficiários, com erros ou omissões;

IV – deixar de computar, para efeito de cálculo dos depósitos do FGTS, parcela componente da remuneração;

V – deixar de efetuar os depósitos e os acréscimos legais, após notificado pela fiscalização.

§ 2º Pela infração do disposto no § 1º deste artigo, o infrator estará sujeito às seguintes multas por trabalhador prejudicado:

a) de 2 (dois) a 5 (cinco) BTN, no caso dos incisos II e III;

b) de 10 (dez) a 100 (cem) BTN, no caso dos incisos I, IV e V.

§ 3º Nos casos de fraude, simulação, artifício, ardil, resistência, embaraço ou desacato à fiscalização, assim como na reincidência, a multa especificada no parágrafo anterior será duplicada, sem prejuízo das demais cominações legais.

§ 4º Os valores das multas, quando não recolhidas no prazo legal, serão atualizados monetariamente até a data de seu efetivo pagamento, através de sua conversão pelo BTN Fiscal.

§ 5º O processo de fiscalização, de autuação e de imposição de multas reger-se-á pelo disposto no Título VII da CLT, respeitado o privilégio do FGTS à prescrição trintenária.

§ 6º Quando julgado procedente o recurso interposto na forma do Título VII da CLT, os depósitos efetuados para garantia de instância serão restituídos com os valores atualizados na forma da Lei.

§ 7º A rede arrecadadora e a Caixa Econômica Federal deverão prestar ao Ministério do Trabalho e da Previdência Social as informações necessárias à fiscalização.

Art. 24. Por descumprimento ou inobservância de quaisquer das obrigações que lhe compete como agente arrecadador, pagador e mantenedor do cadastro de contas vinculadas, na forma que vier a ser regulamentada pelo Conselho Curador, fica o banco depositário sujeito ao pagamento de multa equivalente a 10% (dez por cento) do montante da conta do empregado, independentemente das demais cominações legais.

Art. 25. Poderá o próprio trabalhador, seus dependentes e sucessores, ou ainda o Sindicato a que estiver vinculado, acionar diretamente a empresa por intermédio da Justiça do Trabalho, para compeli-la a efetuar o depósito das importâncias devidas nos termos desta Lei.

Parágrafo único. A Caixa Econômica Federal e o Ministério do Trabalho e da Previdência Social deverão ser notificados da propositura da reclamação.

Art. 26. É competente a Justiça do Trabalho para julgar os dissídios entre os trabalhadores e os empregadores decorrentes da aplicação desta Lei, mesmo quando a Caixa Econômica Federal e o Ministério do Trabalho e da Previdência Social figurarem como litisconsortes.

Parágrafo único. Nas reclamatórias trabalhistas que objetivam o ressarcimento de parcelas relativas ao FGTS, ou que, direta ou indiretamente, impliquem essa obrigação de fazer, o juiz determinará que a empresa sucumbente proceda ao recolhimento imediato das importâncias devidas a tal título.

Art. 27. A apresentação do Certificado de Regularidade do FGTS, fornecido pela Caixa Econômica Federal, é obrigatória nas seguintes situações:

a) habilitação e licitação promovida por órgão da Administração Federal, Estadual e Municipal, direta, indireta ou fundacional ou por entidade controlada direta ou indiretamente pela União, Estado e Município;

b) obtenção, por parte da União, Estados e Municípios, ou por órgãos da Administração Federal, Estadual e Municipal, direta, indireta, ou fundacional, ou indiretamente pela União, Estados ou Municípios, de empréstimos ou financiamentos junto a quaisquer entidades financeiras oficiais;

→ *v.* Art. 5º da Lei 12.453/2011.

c) obtenção de favores creditícios, isenções, subsídios, auxílios, outorga ou concessão de serviços ou quaisquer outros benefícios concedidos por órgão da Administração Federal, Estadual e Municipal, salvo quando destinados a saldar débitos para com o FGTS;

d) transferência de domicílio para o exterior;

e) registro ou arquivamento, nos órgãos competentes, de alteração ou distrato de contrato social, de estatuto, ou de qualquer documento que implique modificação na estrutura jurídica do empregador ou na sua extinção.

Art. 28. São isentos de tributos federais os atos e operações necessários à aplicação desta Lei, quando praticados pela Caixa Econômica Federal, pelos trabalhadores e seus dependentes ou sucessores, pelos empregadores e pelos estabelecimentos bancários.

Parágrafo único. Aplica-se o disposto neste artigo às importâncias devidas, nos termos desta Lei, aos trabalhadores e seus dependentes ou sucessores.

Art. 29. Os depósitos em conta vinculada, efetuados nos termos desta Lei, constituirão despesas dedutíveis do lucro operacional dos empregadores e as importâncias levantadas a seu favor implicarão receita tributável.

Art. 29-A. Quaisquer créditos relativos à correção dos saldos das contas vinculadas do FGTS serão liquidados mediante lançamento pelo agente operador na respectiva conta do trabalhador.

→ Artigo acrescentado pela MP 2.197-43/2001.

Art. 29-B. Não será cabível medida liminar em mandado de segurança, no procedimento cautelar ou em quaisquer outras ações de natureza cautelar ou preventiva, nem a tutela antecipada prevista nos arts. 273 e 461 do Código de Processo Civil que impliquem saque ou movimentação da conta vinculada do trabalhador no FGTS.

→ Artigo acrescentado pela MP 2.197-43/2001.

→ *v.* Arts. 294, 296 a 298, 300, 305, parágrafo único, 497, 499, 500, 536, § 1º, e 537, § 1º, do NCPC.

Art. 29-C. Nas ações entre o FGTS e os titulares de contas vinculadas, bem como naquelas em que figurem os respectivos representantes ou substitutos processuais, não haverá condenação em honorários advocatícios.

→ Artigo acrescentado pela MP 2.164-41/2001.

→ *v.* ADI 2.736 (*D.J.E.* 29.3.2011) o STF, por unanimidade, julgou inconstitucional o art. 9º da MP 2.164-41/2001, no tocante ao art. 29-C à Lei 8.036/1990.

Art. 29-D. A penhora em dinheiro, na execução fundada em título judicial em que se determine crédito complementar de saldo de conta vinculada do FGTS, será feita mediante depósito de recursos do Fundo em conta vinculada em nome do exequente, à disposição do juízo.

→ Artigo acrescentado pela MP 2.164-41/2001.

Parágrafo único. O valor do depósito só poderá ser movimentado, após liberação judicial, nas hipóteses previstas no art. 20 ou para reversão ao Fundo.

Art. 30. Fica reduzida para 1,5% (um e meio por cento) a contribuição devida pelas empresas ao Serviço Social do Comércio e ao Serviço Social da Indústria e dispensadas estas entidades da subscrição compulsória a que alude o art. 21 da Lei 4.380, de 21 de agosto de 1964.

Art. 31. O Poder Executivo expedirá o Regulamento desta Lei no prazo de 60 (sessenta) dias a contar da data de sua promulgação.

Art. 32. Esta Lei entra em vigor na data de sua publicação, revogada a Lei 7.839, de 12 de outubro de 1989, e as demais disposições em contrário.

Brasília, 11 de maio de 1990; 169º da Independência e 102º da República.

Fernando Collor

(Publicação no *D.O.U.* de 14.5.1990; retificação. 15.5.1990)

LEI COMPLEMENTAR 64,

DE 18 DE MAIO DE 1990

Estabelece, de acordo com o art. 14, § 9º, da Constituição Federal, casos de inelegibilidade, prazos de cessação e determina outras providências.

O Presidente da República:

Art. 1º São inelegíveis:

I – para qualquer cargo:

→ *v.* ADC 29 e 30, o STF julgou procedentes as ações de declaração de inconstitucionalidade das hipóteses de inelegibilidades constantes nas alíneas *c, d, f, g, h, j, m, n, o, p* e *q* do art. 1º, I, da LC 64/1990.

a) os inalistáveis e os analfabetos;

→ *v.* Súmula 15 do TSE.

→ *v.* Art. 14, § 4º, da CF/1988.

b) os membros do Congresso Nacional, das Assembleias Legislativas, da Câmara Legislativa e das Câmaras Municipais que, hajam perdido os respectivos mandatos por infringência do disposto nos incisos I e II, do artigo 55 da Constituição Federal, dos dispositivos equivalentes sobre perda de mandato das Constituições Estaduais e Leis Orgânicas dos Municípios e do Distrito Federal, para as eleições que se realizarem durante o período remanescente do mandato para o qual foram eleitos e nos oito anos subsequentes ao término da legislatura;

→ Alínea *b* com redação alterada pela LC 81/1994.

c) o Governador e o Vice-Governador de Estado e do Distrito Federal e o Prefeito e o Vice-Prefeito que perderem seus cargos eletivos por infringência a dispositivo da Constituição Estadual, da Lei Orgânica do Distrito Federal ou da Lei Orgânica do Município, para as eleições que se realizarem durante o período remanescente e nos 8 (oito) anos subsequentes ao término do mandato para o qual tenham sido eleitos;

→ Alínea *c* com redação alterada pela LC 135/2010.

d) os que tenham contra sua pessoa representação julgada procedente pela Justiça Eleitoral, em decisão transitada em julgado ou proferida por órgão colegiado, em processo de apuração de abuso do poder econômico ou político, para a eleição na qual concorrem ou tenham sido diplomados, bem como para as que se realizarem nos 8 (oito) anos seguintes;

→ Alínea *d* com redação alterada pela LC 135/2010.

→ *v.* Art. 22, IV, da LC 64/1990.

e) os que forem condenados, em decisão transitada em julgado ou proferida por órgão judicial colegiado, desde a condenação até o transcurso do prazo de 8 (oito) anos após o cumprimento da pena, pelos crimes:

→ *Caput* da alínea *e* com redação alterada pela LC 135/2010.

1. contra a economia popular, a fé pública, a administração pública e o patrimônio público;

→ Item 1 acrescentado pela LC 135/2010.

2. contra o patrimônio privado, o sistema financeiro, o mercado de capitais e os previstos na lei que regula a falência;

→ Item 2 acrescentado pela LC 135/2010.

3. contra o meio ambiente e a saúde pública;

→ Item 3 acrescentado pela LC 135/2010.

4. eleitorais, para os quais a lei comine pena privativa de liberdade;

→ Item 4 acrescentado pela LC 135/2010.

5. de abuso de autoridade, nos casos em que houver condenação à perda do cargo ou à inabilitação para o exercício de função pública;

→ Item 5 acrescentado pela LC 135/2010.

6. de lavagem ou ocultação de bens, direitos e valores;

→ Item 6 acrescentado pela LC 135/2010

7. de tráfico de entorpecentes e drogas afins, racismo, tortura, terrorismo e hediondos;

→ Item 7 acrescentado pela LC 135/2010

8. de redução à condição análoga à de escravo;

→ Item 8 acrescentado pela LC 135/2010

9. contra a vida e a dignidade sexual; e

→ Item 9 acrescentado pela LC 135/2010

10. praticados por organização criminosa, quadrilha ou bando;

→ Item 10 acrescentado pela LC 135/2010

f) os que forem declarados indignos do oficialato, ou com ele incompatíveis, pelo prazo de 8 (oito) anos;

→ Alínea *f* com redação alterada pela LC 135/2010.

g) os que tiverem suas contas relativas ao exercício de cargos ou funções públicas rejeitadas por irregularidade insanável que configure ato doloso de improbidade administrativa, e por decisão irrecorrível do órgão competente, salvo se esta houver sido suspensa ou anulada pelo Poder Judiciário, para as eleições que se realizarem nos 8 (oito) anos seguintes, contados a partir da data da decisão, aplicando-se o disposto no inciso II do art. 71 da Constituição Federal, a todos os ordenadores de despesa, sem exclusão de mandatários que houverem agido nessa condição;

→ Alínea *g* com redação alterada pela LC 135/2010.

→ *v.* Art. 11, §§ 5º e 10, da Lei 9.504/1997.

h) os detentores de cargo na administração pública direta, indireta ou fundacional, que beneficiarem a si ou a terceiros, pelo abuso do poder econômico ou político, que forem condenados em decisão transitada em julgado ou proferida por órgão judicial colegiado, para a eleição na qual concorrem ou tenham sido diplomados, bem como para as que se realizarem nos 8 (oito) anos seguintes;

→ Alínea *h* com redação alterada pela LC 135/2010.

i) os que, em estabelecimentos de crédito, financiamento ou seguro, que tenham sido ou estejam sendo objeto de processo de liquidação judicial ou extrajudicial, hajam exercido, nos doze meses anteriores à respectiva decretação, cargo ou função de direção, administração ou representação, enquanto não forem exonerados de qualquer responsabilidade;

j) os que forem condenados, em decisão transitada em julgado ou proferida por órgão colegiado da Justiça Eleitoral, por corrupção eleitoral, por captação ilícita de sufrágio, por doação, captação ou gastos ilícitos de recursos de campanha ou por conduta vedada aos agentes públicos em campanhas eleitorais que impliquem cassação do registro ou do diploma, pelo prazo de 8 (oito) anos a contar da eleição;

→ Alínea *j* acrescentada pela LC 135/2010.

k) o Presidente da República, o Governador de Estado e do Distrito Federal, o Prefeito, os membros do Congresso Nacional, das Assembleias Legislativas, da Câmara Legislativa, das Câmaras Municipais, que renunciarem a seus mandatos desde o oferecimento de representação ou petição capaz de autorizar a abertura de processo por infringência a dispositivo da Constituição Federal, da Constituição Estadual, da Lei Orgânica do Distrito Federal ou da Lei Orgânica do Município, para as eleições que se realizarem durante o período remanescente do mandato para o qual foram eleitos e nos 8 (oito) anos subsequentes ao término da legislatura;

→ Alínea *k* acrescentada pela LC 135/2010.

l) os que forem condenados à suspensão dos direitos políticos, em decisão transitada em julgado ou proferida por órgão judicial colegiado, por ato doloso de improbidade administrativa que importe lesão ao patrimônio público e enriquecimento ilícito, desde a condenação ou o trânsito em julgado até o transcurso do prazo de 8 (oito) anos após o cumprimento da pena;

→ Alínea *l* acrescentada pela LC 135/2010.

LEGISLAÇÃO

m) os que forem excluídos do exercício da profissão, por decisão sancionatória do órgão profissional competente, em decorrência de infração ético-profissional, pelo prazo de 8 (oito) anos, salvo se o ato houver sido anulado ou suspenso pelo Poder Judiciário;

→ Alínea *m* acrescentada pela LC 135/2010.

n) os que forem condenados, em decisão transitada em julgado ou proferida por órgão judicial colegiado, em razão de terem desfeito ou simulado desfazer vínculo conjugal ou de união estável para evitar caracterização de inelegibilidade, pelo prazo de 8 (oito) anos após a decisão que reconhecer a fraude;

→ Alínea *n* acrescentada pela LC 135/2010.

o) os que forem demitidos do serviço público em decorrência de processo administrativo ou judicial, pelo prazo de 8 (oito) anos, contado da decisão, salvo se o ato houver sido suspenso ou anulado pelo Poder Judiciário;

→ Alínea *o* acrescentada pela LC 135/2010.

p) a pessoa física e os dirigentes de pessoas jurídicas responsáveis por doações eleitorais tidas por ilegais por decisão transitada em julgado ou proferida por órgão colegiado da Justiça Eleitoral, pelo prazo de 8 (oito) anos após a decisão, observando-se o procedimento previsto no art. 22;

→ Alínea *p* acrescentada pela LC 135/2010.

q) os magistrados e os membros do Ministério Público que forem aposentados compulsoriamente por decisão sancionatória, que tenham perdido o cargo por sentença ou que tenham pedido exoneração ou aposentadoria voluntária na pendência de processo administrativo disciplinar, pelo prazo de 8 (oito) anos;

→ Alínea *q* acrescentada pela LC 135/2010.

II – para Presidente e Vice-Presidente da República:

a) até 6 (seis) meses depois de afastados definitivamente de seus cargos e funções:

1 – os Ministros de Estado;

2 – os Chefes dos órgãos de assessoramento direto, civil e militar, da Presidência da República;

3 – o Chefe do órgão de assessoramento de informações da Presidência da República;

4 – o Chefe do Estado-Maior das Forças Armadas;

5 – o Advogado-Geral da União e o Consultor-Geral da República;

6 – os Chefes do Estado-Maior da Marinha, do Exército e da Aeronáutica;

7 – os Comandantes do Exército, Marinha e Aeronáutica;

8 – os Magistrados;

9 – os Presidentes, Diretores e Superintendentes de Autarquias, Empresas Públicas, Sociedades de Economia Mista e Fundações Públicas e as mantidas pelo poder público;

10 – os Governadores de Estado, do Distrito Federal e de Territórios;

11 – os Interventores Federais;

12 – os Secretários de Estado;

13 – os Prefeitos Municipais;

14 – os membros do Tribunal de Contas da União, dos Estados e do Distrito Federal;

15 – o Diretor-Geral do Departamento de Polícia Federal;

16 – os Secretários-Gerais, os Secretários Executivos, os Secretários Nacionais, os Secretários Federais dos Ministérios e as pessoas que ocupem cargos equivalentes;

b) os que tenham exercido, nos seis meses anteriores à eleição, nos Estados, no Distrito Federal, Territórios e em qualquer dos Poderes da União, cargo ou função, de nomeação pelo Presidente da República, sujeito à aprovação prévia do Senado Federal;

c) *(Vetada)*;

d) os que, até 6 (seis) meses antes da eleição, tiverem competência ou interesse, direta, indireta ou eventual, no lançamento, arrecadação ou fiscalização de impostos, taxas e contribuições de caráter obrigatório, inclusive parafiscais, ou para aplicar multas relacionadas com essas atividades;

e) os que, até 6 (seis) meses antes da eleição, tenham exercido cargo ou função de direção, administração ou representação nas empresas de que tratam os artigos 3º e 5º da Lei 4.137, de 10 de setembro de 1962, quando, pelo âmbito e natureza de suas atividades, possam tais empresas influir na economia nacional;

→ *v.* A Lei 4.137/1962 foi revogada pela Lei 8.884/1994, que foi revogada pela Lei 12.529/2011.

f) os que, detendo o controle de empresas ou grupo de empresas que atuem no Brasil, nas condições monopolísticas previstas no parágrafo único do art. 5º, da Lei citada na alínea anterior, não apresentarem à Justiça Eleitoral, até 6 (seis) meses antes do pleito, a prova de que fizeram cessar o abuso apurado, do poder econômico, ou de que transferiram, por força regular, o controle de referidas empresas ou grupo de empresas;

→ *v.* Art. 36 da Lei 12.529/2011.

g) os que tenham, dentro dos 4 (quatro) meses anteriores ao pleito, ocupado cargo ou função de direção, administração ou representação em entidades representativas de classe, mantidas, total ou parcialmente, por contribuições impostas pelo Poder Público ou com recursos arrecadados e repassados pela Previdência Social;

h) os que, até 6 (seis) meses depois de afastados das funções, tenham exercido cargo de Presidente, Diretor ou Superintendente de sociedades com objetivos exclusivos de operações financeiras e façam publicamente apelo à poupança e ao crédito, inclusive através de cooperativas e da empresa ou estabelecimentos que gozem, sob qualquer forma, de vantagens asseguradas pelo Poder Público, salvo se decorrentes de contratos que obedeçam a cláusulas uniformes;

i) os que, dentro de 6 (seis) meses anteriores ao pleito, hajam exercido cargo ou função de direção, administração ou representação em pessoa jurídica ou em empresa que mantenha contrato de execução de obras, de prestação de serviços ou de fornecimento de bens com órgão do Poder Público ou sob seu controle, salvo no caso de contrato que obedeça as cláusulas uniformes;

j) os que, membros do Ministério Público, não se tenham afastado das suas funções até 6 (seis) meses anteriores ao pleito;

l) os que, servidores públicos, estatutários ou não, dos órgãos ou entidades da administração direta ou indireta da União, dos Estados, do Distrito Federal, dos Municípios e dos Territórios, inclusive das fundações mantidas pelo Poder Público, não se afastarem até 3 (três) meses anteriores ao pleito, garantido o direito à percepção dos seus vencimentos integrais;

→ *v.* Art. 86 da Lei 8.112/1990.

III – para Governador e Vice-Governador de Estado e do Distrito Federal:

a) os inelegíveis para os cargos de Presidente e Vice-Presidente da República especificados na alínea *a*, do inciso II, deste artigo e, no tocante às demais alíneas, quando se tratar de repartição pública, associação ou empresas que operem no território do Estado ou do Distrito Federal, observados os mesmos prazos;

b) até 6 (seis) meses depois de afastados definitivamente de seus cargos ou funções:

1 – os Chefes dos Gabinetes Civil e Militar do Governador do Estado ou do Distrito Federal;

2 – os Comandantes do Distrito Naval, Região Militar e Zona Aérea;

3 – os diretores de órgãos estaduais ou sociedades de assistência aos Municípios;

4 – os Secretários da administração municipal ou membros de órgãos congêneres;

IV – para Prefeito e Vice-Prefeito:

a) no que lhes for aplicável, por identidade de situações, os inelegíveis para os cargos de Presidente e Vice-Presidente da República, Governador e Vice-Governador de Estado e do Distrito Federal, observado o prazo de 4 (quatro) meses para a desincompatibilização;

b) os membros do Ministério Público e Defensoria Pública em exercício na Comarca, nos 4 (quatro) meses anteriores ao pleito, sem prejuízo dos vencimentos integrais;

c) as autoridades policiais, civis ou militares, com exercício no Município, nos 4 (quatro) meses anteriores ao pleito;

V – para o Senado Federal:

a) os inelegíveis para os cargos de Presidente e Vice-Presidente da República especificados na alínea *a*, do inciso II, deste artigo e, no tocante às demais alíneas, quando se tratar de repartição pública, associação ou empresa que opere no território do Estado, observados os mesmos prazos;

b) em cada Estado e no Distrito Federal, os inelegíveis para os cargos de Governador e Vice-Governador, nas mesmas condições estabelecidas, observados os mesmos prazos;

VI – para a Câmara dos Deputados, Assembleia Legislativa e Câmara Legislativa, no que lhes for aplicável, por identidade de situações, os inelegíveis para o Senado Federal, nas mesmas condições estabelecidas, observados os mesmos prazos;

VII – para a Câmara Municipal:

a) no que lhes for aplicável, por identidade de situações, os inelegíveis para o Senado Federal e para a Câmara dos Deputados, observado o prazo de 6 (seis) meses para a desincompatibilização;

b) em cada Município, os inelegíveis para os cargos de Prefeito e Vice-Prefeito, observado o prazo de 6 (seis) meses para a desincompatibilização.

§ 1º Para concorrência a outros cargos, o Presidente da República, os Governadores de Estado e do Distrito Federal e os Prefeitos devem renunciar aos respectivos mandatos até 6 (seis) meses antes do pleito.

→ *v.* Art. 14, § 6º, da CF/1988.

§ 2º O Vice-Presidente, o Vice-Governador e o Vice-Prefeito poderão candidatar-se a outros cargos, preservando os seus mandatos respectivos, desde que, nos últimos 6 (seis) meses anteriores ao pleito, não tenham sucedido ou substituído o titular.

§ 3º São inelegíveis, no território de jurisdição do titular, o cônjuge e os parentes consanguíneos ou afins, até o segundo grau ou por adoção, do Presidente da República, de Governador de Estado ou Território, do Distrito Federal, de Prefeito ou de quem os haja substituído dentro dos 6 (seis) meses anteriores ao pleito, salvo se já titular de mandato eletivo e candidato à reeleição.

→ *v.* Súmula Vinculante 18 do STF.

→ *v.* Art. 14, § 7º, da CF/1988.

→ *v.* Arts. 1.591 a 1.595 e 1.723 a 1.727 do CC.

§ 4º A inelegibilidade prevista na alínea *e* do inciso I deste artigo não se aplica aos crimes culposos e àqueles definidos em lei como de menor potencial ofensivo, nem aos crimes de ação penal privada.

→ § 4º acrescentado pela LC 135/2010.

§ 5º A renúncia para atender à desincompatibilização com vistas a candidatura a cargo eletivo ou para assunção de mandato não gerará a inelegibilidade prevista na alínea *k*, a menos que a Justiça Eleitoral reconheça fraude ao disposto nesta Lei Complementar.

→ § 5º acrescentado pela LC 135/2010.

Art. 2º Compete à Justiça Eleitoral conhecer e decidir as arguições de inelegibilidade.

Parágrafo único. A arguição de inelegibilidade será feita perante:

I – o Tribunal Superior Eleitoral, quando se tratar de candidato a Presidente ou Vice-Presidente da República;

II – os Tribunais Regionais Eleitorais, quando se tratar de candidato a Senador, Governador e Vice-Governador de Estado e do Distrito Federal, Deputado Federal, Deputado Estadual e Deputado Distrital;

III – os Juízes Eleitorais, quando se tratar de candidato a Prefeito, Vice-Prefeito e Vereador.

Art. 3º Caberá a qualquer candidato, a partido político, coligação ou ao Ministério Público, no prazo de 5 (cinco) dias, contados da publicação do pedido de registro do candidato, impugná-lo em petição fundamentada.

§ 1º A impugnação, por parte do candidato, partido político ou coligação, não impede a ação do Ministério Público no mesmo sentido.

§ 2º Não poderá impugnar o registro de candidato o representante do Ministério Público que, nos 4 (quatro) anos anteriores, tenha disputado cargo eletivo, integrado diretório de partido ou exercido atividade político-partidária.

§ 3º O impugnante especificará, desde logo, os meios de prova com que pretende demonstrar a veracidade do alegado, arrolando testemunhas, se for o caso, no máximo de seis.

Art. 4º A partir da data em que terminar o prazo para impugnação, passará a correr, após devida notificação, o prazo de 7 (sete) dias para que o candidato, partido político ou coligação possa contestá-la, juntar documentos, indicar rol de testemunhas e requerer a produção de outras provas, inclusive documentais, que se encontrarem em poder de terceiros, de repartições públicas ou em procedimentos judiciais, ou administrativos, salvo os processos em tramitação em segredo de justiça.

Art. 5º Decorrido o prazo para contestação, se não se tratar apenas de matéria de direito e a prova protestada for relevante, serão designados os 4 (quatro) dias seguintes para inquirição das testemunhas do impugnante e do impugnado, as quais comparecerão por iniciativa das partes que as tiverem arrolado, com notificação judicial.

§ 1º As testemunhas do impugnante e do impugnado serão ouvidas em uma só assentada.

§ 2º Nos cinco dias subsequentes, o Juiz, ou o Relator, procederá a todas as diligências que determinar, de ofício ou a requerimento das partes.

§ 3º No prazo do parágrafo anterior, o Juiz, ou o Relator, poderá ouvir terceiros, referidos pelas partes, ou testemunhas, como conhecedores dos fatos e circunstâncias que possam influir na decisão da causa.

§ 4º Quando qualquer documento necessário à formação da prova se achar em poder de terceiro, o Juiz, ou o Relator, poderá ainda, no mesmo prazo, ordenar o respectivo depósito.

§ 5º Se o terceiro, sem justa causa, não exibir o documento, ou não comparecer a juízo, poderá o Juiz contra ele expedir mandado de prisão e instaurar processo por crime de desobediência.

Art. 6º Encerrado o prazo da dilação probatória, nos termos do artigo anterior, as partes, inclusive o Ministério Público, poderão apresentar alegações no prazo comum de 5 (cinco) dias.

Art. 7º Encerrado o prazo para alegações, os autos serão conclusos ao Juiz, ou ao Relator, no dia imediato, para sentença ou julgamento pelo Tribunal.

Parágrafo único. O Juiz, ou Tribunal, formará sua convicção pela livre apreciação da prova, atendendo aos fatos e às circunstâncias constantes dos autos, ainda que não alegados pelas partes, mencionando, na decisão, os que motivaram seu convencimento.

Art. 8º Nos pedidos de registro de candidatos a eleições municipais, o Juiz Eleitoral apresentará a sentença em cartório 3 (três) dias após a conclusão dos autos, passando a correr deste momento o prazo de 3 (três) dias para a interposição de recurso para o Tribunal Regional Eleitoral.

§ 1º A partir da data em que for protocolizada a petição de recurso, passará a correr o prazo de 3 (três) dias para a apresentação de contrarrazões.

§ 2º Apresentadas as contrarrazões, serão os autos imediatamente remetidos ao Tribunal Regional Eleitoral, inclusive por portador, se houver necessidade, decorrente da exiguidade de prazo, correndo as despesas do transporte por conta do recorrente, se tiver condições de pagá-las.

Art. 9º Se o Juiz Eleitoral não apresentar a sentença no prazo do artigo anterior, o prazo para recurso só começará a correr após a publicação da mesma por edital, em cartório.

Parágrafo único. Ocorrendo a hipótese prevista neste artigo, o Corregedor Regional, de ofício, apurará o motivo do retardamento e proporá ao Tribunal Regional Eleitoral, se for o caso, a aplicação da penalidade cabível.

Art. 10. Recebidos os autos na Secretaria do Tribunal Regional Eleitoral, estes serão autuados e apresentados no mesmo dia ao Presidente, que, também na mesma data, os distribuirá a um Relator e mandará abrir vistas ao Procurador Regional pelo prazo de 2 (dois) dias.

Parágrafo único. Findo o prazo, com ou sem parecer, os autos serão enviados ao Relator, que os apresentará em mesa para julgamento em 3 (três) dias, independentemente de publicação em pauta.

Art. 11. Na sessão do julgamento, que poderá se realizar em até duas reuniões seguidas, feito o relatório, facultada a palavra às partes e ouvido o Procurador Regional, proferirá o Relator o seu voto e serão tomados os dos demais Juízes.

§ 1º Proclamado o resultado, o Tribunal se reunirá para lavratura do acórdão, no qual serão indicados o direito, os fatos e as circunstâncias com base nos fundamentos do Relator ou do voto vencedor.

§ 2º Terminada a sessão, far-se-á a leitura e a publicação do acórdão, passando a correr dessa data o prazo de 3 (três) dias, para a interposição de recurso para o Tribunal Superior Eleitoral, em petição fundamentada.

→ *v.* Art. 8º, *caput*, da LC 64/1990.

→ *v.* Art. 276, I, da Lei 4.737/1965.

Art. 12. Havendo recurso para o Tribunal Superior Eleitoral, a partir da data em que for protocolizada a petição passará a correr o prazo de 3 (três) dias para a apresentação de contrarrazões, notificado por telegrama o recorrido.

Parágrafo único. Apresentadas as contrarrazões, serão os autos imediatamente remetidos ao Tribunal Superior Eleitoral.

Art. 13. Tratando-se de registro a ser julgado originariamente por Tribunal Regional Eleitoral, observado o disposto no art. 6º desta Lei Complementar, o pedido de registro, com ou sem impugnação, será julgado em 3 (três) dias, independentemente de publicação em pauta.

Parágrafo único. Proceder-se-á ao julgamento na forma estabelecida no art. 11 desta Lei Complementar e, havendo recurso para o Tribunal Superior Eleitoral, observar-se-á o disposto no artigo anterior.

Art. 14. No Tribunal Superior Eleitoral, os recursos sobre registro de candidatos serão processados e julgados na forma prevista nos arts. 10 e 11 desta Lei Complementar.

Art. 15. Transitada em julgado ou publicada a decisão proferida por órgão colegiado que declarar a inelegibilidade do candidato, ser-lhe-á negado registro, ou cancelado, se já tiver sido feito, ou declarado nulo o diploma, se já expedido.

→ *Caput* com redação alterada pela LC 135/2010.

Parágrafo único. A decisão a que se refere o *caput*, independentemente da apresentação de recurso, deverá ser comunicada, de imediato, ao Ministério Público Eleitoral e ao órgão da Justiça Eleitoral competente para o registro de candidatura e expedição de diploma do réu.

→ Parágrafo único acrescentado pela LC 135/2010.

Art. 16. Os prazos a que se referem o art. 3º e seguintes desta Lei Complementar são peremptórios e contínuos e correm em Secretaria ou Cartório e, a partir da data do encerramento do prazo para registro de candidatos, não se suspendem aos sábados, domingos e feriados.

Art. 17. É facultado ao partido político ou coligação que requerer o registro de candidato considerando inelegível dar-lhe substituto, mesmo que a decisão passada em julgado tenha sido proferida após o termo final do prazo de registro, caso em que a respectiva Comissão Executiva do Partido fará a escolha do candidato.

→ *v.* Art. 13 da Lei 9.504/1997.

→ *v.* Art. 101, § 5º, da Lei 4.737/1965.

Art. 18. A declaração de inelegibilidade do candidato à Presidência da República, Governador de Estado e do Distrito Federal e Prefeito Municipal não atingirá o candidato a Vice-Presidente, Vice-Governador ou Vice-Prefeito, assim como a destes não atingirá aqueles.

Art. 19. As transgressões pertinentes à origem de valores pecuniários, abuso do poder econômico ou político, em detrimento da liberdade de voto, serão apuradas mediante investigações jurisdicionais realizadas pelo Corregedor-Geral e Corregedores Regionais Eleitorais.

→ *v.* Art. 22, §§ 3º e 4º, da Lei 9.504/1997.

Parágrafo único. A apuração e a punição das transgressões mencionadas no *caput* deste artigo terão o objetivo de proteger a normalidade e legitimidade das eleições contra a influência do poder econômico ou do abuso do exercício de função, cargo ou emprego na Administração direta, indireta e fundacional da União, dos Estados, do Distrito Federal e dos Municípios.

Art. 20. O candidato, partido político ou coligação são parte legítima para denunciar os culpados e promover-lhes a responsabilidade; a nenhum servidor público, inclusive de autarquias, de entidade paraestatal e de sociedade de economia mista será lícito negar ou retardar ato de ofício tendente a esse fim, sob pena de crime funcional.

Art. 21. As transgressões a que se refere o art. 19 desta Lei Complementar serão apuradas mediante procedimento sumaríssimo de investigação judicial, realizada pelo Corregedor-Geral e Corregedores Regionais Eleitorais, nos termos das Leis 1.579, de 18 de março de 1952, 4.410, de 24 de setembro de 1964, com as modificações desta Lei Complementar.

Art. 22. Qualquer partido político, coligação, candidato ou Ministério Público Eleitoral poderá representar à Justiça Eleitoral, diretamente ao Corregedor-Geral ou Regional, relatando fatos e indicando provas, indícios e circunstâncias e pedir abertura de investigação judicial para apurar uso indevido, desvio ou abuso do poder econômico ou do poder de autoridade, ou utilização indevida de veículos ou meios de comunicação social, em benefício de candidato ou de partido político, obedecido o seguinte rito:

I – o Corregedor, que terá as mesmas atribuições do Relator em processos judiciais, ao despachar a inicial, adotará as seguintes providências:

a) ordenará que se notifique o representado do conteúdo da petição, entregando-se lhe a segunda via apresentada pelo representante com as cópias dos documentos, a fim de que, no prazo de 5 (cinco) dias, ofereça ampla defesa, juntada de documentos e rol de testemunhas, se cabível;

b) determinará que se suspenda o ato que deu motivo à representação, quando for relevante o fundamento e do ato impugnado puder resultar a ineficiência da medida, caso seja julgada procedente;

c) indeferirá desde logo a inicial, quando não for caso de representação ou lhe faltar algum requisito desta Lei Complementar;

II – no caso do Corregedor indeferir a reclamação ou representação, ou retardar lhe a solução, poderá o interessado renová-la perante o Tribunal, que resolverá dentro de 24 (vinte e quatro) horas;

III – o interessado, quando for atendido ou ocorrer demora, poderá levar o fato ao conhecimento do Tribunal Superior Eleitoral, a fim de que sejam tomadas as providências necessárias;

IV – feita a notificação, a Secretaria do Tribunal juntará aos autos cópia autêntica do ofício endereçado ao representado, bem como a prova da entrega ou da sua recusa em aceitá-la ou dar recibo;

V – findo o prazo da notificação, com ou sem defesa, abrir-se-á prazo de 5 (cinco) dias para inquirição, em uma só assentada, de testemunhas arroladas pelo representante e pelo representado, até o máximo de seis para cada um, as quais comparecerão independentemente de intimação;

VI – nos três dias subsequentes, o Corregedor procederá a todas as diligências que determinar, *ex officio* ou a requerimento das partes;

VII – no prazo da alínea anterior, o Corregedor poderá ouvir terceiros, referidos pelas partes, ou testemunhas, como conhecedores dos fatos e circunstâncias que possam influir na decisão do feito;

VIII – quando qualquer documento necessário à formação da prova se achar em poder de terceiro, inclusive estabelecimento de crédito, oficial ou privado, o Corregedor poderá, ainda, no mesmo prazo, ordenar o respectivo depósito ou requisitar cópias;

IX – se o terceiro, sem justa causa, não exibir o documento, ou não comparecer a juízo, o Juiz poderá expedir contra ele mandado de prisão e instaurar processo por crime de desobediência;

X – encerrado o prazo da dilação probatória, as partes, inclusive o Ministério Público, poderão apresentar alegações no prazo comum de 2 (dois) dias;

XI – terminado o prazo para alegações, os autos serão conclusos ao Corregedor, no dia imediato, para apresentação de relatório conclusivo sobre o que houver sido apurado;

XII – o relatório do Corregedor, que será assentado em 3 (três) dias, e os autos da representação serão encaminhados ao Tribunal competente, no dia imediato, com pedido de inclusão incontinenti do feito em pauta, para julgamento na primeira sessão subsequente;

XIII – no Tribunal, o Procurador-Geral ou Regional Eleitoral terá vista dos autos por 48 (quarenta e oito) horas, para se pronunciar sobre as imputações e conclusões do Relatório;

XIV – julgada procedente a representação, ainda que após a proclamação dos eleitos, o Tribunal declarará a inelegibilidade do representado e de quantos hajam contribuído para a prática do ato, cominando-lhes sanção de inelegibilidade para as eleições a se realizarem nos 8 (oito) anos subsequentes à eleição em que se verificou, além da cassação do registro ou diploma do candidato diretamente beneficiado pela interferência do poder econômico ou pelo desvio ou abuso do poder de autoridade ou dos meios de comunicação, determinando a remessa dos autos ao Ministério Público Eleitoral, para instauração de processo disciplinar, se for o caso, e de ação penal, ordenando quaisquer outras providências que a espécie comportar;

→ Inciso XIV com redação alterada pela LC 135/2010.

→ *v.* Art. 1º, I, da LC 64/1990.

XV – *(Revogado pela LC 135/2010).*

XVI – para a configuração do ato abusivo, não será considerada a potencialidade de o fato alterar o resultado da eleição, mas apenas a gravidade das circunstâncias que o caracterizam.

→ Inciso XVI acrescentado pela LC 135/2010.

Parágrafo único. O recurso contra a diplomação, interposto pelo representante, não impede a atuação do Ministério Público no mesmo sentido.

Art. 23. O Tribunal formará sua convicção pela livre apreciação dos fatos públicos e notórios, dos indícios e presunções e prova produzida, atentando para circunstâncias ou fatos, ainda que não indicados ou alegados pelas partes, mas que preservem o interesse público de lisura eleitoral.

Art. 24. Nas eleições municipais, o Juiz Eleitoral será competente para conhecer e processar a representação prevista nesta Lei Complementar, exercendo todas as funções atribuídas ao Corregedor-Geral ou Regional, constantes dos incisos I a XV do art. 22 desta Lei Complementar, cabendo ao representante do Ministério Público Eleitoral em função da Zona Eleitoral as atribuições deferidas ao Procurador-Geral e Regional Eleitoral, observadas as normas do procedimento previstas nesta Lei Complementar.

→ Referido inciso XV foi revogado pela LC 35/2010.

Art. 25. Constitui crime eleitoral a arguição de inelegibilidade, ou a impugnação de registro de candidato feito por interferência do poder econômico, desvio ou abuso do poder de autoridade, deduzida de forma temerária ou de manifesta má-fé:

Pena – detenção, de 6 (seis) meses a 2 (dois) anos, e multa de 20 a 50 vezes o valor do Bônus do Tesouro Nacional – BTN e, no caso de sua extinção, de título público que o substitua.

Art. 26. Os prazos de desincompatibilização previstos nesta Lei Complementar que já estiverem ultrapassados na data de sua vigência considerar-se-ão atendidos desde que a desincompatibilização ocorra até 2 (dois) dias após a publicação desta Lei Complementar.

Art. 26-A. Afastada pelo órgão competente a inelegibilidade prevista nesta Lei Complementar, aplicar-se-á, quanto ao registro de candidatura, o disposto na lei que estabelece normas para as eleições.

→ Artigo acrescentado pela LC 135/2010.

→ *V.* Lei 9.504/1997 – Normas para as eleições.

Art. 26-B. O Ministério Público e a Justiça Eleitoral darão prioridade, sobre quaisquer outros, aos processos de desvio ou abuso do poder econômico ou do poder de autoridade até que sejam julgados, ressalvados os de *habeas corpus* e mandado de segurança.

→ Artigo acrescentado pela LC 135/2010.

§ 1º É defeso às autoridades mencionadas neste artigo deixar de cumprir qualquer prazo previsto nesta Lei Complementar sob alegação de acúmulo de serviço no exercício das funções regulares.

§ 2º Além das polícias judiciárias, os órgãos da receita federal, estadual e municipal, os tribunais e órgãos de contas, o Banco Central do Brasil e o Conselho de Controle de Atividade Financeira auxiliarão a Justiça Eleitoral e o Ministério Público Eleitoral na apuração dos delitos eleitorais, com prioridade sobre as suas atribuições regulares.

§ 3º O Conselho Nacional de Justiça, o Conselho Nacional do Ministério Público e as Corregedorias Eleitorais manterão acompanhamento dos relatórios mensais de atividades fornecidos pelas unidades da Justiça Eleitoral a fim de verificar eventuais descumprimentos injustificados de prazos, promovendo, quando for o caso, a devida responsabilização.

Art. 26-C. O órgão colegiado do tribunal ao qual couber a apreciação do recurso contra as decisões colegiadas a que se referem as alíneas *d*, *e*, *h*, *j*, *l* e n do inciso I do art. 1º poderá, em caráter cautelar, suspender a inelegibilidade sempre que existir plausibilidade da pretensão recursal e desde que a providência tenha sido expressamente requerida, sob pena de preclusão, por ocasião da interposição do recurso.

→ Artigo acrescentado pela LC 135/2010.

§ 1º Conferido efeito suspensivo, o julgamento do recurso terá prioridade sobre todos os demais, à exceção dos de mandado de segurança e de *habeas corpus*.

§ 2º Mantida a condenação de que derivou a inelegibilidade ou revogada a suspensão liminar mencionada no *caput*, serão desconstituídos o registro ou o diploma eventualmente concedidos ao recorrente.

§ 3º A prática de atos manifestamente protelatórios por parte da defesa, ao longo da tramitação do recurso, acarretará a revogação do efeito suspensivo.

Art. 27. Esta Lei Complementar entra em vigor na data de sua publicação.

Art. 28. Revogam-se a Lei Complementar 5, de 29 de abril de 1970, e as demais disposições em contrário.

Brasília, 18 de maio de 1990; 169º da Independência e 102º da República.

Fernando Collor

(Publicação no *D.O.U.* de 21.5.1990)

LEI 8.038, DE 28 DE MAIO DE 1990

Institui normas procedimentais para os processos que especifica, perante o Superior Tribunal de Justiça e o Supremo Tribunal Federal.

→ *V.* Lei 8.658/1993 – Dispõe sobre a aplicação, nos Tribunais de Justiça e nos Tribunais Regionais Federais, das normas da Lei 8.038, de 28 de maio de 1990, sobre ações penais originárias.

O Presidente da República:

Faço saber que o Congresso Nacional decreta e eu sanciono a seguinte Lei:

Título I
Processos de competência originária

Capítulo I
AÇÃO PENAL ORIGINÁRIA

Art. 1º Nos crimes de ação penal pública, o Ministério Público terá o prazo de 15 (quinze) dias para oferecer denúncia ou pedir arquivamento do inquérito ou das peças informativas.

→ *v.* Art. 129 da CF/1988.

§ 1º Diligências complementares poderão ser deferidas pelo relator, com interrupção do prazo deste artigo.

§ 2º Se o indiciado estiver preso:

a) o prazo para oferecimento da denúncia será de 5 (cinco) dias;

b) as diligências complementares não interromperão o prazo, salvo se o relator, ao deferi-las, determinar o relaxamento da prisão.

→ *v.* Art. 5º, LXV, da CF/1988.

Art. 2º O relator, escolhido na forma regimental, será o juiz da instrução, que se realizará segundo o disposto neste capítulo, no Código de Processo Penal, no que for aplicável, e no Regimento Interno do Tribunal.

Parágrafo único. O relator terá as atribuições que a legislação processual confere aos juízes singulares.

Art. 3º Compete ao relator:

I – determinar o arquivamento do inquérito ou de peças informativas, quando o requerer o Ministério Público, ou submeter o requerimento à decisão competente do Tribunal;

II – decretar a extinção da punibilidade, nos casos previstos em lei.

III – convocar desembargadores de Turmas Criminais dos Tribunais de Justiça ou dos Tribunais Regionais Federais, bem como juízes de varas criminais da Justiça dos Estados e da Justiça Federal, pelo prazo de 6 (seis) meses, prorrogável por igual período, até o máximo de 2 (dois) anos, para a realização do interrogatório e de outros atos da instrução, na sede do tribunal ou no local onde se deva produzir o ato.

→ Inciso III acrescentado pela Lei 12.019/2009.

Art. 4º Apresentada a denúncia ou a queixa ao Tribunal, far-se-á a notificação do acusado para oferecer resposta no prazo de 15 (quinze) dias.

→ *v.* Art. 5º, LV, da CF/1988.

§ 1º Com a notificação, serão entregues ao acusado cópia da denúncia ou da queixa, do despacho do relator e dos documentos por este indicados.

§ 2º Se desconhecido o paradeiro do acusado, ou se este criar dificuldades para que o oficial cumpra a diligência, proceder-se-á à sua notificação por edital, contendo o teor resumido da acusação, para que compareça ao Tribunal, em 5 (cinco) dias, onde terá vista dos autos pelo prazo de 15 (quinze) dias, a fim de apresentar a resposta prevista neste artigo.

Art. 5º Se, com a resposta, forem apresentados novos documentos, será intimada a parte contrária para sobre eles se manifestar, no prazo de 5 (cinco) dias.

Parágrafo único. Na ação penal de iniciativa privada, será ouvido, em igual prazo, o Ministério Público.

Art. 6º A seguir, o relator pedirá dia para que o Tribunal delibere sobre o recebimento, a rejeição da denúncia ou da queixa, ou a improcedência da acusação, se a decisão não depender de outras provas.

§ 1º No julgamento de que trata este artigo, será facultada sustentação oral pelo prazo de 15 (quinze) minutos, primeiro à acusação, depois à defesa.

§ 2º Encerrados os debates, o Tribunal passará a deliberar, determinando o Presidente as pessoas que poderão permanecer no recinto, observado o disposto no inciso II, do art. 12, desta Lei.

Art. 7º Recebida a denúncia ou a queixa, o relator designará dia e hora para o interrogatório, mandando citar o acusado ou querelado e intimar o órgão do Ministério Público, bem como o querelante ou o assistente, se for o caso.

Art. 8º O prazo para defesa prévia será de 5 (cinco) dias, contado do interrogatório ou da intimação do defensor dativo.

Art. 9º A instrução obedecerá, no que couber, ao procedimento comum do Código de Processo Penal.

§ 1º O relator poderá delegar a realização do interrogatório ou de outro ato da instrução ao juiz ou membro de tribunal com competência territorial no local de cumprimento da carta de ordem.

§ 2º Por expressa determinação do relator, as intimações poderão ser feitas por carta registrada com aviso de recebimento.

Art. 10. Concluída a inquirição de testemunhas, serão intimadas a acusação e a defesa, para requerimento de diligências no prazo de 5 (cinco) dias.

Art. 11. Realizadas as diligências, ou não sendo estas requeridas nem determinadas pelo relator, serão intimadas a acusação e a defesa para, sucessivamente, apresentarem, no prazo de 15 (quinze) dias, alegações escritas.

§ 1º Será comum o prazo do acusador e do assistente, bem como o dos corréus.

§ 2º Na ação penal de iniciativa privada, o Ministério Público terá vista, por igual prazo, após as alegações das partes.

§ 3º O relator poderá, após as alegações escritas, determinar de ofício a realização de provas reputadas imprescindíveis para o julgamento da causa.

Art. 12. Finda a instrução, o Tribunal procederá ao julgamento, na forma determinada pelo regimento interno, observando-se o seguinte:

I – a acusação e a defesa terão, sucessivamente, nessa ordem, prazo de 1 (uma) hora para sustentação oral, assegurado ao assistente 1/4 (um quarto) do tempo da acusação;

II – encerrados os debates, o Tribunal passará a proferir o julgamento, podendo o Presidente limitar a presença no recinto às partes e seus advogados, ou somente a estes, se o interesse público exigir.

Capítulo II
RECLAMAÇÃO

Art. 13. *(Revogado pela Lei 13.105/2015, em vigor após decorrido 1 (um) ano da data de sua publicação* – D.O.U. *de 17.3.2015* (v. *Art. 1.045 do NCPC).*

Anterior redação: Art. 13. Para preservar a competência do Tribunal ou garantir a autoridade das suas decisões, caberá reclamação da parte interessada ou do Ministério Público. **Parágrafo único.** A reclamação, dirigida ao Presidente do Tribunal, instruída com prova documental, será autuada e distribuída ao relator da causa principal, sempre que possível.

Art. 14. *(Revogado pela Lei 13.105/2015, em vigor após decorrido 1 (um) ano da data de sua publicação* – D.O.U. *de 17.3.2015* (v. *Art. 1.045 do NCPC).*

→ **Anterior redação: Art. 14.** Ao despachar a reclamação o relator: I – requisitará informações da autoridade a quem for imputada a prática do ato impugnado, que as prestará no prazo de 10 (dez) dias; II – ordenará, se necessário, para evitar dano irreparável, a suspensão do processo ou do ato impugnado.

Art. 15. *(Revogado pela Lei 13.105/2015, em vigor após decorrido 1 (um) ano da data de sua publicação* – D.O.U. *de 17.3.2015* (v. *Art. 1.045 do NCPC).*

→ **Anterior redação: Art. 15.** Qualquer interessado poderá impugnar o pedido do reclamante.

Art. 16. *(Revogado pela Lei 13.105/2015, em vigor após decorrido 1 (um) ano da data de sua publicação* – D.O.U. *de 17.3.2015* (v. *Art. 1.045 do NCPC).*

→ **Anterior redação: Art. 16.** O Ministério Público, nas reclamações que não houver formulado, terá vista do processo, por 5 (cinco) dias, após o decurso do prazo para informações.

Art. 17. *(Revogado pela Lei 13.105/2015, em vigor após decorrido 1 (um) ano da data de sua publicação* – D.O.U. *de 17.3.2015* (v. *Art. 1.045 do NCPC).*

Anterior redação: Art. 17. Julgando procedente a reclamação, o Tribunal cassará a decisão exorbitante de seu julgado ou determinará medida adequada à preservação de sua competência.

Art. 18. *(Revogado pela Lei 13.105/2015, em vigor após decorrido 1 (um) ano da data de sua publicação* – D.O.U. *de 17.3.2015* (v. *Art. 1.045 do NCPC).*

→ **Anterior redação: Art. 18.** O Presidente determinará o imediato cumprimento da decisão, lavrando-se o acórdão posteriormente.

Capítulo III
INTERVENÇÃO FEDERAL

Art. 19. A requisição de intervenção federal prevista nos incisos II e IV do art. 36 da Constituição Federal será promovida:

I – de ofício, ou mediante pedido de Presidente de Tribunal de Justiça do Estado, ou de Presidente de Tribunal Federal, quando se tratar de prover a execução de ordem ou decisão judicial, com ressalva, conforme a matéria, da competência do Supremo Tribunal Federal ou do Tribunal Superior Eleitoral;

II – de ofício, ou mediante pedido da parte interessada, quando se tratar de prover a execução de ordem ou decisão do Superior Tribunal de Justiça;

III – mediante representação do Procurador-Geral da República, quando se tratar de prover a execução de lei federal.

Art. 20. O Presidente, ao receber o pedido:

I – tomará as providências que lhe parecerem adequadas para remover, administrativamente, a causa do pedido;

II – mandará arquivá-lo, se for manifestamente infundado, cabendo do seu despacho agravo regimental.

Art. 21. Realizada a gestão prevista no inciso I do artigo anterior, solicitadas informações à autoridade estadual e ouvido o Procurador-Geral, o pedido será distribuído a um relator.

Parágrafo único. Tendo em vista o interesse público, poderá ser permitida a presença no recinto às partes e seus advogados, ou somente a estes.

Art. 22. Julgado procedente o pedido, o Presidente do Superior Tribunal de Justiça comunicará, imediatamente, a decisão aos órgãos do poder público interessados e requisitará a intervenção ao Presidente da República.

Capítulo IV
HABEAS CORPUS

→ v. Art. 5º, LXVIII, da CF/1988.

Art. 23. Aplicam-se ao *habeas corpus* perante o Superior Tribunal de Justiça as normas do Livro III, Título II, Capítulo X, do Código de Processo Penal.

Capítulo V
OUTROS PROCEDIMENTOS

Art. 24. Na ação rescisória, nos conflitos de competência, de jurisdição e de atribuições, na revisão criminal e no mandado de segurança, será aplicada a legislação processual em vigor.

Parágrafo único. No mandado de injunção e no *habeas data*, serão observadas, no que couber, as normas do mandado de segurança, enquanto não editada legislação específica.

Art. 25. Salvo quando a causa tiver por fundamento matéria constitucional, competente ao Presidente do Superior Tribunal de Justiça, a requerimento do Procurador-Geral da República ou da pessoa jurídica de direito público interessada, e para evitar grave lesão à ordem, à saúde, à segurança e à economia pública, suspender, em despacho fundamentado, a execução de liminar ou de decisão concessiva de mandado de segurança, proferida, em única ou última instância, pelos Tribunais Regionais Federais ou pelos Tribunais dos Estados e do Distrito Federal.

§ 1º O Presidente pode ouvir o impetrante, em 5 (cinco) dias, e o Procurador-Geral quando não for o requerente, em igual prazo.

§ 2º Do despacho que conceder a suspensão caberá agravo regimental.

§ 3º A suspensão de segurança vigorará enquanto pender o recurso, ficando sem efeito, se a decisão concessiva for mantida pelo Superior Tribunal de Justiça ou transitar em julgado.

→ v. Súmula 626 do STJ.

Título II
Recursos
Capítulo I
RECURSO EXTRAORDINWÁRIO E RECURSO ESPECIAL

Art. 26. *(Revogado pela Lei 13.105/2015, em vigor após decorrido 1 (um) ano da data de sua publicação* – D.O.U. *de 17.3.2015* (v. *Art. 1.045 do NCPC).*

→ **Anterior redação: Art. 26.** Os recursos extraordinário e especial, nos casos previstos na Constituição Federal, serão interpostos no prazo comum de 15 (quinze) dias, perante o Presidente do Tribunal recorrido, em petições distintas, que conterão: I – exposição do fato e do direito; II – a demonstração do cabimento do recurso interposto; III – as razões do pedido de reforma da decisão recorrida. **Parágrafo único.** Quando o recurso se fundar em dissídio entre a interpretação da lei federal adotada pelo julgado recorrido e a que lhe haja dado outro Tribunal, o recorrente fará a prova da divergência mediante certidão, ou indicação do número e da página do jornal oficial, ou do repertório autorizado de jurisprudência, que o houver publicado.

Art. 27. *(Revogado pela Lei 13.105/2015, em vigor após decorrido 1 (um) ano da data de sua publicação* – D.O.U. *de 17.3.2015* (v. *Art. 1.045 do NCPC).*

→ **Anterior redação: Art. 27.** Recebida a petição pela Secretaria do Tribunal e aí protocolada, será intimado o recorrido, abrindo-se lhe vista pelo prazo de 15 (quinze) dias para apresentar contrarrazões. § 1º Findo esse prazo, serão os autos conclusos para admissão ou não do recurso, no prazo de 5 (cinco) dias. § 2º Os recursos extraordinário e especial serão recebidos no efeito devolutivo. § 3º Admitidos os recursos, os autos serão imediatamente remetidos ao Superior Tribunal de Justiça. § 4º Concluído o julgamento do recurso especial, serão os autos remetidos ao Supremo Tribunal Federal para apreciação do recurso extraordinário, se este não estiver prejudicado. § 5º Na hipótese de o relator do recurso especial considerar que o recurso extraordinário é prejudicial daquele em decisão irrecorrível, sobrestará o seu julgamento e remeterá os autos ao Supremo Tribunal Federal, para julgar o extraordinário. § 6º No caso do parágrafo anterior, se o relator do recurso extraordinário, em despacho irrecorrível, não o considerar prejudicial, devolverá os autos ao Superior Tribunal de Justiça, para o julgamento do recurso especial.

Art. 28. *(Revogado pela Lei 13.105/2015, em vigor após decorrido 1 (um) ano da data de sua publicação* – D.O.U. *de 17.3.2015* (v. *Art. 1.045 do NCPC).*

→ **Anterior redação: Art. 28.** Denegado o recurso extraordinário ou o recurso especial, caberá agravo de instrumento, no prazo de 5 (cinco) dias, para o Supremo Tribunal Federal ou para o Superior Tribunal de Justiça, conforme o caso. § 1º Cada agravo de instrumento será instruído com as peças que forem indicadas pelo agravante e pelo agravado, dele constando, obrigatoriamente, além das mencionadas no parágrafo único do art. 523 do Código de Processo Civil, o acórdão recorrido, a petição de interposição do recurso e as contrarrazões, se houver. § 2º Distribuído o agravo de instrumento, o relator proferirá decisão. § 3º Na hipótese de provimento, se o instrumento contiver os elementos necessários ao julgamento do mérito do recurso especial, o relator determinará, desde logo, sua inclusão em pauta, observando-se, daí por diante, o procedimento relativo àqueles recursos, admitida a sustentação oral. § 4º O disposto no parágrafo anterior aplica-se também ao agravo de instrumento contra denegação de recurso extraordinário, salvo quando, na mesma causa, houver recurso especial admitido e que deva ser julgado em primeiro lugar. § 5º Da decisão do relator que negar seguimento ou provimento ao agravo de instrumento, caberá agravo para o órgão julgador no prazo de 5 (cinco) dias.

Art. 29. *(Revogado pela Lei 13.105/2015, em vigor após decorrido 1 (um) ano da data de sua publicação – D.O.U. de 17.3.2015 (v. Art. 1.045 do NCPC).*

→ **Anterior redação: Art. 29.** É embargável, no prazo de 15 (quinze) dias, a decisão da turma que, em recurso especial, divergir do julgamento de outra turma, da seção ou do órgão especial, observando-se o procedimento estabelecido no regimento interno.

Capítulo II
RECURSO ORDINÁRIO EM *HABEAS CORPUS*

Art. 30. O recurso ordinário para o Superior Tribunal de Justiça, das decisões denegatórias de *habeas corpus*, proferidas pelos Tribunais Regionais Federais ou pelos Tribunais dos Estados e do Distrito Federal, será interposto no prazo de 5 (cinco) dias, com as razões do pedido de reforma.

→ *v.* Art. 650, I do CPP.

Art. 31. Distribuído o recurso, a Secretaria, imediatamente, fará os autos com vista ao Ministério Público, pelo prazo de 2 (dois) dias.

Parágrafo único. Conclusos os autos ao relator, este submeterá o feito a julgamento independentemente de pauta.

Art. 32. Será aplicado, no que couber, ao processo e julgamento do recurso, o disposto com relação ao pedido originário de *habeas corpus*.

Capítulo III
RECURSO ORDINÁRIO EM MANDADO DE SEGURANÇA

Art. 33. O recurso ordinário para o Superior Tribunal de Justiça, das decisões denegatórias de mandado de segurança, proferidas em única instância pelos Tribunais Regionais Federais ou pelos Tribunais de Estados e do Distrito Federal, será interposto no prazo de 15 (quinze) dias, com as razões do pedido de reforma.

Art. 34. Serão aplicadas, quanto aos requisitos de admissibilidade e o procedimento no Tribunal recorrido, as regras do Código de Processo Civil relativas à apelação.

→ *v.* Lei 13.105/2015 – Novo CPC.

Art. 35. Distribuído o recurso, a Secretaria, imediatamente, fará os autos com vista ao Ministério Público, pelo prazo de 5 (cinco) dias.

Parágrafo único. Conclusos os autos ao relator, este pedirá dia para julgamento.

Capítulo IV
APELAÇÃO CÍVEL E AGRAVO DE INSTRUMENTO

Art. 36. Nas causas em que forem partes, de um lado, Estado estrangeiro ou organismo internacional e, de outro, município ou pessoa domiciliada ou residente no País, caberá:

I – apelação da sentença;

II – agravo de instrumento, das decisões interlocutórias.

Art. 37. Os recursos mencionados no artigo anterior serão interpostos para o Superior Tribunal de Justiça, aplicando-se lhes, quanto aos requisitos de admissibilidade e ao procedimento o disposto no Código de Processo Civil.

→ *v.* Arts, 496 e ss., 994 e ss., 1.009 e ss., e 1.015 e ss., do NCPC.

Título III
Disposições Gerais

Art. 38. *(Revogado pela Lei 13.105/2015, em vigor após decorrido 1 (um) ano da data de sua publicação – D.O.U. de 17.3.2015 (v. Art. 1.045 do NCPC).*

Anterior redação: Art. 38. O Relator, no Supremo Tribunal Federal ou no Superior Tribunal de Justiça, decidirá o pedido ou o recurso que haja perdido seu objetivo, bem como negará seguimento a pedido ou recurso manifestamente intempestivo, incabível ou, improcedente ou ainda, que contrariar, nas questões predominantemente de direito, Súmula do respectivo Tribunal.

Art. 39. Da decisão do Presidente do Tribunal, de Seção, de Turma ou de Relator que causar gravame à parte, caberá agravo para o órgão especial, Seção ou Turma, conforme o caso, no prazo de 5 (cinco) dias.

→ *v.* Súmula 116 do STJ.

Art. 40. Haverá revisão, no Superior Tribunal de Justiça, nos seguintes processos:

I – ação rescisória;

II – ação penal originária;

III – revisão criminal.

Art. 41. Em caso de vaga ou afastamento do Ministro do Superior Tribunal de Justiça, por prazo superior a 30 (trinta) dias, poderá ser convocado Juiz de Tribunal Regional Federal ou Desembargador, para substituição, pelo voto da maioria absoluta dos seus membros.

Art. 41-A. A decisão de Turma, no Superior Tribunal de Justiça, será tomada pelo voto da maioria absoluta de seus membros.

→ Artigo acrescentado pela Lei 9.756/1998.

Parágrafo único. Em *habeas corpus* originário ou recursal, havendo empate, prevalecerá a decisão mais favorável ao paciente.

Art. 41-B. As despesas do porte de remessa e retorno dos autos serão recolhidas mediante documento de arrecadação, de conformidade com instruções e tabela expedidas pelo Supremo Tribunal Federal e pelo Superior Tribunal de Justiça.

→ Artigo acrescentado pela Lei 9.756/1998.

Parágrafo único. A secretaria do tribunal local zelará pelo recolhimento das despesas postais.

Art. 42. Os arts. 496, 497, 498, inciso II do art. 500, e 508 da Lei 5.869, de 11 de janeiro de 1973 – Código de Processo Civil, passam a vigorar com a seguinte redação:

→ Alterações efetuadas no CPC/1973.

→ *v.* Arts, 994, 995, 997, II e 1.005, § 5º, do NCPC.

→ *v.* Arts. 1.045 e 1.046, do NCPC.

Art. 43. Esta Lei entra em vigor na data de sua publicação.

Art. 44. Revogam-se as disposições em contrário, especialmente os arts. 541 a 546 do Código de Processo Civil e a Lei 3.396, de 2 de junho de 1958.

Brasília, em 28 de maio de 1990; 169º da Independência e 102º da República.

Fernando Collor

(Publicação no *D.O.U.* 29.5.1990)

LEI 8.072,
DE 25 DE JULHO DE 1990

Dispõe sobre os crimes hediondos, nos termos do art. 5º, XLIII, da Constituição Federal, e determina outras providências.

O Presidente da República:

Faço saber que o Congresso Nacional decreta e eu sanciono a seguinte Lei:

Art. 1º São considerados hediondos os seguintes crimes, todos tipificados no Dec.-lei 2.848, de 7 de dezembro de 1940 – Código Penal, consumados ou tentados:

→ *Caput* com redação alterada pela Lei 8.930/1994.

I – homicídio (art. 121), quando praticado em atividade típica de grupo de extermínio, ainda que cometido por um só agente, e homicídio qualificado (art. 121, § 2º, incisos I, II, III, IV, V, VI e VII);

→ Inciso I com redação alterada pela Lei 13.142/2015.

I-A – lesão corporal dolosa de natureza gravíssima (art. 129, § 2º) e lesão corporal seguida de morte (art. 129, § 3º), quando praticadas contra autoridade ou agente descrito nos arts. 142 e 144 da Constituição Federal, integrantes do sistema prisional e da Força Nacional de Segurança Pública, no exercício da função ou em decorrência dela, ou contra seu cônjuge, companheiro ou parente consanguíneo até terceiro grau, em razão dessa condição;

→ Inciso I-A acrescentado pela Lei 13.142/2015.

II – latrocínio (art. 157, § 3º, *in fine*);

→ Inciso II acrescentado pela Lei 8.930/1994.

III – extorsão qualificada pela morte (art. 158, § 2º);

→ Inciso III acrescentado pela Lei 8.930/1994.

IV – extorsão mediante sequestro e na forma qualificada (art. 159, *caput* e §§ 1º, 2º e 3º);

→ Inciso IV acrescentado pela Lei 8.930/1994.

V – estupro (art. 213, *caput* e §§ 1º e 2º);

→ Inciso V com redação alterada pela Lei 12.015/2009.

VI – estupro de vulnerável (art. 217-A, *caput* e §§ 1º, 2º, 3º e 4º);

→ Inciso VI com redação alterada pela Lei 12.015/2009.

VII – epidemia com resultado morte (art. 267, § 1º);

→ Inciso VII acrescentado pela Lei 8.930/1994.

VII-A – *(Vetado)*;

→ Inciso VII-A acrescentado pela Lei 9.695/1998.

VII-B – falsificação, corrupção, adulteração ou alteração de produto destinado a fins terapêuticos ou medicinais (art. 273, *caput* e § 1º, § 1º-A e § 1º-B, com a redação dada pela Lei 9.677, de 2 de julho de 1998).

→ Inciso VII-B acrescentado pela Lei 9.695/1998.

VIII – favorecimento da prostituição ou de outra forma de exploração sexual de criança ou adolescente ou de vulnerável (art. 218-B, *caput*, e §§ 1º e 2º).

→ Inciso VIII acrescentado pela Lei 12.978/2014.

Parágrafo único. Considera-se também hediondo o crime de genocídio previsto nos arts. 1º, 2º e 3º da Lei 2.889, de 1º de outubro de 1956, tentado ou consumado.

→ Parágrafo único acrescentado pela Lei 8.930/1994.

→ *v.* Art. 7º, I, *d*, do CP.

LEGISLAÇÃO

Art. 2º Os crimes hediondos, a prática da tortura, o tráfico ilícito de entorpecentes e drogas afins e o terrorismo são insuscetíveis de:

→ *v.* Súmula Vinculante 26 do STF.

→ *v.* Arts. 33 a 37 da Lei 11.343/2006.

→ *v.* Art. 1º da Lei 9.455/1997.

→ *v.* Art. 20 da Lei 7.170/1983.

I – anistia, graça e indulto;

→ *v.* Art. 107, II, do CP.

II – fiança.

→ Inciso II com redação alterada pela Lei 11.464/2007.

§ 1º A pena por crime previsto neste artigo será cumprida inicialmente em regime fechado.

→ § 1º com redação alterada pela Lei 11.464/2007.

→ *v.* Súmula 471 do STJ.

→ *v.* Art. 112 da Lei 7.210/1984.

§ 2º A progressão de regime, no caso dos condenados aos crimes previstos neste artigo, dar-se-á após o cumprimento de 2/5 (dois quintos) da pena, se o apenado for primário, e de 3/5 (três quintos), se reincidente.

→ § 2º com redação alterada pela Lei 11.464/2007.

→ *v.* Súmula 512 do STJ.

→ *v.* Art. 66, III, *b*, da Lei 7.210/1984.

→ *v.* Art. 63 do CP.

§ 3º Em caso de sentença condenatória, o juiz decidirá fundamentadamente se o réu poderá apelar em liberdade.

→ § 3º com redação alterada pela Lei 11.464/2007.

→ *v.* Art. 5º, LVII, da CF/1988.

§ 4º A prisão temporária, sobre a qual dispõe a Lei 7.960, de 21 de dezembro de 1989, nos crimes previstos neste artigo, terá o prazo de 30 (trinta) dias, prorrogável por igual período em caso de extrema e comprovada necessidade.

→ § 4º acrescentado pela Lei 11.464/2007.

Art. 3º A União manterá estabelecimentos penais, de segurança máxima, destinados ao cumprimento de penas impostas a condenados de alta periculosidade, cuja permanência em presídios estaduais ponha em risco a ordem ou a incolumidade pública.

→ *v.* Lei 11.671/2008 – Transferência e inclusão de presos em estabelecimentos penais federais de segurança máxima.

→ *v.* Art. 86, § 1º, da Lei 7.210/1980.

Art. 4º *(Vetado).*

Art. 5º Ao art. 83 do Código Penal é acrescido o seguinte inciso:

"Art. 83. (...)

(...)

V – cumprido mais de 2/3 (dois terços) da pena, nos casos de condenação por crime hediondo, prática da tortura, tráfico ilícito de entorpecentes e drogas afins, e terrorismo, se o apenado não for reincidente específico em crimes dessa natureza."

Art. 6º Os arts. 157, § 3º; 159, *caput* e seus §§ 1º, 2º e 3º; 213; 214; 223, *caput* e seu parágrafo único; 267, *caput*, e 270, *caput*, todos do Código Penal, passam a vigorar com a seguinte redação:

→ Alterações efetuadas no CP.

Art. 7º Ao art. 159 do Código Penal fica acrescido o seguinte parágrafo:

→ Alterações efetuadas no CP.

Art. 8º Será de 3 (três) a 6 (seis) anos de reclusão a pena prevista no art. 288 do Código Penal, quando se tratar de crimes hediondos, prática de tortura, tráfico ilícito de entorpecentes e drogas afins ou terrorismo.

→ *v.* Art. 35 da Lei 11.343/2006.

Parágrafo único. O participante e o associado que denunciar à autoridade o bando ou quadrilha, possibilitando seu desmantelamento, terá a pena reduzida de 1 (um) a 2/3 (dois terços).

Art. 9º As penas fixadas no art. 6º para os crimes capitulados nos arts. 157, § 3º, 158, § 2º, 159, *caput* e seus §§ 1º, 2º e 3º, 213, *caput*, e sua combinação com o art. 223, *caput* e parágrafo único, 214 e sua combinação com o art. 223, *caput* e parágrafo único, todos do Código Penal, são acrescidas de metade, respeitado o limite superior de 30 (trinta) anos de reclusão, estando a vítima em qualquer das hipóteses referidas no art. 224 também do Código Penal.

→ Os arts. 214, 223, *caput*, parágrafo único, e 224 do CP foram revogados pela Lei 12.015/2009.

Art. 10. O art. 35 da Lei 6.368, de 21 de outubro de 1976, passa a vigorar acrescido de parágrafo único, com a seguinte redação:

→ Referida Lei 6.368/1976 foi revogada pela Lei 11.343/2006.

"Art. 35. (...)

Parágrafo único. Os prazos procedimentais deste Capítulo serão contados em dobro quando se tratar dos crimes previstos nos arts. 12, 13 e 14."

Art. 11. *(Vetado).*

Art. 12. Esta Lei entra em vigor na data de sua publicação.

Art. 13. Revogam-se as disposições em contrário.

Brasília, em 25 de julho de 1990; 169º da Independência e 102º da República.

Fernando Collor

(Publicação no *D.O.U.* de 26.7.1990)

LEI 8.112,
DE 11 DE DEZEMBRO DE 1990

Dispõe sobre o Regime Jurídico dos Servidores Públicos Civis da União, das autarquias e das fundações públicas federais.

O Presidente da República:

Faço saber que o Congresso Nacional decreta e eu sanciono a seguinte Lei:

Título I
Capítulo Único
DAS DISPOSIÇÕES PRELIMINARES

Art. 1º Esta Lei institui o Regime Jurídico dos Servidores Públicos Civis da União, das autarquias, inclusive as em regime especial, e das fundações públicas federais.

→ *v.* Lei 9.962/2000 – Regime de emprego público do pessoal da Administração federal direta, autárquica e fundacional.

Art. 2º Para os efeitos desta Lei, servidor é a pessoa legalmente investida em cargo público.

Art. 3º Cargo público é o conjunto de atribuições e responsabilidades previstas na estrutura organizacional que devem ser cometidas a um servidor.

→ *v.* Art. 37, I, da CF/1988.

Parágrafo único. Os cargos públicos, acessíveis a todos os brasileiros, são criados por lei, com denominação própria e vencimento pago pelos cofres públicos, para provimento em caráter efetivo ou em comissão.

→ *v.* Arts. 48, X, 61, § 1º, II, *a*, e 84, VI, *b*, da CF/1988.

Art. 4º É proibida a prestação de serviços gratuitos, salvo os casos previstos em lei.

Título II
Do provimento, vacância, remoção, redistribuição e substituição

Capítulo I
DO PROVIMENTO

Seção I
Disposições gerais

Art. 5º São requisitos básicos para investidura em cargo público:

I – a nacionalidade brasileira;

→ *v.* Art. 12, § 3º, da CF/1988.

II – o gozo dos direitos políticos;

III – a quitação com as obrigações militares e eleitorais;

IV – o nível de escolaridade exigido para o exercício do cargo;

V – a idade mínima de dezoito anos;

VI – aptidão física e mental.

§ 1º As atribuições do cargo podem justificar a exigência de outros requisitos estabelecidos em lei.

§ 2º Às pessoas portadoras de deficiência é assegurado o direito de se inscreverem em concurso público para provimento de cargo cujas atribuições sejam compatíveis com a deficiência de que são portadoras; para tais pessoas serão reservadas até 20% (vinte por cento) das vagas oferecidas no concurso.

→ *v.* Art. 37, VIII, da CF/1988.

→ *v.* Art. 27, § 1º, do Decreto 3.298/1999.

§ 3º As universidades e instituições de pesquisa científica e tecnológica federais poderão prover seus cargos com professores, técnicos e cientistas estrangeiros, de acordo com as normas e os procedimentos desta Lei.

→ § 3º acrescentado pela Lei 9.515/1997.

→ *v.* Art. 207, §§ 1º e 2º, da CF/1988.

Art. 6º O provimento dos cargos públicos far-se-á mediante ato da autoridade competente de cada Poder.

Art. 7º A investidura em cargo público ocorrerá com a posse.

→ *v.* Art. 13, § 6º, da Lei 8.112/1990.

Art. 8º São formas de provimento de cargo público:

I – nomeação;

II – promoção;

III – *(Revogado pela Lei 9.527/1997)*;

IV – *(Revogado pela Lei 9.527/1997)*;

V – readaptação;

VI – reversão;

VII – aproveitamento;

VIII – reintegração;

IX – recondução.

Seção II
Da nomeação

Art. 9º A nomeação far-se-á:

I – em caráter efetivo, quando se tratar de cargo isolado de provimento efetivo ou de carreira;

II – em comissão, inclusive na condição de interino, para cargos de confiança vagos.

→ Inciso II com redação alterada pela Lei 9.527/1997.

Parágrafo único. O servidor ocupante de cargo em comissão ou de natureza especial poderá ser nomeado para ter exercício, interinamente, em outro cargo de confiança, sem prejuízo das atribuições do que atualmente ocupa, hipótese em que deverá optar pela remuneração de um deles durante o período da interinidade.

→ Parágrafo único com redação alterada pela Lei 9.527/1997.

Art. 10. A nomeação para cargo de carreira ou cargo isolado de provimento efetivo depende de prévia habilitação em concurso público de provas ou de provas e títulos, obedecidos a ordem de classificação e o prazo de sua validade.

Parágrafo único. Os demais requisitos para o ingresso e o desenvolvimento do servidor na carreira, mediante promoção, serão estabelecidos pela lei que fixar as diretrizes do sistema de carreira na Administração Pública Federal e seus regulamentos.

→ Parágrafo único com redação alterada pela Lei 9.527/1997.

Seção III
Do concurso público

→ *v.* Art. 37, II, da CF/1988.

Art. 11. O concurso será de provas ou de provas e títulos, podendo ser realizado em duas etapas, conforme dispuserem a lei e o regulamento do respectivo plano de carreira, condicionada a inscrição do candidato ao pagamento do valor fixado no edital, quando indispensável ao seu custeio, e ressalvadas as hipóteses de isenção nele expressamente previstas.

→ Artigo com redação alterada pela Lei 9.527/1997.

→ *v.* Decreto 6.593/2008 – Regulamenta o art. 11 da Lei 8.112/1990.

Art. 12. O concurso público terá validade de até 2 (dois) anos, podendo ser prorrogada uma única vez, por igual período.

→ *v.* Art. 37, III, da CF/1988.

§ 1º O prazo de validade do concurso e as condições de sua realização serão fixados em edital, que será publicado no Diário Oficial da União e em jornal diário de grande circulação.

§ 2º Não se abrirá novo concurso enquanto houver candidato aprovado em concurso anterior com prazo de validade não expirado.

→ *v.* Art. 37, IV, da CF/1988.

Seção IV
Da posse e do exercício

Art. 13. A posse dar-se-á pela assinatura do respectivo termo, no qual deverão constar as atribuições, os deveres, as responsabilidades e os direitos inerentes ao cargo ocupado, que não poderão ser alterados unilateralmente, por qualquer das partes, ressalvados os atos de ofício previstos em lei.

§ 1º A posse ocorrerá no prazo de 30 (trinta) dias contados da publicação do ato de provimento.

→ § 1º com redação alterada pela Lei 9.527/1997.

§ 2º Em se tratando de servidor, que esteja na data de publicação do ato de provimento, em licença prevista nos incisos I, III e V do art. 81, ou afastado nas hipóteses dos incisos I, IV, VI, VIII, alíneas *a*, *b*, *d*, *e* e *f*, IX e X do art. 102, o prazo será contado do término do impedimento.

→ § 2º com redação alterada pela Lei 9.527/1997.

§ 3º A posse poderá dar-se mediante procuração específica.

§ 4º Só haverá posse nos casos de provimento de cargo por nomeação.

→ § 4º com redação alterada pela Lei 9.527/1997.

§ 5º No ato da posse, o servidor apresentará declaração de bens e valores que constituem seu patrimônio e declaração quanto ao exercício ou não de outro cargo, emprego ou função pública.

→ *v.* Art. 13 da Lei 8.429/1992.

§ 6º Será tornado sem efeito o ato de provimento se a posse não ocorrer no prazo previsto no § 1º deste artigo.

Art. 14. A posse em cargo público dependerá de prévia inspeção médica oficial.

Parágrafo único. Só poderá ser empossado aquele que for julgado apto física e mentalmente para o exercício do cargo.

Art. 15. Exercício é o efetivo desempenho das atribuições do cargo público ou da função de confiança.

→ Artigo com redação alterada pela Lei 9.527/1997.

§ 1º É de 15 (quinze) dias o prazo para o servidor empossado em cargo público entrar em exercício, contados da data da posse.

§ 2º O servidor será exonerado do cargo ou será tornado sem efeito o ato de sua designação para função de confiança, se não entrar em exercício nos prazos previstos neste artigo, observado o disposto no art. 18.

§ 3º À autoridade competente do órgão ou entidade para onde for nomeado ou designado o servidor compete dar-lhe exercício.

§ 4º O início do exercício de função de confiança coincidirá com a data de publicação do ato de designação, salvo quando o servidor estiver em licença ou afastado por qualquer outro motivo legal, hipótese em que recairá no primeiro dia útil após o término do impedimento, que não poderá exceder a 30 (trinta) dias da publicação.

Art. 16. O início, a suspensão, a interrupção e o reinício do exercício serão registrados no assentamento individual do servidor.

Parágrafo único. Ao entrar em exercício, o servidor apresentará ao órgão competente os elementos necessários ao seu assentamento individual.

Art. 17. A promoção não interrompe o tempo de exercício, que é contado no novo posicionamento na carreira a partir da data de publicação do ato que promover o servidor.

→ Artigo com redação alterada pela Lei 9.527/1997.

Art. 18. O servidor que deva ter exercício em outro município em razão de ter sido removido, redistribuído, requisitado, cedido ou posto em exercício provisório terá, no mínimo, 10 (dez) e, no máximo, 30 (trinta) dias de prazo, contados da publicação do ato, para a retomada do efetivo desempenho das atribuições do cargo, incluído nesse prazo o tempo necessário para o deslocamento para a nova sede.

→ *Caput* com redação alterada pela Lei 9.527/1997.

§ 1º Na hipótese de o servidor encontrar-se em licença ou afastado legalmente, o prazo a que se refere este artigo será contado a partir do término do impedimento.

→ Anterior parágrafo único renumerado para § 1º e com redação alterada pela Lei 9.527/1997.

§ 2º É facultado ao servidor declinar dos prazos estabelecidos no *caput*.

→ § 2º acrescentado pela Lei 9.527/1997.

Art. 19. Os servidores cumprirão jornada de trabalho fixada em razão das atribuições pertinentes aos respectivos cargos, respeitada a duração máxima do trabalho semanal de 40 (quarenta) horas e observados os limites mínimo e máximo de 6 (seis) horas e 8 (oito) horas diárias, respectivamente.

→ *Caput* com redação alterada pela Lei 8.270/1991.

§ 1º O ocupante do cargo em comissão ou função de confiança submete-se a regime de integral dedicação ao serviço, observado o disposto no art. 120, podendo ser convocado sempre que houver interesse da Administração.

→ § 1º com redação alterada pela Lei 9.527/1997.

§ 2º O disposto neste artigo não se aplica a duração de trabalho estabelecida em leis especiais.

→ § 2º acrescentado pela Lei 8.270/1991.

Art. 20. Ao entrar em exercício, o servidor nomeado para cargo de provimento efetivo ficará sujeito a estágio probatório por período de 24 (vinte e quatro) meses, durante o qual a sua aptidão e capacidade serão objeto de avaliação para o desempenho do cargo, observados os seguintes fatores:

→ *v.* Art. 41 da CF/1998.

I – assiduidade;

II – disciplina;

III – capacidade de iniciativa;

IV – produtividade;

V – responsabilidade.

§ 1º 4 (quatro) meses antes de findo o período do estágio probatório, será submetida à homologação da autoridade competente a avaliação do desempenho do servidor, realizada por comissão constituída para essa finalidade, de acordo com o que dispuser a lei ou o regulamento da respectiva carreira ou cargo, sem prejuízo da continuidade de apuração dos fatores enumerados nos incisos I a V do *caput* deste artigo.

→ § 1º com redação alterada pela Lei 11.784/2008.

§ 2º O servidor não aprovado no estágio probatório será exonerado ou, se estável, reconduzido ao cargo anteriormente ocupado, observado o disposto no parágrafo único do art. 29.

§ 3º O servidor em estágio probatório poderá exercer quaisquer cargos de provimento em comissão ou funções de direção, chefia ou assessoramento no órgão ou entidade de lotação, e somente poderá ser cedido a outro órgão ou entidade para ocupar cargos de Natureza Especial, cargos de provimento em comissão do Grupo-Direção e Assessoramento Superiores – DAS, de níveis 6, 5 e 4, ou equivalentes.

→ § 3º acrescentado pela Lei 9.527/1997.

§ 4º Ao servidor em estágio probatório somente poderão ser concedidas as licenças e os afastamentos previstos nos arts. 81, incisos I a IV, 94, 95 e 96, bem assim afastamento para participar de curso de formação decorrente de aprovação em concurso para outro cargo na Administração Pública Federal.

→ § 4º acrescentado pela Lei 9.527/1997.

§ 5º O estágio probatório ficará suspenso durante as licenças e os afastamentos previstos nos arts. 83, 84, § 1º, 86 e 96, bem assim na hipótese de participação em curso de formação, e será retomado a partir do término do impedimento.

→ § 5º acrescentado pela Lei 9.527/1997.

Seção V
Da estabilidade

Art. 21. O servidor habilitado em concurso público e empossado em cargo de provimento efetivo adquirirá estabilidade no serviço público ao completar 2 (dois) anos de efetivo exercício.

→ *v.* Art. 6º da Emenda Constitucional 19/1998.

Art. 22. O servidor estável só perderá o cargo em virtude de sentença judicial transitada em julgado ou de processo administrativo disciplinar no qual lhe seja assegurada ampla defesa.

→ *v.* Art. 41, § 1º, I e II, da CF/1988.

Seção VI
Da transferência

Art. 23. *(Revogado pela Lei 9.527/1997).*

Seção VII
Da readaptação

Art. 24. Readaptação é a investidura do servidor em cargo de atribuições e responsabilidades compatíveis com a limitação que tenha sofrido em sua capacidade física ou mental verificada em inspeção médica.

§ 1º Se julgado incapaz para o serviço público, o readaptando será aposentado.

§ 2º A readaptação será efetivada em cargo de atribuições afins, respeitada a habilitação exigida, nível de escolaridade e equivalência de vencimentos e, na hipótese de inexistência de cargo vago, o servidor exercerá suas atribuições como excedente, até a ocorrência de vaga.

→ § 2º com redação alterada pela Lei 9.527/1997.

Seção VIII
Da reversão

→ *v.* Decreto 3.644/2000 – Regulamenta o instituto da reversão.

→ *v.* Arts. 2º, IX, 6º, parágrafo único, 12, 17 e 21 da Lei 8.059/1990.

→ *v.* Arts. 1º, § 3º, da Lei 6.683/1979.

Art. 25. Reversão é o retorno à atividade de servidor aposentado:

→ Artigo com redação alterada pela MP 2.225-45/2001.

I – por invalidez, quando junta médica oficial declarar insubsistentes os motivos da aposentadoria; ou

II – no interesse da administração, desde que:

a) tenha solicitado a reversão;

b) a aposentadoria tenha sido voluntária;

c) estável quando na atividade;

d) a aposentadoria tenha ocorrido nos 5 (cinco) anos anteriores à solicitação;

e) haja cargo vago.

§ 1º A reversão far-se-á no mesmo cargo ou no cargo resultante de sua transformação.

§ 2º O tempo em que o servidor estiver em exercício será considerado para concessão da aposentadoria.

§ 3º No caso do inciso I, encontrando-se provido o cargo, o servidor exercerá suas atribuições como excedente, até a ocorrência de vaga.

§ 4º O servidor que retornar à atividade por interesse da administração perceberá, em substituição aos proventos da aposentadoria, a remuneração do cargo que voltar a exercer, inclusive com as vantagens de natureza pessoal que percebia anteriormente à aposentadoria.

§ 5º O servidor de que trata o inciso II somente terá os proventos calculados com base nas regras atuais se permanecer pelo menos 5 (cinco) anos no cargo.

§ 6º O Poder Executivo regulamentará o disposto neste artigo.

Art. 26. Art. 26. A reversão far-se-á no mesmo cargo ou no cargo resultante de sua transformação.

→ Artigo com eficácia suspensa pela MP 2.225-45/2001.

Parágrafo único. Encontrando-se provido o cargo, o servidor exercerá suas atribuições como excedente, até a ocorrência de vaga.

Art. 27. Não poderá reverter o aposentado que já tiver completado 70 (setenta) anos de idade.

Seção IX
Da reintegração

→ *v.* Art. 41, § 2º, da CF/1988.

Art. 28. A reintegração é a reinvestidura do servidor estável no cargo anteriormente ocupado, ou no cargo resultante de sua transformação, quando invalidada a sua demissão por decisão administrativa ou judicial, com ressarcimento de todas as vantagens.

§ 1º Na hipótese de o cargo ter sido extinto, o servidor ficará em disponibilidade, observado o disposto nos arts. 30 e 31.

§ 2º Encontrando-se provido o cargo, o seu eventual ocupante será reconduzido ao cargo de origem, sem direito à indenização ou aproveitado em outro cargo, ou, ainda, posto em disponibilidade.

Seção X
Da recondução

→ *v.* Art. 41, § 2º, da CF/1988.

Art. 29. Recondução é o retorno do servidor estável ao cargo anteriormente ocupado e decorrerá de:

I – inabilitação em estágio probatório relativo a outro cargo;

II – reintegração do anterior ocupante.

Parágrafo único. Encontrando-se provido o cargo de origem, o servidor será aproveitado em outro, observado o disposto no art. 30.

Seção XI
Da disponibilidade e do aproveitamento

→ *v.* Art. 41, § 3º, da CF/1988.

→ *v.* Art. 4º, § 3º, da Lei 9.468/1997.

→ *v.* Arts. 8º, § 9º, II, e art. 9º, parágrafo único, da Lei 8.027/1990.

Art. 30. O retorno à atividade de servidor em disponibilidade far-se-á mediante aproveitamento obrigatório em cargo de atribuições e vencimentos compatíveis com o anteriormente ocupado.

Art. 31. O órgão central do Sistema de Pessoal Civil determinará o imediato aproveitamento de servidor em disponibilidade em vaga que vier a ocorrer nos órgãos ou entidades da Administração Pública Federal.

Parágrafo único. Na hipótese prevista no § 3º do art. 37, o servidor posto em disponibilidade poderá ser mantido sob responsabilidade do órgão central do Sistema de Pessoal Civil da Administração Federal – Sipec, até o seu adequado aproveitamento em outro órgão ou entidade.

→ Parágrafo único acrescentado pela Lei 9.527/1997.

Art. 32. Será tornado sem efeito o aproveitamento e cassada a disponibilidade se o servidor não entrar em exercício no prazo legal, salvo doença comprovada por junta médica oficial.

Capítulo II
DA VACÂNCIA

Art. 33. A vacância do cargo público decorrerá de:

I – exoneração;

II – demissão;

III – promoção;

IV – *(Revogado pela Lei 9.527/1997)*;

V – *(Revogado pela Lei 9.527/1997)*;

VI – readaptação;

VII – aposentadoria;

VIII – posse em outro cargo inacumulável;

IX – falecimento.

Art. 34. A exoneração de cargo efetivo dar-se-á a pedido do servidor, ou de ofício.

Parágrafo único. A exoneração de ofício dar-se-á:

→ *v.* Arts. 41, § 1º, III, e 169, §§ 3º e 4º, da CF/1988.

→ *v.* Lei 9.801/1999 – Normas gerais para perda de cargo público por excesso de despesa.

I – quando não satisfeitas as condições do estágio probatório;

II – quando, tendo tomado posse, o servidor não entrar em exercício no prazo estabelecido.

Art. 35. A exoneração de cargo em comissão e a dispensa de função de confiança dar-se-á:

→ *Caput* com redação alterada pela Lei 9.527/1997.

I – a juízo da autoridade competente;

II – a pedido do próprio servidor.

Parágrafo único. *(Revogado pela Lei 9.527/1997).*

Capítulo III
DA REMOÇÃO E DA REDISTRIBUIÇÃO

Seção I
Da remoção

→ *v.* Arts. 12, 17, 44, § 5º, 45, § 3º e 58, § 1º, da Lei 11.440/2006.

→ *v.* Art. 1º da Lei 9.536/1997.

→ *v.* Art. 73, *V*, da Lei 9.504/1997.

Art. 36. Remoção é o deslocamento do servidor, a pedido ou de ofício, no âmbito do mesmo quadro, com ou sem mudança de sede.

Parágrafo único. Para fins do disposto neste artigo, entende-se por modalidades de remoção:

→ Parágrafo único com redação alterada pela Lei 9.527/1997.

I – de ofício, no interesse da Administração;

II – a pedido, a critério da Administração;

III – a pedido, para outra localidade, independentemente do interesse da Administração:

a) para acompanhar cônjuge ou companheiro, também servidor público civil ou militar, de qualquer dos Poderes da União, dos Estados, do Distrito Federal e dos Municípios, que foi deslocado no interesse da Administração;

b) por motivo de saúde do servidor, cônjuge, companheiro ou dependente que viva às suas expensas e conste do seu assentamento funcional, condicionada à comprovação por junta médica oficial;

c) em virtude de processo seletivo promovido, na hipótese em que o número de interessados for superior ao número de vagas, de acordo com normas preestabelecidas pelo órgão ou entidade em que aqueles estejam lotados.

Seção II
Da redistribuição

→ *v.* Art. 6º, parágrafo único, da Lei 10.871/2004.

Art. 37. Redistribuição é o deslocamento de cargo de provimento efetivo, ocupado ou vago no âmbito do quadro geral de pessoal, para outro órgão ou entidade do mesmo Poder, com prévia apreciação do órgão central do Sipec, observados os seguintes preceitos:

→ Artigo com redação alterada pela Lei 9.527/1997.

I – interesse da administração;

II – equivalência de vencimentos;

III – manutenção da essência das atribuições do cargo;

IV – vinculação entre os graus de responsabilidade e complexidade das atividades;

V – mesmo nível de escolaridade, especialidade ou habilitação profissional;

VI – compatibilidade entre as atribuições do cargo e as finalidades institucionais do órgão ou entidade.

§ 1º A redistribuição ocorrerá ex officio para ajustamento de lotação e da força de trabalho às necessidades dos serviços, inclusive nos casos de reorganização, extinção ou criação de órgão ou entidade.

§ 2º A redistribuição de cargos efetivos vagos se dará mediante ato conjunto entre o órgão central do Sipec e os órgãos e entidades da Administração Pública Federal envolvidos.

§ 3º Nos casos de reorganização ou extinção de órgão ou entidade, extinto o cargo ou declarada sua desnecessidade no órgão ou entidade, o servidor estável que não for redistribuído será colocado em disponibilidade, até seu aproveitamento na forma dos arts. 30 e 31.

§ 4º O servidor que não for redistribuído ou colocado em disponibilidade poderá ser mantido sob responsabilidade do órgão central do Sipec, e ter exercício provisório, em outro órgão ou entidade, até seu adequado aproveitamento.

Capítulo IV
DA SUBSTITUIÇÃO

→ *v.* Art. 1º, I a VII, do Decreto 6.532/2008.

Art. 38. Os servidores investidos em cargo ou função de direção ou chefia e os ocupantes de cargo de Natureza Especial terão substitutos indicados no regimento interno ou, no caso de omissão, previamente designados pelo dirigente máximo do órgão ou entidade.

→ Artigo com redação alterada pela Lei 9.527/1997.

§ 1º O substituto assumirá automática e cumulativamente, sem prejuízo do cargo que ocupa, o exercício do cargo ou função de direção ou chefia e os de Natureza Especial, nos afastamentos, impedimentos legais ou regulamentares do titular e na vacância do cargo, hipóteses em que deverá optar pela remuneração de um deles durante o respectivo período.

§ 2º O substituto fará jus à retribuição pelo exercício do cargo ou função de direção ou chefia ou de cargo de Natureza Especial, nos casos dos afastamentos ou impedimentos legais do titular, superiores a 30 (trinta) dias consecutivos, paga na proporção dos dias de efetiva substituição, que excederem o referido período.

Art. 39. O disposto no artigo anterior aplica-se aos titulares de unidades administrativas organizadas em nível de assessoria.

Título III
Dos direitos e vantagens

Capítulo I
DO VENCIMENTO E DA REMUNERAÇÃO

Art. 40. Vencimento é a retribuição pecuniária pelo exercício de cargo público, com valor fixado em lei.

Parágrafo único. (*Revogado pela Lei 11.784/2008*).

Art. 41. Remuneração é o vencimento do cargo efetivo, acrescido das vantagens pecuniárias permanentes estabelecidas em lei.

§ 1º A remuneração do servidor investido em função ou cargo em comissão será paga na forma prevista no art. 62.

§ 2º O servidor investido em cargo em comissão de órgão ou entidade diversa da de sua lotação receberá a remuneração de acordo com o estabelecido no § 1º do art. 93.

§ 3º O vencimento do cargo efetivo, acrescido das vantagens de caráter permanente, é irredutível.

§ 4º É assegurada a isonomia de vencimentos para cargos de atribuições iguais ou assemelhadas do mesmo Poder, ou entre servidores dos três Poderes, ressalvadas as vantagens de caráter individual e as relativas à natureza ou ao local de trabalho.

§ 5º Nenhum servidor receberá remuneração inferior ao salário mínimo.

→ § 5º acrescentado pela Lei 11.784/2008.

Art. 42. Nenhum servidor poderá perceber, mensalmente, a título de remuneração, importância superior à soma dos valores percebidos como remuneração, em espécie, a qualquer título, no âmbito dos respectivos Poderes, pelos Ministros de Estado, por membros do Congresso Nacional e Ministros do Supremo Tribunal Federal.

→ *v.* Art. 37, XII, da CF/1988.

Parágrafo único. Excluem-se do teto de remuneração as vantagens previstas nos incisos II a VII do art. 61.

Art. 43. (*Revogado pela Lei 9.624/1998*).

Art. 44. O servidor perderá:

I – a remuneração do dia em que faltar ao serviço, sem motivo justificado;

→ Inciso I com redação alterada pela Lei 9.527/1997.

II – a parcela de remuneração diária, proporcional aos atrasos, ausências justificadas, ressalvadas as concessões de que trata o art. 97, e saídas antecipadas, salvo na hipótese de compensação de horário, até o mês subsequente ao da ocorrência, a ser estabelecida pela chefia imediata;

→ Inciso II com redação alterada pela Lei 9.527/1997.

Parágrafo único. As faltas justificadas decorrentes de caso fortuito ou de força maior poderão ser compensadas a critério da chefia imediata, sendo assim consideradas como efetivo exercício.

→ Parágrafo único acrescentado pela Lei 9.527/1997.

Art. 45. Salvo por imposição legal, ou mandado judicial, nenhum desconto incidirá sobre a remuneração ou provento.

→ *v.* Decreto 6.386/2008 – Regulamenta o art. 45 da Lei 8.112/1990.

§ 1º Mediante autorização do servidor, poderá haver consignação em folha de pagamento em favor de terceiros, a critério da administração e com reposição de custos, na forma definida em regulamento.

→ Anterior parágrafo único renumerado para § 1º pela Lei 13.172/2015.

§ 2º O total de consignações facultativas de que trata o § 1º não excederá a 35% (trinta e cinco por cento) da remuneração mensal, sendo 5% (cinco por cento) reservados exclusivamente para:

→ § 2º acrescentado pela Lei 13.172/2015.

I – a amortização de despesas contraídas por meio de cartão de crédito; ou

II – a utilização com a finalidade de saque por meio do cartão de crédito.

Art. 46. As reposições e indenizações ao erário, atualizadas até 30 de junho de 1994, serão previamente comunicadas ao servidor ativo, aposentado ou ao pensionista, para pagamento, no prazo máximo de 30 (trinta) dias, podendo ser parceladas, a pedido do interessado.

→ Artigo com redação alterada pela MP 2.225-45/2001.

§ 1º O valor de cada parcela não poderá ser inferior ao correspondente a 10% (dez por cento) da remuneração, provento ou pensão.

§ 2º Quando o pagamento indevido houver ocorrido no mês anterior ao do processamento da folha, a reposição será feita imediatamente, em uma única parcela.

§ 3º Na hipótese de valores recebidos em decorrência de cumprimento a decisão liminar, a tutela antecipada ou a sentença que venha a ser revogada ou rescindida, serão eles atualizados até a data da reposição.

Art. 47. O servidor em débito com o erário, que for demitido, exonerado ou que tiver sua aposentadoria ou disponibilidade cassada, terá o prazo de 60 (sessenta) dias para quitar o débito.

→ Artigo com redação alterada pela MP 2.225-45/2001.

Parágrafo único. A não quitação do débito no prazo previsto implicará sua inscrição em dívida ativa.

Art. 48. O vencimento, a remuneração e o provento não serão objeto de arresto, sequestro ou penhora, exceto nos casos de prestação de alimentos resultante de decisão judicial.

Capítulo II
DAS VANTAGENS

Art. 49. Além do vencimento, poderão ser pagas ao servidor as seguintes vantagens:

I – indenizações;

II – gratificações;

III – adicionais.

§ 1º As indenizações não se incorporam ao vencimento ou provento para qualquer efeito.

§ 2º As gratificações e os adicionais incorporam-se ao vencimento ou provento, nos casos e condições indicados em lei.

Art. 50. As vantagens pecuniárias não serão computadas, nem acumuladas, para efeito de concessão de quaisquer outros acréscimos pecuniários ulteriores, sob o mesmo título ou idêntico fundamento.

Seção I
Das indenizações

Art. 51. Constituem indenizações ao servidor:

I – ajuda de custo;

II – diárias;

III – transporte;

→ Inciso III com redação alterada pela Lei 11.355/2006.

IV – auxílio-moradia.

→ Inciso IV acrescentado pela Lei 11.355/2006.

Art. 52. Os valores das indenizações estabelecidas nos incisos I a III do art. 51 desta Lei, assim como as condições para a sua concessão, serão estabelecidos em regulamento.

→ Artigo com redação alterada pela Lei 11.355/2006.

Subseção I
Da ajuda de custo

Art. 53. A ajuda de custo destina-se a compensar as despesas de instalação do servidor que, no interesse do serviço, passar a ter exercício em nova sede, com mudança de domicílio em caráter permanente, vedado o duplo pagamento de indenização, a qualquer tempo, no caso de o cônjuge ou companheiro que detenha também a condição de servidor, vier a ter exercício na mesma sede.

→ *Caput* com redação alterada pela Lei 9.527/1997.

§ 1º Correm por conta de administração as despesas de transporte do servidor e de sua família, compreendendo passagem, bagagem e bens pessoais.

§ 2º À família do servidor que falecer na nova sede são assegurados ajuda de custo e transporte para a localidade de origem, dentro do prazo de 1 (um) ano, contado do óbito.

§ 3º Não será concedida ajuda de custo nas hipóteses de remoção previstas nos incisos II e III do parágrafo único do art. 36.

→ § 3º acrescentado pela Lei 12.998/2014.

Art. 54. A ajuda de custo é calculada sobre a remuneração do servidor, conforme se dispuser em regulamento, não podendo exceder a importância correspondente a 3 (três) meses.

Art. 55. Não será concedida ajuda de custo ao servidor que se afastar do cargo, ou reassumi-lo, em virtude de mandato eletivo.

Art. 56. Será concedida ajuda de custo àquele que, não sendo servidor da União, for nomeado para cargo em comissão, com mudança de domicílio.

Parágrafo único. No afastamento previsto no inciso I do art. 93, a ajuda de custo será paga pelo órgão cessionário, quando cabível.

Art. 57. O servidor ficará obrigado a restituir a ajuda de custo quando, injustificadamente, não se apresentar na nova sede no prazo de 30 (trinta) dias.

Subseção II
Das diárias

Art. 58. O servidor que, a serviço, afastar-se da sede em caráter eventual ou transitório para outro ponto do território nacional ou para o exterior, fará jus a passagens e diárias destinadas a indenizar as parcelas de despesas extraordinária com pousada, alimentação e locomoção urbana, conforme dispuser em regulamento.

→ *Caput* com redação alterada pela Lei 9.527/1997.

§ 1º A diária será concedida por dia de afastamento, sendo devida pela metade quando o deslocamento não exigir pernoite fora da sede, ou quando a União custear, por meio diverso, as despesas extraordinárias cobertas por diárias.

→ § 1º com redação alterada pela Lei 9.527/1997.

§ 2º Nos casos em que o deslocamento da sede constituir exigência permanente do cargo, o servidor não fará jus a diárias.

§ 3º Também não fará jus a diárias o servidor que se deslocar dentro da mesma região metropolitana, aglomeração urbana ou microrregião, constituídas por municípios limítrofes e regularmente instituídas, ou em áreas de controle integrado mantidas com países limítrofes, cuja jurisdição e competência dos órgãos, entidades e servidores brasileiros considera-se estendida, salvo se houver pernoite fora da sede, hipóteses em que as diárias pagas serão sempre as fixadas para os afastamentos dentro do território nacional.

→ § 3º acrescentado pela Lei 9.527/1997.

Art. 59. O servidor que receber diárias e não se afastar da sede, por qualquer motivo, fica obrigado a restituí-las integralmente, no prazo de 5 (cinco) dias.

Parágrafo único. Na hipótese de o servidor retornar à sede em prazo menor do que o previsto para o seu afastamento, restituirá as diárias recebidas em excesso, no prazo previsto no *caput*.

Subseção III
Da indenização de transporte

Art. 60. Conceder-se-á indenização de transporte ao servidor que realizar despesas com a utilização de meio próprio de locomoção para a execução de serviços externos, por força das atribuições próprias do cargo, conforme se dispuser em regulamento.

Subseção IV
Do auxílio-moradia

→ Subseção IV acrescentada pela Lei 11.355/2006.

Art. 60-A. O auxílio-moradia consiste no ressarcimento das despesas comprovadamente realizadas pelo servidor com aluguel de moradia ou com meio de hospedagem administrado por empresa hoteleira, no prazo de 1 (um) mês após a comprovação da despesa pelo servidor.

→ Artigo acrescentado pela Lei 11.355/2006.

Art. 60-B. Conceder-se-á auxílio-moradia ao servidor se atendidos os seguintes requisitos:

→ *Caput* acrescentado pela Lei 11.355/2006.

I – não exista imóvel funcional disponível para uso pelo servidor;

→ Inciso I acrescentado pela Lei 11.355/2006.

II – o cônjuge ou companheiro do servidor não ocupe imóvel funcional;

→ Inciso II acrescentado pela Lei 11.355/2006.

III – o servidor ou seu cônjuge ou companheiro não seja ou tenha sido proprietário, promitente comprador, cessionário ou promitente cessionário de imóvel no Município aonde for exercer o cargo, incluída a hipótese de lote edificado sem averbação de construção, nos 12 (doze) meses que antecederem a sua nomeação;

→ Inciso III acrescentado pela Lei 11.355/2006.

IV – nenhuma outra pessoa que resida com o servidor receba auxílio-moradia;

→ Inciso IV acrescentado pela Lei 11.355/2006.

V – o servidor tenha se mudado do local de residência para ocupar cargo em comissão ou função de confiança do Grupo-Direção e Assessoramento Superiores – DAS, níveis 4, 5 e 6, de Natureza Especial, de Ministro de Estado ou equivalentes;

→ Inciso V acrescentado pela Lei 11.355/2006.

VI – o Município no qual assuma o cargo em comissão ou função de confiança não se enquadre nas hipóteses previstas no § 3º do art. 58 desta Lei, em relação ao local de residência ou domicílio do servidor;

→ Inciso VI acrescentado pela Lei 11.355/2006.

VII – o servidor não tenha sido domiciliado ou tenha residido no Município, nos últimos 12 (doze) meses, aonde for exercer o cargo em comissão ou função de confiança, desconsiderando-se prazo inferior a 60 (sessenta) dias dentro desse período; e

→ Inciso VII acrescentado pela Lei 11.355/2006.

VIII – o deslocamento não tenha sido por força de alteração de lotação ou nomeação para cargo efetivo.

→ Inciso VIII acrescentado pela Lei 11.355/2006.

IX – o deslocamento tenha ocorrido após 30 de junho de 2006.

→ Inciso IX acrescentado pela Lei 11.490/2007.

Parágrafo único. Para fins do disposto no inciso VII do *caput* deste artigo, não será considerado o prazo no qual o servidor estava ocupando outro cargo em comissão relacionado no inciso V do *caput* deste artigo.

→ Parágrafo único acrescentado pela Lei 11.355/2006.

Art. 60-C. *(Revogado pela Lei 12.998/2014).*

Art. 60-D. O valor mensal do auxílio-moradia é limitado a 25% (vinte e cinco por cento) do valor do cargo em comissão, função comissionada ou cargo de Ministro de Estado ocupado.

→ Artigo acrescentado pela Lei 11.784/2008.

§ 1º O valor do auxílio-moradia não poderá superar 25% (vinte e cinco por cento) da remuneração de Ministro de Estado.

§ 2º Independentemente do valor do cargo em comissão ou função comissionada, fica garantido a todos os que preencherem os requisitos o ressarcimento até o valor de R$ 1.800,00 (mil e oitocentos reais).

Art. 60-E. No caso de falecimento, exoneração, colocação de imóvel funcional à disposição do servidor ou aquisição de imóvel, o auxílio-moradia continuará sendo pago por 1 (um) mês.

→ Artigo acrescentado pela Lei 11.355/2006.

Seção II
Das gratificações e adicionais

Art. 61. Além do vencimento e das vantagens previstas nesta Lei, serão deferidos aos servidores as seguintes retribuições, gratificações e adicionais:

→ *Caput* com redação alterada pela Lei 9.527/1997.

I – retribuição pelo exercício de função de direção, chefia e assessoramento;

→ Inciso I com redação alterada pela Lei 9.527/1997.

→ *v.* Lei 11.526/2007 – Fixa a remuneração dos cargos e funções comissionadas da administração pública federal direta, autárquica e fundacional.

II – gratificação natalina;

III – adicional por tempo de serviço;

→ Inciso III com eficácia suspensa pela MP 2.225-45/2001.

IV – adicional pelo exercício de atividades insalubres, perigosas ou penosas;

V – adicional pela prestação de serviço extraordinário;

VI – adicional noturno;

VII – adicional de férias;

VIII – outros, relativos ao local ou à natureza do trabalho.

IX – gratificação por encargo de curso ou concurso.

→ Inciso IX acrescentado pela Lei 11.314/2006.

Subseção I
Da retribuição pelo exercício de função de direção, chefia e assessoramento

→ Rubrica da Subseção I com redação alterada pela Lei 9.527/1997.

Art. 62. Ao servidor ocupante de cargo efetivo investido em função de direção, chefia ou assessoramento, cargo de provimento em comissão ou de Natureza Especial é devida retribuição pelo seu exercício.

→ Artigo com redação alterada pela Lei 9.527/1997.

Parágrafo único. Lei específica estabelecerá a remuneração dos cargos em comissão de que trata o inciso II do art. 9º.

Art. 62-A. Fica transformada em Vantagem Pessoal Nominalmente Identificada – VPNI a incorporação da retribuição pelo exercício de função de direção, chefia ou assessoramento, cargo de provimento em comissão ou de Natureza Especial a que se referem os arts. 3º e 10 da Lei 8.911, de 11 de julho de 1994, e o art. 3º da Lei 9.624, de 2 de abril de 1998.

→ Artigo acrescentado pela MP 2.225-45/2001.

Parágrafo único. A VPNI de que trata o *caput* deste artigo somente estará sujeita às revisões gerais de remuneração dos servidores públicos federais.

Subseção II
Da gratificação natalina

Art. 63. A gratificação natalina corresponde a 1/12 (um doze avos) da remuneração a que o servidor fizer jus no mês de dezembro, por mês de exercício no respectivo ano.

Parágrafo único. A fração igual ou superior a 15 (quinze) dias será considerada como mês integral.

Art. 64. A gratificação será paga até o dia 20 (vinte) do mês de dezembro de cada ano.

Parágrafo único. *(Vetado).*

Art. 65. O servidor exonerado perceberá sua gratificação natalina, proporcionalmente aos meses de exercício, calculada sobre a remuneração do mês da exoneração.

Art. 66. A gratificação natalina não será considerada para cálculo de qualquer vantagem pecuniária.

Subseção III
Do adicional por tempo de serviço

Art. 67. O adicional por tempo de serviço é devido à razão de 5% (cinco por cento) a cada 5 (cinco) anos de serviço público efetivo prestado à União, às autarquias e às fundações públicas federais, observado o limite máximo de 35% (trinta e cinco por cento) incidente exclusivamente sobre o vencimento básico do cargo efetivo, ainda que investido o servidor em função ou cargo de confiança.

→ Artigo com eficácia suspensa pela MP 2.225-45/2001.

Parágrafo único. O servidor fará jus ao adicional a partir do mês em que completar o quinquênio.

Subseção IV
Dos adicionais de insalubridade, periculosidade ou atividades penosas

→ *v.* Art. 12 da Lei 8.270/1991.

Art. 68. Os servidores que trabalhem com habitualidade em locais insalubres ou em contato permanente com substâncias tóxicas, radioativas ou com risco de vida, fazem jus a um adicional sobre o vencimento do cargo efetivo.

§ 1º O servidor que fizer jus aos adicionais de insalubridade e de periculosidade deverá optar por um deles.

§ 2º O direito ao adicional de insalubridade ou periculosidade cessa com a eliminação das condições ou dos riscos que deram causa a sua concessão.

Art. 69. Haverá permanente controle da atividade de servidores em operações ou locais considerados penosos, insalubres ou perigosos.

Parágrafo único. A servidora gestante ou lactante será afastada, enquanto durar a gestação e a lactação, das operações e locais previstos neste artigo, exercendo suas atividades em local salubre e em serviço não penoso e não perigoso.

Art. 70. Na concessão dos adicionais de atividades penosas, de insalubridade e de periculosidade, serão observadas as situações estabelecidas em legislação específica.

Art. 71. O adicional de atividade penosa será devido aos servidores em exercício em zonas de fronteira ou em localidades cujas condições de vida o justifiquem, nos termos, condições e limites fixados em regulamento.

Art. 72. Os locais de trabalho e os servidores que operam com Raios X ou substâncias radioativas serão mantidos sob controle permanente, de modo que as doses de radiação ionizante não ultrapassem o nível máximo previsto na legislação própria.

Parágrafo único. Os servidores a que se refere este artigo serão submetidos a exames médicos a cada 6 (seis) meses.

Subseção V
Do adicional por serviço extraordinário

→ *v.* Decreto 948/1993 – Aplicação dos arts. 73 e 74 da Lei 8.112/1990.

Art. 73. O serviço extraordinário será remunerado com acréscimo de 50% (cinquenta por cento) em relação à hora normal de trabalho.

Art. 74. Somente será permitido serviço extraordinário para atender a situações excepcionais e temporárias, respeitado o limite máximo de 2 (duas) horas por jornada.

Subseção VI
Do adicional noturno

Art. 75. O serviço noturno, prestado em horário compreendido entre 22 (vinte e duas) horas de um dia e 5 (cinco) horas do dia seguinte, terá o valor-hora acrescido de 25% (vinte e cinco por cento), computando-se cada hora como cinquenta e dois minutos e trinta segundos.

Parágrafo único. Em se tratando de serviço extraordinário, o acréscimo de que trata este artigo incidirá sobre a remuneração prevista no art. 73.

Subseção VII
Do adicional de férias

Art. 76. Independentemente de solicitação, será pago ao servidor, por ocasião das férias, um adicional correspondente a 1/3 (um terço) da remuneração do período das férias.

→ *v.* Art. 7º, XVII, da CF/1988.

Parágrafo único. No caso de o servidor exercer função de direção, chefia ou assessoramento, ou ocupar cargo em comissão, a respectiva vantagem será considerada no cálculo do adicional de que trata este artigo.

Subseção VIII
Da gratificação por encargo de curso ou concurso

→ Subseção VIII acrescentada pela Lei 11.314/2006.

Art. 76-A. A Gratificação por Encargo de Curso ou Concurso é devida ao servidor que, em caráter eventual:

→ *Caput* acrescentado pela Lei 11.314/2006.

→ *v.* Decreto 6.114/2007 – Regulamenta o pagamento da gratificação por encargo de curso ou concurso de que trata o art. 76-A.

I – atuar como instrutor em curso de formação, de desenvolvimento ou de treinamento regularmente instituído no âmbito da administração pública federal;

→ Inciso I acrescentado pela Lei 11.314/2006.

II – participar de banca examinadora ou de comissão para exames orais, para análise curricular, para correção de provas discursivas, para elaboração de questões de provas ou para julgamento de recursos intentados por candidatos;

→ Inciso II acrescentado pela Lei 11.314/2006.

III – participar da logística de preparação e de realização de concurso público envolvendo atividades de planejamento, coordenação, supervisão, execução e avaliação de resultado, quando tais atividades não estiverem incluídas entre as suas atribuições permanentes;

→ Inciso III acrescentado pela Lei 11.314/2006.

IV – participar da aplicação, fiscalizar ou avaliar provas de exame vestibular ou de concurso público ou supervisionar essas atividades.

→ Inciso IV acrescentado pela Lei 11.314/2006.

§ 1º Os critérios de concessão e os limites da gratificação de que trata este artigo serão fixados em regulamento, observados os seguintes parâmetros:

→ *Caput* do § 1º acrescentado pela Lei 11.314/2006.

I – o valor da gratificação será calculado em horas, observadas a natureza e a complexidade da atividade exercida;

→ Inciso I acrescentado pela Lei 11.314/2006.

II – a retribuição não poderá ser superior ao equivalente a 120 (cento e vinte) horas de trabalho anuais, ressalvada situação de excepcionalidade, devidamente justificada e previamente aprovada pela autoridade máxima do órgão ou entidade, que poderá autorizar o acréscimo de até 120 (cento e vinte) horas de trabalho anuais;

→ Inciso II acrescentado pela Lei 11.314/2006.

III – o valor máximo da hora trabalhada corresponderá aos seguintes percentuais, incidentes sobre o maior vencimento básico da administração pública federal:

→ *Caput* do inciso III acrescentado pela Lei 11.314/2006.

a) 2,2% (dois inteiros e dois décimos por cento), em se tratando de atividades previstas nos incisos I e II do *caput* deste artigo;

→ Alínea *a* com redação alterada pela Lei 11.501/2007.

b) 1,2% (um inteiro e dois décimos por cento), em se tratando de atividade prevista nos incisos III e IV do *caput* deste artigo.

→ Alínea *b* com redação alterada pela Lei 11.501/2007.

§ 2º A Gratificação por Encargo de Curso ou Concurso somente será paga se as atividades referidas nos incisos do *caput* deste artigo forem exercidas sem prejuízo das atribuições do cargo de que o servidor for titular, devendo ser objeto de compensação de carga horária quando desempenhadas durante a jornada de trabalho, na forma do § 4º do art. 98 desta Lei.

→ § 2º acrescentado pela Lei 11.314/2006.

§ 3º A Gratificação por Encargo de Curso ou Concurso não se incorpora ao vencimento ou salário do servidor para qualquer efeito e não poderá ser utilizada como base de cálculo para quaisquer outras vantagens, inclusive para fins de cálculo dos proventos da aposentadoria e das pensões.

→ § 3º acrescentado pela Lei 11.314/2006.

Capítulo III
DAS FÉRIAS

Art. 77. O servidor fará jus a 30 (trinta) dias de férias, que podem ser acumuladas, até o máximo de dois períodos, no caso de necessidade do serviço, ressalvadas as hipóteses em que haja legislação específica.

→ *Caput* com redação alterada pela Lei 9.525/1997.

→ *v.* Art. 2º da Lei 9.525/1997.

§ 1º Para o primeiro período aquisitivo de férias serão exigidos 12 (doze) meses de exercício.

§ 2º É vedado levar à conta de férias qualquer falta ao serviço.

§ 3º As férias poderão ser parceladas em até três etapas, desde que assim requeridas pelo servidor, e no interesse da administração pública.

→ § 3º acrescentado pela Lei 9.525/1997.

Art. 78. O pagamento da remuneração das férias será efetuado até 2 (dois) dias antes do início do respectivo período, observando-se o disposto no § 1º deste artigo.

→ *v.* Art. 2º da Lei 9.525/1997.

§ 1º *(Revogado pela Lei 9.527/1997).*

§ 2º *(Revogado pela Lei 9.527/1997).*

§ 3º O servidor exonerado do cargo efetivo, ou em comissão, perceberá indenização relativa ao período das férias a que tiver direito e ao incompleto, na proporção de 1/12 (um doze avos) por mês de efetivo exercício, ou fração superior a 14 (quatorze) dias.

→ § 3º acrescentado pela Lei 8.216/1991.

§ 4º A indenização será calculada com base na remuneração do mês em que for publicado o ato exoneratório.

→ § 4º acrescentado pela Lei 8.216/1991.

§ 5º Em caso de parcelamento, o servidor receberá o valor adicional previsto no inciso XVII do Art. 7º da Constituição Federal quando da utilização do primeiro período.

→ § 5º acrescentado pela Lei 9.525/1997.

Art. 79. O servidor que opera direta e permanentemente com Raios X ou substâncias radioativas gozará 20 (vinte) dias consecutivos de férias, por semestre de atividade profissional, proibida em qualquer hipótese a acumulação.

Parágrafo único. *(Revogado pela Lei 9.527/1997).*

Art. 80. As férias somente poderão ser interrompidas por motivo de calamidade pública, comoção interna, convocação para júri, serviço militar ou eleitoral, ou por necessidade do serviço declarada pela autoridade máxima do órgão ou entidade.

→ *Caput* com redação alterada pela Lei 9.527/1997.

→ *v.* Art. 2º da Lei 9.525/1997.

Parágrafo único. O restante do período interrompido será gozado de uma só vez, observado o disposto no art. 77.

→ Parágrafo único acrescentado pela Lei 9.527/1997.

Capítulo IV
DAS LICENÇAS

Seção I
Disposições gerais

Art. 81. Conceder-se-á ao servidor licença:

I – por motivo de doença em pessoa da família;

II – por motivo de afastamento do cônjuge ou companheiro;

III – para o serviço militar;

IV – para atividade política;

V – para capacitação;

→ Inciso V com redação alterada pela Lei 9.527/1997.

VI – para tratar de interesses particulares;

VII – para desempenho de mandato classista.

§ 1º A licença prevista no inciso I do *caput* deste artigo bem como cada uma de suas prorrogações serão precedidas de exame por perícia médica oficial, observado o disposto no art. 204 desta Lei.

→ § 1º com redação alterada pela Lei 11.907/2009.

§ 2º *(Revogado pela Lei 9.527/1997).*

§ 3º É vedado o exercício de atividade remunerada durante o período de licença prevista no inciso I deste artigo.

Art. 82. A licença concedida dentro de 60 (sessenta) dias do término de outra da mesma espécie será considerada como prorrogação.

Seção II
Da licença por motivo de doença em pessoa da família

Art. 83. Poderá ser concedida licença ao servidor por motivo de doença do cônjuge ou companheiro, dos pais, dos filhos, do padrasto ou madrasta e enteado, ou dependente que viva a suas expensas e conste do seu assentamento funcional, mediante comprovação por perícia médica oficial.

→ *Caput* com redação alterada pela Lei 11.907/2009.

§ 1º A licença somente será deferida se a assistência direta do servidor for indispensável e não puder ser prestada simultaneamente com exercício do cargo ou mediante compensação de horário, na forma do disposto no inciso II do art. 44.

→ § 1º com redação alterada pela Lei 9.527/1997.

§ 2º A licença de que trata o *caput*, incluídas as prorrogações, poderá ser concedida a cada período de 12 (doze) meses nas seguintes condições:

→ *Caput* do § 2º com redação alterada pela Lei 12.269/2010.

I – por até 60 (sessenta) dias, consecutivos ou não, mantida a remuneração do servidor; e

→ Inciso I acrescentado pela Lei 12.269/2010.

II – por até 90 (noventa) dias, consecutivos ou não, sem remuneração.

→ Inciso II acrescentado pela Lei 12.269/2010.

§ 3º O início do interstício de 12 (doze) meses será contado a partir da data do deferimento da primeira licença concedida.

→ § 3º acrescentado pela Lei 12.269/2010.

§ 4º A soma das licenças remuneradas e das licenças não remuneradas, incluídas as respectivas prorrogações, concedidas em um mesmo período de 12 (doze) meses, observado o disposto no § 3º, não poderá ultrapassar os limites estabelecidos nos incisos I e II do § 2º.

→ § 4º acrescentado pela Lei 12.269/2010.

Seção III
Da licença por motivo de afastamento do cônjuge

Art. 84. Poderá ser concedida licença ao servidor para acompanhar cônjuge ou companheiro que foi deslocado para outro ponto do território nacional, para o exterior ou para o exercício de mandato eletivo dos Poderes Executivo e Legislativo.

§ 1º A licença será por prazo indeterminado e sem remuneração.

§ 2º No deslocamento de servidor cujo cônjuge ou companheiro também seja servidor público, civil ou militar, de qualquer dos Poderes da União, dos Estados, do Distrito Federal e dos Municípios, poderá haver exercício provisório em órgão ou entidade da Administração Federal direta, autárquica ou fundacional, desde que para o exercício de atividade compatível com o seu cargo.

→ § 2º com redação alterada pela Lei 9.527/1997.

Seção IV
Da licença para o serviço militar

Art. 85. Ao servidor convocado para o serviço militar será concedida licença, na forma e condições previstas na legislação específica.

Parágrafo único. Concluído o serviço militar, o servidor terá até 30 (trinta) dias sem remuneração para reassumir o exercício do cargo.

Seção V
Da licença para atividade política

Art. 86. O servidor terá direito a licença, sem remuneração, durante o período que mediar entre a sua escolha em convenção partidária, como candidato a cargo eletivo, e a véspera do registro de sua candidatura perante a Justiça Eleitoral.

→ *v.* Art. 1º, II, *l*, da LC 64/1990.

§ 1º O servidor candidato a cargo eletivo na localidade onde desempenha suas funções e que exerça cargo de direção, chefia, assessoramento, arrecadação ou fiscalização, dele será afastado, a partir do dia imediato ao do registro de sua candidatura perante a Justiça Eleitoral, até o décimo dia seguinte ao do pleito.

→ § 1º com redação alterada pela Lei 9.527/1997.

§ 2º A partir do registro da candidatura e até o décimo dia seguinte ao da eleição, o servidor fará jus à licença, assegurados os vencimentos do cargo efetivo, somente pelo período de 3 (três) meses.

→ § 2º com redação alterada pela Lei 9.527/1997.

Seção VI
Da licença para capacitação

→ Rubrica da Seção VI com redação alterada pela Lei 9.527/1997.

Art. 87. Após cada quinquênio de efetivo exercício, o servidor poderá, no interesse da Administração, afastar-se do exercício do cargo efetivo, com a respectiva remuneração, por até 3 (três) meses, para participar de curso de capacitação profissional.

→ Artigo com redação alterada pela Lei 9.527/1997.

Parágrafo único. Os períodos de licença de que trata o *caput* não são acumuláveis.

Art. 88. *(Revogado pela Lei 9.527/1997).*

Art. 89. *(Revogado pela Lei 9.527/1997).*

Art. 90. *(Vetado).*

Seção VII
Da licença para tratar de interesses particulares

Art. 91. A critério da Administração, poderão ser concedidas ao servidor ocupante de cargo efetivo, desde que não esteja em estágio probatório, licenças para o trato de assuntos particulares pelo prazo de até 3 (três) anos consecutivos, sem remuneração.

→ Artigo com redação alterada pela MP 2.225-45/2001.

→ *v.* Art. 117, parágrafo único, II, da Lei 8.112/1990.

Parágrafo único. A licença poderá ser interrompida, a qualquer tempo, a pedido do servidor ou no interesse do serviço.

Seção VIII
Da licença para o desempenho de mandato classista

Art. 92. É assegurado ao servidor o direito à licença sem remuneração para o desempenho de mandato em confederação, federação, associação de classe de âmbito nacional, sindicato representativo da categoria ou entidade fiscalizadora da profissão ou, ainda, para participar de gerência ou administração em sociedade cooperativa constituída por servidores públicos para prestar serviços a seus membros, observado o disposto na alínea c do inciso VIII do art. 102 desta Lei, conforme disposto em regulamento e observados os seguintes limites:

→ *Caput* com redação alterada pela Lei 11.094/2005.

→ *v.* Decreto 2.066/1996 – Regulamenta o art. 92 da Lei 8.112/1990.

I – para entidades com até 5.000 (cinco mil) associados, 2 (dois) servidores;

→ Inciso I com redação alterada pela Lei 12.998/2014.

II – para entidades com 5.001 (cinco mil e um) a 30.000 (trinta mil) associados, 4 (quatro) servidores;

→ Inciso II com redação alterada pela Lei 12.998/2014.

III – para entidades com mais de 30.000 (trinta mil) associados, 8 (oito) servidores.

→ Inciso III com redação alterada pela Lei 12.998/2014.

§ 1º Somente poderão ser licenciados os servidores eleitos para cargos de direção ou de representação nas referidas entidades, desde que cadastradas no órgão competente.

→ § 1º com redação alterada pela Lei 12.998/2014.

§ 2º A licença terá duração igual à do mandato, podendo ser renovada, no caso de reeleição.

→ § 2º com redação alterada pela Lei 12.998/2014.

Capítulo V
DOS AFASTAMENTOS

Seção I
Do afastamento para servir a outro órgão ou entidade

→ *v.* Lei 6.999/1982 – Requisição de servidores públicos pela Justiça Eleitoral.

Art. 93. O servidor poderá ser cedido para ter exercício em outro órgão ou entidade dos Poderes da União, dos Estados, ou do Distrito Federal e dos Municípios, nas seguintes hipóteses:

→ *Caput* com redação alterada pela Lei 8.270/1991.

→ *v.* Decreto 4.050/2001 – Regulamenta o art. 93 da Lei 8.112/1990.

I – para exercício de cargo em comissão ou função de confiança;

→ Inciso I com redação alterada pela Lei 8.270/1991.

II – em casos previstos em leis específicas.

→ Inciso II com redação alterada pela Lei 8.270/1991.

§ 1º Na hipótese do inciso I, sendo a cessão para órgãos ou entidades dos Estados, do Distrito Federal ou dos Municípios, o ônus da remuneração será do órgão ou entidade cessionária, mantido o ônus para o cedente nos demais casos.

→ § 1º com redação alterada pela Lei 8.270/1991.

§ 2º Na hipótese de o servidor cedido a empresa pública ou sociedade de economia mista, nos termos das respectivas normas, optar pela remuneração do cargo efetivo ou pela remuneração do cargo efetivo acrescida de percentual da retribuição do cargo em comissão, a entidade cessionária efetuará o reembolso das despesas realizadas pelo órgão ou entidade de origem.

→ § 2º com redação alterada pela Lei 11.355/2006.

§ 3º A cessão far-se-á mediante Portaria publicada no Diário Oficial da União.

→ § 3º com redação alterada pela Lei 8.270/1991.

§ 4º Mediante autorização expressa do Presidente da República, o servidor do Poder Executivo poderá ter exercício em outro órgão da Administração Federal direta que não tenha quadro próprio de pessoal, para fim determinado e a prazo certo.

→ § 4º acrescentado pela Lei 8.270/1991.

§ 5º Aplica-se à União, em se tratando de empregado ou servidor por ela requisitado, as disposições dos §§ 1º e 2º deste artigo.

→ § 5º com redação alterada pela Lei 10.470/2002.

§ 6º As cessões de empregados de empresa pública ou de sociedade de economia mista, que receba recursos de Tesouro Nacional para o custeio total ou parcial da sua folha de pagamento de pessoal, independem das disposições contidas nos incisos I e II e §§ 1º e 2º deste artigo, ficando o exercício

LEGISLAÇÃO

do empregado cedido condicionado a autorização específica do Ministério do Planejamento, Orçamento e Gestão, exceto nos casos de ocupação de cargo em comissão ou função gratificada.

→ § 6º acrescentado pela Lei 10.470/2002.

§ 7º O Ministério do Planejamento, Orçamento e Gestão, com a finalidade de promover a composição da força de trabalho dos órgãos e entidades da Administração Pública Federal, poderá determinar a lotação ou o exercício de empregado ou servidor, independentemente da observância do constante no inciso I e nos §§ 1º e 2º deste artigo.

→ § 7º acrescentado pela Lei 10.470/2002.

→ *v.* Art. 20, § 3º, da Lei 8.112/1990.

Seção II
Do afastamento para exercício de mandato eletivo

Art. 94. Ao servidor investido em mandato eletivo aplicam-se as seguintes disposições:

I – tratando-se de mandato federal, estadual ou distrital, ficará afastado do cargo;

II – investido no mandato de Prefeito, será afastado do cargo, sendo-lhe facultado optar pela sua remuneração;

III – investido no mandato de vereador:

a) havendo compatibilidade de horário, perceberá as vantagens de seu cargo, sem prejuízo da remuneração do cargo eletivo;

b) não havendo compatibilidade de horário, será afastado do cargo, sendo-lhe facultado optar pela sua remuneração.

§ 1º No caso de afastamento do cargo, o servidor contribuirá para a seguridade social como se em exercício estivesse.

§ 2º O servidor investido em mandato eletivo ou classista não poderá ser removido ou redistribuído de ofício para localidade diversa daquela onde exerce o mandato.

Seção III
Do afastamento para estudo ou missão no exterior

Art. 95. O servidor não poderá ausentar-se do País para estudo ou missão oficial, sem autorização do Presidente da República, Presidente dos Órgãos do Poder Legislativo e Presidente do Supremo Tribunal Federal.

§ 1º A ausência não excederá a 4 (quatro) anos, e finda a missão ou estudo, somente decorrido igual período, será permitida nova ausência.

§ 2º Ao servidor beneficiado pelo disposto neste artigo não será concedida exoneração ou licença para tratar de interesse particular antes de decorrido período igual ao do afastamento, ressalvada a hipótese de ressarcimento da despesa havida com seu afastamento.

§ 3º O disposto neste artigo não se aplica aos servidores da carreira diplomática.

§ 4º As hipóteses, condições e formas para a autorização de que trata este artigo, inclusive no que se refere à remuneração do servidor, serão disciplinadas em regulamento.

→ § 4º acrescentado pela Lei 9.527/1997.

Art. 96. O afastamento de servidor para servir em organismo internacional de que o Brasil participe ou com o qual coopere dar-se-á com perda total da remuneração.

→ *v.* Art. 1º do Decreto 3.456/2000.

Seção IV
Do afastamento para participação em programa de pós-graduação *stricto sensu* no País

→ Seção IV acrescentada pela Lei 11.907/2009.

Art. 96-A. O servidor poderá, no interesse da Administração, e desde que a participação não possa ocorrer simultaneamente com o exercício do cargo ou mediante compensação de horário, afastar-se do exercício do cargo efetivo, com a respectiva remuneração, para participar em programa de pós-graduação stricto sensu em instituição de ensino superior no País.

→ *Caput* acrescentado pela Lei 11.907/2009.

§ 1º Ato do dirigente máximo do órgão ou entidade definirá, em conformidade com a legislação vigente, os programas de capacitação e os critérios para participação em programas de pós-graduação no País, com ou sem afastamento do servidor, que serão avaliados por um comitê constituído para este fim.

→ § 1º acrescentado pela Lei 11.907/2009.

§ 2º Os afastamentos para realização de programas de mestrado e doutorado somente serão concedidos aos servidores titulares de cargos efetivos no respectivo órgão ou entidade há pelo menos 3 (três) anos para mestrado e 4 (quatro) anos para doutorado, incluído o período de estágio probatório, que não tenham se afastado por licença para tratar de assuntos particulares para gozo de licença capacitação ou com fundamento neste artigo nos 2 (dois) anos anteriores à data da solicitação de afastamento.

→ § 2º acrescentado pela Lei 11.907/2009.

§ 3º Os afastamentos para realização de programas de pós-doutorado somente serão concedidos aos servidores titulares de cargos efetivo no respectivo órgão ou entidade há pelo menos 4 (quatro) anos, incluído o período de estágio probatório, e que não tenham se afastado por licença para tratar de assuntos particulares ou com fundamento neste artigo, nos 4 (quatro) anos anteriores à data da solicitação de afastamento.

→ § 3º com redação alterada pela Lei 12.269/2010.

§ 4º Os servidores beneficiados pelos afastamentos previstos nos §§ 1º, 2º e 3º deste artigo terão que permanecer no exercício de suas funções após o seu retorno por um período igual ao do afastamento concedido.

→ § 4º acrescentado pela Lei 11.907/2009.

§ 5º Caso o servidor venha a solicitar exoneração do cargo ou aposentadoria, antes de cumprido o período de permanência previsto no § 4º deste artigo, deverá ressarcir o órgão ou entidade, na forma do art. 47 da Lei 8.112, de 11 de dezembro de 1990, dos gastos com seu aperfeiçoamento.

→ § 5º acrescentado pela Lei 11.907/2009.

§ 6º Caso o servidor não obtenha o título ou grau que justificou seu afastamento no período previsto, aplica-se o disposto no § 5º deste artigo, salvo na hipótese comprovada de força maior ou de caso fortuito, a critério do dirigente máximo do órgão ou entidade.

→ § 6º acrescentado pela Lei 11.907/2009.

§ 7º Aplica-se à participação em programa de pós-graduação no Exterior, autorizado nos termos do art. 95 desta Lei, o disposto nos §§ 1º a 6º deste artigo.

→ § 7º acrescentado pela Lei 11.907/2009.

Capítulo VI
DAS CONCESSÕES

Art. 97. Sem qualquer prejuízo, poderá o servidor ausentar-se do serviço:

I – por 1 (um) dia, para doação de sangue;

II – pelo período comprovadamente necessário para alistamento ou recadastramento eleitoral, limitado, em qualquer caso, a 2 (dois) dias; e

→ Inciso II com redação alterada pela Lei 12.998/2014.

III – por 8 (oito) dias consecutivos em razão de:

a) casamento;

b) falecimento do cônjuge, companheiro, pais, madrasta ou padrasto, filhos, enteados, menor sob guarda ou tutela e irmãos.

Art. 98. Será concedido horário especial ao servidor estudante, quando comprovada a incompatibilidade entre o horário escolar e o da repartição, sem prejuízo do exercício do cargo.

§ 1º Para efeito do disposto neste artigo, será exigida a compensação de horário no órgão ou entidade que tiver exercício, respeitada a duração semanal do trabalho.

→ Anterior parágrafo único renumerado e com redação alterada pela Lei 9.527/1997.

§ 2º Também será concedido horário especial ao servidor portador de deficiência, quando comprovada a necessidade por junta médica oficial, independentemente de compensação de horário.

→ § 2º acrescentado pela Lei 9.527/1997.

§ 3º As disposições do parágrafo anterior são extensivas ao servidor que tenha cônjuge, filho ou dependente portador de deficiência física, exigindo-se, porém, neste caso, compensação de horário na forma do inciso II do art. 44.

→ § 3º acrescentado pela Lei 9.527/1997.

§ 4º Será igualmente concedido horário especial, vinculado à compensação de horário a ser efetivada no prazo de até 1 (um) ano, ao servidor que desempenhe atividade prevista nos incisos I e II do *caput* do art. 76-A desta Lei.

→ § 4º com redação alterada pela Lei 11.501/2007.

Art. 99. Ao servidor estudante que mudar de sede no interesse da administração é assegurada, na localidade da nova residência ou na mais próxima, matrícula em instituição de ensino congênere, em qualquer época, independentemente de vaga.

Parágrafo único. O disposto neste artigo estende-se ao cônjuge ou companheiro, aos filhos, ou enteados do servidor que vivam na sua companhia, bem como aos menores sob sua guarda, com autorização judicial.

Capítulo VII
DO TEMPO DE SERVIÇO

Art. 100. É contado para todos os efeitos o tempo de serviço público federal, inclusive o prestado às Forças Armadas.

Art. 101. A apuração do tempo de serviço será feita em dias, que serão convertidos em anos, considerado o ano como de 365 (trezentos e sessenta e cinco) dias.

Parágrafo único. (*Revogado pela Lei 9.527/1997*).

Art. 102. Além das ausências ao serviço previstas no art. 97, são considerados como de efetivo exercício os afastamentos em virtude de:

I – férias;

II – exercício de cargo em comissão ou equivalente, em órgão ou entidade dos Poderes da União, dos Estados, Municípios e Distrito Federal;

III – exercício de cargo ou função de governo ou administração, em qualquer parte do território nacional, por nomeação do Presidente da República;

IV – participação em programa de treinamento regularmente instituído ou em programa de pós-graduação stricto sensu no País, conforme dispuser o regulamento;

→ Inciso IV com redação alterada pela Lei 11.907/2009.

V – desempenho de mandato eletivo federal, estadual, municipal ou do Distrito Federal, exceto para promoção por merecimento;

VI – júri e outros serviços obrigatórios por lei;

VII – missão ou estudo no exterior, quando autorizado o afastamento, conforme dispuser o regulamento;

→ Inciso VII com redação alterada pela Lei 9.527/1997.

VIII – licença:

a) à gestante, à adotante e à paternidade;

b) para tratamento da própria saúde, até o limite de 24 (vinte e quatro) meses, cumulativo ao longo do tempo de serviço público prestado à União, em cargo de provimento efetivo;

→ Alínea *b* com redação alterada pela Lei 9.527/1997.

c) para o desempenho de mandato classista ou participação de gerência ou administração em sociedade cooperativa constituída por servidores para prestar serviços a seus membros, exceto para efeito de promoção por merecimento;

→ Alínea *c* com redação alterada pela Lei 11.094/2005.

d) por motivo de acidente em serviço ou doença profissional;

e) para capacitação, conforme dispuser o regulamento;

→ Alínea *e* com redação alterada pela Lei 9.527/1997.

f) por convocação para o serviço militar;

IX – deslocamento para a nova sede de que trata o art. 18;

X – participação em competição desportiva nacional ou convocação para integrar representação desportiva nacional, no País ou no exterior, conforme disposto em lei específica;

XI – afastamento para servir em organismo internacional de que o Brasil participe ou com o qual coopere.

→ Inciso XI acrescentado pela Lei 9.527/1997.

Art. 103. Contar-se-á apenas para efeito de aposentadoria e disponibilidade:

I – o tempo de serviço público prestado aos Estados, Municípios e Distrito Federal;

II – a licença para tratamento de saúde de pessoal da família do servidor, com remuneração, que exceder a 30 (trinta) dias em período de 12 (doze) meses.

→ Inciso II com redação alterada pela Lei 12.269/2010.

III – a licença para atividade política, no caso do art. 86, § 2º;

IV – o tempo correspondente ao desempenho de mandato eletivo federal, estadual, municipal ou distrital, anterior ao ingresso no serviço público federal;

V – o tempo de serviço em atividade privada, vinculada à Previdência Social;

VI – o tempo de serviço relativo a tiro de guerra.

VII – o tempo de licença para tratamento da própria saúde que exceder o prazo a que se refere a alínea b do inciso VIII do art. 102.

→ Inciso VII acrescentado pela Lei 9.527/1997.

§ 1º O tempo em que o servidor esteve aposentado será contado apenas para nova aposentadoria.

§ 2º Será contado em dobro o tempo de serviço prestado às Forças Armadas em operações de guerra.

§ 3º É vedada a contagem cumulativa de tempo de serviço prestado concomitantemente em mais de um cargo ou função de órgão ou entidades dos Poderes da União, Estado, Distrito Federal e Município, autarquia, fundação pública, sociedade de economia mista e empresa pública.

Capítulo VIII
DO DIREITO DE PETIÇÃO

→ *v.* Art. 5º, XXXIV, a, da CF/1988.

Art. 104. É assegurado ao servidor o direito de requerer aos Poderes Públicos, em defesa de direito ou interesse legítimo.

Art. 105. O requerimento será dirigido à autoridade competente para decidi-lo e encaminhado por intermédio daquela a que estiver imediatamente subordinado o requerente.

Art. 106. Cabe pedido de reconsideração à autoridade que houver expedido o ato ou proferido a primeira decisão, não podendo ser renovado.

→ *v.* Art. 9º, § 4º, da Lei 12.300/2010.

Parágrafo único. O requerimento e o pedido de reconsideração de que tratam os artigos anteriores deverão ser despachados no prazo de 5 (cinco) dias e decididos dentro de 30 (trinta) dias.

Art. 107. Caberá recurso:

→ *v.* Art. 9º, § 4º, da Lei 12.300/2010.

I – do indeferimento do pedido de reconsideração;

II – das decisões sobre os recursos sucessivamente interpostos.

§ 1º O recurso será dirigido à autoridade imediatamente superior à que tiver expedido o ato ou proferido a decisão, e, sucessivamente, em escala ascendente, às demais autoridades.

§ 2º O recurso será encaminhado por intermédio da autoridade a que estiver imediatamente subordinado o requerente.

Art. 108. O prazo para interposição de pedido de reconsideração ou de recurso é de 30 (trinta) dias, a contar da publicação ou da ciência, pelo interessado, da decisão recorrida.

→ *v.* Art. 9º, § 4º, da Lei 12.300/2010.

Art. 109. O recurso poderá ser recebido com efeito suspensivo, a juízo da autoridade competente.

Parágrafo único. Em caso de provimento do pedido de reconsideração ou do recurso, os efeitos da decisão retroagirão à data do ato impugnado.

Art. 110. O direito de requerer prescreve:

→ *v.* Súmula 85 do STJ.

I – em 5 (cinco) anos, quanto aos atos de demissão e de cassação de aposentadoria ou disponibilidade, ou que afetem interesse patrimonial e créditos resultantes das relações de trabalho;

II – em 120 (cento e vinte) dias, nos demais casos, salvo quando outro prazo for fixado em lei.

Parágrafo único. O prazo de prescrição será contado da data da publicação do ato impugnado ou da data da ciência pelo interessado, quando o ato não for publicado.

Art. 111. O pedido de reconsideração e o recurso, quando cabíveis, interrompem a prescrição.

Art. 112. A prescrição é de ordem pública, não podendo ser relevada pela administração.

Art. 113. Para o exercício do direito de petição, é assegurada vista do processo ou documento, na repartição, ao servidor ou a procurador por ele constituído.

Art. 114. A administração deverá rever seus atos, a qualquer tempo, quando eivados de ilegalidade.

Art. 115. São fatais e improrrogáveis os prazos estabelecidos neste Capítulo, salvo motivo de força maior.

Título IV
Do regime disciplinar

Capítulo I
DOS DEVERES

→ *v.* Art. 37, § 2º, da CF/1988.

Art. 116. São deveres do servidor:

I – exercer com zelo e dedicação as atribuições do cargo;

II – ser leal às instituições a que servir;

III – observar as normas legais e regulamentares;

IV – cumprir as ordens superiores, exceto quando manifestamente ilegais;

→ *v.* Art. 22 do CP.

V – atender com presteza:

a) ao público em geral, prestando as informações requeridas, ressalvadas as protegidas por sigilo;

→ *v.* Arts. 5º, XIV, XXXIII, 37, § 3º, II, e 216, § 2º, da CF/1988.

→ *v.* Lei 12.527/2011 – Lei de acesso à informação.

b) à expedição de certidões requeridas para defesa de direito ou esclarecimento de situações de interesse pessoal;

→ *v.* Art. 5º, XXXIV, b, da CF/1988.

→ v. Art. 43 da Lei 9.784/1999.

→ v. Lei 9.051/1995 – Expedição de certidões para a defesa de direitos e esclarecimentos de situações.

c) às requisições para a defesa da Fazenda Pública;

VI – levar as irregularidades de que tiver ciência em razão do cargo ao conhecimento da autoridade superior ou, quando houver suspeita de envolvimento desta, ao conhecimento de outra autoridade competente para apuração;

→ Inciso VI com redação alterada pela Lei 12.527/2011.

VII – zelar pela economia do material e a conservação do patrimônio público;

VIII – guardar sigilo sobre assunto da repartição;

IX – manter conduta compatível com a moralidade administrativa;

→ v. Decreto 1.171/1994 – Código de Ética Profissional do Servidor Público Civil do Poder Executivo Federal.

X – ser assíduo e pontual ao serviço;

→ v. Decreto 1.590/1995 – Jornada de trabalho dos servidores da Administração Pública Federal direta, das autarquias e das fundações públicas federais.

XI – tratar com urbanidade as pessoas;

XII – representar contra ilegalidade, omissão ou abuso de poder.

Parágrafo único. A representação de que trata o inciso XII será encaminhada pela via hierárquica e apreciada pela autoridade superior àquela contra a qual é formulada, assegurando-se ao representando ampla defesa.

Capítulo II
DAS PROIBIÇÕES

Art. 117. Ao servidor é proibido:

→ v. MP 2.225-45/2001.

I – ausentar-se do serviço durante o expediente, sem prévia autorização do chefe imediato;

II – retirar, sem prévia anuência da autoridade competente, qualquer documento ou objeto da repartição;

III – recusar fé a documentos públicos;

IV – opor resistência injustificada ao andamento de documento e processo ou execução de serviço;

V – promover manifestação de apreço ou desapreço no recinto da repartição;

VI – cometer a pessoa estranha à repartição, fora dos casos previstos em lei, o desempenho de atribuição que seja de sua responsabilidade ou de seu subordinado;

VII – coagir ou aliciar subordinados no sentido de filiarem-se a associação profissional ou sindical, ou a partido político;

→ v. Arts. 5º, XX, e 8º, V, da CF/1988.

VIII – manter sob sua chefia imediata, em cargo ou função de confiança, cônjuge, companheiro ou parente até o segundo grau civil;

→ v. Súmula Vinculante 13 do STF.

→ v. Art. 1º do Decreto 7.203/2010.

→ v. Resolução 7 do CNJ.

IX – valer-se do cargo para lograr proveito pessoal ou de outrem, em detrimento da dignidade da função pública;

→ v. Art. 11 e 12, III, da Lei 8.429/1992.

X – participar de gerência ou administração de sociedade privada, personificada ou não personificada, exercer o comércio, exceto na qualidade de acionista, cotista ou comanditário;

→ Inciso X com redação alterada pela Lei 11.784/2008.

XI – atuar, como procurador ou intermediário, junto a repartições públicas, salvo quando se tratar de benefícios previdenciários ou assistenciais de parentes até o segundo grau, e de cônjuge ou companheiro;

XII – receber propina, comissão, presente ou vantagem de qualquer espécie, em razão de suas atribuições;

→ v. Art. 9º, I, da Lei 8.429/1992.

XIII – aceitar comissão, emprego ou pensão de estado estrangeiro;

XIV – praticar usura sob qualquer de suas formas;

→ v. Lei 1.521/1951 – Crimes contra a economia popular.

XV – proceder de forma desidiosa;

XVI – utilizar pessoal ou recursos materiais da repartição em serviços ou atividades particulares;

→ v. Art. 10, II, da Lei 8.429/1992.

XVII – cometer a outro servidor atribuições estranhas ao cargo que ocupa, exceto em situações de emergência e transitórias;

XVIII – exercer quaisquer atividades que sejam incompatíveis com o exercício do cargo ou função e com o horário de trabalho;

→ v. Art. 37, XVI, da CF/1988.

XIX – recusar-se a atualizar seus dados cadastrais quando solicitado.

→ Inciso XIX acrescentado pela Lei 9.527/1997.

→ v. Art. 162 da Lei 8.112/1990.

Parágrafo único. A vedação de que trata o inciso X do *caput* deste artigo não se aplica nos seguintes casos:

→ Parágrafo único acrescentado pela Lei 11.784/2008.

I – participação nos conselhos de administração e fiscal de empresas ou entidades em que a União detenha, direta ou indiretamente, participação no capital social ou em sociedade cooperativa constituída para prestar serviços a seus membros; e

II – gozo de licença para o trato de interesses particulares, na forma do art. 91 desta Lei, observada a legislação sobre conflito de interesses.

Capítulo III
DA ACUMULAÇÃO

→ v. Art. 37, XVI e XVII, da CF/1988.

Art. 118. Ressalvados os casos previstos na Constituição, é vedada a acumulação remunerada de cargos públicos.

§ 1º A proibição de acumular estende-se a cargos, empregos e funções em autarquias, fundações públicas, empresas públicas, sociedades de economia mista da União, do Distrito Federal, dos Estados, dos Territórios e dos Municípios.

§ 2º A acumulação de cargos, ainda que lícita, fica condicionada à comprovação da compatibilidade de horários.

§ 3º Considera-se acumulação proibida a percepção de vencimento de cargo ou emprego público efetivo com proventos da inatividade, salvo quando os cargos de que decorram essas remunerações forem acumuláveis na atividade.

→ § 3º acrescentado pela Lei 9.527/1997.

Art. 119. O servidor não poderá exercer mais de um cargo em comissão, exceto no caso previsto no parágrafo único do art. 9º, nem ser remunerado pela participação em órgão de deliberação coletiva.

→ *Caput* com redação alterada pela Lei 9.527/1997.

Parágrafo único. O disposto neste artigo não se aplica à remuneração devida pela participação em conselhos de administração e fiscal das empresas públicas e sociedades de economia mista, suas subsidiárias e controladas, bem como quaisquer empresas ou entidades em que a União, direta ou indiretamente, detenha participação no capital social, observado o que, a respeito, dispuser legislação específica.

→ Parágrafo único com redação alterada pela MP 2.225-45/2001.

Art. 120. O servidor vinculado ao regime desta Lei, que acumular licitamente dois cargos efetivos, quando investido em cargo de provimento em comissão, ficará afastado de ambos os cargos efetivos, salvo na hipótese em que houver compatibilidade de horário e local com o exercício de um deles, declarada pelas autoridades máximas dos órgãos ou entidades envolvidos.

→ Artigo com redação alterada pela Lei 9.527/1997.

Capítulo IV
DAS RESPONSABILIDADES

Art. 121. O servidor responde civil, penal e administrativamente pelo exercício irregular de suas atribuições.

→ v. Arts. 5º, XLV, e 37, § 6º, da CF/1988.

→ v. Art. 186 do CC.

→ v. Art. 8º da Lei 8.429/1992.

Art. 122. A responsabilidade civil decorre de ato omissivo ou comissivo, doloso ou culposo, que resulte em prejuízo ao erário ou a terceiros.

§ 1º A indenização de prejuízo dolosamente causado ao erário somente será liquidada na forma prevista no art. 46, na falta de outros bens que assegurem a execução do débito pela via judicial.

§ 2º Tratando-se de dano causado a terceiros, responderá o servidor perante a Fazenda Pública, em ação regressiva.

§ 3º A obrigação de reparar o dano estende-se aos sucessores e contra eles será executada, até o limite do valor da herança recebida.

Art. 123. A responsabilidade penal abrange os crimes e contravenções imputadas ao servidor, nessa qualidade.

→ v. Arts. 312 a 327 do CP.

→ v. Arts. 513 a 518 do CPP.

→ v. Arts. 12 a 28 da Lei 4.898/1965.

Art. 124. A responsabilidade civil-administrativa resulta de ato omissivo ou comissivo praticado no desempenho do cargo ou função.

→ v. Arts. 5º, XLV, e 37, § 5º, da CF/1988.

→ v. Art. 43 do CC.

Art. 125. As sanções civis, penais e administrativas poderão cumular-se, sendo independentes entre si.

Art. 126. A responsabilidade administrativa do servidor será afastada no caso de absolvição criminal que negue a existência do fato ou sua autoria.

→ v. Súmula 18 do STF.

→ v. Art. 935 do CC.

→ v. Arts. 65 e 386, I e IV, do CPP.

Art. 126-A. Nenhum servidor poderá ser responsabilizado civil, penal ou administrativamente por dar ciência à autoridade superior ou, quando houver suspeita de envolvimento desta, a outra autoridade competente para apuração de informação concernente à prática de crimes ou improbidade de que tenha conhecimento, ainda que em decorrência do exercício de cargo, emprego ou função pública.

→ Artigo acrescentado pela Lei 12.527/2011.

Capítulo V
DAS PENALIDADES

→ *v.* Art. 15, V, da CF/1988.

→ *v.* Arts. 81 a 99 da Lei 8.666/1993.

→ *v.* Art. 3º da Lei 8.137/1990.

→ *v.* Dec.-Lei 3.240/1941 – Sujeita a sequestro os bens de pessoas indiciadas por crimes de que resulta prejuízo para a fazenda pública.

Art. 127. São penalidades disciplinares:

I – advertência;

II – suspensão;

III – demissão;

→ *v.* Lei 8.026/1990 – Aplicação da pena de demissão a funcionário público.

IV – cassação de aposentadoria ou disponibilidade;

V – destituição de cargo em comissão;

VI – destituição de função comissionada.

Art. 128. Na aplicação das penalidades serão consideradas a natureza e a gravidade da infração cometida, os danos que dela provierem para o serviço público, as circunstâncias agravantes ou atenuantes e os antecedentes funcionais.

Parágrafo único. O ato de imposição da penalidade mencionará sempre o fundamento legal e a causa da sanção disciplinar.

→ Parágrafo único acrescentado pela Lei 9.527/1997.

Art. 129. A advertência será aplicada por escrito, nos casos de violação de proibição constante do art. 117, incisos I a VIII e XIX, e de inobservância de dever funcional previsto em lei, regulamentação ou norma interna, que não justifique imposição de penalidade mais grave.

→ Artigo com redação alterada pela Lei 9.527/1997.

Art. 130. A suspensão será aplicada em caso de reincidência das faltas punidas com advertência e de violação das demais proibições que não tipifiquem infração sujeita a penalidade de demissão, não podendo exceder de 90 (noventa) dias.

§ 1º Será punido com suspensão de até 15 (quinze) dias o servidor que, injustificadamente, recusar-se a ser submetido a inspeção médica determinada pela autoridade competente, cessando os efeitos da penalidade uma vez cumprida a determinação.

§ 2º Quando houver conveniência para o serviço, a penalidade de suspensão poderá ser convertida em multa, na base de 50% (cinquenta por cento) por dia de vencimento ou remuneração, ficando o servidor obrigado a permanecer em serviço.

Art. 131. As penalidades de advertência e de suspensão terão seus registros cancelados, após o decurso de 3 (três) e 5 (cinco) anos de efetivo exercício, respectivamente, se o servidor não houver, nesse período, praticado nova infração disciplinar.

Parágrafo único. O cancelamento da penalidade não surtirá efeitos retroativos.

Art. 132. A demissão será aplicada nos seguintes casos:

I – crime contra a administração pública;

II – abandono de cargo;

III – inassiduidade habitual;

IV – improbidade administrativa;

→ *v.* Art. 37, § 4º, da CF/1988.

→ *v.* Arts. 12 e 19 a 22 da Lei 8.429/1992.

V – incontinência pública e conduta escandalosa, na repartição;

VI – insubordinação grave em serviço;

VII – ofensa física, em serviço, a servidor ou a particular, salvo em legítima defesa própria ou de outrem;

VIII – aplicação irregular de dinheiros públicos;

IX – revelação de segredo do qual se apropriou em razão do cargo;

→ *v.* Art. 325 do CP.

→ *v.* Art. 198 do CTN.

→ *v.* Art. 11, III, da Lei 8.429/1992.

X – lesão aos cofres públicos e dilapidação do patrimônio nacional;

XI – corrupção;

→ *v.* Arts. 316, 317 e 333 do CP.

XII – acumulação ilegal de cargos, empregos ou funções públicas;

XIII – transgressão dos incisos IX a XVI do art. 117.

Art. 133. Detectada a qualquer tempo a acumulação ilegal de cargos, empregos ou funções públicas, a autoridade a que se refere o art. 143 notificará o servidor, por intermédio de sua chefia imediata, para apresentar opção no prazo improrrogável de 10 (dez) dias, contados da data da ciência e, na hipótese de omissão, adotará procedimento sumário para a sua apuração e regularização imediata, cujo processo administrativo disciplinar se desenvolverá nas seguintes fases:

→ *Caput* com redação alterada pela Lei 9.527/1997.

I – instauração, com a publicação do ato que constituir a comissão, a ser composta por dois servidores estáveis, e simultaneamente indicar a autoria e a materialidade da transgressão objeto da apuração;

→ Inciso I acrescentado pela Lei 9.527/1997.

II – instrução sumária, que compreende indiciação, defesa e relatório;

→ Inciso II acrescentado pela Lei 9.527/1997.

III – julgamento.

→ Inciso III acrescentado pela Lei 9.527/1997.

§ 1º A indicação da autoria de que trata o inciso I dar-se-á pelo nome e matrícula do servidor, e a materialidade pela descrição dos cargos, empregos ou funções públicas em situação de acumulação ilegal, dos órgãos ou entidades de vinculação, das datas de ingresso, do horário de trabalho e do correspondente regime jurídico.

→ § 1º com redação alterada pela Lei 9.527/1997.

§ 2º A comissão lavrará, até 3 (três) dias após a publicação do ato que a constituiu, termo de indiciação em que serão transcritas as informações de que trata o parágrafo anterior, bem como promoverá a citação pessoal do servidor indiciado, ou por intermédio de sua chefia imediata, para, no prazo de 5 (cinco) dias, apresentar defesa escrita, assegurando-se-lhe vista do processo na repartição, observado o disposto nos arts. 163 e 164.

→ § 2º com redação alterada pela Lei 9.527/1997.

§ 3º Apresentada a defesa, a comissão elaborará relatório conclusivo quanto à inocência ou à responsabilidade do servidor, em que resumirá as peças principais dos autos, opinará sobre a licitude da acumulação em exame, indicará o respectivo dispositivo legal e remeterá o processo à autoridade instauradora, para julgamento.

→ § 3º acrescentado pela Lei 9.527/1997.

§ 4º No prazo de 5 (cinco) dias, contados do recebimento do processo, a autoridade julgadora proferirá a sua decisão, aplicando-se, quando for o caso, o disposto no § 3º do art. 167.

→ § 4º acrescentado pela Lei 9.527/1997.

§ 5º A opção pelo servidor até o último dia de prazo para defesa configurará sua boa-fé, hipótese em que se converterá automaticamente em pedido de exoneração do outro cargo.

→ § 5º acrescentado pela Lei 9.527/1997.

§ 6º Caracterizada a acumulação ilegal e provada a má-fé, aplicar-se-á a pena de demissão, destituição ou cassação de aposentadoria ou disponibilidade em relação aos cargos, empregos ou funções públicas em regime de acumulação ilegal, hipótese em que os órgãos ou entidades de vinculação serão comunicados.

→ § 6º acrescentado pela Lei 9.527/1997.

§ 7º O prazo para conclusão do processo administrativo disciplinar submetido ao rito sumário não excederá 30 (trinta) dias, contados da data de publicação do ato que constituir a comissão, admitida a sua prorrogação por até 15 (quinze) dias, quando as circunstâncias o exigirem.

→ § 7º acrescentado pela Lei 9.527/1997.

§ 8º O procedimento sumário rege-se pelas disposições deste artigo observando-se, no que lhe for aplicável, subsidiariamente, as disposições dos Títulos IV e V desta Lei.

→ § 8º acrescentado pela Lei 9.527/1997.

Art. 134. Será cassada a aposentadoria ou a disponibilidade do inativo que houver praticado, na atividade, falta punível com a demissão.

Art. 135. A destituição de cargo em comissão exercido por não ocupante de cargo efetivo será aplicada nos casos de infração sujeita às penalidades de suspensão e de demissão.

Parágrafo único. Constatada a hipótese de que trata este artigo, a exoneração efetuada nos termos do art. 35 será convertida em destituição de cargo em comissão.

Art. 136. A demissão ou a destituição de cargo em comissão, nos casos dos incisos IV, VIII, X e XI do art. 132, implica a indisponibilidade dos bens e o ressarcimento ao erário, sem prejuízo da ação penal cabível.

→ *v.* Art. 798 do CPC/1973.

→ *v.* Art. 297 do NCPC.

→ *v.* Arts. 125 e 136 do CPP.

→ *v.* Arts. 9 a 11 e 14 da Lei 8.429/1992.

Art. 137. A demissão ou a destituição de cargo em comissão, por infringência do art. 117, incisos IX e XI, incompatibiliza o ex-servidor para nova investidura em cargo público federal, pelo prazo de 5 (cinco) anos.

Parágrafo único. Não poderá retornar ao serviço público federal o servidor que for demitido ou destituído do cargo em comissão por infringência do art. 132, incisos I, IV, VIII, X e XI.

Art. 138. Configura abandono de cargo a ausência intencional do servidor ao serviço por mais de 30 (trinta) dias consecutivos.

Art. 139. Entende-se por inassiduidade habitual a falta ao serviço, sem causa justificada, por 60 (sessenta) dias, interpoladamente, durante o período de 12 (doze) meses.

Art. 140. Na apuração de abandono de cargo ou inassiduidade habitual, também será adotado o procedimento sumário a que se refere o art. 133, observando-se especialmente que:

→ *Caput* com redação alterada pela Lei 9.527/1997.

I – a indicação da materialidade dar-se-á:

→ Inciso I acrescentado pela Lei 9.527/1997.

a) na hipótese de abandono de cargo, pela indicação precisa do período de ausência intencional do servidor ao serviço superior a 30 (trinta) dias;

b) no caso de inassiduidade habitual, pela indicação dos dias de falta ao serviço sem causa justificada, por período igual ou superior a 60 (sessenta) dias interpoladamente, durante o período de 12 (doze) meses;

II – após a apresentação da defesa a comissão elaborará relatório conclusivo quanto à inocência ou à responsabilidade do servidor, em que resumirá as peças principais dos autos, indicará o respectivo dispositivo legal, opinará, na hipótese de abandono de cargo, sobre a intencionalidade da ausência ao serviço superior a 30 (trinta) dias e remeterá o processo à autoridade instauradora para julgamento.

→ Inciso II acrescentado pela Lei 9.527/1997.

Art. 141. As penalidades disciplinares serão aplicadas:

I – pelo Presidente da República, pelos Presidentes das Casas do Poder Legislativo e dos Tribunais Federais e pelo Procurador-Geral da República, quando se tratar de demissão e cassação de aposentadoria ou disponibilidade de servidor vinculado ao respectivo Poder, órgão, ou entidade;

II – pelas autoridades administrativas de hierarquia imediatamente inferior àquelas mencionadas no inciso anterior quando se tratar de suspensão superior a 30 (trinta) dias;

III – pelo chefe da repartição e outras autoridades na forma dos respectivos regimentos ou regulamentos, nos casos de advertência ou de suspensão de até 30 (trinta) dias;

IV – pela autoridade que houver feito a nomeação, quando se tratar de destituição de cargo em comissão.

Art. 142. A ação disciplinar prescreverá:

→ *v.* Art. 37, § 5º, da CF/1988.

→ *v.* Art. 23 da Lei 8.429/1992.

I – em 5 (cinco) anos, quanto às infrações puníveis com demissão, cassação de aposentadoria ou disponibilidade e destituição de cargo em comissão;

II – em 2 (dois) anos, quanto à suspensão;

III – em 180 (cento e oitenta) dias, quanto à advertência.

§ 1º O prazo de prescrição começa a correr da data em que o fato se tornou conhecido.

§ 2º Os prazos de prescrição previstos na lei penal aplicam-se às infrações disciplinares capituladas também como crime.

§ 3º A abertura de sindicância ou a instauração de processo disciplinar interrompe a prescrição, até a decisão final proferida por autoridade competente.

§ 4º Interrompido o curso da prescrição, o prazo começará a correr a partir do dia em que cessar a interrupção.

Título V
Do processo administrativo disciplinar

Capítulo I
DISPOSIÇÕES GERAIS

Art. 143. A autoridade que tiver ciência de irregularidade no serviço público é obrigada a promover a sua apuração imediata, mediante sindicância ou processo administrativo disciplinar, assegurada ao acusado ampla defesa.

→ *v.* Art. 320 do CP.

→ *v.* Art. 11, II, da Lei 8.429/1992.

§ 1º *(Revogado pela Lei 11.204/2005).*

§ 2º *(Revogado pela Lei 11.204/2005).*

§ 3º A apuração de que trata o *caput*, por solicitação da autoridade a que se refere, poderá ser promovida por autoridade de órgão ou entidade diverso daquele em que tenha ocorrido a irregularidade, mediante competência específica para tal finalidade, delegada em caráter permanente ou temporário pelo Presidente da República, pelos presidentes das Casas do Poder Legislativo e dos Tribunais Federais e pelo Procurador-Geral da República, no âmbito do respectivo Poder, órgão ou entidade, preservadas as competências para o julgamento que se seguir à apuração.

→ § 3º acrescentado pela Lei 9.527/1997.

Art. 144. As denúncias sobre irregularidades serão objeto de apuração, desde que contenham a identificação e o endereço do denunciante e sejam formuladas por escrito, confirmada a autenticidade.

Parágrafo único. Quando o fato narrado não configurar evidente infração disciplinar ou ilícito penal, a denúncia será arquivada, por falta de objeto.

Art. 145. Da sindicância poderá resultar:

I – arquivamento do processo;

II – aplicação de penalidade de advertência ou suspensão de até 30 (trinta) dias;

III – instauração de processo disciplinar.

Parágrafo único. O prazo para conclusão da sindicância não excederá 30 (trinta) dias, podendo ser prorrogado por igual período, a critério da autoridade superior.

Art. 146. Sempre que o ilícito praticado pelo servidor ensejar a imposição de penalidade de suspensão por mais de 30 (trinta) dias, de demissão, cassação de aposentadoria ou disponibilidade, ou destituição de cargo em comissão, será obrigatória a instauração de processo disciplinar.

Capítulo II
DO AFASTAMENTO PREVENTIVO

Art. 147. Como medida cautelar e a fim de que o servidor não venha a influir na apuração da irregularidade, a autoridade instauradora do processo disciplinar poderá determinar o seu afastamento do exercício do cargo, pelo prazo de até 60 (sessenta) dias, sem prejuízo da remuneração.

Parágrafo único. O afastamento poderá ser prorrogado por igual prazo, findo o qual cessarão os seus efeitos, ainda que não concluído o processo.

Capítulo III
DO PROCESSO DISCIPLINAR

Art. 148. O processo disciplinar é o instrumento destinado a apurar responsabilidade de servidor por infração praticada no exercício de suas atribuições, ou que tenha relação com as atribuições do cargo em que se encontre investido.

Art. 149. O processo disciplinar será conduzido por comissão composta de três servidores estáveis designados pela autoridade competente, observado o disposto no § 3º do art. 143, que indicará, dentre eles, o seu presidente, que deverá ser ocupante de cargo efetivo superior ou de mesmo nível, ou ter nível de escolaridade igual ou superior ao do indiciado.

→ *Caput* com redação alterada pela Lei 9.527/1997.

§ 1º A Comissão terá como secretário servidor designado pelo seu presidente, podendo a indicação recair em um de seus membros.

§ 2º Não poderá participar de comissão de sindicância ou de inquérito, cônjuge, companheiro ou parente do acusado, consanguíneo ou afim, em linha reta ou colateral, até o terceiro grau.

→ *v.* Arts. 1.591 a 1.595 do CC.

Art. 150. A Comissão exercerá suas atividades com independência e imparcialidade, assegurado o sigilo necessário à elucidação do fato ou exigido pelo interesse da administração.

Parágrafo único. As reuniões e as audiências das comissões terão caráter reservado.

Art. 151. O processo disciplinar se desenvolve nas seguintes fases:

I – instauração, com a publicação do ato que constituir a comissão;

II – inquérito administrativo, que compreende instrução, defesa e relatório;

III – julgamento.

Art. 152. O prazo para a conclusão do processo disciplinar não excederá 60 (sessenta) dias, contados da data de publicação do ato que constituir a comissão, admitida a sua prorrogação por igual prazo, quando as circunstâncias o exigirem.

→ *v.* Art. 5º, LXXVIII, da CF/1988.

§ 1º Sempre que necessário, a comissão dedicará tempo integral aos seus trabalhos, ficando seus membros dispensados do ponto, até a entrega do relatório final.

§ 2º As reuniões da comissão serão registradas em atas que deverão detalhar as deliberações adotadas.

Seção I
Do inquérito

Art. 153. O inquérito administrativo obedecerá ao princípio do contraditório, assegurada ao acusado ampla defesa, com a utilização dos meios e recursos admitidos em direito.

Art. 154. Os autos da sindicância integrarão o processo disciplinar, como peça informativa da instrução.

Parágrafo único. Na hipótese de o relatório da sindicância concluir que a infração está capitulada como ilícito penal, a autoridade competente encaminhará cópia dos autos ao Ministério Público, independentemente da imediata instauração do processo disciplinar.

Art. 155. Na fase do inquérito, a comissão promoverá a tomada de depoimentos, acareações, investigações e diligências cabíveis, objetivando a coleta de prova, recorrendo, quando necessário, a técnicos e peritos, de modo a permitir a completa elucidação dos fatos.

Art. 156. É assegurado ao servidor o direito de acompanhar o processo pessoalmente ou por intermédio de procurador, arrolar e reinquirir testemunhas, produzir provas e contraprovas e formular quesitos, quando se tratar de prova pericial.

§ 1º O presidente da comissão poderá denegar pedidos considerados impertinentes, meramente protelatórios, ou de nenhum interesse para o esclarecimento dos fatos.

§ 2º Será indeferido o pedido de prova pericial, quando a comprovação do fato independer de conhecimento especial de perito.

Art. 157. As testemunhas serão intimadas a depor mediante mandado expedido pelo presidente da comissão, devendo a segunda via, com o ciente do interessado, ser anexado aos autos.

Parágrafo único. Se a testemunha for servidor público, a expedição do mandado será imediatamente comunicada ao chefe da repartição onde serve, com a indicação do dia e hora marcados para inquirição.

Art. 158. O depoimento será prestado oralmente e reduzido a termo, não sendo lícito à testemunha trazê-lo por escrito.

§ 1º As testemunhas serão inquiridas separadamente.

§ 2º Na hipótese de depoimentos contraditórios ou que se infirmem, proceder-se-á à acareação entre os depoentes.

Art. 159. Concluída a inquirição das testemunhas, a comissão promoverá o interrogatório do acusado, observados os procedimentos previstos nos arts. 157 e 158.

§ 1º No caso de mais de um acusado, cada um deles será ouvido separadamente, e sempre que divergirem em suas declarações sobre fatos ou circunstâncias, será promovida a acareação entre eles.

§ 2º O procurador do acusado poderá assistir ao interrogatório, bem como à inquirição das testemunhas, sendo-lhe vedado interferir nas perguntas e respostas, facultando-se-lhe, porém, reinquiri-las, por intermédio do presidente da comissão.

Art. 160. Quando houver dúvida sobre a sanidade mental do acusado, a comissão proporá à autoridade competente que ele seja submetido a exame por junta médica oficial, da qual participe pelo menos um médico psiquiatra.

Parágrafo único. O incidente de sanidade mental será processado em auto apartado e apenso ao processo principal, após a expedição do laudo pericial.

Art. 161. Tipificada a infração disciplinar, será formulada a indiciação do servidor, com a especificação dos fatos a ele imputados e das respectivas provas.

§ 1º O indiciado será citado por mandado expedido pelo presidente da comissão para apresentar defesa escrita, no prazo de 10 (dez) dias, assegurando-se-lhe vista do processo na repartição.

→ *v.* Art. 7º, XV, da Lei 8.906/1994.

§ 2º Havendo dois ou mais indiciados, o prazo será comum e de 20 (vinte) dias.

§ 3º O prazo de defesa poderá ser prorrogado pelo dobro, para diligências reputadas indispensáveis.

§ 4º No caso de recusa do indiciado em apor o ciente na cópia da citação, o prazo para defesa contar-se-á da data declarada, em termo próprio, pelo membro da comissão que fez a citação, com a assinatura de 2 (duas) testemunhas.

Art. 162. O indiciado que mudar de residência fica obrigado a comunicar à comissão o lugar onde poderá ser encontrado.

Art. 163. Achando-se o indiciado em lugar incerto e não sabido, será citado por edital, publicado no Diário Oficial da União e em jornal de grande circulação na localidade do último domicílio conhecido, para apresentar defesa.

→ *v.* Art. 223 do CPC/1973.

→ *v.* Art. 248 do NCPC.

Parágrafo único. Na hipótese deste artigo, o prazo para defesa será de 15 (quinze) dias a partir da última publicação do edital.

Art. 164. Considerar-se-á revel o indiciado que, regularmente citado, não apresentar defesa no prazo legal.

§ 1º A revelia será declarada, por termo, nos autos do processo e devolverá o prazo para a defesa.

§ 2º Para defender o indiciado revel, a autoridade instauradora do processo designará um servidor como defensor dativo, que deverá ser ocupante de cargo efetivo superior ou de mesmo nível, ou ter nível de escolaridade igual ou superior ao do indiciado.

→ § 2º com redação alterada pela Lei 9.527/1997.

Art. 165. Apreciada a defesa, a comissão elaborará relatório minucioso, onde resumirá as peças principais dos autos e mencionará as provas em que se baseou para formar a sua convicção.

§ 1º O relatório será sempre conclusivo quanto à inocência ou à responsabilidade do servidor.

§ 2º Reconhecida a responsabilidade do servidor, a comissão indicará o dispositivo legal ou regulamentar transgredido, bem como as circunstâncias agravantes ou atenuantes.

Art. 166. O processo disciplinar, com o relatório da comissão, será remetido à autoridade que determinou a sua instauração, para julgamento.

Seção II
Do julgamento

Art. 167. No prazo de 20 (vinte) dias, contados do recebimento do processo, a autoridade julgadora proferirá a sua decisão.

§ 1º Se a penalidade a ser aplicada exceder a alçada da autoridade instauradora do processo, este será encaminhado à autoridade competente, que decidirá em igual prazo.

§ 2º Havendo mais de um indiciado e diversidade de sanções, o julgamento caberá à autoridade competente para a imposição da pena mais grave.

§ 3º Se a penalidade prevista for a demissão ou cassação de aposentadoria ou disponibilidade, o julgamento caberá às autoridades de que trata o inciso I do art. 141.

§ 4º Reconhecida pela comissão a inocência do servidor, a autoridade instauradora do processo determinará o seu arquivamento, salvo se flagrantemente contrária à prova dos autos.

→ § 4º acrescentado pela Lei 9.527/1997.

Art. 168. O julgamento acatará o relatório da comissão, salvo quando contrário às provas dos autos.

Parágrafo único. Quando o relatório da comissão contrariar as provas dos autos, a autoridade julgadora poderá, motivadamente, agravar a penalidade proposta, abrandá-la ou isentar o servidor de responsabilidade.

Art. 169. Verificada a ocorrência de vício insanável, a autoridade que determinou a instauração do processo ou outra de hierarquia superior declarará a sua nulidade, total ou parcial, e ordenará, no mesmo ato, a constituição de outra comissão para instauração de novo processo.

→ *Caput* com redação alterada pela Lei 9.527/1997.

→ *v.* Súmulas 346 e 473 do STF.

§ 1º O julgamento fora do prazo legal não implica nulidade do processo.

§ 2º A autoridade julgadora que der causa à prescrição de que trata o art. 142, § 2º, será responsabilizada na forma do Capítulo IV do Título IV.

Art. 170. Extinta a punibilidade pela prescrição, a autoridade julgadora determinará o registro do fato nos assentamentos individuais do servidor.

Art. 171. Quando a infração estiver capitulada como crime, o processo disciplinar será remetido ao Ministério Público para instauração da ação penal, ficando trasladado na repartição.

Art. 172. O servidor que responder a processo disciplinar só poderá ser exonerado a pedido, ou aposentado voluntariamente, após a conclusão do processo e o cumprimento da penalidade, acaso aplicada.

Parágrafo único. Ocorrida a exoneração de que trata o parágrafo único, inciso I do art. 34, o ato será convertido em demissão, se for o caso.

Art. 173. Serão assegurados transporte e diárias:

I – ao servidor convocado para prestar depoimento fora da sede de sua repartição, na condição de testemunha, denunciado ou indiciado;

II – aos membros da comissão e ao secretário, quando obrigados a se deslocarem da sede dos trabalhos para a realização de missão essencial ao esclarecimento dos fatos.

Seção III
Da revisão do processo

Art. 174. O processo disciplinar poderá ser revisto, a qualquer tempo, a pedido ou de ofício, quando se aduzirem fatos novos ou circunstâncias suscetíveis de justificar a inocência do punido ou a inadequação da penalidade aplicada.

§ 1º Em caso de falecimento, ausência ou desaparecimento do servidor, qualquer pessoa da família poderá requerer a revisão do processo.

§ 2º No caso de incapacidade mental do servidor, a revisão será requerida pelo respectivo curador.

Art. 175. No processo revisional, o ônus da prova cabe ao requerente.

Art. 176. A simples alegação de injustiça da penalidade não constitui fundamento para a revisão, que requer elementos novos, ainda não apreciados no processo originário.

Art. 177. O requerimento de revisão do processo será dirigido ao Ministro de Estado ou autoridade equivalente que, se autorizar a revisão, encaminhará o pedido ao dirigente do órgão ou entidade onde se originou o processo disciplinar.

Parágrafo único. Deferida a petição, a autoridade competente providenciará a constituição de comissão, na forma do art. 149.

Art. 178. A revisão correrá em apenso ao processo originário.

Parágrafo único. Na petição inicial, o requerente pedirá dia e hora para a produção de provas e inquirição das testemunhas que arrolar.

Art. 179. A comissão revisora terá 60 (sessenta) dias para a conclusão dos trabalhos.

Art. 180. Aplicam-se aos trabalhos da comissão revisora, no que couber, as normas e procedimentos próprios da comissão do processo disciplinar.

Art. 181. O julgamento caberá à autoridade que aplicou a penalidade, nos termos do art. 141.

Parágrafo único. O prazo para julgamento será de 20 (vinte) dias, contados do recebimento do processo, no curso do qual a autoridade julgadora poderá determinar diligências.

Art. 182. Julgada procedente a revisão, será declarada sem efeito a penalidade aplicada, restabelecendo-se todos os direitos do servidor, exceto em relação à destituição de cargo em comissão, que será convertida em exoneração.

Parágrafo único. Da revisão do processo não poderá resultar agravamento de penalidade.

Título VI
Da Seguridade Social do Servidor

Capítulo I
DISPOSIÇÕES GERAIS

Art. 183. A União manterá Plano de Seguridade Social para o servidor e sua família.

→ *v.* Art. 194 da CF/1988.

→ *v.* Lei 8.212/1991 – Seguridade Social e Plano de Custeio.

§ 1º O servidor ocupante de cargo em comissão que não seja, simultaneamente, ocupante de cargo ou emprego efetivo na administração pública direta, autárquica e fundacional, não terá direito aos benefícios do Plano de Seguridade Social, com exceção da assistência à saúde.

→ Anterior parágrafo único renumerado para § 1º pela Lei 10.667/2003.

§ 2º O servidor afastado ou licenciado do cargo efetivo, sem direito à remuneração, inclusive para servir em organismo oficial internacional do qual o Brasil seja membro efetivo ou com o qual coopere, ainda que contribua para regime de previdência social no exterior, terá suspenso o seu vínculo com o regime do Plano de Seguridade Social do Servidor Público enquanto durar o afastamento ou a licença, não lhes assistindo, neste período, os benefícios do mencionado regime de previdência.

→ § 2º com eficácia suspensa pela MP 689/2015, em vigor na data de sua publicação, produzindo efeitos a partir do primeiro dia do quarto mês subsequente ao de sua publicação – *D.O.U.* de 31.8.2015.

§ 3º Será assegurada ao servidor licenciado ou afastado sem remuneração a manutenção da vinculação ao regime do Plano de Seguridade Social do Servidor Público, mediante o recolhimento mensal da contribuição própria, no mesmo percentual devido pelos servidores em atividade, acrescida do valor equivalente à contribuição da União, suas autarquias ou fundações, incidente sobre a remuneração total do cargo a que faz jus no exercício de suas atribuições, computando-se, para esse efeito, inclusive, as vantagens pessoais.

→ § 3º com redação alterada pela MP 689/2015, em vigor na data de sua publicação, produzindo efeitos a partir do primeiro dia do quarto mês subsequente ao de sua publicação – *D.O.U.* de 31.8.2015.

→ **Anterior redação:** § 3º Será assegurada ao servidor licenciado ou afastado sem remuneração a manutenção da vinculação ao regime do Plano de Seguridade Social do Servidor Público, mediante o recolhimento mensal da respectiva contribuição, no mesmo percentual devido pelos servidores em atividade, incidente sobre a remuneração total do cargo a que faz jus no exercício de suas atribuições, computando-se, para esse efeito, inclusive, as vantagens pessoais. (§ 3º acrescentado pela Lei 10.667/2003).

§ 4º O recolhimento de que trata o § 3º deve ser efetuado até o segundo dia útil após a data do pagamento das remunerações dos servidores públicos, aplicando-se os procedimentos de cobrança e execução dos tributos federais quando não recolhidas na data de vencimento.

→ § 4º acrescentado pela 10.667/2003.

Art. 184. O Plano de Seguridade Social visa a dar cobertura aos riscos a que estão sujeitos o servidor e sua família, e compreende um conjunto de benefícios e ações que atendam às seguintes finalidades:

I – garantir meios de subsistência nos eventos de doença, invalidez, velhice, acidente em serviço, inatividade, falecimento e reclusão;

II – proteção à maternidade, à adoção e à paternidade;

III – assistência à saúde.

Parágrafo único. Os benefícios serão concedidos nos termos e condições definidos em regulamento, observadas as disposições desta Lei.

Art. 185. Os benefícios do Plano de Seguridade Social do servidor compreendem:

I – quanto ao servidor:

a) aposentadoria;

b) auxílio-natalidade;

c) salário-família;

d) licença para tratamento de saúde;

e) licença à gestante, à adotante e licença-paternidade;

f) licença por acidente em serviço;

g) assistência à saúde;

h) garantia de condições individuais e ambientais de trabalho satisfatórias;

II – quanto ao dependente:

a) pensão vitalícia e temporária;

b) auxílio-funeral;

c) auxílio-reclusão;

d) assistência à saúde.

§ 1º As aposentadorias e pensões serão concedidas e mantidas pelos órgãos ou entidades aos quais se encontram vinculados os servidores, observado o disposto nos arts. 189 e 224.

§ 2º O recebimento indevido de benefícios havidos por fraude, dolo ou má-fé, implicará devolução ao erário do total auferido, sem prejuízo da ação penal cabível.

Capítulo II
DOS BENEFÍCIOS

Seção I
Da aposentadoria

Art. 186. O servidor será aposentado:

→ *v.* Art. 40 da CF/1988.

I – por invalidez permanente, sendo os proventos integrais quando decorrente de acidente em serviço, moléstia profissional ou doença grave, contagiosa ou incurável, especificada em lei, e proporcionais nos demais casos;

II – compulsoriamente, aos 70 (setenta) anos de idade, com proventos proporcionais ao tempo de serviço;

III – voluntariamente:

a) aos 35 (trinta e cinco) anos de serviço, se homem, e aos 30 (trinta) se mulher, com proventos integrais;

b) aos 30 (trinta) anos de efetivo exercício em funções de magistério se professor, e 25 (vinte e cinco) se professora, com proventos integrais;

c) aos 30 (trinta) anos de serviço, se homem, e aos 25 (vinte e cinco) se mulher, com proventos proporcionais a esse tempo;

d) aos 65 (sessenta e cinco) anos de idade, se homem, e aos 60 (sessenta) se mulher, com proventos proporcionais ao tempo de serviço.

§ 1º Consideram-se doenças graves, contagiosas ou incuráveis, a que se refere o inciso I deste artigo, tuberculose ativa, alienação mental, esclerose múltipla, neoplasia maligna, cegueira posterior ao ingresso no serviço público, hanseníase, cardiopatia grave, doença de Parkinson, paralisia irreversível e incapacitante, espondiloartrose anquilosante, nefropatia grave, estados avançados do mal de Paget (osteíte deformante), Síndrome de Imunodeficiência Adquirida – AIDS, e outras que a lei indicar, com base na medicina especializada.

§ 2º Nos casos de exercício de atividades consideradas insalubres ou perigosas, bem como nas hipóteses previstas no art. 71, a aposentadoria de que trata o inciso III, a e c, observará o disposto em lei específica.

§ 3º Na hipótese do inciso I o servidor será submetido à junta médica oficial, que atestará a invalidez quando caracterizada a incapacidade para o desempenho das atribuições do cargo ou a impossibilidade de se aplicar o disposto no art. 24.

→ § 3º acrescentado pela Lei 9.527/1997.

Art. 187. A aposentadoria compulsória será automática, e declarada por ato, com vigência a partir do dia imediato àquele em que o servidor atingir a idade limite de permanência no serviço ativo.

Art. 188. A aposentadoria voluntária ou por invalidez vigorará a partir da data da publicação do respectivo ato.

§ 1º A aposentadoria por invalidez será precedida de licença para tratamento de saúde, por período não excedente a 24 (vinte e quatro) meses.

§ 2º Expirado o período de licença e não estando em condições de reassumir o cargo ou de ser readaptado, o servidor será aposentado.

§ 3º O lapso de tempo compreendido entre o término da licença e a publicação do ato da aposentadoria será considerado como de prorrogação da licença.

§ 4º Para os fins do disposto no § 1º deste artigo, serão consideradas apenas as licenças motivadas pela enfermidade ensejadora da invalidez ou doenças correlacionadas.

→ § 4º acrescentado pela Lei 11.907/2009.

§ 5º A critério da Administração, o servidor em licença para tratamento de saúde ou aposentado por invalidez poderá ser convocado a qualquer momento, para avaliação das condições que ensejaram o afastamento ou a aposentadoria.

→ § 5º acrescentado pela Lei 11.907/2009.

Art. 189. O provento da aposentadoria será calculado com observância do disposto no § 3º do art. 41, e revisto na mesma data e proporção, sempre que se modificar a remuneração dos servidores em atividade.

Parágrafo único. São estendidos aos inativos quaisquer benefícios ou vantagens posteriormente concedidas aos servidores em atividade, inclusive quando decorrentes de transformação ou reclassificação do cargo ou função em que se deu a aposentadoria.

Art. 190. O servidor aposentado com provento proporcional ao tempo de serviço se acometido de qualquer das moléstias especificadas no § 1º do art. 186 desta Lei e, por esse motivo, for considerado inválido por junta médica oficial passará a perceber provento integral, calculado com base no fundamento legal de concessão da aposentadoria.

→ Artigo com redação alterada pela Lei 11.907/2009.

Art. 191. Quando proporcional ao tempo de serviço, o provento não será inferior a 1/3 (um terço) da remuneração da atividade.

Art. 192. *(Revogado pela Lei 9.527/1997).*

Art. 193. *(Revogado pela Lei 9.527/1997).*

Art. 194. Ao servidor aposentado será paga a gratificação natalina, até o dia vinte do mês de dezembro, em valor equivalente ao respectivo provento, deduzido o adiantamento recebido.

Art. 195. Ao ex-combatente que tenha efetivamente participado de operações bélicas, durante a Segunda Guerra Mundial, nos termos da Lei 5.315, de 12 de setembro de 1967, será concedida aposentadoria com provento integral, aos 25 (vinte e cinco) anos de serviço efetivo.

Seção II
Do auxílio-natalidade

Art. 196. O auxílio-natalidade é devido à servidora por motivo de nascimento de filho, em quantia equivalente ao menor vencimento do serviço público, inclusive no caso de natimorto.

§ 1º Na hipótese de parto múltiplo, o valor será acrescido de 50% (cinquenta por cento), por nascituro.

§ 2º O auxílio será pago ao cônjuge ou companheiro servidor público, quando a parturiente não for servidora.

Seção III
Do salário-família

Art. 197. O salário-família é devido ao servidor ativo ou ao inativo, por dependente econômico.

Parágrafo único. Consideram-se dependentes econômicos para efeito de percepção do salário-família:

I – o cônjuge ou companheiro e os filhos, inclusive os enteados até 21 (vinte e um) anos de idade ou, se estudante, até 24 (vinte e quatro) anos ou, se inválido, de qualquer idade;

II – o menor de 21 (vinte e um) anos que, mediante autorização judicial, viver na companhia e às expensas do servidor, ou do inativo;

III – a mãe e o pai sem economia própria.

Art. 198. Não se configura a dependência econômica quando o beneficiário do salário-família perceber rendimento do trabalho ou de qualquer outra fonte, inclusive pensão ou provento da aposentadoria, em valor igual ou superior ao salário mínimo.

Art. 199. Quando pai e mãe forem servidores públicos e viverem em comum, o salário-família será pago a um deles; quando separados, será pago a um e outro, de acordo com a distribuição dos dependentes.

Parágrafo único. Ao pai e à mãe equiparam-se o padrasto, a madrasta e, na falta destes, os representantes legais dos incapazes.

Art. 200. O salário-família não está sujeito a qualquer tributo, nem servirá de base para qualquer contribuição, inclusive para a Previdência Social.

Art. 201. O afastamento do cargo efetivo, sem remuneração, não acarreta a suspensão do pagamento do salário-família.

→ *v.* Arts. 16, 65 a 68 da Lei 8.213/1991.

Seção IV
Da licença para tratamento de saúde

→ *v.* Decreto 7.003/2009 – Regulamenta a licença para tratamento de saúde, de que tratam os arts. 202 a 205 da Lei 8.112/1990.

Art. 202. Será concedida ao servidor licença para tratamento de saúde, a pedido ou de ofício, com base em perícia médica, sem prejuízo da remuneração a que fizer jus.

Art. 203. A licença de que trata o art. 202 desta Lei será concedida com base em perícia oficial.

→ *Caput* com redação alterada pela Lei 11.907/2009.

§ 1º Sempre que necessário, a inspeção médica será realizada na residência do servidor ou no estabelecimento hospitalar onde se encontrar internado.

§ 2º Inexistindo médico no órgão ou entidade no local onde se encontra ou tenha exercício em caráter permanente o servidor, e não se configurando as hipóteses previstas nos parágrafos do art. 230, será aceito atestado passado por médico particular.

→ § 2º com redação alterada pela Lei 9.527/1997.

§ 3º No caso do § 2º deste artigo, o atestado somente produzirá efeitos depois de recepcionado pela unidade de recursos humanos do órgão ou entidade.

→ § 3º com redação alterada pela Lei 11.907/2009.

§ 4º A licença que exceder o prazo de 120 (cento e vinte) dias no período de 12 (doze) meses a contar do primeiro dia de afastamento será concedida mediante avaliação por junta médica oficial.

→ § 4º com redação alterada pela Lei 11.907/2009.

§ 5º A perícia oficial para concessão da licença de que trata o *caput* deste artigo, bem como nos demais casos de perícia oficial previstos nesta Lei, será efetuada por cirurgiões-dentistas, nas hipóteses em que abranger o campo de atuação da odontologia.

→ § 5º acrescentado pela Lei 11.907/2009.

Art. 204. A licença para tratamento de saúde inferior a 15 (quinze) dias, dentro de 1 (um) ano, poderá ser dispensada de perícia oficial, na forma definida em regulamento.

→ Artigo com redação alterada pela Lei 11.907/2009.

Art. 205. O atestado e o laudo da junta médica não se referirão ao nome ou natureza da doença, salvo quando se tratar de lesões produzidas por acidentes em serviço, doença profissional ou qualquer das doenças especificadas no art. 186, § 1º.

Art. 206. O servidor que apresentar indícios de lesões orgânicas ou funcionais será submetido a inspeção médica.

Art. 206-A. O servidor será submetido a exames médicos periódicos, nos termos e condições definidos em regulamento.

→ *Caput* acrescentado pela Lei 11.907/2009.

→ *V.* Decreto 6.856/2009 – Regulamenta o art. 206-A da Lei 8.112/1990.

Parágrafo único. Para os fins do disposto no *caput*, a União e suas entidades autárquicas e fundacionais poderão:

→ Parágrafo único acrescentado pela Lei 12.998/2014.

I – prestar os exames médicos periódicos diretamente pelo órgão ou entidade à qual se encontra vinculado o servidor;

II – celebrar convênio ou instrumento de cooperação ou parceria com os órgãos e entidades da administração direta, suas autarquias e fundações;

III – celebrar convênios com operadoras de plano de assistência à saúde, organizadas na modalidade de autogestão, que possuam autorização de funcionamento do órgão regulador, na forma do art. 230; ou

IV – prestar os exames médicos periódicos mediante contrato administrativo, observado o disposto na Lei 8.666, de 21 de junho de 1993, e demais normas pertinentes.

Seção V
Da licença à gestante, à adotante e da licença-paternidade

Art. 207. Será concedida licença à servidora gestante por 120 (cento e vinte) dias consecutivos, sem prejuízo da remuneração.

→ *V.* Lei 11.770/2008 – Programa Empresa Cidadã, destinado à prorrogação da licença-maternidade mediante concessão de incentivo fiscal.

→ *V.* Art. 2º do Decreto 6.690/2008.

§ 1º A licença poderá ter início no primeiro dia do nono mês de gestação, salvo antecipação por prescrição médica.

§ 2º No caso de nascimento prematuro, a licença terá início a partir do parto.

§ 3º No caso de natimorto, decorridos 30 (trinta) dias do evento, a servidora será submetida a exame médico, e se julgada apta, reassumirá o exercício.

§ 4º No caso de aborto atestado por médico oficial, a servidora terá direito a 30 (trinta) dias de repouso remunerado.

Art. 208. Pelo nascimento ou adoção de filhos, o servidor terá direito à licença-paternidade de 5 (cinco) dias consecutivos.

→ *V.* Art. 7º, XIX, da CF/1988.

Art. 209. Para amamentar o próprio filho, até a idade de seis meses, a servidora lactante terá direito, durante a jornada de trabalho, a uma hora de descanso, que poderá ser parcelada em dois períodos de meia hora.

Art. 210. À servidora que adotar ou obtiver guarda judicial de criança até 1 (um) ano de idade, serão concedidos 90 (noventa) dias de licença remunerada.

→ *V.* Art. 2º do Decreto 6.690/2008.

Parágrafo único. No caso de adoção ou guarda judicial de criança com mais de 1 (um) ano de idade, o prazo de que trata este artigo será de 30 (trinta) dias.

Seção VI
Da licença por acidente em serviço

→ *V.* Decreto 6.782/1980 – Equipara ao acidente em serviço a doença profissional e as especificadas em lei para efeito de pensão especial.

Art. 211. Será licenciado, com remuneração integral, o servidor acidentado em serviço.

Art. 212. Configura acidente em serviço o dano físico ou mental sofrido pelo servidor, que se relacione, mediata ou imediatamente, com as atribuições do cargo exercido.

Parágrafo único. Equipara-se ao acidente em serviço o dano:

I – decorrente de agressão sofrida e não provocada pelo servidor no exercício do cargo;

II – sofrido no percurso da residência para o trabalho e vice-versa.

Art. 213. O servidor acidentado em serviço que necessite de tratamento especializado poderá ser tratado em instituição privada, à conta de recursos públicos.

Parágrafo único. O tratamento recomendado por junta médica oficial constitui medida de exceção e somente será admissível quando inexistirem meios e recursos adequados em instituição pública.

Art. 214. A prova do acidente será feita no prazo de 10 (dez) dias, prorrogável quando as circunstâncias o exigirem.

Seção VII
Da pensão

Art. 215. Por morte do servidor, os dependentes, nas hipóteses legais, fazem jus à pensão a partir da data de óbito, observado o limite estabelecido no inciso XI do caput do art. 37 da Constituição Federal e no art. 2º da Lei 10.887, de 18 de junho de 2004.

→ Artigo com redação alterada pela Lei 13.135/2015.

Art. 216. (*Revogado pela Lei 13.135/2015*).

§ 1º (*Revogado pela Lei 13.135/2015*).

§ 2º (*Revogado pela Lei 13.135/2015*).

Art. 217. São beneficiários das pensões:

I – o cônjuge;

→ *Caput* do inciso I com redação alterada pela Lei 13.135/2015.

a) (*Revogada pela Lei 13.135/2015*);

b) (*Revogada pela Lei 13.135/2015*);

c) (*Revogada pela Lei 13.135/2015*);

d) (*Revogada pela Lei 13.135/2015*);

e) (*Revogada pela Lei 13.135/2015*);

II – o cônjuge divorciado ou separado judicialmente ou de fato, com percepção de pensão alimentícia estabelecida judicialmente;

→ *Caput* do inciso II com redação alterada pela Lei 13.135/2015.

a) (*Revogada pela Lei 13.135/2015*);

b) (*Revogada pela Lei 13.135/2015*);

c) (*Revogada pela Lei 13.135/2015*);

d) (*Revogada pela Lei 13.135/2015*);

III – o companheiro ou companheira que comprove união estável como entidade familiar;

→ Inciso III acrescentado pela Lei 13.135/2015.

IV – o filho de qualquer condição que atenda a um dos seguintes requisitos:

→ Inciso IV acrescentado pela Lei 13.135/2015.

a) seja menor de 21 (vinte e um) anos;

→ Alínea *a* acrescentada pela Lei 13.135/2015.

b) seja inválido;

→ Alínea *b* acrescentada pela Lei 13.135/2015.

c) tenha deficiência grave; ou

→ Alínea *c* acrescentada pela Lei 13.135/2015, em vigor após 2 (dois) anos de sua publicação – *D.O.U.* de 18.6.2015.

d) tenha deficiência intelectual ou mental, nos termos do regulamento;

→ Alínea *d* acrescentada pela Lei 13.135/2015.

V – a mãe e o pai que comprovem dependência econômica do servidor; e

→ Inciso V acrescentado pela Lei 13.135/2015.

VI – o irmão de qualquer condição que comprove dependência econômica do servidor e atenda a um dos requisitos previstos no inciso IV.

→ Inciso VI acrescentado pela Lei 13.135/2015.

§ 1º A concessão de pensão aos beneficiários de que tratam os incisos I a IV do caput exclui os beneficiários referidos nos incisos V e VI.

→ § 1º com redação alterada pela Lei 13.135/2015.

§ 2º A concessão de pensão aos beneficiários de que trata o inciso V do caput exclui o beneficiário referido no inciso VI.

→ § 2º com redação alterada pela Lei 13.135/2015.

§ 3º O enteado e o menor tutelado equiparam-se a filho mediante declaração do servidor e desde que comprovada dependência econômica, na forma estabelecida em regulamento.

→ § 3º acrescentado pela Lei 13.135/2015.

Art. 218. Ocorrendo habilitação de vários titulares à pensão, o seu valor será distribuído em partes iguais entre os beneficiários habilitados.

→ *Caput* com redação alterada pela Lei 13.135/2015.

§ 1º (*Revogado pela Lei 13.135/2015*).

§ 2º (*Revogado pela Lei 13.135/2015*).

§ 3º (*Revogado pela Lei 13.135/2015*).

Art. 219. A pensão poderá ser requerida a qualquer tempo, prescrevendo tão somente as prestações exigíveis há mais de 5 (cinco) anos.

Parágrafo único. Concedida a pensão, qualquer prova posterior ou habilitação tardia que implique exclusão de beneficiário ou redução de pensão só produzirá efeitos a partir da data em que for oferecida.

Art. 220. Perde o direito à pensão por morte:

→ *Caput* com redação alterada pela Lei 13.135/2015.

I – após o trânsito em julgado, o beneficiário condenado pela prática de crime de que tenha dolosamente resultado a morte do servidor;

→ Inciso I acrescentado pela Lei 13.135/2015.

II – o cônjuge, o companheiro ou a companheira se comprovada, a qualquer tempo, simulação ou fraude no casamento ou na união estável, ou a formalização desses com o fim exclusivo de constituir benefício previdenciário, apuradas em processo judicial no qual será assegurado o direito ao contraditório e à ampla defesa.

→ Inciso II acrescentado pela Lei 13.135/2015.

Art. 221. Será concedida pensão provisória por morte presumida do servidor, nos seguintes casos:

I – declaração de ausência, pela autoridade judiciária competente;

II – desaparecimento em desabamento, inundação, incêndio ou acidente não caracterizado como em serviço;

III – desaparecimento no desempenho das atribuições do cargo ou em missão de segurança.

Parágrafo único. A pensão provisória será transformada em vitalícia ou temporária, conforme o caso, decorridos 5 (cinco) anos de sua vigência, ressalvado o eventual reaparecimento do servidor, hipótese em que o benefício será automaticamente cancelado.

Art. 222. Acarreta perda da qualidade de beneficiário:

I – o seu falecimento;

II – a anulação do casamento, quando a decisão ocorrer após a concessão da pensão ao cônjuge;

III – a cessação da invalidez, em se tratando de beneficiário inválido, o afastamento da deficiência, em se tratando de beneficiário com deficiência, ou o levantamento da interdição, em se tratando de beneficiário com deficiência intelectual ou mental que o torne absoluta ou relativamente incapaz, respeitados os períodos mínimos decorrentes da aplicação das alíneas *a* e *b* do inciso VII;

→ Inciso III com redação alterada pela Lei 13.135/2015.

IV – o implemento da idade de 21 (vinte e um) anos, pelo filho ou irmão;

→ Inciso IV com redação alterada pela Lei 13.135/2015.

V – a acumulação de pensão na forma do art. 225;

VI – a renúncia expressa; e

→ Inciso VI com redação alterada pela Lei 13.135/2015.

VII – em relação aos beneficiários de que tratam os incisos I a III do caput do art. 217:

→ Inciso VII acrescentado pela Lei 13.135/2015.

a) o decurso de 4 (quatro) meses, se o óbito ocorrer sem que o servidor tenha vertido 18 (dezoito) contribuições mensais ou se o casamento ou a união estável tiverem sido iniciados em menos de 2 (dois) anos antes do óbito do servidor;

b) o decurso dos seguintes períodos, estabelecidos de acordo com a idade do pensionista na data de óbito do servidor, depois de vertidas 18 (dezoito) contribuições mensais e pelo menos 2 (dois) anos após o início do casamento ou da união estável:

1) 3 (três) anos, com menos de 21 (vinte e um) anos de idade;

2) 6 (seis) anos, entre 21 (vinte e um) e 26 (vinte e seis) anos de idade;

3) 10 (dez) anos, entre 27 (vinte e sete) e 29 (vinte e nove) anos de idade;

4) 15 (quinze) anos, entre 30 (trinta) e 40 (quarenta) anos de idade;

5) 20 (vinte) anos, entre 41 (quarenta e um) e 43 (quarenta e três) anos de idade;

6) vitalícia, com 44 (quarenta e quatro) ou mais anos de idade.

§ 1º A critério da administração, o beneficiário de pensão cuja preservação seja motivada por invalidez, por incapacidade ou por deficiência poderá ser convocado a qualquer momento para avaliação das referidas condições.

→ § 1º acrescentado pela Lei 13.135/2015.

§ 2º Serão aplicados, conforme o caso, a regra contida no inciso III ou os prazos previstos na alínea b do inciso VII, ambos do caput, se o óbito do servidor decorrer de acidente de qualquer natureza ou de doença profissional ou do trabalho, independentemente do recolhimento de 18 (dezoito) contribuições mensais ou da comprovação de 2 (dois) anos de casamento ou de união estável.

→ § 2º acrescentado pela Lei 13.135/2015.

§ 3º Após o transcurso de pelo menos 3 (três) anos e desde que nesse período se verifique o incremento mínimo de um ano inteiro na média nacional única, para ambos os sexos, correspondente à expectativa de sobrevida da população brasileira ao nascer, poderão ser fixadas, em números inteiros, novas idades para os fins previstos na alínea b do inciso VII do caput, em ato do Ministro de Estado do Planejamento, Orçamento e Gestão, limitado o acréscimo na comparação com as idades anteriores ao referido incremento.

→ § 3º acrescentado pela Lei 13.135/2015.

§ 4º O tempo de contribuição a Regime Próprio de Previdência Social (RPPS) ou ao Regime Geral de Previdência Social (RGPS) será considerado na contagem das 18 (dezoito) contribuições mensais referidas nas alíneas a e b do inciso VII do caput.

→ § 4º acrescentado pela Lei 13.135/2015.

Art. 223. Por morte ou perda da qualidade de beneficiário, a respectiva cota reverterá para os cobeneficiários.

→ *Caput* com redação alterada pela Lei 13.135/2015.

I – (*Revogado pela Lei 13.135/2015*);

II – (*Revogado pela Lei 13.135/2015*).

Art. 224. As pensões serão automaticamente atualizadas na mesma data e na mesma proporção dos reajustes dos vencimentos dos servidores, aplicando-se o disposto no parágrafo único do art. 189.

Art. 225. Ressalvado o direito de opção, é vedada a percepção cumulativa de pensão deixada por mais de um cônjuge ou companheiro ou companheira e de mais de 2 (duas) pensões.

→ Artigo com redação alterada pela Lei 13.135/2015.

Seção VIII
Do auxílio-funeral

Art. 226. O auxílio-funeral é devido à família do servidor falecido na atividade ou aposentado, em valor equivalente a um mês da remuneração ou provento.

§ 1º No caso de acumulação legal de cargos, o auxílio será pago somente em razão do cargo de maior remuneração.

§ 2º (Vetado).

§ 3º O auxílio será pago no prazo de 48 (quarenta e oito) horas, por meio de procedimento sumaríssimo, à pessoa da família que houver custeado o funeral.

Art. 227. Se o funeral for custeado por terceiro, este será indenizado, observado o disposto no artigo anterior.

Art. 228. Em caso de falecimento de servidor em serviço fora do local de trabalho, inclusive no exterior, as despesas de transporte do corpo correrão à conta de recursos da União, autarquia ou fundação pública.

Seção IX
Do auxílio-reclusão

Art. 229. À família do servidor ativo é devido o auxílio-reclusão, nos seguintes valores:

I – 2/3 (dois terços) da remuneração, quando afastado por motivo de prisão, em flagrante ou preventiva, determinada pela autoridade competente, enquanto perdurar a prisão;

II – 1/2 (metade) da remuneração, durante o afastamento, em virtude de condenação, por sentença definitiva, a pena que não determine a perda de cargo.

§ 1º Nos casos previstos no inciso I deste artigo, o servidor terá direito à integralização da remuneração desde que absolvido.

§ 2º O pagamento do auxílio-reclusão cessará a partir do dia imediato àquele em que o servidor for posto em liberdade, ainda que condicional.

§ 3º Ressalvado o disposto neste artigo, o auxílio-reclusão será devido, nas mesmas condições da pensão por morte, aos dependentes do segurado recolhido à prisão.

→ § 3º acrescentado pela Lei 13.135/2015.

Capítulo III
DA ASSISTÊNCIA À SAÚDE

Art. 230. A assistência à saúde do servidor, ativo ou inativo, e de sua família compreende assistência médica, hospitalar, odontológica, psicológica e farmacêutica, terá como diretriz básica o implemento de ações preventivas voltadas para a promoção da saúde e será prestada pelo Sistema Único de Saúde – SUS, diretamente pelo órgão ou entidade ao qual estiver vinculado o servidor, ou mediante convênio ou contrato, ou ainda na forma de auxílio, mediante ressarcimento parcial do valor despendido pelo servidor, ativo ou inativo, e seus dependentes ou pensionistas com planos ou seguros privados de assistência à saúde, na forma estabelecida em regulamento.

→ *Caput* com redação alterada pela Lei 11.302/2006.

§ 1º Nas hipóteses previstas nesta Lei em que seja exigida perícia, avaliação ou inspeção médica, na ausência de médico ou junta médica oficial, para a sua realização o órgão ou entidade celebrará, preferencialmente, convênio com unidades de atendimento do sistema público de saúde, entidades sem fins lucrativos declaradas de utilidade pública, ou com o Instituto Nacional do Seguro Social – INSS.

→ § 1º com redação alterada pela Lei 9.527/1997.

§ 2º Na impossibilidade, devidamente justificada, da aplicação do disposto no parágrafo anterior, o órgão ou entidade promoverá a contratação da prestação de serviços por pessoa jurídica, que constituirá junta médica especificamente para esses fins, indicando os nomes e especialidades dos seus integrantes, com a comprovação de suas habilitações e de que não estejam respondendo a processo disciplinar junto à entidade fiscalizadora da profissão.

→ § 2º com redação alterada pela Lei 9.527/1997.

§ 3º Para os fins do disposto no *caput* deste artigo, ficam a União e suas entidades autárquicas e fundacionais autorizadas a:

→ § 3º acrescentado pela Lei 11.302/2006.

I – celebrar convênios exclusivamente para a prestação de serviços de assistência à saúde para os seus servidores ou empregados ativos, aposentados, pensionistas, bem como para seus respectivos grupos familiares definidos, com entidades de autogestão por elas patrocinadas por meio de instrumentos jurídicos efetivamente celebrados e publicados até 12 de fevereiro de 2006 e que possuam autorização de funcionamento do órgão regulador, sendo certo que os convênios celebrados depois dessa data somente poderão sê-lo na forma da regulamentação específica sobre patrocínio de autogestões, a ser publicada pelo mesmo órgão regulador, no prazo de 180 (cento e oitenta) dias da vigência desta Lei, normas essas também aplicáveis aos convênios existentes até 12 de fevereiro de 2006;

II – contratar, mediante licitação, na forma da Lei 8.666, de 21 de junho de 1993, operadoras de planos e seguros privados de assistência à saúde que possuam autorização de funcionamento do órgão regulador;

III – (*Vetado*).

§ 4º (*Vetado*).

→ § 4º acrescentado pela Lei 11.302/2006.

§ 5º O valor do ressarcimento fica limitado ao total despendido pelo servidor ou pensionista civil com plano ou seguro privado de assistência à saúde.

→ § 5º acrescentado pela Lei 11.302/2006.

Capítulo IV
DO CUSTEIO

Art. 231. (*Revogado pela Lei 9.783/1999*).

Título VII

Capítulo Único
DA CONTRATAÇÃO TEMPORÁRIA DE EXCEPCIONAL INTERESSE PÚBLICO

Art. 232. (*Revogado pela Lei 8.745/1993*).

Art. 233. (*Revogado pela Lei 8.745/1993*).

Art. 234. (*Revogado pela Lei 8.745/1993*).

Art. 235. (*Revogado pela Lei 8.745/1993*).

Título VIII

Capítulo Único
DAS DISPOSIÇÕES GERAIS

Art. 236. O Dia do Servidor Público será comemorado a vinte e oito de outubro.

Art. 237. Poderão ser instituídos, no âmbito dos Poderes Executivo, Legislativo e Judiciário, os seguintes incentivos funcionais, além daqueles já previstos nos respectivos planos de carreira:

I – prêmios pela apresentação de ideias, inventos ou trabalhos que favoreçam o aumento de produtividade e a redução dos custos operacionais;

II – concessão de medalhas, diplomas de honra ao mérito, condecoração e elogio.

Art. 238. Os prazos previstos nesta Lei serão contados em dias corridos, excluindo-se o dia do começo e incluindo-se o do vencimento, ficando prorrogado, para o primeiro dia útil seguinte, o prazo vencido em dia em que não haja expediente.

Art. 239. Por motivo de crença religiosa ou de convicção filosófica ou política, o servidor não poderá ser privado de quaisquer dos seus direitos, sofrer discriminação em sua vida funcional, nem eximir-se do cumprimento de seus deveres.

Art. 240. Ao servidor público civil é assegurado, nos termos da Constituição Federal, o direito à livre associação sindical e os seguintes direitos, entre outros, dela decorrentes:

a) de ser representado pelo sindicato, inclusive como substituto processual;

b) de inamovibilidade do dirigente sindical, até um ano após o final do mandato, exceto se a pedido;

c) de descontar em folha, sem ônus para a entidade sindical a que for filiado, o valor das mensalidades e contribuições definidas em assembleia geral da categoria;

d) (*Revogada pela Lei 9.527/1997*);

e) (*Revogada pela Lei 9.527/1997*).

Art. 241. Consideram-se da família do servidor, além do cônjuge e filhos, quaisquer pessoas que vivam às suas expensas e constem do seu assentamento individual.

Parágrafo único. Equipara-se ao cônjuge a companheira ou companheiro, que comprove união estável como entidade familiar.

Art. 242. Para os fins desta Lei, considera-se sede o município onde a repartição estiver instalada e onde o servidor tiver exercício, em caráter permanente.

Título IX

Capítulo Único
DAS DISPOSIÇÕES TRANSITÓRIAS E FINAIS

Art. 243. Ficam submetidos ao regime jurídico instituído por esta Lei, na qualidade de servidores públicos, os servidores dos Poderes da União, dos ex-Territórios, das autarquias, inclusive as em regime especial, e das fundações públicas, regidos pela Lei 1.711, de 28 de outubro de 1952 – Estatuto dos Funcionários Públicos Civis da União, ou pela Consolidação das Leis do Trabalho, aprovada pelo Decreto-Lei 5.452, de 1º de maio de 1943, exceto os contratados por prazo determinado, cujos contratos não poderão ser prorrogados após o vencimento do prazo de prorrogação.

→ *V.* Súmula 678 do STF.

§ 1º Os empregos ocupados pelos servidores incluídos no regime instituído por esta Lei ficam transformados em cargos, na data de sua publicação.

§ 2º As funções de confiança exercidas por pessoas não integrantes de tabela permanente do órgão ou entidade onde têm exercício ficam transformadas em cargos em comissão, e mantidas enquanto não for implantado o plano de cargos dos órgãos ou entidades na forma da lei.

§ 3º As Funções de Assessoramento Superior – FAS, exercidas por servidor integrante de quadro ou tabela de pessoal, ficam extintas na data da vigência desta Lei.

§ 4º (*Vetado*).

§ 5º O regime jurídico desta Lei é extensivo aos serventuários da Justiça, remunerados com recursos da União, no que couber.

§ 6º Os empregos dos servidores estrangeiros com estabilidade no serviço público, enquanto não adquirirem a nacionalidade brasileira, passarão a integrar tabela em extinção, do respectivo órgão ou entidade, sem prejuízo dos direitos inerentes aos planos de carreira aos quais se encontrem vinculados os empregos.

§ 7º Os servidores públicos de que trata o *caput* deste artigo, não amparados pelo art. 19 do Ato das Disposições Constitucionais Transitórias, poderão, no interesse da Administração e conforme critérios estabelecidos em regulamento, ser exonerados mediante indenização de um mês de remuneração por ano de efetivo exercício no serviço público federal.

→ § 7º acrescentado pela Lei 9.527/1997.

§ 8º Para fins de incidência do imposto de renda na fonte e na declaração de rendimentos, serão considerados como indenizações isentas os pagamentos efetuados a título de indenização prevista no parágrafo anterior.

→ § 8º acrescentado pela Lei 9.527/1997.

§ 9º Os cargos vagos em decorrência da aplicação do disposto no § 7º poderão ser extintos pelo Poder Executivo quando considerados desnecessários.

→ § 9º acrescentado pela Lei 9.527/1997.

Art. 244. Os adicionais por tempo de serviço, já concedidos aos servidores abrangidos por esta Lei, ficam transformados em anuênio.

Art. 245. A licença especial disciplinada pelo art. 116 da Lei 1.711, de 1952, ou por outro diploma legal, fica transformada em licença-prêmio por assiduidade, na forma prevista nos arts. 87 a 90.

Art. 246. *(Vetado).*

Art. 247. Para efeito do disposto Título VI desta Lei, haverá ajuste de contas com a Previdência Social, correspondente ao período de contribuição por parte dos servidores celetistas abrangidos pelo art. 243.

→ Artigo com redação alterada pela Lei 8.162/1991.

Art. 248. As pensões estatutárias, concedidas até a vigência desta Lei, passam a ser mantidas pelo órgão ou entidade de origem do servidor.

Art. 249. Até a edição da lei prevista no § 1º do art. 231, os servidores abrangidos por esta Lei contribuirão na forma e nos percentuais atualmente estabelecidos para o servidor civil da União, conforme regulamento próprio.

Art. 250. O servidor que já tiver satisfeito ou vier a satisfazer, dentro de 1 (um) ano, as condições necessárias para a aposentadoria nos termos do inciso II do art. 184 do antigo Estatuto dos Funcionários Públicos Civis da União, Lei 1.711, de 28 de outubro de 1952, aposentar-se-á com a vantagem prevista naquele dispositivo.

→ Artigo com redação mantida pelo Congresso Nacional.

Art. 251. *(Revogado pela Lei 9.527/1997).*

Art. 252. Esta Lei entra em vigor na data de sua publicação, com efeitos financeiros a partir do primeiro dia do mês subsequente.

Art. 253. Ficam revogadas a Lei 1.711, de 28 de outubro de 1952, e respectiva legislação complementar, bem como as demais disposições em contrário.

Brasília, 11 de dezembro de 1990; 169º da Independência e 102º da República.

Fernando Collor

(Publicação no *D.O.U.* de 12.12.1990; retificação 19.4.1991; republicação 18.3.1998)

LEI 8.137,
DE 27 DE DEZEMBRO DE 1990

Define crimes contra a ordem tributária, econômica e contra as relações de consumo, e dá outras providências.

→ *v.* Lei 4.729/1965 – Define o crime de sonegação fiscal e dá outras providências.

O Presidente da República:

Faço saber que o Congresso Nacional decreta e eu sanciono a seguinte Lei:

Capítulo I
DOS CRIMES CONTRA A ORDEM TRIBUTÁRIA

Seção I
Dos crimes praticados por particulares

Art. 1º Constitui crime contra a ordem tributária suprimir ou reduzir tributo, ou contribuição social e qualquer acessório, mediante as seguintes condutas:

→ *v.* Art. 9º da Lei 10.684/2003.

→ *v.* Art. 15 da Lei 9.964/2000.

I – omitir informação, ou prestar declaração falsa às autoridades fazendárias;

→ *v.* Art. 299 do CP.

→ *v.* Art. 1º, I da Lei 4.729/1965 – Sonegação Fiscal.

II – fraudar a fiscalização tributária, inserindo elementos inexatos, ou omitindo operação de qualquer natureza, em documento ou livro exigido pela lei fiscal;

III – falsificar ou alterar nota fiscal, fatura, duplicata, nota de venda, ou qualquer outro documento relativo à operação tributável;

IV – elaborar, distribuir, fornecer, emitir ou utilizar documento que saiba ou deva saber falso ou inexato;

V – negar ou deixar de fornecer, quando obrigatório, nota fiscal ou documento equivalente, relativa à venda de mercadoria ou prestação de serviço, efetivamente realizada, ou fornecê-la em desacordo com a legislação.

Pena – reclusão, de 2 (dois) a 5 (cinco) anos, e multa.

Parágrafo único. A falta de atendimento da exigência da autoridade, no prazo de 10 (dez) dias, que poderá ser convertido em horas em razão da maior ou menor complexidade da matéria ou da dificuldade quanto ao atendimento da exigência, caracteriza a infração prevista no inciso V.

Art. 2º Constitui crime da mesma natureza:

I – fazer declaração falsa ou omitir declaração sobre rendas, bens ou fatos, ou empregar outra fraude, para eximir-se, total ou parcialmente, de pagamento de tributo;

II – deixar de recolher, no prazo legal, valor de tributo ou de contribuição social, descontado ou cobrado, na qualidade de sujeito passivo de obrigação e que deveria recolher aos cofres públicos;

III – exigir, pagar ou receber, para si ou para o contribuinte beneficiário, qualquer percentagem sobre a parcela dedutível ou deduzida de imposto ou de contribuição como incentivo fiscal;

IV – deixar de aplicar, ou aplicar em desacordo com o estatuído, incentivo fiscal ou parcelas de imposto liberadas por órgão ou entidade de desenvolvimento;

V – utilizar ou divulgar programas de processamento de dados que permita ao sujeito passivo da obrigação tributária possuir informação contábil diversa daquela que é, por lei, fornecida à Fazenda Pública.

Pena – detenção, de 6 (seis) meses a 2 (dois) anos, e multa.

Seção II
Dos crimes praticados por funcionários públicos

Art. 3º Constitui crime funcional contra a ordem tributária, além dos previstos no Dec.-lei 2.848, de 7 de dezembro de 1940 – Código Penal (Título XI, Capítulo I):

I – extraviar livro oficial, processo fiscal ou qualquer documento, de que tenha a guarda em razão da função; sonegá-lo, ou inutilizá-lo, total ou parcialmente, acarretando pagamento indevido ou inexato de tributo ou contribuição social;

→ *v.* Art. 314 do CP.

II – exigir, solicitar ou receber, para si ou para outrem, direta ou indiretamente, ainda que fora da função ou antes de iniciar seu exercício, mas em razão dela, vantagem indevida; ou aceitar promessa de tal vantagem, para deixar de lançar ou cobrar tributo ou contribuição social, ou cobrá-los parcialmente;

Pena – reclusão, de 3 (três) a 8 (oito) anos, e multa.

→ *v.* Arts. 316 e 317 do CP.

III – patrocinar, direta ou indiretamente, interesse privado perante a administração fazendária, valendo-se da qualidade de funcionário público;

Pena – reclusão, de 1 (um) a 4 (quatro) anos, e multa.

→ *v.* Art. 321 do CPC/1973.

→ *v.* Art. 329, II, do NCPC.

Capítulo II
DOS CRIMES CONTRA A ORDEM ECONÔMICA E AS RELAÇÕES DE CONSUMO

→ *v.* Arts. 61 a 80 do CDC.

Art. 4º Constitui crime contra a ordem econômica:

I – abusar do poder econômico, dominando o mercado ou eliminando, total ou parcialmente, a concorrência mediante qualquer forma de ajuste ou acordo de empresas;

→ *Caput* do inciso I com redação alterada pela Lei 12.529/2011.

a) (Revogada pela Lei 12.529/2011).

b) (Revogada pela Lei 12.529/2011).

c) (Revogada pela Lei 12.529/2011).

d) (Revogada pela Lei 12.529/2011).

e) (Revogada pela Lei 12.529/2011).

f) (Revogada pela Lei 12.529/2011).

II – formar acordo, convênio, ajuste ou aliança entre ofertantes, visando:

→ Inciso II com redação alterada pela Lei 12.529/2011.

a) à fixação artificial de preços ou quantidades vendidas ou produzidas;

b) ao controle regionalizado do mercado por empresa ou grupo de empresas;

c) ao controle, em detrimento da concorrência, de rede de distribuição ou de fornecedores.

Pena - reclusão, de 2 (dois) a 5 (cinco) anos e multa.

III – *(Revogado pela Lei 12.529/2011).*

IV – *(Revogado pela Lei 12.529/2011).*

V – *(Revogado pela Lei 12.529/2011).*

VI – *(Revogado pela Lei 12.529/2011).*

VII – *(Revogado pela Lei 12.529/2011).*

Art. 5º *(Revogado pela Lei 12.529/2011).*

Art. 6º *(Revogado pela Lei 12.529/2011).*

Art. 7º Constitui crime contra as relações de consumo:

→ *v.* Arts. 61 a 80 da Lei 8.078/2990 – Código de Defesa do Consumidor.

I – favorecer ou preferir, sem justa causa, comprador ou freguês, ressalvados os sistemas de entrega ao consumo por intermédio de distribuidores ou revendedores;

II – vender ou expor à venda mercadoria cuja embalagem, tipo, especificação, peso ou composição esteja em desacordo com as prescrições legais, ou que não corresponda à respectiva classificação oficial;

III – misturar gêneros e mercadorias de espécies diferentes, para vendê-los ou expô-los à venda como puros; misturar gêneros e mercadorias de qualidades desiguais para vendê-los ou expô-los à venda por preço estabelecido para os de mais alto custo;

IV – fraudar preços por meio de:

a) alteração, sem modificação essencial ou de qualidade, de elementos tais como denominação, sinal externo, marca, embalagem, especificação técnica, descrição, volume, peso, pintura ou acabamento de bem ou serviço;

b) divisão em partes de bem ou serviço, habitualmente oferecido à venda em conjunto;

c) junção de bens ou serviços, comumente oferecidos à venda em separado;

d) aviso de inclusão de insumo não empregado na produção do bem ou na prestação dos serviços;

V – elevar o valor cobrado nas vendas a prazo de bens ou serviços, mediante a exigência de comissão ou de taxa de juros ilegais;

VI – sonegar insumos ou bens, recusando-se a vendê-los a quem pretenda comprá-los nas condições publicamente ofertadas, ou retê-los para o fim de especulação;

VII – induzir o consumidor ou usuário a erro, por via de indicação ou afirmação falsa ou enganosa sobre a natureza, qualidade de bem ou serviço, utilizando-se de qualquer meio, inclusive a veiculação ou divulgação publicitária;

VIII – destruir, inutilizar ou danificar matéria-prima ou mercadoria, com o fim de provocar alta de preço, em proveito próprio ou de terceiros;

IX – vender, ter em depósito para vender ou expor à venda, ou de qualquer forma, entregar matéria-prima ou mercadoria, em condições impróprias ao consumo.

Pena – detenção, de 2 (dois) a 5 (cinco) anos, ou multa.

Parágrafo único. Nas hipóteses dos incisos II, III e IX pune-se a modalidade culposa, reduzindo-se a pena de detenção de 1/3 (um terço) ou a de multa à quinta parte.

Capítulo III
DAS MULTAS

Art. 8º Nos crimes definidos nos arts. 1º a 3º desta Lei, a pena de multa será fixada entre 10 (dez) e 360 (trezentos e sessenta) dias-multa, conforme seja necessário e suficiente para reprovação e prevenção do crime.

→ *v.* Arts. 49 e 59 do CP.

Parágrafo único. O dia-multa será fixado pelo juiz em valor não inferior a 14 nem superior a 200 Bônus do Tesouro Nacional – BTN.

Art. 9º A pena de detenção ou reclusão poderá ser convertida em multa de valor equivalente a:

I – 200.000 até 5.000.000 de BTN, nos crimes definidos no art. 4º;

II – 5.000 até 200.000 BTN, nos crimes definidos nos arts. 5º e 6º;

III – 50.000 até 1.000.000 de BTN, nos crimes definidos no art. 7º.

Art. 10. Caso o juiz, considerado o ganho ilícito e a situação econômica do réu, verifique a insuficiência ou excessiva onerosidade das penas pecuniárias previstas nesta Lei, poderá diminuí-las até a décima parte ou elevá-las ao décuplo.

Capítulo IV
DAS DISPOSIÇÕES GERAIS

Art. 11. Quem de qualquer modo, inclusive por meio de pessoa jurídica, concorre para os crimes definidos nesta Lei, incide nas penas a estes cominadas, na medida de sua culpabilidade.

Parágrafo único. Quando a venda ao consumidor for efetuada por sistema de entrega ao consumo ou por intermédio de distribuidor ou revendedor, seja em regime de concessão comercial ou outro em que o preço ao consumidor é estabelecido ou sugerido pelo fabricante ou concedente, o ato por este praticado não alcança o distribuidor ou revendedor.

Art. 12. São circunstâncias que podem agravar de 1/3 (um terço) até a metade as penas previstas nos arts. 1º, 2º e 4º a 7º:

I – ocasionar grave dano à coletividade;

II – ser o crime cometido por servidor público no exercício de suas funções;

III – ser o crime praticado em relação à prestação de serviços ou ao comércio de bens essenciais à vida ou à saúde.

Art. 13. *(Vetado).*

Art. 14. *(Revogado pela Lei 8.383/1991).*

Art. 15. Os crimes previstos nesta Lei são de ação penal pública, aplicando-se lhes o disposto no art. 100 do Dec.-lei 2.848, de 7 de dezembro de 1940 – Código Penal.

Art. 16. Qualquer pessoa poderá provocar a iniciativa do Ministério Público nos crimes descritos nesta Lei, fornecendo-lhe por escrito informações sobre o fato e a autoria, bem como indicando o tempo, o lugar e os elementos de convicção.

Parágrafo único. Nos crimes previstos nesta Lei, cometidos em quadrilha ou coautoria, o coautor ou partícipe que através de confissão espontânea revelar à autoridade policial ou judicial toda a trama delituosa terá a sua pena reduzida de 1 (um) a 2/3 (dois terços).

→ Parágrafo único acrescentado pela Lei 9.080/1995.

Art. 17. Compete ao Departamento Nacional de Abastecimento e Preços, quando e se necessário, providenciar a desapropriação de estoques, a fim de evitar crise no mercado ou colapso no abastecimento.

Art. 18. *(Revogado pela Lei 8.176/1991).*

Art. 19. O *caput* do art. 172 do Dec.-lei 2.848, de 7 de dezembro de 1940 – Código Penal, passa a ter a seguinte redação:

→ Alterações efetuadas no CP.

Art. 20. O § 1º do art. 316 do Dec.-lei 2.848, de 7 de dezembro de 1940 – Código Penal, passa a ter a seguinte redação:

→ Alterações efetuadas no CP.

Art. 21. O art. 318 do Dec.-lei 2.848, de 7 de dezembro de 1940 – Código Penal, quanto à fixação da pena, passa a ter a seguinte redação:

→ Alterações efetuadas no CP.

Art. 22. Esta Lei entra em vigor na data de sua publicação.

Art. 23. Revogam-se as disposições em contrário e, em especial, o art. 279 do Dec.-lei 2.848, de 7 de dezembro de 1940 – Código Penal.

Brasília, em 27 de dezembro de 1990; 169º da Independência e 102º da República.

Fernando Collor

(Publicação no *D.O.U.* 28.12.1990)

LEGISLAÇÃO

LEI 8.176,
DE 8 DE FEVEREIRO DE 1991

Define crimes contra a ordem econômica e cria o Sistema de Estoques de Combustíveis.

→ *v.* Decreto 238/1991 – Dispõe sobre o Sistema Nacional de Estoques de Combustíveis e dá outras providências.

O Presidente da República:

Faço saber que o Congresso Nacional decreta e eu sanciono a seguinte Lei:

Art. 1º Constitui crime contra a ordem econômica:

I – adquirir, distribuir e revender derivados de petróleo, gás natural e suas frações recuperáveis, álcool etílico hidratado carburante, e demais combustíveis líquidos carburantes em desacordo com as normas estabelecidas na forma da Lei;

II – usar gás liquefeito de petróleo em motores de qualquer espécie, saunas, caldeiras e aquecimentos de piscinas, ou para fins automotivos, em desacordo com as normas estabelecidas na forma da Lei.

Pena – detenção, de 1 (um) a 5 (cinco) anos.

Art. 2º Constitui crime contra o patrimônio, na modalidade de usurpação, produzir bens ou explorar matéria-prima pertencentes à União, sem autorização legal ou em desacordo com as obrigações impostas pelo título autorizativo.

Pena – detenção, de 1 (um) a 5 (cinco) anos, e multa.

§ 1º Incorre na mesma pena aquele que, sem autorização legal, adquirir, transportar, industrializar, tiver consigo, consumir ou comercializar produtos ou matéria-prima, obtidos na forma prevista no *caput* deste artigo.

§ 2º No crime definido neste artigo, a pena de multa será fixada entre dez e 360 dias-multa, conforme seja necessário e suficiente para a reprovação e a prevenção do crime.

§ 3º O dia-multa será fixado pelo juiz em valor não inferior a 14 nem superior a 200 Bônus do Tesouro Nacional – BTN.

Art. 3º (*Vetado*).

Art. 4º Fica instituído o Sistema Nacional de Estoques de Combustíveis.

§ 1º O Poder Executivo encaminhará ao Congresso Nacional, dentro de cada exercício financeiro, o Plano Anual de Estoques Estratégicos de Combustíveis para o exercício seguinte, do qual constarão as fontes de recursos financeiros necessários à sua manutenção.

§ 2º O Poder Executivo estabelecerá, no prazo de 60 (sessenta) dias, as normas que regulamentarão o Sistema Nacional de Estoques de Combustíveis e o Plano Anual de Estoques Estratégicos de Combustíveis.

Art. 5º Esta Lei entra em vigor 5 (cinco) dias após a sua publicação.

Art. 6º Revogam-se as disposições em contrário, em especial o art. 18 da Lei 8.137, de 27 de dezembro de 1990, restaurando-se a numeração dos artigos do Dec.-lei 2.848, de 7 de dezembro de 1940 – Código Penal brasileiro, alterado por aquele dispositivo.

Brasília, em 8 de fevereiro de 1991; 170º da Independência e 103º da República.

Fernando Collor

(Publicação no *D.O.U.* 13.2.1991)

LEI 8.212,
DE 24 DE JULHO DE 1991

Dispõe sobre a organização da Seguridade Social, institui Plano de Custeio, e dá outras providências.

→ *v.* Lei 13.146/2015 – Estatuto da Pessoa com Deficiência.

→ *v.* LC 142/2013 – Aposentadoria da pessoa com deficiência.

O Presidente da República:

Faço saber que o Congresso Nacional decreta e eu sanciono a seguinte Lei:

LEI ORGÂNICA DA SEGURIDADE SOCIAL

Título I
Conceituação e Princípios Constitucionais

→ *v.* Arts. 194 a 197 da CF/1988.

→ *v.* Decreto 3.048/1999 – Aprova o Regulamento da Previdência Social, e dá outras providências.

Art. 1º A Seguridade Social compreende um conjunto integrado de ações de iniciativa dos poderes públicos e da sociedade, destinado a assegurar o direito relativo à saúde, à previdência e à assistência social.

Parágrafo único. A Seguridade Social obedecerá aos seguintes princípios e diretrizes:

a) universalidade da cobertura e do atendimento;

b) uniformidade e equivalência dos benefícios e serviços às populações urbanas e rurais;

c) seletividade e distributividade na prestação dos benefícios e serviços;

d) irredutibilidade do valor dos benefícios;

e) equidade na forma de participação no custeio;

f) diversidade da base de financiamento;

g) caráter democrático e descentralizado da gestão administrativa com a participação da comunidade, em especial de trabalhadores, empresários e aposentados.

Título II
Da Saúde

Art. 2º A Saúde é direito de todos e dever do Estado, garantido mediante políticas sociais e econômicas que visem à redução do risco de doença e de outros agravos e ao acesso universal e igualitário às ações e serviços para sua promoção, proteção e recuperação.

Parágrafo único. As atividades de saúde são de relevância pública e sua organização obedecerá aos seguintes princípios e diretrizes:

a) acesso universal e igualitário;

b) provimento das ações e serviços através de rede regionalizada e hierarquizada, integrados em sistema único;

c) descentralização, com direção única em cada esfera de governo;

d) atendimento integral, com prioridade para as atividades preventivas;

e) participação da comunidade na gestão, fiscalização e acompanhamento das ações e serviços de saúde;

f) participação da iniciativa privada na assistência à saúde, obedecidos os preceitos constitucionais.

Título III
Da Previdência Social

Art. 3º A Previdência Social tem por fim assegurar aos seus beneficiários meios indispensáveis de manutenção, por motivo de incapacidade, idade avançada, tempo de serviço, desemprego involuntário, encargos de família e reclusão ou morte daqueles de quem dependiam economicamente.

Parágrafo único. A organização da Previdência Social obedecerá aos seguintes princípios e diretrizes:

a) universalidade de participação nos planos previdenciários, mediante contribuição;

b) valor da renda mensal dos benefícios, substitutos do salário de contribuição ou do rendimento do trabalho do segurado, não inferior ao do salário mínimo;

c) cálculo dos benefícios considerando-se os salários de contribuição, corrigidos monetariamente;

d) preservação do valor real dos benefícios;

e) previdência complementar facultativa, custeada por contribuição adicional.

Título IV
Da Assistência Social

→ *v.* Súmula 80 do JEF.

→ *v.* Lei 8.742/1993 – Dispõe sobre a organização da Assistência Social e dá outras providências.

Art. 4º A Assistência Social é a política social que provê o atendimento das necessidades básicas, traduzidas em proteção à família, à maternidade, à infância, à adolescência, à velhice e à pessoa portadora de deficiência, independentemente de contribuição à Seguridade Social.

Parágrafo único. A organização da Assistência Social obedecerá às seguintes diretrizes:

a) descentralização político-administrativa;

b) participação da população na formulação e controle das ações em todos os níveis.

Título V
Da Organização da Seguridade Social

Art. 5º As ações nas áreas de Saúde, Previdência Social e Assistência Social, conforme o disposto no Capítulo II do Título VIII da Constituição Federal, serão organizadas em Sistema Nacional de Seguridade Social, na forma desta Lei.

Art. 6º Fica instituído o Conselho Nacional da Seguridade Social, órgão superior de deliberação colegiada, com a participação da União, dos Estados, do Distrito Federal, dos Municípios e de representantes da sociedade civil.

→ Artigo com eficácia suspensa pela MP 2.216-37/2001.

§ 1º O Conselho Nacional da Seguridade Social terá 17 (dezessete) membros e respectivos suplentes, sendo:

→ *Caput* do § 1º com redação alterada pela Lei 8.619/1993.

a) 4 (quatro) representantes do Governo Federal, dentre os quais, 1 (um) da área de saúde, 1 (um) da área de previdência social e 1 (um) da área de assistência social;

b) 1 (um) representante dos governos estaduais e 1 (um) das prefeituras municipais;

c) 8 (oito) representantes da sociedade civil, sendo 4 (quatro) trabalhadores, dos quais pelo menos 2 (dois) aposentados, e 4 (quatro) empresários;

→ Alínea *c* com redação alterada pela Lei 8.619/1993.

d) 3 (três) representantes membros dos conselhos setoriais, sendo 1 (um) de cada área da seguridade social, conforme disposto no Regimento do Conselho Nacional da Seguridade Social.

→ Alínea *d* com redação alterada pela Lei 9.711/1998.

§ 2º Os membros do Conselho Nacional da Seguridade Social serão nomeados pelo Presidente da República.

§ 3º O Conselho Nacional da Seguridade Social será presidido por um dos seus integrantes, eleito entre seus membros, que terá mandato de 1 (um) ano, vedada a reeleição, e disporá de uma Secretaria-Executiva, que se articulará com os conselhos setoriais de cada área.

§ 4º Os representantes dos trabalhadores, dos empresários e respectivos suplentes serão indicados pelas centrais sindicais e confederações nacionais e terão mandato de 2 (dois) anos, podendo ser reconduzidos uma única vez.

§ 5º As áreas de Saúde, Previdência Social e Assistência Social organizar-se-ão em conselhos setoriais, com representantes da União, dos Estados, do Distrito Federal, dos Municípios e da sociedade civil.

§ 6º O Conselho Nacional da Seguridade Social reunir-se-á ordinariamente a cada bimestre, por convocação de seu presidente, ou, extraordinariamente, mediante convocação de seu presidente ou de 1/3 (um terço) de seus membros, observado, em ambos os casos, o prazo de até 7 (sete) dias para realização da reunião.

§ 7º As reuniões do Conselho Nacional da Seguridade Social serão iniciadas com a presença da maioria absoluta de seus membros, sendo exigida para deliberação a maioria simples dos votos.

§ 8º Perderá o lugar no Conselho Nacional da Seguridade Social o membro que não comparecer a 3 (três) reuniões consecutivas ou a 5 (cinco) intercaladas, no ano, salvo se a ausência ocorrer por motivo de força maior, justificado por escrito ao Conselho, na forma estabelecida pelo seu regimento.

§ 9º A vaga resultante da situação prevista no parágrafo anterior será preenchida através de indicação da entidade representada, no prazo de 30 (trinta) dias.

§ 10. (*Revogado pela Lei 9.032/1995*).

§ 11. As ausências ao trabalho dos representantes dos trabalhadores em atividade, decorrentes de sua participação no Conselho, serão abonadas, computando-se como jornada efetivamente trabalhada para todos os fins e efeitos legais.

Art. 7º Compete ao Conselho Nacional da Seguridade Social:

→ Artigo com eficácia suspensa pela MP 2.216-37/2001.

I – estabelecer as diretrizes gerais e as políticas de integração entre as áreas, observado o disposto no inciso VII do art. 194 da Constituição Federal;

II – acompanhar e avaliar a gestão econômica, financeira e social dos recursos e o desempenho dos programas realizados, exigindo prestação de contas;

III – apreciar e aprovar os termos dos convênios firmados entre a seguridade social e a rede bancária para a prestação dos serviços;

IV – aprovar e submeter ao Presidente da República os programas anuais e plurianuais da Seguridade Social;

V – aprovar e submeter ao Órgão Central do Sistema de Planejamento Federal e de Orçamentos a proposta orçamentária anual da Seguridade Social;

VI – estudar, debater e aprovar proposta de recomposição periódica dos valores dos benefícios e dos salários de contribuição, a fim de garantir, de forma permanente, a preservação de seus valores reais;

VII – zelar pelo fiel cumprimento do disposto nesta Lei e na legislação que rege a Seguridade Social, assim como pelo cumprimento de suas deliberações;

VIII – divulgar através do *Diário Oficial da União*, todas as suas deliberações;

IX – elaborar o seu regimento interno.

Art. 8º As propostas orçamentárias anuais ou plurianuais da Seguridade Social serão elaboradas por Comissão integrada por 3 (três) representantes, sendo 1 (um) da área da saúde, 1 (um) da área da previdência social e 1 (um) da área de assistência social.

Art. 9º As áreas de Saúde, Previdência Social e Assistência Social são objeto de leis específicas, que regulamentarão sua organização e funcionamento.

Título VI
Do Financiamento da Seguridade Social

Introdução

Art. 10. A Seguridade Social será financiada por toda sociedade, de forma direta e indireta, nos termos do art. 195 da Constituição Federal e desta Lei, mediante recursos provenientes da União, dos Estados, do Distrito Federal, dos Municípios e de contribuições sociais.

Art. 11. No âmbito federal, o orçamento da Seguridade Social é composto das seguintes receitas:

I – receitas da União;

II – receitas das contribuições sociais;

III – receitas de outras fontes.

Parágrafo único. Constituem contribuições sociais:

a) as das empresas, incidentes sobre a remuneração paga ou creditada aos segurados a seu serviço;

→ v. Súmula 458 do STJ.

→ v. Art. 1º da Lei 12.810/2013.

→ v. Art. 104 da Lei 11.196/2005.

→ v. Decreto 5.612/2005 – Regulamenta o parcelamento dos débitos dos municípios, relativos às contribuições sociais de que tratam as alíneas *a* e *c* do parágrafo único do art. 11, da Lei 8.212, de 24 de julho de 1991, instituído pelos arts. 96 a 103 da Lei 11.196, de 21 de novembro de 2005.

b) as dos empregadores domésticos;

c) as dos trabalhadores, incidentes sobre o seu salário de contribuição;

→ v. Art. 104 da Lei 11.196/2005.

→ v. Art. 1º da Lei 12.810/2013.

→ v. Art. 1º do Decreto 5.612/2005.

d) as das empresas, incidentes sobre faturamento e lucro;

e) as incidentes sobre a receita de concursos de prognósticos.

Capítulo I
DOS CONTRIBUINTES

Seção I
Dos segurados

Art. 12. São segurados obrigatórios da Previdência Social as seguintes pessoas físicas:

I – como empregado:

a) aquele que presta serviço de natureza urbana ou rural à empresa, em caráter não eventual, sob sua subordinação e mediante remuneração, inclusive como diretor empregado;

b) aquele que, contratado por empresa de trabalho temporário, definida em legislação específica, presta serviço para atender a necessidade transitória de substituição de pessoal regular e permanente ou a acréscimo extraordinário de serviços de outras empresas;

c) o brasileiro ou estrangeiro domiciliado e contratado no Brasil para trabalhar como empregado em sucursal ou agência de empresa nacional no exterior;

d) aquele que presta serviço no Brasil a missão diplomática ou a repartição consular de carreira estrangeira e a órgãos a ela subordinados, ou a membros dessas missões e repartições, excluídos o não brasileiro sem residência permanente no Brasil e o brasileiro amparado pela legislação previdenciária do país da respectiva missão diplomática ou repartição consular;

e) o brasileiro civil que trabalha para a União, no exterior, em organismos oficiais brasileiros ou internacionais dos quais o Brasil seja membro efetivo, ainda que lá domiciliado e contratado, salvo se segurado na forma da legislação vigente do país do domicílio;

f) o brasileiro ou estrangeiro domiciliado e contratado no Brasil para trabalhar como empregado em empresa domiciliada no exterior, cuja maioria do capital votante pertença a empresa brasileira de capital nacional;

g) o servidor público ocupante de cargo em comissão, sem vínculo efetivo com a União, Autarquias, inclusive em regime especial, e Fundações Públicas Federais;

→ Alínea *g* acrescentada pela Lei 8.647/1993.

h) o exercente de mandato eletivo federal, estadual ou municipal, desde que não vinculado a regime próprio de previdência social;

→ Alínea *h* acrescentada pela Lei 9.506/1997.

→ v. Resolução do Senado Federal 26/2005, que suspendeu a execução da alínea *h* em virtude de declaração de inconstitucionalidade em decisão definitiva do Supremo Tribunal Federal, nos autos do Recurso Extraordinário 351.717-1/Paraná.

i) o empregado de organismo oficial internacional ou estrangeiro em funcionamento no Brasil, salvo quando coberto por regime próprio de previdência social;

→ Alínea *i* acrescentada pela Lei 9.876/1999.

j) o exercente de mandato eletivo federal, estadual ou municipal, desde que não vinculado a regime próprio de previdência social;

→ Alínea *j* acrescentada pela Lei 10.887/2004.

II – como empregado doméstico: aquele que presta serviço de natureza contínua a pessoa ou família, no âmbito residencial desta, em atividades sem fins lucrativos;

III – (*Revogado pela Lei 9.876/1999*);

IV – (*Revogado pela Lei 9.876/1999*);

V – como contribuinte individual:

→ *Caput* do inciso V com redação alterada pela Lei 9.876/1999.

a) a pessoa física, proprietária ou não, que explora atividade agropecuária, a qualquer título, em caráter permanente ou temporário, em área superior a 4 (quatro) módulos fiscais; ou, quando em área igual ou inferior a 4 (quatro) módulos fiscais ou atividade pesqueira, com auxílio de empregados ou por intermédio de prepostos; ou ainda nas hipóteses dos §§ 10 e 11 deste artigo;

→ Alínea *a* com redação alterada pela Lei 11.718/2008.

b) a pessoa física, proprietária ou não, que explora atividade de extração mineral-garimpo, em caráter permanente ou temporário, diretamente ou por intermédio de prepostos, com ou sem o auxílio de empregados, utilizados a qualquer título, ainda que de forma não contínua;

→ Alínea *b* com redação alterada pela Lei 9.876/1999.

c) o ministro de confissão religiosa e o membro de instituto de vida consagrada, de congregação ou de ordem religiosa;

→ Alínea *c* com redação alterada pela Lei 10.403/2002.

d) (*Revogada pela Lei 9.876/1999*);

e) o brasileiro civil que trabalha no exterior para organismo oficial internacional do qual o Brasil é membro efetivo, ainda que lá domiciliado e contratado, salvo quando coberto por regime próprio de previdência social;

→ Alínea *e* com redação alterada pela Lei 9.876/1999.

f) o titular de firma individual urbana ou rural, o diretor não empregado e o membro de conselho de administração de sociedade anônima, o sócio solidário, o sócio de indústria, o sócio gerente e o sócio cotista que recebam remuneração decorrente de seu trabalho em empresa urbana ou rural, e o associado eleito para cargo de direção em cooperativa, associação ou entidade de qualquer natureza ou finalidade, bem como o síndico ou administrador eleito para exercer atividade de direção condominial, desde que recebam remuneração;

→ Alínea *f* acrescentada pela Lei 9.876/1999.

g) quem presta serviço de natureza urbana ou rural, em caráter eventual, a uma ou mais empresas, sem relação de emprego;

→ Alínea *g* acrescentada pela Lei 9.876/1999.

h) a pessoa física que exerce, por conta própria, atividade econômica de natureza urbana, com fins lucrativos ou não;

→ Alínea *h* acrescentada pela Lei 9.876/1999.

VI – como trabalhador avulso: quem presta, a diversas empresas, sem vínculo empregatício, serviços de natureza urbana ou rural definidos no regulamento;

VII – como segurado especial: a pessoa física residente no imóvel rural ou em aglomerado urbano ou rural próximo a ele que, individualmente ou em regime de economia familiar, ainda que com o auxílio eventual de terceiros a título de mútua colaboração, na condição de:

→ *Caput* do inciso VII com redação alterada pela Lei 11.718/2008.

a) produtor, seja proprietário, usufrutuário, possuidor, assentado, parceiro ou meeiro outorgados, comodatário ou arrendatário rurais, que explore atividade:

→ Alínea *a* acrescentada pela Lei 11.718/2008.

1. agropecuária em área de até 4 (quatro) módulos fiscais; ou

2. de seringueiro ou extrativista vegetal que exerça suas atividades nos termos do inciso XII do *caput* do art. 2º da Lei 9.985, de 18 de julho de 2000, e faça dessas atividades o principal meio de vida;

b) pescador artesanal ou a este assemelhado, que faça da pesca profissão habitual ou principal meio de vida; e

→ Alínea *b* acrescentada pela Lei 11.718/2008.

c) cônjuge ou companheiro, bem como filho maior de 16 (dezesseis) anos de idade ou a este equiparado, do segurado de que tratam as alíneas a e b deste inciso, que, comprovadamente, trabalhem com o grupo familiar respectivo.

→ Alínea *c* acrescentada pela Lei 11.718/2008.

§ 1º Entende-se como regime de economia familiar a atividade em que o trabalho dos membros da família é indispensável à própria subsistência e ao desenvolvimento socioeconômico do núcleo familiar e é exercido em condições de mútua dependência e colaboração, sem a utilização de empregados permanentes.

→ § 1º com redação alterada pela Lei 11.718/2008.

§ 2º Todo aquele que exercer, concomitantemente, mais de uma atividade remunerada sujeita ao Regime Geral de Previdência Social é obrigatoriamente filiado em relação a cada uma delas.

§ 3º (*Revogado pela Lei 11.718/2008*).

I – (*Revogado pela Lei 11.718/2008*).

II – (*Revogado pela Lei 11.718/2008*).

§ 4º O aposentado pelo Regime Geral de Previdência Social – RGPS que estiver exercendo ou que voltar a exercer atividade abrangida por este Regime é segurado obrigatório em relação a essa atividade, ficando sujeito às contribuições de que trata esta Lei, para fins de custeio da Seguridade Social.

→ § 4º acrescentado pela Lei 9.032/1995.

§ 5º O dirigente sindical mantém, durante o exercício do mandato eletivo, o mesmo enquadramento no Regime Geral de Previdência Social – RGPS de antes da investidura.

→ § 5º acrescentado pela Lei 9.528/1997.

§ 6º Aplica-se o disposto na alínea *g* do inciso I do *caput* ao ocupante de cargo de Ministro de Estado, de Secretário Estadual, Distrital ou Municipal, sem vínculo efetivo com a União, Estados, Distrito Federal e Municípios, suas autarquias, ainda que em regime especial, e fundações.

→ § 6º acrescentado pela Lei 9.876/1999.

§ 7º Para serem considerados segurados especiais, o cônjuge ou companheiro e os filhos maiores de 16 (dezesseis) anos ou os a estes equiparados deverão ter participação ativa nas atividades rurais do grupo familiar.

→ § 7º acrescentado pela Lei 11.718/2008.

§ 8º O grupo familiar poderá utilizar-se de empregados contratados por prazo determinado ou trabalhador de que trata a alínea *g* do inciso V do *caput* deste artigo, à razão de no máximo 120 (cento e vinte) pessoas por dia no ano civil, em períodos corridos ou intercalados ou, ainda, por tempo equivalente em horas de trabalho, não sendo computado nesse prazo o período de afastamento em decorrência da percepção de auxílio-doença.

→ § 8º com redação alterada pela Lei 12.873/2013.

§ 9º Não descaracteriza a condição de segurado especial:

→ *Caput* do § 9º acrescentado pela Lei 11.718/2008.

I – a outorga, por meio de contrato escrito de parceria, meação ou comodato, de até 50% (cinquenta por cento) de imóvel rural cuja área total não seja superior a 4 (quatro) módulos fiscais, desde que outorgante e outorgado continuem a exercer a respectiva atividade, individualmente ou em regime de economia familiar;

→ Inciso I acrescentado pela Lei 11.718/2008.

II – a exploração da atividade turística da propriedade rural, inclusive com hospedagem, por não mais de 120 (cento e vinte) dias ao ano;

→ Inciso II acrescentado pela Lei 11.718/2008.

III – a participação em plano de previdência complementar instituído por entidade classista a que seja associado, em razão da condição de trabalhador rural ou de produtor rural em regime de economia familiar;

→ Inciso III acrescentado pela Lei 11.718/2008.

IV – ser beneficiário ou fazer parte de grupo familiar que tem algum componente que seja beneficiário de programa assistencial oficial de governo;

→ Inciso IV acrescentado pela Lei 11.718/2008.

V – a utilização pelo próprio grupo familiar, na exploração da atividade, de processo de beneficiamento ou industrialização artesanal, na forma do § 11 do art. 25 desta Lei; e

→ Inciso V acrescentado pela Lei 11.718/2008.

VI – a associação em cooperativa agropecuária ou de crédito rural; e

→ Inciso VI com redação alterada pela Lei 13.183/2015.

VII – a incidência do Imposto Sobre Produtos Industrializados – IPI sobre o produto das atividades desenvolvidas nos termos do § 14 deste artigo.

→ Inciso VII acrescentado pela Lei 12.873/2013, em vigor na data de sua publicação, produzindo efeitos a partir de 1º de janeiro de 2014.

§ 10. Não é segurado especial o membro de grupo familiar que possuir outra fonte de rendimento, exceto se decorrente de:

→ *Caput* do § 10 acrescentado pela Lei 11.718/2008.

I – benefício de pensão por morte, auxílio-acidente ou auxílio-reclusão, cujo valor não supere o do menor benefício de prestação continuada da Previdência Social;

→ Inciso I acrescentado pela Lei 11.718/2008.

II – benefício previdenciário pela participação em plano de previdência complementar instituído nos termos do inciso IV do § 9º deste artigo;

→ Inciso II acrescentado pela Lei 11.718/2008.

III – exercício de atividade remunerada em período não superior a 120 (cento e vinte) dias, corridos ou intercalados, no ano civil, observado o disposto no § 13 deste artigo;

→ Inciso III com redação alterada pela Lei 12.873/2013.

IV – exercício de mandato eletivo de dirigente sindical de organização da categoria de trabalhadores rurais;

→ Inciso IV acrescentado pela Lei 11.718/2008.

V – exercício de mandato de vereador do município onde desenvolve a atividade rural, ou de dirigente de cooperativa rural constituída exclusivamente por segurados especiais, observado o disposto no § 13 deste artigo;

→ Inciso V acrescentado pela Lei 11.718/2008.

VI – parceria ou meação outorgada na forma e condições estabelecidas no inciso I do § 9º deste artigo;

→ Inciso VI acrescentado pela Lei 11.718/2008.

VII – atividade artesanal desenvolvida com matéria-prima produzida pelo respectivo grupo familiar, podendo ser utilizada matéria-prima de outra origem, desde que a renda mensal obtida na atividade não exceda ao menor benefício de prestação continuada da Previdência Social; e

→ Inciso VII acrescentado pela Lei 11.718/2008.

VIII – atividade artística, desde que em valor mensal inferior ao menor benefício de prestação continuada da Previdência Social.

→ Inciso VIII acrescentado pela Lei 11.718/2008.

§ 11. O segurado especial fica excluído dessa categoria:

→ *Caput* do § 11 acrescentado pela Lei 11.718/2008.

I – a contar do primeiro dia do mês em que:

→ *Caput* do Inciso I acrescentado pela Lei 11.718/2008.

a) deixar de satisfazer as condições estabelecidas no inciso VII do *caput* deste artigo, sem prejuízo do disposto no art. 15 da Lei 8.213, de 24 de julho de 1991, ou exceder qualquer dos limites estabelecidos no inciso I do § 9º deste artigo;

→ Alínea *a* acrescentada pela Lei 11.718/2008.

b) enquadrar-se em qualquer outra categoria de segurado obrigatório do Regime Geral de Previdência Social, ressalvado o disposto nos incisos III, V, VII e VIII do § 10 e no § 14 deste artigo, sem prejuízo do disposto no art. 15 da Lei 8.213, de 24 de julho de 1991;

→ Alínea *b* com redação alterada pela Lei 12.873/2013.

c) tornar-se segurado obrigatório de outro regime previdenciário; e

→ Alínea *c* com redação alterada pela Lei 12.873/2013.

d) participar de sociedade empresária, de sociedade simples, como empresário individual ou como titular de empresa individual de responsabilidade limitada em desacordo com as limitações impostas pelo § 14 deste artigo.

→ Alínea *d* acrescentada pela Lei 12.873/2013, em vigor na data de sua publicação, produzindo efeitos a partir de 1º de janeiro de 2014.

II – a contar do primeiro dia do mês subsequente ao da ocorrência, quando o grupo familiar a que pertence exceder o limite de:

→ Inciso II acrescentado pela Lei 11.718/2008.

a) utilização de trabalhadores nos termos do § 8º deste artigo;

b) dias em atividade remunerada estabelecidos no inciso III do § 10 deste artigo; e

c) dias de hospedagem a que se refere o inciso II do § 9º deste artigo.

§ 12. Aplica-se o disposto na alínea *a* do inciso V do *caput* deste artigo ao cônjuge ou companheiro do produtor que participe da atividade rural por este explorada.

→ § 12 acrescentado pela Lei 11.718/2008.

§ 13. O disposto nos incisos III e V do § 10 e no § 14 deste artigo não dispensa o recolhimento da contribuição devida em relação ao exercício das atividades de que tratam os referidos dispositivos.

→ § 13 com redação alterada pela Lei 12.873/2013.

§ 14. A participação do segurado especial em sociedade empresária, em sociedade simples, como empresário individual ou como titular de empresa individual de responsabilidade limitada de objeto ou âmbito agrícola, agroindustrial ou agroturístico, considerada microempresa nos termos da Lei Complementar 123, de 14 de dezembro de 2006, não o exclui de tal categoria previdenciária, desde que, mantido o exercício da sua atividade rural na forma do inciso VII do *caput* e do § 1º, a pessoa jurídica componha-se apenas de segurados de igual natureza e sedie-se no mesmo Município ou em Município limítrofe àquele em que eles desenvolvam suas atividades.

→ § 14 acrescentado pela Lei 12.873/2013, em vigor na data de sua publicação, produzindo efeitos a partir de 1º de janeiro de 2014.

§ 15. (*Vetado*).

→ § 15 acrescentado pela Lei 12.873/2013, em vigor na data de sua publicação, produzindo efeitos a partir de 1º de janeiro de 2014.

Art. 13. O servidor civil ocupante de cargo efetivo ou o militar da União, dos Estados, do Distrito Federal ou dos Municípios, bem como o das respectivas autarquias e fundações, são excluídos do Regime Geral de Previdência Social consubstanciado nesta Lei, desde que amparados por regime próprio de previdência social.

→ *Caput* com redação alterada pela Lei 9.876/1999.

§ 1º Caso o servidor ou o militar venham a exercer, concomitantemente, uma ou mais atividades abrangidas pelo Regime Geral de Previdência Social, tornar-se-ão segurados obrigatórios em relação a essas atividades.

→ § 1º acrescentado pela Lei 9.876/1999.

§ 2º Caso o servidor ou o militar, amparados por regime próprio de previdência social, sejam requisitados para outro órgão ou entidade cujo regime previdenciário não permita a filiação nessa condição, permanecerão vinculados ao regime de origem, obedecidas as regras que cada ente estabeleça acerca de sua contribuição.

→ § 2º acrescentado pela Lei 9.876/1999.

Art. 14. É segurado facultativo o maior de 14 (quatorze) anos de idade que se filiar ao Regime Geral de Previdência Social, mediante contribuição, na forma do art. 21, desde que não incluído nas disposições do art. 12.

Seção II
Da empresa e do empregador doméstico

Art. 15. Considera-se:

I – empresa – a firma individual ou sociedade que assume o risco de atividade econômica urbana ou rural, com fins lucrativos ou não, bem como os órgãos e entidades da administração pública direta, indireta e fundacional;

II – empregador doméstico – a pessoa ou família que admite a seu serviço, sem finalidade lucrativa, empregado doméstico.

Parágrafo único. Equiparam-se a empresa, para os efeitos desta Lei, o contribuinte individual e a pessoa física na condição de proprietário ou dono de obra de construção civil, em relação a segurado que lhe presta serviço, bem como a cooperativa, a associação ou a entidade de qualquer natureza ou finalidade, a missão diplomática e a repartição consular de carreira estrangeiras.

→ Parágrafo único com redação alterada pela Lei 13.202/2015.

Capítulo II
DA CONTRIBUIÇÃO DA UNIÃO

Art. 16. A contribuição da União é constituída de recursos adicionais do Orçamento Fiscal, fixados obrigatoriamente na lei orçamentária anual.

Parágrafo único. A União é responsável pela cobertura de eventuais insuficiências financeiras da Seguridade Social, quando decorrentes do pagamento de benefícios de prestação continuada da Previdência Social, na forma da Lei Orçamentária Anual.

Art. 17. Para pagamento dos encargos previdenciários da União, poderão contribuir os recursos da Seguridade Social referidos na alínea *d* do parágrafo único do art. 11 desta Lei, na forma da Lei Orçamentária anual, assegurada a destinação de recursos para as ações desta Lei de Saúde e Assistência Social.

→ Artigo com redação alterada pela Lei 9.711/1998.

Art. 18. Os recursos da Seguridade Social referidos nas alíneas *a*, *b*, *c* e *d* do parágrafo único do art. 11 desta Lei poderão contribuir, a partir do exercício de 1992, para o financiamento das despesas com pessoal e administração geral apenas do Instituto Nacional do Seguro Social – INSS, do Instituto Nacional de Assistência Médica da Previdência Social – INAMPS, da Fundação Legião Brasileira de Assistência – LBA e da Fundação Centro Brasileira para Infância e Adolescência.

Art. 19. O Tesouro Nacional repassará mensalmente recursos referentes às contribuições mencionadas nas alíneas *d* e *e* do parágrafo único do art. 11 desta Lei, destinados à execução do Orçamento da Seguridade Social.

→ Artigo com redação alterada pela Lei 9.711/1998.

Capítulo III
DA CONTRIBUIÇÃO DO SEGURADO

Seção I
Da contribuição dos segurados empregado, empregado doméstico e trabalhador avulso

Art. 20. A contribuição do empregado, inclusive o doméstico, e a do trabalhador avulso é calculada mediante a aplicação da correspondente alíquota sobre o seu salário de contribuição mensal, de forma não cumulativa, observado o disposto no art. 28, de acordo com a seguinte tabela:

→ *Caput* com redação alterada pela Lei 9.032/1995.

Salário de contribuição	Alíquota em %
Até R$ 249,80	8,00
de R$ 249,81 até R$ 416,33	9,00
de R$ 416,34 até R$ 832,66	11,00

→ Valores e alíquotas alterados pela Lei 9.129/1995.

→ Valores sujeitos a atualização mediante Portaria do Ministério da Previdência Social – MPS.

§ 1º Os valores do salário de contribuição serão reajustados, a partir da data de entrada em vigor desta Lei, na mesma época e com os mesmos índices que os do reajustamento dos benefícios de prestação continuada da Previdência Social.

→ § 1º com redação alterada pela Lei 8.620/1993.

§ 2º O disposto neste artigo aplica-se também aos segurados empregados e trabalhadores avulsos que prestem serviços a microempresas.

→ § 2º acrescentado pela Lei 8.620/1993.

Seção II
Da contribuição dos segurados contribuinte individual e facultativo

→ Rubrica da Seção II com redação alterada pela Lei 9.876/1999.

Art. 21. A alíquota de contribuição dos segurados contribuinte individual e facultativo será de 20% (vinte por cento) sobre o respectivo salário de contribuição.

→ *Caput* com redação alterada pela Lei 9.876/1999.

I – (*Revogado pela Lei 9.711/1998*);

II – (*Revogado pela Lei 9.711/1998*).

§ 1º Os valores do salário de contribuição serão reajustados, a partir da data de entrada em vigor desta Lei, na mesma época e com os mesmos índices que os do reajustamento dos benefícios de prestação continuada da Previdência Social.

→ Anterior parágrafo único renumerado para § 1º pela LC 123/2006.

§ 2º No caso de opção pela exclusão do direito ao benefício de aposentadoria por tempo de contribuição, a alíquota de contribuição incidente sobre o limite mínimo mensal do salário de contribuição será de:

→ *Caput* do § 2º com redação alterada pela Lei 12.470/2011.

I – 11% (onze por cento), no caso do segurado contribuinte individual, ressalvado o disposto no inciso II, que trabalhe por conta própria, sem relação de trabalho com empresa ou equiparado e do segurado facultativo, observado o disposto na alínea b do inciso II deste parágrafo;

→ Inciso I acrescentado pela Lei 12.470/2011.

II – 5% (cinco por cento):

→ Inciso II acrescentado pela Lei 12.470/2011.

a) no caso do microempreendedor individual, de que trata o art. 18-A da Lei Complementar 123, de 14 de dezembro de 2006; e

b) do segurado facultativo sem renda própria que se dedique exclusivamente ao trabalho doméstico no âmbito de sua residência, desde que pertencente a família de baixa renda.

§ 3º O segurado que tenha contribuído na forma do § 2º deste artigo e pretenda contar o tempo de contribuição correspondente para fins de obtenção da aposentadoria por tempo de contribuição ou da contagem recíproca do tempo de contribuição a que se refere o art. 94 da Lei 8.213, de 24 de julho de 1991, deverá complementar a contribuição mensal mediante recolhimento, sobre o valor correspondente ao limite mínimo mensal do salário de contribuição em vigor na competência a ser complementada, da diferença entre o percentual pago e o de 20% (vinte por cento), acrescido dos juros moratórios de que trata o § 3º do art. 5º da Lei 9.430, de 27 de dezembro de 1996.

→ § 3º com redação alterada pela Lei 12.470/2011.

§ 4º Considera-se de baixa renda, para os fins do disposto na alínea *b* do inciso II do § 2º deste artigo, a família inscrita no Cadastro Único para Programas Sociais do Governo Federal - CadÚnico cuja renda mensal seja de até 2 (dois) salários mínimos.

→ § 4º com redação alterada pela Lei 12.470/2011.

§ 5º A contribuição complementar a que se refere o § 3º deste artigo será exigida a qualquer tempo, sob pena de indeferimento do benefício.

→ § 5º acrescentado pela Lei 12.507/2011.

Capítulo IV
DA CONTRIBUIÇÃO DA EMPRESA

Art. 22. A contribuição a cargo da empresa, destinada à Seguridade Social, além do disposto no art. 23, é de:

→ *v.* LC 123/2005 – Institui o Estatuto Nacional da Microempresa e Empresa de Pequeno Porte.

I – 20% (vinte por cento) sobre o total das remunerações pagas, devidas ou creditadas a qualquer título, durante o mês, aos segurados empregados e trabalhadores avulsos que lhe prestem serviços, destinadas a retribuir o trabalho, qualquer que seja a sua forma, inclusive as gorjetas, os ganhos habituais sob a forma de utilidades e os adiantamentos decorrentes de reajuste salarial, quer pelos serviços efetivamente prestados, quer pelo tempo à disposição do empregador ou tomador de serviços, nos termos da lei ou do contrato ou, ainda, de convenção ou acordo coletivo de trabalho ou sentença normativa.

→ Inciso I com redação alterada pela Lei 9.876/1999.

II – para o financiamento do benefício previsto nos arts. 57 e 58 da Lei 8.213, de 24 de julho de 1991, e daqueles concedidos em razão do grau de incidência de incapacidade laborativa decorrente dos riscos ambientais do trabalho, sobre o total das remunerações pagas ou creditadas, no decorrer do mês, aos segurados empregados e trabalhadores avulsos:

→ *Caput* do inciso II com redação alterada pela Lei 9.732/1998.

→ *v.* Súmula 351 do STJ.

a) 1% (um por cento) para as empresas em cuja atividade preponderante o risco de acidentes do trabalho seja considerado leve;

b) 2% (dois por cento) para as empresas em cuja atividade preponderante esse risco seja considerado médio;

c) 3% (três por cento) para as empresas em cuja atividade preponderante esse risco seja considerado grave;

III – 20% (vinte por cento) sobre o total das remunerações pagas ou creditadas a qualquer título, no decorrer do mês, aos segurados contribuintes individuais que lhe prestem serviços;

→ Inciso III acrescentado pela Lei 9.876/1999.

IV – 15% (quinze por cento) sobre o valor bruto da nota fiscal ou fatura de prestação de serviços, relativamente a serviços que lhe são prestados por cooperados por intermédio de cooperativas de trabalho.

→ Inciso IV acrescentado pela Lei 9.876/1999.

§ 1º No caso de bancos comerciais, bancos de investimentos, bancos de desenvolvimento, caixas econômicas, sociedades de crédito, financiamento e investimento, sociedades de crédito imobiliário, sociedades corretoras, distribuidoras de títulos e valores mobiliários, empresas de arrendamento mercantil, cooperativas de crédito, empresas de seguros privados e de capitalização, agentes autônomos de seguros privados e de crédito e entidades de previdência privada abertas e fechadas, além das contribuições referidas neste artigo e no art. 23, é devida a contribuição adicional de 2,5% (dois vírgula cinco por cento) sobre a base de cálculo definida nos incisos I e III deste artigo.

→ § 1º com redação alterada pela Lei 9.876/1999.

§ 2º Não integram a remuneração as parcelas de que trata o § 9º do art. 28.

§ 3º O Ministério do Trabalho e da Previdência Social poderá alterar, com base nas estatísticas de acidentes do trabalho, apuradas em inspeção, o enquadramento de empresas para efeito da contribuição a que se refere o inciso II deste artigo, a fim de estimular investimentos em prevenção de acidentes.

§ 4º O Poder Executivo estabelecerá, na forma da lei, ouvido o Conselho Nacional da Seguridade Social, mecanismos de estímulo às empresas que se utilizem de empregados portadores de deficiências física, sensorial e/ou mental com desvio do padrão médio.

§ 5º (*Revogado pela Lei 10.256/2001*).

§ 6º A contribuição empresarial da associação desportiva que mantém equipe de futebol profissional destinada à Seguridade Social, em substituição à prevista nos incisos I e II deste artigo, corresponde a 5% (cinco por cento) da receita bruta, decorrente dos espetáculos desportivos de que participem em todo território nacional em qualquer modalidade desportiva, inclusive jogos internacionais, e de qualquer forma de patrocínio, licenciamento de uso de marcas e símbolos, publicidade, propaganda e de transmissão de espetáculos desportivos.

→ § 6º acrescentado pela Lei 9.528/1997.

§ 7º Caberá à entidade promotora do espetáculo a responsabilidade de efetuar o desconto de 5% (cinco por cento) da receita bruta decorrente dos espetáculos desportivos e o respectivo recolhimento ao Instituto Nacional do Seguro Social, no prazo de até 2 (dois) dias úteis após a realização do evento.

→ § 7º acrescentado pela Lei 9.528/1997.

§ 8º Caberá à associação desportiva que mantém equipe de futebol profissional informar à entidade promotora do espetáculo desportivo todas as receitas auferidas no evento, discriminando-as detalhadamente.

→ § 8º acrescentado pela Lei 9.528/1997.

§ 9º No caso de a associação desportiva que mantém equipe de futebol profissional receber recursos de empresa ou entidade, a título de patrocínio, licenciamento de uso de marcas e símbolos, publicidade, propaganda e transmissão de espetáculos, esta última ficará com a responsabilidade de reter e recolher o percentual de 5% (cinco por cento) da receita bruta decorrente do evento, inadmitida qualquer dedução, no prazo estabelecido na alínea *b*, inciso I, do art. 30 desta Lei.

→ § 9º acrescentado pela Lei 9.528/1997.

§ 10. Não se aplica o disposto nos §§ 6º ao 9º às demais associações desportivas, que devem contribuir na forma dos incisos I e II deste artigo e do art. 23 desta Lei.

→ § 10 acrescentado pela Lei 9.528/1997.

§ 11. O disposto nos §§ 6º ao 9º deste artigo aplica-se à associação desportiva que mantenha equipe de futebol profissional e atividade econômica organizada para a produção e circulação de bens e serviços e que se organize regularmente, segundo um dos tipos regulados nos arts. 1.039 a 1.092 da Lei 10.406, de 10 de janeiro de 2002 – Código Civil.

→ § 11 com redação alterada pela Lei 11.345/2006.

§ 11-A. O disposto no § 11 deste artigo aplica-se apenas às atividades diretamente relacionadas com a manutenção e administração de equipe profissional de futebol, não se estendendo às outras atividades econômicas exercidas pelas referidas sociedades empresariais beneficiárias.

→ § 11-A acrescentado pela Lei 11.505/2007.

§ 12. (*Vetado*).

→ § 12 acrescentado pela Lei 10.170/2000.

§ 13. Não se considera como remuneração direta ou indireta, para os efeitos desta Lei, os valores despendidos pelas entidades religiosas e instituições de ensino vocacional com ministro de confissão religiosa, membros de instituto de vida consagrada, de congregação ou de ordem religiosa em face de seu mister religioso ou para sua subsistência desde que fornecidos em condições que independam da natureza e da quantidade do trabalho executado.

→ § 13 acrescentado pela Lei 10.170/2000.

§ 14. Para efeito de interpretação do § 13 deste artigo:

→ § 14 acrescentado pela Lei 13.137/2015.

I – os critérios informadores dos valores despendidos pelas entidades religiosas e instituições de ensino vocacional aos ministros de confissão religiosa, membros de vida consagrada, de congregação ou de ordem religiosa não são taxativos e sim exemplificativos;

II – os valores despendidos, ainda que pagos de forma e montante diferenciados, em pecúnia ou a título de ajuda de custo de moradia, transporte, formação educacional, vinculados exclusivamente à atividade religiosa não configuram remuneração direta ou indireta.

§ 15. Na contratação de serviços de transporte rodoviário de carga ou de passageiro, de serviços prestados com a utilização de trator, máquina de terraplenagem, colheitadeira e assemelhados, a base de cálculo da contribuição da empresa corresponde a 20% (vinte por cento) do valor da nota fiscal, fatura ou recibo, quando esses serviços forem prestados por condutor autônomo de veículo rodoviário, auxiliar de condutor autônomo de veículo rodoviário, bem como por operador de máquinas.

→ § 15 acrescentado pela Lei 13.202/2015.

Art. 22-A. A contribuição devida pela agroindústria, definida, para os efeitos desta Lei, como sendo o produtor rural pessoa jurídica cuja atividade econômica seja a industrialização de produção própria ou de produção própria e adquirida de terceiros, incidente sobre o valor da receita bruta proveniente da comercialização da produção, em substituição às previstas nos incisos I e II do art. 22 desta Lei, é de:

→ *Caput* acrescentado pela Lei 10.256/2001.

I – 2,5% (dois inteiros e cinco décimos por cento) destinados à Seguridade Social;

→ Inciso I acrescentado pela Lei 10.256/2001.

II – 0,1% (um décimo por cento) para o financiamento do benefício previsto nos arts. 57 e 58 da Lei 8.213, de 24 de julho de 1991, e daqueles concedidos em razão do grau de incidência de incapacidade para o trabalho decorrente dos riscos ambientais da atividade.

→ Inciso II acrescentado pela Lei 10.256/2001.

§ 1º (*Vetado*).

→ § 1º acrescentado pela Lei 10.256/2001.

§ 2º O disposto neste artigo não se aplica às operações relativas à prestação de serviços a terceiros, cujas contribuições previdenciárias continuam sendo devidas na forma do art. 22 desta Lei.

→ § 2º acrescentado pela Lei 10.256/2001.

§ 3º Na hipótese do § 2º, a receita bruta correspondente aos serviços prestados a terceiros será excluída da base de cálculo da contribuição de que trata o *caput*.

→ § 3º acrescentado pela Lei 10.256/2001.

§ 4º O disposto neste artigo não se aplica às sociedades cooperativas e às agroindústrias de piscicultura, carcinicultura, suinocultura e avicultura.

→ § 4º acrescentado pela Lei 10.256/2001.

§ 5º O disposto no inciso I do art. 3º da Lei 8.315, de 23 de dezembro de 1991, não se aplica ao empregador de que trata este artigo, que contribuirá com o adicional de 0,25% (vinte e cinco centésimos por cento) da receita bruta proveniente da comercialização da produção, destinado ao Serviço Nacional de Aprendizagem Rural (SENAR).

→ § 5º acrescentado pela Lei 10.256/2001.

§ 6º Não se aplica o regime substitutivo de que trata este artigo à pessoa jurídica que, relativamente à atividade rural, se dedique apenas ao florestamento e reflorestamento como fonte de matéria-prima para industrialização própria mediante a utilização de processo industrial que modifique a natureza química da madeira ou a transforme em pasta celulósica.

→ § 6º acrescentado pela Lei 10.684/2003.

§ 7º Aplica-se o disposto no § 6º ainda que a pessoa jurídica comercialize resíduos vegetais ou sobras ou partes da produção, desde que a receita bruta decorrente dessa comercialização represente menos de 1% (um por cento) de sua receita bruta proveniente da comercialização da produção.

→ § 7º acrescentado pela Lei 10.684/2003.

Art. 22-B. As contribuições de que tratam os incisos I e II do art. 22 desta Lei são substituídas, em relação à remuneração paga, devida ou creditada ao trabalhador rural contratado pelo consórcio simplificado de produtores rurais de que trata o art. 25-A, pela contribuição dos respectivos produtores rurais, calculada na forma do art. 25 desta Lei.

→ Artigo acrescentado pela Lei 10.256/2001.

Art. 23. As contribuições a cargo da empresa provenientes do faturamento e do lucro, destinadas à Seguridade Social, além do disposto no art. 22, são calculadas mediante a aplicação das seguintes alíquotas:

I – 2% (dois por cento) sobre sua receita bruta, estabelecida segundo o disposto no § 1º do art. 1º do Decreto-lei 1.940, de 25 de maio de 1982, com a redação dada pelo art. 22, do Decreto-lei 2.397, de 21 de dezembro de 1987, e alterações posteriores;

→ Referida alíquota, a partir de 01.04.1992, por força da LC 70/1991, passou a incidir sobre o faturamento mensal.

II – 10% (dez por cento) sobre o lucro líquido do período-base, antes da provisão para o Imposto de Renda, ajustado na forma do art. 2º da Lei 8.034, de 12 de abril de 1990.

→ A Lei 9.249/1995, alterou a contribuição sobre o lucro líquido, passando a alíquota a ser de 8%.

§ 1º No caso das instituições citadas no § 1º do art. 22 desta Lei, a alíquota da contribuição prevista no inciso II é de 15% (quinze por cento).

→ Referida alíquota foi elevada em mais 8% pela LC 70/1991 e posteriormente reduzida para 18% por força da Lei 9.249/1995.

§ 2º O disposto neste artigo não se aplica às pessoas de que trata o art. 25.

Capítulo V
DA CONTRIBUIÇÃO DO EMPREGADOR DOMÉSTICO

Art. 24. A contribuição do empregador doméstico incidente sobre o salário de contribuição do empregado doméstico a seu serviço é de:

→ *Caput* com redação alterada pela Lei 13.202/2015.

I – 8% (oito por cento); e

→ Inciso I acrescentado pela Lei 13.202/2015.

II – 0,8% (oito décimos por cento) para o financiamento do seguro contra acidentes de trabalho.

→ Inciso II acrescentado pela Lei 13.202/2015.

Parágrafo único. Presentes os elementos da relação de emprego doméstico, o empregador doméstico não poderá contratar microempreendedor individual de que trata o art. 18-A da Lei Complementar 123, de 14 de dezembro de 2006, sob pena de ficar sujeito a todas as obrigações dela decorrentes, inclusive trabalhistas, tributárias e previdenciárias.

→ Parágrafo único acrescentado pela Lei 12.470/2011.

Capítulo VI
DA CONTRIBUIÇÃO DO PRODUTOR RURAL E DO PESCADOR

→ Rubrica do Capítulo VI com redação alterada pela Lei 8.398/1992.

Art. 25. A contribuição do empregador rural pessoa física, em substituição à contribuição de que tratam os incisos I e II do art. 22, e a do segurado especial, referidos, respectivamente, na alínea *a* do inciso V e no inciso VII do art. 12 desta Lei, destinada à Seguridade Social, é de:

→ *Caput* com redação alterada pela Lei 10.256/2001.

I – 2% (dois por cento) da receita bruta proveniente da comercialização da sua produção;

→ Inciso I com redação alterada pela Lei 9.528/1997.

II – 0,1% (um décimo por cento) da receita bruta proveniente da comercialização da sua produção para financiamento das prestações por acidente do trabalho.

→ Inciso II com redação alterada pela Lei 9.528/1997.

§ 1º O segurado especial de que trata este artigo, além da contribuição obrigatória referida no *caput*, poderá contribuir, facultativamente, na forma do art. 21 desta Lei.

→ § 1º com redação alterada pela Lei 8.540/1992.

§ 2º A pessoa física de que trata a alínea *a* do inciso V do art. 12 contribui, também, obrigatoriamente, na forma do art. 21 desta Lei.

→ § 2º com redação alterada pela Lei 8.540/1992.

§ 3º Integram a produção, para os efeitos deste artigo, os produtos de origem animal ou vegetal, em estado natural ou submetidos a processos de beneficiamento ou industrialização rudimentar, assim compreendidos, entre outros, os processos de lavagem, limpeza, descaroçamento, pilagem, descascamento, lenhamento, pasteurização, resfriamento, secagem, fermentação, embalagem, cristalização, fundição, carvoejamento, cozimento, destilação, moagem, torrefação, bem como os subprodutos e os resíduos obtidos através desses processos.

→ § 3º acrescentado pela Lei 8.540/1992.

§ 4º (*Revogado pela Lei 11.718/2008*).

§ 5º (*Vetado*).

→ § 5º acrescentado pela Lei 8.540/1992.

§ 6º (*Revogado pela Lei 10.256/2001*).

§ 7º (*Revogado pela Lei 10.256/2001*).

§ 8º (*Revogado pela Lei 10.256/2001*).

§ 9º (*Vetado*).

→ § 9º acrescentado pela Lei 10.256/2001.

§ 10. Integra a receita bruta de que trata este artigo, além dos valores decorrentes da comercialização da produção relativa aos produtos a que se refere o § 3º deste artigo, a receita proveniente:

→ § 10 acrescentado pela Lei 11.718/2008.

I – da comercialização da produção obtida em razão de contrato de parceria ou meação de parte do imóvel rural;

II – da comercialização de artigos de artesanato de que trata o inciso VII do § 10 do art. 12 desta Lei;

III – de serviços prestados, de equipamentos utilizados e de produtos comercializados no imóvel rural, desde que em atividades turística e de entretenimento desenvolvidas no próprio imóvel, inclusive hospedagem, alimentação, recepção, recreação e atividades pedagógicas, bem como taxa de visitação e serviços especiais;

IV – do valor de mercado da produção rural dada em pagamento ou que tiver sido trocada por outra, qualquer que seja o motivo ou finalidade; e

V – de atividade artística de que trata o inciso VIII do § 10 do art. 12 desta Lei.

§ 11. Considera-se processo de beneficiamento ou industrialização artesanal aquele realizado diretamente pelo próprio produtor rural pessoa física, desde que não esteja sujeito à incidência do Imposto Sobre Produtos Industrializados – IPI.

→ § 11 acrescentado pela Lei 11.718/2008.

§ 12. (*Vetado*).

→ § 12 acrescentado pela Lei 11.933/2009.

Art. 25-A. Equipara-se ao empregador rural pessoa física o consórcio simplificado de produtores rurais, formado pela união de produtores rurais pessoas físicas, que outorgar a um deles poderes para contratar, gerir e demitir trabalhadores para prestação de serviços, exclusivamente, aos seus integrantes, mediante documento registrado em cartório de títulos e documentos.

→ Artigo acrescentado pela Lei 10.256/2001.

§ 1º O documento de que trata o *caput* deverá conter a identificação de cada produtor, seu endereço pessoal e o de sua propriedade rural, bem como o respectivo registro no Instituto Nacional de Colonização e Reforma Agrária – INCRA ou informações relativas a parceria, arrendamento ou equivalente e a matrícula no Instituto Nacional do Seguro Social – INSS de cada um dos produtores rurais.

§ 2º O consórcio deverá ser matriculado no INSS em nome do empregador a quem hajam sido outorgados os poderes, na forma do regulamento.

§ 3º Os produtores rurais integrantes do consórcio de que trata o *caput* serão responsáveis solidários em relação às obrigações previdenciárias.

§ 4º (*Vetado*).

Capítulo VII
DA CONTRIBUIÇÃO SOBRE A RECEITA DE CONCURSOS DE PROGNÓSTICOS

Art. 26. Constitui receita da Seguridade Social a renda líquida dos concursos de prognósticos, excetuando-se os valores destinados ao Programa de Crédito Educativo.

→ *Caput* com redação alterada pela Lei 8.436/1992.

§ 1º Consideram-se concursos de prognósticos todos e quaisquer concursos de sorteios de números, loterias, apostas, inclusive as realizadas em reuniões hípicas, nos âmbitos federal, estadual, do Distrito Federal e municipal.

§ 2º Para efeito do disposto neste artigo, entende-se por renda líquida o total da arrecadação, deduzidos os valores destinados ao pagamento de prêmios, de impostos e de despesas com a administração, conforme fixado em lei, que inclusive estipulará o valor dos direitos a serem pagos às entidades desportivas pelo uso de suas denominações e símbolos.

§ 3º Durante a vigência dos contratos assinados até a publicação desta Lei com o Fundo de Assistência Social – FAS é assegurado o repasse à Caixa Econômica Federal – CEF dos valores necessários ao cumprimento dos mesmos.

Capítulo VIII
DAS OUTRAS RECEITAS

Art. 27. Constituem outras receitas da Seguridade Social:

I – as multas, a atualização monetária e os juros moratórios;

II – a remuneração recebida por serviços de arrecadação, fiscalização e cobrança prestados a terceiros;

III – as receitas provenientes de prestação de outros serviços e de fornecimento ou arrendamento de bens;

IV – as demais receitas patrimoniais, industriais e financeiras;

V – as doações, legados, subvenções e outras receitas eventuais;

VI – 50% (cinquenta por cento) dos valores obtidos e aplicados na forma do parágrafo único do art. 243 da Constituição Federal;

VII – 40% (quarenta por cento) do resultado dos leilões dos bens apreendidos pelo Departamento da Receita Federal;

VIII – outras receitas previstas em legislação específica.

Parágrafo único. As companhias seguradoras que mantêm o seguro obrigatório de danos pessoais causados por veículos automotores de vias terrestres, de que trata a Lei 6.194/1974, deverão repassar à Seguridade Social 50% (cinquenta por cento) do valor total do prêmio recolhido e destinado ao Sistema Único de Saúde – SUS, para custeio da assistência médico-hospitalar dos segurados vitimados em acidentes de trânsito.

Capítulo IX
DO SALÁRIO DE CONTRIBUIÇÃO

Art. 28. Entende-se por salário de contribuição:

I – para o empregado e trabalhador avulso: a remuneração auferida em uma ou mais empresas, assim entendida a totalidade dos rendimentos pagos, devidos ou creditados a qualquer título, durante o mês, destinados a retribuir o trabalho, qualquer que seja a sua forma, inclusive as gorjetas, os ganhos habituais sob a forma de utilidades e os adiantamentos decorrentes de reajuste salarial, quer pelos serviços efetivamente prestados, quer pelo tempo à disposição do empregador ou tomador de serviços nos termos da lei ou do contrato ou, ainda, de convenção ou acordo coletivo de trabalho ou sentença normativa;

→ Inciso I com redação alterada pela Lei 9.528/1997.

→ *v.* Súmula 310 do STJ.

II – para o empregado doméstico: a remuneração registrada na Carteira de Trabalho e Previdência Social, observadas as normas a serem estabelecidas em regulamento para comprovação do vínculo empregatício e do valor da remuneração;

III – para o contribuinte individual: a remuneração auferida em uma ou mais empresas ou pelo exercício de sua atividade por conta própria, durante o mês, observado o limite máximo a que se refere o § 5º;

→ Inciso III com redação alterada pela Lei 9.876/1999.

IV – para o segurado facultativo: o valor por ele declarado, observado o limite máximo a que se refere o § 5º.

→ Inciso IV acrescentado pela Lei 9.876/1999.

§ 1º Quando a admissão, a dispensa, o afastamento ou a falta do empregado ocorrer no curso do mês, o salário de contribuição será proporcional ao número de dias de trabalho efetivo, na forma estabelecida em regulamento.

§ 2º O salário-maternidade é considerado salário de contribuição.

§ 3º O limite mínimo do salário de contribuição corresponde ao piso salarial, legal ou normativo, da categoria ou, inexistindo este, ao salário mínimo, tomado no seu valor mensal, diário ou horário, conforme o ajustado e o tempo de trabalho efetivo durante o mês.

→ § 3º com redação alterada pela Lei 9.528/1997.

§ 4º O limite mínimo do salário de contribuição do menor aprendiz corresponde à sua remuneração mínima definida em lei.

§ 5º O limite máximo do salário de contribuição é de Cr$ 170.000,00 (cento e setenta mil cruzeiros), reajustado a partir da data da entrada em vigor desta Lei, na mesma época e com os mesmos índices que os do reajustamento dos benefícios de prestação continuada da Previdência Social.

→ Valor atualizado a partir de 01.06.1998 para R$ 1.081,50 (um mil, oitenta e um reais e cinquenta centavos).

§ 6º No prazo de 180 (cento e oitenta) dias, a contar da data de publicação desta Lei, o Poder Executivo encaminhará ao Congresso Nacional projeto de lei estabelecendo a previdência complementar, pública e privada, em especial para os que possam contribuir acima do limite máximo estipulado no parágrafo anterior deste artigo.

§ 7º O décimo-terceiro salário (gratificação natalina) integra o salário de contribuição, exceto para o cálculo de benefício, na forma estabelecida em regulamento.

→ § 7º com redação alterada pela Lei 8.870/1994.

§ 8º Integram o salário de contribuição pelo seu valor total:

→ *Caput* do § 8º com redação alterada pela Lei 9.528/1997.

a) o total das diárias pagas, quando excedente a 50% (cinquenta por cento) da remuneração mensal;

→ Alínea *a* acrescentada pela Lei 9.528/1997.

b) (*Vetada*);

→ Alínea *b* acrescentada pela Lei 9.528/1997.

c) (*Revogada pela Lei 9.711/1998*).

§ 9º Não integram o salário de contribuição para os fins desta Lei, exclusivamente:

→ *Caput* do § 9º com redação alterada pela Lei 9.528/1997.

a) os benefícios da previdência social, nos termos e limites legais, salvo o salário-maternidade;

→ Alínea *a* com redação alterada pela Lei 9.528/1997.

b) as ajudas de custo e o adicional mensal recebidos pelo aeronauta nos termos da Lei 5.929, de 30 de outubro de 1973;

c) a parcela *in natura* recebida de acordo com os programas de alimentação aprovados pelo Ministério do Trabalho e da Previdência Social, nos termos da Lei 6.321, de 14 de abril de 1976;

d) as importâncias recebidas a título de férias indenizadas e respectivo adicional constitucional, inclusive o valor correspondente à dobra da remuneração de férias de que trata o art. 137 da Consolidação das Leis do Trabalho – CLT;

→ Alínea *d* com redação alterada pela Lei 9.528/1997.

e) as importâncias:

→ *Caput* da alínea *e* acrescentado pela Lei 9.528/1997.

1. previstas no inciso I do art. 10 do Ato das Disposições Constitucionais Transitórias;

→ Item 1 acrescentado pela Lei 9.528/1997.

2. relativas à indenização por tempo de serviço, anterior a 5 de outubro de 1988, do empregado não optante pelo Fundo de Garantia do Tempo de Serviço – FGTS;

→ Item 2 acrescentado pela Lei 9.528/1997.

3. recebidas a título da indenização de que trata o art. 479 da CLT;

→ Item 3 acrescentado pela Lei 9.528/1997.

4. recebidas a título da indenização de que trata o art. 14 da Lei 5.889, de 8 de junho de 1973;

→ Item 4 acrescentado pela Lei 9.528/1997.

5. recebidas a título de incentivo à demissão;

→ Item 5 acrescentado pela Lei 9.528/1997.

6. recebidas a título de abono de férias na forma dos arts. 143 e 144 da CLT;

→ Item 6 acrescentado pela Lei 9.711/1998.

7. recebidas a título de ganhos eventuais e os abonos expressamente desvinculados do salário;

→ Item 7 acrescentado pela Lei 9.711/1998.

8. recebidas a título de licença-prêmio indenizada;

→ Item 8 acrescentado pela Lei 9.711/1998.

9. recebidas a título da indenização de que trata o art. 9º da Lei 7.238, de 29 de outubro de 1984;

→ Item 9 acrescentado pela Lei 9.711/1998.

f) a parcela recebida a título de vale-transporte, na forma da legislação própria;

g) a ajuda de custo, em parcela única, recebida exclusivamente em decorrência de mudança de local de trabalho do empregado, na forma do art. 470 da CLT;

→ Alínea *g* com redação alterada pela Lei 9.528/1997.

h) as diárias para viagens, desde que não excedam a 50% (cinquenta por cento) da remuneração mensal;

i) a importância recebida a título de bolsa de complementação educacional de estagiário, quando paga nos termos da Lei 6.494, de 7 de dezembro de 1977;

→ A Lei 6.494/1977 foi revogada pela Lei 11.788/2008.

j) a participação nos lucros ou resultados da empresa, quando paga ou creditada de acordo com lei específica;

l) o abono do Programa de Integração Social – PIS e do Programa de Assistência ao Servidor Público – PASEP;

→ Alínea *l* acrescentada pela Lei 9.528/1997.

m) os valores correspondentes a transporte, alimentação e habitação fornecidos pela empresa ao empregado contratado para trabalhar em localidade distante da de sua residência, em canteiro de obras ou local que, por força da atividade, exija deslocamento e estada, observadas as normas de proteção estabelecidas pelo Ministério do Trabalho;

→ Alínea *m* acrescentada pela Lei 9.528/1997.

n) a importância paga ao empregado a título de complementação ao valor do auxílio-doença, desde que este direito seja extensivo à totalidade dos empregados da empresa;

→ Alínea *n* acrescentada pela Lei 9.528/1997.

o) as parcelas destinadas à assistência ao trabalhador da agroindústria canavieira, de que trata o art. 36 da Lei 4.870, de 1º de dezembro de 1965;

→ Alínea *o* acrescentada pela Lei 9.528/1997.

p) o valor das contribuições efetivamente pago pela pessoa jurídica relativo a programa de previdência complementar, aberto ou fechado, desde que disponível à totalidade de seus empregados e dirigentes, observados, no que couber, os arts. 9º e 468 da CLT;

→ Alínea *p* acrescentada pela Lei 9.528/1997.

q) o valor relativo à assistência prestada por serviço médico ou odontológico, próprio da empresa ou por ela conveniado, inclusive o reembolso de despesas com medicamentos, óculos, aparelhos ortopédicos, despesas médico-hospitalares e outras similares, desde que a cobertura abranja a totalidade dos empregados e dirigentes da empresa;

→ Alínea *q* acrescentada pela Lei 9.528/1997.

r) o valor correspondente a vestuários, equipamentos e outros acessórios fornecidos ao empregado e utilizados no local do trabalho para prestação dos respectivos serviços;

→ Alínea *r* acrescentada pela Lei 9.528/1997.

s) o ressarcimento de despesas pelo uso de veículo do empregado e o reembolso creche pago em conformidade com a legislação trabalhista, observado o limite máximo de 6 (seis) anos de idade, quando devidamente comprovadas as despesas realizadas;

→ Alínea *s* acrescentada pela Lei 9.528/1997.

t) o valor relativo a plano educacional, ou bolsa de estudo, que vise à educação básica de empregados e seus dependentes e, desde que vinculada às atividades desenvolvidas pela empresa, à educação profissional e tecnológica de empregados, nos termos da Lei 9.394, de 20 de dezembro de 1996, e:

→ *Caput* da alínea *t* com redação alterada pela Lei 12.513/2011.

1. não seja utilizado em substituição de parcela salarial; e

→ Item 1 acrescentado pela Lei 12.513/2011.

2. o valor mensal do plano educacional ou bolsa de estudo, considerado individualmente, não ultrapasse 5% (cinco por cento) da remuneração do segurado a que se destina ou o valor correspondente a uma vez e meia o valor do limite mínimo mensal do salário de contribuição, o que for maior;

→ Item 2 acrescentado pela Lei 12.513/2011.

u) a importância recebida a título de bolsa de aprendizagem garantida ao adolescente até 14 (quatorze) anos de idade, de acordo com o disposto no art. 64 da Lei 8.069, de 13 de julho de 1990;

→ Alínea *u* acrescentada pela Lei 9.528/1997.

v) os valores recebidos em decorrência da cessão de direitos autorais;

→ Alínea *v* acrescentada pela Lei 9.528/1997.

x) o valor da multa prevista no § 8º do art. 477 da CLT;

→ Alínea *x* acrescentada pela Lei 9.528/1997.

y) o valor corresponde ao vale-cultura.

→ Alínea *y* acrescentada pela Lei 12.761/2012.

§ 10. Considera-se salário de contribuição, para o segurado empregado e trabalhador avulso, na condição prevista no § 5º do art. 12, a remuneração efetivamente auferida na entidade sindical ou empresa de origem.

→ § 10 acrescentado pela Lei 9.528/1997.

§ 11. Considera-se remuneração do contribuinte individual que trabalha como condutor autônomo de veículo rodoviário, como auxiliar de condutor autônomo de veículo rodoviário, em automóvel cedido em regime de colaboração, nos termos da Lei 6.094, de 30 de agosto de 1974, como operador de trator, máquina de

LEGISLAÇÃO

terraplenagem, colheitadeira e assemelhados, o montante correspondente a 20% (vinte por cento) do valor bruto do frete, carreto, transporte de passageiros ou do serviço prestado, observado o limite máximo a que se refere o § 5º.

→ § 11 acrescentado pela Lei 13.202/2015.

Art. 29. (*Revogado pela Lei 9.876/1999*).

Capítulo X
DA ARRECADAÇÃO E RECOLHIMENTO DAS CONTRIBUIÇÕES

Art. 30. A arrecadação e o recolhimento das contribuições ou de outras importâncias devidas à Seguridade Social obedecem às seguintes normas:

→ *Caput* com redação alterada pela Lei 8.620/1993.

I – a empresa é obrigada a:

a) arrecadar as contribuições dos segurados empregados e trabalhadores avulsos a seu serviço, descontando-as da respectiva remuneração;

b) recolher os valores arrecadados na forma da alínea *a* deste inciso, a contribuição a que se refere o inciso IV do art. 22 desta Lei, assim como as contribuições a seu cargo incidentes sobre as remunerações pagas, devidas ou creditadas, a qualquer título, aos segurados empregados, trabalhadores avulsos e contribuintes individuais a seu serviço até o dia 20 (vinte) do mês subsequente ao da competência;

→ Alínea *b* com redação alterada pela Lei 11.933/2009.

c) recolher as contribuições de que tratam os incisos I e II do art. 23, na forma e prazos definidos pela legislação tributária federal vigente;

II – os segurados, contribuinte individual e facultativo estão obrigados a recolher sua contribuição por iniciativa própria, até o dia 15 (quinze) do mês seguinte ao da competência;

→ Inciso II com redação alterada pela Lei 9.876/1999.

III – a empresa adquirente, consumidora ou consignatária ou a cooperativa são obrigadas a recolher a contribuição de que trata o art. 25 até o dia 20 (vinte) do mês subsequente ao da operação de venda ou consignação da produção, independentemente de essas operações terem sido realizadas diretamente com o produtor ou com intermediário pessoa física, na forma estabelecida em regulamento;

→ Inciso III com redação alterada pela Lei 11.933/2009.

IV – a empresa adquirente, consumidora ou consignatária ou a cooperativa ficam sub-rogadas nas obrigações da pessoa física de que trata a alínea *a* do inciso V do art. 12 e do segurado especial pelo cumprimento das obrigações do art. 25 desta Lei, independentemente de as operações de venda ou consignação terem sido realizadas diretamente com o produtor ou com intermediário pessoa física, exceto no caso do inciso X deste artigo, na forma estabelecida em regulamento;

→ Inciso IV com redação alterada pela Lei 9.528/1997.

V – o empregador doméstico é obrigado a arrecadar e a recolher a contribuição do segurado empregado a seu serviço, assim como a parcela a seu cargo, até o dia 7 do mês seguinte ao da competência;

→ Inciso V com redação alterada pela LC 150/2015.

VI – o proprietário, o incorporador definido na Lei 4.591, de 16 de dezembro de 1964, o dono da obra ou condômino da unidade imobiliária, qualquer que seja a forma de contratação da construção, reforma ou acréscimo, são solidários com o construtor, e estes com a subempreiteira, pelo cumprimento das obrigações para com a Seguridade Social, ressalvado o seu direito regressivo contra o executor ou contratante da obra e admitida a retenção de importância a este devida para garantia do cumprimento dessas obrigações, não se aplicando, em qualquer hipótese, o benefício de ordem;

→ Inciso VI com redação alterada pela Lei 9.528/1997.

VII – exclui-se da responsabilidade solidária perante a Seguridade Social o adquirente de prédio ou unidade imobiliária que realizar a operação com empresa de comercialização ou incorporador de imóveis, ficando estes solidariamente responsáveis com o construtor;

VIII – nenhuma contribuição à Seguridade Social é devida se a construção residencial unifamiliar, destinada ao uso próprio, de tipo econômico, for executada sem mão de obra assalariada, observadas as exigências do regulamento;

IX – as empresas que integram grupo econômico de qualquer natureza respondem entre si, solidariamente, pelas obrigações decorrentes desta Lei;

X – a pessoa física de que trata a alínea *a* do inciso V do art. 12 e o segurado especial são obrigados a recolher a contribuição de que trata o art. 25 desta Lei no prazo estabelecido no inciso III deste artigo, caso comercializem a sua produção:

→ Inciso X com redação alterada pela Lei 9.528/1997.

a) no exterior;

b) diretamente, no varejo, ao consumidor pessoa física;

c) à pessoa física de que trata a alínea *a* do inciso V do art. 12;

d) ao segurado especial;

XI – aplica-se o disposto nos incisos III e IV deste artigo à pessoa física não produtor rural que adquire produção para venda no varejo a consumidor pessoa física.

→ Inciso XI acrescentado pela Lei 9.528/1997.

XII – sem prejuízo do disposto no inciso X do *caput* deste artigo, o produtor rural pessoa física e o segurado especial são obrigados a recolher, diretamente, a contribuição incidente sobre a receita bruta proveniente:

→ Inciso XII acrescentado pela Lei 11.718/2008.

a) da comercialização de artigos de artesanato elaborados com matéria-prima produzida pelo respectivo grupo familiar;

b) de comercialização de artesanato ou do exercício de atividade artística, observado o disposto nos incisos VII e VIII do § 10 do art. 12 desta Lei; e

c) de serviços prestados, de equipamentos utilizados e de produtos comercializados no imóvel rural, desde que em atividades turística e de entretenimento desenvolvidas no próprio imóvel, inclusive hospedagem, alimentação, recepção, recreação e atividades pedagógicas, bem como taxa de visitação e serviços especiais;

XIII – o segurado especial é obrigado a arrecadar a contribuição de trabalhadores a seu serviço e a recolhê-la no prazo referido na alínea *b* do inciso I do *caput* deste artigo.

→ Inciso XIII acrescentado pela Lei 11.718/2008.

§ 1º (*Revogado pela Lei 9.032/1995*).

§ 2º Se não houver expediente bancário nas datas indicadas:

→ *Caput* do § 2º com redação alterada pela Lei 11.933/2009.

I – no inciso II do *caput*, o recolhimento deverá ser efetuado até o dia útil imediatamente posterior; e

→ Inciso I com redação alterada pela Lei 13.202/2015.

II – na alínea *b* do inciso I e nos incisos III, V, X e XIII do *caput*, até o dia útil imediatamente anterior.

→ Inciso II com redação alterada pela Lei 13.202/2015.

§ 3º Aplica-se à entidade sindical e à empresa de origem o disposto nas alíneas *a* e *b* do inciso I, relativamente à remuneração do segurado referido no § 5º do art. 12.

→ § 3º acrescentado pela Lei 9.528/1997.

§ 4º Na hipótese de o contribuinte individual prestar serviço a uma ou mais empresas, poderá deduzir, da sua contribuição mensal, 45% (quarenta e cinco por cento) da contribuição da empresa, efetivamente recolhida ou declarada, incidente sobre a remuneração que esta lhe tenha pago ou creditado, limitada a dedução a 9% (nove por cento) do respectivo salário de contribuição.

→ § 4º acrescentado pela Lei 9.876/1999.

§ 5º Aplica-se o disposto no § 4º ao cooperado que prestar serviço a empresa por intermédio de cooperativa de trabalho.

→ § 5º acrescentado pela Lei 9.876/1999.

§ 6º (*Revogado pela Lei 13.202/2015*).

§ 7º A empresa ou cooperativa adquirente, consumidora ou consignatária da produção fica obrigada a fornecer ao segurado especial cópia do documento fiscal de entrada da mercadoria, para fins de comprovação da operação e da respectiva contribuição previdenciária.

→ § 7º acrescentado pela Lei 11.718/2008.

§ 8º Quando o grupo familiar a que o segurado especial estiver vinculado não tiver obtido, no ano, por qualquer motivo, receita proveniente de comercialização de produção deverá comunicar a ocorrência à Previdência Social, na forma do regulamento.

→ § 8º acrescentado pela Lei 11.718/2008.

§ 9º Quando o segurado especial tiver comercializado sua produção do ano anterior exclusivamente com empresa adquirente, consignatária ou cooperativa, tal fato deverá ser comunicado à Previdência Social pelo respectivo grupo familiar.

→ § 9º acrescentado pela Lei 11.718/2008.

Art. 31. A empresa contratante de serviços executados mediante cessão de mão de obra, inclusive em regime de trabalho temporário, deverá reter 11% (onze por cento) do valor bruto da nota fiscal ou fatura de prestação de serviços e recolher, em nome da empresa cedente da mão de obra, a importância retida até o dia 20 (vinte) do mês subsequente ao da emissão da respectiva nota fiscal ou fatura, ou até o dia útil imediatamente anterior se não houver expediente bancário naquele dia, observado o disposto no § 5º do art. 33 desta Lei.

→ *Caput* com redação alterada pela Lei 11.933/2009.

→ v. Súmula 425 do STJ.

§ 1º O valor retido de que trata o *caput* deste artigo, que deverá ser destacado na nota fiscal ou fatura de prestação de serviços, poderá ser compensado por qualquer estabelecimento da empresa cedente da mão de obra, por ocasião do recolhimento das contribuições destinadas à Seguridade Social devidas sobre a folha de pagamento dos seus segurados.

→ § 1º com redação alterada pela Lei 11.941/2009.

§ 2º Na impossibilidade de haver compensação integral na forma do parágrafo anterior, o saldo remanescente será objeto de restituição.

→ § 2º com redação alterada pela Lei 9.711/1998.

§ 3º Para os fins desta Lei, entende-se como cessão de mão de obra a colocação à disposição do contratante, em suas dependências ou nas de terceiros, de segurados que realizem serviços contínuos, relacionados ou não com a atividade-fim da empresa, quaisquer que sejam a natureza e a forma de contratação.

→ § 3º com redação alterada pela Lei 9.711/1998.

§ 4º Enquadram-se na situação prevista no parágrafo anterior, além de outros estabelecidos em regulamento, os seguintes serviços:

→ *Caput* do § 4º com redação alterada pela Lei 9.711/1998.

I – limpeza, conservação e zeladoria;

→ Inciso I acrescentado pela Lei 9.711/1998.

II – vigilância e segurança;

→ Inciso II acrescentado pela Lei 9.711/1998.

III – empreitada de mão de obra;

→ Inciso III acrescentado pela Lei 9.711/1998.

IV – contratação de trabalho temporário na forma da Lei 6.019, de 3 de janeiro de 1974.

→ Inciso IV acrescentado pela Lei 9.711/1998.

§ 5º O cedente da mão de obra deverá elaborar folhas de pagamento distintas para cada contratante.

→ § 5º acrescentado pela Lei 9.711/1998.

§ 6º Em se tratando de retenção e recolhimento realizados na forma do *caput* deste artigo, em nome de consórcio, de que tratam os arts. 278 e 279 da Lei 6.404, de 15 de dezembro de 1976, aplica-se o disposto em todo este artigo, observada a participação de cada uma das empresas consorciadas, na forma do respectivo ato constitutivo.

→ § 6º acrescentado pela Lei 11.941/2009.

Art. 32. A empresa é também obrigada a:

I – preparar folhas de pagamento das remunerações pagas ou creditadas a todos os segurados a seu serviço, de acordo com os padrões e normas estabelecidos pelo órgão competente da Seguridade Social;

II – lançar mensalmente em títulos próprios de sua contabilidade, de forma discriminada, os fatos geradores de todas as contribuições, o montante das quantias descontadas, as contribuições da empresa e os totais recolhidos;

III – prestar à Secretaria da Receita Federal do Brasil todas as informações cadastrais, financeiras e contábeis de seu interesse, na forma por ela estabelecida, bem como os esclarecimentos necessários à fiscalização;

→ Inciso III com redação alterada pela Lei 11.941/2009.

IV – declarar à Secretaria da Receita Federal do Brasil e ao Conselho Curador do Fundo de Garantia do Tempo de Serviço – FGTS, na forma, prazo e condições estabelecidos por esses órgãos, dados relacionados a fatos geradores, base de cálculo e valores devidos da contribuição previdenciária e outras informações de interesse do INSS ou do Conselho Curador do FGTS;

→ Inciso IV com redação alterada pela Lei 11.941/2009.

V – (*Vetado*).

→ Inciso V acrescentado pela Lei 10.403/2002.

VI – comunicar, mensalmente, aos empregados, por intermédio de documento a ser definido em regulamento, os valores recolhidos sobre o total de sua remuneração ao INSS.

→ Inciso VI acrescentado pela Lei 12.692/2012.

§ 1º (*Revogado pela Lei 11.941/2009*).

§ 2º A declaração de que trata o inciso IV do *caput* deste artigo constitui instrumento hábil e suficiente para a exigência do crédito tributário, e suas informações comporão a base de dados para fins de cálculo e concessão dos benefícios previdenciários.

→ § 2º com redação alterada pela Lei 11.941/2009.

§ 3º (*Revogado pela Lei 11.941/2009*).

§ 4º (*Revogado pela Lei 11.941/2009*).

§ 5º (*Revogado pela Lei 11.941/2009*).

§ 6º (*Revogado pela Lei 11.941/2009*).

§ 7º (*Revogado pela Lei 11.941/2009*).

§ 8º (*Revogado pela Lei 11.941/2009*).

§ 9º A empresa deverá apresentar o documento a que se refere o inciso IV do *caput* deste artigo ainda que não ocorram fatos geradores de contribuição previdenciária, aplicando-se, quando couber, a penalidade prevista no art. 32-A desta Lei.

→ § 9º com redação alterada pela Lei 11.941/2009.

§ 10. O descumprimento do disposto no inciso IV do *caput* deste artigo impede a expedição da certidão de prova de regularidade fiscal perante a Fazenda Nacional.

→ § 10 com redação alterada pela Lei 11.941/2009.

§ 11. Em relação aos créditos tributários, os documentos comprobatórios do cumprimento das obrigações de que trata este artigo devem ficar arquivados na empresa até que ocorra a prescrição relativa aos créditos decorrentes das operações a que se refiram.

→ § 11 com redação alterada pela Lei 11.941/2009.

§ 12. (*Vetado*).

→ § 12 acrescentado pela Lei 12.692/2012.

Art. 32-A. O contribuinte que deixar de apresentar a declaração de que trata o inciso IV do *caput* do art. 32 desta Lei no prazo fixado ou que a apresentar com incorreções ou omissões será intimado a apresentá-la ou a prestar esclarecimentos e sujeitar-se-á às seguintes multas:

→ Artigo acrescentado pela Lei 11.941/2009.

I – de R$ 20,00 (vinte reais) para cada grupo de 10 (dez) informações incorretas ou omitidas; e

II – de 2% (dois por cento) ao mês-calendário ou fração, incidentes sobre o montante das contribuições informadas, ainda que integralmente pagas, no caso de falta de entrega da declaração ou entrega após o prazo, limitada a 20% (vinte por cento), observado o disposto no § 3º deste artigo.

§ 1º Para efeito de aplicação da multa prevista no inciso II do *caput* deste artigo, será considerado como termo inicial o dia seguinte ao término do prazo fixado para entrega da declaração e como termo final a data da efetiva entrega ou, no caso de não apresentação, a data da lavratura do auto de infração ou da notificação de lançamento.

§ 2º Observado o disposto no § 3º deste artigo, as multas serão reduzidas:

I – à metade, quando a declaração for apresentada após o prazo, mas antes de qualquer procedimento de ofício; ou

II – a 75% (setenta e cinco por cento), se houver apresentação da declaração no prazo fixado em intimação.

§ 3º A multa mínima a ser aplicada será de:

I – R$ 200,00 (duzentos reais), tratando-se de omissão de declaração sem ocorrência de fatos geradores de contribuição previdenciária; e

II – R$ 500,00 (quinhentos reais), nos demais casos.

Art. 32-B. Os órgãos da administração direta, as autarquias, as fundações e as empresas públicas da União, dos Estados, do Distrito Federal e dos Municípios, cujas Normas Gerais de Direito Financeiro para elaboração e controle dos orçamentos estão definidas pela Lei 4.320, de 17 de março de 1964, e pela Lei Complementar 101, de 4 de maio de 2000, ficam obrigados, na forma estabelecida pela Secretaria da Receita Federal do Brasil do Ministério da Fazenda, a apresentar:

→ Artigo acrescentado pela Lei 12.810/2013.

I – a contabilidade entregue ao Tribunal de Controle Externo; e

II – a folha de pagamento.

Parágrafo único. As informações de que trata o *caput* deverão ser apresentadas até o dia 30 de abril do ano seguinte ao encerramento do exercício.

Art. 32-C. O segurado especial responsável pelo grupo familiar que contratar na forma do § 8º do art. 12 apresentará as informações relacionadas ao registro de trabalhadores, aos fatos geradores, à base de cálculo e aos valores das contribuições devidas à Previdência Social e ao Fundo de Garantia do Tempo de Serviço – FGTS e outras informações de interesse da Secretaria da Receita Federal do Brasil, do Ministério da Previdência Social, do Ministério do Trabalho e Emprego e do Conselho Curador do FGTS, por meio de sistema eletrônico com entrada única de dados, e efetuará os recolhimentos por meio de documento único de arrecadação.

→ Artigo acrescentado pela Lei 12.873/2013, em vigor no 1º (primeiro) dia do sétimo mês subsequente à data de sua publicação oficial – *D.O.U.* 25.10.2013.

§ 1º Os Ministros de Estado da Fazenda, da Previdência Social e do Trabalho e Emprego disporão, em ato conjunto, sobre a prestação das informações, a apuração, o recolhimento e a distribuição dos recursos recolhidos e sobre as informações geradas por meio do sistema eletrônico e da guia de recolhimento de que trata o *caput*.

§ 2º As informações prestadas no sistema eletrônico de que trata o *caput* têm caráter declaratório, constituem instrumento hábil e suficiente para a exigência dos tributos e encargos apurados e substituirão, na forma regulamentada pelo ato conjunto que prevê o § 1º, a obrigatoriedade de entrega de todas as informações, formulários e declarações a que está sujeito o grupo familiar, inclusive as relativas ao recolhimento do FGTS.

§ 3º O segurado especial de que trata o *caput* está obrigado a arrecadar as contribuições previstas nos incisos X, XII e XIII do *caput* do art. 30, os valores referentes ao FGTS e os encargos trabalhistas sob sua responsabilidade, até o dia 7 (sete) do mês seguinte ao da competência.

§ 4º Os recolhimentos devidos, nos termos do § 3º, deverão ser pagos por meio de documento único de arrecadação.

§ 5º Se não houver expediente bancário na data indicada no § 3º, o recolhimento deverá ser antecipado para o dia útil imediatamente anterior.

§ 6º Os valores não pagos até a data do vencimento sujeitar-se-ão à incidência de acréscimos e encargos legais na forma prevista na legislação do Imposto sobre a Renda e Proventos de Qualquer Natureza para as contribuições de caráter tributário, e conforme o art. 22 da Lei 8.036, de 11 de maio de 1990, para os depósitos do FGTS, inclusive no que se refere às multas por atraso.

§ 7º O recolhimento do valor do FGTS na forma deste artigo será creditado diretamente em conta vinculada do trabalhador, assegurada a transferência dos elementos identificadores do recolhimento ao agente operador do fundo.

§ 8º O ato de que trata o § 1º regulará a compensação e a restituição dos valores dos tributos e dos encargos trabalhistas recolhidos, no documento único de arrecadação, indevidamente ou em montante superior ao devido.

§ 9º A devolução de valores do FGTS, depositados na conta vinculada do trabalhador, será objeto de norma regulamentar do Conselho Curador e do Agente Operador do Fundo de Garantia do Tempo de Serviço.

§ 10. O produto da arrecadação de que trata o § 3º será centralizado na Caixa Econômica Federal.

§ 11. A Caixa Econômica Federal, com base nos elementos identificadores do recolhimento, disponíveis no sistema de que trata o *caput* deste artigo, transferirá para a Conta Única do Tesouro Nacional os valores arrecadados dos tributos e das contribuições previstas nos incisos X, XII e XIII do *caput* do art. 30.

§ 12. A impossibilidade de utilização do sistema eletrônico referido no *caput* será objeto de regulamento, a ser editado pelo Ministério da Fazenda e pelo Agente Operador do FGTS.

§ 13. A sistemática de entrega das informações e recolhimentos de que trata o *caput* poderá ser estendida pelas autoridades previstas no § 1º para o produtor rural pessoa física de que trata a alínea a do inciso V do *caput* do art. 12.

§ 14. Aplica-se às informações entregues na forma deste artigo o disposto no § 2º do art. 32 e no art. 32-A.

Art. 33. À Secretaria da Receita Federal do Brasil compete planejar, executar, acompanhar e avaliar as atividades relativas à tributação, à fiscalização, à arrecadação, à cobrança e ao recolhimento das contribuições sociais previstas no parágrafo único do art. 11 desta Lei, das contribuições incidentes a título de substituição e das devidas a outras entidades e fundos.

→ *Caput* com redação alterada pela Lei 11.941/2009.

§ 1º É prerrogativa da Secretaria da Receita Federal do Brasil, por intermédio dos Auditores-Fiscais da Receita Federal do Brasil, o exame da contabilidade das empresas, ficando obrigados a prestar todos os esclarecimentos e informações solicitados o segurado e os terceiros responsáveis pelo recolhimento das contribuições previdenciárias e das contribuições devidas a outras entidades e fundos.

→ § 1º com redação alterada pela Lei 11.941/2009.

§ 2º A empresa, o segurado da Previdência Social, o serventuário da Justiça, o síndico ou seu representante, o comissário e o liquidante de empresa em liquidação judicial ou extrajudicial são obrigados a exibir todos os documentos e livros relacionados com as contribuições previstas nesta Lei.

→ § 2º com redação alterada pela Lei 11.941/2009.

§ 3º Ocorrendo recusa ou sonegação de qualquer documento ou informação, ou sua apresentação deficiente, a Secretaria da Receita Federal do Brasil pode, sem prejuízo da penalidade cabível, lançar de ofício a importância devida.

→ § 3º com redação alterada pela Lei 11.941/2009.

§ 4º Na falta de prova regular e formalizada pelo sujeito passivo, o montante dos salários pagos pela execução de obra de construção civil pode ser obtido mediante cálculo da mão de obra empregada, proporcional à área construída, de acordo com critérios estabelecidos pela Secretaria da Receita Federal do Brasil, cabendo ao proprietário, dono da obra, condômino da unidade imobiliária ou empresa corresponsável o ônus da prova em contrário.

→ § 4º com redação alterada pela Lei 11.941/2009.

§ 5º O desconto de contribuição e de consignação legalmente autorizadas sempre se presume feito oportuna e regularmente pela empresa a isso obrigada, não lhe sendo lícito alegar omissão para se eximir do recolhimento, ficando diretamente responsável pela importância que deixou de receber ou arrecadou em desacordo com o disposto nesta Lei.

§ 6º Se, no exame da escrituração contábil e de qualquer outro documento da empresa, a fiscalização constatar que a contabilidade não registra o movimento real de remuneração dos segurados a seu serviço, do faturamento e do lucro, serão apuradas, por aferição indireta, as contribuições efetivamente devidas, cabendo à empresa o ônus da prova em contrário.

§ 7º O crédito da seguridade social é constituído por meio de notificação de lançamento, de auto de infração e de confissão de valores devidos e não recolhidos pelo contribuinte.

→ § 7º com redação alterada pela Lei 11.941/2009.

§ 8º Aplicam-se às contribuições sociais mencionadas neste artigo as presunções legais de omissão de receita previstas nos §§ 2º e 3º do art. 12 do Decreto-lei 1.598, de 26 de dezembro de 1977, e nos arts. 40, 41 e 42 da Lei 9.430, de 27 de dezembro de 1996.

→ § 8º acrescentado pela Lei 11.941/2009.

Art. 34. (*Revogado pela Lei 11.941/2009*).

Art. 35. Os débitos com a União decorrentes das contribuições sociais previstas nas alíneas *a, b* e *c* do parágrafo único do art. 11 desta Lei, das contribuições instituídas a título de substituição e das contribuições devidas a terceiros, assim entendidas outras entidades e fundos, não pagos nos prazos previstos em legislação, serão acrescidos de multa de mora e juros de mora, nos termos do art. 61 da Lei 9.430, de 27 de dezembro de 1996.

→ *Caput* com redação alterada pela Lei 11.941/2009.

I – (*Revogado pela Lei 11.941/2009*).

II – (*Revogado pela Lei 11.941/2009*).

III – (*Revogado pela Lei 11.941/2009*).

§ 1º (*Revogado pela Lei 11.941/2009*).

§ 2º (*Revogado pela Lei 11.941/2009*).

§ 3º (*Revogado pela Lei 11.941/2009*).

§ 4º (*Revogado pela Lei 11.941/2009*).

Art. 35-A. Nos casos de lançamento de ofício relativos às contribuições referidas no art. 35 desta Lei, aplica-se o disposto no art. 44 da Lei 9.430, de 27 de dezembro de 1996.

→ Artigo acrescentado pela Lei 11.941/2009.

Art. 36. (*Revogado pela Lei 8.218/1991*).

Art. 37. Constatado o não recolhimento total ou parcial das contribuições tratadas nesta Lei, não declaradas na forma do art. 32 desta Lei, a falta de pagamento de benefício reembolsado ou o descumprimento de obrigação acessória, será lavrado auto de infração ou notificação de lançamento.

→ *Caput* com redação alterada pela Lei 11.941/2009.

§ 1º (*Revogado pela Lei 11.941/2009*).

§ 2º (*Revogado pela Lei 11.941/2009*).

Art. 38. (*Revogado pela Lei 11.941/2009*).

Art. 39. O débito original e seus acréscimos legais, bem como outras multas previstas em lei, constituem dívida ativa da União, promovendo-se a inscrição em livro próprio daquela resultante das contribuições de que tratam as alíneas *a*, *b* e *c* do parágrafo único do art. 11 desta Lei.

→ *Caput* com redação alterada pela Lei 11.457/2007.

§ 1º (*Revogado pela Lei 11.501/2007*).

§ 2º É facultado aos órgãos competentes, antes de ajuizar a cobrança da dívida ativa de que trata o *caput* deste artigo, promover o protesto de título dado em garantia, que será recebido *pro solvendo*.

→ § 2º com redação alterada pela Lei 11.457/2007.

§ 3º Serão inscritas como dívida ativa da União as contribuições que não tenham sido recolhidas ou parceladas resultantes das informações prestadas no documento a que se refere o inciso IV do art. 32 desta Lei.

→ § 3º com redação alterada pela Lei 11.457/2007.

Art. 40. (*Vetado*).

Art. 41. (*Revogado pela Lei 11.941/2009*).

Art. 42. Os administradores de autarquias e fundações públicas, criadas e mantidas pelo Poder Público, de empresas públicas e de sociedades de economia mista sujeitas ao controle da União, dos Estados, do Distrito Federal ou dos Municípios, que se encontrarem em mora, por mais de 30 (trinta) dias, no recolhimento das contribuições previstas nesta Lei, tornam-se solidariamente responsáveis pelo respectivo pagamento, ficando ainda sujeitos às proibições do art. 1º e às sanções dos arts. 4º e 7º do Decreto-lei 368, de 19 de dezembro de 1968.

Art. 43. Nas ações trabalhistas de que resultar o pagamento de direitos sujeitos à incidência de contribuição previdenciária, o juiz, sob pena de responsabilidade, determinará o imediato recolhimento das importâncias devidas à Seguridade Social.

→ *Caput* com redação alterada pela Lei 8.620/1993.

§ 1º Nas sentenças judiciais ou nos acordos homologados em que não figurarem, discriminadamente, as parcelas legais relativas às contribuições sociais, estas incidirão sobre o valor total apurado em liquidação de sentença ou sobre o valor do acordo homologado.

→ § 1º acrescentado pela Lei 11.941/2009.

§ 2º Considera-se ocorrido o fato gerador das contribuições sociais na data da prestação do serviço.

→ § 2º acrescentado pela Lei 11.941/2009.

§ 3º As contribuições sociais serão apuradas mês a mês, com referência ao período da prestação de serviços, mediante a aplicação de alíquotas, limites máximos do salário de contribuição e acréscimos legais moratórios vigentes relativamente a cada uma das competências abrangidas, devendo o recolhimento ser efetuado no mesmo prazo em que devam ser pagos os créditos encontrados em liquidação de sentença ou em acordo homologado, sendo que nesse último caso o recolhimento será feito em tantas parcelas quantas as previstas no acordo, nas mesmas datas em que sejam exigíveis e proporcionalmente a cada uma delas.

→ § 3º acrescentado pela Lei 11.941/2009.

§ 4º No caso de reconhecimento judicial da prestação de serviços em condições que permitam a aposentadoria especial após 15 (quinze), 20 (vinte) ou 25 (vinte e cinco) anos de contribuição, serão devidos os acréscimos de contribuição de que trata o § 6º do art. 57 da Lei 8.213, de 24 de julho de 1991.

→ § 4º acrescentado pela Lei 11.941/2009.

§ 5º Na hipótese de acordo celebrado após ter sido proferida decisão de mérito, a contribuição será calculada com base no valor do acordo.

→ § 5º acrescentado pela Lei 11.941/2009.

§ 6º Aplica-se o disposto neste artigo aos valores devidos ou pagos nas Comissões de Conciliação Prévia de que trata a Lei 9.958, de 12 de janeiro de 2000.

→ § 6º acrescentado pela Lei 11.941/2009.

Art. 44. (*Revogado pela Lei 11.501/2007*).

Art. 45. (*Revogado pela LC 128/2008*).

Art. 45-A. O contribuinte individual que pretenda contar como tempo de contribuição, para fins de obtenção de benefício no Regime Geral de Previdência Social ou de contagem recíproca do tempo de contribuição, período de atividade remunerada alcançada pela decadência deverá indenizar o INSS.

→ Artigo acrescentado pela LC 128/2008.

§ 1º O valor da indenização a que se refere o *caput* deste artigo e o § 1º do art. 55 da Lei 8.213, de 24 de julho de 1991, corresponderá a 20% (vinte por cento):

I – da média aritmética simples dos maiores salários de contribuição, reajustados, correspondentes a 80% (oitenta por cento) de todo o período contributivo decorrido desde a competência julho de 1994; ou

II – da remuneração sobre a qual incidem as contribuições para o regime próprio de previdência social a que estiver filiado o interessado, no caso de indenização para fins da contagem recíproca de que tratam os arts. 94 a 99 da Lei 8.213, de 24 de julho de 1991, observados o limite máximo previsto no art. 28 e o disposto em regulamento.

§ 2º Sobre os valores apurados na forma do § 1º deste artigo incidirão juros moratórios de 0,5% (cinco décimos por cento) ao mês, capitalizados anualmente, limitados ao percentual máximo de 50% (cinquenta por cento), e multa de 10% (dez por cento).

§ 3º O disposto no § 1º deste artigo não se aplica aos casos de contribuições em atraso não alcançadas pela decadência do direito de a Previdência constituir o respectivo crédito, obedecendo-se, em relação a elas, as disposições aplicadas às empresas em geral.

Art. 46. (*Revogado pela LC 128/2008*).

Capítulo XI
DA PROVA DE INEXISTÊNCIA DE DÉBITO

Art. 47. É exigida Certidão Negativa de Débito – CND, fornecida pelo órgão competente, nos seguintes casos:

→ *Caput* com redação alterada pela Lei 9.032/1995.

→ *V.* Art. 205 do CTN.

→ *V.* Dec. 6.106/2007 que Dispõe sobre a prova de regularidade fiscal perante a Fazenda Nacional, altera o Decreto n. 3.048, de 6 de maio de 1999, que aprova o Regulamento da Previdência Social, e dá outras providências.

I – da empresa:

a) na contratação com o Poder Público e no recebimento de benefícios ou incentivo fiscal ou creditício concedido por ele;

b) na alienação ou oneração, a qualquer título, de bem imóvel ou direito a ele relativo;

c) na alienação ou oneração, a qualquer título, de bem móvel de valor superior a Cr$ 2.500.000,00 (dois milhões e quinhentos mil cruzeiros) incorporado ao ativo permanente da empresa;

→ Valores atualizados a partir de 1º de junho de 1998, para R$ 15.904,18 (quinze mil, novecentos e quatro reais e dezoito centavos).

d) no registro ou arquivamento, no órgão próprio, de ato relativo a baixa ou redução de capital de firma individual, redução de capital social, cisão total ou parcial, transformação ou extinção de entidade ou sociedade comercial ou civil e transferência de controle de cotas de sociedades de responsabilidade limitada;

→ Alínea *d* com redação alterada pela Lei 9.528/1997.

II – do proprietário, pessoa física ou jurídica, de obra de construção civil, quando de sua averbação no registro de imóveis, salvo no caso do inciso VIII do art. 30.

§ 1º A prova de inexistência de débito deve ser exigida da empresa em relação a todas as suas dependências, estabelecimentos e obras de construção civil, independentemente do local onde se encontrem, ressalvado aos órgãos competentes o direito de cobrança de qualquer débito apurado posteriormente.

§ 2º A prova de inexistência de débito, quando exigível ao incorporador, independe da apresentada no registro de imóveis por ocasião da inscrição do memorial de incorporação.

§ 3º Fica dispensada a transcrição, em instrumento público ou particular, do inteiro teor do documento comprobatório de inexistência de débito, bastando a referência ao seu número de série e data da emissão, bem como a guarda do documento comprobatório à disposição dos órgãos competentes.

§ 4º O documento comprobatório de inexistência de débito poderá ser apresentado por cópia autenticada, dispensada a indicação de sua finalidade, exceto no caso do inciso II deste artigo.

§ 5º O prazo de validade da Certidão Negativa de Débito – CND é de 60 (sessenta) dias, contados da sua emissão, podendo ser ampliado por regulamento para até 180 (cento e oitenta) dias.

→ § 5º com redação alterada pela Lei 9.711/1998.

§ 6º Independe de prova de inexistência de débito:

a) a lavratura ou assinatura de instrumento, ato ou contrato que constitua retificação, ratificação ou efetivação de outro anterior para o qual já foi feita a prova;

b) a constituição de garantia para concessão de crédito rural, em qualquer de suas modalidades, por instituição de crédito pública ou privada, desde que o contribuinte referido no art. 25, não seja responsável direto pelo recolhimento de contribuições sobre a sua produção para a Seguridade Social;

c) a averbação prevista no inciso II deste artigo, relativa a imóvel cuja construção tenha sido concluída antes de 22 de novembro de 1966;

d) o recebimento pelos Municípios de transferência de recursos destinados a ações de assistência social, educação, saúde e em caso de calamidade pública.

→ Alínea *d* acrescentada pela Lei 11.960/2009.

e) a averbação da construção civil localizada em área objeto de regularização fundiária de interesse social, na forma da Lei 11.977, de 7 de julho de 2009.

→ Alínea *e* acrescentada pela Lei 12.424/2011.

§ 7º O condômino adquirente de unidades imobiliárias de obra de construção civil não incorporada na forma da Lei 4.591, de 16 de dezembro de 1964, poderá obter documento comprobatório de inexistência de débito, desde que comprove o pagamento das contribuições relativas à sua unidade, conforme dispuser o regulamento.

§ 8º (*Revogado pela Lei 11.941/2009*).

Art. 48. A prática de ato com inobservância do disposto no artigo anterior, ou o seu registro, acarretará a responsabilidade solidária dos contratantes e do oficial que lavrar ou registrar o instrumento, sendo o ato nulo para todos os efeitos.

§ 1º Os órgãos competentes podem intervir em instrumento que depender de prova de inexistência de débito, a fim de autorizar sua lavratura, desde que o débito seja pago no ato ou o seu pagamento fique assegurado mediante confissão de dívida fiscal com o oferecimento de garantias reais suficientes, na forma estabelecida em regulamento.

§ 2º Em se tratando de alienação de bens do ativo de empresa em regime de liquidação extrajudicial, visando à obtenção de recursos necessários ao pagamento dos credores, independentemente do pagamento ou da confissão de dívida fiscal, o Instituto Nacional do Seguro Social – INSS poderá autorizar a lavratura do respectivo instrumento, desde que o valor do crédito previdenciário conste, regularmente, do quadro geral de credores, observada a ordem de preferência legal.

→ § 2º acrescentado pela Lei 9.639/1998.

§ 3º O servidor, o serventuário da Justiça, o titular de serventia extrajudicial e a autoridade ou órgão que infringirem o disposto no artigo anterior incorrerão em multa aplicada na forma estabelecida no art. 92, sem prejuízo da responsabilidade administrativa e penal cabível.

→ Anterior § 2º renumerado para § 3º e alterado pela Lei 9.639/1998.

Título VII
Das Disposições Gerais

Art. 49. A matrícula da empresa será efetuada nos termos e condições estabelecidos pela Secretaria da Receita Federal do Brasil.

→ *Caput* com redação alterada pela Lei 11.941/2009.

I – (*Revogado pela Lei 11.941/2009*).

II – (*Revogado pela Lei 11.941/2009*).

§ 1º No caso de obra de construção civil, a matrícula deverá ser efetuada mediante comunicação obrigatória do responsável por sua execução, no prazo de 30 (trinta) dias, contado do início de suas atividades, quando obterá número cadastral básico, de caráter permanente.

→ *Caput* do § 1º com redação alterada pela Lei 11.941/2009.

a) (*Revogada pela Lei 11.941/2009*).

b) (*Revogada pela Lei 11.941/2009*).

§ 2º (*Revogado pela Lei 11.941/2009*).

§ 3º O não cumprimento do disposto no § 1º deste artigo sujeita o responsável a multa na forma estabelecida no art. 92 desta Lei.

→ § 3º com redação alterada pela Lei 11.941/2009.

§ 4º O Departamento Nacional de Registro do Comércio – DNRC, por intermédio das Juntas Comerciais bem como os Cartórios de Registro Civil de Pessoas Jurídicas prestarão, obrigatoriamente, à Secretaria da Receita Federal do Brasil todas as informações referentes aos atos constitutivos e alterações posteriores relativos a empresas e entidades neles registradas.

→ § 4º com redação alterada pela Lei 11.941/2009.

§ 5º A matrícula atribuída pela Secretaria da Receita Federal do Brasil ao produtor rural pessoa física ou segurado especial é o documento de inscrição do contribuinte, em substituição à inscrição no Cadastro Nacional de Pessoa Jurídica – CNPJ, a ser apresentado em suas relações com o Poder Público, inclusive para licenciamento sanitário de produtos de origem animal ou vegetal submetidos a processos de beneficiamento ou industrialização artesanal, com as instituições financeiras, para fins de contratação de operações de crédito, e com os adquirentes de sua produção ou fornecedores de sementes, insumos, ferramentas e demais implementos agrícolas.

→ § 5º acrescentado pela Lei 11.718/2008.

§ 6º O disposto no § 5º deste artigo não se aplica ao licenciamento sanitário de produtos sujeitos à incidência de Imposto sobre Produtos Industrializados ou ao contribuinte cuja inscrição no Cadastro Nacional de Pessoa Jurídica – CNPJ seja obrigatória.

→ § 6º acrescentado pela Lei 11.718/2008.

Art. 50. Para fins de fiscalização do INSS, o Município, por intermédio do órgão competente, fornecerá relação de alvarás para construção civil e documentos de "habite-se" concedidos.

→ Artigo com redação alterada pela Lei 9.476/1997.

Art. 51. O crédito relativo a contribuições, cotas e respectivos adicionais ou acréscimos de qualquer natureza arrecadados pelos órgãos competentes, bem como a atualização monetária e os juros de mora, estão sujeitos, nos processos de falência, concordata ou concurso de credores, às disposições atinentes aos créditos da União, aos quais são equiparados.

→ V. Lei 11.101/2005 – Regula a recuperação judicial, a extrajudicial e a falência do empresário e da sociedade empresária.

Parágrafo único. O Instituto Nacional do Seguro Social – INSS reivindicará os valores descontados pela empresa de seus empregados e ainda não recolhidos.

Art. 52. Às empresas, enquanto estiverem em débito não garantido com a União, aplica-se o disposto no art. 32 da Lei 4.357, de 16 de julho de 1964.

→ *Caput* com redação alterada pela Lei 11.941/2009.

I – (*Revogado pela Lei 11.941/2009*).

II – (*Revogado pela Lei 11.941/2009*).

Parágrafo único. (*Revogado pela Lei 11.941/2009*).

Art. 53. Na execução judicial da dívida ativa da União, suas autarquias e fundações públicas, será facultado ao exequente indicar bens à penhora, a qual será efetivada concomitantemente com a citação inicial do devedor.

→ V. Lei 6.830/1980 - Dispõe sobre a cobrança judicial da Dívida Ativa da Fazenda Pública, e dá outras providências.

§ 1º Os bens penhorados nos termos deste artigo ficam desde logo indisponíveis.

§ 2º Efetuado o pagamento integral da dívida executada, com seus acréscimos legais, no prazo de 2 (dois) dias úteis contados da citação, independentemente da juntada aos autos do respectivo mandado, poderá ser liberada a penhora, desde que não haja outra execução pendente.

§ 3º O disposto neste artigo aplica-se também às execuções já processadas.

§ 4º Não sendo opostos embargos, no caso legal, ou sendo eles julgados improcedentes, os autos serão conclusos ao juiz do feito, para determinar o prosseguimento da execução.

Art. 54. Os órgãos competentes estabelecerão critério para a dispensa de constituição ou exigência de crédito de valor inferior ao custo dessa medida.

Art. 55. (*Revogado pela Lei 12.101/2009*).

Art. 56. A inexistência de débitos em relação às contribuições devidas ao Instituto Nacional do Seguro Social – INSS, a partir da publicação desta Lei, é condição necessária para que os Estados, o Distrito Federal e os Municípios possam receber as transferências dos recursos do Fundo de Participação dos Estados e do Distrito Federal – FPE e do Fundo de Participação dos Municípios – FPM, celebrar acordos, contratos, convênios ou ajustes, bem como receber empréstimos, financiamentos, avais e subvenções em geral de órgãos ou entidades da administração direta e indireta da União.

§ 1º Para o recebimento do Fundo de Participação dos Estados e do Distrito Federal – FPE e do Fundo de Participação dos Municípios – FPM, bem como a consecução dos demais instrumentos citados no *caput* deste artigo, os Estados, o Distrito Federal e os Municípios deverão apresentar os comprovantes de recolhimento das suas contribuições ao Instituto Nacional do Seguro Social – INSS referentes aos 3 (três) meses imediatamente anteriores ao mês previsto para a efetivação daqueles procedimentos.

→ Anterior parágrafo único com eficácia suspensa pela MP 2.187-13/2001 e renumerado para § 1º pela Lei 12.810/2013.

§ 2º Os recursos do FPE e do FPM não transferidos em decorrência da aplicação do *caput* deste artigo poderão ser utilizados para quitação, total ou parcial, dos débitos relativos às contribuições de que tratam as alíneas a e c do parágrafo único do art. 11 desta Lei, a pedido do representante legal do Estado, Distrito Federal ou Município.

→ § 2º acrescentado pela Lei 12.810/2013.

Art. 57. Os Estados, o Distrito Federal e os Municípios serão, igualmente, obrigados a apresentar, a partir de 1º de junho de 1992, para os fins do disposto no artigo anterior, comprovação de pagamento da parcela mensal referente aos débitos com o Instituto Nacional do Seguro Social – INSS, existentes até 1º de setembro de 1991, renegociados nos termos desta Lei.

Art. 58. Os débitos dos Estados, do Distrito Federal e dos Municípios para com o Instituto Nacional do Seguro Social – INSS, existentes até 1º de setembro de 1991, poderão ser liquidados em até 240 (duzentos e quarenta) parcelas mensais.

§ 1º Para apuração dos débitos será considerado o valor original, atualizado pelo índice oficial utilizado pela Seguridade Social para correção de seus créditos.

→ Anterior parágrafo único renumerado para § 1º pela Lei 8.444/1992.

§ 2º As contribuições descontadas até 30 de junho de 1992 dos segurados que tenham prestado serviços aos Estados, ao Distrito Federal e aos Municípios poderão ser objeto de acordo para parcelamento em até 12 (doze) meses, não se lhes aplicando o disposto no § 1º do artigo 38 desta Lei.

→ § 2º acrescentado pela Lei 8.444/1992.

→ O art. 38 e parágrafos foram revogados pela Lei 11.941/2009.

Art. 59. O Instituto Nacional do Seguro Social – INSS implantará, no prazo de 90 (noventa) dias a contar da data da publicação desta Lei, sistema próprio e informatizado de cadastro dos pagamentos e débitos dos Governos Estaduais, do Distrito Federal e das Prefeituras Municipais, que viabilize o permanente acompanhamento e fiscalização do disposto nos arts. 56, 57 e 58 e permita a divulgação periódica dos devedores da Previdência Social.

Art. 60. O pagamento dos benefícios da Seguridade Social será realizado por intermédio da rede bancária ou por outras formas definidas pelo Ministério da Previdência Social.

→ *Caput* com redação alterada pela Lei 11.941/2009.

Parágrafo único. Os recursos da Seguridade Social serão centralizados em banco estatal federal que tenha abrangência em todo o País.

→ Parágrafo único com eficácia suspensa pela MP 2.170-36/2001.

Art. 61. As receitas provenientes da cobrança de débitos dos Estados e Municípios e da alienação, arrendamento ou locação de bens móveis ou imóveis pertencentes ao patrimônio do Instituto Nacional do Seguro Social – INSS, deverão constituir reserva técnica, de longo prazo, que garantirá o seguro social estabelecido no Plano de Benefícios da Previdência Social.

Parágrafo único. É vedada a utilização dos recursos de que trata este artigo, para cobrir despesas de custeio em geral, inclusive as decorrentes de criação, majoração ou extensão dos benefícios ou serviços da Previdência Social, admitindo-se sua utilização, excepcionalmente, em despesas de capital, na forma da lei de orçamento.

Art. 62. A contribuição estabelecida na Lei 5.161, de 21 de outubro de 1966, em favor da Fundação Jorge Duprat Figueiredo de Segurança e Medicina do Trabalho – FUNDACENTRO, será de 2% (dois por cento) da receita proveniente da contribuição a cargo da empresa, a título de financiamento da complementação das prestações por acidente do trabalho, estabelecida no inciso II do art. 22.

Parágrafo único. Os recursos referidos neste artigo poderão contribuir para o financiamento das despesas com pessoal e administração geral da Fundação Jorge Duprat Figueiredo de Segurança e Medicina do Trabalho – FUNDACENTRO.

→ Parágrafo único acrescentado pela Lei 9.639/1998.

Título VIII
Das Disposições Finais e Transitórias

Capítulo I
DA MODERNIZAÇÃO DA PREVIDÊNCIA SOCIAL

Art. 63. Fica instituído o Conselho Gestor do Cadastro Nacional do Trabalhador – CNT, criado na forma dos Decretos 97.936, de 10 de julho de 1989 e 99.378, de 11 de julho de 1990.

→ Artigo com eficácia suspensa pela MP 2.216-37/2001.

Parágrafo único. O Conselho Gestor do Cadastro Nacional do Trabalhador é vinculado ao Ministério do Trabalho e da Previdência Social, que assegurará condições para o seu funcionamento.

Art. 64. Ao Conselho Gestor do Cadastro Nacional do Trabalhador incumbe supervisionar e fiscalizar os trabalhos de implantação do Cadastro Nacional do Trabalhador, bem como sugerir as medidas legais e administrativas que permitam, no prazo máximo de 4 (quatro) anos a contar da data de publicação desta Lei, a existência na Administração Pública Federal de cadastro completo dos trabalhadores e das empresas.

→ Artigo com eficácia suspensa pela MP 2.216-37/2001.

Art. 65. O Conselho Gestor do Cadastro Nacional do Trabalhador terá 12 (doze) membros titulares e igual número de suplentes, nomeados pelo Ministro do Trabalho e da Previdência Social para mandato de 4 (quatro) anos, sendo:

→ Artigo com eficácia suspensa pela MP 2.216-37/2001.

I – 6 (seis) representantes do Governo Federal;

II – 3 (três) representantes indicados pelas centrais sindicais ou confederações nacionais de trabalhadores;

III – 3 (três) representantes das Confederações Nacionais de Empresários.

§ 1º A presidência do Conselho Gestor será exercida por um de seus membros, eleito para mandato de 1 (um) ano, vedada a recondução.

§ 2º O Conselho Gestor tomará posse no prazo de 30 (trinta) dias a contar da data de publicação desta Lei.

§ 3º No prazo de até 60 (sessenta) dias após sua posse, o Conselho Gestor aprovará seu regimento interno e o cronograma de implantação do Cadastro Nacional do Trabalhador – CNT, observado o prazo limite estipulado no art. 64.

Art. 66. Os órgãos públicos federais, da administração direta, indireta ou fundacional envolvidos na implantação do Cadastro Nacional do Trabalhador – CNT se obrigam, nas respectivas áreas, a tomar as providências necessárias para o cumprimento dos prazos previstos nesta Lei, bem como do cronograma a ser aprovado pelo Conselho Gestor.

→ Artigo com eficácia suspensa pela MP 2.216-37/2001.

Art. 67. Até que seja implantado o Cadastro Nacional do Trabalhador – CNT, as instituições e órgãos federais, estaduais, do Distrito Federal e municipais, detentores de cadastros de empresas e de contribuintes em geral, deverão colocar à disposição do Instituto Nacional do Seguro Social – INSS, mediante a realização de convênios, todos os dados necessários à permanente atualização dos cadastros da Previdência Social.

Art. 68. O Titular do Cartório de Registro Civil de Pessoas Naturais fica obrigado a comunicar, ao INSS, até o dia 10 (dez) de cada mês, o registro dos óbitos ocorridos no mês imediatamente anterior, devendo da relação constar a filiação, a data e o local de nascimento da pessoa falecida.

→ *Caput* com redação alterada pela Lei 8.870/1994.

§ 1º No caso de não haver sido registrado nenhum óbito, deverá o Titular do Cartório de Registro Civil de Pessoas Naturais comunicar este fato ao INSS no prazo estipulado no *caput* deste artigo.

→ § 1º acrescentado pela Lei 8.870/1994.

§ 2º A falta de comunicação na época própria, bem como o envio de informações inexatas, sujeitará o Titular de Cartório de Registro Civil de Pessoas Naturais à penalidade prevista no art. 92 desta Lei.

→ § 2º com redação alterada pela Lei 9.476/1997.

§ 3º A comunicação deverá ser feita por meio de formulários para cadastramento de óbito, conforme modelo aprovado pelo Ministério da Previdência e Assistência Social.

→ § 3º acrescentado pela MP 2.187-13/2001.

§ 4º No formulário para cadastramento de óbito deverá constar, além dos dados referentes à identificação do Cartório de Registro Civil de Pessoas Naturais, pelo menos uma das seguintes informações relativas à pessoa falecida:

→ § 4º acrescentado pela MP 2.187-13/2001.

a) número de inscrição do PIS/PASEP;

b) número de inscrição no Instituto Nacional do Seguro Social – INSS, se contribuinte individual, ou número de benefício previdenciário – NB, se a pessoa falecida for titular de qualquer benefício pago pelo INSS;

c) número do CPF;

d) número de registro da Carteira de Identidade e respectivo órgão emissor;

e) número do título de eleitor;

f) número do registro de nascimento ou casamento, com informação do livro, da folha e do termo;

g) número e série da Carteira de Trabalho.

Art. 69. O Ministério da Previdência e Assistência Social e o Instituto Nacional do Seguro Social – INSS manterão programa permanente de revisão da concessão e da manutenção dos benefícios da Previdência Social, a fim de apurar irregularidades e falhas existentes.

→ *Caput* com redação alterada pela Lei 9.528/1997.

§ 1º Havendo indício de irregularidade na concessão ou na manutenção de benefício, a Previdência Social notificará o beneficiário para apresentar defesa, provas ou documentos de que dispuser, no prazo de 30 (trinta) dias.

→ § 1º com redação alterada pela Lei 9.528/1997.

§ 2º A notificação a que se refere o parágrafo anterior far-se-á por via postal com aviso de recebimento e, não comparecendo o beneficiário nem apresentando defesa, será suspenso o benefício, com notificação ao beneficiário por edital resumido publicado uma vez em jornal de circulação na localidade.

→ § 2º com redação alterada pela Lei 9.528/1997.

§ 3º Decorrido o prazo concedido pela notificação postal ou pelo edital, sem que tenha havido resposta, ou caso seja considerada pela Previdência Social como insuficiente ou improcedente a defesa apresentada, o benefício será cancelado, dando-se conhecimento da decisão ao beneficiário.

→ § 3º com redação alterada pela Lei 9.528/1997.

§ 4º Para efeito do disposto no *caput* deste artigo, o Ministério da Previdência Social e o Instituto Nacional do Seguro Social – INSS procederão, no mínimo a cada 5 (cinco) anos, ao recenseamento previdenciário, abrangendo todos os aposentados e pensionistas do regime geral de previdência social.

→ § 4º acrescentado pela Lei 10.887/2004.

Art. 70. Os beneficiários da Previdência Social, aposentados por invalidez, ficam obrigados, sob pena de sustação do pagamento do benefício, a submeterem-se a exames médico-periciais, estabelecidos na forma do regulamento, que definirá sua periodicidade e os mecanismos de fiscalização e auditoria.

Art. 71. O Instituto Nacional do Seguro Social – INSS deverá rever os benefícios, inclusive os concedidos por acidente do trabalho, ainda que concedidos judicialmente, para avaliar a persistência, atenuação ou agravamento da incapacidade para o trabalho alegada como causa para a sua concessão.

Parágrafo único. Será cabível a concessão de liminar nas ações rescisórias e revisional, para suspender a execução do julgado rescindendo ou revisando, em caso de fraude ou erro material comprovado.

→ Parágrafo único acrescentado pela Lei 9.032/1995.

Art. 72. O Instituto Nacional do Seguro Social – INSS promoverá, no prazo de 180 (cento e oitenta) dias a contar da publicação desta Lei, a revisão das indenizações associadas a benefícios por acidentes do trabalho, cujos valores excedam a Cr$ 1.700.000,00 (um milhão e setecentos mil cruzeiros).

Art. 73. O setor encarregado pela área de benefícios no âmbito do Instituto Nacional do Seguro Social – INSS deverá estabelecer indicadores qualitativos e quantitativos para acompanhamento e avaliação das concessões de benefícios realizadas pelos órgãos locais de atendimento.

Art. 74. Os postos de benefícios deverão adotar como prática o cruzamento das informações declaradas pelos segurados com os dados de cadastros de empresas e de contribuintes em geral quando da concessão de benefícios.

Art. 75. *(Revogado pela Lei 9.711/1998).*

Art. 76. O Instituto Nacional do Seguro Social – INSS deverá proceder ao recadastramento de todos aqueles que, por intermédio de procuração, recebem benefícios da Previdência Social.

Parágrafo único. O documento de procuração deverá, a cada semestre, ser revalidado pelos órgãos de atendimento locais.

Art. 77. Fica autorizada a criação de Conselhos Municipais de Previdência Social, órgãos de acompanhamento e fiscalização das ações na área previdenciária, com a participação de representantes da comunidade.

→ Artigo com eficácia suspensa pela MP 2.216-37/2001.

Parágrafo único. As competências e o prazo para a instalação dos Conselhos referidos no *caput* deste artigo serão objeto do regulamento desta Lei.

Art. 78. O Instituto Nacional do Seguro Social – INSS, na forma da legislação específica, fica autorizado a contratar auditorias externas, periodicamente, para analisar e emitir parecer sobre demonstrativos econômico-financeiros e contábeis, arrecadação, cobrança e fiscalização das contribuições, bem como pagamento dos benefícios, submetendo os resultados obtidos à apreciação do Conselho Nacional da Seguridade Social.

Art. 79. *(Revogado pela Lei 9.711/1998).*

Art. 80. Fica o Instituto Nacional do Seguro Social – INSS obrigado a:

I – enviar às empresas e aos seus segurados, quando solicitado, extrato relativo ao recolhimento das suas contribuições;

→ Inciso I com redação alterada pela Lei 12.692/2012.

II – *(Revogado pela Lei 11.941/2009).*

III – emitir e enviar aos beneficiários o Aviso de Concessão de Benefício, além da memória de cálculo do valor dos benefícios concedidos;

IV – reeditar versão atualizada, nos termos do Plano de Benefícios, da Carta dos Direitos dos Segurados;

V – divulgar, com a devida antecedência, através dos meios de comunicação, alterações porventura realizadas na forma de contribuição das empresas e segurados em geral;

VI – descentralizar, progressivamente, o processamento eletrônico das informações, mediante extensão dos programas de informatização de postos de atendimento e de Regiões Fiscais.

VII – disponibilizará ao público, inclusive por meio de rede pública de transmissão de dados, informações atualizadas sobre as receitas e despesas do regime geral de previdência social, bem como os critérios e parâmetros adotados para garantir o equilíbrio financeiro e atuarial do regime.

→ Inciso VII acrescentado pela Lei 10.887/2004.

Art. 81. *(Revogado pela Lei 11.941/2009).*

Art. 82. A Auditoria e a Procuradoria do Instituto Nacional do Seguro Social – INSS deverão, a cada trimestre, elaborar relação das auditorias realizadas e dos trabalhos executados, bem como dos resultados obtidos, enviando-a a apreciação do Conselho Nacional da Seguridade Social.

Art. 83. O Instituto Nacional do Seguro Social – INSS deverá implantar um programa de qualificação e treinamento sistemático de pessoal, bem como promover a reciclagem e redistribuição de funcionários conforme as demandas dos órgãos regionais e locais, visando a melhoria da qualidade do atendimento e o controle e a eficiência dos sistemas de arrecadação e fiscalização de contribuições, bem como de pagamento de benefícios.

Art. 84. O Conselho Nacional da Seguridade Social, no prazo máximo de 60 (sessenta) dias a partir de sua instalação, criará comissão especial para acompanhar o cumprimento, pelo Ministério do Trabalho e da Previdência Social, das providências previstas nesta Lei, bem como de outras destinadas à modernização da Previdência Social.

→ Artigo com eficácia suspensa pela MP 2.216-37/2001.

Capítulo II
DAS DEMAIS DISPOSIÇÕES

Art. 85. O Conselho Nacional da Seguridade Social será instalado no prazo de 30 (trinta) dias após a promulgação desta Lei.

Art. 85-A. Os tratados, convenções e outros acordos internacionais de que Estado estrangeiro ou organismo internacional e o Brasil sejam partes, e que versem sobre matéria previdenciária, serão interpretados como lei especial.

→ Artigo acrescentado pela Lei 9.876/1999.

Art. 86. Enquanto não for aprovada a Lei de Assistência Social, o representante do conselho setorial respectivo será indicado pelo Conselho Nacional da Seguridade Social.

→ Artigo com eficácia suspensa pela MP 2.216-37/2001.

Art. 87. Os orçamentos das pessoas jurídicas de direito público e das entidades da administração pública indireta devem consignar as dotações necessárias ao pagamento das contribuições da Seguridade Social, de modo a assegurar a sua regular liquidação dentro do exercício.

Art. 88. Os prazos de prescrição de que goza a União aplicam-se à Seguridade Social, ressalvado o disposto no art. 46.

→ Referido art. 46 foi revogado pela LC 128/2008.

Art. 89. As contribuições sociais previstas nas alíneas *a*, *b* e *c* do parágrafo único do art. 11 desta Lei, as contribuições instituídas a título de substituição e as contribuições devidas a terceiros somente poderão ser restituídas ou compensadas nas hipóteses de pagamento ou recolhimento indevido ou maior que o devido, nos termos e condições estabelecidos pela Secretaria da Receita Federal do Brasil.

→ *Caput* com redação alterada pela Lei 11.941/2009.

§ 1º *(Revogado pela Lei 11.941/2009).*

§ 2º *(Revogado pela Lei 11.941/2009).*

§ 3º *(Revogado pela Lei 11.941/2009).*

§ 4º O valor a ser restituído ou compensado será acrescido de juros obtidos pela aplicação da taxa referencial do Sistema Especial de Liquidação e de Custódia – SELIC para títulos federais, acumulada mensalmente, a partir do mês subsequente ao do pagamento indevido ou a maior que o devido até o mês anterior ao da compensação ou restituição e de 1% (um por cento) relativamente ao mês em que estiver sendo efetuada.

→ § 4º com redação alterada pela Lei 11.941/2009.

§ 5º *(Revogado pela Lei 11.941/2009).*

§ 6º *(Revogado pela Lei 11.941/2009).*

§ 7º *(Revogado pela Lei 11.941/2009).*

§ 8º Verificada a existência de débito em nome do sujeito passivo, o valor da restituição será utilizado para extingui-lo, total ou parcialmente, mediante compensação.

→ § 8º acrescentado pela Lei 11.196/2005.

§ 9º Os valores compensados indevidamente serão exigidos com os acréscimos moratórios de que trata o art. 35 desta Lei.

→ § 9º acrescentado pela Lei 11.941/2009.

§ 10. Na hipótese de compensação indevida, quando se comprove falsidade da declaração apresentada pelo sujeito passivo, o contribuinte estará sujeito à multa isolada aplicada no percentual previsto no inciso I do *caput* do art. 44 da Lei 9.430, de 27 de dezembro de 1996, aplicado em dobro, e terá como base de cálculo o valor total do débito indevidamente compensado.

→ § 10 acrescentado pela Lei 11.941/2009.

§ 11. Aplica-se aos processos de restituição das contribuições de que trata este artigo e de reembolso de salário-família e salário-maternidade o rito previsto no Decreto 70.235, de 6 de março de 1972.

→ § 11 acrescentado pela Lei 11.941/2009.

Art. 90. O Conselho Nacional da Seguridade Social, dentro de 180 (cento e oitenta) dias da sua instalação, adotará as providências necessárias ao levantamento das dívidas da União para com a Seguridade Social.

Art. 91. Mediante requisição da Seguridade Social, a empresa é obrigada a descontar, da remuneração paga aos segurados a seu serviço, a importância proveniente de dívida ou responsabilidade por eles contraída junto à Seguridade Social, relativa a benefícios pagos indevidamente.

Art. 92. A infração de qualquer dispositivo desta Lei para a qual não haja penalidade expressamente cominada sujeita o responsável, conforme a gravidade da infração, a multa variável de Cr$ 100.000,00 (cem mil cruzeiros) a Cr$ 10.000.000,00 (dez milhões de cruzeiros), conforme dispuser o regulamento.

→ Valores atualizados pela Portaria MPAS 4.479, de 4.6.98, a partir de 01.06.1998, para, respectivamente, R$ 636,17 (seiscentos e trinta e seis reais e dezessete centavos) e R$ 63.617,35 (sessenta e três mil, seiscentos e dezessete reais e trinta e cinco centavos).

Art. 93. *(Caput revogado pela Lei 9.639/1998).*

Parágrafo único. *(Revogado pela Lei 11.941/2009).*

Art. 94. *(Revogado pela Lei 11.501/2007).*

Art. 95. *(Revogado pela Lei 9.983/2000):*

a) até j) (Revogadas pela Lei 9.983/2000).

§ 1º *(Revogado pela Lei 9.983/2000).*

§ 2º A empresa que transgredir as normas desta Lei, além das outras sanções previstas, sujeitar-se-á, nas condições em que dispuser o regulamento:

a) à suspensão de empréstimos e financiamentos, por instituições financeiras oficiais;

b) à revisão de incentivos fiscais de tratamento tributário especial;

c) à inabilitação para licitar e contratar com qualquer órgão ou entidade da administração pública direta ou indireta federal, estadual, do Distrito Federal ou municipal;

d) à interdição para o exercício do comércio, se for sociedade mercantil ou comerciante individual;

e) à desqualificação para impetrar concordata;

f) à cassação de autorização para funcionar no país, quando for o caso.

§ 3º (*Revogado pela Lei 9.983/2000*).

§ 4º (*Revogado pela Lei 9.983/2000*).

§ 5º (*Revogado pela Lei 9.983/2000*).

Art. 96. O Poder Executivo enviará ao Congresso Nacional, anualmente, acompanhando a Proposta Orçamentária da Seguridade Social, projeções atuariais relativas à Seguridade Social, abrangendo um horizonte temporal de, no mínimo, 20 (vinte) anos, considerando hipóteses alternativas quanto às variáveis demográficas, econômicas e institucionais relevantes.

Art. 97. Fica o Instituto Nacional do Seguro Social-INSS autorizado a proceder a alienação ou permuta, por ato da autoridade competente, de bens imóveis de sua propriedade considerados desnecessários ou não vinculados às suas atividades operacionais.

→ *Caput* com redação alterada pela Lei 9.528/1997.

§ 1º Na alienação a que se refere este artigo será observado o disposto no art. 18 e nos incisos I, II e III do art. 19, da Lei 8.666, de 21 de junho de 1993, alterada pelas Leis 8.883, de 8 de junho de 1994, e 9.032, de 28 de abril de 1995.

→ § 1º acrescentado pela Lei 9.528/1997.

§ 2º (*Vetado*).

→ § 2º acrescentado pela Lei 9.528/1997.

Art. 98. Nas execuções fiscais da dívida ativa do INSS, o leilão judicial dos bens penhorados realizar-se-á por leiloeiro oficial, indicado pelo credor, que procederá à hasta pública:

→ *Caput* restabelecido e com redação alterada pela Lei 9.528/1997.

I – no primeiro leilão, pelo valor do maior lance, que não poderá ser inferior ao da avaliação;

→ Inciso I acrescentado pela Lei 9.528/1997.

II – no segundo leilão, por qualquer valor, excetuado o vil.

→ Inciso II acrescentado pela Lei 9.528/1997.

§ 1º Poderá o juiz, a requerimento do credor, autorizar seja parcelado o pagamento do valor da arrematação, na forma prevista para os parcelamentos administrativos de débitos previdenciários.

→ § 1º acrescentado pela Lei 9.528/1997.

→ *v.* Lei 12.810/2013 – Dispõe sobre o parcelamento de débitos com a Fazenda Nacional relativos às contribuições previdenciárias de responsabilidade dos Estados, do Distrito Federal e dos Municípios e dá outras providências.

§ 2º Todas as condições do parcelamento deverão constar do edital de leilão.

→ § 2º acrescentado pela Lei 9.528/1997.

§ 3º O débito do executado será quitado na proporção do valor de arrematação.

→ § 3º acrescentado pela Lei 9.528/1997.

§ 4º O arrematante deverá depositar, no ato, o valor da primeira parcela.

→ § 4º acrescentado pela Lei 9.528/1997.

§ 5º Realizado o depósito, será expedida carta de arrematação, contendo as seguintes disposições:

→ § 5º acrescentado pela Lei 9.528/1997.

a) valor da arrematação, valor e número de parcelas mensais em que será pago;

b) constituição de hipoteca do bem adquirido, ou de penhor, em favor do credor, servindo a carta de título hábil para registro da garantia;

c) indicação do arrematante como fiel depositário do bem móvel, quando constituído penhor;

d) especificação dos critérios de reajustamento do saldo e das parcelas, que será sempre o mesmo vigente para os parcelamentos de débitos previdenciários.

§ 6º Se o arrematante não pagar, no vencimento, qualquer das parcelas mensais, o saldo devedor remanescente vencerá antecipadamente, que será acrescido em 50% (cinquenta por cento) de seu valor a título de multa, e, imediatamente inscrito em dívida ativa e executado.

→ § 6º acrescentado pela Lei 9.528/1997.

§ 7º Se no primeiro ou no segundo leilões a que se refere o *caput* não houver licitante, o INSS poderá adjudicar o bem por 50% (cinquenta por cento) do valor da avaliação.

→ § 7º acrescentado pela Lei 9.528/1997.

§ 8º Se o bem adjudicado não puder ser utilizado pelo INSS, e for de difícil venda, poderá ser negociado ou doado a outro órgão ou entidade pública que demonstre interesse na sua utilização.

→ § 8º acrescentado pela Lei 9.528/1997.

§ 9º Não havendo interesse na adjudicação, poderá o juiz do feito, de ofício ou a requerimento do credor, determinar sucessivas repetições da hasta pública.

→ § 9º acrescentado pela Lei 9.528/1997.

§ 10. O leiloeiro oficial, a pedido do credor, poderá ficar como fiel depositário dos bens penhorados e realizar a respectiva remoção.

→ § 10 acrescentado pela Lei 9.528/1997.

§ 11. O disposto neste artigo aplica-se às execuções fiscais da Dívida Ativa da União.

→ § 11 acrescentado pela Lei 10.522/2002.

Art. 99. O Instituto Nacional do Seguro Social-INSS poderá contratar leiloeiros oficiais para promover a venda administrativa dos bens, adjudicados judicialmente ou que receber em dação de pagamento.

→ *Caput* com redação alterada pela Lei 9.528/1997.

Parágrafo único. O INSS, no prazo de sessenta dias, providenciará alienação do bem por intermédio do leiloeiro oficial.

→ Parágrafo único acrescentado pela Lei 9.528/1997.

Art. 100. (*Revogado pela Lei 9.528/1997*).

Art. 101. Os valores e os limites do salário de contribuição, citados nos arts. 20, 21, 28, § 5º e 29, serão reajustados, a partir de abril de 1991 até a data da entrada em vigor desta Lei, nas mesmas épocas e com os mesmos índices utilizados para o reajustamento do limite mínimo do salário de contribuição neste período.

→ Artigo com eficácia suspensa pela MP 2.187-13/2001.

→ Referido art. 29 foi revogado pela Lei 9.876/1999.

Art. 102. Os valores expressos em moeda corrente nesta Lei serão reajustados nas mesmas épocas e com os mesmos índices utilizados para o reajustamento dos benefícios de prestação continuada da Previdência Social.

→ *Caput* com redação alterada pela MP 2.187-13/2001.

§ 1º O disposto neste artigo não se aplica às penalidades previstas no art. 32-A desta Lei.

→ § 1º acrescentado pela Lei 11.941/2009.

§ 2º O reajuste dos valores dos salários de contribuição em decorrência da alteração do salário mínimo será descontado por ocasião da aplicação dos índices a que se refere o *caput* deste artigo.

→ § 2º acrescentado pela Lei 11.941/2009.

Art. 103. O Poder Executivo regulamentará esta Lei no prazo de 60 (sessenta) dias a partir da data de sua publicação.

Art. 104. Esta Lei entrará em vigor na data de sua publicação.

Art. 105. Revogam-se as disposições em contrário.

Brasília, em 24 de julho de 1991; 170º da Independência e 103º da República.

Fernando Collor

(Publicação no *D.O.U* de 25.7.1991; republicação 11.04.1996 e 14.8.1998)

LEI 8.213,
DE 24 DE JULHO DE 1991

Dispõe sobre os Planos de Benefícios da Previdência Social e dá outras providências.

→ *v.* Lei 13.146/2015 – Estatuto da Pessoa com Deficiência.

→ *v.* LC 142/2013 – Aposentadoria da pessoa com deficiência.

O Presidente da República:

Faço saber que o Congresso Nacional decreta e eu sanciono a seguinte Lei:

→ *v.* Arts. 7º, parágrafo único, 201 e 202 da CF/1988.

→ *v.* LC 109/2001 – Regime de Previdência Complementar.

→ *v.* Lei 8.212/1991 – Organização da Seguridade Social e Plano de Custeio.

→ *v.* Decreto 3.048/1999 – Regulamento da Previdência Social.

Título I
Da Finalidade e dos Princípios Básicos da Previdência Social

Art. 1º A Previdência Social, mediante contribuição, tem por fim assegurar aos seus beneficiários meios indispensáveis de manutenção, por motivo de incapacidade, desemprego involuntário, idade avançada, tempo de serviço, encargos familiares e prisão ou morte daqueles de quem dependiam economicamente.

Art. 2º A Previdência Social rege-se pelos seguintes princípios e objetivos:

→ *v.* Art. 194 da CF/1988.

I – universalidade de participação nos planos previdenciários;

II – uniformidade e equivalência dos benefícios e serviços às populações urbanas e rurais;

III – seletividade e distributividade na prestação dos benefícios;

IV – cálculo dos benefícios considerando-se os salários de contribuição corrigidos monetariamente;

V – irredutibilidade do valor dos benefícios de forma a preservar-lhes o poder aquisitivo;

VI – valor da renda mensal dos benefícios substitutos do salário de contribuição ou do rendimento do trabalho do segurado não inferior ao do salário mínimo;

→ v. Art. 214 do Decreto 3.048/1999.

VII – previdência complementar facultativa, custeada por contribuição adicional;

→ v. LC 109/2001 – Regime de Previdência Complementar.

VIII – caráter democrático e descentralizado da gestão administrativa, com a participação do governo e da comunidade, em especial de trabalhadores em atividade, empregadores e aposentados.

Parágrafo único. A participação referida no inciso VIII deste artigo será efetivada a nível federal, estadual e municipal.

Art. 3º Fica instituído o Conselho Nacional de Previdência Social – CNPS, órgão superior de deliberação colegiada, que terá como membros:

→ v. Art. 296-A da Lei 3.048/1999.

I – 6 (seis) representantes do Governo Federal;

→ Inciso I com redação alterada pela Lei 8.619/1993.

II – 9 (nove) representantes da sociedade civil, sendo:

→ Inciso II com redação alterada pela Lei 8.619/1993.

a) 3 (três) representantes dos aposentados e pensionistas;

b) 3 (três) representantes dos trabalhadores em atividade;

c) 3 (três) representantes dos empregadores.

§ 1º Os membros do CNPS e seus respectivos suplentes serão nomeados pelo Presidente da República, tendo os representantes titulares da sociedade civil mandato de 2 (dois) anos, podendo ser reconduzidos, de imediato, uma única vez.

§ 2º Os representantes dos trabalhadores em atividade, dos aposentados, dos empregadores e seus respectivos suplentes serão indicados pelas centrais sindicais e confederações nacionais.

§ 3º O CNPS reunir-se-á, ordinariamente, uma vez por mês, por convocação de seu Presidente, não podendo ser adiada a reunião por mais de 15 (quinze) dias se houver requerimento nesse sentido da maioria dos conselheiros.

§ 4º Poderá ser convocada reunião extraordinária por seu Presidente ou a requerimento de 1/3 (um terço) de seus membros, conforme dispuser o regimento interno do CNPS.

§ 5º (*Revogado pela Lei 9.528/1997*).

§ 6º As ausências ao trabalho dos representantes dos trabalhadores em atividade, decorrentes das atividades do Conselho, serão abonadas, computando-se como jornada efetivamente trabalhada para todos os fins e efeitos legais.

§ 7º Aos membros do CNPS, enquanto representantes dos trabalhadores em atividade, titulares e suplentes, é assegurada a estabilidade no emprego, da nomeação até um ano após o término do mandato de representação, somente podendo ser demitidos por motivo de falta grave, regularmente comprovada através de processo judicial.

§ 8º Competirá ao Ministério do Trabalho e da Previdência Social proporcionar ao CNPS os meios necessários ao exercício de suas competências, para o que contará com uma Secretaria-Executiva do Conselho Nacional de Previdência Social.

§ 9º O CNPS deverá se instalar no prazo de 30 (trinta) dias a contar da publicação desta Lei.

Art. 4º Compete ao Conselho Nacional de Previdência Social – CNPS:

I – estabelecer diretrizes gerais e apreciar as decisões de políticas aplicáveis à Previdência Social;

II – participar, acompanhar e avaliar sistematicamente a gestão previdenciária;

III – apreciar e aprovar os planos e programas da Previdência Social;

IV – apreciar e aprovar as propostas orçamentárias da Previdência Social, antes de sua consolidação na proposta orçamentária da Seguridade Social;

V – acompanhar e apreciar, através de relatórios gerenciais por ele definidos, a execução dos planos, programas e orçamentos no âmbito da Previdência Social;

VI – acompanhar a aplicação da legislação pertinente à Previdência Social;

VII – apreciar a prestação de contas anual a ser remetida ao Tribunal de Contas da União, podendo, se for necessário, contratar auditoria externa;

VIII – estabelecer os valores mínimos em litígio, acima dos quais será exigida a anuência prévia do Procurador-Geral ou do Presidente do INSS para formalização de desistência ou transigência judiciais, conforme o disposto no art. 132;

IX – elaborar e aprovar seu regimento interno.

Parágrafo único. As decisões proferidas pelo CNPS deverão ser publicadas no *Diário Oficial da União*.

Art. 5º Compete aos órgãos governamentais:

I – prestar toda e qualquer informação necessária ao adequado cumprimento das competências do CNPS, fornecendo inclusive estudos técnicos;

II – encaminhar ao CNPS, com antecedência mínima de 2 (dois) meses do seu envio ao Congresso Nacional, a proposta orçamentária da Previdência Social, devidamente detalhada.

Art. 6º Haverá, no âmbito da Previdência Social, uma Ouvidoria-Geral, cujas atribuições serão definidas em regulamento.

→ Artigo com redação alterada Lei 9.711/1998.

Art. 7º Ficam instituídos os Conselhos Estaduais e os Conselhos Municipais de Previdência Social – respectivamente CEPS e CMPS –, órgãos de deliberação colegiada, subordinados ao Conselho Nacional de Previdência Social, observando para a sua organização e instalação, no que couber, os critérios estabelecidos nesta Lei para o CNPS, adaptando-os para a esfera estadual ou municipal.

→ Artigo com eficácia suspensa pela MP 2.216-37/2001.

§ 1º Os membros dos CEPS serão nomeados pelo Presidente do CNPS e o dos CMPS, pelos presidentes dos CEPS.

§ 2º Os representantes dos trabalhadores em atividade e seus respectivos suplentes serão indicados, no caso dos CEPS, pelas federações ou centrais sindicais, e, no caso dos CMPS, pelos sindicatos ou, na ausência destes, pelas federações ou ainda, em último caso, pelas centrais sindicais ou confederações nacionais

§ 3º Os representantes dos aposentados e seus respectivos suplentes serão indicados, no caso dos CEPS, pelas federações ou confederações, e, no caso dos CMPS, pelas associações ou, na ausência destes, pelas federações.

§ 4º Os representantes dos empregadores e seus respectivos suplentes serão indicados, no caso dos CEPS, pelas federações, e, no caso dos CMPS, pelos sindicatos, associações ou, na ausência destes, pelas federações.

Art. 8º Compete aos CEPS e ao CMPS, nos âmbitos estadual e municipal, respectivamente:

→ Artigo com eficácia suspensa pela MP 2.216-37/2001.

I – cumprir e fazer cumprir as deliberações do CNPS;

II – acompanhar e avaliar sistematicamente a gestão previdenciária;

III – propor ao CNPS planos e programas para a Previdência Social;

IV – acompanhar, apreciar e dar conhecimento ao CNPS, através de relatórios gerenciais por este definidos, a execução dos planos, programas e orçamentos;

V – acompanhar a aplicação da legislação pertinente à Previdência Social;

VI – elaborar seus regimentos internos.

Título II
Do Plano de Benefícios da Previdência Social

Capítulo Único
DOS REGIMES DE PREVIDÊNCIA SOCIAL

Art. 9º A Previdência Social compreende:

I – o Regime Geral de Previdência Social;

→ v. Art. 5º do Decreto 3.048/1999.

→ v. Lei 8.036/1990 – Fundo de Garantia do Tempo de Serviço – FGTS.

II – o Regime Facultativo Complementar de Previdência Social.

→ v. LC 109/2001 – Regime de Previdência Complementar.

§ 1º O Regime Geral de Previdência Social – RGPS garante a cobertura de todas as situações expressas no art. 1º desta Lei, exceto as de desemprego involuntário, objeto de lei específica, e de aposentadoria por tempo de contribuição para o trabalhador de que trata o § 2º do art. 21 da Lei 8.212, de 24 de julho de 1991.

→ § 1º com redação alterada pela LC 123/2006.

→ v. Arts. 56 a 63 do Decreto 3.048/1999.

§ 2º O Regime Facultativo Complementar de Previdência Social será objeto de lei específica.

→ v. LC 109/2001 – Regime de Previdência Complementar.

Título III
Do Regime Geral de Previdência Social

→ *v.* Art. 5º do Decreto 3.048/1999.

Capítulo I
DOS BENEFICIÁRIOS

Art. 10. Os beneficiários do Regime Geral de Previdência Social classificam-se como segurados e dependentes, nos termos das Seções I e II deste Capítulo.

Seção I
Dos segurados

→ *v.* Arts. 9º a 11 do Decreto 3.048/1999.

Art. 11. São segurados obrigatórios da Previdência Social as seguintes pessoas físicas:

I – como empregado:

a) aquele que presta serviço de natureza urbana ou rural à empresa, em caráter não eventual, sob sua subordinação e mediante remuneração, inclusive como diretor empregado;

b) aquele que, contratado por empresa de trabalho temporário, definida em legislação específica, presta serviço para atender a necessidade transitória de substituição de pessoal regular e permanente ou a acréscimo extraordinário de serviços de outras empresas;

c) o brasileiro ou o estrangeiro domiciliado e contratado no Brasil para trabalhar como empregado em sucursal ou agência de empresa nacional no exterior;

d) aquele que presta serviço no Brasil a missão diplomática ou a repartição consular de carreira estrangeira e a órgãos a elas subordinados, ou a membros dessas missões e repartições, excluídos o não brasileiro sem residência permanente no Brasil e o brasileiro amparado pela legislação previdenciária do país da respectiva missão diplomática ou repartição consular;

e) o brasileiro civil que trabalha para a União, no exterior, em organismos oficiais brasileiros ou internacionais dos quais o Brasil seja membro efetivo, ainda que lá domiciliado e contratado, salvo se segurado na forma da legislação vigente do país do domicílio;

f) o brasileiro ou estrangeiro domiciliado e contratado no Brasil para trabalhar como empregado em empresa domiciliada no exterior, cuja maioria do capital votante pertença a empresa brasileira de capital nacional;

g) o servidor público ocupante de cargo em comissão, sem vínculo efetivo com a União, Autarquias, inclusive em regime especial, e Fundações Públicas Federais.

→ Alínea *g* acrescentada pela Lei 8.647/1993.

h) o exercente de mandato eletivo federal, estadual ou municipal, desde que não vinculado a regime próprio de previdência social;

→ Alínea *h* acrescentada pela Lei 9.506/1997.

i) o empregado de organismo oficial internacional ou estrangeiro em funcionamento no Brasil, salvo quando coberto por regime próprio de previdência social;

→ Alínea *i* acrescentada pela Lei 9.876/1999.

j) o exercente de mandato eletivo federal, estadual ou municipal, desde que não vinculado a regime próprio de previdência social;

→ Alínea *j* acrescentada pela Lei 10.887/2004.

II – como empregado doméstico: aquele que presta serviço de natureza contínua a pessoa ou família, no âmbito residencial desta, em atividades sem fins lucrativos;

III – (*Revogado pela Lei 9.876/1999*);

IV – (*Revogado pela Lei 9.876/1999*);

V – como contribuinte individual:

→ *Caput* do inciso V com redação alterada pela Lei 9.876/1999.

a) a pessoa física, proprietária ou não, que explora atividade agropecuária, a qualquer título, em caráter permanente ou temporário, em área superior a 4 (quatro) módulos fiscais; ou, quando em área igual ou inferior a 4 (quatro) módulos fiscais ou atividade pesqueira, com auxílio de empregados ou por intermédio de prepostos; ou ainda nas hipóteses dos §§ 9º e 10 deste artigo;

→ Alínea *a* com redação alterada pela Lei 11.718/2008.

b) a pessoa física, proprietária ou não, que explora atividade de extração mineral – garimpo, em caráter permanente ou temporário, diretamente ou por intermédio de prepostos, com ou sem o auxílio de empregados, utilizados a qualquer título, ainda que de forma não contínua;

→ Alínea *b* com redação alterada pela Lei 9.876/1999.

c) o ministro de confissão religiosa e o membro de instituto de vida consagrada, de congregação ou de ordem religiosa;

→ Alínea *c* com redação alterada pela Lei 10.403/2002.

d) (*Revogada pela Lei 9.876/1999*);

e) o brasileiro civil que trabalha no exterior para organismo oficial internacional do qual o Brasil é membro efetivo, ainda que lá domiciliado e contratado, salvo quando coberto por regime próprio de previdência social;

→ Alínea *e* com redação alterada pela Lei 9.876/1999.

f) o titular de firma individual urbana ou rural, o diretor não empregado e o membro de conselho de administração de sociedade anônima, o sócio solidário, o sócio de indústria, o sócio gerente e o sócio cotista que recebam remuneração decorrente de seu trabalho em empresa urbana ou rural, e o associado eleito para cargo de direção em cooperativa, associação ou entidade de qualquer natureza ou finalidade, bem como o síndico ou administrador eleito para exercer atividade de direção condominial, desde que recebam remuneração;

→ Alínea *f* acrescentada pela Lei 9.876/1999.

g) quem presta serviço de natureza urbana ou rural, em caráter eventual, a uma ou mais empresas, sem relação de emprego;

→ Alínea *g* acrescentada pela Lei 9.876/1999.

h) a pessoa física que exerce, por conta própria, atividade econômica de natureza urbana, com fins lucrativos ou não;

→ Alínea *h* acrescentada pela Lei 9.876/1999.

VI – como trabalhador avulso: quem presta, a diversas empresas, sem vínculo empregatício, serviço de natureza urbana ou rural definidos no Regulamento;

VII – como segurado especial: a pessoa física residente no imóvel rural ou em aglomerado urbano ou rural próximo a ele que, individualmente ou em regime de economia familiar, ainda que com o auxílio eventual de terceiros, na condição de:

→ *Caput* do inciso VII com redação alterada pela Lei 11.718/2008.

a) produtor, seja proprietário, usufrutuário, possuidor, assentado, parceiro ou meeiro outorgados, comodatário ou arrendatário rurais, que explore atividade:

→ Alínea *a* acrescentada pela Lei 11.718/2008.

1. agropecuária em área de até 4 (quatro) módulos fiscais;

2. de seringueiro ou extrativista vegetal que exerça suas atividades nos termos do inciso XII do *caput* do art. 2º da Lei 9.985, de 18 de julho de 2000, e faça dessas atividades o principal meio de vida;

b) pescador artesanal ou a este assemelhado que faça da pesca profissão habitual ou principal meio de vida; e

→ Alínea *b* acrescentada pela Lei 11.718/2008.

c) cônjuge ou companheiro, bem como filho maior de 16 (dezesseis) anos de idade ou a este equiparado, do segurado de que tratam as alíneas *a* e *b* deste inciso, que, comprovadamente, trabalhem com o grupo familiar respectivo.

→ Alínea *c* acrescentada pela Lei 11.718/2008.

§ 1º Entende-se como regime de economia familiar a atividade em que o trabalho dos membros da família é indispensável à própria subsistência e ao desenvolvimento socioeconômico do núcleo familiar e é exercido em condições de mútua dependência e colaboração, sem a utilização de empregados permanentes.

→ § 1º com redação alterada pela Lei 11.718/2008.

§ 2º Todo aquele que exercer, concomitantemente, mais de uma atividade remunerada sujeita ao Regime Geral de Previdência Social é obrigatoriamente filiado em relação a cada uma delas.

§ 3º O aposentado pelo Regime Geral de Previdência Social – RGPS que estiver exercendo ou que voltar a exercer atividade abrangida por este Regime é segurado obrigatório em relação a essa atividade, ficando sujeito às contribuições de que trata a Lei 8.212, de 24 de julho de 1991, para fins de custeio da Seguridade Social.

→ § 3º acrescentado pela Lei 9.032/1995.

§ 4º O dirigente sindical mantém, durante o exercício do mandato eletivo, o mesmo enquadramento no Regime Geral de Previdência Social – RGPS de antes da investidura.

→ § 4º acrescentado pela Lei 9.528/1997.

§ 5º Aplica-se o disposto na alínea *g* do inciso I do *caput* ao ocupante de cargo de Ministro de Estado, de Secretário Estadual, Distrital ou Municipal, sem vínculo efetivo com a União, Estados, Distrito Federal e Municípios, suas autarquias, ainda que em regime especial, e fundações.

→ § 5º acrescentado pela Lei 9.876/1999.

§ 6º Para serem considerados segurados especiais, o cônjuge ou companheiro e os filhos maiores de 16 (dezesseis) anos ou os a estes equiparados deverão ter participação ativa nas atividades rurais do grupo familiar.

→ § 6º acrescentado pela Lei 11.718/2008.

§ 7º O grupo familiar poderá utilizar-se de empregados contratados por prazo determinado ou de trabalhador de que trata a alínea *g* do inciso V do *caput*, à razão de no máximo 120 (cento e vinte) pessoas por dia no ano civil, em períodos corridos ou intercalados ou, ainda, por tempo equivalente em horas de trabalho, não sendo computado nesse prazo o período de afastamento em decorrência da percepção de auxílio-doença.

→ § 7º com redação alterada pela Lei 12.873/2013.

§ 8º Não descaracteriza a condição de segurado especial:

→ *Caput* do § 8º acrescentado pela Lei 11.718/2008.

I – a outorga, por meio de contrato escrito de parceria, meação ou comodato, de até 50% (cinquenta por cento) de imóvel rural cuja área total não seja superior a 4 (quatro) módulos fiscais, desde que outorgante e outorgado continuem a exercer a respectiva atividade, individualmente ou em regime de economia familiar;

→ Inciso I acrescentado pela Lei 11.718/2008.

II – a exploração da atividade turística da propriedade rural, inclusive com hospedagem, por não mais de 120 (cento e vinte) dias ao ano;

→ Inciso II acrescentado pela Lei 11.718/2008.

III – a participação em plano de previdência complementar instituído por entidade classista a que seja associado em razão da condição de trabalhador rural ou de produtor rural em regime de economia familiar; e

→ Inciso III acrescentado pela Lei 11.718/2008.

IV – ser beneficiário ou fazer parte de grupo familiar que tem algum componente que seja beneficiário de programa assistencial oficial de governo;

→ Inciso IV acrescentado pela Lei 11.718/2008.

V – a utilização pelo próprio grupo familiar, na exploração da atividade, de processo de beneficiamento ou industrialização artesanal, na forma do § 11 do art. 25 da Lei 8.212, de 24 de julho de 1991; e

→ Inciso V acrescentado pela Lei 11.718/2008.

VI – a associação em cooperativa agropecuária ou de crédito rural; e

→ Inciso VI com redação alterada pela Lei 13.183/2015.

VII – a incidência do Imposto sobre Produtos Industrializados – IPI sobre o produto das atividades desenvolvidas nos termos do § 12.

→ Inciso VII acrescentado pela Lei 12.873/2013, em vigor na data de sua publicação, produzindo efeitos a partir de 1º de janeiro de 2014.

§ 9º Não é segurado especial o membro de grupo familiar que possuir outra fonte de rendimento, exceto se decorrente de:

→ *Caput* do § 9º acrescentado pela Lei 11.718/2008.

I – benefício de pensão por morte, auxílio-acidente ou auxílio-reclusão, cujo valor não supere o do menor benefício de prestação continuada da Previdência Social;

→ Inciso I acrescentado pela Lei 11.718/2008.

II – benefício previdenciário pela participação em plano de previdência complementar instituído nos termos do inciso IV do § 8º deste artigo;

→ Inciso II acrescentado pela Lei 11.718/2008.

III – exercício de atividade remunerada em período não superior a 120 (cento e vinte) dias, corridos ou intercalados, no ano civil, observado o disposto no § 13 do art. 12 da Lei 8.212, de 24 de julho de 1991;

→ Inciso III com redação alterada pela Lei 12.873/2013.

IV – exercício de mandato eletivo de dirigente sindical de organização da categoria de trabalhadores rurais;

→ Inciso IV acrescentado pela Lei 11.718/2008.

V – exercício de mandato de vereador do Município em que desenvolve a atividade rural ou de dirigente de cooperativa rural constituída, exclusivamente, por segurados especiais, observado o disposto no § 13 do art. 12 da Lei 8.212, de 24 de julho de 1991;

→ Inciso V acrescentado pela Lei 11.718/2008.

VI – parceria ou meação outorgada na forma e condições estabelecidas no inciso I do § 8º deste artigo;

→ Inciso VI acrescentado pela Lei 11.718/2008.

VII – atividade artesanal desenvolvida com matéria-prima produzida pelo respectivo grupo familiar, podendo ser utilizada matéria-prima de outra origem, desde que a renda mensal obtida na atividade não exceda ao menor benefício de prestação continuada da Previdência Social; e

→ Inciso VII acrescentado pela Lei 11.718/2008.

VIII – atividade artística, desde que em valor mensal inferior ao menor benefício de prestação continuada da Previdência Social.

→ Inciso VIII acrescentado pela Lei 11.718/2008.

§ 10. O segurado especial fica excluído dessa categoria:

→ *Caput* do § 10 acrescentado pela Lei 11.718/2008.

I – a contar do primeiro dia do mês em que:

→ *Caput do inciso* I acrescentado pela Lei 11.718/2008.

a) deixar de satisfazer as condições estabelecidas no inciso VII do *caput* deste artigo, sem prejuízo do disposto no art. 15 desta Lei, ou exceder qualquer dos limites estabelecidos no inciso I do § 8º deste artigo;

→ Alínea *a* acrescentada pela Lei 11.718/2008.

b) enquadrar-se em qualquer outra categoria de segurado obrigatório do Regime Geral de Previdência Social, ressalvado o disposto nos incisos III, V, VII e VIII do § 9º e no § 12, sem prejuízo do disposto no art. 15;

→ Alínea *b* com redação alterada pela Lei 12.873/2013.

c) tornar-se segurado obrigatório de outro regime previdenciário; e

→ Alínea *c* com redação alterada pela Lei 12.873/2013.

d) participar de sociedade empresária, de sociedade simples, como empresário individual ou como titular de empresa individual de responsabilidade limitada em desacordo com as limitações impostas pelo § 12;

→ Alínea *d* acrescentada pela Lei 12.873/2013, em vigor na data de sua publicação, produzindo efeitos a partir de 1º de janeiro de 2014.

II – a contar do primeiro dia do mês subsequente ao da ocorrência, quando o grupo familiar a que pertence exceder o limite de:

→ Inciso II acrescentado pela Lei 11.718/2008.

a) utilização de terceiros na exploração da atividade a que se refere o § 7º deste artigo;

b) dias em atividade remunerada estabelecidos no inciso III do § 9º deste artigo; e

c) dias de hospedagem a que se refere o inciso II do § 8º deste artigo.

§ 11. Aplica-se o disposto na alínea *a* do inciso V do *caput* deste artigo ao cônjuge ou companheiro do produtor que participe da atividade rural por este explorada.

→ § 11 acrescentado pela Lei 11.718/2008.

§ 12. A participação do segurado especial em sociedade empresária, em sociedade simples, como empresário individual ou como titular de empresa individual de responsabilidade limitada de objeto ou âmbito agrícola, agroindustrial ou agroturístico, considerada microempresa nos termos da Lei Complementar 123, de 14 de dezembro de 2006, não o exclui de tal categoria previdenciária, desde que, mantido o exercício da sua atividade rural na forma do inciso VII do *caput* e do § 1º, a pessoa jurídica componha-se apenas de segurados de igual natureza e sedie-se no mesmo Município ou em Município limítrofe àquele em que eles desenvolvam suas atividades.

→ § 12 acrescentado pela Lei 12.873/2013, em vigor na data de sua publicação, produzindo efeitos a partir de 1º de janeiro de 2014.

§ 13. (*Vetado*).

→ § 13 acrescentado pela Lei 12.873/2013, em vigor na data de sua publicação, produzindo efeitos a partir de 1º de janeiro de 2014.

Art. 12. O servidor civil ocupante de cargo efetivo ou o militar da União, dos Estados, do Distrito Federal ou dos Municípios, bem como o das respectivas autarquias e fundações, são excluídos do Regime Geral de Previdência Social consubstanciado nesta Lei, desde que amparados por regime próprio de previdência social.

→ *Caput* com redação alterada pela Lei 9.876/1999.

§ 1º Caso o servidor ou o militar venham a exercer, concomitantemente, uma ou mais atividades abrangidas pelo Regime Geral de Previdência Social, tornar-se-ão segurados obrigatórios em relação a essas atividades.

→ § 1º acrescentado pela Lei 9.876/1999.

§ 2º Caso o servidor ou o militar, amparados por regime próprio de previdência social, sejam requisitados para outro órgão ou entidade cujo regime previdenciário não permita a filiação, nessa condição, permanecerão vinculados ao regime de origem, obedecidas as regras que cada ente estabeleça acerca de sua contribuição.

→ § 2º acrescentado pela Lei 9.876/1999.

Art. 13. É segurado facultativo o maior de 14 (quatorze) anos que se filiar ao Regime Geral de Previdência Social, mediante contribuição, desde que não incluído nas disposições do art. 11.

Art. 14. Consideram-se:

I – empresa – a firma individual ou sociedade que assume o risco de atividade econômica urbana ou rural, com fins lucrativos ou não, bem como os órgãos e entidades da administração pública direta, indireta ou fundacional;

II – empregador doméstico – a pessoa ou família que admite a seu serviço, sem finalidade lucrativa, empregado doméstico.

Parágrafo único. Equiparam-se a empresa, para os efeitos desta Lei, o contribuinte individual e a pessoa física na condição de proprietário ou dono de obra de construção civil, em relação a segurado que lhe presta serviço, bem como a cooperativa, a associação ou entidade de qualquer natureza ou finalidade, a missão diplomática e a repartição consular de carreira estrangeiras.

→ Parágrafo único com redação alterada pela Lei 13.202/2015.

Art. 15. Mantém a qualidade de segurado, independentemente de contribuições:

I – sem limite de prazo, quem está em gozo de benefício;

II – até 12 (doze) meses após a cessação das contribuições, o segurado que deixar de exercer atividade remunerada abrangida pela Previdência Social ou estiver suspenso ou licenciado sem remuneração;

III – até 12 (doze) meses após cessar a segregação, o segurado acometido de doença de segregação compulsória;

IV – até 12 (doze) meses após o livramento, o segurado retido ou recluso;

V – até 3 (três) meses após o licenciamento, o segurado incorporado às Forças Armadas para prestar serviço militar;

VI – até 6 (seis) meses após a cessação das contribuições, o segurado facultativo.

§ 1º O prazo do inciso II será prorrogado para até 24 (vinte e quatro) meses se o segurado já tiver pago mais de 120 contribuições mensais sem interrupção que acarrete a perda da qualidade de segurado.

§ 2º Os prazos do inciso II ou do § 1º serão acrescidos de 12 (doze) meses para o segurado desempregado, desde que comprovada essa situação pelo registro no órgão próprio do Ministério do Trabalho e da Previdência Social.

§ 3º Durante os prazos deste artigo, o segurado conserva todos os seus direitos perante a Previdência Social.

§ 4º A perda da qualidade de segurado ocorrerá no dia seguinte ao do término do prazo fixado no Plano de Custeio da Seguridade Social para recolhimento da contribuição referente ao mês imediatamente posterior ao do final dos prazos fixados neste artigo e seus parágrafos.

Seção II
Dos dependentes

→ *v.* Arts. 16 e 17 do Decreto 3.048/1999.

Art. 16. São beneficiários do Regime Geral de Previdência Social, na condição de dependentes do segurado:

I – o cônjuge, a companheira, o companheiro e o filho não emancipado, de qualquer condição, menor de 21 (vinte e um) anos ou inválido ou que tenha deficiência intelectual ou mental ou deficiência grave;

→ Inciso I com redação alterada pela Lei 13.146/2015, em vigor após decorridos 180 (cento e oitenta) dias de sua publicação oficial – *D.O.U.* de 7.7.2015.

→ **Anterior redação**: I – o cônjuge, a companheira, o companheiro e o filho não emancipado, de qualquer condição, menor de 21 (vinte e um) anos ou inválido ou que tenha deficiência intelectual ou mental que o torne absoluta ou relativamente incapaz, assim declarado judicialmente; (Inciso I com redação alterada pela Lei 12.470/2011)

II – os pais;

III – o irmão não emancipado, de qualquer condição, menor de 21 (vinte e um) anos ou inválido ou que tenha deficiência intelectual ou mental ou deficiência grave;

→ Inciso III com redação alterada pela Lei 13.146/2015, em vigor após decorridos 180 (cento e oitenta) dias de sua publicação oficial – *D.O.U.* de 7.7.2015.

→ **Anterior redação**: III – o irmão de qualquer condição menor de 21 (vinte e um) anos ou inválido ou que tenha deficiência intelectual ou mental ou deficiência grave, nos termos do regulamento; (Inciso III com redação alterada pela Lei 13.135/2015, em vigor após 2 (dois) anos de sua publicação – *D.O.U.* de 18.6.2015)

IV – (*Revogado pela Lei 9.032/1995*).

§ 1º A existência de dependente de qualquer das classes deste artigo exclui do direito às prestações os das classes seguintes.

§ 2º O enteado e o menor tutelado equiparam-se a filho mediante declaração do segurado e desde que comprovada a dependência econômica na forma estabelecida no Regulamento.

→ § 2º com redação alterada pela Lei 9.528/1997.

§ 3º Considera-se companheira ou companheiro a pessoa que, sem ser casada, mantém união estável com o segurado ou com a segurada, de acordo com o § 3º do art. 226 da Constituição Federal.

§ 4º A dependência econômica das pessoas indicadas no inciso I é presumida e a das demais deve ser comprovada.

Seção III
Das inscrições

→ *v.* Arts. 18 a 24 do Decreto 3.048/1999.

Art. 17. O Regulamento disciplinará a forma de inscrição do segurado e dos dependentes.

§ 1º Incumbe ao dependente promover a sua inscrição quando do requerimento do benefício a que estiver habilitado.

→ § 1º com redação alterada pela Lei 10.403/2002.

§ 2º (*Revogado pela Lei 13.135/2015*).

§ 3º (*Revogado pela Lei 11.718/2008*).

§ 4º A inscrição do segurado especial será feita de forma a vinculá-lo ao respectivo grupo familiar e conterá, além das informações pessoais, a identificação da propriedade em que desenvolve a atividade e a que título, se nela reside ou o Município onde reside e, quando for o caso, a identificação e inscrição da pessoa responsável pelo grupo familiar.

→ § 4º com redação alterada pela Lei 12.873/2013.

§ 5º O segurado especial integrante de grupo familiar que não seja proprietário ou dono do imóvel rural em que desenvolve sua atividade deverá informar, no ato da inscrição, conforme o caso, o nome do parceiro ou meeiro outorgante, arrendador, comodante ou assemelhado.

→ § 5º acrescentado pela Lei 11.718/2008.

§ 6º (*Revogado pela Lei 12.873/2013*, em vigor na data de sua publicação, produzindo efeitos a partir de 1º de janeiro de 2014).

→ **Anterior redação:** § 6º Simultaneamente com a inscrição do segurado especial, será atribuído ao grupo familiar número de Cadastro Específico do INSS – CEI, para fins de recolhimento das contribuições previdenciárias.

Capítulo II
DAS PRESTAÇÕES EM GERAL

→ *v.* Arts. 25 e 26 do Decreto 3.048/1999.

Seção I
Das espécies de prestações

Art. 18. O Regime Geral de Previdência Social compreende as seguintes prestações, devidas inclusive em razão de eventos decorrentes de acidente do trabalho, expressas em benefícios e serviços:

I – quanto ao segurado:

a) aposentadoria por invalidez;

→ *v.* Arts. 42 a 47 da Lei 8.213/1991.

→ *v.* Arts. 43 a 50 do Decreto 3.048/1999.

b) aposentadoria por idade;

→ *v.* Arts. 48 a 52 da Lei 8.213/1991.

→ *v.* Arts. 51 a 54 do Decreto 3.048/1999.

c) aposentadoria por tempo de contribuição;

→ *v.* Arts. 56 a 63 do Decreto 3.048/1999.

→ Alínea *c* com redação alterada pela LC 123/2006.

d) aposentadoria especial;

→ *v.* Arts. 57 e 58 da Lei 8.213/1991.

→ *v.* Arts. 64 a 70 do Decreto 3.048/1999.

e) auxílio-doença;

→ *v.* Arts. 59 a 63 da Lei 8.213/1991.

→ *v.* Art. 476 da CLT.

→ *v.* Arts. 71 a 80 do Decreto 3.048/1999.

f) salário-família;

→ *v.* Arts. 65 a 70 da Lei 8.213/1991.

→ *v.* Arts. 81 a 92 do Decreto 3.048/1999.

g) salário-maternidade;

→ *v.* Arts. 71 a 73 da Lei 8.213/1991.

→ *v.* Arts. 93 a 103 do Decreto 3.048/1999.

h) auxílio-acidente;

→ *v.* Art. 86 da Lei 8.213/1991.

→ *v.* Art. 104 do Decreto 3.048/1999.

i) (*Revogada pela Lei 8.870/1994*);

II – quanto ao dependente:

a) pensão por morte;

→ *v.* Arts 74 a 79 da Lei 8.213/1991.

→ *v.* Arts. 105 a 115 do Decreto 3.048/1999.

b) auxílio-reclusão;

→ *v.* Arts. 116 a 119 do Decreto 3.048/199.

III – quanto ao segurado e dependente:

a) (*Revogada pela Lei 9.032/1995*);

b) serviço social;

c) reabilitação profissional.

→ *v.* Arts. 89 a 93 da Lei 8.213/1991.

→ *v.* Arts. 136 a 141 do Decreto 3.048/1999.

§ 1º Somente poderão beneficiar-se do auxílio-acidente os segurados incluídos nos incisos I, II, VI e VII do art. 11 desta Lei.

→ § 1º com redação alterada pela LC 150/2015.

§ 2º O aposentado pelo Regime Geral de Previdência Social – RGPS que permanecer em atividade sujeita a este Regime, ou a ele retornar, não fará jus a prestação alguma da Previdência Social em decorrência do exercício dessa atividade, exceto ao salário-família e à reabilitação profissional, quando empregado.

→ § 2º com redação alterada pela Lei 9.528/1997.

§ 3º O segurado contribuinte individual, que trabalhe por conta própria, sem relação de trabalho com empresa ou equiparado, e o segurado facultativo que contribuam na forma do § 2º do art. 21 da Lei 8.212, de 24 de julho de 1991, não farão jus à aposentadoria por tempo de contribuição.

→ § 3º acrescentado pela LC 123/2006.

Art. 19. Acidente do trabalho é o que ocorre pelo exercício do trabalho a serviço de empresa ou de empregador doméstico ou pelo exercício do trabalho dos segurados referidos no inciso VII do art. 11 desta Lei, provocando lesão corporal ou perturbação funcional que cause a morte ou a perda ou redução, permanente ou temporária, da capacidade para o trabalho.

→ *Caput* com redação alterada pela LC 150/2015.

→ *v.* Art. 4º, parágrafo único, da CLT.

§ 1º A empresa é responsável pela adoção e uso das medidas coletivas e individuais de proteção e segurança da saúde do trabalhador.

§ 2º Constitui contravenção penal, punível com multa, deixar a empresa de cumprir as normas de segurança e higiene do trabalho.

§ 3º É dever da empresa prestar informações pormenorizadas sobre os riscos da operação a executar e do produto a manipular.

§ 4º O Ministério do Trabalho e da Previdência Social fiscalizará e os sindicatos e entidades representativas de classe acompanharão o fiel cumprimento do disposto nos parágrafos anteriores, conforme dispuser o Regulamento.

Art. 20. Consideram-se acidente do trabalho, nos termos do artigo anterior, as seguintes entidades mórbidas:

I – doença profissional, assim entendida a produzida ou desencadeada pelo exercício do trabalho peculiar a determinada atividade e constante da respectiva relação elaborada pelo Ministério do Trabalho e da Previdência Social;

II – doença do trabalho, assim entendida a adquirida ou desencadeada em função de condições especiais em que o trabalho é realizado e com ele se relacione diretamente, constante da relação mencionada no inciso I.

§ 1º Não são consideradas como doença do trabalho:

a) a doença degenerativa;

b) a inerente a grupo etário;

c) a que não produza incapacidade laborativa;

d) a doença endêmica adquirida por segurado habitante de região em que ela se desenvolva, salvo comprovação de que é resultante de exposição ou contato direto determinado pela natureza do trabalho.

§ 2º Em caso excepcional, constatando-se que a doença não incluída na relação prevista nos incisos I e II deste artigo resultou das condições especiais em que o trabalho é executado e com ele se relaciona diretamente, a Previdência Social deve considerá-la acidente do trabalho.

Art. 21. Equiparam-se também ao acidente do trabalho, para efeitos desta Lei:

I – o acidente ligado ao trabalho que, embora não tenha sido a causa única, haja contribuído diretamente para a morte do segurado, para redução ou perda da sua capacidade para o trabalho, ou produzido lesão que exija atenção médica para a sua recuperação;

II – o acidente sofrido pelo segurado no local e no horário do trabalho, em consequência de:

a) ato de agressão, sabotagem ou terrorismo praticado por terceiro ou companheiro de trabalho;

b) ofensa física intencional, inclusive de terceiro, por motivo de disputa relacionada ao trabalho;

c) ato de imprudência, de negligência ou de imperícia de terceiro ou de companheiro de trabalho;

d) ato de pessoa privada do uso da razão;

e) desabamento, inundação, incêndio e outros casos fortuitos ou decorrentes de força maior;

III – a doença proveniente de contaminação acidental do empregado no exercício de sua atividade;

IV – o acidente sofrido pelo segurado ainda que fora do local e horário de trabalho:

a) na execução de ordem ou na realização de serviço sob a autoridade da empresa;

b) na prestação espontânea de qualquer serviço à empresa para lhe evitar prejuízo ou proporcionar proveito;

c) em viagem a serviço da empresa, inclusive para estudo quando financiada por esta dentro de seus planos para melhor capacitação da mão de obra, independentemente do meio de locomoção utilizado, inclusive veículo de propriedade do segurado;

d) no percurso da residência para o local de trabalho ou deste para aquela, qualquer que seja o meio de locomoção, inclusive veículo de propriedade do segurado.

§ 1º Nos períodos destinados à refeição ou descanso, ou por ocasião da satisfação de outras necessidades fisiológicas, no local do trabalho ou durante este, o empregado é considerado no exercício do trabalho.

§ 2º Não é considerada agravação ou complicação de acidente do trabalho a lesão que, resultante de acidente de outra origem, se associe ou se superponha às consequências do anterior.

Art. 21-A. A perícia médica do Instituto Nacional do Seguro Social (INSS) considerará caracterizada a natureza acidentária da incapacidade quando constatar ocorrência de nexo técnico epidemiológico entre o trabalho e o agravo, decorrente da relação entre a atividade da empresa ou do empregado doméstico e a entidade mórbida motivadora da incapacidade elencada na Classificação Internacional de Doenças (CID), em conformidade com o que dispuser o regulamento.

→ *Caput* com redação alterada pela LC 150/2015.

§ 1º A perícia médica do INSS deixará de aplicar o disposto neste artigo quando demonstrada a inexistência do nexo de que trata o *caput* deste artigo.

§ 2º A empresa ou o empregador doméstico poderão requerer a não aplicação do nexo técnico epidemiológico, de cuja decisão caberá recurso, com efeito suspensivo, da empresa, do empregador doméstico ou do segurado ao Conselho de Recursos da Previdência Social.

→ § 2º com redação alterada pela LC 150/2015.

Art. 22. A empresa ou o empregador doméstico deverão comunicar o acidente do trabalho à Previdência Social até o primeiro dia útil seguinte ao da ocorrência e, em caso de morte, de imediato, à autoridade competente, sob pena de multa variável entre o limite mínimo e o limite máximo do salário de contribuição, sucessivamente aumentada nas reincidências, aplicada e cobrada pela Previdência Social.

→ *Caput* com redação alterada pela LC 150/2015.

§ 1º Da comunicação a que se refere este artigo receberão cópia fiel o acidentado ou seus dependentes, bem como o sindicato a que corresponda a sua categoria.

§ 2º Na falta de comunicação por parte da empresa, podem formalizá-la o próprio acidentado, seus dependentes, a entidade sindical competente, o médico que o assistiu ou qualquer autoridade pública, não prevalecendo nestes casos o prazo previsto neste artigo.

§ 3º A comunicação a que se refere o § 2º não exime a empresa de responsabilidade pela falta do cumprimento do disposto neste artigo.

§ 4º Os sindicatos e entidades representativas de classe poderão acompanhar a cobrança, pela Previdência Social, das multas previstas neste artigo.

§ 5º A multa de que trata este artigo não se aplica na hipótese do *caput* do art. 21-A.

→ § 5º acrescentado pela Lei 11.430/2006.

Art. 23. Considera-se como dia do acidente, no caso de doença profissional ou do trabalho, a data do início da incapacidade laborativa para o exercício da atividade habitual, ou o dia da segregação compulsória, ou o dia em que for realizado o diagnóstico, valendo para este efeito o que ocorrer primeiro.

→ *V.* Súmula 507 do STJ.

Seção II
Dos períodos de carência

→ *V.* Arts. 26 a 30 do Decreto 3.048/1999.

Art. 24. Período de carência é o número mínimo de contribuições mensais indispensáveis para que o beneficiário faça jus ao benefício, consideradas a partir do transcurso do primeiro dia dos meses de suas competências.

Parágrafo único. Havendo perda da qualidade de segurado, as contribuições anteriores a essa data só serão computadas para efeito de carência depois que o segurado contar, a partir da nova filiação à Previdência Social, com, no mínimo, 1/3 (um terço) do número de contribuições exigidas para o cumprimento da carência definida para o benefício a ser requerido.

Art. 25. A concessão das prestações pecuniárias do Regime Geral de Previdência Social depende dos seguintes períodos de carência, ressalvado o disposto no art. 26:

I – auxílio-doença e aposentadoria por invalidez: 12 (doze) contribuições mensais;

II – aposentadoria por idade, aposentadoria por tempo de serviço e aposentadoria especial: 180 (cento e oitenta) contribuições mensais.

→ Inciso II com redação alterada pela Lei 8.870/1994.

III – salário-maternidade para as seguradas de que tratam os incisos V e VII do art. 11 e o art. 13: 10 (dez) contribuições mensais, respeitado o disposto no parágrafo único do art. 39 desta Lei.

→ Inciso III acrescentado pela Lei 9.876/1999.

Parágrafo único. Em caso de parto antecipado, o período de carência a que se refere o inciso III será reduzido em número de contribuições equivalente ao número de meses em que o parto foi antecipado.

→ Parágrafo único acrescentado pela Lei 9.876/1999.

Art. 26. Independe de carência a concessão das seguintes prestações:

I – pensão por morte, auxílio-reclusão, salário-família e auxílio-acidente;

→ Inciso I com redação alterada pela Lei 9.876/1999.

II – auxílio-doença e aposentadoria por invalidez nos casos de acidente de qualquer natureza ou causa e de doença profissional ou do trabalho, bem como nos casos de segurado que, após filiar-se ao RGPS, for acometido de alguma das doenças e afecções especificadas em lista elaborada pelos Ministérios da Saúde e da Previdência Social, atualizada a cada 3 (três) anos, de acordo com os critérios de estigma, deformação, mutilação, deficiência ou outro fator que lhe confira especificidade e gravidade que mereçam tratamento particularizado;

→ Inciso II com redação alterada pela Lei 13.135/2015.

III – os benefícios concedidos na forma do inciso I do art. 39, aos segurados especiais referidos no inciso VII do art. 11 desta Lei;

IV – serviço social;

V – reabilitação profissional;

VI – salário-maternidade para as seguradas empregada, trabalhadora avulsa e empregada doméstica.

→ Inciso VI acrescentado pela Lei 9.876/1999.

Art. 27. Para cômputo do período de carência, serão consideradas as contribuições:

→ Artigo com redação alterada pela LC 150/2015.

I – referentes ao período a partir da data de filiação ao Regime Geral de Previdência Social (RGPS), no caso dos segurados empregados, inclusive os domésticos, e dos trabalhadores avulsos;

II – realizadas a contar da data de efetivo pagamento da primeira contribuição sem atraso, não sendo consideradas para este fim as contribuições recolhidas com atraso referentes a competências anteriores, no caso dos segurados contribuinte individual, especial e facultativo, referidos, respectivamente, nos incisos V e VII do art. 11 e no art. 13.

Seção III
Do cálculo do valor dos benefícios

→ *V.* Arts. 172 e 368, III, do Decreto 3.048/1999.

Subseção I
Do salário de benefício

→ *V.* Arts. 31 a 34 do Decreto 3.048/1999.

Art. 28. O valor do benefício de prestação continuada, inclusive o regido por norma especial e o decorrente de acidente do trabalho, exceto o salário-família e o salário-maternidade, será calculado com base no salário de benefício.

→ *Caput* com redação alterada pela Lei 9.032/1995.

§ 1º (*Revogado pela Lei 9.032/1995*).

§ 2º (*Revogado pela Lei 9.032/1995*).

§ 3º (*Revogado pela Lei 9.032/1995*).

§ 4º (*Revogado pela Lei 9.032/1995*).

Art. 29. O salário de benefício consiste:

→ *Caput* com redação alterada pela Lei 9.876/1999.

I – para os benefícios de que tratam as alíneas *b* e *c* do inciso I do art. 18, na média aritmética simples dos maiores salários de contribuição correspondentes a 80% (oitenta por cento) de todo o período contributivo, multiplicada pelo fator previdenciário;

→ Inciso I acrescentado pela Lei 9.876/1999.

II – para os benefícios de que tratam as alíneas *a*, *d*, *e* e *h* do inciso I do art. 18, na média aritmética simples dos maiores salários de contribuição correspondentes a 80% (oitenta por cento) de todo o período contributivo.

→ Inciso II acrescentado pela Lei 9.876/1999.

§ 1º (*Revogado pela Lei 9.876/1999*).

§ 2º O valor do salário de benefício não será inferior ao de um salário mínimo, nem superior ao do limite máximo do salário de contribuição na data de início do benefício.

§ 3º Serão considerados para cálculo do salário de benefício os ganhos habituais do segurado empregado, a qualquer título, sob forma de moeda corrente ou de utilidades, sobre os quais tenha incidido contribuições previdenciárias, exceto o décimo terceiro salário (gratificação natalina).

→ § 3º com redação alterada pela Lei 8.870/1994.

§ 4º Não será considerado, para o cálculo do salário de benefício, o aumento dos salários de contribuição que exceder o limite legal, inclusive o voluntariamente concedido nos 36 (trinta e seis) meses imediatamente anteriores ao início do benefício, salvo se homologado pela Justiça do Trabalho, resultante de promoção regulada por normas gerais da empresa, admitida pela legislação do trabalho, de sentença normativa ou de reajustamento salarial obtido pela categoria respectiva.

§ 5º Se, no período básico de cálculo, o segurado tiver recebido benefícios por incapacidade, sua duração será contada, considerando-se como salário de contribuição, no período, o salário de benefício que serviu de base para o cálculo da renda mensal, reajustado nas mesmas épocas e bases dos benefícios em geral, não podendo ser inferior ao valor de 1 (um) salário mínimo.

§ 6º O salário de benefício do segurado especial consiste no valor equivalente ao salário mínimo, ressalvado o disposto no inciso II do art. 39 e nos §§ 3º e 4º do art. 48 desta Lei.

→ *Caput* do § 6º com redação alterada pela Lei 11.718/2008.

I – (*Revogado pela Lei 11.718/2008*).

II – (*Revogado pela Lei 11.718/2008*).

§ 7º O fator previdenciário será calculado considerando-se a idade, a expectativa de sobrevida e o tempo de contribuição do segurado ao se aposentar, segundo a fórmula constante do Anexo desta Lei.

→ § 7º acrescentado pela Lei 9.876/1999.

§ 8º Para efeito do disposto no § 7º, a expectativa de sobrevida do segurado na idade da aposentadoria será obtida a partir da tábua completa de mortalidade construída pela Fundação Instituto Brasileiro de Geografia e Estatística – IBGE, considerando-se a média nacional única para ambos os sexos.

→ § 8º acrescentado pela Lei 9.876/1999.

§ 9º Para efeito da aplicação do fator previdenciário, ao tempo de contribuição do segurado serão adicionados:

→ § 9º acrescentado pela Lei 9.876/1999.

I – 5 (cinco) anos, quando se tratar de mulher;

II – 5 (cinco) anos, quando se tratar de professor que comprove exclusivamente tempo de efetivo exercício das funções de magistério na educação infantil e no ensino fundamental e médio;

III – 10 (dez) anos, quando se tratar de professora que comprove exclusivamente tempo de efetivo exercício das funções de magistério na educação infantil e no ensino fundamental e médio.

§ 10. O auxílio-doença não poderá exceder a média aritmética simples dos últimos 12 (doze) salários de contribuição, inclusive em caso de remuneração variável, ou, se não alcançado o número de 12 (doze), a média aritmética simples dos salários de contribuição existentes.

→ § 10 acrescentado pela Lei 13.135/2015.

§ 11. (*Vetado*).

→ § 11 acrescentado pela Lei 13.135/2015.

§ 12. (*Vetado*).

→ § 12 acrescentado pela Lei 13.135/2015.

§ 13. (*Vetado*).

→ § 13 acrescentado pela Lei 13.135/2015.

Art. 29-A. O INSS utilizará as informações constantes no Cadastro Nacional de Informações Sociais – CNIS sobre os vínculos e as remunerações dos segurados, para fins de cálculo do salário de benefício, comprovação de filiação ao Regime Geral de Previdência Social, tempo de contribuição e relação de emprego.

→ *Caput* com redação alterada pela LC 128/2008.

§ 1º O INSS terá até 180 (cento e oitenta) dias, contados a partir da solicitação do pedido, para fornecer ao segurado as informações previstas no *caput* deste artigo.

→ § 1º acrescentado pela Lei 10.403/2002.

§ 2º O segurado poderá solicitar, a qualquer momento, a inclusão, exclusão ou retificação de informações constantes do CNIS, com a apresentação de documentos comprobatórios dos dados divergentes, conforme critérios definidos pelo INSS.

→ § 2º com redação alterada pela LC 128/2008.

§ 3º A aceitação de informações relativas a vínculos e remunerações inseridas extemporaneamente no CNIS, inclusive retificações de informações anteriormente inseridas, fica condicionada à comprovação dos dados ou das divergências apontadas, conforme critérios definidos em regulamento.

→ § 3º acrescentado pela LC 128/2008.

§ 4º Considera-se extemporânea a inserção de dados decorrentes de documento inicial ou de retificação de dados anteriormente informados, quando o documento ou a retificação, ou a informação retificadora, forem apresentados após os prazos estabelecidos em regulamento.

→ § 4º acrescentado pela LC 128/2008.

§ 5º Havendo dúvida sobre a regularidade do vínculo incluído no CNIS e inexistência de informações sobre remunerações e contribuições, o INSS exigirá a apresentação dos documentos que serviram de base à anotação, sob pena de exclusão do período.

→ § 5º acrescentado pela LC 128/2008.

Art. 29-B. Os salários de contribuição considerados no cálculo do valor do benefício serão corrigidos mês a mês de acordo com a variação integral do Índice Nacional de Preços ao Consumidor – INPC, calculado pela Fundação Instituto Brasileiro de Geografia e Estatística – IBGE.

→ Artigo acrescentado pela Lei 10.887/2004.

Art. 29-C. O segurado que preencher o requisito para a aposentadoria por tempo de contribuição poderá optar pela não incidência do fator previdenciário no cálculo de sua aposentadoria, quando o total resultante da soma de sua idade e de seu tempo de contribuição, incluídas as frações, na data de requerimento da aposentadoria, for:

→ *Caput* acrescentado pela Lei 13.183/2015

I – igual ou superior a noventa e cinco pontos, se homem, observando o tempo mínimo de contribuição de trinta e cinco anos; ou

→ Inciso I acrescentado pela Lei 13.183/2015.

II – igual ou superior a oitenta e cinco pontos, se mulher, observado o tempo mínimo de contribuição de trinta anos.

→ Inciso II acrescentado pela Lei 13.183/2015.

§ 1º Para os fins do disposto no caput, serão somadas as frações em meses completos de tempo de contribuição e idade.

→ § 1º acrescentado pela Lei 13.183/2015.

§ 2º As somas de idade e de tempo de contribuição previstas no caput serão majoradas em um ponto em:

→ § 2º acrescentado pela Lei 13.183/2015.

I – 31 de dezembro de 2018;

II – 31 de dezembro de 2020;

III – 31 de dezembro de 2022;

IV – 31 de dezembro de 2024; e

V – 31 de dezembro de 2026.

§ 3º Para efeito de aplicação do disposto no *caput* e no § 2º, o tempo mínimo de contribuição do professor e da professora que comprovarem exclusivamente tempo de efetivo exercício de magistério na educação infantil e no ensino fundamental e médio será de, respectivamente, trinta e vinte e cinco anos, e serão acrescidos cinco pontos à soma da idade com o tempo de contribuição.

→ § 3º acrescentado pela Lei 13.183/2015.

§ 4º Ao segurado que alcançar o requisito necessário ao exercício da opção de que trata o *caput* e deixar de requerer aposentadoria será assegurado o direito à opção com a aplicação da pontuação exigida na data do cumprimento do requisito nos termos deste artigo.

→ § 4º acrescentado pela Lei 13.183/2015.

§ 5º (*Vetado*).

→ § 5º acrescentado pela Lei 13.183/2015, em vigor 1º de julho de 2016 – *D.O.U.* de 5.11.2015.

Art. 29-D. (*Vetado*).

→ Artigo acrescentado pela Lei 13.183/2015.

Art. 30. (*Revogado pela Lei 9.032/1995*).

Art. 31. O valor mensal do auxílio-acidente integra o salário de contribuição, para fins de cálculo do salário de benefício de qualquer aposentadoria, observado, no que couber, o disposto no art. 29 e no art. 86, § 5º.

→ Artigo com redação alterada pela Lei 9.528/1997.

→ Citado § 5º do art. 86 foi revogado pela Lei 9.032/1995.

→ *v.* Art. 214 do Decreto 3.048/1999.

Art. 32. O salário de benefício do segurado que contribuir em razão de atividades concomitantes será calculado com base na soma dos salários de contribuição das atividades exercidas na data do requerimento ou do óbito, ou no período básico de cálculo, observado o disposto no art. 29 e as normas seguintes:

I – quando o segurado satisfizer, em relação a cada atividade, as condições do benefício requerido, o salário de benefício será calculado com base na soma dos respectivos salários de contribuição;

II – quando não se verificar a hipótese do inciso anterior, o salário de benefício corresponde à soma das seguintes parcelas:

a) o salário de benefício calculado com base nos salários de contribuição das atividades em relação às quais são atendidas as condições do benefício requerido;

b) um percentual da média do salário de contribuição de cada uma das demais atividades, equivalente à relação entre o número de meses completo de contribuição e os do período de carência do benefício requerido;

III – quando se tratar de benefício por tempo de serviço, o percentual da alínea *b* do inciso II será o resultante da relação entre os anos completos de atividade e o número de anos de serviço considerado para a concessão do benefício.

§ 1º O disposto neste artigo não se aplica ao segurado que, em obediência ao limite máximo do salário de contribuição, contribuiu apenas por uma das atividades concomitantes.

§ 2º Não se aplica o disposto neste artigo ao segurado que tenha sofrido redução do salário de contribuição das atividades concomitantes em respeito ao limite máximo desse salário.

Subseção II
Da renda mensal do benefício

→ *v.* Arts. 35 a 39 do Decreto 3.048/1999.

Art. 33. A renda mensal do benefício de prestação continuada que substituir o salário de contribuição ou o rendimento do trabalho do segurado não terá valor inferior ao do salário mínimo, nem superior ao do limite máximo do salário de contribuição, ressalvado o disposto no art. 45 desta Lei.

Art. 34. No cálculo do valor da renda mensal do benefício, inclusive o decorrente de acidente do trabalho, serão computados:

→ *Caput* com redação alterada pela LC 150/2015.

I – para o segurado empregado, inclusive o doméstico, e o trabalhador avulso, os salários de contribuição referentes aos meses de contribuições devidas, ainda que não recolhidas pela empresa ou pelo empregador doméstico, sem prejuízo da respectiva cobrança e da aplicação das penalidades cabíveis, observado o disposto no § 5º do art. 29-A;

→ Inciso I com redação alterada pela LC 150/2015.

II – para o segurado empregado, inclusive o doméstico, o trabalhador avulso e o segurado especial, o valor mensal do auxílio-acidente, considerado como salário de contribuição para fins de concessão de qualquer aposentadoria, nos termos do art. 31;

→ Inciso II com redação alterada pela LC 150/2015.

III – para os demais segurados, os salários de contribuição referentes aos meses de contribuições efetivamente recolhidas.

→ Inciso III acrescentado pela Lei 9.528/1997.

Art. 35. Ao segurado empregado, inclusive o doméstico, e ao trabalhador avulso que tenham cumprido todas as condições para a concessão do benefício pleiteado, mas não possam comprovar o valor de seus salários de contribuição no período básico de cálculo, será concedido o benefício de valor mínimo, devendo esta renda ser recalculada quando da apresentação de prova dos salários de contribuição.

→ Artigo com redação alterada pela LC 150/2015.

Art. 36. Para o segurado empregado doméstico que, tendo satisfeito as condições exigidas para a concessão do benefício requerido, não comprovar o efetivo recolhimento das contribuições devidas, será concedido o benefício de valor mínimo, devendo sua renda ser recalculada quando da apresentação da prova do recolhimento das contribuições.

Art. 37. A renda mensal inicial, recalculada de acordo com o disposto no art. 35, deve ser reajustada como a dos benefícios correspondentes com igual data de início e substituirá, a partir da data do requerimento de revisão do valor do benefício, a renda mensal que prevalecia até então.

→ Artigo com redação alterada pela LC 150/2015.

Art. 38. Sem prejuízo do disposto no art. 35, cabe à Previdência Social manter cadastro dos segurados com todos os informes necessários para o cálculo da renda mensal dos benefícios.

→ Artigo com redação alterada pela LC 150/2015.

Art. 38-A. O Ministério da Previdência Social desenvolverá programa de cadastramento dos segurados especiais, observado o disposto nos §§ 4º e 5º do art. 17 desta Lei, podendo para tanto firmar convênio com órgãos federais, estaduais ou do Distrito Federal e dos Municípios, bem como com entidades de classe, em especial as respectivas confederações ou federações.

→ Artigo acrescentado pela Lei 11.718/2008.

§ 1º O programa de que trata o *caput* deste artigo deverá prever a manutenção e a atualização anual do cadastro e conter todas as informações necessárias à caracterização da condição de segurado especial.

→ § 1º com redação alterada pela Lei 13.134/2015.

§ 2º Da aplicação do disposto neste artigo não poderá resultar nenhum ônus para os segurados, sejam eles filiados ou não às entidades conveniadas.

§ 3º O INSS, no ato de habilitação ou de concessão de benefício, deverá verificar a condição de segurado especial e, se for o caso, o pagamento da contribuição previdenciária, nos termos da Lei 8.212, de 24 de julho de 1991, considerando, dentre outros, o que consta do Cadastro Nacional de Informações Sociais (CNIS) de que trata o art. 29-A desta Lei.

→ § 3º acrescentado pela Lei 13.134/2015.

Art. 38-B. O INSS utilizará as informações constantes do cadastro de que trata o art. 38-A para fins de comprovação do exercício da atividade e da condição do segurado especial e do respectivo grupo familiar.

→ Artigo acrescentado pela Lei 13.134/2015.

Parágrafo único. Havendo divergências de informações, para fins de reconhecimento de direito com vistas à concessão de benefício, o INSS poderá exigir a apresentação dos documentos previstos no art. 106 desta Lei.

Art. 39. Para os segurados especiais, referidos no inciso VII do art. 11 desta Lei, fica garantida a concessão:

I – de aposentadoria por idade ou por invalidez, de auxílio-doença, de auxílio-reclusão ou de pensão, no valor de 1 (um) salário mínimo, e de auxílio-acidente, conforme disposto no art. 86, desde que comprove o exercício de atividade rural, ainda que de forma descontínua, no período, imediatamente anterior ao requerimento do benefício, igual ao número de meses correspondentes à carência do benefício requerido; ou

→ Inciso I com redação alterada pela Lei 12.873/2013.

II – dos benefícios especificados nesta Lei, observados os critérios e a forma de cálculo estabelecidos, desde que contribuam facultativamente para a Previdência Social, na forma estipulada no Plano de Custeio da Seguridade Social.

Parágrafo único. Para a segurada especial fica garantida a concessão do salário-maternidade no valor de 1 (um) salário mínimo, desde que comprove o exercício de atividade rural, ainda que de forma descontínua, nos 12 (doze) meses imediatamente anteriores ao do início do benefício.

→ Parágrafo único acrescentado pela Lei 8.861/1994.

Art. 40. É devido abono anual ao segurado e ao dependente da Previdência Social que, durante o ano, recebeu auxílio-doença, auxílio-acidente ou aposentadoria, pensão por morte ou auxílio-reclusão.

Parágrafo único. O abono anual será calculado, no que couber, da mesma forma que a Gratificação de Natal dos trabalhadores, tendo por base o valor da renda mensal do benefício do mês de dezembro de cada ano.

Seção IV
Do reajustamento do valor dos benefícios

→ *v.* Arts. 40 a 42 do Decreto 3.048/1999.

Art. 41. (*Revogado pela Lei 11.430/2006*).

Art. 41-A. O valor dos benefícios em manutenção será reajustado, anualmente, na mesma data do reajuste do salário mínimo, *pro rata*, de acordo com suas respectivas datas de início ou do último reajustamento, com base no Índice Nacional de Preços ao Consumidor – INPC, apurado pela Fundação Instituto Brasileiro de Geografia e Estatística – IBGE.

→ *Caput* acrescentado pela Lei 11.430/2006.

§ 1º Nenhum benefício reajustado poderá exceder o limite máximo do salário de benefício na data do reajustamento, respeitados os direitos adquiridos.

→ § 1º acrescentado pela Lei 11.430/2006.

§ 2º Os benefícios com renda mensal superior a 1 (um) salário mínimo serão pagos do primeiro ao quinto dia útil do mês subsequente ao de sua competência, observada a distribuição proporcional do número de beneficiários por dia de pagamento.

→ § 2º com redação alterada pela Lei 11.665/2008.

§ 3º Os benefícios com renda mensal no valor de até 1 (um) salário mínimo serão pagos no período compreendido entre o quinto dia útil que anteceder o final do mês de sua competência e o quinto dia útil do mês subsequente, observada a distribuição proporcional dos beneficiários por dia de pagamento.

→ § 3º com redação alterada pela Lei 11.665/2008.

§ 4º Para os efeitos dos §§ 2º e 3º deste artigo, considera-se dia útil aquele de expediente bancário com horário normal de atendimento.

→ § 4º com redação alterada pela Lei 11.665/2008.

§ 5º O primeiro pagamento do benefício será efetuado até 45 (quarenta e cinco) dias após a data da apresentação, pelo segurado, da documentação necessária a sua concessão.

→ § 5º acrescentado pela Lei 11.665/2008.

§ 6º Para os benefícios que tenham sido majorados devido à elevação do salário mínimo, o referido aumento deverá ser compensado no momento da aplicação do disposto no *caput* deste artigo, de acordo com normas a serem baixadas pelo Ministério da Previdência Social.

→ § 6º acrescentado pela Lei 11.665/2008.

Seção V
Dos benefícios

Subseção I
Da aposentadoria por invalidez

→ *v.* Arts. 43 a 50 do Decreto 3.048/1999.

Art. 42. A aposentadoria por invalidez, uma vez cumprida, quando for o caso, a carência exigida, será devida ao segurado que, estando ou não em gozo de auxílio-doença, for considerado incapaz e insusceptível de reabilitação para o exercício de atividade que lhe garanta a subsistência, e ser-lhe-á paga enquanto permanecer nesta condição.

§ 1º A concessão de aposentadoria por invalidez dependerá da verificação da condição de incapacidade mediante exame médico-pericial a cargo da Previdência Social, podendo o segurado, às suas expensas, fazer-se acompanhar de médico de sua confiança.

§ 2º A doença ou lesão de que o segurado já era portador ao filiar-se ao Regime Geral de Previdência Social não lhe conferirá direito à aposentadoria por invalidez, salvo quando a incapacidade sobrevier por motivo de progressão ou agravamento dessa doença ou lesão.

Art. 43. A aposentadoria por invalidez será devida a partir do dia imediato ao da cessação do auxílio-doença, ressalvado o disposto nos §§ 1º, 2º e 3º deste artigo.

§ 1º Concluindo a perícia médica inicial pela existência de incapacidade total e definitiva para o trabalho, a aposentadoria por invalidez será devida:

→ *Caput* do § 1º com redação alterada pela Lei 9.032/1995.

a) ao segurado empregado, a contar do décimo sexto dia do afastamento da atividade ou a partir da entrada do requerimento, se entre o afastamento e a entrada do requerimento decorrerem mais de trinta dias;

→ Alínea *a* com redação alterada pela Lei 9.876/1999.

b) ao segurado empregado doméstico, trabalhador avulso, contribuinte individual, especial e facultativo, a contar da data do início da incapacidade ou da data da entrada do requerimento, se entre essas datas decorrerem mais de 30 (trinta) dias.

→ Alínea *b* com redação alterada pela Lei 9.876/1999.

§ 2º Durante os primeiros quinze dias de afastamento da atividade por motivo de invalidez, caberá à empresa pagar ao segurado empregado o salário.

→ § 2º com redação alterada pela Lei 9.876/1999.

§ 3º (*Revogado pela Lei 9.032/1995*).

→ **Anterior redação: Art. 43.** A aposentadoria por invalidez será devida a partir do dia imediato ao da cessação do auxílio-doença, ressalvado o disposto nos §§ 1º, 2º e 3º deste artigo. § 1º Concluindo a perícia médica inicial pela existência de incapacidade total e definitiva para o trabalho, a aposentadoria por invalidez será devida: (*Caput* do § 1º com redação alterada pela Lei 9.032/1995). *a*) ao segurado empregado, a contar do décimo sexto dia do afastamento da atividade ou a partir da entrada do requerimento, se entre o afastamento e a entrada do requerimento decorrerem mais de trinta dias;(Alínea *a* com redação alterada pela Lei 9.876/1999) *b*) ao segurado empregado doméstico, trabalhador avulso, contribuinte individual, especial e facultativo, a contar da data do início da incapacidade ou da data da entrada do requerimento, se entre essas datas decorrerem mais de 30 (trinta) dias. (Alínea *b* com redação alterada pela Lei 9.876/1999). § 2º Durante os primeiros quinze dias de afastamento da atividade por motivo de invalidez, caberá à empresa pagar ao segurado empregado o salário. (§ 2º com redação alterada pela Lei 9.875/1999). § 3º (*Revogado pela Lei 9.032/1995*).

Art. 44. A aposentadoria por invalidez, inclusive a decorrente de acidente do trabalho, consistirá numa renda mensal correspondente a 100% (cem por cento) do salário de benefício, observado o disposto na Seção III, especialmente no art. 33 desta Lei.

→ *Caput* com redação alterada pela Lei 9.032/1995.

§ 1º (*Revogado pela Lei 9.528/1997*).

§ 2º Quando o acidentado do trabalho estiver em gozo de auxílio-doença, o valor da aposentadoria por invalidez será igual ao do auxílio-doença se este, por força de reajustamento, for superior ao previsto neste artigo.

Art. 45. O valor da aposentadoria por invalidez do segurado que necessitar da assistência permanente de outra pessoa será acrescido de 25% (vinte e cinco por cento).

Parágrafo único. O acréscimo de que trata este artigo:

a) será devido ainda que o valor da aposentadoria atinja o limite máximo legal;

b) será recalculado quando o benefício que lhe deu origem for reajustado;

c) cessará com a morte do aposentado, não sendo incorporável ao valor da pensão.

Art. 46. O aposentado por invalidez que retornar voluntariamente à atividade terá sua aposentadoria automaticamente cancelada, a partir da data do retorno.

Art. 47. Verificada a recuperação da capacidade de trabalho do aposentado por invalidez, será observado o seguinte procedimento:

I – quando a recuperação ocorrer dentro de 5 (cinco) anos, contados da data do início da aposentadoria por invalidez ou do auxílio-doença que a antecedeu sem interrupção, o benefício cessará:

a) de imediato, para o segurado empregado que tiver direito a retornar à função que desempenhava na empresa quando se aposentou, na forma da legislação trabalhista, valendo como documento, para tal fim, o certificado de capacidade fornecido pela Previdência Social; ou

b) após tantos meses quantos forem os anos de duração do auxílio-doença ou da aposentadoria por invalidez, para os demais segurados;

II – quando a recuperação for parcial, ou ocorrer após o período do inciso I, ou ainda quando o segurado for declarado apto para o exercício de trabalho diverso do qual habitualmente exercia, a aposentadoria será mantida, sem prejuízo da volta à atividade:

a) no seu valor integral, durante 6 (seis) meses contados da data em que for verificada a recuperação da capacidade;

b) com redução de 50% (cinquenta por cento), no período seguinte de 6 (seis) meses;

c) com redução de 75% (setenta e cinco por cento), também por igual período de 6 (seis) meses, ao término do qual cessará definitivamente.

Subseção II
Da aposentadoria por idade

→ *v.* Arts. 51 a 54 do Decreto 3.048/1999.

Art. 48. A aposentadoria por idade será devida ao segurado que, cumprida a carência exigida nesta Lei, completar 65 (sessenta e cinco) anos de idade, se homem, e 60 (sessenta), se mulher.

→ *Caput* com redação alterada pela Lei 9.032/1995.

§ 1º Os limites fixados no *caput* são reduzidos para 60 (sessenta) e 55 (cinquenta e cinco) anos no caso de trabalhadores rurais, respectivamente homens e mulheres, referidos na alínea *a* do inciso I, na alínea *g* do inciso V e nos incisos VI e VII do art. 11.

→ § 1º com redação alterada pela Lei 9.876/1999.

§ 2º Para os efeitos do disposto no § 1º deste artigo, o trabalhador rural deve comprovar o efetivo exercício de atividade rural, ainda que de forma descontínua, no período imediatamente anterior ao requerimento do benefício, por tempo igual ao número de meses de contribuição correspondente à carência do benefício pretendido, computado o período a que se referem os incisos III a VIII do § 9º do art. 11 desta Lei.

→ § 2º com redação alterada pela Lei 11.718/2008.

§ 3º Os trabalhadores rurais de que trata o § 1º deste artigo que não atendam ao disposto no § 2º deste artigo, mas que satisfaçam essa condição, se forem considerados períodos de contribuição sob outras categorias do segurado, farão jus ao benefício ao completarem 65 (sessenta e cinco) anos de idade, se homem, e 60 (sessenta) anos, se mulher.

→ § 3º acrescentado pela Lei 11.718/2008.

§ 4º Para efeito do § 3º deste artigo, o cálculo da renda mensal do benefício será apurado de acordo com o disposto no inciso II do *caput* do art. 29 desta Lei, considerando-se como salário de contribuição mensal do período como segurado especial o limite mínimo de salário de contribuição da Previdência Social.

→ § 4º acrescentado pela Lei 11.718/2008.

Art. 49. A aposentadoria por idade será devida:

I – ao segurado empregado, inclusive o doméstico, a partir:

a) da data do desligamento do emprego, quando requerida até essa data ou até 90 (noventa) dias depois dela; ou

b) da data do requerimento, quando não houver desligamento do emprego ou quando for requerida após o prazo previsto na alínea *a*;

II – para os demais segurados, da data da entrada do requerimento.

Art. 50. A aposentadoria por idade, observado o disposto na Seção III deste Capítulo, especialmente no art. 33, consistirá numa renda mensal de 70% (setenta por cento) do salário de benefício, mais 1% (um por cento) deste, por grupo de 12 (doze) contribuições, não podendo ultrapassar 100% (cem por cento) do salário de benefício.

→ *v.* Arts. 31 e 32 do Decreto 3.048/1999.

Art. 51. A aposentadoria por idade pode ser requerida pela empresa, desde que o segurado empregado tenha cumprido o período de carência e completado 70 (setenta) anos de idade, se do sexo masculino, ou 65 (sessenta e cinco) anos, se do sexo feminino, sendo compulsória, caso em que será garantida ao empregado a indenização prevista na legislação trabalhista, considerada como data da rescisão do contrato de trabalho a imediatamente anterior à do início da aposentadoria.

Subseção III
Da aposentadoria por tempo de serviço

Art. 52. A aposentadoria por tempo de serviço será devida, cumprida a carência exigida nesta Lei, ao segurado que completar 25 (vinte e cinco) anos de serviço, se do sexo feminino, ou 30 (trinta) anos, se do masculino.

→ *v.* Súmula 272 do STJ.

→ *v.* Arts. 40 e 201, § 7º, da CF/1988.

Art. 53. A aposentadoria por tempo de serviço, observado o disposto na Seção III deste Capítulo, especialmente no art. 33, consistirá numa renda mensal de:

I – para a mulher: 70% (setenta por cento) do salário de benefício aos 25 (vinte e cinco) anos de serviço, mais 6% (seis por cento) deste, para cada novo ano completo de atividade, até o máximo de 100% (cem por cento) do salário de benefício aos 30 (trinta) anos de serviço;

II – para o homem: 70% (setenta por cento) do salário de benefício aos 30 (trinta) anos de serviço, mais 6% (seis por cento) deste, para cada novo ano completo de atividade, até o máximo de 100% (cem por cento) do salário de benefício aos 35 (trinta e cinco) anos de serviço.

Art. 54. A data do início da aposentadoria por tempo de serviço será fixada da mesma forma que a da aposentadoria por idade, conforme o disposto no art. 49.

Art. 55. O tempo de serviço será comprovado na forma estabelecida no Regulamento, compreendendo, além do correspondente às atividades de qualquer das categorias de segurados de que trata o art. 11 desta Lei, mesmo que anterior à perda da qualidade de segurado:

I – o tempo de serviço militar, inclusive o voluntário, e o previsto no § 1º do art. 143 da Constituição Federal, ainda que anterior à filiação ao Regime Geral de Previdência Social, desde que não tenha sido contado para inatividade remunerada nas Forças Armadas ou aposentadoria no serviço público;

II – o tempo intercalado em que esteve em gozo de auxílio-doença ou aposentadoria por invalidez;

III – o tempo de contribuição efetuada como segurado facultativo;

→ Inciso III com redação alterada pela Lei 9.032/1995.

IV – o tempo de serviço referente ao exercício de mandato eletivo federal, estadual ou municipal, desde que não tenha sido contado para efeito de aposentadoria por outro regime de previdência social;

→ Inciso IV com redação alterada pela Lei 9.506/1997.

V – o tempo de contribuição efetuado por segurado depois de ter deixado de exercer atividade remunerada que o enquadrava no art. 11 desta Lei;

VI – o tempo de contribuição efetuado com base nos arts. 8º e 9º da Lei 8.162, de 8 de janeiro de 1991, pelo segurado definido no art. 11, inciso I, alínea *g*, desta Lei, sendo tais contribuições computadas para efeito de carência.

→ Inciso VI acrescentado pela Lei 8.647/1993.

§ 1º A averbação de tempo de serviço durante o qual o exercício da atividade não determinava filiação obrigatória ao anterior Regime de Previdência Social Urbana só será admitida mediante o recolhimento das contribuições correspondentes, conforme dispuser o Regulamento, observado o disposto no § 2º.

→ *v.* Lei 8.212/1991 – Dispõe sobre a organização da Seguridade Social e institui Plano de Custeio.

§ 2º O tempo de serviço do segurado trabalhador rural, anterior à data de início de vigência desta Lei, será computado independentemente do recolhimento das contribuições a ele correspondentes, exceto para efeito de carência, conforme dispuser o Regulamento.

§ 3º A comprovação do tempo de serviço para os efeitos desta Lei, inclusive mediante justificação administrativa ou judicial, conforme o disposto no art. 108, só produzirá efeito quando baseada em início de prova material, não sendo admitida prova exclusivamente testemunhal, salvo na ocorrência de motivo de força maior ou caso fortuito, conforme disposto no Regulamento.

§ 4º Não será computado como tempo de contribuição, para efeito de concessão do benefício de que trata esta subseção, o período em que o segurado contribuinte individual ou facultativo tiver contribuído na forma do § 2º do art. 21 da Lei 8.212, de 24 de julho de 1991, salvo se tiver complementado as contribuições na forma do § 3º do mesmo artigo.

→ § 4º acrescentado pela LC 123/2006.

Art. 56. O professor, após 30 (trinta) anos, e a professora, após 25 (vinte e cinco) anos de efetivo exercício em funções de magistério poderão aposentar-se por tempo de serviço, com renda mensal correspondente a 100% (cem por cento) do salário de benefício, observado o disposto na Seção III deste Capítulo.

→ *v.* Súmula 726 do STF.

→ *v.* Art. 201, § 8º, da CF/1988.

Subseção IV
Da aposentadoria especial

→ *v.* Lei 10.666/2003 – Aposentadoria especial ao cooperado de cooperativa de trabalho ou de produção.

→ *v.* Arts. 64 a 70 do Decreto 3.048/1999.

Art. 57. A aposentadoria especial será devida, uma vez cumprida a carência exigida nesta Lei, ao segurado que tiver trabalhado sujeito a condições especiais que prejudiquem a saúde ou a integridade física, durante 15 (quinze), 20 (vinte) ou 25 (vinte e cinco) anos, conforme dispuser a lei.

→ *Caput* com redação alterada pela Lei 9.032/1995.

→ *v.* Súmula Vinculante 33 do STF.

§ 1º A aposentadoria especial, observado o disposto no art. 33 desta Lei, consistirá numa renda mensal equivalente a 100% (cem por cento) do salário de benefício.

→ § 1º com redação alterada pela Lei 9.032/1995.

§ 2º A data de início do benefício será fixada da mesma forma que a da aposentadoria por idade, conforme o disposto no art. 49.

§ 3º A concessão da aposentadoria especial dependerá de comprovação pelo segurado, perante o Instituto Nacional do Seguro Social – INSS, do tempo de trabalho permanente, não ocasional nem intermitente, em condições especiais que prejudiquem a saúde ou a integridade física, durante o período mínimo fixado.

→ § 3º com redação alterada pela Lei 9.032/1995.

§ 4º O segurado deverá comprovar, além do tempo de trabalho, exposição aos agentes nocivos químicos, físicos, biológicos ou associação de agentes prejudiciais à saúde ou à integridade física, pelo período equivalente ao exigido para a concessão do benefício.

→ § 4º com redação alterada pela Lei 9.032/1995.

§ 5º O tempo de trabalho exercido sob condições especiais que sejam ou venham a ser consideradas prejudiciais à saúde ou à integridade física será somado, após a respectiva conversão ao tempo de trabalho exercido em atividade comum, segundo critérios estabelecidos pelo Ministério da Previdência e Assistência Social, para efeito de concessão de qualquer benefício.

→ § 5º acrescentado pela Lei 9.032/1995.

§ 6º O benefício previsto neste artigo será financiado com os recursos provenientes da contribuição de que trata o inciso II do art. 22 da Lei 8.212, de 24 de julho de 1991, cujas alíquotas serão acrescidas de 12 (doze), 9 (nove) ou 6 (seis) pontos percentuais, conforme a atividade exercida pelo segurado a serviço da empresa permita a concessão da aposentadoria especial após 15 (quinze), 20 (vinte) ou 25 (vinte e cinco) anos de contribuição, respectivamente.

→ § 6º com redação alterada pela Lei 9.732/1998.

§ 7º O acréscimo de que trata o parágrafo anterior incide exclusivamente sobre a remuneração do segurado sujeito às condições especiais referidas no *caput*.

→ § 7º acrescentado pela Lei 9.732/1998.

§ 8º Aplica-se o disposto no art. 46 ao segurado aposentado nos termos deste artigo que continuar no exercício de atividade ou operação que o sujeite aos agentes nocivos constantes da relação referida no art. 58 desta Lei.

→ § 8º acrescentado pela Lei 9.732/1998.

Art. 58. A relação dos agentes nocivos químicos, físicos e biológicos ou associação de agentes prejudiciais à saúde ou à integridade física considerados para fins de concessão da aposentadoria especial de que trata o artigo anterior será definida pelo Poder Executivo.

→ *Caput* com redação alterada pela Lei 9.528/1997.

→ v. Súmula Vinculante 33 do STF.

§ 1º A comprovação da efetiva exposição do segurado aos agentes nocivos será feita mediante formulário, na forma estabelecida pelo Instituto Nacional do Seguro Social – INSS, emitido pela empresa ou seu preposto, com base em laudo técnico de condições ambientais do trabalho expedido por médico do trabalho ou engenheiro de segurança do trabalho nos termos da legislação trabalhista.

→ § 1º com redação alterada pela Lei 9.732/1998.

§ 2º Do laudo técnico referido no parágrafo anterior deverão constar informação sobre a existência de tecnologia de proteção coletiva ou individual que diminua a intensidade do agente agressivo a limites de tolerância e recomendação sobre a sua adoção pelo estabelecimento respectivo.

→ § 2º com redação alterada pela Lei 9.732/1998.

§ 3º A empresa que não mantiver laudo técnico atualizado com referência aos agentes nocivos existentes no ambiente de trabalho de seus trabalhadores ou que emitir documento de comprovação de efetiva exposição em desacordo com o respectivo laudo estará sujeita à penalidade prevista no art. 133 desta Lei.

→ § 3º acrescentado pela Lei 9.528/1997.

§ 4º A empresa deverá elaborar e manter atualizado perfil profissiográfico abrangendo as atividades desenvolvidas pelo trabalhador e fornecer a este, quando da rescisão do contrato de trabalho, cópia autêntica desse documento.

→ § 4º acrescentado pela Lei 9.528/1997.

Subseção V
Do auxílio-doença

→ v. Art. 476 da CLT.

→ v. Arts. 71 a 80 do Decreto 3.048/1999.

Art. 59. O auxílio-doença será devido ao segurado que, havendo cumprido, quando for o caso, o período de carência exigido nesta Lei, ficar incapacitado para o seu trabalho ou para a sua atividade habitual por mais de 15 (quinze) dias consecutivos.

Parágrafo único. Não será devido auxílio-doença ao segurado que se filiar ao Regime Geral de Previdência Social já portador da doença ou da lesão invocada como causa para o benefício, salvo quando a incapacidade sobrevier por motivo de progressão ou agravamento dessa doença ou lesão.

Art. 60. O auxílio-doença será devido ao segurado empregado a contar do décimo sexto dia do afastamento da atividade, e, no caso dos demais segurados, a contar da data do início da incapacidade e enquanto ele permanecer incapaz.

→ *Caput* com redação alterada pela Lei 9.876/1999.

§ 1º Quando requerido por segurado afastado da atividade por mais de 30 (trinta) dias, o auxílio-doença será devido a contar da data da entrada do requerimento.

§ 2º (*Revogado pela Lei 9.032/1995*).

§ 3º Durante os primeiros quinze dias consecutivos ao do afastamento da atividade por motivo de doença, incumbirá à empresa pagar ao segurado empregado o seu salário integral.

→ § 3º com redação alterada pela Lei 9.876/1999.

§ 4º A empresa que dispuser de serviço médico, próprio ou em convênio, terá a seu cargo o exame médico e o abono das faltas correspondentes ao período referido no § 3º, somente devendo encaminhar o segurado à perícia médica da Previdência Social quando a incapacidade ultrapassar 15 (quinze) dias.

§ 5º Nos casos de impossibilidade de realização de perícia médica pelo órgão ou setor próprio competente, assim como de efetiva incapacidade física ou técnica de implementação das atividades e de atendimento adequado à clientela da previdência social, o INSS poderá, sem ônus para os segurados, celebrar, nos termos do regulamento, convênios, termos de execução descentralizada, termos de fomento ou de colaboração, contratos não onerosos ou acordos de cooperação técnica para realização de perícia médica, por delegação ou simples cooperação técnica, sob sua coordenação e supervisão, com:

→ § 5º acrescentado pela Lei 13.135/2015.

I – órgãos e entidades públicos ou que integrem o Sistema Único de Saúde (SUS);

II – (*Vetado*);

III – (*Vetado*).

§ 6º O segurado que durante o gozo do auxílio-doença vier a exercer atividade que lhe garanta subsistência poderá ter o benefício cancelado a partir do retorno à atividade.

→ § 6º acrescentado pela Lei 13.135/2015.

§ 7º Na hipótese do § 6º, caso o segurado, durante o gozo do auxílio-doença, venha a exercer atividade diversa daquela que gerou o benefício, deverá ser verificada a incapacidade para cada uma das atividades exercidas.

→ § 7º acrescentado pela Lei 13.135/2015.

Art. 61. O auxílio-doença, inclusive o decorrente de acidente do trabalho, consistirá numa renda mensal correspondente a 91% (noventa e um por cento) do salário de benefício, observado o disposto na Seção III, especialmente no art. 33 desta Lei.

→ Artigo com redação alterada pela Lei 9.032/1995.

Art. 62. O segurado em gozo de auxílio-doença, insusceptível de recuperação para sua atividade habitual, deverá submeter-se a processo de reabilitação profissional para o exercício de outra atividade. Não cessará o benefício até que seja dado como habilitado para o desempenho de nova atividade que lhe garanta a subsistência ou, quando considerado não recuperável, for aposentado por invalidez.

Art. 63. O segurado empregado, inclusive o doméstico, em gozo de auxílio-doença será considerado pela empresa e pelo empregador doméstico como licenciado.

→ *Caput* com redação alterada pela LC 150/2015.

Parágrafo único. A empresa que garantir ao segurado licença remunerada ficará obrigada a pagar-lhe durante o período de auxílio-doença a eventual diferença entre o valor deste e a importância garantida pela licença.

Art. 64. (*Revogado pela Lei 9.032/1995*).

Subseção VI
Do salário-família

→ v. Arts. 81 a 92 do Decreto 3.048/1999.

Art. 65. O salário-família será devido, mensalmente, ao segurado empregado, inclusive o doméstico, e ao segurado trabalhador avulso, na proporção do respectivo número de filhos ou equiparados nos termos do § 2º do art. 16 desta Lei, observado o disposto no art. 66.

→ *Caput* com redação alterada pela LC 150/2015.

Parágrafo único. O aposentado por invalidez ou por idade e os demais aposentados com 65 (sessenta e cinco) anos ou mais de idade, se do sexo masculino, ou 60 (sessenta) anos ou mais, se do feminino, terão direito ao salário-família, pago juntamente com a aposentadoria.

Art. 66. O valor da cota do salário-família por filho ou equiparado de qualquer condição, até 14 (quatorze) anos de idade ou inválido de qualquer idade é de:

I – Cr$ 1.360,00 (um mil trezentos e sessenta cruzeiros), para o segurado com remuneração mensal não superior a Cr$ 51.000,00 (cinquenta e um mil cruzeiros);

→ Valores atualizados a partir de 01.01.2013, pela Portaria Interministerial MPS-MF 15/2013, para R$ 33,16 (trinta e três reais e dezesseis centavos para o segurado com remuneração mensal não superior a R$ 646,55 (seiscentos e quarenta e seis reais e cinquenta e cinco centavos).

II – Cr$ 170,00 (cento e setenta cruzeiros), para o segurado com remuneração mensal superior a Cr$ 51.000,00 (cinquenta e um mil cruzeiros).

→ Valores atualizados a partir de 01.01.2013, pela Portaria Interministerial MPS-MF 15/2013, para R$ 23,36 (vinte e três reais e trinta e seis centavos) para o segurado com remuneração mensal superior a R$ 646,55 (seiscentos e quarenta e seis reais e cinquenta e cinco centavos) e igual ou inferior a R$ 971,78 (novecentos e setenta e um reais e setenta e oito centavos).

Art. 67. O pagamento do salário-família é condicionado à apresentação da certidão de nascimento do filho ou da documentação relativa ao equiparado ou ao inválido, e à apresentação anual de atestado de vacinação obrigatória e de comprovação de frequência à escola do filho ou equiparado, nos termos do regulamento.

→ *Caput* com redação alterada pela Lei 9.876/1999.

Parágrafo único. O empregado doméstico deve apresentar apenas a certidão de nascimento referida no caput.

→ Parágrafo único acrescentado pela LC 150/2015.

Art. 68. As cotas do salário-família serão pagas pela empresa ou pelo empregador doméstico, mensalmente, junto com o salário, efetivando-se a compensação quando do recolhimento das contribuições, conforme dispuser o Regulamento.

→ *Caput* com redação alterada pela LC 150/2015.

§ 1º A empresa ou o empregador doméstico conservarão durante 10 (dez) anos os comprovantes de pagamento e as cópias das certidões correspondentes, para fiscalização da Previdência Social.

→ § 1º com redação alterada pela LC 150/2015.

§ 2º Quando o pagamento do salário não for mensal, o salário-família será pago juntamente com o último pagamento relativo ao mês.

Art. 69. O salário-família devido ao trabalhador avulso poderá ser recebido pelo sindicato de classe respectivo, que se incumbirá de elaborar as folhas correspondentes e de distribuí-lo.

Art. 70. A cota do salário-família não será incorporada, para qualquer efeito, ao salário ou ao benefício.

Subseção VII
Do salário-maternidade

→ *v.* Arts. 93 a 103 do Decreto 3.048/1999.

Art. 71. O salário-maternidade é devido à segurada da Previdência Social, durante 120 (cento e vinte) dias, com início no período entre 28 (vinte e oito) dias antes do parto e a data de ocorrência deste, observadas as situações e condições previstas na legislação no que concerne à proteção à maternidade.

→ *Caput* com redação alterada pela Lei 10.710/2003.

Parágrafo único. (*Revogado pela Lei 9.528/1997*).

Art. 71-A. Ao segurado ou segurada da Previdência Social que adotar ou obtiver guarda judicial para fins de adoção de criança é devido salário-maternidade pelo período de 120 (cento e vinte) dias.

→ *Caput* com redação alterada pela Lei 12.873/2013.

§ 1º O salário-maternidade de que trata este artigo será pago diretamente pela Previdência Social.

→ § 1º acrescentado pela Lei 12.873/2013.

§ 2º Ressalvado o pagamento do salário-maternidade à mãe biológica e o disposto no art. 71-B, não poderá ser concedido o benefício a mais de um segurado, decorrente do mesmo processo de adoção ou guarda, ainda que os cônjuges ou companheiros estejam submetidos a Regime Próprio de Previdência Social.

→ § 2º acrescentado pela Lei 12.873/2013.

Art. 71-B. No caso de falecimento da segurada ou segurado que fizer jus ao recebimento do salário-maternidade, o benefício será pago, por todo o período ou pelo tempo restante a que teria direito, ao cônjuge ou companheiro sobrevivente que tenha a qualidade de segurado, exceto no caso do falecimento do filho ou de seu abandono, observadas as normas aplicáveis ao salário maternidade.

→ Artigo acrescentado pela Lei 12.873/2013, em vigor 90 (noventa) dias após a data de sua publicação oficial – *D.O.U.* 25.10.2013.

§ 1º O pagamento do benefício de que trata o *caput* deverá ser requerido até o último dia do prazo previsto para o término do salário-maternidade originário.

§ 2º O benefício de que trata o *caput* será pago diretamente pela Previdência Social durante o período entre a data do óbito e o último dia do término do salário-maternidade originário e será calculado sobre:

I – a remuneração integral, para o empregado e trabalhador avulso;

II – o último salário de contribuição, para o empregado doméstico;

III – 1/12 (um doze avos) da soma dos 12 (doze) últimos salários de contribuição, apurados em um período não superior a 15 (quinze) meses, para o contribuinte individual, facultativo e desempregado; e

IV – o valor do salário mínimo, para o segurado especial.

§ 3º Aplica-se o disposto neste artigo ao segurado que adotar ou obtiver guarda judicial para fins de adoção.

Art. 71-C. A percepção do salário-maternidade, inclusive o previsto no art. 71-B, está condicionada ao afastamento do segurado do trabalho ou da atividade desempenhada, sob pena de suspensão do benefício.

→ Artigo acrescentado pela Lei 12.873/2013, em vigor 90 (noventa) dias após a data de sua publicação oficial – *D.O.U.* 25.10.2013.

Art. 72. O salário-maternidade para a segurada empregada ou trabalhadora avulsa consistirá numa renda mensal igual a sua remuneração integral.

→ *Caput* com redação alterada pela Lei 9.876/1999.

§ 1º Cabe à empresa pagar o salário-maternidade devido à respectiva empregada gestante, efetivando-se a compensação, observado o disposto no art. 248 da Constituição Federal, quando do recolhimento das contribuições incidentes sobre a folha de salários e demais rendimentos pagos ou creditados, a qualquer título, à pessoa física que lhe preste serviço.

→ § 1º acrescentado pela Lei 10.710/2003.

§ 2º A empresa deverá conservar durante 10 (dez) anos os comprovantes dos pagamentos e os atestados correspondentes para exame pela fiscalização da Previdência Social.

→ § 2º acrescentado pela Lei 10.710/2003.

§ 3º O salário-maternidade devido à trabalhadora avulsa e à empregada do microempreendedor individual de que trata o art. 18-A da Lei Complementar 123, de 14 de dezembro de 2006, será pago diretamente pela Previdência Social.

→ § 3º com redação alterada pela Lei 12.470/2011.

Art. 73. Assegurado o valor de um salário mínimo, o salário-maternidade para as demais seguradas, pago diretamente pela Previdência Social, consistirá:

→ *Caput* com redação alterada pela Lei 10.710/2003.

I – em um valor correspondente ao do seu último salário de contribuição, para a segurada empregada doméstica;

→ Inciso I acrescentado pela Lei 9.876/1999.

II – em 1/12 (um doze avos) do valor sobre o qual incidiu sua última contribuição anual, para a segurada especial;

→ Inciso II acrescentado pela Lei 9.876/1999.

III – em 1/12 (um doze avos) da soma dos 12 (doze) últimos salários de contribuição, apurados em um período não superior a 15 (quinze) meses, para as demais seguradas.

→ Inciso III acrescentado pela Lei 9.876/1999.

Subseção VIII
Da pensão por morte

→ *v.* Arts. 105 a 115 do Decreto 3.048/1999.

Art. 74. A pensão por morte será devida ao conjunto dos dependentes do segurado que falecer, aposentado ou não, a contar da data:

→ *Caput* com redação alterada pela Lei 9.528/1997.

I – do óbito, quando requerida até noventa dias depois deste;

→ Inciso I com redação alterada pela Lei 13.183/2015.

II – do requerimento, quando requerida após o prazo previsto no inciso anterior;

→ Inciso II acrescentado pela Lei 9.528/1997.

III – da decisão judicial, no caso de morte presumida.

→ Inciso III acrescentado pela Lei 9.528/1997.

§ 1º Perde o direito à pensão por morte, após o trânsito em julgado, o condenado pela prática de crime de que tenha dolosamente resultado a morte do segurado.

→ § 1º acrescentado pela Lei 13.135/2015.

§ 2º Perde o direito à pensão por morte o cônjuge, o companheiro ou a companheira se comprovada, a qualquer tempo, simulação ou fraude no casamento ou na união estável, ou a formalização desses com o fim exclusivo de constituir benefício previdenciário, apuradas em processo judicial no qual será assegurado o direito ao contraditório e à ampla defesa.

→ § 2º acrescentado pela Lei 13.135/2015.

Art. 75. O valor mensal da pensão por morte será de cem por cento do valor da aposentadoria que o segurado recebia ou daquela a que teria direito se estivesse aposentado por invalidez na data de seu falecimento, observado o disposto no art. 33 desta lei.

→ Artigo com redação alterada pela Lei 9.528/1997.

Art. 76. A concessão da pensão por morte não será protelada pela falta de habilitação de outro possível dependente, e qualquer inscrição ou habilitação posterior que importe em exclusão ou inclusão de dependente só produzirá efeito a contar da data da inscrição ou habilitação.

§ 1º O cônjuge ausente não exclui do direito à pensão por morte o companheiro ou a companheira, que somente fará jus ao benefício a partir da data de sua habilitação e mediante prova de dependência econômica.

§ 2º O cônjuge divorciado ou separado judicialmente ou de fato que recebia pensão de alimentos concorrerá em igualdade de condições com os dependentes referidos no inciso I do art. 16 desta Lei.

Art. 77. A pensão por morte, havendo mais de um pensionista, será rateada entre todos em partes iguais.

→ *Caput* com redação alterada pela Lei 9.032/1995.

§ 1º Reverterá em favor dos demais a parte daquele cujo direito à pensão cessar.

→ § 1º com redação alterada pela Lei 9.032/1995.

§ 2º O direito à percepção de cada cota individual cessará:

→ *Caput* do § 2º com redação alterada pela Lei 13.135/2015.

I – pela morte do pensionista;

→ Inciso I acrescentado pela Lei 9.032/1995.

II – para o filho, a pessoa a ele equiparada ou o irmão, de ambos os sexos, ao completar vinte e um anos de idade, salvo se for inválido ou tiver deficiência intelectual ou mental ou deficiência grave;

→ Inciso II com redação alterada pela Lei 13.183/2015, em vigor 3 de janeiro de 2016 – *D.O.U.* de 5.11.2015.

Anterior redação: II – para o filho, a pessoa a ele equiparada ou o irmão, de ambos os sexos, pela emancipação ou ao completar 21 (vinte e um) anos de idade, salvo se for inválido ou tiver deficiência intelectual ou mental ou deficiência grave; (Inciso II com redação alterada pela Lei 13.146/2015).

III – para filho ou irmão inválido, pela cessação da invalidez;

→ Inciso III com redação alterada pela Lei 13.135/2015.

IV – para filho ou irmão que tenha deficiência intelectual ou mental ou deficiência grave, pelo afastamento da deficiência, nos termos do regulamento;

→ Inciso IV acrescentado pela Lei 13.135/2015, em vigor após 2 (dois) anos de sua publicação – (*D.O.U.* de 18.6.2015).

V – para cônjuge ou companheiro:

→ Inciso V acrescentado pela Lei 13.135/2015.

a) se inválido ou com deficiência, pela cessação da invalidez ou pelo afastamento da deficiência, respeitados os períodos mínimos decorrentes da aplicação das alíneas *b* e *c*;

b) em 4 (quatro) meses, se o óbito ocorrer sem que o segurado tenha vertido 18 (dezoito) contribuições mensais ou se o casamento ou a união estável tiverem sido iniciados em menos de 2 (dois) anos antes do óbito do segurado;

c) transcorridos os seguintes períodos, estabelecidos de acordo com a idade do beneficiário na data de óbito do segurado, se o óbito ocorrer depois de vertidas 18 (dezoito) contribuições mensais e pelo menos 2 (dois) anos após o início do casamento ou da união estável:

1) 3 (três) anos, com menos de 21 (vinte e um) anos de idade;

2) 6 (seis) anos, entre 21 (vinte e um) e 26 (vinte e seis) anos de idade;

3) 10 (dez) anos, entre 27 (vinte e sete) e 29 (vinte e nove) anos de idade;

4) 15 (quinze) anos, entre 30 (trinta) e 40 (quarenta) anos de idade;

5) 20 (vinte) anos, entre 41 (quarenta e um) e 43 (quarenta e três) anos de idade;

6) vitalícia, com 44 (quarenta e quatro) ou mais anos de idade.

§ 2º-A. Serão aplicados, conforme o caso, a regra contida na alínea *a* ou os prazos previstos na alínea *c*, ambas do inciso V do § 2º, se o óbito do segurado decorrer de acidente de qualquer natureza ou de doença profissional ou do trabalho, independentemente do recolhimento de 18 (dezoito) contribuições mensais ou da comprovação de 2 (dois) anos de casamento ou de união estável.

→ § 2º-A acrescentado pela Lei 13.135/2015.

§ 2º-B. Após o transcurso de pelo menos 3 (três) anos e desde que nesse período se verifique o incremento mínimo de um ano inteiro na média nacional única, para ambos os sexos, correspondente à expectativa de sobrevida da população brasileira ao nascer, poderão ser fixadas, em números inteiros, novas idades para os fins previstos na alínea *c* do inciso V do § 2º, em ato do Ministro de Estado da Previdência Social, limitado o acréscimo na comparação com as idades anteriores ao referido incremento.

→ § 2º-B acrescentado pela Lei 13.135/2015.

§ 3º Com a extinção da parte do último pensionista a pensão extinguir-se-á.

→ § 3º acrescentado pela Lei 9.032/1995.

§ 4º (*Revogado pela Lei 13.135/2015*).

§ 5º O tempo de contribuição a Regime Próprio de Previdência Social (RPPS) será considerado na contagem das 18 (dezoito) contribuições mensais de que tratam as alíneas *b* e *c* do inciso V do § 2º.

→ § 5º com redação alterada pela Lei 13.135/2015.

§ 6º O exercício de atividade remunerada, inclusive na condição de microempreendedor individual, não impede a concessão ou manutenção da parte individual da pensão do dependente com deficiência intelectual ou mental ou com deficiência grave.

→ § 6º acrescentado pela Lei 13.183/2015.

Art. 78. Por morte presumida do segurado, declarada pela autoridade judicial competente, depois de 6 (seis) meses de ausência, será concedida pensão provisória, na forma desta Subseção.

§ 1º Mediante prova do desaparecimento do segurado em consequência de acidente, desastre ou catástrofe, seus dependentes farão jus à pensão provisória independentemente da declaração e do prazo deste artigo.

§ 2º Verificado o reaparecimento do segurado, o pagamento da pensão cessará imediatamente, desobrigados os dependentes da reposição dos valores recebidos, salvo má-fé.

Art. 79. Não se aplica o disposto no art. 103 desta Lei ao pensionista menor, incapaz ou ausente, na forma da lei.

Subseção IX
Do auxílio-reclusão

→ *v.* Arts. 116 a 119 do Decreto 3.048/1999.

Art. 80. O auxílio-reclusão será devido, nas mesmas condições da pensão por morte, aos dependentes do segurado recolhido à prisão, que não receber remuneração da empresa nem estiver em gozo de auxílio-doença, de aposentadoria ou de abono de permanência em serviço.

Parágrafo único. O requerimento do auxílio-reclusão deverá ser instruído com certidão do efetivo recolhimento à prisão, sendo obrigatória, para a manutenção do benefício, a apresentação de declaração de permanência na condição de presidiário.

Subseção X
Dos pecúlios

Art. 81. (*Revogado pela Lei 9.129/1995*).

Art. 82. (*Revogado pela Lei 9.032/1995*).

Art. 83. (*Revogado pela Lei 9.032/1995*).

Art. 84. (*Revogado pela Lei 8.870/1994*).

Art. 85. (*Revogado pela Lei 9.032/1995*).

Subseção XI
Do auxílio-acidente

→ *v.* Art. 104 do Decreto 3.048/1999.

Art. 86. O auxílio-acidente será concedido, como indenização, ao segurado quando, após a consolidação das lesões decorrentes de acidente de qualquer natureza, resultarem sequelas que impliquem redução da capacidade para o trabalho que habitualmente exercia.

→ *Caput* com redação alterada pela Lei 9.528/1997.

§ 1º O auxílio-acidente mensal corresponderá a 50% (cinquenta por cento) do salário de benefício e será devido, observado o disposto no § 5º, até a véspera do início de qualquer aposentadoria ou até a data do óbito do segurado.

→ § 1º com redação alterada pela Lei 9.528/1997.

→ Referido § 5º foi revogado.

§ 2º O auxílio-acidente será devido a partir do dia seguinte ao da cessação do auxílio-doença, independentemente de qualquer remuneração ou rendimento auferido pelo acidentado, vedada sua acumulação com qualquer aposentadoria.

→ § 2º com redação alterada pela Lei 9.528/1997.

→ *v.* Súmula 507 do STJ.

§ 3º O recebimento de salário ou concessão de outro benefício, exceto de aposentadoria, observado o disposto no § 5º, não prejudicará a continuidade do recebimento do auxílio-acidente.

→ § 3º com redação alterada pela Lei 9.528/1997.

→ Referido § 5º foi revogado.

→ *v.* Súmula 507 do STJ.

§ 4º A perda da audição, em qualquer grau, somente proporcionará a concessão do auxílio-acidente, quando, além do reconhecimento de causalidade entre o trabalho e a doença, resultar, comprovadamente, na redução ou perda da capacidade para o trabalho que habitualmente exercia.

→ § 4º acrescentado pela Lei 9.528/1997.

§ 5º (*Revogado pela Lei 9.032/1995*).

Subseção XII
Do abono de permanência em serviço

Art. 87. *(Revogado pela Lei 8.870/1994).*

Seção VI
Dos serviços

Subseção I
Do Serviço Social

→ *v.* LC 110/2001 – Institui contribuições sociais, autoriza créditos de complementos de atualização monetária em contas vinculadas do Fundo de Garantia do Tempo de Serviço – FGTS.

→ *v.* Lei 8.036/1990 – Fundo de Garantia do Tempo de Serviço – FGTS.

→ *v.* Decreto 3.048/1999 – Regulamento da Previdência Social.

Art. 88. Compete ao Serviço Social esclarecer junto aos beneficiários seus direitos sociais e os meios de exercê-los e estabelecer conjuntamente com eles o processo de solução dos problemas que emergirem da sua relação com a Previdência Social, tanto no âmbito interno da instituição como na dinâmica da sociedade.

§ 1º Será dada prioridade aos segurados em benefícios por incapacidade temporária e atenção especial aos aposentados e pensionistas.

§ 2º Para assegurar o efetivo atendimento dos usuários serão utilizadas intervenção técnica, assistência de natureza jurídica, ajuda material, recursos sociais, intercâmbio com empresas e pesquisa social, inclusive mediante celebração de convênios, acordos ou contratos.

§ 3º O Serviço Social terá como diretriz a participação do beneficiário na implementação e no fortalecimento da política previdenciária, em articulação com as associações e entidades de classe.

§ 4º O Serviço Social, considerando a universalização da Previdência Social, prestará assessoramento técnico aos Estados e Municípios na elaboração e implantação de suas propostas de trabalho.

Subseção II
Da habilitação e da reabilitação profissional

→ *v.* Arts. 136 a 141 do Decreto 3.048/1999.

Art. 89. A habilitação e a reabilitação profissional e social deverão proporcionar ao beneficiário incapacitado parcial ou totalmente para o trabalho, e às pessoas portadoras de deficiência, os meios para a (re)educação e de (re)adaptação profissional e social indicados para participar do mercado de trabalho e do contexto em que vive.

Parágrafo único. A reabilitação profissional compreende:

a) o fornecimento de aparelho de prótese, órtese e instrumentos de auxílio para locomoção quando a perda ou redução da capacidade funcional puder ser atenuada por seu uso e dos equipamentos necessários à habilitação e reabilitação social e profissional;

b) a reparação ou a substituição dos aparelhos mencionados no inciso anterior, desgastados pelo uso normal ou por ocorrência estranha à vontade do beneficiário;

c) o transporte do acidentado do trabalho, quando necessário.

Art. 90. A prestação de que trata o artigo anterior é devida em caráter obrigatório aos segurados, inclusive aposentados e, na medida das possibilidades do órgão da Previdência Social, aos seus dependentes.

Art. 91. Será concedido, no caso de habilitação e reabilitação profissional, auxílio para tratamento ou exame fora do domicílio do beneficiário, conforme dispuser o Regulamento.

Art. 92. Concluído o processo de habilitação ou reabilitação social e profissional, a Previdência Social emitirá certificado individual, indicando as atividades que poderão ser exercidas pelo beneficiário, nada impedindo que este exerça outra atividade para a qual se capacitar.

Art. 93. A empresa com 100 (cem) ou mais empregados está obrigada a preencher de 2% (dois por cento) a 5% (cinco por cento) dos seus cargos com beneficiários reabilitados ou pessoas portadoras de deficiência, habilitadas, na seguinte proporção:

I – até 200 empregados.......2%
II – de 201 a 500.................3%
III – de 501 a 1.000.............4%
IV – de 1.001 em diante.......5%

§ 1º A dispensa de pessoa com deficiência ou de beneficiário reabilitado da Previdência Social ao final de contrato por prazo determinado de mais de 90 (noventa) dias e a dispensa imotivada em contrato por prazo indeterminado somente poderão ocorrer após a contratação de outro trabalhador com deficiência ou beneficiário reabilitado da Previdência Social.

→ § 1º com redação alterada pela Lei 13.146/2015, em vigor após decorridos 180 (cento e oitenta) dias de sua publicação oficial – *D.O.U.* de 7.7.2015.

§ 2º Ao Ministério do Trabalho e Emprego incumbe estabelecer a sistemática de fiscalização, bem como gerar dados e estatísticas sobre o total de empregados e as vagas preenchidas por pessoas com deficiência e por beneficiários reabilitados da Previdência Social, fornecendo-os, quando solicitados, aos sindicatos, às entidades representativas dos empregados ou aos cidadãos interessados.

→ § 2º com redação alterada pela Lei 13.146/2015, em vigor após decorridos 180 (cento e oitenta) dias de sua publicação oficial – *D.O.U.* de 7.7.2015.

§ 3º Para a reserva de cargos será considerada somente a contratação direta de pessoa com deficiência, excluído o aprendiz com deficiência de que trata a Consolidação das Leis do Trabalho (CLT), aprovada pelo Decreto-Lei 5.452, de 1º de maio de 1943.

→ § 3º acrescentado pela Lei 13.146/2015, em vigor após decorridos 180 (cento e oitenta) dias de sua publicação oficial - *D.O.U.* de 7.7.2015.

§ 4º (Vetado).

→ 4º acrescentado pela Lei 13.146/2015, em vigor após decorridos 180 (cento e oitenta) dias de sua publicação oficial – *D.O.U.* de 7.7.2015.

→ **Anterior redação: Art. 93**. (...) § 1º A dispensa de trabalhador reabilitado ou de deficiente habilitado ao final de contrato por prazo determinado de mais de 90 (noventa) dias, e a imotivada, no contrato por prazo indeterminado, só poderá ocorrer após a contratação de substituto de condição semelhante. § 2º O Ministério do Trabalho e da Previdência Social deverá gerar estatísticas sobre o total de empregados e as vagas preenchidas por reabilitados e deficientes habilitados, fornecendo-as, quando solicitadas, aos sindicatos ou entidades representativas dos empregados. (...)

Seção VII
Da contagem recíproca de tempo de serviço

Art. 94. Para efeito dos benefícios previstos no Regime Geral de Previdência Social ou no serviço público é assegurada a contagem recíproca do tempo de contribuição na atividade privada, rural e urbana, e do tempo de contribuição ou de serviço na administração pública, hipótese em que os diferentes sistemas de previdência social se compensarão financeiramente.

→ *Caput* com redação alterada pela Lei 9.711/1998.

§ 1º A compensação financeira será feita ao sistema a que o interessado estiver vinculado ao requerer o benefício pelos demais sistemas, em relação aos respectivos tempos de contribuição ou de serviço, conforme dispuser o Regulamento.

→ Anterior parágrafo único renumerado pela LC 123/2006.

§ 2º Não será computado como tempo de contribuição, para efeito dos benefícios previstos em regimes próprios de previdência social, o período em que o segurado contribuinte individual ou facultativo tiver contribuído na forma do § 2º do art. 21 da Lei 8.212, de 24 de julho de 1991, salvo se complementadas as contribuições na forma do § 3º do mesmo artigo.

→ § 2º acrescentado pela LC 123/2006.

Art. 95. Observada a carência de 36 (trinta e seis) contribuições mensais, o segurado poderá contar, para fins de obtenção dos benefícios do Regime Geral de Previdência Social, o tempo de serviço prestado à administração pública federal direta, autárquica e fundacional.

Artigo com eficácia suspensa pela MP 2.187-13/2001.

Parágrafo único. Poderá ser contado o tempo de serviço prestado à administração pública direta, autárquica e fundacional dos Estados, do Distrito Federal e dos Municípios, desde que estes assegurem aos seus servidores a contagem de tempo do serviço em atividade vinculada ao Regime Geral de Previdência Social.

Art. 96. O tempo de contribuição ou de serviço de que trata esta Seção será contado de acordo com a legislação pertinente, observadas as normas seguintes:

I – não será admitida a contagem em dobro ou em outras condições especiais;

II – é vedada a contagem de tempo de serviço público com o de atividade privada, quando concomitantes;

III – não será contado por um sistema o tempo de serviço utilizado para concessão de aposentadoria pelo outro;

IV – o tempo de serviço anterior ou posterior à obrigatoriedade de filiação à Previdência Social só será contado mediante indenização da contribuição correspondente ao período respectivo, com acréscimo de juros moratórios de 0,5% (meio por cento) ao mês, capitalizados anualmente, e multa de 10% (dez por cento).

→ Inciso IV com redação alterada pela MP 2.187-13/2001.

LEGISLAÇÃO

V – (*Revogado pela Lei 9.528/1997*).

Art. 97. A aposentadoria por tempo de serviço, com contagem de tempo na forma desta Seção, será concedida ao segurado do sexo feminino a partir de 25 (vinte e cinco) anos completos de serviço, e, ao segurado do sexo masculino, a partir de 30 (trinta) anos completos de serviço, ressalvadas as hipóteses de redução previstas em lei.

Art. 98. Quando a soma dos tempos de serviço ultrapassar 30 (trinta) anos, se do sexo feminino, e 35 (trinta e cinco) anos, se do sexo masculino, o excesso não será considerado para qualquer efeito.

Art. 99. O benefício resultante de contagem de tempo de serviço na forma desta Seção será concedido e pago pelo sistema a que o interessado estiver vinculado ao requerê-lo, e calculado na forma da respectiva legislação.

Seção VIII
Das disposições diversas relativas às prestações

Art. 100. (*Vetado*).

Art. 101. O segurado em gozo de auxílio-doença, aposentadoria por invalidez e o pensionista inválido estão obrigados, sob pena de suspensão do benefício, a submeter-se a exame médico a cargo da Previdência Social, processo de reabilitação profissional por ela prescrito e custeado, e tratamento dispensado gratuitamente, exceto o cirúrgico e a transfusão de sangue, que são facultativos.

→ *Caput* com redação alterada pela Lei 9.032/1995.

§ 1º O aposentado por invalidez e o pensionista inválido estarão isentos do exame de que trata o *caput* após completarem 60 (sessenta) anos de idade.

→ § 1º acrescentado pela Lei 13.063/2014.

§ 2º A isenção de que trata o § 1º não se aplica quando o exame tem as seguintes finalidades:

→ § 2º acrescentado pela Lei 13.063/2014.

I – verificar a recuperação da capacidade de trabalho, mediante solicitação do aposentado ou pensionista que se julgar apto;

II – subsidiar autoridade judiciária na concessão de curatela, conforme dispõe o art. 110.

Art. 102. A perda da qualidade de segurado importa em caducidade dos direitos inerentes a essa qualidade.

→ *Caput* com redação alterada pela Lei 9.528/1997.

§ 1º A perda da qualidade de segurado não prejudica o direito à aposentadoria para cuja concessão tenham sido preenchidos todos os requisitos, segundo a legislação em vigor à época em que estes requisitos foram atendidos.

→ § 1º acrescentado pela Lei 9.528/1997.

§ 2º Não será concedida pensão por morte aos dependentes do segurado que falecer após a perda desta qualidade, nos termos do art. 15 desta Lei, salvo se preenchidos os requisitos para obtenção da aposentadoria na forma do parágrafo anterior.

→ § 2º acrescentado pela Lei 9.528/1997.

Art. 103. É de 10 (dez) anos o prazo de decadência de todo e qualquer direito ou ação do segurado ou beneficiário para a revisão do ato de concessão de benefício, a contar do dia primeiro do mês seguinte ao do recebimento da primeira prestação ou, quando for o caso, do dia em que tomar conhecimento da decisão indeferitória definitiva no âmbito administrativo.

→ *Caput* com redação alterada pela Lei 10.839/2004.

→ *V.* Súmula 472 do STJ.

→ *V.* Súmula 81 do JEF.

Parágrafo único. Prescreve em 5 (cinco) anos, a contar da data em que deveriam ter sido pagas, toda e qualquer ação para haver prestações vencidas ou quaisquer restituições ou diferenças devidas pela Previdência Social, salvo o direito dos menores, incapazes e ausentes, na forma do Código Civil.

→ Parágrafo único acrescentado pela Lei 9.528/1997.

Art. 103-A. O direito da Previdência Social de anular os atos administrativos de que decorram efeitos favoráveis para os seus beneficiários decai em 10 (dez) anos, contados da data em que foram praticados, salvo comprovada má-fé.

→ Artigo acrescentado pela Lei 10.839/2004.

§ 1º No caso de efeitos patrimoniais contínuos, o prazo decadencial contar-se-á da percepção do primeiro pagamento.

§ 2º Considera-se exercício do direito de anular qualquer medida de autoridade administrativa que importe impugnação à validade do ato.

Art. 104. As ações referentes à prestação por acidente do trabalho prescrevem em 5 (cinco) anos, observado o disposto no art. 103 desta Lei, contados da data:

→ *V.* Súmula Vinculante 22 do STF.

→ *V.* Súmulas 35, 234 e 463 do STF.

→ *V.* Art. 4º, parágrafo único, da CLT.

I – do acidente, quando dele resultar a morte ou a incapacidade temporária, verificada esta em perícia médica a cargo da Previdência Social; ou

II – em que for reconhecida pela Previdência Social, a incapacidade permanente ou o agravamento das sequelas do acidente.

Art. 105. A apresentação de documentação incompleta não constitui motivo para recusa do requerimento de benefício.

Art. 106. A comprovação do exercício de atividade rural será feita, alternativamente, por meio de:

→ Artigo com redação alterada pela Lei 11.718/2008.

I – contrato individual de trabalho ou Carteira de Trabalho e Previdência Social;

II – contrato de arrendamento, parceria ou comodato rural;

III – declaração fundamentada de sindicato que represente o trabalhador rural ou, quando for o caso, de sindicato ou colônia de pescadores, desde que homologada pelo Instituto Nacional do Seguro Social – INSS;

IV – comprovante de cadastro do Instituto Nacional de Colonização e Reforma Agrária – INCRA, no caso de produtores em regime de economia familiar;

V – bloco de notas do produtor rural;

VI – notas fiscais de entrada de mercadorias, de que trata o § 7º do art. 30 da Lei 8.212, de 24 de julho de 1991, emitidas pela empresa adquirente da produção, com indicação do nome do segurado como vendedor;

VII – documentos fiscais relativos a entrega de produção rural à cooperativa agrícola, entreposto de pescado ou outros, com indicação do segurado como vendedor ou consignante;

VIII – comprovantes de recolhimento de contribuição à Previdência Social decorrentes da comercialização da produção;

IX – cópia da declaração de imposto de renda, com indicação de renda proveniente da comercialização de produção rural; ou

X – licença de ocupação ou permissão outorgada pelo INCRA.

Art. 107. O tempo de serviço de que trata o art. 55 desta Lei será considerado para cálculo do valor da renda mensal de qualquer benefício.

Art. 108. Mediante justificação processada perante a Previdência Social, observado o disposto no § 3º do art. 55 e na forma estabelecida no Regulamento, poderá ser suprida a falta de documento ou provado ato do interesse de beneficiário ou empresa, salvo no que se refere a registro público.

Art. 109. O benefício será pago diretamente ao beneficiário, salvo em caso de ausência, moléstia contagiosa ou impossibilidade de locomoção, quando será pago a procurador, cujo mandato não terá prazo superior a 12 (doze) meses, podendo ser renovado.

→ *Caput* com redação alterada pela Lei 8.870/1994.

Parágrafo único. A impressão digital do beneficiário incapaz de assinar, aposta na presença de servidor da Previdência Social, vale como assinatura para quitação de pagamento de benefício.

Art. 110. O benefício devido ao segurado ou dependente civilmente incapaz será feito ao cônjuge, pai, mãe, tutor ou curador, admitindo-se, na sua falta e por período não superior a 6 (seis) meses, o pagamento a herdeiro necessário, mediante termo de compromisso firmado no ato do recebimento.

Parágrafo único. Para efeito de curatela, no caso de interdição do beneficiário, a autoridade judiciária pode louvar-se no laudo médico-pericial da Previdência Social.

Art. 110-A. No ato de requerimento de benefícios operacionalizados pelo INSS, não será exigida apresentação de termo de curatela de titular ou de beneficiário com deficiência, observados os procedimentos a serem estabelecidos em regulamento.

→ Artigo acrescentado pela Lei 13.146/2015, em vigor após decorridos 180 (cento e oitenta) dias de sua publicação oficial – *D.O.U.* de 7.7.2015.

Art. 111. O segurado menor poderá, conforme dispuser o Regulamento, firmar recibo de benefício, independentemente da presença dos pais ou do tutor.

Art. 112. O valor não recebido em vida pelo segurado só será pago aos seus dependentes habilitados à pensão por morte ou, na falta deles, aos seus sucessores na forma da lei civil, independentemente de inventário ou arrolamento.

Art. 113. O benefício poderá ser pago mediante depósito em conta-corrente ou por autorização de pagamento, conforme se dispuser em regulamento.

Parágrafo único. (*Revogado pela Lei 9.876/1999*).

Art. 114. Salvo quanto a valor devido à Previdência Social e a desconto autorizado por esta Lei, ou derivado da obrigação de prestar alimentos reconhecida em sentença judicial, o benefício não pode ser objeto de penhora, arresto ou sequestro, sendo nula de pleno direito a sua venda ou cessão, ou a constituição de qualquer ônus sobre ele, bem como a outorga de poderes irrevogáveis ou em causa própria para o seu recebimento.

Art. 115. Podem ser descontados dos benefícios:

I – contribuições devidas pelo segurado à Previdência Social;

II – pagamento de benefícios além do devido;

III – Imposto de Renda retido na fonte;

IV – pensão de alimentos decretada em sentença judicial;

V – mensalidades de associações e demais entidades de aposentados legalmente reconhecidas, desde que autorizadas por seus filiados;

VI – pagamento de empréstimos, financiamentos, cartões de crédito e operações de arrendamento mercantil concedidos por instituições financeiras e sociedades de arrendamento mercantil, ou por entidades fechadas ou abertas de previdência complementar, públicas e privadas, quando expressamente autorizado pelo beneficiário, até o limite de 35% (trinta e cinco por cento) do valor do benefício, sendo 5% (cinco por cento) destinados exclusivamente para:

→ *Caput* do inciso VI com redação alterada pela Lei 13.183/2015.

a) amortização de despesas contraídas por meio de cartão de crédito; ou

→ Alínea *a* acrescentada pela Lei 13.183/2015.

b) utilização com a finalidade de saque por meio do cartão de crédito.

→ Alínea *b* acrescentada pela Lei 13.183/2015.

§ 1º Na hipótese do inciso II, o desconto será feito em parcelas, conforme dispuser o regulamento, salvo má-fé.

→ § 1º pela Lei 10.820/2003.

§ 2º Na hipótese dos incisos II e VI, haverá prevalência do desconto do inciso II.

→ § 2º acrescentado pela Lei 10.820/2003.

Art. 116. Será fornecido ao beneficiário demonstrativo minucioso das importâncias pagas, discriminando-se o valor da mensalidade, as diferenças eventualmente pagas com o período a que se referem e os descontos efetuados.

Art. 117. A empresa, o sindicato ou a entidade de aposentados devidamente legalizada poderá, mediante convênio com a Previdência Social, encarregar-se, relativamente a seu empregado ou associado e respectivos dependentes, de:

I – processar requerimento de benefício, preparando-o e instruindo-o de maneira a ser despachado pela Previdência Social;

II – submeter o requerente a exame médico, inclusive complementar, encaminhando à Previdência Social o respectivo laudo, para efeito de homologação e posterior concessão de benefício que depender de avaliação de incapacidade;

III – pagar benefício.

Parágrafo único. O convênio poderá dispor sobre o reembolso das despesas da empresa, do sindicato ou da entidade de aposentados devidamente legalizada, correspondente aos serviços previstos nos incisos II e III, ajustado por valor global conforme o número de empregados ou de associados, mediante dedução do valor das contribuições previdenciárias a serem recolhidas pela empresa.

Art. 118. O segurado que sofreu acidente do trabalho tem garantida, pelo prazo mínimo de 12 (doze) meses, a manutenção do seu contrato de trabalho na empresa, após a cessação do auxílio-doença acidentário, independentemente de percepção de auxílio-acidente.

Parágrafo único. *(Revogado pela Lei 9.032/1995).*

→ *V.* Súmula Vinculante 22 do STF.

→ *V.* Súmulas 35, 234 e 463 do STF.

→ *V.* Súmula 378 do TST.

→ *V.* Art. 4º, parágrafo único e 476 da CLT.

Art. 119. Por intermédio dos estabelecimentos de ensino, sindicatos, associações de classe, Fundação Jorge Duprat Figueiredo de Segurança e Medicina do Trabalho – FUNDACENTRO, órgãos públicos e outros meios, serão promovidas regularmente instrução e formação com vistas a incrementar costumes e atitudes prevencionistas em matéria de acidente, especialmente do trabalho.

Art. 120. Nos casos de negligência quanto às normas padrão de segurança e higiene do trabalho indicados para a proteção individual e coletiva, a Previdência Social proporá ação regressiva contra os responsáveis.

Art. 121. O pagamento, pela Previdência Social, das prestações por acidente do trabalho não exclui a responsabilidade civil da empresa ou de outrem.

Art. 122. Se mais vantajoso, fica assegurado o direito à aposentadoria, nas condições legalmente previstas na data do cumprimento de todos os requisitos necessários à obtenção do benefício, ao segurado que, tendo completado 35 (trinta e cinco) anos de serviço, se homem, ou 30 (trinta) anos, se mulher, optou por permanecer em atividade.

→ Artigo acrescentado pela Lei 9.528/1997.

Art. 123. *(Revogado pela Lei 9.032/1995).*

Art. 124. Salvo no caso de direito adquirido, não é permitido o recebimento conjunto dos seguintes benefícios da Previdência Social:

I – aposentadoria e auxílio-doença;

II – mais de uma aposentadoria;

→ Inciso II com redação alterada pela Lei 9.032/1995.

III – aposentadoria e abono de permanência em serviço;

IV – salário-maternidade e auxílio-doença;

→ Inciso IV acrescentado pela Lei 9.032/1995.

V – mais de um auxílio-acidente;

→ Inciso V acrescentado pela Lei 9.032/1995.

VI – mais de uma pensão deixada por cônjuge ou companheiro, ressalvado o direito de opção pela mais vantajosa.

→ Inciso VI acrescentado pela Lei 9.032/1995.

Parágrafo único. É vedado o recebimento conjunto do seguro-desemprego com qualquer benefício de prestação continuada da Previdência Social, exceto pensão por morte ou auxílio-acidente.

→ Parágrafo único acrescentado pela Lei 9.032/1995.

→ *V.* Lei 8.900/1994 – Seguro-desemprego.

Título IV
Das Disposições Finais e Transitórias

Art. 125. Nenhum benefício ou serviço da Previdência Social poderá ser criado, majorado ou estendido, sem a correspondente fonte de custeio total.

Art. 125-A. Compete ao Instituto Nacional do Seguro Social – INSS realizar, por meio dos seus próprios agentes, quando designados, todos os atos e procedimentos necessários à verificação do atendimento das obrigações não tributárias impostas pela legislação previdenciária e à imposição da multa por seu eventual descumprimento.

→ Artigo acrescentado pela Lei 11.941/2009.

§ 1º A empresa disponibilizará a servidor designado por dirigente do INSS os documentos necessários à comprovação de vínculo empregatício, de prestação de serviços e de remuneração relativos a trabalhador previamente identificado.

§ 2º Aplica-se ao disposto neste artigo, no que couber, o art. 126 desta Lei.

§ 3º O disposto neste artigo não abrange as competências atribuídas em caráter privativo aos ocupantes do cargo de Auditor-Fiscal da Receita Federal do Brasil previstas no inciso I do *caput* do art. 6º da Lei 10.593, de 6 de dezembro de 2002.

Art. 126. Das decisões do Instituto Nacional do Seguro Social – INSS nos processos de interesse dos beneficiários e dos contribuintes da Seguridade Social caberá recurso para o Conselho de Recursos da Previdência Social, conforme dispuser o Regulamento.

→ *Caput* com redação alterada pela Lei 9.528/1997.

§ 1º *(Revogado pela Lei 11.727/2008).*

§ 2º *(Revogado pela Lei 11.727/2008).*

§ 3º A propositura, pelo beneficiário ou contribuinte, de ação que tenha por objeto idêntico pedido sobre o qual versa o processo administrativo importa renúncia ao direito de recorrer na esfera administrativa e desistência do recurso interposto.

→ § 3º acrescentado pela Lei 9.711/1998.

Art. 127. *(Revogado pela Lei 9.711/1998).*

Art. 128. As demandas judiciais que tiverem por objeto o reajuste ou a concessão de benefícios regulados nesta Lei cujos valores de execução não forem superiores a R$ 5.180,25 (cinco mil, cento e oitenta reais e vinte e cinco centavos) por autor poderão, por opção de cada um dos exequentes, ser quitadas no prazo de até 60 (sessenta) dias após a intimação do trânsito em julgado da decisão, sem necessidade da expedição de precatório.

→ *Caput* com redação alterada pela Lei 10.099/2000.

§ 1º É vedado o fracionamento, repartição ou quebra do valor da execução, de modo que o pagamento se faça, em parte, na forma estabelecida no *caput* e, em parte, mediante expedição do precatório.

→ § 1º acrescentado pela Lei 10.099//2000.

§ 2º É vedada a expedição de precatório complementar ou suplementar do valor pago na forma do *caput*.

→ § 2º acrescentado pela Lei 10.099/2000.

§ 3º Se o valor da execução ultrapassar o estabelecido no *caput*, o pagamento far-se-á sempre por meio de precatório.

→ § 3º acrescentado pela Lei 10.099/2000.

§ 4º É facultada à parte exequente a renúncia ao crédito, no que exceder ao valor estabelecido no *caput*, para que possa optar pelo pagamento do saldo sem o precatório, na forma ali prevista.

→ § 4º acrescentado pela Lei 10.099/2000.

§ 5º A opção exercida pela parte para receber os seus créditos na forma prevista no *caput* implica a renúncia do restante dos créditos porventura existentes e que sejam oriundos do mesmo processo.

→ § 5º acrescentado pela Lei 10.099/2000.

§ 6º O pagamento sem precatório, na forma prevista neste artigo, implica quitação total do pedido constante da petição inicial e determina a extinção do processo.

→ § 6º acrescentado pela Lei 10.099/2000.

§ 7º O disposto neste artigo não obsta a interposição de embargos à execução por parte do INSS.

→ § 7º acrescentado pela Lei 10.099/2000.

Art. 129. Os litígios e medidas cautelares relativos a acidentes do trabalho serão apreciados:

I – na esfera administrativa, pelos órgãos da Previdência Social, segundo as regras e prazos aplicáveis às demais prestações, com prioridade para conclusão; e

II – na via judicial, pela Justiça dos Estados e do Distrito Federal, segundo o rito sumaríssimo, inclusive durante as férias forenses, mediante petição instruída pela prova de efetiva notificação do evento à Previdência Social, através de Comunicação de Acidente do Trabalho – CAT.

Parágrafo único. O procedimento judicial de que trata o inciso II deste artigo é isento do pagamento de quaisquer custas e de verbas relativas à sucumbência.

Art. 130. Na execução contra o Instituto Nacional do Seguro Social – INSS, o prazo a que se refere o art. 730 do Código de Processo Civil é de 30 (trinta) dias.

→ *Caput* com redação alterada pela Lei 9.528/1997.

→ *v.* Art. 910 do NCPC.

Parágrafo único. (*Revogado pela Lei 9.528/1997*).

Art. 131. O Ministro da Previdência e Assistência Social poderá autorizar o INSS a formalizar a desistência ou abster-se de propor ações e recursos em processos judiciais sempre que a ação versar matéria sobre a qual haja declaração de inconstitucionalidade proferida pelo Supremo Tribunal Federal – STF, súmula ou jurisprudência consolidada do STF ou dos tribunais superiores.

→ *Caput* com redação alterada pela Lei 9.528/1997.

Parágrafo único. O Ministro da Previdência e Assistência Social disciplinará as hipóteses em que a administração previdenciária federal, relativamente aos créditos previdenciários baseados em dispositivo declarado inconstitucional por decisão definitiva do Supremo Tribunal Federal, possa:

→ Parágrafo único acrescentado pela Lei 9.528/1997.

a) abster-se de constituí-los;

b) retificar o seu valor ou declará-los extintos, de ofício, quando houverem sido constituídos anteriormente, ainda que inscritos em dívida ativa;

c) formular desistência de ações de execução fiscal já ajuizadas, bem como deixar de interpor recursos de decisões judiciais.

Art. 132. A formalização de desistência ou transigência judiciais, por parte de procurador da Previdência Social, será sempre precedida da anuência, por escrito, do Procurador-Geral do Instituto Nacional do Seguro Social – INSS ou do presidente desse órgão, quando os valores em litígio ultrapassarem os limites definidos pelo Conselho Nacional de Previdência Social – CNPS.

§ 1º Os valores, a partir dos quais se exigirá a anuência do Procurador-Geral ou do presidente do INSS, serão definidos periodicamente pelo CNPS, através de resolução própria.

§ 2º Até que o CNPS defina os valores mencionados nesse artigo, deverão ser submetidos à anuência prévia do Procurador-Geral ou do presidente do INSS a formalização de desistência ou transigência judiciais, quando os valores, referentes a cada segurado considerado separadamente, superarem, respectivamente, 10 (dez) ou 30 (trinta) vezes o teto do salário de benefício.

Art. 133. A infração a qualquer dispositivo desta Lei, para a qual não haja penalidade expressamente cominada, sujeita o responsável, conforme a gravidade da infração, à multa variável de Cr$ 100.000,00 (cem mil cruzeiros) a Cr$ 10.000.000,00 (dez milhões de cruzeiros).

→ Valores atualizados a partir de 01.01.2013, pela Portaria Interministerial MPS-MF 15/2013, para R$ 1.717,38 (um mil setecentos e dezessete reais e trinta e oito centavos) a R$ 171.736,10 (cento e setenta e um mil, setecentos e trinta e seis reais e dez centavos).

Parágrafo único. (*Revogado pela Lei 11.941/2009*).

Art. 134. Os valores expressos em moeda corrente nesta Lei serão reajustados nas mesmas épocas e com os mesmos índices utilizados para o reajustamento dos valores dos benefícios.

→ Artigo com redação alterada pela MP 2.187-13/2001.

Art. 135. Os salários de contribuição utilizados no cálculo do valor de benefício serão considerados respeitando-se os limites mínimo e máximo vigentes nos meses a que se referirem.

Art. 136. Ficam eliminados o menor e o maior valor-teto para cálculo do salário de benefício.

Art. 137. Fica extinto o Programa de Previdência Social aos Estudantes, instituído pela Lei 7.004, de 24 de junho de 1982, mantendo-se o pagamento dos benefícios de prestação continuada com data de início até a entrada em vigor desta Lei.

Art. 138. Ficam extintos os regimes de Previdência Social instituídos pela Lei Complementar 11, de 25 de maio de 1971, e pela Lei 6.260, de 06 de novembro de 1975, sendo mantidos, com valor não inferior ao do salário mínimo, os benefícios concedidos até a vigência desta Lei.

Parágrafo único. Para os que vinham contribuindo regularmente para os regimes a que se refere este artigo, será contado o tempo de contribuição para fins do Regime Geral de Previdência Social, conforme disposto no Regulamento.

Art. 139. (*Revogado pela Lei 9.528/1997*).

Art. 140. (*Revogado pela Lei 9.528/1997*).

Art. 141. (*Revogado pela Lei 9.528/1997*).

Art. 142. Para o segurado inscrito na Previdência Social Urbana até 24 de julho de 1991, bem como para o trabalhador e o empregador rural cobertos pela Previdência Social Rural, a carência das aposentadorias por idade, por tempo de serviço e especial obedecerá à seguinte tabela, levando-se em conta o ano em que o segurado implementou todas as condições necessárias à obtenção do benefício:

→ Artigo com redação alterada pela Lei 9.032/1995.

Ano de implementação das condições	Meses de contribuição exigidos
1991	60 meses
1992	60 meses
1993	66 meses
1994	72 meses
1995	78 meses
1996	90 meses
1997	96 meses
1998	102 meses
1999	108 meses
2000	114 meses
2001	120 meses
2002	126 meses
2003	132 meses
2004	138 meses
2005	144 meses
2006	150 meses
2007	156 meses
2008	162 meses
2009	168 meses
2010	174 meses
2011	180 meses

Art. 143. O trabalhador rural ora enquadrado como segurado obrigatório no Regime Geral de Previdência Social, na forma da alínea *a* do inciso I, ou do inciso IV ou VII do art. 11 desta Lei, pode requerer aposentadoria por idade, no valor de um salário mínimo, durante 15 (quinze) anos, contados a partir da data de vigência desta Lei, desde que comprove o exercício de atividade rural, ainda que descontínua, no período imediatamente anterior ao requerimento do benefício, em número de meses idêntico à carência do referido benefício.

→ Artigo com redação alterada pela Lei 9.063/1995.

→ *v.* Art. 2º da Lei 11.718/2008.

Art. 144. Até 1° de junho de 1992, todos os benefícios de prestação continuada concedidos pela Previdência Social, entre 5 de outubro de 1988 e 5 de abril de 1991, devem ter sua renda mensal inicial recalculada e reajustada, de acordo com as regras estabelecidas nesta lei.

→ Artigo com eficácia suspensa pela MP 2.187-13/2001.

Parágrafo único. A renda mensal recalculada de acordo com o disposto no *caput* deste artigo, substituirá para todos os efeitos a que prevalecia até então, não sendo devido, entretanto, o pagamento de quaisquer diferenças decorrentes da aplicação deste artigo referentes às competências de outubro de 1988 a maio de 1992.

Art. 145. Os efeitos desta lei retroagirão a 5 de abril de 1991, devendo os benefícios de prestação continuada concedidos pela Previdência Social a partir de então, terem, no prazo máximo de 30 (trinta) dias, suas rendas mensais iniciais recalculadas e atualizadas de acordo com as regras estabelecidas nesta lei.

→ Artigo com eficácia suspensa pela MP 2.187-13/2001.

Parágrafo único. As rendas mensais resultantes da aplicação do disposto neste artigo, substituirão, para todos os efeitos, as que prevaleciam até então, devendo as diferenças de valor apuradas serem pagas, a partir do dia seguinte ao término do prazo estipulado *no caput* deste artigo, em artigo, em até 24 (vinte e quatro) parcelas mensais consecutivas reajustadas nas mesmas épocas e na mesma proporção em que forem reajustados os benefícios de prestação continuada da Previdência Social.

Art. 146. As rendas mensais de benefícios pagos pela Previdência Social incorporarão, a partir de 1° de setembro de 1991, o abono definido na alínea *b* do § 6° do art. 9° da Lei 8.178, de 1° de março de 1991, e terão, a partir dessa data, seus valores alterados de acordo com o disposto nesta Lei.

→ Artigo com eficácia suspensa pela MP 2.187-13/2001.

Art. 147. Serão respeitadas as bases de cálculo para a fixação dos valores referentes às aposentadorias especiais, deferidas até à data da publicação desta Lei.

→ Artigo com eficácia suspensa pela MP 2.187-13/2001.

Art. 148. (*Revogado pela Lei 9.528/1997*).

Art. 149. As prestações, e o seu financiamento, referentes aos benefícios de ex-combatente e de ferroviário servidor público ou autárquico federal ou em regime especial que não optou pelo regime da Consolidação das Leis do Trabalho, na forma da Lei 6.184, de 11 de dezembro de 1974, bem como seus dependentes, serão objeto de legislação específica.

Art. 150. (*Revogado pela Lei 10.559/2002*).

Art. 151. Até que seja elaborada a lista de doenças mencionada no inciso II do art. 26, independe de carência a concessão de auxílio-doença e de aposentadoria por invalidez ao segurado que, após filiar-se ao RGPS, for acometido das seguintes doenças: tuberculose ativa, hanseníase, alienação mental, esclerose múltipla, hepatopatia grave, neoplasia maligna, cegueira, paralisia irreversível e incapacitante, cardiopatia grave, doença de Parkinson, espondiloartrose anquilosante, nefropatia grave, estado avançado da doença de Paget (osteíte deformante), síndrome da deficiência imunológica adquirida (aids) ou contaminação por radiação, com base em conclusão da medicina especializada.

→ Artigo com redação alterada pela Lei 13.135/2015.

Art. 152. (*Revogado pela Lei 9.528/1997*).

Art. 153. O Regime Facultativo Complementar de Previdência Social será objeto de lei especial, a ser submetida à apreciação do Congresso Nacional dentro do prazo de 180 (cento e oitenta) dias.

Art. 154. O Poder Executivo regulamentará esta Lei no prazo de 60 (sessenta) dias a partir da data da sua publicação.

Art. 155. Esta Lei entra em vigor na data de sua publicação.

Art. 156. Revogam-se as disposições em contrário.

Brasília, em 24 de julho de 1991; 170° da Independência e 103° da República.

Fernando Collor

(Publicação no *D.O.U.* de 25.7.1991; republicação 11.4.1996 e 14.8.1998)

LEI 8.245,
DE 18 DE OUTUBRO DE 1991

Dispõe sobre as locações dos imóveis urbanos e os procedimentos a elas pertinentes.

O Presidente da República:

Faço saber que o Congresso Nacional decreta e eu sanciono a seguinte Lei:

Título I
Da Locação

Capítulo I
DISPOSIÇÕES GERAIS

Seção I
Da locação em geral

Art. 1° A locação de imóvel urbano regula-se pelo disposto nesta Lei.

Parágrafo único. Continuam regulados pelo Código Civil e pelas leis especiais:

→ *v.* Arts. 565 a 578 do CC.

a) as locações:

1. de imóveis de propriedade da União, dos Estados e dos Municípios, de suas autarquias e fundações públicas;

→ *v.* Arts. 64 a 75, e 86 a 91, do Dec.-lei 9.760/1946.

2. de vagas autônomas de garagem ou de espaços para estacionamento de veículos;

3. de espaços destinados à publicidade;

4. em *apart*-hotéis, hotéis-residência ou equiparados, assim considerados aqueles que prestam serviços regulares a seus usuários e como tais sejam autorizados a funcionar;

b) o arrendamento mercantil, em qualquer de suas modalidades.

→ *v.* Lei 6.099/1974 – Dispõe sobre o tratamento tributário das operações de arrendamento mercantil e dá outras providências.

→ *v.* Resolução do Bacen 2.309/1996 – Disciplina e consolida as normas relativas às operações de arrendamento mercantil.

Art. 2° Havendo mais de um locador ou mais de um locatário, entende-se que são solidários se o contrário não se estipulou.

→ *v.* Arts. 264 a 285 do CC.

Parágrafo único. Os ocupantes de habitações coletivas multifamiliares presumem-se locatários ou sublocatários.

Art. 3° O contrato de locação pode ser ajustado por qualquer prazo, dependendo de vênia conjugal, se igual ou superior a 10 (dez) anos.

Parágrafo único. Ausente a vênia conjugal, o cônjuge não estará obrigado a observar o prazo excedente.

→ *v.* Arts. 1.647, I e II, 1.648 e 1.649, do CC.

Art. 4° Durante o prazo estipulado para a duração do contrato, não poderá o locador reaver o imóvel alugado. Com exceção ao que estipula o § 2° do art. 54-A, o locatário, todavia, poderá devolvê-lo, pagando a multa pactuada, proporcional ao período de cumprimento do contrato, ou, na sua falta, a que for judicialmente estipulada.

→ *Caput* com redação alterada pela Lei 12.744/2012.

Parágrafo único. O locatário ficará dispensado da multa se a devolução do imóvel decorrer de transferência, pelo seu empregador, privado ou público, para prestar serviços em localidades diversas daquela do início do contrato, e se notificar, por escrito, o locador com prazo de, no mínimo, 30 (trinta) dias de antecedência.

Art. 5° Seja qual for o fundamento do término da locação, a ação do locador para reaver o imóvel é a de despejo.

Parágrafo único. O disposto neste artigo não se aplica se a locação termina em decorrência de desapropriação, com a imissão do expropriante na posse do imóvel.

→ *v.* Arts. 15 a 15-B do Dec.-lei 3.365/1941.

Art. 6° O locatário poderá denunciar a locação por prazo indeterminado mediante aviso por escrito ao locador, com antecedência mínima de 30 (trinta) dias.

Parágrafo único. Na ausência do aviso, o locador poderá exigir quantia correspondente a um mês de aluguel e encargos, vigentes quando da resilição.

Art. 7° Nos casos de extinção de usufruto ou de fideicomisso, a locação celebrada pelo usufrutuário ou fiduciário poderá ser denunciada, com o prazo de 30 (trinta) dias para a desocupação, salvo se tiver havido aquiescência escrita do nu-proprietário ou do fideicomissário, ou se a propriedade estiver consolidada em mãos do usufrutuário ou do fiduciário.

→ *v.* Arts. 1.410 e 1.411, e 1.951 a 1.960 do CC.

Parágrafo único. A denúncia deverá ser exercitada no prazo de 90 (noventa) dias contados da extinção do fideicomisso ou da averbação da extinção do usufruto, presumindo-se, após esse prazo, a concordância na manutenção da locação.

Art. 8° Se o imóvel for alienado durante a locação, o adquirente poderá denunciar o contrato, com o prazo de 90 (noventa) dias para a desocupação, salvo se a locação for por tempo determinado e o contrato contiver cláusula de vigência em caso de alienação e estiver averbado junto à matrícula do imóvel.

§ 1° Idêntico direito terá o promissário comprador e o promissário cessionário, em caráter irrevogável, com imissão na posse do imóvel e título registrado junto à matrícula do mesmo.

§ 2º A denúncia deverá ser exercitada no prazo de 90 (noventa) dias contados do registro da venda ou do compromisso, presumindo-se, após esse prazo, a concordância na manutenção da locação.

Art. 9º A locação também poderá ser desfeita:

I – por mútuo acordo;

II – em decorrência da prática de infração legal ou contratual;

III – em decorrência da falta de pagamento do aluguel e demais encargos;

IV – para a realização de reparações urgentes determinadas pelo Poder Público, que não possam ser normalmente executadas com a permanência do locatário no imóvel ou, podendo, ele se recuse a consenti-las.

Art. 10. Morrendo o locador, a locação transmite-se aos herdeiros.

Art. 11. Morrendo o locatário, ficarão sub-rogados nos seus direitos e obrigações:

I – nas locações com finalidade residencial, o cônjuge sobrevivente ou companheiro e, sucessivamente, os herdeiros necessários e as pessoas que viviam na dependência econômica do *de cujus*, desde que residentes no imóvel;

II – nas locações com finalidade não residencial, o espólio e, se for o caso, seu sucessor no negócio.

Art. 12. Em casos de separação de fato, separação judicial, divórcio ou dissolução da união estável, a locação residencial prosseguirá automaticamente com o cônjuge ou companheiro que permanecer no imóvel.

→ *Caput* com redação alterada pela Lei 12.112/2009.

§ 1º Nas hipóteses previstas neste artigo e no art. 11, a sub-rogação será comunicada por escrito ao locador e ao fiador, se esta for a modalidade de garantia locatícia.

→ § 1º acrescentado pela Lei 12.112/2009.

§ 2º O fiador poderá exonerar-se das suas responsabilidades no prazo de 30 (trinta) dias contado do recebimento da comunicação oferecida pelo sub-rogado, ficando responsável pelos efeitos da fiança durante 120 (cento e vinte) dias após a notificação ao locador.

→ § 2º acrescentado pela Lei 12.112/2009.

Art. 13. A cessão da locação, a sublocação e o empréstimo do imóvel, total ou parcialmente, dependem do consentimento prévio e escrito do locador.

→ v. Súmula 411 do STF.

§ 1º Não se presume o consentimento pela simples demora do locador em manifestar formalmente a sua oposição.

§ 2º Desde que notificado por escrito pelo locatário, de ocorrência de uma das hipóteses deste artigo, o locador terá o prazo de 30 (trinta) dias para manifestar formalmente a sua oposição.

§ 3º (*Vetado*).

→ § 3º acrescentado pela Lei 12.112/2009.

Seção II
Das sublocações

Art. 14. Aplicam-se às sublocações, no que couber, as disposições relativas às locações.

→ v. Arts. 21, 24, 30, 59, § 2º, 72, §§ 4º e 5º, da Lei 8.245/1991.

Art. 15. Rescindida ou finda a locação, qualquer que seja sua causa, resolvem-se as sublocações, assegurado o direito de indenização do sublocatário contra o sublocador.

Art. 16. O sublocatário responde subsidiariamente ao locador pela importância que dever ao sublocador, quando este for demandado e, ainda, pelos aluguéis que se vencerem durante a lide.

Seção III
Do aluguel

Art. 17. É livre a convenção do aluguel, vedada a sua estipulação em moeda estrangeira e a sua vinculação à variação cambial ou ao salário mínimo.

Parágrafo único. Nas locações residenciais serão observados os critérios de reajustes previstos na legislação específica.

Art. 18. É lícito às partes fixar, de comum acordo, novo valor para o aluguel, bem como inserir ou modificar cláusula de reajuste.

Art. 19. Não havendo acordo, o locador ou o locatário, após 3 (três) anos de vigência do contrato ou do acordo anteriormente realizado, poderão pedir revisão judicial do aluguel, a fim de ajustá-lo ao preço de mercado.

Art. 20. Salvo as hipóteses do art. 42 e da locação para temporada, o locador não poderá exigir o pagamento antecipado do aluguel.

Art. 21. O aluguel da sublocação não poderá exceder o da locação; nas habitações coletivas multifamiliares, a soma dos aluguéis não poderá ser superior ao dobro do valor da locação.

Parágrafo único. O descumprimento deste artigo autoriza o sublocatário a reduzir o aluguel até os limites nele estabelecidos.

Seção IV
Dos deveres do locador e do locatário

Art. 22. O locador é obrigado a:

I – entregar ao locatário o imóvel alugado em estado de servir ao uso a que se destina;

II – garantir, durante o tempo da locação, o uso pacífico do imóvel locado;

III – manter, durante a locação, a forma e o destino do imóvel;

IV – responder pelos vícios ou defeitos anteriores à locação;

V – fornecer ao locatário, caso este solicite, descrição minuciosa do estado do imóvel, quando de sua entrega, com expressa referência aos eventuais defeitos existentes;

VI – fornecer ao locatário recibo discriminado das importâncias por este pagas, vedada a quitação genérica;

VII – pagar as taxas de administração imobiliária, se houver, e de intermediações, nestas compreendidas as despesas necessárias à aferição da idoneidade do pretendente ou de seu fiador;

VIII – pagar os impostos e taxas, e ainda o prêmio de seguro complementar contra fogo, que incidam ou venham a incidir sobre o imóvel, salvo disposição expressa em contrário no contrato;

IX – exibir ao locatário, quando solicitado, os comprovantes relativos às parcelas que estejam sendo exigidas;

X – pagar as despesas extraordinárias de condomínio.

Parágrafo único. Por despesas extraordinárias de condomínio se entendem aquelas que não se refiram aos gastos rotineiros de manutenção do edifício, especialmente:

a) obras de reformas ou acréscimos que interessem à estrutura integral do imóvel;

b) pintura das fachadas, empenas, poços de aeração e iluminação, bem como das esquadrias externas;

c) obras destinadas a repor as condições de habitabilidade do edifício;

d) indenizações trabalhistas e previdenciárias pela dispensa de empregados, ocorridas em data anterior ao início da locação;

e) instalação de equipamentos de segurança e de incêndio, de telefonia, de intercomunicação, de esporte e de lazer;

f) despesas de decoração e paisagismo nas partes de uso comum;

g) constituição de fundo de reserva.

Art. 23. O locatário é obrigado a:

I – pagar pontualmente o aluguel e os encargos da locação, legal ou contratualmente exigíveis, no prazo estipulado ou, em sua falta, até o sexto dia útil do mês seguinte ao vencido, no imóvel locado, quando outro local não tiver sido indicado no contrato;

II – servir-se do imóvel para o uso convencionado ou presumido, compatível com a natureza deste e com o fim a que se destina, devendo tratá-lo com o mesmo cuidado como se fosse seu;

III – restituir o imóvel, finda a locação, no estado em que o recebeu, salvo as deteriorações decorrentes do seu uso normal;

IV – levar imediatamente ao conhecimento do locador o surgimento de qualquer dano ou defeito cuja reparação a este incumba, bem como as eventuais turbações de terceiros;

V – realizar a imediata reparação dos danos verificados no imóvel, ou nas suas instalações, provocados por si, seus dependentes, familiares, visitantes ou prepostos;

VI – não modificar a forma interna ou externa do imóvel sem o consentimento prévio e por escrito do locador;

VII – entregar imediatamente ao locador os documentos de cobrança de tributos e encargos condominiais, bem como qualquer intimação, multa ou exigência de autoridade pública, ainda que dirigida a ele, locatário;

VIII – pagar as despesas de telefone e de consumo de força, luz e gás, água e esgoto;

IX – permitir a vistoria do imóvel pelo locador ou por seu mandatário, mediante combinação prévia, de dia e hora, bem como admitir que seja o mesmo visitado e examinado por terceiros, na hipótese prevista no art. 27;

X – cumprir integralmente a convenção de condomínio e os regulamentos internos;

XI – pagar o prêmio do seguro de fiança;

XII – pagar as despesas ordinárias de condomínio.

§ 1º Por despesas ordinárias de condomínio se entendem as necessárias à administração respectiva, especialmente:

a) salários, encargos trabalhistas, contribuições previdenciárias e sociais dos empregados do condomínio;

b) consumo de água e esgoto, gás, luz e força das áreas de uso comum;

c) limpeza, conservação e pintura das instalações e dependências de uso comum;

d) manutenção e conservação das instalações e equipamentos hidráulicos, elétricos, mecânicos e de segurança, de uso comum;

e) manutenção e conservação das instalações e equipamentos de uso comum destinados à prática de esportes e lazer;

f) manutenção e conservação de elevadores, porteiro eletrônico e antenas coletivas;

g) pequenos reparos nas dependências e instalações elétricas e hidráulicas de uso comum;

h) rateios de saldo devedor, salvo se referentes a período anterior ao início da locação;

i) reposição do fundo de reserva, total ou parcialmente utilizado no custeio ou complementação das despesas referidas nas alíneas anteriores, salvo se referentes a período anterior ao início da locação.

§ 2º O locatário fica obrigado ao pagamento das despesas referidas no parágrafo anterior, desde que comprovadas a previsão orçamentária e o rateio mensal, podendo exigir a qualquer tempo a comprovação das mesmas.

§ 3º No edifício constituído por unidades imobiliárias autônomas, de propriedade da mesma pessoa, os locatários ficam obrigados ao pagamento das despesas referidas no § 1º deste artigo, desde que comprovadas.

Art. 24. Nos imóveis utilizados como habitação coletiva multifamiliar, os locatários ou sublocatários poderão depositar judicialmente o aluguel e encargos se a construção for considerada em condições precárias pelo Poder Público.

§ 1º O levantamento dos depósitos somente será deferido com a comunicação, pela autoridade pública, da regularização do imóvel.

§ 2º Os locatários ou sublocatários que deixarem o imóvel estarão desobrigados do aluguel durante a execução das obras necessárias à regularização.

§ 3º Os depósitos efetuados em juízo pelos locatários e sublocatários poderão ser levantados, mediante ordem judicial, para realização das obras ou serviços necessários à regularização do imóvel.

Art. 25. Atribuída ao locatário a responsabilidade pelo pagamento dos tributos, encargos e despesas ordinárias de condomínio, o locador poderá cobrar tais verbas juntamente com o aluguel do mês a que se refiram.

Parágrafo único. Se o locador antecipar os pagamentos, a ele pertencerão as vantagens daí advindas, salvo se o locatário reembolsá-lo integralmente.

Art. 26. Necessitando o imóvel de reparos urgentes, cuja realização incumba ao locador, o locatário é obrigado a consenti-los.

Parágrafo único. Se os reparos durarem mais de 10 (dez) dias, o locatário terá direito ao abatimento do aluguel, proporcional ao período excedente; se mais de 30 (trinta) dias, poderá resilir o contrato.

Seção V
Do direito de preferência

Art. 27. No caso de venda, promessa de venda, cessão ou promessa de cessão de direitos ou dação em pagamento, o locatário tem preferência para adquirir o imóvel locado, em igualdade de condições com terceiros, devendo o locador dar-lhe conhecimento do negócio mediante notificação judicial, extrajudicial ou outro meio de ciência inequívoca.

→ *V.* Súmula 442 do STF.

Parágrafo único. A comunicação deverá conter todas as condições do negócio e, em especial, o preço, a forma de pagamento, a existência de ônus reais, bem como o local e horário em que pode ser examinada a documentação pertinente.

Art. 28. O direito de preferência do locatário caducará se não manifestada, de maneira inequívoca, sua aceitação integral à proposta, no prazo de 30 (trinta) dias.

Art. 29. Ocorrendo aceitação da proposta, pelo locatário, a posterior desistência do negócio pelo locador acarreta, a este, responsabilidade pelos prejuízos ocasionados, inclusive lucros cessantes.

Art. 30. Estando o imóvel sublocado em sua totalidade, caberá a preferência ao sublocatário e, em seguida, ao locatário. Se forem vários os sublocatários, a preferência caberá a todos, em comum, ou a qualquer deles, se um só for o interessado.

→ *V.* Art. 517 do CC.

Parágrafo único. Havendo pluralidade de pretendentes, caberá a preferência ao locatário mais antigo, e, se da mesma data, ao mais idoso.

Art. 31. Em se tratando de alienação de mais de uma unidade imobiliária, o direito de preferência incidirá sobre a totalidade dos bens objeto da alienação.

Art. 32. O direito de preferência não alcança os casos de perda da propriedade ou venda por decisão judicial, permuta, doação, integralização de capital, cisão, fusão e incorporação.

→ *V.* Arts. 533 e 538 do CC.

Parágrafo único. Nos contratos firmados a partir de 1º de outubro de 2001, o direito de preferência de que trata este artigo não alcançará também os casos de constituição da propriedade fiduciária e de perda da propriedade ou venda por quaisquer formas de realização de garantia, inclusive mediante leilão extrajudicial, devendo essa condição constar expressamente em cláusula contratual específica, destacando-se das demais por sua apresentação gráfica.

→ Parágrafo único acrescentado pela Lei 10.931/2004.

Art. 33. O locatário preterido no seu direito de preferência poderá reclamar do alienante as perdas e danos ou, depositando o preço e demais despesas do ato de transferência, haver para si o imóvel locado, se o requerer no prazo de 6 (seis) meses, a contar do registro do ato no cartório de imóveis, desde que o contrato de locação esteja averbado pelo menos 30 (trinta) dias antes da alienação junto à matrícula do imóvel.

Parágrafo único. A averbação far-se-á à vista de qualquer das vias do contrato de locação, desde que subscrito também por duas testemunhas.

→ *V.* Art. 167, II, 16, da Lei 6.015/1973.

Art. 34. Havendo condomínio no imóvel, a preferência do condômino terá prioridade sobre a do locatário.

→ *V.* Arts. 504 e 1.322 do CC.

Seção VI
Das benfeitorias

Art. 35. Salvo expressa disposição contratual em contrário, as benfeitorias necessárias introduzidas pelo locatário, ainda que não autorizadas pelo locador, bem como as úteis, desde que autorizadas, serão indenizáveis e permitem o exercício do direito de retenção.

→ *V.* Arts. 96, §§ 2º e 3º, e 1.221, do CC.

Art. 36. As benfeitorias voluptuárias não serão indenizáveis, podendo ser levantadas pelo locatário, finda a locação, desde que sua retirada não afete a estrutura e a substância do imóvel.

→ *V.* Arts. 96, § 1º, do CC.

Seção VII
Das garantias locatícias

Art. 37. No contrato de locação, pode o locador exigir do locatário as seguintes modalidades de garantia:

I – caução;

II – fiança;

→ *V.* Arts. 818 a 839 do CC.

III – seguro de fiança locatícia.

IV – cessão fiduciária de quotas de fundo de investimento.

→ Inciso IV acrescentado pela Lei 11.196/2005.

Parágrafo único. É vedada, sob pena de nulidade, mais de uma das modalidades de garantia num mesmo contrato de locação.

Art. 38. A caução poderá ser em bens móveis ou imóveis.

§ 1º A caução em bens móveis deverá ser registrada em cartório de títulos e documentos; a em bens imóveis deverá ser averbada à margem da respectiva matrícula.

§ 2º A caução em dinheiro, que não poderá exceder o equivalente a três meses de aluguel, será depositada em caderneta de poupança, autorizada pelo Poder Público e por ele regulamentada, revertendo em benefício do locatário todas as vantagens dela decorrentes por ocasião do levantamento da soma respectiva.

§ 3º A caução em títulos e ações deverá ser substituída, no prazo de 30 (trinta) dias, em caso de concordata, falência ou liquidação das sociedades emissoras.

Art. 39. Salvo disposição contratual em contrário, qualquer das garantias da locação se estende até a efetiva devolução do imóvel, ainda que prorrogada a locação por prazo indeterminado, por força desta Lei.

→ Artigo com redação alterada pela Lei 12.112/2009.

Art. 40. O locador poderá exigir novo fiador ou a substituição da modalidade de garantia, nos seguintes casos:

I – morte do fiador;

II – ausência, interdição, recuperação judicial, falência ou insolvência do fiador, declaradas judicialmente;

→ Inciso II com redação alterada pela Lei 12.112/2009.

III – alienação ou gravação de todos os bens imóveis do fiador ou sua mudança de residência sem comunicação ao locador;

IV – exoneração do fiador;

V – prorrogação da locação por prazo indeterminado, sendo a fiança ajustada por prazo certo;

VI – desaparecimento dos bens móveis;

VII – desapropriação ou alienação do imóvel.

VIII – exoneração de garantia constituída por quotas de fundo de investimento;

→ Inciso VIII acrescentado pela Lei 11.196/2005.

IX – liquidação ou encerramento do fundo de investimento de que trata o inciso IV do art. 37 desta Lei.

→ Inciso IX acrescentado pela Lei 11.196/2005.

X – prorrogação da locação por prazo indeterminado uma vez notificado o locador pelo fiador de sua intenção de desoneração, ficando obrigado por todos os efeitos da fiança, durante 120 (cento e vinte) dias após a notificação ao locador.

→ Inciso X acrescentado pela Lei 12.112/2009.

Parágrafo único. O locador poderá notificar o locatário para apresentar nova garantia locatícia no prazo de 30 (trinta) dias, sob pena de desfazimento da locação.

→ Parágrafo único acrescentado pela Lei 12.112/2009.

Art. 41. O seguro de fiança locatícia abrangerá a totalidade das obrigações do locatário.

Art. 42. Não estando a locação garantida por qualquer das modalidades, o locador poderá exigir do locatário o pagamento do aluguel e encargos até o sexto dia útil do mês vincendo.

Seção VIII
Das penalidades criminais e civis

Art. 43. Constitui contravenção penal, punível com prisão simples de 5 (cinco) dias a 6 (seis) meses ou multa de 3 (três) a 12 (doze) meses do valor do último aluguel atualizado, revertida em favor do locatário:

I – exigir, por motivo de locação ou sublocação, quantia ou valor além do aluguel e encargos permitidos;

II – exigir, por motivo de locação ou sublocação, mais de uma modalidade de garantia num mesmo contrato de locação;

III – cobrar antecipadamente o aluguel, salvo a hipótese do art. 42 e da locação para temporada.

Art. 44. Constitui crime de ação pública, punível com detenção de 3 (três) meses a 1 (um) ano, que poderá ser substituída pela prestação de serviços à comunidade:

I – recusar-se o locador ou sublocador, nas habitações coletivas multifamiliares, a fornecer recibo discriminado do aluguel e encargos;

II – deixar o retomante, dentro de 180 (cento e oitenta) dias após a entrega do imóvel, no caso do inciso III do art. 47, de usá-lo para o fim declarado ou, usando-o, não o fizer pelo prazo mínimo de 1 (um) ano;

III – não iniciar o proprietário, promissário comprador ou promissário cessionário, nos casos do inciso IV do art. 9º, inciso IV do art. 47, inciso I do art. 52 e inciso II do art. 53, a demolição ou a reparação do imóvel, dentro de 60 (sessenta) dias contados de sua entrega;

IV – executar o despejo com inobservância do disposto no § 2º do art. 65.

Parágrafo único. Ocorrendo qualquer das hipóteses previstas neste artigo, poderá o prejudicado reclamar, em processo próprio, multa equivalente a um mínimo de 12 (doze) e um máximo de 24 (vinte e quatro) meses do valor do último aluguel atualizado ou do que esteja sendo cobrado do novo locatário, se realugado o imóvel.

Seção IX
Das nulidades

Art. 45. São nulas de pleno direito as cláusulas do contrato de locação que visem a elidir os objetivos da presente Lei, notadamente as que proíbam a prorrogação prevista no art. 47, ou que afastem o direito à renovação, na hipótese do art. 51, ou que imponham obrigações pecuniárias para tanto.

Capítulo II
DAS DISPOSIÇÕES ESPECIAIS

Seção I
Da locação residencial

Art. 46. Nas locações ajustadas por escrito e por prazo igual ou superior a 30 (trinta) meses, a resolução do contrato ocorrerá findo o prazo estipulado, independentemente de notificação ou aviso.

§ 1º Findo o prazo ajustado, se o locatário continuar na posse do imóvel alugado por mais de 30 (trinta) dias sem oposição do locador, presumir-se-á prorrogada a locação por prazo indeterminado, mantidas as demais cláusulas e condições do contrato.

§ 2º Ocorrendo a prorrogação, o locador poderá denunciar o contrato a qualquer tempo, concedido o prazo de 30 (trinta) dias para desocupação.

Art. 47. Quando ajustada verbalmente ou por escrito e com prazo inferior a 30 (trinta) meses, findo o prazo estabelecido, a locação prorroga-se automaticamente, por prazo indeterminado, somente podendo ser retomado o imóvel:

I – nos casos do art. 9º;

II – em decorrência de extinção do contrato de trabalho, se a ocupação do imóvel pelo locatário estiver relacionada com o seu emprego;

III – se for pedido para uso próprio, de seu cônjuge ou companheiro, ou para uso residencial de ascendente ou descendente que não disponha, assim como seu cônjuge ou companheiro, de imóvel residencial próprio;

IV – se for pedido para demolição e edificação licenciada ou para a realização de obras aprovadas pelo Poder Público, que aumentem a área construída em, no mínimo, 20% (vinte por cento) ou, se o imóvel for destinado a exploração de hotel ou pensão, em 50% (cinquenta por cento);

V – se a vigência ininterrupta da locação ultrapassar 5 (cinco) anos.

§ 1º Na hipótese do inciso III, a necessidade deverá ser judicialmente demonstrada, se:

a) o retomante, alegando necessidade de usar o imóvel, estiver ocupando, com a mesma finalidade, outro de sua propriedade situado na mesma localidade ou, residindo ou utilizando imóvel alheio, já tiver retomado o imóvel anteriormente;

b) o ascendente ou descendente, beneficiário da retomada, residir em imóvel próprio.

§ 2º Nas hipóteses dos incisos III e IV, o retomante deverá comprovar ser proprietário, promissário comprador ou promissário cessionário, em caráter irrevogável, com imissão na posse do imóvel e título registrado junto à matrícula do mesmo.

Seção II
Da locação para temporada

Art. 48. Considera-se locação para temporada aquela destinada à residência temporária do locatário, para prática de lazer, realização de cursos, tratamento de saúde, feitura de obras em seu imóvel, e outros fatos que decorram tão somente de determinado tempo, e contratada por prazo não superior a 90 (noventa) dias, esteja ou não mobiliado o imóvel.

Parágrafo único. No caso de a locação envolver imóvel mobiliado, constará do contrato, obrigatoriamente, a descrição dos móveis e utensílios que o guarnecem, bem como o estado em que se encontram.

Art. 49. O locador poderá receber de uma só vez e antecipadamente os aluguéis e encargos, bem como exigir qualquer das modalidades de garantia previstas no art. 37 para atender as demais obrigações do contrato.

Art. 50. Findo o prazo ajustado, se o locatário permanecer no imóvel sem oposição do locador por mais de 30 (trinta) dias, presumir-se-á prorrogada a locação por tempo indeterminado, não mais sendo exigível o pagamento antecipado do aluguel e dos encargos.

Parágrafo único. Ocorrendo a prorrogação, o locador somente poderá denunciar o contrato após 30 (trinta) meses de seu início ou nas hipóteses do art. 47.

Seção III
Da locação não residencial

Art. 51. Nas locações de imóveis destinados ao comércio, o locatário terá direito a renovação do contrato, por igual prazo, desde que, cumulativamente:

I – o contrato a renovar tenha sido celebrado por escrito e com prazo determinado;

II – o prazo mínimo do contrato a renovar ou a soma dos prazos ininterruptos dos contratos escritos seja de 5 (cinco) anos;

III – o locatário esteja explorando seu comércio, no mesmo ramo, pelo prazo mínimo e ininterrupto de 3 (três) anos.

§ 1º O direito assegurado neste artigo poderá ser exercido pelos cessionários ou sucessores da locação; no caso de sublocação total do imóvel, o direito a renovação somente poderá ser exercido pelo sublocatário.

→ *v.* Súmula 482 do STF.

§ 2º Quando o contrato autorizar que o locatário utilize o imóvel para as atividades de sociedade de que faça parte e que a esta passe a pertencer o fundo de comércio, o direito a renovação poderá ser exercido pelo locatário ou pela sociedade.

§ 3º Dissolvida a sociedade comercial por morte de um dos sócios, o sócio sobrevivente fica sub-rogado no direito a renovação, desde que continue no mesmo ramo.

§ 4º O direito a renovação do contrato estende-se às locações celebradas por indústrias e sociedades civis com fim lucrativo, regularmente constituídas, desde que ocorrentes os pressupostos previstos neste artigo.

§ 5º Do direito a renovação decai aquele que não propuser a ação no interregno de 1 (um) ano, no máximo, até 6 (seis) meses, no mínimo, anteriores à data da finalização do prazo do contrato em vigor.

Art. 52. O locador não estará obrigado a renovar o contrato se:

I – por determinação do Poder Público, tiver que realizar no imóvel obras que importarem na sua radical transformação; ou para fazer modificação de tal natureza que aumente o valor do negócio ou da propriedade;

II – o imóvel vier a ser utilizado por ele próprio ou para transferência de fundo de comércio existente há mais de 1 (um) ano, sendo detentor da maioria do capital o locador, seu cônjuge, ascendente ou descendente.

1º Na hipótese do inciso II, o imóvel não poderá ser destinado ao uso do mesmo ramo do locatário, salvo se a locação também envolvia o fundo de comércio, com as instalações e pertences.

2º Nas locações de espaço em *shopping centers*, o locador não poderá recusar a renovação do contrato com fundamento no inciso II deste artigo.

3º O locatário terá direito a indenização para ressarcimento dos prejuízos e dos lucros cessantes que tiver que arcar com a mudança, perda do lugar e desvalorização do fundo de comércio, se a renovação não ocorrer em razão de proposta de terceiro, em melhores condições, ou se o locador, no prazo de 3 (três) meses da entrega do imóvel, não der o destino alegado ou não iniciar as obras determinadas pelo Poder Público ou que declarou pretender realizar.

Art. 53. Nas locações de imóveis utilizados por hospitais, unidades sanitárias oficiais, asilos, estabelecimentos de saúde e de ensino autorizados e fiscalizados pelo Poder Público, bem como por entidades religiosas devidamente registradas, o contrato somente poderá ser rescindido:

→ *Caput* com redação alterada pela Lei 9.256/1996.

I – nas hipóteses do art. 9º;

II – se o proprietário, promissário comprador ou promissário cessionário, em caráter irrevogável e imitido na posse, com título registrado, que haja quitado o preço da promessa ou que, não o tendo feito, seja autorizado pelo proprietário, pedir o imóvel para demolição, edificação, licenciada ou reforma que venha a resultar em aumento mínimo de 50% (cinquenta por cento) da área útil.

Art. 54. Nas relações entre lojistas e empreendedores de *shopping center*, prevalecerão as condições livremente pactuadas nos contratos de locação respectivos e as disposições procedimentais previstas nesta Lei.

1º O empreendedor não poderá cobrar do locatário em *shopping center*:

a) as despesas referidas nas alíneas *a*, *b* e *d* do parágrafo único do art. 22; e

b) as despesas com obras ou substituições de equipamentos, que impliquem modificar o projeto ou o memorial descritivo da data do habite-se e obras de paisagismo nas partes de uso comum.

2º As despesas cobradas do locatário devem ser previstas em orçamento, salvo casos de urgência ou força maior, devidamente demonstradas, podendo o locatário, a cada 60 (sessenta) dias, por si ou entidade de classe exigir a comprovação das mesmas.

Art. 54-A. Na locação não residencial de imóvel urbano na qual o locador procede à prévia aquisição, construção ou substancial reforma, por si mesmo ou por terceiros, do imóvel então especificado pelo pretendente à locação, a fim de que seja a este locado por prazo determinado, prevalecerão as condições livremente pactuadas no contrato respectivo e as disposições procedimentais previstas nesta Lei.

→ Artigo acrescentado pela Lei 12.744/2012.

§ 1º Poderá ser convencionada a renúncia ao direito de revisão do valor dos aluguéis durante o prazo de vigência do contrato de locação.

§ 2º Em caso de denúncia antecipada do vínculo locatício pelo locatário, compromete-se este a cumprir a multa convencionada, que não excederá, porém, a soma dos valores dos aluguéis a receber até o termo final da locação.

§ 3º (*Vetado*).

Art. 55. Considera-se locação não residencial quando o locatário for pessoa jurídica e o imóvel, destinar-se ao uso de seus titulares, diretores, sócios, gerentes, executivos ou empregados.

Art. 56. Nos demais casos de locação não residencial, o contrato por prazo determinado cessa, de pleno direito, findo o prazo estipulado, independentemente de notificação ou aviso.

Parágrafo único. Findo o prazo estipulado, se o locatário permanecer no imóvel por mais de 30 (trinta) dias sem oposição do locador, presumir-se-á prorrogada a locação nas condições ajustadas, mas sem prazo determinado.

Art. 57. O contrato de locação por prazo indeterminado pode ser denunciado por escrito, pelo locador, concedidos ao locatário 30 (trinta) dias para a desocupação.

Título II
Dos Procedimentos

Capítulo I
DAS DISPOSIÇÕES GERAIS

Art. 58. Ressalvados os casos previstos no parágrafo único do art. 1º, nas ações de despejo, consignação em pagamento de aluguel e acessório da locação, revisionais de aluguel e renovatórias de locação, observar-se-á o seguinte:

I – os processos tramitam durante as férias forenses e não se suspendem pela superveniência delas;

II – é competente para conhecer e julgar tais ações o foro do lugar da situação do imóvel, salvo se outro houver sido eleito no contrato;

III – o valor da causa corresponderá a doze meses de aluguel, ou, na hipótese do inciso II do art. 47, a três salários vigentes por ocasião do ajuizamento;

IV – desde que autorizado no contrato, a citação, intimação ou notificação far-se-á mediante correspondência com aviso de recebimento, ou, tratando-se de pessoa jurídica ou firma individual, também mediante telex ou *fac-símile*, ou, ainda, sendo necessário, pelas demais formas previstas no Código de Processo Civil;

→ *v.* Arts. 238 e ss., do NCPC.

V – os recursos interpostos contra as sentenças terão efeito somente devolutivo.

Capítulo II
DAS AÇÕES DE DESPEJO

Art. 59. Com as modificações constantes deste Capítulo, as ações de despejo terão o rito ordinário.

§ 1º Conceder-se-á liminar para desocupação em 15 (quinze) dias, independentemente da audiência da parte contrária e desde que prestada a caução no valor equivalente a três meses de aluguel, nas ações que tiverem por fundamento exclusivo:

I – o descumprimento do mútuo acordo (art. 9º, inciso I), celebrado por escrito e assinado pelas partes e por duas testemunhas, no qual tenha sido ajustado o prazo mínimo de 6 (seis) meses para desocupação, contado da assinatura do instrumento;

II – o disposto no inciso II do art. 47, havendo prova escrita da rescisão do contrato de trabalho ou sendo ela demonstrada em audiência prévia;

III – o término do prazo da locação para temporada, tendo sido proposta a ação de despejo em até 30 (trinta) dias após o vencimento do contrato;

IV – a morte do locatário sem deixar sucessor legítimo na locação, de acordo com o referido no inciso I do art. 11, permanecendo no imóvel pessoas não autorizadas por lei;

V – a permanência do sublocatário no imóvel, extinta a locação, celebrada com o locatário.

VI – o disposto no inciso IV do art. 9º, havendo a necessidade de se produzir reparações urgentes no imóvel, determinadas pelo poder público, que não possam ser normalmente executadas com a permanência do locatário, ou, podendo, ele se recuse a consenti-las;

→ Inciso VI acrescentado pela Lei 12.112/2009.

VII – o término do prazo notificatório previsto no parágrafo único do art. 40, sem apresentação de nova garantia apta a manter a segurança inaugural do contrato;

→ Inciso VII acrescentado pela Lei 12.112/2009.

VIII – o término do prazo da locação não residencial, tendo sido proposta a ação em até 30 (trinta) dias do termo ou do cumprimento de notificação comunicando o intento de retomada;

→ Inciso VIII acrescentado pela Lei 12.112/2009.

IX – a falta de pagamento de aluguel e acessórios da locação no vencimento, estando o contrato desprovido de qualquer das garantias previstas no art. 37, por não ter sido contratada ou em caso de extinção ou pedido de exoneração dela, independentemente de motivo.

→ Inciso IX acrescentado pela Lei 12.112/2009.

§ 2º Qualquer que seja o fundamento da ação dar-se-á ciência do pedido aos sublocatários, que poderão intervir no processo como assistentes.

§ 3º No caso do inciso IX do § 1º deste artigo, poderá o locatário evitar a rescisão da locação e elidir a liminar de desocupação se, dentro dos 15 (quinze) dias concedidos para a desocupação do imóvel e independentemente de cálculo, efetuar depósito judicial que contemple a totalidade dos valores devidos, na forma prevista no inciso II do art. 62.

→ § 3º acrescentado pela Lei 12.112/2009.

Art. 60. Nas ações de despejo fundadas no inciso IV do art. 9º, inciso IV do art. 47 e inciso II do art. 53, a petição inicial deverá ser instruída com prova da propriedade do imóvel ou do compromisso registrado.

Art. 61. Nas ações fundadas no § 2º do art. 46 e nos incisos III e IV do art. 47, se o locatário, no prazo da contestação, manifestar sua concordância com a desocupação do imóvel, o juiz acolherá o pedido fixando prazo de 6 (seis) meses para a desocupação, contados da citação, impondo ao vencido a responsabilidade pelas custas e honorários advocatícios de 20% (vinte por cento) sobre o valor dado à causa. Se a desocupação ocorrer dentro do prazo fixado, o réu ficará isento dessa responsabilidade; caso contrário, será expedido mandado de despejo.

Art. 62. Nas ações de despejo fundadas na falta de pagamento de aluguel e acessórios da locação, de aluguel provisório, de diferenças de aluguéis, ou somente de quaisquer dos acessórios da locação, observar-se-á o seguinte:

→ *Caput* com redação alterada pela Lei 12.112/2009.

I – o pedido de rescisão da locação poderá ser cumulado com o pedido de cobrança dos aluguéis e acessórios da locação; nesta hipótese, citar-se-á o locatário para responder ao pedido de rescisão e o locatário e os fiadores para responderem ao pedido de cobrança, devendo ser apresentado, com a inicial, cálculo discriminado do valor do débito;

→ Inciso I com redação alterada pela Lei 12.112/2009.

II – o locatário e o fiador poderão evitar a rescisão da locação efetuando, no prazo de 15 (quinze) dias, contado da citação, o pagamento do débito atualizado, independentemente de cálculo e mediante depósito judicial, incluídos:

→ *Caput* do inciso II com redação alterada pela Lei 12.112/2009.

a) os aluguéis e acessórios da locação que vencerem até a sua efetivação;

b) as multas ou penalidades contratuais, quando exigíveis;

c) os juros de mora;

d) as custas e os honorários do advogado do locador, fixados em 10% (dez por cento) sobre o montante devido, se do contrato não constar disposição diversa;

III – efetuada a purga da mora, se o locador alegar que a oferta não é integral, justificando a diferença, o locatário poderá complementar o depósito no prazo de 10 (dez) dias, contado da intimação, que poderá ser dirigida ao locatário ou diretamente ao patrono deste, por carta ou publicação no órgão oficial, a requerimento do locador;

→ Inciso III com redação alterada pela Lei 12.112/2009.

IV – não sendo integralmente complementado o depósito, o pedido de rescisão prosseguirá pela diferença, podendo o locador levantar a quantia depositada;

→ Inciso IV com redação alterada pela Lei 12.112/2009.

V – os aluguéis que forem vencendo até a sentença deverão ser depositados à disposição do juízo, nos respectivos vencimentos, podendo o locador levantá-los desde que incontroversos;

VI – havendo cumulação dos pedidos de rescisão da locação e cobrança dos aluguéis, a execução desta pode ter início antes da desocupação do imóvel, caso ambos tenham sido acolhidos.

Parágrafo único. Não se admitirá a emenda da mora se o locatário já houver utilizado essa faculdade nos 24 (vinte e quatro) meses imediatamente anteriores à propositura da ação.

→ Parágrafo único com redação alterada pela Lei 12.112/2009.

Art. 63. Julgada procedente a ação de despejo, o juiz determinará a expedição de mandado de despejo, que conterá o prazo de 30 (trinta) dias para a desocupação voluntária, ressalvado o disposto nos parágrafos seguintes.

→ *Caput* com redação alterada pela Lei 12.112/2009.

§ 1º O prazo será de 15 (quinze) dias se:

a) entre a citação e a sentença de primeira instância houverem decorrido mais de 4 (quatro) meses; ou

b) o despejo houver sido decretado com fundamento no art. 9º ou no § 2º do art. 46.

→ Alínea *b* com redação alterada pela Lei 12.112/2009.

§ 2º Tratando-se de estabelecimento de ensino autorizado e fiscalizado pelo Poder Público, respeitado o prazo mínimo de 6 (seis) meses e o máximo de 1 (um) ano, o juiz disporá de modo que a desocupação coincida com o período de férias escolares.

§ 3º Tratando-se de hospitais, repartições públicas, unidades sanitárias oficiais, asilos, estabelecimentos de saúde e de ensino autorizados e fiscalizados pelo Poder Público, bem como por entidades religiosas devidamente registradas, e o despejo for decretado com fundamento no inciso IV do art. 9º ou no inciso II do art. 53, o prazo será de 1 (um) ano, exceto no caso em que entre a citação e a sentença de primeira instância houver decorrido mais de 1 (um) ano, hipótese em que o prazo será de 6 (seis) meses.

→ § 3º com redação alterada pela Lei 9.256/1996.

§ 4º A sentença que decretar o despejo fixará o valor da caução para o caso de ser executada provisoriamente.

Art. 64. Salvo nas hipóteses das ações fundadas no art. 9º, a execução provisória do despejo dependerá de caução não inferior a 6 (seis) meses nem superior a 12 (doze) meses do aluguel, atualizado até a data da prestação da caução.

→ *Caput* com redação alterada pela Lei 12.112/2009.

§ 1º A caução poderá ser real ou fidejussória e será prestada nos autos da execução provisória.

§ 2º Ocorrendo a reforma da sentença ou da decisão que concedeu liminarmente o despejo, o valor da caução reverterá em favor do réu, como indenização mínima das perdas e danos, podendo este reclamar, em ação própria, a diferença pelo que a exceder.

Art. 65. Findo o prazo assinado para a desocupação, contado da data da notificação, será efetuado o despejo, se necessário com emprego de força, inclusive arrombamento.

§ 1º Os móveis e utensílios serão entregues à guarda de depositário, se não os quiser retirar o despejado.

§ 2º O despejo não poderá ser executado até o 30º (trigésimo) dia seguinte ao do falecimento do cônjuge, ascendente, descendente ou irmão de qualquer das pessoas que habitem o imóvel.

Art. 66. Quando o imóvel for abandonado após ajuizada a ação, o locador poderá imitir-se na posse do imóvel.

Capítulo III
DA AÇÃO DE CONSIGNAÇÃO DE ALUGUEL E ACESSÓRIOS DA LOCAÇÃO

Art. 67. Na ação que objetivar o pagamento dos aluguéis e acessórios da locação mediante consignação, será observado o seguinte:

I – a petição inicial, além dos requisitos exigidos pelo art. 282 do Código de Processo Civil, deverá especificar os aluguéis e acessórios da locação com indicação dos respectivos valores;

→ *v.* Súmula 449 do STF.

→ *v.* Arts. 319 e ss., do NCPC.

II – determinada a citação do réu, o autor será intimado a, no prazo de 24 (vinte e quatro) horas, efetuar o depósito judicial da importância indicada na petição inicial, sob pena de ser extinto o processo;

III – o pedido envolverá a quitação das obrigações que vencerem durante a tramitação do feito e até ser prolatada a sentença de primeira instância, devendo o autor promover os depósitos nos respectivos vencimentos;

IV – não sendo oferecida a contestação, ou se o locador receber os valores depositados, o juiz acolherá o pedido, declarando quitadas as obrigações, condenando o réu ao pagamento das custas e honorários de 20% (vinte por cento) do valor dos depósitos;

V – a contestação do locador, além da defesa de direito que possa caber, ficará adstrita, quanto à matéria de fato, a:

a) não ter havido recusa ou mora em receber a quantia devida;

b) ter sido justa a recusa;

c) não ter sido efetuado o depósito no prazo ou no lugar do pagamento;

d) não ter sido o depósito integral;

VI – além de contestar, o réu poderá, em reconvenção, pedir o despejo e a cobrança dos valores objeto da consignatória ou da diferença do depósito inicial, na hipótese de ter sido alegado não ser o mesmo integral;

VII – o autor poderá complementar o depósito inicial, no prazo de 5 (cinco) dias contados da ciência do oferecimento da resposta, com acréscimo de 10% (dez por cento) sobre o valor da diferença. Se tal ocorrer, o juiz declarará quitadas as obrigações, elidindo a rescisão da locação, mas imporá ao autor reconvindo a responsabilidade pelas custas e honorários advocatícios de 20% (vinte por cento) sobre o valor dos depósitos;

VIII – havendo, na reconvenção, cumulação dos pedidos de rescisão da locação e cobrança dos valores objeto da consignatória, a execução desta somente poderá ter início após obtida a desocupação do imóvel, caso ambos tenham sido acolhidos.

Parágrafo único. O réu poderá levantar a qualquer momento as importâncias depositadas sobre as quais não penda controvérsia.

Capítulo IV
DA AÇÃO REVISIONAL DE ALUGUEL

Art. 68. Na ação revisional de aluguel, que terá o rito sumário, observar-se-á o seguinte:

→ *Caput* com redação alterada pela Lei 12.112/2009.

I – além dos requisitos exigidos pelos arts. 276 e 282 do Código de Processo Civil, a petição inicial deverá indicar o valor do aluguel cuja fixação é pretendida;

→ *v.* Arts. 319 e ss., do NCPC.

II – ao designar a audiência de conciliação, o juiz, se houver pedido e com base nos elementos fornecidos tanto pelo locador como pelo locatário, ou nos que indicar, fixará aluguel provisório, que será devido desde a citação, nos seguintes moldes:

→ *Caput* do inciso II com redação alterada pela Lei 12.112/2009.

a) em ação proposta pelo locador, o aluguel provisório não poderá ser excedente a 80% (oitenta por cento) do pedido;

→ Alínea *a* acrescentada pela Lei 12.112/2009.

b) em ação proposta pelo locatário, o aluguel provisório não poderá ser inferior a 80% (oitenta por cento) do aluguel vigente;

→ Alínea *b* acrescentada pela Lei 12.112/2009.

III – sem prejuízo da contestação e até a audiência, o réu poderá pedir seja revisto o aluguel provisório, fornecendo os elementos para tanto;

IV – na audiência de conciliação, apresentada a contestação, que deverá conter contraproposta se houver discordância quanto ao valor pretendido, o juiz tentará a conciliação e, não sendo esta possível, determinará a realização de perícia, se necessária, designando, desde logo, audiência de instrução e julgamento;

→ Inciso IV com redação alterada pela Lei 12.112/2009.

V – o pedido de revisão previsto no inciso III deste artigo interrompe o prazo para interposição de recurso contra a decisão que fixar o aluguel provisório.

→ Inciso V acrescentado pela Lei 12.112/2009.

§ 1º Não caberá ação revisional na pendência de prazo para desocupação do imóvel (arts. 46, § 2º, e 57), ou quando tenha sido este estipulado amigável ou judicialmente.

§ 2º No curso da ação de revisão, o aluguel provisório será reajustado na periodicidade pactuada ou na fixada em lei.

Art. 69. O aluguel fixado na sentença retroage à citação, e as diferenças devidas durante a ação de revisão, descontados os alugueres provisórios satisfeitos, serão pagas corrigidas, exigíveis a partir do trânsito em julgado da decisão que fixar o novo aluguel.

§ 1º Se pedido pelo locador, ou sublocador, a sentença poderá estabelecer periodicidade de reajustamento do aluguel diversa daquela prevista no contrato revisando, bem como adotar outro indexador para reajustamento do aluguel.

§ 2º A execução das diferenças será feita nos autos da ação de revisão.

Art. 70. Na ação de revisão do aluguel, o juiz poderá homologar acordo de desocupação, que será executado mediante expedição de mandado de despejo.

Capítulo V
DA AÇÃO RENOVATÓRIA

Art. 71. Além dos demais requisitos exigidos no art. 282 do Código de Processo Civil, a petição inicial da ação renovatória deverá ser instruída com:

→ *v.* Arts. 319 e ss., do NCPC.

I – prova do preenchimento dos requisitos dos incisos I, II e III do art. 51;

→ *v.* art. 120 do NCPC.

II – prova do exato cumprimento do contrato em curso;

III – prova da quitação dos impostos e taxas que incidiram sobre o imóvel e cujo pagamento lhe incumbia;

IV – indicação clara e precisa das condições oferecidas para a renovação da locação;

V – indicação do fiador quando houver no contrato a renovar e, quando não for o mesmo, com indicação do nome ou denominação completa, número de sua inscrição no Ministério da Fazenda, endereço e, tratando-se de pessoa natural, a nacionalidade, o estado civil, a profissão e o número da carteira de identidade, comprovando, desde logo, mesmo que não haja alteração do fiador, a atual idoneidade financeira;

→ Inciso V com redação alterada pela Lei 12.112/2009.

VI – prova de que o fiador do contrato ou o que o substituir na renovação aceita os encargos da fiança, autorizado por seu cônjuge, se casado for;

VII – prova, quando for o caso, de ser cessionário ou sucessor, em virtude de título oponível ao proprietário.

Parágrafo único. Proposta a ação pelo sublocatário do imóvel ou de parte dele, serão citados o sublocador e o locador, como litisconsortes, salvo se, em virtude de locação originária ou renovada, o sublocador dispuser de prazo que admita renovar a sublocação; na primeira hipótese, procedente a ação, o proprietário ficará diretamente obrigado à renovação.

Art. 72. A contestação do locador, além da defesa de direito que possa caber, ficará adstrita, quanto à matéria de fato, ao seguinte:

I – não preencher o autor os requisitos estabelecidos nesta Lei;

II – não atender, a proposta do locatário, o valor locativo real do imóvel na época da renovação, excluída a valorização trazida por aquele ao ponto ou lugar;

III – ter proposta de terceiro para a locação, em condições melhores;

IV – não estar obrigado a renovar a locação (incisos I e II do art. 52).

§ 1º No caso do inciso II, o locador deverá apresentar, em contraproposta, as condições de locação que repute compatíveis com o valor locativo real e atual do imóvel.

§ 2º No caso do inciso III, o locador deverá juntar prova documental da proposta do terceiro, subscrita por este e por duas testemunhas, com clara indicação do ramo a ser explorado, que não poderá ser o mesmo do locatário. Nessa hipótese, o locatário poderá, em réplica, aceitar tais condições para obter a renovação pretendida.

§ 3º No caso do inciso I do art. 52, a contestação deverá trazer prova da determinação do Poder Público ou relatório pormenorizado das obras a serem realizadas e da estimativa de valorização que sofrerá o imóvel, assinado por engenheiro devidamente habilitado.

§ 4º Na contestação, o locador, ou sublocador, poderá pedir, ainda, a fixação de aluguel provisório, para vigorar a partir do primeiro mês do prazo do contrato a ser renovado, não excedente a 80% (oitenta por cento) do pedido, desde que apresentados elementos hábeis para aferição do justo valor do aluguel.

§ 5º Se pedido pelo locador, ou sublocador, a sentença poderá estabelecer periodicidade de reajustamento do aluguel diversa daquela prevista no contrato renovando, bem como adotar outro indexador para reajustamento do aluguel.

Art. 73. Renovada a locação, as diferenças dos aluguéis vencidos serão executadas nos próprios autos da ação e pagas de uma só vez.

Art. 74. Não sendo renovada a locação, o juiz determinará a expedição de mandado de despejo, que conterá o prazo de 30 (trinta) dias para a desocupação voluntária, se houver pedido na contestação.

→ *Caput* com redação alterada pela Lei 12.112/2009.

§ 1º *(Vetado).*

→ § 1º acrescentado pela Lei 12.112/2009.

§ 2º *(Vetado).*

→ § 2º acrescentado pela Lei 12.112/2009.

§ 3º *(Vetado).*

→ § 3º acrescentado pela Lei 12.112/2009.

Art. 75. Na hipótese do inciso III do art. 72, a sentença fixará desde logo a indenização devida ao locatário em consequência da não prorrogação da locação, solidariamente devida pelo locador e o proponente.

Título III
Das Disposições Finais e Transitórias

Art. 76. Não se aplicam as disposições desta Lei aos processos em curso.

Art. 77. Todas as locações residenciais que tenham sido celebradas anteriormente à vigência desta Lei serão automaticamente prorrogadas por tempo indeterminado, ao término do prazo ajustado no contrato.

Art. 78. As locações residenciais que tenham sido celebradas anteriormente à vigência desta Lei e que já vigorem ou venham a vigorar por prazo indeterminado, poderão ser denunciadas pelo locador, concedido o prazo de 12 (doze) meses para a desocupação.

Parágrafo único. Na hipótese de ter havido revisão judicial ou amigável do aluguel, atingindo o preço do mercado, a denúncia somente poderá ser exercitada após 24 (vinte e quatro) meses da data da revisão, se esta ocorreu nos 12 (doze) meses anteriores à data da vigência desta Lei.

Art. 79. No que for omissa esta Lei aplicam-se as normas do Código Civil e do Código de Processo Civil.

Art. 80. Para os fins do inciso I do art. 98 da Constituição Federal, as ações de despejo poderão ser consideradas como causas cíveis de menor complexidade.

Art. 81. O inciso II do art. 167 e o art. 169 da Lei 6.015, de 31 de dezembro de 1973, passam a vigorar com as seguintes alterações:

→ Alterações efetuadas na referida Lei.

Art. 82. O art. 3º da Lei 8.009, de 29 de março de 1990, passa a vigorar acrescido do seguinte inciso VII:

"Art. 3º (...)

(...)

VII – por obrigação decorrente de fiança concedida em contrato de locação."

Art. 83. Ao art. 24 da Lei 4.591, de 16 de dezembro de 1964 fica acrescido o seguinte § 4º:

"Art. 24. (...)

(...)

§ 4º Nas decisões da assembleia que envolvam despesas ordinárias do condomínio, o locatário poderá votar, caso o condômino locador a ela não compareça."

Art. 84. Reputam-se válidos os registros dos contratos de locação de imóveis, realizados até a data da vigência desta Lei.

Art. 85. Nas locações residenciais, é livre a convenção do aluguel quanto a preço, periodicidade e indexador de reajustamento, vedada a vinculação à variação do salário mínimo, variação cambial e moeda estrangeira:

I – dos imóveis novos com habite-se concedido a partir da entrada em vigor desta Lei;

II – dos demais imóveis não enquadrados no inciso anterior, em relação aos contratos celebrados, após cinco anos de entrada em vigor desta Lei.

Art. 86. O art. 8º da Lei 4.380, de 21 de agosto de 1964 passa a vigorar com a seguinte redação:

"Art. 8º O Sistema Financeiro da Habitação, destinado a facilitar e promover a construção e a aquisição da casa própria ou moradia, especialmente pelas classes de menor renda da população, será integrado."

Art. 87. (*Vetado*).

Art. 88. (*Vetado*).

Art. 89. Esta Lei entrará em vigor 60 (sessenta) dias após a sua publicação.

Art. 90. Revogam-se as disposições em contrário, especialmente:

I – o Decreto 24.150, de 20 de abril de 1934;

II – a Lei 6.239, de 19 de setembro de 1975;

III – a Lei 6.649, de 16 de maio de 1979;

IV – a Lei 6.698, de 15 de outubro de 1979;

V – a Lei 7.355, de 31 de agosto de 1985;

VI – a Lei 7.538, de 24 de setembro de 1986;

VII – a Lei 7.612, de 9 de julho de 1987; e

VIII – a Lei 8.157, de 3 de janeiro de 1991.

Brasília, 18 de outubro de 1991; 170º da Independência e 103º da República.

Fernando Collor

(Publicação no *D.O.U.* de 21.10.1991)

LEI 8.397, DE 6 DE JANEIRO DE 1992

Institui medida cautelar fiscal e dá outras providências.

→ *v.* Decreto 7.574/2011 – Regulamenta o processo de determinação e exigência de créditos tributários da União, o processo de consulta sobre a aplicação da legislação tributária federal e outros processos que especifica, sobre matérias administradas pela Secretaria da Receita Federal do Brasil.

O Presidente da República:

Faço saber que o Congresso Nacional decreta e eu sanciono a seguinte Lei:

Art. 1º O procedimento cautelar fiscal poderá ser instaurado após a constituição do crédito, inclusive no curso da execução judicial da Dívida Ativa da União, dos Estados, do Distrito Federal, dos Municípios e respectivas autarquias.

→ *Caput* com redação alterada pela Lei 9.532/1997.

→ *v.* Arts. 45 e 46 da Decreto 7.574/2011.

Parágrafo único. O requerimento da medida cautelar, na hipótese dos incisos V, alínea *b*, e VII, do art. 2º, independe da prévia constituição do crédito tributário.

→ Parágrafo único acrescentado pela Lei 9.532/1997.

Art. 2º A medida cautelar fiscal poderá ser requerida contra o sujeito passivo de crédito tributário ou não tributário, quando o devedor:

→ *Caput* com redação alterada pela Lei 9.532/1997.

I – sem domicílio certo, intenta ausentar-se ou alienar bens que possui ou deixa de pagar a obrigação no prazo fixado;

II – tendo domicílio certo, ausenta-se ou tenta se ausentar, visando a elidir o adimplemento da obrigação;

III – caindo em insolvência, aliena ou tenta alienar bens;

→ Inciso III com redação alterada pela Lei 9.532/1997.

IV – contrai ou tenta contrair dívidas que comprometam a liquidez do seu patrimônio;

→ Inciso IV com redação alterada pela Lei 9.532/1997.

V – notificado pela Fazenda Pública para que proceda ao recolhimento do crédito fiscal:

→ *Caput* do inciso V com redação alterada pela Lei 9.532/1997.

a) deixa de pagá-lo no prazo legal, salvo se suspensa sua exigibilidade;

→ Alínea *a* acrescentada pela Lei 9.532/1997.

b) põe ou tenta por seus bens em nome de terceiros;

→ Alínea *b* acrescentada pela Lei 9.532/1997.

VI – possui débitos, inscritos ou não em Dívida Ativa, que somados ultrapassem 30% (trinta por cento) do seu patrimônio conhecido;

→ Inciso VI acrescentado pela Lei 9.532/1997.

VII – aliena bens ou direitos sem proceder à devida comunicação ao órgão da Fazenda Pública competente, quando exigível em virtude de lei;

→ Inciso VII acrescentado pela Lei 9.532/1997.

VIII – tem sua inscrição no cadastro de contribuintes declarada inapta, pelo órgão fazendário;

→ Inciso VIII acrescentado pela Lei 9.532/1997.

IX – pratica outros atos que dificultem ou impeçam a satisfação do crédito.

→ Inciso IX acrescentado pela Lei 9.532/1997.

Art. 3º Para a concessão da medida cautelar fiscal é essencial:

I – prova literal da constituição do crédito fiscal;

II – provas documentais de algum dos casos mencionados no artigo antecedente.

Art. 4º A decretação da medida cautelar fiscal produzirá, de imediato, a indisponibilidade dos bens do requerido, até o limite da satisfação da obrigação.

§ 1º Na hipótese de pessoa jurídica, a indisponibilidade recairá somente sobre os bens do ativo permanente, podendo, ainda, ser estendida aos bens do acionista controlador e aos dos que em razão do contrato social ou estatuto tenham poderes para fazer a empresa cumprir suas obrigações fiscais, ao tempo:

a) do fato gerador, nos casos de lançamento de ofício;

b) do inadimplemento da obrigação fiscal, nos demais casos.

§ 2º A indisponibilidade patrimonial poderá ser estendida em relação aos bens adquiridos a qualquer título do requerido ou daqueles que estejam ou tenham estado na função de administrador (§ 1º), desde que seja capaz de frustrar a pretensão da Fazenda Pública.

§ 3º Decretada a medida cautelar fiscal, será comunicada imediatamente ao registro público de imóveis, ao Banco Central do Brasil, à Comissão de Valores Mobiliários e às demais repartições que processem registros de transferência de bens, a fim de que, no âmbito de suas atribuições, façam cumprir a constrição judicial.

Art. 5º A medida cautelar fiscal será requerida ao juiz competente para a execução judicial da Dívida Ativa da Fazenda Pública.

Parágrafo único. Se a execução judicial estiver em Tribunal, será competente o relator do recurso.

Art. 6º A Fazenda Pública pleiteará a medida cautelar fiscal em petição devidamente fundamentada, que indicará:

I – o juiz a quem é dirigida;

II – a qualificação e o endereço, se conhecido, do requerido;

III – as provas que serão produzidas;

IV – o requerimento para citação.

Art. 7º O juiz concederá liminarmente a medida cautelar fiscal, dispensada a Fazenda Pública de justificação prévia e de prestação de caução.

Parágrafo único. Do despacho que conceder liminarmente a medida cautelar caberá agravo de instrumento.

Art. 8º O requerido será citado para, no prazo de 15 (quinze) dias, contestar o pedido, indicando as provas que pretenda produzir.

Parágrafo único. Conta-se o prazo da juntada aos autos do mandado:

a) de citação, devidamente cumprido;

b) da execução da medida cautelar fiscal, quando concedida liminarmente.

Art. 9º Não sendo contestado o pedido, presumir-se-ão aceitos pelo requerido, como verdadeiros, os fatos alegados pela Fazenda Pública, caso em que o juiz decidirá em 10 (dez) dias.

Parágrafo único. Se o requerido contestar no prazo legal, o juiz designará audiência de instrução e julgamento, havendo prova a ser nela produzida.

Art. 10. A medida cautelar fiscal decretada poderá ser substituída, a qualquer tempo, pela prestação de garantia correspondente ao valor da pretensão da Fazenda Pública, na forma do art. 9º da Lei 6.830, de 22 de setembro de 1980.

→ v. arts. 796 a 812 do CPC/1973.

→ v. Arts. 9º, 296, 297, 292, parágrafo único, 299, 300, §§ 1º e 2º, 301, 302, e 305 a 310, do NCPC.

Parágrafo único. A Fazenda Pública será ouvida necessariamente sobre o pedido de substituição, no prazo de 5 (cinco) dias, presumindo-se da omissão a sua aquiescência.

Art. 11. Quando a medida cautelar fiscal for concedida em procedimento preparatório, deverá a Fazenda Pública propor a execução judicial da Dívida Ativa no prazo de 60 (sessenta) dias, contados da data em que a exigência se tornar irrecorrível na esfera administrativa.

→ v. Art. 806 do CPC.

→ v. Art. 308 do NCPC.

Art. 12. A medida cautelar fiscal conserva a sua eficácia no prazo do artigo antecedente e na pendência do processo de execução judicial da Dívida Ativa, mas pode, a qualquer tempo, ser revogada ou modificada.

→ v. Art. 807 do CPC/1973.

→ v. Art. 296 do NCPC.

Parágrafo único. Salvo decisão em contrário, a medida cautelar fiscal conservará sua eficácia durante o período de suspensão do crédito tributário ou não tributário.

Art. 13. Cessa a eficácia da medida cautelar fiscal:

I - se a Fazenda Pública não propuser a execução judicial da Dívida Ativa no prazo fixado no art. 11 desta Lei;

II - se não for executada dentro de 30 (trinta) dias;

III - se for julgada extinta a execução judicial da Dívida Ativa da Fazenda Pública;

IV - se o requerido promover a quitação do débito que está sendo executado.

Parágrafo único. Se, por qualquer motivo, cessar a eficácia da medida, é defeso à Fazenda Pública repetir o pedido pelo mesmo fundamento.

Art. 14. Os autos do procedimento cautelar fiscal serão apensados aos do processo de execução judicial da Dívida Ativa da Fazenda Pública.

Art. 15. O indeferimento da medida cautelar fiscal não obsta a que a Fazenda Pública intente a execução judicial da Dívida Ativa, nem influi no julgamento desta, salvo se o juiz, no procedimento cautelar fiscal, acolher alegação de pagamento, de compensação, de transação, de remissão, de prescrição ou decadência, de conversão do depósito em renda, ou qualquer outra modalidade de extinção da pretensão deduzida.

Art. 16. Ressalvado o disposto no art. 15, a sentença proferida na medida cautelar fiscal não faz coisa julgada, relativamente à execução judicial da Dívida Ativa da Fazenda Pública.

Art. 17. Da sentença que decretar a medida cautelar fiscal caberá apelação, sem efeito suspensivo, salvo se o requerido oferecer garantia na forma do art. 10 desta Lei.

Art. 18. As disposições desta Lei aplicam-se, também, ao crédito proveniente das contribuições sociais previstas no art. 195 da Constituição Federal.

Art. 19. Esta Lei entra em vigor na data de sua publicação.

Art. 20. Revogam-se as disposições em contrário.

Brasília, 6 de janeiro de 1992; 171º da Independência e 104º da República.

Fernando Collor

(Publicação no *D.O.U.* 7.1.1992; retificação 16.1.1992)

LEI 8.429,
DE 2 DE JUNHO DE 1992

Dispõe sobre as sanções aplicáveis aos agentes públicos nos casos de enriquecimento ilícito no exercício de mandato, cargo, emprego ou função na administração pública direta, indireta ou fundacional e dá outras providências.

→ v. Lei 12.846/2013 – Responsabilização administrativa e civil de pessoas jurídicas.

O Presidente da República:

Faço saber que o Congresso Nacional decreta e eu sanciono a seguinte Lei:

Capítulo I
DAS DISPOSIÇÕES GERAIS

→ v. Decreto 1.171/1994 – Código de Ética Profissional do Servidor Público Civil do Poder Executivo Federal.

→ v. Decreto 983/1993 – Colaboração dos órgãos e entidades da Administração Pública Federal com o Ministério Público Federal na repressão a todas as formas de improbidade administrativa.

Art. 1º Os atos de improbidade praticados por qualquer agente público, servidor ou não, contra a administração direta, indireta ou fundacional de qualquer dos Poderes da União, dos Estados, do Distrito Federal, dos Municípios, de Território, de empresa incorporada ao patrimônio público ou de entidade para cuja criação ou custeio o erário haja concorrido ou concorra com mais de 50% (cinquenta por cento) do patrimônio ou da receita anual, serão punidos na forma desta Lei.

→ v. Art. 52 da Lei 10.257/2001.

Parágrafo único. Estão também sujeitos às penalidades desta Lei os atos de improbidade praticados contra o patrimônio de entidade que receba subvenção, benefício ou incentivo, fiscal ou creditício, de órgão público bem como daquelas para cuja criação ou custeio o erário haja concorrido ou concorra com menos de 50% (cinquenta por cento) do patrimônio ou da receita anual, limitando-se, nestes casos, a sanção patrimonial à repercussão do ilícito sobre a contribuição dos cofres públicos.

Art. 2º Reputa-se agente público, para os efeitos desta Lei, todo aquele que exerce, ainda que transitoriamente ou sem remuneração, por eleição, nomeação, designação, contratação ou qualquer outra forma de investidura ou vínculo, mandato, cargo, emprego ou função nas entidades mencionadas no artigo anterior.

Art. 3º As disposições desta Lei são aplicáveis, no que couber, àquele que, mesmo não sendo agente público, induza ou concorra para a prática do ato de improbidade ou dele se beneficie sob qualquer forma direta ou indireta.

Art. 4º Os agentes públicos de qualquer nível ou hierarquia são obrigados a velar pela estrita observância dos princípios de legalidade, impessoalidade, moralidade e publicidade no trato dos assuntos que lhes são afetos.

Art. 5º Ocorrendo lesão ao patrimônio público por ação ou omissão, dolosa ou culposa, do agente ou de terceiro, dar-se-á o integral ressarcimento do dano.

Art. 6º No caso de enriquecimento ilícito, perderá o agente público ou terceiro beneficiário os bens ou valores acrescidos ao seu patrimônio.

Art. 7º Quando o ato de improbidade causar lesão ao patrimônio público ou ensejar enriquecimento ilícito, caberá à autoridade administrativa responsável pelo inquérito representar ao Ministério Público, para a indisponibilidade dos bens do indiciado.

Parágrafo único. A indisponibilidade a que se refere o *caput* deste artigo recairá sobre bens que assegurem o integral ressarcimento do dano, ou sobre o acréscimo patrimonial resultante do enriquecimento ilícito.

Art. 8º O sucessor daquele que causar lesão ao patrimônio público ou se enriquecer ilicitamente está sujeito às cominações desta Lei até o limite do valor da herança.

→ v. Art. 1.792 do CC.

Capítulo II
DOS ATOS DE IMPROBIDADE ADMINISTRATIVA

Seção I
Dos atos de improbidade administrativa que importam enriquecimento ilícito

Art. 9º Constitui ato de improbidade administrativa importando enriquecimento ilícito auferir qualquer tipo de vantagem patrimonial indevida em razão do exercício de cargo, mandato, função, emprego ou atividade nas entidades mencionadas no art. 1º desta Lei, e notadamente:

→ v. Art. 312 do CP.

I – receber, para si ou para outrem, dinheiro, bem móvel ou imóvel, ou qualquer outra vantagem econômica, direta ou indireta, a título de comissão, percentagem, gratificação ou presente de quem tenha interesse, direto ou indireto, que possa ser atingido ou amparado por ação ou omissão decorrente das atribuições do agente público;

II – perceber vantagem econômica, direta ou indireta, para facilitar a aquisição, permuta ou locação de bem móvel ou imóvel, ou a contratação de serviços pelas entidades referidas no art. 1º por preço superior ao valor de mercado;

III – perceber vantagem econômica, direta ou indireta, para facilitar a alienação, permuta ou locação de bem público ou o fornecimento de serviço por ente estatal por preço inferior ao valor de mercado;

IV – utilizar, em obra ou serviço particular, veículos, máquinas, equipamentos ou material de qualquer natureza, de propriedade ou à disposição de qualquer das entidades mencionadas no art. 1º desta Lei, bem como o trabalho de servidores públicos, empregados ou terceiros contratados por essas entidades;

V – receber vantagem econômica de qualquer natureza, direta ou indireta, para tolerar a exploração ou a prática de jogos de azar, de lenocínio, de narcotráfico, de contrabando, de usura ou de qualquer outra atividade ilícita, ou aceitar promessa de tal vantagem;

VI – receber vantagem econômica de qualquer natureza, direta ou indireta, para fazer declaração falsa sobre medição ou avaliação em obras públicas ou qualquer outro serviço, ou sobre quantidade, peso, medida, qualidade ou característica de mercadorias ou bens fornecidos a qualquer das entidades mencionadas no art. 1º desta Lei;

VII – adquirir, para si ou para outrem, no exercício de mandato, cargo, emprego ou função pública, bens de qualquer natureza cujo valor seja desproporcional à evolução do patrimônio ou à renda do agente público;

VIII – aceitar emprego, comissão ou exercer atividade de consultoria ou assessoramento para pessoa física ou jurídica que tenha interesse suscetível de ser atingido ou amparado por ação ou omissão decorrente das atribuições do agente público, durante a atividade;

IX – perceber vantagem econômica para intermediar a liberação ou aplicação de verba pública de qualquer natureza;

X – receber vantagem econômica de qualquer natureza, direta ou indiretamente, para omitir ato de ofício, providência ou declaração a que esteja obrigado;

XI – incorporar, por qualquer forma, ao seu patrimônio bens, rendas, verbas ou valores integrantes do acervo patrimonial das entidades mencionadas no art. 1º desta Lei;

XII – usar, em proveito próprio, bens, rendas, verbas ou valores integrantes do acervo patrimonial das entidades mencionadas no art. 1º desta Lei.

Seção II
Dos atos de improbidade administrativa que causam prejuízo ao erário

Art. 10. Constitui ato de improbidade administrativa que causa lesão ao erário qualquer ação ou omissão, dolosa ou culposa, que enseje perda patrimonial, desvio, apropriação, malbaratamento ou dilapidação dos bens ou haveres das entidades referidas no art. 1º desta Lei, e notadamente:

→ *v.* Art. 312 do CP.

I – facilitar ou concorrer por qualquer forma para a incorporação ao patrimônio particular, de pessoa física ou jurídica, de bens, rendas, verbas ou valores integrantes do acervo patrimonial das entidades mencionadas no art. 1º desta Lei;

II – permitir ou concorrer para que pessoa física ou jurídica privada utilize bens, rendas, verbas ou valores integrantes do acervo patrimonial das entidades mencionadas no art. 1º desta Lei, sem a observância das formalidades legais ou regulamentares aplicáveis à espécie;

→ *v.* Art. 117, XVI, da Lei 8.112/1990.

III – doar à pessoa física ou jurídica bem como ao ente despersonalizado, ainda que de fins educativos ou assistenciais, bens, rendas, verbas ou valores do patrimônio de qualquer das entidades mencionadas no art. 1º desta Lei, sem observância das formalidades legais e regulamentares aplicáveis à espécie;

IV – permitir ou facilitar a alienação, permuta ou locação de bem integrante do patrimônio de qualquer das entidades referidas no art. 1º desta Lei, ou ainda a prestação de serviço por parte delas, por preço inferior ao de mercado;

V – permitir ou facilitar a aquisição, permuta ou locação de bem ou serviço por preço superior ao de mercado;

VI – realizar operação financeira sem observância das normas legais e regulamentares ou aceitar garantia insuficiente ou inidônea;

VII – conceder benefício administrativo ou fiscal sem a observância das formalidades legais ou regulamentares aplicáveis à espécie;

VIII – frustrar a licitude de processo licitatório ou de processo seletivo para celebração de parcerias com entidades sem fins lucrativos, ou dispensá-los indevidamente;

→ Inciso VIII com redação alterada pela Lei 13.019/2014.

→ Vigência da Lei 13.019/2014: Referida Lei entra em vigor após decorridos 540 (quinhentos e quarenta) dias de sua publicação oficial. Para os Municípios, esta Lei entra em vigor a partir de 1º de janeiro de 2017; e por ato administrativo local, o disposto nesta Lei poderá ser implantado nos Municípios a partir da data decorrente do disposto no *caput*. (*v.* art. 88)

→ *v.* Art. 82 da Lei 8.666/1993.

→ **Anterior redação:** VIII – frustrar a licitude de processo licitatório ou dispensá-lo indevidamente;

IX – ordenar ou permitir a realização de despesas não autorizadas em lei ou regulamento;

X – agir negligentemente na arrecadação de tributo ou renda, bem como no que diz respeito à conservação do patrimônio público;

XI – liberar verba pública sem a estrita observância das normas pertinentes ou influir de qualquer forma para a sua aplicação irregular;

XII – permitir, facilitar ou concorrer para que terceiro se enriqueça ilicitamente;

XIII – permitir que se utilize, em obra ou serviço particular, veículos, máquinas, equipamentos ou material de qualquer natureza, de propriedade ou à disposição de qualquer das entidades mencionadas no art. 1º desta Lei, bem como o trabalho de servidor público, empregados ou terceiros contratados por essas entidades;

XIV – celebrar contrato ou outro instrumento que tenha por objeto a prestação de serviços públicos por meio da gestão associada sem observar as formalidades previstas na lei;

→ Inciso XIV acrescentado pela Lei 11.107/2005.

XV – celebrar contrato de rateio de consórcio público sem suficiente e prévia dotação orçamentária, ou sem observar as formalidades previstas na lei.

→ Inciso XV acrescentado pela Lei 11.107/2005.

XVI – facilitar ou concorrer, por qualquer forma, para a incorporação, ao patrimônio particular de pessoa física ou jurídica, de bens, rendas, verbas ou valores públicos transferidos pela administração pública a entidades privadas mediante celebração de parcerias, sem a observância das formalidades legais ou regulamentares aplicáveis à espécie;

→ Inciso XVI acrescentado pela Lei 13.019/2014.

→ Vigência da Lei 13.019/2014: Referida Lei entra em vigor após decorridos 540 (quinhentos e quarenta) dias de sua publicação oficial. Para os Municípios, esta Lei entra em vigor a partir de 1º de janeiro de 2017; e por ato administrativo local, o disposto nesta Lei poderá ser implantado nos Municípios a partir da data decorrente do disposto no *caput*. (*v.* art. 88)

XVII – permitir ou concorrer para que pessoa física ou jurídica privada utilize bens, rendas, verbas ou valores públicos transferidos pela administração pública a entidade privada mediante celebração de parcerias, sem a observância das formalidades legais ou regulamentares aplicáveis à espécie;

→ Inciso XVII acrescentado pela Lei 13.019/2014.

→ Vigência da Lei 13.019/2014: Referida Lei entra em vigor após decorridos 540 (quinhentos e quarenta) dias de sua publicação oficial. Para os Municípios, esta Lei entra em vigor a partir de 1º de janeiro de 2017; e por ato administrativo local, o disposto nesta Lei poderá ser implantado nos Municípios a partir da data decorrente do disposto no *caput*. (*v.* art. 88)

XVIII – celebrar parcerias da administração pública com entidades privadas sem a observância das formalidades legais ou regulamentares aplicáveis à espécie;

→ Inciso XVIII acrescentado pela Lei 13.019/2014.

→ Vigência da Lei 13.019/2014: Referida Lei entra em vigor após decorridos 540 (quinhentos e quarenta) dias de sua publicação oficial. Para os Municípios, esta Lei entra em vigor a partir de 1º de janeiro de 2017; e por ato administrativo local, o disposto nesta Lei poderá ser implantado nos Municípios a partir da data decorrente do disposto no *caput*. (*v.* art. 88)

XIX – agir negligentemente na celebração, fiscalização e análise das prestações de contas de parcerias firmadas pela administração pública com entidades privadas;

→ Inciso XIX acrescentado pela Lei 13.019/2014.

→ Vigência da Lei 13.019/2014: Referida Lei entra em vigor após decorridos 540 (quinhentos e quarenta) dias de sua publicação oficial. Para os Municípios, esta Lei entra em vigor a partir de 1º de janeiro de 2017; e por ato administrativo local, o disposto nesta Lei poderá ser implantado nos Municípios a partir da data decorrente do disposto no *caput*. (*v.* art. 88)

XX – liberar recursos de parcerias firmadas pela administração pública com entidades privadas sem a estrita observância das normas pertinentes ou influir de qualquer forma para a sua aplicação irregular.

→ Inciso XX acrescentado pela Lei 13.019/2014.

→ Vigência da Lei 13.019/2014: Referida Lei entra em vigor após decorridos 540 (quinhentos e quarenta) dias de sua publicação oficial. Para os Municípios, esta Lei entra em vigor a partir de 1º de janeiro de 2017; e por ato administrativo local, o disposto nesta Lei poderá ser implantado nos Municípios a partir da data decorrente do disposto no *caput*. (*v.* art. 88)

XXI – liberar recursos de parcerias firmadas pela administração pública com entidades privadas sem a estrita observância das normas pertinentes ou influir de qualquer forma para a sua aplicação irregular.

→ Inciso XXI acrescentado pela Lei 13.019/2014.

→ Vigência da Lei 13.019/2014: Referida Lei entra em vigor após decorridos 540 (quinhentos e quarenta) dias de sua publicação oficial. Para os Municípios, esta Lei entra em vigor a partir de 1º de janeiro de 2017; e por ato administrativo local, o disposto nesta Lei poderá ser implantado nos Municípios a partir da data decorrente do disposto no *caput*. (v. art. 88)

Seção III
Dos atos de improbidade administrativa que atentam contra os princípios da Administração Pública

Art. 11. Constitui ato de improbidade administrativa que atenta contra os princípios da administração pública qualquer ação ou omissão que viole os deveres de honestidade, imparcialidade, legalidade e lealdade às instituições, e notadamente:

→ v. Art. 312 do CP.

→ v. Arts. 117, IX, e 136 da Lei 8.112/1990.

I – praticar ato visando fim proibido em lei ou regulamento ou diverso daquele previsto na regra de competência;

II – retardar ou deixar de praticar, indevidamente, ato de ofício;

→ v. Art. 319 do CP.

→ v. Art. 143 da Lei 8.112/1990.

III – revelar fato ou circunstância de que tem ciência em razão das atribuições e que deva permanecer em segredo;

→ v. Arts. 153, § 1º, 325 do CP.

→ v. Art. 198 do CTN.

→ v. Art. 132, IX, da Lei 8.112/1990.

IV – negar publicidade aos atos oficiais;

→ v. Art. 5º, LX, da CF/1988.

V – frustrar a licitude de concurso público;

VI – deixar de prestar contas quando esteja obrigado a fazê-lo;

VII – revelar ou permitir que chegue ao conhecimento de terceiro, antes da respectiva divulgação oficial, teor de medida política ou econômica capaz de afetar o preço de mercadoria, bem ou serviço.

→ v. Art. 153, § 1º, do CP.

VIII – descumprir as normas relativas à celebração, fiscalização e aprovação de contas de parcerias firmadas pela administração pública com entidades privadas.

→ Inciso VIII acrescentado pela Lei 13.019/2014.

→ Vigência da Lei 13.019/2014: Referida Lei entra em vigor após decorridos 540 (quinhentos e quarenta) dias de sua publicação oficial. Para os Municípios, esta Lei entra em vigor a partir de 1º de janeiro de 2017; e por ato administrativo local, o disposto nesta Lei poderá ser implantado nos Municípios a partir da data decorrente do disposto no *caput*. (v. art. 88)

IX – deixar de cumprir a exigência de requisitos de acessibilidade previstos na legislação.

→ Inciso IX acrescentado pela Lei 13.146/2015, em vigor após decorridos 180 (cento e oitenta) dias de sua publicação oficial – *D.O.U.* de 7.7.2015.

Capítulo III
DAS PENAS

→ v. Art. 15, V, da CF/1988.

→ v. Arts. 312 a 327 do CP.

→ v. Arts. 81 a 99 da Lei 8.666/1993.

→ v. Art. 3º da Lei 8.137/1990.

→ v. Arts. 127 a 142 da Lei 8.112/1990.

→ v. Lei 8.026/1990 – Aplicação da pena de demissão a funcionário público.

→ v. Dec.-lei 3.240/1941 – Sujeita a sequestro os bens de pessoas indiciadas por crimes de que resulta prejuízo para a fazenda pública.

Art. 12. Independentemente das sanções penais, civis e administrativas previstas na legislação específica, está o responsável pelo ato de improbidade sujeito às seguintes cominações, que podem ser aplicadas isolada ou cumulativamente, de acordo com a gravidade do fato:

→ *Caput* com redação alterada pela Lei 12.120/2009.

→ v. Art. 37, § 4º, da CF/1988.

I – na hipótese do art. 9º, perda dos bens ou valores acrescidos ilicitamente ao patrimônio, ressarcimento integral do dano, quando houver, perda da função pública, suspensão dos direitos políticos de 8 (oito) a 10 (dez) anos, pagamento de multa civil de até três vezes o valor do acréscimo patrimonial e proibição de contratar com o Poder Público ou receber benefícios ou incentivos fiscais ou creditícios, direta ou indiretamente, ainda que por intermédio de pessoa jurídica da qual seja sócio majoritário, pelo prazo de 10 (dez) anos;

II – na hipótese do art. 10, ressarcimento integral do dano, perda dos bens ou valores acrescidos ilicitamente ao patrimônio, se concorrer esta circunstância, perda da função pública, suspensão dos direitos políticos de cinco a oito anos, pagamento de multa civil de até duas vezes o valor do dano e proibição de contratar com o Poder Público ou receber benefício ou incentivos fiscais ou creditícios, direta ou indiretamente, ainda que por intermédio de pessoa jurídica da qual seja sócio majoritário, pelo prazo de 5 (cinco) anos;

III – na hipótese do art. 11, ressarcimento integral do dano, se houver, perda da função pública, suspensão dos direitos políticos de três a cinco anos, pagamento de multa civil de até 100 vezes o valor da remuneração percebida pelo agente e proibição de contratar com o Poder Público ou receber benefícios ou incentivos fiscais ou creditícios, direta ou indiretamente, ainda que por intermédio de pessoa jurídica da qual seja sócio majoritário, pelo prazo de 3 (três) anos.

Parágrafo único. Na fixação das penas previstas nesta Lei o juiz levará em conta a extensão do dano causado, assim como o proveito patrimonial obtido pelo agente.

Capítulo IV
DA DECLARAÇÃO DE BENS

Art. 13. A posse e o exercício de agente público ficam condicionados à apresentação de declaração dos bens e valores que compõem o seu patrimônio privado, a fim de ser arquivada no Serviço de Pessoal competente.

→ v. Art. 13, § 5º, da Lei 8.112/1990.

→ v. Decreto 5.483/2005 – Regulamenta, no âmbito do Poder Executivo Federal, o art. 13 da Lei 8.429/1992.

§ 1º A declaração compreenderá imóveis, móveis, semoventes, dinheiro, títulos, ações e qualquer outra espécie de bens e valores patrimoniais, localizados no País ou no exterior, e, quando for o caso, abrangerá os bens e valores patrimoniais do cônjuge ou companheiro, dos filhos e de outras pessoas que vivam sob a dependência econômica do declarante, excluídos apenas os objetos e utensílios de uso doméstico.

§ 2º A declaração de bens será anualmente atualizada e na data em que o agente público deixar o exercício do mandato, cargo, emprego ou função.

§ 3º Será punido com a pena de demissão, a bem do serviço público, sem prejuízo de outras sanções cabíveis, o agente público que se recusar a prestar declaração dos bens, dentro do prazo determinado, ou que a prestar falsa.

§ 4º O declarante, a seu critério, poderá entregar cópia da declaração anual de bens apresentada à Delegacia da Receita Federal na conformidade da legislação do Imposto sobre a Renda e proventos de qualquer natureza, com as necessárias atualizações, para suprir a exigência contida no *caput* e no § 2º deste artigo.

Capítulo V
DO PROCEDIMENTO ADMINISTRATIVO E DO PROCESSO JUDICIAL

Art. 14. Qualquer pessoa poderá representar à autoridade administrativa competente para que seja instaurada investigação destinada a apurar a prática de ato de improbidade.

→ v. Art. 136 da Lei 8.112/1990.

§ 1º A representação, que será escrita ou reduzida a termo e assinada, conterá a qualificação do representante, as informações sobre o fato e sua autoria e a indicação das provas de que tenha conhecimento.

§ 2º A autoridade administrativa rejeitará a representação, em despacho fundamentado, se esta não contiver as formalidades estabelecidas no § 1º deste artigo. A rejeição não impede a representação ao Ministério Público, nos termos do art. 22 desta Lei.

§ 3º Atendidos os requisitos da representação, a autoridade determinará a imediata apuração dos fatos que, em se tratando de servidores federais, será processada na forma prevista nos arts. 148 a 182 da Lei 8.112, de 11 de dezembro de 1990, e, em se tratando de servidor militar, de acordo com os respectivos regulamentos disciplinares.

Art. 15. A comissão processante dará conhecimento ao Ministério Público e ao Tribunal ou Conselho de Contas da existência de procedimento administrativo para apurar a prática de ato de improbidade.

Parágrafo único. O Ministério Público ou Tribunal ou Conselho de Contas poderá, a requerimento, designar representante para acompanhar o procedimento administrativo.

Art. 16. Havendo fundados indícios de responsabilidade, a comissão representará ao Ministério Público ou à procuradoria do órgão para que requeira ao juízo competente a decretação do sequestro dos bens do agente ou terceiro que tenha enriquecido ilicitamente ou causado dano ao patrimônio público.

§ 1º O pedido de sequestro será processado de acordo com o disposto nos arts. 822 e 825 do Código de Processo Civil.

→ v. Art. 301 do NCPC.

§ 2º Quando for o caso, o pedido incluirá a investigação, o exame e o bloqueio de bens, contas bancárias e aplicações financeiras mantidas pelo indiciado no exterior, nos termos da lei e dos tratados internacionais.

Art. 17. A ação principal, que terá o rito ordinário, será proposta pelo Ministério Público ou pela pessoa jurídica interessada, dentro de 30 (trinta) dias da efetivação da medida cautelar.

§ 1º É vedada a transação, acordo ou conciliação nas ações de que trata o *caput*.

→ § 1º com eficácia suspensa pela MP 703/2015.

§ 2º A Fazenda Pública, quando for o caso, promoverá as ações necessárias à complementação do ressarcimento do patrimônio público.

§ 3º No caso de a ação principal ter sido proposta pelo Ministério Público, aplica-se, no que couber, o disposto no § 3º do art. 6º da Lei 4.717, de 29 de junho de 1965.

→ § 3º com redação alterada pela Lei 9.366/1996.

§ 4º O Ministério Público, se não intervier no processo como parte, atuará, obrigatoriamente, como fiscal da lei, sob pena de nulidade.

§ 5º A propositura da ação prevenirá a jurisdição do juízo para todas as ações posteriormente intentadas que possuam a mesma causa de pedir ou o mesmo objeto.

→ § 5º acrescentado pela MP 2.180-35/2001.

→ *V.* Art. 83 do CPP.

§ 6º A ação será instruída com documentos ou justificação que contenham indícios suficientes da existência do ato de improbidade ou com razões fundamentadas da impossibilidade de apresentação de qualquer dessas provas, observada a legislação vigente, inclusive as disposições inscritas nos arts. 16 a 18 do Código de Processo Civil.

→ § 6º acrescentado pela MP 2.225-45/2001.

→ *V.* Arts. 79 a 81, do NCPC.

§ 7º Estando a inicial em devida forma, o juiz mandará autuá-la e ordenará a notificação do requerido, para oferecer manifestação por escrito, que poderá ser instruída com documentos e justificações, dentro do prazo de 15 (quinze) dias.

→ § 7º acrescentado pela MP 2.225-45/2001.

§ 8º Recebida a manifestação, o juiz, no prazo de 30 (trinta) dias, em decisão fundamentada, rejeitará a ação, se convencido da inexistência do ato de improbidade, da improcedência da ação ou da inadequação da via eleita.

→ § 8º acrescentado pela MP 2.225-45/2001.

§ 9º Recebida a petição inicial, será o réu citado para apresentar contestação.

→ § 9º acrescentado pela MP 2.225-45/2001.

§ 10. Da decisão que receber a petição inicial, caberá agravo de instrumento.

→ § 10 acrescentado pela MP 2.225-45/2001.

→ *V.* Art. 525 e ss. do CPC/1973.

→ *V.* Arts. 932, e 1.017 a 1.020, do NCPC.

§ 11. Em qualquer fase do processo, reconhecida a inadequação da ação de improbidade, o juiz extinguirá o processo sem julgamento do mérito.

→ § 11 acrescentado pela MP 2.225-45/2001.

→ *V.* Art. 267 do CPC/1973.

→ *V.* Arts. 485 e 486, do NCPC.

§ 12. Aplica-se aos depoimentos ou inquirições realizadas nos processos regidos por esta Lei o disposto no art. 221, *caput* e § 1º, do Código de Processo Penal.

→ § 12 acrescentado pela MP 2.225-45/2001.

Art. 18. A sentença que julgar procedente ação civil de reparação de dano ou decretar a perda dos bens havidos ilicitamente determinará o pagamento ou a reversão dos bens, conforme o caso, em favor da pessoa jurídica prejudicada pelo ilícito.

Capítulo VI
DAS DISPOSIÇÕES PENAIS

Art. 19. Constitui crime a representação por ato de improbidade contra agente público ou terceiro beneficiário quando o autor da denúncia o sabe inocente.

→ *V.* Arts. 138, § 1º, e 339 do CP.

Pena – detenção de 6 (seis) a 10 (dez) meses e multa.

Parágrafo único. Além da sanção penal, o denunciante está sujeito a indenizar o denunciado pelos danos materiais, morais ou à imagem que houver provocado.

Art. 20. A perda da função pública e a suspensão dos direitos políticos só se efetivam com o trânsito em julgado da sentença condenatória.

→ *V.* Art. 5º, LVII, da CF/1988.

Parágrafo único. A autoridade judicial ou administrativa competente poderá determinar o afastamento do agente público do exercício do cargo, emprego ou função, sem prejuízo da remuneração, quando a medida se fizer necessária à instrução processual.

→ *V.* Art. 147 da Lei 8.112/1990.

Art. 21. A aplicação das sanções previstas nesta Lei independe:

I – da efetiva ocorrência de dano ao patrimônio público, salvo quanto à pena de ressarcimento;

→ Inciso I com redação alterada pela Lei 12.120/2009.

II – da aprovação ou rejeição das contas pelo órgão de controle interno ou pelo Tribunal ou Conselho de Contas.

Art. 22. Para apurar qualquer ilícito previsto nesta Lei, o Ministério Público, de ofício, a requerimento de autoridade administrativa ou mediante representação formulada de acordo com o disposto no art. 14, poderá requisitar a instauração de inquérito policial ou procedimento administrativo.

Capítulo VII
DA PRESCRIÇÃO

Art. 23. As ações destinadas a levar a efeito as sanções previstas nesta Lei podem ser propostas:

→ *V.* Art. 37, § 5º, da CF/1988.

→ *V.* Art. 142 da Lei 8.112/1990.

I – até 5 (cinco) anos após o término do exercício de mandato, de cargo em comissão ou de função de confiança;

II – dentro do prazo prescricional previsto em lei específica para faltas disciplinares puníveis com demissão a bem do serviço público, nos casos de exercício de cargo efetivo ou emprego.

→ *V.* Art. 8º, § 9º, II, da Lei 8.027/1990.

III – até cinco anos da data da apresentação à administração pública da prestação de contas final pelas entidades referidas no parágrafo único do art. 1º desta Lei.

→ Inciso III acrescentado pela Lei 13.019/2014.

→ Vigência da Lei 13.019/2014: Referida Lei entra em vigor após decorridos 540 (quinhentos e quarenta) dias de sua publicação oficial. Para os Municípios, esta Lei entra em vigor a partir de 1º de janeiro de 2017; e por ato administrativo local, o disposto nesta Lei poderá ser implantado nos Municípios a partir da data decorrente do disposto no *caput*. (*v.* art. 88)

Capítulo VIII
DAS DISPOSIÇÕES FINAIS

Art. 24. Esta Lei entra em vigor na data de sua publicação.

Art. 25. Ficam revogadas as Leis 3.164, de 1º de junho de 1957, e 3.502, de 21 de dezembro de 1958, e demais disposições em contrário.

Rio de Janeiro, 2 de junho de 1992; 171º da Independência e 104º da República.

Fernando Collor

(Publicação no *D.O.U.* de 3.6.1992)

LEI 8.437,
DE 30 DE JUNHO DE 1992

Dispõe sobre a concessão de medidas cautelares contra atos do Poder Público e dá outras providências.

O Presidente da República:

Faço saber que o Congresso Nacional decreta e eu sanciono a seguinte Lei:

Art. 1º Não será cabível medida liminar contra atos do Poder Público, no procedimento cautelar ou em quaisquer outras ações de natureza cautelar ou preventiva, toda vez que providência semelhante não puder ser concedida em ações de mandado de segurança, em virtude de vedação legal.

§ 1º Não será cabível, no juízo de primeiro grau, medida cautelar inominada ou a sua liminar, quando impugnado ato de autoridade sujeita, na via de mandado de segurança, à competência originária de tribunal.

§ 2º O disposto no parágrafo anterior não se aplica aos processos de ação popular e de ação civil pública.

§ 3º Não será cabível medida liminar que esgote, no todo ou em parte, o objeto da ação.

§ 4º Nos casos em que cabível medida liminar, sem prejuízo da comunicação ao dirigente do órgão ou entidade, o respectivo representante judicial dela será imediatamente intimado.

→ § 4º acrescentado pela MP 2.180-35/2001.

§ 5º Não será cabível medida liminar que defira compensação de créditos tributários ou previdenciários.

→ § 5º acrescentado pela MP 2.180-35/2001.

Art. 2º No mandado de segurança coletivo e na ação civil pública, a liminar será concedida, quando cabível, após a audiência do representante judicial da pessoa jurídica de direito público, que deverá se pronunciar no prazo de 72 (setenta e duas) horas.

Art. 3º O recurso voluntário ou *ex officio*, interposto contra sentença em processo cautelar, proferida contra pessoa jurídica de direito público ou seus agentes, que importe em outorga ou adição de vencimentos ou de reclassificação funcional, terá efeito suspensivo.

Art. 4º Compete ao presidente do tribunal, ao qual couber o conhecimento do respectivo recurso, suspender, em despacho fundamentado, a execução da liminar nas ações movidas contra o Poder Público ou seus agentes, a requerimento do Ministério Público ou da pessoa jurídica de direito público interessada, em caso de manifesto interesse público ou de flagrante ilegitimidade, e para evitar grave lesão à ordem, à saúde, à segurança e à economia públicas.

§ 1º Aplica-se o disposto neste artigo à sentença proferida em processo de ação cautelar inominada, no processo de ação popular e na ação civil pública, enquanto não transitada em julgado.

§ 2º O Presidente do Tribunal poderá ouvir o autor e o Ministério Público, em 72 (setenta e duas) horas.

→ § 2º com redação alterada pela MP 2.180-35/2001.

§ 3º Do despacho que conceder ou negar a suspensão, caberá agravo, no prazo de 5 (cinco) dias, que será levado a julgamento na sessão seguinte a sua interposição.

→ § 3º com redação alterada pela MP 2.180-35/2001.

§ 4º Se do julgamento do agravo de que trata o § 3º resultar a manutenção ou o restabelecimento da decisão que se pretende suspender, caberá novo pedido de suspensão ao Presidente do Tribunal competente para conhecer de eventual recurso especial ou extraordinário.

→ § 4º acrescentado pela MP 2.180-35/2001.

§ 5º É cabível também o pedido de suspensão a que se refere o § 4º, quando negado provimento a agravo de instrumento interposto contra a liminar a que se refere este artigo.

→ § 5º acrescentado pela MP 2.180-35/2001.

§ 6º A interposição do agravo de instrumento contra liminar concedida nas ações movidas contra o Poder Público e seus agentes não prejudica nem condiciona o julgamento do pedido de suspensão a que se refere este artigo.

→ § 6º acrescentado pela MP 2.180-35/2001.

§ 7º O presidente do tribunal poderá conferir ao pedido efeito suspensivo liminar, se constatar, em juízo prévio, a plausibilidade do direito invocado e a urgência na concessão da medida.

→ § 7º acrescentado pela MP 2.180-35/2001.

§ 8º As liminares cujo objeto seja idêntico poderão ser suspensas em uma única decisão, podendo o Presidente do Tribunal estender os efeitos da suspensão a liminares supervenientes, mediante simples aditamento do pedido original.

→ § 8º acrescentado pela MP 2.180-35/2001.

§ 9º A suspensão deferida pelo Presidente do Tribunal vigorará até o trânsito em julgado da decisão de mérito na ação principal.

→ § 9º acrescentado pela MP 2.180-35/2001.

Art. 5º Esta Lei entra em vigor na data de sua publicação.

Art. 6º Revogam-se as disposições em contrário.

Brasília, 30 de junho de 1992; 171º da Independência e 104º da República.

Fernando Collor

(Publicação no *D.O.U.* 1º.7.1992)

LEI 8.560,
DE 29 DE DEZEMBRO DE 1992

Regula a investigação de paternidade dos filhos havidos fora do casamento e dá outras providências.

O Presidente da República:

Faço saber que o Congresso Nacional decreta e eu sanciono a seguinte Lei:

Art. 1º O reconhecimento dos filhos havidos fora do casamento é irrevogável e será feito:

→ *v.* Súmula 149 do STF.

→ *v.* Arts. 1.609, 1.610, 1.613, do CC.

→ *v.* Arts. 26 e 27 da Lei 8.069/1990.

I – no registro de nascimento;

II – por escritura pública ou escrito particular, a ser arquivado em cartório;

III – por testamento, ainda que incidentalmente manifestado;

→ *v.* Art. 1.610 do CC.

IV – por manifestação expressa e direta perante o juiz, ainda que o reconhecimento não haja sido o objeto único e principal do ato que o contém.

Art. 2º Em registro de nascimento de menor apenas com a maternidade estabelecida, o oficial remeterá ao juiz certidão integral do registro e o nome e prenome, profissão, identidade e residência do suposto pai, a fim de ser averiguada oficiosamente a procedência da alegação.

§ 1º O juiz, sempre que possível, ouvirá a mãe sobre a paternidade alegada e mandará, em qualquer caso, notificar o suposto pai, independente de seu estado civil, para que se manifeste sobre a paternidade que lhe é atribuída.

§ 2º O juiz, quando entender necessário, determinará que a diligência seja realizada em segredo de justiça.

§ 3º No caso do suposto pai confirmar expressamente a paternidade, será lavrado termo de reconhecimento e remetida certidão ao oficial do registro, para a devida averbação.

→ *v.* Art. 10, II, do CC.

§ 4º Se o suposto pai não atender no prazo de 30 (trinta) dias a notificação judicial, ou negar a alegada paternidade, o juiz remeterá os autos ao representante do Ministério Público para que intente, havendo elementos suficientes, a ação de investigação de paternidade.

→ *v.* Arts. 82, I, do CPC/1973.

→ *v.* Art. 178, II, do NCPC.

§ 5º Nas hipóteses previstas no § 4º deste artigo, é dispensável o ajuizamento de ação de investigação de paternidade pelo Ministério Público se, após o não comparecimento ou a recusa do suposto pai em assumir a paternidade a ele atribuída, a criança for encaminhada para adoção.

→ § 5º acrescentado pela Lei 12.010/2009.

§ 6º A iniciativa conferida ao Ministério Público não impede a quem tenha legítimo interesse de intentar investigação, visando a obter o pretendido reconhecimento da paternidade.

→ Anterior § 5º renumerado para § 6º pela Lei 12.010/2009.

Art. 2º-A. Na ação de investigação de paternidade, todos os meios legais, bem como os moralmente legítimos, serão hábeis para provar a verdade dos fatos.

→ Artigo acrescentado pela Lei 12.004/2009.

Parágrafo único. A recusa do réu em se submeter ao exame de código genético – DNA gerará a presunção da paternidade, a ser apreciada em conjunto com o contexto probatório.

→ *v.* Súmula 301 do STJ.

Art. 3º É vedado legitimar e reconhecer filho na ata do casamento.

Parágrafo único. É ressalvado o direito de averbar alteração do patronímico materno, em decorrência do casamento, no termo de nascimento do filho.

Art. 4º O filho maior não pode ser reconhecido sem o seu consentimento.

→ *v.* art. 1.614 do CC.

Art. 5º No registro de nascimento não se fará qualquer referência à natureza da filiação, à sua ordem em relação a outros irmãos do mesmo prenome, exceto gêmeos, ao lugar e cartório do casamento dos pais e ao estado civil destes.

Art. 6º Das certidões de nascimento não constarão indícios de a concepção haver sido decorrente de relação extraconjugal.

§ 1º Não deverá constar, em qualquer caso, o estado civil dos pais e a natureza da filiação, bem como o lugar e cartório do casamento, proibida referência à presente Lei.

§ 2º São ressalvadas autorizações ou requisições judiciais de certidões de inteiro teor, mediante decisão fundamentada, assegurados os direitos, as garantias e interesses relevantes do registrado.

Art. 7º Sempre que na sentença de primeiro grau se reconhecer a paternidade, nela se fixarão os alimentos provisionais ou definitivos do reconhecido que deles necessite.

→ *v.* Súmula 277 do STJ.

→ *v.* Arts. 1.706 do CC.

Art. 8º Os registros de nascimento, anteriores à data da presente Lei, poderão ser retificados por decisão judicial, ouvido o Ministério Público.

Art. 9º Esta Lei entra em vigor na data de sua publicação.

Art. 10. São revogados os arts. 332, 337 e 347 do Código Civil e demais disposições em contrário.

→ Os artigos citados referem-se ao CC de 1916.

Brasília, 29 de dezembro de 1992; 171º da Independência e 104º da República.

Itamar Franco

(Publicação no *D.O.U.* de 30.12.1992)

LEI COMPLEMENTAR 73,
DE 10 DE FEVEREIRO DE 1993

Institui a Lei Orgânica da Advocacia-Geral da União e dá outras providências.

→ *v.* Arts. 52, II, 84, XVI e parágrafo único, 103, § 3º, 131 e 132, da CF/1988.

→ *v.* Decreto 7.392/2010 – Aprova a Estrutura Regimental e o Quadro Demonstrativo dos Cargos em Comissão da Advocacia-Geral da União, aprova o Quadro Demonstrativo dos Cargos em Comissão da Procuradoria-Geral Federal e remaneja cargos em comissão para a Advocacia-Geral da União e para a Procuradoria-Geral Federal.

→ *v.* Lei 9.366/1996 – Quadros de cargos do Grupo-Direção e Assessoramento Superiores - DAS da Advocacia-Geral da União.

→ v. Lei 9.028/1995 – Exercício das atribuições institucionais da Advocacia-Geral da União, em caráter emergencial e provisório.

→ v. Lei 8.682/1993 – Remuneração de cargos de provimento em comissão da Advocacia-Geral da União, revigora a Lei 8.200/1991, oferecendo nova redação ao inciso I, do seu art. 3º.

O Presidente da República:

Faço saber que o Congresso Nacional decreta e eu sanciono a seguinte Lei Complementar:

Título I
Das Funções Institucionais e da Composição

Capítulo I
DAS FUNÇÕES INSTITUCIONAIS

Art. 1º A Advocacia-Geral da União é a instituição que representa a União judicial e extrajudicialmente.

Parágrafo único. À Advocacia-Geral da União cabem as atividades de consultoria e assessoramento jurídicos ao Poder Executivo, nos termos desta Lei Complementar.

Capítulo II
DA COMPOSIÇÃO

Art. 2º A Advocacia-Geral da União compreende:

I – órgãos de direção superior:

a) o Advogado-Geral da União;

b) a Procuradoria-Geral da União e a da Fazenda Nacional;

c) Consultoria-Geral da União;

d) o Conselho Superior da Advocacia-Geral da União; e

e) a Corregedoria-Geral da Advocacia da União;

II – órgãos de execução:

a) as Procuradorias Regionais da União e as da Fazenda Nacional e as Procuradorias da União e as da Fazenda Nacional nos Estados e no Distrito Federal e as Procuradorias Seccionais destas;

b) a Consultoria da União, as Consultorias Jurídicas dos Ministérios, da Secretaria-Geral e das demais Secretarias da Presidência da República e do Estado-Maior das Forças Armadas;

III – órgão de assistência direta e imediata ao Advogado-Geral da União: o Gabinete do Advogado-Geral da União;

IV – (*Vetado*).

§ 1º Subordinam-se diretamente ao Advogado-Geral da União, além do seu gabinete, a Procuradoria-Geral da União, a Consultoria-Geral da União, a Corregedoria-Geral da Advocacia-Geral da União, a Secretaria de Controle Interno e, técnica e juridicamente, a Procuradoria-Geral da Fazenda Nacional.

§ 2º As Procuradorias Seccionais, subordinadas às Procuradorias da União e da Fazenda Nacional nos Estados e no Distrito Federal, serão criadas, no interesse do serviço, por proposta do Advogado-Geral da União.

§ 3º As Procuradorias e Departamentos Jurídicos das autarquias e fundações públicas são órgãos vinculados à Advocacia-Geral da União.

§ 4º O Advogado-Geral da União é auxiliado por dois Secretários-Gerais: o de Contencioso e o de Consultoria.

§ 5º São membros da Advocacia-Geral da União: o Advogado-Geral da União, o Procurador-Geral da União, o Procurador-Geral da Fazenda Nacional, o Consultor-Geral da União, o Corregedor-Geral da Advocacia da União, os Secretários-Gerais de Contencioso e de Consultoria, os Procuradores Regionais, os Consultores da União, os Corregedores-Auxiliares, os Procuradores-Chefes, os Consultores Jurídicos, os Procuradores Seccionais, os Advogados da União, os Procuradores da Fazenda Nacional e os Assistentes Jurídicos.

Título II
Dos Órgãos da Advocacia-Geral da União

Capítulo I
DO ADVOGADO-GERAL DA UNIÃO

Art. 3º A Advocacia-Geral da União tem por chefe o Advogado-Geral da União, de livre nomeação pelo Presidente da República, dentre cidadãos maiores de 35 anos, de notável saber jurídico e reputação ilibada.

§ 1º O Advogado-Geral da União é o mais elevado órgão de assessoramento jurídico do Poder Executivo, submetido à direta, pessoal e imediata supervisão do Presidente da República.

§ 2º O Advogado-Geral da União terá substituto eventual nomeado pelo Presidente da República, atendidas as condições deste artigo.

Art. 4º São atribuições do Advogado-Geral da União:

I – dirigir a Advocacia-Geral da União, superintender e coordenar suas atividades e orientar-lhe a atuação;

II – despachar com o Presidente da República;

III – representar a União junto ao Supremo Tribunal Federal;

IV – defender, nas ações diretas de inconstitucionalidade, a norma legal ou ato normativo, objeto de impugnação;

V – apresentar as informações a serem prestadas pelo Presidente da República, relativas a medidas impugnadoras de ato ou omissão presidencial;

VI – desistir, transigir, acordar e firmar compromisso nas ações de interesse da União, nos termos da legislação vigente;

→ v. Lei 9.469/1997 – Regulamenta o disposto no inciso VI do art. 4º da LC 73/1993.

VII – assessorar o Presidente da República em assuntos de natureza jurídica, elaborando pareceres e estudos ou propondo normas, medidas e diretrizes;

VIII – assistir o Presidente da República no controle interno da legalidade dos atos da Administração;

IX – sugerir ao Presidente da República medidas de caráter jurídico reclamadas pelo interesse público;

X – fixar a interpretação da Constituição, das leis, dos tratados e demais atos normativos, a ser uniformemente seguida pelos órgãos e entidades da Administração Federal;

XI – unificar a jurisprudência administrativa, garantir a correta aplicação das leis, prevenir e dirimir as controvérsias entre os órgãos jurídicos da Administração Federal;

XII – editar enunciados de súmula administrativa, resultantes de jurisprudência iterativa dos tribunais;

XIII – exercer orientação normativa e supervisão técnica quanto aos órgãos jurídicos das entidades a que alude o Capítulo IX do Título II desta Lei Complementar;

XIV – baixar o Regimento Interno da Advocacia-Geral da União;

XV – proferir decisão nas sindicâncias e nos processos administrativos disciplinares promovidos pela Corregedoria-Geral e aplicar penalidades, salvo a de demissão;

XVI – homologar os concursos públicos de ingresso nas Carreiras da Advocacia-Geral da União;

XVII – promover a lotação e a distribuição dos Membros e servidores, no âmbito da Advocacia-Geral da União;

XVIII – editar e praticar os atos normativos ou não, inerentes a suas atribuições;

XIX – propor, ao Presidente da República, as alterações a esta Lei Complementar.

§ 1º O Advogado-Geral da União pode representá-la junto a qualquer juízo ou tribunal.

§ 2º O Advogado-Geral da União pode avocar quaisquer matérias jurídicas de interesse desta, inclusive no que concerne a sua representação extrajudicial.

§ 3º É permitida a delegação das atribuições previstas no inciso VI ao Procurador-Geral da União, bem como a daquelas objeto do inciso XVII deste artigo, relativamente a servidores.

Capítulo II
DA CORREGEDORIA-GERAL DA ADVOCACIA DA UNIÃO

Art. 5º A Corregedoria-Geral da Advocacia da União tem como atribuições:

I – fiscalizar as atividades funcionais dos Membros da Advocacia-Geral da União;

II – promover correição nos órgãos jurídicos da Advocacia-Geral da União, visando à verificação da regularidade e eficácia dos serviços, e à proposição de medidas, bem como à sugestão de providências necessárias ao seu aprimoramento;

III – apreciar as representações relativas à atuação dos Membros da Advocacia-Geral da União;

IV – coordenar o estágio confirmatório dos integrantes das Carreiras da Advocacia-Geral da União;

V – emitir parecer sobre o desempenho dos integrantes das Carreiras da Advocacia-Geral da União submetidos ao estágio confirmatório, opinando, fundamentadamente, por sua confirmação no cargo ou exoneração;

VI – instaurar, de ofício ou por determinação superior, sindicâncias e processos administrativos contra os Membros da Advocacia-Geral da União.

Art. 6º Compete, ainda, à Corregedoria-Geral supervisionar e promover correições nos órgãos vinculados à Advocacia-Geral da União.

Capítulo III
DO CONSELHO SUPERIOR DA ADVOCACIA-GERAL DA UNIÃO

Art. 7º O Conselho Superior da Advocacia-Geral da União tem as seguintes atribuições:

I – propor, organizar e dirigir os concursos de ingresso nas Carreiras da Advocacia-Geral da União;

II – organizar as listas de promoção e de remoção, julgar reclamações e recursos contra a inclusão, exclusão e classificação em tais listas, e encaminhá-las ao Advogado-Geral da União;

III – decidir, com base no parecer previsto no art. 5º, V, desta Lei Complementar, sobre a confirmação no cargo ou exoneração dos Membros das Carreiras da Advocacia-Geral da União submetidos a estágio confirmatório;

IV – editar o respectivo Regimento Interno.

Parágrafo único. Os critérios disciplinadores dos concursos a que se refere o inciso I deste artigo são integralmente fixados pelo Conselho Superior da Advocacia-Geral da União.

Art. 8º Integram o Conselho Superior da Advocacia-Geral da União:

I – o Advogado-Geral da União, que o preside;

II – o Procurador-Geral da União, o Procurador-Geral da Fazenda Nacional, o Consultor-Geral da União, e o Corregedor-Geral da Advocacia da União;

III – um representante, eleito, de cada carreira da Advocacia-Geral da União, e respectivo suplente.

§ 1º Todos os membros do Conselho Superior da Advocacia-Geral da União têm direito a voto, cabendo ao presidente o de desempate.

§ 2º O mandato dos membros eleitos do Conselho Superior da Advocacia-Geral da União é de dois anos, vedada a recondução.

§ 3º Os membros do Conselho são substituídos, em suas faltas e impedimentos, na forma estabelecida no respectivo Regimento Interno.

Capítulo IV
DA PROCURADORIA-GERAL DA UNIÃO

Art. 9º À Procuradoria-Geral da União, subordinada direta e imediatamente ao Advogado-Geral da União, incumbe representá-la, judicialmente, nos termos e limites desta Lei Complementar.

§ 1º Ao Procurador-Geral da União compete representá-la junto aos tribunais superiores.

§ 2º Às Procuradorias-Regionais da União cabe sua representação perante os demais tribunais.

§ 3º Às Procuradorias da União organizadas em cada Estado e no Distrito Federal, incumbe representá-la junto à primeira instância da Justiça Federal, comum e especializada.

§ 4º O Procurador-Geral da União pode atuar perante os órgãos judiciários referidos nos §§ 2º e 3º, e os Procuradores Regionais da União junto aos mencionados no § 3º deste artigo.

Capítulo V
DA CONSULTORIA-GERAL DA UNIÃO

Art. 10. À Consultoria-Geral da União, direta e imediatamente subordinada ao Advogado-Geral da União, incumbe, principalmente, colaborar com este em seu assessoramento jurídico ao Presidente da República produzindo pareceres, informações e demais trabalhos jurídicos que lhes sejam atribuídos pelo chefe da instituição.

Parágrafo único. Compõem a Consultoria-Geral da União o Consultor-Geral da União e a Consultoria da União.

Capítulo VI
DAS CONSULTORIAS JURÍDICAS

Art. 11. Às Consultorias Jurídicas, órgãos administrativamente subordinados aos Ministros de Estado, ao Secretário-Geral e aos demais titulares de Secretarias da Presidência da República e ao Chefe do Estado-Maior das Forças Armadas, compete, especialmente:

I – assessorar as autoridades indicadas no *caput* deste artigo;

II – exercer a coordenação dos órgãos jurídicos dos respectivos órgãos autônomos e entidades vinculadas;

III – fixar a interpretação da Constituição, das leis, dos tratados e dos demais atos normativos a ser uniformemente seguida em suas áreas de atuação e coordenação quando não houver orientação normativa do Advogado-Geral da União;

IV – elaborar estudos e preparar informações, por solicitação de autoridade indicada no *caput* deste artigo;

V – assistir a autoridade assessorada no controle interno da legalidade administrativa dos atos a serem por ela praticados ou já efetivados, e daqueles oriundos de órgão ou entidade sob sua coordenação jurídica;

VI – examinar, prévia e conclusivamente, no âmbito do Ministério, Secretaria e Estado-Maior das Forças Armadas:

a) os textos de edital de licitação, como os dos respectivos contratos ou instrumentos congêneres, a serem publicados e celebrados;

b) os atos pelos quais se vá reconhecer a inexigibilidade, ou decidir a dispensa, de licitação.

Capítulo VII
DA PROCURADORIA-GERAL DA FAZENDA NACIONAL

Art. 12. À Procuradoria-Geral da Fazenda Nacional, órgão administrativamente subordinado ao titular do Ministério da Fazenda, compete especialmente:

I – apurar a liquidez e certeza da dívida ativa da União de natureza tributária, inscrevendo-a para fins de cobrança, amigável ou judicial;

II – representar privativamente a União, na execução de sua dívida ativa de caráter tributário;

III – (*Vetado*);

IV – examinar previamente a legalidade dos contratos, acordos, ajustes e convênios que interessem ao Ministério da Fazenda, inclusive os referentes à dívida pública externa, e promover a respectiva rescisão por via administrativa ou judicial;

V – representar a União nas causas de natureza fiscal.

Parágrafo único. São consideradas causas de natureza fiscal as relativas a:

I – tributos de competência da União, inclusive infrações à legislação tributária;

II – empréstimos compulsórios;

III – apreensão de mercadorias, nacionais ou estrangeiras;

IV – decisões de órgãos do contencioso administrativo fiscal;

V – benefícios e isenções fiscais;

VI – créditos e estímulos fiscais à exportação;

VII – responsabilidade tributária de transportadores e agentes marítimos;

VIII – incidentes processuais suscitados em ações de natureza fiscal.

Art. 13. A Procuradoria-Geral da Fazenda Nacional desempenha as atividades de consultoria e assessoramento jurídicos no âmbito do Ministério da Fazenda e seus órgãos autônomos e entes tutelados.

Parágrafo único. No desempenho das atividades de consultoria e assessoramento jurídicos, a Procuradoria-Geral da Fazenda Nacional rege-se pela presente Lei Complementar.

Art. 14. (*Vetado*).

Capítulo VIII
DO GABINETE DO ADVOGADO-GERAL DA UNIÃO E DA SECRETARIA DE CONTROLE INTERNO

Art. 15. O Gabinete do Advogado-Geral da União tem sua competência e estrutura fixadas no Regimento Interno da Advocacia-Geral da União.

Art. 16. A Secretaria de Controle Interno rege-se, quanto às suas competências e estrutura básica, pela legislação específica.

Capítulo IX
DOS ÓRGÃOS VINCULADOS

Art. 17. Aos órgãos jurídicos das autarquias e das fundações públicas compete:

I – a sua representação judicial e extrajudicial;

II – as respectivas atividades de consultoria e assessoramento jurídicos;

III – a apuração da liquidez e certeza dos créditos, de qualquer natureza, inerentes às suas atividades, inscrevendo-os em dívida ativa, para fins de cobrança amigável ou judicial.

Art. 18. No desempenho das atividades de consultoria e assessoramento aos órgãos jurídicos das autarquias e das fundações públicas aplica-se, no que couber, o disposto no art. 11 desta Lei Complementar.

Art. 19. (*Vetado*).

Título III
Dos Membros Efetivos da Advocacia-Geral da União

Capítulo I
DAS CARREIRAS

Art. 20. As carreiras de Advogado da União, de Procurador da Fazenda Nacional e de Assistente Jurídico compõem-se dos seguintes cargos efetivos:

I – carreira de Advogado da União:

a) Advogado da União de 2ª Categoria (inicial);

b) Advogado da União de 1ª Categoria (intermediária);

c) Advogado da União de Categoria Especial (final);

II – carreira de Procurador da Fazenda Nacional:

a) Procurador da Fazenda Nacional de 2ª Categoria (inicial);

b) Procurador da Fazenda Nacional de 1ª Categoria (intermediária);

c) Procurador da Fazenda Nacional de Categoria Especial (final);

III – carreira de Assistente Jurídico:

a) Assistente Jurídico de 2ª Categoria (inicial);

b) Assistente Jurídico de 1ª Categoria (intermediária);

c) Assistente Jurídico de Categoria Especial (final).

Art. 21. O ingresso nas carreiras da Advocacia-Geral da União ocorre nas categorias iniciais, mediante nomeação, em caráter efetivo, de candidatos habilitados em concursos públicos, de provas e títulos, obedecida a ordem de classificação.

§ 1º Os concursos públicos devem ser realizados na hipótese em que o número de vagas da carreira exceda a 10% (dez por cento) dos respectivos cargos, ou, com menor número, observado o interesse da Administração e a critério do Advogado-Geral da União.

§ 2º O candidato, no momento da inscrição, há de comprovar um mínimo de 2 (dois) anos de prática forense.

§ 3º Considera-se título, para o fim previsto neste artigo, além de outros regularmente admitidos em direito, o exercício profissional de consultoria, assessoria e diretoria, bem como o desempenho de cargo, emprego ou função de nível superior, com atividades eminentemente jurídicas.

§ 4º A Ordem dos Advogados do Brasil é representada na banca examinadora dos concursos de ingresso nas carreiras da Advocacia-Geral da União.

§ 5º Nos 10 (dez) dias seguintes à nomeação, o Conselho Superior da Advocacia-Geral da União deve convocar os nomeados para escolha de vagas, fixando-lhes prazo improrrogável.

§ 6º Perde o direito à escolha de vaga o nomeado que não atender à convocação a que se refere o parágrafo anterior.

Art. 22. Os dois primeiros anos de exercício em cargo inicial das carreiras da Advocacia-Geral da União correspondem a estágio confirmatório.

Parágrafo único. São requisitos da confirmação no cargo a observância dos respectivos deveres, proibições e impedimentos, a eficiência, a disciplina e a assiduidade.

Capítulo II
DA LOTAÇÃO E DA DISTRIBUIÇÃO

Art. 23. Os membros efetivos da Advocacia-Geral da União são lotados e distribuídos pelo Advogado-Geral da União.

Parágrafo único. A lotação de Assistente Jurídico nos Ministérios, na Secretaria-Geral e nas demais Secretarias da Presidência da República e no Estado-Maior das Forças Armadas é proposta por seus titulares, e a lotação e distribuição de Procuradores da Fazenda Nacional, pelo respectivo titular.

Capítulo III
DA PROMOÇÃO

Art. 24. A promoção de membro efetivo da Advocacia-Geral da União consiste em seu acesso à categoria imediatamente superior àquela em que se encontra.

Parágrafo único. As promoções serão processadas semestralmente pelo Conselho Superior da Advocacia-Geral da União, para vagas ocorridas até 30 de junho e até 31 de dezembro de cada ano, obedecidos, alternadamente, os critérios de antiguidade e merecimento.

Art. 25. A promoção por merecimento deve obedecer a critérios objetivos, fixados pelo Conselho Superior da Advocacia-Geral da União, dentre os quais a presteza e a segurança no desempenho da função, bem como a frequência e o aproveitamento em cursos de aperfeiçoamento reconhecidos por órgãos oficiais.

Parágrafo único. (*Vetado*).

Capítulo IV
DOS DIREITOS, DOS DEVERES, DAS PROIBIÇÕES, DOS IMPEDIMENTOS E DAS CORREIÇÕES

Seção I
Dos direitos

Art. 26. Os membros efetivos da Advocacia-Geral da União têm os direitos assegurados pela Lei 8.112, de 11 de dezembro de 1990, e nesta Lei Complementar.

Parágrafo único. Os cargos das carreiras da Advocacia-Geral da União têm o vencimento e remuneração estabelecidos em lei própria.

Seção II
Dos deveres, das proibições e dos impedimentos

Art. 27. Os membros efetivos da Advocacia-Geral da União têm os deveres previstos na Lei 8.112, de 11 de dezembro de 1990, sujeitando-se ainda às proibições e impedimentos estabelecidos nesta Lei Complementar.

Art. 28. Além das proibições decorrentes do exercício de cargo público, aos Membros efetivos da Advocacia-Geral da União é vedado:

I – exercer advocacia fora das atribuições institucionais;

II – contrariar súmula, parecer normativo ou orientação técnica adotada pelo Advogado-Geral da União;

III – manifestar-se, por qualquer meio de divulgação, sobre assunto pertinente às suas funções, salvo ordem, ou autorização expressa do Advogado-Geral da União.

Art. 29. É defeso aos Membros efetivos da Advocacia-Geral da União exercer suas funções em processo judicial ou administrativo:

I – em que sejam parte;

II – em que hajam atuado como advogado de qualquer das partes;

III – em que seja interessado parente consanguíneo ou afim, em linha reta ou colateral, até o segundo grau, bem como cônjuge ou companheiro;

IV – nas hipóteses da legislação processual.

Art. 30. Os Membros efetivos da Advocacia-Geral da União devem dar-se por impedidos:

I – quando hajam proferido parecer favorável à pretensão deduzida em juízo pela parte adversa;

II – nas hipóteses da legislação processual.

Parágrafo único. Nas situações previstas neste artigo, cumpre seja dada ciência, ao superior hierárquico imediato, em expediente reservado, dos motivos do impedimento, objetivando a designação de substituto.

Art. 31. Os Membros efetivos da Advocacia-Geral da União não podem participar de comissão ou banca de concurso, intervir no seu julgamento e votar sobre organização de lista para promoção ou remoção, quando concorrer parente consanguíneo ou afim, em linha reta ou colateral, até o segundo grau, bem como cônjuge ou companheiro.

Seção III
Das correições

Art. 32. A atividade funcional dos Membros efetivos da Advocacia-Geral da União está sujeita a:

I – correição ordinária, realizada anualmente pelo Corregedor-Geral e respectivos auxiliares;

II – correição extraordinária, também realizada pelo Corregedor-Geral e por seus auxiliares, de ofício ou por determinação do Advogado-Geral da União.

Art. 33. Concluída a correição, o Corregedor-Geral deve apresentar ao Advogado-Geral da União relatório, propondo-lhe as medidas e providências a seu juízo cabíveis.

Art. 34. Qualquer pessoa pode representar ao Corregedor-Geral da Advocacia da União contra abuso, erro grosseiro, omissão ou qualquer outra irregularidade funcional dos Membros da Advocacia-Geral da União.

Título IV
Das Citações, das Intimações e das Notificações

Art. 35. A União é citada nas causas em que seja interessada, na condição de autora, ré, assistente, oponente, recorrente ou recorrida, na pessoa:

I – do Advogado-Geral da União, privativamente, nas hipóteses de competência do Supremo Tribunal Federal;

II – do Procurador-Geral da União, nas hipóteses de competência dos tribunais superiores;

III – do Procurador-Regional da União, nas hipóteses de competência dos demais tribunais;

IV – do Procurador-Chefe ou do Procurador-Seccional da União, nas hipóteses de competência dos juízos de primeiro grau.

Art. 36. Nas causas de que trata o art. 12, a União será citada na pessoa:

I – (*Vetado*);

II – do Procurador-Regional da Fazenda Nacional, nas hipóteses de competência dos demais tribunais;

III – do Procurador-Chefe ou do Procurador-Seccional da Fazenda Nacional nas hipóteses de competência dos juízos de primeiro grau.

Art. 37. Em caso de ausência das autoridades referidas nos arts. 35 e 36, a citação se dará na pessoa do substituto eventual.

Art. 38. As intimações e notificações são feitas nas pessoas do Advogado da União ou do Procurador da Fazenda Nacional que oficie nos respectivos autos.

Título V
Dos Pareceres e da Súmula da Advocacia-Geral da União

Art. 39. É privativo do Presidente da República submeter assuntos ao exame do Advogado-Geral da União, inclusive para seu parecer.

Art. 40. Os pareceres do Advogado-Geral da União são por este submetidos à aprovação do Presidente da República.

§ 1º O parecer aprovado e publicado juntamente com o despacho presidencial vincula a Administração Federal, cujos órgãos e entidades ficam obrigados a lhe dar fiel cumprimento.

§ 2º O parecer aprovado, mas não publicado, obriga apenas as repartições interessadas, a partir do momento em que dele tenham ciência.

Art. 41. Consideram-se, igualmente, pareceres do Advogado-Geral da União, para os efeitos do artigo anterior, aqueles que, emitidos pela Consultoria-Geral da União, sejam por eles aprovados e submetidos ao Presidente da República.

Art. 42. Os pareceres das Consultorias Jurídicas, aprovados pelo Ministro de Estado, pelo Secretário-Geral e pelos titulares das demais Secretarias da Presidência da República ou pelo Chefe do Estado-Maior das Forças Armadas, obrigam, também, os respectivos órgãos autônomos e entidades vinculadas.

Art. 43. A Súmula da Advocacia-Geral da União tem caráter obrigatório quanto a todos os órgãos jurídicos enumerados nos arts. 2º e 17 desta Lei Complementar.

§ 1º O enunciado da Súmula editado pelo Advogado-Geral da União há de ser publicado no *Diário Oficial da União*, por 3 (três) dias consecutivos.

§ 2º No início de cada ano, os enunciados existentes devem ser consolidados e publicados no *Diário Oficial da União*.

Art. 44. Os pareceres aprovados do Advogado-Geral da União inserem-se em coletânea denominada "Pareceres da Advocacia-Geral da União", a ser editada pela Imprensa Nacional.

Título VI
Das Disposições Gerais e Finais

Art. 45. O Regimento Interno da Advocacia-Geral da União é editado pelo Advogado-Geral da União, observada a presente Lei Complementar.

§ 1º O Regimento Interno deve dispor sobre a competência, a estrutura e o funcionamento da Corregedoria-Geral da Advocacia da União, da Procuradoria-Geral da União, da Consultoria-Geral da União, das Consultorias Jurídicas, do Gabinete do Advogado-Geral da União e dos Gabinetes dos Secretários-Gerais, do Centro de Estudos, da Diretoria-Geral de Administração e da Secretaria de Controle Interno, bem como sobre as atribuições de seus titulares e demais integrantes.

§ 2º O Advogado-Geral da União pode conferir, no Regimento Interno, ao Procurador-Geral da União e ao Consultor-Geral da União, atribuições conexas às que lhe prevê o art. 4º desta Lei Complementar.

§ 3º No Regimento Interno são disciplinados os procedimentos administrativos concernentes aos trabalhos jurídicos da Advocacia-Geral da União.

Art. 46. É facultado ao Advogado-Geral da União convocar quaisquer dos integrantes dos órgãos jurídicos que compõem a Advocacia-Geral da União, para instruções e esclarecimentos.

Art. 47. O Advogado-Geral da União pode requisitar servidores dos órgãos ou entidades da Administração Federal, para o desempenho de cargo em comissão ou atividade outra na Advocacia-Geral da União, assegurados ao servidor todos os direitos e vantagens a que faz jus no órgão ou entidade de origem, inclusive promoção.

Art. 48. Os cargos da Advocacia-Geral da União integram quadro próprio.

Art. 49. São nomeados pelo Presidente da República:

I – mediante indicação do Advogado-Geral da União, os titulares dos cargos de natureza especial de Corregedor-Geral da Advocacia da União, de Procurador-Geral da União, de Consultor-Geral da União, de Secretário-Geral de Contencioso e de Secretário-Geral de Consultoria, como os titulares dos cargos em comissão de Corregedor-Auxiliar, de Procurador Regional, de Consultor da União, de Procurador-Chefe e de Diretor-Geral de Administração;

II – mediante indicação do Ministro de Estado, do Secretário-Geral ou titular de Secretaria da Presidência da República, ou do Chefe do Estado-Maior das Forças Armadas, os titulares dos cargos em comissão de Consultor Jurídico;

III – mediante indicação do Ministro de Estado da Fazenda, o titular do cargo de natureza especial de Procurador-Geral da Fazenda Nacional.

§ 1º São escolhidos dentre os Membros efetivos da Advocacia-Geral da União o Corregedor-Geral, os Corregedores-Auxiliares, os Procuradores Regionais e os Procuradores-Chefes.

§ 2º O Presidente da República pode delegar ao Advogado-Geral da União competência para prover, nos termos da Lei, os demais cargos, efetivos e em comissão, da instituição.

Art. 50. Aplica-se ao Advogado-Geral da União, ao Procurador-Geral da União, ao Consultor-Geral da União, aos Consultores da União e aos Consultores Jurídicos, no que couber, o Capítulo IV do Título III desta Lei Complementar.

Art. 51. Aos titulares de cargos de confiança, sejam de natureza especial ou em comissão, da Advocacia-Geral da União, assim como aos Membros efetivos desta é vedado manter, sob sua chefia imediata, parente consanguíneo ou afim, em linha reta ou colateral, até o segundo grau, bem assim como cônjuge ou companheiro.

Art. 52. Os membros e servidores da Advocacia-Geral da União detêm identificação funcional específica, conforme modelos previstos em seu Regimento Interno.

Título VII
Das Disposições Transitórias

Art. 53. É extinto o cargo de Consultor-Geral da República, de natureza especial.

Art. 54. É criado, com natureza especial, o cargo de Advogado-Geral da União.

Art. 55. São criados, com natureza especial, os cargos de Procurador-Geral da União, Procurador-Geral da Fazenda Nacional, Consultor-Geral da União e de Corregedor-Geral da Advocacia da União, privativos de Bacharel em Direito, de elevado saber jurídico e reconhecida idoneidade, com 10 (dez) anos de prática forense e maior de 35 (trinta e cinco) anos.

Art. 56. São extintos os cargos em comissão de Procurador-Geral da Fazenda Nacional e de Secretário-Geral da Consultoria-Geral da República.

Art. 57. São criados os cargos de Secretário-Geral de Contencioso e de Secretário-Geral de Consultoria, de natureza especial, privativos de Bacharel em Direito que reúna as condições estabelecidas no art. 55 desta Lei Complementar.

Art. 58. Os cargos de Consultor Jurídico são privativos de Bacharel em Direito de provada capacidade e experiência, e reconhecida idoneidade, que tenham 5 (cinco) anos de prática forense.

Art. 59. (*Vetado*).

Art. 60. (*Vetado*).

Art. 61. A opção, facultada pelo § 2º do art. 29 do Ato das Disposições Constitucionais Transitórias da Constituição Federal, aos Procuradores da República, deve ser manifestada, ao Advogado-Geral da União, no prazo improrrogável de 15 (quinze) dias, contado da publicação da lei prevista no parágrafo único do art. 26 desta Lei Complementar.

Art. 62. São criados, no Quadro da Advocacia-Geral da União, 600 (seiscentos) cargos de Advogado da União, providos mediante aprovação em concurso público, de provas e títulos, distribuídos entre as categorias, na forma estabelecida no Regimento Interno da Advocacia-Geral da União.

§ 1º Cabe ao Advogado-Geral da União disciplinar, em ato próprio, o primeiro concurso público de provas e títulos, destinado ao provimento de cargos de Advogado da União de 2ª Categoria.

§ 2º O concurso público a que se refere o parágrafo anterior deve ter o respectivo edital publicado nos 60 (sessenta) dias seguintes à posse do Advogado-Geral da União.

Art. 63. Passam a integrar o Quadro da Advocacia-Geral da União os cargos efetivos das atividades-meio da Consultoria-Geral da República e seus titulares.

Art. 64. Até que seja promulgada a lei prevista no art. 26 desta Lei Complementar, ficam assegurados aos titulares dos cargos efetivos e em comissão, privativos de Bacharel em Direito, dos atuais órgãos da Advocacia Consultiva da União, os vencimentos e vantagens a que fazem jus.

Art. 65. (*Vetado*).

Art. 66. Nos primeiros 18 (dezoito) meses de vigência desta Lei Complementar, os cargos de confiança referidos no § 1º do art. 49 podem ser exercidos por Bacharel em Direito não integrante das carreiras de Advogado da União e de Procurador da Fazenda Nacional, observados os requisitos impostos pelos arts. 55 e 58, bem como o disposto no Capítulo IV do Título III desta Lei Complementar.

Art. 67. São interrompidos, por 30 (trinta) dias, os prazos em favor da União, a partir da vigência desta Lei Complementar.

Parágrafo único. A interrupção prevista no *caput* deste artigo não se aplica às causas em que as autarquias e as fundações públicas sejam autoras, rés, assistentes, oponentes, recorrentes e recorridas, e àquelas de competência da Procuradoria-Geral da Fazenda Nacional.

Art. 68. (*Vetado*).

Art. 69. O Advogado-Geral da União poderá, tendo em vista a necessidade do serviço, designar, excepcional e provisoriamente, como representantes judiciais da União, titulares de cargos de Procurador da Fazenda Nacional e de Assistente Jurídico.

Parágrafo único. No prazo de 2 (dois) anos, contado da publicação desta Lei Complementar, cessará a faculdade prevista neste artigo.

Art. 70. (*Vetado*).

Art. 71. (*Vetado*).

Art. 72. Esta Lei Complementar entra em vigor na data de sua publicação.

Art. 73. Revogam-se as disposições em contrário.

Brasília, 10 de fevereiro de 1993; 172º da Independência e 105º da República.

Itamar Franco

(Publicação no *D.O.U.* de11.2.1993)

LEI 8.625,

DE 12 DE FEVEREIRO DE 1993

Institui a Lei Orgânica Nacional do Ministério Público, dispõe sobre normas gerais para a organização do Ministério Público dos Estados e dá outras providências.

→ v. Arts. 127 e ss., da CF/1988.

O Presidente da República:

Faço saber que o Congresso Nacional decreta e eu sanciono a seguinte Lei:

Capítulo I
DAS DISPOSIÇÕES GERAIS

Art. 1º O Ministério Público é instituição permanente, essencial à função jurisdicional do Estado, incumbindo-lhe a defesa da ordem jurídica, do regime democrático e dos interesses sociais e individuais indisponíveis.

Parágrafo único. São princípios institucionais do Ministério Público a unidade, a indivisibilidade e a independência funcional.

Art. 2º Lei complementar, denominada Lei Orgânica do Ministério Público, cuja iniciativa é facultada aos Procuradores-Gerais de Justiça dos Estados, estabelecerá, no âmbito de cada uma dessas unidades federativas, normas específicas de organização, atribuições e estatuto do respectivo Ministério Público.

Parágrafo único. A organização, atribuições e estatuto do Ministério Público do Distrito Federal e Territórios serão objeto da Lei Orgânica do Ministério Público da União.

Art. 3º Ao Ministério Público é assegurada autonomia funcional, administrativa e financeira, cabendo-lhe, especialmente:

I – praticar atos próprios de gestão;

II – praticar atos e decidir sobre a situação funcional e administrativa do pessoal, ativo e inativo, da carreira e dos serviços auxiliares, organizados em quadros próprios;

III – elaborar suas folhas de pagamento e expedir os competentes demonstrativos;

IV – adquirir bens e contratar serviços, efetuando a respectiva contabilização;

V – propor ao Poder Legislativo a criação e a extinção de seus cargos, bem como a fixação e o reajuste dos vencimentos de seus membros;

VI – propor ao Poder Legislativo a criação e a extinção dos cargos de seus serviços auxiliares, bem como a fixação e o reajuste dos vencimentos de seus servidores;

VII – prover os cargos iniciais da carreira e dos serviços auxiliares, bem como nos casos de remoção, promoção e demais formas de provimento derivado;

VIII – editar atos de aposentadoria, exoneração e outros que importem em vacância de cargos de carreira e dos serviços auxiliares, bem como os de disponibilidade de membros do Ministério Público e de seus servidores;

IX – organizar suas secretarias e os serviços auxiliares das Procuradorias e Promotorias de Justiça;

X – compor os seus órgãos de administração;

XI – elaborar seus regimentos internos;

XII – exercer outras competências dela decorrentes.

Parágrafo único. As decisões do Ministério Público fundadas em sua autonomia funcional, administrativa e financeira, obedecidas as formalidades legais, têm eficácia plena e executoriedade imediata, ressalvada a competência constitucional do Poder Judiciário e do Tribunal de Contas.

Art. 4º O Ministério Público elaborará sua proposta orçamentária dentro dos limites estabelecidos na Lei de Diretrizes Orçamentárias, encaminhando-a diretamente ao Governador do Estado, que a submeterá ao Poder Legislativo.

§ 1º Os recursos correspondentes às suas dotações orçamentárias próprias e globais, compreendidos os créditos suplementares e especiais, ser-lhe-ão entregues até o dia 20 de cada mês, sem vinculação a qualquer tipo de despesa.

§ 2º A fiscalização contábil, financeira, orçamentária, operacional e patrimonial do Ministério Público, quanto à legalidade, legitimidade, economicidade, aplicação de dotações e recursos próprios e renúncia de receitas, será exercida pelo Poder Legislativo, mediante controle externo e pelo sistema de controle interno estabelecido na Lei Orgânica.

Capítulo II
DA ORGANIZAÇÃO DO MINISTÉRIO PÚBLICO

Seção I
Dos órgãos de administração

Art. 5º São órgãos da Administração Superior do Ministério Público:

I – a Procuradoria-Geral de Justiça;

II – o Colégio de Procuradores de Justiça;

III – o Conselho Superior do Ministério Público;

IV – a Corregedoria-Geral do Ministério Público.

Art. 6º São também órgãos de Administração do Ministério Público:

I – as Procuradorias de Justiça;

II – as Promotorias de Justiça.

Seção II
Dos órgãos de execução

Art. 7º São órgãos de execução do Ministério Público:

I – o Procurador-Geral de Justiça;

II – o Conselho Superior do Ministério Público;

III – os Procuradores de Justiça;

IV – os Promotores de Justiça.

Seção III
Dos órgãos auxiliares

Art. 8º São órgãos auxiliares do Ministério Público, além de outros criados pela Lei Orgânica:

I – os Centros de Apoio Operacional;

II – a Comissão de Concurso;

III – o Centro de Estudos e Aperfeiçoamento Funcional;

IV – os órgãos de apoio administrativo;

V – os estagiários.

Capítulo III
DOS ÓRGÃOS DE ADMINISTRAÇÃO

Seção I
Da Procuradoria-Geral de Justiça

Art. 9º Os Ministérios Públicos dos Estados formarão lista tríplice, dentre integrantes da carreira, na forma da lei respectiva, para escolha de seu Procurador-Geral, que será nomeado pelo Chefe do Poder Executivo, para mandato de dois anos, permitida uma recondução, observado o mesmo procedimento.

§ 1º A eleição da lista tríplice far-se-á mediante voto plurinominal de todos os integrantes da carreira.

§ 2º A destituição do Procurador-Geral de Justiça, por iniciativa do Colégio de Procuradores, deverá ser precedida de autorização de 1/3 (um terço) dos membros da Assembleia Legislativa.

§ 3º Nos seus afastamentos e impedimentos o Procurador-Geral de Justiça será substituído na forma da Lei Orgânica.

§ 4º Caso o Chefe do Poder Executivo não efetive a nomeação do Procurador-Geral de Justiça, nos quinze dias que se seguirem ao recebimento da lista tríplice, será investido automaticamente no cargo o membro do Ministério Público mais votado, para exercício do mandato.

Art. 10. Compete ao Procurador-Geral de Justiça:

I – exercer a chefia do Ministério Público, representando-o judicial e extrajudicialmente;

II – integrar, como membro nato, e presidir o Colégio de Procuradores de Justiça e o Conselho Superior do Ministério Público;

III – submeter ao Colégio de Procuradores de Justiça as propostas de criação e extinção de cargos e serviços auxiliares e de orçamento anual;

IV – encaminhar ao Poder Legislativo os projetos de lei de iniciativa do Ministério Público;

V – praticar atos e decidir questões relativas à administração geral e execução orçamentária do Ministério Público;

VI – prover os cargos iniciais da carreira e dos serviços auxiliares, bem como nos casos de remoção, promoção, convocação e demais formas de provimento derivado;

VII – editar atos de aposentadoria, exoneração e outros que importem em vacância de cargos da carreira ou dos serviços auxiliares e atos de disponibilidade de membros do Ministério Público e de seus servidores;

VIII – delegar suas funções administrativas;

IX – designar membros do Ministério Público para:

a) exercer as atribuições de dirigente dos Centros de Apoio Operacional;

b) ocupar cargo de confiança junto aos órgãos da Administração Superior;

c) integrar organismos estatais afetos a sua área de atuação;

d) oferecer denúncia ou propor ação civil pública nas hipóteses de não confirmação de arquivamento de inquérito policial ou civil, bem como de quaisquer peças de informação;

e) acompanhar inquérito policial ou diligência investigatória, devendo recair a escolha sobre o membro do Ministério Público com atribuição para, em tese, oficiar no feito, segundo as regras ordinárias de distribuição de serviços;

f) assegurar a continuidade dos serviços, em caso de vacância, afastamento temporário, ausência, impedimento ou suspeição de titular de cargo, ou com consentimento deste;

g) por ato excepcional e fundamentado, exercer as funções processuais afetas a outro membro da instituição, submetendo sua decisão previamente ao Conselho Superior do Ministério Público;

h) oficiar perante a Justiça Eleitoral de primeira instância, ou junto ao Procurador-Regional Eleitoral, quando por este solicitado;

X – dirimir conflitos de atribuições entre membros do Ministério Público, designando quem deva oficiar no feito;

XI – decidir processo disciplinar contra membro do Ministério Público, aplicando as sanções cabíveis;

XII – expedir recomendações, sem caráter normativo aos órgãos do Ministério Público, para o desempenho de suas funções;

XIII – encaminhar aos Presidentes dos Tribunais as listas sêxtuplas a que se referem os arts. 94, *caput*, e 104, parágrafo único, II, da Constituição Federal;

XIV – exercer outras atribuições previstas em lei.

Art. 11. O Procurador-Geral de Justiça poderá ter em seu Gabinete, no exercício de cargo de confiança, Procuradores ou Promotores de Justiça da mais elevada entrância ou categoria, por ele designados.

Seção II
Do Colégio de Procuradores de Justiça

Art. 12. O Colégio de Procuradores de Justiça é composto por todos os Procuradores de Justiça, competindo-lhe:

I – opinar, por solicitação do Procurador-Geral de Justiça ou de 1/4 (um quarto) de seus integrantes, sobre matéria relativa à autonomia do Ministério Público, bem como sobre outras de interesse institucional;

II – propor ao Procurador-Geral de Justiça a criação de cargos e serviços auxiliares, modificações na Lei Orgânica e providências relacionadas ao desempenho das funções institucionais;

III – aprovar a proposta orçamentária anual do Ministério Público, elaborada pela Procuradoria-Geral de Justiça, bem como os projetos de criação de cargos e serviços auxiliares;

IV – propor ao Poder Legislativo a destituição do Procurador-Geral de Justiça, pelo voto de 2/3 (dois terços) de seus membros e por iniciativa da maioria absoluta de seus integrantes em caso de abuso de poder, conduta incompatível ou grave omissão nos deveres do cargo, assegurada ampla defesa;

V – eleger o Corregedor-Geral do Ministério Público;

VI – destituir o Corregedor-Geral do Ministério Público, pelo voto de 2/3 (dois terços) de seus membros, em caso de abuso de poder, conduta incompatível ou grave omissão nos deveres do cargo, por representação do Procurador-Geral de Justiça ou da maioria de seus integrantes, assegurada ampla defesa;

VII – recomendar ao Corregedor-Geral do Ministério Público a instauração de procedimento administrativo disciplinar contra membro do Ministério Público;

VIII – julgar recurso contra decisão:

a) de vitaliciamento, ou não, de membro do Ministério Público;

b) condenatória em procedimento administrativo disciplinar;

c) proferida em reclamação sobre o quadro geral de antiguidade;

d) de disponibilidade e remoção de membro do Ministério Público, por motivo de interesse público;

e) de recusa prevista no § 3º do art. 15 desta Lei;

IX – decidir sobre pedido de revisão de procedimento administrativo disciplinar;

X – deliberar por iniciativa de 1/4 (um quarto) de seus integrantes ou do Procurador-Geral de Justiça, que este ajuíze ação cível de decretação de perda do cargo de membro vitalício do Ministério Público nos casos previstos nesta Lei;

XI – rever, mediante requerimento de legítimo interessado, nos termos da Lei Orgânica, decisão de arquivamento de inquérito policial ou peças de informação determinada pelo Procurador-Geral de Justiça, nos casos de sua atribuição originária;

XII – elaborar seu regimento interno;

XIII – desempenhar outras atribuições que lhe forem conferidas por lei.

Parágrafo único. As decisões do Colégio de Procuradores de Justiça serão motivadas e publicadas, por extrato, salvo nas hipóteses legais de sigilo ou por deliberação da maioria de seus integrantes.

Art. 13. Para exercer as atribuições do Colégio de Procuradores de Justiça com número superior a 40 Procuradores de Justiça, poderá ser constituído Órgão Especial, cuja composição e número de integrantes a Lei Orgânica fixará.

Parágrafo único. O disposto neste artigo não se aplica às hipóteses previstas nos incisos I, IV, V e VI do artigo anterior, bem como a outras atribuições a serem deferidas à totalidade do Colégio de Procuradores de Justiça pela Lei Orgânica.

Seção III
Do Conselho Superior do Ministério Público

Art. 14. Lei Orgânica de cada Ministério Público disporá sobre a composição, inelegibilidade e prazos de sua cessação, posse e duração do mandato dos integrantes do Conselho Superior do Ministério Público, respeitadas as seguintes disposições:

I – o Conselho Superior terá como membros natos apenas o Procurador-Geral de Justiça e o Corregedor-Geral do Ministério Público;

II – são elegíveis somente Procuradores de Justiça que não estejam afastados da carreira;

III – o eleitor poderá votar em cada um dos elegíveis até o número de cargos postos em eleição, na forma da lei complementar estadual.

Art. 15. Ao Conselho Superior do Ministério Público compete:

I – elaborar as listas sêxtuplas a que se referem os arts. 94, *caput*, e 104, parágrafo único, II, da Constituição Federal;

II – indicar ao Procurador-Geral de Justiça, em lista tríplice, os candidatos a remoção ou promoção por merecimento;

III – eleger, na forma da Lei Orgânica, os membros do Ministério Público que integrarão a Comissão de Concurso de ingresso na carreira;

IV – indicar o nome do mais antigo membro do Ministério Público para remoção ou promoção por antiguidade;

V – indicar ao Procurador-Geral de Justiça e Promotores de Justiça para substituição por convocação;

VI – aprovar os pedidos de remoção por permuta entre membros do Ministério Público;

VII – decidir sobre vitaliciamento de membros do Ministério Público;

VIII – determinar por voto de 2/3 (dois terços) de seus integrantes a disponibilidade ou remoção de membros do Ministério Público, por interesse público, assegurada ampla defesa;

IX – aprovar o quadro geral de antiguidade do Ministério Público e decidir sobre reclamações formuladas a esse respeito;

X – sugerir ao Procurador-Geral a edição de recomendações, sem caráter vinculativo, aos órgãos do Ministério Público para o desempenho de suas funções e a adoção de medidas convenientes ao aprimoramento dos serviços;

XI – autorizar o afastamento de membro do Ministério Público para frequentar curso ou seminário de aperfeiçoamento e estudo, no País ou no exterior;

XII – elaborar seu regimento interno;

XIII – exercer outras atribuições previstas em lei.

§ 1º As decisões do Conselho Superior do Ministério Público serão motivadas e publicadas, por extrato, salvo nas hipóteses legais de sigilo ou por deliberação da maioria de seus integrantes.

§ 2º A remoção e a promoção voluntária por antiguidade e por merecimento, bem como a convocação, dependerão de prévia manifestação escrita do interessado.

§ 3º Na indicação por antiguidade, o Conselho Superior do Ministério Público somente poderá recusar o membro do Ministério Público mais antigo pelo voto de 2/3 (dois terços) de seus integrantes, conforme procedimento próprio, repetindo-se a votação até fixar-se a indicação, após o julgamento de eventual recurso interposto com apoio na alínea e do inciso VIII do art. 12 desta Lei.

Seção IV
DA CORREGEDORIA-GERAL DO MINISTÉRIO PÚBLICO

Art. 16. O Corregedor-Geral do Ministério Público será eleito pelo Colégio de Procuradores, dentre os Procuradores de Justiça, para mandato de dois anos, permitida uma recondução, observado o mesmo procedimento.

Parágrafo único. O Corregedor-Geral do Ministério Público é membro nato do Colégio de Procuradores de Justiça e do Conselho Superior do Ministério Público.

Art. 17. A Corregedoria-Geral do Ministério Público é o órgão orientador e fiscalizador das atividades funcionais e da conduta dos membros do Ministério Público, incumbindo-lhe, dentre outras atribuições:

I – realizar correições e inspeções;

II – realizar inspeções nas Procuradorias de Justiça, remetendo relatório reservado ao Colégio de Procuradores de Justiça;

III – propor ao Conselho Superior do Ministério Público, na forma da Lei Orgânica, o não vitaliciamento de membro do Ministério Público;

IV – fazer recomendações, sem caráter vinculativo, a órgão de execução;

V – instaurar, de ofício ou por provocação dos demais órgãos da Administração Superior do Ministério Público, processo disciplinar contra membro da instituição, presidindo-o e aplicando as sanções administrativas cabíveis, na forma da Lei Orgânica;

VI – encaminhar ao Procurador-Geral de Justiça os processos administrativos disciplinares que, na forma da Lei Orgânica, incumba a este decidir;

VII – remeter aos demais órgãos da Administração Superior do Ministério Público informações necessárias ao desempenho de suas atribuições;

VIII – apresentar ao Procurador-Geral de Justiça, na primeira quinzena de fevereiro, relatório com dados estatísticos sobre as atividades das Procuradorias e Promotorias de Justiça, relativas ao ano anterior.

Art. 18. O Corregedor-Geral do Ministério Público será assessorado por Promotores de Justiça da mais elevada entrância ou categoria, por ele indicados e designados pelo Procurador-Geral de Justiça.

Parágrafo único. Recusando-se o Procurador-Geral de Justiça a designar os Promotores de Justiça que lhe foram indicados, o Corregedor-Geral do Ministério Público poderá submeter a indicação à deliberação do Colégio de Procuradores.

Seção V
Das Procuradorias de Justiça

Art. 19. As Procuradorias de Justiça são órgãos de Administração do Ministério Público, com cargos de Procurador de Justiça e serviços auxiliares necessários ao desempenho das funções que lhe forem cometidas pela Lei Orgânica.

§ 1º É obrigatória a presença de Procurador de Justiça nas sessões de julgamento dos processos da respectiva Procuradoria de Justiça.

§ 2º Os Procuradores de Justiça exercerão inspeção permanente dos serviços dos Promotores de Justiça nos autos em que oficiem, remetendo seus relatórios à Corregedoria-Geral do Ministério Público.

Art. 20. Os Procuradores de Justiça das Procuradorias de Justiça civis e criminais, que oficiem junto ao mesmo Tribunal, reunir-se-ão para fixar orientações jurídicas, sem caráter vinculativo, encaminhando-as ao Procurador-Geral de Justiça.

Art. 21. A divisão interna dos serviços das Procuradorias de Justiça sujeitar-se-á a critérios objetivos definidos pelo Colégio de Procuradores, que visem à distribuição equitativa dos processos por sorteio, observadas, para esse efeito, as regras de proporcionalidade, especialmente a alternância fixada em função da natureza, volume e espécie dos feitos.

Parágrafo único. A norma deste artigo só não incidirá nas hipóteses em que os Procuradores de Justiça definam, consensualmente, conforme critérios próprios, a divisão interna dos serviços.

Art. 22. À Procuradoria de Justiça compete, na forma da Lei Orgânica, dentre outras atribuições:

I – escolher o Procurador de Justiça responsável pelos serviços administrativos da Procuradoria;

II – propor ao Procurador-Geral de Justiça a escala de férias de seus integrantes;

III – solicitar ao Procurador-Geral de Justiça, em caso de licença de Procurador de Justiça ou afastamento de suas funções junto à Procuradoria de Justiça, que convoque Promotor de Justiça da mais elevada entrância ou categoria para substituí-lo.

Seção VI
Das Promotorias de Justiça

Art. 23. As Promotorias de Justiça são órgãos de administração do Ministério Público com pelo menos um cargo de Promotor de Justiça e serviços auxiliares necessários ao desempenho das funções que lhe forem cometidas pela Lei Orgânica.

§ 1º As Promotorias de Justiça poderão ser judiciais ou extrajudiciais, especializadas, gerais ou cumulativas.

§ 2º As atribuições das Promotorias de Justiça e dos cargos dos Promotores de Justiça que a integram serão fixadas mediante proposta do Procurador-Geral de Justiça, aprovada pelo Colégio de Procuradores de Justiça.

§ 3º A exclusão, inclusão ou outra modificação nas atribuições das Promotorias de Justiça ou dos cargos dos Promotores de Justiça que a integram serão efetuadas mediante proposta do Procurador-Geral de Justiça, aprovada por maioria absoluta do Colégio de Procuradores.

Art. 24. O Procurador-Geral de Justiça poderá, com a concordância do Promotor de Justiça titular, designar outro Promotor para funcionar em feito determinado, de atribuição daquele.

Capítulo IV
DAS FUNÇÕES DOS ÓRGÃOS DE EXECUÇÃO

Seção I
Das funções gerais

Art. 25. Além das funções previstas nas Constituições Federal e Estadual, na Lei Orgânica e em outras leis, incumbe, ainda, ao Ministério Público:

I – propor ação de inconstitucionalidade de leis ou atos normativos estaduais ou municipais, face à Constituição Estadual;

II – promover a representação de inconstitucionalidade para efeito de intervenção do Estado nos Municípios;

III – promover, privativamente, a ação penal pública, na forma da lei;

IV – promover o inquérito civil e a ação civil pública, na forma da lei:

a) para a proteção, prevenção e reparação dos danos causados ao meio ambiente, ao consumidor, aos bens e direitos de valor artístico, estético, histórico, turístico e paisagístico, e a outros interesses difusos, coletivos e individuais indisponíveis e homogêneos;

b) para a anulação ou declaração de nulidade de atos lesivos ao patrimônio público ou à moralidade administrativa do Estado ou de Município, de suas administrações indiretas ou fundacionais ou de entidades privadas de que participem;

V – manifestar-se nos processos em que sua presença seja obrigatória por lei e, ainda, sempre que cabível a intervenção, para assegurar o exercício de suas funções institucionais, não importando a fase ou grau de jurisdição em que se encontrem os processos;

VI – exercer a fiscalização dos estabelecimentos prisionais e dos que abriguem idosos, menores, incapazes ou pessoas portadoras de deficiência;

VII – deliberar sobre a participação em organismos estatais de defesa do meio ambiente, neste compreendido o do trabalho, do consumidor, de política penal e penitenciária e outros afetos à sua área de atuação;

VIII – ingressar em juízo, de ofício, para responsabilizar os gestores do dinheiro público condenados por tribunais e conselhos de contas;

IX – interpor recursos ao Supremo Tribunal Federal e ao Superior Tribunal de Justiça;

X – *(Vetado)*;

XI – *(Vetado)*.

Parágrafo único. É vedado o exercício das funções do Ministério Público a pessoas a ele estranhas, sob pena de nulidade do ato praticado.

Art. 26. No exercício de suas funções, o Ministério Público poderá:

I – instaurar inquéritos civis e outras medidas e procedimentos administrativos pertinentes e, para instruí-los:

a) expedir notificações para colher depoimento ou esclarecimentos e, em caso de não comparecimento injustificado, requisitar condução coercitiva, inclusive pela Polícia Civil ou Militar, ressalvadas as prerrogativas previstas em lei;

b) requisitar informações, exames periciais e documentos de autoridades federais, estaduais e municipais, bem como dos órgãos e entidades da administração direta, indireta ou fundacional, de qualquer dos Poderes da União, dos Estados, do Distrito Federal e dos Municípios;

c) promover inspeções e diligências investigatórias junto às autoridades, órgãos e entidades a que se refere a alínea anterior;

II – requisitar informações e documentos a entidades privadas, para instruir procedimentos ou processo em que oficie;

III – requisitar à autoridade competente a instauração de sindicância ou procedimento administrativo cabível;

IV – requisitar diligências investigatórias e a instauração de inquérito policial e de inquérito policial militar, observado o disposto no art. 129, VIII, da Constituição Federal, podendo acompanhá-los;

V – praticar atos administrativos executórios, de caráter preparatório;

VI – dar publicidade dos procedimentos administrativos não disciplinares que instaurar e das medidas adotadas;

VII – sugerir ao Poder competente a edição de normas e a alteração da legislação em vigor, bem como a adoção de medidas propostas, destinadas à prevenção e controle da criminalidade;

VIII – manifestar-se em qualquer fase dos processos, acolhendo solicitação do juiz, da parte ou por sua iniciativa, quando entender existente interesse em causa que justifique a intervenção.

§ 1º As notificações e requisições previstas neste artigo, quando tiverem como destinatários o Governador do Estado, os membros do Poder Legislativo e os desembargadores, serão encaminhadas pelo Procurador-Geral de Justiça.

§ 2º O membro do Ministério Público será responsável pelo uso indevido das informações e documentos que requisitar, inclusive nas hipóteses legais de sigilo.

§ 3º Serão cumpridas gratuitamente as requisições feitas pelo Ministério Público às autoridades, órgãos e entidades da Administração Pública direta, indireta ou fundacional, de qualquer dos Poderes da União, dos Estados, do Distrito Federal e dos Municípios.

§ 4º A falta ao trabalho, em virtude de atendimento a notificação ou requisição, na forma do inciso I deste artigo, não autoriza desconto de vencimentos ou salário, considerando-se de efetivo exercício, para todos os efeitos, mediante comprovação escrita do membro do Ministério Público.

§ 5º Toda representação ou petição formulada ao Ministério Público será distribuída entre os membros da instituição que tenham atribuições para apreciá-la, observados os critérios fixados pelo Colégio de Procuradores.

Art. 27. Cabe ao Ministério Público exercer a defesa dos direitos assegurados nas Constituições Federal e Estadual, sempre que se cuidar de garantir-lhe o respeito:

I – pelos poderes estaduais ou municipais;

II – pelos órgãos da Administração Pública Estadual ou Municipal, direta ou indireta;

III – pelos concessionários e permissionários de serviço público estadual ou municipal;

IV – por entidades que exerçam outra função delegada do Estado ou do Município ou executem serviço de relevância pública.

Parágrafo único. No exercício das atribuições a que se refere este artigo, cabe ao Ministério Público, entre outras providências:

I – receber notícias de irregularidades, petições ou reclamações de qualquer natureza, promover as apurações cabíveis que lhes sejam próprias e dar-lhes as soluções adequadas;

II – zelar pela celeridade e racionalização dos procedimentos administrativos;

III – dar andamento, no prazo de 30 (trinta) dias, às notícias de irregularidades, petições ou reclamações referidas no inciso I;

IV – promover audiências públicas e emitir relatórios, anual ou especiais, e recomendações dirigidas aos órgãos e entidades mencionadas no *caput* deste artigo, requisitando ao destinatário sua divulgação adequada e imediata, assim como resposta por escrito.

Art. 28. (*Vetado*).

Seção II
Do Procurador-Geral de Justiça

Art. 29. Além das atribuições previstas nas Constituições Federal e Estadual, na Lei Orgânica e em outras leis, compete ao Procurador-Geral de Justiça:

I – representar aos Tribunais locais por inconstitucionalidade de leis ou atos normativos estaduais ou municipais, face à Constituição Estadual;

II – representar para fins de intervenção do Estado no Município, com o objetivo de assegurar a observância de princípios indicados na Constituição Estadual ou prover a execução de lei, de ordem ou de decisão judicial;

III – representar o Ministério Público nas sessões plenárias dos Tribunais;

IV – (*Vetado*);

V – ajuizar ação penal de competência originária dos Tribunais, nela oficiando;

VI – oficiar nos processos de competência originária dos Tribunais, nos limites estabelecidos na Lei Orgânica;

VII – determinar o arquivamento de representação, notícia de crime, peças de informação, conclusão de comissões parlamentares de inquérito ou inquérito policial, nas hipóteses de suas atribuições legais;

VIII – exercer as atribuições do art. 129, II e III, da Constituição Federal, quando a autoridade reclamada for o Governador do Estado, o Presidente da Assembleia Legislativa ou os Presidentes de Tribunais, bem como quando contra estes, por ato praticado em razão de suas funções, deva ser ajuizada a competente ação;

IX – delegar a membro do Ministério Público suas funções de órgão de execução.

Seção III
Do Conselho Superior do Ministério Público

Art. 30. Cabe ao Conselho Superior do Ministério Público rever o arquivamento de inquérito civil, na forma da lei.

Seção IV
Dos Procuradores de Justiça

Art. 31. Cabe aos Procuradores de Justiça exercer as atribuições junto aos Tribunais, desde que não cometidas ao Procurador-Geral de Justiça, e inclusive por delegação deste.

Seção V
Dos Promotores de Justiça

Art. 32. Além de outras funções cometidas nas Constituições Federal e Estadual, na Lei Orgânica e demais leis, compete aos Promotores de Justiça, dentro de suas esferas de atribuições:

I – impetrar *habeas corpus* e mandado de segurança e requerer correição parcial, inclusive perante os Tribunais locais competentes;

II – atender a qualquer do povo, tomando as providências cabíveis;

III – oficiar perante a Justiça Eleitoral de primeira instância, com as atribuições do Ministério Público Eleitoral previstas na Lei Orgânica do Ministério Público da União que forem pertinentes, além de outras estabelecidas na legislação eleitoral e partidária.

Capítulo V
DOS ÓRGÃOS AUXILIARES

Seção I
Dos Centros de Apoio Operacional

Art. 33. Os Centros de Apoio Operacional são órgãos auxiliares da atividade funcional do Ministério Público, competindo-lhes, na forma da Lei Orgânica:

I – estimular a integração e o intercâmbio entre órgãos de execução que atuem na mesma área de atividade e que tenham atribuições comuns;

II – remeter informações técnico-jurídicas, sem caráter vinculativo, aos órgãos ligados à sua atividade;

III – estabelecer intercâmbio permanente com entidades ou órgãos públicos ou privados que atuem em áreas afins, para obtenção de elementos técnicos especializados necessários ao desempenho de suas funções;

IV – remeter, anualmente, ao Procurador-Geral de Justiça relatório das atividades do Ministério Público relativas às suas áreas de atribuições;

V – exercer outras funções compatíveis com suas finalidades, vedado o exercício de qualquer atividade de órgão de execução, bem como a expedição de atos normativos a estes dirigidos.

Seção II
Da Comissão de Concurso

Art. 34. À Comissão de Concurso, órgão auxiliar de natureza transitória, incumbe realizar a seleção de candidatos ao ingresso na carreira do Ministério Público, na forma da Lei Orgânica e observado o art. 129, § 3º, da Constituição Federal.

Parágrafo único. A Lei Orgânica definirá o critério de escolha do Presidente da Comissão de Concurso de ingresso na carreira, cujos demais integrantes serão eleitos na forma do art. 15, III, desta Lei.

Seção III
Do Centro de Estudos e Aperfeiçoamento Funcional

Art. 35. O Centro de Estudos e Aperfeiçoamento Funcional é órgão auxiliar do Ministério Público destinado a realizar cursos, seminários, congressos, simpósios, pesquisas, atividades, estudos e publicações visando ao aprimoramento profissional e cultural dos membros da instituição, de seus auxiliares e funcionários, bem como a melhor execução de seus serviços e racionalização de seus recursos materiais.

Parágrafo único. A Lei Orgânica estabelecerá a organização, funcionamento e demais atribuições do Centro de Estudos e Aperfeiçoamento Funcional.

Seção IV
Dos órgãos de apoio administrativo

Art. 36. Lei de iniciativa do Procurador-Geral de Justiça disciplinará os órgãos e serviços auxiliares de apoio administrativo, organizados em quadro próprio de carreiras, com os cargos que atendam às suas peculiaridades e às necessidades da administração e das atividades funcionais.

Seção V
Dos estagiários

Art. 37. Os estagiários do Ministério Público, auxiliares das Promotorias de Justiça, serão nomeados pelo Procurador-Geral de Justiça, para período não superior a três anos.

Parágrafo único. A Lei Orgânica disciplinará a seleção, investidura, vedações e dispensa dos estagiários, que serão alunos dos três últimos anos do curso de bacharelado de Direito, de escolas oficiais ou reconhecidas.

Capítulo VI
DAS GARANTIAS E PRERROGATIVAS DOS MEMBROS DO MINISTÉRIO PÚBLICO

Art. 38. Os membros do Ministério Público sujeitam-se a regime jurídico especial e têm as seguintes garantias:

I – vitaliciedade, após dois anos de exercício, não podendo perder o cargo senão por sentença judicial transitada em julgado;

II – inamovibilidade, salvo por motivo de interesse público;

III – irredutibilidade de vencimentos, observado, quanto à remuneração, o disposto na Constituição Federal.

§ 1º O membro vitalício do Ministério Público somente perderá o cargo por sentença judicial transitada em julgado, proferida em ação civil própria, nos seguintes casos:

I – prática de crime incompatível com o exercício do cargo, após decisão judicial transitada em julgado;

II – exercício da advocacia;

III – abandono do cargo por prazo superior a 30 (trinta) dias corridos.

§ 2º A ação civil para a decretação da perda do cargo será proposta pelo Procurador-Geral de Justiça perante o Tribunal de Justiça local, após autorização do Colégio de Procuradores, na forma da Lei Orgânica.

Art. 39. Em caso de extinção do órgão de execução, da Comarca ou mudança da sede da Promotoria de Justiça, será facultado ao Promotor de Justiça remover-se para outra Promotoria de igual entrância ou categoria, ou obter a disponibilidade com vencimentos integrais e a contagem do tempo de serviço como se em exercício estivesse.

§ 1º O membro do Ministério Público em disponibilidade remunerada continuará sujeito às vedações constitucionais e será classificado em quadro especial, provendo-se a vaga que ocorrer.

§ 2º A disponibilidade, nos casos previstos no *caput* deste artigo, outorga ao membro do Ministério Público o direito à percepção de vencimentos e vantagens integrais e à contagem do tempo de serviço como se em exercício estivesse.

Art. 40. Constituem prerrogativas dos membros do Ministério Público, além de outras previstas na Lei Orgânica:

I – ser ouvido, como testemunha ou ofendido, em qualquer processo ou inquérito, em dia, hora e local previamente ajustados com o Juiz ou a autoridade competente;

II – estar sujeito a intimação ou convocação para comparecimento, somente se expedida pela autoridade judiciária ou por órgão da Administração Superior do Ministério Público competente, ressalvadas as hipóteses constitucionais;

III – ser preso somente por ordem judicial escrita, salvo em flagrante de crime inafiançável, caso em que a autoridade fará, no prazo máximo de 24 (vinte e quatro) horas, a comunicação e a apresentação do membro do Ministério Público ao Procurador-Geral de Justiça;

IV – ser processado e julgado originariamente pelo Tribunal de Justiça de seu Estado, nos crimes comuns e de responsabilidade, ressalvada exceção de ordem constitucional;

V – ser custodiado ou recolhido à prisão domiciliar ou à sala especial de Estado Maior, por ordem e à disposição do Tribunal competente, quando sujeito a prisão antes do julgamento final;

VI – ter assegurado o direito de acesso, retificação e complementação dos dados e informações relativos à sua pessoa, existentes nos órgãos da instituição, na forma da Lei Orgânica.

Art. 41. Constituem prerrogativas dos membros do Ministério Público, no exercício de sua função, além de outras previstas na Lei Orgânica:

I – receber o mesmo tratamento jurídico e protocolar dispensado aos membros do Poder Judiciário junto aos quais oficiem;

II – não ser indiciado em inquérito policial, observado o disposto no parágrafo único deste artigo;

III – ter vista dos autos após distribuição às Turmas ou Câmaras e intervir nas sessões de julgamento, para sustentação oral ou esclarecimento de matéria de fato;

IV – receber intimação pessoal em qualquer processo e grau de jurisdição, através da entrega dos autos com vista;

V – gozar de inviolabilidade pelas opiniões que externar ou pelo teor de suas manifestações processuais ou procedimentos, nos limites de sua independência funcional;

VI – ingressar e transitar livremente:

a) nas salas de sessões de Tribunais, mesmo além dos limites que separam a parte reservada aos Magistrados;

b) nas salas e dependências de audiências, secretarias, cartórios, tabelionatos, ofícios da justiça, inclusive dos registros públicos, delegacias de polícia e estabelecimento de internação coletiva;

c) em qualquer recinto público ou privado, ressalvada a garantia constitucional de inviolabilidade de domicílio;

VII – examinar, em qualquer Juízo ou Tribunal, autos de processos findos ou em andamento, ainda que conclusos à autoridade, podendo copiar peças e tomar apontamentos;

VIII – examinar, em qualquer repartição policial, autos de flagrante ou inquérito, findos ou em andamento, ainda que conclusos à autoridade, podendo copiar peças e tomar apontamentos;

IX – ter acesso ao indiciado preso, a qualquer momento, mesmo quando decretada a sua incomunicabilidade;

X – usar as vestes talares e as insígnias privativas do Ministério Público;

XI – tomar assento à direita dos Juízes de primeira instância ou do Presidente do Tribunal, Câmara ou Turma.

Parágrafo único. Quando, no curso de investigação, houver indício da prática de infração penal por parte de membro do Ministério Público, a autoridade policial, civil ou militar, remeterá, imediatamente, sob pena de responsabilidade, os respectivos autos ao Procurador-Geral de Justiça, a quem competirá dar prosseguimento à apuração.

Art. 42. Os membros do Ministério Público terão carteira funcional, expedida na forma da Lei Orgânica, valendo em todo o território nacional como cédula de identidade, e porte de arma, independentemente, neste caso, de qualquer ato formal de licença ou autorização.

Capítulo VII
DOS DEVERES E VEDAÇÕES DOS MEMBROS DO MINISTÉRIO PÚBLICO

Art. 43. São deveres dos membros do Ministério Público, além de outros previstos em lei:

I – manter ilibada conduta pública e particular;

II – zelar pelo prestígio da Justiça, por suas prerrogativas e pela dignidade de suas funções;

III – indicar os fundamentos jurídicos de seus pronunciamentos processuais, elaborando relatório em sua manifestação final ou recursal;

IV – obedecer aos prazos processuais;

V – assistir aos atos judiciais, quando obrigatória ou conveniente a sua presença;

VI – desempenhar, com zelo e presteza, as suas funções;

VII – declarar-se suspeito ou impedido, nos termos da lei;

VIII – adotar, nos limites de suas atribuições, as providências cabíveis face à irregularidade de que tenha conhecimento ou que ocorra nos serviços a seu cargo;

IX – tratar com urbanidade as partes, testemunhas, funcionários e auxiliares da Justiça;

X – residir, se titular, na respectiva Comarca;

XI – prestar informações solicitadas pelos órgãos da instituição;

XII – identificar-se em suas manifestações funcionais;

XIII – atender aos interessados, a qualquer momento, nos casos urgentes;

XIV – acatar, no plano administrativo, as decisões dos órgãos da Administração Superior do Ministério Público.

Art. 44. Aos membros do Ministério Público se aplicam as seguintes vedações:

I – receber, a qualquer título e sob qualquer pretexto, honorários, percentagens ou custas processuais;

II – exercer advocacia;

III – exercer o comércio ou participar de sociedade comercial, exceto como cotista ou acionista;

IV – exercer, ainda que em disponibilidade, qualquer outra função pública, salvo uma de Magistério;

V – exercer atividade político-partidária, ressalvada a filiação e as exceções previstas em lei.

→ *v.* ADIn 1.377-7 (*D.J.U.* 16.12.2005), o STF decidiu pela procedência parcial da ação para "sem redução de texto, conferir, ao inciso V art. 44 da Lei 8.625, de 12.2.1993 (Lei Orgânica Nacional do Ministério Público), interpretação conforme à constituição, definindo como única exegese constitucionalmente possível aquela que apenas admite a filiação partidária de representante do Ministério Público dos Estados-Membros, se realizada nas hipóteses de afastamento, do integrante do *Parquet*, de suas funções institucionais, mediante licença, nos termos da lei".

Parágrafo único. Não constituem acumulação, para os efeitos do inciso IV deste artigo, as atividades exercidas em organismos estatais afetos à área de atuação do Ministério Público, em Centro de Estudo e Aperfeiçoamento de Ministério Público, em entidades de representação de classe e o exercício de cargos de confiança na sua administração e nos órgãos auxiliares.

Capítulo VIII
DOS VENCIMENTOS, VANTAGENS E DIREITOS

Art. 45. O membro do Ministério Público, convocado ou designado para substituição, terá direito à diferença de vencimento entre o seu cargo e o que ocupar.

Art. 46. A revisão da remuneração dos membros do Ministério Público far-se-á na forma da lei estadual.

Art. 47. Os vencimentos dos membros do Ministério Público serão fixados com diferença não excedente a 10% (dez por cento) de uma para outra entrância ou categoria, ou da entrância mais elevada para o cargo de Procurador-Geral de Justiça, garantindo-se aos Procuradores de Justiça não menos de 95% (noventa e cinco por cento) dos vencimentos atribuídos ao Procurador-Geral.

Art. 48. A remuneração dos membros dos Ministérios Públicos dos Estados observará, como limite máximo, os valores percebidos como remuneração, em espécie, a qualquer título, pelos membros do Poder Judiciário local.

Art. 49. Os vencimentos do Procurador-Geral de Justiça, em cada Estado, para efeito do disposto no § 1º do art. 39 da Constituição Federal, guardarão equivalência com os vencimentos dos Desembargadores dos Tribunais de Justiça.

→ *v.* ADIn 1.274-6 (*D.O.U.* 26.2.2003), o STF declarou a inconstitucionalidade do art. 49 da Lei 8.625/1993.

Art. 50. Além dos vencimentos, poderão ser outorgadas, a membro do Ministério Público, nos termos da lei, as seguintes vantagens:

I – ajuda de custo, para despesas de transporte e mudança;

II – auxílio-moradia, nas Comarcas em que não haja residência oficial condigna para o membro do Ministério Público;

III – salário-família;

IV – diárias;

V – verba de representação de Ministério Público;

VI – gratificação pela prestação de serviço à Justiça Eleitoral, equivalente àquela devida ao Magistrado ante o qual oficiar;

VII – gratificação pela prestação de serviço à Justiça do Trabalho, nas Comarcas em que não haja Junta de Conciliação e Julgamento;

VIII – gratificação adicional por ano de serviço, incidente sobre o vencimento básico e a verba de representação, observado o disposto no § 3º deste artigo e no inciso XIV do art. 37 da Constituição Federal;

IX – gratificação pelo efetivo exercício em Comarca de difícil provimento, assim definida e indicada em lei ou em ato do Procurador-Geral de Justiça;

X – gratificação pelo exercício cumulativo de cargos ou funções;

XI – verba de representação pelo exercício de cargos de direção ou de confiança junto aos órgãos da Administração Superior;

XII – outras vantagens previstas em lei, inclusive as concedidas aos servidores públicos em geral.

§ 1º Aplicam-se aos membros do Ministério Público os direitos sociais previstos no art. 7º, VIII, XII, XVII, XVIII e XIX, da Constituição Federal.

§ 2º Computar-se-á, para efeito de aposentadoria, disponibilidade e adicionais por tempo de serviço, o tempo de exercício da advocacia, até o máximo de 15 anos.

§ 3º Constitui parcela dos vencimentos, para todos os efeitos, a gratificação de representação de Ministério Público.

Art. 51. O direito a férias anuais, coletivas e individuais, do membro do Ministério Público, será igual ao dos Magistrados, regulando a Lei Orgânica a sua concessão e aplicando-se o disposto no art. 7º, XVII, da Constituição Federal.

Art. 52. Conceder-se-á licença:

I – para tratamento de saúde;

II – por motivo de doença de pessoa da família;

III – à gestante;

IV – paternidade;

V – em caráter especial;

VI – para casamento, até oito dias;

VII – por luto, em virtude de falecimento do cônjuge, ascendente, descendente, irmãos, sogros, noras e genros, até oito dias;

VIII – em outros casos previstos em lei.

Parágrafo único. A Lei Orgânica disciplinará as licenças referidas neste artigo, não podendo o membro do Ministério Público, nessas situações, exercer qualquer de suas funções.

Art. 53. São considerados como de efetivo exercício, para todos os efeitos legais, exceto para vitaliciamento, os dias em que o membro do Ministério Público estiver afastado de suas funções em razão:

I – de licença prevista no artigo anterior;

II – de férias;

III – de cursos ou seminários de aperfeiçoamento e estudos, no País ou no exterior, de duração máxima de dois anos e mediante prévia autorização do Conselho Superior do Ministério Público;

IV – de período de trânsito;

V – de disponibilidade remunerada, exceto para promoção, em caso de afastamento decorrente de punição;

VI – de designação do Procurador-Geral de Justiça para:

a) realização de atividade de relevância para a instituição;

b) direção de Centro de Estudos e Aperfeiçoamento Funcional do Ministério Público;

VII – de exercício de cargos ou de funções de direção de associação representativa de classe, na forma da Lei Orgânica;

VIII – de exercício das atividades previstas no parágrafo único do art. 44 desta Lei;

IX – de outras hipóteses definidas em lei.

Art. 54. O membro do Ministério Público será aposentado, com proventos integrais, compulsoriamente, por invalidez ou aos 70 anos de idade, e, facultativamente, aos 30 anos de serviço, após cinco anos de efetivo exercício na carreira.

Art. 55. Os proventos da aposentadoria, que corresponderão à totalidade dos vencimentos percebidos no serviço ativo, a qualquer título, serão revistos na mesma proporção e na mesma data, sempre que se modificar a remuneração dos membros do Ministério Público em atividade, sendo também estendidos aos inativos quaisquer benefícios ou vantagens posteriormente concedidos àqueles, inclusive quando decorrentes de transformação ou reclassificação do cargo ou função em que se deu a aposentadoria.

Parágrafo único. Os proventos dos membros do Ministério Público aposentados serão pagos na mesma ocasião em que o forem os vencimentos dos membros do Ministério Público em atividade, figurando em folha de pagamento expedida pelo Ministério Público.

Art. 56. A pensão por morte, igual à totalidade dos vencimentos ou proventos percebidos pelos membros em atividade ou inatividade do Ministério Público, será reajustada na mesma data e proporção daqueles.

Parágrafo único. A pensão obrigatória não impedirá a percepção de benefícios decorrentes de contribuição voluntária para qualquer entidade de previdência.

Art. 57. Ao cônjuge sobrevivente e, em sua falta, aos herdeiros ou dependentes de membro do Ministério Público, ainda que aposentado ou em disponibilidade, será pago o auxílio-funeral, em importância igual a um mês de vencimentos ou proventos percebidos pelo falecido.

Art. 58. Para os fins deste Capítulo, equipara-se à esposa a companheira, nos termos da lei.

Capítulo IX
DA CARREIRA

Art. 59. O ingresso nos cargos iniciais da carreira dependerá da aprovação prévia em concurso público de provas e títulos, organizado e realizado pela Procuradoria-Geral de Justiça, com participação da Ordem dos Advogados do Brasil.

§ 1º É obrigatória a abertura do concurso de ingresso quando o número de vagas atingir a 1/5 (um quinto) dos cargos iniciais da carreira.

§ 2º Assegurar-se-ão ao candidato aprovado a nomeação e a escolha do cargo, de acordo com a ordem de classificação no concurso.

§ 3º São requisitos para o ingresso na carreira, dentre outros estabelecidos pela Lei Orgânica:

I – ser brasileiro;

II – ter concluído o curso de bacharelado em Direito, em escola oficial ou reconhecida;

III – estar quite com o serviço militar;

IV – estar em gozo dos direitos políticos.

§ 4º O candidato nomeado deverá apresentar, no ato de sua posse, declaração de seus bens e prestar compromisso de desempenhar, com retidão, as funções do cargo e de cumprir a Constituição e as leis.

Art. 60. Suspende-se, até definitivo julgamento, o exercício funcional de membro do Ministério Público quando, antes do decurso do prazo de 2 (dois) anos, houver impugnação de seu vitaliciamento.

§ 1º A Lei Orgânica disciplinará o procedimento de impugnação, cabendo ao Conselho Superior do Ministério Público decidir, no prazo máximo de 60 (sessenta) dias, sobre o não vitaliciamento e ao Colégio de Procuradores, em 30 (trinta) dias, eventual recurso.

§ 2º Durante a tramitação do procedimento de impugnação, o membro do Ministério Público perceberá vencimentos integrais, contando-se para todos os efeitos o tempo de suspensão do exercício funcional, no caso de vitaliciamento.

Art. 61. A Lei Orgânica regulamentará o regime de remoção e promoção dos membros do Ministério Público, observados os seguintes princípios:

I – promoção voluntária, por antiguidade e merecimento, alternadamente, de uma para outra entrância ou categoria e da entrância ou categoria mais elevada para o cargo de Procurador de Justiça, aplicando-se, por assemelhação, o disposto no art. 93, III e VI, da Constituição Federal;

II – apurar-se-á a antiguidade na entrância e o merecimento pela atuação do membro do Ministério Público em toda a carreira, com prevalência de critérios de ordem objetiva, levando-se inclusive em conta sua conduta, operosidade e dedicação no exercício do cargo, presteza e segurança nas suas manifestações processuais, o número de vezes que já tenha participado de listas, bem como a frequência e o aproveitamento em cursos oficiais, ou reconhecidos, de aperfeiçoamento;

III – obrigatoriedade de promoção do Promotor de Justiça que figure por três vezes consecutivas ou cinco alternadas em lista de merecimento;

IV – a promoção por merecimento pressupõe dois anos de exercício na respectiva entrância ou categoria e integrar o Promotor de Justiça a primeira quinta parte da lista de antiguidade, salvo se não houver com tais requisitos quem aceite o lugar vago, ou quando o número limitado de membros do Ministério Público inviabilizar a formação de lista tríplice;

V – a lista de merecimento resultará dos três nomes mais votados, desde que obtida maioria de votos, procedendo-se, para alcançá-la, a tantas votações quantas necessárias, examinados em primeiro lugar os nomes dos remanescentes de lista anterior;

VI – não sendo caso de promoção obrigatória, a escolha recairá no membro do Ministério Público mais votado, observada a ordem dos escrutínios, prevalecendo, em caso de empate, a antiguidade na entrância ou categoria, salvo se preferir o Conselho Superior delegar a competência ao Procurador-Geral de Justiça.

Art. 62. Verificada a vaga para remoção ou promoção, o Conselho Superior do Ministério Público expedirá, no prazo máximo de 60 (sessenta) dias, edital para preenchimento do cargo, salvo se ainda não instalado.

Art. 63. Para cada vaga destinada ao preenchimento por remoção ou promoção, expedir-se-á edital distinto, sucessivamente, com a indicação do cargo correspondente à vaga a ser preenchida.

Art. 64. Será permitida a remoção por permuta entre membros do Ministério Público da mesma entrância ou categoria, observado, além do disposto na Lei Orgânica:

I – pedido escrito e conjunto, formulado por ambos os pretendentes;

II – a renovação de remoção por permuta somente permitida após o decurso de dois anos;

III – que a remoção por permuta não confere direito a ajuda de custo.

Art. 65. A Lei Orgânica poderá prever a substituição por convocação, em caso de licença do titular de cargo da carreira ou de afastamento de suas funções junto à Procuradoria ou Promotoria de Justiça, somente podendo ser convocados membros do Ministério Público.

Art. 66. A reintegração, que decorrerá de sentença transitada em julgado, é o retorno do membro do Ministério Público ao cargo, com ressarcimento dos vencimentos e vantagens deixados de perceber em razão do afastamento, inclusive a contagem do tempo de serviço.

§ 1º Achando-se provido o cargo no qual será reintegrado o membro do Ministério Público, o seu ocupante passará à disponibilidade, até posterior aproveitamento.

§ 2º O membro do Ministério Público reintegrado será submetido a inspeção médica e, se considerado incapaz, será aposentado compulsoriamente, com as vantagens a que teria direito se efetivada a reintegração.

Art. 67. A reversão dar-se-á na entrância em que se aposentou o membro do Ministério Público, em vaga a ser provida pelo critério de merecimento, observados os requisitos legais.

Art. 68. O aproveitamento é o retorno do membro do Ministério Público em disponibilidade ao exercício funcional.

§ 1º O membro do Ministério Público será aproveitado no órgão de execução que ocupava quando posto em disponibilidade, salvo se aceitar outro de igual entrância ou categoria, ou se for promovido.

§ 2º Ao retornar à atividade, será o membro do Ministério Público submetido a inspeção médica e, se julgado incapaz, será aposentado compulsoriamente, com as vantagens a que teria direito se efetivado o seu retorno.

Capítulo X
DAS DISPOSIÇÕES FINAIS E TRANSITÓRIAS

Art. 69. Os Ministérios Públicos dos Estados adequarão suas tabelas de vencimentos ao disposto nesta Lei, visando à revisão da remuneração dos seus membros e servidores.

Art. 70. Fica instituída a gratificação pela prestação de serviço à Justiça Eleitoral, de que trata o art. 50, VI, desta Lei.

Art. 71. (*Vetado*).

Art. 72. Ao membro ou servidor do Ministério Público é vedado manter, sob sua chefia imediata, em cargo ou função de confiança, cônjuge, companheiro, ou parente até o segundo grau civil.

Art. 73. Para exercer as funções junto à Justiça Eleitoral, por solicitação do Procurador-Geral da República, os membros do Ministério Público do Estado serão designados, se for o caso, pelo respectivo Procurador-Geral de Justiça.

§ 1º Não ocorrendo designação, exclusivamente para os serviços eleitorais, na forma do *caput* deste artigo, o Promotor Eleitoral será o membro do Ministério Público local que oficie perante o Juízo incumbido daqueles serviços.

§ 2º Havendo impedimento ou recusa justificável, o Procurador-Geral de Justiça designará o substituto.

Art. 74. Para fins do disposto no art. 104, parágrafo único, II, da Constituição Federal e observado o que dispõe o art. 15, I, desta Lei, a lista sêxtupla de membros do Ministério Público será organizada pelo Conselho Superior de cada Ministério Público dos Estados.

Art. 75. Compete ao Procurador-Geral de Justiça, ouvido o Conselho Superior do Ministério Público, autorizar o afastamento da carreira de membro do Ministério Público que tenha exercido a opção de que trata o art. 29, § 3º, do Ato das Disposições Constitucionais Transitórias, para exercer o cargo, emprego ou função de nível equivalente ou maior na administração direta ou indireta.

Parágrafo único. O período de afastamento da carreira estabelecido neste artigo será considerado de efetivo exercício, para todos os efeitos legais, exceto para remoção ou promoção por merecimento.

Art. 76. A Procuradoria-Geral de Justiça deverá propor, no prazo de 1 (um) ano da promulgação desta Lei, a criação ou transformação de cargos correspondentes às funções não atribuídas aos cargos já existentes.

Parágrafo único. Aos Promotores de Justiça que executem as funções previstas neste artigo assegurar-se-á preferência no concurso de remoção.

Art. 77. No âmbito do Ministério Público, para os fins do disposto no art. 37, XI, da Constituição Federal, ficam estabelecidos como limite de remuneração os valores percebidos em espécie, a qualquer título, pelo Procurador-Geral de Justiça.

Art. 78. O Ministério Público poderá firmar convênios com as associações de membros de instituição com vistas à manutenção de serviços assistenciais e culturais a seus associados.

Art. 79. O disposto nos arts. 57 e 58 desta Lei aplica-se, a partir de sua publicação, aos proventos e pensões anteriormente concedidos, não gerando efeitos financeiros anteriormente à sua vigência.

Art. 80. Aplicam-se aos Ministérios Públicos dos Estados, subsidiariamente, as normas da Lei Orgânica do Ministério Público da União.

Art. 81. Os Estados adaptarão a organização de seu Ministério Público aos preceitos desta Lei, no prazo de 120 (cento e vinte) dias a contar de sua publicação.

Art. 82. O dia 14 de dezembro será considerado "Dia Nacional do Ministério Público".

Art. 83. Esta Lei entra em vigor na data de sua publicação.

Art. 84. Revogam-se as disposições em contrário.

Brasília, 12 de fevereiro de 1993; 172º da Independência e 105º da República.

Itamar Franco

(Publicação no *D.O.U.* de 15.2.1993)

LEI 8.658,
DE 26 DE MAIO DE 1993

Dispõe sobre a aplicação, nos Tribunais de Justiça e nos Tribunais Regionais Federais, das normas da Lei 8.038, de 28 de maio de 1990, sobre ações penais originárias.

O Presidente da Câmara dos Deputados no exercício do cargo de Presidente da República:

Faço saber que o Congresso Nacional decreta e eu sanciono a seguinte Lei:

Art. 1º As normas dos arts. 1º a 12, inclusive, da Lei 8.038, de 28 de maio de 1990, aplicam-se às ações penais de competência originária dos Tribunais de Justiça dos Estados e do Distrito Federal, e dos Tribunais Regionais Federais.

Art. 2º Esta Lei entra em vigor na data de sua publicação.

Art. 3º Revogam-se o Título III do Livro II do Decreto-lei 3.689, de 3 de outubro de 1941, e demais disposições em contrário.

Brasília, 26 de maio de 1993; 172º da Independência e 105º da República.

Inocêncio Oliveira

(Publicação no *D.O.U.* de 27.5.1993)

LEI 8.666,
DE 21 DE JUNHO DE 1993

Regulamenta o artigo 37, inciso XXI, da Constituição Federal, institui normas para licitações e contratos da Administração Pública e dá outras providências.

→ *v.* Lei 12.846/2013 – Responsabilização administrativa e civil de pessoas jurídicas.

O Presidente da República:

Faço saber que o Congresso Nacional decreta e eu sanciono a seguinte lei:

Capítulo I
DAS DISPOSIÇÕES GERAIS

→ *v.* Lei 12.462/2011 – Regime Diferenciado de Contratações Públicas – RDC.

→ *v.* Lei 12.232/2010 – Dispõe sobre as normas gerais para licitação e contratação pela administração pública de serviços de publicidade prestados por intermédio de agências de propaganda.

→ *v.* Lei 11.079/2009 – Normas gerais para licitação e contratação de parceria público-privada no âmbito da administração pública.

→ *v.* Decreto 9.9658/1990 – Reaproveitamento, a movimentação, a alienação e outras formas de desfazimento de material.

Seção I
Dos princípios

Art. 1º Esta Lei estabelece normas gerais sobre licitações e contratos administrativos pertinentes a obras, serviços, inclusive de publicidade, compras, alienações e locações no âmbito dos Poderes da União, dos Estados, do Distrito Federal e dos Municípios.

→ *v.* Arts. 22, XXVII, e 37 da CF/1988.

→ *v.* Art. 15 da Lei 8.666/1993.

Parágrafo único. Subordinam-se ao regime desta Lei, além dos órgãos da administração direta, os fundos especiais, as autarquias, as fundações públicas, as empresas públicas, as sociedades de economia mista e demais entidades controladas direta ou indiretamente pela União, Estados, Distrito Federal e Municípios.

→ *v.* Súmula 333 do STJ.

→ *v.* Arts. 37, XXI, e 173, § 1º, III, da CF/1988.

Art. 2º As obras, serviços, inclusive de publicidade, compras, alienações, concessões, permissões e locações da Administração Pública, quando contratadas com terceiros, serão necessariamente precedidas de licitação, ressalvadas as hipóteses previstas nesta Lei.

→ *v.* Art. 175 da CF/1988.

→ *v.* Lei 8.987/1995 – Concessão e permissão da prestação de serviços público.

Parágrafo único. Para os fins desta Lei, considera-se contrato todo e qualquer ajuste entre órgãos ou entidades da Administração Pública e particulares, em que haja um acordo de vontade para a formação de vínculo e a estipulação de obrigações recíprocas, seja qual for a denominação utilizada.

Art. 3º A licitação destina-se a garantir a observância do princípio constitucional da isonomia, a seleção da proposta mais vantajosa para a administração e a promoção do desenvolvimento nacional sustentável e será processada e julgada em estrita conformidade com os princípios básicos da legalidade, da impessoalidade, da moralidade, da igualdade, da publicidade, da probidade administrativa, da vinculação ao instrumento convocatório, do julgamento objetivo e dos que lhes são correlatos.

→ *Caput* com redação alterada pela Lei 12.349/2010.

→ *v.* Art. 37, XXI, da CF/1988.

→ *v.* Decreto 7.843/2012 – Aplicação de margem de preferência em licitações realizadas no âmbito da administração pública federal para aquisição de disco para moeda.

→ *v.* Decreto 7.840/2012 – Aplicação de margem de preferência em licitações realizadas no âmbito da administração pública federal para aquisição de perfuratrizes e patrulhas mecanizadas.

→ *v.* Decreto 7.746/2012 – Critérios, práticas e diretrizes para a promoção do desenvolvimento nacional sustentável nas contratações realizadas pela administração pública federal, e institui a Comissão Interministerial de Sustentabilidade na Administração Pública – CISAP.

§ 1º É vedado aos agentes públicos:

I – admitir, prever, incluir ou tolerar, nos atos de convocação, cláusulas ou condições que comprometam, restrinjam ou frustrem o seu caráter competitivo, inclusive nos casos de sociedades cooperativas, e estabeleçam preferências ou distinções em razão da naturalidade, da sede ou domicílio dos licitantes ou de qualquer outra circunstância impertinente ou irrelevante para o específico objeto do contrato, ressalvado o disposto nos §§ 5º a 12 deste artigo e no art. 3º da Lei 8.248, de 23 de outubro de 1991;

→ Inciso I com redação alterada pela Lei 12.349/2010.

II – estabelecer tratamento diferenciado de natureza comercial, legal, trabalhista, previdenciária ou qualquer outra, entre empresas brasileiras e estrangeiras, inclusive no que se refere a moeda, modalidade e local de pagamentos, mesmo quando envolvidos financiamentos de agências internacionais, ressalvado o disposto no parágrafo seguinte e no art. 3º da Lei 8.248, de 23 de outubro de 1991.

§ 2º Em igualdade de condições, como critério de desempate, será assegurada preferência, sucessivamente, aos bens e serviços:

I – (*Revogado pela Lei 12.349/2010*).

II – produzidos no País;

III – produzidos ou prestados por empresas brasileiras.

IV – produzidos ou prestados por empresas que invistam em pesquisa e no desenvolvimento de tecnologia no País.

→ Inciso IV acrescentado pela Lei 11.196/2005.

V – produzidos ou prestados por empresas que comprovem cumprimento de reserva de cargos prevista em lei para pessoa com deficiência ou para reabilitado da Previdência Social e que atendam às regras de acessibilidade previstas na legislação.

→ Inciso V acrescentado pela Lei 13.146/2015, em vigor após decorridos 180 (cento e oitenta) dias de sua publicação oficial – *D.O.U.* de 7.7.2015.

§ 3º A licitação não será sigilosa, sendo públicos e acessíveis ao público os atos de seu procedimento, salvo quanto ao conteúdo das propostas, até a respectiva abertura.

§ 4º (*Vetado*).

→ § 4º acrescentado pela Lei 8.883/1994.

§ 5º Nos processos de licitação, poderá ser estabelecida margem de preferência para:

→ *Caput* com redação alterada pela Lei 13.146/2015, em vigor após decorridos 180 (cento e oitenta) dias de sua publicação oficial – *D.O.U.* de 7.7.2015.

I – produtos manufaturados e para serviços nacionais que atendam a normas técnicas brasileiras; e

→ Inciso I acrescentado pela Lei 13.146/2015, em vigor após decorridos 180 (cento e oitenta) dias de sua publicação oficial – *D.O.U.* de 7.7.2015.

II – bens e serviços produzidos ou prestados por empresas que comprovem cumprimento de reserva de cargos prevista em lei para pessoa com deficiência ou para reabilitado da Previdência Social e que atendam às regras de acessibilidade previstas na legislação.

→ Inciso II acrescentado pela Lei 13.146/2015, em vigor após decorridos 180 (cento e oitenta) dias de sua publicação oficial – *D.O.U.* de 7.7.2015.

→ **Anterior redação:** § 5º Nos processos de licitação previstos no caput, poderá ser estabelecido margem de preferência para produtos manufaturados e para serviços nacionais que atendam a normas técnicas brasileiras. (§ 5º acrescentado pela Lei 12.349/2010)..

§ 6º A margem de preferência de que trata o § 5º será estabelecida com base em estudos revistos periodicamente, em prazo não superior a 5 (cinco) anos, que levem em consideração:

→ § 6º acrescentado pela Lei 12.349/2010.

→ *v.* Decreto 7.756/2012 – Aplicação de margem de preferência em licitações realizadas no âmbito da administração pública federal para aquisição de produtos de confecções, calçados e artefatos.

→ *v.* Decreto 7.713/2012 – Aplicação de margem de preferência nas licitações realizadas no âmbito da Administração Pública Federal para aquisição de fármacos e medicamentos.

→ *v.* Decreto 7.709/2012 – Aplicação de margem de preferência nas licitações realizadas no âmbito da Administração Pública Federal para aquisição de retroescavadeiras e motoniveladoras.

I – geração de emprego e renda;

II – efeito na arrecadação de tributos federais, estaduais e municipais;

III – desenvolvimento e inovação tecnológica realizados no País;

IV – custo adicional dos produtos e serviços; e

V – em suas revisões, análise retrospectiva de resultados.

§ 7º Para os produtos manufaturados e serviços nacionais resultantes de desenvolvimento e inovação tecnológica realizados no País, poderá ser estabelecido margem de preferência adicional àquela prevista no § 5º.

→ § 7º acrescentado pela Lei 12.349/2010.

§ 8º As margens de preferência por produto, serviço, grupo de produtos ou grupo de serviços, a que se referem os §§ 5º e 7º, serão definidas pelo Poder Executivo federal, não podendo a soma delas ultrapassar o montante de 25% (vinte e cinco por cento) sobre o preço dos produtos manufaturados e serviços estrangeiros.

→ § 8º acrescentado pela Lei 12.349/2010.

§ 9º As disposições contidas nos §§ 5º e 7º deste artigo não se aplicam aos bens e aos serviços cuja capacidade de produção ou prestação no País seja inferior:

→ § 9º acrescentado pela Lei 12.349/2010.

I – à quantidade a ser adquirida ou contratada; ou

II – ao quantitativo fixado com fundamento no § 7º do art. 23 desta Lei, quando for o caso.

§ 10. A margem de preferência a que se refere o § 5º poderá ser estendida, total ou parcialmente, aos bens e serviços originários dos Estados Partes do Mercado Comum do Sul – MERCOSUL.

→ § 10 acrescentado pela Lei 12.349/2010.

§ 11. Os editais de licitação para a contratação de bens, serviços e obras poderão, mediante prévia justificativa da autoridade competente, exigir que o contratado promova, em favor de órgão ou entidade integrante da administração pública ou daqueles por ela indicados a partir de processo isonômico, medidas de compensação comercial, industrial, tecnológica ou acesso a condições vantajosas de financiamento, cumulativamente ou não, na forma estabelecida pelo Poder Executivo federal.

→ § 11 acrescentado pela Lei 12.349/2010.

§ 12. Nas contratações destinadas à implantação, manutenção e ao aperfeiçoamento dos sistemas de tecnologia de informação e comunicação, considerados estratégicos em ato do Poder Executivo federal, a licitação poderá ser restrita a bens e serviços com tecnologia desenvolvida no País e produzidos de acordo com o processo produtivo básico de que trata a Lei 10.176, de 11 de janeiro de 2001.

→ § 12 acrescentado pela Lei 12.349/2010.

§ 13. Será divulgada na internet, a cada exercício financeiro, a relação de empresas favorecidas em decorrência do disposto nos §§ 5º, 7º, 10, 11 e 12 deste artigo, com indicação do volume de recursos destinados a cada uma delas.

→ § 13 acrescentado pela Lei 12.349/2010.

§ 14. As preferências definidas neste artigo e nas demais normas de licitação e contratos devem privilegiar o tratamento diferenciado e favorecido às microempresas e empresas de pequeno porte na forma da lei.

→ § 14 acrescentado pela LC 147/2014.

§ 15. As preferências dispostas neste artigo prevalecem sobre as demais preferências previstas na legislação quando estas forem aplicadas sobre produtos ou serviços estrangeiros.

→ § 15 acrescentado pela LC 147/2014.

Art. 4º Todos quantos participem de licitação promovida pelos órgãos ou entidades a que se refere o art. 1º têm direito público subjetivo à fiel observância do pertinente procedimento estabelecido nesta Lei, podendo qualquer cidadão acompanhar o seu desenvolvimento, desde que não interfira de modo a perturbar ou impedir a realização dos trabalhos.

Parágrafo único. O procedimento licitatório previsto nesta Lei caracteriza ato administrativo formal, seja ele praticado em qualquer esfera da Administração Pública.

→ *v.* Súmula 333 do STJ.

→ *v.* Art. 37, XXI, da CF/1988.

Art. 5º Todos os valores, preços e custos utilizados nas licitações terão como expressão monetária a moeda corrente nacional, ressalvado o disposto no art. 42 desta Lei, devendo cada unidade da Administração, no pagamento das obrigações relativas ao fornecimento de bens, locações, realização de obras e prestação de serviços, obedecer, para cada fonte diferenciada de recursos, a estrita ordem cronológica das datas de suas exigibilidades, salvo quando presentes relevantes razões de interesse público e mediante prévia justificativa da autoridade competente, devidamente publicada.

→ *v.* Dec.-lei 857/1969 – Moeda de pagamento de obrigações exequíveis no Brasil.

§ 1º Os créditos a que se refere este artigo terão seus valores corrigidos por critérios previstos no ato convocatório e que lhes preservem o valor.

§ 2º A correção de que trata o parágrafo anterior, cujo pagamento será feito junto com o principal, correrá à conta das mesmas dotações orçamentárias que atenderam aos créditos a que se referem.

→ § 2º com redação alterada pela Lei 8.883/1994.

§ 3º Observado o disposto no *caput*, os pagamentos decorrentes de despesas cujos valores não ultrapassem o limite de que trata o inciso II do artigo 24, sem prejuízo do que dispõe seu parágrafo único, deverão ser efetuados no prazo de até 5 (cinco) dias úteis, contados da apresentação da fatura.

→ § 3º acrescentado pela Lei 9.648/1998.

Art. 5º-A. As normas de licitações e contratos devem privilegiar o tratamento diferenciado e favorecido às microempresas e empresas de pequeno porte na forma da lei.

→ Artigo acrescentado pela LC 147/2014.

Seção II
Das definições

Art. 6º Para os fins desta Lei, considera-se:

I – obra – toda construção, reforma, fabricação, recuperação ou ampliação, realizada por execução direta ou indireta;

II – serviço – toda atividade destinada a obter determinada utilidade de interesse para a Administração, tais como: demolição, conserto, instalação, montagem, operação, conservação, reparação, adaptação, manutenção, transporte, locação de bens, publicidade, seguro ou trabalhos técnico-profissionais;

III – compra – toda aquisição remunerada de bens para fornecimento de uma só vez ou parceladamente;

IV – alienação – toda transferência de domínio de bens a terceiros;

V – obras, serviços e compras de grande vulto – aquelas cujo valor estimado seja superior a 25 (vinte e cinco) vezes o limite estabelecido na alínea *c* do inciso I do art. 23 desta Lei;

VI – seguro-garantia – o seguro que garante o fiel cumprimento das obrigações assumidas por empresas em licitações e contratos;

VII – execução direta – a que é feita pelos órgãos e entidades da Administração, pelos próprios meios;

VIII – execução indireta – a que o órgão ou entidade contrata com terceiros sob qualquer dos seguintes regimes:

→ *Caput* do inciso VIII com redação alterada pela Lei 8.883/1994.

a) empreitada por preço global – quando se contrata a execução da obra ou do serviço por preço certo e total;

b) empreitada por preço unitário – quando se contrata a execução da obra ou do serviço por preço certo de unidades determinadas;

c) (*Vetada*).

d) tarefa – quando se ajusta mão de obra para pequenos trabalhos por preço certo, com ou sem fornecimento de materiais;

e) empreitada integral – quando se contrata um empreendimento em sua integralidade, compreendendo todas as etapas das obras, serviços e instalações necessárias, sob inteira responsabilidade da contratada até a sua entrega ao contratante em condições de entrada em operação, atendidos os requisitos técnicos e legais para sua utilização em condições de segurança estrutural e operacional e com as características adequadas às finalidades para que foi contratada;

IX – projeto básico – conjunto de elementos necessários e suficientes, com nível de precisão adequado, para caracterizar a obra ou serviço, ou complexo de obras ou serviços objeto da licitação, elaborado com base nas indicações dos estudos técnicos preliminares, que assegurem a viabilidade técnica e o adequado tratamento do impacto ambiental do empreendimento, e que possibilite a avaliação do custo da obra e a definição dos métodos e do prazo de execução, devendo conter os seguintes elementos:

a) desenvolvimento da solução escolhida de forma a fornecer visão global da obra e identificar todos os seus elementos constitutivos com clareza;

b) soluções técnicas globais e localizadas, suficientemente detalhadas, de forma a minimizar a necessidade de reformulação ou de variantes durante as fases de elaboração do projeto executivo e de realização das obras e montagem;

c) identificação dos tipos de serviços a executar e de materiais e equipamentos a incorporar à obra, bem como suas especificações que assegurem os melhores resultados para o empreendimento, sem frustrar o caráter competitivo para a sua execução;

d) informações que possibilitem o estudo e a dedução de métodos construtivos, instalações provisórias e condições organizacionais para a obra, sem frustrar o caráter competitivo para a sua execução;

e) subsídios para montagem do plano de licitação e gestão da obra, compreendendo a sua programação, a estratégia de suprimentos, as normas de fiscalização e outros dados necessários em cada caso;

f) orçamento detalhado do custo global da obra, fundamentado em quantitativos de serviços e fornecimentos propriamente avaliados;

X – projeto executivo – o conjunto dos elementos necessários e suficientes à execução completa da obra, de acordo com as normas pertinentes da Associação Brasileira de Normas Técnicas – ABNT;

XI – Administração Pública – a administração direta e indireta da União, dos Estados, do Distrito Federal e dos Municípios, abrangendo inclusive as entidades com personalidade jurídica de direito privado sob controle do poder público e das fundações por ele instituídas ou mantidas;

XII – Administração – órgão, entidade ou unidade administrativa pela qual a Administração Pública opera e atua concretamente;

XIII – imprensa oficial – veículo oficial de divulgação da Administração Pública, sendo para a União o *Diário Oficial da União*, e, para os Estados, o Distrito Federal e os Municípios, o que for definido nas respectivas leis;

→ Inciso XIII com redação alterada pela Lei 8.883/1994.

XIV – contratante – é o órgão ou entidade signatária do instrumento contratual;

XV – contratado – a pessoa física ou jurídica signatária de contrato com a Administração Pública;

XVI – comissão – comissão, permanente ou especial, criada pela Administração com a função de receber, examinar e julgar todos os documentos e procedimentos relativos às licitações e ao cadastramento de licitantes;

XVII – produtos manufaturados nacionais – produtos manufaturados, produzidos no território nacional de acordo com o processo produtivo básico ou com as regras de origem estabelecidas pelo Poder Executivo federal;

→ Inciso XVII acrescentado pela Lei 12.349/2010.

XVIII – serviços nacionais – serviços prestados no País, nas condições estabelecidas pelo Poder Executivo federal;

→ Inciso XVIII acrescentado pela Lei 12.349/2010.

XIX – sistemas de tecnologia de informação e comunicação estratégicos – bens e serviços de tecnologia da informação e comunicação cuja descontinuidade provoque dano significativo à administração pública e que envolvam pelo menos um dos seguintes requisitos relacionados às informações críticas: disponibilidade, confiabilidade, segurança e confidencialidade.

→ Inciso XIX acrescentado pela Lei 12.349/2010.

XX – produtos para pesquisa e desenvolvimento – bens, insumos, serviços e obras necessários para atividade de pesquisa científica e tecnológica, desenvolvimento de tecnologia ou inovação tecnológica, discriminados em projeto de pesquisa aprovado pela instituição contratante.

→ Inciso XX acrescentado pela Lei 13.243/2016.

Seção III
Das obras e serviços

Art. 7º As licitações para a execução de obras e para a prestação de serviços obedecerão ao disposto neste artigo e, em particular, à seguinte sequência:

I – projeto básico;

II – projeto executivo;

III – execução das obras e serviços.

§ 1º A execução de cada etapa será obrigatoriamente precedida da conclusão e aprovação, pela autoridade competente, dos trabalhos relativos às etapas anteriores, à exceção do projeto executivo, o qual poderá ser desenvolvido concomitantemente com a execução das obras e serviços, desde que também autorizado pela Administração.

§ 2º As obras e os serviços somente poderão ser licitados quando:

I – houver projeto básico aprovado pela autoridade competente e disponível para exame dos interessados em participar do processo licitatório;

II – existir orçamento detalhado em planilhas que expressem a composição de todos os seus custos unitários;

III – houver previsão de recursos orçamentários que assegurem o pagamento das obrigações decorrentes de obras ou serviços a serem executadas no exercício financeiro em curso, de acordo com o respectivo cronograma;

IV – o produto dela esperado estiver contemplado nas metas estabelecidas no Plano Plurianual de que trata o art. 165 da Constituição Federal, quando for o caso.

§ 3º É vedado incluir no objeto da licitação a obtenção de recursos financeiros para sua execução, qualquer que seja a sua origem, exceto nos casos de empreendimentos executados e explorados sob o regime de concessão, nos termos da legislação específica.

§ 4º É vedada, ainda, a inclusão, no objeto da licitação, de fornecimento de materiais e serviços sem previsão de quantidades ou cujos quantitativos não correspondam às previsões reais do projeto básico ou executivo.

§ 5º É vedada a realização de licitação cujo objeto inclua bens e serviços sem similaridade ou de marcas, características e especificações exclusivas, salvo nos casos em que for tecnicamente justificável, ou ainda quando o fornecimento de tais materiais e serviços for feito sob o regime de administração contratada, previsto e discriminado no ato convocatório.

§ 6º A infringência do disposto neste artigo implica a nulidade dos atos ou contratos realizados e a responsabilidade de quem lhes tenha dado causa.

§ 7º Não será ainda computado como valor da obra ou serviço, para fins de julgamento das propostas de preços, a atualização monetária das obrigações de pagamento, desde a data final de cada período de aferição até a do respectivo pagamento, que será calculada pelos mesmos critérios estabelecidos obrigatoriamente no ato convocatório.

§ 8º Qualquer cidadão poderá requerer à Administração Pública os quantitativos das obras e preços unitários de determinada obra executada.

§ 9º O disposto neste artigo aplica-se, também, no que couber, aos casos de dispensa e de inexigibilidade de licitação.

Art. 8º A execução das obras e dos serviços deve programar-se, sempre, em sua totalidade, previstos seus custos atual e final e considerados os prazos de sua execução.

Parágrafo único. É proibido o retardamento imotivado da execução de obra ou serviço, ou de suas parcelas, se existente previsão orçamentária para sua execução total, salvo insuficiência financeira ou comprovado motivo de ordem técnica, justificados em despacho circunstanciado da autoridade a que se refere o art. 26 desta Lei.

→ Parágrafo único com redação alterada pela Lei 8.883/1994.

Art. 9º Não poderá participar, direta ou indiretamente, da licitação ou da execução de obra ou serviço e do fornecimento de bens a eles necessários:

I – o autor do projeto, básico ou executivo, pessoa física ou jurídica;

II – empresa, isoladamente ou em consórcio, responsável pela elaboração do projeto básico ou executivo ou da qual o autor do projeto seja dirigente, gerente, acionista ou detentor de mais de 5% (cinco por cento) do capital com direito a voto ou controlador, responsável técnico ou subcontratado;

III – servidor ou dirigente de órgão ou entidade contratante ou responsável pela licitação.

§ 1º É permitida a participação do autor do projeto ou da empresa a que se refere o inciso II deste artigo, na licitação de obra ou serviço, ou na execução, como consultor ou técnico, nas funções de fiscalização, supervisão ou gerenciamento, exclusivamente a serviço da Administração interessada.

§ 2º O disposto neste artigo não impede a licitação ou contratação de obra ou serviço que inclua a elaboração de projeto executivo como encargo do contratado ou pelo preço previamente fixado pela Administração.

§ 3º Considera-se participação indireta, para fins do disposto neste artigo, a existência de qualquer vínculo de natureza técnica, comercial, econômica, financeira ou trabalhista entre o autor do projeto, pessoa física ou jurídica, e o licitante ou responsável pelos serviços, fornecimentos e obras, incluindo-se os fornecimentos de bens e serviços a estes necessários.

§ 4º O disposto no parágrafo anterior aplica-se aos membros da comissão de licitação.

Art. 10. As obras e serviços poderão ser executadas nas seguintes formas:

→ *Caput* com redação alterada pela Lei 8.883/1994.

I – execução direta;

II – execução indireta, nos seguintes regimes:

→ *Caput* do inciso II com redação alterada pela Lei 8.883/1994.

a) empreitada por preço global;

b) empreitada por preço unitário;

c) (*Vetado*).

→ Alínea *c* com redação alterada pela Lei 8.883/1994.

d) tarefa;

e) empreitada integral.

Parágrafo único. (*Vetado*).

→ Parágrafo único com redação alterada pela Lei 8.883/1994.

Art. 11. As obras e serviços destinados aos mesmos fins terão projetos padronizados por tipos, categorias ou classes, exceto quando o projeto-padrão não atender às condições peculiares do local ou às exigências do empreendimento.

Art. 12. Nos projetos básicos e projetos executivos de obras e serviços serão considerados principalmente os seguintes requisitos:

→ *Caput* com redação alterada pela Lei 8.883/1994.

I – segurança;

II – funcionalidade e adequação ao interesse público;

III – economia na execução, conservação e operação;

IV – possibilidade de emprego de mão de obra, materiais, tecnologia e matérias-primas existentes no local para execução, conservação e operação;

V – facilidade na execução, conservação e operação, sem prejuízo da durabilidade da obra ou do serviço;

VI – adoção das normas técnicas, de saúde e de segurança do trabalho adequadas;

→ Inciso VI com redação alterada pela Lei 8.883/1994.

VII – impacto ambiental.

Seção IV
Dos serviços técnicos profissionais especializados

Art. 13. Para os fins desta Lei, consideram-se serviços técnicos profissionais especializados os trabalhos relativos a:

I – estudos técnicos, planejamentos e projetos básicos ou executivos;

II – pareceres, perícias e avaliações em geral;

III – assessorias ou consultorias técnicas e auditorias financeiras ou tributárias;

→ Inciso III com redação alterada pela Lei 8.883/1994.

IV – fiscalização, supervisão ou gerenciamento de obras ou serviços;

V – patrocínio ou defesa de causas judiciais ou administrativas;

VI – treinamento e aperfeiçoamento de pessoal;

VII – restauração de obras de arte e bens de valor histórico.

VIII – (*Vetado*).

→ Inciso VIII acrescentado pela Lei 8.883/1994.

§ 1º Ressalvados os casos de inexigibilidade de licitação, os contratos para a prestação de serviços técnicos profissionais especializados deverão, preferencialmente, ser celebrados mediante a realização de concurso, com estipulação prévia de prêmio ou remuneração.

§ 2º Aos serviços técnicos previstos neste artigo aplica-se, no que couber, o disposto no art. 111 desta Lei.

§ 3º A empresa de prestação de serviços técnicos especializados que apresente relação de integrantes de seu corpo técnico em procedimento licitatório ou como elemento de justificação de dispensa ou inexigibilidade de licitação, ficará obrigada a garantir que os referidos integrantes realizem pessoal e diretamente os serviços objeto do contrato.

Seção V
Das compras

Art. 14. Nenhuma compra será feita sem a adequada caracterização de seu objeto e indicação dos recursos orçamentários para seu pagamento, sob pena de nulidade do ato e responsabilidade de quem lhe tiver dado causa.

→ *v.* Arts. 7º, § 2º, III e 38 da Lei 8.666/1993.

Art. 15. As compras, sempre que possível, deverão:

→ *v.* Art. 11 da Lei 10.520/2002.

→ *v.* Decreto 7.892/2013 – Sistema de registro de preços.

I – atender ao princípio da padronização, que imponha compatibilidade de especificações técnicas e de desempenho, observadas, quando for o caso, as condições de manutenção, assistência técnica e garantia oferecidas;

II – ser processadas através de sistema de registro de preços;

III – submeter-se às condições de aquisição e pagamento semelhantes às do setor privado;

IV – ser subdivididas em tantas parcelas quantas necessárias para aproveitar as peculiaridades do mercado, visando economicidade;

V – balizar-se pelos preços praticados no âmbito dos órgãos e entidades da Administração Pública.

§ 1º O registro de preços será precedido de ampla pesquisa de mercado.

§ 2º Os preços registrados serão publicados trimestralmente para orientação da Administração, na imprensa oficial.

§ 3º O sistema de registro de preços será regulamentado por decreto, atendidas as peculiaridades regionais, observadas as seguintes condições:

I – seleção feita mediante concorrência;

II – estipulação prévia do sistema de controle e atualização dos preços registrados;

III – validade do registro não superior a 1 (um) ano.

§ 4º A existência de preços registrados não obriga a Administração a firmar as contratações que deles poderão advir, ficando-lhe facultada a utilização de outros meios, respeitada a legislação relativa às licitações, sendo assegurado ao beneficiário do registro preferência em igualdade de condições.

§ 5º O sistema de controle originado no quadro geral de preços, quando possível, deverá ser informatizado.

§ 6º Qualquer cidadão é parte legítima para impugnar preço constante do quadro geral em razão de incompatibilidade desse com o preço vigente no mercado.

§ 7º Nas compras deverão ser observadas, ainda:

I – a especificação completa do bem a ser adquirido sem indicação de marca;

II – a definição das unidades e das quantidades a serem adquiridas em função do consumo e utilização prováveis, cuja estimativa será obtida, sempre que possível, mediante adequadas técnicas quantitativas de estimação;

III – as condições de guarda e armazenamento que não permitam a deterioração do material.

§ 8º O recebimento de material de valor superior ao limite estabelecido no art. 23 desta Lei, para a modalidade de convite, deverá ser confiado a uma comissão de, no mínimo, 3 (três) membros.

Art. 16. Será dada publicidade, mensalmente, em órgão de divulgação oficial ou em quadro de avisos de amplo acesso público, à relação de todas as compras feitas pela Administração direta ou indireta, de maneira a clarificar a identificação do bem comprado, seu preço unitário, a quantidade adquirida, o nome do vendedor e o valor total da operação, podendo ser aglutinadas por itens as compras feitas com dispensa e inexigibilidade de licitação.

→ *Caput* com redação alterada pela Lei 8.883/1994.

→ *v.* Art. 61, parágrafo único, da Lei 8.666/1993.

Parágrafo único. O disposto neste artigo não se aplica aos casos de dispensa de licitação previstos no inciso IX do art. 24.

→ Parágrafo único acrescentado pela Lei 8.883/1994.

Seção VI
Das alienações

Art. 17. A alienação de bens da Administração Pública, subordinada à existência de interesse público devidamente justificado, será precedida de avaliação e obedecerá às seguintes normas:

→ *v.* Art. 23 da Lei 9.636/1998.

I – quando imóveis, dependerá de autorização legislativa para órgãos da administração direta e entidades autárquicas e fundacionais, e, para todos, inclusive as entidades paraestatais, dependerá de avaliação prévia e de licitação na modalidade de concorrência, dispensada esta nos seguintes casos:

a) dação em pagamento;

b) doação, permitida exclusivamente para outro órgão ou entidade da administração pública, de qualquer esfera de governo, ressalvado o disposto nas alíneas *f*, *h* e *i*;

→ Alínea *b* com redação alterada pela Lei 11.952/2009.

c) permuta, por outro imóvel que atenda aos requisitos constantes do inciso X do art. 24 desta Lei;

→ *v.* ADIn 927-3 (*D.J.U.* 10.11.1993), o STF deferiu liminar para suspender os efeitos da alínea *c*.

d) investidura;

e) venda a outro órgão ou entidade da Administração Pública, de qualquer esfera de governo;

→ Alínea *e* acrescentada pela Lei 8.883/1994.

f) alienação gratuita ou onerosa, aforamento, concessão de direito real de uso, locação ou permissão de uso de bens imóveis residenciais construídos, destinados ou efetivamente utilizados no âmbito de programas habitacionais ou de regularização fundiária de interesse social desenvolvidos por órgãos ou entidades da administração pública;

→ Alínea *f* com redação alterada pela Lei 11.481/2007.

g) procedimentos de legitimação de posse de que trata o art. 29 da Lei 6.383, de 7 de dezembro de 1976, mediante iniciativa e deliberação dos órgãos da Administração Pública em cuja competência legal inclua-se tal atribuição;

→ Alínea *g* acrescentada pela Lei 11.196/2005.

h) alienação gratuita ou onerosa, aforamento, concessão de direito real de uso, locação ou permissão de uso de bens imóveis de uso comercial de âmbito local com área de até 250 m² (duzentos e cinquenta metros quadrados) e inseridos no âmbito de programas de regularização fundiária de interesse social desenvolvidos por órgãos ou entidades da administração pública;

→ Alínea *h* acrescentada pela Lei 11.481/2007.

i) alienação e concessão de direito real de uso, gratuita ou onerosa, de terras públicas rurais da União na Amazônia Legal onde incidam ocupações até o limite de 15 (quinze) módulos fiscais ou 1.500ha (mil e quinhentos hectares), para fins de regularização fundiária, atendidos os requisitos legais;

→ Alínea *i* acrescentada pela Lei 11.952/2009.

II – quando móveis, dependerá de avaliação prévia e de licitação, dispensada esta nos seguintes casos:

a) doação, permitida exclusivamente para fins e uso de interesse social, após avaliação de sua oportunidade e conveniência socioeconômica, relativamente à escolha de outra forma de alienação;

b) permuta, permitida exclusivamente entre órgãos ou entidades da Administração Pública;

→ *v.* ADIn 927-3 (*D.J.U.* 10.11.1993), o STF "deferiu, em parte, a medida cautelar, para suspender, até a decisão final da ação, quanto aos Estados, ao Distrito Federal e aos Municípios, a eficácia da expressão 'permitida exclusivamente para outro órgão ou entidade da Administração Pública, de qualquer esfera de governo'".

c) venda de ações, que poderão ser negociadas em bolsa, observada a legislação específica;

d) venda de títulos, na forma da legislação pertinente;

e) venda de bens produzidos ou comercializados por órgãos ou entidades da Administração Pública, em virtude de suas finalidades;

f) venda de materiais e equipamentos para outros órgãos ou entidades da Administração Pública, sem utilização previsível por quem deles dispõe.

§ 1º Os imóveis doados com base na alínea *b* do inciso I deste artigo, cessadas as razões que justificaram a sua doação, reverterão ao patrimônio da pessoa jurídica doadora, vedada a sua alienação pelo beneficiário.

→ *v.* ADIn 927-3 (*D.J.U.* 10.11.1993), o STF "deferiu a medida cautelar, para suspender, até a decisão final da ação, a eficácia de todo o § 1º.

§ 2º A Administração também poderá conceder título de propriedade ou de direito real de uso de imóveis, dispensada licitação, quando o uso destinar-se:

→ *Caput* do § 2º com redação alterada pela Lei 11.196/2005.

I – a outro órgão ou entidade da Administração Pública, qualquer que seja a localização do imóvel;

→ Inciso I acrescentado pela Lei 11.196/2005.

II – a pessoa natural que, nos termos da lei, regulamento ou ato normativo do órgão competente, haja implementado os requisitos mínimos de cultura, ocupação mansa e pacífica e exploração direta sobre área rural situada na Amazônia Legal, superior a 1 (um) módulo fiscal e limitada a 15 (quinze) módulos fiscais, desde que não exceda 1.500ha (mil e quinhentos hectares);

→ Inciso II com redação alterada pela Lei 11.952/2009.

§ 2º-A. As hipóteses do inciso II do § 2º ficam dispensadas de autorização legislativa, porém submetem-se aos seguintes condicionamentos:

→ *Caput* do § 2º-A com redação alterada pela Lei 11.952/2009.

I – aplicação exclusivamente às áreas em que a detenção por particular seja comprovadamente anterior a 1º de dezembro de 2004;

→ Inciso I acrescentado pela Lei 11.196/2005.

II – submissão aos demais requisitos e impedimentos do regime legal e administrativo da destinação e da regularização fundiária de terras públicas;

→ Inciso II acrescentado pela Lei 11.196/2005.

III – vedação de concessões para hipóteses de exploração não contempladas na lei agrária, nas leis de destinação de terras públicas, ou nas normas legais ou administrativas de zoneamento ecológico-econômico; e

→ Inciso III acrescentado pela Lei 11.196/2005.

IV – previsão de rescisão automática da concessão, dispensada notificação, em caso de declaração de utilidade, ou necessidade pública ou interesse social.

→ Inciso IV acrescentado pela Lei 11.196/2005.

§ 2º-B. A hipótese do inciso II do § 2º deste artigo:

→ *Caput* do § 2º-B acrescentado pela Lei 11.196/2005.

I – só se aplica a imóvel situado em zona rural, não sujeito a vedação, impedimento ou inconveniente a sua exploração mediante atividades agropecuárias;

→ Inciso I acrescentado pela Lei 11.196/2005.

II – fica limitada a áreas de até 15 (quinze) módulos fiscais, desde que não exceda 1.500 (mil e quinhentos) hectares, vedada a dispensa de licitação para áreas superiores a esse limite;

→ Inciso II com redação alterada pela Lei 11.763/2008.

III – pode ser cumulada com o quantitativo de área decorrente da figura prevista na alínea *g* do inciso I do *caput* deste artigo, até o limite previsto no inciso II deste parágrafo.

→ Inciso III acrescentado pela Lei 11.196/2005.

IV – (*Vetado*).

→ Inciso IV acrescentado pela Lei 11.763/2008.

§ 3º Entende-se por investidura, para os fins desta Lei:

→ *Caput* do § 3º com redação alterada pela Lei 9.648/1998.

I – a alienação aos proprietários de imóveis lindeiros de área remanescente ou resultante de obra pública, área esta que se tornar inaproveitável isoladamente, por preço nunca inferior ao da avaliação e desde que esse não ultrapasse a 50% (cinquenta por cento) do valor constante da alínea a do inciso II do art. 23 desta Lei;

→ Inciso I acrescentado pela Lei 9.648/1998.

II – a alienação, aos legítimos possuidores diretos ou, na falta destes, ao Poder Público, de imóveis para fins residenciais construídos em núcleos urbanos anexos a usinas hidrelétricas, desde que considerados dispensáveis na fase de operação dessas unidades e não integrem a categoria de bens reversíveis ao final da concessão.

→ Inciso II acrescentado pela Lei 9.648/1998.

§ 4º A doação com encargo será licitada e de seu instrumento constarão obrigatoriamente os encargos, o prazo de seu cumprimento e cláusula de reversão, sob pena de nulidade do ato, sendo dispensada a licitação no caso de interesse público devidamente justificado.

→ § 4º com redação alterada pela Lei 8.883/1994.

§ 5º Na hipótese do parágrafo anterior, caso o donatário necessite oferecer o imóvel em garantia de financiamento, a cláusula de reversão e demais obrigações serão garantidas por hipoteca em 2º grau em favor do doador.

→ § 5º acrescentado pela Lei 8.883/1994.

§ 6º Para a venda de bens móveis avaliados, isolada ou globalmente, em quantia não superior ao limite previsto no art. 23, inciso II, alínea *b*, desta Lei, a Administração poderá permitir o leilão.

→ § 6º acrescentado pela Lei 8.883/1994.

§ 7º (*Vetado*).

→ § 7º acrescentado pela Lei 11.481/2007.

Art. 18. Na concorrência para a venda de bens imóveis, a fase de habilitação limitar-se-á à comprovação do recolhimento de quantia correspondente a 5% (cinco por cento) da avaliação.

→ Artigo regulamentado, no âmbito do Senado Federal, pela Resolução SF 53/1997.

Parágrafo único. (*Revogado pela Lei 8.883/1994*).

Art. 19. Os bens imóveis da Administração Pública, cuja aquisição haja derivado de procedimentos judiciais ou de dação em pagamento, poderão ser alienados por ato da autoridade competente, observadas as seguintes regras:

I – avaliação dos bens alienáveis;

II – comprovação da necessidade ou utilidade da alienação;

III – adoção do procedimento licitatório, sob a modalidade de concorrência ou leilão.

→ Inciso III com redação alterada pela Lei 8.883/1994.

Capítulo II
DA LICITAÇÃO

Seção I
Das modalidades, limites e dispensa

Art. 20. As licitações serão efetuadas no local onde se situar a repartição interessada, salvo por motivo de interesse público, devidamente justificado.

Parágrafo único. O disposto neste artigo não impedirá a habilitação de interessados residentes ou sediados em outros locais.

Art. 21. Os avisos contendo os resumos dos editais das concorrências, das tomadas de preços, dos concursos e dos leilões, embora realizados no local da repartição interessada, deverão ser publicados com antecedência, no mínimo, por uma vez:

→ *Caput* com redação alterada pela Lei 8.883/1994.

I – no Diário Oficial da União, quando se tratar de licitação feita por órgão ou entidade da Administração Pública Federal, e ainda, quando se tratar de obras financiadas parcial ou totalmente com recursos federais ou garantidas por instituições federais;

→ Inciso I com redação alterada pela Lei 8.883/1994.

II – no Diário Oficial do Estado, ou do Distrito Federal, quando se tratar respectivamente de licitação feita por órgão ou entidade da Administração Pública Estadual ou Municipal, ou do Distrito Federal;

→ Inciso II com redação alterada pela Lei 8.883/1994.

III – em jornal diário de grande circulação no Estado e também, se houver, em jornal de circulação no Município ou na região onde será realizada a obra, prestado o serviço, fornecido, alienado ou alugado o bem, podendo ainda a Administração, conforme o vulto da licitação, utilizar-se de outros meios de divulgação para ampliar a área de competição.

→ Inciso III com redação alterada pela Lei 8.883/1994.

§ 1º O aviso publicado conterá a indicação do local em que os interessados poderão ler e obter o texto integral do edital e todas as informações sobre a licitação.

§ 2º O prazo mínimo até o recebimento das propostas ou da realização do evento será:

I – quarenta e cinco dias para:

→ *Caput* do inciso I com redação alterada pela Lei 8.883/1994.

a) concurso;

→ Alínea *a* acrescentada pela Lei 8.883/1994.

b) concorrência, quando o contrato a ser celebrado contemplar o regime de empreitada integral ou quando a licitação for do tipo "melhor técnica" ou "técnica e preço";

→ Alínea *b* acrescentada pela Lei 8.883/1994.

II – trinta dias para:

→ *Caput* do inciso II com redação alterada pela Lei 8.883/1994.

a) concorrência, nos casos não especificados na alínea "*b*" do inciso anterior;

→ Alínea *a* acrescentada pela Lei 8.883/1994.

b) tomada de preços, quando a licitação for do tipo "melhor técnica" ou "técnica e preço";

→ Alínea *b* acrescentada pela Lei 8.883/1994.

III – 15 (quinze) dias para tomada de preços, nos casos não especificados na alínea *b* do inciso anterior, ou leilão;

→ Inciso III com redação alterada pela Lei 8.883/1994

IV – 5 (cinco) dias úteis para convite.

→ Inciso IV com redação alterada pela Lei 8.883/1994

§ 3º Os prazos estabelecidos no parágrafo anterior serão contados a partir da última publicação do edital resumido ou da expedição do convite, ou ainda da efetiva disponibilidade do edital ou do convite e respectivos anexos, prevalecendo a data que ocorrer mais tarde.

→ § 3º com redação alterada pela Lei 8.883/1994.

§ 4º Qualquer modificação no edital exige divulgação pela mesma forma que se deu o texto original, reabrindo-se o prazo inicialmente estabelecido, exceto quando, inquestionavelmente, a alteração não afetar a formulação das propostas.

Art. 22. São modalidades de licitação:

→ *v.* Lei 10.520/20002 – Pregão.

I – concorrência;

II – tomada de preços;

III – convite;

IV – concurso;

V – leilão.

§ 1º Concorrência é a modalidade de licitação entre quaisquer interessados que, na fase inicial de habilitação preliminar, comprovem possuir os requisitos mínimos de qualificação exigidos no edital para execução de seu objeto.

§ 2º Tomada de preços é a modalidade de licitação entre interessados devidamente cadastrados ou que atenderem a todas as condições exigidas para cadastramento até o terceiro dia anterior à data do recebimento das propostas, observada a necessária qualificação.

§ 3º Convite é a modalidade de licitação entre interessados do ramo pertinente ao seu objeto, cadastrados ou não, escolhidos e convidados em número mínimo de 3 (três) pela unidade administrativa, a qual afixará, em local apropriado, cópia do instrumento convocatório e o estenderá aos demais cadastrados na correspondente especialidade que manifestarem seu interesse com antecedência de até 24 (vinte e quatro) horas da apresentação das propostas.

§ 4º Concurso é a modalidade de licitação entre quaisquer interessados para escolha de trabalho técnico, científico ou artístico, mediante a instituição de prêmios ou remuneração aos vencedores, conforme critérios constantes de edital publicado na imprensa oficial com antecedência mínima de 45 (quarenta e cinco) dias.

§ 5º Leilão é modalidade de licitação entre quaisquer interessados para a venda de bens móveis inservíveis para a Administração ou de produtos legalmente apreendidos ou penhorados, ou para a alienação de bens imóveis prevista no art. 19, a quem oferecer o maior lance, igual ou superior ao valor da avaliação.

→ § 5º com redação alterada pela Lei 8.883/1994.

→ *v.* Art. 4º-A, § 3º, da Lei 9.613/1998.

§ 6º Na hipótese do § 3º deste artigo, existindo na praça mais de 3 (três) possíveis interessados, a cada novo convite realizado para objeto idêntico ou assemelhado é obrigatório o convite a, no mínimo, mais um interessado, enquanto existirem cadastrados não convidados nas últimas licitações.

→ § 6º com redação alterada pela Lei 8.883/1994.

§ 7º Quando, por limitações do mercado ou manifesto desinteresse dos convidados, for impossível a obtenção do número mínimo de licitantes exigidos no § 3º deste artigo, essas circunstâncias deverão ser devidamente justificadas no processo, sob pena de repetição do convite.

§ 8º É vedada a criação de outras modalidades de licitação ou a combinação das referidas neste artigo.

§ 9º Na hipótese do § 2º deste artigo, a Administração somente poderá exigir do licitante não cadastrado os documentos previstos nos arts. 27 a 31, que comprovem habilitação compatível com o objeto da licitação, nos termos do edital.

→ § 9º acrescentado pela Lei 8.883/1994.

Art. 23. As modalidades de licitação a que se referem os incisos I a III do artigo anterior serão determinadas em função dos seguintes limites, tendo em vista o valor estimado da contratação:

I – para obras e serviços de engenharia:

→ Inciso I com redação alterada pela Lei 9.648/1998.

a) convite: até R$ 150.000,00 (cento e cinquenta mil reais);

b) tomada de preços: até R$ 1.500.000,00 (um milhão e quinhentos mil reais);

c) concorrência: acima de R$ 1.500.000,00 (um milhão e quinhentos mil reais);

II – para compras e serviços não referidos no inciso anterior:

→ Inciso II com redação alterada pela Lei 9.648/1998.

a) convite: até R$ 80.000,00 (oitenta mil reais);

b) tomada de preços: até R$ 650.000,00 (seiscentos e cinquenta mil reais);

c) concorrência: acima de R$ 650.000,00 (seiscentos e cinquenta mil reais).

§ 1º As obras, serviços e compras efetuadas pela Administração serão divididas em tantas parcelas quantas se comprovarem técnica e economicamente viáveis, procedendo-se à licitação com vistas ao melhor aproveitamento dos recursos disponíveis no mercado e à ampliação da competitividade sem perda da economia de escala.

→ § 1º com redação alterada pela Lei 8.883/1994.

§ 2º Na execução de obras e serviços e nas compras de bens, parceladas nos termos do parágrafo anterior, a cada etapa ou conjunto de etapas da obra, serviço ou compra há de corresponder licitação distinta, preservada a modalidade pertinente para a execução do objeto em licitação.

→ § 2º com redação alterada pela Lei 8.883/1994.

§ 3º A concorrência é a modalidade de licitação cabível, qualquer que seja o valor de seu objeto, tanto na compra ou alienação de bens imóveis, ressalvado o disposto no art. 19, como nas concessões de direito real de uso e nas licitações internacionais, admitindo-se neste último caso, observados os limites deste artigo, a tomada de preços, quando o órgão ou entidade dispuser de cadastro internacional de fornecedores, ou o convite, quando não houver fornecedor do bem ou serviço no País.

→ § 3º com redação alterada pela Lei 8.883/1994.

→ *v.* Art. 17, § 6º, da Lei 9.074/1995.

§ 4º Nos casos em que couber convite, a Administração poderá utilizar a tomada de preços e, em qualquer caso, a concorrência.

§ 5º É vedada a utilização da modalidade "convite" ou "tomada de preços", conforme o caso, para parcelas de uma mesma obra ou serviço, ou ainda para obras e serviços da mesma natureza e no mesmo local que possam ser realizadas conjunta e concomitantemente, sempre que o somatório de seus valores caracterizar o caso de "tomada de preços" ou "concorrência", respectivamente, nos termos deste artigo, exceto para as parcelas de natureza específica que possam ser executadas por pessoas ou empresas de especialidade diversa daquele do executor da obra ou serviço.

→ § 5º com redação alterada pela Lei 8.883/1994.

§ 6º As organizações industriais da Administração Federal direta, em face de suas peculiaridades, obedecerão aos limites estabelecidos no inciso I deste artigo também para suas compras e serviços em geral, desde que para a aquisição de materiais aplicados exclusivamente na manutenção, reparo ou fabricação de meios operacionais bélicos pertencentes à União.

→ § 6º acrescentado pela Lei 8.883/1994.

§ 7º Na compra de bens de natureza divisível e desde que não haja prejuízo para o conjunto ou complexo, é permitida a cotação de quantidade inferior à demandada na licitação, com vistas a ampliação da competitividade, podendo o edital fixar quantitativo mínimo para preservar a economia de escala.

→ § 7º acrescentado pela Lei 9.648/1998.

§ 8º No caso de consórcios públicos, aplicar-se-á o dobro dos valores mencionados no *caput* deste artigo quando formado por até 3 (três) entes da Federação, e o triplo, quando formado por maior número.

→ § 8º acrescentado pela Lei 11.107/2005.

Art. 24. É dispensável a licitação:

→ v. Art. 17, I e II, da Lei 8.666/1993.

I – para obras e serviços de engenharia de valor até 10% (dez por cento) do limite previsto na alínea *a* do inciso I do artigo anterior, desde que não se refiram a parcelas de uma mesma obra ou serviço ou ainda para obras e serviços da mesma natureza e no mesmo local que possam ser realizadas conjunta e concomitantemente;

→ Inciso I com redação alterada pela Lei 9.648/1998.

II – para outros serviços e compras de valor até 10% (dez por cento) do limite previsto na alínea *a*, do inciso II do artigo anterior, e para alienações, nos casos previstos nesta Lei, desde que não se refiram a parcelas de um mesmo serviço, compra ou alienação de maior vulto que possa ser realizada de uma só vez;

→ Inciso II com redação alterada pela Lei 9.648/1998.

III – nos casos de guerra ou grave perturbação da ordem;

IV – nos casos de emergência ou de calamidade pública, quando caracterizada urgência de atendimento de situação que possa ocasionar prejuízo ou comprometer a segurança de pessoas, obras, serviços, equipamentos e outros bens, públicos ou particulares, e somente para os bens necessários ao atendimento de situação emergencial ou calamitosa e para as parcelas de obras e serviços que possam ser concluídas no prazo máximo de 180 (cento e oitenta) dias consecutivos e ininterruptos, contados da ocorrência da emergência ou calamidade, vedada a prorrogação dos respectivos contratos;

→ v. Art. 196 da CF/1988.

V – quando não acudirem interessados à licitação anterior e esta, justificadamente, não puder ser repetida sem prejuízo para a Administração, mantidas, neste caso, todas as condições preestabelecidas;

VI – quando a União tiver que intervir no domínio econômico para regular preços ou normalizar o abastecimento;

VII – quando as propostas apresentadas consignarem preços manifestamente superiores aos praticados no mercado nacional, ou forem incompatíveis com os fixados pelos órgãos oficiais competentes, casos em que, observado o parágrafo único do art. 48 desta Lei e, persistindo a situação, será admitida a adjudicação direta dos bens ou serviços, por valor não superior ao constante do registro de preços, ou dos serviços;

→ O conteúdo do referido parágrafo único corresponde ao § 3º do art. 48.

VIII – para a aquisição, por pessoa jurídica de direito público interno, de bens produzidos ou serviços prestados por órgão ou entidade que integre a Administração Pública e que tenha sido criado para esse fim específico em data anterior à vigência desta Lei, desde que o preço contratado seja compatível com o praticado no mercado;

→ Inciso VIII com redação alterada pela Lei 8.883/1994.

IX – quando houver possibilidade de comprometimento da segurança nacional, nos casos estabelecidos em decreto do Presidente da República, ouvido o Conselho de Defesa Nacional;

→ v. Decreto 2.295/1997 – Regulamenta o inciso IX do art. 24 da Lei 8.666/1993.

X – para a compra ou locação de imóvel destinado ao atendimento das finalidades precípuas da Administração, cujas necessidades de instalação e localização condicionem a sua escolha, desde que o preço seja compatível com o valor de mercado, segundo avaliação prévia;

→ Inciso X com redação alterada pela Lei 8.883/1994.

XI – na contratação de remanescente de obra, serviço ou fornecimento, em consequência de rescisão contratual, desde que atendida a ordem de classificação da licitação anterior e aceitas as mesmas condições oferecidas pelo licitante vencedor, inclusive quanto ao preço, devidamente corrigido;

XII – nas compras de hortifrutigranjeiros, pão e outros gêneros perecíveis, no tempo necessário para a realização dos processos licitatórios correspondentes, realizadas diretamente com base no preço do dia;

→ Inciso XII com redação alterada pela Lei 8.883/1994.

XIII – na contratação de instituição brasileira incumbida regimental ou estatutariamente da pesquisa, do ensino ou do desenvolvimento institucional, ou de instituição dedicada à recuperação social do preso, desde que a contratada detenha inquestionável reputação ético-profissional e não tenha fins lucrativos;

→ Inciso XIII com redação alterada pela Lei 8.883/1994.

→ v. Arts. 1º a 3º da Lei 8.958/1994.

XIV – para a aquisição de bens ou serviços nos termos de acordo internacional específico aprovado pelo Congresso Nacional, quando as condições ofertadas forem manifestamente vantajosas para o Poder Público;

→ Inciso XIV com redação alterada pela Lei 8.883/1994.

XV – para a aquisição ou restauração de obras de arte e objetos históricos, de autenticidade certificada, desde que compatíveis ou inerentes às finalidades do órgão ou entidade;

XVI – para a impressão dos diários oficiais, de formulários padronizados de uso da Administração e de edições técnicas oficiais, bem como para a prestação de serviços de informática a pessoa jurídica de direito público interno, por órgãos ou entidades que integrem a Administração Pública, criados para esse fim específico;

→ Inciso XVI acrescentado pela Lei 8.883/1994.

XVII – para a aquisição de componentes ou peças de origem nacional ou estrangeira, necessários à manutenção de equipamentos durante o período de garantia técnica, junto ao fornecedor original desses equipamentos, quando tal condição de exclusividade for indispensável para a vigência da garantia;

→ Inciso XVII acrescentado pela Lei 8.883/1994.

XVIII – nas compras ou contratações de serviços para o abastecimento de navios, embarcações, unidades aéreas ou tropas e seus meios de deslocamento, quando em estada eventual de curta duração em portos, aeroportos ou localidades diferentes de suas sedes, por motivo de movimentação operacional ou de adestramento, quando a exiguidade dos prazos legais puder comprometer a normalidade e os propósitos das operações e desde que seu valor não exceda ao limite previsto na alínea *a* do inciso II do art. 23 desta Lei;

→ Inciso XVIII acrescentado pela Lei 8.883/1994.

XIX – para as compras de materiais de uso pelas Forças Armadas, com exceção de materiais de uso pessoal e administrativo, quando houver necessidade de manter a padronização requerida pela estrutura de apoio logístico dos meios navais, aéreos e terrestres, mediante parecer de comissão instituída por decreto;

→ Inciso XIX acrescentado pela Lei 8.883/1994.

XX – na contratação de associação de portadores de deficiência física, sem fins lucrativos e de comprovada idoneidade, por órgãos ou entidades da Administração Pública, para a prestação de serviços ou fornecimento de mão de obra, desde que o preço contratado seja compatível com o praticado no mercado;

→ Inciso XX acrescentado pela Lei 8.883/1994.

XXI – para a aquisição ou contratação de produto para pesquisa e desenvolvimento, limitada, no caso de obras e serviços de engenharia, a 20% (vinte por cento) do valor de que trata a alínea *b* do inciso I do *caput* do art. 23;

→ Inciso XXI com redação alterada pela Lei 13.243/2016.

XXII – na contratação de fornecimento ou suprimento de energia elétrica e gás natural com concessionário, permissionário ou autorizado, segundo as normas da legislação específica;

→ Inciso XXII acrescentado pela Lei 9.648/1998 e com redação posterior alterada pela Lei 10.438/2002.

XXIII – na contratação realizada por empresa pública ou sociedade de economia mista com suas subsidiárias e controladas, para a aquisição ou alienação de bens, prestação ou obtenção de serviços, desde que o preço contratado seja compatível com o praticado no mercado;

→ Inciso XXIII acrescentado pela Lei 9.648/1998.

XXIV – para a celebração de contratos de prestação de serviços com as organizações sociais, qualificadas no âmbito das respectivas esferas de governo, para atividades contempladas no contrato de gestão;

→ Inciso XXIV acrescentado pela Lei 9.648/1998.

→ *V.* Arts. 1º e 5º da Lei 9.637/1998.

XXV – na contratação realizada por Instituição Científica e Tecnológica – ICT ou por agência de fomento para a transferência de tecnologia e para o licenciamento de direito de uso ou de exploração de criação protegida;

→ Inciso XXV acrescentado pela Lei 10.973/2004.

XXVI – na celebração de contrato de programa com ente da Federação ou com entidade de sua administração indireta, para a prestação de serviços públicos de forma associada nos termos do autorizado em contrato de consórcio público ou em convênio de cooperação;

→ Inciso XXVI acrescentado pela Lei 11.107/2005.

XXVII – na contratação da coleta, processamento e comercialização de resíduos sólidos urbanos recicláveis ou reutilizáveis, em áreas com sistema de coleta seletiva de lixo, efetuados por associações ou cooperativas formadas exclusivamente por pessoas físicas de baixa renda reconhecidas pelo poder público como catadores de materiais recicláveis, com o uso de equipamentos compatíveis com as normas técnicas, ambientais e de saúde pública;

→ Inciso XXVII com redação alterada pela Lei 11.445/2007.

XXVIII – para o fornecimento de bens e serviços, produzidos ou prestados no País, que envolvam, cumulativamente, alta complexidade tecnológica e defesa nacional, mediante parecer de comissão especialmente designada pela autoridade máxima do órgão;

→ Inciso XXVIII acrescentado pela Lei 11.484/2007.

XXIX – na aquisição de bens e contratação de serviços para atender aos contingentes militares das Forças Singulares brasileiras empregadas em operações de paz no exterior, necessariamente justificadas quanto ao preço e à escolha do fornecedor ou executante e ratificadas pelo Comandante da Força;

→ Inciso XXIX acrescentado pela Lei 11.783/2008.

XXX – na contratação de instituição ou organização, pública ou privada, com ou sem fins lucrativos, para a prestação de serviços de assistência técnica e extensão rural no âmbito do Programa Nacional de Assistência Técnica e Extensão Rural na Agricultura Familiar e na Reforma Agrária, instituído por lei federal;

→ Inciso XXX acrescentado pela Lei 12.188/2010.

XXXI – nas contratações visando ao cumprimento do disposto nos arts. 3º, 4º, 5º e 20 da Lei 10.973, de 2 de dezembro de 2004, observados os princípios gerais de contratação dela constantes;

→ Inciso XXXI acrescentado pela Lei 12.349/2010.

XXXII – na contratação em que houver transferência de tecnologia de produtos estratégicos para o Sistema Único de Saúde – SUS, no âmbito da Lei 8.080, de 19 de setembro de 1990, conforme elencados em ato da direção nacional do SUS, inclusive por ocasião da aquisição destes produtos durante as etapas de absorção tecnológica,

→ Inciso XXXII acrescentado pela Lei 12.715/2012.

XXXIII – na contratação de entidades privadas sem fins lucrativos, para a implementação de cisternas ou outras tecnologias sociais de acesso à água para consumo humano e produção de alimentos, para beneficiar as famílias rurais de baixa renda atingidas pela seca ou falta regular de água.

→ Inciso XXXIII acrescentado pela Lei 12.873/2013.

→ *V.* Art. 9º do Decreto 8.038/2013.

XXXIV – para a aquisição por pessoa jurídica de direito público interno de insumos estratégicos para a saúde produzidos ou distribuídos por fundação que, regimental ou estatutariamente, tenha por finalidade apoiar órgão da administração pública direta, sua autarquia ou fundação em projetos de ensino, pesquisa, extensão, desenvolvimento institucional, científico e tecnológico e estímulo à inovação, inclusive na gestão administrativa e financeira necessária à execução desses projetos, ou em parcerias que envolvam transferência de tecnologia de produtos estratégicos para o Sistema Único de Saúde – SUS, nos termos do inciso XXXII deste artigo, e que tenha sido criada para esse fim específico em data anterior à vigência desta Lei, desde que o preço contratado seja compatível com o praticado no mercado.

→ Inciso XXXIV acrescentado pela Lei 13.204/2015.

§ 1º Os percentuais referidos nos incisos I e II do *caput* deste artigo serão 20% (vinte por cento) para compras, obras e serviços contratados por consórcios públicos, sociedade de economia mista, empresa pública e por autarquia ou fundação qualificadas, na forma da lei, como Agências Executivas

→ § 1º acrescentado pela Lei 12.715/2012.

§ 2º O limite temporal de criação do órgão ou entidade que integre a administração pública estabelecido no inciso VIII do *caput* deste artigo não se aplica aos órgãos ou entidades que produzem produtos estratégicos para o SUS, no âmbito da Lei 8.080, de 19 de setembro de 1990, conforme elencados em ato da direção nacional do SUS.

→ § 2º acrescentado pela Lei 12.715/2012.

§ 3º A hipótese de dispensa prevista no inciso XXI do *caput*, quando aplicada a obras e serviços de engenharia, seguirá procedimentos especiais instituídos em regulamentação específica.

→ § 3º acrescentado pela Lei 13.243/2016.

§ 4º Não se aplica a vedação prevista no inciso I do caput do art. 9º à hipótese prevista no inciso XXI do *caput*.

→ § 4º acrescentado pela Lei 13.243/2016.

Art. 25. É inexigível a licitação quando houver inviabilidade de competição, em especial:

I – para aquisição de materiais, equipamentos, ou gêneros que só possam ser fornecidos por produtor, empresa ou representante comercial exclusivo, vedada a preferência de marca, devendo a comprovação de exclusividade ser feita através de atestado fornecido pelo órgão de registro do comércio do local em que se realizaria a licitação ou a obra ou o serviço, pelo Sindicato, Federação ou Confederação Patronal, ou, ainda, pelas entidades equivalentes;

II – para a contratação de serviços técnicos enumerados no art. 13 desta Lei, de natureza singular, com profissionais ou empresas de notória especialização, vedada a inexigibilidade para serviços de publicidade e divulgação;

III – para contratação de profissional de qualquer setor artístico, diretamente ou através de empresário exclusivo, desde que consagrado pela crítica especializada ou pela opinião pública.

§ 1º Considera-se de notória especialização o profissional ou empresa cujo conceito no campo de sua especialidade, decorrente de desempenho anterior, estudos, experiências, publicações, organização, aparelhamento, equipe técnica, ou de outros requisitos relacionados com suas atividades, permita inferir que o seu trabalho é essencial e indiscutivelmente o mais adequado à plena satisfação do objeto do contrato.

§ 2º Na hipótese deste artigo e em qualquer dos casos de dispensa, se comprovado superfaturamento, respondem solidariamente pelo dano causado à Fazenda Pública o fornecedor ou o prestador de serviços e o agente público responsável, sem prejuízo de outras sanções legais cabíveis.

Art. 26. As dispensas previstas nos §§ 2º e 4º do art. 17 e no inciso III e seguintes do art. 24, as situações de inexigibilidade referidas no art. 25, necessariamente justificadas, e o retardamento previsto no final do parágrafo único do art. 8º desta Lei deverão ser comunicados, dentro de 3 (três) dias, à autoridade superior, para ratificação e publicação na imprensa oficial, no prazo de 5 (cinco) dias, como condição para a eficácia dos atos.

→ *Caput* com redação alterada pela Lei 11.107/2005.

Parágrafo único. O processo de dispensa, de inexigibilidade ou de retardamento, previsto neste artigo, será instruído, no que couber, com os seguintes elementos:

I – caracterização da situação emergencial ou calamitosa que justifique a dispensa, quando for o caso;

II – razão da escolha do fornecedor ou executante;

III – justificativa do preço;

IV – documento de aprovação dos projetos de pesquisa aos quais os bens serão alocados.

→ Inciso IV acrescentado pela Lei 9.648/1998.

Seção II
Da habilitação

Art. 27. Para a habilitação nas licitações exigir-se-á dos interessados, exclusivamente, documentação relativa a:

I – habilitação jurídica;

II – qualificação técnica;

III – qualificação econômico-financeira;

IV – regularidade fiscal e trabalhista;

→ Inciso IV com redação alterada pela Lei 12.440/2011.

V – cumprimento do disposto no inciso XXXIII do art. 7º da Constituição Federal.

→ Inciso V acrescentado pela Lei 9.854/1999.

Art. 28. A documentação relativa à habilitação jurídica, conforme o caso, consistirá em:

I – cédula de identidade;

II – registro comercial, no caso de empresa individual;

III – ato constitutivo, estatuto ou contrato social em vigor, devidamente registrado, em se tratando de sociedades comerciais e, no caso de sociedades por ações, acompanhado de documentos de eleição de seus administradores;

IV – inscrição do ato constitutivo, no caso de sociedades civis, acompanhada de prova de diretoria em exercício;

V – decreto de autorização, em se tratando de empresa ou sociedade estrangeira em funcionamento no País, e ato de registro ou autorização para funcionamento expedido pelo órgão competente, quando a atividade assim o exigir.

Art. 29. A documentação relativa à regularidade fiscal e trabalhista, conforme o caso, consistirá em:

→ *Caput* com redação alterada pela Lei 12.440/2011.

→ *v.* Art. 38, § 1º, VII, da Lei 8.987/1995.

I – prova de inscrição no Cadastro de Pessoas Físicas (CPF) ou no Cadastro Geral de Contribuintes (CGC);

II – prova de inscrição no Cadastro de Contribuintes estadual ou municipal, se houver, relativo ao domicílio ou sede do licitante, pertinente ao seu ramo de atividade e compatível com o objeto contratual;

III – prova de regularidade para com a Fazenda Federal, Estadual e Municipal do domicílio ou sede do licitante, ou outra equivalente, na forma da lei;

IV – prova de regularidade relativa à Seguridade Social e ao Fundo de Garantia do Tempo de Serviço (FGTS), demonstrando situação regular no cumprimento dos encargos sociais instituídos por lei.

→ Inciso IV com redação alterada pela Lei 8.883/1994.

→ *v.* Art. 195, § 3º, da CF/1988.

→ *v.* Lei 9.012/1995 – Proíbe as instituições oficiais de crédito de conceder empréstimos, financiamentos e outros benefícios a pessoas jurídicas em débito com o FGTS.

V – prova de inexistência de débitos inadimplidos perante a Justiça do Trabalho, mediante a apresentação de certidão negativa, nos termos do Título VII-A da Consolidação das Leis do Trabalho, aprovada pelo Decreto-lei 5.452, de 1º de maio de 1943.

→ Inciso V acrescentado pela Lei 12.440/2011.

Art. 30. A documentação relativa à qualificação técnica limitar-se-á a:

I – registro ou inscrição na entidade profissional competente;

II – comprovação de aptidão para desempenho de atividade pertinente e compatível em características, quantidades e prazos com o objeto da licitação, e indicação das instalações e do aparelhamento e do pessoal técnico adequados e disponíveis para a realização do objeto da licitação, bem como da qualificação de cada um dos membros da equipe técnica que se responsabilizará pelos trabalhos;

III – comprovação, fornecida pelo órgão licitante, de que recebeu os documentos, e, quando exigido, de que tomou conhecimento de todas as informações e das condições locais para o cumprimento das obrigações objeto da licitação;

IV – prova de atendimento de requisitos previstos em lei especial, quando for o caso.

§ 1º A comprovação de aptidão referida no inciso II do *caput* deste artigo, no caso das licitações pertinentes a obras e serviços, será feita por atestados fornecidos por pessoas jurídicas de direito público ou privado, devidamente registrados nas entidades profissionais competentes, limitadas as exigências a:

→ *Caput* do § 1º com redação alterada pela Lei 8.883/1994.

I – capacitação técnico-profissional: comprovação do licitante de possuir em seu quadro permanente, na data prevista para entrega da proposta, profissional de nível superior ou outro devidamente reconhecido pela entidade competente, detentor de atestado de responsabilidade técnica por execução de obra ou serviço de características semelhantes, limitadas estas exclusivamente às parcelas de maior relevância e valor significativo do objeto da licitação, vedadas as exigências de quantidades mínimas ou prazos máximos;

→ Inciso I acrescentado pela Lei 8.883/1994.

II – (*Vetado*);

→ Inciso II acrescentado pela Lei 8.883/1994.

a) (*Vetado*);

b) (*Vetado*);

§ 2º As parcelas de maior relevância técnica ou de valor significativo, mencionadas no parágrafo anterior, serão definidas no instrumento convocatório.

→ § 2º com redação alterada pela Lei 8.883/1994.

§ 3º Será sempre admitida a comprovação de aptidão através de certidões ou atestados de obras ou serviços similares de complexidade tecnológica e operacional equivalente ou superior.

§ 4º Nas licitações para fornecimento de bens, a comprovação de aptidão, quando for o caso, será feita através de atestados fornecidos por pessoa jurídica de direito público ou privado.

§ 5º É vedada a exigência de comprovação de atividade ou de aptidão com limitações de tempo ou de época ou ainda em locais específicos, ou quaisquer outras não previstas nesta Lei, que inibam a participação na licitação.

§ 6º As exigências mínimas relativas a instalações de canteiros, máquinas, equipamentos e pessoal técnico especializado, considerados essenciais para o cumprimento do objeto da licitação, serão atendidas mediante a apresentação de relação explícita e da declaração formal da sua disponibilidade, sob as penas cabíveis, vedada as exigências de propriedade e de localização prévia.

§ 7º (*Vetado*).

I – (*Vetado*);

→ Inciso I acrescentado pela Lei 8.883/1994.

II – (*Vetado*).

→ Inciso II acrescentado pela Lei 8.883/1994.

§ 8º No caso de obras, serviços e compras de grande vulto, de alta complexidade técnica, poderá a Administração exigir dos licitantes a metodologia de execução, cuja avaliação, para efeito de sua aceitação ou não, antecederá sempre à análise dos preços e será efetuada exclusivamente por critérios objetivos.

§ 9º Entende-se por licitação de alta complexidade técnica aquela que envolva alta especialização, como fator de extrema relevância para garantir a execução do objeto a ser contratado, ou que possa comprometer a continuidade da prestação de serviços públicos essenciais.

§ 10. Os profissionais indicados pelo licitante para fins de comprovação da capacitação técnico-operacional de que trata o inciso I do § 1º deste artigo deverão participar da obra ou serviço objeto da licitação, admitindo-se a substituição por profissionais de experiência equivalente ou superior, desde que aprovada pela Administração.

→ § 10 acrescentado pela Lei 8.883/1994.

§ 11. (*Vetado*).

→ § 11 acrescentado pela Lei 8.883/1994.

§ 12. (*Vetado*).

→ § 12 acrescentado pela Lei 8.883/1994.

Art. 31. A documentação relativa à qualificação econômico-financeira limitar-se-á a:

I – balanço patrimonial e demonstrações contábeis do último exercício social, já exigíveis e apresentados na forma da lei, que comprovem a boa situação financeira da empresa, vedada a sua substituição por balancetes ou balanços provisórios, podendo ser atualizados por índices oficiais quando encerrado há mais de 3 (três) meses da data de apresentação da proposta;

→ *v.* Art. 132 da Lei 6.404/1976.

II – certidão negativa de falência ou concordata expedida pelo distribuidor da sede da pessoa jurídica, ou de execução patrimonial, expedida no domicílio da pessoa física;

III – garantia, nas mesmas modalidades e critérios previstos no *caput* e § 1º do art. 56 desta Lei, limitada a 1% (um por cento) do valor estimado do objeto da contratação.

§ 1º A exigência de índices limitar-se-á à demonstração da capacidade financeira do licitante com vistas aos compromissos que terá que assumir caso lhe seja adjudicado o contrato, vedada a exigência de valores mínimos de faturamento anterior, índices de rentabilidade ou lucratividade.

→ § 1º com redação alterada pela Lei 8.883/1994.

§ 2º A administração, nas compras para entrega futura e na execução de obras e serviços, poderá estabelecer, no instrumento convocatório da licitação, a exigência de capital mínimo ou de patrimônio líquido mínimo, ou ainda as garantias previstas no § 1º do art. 56 desta Lei, como dado objetivo de comprovação da qualificação econômico-financeira dos licitantes e para efeito de garantia ao adimplemento do contrato a ser ulteriormente celebrado.

§ 3º O capital mínimo ou o valor do patrimônio líquido a que se refere o parágrafo anterior não poderá exceder a 10% (dez por cento) do valor estimado da contratação, devendo a comprovação ser feita relativamente à data da apresentação da proposta, na forma da lei, admitida a atualização para esta data através de índices oficiais.

§ 4º Poderá ser exigida, ainda, a relação dos compromissos assumidos pelo licitante que importem diminuição da capacidade operativa ou absorção de disponibilidade financeira, calculada esta em função do patrimônio líquido atualizado e sua capacidade de rotação.

§ 5º A comprovação da boa situação financeira da empresa será feita de forma objetiva, através do cálculo de índices contábeis previstos no edital e devidamente justificados no processo administrativo da licitação que tenha dado início ao certame licitatório, vedada a exigência de índices e valores não usualmente adotados para a correta avaliação de situação financeira suficiente ao cumprimento das obrigações decorrentes da licitação.

→ § 5º com redação alterada pela Lei 8.883/1994.

§ 6º (*Vetado*).

§ 7º A documentação de que tratam os arts. 28 a 31 e este artigo poderá ser dispensada, nos termos de regulamento, no todo ou em parte, para a contratação de produto para pesquisa e desenvolvimento, desde que para pronta entrega ou até o valor previsto na alínea a do inciso II do *caput* do art. 23.

→ § 7 acrescentado pela Lei 13.243/2016.

Art. 32. Os documentos necessários à habilitação poderão ser apresentados em original, por qualquer processo de cópia autenticada por cartório competente ou por servidor da Administração, ou publicação em órgão da imprensa oficial.

→ *Caput* com redação alterada pela Lei 8.883/1994.

§ 1º A documentação de que tratam os arts. 28 a 31 desta Lei poderá ser dispensada, no todo ou em parte, nos casos de convite, concurso, fornecimento de bens para pronta entrega e leilão.

§ 2º O certificado de registro cadastral a que se refere o § 1º do art. 36, substitui os documentos enumerados nos arts. 28 a 31, quanto às informações disponibilizadas em sistema informatizado de consulta direta indicado no edital, obrigando-se a parte a declarar, sob as penalidades legais, a superveniência de fato impeditivo da habilitação.

→ § 2º com redação alterada pela Lei 9.648/1998.

§ 3º A documentação referida neste artigo poderá ser substituída por registro cadastral emitido por órgão ou entidade pública, desde que previsto no edital e o registro tenha sido feito em obediência ao disposto nesta Lei.

§ 4º As empresas estrangeiras que não funcionem no País, tanto quanto possível, atenderão, nas licitações internacionais, às exigências dos parágrafos anteriores mediante documentos equivalentes, autenticados pelos respectivos consulados e traduzidos por tradutor juramentado, devendo ter representação legal no Brasil com poderes expressos para receber citação e responder administrativa ou judicialmente.

§ 5º Não se exigirá, para a habilitação de que trata este artigo, prévio recolhimento de taxas ou emolumentos, salvo os referentes a fornecimento do edital, quando solicitado, com os seus elementos constitutivos, limitados ao valor do custo efetivo de reprodução gráfica da documentação fornecida.

§ 6º O disposto no § 4º deste artigo, no § 1º do art. 33 e no § 2º do art. 55, não se aplica às licitações internacionais para a aquisição de bens e serviços cujo pagamento seja feito com o produto de financiamento concedido por organismo financeiro internacional de que o Brasil faça parte, ou por agência estrangeira de cooperação, nem nos casos de contratação com empresa estrangeira, para a compra de equipamentos fabricados e entregues no exterior, desde que para este caso tenha havido prévia autorização do Chefe do Poder Executivo, nem nos casos de aquisição de bens e serviços realizada por unidades administrativas com sede no exterior.

§ 7º A documentação de que tratam os arts. 28 a 31 e este artigo poderá ser dispensada, nos termos de regulamento, no todo ou em parte, para a contratação de produto para pesquisa e desenvolvimento, desde que para pronta entrega ou até o valor previsto na alínea a do inciso II do *caput* do art. 23.

→ § 7º acrescentado pela Lei 13.243/2016.

Art. 33. Quando permitida na licitação a participação de empresas em consórcio, observar-se-ão as seguintes normas:

I – comprovação do compromisso público ou particular de constituição de consórcio, subscrito pelos consorciados;

II – indicação da empresa responsável pelo consórcio que deverá atender às condições de liderança, obrigatoriamente fixadas no edital;

III – apresentação dos documentos exigidos nos arts. 28 a 31 desta Lei por parte de cada consorciado, admitindo-se, para efeito de qualificação técnica, o somatório dos quantitativos de cada consorciado, e, para efeito de qualificação econômico-financeira, o somatório dos valores de cada consorciado, na proporção de sua respectiva participação, podendo a Administração estabelecer, para o consórcio, um acréscimo de até 30% (trinta por cento) dos valores exigidos para licitante individual, inexigível este acréscimo para os consórcios compostos, em sua totalidade, por micro e pequenas empresas assim definidas em lei;

IV – impedimento de participação de empresa consorciada, na mesma licitação, através de mais de um consórcio ou isoladamente;

V – responsabilidade solidária dos integrantes pelos atos praticados em consórcio, tanto na fase de licitação quanto na de execução do contrato.

§ 1º No consórcio de empresas brasileiras e estrangeiras a liderança caberá, obrigatoriamente, à empresa brasileira, observado o disposto no inciso II deste artigo.

§ 2º O licitante vencedor fica obrigado a promover, antes da celebração do contrato, a constituição e o registro do consórcio, nos termos do compromisso referido no inciso I deste artigo.

Seção III
Dos registros cadastrais

Art. 34. Para os fins desta Lei, os órgãos e entidades da Administração Pública que realizem frequentemente licitações manterão registros cadastrais para efeito de habilitação, na forma regulamentar, válidos por, no máximo, 1 (um) ano.

→ v. Decreto 3.722/2001 – Regulamenta o art. 34 da Lei 8.666/1993.

→ v. Decreto 3.722/2001 – Sistema de cadastramento unificado de fornecedores – SICAF.

§ 1º O registro cadastral deverá ser amplamente divulgado e deverá estar permanentemente aberto aos interessados, obrigando-se a unidade por ele responsável a proceder, no mínimo anualmente, através da imprensa oficial e de jornal diário, a chamamento público para a atualização dos registros existentes e para o ingresso de novos interessados.

§ 2º É facultado às unidades administrativas utilizarem-se de registros cadastrais de outros órgãos ou entidades da Administração Pública.

Art. 35. Ao requerer inscrição no cadastro, ou atualização deste, a qualquer tempo, o interessado fornecerá os elementos necessários à satisfação das exigências do art. 27 desta Lei.

Art. 36. Os inscritos serão classificados por categorias, tendo-se em vista sua especialização, subdivididas em grupos, segundo a qualificação técnica e econômica avaliada pelos elementos constantes da documentação relacionada nos arts. 30 e 31 desta Lei.

§ 1º Aos inscritos será fornecido certificado, renovável sempre que atualizarem o registro.

§ 2º A atuação do licitante no cumprimento de obrigações assumidas será anotada no respectivo registro cadastral.

Art. 37. A qualquer tempo poderá ser alterado, suspenso ou cancelado o registro do inscrito que deixar de satisfazer as exigências do art. 27 desta Lei, ou as estabelecidas para classificação cadastral.

Seção IV
Do procedimento e julgamento

Art. 38. O procedimento da licitação será iniciado com a abertura de processo administrativo, devidamente autuado, protocolado e numerado, contendo a autorização respectiva, a indicação sucinta de seu objeto e do recurso próprio para a despesa, e ao qual serão juntados oportunamente:

I – edital ou convite e respectivos anexos, quando for o caso;

II – comprovante das publicações do edital resumido, na forma do art. 21 desta Lei, ou da entrega do convite;

III – ato de designação da comissão de licitação, do leiloeiro administrativo ou oficial, ou do responsável pelo convite;

IV – original das propostas e dos documentos que as instruírem;

V – atas, relatórios e deliberações da Comissão Julgadora;

VI – pareceres técnicos ou jurídicos emitidos sobre a licitação, dispensa ou inexigibilidade;

VII – atos de adjudicação do objeto da licitação e da sua homologação;

VIII – recursos eventualmente apresentados pelos licitantes e respectivas manifestações e decisões;

IX – despacho de anulação ou de revogação da licitação, quando for o caso, fundamentado circunstanciadamente;

X – termo de contrato ou instrumento equivalente, conforme o caso;

XI – outros comprovantes de publicações;

XII – demais documentos relativos à licitação.

Parágrafo único. As minutas de editais de licitação, bem como as dos contratos, acordos, convênios ou ajustes devem ser previamente examinadas e aprovadas por assessoria jurídica da Administração.

→ Parágrafo único com redação alterada pela Lei 8.883/1994.

Art. 39. Sempre que o valor estimado para uma licitação ou para um conjunto de licitações simultâneas ou sucessivas for superior a 100 vezes o limite previsto no art. 23, inciso I, alínea *c*, desta Lei, o processo licitatório será iniciado, obrigatoriamente, com uma audiência pública concedida pela autoridade responsável com antecedência mínima de 15 (quinze) dias úteis da data prevista para a publicação do edital, e divulgada, com a antecedência mínima de 10 (dez) dias úteis de sua realização, pelos mesmos meios previstos para a publicidade da licitação, à qual terão acesso e direito a todas as informações pertinentes e a se manifestar todos os interessados.

Parágrafo único. Para os fins deste artigo, consideram-se licitações simultâneas aquelas com objetos similares e com realização prevista para intervalos não superiores a 30 (trinta) dias, e licitações sucessivas aquelas em que, também com objetos similares, o edital subsequente tenha uma data anterior a 120 (cento e vinte) dias após o término do contrato resultante da licitação antecedente.

→ Parágrafo único com redação alterada pela Lei 8.883/1994.

Art. 40. O edital conterá no preâmbulo o número de ordem em série anual, o nome da repartição interessada e de seu setor, a modalidade, o regime de execução e o tipo da licitação, a menção de que será regida por esta Lei, o local, dia e hora para recebimento da documentação e proposta, bem como para início da abertura dos envelopes, e indicará, obrigatoriamente, o seguinte:

I – objeto da licitação, em descrição sucinta e clara;

II – prazo e condições para assinatura do contrato ou retirada dos instrumentos, como previsto no art. 64 desta Lei, para execução do contrato e para entrega do objeto da licitação;

III – sanções para o caso de inadimplemento;

IV – local onde poderá ser examinado e adquirido o projeto básico;

V – se há projeto executivo disponível na data da publicação do edital de licitação e o local onde possa ser examinado e adquirido;

VI – condições para participação na licitação, em conformidade com os arts. 27 a 31 desta Lei, e forma de apresentação das propostas;

VII – critério para julgamento, com disposições claras e parâmetros objetivos;

VIII – locais, horários e códigos de acesso dos meios de comunicação à distância em que serão fornecidos elementos, informações e esclarecimentos relativos à licitação e às condições para atendimento das obrigações necessárias ao cumprimento de seu objeto;

IX – condições equivalentes de pagamento entre empresas brasileiras e estrangeiras, no caso de licitações internacionais;

X – o critério de aceitabilidade dos preços unitário e global, conforme o caso, permitida a fixação de preços máximos e vedados a fixação de preços mínimos, critérios estatísticos ou faixas de variação em relação a preços de referência, ressalvado o disposto nos §§ 1º e 2º do art. 48;

→ Inciso X com redação alterada pela Lei 9.648/1998.

XI – critério de reajuste, que deverá retratar a variação efetiva do custo de produção, admitida a adoção de índices específicos ou setoriais, desde a data prevista para apresentação da proposta, ou do orçamento a que essa proposta se referir, até a data do adimplemento de cada parcela;

→ Inciso XI com redação alterada pela Lei 8.883/1994.

XII – (*Vetado*);

XIII – limites para pagamento de instalação e mobilização para execução de obras ou serviços que serão obrigatoriamente previstos em separado das demais parcelas, etapas ou tarefas;

XIV – condições de pagamento, prevendo:

a) prazo de pagamento, não superior a 30 (trinta) dias, contado a partir da data final do período de adimplemento de cada parcela;

→ Alínea *a* com redação alterada pela Lei 8.883/1994.

b) cronograma de desembolso máximo por período, em conformidade com a disponibilidade de recursos financeiros;

c) critério de atualização financeira dos valores a serem pagos, desde a data final do período de adimplemento de cada parcela até a data do efetivo pagamento;

→ Alínea *c* com redação alterada pela Lei 8.883/1994.

d) compensações financeiras e penalizações, por eventuais atrasos, e descontos, por eventuais antecipações de pagamentos;

e) exigência de seguros, quando for o caso;

XV – instruções e normas para os recursos previstos nesta Lei;

XVI – condições de recebimento do objeto da licitação;

XVII – outras indicações específicas ou peculiares da licitação.

§ 1º O original do edital deverá ser datado, rubricado em todas as folhas e assinado pela autoridade que o expedir, permanecendo no processo de licitação, e dele extraindo-se cópias integrais ou resumidas, para sua divulgação e fornecimento aos interessados.

§ 2º Constituem anexos do edital, dele fazendo parte integrante:

I – o projeto básico e/ou executivo, com todas as suas partes, desenhos, especificações e outros complementos;

II – orçamento estimado em planilhas de quantitativos e preços unitários;

→ Inciso II com redação alterada pela Lei 8.883/1994.

III – a minuta do contrato a ser firmado entre a Administração e o licitante vencedor;

IV – as especificações complementares e as normas de execução pertinentes à licitação.

§ 3º Para efeito do disposto nesta Lei, considera-se como adimplemento da obrigação contratual a prestação do serviço, a realização da obra, a entrega do bem ou de parcela destes, bem como qualquer outro evento contratual a cuja ocorrência esteja vinculada a emissão de documento de cobrança.

§ 4º Nas compras para entrega imediata, assim entendidas aquelas com prazo de entrega até 30 (trinta) dias da data prevista para apresentação da proposta, poderão ser dispensados:

→ § 4º acrescentado pela Lei 8.883/1994.

I – o disposto no inciso XI deste artigo;

II – a atualização financeira a que se refere a alínea *c* do inciso XIV deste artigo, correspondente ao período compreendido entre as datas do adimplemento e a prevista para o pagamento, desde que não superior a 15 (quinze) dias.

Art. 41. A Administração não pode descumprir as normas e condições do edital, ao qual se acha estritamente vinculada.

§ 1º Qualquer cidadão é parte legítima para impugnar edital de licitação por irregularidade na aplicação desta Lei, devendo protocolar o pedido até 5 (cinco) dias úteis antes da data fixada para a abertura dos envelopes de habilitação, devendo a Administração julgar e responder à impugnação em até 3 (três) dias úteis, sem prejuízo da faculdade prevista no § 1º do art. 113.

§ 2º Decairá do direito de impugnar os termos do edital de licitação perante a Administração o licitante que não o fizer até o segundo dia útil que anteceder a abertura dos envelopes de habilitação em concorrência, a abertura dos envelopes com as propostas em convite, tomada de preços ou concurso, ou a realização de leilão, as falhas ou irregularidades que viciariam esse edital, hipótese em que tal comunicação não terá efeito de recurso.

→ § 2º com redação alterada pela Lei 8.883/1994.

§ 3º A impugnação feita tempestivamente pelo licitante não o impedirá de participar do processo licitatório até o trânsito em julgado da decisão a ela pertinente.

§ 4º A inabilitação do licitante importa preclusão do seu direito de participar das fases subsequentes.

Art. 42. Nas concorrências de âmbito internacional o edital deverá ajustar-se às diretrizes da política monetária e do comércio exterior e atender às exigências dos órgãos competentes.

§ 1º Quando for permitido ao licitante estrangeiro cotar preço em moeda estrangeira, igualmente o poderá fazer o licitante brasileiro.

§ 2º O pagamento feito ao licitante brasileiro eventualmente contratado em virtude da licitação de que trata o parágrafo anterior será efetuado em moeda brasileira, à taxa de câmbio vigente no dia útil imediatamente anterior à data do efetivo pagamento.

→ § 2º com redação alterada pela Lei 8.883/1994.

§ 3º As garantias de pagamento ao licitante brasileiro serão equivalentes àquelas oferecidas ao licitante estrangeiro.

§ 4º Para fins de julgamento da licitação, as propostas apresentadas por licitantes estrangeiros serão acrescidas dos gravames consequentes dos mesmos tributos que oneram exclusivamente os licitantes brasileiros quanto à operação final de venda.

§ 5º Para realização de obras, prestação de serviços ou aquisição de bens com recursos provenientes de financiamento ou doação oriundos de agência oficial de cooperação estrangeira ou organismo financeiro multilateral de que o Brasil seja parte, poderão ser admitidas, na respectiva licitação, as condições decorrentes de acordos, protocolos, convenções ou tratados internacionais aprovados pelo Congresso Nacional, bem como as normas e procedimentos daquelas entidades, inclusive quanto ao critério de seleção da proposta mais vantajosa para a Administração, o qual poderá contemplar, além do preço, outros fatores de avaliação, desde que por elas exigidos para a obtenção do financiamento ou da doação, e que também não conflitem com o princípio do julgamento objetivo e sejam objeto de despacho motivado do órgão executor do contrato, despacho esse ratificado pela autoridade imediatamente superior.

→ § 5º com redação alterada pela Lei 8.883/1994.

§ 6º As cotações de todos os licitantes serão para entrega no mesmo local de destino.

Art. 43. A licitação será processada e julgada com observância dos seguintes procedimentos:

I – abertura dos envelopes contendo a documentação relativa à habilitação dos concorrentes, e sua apreciação;

II – devolução dos envelopes fechados aos concorrentes inabilitados, contendo as respectivas propostas, desde que não tenha havido recurso ou após sua denegação;

III – abertura dos envelopes contendo as propostas dos concorrentes habilitados, desde que transcorrido o prazo sem interposição de recurso, ou tenha havido desistência expressa, ou após o julgamento dos recursos interpostos;

IV – verificação da conformidade de cada proposta com os requisitos do edital e, conforme o caso, com os preços correntes no mercado ou fixados por órgão oficial competente, ou ainda com os constantes do sistema de registro de preços, os quais deverão ser devidamente registrados na ata de julgamento, promovendo-se a desclassificação das propostas desconformes ou incompatíveis;

V – julgamento e classificação das propostas de acordo com os critérios de avaliação constantes do edital;

VI – deliberação da autoridade competente quanto à homologação e adjudicação do objeto da licitação.

→ v. Art. 64, §§ 1º a 3º, da Lei 8.666/1993.

§ 1º A abertura dos envelopes contendo a documentação para habilitação e as propostas será realizada sempre em ato público previamente designado, do qual se lavrará ata circunstanciada, assinada pelos licitantes presentes e pela Comissão.

§ 2º Todos os documentos e propostas serão rubricados pelos licitantes presentes e pela Comissão.

§ 3º É facultada à Comissão ou autoridade superior, em qualquer fase da licitação, a promoção de diligência destinada a esclarecer ou a complementar a instrução do processo, vedada a inclusão posterior de documento ou informação que deveria constar originariamente da proposta.

§ 4º O disposto neste artigo aplica-se à concorrência e, no que couber, ao concurso, ao leilão, à tomada de preços e ao convite.

→ § 4º com redação alterada pela Lei 8.883/1994.

§ 5º Ultrapassada a fase de habilitação dos concorrentes (incisos I e II) e abertas as propostas (inciso III), não cabe desclassificá-los por motivo relacionado com a habilitação, salvo em razão de fatos supervenientes ou só conhecidos após o julgamento.

§ 6º Após a fase de habilitação, não cabe desistência de proposta, salvo por motivo justo decorrente de fato superveniente e aceito pela Comissão.

Art. 44. No julgamento das propostas, a Comissão levará em consideração os critérios objetivos definidos no edital ou convite, os quais não devem contrariar as normas e princípios estabelecidos por esta Lei.

§ 1º É vedada a utilização de qualquer elemento, critério ou fator sigiloso, secreto, subjetivo ou reservado que possa ainda que indiretamente elidir o princípio da igualdade entre os licitantes.

§ 2º Não se considerará qualquer oferta de vantagem não prevista no edital ou no convite, inclusive financiamentos subsidiados ou a fundo perdido, nem preço ou vantagem baseada nas ofertas dos demais licitantes.

§ 3º Não se admitirá proposta que apresente preços global ou unitários simbólicos, irrisórios ou de valor zero, incompatíveis com os preços dos insumos e salários de mercado, acrescidos dos respectivos encargos, ainda que o ato convocatório da licitação não tenha estabelecido limites mínimos, exceto quando se referirem a materiais e instalações de propriedade do próprio licitante, para os quais ele renuncie a parcela ou à totalidade da remuneração.

→ § 3º com redação alterada pela Lei 8.883/1994.

§ 4º O disposto no parágrafo anterior se aplica também às propostas que incluam mão de obra estrangeira ou importações de qualquer natureza.

→ § 4º com redação alterada pela Lei 8.883/1994.

Art. 45. O julgamento das propostas será objetivo, devendo a Comissão de licitação ou o responsável pelo convite realizá-lo em conformidade com os tipos de licitação, os critérios previamente estabelecidos no ato convocatório e de acordo com os fatores exclusivamente nele referidos, de maneira a possibilitar sua aferição pelos licitantes e pelos órgãos de controle.

§ 1º Para os efeitos deste artigo, constituem tipos de licitação, exceto na modalidade concurso:

→ *Caput* do § 1º com redação alterada pela Lei 8.883/1994.

I – a de menor preço – quando o critério de seleção da proposta mais vantajosa para a Administração determinar que será vencedor o licitante que apresentar a proposta de acordo com as especificações do edital ou convite e ofertar o menor preço;

II – a de melhor técnica;

III – a de técnica e preço;

IV – a de maior lance ou oferta – nos casos de alienação de bens ou concessão de direito real de uso.

→ Inciso IV acrescentado pela Lei 8.883/1994.

§ 2º No caso de empate entre duas ou mais propostas, e após obedecido o disposto no § 2º do art. 3º desta Lei, a classificação se fará, obrigatoriamente, por sorteio, em ato público, para o qual todos os licitantes serão convocados, vedado qualquer outro processo.

§ 3º No caso da licitação do tipo "menor preço", entre os licitantes considerados qualificados a classificação se dará pela ordem crescente dos preços propostos, prevalecendo, no caso de empate, exclusivamente o critério previsto no parágrafo anterior.

→ § 3º com redação alterada pela Lei 8.883/1994.

§ 4º Para contratação de bens e serviços de informática, a Administração observará o disposto no art. 3º da Lei 8.248, de 23 de outubro de 1991, levando em conta os fatores especificados em seu § 2º e adotando obrigatoriamente o tipo de licitação "técnica e preço", permitido o emprego de outro tipo de licitação nos casos indicados em Decreto do Poder Executivo.

→ § 4º com redação alterada pela Lei 8.883/1994.

§ 5º É vedada a utilização de outros tipos de licitação não previstos neste artigo.

§ 6º Na hipótese prevista no art. 23, § 7º, serão selecionadas tantas propostas quantas necessárias até que se atinja a quantidade demandada na licitação.

→ § 6º acrescentado pela Lei 9.648/1998.

Art. 46. Os tipos de licitação "melhor técnica" ou "técnica e preço" serão utilizados exclusivamente para serviços de natureza predominantemente intelectual, em especial na elaboração de projetos, cálculos, fiscalização, supervisão e gerenciamento e de engenharia consultiva em geral e, em particular, para a elaboração de estudos técnicos preliminares e projetos básicos e executivos, ressalvado o disposto no § 4º do artigo anterior.

→ *Caput* com redação alterada pela Lei 8.883/1994.

§ 1º Nas licitações do tipo "melhor técnica" será adotado o seguinte procedimento claramente explicitado no instrumento convocatório, o qual fixará o preço máximo que a Administração se propõe a pagar:

I – serão abertos os envelopes contendo as propostas técnicas exclusivamente dos licitantes previamente qualificados e feita então a avaliação e classificação destas propostas de acordo com os critérios pertinentes e adequados ao objeto licitado, definidos com clareza e objetividade no instrumento convocatório e que considerem a capacitação e a experiência do proponente, a qualidade técnica da proposta, compreendendo metodologia, organização, tecnologias e recursos materiais a serem utilizados nos trabalhos, e a qualificação das equipes técnicas a serem mobilizadas para a sua execução;

II – uma vez classificadas as propostas técnicas, proceder-se-á à abertura das propostas de preço dos licitantes que tenham atingido a valorização mínima estabelecida no instrumento convocatório e à negociação das condições propostas, com a proponente melhor classificada, com base nos orçamentos detalhados apresentados e respectivos preços unitários e tendo como referência o limite representado pela proposta de menor preço entre os licitantes que obtiverem a valorização mínima;

III – no caso de impasse na negociação anterior, procedimento idêntico será adotado, sucessivamente, com os demais proponentes, pela ordem de classificação, até a consecução de acordo para a contratação;

IV – as propostas de preços serão devolvidas intactas aos licitantes que não forem preliminarmente habilitados ou que não obtiverem a valorização mínima estabelecida para a proposta técnica.

§ 2º Nas licitações do tipo "técnica e preço" será adotado, adicionalmente ao inciso I do parágrafo anterior, o seguinte procedimento claramente explicitado no instrumento convocatório:

I – será feita a avaliação e a valorização das propostas de preços, de acordo com critérios objetivos preestabelecidos no instrumento convocatório;

II – a classificação dos proponentes far-se-á de acordo com a média ponderada das valorizações das propostas técnicas e de preço, de acordo com os pesos preestabelecidos no instrumento convocatório.

§ 3º Excepcionalmente, os tipos de licitação previstos neste artigo poderão ser adotados, por autorização expressa e mediante justificativa circunstanciada da maior autoridade da Administração promotora constante do ato convocatório, para fornecimento de bens e execução de obras ou prestação de serviços de grande vulto majoritariamente dependentes de tecnologia nitidamente sofisticada e de domínio restrito, atestado por autoridades técnicas de reconhecida qualificação, nos casos em que o objeto pretendido admitir soluções alternativas e variações de execução, com repercussões significativas sobre sua qualidade, produtividade, rendimento e durabilidade concretamente mensuráveis, e estas puderem ser adotadas à livre escolha dos licitantes, na conformidade dos critérios objetivamente fixados no ato convocatório.

§ 4º (*Vetado*).

→ § 4º acrescentado pela Lei 8.883/1994.

Art. 47. Nas licitações para a execução de obras e serviços, quando for adotada a modalidade de execução de empreitada por preço global, a Administração deverá fornecer obrigatoriamente, junto com o edital, todos os elementos e informações necessários para que os licitantes possam elaborar suas propostas de preços com total e completo conhecimento do objeto da licitação.

Art. 48. Serão desclassificadas:

I – as propostas que não atendam às exigências do ato convocatório da licitação;

II – propostas com valor global superior ao limite estabelecido ou com preços manifestamente inexequíveis, assim considerados aqueles que não venham a ter demonstrada sua viabilidade através de documentação que comprove que os custos dos insumos são coerentes com os de mercado e que os coeficientes de produtividade são compatíveis com a execução do objeto do contrato, condições estas necessariamente especificadas no ato convocatório da licitação.

→ Inciso II com redação alterada pela Lei 8.883/1994.

§ 1º Para os efeitos do disposto no inciso II deste artigo, consideram-se manifestamente inexequíveis, no caso de licitações de menor preço para obras e serviços de engenharia, as propostas cujos valores sejam inferiores a 70% (setenta por cento) do menor dos seguintes valores:

→ § 1º acrescentado pela Lei 9.648/1998.

a) média aritmética dos valores das propostas superiores a 50% (cinquenta por cento) do valor orçado pela Administração, ou

b) valor orçado pela Administração.

§ 2º Dos licitantes classificados na forma do parágrafo anterior cujo valor global da proposta for inferior a 80% (oitenta por cento) do menor valor a que se referem as alíneas *a* e *b*, será exigida, para a assinatura do contrato, prestação de garantia adicional, dentre as modalidades previstas no § 1º do art. 56, igual a diferença entre o valor resultante do parágrafo anterior e o valor da correspondente proposta.

→ § 2º acrescentado pela Lei 9.648/1998.

§ 3º Quando todos os licitantes forem inabilitados ou todas as propostas forem desclassificadas, a Administração poderá fixar aos licitantes o prazo de 8 (oito) dias úteis para a apresentação de nova documentação ou de outras propostas escoimadas das causas referidas neste artigo, facultada, no caso de convite, a redução deste prazo para 3 (três) dias úteis.

→ § 3º acrescentado pela Lei 9.648/1998.

→ *v.* Art. 109, I, *a* e *b*, da Lei 8.666/1993.

Art. 49. A autoridade competente para a aprovação do procedimento somente poderá revogar a licitação por razões de interesse público decorrente de fato superveniente devidamente comprovado, pertinente e suficiente para justificar tal conduta, devendo anulá-la por ilegalidade, de ofício ou por provocação de terceiros, mediante parecer escrito e devidamente fundamentado.

§ 1º A anulação do procedimento licitatório por motivo de ilegalidade não gera obrigação de indenizar, ressalvado o disposto no parágrafo único do art. 59 desta Lei.

§ 2º A nulidade do procedimento licitatório induz à do contrato, ressalvado o disposto no parágrafo único do art. 59 desta Lei.

§ 3º No caso de desfazimento do processo licitatório, fica assegurado o contraditório e a ampla defesa.

§ 4º O disposto neste artigo e seus parágrafos aplicam-se aos atos do procedimento de dispensa e de inexigibilidade de licitação.

Art. 50. A Administração não poderá celebrar o contrato com preterição da ordem de classificação das propostas ou com terceiros estranhos ao procedimento licitatório, sob pena de nulidade.

Art. 51. A habilitação preliminar, a inscrição em registro cadastral, a sua alteração ou cancelamento, e as propostas serão processadas e julgadas por comissão permanente ou especial de, no mínimo, 3 (três) membros, sendo pelo menos 2 (dois) deles servidores qualificados pertencentes aos quadros permanentes dos órgãos da Administração responsáveis pela licitação.

§ 1º No caso de convite, a comissão de licitação, excepcionalmente, nas pequenas unidades administrativas e em face da exiguidade de pessoal disponível, poderá ser substituída por servidor formalmente designado pela autoridade competente.

§ 2º A comissão para julgamento dos pedidos de inscrição em registro cadastral, sua alteração ou cancelamento, será integrada por profissionais legalmente habilitados no caso de obras, serviços ou aquisição de equipamentos.

§ 3º Os membros das comissões de licitação responderão solidariamente por todos os atos praticados pela comissão, salvo se posição individual divergente estiver devidamente fundamentada e registrada em ata lavrada na reunião em que tiver sido tomada a decisão.

§ 4º A investidura dos membros das Comissões permanentes não excederá a 1 (um) ano, vedada a recondução da totalidade de seus membros para a mesma comissão no período subsequente.

§ 5º No caso de concurso, o julgamento será feito por uma comissão especial integrada por pessoas de reputação ilibada e reconhecido conhecimento da matéria em exame, servidores públicos ou não.

Art. 52. O concurso a que se refere o § 4º do art. 22 desta Lei deve ser precedido de regulamento próprio, a ser obtido pelos interessados no local indicado no edital.

§ 1º O regulamento deverá indicar:

I – a qualificação exigida dos participantes;

II – as diretrizes e a forma de apresentação do trabalho;

III – as condições de realização do concurso e os prêmios a serem concedidos.

§ 2º Em se tratando de projeto, o vencedor deverá autorizar a Administração a executá--lo quando julgar conveniente.

Art. 53. O leilão pode ser cometido a leiloeiro oficial ou a servidor designado pela Administração, procedendo-se na forma da legislação pertinente.

→ *v.* Art. 24, V, da Lei 9.636/1998.

§ 1º Todo bem a ser leiloado será previamente avaliado pela Administração para fixação do preço mínimo de arrematação.

§ 2º Os bens arrematados serão pagos à vista ou no percentual estabelecido no edital, não inferior a 5% (cinco por cento) e, após a assinatura da respectiva ata lavrada no local do leilão, imediatamente entregues ao arrematante, o qual se obrigará ao pagamento do restante no prazo estipulado no edital de convocação, sob pena de perder em favor da Administração o valor já recolhido.

§ 3º Nos leilões internacionais, o pagamento da parcela à vista poderá ser feito em até 24 horas.

→ § 3º com redação alterada pela Lei 8.883/1994.

§ 4º O edital de leilão deve ser amplamente divulgado principalmente no município em que se realizará.

→ § 4º acrescentado pela Lei 8.883/1994.

Capítulo III
DOS CONTRATOS

Seção I
Disposições preliminares

Art. 54. Os contratos administrativos de que trata esta Lei regulam-se pelas suas cláusulas e pelos preceitos de direito público, aplicando-se-lhes, supletivamente, os princípios da teoria geral dos contratos e as disposições de direito privado.

→ *v.* Art. 5º, XXXV, da CF/1988.

→ *v.* Art. 421 e ss. do CC.

§ 1º Os contratos devem estabelecer com clareza e precisão as condições para sua execução, expressas em cláusulas que definam os direitos, obrigações e responsabilidades das partes, em conformidade com os termos da licitação e da proposta a que se vinculam.

§ 2º Os contratos decorrentes de dispensa ou de inexigibilidade de licitação devem atender aos termos do ato que os autorizou e da respectiva proposta.

Art. 55. São cláusulas necessárias em todo contrato as que estabeleçam:

I – o objeto e seus elementos característicos;

II – o regime de execução ou a forma de fornecimento;

III – o preço e as condições de pagamento, os critérios, data-base e periodicidade do reajustamento de preços, os critérios de atualização monetária entre a data do adimplemento das obrigações e a do efetivo pagamento;

IV – os prazos de início de etapas de execução, de conclusão, de entrega, de observação e de recebimento definitivo, conforme o caso;

V – o crédito pelo qual correrá a despesa, com a indicação da classificação funcional programática e da categoria econômica;

VI – as garantias oferecidas para assegurar sua plena execução, quando exigidas;

VII – os direitos e as responsabilidades das partes, as penalidades cabíveis e os valores das multas;

VIII – os casos de rescisão;

IX – o reconhecimento dos direitos da Administração, em caso de rescisão administrativa prevista no art. 77 desta Lei;

X – as condições de importação, a data e a taxa de câmbio para conversão, quando for o caso;

XI – a vinculação ao edital de licitação ou ao termo que a dispensou ou a inexigiu, ao convite e à proposta do licitante vencedor;

XII – a legislação aplicável à execução do contrato e especialmente aos casos omissos;

XIII – a obrigação do contratado de manter, durante toda a execução do contrato, em compatibilidade com as obrigações por ele assumidas, todas as condições de habilitação e qualificação exigidas na licitação.

§ 1º (*Vetado*).

§ 2º Nos contratos celebrados pela Administração Pública com pessoas físicas ou jurídicas, inclusive aquelas domiciliadas no estrangeiro, deverá constar necessariamente cláusula que declare competente o foro da sede da Administração para dirimir qualquer questão contratual, salvo o disposto no § 6º do art. 32 desta Lei.

§ 3º No ato da liquidação da despesa, os serviços de contabilidade comunicarão, aos órgãos incumbidos da arrecadação e fiscalização de tributos da União, Estado ou Município, as características e os valores pagos, segundo o disposto no art. 63 da Lei 4.320, de 17 de março de 1964.

Art. 56. A critério da autoridade competente, em cada caso, e desde que prevista no instrumento convocatório, poderá ser exigida prestação de garantia nas contratações de obras, serviços e compras.

§ 1º Caberá ao contratado optar por uma das seguintes modalidades de garantia:

→ *Caput* do § 1º com redação alterada pela Lei 8.883/1994.

I – caução em dinheiro ou em títulos da dívida pública, devendo estes ter sido emitidos sob a forma escritural, mediante registro em sistema centralizado de liquidação e de custódia autorizado pelo Banco Central do Brasil e avaliados pelos seus valores econômicos, conforme definido pelo Ministério da Fazenda;

→ Inciso I com redação alterada pela Lei 11.079/2004.

II – seguro-garantia;

→ Inciso II com redação alterada pela Lei 8.883/1994.

III – fiança bancária.

→ Inciso III com redação alterada pela Lei 8.883/1994.

§ 2º A garantia a que se refere o *caput* deste artigo não excederá a 5% (cinco por cento) do valor do contrato e terá seu valor atualizado nas mesmas condições daquele, ressalvado o previsto no § 3º deste artigo.

→ § 2º com redação alterada pela Lei 8.883/1994.

§ 3º Para obras, serviços e fornecimentos de grande vulto envolvendo alta complexidade técnica e riscos financeiros consideráveis, demonstrados através de parecer tecnicamente aprovado pela autoridade competente, o limite de garantia previsto no parágrafo anterior poderá ser elevado para até 10% (dez por cento) do valor do contrato.

→ § 3º com redação alterada pela Lei 8.883/1994.

§ 4º A garantia prestada pelo contratado será liberada ou restituída após a execução do contrato e, quando em dinheiro, atualizada monetariamente.

§ 5º Nos casos de contratos que importem na entrega de bens pela Administração, dos quais o contratado ficará depositário, ao valor da garantia deverá ser acrescido o valor desses bens.

Art. 57. A duração dos contratos regidos por esta Lei ficará adstrita à vigência dos respectivos créditos orçamentários, exceto quanto aos relativos:

I – aos projetos cujos produtos estejam contemplados nas metas estabelecidas no Plano Plurianual, os quais poderão ser prorrogados se houver interesse da Administração e desde que isso tenha sido previsto no ato convocatório;

II – a prestação de serviços a serem executados de forma contínua, que poderão ter a sua duração prorrogada por iguais e sucessivos períodos com vistas a obtenção de preços e condições mais vantajosas para a Administração, limitada a 60 (sessenta) meses.

→ Inciso II com redação alterada pela Lei 9.648/1998.

III – (*Vetado*);

IV – ao aluguel de equipamentos e à utilização de programas de informática, podendo a duração estender-se pelo prazo de até 48 (quarenta e oito) meses após o início da vigência do contrato.

V – às hipóteses previstas nos incisos IX, XIX, XXVIII e XXXI do art. 24, cujos contratos poderão ter vigência por até 120 (cento e vinte) meses, caso haja interesse da administração.

→ Inciso V acrescentado pela Lei 12.349/2010.

§ 1º Os prazos de início de etapas de execução, de conclusão e de entrega admitem prorrogação, mantidas as demais cláusulas do contrato e assegurada a manutenção de seu equilíbrio econômico-financeiro, desde que ocorra algum dos seguintes motivos, devidamente autuados em processo:

I – alteração do projeto ou especificações, pela Administração;

II – superveniência de fato excepcional ou imprevisível, estranho à vontade das partes que altere fundamentalmente as condições de execução do contrato;

III – interrupção da execução do contrato ou diminuição do ritmo de trabalho por ordem e no interesse da Administração;

IV – aumento das quantidades inicialmente previstas no contrato, nos limites permitidos por esta Lei;

V – impedimento de execução do contrato por fato ou ato de terceiro reconhecido pela Administração em documento contemporâneo à sua ocorrência;

VI – omissão ou atraso de providências a cargo da Administração, inclusive quanto aos pagamentos previstos de que resulte, diretamente, impedimento ou retardamento na execução do contrato, sem prejuízo das sanções legais aplicáveis aos responsáveis.

§ 2º Toda prorrogação de prazo deverá ser justificada por escrito e previamente autorizada pela autoridade competente para celebrar o contrato.

§ 3º É vedado o contrato com prazo de vigência indeterminado.

§ 4º Em caráter excepcional, devidamente justificado e mediante autorização da autoridade superior, o prazo de que trata o inciso II do *caput* deste artigo poderá ser prorrogado em até 12 (doze) meses.

→ § 4º acrescentado pela Lei 9.648/1998.

Art. 58. O regime jurídico dos contratos administrativos instituído por esta Lei confere à Administração, em relação a eles, a prerrogativa de:

I – modificá-los, unilateralmente, para melhor adequação às finalidades de interesse público, respeitados os direitos do contratado;

II – rescindi-los, unilateralmente, nos casos especificados no inciso I do art. 79 desta Lei;

III – fiscalizar-lhes a execução;

IV – aplicar sanções motivadas pela inexecução total ou parcial do ajuste;

V – nos casos de serviços essenciais, ocupar provisoriamente bens móveis, imóveis, pessoal e serviços vinculados ao objeto do contrato, na hipótese da necessidade de acautelar apuração administrativa de faltas contratuais pelo contratado, bem como na hipótese de rescisão do contrato administrativo.

§ 1º As cláusulas econômico-financeiras e monetárias dos contratos administrativos não poderão ser alteradas sem prévia concordância do contratado.

§ 2º Na hipótese do inciso I deste artigo, as cláusulas econômico-financeiras do contrato deverão ser revistas para que se mantenha o equilíbrio contratual.

Art. 59. A declaração de nulidade do contrato administrativo opera retroativamente impedindo os efeitos jurídicos que ele, ordinariamente, deveria produzir, além de desconstituir os já produzidos.

Parágrafo único. A nulidade não exonera a Administração do dever de indenizar o contratado pelo que este houver executado até a data em que ela for declarada e por outros prejuízos regularmente comprovados, contanto que não lhe seja imputável, promovendo-se a responsabilidade de quem lhe deu causa.

Seção II
Da formalização dos contratos

Art. 60. Os contratos e seus aditamentos serão lavrados nas repartições interessadas, as quais manterão arquivo cronológico dos seus autógrafos e registro sistemático do seu extrato, salvo os relativos a direitos reais sobre imóveis, que se formalizam por instrumento lavrado em cartório de notas, de tudo juntando-se cópia no processo que lhe deu origem.

Parágrafo único. É nulo e de nenhum efeito o contrato verbal com a Administração, salvo o de pequenas compras de pronto pagamento, assim entendidas aquelas de valor não superior a 5% (cinco por cento) do limite estabelecido no art. 23, inciso II, alínea *a* desta Lei, feitas em regime de adiantamento.

Art. 61. Todo contrato deve mencionar os nomes das partes e os de seus representantes, a finalidade, o ato que autorizou a sua lavratura, o número do processo da licitação, da dispensa ou da inexigibilidade, a sujeição dos contratantes às normas desta Lei e às cláusulas contratuais.

Parágrafo único. A publicação resumida do instrumento de contrato ou de seus aditamentos na Imprensa Oficial, que é condição indispensável para sua eficácia, será providenciada pela Administração até o quinto dia útil do mês seguinte ao de sua assinatura, para ocorrer no prazo de 20 (vinte) dias daquela data, qualquer que seja o seu valor, ainda que sem ônus, ressalvado o disposto no art. 26 desta Lei.

→ Parágrafo único com redação alterada pela Lei 8.883/1994.

→ v. Art. 21, § 2º, da Lei 8.666/1993.

Art. 62. O instrumento de contrato é obrigatório nos casos de concorrência e de tomada de preços, bem como nas dispensas e inexigibilidades cujos preços estejam compreendidos nos limites destas duas modalidades de licitação, e facultativo nos demais em que a Administração puder substituí-lo por outros instrumentos hábeis, tais como carta-contrato, nota de empenho de despesa, autorização de compra ou ordem de execução de serviço.

§ 1º A minuta do futuro contrato integrará sempre o edital ou ato convocatório da licitação.

§ 2º Em "carta contrato", "nota de empenho de despesa", "autorização de compra", "ordem de execução de serviço" ou outros instrumentos hábeis aplica-se, no que couber, o disposto no art. 55 desta Lei.

→ § 2º com redação alterada pela Lei 8.883/1994.

§ 3º Aplica-se o disposto nos arts. 55 e 58 a 61 desta Lei e demais normas gerais, no que couber:

I – aos contratos de seguro, de financiamento, de locação em que o Poder Público seja locatário, e aos demais cujo conteúdo seja regido, predominantemente, por norma de direito privado;

II – aos contratos em que a Administração for parte como usuária de serviço público.

§ 4º É dispensável o termo de contrato e facultada a substituição prevista neste artigo, a critério da Administração e independentemente de seu valor, nos casos de compra com entrega imediata e integral dos bens adquiridos, dos quais não resultem obrigações futuras, inclusive assistência técnica.

Art. 63. É permitido a qualquer licitante o conhecimento dos termos do contrato e do respectivo processo licitatório e, a qualquer interessado, a obtenção de cópia autenticada, mediante o pagamento dos emolumentos devidos.

Art. 64. A Administração convocará regularmente o interessado para assinar o termo de contrato, aceitar ou retirar o instrumento equivalente, dentro prazo e condições estabelecidos, sob pena de decair o direito à contratação, sem prejuízo das sanções previstas no art. 81 desta Lei.

→ *v.* Art. 4º, XXII, da Lei 10.520/2002.

§ 1º O prazo de convocação poderá ser prorrogado uma vez, por igual período, quando solicitado pela parte durante o seu transcurso e desde que ocorra motivo justificado aceito pela Administração.

→ *v.* Art. 87 da Lei 8.666/1993.

§ 2º É facultado à Administração, quando o convocado não assinar o termo de contrato ou não aceitar ou retirar o instrumento equivalente no prazo e condições estabelecidos, convocar licitantes remanescentes, na ordem de classificação, para fazê-lo em igual prazo e nas mesmas condições propostas pelo primeiro classificado, inclusive quanto aos preços atualizados de conformidade com o ato convocatório, ou revogar a licitação independentemente da cominação prevista no art. 81 desta Lei.

§ 3º Decorridos 60 (sessenta) dias da data da entrega das propostas, sem convocação para a contratação, ficam os licitantes liberados dos compromissos assumidos.

Seção III
Da alteração dos contratos

Art. 65. Os contratos regidos por esta Lei poderão ser alterados, com as devidas justificativas, nos seguintes casos:

I – unilateralmente pela Administração:

a) quando houver modificação do projeto ou das especificações, para melhor adequação técnica aos seus objetivos;

b) quando necessária a modificação do valor contratual em decorrência de acréscimo ou diminuição quantitativa de seu objeto, nos limites permitidos por esta Lei;

II – por acordo das partes:

a) quando conveniente a substituição da garantia de execução;

b) quando necessária a modificação do regime de execução da obra ou serviço, bem como do modo de fornecimento, em face de verificação técnica da inaplicabilidade dos termos contratuais originários;

c) quando necessária a modificação da forma de pagamento, por imposição de circunstâncias supervenientes, mantido o valor inicial atualizado, vedada a antecipação do pagamento, com relação ao cronograma financeiro fixado, sem a correspondente contraprestação de fornecimento de bens ou execução de obra ou serviço;

d) para restabelecer a relação que as partes pactuaram inicialmente entre os encargos do contratado e a retribuição da Administração para a justa remuneração da obra, serviço ou fornecimento, objetivando a manutenção do equilíbrio econômico-financeiro inicial do contrato, na hipótese de sobrevirem fatos imprevisíveis, ou previsíveis porém de consequências incalculáveis, retardadores ou impeditivos da execução do ajustado, ou ainda, em caso de força maior, caso fortuito ou fato do príncipe, configurando álea econômica extraordinária e extracontratual.

→ Alínea *d* com redação alterada pela Lei 8.883/1994.

§ 1º O contratado fica obrigado a aceitar, nas mesmas condições contratuais, os acréscimos ou supressões que se fizerem nas obras, serviços ou compras, até 25% (vinte e cinco por cento) do valor inicial atualizado do contrato, e, no caso particular de reforma de edifício ou de equipamento, até o limite de 50% (cinquenta por cento) para os seus acréscimos.

§ 2º Nenhum acréscimo ou supressão poderá exceder os limites estabelecidos no parágrafo anterior, salvo:

→ *Caput* do § 2º com redação alterada pela Lei 9.648/1998.

I – *(Vetado);*

→ Inciso I acrescentado pela Lei 9.648/1998.

II – as supressões resultantes de acordo celebrado entre os contratantes.

→ Inciso II acrescentado pela Lei 9.648/1998.

§ 3º Se no contrato não houverem sido contemplados preços unitários para obras ou serviços, esses serão fixados mediante acordo entre as partes, respeitados os limites estabelecidos no § 1º deste artigo.

§ 4º No caso de supressão de obras, bens ou serviços, se o contratado já houver adquirido os materiais e posto no local dos trabalhos, estes deverão ser pagos pela Administração pelos custos de aquisição regularmente comprovados e monetariamente corrigidos, podendo caber indenização por outros danos eventualmente decorrentes da supressão, desde que regularmente comprovados.

§ 5º Quaisquer tributos ou encargos legais criados, alterados ou extintos, bem como a superveniência de disposições legais, quando ocorridas após a data da apresentação da proposta, de comprovada repercussão nos preços contratados, implicarão a revisão destes para mais ou para menos, conforme o caso.

§ 6º Em havendo alteração unilateral do contrato que aumente os encargos do contratado, a Administração deverá restabelecer, por aditamento, o equilíbrio econômico-financeiro inicial.

§ 7º (*Vetado*).

§ 8º A variação do valor contratual para fazer face ao reajuste de preços previsto no próprio contrato, as atualizações, compensações ou penalizações financeiras decorrentes das condições de pagamento nele previstas, bem como o empenho de dotações orçamentárias suplementares até o limite do seu valor corrigido, não caracterizam alteração do mesmo, podendo ser registrados por simples apostila, dispensando a celebração de aditamento.

→ *v.* Art. 37, XXI, da CF/1988.

→ *v.* Arts. 2º e 58 da Lei 8.666/1993.

Seção IV
Da execução dos contratos

Art. 66. O contrato deverá ser executado fielmente pelas partes, de acordo com as cláusulas avençadas e as normas desta Lei, respondendo cada uma pelas consequências de sua inexecução total ou parcial.

Art. 66-A. As empresas enquadradas no inciso V do § 2º e no inciso II do § 5º do art. 3º desta Lei deverão cumprir, durante todo o período de execução do contrato, a reserva de cargos prevista em lei para pessoa com deficiência ou para reabilitado da Previdência Social, bem como as regras de acessibilidade previstas na legislação.

→ Artigo acrescentado pela Lei 13.146/2015, em vigor após decorridos 180 (cento e oitenta) dias de sua publicação oficial – *D.O.U.* de 7.7.2015.

Parágrafo único. Cabe à administração fiscalizar o cumprimento dos requisitos de acessibilidade nos serviços e nos ambientes de trabalho.

Art. 67. A execução do contrato deverá ser acompanhada e fiscalizada por um representante da Administração especialmente designado, permitida a contratação de terceiros para assisti-lo e subsidiá-lo de informações pertinentes a essa atribuição.

§ 1º O representante da Administração anotará em registro próprio todas as ocorrências relacionadas com a execução do contrato, determinando o que for necessário à regularização das faltas ou defeitos observados.

§ 2º As decisões e providências que ultrapassarem a competência do representante deverão ser solicitadas a seus superiores em tempo hábil para a adoção das medidas convenientes.

Art. 68. O contratado deverá manter preposto, aceito pela Administração, no local da obra ou serviço, para representá-lo na execução do contrato.

Art. 69. O contratado é obrigado a reparar, corrigir, remover, reconstruir ou substituir, às suas expensas, no total ou em parte, o objeto do contrato em que se verificarem vícios, defeitos ou incorreções resultantes da execução ou de materiais empregados.

Art. 70. O contratado é responsável pelos danos causados diretamente à Administração ou a terceiros, decorrentes de sua culpa ou dolo na execução do contrato, não excluindo ou reduzindo essa responsabilidade a fiscalização ou o acompanhamento pelo órgão interessado.

Art. 71. O contratado é responsável pelos encargos trabalhistas, previdenciários, fiscais e comerciais resultantes da execução do contrato.

§ 1º A inadimplência do contratado com referência aos encargos trabalhistas, fiscais e comerciais não transfere à Administração Pública a responsabilidade por seu pagamento, nem poderá onerar o objeto do contrato ou restringir a regularização e o uso das obras e edificações, inclusive perante o Registro de Imóveis.

→ § 1º com redação alterada pela Lei 9.032/1995.

§ 2º A Administração Pública responde solidariamente com o contratado pelos encargos previdenciários resultantes da execução do contrato, nos termos do art. 31 da Lei 8.212, de 24 de julho de 1991.

→ § 2º com redação alterada pela Lei 9.032/1995.

§ 3º (*Vetado*).

→ § 3º acrescentado pela Lei 8.883/1994.

Art. 72. O contratado, na execução do contrato, sem prejuízo das responsabilidades contratuais e legais, poderá subcontratar partes da obra, serviço ou fornecimento, até o limite admitido, em cada caso, pela Administração.

Art. 73. Executado o contrato, o seu objeto será recebido:

I – em se tratando de obras e serviços:

a) provisoriamente, pelo responsável por seu acompanhamento e fiscalização, mediante termo circunstanciado, assinado pelas partes em até 15 (quinze) dias da comunicação escrita do contratado;

b) definitivamente, por servidor ou comissão designada pela autoridade competente, mediante termo circunstanciado, assinado pelas partes, após o decurso do prazo de observação, ou vistoria que comprove a adequação do objeto aos termos contratuais, observado o disposto no art. 69 desta Lei;

II – em se tratando de compras ou de locação de equipamentos:

a) provisoriamente, para efeito de posterior verificação da conformidade do material com a especificação;

b) definitivamente, após a verificação da qualidade e quantidade do material e consequente aceitação.

§ 1º Nos casos de aquisição de equipamentos de grande vulto, o recebimento far-se-á mediante termo circunstanciado e, nos demais, mediante recibo.

§ 2º O recebimento provisório ou definitivo não exclui a responsabilidade civil pela solidez e segurança da obra ou do serviço, nem ético-profissional pela perfeita execução do contrato, dentro dos limites estabelecidos pela lei ou pelo contrato.

§ 3º O prazo a que se refere a alínea *b* do inciso I deste artigo não poderá ser superior a 90 (noventa) dias, salvo em casos excepcionais, devidamente justificados e previstos no edital.

§ 4º Na hipótese de o termo circunstanciado ou a verificação a que se refere este artigo não serem, respectivamente, lavrado ou procedida dentro dos prazos fixados, reputar-se-ão como realizados, desde que comunicados à Administração nos 15 dias anteriores à exaustão dos mesmos.

Art. 74. Poderá ser dispensado o recebimento provisório nos seguintes casos:

I – gêneros perecíveis e alimentação preparada;

II – serviços profissionais;

III – obras e serviços de valor até o previsto no art. 23, inciso II, alínea *a*, desta Lei, desde que não se componham de aparelhos, equipamentos e instalações sujeitos à verificação de funcionamento e produtividade.

Parágrafo único. Nos casos deste artigo, o recebimento será feito mediante recibo.

Art. 75. Salvo disposições em contrário constantes do edital, do convite ou de ato normativo, os ensaios, testes e demais provas exigidos por normas técnicas oficiais para a boa execução do objeto do contrato correm por conta do contratado.

Art. 76. A Administração rejeitará, no todo ou em parte, obra, serviço ou fornecimento executado em desacordo com o contrato.

Seção V
Da inexecução e da rescisão dos contratos

Art. 77. A inexecução total ou parcial do contrato enseja a sua rescisão, com as consequências contratuais e as previstas em lei ou regulamento.

Art. 78. Constituem motivo para rescisão do contrato:

I – o não cumprimento de cláusulas contratuais, especificações, projetos ou prazos;

II – o cumprimento irregular de cláusulas contratuais, especificações, projetos e prazos;

III – a lentidão do seu cumprimento, levando a Administração a comprovar a impossibilidade da conclusão da obra, do serviço ou do fornecimento, nos prazos estipulados;

IV – o atraso injustificado no início da obra, serviço ou fornecimento;

V – a paralisação da obra, do serviço ou do fornecimento, sem justa causa e prévia comunicação à Administração;

VI – a subcontratação total ou parcial do seu objeto, a associação do contratado com outrem, a cessão ou transferência, total ou parcial, bem como a fusão, cisão ou incorporação, não admitidas no edital e no contrato;

VII – o desatendimento das determinações regulares da autoridade designada para acompanhar e fiscalizar a sua execução, assim como as de seus superiores;

VIII – o cometimento reiterado de faltas na sua execução, anotadas na forma do § 1º do art. 67 desta Lei;

IX – a decretação de falência ou a instauração de insolvência civil;

X – a dissolução da sociedade ou o falecimento do contratado;

XI – a alteração social ou a modificação da finalidade ou da estrutura da empresa, que prejudique a execução do contrato;

XII – razões de interesse público, de alta relevância e amplo conhecimento, justificadas e determinadas pela máxima autoridade da esfera administrativa a que está subordinado o contratante e exaradas no processo administrativo a que se refere o contrato;

XIII – a supressão, por parte da Administração, de obras, serviços ou compras, acarretando modificação do valor inicial do contrato além do limite permitido no § 1º do art. 65 desta Lei;

XIV – a suspensão de sua execução, por ordem escrita da Administração por prazo superior a 120 (cento e vinte) dias, salvo em caso de calamidade pública, grave perturbação da ordem interna ou guerra, ou ainda por repetidas suspensões que totalizem o mesmo prazo, independentemente do pagamento obrigatório de indenizações pelas sucessivas e contratualmente imprevistas desmobilizações e mobilizações e outras previstas, assegurado ao contratado, nesses casos, o direito de optar pela suspensão do cumprimento das obrigações assumidas até que seja normalizada a situação;

XV – o atraso superior a 90 (noventa) dias dos pagamentos devidos pela Administração decorrentes de obras, serviços ou fornecimento, ou parcelas destes, já recebidos ou executados, salvo em caso de calamidade pública, grave perturbação da ordem interna ou guerra, assegurado ao contratado o direito de optar pela suspensão do cumprimento de suas obrigações até que seja normalizada a situação;

XVI – a não liberação, por parte da Administração, de área, local ou objeto para execução de obra, serviço ou fornecimento, nos prazos contratuais, bem como das fontes de materiais naturais especificadas no projeto;

XVII – a ocorrência de caso fortuito ou de força maior, regularmente comprovada, impeditiva da execução do contrato;

XVIII – descumprimento do disposto no inciso V do art. 27, sem prejuízo das sanções penais cabíveis.

→ Inciso XVIII acrescentado pela Lei 9.854/1999.

Parágrafo único. Os casos de rescisão contratual serão formalmente motivados nos autos do processo, assegurado o contraditório e a ampla defesa.

Art. 79. A rescisão do contrato poderá ser:

I – determinada por ato unilateral e escrito da Administração, nos casos enumerados nos incisos I a XII e XVII do artigo anterior;

II – amigável, por acordo entre as partes, reduzida a termo no processo da licitação, desde que haja conveniência para a Administração;

III – judicial, nos termos da legislação;

IV – (*Vetado*).

§ 1º A rescisão administrativa ou amigável deverá ser precedida de autorização escrita e fundamentada de autoridade competente.

§ 2º Quando a rescisão ocorrer com base nos incisos XII a XVII do artigo anterior, sem que haja culpa do contratado, será este ressarcido dos prejuízos regularmente comprovados que houver sofrido, tendo ainda direito a:

I – devolução de garantia;

II – pagamentos devidos pela execução do contrato até a data da rescisão;

III – pagamento do custo da desmobilização;

§ 3º (*Vetado*).

§ 4º (*Vetado*).

§ 5º Ocorrendo impedimento, paralisação ou sustação do contrato, o cronograma de execução será prorrogado automaticamente por igual tempo.

Art. 80. A rescisão de que trata o inciso I do artigo anterior acarreta as seguintes consequências, sem prejuízo das sanções previstas nesta Lei:

I – assunção imediata do objeto do contrato, no estado e local em que se encontrar, por ato próprio da Administração;

II – ocupação e utilização do local, instalações, equipamentos, material e pessoal empregados na execução do contrato, necessários à sua continuidade, na forma do inciso V do art. 58 desta Lei;

III – execução da garantia contratual, para ressarcimento da Administração e dos valores das multas e indenizações a ela devidos;

IV – retenção dos créditos decorrentes do contrato até o limite dos prejuízos causados à Administração.

§ 1º A aplicação das medidas previstas nos incisos I e II deste artigo fica a critério da Administração, que poderá dar continuidade à obra ou ao serviço por execução direta ou indireta.

§ 2º É permitido à Administração, no caso de concordata do contratado, manter o contrato, podendo assumir o controle de determinadas atividades de serviços essenciais.

§ 3º Na hipótese do inciso II deste artigo, o ato deverá ser precedido de autorização expressa do Ministro de Estado competente, ou Secretário Estadual ou Municipal, conforme o caso.

§ 4º A rescisão de que trata o inciso IV do artigo anterior permite à Administração, a seu critério, aplicar a medida prevista no inciso I deste artigo.

Capítulo IV
DAS SANÇÕES ADMINISTRATIVAS E DA TUTELA JUDICIAL

Seção I
Disposições gerais

→ *V.* Art. 37, § 4º, da CF/1988.

Art. 81. A recusa injustificada do adjudicatário em assinar o contrato, aceitar ou retirar o instrumento equivalente, dentro do prazo estabelecido pela Administração, caracteriza o descumprimento total da obrigação assumida, sujeitando-o às penalidades legalmente estabelecidas.

Parágrafo único. O disposto neste artigo não se aplica aos licitantes convocados nos termos do art. 64, § 2º, desta Lei, que não aceitarem a contratação, nas mesmas condições propostas pelo primeiro adjudicatário, inclusive quanto ao prazo e preço.

Art. 82. Os agentes administrativos que praticarem atos em desacordo com os preceitos desta Lei ou visando a frustrar os objetivos da licitação sujeitam-se às sanções previstas nesta Lei e nos regulamentos próprios, sem prejuízo das responsabilidades civil e criminal que seu ato ensejar.

→ *V.* Art. 10, VIII e XIV, da Lei 8.429/1992.

→ *V.* Art. 6º da Lei 4.898/1965.

Art. 83. Os crimes definidos nesta Lei, ainda que simplesmente tentados, sujeitam os seus autores, quando servidores públicos, além das sanções penais, à perda do cargo, emprego, função ou mandato eletivo.

→ *V.* Art. 92, I, *a*, do CP.

Art. 84. Considera-se servidor público, para os fins desta Lei, aquele que exerce, mesmo que transitoriamente ou sem remuneração, cargo, função ou emprego público.

→ *V.* Art. 327, § 1º, do CP.

§ 1º Equipara-se a servidor público, para os fins desta Lei, quem exerce cargo, emprego ou função em entidade paraestatal, assim consideradas, além das fundações, empresas públicas e sociedades de economia mista, as demais entidades sob controle, direto ou indireto, do Poder Público.

§ 2º A pena imposta será acrescida da terça parte, quando os autores dos crimes previstos nesta Lei forem ocupantes de cargo em comissão ou de função de confiança em órgão da Administração direta, autarquia, empresa pública, sociedade de economia mista, fundação pública, ou outra entidade controlada direta ou indiretamente pelo Poder Público.

Art. 85. As infrações penais previstas nesta Lei pertinem às licitações e aos contratos celebrados pela União, Estados, Distrito Federal, Municípios, e respectivas autarquias, empresas públicas, sociedades de economia mista, fundações públicas, e quaisquer outras entidades sob seu controle direto ou indireto.

→ *V.* Art. 109, IV, da CF/1988.

Seção II
Das sanções administrativas

Art. 86. O atraso injustificado na execução do contrato sujeitará o contratado à multa de mora, na forma prevista no instrumento convocatório ou no contrato.

§ 1º A multa a que alude este artigo não impede que a Administração rescinda unilateralmente o contrato e aplique as outras sanções previstas nesta Lei.

§ 2º A multa, aplicada após regular processo administrativo, será descontada da garantia do respectivo contratado.

§ 3º Se a multa for de valor superior ao valor da garantia prestada, além da perda desta, responderá o contratado pela sua diferença, a qual será descontada dos pagamentos eventualmente devidos pela Administração ou ainda, quando for o caso, cobrada judicialmente.

Art. 87. Pela inexecução total ou parcial do contrato a Administração poderá, garantida a prévia defesa, aplicar ao contratado as seguintes sanções:

I – advertência;

II – multa, na forma prevista no instrumento convocatório ou no contrato;

III – suspensão temporária de participação em licitação e impedimento de contratar com a Administração, por prazo não superior a 2 (dois) anos;

IV – declaração de inidoneidade para licitar ou contratar com a Administração Pública enquanto perdurarem os motivos determinantes da punição ou até que seja promovida a reabilitação perante a própria autoridade que aplicou a penalidade, que será concedida sempre que o contratado ressarcir a Administração pelos prejuízos resultantes e após decorrido o prazo da sanção aplicada com base no inciso anterior.

§ 1º Se a multa aplicada for superior ao valor da garantia prestada, além da perda desta, responderá o contratado pela sua diferença, que será descontada dos pagamentos eventualmente devidos pela Administração ou cobrada judicialmente.

§ 2º As sanções previstas nos incisos I, III e IV deste artigo poderão ser aplicadas juntamente com a do inciso II, facultada a defesa prévia do interessado, no respectivo processo, no prazo de 5 (cinco) dias úteis.

§ 3º A sanção estabelecida no inciso IV deste artigo é de competência exclusiva do Ministro de Estado, do Secretário Estadual ou Municipal, conforme o caso, facultada a defesa do interessado no respectivo processo, no prazo de 10 (dez) dias da abertura de vista, podendo a reabilitação ser requerida após 2 (dois) anos de sua aplicação.

Art. 88. As sanções previstas nos incisos III e IV do artigo anterior poderão também ser aplicadas às empresas ou aos profissionais que, em razão dos contratos regidos por esta Lei:

I – tenham sofrido condenação definitiva por praticarem, por meios dolosos, fraude fiscal no recolhimento de quaisquer tributos;

II – tenham praticado atos ilícitos visando a frustrar os objetivos da licitação;

III – demonstrem não possuir idoneidade para contratar com a Administração em virtude de atos ilícitos praticados.

Seção III
Dos crimes e das penas

Art. 89. Dispensar ou inexigir licitação fora das hipóteses previstas em lei, ou deixar de observar as formalidades pertinentes à dispensa ou à inexigibilidade:

→ *V.* Arts. 24 e 25 da Lei 8.666/1993.

Pena – detenção, de 3 (três) a 5 (cinco) anos, e multa.

Parágrafo único. Na mesma pena incorre aquele que, tendo comprovadamente concorrido para a consumação da ilegalidade, beneficiou-se da dispensa ou inexigibilidade ilegal, para celebrar contrato com o Poder Público.

Art. 90. Frustrar ou fraudar, mediante ajuste, combinação ou qualquer outro expediente, o caráter competitivo do procedimento licitatório com o intuito de obter, para si ou para outrem, vantagem decorrente da adjudicação do objeto da licitação:

Pena – detenção, de 2 (dois) a 4 (quatro) anos, e multa.

Art. 91. Patrocinar, direta ou indiretamente, interesse privado perante a Administração, dando causa à instauração de licitação ou à celebração de contrato, cuja invalidação vier a ser decretada pelo Poder Judiciário:

→ *V.* Art. 321 do CP.

Pena – detenção, de 6 (seis) meses a 2 (dois) anos, e multa.

Art. 92. Admitir, possibilitar ou dar causa a qualquer modificação ou vantagem, inclusive prorrogação contratual, em favor do adjudicatário, durante a execução dos contratos celebrados com o Poder Público, sem autorização em lei, no ato convocatório da licitação ou nos respectivos instrumentos contratuais, ou, ainda, pagar fatura com preterição da ordem cronológica de sua exigibilidade, observado o disposto no art. 121 desta Lei:

Pena – detenção de 2 (dois) a 4 (quatro) anos, e multa.

→ *Caput* com redação alterada pela Lei 8.883/1994.

Parágrafo único. Incide na mesma pena o contratado que, tendo comprovadamente concorrido para a consumação da ilegalidade, obtém vantagem indevida ou se beneficia, injustamente, das modificações ou prorrogações contratuais.

Art. 93. Impedir, perturbar ou fraudar a realização de qualquer ato de procedimento licitatório:

→ v. Art. 358 do CP.

Pena – detenção, de 6 (seis) meses a 2 (dois) anos, e multa.

Art. 94. Devassar o sigilo de proposta apresentada em procedimento licitatório, ou proporcionar a terceiro o ensejo de devassá-lo:

→ v. Arts. 153, § 1º, 311-A e 326 do CP.

→ v. Art. 3º, § 3º, da Lei 8.666/1993.

Pena – detenção, de 2 (dois) a 3 (três) anos, e multa.

Art. 95. Afastar ou procurar afastar licitante, por meio de violência, grave ameaça, fraude ou oferecimento de vantagem de qualquer tipo:

→ v. Art. 358 do CP.

Pena – detenção, de 2 (dois) a 4 (quatro) anos, e multa, além da pena correspondente à violência.

Parágrafo único. Incorre na mesma pena quem se abstém ou desiste de licitar, em razão da vantagem oferecida.

Art. 96. Fraudar, em prejuízo da Fazenda Pública, licitação instaurada para aquisição ou venda de bens ou mercadorias, ou contrato dela decorrente:

I – elevando arbitrariamente os preços;

II – vendendo, como verdadeira ou perfeita, mercadoria falsificada ou deteriorada;

III – entregando uma mercadoria por outra;

IV – alterando substância, qualidade ou quantidade da mercadoria fornecida;

V – tornando, por qualquer modo, injustamente, mais onerosa a proposta ou a execução do contrato:

Pena – detenção, de 3 (três) a 6 (seis) anos, e multa.

Art. 97. Admitir à licitação ou celebrar contrato com empresa ou profissional declarado inidôneo:

Pena – detenção, de 6 (seis) meses a 2 (dois) anos, e multa.

Parágrafo único. Incide na mesma pena aquele que, declarado inidôneo, venha a licitar ou a contratar com a Administração.

Art. 98. Obstar, impedir ou dificultar, injustamente, a inscrição de qualquer interessado nos registros cadastrais ou promover indevidamente a alteração, suspensão ou cancelamento de registro do inscrito:

→ v. Art. 34 da Lei 8.666/1993.

Pena – detenção, de 6 (seis) meses a 2 (dois) anos, e multa.

Art. 99. A pena de multa cominada nos arts. 89 a 98 desta Lei consiste no pagamento de quantia fixada na sentença e calculada em índices percentuais, cuja base corresponderá ao valor da vantagem efetivamente obtida ou potencialmente auferível pelo agente.

§ 1º Os índices a que se refere este artigo não poderão ser inferiores a 2% (dois por cento), nem superiores a 5% (cinco por cento) do valor do contrato licitado ou celebrado com dispensa ou inexigibilidade de licitação.

§ 2º O produto da arrecadação da multa reverterá, conforme o caso, à Fazenda Federal, Distrital, Estadual ou Municipal.

Seção IV
Do processo e do procedimento judicial

Art. 100. Os crimes definidos nesta Lei são de ação penal pública incondicionada, cabendo ao Ministério Público promovê-la.

→ v. Art. 100 do CP.

→ v. Art. 24 do CPP.

Art. 101. Qualquer pessoa poderá provocar, para os efeitos desta Lei, a iniciativa do Ministério Público, fornecendo-lhe, por escrito, informações sobre o fato e sua autoria, bem como as circunstâncias em que se deu a ocorrência.

→ v. Arts. 5º, § 3º e 27 do CPP.

Parágrafo único. Quando a comunicação for verbal, mandará a autoridade reduzi-la a termo, assinado pelo apresentante e por duas testemunhas.

Art. 102. Quando em autos ou documentos de que conhecerem, os magistrados, os membros dos Tribunais ou Conselhos de Contas ou os titulares dos órgãos integrantes do sistema de controle interno de qualquer dos Poderes verificarem a existência dos crimes definidos nesta Lei, remeterão ao Ministério Público as cópias e os documentos necessários ao oferecimento da denúncia.

→ v. Art. 66, I, do Dec.-lei 3.688/1941.

Art. 103. Será admitida ação penal privada subsidiária da pública, se esta não for ajuizada no prazo legal, aplicando-se, no que couber, o disposto nos arts. 29 e 30 do Código de Processo Penal.

Art. 104. Recebida a denúncia e citado o réu, terá este o prazo de 10 (dez) dias para apresentação de defesa escrita, contado da data do seu interrogatório, podendo juntar documentos, arrolar as testemunhas que tiver, em número não superior a 5 (cinco), e indicar as demais provas que pretenda produzir.

Art. 105. Ouvidas as testemunhas da acusação e da defesa e praticadas as diligências instrutórias deferidas ou ordenadas pelo juiz, abrir-se-á, sucessivamente, o prazo de 5 (cinco) dias a cada parte para alegações finais.

Art. 106. Decorrido esse prazo, e conclusos os autos dentro de 24 (vinte e quatro) horas, terá o juiz 10 (dez) dias para proferir a sentença.

Art. 107. Da sentença cabe apelação, interponível no prazo de 5 (cinco) dias.

→ v. Art. 593, I, do CPP.

Art. 108. No processamento e julgamento das infrações penais definidas nesta Lei, assim como nos recursos e nas execuções que lhes digam respeito, aplicar-se-ão, subsidiariamente, o Código de Processo Penal e a Lei de Execução Penal.

Capítulo V
DOS RECURSOS ADMINISTRATIVOS

Art. 109. Dos atos da Administração decorrentes da aplicação desta Lei cabem:

I – recurso, no prazo de 5 (cinco) dias úteis a contar da intimação do ato ou da lavratura da ata, nos casos de:

a) habilitação ou inabilitação do licitante;

b) julgamento das propostas;

c) anulação ou revogação da licitação;

d) indeferimento do pedido de inscrição em registro cadastral, sua alteração ou cancelamento;

e) rescisão do contrato, a que se refere o inciso I do art. 79 desta Lei;

→ Alínea *e* com redação alterada pela Lei 8.883/1994.

f) aplicação das penas de advertência, suspensão temporária ou de multa;

II – representação, no prazo de 5 (cinco) dias úteis da intimação da decisão relacionada com o objeto da licitação ou do contrato, de que não caiba recurso hierárquico;

III – pedido de reconsideração, de decisão de Ministro de Estado, ou Secretário Estadual ou Municipal, conforme o caso, na hipótese do § 4º do art. 87 desta Lei, no prazo de 10 (dez) dias úteis da intimação do ato.

→ A referência correta é ao § 3º do art. 87.

§ 1º A intimação dos atos referidos o inciso I, alíneas *a*, *b*, *c* e *e*, deste artigo, excluídos os relativos a advertência e multa de mora, e no inciso III, será feita mediante publicação na imprensa oficial, salvo para os casos previstos nas alíneas *a* e *b*, se presentes os prepostos dos licitantes no ato em que foi adotada a decisão, quando poderá ser feita por comunicação direta aos interessados e lavrada em ata.

§ 2º O recurso previsto nas alíneas *a* e *b* do inciso I deste artigo terá efeito suspensivo, podendo a autoridade competente, motivadamente e presentes razões de interesse público, atribuir ao recurso interposto eficácia suspensiva aos demais recursos.

§ 3º Interposto, o recurso será comunicado aos demais licitantes, que poderão impugná-lo no prazo de 5 (cinco) dias úteis.

§ 4º O recurso será dirigido à autoridade superior, por intermédio da que praticou o ato recorrido, a qual poderá reconsiderar sua decisão, no prazo de 5 (cinco) dias úteis, ou, nesse mesmo prazo, fazê-lo subir, devidamente informado, devendo, neste caso, a decisão ser proferida dentro do prazo de 5 (cinco) dias úteis, contado do recebimento do recurso, sob pena de responsabilidade.

§ 5º Nenhum prazo de recurso, representação ou pedido de reconsideração se inicia ou corre sem que os autos do processo estejam com vista franqueada ao interessado.

§ 6º Em se tratando de licitações efetuadas na modalidade de "carta-convite" os prazos estabelecidos nos incisos I e II e no § 3º deste artigo serão de 2 (dois) dias úteis.

→ § 6º acrescentado pela Lei 8.883/1994.

Capítulo VI
DISPOSIÇÕES FINAIS E TRANSITÓRIAS

Art. 110. Na contagem dos prazos estabelecidos nesta Lei, excluir-se-á o dia do início e incluir-se-á o do vencimento, e considerar-se-ão os dias consecutivos, exceto quando for explicitamente disposto em contrário.

Parágrafo único. Só se iniciam e vencem os prazos referidos neste artigo em dia de expediente no órgão ou na entidade.

Art. 111. A Administração só poderá contratar, pagar, premiar ou receber projeto ou serviço técnico especializado desde que o autor ceda os direitos patrimoniais a ele relativos e a Administração possa utilizá-lo de acordo com o previsto no regulamento de concurso ou no ajuste para sua elaboração.

Parágrafo único. Quando o projeto referir-se a obra imaterial de caráter tecnológico, insuscetível de privilégio, a cessão dos direitos incluirá o fornecimento de todos os dados, documentos e elementos de informação pertinentes à tecnologia de concepção, desenvolvimento, fixação em suporte físico de qualquer natureza e aplicação da obra.

Art. 112. Quando o objeto do contrato interessar a mais de uma entidade pública, caberá ao órgão contratante, perante a entidade interessada, responder pela sua boa execução, fiscalização e pagamento.

§ 1º Os consórcios públicos poderão realizar licitação da qual, nos termos do edital, decorram contratos administrativos celebrados por órgãos ou entidades dos entes da Federação consorciados.

→ § 1º acrescentado pela Lei 11.107/2005.

§ 2º É facultado à entidade interessada o acompanhamento da licitação e da execução do contrato.

→ § 2º acrescentado pela Lei 11.107/2005.

Art. 113. O controle das despesas decorrentes dos contratos e demais instrumentos regidos por esta Lei será feito pelo Tribunal de Contas competente, na forma da legislação pertinente, ficando os órgãos interessados da Administração responsáveis pela demonstração da legalidade e regularidade da despesa e execução, nos termos da Constituição e sem prejuízo do sistema de controle interno nela previsto.

§ 1º Qualquer licitante, contratado ou pessoa física ou jurídica poderá representar ao Tribunal de Contas ou aos órgãos integrantes do sistema de controle interno contra irregularidades na aplicação desta Lei, para os fins do disposto neste artigo.

§ 2º Os Tribunais de Contas e os órgãos integrantes do sistema de controle interno poderão solicitar para exame, até o dia útil imediatamente anterior à data de recebimento das propostas, cópia do edital de licitação já publicado, obrigando-se os órgãos ou entidades da Administração interessada à adoção de medidas corretivas pertinentes que, em função desse exame, lhes forem determinadas.

→ § 2º com redação alterada pela Lei 8.883/1994.

Art. 114. O sistema instituído nesta Lei não impede a pré-qualificação de licitantes nas concorrências, a ser procedida sempre que o objeto da licitação recomende análise mais detida da qualificação técnica dos interessados.

§ 1º A adoção do procedimento de pré-qualificação será feita mediante proposta da autoridade competente, aprovada pela imediatamente superior.

§ 2º Na pré-qualificação serão observadas as exigências desta Lei relativas à concorrência, à convocação dos interessados, ao procedimento e à análise da documentação.

Art. 115. Os órgãos da Administração poderão expedir normas relativas aos procedimentos operacionais a serem observados na execução das licitações, no âmbito de sua competência, observadas as disposições desta Lei.

Parágrafo único. As normas a que se refere este artigo, após aprovação da autoridade competente, deverão ser publicadas na imprensa oficial.

Art. 116. Aplicam-se as disposições desta Lei, no que couber, aos convênios, acordos, ajustes e outros instrumentos congêneres celebrados por órgãos e entidades da Administração.

§ 1º A celebração de convênio, acordo ou ajuste pelos órgãos ou entidades da Administração Pública depende de prévia aprovação de competente plano de trabalho proposto pela organização interessada, o qual deverá conter, no mínimo, as seguintes informações:

I – identificação do objeto a ser executado;

II – metas a serem atingidas;

III – etapas ou fases da execução;

IV – plano de aplicação dos recursos financeiros;

V – cronograma de desembolso;

VI – previsão de início e fim da execução do objeto, bem assim da conclusão das etapas ou fases programadas;

VII – se o ajuste compreender obra ou serviço de engenharia, comprovação de que os recursos próprios para complementar a execução do objeto estão devidamente assegurados, salvo se o custo total do empreendimento recair sobre a entidade ou órgão descentralizador.

§ 2º Assinado o convênio, a entidade ou órgão repassador dará ciência do mesmo à Assembleia Legislativa ou à Câmara Municipal respectiva.

§ 3º As parcelas do convênio serão liberadas em estrita conformidade com o plano de aplicação aprovado, exceto nos casos a seguir, em que as mesmas ficarão retidas até o saneamento das impropriedades ocorrentes:

I – quando não tiver havido comprovação da boa e regular aplicação da parcela anteriormente recebida, na forma da legislação aplicável, inclusive mediante procedimentos de fiscalização local, realizados periodicamente pela entidade ou órgão descentralizador dos recursos ou pelo órgão competente do sistema de controle interno da Administração Pública;

II – quando verificado desvio de finalidade na aplicação dos recursos, atrasos não justificados no cumprimento das etapas ou fases programadas, práticas atentatórias aos princípios fundamentais de Administração Pública nas contratações e demais atos praticados na execução do convênio, ou o inadimplemento do executor com relação a outras cláusulas conveniais básicas;

III – quando o executor deixar de adotar as medidas saneadoras apontadas pelo partícipe repassador dos recursos ou por integrantes do respectivo sistema de controle interno.

§ 4º Os saldos de convênio, enquanto não utilizados, serão obrigatoriamente aplicados em cadernetas de poupança de instituição financeira oficial se a previsão de seu uso for igual ou superior a 1 (um) mês, ou em fundo de aplicação financeira de curto prazo ou operação de mercado aberto lastreada em títulos da dívida pública, quando a utilização dos mesmos verificar-se em prazos menores que 1 (um) mês.

§ 5º As receitas financeiras auferidas na forma do parágrafo anterior serão obrigatoriamente computadas a crédito do convênio e aplicadas, exclusivamente, no objeto de sua finalidade, devendo constar de demonstrativo específico que integrará as prestações de contas do ajuste.

§ 6º Quando da conclusão, denúncia, rescisão ou extinção do convênio, acordo ou ajuste, os saldos financeiros remanescentes, inclusive os provenientes das receitas obtidas das aplicações financeiras realizadas, serão devolvidos à entidade ou órgão repassador dos recursos, no prazo improrrogável de 30 (trinta) dias do evento, sob pena da imediata instauração de tomada de contas especial do responsável, providenciada pela autoridade competente do órgão ou entidade titular dos recursos.

Art. 117. As obras, serviços, compras e alienações realizadas pelos órgãos dos Poderes Legislativo e Judiciário e do Tribunal de Contas regem-se pelas normas desta Lei, no que couber, nas 3 (três) esferas administrativas.

Art. 118. Os Estados, o Distrito Federal, os Municípios e as entidades da Administração indireta deverão adaptar suas normas sobre licitações e contratos ao disposto nesta Lei.

Art. 119. As sociedades de economia mista, empresas e fundações públicas e demais entidades controladas direta ou indiretamente pela União e pelas entidades referidas no artigo anterior editarão regulamentos próprios devidamente publicados, ficando sujeitas às disposições desta Lei.

Parágrafo único. Os regulamentos a que se refere este artigo, no âmbito da Administração Pública, após aprovados pela autoridade de nível superior a que estiverem vinculados os respectivos órgãos, sociedades e entidades, deverão ser publicados na imprensa oficial.

Art. 120. Os valores fixados por esta Lei poderão ser anualmente revistos pelo Poder Executivo Federal, que os fará publicar no *Diário Oficial da União*, observando como limite superior a variação geral dos preços do mercado, no período.

→ Artigo com redação alterada pela Lei 9.648/1998.

Art. 121. O disposto nesta Lei não se aplica às licitações instauradas e aos contratos assinados anteriormente a sua vigência, ressalvado o disposto no art. 57, nos §§ 1º, 2º e 8º do art. 65, no inciso XV do art. 78, bem assim o disposto no *caput* do art. 5º, com relação ao pagamento das obrigações na ordem cronológica, podendo esta ser observada, no prazo de 90 (noventa) dias contados da vigência desta Lei, separadamente para as obrigações relativas aos contratos regidos por legislação anterior à Lei 8.666, de 21 de junho de 1993.

→ *Caput* com redação alterada pela Lei 8.883/1994.

Parágrafo único. Os contratos relativos a imóveis do patrimônio da União continuam a reger-se pelas disposições do Decreto-lei 9.760, de 5 de setembro de 1946, com suas alterações, e os relativos a operações de crédito interno ou externo celebrados pela União ou a concessão de garantia do Tesouro Nacional continuam regidos pela legislação pertinente, aplicando-se esta Lei, no que couber.

Art. 122. Nas concessões de linhas aéreas, observar-se-á procedimento licitatório específico, a ser estabelecido no Código Brasileiro de Aeronáutica.

Art. 123. Em suas licitações e contratações administrativas, as repartições sediadas no exterior observarão as peculiaridades locais e os princípios básicos desta Lei, na forma de regulamentação específica.

Art. 124. Aplicam-se às licitações e aos contratos para permissão ou concessão de serviços públicos os dispositivos desta Lei que não conflitem com a legislação específica sobre o assunto.

→ *Caput* com redação alterada pela Lei 8.883/1994.

→ *v.* Lei 8.987/1995 – Regime de concessão e permissão da prestação de serviços públicos.

Parágrafo único. As exigências contidas nos incisos II a IV do § 2º do art. 7º serão dispensadas nas licitações para concessão de serviços com execução prévia de obras em que não foram previstos desembolso por parte da Administração Pública concedente.

→ Parágrafo único acrescentado pela Lei 8.883/1994.

Art. 125. Esta Lei entra em vigor na data de sua publicação.

Art. 126. Revogam-se as disposições em contrário, especialmente os Decretos-leis 2.300, de 21 de novembro de 1986, 2.348, de 24 de julho de 1987, 2.360, de 16 de setembro de 1987, a Lei 8.220, de 4 de setembro de 1991, e o art. 83 da Lei 5.194, de 24 de dezembro de 1966.

Brasília, 21 de junho de 1993, 172º da Independência e 105º da República.

Itamar Franco

(Publicação no *D.O.U.* de 22.6.1993; republicação 6.7.1994; e retificação. 2.7.2003)

LEI COMPLEMENTAR 76, DE 6 DE JULHO DE 1993

Dispõe sobre o procedimento contraditório especial, de rito sumário, para o processo de desapropriação de imóvel rural, por interesse social, para fins de reforma agrária.

O Presidente da República:

Faço saber que o Congresso Nacional decreta e eu sanciono a seguinte Lei Complementar:

Art. 1º O procedimento judicial da desapropriação de imóvel rural por interesse social para fins de reforma agrária obedecerá ao contraditório especial, de rito sumário, previsto nesta Lei Complementar.

→ Art. 184, § 3º, da CF/1988.

Art. 2º A desapropriação de que trata esta Lei Complementar é de competência privativa da União e será precedida de decreto declarando o imóvel de interesse social, para fins de reforma agrária.

§ 1º A ação de desapropriação, proposta pelo órgão federal executor da reforma agrária, será processada e julgada pelo juiz federal competente, inclusive durante as férias forenses.

§ 2º Declarado o interesse social, para fins de reforma agrária, fica o expropriante legitimado a promover a vistoria e a avaliação do imóvel, inclusive com o auxílio de força policial, mediante prévia autorização do juiz, responsabilizando-se por eventuais perdas e danos que seus agentes vierem a causar, sem prejuízo das sanções penais cabíveis.

Art. 3º A ação de desapropriação deverá ser proposta dentro do prazo de 2 (dois) anos, contado da publicação do decreto declaratório.

Art. 4º Intentada a desapropriação parcial, o proprietário poderá requerer, na contestação, a desapropriação de todo o imóvel, quando a área remanescente ficar:

I – reduzida a superfície inferior à da pequena propriedade rural; ou

II – prejudicada substancialmente em suas condições de exploração econômica, caso seja o seu valor inferior ao da parte desapropriada.

Art. 5º A petição inicial, além dos requisitos previstos no Código de Processo Civil, conterá a oferta do preço e será instruída com os seguintes documentos:

→ *v.* Arts. 282 a 296 do CPC/1973.

→ *v.* Arts. 319 a 328, 329, I, 330 a, 332, *caput* e §§ 1º, 3º e 4º, 334, do NCPC.

I – texto do decreto declaratório de interesse social para fins de reforma agrária, publicado no *Diário Oficial da União*;

II – certidões atualizadas de domínio e de ônus real do imóvel;

III – documento cadastral do imóvel;

IV – laudo de vistoria e avaliação administrativa, que conterá, necessariamente:

a) descrição do imóvel, por meio de suas plantas geral e de situação, e memorial descritivo da área objeto da ação;

b) relação das benfeitorias úteis, necessárias e voluptuárias, das culturas e pastos naturais e artificiais, da cobertura florestal, seja natural ou decorrente de florestamento ou reflorestamento, e dos semoventes;

→ Arts. 96 e 97 do CC.

c) discriminadamente, os valores de avaliação da terra nua e das benfeitorias indenizáveis.

V – comprovante de lançamento dos Títulos da Dívida Agrária correspondente ao valor ofertado para pagamento de terra nua;

→ Inciso V acrescentado pela LC 88/1996.

VI – comprovante de depósito em banco oficial, ou outro estabelecimento no caso de inexistência de agência na localidade, à disposição do juízo, correspondente ao valor ofertado para pagamento das benfeitorias úteis e necessárias.

→ Inciso VI acrescentado pela LC 88/1996.

Art. 6º O juiz, ao despachar a petição inicial, de plano ou no prazo máximo de 48 (quarenta e oito) horas:

I – mandará imitir o autor na posse do imóvel;

→ Inciso I com redação alterada pela LC 88/1996.

II – determinará a citação do expropriando para contestar o pedido e indicar assistente técnico, se quiser;

→ Inciso II com redação alterada pela LC 88/1996.

III – expedirá mandado ordenando a averbação do ajuizamento da ação no registro do imóvel expropriando, para conhecimento de terceiros.

→ *v.* Lei 6.015/1973 – Registros Públicos.

§ 1º Inexistindo dúvida acerca do domínio, ou de algum direito real sobre o bem, ou sobre os direitos dos titulares do domínio útil, e do domínio direto, em caso de enfiteuse ou aforamento, ou, ainda, inexistindo divisão, hipótese em que o valor da indenização ficará depositado à disposição do juízo enquanto os interessados não resolverem seus conflitos em ações próprias, poderá o expropriando requerer o levantamento de 80% (oitenta por cento) da indenização depositada, quitado os tributos e publicados os editais, para conhecimento de terceiros, a expensas do expropriante, duas vezes na imprensa local e uma na oficial, decorrido o prazo de 30 (trinta) dias.

→ Anterior § 1º foi revogado pela LC 88/1996, que renumerou os §§ 2º e 3º.

§ 2º O juiz poderá, para a efetivação da imissão na posse, requisitar força policial.

§ 3º No curso da ação poderá o Juiz designar, com o objetivo de fixar a prévia e justa indenização, audiência de conciliação, que será realizada nos dez primeiros dias a contar da citação e na qual deverão estar presentes o autor, o réu e o Ministério Público. As partes ou seus representantes legais serão intimadas via postal.

→ § 3º acrescentado pela LC 88/1996.

§ 4º Aberta a audiência, o Juiz ouvirá as partes e o Ministério Público, propondo a conciliação.

→ § 4º acrescentado pela LC 88/1996.

§ 5º Se houver acordo, lavrar-se-á o respectivo termo, que será assinado pelas partes e pelo Ministério Público ou seus representantes legais.

→ § 5º acrescentado pela LC 88/1996.

§ 6º Integralizado o valor acordado, nos dez dias úteis subsequentes ao pactuado, o Juiz expedirá mandado ao registro imobiliário, determinando a matrícula do bem expropriado em nome do expropriante.

→ § 6º acrescentado pela LC 88/1996.

§ 7º A audiência de conciliação não suspende o curso da ação.

→ § 7º acrescentado pela LC 88/1996.

Art. 7º A citação do expropriando será feita na pessoa do proprietário do bem, ou de seu representante legal, obedecido o disposto no art. 12 do Código de Processo Civil.

→ *v.* Arts. 75, e 238 e ss., do NCPC.

§ 1º Em se tratando de enfiteuse ou aforamento, serão citados os titulares do domínio útil e do domínio direto, exceto quando for contratante a União.

§ 2º No caso de espólio, inexistindo inventariante, a citação será feita na pessoa do cônjuge sobrevivente ou na de qualquer herdeiro ou legatário que esteja na posse do imóvel.

§ 3º Serão intimados da ação os titulares de direitos reais sobre o imóvel desapropriando.

§ 4º Serão ainda citados os confrontantes que, na fase administrativa do procedimento expropriatório, tenham, fundamentadamente, contestado as divisas do imóvel expropriando.

Art. 8º O autor, além de outras formas previstas na legislação processual civil, poderá requerer que a citação do expropriando seja feita pelo correio, através de carta com aviso de recepção, firmado pelo destinatário ou por seu representante legal.

→ *v.* Art. 221 do CPC/1973.

→ *v.* Art. 246 do NCPC.

Art. 9º A contestação deve ser oferecida no prazo de 15 (quinze) dias e versar matéria de interesse da defesa, excluída a apreciação quanto ao interesse social declarado.

→ *V.* Art. 297 do CPC/1973.

→ *V.* Art. 335 do NCPC.

§ 1º Recebida a contestação, o juiz, se for o caso, determinará a realização de prova pericial, adstrita a pontos impugnados do laudo de vistoria administrativa, a que se refere o art. 5º, inciso IV, e, simultaneamente:

→ *V.* Arts. 420 a 439 do CPC/1973.

→ *V.* Arts. 464 a 470, 472, 473, § 3º, 474 a 480, do NCPC.

I – designará o perito do juízo;

II – formulará os quesitos que julgar necessários;

III – intimará o perito e os assistentes para prestar compromisso, no prazo de 5 (cinco) dias;

IV – intimará as partes para apresentar quesitos, no prazo de 10 (dez) dias.

§ 2º A prova pericial será concluída no prazo fixado pelo juiz, não excedente a 60 (sessenta) dias, contado da data do compromisso do perito.

Art. 10. Havendo acordo sobre o preço, este será homologado por sentença.

Parágrafo único. Não havendo acordo, o valor que vier a ser acrescido ao depósito inicial por força de laudo pericial acolhido pelo Juiz será depositado em espécie para as benfeitorias, juntado aos autos o comprovante de lançamento de Títulos da Dívida Agrária para terra nua, como integralização dos valores ofertados.

→ Parágrafo único acrescentado pela LC 88/1996.

Art. 11. A audiência de instrução e julgamento será realizada em prazo não superior a 15 (quinze) dias, a contar da conclusão da perícia.

Art. 12. O juiz proferirá sentença na audiência de instrução e julgamento ou nos 30 dias subsequentes, indicando os fatos que motivaram o seu convencimento.

§ 1º Ao fixar o valor da indenização, o juiz considerará, além dos laudos periciais, outros meios objetivos de convencimento, inclusive a pesquisa de mercado.

§ 2º O valor da indenização corresponderá ao valor apurado na data da perícia ou ao consignado pelo juiz corrigido monetariamente até a data de seu efetivo pagamento.

§ 3º Na sentença, o juiz individualizará o valor do imóvel, de suas benfeitorias e dos demais componentes do valor da indenização.

§ 4º Tratando-se de enfiteuse ou aforamento, o valor da indenização será depositado em nome dos titulares do domínio útil e do domínio direto e disputado por via de ação própria.

Art. 13. Da sentença que fixar o preço da indenização caberá apelação com efeito simplesmente devolutivo, quando interposta pelo expropriado e, em ambos os efeitos, quando interposta pelo expropriante.

§ 1º A sentença que condenar o expropriante, em quantia superior a 50% (cinquenta por cento) sobre o valor oferecido na inicial, fica sujeita a duplo grau de jurisdição.

→ *V.* Art. 475 do CPC/1973.

→ *V.* Art. 496 do NCPC.

§ 2º No julgamento dos recursos decorrentes da ação desapropriatória não haverá revisor.

Art. 14. O valor da indenização, estabelecido por sentença, deverá ser depositado pelo expropriante à ordem do juízo, em dinheiro, para as benfeitorias úteis e necessárias, inclusive culturas e pastagens artificiais e, em Títulos da Dívida Agrária, para a terra nua.

→ *V.* Resolução do Senado Federal 19/2007, que suspende da expressão "'em dinheiro, para as benfeitorias úteis e necessárias, inclusive culturas e pastagens artificiais e', em virtude de declaração de inconstitucionalidade em decisão definitiva do Supremo Tribunal Federal, nos autos do RE 247.866-1/CE".

Art. 15. Em caso de reforma de sentença, com o aumento do valor da indenização, o expropriante será intimado a depositar a diferença, no prazo de 15 (quinze) dias.

Art. 16. A pedido do expropriado, após o trânsito em julgado da sentença, será levantada a indenização ou o depósito judicial, deduzidos o valor de tributos e multas incidentes sobre o imóvel, exigíveis até a data da imissão na posse pelo expropriante.

Art. 17. Efetuado ou não o levantamento, ainda que parcial, da indenização ou do depósito judicial, será expedido em favor do expropriante, no prazo de 48 (quarenta e oito) horas, mandado translativo do domínio para o Cartório do Registro de Imóveis competente, sob a forma e para os efeitos da Lei de Registros Públicos.

→ *Caput* com redação alterada pela LC 88/1996.

Parágrafo único. O registro da propriedade nos cartórios competentes dar-se-á no prazo improrrogável de 3 (três) dias, contado da data da apresentação do mandado.

→ Parágrafo único acrescentado pela LC 88/1996.

Art. 18. As ações concernentes à desapropriação de imóvel rural, por interesse social, para fins de reforma agrária, têm caráter preferencial e prejudicial em relação a outras ações referentes ao imóvel expropriando, e independem do pagamento de preparo ou de emolumentos.

§ 1º Qualquer ação que tenha por objeto o bem expropriando será distribuída, por dependência, à Vara Federal onde tiver curso a ação de desapropriação, determinando-se a pronta intervenção da União.

§ 2º O Ministério Público Federal intervirá, obrigatoriamente, após a manifestação das partes, antes de cada decisão manifestada no processo, em qualquer instância.

Art. 19. As despesas judiciais e os honorários do advogado e do perito constituem encargos do sucumbente, assim entendido o expropriado, se o valor da indenização for igual ou inferior ao preço oferecido, ou o expropriante, na hipótese de valor superior ao preço oferecido.

§ 1º Os honorários do advogado do expropriado serão fixados em até 20% (vinte por cento) sobre a diferença entre o preço oferecido e o valor da indenização.

§ 2º Os honorários periciais serão pagos em valor fixo, estabelecido pelo juiz, atendida à complexidade do trabalho desenvolvido.

Art. 20. Em qualquer fase processual, mesmo após proferida a sentença, compete ao juiz, a requerimento de qualquer das partes, arbitrar valor para desmonte e transporte de móveis e semoventes, a ser suportado, ao final, pelo expropriante, e cominar prazo para que o promova o expropriado.

Art. 21. Os imóveis rurais desapropriados, uma vez registrados em nome do expropriante, não poderão ser objeto de ação reivindicatória.

Art. 22. Aplica-se subsidiariamente ao procedimento de que trata esta Lei Complementar, no que for compatível, o Código de Processo Civil.

Art. 23. As disposições desta Lei Complementar aplicam-se aos processos em curso, convalidados os atos já realizados.

Art. 24. Esta Lei Complementar entra em vigor na data de sua publicação.

Art. 25. Revogam-se as disposições em contrário e, em especial, o Dec.-lei 554, de 25 de abril de 1969.

Brasília, 6 de julho de 1993; 172º da Independência e 105º da República.

Itamar Franco

(Publicação no *D.O.U.* de 7.7.1993)

LEI 8.934,

DE 18 DE NOVEMBRO DE 1994

Dispõe sobre o Registro Público de Empresas Mercantis e Atividades Afins e dá outras providências.

→ Lei regulamentada pelo Decreto 1.800/1996.

O Presidente da República:

Faço saber que o Congresso Nacional decreta e eu sanciono a seguinte Lei:

Título I
Do Registro Público de Empresas Mercantis e Atividades Afins

Capítulo I
DAS FINALIDADES E DA ORGANIZAÇÃO

Seção I
Das finalidades

Art. 1º O Registro Público de Empresas Mercantis e Atividades Afins, subordinado às normas gerais prescritas nesta Lei, será exercido em todo o território nacional, de forma sistêmica, por órgãos federais e estaduais, com as seguintes finalidades:

I – dar garantia, publicidade, autenticidade, segurança e eficácia aos atos jurídicos das empresas mercantis, submetidos a registro na forma desta Lei;

II – cadastrar as empresas nacionais e estrangeiras em funcionamento no País e manter atualizadas as informações pertinentes;

III – proceder à matrícula dos agentes auxiliares do comércio, bem como ao seu cancelamento.

Art. 2º Os atos das firmas mercantis individuais e das sociedades mercantis serão arquivados no Registro Público de Empresas Mercantis e Atividades Afins, independentemente de seu objeto, salvo as exceções previstas em lei.

→ *V.* Arts. 966, 967, 981 a 985 do CC.

Parágrafo único. Fica instituído o Número de Identificação do Registro de Empresas – Nire, o qual será atribuído a todo ato constitutivo de empresa, devendo ser compatibilizado com os números adotados pelos demais cadastros federais, na forma de regulamentação do Poder Executivo.

Seção II
Da organização

Art. 3º Os serviços do Registro Público de Empresas Mercantis e Atividades Afins serão exercidos, em todo o território nacional, de maneira uniforme, harmônica e interdependente, pelo Sistema Nacional de Registro de Empresas Mercantis – Sinrem, composto pelos seguintes órgãos:

I – o Departamento Nacional de Registro do Comércio, órgão central do Sinrem, com funções supervisora, orientadora, coordenadora e normativa, no plano técnico; e supletiva, no plano administrativo;

II – as Juntas Comerciais, como órgãos locais, com funções executora e administradora dos serviços de registro.

Subseção I
Do Departamento Nacional de Registro do Comércio

Art. 4º O Departamento Nacional de Registro do Comércio – DNRC, criado pelos arts. 17, II, e 20 da Lei 4.048, de 29 de dezembro de 1961, órgão integrante do Ministério da Indústria, do Comércio e do Turismo, tem por finalidade:

I – supervisionar e coordenar, no plano técnico, os órgãos incumbidos da execução dos serviços de Registro Público de Empresas Mercantis e Atividades Afins;

II – estabelecer e consolidar, com exclusividade, as normas e diretrizes gerais do Registro Público de Empresas Mercantis e Atividades Afins;

III – solucionar dúvidas ocorrentes na interpretação das leis, regulamentos e demais normas relacionadas com o registro de empresas mercantis, baixando instruções para esse fim;

IV – prestar orientação às Juntas Comerciais, com vistas à solução de consultas e à observância das normas legais e regulamentares do Registro Público de Empresas Mercantis e Atividades Afins;

V – exercer ampla fiscalização jurídica sobre os órgãos incumbidos do Registro Público de Empresas Mercantis e Atividades Afins, representando para os devidos fins às autoridades administrativas contra abusos e infrações das respectivas normas, e requerendo tudo o que se afigurar necessário ao cumprimento dessas normas;

VI – estabelecer normas procedimentais de arquivamento de atos de firmas mercantis individuais e sociedades mercantis de qualquer natureza;

VII – promover ou providenciar, supletivamente, as medidas tendentes a suprir ou corrigir as ausências, falhas ou deficiências dos serviços de Registro Público de Empresas Mercantis e Atividades Afins;

VIII – prestar colaboração técnica e financeira às Juntas Comerciais para a melhoria dos serviços pe rtinentes ao Registro Público de Empresas Mercantis e Atividades Afins;

IX – organizar e manter atualizado o cadastro nacional das empresas mercantis em funcionamento no País, com a cooperação das Juntas Comerciais;

X – instruir, examinar e encaminhar os processos e recursos a serem decididos pelo Ministro de Estado da Indústria, do Comércio e do Turismo, inclusive os pedidos de autorização para nacionalização ou instalação de filial, agência, sucursal ou estabelecimento no País, por sociedade estrangeira, sem prejuízo da competência de outros órgãos federais;

XI – promover e efetuar estudos, reuniões e publicações sobre assuntos pertinentes ao Registro Público de Empresas Mercantis e Atividades Afins.

Subseção II
Das Juntas Comerciais

Art. 5º Haverá uma Junta Comercial em cada unidade federativa, com sede na capital e jurisdição na área da circunscrição territorial respectiva.

Art. 6º As Juntas Comerciais subordinam-se administrativamente ao governo da unidade federativa de sua jurisdição e, tecnicamente, ao DNRC, nos termos desta Lei.

Parágrafo único. A Junta Comercial do Distrito Federal é subordinada administrativa e tecnicamente ao DNRC.

Art. 7º As Juntas Comerciais poderão desconcentrar os seus serviços, mediante convênios com órgãos públicos e entidades privadas sem fins lucrativos, preservada a competência das atuais Delegacias.

Art. 8º Às Juntas Comerciais incumbe:

I – executar os serviços previstos no art. 32 desta Lei;

II – elaborar a tabela de preços de seus serviços, observadas as normas legais pertinentes;

III – processar a habilitação e a nomeação dos tradutores públicos e intérpretes comerciais;

IV – elaborar os respectivos Regimentos Internos e suas alterações, bem como as resoluções de caráter administrativo necessárias ao fiel cumprimento das normas legais, regulamentares e regimentais;

V – expedir carteiras de exercício profissional de pessoas legalmente inscritas no Registro Público de Empresas Mercantis e Atividades Afins;

VI – o assentamento dos usos e práticas mercantis.

→ *v.* Arts. 87 e 88 do Decreto 1.800/1996.

Art. 9º A estrutura básica das juntas Comerciais será integrada pelos seguintes órgãos:

I – a Presidência, como órgão diretivo e representativo;

II – o Plenário, como órgão deliberativo superior;

III – as Turmas, como órgãos deliberativos inferiores;

IV – a Secretaria-Geral, como órgão administrativo;

V – a Procuradoria, como órgão de fiscalização e de consulta jurídica.

§ 1º As Juntas Comerciais poderão ter uma assessoria técnica, com a competência de preparar e relatar os documentos a serem submetidos à sua deliberação, cujos membros deverão ser bacharéis em Direito, Economistas, Contadores ou Administradores.

§ 2º As Juntas Comerciais, por seu Plenário, poderão resolver pela criação de delegacias, órgãos locais do registro do comércio, nos termos da legislação estadual respectiva.

Art. 10. O Plenário, composto de vogais e respectivos suplentes, será constituído pelo mínimo de onze e no máximo de vinte e três vogais.

→ Artigo com redação alterada pela Lei 10.194/2001.

Art. 11. Os vogais e respectivos suplentes serão nomeados, no Distrito Federal, pelo Ministro de Estado do Desenvolvimento, Indústria e Comércio Exterior, e nos Estados, salvo disposição em contrário, pelos governos dessas circunscrições, dentre brasileiros que satisfaçam as seguintes condições:

→ *Caput* com redação alterada pela Lei 10.194/2001.

I – estejam em pleno gozo dos direitos civis e políticos;

II – não estejam condenados por crime cuja pena vede o acesso a cargo, emprego e funções públicas, ou por crime de prevaricação, falência fraudulenta, peita ou suborno, concussão, peculato, contra a propriedade, a fé pública e a economia popular;

III – sejam, ou tenham sido, por mais de 5 (cinco) anos, titulares de firma mercantil individual, sócios ou administradores de sociedade mercantil, valendo como prova, para esse fim, certidão expedida pela Junta Comercial;

IV – estejam quites com o serviço militar e o serviço eleitoral.

Parágrafo único. Qualquer pessoa poderá representar fundadamente à autoridade competente contra a nomeação de vogal ou suplente, contrária aos preceitos desta Lei, no prazo de 15 (quinze) dias, contados da data da posse.

Art. 12. Os vogais e respectivos suplentes serão escolhidos da seguinte forma:

I – a metade do número de vogais e suplentes será designada mediante indicação de nomes, em listas tríplices, pelas entidades patronais de grau superior e pelas Associações Comerciais, com sede na jurisdição da Junta;

II – um vogal e respectivo suplente, representando a União, por nomeação do Ministro de Estado do Desenvolvimento, Indústria e Comércio Exterior;

→ Inciso II com redação alterada pela Lei 10.194/2001.

III – quatro vogais e respectivos suplentes representando a classe dos advogados, a dos economistas, a dos contadores e a dos administradores, todos mediante indicação, em lista tríplice, do Conselho Seccional ou Regional do Órgão Corporativo dessas categorias profissionais;

→ Inciso III com redação alterada pela Lei 9.829/1999.

IV – os demais vogais e suplentes serão designados, no Distrito Federal, por livre escolha do Ministro de Estado da Indústria, do Comércio e do Turismo; e, nos Estados, pelos respectivos Governadores.

§ 1º Os vogais e respectivos suplentes de que tratam os incisos II e III deste artigo ficam dispensados da prova do requisito previsto no inciso III do art. 11, mas exigir-se-á a prova de mais de 5 (cinco) anos de efetivo exercício da profissão em relação aos vogais e suplentes de que trata o inciso III.

§ 2º As listas referidas neste artigo devem ser remetidas até 60 (sessenta) dias antes do término do mandato, caso contrário será considerada, com relação a cada entidade que se omitir na remessa, a última lista que não inclua pessoa que exerça ou tenha exercido mandato de vogal.

Art. 13. Os vogais serão remunerados por presença, nos termos da legislação da unidade federativa a que pertencer a Junta Comercial.

Art. 14. O vogal será substituído por seu suplente durante os impedimentos e, no caso de vaga, até o final do mandato.

Art. 15. São incompatíveis para a participação no colégio de vogais da mesma Junta Comercial os parentes consanguíneos e afins até o segundo grau e os sócios da mesma empresa.

Parágrafo único. Em caso de incompatibilidade, serão seguidos, para a escolha dos membros, sucessivamente, os critérios da precedência na nomeação, da precedência na posse, ou do membro mais idoso.

Art. 16. O mandato de vogal e respectivo suplente será de 4 (quatro) anos, permitida apenas uma recondução.

Art. 17. O vogal ou seu suplente perderá o mandato nos seguintes casos:

I – mais de 3 (três) faltas consecutivas às sessões, ou 12 (doze) alternadas no mesmo ano, sem justo motivo;

II – por conduta incompatível com a dignidade do cargo.

Art. 18. Na sessão inaugural do Plenário das Juntas Comerciais, que iniciará cada período de mandato, serão distribuídos os vogais por Turmas de três membros cada uma, com exclusão do presidente e do vice-presidente.

Art. 19. Ao Plenário compete o julgamento dos processos em grau de recurso, nos termos previstos no regulamento desta Lei.

Art. 20. As sessões ordinárias do Plenário e das Turmas efetuar-se-ão com a periodicidade e do modo determinado no regimento da Junta Comercial; e as extraordinárias, sempre justificadas, por convocação do presidente ou de 2/3 (dois terços) dos seus membros.

Art. 21. Compete às Turmas julgar, originariamente, os pedidos relativos à execução dos atos de registro.

→ *V.* Art. 32 da Lei 8.934/1994.

Art. 22. O presidente e o vice-presidente serão nomeados, em comissão, no Distrito Federal, pelo Ministro de Estado da Indústria, do Comércio e do Turismo e, nos Estados, pelos governadores dessas circunscrições, dentre os membros do colégio de vogais.

Art. 23. Compete ao presidente:

I – a direção e representação geral da Junta;

II – dar posse aos vogais, convocar e dirigir as sessões do Plenário, superintender todos os serviços e velar pelo fiel cumprimento das normas legais e regulamentares.

Art. 24. Ao vice-presidente incumbe substituir o presidente em suas faltas ou impedimentos e efetuar a correição permanente dos serviços, na forma do regulamento desta Lei.

Art. 25. O secretário-geral será nomeado, em comissão, no Distrito Federal, pelo Ministro de Estado da Indústria, do Comércio e do Turismo, e, nos Estados, pelos respectivos governadores, dentre brasileiros de notória idoneidade moral e especializados em direito comercial.

Art. 26. À Secretaria-Geral compete a execução dos serviços de registro e de administração da Junta.

Art. 27. As Procuradorias serão compostas de um ou mais procuradores e chefiadas pelo procurador que for designado pelo governador do Estado.

Art. 28. A Procuradoria tem por atribuição fiscalizar e promover o fiel cumprimento das normas legais e executivas, oficiando, internamente, por sua iniciativa ou mediante solicitação da Presidência, do Plenário e das Turmas; e, externamente, em atos ou feitos de natureza jurídica, inclusive os judiciais, que envolvam matéria do interesse da Junta.

Capítulo II
DA PUBLICIDADE DO REGISTRO PÚBLICO DE EMPRESAS MERCANTIS E ATIVIDADES AFINS

Seção I
Das disposições gerais

Art. 29. Qualquer pessoa, sem necessidade de provar interesse, poderá consultar os assentamentos existentes nas Juntas Comerciais e obter certidões, mediante pagamento do preço devido.

Art. 30. A forma, prazo e procedimento de expedição de certidões serão definidos no Regulamento desta Lei.

Seção II
Da publicação dos atos

Art. 31. Os atos decisórios da Junta Comercial serão publicados no órgão de divulgação determinado em Portaria do presidente, publicada no Diário Oficial do Estado e, no caso da Junta Comercial do Distrito Federal, no Diário Oficial da União.

Capítulo III
DOS ATOS PERTINENTES AO REGISTRO PÚBLICO DE EMPRESAS MERCANTIS E ATIVIDADES AFINS

Seção I
Da compreensão dos atos

Art. 32. O registro compreende:

I – a matrícula e seu cancelamento: dos leiloeiros, tradutores públicos e intérpretes comerciais, trapicheiros e administradores de armazéns-gerais;

II – o arquivamento:

a) dos documentos relativos à constituição, alteração, dissolução e extinção de firmas mercantis individuais, sociedades mercantis e cooperativas;

b) dos atos relativos a consórcio e grupo de sociedade de que trata a Lei 6.404, de 15 de dezembro de 1976;

→ *V.* Arts. 269 e 279 da Lei 6.404/1976.

c) dos atos concernentes a empresas mercantis estrangeiras autorizadas a funcionar no Brasil;

→ *V.* Arts. 1.134 a 1.141 do CC.

d) das declarações de microempresa;

e) de atos ou documentos que, por determinação legal, sejam atribuídos ao Registro Público de Empresas Mercantis e Atividades Afins ou daqueles que possam interessar ao empresário e às empresas mercantis;

III – a autenticação dos instrumentos de escrituração das empresas mercantis registradas e dos agentes auxiliares do comércio, na forma de leis própria.

Art. 33. A proteção ao nome empresarial decorre automaticamente do arquivamento dos atos constitutivos de firma individual e de sociedades, ou de suas alterações.

→ *V.* Arts. 1.155 a 1.168 do CC.

§ 1º (*Vetado*).

§ 2º (*Vetado*).

Art. 34. O nome empresarial obedecerá aos princípios da veracidade e da novidade.

→ *V.* Art. 1.163 do CC.

Seção II
Das proibições de arquivamento

Art. 35. Não podem ser arquivados:

I – os documentos que não obedecerem às prescrições legais ou regulamentares ou que contiverem matéria contrária aos bons costumes ou à ordem pública, bem como os que colidirem com o respectivo estatuto ou contrato não modificado anteriormente;

II – os documentos de constituição ou alteração de empresas mercantis de qualquer espécie ou modalidade em que figure como titular ou administrador pessoa que esteja condenada pela prática de crime cuja pena vede o acesso à atividade mercantil;

III – os atos constitutivos de empresas mercantis que, além das cláusulas exigidas em lei, não designarem o respectivo capital, bem como a declaração precisa de seu objeto, cuja indicação no nome empresarial é facultativa;

IV – a prorrogação do contrato social, depois de findo o prazo nele fixado;

V – os atos de empresas mercantis com nome idêntico ou semelhante a outro já existente;

VI – a alteração contratual, por deliberação majoritária do capital social, quando houver cláusula restritiva;

VII – os contratos sociais ou suas alterações em que haja incorporação de imóveis à sociedade, por instrumento particular, quando do instrumento não constar:

a) a descrição e identificação do imóvel, sua área, dados relativos à sua titulação, bem como o número da matrícula no registro imobiliário;

b) a outorga uxória ou marital, quando necessária;

VIII – os contratos ou estatutos de sociedades mercantis, ainda não aprovados pelo Governo, nos casos em que for necessária essa aprovação, bem como as posteriores alterações, antes de igualmente aprovadas.

Parágrafo único. A Junta não dará andamento a qualquer documento de alteração de firmas individuais ou sociedades, sem que dos respectivos requerimentos e instrumentos conste o Número de Identificação de Registro de Empresas – Nire.

Seção III
Da ordem dos serviços

Subseção I
Da apresentação dos atos e arquivamento

Art. 36. Os documentos referidos no inciso II do art. 32 deverão ser apresentados a arquivamento na Junta, dentro de 30 (trinta) dias contados de sua assinatura, a cuja data retroagirão os efeitos do arquivamento; fora desse prazo, o arquivamento só terá eficácia a partir do despacho que o conceder.

Art. 37. Instruirão obrigatoriamente os pedidos de arquivamento:

I – o instrumento original de constituição, modificação ou extinção de empresas mercantis, assinado pelo titular, pelos administradores, sócios ou seus procuradores;

II – declaração do titular ou administrador, firmada sob as penas da lei, de não estar impedido de exercer o comércio ou a administração de sociedade mercantil, em virtude de condenação criminal;

→ Inciso II com redação alterada pela Lei 10.194/2001.

III – a ficha cadastral segundo modelo aprovado pelo DNRC;

IV – os comprovantes de pagamento dos preços dos serviços correspondentes;

V – a prova de identidade dos titulares e dos administradores da empresa mercantil.

Parágrafo único. Além dos referidos neste artigo, nenhum outro documento será exigido das firmas individuais e sociedades referidas nas alíneas *a*, *b* e *d* do inciso II do art. 32.

Art. 38. Para cada empresa mercantil, a Junta Comercial organizará um prontuário com os respectivos documentos.

Subseção II
Das autenticações

Art. 39. As Juntas Comerciais autenticarão:

I – os instrumentos de escrituração das empresas mercantis e dos agentes auxiliares do comércio;

II – as cópias dos documentos assentados.

Parágrafo único. Os instrumentos autenticados, não retirados no prazo de 30 (trinta) dias, contados da sua apresentação, poderão ser eliminados.

Art. 39-A. A autenticação dos documentos de empresas de qualquer porte realizada por meio de sistemas públicos eletrônicos dispensa qualquer outra.

→ Artigo acrescentado pela LC 147/2014.

Art. 39-B. A comprovação da autenticação de documentos e da autoria de que trata esta Lei poderá ser realizada por meio eletrônico, na forma do regulamento.

→ Artigo acrescentado pela LC 147/2014.

Subseção III
Do exame das formalidades

Art. 40. Todo ato, documento ou instrumento apresentado a arquivamento será objeto de exame do cumprimento das formalidades legais pela Junta Comercial.

§ 1º Verificada a existência de vício insanável, o requerimento será indeferido; quando for sanável, o processo será colocado em exigência.

§ 2º As exigências formuladas pela Junta Comercial deverão ser cumpridas em até 30 (trinta) dias, contados da data da ciência pelo interessado ou da publicação do despacho.

§ 3º O processo em exigência será entregue completo ao interessado; não devolvido no prazo previsto no parágrafo anterior, será considerado como novo pedido de arquivamento, sujeito ao pagamento dos preços dos serviços correspondentes.

Subseção IV
Do processo decisório

Art. 41. Estão sujeitos ao regime de decisão colegiada pelas Juntas Comerciais, na forma desta Lei:

I – o arquivamento:

a) dos atos de constituição de sociedades anônimas, bem como das atas de assembleias gerais e demais atos, relativos a essas sociedades, sujeitos ao Registro Público de Empresas Mercantis e Atividades Afins;

b) dos atos referentes à transformação, incorporação, fusão e cisão de empresas mercantis;

c) dos atos de constituição e alterações de consórcio e de grupo de sociedades, conforme previsto na Lei 6.404, de 15 de dezembro de 1976;

II – o julgamento do recurso previsto nesta Lei.

Art. 42. Os atos próprios do Registro Público de Empresas Mercantis e Atividades Afins, não previstos no artigo anterior, serão objeto de decisão singular proferida pelo presidente da Junta Comercial, por vogal ou servidor que possua comprovados conhecimentos de Direito Comercial e de Registro de Empresas Mercantis.

Parágrafo único. Os vogais e servidores habilitados a proferir decisões singulares serão designados pelo presidente da Junta Comercial.

Art. 43. Os pedidos de arquivamento constantes do art. 41 desta Lei serão decididos no prazo máximo de 5 (cinco) dias úteis, contados do seu recebimento; e os pedidos constantes do art. 42 desta Lei serão decididos no prazo máximo de 2 (dois) dias úteis, sob pena de ter-se como arquivados os atos respectivos, mediante provocação dos interessados, sem prejuízo do exame das formalidades legais pela Procuradoria.

→ Artigo com redação alterada pela Lei 11.598/2007.

Subseção V
Do processo revisional

Art. 44. O processo revisional pertinente ao Registro Público de Empresas Mercantis e Atividades Afins dar-se-á mediante:

I – Pedido de Reconsideração;

II – Recurso ao Plenário;

III – Recurso ao Ministro de Estado da Indústria, do Comércio e do Turismo.

Art. 45. O Pedido de Reconsideração terá por objeto obter a revisão de despachos singulares ou de Turmas que formulem exigências para o deferimento do arquivamento e será apresentado no prazo para cumprimento da exigência para apreciação pela autoridade recorrida em 3 (três) dias úteis ou 5 (cinco) dias úteis, respectivamente.

→ Artigo com redação alterada pela Lei 11.598/2007.

Art. 46. Das decisões definitivas, singulares ou de Turmas, cabe recurso ao Plenário, que deverá ser decidido no prazo máximo de 30 (trinta) dias, a contar da data do recebimento da peça recursal, ouvida a Procuradoria, no prazo de 10 (dez) dias, quando a mesma não for a recorrente.

Art. 47. Das decisões do Plenário cabe recurso ao Ministro de Estado da Indústria, do Comércio e do Turismo, como última instância administrativa.

Parágrafo único. A capacidade decisória poderá ser delegada, no todo ou em parte.

Art. 48. Os recursos serão indeferidos liminarmente pelo presidente da Junta quando assinados por procurador sem mandato ou, ainda, quando interpostos fora do prazo ou antes da decisão definitiva, devendo ser, em qualquer caso, anexados ao processo.

Art. 49. Os recursos de que trata esta Lei não têm efeito suspensivo.

Art. 50. Todos os recursos previstos nesta Lei deverão ser interpostos no prazo de 10 (dez) dias úteis, cuja fluência começa na data da intimação da parte ou da publicação do ato no órgão oficial de publicidade da Junta Comercial.

Art. 51. A Procuradoria e as partes interessadas, quando for o caso, serão intimadas para, no mesmo prazo de 10 (dez) dias, oferecerem contrarrazões.

Título II
Das Disposições Finais e Transitórias

Capítulo I
DAS DISPOSIÇÕES FINAIS

Art. 52. (*Vetado*).

Art. 53. As alterações contratuais ou estatutárias poderão ser efetivadas por escritura pública ou particular, independentemente da forma adotada no ato constitutivo.

Art. 54. A prova da publicidade de atos societários, quando exigida em lei, será feita mediante anotação nos registros da Junta Comercial à vista da apresentação da folha do Diário Oficial, ou do jornal onde foi feita a publicação, dispensada a juntada da mencionada folha.

Art. 55. Compete ao DNRC propor a elaboração da tabela de preços dos serviços pertinentes ao Registro Público de Empresas Mercantis, na parte relativa aos atos de natureza federal, bem como especificar os atos a serem observados pelas Juntas Comerciais na elaboração de suas tabelas locais.

Parágrafo único. As isenções de preços de serviços restringem-se aos casos previstos em lei.

Art. 56. Os documentos arquivados pelas Juntas Comerciais não serão retirados, em qualquer hipótese, de suas dependências, ressalvado o previsto no art. 58 desta Lei.

Art. 57. Os atos de empresas, após microfilmados ou preservada a sua imagem por meios tecnológicos mais avançados, poderão ser devolvidos pelas Juntas Comerciais, conforme dispuser o regulamento.

Art. 58. Os processos em exigência e os documentos deferidos e com a imagem preservada postos à disposição dos interessados e não retirados em 60 (sessenta) dias da publicação do respectivo despacho poderão ser eliminados pelas Juntas Comerciais, exceto os contratos e suas alterações, que serão devolvidos aos interessados mediante recibo.

Art. 59. Expirado o prazo da sociedade celebrada por tempo determinado, esta perderá a proteção do seu nome empresarial.

Art. 60. A firma individual ou a sociedade que não proceder a qualquer arquivamento no período de 10 (dez) anos consecutivos deverá comunicar à Junta Comercial que deseja manter-se em funcionamento.

§ 1º Na ausência dessa comunicação, a empresa mercantil será considerada inativa, promovendo a Junta Comercial o cancelamento do registro, com a perda automática da proteção ao nome empresarial.

§ 2º A empresa mercantil deverá ser notificada previamente pela Junta Comercial, mediante comunicação direta ou por edital, para os fins deste artigo.

§ 3º A Junta Comercial fará comunicação do cancelamento às autoridades arrecadadoras, no prazo de até 10 (dez) dias.

§ 4º A reativação da empresa obedecerá aos mesmos procedimentos requeridos para sua constituição.

Art. 61. O fornecimento de informações cadastrais aos órgãos executores do Registro Público de Empresas Mercantis e Atividades Afins desobriga as firmas individuais e sociedades de prestarem idênticas informações a outros órgãos ou entidades das Administrações Federal, Estadual ou Municipal.

Parágrafo único. O Departamento Nacional de Registro do Comércio manterá à disposição dos órgãos ou entidades referidos neste artigo os seus serviços de cadastramento de empresas mercantis.

Art. 62. As atribuições conferidas às Procuradorias pelo art. 28 desta Lei serão exercidas, no caso da Junta Comercial do Distrito Federal, pelos assistentes jurídicos em exercício no Departamento Nacional de Registro do Comércio.

Art. 63. Os atos levados a arquivamento nas Juntas Comerciais são dispensados de reconhecimento de firma, exceto quando se tratar de procuração.

Parágrafo único. A cópia de documento, autenticada na forma da Lei, dispensa nova conferência com o original; poderá, também, a autenticação ser feita pelo cotejo da cópia com o original por servidor a quem o documento seja apresentado.

Art. 64. A certidão dos atos de constituição e de alteração de sociedades mercantis, passada pelas Juntas Comerciais em que foram arquivados, será o documento hábil para a transferência, por transcrição no registro público competente, dos bens com que o subscritor tiver contribuído para a formação ou aumento do capital social.

Capítulo II
DAS DISPOSIÇÕES TRANSITÓRIAS

Art. 65. As Juntas Comerciais adaptarão os respectivos regimentos ou regulamentos às disposições desta Lei no prazo de 180 (cento e oitenta) dias.

Art. 66. (*Vetado*).

Art. 67. Esta Lei será regulamentada pelo Poder Executivo no prazo de 90 (noventa) dias e entrará em vigor na data da sua publicação, revogadas as Leis 4.726, de 13 de julho de 1965, 6.939, de 9 de setembro de 1981, 6.054, de 12 de junho de 1974, o § 4º do art. 71 da Lei 4.215, de 27 de abril de 1963, acrescentado pela Lei 6.884, de 9 de dezembro de 1980, e a Lei 8.209, de 18 de julho de 1991.

Brasília, 18 de novembro de 1994; 173º da Independência e 106º da República.

Itamar Franco

(Publicação no *D.O.U.* de 21.11.1994)

LEI 8.935,
DE 18 DE NOVEMBRO DE 1994

Regulamenta o art. 236 da Constituição Federal, dispondo sobre serviços notariais e de registro.

O Presidente da República:

Faço saber que o Congresso Nacional decreta e eu sanciono a seguinte Lei:

→ *V.* Lei 11.971/2009 – Dispõe sobre as certidões expedidas pelos Ofícios do Registro de Distribuição e Distribuidores Judiciais.

→ *V.* Lei 11.789/2008 – Proíbe a inserção nas certidões de nascimento e de óbito de expressões que indiquem condição de pobreza ou semelhantes e altera as Leis 6.015, de 31 de dezembro de 1973 – Lei de Registros Públicos, e 8.935, de 18 de novembro de 1994.

→ *V.* Decreto 3.048/1999 – Aprova o regulamento da Previdência Social.

Título I
Dos Serviços Notariais e de Registros

→ *V.* Lei 6.015/1973 – Dispõe sobre os registros públicos, e dá outras providências.

Capítulo I
NATUREZA E FINS

Art. 1º Serviços notariais e de registro são os de organização técnica e administrativa destinados a garantir a publicidade, autenticidade, segurança e eficácia dos atos jurídicos.

Art. 2º (*Vetado*).

Art. 3º Notário, ou tabelião, e oficial de registro, ou registrador, são profissionais do direito, dotados de fé pública, a quem é delegado o exercício da atividade notarial e de registro.

Art. 4º Os serviços notariais e de registro serão prestados, de modo eficiente e adequado, em dias e horários estabelecidos pelo juízo competente, atendidas as peculiaridades locais, em local de fácil acesso ao público e que ofereça segurança para o arquivamento de livros e documentos.

§ 1º O serviço de registro civil das pessoas naturais será prestado, também, nos sábados, domingos e feriados pelo sistema de plantão.

§ 2º O atendimento ao público será, no mínimo, de seis horas diárias.

Capítulo II
DOS NOTÁRIOS E REGISTRADORES

Seção I
Dos titulares

Art. 5º Os titulares de serviços notariais e de registro são os:

I – tabeliães de notas;

II – tabeliães e oficiais de registro de contratos marítimos;

III – tabeliães de protesto de títulos;

IV – oficiais de registro de imóveis;

V – oficiais de registro de títulos e documentos e civis das pessoas jurídicas;

VI – oficiais de registro civis das pessoas naturais e de interdições e tutelas;

VII – oficiais de registro de distribuição.

Seção II
Das atribuições e competências dos notários

Art. 6º Aos notários compete:

I – formalizar juridicamente a vontade das partes;

II – intervir nos atos e negócios jurídicos a que as partes devam ou queiram dar forma legal ou autenticidade, autorizando a redação ou redigindo os instrumentos adequados, conservando os originais e expedindo cópias fidedignas de seu conteúdo;

III – autenticar fatos.

Art. 7º Aos tabeliães de notas compete com exclusividade:

I – lavrar escrituras e procurações públicas;

II – lavrar testamentos públicos e aprovar os cerrados;

III – lavrar atas notariais;

IV – reconhecer firmas;

V – autenticar cópias.

Parágrafo único. É facultado aos tabeliães de notas realizar todas as gestões e diligências necessárias ou convenientes ao preparo dos atos notariais, requerendo o que couber, sem ônus maiores que os emolumentos devidos pelo ato.

Art. 8º É livre a escolha do tabelião de notas, qualquer que seja o domicílio das partes ou o lugar de situação dos bens objeto do ato ou negócio.

Art. 9º O tabelião de notas não poderá praticar atos de seu ofício fora do Município para o qual recebeu delegação.

Art. 10. Aos tabeliães e oficiais de registro de contratos marítimos compete:

I – lavrar os atos, contratos e instrumentos relativos a transações de embarcações a que as partes devam ou queiram dar forma legal de escritura pública;

II – registrar os documentos da mesma natureza;

III – reconhecer firmas em documentos destinados a fins de direito marítimo;

IV – expedir traslados e certidões.

Art. 11. Aos tabeliães de protesto de título compete privativamente:

I – protocolar de imediato os documentos de dívida, para prova do descumprimento da obrigação;

II – intimar os devedores dos títulos para aceitá-los, devolvê-los ou pagá-los, sob pena de protesto;

III – receber o pagamento dos títulos protocolizados, dando quitação;

IV – lavrar o protesto, registrando o ato em livro próprio, em microfilme ou sob outra forma de documentação;

V – acatar o pedido de desistência do protesto formulado pelo apresentante;

VI – averbar:

a) o cancelamento do protesto;

b) as alterações necessárias para atualização dos registros efetuados;

VII – expedir certidões de atos e documentos que constem de seus registros e papéis.

Parágrafo único. Havendo mais de um tabelião de protestos na mesma localidade, será obrigatória a prévia distribuição dos títulos.

Seção III
Das atribuições e competências dos oficiais de registros

Art. 12. Aos oficiais de registro de imóveis, de títulos e documentos e civis das pessoas jurídicas, civis das pessoas naturais e de interdições e tutelas compete a prática dos atos relacionados na legislação pertinente aos registros públicos, de que são incumbidos, independentemente de prévia distribuição, mas sujeitos os oficiais de registro de imóveis e civis das pessoas naturais às normas que definirem as circunscrições geográficas.

Art. 13. Aos oficiais de registro de distribuição compete privativamente:

I – quando previamente exigida, proceder à distribuição equitativa pelos serviços da mesma natureza, registrando os atos praticados; em caso contrário, registrar as comunicações recebidas dos órgãos e serviços competentes;

II – efetuar as averbações e os cancelamentos de sua competência;

III – expedir certidões de atos e documentos que constem de seus registros e papéis.

Título II
Das Normas Comuns

Capítulo I
DO INGRESSO NA ATIVIDADE NOTARIAL E DE REGISTRO

Art. 14. A delegação para o exercício da atividade notarial e de registro depende dos seguintes requisitos:

I – habilitação em concurso público de provas e títulos;

II – nacionalidade brasileira;

III – capacidade civil;

IV – quitação com as obrigações eleitorais e militares;

V – diploma de bacharel em direito;

VI – verificação de conduta condigna para o exercício da profissão.

Art. 15. Os concursos serão realizados pelo Poder Judiciário, com a participação, em todas as suas fases, da Ordem dos Advogados do Brasil, do Ministério Público, de um notário e de um registrador.

§ 1º O concurso será aberto com a publicação de edital, dele constando os critérios de desempate.

§ 2º Ao concurso público poderão concorrer candidatos não bacharéis em direito que tenham completado, até a data da primeira publicação do edital do concurso de provas e títulos, dez anos de exercício em serviço notarial ou de registro.

§ 3º (*Vetado*).

Art. 16. As vagas serão preenchidas alternadamente, duas terças partes por concurso público de provas e títulos e uma terça parte por meio de remoção, mediante concurso de títulos, não se permitindo que qualquer serventia notarial ou de registro fique vaga, sem abertura de concurso de provimento inicial ou de remoção, por mais de 6 (seis) meses.

→ *Caput* com redação alterada pela Lei 10.506/2002.

Parágrafo único. Para estabelecer o critério do preenchimento, tomar-se-á por base a data de vacância da titularidade ou, quando vagas na mesma data, aquela da criação do serviço.

Art. 17. Ao concurso de remoção somente serão admitidos titulares que exerçam a atividade por mais de dois anos.

Art. 18. A legislação estadual disporá sobre as normas e os critérios para o concurso de remoção.

Art. 19. Os candidatos serão declarados habilitados na rigorosa ordem de classificação no concurso.

Capítulo II
DOS PREPOSTOS

Art. 20. Os notários e os oficiais de registro poderão, para o desempenho de suas funções, contratar escreventes, dentre eles escolhendo os substitutos, e auxiliares como empregados, com remuneração livremente ajustada e sob o regime da legislação do trabalho.

§ 1º Em cada serviço notarial ou de registro haverá tantos substitutos, escreventes e auxiliares quantos forem necessários, a critério de cada notário ou oficial de registro.

§ 2º Os notários e os oficiais de registro encaminharão ao juízo competente os nomes dos substitutos.

§ 3º Os escreventes poderão praticar somente os atos que o notário ou o oficial de registro autorizar.

§ 4º Os substitutos poderão, simultaneamente com o notário ou o oficial de registro, praticar todos os atos que lhe sejam próprios exceto, nos tabelionatos de notas, lavrar testamentos.

§ 5º Dentre os substitutos, um deles será designado pelo notário ou oficial de registro para responder pelo respectivo serviço nas ausências e nos impedimentos do titular.

Art. 21. O gerenciamento administrativo e financeiro dos serviços notariais e de registro é da responsabilidade exclusiva do respectivo titular, inclusive no que diz respeito às despesas de custeio, investimento e pessoal, cabendo-lhe estabelecer normas, condições e obrigações relativas à atribuição de funções e de remuneração de seus prepostos de modo a obter a melhor qualidade na prestação dos serviços.

Capítulo III
DA RESPONSABILIDADE CIVIL E CRIMINAL

Art. 22. Os notários e oficiais de registro, temporários ou permanentes, responderão pelos danos que eles e seus prepostos causem a terceiros, inclusive pelos relacionados a direitos e encargos trabalhistas, na prática de atos próprios da serventia, assegurado aos primeiros direito de regresso no caso de dolo ou culpa dos prepostos.

→ Artigo com redação alterada pela Lei 13.137/2015.

Art. 23. A responsabilidade civil independe da criminal.

Art. 24. A responsabilidade criminal será individualizada, aplicando-se, no que couber, a legislação relativa aos crimes contra a administração pública.

Parágrafo único. A individualização prevista no *caput* não exime os notários e os oficiais de registro de sua responsabilidade civil.

Capítulo IV
DAS INCOMPATIBILIDADES E DOS IMPEDIMENTOS

Art. 25. O exercício da atividade notarial e de registro é incompatível com o da advocacia, o da intermediação de seus serviços ou o de qualquer cargo, emprego ou função públicos, ainda que em comissão.

§ 1º (*Vetado*).

§ 2º A diplomação, na hipótese de mandato eletivo, e a posse, nos demais casos, implicará no afastamento da atividade.

Art. 26. Não são acumuláveis os serviços enumerados no art. 5º.

Parágrafo único. Poderão, contudo, ser acumulados nos Municípios que não comportarem, em razão do volume dos serviços ou da receita, a instalação de mais de um dos serviços.

Art. 27. No serviço de que é titular, o notário e o registrador não poderão praticar, pessoalmente, qualquer ato de seu interesse, ou de interesse de seu cônjuge ou de parentes, na linha reta, ou na colateral, consanguíneos ou afins, até o terceiro grau.

Capítulo V
DOS DIREITOS E DEVERES

Art. 28. Os notários e oficiais de registro gozam de independência no exercício de suas atribuições, têm direito à percepção dos emolumentos integrais pelos atos praticados na serventia e só perderão a delegação nas hipóteses previstas em lei.

Art. 29. São direitos do notário e do registrador:

I – exercer opção, nos casos de desmembramento ou desdobramento de sua serventia;

II – organizar associações ou sindicatos de classe e deles participar.

Art. 30. São deveres dos notários e dos oficiais de registro:

I – manter em ordem os livros, papéis e documentos de sua serventia, guardando-os em locais seguros;

II – atender as partes com eficiência, urbanidade e presteza;

III – atender prioritariamente as requisições de papéis, documentos, informações ou providências que lhes forem solicitadas pelas autoridades judiciárias ou administrativas para a defesa das pessoas jurídicas de direito público em juízo;

IV – manter em arquivo as leis, regulamentos, resoluções, provimentos, regimentos, ordens de serviço e quaisquer outros atos que digam respeito à sua atividade;

V – proceder de forma a dignificar a função exercida, tanto nas atividades profissionais como na vida privada;

VI – guardar sigilo sobre a documentação e os assuntos de natureza reservada de que tenham conhecimento em razão do exercício de sua profissão;

VII – afixar em local visível, de fácil leitura e acesso ao público, as tabelas de emolumentos em vigor;

VIII – observar os emolumentos fixados para a prática dos atos do seu ofício;

IX – dar recibo dos emolumentos percebidos;

X – observar os prazos legais fixados para a prática dos atos do seu ofício;

XI – fiscalizar o recolhimento dos impostos incidentes sobre os atos que devem praticar;

XII – facilitar, por todos os meios, o acesso à documentação existente às pessoas legalmente habilitadas;

XIII – encaminhar ao juízo competente as dúvidas levantadas pelos interessados, obedecida a sistemática processual fixada pela legislação respectiva;

XIV – observar as normas técnicas estabelecidas pelo juízo competente.

Capítulo VI
DAS INFRAÇÕES DISCIPLINARES E DAS PENALIDADES

Art. 31. São infrações disciplinares que sujeitam os notários e os oficiais de registro às penalidades previstas nesta Lei:

I – a inobservância das prescrições legais ou normativas;

II – a conduta atentatória às instituições notariais e de registro;

III – a cobrança indevida ou excessiva de emolumentos, ainda que sob a alegação de urgência;

IV – a violação do sigilo profissional;

V – o descumprimento de quaisquer dos deveres descritos no art. 30.

Art. 32. Os notários e os oficiais de registro estão sujeitos, pelas infrações que praticarem, assegurado amplo direito de defesa, às seguintes penas:

I – repreensão;

II – multa;

III – suspensão por 90 (noventa) dias, prorrogável por mais 30 (trinta);

IV – perda da delegação.

Art. 33. As penas serão aplicadas:

I – a de repreensão, no caso de falta leve;

II – a de multa, em caso de reincidência ou de infração que não configure falta mais grave;

III – a de suspensão, em caso de reiterado descumprimento dos deveres ou de falta grave.

Art. 34. As penas serão impostas pelo juízo competente, independentemente da ordem de gradação, conforme a gravidade do fato.

Art. 35. A perda da delegação dependerá:

I – de sentença judicial transitada em julgado; ou

II – de decisão decorrente de processo administrativo instaurado pelo juízo competente, assegurado amplo direito de defesa.

§ 1º Quando o caso configurar a perda da delegação, o juízo competente suspenderá o notário ou oficial de registro, até a decisão final, e designará interventor, observando-se o disposto no art. 36.

§ 2º (*Vetado*).

Art. 36. Quando, para a apuração de faltas imputadas a notários ou a oficiais de registro, for necessário o afastamento do titular do serviço, poderá ele ser suspenso, preventivamente, pelo prazo de 90 (noventa) dias, prorrogável por mais 30 (trinta).

§ 1º Na hipótese do *caput*, o juízo competente designará interventor para responder pela serventia, quando o substituto também for acusado das faltas ou quando a medida se revelar conveniente para os serviços.

§ 2º Durante o período de afastamento, o titular perceberá metade da renda líquida da serventia; outra metade será depositada em conta bancária especial, com correção monetária.

§ 3º Absolvido o titular, receberá ele o montante dessa conta; condenado, caberá esse montante ao interventor.

Capítulo VII
DA FISCALIZAÇÃO PELO PODER JUDICIÁRIO

Art. 37. A fiscalização judiciária dos atos notariais e de registro, mencionados nos arts. 6º a 13, será exercida pelo juízo competente, assim definido na órbita estadual e do Distrito Federal, sempre que necessário, ou mediante representação de qualquer interessado, quando da inobservância de obrigação legal por parte de notário ou de oficial de registro, ou de seus prepostos.

Parágrafo único. Quando, em autos ou papéis de que conhecer, o Juiz verificar a existência de crime de ação pública, remeterá ao Ministério Público as cópias e os documentos necessários ao oferecimento da denúncia.

Art. 38. O juízo competente zelará para que os serviços notariais e de registro sejam prestados com rapidez, qualidade satisfatória e de modo eficiente, podendo sugerir à autoridade competente a elaboração de planos de adequada e melhor prestação desses serviços, observados, também, critérios populacionais e socioeconômicos, publicados regularmente pela Fundação Instituto Brasileiro de Geografia e Estatística.

Capítulo VIII
DA EXTINÇÃO DA DELEGAÇÃO

Art. 39. Extinguir-se-á a delegação a notário ou a oficial de registro por:

I – morte;

II – aposentadoria facultativa;

III – invalidez;

IV – renúncia;

V – perda, nos termos do art. 35;

VI – descumprimento, comprovado, da gratuidade estabelecida na Lei 9.534, de 10 de dezembro de 1997.

→ Inciso VI acrescentado pela Lei 9.812/1999.

§ 1º Dar-se-á aposentadoria facultativa ou por invalidez nos termos da legislação previdenciária federal.

§ 2º Extinta a delegação a notário ou a oficial de registro, a autoridade competente declarará vago o respectivo serviço, designará o substituto mais antigo para responder pelo expediente e abrirá concurso.

Capítulo IX
DA SEGURIDADE SOCIAL

Art. 40. Os notários, oficiais de registro, escreventes e auxiliares são vinculados à previdência social, de âmbito federal, e têm assegurada a contagem recíproca de tempo de serviço em sistemas diversos.

Parágrafo único. Ficam assegurados, aos notários, oficiais de registro, escreventes e auxiliares os direitos e vantagens previdenciários adquiridos até a data da publicação desta Lei.

Título III
Das Disposições Gerais

Art. 41. Incumbe aos notários e aos oficiais de registro praticar, independentemente de autorização, todos os atos previstos em lei necessários à organização e execução dos serviços, podendo, ainda, adotar sistemas de computação, microfilmagem, disco ótico e outros meios de reprodução.

Art. 42. Os papéis referentes aos serviços dos notários e dos oficiais de registro serão arquivados mediante utilização de processos que facilitem as buscas.

Art. 43. Cada serviço notarial ou de registro funcionará em um só local, vedada a instalação de sucursal.

Art. 44. Verificada a absoluta impossibilidade de se prover, através de concurso público, a titularidade de serviço notarial ou de registro, por desinteresse ou inexistência de candidatos, o juízo competente proporá à autoridade competente a extinção do serviço e a anexação de suas atribuições ao serviço da mesma natureza mais próximo ou àquele localizado na sede do respectivo Município ou de Município contíguo.

§ 1º (*Vetado*).

§ 2º Em cada sede municipal haverá no mínimo um registrador civil das pessoas naturais.

§ 3º Nos municípios de significativa extensão territorial, a juízo do respectivo Estado, cada sede distrital disporá no mínimo de um registrador civil das pessoas naturais.

Art. 45. São gratuitos os assentos do registro civil de nascimento e o de óbito, bem como a primeira certidão respectiva.

→ *Caput* com redação alterada pela Lei 9.534/1997.

§ 1º Para os reconhecidamente pobres não serão cobrados emolumentos pelas certidões a que se refere este artigo.

→ § 1º acrescentado pela Lei 11.789/2008.

§ 2º É proibida a inserção nas certidões de que trata o § 1º deste artigo de expressões que indiquem condição de pobreza ou semelhantes.

→ § 2º acrescentado pela Lei 11.789/2008.

Art. 46. Os livros, fichas, documentos, papéis, microfilmes e sistemas de computação deverão permanecer sempre sob a guarda e responsabilidade do titular de serviço notarial ou de registro, que zelará por sua ordem, segurança e conservação.

Parágrafo único. Se houver necessidade de serem periciados, o exame deverá ocorrer na própria sede do serviço, em dia e hora adrede designados, com ciência do titular e autorização do juízo competente.

Título IV
Das Disposições Transitórias

Art. 47. O notário e o oficial de registro, legalmente nomeados até 5 de outubro de 1988, detêm a delegação constitucional de que trata o art. 2º.

Art. 48. Os notários e os oficiais de registro poderão contratar, segundo a legislação trabalhista, seus atuais escreventes e auxiliares de investidura estatutária ou em regime especial desde que estes aceitem a transformação de seu regime jurídico, em opção expressa, no prazo improrrogável de 30 (trinta) dias, contados da publicação desta Lei.

§ 1º Ocorrendo opção, o tempo de serviço prestado será integralmente considerado, para todos os efeitos de direito.

§ 2º Não ocorrendo opção, os escreventes e auxiliares de investidura estatutária ou em regime especial continuarão regidos pelas normas aplicáveis aos funcionários públicos ou pelas editadas pelo Tribunal de Justiça respectivo, vedadas novas admissões por qualquer desses regimes, a partir da publicação desta Lei.

Art. 49. Quando da primeira vacância da titularidade de serviço notarial ou de registro, será procedida a desacumulação, nos termos do art. 26.

Art. 50. Em caso de vacância, os serviços notariais e de registro estatizados passarão automaticamente ao regime desta Lei.

Art. 51. Aos atuais notários e oficiais de registro, quando da aposentadoria, fica assegurado o direito de percepção de proventos de acordo com a legislação que anteriormente os regia, desde que tenham mantido as contribuições nela estipuladas até a data do deferimento do pedido ou de sua concessão.

§ 1º O disposto neste artigo aplica-se aos escreventes e auxiliares de investidura estatutária ou em regime especial que vierem a ser contratados em virtude da opção de que trata o art. 48.

§ 2º Os proventos de que trata este artigo serão os fixados pela legislação previdenciária aludida no *caput*.

§ 3º O disposto neste artigo aplica-se também às pensões deixadas, por morte, pelos notários, oficiais de registro, escreventes e auxiliares.

Art. 52. Nas unidades federativas onde já exista lei estadual específica, em vigor na data de publicação desta Lei, são competentes para a lavratura de instrumentos traslatícios de direitos reais, procurações, reconhecimento de firmas e autenticação de cópia reprográfica os serviços de Registro Civil das Pessoas Naturais.

Art. 53. Nos Estados cujas organizações judiciárias, vigentes à época da publicação desta Lei, assim previrem, continuam em vigor as determinações relativas à fixação da área territorial de atuação dos tabeliães de protesto de títulos, a quem os títulos serão distribuídos em obediência às respectivas zonas.

Parágrafo único. Quando da primeira vacância, aplicar-se-á à espécie o disposto no parágrafo único do art. 11.

Art. 54. Esta Lei entra em vigor na data da sua publicação.

Art. 55. Revogam-se as disposições em contrário.

Brasília, 18 de novembro de 1994; 173º da Independência e 106º da República.

Itamar Franco

(Publicação no *D.O.U.* de 21.11.1994)

LEI 8.955,
DE 15 DE DEZEMBRO DE 1994

Dispõe sobre o contrato de franquia empresarial (franchising) *e dá outras providências.*

O Presidente da República:

Faço saber que o Congresso Nacional decreta e eu sanciono a seguinte Lei:

Art. 1º Os contratos de franquia empresarial são disciplinados por esta Lei.

Art. 2º Franquia empresarial é o sistema pelo qual um franqueador cede ao franqueado o direito de uso de marca ou patente, associado ao direito de distribuição exclusiva ou semiexclusiva de produtos ou serviços e, eventualmente, também ao direito de uso de tecnologia de implantação e administração de negócio ou sistema operacional desenvolvidos ou detidos pelo franqueador, mediante remuneração direta ou indireta, sem que, no entanto, fique caracterizado vínculo empregatício.

→ v. Lei 9.279/1996 – Regula direitos e obrigações relativos à propriedade industrial.

Art. 3º Sempre que o franqueador tiver interesse na implantação de sistema de franquia empresarial, deverá fornecer ao interessado em tornar-se franqueado uma Circular de Oferta de Franquia, por escrito e em linguagem clara e acessível, contendo obrigatoriamente as seguintes informações:

I – histórico resumido, forma societária e nome completo ou razão social do franqueador e de todas as empresas a que esteja diretamente ligados bem como os respectivos nomes de fantasia e endereços;

II – balanços e demonstrações financeiras da empresa franqueadora relativos aos dois últimos exercícios;

III – indicação precisa de todas as pendências judiciais em que estejam envolvidos o franqueador, as empresas controladoras e titulares de marcas, patentes e direitos autorais relativos à operação, e seus subfranqueadores, questionando especificamente o sistema da franquia ou que possam diretamente vir a impossibilitar o funcionamento da franquia;

IV – descrição detalhada da franquia, descrição geral do negócio e das atividades que serão desempenhadas pelo franqueado;

V – perfil do "franqueado ideal" no que se refere a experiência anterior, nível de escolaridade e outras características que deve ter, obrigatória ou preferencialmente;

VI – requisitos quanto ao envolvimento direto do franqueado na operação e na administração do negócio;

VII – especificações quanto ao:

a) total estimado do investimento inicial necessário à aquisição, implantação e entrada em operação da franquia;

b) valor da taxa inicial de filiação ou taxa de franquia e de caução; e

c) valor estimado das instalações, equipamentos e do estoque inicial e suas condições de pagamento;

VIII – informações claras quanto a taxas periódicas e outros valores a serem pagos pelo franqueado ao franqueador ou a terceiros por este indicados, detalhando as respectivas bases de cálculo e o que as mesmas remuneram ou o fim a que se destinam, indicando, especificamente, o seguinte:

a) remuneração periódica pelo uso do sistema, da marca ou em troca dos serviços efetivamente prestados pelo franqueador ao franqueado (*royalties*);

b) aluguel de equipamentos ou ponto comercial;

c) taxa de publicidade ou semelhante;

d) seguro mínimo; e

e) outros valores devidos ao franqueador ou a terceiros que a ele sejam ligados;

IX – relação completa de todos os franqueados, subfranqueados e subfranqueadores da rede, bem como dos que se desligaram nos últimos doze meses, com nome, endereço e telefone;

X – em relação ao território, deve ser especificado o seguinte:

a) se é garantida ao franqueado exclusividade ou preferência sobre determinado território de atuação e, caso positivo, em que condições o faz; e

b) possibilidade de o franqueado realizar vendas ou prestar serviços fora de seu território ou realizar exportações;

XI – informações claras e detalhadas quanto à obrigação do franqueado de adquirir quaisquer bens, serviços ou insumos necessários à implantação, operação ou administração de sua franquia, apenas de fornecedores indicados e aprovados pelo franqueador, oferecendo ao franqueado relação completa desses fornecedores;

XII – indicação do que é efetivamente oferecido ao franqueado pelo franqueador, no que se refere a:

a) supervisão de rede;

b) serviços de orientação e outros prestados ao franqueado;

c) treinamento do franqueado, especificando duração, conteúdo e custos;

LEGISLAÇÃO

d) treinamento dos funcionários do franqueado;

e) manuais de franquia;

f) auxílio na análise e escolha do ponto onde será instalada a franquia; e

g) *layout* e padrões arquitetônicos nas instalações do franqueado;

XIII – situação perante o Instituto Nacional de Propriedade Industrial – INPI, das marcas ou patentes cujo uso estará sendo autorizado pelo franqueador;

XIV – situação do franqueado, após a expiração do contrato de franquia, em relação a:

a) *know-how* ou segredo de indústria a que venha a ter acesso em função da franquia; e

b) implantação de atividade concorrente da atividade do franqueador;

XV – modelo do contrato-padrão e, se for o caso, também do pré-contrato-padrão de franquia adotado pelo franqueador, com texto completo, inclusive dos respectivos anexos e prazo de validade.

Art. 4º A Circular de Oferta de Franquia deverá ser entregue ao candidato a franqueado no mínimo 10 (dez) dias antes da assinatura do contrato ou pré-contrato de franquia ou ainda do pagamento de qualquer tipo de taxa pelo franqueado ao franqueador ou a empresa ou pessoa ligada a este.

Parágrafo único. Na hipótese do não cumprimento do disposto no *caput* deste artigo, o franqueado poderá arguir a anulabilidade do contrato e exigir devolução de todas as quantias que já houver pago ao franqueador ou a terceiros por ele indicados, a título de taxa de filiação e *royalties*, devidamente corrigidas, pela variação da remuneração básica dos depósitos de poupança mais perdas e danos.

→ *v.* Art. 7º da Lei 8.955/1994.

→ *v.* Art. 182 do CC.

Art. 5º (*Vetado*).

Art. 6º O contrato de franquia deve ser sempre escrito e assinado na presença de duas testemunhas e terá validade independentemente de ser levado a registro perante cartório ou órgão público.

→ *v.* Art. 211 da Lei 9.279/1996.

Art. 7º A sanção prevista no parágrafo único do art. 4º desta Lei aplica-se, também, ao franqueador que veicular informações falsas na sua Circular de Oferta de Franquia, sem prejuízo das sanções penais cabíveis.

Art. 8º O disposto nesta Lei aplica-se aos sistemas de franquia instalados e operados no território nacional.

Art. 9º Para os fins desta Lei, o termo franqueador, quando utilizado em qualquer de seus dispositivos, serve também para designar o subfranqueador, da mesma forma que as disposições que se refiram ao franqueado aplicam-se ao subfranqueado.

Art. 10. Esta Lei entra em vigor 60 (sessenta) dias após sua publicação.

Art. 11. Revogam-se as disposições em contrário.

Brasília, 15 de dezembro de 1994; 173º da Independência e 106º da República.

Itamar Franco

(Publicação no *D.O.U.* de 16.12.1994)

LEI 8.971,
DE 29 DE DEZEMBRO DE 1994

Regula o direito dos companheiros a alimentos e à sucessão.

O Presidente da República:

Faço saber que o Congresso Nacional decreta e eu sanciono a seguinte Lei:

Art. 1º A companheira comprovada de um homem solteiro, separado judicialmente, divorciado ou viúvo, que com ele viva há mais de 5 (cinco) anos, ou dele tenha prole, poderá valer-se do disposto na Lei 5.478, de 25 de julho de 1968, enquanto não constituir nova união e desde que prove a necessidade.

Parágrafo único. Igual direito e nas mesmas condições é reconhecido ao companheiro de mulher solteira, separada judicialmente, divorciada ou viúva.

Art. 2º As pessoas referidas no artigo anterior participarão da sucessão do(a) companheiro(a) nas seguintes condições:

→ *v.* Arts. 1.790 a 1.829 do CC.

I – o(a) companheiro(a) sobrevivente terá direito, enquanto não constituir nova união, ao usufruto de quarta parte dos bens do *de cujus*, se houver filhos deste ou comuns;

II – o(a) companheiro(a) sobrevivente terá direito, enquanto não constituir nova união, ao usufruto da metade dos bens do *de cujus*, se não houver filhos, embora sobrevivam ascendentes;

III – na falta de descendentes e de ascendentes, o(a) companheiro(a) sobrevivente terá direito à totalidade da herança.

Art. 3º Quando os bens deixados pelo(a) autor(a) da herança resultarem de atividade em que haja colaboração do(a) companheiro(a), terá o sobrevivente direito à metade dos bens.

→ *v.* Súmula 380 do STF.

Art. 4º Esta Lei entra em vigor na data de sua publicação.

Art. 5º Revogam-se as disposições em contrário.

Brasília, 29 de dezembro de 1994; 173º da Independência e 106º da República.

Itamar Franco

(Publicação no *D.O.U.* de 30.12.1994)

LEI 8.984,
DE 7 DE FEVEREIRO DE 1995

Estende a competência da Justiça do Trabalho (art. 114 da Constituição Federal).

O Presidente da República:

Faço saber que o Congresso Nacional decreta e eu sanciono a seguinte Lei:

Art. 1º Compete à Justiça do Trabalho conciliar e julgar os dissídios que tenham origem no cumprimento de convenções coletivas de trabalho ou acordos coletivos de trabalho, mesmo quando ocorram entre sindicatos ou entre sindicato de trabalhadores e empregador.

→ *v.* Art. 652, II, da CLT.

Art. 2º Esta Lei entra em vigor na data de sua publicação.

Art. 3º Revogam-se as disposições em contrário.

Brasília, 7 de fevereiro de 1995; 174º da Independência e 107º da República.

Fernando Henrique Cardoso

(Publicado no *D.O.U.* de 8.2.1995)

LEI 8.987,
DE 13 DE FEVEREIRO DE 1995

Dispõe sobre o regime de concessão e permissão da prestação de serviços públicos previsto no art. 175 da Constituição Federal, e dá outras providências.

O Presidente da República:

Faço saber que o Congresso Nacional decreta e eu sanciono a seguinte Lei:

Capítulo I
DAS DISPOSIÇÕES PRELIMINARES

→ *v.* Lei 11.079/2004 – Normas gerais para licitação e contratação de parceria público-privada no âmbito da administração pública.

→ *v.* Decreto 2.521/1998 – Exploração, mediante permissão e autorização, de serviços de transporte rodoviário interestadual e internacional de passageiros.

→ *v.* Decreto 1.910/1996 – Concessão e a permissão de serviços desenvolvidos em terminais alfandegados de uso público.

Art. 1º As concessões de serviços públicos e de obras públicas e as permissões de serviços públicos reger-se-ão pelos termos do art. 175 da Constituição Federal, por esta Lei, pelas normas legais pertinentes e pelas cláusulas dos indispensáveis contratos.

Parágrafo único. A União, os Estados, o Distrito Federal e os Municípios promoverão a revisão e as adaptações necessárias de sua legislação às prescrições desta Lei, buscando atender as peculiaridades das diversas modalidades dos seus serviços.

Art. 2º Para os fins do disposto nesta Lei, considera-se:

I – poder concedente: a União, o Estado, o Distrito Federal ou o Município, em cuja competência se encontre o serviço público, precedido ou não da execução de obra pública, objeto de concessão ou permissão;

II – concessão de serviço público: a delegação de sua prestação, feita pelo poder concedente, mediante licitação, na modalidade de concorrência, à pessoa jurídica ou consórcio de empresas que demonstre capacidade para seu desempenho, por sua conta e risco e por prazo determinado;

III – concessão de serviço público precedida da execução de obra pública: a construção, total ou parcial, conservação, reforma, ampliação ou melhoramento de quaisquer obras de interesse público, delegada pelo poder concedente, mediante licitação, na modalidade de concorrência, à pessoa jurídica ou consórcio de empresas que demonstre capacidade para a sua realização, por sua conta e risco, de forma que o investimento da concessionária seja remunerado e amortizado mediante a exploração do serviço ou da obra por prazo determinado;

IV – permissão de serviço público: a delegação, a título precário, mediante licitação, da prestação de serviços públicos, feita pelo poder concedente à pessoa física ou jurídica que demonstre capacidade para seu desempenho, por sua conta e risco.

Art. 3º As concessões e permissões sujeitar-se-ão à fiscalização pelo poder concedente responsável pela delegação, com a cooperação dos usuários.

Art. 4º A concessão de serviço público, precedida ou não da execução de obra pública, será formalizada mediante contrato, que deverá observar os termos desta Lei, das normas pertinentes e do edital de licitação.

Art. 5º O poder concedente publicará, previamente ao edital de licitação, ato justificando a conveniência da outorga de concessão ou permissão, caracterizando seu objeto, área e prazo.

Capítulo II
DO SERVIÇO ADEQUADO

Art. 6º Toda concessão ou permissão pressupõe a prestação de serviço adequado ao pleno atendimento dos usuários, conforme estabelecido nesta Lei, nas normas pertinentes e no respectivo contrato.

§ 1º Serviço adequado é o que satisfaz as condições de regularidade, continuidade, eficiência, segurança, atualidade, generalidade, cortesia na sua prestação e modicidade das tarifas.

§ 2º A atualidade compreende a modernidade das técnicas, do equipamento e das instalações e a sua conservação, bem como a melhoria e expansão do serviço.

§ 3º Não se caracteriza como descontinuidade do serviço a sua interrupção em situação de emergência ou após prévio aviso, quando:

→ *v.* Art. 22 do CDC.

I – motivada por razões de ordem técnica ou de segurança das instalações; e,

II – por inadimplemento do usuário, considerado o interesse da coletividade.

Capítulo III
DOS DIREITOS E OBRIGAÇÕES DOS USUÁRIOS

Art. 7º Sem prejuízo do disposto na Lei 8.078, de 11 de setembro de 1990, são direitos e obrigações dos usuários:

I – receber serviço adequado;

II – receber do poder concedente e da concessionária informações para a defesa de interesses individuais ou coletivos;

III – obter e utilizar o serviço, com liberdade de escolha entre vários prestadores de serviços, quando for o caso, observadas as normas do poder concedente;

→ Inciso III com redação alterada pela Lei 9.648/1998.

IV – levar ao conhecimento do poder público e da concessionária as irregularidades de que tenham conhecimento, referentes ao serviço prestado;

V – comunicar às autoridades competentes os atos ilícitos praticados pela concessionária na prestação do serviço;

VI – contribuir para a permanência das boas condições dos bens públicos através dos quais lhes são prestados os serviços.

Art. 7º-A. As concessionárias de serviços públicos, de direito público e privado, nos Estados e no Distrito Federal, são obrigadas a oferecer ao consumidor e ao usuário, dentro do mês de vencimento, o mínimo de seis datas opcionais para escolherem os dias de vencimento de seus débitos.

→ Artigo acrescentado pela Lei 9.791/1999.

Parágrafo único. (*Vetado*).

Capítulo IV
DA POLÍTICA TARIFÁRIA

Art. 8º (*Vetado*).

Art. 9º A tarifa do serviço público concedido será fixada pelo preço da proposta vencedora da licitação e preservada pelas regras de revisão previstas nesta Lei, no edital e no contrato.

§ 1º A tarifa não será subordinada à legislação específica anterior e somente nos casos expressamente previstos em lei, sua cobrança poderá ser condicionada à existência de serviço público alternativo e gratuito para o usuário.

→ § 1º com redação alterada pela Lei 9.648/1998.

§ 2º Os contratos poderão prever mecanismos de revisão das tarifas, a fim de manter-se o equilíbrio econômico-financeiro.

§ 3º Ressalvados os impostos sobre a renda, a criação, alteração ou extinção de quaisquer tributos ou encargos legais, após a apresentação da proposta, quando comprovado seu impacto, implicará a revisão da tarifa, para mais ou para menos, conforme o caso.

§ 4º Em havendo alteração unilateral do contrato que afete o seu inicial equilíbrio econômico-financeiro, o poder concedente deverá restabelecê-lo, concomitantemente à alteração.

Art. 10. Sempre que forem atendidas as condições do contrato, considera-se mantido seu equilíbrio econômico-financeiro.

Art. 11. No atendimento às peculiaridades de cada serviço público, poderá o poder concedente prever, em favor da concessionária, no edital de licitação, a possibilidade de outras fontes provenientes de receitas alternativas, complementares, acessórias ou de projetos associados, com ou sem exclusividade, com vistas a favorecer a modicidade das tarifas, observado o disposto no art. 17 desta Lei.

Parágrafo único. As fontes de receita previstas neste artigo serão obrigatoriamente consideradas para a aferição do inicial equilíbrio econômico-financeiro do contrato.

Art. 12. (*Vetado*).

Art. 13. As tarifas poderão ser diferenciadas em função das características técnicas e dos custos específicos provenientes do atendimento aos distintos segmentos de usuários.

Capítulo V
DA LICITAÇÃO

→ *v.* Lei 8.666/1993 – Licitações e contratos.

Art. 14. Toda concessão de serviço público, precedida ou não da execução de obra pública, será objeto de prévia licitação, nos termos da legislação própria e com observância dos princípios da legalidade, moralidade, publicidade, igualdade, do julgamento por critérios objetivos e da vinculação ao instrumento convocatório.

→ *v.* Art. 37 da CF/1988.

Art. 15. No julgamento da licitação será considerado um dos seguintes critérios:

→ *Caput* com redação alterada pela Lei 9.648/1998.

I – o menor valor da tarifa do serviço público a ser prestado;

→ Inciso I com redação alterada pela Lei 9.648/1998.

II – a maior oferta, nos casos de pagamento ao poder concedente pela outorga da concessão;

→ Inciso II com redação alterada pela Lei 9.648/1998.

III – a combinação, dois a dois, dos critérios referidos nos incisos I, II e VII;

→ Inciso III com redação alterada pela Lei 9.648/1998.

IV – melhor proposta técnica, com preço fixado no edital;

→ Inciso IV acrescentado pela Lei 9.648/1998.

V – melhor proposta em razão da combinação dos critérios de menor valor da tarifa do serviço público a ser prestado com o de melhor técnica;

→ Inciso V acrescentado pela Lei 9.648/1998.

VI – melhor proposta em razão da combinação dos critérios de maior oferta pela outorga da concessão com o de melhor técnica; ou

→ Inciso VI acrescentado pela Lei 9.648/1998.

VII – melhor oferta de pagamento pela outorga após qualificação de propostas técnicas.

→ Inciso VII acrescentado pela Lei 9.648/1998.

§ 1º A aplicação do critério previsto no inciso III só será admitida quando previamente estabelecida no edital de licitação, inclusive com regras e fórmulas precisas para avaliação econômico-financeira.

→ § 1º com redação alterada pela Lei 9.648/1998.

§ 2º Para fins de aplicação do disposto nos incisos IV, V, VI e VII, o edital de licitação conterá parâmetros e exigências para formulação de propostas técnicas.

→ § 2º com redação alterada pela Lei 9.648/1998.

§ 3º O poder concedente recusará propostas manifestamente inexequíveis ou financeiramente incompatíveis com os objetivos da licitação.

→ § 3º com redação alterada pela Lei 9.648/1998.

§ 4º Em igualdade de condições, será dada preferência à proposta apresentada por empresa brasileira.

→ § 4º acrescentado pela Lei 9.648/1998.

Art. 16. A outorga de concessão ou permissão não terá caráter de exclusividade, salvo no caso de inviabilidade técnica ou econômica justificada no ato a que se refere o art. 5º desta Lei.

Art. 17. Considerar-se-á desclassificada a proposta que, para sua viabilização, necessite de vantagens ou subsídios que não estejam previamente autorizados em lei e à disposição de todos os concorrentes.

§ 1º Considerar-se-á, também, desclassificada a proposta de entidade estatal alheia à esfera político-administrativa do poder concedente que, para sua viabilização, necessite de vantagens ou subsídios do poder público controlador da referida entidade.

→ Anterior parágrafo único renumerado pela Lei 9.648/1998.

§ 2º Inclui-se nas vantagens ou subsídios de que trata este artigo, qualquer tipo de tratamento tributário diferenciado, ainda que em consequência da natureza jurídica do licitante, que comprometa a isonomia fiscal que deve prevalecer entre todos os concorrentes.

→ § 2º acrescentado pela Lei 9.648/1998.

Art. 18. O edital de licitação será elaborado pelo poder concedente, observados, no que couber, os critérios e as normas gerais da legislação própria sobre licitações e contratos e conterá, especialmente:

I – o objeto, metas e prazo da concessão;

II – a descrição das condições necessárias à prestação adequada do serviço;

III – os prazos para recebimento das propostas, julgamento da licitação e assinatura do contrato;

IV – prazo, local e horário em que serão fornecidos, aos interessados, os dados, estudos e projetos necessários à elaboração dos orçamentos e apresentação das propostas;

V – os critérios e a relação dos documentos exigidos para a aferição da capacidade técnica, da idoneidade financeira e da regularidade jurídica e fiscal;

VI – as possíveis fontes de receitas alternativas, complementares ou acessórias, bem como as provenientes de projetos associados;

VII – os direitos e obrigações do poder concedente e da concessionária em relação a alterações e expansões a serem realizadas no futuro, para garantir a continuidade da prestação do serviço;

VIII – os critérios de reajuste e revisão da tarifa;

IX – os critérios, indicadores, fórmulas e parâmetros a serem utilizados no julgamento técnico e econômico-financeiro da proposta;

X – a indicação dos bens reversíveis;

XI – as características dos bens reversíveis e as condições em que estes serão postos à disposição, nos casos em que houver sido extinta a concessão anterior;

XII – a expressa indicação do responsável pelo ônus das desapropriações necessárias à execução do serviço ou da obra pública, ou para a instituição de servidão administrativa;

XIII – as condições de liderança da empresa responsável, na hipótese em que for permitida a participação de empresas em consórcio;

XIV – nos casos de concessão, a minuta do respectivo contrato, que conterá as cláusulas essenciais referidas no art. 23 desta Lei, quando aplicáveis;

XV – nos casos de concessão de serviços públicos precedida da execução de obra pública, os dados relativos à obra, dentre os quais os elementos do projeto básico que permitam sua plena caracterização, bem assim as garantias exigidas para essa parte específica do contrato, adequadas a cada caso e limitadas ao valor da obra;

→ Inciso XV com redação alterada pela Lei 9.648/1998.

XVI – nos casos de permissão, os termos do contrato de adesão a ser firmado.

Art. 18-A. O edital poderá prever a inversão da ordem das fases de habilitação e julgamento, hipótese em que:

→ Artigo acrescentado pela Lei 11.196/2005.

→ v. Art. 4º da Lei 10.520/2002.

I – encerrada a fase de classificação das propostas ou o oferecimento de lances, será aberto o invólucro com os documentos de habilitação do licitante mais bem classificado, para verificação do atendimento das condições fixadas no edital;

II – verificado o atendimento das exigências do edital, o licitante será declarado vencedor;

III – inabilitado o licitante melhor classificado, serão analisados os documentos habilitatórios do licitante com a proposta classificada em segundo lugar, e assim sucessivamente, até que um licitante classificado atenda às condições fixadas no edital;

IV – proclamado o resultado final do certame, o objeto será adjudicado ao vencedor nas condições técnicas e econômicas por ele ofertadas.

Art. 19. Quando permitida, na licitação, a participação de empresas em consórcio, observar-se-ão as seguintes normas:

I – comprovação de compromisso, público ou particular, de constituição de consórcio, subscrito pelas consorciadas;

II – indicação da empresa responsável pelo consórcio;

III – apresentação dos documentos exigidos nos incisos V e XIII do artigo anterior, por parte de cada consorciada;

IV – impedimento de participação de empresas consorciadas na mesma licitação, por intermédio de mais de um consórcio ou isoladamente.

§ 1º O licitante vencedor fica obrigado a promover, antes da celebração do contrato, a constituição e registro do consórcio, nos termos do compromisso referido no inciso I deste artigo.

§ 2º A empresa líder do consórcio é a responsável perante o poder concedente pelo cumprimento do contrato de concessão, sem prejuízo da responsabilidade solidária das demais consorciadas.

Art. 20. É facultado ao poder concedente, desde que previsto no edital, no interesse do serviço a ser concedido, determinar que o licitante vencedor, no caso de consórcio, se constitua em empresa antes da celebração do contrato.

Art. 21. Os estudos, investigações, levantamentos, projetos, obras e despesas ou investimentos já efetuados, vinculados à concessão, de utilidade para a licitação, realizados pelo poder concedente ou com a sua autorização, estarão à disposição dos interessados, devendo o vencedor da licitação ressarcir os dispêndios correspondentes, especificados no edital.

→ v. Decreto 5.977/2006 – Regulamenta o art. 21 da Lei 8.987/1995.

Art. 22. É assegurada a qualquer pessoa a obtenção de certidão sobre atos, contratos, decisões ou pareceres relativos à licitação ou às próprias concessões.

Capítulo VI
DO CONTRATO DE CONCESSÃO

Art. 23. São cláusulas essenciais do contrato de concessão as relativas:

I – ao objeto, à área e ao prazo da concessão;

II – ao modo, forma e condições de prestação do serviço;

III – aos critérios, indicadores, fórmulas e parâmetros definidores da qualidade do serviço;

IV – ao preço do serviço e aos critérios e procedimentos para o reajuste e a revisão das tarifas;

V – aos direitos, garantias e obrigações do poder concedente e da concessionária, inclusive os relacionados às previsíveis necessidades de futura alteração e expansão do serviço e consequente modernização, aperfeiçoamento e ampliação dos equipamentos e das instalações;

VI – aos direitos e deveres dos usuários para obtenção e utilização do serviço;

VII – à forma de fiscalização das instalações, dos equipamentos, dos métodos e práticas de execução do serviço, bem como a indicação dos órgãos competentes para exercê-la;

VIII – às penalidades contratuais e administrativas a que se sujeita a concessionária e sua forma de aplicação;

IX – aos casos de extinção da concessão;

X – aos bens reversíveis;

XI – aos critérios para o cálculo e a forma de pagamento das indenizações devidas à concessionária, quando for o caso;

XII – às condições para prorrogação do contrato;

XIII – à obrigatoriedade, forma e periodicidade da prestação de contas da concessionária ao poder concedente;

XIV – à exigência da publicação de demonstrações financeiras periódicas da concessionária; e

XV – ao foro e ao modo amigável de solução das divergências contratuais.

Parágrafo único. Os contratos relativos à concessão de serviço público precedido da execução de obra pública deverão, adicionalmente:

I – estipular os cronogramas físico-financeiros de execução das obras vinculadas à concessão; e

II – exigir garantia do fiel cumprimento, pela concessionária, das obrigações relativas às obras vinculadas à concessão.

Art. 23-A. O contrato de concessão poderá prever o emprego de mecanismos privados para resolução de disputas decorrentes ou relacionadas ao contrato, inclusive a arbitragem, a ser realizada no Brasil e em língua portuguesa, nos termos da Lei 9.307, de 23 de setembro de 1996.

→ Artigo acrescentado pela Lei 11.196/2005.

Art. 24. (*Vetado*).

Art. 25. Incumbe à concessionária a execução do serviço concedido, cabendo-lhe responder por todos os prejuízos causados ao poder concedente, aos usuários ou a terceiros, sem que a fiscalização exercida pelo órgão competente exclua ou atenue essa responsabilidade.

§ 1º Sem prejuízo da responsabilidade a que se refere este artigo, a concessionária poderá contratar com terceiros o desenvolvimento de atividades inerentes, acessórias ou complementares ao serviço concedido, bem como a implementação de projetos associados.

§ 2º Os contratos celebrados entre a concessionária e os terceiros a que se refere o parágrafo anterior reger-se-ão pelo direito privado, não se estabelecendo qualquer relação jurídica entre os terceiros e o poder concedente.

§ 3º A execução das atividades contratadas com terceiros pressupõe o cumprimento das normas regulamentares da modalidade do serviço concedido.

Art. 26. É admitida a subconcessão, nos termos previstos no contrato de concessão, desde que expressamente autorizada pelo poder concedente.

§ 1º A outorga de subconcessão será sempre precedida de concorrência.

§ 2º O subconcessionário se sub-rogará todos os direitos e obrigações da subconcedente dentro dos limites da subconcessão.

Art. 27. A transferência de concessão ou do controle societário da concessionária sem prévia anuência do poder concedente implicará a caducidade da concessão.

§ 1º Para fins de obtenção da anuência de que trata o *caput* deste artigo, o pretendente deverá:

→ § 1º acrescentado pela Lei 11.196/2005.

I – atender às exigências de capacidade técnica, idoneidade financeira e regularidade jurídica e fiscal necessárias à assunção do serviço; e

II – comprometer-se a cumprir todas as cláusulas do contrato em vigor.

→ § 2º *(Revogado pela Lei 13.097/2015).*

→ § 3º *(Revogado pela Lei 13.097/2015).*

→ § 4º *(Revogado pela Lei 13.097/2015).*

Art. 27-A. Nas condições estabelecidas no contrato de concessão, o poder concedente autorizará a assunção do controle ou da administração temporária da concessionária por seus financiadores e garantidores com quem não mantenha vínculo societário direto, para promover sua reestruturação financeira e assegurar a continuidade da prestação dos serviços.

→ Artigo acrescentado pela Lei 13.097/2015.

§ 1º Na hipótese prevista no *caput*, o poder concedente exigirá dos financiadores e dos garantidores que atendam às exigências de regularidade jurídica e fiscal, podendo alterar ou dispensar os demais requisitos previstos no inciso I do parágrafo único do art. 27.

§ 2º A assunção do controle ou da administração temporária autorizadas na forma do *caput* deste artigo não alterará as obrigações da concessionária e de seus controladores para com terceiros, poder concedente e usuários dos serviços públicos.

§ 3º Configura-se o controle da concessionária, para os fins dispostos no *caput* deste artigo, a propriedade resolúvel de ações ou quotas por seus financiadores e garantidores que atendam os requisitos do art. 116 da Lei 6.404, de 15 de dezembro de 1976.

§ 4º Configura-se a administração temporária da concessionária por seus financiadores e garantidores quando, sem a

transferência da propriedade de ações ou quotas, forem outorgados os seguintes poderes:

I – indicar os membros do Conselho de Administração, a serem eleitos em Assembleia Geral pelos acionistas, nas sociedades regidas pela Lei 6.404, de 15 de dezembro de 1976; ou administradores, a serem eleitos pelos quotistas, nas demais sociedades;

II – indicar os membros do Conselho Fiscal, a serem eleitos pelos acionistas ou quotistas controladores em Assembleia Geral;

III – exercer poder de veto sobre qualquer proposta submetida à votação dos acionistas ou quotistas da concessionária, que representem, ou possam representar, prejuízos aos fins previstos no *caput* deste artigo;

IV – outros poderes necessários ao alcance dos fins previstos no *caput* deste artigo.

§ 5º A administração temporária autorizada na forma deste artigo não acarretará responsabilidade aos financiadores e garantidores em relação à tributação, encargos, ônus, sanções, obrigações ou compromissos com terceiros, inclusive com o poder concedente ou empregados.

§ 6º O Poder Concedente disciplinará sobre o prazo da administração temporária.

Art. 28. Nos contratos de financiamento, as concessionárias poderão oferecer em garantia os direitos emergentes da concessão, até o limite que não comprometa a operacionalização e a continuidade da prestação do serviço.

Parágrafo único. *(Revogado pela Lei 9.074/1995).*

Art. 28-A. Para garantir contratos de mútuo de longo prazo, destinados a investimentos relacionados a contratos de concessão, em qualquer de suas modalidades, as concessionárias poderão ceder ao mutuante, em caráter fiduciário, parcela de seus créditos operacionais futuros, observadas as seguintes condições:

→ Artigo acrescentado pela Lei 11.196/2005.

I – o contrato de cessão dos créditos deverá ser registrado em Cartório de Títulos e Documentos para ter eficácia perante terceiros;

→ *v.* Lei 6.015/1973 – Registros públicos.

II – sem prejuízo do disposto no inciso I do *caput* deste artigo, a cessão do crédito não terá eficácia em relação ao Poder Público concedente senão quando for este formalmente notificado;

III – os créditos futuros cedidos nos termos deste artigo serão constituídos sob a titularidade do mutuante, independentemente de qualquer formalidade adicional;

IV – o mutuante poderá indicar instituição financeira para efetuar a cobrança e receber os pagamentos dos créditos cedidos ou permitir que a concessionária o faça, na qualidade de representante e depositária;

V – na hipótese de ter sido indicada instituição financeira, conforme previsto no inciso IV do *caput* deste artigo, fica a concessionária obrigada a apresentar a essa os créditos para cobrança;

VI – os pagamentos dos créditos cedidos deverão ser depositados pela concessionária ou pela instituição encarregada da cobrança em conta corrente bancária vinculada ao contrato de mútuo;

VII – a instituição financeira depositária deverá transferir os valores recebidos ao mutuante à medida que as obrigações do contrato de mútuo tornarem-se exigíveis; e

VIII – o contrato de cessão disporá sobre a devolução à concessionária dos recursos excedentes, sendo vedada a retenção do saldo após o adimplemento integral do contrato.

Parágrafo único. Para os fins deste artigo, serão considerados contratos de longo prazo aqueles cujas obrigações tenham prazo médio de vencimento superior a 5 (cinco) anos.

Capítulo VII
DOS ENCARGOS DO PODER CONCEDENTE

Art. 29. Incumbe ao poder concedente:

I – regulamentar o serviço concedido e fiscalizar permanentemente a sua prestação;

II – aplicar as penalidades regulamentares e contratuais;

III – intervir na prestação do serviço, nos casos e condições previstos em lei;

IV – extinguir a concessão, nos casos previstos nesta Lei e na forma prevista no contrato;

V – homologar reajustes e proceder à revisão das tarifas na forma desta Lei, das normas pertinentes e do contrato;

VI – cumprir e fazer cumprir as disposições regulamentares do serviço e as cláusulas contratuais da concessão;

VII – zelar pela boa qualidade do serviço, receber, apurar e solucionar queixas e reclamações dos usuários, que serão cientificados, em até 30 (trinta) dias, das providências tomadas;

VIII – declarar de utilidade pública os bens necessários à execução do serviço ou obra pública, promovendo as desapropriações, diretamente ou mediante outorga de poderes à concessionária, caso em que será desta a responsabilidade pelas indenizações cabíveis;

IX – declarar de necessidade ou utilidade pública, para fins de instituição de servidão administrativa, os bens necessários à execução de serviço ou obra pública, promovendo-a diretamente ou mediante outorga de poderes à concessionária, caso em que será desta a responsabilidade pelas indenizações cabíveis;

X – estimular o aumento da qualidade, produtividade, preservação do meio ambiente e conservação;

XI – incentivar a competitividade; e

XII – estimular a formação de associações de usuários para defesa de interesses relativos ao serviço.

Art. 30. No exercício da fiscalização, o poder concedente terá acesso aos dados relativos à administração, contabilidade, recursos técnicos, econômicos e financeiros da concessionária.

Parágrafo único. A fiscalização do serviço será feita por intermédio de órgão técnico do poder concedente ou por entidade com ele conveniada, e, periodicamente, conforme previsto em norma regulamentar, por comissão composta de representantes do poder concedente, da concessionária e dos usuários.

Capítulo VIII
DOS ENCARGOS DA CONCESSIONÁRIA

Art. 31. Incumbe à concessionária:

I – prestar serviço adequado, na forma prevista nesta Lei, nas normas técnicas aplicáveis e no contrato;

II – manter em dia o inventário e o registro dos bens vinculados à concessão;

III – prestar contas da gestão do serviço ao poder concedente e aos usuários, nos termos definidos no contrato;

IV – cumprir e fazer cumprir as normas do serviço e as cláusulas contratuais da concessão;

V – permitir aos encarregados da fiscalização livre acesso, em qualquer época, às obras, aos equipamentos e às instalações integrantes do serviço, bem como a seus registros contábeis;

VI – promover as desapropriações e constituir servidões autorizadas pelo poder concedente, conforme previsto no edital e no contrato;

VII – zelar pela integridade dos bens vinculados à prestação do serviço, bem como segurá-los adequadamente; e

VIII – captar, aplicar e gerir os recursos financeiros necessários à prestação do serviço.

Parágrafo único. As contratações, inclusive de mão de obra, feitas pela concessionária serão regidas pelas disposições de direito privado e pela legislação trabalhista, não se estabelecendo qualquer relação entre os terceiros contratados pela concessionária e o poder concedente.

Capítulo IX
DA INTERVENÇÃO

→ v. Lei 12.767/2012 – Extinção das concessões de serviço público de energia elétrica e a prestação temporária do serviço e sobre a intervenção para adequação do serviço público de energia elétrica.

Art. 32. O poder concedente poderá intervir na concessão, com o fim de assegurar a adequação na prestação do serviço, bem como o fiel cumprimento das normas contratuais, regulamentares e legais pertinentes.

Parágrafo único. A intervenção far-se-á por decreto do poder concedente, que conterá a designação do interventor, o prazo da intervenção e os objetivos e limites da medida.

Art. 33. Declarada a intervenção, o poder concedente deverá, no prazo de 30 (trinta) dias, instaurar procedimento administrativo para comprovar as causas determinantes da medida e apurar responsabilidades, assegurado o direito de ampla defesa.

§ 1º Se ficar comprovado que a intervenção não observou os pressupostos legais e regulamentares será declarada sua nulidade, devendo o serviço ser imediatamente devolvido à concessionária, sem prejuízo de seu direito à indenização.

§ 2º O procedimento administrativo a que se refere o *caput* deste artigo deverá ser concluído no prazo de até 180 (cento e oitenta) dias, sob pena de considerar-se inválida a intervenção.

Art. 34. Cessada a intervenção, se não for extinta a concessão, a administração do serviço será devolvida à concessionária, precedida de prestação de contas pelo interventor, que responderá pelos atos praticados durante a sua gestão.

Capítulo X
DA EXTINÇÃO DA CONCESSÃO

Art. 35. Extingue-se a concessão por:

I – advento do termo contratual;

II – encampação;

III – caducidade;

IV – rescisão;

V – anulação; e

VI – falência ou extinção da empresa concessionária e falecimento ou incapacidade do titular, no caso de empresa individual.

→ v. Art. 195 da Lei 11.101/2005.

§ 1º Extinta a concessão, retornam ao poder concedente todos os bens reversíveis, direitos e privilégios transferidos ao concessionário conforme previsto no edital e estabelecido no contrato.

§ 2º Extinta a concessão, haverá a imediata assunção do serviço pelo poder concedente, procedendo-se aos levantamentos, avaliações e liquidações necessários.

§ 3º A assunção do serviço autoriza a ocupação das instalações e a utilização, pelo poder concedente, de todos os bens reversíveis.

§ 4º Nos casos previstos nos incisos I e II deste artigo, o poder concedente, antecipando-se à extinção da concessão, procederá aos levantamentos e avaliações necessários à determinação dos montantes da indenização que será devida à concessionária, na forma dos arts. 36 e 37 desta Lei.

→ v. Lei 12.767/2012 – Extinção das concessões de serviço público de energia elétrica e a prestação temporária do serviço e sobre a intervenção para adequação do serviço público de energia elétrica.

Art. 36. A reversão no advento do termo contratual far-se-á com a indenização das parcelas dos investimentos vinculados a bens reversíveis, ainda não amortizados ou depreciados, que tenham sido realizados com o objetivo de garantir a continuidade e atualidade do serviço concedido.

Art. 37. Considera-se encampação a retomada do serviço pelo poder concedente durante o prazo da concessão, por motivo de interesse público, mediante lei autorizativa específica e após prévio pagamento da indenização, na forma do artigo anterior.

Art. 38. A inexecução total ou parcial do contrato acarretará, a critério do poder concedente, a declaração de caducidade da concessão ou a aplicação das sanções contratuais, respeitadas as disposições deste artigo, do art. 27, e as normas convencionadas entre as partes.

§ 1º A caducidade da concessão poderá ser declarada pelo poder concedente quando:

I – o serviço estiver sendo prestado de forma inadequada ou deficiente, tendo por base as normas, critérios, indicadores e parâmetros definidores da qualidade do serviço;

II – a concessionária descumprir cláusulas contratuais ou disposições legais ou regulamentares concernentes à concessão;

III – a concessionária paralisar o serviço ou concorrer para tanto, ressalvadas as hipóteses decorrentes de caso fortuito ou força maior;

IV – a concessionária perder as condições econômicas, técnicas ou operacionais para manter a adequada prestação do serviço concedido;

V – a concessionária não cumprir as penalidades impostas por infrações, nos devidos prazos;

VI – a concessionária não atender a intimação do poder concedente no sentido de regularizar a prestação do serviço; e

VII – a concessionária não atender a intimação do poder concedente para, em 180 (cento e oitenta) dias, apresentar a documentação relativa a regularidade fiscal, no curso da concessão, na forma do art. 29 da Lei 8.666, de 21 de junho de 1993.

→ Inciso VII com redação alterada pela Lei 12.767/2012.

§ 2º A declaração da caducidade da concessão deverá ser precedida da verificação da inadimplência da concessionária em processo administrativo, assegurado o direito de ampla defesa.

§ 3º Não será instaurado processo administrativo de inadimplência antes de comunicados à concessionária, detalhadamente, os descumprimentos contratuais referidos no § 1º deste artigo, dando-lhe um prazo para corrigir as falhas e transgressões apontadas e para o enquadramento, nos termos contratuais.

§ 4º Instaurado o processo administrativo e comprovada a inadimplência, a caducidade será declarada por decreto do poder concedente, independentemente de indenização prévia, calculada no decurso do processo.

§ 5º A indenização de que trata o parágrafo anterior será devida na forma do art. 36 desta Lei e do contrato, descontado o valor das multas contratuais e dos danos causados pela concessionária.

§ 6º Declarada a caducidade, não resultará para o poder concedente qualquer espécie de responsabilidade em relação aos encargos, ônus, obrigações ou compromissos com terceiros ou com empregados da concessionária.

Art. 39. O contrato de concessão poderá ser rescindido por iniciativa da concessionária, no caso de descumprimento das normas contratuais pelo poder concedente, mediante ação judicial especialmente intentada para esse fim.

Parágrafo único. Na hipótese prevista no *caput* deste artigo, os serviços prestados pela concessionária não poderão ser interrompidos ou paralisados, até a decisão judicial transitada em julgado.

Capítulo XI
DAS PERMISSÕES

Art. 40. A permissão de serviço público será formalizada mediante contrato de adesão, que observará os termos desta Lei, das demais normas pertinentes e do edital de licitação, inclusive quanto à precariedade e à revogabilidade unilateral do contrato pelo poder concedente.

Parágrafo único. Aplica-se às permissões o disposto nesta Lei.

Capítulo XII
DISPOSIÇÕES FINAIS E TRANSITÓRIAS

Art. 41. O disposto nesta Lei não se aplica à concessão, permissão e autorização para o serviço de radiodifusão sonora e de sons e imagens.

Art. 42. As concessões de serviço público outorgadas anteriormente à entrada em vigor desta Lei consideram-se válidas pelo prazo fixado no contrato ou no ato de outorga, observado o disposto no art. 43 desta Lei.

→ v. Art. 3º da Lei 9.074/1995.

§ 1º Vencido o prazo mencionado no contrato ou ato de outorga, o serviço poderá ser prestado por órgão ou entidade do poder concedente, ou delegado a terceiros, mediante novo contrato.

→ § 1º com redação alterada pela Lei 11.445/2007.

§ 2º As concessões em caráter precário, as que estiverem com prazo vencido e as que estiverem em vigor por prazo indeterminado, inclusive por força de legislação anterior, permanecerão válidas pelo prazo necessário à realização dos levantamentos e avaliações indispensáveis à organização das licitações que precederão a outorga das concessões que as substituirão, prazo esse que não será inferior a 24 (vinte e quatro) meses.

§ 3º As concessões a que se refere o § 2º deste artigo, inclusive as que não possuam instrumento que as formalize ou que possuam cláusula que preveja prorrogação, terão validade máxima até o dia 31 de dezembro de 2010, desde que, até o dia 30 de junho de 2009, tenham sido cumpridas, cumulativamente, as seguintes condições:

→ § 3º acrescentado pela Lei 11.445/2007.

I – levantamento mais amplo e retroativo possível dos elementos físicos constituintes da infraestrutura de bens reversíveis e dos dados financeiros, contábeis e comerciais relativos à prestação dos serviços, em dimensão necessária e suficiente para a realização do cálculo de eventual indenização relativa aos investimentos ainda não amortizados pelas receitas emergentes da concessão, observadas as disposições legais e contratuais que regulavam a prestação do serviço ou a ela aplicáveis nos 20 (vinte) anos anteriores ao da publicação desta Lei;

II – celebração de acordo entre o poder concedente e o concessionário sobre os critérios e a forma de indenização de eventuais créditos remanescentes de investimentos ainda não amortizados ou depreciados, apurados a partir dos levantamentos referidos no inciso I deste parágrafo e auditados por instituição especializada escolhida de comum acordo pelas partes; e

III – publicação na imprensa oficial de ato formal de autoridade do poder concedente, autorizando a prestação precária dos serviços por prazo de até 6 (seis) meses, renovável até 31 de dezembro de 2008, mediante comprovação do cumprimento do disposto nos incisos I e II deste parágrafo.

§ 4º Não ocorrendo o acordo previsto no inciso II do § 3º deste artigo, o cálculo da indenização de investimentos será feito com base nos critérios previstos no instrumento de concessão antes celebrado ou, na omissão deste, por avaliação de seu valor econômico ou reavaliação patrimonial, depreciação e amortização de ativos imobilizados definidos pelas legislações fiscal e das sociedades por ações, efetuada por empresa de auditoria independente escolhida de comum acordo pelas partes.

→ § 4º acrescentado pela Lei 11.445/2007.

§ 5º No caso do § 4º deste artigo, o pagamento de eventual indenização será realizado, mediante garantia real, por meio de 4 (quatro) parcelas anuais, iguais e sucessivas, da parte ainda não amortizada de investimentos e de outras indenizações relacionadas à prestação dos serviços, realizados com capital próprio do concessionário ou de seu controlador, ou originários de operações de financiamento, ou obtidos mediante emissão de ações, debêntures e outros títulos mobiliários, com a primeira parcela paga até o último dia útil do exercício financeiro em que ocorrer a reversão.

→ § 5º acrescentado pela Lei 11.445/2007.

§ 6º Ocorrendo acordo, poderá a indenização de que trata o § 5º deste artigo ser paga mediante receitas de novo contrato que venha a disciplinar a prestação do serviço.

→ § 6º acrescentado pela Lei 11.445/2007.

Art. 43. Ficam extintas todas as concessões de serviços públicos outorgadas sem licitação na vigência da Constituição de 1988.

→ *v.* Art. 3º da Lei 9.074/1995.

Parágrafo único. Ficam também extintas todas as concessões outorgadas sem licitação anteriormente à Constituição de 1988, cujas obras ou serviços não tenham sido iniciados ou que se encontrem paralisados quando da entrada em vigor desta Lei.

Art. 44. As concessionárias que tiverem obras que se encontrem atrasadas, na data da publicação desta Lei, apresentarão ao poder concedente, dentro de 180 (cento e oitenta) dias, plano efetivo de conclusão das obras.

→ *v.* Art. 3º da Lei 9.074/1995.

Parágrafo único. Caso a concessionária não apresente o plano a que se refere este artigo ou se este plano não oferecer condições efetivas para o término da obra, o poder concedente poderá declarar extinta a concessão, relativa a essa obra.

Art. 45. Nas hipóteses de que tratam os arts. 43 e 44 desta Lei, o poder concedente indenizará as obras e serviços realizados somente no caso e com os recursos da nova licitação.

Parágrafo único. A licitação de que trata o *caput* deste artigo deverá, obrigatoriamente, levar em conta, para fins de avaliação, o estágio das obras paralisadas ou atrasadas, de modo a permitir a utilização do critério de julgamento estabelecido no inciso III do art. 15 desta Lei.

Art. 46. Esta Lei entra em vigor na data de sua publicação.

Art. 47. Revogam-se as disposições em contrário.

Brasília, 13 de fevereiro de 1995; 174º da Independência e 107º da República.

Fernando Henrique Cardoso

(Publicação no *D.O.U.* de 14.2.1995; republicação 28.9.1998)

LEI 9.096, DE 19 DE SETEMBRO DE 1995

Dispõe sobre partidos políticos, regulamenta os arts. 17 e 14, § 3º, inciso V, da Constituição Federal.

O Vice-Presidente da República no exercício do cargo de Presidente da República:

Faço saber que o Congresso Nacional decreta e eu sanciono a seguinte Lei:

Título I
Disposições Preliminares

Art. 1º O partido político, pessoa jurídica de direito privado, destina-se a assegurar, no interesse do regime democrático, a autenticidade do sistema representativo e a defender os direitos fundamentais definidos na Constituição Federal.

→ *v.* Arts. 44, V, § 3º, e 2.031, parágrafo único, do CC.

Art. 2º É livre a criação, fusão, incorporação e extinção de partidos políticos cujos programas respeitem a soberania nacional, o regime democrático, o pluripartidarismo e os direitos fundamentais da pessoa humana.

→ *v.* Art. 17 da CF/1988.

Art. 3º É assegurada, ao partido político, autonomia para definir sua estrutura interna, organização e funcionamento.

→ *v.* Art. 17, § 1º, da CF/1988.

→ *v.* Art. 6º da Lei 9.504/1997.

Parágrafo único. É assegurada aos candidatos, partidos políticos e coligações autonomia para definir o cronograma das atividades eleitorais de campanha e executá-lo em qualquer dia e horário, observados os limites estabelecidos em lei.

→ Parágrafo único acrescentado pela Lei 12.891/2013.

Art. 4º Os filiados de um partido político têm iguais direitos e deveres.

Art. 5º A ação do partido tem caráter nacional e é exercida de acordo com seu estatuto e programa, sem subordinação a entidades ou governos estrangeiros.

Art. 6º É vedado ao partido político ministrar instrução militar ou paramilitar, utilizar-se de organização da mesma natureza e adotar uniforme para seus membros.

→ *v.* Art. 17, § 4º, da CF/1988.

Art. 7º O partido político, após adquirir personalidade jurídica na forma da lei civil, registra seu estatuto no Tribunal Superior Eleitoral.

→ *v.* Art. 17, § 2º, da CF/1988.

§ 1º Só é admitido o registro do estatuto de partido político que tenha caráter nacional, considerando-se como tal aquele que comprove, no período de dois anos, o apoiamento de eleitores não filiados a partido político, correspondente a, pelo menos, 0,5% (cinco décimos por cento) dos votos dados na última eleição geral para a Câmara dos Deputados, não computados os votos em branco e os nulos, distribuídos por um terço, ou mais, dos Estados, com um mínimo de 0,1% (um décimo por cento) do eleitorado que haja votado em cada um deles.

→ § 1º com redação alterada pela Lei 13.165/2015.

→ *v.* Art. 13 da Lei 13.165/2015.

§ 2º Só o partido que tenha registrado seu estatuto no Tribunal Superior Eleitoral pode participar do processo eleitoral, receber recursos do Fundo Partidário e ter acesso gratuito ao rádio e à televisão, nos termos fixados nesta Lei.

→ *v.* Art. 17, § 3º, da CF/1988.

§ 3º Somente o registro do estatuto do partido no Tribunal Superior Eleitoral assegura a exclusividade da sua denominação, sigla e símbolos, vedada a utilização, por outros partidos, de variações que venham a induzir a erro ou confusão.

Título II
Da Organização e Funcionamento dos Partidos Políticos

Capítulo I
DA CRIAÇÃO E DO REGISTRO DOS PARTIDOS POLÍTICOS

Art. 8º O requerimento do registro de partido político, dirigido ao cartório competente do Registro Civil das Pessoas Jurídicas, da Capital Federal, deve ser subscrito pelos seus fundadores, em número nunca inferior a 101, com domicílio eleitoral em, no mínimo, 1/3 (um terço) dos Estados, e será acompanhado de:

I – cópia autêntica da ata da reunião de fundação do partido;

II – exemplares do *Diário Oficial* que publicou, no seu inteiro teor, o programa e o estatuto;

III – relação de todos os fundadores com o nome completo, naturalidade, número do título eleitoral com a Zona, Seção, Município e Estado, profissão e endereço da residência.

§ 1º O requerimento indicará o nome e função dos dirigentes provisórios e o endereço da sede do partido na Capital Federal.

§ 2º Satisfeitas as exigências deste artigo, o Oficial do Registro Civil efetua o registro no livro correspondente, expedindo certidão de inteiro teor.

§ 3º Adquirida a personalidade jurídica na forma deste artigo, o partido promove a obtenção do apoiamento mínimo de eleitores a que se refere o § 1º do art. 7º e realiza os atos necessários para a constituição definitiva de seus órgãos e designação dos dirigentes, na forma do seu estatuto.

Art. 9º Feita a constituição e designação, referidas no § 3º do artigo anterior, os dirigentes nacionais promoverão o registro do estatuto do partido junto ao Tribunal Superior Eleitoral, através de requerimento acompanhado de:

I – exemplar autenticado do inteiro teor do programa e do estatuto partidários, inscritos no Registro Civil;

II – certidão do registro civil da pessoa jurídica, a que se refere o § 2º do artigo anterior;

III – certidões dos cartórios eleitorais que comprovem ter o partido obtido o apoiamento mínimo de eleitores a que se refere o § 1º do art. 7º.

§ 1º A prova do apoiamento mínimo de eleitores é feita por meio de suas assinaturas, com menção ao número do respectivo título eleitoral, em listas organizadas para cada Zona, sendo a veracidade das respectivas assinaturas e o número dos títulos atestados pelo Escrivão Eleitoral.

→ *v.* Art. 4º da Lei 10.842/2004.

→ *v.* Art. 8º, III, da Lei 9.096/1995.

§ 2º O Escrivão Eleitoral dá imediato recibo de cada lista que lhe for apresentada e, no prazo de 15 (quinze) dias, lavra o seu atestado, devolvendo-a ao interessado.

§ 3º Protocolado o pedido de registro no Tribunal Superior Eleitoral, o processo respectivo, no prazo de 48 (quarenta e oito) horas, é distribuído a um Relator, que, ouvida a Procuradoria-Geral, em 10 (dez) dias, determina, em igual prazo, diligências para sanar eventuais falhas do processo.

§ 4º Se não houver diligências a determinar, ou após o seu atendimento, o Tribunal Superior Eleitoral registra o estatuto do partido, no prazo de 30 (trinta) dias.

Art. 10. As alterações programáticas ou estatutárias, após registradas no Ofício Civil competente, devem ser encaminhadas, para o mesmo fim, ao Tribunal Superior Eleitoral.

Parágrafo único. O Partido comunica à Justiça Eleitoral a constituição de seus órgãos de direção e os nomes dos respectivos integrantes, bem como as alterações que forem promovidas, para anotação:

→ Parágrafo único acrescentado pela Lei 9.259/1996.

I – no Tribunal Superior Eleitoral, dos integrantes dos órgãos de âmbito nacional;

II – nos Tribunais Regionais Eleitorais, dos integrantes dos órgãos de âmbito estadual, municipal ou zonal.

Art. 11. O partido com registro no Tribunal Superior Eleitoral pode credenciar, respectivamente:

I – delegados perante o Juiz Eleitoral;

II – delegados perante o Tribunal Regional Eleitoral;

III – delegados perante o Tribunal Superior Eleitoral.

Parágrafo único. Os delegados credenciados pelo órgão de direção nacional representam o partido perante quaisquer Tribunais ou Juízes Eleitorais; os credenciados pelos órgãos estaduais, somente perante o Tribunal Regional Eleitoral e os Juízes Eleitorais do respectivo Estado, do Distrito Federal ou Território Federal; e os credenciados pelo órgão municipal, perante o Juiz Eleitoral da respectiva jurisdição.

Capítulo II
DO FUNCIONAMENTO PARLAMENTAR

Art. 12. O partido político funciona, nas Casas Legislativas, por intermédio de uma bancada, que deve constituir suas lideranças de acordo com o estatuto do partido, as disposições regimentais das respectivas Casas e as normas desta Lei.

Art. 13. Tem direito a funcionamento parlamentar, em todas as Casas Legislativas para as quais tenha elegido representante, o partido que, em cada eleição para a Câmara dos Deputados obtenha o apoio de, no mínimo, 5% (cinco por cento) dos votos apurados, não computados os brancos e os nulos, distribuídos em, pelo menos, um terço dos Estados, com um mínimo de 2% (dois por cento) do total de cada um deles.

→ *v.* ADIns 1.351-3 e 1.354-8 (*D.O.U.* 18.12.2006), o STF, declarou a inconstitucionalidade do art. 13 da Lei 9.086/1995.

Capítulo III
DO PROGRAMA E DO ESTATUTO

Art. 14. Observadas as disposições constitucionais e as desta Lei, o partido é livre para fixar, em seu programa, seus objetivos políticos e para estabelecer, em seu estatuto, a sua estrutura interna, organização e funcionamento.

Art. 15. O Estatuto do partido deve conter, entre outras, normas sobre:

I – nome, denominação abreviada e o estabelecimento da sede na Capital Federal;

II – filiação e desligamento de seus membros;

III – direitos e deveres dos filiados;

IV – modo como se organiza e administra, com a definição de sua estrutura geral e identificação, composição e competências dos órgãos partidários nos níveis municipal, estadual e nacional, duração dos mandatos e processo de eleição dos seus membros;

V – fidelidade e disciplina partidárias, processo para apuração das infrações e aplicação das penalidades, assegurado amplo direito de defesa;

VI – condições e forma de escolha de seus candidatos a cargos e funções eletivas;

VII – finanças e contabilidade, estabelecendo, inclusive, normas que os habilitem a apurar as quantias que os seus candidatos possam despender com a própria eleição, que fixem os limites das contribuições dos filiados e definam as diversas fontes de receita do partido, além daquelas previstas nesta Lei;

VIII – critérios de distribuição dos recursos do Fundo Partidário entre os órgãos de nível municipal, estadual e nacional que compõem o partido;

→ *v.* Arts. 28, § 3º e 37, § 3º, da Lei 9.096/1995.

IX – procedimento de reforma do programa e do estatuto.

Art. 15-A. A responsabilidade, inclusive civil e trabalhista, cabe exclusivamente ao órgão partidário municipal, estadual ou nacional que tiver dado causa ao não cumprimento da obrigação, à violação de direito, a dano a outrem ou a qualquer ato ilícito, excluída a solidariedade de outros órgãos de direção partidária.

→ *Caput* com redação alterada pela Lei 12.034/2009.

Parágrafo único. O órgão nacional do partido político, quando responsável, somente poderá ser demandado judicialmente na circunscrição especial judiciária da sua sede, inclusive nas ações de natureza cível ou trabalhista.

→ Parágrafo único acrescentado pela Lei 12.891/2013.

Capítulo IV
DA FILIAÇÃO PARTIDÁRIA

Art. 16. Só pode filiar-se a partido o eleitor que estiver no pleno gozo de seus direitos políticos.

→ *v.* Arts. 95, parágrafo único, III, 128, § 5º, II, *e*, e 142, § 3º, V, da CF/1988.

→ *v.* Arts. 46, V, 91, V, e 130, V, da LC 80/1994.

→ *v.* Art. 7º, § 2º, da Lei 6.996/1982.

→ *v.* Art. 366 da Lei 4.737/1965.

Art. 17. Considera-se deferida, para todos os efeitos, a filiação partidária, com o atendimento das regras estatutárias do partido.

Parágrafo único. Deferida a filiação do eleitor, será entregue comprovante ao interessado, no modelo adotado pelo partido.

Art. 18. (*Revogado pela Lei 13.165/2015*).

Art. 19. Na segunda semana dos meses de abril e outubro de cada ano, o partido, por seus órgãos de direção municipais, regionais ou nacional, deverá remeter, aos juízes eleitorais, para arquivamento, publicação e cumprimento dos prazos de filiação partidária para efeito de candidatura a cargos eletivos, a relação dos nomes de todos os seus filiados, da qual constará a data de filiação, o número dos títulos eleitorais e das seções em que estão inscritos.

→ *Caput* com redação alterada pela Lei 9.504/1997.

→ *v.* Súmula 20 do TSE.

§ 1º Se a relação não é remetida nos prazos mencionados neste artigo, permanece inalterada a filiação de todos os eleitores, constante da relação remetida anteriormente.

§ 2º Os prejudicados por desídia ou má-fé poderão requerer, diretamente à Justiça Eleitoral, a observância do que prescreve o *caput* deste artigo.

§ 3º Os órgãos de direção nacional dos partidos políticos terão pleno acesso às informações de seus filiados constantes do cadastro eleitoral.

→ § 3º acrescentado pela Lei 12.034/2009.

Art. 20. É facultado ao partido político estabelecer, em seu estatuto, prazos de filiação partidária superiores aos previstos nesta Lei, com vistas a candidatura a cargos eletivos.

Parágrafo único. Os prazos de filiação partidária, fixados no estatuto do partido, com vistas a candidatura a cargos eletivos, não podem ser alterados no ano da eleição.

Art. 21. Para desligar-se do partido, o filiado faz comunicação escrita ao órgão de direção municipal e ao Juiz Eleitoral da Zona em que for inscrito.

Parágrafo único. Decorridos dois dias da data da entrega da comunicação, o vínculo torna-se extinto, para todos os efeitos.

Art. 22. O cancelamento imediato da filiação partidária verifica-se nos casos de:

I – morte;

II – perda dos direitos políticos;

III – expulsão;

IV – outras formas previstas no estatuto, com comunicação obrigatória ao atingido no prazo de 48 (quarenta e oito) horas da decisão.

V – filiação a outro partido, desde que a pessoa comunique o fato ao juiz da respectiva Zona Eleitoral.

→ Inciso V acrescentado pela Lei 12.891/2013.

Parágrafo único. Havendo coexistência de filiações partidárias, prevalecerá a mais recente, devendo a Justiça Eleitoral determinar o cancelamento das demais.

→ Parágrafo único com redação alterada pela Lei 12.891/2013.

Art. 22-A. Perderá o mandato o detentor de cargo eletivo que se desfiliar, sem justa causa, do partido pelo qual foi eleito.

→ Artigo acrescentado pela Lei 13.165/2015.

Parágrafo único. Consideram-se justa causa para a desfiliação partidária somente as seguintes hipóteses:

I – mudança substancial ou desvio reiterado do programa partidário;

II – grave discriminação política pessoal; e

III – mudança de partido efetuada durante o período de trinta dias que antecede o prazo de filiação exigido em lei para concorrer à eleição, majoritária ou proporcional, ao término do mandato vigente.

Capítulo V
DA FIDELIDADE E DA DISCIPLINA PARTIDÁRIAS

Art. 23. A responsabilidade por violação dos deveres partidários deve ser apurada e punida pelo competente órgão, na conformidade do que disponha o estatuto de cada partido.

§ 1º Filiado algum pode sofrer medida disciplinar ou punição por conduta que não esteja tipificada no estatuto do partido político.

§ 2º Ao acusado é assegurado amplo direito de defesa.

Art. 24. Na Casa Legislativa, o integrante da bancada de partido deve subordinar sua ação parlamentar aos princípios doutrinários e programáticos e às diretrizes estabelecidas pelos órgãos de direção partidários, na forma do estatuto.

Art. 25. O estatuto do partido poderá estabelecer, além das medidas disciplinares básicas de caráter partidário, normas sobre penalidades, inclusive com desligamento temporário da bancada, suspensão do direito de voto nas reuniões internas ou perda de todas as prerrogativas, cargos e funções que exerça em decorrência da representação e da proporção partidária, na respectiva Casa Legislativa, ao parlamentar que se opuser, pela atitude ou pelo voto, às diretrizes legitimamente estabelecidas pelos órgãos partidários.

Art. 26. Perde automaticamente a função ou cargo que exerça, na respectiva Casa Legislativa, em virtude da proporção partidária, o parlamentar que deixar o partido sob cuja legenda tenha sido eleito.

Capítulo VI
DA FUSÃO, INCORPORAÇÃO E EXTINÇÃO DOS PARTIDOS POLÍTICOS

Art. 27. Fica cancelado, junto ao Ofício Civil e ao Tribunal Superior Eleitoral, o registro do partido que, na forma de seu estatuto, se dissolva, se incorpore ou venha a se fundir a outro.

Art. 28. O Tribunal Superior Eleitoral, após trânsito em julgado de decisão, determina o cancelamento do registro civil e do estatuto do partido contra o qual fique provado:

I – ter recebido ou estar recebendo recursos financeiros de procedência estrangeira;

II – estar subordinado a entidade ou governo estrangeiros;

III – não ter prestado, nos termos desta Lei, as devidas contas à Justiça Eleitoral;

IV – que mantém organização paramilitar.

§ 1º A decisão judicial a que se refere este artigo deve ser precedida de processo regular, que assegure ampla defesa.

§ 2º O processo de cancelamento é iniciado pelo Tribunal à vista de denúncia de qualquer eleitor, de representante de partido, ou de representação do Procurador-Geral Eleitoral.

§ 3º O partido político, em nível nacional, não sofrerá a suspensão das cotas do Fundo Partidário, nem qualquer outra punição como consequência de atos praticados por órgãos regionais ou municipais.

→ § 3º acrescentado pela Lei 9.693/1998.

§ 4º Despesas realizadas por órgãos partidários municipais ou estaduais ou por candidatos majoritários nas respectivas circunscrições devem ser assumidas e pagas exclusivamente pela esfera partidária correspondente, salvo acordo expresso com órgão de outra esfera partidária.

→ § 4º acrescentado pela Lei 12.034/2009.

§ 5º Em caso de não pagamento, as despesas não poderão ser cobradas judicialmente dos órgãos superiores dos partidos políticos, recaindo eventual penhora exclusivamente sobre o órgão partidário que contraiu a dívida executada.

→ § 5º acrescentado pela Lei 12.034/2009.

§ 6º O disposto no inciso III do *caput* refere-se apenas aos órgãos nacionais dos partidos políticos que deixarem de prestar contas ao Tribunal Superior Eleitoral, não ocorrendo o cancelamento do registro civil e do estatuto do partido quando a omissão for dos órgãos partidários regionais ou municipais.

→ § 6º acrescentado pela Lei 12.034/2009.

Art. 29. Por decisão de seus órgãos nacionais de deliberação, dois ou mais partidos poderão fundir-se num só ou incorporar-se um ao outro.

§ 1º No primeiro caso, observar-se-ão as seguintes normas:

I – os órgãos de direção dos partidos elaborarão projetos comuns de estatuto e programa;

II – os órgãos nacionais de deliberação dos partidos em processo de fusão votarão em reunião conjunta, por maioria absoluta, os projetos, e elegerão o órgão de direção nacional que promoverá o registro do novo partido.

§ 2º No caso de incorporação, observada a lei civil, caberá ao partido incorporando deliberar por maioria absoluta de votos, em seu órgão nacional de deliberação, sobre a adoção do estatuto e do programa de outra agremiação.

§ 3º Adotados o estatuto e o programa do partido incorporador, realizar-se-á, em reunião conjunta dos órgãos nacionais de deliberação, a eleição do novo órgão de direção nacional.

§ 4º Na hipótese de fusão, a existência legal do novo partido tem início com o registro, no Ofício Civil competente da Capital Federal, do estatuto e do programa, cujo requerimento deve ser acompanhado das atas das decisões dos órgãos competentes.

§ 5º No caso de incorporação, o instrumento respectivo deve ser levado ao Ofício Civil competente, que deve, então, cancelar o registro do partido incorporado a outro.

§ 6º No caso de incorporação, o instrumento respectivo deve ser levado ao Ofício Civil competente, que deve, então, cancelar o registro do partido incorporado a outro.

→ § 6º com redação alterada pela Lei 13.107/2015.

§ 7º Havendo fusão ou incorporação, devem ser somados exclusivamente os votos dos partidos fundidos ou incorporados obtidos na última eleição geral para a Câmara dos Deputados, para efeito da distribuição dos recursos do Fundo Partidário e do acesso gratuito ao rádio e à televisão.

→ § 7º com redação alterada pela Lei 13.107/2015.

§ 8º O novo estatuto ou instrumento de incorporação deve ser levado a registro e averbado, respectivamente, no Ofício Civil e no Tribunal Superior Eleitoral.

→ § 8º acrescentado pela Lei 13.107/2015.

§ 9º Somente será admitida a fusão ou incorporação de partidos políticos que hajam obtido o registro definitivo do Tribunal Superior Eleitoral há, pelo menos, 5 (cinco) anos.

→ § 9º acrescentado pela Lei 13.107/2015.

Título III
Das Finanças e Contabilidade dos Partidos

Capítulo I
DA PRESTAÇÃO DE CONTAS

Art. 30. O partido político, através de seus órgãos nacionais, regionais e municipais, deve manter escrituração contábil, de forma a permitir o conhecimento da origem de suas receitas e a destinação de suas despesas.

Art. 31. É vedado ao partido receber, direta ou indiretamente, sob qualquer forma ou pretexto, contribuição ou auxílio pecuniário ou estimável em dinheiro, inclusive através de publicidade de qualquer espécie, procedente de:

→ *v.* Art. 24 da Lei 9.504/1997.

I – entidade ou governo estrangeiros;

→ *v.* Art. 17, II, da CF/1988.

II – autoridade ou órgãos públicos, ressalvadas as dotações referidas no art. 38;

III – autarquias, empresas públicas ou concessionárias de serviços públicos, sociedades de economia mista e fundações instituídas em virtude de lei e para cujos recursos concorram órgãos ou entidades governamentais;

IV – entidade de classe ou sindical.

Art. 32. O partido está obrigado a enviar, anualmente, à Justiça Eleitoral, o balanço contábil do exercício findo, até o dia 30 de abril do ano seguinte.

§ 1º O balanço contábil do órgão nacional será enviado ao Tribunal Superior Eleitoral, o dos órgãos estaduais aos Tribunais Regionais Eleitorais e o dos órgãos municipais aos Juízes Eleitorais.

§ 2º A Justiça Eleitoral determina, imediatamente, a publicação dos balanços na imprensa oficial, e, onde ela não exista, procede à afixação dos mesmos no Cartório Eleitoral.

§ 3º (*Revogado pela Lei 13.165/2015*).

§ 4º Os órgãos partidários municipais que não hajam movimentado recursos financeiros ou arrecadado bens estimáveis em dinheiro ficam desobrigados de prestar contas à Justiça Eleitoral, exigindo-se do responsável partidário, no prazo estipulado no caput, a apresentação de declaração da ausência de movimentação de recursos nesse período.

→ § 4º acrescentado pela Lei 13.165/2015.

§ 5º A desaprovação da prestação de contas do partido não ensejará sanção alguma que o impeça de participar do pleito eleitoral.

→ § 5º acrescentado pela Lei 13.165/2015.

Art. 33. Os balanços devem conter, entre outros, os seguintes itens:

I – discriminação dos valores e destinação dos recursos oriundos do fundo partidário;

II – origem e valor das contribuições e doações;

III – despesas de caráter eleitoral, com a especificação e comprovação dos gastos com programas no rádio e televisão, comitês, propaganda, publicações, comícios, e demais atividades de campanha;

IV – discriminação detalhada das receitas e despesas.

Art. 34. A Justiça Eleitoral exerce a fiscalização sobre a prestação de contas do partido e das despesas de campanha eleitoral, devendo atestar se elas refletem adequadamente a real movimentação financeira, os dispêndios e os recursos aplicados nas campanhas eleitorais, exigindo a observação das seguintes normas:

→ *Caput* com redação alterada pela Lei 13.165/2015.

I – obrigatoriedade de designação de dirigentes partidários específicos para movimentar recursos financeiros nas campanhas eleitorais;

→ Inciso I com redação alterada pela Lei 13.165/2015.

II – (*Revogado pela Lei 13.165/2015*);

III – relatório financeiro, com documentação que comprove a entrada e saída de dinheiro ou de bens recebidos e aplicados;

→ Inciso III com redação alterada pela Lei 13.165/2015.

IV – obrigatoriedade de ser conservada pelo partido, por prazo não inferior a cinco anos, a documentação comprobatória de suas prestações de contas;

→ Inciso IV com redação alterada pela Lei 13.165/2015.

V – obrigatoriedade de prestação de contas pelo partido político e por seus candidatos no encerramento da campanha eleitoral, com o recolhimento imediato à tesouraria do partido dos saldos financeiros eventualmente apurados.

→ Inciso V com redação alterada pela Lei 13.165/2015.

§ 1º A fiscalização de que trata o *caput* tem por escopo identificar a origem das receitas e a destinação das despesas com as atividades partidárias e eleitorais, mediante o exame formal dos documentos fiscais apresentados pelos partidos políticos e candidatos, sendo vedada a análise das atividades político-partidárias ou qualquer interferência em sua autonomia.

→ § 1º com redação alterada pela Lei 13.165/2015.

§ 2º Para efetuar os exames necessários ao atendimento do disposto no *caput*, a Justiça Eleitoral pode requisitar técnicos do Tribunal de Contas da União ou dos Estados, pelo tempo que for necessário.

→ § 2º acrescentado pela Lei 12.891/2013.

Art. 35. O Tribunal Superior Eleitoral e os Tribunais Regionais Eleitorais, à vista de denúncia fundamentada de filiado ou delegado de partido, de representação do Procurador-Geral ou Regional ou de iniciativa do Corregedor, determinarão o exame da escrituração do partido e a apuração de qualquer ato que viole as prescrições legais ou estatutárias a que, em matéria financeira, aquele ou seus filiados estejam sujeitos, podendo, inclusive, determinar a quebra de sigilo bancário das contas dos partidos para o esclarecimento ou apuração de fatos vinculados à denúncia.

Parágrafo único. O partido pode examinar, na Justiça Eleitoral, as prestações de contas mensais ou anuais dos demais partidos, 15 (quinze) dias após a publicação dos balanços financeiros, aberto o prazo de 5 (cinco) dias para impugná-las, podendo, ainda, relatar fatos, indicar provas e pedir abertura de investigação para apurar qualquer ato que viole as prescrições legais ou estatutárias a que, em matéria financeira, os partidos e seus filiados estejam sujeitos.

Art. 36. Constatada a violação de normas legais ou estatutárias, ficará o partido sujeito às seguintes sanções:

I – no caso de recursos de origem não mencionada ou esclarecida, fica suspenso o recebimento das quotas do fundo partidário até que o esclarecimento seja aceito pela Justiça Eleitoral;

II – no caso de recebimento de recursos mencionados no art. 31, fica suspensa a participação no fundo partidário por 1 (um) ano;

III – no caso de recebimento de doações cujo valor ultrapasse os limites previstos no art. 39, § 4º, fica suspensa por 2 (dois) anos a participação no fundo partidário e será aplicada ao partido multa correspondente ao valor que exceder aos limites fixados.

→ *v.* Referido § 4º do art. 39 foi revogado pelo art. 107 da Lei 9.504/1997.

Art. 37. A desaprovação das contas do partido implicará exclusivamente a sanção de devolução da importância apontada como irregular, acrescida de multa de até 20% (vinte por cento).

→ *Caput* com redação alterada pela Lei 13.165/2015.

→ *v.* Art. 25 da Lei 9.504/1997.

§ 1º A Justiça Eleitoral pode determinar diligências necessárias à complementação de informações ou ao saneamento de irregularidades encontradas nas contas dos órgãos de direção partidária ou de candidatos.

→ Anterior parágrafo único renumerado para § 1º pela Lei 9.693/1998.

§ 2º A sanção a que se refere o caput será aplicada exclusivamente à esfera partidária responsável pela irregularidade, não suspendendo o registro ou a anotação de seus órgãos de direção partidária nem tornando devedores ou inadimplentes os respectivos responsáveis partidários.

→ § 2º com redação alterada pela Lei 13.165/2015.

→ *v.* Arts. 15-A e 28, § 3º, da Lei 9.096/1995.

§ 3º A sanção a que se refere o caput deverá ser aplicada de forma proporcional e razoável, pelo período de um a doze meses, e o pagamento deverá ser feito por meio de desconto nos futuros repasses de cotas do Fundo Partidário, desde que a prestação de contas seja julgada, pelo juízo ou tribunal competente, em até cinco anos de sua apresentação.

→ § 3º com redação alterada pela Lei 13.165/2015.

→ *v.* Art. 25, parágrafo único, da Lei 9.504/1997.

§ 4º Da decisão que desaprovar total ou parcialmente a prestação de contas dos órgãos partidários caberá recurso para os Tribunais Regionais Eleitorais ou para o Tribunal Superior Eleitoral, conforme o caso, o qual deverá ser recebido com efeito suspensivo.

→ § 4º acrescentado pela Lei 12.034/2009.

§ 5º As prestações de contas desaprovadas pelos Tribunais Regionais e pelo Tribunal Superior poderão ser revistas para fins de aplicação proporcional da sanção aplicada, mediante requerimento ofertado nos autos da prestação de contas.

→ § 5º acrescentado pela Lei 12.034/2009.

§ 6º O exame da prestação de contas dos órgãos partidários tem caráter jurisdicional.

→ § 6º acrescentado pela Lei 12.034/2009.

§ 7º (*Vetado*).

→ § 7º acrescentado pela Lei 12.891/2013.

§ 8º (*Vetado*).

→ § 8º acrescentado pela Lei 12.891/2013.

§ 9º O desconto no repasse de cotas resultante da aplicação da sanção a que se refere o caput será suspenso durante o segundo semestre do ano em que se realizarem as eleições.

→ § 9º acrescentado pela Lei 13.165/2015.

§ 10. Os gastos com passagens aéreas serão comprovados mediante apresentação de fatura ou duplicata emitida por agência de viagem, quando for o caso, desde que informados os beneficiários, as datas e os itinerários, vedada a exigência de apresentação de qualquer outro documento para esse fim.

→ § 10 acrescentado pela Lei 13.165/2015.

§ 11. Os órgãos partidários poderão apresentar documentos hábeis para esclarecer questionamentos da Justiça Eleitoral ou para sanear irregularidades a qualquer tempo, enquanto não transitada em julgado a decisão que julgar a prestação de contas.

→ § 11 acrescentado pela Lei 13.165/2015.

§ 12. Erros formais ou materiais que no conjunto da prestação de contas não comprometam o conhecimento da origem das receitas e a destinação das despesas não acarretarão a desaprovação das contas.

→ § 12 acrescentado pela Lei 13.165/2015.

§ 13. A responsabilização pessoal civil e criminal dos dirigentes partidários decorrente da desaprovação das contas partidárias e de atos ilícitos atribuídos ao partido político somente ocorrerá se verificada irregularidade grave e insanável resultante de conduta dolosa que importe enriquecimento ilícito e lesão ao patrimônio do partido.

→ § 13 acrescentado pela Lei 13.165/2015.

§ 14. O instituto ou fundação de pesquisa e de doutrinação e educação política não será atingido pela sanção aplicada ao partido político em caso de desaprovação de suas contas, exceto se tiver diretamente dado causa à reprovação.

→ § 14 acrescentado pela Lei 13.165/2015.

Art. 37-A. A falta de prestação de contas implicará a suspensão de novas cotas do Fundo Partidário enquanto perdurar a inadimplência e sujeitará os responsáveis às penas da lei.

→ Artigo acrescentado pela Lei 13.165/2015.

Capítulo II
DO FUNDO PARTIDÁRIO

Art. 38. O Fundo Especial de Assistência Financeira aos Partidos Políticos (Fundo Partidário) é constituído por:

I – multas e penalidades pecuniárias aplicadas nos termos do Código Eleitoral e leis conexas;

II – recursos financeiros que lhe forem destinados por lei, em caráter permanente ou eventual;

III – doações de pessoa física ou jurídica, efetuadas por intermédio de depósitos bancários diretamente na conta do Fundo Partidário;

IV – dotações orçamentárias da União em valor nunca inferior, cada ano, ao número de eleitores inscritos em 31 de dezembro do ano anterior ao da proposta orçamentária, multiplicados por trinta e cinco centavos de real, em valores de agosto de 1995.

§ 1º (*Vetado*).

§ 2º (*Vetado*).

Art. 39. Ressalvado o disposto no art. 31, o partido político pode receber doações de pessoas físicas e jurídicas para constituição de seus fundos.

§ 1º As doações de que trata este artigo podem ser feitas diretamente aos órgãos de direção nacional, estadual e municipal, que remeterão, à Justiça Eleitoral e aos órgãos hierarquicamente superiores do partido, o demonstrativo de seu recebimento e respectiva destinação, juntamente com o balanço contábil.

§ 2º Outras doações, quaisquer que sejam, devem ser lançadas na contabilidade do partido, definidos seus valores em moeda corrente.

§ 3º As doações de recursos financeiros somente poderão ser efetuadas na conta do partido político por meio de:

→ *Caput* do § 3º com redação alterada pela Lei 13.165/2015.

I – cheques cruzados e nominais ou transferência eletrônica de depósitos;

→ Inciso I acrescentado pela Lei 13.165/2015.

II – depósitos em espécie devidamente identificados;

→ Inciso II acrescentado pela Lei 13.165/2015.

III – mecanismo disponível em sítio do partido na internet que permita inclusive o uso de cartão de crédito ou de débito e que atenda aos seguintes requisitos:

→ Inciso III acrescentado pela Lei 13.165/2015.

a) identificação do doador;

b) emissão obrigatória de recibo eleitoral para cada doação realizada.

§ 4º (*Revogado pela Lei 9.504/1997*).

§ 5º Em ano eleitoral, os partidos políticos poderão aplicar ou distribuir pelas diversas eleições os recursos financeiros recebidos de pessoas físicas e jurídicas, observando-se o disposto no § 1º do art. 23, no art. 24 e no § 1º do art. 81 da Lei 9.504, de 30 de setembro de 1997, e os critérios definidos pelos respectivos órgãos de direção e pelas normas estatutárias.

→ § 5º acrescentado pela Lei 12.034/2009.

Art. 40. A previsão orçamentária de recursos para o Fundo Partidário deve ser consignada, no Anexo do Poder Judiciário, ao Tribunal Superior Eleitoral.

§ 1º O Tesouro Nacional depositará, mensalmente, os duodécimos no Banco do Brasil, em conta especial à disposição do Tribunal Superior Eleitoral.

§ 2º Na mesma conta especial serão depositadas as quantias arrecadadas pela aplicação de multas e outras penalidades pecuniárias, previstas na Legislação Eleitoral.

Art. 41. O Tribunal Superior Eleitoral, dentro de 5 (cinco) dias, a contar da data do depósito a que se refere o § 1º do artigo anterior, fará a respectiva distribuição aos órgãos nacionais dos partidos, obedecendo aos seguintes critérios:

→ *v.* ADIns 1.351-3 e 1.354-8 (*D.O.U.* 18.12.2006), o STF, declarou a inconstitucionalidade da expressão: "obedecendo aos seguintes critérios".

I – 1% (um por cento) do total do Fundo Partidário será destacado para entrega, em partes iguais, a todos os partidos que tenham seus estatutos registrados no Tribunal Superior Eleitoral;

→ *v.* ADIns 1.351-3 e 1.354-8 (*D.O.U.* 18.12.2006), o STF, declarou a inconstitucionalidade da expressão: "obedecendo aos seguintes critérios".

II – 99% (noventa e nove por cento) do total do Fundo Partidário serão distribuídos aos partidos que tenham preenchido as condições do art. 13, na proporção dos votos obtidos na última eleição geral para a Câmara dos Deputados.

→ *v.* ADIns 1.351-3 e 1.354-8 (*D.O.U.* 18.12.2006), o STF, declarou a inconstitucionalidade da expressão: "obedecendo aos seguintes critérios".

Art. 41-A. Do total do Fundo Partidário:

→ *Caput* com redação alterada pela Lei 12.875/2013.

I - 5% (cinco por cento) serão destacados para entrega, em partes iguais, a todos os partidos que atendam aos requisitos constitucionais de acesso aos recursos do Fundo Partidário; e

→ Inciso I com redação alterada pela Lei 13.165/2015.

II – 95% (noventa e cinco por cento) serão distribuídos aos partidos na proporção dos votos obtidos na última eleição geral para a Câmara dos Deputados.

→ Inciso II acrescentado pela Lei 12.875/2013.

Parágrafo único. Para efeito do disposto no inciso II, serão desconsideradas as mudanças de filiação partidária em quaisquer hipóteses.

→ Parágrafo único com redação alterada pela Lei 13.107/2015.

Art. 42. Em caso de cancelamento ou caducidade do órgão de direção nacional do partido, reverterá ao Fundo Partidário a quota que a este caberia.

Art. 43. Os depósitos e movimentações dos recursos oriundos do Fundo Partidário serão feitos em estabelecimentos bancários controlados pelo Poder Público Federal, pelo Poder Público Estadual ou, inexistindo estes, no banco escolhido pelo órgão diretivo do partido.

Art. 44. Os recursos oriundos do Fundo Partidário serão aplicados:

I – na manutenção das sedes e serviços do partido, permitido o pagamento de pessoal, a qualquer título, observado, do total recebido, os seguintes limites:

→ *Caput* do inciso I com redação alterada pela Lei 13.165/2015.

a) 50% (cinquenta por cento) para o órgão nacional;

→ Alínea *a* acrescentada pela Lei 13.165/2015.

b) 60% (sessenta por cento) para cada órgão estadual e municipal;

→ Alínea *b* acrescentada pela Lei 13.165/2015.

II – na propaganda doutrinária e política;

III – no alistamento e campanhas eleitorais;

IV – na criação e manutenção de instituto ou fundação de pesquisa e de doutrinação e educação política, sendo esta aplicação de, no mínimo, 20% (vinte por cento) do total recebido.

→ *v.* Art. 53 da Lei 9.096/1995.

V – na criação e manutenção de programas de promoção e difusão da participação política das mulheres, criados e mantidos pela secretaria da mulher do respectivo partido político ou, inexistindo a secretaria, pelo instituto ou fundação de pesquisa e de doutrinação e educação política de que trata o inciso IV, conforme percentual que será fixado pelo órgão nacional de direção partidária, observado o mínimo de 5% (cinco por cento) do total;

→ Inciso V com redação alterada pela Lei 13.165/2015.

→ *v.* Art. 45, IV, da Lei 9.096/1995.

VI – no pagamento de mensalidades, anuidades e congêneres devidos a organismos partidários internacionais que se destinem ao apoio à pesquisa, ao estudo e à doutrinação política, aos quais seja o partido político regularmente filiado;

→ Inciso VI acrescentado pela Lei 13.165/2015.

VII – no pagamento de despesas com alimentação, incluindo restaurantes e lanchonetes.

→ Inciso VII acrescentado pela Lei 13.165/2015.

§ 1º Na prestação de contas dos órgãos de direção partidária de qualquer nível devem ser discriminadas as despesas realizadas com recursos do Fundo Partidário, de modo a permitir o controle da Justiça Eleitoral sobre o cumprimento do disposto nos incisos I e IV deste artigo.

§ 2º A Justiça Eleitoral pode, a qualquer tempo, investigar sobre a aplicação de recursos oriundos do Fundo Partidário.

→ *v.* Art. 35, *caput,* da Lei 9.096/1995.

§ 3º Os recursos de que trata este artigo não estão sujeitos ao regime da Lei nº 8.666, de 21 de junho de 1993, tendo os partidos políticos autonomia para contratar e realizar despesas.

→ § 3º com redação alterada pela Lei 12.891/2013.

§ 4º Não se incluem no cômputo do percentual previsto no inciso I deste artigo encargos e tributos de qualquer natureza.

→ § 4º acrescentado pela Lei 12.034/2009.

§ 5º O partido político que não cumprir o disposto no inciso V do caput deverá transferir o saldo para conta específica, sendo vedada sua aplicação para finalidade diversa, de modo que o saldo remanescente deverá ser aplicado dentro do exercício financeiro subsequente, sob pena de acréscimo de 12,5% (doze inteiros e cinco décimos por cento) do valor previsto no inciso V do *caput*, a ser aplicado na mesma finalidade.

→ § 5º com redação alterada pela Lei 13.165/2015.

§ 5º-A. A critério das agremiações partidárias, os recursos a que se refere o inciso V poderão ser acumulados em diferentes exercícios financeiros, mantidos em contas bancárias específicas, para utilização futura em campanhas eleitorais de candidatas do partido.

→ § 5º-A acrescentado pela Lei 13.165/2015.

§ 6º No exercício financeiro em que a fundação ou instituto de pesquisa não despender a totalidade dos recursos que lhe forem assinalados, a eventual sobra poderá ser revertida para outras atividades partidárias, conforme previstas no *caput* deste artigo.

→ § 6º acrescentado pela Lei 12.891/2013.

§ 7º A critério da secretaria da mulher ou, inexistindo a secretaria, a critério da fundação de pesquisa e de doutrinação e educação política, os recursos a que se refere o inciso V do *caput* poderão ser acumulados em diferentes exercícios financeiros, mantidos em contas bancárias específicas, para utilização futura em campanhas eleitorais de candidatas do partido, não se aplicando, neste caso, o disposto no § 5º.

→ § 7º acrescentado pela Lei 13.165/2015.

Título IV
Do Acesso Gratuito ao Rádio e à Televisão

Art. 45. A propaganda partidária gratuita, gravada ou ao vivo, efetuada mediante transmissão por rádio e televisão será realizada entre as 19 horas e 30 minutos e as 22 horas para, com exclusividade:

→ *v.* Art. 36, § 2º, da Lei 9.504/1997.

I – difundir os programas partidários;

II – transmitir mensagens aos filiados sobre a execução do programa partidário, dos eventos com este relacionados e das atividades congressuais do partido;

III – divulgar a posição do partido em relação a temas político-comunitários.

IV – promover e difundir a participação política feminina, dedicando às mulheres o tempo que será fixado pelo órgão nacional de direção partidária, observado o mínimo de 10% (dez por cento) do programa e das inserções a que se refere o art. 49.

→ Inciso IV com redação alterada pela Lei 13.165/2015.

→ *v.* Arts. 10 e 11, da Lei 13.165/2015.

→ *v.* Art. 44, V, da Lei 9.096/1995.

§ 1º Fica vedada, nos programas de que trata este Título:

I – a participação de pessoa filiada a partido que não o responsável pelo programa;

II – a divulgação de propaganda de candidatos a cargos eletivos e a defesa de interesses pessoais ou de outros partidos;

III – a utilização de imagens ou cenas incorretas ou incompletas, efeitos ou quaisquer outros recursos que distorçam ou falseiem os fatos ou a sua comunicação.

§ 2º O partido que contrariar o disposto neste artigo será punido:

→ *Caput* do § 2º com redação alterada pela Lei 12.034/2009.

I – quando a infração ocorrer nas transmissões em bloco, com a cassação do direito de transmissão no semestre seguinte;

→ Inciso I acrescentado pela Lei 12.034/2009.

II – quando a infração ocorrer nas transmissões em inserções, com a cassação de tempo equivalente a 5 (cinco) vezes ao da inserção ilícita, no semestre seguinte.

→ Inciso II acrescentado pela Lei 12.034, de 2009.

§ 3º A representação, que somente poderá ser oferecida por partido político, será julgada pelo Tribunal Superior Eleitoral quando se tratar de programa em bloco ou inserções nacionais e pelos Tribunais Regionais Eleitorais quando se tratar de programas em bloco ou inserções transmitidos nos Estados correspondentes.

→ § 3º com redação alterada pela Lei 12.034/2009.

§ 4º O prazo para o oferecimento da representação encerra-se no último dia do semestre em que for veiculado o programa impugnado, ou se este tiver sido transmitido nos últimos 30 (trinta) dias desse período, até o 15º (décimo quinto) dia do semestre seguinte.

→ § 4º acrescentado pela Lei 12.034/2009.

§ 5º Das decisões dos Tribunais Regionais Eleitorais que julgarem procedente representação, cassando o direito de transmissão de propaganda partidária, caberá recurso para o Tribunal Superior Eleitoral, que será recebido com efeito suspensivo.

→ § 5º acrescentado pela Lei 12.034/2009.

§ 6º A propaganda partidária, no rádio e na televisão, fica restrita aos horários gratuitos disciplinados nesta Lei, com proibição de propaganda paga.

→ § 6º acrescentado pela Lei 12.034/2009.

Art. 46. As emissoras de rádio e de televisão ficam obrigadas a realizar, para os partidos políticos, na forma desta Lei, transmissões gratuitas em âmbito nacional e estadual, por iniciativa e sob a responsabilidade dos respectivos órgãos de direção.

§ 1º As transmissões serão em bloco, em cadeia nacional ou estadual, e em inserções de trinta segundos e um minuto, no intervalo da programação normal das emissoras.

§ 2º A formação das cadeias, tanto nacional quanto estaduais, será autorizada pelo Tribunal Superior Eleitoral, que fará a necessária requisição dos horários às emissoras de rádio e de televisão, mediante requerimento dos órgãos nacionais dos partidos, com antecedência mínima de 15 (quinze) dias.

§ 3º No requerimento a que se refere o parágrafo anterior, o órgão partidário solicitará conjuntamente a fixação das datas de formação das cadeias, nacional e estaduais.

§ 4º O Tribunal Superior Eleitoral, independentemente do âmbito nacional ou estadual da transmissão, havendo coincidência de data, dará prioridade ao partido que apresentou o requerimento em primeiro lugar.

§ 5º O material de áudio e vídeo com os programas em bloco ou as inserções será entregue às emissoras com antecedência mínima de 12 (doze) horas da transmissão, podendo as inserções de rádio ser enviadas por meio de correspondência eletrônica.

→ § 5º com redação alterada pela Lei 12.891/2013.

§ 6º As inserções a serem feitas na programação das emissoras serão determinadas:

I – pelo Tribunal Superior Eleitoral, quando solicitadas por órgão de direção nacional de partido;

II – pelo Tribunal Regional Eleitoral, quando solicitadas por órgão de direção estadual de partido.

§ 7º Em cada rede somente serão autorizadas até dez inserções de trinta segundos ou cinco de um minuto por dia.

§ 8º É vedada a veiculação de inserções idênticas no mesmo intervalo de programação, exceto se o número de inserções de que dispuser o partido exceder os intervalos disponíveis, sendo vedada a transmissão em sequência para o mesmo partido político.

→ § 8º acrescentado pela Lei 12.891/2013.

Art. 47. Para agilizar os procedimentos, condições especiais podem ser pactuadas diretamente entre as emissoras de rádio e de televisão e os órgãos de direção do partido, obedecidos os limites estabelecidos nesta Lei, dando-se conhecimento ao Tribunal Eleitoral da respectiva jurisdição.

Art. 48. O partido registrado no Tribunal Superior Eleitoral que não atenda ao disposto no art. 13 tem assegurada a realização de um programa em cadeia nacional, em cada semestre, com a duração de dois minutos.

→ *v.* ADIns 1.351-3 e 1.354-8 (*D.O.U.* 18.12.2006), o STF, declarou a inconstitucionalidade do art. 48 da Lei 9.096/1995".

LEGISLAÇÃO

Art. 49. Os partidos com pelo menos um representante em qualquer das Casas do Congresso Nacional têm assegurados os seguintes direitos relacionados à propaganda partidária:

→ *Caput* com redação alterada pela Lei 13.165/2015.

I – a realização de um programa a cada semestre, em cadeia nacional, com duração de:

→ *Caput* do inciso I com redação alterada pela Lei 13.165/2015.

a) cinco minutos cada, para os partidos que tenham eleito até quatro Deputados Federais;

→ Alínea *a* acrescentada pela Lei 13.165/2015.

b) dez minutos cada, para os partidos que tenham eleito cinco ou mais Deputados Federais;

→ Alínea *b* acrescentada pela Lei 13.165/2015.

II – a utilização, por semestre, para inserções de trinta segundos ou um minuto, nas redes nacionais, e de igual tempo nas emissoras estaduais, do tempo total de:

→ *Caput* do inciso II com redação alterada pela Lei 13.165/2015.

a) dez minutos, para os partidos que tenham eleito até nove Deputados Federais;

→ Alínea *a* acrescentada pela Lei 13.165/2015.

b) vinte minutos, para os partidos que tenham eleito dez ou mais deputados federais.

→ Alínea *b* acrescentada pela Lei 13.165/2015.

Parágrafo único. A critério do órgão partidário nacional, as inserções em redes nacionais referidas no inciso II do *caput* deste artigo poderão veicular conteúdo regionalizado, comunicando-se previamente o Tribunal Superior Eleitoral.

→ Parágrafo único acrescentado pela Lei 13.165/2015.

Título V
Disposições Gerais

Art. 50. (*Vetado*).

Art. 51. É assegurado ao partido político com estatuto registrado no Tribunal Superior Eleitoral o direito à utilização gratuita de escolas públicas ou Casas Legislativas para a realização de suas reuniões ou convenções, responsabilizando-se pelos danos porventura causados com a realização do evento.

→ *v.* Art. 8º, § 2º, da Lei 9.504/1997.

Art. 52. (*Vetado*).

Parágrafo único. As emissoras de rádio e televisão terão direito a compensação fiscal pela cedência do horário gratuito previsto nesta Lei.

→ *v.* Decreto 7.791/2012 – Compensação fiscal na apuração do Imposto sobre a Renda da Pessoa Jurídica – IRPJ pela divulgação gratuita da propaganda partidária e eleitoral, de plebiscitos e referendos.

→ *v.* Art. 99, §§ 1º a 3º, da Lei 9.504/1997.

Art. 53. A fundação ou instituto de direito privado, criado por partido político, destinado ao estudo e pesquisa, à doutrinação e à educação política, rege-se pelas normas da lei civil e tem autonomia para contratar com instituições públicas e privadas, prestar serviços e manter estabelecimentos de acordo com suas finalidades, podendo, ainda, manter intercâmbio com instituições não nacionais.

→ *v.* Art. 44, IV, da Lei 9.096/1995.

Art. 54. Para fins de aplicação das normas estabelecidas nesta Lei, consideram-se como equivalentes a Estados e Municípios o Distrito Federal e os Territórios e respectivas divisões político-administrativas.

Título VI
Disposições Finais e Transitórias

Art. 55. O partido político que, nos termos da legislação anterior, tenha registro definitivo, fica dispensado da condição estabelecida no § 1º do art. 7º, e deve providenciar a adaptação de seu estatuto às disposições desta Lei, no prazo de 6 (seis) meses da data de sua publicação.

§ 1º A alteração estatutária com a finalidade prevista neste artigo pode ser realizada pelo partido político em reunião do órgão nacional máximo, especialmente convocado na forma dos estatutos, com antecedência mínima de 30 (trinta) dias e ampla divulgação, entre seus órgãos e filiados, do projeto do estatuto.

§ 2º Aplicam-se as disposições deste artigo ao partido que, na data da publicação desta Lei:

I – tenha completado seu processo de organização nos termos da legislação anterior e requerido o registro definitivo;

II – tenha seu pedido de registro *sub judice*, desde que sobrevenha decisão favorável do órgão judiciário competente;

III – tenha requerido registro de seus estatutos junto ao Tribunal Superior Eleitoral, após o devido registro como entidade civil.

Art. 56. (*Revogado pela Lei 13.165/2015*).

I a IV (*Revogados pela Lei 13.165/2015*).

V – (*Revogado pela Lei 11.459/2007*).

Art. 57. (*Revogado pela Lei 13.165/2015*).

I – (*Revogado pela Lei 13.165/2015*).

II – (*Revogado pela Lei 11.459/2007*).

III – (*Revogado pela Lei 13.165/2015*).

Art. 58. A requerimento de partido, o Juiz Eleitoral devolverá as fichas de filiação partidária existentes no cartório da respectiva Zona, devendo ser organizada a primeira relação de filiados, nos termos do art. 19, obedecidas as normas estatutárias.

Parágrafo único. Para efeito de candidatura a cargo eletivo será considerada como primeira filiação a constante das listas de que trata este artigo.

Art. 59. O art. 16 da Lei 3.071, de 1º de janeiro de 1916 (Código Civil), passa a vigorar com a seguinte redação:

→ O Código Civil de 1916 foi revogado pela Lei 10.406/2002.

"Art. 16. (...)

(...)

III – os partidos políticos.

(...)

§ 3º Os partidos políticos reger-se-ão pelo disposto, no que lhes for aplicável, nos arts. 17 a 22 deste Código e em lei específica."

Art. 60. Os artigos a seguir enumerados da Lei 6.015, de 31 de dezembro de 1973, passam a vigorar a seguinte redação:

→ Alterações efetuadas na referida Lei.

Art. 61. O Tribunal Superior Eleitoral expedirá instruções para a fiel execução desta Lei.

Art. 62. Esta Lei entra em vigor na data de sua publicação.

Art. 63. Ficam revogadas a Lei 5.682, de 21 de julho de 1971, e respectivas alterações; a Lei 6.341, de 5 de julho de 1976; a Lei 6.817, de 5 de setembro de 1980; a Lei 6.957, de 23 de novembro de 1981; o art. 16 da Lei 6.996, de 7 de junho de 1982; a Lei 7.307, de 9 de abril de 1985, e a Lei 7.514, de 9 de julho de 1986.

Brasília, 19 de setembro de 1995; 174º da Independência e 107º da República.

Marco Antonio de Oliveira Maciel

(Publicação no *D.O.U.* de 20.9.1995)

LEI 9.099,
DE 26 DE SETEMBRO DE 1995

Dispõe sobre os Juizados Especiais Cíveis e Criminais e dá outras providências.

→ *v.* Art. 98, I, da CF/1988.

→ *v.* Lei 13.140/2015 – Lei de mediação e autocomposição de conflitos.

→ *v.* Lei 12.153/2009 – Dispõe sobre os Juizados Especiais da Fazenda Pública no âmbito dos Estados, do Distrito Federal, dos Territórios e dos Municípios.

→ *v.* Lei 10.259/2001 – Dispõe sobre a instituição dos Juizados Especiais Cíveis e Criminais no âmbito da Justiça Federal.

O Presidente da República:

Faço saber que o Congresso Nacional decreta e eu sanciono a seguinte Lei:

Capítulo I
DISPOSIÇÕES GERAIS

Art. 1º Os Juizados Especiais Cíveis e Criminais, órgãos da Justiça Ordinária, serão criados pela União, no Distrito Federal e nos Territórios, e pelos Estados, para conciliação, processo, julgamento e execução, nas causas de sua competência.

→ *v.* Art. 5º, IV, do CDC.

Art. 2º O processo orientar-se-á pelos critérios da oralidade, simplicidade, informalidade, economia processual e celeridade, buscando, sempre que possível, a conciliação ou a transação.

Capítulo II
DOS JUIZADOS ESPECIAIS CÍVEIS

Seção I
Da competência

Art. 3º O Juizado Especial Cível tem competência para conciliação, processo e julgamento das causas cíveis de menor complexidade, assim consideradas:

I – as causas cujo valor não exceda a 40 (quarenta) vezes o salário mínimo;

II – as enumeradas no art. 275, inciso II, do Código de Processo Civil;

→ *v.* Art. 1.063 do NCPC.

III – a ação de despejo para uso próprio;

→ v. Lei 8.245/1991 – Dispõe sobre as locações dos imóveis urbanos e os procedimentos a elas pertinentes.

IV – as ações possessórias sobre bens imóveis de valor não excedente ao fixado no inciso I deste artigo.

→ v. Arts. 79 a 81 do CC/2002.

→ v. Arts. 929 a 932 do CPC/1973.

→ v. Arts. 563, 564, 566 e 567, do NCPC.

§ 1º Compete ao Juizado Especial promover a execução:

I – dos seus julgados;

II – dos títulos executivos extrajudiciais, no valor de até quarenta vezes o salário mínimo, observado o disposto no § 1º do art. 8º desta Lei.

→ v. Art. 585 do CPC/1973.

→ v. Art. 784 do NCPC.

§ 2º Ficam excluídas da competência do Juizado Especial as causas de natureza alimentar, falimentar, fiscal e de interesse da Fazenda Pública, e também as relativas a acidentes de trabalho, a resíduos e ao estado e capacidade das pessoas, ainda que de cunho patrimonial.

→ v. Lei 5.478/1968 – Dispõe sobre ação de alimentos e dá outras providências.

→ v. Lei 11.101/2005 – Regula a recuperação judicial, a extrajudicial e a falência do empresário e da sociedade empresária.

→ v. Lei 6.830/1980 – Dispõe sobre a cobrança judicial da Dívida Ativa da Fazenda Pública, e dá outras providências.

§ 3º A opção pelo procedimento previsto nesta Lei importará em renúncia ao crédito excedente ao limite estabelecido neste artigo, excetuada a hipótese de conciliação.

Art. 4º É competente, para as causas previstas nesta Lei, o Juizado do foro:

→ v. Arts. 70 a 78 do CC/2002.

→ v. Arts. 94 a 100 do CPC/1973.

→ v. Arts. 45 a 51, e 53, do NCPC.

I – do domicílio do réu ou, a critério do autor, do local onde aquele exerça atividades profissionais ou econômicas ou mantenha estabelecimento, filial, agência, sucursal ou escritório;

II – do lugar onde a obrigação deva ser satisfeita;

III – do domicílio do autor ou do local do ato ou fato, nas ações para reparação de dano de qualquer natureza.

Parágrafo único. Em qualquer hipótese, poderá a ação ser proposta no foro previsto no inciso I deste artigo.

Seção II
Do juiz, dos conciliadores e dos juízes leigos

Art. 5º O juiz dirigirá o processo com liberdade para determinar as provas a serem produzidas, para apreciá-las e para dar especial valor às regras de experiência comum ou técnica.

Art. 6º O juiz adotará em cada caso a decisão que reputar mais justa e equânime, atendendo aos fins sociais da lei e às exigências do bem comum.

→ v. Art. 5º da LINDB.

Art. 7º Os conciliadores e juízes leigos são auxiliares da Justiça, recrutados, os primeiros, preferentemente, entre os bacharéis em Direito, e os segundos, entre advogados com mais de 5 (cinco) anos de experiência.

Parágrafo único. Os juízes leigos ficarão impedidos de exercer a advocacia perante os Juizados Especiais, enquanto no desempenho de suas funções.

→ v. Art. 28 da Lei 8.906/1994.

Seção III
Das partes

Art. 8º Não poderão ser partes, no processo instituído por esta Lei, o incapaz, o preso, as pessoas jurídicas de direito público, as empresas públicas da União, a massa falida e o insolvente civil.

→ v. Art. 3º do CPC/1973.

→ v. Art. 17 do NCPC.

§ 1º Somente serão admitidas a propor ação perante o Juizado Especial:

→ *Caput* do § 1º com redação alterada pela Lei 12.126/2009.

I – as pessoas físicas capazes, excluídos os cessionários de direito de pessoas jurídicas;

→ Inciso I acrescentado pela Lei 12.126/2009.

II – as pessoas enquadradas como microempreendedores individuais, microempresas e empresas de pequeno porte na forma da Lei Complementar 123, de 14 de dezembro de 2006;

→ Inciso II com redação alterada pela LC 147/2014.

III – as pessoas jurídicas qualificadas como Organização da Sociedade Civil de Interesse Público, nos termos da Lei 9.790, de 23 de março de 1999;

→ Inciso III acrescentado pela Lei 12.126/2009.

IV – as sociedades de crédito ao microempreendedor, nos termos do art. 1º da Lei 10.194, de 14 de fevereiro de 2001.

→ Inciso IV acrescentado pela Lei 12.126/2009.

§ 2º O maior de 18 anos poderá ser autor, independentemente de assistência, inclusive para fins de conciliação.

Art. 9º Nas causas de valor até 20 (vinte) salários mínimos, as partes comparecerão pessoalmente, podendo ser assistidas por advogado; nas de valor superior, a assistência é obrigatória.

→ v. Art. 1º, I, da Lei 8.906/1994.

§ 1º Sendo facultativa a assistência, se uma das partes comparecer assistida por advogado, ou se o réu for pessoa jurídica ou firma individual, terá a outra parte, se quiser, assistência judiciária prestada por órgão instituído junto ao Juizado Especial, na forma da lei local.

§ 2º O juiz alertará as partes da conveniência do patrocínio por advogado, quando a causa o recomendar.

§ 3º O mandato ao advogado poderá ser verbal, salvo quanto aos poderes especiais.

§ 4º O réu, sendo pessoa jurídica ou titular de firma individual, poderá ser representado por preposto credenciado, munido de carta de preposição com poderes para transigir, sem haver necessidade de vínculo empregatício.

→ § 4º com redação alterada pela Lei 12.137/2009.

Art. 10. Não se admitirá, no processo, qualquer forma de intervenção de terceiro nem de assistência. Admitir-se-á o litisconsórcio.

Art. 11. O Ministério Público intervirá nos casos previstos em lei.

→ v. Súmula 99 do STJ.

→ v. Arts. 82 a 84 do CPC/1973.

→ v. Arts. 178, 179 e 279, do NCPC.

Seção IV
Dos atos processuais

Art. 12. Os atos processuais serão públicos e poderão realizar-se em horário noturno, conforme dispuserem as normas de organização judiciária.

→ v. Art. 155 do CPC/1973.

→ v. Art. 189 do NCPC.

Art. 13. Os atos processuais serão válidos sempre que preencherem as finalidades para as quais forem realizados, atendidos os critérios indicados no art. 2º desta Lei.

§ 1º Não se pronunciará qualquer nulidade sem que tenha havido prejuízo.

§ 2º A prática de atos processuais em outras comarcas poderá ser solicitada por qualquer meio idôneo de comunicação.

§ 3º Apenas os atos considerados essenciais serão registrados resumidamente, em notas manuscritas, datilografadas, taquigrafadas ou estenotipadas. Os demais atos poderão ser gravados em fita magnética ou equivalente, que será inutilizada após o trânsito em julgado da decisão.

§ 4º As normas locais disporão sobre a conservação das peças do processo e demais documentos que o instruem.

Seção V
Do pedido

Art. 14. O processo instaurar-se-á com a apresentação do pedido, escrito ou oral, à Secretaria do Juizado.

→ v. Arts. 286 a 294 do CPC/1973.

→ v. Arts. 32 a 329, do NCPC.

§ 1º Do pedido constarão, de forma simples e em linguagem acessível:

I – o nome, a qualificação e o endereço das partes;

II – os fatos e os fundamentos, de forma sucinta;

III – o objeto e seu valor.

§ 2º É lícito formular pedido genérico quando não for possível determinar, desde logo, a extensão da obrigação.

§ 3º O pedido oral será reduzido a escrito pela Secretaria do Juizado, podendo ser utilizado o sistema de fichas ou formulários impressos.

Art. 15. Os pedidos mencionados no art. 3º desta Lei poderão ser alternativos ou cumulados; nesta última hipótese, desde que conexos e a soma não ultrapasse o limite fixado naquele dispositivo.

Art. 16. Registrado o pedido, independentemente de distribuição e autuação, a Secretaria do Juizado designará a sessão de conciliação, a realizar-se no prazo de 15 (quinze) dias.

Art. 17. Comparecendo inicialmente ambas as partes, instaurar-se-á, desde logo, a sessão de conciliação, dispensados o registro prévio de pedido e a citação.

Parágrafo único. Havendo pedidos contrapostos, poderá ser dispensada a contestação formal e ambos serão apreciados na mesma sentença.

Seção VI
Das citações e intimações

Art. 18. A citação far-se-á:

→ *v.* Arts. 213 a 233 do CPC/1973.

→ *v.* Arts. 238 a 240, e 242 a 258, do NPC.

I – por correspondência, com aviso de recebimento em mão própria;

II – tratando-se de pessoa jurídica ou firma individual, mediante entrega ao encarregado da recepção, que será obrigatoriamente identificado;

III – sendo necessário, por oficial de justiça, independentemente de mandado ou carta precatória.

§ 1º A citação conterá cópia do pedido inicial, dia e hora para comparecimento do citando e advertência de que, não comparecendo este, considerar-se-ão verdadeiras as alegações iniciais, e será proferido julgamento, de plano.

§ 2º Não se fará citação por edital.

§ 3º O comparecimento espontâneo suprirá a falta ou nulidade da citação.

Art. 19. As intimações serão feitas na forma prevista para citação, ou por qualquer outro meio idôneo de comunicação.

→ *v.* Arts. 234 a 242 do CPC/1973.

→ *v.* Arts. 180, 222, § 1º, 230, 231, 269 a 275, 363, e 1.003, do NCPC.

§ 1º Dos atos praticados na audiência, considerar-se-ão desde logo cientes as partes.

§ 2º As partes comunicarão ao juízo as mudanças de endereço ocorridas no curso do processo, reputando-se eficazes as intimações enviadas ao local anteriormente indicado, na ausência da comunicação.

Seção VII
Da revelia

Art. 20. Não comparecendo o demandado à sessão de conciliação ou à audiência de instrução e julgamento, reputar-se-ão verdadeiros os fatos alegados no pedido inicial, salvo se o contrário resultar da convicção do juiz.

→ *v.* Arts. 319 a 322 e 324 do CPC/1973.

→ *v.* Arts. 329, II, 344 a 346, e 348, do NCPC.

Seção VIII
Da conciliação e do juízo arbitral

Art. 21. Aberta a sessão, o juiz togado ou leigo esclarecerá as partes presentes sobre as vantagens da conciliação, mostrando-lhes os riscos e as consequências do litígio, especialmente quanto ao disposto no § 3º do art. 3º desta Lei.

Art. 22. A conciliação será conduzida pelo juiz togado ou leigo ou por conciliador sob sua orientação.

Parágrafo único. Obtida a conciliação, esta será reduzida a escrito e homologada pelo juiz togado, mediante sentença com eficácia de título executivo.

Art. 23. Não comparecendo o demandado, o juiz togado proferirá sentença.

Art. 24. Não obtida a conciliação, as partes poderão optar, de comum acordo, pelo juízo arbitral, na forma prevista nesta Lei.

§ 1º O juízo arbitral considerar-se-á instaurado, independentemente de termo de compromisso, com a escolha do árbitro pelas partes. Se este não estiver presente, o juiz convocá-lo-á e designará, de imediato, a data para a audiência de instrução.

§ 2º O árbitro será escolhido dentre os juízes leigos.

Art. 25. O árbitro conduzirá o processo com os mesmos critérios do juiz, na forma dos arts. 5º e 6º desta Lei, podendo decidir por equidade.

Art. 26. Ao término da instrução, ou nos 5 (cinco) dias subsequentes, o árbitro apresentará o laudo ao juiz togado para homologação por sentença irrecorrível.

Seção IX
Da instrução e julgamento

Art. 27. Não instituído o juízo arbitral, proceder-se-á imediatamente à audiência de instrução e julgamento, desde que não resulte prejuízo para a defesa.

Parágrafo único. Não sendo possível a sua realização imediata, será a audiência designada para um dos quinze dias subsequentes, cientes, desde logo, as partes e testemunhas eventualmente presentes.

Art. 28. Na audiência de instrução e julgamento serão ouvidas as partes, colhida a prova e, em seguida, proferida a sentença.

→ *v.* Art. 5º, LV, da CF/1988.

→ *v.* Arts. 132 e 455 do CPC/1973.

→ *v.* Art. 365 do NCPC.

Art. 29. Serão decididos de plano todos os incidentes que possam interferir no regular prosseguimento da audiência. As demais questões serão decididas na sentença.

Parágrafo único. Sobre os documentos apresentados por uma das partes, manifestar-se-á imediatamente a parte contrária, sem interrupção da audiência.

Seção X
Da resposta do réu

→ *v.* Art. 297 do CPC/1973.

→ *v.* Art. 335 do NCPC.

Art. 30. A contestação, que será oral ou escrita, conterá toda matéria de defesa, exceto arguição de suspeição ou impedimento do juiz, que se processará na forma da legislação em vigor.

Art. 31. Não se admitirá a reconvenção. É lícito ao réu, na contestação, formular pedido em seu favor, nos limites do art. 3º desta Lei, desde que fundado nos mesmos fatos que constituem objeto da controvérsia.

→ *v.* Arts. 315 a 318 do CPC/1973.

→ *v.* Art. 343 do NCPC.

Parágrafo único. O autor poderá responder ao pedido do réu na própria audiência ou requerer a designação da nova data, que será desde logo fixada, cientes todos os presentes.

Seção XI
Das provas

Art. 32. Todos os meios de prova moralmente legítimos, ainda que não especificados em lei, são hábeis para provar a veracidade dos fatos alegados pelas partes.

→ *v.* Arts. 332 a 341 do CPC/1973.

→ *v.* Arts. 361, *caput*, 369, 371, 373, 375 a 380, 449, do NCPC.

Art. 33. Todas as provas serão produzidas na audiência de instrução e julgamento, ainda que não requeridas previamente, podendo o Juiz limitar ou excluir as que considerar excessivas, impertinentes ou protelatórias.

Art. 34. As testemunhas, até o máximo de 3 (três) para cada parte, comparecerão à audiência de instrução e julgamento levadas pela parte que as tenha arrolado, independentemente de intimação, ou mediante esta, se assim for requerido.

§ 1º O requerimento para intimação das testemunhas será apresentado à Secretaria no mínimo 5 (cinco) dias antes da audiência de instrução e julgamento.

§ 2º Não comparecendo a testemunha intimada, o juiz poderá determinar sua imediata condução, valendo-se, se necessário, do concurso da força pública.

Art. 35. Quando a prova do fato exigir, o juiz poderá inquirir técnicos de sua confiança, permitida às partes a apresentação de parecer técnico.

Parágrafo único. No curso da audiência, poderá o juiz, de ofício ou a requerimento das partes, realizar inspeção em pessoas ou coisas, ou determinar que o faça pessoa de sua confiança, que lhe relatará informalmente o verificado.

Art. 36. A prova oral não será reduzida a escrito, devendo a sentença referir, no essencial, os informes trazidos nos depoimentos.

Art. 37. A instrução poderá ser dirigida por Juiz leigo, sob a supervisão de juiz togado.

Seção XII
Da sentença

Art. 38. A sentença mencionará os elementos de convicção do juiz, com breve resumo dos fatos relevantes ocorridos em audiência, dispensado o relatório.

→ *v.* Arts. 162 e 458 do CPC/1973.

→ *v.* Arts. 203 e 489, do NCPC.

Parágrafo único. Não se admitirá sentença condenatória por quantia ilíquida, ainda que genérico o pedido.

Art. 39. É ineficaz a sentença condenatória na parte que exceder a alçada estabelecida nesta Lei.

Art. 40. O juiz leigo que tiver dirigido a instrução proferirá sua decisão e imediatamente a submeterá ao juiz togado, que poderá homologá-la, proferir outra em substituição ou, antes de se manifestar, determinar a realização de atos probatórios indispensáveis.

Art. 41. Da sentença, excetuada a homologatória de conciliação ou laudo arbitral, caberá recurso para o próprio Juizado.

→ *v.* Súmula 640 do STF.

§ 1º O recurso será julgado por uma turma composta por três juízes togados, em exercício no primeiro grau de jurisdição, reunidos na sede do Juizado.

§ 2º No recurso, as partes serão obrigatoriamente representadas por advogado.

Art. 42. O recurso será interposto no prazo de 10 (dez) dias, contados da ciência da sentença, por petição escrita, da qual constarão as razões e o pedido do recorrente.

§ 1º O preparo será feito, independentemente de intimação, nas quarenta e oito horas seguintes à interposição, sob pena de deserção.

§ 2º Após o preparo, a Secretaria intimará o recorrido para oferecer resposta escrita no prazo de 10 (dez) dias.

Art. 43. O recurso terá somente efeito devolutivo, podendo o juiz dar-lhe efeito suspensivo, para evitar dano irreparável para a parte.

Art. 44. As partes poderão requerer a transcrição da gravação da fita magnética a que alude o § 3º do art. 13 desta Lei, correndo por conta do requerente as despesas respectivas.

Art. 45. As partes serão intimadas da data da sessão de julgamento.

Art. 46. O julgamento em segunda instância constará apenas da ata, com a indicação suficiente do processo, fundamentação sucinta e parte dispositiva. Se a sentença for confirmada pelos próprios fundamentos, a súmula do julgamento servirá de acórdão.

Art. 47. (*Vetado*).

Seção XIII
Dos embargos de declaração

Art. 48. Caberão embargos de declaração contra sentença ou acórdão nos casos previstos no Código de Processo Civil.

→ *Caput* com redação alterada pela Lei 13.105/2015, em vigor após decorrido 1 (um) ano da data de sua publicação – *D.O.U.* de 17.3.2015 (*v.* Art. 1.045 do NCPC).

→ *v.* Art. 535 do CPC/1973.

→ *v.* Arts. 494, 994, e 1.022 e ss., do NCPC.

Parágrafo único. Os erros materiais podem ser corrigidos de ofício.

Anterior redação: Art. 48. Caberão embargos de declaração quando, na sentença ou acórdão, houver obscuridade, contradição, omissão ou dúvida. Parágrafo único. Os erros materiais podem ser corrigidos de ofício.

Art. 49. Os embargos de declaração serão interpostos por escrito ou oralmente, no prazo de 5 (cinco) dias, contados da ciência da decisão.

Art. 50. Os embargos de declaração interrompem o prazo para a interposição de recurso.

→ Artigo com redação alterada pela Lei 13.105/2015, em vigor após decorrido 1 (um) ano da data de sua publicação – *D.O.U.* de 17.3.2015 (*v.* Art. 1.045 do NCPC).

→ **Anterior redação: Art. 50.** Quando interpostos contra sentença, os embargos de declaração suspenderão o prazo para recurso.

Seção XIV
Da extinção do processo sem julgamento do mérito

→ *v.* Art. 267 do CPC/1973.

→ *v.* Art. 485 do NCPC.

Art. 51. Extingue-se o processo, além dos casos previstos em lei:

I – quando o autor deixar de comparecer a qualquer das audiências do processo;

II – quando inadmissível o procedimento instituído por esta Lei ou seu prosseguimento, após a conciliação;

III – quando for reconhecida a incompetência territorial;

IV – quando sobrevier qualquer dos impedimentos previstos no art. 8º desta Lei;

V – quando, falecido o autor, a habilitação depender de sentença ou não se der no prazo de 30 (trinta) dias;

VI – quando, falecido o réu, o autor não promover a citação dos sucessores no prazo de 30 (trinta) dias da ciência do fato.

§ 1º A extinção do processo independerá, em qualquer hipótese, de prévia intimação pessoal das partes.

§ 2º No caso do inciso I deste artigo, quando comprovar que a ausência decorre de força maior, a parte poderá ser isentada, pelo juiz, do pagamento das custas.

Seção XV
Da execução

Art. 52. A execução da sentença processar-se-á no próprio Juizado, aplicando-se, no que couber, o disposto no Código do Processo Civil, com as seguintes alterações:

I – as sentenças serão necessariamente líquidas, contendo a conversão em Bônus do Tesouro Nacional – BTN ou índice equivalente;

II – os cálculos de conversão de índices, de honorários, de juros e de outras parcelas serão efetuados por servidor judicial;

III – a intimação da sentença será feita, sempre que possível, na própria audiência em que for proferida. Nessa intimação, o vencido será instado a cumprir a sentença tão logo ocorra seu trânsito em julgado, e advertido dos efeitos do seu descumprimento (inciso V);

IV – não cumprida voluntariamente a sentença transitada em julgado, e tendo havido solicitação do interessado, que poderá ser verbal, proceder-se-á desde logo à execução, dispensada nova citação;

V – nos casos de obrigação de entregar, de fazer, ou de não fazer, o juiz, na sentença ou na fase de execução, cominará multa diária, arbitrada de acordo com as condições econômicas do devedor, para a hipótese de inadimplemento. Não cumprida a obrigação, o credor poderá requerer a elevação da multa ou a transformação da condenação em perdas e danos, que o juiz de imediato arbitrará, seguindo-se a execução por quantia certa, incluída a multa vencida de obrigação de dar, quando evidenciada a malícia do devedor na execução do julgado;

VI – na obrigação de fazer, o juiz pode determinar o cumprimento por outrem, fixado o valor que o devedor deve depositar para as despesas, sob pena de multa diária;

VII – na alienação forçada dos bens, o juiz poderá autorizar o devedor, o credor ou terceira pessoa idônea a tratar da alienação do bem penhorado, a qual se aperfeiçoará em juízo até a data fixada para a praça ou leilão. Sendo o preço inferior ao da avaliação, as partes serão ouvidas. Se o pagamento não for à vista, será oferecida caução idônea, nos casos de alienação de bem móvel, ou hipotecado o imóvel;

VIII – é dispensada a publicação de editais em jornais, quando se tratar de alienação de bens de pequeno valor;

IX – o devedor poderá oferecer embargos, nos autos da execução, versando sobre:

a) falta ou nulidade da citação no processo, se ele correu à revelia;

b) manifesto excesso de execução;

c) erro de cálculo;

d) causa impeditiva, modificativa ou extintiva da obrigação, superveniente à sentença.

Art. 53. A execução de título executivo extrajudicial, no valor de até 40 (quarenta) salários mínimos, obedecerá ao disposto no Código de Processo Civil, com as modificações introduzidas por esta Lei.

§ 1º Efetuada a penhora, o devedor será intimado a comparecer à audiência de conciliação, quando poderá oferecer embargos (art. 52, IX), por escrito ou verbalmente.

§ 2º Na audiência, será buscado o meio mais rápido e eficaz para a solução do litígio, se possível com dispensa da alienação judicial, devendo o conciliador propor, entre outras medidas cabíveis, o pagamento do débito a prazo ou a prestação, a dação em pagamento ou a imediata adjudicação do bem penhorado.

§ 3º Não apresentados os embargos em audiência, ou julgados improcedentes, qualquer das partes poderá requerer ao Juiz a adoção de uma das alternativas do parágrafo anterior.

§ 4º Não encontrado o devedor ou inexistindo bens penhoráveis, o processo será imediatamente extinto, devolvendo-se os documentos ao autor.

Seção XVI
Das despesas

Art. 54. O acesso ao Juizado Especial independerá, em primeiro grau de jurisdição, do pagamento de custas, taxas ou despesas.

Parágrafo único. O preparo do recurso, na forma do § 1º do art. 42 desta Lei, compreenderá todas as despesas processuais, inclusive aquelas dispensadas em primeiro grau de jurisdição, ressalvada a hipótese de assistência judiciária gratuita.

Art. 55. A sentença de primeiro grau não condenará o vencido em custas e honorários de advogado, ressalvados os casos de litigância de má-fé. Em segundo grau, o recorrente, vencido, pagará as custas e honorários de advogado, que serão fixados entre 10% (dez por cento) e 20% (vinte por cento) do valor de condenação ou, não havendo condenação, do valor corrigido da causa.

Parágrafo único. Na execução não serão contadas custas, salvo quando:

I – reconhecida a litigância de má-fé;

II – improcedentes os embargos do devedor;

III – tratar-se de execução de sentença que tenha sido objeto de recurso improvido do devedor.

Seção XVII
Disposições finais

Art. 56. Instituído o Juizado Especial, serão implantadas as curadorias necessárias e o serviço de assistência judiciária.

Art. 57. O acordo extrajudicial, de qualquer natureza ou valor, poderá ser homologado, no juízo competente, independentemente de termo, valendo a sentença como título executivo judicial.

Parágrafo único. Valerá como título extrajudicial o acordo celebrado pelas partes, por instrumento escrito, referendado pelo órgão competente do Ministério Público.

→ *v.* Art. 585, II, do CPC/1973.

→ *v.* Art. 784, II a IV, do NCPC.

Art. 58. As normas de organização judiciária local poderão estender a conciliação prevista nos arts. 22 e 23 a causas não abrangidas por esta Lei.

Art. 59. Não se admitirá ação rescisória nas causas sujeitas ao procedimento instituído por esta Lei.

Capítulo III
DOS JUIZADOS ESPECIAIS CRIMINAIS

DISPOSIÇÕES GERAIS

→ *v.* Lei 11.340/2006 – Cria mecanismos para coibir a violência doméstica e familiar contra a mulher.

Art. 60. O Juizado Especial Criminal, provido por juízes togados ou togados e leigos, tem competência para a conciliação, o julgamento e a execução das infrações penais de menor potencial ofensivo, respeitadas as regras de conexão e continência.

→ *Caput* com redação alterada pela Lei 11.313/2006.

Parágrafo único. Na reunião de processos, perante o juízo comum ou o tribunal do júri, decorrentes da aplicação das regras de conexão e continência, observar-se-ão os institutos da transação penal e da composição dos danos civis.

Parágrafo único acrescentado pela Lei 11.313/2006.

Art. 61. Consideram-se infrações penais de menor potencial ofensivo, para os efeitos desta Lei, as contravenções penais e os crimes a que a lei comine pena máxima não superior a 2 (dois) anos, cumulada ou não com multa.

→ Artigo com redação alterada pela Lei 11.313/2006.

→ *v.* Arts. 147 a 155, 164 a 170 da Lei 7.210/1984.

Art. 62. O processo perante o Juizado Especial orientar-se-á pelos critérios da oralidade, informalidade, economia processual e celeridade, objetivando, sempre que possível, a reparação dos danos sofridos pela vítima e a aplicação de pena não privativa de liberdade.

Seção I
Da competência e dos atos processuais

Art. 63. A competência do Juizado será determinada pelo lugar em que foi praticada a infração penal.

→ *v.* Arts. 69 a 71 do CPP.

Art. 64. Os atos processuais serão públicos e poderão realizar-se em horário noturno e em qualquer dia da semana, conforme dispuserem as normas de organização judiciária.

→ *v.* Art. 792 do CPP.

Art. 65. Os atos processuais serão válidos sempre que preencherem as finalidades para as quais foram realizados, atendidos os critérios indicados no art. 62 desta Lei.

§ 1º Não se pronunciará qualquer nulidade sem que tenha havido prejuízo.

§ 2º A prática de atos processuais em outras comarcas poderá ser solicitada por qualquer meio hábil de comunicação.

§ 3º Serão objeto de registro escrito exclusivamente os atos havidos por essenciais. Os atos realizados em audiência de instrução e julgamento poderão ser gravados em fita magnética ou equivalente.

Art. 66. A citação será pessoal e far-se-á no próprio Juizado, sempre que possível, ou por mandado.

Parágrafo único. Não encontrado o acusado para ser citado, o Juiz encaminhará as peças existentes ao Juízo comum para adoção do procedimento previsto em lei.

Art. 67. A intimação far-se-á por correspondência, com aviso de recebimento pessoal ou, tratando-se de pessoa jurídica ou firma individual, mediante entrega ao encarregado da recepção, que será obrigatoriamente identificado, ou, sendo necessário, por oficial de justiça, independentemente de mandado ou carta precatória, ou ainda por qualquer meio idôneo de comunicação.

Parágrafo único. Dos atos praticados em audiência considerar-se-ão desde logo cientes as partes, os interessados e defensores.

Art. 68. Do ato de intimação do autor do fato e do mandado de citação do acusado, constará a necessidade de seu comparecimento acompanhado de advogado, com a advertência de que, na sua falta, ser-lhe-á designado defensor público.

Seção II
Da fase preliminar

→ *v.* Lei 12.037/2009 – Dispõe sobre a identificação criminal do civilmente identificado, regulamentando o art. 5º, inciso LVIII, da Constituição Federal.

Art. 69. A autoridade policial que tomar conhecimento da ocorrência lavrará termo circunstanciado e o encaminhará imediatamente ao Juizado, com o autor do fato e a vítima, providenciando-se as requisições dos exames periciais necessários.

Parágrafo único. Ao autor do fato que, após a lavratura do termo, for imediatamente encaminhado ao juizado ou assumir o compromisso de a ele comparecer, não se imporá prisão em flagrante, nem se exigirá fiança. Em caso de violência doméstica, o juiz poderá determinar, como medida de cautela, seu afastamento do lar, domicílio ou local de convivência com a vítima.

→ Parágrafo único com redação alterada pela Lei 10.455/2002.

→ *v.* Arts. 301 a 310 e 321 a 350 do CPP.

Art. 70. Comparecendo o autor do fato e a vítima, e não sendo possível a realização imediata da audiência preliminar, será designada data próxima, da qual ambos sairão cientes.

Art. 71. Na falta do comparecimento de qualquer dos envolvidos, a Secretaria providenciará sua intimação e, se for o caso, a do responsável civil, na forma dos arts. 67 e 68 desta Lei.

Art. 72. Na audiência preliminar, presente o representante do Ministério Público, o autor do fato e a vítima e, se possível, o responsável civil, acompanhados por seus advogados, o juiz esclarecerá sobre a possibilidade da composição dos danos e da aceitação da proposta de aplicação imediata de pena não privativa de liberdade.

Art. 73. A conciliação será conduzida pelo juiz ou por conciliador sob sua orientação.

Parágrafo único. Os conciliadores são auxiliares da Justiça, recrutados, na forma da lei local, preferentemente entre bacharéis em Direito, excluídos os que exerçam funções na administração da Justiça Criminal.

Art. 74. A composição dos danos civis será reduzida a escrito e, homologada pelo juiz mediante sentença irrecorrível, terá eficácia de título a ser executado no juízo civil competente.

Parágrafo único. Tratando-se de ação penal de iniciativa privada ou de ação penal pública condicionada à representação, o acordo homologado acarreta a renúncia ao direito de queixa ou representação.

Art. 75. Não obtida a composição dos danos civis, será dada imediatamente ao ofendido a oportunidade de exercer o direito de representação verbal, que será reduzida a termo.

Parágrafo único. O não oferecimento da representação na audiência preliminar não implica decadência do direito, que poderá ser exercido no prazo previsto em lei.

Art. 76. Havendo representação ou tratando-se de crime de ação penal pública incondicionada, não sendo caso de arquivamento, o Ministério Público poderá propor a aplicação imediata de pena restritiva de direitos ou multas, a ser especificada na proposta.

→ *v.* Súmula Vinculante 35 do STF.

→ *v.* Arts. 24 e 28 do CPP.

§ 1º Nas hipóteses de ser a pena de multa a única aplicável, o juiz poderá reduzi-la até a metade.

→ *v.* Arts. 49 a 52 do CP.

→ *v.* Arts. 164 a 170 da Lei 7.210/1984.

§ 2º Não se admitirá a proposta se ficar comprovado:

I – ter sido o autor da infração condenado, pela prática de crime, à pena privativa de liberdade, por sentença definitiva;

II – ter sido o agente beneficiado anteriormente, no prazo de 5 (cinco) anos, pela aplicação de pena restritiva ou multa, nos termos deste artigo;

III – não indicarem os antecedentes, a conduta social e a personalidade do agente, bem como os motivos e as circunstâncias, ser necessária e suficiente a adoção da medida.

§ 3º Aceita a proposta pelo autor da infração e seu defensor, será submetida à apreciação do juiz.

§ 4º Acolhendo a proposta do Ministério Público aceita pelo autor da infração, o juiz aplicará a pena restritiva de direitos ou multa, que não importará em reincidência, sendo registrada apenas para impedir novamente o mesmo benefício no prazo de 5 (cinco) anos.

§ 5º Da sentença prevista no parágrafo anterior caberá a apelação referida no art. 82 desta Lei.

§ 6º A imposição da sanção de que trata o § 4º deste artigo não constará de certidão de antecedentes criminais, salvo para os fins previstos no mesmo dispositivo, e não terá efeitos civis, cabendo aos interessados propor ação cabível no juízo cível.

Seção III
Do procedimento sumaríssimo

Art. 77. Na ação penal de iniciativa pública, quando não houver aplicação de pena, pela ausência do autor do fato, ou pela não ocorrência da hipótese prevista no art. 76 desta Lei, o Ministério Público oferecerá ao juiz, de imediato, denúncia oral, se não houver necessidade de diligências imprescindíveis.

→ *v.* Art. 100, § 1º, do CPP.

§ 1º Para o oferecimento da denúncia, que será elaborada com base no termo de ocorrência referido no art. 69 desta Lei, com dispensa do inquérito policial, prescindir-se-á do exame do corpo de delito quando a materialidade do crime estiver aferida por boletim médico ou prova equivalente.

§ 2º Se a complexidade ou circunstâncias do caso não permitirem a formulação da denúncia, o Ministério Público poderá requerer ao juiz o encaminhamento das peças existentes, na forma do parágrafo único do art. 66 desta Lei.

§ 3º Na ação penal de iniciativa do ofendido poderá ser oferecida queixa oral, cabendo ao juiz verificar se a complexidade e as circunstâncias do caso determinam a adoção das providências previstas no parágrafo único do art. 66 desta Lei.

Art. 78. Oferecida a denúncia ou queixa, será reduzida a termo, entregando-se cópia ao acusado, que com ela ficará citado e imediatamente cientificado da designação de dia e hora para a audiência de instrução e julgamento, da qual também tomarão ciência o Ministério Público, o ofendido, o responsável civil e seus advogados.

§ 1º Se o acusado não estiver presente, será citado na forma dos arts. 66 e 68 desta Lei e cientificado da data da audiência de instrução e julgamento, devendo a ela trazer suas testemunhas ou apresentar requerimento para intimação, no mínimo 5 (cinco) dias antes de sua realização.

§ 2º Não estando presentes o ofendido e o responsável civil, serão intimados nos termos do art. 67 desta Lei para comparecerem à audiência de instrução e julgamento.

§ 3º As testemunhas arroladas serão intimadas na forma prevista no art. 67 desta Lei.

Art. 79. No dia e hora designados para a audiência de instrução e julgamento, se na fase preliminar não tiver havido possibilidade de tentativa de conciliação e de oferecimento de proposta pelo Ministério Público, proceder-se-á nos termos dos arts. 72, 73, 74 e 75 desta Lei.

Art. 80. Nenhum ato será adiado, determinando o juiz, quando imprescindível, a condução coercitiva de quem deva comparecer.

Art. 81. Aberta a audiência, será dada a palavra ao defensor para responder à acusação, após o que o juiz receberá, ou não, a denúncia ou queixa; havendo recebimento, serão ouvidas a vítima e as testemunhas de acusação e defesa, interrogando-se a seguir o acusado, se presente, passando-se imediatamente aos debates orais e à prolação da sentença.

§ 1º Todas as provas serão produzidas na audiência de instrução e julgamento, podendo o Juiz limitar ou excluir as que considerar excessivas, impertinentes ou protelatórias.

§ 2º De todo ocorrido na audiência será lavrado termo, assinado pelo juiz e pelas partes, contendo breve resumo dos fatos relevantes ocorridos em audiência e a sentença.

§ 3º A sentença, dispensado o relatório, mencionará os elementos de convicção do juiz.

Art. 82. Da decisão de rejeição da denúncia ou queixa e da sentença caberá apelação, que poderá ser julgada por turma composta de 3 (três) juízes em exercício no primeiro grau de jurisdição, reunidos na sede do Juizado.

§ 1º A apelação será interposta no prazo de 10 (dez) dias, contados da ciência da sentença pelo Ministério Público, pelo réu e seu defensor, por petição escrita, da qual constarão as razões e o pedido do recorrente.

§ 2º O recorrido será intimado para oferecer resposta escrita no prazo de 10 (dez) dias.

§ 3º As partes poderão requerer a transcrição da gravação da fita magnética a que alude o § 3º do art. 65 desta Lei.

§ 4º As partes serão intimadas da data da sessão de julgamento pela imprensa.

§ 5º Se a sentença for confirmada pelos próprios fundamentos, a súmula do julgamento servirá de acórdão.

Art. 83. Cabem embargos de declaração quando, em sentença ou acórdão, houver obscuridade, contradição ou omissão.

→ *Caput* com redação alterada pela Lei 13.105/2015, em vigor após decorrido 1 (um) ano da data de sua publicação – *D.O.U.* de 17.3.2015 (*v.* Art. 1.045 do NCPC).

§ 1º Os embargos de declaração serão opostos por escrito ou oralmente, no prazo de 5 (cinco) dias, contados da ciência da decisão.

§ 2º Os embargos de declaração interrompem o prazo para a interposição de recurso.

→ § 2º com redação alterada pela Lei 13.105/2015, em vigor após decorrido 1 (um) ano da data de sua publicação – *D.O.U.* de 17.3.2015 (*v.* Art. 1.045 do NCPC).

§ 3º Os erros materiais podem ser corrigidos de ofício.

Anterior redação: Art. 83. Caberão embargos de declaração quando, em sentença ou acórdão, houver obscuridade, contradição, omissão ou dúvida. § 1º Os embargos de declaração serão opostos por escrito ou oralmente, no prazo de 5 (cinco) dias, contados da ciência da decisão. § 2º Quando opostos contra sentença, os embargos de declaração suspenderão o prazo para o recurso. § 3º Os erros materiais podem ser corrigidos de ofício.

Seção IV
Da execução

Art. 84. Aplicada exclusivamente pena de multa, seu cumprimento far-se-á mediante pagamento na Secretaria do Juizado.

Parágrafo único. Efetuado o pagamento, o juiz declarará extinta a punibilidade, determinando que a condenação não fique constando dos registros criminais, exceto para fins de requisição judicial.

Art. 85. Não efetuado o pagamento de multa, será feita a conversão em pena privativa da liberdade, ou restritiva de direitos, nos termos previstos em lei.

Art. 86. A execução das penas privativas de liberdade e restritivas de direitos, ou de multa cumulada com estas, será processada perante o órgão competente, nos termos da lei.

Seção V
Das despesas processuais

Art. 87. Nos casos de homologação do acordo civil e aplicação de pena restritiva de direitos ou multa (arts. 74 e 76, § 4º), as despesas processuais serão reduzidas, conforme dispuser lei estadual.

Seção VI
Disposições finais

→ *v.* Súmula 536 do STJ.

Art. 88. Além das hipóteses do Código Penal e da legislação especial, dependerá de representação a ação penal relativa aos crimes de lesões corporais leves e lesões culposas.

Art. 89. Nos crimes em que a pena mínima cominada for igual ou inferior a 1 (um) ano, abrangidas ou não por esta Lei, o Ministério Público, ao oferecer a denúncia, poderá propor a suspensão do processo, por 2 (dois) a 4 (quatro) anos, desde que o acusado não esteja sendo processado ou não tenha sido condenado por outro crime, presentes os demais requisitos que autorizariam a suspensão condicional da pena (art. 77 do Código Penal).

→ *v.* Súmulas 696 e 723 do STF.

§ 1º Aceita a proposta pelo acusado e seu defensor, na presença do juiz, este, recebendo a denúncia, poderá suspender o processo, submetendo o acusado a período de prova, sob as seguintes condições:

I – reparação do dano, salvo impossibilidade de fazê-lo;

II – proibição de frequentar determinados lugares;

III – proibição de ausentar-se da comarca onde reside, sem autorização do juiz;

IV – comparecimento pessoal e obrigatório a juízo, mensalmente, para informar e justificar suas atividades.

§ 2º O juiz poderá especificar outras condições a que fica subordinada a suspensão, desde que adequadas ao fato e à situação pessoal do acusado.

§ 3º A suspensão será revogada se, no curso do prazo, o beneficiário vier a ser processado por outro crime ou não efetuar, sem motivo justificado, a reparação do dano.

§ 4º A suspensão poderá ser revogada se o acusado vier a ser processado, no curso do prazo, por contravenção, ou descumprir qualquer outra condição imposta.

§ 5º Expirando o prazo sem revogação, o Juiz declarará extinta a punibilidade.

§ 6º Não correrá a prescrição durante o prazo de suspensão do processo.

§ 7º Se o acusado não aceitar a proposta prevista neste artigo, o processo prosseguirá em seus ulteriores termos.

Art. 90. As disposições desta Lei não se aplicam aos processos penais cuja instrução já estiver iniciada.

→ *v.* ADIn. 1.719-9.

Art. 90-A. As disposições desta Lei não se aplicam no âmbito da Justiça Militar.

→ Artigo acrescentado pela Lei 9.839/1999.

Art. 91. Nos casos em que esta Lei passa a exigir representação para a propositura da ação penal pública, o ofendido ou seu representante legal será intimado para oferecê-la no prazo de 30 (trinta) dias, sob pena de decadência.

Art. 92. Aplicam-se subsidiariamente as disposições dos Códigos Penal e de Processo Penal, no que não forem incompatíveis com esta Lei.

Capítulo IV
DISPOSIÇÕES FINAIS COMUNS

Art. 93. Lei Estadual disporá sobre o Sistema de Juizados Especiais Cíveis e Criminais, sua organização, composição e competência.

Art. 94. Os serviços de cartório poderão ser prestados, e as audiências realizadas fora da sede da Comarca, em bairros ou cidades a ela pertencentes, ocupando instalações de prédios públicos, de acordo com audiências previamente anunciadas.

Art. 95. Os Estados, Distrito Federal e Territórios criarão e instalarão os Juizados Especiais no prazo de 6 (seis) meses, a contar da vigência desta Lei.

Parágrafo único. No prazo de 6 (seis) meses, contado da publicação desta Lei, serão criados e instalados os Juizados Especiais Itinerantes, que deverão dirimir, prioritariamente, os conflitos existentes nas áreas rurais ou nos locais de menor concentração populacional.

→ Parágrafo único acrescentado pela Lei 12.726/2012.

Art. 96. Esta Lei entra em vigor no prazo de 60 (sessenta) dias após a sua publicação.

Art. 97. Ficam revogadas a Lei 4.611, de 2 de abril de 1965, e a Lei 7.244, de 7 de novembro de 1984.

Brasília, 26 de setembro de 1995; 174º da Independência e 107º da República.

Fernando Henrique Cardoso

(Publicação no *D.O.U.* de 27.9.1995)

LEI 9.263,
DE 12 DE JANEIRO DE 1996

Regula o § 7º do art. 226 da Constituição Federal, que trata do planejamento familiar, estabelece penalidades e dá outras providências.

O Presidente da República:

Faço saber que o Congresso Nacional decreta e eu sanciono a seguinte Lei:

Capítulo I
DO PLANEJAMENTO FAMILIAR

Art. 1º O planejamento familiar é direito de todo cidadão, observado o disposto nesta Lei.

Art. 2º Para fins desta Lei, entende-se planejamento familiar como o conjunto de ações de regulação da fecundidade que garanta direitos iguais de constituição, limitação ou aumento da prole pela mulher, pelo homem ou pelo casal.

Parágrafo único. É proibida a utilização das ações a que se refere o *caput* para qualquer tipo de controle demográfico.

Art. 3º O planejamento familiar é parte integrante do conjunto de ações de atenção à mulher, ao homem ou ao casal, dentro de uma visão de atendimento global e integral à saúde.

Parágrafo único. As instâncias gestoras do Sistema Único de Saúde, em todos os seus níveis, na prestação das ações previstas no *caput*, obrigam-se a garantir, em toda a sua rede de serviços, no que respeita a atenção à mulher, ao homem ou ao casal, programa de atenção integral à saúde, em todos os seus ciclos vitais, que inclua, como atividades básicas, entre outras:

I – a assistência à concepção e contracepção;

II – o atendimento pré-natal;

III – a assistência ao parto, ao puerpério e ao neonato;

IV – o controle das doenças sexualmente transmissíveis;

V – o controle e a prevenção dos cânceres cérvico-uterino, de mama, de próstata e de pênis.

→ Inciso V com redação alterada pela Lei 13.045/2014.

Art. 4º O planejamento familiar orienta-se por ações preventivas e educativas e pela garantia de acesso igualitário a informações, meios, métodos e técnicas disponíveis para a regulação da fecundidade.

Parágrafo único. O Sistema Único de Saúde promoverá o treinamento de recursos humanos, com ênfase na capacitação do pessoal técnico, visando a promoção de ações de atendimento à saúde reprodutiva.

Art. 5º É dever do Estado, através do Sistema Único de Saúde, em associação, no que couber, às instâncias componentes do sistema educacional, promover condições e recursos informativos, educacionais, técnicos e científicos que assegurem o livre exercício do planejamento familiar.

Art. 6º As ações de planejamento familiar serão exercidas pelas instituições públicas e privadas, filantrópicas ou não, nos termos desta Lei e das normas de funcionamento e mecanismos de fiscalização estabelecidos pelas instâncias gestoras do Sistema Único de Saúde.

Parágrafo único. Compete à direção nacional do Sistema Único de Saúde definir as normas gerais de planejamento familiar.

Art. 7º É permitida a participação direta ou indireta de empresas ou capitais estrangeiros nas ações e pesquisas de planejamento familiar, desde que autorizada, fiscalizada e controlada pelo órgão de direção nacional do Sistema Único de Saúde.

Art. 8º A realização de experiências com seres humanos no campo da regulação da fecundidade somente será permitida se previamente autorizada, fiscalizada e controlada pela direção nacional do Sistema Único de Saúde e atendidos os critérios estabelecidos pela Organização Mundial de Saúde.

Art. 9º Para o exercício do direito ao planejamento familiar, serão oferecidos todos os métodos e técnicas de concepção e contracepção cientificamente aceitos e que não coloquem em risco a vida e a saúde das pessoas, garantida a liberdade de opção.

Parágrafo único. A prescrição a que se refere o *caput* só poderá ocorrer mediante avaliação e acompanhamento clínico e com informação sobre os seus riscos, vantagens, desvantagens e eficácia.

Art. 10. Somente é permitida a esterilização voluntária nas seguintes situações:

I – em homens e mulheres com capacidade civil plena e maiores de 25 (vinte e cinco) anos de idade ou, pelo menos, com 2 (dois) filhos vivos, desde que observado o prazo mínimo de 60 (sessenta) dias entre a manifestação da vontade e o ato cirúrgico, período no qual será propiciado à pessoa interessada acesso a serviço de regulação da fecundidade, incluindo aconselhamento por equipe multidisciplinar, visando desencorajar a esterilização precoce;

II – risco à vida ou à saúde da mulher ou do futuro concepto, testemunhado em relatório escrito e assinado por 2 (dois) médicos.

§ 1º É condição para que se realize a esterilização o registro de expressa manifestação da vontade em documento escrito e firmado, após a informação a respeito dos riscos da cirurgia, possíveis efeitos colaterais, dificuldades de sua reversão e opções de contracepção reversíveis existentes.

§ 2º É vedada a esterilização cirúrgica em mulher durante os períodos de parto ou aborto, exceto nos casos de comprovada necessidade, por cesarianas sucessivas anteriores.

§ 3º Não será considerada a manifestação de vontade, na forma do § 1º, expressa durante ocorrência de alterações na capacidade de discernimento por influência de álcool, drogas, estados emocionais alterados ou incapacidade mental temporária ou permanente.

§ 4º A esterilização cirúrgica como método contraceptivo somente será executada através da laqueadura tubária, vasectomia ou de outro método cientificamente aceito, sendo vedada através da histerectomia e ooforectomia.

§ 5º Na vigência de sociedade conjugal, a esterilização depende do consentimento expresso de ambos os cônjuges.

§ 6º A esterilização cirúrgica em pessoas absolutamente incapazes somente poderá ocorrer mediante autorização judicial, regulamentada na forma da Lei.

Art. 11. Toda esterilização cirúrgica será objeto de notificação compulsória à direção do Sistema Único de Saúde.

Art. 12. É vedada a indução ou instigamento individual ou coletivo à prática da esterilização cirúrgica.

Art. 13. É vedada a exigência de atestado de esterilização ou de teste de gravidez para quaisquer fins.

Art. 14. Cabe à instância gestora do Sistema Único de Saúde, guardado o seu nível de competência e atribuições, cadastrar, fiscalizar e controlar as instituições e serviços que realizam ações e pesquisas na área do planejamento familiar.

Parágrafo único. Só podem ser autorizadas a realizar esterilização cirúrgica as instituições que ofereçam todas as opções de meios e métodos de contracepção reversíveis.

Capítulo II
DOS CRIMES E DAS PENALIDADES

Art. 15. Realizar esterilização cirúrgica em desacordo com o estabelecido no art. 10 desta Lei.

Pena - reclusão, de 2 (dois) a 8 (oito) anos, e multa, se a prática não constitui crime mais grave.

Parágrafo único. A pena é aumentada de 1/3 (um terço) se a esterilização for praticada:

I – durante os períodos de parto ou aborto, salvo o disposto no inciso II do art. 10 desta Lei;

II – com manifestação da vontade do esterilizado expressa durante a ocorrência de alterações na capacidade de discernimento por influência de álcool, drogas, estados emocionais alterados ou incapacidade mental temporária ou permanente;

III – através de histerectomia e oforectomia;

IV – em pessoa absolutamente incapaz, sem autorização judicial;

V – através de cesária indicada para fim exclusivo de esterilização.

Art. 16. Deixar o médico de notificar à autoridade sanitária as esterilizações cirúrgicas que realizar.

Pena - detenção, de 6 (seis) meses a 2 (dois) anos, e multa.

Art. 17. Induzir ou instigar dolosamente a prática de esterilização cirúrgica.

Pena - reclusão, de 1 (um) a 2 (dois) anos.

Parágrafo único. Se o crime for cometido contra a coletividade, caracteriza-se como genocídio, aplicando-se o disposto na Lei 2.889, de 1° de outubro de 1956.

Art. 18. Exigir atestado de esterilização para qualquer fim.

Pena - reclusão, de 1 (um) a 2 (dois) anos, e multa.

Art. 19. Aplica-se aos gestores e responsáveis por instituições que permitam a prática de qualquer dos atos ilícitos previstos nesta Lei o disposto no *caput* e nos §§ 1º e 2º do art. 29 do Decreto-lei 2.848, de 7 de dezembro de 1940 - Código Penal.

Art. 20. As instituições a que se refere o artigo anterior sofrerão as seguintes sanções, sem prejuízo das aplicáveis aos agentes do ilícito, aos coautores ou aos partícipes:

I – se particular a instituição:

a) de 200 (duzentos) a 360 (trezentos e sessenta) dias-multa e, se reincidente, suspensão das atividades ou descredenciamento, sem direito a qualquer indenização ou cobertura de gastos ou investimentos efetuados;

b) proibição de estabelecer contratos ou convênios com entidades públicas e de se beneficiar de créditos oriundos de instituições governamentais ou daquelas em que o Estado é acionista;

II – se pública a instituição, afastamento temporário ou definitivo dos agentes do ilícito, dos gestores e responsáveis dos cargos ou funções ocupados, sem prejuízo de outras penalidades.

Art. 21. Os agentes do ilícito e, se for o caso, as instituições a que pertençam ficam obrigados a reparar os danos morais e materiais decorrentes de esterilização não autorizada na forma desta Lei, observados, nesse caso, o disposto nos arts. 159, 1.518 e 1.521 e seu parágrafo único do Código Civil, combinados com o art. 63 do Código de Processo Penal.

Capítulo III
DAS DISPOSIÇÕES FINAIS

Art. 22. Aplica-se subsidiariamente a esta Lei o disposto no Decreto-lei 2.848, de 7 de dezembro de 1940 - Código Penal, e, em especial, nos seus arts. 29, *caput*, e §§ 1º e 2º; 43, *caput* e incisos I , II e III ;44, *caput* e incisos I e II e III e parágrafo único; 45, *caput* e incisos I e II; 46, *caput* e parágrafo único; 47, *caput* e incisos I, II e III; 48, *caput* e parágrafo único; 49, *caput* e §§ 1º e 2º; 50, *caput*, § 1º e alíneas e § 2º; 51, *caput* e §§ 1º e 2º; 52; 56; 129, *caput* ev§ 1º, incisos I, II e III, § 2º, incisos I, III e IV e § 3º.

Art. 23. O Poder Executivo regulamentará esta Lei no prazo de 90 (noventa) dias, a contar da data de sua publicação.

Art. 24. Esta Lei entra em vigor na data de sua publicação.

Art. 25. Revogam-se as disposições em contrário.

Brasília, 12 de janeiro de 1996; 175º da Independência e 108º da República.

Fernando Henrique Cardoso
Adib Jatene

(Publicação no *D.O.U.* de 15.1.1996)

LEI 9.265,
DE 12 DE FEVEREIRO DE 1996

Regulamenta o inciso LXXVII do art. 5º da Constituição, dispondo sobre a gratuidade dos atos necessários ao exercício da cidadania.

O Presidente da República:

Faço saber que o Congresso Nacional decreta e eu sanciono a seguinte Lei:

Art. 1° São gratuitos os atos necessários ao exercício da cidadania, assim considerados:

I – os que capacitam o cidadão ao exercício da soberania popular, a que se reporta o art. 14 da Constituição;

II – aqueles referentes ao alistamento militar;

III – os pedidos de informações ao poder público, em todos os seus âmbitos, objetivando a instrução de defesa ou a denúncia de irregularidades administrativas na órbita pública;

IV – as ações de impugnação de mandato eletivo por abuso do poder econômico, corrupção ou fraude;

V – quaisquer requerimentos ou petições que visem às garantias individuais e à defesa do interesse público;

VI – o registro civil de nascimento e o assento de óbito, bem como a primeira certidão respectiva.

→ Inciso VI acrescentado pela Lei 9.534/1997.

Art. 2° Esta Lei entra em vigor na data de sua publicação.

Art. 3° Revogam-se as disposições em contrário.

Art. 4º (*Vetado*).

→ Artigo acrescentado pela Lei 9.534/1997.

Brasília, 12 de fevereiro de 1996; 175º da Independência e 108º da República.

Fernando Henrique Cardoso

(Publicação no *D.O.U.* de 13.2.1996)

LEI 9.278,
DE 10 DE MAIO DE 1996

Regula o § 3° do art. 226 da Constituição Federal.

O Presidente da República:

Faço saber que o Congresso Nacional decreta e eu sanciono a seguinte Lei:

Art. 1º É reconhecida como entidade familiar a convivência duradoura, pública e contínua, de um homem e uma mulher, estabelecida com objetivo de constituição de família.

→ *v.* Art. 226, § 3º, da CF/1988.

→ *v.* Arts. 1.723 e 1.727 do CC.

Art. 2º São direitos e deveres iguais dos conviventes:

→ *v.* Art. 1.724 do CC.

I – respeito e consideração mútuos;

II – assistência moral e material recíproca;

III – guarda, sustento e educação dos filhos comuns.

Art. 3º (*Vetado*).

Art. 4º (*Vetado*).

Art. 5º Os bens móveis e imóveis adquiridos por um ou por ambos os conviventes na constância da união estável e a título oneroso são considerados fruto do trabalho e da colaboração comum, passando a pertencer a ambos, em condomínio e em partes iguais, salvo estipulação contrária em contrato escrito.

→ *v.* Art. 1.725 do CC.

§ 1º Cessa a presunção do *caput* deste artigo se a aquisição patrimonial ocorrer com o produto de bens adquiridos anteriormente ao início da união.

§ 2º A administração do patrimônio comum dos conviventes compete a ambos, salvo estipulação contrária em contrato escrito.

Art. 6º (*Vetado*).

Art. 7º Dissolvida a união estável por rescisão, a assistência material prevista nesta Lei será prestada por um dos conviventes ao que dela necessitar, a título de alimentos.

Parágrafo único. Dissolvida a união estável por morte de um dos conviventes, o sobrevivente terá direito real de habitação, enquanto viver ou não constituir nova união ou casamento, relativamente ao imóvel destinado à residência da família.

Art. 8º Os conviventes poderão, de comum acordo e a qualquer tempo, requerer a conversão da união estável em casamento, por requerimento ao Oficial do Registro Civil da Circunscrição de seu domicílio.

→ *v.* Art. 226, § 3º, da CF/1988.

→ *v.* Art. 1.726 do CC.

Art. 9º Toda matéria relativa à união estável é de competência do juízo da Vara de Família, assegurado o segredo de justiça.

→ *v.* Art. 155, II, do CPC/1973.

→ *v.* Art. 189, II, do NCPC.

Art. 10. Esta Lei entra em vigor na data de sua publicação.

Art. 11. Revogam-se as disposições em contrário.

Brasília, 10 de maio de 1996; 175º da Independência e 108º da República.

Fernando Henrique Cardoso

(Publicação no *D.O.U.* de 13.5.1996)

LEI 9.279,
DE 14 DE MAIO DE 1996

Regula direitos e obrigações relativos à propriedade industrial.

O Presidente da República:

Faço saber que o Congresso Nacional decreta e eu sanciono a seguinte Lei:

DISPOSIÇÕES PRELIMINARES

Art. 1º Esta Lei regula direitos e obrigações relativos à propriedade industrial.

→ *v.* Art. 5º, XXIX, da CF/1988.

Art. 2º A proteção dos direitos relativos à propriedade industrial, considerado o seu interesse social e o desenvolvimento tecnológico e econômico do País, efetua-se mediante:

I – concessão de patentes de invenção e de modelo de utilidade;

II – concessão de registro de desenho industrial;

III – concessão de registro de marca;

IV – repressão às falsas indicações geográficas; e

V – repressão à concorrência desleal.

Art. 3º Aplica-se também o disposto nesta Lei:

I – ao pedido de patente ou de registro proveniente do exterior e depositado no País por quem tenha proteção assegurada por tratado ou convenção em vigor no Brasil; e

II – aos nacionais ou pessoas domiciliadas em país que assegure aos brasileiros ou pessoas domiciliadas no Brasil a reciprocidade de direitos iguais ou equivalentes.

Art. 4º As disposições dos tratados em vigor no Brasil são aplicáveis, em igualdade de condições, às pessoas físicas e jurídicas nacionais ou domiciliadas no País.

Art. 5º Consideram-se bens móveis, para os efeitos legais, os direitos de propriedade industrial.

→ v. Arts. 82 a 84 do CC.

Título I
Das Patentes

Capítulo I
DA TITULARIDADE

Art. 6º Ao autor de invenção ou modelo de utilidade será assegurado o direito de obter a patente que lhe garanta a propriedade, nas condições estabelecidas nesta Lei.

§ 1º Salvo prova em contrário, presume-se o requerente legitimado a obter a patente.

§ 2º A patente poderá ser requerida em nome próprio, pelos herdeiros ou sucessores do autor, pelo cessionário ou por aquele a quem a lei ou o contrato de trabalho ou de prestação de serviços determinar que pertença a titularidade.

§ 3º Quando se tratar de invenção ou de modelo de utilidade realizado conjuntamente por duas ou mais pessoas, a patente poderá ser requerida por todas ou qualquer delas, mediante nomeação e qualificação das demais, para ressalva dos respectivos direitos.

§ 4º O inventor será nomeado e qualificado, podendo requerer a não divulgação de sua nomeação.

Art. 7º Se dois ou mais autores tiverem realizado a mesma invenção ou modelo de utilidade, de forma independente, o direito de obter patente será assegurado àquele que provar o depósito mais antigo, independentemente das datas de invenção ou criação.

Parágrafo único. A retirada de depósito anterior sem produção de qualquer efeito dará prioridade ao depósito imediatamente posterior.

Capítulo II
DA PATENTEABILIDADE

Seção I
Das invenções e dos modelos de utilidade patenteáveis

Art. 8º É patenteável a invenção que atenda aos requisitos de novidade, atividade inventiva e aplicação industrial.

Art. 9º É patenteável como modelo de utilidade o objeto de uso prático, ou parte deste, suscetível de aplicação industrial, que apresente nova forma ou disposição, envolvendo ato inventivo, que resulte em melhoria funcional no seu uso ou em sua fabricação.

Art. 10. Não se considera invenção nem modelo de utilidade:

I – descobertas, teorias científicas e métodos matemáticos;

II – concepções puramente abstratas;

III – esquemas, planos, princípios ou métodos comerciais, contábeis, financeiros, educativos, publicitários, de sorteio e de fiscalização;

IV – as obras literárias, arquitetônicas, artísticas e científicas ou qualquer criação estética;

V – programas de computador em si;

VI – apresentação de informações;

VII – regras de jogo;

VIII – técnicas e métodos operatórios ou cirúrgicos, bem como métodos terapêuticos ou de diagnóstico, para aplicação no corpo humano ou animal; e

IX – o todo ou parte de seres vivos naturais e materiais biológicos encontrados na natureza, ou ainda que dela isolados, inclusive o genoma ou germoplasma de qualquer ser vivo natural e os processos biológicos naturais.

Art. 11. A invenção e o modelo de utilidade são considerados novos quando não compreendidos no estado da técnica.

§ 1º O estado da técnica é constituído por tudo aquilo tornado acessível ao público antes da data de depósito do pedido de patente, por descrição escrita ou oral, por uso ou qualquer outro meio, no Brasil ou no exterior, ressalvado o disposto nos arts. 12, 16 e 17.

§ 2º Para fins de aferição da novidade, o conteúdo completo de pedido depositado no Brasil, e ainda não publicado, será considerado estado da técnica a partir da data de depósito, ou da prioridade reivindicada, desde que venha a ser publicado, mesmo que subsequentemente.

§ 3º O disposto no parágrafo anterior será aplicado ao pedido internacional de patente depositado segundo tratado ou convenção em vigor no Brasil, desde que haja processamento nacional.

Art. 12. Não será considerada como estado da técnica a divulgação de invenção ou modelo de utilidade, quando ocorrida durante os 12 (doze) meses que precederem a data de depósito ou a da prioridade do pedido de patente, se promovida:

I – pelo inventor;

II – pelo Instituto Nacional da Propriedade Industrial – INPI, através de publicação oficial do pedido de patente depositado sem o consentimento do inventor, baseado em informações deste obtidas ou em decorrência de atos por ele realizados; ou

III – por terceiros, com base em informações obtidas direta ou indiretamente do inventor ou em decorrência de atos por este realizados.

Parágrafo único. O INPI poderá exigir do inventor declaração relativa à divulgação, acompanhada ou não de provas, nas condições estabelecidas em regulamento.

Art. 13. A invenção é dotada de atividade inventiva sempre que, para um técnico no assunto, não decorra de maneira evidente ou óbvia do estado da técnica.

Art. 14. O modelo de utilidade é dotado de ato inventivo sempre que, para um técnico no assunto, não decorra de maneira comum ou vulgar do estado da técnica.

Art. 15. A invenção e o modelo de utilidade são considerados suscetíveis de aplicação industrial quando possam ser utilizados ou produzidos em qualquer tipo de indústria.

Seção II
Da prioridade

Art. 16. Ao pedido de patente depositado em país que mantenha acordo com o Brasil, ou em organização internacional, que produza efeito de depósito nacional, será assegurado direito de prioridade, nos prazos estabelecidos no acordo, não sendo o depósito invalidado nem prejudicado por fatos ocorridos nesses prazos.

§ 1º A reivindicação de prioridade será feita no ato de depósito, podendo ser suplementada dentro de 60 (sessenta) dias por outras prioridades anteriores à data do depósito no Brasil.

§ 2º A reivindicação de prioridade será comprovada por documento hábil da origem, contendo número, data, título, relatório descritivo e, se for o caso, reivindicações e desenhos, acompanhado de tradução simples da certidão de depósito ou documento equivalente, contendo dados identificadores do pedido, cujo teor será de inteira responsabilidade do depositante.

§ 3º Se não efetuada por ocasião do depósito, a comprovação deverá ocorrer em até 180 (cento e oitenta) dias contados do depósito.

§ 4º Para os pedidos internacionais depositados em virtude de tratado em vigor no Brasil, a tradução prevista no § 2º deverá ser apresentada no prazo de 60 (sessenta) dias contados da data da entrada no processamento nacional.

§ 5º No caso de o pedido depositado no Brasil estar fielmente contido no documento da origem, será suficiente uma declaração do depositante a este respeito para substituir a tradução simples.

§ 6º Tratando-se de prioridade obtida por cessão, o documento correspondente deverá ser apresentado dentro de 180 (cento e oitenta) dias contados do depósito, ou, se for o caso, em até 60 (sessenta) dias da data da entrada no processamento nacional, dispensada a legalização consular no país de origem.

§ 7º A falta de comprovação nos prazos estabelecidos neste artigo acarretará a perda da prioridade.

§ 8º Em caso de pedido depositado com reivindicação de prioridade, o requerimento para antecipação de publicação deverá ser instruído com a comprovação da prioridade.

Art. 17. O pedido de patente de invenção ou de modelo de utilidade depositado originalmente no Brasil, sem reivindicação de prioridade e não publicado, assegurará o direito de prioridade ao pedido posterior sobre a mesma matéria depositado no Brasil pelo mesmo requerente ou sucessores, dentro do prazo de 1 (um) ano.

§ 1º A prioridade será admitida apenas para a matéria revelada no pedido anterior, não se estendendo a matéria nova introduzida.

§ 2º O pedido anterior ainda pendente será considerado definitivamente arquivado.

§ 3º O pedido de patente originário de divisão de pedido anterior não poderá servir de base a reivindicação de prioridade.

Seção III
Das invenções e dos modelos de utilidade não patenteáveis

Art. 18. Não são patenteáveis:

I – o que for contrário à moral, aos bons costumes e à segurança, à ordem e à saúde públicas;

II – as substâncias, matérias, misturas, elementos ou produtos de qualquer espécie, bem como a modificação de suas propriedades físico-químicas e os respectivos processos de obtenção ou modificação, quando resultantes de transformação do núcleo atômico; e

III – o todo ou parte dos seres vivos, exceto os micro-organismos transgênicos que atendam aos três requisitos de patenteabilidade – novidade, atividade inventiva e aplicação industrial – previstos no art. 8º e que não sejam mera descoberta.

→ V. Lei 11.105/2005 – Regulamenta os incisos II, IV e V do § 1º do art. 225 da Constituição Federal, estabelece normas de segurança e mecanismos de fiscalização de atividades que envolvam organismos geneticamente modificados – OGM e seus derivados, cria o Conselho Nacional de Biossegurança – CNBS, reestrutura a Comissão Técnica Nacional de Biossegurança – CTNBio, dispõe sobre a Política Nacional de Biossegurança – PNB, revoga a Lei 8.974, de 5 de janeiro de 1995, e a Medida Provisória 2.191-9, de 23 de agosto de 2001, e os arts. 5º, 6º, 7º, 8º, 9º, 10 e 16 da Lei 10.814, de 15 de dezembro de 2003, e dá outras providências.

Parágrafo único. Para os fins desta Lei, micro-organismos transgênicos são organismos, exceto o todo ou parte de plantas ou de animais, que expressem, mediante intervenção humana direta em sua composição genética, uma característica normalmente não alcançável pela espécie em condições naturais.

Capítulo III
DO PEDIDO DE PATENTE

Seção I
Do depósito do pedido

Art. 19. O pedido de patente, nas condições estabelecidas pelo INPI, conterá:

I – requerimento;

II – relatório descritivo;

III – reivindicações;

IV – desenhos, se for o caso;

V – resumo; e

VI – comprovante do pagamento da retribuição relativa ao depósito.

Art. 20. Apresentado o pedido, será ele submetido a exame formal preliminar e, se devidamente instruído, será protocolizado, considerada a data de depósito a da sua apresentação.

Art. 21. O pedido que não atender formalmente ao disposto no art. 19, mas que contiver dados relativos ao objeto, ao depositante e ao inventor, poderá ser entregue, mediante recibo datado, ao INPI, que estabelecerá as exigências a serem cumpridas, no prazo de 30 (trinta) dias, sob pena de devolução ou arquivamento da documentação.

Parágrafo único. Cumpridas as exigências, o depósito será considerado como efetuado na data do recibo.

Seção II
Das condições do pedido

Art. 22. O pedido de patente de invenção terá de se referir a uma única invenção ou a um grupo de invenções inter-relacionadas de maneira a compreenderem um único conceito inventivo.

Art. 23. O pedido de patente de modelo de utilidade terá de se referir a um único modelo principal, que poderá incluir uma pluralidade de elementos distintos, adicionais ou variantes construtivas ou configurativas, desde que mantida a unidade técnico-funcional e corporal do objeto.

Art. 24. O relatório deverá descrever clara e suficientemente o objeto, de modo a possibilitar sua realização por técnico no assunto e indicar, quando for o caso, a melhor forma de execução.

Parágrafo único. No caso de material biológico essencial à realização prática do objeto do pedido, que não possa ser descrito na forma deste artigo e que não estiver acessível ao público, o relatório será suplementado por depósito do material em instituição autorizada pelo INPI ou indicada em acordo internacional.

Art. 25. As reivindicações deverão ser fundamentadas no relatório descritivo, caracterizando as particularidades do pedido e definindo, de modo claro e preciso, a matéria objeto da proteção.

Art. 26. O pedido de patente poderá ser dividido em dois ou mais, de ofício ou a requerimento do depositante, até o final do exame, desde que o pedido dividido:

I – faça referência específica ao pedido original; e

II – não exceda à matéria revelada constante do pedido original.

Parágrafo único. O requerimento de divisão em desacordo com o disposto neste artigo será arquivado.

Art. 27. Os pedidos divididos terão a data de depósito do pedido original e o benefício de prioridade deste, se for o caso.

Art. 28. Cada pedido dividido estará sujeito a pagamento das retribuições correspondentes.

Art. 29. O pedido de patente retirado ou abandonado será obrigatoriamente publicado.

§ 1º O pedido de retirada deverá ser apresentado em até 16 (dezesseis) meses, contados da data do depósito ou da prioridade mais antiga.

§ 2º A retirada de um depósito anterior sem produção de qualquer efeito dará prioridade ao depósito imediatamente posterior.

Seção III
Do processo e do exame do pedido

Art. 30. O pedido de patente será mantido em sigilo durante 18 (dezoito) meses contados da data de depósito ou da prioridade mais antiga, quando houver, após o que será publicado, à exceção do caso previsto no art. 75.

§ 1º A publicação do pedido poderá ser antecipada a requerimento do depositante.

§ 2º Da publicação deverão constar dados identificadores do pedido de patente, ficando cópia do relatório descritivo, das reivindicações, do resumo e dos desenhos à disposição do público no INPI.

§ 3º No caso previsto no parágrafo único do art. 24, o material biológico tornar-se-á acessível ao público com a publicação de que trata este artigo.

Art. 31. Publicado o pedido de patente e até o final do exame, será facultada a apresentação, pelos interessados, de documentos e informações para subsidiarem o exame.

Parágrafo único. O exame não será iniciado antes de decorridos 60 (sessenta) dias da publicação do pedido.

Art. 32. Para melhor esclarecer ou definir o pedido de patente, o depositante poderá efetuar alterações até o requerimento do exame, desde que estas se limitem à matéria inicialmente revelada no pedido.

Art. 33. O exame do pedido de patente deverá ser requerido pelo depositante ou por qualquer interessado, no prazo de 36 (trinta e seis) meses contados da data do depósito, sob pena do arquivamento do pedido.

Parágrafo único. O pedido de patente poderá ser desarquivado, se o depositante assim o requerer, dentro de 60 (sessenta) dias contados do arquivamento, mediante pagamento de uma retribuição específica, sob pena de arquivamento definitivo.

Art. 34. Requerido o exame, deverão ser apresentados, no prazo de 60 (sessenta) dias, sempre que solicitado, sob pena de arquivamento do pedido:

I – objeções, buscas de anterioridade e resultados de exame para concessão de pedido correspondente em outros países, quando houver reivindicação de prioridade;

II – documentos necessários à regularização do processo e exame do pedido; e

III – tradução simples do documento hábil referido no § 2º do art. 16, caso esta tenha sido substituída pela declaração prevista no § 5º do mesmo artigo.

Art. 35. Por ocasião do exame técnico, será elaborado o relatório de busca e parecer relativo a:

I – patenteabilidade do pedido;

II – adaptação do pedido à natureza reivindicada;

III – reformulação do pedido ou divisão; ou

IV – exigências técnicas.

Art. 36. Quando o parecer for pela não patenteabilidade ou pelo não enquadramento do pedido na natureza reivindicada ou formular qualquer exigência, o depositante será intimado para manifestar-se no prazo de 90 (noventa) dias.

§ 1º Não respondida a exigência, o pedido será definitivamente arquivado.

§ 2º Respondida a exigência, ainda que não cumprida, ou contestada sua formulação, e havendo ou não manifestação sobre a patenteabilidade ou o enquadramento, dar-se-á prosseguimento ao exame.

Art. 37. Concluído o exame, será proferida decisão, deferindo ou indeferindo o pedido de patente.

LEGISLAÇÃO

Capítulo IV
DA CONCESSÃO E DA VIGÊNCIA DA PATENTE

Seção I
Da concessão da patente

Art. 38. A patente será concedida depois de deferido o pedido, e comprovado o pagamento da retribuição correspondente, expedindo-se a respectiva carta-patente.

§ 1º O pagamento da retribuição e respectiva comprovação deverão ser efetuados no prazo de 60 (sessenta) dias contados do deferimento.

§ 2º A retribuição prevista neste artigo poderá ainda ser paga e comprovada dentro de 30 (trinta) dias após o prazo previsto no parágrafo anterior, independentemente de notificação, mediante pagamento de retribuição específica, sob pena de arquivamento definitivo do pedido.

§ 3º Reputa-se concedida a patente na data de publicação do respectivo ato.

Art. 39. Da carta-patente deverão constar o número, o título e a natureza respectivos, o nome do inventor, observado o disposto no § 4º do art. 6º, a qualificação e o domicílio do titular, o prazo de vigência, o relatório descritivo, as reivindicações e os desenhos, bem como os dados relativos à prioridade.

Seção II
Da vigência da patente

Art. 40. A patente de invenção vigorará pelo prazo de 20 (vinte) anos e a de modelo de utilidade pelo prazo 15 (quinze) anos contados da data de depósito.

Parágrafo único. O prazo de vigência não será inferior a 10 (dez) anos para a patente de invenção e a 7 (sete) anos para a patente de modelo de utilidade, a contar da data de concessão, ressalvada a hipótese de o INPI estar impedido de proceder ao exame de mérito do pedido, por pendência judicial comprovada ou por motivo de força maior.

Capítulo V
DA PROTEÇÃO CONFERIDA PELA PATENTE

Seção I
Dos direitos

Art. 41. A extensão da proteção conferida pela patente será determinada pelo teor das reivindicações, interpretado com base no relatório descritivo e nos desenhos.

Art. 42. A patente confere ao seu titular o direito de impedir terceiro, sem o seu consentimento, de produzir, usar, colocar à venda, vender ou importar com estes propósitos:

I – produto objeto de patente;

II – processo ou produto obtido diretamente por processo patenteado.

§ 1º Ao titular da patente é assegurado ainda o direito de impedir que terceiros contribuam para que outros pratiquem os atos referidos neste artigo.

§ 2º Ocorrerá violação de direito da patente de processo, a que se refere o inciso II, quando o possuidor ou proprietário não comprovar, mediante determinação judicial específica, que o seu produto foi obtido por processo de fabricação diverso daquele protegido pela patente.

Art. 43. O disposto no artigo anterior não se aplica:

I – aos atos praticados por terceiros não autorizados, em caráter privado e sem finalidade comercial, desde que não acarretem prejuízo ao interesse econômico do titular da patente;

II – aos atos praticados por terceiros não autorizados, com finalidade experimental, relacionados a estudos ou pesquisas científicas ou tecnológicas;

III – à preparação de medicamento de acordo com prescrição médica para casos individuais, executada por profissional habilitado, bem como ao medicamento assim preparado;

IV – a produto fabricado de acordo com patente de processo ou de produto que tiver sido colocado no mercado interno diretamente pelo titular da patente ou com seu consentimento;

V – a terceiros que, no caso de patentes relacionadas com matéria viva, utilizem, sem finalidade econômica, o produto patenteado como fonte inicial de variação ou propagação para obter outros produtos; e

VI – a terceiros que, no caso de patentes relacionadas com matéria viva, utilizem, ponham em circulação ou comercializem um produto patenteado que haja sido introduzido licitamente no comércio pelo detentor da patente ou por detentor de licença, desde que o produto patenteado não seja utilizado para multiplicação ou propagação comercial da matéria viva em causa;

VII – aos atos praticados por terceiros não autorizados, relacionados à invenção protegida por patente, destinados exclusivamente à produção de informações, dados e resultados de testes, visando à obtenção do registro de comercialização, no Brasil ou em outro país, para a exploração e comercialização do produto objeto da patente, após a expiração dos prazos estipulados no art. 40.

→ Inciso VII acrescentado pela Lei 10.196/2001.

Art. 44. Ao titular da patente é assegurado o direito de obter indenização pela exploração indevida de seu objeto, inclusive em relação à exploração ocorrida entre a data da publicação do pedido e a da concessão da patente.

§ 1º Se o infrator obteve, por qualquer meio, conhecimento do conteúdo do pedido depositado, anteriormente à publicação, contar-se-á o período da exploração indevida para efeito da indenização a partir da data de início da exploração.

§ 2º Quando o objeto do pedido de patente se referir a material biológico, depositado na forma do parágrafo único do art. 24, o direito à indenização será somente conferido quando o material biológico se tiver tornado acessível ao público.

§ 3º O direito de obter indenização por exploração indevida, inclusive com relação ao período anterior à concessão da patente, está limitado ao conteúdo do seu objeto, na forma do art. 41.

Seção II
Do usuário anterior

Art. 45. À pessoa de boa-fé que, antes da data de depósito ou de prioridade de pedido de patente, explorava seu objeto no País, será assegurado o direito de continuar a exploração, sem ônus, na forma e condição anteriores.

§ 1º O direito conferido na forma deste artigo só poderá ser cedido juntamente com o negócio ou empresa, ou parte desta que tenha direta relação com a exploração do objeto da patente, por alienação ou arrendamento.

§ 2º O direito de que trata este artigo não será assegurado a pessoa que tenha tido conhecimento do objeto da patente através de divulgação na forma do art. 12, desde que o pedido tenha sido depositado no prazo de 1 (um) ano, contado da divulgação.

Capítulo VI
DA NULIDADE DA PATENTE

Seção I
Das disposições gerais

Art. 46. É nula a patente concedida contrariando as disposições desta Lei.

Art. 47. A nulidade poderá não incidir sobre todas as reivindicações, sendo condição para a nulidade parcial o fato de as reivindicações subsistentes constituírem matéria patenteável por si mesmas.

Art. 48. A nulidade da patente produzirá efeitos a partir da data do depósito do pedido.

Art. 49. No caso de inobservância do disposto no art. 6º, o inventor poderá, alternativamente, reivindicar, em ação judicial, a adjudicação da patente.

Seção II
Do processo administrativo de nulidade

Art. 50. A nulidade da patente será declarada administrativamente quando:

I – não tiver sido atendido qualquer dos requisitos legais;

II – o relatório e as reivindicações não atenderem ao disposto nos arts. 24 e 25, respectivamente;

III – o objeto da patente se estenda além do conteúdo do pedido originalmente depositado; ou

IV – no seu processamento, tiver sido omitida qualquer das formalidades essenciais, indispensáveis à concessão.

Art. 51. O processo de nulidade poderá ser instaurado de ofício ou mediante requerimento de qualquer pessoa com legítimo interesse, no prazo de 6 (seis) meses contados da concessão da patente.

Parágrafo único. O processo de nulidade prosseguirá ainda que extinta a patente.

Art. 52. O titular será intimado para se manifestar no prazo de 60 (sessenta) dias.

Art. 53. Havendo ou não manifestação, decorrido o prazo fixado no artigo anterior, o INPI emitirá parecer, intimando o titular e o requerente para se manifestarem no prazo comum de 60 (sessenta) dias.

Art. 54. Decorrido o prazo fixado no artigo anterior, mesmo que não apresentadas as manifestações, o processo será decidido pelo Presidente do INPI, encerrando-se a instância administrativa.

Art. 55. Aplicam-se, no que couber, aos certificados de adição, as disposições desta Seção.

Seção III
Da ação de nulidade

Art. 56. A ação de nulidade poderá ser proposta a qualquer tempo da vigência da patente, pelo INPI ou por qualquer pessoa com legítimo interesse.

§ 1º A nulidade da patente poderá ser arguida, a qualquer tempo, como matéria de defesa.

§ 2º O juiz poderá, preventiva ou incidentalmente, determinar a suspensão dos efeitos da patente, atendidos os requisitos processuais próprios.

Art. 57. A ação de nulidade de patente será ajuizada no foro da Justiça Federal e o INPI, quando não for autor, intervirá no feito.

§ 1º O prazo para resposta do réu titular da patente será de 60 (sessenta) dias.

§ 2º Transitada em julgado a decisão da ação de nulidade, o INPI publicará anotação, para ciência de terceiros.

Capítulo VII
DA CESSÃO E DAS ANOTAÇÕES

Art. 58. O pedido de patente ou a patente, ambos de conteúdo indivisível, poderão ser cedidos, total ou parcialmente.

Art. 59. O INPI fará as seguintes anotações:

I – da cessão, fazendo constar a qualificação completa do cessionário;

II – de qualquer limitação ou ônus que recaia sobre o pedido ou a patente; e

III – das alterações de nome, sede ou endereço do depositante ou titular.

Art. 60. As anotações produzirão efeito em relação a terceiros a partir da data de sua publicação.

Capítulo VIII
DAS LICENÇAS

Seção I
Da licença voluntária

Art. 61. O titular de patente ou o depositante poderá celebrar contrato de licença para exploração.

Parágrafo único. O licenciado poderá ser investido pelo titular de todos os poderes para agir em defesa da patente.

Art. 62. O contrato de licença deverá ser averbado no INPI para que produza efeitos em relação a terceiros.

§ 1º A averbação produzirá efeitos em relação a terceiros a partir da data de sua publicação.

§ 2º Para efeito de validade de prova de uso, o contrato de licença não precisará estar averbado no INPI.

Art. 63. O aperfeiçoamento introduzido em patente licenciada pertence a quem o fizer, sendo assegurado à outra parte contratante o direito de preferência para seu licenciamento.

Seção II
Da oferta de licença

Art. 64. O titular da patente poderá solicitar ao INPI que a coloque em oferta para fins de exploração.

§ 1º O INPI promoverá a publicação da oferta.

§ 2º Nenhum contrato de licença voluntária de caráter exclusivo será averbado no INPI sem que o titular tenha desistido da oferta.

§ 3º A patente sob licença voluntária, com caráter de exclusividade, não poderá ser objeto de oferta.

§ 4º O titular poderá, a qualquer momento, antes da expressa aceitação de seus termos pelo interessado, desistir da oferta, não se aplicando o disposto no art. 66.

Art. 65. Na falta de acordo entre o titular e o licenciado, as partes poderão requerer ao INPI o arbitramento da remuneração.

§ 1º Para efeito deste artigo, o INPI observará o disposto no § 4º do art. 73.

§ 2º A remuneração poderá ser revista decorrido 1 (um) ano de sua fixação.

Art. 66. A patente em oferta terá sua anuidade reduzida à metade no período compreendido entre o oferecimento e a concessão da primeira licença, a qualquer título.

Art. 67. O titular da patente poderá requerer o cancelamento da licença se o licenciado não der início à exploração efetiva dentro de 1 (um) ano da concessão, interromper a exploração por prazo superior a 1 (um) ano, ou, ainda, se não forem obedecidas as condições para a exploração.

Seção III
Da licença compulsória

Art. 68. O titular ficará sujeito a ter a patente licenciada compulsoriamente se exercer os direitos dela decorrentes de forma abusiva, ou por meio dela praticar abuso de poder econômico, comprovado nos termos da lei, por decisão administrativa ou judicial.

§ 1º Ensejam, igualmente, licença compulsória:

I – a não exploração do objeto da patente no território brasileiro por falta de fabricação ou fabricação incompleta do produto, ou, ainda, a falta de uso integral do processo patenteado, ressalvados os casos de inviabilidade econômica, quando será admitida a importação; ou

II – a comercialização que não satisfizer às necessidades do mercado.

§ 2º A licença só poderá ser requerida por pessoa com legítimo interesse e que tenha capacidade técnica e econômica para realizar a exploração eficiente do objeto da patente, que deverá destinar-se, predominantemente, ao mercado interno, extinguindo-se nesse caso a excepcionalidade prevista no inciso I do parágrafo anterior.

§ 3º No caso de a licença compulsória ser concedida em razão de abuso de poder econômico, ao licenciado, que propõe fabricação local, será garantido um prazo, limitado ao estabelecido no art. 74, para proceder à importação do objeto da licença, desde que tenha sido colocado no mercado diretamente pelo titular ou com o seu consentimento.

§ 4º No caso de importação para exploração de patente e no caso da importação prevista no parágrafo anterior, será igualmente admitida a importação por terceiros de produto fabricado de acordo com patente de processo ou de produto, desde que tenha sido colocado no mercado diretamente pelo titular ou com o seu consentimento.

§ 5º A licença compulsória de que trata o § 1º somente será requerida após decorridos 3 (três) anos da concessão da patente.

Art. 69. A licença compulsória não será concedida se, à data do requerimento, o titular:

I – justificar o desuso por razões legítimas;

II – comprovar a realização de sérios e efetivos preparativos para a exploração; ou

III – justificar a falta de fabricação ou comercialização por obstáculo de ordem legal.

Art. 70. A licença compulsória será ainda concedida quando, cumulativamente, se verificarem as seguintes hipóteses:

I – ficar caracterizada situação de dependência de uma patente em relação a outra;

II – o objeto da patente dependente constituir substancial progresso técnico em relação à patente anterior; e

III – o titular não realizar acordo com o titular da patente dependente para exploração da patente anterior.

§ 1º Para os fins deste artigo considera-se patente dependente aquela cuja exploração depende obrigatoriamente da utilização do objeto de patente anterior.

§ 2º Para efeito deste artigo, uma patente de processo poderá ser considerada dependente de patente do produto respectivo, bem como uma patente de produto poderá ser dependente de patente de processo.

§ 3º O titular da patente licenciada na forma deste artigo terá direito a licença compulsória cruzada da patente dependente.

Art. 71. Nos casos de emergência nacional ou interesse público, declarados em ato do Poder Executivo Federal, desde que o titular da patente ou seu licenciado não atenda a essa necessidade, poderá ser concedida, de ofício, licença compulsória, temporária e não exclusiva, para a exploração da patente, sem prejuízo dos direitos do respectivo titular.

→ v. Dec. 3.291/1999 que regulamentou referido art. 71.

Parágrafo único. O ato de concessão da licença estabelecerá seu prazo de vigência e a possibilidade de prorrogação.

Art. 72. As licenças compulsórias serão sempre concedidas sem exclusividade, não se admitindo o sublicenciamento.

Art. 73. O pedido de licença compulsória deverá ser formulado mediante indicação das condições oferecidas ao titular da patente.

§ 1º Apresentado o pedido de licença, o titular será intimado para manifestar-se no prazo de 60 (sessenta) dias, findo o qual, sem manifestação do titular, será considerada aceita a proposta nas condições oferecidas.

LEGISLAÇÃO

§ 2º O requerente de licença que invocar abuso de direitos patentários ou abuso de poder econômico deverá juntar documentação que o comprove.

§ 3º No caso de a licença compulsória ser requerida com fundamento na falta de exploração, caberá ao titular da patente comprovar a exploração.

§ 4º Havendo contestação, o INPI poderá realizar as necessárias diligências, bem como designar comissão, que poderá incluir especialistas não integrantes dos quadros da autarquia, visando arbitrar a remuneração que será paga ao titular.

§ 5º Os órgãos e entidades da administração pública direta ou indireta, federal, estadual e municipal, prestarão ao INPI as informações solicitadas com o objetivo de subsidiar o arbitramento da remuneração.

§ 6º No arbitramento da remuneração, serão consideradas as circunstâncias de cada caso, levando-se em conta, obrigatoriamente, o valor econômico da licença concedida.

§ 7º Instruído o processo, o INPI decidirá sobre a concessão e condições da licença compulsória no prazo de 60 (sessenta) dias.

§ 8º O recurso da decisão que conceder a licença compulsória não terá efeito suspensivo.

Art. 74. Salvo razões legítimas, o licenciado deverá iniciar a exploração do objeto da patente no prazo de 1 (um) ano da concessão da licença, admitida a interrupção por igual prazo.

§ 1º O titular poderá requerer a cassação da licença quando não cumprido o disposto neste artigo.

§ 2º O licenciado ficará investido de todos os poderes para agir em defesa da patente.

§ 3º Após a concessão da licença compulsória, somente será admitida a sua cessão quando realizada conjuntamente com a cessão, alienação ou arrendamento da parte do empreendimento que a explore.

Capítulo IX
DA PATENTE DE INTERESSE DA DEFESA NACIONAL

Art. 75. O pedido de patente originário do Brasil cujo objeto interesse à defesa nacional será processado em caráter sigiloso e não estará sujeito às publicações previstas nesta Lei.

→ v. Decreto 2.553/1998 - Regulamenta os arts. 75 e 88 a 93 da Lei 9.279, de 14 de maio de 1996, que regula direitos e obrigações relativos à propriedade industrial.

§ 1º O INPI encaminhará o pedido, de imediato, ao órgão competente do Poder Executivo para, no prazo de 60 (sessenta) dias, manifestar-se sobre o caráter sigiloso. Decorrido o prazo sem a manifestação do órgão competente, o pedido será processado normalmente.

§ 2º É vedado o depósito no exterior de pedido de patente cujo objeto tenha sido considerado de interesse da defesa nacional, bem como qualquer divulgação do mesmo, salvo expressa autorização do órgão competente.

§ 3º A exploração e a cessão do pedido ou da patente de interesse da defesa nacional estão condicionadas à prévia autorização do órgão competente, assegurada indenização sempre que houver restrição dos direitos do depositante ou do titular.

→ v. art. 2º, parágrafo único, do Dec. 2.553/1998.

Capítulo X
DO CERTIFICADO DE ADIÇÃO DE INVENÇÃO

Art. 76. O depositante do pedido ou titular de patente de invenção poderá requerer, mediante pagamento de retribuição específica, certificado de adição para proteger aperfeiçoamento ou desenvolvimento introduzido no objeto da invenção, mesmo que destituído de atividade inventiva, desde que a matéria se inclua no mesmo conceito inventivo.

§ 1º Quando tiver ocorrido a publicação do pedido principal, o pedido de certificado de adição será imediatamente publicado.

§ 2º O exame do pedido de certificado de adição obedecerá ao disposto nos arts. 30 a 37, ressalvado o disposto no parágrafo anterior.

§ 3º O pedido de certificado de adição será indeferido se o seu objeto não apresentar o mesmo conceito inventivo.

§ 4º O depositante poderá, no prazo do recurso, requerer a transformação do pedido de certificado de adição em pedido de patente, beneficiando-se da data de depósito do pedido de certificado, mediante pagamento das retribuições cabíveis.

Art. 77. O certificado de adição é acessório da patente, tem a data final de vigência desta e acompanha-a para todos os efeitos legais.

Parágrafo único. No processo de nulidade, o titular poderá requerer que a matéria contida no certificado de adição seja analisada para se verificar a possibilidade de sua subsistência, sem prejuízo do prazo de vigência da patente.

Capítulo XI
DA EXTINÇÃO DA PATENTE

Art. 78. A patente extingue-se:

I – pela expiração do prazo de vigência;

II – pela renúncia de seu titular, ressalvado o direito de terceiros;

III – pela caducidade;

IV – pela falta de pagamento da retribuição anual, nos prazos previstos no § 2º do art. 84 e no art. 87; e

V – pela inobservância do disposto no art. 217.

Parágrafo único. Extinta a patente, o seu objeto cai em domínio público.

Art. 79. A renúncia só será admitida se não prejudicar direitos de terceiros.

Art. 80. Caducará a patente, de ofício ou a requerimento de qualquer pessoa com legítimo interesse, se, decorridos 2 (dois) anos da concessão da primeira licença compulsória, esse prazo não tiver sido suficiente para prevenir ou sanar o abuso ou desuso, salvo motivos justificáveis.

§ 1º A patente caducará quando, na data do requerimento da caducidade ou da instauração de ofício do respectivo processo, não tiver sido iniciada a exploração.

§ 2º No processo de caducidade instaurado a requerimento, o INPI poderá prosseguir se houver desistência do requerente.

Art. 81. O titular será intimado mediante publicação para se manifestar, no prazo de 60 (sessenta) dias, cabendo-lhe o ônus da prova quanto à exploração.

Art. 82. A decisão será proferida dentro de 60 (sessenta) dias, contados do término do prazo mencionado no artigo anterior.

Art. 83. A decisão da caducidade produzirá efeitos a partir da data do requerimento ou da publicação da instauração de ofício do processo.

Capítulo XII
DA RETRIBUIÇÃO ANUAL

Art. 84. O depositante do pedido e o titular da patente estão sujeitos ao pagamento de retribuição anual, a partir do início do terceiro ano da data do depósito.

§ 1º O pagamento antecipado da retribuição anual será regulado pelo INPI.

§ 2º O pagamento deverá ser efetuado dentro dos primeiros 3 (três) meses de cada período anual, podendo, ainda, ser feito, independente de notificação, dentro dos 6 (seis) meses subsequentes, mediante pagamento de retribuição adicional.

Art. 85. O disposto no artigo anterior aplica-se aos pedidos internacionais depositados em virtude de tratado em vigor no Brasil, devendo o pagamento das retribuições anuais vencidas antes da data da entrada no processamento nacional ser efetuado no prazo de 3 (três) meses dessa data.

Art. 86. A falta de pagamento da retribuição anual, nos termos dos arts. 84 e 85, acarretará o arquivamento do pedido ou a extinção da patente.

Capítulo XIII
DA RESTAURAÇÃO

Art. 87. O pedido de patente e a patente poderão ser restaurados, se o depositante ou o titular assim o requerer, dentro de 3 (três) meses, contados da notificação do arquivamento do pedido ou da extinção da patente, mediante pagamento de retribuição específica.

Capítulo XIV
DA INVENÇÃO E DO MODELO DE UTILIDADE REALIZADO POR EMPREGADO OU PRESTADOR DE SERVIÇO

→ v. Decreto 2.553/1998 - Regulamenta os arts. 75 e 88 a 93 da Lei 9.279, de 14 de maio de 1996, que regula direitos e obrigações relativos à propriedade industrial.

Art. 88. A invenção e o modelo de utilidade pertencem exclusivamente ao empregador quando decorrerem de contrato de trabalho cuja execução ocorra no Brasil e que tenha por objeto a pesquisa ou a atividade inventiva, ou resulte esta da natureza dos serviços para os quais foi o empregado contratado.

§ 1º Salvo expressa disposição contratual em contrário, a retribuição pelo trabalho a que se refere este artigo limita-se ao salário ajustado.

§ 2º Salvo prova em contrário, consideram-se desenvolvidos na vigência do contrato a invenção ou o modelo de utilidade, cuja patente seja requerida pelo empregado até 1 (um) ano após a extinção do vínculo empregatício.

Art. 89. O empregador, titular da patente, poderá conceder ao empregado, autor de invento ou aperfeiçoamento, participação nos ganhos econômicos resultantes da exploração da patente, mediante negociação com o interessado ou conforme disposto em norma da empresa.

Parágrafo único. A participação referida neste artigo não se incorpora, a qualquer título, ao salário do empregado.

Art. 90. Pertencerá exclusivamente ao empregado a invenção ou o modelo de utilidade por ele desenvolvido, desde que desvinculado do contrato de trabalho e não decorrente da utilização de recursos, meios, dados, materiais, instalações ou equipamentos do empregador.

Art. 91. A propriedade de invenção ou de modelo de utilidade será comum, em partes iguais, quando resultar da contribuição pessoal do empregado e de recursos, dados, meios, materiais, instalações ou equipamentos do empregador, ressalvada expressa disposição contratual em contrário.

§ 1º Sendo mais de um empregado, a parte que lhes couber será dividida igualmente entre todos, salvo ajuste em contrário.

§ 2º É garantido ao empregador o direito exclusivo de licença de exploração e assegurada ao empregado a justa remuneração.

§ 3º A exploração do objeto da patente, na falta de acordo, deverá ser iniciada pelo empregador dentro do prazo de 1 (um) ano, contado da data de sua concessão, sob pena de passar à exclusiva propriedade do empregado a titularidade da patente, ressalvadas as hipóteses de falta de exploração por razões legítimas.

§ 4º No caso de cessão, qualquer dos cotitulares, em igualdade de condições, poderá exercer o direito de preferência.

Art. 92. O disposto nos artigos anteriores aplica-se, no que couber, às relações entre o trabalhador autônomo ou o estagiário e a empresa contratante e entre empresas contratantes e contratadas.

Art. 93. Aplica-se o disposto neste Capítulo, no que couber, às entidades da Administração Pública, direta, indireta e fundacional, federal, estadual ou municipal.

Parágrafo único. Na hipótese do art. 88, será assegurada ao inventor, na forma e condições previstas no estatuto ou regimento interno da entidade a que se refere este artigo, premiação de parcela no valor das vantagens auferidas com o pedido ou com a patente, a título de incentivo.

Título II
Dos Desenhos Industriais

Capítulo I
DA TITULARIDADE

Art. 94. Ao autor será assegurado o direito de obter registro de desenho industrial que lhe confira a propriedade, nas condições estabelecidas nesta Lei.

Parágrafo único. Aplicam-se ao registro de desenho industrial, no que couber, as disposições dos arts. 6º e 7º.

Capítulo II
DA REGISTRABILIDADE

Seção I
Dos desenhos industriais registráveis

Art. 95. Considera-se desenho industrial a forma plástica ornamental de um objeto ou o conjunto ornamental de linhas e cores que possa ser aplicado a um produto, proporcionando resultado visual novo e original na sua configuração externa e que possa servir de tipo de fabricação industrial.

Art. 96. O desenho industrial é considerado novo quando não compreendido no estado da técnica.

§ 1º O estado da técnica é constituído por tudo aquilo tornado acessível ao público antes da data de depósito do pedido, no Brasil ou no exterior, por uso ou qualquer outro meio, ressalvado o disposto no § 3º deste artigo e no art. 99.

§ 2º Para aferição unicamente da novidade, o conteúdo completo de pedido de patente ou de registro depositado no Brasil, e ainda não publicado, será considerado como incluído no estado da técnica a partir da data de depósito, ou da prioridade reivindicada, desde que venha a ser publicado, mesmo que subsequentemente.

§ 3º Não será considerado como incluído no estado da técnica o desenho industrial cuja divulgação tenha ocorrido durante os 180 (cento e oitenta) dias que precederem a data do depósito ou a da prioridade reivindicada, se promovida nas situações previstas nos incisos I a III do art. 12.

Art. 97. O desenho industrial é considerado original quando dele resulte uma configuração visual distintiva, em relação a outros objetos anteriores.

Parágrafo único. O resultado visual original poderá ser decorrente da combinação de elementos conhecidos.

Art. 98. Não se considera desenho industrial qualquer obra de caráter puramente artístico.

Seção II
Da prioridade

Art. 99. Aplicam-se ao pedido de registro, no que couber, as disposições do art. 16, exceto o prazo previsto no seu § 3º, que será de 90 (noventa) dias.

Seção III
Dos desenhos industriais não registráveis

Art. 100. Não é registrável como desenho industrial:

I – o que for contrário à moral e aos bons costumes ou que ofenda a honra ou imagem de pessoas, ou atente contra liberdade de consciência, crença, culto religioso ou ideia e sentimentos dignos de respeito e veneração;

II – a forma necessária comum ou vulgar do objeto ou, ainda, aquela determinada essencialmente por considerações técnicas ou funcionais.

Capítulo III
DO PEDIDO DE REGISTRO

Seção I
Do depósito do pedido

Art. 101. O pedido de registro, nas condições estabelecidas pelo INPI, conterá:

I – requerimento;

II – relatório descritivo, se for o caso;

III – reivindicações, se for o caso;

IV – desenhos ou fotografias;

V – campo de aplicação do objeto; e

VI – comprovante do pagamento da retribuição relativa ao depósito.

Parágrafo único. Os documentos que integram o pedido de registro deverão ser apresentados em língua portuguesa.

Art. 102. Apresentado o pedido, será ele submetido a exame formal preliminar e, se devidamente instruído, será protocolizado, considerada a data do depósito a da sua apresentação.

Art. 103. O pedido que não atender formalmente ao disposto no art. 101, mas que contiver dados suficientes relativos ao depositante, ao desenho industrial e ao autor, poderá ser entregue, mediante recibo datado, ao INPI, que estabelecerá as exigências a serem cumpridas, em 5 (cinco) dias, sob pena de ser considerado inexistente.

Parágrafo único. Cumpridas as exigências, o depósito será considerado como efetuado na data da apresentação do pedido.

Seção II
Das condições do pedido

Art. 104. O pedido de registro de desenho industrial terá que se referir a um único objeto, permitida uma pluralidade de variações, desde que se destinem ao mesmo propósito e guardem entre si a mesma característica distintiva preponderante, limitado cada pedido ao máximo de 20 (vinte) variações.

Parágrafo único. O desenho deverá representar clara e suficientemente o objeto e suas variações, se houver, de modo a possibilitar sua reprodução por técnico no assunto.

Art. 105. Se solicitado o sigilo na forma do § 1º do art. 106, poderá o pedido ser retirado em até 90 (noventa) dias contados da data do depósito.

Parágrafo único. A retirada de um depósito anterior sem produção de qualquer efeito dará prioridade ao depósito imediatamente posterior.

Seção III
Do processo e do exame do pedido

Art. 106. Depositado o pedido de registro de desenho industrial e observado o disposto nos arts. 100, 101 e 104, será automaticamente publicado e simultaneamente concedido o registro, expedindo-se o respectivo certificado.

§ 1º A requerimento do depositante, por ocasião do depósito, poderá ser mantido em sigilo o pedido, pelo prazo de 180 (cento e oitenta) dias contados da data do depósito, após o que será processado.

§ 2º Se o depositante se beneficiar do disposto no art. 99, aguardar-se-á a apresentação do documento de prioridade para o processamento do pedido.

§ 3º Não atendido o disposto nos arts. 101 e 104, será formulada exigência, que deverá ser respondida em 60 (sessenta) dias, sob pena de arquivamento definitivo.

§ 4º Não atendido o disposto no art. 100, o pedido de registro será indeferido.

Capítulo IV
DA CONCESSÃO E DA VIGÊNCIA DO REGISTRO

Art. 107. Do certificado deverão constar o número e o título, nome do autor – observado o disposto no § 4° do art. 6°, o nome, a nacionalidade e o domicílio do titular, o prazo de vigência, os desenhos, os dados relativos à prioridade estrangeira, e, quando houver, relatório descritivo e reivindicações.

Art. 108. O registro vigorará pelo prazo de 10 (dez) anos contados da data do depósito, prorrogável por 3 (três) períodos sucessivos de 5 (cinco) anos cada.

§ 1° O pedido de prorrogação deverá ser formulado durante o último ano de vigência do registro, instruído com o comprovante do pagamento da respectiva retribuição.

§ 2° Se o pedido de prorrogação não tiver sido formulado até o termo final da vigência do registro, o titular poderá fazê-lo nos 180 (cento e oitenta) dias subsequentes, mediante o pagamento de retribuição adicional.

Capítulo V
DA PROTEÇÃO CONFERIDA PELO REGISTRO

Art. 109. A propriedade do desenho industrial adquire-se pelo registro validamente concedido.

Parágrafo único. Aplicam-se ao registro do desenho industrial, no que couber, as disposições do art. 42 e dos incisos I, II e IV do art. 43.

Art. 110. À pessoa que, de boa-fé, antes da data do depósito ou da prioridade do pedido de registro explorava seu objeto no País, será assegurado o direito de continuar a exploração, sem ônus, na forma e condição anteriores.

§ 1° O direito conferido na forma deste artigo só poderá ser cedido juntamente com o negócio ou empresa, ou parte deste, que tenha direta relação com a exploração do objeto do registro, por alienação ou arrendamento.

§ 2° O direito de que trata este artigo não será assegurado a pessoa que tenha tido conhecimento do objeto do registro através de divulgação nos termos do § 3° do art. 96, desde que o pedido tenha sido depositado no prazo de 6 (seis) meses contados da divulgação.

Capítulo VI
DO EXAME DE MÉRITO

Art. 111. O titular do desenho industrial poderá requerer o exame do objeto do registro, a qualquer tempo da vigência, quanto aos aspectos de novidade e de originalidade.

Parágrafo único. O INPI emitirá parecer de mérito, que, se concluir pela ausência de pelo menos um dos requisitos definidos nos arts. 95 a 98, servirá de fundamento para instauração de ofício de processo de nulidade do registro.

Capítulo VII
DA NULIDADE DO REGISTRO

Seção I
Das disposições gerais

Art. 112. É nulo o registro concedido em desacordo com as disposições desta Lei.

§ 1° A nulidade do registro produzirá efeitos a partir da data do depósito do pedido.

§ 2° No caso de inobservância do disposto no art. 94, o autor poderá, alternativamente, reivindicar a adjudicação do registro.

Seção II
Do processo administrativo de nulidade

Art. 113. A nulidade do registro será declarada administrativamente quando tiver sido concedido com infringência dos arts. 94 a 98.

§ 1° O processo de nulidade poderá ser instaurado de ofício ou mediante requerimento de qualquer pessoa com legítimo interesse, no prazo de 5 (cinco) anos contados da concessão do registro, ressalvada a hipótese prevista no parágrafo único do art. 111.

§ 2° O requerimento ou a instauração de ofício suspenderá os efeitos da concessão do registro se apresentada ou publicada no prazo de 60 (sessenta) dias da concessão.

Art. 114. O titular será intimado para se manifestar no prazo de 60 (sessenta) dias contados da data da publicação.

Art. 115. Havendo ou não manifestação, decorrido o prazo fixado no artigo anterior, o INPI emitirá parecer, intimando o titular e o requerente para se manifestarem no prazo comum de 60 (sessenta) dias.

Art. 116. Decorrido o prazo fixado no artigo anterior, mesmo que não apresentadas as manifestações, o processo será decidido pelo Presidente do INPI, encerrando-se a instância administrativa.

Art. 117. O processo de nulidade prosseguirá, ainda que extinto o registro.

Seção III
Da ação de nulidade

Art. 118. Aplicam-se à ação de nulidade de registro de desenho industrial, no que couber, as disposições dos arts. 56 e 57.

Capítulo VIII
DA EXTINÇÃO DO REGISTRO

Art. 119. O registro extingue-se:

I – pela expiração do prazo de vigência;

II – pela renúncia de seu titular, ressalvado o direito de terceiros;

III – pela falta de pagamento da retribuição prevista nos arts. 108 e 120; ou

IV – pela inobservância do disposto no art. 217.

Capítulo IX
DA RETRIBUIÇÃO QUINQUENAL

Art. 120. O titular do registro está sujeito ao pagamento de retribuição quinquenal, a partir do segundo quinquênio da data do depósito.

§ 1° O pagamento do segundo quinquênio será feito durante o 5° (quinto) ano da vigência do registro.

§ 2° O pagamento dos demais quinquênios será apresentado junto com o pedido de prorrogação a que se refere o art. 108.

§ 3° O pagamento dos quinquênios poderá ainda ser efetuado dentro dos 6 (seis) meses subsequentes ao prazo estabelecido no parágrafo anterior, mediante pagamento de retribuição adicional.

Capítulo X
DAS DISPOSIÇÕES FINAIS

Art. 121. As disposições dos arts. 58 a 63 aplicam-se, no que couber, à matéria de que trata o presente Título, disciplinando-se o direito do empregado ou prestador de serviços pelas disposições dos arts. 88 a 93.

Título III
Das Marcas

Capítulo I
DA REGISTRABILIDADE

Seção I
Dos sinais registráveis como marca

Art. 122. São suscetíveis de registro como marca os sinais distintivos visualmente perceptíveis, não compreendidos nas proibições legais.

Art. 123. Para os efeitos desta Lei, considera-se:

I – marca de produto ou serviço: aquela usada para distinguir produto ou serviço de outro idêntico, semelhante ou afim, de origem diversa;

II – marca de certificação: aquela usada para atestar a conformidade de um produto ou serviço com determinadas normas ou especificações técnicas, notadamente quanto à qualidade, natureza, material utilizado e metodologia empregada; e

III – marca coletiva: aquela usada para identificar produtos ou serviços provindos de membros de uma determinada entidade.

Seção II
Dos sinais não registráveis como marca

Art. 124. Não são registráveis como marca:

I – brasão, armas, medalha, bandeira, emblema, distintivo e monumento oficiais, públicos, nacionais, estrangeiros ou internacionais, bem como a respectiva designação, figura ou imitação;

II – letra, algarismo e data, isoladamente, salvo quando revestidos de suficiente forma distintiva;

III – expressão, figura, desenho ou qualquer outro sinal contrário à moral e aos bons costumes ou que ofenda a honra ou imagem de pessoas ou atente contra liberdade de consciência, crença, culto religioso ou ideia e sentimento dignos de respeito e veneração;

IV – designação ou sigla de entidade ou órgão público, quando não requerido o registro pela própria entidade ou órgão público;

V – reprodução ou imitação de elemento característico ou diferenciador de título de estabelecimento ou nome de empresa de terceiros, suscetível de causar confusão ou associação com estes sinais distintivos;

VI – sinal de caráter genérico, necessário, comum, vulgar ou simplesmente descritivo, quando tiver relação com o produto ou serviço a distinguir, ou aquele empregado comumente para designar uma característica do produto ou serviço, quanto à natureza, nacionalidade, peso, valor, qualidade e época de produção ou de prestação do serviço, salvo quando revestidos de suficiente forma distintiva;

VII – sinal ou expressão empregada apenas como meio de propaganda;

VIII – cores e suas denominações, salvo se dispostas ou combinadas de modo peculiar e distintivo;

IX – indicação geográfica, sua imitação suscetível de causar confusão ou sinal que possa falsamente induzir indicação geográfica;

X – sinal que induza a falsa indicação quanto à origem, procedência, natureza, qualidade ou utilidade do produto ou serviço a que a marca se destina;

XI – reprodução ou imitação de cunho oficial, regularmente adotada para garantia de padrão de qualquer gênero ou natureza;

XII – reprodução ou imitação de sinal que tenha sido registrado como marca coletiva ou de certificação por terceiro, observado o disposto no art. 154;

XIII – nome, prêmio ou símbolo de evento esportivo, artístico, cultural, social, político, econômico ou técnico, oficial ou oficialmente reconhecido, bem como a imitação suscetível de criar confusão, salvo quando autorizados pela autoridade competente ou entidade promotora do evento;

XIV – reprodução ou imitação de título, apólice, moeda e cédula da União, dos Estados, do Distrito Federal, dos Territórios, dos Municípios, ou de país;

XV – nome civil ou sua assinatura, nome de família ou patronímico e imagem de terceiros, salvo com consentimento do titular, herdeiros ou sucessores;

XVI – pseudônimo ou apelido notoriamente conhecidos, nome artístico singular ou coletivo, salvo com consentimento do titular, herdeiros ou sucessores;

XVII – obra literária, artística ou científica, assim como os títulos que estejam protegidos pelo direito autoral e sejam suscetíveis de causar confusão ou associação, salvo com consentimento do autor ou titular;

XVIII – termo técnico usado na indústria, na ciência e na arte, que tenha relação com o produto ou serviço a distinguir;

XIX – reprodução ou imitação, no todo ou em parte, ainda que com acréscimo, de marca alheia registrada, para distinguir ou certificar produto ou serviço idêntico, semelhante ou afim, suscetível de causar confusão ou associação com marca alheia;

XX – dualidade de marcas de um só titular para o mesmo produto ou serviço, salvo quando, no caso de marcas de mesma natureza, se revestirem de suficiente forma distintiva;

XXI – a forma necessária, comum ou vulgar do produto ou de acondicionamento, ou, ainda, aquela que não possa ser dissociada de efeito técnico;

XXII – objeto que estiver protegido por registro de desenho industrial de terceiro; e

XXIII – sinal que imite ou reproduza, no todo ou em parte, marca que o requerente evidentemente não poderia desconhecer em razão de sua atividade, cujo titular seja sediado ou domiciliado em território nacional ou em país com o qual o Brasil mantenha acordo ou que assegure reciprocidade de tratamento, se a marca se destinar a distinguir produto ou serviço idêntico, semelhante ou afim, suscetível de causar confusão ou associação com aquela marca alheia.

Seção III
Marca de alto renome

Art. 125. À marca registrada no Brasil considerada de alto renome será assegurada proteção especial, em todos os ramos de atividade.

Seção IV
Marca notoriamente conhecida

Art. 126. A marca notoriamente conhecida em seu ramo de atividade nos termos do art. 6º *bis* (I), da Convenção da União de Paris para Proteção da Propriedade Industrial, goza de proteção especial, independentemente de estar previamente depositada ou registrada no Brasil.

§ 1º A proteção de que trata este artigo aplica-se também às marcas de serviço.

§ 2º O INPI poderá indeferir de ofício pedido de registro de marca que reproduza ou imite, no todo ou em parte, marca notoriamente conhecida.

Capítulo II
PRIORIDADE

Art. 127. Ao pedido de registro de marca depositado em país que mantenha acordo com o Brasil ou em organização internacional, que produza efeito de depósito nacional, será assegurado direito de prioridade, nos prazos estabelecidos no acordo, não sendo o depósito invalidado nem prejudicado por fatos ocorridos nesses prazos.

§ 1º A reivindicação da prioridade será feita no ato de depósito, podendo ser suplementada dentro de 60 (sessenta) dias, por outras prioridades anteriores à data do depósito no Brasil.

§ 2º A reivindicação da prioridade será comprovada por documento hábil da origem, contendo o número, a data e a reprodução do pedido ou do registro, acompanhado de tradução simples, cujo teor será de inteira responsabilidade do depositante.

§ 3º Se não efetuada por ocasião do depósito, a comprovação deverá ocorrer em até 4 (quatro) meses, contados do depósito, sob pena de perda da prioridade.

§ 4º Tratando-se de prioridade obtida por cessão, o documento correspondente deverá ser apresentado junto com o próprio documento de prioridade.

Capítulo III
DOS REQUERENTES DE REGISTRO

Art. 128. Podem requerer registro de marca as pessoas físicas ou jurídicas de direito público ou de direito privado.

§ 1º As pessoas de direito privado só podem requerer registro de marca relativo à atividade que exerçam efetiva e licitamente, de modo direto ou através de empresas que controlem direta ou indiretamente, declarando, no próprio requerimento, esta condição, sob as penas da lei.

§ 2º O registro de marca coletiva só poderá ser requerido por pessoa jurídica representativa de coletividade, a qual poderá exercer atividade distinta da de seus membros.

§ 3º O registro da marca de certificação só poderá ser requerido por pessoa sem interesse comercial ou industrial direto no produto ou serviço atestado.

§ 4º A reivindicação de prioridade não isenta o pedido da aplicação dos dispositivos constantes deste Título.

Capítulo IV
DOS DIREITOS SOBRE A MARCA

Seção I
Aquisição

Art. 129. A propriedade da marca adquire-se pelo registro validamente expedido, conforme as disposições desta Lei, sendo assegurado ao titular seu uso exclusivo em todo o território nacional, observado quanto às marcas coletivas e de certificação o disposto nos arts. 147 e 148.

§ 1º Toda pessoa que, de boa-fé, na data da prioridade ou depósito, usava no País, há pelo menos 6 (seis) meses, marca idêntica ou semelhante, para distinguir ou certificar produto ou serviço idêntico, semelhante ou afim, terá direito de precedência ao registro.

§ 2º O direito de precedência somente poderá ser cedido juntamente com o negócio da empresa, ou parte deste, que tenha direta relação com o uso da marca, por alienação ou arrendamento.

Seção II
Da proteção conferida pelo registro

Art. 130. Ao titular da marca ou ao depositante é ainda assegurado o direito de:

I – ceder seu registro ou pedido de registro;

II – licenciar seu uso;

III – zelar pela sua integridade material ou reputação.

Art. 131. A proteção de que trata esta Lei abrange o uso da marca em papéis, impressos, propaganda e documentos relativos à atividade do titular.

Art. 132. O titular da marca não poderá:

I – impedir que comerciantes ou distribuidores utilizem sinais distintivos que lhes são próprios, juntamente com a marca do produto, na sua promoção e comercialização;

II – impedir que fabricantes de acessórios utilizem a marca para indicar a destinação do produto, desde que obedecidas as práticas leais de concorrência;

III – impedir a livre circulação de produto colocado no mercado interno, por si ou por outrem com seu consentimento, ressalvado o disposto nos §§ 3º e 4º do art. 68; e

IV – impedir a citação da marca em discurso, obra científica ou literária ou qualquer outra publicação, desde que sem conotação comercial e sem prejuízo para seu caráter distintivo.

Capítulo V
DA VIGÊNCIA, DA CESSÃO E DAS ANOTAÇÕES

Seção I
Da vigência

Art. 133. O registro da marca vigorará pelo prazo de 10 (dez) anos, contados da data da concessão do registro, prorrogável por períodos iguais e sucessivos.

§ 1º O pedido de prorrogação deverá ser formulado durante o último ano de vigência do registro, instruído com o comprovante do pagamento da respectiva retribuição.

§ 2º Se o pedido de prorrogação não tiver sido efetuado até o termo final da vigência do registro, o titular poderá fazê-lo nos 6 (seis) meses subsequentes, mediante o pagamento de retribuição adicional.

§ 3º A prorrogação não será concedida se não atendido o disposto no art. 128.

Seção II
Da cessão

Art. 134. O pedido de registro e o registro poderão ser cedidos, desde que o cessionário atenda aos requisitos legais para requerer tal registro.

Art. 135. A cessão deverá compreender todos os registros ou pedidos, em nome do cedente, de marcas iguais ou semelhantes, relativas a produto ou serviço idêntico, semelhante ou afim, sob pena de cancelamento dos registros ou arquivamento dos pedidos não cedidos.

Seção III
Das anotações

Art. 136. O INPI fará as seguintes anotações:

I – da cessão, fazendo constar a qualificação completa do cessionário;

II – de qualquer limitação ou ônus que recaia sobre o pedido ou registro; e

III – das alterações de nome, sede ou endereço do depositante ou titular.

Art. 137. As anotações produzirão efeitos em relação a terceiros a partir da data de sua publicação.

Art. 138. Cabe recurso da decisão que:

I – indeferir anotação de cessão;

II – cancelar o registro ou arquivar o pedido, nos termos do art. 135.

Seção IV
Da licença de uso

Art. 139. O titular de registro ou o depositante de pedido de registro poderá celebrar contrato de licença para uso da marca, sem prejuízo de seu direito de exercer controle efetivo sobre as especificações, natureza e qualidade dos respectivos produtos ou serviços.

Parágrafo único. O licenciado poderá ser investido pelo titular de todos os poderes para agir em defesa da marca, sem prejuízo dos seus próprios direitos.

Art. 140. O contrato de licença deverá ser averbado no INPI para que produza efeitos em relação a terceiros.

§ 1º A averbação produzirá efeitos em relação a terceiros a partir da data de sua publicação.

§ 2º Para efeito de validade de prova de uso, o contrato de licença não precisará estar averbado no INPI.

Art. 141. Da decisão que indeferir a averbação do contrato de licença cabe recurso.

Capítulo VI
DA PERDA DOS DIREITOS

Art. 142. O registro da marca extingue-se:

I – pela expiração do prazo de vigência;

II – pela renúncia, que poderá ser total ou parcial em relação aos produtos ou serviços assinalados pela marca;

III – pela caducidade; ou

IV – pela inobservância do disposto no art. 217.

Art. 143. Caducará o registro, a requerimento de qualquer pessoa com legítimo interesse se, decorridos 5 (cinco) anos da sua concessão, na data do requerimento:

I – o uso da marca não tiver sido iniciado no Brasil; ou

II – o uso da marca tiver sido interrompido por mais de 5 (cinco) anos consecutivos, ou se, no mesmo prazo, a marca tiver sido usada com modificação que implique alteração de seu caráter distintivo original, tal como constante do certificado de registro.

§ 1º Não ocorrerá caducidade se o titular justificar o desuso da marca por razões legítimas.

§ 2º O titular será intimado para se manifestar no prazo de 60 (sessenta) dias, cabendo-lhe o ônus de provar o uso da marca ou justificar seu desuso por razões legítimas.

Art. 144. O uso da marca deverá compreender produtos ou serviços constantes do certificado, sob pena de caducar parcialmente o registro em relação aos não semelhantes ou afins daqueles para os quais a marca foi comprovadamente usada.

Art. 145. Não se conhecerá do requerimento de caducidade se o uso da marca tiver sido comprovado ou justificado seu desuso em processo anterior, requerido há menos de 5 (cinco) anos.

Art. 146. Da decisão que declarar ou denegar a caducidade caberá recurso.

Capítulo VII
DAS MARCAS COLETIVAS E DE CERTIFICAÇÃO

Art. 147. O pedido de registro de marca coletiva conterá regulamento de utilização, dispondo sobre condições e proibições de uso da marca.

Parágrafo único. O regulamento de utilização, quando não acompanhar o pedido, deverá ser protocolizado no prazo de 60 (sessenta) dias do depósito, sob pena de arquivamento definitivo do pedido.

Art. 148. O pedido de registro da marca de certificação conterá:

I – as características do produto ou serviço objeto de certificação; e

II – as medidas de controle que serão adotadas pelo titular.

Parágrafo único. A documentação prevista nos incisos I e II deste artigo, quando não acompanhar o pedido, deverá ser protocolizada no prazo de 60 (sessenta) dias, sob pena de arquivamento definitivo do pedido.

Art. 149. Qualquer alteração no regulamento de utilização deverá ser comunicada ao INPI, mediante petição protocolizada, contendo todas as condições alteradas, sob pena de não ser considerada.

Art. 150. O uso da marca independe de licença, bastando sua autorização no regulamento de utilização.

Art. 151. Além das causas de extinção estabelecidas no art. 142, o registro da marca coletiva e de certificação extingue-se quando:

I – a entidade deixar de existir; ou

II – a marca for utilizada em condições outras que não aquelas previstas no regulamento de utilização.

Art. 152. Só será admitida a renúncia ao registro de marca coletiva quando requerida nos termos do contrato social ou estatuto da própria entidade, ou, ainda, conforme o regulamento de utilização.

Art. 153. A caducidade do registro será declarada se a marca coletiva não for usada por mais de uma pessoa autorizada, observado o disposto nos arts. 143 a 146.

Art. 154. A marca coletiva e a de certificação que já tenham sido usadas e cujos registros tenham sido extintos não poderão ser registradas em nome de terceiro, antes de expirado o prazo de 5 (cinco) anos, contados da extinção do registro.

Capítulo VIII
DO DEPÓSITO

Art. 155. O pedido deverá referir-se a um único sinal distintivo e, nas condições estabelecidas pelo INPI, conterá:

I – requerimento;

II – etiquetas, quando for o caso; e

III – comprovante do pagamento da retribuição relativa ao depósito.

Parágrafo único. O requerimento e qualquer documento que o acompanhe deverão ser apresentados em língua portuguesa e, quando houver documento em língua estrangeira, sua tradução simples deverá ser apresentada no ato do depósito ou dentro dos 60 (sessenta) dias subsequentes, sob pena de não ser considerado o documento.

Art. 156. Apresentado o pedido, será ele submetido a exame formal preliminar e, se devidamente instruído, será protocolizado, considerada a data de depósito a da sua apresentação.

Art. 157. O pedido que não atender formalmente ao disposto no art. 155, mas que contiver dados suficientes relativos ao depositante, sinal marcário e classe, poderá ser entregue, mediante recibo datado, ao INPI, que estabelecerá as exigências a serem cumpridas pelo depositante, em 5 (cinco) dias, sob pena de ser considerado inexistente.

Parágrafo único. Cumpridas as exigências, o depósito será considerado como efetuado na data da apresentação do pedido.

Capítulo IX
DO EXAME

Art. 158. Protocolizado, o pedido será publicado para apresentação de oposição no prazo de 60 (sessenta) dias.

§ 1º O depositante será intimado da oposição, podendo se manifestar no prazo de 60 (sessenta) dias.

§ 2º Não se conhecerá da oposição, nulidade administrativa ou de ação de nulidade se, fundamentada no inciso XXIII do art. 124 ou no art. 126, não se comprovar, no prazo de 60 (sessenta) dias após a interposição, o depósito do pedido de registro da marca na forma desta Lei.

Art. 159. Decorrido o prazo de oposição ou, se interposta esta, findo o prazo de manifestação, será feito o exame, durante o qual poderão ser formuladas exigências, que deverão ser respondidas no prazo de 60 (sessenta) dias.

§ 1º Não respondida a exigência, o pedido será definitivamente arquivado.

§ 2º Respondida a exigência, ainda que não cumprida, ou contestada a sua formulação, dar-se-á prosseguimento ao exame.

Art. 160. Concluído o exame, será proferida decisão, deferindo ou indeferindo o pedido de registro.

Capítulo X
DA EXPEDIÇÃO DO CERTIFICADO DE REGISTRO

Art. 161. O certificado de registro será concedido depois de deferido o pedido e comprovado o pagamento das retribuições correspondentes.

Art. 162. O pagamento das retribuições, e sua comprovação, relativas à expedição do certificado de registro e ao primeiro decênio de sua vigência, deverão ser efetuados no prazo de 60 (sessenta) dias contados do deferimento.

Parágrafo único. A retribuição poderá ainda ser paga e comprovada dentro de 30 (trinta) dias após o prazo previsto neste artigo, independentemente de notificação, mediante o pagamento de retribuição específica, sob pena de arquivamento definitivo do pedido.

Art. 163. Reputa-se concedido o certificado de registro na data da publicação do respectivo ato.

Art. 164. Do certificado deverão constar a marca, o número e data do registro, nome, nacionalidade e domicílio do titular, os produtos ou serviços, as características do registro e a prioridade estrangeira.

Capítulo XI
DA NULIDADE DO REGISTRO

Seção I
Disposições gerais

Art. 165. É nulo o registro que for concedido em desacordo com as disposições desta Lei.

Parágrafo único. A nulidade do registro poderá ser total ou parcial, sendo condição para a nulidade parcial o fato de a parte subsistente poder ser considerada registrável.

Art. 166. O titular de uma marca registrada em país signatário da Convenção da União de Paris para Proteção da Propriedade Industrial poderá, alternativamente, reivindicar, através de ação judicial, a adjudicação do registro, nos termos previstos no art. 6º *septies* (1) daquela Convenção.

Art. 167. A declaração de nulidade produzirá efeito a partir da data do depósito do pedido.

Seção II
Do processo administrativo de nulidade

Art. 168. A nulidade do registro será declarada administrativamente quando tiver sido concedida com infringência do disposto nesta Lei.

Art. 169. O processo de nulidade poderá ser instaurado de ofício ou mediante requerimento de qualquer pessoa com legítimo interesse, no prazo de 180 (cento e oitenta) dias contados da data da expedição do certificado de registro.

Art. 170. O titular será intimado para se manifestar no prazo de 60 (sessenta) dias.

Art. 171. Decorrido o prazo fixado no artigo anterior, mesmo que não apresentada a manifestação, o processo será decidido pelo Presidente do INPI, encerrando-se a instância administrativa.

Art. 172. O processo de nulidade prosseguirá ainda que extinto o registro.

Seção III
Da ação de nulidade

Art. 173. A ação de nulidade poderá ser proposta pelo INPI ou por qualquer pessoa com legítimo interesse.

Parágrafo único. O juiz poderá, nos autos da ação de nulidade, determinar liminarmente a suspensão dos efeitos do registro e do uso da marca, atendidos os requisitos processuais próprios.

Art. 174. Prescreve em 5 (cinco) anos a ação para declarar a nulidade do registro, contados da data da sua concessão.

Art. 175. A ação de nulidade do registro será ajuizada no foro da justiça federal e o INPI, quando não for autor, intervirá no feito.

§ 1º O prazo para resposta do réu titular do registro será de 60 (sessenta) dias.

§ 2º Transitada em julgado a decisão da ação de nulidade, o INPI publicará anotação, para ciência de terceiros.

Título IV
Das Indicações Geográficas

Art. 176. Constitui indicação geográfica a indicação de procedência ou a denominação de origem.

Art. 177. Considera-se indicação de procedência o nome geográfico de país, cidade, região ou localidade de seu território, que se tenha tornado conhecido como centro de extração, produção ou fabricação de determinado produto ou de prestação de determinado serviço.

Art. 178. Considera-se denominação de origem o nome geográfico de país, cidade, região ou localidade de seu território, que designe produto ou serviço cujas qualidades ou características se devam exclusiva ou essencialmente ao meio geográfico, incluídos fatores naturais e humanos.

Art. 179. A proteção estender-se-á à representação gráfica ou figurativa da indicação geográfica, bem como à representação geográfica de país, cidade, região ou localidade de seu território cujo nome seja indicação geográfica.

Art. 180. Quando o nome geográfico se houver tornado de uso comum, designando produto ou serviço, não será considerado indicação geográfica.

Art. 181. O nome geográfico que não constitua indicação de procedência ou denominação de origem poderá servir de elemento característico de marca para produto ou serviço, desde que não induza falsa procedência.

Art. 182. O uso da indicação geográfica é restrito aos produtores e prestadores de serviço estabelecidos no local, exigindo-se, ainda, em relação às denominações de origem, o atendimento de requisitos de qualidade.

Parágrafo único. O INPI estabelecerá as condições de registro das indicações geográficas.

Título V
Dos Crimes Contra a Propriedade Industrial

Capítulo I
DOS CRIMES CONTRA AS PATENTES

Art. 183. Comete crime contra patente de invenção ou de modelo de utilidade quem:

I – fabrica produto que seja objeto de patente de invenção ou de modelo de utilidade, sem autorização do titular; ou

II – usa meio ou processo que seja objeto de patente de invenção, sem autorização do titular.

Pena – detenção, de 3 (três) meses a 1 (um) ano, ou multa.

Art. 184. Comete crime contra patente de invenção ou de modelo de utilidade quem:

I – exporta, vende, expõe ou oferece à venda, tem em estoque, oculta ou recebe, para utilização com fins econômicos, produto fabricado com violação de patente de invenção ou de modelo de utilidade, ou obtido por meio ou processo patenteado; ou

II – importa produto que seja objeto de patente de invenção ou de modelo de utilidade ou obtido por meio ou processo patenteado no País, para os fins previstos no inciso anterior, e que não tenha sido colocado no mercado externo diretamente pelo titular da patente ou com seu consentimento.

Pena – detenção, de 1 (um) a 3 (três) meses, ou multa.

Art. 185. Fornecer componente de um produto patenteado, ou material ou equipamento para realizar um processo patenteado, desde que a aplicação final do componente, material ou equipamento induza, necessariamente, à exploração do objeto da patente.

Pena – detenção, de 1 (um) a 3 (três) meses, ou multa.

Art. 186. Os crimes deste Capítulo caracterizam-se ainda que a violação não atinja todas as reivindicações da patente ou se restrinja à utilização de meios equivalentes ao objeto da patente.

Capítulo II
DOS CRIMES CONTRA OS DESENHOS INDUSTRIAIS

Art. 187. Fabricar, sem autorização do titular, produto que incorpore desenho industrial registrado, ou imitação substancial que possa induzir em erro ou confusão.

Pena – detenção, de 3 (três) meses a 1 (um) ano, ou multa.

Art. 188. Comete crime contra registro de desenho industrial quem:

I – exporta, vende, expõe ou oferece à venda, tem em estoque, oculta ou recebe, para utilização com fins econômicos, objeto que incorpore ilicitamente desenho industrial registrado, ou imitação substancial que possa induzir em erro ou confusão; ou

II – importa produto que incorpore desenho industrial registrado no País, ou imitação substancial que possa induzir em erro ou confusão, para os fins previstos no inciso anterior, e que não tenha sido colocado no mercado externo diretamente pelo titular ou com seu consentimento.

Pena – detenção, de 1 (um) a 3 (três) meses, ou multa.

Capítulo III
DOS CRIMES CONTRA AS MARCAS

Art. 189. Comete crime contra registro de marca quem:

I – reproduz, sem autorização do titular, no todo ou em parte, marca registrada, ou imita-a de modo que possa induzir confusão; ou

II – altera marca registrada de outrem já aposta em produto colocado no mercado.

Pena – detenção, de 3 (três) meses a 1 (um) ano, ou multa.

Art. 190. Comete crime contra registro de marca quem importa, exporta, vende, oferece ou expõe à venda, oculta ou tem em estoque:

I – produto assinalado com marca ilicitamente reproduzida ou imitada, de outrem, no todo ou em parte; ou

II – produto de sua indústria ou comércio, contido em vasilhame, recipiente ou embalagem que contenha marca legítima de outrem.

Pena – detenção, de 1 (um) a 3 (três) meses, ou multa.

Capítulo IV
DOS CRIMES COMETIDOS POR MEIO DE MARCA, TÍTULO DE ESTABELECIMENTO E SINAL DE PROPAGANDA

Art. 191. Reproduzir ou imitar, de modo que possa induzir em erro ou confusão, armas, brasões ou distintivos oficiais nacionais, estrangeiros ou internacionais, sem a necessária autorização, no todo ou em parte, em marca, título de estabelecimento, nome comercial, insígnia ou sinal de propaganda, ou usar essas reproduções ou imitações com fins econômicos.

Pena – detenção, de 1 (um) a 3 (três) meses, ou multa.

Parágrafo único. Incorre na mesma pena quem vende ou expõe ou oferece à venda produtos assinalados com essas marcas.

Capítulo V
DOS CRIMES CONTRA INDICAÇÕES GEOGRÁFICAS E DEMAIS INDICAÇÕES

Art. 192. Fabricar, importar, exportar, vender, expor ou oferecer à venda ou ter em estoque produto que apresente falsa indicação geográfica.

Pena – detenção, de 1 (um) a 3 (três) meses, ou multa.

Art. 193. Usar, em produto, recipiente, invólucro, cinta, rótulo, fatura, circular, cartaz ou em outro meio de divulgação ou propaganda, termos retificativos, tais como "tipo", "espécie", "gênero", "sistema", "semelhante", "sucedâneo", "idêntico", ou equivalente, não ressalvando a verdadeira procedência do produto.

Pena – detenção, de 1 (um) a 3 (três) meses, ou multa.

Art. 194. Usar marca, nome comercial, título de estabelecimento, insígnia, expressão ou sinal de propaganda ou qualquer outra forma que indique procedência que não a verdadeira, ou vender ou expor à venda produto com esses sinais.

Pena – detenção, de 1 (um) a 3 (três) meses, ou multa.

Capítulo VI
DOS CRIMES DE CONCORRÊNCIA DESLEAL

Art. 195. Comete crime de concorrência desleal quem:

I – publica, por qualquer meio, falsa afirmação, em detrimento de concorrente, com o fim de obter vantagem;

II – presta ou divulga, acerca de concorrente, falsa informação, com o fim de obter vantagem;

III – emprega meio fraudulento, para desviar, em proveito próprio ou alheio, clientela de outrem;

IV – usa expressão ou sinal de propaganda alheios, ou os imita, de modo a criar confusão entre os produtos ou estabelecimentos;

V – usa, indevidamente, nome comercial, título de estabelecimento ou insígnia alheios ou vende, expõe ou oferece à venda ou tem em estoque produto com essas referências;

VI – substitui, pelo seu próprio nome ou razão social, em produto de outrem, o nome ou razão social deste, sem o seu consentimento;

VII – atribui-se, como meio de propaganda, recompensa ou distinção que não obteve;

VIII – vende ou expõe ou oferece à venda, em recipiente ou invólucro de outrem, produto adulterado ou falsificado, ou dele se utiliza para negociar com produto da mesma espécie, embora não adulterado ou falsificado, se o fato não constitui crime mais grave;

IX – dá ou promete dinheiro ou outra utilidade a empregado de concorrente, para que o empregado, faltando ao dever do emprego, lhe proporcione vantagem;

X – recebe dinheiro ou outra utilidade, ou aceita promessa de paga ou recompensa, para, faltando ao dever de empregado, proporcionar vantagem a concorrente do empregador;

XI – divulga, explora ou utiliza-se, sem autorização, de conhecimentos, informações ou dados confidenciais, utilizáveis na indústria, comércio ou prestação de serviços, excluídos aqueles que sejam de conhecimento público ou que sejam evidentes para um técnico no assunto, a que teve acesso mediante relação contratual ou empregatícia, mesmo após o término do contrato;

XII – divulga, explora ou utiliza-se, sem autorização, de conhecimentos ou informações a que se refere o inciso anterior, obtidos por meios ilícitos ou a que teve acesso mediante fraude;

XIII – vende, expõe ou oferece à venda produto, declarando ser objeto de patente depositada, ou concedida, ou de desenho industrial registrado, que não o seja, ou menciona-o, em anúncio ou papel comercial, como depositado ou patenteado, ou registrado, sem o ser; ou

XIV – divulga, explora ou utiliza-se, sem autorização, de resultados de testes ou outros dados não divulgados, cuja elaboração envolva esforço considerável e que tenham sido apresentados a entidades governamentais como condição para aprovar a comercialização de produtos.

Pena – detenção, de 3 (três) meses a 1 (um) ano, ou multa.

§ 1º Inclui-se nas hipóteses a que se referem os incisos XI e XII o empregador, sócio ou administrador da empresa, que incorrer nas tipificações estabelecidas nos mencionados dispositivos.

§ 2º O disposto no inciso XIV não se aplica quanto à divulgação por órgão governamental competente para autorizar a comercialização de produto, quando necessário para proteger o público.

Capítulo VII
DAS DISPOSIÇÕES GERAIS

Art. 196. As penas de detenção previstas nos Capítulos I, II e III deste Título serão aumentadas de um terço à metade se:

I – o agente é ou foi representante, mandatário, preposto, sócio ou empregado do titular da patente ou do registro, ou, ainda, do seu licenciado; ou

II – a marca alterada, reproduzida ou imitada for de alto renome, notoriamente conhecida, de certificação ou coletiva.

Art. 197. As penas de multa previstas neste Título serão fixadas, no mínimo, em 10 (dez) e, no máximo, em 360 (trezentos e sessenta) dias-multa, de acordo com a sistemática do Código Penal.

Parágrafo único. A multa poderá ser aumentada ou reduzida, em até 10 (dez) vezes, em face das condições pessoais do agente e da magnitude da vantagem auferida, independentemente da norma estabelecida no artigo anterior.

Art. 198. Poderão ser apreendidos, de ofício ou a requerimento do interessado, pelas autoridades alfandegárias, no ato de conferência, os produtos assinalados com marcas falsificadas, alteradas ou imitadas ou que apresentem falsa indicação de procedência.

Art. 199. Nos crimes previstos neste Título somente se procede mediante queixa, salvo quanto ao crime do art. 191, em que a ação penal será pública.

Art. 200. A ação penal e as diligências preliminares de busca e apreensão, nos crimes contra a propriedade industrial, regulam-se pelo disposto no Código de Processo Penal, com as modificações constantes dos artigos deste Capítulo.

Art. 201. Na diligência de busca e apreensão, em crime contra patente que tenha por objeto a invenção de processo, o oficial do juízo será acompanhado por perito, que verificará, preliminarmente, a existência do ilícito, podendo o juiz ordenar a apreensão de produtos obtidos pelo contrafator com o emprego do processo patenteado.

Art. 202. Além das diligências preliminares de busca e apreensão, o interessado poderá requerer:

I – apreensão de marca falsificada, alterada ou imitada onde for preparada ou onde quer que seja encontrada, antes de utilizada para fins criminosos; ou

II – destruição de marca falsificada nos volumes ou produtos que a contiverem, antes de serem distribuídos, ainda que fiquem destruídos os envoltórios ou os próprios produtos.

Art. 203. Tratando-se de estabelecimentos industriais ou comerciais legalmente organizados e que estejam funcionando publicamente, as diligências preliminares limitar-se-ão à vistoria e apreensão dos produtos, quando ordenadas pelo juiz, não podendo ser paralisada a sua atividade licitamente exercida.

Art. 204. Realizada a diligência de busca e apreensão, responderá por perdas e danos a parte que a tiver requerido de má-fé, por espírito de emulação, mero capricho ou erro grosseiro.

Art. 205. Poderá constituir matéria de defesa na ação penal a alegação de nulidade da patente ou registro em que a ação se fundar. A absolvição do réu, entretanto, não importará a nulidade da patente ou do registro, que só poderá ser demandada pela ação competente.

Art. 206. Na hipótese de serem reveladas, em juízo, para a defesa dos interesses de qualquer das partes, informações que se caracterizem como confidenciais, sejam segredo de indústria ou de comércio, deverá o juiz determinar que o processo prossiga em segredo de justiça, vedado o uso de tais informações também à outra parte para outras finalidades.

Art. 207. Independentemente da ação criminal, o prejudicado poderá intentar as ações cíveis que considerar cabíveis na forma do Código de Processo Civil.

→ V. Art. 935 do CC.

Art. 208. A indenização será determinada pelos benefícios que o prejudicado teria auferido se a violação não tivesse ocorrido.

Art. 209. Fica ressalvado ao prejudicado o direito de haver perdas e danos em ressarcimento de prejuízos causados por atos de violação de direitos de propriedade industrial e atos de concorrência desleal não previstos nesta Lei, tendentes a prejudicar a reputação ou os negócios alheios, a criar confusão entre estabelecimentos comerciais, industriais ou prestadores de serviço, ou entre os produtos e serviços postos no comércio.

§ 1º Poderá o juiz, nos autos da própria ação, para evitar dano irreparável ou de difícil reparação, determinar liminarmente a sustação da violação ou de ato que a enseje, antes da citação do réu, mediante, caso julgue necessário, caução em dinheiro ou garantia fidejussória.

§ 2º Nos casos de reprodução ou de imitação flagrante de marca registrada, o juiz poderá determinar a apreensão de todas as mercadorias, produtos, objetos, embalagens, etiquetas e outros que contenham a marca falsificada ou imitada.

Art. 210. Os lucros cessantes serão determinados pelo critério mais favorável ao prejudicado, dentre os seguintes:

I – os benefícios que o prejudicado teria auferido se a violação não tivesse ocorrido; ou

II – os benefícios que foram auferidos pelo autor da violação do direito; ou

III – a remuneração que o autor da violação teria pago ao titular do direito violado pela concessão de uma licença que lhe permitisse legalmente explorar o bem.

Título VI
Da Transferência de Tecnologia e da Franquia

Art. 211. O INPI fará o registro dos contratos que impliquem transferência de tecnologia, contratos de franquia e similares para produzirem efeitos em relação a terceiros.

Parágrafo único. A decisão relativa aos pedidos de registro de contratos de que trata este artigo será proferida no prazo de 30 (trinta) dias, contados da data do pedido de registro.

Título VII
Das Disposições Gerais

Capítulo I
DOS RECURSOS

Art. 212. Salvo expressa disposição em contrário, das decisões de que trata esta Lei cabe recurso, que será interposto no prazo de 60 (sessenta) dias.

§ 1º Os recursos serão recebidos nos efeitos suspensivo e devolutivo pleno, aplicando-se todos os dispositivos pertinentes ao exame de primeira instância, no que couber.

§ 2º Não cabe recurso da decisão que determinar o arquivamento definitivo de pedido de patente ou de registro e da que deferir pedido de patente, de certificado de adição ou de registro de marca.

§ 3º Os recursos serão decididos pelo Presidente do INPI, encerrando-se a instância administrativa.

Art. 213. Os interessados serão intimados para, no prazo de 60 (sessenta) dias, oferecerem contrarrazões ao recurso.

Art. 214. Para fins de complementação das razões oferecidas a título de recurso, o INPI poderá formular exigências, que deverão ser cumpridas no prazo de 60 (sessenta) dias.

Parágrafo único. Decorrido o prazo do *caput*, será decidido o recurso.

Art. 215. A decisão do recurso é final e irrecorrível na esfera administrativa.

Capítulo II
DOS ATOS DAS PARTES

Art. 216. Os atos previstos nesta Lei serão praticados pelas partes ou por seus procuradores, devidamente qualificados.

§ 1º O instrumento de procuração, no original, traslado ou fotocópia autenticada, deverá ser em língua portuguesa, dispensados a legalização consular e o reconhecimento de firma.

§ 2º A procuração deverá ser apresentada em até 60 (sessenta) dias contados da prática do primeiro ato da parte no processo, independente de notificação ou exigência, sob pena de arquivamento, sendo definitivo o arquivamento do pedido de patente, do pedido de registro de desenho industrial e de registro de marca.

Art. 217. A pessoa domiciliada no exterior deverá constituir e manter procurador devidamente qualificado e domiciliado no País, com poderes para representá-la administrativa e judicialmente, inclusive para receber citações.

Art. 218. Não se conhecerá da petição:

I – se apresentada fora do prazo legal; ou

II – se desacompanhada do comprovante da respectiva retribuição no valor vigente à data de sua apresentação.

Art. 219. Não serão conhecidos a petição, a oposição e o recurso, quando:

I – apresentados fora do prazo previsto nesta Lei;

II – não contiverem fundamentação legal; ou

III – desacompanhados do comprovante do pagamento da retribuição correspondente.

Art. 220. O INPI aproveitará os atos das partes, sempre que possível, fazendo as exigências cabíveis.

Capítulo III
DOS PRAZOS

Art. 221. Os prazos estabelecidos nesta Lei são contínuos, extinguindo-se automaticamente o direito de praticar o ato, após seu decurso, salvo se a parte provar que não o realizou por justa causa.

§ 1º Reputa-se justa causa o evento imprevisto, alheio à vontade da parte e que a impediu de praticar o ato.

§ 2º Reconhecida a justa causa, a parte praticará o ato no prazo que lhe for concedido pelo INPI.

Art. 222. No cômputo dos prazos, exclui-se o dia do começo e inclui-se o do vencimento.

Art. 223. Os prazos somente começam a correr a partir do primeiro dia útil após a intimação, que será feita mediante publicação no órgão oficial do INPI.

Art. 224. Não havendo expressa estipulação nesta Lei, o prazo para a prática do ato será de 60 (sessenta) dias.

Capítulo IV
DA PRESCRIÇÃO

Art. 225. Prescreve em 5 (cinco) anos a ação para reparação de dano causado ao direito de propriedade industrial.

Capítulo V
DOS ATOS DO INPI

Art. 226. Os atos do INPI nos processos administrativos referentes à propriedade industrial só produzem efeitos a partir da sua publicação no respectivo órgão oficial, ressalvados:

I – os que expressamente independerem de notificação ou publicação por força do disposto nesta Lei;

II – as decisões administrativas, quando feita notificação por via postal ou por ciência dada ao interessado no processo; e

III – os pareceres e despachos internos que não necessitem ser do conhecimento das partes.

Capítulo VI
DAS CLASSIFICAÇÕES

Art. 227. As classificações relativas às matérias dos Títulos I, II e III desta Lei serão estabelecidas pelo INPI, quando não fixadas em tratado ou acordo internacional em vigor no Brasil.

Capítulo VII
DA RETRIBUIÇÃO

Art. 228. Para os serviços previstos nesta Lei será cobrada retribuição, cujo valor e processo de recolhimento serão estabelecidos por ato do titular do órgão da administração pública federal a que estiver vinculado o INPI.

Título VIII
Das Disposições Transitórias e Finais

Art. 229. Aos pedidos em andamento serão aplicadas as disposições desta Lei, exceto quanto à patenteabilidade dos pedidos depositados até 31 de dezembro de 1994, cujo objeto de proteção sejam substâncias, matérias ou produtos obtidos por meios ou processos químicos ou substâncias, matérias, misturas ou produtos alimentícios, químico-farmacêuticos e medicamentos de qualquer espécie, bem como os respectivos processos de obtenção ou modificação e cujos depositantes não tenham exercido a faculdade prevista nos arts. 230 e 231 desta Lei, os quais serão considerados indeferidos, para todos os efeitos, devendo o INPI publicar a comunicação dos aludidos indeferimentos.

→ *Caput* com redação alterada pela Lei 10.196/2001.

Parágrafo único. Aos pedidos relativos a produtos farmacêuticos e produtos químicos para a agricultura, que tenham sido depositados entre 1º de janeiro de 1995 e 14 de maio de 1997, aplicam-se os critérios de patenteabilidade desta Lei, na data efetiva do depósito do pedido no Brasil, ou da prioridade, se houver, assegurando-se a proteção a partir da data da concessão da patente, pelo prazo remanescente a contar do dia do depósito no Brasil, limitado ao prazo previsto no *caput* do art. 40.

→ Parágrafo único acrescentado pela Lei 10.196/2001.

Art. 229-A. Consideram-se indeferidos os pedidos de patentes de processo apresentados entre 1º de janeiro de 1995 e 14 de maio de 1997, aos quais o art. 9º, alínea *c*, da Lei 5.772, de 21 de dezembro de 1971, não conferia proteção, devendo o INPI publicar a comunicação dos aludidos indeferimentos.

→ Artigo acrescentado pela Lei 10.196/2001.

Art. 229-B. Os pedidos de patentes de produto apresentados entre 1º de janeiro de 1995 e 14 de maio de 1997, aos quais o art. 9º, alíneas *b* e *c*, da Lei 5.772, de 1971, não conferia proteção e cujos depositantes não tenham exercido a faculdade prevista nos arts. 230 e 231, serão decididos até 31 de dezembro de 2004, em conformidade com esta Lei.

→ Artigo acrescentado pela Lei 10.196/2001.

Art. 229-C. A concessão de patentes para produtos e processos farmacêuticos dependerá da prévia anuência da Agência Nacional de Vigilância Sanitária (ANVISA).

→ Artigo acrescentado pela Lei 10.196/2001.

Art. 230. Poderá ser depositado pedido de patente relativo às substâncias, matérias ou produtos obtidos por meios ou processos químicos e as substâncias, matérias, misturas ou produtos alimentícios, químico-farmacêuticos e medicamentos de qualquer espécie, bem como os respectivos processos de obtenção ou modificação, por quem tenha proteção garantida em tratado ou convenção em vigor no Brasil, ficando assegurada a data do primeiro depósito no exterior, desde que seu objeto não tenha sido colocado em qualquer mercado, por iniciativa direta do titular ou por terceiro com seu consentimento, nem tenham sido realizados, por terceiros, no País, sérios e efetivos preparativos para a exploração do objeto do pedido ou da patente.

§ 1º O depósito deverá ser feito dentro do prazo de 1 (um) ano contado da publicação desta Lei, e deverá indicar a data do primeiro depósito no exterior.

§ 2º O pedido de patente depositado com base neste artigo será automaticamente publicado, sendo facultado a qualquer interessado manifestar-se, no prazo de 90 (noventa) dias, quanto ao atendimento do disposto no *caput* deste artigo.

§ 3º Respeitados os arts. 10 e 18 desta Lei, e uma vez atendidas as condições estabelecidas neste artigo e comprovada a concessão da patente no país onde foi depositado o primeiro pedido, será concedida a patente no Brasil, tal como concedida no país de origem.

§ 4º Fica assegurado à patente concedida com base neste artigo o prazo remanescente de proteção no país onde foi depositado o primeiro pedido, contado da data do depósito no Brasil e limitado ao prazo previsto no art. 40, não se aplicando o disposto no seu parágrafo único.

§ 5º O depositante que tiver pedido de patente em andamento, relativo às substâncias, matérias ou produtos obtidos por meios ou processos químicos e as substâncias, matérias, misturas ou produtos alimentícios, químico-farmacêuticos e medicamentos de qualquer espécie, bem como os respectivos processos de obtenção ou modificação, poderá apresentar novo pedido, no prazo e condições estabelecidos neste artigo, juntando prova de desistência do pedido em andamento.

§ 6º Aplicam-se as disposições desta Lei, no que couber, ao pedido depositado e à patente concedida com base neste artigo.

Art. 231. Poderá ser depositado pedido de patente relativo às matérias de que trata o artigo anterior, por nacional ou pessoa domiciliada no País, ficando assegurada a data de divulgação do invento, desde que seu objeto não tenha sido colocado em qualquer mercado, por iniciativa direta do titular ou por terceiro com seu consentimento, nem tenham sido realizados, por terceiros, no País, sérios e efetivos preparativos para a exploração do objeto do pedido.

§ 1º O depósito deverá ser feito dentro do prazo de 1 (um) ano contado da publicação desta Lei.

§ 2º O pedido de patente depositado com base neste artigo será processado nos termos desta Lei.

§ 3º Fica assegurado à patente concedida com base neste artigo o prazo remanescente de proteção de 20 (vinte) anos contado da data da divulgação do invento, a partir do depósito no Brasil.

§ 4º O depositante que tiver pedido de patente em andamento, relativo às matérias de que trata o artigo anterior, poderá apresentar novo pedido, no prazo e condições estabelecidos neste artigo, juntando prova de desistência do pedido em andamento.

Art. 232. A produção ou utilização, nos termos da legislação anterior, de substâncias, matérias ou produtos obtidos por meios ou processos químicos e as substâncias, matérias, misturas ou produtos alimentícios, químico-farmacêuticos e medicamentos de qualquer espécie, bem como os respectivos processos de obtenção ou modificação, mesmo que protegidos por patente de produto ou processo em outro país, de conformidade com tratado ou convenção em vigor no Brasil, poderão continuar, nas mesmas condições anteriores à aprovação desta Lei.

§ 1º Não será admitida qualquer cobrança retroativa ou futura, de qualquer valor, a qualquer título, relativa a produtos produzidos ou processos utilizados no Brasil em conformidade com este artigo.

§ 2º Não será igualmente admitida cobrança nos termos do parágrafo anterior, caso, no período anterior à entrada em vigência desta Lei, tenham sido realizados investimentos significativos para a exploração de produto ou de processo referidos neste artigo, mesmo que protegidos por patente de produto ou de processo em outro país.

Art. 233. Os pedidos de registro de expressão e sinal de propaganda e de declaração de notoriedade serão definitivamente arquivados e os registros e declaração permanecerão em vigor pelo prazo de vigência restante, não podendo ser prorrogados.

Art. 234. Fica assegurada ao depositante a garantia de prioridade de que trata o art. 7º da Lei 5.772, de 21 de dezembro de 1971, até o término do prazo em curso.

Art. 235. É assegurado o prazo em curso concedido na vigência da Lei 5.772, de 21 de dezembro de 1971.

Art. 236. O pedido de patente de modelo ou de desenho industrial depositado na vigência da Lei 5.772, de 21 de dezembro de 1971, será automaticamente denominado pedido de registro de desenho industrial, considerando-se, para todos os efeitos legais, a publicação já feita.

Parágrafo único. Nos pedidos adaptados serão considerados os pagamentos para efeito de cálculo de retribuição quinquenal devida.

Art. 237. Aos pedidos de patente de modelo ou de desenho industrial que tiverem sido objeto de exame na forma da Lei 5.772, de 21 de dezembro de 1971, não se aplicará o disposto no art. 111.

Art. 238. Os recursos interpostos na vigência da Lei 5.772, de 21 de dezembro de 1971, serão decididos na forma nela prevista.

Art. 239. Fica o Poder Executivo autorizado a promover as necessárias transformações no INPI, para assegurar à Autarquia autonomia financeira e administrativa, podendo esta:

I – contratar pessoal técnico e administrativo mediante concurso público;

II – fixar tabela de salários para os seus funcionários, sujeita à aprovação do Ministério a que estiver vinculado o INPI; e

III – dispor sobre a estrutura básica e regimento interno, que serão aprovados pelo Ministério a que estiver vinculado o INPI.

Parágrafo único. As despesas resultantes da aplicação deste artigo correrão por conta de recursos próprios do INPI.

Art. 240. O art. 2º da Lei 5.648, de 11 de dezembro de 1970, passa a ter a seguinte redação:

"Art. 2º O INPI tem por finalidade principal executar, no âmbito nacional, as normas que regulam a propriedade industrial, tendo em vista a sua função social, econômica, jurídica e técnica, bem como pronunciar-se quanto à conveniência de assinatura, ratificação e denúncia de convenções, tratados, convênios e acordos sobre propriedade industrial."

Art. 241. Fica o Poder Judiciário autorizado a criar juízos especiais para dirimir questões relativas à propriedade intelectual.

Art. 242. O Poder Executivo submeterá ao Congresso Nacional projeto de lei destinado a promover, sempre que necessário, a harmonização desta Lei com a política para propriedade industrial adotada pelos demais países integrantes do MERCOSUL.

Art. 243. Esta Lei entra em vigor na data de sua publicação quanto às matérias disciplinadas nos arts. 230, 231, 232 e 239, e 1 (um) ano após sua publicação quanto aos demais artigos.

Art. 244. Revogam-se a Lei 5.772, de 21 de dezembro de 1971, a Lei 6.348, de 7 de julho de 1976, os arts. 187 a 196 do Dec.-lei 2.848, de 7 de dezembro de 1940, os arts. 169 a 189 do Dec.-lei 7.903, de 27 de agosto de 1945, e as demais disposições em contrário.

Brasília, 14 de maio de 1996; 175º da Independência e 108º da República.

Fernando Henrique Cardoso

(Publicação no *D.O.U.* de 15.5.1996)

LEI 9.296,
DE 24 DE JULHO DE 1996

Regulamenta o inciso XII, parte final, do art. 5º da Constituição Federal.

O Presidente da República:

Faço saber que o Congresso Nacional decreta e eu sanciono a seguinte Lei:

Art. 1º A interceptação de comunicações telefônicas, de qualquer natureza, para a prova em investigação criminal e em instrução processual penal, observará o disposto nesta Lei e dependerá de ordem do juiz competente da ação principal, sob segredo de justiça.

→ *v.* Art. 5º, XI e LX, da CF/1988.

Parágrafo único. O disposto nesta Lei aplica-se à interceptação do fluxo de comunicações em sistemas de informática e telemática.

Art. 2º Não será admitida a interceptação de comunicações telefônicas quando ocorrer qualquer das seguintes hipóteses:

I – não houver indícios razoáveis da autoria ou participação em infração penal;

II – a prova puder ser feita por outros meios disponíveis;

III – o fato investigado constituir infração penal punida, no máximo, com pena de detenção.

Parágrafo único. Em qualquer hipótese deve ser descrita com clareza a situação objeto da investigação, inclusive com a indicação e qualificação dos investigados, salvo impossibilidade manifesta, devidamente justificada.

Art. 3º A interceptação das comunicações telefônicas poderá ser determinada pelo juiz, de ofício ou a requerimento:

I – da autoridade policial, na investigação criminal;

II – do representante do Ministério Público, na investigação criminal e na instrução processual penal.

Art. 4º O pedido de interceptação de comunicação telefônica conterá a demonstração de que a sua realização é necessária à apuração de infração penal, com indicação dos meios a serem empregados.

§ 1º Excepcionalmente, o juiz poderá admitir que o pedido seja formulado verbalmente, desde que estejam presentes os pressupostos que autorizem a interceptação, caso em que a concessão será condicionada à sua redução a termo.

§ 2º O juiz, no prazo máximo de 24 (vinte e quatro) horas, decidirá sobre o pedido.

Art. 5º A decisão será fundamentada, sob pena de nulidade, indicando também a forma de execução da diligência, que não poderá exceder o prazo de 15 (quinze) dias, renovável por igual tempo uma vez comprovada a indispensabilidade do meio de prova.

→ *v.* Art. 93, IX, da CF/1988.

Art. 6º Deferido o pedido, a autoridade policial conduzirá os procedimentos de interceptação, dando ciência ao Ministério Público, que poderá acompanhar a sua realização.

→ *v.* Art. 129, VII, da CF/1988.

§ 1º No caso de a diligência possibilitar a gravação da comunicação interceptada, será determinada a sua transcrição.

§ 2º Cumprida a diligência, a autoridade policial encaminhará o resultado da interceptação ao juiz, acompanhado de auto circunstanciado, que deverá conter o resumo das operações realizadas.

§ 3º Recebidos esses elementos, o juiz determinará a providência do art. 8º, ciente o Ministério Público.

Art. 7º Para os procedimentos de interceptação de que trata esta Lei, a autoridade policial poderá requisitar serviços e técnicos especializados às concessionárias de serviço público.

Art. 8º A interceptação de comunicação telefônica, de qualquer natureza, ocorrerá em autos apartados, apensados aos autos do inquérito policial ou do processo criminal, preservando-se o sigilo das diligências, gravações e transcrições respectivas.

→ *v.* Art. 745 do CPP.

Parágrafo único. A apensação somente poderá ser realizada imediatamente antes do relatório da autoridade, quando se tratar de inquérito policial (Código de Processo Penal, art. 10, § 1º) ou na conclusão do processo ao juiz para o despacho decorrente do disposto nos arts. 407, 502 ou 538 do Código de Processo Penal.

→ A referência aos arts. 407, 502 e 538 é anterior à reforma processual penal, advinda com as Leis 11.689/2008 e 11.719/2008.

→ *v.* Arts. 403, *caput*, 411, § 9º, e 534 do CPP.

Art. 9º A gravação que não interessar à prova será inutilizada por decisão judicial, durante o inquérito, a instrução processual ou após esta, em virtude de requerimento do Ministério Público ou da parte interessada.

Parágrafo único. O incidente de inutilização será assistido pelo Ministério Público, sendo facultada a presença do acusado ou de seu representante legal.

Art. 10. Constitui crime realizar interceptação de comunicações telefônicas, de informática ou telemática, ou quebrar segredo da Justiça, sem autorização judicial ou com objetivos não autorizados em lei.

→ *v.* Art. 151, § 1º, II, do CP.

Pena – reclusão, de dois a quatro anos, e multa.

Art. 11. Esta Lei entra em vigor na data de sua publicação.

Art. 12. Revogam-se as disposições em contrário.

Brasília, 24 de julho de 1996; 175º da Independência e 108º da República.

Fernando Henrique Cardoso

(Publicação no *D.O.U.* de 25.7.1996)

LEI 9.307,
DE 23 DE SETEMBRO DE 1996

Dispõe sobre a arbitragem.

O Presidente da República:

Faço saber que o Congresso Nacional decreta e eu sanciono a seguinte Lei:

Capítulo I
DISPOSIÇÕES GERAIS

Art. 1º As pessoas capazes de contratar poderão valer-se da arbitragem para dirimir litígios relativos a direitos patrimoniais disponíveis.

§ 1º A administração pública direta e indireta poderá utilizar-se da arbitragem para dirimir conflitos relativos a direitos patrimoniais disponíveis.

→ § 1º acrescentado pela Lei 13.129/2015, em vigor após decorridos 60 (sessenta)dias de sua publicação oficial – *D.O.U.* de 27.5.2015.

§ 2º A autoridade ou o órgão competente da administração pública direta para a celebração de convenção de arbitragem é a mesma para a realização de acordos ou transações.

→ § 2º acrescentado pela Lei 13.129/2015, em vigor após decorridos 60 (sessenta),dias de sua publicação oficial – *D.O.U.* de 27.5.2015.

→ *v.* Arts. 1º, 5º, 45, 851 a 853, do CC.

→ *v.* Art. 23-A da Lei 8.987/1995.

→ *v.* Art. 93, XV, da Lei 9.472/1997.

→ *v.* Art. 43, X, da Lei 9.478/1997.

→ *v.* Art. 35, XVI, da Lei 10.233/2001.

→ *v.* Art. 11, III, da Lei 11.079/2004.

Art. 2º A arbitragem poderá ser de direito ou de equidade, a critério das partes.

→ *v.* Art. 127 do CPC/1973.

→ *v.* Art. 140, parágrafo único, do NCPC.

§ 1º Poderão as partes escolher, livremente, as regras de direito que serão aplicadas na arbitragem, desde que não haja violação aos bons costumes e à ordem pública.

§ 2º Poderão, também, as partes convencionar que a arbitragem se realize com base nos princípios gerais de direito, nos usos e costumes e nas regras internacionais de comércio.

§ 3º A arbitragem que envolva a administração pública será sempre de direito e respeitará o princípio da publicidade.

→ § 3º acrescentado pela Lei 13.129/2015, em vigor após decorridos 60 (sessenta) dias de sua publicação oficial – *D.O.U.* de 27.5.2015.

Capítulo II
DA CONVENÇÃO DE ARBITRAGEM E SEUS EFEITOS

Art. 3º As partes interessadas podem submeter a solução de seus litígios ao juízo arbitral mediante convenção de arbitragem, assim entendida a cláusula compromissória e o compromisso arbitral.

Art. 4º A cláusula compromissória é a convenção através da qual as partes em um contrato comprometem-se a submeter à arbitragem os litígios que possam vir a surgir, relativamente a tal contrato.

→ *v.* Art. 853 do CC.

§ 1º A cláusula compromissória deve ser estipulada por escrito, podendo estar inserta no próprio contrato ou em documento apartado que a ele se refira.

§ 2º Nos contratos de adesão, a cláusula compromissória só terá eficácia se o aderente tomar a iniciativa de instituir a arbitragem ou concordar, expressamente, com a sua instituição, desde que por escrito em documento anexo ou em negrito, com a assinatura ou visto especialmente para essa cláusula.

→ *v.* Arts. 423 e 424 do CC.

§ 3º (*Vetado*).

→ § 3º acrescentado pela Lei 13.129/2015, em vigor após decorridos 60 (sessenta) dias de sua publicação oficial – *D.O.U.* de 27.5.2015.

§ 4º (*Vetado*).

→ § 4º acrescentado pela Lei 13.129/2015, em vigor após decorridos 60 (sessenta) dias de sua publicação oficial – *D.O.U.* de 27.5.2015.

Art. 5º Reportando-se as partes, na cláusula compromissória, às regras de algum órgão arbitral institucional ou entidade especializada, a arbitragem será instituída e processada de acordo com tais regras, podendo, igualmente, as partes estabelecer na própria cláusula, ou em outro documento, a forma convencionada para a instituição da arbitragem.

Art. 6º Não havendo acordo prévio sobre a forma de instituir a arbitragem, a parte interessada manifestará à outra parte sua intenção de dar início à arbitragem, por via postal ou por outro meio qualquer de comunicação, mediante comprovação de recebimento, convocando-a para, em dia, hora e local certos, firmar o compromisso arbitral.

Parágrafo único. Não comparecendo a parte convocada ou, comparecendo, recusar-se a firmar o compromisso arbitral, poderá a outra parte propor a demanda de que trata o art. 7º desta Lei, perante o órgão do Poder Judiciário a que, originariamente, tocaria o julgamento da causa.

Art. 7º Existindo cláusula compromissória e havendo resistência quanto à instituição da arbitragem, poderá a parte interessada requerer a citação da outra parte para comparecer em juízo a fim de lavrar-se o compromisso, designando o juiz audiência especial para tal fim.

§ 1º O autor indicará, com precisão, o objeto da arbitragem, instruindo o pedido com o documento que contiver a cláusula compromissória.

§ 2º Comparecendo as partes à audiência, o juiz tentará, previamente, a conciliação acerca do litígio. Não obtendo sucesso, tentará o juiz conduzir as partes à celebração, de comum acordo, do compromisso arbitral.

§ 3º Não concordando as partes sobre os termos do compromisso, decidirá o juiz, após ouvir o réu, sobre seu conteúdo, na própria audiência ou no prazo de 10 (dez) dias, respeitadas as disposições da cláusula compromissória e atendendo ao disposto nos arts. 10 e 21, § 2º desta Lei.

§ 4º Se a cláusula compromissória nada dispuser sobre a nomeação de árbitros, caberá ao juiz, ouvidas as partes, estatuir a respeito, podendo nomear árbitro único para a solução do litígio.

§ 5º A ausência do autor, sem justo motivo, à audiência designada para a lavratura do compromisso arbitral, importará a extinção do processo sem julgamento de mérito.

§ 6º Não comparecendo o réu à audiência, caberá ao juiz, ouvido o autor, estatuir a respeito do conteúdo do compromisso, nomeando árbitro único.

§ 7º A sentença que julgar procedente o pedido valerá como compromisso arbitral.

Art. 8º A cláusula compromissória é autônoma em relação ao contrato em que estiver inserta, de tal sorte que a nulidade deste não implica, necessariamente, a nulidade da cláusula compromissória.

→ *v.* Art. 184 do CC.

Parágrafo único. Caberá ao árbitro decidir de ofício, ou por provocação das partes, as questões acerca da existência, validade e eficácia da convenção de arbitragem e do contrato que contenha a cláusula compromissória.

Art. 9º O compromisso arbitral é a convenção através da qual as partes submetem um litígio à arbitragem de uma ou mais pessoas, podendo ser judicial ou extrajudicial.

§ 1º O compromisso arbitral judicial celebrar-se-á por termo nos autos, perante o juízo ou tribunal, onde tem curso a demanda.

§ 2º O compromisso arbitral extrajudicial será celebrado por escrito particular, assinado por duas testemunhas, ou por instrumento público.

→ *v.* Arts. 104, III, e 166, IV, do CC.

Art. 10. Constará, obrigatoriamente, do compromisso arbitral:

I – o nome, profissão, estado civil e domicílio das partes;

II – o nome, profissão e domicílio do árbitro, ou dos árbitros, ou, se for o caso, a identificação da entidade à qual as partes delegaram a indicação de árbitros;

III – a matéria que será objeto da arbitragem; e

IV – o lugar em que será proferida a sentença arbitral.

Art. 11. Poderá, ainda, o compromisso arbitral conter:

I – local, ou locais, onde se desenvolverá a arbitragem;

II – a autorização para que o árbitro ou os árbitros julguem por equidade, se assim for convencionado pelas partes;

III – o prazo para apresentação da sentença arbitral;

IV – a indicação da lei nacional ou das regras corporativas aplicáveis à arbitragem, quando assim convencionarem as partes;

V – a declaração da responsabilidade pelo pagamento dos honorários e das despesas com a arbitragem; e

VI – a fixação dos honorários do árbitro, ou dos árbitros.

Parágrafo único. Fixando as partes os honorários do árbitro, ou dos árbitros, no compromisso arbitral, este constituirá título executivo extrajudicial; não havendo tal estipulação, o árbitro requererá ao órgão do Poder Judiciário que seria competente para julgar, originariamente, a causa que os fixe por sentença.

Art. 12. Extingue-se o compromisso arbitral:

I – escusando-se qualquer dos árbitros, antes de aceitar a nomeação, desde que as partes tenham declarado, expressamente, não aceitar substituto;

II – falecendo ou ficando impossibilitado de dar seu voto algum dos árbitros, desde que as partes declarem, expressamente, não aceitar substituto; e

III – tendo expirado o prazo a que se refere o art. 11, inc. III, desde que a parte interessada tenha notificado o árbitro, ou o presidente do tribunal arbitral, concedendo-lhe o prazo de 10 (dez) dias para a prolação e apresentação da sentença arbitral.

Capítulo III
DOS ÁRBITROS

Art. 13. Pode ser árbitro qualquer pessoa capaz e que tenha a confiança das partes.

§ 1º As partes nomearão um ou mais árbitros, sempre em número ímpar, podendo nomear, também, os respectivos suplentes.

§ 2º Quando as partes nomearem árbitros em número par, estes estão autorizados, desde logo, a nomear mais um árbitro. Não havendo acordo, requererão as partes ao órgão do Poder Judiciário a que tocaria, originariamente, o julgamento da causa a nomeação do árbitro, aplicável, no que couber, o procedimento previsto no art. 7º desta Lei.

§ 3º As partes poderão, de comum acordo, estabelecer o processo de escolha dos árbitros, ou adotar as regras de um órgão arbitral institucional ou entidade especializada.

§ 4º As partes de comum acordo, poderão afastar a aplicação de dispositivo do regulamento do órgão arbitral institucional ou entidade especializada que limite a escolha do árbitro único, coárbitro ou presidente do tribunal à respectiva lista de árbitros, autorizado o controle da escolha pelos órgãos competentes da instituição, sendo que, nos casos de impasse e arbitragem multiparte, deverá ser observado o que dispuser o regulamento aplicável.

→ § 4º com redação alterada pela Lei 13.129/2015, em vigor após decorridos 60 (sessenta) dias de sua publicação oficial – *D.O.U.* de 27.5.2015.

→ **Anterior redação**: § 4º Sendo nomeados vários árbitros, estes, por maioria, elegerão o presidente do tribunal arbitral. Não havendo consenso, será designado presidente o mais idoso.

§ 5º O árbitro ou o presidente do tribunal designará, se julgar conveniente, um secretário, que poderá ser um dos árbitros.

§ 6º No desempenho de sua função, o árbitro deverá proceder com imparcialidade, independência, competência, diligência e discrição.

§ 7º Poderá o árbitro ou o tribunal arbitral determinar às partes o adiantamento de verbas para despesas e diligências que julgar necessárias.

Art. 14. Estão impedidos de funcionar como árbitros as pessoas que tenham, com as partes ou com o litígio que lhes for submetido, algumas das relações que caracterizam os casos de impedimento ou suspeição de juízes, aplicando-se lhes, no que couber, os mesmos deveres e responsabilidades, conforme previsto no Código de Processo Civil.

→ *v.* Arts. 134 e 135 do CPC/1973.

→ *v.* Arts. 144 e 145, do NCPC.

§ 1º As pessoas indicadas para funcionar como árbitro têm o dever de revelar, antes da aceitação da função, qualquer fato que denote dúvida justificada quanto à sua imparcialidade e independência.

§ 2º O árbitro somente poderá ser recusado por motivo ocorrido após sua nomeação. Poderá, entretanto, ser recusado por motivo anterior à sua nomeação, quando:

a) não for nomeado, diretamente, pela parte; ou

b) o motivo para a recusa do árbitro for conhecido posteriormente à sua nomeação.

Art. 15. A parte interessada em arguir a recusa do árbitro apresentará, nos termos do art. 20, a respectiva exceção, diretamente ao árbitro ou ao presidente do tribunal arbitral, deduzindo suas razões e apresentando as provas pertinentes.

Parágrafo único. Acolhida a exceção, será afastado o árbitro suspeito ou impedido, que será substituído, na forma do art. 16 desta Lei.

Art. 16. Se o árbitro escusar-se antes da aceitação da nomeação, ou, após a aceitação, vier a falecer, tornar-se impossibilitado para o exercício da função, ou for recusado, assumirá seu lugar o substituto indicado no compromisso, se houver.

§ 1º Não havendo substituto indicado para o árbitro, aplicar-se-ão as regras do órgão arbitral institucional ou entidade especializada, se as partes as tiverem invocado na convenção de arbitragem.

§ 2º Nada dispondo a convenção de arbitragem e não chegando as partes a um acordo sobre a nomeação do árbitro a ser substituído, procederá a parte interessada da forma prevista no art. 7º desta Lei, a menos que as partes tenham declarado, expressamente, na convenção de arbitragem, não aceitar substituto.

Art. 17. Os árbitros, quando no exercício de suas funções ou em razão delas, ficam equiparados aos funcionários públicos, para os efeitos da legislação penal.

Art. 18. O árbitro é juiz de fato e de direito, e a sentença que proferir não fica sujeita a recurso ou a homologação pelo Poder Judiciário.

→ *v.* Art. 475-N, IV, do CPC/1973.

→ *v.* Art. 515, VII, do NCPC.

Capítulo IV
DO PROCEDIMENTO ARBITRAL

Art. 19. Considera-se instituída a arbitragem quando aceita a nomeação pelo árbitro, se for único, ou por todos, se forem vários.

§ 1º Instituída a arbitragem e entendendo o árbitro ou o tribunal arbitral que há necessidade de explicitar questão disposta na convenção de arbitragem, será elaborado, juntamente com as partes, adendo firmado por todos, que passará a fazer parte integrante da convenção de arbitragem.

→ § 1º acrescentado pela Lei 13.129/2015, em vigor após decorridos 60 (sessenta) dias de sua publicação oficial – *D.O.U.* de 27.5.2015.

§ 2º A instituição da arbitragem interrompe a prescrição, retroagindo à data do requerimento de sua instauração, ainda que extinta a arbitragem por ausência de jurisdição.

→ § 2º acrescentado pela Lei 13.129/2015, em vigor após decorridos 60 (sessenta) dias de sua publicação oficial – *D.O.U.* de 27.5.2015.

→ **Anterior redação: Art. 19.** Considera-se instituída a arbitragem quando aceita a nomeação pelo árbitro, se for único, ou por todos, se forem vários. Parágrafo único. Instituída a arbitragem e entendendo o árbitro ou o tribunal arbitral que há necessidade de explicitar alguma questão disposta na convenção de arbitragem, será elaborado, juntamente com as partes, um adendo, firmado por todos, que passará a fazer parte integrante da convenção de arbitragem.

Art. 20. A parte que pretender arguir questões relativas à competência, suspeição ou impedimento do árbitro ou dos árbitros, bem como nulidade, invalidade ou ineficácia da convenção de arbitragem, deverá fazê-lo na primeira oportunidade que tiver de se manifestar, após a instituição da arbitragem.

§ 1º Acolhida a arguição de suspeição ou impedimento, será o árbitro substituído nos termos do art. 16 desta Lei, reconhecida a incompetência do árbitro ou do tribunal arbitral, bem como a nulidade, invalidade ou ineficácia da convenção de arbitragem, serão as partes remetidas ao órgão do Poder Judiciário competente para julgar a causa.

§ 2º Não sendo acolhida a arguição, terá normal prosseguimento a arbitragem, sem prejuízo de vir a ser examinada a decisão pelo órgão do Poder Judiciário competente, quando da eventual propositura da demanda de que trata o art. 33 desta Lei.

Art. 21. A arbitragem obedecerá ao procedimento estabelecido pelas partes na convenção de arbitragem, que poderá reportar-se às regras de um órgão arbitral institucional ou entidade especializada, facultando-se, ainda, às partes delegar ao próprio árbitro, ou ao tribunal arbitral, regular o procedimento.

§ 1º Não havendo estipulação acerca do procedimento, caberá ao árbitro ou ao tribunal arbitral discipliná-lo.

§ 2º Serão, sempre, respeitados no procedimento arbitral os princípios do contraditório, da igualdade das partes, da imparcialidade do árbitro e de seu livre convencimento.

§ 3º As partes poderão postular por intermédio de advogado, respeitada, sempre, a faculdade de designar quem as represente ou assista no procedimento arbitral.

§ 4º Competirá ao árbitro ou ao tribunal arbitral, no início do procedimento, tentar a conciliação das partes, aplicando-se, no que couber, o art. 28 desta Lei.

Art. 22. Poderá o árbitro ou o tribunal arbitral tomar o depoimento das partes, ouvir testemunhas e determinar a realização de perícias ou outras provas que julgar necessárias, mediante requerimento das partes ou de ofício.

§ 1º O depoimento das partes e das testemunhas será tomado em local, dia e hora previamente comunicados, por escrito, e reduzido a termo, assinado pelo depoente, ou a seu rogo, e pelos árbitros.

§ 2º Em caso de desatendimento, sem justa causa, da convocação para prestar depoimento pessoal, o árbitro ou o tribunal arbitral levará em consideração o comportamento da parte faltosa, ao proferir sua sentença; se a ausência for de testemunha, nas mesmas circunstâncias, poderá o árbitro ou o presidente do tribunal arbitral requerer à autoridade judiciária que conduza a testemunha renitente, comprovando a existência da convenção de arbitragem.

§ 3º A revelia da parte não impedirá que seja proferida a sentença arbitral.

§ 4º (*Revogado pela Lei 13.129/2015, em vigor após decorridos 60 (sessenta) dias de sua publicação oficial* – D.O.U. *de 27.5.205*).

→ **Anterior redação:** § 4º Ressalvado o disposto no § 2º, havendo necessidade de medidas coercitivas ou cautelares, os árbitros poderão solicitá-las ao órgão do Poder Judiciário que seria, originariamente, competente para julgar a causa.

§ 5º Se, durante o procedimento arbitral, um árbitro vier a ser substituído fica a critério do substituto repetir as provas já produzidas.

Capítulo IV-A
DAS TUTELAS CAUTELARES E DE URGÊNCIA

→ Capítulo IV-A acrescentado pela Lei 13.129/2015, em vigor após decorridos 60 (sessenta) dias de sua publicação oficial – *D.O.U.* de 27/5.5015.

Art. 22-A. Antes de instituída a arbitragem, as partes poderão recorrer ao Poder Judiciário para a concessão de medida cautelar ou de urgência.

→ Artigo acrescentado pela Lei 13.129/2015, em vigor após decorridos 60 (sessenta) dias de sua publicação oficial – *D.O.U.* de 27/5.5015.

Parágrafo único. Cessa a eficácia da medida cautelar ou de urgência se a parte interessada não requerer a instituição da arbitragem no prazo de 30 (trinta) dias, contado da data de efetivação da respectiva decisão.

Art. 22-B. Instituída a arbitragem, caberá aos árbitros manter, modificar ou revogar a medida cautelar ou de urgência concedida pelo Poder Judiciário.

→ Artigo acrescentado pela Lei 13.129/2015, em vigor após decorridos 60 (sessenta) dias de sua publicação oficial – *D.O.U.* de 27/5.5015.

Parágrafo único. Estando já instituída a arbitragem, a medida cautelar ou de urgência será requerida diretamente aos árbitros.

Capítulo IV-B
DA CARTA ARBITRAL

Art. 22-C. O árbitro ou o tribunal arbitral poderá expedir carta arbitral para que o órgão jurisdicional nacional pratique ou determine o cumprimento, na área de sua competência territorial, de ato solicitado pelo árbitro.

→ Artigo acrescentado pela Lei 13.129/2015, em vigor após decorridos 60 (sessenta) dias de sua publicação oficial – *D.O.U.* de 27/5.5015.

Parágrafo único. No cumprimento da carta arbitral será observado o segredo de justiça, desde que comprovada a confidencialidade estipulada na arbitragem.

Capítulo V
DA SENTENÇA ARBITRAL

Art. 23. A sentença arbitral será proferida no prazo estipulado pelas partes. Nada tendo sido convencionado, o prazo para a apresentação da sentença é de 6 (seis) meses, contado da instituição da arbitragem ou da substituição do árbitro.

§ 1º Os árbitros poderão proferir sentenças parciais.

→ § 1º acrescentado pela Lei 13.129/2015, em vigor após decorridos 60 (sessenta) dias de sua publicação oficial – *D.O.U.* de 27.5.2015.

§ 2º As partes e os árbitros, de comum acordo, poderão prorrogar o prazo para proferir a sentença final.

→ § 2º acrescentado pela Lei 13.129/2015, em vigor após decorridos 60 (sessenta) dias de sua publicação oficial – *D.O.U.* de 27.5.2015.

→ **Anterior redação: Art. 23.** A sentença arbitral será proferida no prazo estipulado pelas partes. Nada tendo sido convencionado, o prazo para a apresentação da sentença é de 6 (seis) meses, contado da instituição da arbitragem ou da substituição do árbitro. Parágrafo único. As partes e os árbitros, de comum acordo, poderão prorrogar o prazo estipulado.

Art. 24. A decisão do árbitro ou dos árbitros será expressa em documento escrito.

§ 1º Quando forem vários os árbitros, a decisão será tomada por maioria. Se não houver acordo majoritário, prevalecerá o voto do presidente do tribunal arbitral.

§ 2º O árbitro que divergir da maioria poderá, querendo, declarar seu voto em separado.

Art. 25. *(Revogado pela Lei 13.129/2015, em vigor após decorridos 60 (sessenta) dias de sua publicação oficial* – D.O.U. *de 27.5.205).*

Parágrafo único. *(Revogado pela Lei 13.129/2015, em vigor após decorridos 60 (sessenta) dias de sua publicação oficial* – D.O.U. *de 27.5.205).*

→ **Anterior redação: Art. 25.** Sobrevindo no curso da arbitragem controvérsia acerca de direitos indisponíveis e verificando-se que de sua existência, ou não, dependerá o julgamento, o árbitro ou o tribunal arbitral remeterá as partes à autoridade competente do Poder Judiciário, suspendendo o procedimento arbitral. **Parágrafo único.** Resolvida a questão prejudicial e juntada aos autos a sentença ou acórdão transitados em julgado, terá normal seguimento a arbitragem.

Art. 26. São requisitos obrigatórios da sentença arbitral:

I – o relatório, que conterá os nomes das partes e um resumo do litígio;

II – os fundamentos da decisão, onde serão analisadas as questões de fato e de direito, mencionando-se, expressamente, se os árbitros julgaram por equidade;

III – o dispositivo, em que os árbitros resolverão as questões que lhes forem submetidas e estabelecerão o prazo para o cumprimento da decisão, se for o caso; e

IV – a data e o lugar em que foi proferida.

Parágrafo único. A sentença arbitral será assinada pelo árbitro ou por todos os árbitros. Caberá ao presidente do tribunal arbitral, na hipótese de um ou alguns dos árbitros não poder ou não querer assinar a sentença, certificar tal fato.

Art. 27. A sentença arbitral decidirá sobre a responsabilidade das partes acerca das custas e despesas com a arbitragem, bem como sobre verba decorrente de litigância de má-fé, se for o caso, respeitadas as disposições da convenção de arbitragem, se houver.

Art. 28. Se, no decurso da arbitragem, as partes chegarem a acordo quanto ao litígio, o árbitro ou o tribunal arbitral poderá, a pedido das partes, declarar tal fato mediante sentença arbitral, que conterá os requisitos do art. 26 desta Lei.

Art. 29. Proferida a sentença arbitral, dá-se por finda a arbitragem, devendo o árbitro, ou o presidente do tribunal arbitral, enviar cópia da decisão às partes, por via postal ou por outro meio qualquer de comunicação, mediante comprovação de recebimento, ou, ainda, entregando-a diretamente às partes, mediante recibo.

Art. 30. No prazo de 5 (cinco) dias, a contar do recebimento da notificação ou da ciência pessoal da sentença arbitral, salvo se outro prazo for acordado entre as partes, a parte interessada, mediante comunicação à outra parte, poderá solicitar ao árbitro ou ao tribunal arbitral que:

→ *Caput* com redação alterada pela Lei 13.129/2015, em vigor após decorridos 60 (sessenta) dias de sua publicação oficial – *D.O.U.* de 27.5.2015.

I – corrija qualquer erro material da sentença arbitral;

II – esclareça alguma obscuridade, dúvida ou contradição da sentença arbitral, ou se pronuncie sobre ponto omitido a respeito do qual devia manifestar-se a decisão.

Parágrafo único. O árbitro ou o tribunal arbitral decidirá no prazo de 10 (dez) dias ou em prazo acordado com as partes, aditará a sentença arbitral e notificará as partes na forma do art. 29.

→ Parágrafo único com redação alterada pela Lei 13.129/2015, em vigor após decorridos 60 (sessenta) dias de sua publicação oficial – *D.O.U.* de 27.5.2015.

→ **Anterior redação: Art. 30.** No prazo de 5 (cinco) dias, a contar do recebimento da notificação ou da ciência pessoal da sentença arbitral, a parte interessada, mediante comunicação à outra parte, poderá solicitar ao árbitro ou ao tribunal arbitral que: I – corrija qualquer erro material da sentença arbitral; II – esclareça alguma obscuridade, dúvida ou contradição da sentença arbitral, ou se pronuncie sobre ponto omitido a respeito do qual devia manifestar-se a decisão. **Parágrafo único.** O árbitro ou o tribunal arbitral decidirá, no prazo de 10 (dez) dias, aditando a sentença arbitral e notificando as partes na forma do art. 29.

Art. 31. A sentença arbitral produz, entre as partes, e seus sucessores, os mesmos efeitos da sentença proferida pelos órgãos do Poder Judiciário e, sendo condenatória, constitui título executivo.

Art. 32. É nula a sentença arbitral se:

I – for nula a convenção de arbitragem;

→ Inciso I com redação alterada pela Lei 13.129/2015, em vigor após decorridos 60 (sessenta) dias de sua publicação oficial – *D.O.U.* de 27.5.2015.

→ **Anterior redação:** I – for nulo o compromisso;

II – emanou de quem não podia ser árbitro;

III – não contiver os requisitos do art. 26 desta Lei;

IV – for proferida fora dos limites da convenção de arbitragem;

V – *(Revogado pela Lei 13.129/2015, em vigor após decorridos 60 (sessenta) dias de sua publicação oficial* – D.O.U. *de 27.5.205).*

→ **Anterior redação:** V – não decidir todo o litígio submetido à arbitragem;

VI – comprovado que foi proferida por prevaricação, concussão ou corrupção passiva;

VII – proferida fora do prazo, respeitado o disposto no art. 12, inciso III, desta Lei; e

VIII – forem desrespeitados os princípios de que trata o art. 21, § 2º, desta Lei.

Art. 33. A parte interessada poderá pleitear ao órgão do Poder Judiciário competente a declaração de nulidade da sentença arbitral, nos casos previstos nesta Lei.

→ *Caput* com redação alterada pela Lei 13.129/2015, em vigor após decorridos 60 (sessenta) dias de sua publicação oficial – *D.O.U.* de 27.5.2015.

§ 1º A demanda para a declaração de nulidade da sentença arbitral, parcial ou final, seguirá as regras do procedimento comum, previstas na Lei 5.869, de 11 de janeiro de 1973 (Código de Processo Civil), e deverá ser proposta no prazo de até 90 (noventa) dias após o recebimento da notificação da respectiva sentença, parcial ou final, ou da decisão do pedido de esclarecimentos.

→ § 1º com redação alterada pela Lei 13.129/2015, em vigor após decorridos 60 (sessenta) dias de sua publicação oficial – *D.O.U.* de 27.5.2015.

§ 2º A sentença que julgar procedente o pedido declarará a nulidade da sentença arbitral, nos casos do art. 32, e determinará, se for o caso, que o árbitro ou o tribunal profira nova sentença arbitral.

→ § 2º com redação alterada pela Lei 13.129/2015, em vigor após decorridos 60 (sessenta) dias de sua publicação oficial – *D.O.U.* de 27.5.2015.

§ 3º A declaração de nulidade da sentença arbitral também poderá ser arguida mediante impugnação, conforme o art. 475-L e seguintes da Lei 5.869, de 11 de janeiro de 1973 (Código de Processo Civil), se houver execução judicial.

→ § 3º com redação alterada pela Lei 13.129/2015, em vigor após decorridos 60 (sessenta) dias de sua publicação oficial – *D.O.U.* de 27.5.2015.

§ 4º A parte interessada poderá ingressar em juízo para requerer a prolação de sentença arbitral complementar, se o árbitro não decidir todos os pedidos submetidos à arbitragem.

→ § 4º acrescentado pela Lei 13.129/2015, em vigor após decorridos 60 (sessenta) dias de sua publicação oficial – *D.O.U.* de 27.5.2015.

→ **Anterior redação: Art. 33.** A parte interessada poderá pleitear ao órgão do Poder Judiciário competente a decretação da nulidade da sentença arbitral, nos casos previstos nesta Lei. § 1º A demanda para a decretação de nulidade da sentença arbitral seguirá o procedimento comum, previsto no Código de Processo Civil, e deverá ser proposta no prazo de até 90 (noventa) dias após o recebimento da notificação da sentença arbitral ou de seu aditamento.

§ 2º A sentença que julgar procedente o pedido: I – decretará a nulidade da sentença arbitral, nos casos do art. 32, incs. I, II, VI, VII e VIII; II – determinará que o árbitro ou o tribunal arbitral profira novo laudo, nas demais hipóteses. § 3º A decretação da nulidade da sentença arbitral também poderá ser arguida mediante ação de embargos do devedor, conforme o art. 741 e seguintes do Código de Processo Civil, se houver execução judicial

Capítulo VI
DO RECONHECIMENTO E EXECUÇÃO DE SENTENÇAS ARBITRAIS ESTRANGEIRAS

Art. 34. A sentença arbitral estrangeira será reconhecida ou executada no Brasil de conformidade com os tratados internacionais com eficácia no ordenamento interno e, na sua ausência, estritamente de acordo com os termos desta Lei.

Parágrafo único. Considera-se sentença arbitral estrangeira a que tenha sido proferida fora do território nacional.

Art. 35. Para ser reconhecida ou executada no Brasil, a sentença arbitral estrangeira está sujeita, unicamente, à homologação do Superior Tribunal de Justiça.

→ Artigo com redação alterada pela Lei 13.129/2015, em vigor após decorridos 60 (sessenta) dias de sua publicação oficial – *D.O.U.* de 27.5.2015.

→ **Anterior redação: Art. 35.** Para ser reconhecida ou executada no Brasil, a sentença arbitral estrangeira está sujeita, unicamente, à homologação do Supremo Tribunal Federal.

Art. 36. Aplica-se à homologação para reconhecimento ou execução de sentença arbitral estrangeira, no que couber, o disposto nos arts. 483 e 484 do Código de Processo Civil.

→ *v.* Arts. 960, § 2º, 961 e 965, do NCPC.

Art. 37. A homologação de sentença arbitral estrangeira será requerida pela parte interessada, devendo a petição inicial conter as indicações da lei processual, conforme o art. 282 do Código de Processo Civil, e ser instruída, necessariamente, com:

→ *v.* Art. 319 e ss., do NCPC.

I – o original da sentença arbitral ou uma cópia devidamente certificada, autenticada pelo consulado brasileiro e acompanhada de tradução oficial;

II – o original da convenção de arbitragem ou cópia devidamente certificada, acompanhada de tradução oficial.

Art. 38. Somente poderá ser negada a homologação para o reconhecimento ou execução de sentença arbitral estrangeira, quando o réu demonstrar que:

I – as partes na convenção de arbitragem eram incapazes;

II – a convenção de arbitragem não era válida segundo a lei à qual as partes a submeteram, ou, na falta de indicação, em virtude da lei do país onde a sentença arbitral foi proferida;

III – não foi notificado da designação do árbitro ou do procedimento de arbitragem, ou tenha sido violado o princípio do contraditório, impossibilitando a ampla defesa;

IV – a sentença arbitral foi proferida fora dos limites da convenção de arbitragem, e não foi possível separar a parte excedente daquela submetida à arbitragem;

V – a instituição da arbitragem não está de acordo com o compromisso arbitral ou cláusula compromissória;

VI – a sentença arbitral não se tenha, ainda, tornado obrigatória para as partes, tenha sido anulada, ou, ainda, tenha sido suspensa por órgão judicial do país onde a sentença arbitral for prolatada.

Art. 39. A homologação para o reconhecimento ou a execução da sentença arbitral estrangeira também será denegada se o Superior Tribunal de Justiça constatar que:

→ *Caput* com redação alterada pela Lei 13.129/2015, em vigor após decorridos 60 (sessenta) dias de sua publicação oficial.

I – segundo a lei brasileira, o objeto do litígio não é suscetível de ser resolvido por arbitragem;

II – a decisão ofende a ordem pública nacional.

Parágrafo único. Não será considerada ofensa à ordem pública nacional a efetivação da citação da parte residente ou domiciliada no Brasil, nos moldes da convenção de arbitragem ou da lei processual do país onde se realizou a arbitragem, admitindo-se, inclusive, a citação postal com prova inequívoca de recebimento, desde que assegure à parte brasileira tempo hábil para o exercício do direito de defesa.

Anterior redação: Art. 39. Também será denegada a homologação para o reconhecimento ou execução da sentença arbitral estrangeira, se o Supremo Tribunal Federal constatar que: (...)

Art. 40. A denegação da homologação para reconhecimento ou execução de sentença arbitral estrangeira por vícios formais, não obsta que a parte interessada renove o pedido, uma vez sanados os vícios apresentados.

Capítulo VII
DISPOSIÇÕES FINAIS

Art. 41. Os arts. 267, inciso VII; 301, inciso IX; e 584, inciso III, do Código de Processo Civil passam a ter a seguinte redação:

→ O citado art. 584 do CPC está revogado pela Lei 11.232/2005.

→ Alterações efetuadas no CPC/1973.

→ *v.* Arts. 1.045 e 1.046, do NCPC.

Art. 42. O art. 520 do Código de Processo Civil passa a ter mais um inciso, com a seguinte redação:

→ Alterações efetuadas no CPC/1973.

→ *v.* Arts. 1.045 e 1.046, do NCPC.

Art. 43. Esta Lei entrará em vigor 60 (sessenta) dias após a data de sua publicação.

Art. 44. Ficam revogados os arts. 1.037 a 1.048 da Lei 3.071, de 1º de janeiro de 1916, Código Civil Brasileiro; os arts. 101 e 1.072 a 1.102 da Lei 5.869, de 11 de janeiro de 1973, Código de Processo Civil; e demais disposições em contrário.

Brasília, 23 de setembro de 1996; 175º da Independência e 108º da República.

Fernando Henrique Cardoso

(Publicação no *D.O.U.* de 24.9.1996)

LEI 9.455,
DE 7 DE ABRIL DE 1997

Define os crimes de tortura e dá outras providências.

O Presidente da República:

Faço saber que o Congresso Nacional decreta e eu sanciono a seguinte Lei:

Art. 1º Constitui crime de tortura:

→ *v.* Arts. 5º, XLIII, 84, XII, da CF/1988.

→ *v.* Art. 2º, I, da Lei 8.072/1990.

I – constranger alguém com emprego de violência ou grave ameaça, causando-lhe sofrimento físico ou mental:

a) com o fim de obter informação, declaração ou confissão da vítima ou de terceira pessoa;

b) para provocar ação ou omissão de natureza criminosa;

c) em razão de discriminação racial ou religiosa;

II – submeter alguém, sob sua guarda, poder ou autoridade, com emprego de violência ou grave ameaça, a intenso sofrimento físico ou mental, como forma de aplicar castigo pessoal ou medida de caráter preventivo.

Pena – reclusão, de 2 (dois) a 8 (oito) anos.

§ 1º Na mesma pena incorre quem submete pessoa presa ou sujeita a medida de segurança a sofrimento físico ou mental, por intermédio da prática de ato não previsto em lei ou não resultante de medida legal.

→ *v.* Art. 5º, XLIX, da CF/1988.

→ *v.* Art. 4º, *a*, da Lei 4.898/1965.

§ 2º Aquele que se omite em face dessas condutas, quando tinha o dever de evitá-las ou apurá-las, incorre na pena de detenção de 1 (um) a 4 (quatro) anos.

→ *v.* Art. 13, § 2º, do CP.

§ 3º Se resulta lesão corporal de natureza grave ou gravíssima, a pena é de reclusão de 4 (quatro) a 10 (dez) anos; se resulta morte, a reclusão é de 8 (oito) a 16 (dezesseis) anos.

§ 4º Aumenta-se a pena de 1/6 (um sexto) até 1/3 (um terço):

I – se o crime é cometido por agente público;

→ *v.* Art. 5º da Lei 4.898/1965.

II – se o crime é cometido contra criança, gestante, portador de deficiência, adolescente ou maior de 60 anos;

→ Inciso II com redação alterada pela Lei 10.741/2003.

III – se o crime é cometido mediante sequestro.

§ 5º A condenação acarretará a perda do cargo, função ou emprego público e a interdição para seu exercício pelo dobro do prazo da pena aplicada.

§ 6º O crime de tortura é inafiançável e insuscetível de graça ou anistia.

→ *v.* Art. 5º, XLIII, da CF/1988.

§ 7º O condenado por crime previsto nesta Lei, salvo a hipótese do § 2º, iniciará o cumprimento da pena em regime fechado.

→ *v.* Súmula 698 do STF.

→ *v.* Art. 2º, § 1º, da Lei 8.072/1990.

Art. 2º O disposto nesta Lei aplica-se ainda quando o crime não tenha sido cometido em território nacional, sendo a vítima brasileira ou encontrando-se o agente em local sob jurisdição brasileira.

→ *v.* Arts. 5º a 8º do CP.

Art. 3º Esta Lei entra em vigor na data de sua publicação.

Art. 4º Revoga-se o art. 233 da Lei 8.069, de 13 de julho de 1990 – Estatuto da Criança e do Adolescente.

Brasília, 7 de abril de 1997; 176º da Independência e 109º da República.

Fernando Henrique Cardoso

(Publicação no *D.O.U.* de 8.4.1997)

LEI 9.469,
DE 10 DE JULHO DE 1997

Regulamenta o disposto no inciso VI do art. 4º da Lei Complementar 73, de 10 de fevereiro de 1993; dispõe sobre a intervenção da União nas causas em que figurarem, como autores ou réus, entes da administração indireta; regula os pagamentos devidos pela Fazenda Pública em virtude de sentença judiciária; revoga a Lei 8.197, de 27 de junho de 1991, e a Lei 9.081, de 19 de julho de 1995, e dá outras providências.

→ *V.* Arts. 131 e ss. da CF/1988.

→ *V.* LC 73/1993 – Lei Orgânica da Advocacia-Geral da União.

Faço saber que o Presidente da República adotou a Medida Provisória 1.561-6, de 1997, que o Congresso Nacional aprovou, e eu, Antonio Carlos Magalhães, Presidente, para os efeitos do disposto no parágrafo único do art. 62 da Constituição Federal, promulgo a seguinte Lei:

Art. 1º O Advogado-Geral da União, diretamente ou mediante delegação, e os dirigentes máximos das empresas públicas federais, em conjunto com o dirigente estatutário da área afeta ao assunto, poderão autorizar a realização de acordos ou transações para prevenir ou terminar litígios, inclusive os judiciais.

→ *Caput* com redação alterada pela Lei 13.140/2015, em vigor após decorridos cento e oitenta dias de sua publicação oficial – *D.O.U.* 29.6.2015.

§ 1º Poderão ser criadas câmaras especializadas, compostas por servidores públicos ou empregados públicos efetivos, com o objetivo de analisar e formular propostas de acordos ou transações.

→ § 1º com redação alterada pela Lei 13.140/2015, em vigor após decorridos cento e oitenta dias de sua publicação oficial – *D.O.U.* 29.6.2015.

§ 2º (*Revogado pela Lei 12.348/2010*).

§ 3º Regulamento disporá sobre a forma de composição das câmaras de que trata o § 1º, que deverão ter como integrante pelo menos um membro efetivo da Advocacia-Geral da União ou, no caso das empresas públicas, um assistente jurídico ou ocupante de função equivalente.

→ § 3º com redação alterada pela Lei 13.140/2015, em vigor após decorridos cento e oitenta dias de sua publicação oficial – *D.O.U.* 29.6.2015.

§ 4º Quando o litígio envolver valores superiores aos fixados em regulamento, o acordo ou a transação, sob pena de nulidade, dependerá de prévia e expressa autorização do Advogado-Geral da União e do Ministro de Estado a cuja área de competência estiver afeto o assunto, ou ainda do Presidente da Câmara dos Deputados, do Senado Federal, do Tribunal de Contas da União, de Tribunal ou Conselho, ou do Procurador-Geral da República, no caso de interesse dos órgãos dos Poderes Legislativo e Judiciário ou do Ministério Público da União, excluídas as empresas públicas federais não dependentes, que necessitarão apenas de prévia e expressa autorização dos dirigentes de que trata o *caput*.

→ § 4º acrescentado pela Lei 13.140/2015, em vigor após decorridos cento e oitenta dias de sua publicação oficial – *D.O.U.* 29.6.2015.

§ 5º Na transação ou acordo celebrado diretamente pela parte ou por intermédio de procurador para extinguir ou encerrar processo judicial, inclusive os casos de extensão administrativa de pagamentos postulados em juízo, as partes poderão definir a responsabilidade de cada uma pelo pagamento dos honorários dos respectivos advogados.

→ § 5º acrescentado pela Lei 13.140/2015, em vigor após decorridos cento e oitenta dias de sua publicação oficial – *D.O.U.* 29.6.2015.

→ **Anterior redação: Art. 1º** O Advogado-Geral da União, diretamente ou mediante delegação, e os dirigentes máximos das empresas públicas federais poderão autorizar a realização de acordos ou transações, em juízo, para terminar o litígio, nas causas de valor até R$ 500.000,00 (quinhentos mil reais). (*Caput* com redação alterada pela Lei 11.941/2009). § 1º Quando a causa envolver valores superiores ao limite fixado neste artigo, o acordo ou a transação, sob pena de nulidade, dependerá de prévia e expressa autorização do Advogado-Geral da União e do Ministro de Estado ou do titular da Secretaria da Presidência da República a cuja área de competência estiver afeto o assunto, ou ainda do Presidente da Câmara dos Deputados, do Senado Federal, do Tribunal de Contas da União, de Tribunal ou Conselho, ou do Procurador-Geral da República, no caso de interesse dos órgãos dos Poderes Legislativo e Judiciário, ou do Ministério Público da União, excluídas as empresas públicas federais não dependentes, que necessitarão apenas de prévia e expressa autorização de seu dirigente máximo. (§ 1º com redação alterada pela Lei 11.941/2009) (...) § 3º As competências previstas neste artigo podem ser delegadas. (§ 3º acrescentado pela Lei 11.941/2009).

Art. 1º-A. O Advogado-Geral da União poderá dispensar a inscrição de crédito, autorizar o não ajuizamento de ações e a não interposição de recursos, assim como o requerimento de extinção das ações em curso ou de desistência dos respectivos recursos judiciais, para cobrança de créditos da União e das autarquias e fundações públicas federais, observados os critérios de custos de administração e cobrança.

→ Artigo acrescentado pela Lei 11.941/2009.

Parágrafo único. O disposto neste artigo não se aplica à Dívida Ativa da União e aos processos em que a União seja autora, ré, assistente ou opoente cuja representação judicial seja atribuída à Procuradoria-Geral da Fazenda Nacional.

Art. 1º-B. Os dirigentes máximos das empresas públicas federais poderão autorizar a não propositura de ações e a não interposição de recursos, assim como o requerimento de extinção das ações em curso ou de desistência dos respectivos recursos judiciais, para cobrança de créditos, atualizados, de valor igual ou inferior a R$ 10.000,00 (dez mil reais), em que interessadas essas entidades na qualidade de autoras, rés, assistentes ou opoentes, nas condições aqui estabelecidas.

→ Artigo acrescentado pela Lei 11.941/2009.

Parágrafo único. Quando a causa envolver valores superiores ao limite fixado neste artigo, o disposto no *caput*, sob pena de nulidade, dependerá de prévia e expressa autorização do Ministro de Estado ou do titular da Secretaria da Presidência da República a cuja área de competência estiver afeto o assunto, excluído o caso das empresas públicas não dependentes que necessitarão apenas de prévia e expressa autorização de seu dirigente máximo.

Art. 1º-C. Verificada a prescrição do crédito, o representante judicial da União, das autarquias e fundações públicas federais não efetivará a inscrição em dívida ativa dos créditos, não procederá ao ajuizamento, não recorrerá e desistirá dos recursos já interpostos.

→ Artigo acrescentado pela Lei 11.941/2009.

Art. 2º O Procurador-Geral da União, o Procurador-Geral Federal, o Procurador-Geral do Banco Central do Brasil e os dirigentes das empresas públicas federais mencionadas no *caput* do art. 1º poderão autorizar, diretamente ou mediante delegação, a realização de acordos para prevenir ou terminar, judicial ou extrajudicialmente, litígio que envolver valores inferiores aos fixados em regulamento.

→ *Caput* com redação alterada pela Lei 13.140/2015, em vigor após decorridos cento e oitenta dias de sua publicação oficial – *D.O.U.* 29.6.2015.

§ 1º No caso das empresas públicas federais, a delegação é restrita a órgão colegiado formalmente constituído, composto por pelo menos um dirigente estatutário.

→ § 1º com redação alterada pela Lei 13.140/2015, em vigor após decorridos cento e oitenta dias de sua publicação oficial – *D.O.U.* 29.6.2015.

§ 2º O acordo de que trata o caput poderá consistir no pagamento do débito em parcelas mensais e sucessivas, até o limite máximo de sessenta.

→ § 2º com redação alterada pela Lei 13.140/2015, em vigor após decorridos cento e oitenta dias de sua publicação oficial – *D.O.U.* 29.6.2015.

§ 3º O valor de cada prestação mensal, por ocasião do pagamento, será acrescido de juros equivalentes à taxa referencial do Sistema Especial de Liquidação e de Custódia – SELIC para títulos federais, acumulada mensalmente, calculados a partir do mês subsequente ao da consolidação até o mês anterior ao do pagamento e de um por cento relativamente ao mês em que o pagamento estiver sendo efetuado.

→ § 3º acrescentado pela Lei 13.140/2015, em vigor após decorridos cento e oitenta dias de sua publicação oficial – *D.O.U.* 29.6.2015.

§ 4º Inadimplida qualquer parcela, após trinta dias, instaurar-se-á o processo de execução ou nele prosseguir-se-á, pelo saldo.

→ § 4º acrescentado pela Lei 13.140/2015, em vigor após decorridos cento e oitenta dias de sua publicação oficial – *D.O.U.* 29.6.2015.

→ **Anterior redação: Art. 2º** O Procurador-Geral da União, o Procurador-Geral Federal e os dirigentes máximos das empresas públicas federais e do Banco Central do Brasil poderão autorizar a realização de acordos, homologáveis pelo Juízo, nos autos do processo judicial, para o pagamento de débitos de valores não superiores a R$ 100.000,00 (cem mil reais), em parcelas mensais e sucessivas até o máximo de 60 (sessenta). (*Caput* com redação alterada pela Lei 12.716/2012). § 1º O valor de cada prestação mensal, por ocasião do pagamento, será acrescido de juros equivalentes à taxa referencial do Sistema Especial de Liquidação e de Custódia – SELIC para títulos federais, acumulada mensalmente, calculados a partir do mês subsequente ao da consolidação até o mês anterior ao do pagamento, e de 1% (um por cento) relativamente ao mês em que o pagamento estiver sendo efetuado. (§ 1º com redação alterada pela Lei 11.941/2009). § 2º Inadimplida qualquer parcela, pelo prazo de 30 (trinta) dias, instaurar-se-á o processo de execução ou nele prosseguir-se-á, pelo saldo.

Art. 3º As autoridades indicadas no *caput* do art. 1º poderão concordar com pedido de desistência da ação, nas causas de quaisquer valores, desde que o autor renuncie expressamente ao direito sobre que se funda a ação (art. 269, inciso V, do Código de Processo Civil).

→ *v.* Art. 487, III, c, do NCPC.

Parágrafo único. Quando a desistência de que trata este artigo decorrer de prévio requerimento do autor dirigido à administração pública federal para apreciação de pedido administrativo com o mesmo objeto da ação, esta não poderá negar o seu deferimento exclusivamente em razão da renúncia prevista no *caput* deste artigo.

→ Parágrafo único acrescentado pela Lei 11.941/2009.

Art. 4º Não havendo Súmula da Advocacia-Geral da União (arts. 4º, inciso XII, e 43, da Lei Complementar 73, de 1993), o Advogado-Geral da União poderá dispensar a propositura de ações ou a interposição de recursos judiciais quando a controvérsia jurídica estiver sendo iterativamente decidida pelo Supremo Tribunal Federal ou pelos Tribunais Superiores.

→ *v.* Art. 5º, § 6º, da Lei 7.347/1985.

Art. 4º-A. O termo de ajustamento de conduta, para prevenir ou terminar litígios, nas hipóteses que envolvam interesse público da União, suas autarquias e fundações, firmado pela Advocacia-Geral da União, deverá conter:

→ Artigo acrescentado pela Lei 12.249/2010..

I – a descrição das obrigações assumidas;

II – o prazo e o modo para o cumprimento das obrigações;

III – a forma de fiscalização da sua observância;

IV – os fundamentos de fato e de direito; e

V – a previsão de multa ou de sanção administrativa, no caso de seu descumprimento.

Parágrafo único. A Advocacia-Geral da União poderá solicitar aos órgãos e entidades públicas federais manifestação sobre a viabilidade técnica, operacional e financeira das obrigações a serem assumidas em termo de ajustamento de conduta, cabendo ao Advogado-Geral da União a decisão final quanto à sua celebração.

Art. 5º A União poderá intervir nas causas em que figurarem, como autoras ou rés, autarquias, fundações públicas, sociedades de economia mista e empresas públicas federais.

Parágrafo único. As pessoas jurídicas de direito público poderão nas causas cuja decisão possa ter reflexos, ainda que indiretos, de natureza econômica, intervir, independentemente da demonstração de interesse jurídico, para esclarecer questões de fato e de direito, podendo juntar documentos e memoriais reputados úteis ao exame da matéria e, se for o caso, recorrer, hipótese em que, para fins de deslocamento de competência, serão consideradas partes.

Art. 6º Os pagamentos devidos pela Fazenda Pública federal, estadual ou municipal e pelas autarquias e fundações públicas, em virtude de sentença judiciária, far-se-ão, exclusivamente, na ordem cronológica da apresentação dos precatórios judiciários e à conta do respectivo crédito.

→ *v.* Art. 100 da CF/1988.

§ 1º É assegurado o direito de preferência aos credores de obrigação de natureza alimentícia, obedecida, entre eles, a ordem cronológica de apresentação dos respectivos precatórios judiciários.

→ Anterior parágrafo único renumerado para § 1º pela MP 2.226/2001.

→ § 2º (*Revogado pela Lei 13.140/2015, em vigor após decorridos cento e oitenta dias de sua publicação oficial. – D.O.U. de 29.6.2015*).

→ **Anterior redação: Art. 6º** (...) § 2º O acordo ou a transação celebrada diretamente pela parte ou por intermédio de procurador para extinguir ou encerrar processo judicial, inclusive nos casos de extensão administrativa de pagamentos postulados em juízo, implicará sempre a responsabilidade de cada uma das partes pelo pagamento dos honorários de seus respectivos advogados, mesmo que tenham sido objeto de condenação transitada em julgado. (§ 2º acrescentado pela MP 2.226/2001)

Art. 7º (*Revogado pela Lei 11.941/2009*).

Art. 7º-A. As competências previstas nesta Lei aplicam-se concorrentemente àquelas específicas existentes na legislação em vigor em relação às autarquias, às fundações e às empresas públicas federais não dependentes.

→ Artigo acrescentado pela Lei 11.941/2009.

Art. 8º Aplicam-se as disposições desta Lei, no que couber, às ações propostas e aos recursos interpostos pelas entidades legalmente sucedidas pela União.

Art. 9º A representação judicial das autarquias e fundações públicas por seus procuradores ou advogados, ocupantes de cargos efetivos dos respectivos quadros, independe da apresentação do instrumento de mandato.

Art. 10. Aplica-se às autarquias e fundações públicas o disposto nos arts. 188 e 475, *caput*, e no seu inciso II, do Código de Processo Civil.

→ *v.* Arts. 180 e 496, II, do NCPC.

Art. 10-A. Ficam convalidados os acordos ou transações, em juízo, para terminar o litígio, realizados pela União ou pelas autarquias, fundações ou empresas públicas federais não dependentes durante o período de vigência da Medida Provisória 449, de 3 de dezembro de 2008, que estejam de acordo com o disposto nesta Lei.

→ Artigo acrescentado pela Lei 11.941/2009.

Art. 11. Ficam convalidados os atos praticados com base na Medida Provisória 1.561-5, de 15 de maio de 1997.

Art. 12. Revogam-se a Lei 8.197, de 27 de junho de 1991, e a Lei 9.081, de 19 de julho de 1995.

Art. 13. Esta Lei entra em vigor na data de sua publicação.

Congresso Nacional, em 10 de julho de 1997; 176º da Independência e 109º da República.

Antonio Carlos Magalhães

(Publicação no D.O.U. de 11.7.1997)

LEI 9.492,
DE 10 DE SETEMBRO DE 1997

Define competência, regulamenta os serviços concernentes ao protesto de títulos e outros documentos de dívida e dá outras providências.

O Presidente da República:

Faço saber que o Congresso Nacional decreta e eu sanciono a seguinte Lei:

Capítulo I
DA COMPETÊNCIA E DAS ATRIBUIÇÕES

Art. 1º Protesto é o ato formal e solene pelo qual se prova a inadimplência e o descumprimento de obrigação originada em títulos e outros documentos de dívida.

Parágrafo único. Incluem-se entre os títulos sujeitos a protesto as certidões de dívida ativa da União, dos Estados, do Distrito Federal, dos Municípios e das respectivas autarquias e fundações públicas.

→ Parágrafo único acrescentado pela Lei 12.767/2012.

Art. 2º Os serviços concernentes ao protesto, garantidores da autenticidade, publicidade, segurança e eficácia dos atos jurídicos, ficam sujeitos ao regime estabelecido nesta Lei.

Art. 3º Compete privativamente ao Tabelião de Protesto de Títulos, na tutela dos interesses públicos e privados, a protocolização, a intimação, o acolhimento da devolução ou do aceite, o recebimento do pagamento, do título e de outros documentos de dívida, bem como lavrar e registrar o protesto ou acatar a desistência do credor em relação ao mesmo, proceder às averbações, prestar informações e fornecer certidões relativas a todos os atos praticados, na forma desta Lei.

Capítulo II
DA ORDEM DOS SERVIÇOS

Art. 4º O atendimento ao público será, no mínimo, de seis horas diárias.

Art. 5º Todos os documentos apresentados ou distribuídos no horário regulamentar serão protocolizados dentro de vinte e quatro horas, obedecendo à ordem cronológica de entrega.

Parágrafo único. Ao apresentante será entregue recibo com as características essenciais do título ou documento de dívida, sendo de sua responsabilidade os dados fornecidos.

Art. 6º Tratando-se de cheque, poderá o protesto ser lavrado no lugar do pagamento ou do domicílio do emitente, devendo do referido cheque constar a prova de apresentação ao Banco sacado, salvo se o protesto tenha por fim instruir medidas pleiteadas contra o estabelecimento de crédito.

Capítulo III
DA DISTRIBUIÇÃO

Art. 7º Os títulos e documentos de dívida destinados a protesto somente estarão sujeitos a prévia distribuição obrigatória nas localidades onde houver mais de um Tabelionato de Protesto de Títulos.

Parágrafo único. Onde houver mais de um Tabelionato de Protesto de Títulos, a distribuição será feita por um Serviço instalado e mantido pelos próprios Tabelionatos, salvo se já existir Ofício Distribuidor organizado antes da promulgação desta Lei.

Art. 8º Os títulos e documentos de dívida serão recepcionados, distribuídos e entregues na mesma data aos Tabelionatos de Protesto, obedecidos os critérios de quantidade e qualidade.

Parágrafo único. Poderão ser recepcionadas as indicações a protestos das Duplicatas Mercantis e de Prestação de Serviços, por meio magnético ou de gravação eletrônica de dados, sendo de inteira responsabilidade do apresentante os dados fornecidos, ficando a cargo dos Tabelionatos a mera instrumentalização das mesmas.

Capítulo IV
DA APRESENTAÇÃO E PROTOCOLIZAÇÃO

Art. 9º Todos os títulos e documentos de dívida protocolizados serão examinados em seus caracteres formais e terão curso se não apresentarem vícios, não cabendo ao Tabelião de Protesto investigar a ocorrência de prescrição ou caducidade.

Parágrafo único. Qualquer irregularidade formal observada pelo Tabelião obstará o registro do protesto.

Art. 10. Poderão ser protestados títulos e outros documentos de dívida em moeda estrangeira, emitidos fora do Brasil, desde que acompanhados de tradução efetuada por tradutor público juramentado.

§ 1º Constarão obrigatoriamente do registro do protesto a descrição do documento e sua tradução.

§ 2º Em caso de pagamento, este será efetuado em moeda corrente nacional, cumprindo ao apresentante a conversão na data de apresentação do documento para protesto.

§ 3º Tratando-se de títulos ou documentos de dívidas emitidos no Brasil, em moeda estrangeira, cuidará o Tabelião de observar as disposições do Decreto-lei 857, de 11 de setembro de 1969, e legislação complementar ou superveniente.

Art. 11. Tratando-se de títulos ou documentos de dívida sujeitos a qualquer tipo de correção, o pagamento será feito pela conversão vigorante no dia da apresentação, no valor indicado pelo apresentante.

Capítulo V
DO PRAZO

Art. 12. O protesto será registrado dentro de 3 (três) dias úteis contados da protocolização do título ou documento de dívida.

§ 1º Na contagem do prazo a que se refere o *caput* exclui-se o dia da protocolização e inclui-se o do vencimento.

§ 2º Considera-se não útil o dia em que não houver expediente bancário para o público ou aquele em que este não obedecer ao horário normal.

Art. 13. Quando a intimação for efetivada excepcionalmente no último dia do prazo ou além dele, por motivo de força maior, o protesto será tirado no primeiro dia útil subsequente.

Capítulo VI
DA INTIMAÇÃO

Art. 14. Protocolizado o título ou documento de dívida, o Tabelião de Protesto expedirá a intimação ao devedor, no endereço fornecido pelo apresentante do título ou documento, considerando-se cumprida quando comprovada a sua entrega no mesmo endereço.

§ 1º A remessa da intimação poderá ser feita por portador do próprio tabelião, ou por qualquer outro meio, desde que o recebimento fique assegurado e comprovado através de protocolo, aviso de recepção (AR) ou documento equivalente.

§ 2º A intimação deverá conter nome e endereço do devedor, elementos de identificação do título ou documento de dívida, e prazo limite para cumprimento da obrigação no Tabelionato, bem como número do protocolo e valor a ser pago.

Art. 15. A intimação será feita por edital se a pessoa indicada para aceitar ou pagar for desconhecida, sua localização incerta ou ignorada, for residente ou domiciliada fora da competência territorial do Tabelionato, ou, ainda, ninguém se dispuser a receber a intimação no endereço fornecido pelo apresentante.

§ 1º O edital será afixado no Tabelionato de Protesto e publicado pela imprensa local onde houver jornal de circulação diária.

§ 2º Aquele que fornecer endereço incorreto, agindo de má-fé, responderá por perdas e danos, sem prejuízo de outras sanções civis, administrativas ou penais.

Capítulo VII
DA DESISTÊNCIA E SUSTAÇÃO DO PROTESTO

Art. 16. Antes da lavratura do protesto, poderá o apresentante retirar o título ou documento de dívida, pagos os emolumentos e demais despesas.

Art. 17. Permanecerão no Tabelionato, à disposição do Juízo respectivo, os títulos ou documentos de dívida cujo protesto for judicialmente sustado.

§ 1º O título do documento de dívida cujo protesto tiver sido sustado judicialmente só poderá ser pago, protestado ou retirado com autorização judicial.

§ 2º Revogada a ordem de sustação, não há necessidade de se proceder a nova intimação do devedor, sendo a lavratura e o registro do protesto efetivados até o primeiro dia útil subsequente ao do recebimento da revogação, salvo se a materialização do ato depender de consulta a ser formulada ao apresentante, caso em que o mesmo prazo será contado da data da resposta dada.

§ 3º Tornada definitiva a ordem de sustação, o título ou o documento de dívida será encaminhado ao Juízo respectivo, quando não constar determinação expressa a qual das partes o mesmo deverá ser entregue, ou se decorridos 30 (trinta) dias sem que a parte autorizada tenha comparecido no Tabelionato para retirá-lo.

Art. 18. As dúvidas do Tabelião de Protesto serão resolvidas pelo Juízo competente.

Capítulo VIII
DO PAGAMENTO

Art. 19. O pagamento do título ou do documento de dívida apresentado para protesto será feito diretamente no Tabelionato competente, no valor igual ao declarado pelo apresentante, acrescido dos emolumentos e demais despesas.

§ 1º Não poderá ser recusado pagamento oferecido dentro do prazo legal, desde que feito no Tabelionato de Protesto competente e no horário de funcionamento dos serviços.

§ 2º No ato do pagamento, o Tabelionato de Protesto dará a respectiva quitação, e o valor devido será colocado à disposição do apresentante no primeiro dia útil subsequente ao do recebimento.

§ 3º Quando for adotado sistema de recebimento do pagamento por meio de cheque, ainda que de emissão de estabelecimento bancário, a quitação dada pelo Tabelionato fica condicionada à efetiva liquidação.

§ 4º Quando do pagamento no Tabelionato ainda subsistirem parcelas vincendas, será dada quitação da parcela paga em apartado, devolvendo-se o original ao apresentante.

Capítulo IX
DO REGISTRO DO PROTESTO

Art. 20. Esgotado o prazo previsto no art. 12, sem que tenham ocorrido as hipóteses dos Capítulos VII e VIII, o Tabelião lavrará e registrará o protesto, sendo o respectivo instrumento entregue ao apresentante.

Art. 21. O protesto será tirado por falta de pagamento, de aceite ou de devolução.

§ 1º O protesto por falta de aceite somente poderá ser efetuado antes do vencimento da obrigação e após o decurso do prazo legal para o aceite ou a devolução.

§ 2º Após o vencimento, o protesto sempre será efetuado por falta de pagamento, vedada a recusa da lavratura e registro do protesto por motivo não previsto na lei cambial.

§ 3º Quando o sacado retiver a letra de câmbio ou a duplicata enviada para aceite e não proceder à devolução dentro do prazo legal, o protesto poderá ser baseado na segunda via da letra de câmbio ou nas indicações da duplicata, que se limitarão a conter os mesmos requisitos lançados pelo sacador ao tempo da emissão da duplicata, vedada a exigência de qualquer formalidade não prevista na Lei que regula a emissão e circulação das duplicatas.

§ 4º Os devedores, assim compreendidos os emitentes de notas promissórias e cheques, os sacados nas letras de câmbio e duplicatas, bem como os indicados pelo apresentante ou credor como responsáveis pelo cumprimento da obrigação, não poderão deixar de figurar no termo de lavratura e registro de protesto.

§ 5º Não se poderá tirar protesto por falta de pagamento de letra de câmbio contra o sacado não aceitante.

→ § 5º acrescentado pela Lei 12.767/2012.

Art. 22. O registro do protesto e seu instrumento deverão conter:

I – data e número de protocolização;

II – nome do apresentante e endereço;

III – reprodução ou transcrição do documento ou das indicações feitas pelo apresentante e declarações nele inseridas;

IV – certidão das intimações feitas e das respostas eventualmente oferecidas;

V – indicação dos intervenientes voluntários e das firmas por eles honradas;

VI – a aquiescência do portador ao aceite por honra;

VII – nome, número do documento de identificação do devedor e endereço;

VIII – data e assinatura do Tabelião de Protesto, de seus substitutos ou de Escrevente autorizado.

Parágrafo único. Quando o Tabelião de Protesto conservar em seus arquivos gravação eletrônica da imagem, cópia reprográfica ou micrográfica do título ou documento de dívida, dispensa-se, no registro e no instrumento, a sua transcrição literal, bem como das demais declarações nele inseridas.

Art. 23. Os termos dos protestos lavrados, inclusive para fins especiais, por falta de pagamento, de aceite ou de devolução serão registrados em um único livro e conterão as anotações do tipo e do motivo do protesto, além dos requisitos previstos no artigo anterior.

Parágrafo único. Somente poderão ser protestados, para fins falimentares, os títulos ou documentos de dívida de responsabilidade das pessoas sujeitas às consequências da legislação falimentar.

Art. 24. O deferimento do processamento de concordata não impede o protesto.

Capítulo X
DAS AVERBAÇÕES E DO CANCELAMENTO

Art. 25. A averbação de retificação de erros materiais pelo serviço poderá ser efetuada de ofício ou a requerimento do interessado, sob responsabilidade do Tabelião de Protesto de Títulos.

§ 1º Para a averbação da retificação será indispensável a apresentação do instrumento eventualmente expedido e de documentos que comprovem o erro.

§ 2º Não são devidos emolumentos pela averbação prevista neste artigo.

Art. 26. O cancelamento do registro do protesto será solicitado diretamente no Tabelionato de Protesto de Títulos, por qualquer interessado, mediante apresentação do documento protestado, cuja cópia ficará arquivada.

§ 1º Na impossibilidade de apresentação do original do título ou documento de dívida protestado, será exigida a declaração de anuência, com identificação e firma reconhecida, daquele que figurou no registro de protesto como credor, originário ou por endosso translativo.

§ 2º Na hipótese de protesto em que tenha figurado apresentante por endosso-mandato, será suficiente a declaração de anuência passada pelo credor endossante.

§ 3º O cancelamento do registro do protesto, se fundado em outro motivo que não no pagamento do título ou documento de dívida, será efetivado por determinação judicial, pagos os emolumentos devidos ao Tabelião.

§ 4º Quando a extinção da obrigação decorrer de processo judicial, o cancelamento do registro do protesto poderá ser solicitado com a apresentação da certidão expedida pelo Juízo processante, com menção do trânsito em julgado, que substituirá o título ou o documento de dívida protestado.

§ 5º O cancelamento do registro do protesto será feito pelo Tabelião titular, por seus Substitutos ou por Escrevente autorizado.

§ 6º Quando o protesto lavrado for registrado sob forma de microfilme ou gravação eletrônica, o termo do cancelamento será lançado em documento apartado, que será arquivado juntamente com os documentos que instruíram o pedido, e anotado no índice respectivo.

Capítulo XI
DAS CERTIDÕES E INFORMAÇÕES DO PROTESTO

Art. 27. O Tabelião de Protesto expedirá as certidões solicitadas dentro de 5 (cinco) dias úteis, no máximo, que abrangerão o período mínimo dos 5 (cinco) anos anteriores, contados da data do pedido, salvo quando se referir a protesto específico.

§ 1º As certidões expedidas pelos serviços de protesto de títulos, inclusive as relativas à prévia distribuição, deverão obrigatoriamente indicar, além do nome do devedor, seu número no Registro Geral (RG), constante da Cédula de Identidade, ou seu número no Cadastro de Pessoas Físicas (CPF), se pessoa física, e o número de inscrição no Cadastro Geral de Contribuintes (CGC), se pessoa jurídica, cabendo ao apresentante do título para protesto fornecer esses dados, sob pena de recusa.

§ 2º Das certidões não constarão os registros cujos cancelamentos tiverem sido averbados, salvo por requerimento escrito do próprio devedor ou por ordem judicial.

Art. 28. Sempre que a homonímia puder ser verificada simplesmente pelo confronto do número de documento de identificação, o Tabelião de Protesto dará certidão negativa.

Art. 29. Os cartórios fornecerão às entidades representativas da indústria e do comércio ou àquelas vinculadas à proteção do crédito, quando solicitada, certidão diária, em forma de relação, dos protestos tirados e dos cancelamentos efetuados, com a nota de se cuidar de informação reservada da qual não se poderá dar publicidade pela imprensa, nem mesmo parcialmente.

→ *Caput* com redação alterada pela Lei 9.841/1999.

§ 1º O fornecimento da certidão será suspenso caso se desatenda ao disposto no *caput* ou se forneçam informações de protestos cancelados.

→ § 1º com redação alterada pela Lei 9.841/1999.

§ 2º Dos cadastros ou bancos de dados das entidades referidas no *caput* somente serão prestadas informações restritivas de crédito oriundas de títulos ou documentos de dívidas regularmente protestados cujos registros não foram cancelados.

→ § 2º com redação alterada pela Lei 9.841/1999.

§ 3º (*Revogado pela Lei 9.841/1999*).

Art. 30. As certidões, informações e relações serão elaboradas pelo nome dos devedores, conforme previsto no § 4º do art. 21, desta Lei, devidamente identificados, e abrangerão os protestos lavrados e registrados por falta de pagamento, de aceite ou de devolução, vedada a exclusão ou omissão de nomes e de protestos, ainda que provisória ou parcial.

Art. 31. Poderão ser fornecidas certidões de protestos, não cancelados, a quaisquer interessados, desde que requeridas por escrito.

→ Artigo com redação alterada pela Lei 9.841/1999.

Capítulo XII
DOS LIVROS E ARQUIVOS

Art. 32. O livro de Protocolo poderá ser escriturado mediante processo manual, mecânico, eletrônico ou informatizado, em folhas soltas e com colunas destinadas às seguintes anotações: número de ordem, natureza do título ou documento de dívida, valor, apresentante, devedor e ocorrências.

Parágrafo único. A escrituração será diária, constando do termo de encerramento o número de documentos apresentados no dia, sendo a data da protocolização a mesma do termo diário do encerramento.

Art. 33. Os livros de Registros de Protesto serão abertos e encerrados pelo Tabelião de Protestos ou seus Substitutos, ou ainda por Escrevente autorizado, com suas folhas numeradas e rubricadas.

Art. 34. Os índices serão de localização dos protestos registrados e conterão os nomes dos devedores, na forma do § 4º do art. 21, vedada a exclusão ou omissão de nomes e de protestos, ainda que em caráter provisório ou parcial, não decorrente do cancelamento definitivo do protesto.

§ 1º Os índices conterão referência ao livro e à folha, ao microfilme ou ao arquivo eletrônico onde estiver registrado o protesto, ou ao número do registro, e aos cancelamentos de protestos efetuados.

§ 2º Os índices poderão ser elaborados pelo sistema de fichas, microfichas ou banco eletrônico de dados.

Art. 35. O Tabelião de Protestos arquivará ainda:

I – intimações;

II – editais;

III – documentos apresentados para a averbação no registro de protestos e ordens de cancelamentos;

IV – mandados e ofícios judiciais;

V – solicitações de retirada de documentos pelo apresentante;

VI – comprovantes de entrega de pagamentos aos credores;

VII – comprovantes de devolução de documentos de dívida irregulares.

§ 1º Os arquivos deverão ser conservados, pelo menos, durante os seguintes prazos:

I – 1 (um) ano, para as intimações e editais correspondentes a documentos protestados e ordens de cancelamento;

II – 6 (seis) meses, para as intimações e editais correspondentes a documentos pagos ou retirados além do tríduo legal;

III – 30 (trinta) dias, para os comprovantes de entrega de pagamento aos credores, para as solicitações de retirada dos apresentantes e para os comprovantes de devolução, por irregularidade, aos mesmos, dos títulos e documentos de dívidas.

§ 2º Para os livros e documentos microfilmados ou gravados por processo eletrônico de imagens não subsiste a obrigatoriedade de sua conservação.

§ 3º Os mandados judiciais de sustação de protesto deverão ser conservados, juntamente com os respectivos documentos, até solução definitiva por parte do Juízo.

Art. 36. O prazo de arquivamento é de 3 (três) anos para livros e protocolo e de 10 (dez) anos para os livros de registros de protesto e respectivos títulos.

Capítulo XIII
DOS EMOLUMENTOS

Art. 37. Pelos atos que praticarem em decorrência desta Lei, os Tabeliães de Protesto perceberão, diretamente das partes, a título de remuneração, os emolumentos fixados na forma da lei estadual e de seus decretos regulamentadores, salvo quando o serviço for estatizado.

§ 1º Poderá ser exigido depósito prévio dos emolumentos e demais despesas devidas, caso em que igual importância deverá ser reembolsada ao apresentante por ocasião da prestação de contas, quando ressarcidas pelo devedor no Tabelionato.

§ 2º Todo e qualquer ato praticado pelo Tabelião de Protesto será cotado, identificando-se as parcelas componentes do seu total.

§ 3º Pelo ato de digitalização e gravação eletrônica dos títulos e outros documentos, serão cobrados os mesmos valores previstos na tabela de emolumentos para o ato de microfilmagem.

Capítulo XIV
DISPOSIÇÕES FINAIS

Art. 38. Os Tabeliães de Protesto de Títulos são civilmente responsáveis por todos os prejuízos que causarem, por culpa ou dolo, pessoalmente, pelos substitutos que designarem ou Escreventes que autorizarem, assegurado o direito de regresso.

Art. 39. A reprodução de microfilme ou do processamento eletrônico da imagem, do título ou de qualquer documento arquivado no Tabelionato, quando autenticado pelo Tabelião de Protesto, por seu Substituto ou Escrevente autorizado, guarda o mesmo valor do original, independentemente de restauração judicial.

Art. 40. Não havendo prazo assinado, a data do registro do protesto é o termo inicial da incidência de juros, taxas e atualizações monetárias sobre o valor da obrigação contida no título ou documento de dívida.

Art. 41. Para os serviços previstos nesta Lei os Tabeliães poderão adotar, independentemente de autorização, sistemas de computação, microfilmagem, gravação eletrônica de imagem e quaisquer outros meios de reprodução.

Art. 42. Esta Lei entra em vigor na data de sua publicação.

Art. 43. Revogam-se as disposições em contrário.

Brasília, 10 de setembro de 1997; 176º da Independência e 109º da República.

Fernando Henrique Cardoso

(Publicação no *D.O.U.* de 11.9.1997)

LEI 9.494,
DE 10 DE SETEMBRO DE 1997

Disciplina a aplicação da tutela antecipada contra a Fazenda Pública, altera a Lei 7.347, de 24 de julho de 1985, e dá outras providências.

Faço saber que o Presidente da República adotou a Medida Provisória 1.570-5, de 1997, que o Congresso Nacional aprovou, e eu, Antonio Carlos Magalhães, Presidente, para os efeitos do disposto no parágrafo único do art. 62 da Constituição Federal, promulgo a seguinte Lei:

Art. 1º Aplica-se à tutela antecipada prevista nos arts. 273 e 461 do Código de Processo Civil o disposto nos arts. 5º e seu parágrafo único e 7º da Lei 4.348, de 26 de junho de 1964, no art. 1º e seu § 4º da Lei 5.021, de 9 de junho de 1966, e nos arts. 1º, 3º e 4º da Lei 8.437, de 30 de junho de 1992.

→ Súmula 729 do STF.

→ *v.* Arts. 294 e 497, do NCPC.

→ As Leis 4.348/1964 e 5.021/1966 foram revogadas pela Lei 12.016/2009.

Art. 1º-A. Estão dispensadas de depósito prévio, para interposição de recurso, as pessoas jurídicas de direito público federais, estaduais, distritais e municipais.

→ Artigo acrescentado pela MP 2.180-35/2001.

Art. 1º-B. O prazo a que se refere o *caput* dos arts. 730 do Código de Processo Civil, e 884 da Consolidação das Leis do Trabalho, aprovada pelo Decreto-lei 5.452, de 1º de maio de 1943, passa a ser de 30 (trinta) dias.

→ Artigo acrescentado pela MP 2.180-35/2001.

→ *v.* Art. 910 do NCPC.

Art. 1º-C. Prescreverá em 5 (cinco) anos o direito de obter indenização dos danos causados por agentes de pessoas jurídicas de direito público e de pessoas jurídicas de direito privado prestadoras de serviços públicos.

→ Artigo acrescentado pela MP 2.180-35/2001.

Art. 1º-D. Não serão devidos honorários advocatícios pela Fazenda Pública nas execuções não embargadas.

→ Artigo acrescentado pela MP 2.180-35/2001.

Art. 1º-E. São passíveis de revisão, pelo Presidente do Tribunal, de ofício ou a requerimento das partes, as contas elaboradas para aferir o valor dos precatórios antes de seu pagamento ao credor.

→ Artigo acrescentado pela MP 2.180-35/2001.

Art. 1º-F. Nas condenações impostas à Fazenda Pública, independentemente de sua natureza e para fins de atualização monetária, remuneração do capital e compensação da mora, haverá a incidência uma única vez, até o efetivo pagamento, dos índices oficiais de remuneração básica e juros aplicados à caderneta de poupança.

→ Artigo com redação alterada pela Lei 11.960/2009.

→ *v.* ADIs 4.357/DF (*D.J.E.* 26.9.2014) e 4.425/DF (*D.J.E.* 19.12.2013), o Plenário do STF, por maioria de votos, julgou parcialmente procedentes as ADIs, para declarar inconstitucional "O art. 1º-F da Lei 9.494/97, com redação dada pela Lei 11.960/2009, ao reproduzir as regras da EC 62/2009 quanto à atualização monetária e à fixação de juros moratórios de créditos inscritos em precatórios incorre nos mesmos vícios de juridicidade que inquinam o art. 100, § 12, da CF, razão pela qual se revela inconstitucional por arrastamento, na mesma extensão dos itens 5 e 6 supra."

Art. 2º O art. 16 da Lei 7.347, de 24 de julho de 1985, passa a vigorar com a seguinte redação:

"Art. 16. A sentença civil fará coisa julgada *erga omnes*, nos limites da competência territorial do órgão prolator, exceto se o pedido for julgado improcedente por insuficiência de provas, hipótese em que qualquer legitimado poderá intentar outra ação com idêntico fundamento, valendo-se de nova prova."

→ *v.* Art. 103, I, do CDC.

Art. 2º-A. A sentença civil prolatada em ação de caráter coletivo proposta por entidade associativa, na defesa dos interesses e direitos dos seus associados, abrangerá apenas os substituídos que tenham, na data da propositura da ação, domicílio no âmbito da competência territorial do órgão prolator.

→ Artigo acrescentado pela MP 2.180-35/2001.

Parágrafo único. Nas ações coletivas propostas contra a União, os Estados, o Distrito Federal, os Municípios e suas autarquias e fundações, a petição inicial deverá obrigatoriamente estar instruída com a ata da assembleia da entidade associativa que a autorizou, acompanhada da relação nominal dos seus associados e indicação dos respectivos endereços.

Art. 2º-B. A sentença que tenha por objeto a liberação de recurso, inclusão em folha de pagamento, reclassificação, equiparação, concessão de aumento ou extensão de vantagens a servidores da União, dos Estados, do Distrito Federal e dos Municípios, inclusive de suas autarquias e fundações, somente poderá ser executada após seu trânsito em julgado.

→ Artigo acrescentado pela MP 2.180-35/2001.

Art. 3º Ficam convalidados os atos praticados com base na Medida Provisória 1.570-4, de 22 de julho de 1997.

Art. 4º Esta Lei entra em vigor na data de sua publicação.

Congresso Nacional, em 10 de setembro de 1997; 176º da Independência e 109º da República.

Antonio Carlos Magalhães

(Publicação no *D.O.U.* de 11.9.1997)

LEI 9.504,
DE 30 DE SETEMBRO DE 1997

Estabelece normas para as eleições.

O Vice-Presidente da República, no exercício do cargo de Presidente da República:

Faço saber que o Congresso Nacional decreta e eu sanciono a seguinte Lei:

Disposições gerais

Art. 1º As eleições para Presidente e Vice-Presidente da República, Governador e Vice-Governador de Estado e do Distrito Federal, Prefeito e Vice-Prefeito, Senador, Deputado Federal, Deputado Estadual, Deputado Distrital e Vereador dar-se-ão, em todo o País, no primeiro domingo de outubro do ano respectivo.

Parágrafo único. Serão realizadas simultaneamente as eleições:

I – para Presidente e Vice-Presidente da República, Governador e Vice-Governador de Estado e do Distrito Federal, Senador, Deputado Federal, Deputado Estadual e Deputado Distrital;

II – para Prefeito, Vice-Prefeito e Vereador.

Art. 2º Será considerado eleito o candidato a Presidente ou a Governador que obtiver a maioria absoluta de votos, não computados os em branco e os nulos.

§ 1º Se nenhum candidato alcançar maioria absoluta na primeira votação, far-se-á nova eleição no último domingo de outubro, concorrendo os dois candidatos mais votados, e considerando-se eleito o que obtiver a maioria dos votos válidos.

§ 2º Se, antes de realizado o segundo turno, ocorrer morte, desistência ou impedimento legal de candidato, convocar-se-á, dentre os remanescentes, o de maior votação.

§ 3º Se, na hipótese dos parágrafos anteriores, remanescer em segundo lugar mais de um candidato com a mesma votação, qualificar-se-á o mais idoso.

§ 4º A eleição do Presidente importará a do candidato a Vice-Presidente com ele registrado, o mesmo se aplicando à eleição de Governador.

Art. 3º Será considerado eleito Prefeito o candidato que obtiver a maioria dos votos, não computados os em branco e os nulos.

§ 1º A eleição do Prefeito importará a do candidato a Vice-Prefeito com ele registrado.

§ 2º Nos Municípios com mais de duzentos mil eleitores, aplicar-se-ão as regras estabelecidas nos §§ 1º a 3º do artigo anterior.

Art. 4º Poderá participar das eleições o partido que, até um 1 (ano) antes do pleito, tenha registrado seu estatuto no Tribunal Superior Eleitoral, conforme o disposto em lei, e tenha, até a data da convenção, órgão de direção constituído na circunscrição, de acordo com o respectivo estatuto.

Art. 5º Nas eleições proporcionais, contam-se como válidos apenas os votos dados a candidatos regularmente inscritos e às legendas partidárias.

Das coligações

Art. 6º É facultado aos partidos políticos, dentro da mesma circunscrição, celebrar coligações para eleição majoritária, proporcional, ou para ambas, podendo, neste último caso, formar-se mais de uma coligação para a eleição proporcional dentre os partidos que integram a coligação para o pleito majoritário.

§ 1º A coligação terá denominação própria, que poderá ser a junção de todas as siglas dos partidos que a integram, sendo a ela atribuídas as prerrogativas e obrigações de partido político no que se refere ao processo eleitoral, e devendo funcionar como um só partido no relacionamento com a Justiça Eleitoral e no trato dos interesses interpartidários.

§ 1º-A. A denominação da coligação não poderá coincidir, incluir ou fazer referência a nome ou número de candidato, nem conter pedido de voto para partido político.

→ § 1º-A acrescentado pela Lei 12.034/2009.

§ 2º Na propaganda para eleição majoritária, a coligação usará, obrigatoriamente, sob sua denominação, as legendas de todos os partidos que a integram; na propaganda para eleição proporcional, cada partido usará apenas sua legenda sob o nome da coligação.

§ 3º Na formação de coligações, devem ser observadas, ainda, as seguintes normas:

I – na chapa da coligação, podem inscrever-se candidatos filiados a qualquer partido político dela integrante;

II – o pedido de registro dos candidatos deve ser subscrito pelos presidentes dos partidos coligados, por seus delegados, pela maioria dos membros dos respectivos órgãos executivos de direção ou por representante da coligação, na forma do inciso III;

III – os partidos integrantes da coligação devem designar um representante, que terá atribuições equivalentes às de presidente de partido político, no trato dos interesses e na representação da coligação, no que se refere ao processo eleitoral;

IV – a coligação será representada perante a Justiça Eleitoral pela pessoa designada na forma do inciso III ou por delegados indicados pelos partidos que a compõem, podendo nomear até:

a) três delegados perante o Juízo Eleitoral;

b) quatro delegados perante o Tribunal Regional Eleitoral;

c) cinco delegados perante o Tribunal Superior Eleitoral.

§ 4º O partido político coligado somente possui legitimidade para atuar de forma isolada no processo eleitoral quando questionar a validade da própria coligação, durante o período compreendido entre a data da convenção e o termo final do prazo para a impugnação do registro de candidatos.

→ § 4º acrescentado pela Lei 12.034/2009.

§ 5º A responsabilidade pelo pagamento de multas decorrentes de propaganda eleitoral é solidária entre os candidatos e os respectivos partidos, não alcançando outros partidos mesmo quando integrantes de uma mesma coligação.

→ § 5º acrescentado pela Lei 12.891/2013.

Das convenções para a escolha de candidatos

Art. 7º As normas para a escolha e substituição dos candidatos e para a formação de coligações serão estabelecidas no estatuto do partido, observadas as disposições desta Lei.

§ 1º Em caso de omissão do estatuto, caberá ao órgão de direção nacional do partido estabelecer as normas a que se refere este artigo, publicando-as no *Diário Oficial da União* até 180 (cento e oitenta) dias antes das eleições.

§ 2º Se a convenção partidária de nível inferior se opuser, na deliberação sobre coligações, às diretrizes legitimamente estabelecidas pelo órgão de direção nacional, nos termos do respectivo estatuto, poderá esse órgão anular a deliberação e os atos dela decorrentes.

→ § 2º com redação alterada pela Lei 12.034/2009.

§ 3º As anulações de deliberações dos atos decorrentes de convenção partidária, na condição acima estabelecida, deverão ser comunicadas à Justiça Eleitoral no prazo de 30 (trinta) dias após a data limite para o registro de candidatos.

→ § 3º com redação alterada pela Lei 12.034/2009.

§ 4º Se, da anulação, decorrer a necessidade de escolha de novos candidatos, o pedido de registro deverá ser apresentado à Justiça Eleitoral nos 10 (dez) dias seguintes à deliberação, observado o disposto no art. 13.

→ § 4º com redação alterada pela Lei 12.034/2009.

Art. 8º A escolha dos candidatos pelos partidos e a deliberação sobre coligações deverão ser feitas no período de 20 de julho a 5 de agosto do ano em que se realizarem as eleições, lavrando-se a respectiva ata em livro aberto, rubricado pela Justiça Eleitoral, publicada em vinte e quatro horas em qualquer meio de comunicação.

→ *Caput* com redação alterada pela Lei 13.165/2015.

§ 1º Aos detentores de mandato de Deputado Federal, Estadual ou Distrital, ou de Vereador, e aos que tenham exercido esses cargos em qualquer período da legislatura que estiver em curso, é assegurado o registro de candidatura para o mesmo cargo pelo partido a que estejam filiados.

→ *V.* ADIn 2.530-9.

§ 2º Para a realização das convenções de escolha de candidatos, os partidos políticos poderão usar gratuitamente prédios públicos, responsabilizando-se por danos causados com a realização do evento.

Art. 9º Para concorrer às eleições, o candidato deverá possuir domicílio eleitoral na respectiva circunscrição pelo prazo de, pelo menos, um ano antes do pleito, e estar com a filiação deferida pelo partido no mínimo seis meses antes da data da eleição.

→ *Caput* com redação alterada pela Lei 13.165/2015.

Parágrafo único. Havendo fusão ou incorporação de partidos após o prazo estipulado no *caput*, será considerada, para efeito de filiação partidária, a data de filiação do candidato ao partido de origem.

Do registro de candidatos

Art. 10. Cada partido ou coligação poderá registrar candidatos para a Câmara dos Deputados, a Câmara Legislativa, as Assembleias Legislativas e as Câmaras Municipais no total de até 150% (cento e cinquenta por cento) do número de lugares a preencher, salvo:

→ *Caput* com redação alterada pela Lei 13.165/2015.

I – nas unidades da Federação em que o número de lugares a preencher para a Câmara dos Deputados não exceder a doze, nas quais cada partido ou coligação poderá registrar candidatos a Deputado Federal e a Deputado Estadual ou Distrital no total de até 200% (duzentos por cento) das respectivas vagas;

→ Inciso I acrescentado pela Lei 13.165/2015.

II – nos Municípios de até cem mil eleitores, nos quais cada coligação poderá registrar candidatos no total de até 200% (duzentos por cento) do número de lugares a preencher.

→ Inciso II acrescentado pela Lei 13.165/2015.

§ 1º (*Revogado revogado pela Lei 13.165/2015*).

§ 2º (*Revogado revogado pela Lei 13.165/2015*).

§ 3º Do número de vagas resultante das regras previstas neste artigo, cada partido ou coligação preencherá o mínimo de 30% (trinta por cento) e o máximo de 70% (setenta por cento) para candidaturas de cada sexo.

→ § 3º com redação alterada pela Lei 12.034/2009.

§ 4º Em todos os cálculos, será sempre desprezada a fração, se inferior a meio, e igualada a um, se igual ou superior.

§ 5º No caso de as convenções para a escolha de candidatos não indicarem o número máximo de candidatos previsto no caput, os órgãos de direção dos partidos respectivos poderão preencher as vagas remanescentes até trinta dias antes do pleito.

→ § 5º com redação alterada pela Lei 13.165/2015.

Art. 11. Os partidos e coligações solicitarão à Justiça Eleitoral o registro de seus candidatos até as dezenove horas do dia 15 de agosto do ano em que se realizarem as eleições.

→ *Caput* com redação alterada pela Lei 13.165/2015.

§ 1º O pedido de registro deve ser instruído com os seguintes documentos:

I – cópia da ata a que se refere o art. 8º;

II – autorização do candidato, por escrito;

III – prova de filiação partidária;

IV – declaração de bens, assinada pelo candidato;

V – cópia do título eleitoral ou certidão, fornecida pelo cartório eleitoral, de que o candidato é eleitor na circunscrição ou requereu sua inscrição ou transferência de domicílio no prazo previsto no art. 9º;

VI – certidão de quitação eleitoral;

VII – certidões criminais fornecidas pelos órgãos de distribuição da Justiça Eleitoral, Federal e Estadual;

VIII – fotografia do candidato, nas dimensões estabelecidas em instrução da Justiça Eleitoral, para efeito do disposto no § 1º do art. 59.

IX – propostas defendidas pelo candidato a Prefeito, a Governador de Estado e a Presidente da República.

→ Inciso IX acrescentado pela Lei 12.034/2009.

§ 2º A idade mínima constitucionalmente estabelecida como condição de elegibilidade é verificada tendo por referência a data da posse, salvo quando fixada em dezoito anos, hipótese em que será aferida na data-limite para o pedido de registro.

→ § 2º com redação alterada pela Lei 13.165/2015.

§ 3º Caso entenda necessário, o Juiz abrirá prazo de 72 (setenta e duas) horas para diligências.

§ 4º Na hipótese de o partido ou coligação não requerer o registro de seus candidatos, estes poderão fazê-lo perante a Justiça Eleitoral, observado o prazo máximo de 48 (quarenta e oito) horas seguintes à publicação da lista dos candidatos pela Justiça Eleitoral.

→ § 4º com redação alterada pela Lei 12.034/2009.

§ 5º Até a data a que se refere este artigo, os Tribunais e Conselhos de Contas deverão tornar disponíveis à Justiça Eleitoral relação dos que tiveram suas contas relativas ao exercício de cargos ou funções públicas rejeitadas por irregularidade insanável e por decisão irrecorrível do órgão competente, ressalvados os casos em que a questão estiver sendo submetida à apreciação do Poder Judiciário, ou que haja sentença judicial favorável ao interessado.

§ 6º A Justiça Eleitoral possibilitará aos interessados acesso aos documentos apresentados para os fins do disposto no § 1º.

→ § 6º acrescentado pela Lei 12.034/2009.

§ 7º A certidão de quitação eleitoral abrangerá exclusivamente a plenitude do gozo dos direitos políticos, o regular exercício do voto, o atendimento a convocações da Justiça Eleitoral para auxiliar os trabalhos relativos ao pleito, a inexistência de multas aplicadas, em caráter definitivo, pela Justiça Eleitoral e não remitidas, e a apresentação de contas de campanha eleitoral.

→ § 7º acrescentado pela Lei 12.034/2009.

§ 8º Para fins de expedição da certidão de que trata o § 7º, considerar-se-ão quites aqueles que:

→ *Caput* do § 8º acrescentado pela Lei 12.034/2009.

I – condenados ao pagamento de multa, tenham, até a data da formalização do seu pedido de registro de candidatura, comprovado o pagamento ou o parcelamento da dívida regularmente cumprido;

→ Inciso I acrescentado pela Lei 12.034/2009.

II – pagarem a multa que lhes couber individualmente, excluindo-se qualquer modalidade de responsabilidade solidária, mesmo quando imposta concomitantemente com outros candidatos e em razão do mesmo fato.

→ Inciso II acrescentado pela Lei 12.034/2009.

III – o parcelamento das multas eleitorais é direito do cidadão, seja ele eleitor ou candidato, e dos partidos políticos, podendo ser parceladas em até 60 (sessenta) meses, desde que não ultrapasse o limite de 10% (dez por cento) de sua renda.

→ Inciso III acrescentado pela Lei 12.891/2013.

§ 9º A Justiça Eleitoral enviará aos partidos políticos, na respectiva circunscrição, até o dia 5 de junho do ano da eleição, a relação de todos os devedores de multa eleitoral, a qual embasará a expedição das certidões de quitação eleitoral.

→ § 9º acrescentado pela Lei 12.034/2009.

§ 10. As condições de elegibilidade e as causas de inelegibilidade devem ser aferidas no momento da formalização do pedido de registro da candidatura, ressalvadas as alterações, fáticas ou jurídicas, supervenientes ao registro que afastem a inelegibilidade.

→ § 10 acrescentado pela Lei 12.034/2009.

§ 11. A Justiça Eleitoral observará, no parcelamento a que se refere o § 8º deste artigo, as regras de parcelamento previstas na legislação tributária federal.

→ § 11 acrescentado pela Lei 12.034/2009.

§ 12. (*Vetado*).

→ § 12 acrescentado pela Lei 12.034/2009.

§ 13. Fica dispensada a apresentação pelo partido, coligação ou candidato de documentos produzidos a partir de informações detidas pela Justiça Eleitoral, entre eles os indicados nos incisos III, V e VI do § 1º deste artigo.

→ § 13 acrescentado pela Lei 12.891/2013.

Art. 12. O candidato às eleições proporcionais indicará, no pedido de registro, além de seu nome completo, as variações nominais com que deseja ser registrado, até o máximo de três opções, que poderão ser o prenome, sobrenome, cognome, nome abreviado, apelido ou nome pelo qual é mais conhecido, desde que não se estabeleça dúvida quanto à sua identidade, não atente contra o pudor e não seja ridículo ou irreverente, mencionando em que ordem de preferência deseja registrar-se.

§ 1º Verificada a ocorrência de homonímia, a Justiça Eleitoral procederá atendendo ao seguinte:

I – havendo dúvida, poderá exigir do candidato prova de que é conhecido por dada opção de nome, indicada no pedido de registro;

II – ao candidato que, na data máxima prevista para o registro, esteja exercendo mandato eletivo ou o tenha exercido nos últimos 4 (quatro) anos, ou que nesse mesmo prazo se tenha candidatado com um dos nomes que indicou, será deferido o seu uso no registro, ficando outros candidatos impedidos de fazer propaganda com esse mesmo nome;

III – ao candidato que, pela sua vida política, social ou profissional, seja identificado por um dado nome que tenha indicado, será deferido o registro com esse nome, observado o disposto na parte final do inciso anterior;

IV – tratando-se de candidatos cuja homonímia não se resolva pelas regras dos dois incisos anteriores, a Justiça Eleitoral deverá notificá-los para que, em dois dias, cheguem a acordo sobre os respectivos nomes a serem usados;

V – não havendo acordo no caso do inciso anterior, a Justiça Eleitoral registrará cada candidato com o nome e sobrenome constantes do pedido de registro, observada a ordem de preferência ali definida.

§ 2º A Justiça Eleitoral poderá exigir do candidato prova de que é conhecido por determinada opção de nome por ele indicado, quando seu uso puder confundir o eleitor.

§ 3º A Justiça Eleitoral indeferirá todo pedido de variação de nome coincidente com nome de candidato a eleição majoritária, salvo para candidato que esteja exercendo mandato eletivo ou o tenha exercido nos últimos 4 (quatro) anos, ou que, nesse mesmo prazo, tenha concorrido em eleição com o nome coincidente.

§ 4º Ao decidir sobre os pedidos de registro, a Justiça Eleitoral publicará as variações de nome deferidas aos candidatos.

§ 5º A Justiça Eleitoral organizará e publicará, até 30 (trinta) dias antes da eleição, as seguintes relações, para uso na votação e apuração:

I – a primeira, ordenada por partidos, com a lista dos respectivos candidatos em ordem numérica, com as três variações de nome correspondentes a cada um, na ordem escolhida pelo candidato;

II – a segunda, com o índice onomástico e organizada em ordem alfabética, nela constando o nome completo de cada candidato e cada variação de nome, também em ordem alfabética, seguidos da respectiva legenda e número.

Art. 13. É facultado ao partido ou coligação substituir candidato que for considerado inelegível, renunciar ou falecer após o termo final do prazo do registro ou, ainda, tiver seu registro indeferido ou cancelado.

§ 1º A escolha do substituto far-se-á na forma estabelecida no estatuto do partido a que pertencer o substituído, e o registro deverá ser requerido até 10 (dez) dias contados do fato ou da notificação do partido da decisão judicial que deu origem à substituição.

→ § 1º com redação alterada pela Lei 12.034/2009.

§ 2º Nas eleições majoritárias, se o candidato for de coligação, a substituição deverá fazer-se por decisão da maioria absoluta dos órgãos executivos de direção dos partidos coligados, podendo o substituto ser filiado a qualquer partido dela integrante, desde que o partido ao qual pertencia o substituído renuncie ao direito de preferência.

§ 3º Tanto nas eleições majoritárias como nas proporcionais, a substituição só se efetivará se o novo pedido for apresentado até 20 (vinte) dias antes do pleito, exceto em caso de falecimento de candidato, quando a substituição poderá ser efetivada após esse prazo.

→ § 3º com redação alterada pela Lei 12.891/2013.

Art. 14. Estão sujeitos ao cancelamento do registro os candidatos que, até a data da eleição, forem expulsos do partido, em processo no qual seja assegurada ampla defesa e sejam observadas as normas estatutárias.

Parágrafo único. O cancelamento do registro do candidato será decretado pela Justiça Eleitoral, após solicitação do partido.

Art. 15. A identificação numérica dos candidatos se dará mediante a observação dos seguintes critérios:

I – os candidatos aos cargos majoritários concorrerão com o número identificador do partido ao qual estiverem filiados;

II – os candidatos à Câmara dos Deputados concorrerão com o número do partido ao qual estiverem filiados, acrescido de dois algarismos à direita;

III – os candidatos às Assembleias Legislativas e à Câmara Distrital concorrerão com o número do partido ao qual estiverem filiados acrescido de três algarismos à direita;

IV – o Tribunal Superior Eleitoral baixará resolução sobre a numeração dos candidatos concorrentes às eleições municipais.

§ 1º Aos partidos fica assegurado o direito de manter os números atribuídos à sua legenda na eleição anterior, e aos candidatos, nesta hipótese, o direito de manter os números que lhes foram atribuídos na eleição anterior para o mesmo cargo.

§ 2º Aos candidatos a que se refere o § 1º do art. 8º, é permitido requerer novo número ao órgão de direção de seu partido, independentemente do sorteio a que se refere o § 2º do art. 100 da Lei 4.737, de 15 de julho de 1965 – Código Eleitoral.

§ 3º Os candidatos de coligações, nas eleições majoritárias, serão registrados com o número de legenda do respectivo partido e, nas eleições proporcionais, com o número de legenda do respectivo partido acrescido do número que lhes couber, observado o disposto no parágrafo anterior.

Art. 16. Até vinte dias antes da data das eleições, os Tribunais Regionais Eleitorais enviarão ao Tribunal Superior Eleitoral, para fins de centralização e divulgação de dados, a relação dos candidatos às eleições majoritárias e proporcionais, da qual constará obrigatoriamente a referência ao sexo e ao cargo a que concorrem.

→ *Caput* com redação alterada pela Lei 13.165/2015.

§ 1º Até a data prevista no caput, todos os pedidos de registro de candidatos, inclusive os impugnados e os respectivos recursos, devem estar julgados pelas instâncias ordinárias, e publicadas as decisões a eles relativas.

→ § 1º com redação alterada pela Lei 13.165/015.

§ 2º Os processos de registro de candidaturas terão prioridade sobre quaisquer outros, devendo a Justiça Eleitoral adotar as providências necessárias para o cumprimento do prazo previsto no § 1º, inclusive com a realização de sessões extraordinárias e a convocação dos juízes suplentes pelos Tribunais, sem prejuízo da eventual aplicação do disposto no art. 97 e de representação ao Conselho Nacional de Justiça.

→ § 2º acrescentado pela Lei 12.034/2009.

Art. 16-A. O candidato cujo registro esteja *sub judice* poderá efetuar todos os atos relativos à campanha eleitoral, inclusive utilizar o horário eleitoral gratuito no rádio e na televisão e ter seu nome mantido na urna eletrônica enquanto estiver sob essa condição, ficando a validade dos votos a ele atribuídos condicionada ao deferimento de seu registro por instância superior.

→ Artigo acrescentado pela Lei 12.034/2009.

Parágrafo único. O cômputo, para o respectivo partido ou coligação, dos votos atribuídos ao candidato cujo registro esteja *sub judice* no dia da eleição fica condicionado ao deferimento do registro do candidato.

Art. 16-B. O disposto no art. 16-A quanto ao direito de participar da campanha eleitoral, inclusive utilizar o horário eleitoral gratuito, aplica-se igualmente ao candidato cujo pedido de registro tenha sido protocolado no prazo legal e ainda não tenha sido apreciado pela Justiça Eleitoral.

→ Artigo acrescentado pela Lei 12.891/2013.

Da arrecadação e da aplicação de recursos nas campanhas eleitorais

Art. 17. As despesas da campanha eleitoral serão realizadas sob a responsabilidade dos partidos, ou de seus candidatos, e financiadas na forma desta Lei.

Art. 17-A. (*Revogado pela Lei 13.165/2015*).

Art. 18. Os limites de gastos de campanha, em cada eleição, são os definidos pelo Tribunal Superior Eleitoral com base nos parâmetros definidos em lei.

→ *Caput* com redação alterada pela Lei 13.165/2015.

§ 1º (*Revogado pela Lei 13.165/2015*).

§ 2º (*Revogado pela Lei 13.165/2015*).

Art. 18-A. Serão contabilizadas nos limites de gastos de cada campanha as despesas efetuadas pelos candidatos e as efetuadas pelos partidos que puderem ser individualizadas.

→ Artigo acrescentado pela Lei 13.165/2015.

Art. 18-B. O descumprimento dos limites de gastos fixados para cada campanha acarretará o pagamento de multa em valor equivalente a 100% (cem por cento) da quantia que ultrapassar o limite estabelecido, sem prejuízo da apuração da ocorrência de abuso do poder econômico.

→ Artigo acrescentado pela Lei 13.165/2015.

Art. 19. (*Revogado pela Lei 13.165/2015*).

Art. 20. O candidato a cargo eletivo fará, diretamente ou por intermédio de pessoa por ele designada, a administração financeira de sua campanha usando recursos repassados pelo partido, inclusive os relativos à cota do Fundo Partidário, recursos próprios ou doações de pessoas físicas, na forma estabelecida nesta Lei.

→ Artigo com redação alterada pela Lei 13.165/2015.

Art. 21. O candidato é solidariamente responsável com a pessoa indicada na forma do art. 20 desta Lei pela veracidade das informações financeiras e contábeis de sua campanha, devendo ambos assinar a respectiva prestação de contas.

→ Artigo com redação alterada pela Lei 11.300/2006.

Art. 22. É obrigatório para o partido e para os candidatos abrir conta bancária específica para registrar todo o movimento financeiro da campanha.

§ 1º Os bancos são obrigados a:

→ *Caput* do § 1º com redação alterada pela Lei 12.891/2013.

I – acatar, em até três dias, o pedido de abertura de conta de qualquer candidato escolhido em convenção, sendo-lhes vedado condicioná-la a depósito mínimo e à cobrança de taxas ou de outras despesas de manutenção;

→ Inciso I com redação alterada pela Lei 13.165/2015.

II – identificar, nos extratos bancários das contas correntes a que se refere o *caput*, o CPF ou o CNPJ do doador.

→ Inciso II acrescentado pela Lei 12.891/2013.

III – encerrar a conta bancária no final do ano da eleição, transferindo a totalidade do saldo existente para a conta bancária do órgão de direção indicado pelo partido, na forma prevista no art. 31, e informar o fato à Justiça Eleitoral.

→ Inciso III acrescentado pela Lei 13.165/2015.

§ 2º O disposto neste artigo não se aplica aos casos de candidatura para Prefeito e Vereador em Municípios onde não haja agência bancária ou posto de atendimento bancário.

→ § 2º com redação alterada pela Lei 13.165/2015.

§ 3º O uso de recursos financeiros para pagamentos de gastos eleitorais que não provenham da conta específica de que trata o *caput* deste artigo implicará a desaprovação da prestação de contas do partido ou candidato; comprovado abuso de poder econômico, será cancelado o registro da candidatura ou cassado o diploma, se já houver sido outorgado.

→ § 3º acrescentado pela Lei 11.300/2006.

§ 4º Rejeitadas as contas, a Justiça Eleitoral remeterá cópia de todo o processo ao Ministério Público Eleitoral para os fins previstos no art. 22 da Lei Complementar 64, de 18 de maio de 1990.

→ § 4º acrescentado pela Lei 11.300/2006.

Art. 22-A. Os candidatos estão obrigados à inscrição no Cadastro Nacional da Pessoa Jurídica – CNPJ.

→ *Caput* com redação alterada pela Lei 13.165/2015.

§ 1º Após o recebimento do pedido de registro da candidatura, a Justiça Eleitoral deverá fornecer em até 3 (três) dias úteis, o número de registro de CNPJ.

→ § 1º acrescentado pela Lei 12.034/2009.

§ 2º Cumprido o disposto no § 1º deste artigo e no § 1º do art. 22, ficam os candidatos autorizados a promover a arrecadação de recursos financeiros e a realizar as despesas necessárias à campanha eleitoral.

→ § 2º com redação alterada pela Lei 13.165/2015.

Art. 23. Pessoas físicas poderão fazer doações em dinheiro ou estimáveis em dinheiro para campanhas eleitorais, obedecido o disposto nesta Lei.

→ *Caput* com redação alterada pela Lei 12.034/2009.

§ 1º As doações e contribuições de que trata este artigo ficam limitadas a 10% (dez por cento) dos rendimentos brutos auferidos pelo doador no ano anterior à eleição.

→ *Caput* do § 1º com redação alterada pela Lei 13.165/2015.

I – (*Revogado pela Lei 13.165/2015*);

II – (*Revogado pela Lei 13.165/2015*).

§ 1º-A. O candidato poderá usar recursos próprios em sua campanha até o limite de gastos estabelecido nesta Lei para o cargo ao qual concorre.

→ § 1º-A acrescentado pela Lei 13.165/2015.

§ 2º As doações estimáveis em dinheiro a candidato específico, comitê ou partido deverão ser feitas mediante recibo, assinado pelo doador, exceto na hipótese prevista no § 6º do art. 28.

→ § 2º com redação alterada pela Lei 12.891/2013.

§ 3º A doação de quantia acima dos limites fixados neste artigo sujeita o infrator ao pagamento de multa no valor de 5 (cinco) a 10 (dez) vezes a quantia em excesso.

§ 4º As doações de recursos financeiros somente poderão ser efetuadas na conta mencionada no art. 22 desta Lei por meio de:

→ *Caput* do § 4º com redação alterada pela Lei 11.300/2006.

I – cheques cruzados e nominais ou transferência eletrônica de depósitos;

→ Inciso I acrescentado pela Lei 11.300/2006.

II – depósitos em espécie devidamente identificados até o limite fixado no inciso I do § 1º deste artigo.

→ Inciso II acrescentado pela Lei 11.300/2006.

III – mecanismo disponível em sítio do candidato, partido ou coligação na internet, permitindo inclusive o uso de cartão de crédito, e que deverá atender aos seguintes requisitos:

→ Inciso III acrescentado pela Lei 12.034/2009.

a) identificação do doador;

b) emissão obrigatória de recibo eleitoral para cada doação realizada.

§ 5º Ficam vedadas quaisquer doações em dinheiro, bem como de troféus, prêmios, ajudas de qualquer espécie feitas por candidato, entre o registro e a eleição, a pessoas físicas ou jurídicas.

→ § 5º acrescentado pela Lei 11.300/2006.

§ 6º Na hipótese de doações realizadas por meio da internet, as fraudes ou erros cometidos pelo doador sem conhecimento dos candidatos, partidos ou coligações não ensejarão a responsabilidade destes nem a rejeição de suas contas eleitorais.

→ § 6º acrescentado pela Lei 12.034/2009.

§ 7º O limite previsto no § 1º não se aplica a doações estimáveis em dinheiro relativas à utilização de bens móveis ou imóveis de propriedade do doador, desde que o valor estimado não ultrapasse R$ 80.000,00 (oitenta mil reais).

→ § 7º com redação alterada pela Lei 13.165/2015.

Art. 24. É vedado, a partido e candidato, receber direta ou indiretamente doação em dinheiro ou estimável em dinheiro, inclusive por meio de publicidade de qualquer espécie, procedente de:

I – entidade ou governo estrangeiro;

II – órgão da administração pública direta e indireta ou fundação mantida com recursos provenientes do Poder Público;

III – concessionário ou permissionário de serviço público;

IV – entidade de direito privado que receba, na condição de beneficiária, contribuição compulsória em virtude de disposição legal;

V – entidade de utilidade pública;

VI – entidade de classe ou sindical;

VII – pessoa jurídica sem fins lucrativos que receba recursos do exterior.

VIII – entidades beneficentes e religiosas;

→ Inciso VIII acrescentado pela Lei 11.300/2006.

IX – entidades esportivas;

→ Inciso IX com redação alterada pela Lei 12.034/2009.

X – organizações não governamentais que recebam recursos públicos;

→ Inciso X acrescentado pela Lei 11.300/2006.

XI – organizações da sociedade civil de interesse público.

→ Inciso XI acrescentado pela Lei 11.300/2006.

XII – (*Vetado*).

→ Inciso XII acrescentado pela Lei 13.165/2015.

§ 1º Não se incluem nas vedações de que trata este artigo as cooperativas cujos cooperados não sejam concessionários ou permissionários de serviços públicos, desde que não estejam sendo beneficiadas com recursos públicos, observado o disposto no art. 81.

→ Anterior parágrafo único renumerado para § 1º pela Lei 13.165/2015.

§ 2º (*Vetado*).

→ § 2º acrescentado pela Lei 13.165/2015.

§ 3º (*Vetado*).

→ § 3º acrescentado pela Lei 13.165/2015.

§ 4º O partido ou candidato que receber recursos provenientes de fontes vedadas ou de origem não identificada deverá proceder à devolução dos valores recebidos ou, não sendo possível a identificação da fonte, transferi-los para a conta única do Tesouro Nacional.

→ § 4º acrescentado pela Lei 13.165/2015.

Art. 24-A. (*Vetado*).

→ Artigo acrescentado pela Lei 13.165/2015.

Art. 24-B. (*Vetado*).

→ Artigo acrescentado pela Lei 13.165/2015.

Art. 24-C. O limite de doação previsto no § 1º do art. 23 será apurado anualmente pelo Tribunal Superior Eleitoral e pela Secretaria da Receita Federal do Brasil.

→ Artigo acrescentado pela Lei 13.165/2015.

§ 1º O Tribunal Superior Eleitoral deverá consolidar as informações sobre as doações registradas até 31 de dezembro do exercício financeiro a ser apurado, considerando:

I – as prestações de contas anuais dos partidos políticos, entregues à Justiça Eleitoral até 30 de abril do ano subsequente ao da apuração, nos termos do art. 32 da Lei 9.096, de 19 de setembro de 1995;

II – as prestações de contas dos candidatos às eleições ordinárias ou suplementares que tenham ocorrido no exercício financeiro a ser apurado.

§ 2º O Tribunal Superior Eleitoral, após a consolidação das informações sobre os valores doados e apurados, encaminhá-las-á à Secretaria da Receita Federal do Brasil até 30 de maio do ano seguinte ao da apuração.

§ 3º A Secretaria da Receita Federal do Brasil fará o cruzamento dos valores doados com os rendimentos da pessoa física e, apurando indício de excesso, comunicará o fato, até 30 de julho do ano seguinte ao da apuração, ao Ministério Público Eleitoral, que poderá, até o final do exercício financeiro, apresentar representação com vistas à aplicação da penalidade prevista no art. 23 e de outras sanções que julgar cabíveis.

Art. 25. O partido que descumprir as normas referentes à arrecadação e aplicação de recursos fixadas nesta Lei perderá o direito ao recebimento da quota do Fundo Partidário do ano seguinte, sem prejuízo de responderem os candidatos beneficiados por abuso do poder econômico.

Parágrafo único. A sanção de suspensão do repasse de novas quotas do Fundo Partidário, por desaprovação total ou parcial da prestação de contas do candidato, deverá ser aplicada de forma proporcional e razoável, pelo período de 1 (um) mês a 12 (doze) meses, ou por meio do desconto, do valor a ser repassado, na importância apontada como irregular, não podendo ser aplicada a sanção de suspensão, caso a prestação de contas não seja julgada, pelo juízo ou tribunal competente, após 5 (cinco) anos de sua apresentação.

→ Parágrafo único acrescentado pela Lei 12.034/2009.

Art. 26. São considerados gastos eleitorais, sujeitos a registro e aos limites fixados nesta Lei:

→ *Caput* com redação alterada pela Lei 11.300/2006.

I – confecção de material impresso de qualquer natureza e tamanho, observado o disposto no § 3º do art. 38 desta Lei;

→ Inciso I com redação alterada pela Lei 12.891/2013.

II – propaganda e publicidade direta ou indireta, por qualquer meio de divulgação, destinada a conquistar votos;

III – aluguel de locais para a promoção de atos de campanha eleitoral;

IV – despesas com transporte ou deslocamento de candidato e de pessoal a serviço das candidaturas;

→ Inciso IV com redação alterada pela Lei 11.300/2006.

V – correspondência e despesas postais;

VI – despesas de instalação, organização e funcionamento de Comitês e serviços necessários às eleições;

VII – remuneração ou gratificação de qualquer espécie a pessoal que preste serviços às candidaturas ou aos comitês eleitorais;

VIII – montagem e operação de carros de som, de propaganda e assemelhados;

IX – a realização de comícios ou eventos destinados à promoção de candidatura;

→ Inciso IX com redação alterada pela Lei 11.300/2006.

X – produção de programas de rádio, televisão ou vídeo, inclusive os destinados à propaganda gratuita;

XI – (*Revogado pela Lei 11.300/2006*).

XII – realização de pesquisas ou testes pré-eleitorais;

XIII – (*Revogado pela Lei 11.300/2006*).

XIV – (*Revogado pela Lei 12.891/2013*).

XV – custos com a criação e inclusão de sítios na internet;

XVI – multas aplicadas aos partidos ou candidatos por infração do disposto na legislação eleitoral.

XVII – produção de *jingles*, vinhetas e *slogans* para propaganda eleitoral.

→ Inciso XVII acrescentado pela Lei 11.300/2006.

Parágrafo único. São estabelecidos os seguintes limites com relação ao total do gasto da campanha:

→ Parágrafo único acrescentado pela Lei 12.891/2013.

I – alimentação do pessoal que presta serviços às candidaturas ou aos comitês eleitorais: 10% (dez por cento);

II – aluguel de veículos automotores: 20% (vinte por cento).

Art. 27. Qualquer eleitor poderá realizar gastos, em apoio a candidato de sua preferência, até a quantia equivalente a mil UFIR, não sujeitos a contabilização, desde que não reembolsados.

Da prestação de contas

Art. 28. A prestação de contas será feita:

I – no caso dos candidatos às eleições majoritárias, na forma disciplinada pela Justiça Eleitoral;

II – no caso dos candidatos às eleições proporcionais, de acordo com os modelos constantes do Anexo desta Lei.

§ 1º As prestações de contas dos candidatos às eleições majoritárias serão feitas pelo próprio candidato, devendo ser acompanhadas dos extratos das contas bancárias referentes à movimentação dos recursos financeiros usados na campanha e da relação dos cheques recebidos, com a indicação dos respectivos números, valores e emitentes.

→ § 1º com redação alterada pela Lei 13.165/2015.

§ 2º As prestações de contas dos candidatos às eleições proporcionais serão feitas pelo próprio candidato.

→ § 2º com redação alterada pela Lei 13.165/2015.

§ 3º As contribuições, doações e as receitas de que trata esta Lei serão convertidas em UFIR, pelo valor desta no mês em que ocorrerem.

§ 4º Os partidos políticos, as coligações e os candidatos são obrigados, durante as campanhas eleitorais, a divulgar em sítio criado pela Justiça Eleitoral para esse fim na rede mundial de computadores (internet):

→ *Caput* do § 4º com redação alterada pela Lei 13.165/2015.

I – os recursos em dinheiro recebidos para financiamento de sua campanha eleitoral, em até 72 (setenta e duas) horas de seu recebimento;

→ Inciso I acrescentado pela Lei 13.165/2015.

II – no dia 15 de setembro, relatório discriminando as transferências do Fundo Partidário, os recursos em dinheiro e os estimáveis em dinheiro recebidos, bem como os gastos realizados.

→ Inciso II acrescentado pela Lei 13.165/2015.

§ 5º (*Vetado*).

→ § 5º acrescentado pela Lei 12.891/2013.

§ 6º Ficam também dispensadas de comprovação na prestação de contas:

→ *Caput* do § 6º acrescentado pela Lei 12.891/2013.

I – a cessão de bens móveis, limitada ao valor de R$ 4.000,00 (quatro mil reais) por pessoa cedente;

→ Inciso I acrescentado pela Lei 12.891/2013.

II – doações estimáveis em dinheiro entre candidatos ou partidos, decorrentes do uso comum tanto de sedes quanto de materiais de propaganda eleitoral, cujo gasto deverá ser registrado na prestação de contas do responsável pelo pagamento da despesa.

→ Inciso II com redação alterada pela Lei 13.165/2015.

§ 7º As informações sobre os recursos recebidos a que se refere o § 4º deverão ser divulgadas com a indicação dos nomes, do CPF ou CNPJ dos doadores e dos respectivos valores doados.

→ § 7º acrescentado pela Lei 13.165/2015.

§ 8º Os gastos com passagens aéreas efetuados nas campanhas eleitorais serão comprovados mediante a apresentação de fatura ou duplicata emitida por agência de viagem, quando for o caso, desde que informados os beneficiários, as datas e os itinerários, vedada a exigência de apresentação de qualquer outro documento para esse fim.

→ § 8º acrescentado pela Lei 13.165/2015.

§ 9º A Justiça Eleitoral adotará sistema simplificado de prestação de contas para candidatos que apresentarem movimentação financeira correspondente a, no máximo, R$ 20.000,00 (vinte mil reais), atualizados monetariamente, a cada eleição, pelo Índice Nacional de Preços ao Consumidor – INPC da Fundação Instituto Brasileiro de Geografia e Estatística – IBGE ou por índice que o substituir.

→ § 9º acrescentado pela Lei 13.165/2015.

§ 10. O sistema simplificado referido no § 9º deverá conter, pelo menos:

→ § 10 acrescentado pela Lei 13.165/2015.

I – identificação das doações recebidas, com os nomes, o CPF ou CNPJ dos doadores e os respectivos valores recebidos;

II – identificação das despesas realizadas, com os nomes e o CPF ou CNPJ dos fornecedores de material e dos prestadores dos serviços realizados;

III – registro das eventuais sobras ou dívidas de campanha.

§ 11. Nas eleições para Prefeito e Vereador de Municípios com menos de cinquenta mil eleitores, a prestação de contas será feita sempre pelo sistema simplificado a que se referem os §§ 9º e 10.

→ § 11 acrescentado pela Lei 13.165/2015.

§ 12. Os valores transferidos pelos partidos políticos oriundos de doações serão registrados na prestação de contas dos candidatos como transferência dos partidos e, na prestação de contas dos partidos, como transferência aos candidatos, sem individualização dos doadores.

→ § 12 acrescentado pela Lei 13.165/2015.

Art. 29. Ao receber as prestações de contas e demais informações dos candidatos às eleições majoritárias e dos candidatos às eleições proporcionais que optarem por prestar contas por seu intermédio, os comitês deverão:

I – (*Revogado pela Lei 13.165/2015*).

II – resumir as informações contidas na prestação de contas, de forma a apresentar demonstrativo consolidado das campanhas;

→ Inciso II com redação alterada pela Lei 13.165/2015.

III – encaminhar à Justiça Eleitoral, até o trigésimo dia posterior à realização das eleições, o conjunto das prestações de contas dos candidatos e do próprio comitê, na forma do artigo anterior, ressalvada a hipótese do inciso seguinte;

IV – havendo segundo turno, encaminhar a prestação de contas, referente aos 2 (dois) turnos, até o vigésimo dia posterior à sua realização.

→ Inciso IV com redação alterada pela Lei 13.165/2015.

§ 1º (*Revogado pela Lei 13.165/2015*).

§ 2º A inobservância do prazo para encaminhamento das prestações de contas impede a diplomação dos eleitos, enquanto perdurar.

§ 3º Eventuais débitos de campanha não quitados até a data de apresentação da prestação de contas poderão ser assumidos pelo partido político, por decisão do seu órgão nacional de direção partidária.

→ § 3º acrescentado pela Lei 12.034/2009.

§ 4º No caso do disposto no § 3º, o órgão partidário da respectiva circunscrição eleitoral passará a responder por todas as dívidas solidariamente com o candidato, hipótese em que a existência do débito não poderá ser considerada como causa para a rejeição das contas.

→ § 4º acrescentado pela Lei 12.034/2009.

Art. 30. A Justiça Eleitoral verificará a regularidade das contas de campanha, decidindo:

→ *Caput* com redação alterada pela Lei 12.034/2009.

I – pela aprovação, quando estiverem regulares;

→ Inciso I acrescentado pela Lei 12.034/2009.

II – pela aprovação com ressalvas, quando verificadas falhas que não lhes comprometam a regularidade;

→ Inciso II acrescentado pela Lei 12.034/2009.

III – pela desaprovação, quando verificadas falhas que lhes comprometam a regularidade;

→ Inciso III acrescentado pela Lei 12.034/2009.

IV – pela não prestação, quando não apresentadas as contas após a notificação emitida pela Justiça Eleitoral, na qual constará a obrigação expressa de prestar as suas contas, no prazo de 72 (setenta e duas) horas.

→ Inciso IV acrescentado pela Lei 12.034/2009.

§ 1º A decisão que julgar as contas dos candidatos eleitos será publicada em sessão até três dias antes da diplomação.

→ § 1º com redação alterada pela Lei 13.165/2015.

§ 2º Erros formais e materiais corrigidos não autorizam a rejeição das contas e a cominação de sanção a candidato ou partido.

§ 2º-A. Erros formais ou materiais irrelevantes no conjunto da prestação de contas, que não comprometam o seu resultado, não acarretarão a rejeição das contas.

→ § 2º-A acrescentado pela Lei 12.034/2009.

§ 3º Para efetuar os exames de que trata este artigo, a Justiça Eleitoral poderá requisitar técnicos do Tribunal de Contas da União, dos Estados, do Distrito Federal ou dos Municípios, pelo tempo que for necessário.

§ 4º Havendo indício de irregularidade na prestação de contas, a Justiça Eleitoral poderá requisitar do candidato as informações adicionais necessárias, bem como determinar diligências para a complementação dos dados ou o saneamento das falhas.

→ § 4º com redação alterada pela Lei 13.165/2015.

§ 5º Da decisão que julgar as contas prestadas pelos candidatos caberá recurso ao órgão superior da Justiça Eleitoral, no prazo de 3 (três) dias, a contar da publicação no Diário Oficial.

→ § 5º com redação alterada pela Lei 13.165/2015.

§ 6º No mesmo prazo previsto no § 5º, caberá recurso especial para o Tribunal Superior Eleitoral, nas hipóteses previstas nos incisos I e II do § 4º do art. 121 da Constituição Federal.

→ § 6º acrescentado pela Lei 12.034/2009.

§ 7º O disposto neste artigo aplica-se aos processos judiciais pendentes.

→ § 7º acrescentado pela Lei 12.034/2009.

Art. 30-A. Qualquer partido político ou coligação poderá representar à Justiça Eleitoral, no prazo de 15 (quinze) dias da diplomação, relatando fatos e indicando provas, e pedir a abertura de investigação judicial para apurar condutas em desacordo com as normas desta Lei, relativas à arrecadação e gastos de recursos.

→ *Caput* com redação alterada pela Lei 12.034/2009.

§ 1º Na apuração de que trata este artigo, aplicar-se-á o procedimento previsto no art. 22 da Lei Complementar 64, de 18 de maio de 1990, no que couber.

→ § 1º acrescentado pela Lei 11.300/2006.

§ 2º Comprovados captação ou gastos ilícitos de recursos, para fins eleitorais, será negado diploma ao candidato, ou cassado, se já houver sido outorgado.

→ § 2º acrescentado pela Lei 11.300/2006.

§ 3º O prazo de recurso contra decisões proferidas em representações propostas com base neste artigo será de 3 (três) dias, a contar da data da publicação do julgamento no *Diário Oficial*.

→ § 3º acrescentado pela Lei 12.034/2009.

Art. 31. Se, ao final da campanha, ocorrer sobra de recursos financeiros, esta deve ser declarada na prestação de contas e, após julgados todos os recursos, transferida ao partido, obedecendo aos seguintes critérios:

→ *Caput* com redação alterada pela Lei 12.891/2013.

I – no caso de candidato a Prefeito, Vice-Prefeito e Vereador, esses recursos deverão ser transferidos para o órgão diretivo municipal do partido na cidade onde ocorreu a eleição, o qual será responsável exclusivo pela identificação desses recursos, sua utilização, contabilização e respectiva prestação de contas perante o juízo eleitoral correspondente;

→ Inciso I acrescentado pela Lei 12.891/2013.

II – no caso de candidato a Governador, Vice-Governador, Senador, Deputado Federal e Deputado Estadual ou Distrital, esses recursos deverão ser transferidos para o órgão diretivo regional do partido no Estado onde ocorreu a eleição ou no Distrito Federal, se for o caso, o qual será responsável exclusivo pela identificação desses recursos, sua utilização, contabilização e respectiva prestação de contas perante o Tribunal Regional Eleitoral correspondente;

→ Inciso II acrescentado pela Lei 12.891/2013.

III – no caso de candidato a Presidente e Vice-Presidente da República, esses recursos deverão ser transferidos para o órgão diretivo nacional do partido, o qual será responsável exclusivo pela identificação desses recursos, sua utilização, contabilização e respectiva prestação de contas perante o Tribunal Superior Eleitoral;

→ Inciso III acrescentado pela Lei 12.891/2013.

IV – o órgão diretivo nacional do partido não poderá ser responsabilizado nem penalizado pelo descumprimento do disposto neste artigo por parte dos órgãos diretivos municipais e regionais.

→ Inciso IV acrescentado pela Lei 12.891/2013.

Parágrafo único. As sobras de recursos financeiros de campanha serão utilizadas pelos partidos políticos, devendo tais valores ser declarados em suas prestações de contas perante a Justiça Eleitoral, com a identificação dos candidatos.

→ Parágrafo único com redação alterada pela Lei 12.034/2009.

Art. 32. Até 180 (cento e oitenta) dias após a diplomação, os candidatos ou partidos conservarão a documentação concernente a suas contas.

Parágrafo único. Estando pendente de julgamento qualquer processo judicial relativo às contas, a documentação a elas concernente deverá ser conservada até a decisão final.

Das pesquisas e testes pré-eleitorais

Art. 33. As entidades e empresas que realizarem pesquisas de opinião pública relativas às eleições ou aos candidatos, para conhecimento público, são obrigadas, para cada pesquisa, a registrar, junto à Justiça Eleitoral, até cinco dias antes da divulgação, as seguintes informações:

I – quem contratou a pesquisa;

II – valor e origem dos recursos despendidos no trabalho;

III – metodologia e período de realização da pesquisa;

IV – plano amostral e ponderação quanto a sexo, idade, grau de instrução, nível econômico e área física de realização do trabalho a ser executado, intervalo de confiança e margem de erro;

→ Inciso IV com redação alterada pela Lei 12.891/2013.

V – sistema interno de controle e verificação, conferência e fiscalização da coleta de dados e do trabalho de campo;

VI – questionário completo aplicado ou a ser aplicado;

VII – nome de quem pagou pela realização do trabalho e cópia da respectiva nota fiscal.

→ Inciso VII com redação alterada pela Lei 12.891/2013.

§ 1º As informações relativas às pesquisas serão registradas nos órgãos da Justiça Eleitoral aos quais compete fazer o registro dos candidatos.

§ 2º A Justiça Eleitoral afixará no prazo de 24 (vinte e quatro) horas, no local de costume, bem como divulgará em seu sítio na internet, aviso comunicando o registro das informações a que se refere este artigo, colocando-as à disposição dos partidos ou coligações com candidatos ao pleito, os quais a elas terão livre acesso pelo prazo de 30 (trinta) dias.

→ § 2º com redação alterada pela Lei 12.034/2009.

§ 3º A divulgação de pesquisa sem o prévio registro das informações de que trata este artigo sujeita os responsáveis a multa no valor de cinquenta mil a cem mil UFIR.

§ 4º A divulgação de pesquisa fraudulenta constitui crime, punível com detenção de 6 (seis) meses a 1 (um) ano e multa no valor de cinquenta mil a cem mil UFIR.

§ 5º É vedada, no período de campanha eleitoral, a realização de enquetes relacionadas ao processo eleitoral.

→ § 5º acrescentado pela Lei 12.891/2013.

Art. 34. *(Vetado).*

§ 1º Mediante requerimento à Justiça Eleitoral, os partidos poderão ter acesso ao sistema interno de controle, verificação e fiscalização da coleta de dados das entidades que divulgaram pesquisas de opinião relativas às eleições, incluídos os referentes à identificação dos entrevistadores e, por meio de escolha livre a aleatória de planilhas individuais, mapas ou equivalentes, confrontar e conferir os dados publicados, preservada a identidade dos respondentes.

§ 2º O não cumprimento do disposto neste artigo ou qualquer ato que vise a retardar, impedir ou dificultar a ação fiscalizadora dos partidos constitui crime, punível com detenção, de 6 (seis) meses a 1 (um) ano, com a alternativa de prestação de serviços à comunidade pelo mesmo prazo, e multa no valor de dez mil a vinte mil Ufir.

§ 3º A comprovação de irregularidade nos dados publicados sujeita os responsáveis às penas mencionadas no parágrafo anterior, sem prejuízo da obrigatoriedade da veiculação dos dados corretos no mesmo espaço, local, horário, página, caracteres e outros elementos de destaque, de acordo com o veículo usado.

Art. 35. Pelos crimes definidos nos arts. 33, § 4º, e 34, §§ 2º e 3º, podem ser responsabilizados penalmente os representantes legais da empresa ou entidade de pesquisa e do órgão veiculador.

Art. 35-A. É vedada a divulgação de pesquisas eleitorais por qualquer meio de comunicação, a partir do décimo quinto dia anterior até as 18 (dezoito) horas do dia do pleito.

→ Artigo acrescentado pela Lei 11.300/2006.

→ *v.* ADIns 3.741-2, 3.742-1 e 3.743-9 – O STF declarou inconstitucional o art. 35-A.

Da propaganda eleitoral em geral

Art. 36. A propaganda eleitoral somente é permitida após o dia 15 de agosto do ano da eleição.

→ *Caput* com redação alterada pela Lei 13.165/2015.

§ 1º Ao postulante a candidatura a cargo eletivo é permitida a realização, na quinzena anterior à escolha pelo partido, de propaganda intrapartidária com vista à indicação de seu nome, vedado o uso de rádio, televisão e *outdoor*.

§ 2º No segundo semestre do ano da eleição, não será veiculada a propaganda partidária gratuita prevista em lei nem permitido qualquer tipo de propaganda política paga no rádio e na televisão.

§ 3º A violação do disposto neste artigo sujeitará o responsável pela divulgação da propaganda e, quando comprovado o seu prévio conhecimento, o beneficiário à multa no valor de R$ 5.000,00 (cinco mil reais) a R$ 25.000,00 (vinte e cinco mil reais), ou ao equivalente ao custo da propaganda, se este for maior.

→ § 3º com redação alterada pela Lei 12.034/2009.

§ 4º Na propaganda dos candidatos a cargo majoritário deverão constar, também, os nomes dos candidatos a vice ou a suplentes de senador, de modo claro e legível, em tamanho não inferior a 30% (trinta por cento) do nome do titular.

→ § 4º com redação alterada pela Lei 13.165/2015.

§ 5º A comprovação do cumprimento das determinações da Justiça Eleitoral relacionadas a propaganda realizada em desconformidade com o disposto nesta Lei poderá ser apresentada no Tribunal Superior Eleitoral, no caso de candidatos a Presidente e Vice-Presidente da República, nas sedes dos respectivos Tribunais Regionais Eleitorais, no caso de candidatos a Governador, Vice-Governador, Deputado Federal, Senador da República, Deputados Estadual e Distrital, e, no Juízo Eleitoral, na hipótese de candidato a Prefeito, Vice-Prefeito e Vereador.

→ § 5º acrescentado pela Lei 12.034/2009.

Art. 36-A. Não configuram propaganda eleitoral antecipada, desde que não envolvam pedido explícito de voto, a menção à pretensa candidatura, a exaltação das qualidades pessoais dos pré-candidatos e os seguintes atos, que poderão ter cobertura dos meios de comunicação social, inclusive via internet:

→ *Caput* com redação alterada pela Lei 13.165/2015.

I – a participação de filiados a partidos políticos ou de pré-candidatos em entrevistas, programas, encontros ou debates no rádio, na televisão e na internet, inclusive com a exposição de plataformas e projetos políticos, observado pelas emissoras de rádio e de televisão o dever de conferir tratamento isonômico;

→ Inciso I com redação alterada pela Lei 12.891/2013.

II – a realização de encontros, seminários ou congressos, em ambiente fechado e a expensas dos partidos políticos, para tratar da organização dos processos eleitorais, discussão de políticas públicas, planos de governo ou alianças partidárias visando às eleições, podendo tais atividades ser divulgadas pelos instrumentos de comunicação intrapartidária;

→ Inciso II com redação alterada pela Lei 12.891/2013.

III – a realização de prévias partidárias e a respectiva distribuição de material informativo, a divulgação dos nomes dos filiados que participarão da disputa e a realização de debates entre os pré-candidatos;

→ Inciso III com redação alterada pela Lei 13.165/2015.

IV – a divulgação de atos de parlamentares e debates legislativos, desde que não se faça pedido de votos;

→ Inciso IV com redação alterada pela Lei 12.891/2013.

V – a divulgação de posicionamento pessoal sobre questões políticas, inclusive nas redes sociais;

→ Inciso V com redação alterada pela Lei 13.165/2015.

VI – a realização, a expensas de partido político, de reuniões de iniciativa da sociedade civil, de veículo ou meio de comunicação ou do próprio partido, em qualquer localidade, para divulgar ideias, objetivos e propostas partidárias.

→ Inciso VI acrescentado pela Lei 13.165/2015.

§ 1º É vedada a transmissão ao vivo por emissoras de rádio e de televisão das prévias partidárias, sem prejuízo da cobertura dos meios de comunicação social.

→ § 1º acrescentado pela Lei 13.165/2015.

§ 2º Nas hipóteses dos incisos I a VI do *caput*, são permitidos o pedido de apoio político e a divulgação da pré-candidatura, das ações políticas desenvolvidas e das que se pretende desenvolver.

→ § 2º acrescentado pela Lei 13.165/2015.

§ 3º O disposto no § 2º não se aplica aos profissionais de comunicação social no exercício da profissão.

→ § 3º acrescentado pela Lei 13.165/2015.

Art. 36-B. Será considerada propaganda eleitoral antecipada a convocação, por parte do Presidente da República, dos Presidentes da Câmara dos Deputados, do Senado Federal e do Supremo Tribunal Federal, de redes de radiodifusão para divulgação de atos que denotem propaganda política ou ataques a partidos políticos e seus filiados ou instituições.

→ Artigo acrescentado pela Lei 12.891/2013.

Parágrafo único. Nos casos permitidos de convocação das redes de radiodifusão, é vedada a utilização de símbolos ou imagens, exceto aqueles previstos no § 1º do art. 13 da Constituição Federal.

Art. 37. Nos bens cujo uso dependa de cessão ou permissão do poder público, ou que a ele pertençam, e nos bens de uso comum, inclusive postes de iluminação pública, sinalização de tráfego, viadutos, passarelas, pontes, paradas de ônibus e outros equipamentos urbanos, é vedada a veiculação de propaganda de qualquer natureza, inclusive pichação, inscrição a tinta e exposição de placas, estandartes, faixas, cavaletes, bonecos e assemelhados.

→ *Caput* com redação alterada pela Lei 13.165/2015.

§ 1º A veiculação de propaganda em desacordo com o disposto no *caput* deste artigo sujeita o responsável, após a notificação e comprovação, à restauração do bem e, caso não cumprida no prazo, a multa no valor de R$ 2.000,00 (dois mil reais) a R$ 8.000,00 (oito mil reais).

→ § 1º com redação alterada pela Lei 11.300/2006.

§ 2º Em bens particulares, independe de obtenção de licença municipal e de autorização da Justiça Eleitoral a veiculação de propaganda eleitoral, desde que seja feita em adesivo ou papel, não exceda a 0,5 m² (meio metro quadrado) e não contrarie a legislação eleitoral, sujeitando-se o infrator às penalidades previstas no § 1º.

→ § 2º com redação alterada pela Lei 13.165/2015.

§ 3º Nas dependências do Poder Legislativo, a veiculação de propaganda eleitoral fica a critério da Mesa Diretora.

§ 4º Bens de uso comum, para fins eleitorais, são os assim definidos pela Lei 10.406, de 10 de janeiro de 2002 – Código Civil e também aqueles a que a população em geral tem acesso, tais como cinemas, clubes, lojas, centros comerciais, templos, ginásios, estádios, ainda que de propriedade privada.

→ § 4º acrescentado pela Lei 12.034/2009.

§ 5º Nas árvores e nos jardins localizados em áreas públicas, bem como em muros, cercas e tapumes divisórios, não é permitida a colocação de propaganda eleitoral de qualquer natureza, mesmo que não lhes cause dano.

→ § 5º acrescentado pela Lei 12.034/2009.

§ 6º É permitida a colocação de mesas para distribuição de material de campanha e a utilização de bandeiras ao longo das vias públicas, desde que móveis e que não dificultem o bom andamento do trânsito de pessoas e veículos.

→ § 6º com redação alterada pela Lei 12.891/2013.

§ 7º A mobilidade referida no § 6º estará caracterizada com a colocação e a retirada dos meios de propaganda entre as 6 horas e as 22 horas.

→ § 7º acrescentado pela Lei 12.034/2009.

§ 8º A veiculação de propaganda eleitoral em bens particulares deve ser espontânea e gratuita, sendo vedado qualquer tipo de pagamento em troca de espaço para esta finalidade.

→ § 8º acrescentado pela Lei 12.034/2009.

Art. 38. Independe da obtenção de licença municipal e de autorização da Justiça Eleitoral a veiculação de propaganda eleitoral pela distribuição de folhetos, adesivos, volantes e outros impressos, os quais devem ser editados sob a responsabilidade do partido, coligação ou candidato.

→ *Caput* com redação alterada pela Lei 12.891/2013.

§ 1º Todo material impresso de campanha eleitoral deverá conter o número de inscrição no Cadastro Nacional da Pessoa Jurídica – CNPJ ou o número de inscrição no Cadastro de Pessoas Físicas – CPF do responsável pela confecção, bem como de quem a contratou, e a respectiva tiragem.

→ § 1º acrescentado pela Lei 12.034/2009.

§ 2º Quando o material impresso veicular propaganda conjunta de diversos candidatos, os gastos relativos a cada um deles deverão constar na respectiva prestação de contas, ou apenas naquela relativa ao que houver arcado com os custos.

→ § 2º acrescentado pela Lei 12.034/2009.

§ 3º Os adesivos de que trata o *caput* deste artigo poderão ter a dimensão máxima de 50 (cinquenta) centímetros por 40 (quarenta) centímetros.

→ § 3º acrescentado pela Lei 12.891/2013.

§ 4º É proibido colar propaganda eleitoral em veículos, exceto adesivos microperfurados até a extensão total do para-brisa traseiro e, em outras posições, adesivos até a dimensão máxima fixada no § 3º.

→ § 4º acrescentado pela Lei 12.891/2013.

Art. 39. A realização de qualquer ato de propaganda partidária ou eleitoral, em recinto aberto ou fechado, não depende de licença da polícia.

§ 1º O candidato, partido ou coligação promotora do ato fará a devida comunicação à autoridade policial em, no mínimo, 24 (vinte e quatro) horas antes de sua realização, a fim de que esta lhe garanta, segundo a prioridade do aviso, o direito contra quem tencione usar o local no mesmo dia e horário.

§ 2º A autoridade policial tomará as providências necessárias à garantia da realização do ato e ao funcionamento do tráfego e dos serviços públicos que o evento possa afetar.

§ 3º O funcionamento de alto-falantes ou amplificadores de som, ressalvada a hipótese contemplada no parágrafo seguinte, somente é permitido entre as 8 e as 22 horas, sendo vedados a instalação e o uso daqueles equipamentos em distância inferior a duzentos metros:

I – das sedes dos Poderes Executivo e Legislativo da União, dos Estados, do Distrito Federal e dos Municípios, das sedes dos Tribunais Judiciais, e dos quartéis e outros estabelecimentos militares;

II – dos hospitais e casas de saúde;

III – das escolas, bibliotecas públicas, igrejas e teatros, quando em funcionamento.

§ 4º A realização de comícios e a utilização de aparelhagens de sonorização fixas são permitidas no horário compreendido entre as 8 (oito) e as 24 (vinte e quatro) horas, com exceção do comício de encerramento da campanha, que poderá ser prorrogado por mais 2 (duas) horas.

→ § 4º com redação alterada pela Lei 12.891/2013.

§ 5º Constituem crimes, no dia da eleição, puníveis com detenção, de 6 (seis) meses a 1 (um) ano, com a alternativa de prestação de serviços à comunidade pelo mesmo período, e multa no valor de cinco mil a quinze mil UFIR:

I – o uso de alto-falantes e amplificadores de som ou a promoção de comício ou carreata;

II – a arregimentação de eleitor ou a propaganda de boca de urna;

→ Inciso II com redação alterada pela Lei 11.300/2006.

III – a divulgação de qualquer espécie de propaganda de partidos políticos ou de seus candidatos.

→ Inciso III com redação alterada pela Lei 12.034/2009.

§ 6º É vedada na campanha eleitoral a confecção, utilização, distribuição por comitê, candidato, ou com a sua autorização, de camisetas, chaveiros, bonés, canetas, brindes, cestas básicas ou quaisquer outros bens ou materiais que possam proporcionar vantagem ao eleitor.

→ § 6º acrescentado pela Lei 11.300/2006.

§ 7º É proibida a realização de *showmício* e de evento assemelhado para promoção de candidatos, bem como a apresentação, remunerada ou não, de artistas com a finalidade de animar comício e reunião eleitoral.

→ § 7º acrescentado pela Lei 11.300/2006.

§ 8º É vedada a propaganda eleitoral mediante outdoors, inclusive eletrônicos, sujeitando-se a empresa responsável, os partidos, as coligações e os candidatos à imediata retirada da propaganda irregular e ao pagamento de multa no valor de R$ 5.000,00 (cinco mil reais) a R$ 15.000,00 (quinze mil reais).

→ § 8º com redação alterada pela Lei 12.891/2013.

§ 9º-A. Considera-se carro de som, além do previsto no § 12, qualquer veículo, motorizado ou não, ou ainda tracionado por animais, que transite divulgando *jingles* ou mensagens de candidatos.

→ § 9º-A acrescentado pela Lei 13.165/2015.

§ 10. Fica vedada a utilização de trios elétricos em campanhas eleitorais, exceto para a sonorização de comícios.

→ § 10 acrescentado pela Lei 12.034/2009.

§ 11. É permitida a circulação de carros de som e minitrios como meio de propaganda eleitoral, desde que observado o limite de 80 (oitenta) decibéis de nível de pressão sonora, medido a 7 (sete) metros de distância do veículo, e respeitadas as vedações previstas no § 3º deste artigo.

→ § 11 acrescentado pela Lei 12.891/2013.

§ 12. Para efeitos desta Lei, considera-se:

→ § 12 acrescentado pela Lei 12.891/2013.

I – carro de som: veículo automotor que usa equipamento de som com potência nominal de amplificação de, no máximo, 10.000 (dez mil) watts;

II – minitrio: veículo automotor que usa equipamento de som com potência nominal de amplificação maior que 10.000 (dez mil) watts e até 20.000 (vinte mil) watts;

III – trio elétrico: veículo automotor que usa equipamento de som com potência nominal de amplificação maior que 20.000 (vinte mil) watts.

Art. 39-A. É permitida, no dia das eleições, a manifestação individual e silenciosa da preferência do eleitor por partido político, coligação ou candidato, revelada exclusivamente pelo uso de bandeiras, broches, dísticos e adesivos.

→ Artigo acrescentado pela Lei 12.034/2009.

§ 1º É vedada, no dia do pleito, até o término do horário de votação, a aglomeração de pessoas portando vestuário padronizado, bem como os instrumentos de propaganda referidos no *caput*, de modo a caracterizar manifestação coletiva, com ou sem utilização de veículos.

§ 2º No recinto das seções eleitorais e juntas apuradoras, é proibido aos servidores da Justiça Eleitoral, aos mesários e aos escrutinadores o uso de vestuário ou objeto que contenha qualquer propaganda de partido político, de coligação ou de candidato.

§ 3º Aos fiscais partidários, nos trabalhos de votação, só é permitido que, em seus crachás, constem o nome e a sigla do partido político ou coligação a que sirvam, vedada a padronização do vestuário.

§ 4º No dia do pleito, serão afixadas cópias deste artigo em lugares visíveis nas partes interna e externa das seções eleitorais.

Art. 40. O uso, na propaganda eleitoral, de símbolos, frases ou imagens, associadas ou semelhantes às empregadas por órgão de governo, empresa pública ou sociedade de economia mista constitui crime, punível com detenção, de 6 (seis) meses a 1 (um) ano, com a alternativa de prestação de serviços à comunidade pelo mesmo período, e multa no valor de dez mil a vinte mil UFIR.

Art. 40-A. *(Vetado).*

→ Artigo acrescentado pela Lei 11.300/2006.

Art. 40-B. A representação relativa à propaganda irregular deve ser instruída com prova da autoria ou do prévio conhecimento do beneficiário, caso este não seja por ela responsável.

→ Artigo acrescentado pela Lei 12.034/2009.

Parágrafo único. A responsabilidade do candidato estará demonstrada se este, intimado da existência da propaganda irregular, não providenciar, no prazo de 48 (quarenta e oito) horas, sua retirada ou regularização e, ainda, se as circunstâncias e as peculiaridades do caso específico revelarem a impossibilidade de o beneficiário não ter tido conhecimento da propaganda.

Art. 41. A propaganda exercida nos termos da legislação eleitoral não poderá ser objeto de multa nem cerceada sob alegação do exercício do poder de polícia ou de violação de postura municipal, casos em que se deve proceder na forma prevista no art. 40.

→ *Caput* com redação alterada pela Lei 12.034/2009.

§ 1º O poder de polícia sobre a propaganda eleitoral será exercido pelos juízes eleitorais e pelos juízes designados pelos Tribunais Regionais Eleitorais.

→ § 1º acrescentado pela Lei 12.034/2009.

§ 2º O poder de polícia se restringe às providências necessárias para inibir práticas ilegais, vedada a censura prévia sobre o teor dos programas a serem exibidos na televisão, no rádio ou na internet.

→ § 2º acrescentado pela Lei 12.034/2009.

Art. 41-A. Ressalvado o disposto no art. 26 e seus incisos, constitui captação de sufrágio, vedada por esta Lei, o candidato doar, oferecer, prometer, ou entregar, ao eleitor, com o fim de obter-lhe o voto, bem ou vantagem pessoal de qualquer natureza, inclusive emprego ou função pública, desde o registro da candidatura até o dia da eleição, inclusive, sob pena de multa de mil a cinquenta mil UFIR, e cassação do registro ou do diploma, observado o procedimento previsto no art. 22 da Lei Complementar 64, de 18 de maio de 1990 .

→ *Caput* acrescentado pela Lei 9.840/1999.

§ 1º Para a caracterização da conduta ilícita, é desnecessário o pedido explícito de votos, bastando a evidência do dolo, consistente no especial fim de agir.

→ § 1º acrescentado pela Lei 12.034/2009.

§ 2º As sanções previstas no *caput* aplicam-se contra quem praticar atos de violência ou grave ameaça a pessoa, com o fim de obter-lhe o voto.

→ § 2º acrescentado pela Lei 12.034/2009.

§ 3º A representação contra as condutas vedadas no *caput* poderá ser ajuizada até a data da diplomação.

→ § 3º acrescentado pela Lei 12.034/2009.

§ 4º O prazo de recurso contra decisões proferidas com base neste artigo será de 3 (três) dias, a contar da data da publicação do julgamento no *Diário Oficial*.

→ § 4º acrescentado pela Lei 12.034/2009.

Da propaganda eleitoral mediante outdoors

Art. 42. *(Revogado pela Lei 11.300/2006).*

Da propaganda eleitoral na imprensa

Art. 43. São permitidas, até a antevéspera das eleições, a divulgação paga, na imprensa escrita, e a reprodução na Internet do jornal impresso, de até 10 (dez) anúncios de propaganda eleitoral, por veículo, em datas diversas, para cada candidato, no espaço máximo, por edição, de 1/8 (um oitavo) de página de jornal padrão e de 1/4 (um quarto) de página de revista ou tabloide.

→ *Caput* com redação alterada pela Lei 12.034/2009.

§ 1º Deverá constar do anúncio, de forma visível, o valor pago pela inserção.

→ § 1º acrescentado pela Lei 12.034/2009.

§ 2º A inobservância do disposto neste artigo sujeita os responsáveis pelos veículos de divulgação e os partidos, coligações ou candidatos beneficiados a multa no valor de R$ 1.000,00 (mil reais) a R$ 10.000,00 (dez mil reais) ou equivalente ao da divulgação da propaganda paga, se este for maior.

→ Anterior parágrafo único renumerado para § 2º pela Lei 12.034/2009.

Da propaganda eleitoral no rádio e na televisão

Art. 44. A propaganda eleitoral no rádio e na televisão restringe-se ao horário gratuito definido nesta Lei, vedada a veiculação de propaganda paga.

§ 1º A propaganda eleitoral gratuita na televisão deverá utilizar a Linguagem Brasileira de Sinais – LIBRAS ou o recurso de legenda, que deverão constar obrigatoriamente do material entregue às emissoras.

→ § 1º acrescentado pela Lei 12.034/2009.

§ 2º No horário reservado para a propaganda eleitoral, não se permitirá utilização comercial ou propaganda realizada com a intenção, ainda que disfarçada ou subliminar, de promover marca ou produto.

→ § 2º acrescentado pela Lei 12.034/2009.

§ 3º Será punida, nos termos do § 1º do art. 37, a emissora que, não autorizada a funcionar pelo poder competente, veicular propaganda eleitoral.

→ § 3º acrescentado pela Lei 12.034/2009.

Art. 45. Encerrado o prazo para a realização das convenções no ano das eleições, é vedado às emissoras de rádio e televisão, em sua programação normal e em seu noticiário:

→ *Caput* com redação alterada pela Lei 13.165/2015.

I – transmitir, ainda que sob a forma de entrevista jornalística, imagens de realização de pesquisa ou qualquer outro tipo de consulta popular de natureza eleitoral em que seja possível identificar o entrevistado ou em que haja manipulação de dados;

II – usar trucagem, montagem ou outro recurso de áudio ou vídeo que, de qualquer forma, degradem ou ridicularizem candidato, partido ou coligação, ou produzir ou veicular programa com esse efeito;

III – veicular propaganda política ou difundir opinião favorável ou contrária a candidato, partido, coligação, a seus órgãos ou representantes;

IV – dar tratamento privilegiado a candidato, partido ou coligação;

V – veicular ou divulgar filmes, novelas, minisséries ou qualquer outro programa com alusão ou crítica a candidato ou partido político, mesmo que dissimuladamente, exceto programas jornalísticos ou debates políticos;

VI – divulgar nome de programa que se refira a candidato escolhido em convenção, ainda quando preexistente, inclusive se coincidente com o nome do candidato ou com a variação nominal por ele adotada. Sendo o nome do programa o mesmo que o do candidato, fica proibida a sua divulgação, sob pena de cancelamento do respectivo registro.

§ 1º A partir de 30 de junho do ano da eleição, é vedado, ainda, às emissoras transmitir programa apresentado ou comentado por pré-candidato, sob pena, no caso de sua escolha na convenção partidária, de imposição da multa prevista no § 2º e de cancelamento do registro da candidatura do beneficiário.

→ § 1º com redação alterada pela Lei 13.165/2015.

§ 2º Sem prejuízo do disposto no parágrafo único do art. 55, a inobservância do disposto neste artigo sujeita a emissora ao pagamento de multa no valor de vinte mil a cem mil UFIR, duplicada em caso de reincidência.

§ 3º (*Revogado pela Lei 12.034/2009*).

§ 4º Entende-se por trucagem todo e qualquer efeito realizado em áudio ou vídeo que degradar ou ridicularizar candidato, partido político ou coligação, ou que desvirtuar a realidade e beneficiar ou prejudicar qualquer candidato, partido político ou coligação.

→ § 4º acrescentado pela Lei 12.034/2009.

§ 5º Entende-se por montagem toda e qualquer junção de registros de áudio ou vídeo que degradar ou ridicularizar candidato, partido político ou coligação, ou que desvirtuar a realidade e beneficiar ou prejudicar qualquer candidato, partido político ou coligação.

→ § 5º acrescentado pela Lei 12.034/2009.

§ 6º É permitido ao partido político utilizar na propaganda eleitoral de seus candidatos em âmbito regional, inclusive no horário eleitoral gratuito, a imagem e a voz de candidato ou militante de partido político que integre a sua coligação em âmbito nacional.

→ § 6º acrescentado pela Lei 12.034/2009.

→ ADIn 4.430 – O STF julgou parcialmente o pedido para declarar a constitucionalidade do § 6º.

Art. 46. Independentemente da veiculação de propaganda eleitoral gratuita no horário definido nesta Lei, é facultada a transmissão por emissora de rádio ou televisão de debates sobre as eleições majoritária ou proporcional, sendo assegurada a participação de candidatos dos partidos com representação superior a nove Deputados, e facultada a dos demais, observado o seguinte:

→ *Caput* com redação alterada pela Lei 13.165/2015.

I – nas eleições majoritárias, a apresentação dos debates poderá ser feita:

a) em conjunto, estando presentes todos os candidatos a um mesmo cargo eletivo;

b) em grupos, estando presentes, no mínimo, três candidatos;

II – nas eleições proporcionais, os debates deverão ser organizados de modo que assegurem a presença de número equivalente de candidatos de todos os partidos e coligações a um mesmo cargo eletivo, podendo desdobrar-se em mais de 1 (um) dia;

III – os debates deverão ser parte de programação previamente estabelecida e divulgada pela emissora, fazendo-se mediante sorteio a escolha do dia e da ordem de fala de cada candidato, salvo se celebrado acordo em outro sentido entre os partidos e coligações interessados.

§ 1º Será admitida a realização de debate sem a presença de candidato de algum partido, desde que o veículo de comunicação responsável comprove havê-lo convidado com a antecedência mínima de 72 (setenta e duas) horas da realização do debate.

§ 2º É vedada a presença de um mesmo candidato a eleição proporcional em mais de um debate da mesma emissora.

§ 3º O descumprimento do disposto neste artigo sujeita a empresa infratora às penalidades previstas no art. 56.

§ 4º O debate será realizado segundo as regras estabelecidas em acordo celebrado entre os partidos políticos e a pessoa jurídica interessada na realização do evento, dando-se ciência à Justiça Eleitoral.

→ § 4º acrescentado pela Lei 12.034/2009.

§ 5º Para os debates que se realizarem no primeiro turno das eleições, serão consideradas aprovadas as regras, inclusive as que definam o número de participantes, que obtiverem a concordância de pelo menos 2/3 (dois terços) dos candidatos aptos, no caso de eleição majoritária, e de pelo menos 2/3 (dois terços) dos partidos ou coligações com candidatos aptos, no caso de eleição proporcional.

→ § 5º com redação alterada pela Lei 13.165/2015.

Art. 47. As emissoras de rádio e de televisão e os canais de televisão por assinatura mencionados no art. 57 reservarão, nos trinta e cinco dias anteriores à antevéspera das eleições, horário destinado à divulgação, em rede, da propaganda eleitoral gratuita, na forma estabelecida neste artigo.

→ *Caput* com redação alterada pela Lei 3.165/2015.

§ 1º A propaganda será feita:

I – na eleição para Presidente da República, às terças e quintas-feiras e aos sábados:

a) das sete horas às sete horas e doze minutos e trinta segundos e das doze horas às doze horas e doze minutos e trinta segundos, no rádio;

→ Alínea *a* com redação alterada pela Lei 13.165/2015.

b) das treze horas às treze horas e doze minutos e trinta segundos e das vinte horas e trinta minutos às vinte horas e quarenta e dois minutos e trinta segundos, na televisão;

→ Alínea *b* com redação alterada pela Lei 13.165/2015.

II – nas eleições para Deputado Federal, às terças e quintas-feiras e aos sábados:

a) das sete horas e doze minutos e trinta segundos às sete horas e vinte e cinco minutos e das doze horas e doze minutos e trinta segundos às doze horas e vinte e cinco minutos, no rádio;

→ Alínea *a* com redação alterada pela Lei 13.165/2015.

b) das treze horas e doze minutos e trinta segundos às treze horas e vinte e cinco minutos e das vinte horas e quarenta e dois minutos e trinta segundos às vinte horas e cinquenta e cinco minutos, na televisão;

→ Alínea *b* com redação alterada pela Lei 13.165/2015.

III – nas eleições para Senador, às segundas, quartas e sextas-feiras:

→ Inciso III com redação alterada pela Lei 13.165/2015.

a) das sete horas às sete horas e cinco minutos e das doze horas às doze horas e cinco minutos, no rádio, nos anos em que a renovação do Senado Federal se der por um terço;

b) das treze horas às treze horas e cinco minutos e das vinte horas e trinta minutos às vinte horas e trinta e cinco minutos, na televisão, nos anos em que a renovação do Senado Federal se der por um terço;

c) das sete horas às sete horas e sete minutos e das doze horas às doze horas e sete minutos, no rádio, nos anos em que a renovação do Senado Federal se der por dois terços;

d) das treze horas às treze horas e sete minutos e das vinte horas e trinta minutos às vinte horas e trinta e sete minutos, na televisão, nos anos em que a renovação do Senado Federal se der por dois terços;

IV – nas eleições para Deputado Estadual e Deputado Distrital, às segundas, quartas e sextas-feiras:

a) das sete horas e cinco minutos às sete horas e quinze minutos e das doze horas e cinco minutos às doze horas e quinze minutos, no rádio, nos anos em que a renovação do Senado Federal se der por um terço;

→ Alínea *a* com redação alterada pela Lei 13.165/2015.

b) das treze horas e cinco minutos às treze horas e quinze minutos e das vinte horas e trinta e cinco minutos às vinte horas e quarenta e cinco minutos, na televisão, nos anos em que a renovação do Senado Federal se der por um terço;

→ Alínea *b* com redação alterada pela Lei 13.165/2015.

c) das sete horas e sete minutos às sete horas e dezesseis minutos e das doze horas e sete minutos às doze horas e dezesseis minutos, no rádio, nos anos em que a renovação do Senado Federal se der por dois terços;

→ Alínea *c* com redação alterada pela Lei 13.165/2015.

d) das treze horas e sete minutos às treze horas e dezesseis minutos e das vinte horas e trinta e sete minutos às vinte horas e quarenta e seis minutos, na televisão, nos anos em que a renovação do Senado Federal se der por dois terços;

→ Alínea *d* com redação alterada pela Lei 13.165/2015.

V – na eleição para Governador de Estado e do Distrito Federal, às segundas, quartas e sextas-feiras:

→ Inciso V com redação alterada pela Lei 13.165/2015.

a) das sete horas e quinze minutos às sete horas e vinte e cinco minutos e das doze horas e quinze minutos às doze horas e vinte e cinco minutos, no rádio, nos anos em que a renovação do Senado Federal se der por um terço;

b) das treze horas e quinze minutos às treze horas e vinte e cinco minutos e das vinte horas e quarenta e cinco minutos às vinte horas e cinquenta e cinco minutos, na televisão, nos anos em que a renovação do Senado Federal se der por um terço;

c) das sete horas e dezesseis minutos às sete horas e vinte e cinco minutos e das doze horas e dezesseis minutos às doze horas e vinte e cinco minutos, no rádio, nos anos em que a renovação do Senado Federal se der por dois terços;

d) das treze horas e dezesseis minutos às treze horas e vinte e cinco minutos e das vinte horas e quarenta e seis minutos às vinte horas e cinquenta e cinco minutos, na televisão, nos anos em que a renovação do Senado Federal se der por dois terços;

VI – nas eleições para Prefeito, de segunda a sábado:

→ Inciso VI com redação alterada pela Lei 13.165/2015.

a) das sete horas às sete horas e dez minutos e das doze horas às doze horas e dez minutos, no rádio;

b) das treze horas às treze horas e dez minutos e das vinte horas e trinta minutos às vinte horas e quarenta minutos, na televisão;

VII – ainda nas eleições para Prefeito, e também nas de Vereador, mediante inserções de trinta e sessenta segundos, no rádio e na televisão, totalizando setenta minutos diários, de segunda-feira a domingo, distribuídas ao longo da programação veiculada entre as cinco e as vinte e quatro horas, na proporção de 60% (sessenta por cento) para Prefeito e 40% (quarenta por cento) para Vereador.

→ Inciso VII com redação alterada pela Lei 13.165/2015.

§ 1º-A. Somente serão exibidas as inserções de televisão a que se refere o inciso VII do § 1o nos Municípios em que houver estação geradora de serviços de radiodifusão de sons e imagens.

→ § 1º-A acrescentado pela Lei 13.165/2015.

§ 2º Os horários reservados à propaganda de cada eleição, nos termos do § 1º, serão distribuídos entre todos os partidos e coligações que tenham candidato, observados os seguintes critérios:

→ *Caput* do § 2º com redação alterada pela Lei 12.875/2013.

I – 90% (noventa por cento) distribuídos proporcionalmente ao número de representantes na Câmara dos Deputados, considerados, no caso de coligação para eleições majoritárias, o resultado da soma do número de representantes dos seis maiores partidos que a integrem e, nos casos de coligações para eleições proporcionais, o resultado da soma do número de representantes de todos os partidos que a integrem;

→ Inciso I com redação alterada pela Lei 13.165/2015.

II – 10% (dez por cento) distribuídos igualitariamente.

→ Inciso II com redação alterada pela Lei 13.165/2015.

§ 3º Para efeito do disposto neste artigo, a representação de cada partido na Câmara dos Deputados é a resultante da eleição.

→ § 3º com redação alterada pela Lei 11.300/2006.

§ 4º O número de representantes de partido que tenha resultado de fusão ou a que se tenha incorporado outro corresponderá à soma dos representantes que os partidos de origem possuíam na data mencionada no parágrafo anterior.

§ 5º Se o candidato a Presidente ou a Governador deixar de concorrer, em qualquer etapa do pleito, e não havendo a substituição prevista no art. 13 desta Lei, far-se-á nova distribuição do tempo entre os candidatos remanescentes.

§ 6º Aos partidos e coligações que, após a aplicação dos critérios de distribuição referidos no *caput*, obtiverem direito a parcela do horário eleitoral inferior a trinta segundos, será assegurado o direito de acumulá-lo para uso em tempo equivalente.

§ 7º Para efeito do disposto no § 2º, serão desconsideradas as mudanças de filiação partidária em quaisquer hipóteses.

→ § 7º com redação alterada pela Lei 13.107/2015.

§ 8º As mídias com as gravações da propaganda eleitoral no rádio e na televisão serão entregues às emissoras, inclusive nos sábados, domingos e feriados, com a antecedência mínima:

→ § 8º acrescentado pela Lei 12.891/2013.

I – de 6 (seis) horas do horário previsto para o início da transmissão, no caso dos programas em rede;

II – de 12 (doze) horas do horário previsto para o início da transmissão, no caso das inserções.

§ 9º As emissoras de rádio sob responsabilidade do Senado Federal e da Câmara dos Deputados instaladas em localidades fora do Distrito Federal são dispensadas da veiculação da propaganda eleitoral gratuita dos pleitos referidos nos incisos II a VI do § 1º.

→ § 9º acrescentado pela Lei 13.165/2015.

Art. 48. Nas eleições para Prefeitos e Vereadores, nos Municípios em que não haja emissora de rádio e televisão, a Justiça Eleitoral garantirá aos Partidos Políticos participantes do pleito a veiculação de propaganda eleitoral gratuita nas localidades aptas à realização de segundo turno de eleições e nas quais seja operacionalmente viável realizar a retransmissão.

→ *Caput* com redação alterada pela Lei 12.034/2009.

§ 1º (*Revogado pela Lei 13.165/2015*).

§ 2º (*Revogado pela Lei 13.165/2015*).

Art. 49. Se houver segundo turno, as emissoras de rádio e televisão reservarão, a partir de 48 (quarenta e oito) horas da proclamação dos resultados do primeiro turno e até a antevéspera da eleição, horário destinado à divulgação da propaganda eleitoral gratuita, dividido em dois períodos diários de 20 (vinte) minutos para cada eleição, iniciando-se às 7 e às 12 horas, no rádio, e às 13 e às 20h30, na televisão.

§ 1º Em circunscrição onde houver segundo turno para Presidente e Governador, o horário reservado à propaganda deste iniciar-se-á imediatamente após o término do horário reservado ao primeiro.

§ 2º O tempo de cada período diário será dividido igualitariamente entre os candidatos.

Art. 50. A Justiça Eleitoral efetuará sorteio para a escolha da ordem de veiculação da propaganda de cada partido ou coligação no primeiro dia do horário eleitoral gratuito; a cada dia que se seguir, a propaganda veiculada por último, na véspera, será a primeira, apresentando-se as demais na ordem do sorteio.

Art. 51. Durante os períodos previstos nos arts. 47 e 49, as emissoras de rádio e televisão e os canais por assinatura mencionados no art. 57 reservarão, ainda, setenta minutos diários para a propaganda eleitoral gratuita, a serem usados em inserções de trinta e sessenta segundos, a critério do respectivo partido ou coligação, assinadas obrigatoriamente pelo partido ou coligação, e distribuídas, ao longo da programação veiculada entre as cinco e as vinte quatro horas, nos termos do § 2º do art. 47, obedecido o seguinte:

→ *Caput* com redação alterada pela Lei 13.165/2015.

I – o tempo será dividido em partes iguais para a utilização nas campanhas dos candidatos às eleições majoritárias e proporcionais, bem como de suas legendas partidárias ou das que componham a coligação, quando for o caso;

II – (*Revogado pela Lei 13.165/2015*).

III – a distribuição levará em conta os blocos de audiência entre as cinco e as onze horas, as onze e as dezoito horas, e as dezoito e as vinte e quatro horas;

→ Inciso III com redação alterada pela Lei 13.165/2015.

IV – na veiculação das inserções, é vedada a divulgação de mensagens que possam degradar ou ridicularizar candidato, partido ou coligação, aplicando-se-lhes, ainda, todas as demais regras aplicadas ao horário de propaganda eleitoral, previstas no art. 47.

→ Inciso IV com redação alterada pela Lei 12.891/2013.

Parágrafo único. É vedada a veiculação de inserções idênticas no mesmo intervalo de programação, exceto se o número de inserções de que dispuser o partido exceder os intervalos disponíveis, sendo vedada a transmissão em sequência para o mesmo partido político.

→ Parágrafo único acrescentado pela Lei 12.891/2013.

Art. 52. A partir do dia 15 de agosto do ano da eleição, a Justiça Eleitoral convocará os partidos e a representação das emissoras de televisão para elaborarem plano de mídia, nos termos do art. 51, para o uso da parcela do horário eleitoral gratuito a que tenham direito, garantida a todos participação nos horários de maior e menor audiência.

→ *Caput* com redação alterada pela Lei 13.165/2015.

Art. 53. Não serão admitidos cortes instantâneos ou qualquer tipo de censura prévia nos programas eleitorais gratuitos.

§ 1º É vedada a veiculação de propaganda que possa degradar ou ridicularizar candidatos, sujeitando-se o partido ou coligação infratores à perda do direito à veiculação de propaganda no horário eleitoral gratuito do dia seguinte.

§ 2º Sem prejuízo do disposto no parágrafo anterior, a requerimento de partido, coligação ou candidato, a Justiça Eleitoral impedirá a reapresentação de propaganda ofensiva à honra de candidato, à moral e aos bons costumes.

Art. 53-A. É vedado aos partidos políticos e às coligações incluir no horário destinado aos candidatos às eleições proporcionais propaganda das candidaturas a eleições majoritárias ou vice-versa, ressalvada a utilização, durante a exibição do programa, de legendas com referência aos candidatos majoritários ou, ao fundo, de cartazes ou fotografias desses candidatos, ficando autorizada a menção ao nome e ao número de qualquer candidato do partido ou da coligação.

→ *Caput* com redação alterada pela Lei 12.891/2013.

§ 1º É facultada a inserção de depoimento de candidatos a eleições proporcionais no horário da propaganda das candidaturas majoritárias e vice-versa, registrados sob o mesmo partido ou coligação, desde que o depoimento consista exclusivamente em pedido de voto ao candidato que cedeu o tempo.

→ § 1º acrescentado pela Lei 12.034/2009.

§ 2º Fica vedada a utilização da propaganda de candidaturas proporcionais como propaganda de candidaturas majoritárias e vice-versa.

→ § 2º acrescentado pela Lei 12.034/2009.

§ 3º O partido político ou a coligação que não observar a regra contida neste artigo perderá, em seu horário de propaganda gratuita, tempo equivalente no horário reservado à propaganda da eleição disputada pelo candidato beneficiado.

→ § 3º acrescentado pela Lei 12.034/2009.

Art. 54. Nos programas e inserções de rádio e televisão destinados à propaganda eleitoral gratuita de cada partido ou coligação só poderão aparecer, em gravações internas e externas, observado o disposto no § 2º, candidatos, caracteres com propostas, fotos, *jingles*, clipes com música ou vinhetas, inclusive de passagem, com indicação do número do candidato ou do partido, bem como seus apoiadores, inclusive os candidatos de que trata o § 1º do art. 53-A, que poderão dispor de até 25% (vinte e cinco por cento) do tempo de cada programa ou inserção, sendo vedadas montagens, trucagens, computação gráfica, desenhos animados e efeitos especiais.

→ *Caput* com redação alterada pela Lei 13.165/2015.

§ 1º No segundo turno das eleições não será permitida, nos programas de que trata este artigo, a participação de filiados a partidos que tenham formalizado o apoio a outros candidatos.

→ Anterior parágrafo único renumerado para § 1º pela Lei 13.165/2015.

§ 2º Será permitida a veiculação de entrevistas com o candidato e de cenas externas nas quais ele, pessoalmente, exponha:

→ § 2º acrescentado pela Lei 13.165/2015.

I – realizações de governo ou da administração pública;

II – falhas administrativas e deficiências verificadas em obras e serviços públicos em geral;

III – atos parlamentares e debates legislativos.

Art. 55. Na propaganda eleitoral no horário gratuito, são aplicáveis ao partido, coligação ou candidato as vedações indicadas nos incisos I e II do art. 45.

Parágrafo único. A inobservância do disposto neste artigo sujeita o partido ou coligação à perda de tempo equivalente ao dobro do usado na prática do ilícito, no período do horário gratuito subsequente, dobrada a cada reincidência, devendo o tempo correspondente ser veiculado após o programa dos demais candidatos com a informação de que a não veiculação do programa resulta de infração da lei eleitoral.

→ Parágrafo único com redação alterada pela Lei 12.891/2013.

Art. 56. A requerimento de partido, coligação ou candidato, a Justiça Eleitoral poderá determinar a suspensão, por 24 (vinte e quatro) horas, da programação normal de emissora que deixar de cumprir as disposições desta Lei sobre propaganda.

§ 1º No período de suspensão a que se refere este artigo, a Justiça Eleitoral veiculará mensagem de orientação ao eleitor, intercalada, a cada 15 (quinze) minutos.

→ § 1º com redação alterada pela Lei 12.891/2013.

§ 2º Em cada reiteração de conduta, o período de suspensão será duplicado.

Art. 57. As disposições desta Lei aplicam-se às emissoras de televisão que operam em VHF e UHF e os canais de televisão por assinatura sob a responsabilidade do Senado Federal, da Câmara dos Deputados, das Assembleias Legislativas, da Câmara Legislativa do Distrito Federal ou das Câmaras Municipais.

Art. 57-A. É permitida a propaganda eleitoral na internet, nos termos desta Lei, após o dia 15 de agosto do ano da eleição.

→ Artigo com redação alterada pela Lei 13.165/2015.

Art. 57-B. A propaganda eleitoral na internet poderá ser realizada nas seguintes formas:

→ Artigo acrescentado pela Lei 12.034/2009.

I – em sítio do candidato, com endereço eletrônico comunicado à Justiça Eleitoral e hospedado, direta ou indiretamente, em provedor de serviço de internet estabelecido no País;

II – em sítio do partido ou da coligação, com endereço eletrônico comunicado à Justiça Eleitoral e hospedado, direta ou indiretamente, em provedor de serviço de internet estabelecido no País;

III – por meio de mensagem eletrônica para endereços cadastrados gratuitamente pelo candidato, partido ou coligação;

IV – por meio de *blogs*, redes sociais, sítios de mensagens instantâneas e assemelhados, cujo conteúdo seja gerado ou editado por candidatos, partidos ou coligações ou de iniciativa de qualquer pessoa natural.

Art. 57-C. Na internet, é vedada a veiculação de qualquer tipo de propaganda eleitoral paga.

→ Artigo acrescentado pela Lei 12.034/2009.

§ 1º É vedada, ainda que gratuitamente, a veiculação de propaganda eleitoral na internet, em sítios:

I – de pessoas jurídicas, com ou sem fins lucrativos;

II – oficiais ou hospedados por órgãos ou entidades da administração pública direta ou indireta da União, dos Estados, do Distrito Federal e dos Municípios.

§ 2º A violação do disposto neste artigo sujeita o responsável pela divulgação da propaganda e, quando comprovado seu prévio conhecimento, o beneficiário à multa no valor de R$ 5.000,00 (cinco mil reais) a R$ 30.000,00 (trinta mil reais).

Art. 57-D. É livre a manifestação do pensamento, vedado o anonimato durante a campanha eleitoral, por meio da rede mundial de computadores – internet, assegurado o direito de resposta, nos termos das alíneas *a*, *b* e *c* do inciso IV do § 3º do art. 58 e do 58-A, e por outros meios de comunicação interpessoal mediante mensagem eletrônica.

→ *Caput* acrescentado pela Lei 12.034/2009.

§ 1º (*Vetado*).

→ § 1º acrescentado pela Lei 12.034/2009.

§ 2º A violação do disposto neste artigo sujeitará o responsável pela divulgação da propaganda e, quando comprovado seu prévio conhecimento, o beneficiário à multa no valor de R$ 5.000,00 (cinco mil reais) a R$ 30.000,00 (trinta mil reais).

→ § 2º acrescentado pela Lei 12.034/2009.

§ 3º Sem prejuízo das sanções civis e criminais aplicáveis ao responsável, a Justiça Eleitoral poderá determinar, por solicitação do ofendido, a retirada de publicações que contenham agressões ou ataques a candidatos em sítios da internet, inclusive redes sociais.

→ § 3º acrescentado pela Lei 12.891/2013.

Art. 57-E. São vedadas às pessoas relacionadas no art. 24 a utilização, doação ou cessão de cadastro eletrônico de seus clientes, em favor de candidatos, partidos ou coligações.

→ Artigo acrescentado pela Lei 12.034/2009.

§ 1º É proibida a venda de cadastro de endereços eletrônicos.

§ 2º A violação do disposto neste artigo sujeita o responsável pela divulgação da propaganda e, quando comprovado seu prévio conhecimento, o beneficiário à multa no valor de R$ 5.000,00 (cinco mil reais) a R$ 30.000,00 (trinta mil reais).

Art. 57-F. Aplicam-se ao provedor de conteúdo e de serviços multimídia que hospeda a divulgação da propaganda eleitoral de candidato, de partido ou de coligação as penalidades previstas nesta Lei, se, no prazo determinado pela Justiça Eleitoral, contado a partir da notificação de decisão sobre a existência de propaganda irregular, não tomar providências para a cessação dessa divulgação.

→ Artigo acrescentado pela Lei 12.034/2009.

Parágrafo único. O provedor de conteúdo ou de serviços multimídia só será considerado responsável pela divulgação da propaganda se a publicação do material for comprovadamente de seu prévio conhecimento.

Art. 57-G. As mensagens eletrônicas enviadas por candidato, partido ou coligação, por qualquer meio, deverão dispor de mecanismo que permita seu descadastramento pelo destinatário, obrigado o remetente a providenciá-lo no prazo de 48 (quarenta e oito) horas.

→ Artigo acrescentado pela Lei 12.034/2009.

Parágrafo único. Mensagens eletrônicas enviadas após o término do prazo previsto no *caput* sujeitam os responsáveis ao pagamento de multa no valor de R$ 100,00 (cem reais), por mensagem.

Art. 57-H. Sem prejuízo das demais sanções legais cabíveis, será punido, com multa de R$ 5.000,00 (cinco mil reais) a R$ 30.000,00 (trinta mil reais), quem realizar propaganda eleitoral na internet, atribuindo indevidamente sua autoria a terceiro, inclusive a candidato, partido ou coligação.

→ *Caput* acrescentado pela Lei 12.034/2009.

§ 1º Constitui crime a contratação direta ou indireta de grupo de pessoas com a finalidade específica de emitir mensagens ou comentários na internet para ofender a honra ou denegrir a imagem de candidato, partido ou coligação, punível com detenção de 2 (dois) a 4 (quatro) anos e multa de R$ 15.000,00 (quinze mil reais) a R$ 50.000,00 (cinquenta mil reais).

→ § 1º acrescentado pela Lei 12.891/2013.

§ 2º Igualmente incorrem em crime, punível com detenção de 6 (seis) meses a 1 (um) ano, com alternativa de prestação de serviços à comunidade pelo mesmo período, e multa de R$ 5.000,00 (cinco mil reais) a R$ 30.000,00 (trinta mil reais), as pessoas contratadas na forma do § 1º.

→ § 2º acrescentado pela Lei 12.891/2013.

Art. 57-I. A requerimento de candidato, partido ou coligação, observado o rito previsto no art. 96, a Justiça Eleitoral poderá determinar a suspensão, por 24 (vinte e quatro) horas, do acesso a todo conteúdo informativo dos sítios da internet que deixarem de cumprir as disposições desta Lei.

→ Artigo acrescentado pela Lei 12.034/2009.

§ 1º A cada reiteração de conduta, será duplicado o período de suspensão.

§ 2º No período de suspensão a que se refere este artigo, a empresa informará, a todos os usuários que tentarem acessar seus serviços, que se encontra temporariamente inoperante por desobediência à legislação eleitoral.

Do direito de resposta

Art. 58. A partir da escolha de candidatos em convenção, é assegurado o direito de resposta a candidato, partido ou coligação atingidos, ainda que de forma indireta, por conceito, imagem ou afirmação caluniosa, difamatória, injuriosa ou sabidamente inverídica, difundidos por qualquer veículo de comunicação social.

§ 1º O ofendido, ou seu representante legal, poderá pedir o exercício do direito de resposta à Justiça Eleitoral nos seguintes prazos, contados a partir da veiculação da ofensa:

I – 24 (vinte e quatro) horas, quando se tratar do horário eleitoral gratuito;

II – 48 (quarenta e oito) horas, quando se tratar da programação normal das emissoras de rádio e televisão;

III – 72 (setenta e duas) horas, quando se tratar de órgão da imprensa escrita.

IV – É permitida a propaganda eleitoral na internet, nos termos desta Lei, após o dia 15 de agosto do ano da eleição.

→ Inciso IV acrescentado pela Lei 13.165/2015.

§ 2º Recebido o pedido, a Justiça Eleitoral notificará imediatamente o ofensor para que se defenda em 24 (vinte e quatro) horas, devendo a decisão ser prolatada no prazo máximo de 72 (setenta e duas) horas da data da formulação do pedido.

§ 3º Observar-se-ão, ainda, as seguintes regras no caso de pedido de resposta relativo a ofensa veiculada:

I – em órgão da imprensa escrita:

a) o pedido deverá ser instruído com um exemplar da publicação e o texto para resposta;

b) deferido o pedido, a divulgação da resposta dar-se-á no mesmo veículo, espaço, local, página, tamanho, caracteres e outros elementos de realce usados na ofensa, em até 48 (quarenta e oito) horas após a decisão ou, tratando-se de veículo com periodicidade de circulação maior que 48 (quarenta e oito) horas, na primeira vez em que circular;

c) por solicitação do ofendido, a divulgação da resposta será feita no mesmo dia da semana em que a ofensa foi divulgada, ainda que fora do prazo de 48 (quarenta e oito) horas;

d) se a ofensa for produzida em dia e hora que inviabilizem sua reparação dentro dos prazos estabelecidos nas alíneas anteriores, a Justiça Eleitoral determinará a imediata divulgação da resposta;

e) o ofensor deverá comprovar nos autos o cumprimento da decisão, mediante dados sobre a regular distribuição dos exemplares, a quantidade impressa e o raio de abrangência na distribuição;

II – em programação normal das emissoras de rádio e de televisão:

a) a Justiça Eleitoral, à vista do pedido, deverá notificar imediatamente o responsável pela emissora que realizou o programa para que entregue em 24 (vinte e quatro) horas, sob as penas do art. 347 da Lei 4.737, de 15 de julho de 1965 – Código Eleitoral, cópia da fita da transmissão, que será devolvida após a decisão;

b) o responsável pela emissora, ao ser notificado pela Justiça Eleitoral ou informado pelo reclamante ou representante, por cópia protocolada do pedido de resposta, preservará a gravação até a decisão final do processo;

c) deferido o pedido, a resposta será dada em até 48 (quarenta e oito) horas após a decisão, em tempo igual ao da ofensa, porém nunca inferior a um minuto;

III – no horário eleitoral gratuito:

a) o ofendido usará, para a resposta, tempo igual ao da ofensa, nunca inferior, porém, a um minuto;

b) a resposta será veiculada no horário destinado ao partido ou coligação responsável pela ofensa, devendo necessariamente dirigir-se aos fatos nela veiculados;

c) se o tempo reservado ao partido ou coligação responsável pela ofensa for inferior a um minuto, a resposta será levada ao ar tantas vezes quantas sejam necessárias para a sua complementação;

d) deferido o pedido para resposta, a emissora geradora e o partido ou coligação atingidos deverão ser notificados imediatamente da decisão, na qual deverão estar indicados quais os períodos, diurno ou noturno, para a veiculação da resposta, que deverá ter lugar no início do programa do partido ou coligação;

e) o meio magnético com a resposta deverá ser entregue à emissora geradora, até 36 (trinta e seis) horas após a ciência da decisão, para veiculação no programa subsequente do partido ou coligação em cujo horário se praticou a ofensa;

f) se o ofendido for candidato, partido ou coligação que tenha usado o tempo concedido sem responder aos fatos veiculados na ofensa, terá subtraído tempo idêntico do respectivo programa eleitoral; tratando-se de terceiros, ficarão sujeitos à suspensão de igual tempo em eventuais novos pedidos de resposta e à multa no valor de duas mil a cinco mil UFIR.

IV – em propaganda eleitoral na internet:

→ Inciso IV acrescentado pela Lei 12.034/2009.

a) deferido o pedido, a divulgação da resposta dar-se-á no mesmo veículo, espaço, local, horário, página eletrônica, tamanho, caracteres e outros elementos de realce usados na ofensa, em até 48 (quarenta e oito) horas após a entrega da mídia física com a resposta do ofendido;

b) a resposta ficará disponível para acesso pelos usuários do serviço de internet por tempo não inferior ao dobro em que esteve disponível a mensagem considerada ofensiva;

c) os custos de veiculação da resposta correrão por conta do responsável pela propaganda original.

§ 4º Se a ofensa ocorrer em dia e hora que inviabilizem sua reparação dentro dos prazos estabelecidos nos parágrafos anteriores, a resposta será divulgada nos horários que a Justiça Eleitoral determinar, ainda que nas 48 (quarenta e oito) horas anteriores ao pleito, em termos e forma previamente aprovados, de modo a não ensejar tréplica.

§ 5º Da decisão sobre o exercício do direito de resposta cabe recurso às instâncias superiores, em 24 (vinte e quatro) horas da data de sua publicação em cartório ou sessão, assegurado ao recorrido oferecer contrarrazões em igual prazo, a contar da sua notificação.

§ 6º A Justiça Eleitoral deve proferir suas decisões no prazo máximo de 24 (vinte e quatro) horas, observando-se o disposto nas alíneas *d* e *e* do inciso III do § 3º para a restituição do tempo em caso de provimento de recurso.

§ 7º A inobservância do prazo previsto no parágrafo anterior sujeita a autoridade judiciária às penas previstas no art. 345 da Lei 4.737, de 15 de julho de 1965 – Código Eleitoral.

§ 8º O não cumprimento integral ou em parte da decisão que conceder a resposta sujeitará o infrator ao pagamento de multa no valor de cinco mil a quinze mil UFIR, duplicada em caso de reiteração de conduta, sem prejuízo do disposto no art. 347 da Lei 4.737, de 15 de julho de 1965 – Código Eleitoral.

§ 9º Caso a decisão de que trata o § 2º não seja prolatada em 72 (setenta e duas) horas da data da formulação do pedido, a Justiça Eleitoral, de ofício, providenciará a alocação de Juiz auxiliar.

→ § 9º acrescentado pela Lei 12.891/2013.

Art. 58-A. Os pedidos de direito de resposta e as representações por propaganda eleitoral irregular em rádio, televisão e internet tramitarão preferencialmente em relação aos demais processos em curso na Justiça Eleitoral.

→ Artigo acrescentado pela Lei 12.034/2009.

Do sistema eletrônico de votação e da totalização dos votos

Art. 59. A votação e a totalização dos votos serão feitas por sistema eletrônico, podendo o Tribunal Superior Eleitoral autorizar, em caráter excepcional, a aplicação das regras fixadas nos arts. 83 a 89.

§ 1º A votação eletrônica será feita no número do candidato ou da legenda partidária, devendo o nome e fotografia do candidato e o nome do partido ou a legenda partidária aparecer no painel da urna eletrônica, com a expressão designadora do cargo disputado no masculino ou feminino, conforme o caso.

§ 2º Na votação para as eleições proporcionais, serão computados para a legenda partidária os votos em que não seja possível a identificação do candidato, desde que o número identificador do partido seja digitado de forma correta.

§ 3º A urna eletrônica exibirá para o eleitor os painéis na seguinte ordem:

→ *Caput* do § 3ºº com redação alterada pela Lei 12.976/2014.

I – para as eleições de que trata o inciso I do parágrafo único do art. 1º, Deputado Federal, Deputado Estadual ou Distrital, Senador, Governador e Vice-Governador de Estado ou do Distrito Federal, Presidente e Vice-Presidente da República;

→ Inciso I acrescentado pela Lei 12.976/2014.

II – para as eleições de que trata o inciso II do parágrafo único do art. 1º, Vereador, Prefeito e Vice-Prefeito.

→ Inciso II acrescentado pela Lei 12.976/2014.

§ 4º A urna eletrônica disporá de recursos que, mediante assinatura digital, permitam o registro digital de cada voto e a identificação da urna em que foi registrado, resguardado o anonimato do eleitor.

→ § 4º com redação alterada pela Lei 10.740/2003.

§ 5º Caberá à Justiça Eleitoral definir a chave de segurança e a identificação da urna eletrônica de que trata o § 4º.

→ § 5º com redação alterada pela Lei 10.740/2003.

§ 6º Ao final da eleição, a urna eletrônica procederá à assinatura digital do arquivo de votos, com aplicação do registro de horário e do arquivo do boletim de urna, de maneira a impedir a substituição de votos e a alteração dos registros dos termos de início e término da votação.

→ § 6º com redação alterada pela Lei 10.740/2003.

§ 7º O Tribunal Superior Eleitoral colocará à disposição dos eleitores urnas eletrônicas destinadas a treinamento.

→ § 7º com redação alterada pela Lei 10.740/2003.

→ A Lei 10.740/2003, quando de sua publicação, nada dispôs sobre o § 8º que havia sido acrescentado pela Lei 10.408/2002.

§ 8º O Tribunal Superior Eleitoral colocará à disposição dos eleitores urnas eletrônicas destinadas a treinamento.

→ § 8º acrescentado pela Lei 10.408/2002.

Art. 59-A. No processo de votação eletrônica, a urna imprimirá o registro de cada voto, que será depositado, de forma automática e sem contato manual do eleitor, em local previamente lacrado.

→ Artigo acrescentado pela Lei 13.165/2015.

→ *v.* Art. 12 da Lei 13.165/2015.

Parágrafo único. O processo de votação não será concluído até que o eleitor confirme a correspondência entre o teor de seu voto e o registro impresso e exibido pela urna eletrônica.

Art. 60. No sistema eletrônico de votação considerar-se-á voto de legenda quando o eleitor assinalar o número do partido no momento de votar para determinado cargo e somente para este será computado.

Art. 61. A urna eletrônica contabilizará cada voto, assegurando-lhe o sigilo e inviolabilidade, garantida aos partidos políticos, coligações e candidatos ampla fiscalização.

Art. 61-A. (*Revogado pela Lei 10.740/2003*).

Art. 62. Nas Seções em que for adotada a urna eletrônica, somente poderão votar eleitores cujos nomes estiverem nas respectivas folhas de votação, não se aplicando a ressalva a que se refere o art. 148, § 1º, da Lei 4.737, de 15 de julho de 1965 – Código Eleitoral.

Parágrafo único. O Tribunal Superior Eleitoral disciplinará a hipótese de falha na urna eletrônica que prejudique o regular processo de votação.

Das mesas receptoras

Art. 63. Qualquer partido pode reclamar ao Juiz Eleitoral, no prazo de 5 (cinco) dias, da nomeação da Mesa Receptora, devendo a decisão ser proferida em 48 (quarenta e oito) horas.

§ 1º Da decisão do Juiz Eleitoral caberá recurso para o Tribunal Regional, interposto dentro de 3 (três) dias, devendo ser resolvido em igual prazo.

§ 2º Não podem ser nomeados presidentes e mesários os menores de 18 anos.

Art. 64. É vedada a participação de parentes em qualquer grau ou de servidores da mesma repartição pública ou empresa privada na mesma Mesa, Turma ou Junta Eleitoral.

Da fiscalização das eleições

Art. 65. A escolha de fiscais e delegados, pelos partidos ou coligações, não poderá recair em menor de 18 anos ou em quem, por nomeação do Juiz Eleitoral, já faça parte de Mesa Receptora.

§ 1º O fiscal poderá ser nomeado para fiscalizar mais de uma Seção Eleitoral, no mesmo local de votação.

§ 2º As credenciais de fiscais e delegados serão expedidas, exclusivamente, pelos partidos ou coligações.

§ 3º Para efeito do disposto no parágrafo anterior, o presidente do partido ou o representante da coligação deverá registrar na Justiça Eleitoral o nome das pessoas autorizadas a expedir as credenciais dos fiscais e delegados.

§ 4º Para o acompanhamento dos trabalhos de votação, só será permitido o credenciamento de, no máximo, 2 (dois) fiscais de cada partido ou coligação por seção eleitoral.

→ § 4º acrescentado pela Lei 12.891/2013.

Art. 66. Os partidos e coligações poderão fiscalizar todas as fases do processo de votação e apuração das eleições e o processamento eletrônico da totalização dos resultados.

→ *Caput* com redação alterada pela Lei 10.408/2002.

§ 1º Todos os programas de computador de propriedade do Tribunal Superior Eleitoral, desenvolvidos por ele ou sob sua encomenda, utilizados nas urnas eletrônicas para os processos de votação, apuração e totalização, poderão ter suas fases de especificação e de desenvolvimento acompanhadas por técnicos indicados pelos partidos políticos, Ordem dos Advogados do Brasil e Ministério Público, até 6 (seis) meses antes das eleições.

→ § 1º com redação alterada pela Lei 10.740/2003.

§ 2º Uma vez concluídos os programas a que se refere o § 1º, serão eles apresentados, para análise, aos representantes credenciados dos partidos políticos e coligações, até 20 (vinte) dias antes das eleições, nas dependências do Tribunal Superior Eleitoral, na forma de programas-fonte e de programas executáveis, inclusive os sistemas aplicativo e de segurança e as bibliotecas especiais, sendo que as chaves eletrônicas privadas e senhas eletrônicas de acesso manter-se-ão no sigilo da Justiça Eleitoral. Após a apresentação e conferência, serão lacradas cópias dos programas-fonte e dos programas compilados.

→ § 2º com redação alterada pela Lei 10.740/2003.

§ 3º No prazo de 5 (cinco) dias a contar da data da apresentação referida no § 2º, o partido político e a coligação poderão apresentar impugnação fundamentada à Justiça Eleitoral.

→ § 3º com redação alterada pela Lei 10.740/2003.

§ 4º Havendo a necessidade de qualquer alteração nos programas, após a apresentação de que trata o § 3º, dar-se-á conhecimento do fato aos representantes dos partidos políticos e das coligações, para que sejam novamente analisados e lacrados.

→ § 4º com redação alterada pela Lei 10.740/2003.

§ 5º A carga ou preparação das urnas eletrônicas será feita em sessão pública, com prévia convocação dos fiscais dos partidos e coligações para a assistirem e procederem aos atos de fiscalização, inclusive para verificarem se os programas carregados nas urnas são idênticos aos que foram lacrados na sessão referida no § 2º deste artigo, após o que as urnas serão lacradas.

→ § 5º acrescentado pela Lei 10.408/2002.

§ 6º No dia da eleição, será realizada, por amostragem, auditoria de verificação do funcionamento das urnas eletrônicas, através de votação paralela, na presença dos fiscais dos partidos e coligações, nos moldes fixados em resolução do Tribunal Superior Eleitoral.

→ § 6º acrescentado pela Lei 10.408/2002.

§ 7º Os partidos concorrentes ao pleito poderão constituir sistema próprio de fiscalização, apuração e totalização dos resultados contratando, inclusive, empresas de auditoria de sistemas, que, credenciadas junto à Justiça Eleitoral, receberão, previamente, os programas de computador e os mesmos dados alimentadores do sistema oficial de apuração e totalização.

→ § 7º acrescentado pela Lei 10.408/2002.

Art. 67. Os órgãos encarregados do processamento eletrônico de dados são obrigados a fornecer aos partidos ou coligações, no momento da entrega ao Juiz Encarregado, cópias dos dados do processamento parcial de cada dia, contidos em meio magnético.

Art. 68. O boletim de urna, segundo modelo aprovado pelo Tribunal Superior Eleitoral, conterá os nomes e os números dos candidatos nela votados.

§ 1º O Presidente da Mesa Receptora é obrigado a entregar cópia do boletim de urna aos partidos e coligações concorrentes ao pleito cujos representantes o requeiram até 1 (uma) hora após a expedição.

§ 2º O descumprimento do disposto no parágrafo anterior constitui crime, punível com detenção, de 1 (um) a 3 (três) meses, com a alternativa de prestação de serviço à comunidade pelo mesmo período, e multa no valor de um mil a cinco mil UFIR.

Art. 69. A impugnação não recebida pela Junta Eleitoral pode ser apresentada diretamente ao Tribunal Regional Eleitoral, em 48 (quarenta e oito) horas, acompanhada de declaração de duas testemunhas.

Parágrafo único. O Tribunal decidirá sobre o recebimento em 48 (quarenta e oito) horas, publicando o acórdão na própria sessão de julgamento e transmitindo imediatamente à Junta, via telex, fax ou qualquer outro meio eletrônico, o inteiro teor da decisão e da impugnação.

Art. 70. O Presidente de Junta Eleitoral que deixar de receber ou de mencionar em ata os protestos recebidos, ou ainda, impedir o exercício de fiscalização, pelos partidos ou coligações, deverá ser imediatamente afastado, além de responder pelos crimes previstos na Lei 4.737, de 15 de julho de 1965 – Código Eleitoral.

Art. 71. Cumpre aos partidos e coligações, por seus fiscais e delegados devidamente credenciados, e aos candidatos, proceder à instrução dos recursos interpostos contra a apuração, juntando, para tanto, cópia do boletim relativo à urna impugnada.

Parágrafo único. Na hipótese de surgirem obstáculos à obtenção do boletim, caberá ao recorrente requerer, mediante a indicação dos dados necessários, que o órgão da Justiça Eleitoral perante o qual foi interposto o recurso o instrua, anexando o respectivo boletim de urna.

Art. 72. Constituem crimes, puníveis com reclusão, de 5 (cinco) a 10 (dez) anos:

I – obter acesso a sistema de tratamento automático de dados usado pelo serviço eleitoral, a fim de alterar a apuração ou a contagem de votos;

II – desenvolver ou introduzir comando, instrução, ou programa de computador capaz de destruir, apagar, eliminar, alterar, gravar ou transmitir dado, instrução ou programa ou provocar qualquer outro resultado diverso do esperado em sistema de tratamento automático de dados usados pelo serviço eleitoral;

III – causar, propositadamente, dano físico ao equipamento usado na votação ou na totalização de votos ou a suas partes.

Das condutas vedadas aos agentes em campanhas eleitorais

Art. 73. São proibidas aos agentes públicos, servidores ou não, as seguintes condutas tendentes a afetar a igualdade de oportunidades entre candidatos nos pleitos eleitorais:

I – ceder ou usar, em benefício de candidato, partido político ou coligação, bens móveis ou imóveis pertencentes à administração direta ou indireta da União, dos Estados, do Distrito Federal, dos Territórios e dos Municípios, ressalvada a realização de convenção partidária;

II – usar materiais ou serviços, custeados pelos Governos ou Casas Legislativas, que excedam as prerrogativas consignadas nos regimentos e normas dos órgãos que integram;

III – ceder servidor público ou empregado da administração direta ou indireta federal, estadual ou municipal do Poder Executivo, ou usar de seus serviços, para comitês de campanha eleitoral de candidato, partido político ou coligação, durante o horário de expediente normal, salvo se o servidor ou empregado estiver licenciado;

IV – fazer ou permitir uso promocional em favor de candidato, partido político ou coligação, de distribuição gratuita de bens e serviços de caráter social custeados ou subvencionados pelo Poder Público;

V – nomear, contratar ou de qualquer forma admitir, demitir sem justa causa, suprimir ou readaptar vantagens ou por outros meios dificultar ou impedir o exercício funcional e, ainda, *ex officio*, remover, transferir ou exonerar servidor público, na circunscrição do pleito, nos 3 (três) meses que o antecedem e até a posse dos eleitos, sob pena de nulidade de pleno direito, ressalvados:

a) a nomeação ou exoneração de cargos em comissão e designação ou dispensa de funções de confiança;

b) a nomeação para cargos do Poder Judiciário, do Ministério Público, dos Tribunais ou Conselhos de Contas e dos órgãos da Presidência da República;

c) a nomeação dos aprovados em concursos públicos homologados até o início daquele prazo;

d) a nomeação ou contratação necessária à instalação ou ao funcionamento inadiável de serviços públicos essenciais, com prévia e expressa autorização do Chefe do Poder Executivo;

e) a transferência ou remoção *ex officio* de militares, policiais civis e de agentes penitenciários;

VI – nos três meses que antecedem o pleito:

a) realizar transferência voluntária de recursos da União aos Estados e Municípios, e dos Estados aos Municípios, sob pena de nulidade de pleno direito, ressalvados os recursos destinados a cumprir obrigação formal preexistente para execução de obra ou serviço em andamento e com cronograma prefixado, e os destinados a atender situações de emergência e de calamidade pública;

b) com exceção da propaganda de produtos e serviços que tenham concorrência no mercado, autorizar publicidade institucional dos atos, programas, obras, serviços e campanhas dos órgãos públicos federais, estaduais ou municipais, ou das respectivas entidades da administração indireta, salvo em caso de grave e urgente necessidade pública, assim reconhecida pela Justiça Eleitoral;

c) fazer pronunciamento em cadeia de rádio e televisão, fora do horário eleitoral gratuito, salvo quando, a critério da Justiça Eleitoral, tratar-se de matéria urgente, relevante e característica das funções de governo;

VII – realizar, no primeiro semestre do ano de eleição, despesas com publicidade dos órgãos públicos federais, estaduais ou municipais, ou das respectivas entidades da administração indireta, que excedam a média dos gastos no primeiro semestre dos três últimos anos que antecedem o pleito;

→ Inciso VII com redação alterada pela Lei 13.165/2015.

VIII – fazer, na circunscrição do pleito, revisão geral da remuneração dos servidores públicos que exceda a recomposição da perda de seu poder aquisitivo ao longo do ano da eleição, a partir do início do prazo estabelecido no art. 7º desta Lei e até a posse dos eleitos.

§ 1º Reputa-se agente público, para os efeitos deste artigo, quem exerce, ainda que transitoriamente ou sem remuneração, por eleição, nomeação, designação, contratação ou qualquer outra forma de investidura ou vínculo, mandato, cargo, emprego ou função nos órgãos ou entidades da administração pública direta, indireta, ou fundacional.

§ 2º A vedação do inciso I do *caput* não se aplica ao uso, em campanha, de transporte oficial pelo Presidente da República, obedecido o disposto no art. 76, nem ao uso, em campanha, pelos candidatos a reeleição de Presidente e Vice-Presidente da República, Governador e Vice-Governador de Estado e do Distrito Federal, Prefeito e Vice-Prefeito, de suas residências oficiais para realização de contatos, encontros e reuniões pertinentes à própria campanha, desde que não tenham caráter de ato público.

§ 3º As vedações do inciso VI do *caput*, alíneas *b* e *c*, aplicam-se apenas aos agentes públicos das esferas administrativas cujos cargos estejam em disputa na eleição.

§ 4º O descumprimento do disposto neste artigo acarretará a suspensão imediata da conduta vedada, quando for o caso, e sujeitará os responsáveis a multa no valor de cinco a cem mil UFIR.

§ 5º Nos casos de descumprimento do disposto nos incisos do *caput* e no § 10, sem prejuízo do disposto no § 4º, o candidato beneficiado, agente público ou não, ficará sujeito à cassação do registro ou do diploma.

→ § 5º com redação alterada pela Lei 12.034/2009.

§ 6º As multas de que trata este artigo serão duplicadas a cada reincidência.

§ 7º As condutas enumeradas no *caput* caracterizam, ainda, atos de improbidade administrativa, a que se refere o art. 11, inciso I, da Lei 8.429, de 2 de junho de 1992, e sujeitam-se às disposições daquele diploma legal, em especial às cominações do art. 12, inciso III.

§ 8º Aplicam-se as sanções do § 4º aos agentes públicos responsáveis pelas condutas vedadas e aos partidos, coligações e candidatos que delas se beneficiarem.

§ 9º Na distribuição dos recursos do Fundo Partidário (Lei 9.096, de 19 de setembro de 1995) oriundos da aplicação do disposto no § 4º, deverão ser excluídos os partidos beneficiados pelos atos que originaram as multas.

§ 10. No ano em que se realizar eleição, fica proibida a distribuição gratuita de bens, valores ou benefícios por parte da Administração Pública, exceto nos casos de calamidade pública, de estado de emergência ou de programas sociais autorizados em lei e já em execução orçamentária no exercício anterior, casos em que o Ministério Público poderá promover o acompanhamento de sua execução financeira e administrativa.

→ § 10 acrescentado pela Lei 11.300/2006.

§ 11. Nos anos eleitorais, os programas sociais de que trata o § 10 não poderão ser executados por entidade nominalmente vinculada a candidato ou por esse mantida.

→ § 11 acrescentado pela Lei 12.034/2009.

§ 12. A representação contra a não observância do disposto neste artigo observará o rito do art. 22 da Lei Complementar 64, de 18 de maio de 1990, e poderá ser ajuizada até a data da diplomação.

→ § 12 acrescentado pela Lei 12.034/2009.

§ 13. O prazo de recurso contra decisões proferidas com base neste artigo será de 3 (três) dias, a contar da data da publicação do julgamento no *Diário Oficial*.

→ § 13 acrescentado pela Lei 12.034/2009.

Art. 74. Configura abuso de autoridade, para os fins do disposto no art. 22 da Lei Complementar 64, de 18 de maio de 1990, a infringência do disposto no § 1º do art. 37 da Constituição Federal, ficando o responsável, se candidato, sujeito ao cancelamento do registro ou do diploma.

→ Artigo com redação alterada pela Lei 12.034/2009.

Art. 75. Nos 3 (três) meses que antecederem as eleições, na realização de inaugurações é vedada a contratação de shows artísticos pagos com recursos públicos.

Parágrafo único. Nos casos de descumprimento do disposto neste artigo, sem prejuízo da suspensão imediata da conduta, o candidato beneficiado, agente público ou não, ficará sujeito à cassação do registro ou do diploma.

→ Parágrafo único acrescentado pela Lei 12.034/2009.

Art. 76. O ressarcimento das despesas com o uso de transporte oficial pelo Presidente da República e sua comitiva em campanha eleitoral será de responsabilidade do partido político ou coligação a que esteja vinculado.

§ 1º O ressarcimento de que trata este artigo terá por base o tipo de transporte usado e a respectiva tarifa de mercado cobrada no trecho correspondente, ressalvado o uso do avião presidencial, cujo ressarcimento corresponderá ao aluguel de uma aeronave de propulsão a jato do tipo táxi aéreo.

§ 2º No prazo de 10 (dez) dias úteis da realização do pleito, em primeiro turno, ou segundo, se houver, o órgão competente de controle interno procederá *ex officio* à cobrança dos valores devidos nos termos dos parágrafos anteriores.

§ 3º A falta do ressarcimento, no prazo estipulado, implicará a comunicação do fato ao Ministério Público Eleitoral, pelo órgão de controle interno.

§ 4º Recebida a denúncia do Ministério Público, a Justiça Eleitoral apreciará o feito no prazo de 30 (trinta) dias, aplicando aos infratores pena de multa correspondente ao dobro das despesas, duplicada a cada reiteração de conduta.

Art. 77. É proibido a qualquer candidato comparecer, nos 3 (três) meses que precedem o pleito, a inaugurações de obras públicas.

→ Artigo com redação alterada pela Lei 12.034/2009.

Parágrafo único. A inobservância do disposto neste artigo sujeita o infrator à cassação do registro ou do diploma.

Art. 78. A aplicação das sanções cominadas no art. 73, §§ 4º e 5º, dar-se-á sem prejuízo de outras de caráter constitucional, administrativo ou disciplinar fixadas pelas demais leis vigentes.

Disposições transitórias

Art. 79. O financiamento das campanhas eleitorais com recursos públicos será disciplinada em lei específica.

Art. 80. Nas eleições a serem realizadas no ano de 1998, cada partido ou coligação deverá reservar, para candidatos de cada sexo, no mínimo, 25% (vinte e cinco por cento) e, no máximo, 75% (setenta e cinco por cento) do número de candidaturas que puder registrar.

Art. 81. (*Artigo revogado pela Lei 13.165/2015*).

Art. 82. Nas Seções Eleitorais em que não for usado o sistema eletrônico de votação e totalização de votos, serão aplicadas as regras definidas nos arts. 83 a 89 desta Lei e as pertinentes da Lei 4.737, de 15 de julho de 1965 – Código Eleitoral.

Art. 83. As cédulas oficiais serão confeccionadas pela Justiça Eleitoral, que as imprimirá com exclusividade para distribuição às Mesas Receptoras, sendo sua impressão feita em papel opaco, com tinta preta e em tipos uniformes de letras e números, identificando o gênero na denominação dos cargos em disputa.

§ 1º Haverá duas cédulas distintas, uma para as eleições majoritárias e outra para as proporcionais, a serem confeccionadas segundo modelos determinados pela Justiça Eleitoral.

§ 2º Os candidatos à eleição majoritária serão identificados pelo nome indicado no pedido de registro e pela sigla adotada pelo partido a que pertencem e deverão figurar na ordem determinada por sorteio.

§ 3º Para as eleições realizadas pelo sistema proporcional, a cédula terá espaços para que o eleitor escreva o nome ou o número do candidato escolhido, ou a sigla ou o número do partido de sua preferência.

§ 4º No prazo de 15 (quinze) dias após a realização do sorteio a que se refere o § 2º, os Tribunais Regionais Eleitorais divulgarão o modelo da cédula completa com os nomes dos candidatos majoritários na ordem já definida.

§ 5º Às eleições em segundo turno aplica-se o disposto no § 2º, devendo o sorteio verificar-se até 48 (quarenta e oito) horas após a proclamação do resultado do primeiro turno e a divulgação do modelo da cédula nas 24 (vinte e quatro) horas seguintes.

Art. 84. No momento da votação, o eleitor dirigir-se-á à cabina duas vezes, sendo a primeira para o preenchimento da cédula destinada às eleições proporcionais, de cor branca, e a segunda para o preenchimento da cédula destinada às eleições majoritárias, de cor amarela.

Parágrafo único. A Justiça Eleitoral fixará o tempo de votação e o número de eleitores por seção, para garantir o pleno exercício do direito de voto.

Art. 85. Em caso de dúvida na apuração de votos dados a homônimos, prevalecerá o número sobre o nome do candidato.

Art. 86. No sistema de votação convencional considerar-se-á voto de legenda quando o eleitor assinalar o número do partido no local exato reservado para o cargo respectivo e somente para este será computado.

Art. 87. Na apuração, será garantido aos fiscais e delegados dos partidos e coligações o direito de observar diretamente, a distância não superior a um metro da mesa, a abertura da urna, a abertura e a contagem das cédulas e o preenchimento do boletim.

§ 1º O não atendimento ao disposto no *caput* enseja a impugnação do resultado da urna, desde que apresentada antes da divulgação do boletim.

§ 2º Ao final da transcrição dos resultados apurados no boletim, o Presidente da Junta Eleitoral é obrigado a entregar cópia deste aos partidos e coligações concorrentes ao pleito cujos representantes o requeiram até 1 (uma) hora após sua expedição.

§ 3º Para os fins do disposto no parágrafo anterior, cada partido ou coligação poderá credenciar até três fiscais perante a Junta Eleitoral, funcionando um de cada vez.

§ 4º O descumprimento de qualquer das disposições deste artigo constitui crime, punível com detenção de 1 (um) a 3 (três) meses, com a alternativa de prestação de serviços à comunidade pelo mesmo período e multa, no valor de um mil a cinco mil UFIR.

§ 5º O rascunho ou qualquer outro tipo de anotação fora dos boletins de urna, usados no momento da apuração dos votos, não poderão servir de prova posterior perante a Junta apuradora ou totalizadora.

§ 6º O boletim mencionado no § 2º deverá conter o nome e o número dos candidatos nas primeiras colunas, que precederão aquelas onde serão designados os votos e o partido ou coligação.

Art. 88. O Juiz Presidente da Junta Eleitoral é obrigado a recontar a urna, quando:

I – o boletim apresentar resultado não coincidente com o número de votantes ou discrepante dos dados obtidos no momento da apuração;

II – ficar evidenciada a atribuição de votos a candidatos inexistentes, o não fechamento da contabilidade da urna ou a apresentação de totais de votos nulos, brancos ou válidos destoantes da média geral das demais Seções do mesmo Município, Zona Eleitoral.

Art. 89. Será permitido o uso de instrumentos que auxiliem o eleitor analfabeto a votar, não sendo a Justiça Eleitoral obrigada a fornecê-los.

Disposições finais

Art. 90. Aos crimes definidos nesta Lei, aplica-se o disposto nos arts. 287 e 355 a 364 da Lei 4.737, de 15 de julho de 1965 – Código Eleitoral.

§ 1º Para os efeitos desta Lei, respondem penalmente pelos partidos e coligações os seus representantes legais.

§ 2º Nos casos de reincidência, as penas pecuniárias previstas nesta Lei aplicam-se em dobro.

Art. 90-A. (*Vetado*).

→ Artigo acrescentado pela Lei 11.300/2006.

Art. 91. Nenhum requerimento de inscrição eleitoral ou de transferência será recebido dentro dos cento e cinquenta dias anteriores à data da eleição.

Parágrafo único. A retenção de título eleitoral ou do comprovante de alistamento eleitoral constitui crime, punível com detenção, de 1 (um) a 3 (três) meses, com a alternativa de prestação de serviços à comunidade por igual período, e multa no valor de cinco mil a dez mil UFIR.

Art. 91-A. No momento da votação, além da exibição do respectivo título, o eleitor deverá apresentar documento de identificação com fotografia.

→ Artigo acrescentado pela Lei 12.034/2009.

LEGISLAÇÃO

Parágrafo único. Fica vedado portar aparelho de telefonia celular, máquinas fotográficas e filmadoras, dentro da cabina de votação.

Art. 92. O Tribunal Superior Eleitoral, ao conduzir o processamento dos títulos eleitorais, determinará de ofício a revisão ou correição das Zonas Eleitorais sempre que:

I – o total de transferências de eleitores ocorridas no ano em curso seja 10% (dez por cento) superior ao do ano anterior;

II – o eleitorado for superior ao dobro da população entre dez e quinze anos, somada à de idade superior a 70 anos do território daquele Município;

III – o eleitorado for superior a 65% (sessenta e cinco por cento) da população projetada para aquele ano pelo Instituto Brasileiro de Geografia e Estatística – IBGE.

Art. 93. O Tribunal Superior Eleitoral poderá, nos anos eleitorais, requisitar das emissoras de rádio e televisão, no período de um mês antes do início da propaganda eleitoral a que se refere o art. 36 e nos três dias anteriores à data do pleito, até dez minutos diários, contínuos ou não, que poderão ser somados e usados em dias espaçados, para a divulgação de comunicados, boletins e instruções ao eleitorado.

→ Artigo com redação alterada pela Lei 13.165/2015.

Art. 93-A. O Tribunal Superior Eleitoral, no período compreendido entre 1º de abril e 30 de julho dos anos eleitorais, promoverá, em até cinco minutos diários, contínuos ou não, requisitados às emissoras de rádio e televisão, propaganda institucional, em rádio e televisão, destinada a incentivar a participação feminina na política, bem como a esclarecer os cidadãos sobre as regras e o funcionamento do sistema eleitoral brasileiro.

→ Artigo com redação alterada pela Lei 13.165/2015.

Art. 94. Os feitos eleitorais, no período entre o registro das candidaturas até 5 (cinco) dias após a realização do segundo turno das eleições, terão prioridade para a participação do Ministério Público e dos Juízes de todas as Justiças e instâncias, ressalvados os processos de *habeas corpus* e mandado de segurança.

§ 1º É defeso às autoridades mencionadas neste artigo deixar de cumprir qualquer prazo desta Lei, em razão do exercício das funções regulares.

§ 2º O descumprimento do disposto neste artigo constitui crime de responsabilidade e será objeto de anotação funcional para efeito de promoção na carreira.

§ 3º Além das polícias judiciárias, os órgãos da receita federal, estadual e municipal, os tribunais e órgãos de contas auxiliarão a Justiça Eleitoral na apuração dos delitos eleitorais, com prioridade sobre suas atribuições regulares.

§ 4º Os advogados dos candidatos ou dos partidos e coligações serão notificados para os feitos de que trata esta Lei com antecedência mínima de 24 (vinte e quatro) horas, ainda que por fax, telex ou telegrama.

§ 5º Nos Tribunais Eleitorais, os advogados dos candidatos ou dos partidos e coligações serão intimados para os feitos que não versem sobre a cassação do registro ou do diploma de que trata esta Lei por meio da publicação de edital eletrônico publicado na página do respectivo Tribunal na internet, iniciando-se a contagem do prazo no dia seguinte ao da divulgação.

→ § 5º acrescentado pela Lei 13.165/2015.

Art. 94-A. Os órgãos e entidades da Administração Pública direta e indireta poderão, quando solicitados, em casos específicos e de forma motivada, pelos Tribunais Eleitorais:

→ Artigo acrescentado pela Lei 11.300/2006.

I – fornecer informações na área de sua competência;

II – ceder funcionários no período de 3 (três) meses antes a 3 (três) meses depois de cada eleição.

Art. 94-B. *(Vetado).*

→ Artigo acrescentado pela Lei 11.300/2006.

Art. 95. Ao Juiz Eleitoral que seja parte em ações judiciais que envolvam determinado candidato é defeso exercer suas funções em processo eleitoral no qual o mesmo candidato seja interessado.

Art. 96. Salvo disposições específicas em contrário desta Lei, as reclamações ou representações relativas ao seu descumprimento podem ser feitas por qualquer partido político, coligação ou candidato, e devem dirigir-se:

I – aos Juízes Eleitorais, nas eleições municipais;

II – aos Tribunais Regionais Eleitorais, nas eleições federais, estaduais e distritais;

III – ao Tribunal Superior Eleitoral, na eleição presidencial.

§ 1º As reclamações e representações devem relatar fatos, indicando provas, indícios e circunstâncias.

§ 2º Nas eleições municipais, quando a circunscrição abranger mais de uma Zona Eleitoral, o Tribunal Regional designará um Juiz para apreciar as reclamações ou representações.

§ 3º Os Tribunais Eleitorais designarão três juízes auxiliares para a apreciação das reclamações ou representações que lhes forem dirigidas.

§ 4º Os recursos contra as decisões dos juízes auxiliares serão julgados pelo Plenário do Tribunal.

§ 5º Recebida a reclamação ou representação, a Justiça Eleitoral notificará imediatamente o reclamado ou representado para, querendo, apresentar defesa em 48 (quarenta e oito) horas.

§ 6º *(Revogado pela Lei 9.840/1999).*

§ 7º Transcorrido o prazo previsto no § 5º, apresentada ou não a defesa, o órgão competente da Justiça Eleitoral decidirá e fará publicar a decisão em 24 (vinte e quatro) horas.

§ 8º Quando cabível recurso contra a decisão, este deverá ser apresentado no prazo de 24 (vinte e quatro) horas da publicação da decisão em cartório ou sessão, assegurado ao recorrido o oferecimento de contrarrazões, em igual prazo, a contar da sua notificação.

§ 9º Os Tribunais julgarão o recurso no prazo de 48 (quarenta e oito) horas.

§ 10. Não sendo o feito julgado nos prazos fixados, o pedido pode ser dirigido ao órgão superior, devendo a decisão ocorrer de acordo com o rito definido neste artigo.

§ 11. As sanções aplicadas a candidato em razão do descumprimento de disposições desta Lei não se estendem ao respectivo partido, mesmo na hipótese de esse ter se beneficiado da conduta, salvo quando comprovada a sua participação.

→ § 11 acrescentado pela Lei 13.165/2015.

Art. 96-A. Durante o período eleitoral, as intimações via *fac-símile* encaminhadas pela Justiça Eleitoral a candidato deverão ser exclusivamente realizadas na linha telefônica por ele previamente cadastrada, por ocasião do preenchimento do requerimento de registro de candidatura.

→ Artigo acrescentado pela Lei 12.034/2009.

Parágrafo único. O prazo de cumprimento da determinação prevista no *caput* é de 48 (quarenta e oito) horas, a contar do recebimento do *fac-símile*.

Art. 96-B. Serão reunidas para julgamento comum as ações eleitorais propostas por partes diversas sobre o mesmo fato, sendo competente para apreciá-las o juiz ou relator que tiver recebido a primeira.

→ Artigo acrescentado pela Lei 13.165/2015.

§ 1º O ajuizamento de ação eleitoral por candidato ou partido político não impede ação do Ministério Público no mesmo sentido.

§ 2º Se proposta ação sobre o mesmo fato apreciado em outra cuja decisão ainda não transitou em julgado, será ela apensada ao processo anterior na instância em que ele se encontrar, figurando a parte como litisconsorte no feito principal.

§ 3º Se proposta ação sobre o mesmo fato apreciado em outra cuja decisão já tenha transitado em julgado, não será ela conhecida pelo juiz, ressalvada a apresentação de outras ou novas provas.

Art. 97. Poderá o candidato, partido ou coligação representar ao Tribunal Regional Eleitoral contra o Juiz Eleitoral que descumprir as disposições desta Lei ou der causa ao seu descumprimento, inclusive quanto aos prazos processuais; neste caso, ouvido o representado em 24 (vinte e quatro) horas, o Tribunal ordenará a observância do procedimento que explicitar, sob pena de incorrer o Juiz em desobediência.

§ 1º É obrigatório, para os membros dos Tribunais Eleitorais e do Ministério Público, fiscalizar o cumprimento desta Lei pelos juízes e promotores eleitorais das instâncias inferiores, determinando, quando for o caso, a abertura de procedimento disciplinar para apuração de eventuais irregularidades que verificarem.

→ § 1º acrescentado pela Lei 12.034/2009.

§ 2º No caso de descumprimento das disposições desta Lei por Tribunal Regional Eleitoral, a representação poderá ser feita ao Tribunal Superior Eleitoral, observado o disposto neste artigo.

→ § 2º acrescentado pela Lei 12.034/2009.

Art. 97-A. Nos termos do inciso LXXVIII do art. 5º da Constituição Federal, considera-se duração razoável do processo que possa resultar em perda de mandato eletivo o período máximo de 1 (um) ano, contado da sua apresentação à Justiça Eleitoral.

→ Artigo acrescentado pela Lei 12.034/2009.

§ 1º A duração do processo de que trata o *caput* abrange a tramitação em todas as instâncias da Justiça Eleitoral.

§ 2º Vencido o prazo de que trata o *caput*, será aplicável o disposto no art. 97, sem prejuízo de representação ao Conselho Nacional de Justiça.

Art. 98. Os eleitores nomeados para compor as Mesas Receptoras ou Juntas Eleitorais e os requisitados para auxiliar seus trabalhos serão dispensados do serviço, mediante declaração expedida pela Justiça Eleitoral, sem prejuízo do salário, vencimento ou qualquer outra vantagem, pelo dobro dos dias de convocação.

Art. 99. As emissoras de rádio e televisão terão direito a compensação fiscal pela cedência do horário gratuito previsto nesta Lei.

§ 1º O direito à compensação fiscal das emissoras de rádio e televisão previsto no parágrafo único do art. 52 da Lei 9.096, de 19 de setembro de 1995, e neste artigo, pela cedência do horário gratuito destinado à divulgação das propagandas partidárias e eleitoral, estende-se à veiculação de propaganda gratuita de plebiscitos e referendos de que dispõe o art. 8º da Lei 9.709, de 18 de novembro de 1998, mantido também, a esse efeito, o entendimento de que:

→ *Caput* do § 1º acrescentado pela Lei 12.034/2009.

I – (*Vetado*);

→ Inciso I acrescentado pela Lei 12.034/2009.

II – a compensação fiscal consiste na apuração do valor correspondente a 0,8 (oito décimos) do resultado da multiplicação de 100% (cem por cento) ou de 25% (vinte e cinco por cento) do tempo, respectivamente, das inserções e das transmissões em bloco, pelo preço do espaço comercializável comprovadamente vigente, assim considerado aquele divulgado pelas emissoras de rádio e televisão por intermédio de tabela pública de preços de veiculação de publicidade, atendidas as disposições regulamentares e as condições de que trata o § 2º-A;

→ Inciso II com redação alterada pela Lei 12.350/2010.

III – o valor apurado na forma do inciso II poderá ser deduzido do lucro líquido para efeito de determinação do lucro real, na apuração do Imposto sobre a Renda da Pessoa Jurídica (IRPJ), inclusive da base de cálculo dos recolhimentos mensais previstos na legislação fiscal (art. 2º da Lei 9.430, de 27 de dezembro de 1996), bem como da base de cálculo do lucro presumido.

→ Inciso III acrescentado pela Lei 12.350/2010.

§ 2º (*Vetado*).

→ § 2º acrescentado pela Lei 12.034/2009.

§ 2º-A. A aplicação das tabelas públicas de preços de veiculação de publicidade, para fins de compensação fiscal, deverá atender ao seguinte:

→ § 2º-A acrescentado pela Lei 12.350/2010.

I – deverá ser apurada mensalmente a variação percentual entre a soma dos preços efetivamente praticados, assim considerados os valores devidos às emissoras de rádio e televisão pelas veiculações comerciais locais, e o correspondente a 0,8 (oito décimos) da soma dos respectivos preços constantes da tabela pública de veiculação de publicidade; e

II – a variação percentual apurada no inciso I deverá ser deduzida dos preços constantes da tabela pública a que se refere o inciso II do § 1º.

§ 3º No caso de microempresas e empresas de pequeno porte optantes pelo Regime Especial Unificado de Arrecadação de Tributos e Contribuições (Simples Nacional), o valor integral da compensação fiscal apurado na forma do inciso II do § 1º será deduzido da base de cálculo de imposto e contribuições federais devidos pela emissora, seguindo os critérios definidos pelo Comitê Gestor do Simples Nacional (CGSN).

→ § 3º com redação alterada pela Lei 12.350/2010.

Art. 100. A contratação de pessoal para prestação de serviços nas campanhas eleitorais não gera vínculo empregatício com o candidato ou partido contratantes, aplicando-se à pessoa física contratada o disposto na alínea *h* do inciso V do art. 12 da Lei 8.212, de 24 de julho de 1991.

→ *Caput* com redação alterada pela Lei 13.165/2015.

Parágrafo único. Não se aplica aos partidos políticos, para fins da contratação de que trata o *caput*, o disposto no parágrafo único do art. 15 da Lei 8.212, de 24 de julho de 1991.

→ Paragrafo único acrescentado pela Lei 13.165/2015.

Art. 100-A. A contratação direta ou terceirizada de pessoal para prestação de serviços referentes a atividades de militância e mobilização de rua nas campanhas eleitorais observará os seguintes limites, impostos a cada candidato:

→ Artigo acrescentado pela Lei 12.891/2013.

I – em Municípios com até 30.000 (trinta mil) eleitores, não excederá a 1% (um por cento) do eleitorado;

II – nos demais Municípios e no Distrito Federal, corresponderá ao número máximo apurado no inciso I, acrescido de 1 (uma) contratação para cada 1.000 (mil) eleitores que exceder o número de 30.000 (trinta mil).

§ 1º As contratações observarão ainda os seguintes limites nas candidaturas aos cargos a:

I – Presidente da República e Senador: em cada Estado, o número estabelecido para o Município com o maior número de eleitores;

II – Governador de Estado e do Distrito Federal: no Estado, o dobro do limite estabelecido para o Município com o maior número de eleitores, e, no Distrito Federal, o dobro do número alcançado no inciso II do *caput*;

III – Deputado Federal: na circunscrição, 70% (setenta por cento) do limite estabelecido para o Município com o maior número de eleitores, e, no Distrito Federal, esse mesmo percentual aplicado sobre o limite calculado na forma do inciso II do *caput*, considerado o eleitorado da maior região administrativa;

IV – Deputado Estadual ou Distrital: na circunscrição, 50% (cinquenta por cento) do limite estabelecido para Deputados Federais;

V – Prefeito: nos limites previstos nos incisos I e II do *caput*;

VI – Vereador: 50% (cinquenta por cento) dos limites previstos nos incisos I e II do *caput*, até o máximo de 80% (oitenta por cento) do limite estabelecido para Deputados Estaduais.

§ 2º Nos cálculos previstos nos incisos I e II do *caput* e no § 1º, a fração será desprezada, se inferior a 0,5 (meio), e igualada a 1 (um), se igual ou superior.

§ 3º A contratação de pessoal por candidatos a Vice-Presidente, Vice-Governador, Suplente de Senador e Vice-Prefeito é, para todos os efeitos, contabilizada como contratação pelo titular, e a contratação por partidos fica vinculada aos limites impostos aos seus candidatos.

§ 4º (*Revogado pela Lei 13.165/2015*).

§ 5º O descumprimento dos limites previstos nesta Lei sujeitará o candidato às penas previstas no art. 299 da Lei 4.737, de 15 de julho de 1965.

§ 6º São excluídos dos limites fixados por esta Lei a militância não remunerada, pessoal contratado para apoio administrativo e operacional, fiscais e delegados credenciados para trabalhar nas eleições e os advogados dos candidatos ou dos partidos e coligações.

Art. 101. (*Vetado*).

Art. 102. O parágrafo único do art. 145 da Lei 4.737, de 15 de julho de 1965 – Código Eleitoral passa a vigorar acrescido do seguinte inciso IX:

→ Alterações efetuadas na referida Lei.

Art. 103. O art. 19, *caput*, da Lei 9.096, de 19 de setembro de 1995 – Lei dos Partidos, passa a vigorar com a seguinte redação:

→ Alterações efetuadas na referida Lei.

Art. 104. O art. 44 da Lei 9.096, de 19 de setembro de 1995, passa a vigorar acrescido do seguinte § 3º:

→ Alterações efetuadas na referida Lei.

Art. 105. Até o dia 5 de março do ano da eleição, o Tribunal Superior Eleitoral, atendendo ao caráter regulamentar e sem restringir direitos ou estabelecer sanções distintas das previstas nesta Lei, poderá expedir todas as instruções necessárias para sua fiel execução, ouvidos, previamente, em audiência pública, os delegados ou representantes dos partidos políticos.

→ *Caput* com redação alterada pela Lei 12.034/2009.

§ 1º O Tribunal Superior Eleitoral publicará o código orçamentário para o recolhimento das multas eleitorais ao Fundo Partidário, mediante documento de arrecadação correspondente.

§ 2º Havendo substituição da UFIR por outro índice oficial, o Tribunal Superior Eleitoral procederá à alteração dos valores estabelecidos nesta Lei pelo novo índice.

§ 3º Serão aplicáveis ao pleito eleitoral imediatamente seguinte apenas as resoluções publicadas até a data referida no *caput*.

→ § 3º acrescentado pela Lei 12.034/2009.

Art. 105-A. Em matéria eleitoral, não são aplicáveis os procedimentos previstos na Lei 7.347, de 24 de julho de 1985.

→ Artigo acrescentado pela Lei 12.034/2009.

Art. 106. Esta Lei entra em vigor na data de sua publicação.

Art. 107. Revogam-se os arts. 92, 246, 247, 250, 322, 328, 329, 333 e o parágrafo único do art. 106 da Lei 4.737, de 15 de julho de 1965 – Código Eleitoral; o § 4º do art. 39 da Lei 9.096, de 19 de setembro de 1995; o § 2º do art. 50 e o § 1º do art. 64 da Lei 9.100, de 29 de setembro de 1995; e o § 2º do art. 7 do Decreto-lei 201, de 27 de fevereiro de 1967.

Brasília, 30 de setembro de 1997; 176º da Independência e 109º da República.

Marco Antonio de Oliveira Maciel

(Publicação no *D.O.U.* de 1.10.1997)

LEGISLAÇÃO

ANEXO

Sigla e nº do Partido/série

Recebemos de:

Endereço:

Mun. ______ CEP ______

CPF ou CGC nº

a quantia de R$ ______

correspondente a ______ UFIR

Data __/__/__

Nome do responsável

CPF nº

NOME DO PARTIDO

Recibo Eleitoral

U.F. ______ R$ ______

Município ______ UFIR

Valor por extenso em moeda corrente: ______ doação para campanha eleitoral das eleições municipais

Data __/__/

(Assinatura do Responsável)

Nome do Resp.:

CPF nº

Série: sigla e nº do partido/numeração sequencial

Ficha de Qualificação do Candidato (Modelo 1)

Nome: ______ Nº ______

Nº do CPF: ______ Nº da Identidade: ______ Órgão Expedidor: ______

Endereço Residencial: ______ Telefone: ______

Endereço Comercial: ______ Telefone: ______

Partido Político: ______ Comitê Financeiro: ______

Eleição: ______ Circunscrição: ______

Conta Bancária nº: ______ Banco: ______ Agência: ______

Limite de Gastos em REAL: ______

DADOS PESSOAIS DO RESPONSÁVEL PELA ADMINISTRAÇÃO FINANCEIRA DA CAMPANHA

Nome: ______ Nº ______

Nº do CPF: ______ Nº da Identidade: ______ Órgão Expedidor: ______

Endereço Residencial: ______ Telefone: ______

Endereço Comercial: ______ Telefone: ______

LOCAL ______ DATA ___/___/___

Assinatura

Assinatura

Instruções de Preenchimento

A) Dados do Candidato

1 – Nome – informar o nome completo do candidato;

2 – Nº – informar o número atribuído ao candidato para concorrer às eleições;

3 – Nº do CPF – informar o número do documento de identificação do candidato no Cadastro de Pessoas Físicas;

4 – Nº da Identidade – informar o número da carteira de identidade do candidato;

5 – Órgão Expedidor – informar o órgão expedidor da Carteira de Identidade;

6 – Endereço Residencial – informar o endereço residencial completo do candidato;

7 – Telefone – informar o número do telefone residencial do candidato, inclusive DDD;

8 – Endereço Comercial – informar o endereço comercial completo do candidato;

9 – Telefone – informar o número do telefone comercial do candidato, inclusive DDD;

10 – Partido Político – informar o nome do partido político pelo qual concorre às eleições;

11 – Comitê Financeiro – informar o nome do comitê financeiro ao qual está vinculado o candidato;

12 – Eleição – informar a eleição para a qual o candidato concorre (cargo eletivo);

13 – Circunscrição – informar a circunscrição à qual está jurisdicionado o Comitê;

14 – Conta Bancária Nº – informar o número da conta-corrente da campanha, caso tenha sido aberta pelo Candidato;

15 – Banco – se o campo anterior foi preenchido, informar o banco onde abriu a conta-corrente;

16 – Agência – informar a agência bancária onde foi aberta a conta-corrente;

17 – Limite de Gastos em REAL – informar, em REAL, o limite de gastos estabelecidos pelo Partido.

B) Dados do Responsável pela Administração Financeira da Campanha

1 – Nome – informar o nome do Responsável indicado pelo candidato para administrar os recursos de sua campanha;

2 – Nº do CPF – informar o número do documento de identificação do Responsável no Cadastro de Pessoas Físicas;

3 – Nº da Identidade – informar o número da carteira de identidade do Responsável;

4 – Órgão Expedidor – informar o órgão expedidor da Carteira de Identidade;

5 – Endereço Residencial – informar o endereço residencial completo do Responsável;

6 – Telefone – informar o número do telefone residencial, inclusive DDD;

7 – Endereço Comercial – informar o endereço comercial completo do Responsável;

8 – Telefone – informar o número do telefone comercial, inclusive DDD;

9 – indicar local e data do preenchimento;

10 – assinaturas do Candidato e do Responsável pela Administração Financeira da Campanha.

Demonstração dos Recibos Eleitorais Recebidos (Modelo 2)

Direção Nacional/Estadual do Partido/Comitê Financeiro/Candidato: ____________________

Eleição: ____________________ UF/Município: ____________________

DATA	NUMERAÇÃO	QUANTIDADE	RECEBIDOS DE

LOCAL ____________________ ____________________ Assinatura	LOCAL ____________________ ____________________ Assinatura

Instruções de Preenchimento

1 – Direção Nacional/Estadual do Partido/Comitê Financeiro/Candidato – informar o nome de quem está apresentando a Demonstração: se Direção Nacional do partido político, Direção Estadual, Comitê Financeiro ou Candidato;

2 – Eleição – informar a eleição de que se trata (cargo eletivo);

3 – UF/Município – informar a Unidade da Federação e Município;

4 – Data – informar a data em que os Recibos Eleitorais foram recebidos, no formato dia, mês e ano;

5 – Numeração – informar a numeração e série dos Recibos Eleitorais Recebidos;

6 – Quantidade – informar a quantidade de Recibos Eleitorais Recebidos;

7 – Recebidos de – informar o nome do Órgão repassador dos Recibos;

8 – indicar local e data do preenchimento;

9 – assinatura dos responsáveis.

Demonstração dos Recursos Arrecadados (Modelo 3)

Direção Nacional do Partido/Estadual/Comitê/Candidato: ____________________

Eleição: ____________________ UF/Município: ____________________

DATA	NÚMERO DOS RECIBOS	ESPÉCIE DO RECURSO	DOADOR/ CONTRIBUINTE	CGC/CPF	VALORES	
					UFIR	R$
TOTAL/TRANSPORTAR						

LOCAL ____________________ ____________________ Assinatura	LOCAL ____________________ ____________________ Assinatura

Instruções de Preenchimento

1 – Direção Nacional do Partido/Comitê Financeiro/Candidato – informar o nome de quem está apresentando a Demonstração: se Direção Nacional/ Estadual do partido político, Comitê ou Candidato;

2 – Eleição – informar a eleição de que se trata (cargo eletivo);

3 – UF/Município – informar a Unidade da Federação e Município;

4 – Data – informar a data em que a doação/contribuição foi recebida, no formato dia, mês e ano;

5 – Número dos recibos – informar a numeração e série dos Recibos Eleitorais entregues aos doadores/contribuintes;

6 – Espécie do recurso – informar o tipo de recurso recebido, se em moeda corrente ou estimável em dinheiro;

7 – Doador/Contribuinte – informar o nome completo de quem doou os recursos, inclusive no caso de recursos próprios do candidato;

8 – CGC/CPF – informar o número do CGC ou do CPF do doador/contribuinte, conforme seja pessoa jurídica ou pessoa física;

9 – Valores

9-a – UFIR – informar o valor das arrecadações em UFIR, dividindo o valor em R$ pelo valor da UFIR do mês da doação em moeda corrente;

9-b – R$ – informar o valor da doação em moeda corrente;

10 – Total/Transportar – informar o total em UFIR e R$ dos valores arrecadados;

11 – indicar local e data do preenchimento;

12 – assinatura dos responsáveis.

Relação de Cheques Recebidos (Modelo 4)

Direção Nacional/Estadual do Partido/Comitê/Candidato: ____________________

Eleição: ______________ UF/Município: ____________________

DATA DO RECEBIMENTO	IDENTIFICAÇÃO EMITENTE DOADOR	IDENTIFICAÇÃO DO CHEQUE					VALORES
	NOME	CGC/CPF	DATA DA EMISSÃO	Nº BCO	Nº DA AG	Nº DO CHEQUE	
TOTAL/TRANSPORTAR							

LOCAL ____________________ ____________________ Assinatura	LOCAL ____________________ ____________________ Assinatura

Instruções de Preenchimento

1 – Direção Nacional/Estadual do Partido/Comitê Financeiro/Candidato – informar o nome de quem está apresentando a Demonstração: se Direção Nacional/Estadual do Partido Político, Comitê ou Candidato;

2 – Eleição – informar a eleição de que se trata (cargo eletivo);

3 – UF/Município – informar a Unidade da Federação e Município;

4 – Data do recebimento – informar a data em que os cheques foram recebidos, no formato dia, mês e ano;

5 – Identificação do emitente/doador

5-a – Nome – informar o nome do emitente do cheque;

5-b – CGC/CPF – informar o número do CGC ou CPF do emitente do cheque, conforme seja pessoa jurídica ou pessoa física;

6 – Identificação do cheque

6-a – Data da emissão – informar a data em que o cheque foi emitido pelo doador, no formato dia, mês e ano;

6-b – No do Banco – informar o número do Banco sacado;

6-c – No da Agência – informar o número da Agência;

6-d – No do Cheque – informar o número do cheque;

7 – Valores – R$ – informar o valor dos cheques em moeda corrente;

8 – Total/Transportar – informar o total em R$ dos Cheques recebidos;

9 – indicar local e data do preenchimento;

10 – assinatura dos responsáveis.

Demonstração das Origens e Aplicações dos Recursos (Modelo 5)

PARTIDO/COMITÊ/CANDIDATO			
ELEIÇÃO	UF/MUNICÍPIO		
TÍTULO DA CONTA			TOTAL-R$
1 - RECEITAS			
DOAÇÕES E CONTRIBUIÇÕES			
Recursos Próprios			
Recursos de Pessoas Físicas			
Recursos de Pessoas Jurídicas			
Transferências Financeiras Recebidas			
FUNDO PARTIDÁRIO			
Cotas Recebidas			
RECEITAS FINANCEIRAS			
Variações Monetárias Ativas			
Rendas de Aplicações			
OUTRAS RECEITAS			
Vendas de Bens de Uso			
	F. PARTIDÁRIO	O. RECURSOS	TOTAL-R$
2 – DESPESAS			
Despesas com Pessoal			
Encargos Sociais			
Impostos			
Aluguéis			
Despesas de Viagens			
Honorários Profissionais			
Locações de Bens Móveis			
Despesas Postais			
Materiais de Expediente			
Despesas com Veículos			
Propagandas e Publicidade			
Serviços Prestados por Terceiros			
Cachês de Artistas ou Animadores			
Materiais Impressos			
Lanches e Refeições			
Energia Elétrica			
Despesas de Manutenção e Reparo			
Montagem de Palanques e Equipamentos			
Despesas com Pesquisas ou Testes Eleitorais			
Despesas de Eventos Promocionais			
Despesas Financeiras			
Produção Audiovisuais			
Outras Despesas			
3 - TRANSFERÊNCIAS FINANCEIRAS EFETUADAS			
4 – IMOBILIZAÇÕES – TOTAL			
Bens Móveis			
Bens Imóveis			
SALDO (+ 1 - 2 - 3 - 4 = 5) TOTAL			
Saldo em Caixa			
Saldo em Banco			
Banco (...)			

Obs.: As Obrigações a Pagar deverão ser deduzidas dos saldos financeiros (caixa e banco), sendo demonstradas mediante Demonstração de Obrigações a Pagar (Modelo 11) devidamente assinada pelo Tesoureiro.

Ficha de Qualificação do Comitê Financeiro (Modelo 6)

Partido: ______________________

Direção/Comitê Financeiro/Candidato: ______________ Único? Sim: ______ Não: ______

Eleição: ______________ UF/Município: ______________

Número da Conta Bancária: ______________ Banco: ______ Agência: ______

Endereço: ______________________

NOME DOS MEMBROS	FUNÇÕES

LOCAL ______________	LOCAL ______________
______________ Assinatura	______________ Assinatura

Instruções de Preenchimento

1 – Nome do partido – informar o nome do partido político;

2 – Direção/Comitê/Candidato – informar se é da Direção Nacional/Estadual/Comitê Financeiro ou Candidato;

2-a – Único? Sim? Não? – marcar um X no campo correspondente, conforme se trate, no caso de Comitê Estadual/Municipal, de Comitê Único do Partido para as eleições de toda a circunscrição ou de Comitê específico para determinada eleição;

3 – Eleição – informar a eleição de que se trata (cargo eletivo);

4 – UF/Município – informar a Unidade da Federação e Município;

5 – Conta Bancária – informar o número da conta-corrente do Comitê Financeiro;

6 – Banco – informar o banco onde foi aberta a conta-corrente do Comitê;

7 – Agência – informar a agência bancária;

8 – Nomes dos Membros – informar o nome completo dos membros do Comitê Financeiro;

9 – Funções – informar as funções (tipo de responsabilidade) por eles exercidas, na mesma ordem da citação dos nomes;

10 – indicar local e data do preenchimento;

11 – assinatura dos responsáveis.

Demonstração do Limite de Gastos (Modelo 7)

Nome do Partido: ______________________

Direção/Comitê Financeiro/Candidato: ______________________

ELEIÇÃO

CANDIDATO		LIMITE EM R$
NOME	NÚMERO	
TOTAL/TRANSPORTAR		

LOCAL ______________	LOCAL ______________
______________ Assinatura	______________ Assinatura

Instruções de Preenchimento

1 – Nome do Partido – informar o nome do partido político;

2 – Comitê Financeiro/Direção/Candidato – informar o nome: se da direção Nacional/Estadual, do Comitê e Candidato que está apresentando a Demonstração;

3 – Eleição – informar a eleição de que se trata (cargo eletivo);

4 – Candidato

4-a – Nome – informar o nome completo do Candidato;

4-b – Número – informar o número atribuído ao candidato, com o qual concorre à eleição;

5 – Limite em R$ – informar o valor em Real do limite de gastos atribuído ao Candidato, pelo partido;

6 – Total/Transportar – informar o total em REAL;

7 – indicar o local e a data do preenchimento;

8 – assinatura dos responsáveis.

Demonstração dos Recibos Eleitorais Distribuídos (Modelo 8)

Direção Nacional/Estadual/Comitê Financeiro: ______________________________

Eleição: ______________________________

DATA	NUMERAÇÃO	QUANTIDADE	DISTRIBUÍDO A

LOCAL ____________________ ____________________ Assinatura	LOCAL ____________________ ____________________ Assinatura

Instruções de Preenchimento

1 - Direção Nacional/Estadual do Partido/Comitê Financeiro/ – informar o nome de quem está apresentando a Demonstração: se Direção Nacional/ Estadual do Partido Político ou Comitê Financeiro;

2 – Eleição – informar a eleição de que se trata (cargo eletivo);

3 – Data – informar a data da entrega dos Recibos Eleitorais, no formato dia, mês e ano;

4 – Numeração – informar a numeração dos Recibos Eleitorais Distribuídos, inclusive com a sua série;

5 – Quantidade – informar a quantidade de Recibos Eleitorais Distribuídos, separados por valor de face;

6 – Distribuído A – informar o nome da Direção (Nacional/Estadual) ou do Comitê ou Candidato que recebeu os Recibos Eleitorais;

7 – Indicar local e data do preenchimento;

8 – assinatura dos responsáveis.

Demostração de Transferências Financeiras (Modelo 9)

Direção Nacional/Estadual do Partido/ Comitê Financeiro: ______________________________

DATA	NOME DO PARTIDO/COMITÊ/CANDIDATO BENEFICIÁRIO R$	VALORES

LOCAL ____________________ ____________________ Assinatura	LOCAL ____________________ ____________________ Assinatura

Instruções de Preenchimento

1 – Direção Nacional/Estadual do Partido/Comitê Financeiro/ – informar o nome de quem realizou as transferências: se Direção Nacional/Estadual do Partido ou Comitê Financeiro, inclusive no caso de coligações;

2 – Data – informar a data em que ocorreu a transferência financeira, no formato dia, mês e ano;

3 – Nome do Partido/ Comitê/ Candidato – informar o nome do Partido (Direção Nacional/Estadual) do Comitê ou do Candidato beneficiário da transferência dos recursos, inclusive no caso de coligações;

4 – Valores – R$ – informar o valor das transferências em moeda corrente;

5 – Total/Transportar – informar o total e em R$ das transferências efetuadas;

6 – indicar local e data do preenchimento;

7 – assinatura dos responsáveis.

Demostração Financeira Consolidada (Modelo 10)

Nome do Partido: ______________________________

Direção Nacional: ______________________________

COMITÊS FINANCEIROS VINCULADOS	VALORES R$		
	ARRECADADOS	APLICADOS	SALDOS
TOTAIS/TRANSPORTAR			

LOCAL ______________________	LOCAL ______________________
______________________ Assinatura	______________________ Assinatura

Instruções de Preenchimento

1 – Nome do Partido – informar o nome do partido político;

2 – Comitês Financeitos Vinculados – informar o nome da Direção Estadual ou Comitês Estadual ou Municipal vinculados à Campanha para Prefeito;

3 – Valores/R$

3-a – Arrecadados – informar o total, em moeda corrente, dos valores arrecadados para cada Comitê;

3-b – Aplicados – informar o total, em moeda corrente, dos valores aplicados para cada Comitê;

3-c – Saldos – informar os saldos financeiros apresentados, de cada Comitê.

4 – Totais/Transportar – informar os totais dos recursos arrecadados, aplicados e dos respectivos saldos, representando o movimento financeiro de toda a campanha para Prefeito;

5 – indicar o local e data do preenchimento;

6 – assinatura dos responsáveis.

Demostração Consolidada do Limite de Gastos (Modelo 11)

Direção Nacional do Partido Político: ______________________________

CIRCUNSCRIÇÃO	VALORES EM R$
TOTAL/TRANSPORTAR	

LOCAL ______________________	LOCAL ______________________
______________________ Assinatura	______________________ Assinatura

Instruções de Preenchimento

1 – Direção Nacional do Partido Político – informar o nome do partido político;

2 – Nº – informar o número com o qual o Partido Político concorreu às eleições;

3 – Circunscrição – informar a circunscrição em relação à qual foi estabelecido o limite de gastos;

4 – Valores real – informar o valor em REAL do limite de gastos atribuído pelo Partido, para cada circunscrição;

5 – Total/ Transportar – informar o total em REAL;

6 – indicar local e data do preenchimento;

7 – assinaturas dos responsáveis.

LEI 9.507,
DE 12 DE NOVEMBRO DE 1997

Regula o direito de acesso a informações e disciplina o rito processual do habeas data.

→ v. Lei 12.527/2011 – Lei de Acesso à Informação.

→ v. Arts. 5º, LXXII, 105, *b*, e 114, IV, da CF/1988.

O Presidente da República:

Faço saber que o Congresso Nacional decreta e eu sanciono a seguinte Lei:

Art. 1º (*Vetado*).

Parágrafo único. Considera-se de caráter público todo registro ou banco de dados contendo informações que sejam ou que possam ser transmitidas a terceiros ou que não sejam de uso privativo do órgão ou entidade produtora ou depositária das informações.

Art. 2º O requerimento será apresentado ao órgão ou entidade depositária do registro ou banco de dados e será deferido ou indeferido no prazo de 48 (quarenta e oito) horas.

Parágrafo único. A decisão será comunicada ao requerente em 24 (vinte e quatro) horas.

Art. 3º Ao deferir o pedido, o depositário do registro ou do banco de dados marcará dia e hora para que o requerente tome conhecimento das informações.

Parágrafo único. (*Vetado*).

Art. 4º Constatada a inexatidão de qualquer dado a seu respeito, o interessado, em petição acompanhada de documentos comprobatórios, poderá requerer sua retificação.

§ 1º Feita a retificação em, no máximo, 10 (dez) dias após a entrada do requerimento, a entidade ou órgão depositário do registro ou da informação dará ciência ao interessado.

§ 2º Ainda que não se constate a inexatidão do dado, se o interessado apresentar explicação ou contestação sobre o mesmo, justificando possível pendência sobre o fato objeto do dado, tal explicação será anotada no cadastro do interessado.

Art. 5º (*Vetado*).

Art. 6º (*Vetado*).

Art. 7º Conceder-se-á *habeas data*:

I – para assegurar o conhecimento de informações relativas à pessoa do impetrante, constantes de registro ou banco de dados de entidades governamentais ou de caráter público;

II – para a retificação de dados, quando não se prefira fazê-lo por processo sigiloso, judicial ou administrativo;

III – para a anotação nos assentamentos do interessado, de contestação ou explicação sobre dado verdadeiro mas justificável e que esteja sob pendência judicial ou amigável.

Art. 8º A petição inicial, que deverá preencher os requisitos dos arts. 282 a 285 do Código de Processo Civil, será apresentada em duas vias, e os documentos que instruírem a primeira serão reproduzidos por cópia na segunda.

→ v. Art. 319 e ss., do NCPC.

Parágrafo único. A petição inicial deverá ser instruída com prova:

I – da recusa ao acesso às informações ou do decurso de mais de 10 (dez) dias sem decisão;

II – da recusa em fazer-se a retificação ou do decurso de mais de 15 (quinze) dias, sem decisão; ou

III – da recusa em fazer-se a anotação a que se refere o § 2º do art. 4º ou do decurso de mais de 15 (quinze) dias sem decisão.

Art. 9º Ao despachar a inicial, o juiz ordenará que se notifique o coator do conteúdo da petição, entregando-lhe a segunda via apresentada pelo impetrante, com as cópias dos documentos, a fim de que, no prazo de 10 (dez) dias, preste as informações que julgar necessárias.

Art. 10. A inicial será desde logo indeferida, quando não for o caso de *habeas data*, ou se lhe faltar algum dos requisitos previstos nesta Lei.

Parágrafo único. Do despacho de indeferimento caberá recurso previsto no art. 15.

Art. 11. Feita a notificação, o serventuário em cujo cartório corra o feito, juntará aos autos cópia autêntica do ofício endereçado ao coator, bem como a prova da sua entrega a este ou da recusa, seja de recebê-lo, seja de dar recibo.

Art. 12. Findo o prazo a que se refere o art. 9º, e ouvido o representante do Ministério Público dentro de 5 (cinco) dias, os autos serão conclusos ao juiz para decisão a ser proferida em 5 (cinco) dias.

Art. 13. Na decisão, se julgar procedente o pedido, o juiz marcará data e horário para que o coator:

I – apresente ao impetrante as informações a seu respeito, constantes de registros ou bancos de dados; ou

II – apresente em juízo a prova de retificação ou da anotação feita nos assentamentos do impetrante.

Art. 14. A decisão será comunicada ao coator, por correio, com aviso de recebimento, ou por telegrama, radiograma ou telefonema, conforme o requerer o impetrante.

Parágrafo único. Os originais, no caso de transmissão telegráfica, radiofônica ou telefônica deverão ser apresentados à agência expedidora, com a firma do juiz devidamente reconhecida.

Art. 15. Da sentença que conceder ou negar o *habeas data* cabe apelação.

Parágrafo único. Quando a sentença conceder o *habeas data*, o recurso terá efeito meramente devolutivo.

Art. 16. Quando o *habeas data* for concedido e o Presidente do Tribunal ao qual competir o conhecimento do recurso ordenar ao juiz a suspensão da execução da sentença, desse seu ato caberá agravo para o Tribunal a que presida.

Art. 17. Nos casos de competência do Supremo Tribunal Federal e dos demais Tribunais caberá ao relator a instrução do processo.

Art. 18. O pedido de *habeas data* poderá ser renovado se a decisão denegatória não lhe houver apreciado o mérito.

Art. 19. Os processos de *habeas data* terão prioridade sobre todos os atos judiciais, exceto *habeas corpus* e mandado de segurança. Na instância superior, deverão ser levados a julgamento na primeira sessão que se seguir à data em que, feita a distribuição, forem conclusos ao relator.

Parágrafo único. O prazo para a conclusão não poderá exceder de 24 (vinte e quatro) horas, a contar da distribuição.

Art. 20. O julgamento do *habeas data* compete:

I – originariamente:

a) ao Supremo Tribunal Federal, contra atos do Presidente da República, das Mesas da Câmara dos Deputados e do Senado Federal, do Tribunal de Contas da União, do Procurador-Geral da República e do próprio Supremo Tribunal Federal;

b) ao Superior Tribunal de Justiça, contra atos de Ministro de Estado ou do próprio Tribunal;

c) aos Tribunais Regionais Federais contra atos do próprio Tribunal ou de juiz federal;

d) a juiz federal, contra ato de autoridade federal, excetuados os casos de competência dos tribunais federais;

e) a tribunais estaduais, segundo o disposto na Constituição do Estado;

f) a juiz estadual, nos demais casos;

II – em grau de recurso:

a) ao Supremo Tribunal Federal, quando a decisão denegatória for proferida em única instância pelos Tribunais Superior;

b) ao Superior Tribunal de Justiça, quando a decisão for proferida em única instância pelos Tribunais Regionais Federais;

c) aos Tribunais Regionais Federais, quando a decisão for proferida por juiz federal;

d) aos Tribunais Estaduais e ao do Distrito Federal e Territórios, conforme dispuserem a respectiva Constituição e a lei que organizar a Justiça do Distrito Federal;

III – mediante recurso extraordinário ao Supremo Tribunal Federal, nos casos previstos na Constituição.

Art. 21. São gratuitos o procedimento administrativo para acesso a informações e retificação de dados e para anotação de justificação, bem como a ação de *habeas data*.

Art. 22. Esta Lei entra em vigor na data de sua publicação.

Art. 23. Revogam-se as disposições em contrário.

Brasília, 12 de novembro de 1997; 176º da Independência e 109º da República.

Fernando Henrique Cardoso

(Publicação no *D.O.U.* de 13.11.1997)

LEI 9.514,
DE 20 DE NOVEMBRO DE 1997

Dispõe sobre o Sistema de Financiamento Imobiliário, institui a alienação fiduciária de coisa imóvel e dá outras providências.

O Presidente da República:

Faço saber que o Congresso Nacional decreta e eu sanciono a seguinte Lei:

Capítulo I
DO SISTEMA DE FINANCIAMENTO IMOBILIÁRIO

Seção I
Da finalidade

Art. 1º O Sistema de Financiamento Imobiliário – SFI tem por finalidade promover o financiamento imobiliário em geral, segundo condições compatíveis com as da formação dos fundos respectivos.

Seção II
Das entidades

Art. 2º Poderão operar no SFI as caixas econômicas, os bancos comerciais, os bancos de investimento, os bancos com carteira de crédito imobiliário, as sociedades de crédito imobiliário, as associações de poupança e empréstimo, as companhias hipotecárias e, a critério do Conselho Monetário Nacional – CMN, outras entidades.

Art. 3º As companhias securitizadoras de créditos imobiliários, instituições não financeiras constituídas sob a forma de sociedade por ações, terão por finalidade a aquisição e securitização desses créditos e a emissão e colocação, no mercado financeiro, de Certificados de Recebíveis Imobiliários, podendo emitir outros títulos de crédito, realizar negócios e prestar serviços compatíveis com as suas atividades.

Parágrafo único. *(Revogado pela Lei 13.097/2015, em vigor após o decurso de 180 (cento e oitenta dias) da data de sua publicação – D.O.U. de 20.1.2015).*

→ **Anterior redação: Parágrafo único.** O Conselho Monetário Nacional – CMN poderá fixar condições para o funcionamento das companhias de que trata este artigo.

Seção III
Do financiamento imobiliário

Art. 4º As operações de financiamento imobiliário em geral serão livremente efetuadas pelas entidades autorizadas a operar no SFI, segundo condições de mercado e observadas as prescrições legais.

Parágrafo único. Nas operações de que trata este artigo, poderão ser empregados recursos provenientes da captação nos mercados financeiro e de valores mobiliários, de acordo com a legislação pertinente.

Art. 5º As operações de financiamento imobiliário em geral, no âmbito do SFI, serão livremente pactuadas pelas partes, observadas as seguintes condições essenciais:

I – reposição integral do valor emprestado e respectivo reajuste;

II – remuneração do capital emprestado às taxas convencionadas no contrato;

III – capitalização dos juros;

IV – contratação, pelos tomadores de financiamento, de seguros contra os riscos de morte e invalidez permanente.

§ 1º As partes poderão estabelecer os critérios do reajuste de que trata o inciso I, observada a legislação vigente.

§ 2º As operações de comercialização de imóveis, com pagamento parcelado, de arrendamento mercantil de imóveis e de financiamento imobiliário em geral poderão ser pactuadas nas mesmas condições permitidas para as entidades autorizadas a operar no SFI.

→ § 2º com redação alterada pela Lei 10.931/2004.

§ 3º Na alienação de unidades em edificação sob o regime da Lei 4.591, de 16 de dezembro de 1964, a critério do adquirente e mediante informação obrigatória do incorporador, poderá ser contratado seguro que garanta o ressarcimento ao adquirente das quantias por este pagas, na hipótese de inadimplemento do incorporador ou construtor quanto à entrega da obra.

Seção IV
Do Certificado de Recebíveis Imobiliários

Art. 6º O Certificado de Recebíveis Imobiliários – CRI é título de crédito nominativo, de livre negociação, lastreado em créditos imobiliários e constitui promessa de pagamento em dinheiro.

Parágrafo único. O CRI é de emissão exclusiva das companhias securitizadoras.

Art. 7º O CRI terá as seguintes características:

I – nome da companhia emitente;

II – número de ordem, local e data de emissão;

III – denominação "Certificado de Recebíveis Imobiliários";

IV – forma escritural;

V – nome do titular;

VI – valor nominal;

VII – data de pagamento ou, se emitido para pagamento parcelado, discriminação dos valores e das datas de pagamento das diversas parcelas;

VIII – taxa de juros, fixa ou flutuante, e datas de sua exigibilidade, admitida a capitalização;

IX – cláusula de reajuste, observada a legislação pertinente;

X – lugar de pagamento;

XI – identificação do Termo de Securitização de Créditos que lhe tenha dado origem.

§ 1º O registro e a negociação do CRI far-se-ão por meio de sistemas centralizados de custódia e liquidação financeira de títulos privados.

§ 2º O CRI poderá ter, conforme dispuser o Termo de Securitização de Créditos, garantia flutuante, que lhe assegurará privilégio geral sobre o ativo da companhia securitizadora, mas não impedirá a negociação dos bens que compõem esse ativo.

Seção V
Da securitização de créditos imobiliários

Art. 8º A securitização de créditos imobiliários é a operação pela qual tais créditos são expressamente vinculados à emissão de uma série de títulos de crédito, mediante Termo de Securitização de Créditos, lavrado por uma companhia securitizadora, do qual constarão os seguintes elementos:

I – a identificação do devedor e o valor nominal de cada crédito que lastreie a emissão, com a individuação do imóvel a que esteja vinculado e a indicação do Cartório de Registro de Imóveis em que esteja registrado e respectiva matrícula, bem como a indicação do ato pelo qual o crédito foi cedido;

→ Inciso I com redação alterada pela Lei 10.931/2004.

II – a identificação dos títulos emitidos;

III – a constituição de outras garantias de resgate dos títulos da série emitida, se for o caso.

Parágrafo único. Será permitida a securitização de créditos oriundos da alienação de unidades em edificação sob regime de incorporação nos moldes da Lei 4.591, de 16 de dezembro de 1964.

Seção VI
Do regime fiduciário

Art. 9º A companhia securitizadora poderá instituir regime fiduciário sobre créditos imobiliários, a fim de lastrear a emissão de Certificados de Recebíveis Imobiliários, sendo agente fiduciário uma instituição financeira ou companhia autorizada para esse fim pelo Bacen e beneficiários os adquirentes dos títulos lastreados nos recebíveis objeto desse regime.

Art. 10. O regime fiduciário será instituído mediante declaração unilateral da companhia securitizadora no contexto do Termo de Securitização de Créditos, que, além de conter os elementos de que trata o art. 8º, submeter-se-á às seguintes condições;

I – a constituição do regime fiduciário sobre os créditos que lastreiem a emissão;

II – a constituição de patrimônio separado, integrado pela totalidade dos créditos submetidos ao regime fiduciário que lastreiem a emissão;

III – a afetação dos créditos como lastro da emissão da respectiva série de títulos;

IV – a nomeação do agente fiduciário, com a definição de seus deveres, responsabilidades e remuneração, bem como as hipóteses, condições e forma de sua destituição ou substituição e as demais condições de sua atuação;

V – a forma de liquidação do patrimônio separado.

Parágrafo único. O Termo de Securitização de Créditos, em que seja instituído o regime fiduciário, será averbado nos Registros de Imóveis em que estejam matriculados os respectivos imóveis.

Art. 11. Os créditos objeto do regime fiduciário:

I – constituem patrimônio separado, que não se confunde com o da companhia securitizadora;

II – manter-se-ão apartados do patrimônio da companhia securitizadora até que se complete o resgate de todos os títulos da série a que estejam afetados;

III – destinam-se exclusivamente à liquidação dos títulos a que estiverem afetados, bem como ao pagamento dos respectivos custos de administração e de obrigações fiscais;

IV – estão isentos de qualquer ação ou execução pelos credores da companhia securitizadora;

V – não são passíveis de constituição de garantias ou de excussão por quaisquer dos credores da companhia securitizadora, por mais privilegiados que sejam;

VI – só responderão pelas obrigações inerentes aos títulos a ele afetados.

§ 1° No Termo de Securitização de Créditos, poderá ser conferido aos beneficiários e demais credores do patrimônio separado, se este se tornar insuficiente, o direito de haverem seus créditos contra o patrimônio da companhia securitizadora.

§ 2° Uma vez assegurado o direito de que trata o parágrafo anterior, a companhia securitizadora, sempre que se verificar insuficiência do patrimônio separado, promoverá a respectiva recomposição, mediante aditivo ao Termo de Securitização de Créditos, nele incluindo outros créditos imobiliários, com observância dos requisitos previstos nesta seção.

§ 3° A realização dos direitos dos beneficiários limitar-se-á aos créditos imobiliários integrantes do patrimônio separado, salvo se tiverem sido constituídas garantias adicionais por terceiros.

Art. 12. Instituído o regime fiduciário, incumbirá à companhia securitizadora administrar cada patrimônio separado, manter registros contábeis independentes em relação a cada um deles e elaborar e publicar as respectivas demonstrações financeiras.

Parágrafo único. A totalidade do patrimônio da companhia securitizadora responderá pelos prejuízos que esta causar por descumprimento de disposição legal ou regulamentar, por negligência ou administração temerária ou, ainda, por desvio da finalidade do patrimônio separado.

Art. 13. Ao agente fiduciário são conferidos poderes gerais de representação da comunhão dos beneficiários, inclusive os de receber e dar quitação, incumbindo-lhe:

I – zelar pela proteção dos direitos e interesses dos beneficiários, acompanhando a atuação da companhia securitizadora na administração do patrimônio separado;

II – adotar as medidas judiciais ou extrajudiciais necessárias à defesa dos interesses dos beneficiários, bem como à realização dos créditos afetados ao patrimônio separado, caso a companhia securitizadora não o faça;

III – exercer, na hipótese de insolvência da companhia securitizadora, a administração do patrimônio separado;

IV – promover, na forma em que dispuser o Termo de Securitização de Créditos, a liquidação do patrimônio separado;

V – executar os demais encargos que lhe forem atribuídos no Termo de Securitização de Créditos.

§ 1° O agente fiduciário responderá pelos prejuízos que causar por descumprimento de disposição legal ou regulamentar, por negligência ou administração temerária.

§ 2° Aplicam-se ao agente fiduciário os mesmos requisitos e incompatibilidades impostos pelo art. 66 da Lei 6.404, de 15 de dezembro de 1976.

Art. 14. A insuficiência dos bens do patrimônio separado não dará causa à declaração de sua quebra, cabendo, nessa hipótese, ao agente fiduciário convocar assembleia geral dos beneficiários para deliberar sobre as normas de administração ou liquidação do patrimônio separado.

§ 1° Na hipótese de que trata este artigo, a assembleia geral estará legitimada a adotar qualquer medida pertinente à administração ou liquidação do patrimônio separado, inclusive a transferência dos bens e direitos dele integrantes para outra entidade que opere no SFI, a forma de liquidação do patrimônio e a nomeação do liquidante.

§ 2° A assembleia geral, convocada mediante edital publicado por 3 (três) vezes, com antecedência de 20 (vinte) dias, em jornal de grande circulação na praça em que tiver sido feita a emissão dos títulos, instalar-se-á, em primeira convocação, com a presença de beneficiários que representem, pelo menos, 2/3 (dois terços) do valor global dos títulos e, em segunda convocação, com qualquer número, sendo válidas as deliberações tomadas pela maioria absoluta desse capital.

Art. 15. No caso de insolvência da companhia securitizadora, o agente fiduciário assumirá imediatamente a custódia e administração dos créditos imobiliários integrantes do patrimônio separado e convocará a assembleia geral dos beneficiários para deliberar sobre a forma de administração, observados os requisitos estabelecidos no § 2° do art. 14.

Parágrafo único. A insolvência da companhia securitizadora não afetará os patrimônios separados que tenha constituído.

Art. 16. Extinguir-se-á o regime fiduciário de que trata esta seção pelo implemento das condições a que esteja submetido, na conformidade do Termo de Securitização de Créditos que o tenha instituído.

§ 1° Uma vez satisfeitos os créditos dos beneficiários e extinto o regime fiduciário, o Agente Fiduciário fornecerá, no prazo de 3 (três) dias úteis, à companhia securitizadora, termo de quitação, que servirá para baixa, nos competentes Registros de Imóveis, da averbação que tenha instituído o regime fiduciário.

§ 2° A baixa de que trata o parágrafo anterior importará na reintegração ao patrimônio comum da companhia securitizadora dos recebíveis imobiliários que sobejarem.

§ 3° Os emolumentos devidos aos Cartórios de Registros de Imóveis para cancelamento do regime fiduciário e das garantias reais existentes serão cobrados como ato único.

→ § 3° acrescentado pela Lei 10.931/2004.

Seção VII
Das garantias

Art. 17. As operações de financiamento imobiliário em geral poderão ser garantidas por:

I – hipoteca;

II – cessão fiduciária de direitos creditórios decorrentes de contratos de alienação de imóveis;

III – caução de direitos creditórios ou aquisitivos decorrentes de contratos de venda ou promessa de venda de imóveis;

IV – alienação fiduciária de coisa imóvel.

§ 1° As garantias a que se referem os incisos II, III e IV deste artigo constituem direito real sobre os respectivos objetos.

§ 2° Aplicam-se à caução dos direitos creditórios a que se refere o inciso III deste artigo as disposições dos arts. 789 a 795 do Código Civil.

§ 3° As operações do SFI que envolvam locação poderão ser garantidas suplementarmente por anticrese.

Art. 18. O contrato de cessão fiduciária em garantia opera a transferência ao credor da titularidade dos créditos cedidos, até a liquidação da dívida garantida, e conterá, além de outros elementos, os seguintes:

I – o total da dívida ou sua estimativa;

II – o local, a data e a forma de pagamento;

III – a taxa de juros;

IV – a identificação dos direitos creditórios objeto da cessão fiduciária.

Art. 19. Ao credor fiduciário compete o direito de:

I – conservar e recuperar a posse dos títulos representativos dos créditos cedidos, contra qualquer detentor, inclusive o próprio cedente;

II – promover a intimação dos devedores que não paguem ao cedente, enquanto durar a cessão fiduciária;

III – usar das ações, recursos e execuções, judiciais e extrajudiciais, para receber os créditos cedidos e exercer os demais direitos conferidos ao cedente no contrato de alienação do imóvel;

IV – receber diretamente dos devedores os créditos cedidos fiduciariamente.

§ 1° As importâncias recebidas na forma do inciso IV deste artigo, depois de deduzidas as despesas de cobrança e de administração, serão creditadas ao devedor cedente, na operação objeto da cessão fiduciária, até final liquidação da dívida e encargos, responsabilizando-se o credor fiduciário perante o cedente, como depositário, pelo que receber além do que este lhe devia.

§ 2° Se as importâncias recebidas, a que se refere o parágrafo anterior, não bastarem para o pagamento integral da dívida e seus encargos, bem como das despesas de cobrança e de administração daqueles créditos, o devedor continuará obrigado a resgatar o saldo remanescente nas condições convencionadas no contrato.

Art. 20. Na hipótese de falência do devedor cedente e se não tiver havido a tradição dos títulos representativos dos créditos cedidos fiduciariamente, ficará assegurada ao cessionário fiduciário a restituição na forma da legislação pertinente.

Parágrafo único. Efetivada a restituição, prosseguirá o cessionário fiduciário no exercício de seus direitos na forma do disposto nesta seção.

Art. 21. São suscetíveis de caução, desde que transmissíveis, os direitos aquisitivos sobre imóvel, ainda que em construção.

§ 1° O instrumento da caução, a que se refere este artigo, indicará o valor do débito e dos encargos e identificará o imóvel cujos direitos aquisitivos são caucionados.

§ 2° Referindo-se a caução a direitos aquisitivos de promessa de compra e venda cujo preço ainda não tenha sido integralizado, poderá o credor caucionário, sobrevindo a mora do promissário comprador, promover a execução do seu crédito ou efetivar, sob protesto, o pagamento do saldo da promessa.

§ 3° Se, nos termos do disposto no parágrafo anterior, o credor efetuar o pagamento, o valor pago, com todos os seus acessórios e eventuais penalidades, será adicionado à dívida garantida pela caução, ressalvado ao credor o direito de executar desde logo o devedor, inclusive pela parcela da dívida assim acrescida.

Capítulo II
DA ALIENAÇÃO FIDUCIÁRIA DE COISA IMÓVEL

Art. 22. A alienação fiduciária regulada por esta Lei é o negócio jurídico pelo qual o devedor, ou fiduciante, com o escopo de garantia, contrata a transferência ao credor, ou fiduciário, da propriedade resolúvel de coisa imóvel.

§ 1º A alienação fiduciária poderá ser contratada por pessoa física ou jurídica, não sendo privativa das entidades que operam no SFI, podendo ter como objeto, além da propriedade plena:

→ Parágrafo único renumerado para § 1º pela Lei 11.481/2007.

I – bens enfitêuticos, hipótese em que será exigível o pagamento do laudêmio, se houver a consolidação do domínio útil no fiduciário;

→ Inciso I acrescentado pela Lei 11.481/2007.

II – o direito de uso especial para fins de moradia;

→ Inciso II acrescentado pela Lei 11.481/2007.

III – o direito real de uso, desde que suscetível de alienação;

→ Inciso III acrescentado pela Lei 11.481/2007.

IV – a propriedade superficiária; ou

→ Inciso IV com redação alterada pela MP 700/2015.

V – os direitos oriundos da imissão provisória na posse, quando concedida à União, aos Estados, ao Distrito Federal, aos Municípios ou às suas entidades delegadas, e respectiva cessão e promessa de cessão.

→ Inciso V acrescentado pela MP 700/2015.

§ 2º Os direitos de garantia instituídos nas hipóteses dos incisos III e IV do § 1º deste artigo ficam limitados à duração da concessão ou direito de superfície, caso tenham sido transferidos por período determinado.

→ § 2º acrescentado pela Lei 11.481/2007.

Art. 23. Constitui-se a propriedade fiduciária de coisa imóvel mediante registro, no competente Registro de Imóveis, do contrato que lhe serve de título.

Parágrafo único. Com a constituição da propriedade fiduciária, dá-se o desdobramento da posse, tornando-se o fiduciante possuidor direto e o fiduciário possuidor indireto da coisa imóvel.

Art. 24. O contrato que serve de título ao negócio fiduciário conterá:

I – o valor do principal da dívida;

II – o prazo e as condições de reposição do empréstimo ou do crédito do fiduciário;

III – a taxa de juros e os encargos incidentes;

IV – a cláusula de constituição da propriedade fiduciária, com a descrição do imóvel objeto da alienação fiduciária e a indicação do título e modo de aquisição;

V – a cláusula assegurando ao fiduciante, enquanto adimplente, a livre utilização, por sua conta e risco, do imóvel objeto da alienação fiduciária;

VI – a indicação, para efeito de venda em público leilão, do valor do imóvel e dos critérios para a respectiva revisão;

VII – a cláusula dispondo sobre os procedimentos de que trata o art. 27.

Art. 25. Com o pagamento da dívida e seus encargos, resolve-se, nos termos deste artigo, a propriedade fiduciária do imóvel.

§ 1º No prazo de 30 (trinta) dias, a contar da data de liquidação da dívida, o fiduciário fornecerá o respectivo termo de quitação ao fiduciante, sob pena de multa em favor deste, equivalente a 0,5% (meio por cento) ao mês, ou fração, sobre o valor do contrato.

§ 2º À vista do termo de quitação de que trata o parágrafo anterior, o oficial do competente Registro de Imóveis efetuará o cancelamento do registro da propriedade fiduciária.

§ 3º (*Revogado pela Lei 12.810/2013*).

Art. 26. Vencida e não paga, no todo ou em parte, a dívida e constituído em mora o fiduciante, consolidar-se-á, nos termos deste artigo, a propriedade do imóvel em nome do fiduciário.

§ 1º Para os fins do disposto neste artigo, o fiduciante, ou seu representante legal ou procurador regularmente constituído, será intimado, a requerimento do fiduciário, pelo oficial do competente Registro de Imóveis, a satisfazer, no prazo de 15 (quinze) dias, a prestação vencida e as que se vencerem até a data do pagamento, os juros convencionais, as penalidades e os demais encargos contratuais, os encargos legais, inclusive tributos, as contribuições condominiais imputáveis ao imóvel, além das despesas de cobrança e de intimação.

§ 2º O contrato definirá o prazo de carência após o qual será expedida a intimação.

§ 3º A intimação far-se-á pessoalmente ao fiduciante, ou ao seu representante legal ou ao procurador regularmente constituído, podendo ser promovida, por solicitação do oficial do Registro de Imóveis, por oficial de Registro de Títulos e Documentos da comarca da situação do imóvel ou do domicílio de quem deva recebê-la, ou pelo correio, com aviso de recebimento.

§ 4º Quando o fiduciante, ou seu cessionário, ou seu representante legal ou procurador encontrar-se em local ignorado, incerto ou inacessível, o fato será certificado pelo serventuário encarregado da diligência e informado ao oficial de Registro de Imóveis, que, à vista da certidão, promoverá a intimação por edital publicado durante 3 (três) dias, pelo menos, em um dos jornais de maior circulação local ou noutro de comarca de fácil acesso, se no local não houver imprensa diária, contado o prazo para purgação da mora da data da última publicação do edital.

§ 4º com redação alterada pela Lei 13.043/2014.

§ 5º Purgada a mora no Registro de Imóveis, convalescerá o contrato de alienação fiduciária.

§ 6º O oficial do Registro de Imóveis, nos 3 (três) dias seguintes à purgação da mora, entregará ao fiduciário as importâncias recebidas, deduzidas as despesas de cobrança e de intimação.

§ 7º Decorrido o prazo de que trata o § 1º sem a purgação da mora, o oficial do competente Registro de Imóveis, certificando esse fato, promoverá a averbação, na matrícula do imóvel, da consolidação da propriedade em nome do fiduciário, à vista da prova do pagamento por este, do imposto de transmissão *inter vivos* e, se for o caso, do laudêmio.

→ § 7º com redação alterada pela Lei 10.931/2004.

§ 8º O fiduciante pode, com a anuência do fiduciário, dar seu direito eventual ao imóvel em pagamento da dívida, dispensados os procedimentos previstos no art. 27.

→ § 8º acrescentado pela Lei 10.931/2004.

Art. 27. Uma vez consolidada a propriedade em seu nome, o fiduciário, no prazo de 30 (trinta) dias, contados da data do registro de que trata o § 7º do artigo anterior, promoverá público leilão para a alienação do imóvel.

§ 1º Se, no primeiro público leilão, o maior lance oferecido for inferior ao valor do imóvel, estipulado na forma do inciso VI do art. 24, será realizado o segundo leilão, nos 15 (quinze) dias seguintes.

§ 2º No segundo leilão, será aceito o maior lance oferecido, desde que igual ou superior ao valor da dívida, das despesas, dos prêmios de seguro, dos encargos legais, inclusive tributos, e das contribuições condominiais.

§ 3º Para os fins do disposto neste artigo, entende-se por:

I – dívida: o saldo devedor da operação de alienação fiduciária, na data do leilão, nele incluídos os juros convencionais, as penalidades e os demais encargos contratuais;

II – despesas: a soma das importâncias correspondentes aos encargos e custas de intimação e as necessárias à realização do público leilão, nestas compreendidas as relativas aos anúncios e à comissão do leiloeiro.

§ 4º Nos 5 (cinco) dias que se seguirem à venda do imóvel no leilão, o credor entregará ao devedor a importância que sobejar, considerando-se nela compreendido o valor da indenização de benfeitorias, depois de deduzidos os valores da dívida e das despesas e encargos de que tratam os §§ 2º e 3º, fato esse que importará em recíproca quitação, não se aplicando o disposto na parte final do art. 516 do Código Civil.

§ 5º Se, no segundo leilão, o maior lance oferecido não for igual ou superior ao valor referido no § 2º, considerar-se-á extinta a dívida e exonerado o credor da obrigação de que trata o § 4º.

§ 6º Na hipótese de que trata o parágrafo anterior, o credor, no prazo de 5 (cinco) dias a contar da data do segundo leilão, dará ao devedor quitação da dívida, mediante termo próprio.

§ 7º Se o imóvel estiver locado, a locação poderá ser denunciada com o prazo de 30 (trinta) dias para desocupação, salvo se tiver havido aquiescência por escrito do fiduciário, devendo a denúncia ser realizada no prazo de 90 (noventa) dias a contar da data da consolidação da propriedade no fiduciário, devendo essa condição constar expressamente em cláusula contratual específica, destacando-se das demais por sua apresentação gráfica.

→ § 7º acrescentado pela Lei 10.931/2004.

§ 8º Responde o fiduciante pelo pagamento dos impostos, taxas, contribuições condominiais e quaisquer outros encargos que recaiam ou venham a recair sobre o imóvel, cuja posse tenha sido transferida para o fiduciário, nos termos deste artigo, até a data em que o fiduciário vier a ser imitido na posse.

→ § 8º acrescentado pela Lei 10.931/2004.

Art. 28. A cessão do crédito objeto da alienação fiduciária implicará a transferência, ao cessionário, de todos os direitos e obrigações inerentes à propriedade fiduciária em garantia.

Art. 29. O fiduciante, com anuência expressa do fiduciário, poderá transmitir os direitos de que seja titular sobre o imóvel objeto da alienação fiduciária em garantia, assumindo o adquirente as respectivas obrigações.

Art. 30. É assegurada ao fiduciário, seu cessionário ou sucessores, inclusive o adquirente do imóvel por força do público leilão de que tratam os §§ 1º e 2º do art. 27, a reintegração na posse do imóvel, que será concedida liminarmente, para desocupação em 60 (sessenta) dias, desde que comprovada, na forma do disposto no art. 26, a consolidação da propriedade em seu nome.

Art. 31. O fiador ou terceiro interessado que pagar a dívida ficará sub-rogado, de pleno direito, no crédito e na propriedade fiduciária.

Parágrafo único. Nos casos de transferência de financiamento para outra instituição financeira, o pagamento da dívida à instituição credora original poderá ser feito, a favor do mutuário, pela nova instituição credora.

→ Parágrafo único acrescentado pela Lei 12.810/2013.

Art. 32. Na hipótese de insolvência do fiduciante, fica assegurada ao fiduciário a restituição do imóvel alienado fiduciariamente, na forma da legislação pertinente.

Art. 33. Aplicam-se à propriedade fiduciária, no que couber, as disposições dos arts. 647 e 648 do Código Civil.

Capítulo II-A

→ Capítulo II-A acrescentado pela Lei 12.810/2013.

DO REFINANCIAMENTO COM TRANSFERÊNCIA DE CREDOR

→ Rubrica acrescentada pela Lei 12.810/2013.

Art. 33-A. A transferência de dívida de financiamento imobiliário com garantia real, de um credor para outro, inclusive sob a forma de sub-rogação, obriga o credor original a emitir documento que ateste, para todos os fins de direito, inclusive para efeito de averbação, a validade da transferência.

→ Artigo acrescentado pela Lei 12.810/2013.

Parágrafo único. A emissão do documento será feita no prazo máximo de 2 (dois) dias úteis após a quitação da dívida original.

Art. 33-B. Para fins de efetivação do disposto no art. 33-A, a nova instituição credora deverá informar à instituição credora original, por documento escrito ou, quando solicitado, eletrônico, as condições de financiamento oferecidas ao mutuário, inclusive as seguintes:

→ Artigo acrescentado pela Lei 12.810/2013.

I – a taxa de juros do financiamento;

II – o custo efetivo total;

III – o prazo da operação;

IV – o sistema de pagamento utilizado; e

V – o valor das prestações.

§ 1º A instituição credora original terá prazo máximo de 5 (cinco) dias úteis, contados do recebimento das informações de que trata o *caput*, para solicitar à instituição proponente da transferência o envio dos recursos necessários para efetivar a transferência.

§ 2º O mutuário da instituição credora original poderá, a qualquer tempo, enquanto não encaminhada a solicitação de envio dos recursos necessários para efetivar a transferência de que trata o § 1º, decidir pela não efetivação da transferência, sendo vedada a cobrança de qualquer tipo de ônus ou custa por parte das instituições envolvidas.

§ 3º A eventual desistência do mutuário deverá ser informada à instituição credora original, que terá até 2 (dois) dias úteis para transmiti-la à instituição proponente da transferência.

Art. 33-C. O credor original deverá fornecer a terceiros, sempre que formalmente solicitado pelo mutuário, as informações sobre o crédito que se fizerem necessárias para viabilizar a transferência referida no art. 33-A.

→ Artigo acrescentado pela Lei 12.810/2013.

Parágrafo único. O credor original não poderá realizar ações que impeçam, limitem ou dificultem o fornecimento das informações requeridas na forma do *caput*.

Art. 33-D. A instituição credora original poderá exigir ressarcimento financeiro pelo custo de originação da operação de crédito, o qual não poderá ser repassado ao mutuário.

→ Artigo acrescentado pela Lei 12.810/2013.

§ 1º O ressarcimento disposto no *caput* deverá ser proporcional ao valor do saldo devedor apurado à época da transferência e decrescente com o decurso de prazo desde a assinatura do contrato, cabendo sua liquidação à instituição proponente da transferência.

§ 2º O Conselho Monetário Nacional disciplinará o disposto neste artigo, podendo inclusive limitar o ressarcimento considerando o tipo de operação de crédito ou o prazo decorrido desde a assinatura do contrato de crédito com a instituição credora original até o momento da transferência.

Art. 33-E. O Conselho Monetário Nacional e o Conselho Curador do Fundo de Garantia do Tempo de Serviço, no âmbito de suas respectivas competências, expedirão as instruções que se fizerem necessárias à execução do disposto no parágrafo único do art. 31 e nos arts. 33-A a 33-D desta Lei.

→ Artigo acrescentado pela Lei 12.810/2013.

Art. 33-F. O disposto nos arts. 33-A a 33-E desta Lei não se aplica às operações de transferência de dívida decorrentes de cessão de crédito entre entidades que compõem o Sistema Financeiro da Habitação, desde que a citada transferência independa de manifestação do mutuário.

→ Artigo acrescentado pela Lei 12.810/2013.

Capítulo III

DISPOSIÇÕES GERAIS E FINAIS

Art. 34. Os contratos relativos ao financiamento imobiliário em geral poderão estipular que litígios ou controvérsias entre as partes sejam dirimidos mediante arbitragem, nos termos do disposto na Lei 9.307, de 24 de setembro de 1996.

Art. 35. Nas cessões de crédito a que aludem os arts. 3º, 18 e 28, é dispensada a notificação do devedor.

Art. 36. Nos contratos de venda de imóveis a prazo, inclusive alienação fiduciária, de arrendamento mercantil de imóveis, de financiamento imobiliário em geral e nos títulos de que tratam os arts. 6º, 7º e 8º, admitir-se-á, respeitada a legislação pertinente, a estipulação de cláusula de reajuste e das condições e critérios de sua aplicação.

Art. 37. Às operações de arrendamento mercantil de imóveis não se aplica a legislação pertinente à locação de imóveis residenciais, não residenciais ou comerciais.

Art. 37-A. O fiduciante pagará ao fiduciário, ou a quem vier a sucedê-lo, a título de taxa de ocupação do imóvel, por mês ou fração, valor correspondente a 1% (um por cento) do valor a que se refere o inciso VI do art. 24, computado e exigível desde a data da alienação em leilão até a data em que o fiduciário, ou seus sucessores, vier a ser imitido na posse do imóvel.

→ Artigo acrescentado pela Lei 10.931/2004.

Art. 37-B. Será considerada ineficaz, e sem qualquer efeito perante o fiduciário ou seus sucessores, a contratação ou a prorrogação de locação de imóvel alienado fiduciariamente por prazo superior a 1 (um) ano sem concordância por escrito do fiduciário.

→ Artigo acrescentado pela Lei 10.931/2004.

Art. 38. Os atos e contratos referidos nesta Lei ou resultantes da sua aplicação, mesmo aqueles que visem à constituição, transferência, modificação ou renúncia de direitos reais sobre imóveis, poderão ser celebrados por escritura pública ou por instrumento particular com efeitos de escritura pública.

→ Artigo com redação alterada pela Lei 11.076/2004.

Art. 39. Às operações de financiamento imobiliário em geral a que se refere esta Lei:

I – não se aplicam as disposições da Lei 4.380, de 21 de agosto de 1964, e as demais disposições legais referentes ao Sistema Financeiro da Habitação – SFH;

II – aplicam-se as disposições dos arts. 29 a 41 do Decreto-lei 70, de 21 de novembro de 1966.

Art. 40. Os incisos I e II do art. 167 da Lei 6.015, de 31 de dezembro de 1973, passam a vigorar acrescidos, respectivamente, dos seguintes itens:

→ Alterações efetuadas na referida Lei.

Art. 41. O Conselho Monetário Nacional poderá regulamentar o disposto nesta Lei, inclusive estabelecer prazos mínimos e outras condições para emissão e resgate de CRI e diferenciar tais condições de acordo com o tipo de crédito imobiliário vinculado à emissão e com o indexador adotado contratualmente.

→ Artigo com redação alterada pela Lei 13.097/2015.

Art. 42. Esta Lei entra em vigor na data de sua publicação.

Brasília, 20 de novembro de 1997; 176º da Independência e 109º da República.

Fernando Henrique Cardoso

(Publicação no *D.O.U.* de 21.11.1997; retificação: 24.11.1997)

LEI 9.601,

DE 21 DE JANEIRO DE 1998

Dispõe sobre o contrato de trabalho por prazo determinado e dá outras providências.

→ *V.* Arts. 471 e 478 da CLT.

O Presidente da República:

Faço saber que o Congresso Nacional decreta e eu sanciono a seguinte Lei:

Art. 1º As convenções e os acordos coletivos de trabalho poderão instituir contrato de trabalho por prazo determinado, de que trata o art. 443 da Consolidação das Leis do Trabalho – CLT, independentemente das condições estabelecidas em seu § 2º, em qualquer atividade desenvolvida pela empresa ou estabelecimento, para admissões que representem acréscimo no número de empregados.

§ 1º As partes estabelecerão, na convenção ou acordo coletivo referido neste artigo:

I – a indenização para as hipóteses de rescisão antecipada do contrato de que trata este artigo, por iniciativa do empregador ou do empregado, não se aplicando o disposto nos arts. 479 e 480 da CLT;

II – as multas pelo descumprimento de suas cláusulas.

§ 2º Não se aplica ao contrato de trabalho previsto neste artigo o disposto no art. 451 da CLT.

§ 3º (*Vetado*).

§ 4º São garantidas as estabilidades provisórias da gestante; do dirigente sindical, ainda que suplente; do empregado eleito para cargo de direção de comissões internas de prevenção de acidentes; do empregado acidentado, nos termos do art. 118 da Lei 8.213, de 24 de julho de 1991, durante a vigência do contrato por prazo determinado, que não poderá ser rescindido antes do prazo estipulado pelas partes.

Art. 2º Para os contratos previstos no art. 1º, são reduzidas, por 60 (sessenta) meses, a contar da data de publicação desta Lei:

→ *Caput* com redação alterada pela MP 2.164-41/2001.

I – a 50% (cinquenta por cento) de seu valor vigente em 1º de janeiro de 1996, as alíquotas das contribuições sociais destinadas ao Serviço Social da Indústria – SESI, Serviço Social do Comércio – SESC, Serviço Social do Transporte – SEST, Serviço Nacional de Aprendizagem Industrial – SENAI, Serviço Nacional de Aprendizagem Comercial – SENAC, Serviço Nacional de Aprendizagem do Transporte – SENAT, Serviço Brasileiro de Apoio às Micro e Pequenas Empresas – SEBRAE e Instituto Nacional de Colonização e Reforma Agrária – INCRA, bem como ao salário educação e para o financiamento do seguro de acidente do trabalho;

II – para 2% (dois por cento), a alíquota da contribuição para o Fundo de Garantia do Tempo de Serviço – FGTS, de que trata a Lei 8.036, de 11 de maio de 1990.

Parágrafo único. As partes estabelecerão, na convenção ou acordo coletivo, obrigação de o empregador efetuar, sem prejuízo do disposto no inciso II deste artigo, depósitos mensais vinculados, a favor do empregado, em estabelecimento bancário, com periodicidade determinada de saque.

Art. 3º O número de empregados contratados nos termos do art. 1º desta Lei observará o limite estabelecido no instrumento decorrente da negociação coletiva, não podendo ultrapassar os seguintes percentuais, que serão aplicados cumulativamente:

I – 50% (cinquenta por cento) do número de trabalhadores, para a parcela inferior a cinquenta empregados;

II – 35% (trinta e cinco por cento) do número de trabalhadores, para a parcela entre cinquenta e cento e noventa e nove empregados; e

III – 20% (vinte por cento) do número de trabalhadores, para a parcela acima de duzentos empregados.

Parágrafo único. As parcelas referidas nos incisos deste artigo serão calculadas sobre a média aritmética mensal do número de empregados contratados por prazo indeterminado do estabelecimento, nos seis meses imediatamente anteriores ao da data de publicação desta Lei.

Art. 4º As reduções previstas no art. 2º serão asseguradas desde que, no momento da contratação:

I – o empregador esteja adimplente junto ao Instituto Nacional do Seguro Social – INSS e ao Fundo de Garantia do Tempo de Serviço – FGTS;

→ *v.* Lei 8.036/1990 – Dispõe sobre o Fundo de Garantia do Tempo de Serviço (FGTS).

→ *v.* LC 110/2001 - Institui contribuições sociais, autoriza créditos de complementos de atualização monetária em contas vinculadas do Fundo de Garantia do Tempo de Serviço – FGTS.

II – o contrato de trabalho por prazo determinado e a relação mencionada no § 3º deste artigo tenham sido depositados no Ministério do Trabalho.

§ 1º As reduções referidas neste artigo subsistirão enquanto:

I – o quadro de empregados e a respectiva folha salarial, da empresa ou estabelecimento, forem superiores às respectivas médias mensais dos seis meses imediatamente anteriores ao da data de publicação desta Lei; e

II – o número de empregados contratados por prazo indeterminado for, no mínimo, igual à média referida no parágrafo único do art. 3º.

§ 2º O Ministério do Trabalho tornará disponíveis ao INSS e ao Agente Operador do FGTS as informações constantes da convenção ou acordo coletivo de que trata o art. 1º e do contrato de trabalho depositado, necessárias ao controle do recolhimento das contribuições mencionadas, respectivamente, nos incisos I e II do art. 2º desta Lei.

§ 3º O empregador deverá afixar, no quadro de avisos da empresa, cópias do instrumento normativo mencionado no art. 1º e da relação dos contratados, que conterá, dentre outras informações, o nome do empregado, número da Carteira de Trabalho e Previdência Social, o número de inscrição do trabalhador no Programa de Integração Social – PIS e as datas de início e de término do contrato por prazo determinado.

§ 4º O Ministro do Trabalho disporá sobre as variáveis a serem consideradas e a metodologia de cálculo das médias aritméticas mensais de que trata o § 1º deste artigo.

Art. 5º As empresas que, a partir da data de publicação desta Lei, aumentarem seu quadro de pessoal em relação à média mensal do número de empregos no período de referência mencionado no artigo anterior terão preferência na obtenção de recursos no âmbito dos programas executados pelos estabelecimentos federais de crédito, especialmente junto ao Banco Nacional de Desenvolvimento Econômico e Social – BNDES.

Art. 6º O art. 59 da Consolidação das Leis do Trabalho – CLT passa a vigorar com a seguinte redação:

→ Alterações efetuadas na CLT.

§ 3º Na hipótese de rescisão do contrato de trabalho sem que tenha havido a compensação integral da jornada extraordinária, na forma do parágrafo anterior, fará o trabalhador jus ao pagamento das horas extras não compensadas, calculadas sobre o valor da remuneração na data da rescisão."

→ A MP 2.164-41/2001 confere nova redação aos §§ 2º e 4º do art. 59 da CLT.

Art. 7º O descumprimento, pelo empregador, do disposto nos arts. 3º e 4º desta Lei sujeita-o a multa de quinhentas Unidades Fiscais de Referência – UFIR, por trabalhador contratado nos moldes do art. 1º, que se constituirá receita adicional do Fundo de Amparo ao Trabalhador – FAT, de que trata a Lei 7.998, de 11 de janeiro de 1990.

→ *v.* art. 478 da CLT.

Art. 8º O Poder Executivo regulamentará esta Lei no prazo de 30 (trinta) dias, contado a partir da data de sua publicação.

Art. 9º Esta Lei entra em vigor na data de sua publicação.

Art. 10. Revogam-se as disposições em contrário.

Brasília, 21 de janeiro de 1998; 177º da Independência e 110º da República.

Fernando Henrique Cardoso

(Publicado no *D.O.U.* de 22.1.1998)

LEI 9.605,
DE 12 DE FEVEREIRO DE 1998

Dispõe sobre as sanções penais e administrativas derivadas de condutas e atividades lesivas ao meio ambiente, e dá outras providências.

O Presidente da República:

Faço saber que o Congresso Nacional decreta e eu sanciono a seguinte Lei:

Capítulo I
DISPOSIÇÕES GERAIS

Art. 1º (*Vetado*).

Art. 2º Quem, de qualquer forma, concorre para a prática dos crimes previstos nesta Lei, incide nas penas a estes cominadas, na medida da sua culpabilidade, bem como o diretor, o administrador, o membro de conselho e de órgão técnico, o auditor, o gerente, o preposto ou mandatário de pessoa jurídica, que, sabendo da conduta criminosa de outrem, deixar de impedir a sua prática, quando podia agir para evitá-la.

→ *v.* Art. 29 do CP.

Art. 3º As pessoas jurídicas serão responsabilizadas administrativa, civil e penalmente conforme o disposto nesta Lei, nos casos em que a infração seja cometida por decisão de seu representante legal ou contratual, ou de seu órgão colegiado, no interesse ou benefício da sua entidade.

→ *v.* Arts. 173, § 5º, e 225, § 3º, da CF/1988.

→ *v.* Art. 12, VI, do CPC/1973.

→ *v.* Art. 75, VIII, do NCPC.

→ *v.* Art. 20 do Decreto 6.514/2008.

Parágrafo único. A responsabilidade das pessoas jurídicas não exclui a das pessoas físicas, autoras, coautoras ou partícipes do mesmo fato.

Art. 4º Poderá ser desconsiderada a pessoa jurídica sempre que sua personalidade for obstáculo ao ressarcimento de prejuízos causados à qualidade do meio ambiente.

Art. 5º (*Vetado*).

LEGISLAÇÃO

Capítulo II
DA APLICAÇÃO DA PENA

Art. 6º Para imposição e gradação da penalidade, a autoridade competente observará:

→ v. Art. 5º, XLVI, da CF/1988.

→ v. Arts. 61 a 66 e 68 do CP.

I – a gravidade do fato, tendo em vista os motivos da infração e suas consequências para a saúde pública e para o meio ambiente;

II – os antecedentes do infrator quanto ao cumprimento da legislação de interesse ambiental;

III – a situação econômica do infrator, no caso de multa.

Art. 7º As penas restritivas de direitos são autônomas e substituem as privativas de liberdade quando:

I – tratar-se de crime culposo ou for aplicada a pena privativa de liberdade inferior a 4 (quatro) anos;

→ v. Art. 44, I, do CP.

II – a culpabilidade, os antecedentes, a conduta social e a personalidade do condenado, bem como os motivos e as circunstâncias do crime indicarem que a substituição seja suficiente para efeitos de reprovação e prevenção do crime.

→ v. Art. 59 do CP.

Parágrafo único. As penas restritivas de direitos a que se refere este artigo terão a mesma duração da pena privativa de liberdade substituída.

→ v. Arts. 21 a 23 da Lei 9.605/1998.

Art. 8º As penas restritivas de direito são:

→ v. Art. 43 a 48 do CP.

I – prestação de serviços à comunidade;

II – interdição temporária de direitos;

III – suspensão parcial ou total de atividades;

IV – prestação pecuniária;

V – recolhimento domiciliar.

Art. 9º A prestação de serviços à comunidade consiste na atribuição ao condenado de tarefas gratuitas junto a parques e jardins públicos e unidades de conservação, e, no caso de dano da coisa particular, pública ou tombada, na restauração desta, se possível.

→ v. Art. 46, § 2º, do CP.

Art. 10. As penas de interdição temporária de direito são a proibição de o condenado contratar com o Poder Público, de receber incentivos fiscais ou quaisquer outros benefícios, bem como de participar de licitações, pelo prazo de 5 (cinco) anos, no caso de crimes dolosos, e de 3 (três) anos, no de crimes culposos.

Art. 11. A suspensão de atividades será aplicada quando estas não estiverem obedecendo às prescrições legais.

Art. 12. A prestação pecuniária consiste no pagamento em dinheiro à vítima ou à entidade pública ou privada com fim social, de importância, fixada pelo juiz, não inferior a 1 (um) salário mínimo nem superior a 360 (trezentos e sessenta) salários mínimos. O valor pago será deduzido do montante de eventual reparação civil a que for condenado o infrator.

Art. 13. O recolhimento domiciliar baseia-se na autodisciplina e senso de responsabilidade do condenado, que deverá, sem vigilância, trabalhar, frequentar curso ou exercer atividade autorizada, permanecendo recolhido nos dias e horários de folga em residência ou em qualquer local destinado a sua moradia habitual, conforme estabelecido na sentença condenatória.

→ v. Art. 36 do CP.

Art. 14. São circunstâncias que atenuam a pena:

→ v. Arts. 65 e 66 do CP.

I – baixo grau de instrução ou escolaridade do agente;

II – arrependimento do infrator, manifestado pela espontânea reparação do dano, ou limitação significativa da degradação ambiental causada;

→ v. Arts. 15 e 16 do CP.

III – comunicação prévia pelo agente do perigo iminente de degradação ambiental;

IV – colaboração com os agentes encarregados da vigilância e do controle ambiental.

→ v. Art. 66 do CP.

Art. 15. São circunstâncias que agravam a pena, quando não constituem ou qualificam o crime:

→ v. Arts. 61 e 62 do CP.

I – reincidência nos crimes de natureza ambiental;

→ v. Art. 63 do CP.

II – ter o agente cometido a infração:

a) para obter vantagem pecuniária;

b) coagindo outrem para a execução material da infração;

→ v. Art. 22 do CP.

c) afetando ou expondo a perigo, de maneira grave, a saúde pública ou o meio ambiente;

→ v. Art. 6º, I, da Lei 9.605/1998.

d) concorrendo para danos à propriedade alheia;

e) atingindo áreas de unidades de conservação ou áreas sujeitas, por ato do Poder Público, a regime especial de uso;

f) atingindo áreas urbanas ou quaisquer assentamentos humanos;

g) em período de defeso à fauna;

→ v. Arts. 29, § 4º, e 34 da Lei 9.605/1998.

h) em domingos ou feriados;

i) à noite;

j) em épocas de seca ou inundações;

→ v. Art. 53, II, *d*, da Lei 9.605/1988.

l) no interior do espaço territorial especialmente protegido;

m) com o emprego de métodos cruéis para abate ou captura de animais;

→ v. Art. 15, II, *m*, da Lei 9.605/1998.

n) mediante fraude ou abuso de confiança;

o) mediante abuso do direito de licença, permissão ou autorização ambiental;

p) no interesse de pessoa jurídica mantida, total ou parcialmente, por verbas públicas ou beneficiada por incentivos fiscais;

q) atingindo espécies ameaçadas, listadas em relatórios oficiais das autoridades competentes;

→ v. Art. 53, II, *c*, da Lei 9.605/1998.

r) facilitada por funcionário público no exercício de suas funções.

Art. 16. Nos crimes previstos nesta lei, a suspensão condicional da pena pode ser aplicada nos casos de condenação a pena privativa de liberdade não superior a 3 (três) anos.

→ v. Art. 77 do CP.

Art. 17. A verificação da reparação a que se refere o § 2º do art. 78 do Código Penal será feita mediante laudo de reparação do dano ambiental, e as condições a serem impostas pelo juiz deverão relacionar-se com a proteção ao meio ambiente.

→ v. Art. 79 do CP.

Art. 18. A multa será calculada segundo os critérios do Código Penal; se revelar-se ineficaz, ainda que aplicada no valor máximo, poderá ser aumentada até 3 (três) vezes, tendo em vista o valor da vantagem econômica auferida.

→ v. Arts. 49, e 60, § 1º, do CP.

Art. 19. A perícia de constatação do dano ambiental, sempre que possível, fixará o montante do prejuízo causado para efeitos de prestação de fiança e cálculo de multa.

→ v. Arts. 158, 310, parágrafo único, e 328 do CPP.

Parágrafo único. A perícia produzida no inquérito civil ou no juízo cível poderá ser aproveitada no processo penal, instaurando-se o contraditório.

→ v. Art. 159 do CPP.

Art. 20. A sentença penal condenatória, sempre que possível, fixará o valor mínimo para reparação dos danos causados pela infração, considerando os prejuízos sofridos pelo ofendido ou pelo meio ambiente.

Parágrafo único. Transitada em julgado a sentença condenatória, a execução poderá efetuar-se pelo valor fixado nos termos do *caput*, sem prejuízo da liquidação para apuração do dano efetivamente sofrido.

Art. 21. As penas aplicáveis isolada, cumulativa ou alternativamente às pessoas jurídicas, de acordo com o disposto no art. 3º, são:

I – multa;

II – restritivas de direitos;

III – prestação de serviços à comunidade.

Art. 22. As penas restritivas de direitos da pessoa jurídica são:

I – suspensão parcial ou total de atividades;

II – interdição temporária de estabelecimento, obra ou atividade;

III – proibição de contratar com o Poder Público, bem como dele obter subsídios, subvenções ou doações.

§ 1º A suspensão de atividades será aplicada quando estas não estiverem obedecendo às disposições legais ou regulamentares, relativas à proteção do meio ambiente.

§ 2º A interdição será aplicada quando o estabelecimento, obra ou atividade estiver funcionando sem a devida autorização, ou em desacordo com a concedida, ou com violação de disposição legal ou regulamentar.

§ 3º A proibição de contratar com o Poder Público e dele obter subsídios, subvenções ou doações não poderá exceder o prazo de 10 (dez) anos.

Art. 23. A prestação de serviços à comunidade pela pessoa jurídica consistirá em:

I – custeio de programas e de projetos ambientais;

II – execução de obras de recuperação de áreas degradadas;

III – manutenção de espaços públicos;

IV – contribuições a entidades ambientais ou culturais públicas.

LEGISLAÇÃO

Art. 24. A pessoa jurídica constituída ou utilizada, preponderantemente, com o fim de permitir, facilitar ou ocultar a prática de crime definido nesta Lei terá decretada sua liquidação forçada, seu patrimônio será considerado instrumento do crime e como tal perdido em favor do Fundo Penitenciário Nacional.

→ *v.* Arts. 761 e 786 do CPC/1973.

→ *v.* Art. 91, II, *a*, do CP.

Capítulo III
DA APREENSÃO DO PRODUTO E DO INSTRUMENTO DE INFRAÇÃO ADMINISTRATIVA OU DE CRIME

Art. 25. Verificada a infração, serão apreendidos seus produtos e instrumentos, lavrando-se os respectivos autos.

→ *v.* Arts. 6º, II e III, e 125 do CPP.

§ 1º Os animais serão prioritariamente libertados em seu habitat ou, sendo tal medida inviável ou não recomendável por questões sanitárias, entregues a jardins zoológicos, fundações ou entidades assemelhadas, para guarda e cuidados sob a responsabilidade de técnicos habilitados.

→ § 1º com redação alterada pela Lei 13.052/2014.

§ 2º Até que os animais sejam entregues às instituições mencionadas no § 1o deste artigo, o órgão autuante zelará para que eles sejam mantidos em condições adequadas de acondicionamento e transporte que garantam o seu bem-estar físico.

→ § 2º acrescentado pela Lei 13.052/2014.

§ 3º Tratando-se de produtos perecíveis ou madeiras, serão estes avaliados e doados a instituições científicas, hospitalares, penais e outras com fins beneficentes.

→ Anterior § 2º renumerado para § 3º pela Lei 13.052/2014.

§ 4º Os produtos e subprodutos da fauna não perecíveis serão destruídos ou doados a instituições científicas, culturais ou educacionais.

→ Anterior § 3º renumerado para § 4º pela Lei 13.052/2014.

§ 5º Os instrumentos utilizados na prática da infração serão vendidos, garantida a sua descaracterização por meio da reciclagem.

→ Anterior § 4º renumerado para § 5º pela Lei 13.052/2014.

Capítulo IV
DA AÇÃO E DO PROCESSO PENAL

Art. 26. Nas infrações penais previstas nesta Lei, a ação penal é pública incondicionada.

→ *v.* Art. 100 do CP.

Parágrafo único. (*Vetado*).

Art. 27. Nos crimes ambientais de menor potencial ofensivo, a proposta de aplicação imediata de pena restritiva de direitos ou multa, prevista no art. 76 da Lei 9.099, de 26 de setembro de 1995, somente poderá ser formulada desde que tenha havido a prévia composição do dano ambiental, de que trata o art. 74 da mesma Lei, salvo em caso de comprovada impossibilidade.

Art. 28. As disposições do art. 89 da Lei 9.099, de 26 de setembro de 1995, aplicam-se aos crimes de menor potencial ofensivo definidos nesta Lei, com as seguintes modificações:

I – a declaração de extinção de punibilidade, de que trata o § 5º do artigo referido no *caput*, dependerá de laudo de constatação de reparação do dano ambiental, ressalvada a impossibilidade prevista no inciso I do § 1º do mesmo artigo;

II – na hipótese de o laudo de constatação comprovar não ter sido completa a reparação, o prazo de suspensão do processo será prorrogado, até o período máximo previsto no artigo referido no *caput*, acrescido de mais 1 (um) ano, com suspensão do prazo da prescrição;

III – no período de prorrogação, não se aplicarão as condições dos incisos II, III e IV do § 1º do artigo mencionado no *caput*;

IV – findo o prazo de prorrogação, proceder-se-á à lavratura de novo laudo de constatação de reparação do dano ambiental, podendo, conforme seu resultado, ser novamente prorrogado o período de suspensão, até o máximo previsto no inciso II deste artigo, observado o disposto no inciso III;

V – esgotado o prazo máximo de prorrogação, a declaração de extinção de punibilidade dependerá de laudo de constatação que comprove ter o acusado tomado as providências necessárias à reparação integral do dano.

Capítulo V
DOS CRIMES CONTRA O MEIO AMBIENTE

Seção I
Dos crimes contra a fauna

Art. 29. Matar, perseguir, caçar, apanhar, utilizar espécimes da fauna silvestre, nativos ou em rota migratória, sem a devida permissão, licença ou autorização da autoridade competente, ou em desacordo com a obtida:

→ *v.* Art. 1º da Lei 5.197/1967.

Pena – detenção, de 6 (seis) meses a 1 (um) ano, e multa.

§ 1º Incorre nas mesmas penas:

I – quem impede a procriação da fauna, sem licença, autorização ou em desacordo com a obtida;

II – quem modifica, danifica ou destrói ninho, abrigo ou criadouro natural;

III – quem vende, expõe à venda, exporta ou adquire, guarda, tem em cativeiro ou depósito, utiliza ou transporta ovos, larvas ou espécimes da fauna silvestre, nativa ou em rota migratória, bem como produtos e objetos dela oriundos, provenientes de criadouros não autorizados ou sem a devida permissão, licença ou autorização da autoridade competente.

§ 2º No caso de guarda doméstica de espécie silvestre não considerada ameaçada de extinção, pode o juiz, considerando as circunstâncias, deixar de aplicar a pena.

§ 3º São espécimes da fauna silvestre todos aqueles pertencentes às espécies nativas, migratórias e quaisquer outras, aquáticas ou terrestres, que tenham todo ou parte de seu ciclo de vida ocorrendo dentro dos limites do território brasileiro, ou águas jurisdicionais brasileiras.

§ 4º A pena é aumentada de metade, se o crime é praticado:

I – contra espécie rara ou considerada ameaçada de extinção, ainda que somente no local da infração;

II – em período proibido à caça;

III – durante a noite;

IV – com abuso de licença;

V – em unidade de conservação;

VI – com emprego de métodos ou instrumentos capazes de provocar destruição em massa.

§ 5º A pena é aumentada até o triplo, se o crime decorre do exercício de caça profissional.

§ 6º As disposições deste artigo não se aplicam aos atos de pesca.

Art. 30. Exportar para o exterior peles e couros de anfíbios e répteis em bruto, sem a autorização da autoridade ambiental competente:

Pena – reclusão, de 1 (um) a 3 (três) anos, e multa.

Art. 31. Introduzir espécime animal no País, sem parecer técnico oficial favorável e licença expedida por autoridade competente:

Pena – detenção, de 3 (três) meses a 1 (um) ano, e multa.

Art. 32. Praticar ato de abuso, maus-tratos, ferir ou mutilar animais silvestres, domésticos ou domesticados, nativos ou exóticos:

→ *v.* Art. 64 do Dec.-lei 3.688/1941.

Pena – detenção, de 3 (três) meses a 1 (um) ano, e multa.

§ 1º Incorre nas mesmas penas quem realiza experiência dolorosa ou cruel em animal vivo, ainda que para fins didáticos ou científicos, quando existirem recursos alternativos.

→ *v.* Lei 11.794/2008 – Procedimentos para o uso científico de animais.

§ 2º A pena é aumentada de 1/6 (um sexto) a 1/3 (um terço), se ocorre morte do animal.

Art. 33. Provocar, pela emissão de efluentes ou carreamento de materiais, o perecimento de espécimes da fauna aquática existentes em rios, lagos, açudes, lagoas, baías ou águas jurisdicionais brasileiras:

Pena – detenção, de 1 (um) a 3 (três) anos, ou multa, ou ambas cumulativamente.

Parágrafo único. Incorre nas mesmas penas:

I – quem causa degradação em viveiros, açudes ou estações de aquicultura de domínio público;

II – quem explora campos naturais de invertebrados aquáticos e algas, sem licença, permissão ou autorização da autoridade competente;

III – quem fundeia embarcações ou lança detritos de qualquer natureza sobre bancos de moluscos ou corais, devidamente demarcados em carta náutica.

Art. 34. Pescar em período no qual a pesca seja proibida ou em lugares interditados por órgão competente:

→ *v.* Arts. 4º a 7º da Lei 11.959/2009.

→ *v.* Arts. 1º e 2º da Lei 7.643/1987.

Pena – detenção, de 1 (um) ano a 3 (três) anos ou multa, ou ambas as penas cumulativamente.

Parágrafo único. Incorre nas mesmas penas quem:

I – pesca espécies que devam ser preservadas ou espécimes com tamanhos inferiores aos permitidos;

II – pesca quantidades superiores às permitidas, ou mediante a utilização de aparelhos, petrechos, técnicas e métodos não permitidos;

III – transporta, comercializa, beneficia ou industrializa espécimes provenientes da coleta, apanha e pesca proibidas.

Art. 35. Pescar mediante a utilização de:

I – explosivos ou substâncias que, em contato com a água, produzam efeito semelhante;

→ v. Art. 6º, § 1º, VII, da Lei 11.959/2009.

II – substâncias tóxicas, ou outro meio proibido pela autoridade competente:

Pena – reclusão, de 1 (um) ano a 5 (cinco) anos.

Art. 36. Para os efeitos desta Lei, considera-se pesca todo ato tendente a retirar, extrair, coletar, apanhar, apreender ou capturar espécimes dos grupos dos peixes, crustáceos, moluscos e vegetais hidróbios, suscetíveis ou não de aproveitamento econômico, ressalvadas as espécies ameaçadas de extinção, constantes nas listas oficiais da fauna e da flora.

→ v. Art. 2º, III, da Lei 11.959/2009.

Art. 37. Não é crime o abate de animal, quando realizado:

I – em estado de necessidade, para saciar a fome do agente ou de sua família;

→ v. Arts. 23, I, e 24 do CP.

II – para proteger lavouras, pomares e rebanhos da ação predatória ou destruidora de animais, desde que legal e expressamente autorizado pela autoridade competente;

III – (*Vetado*);

IV – por ser nocivo o animal, desde que assim caracterizado pelo órgão competente.

Seção II
Dos crimes contra a flora

Art. 38. Destruir ou danificar floresta considerada de preservação permanente, mesmo que em formação, ou utilizá-la com infringência das normas de proteção:

→ v. Arts. 31 e 60 da Lei 12.651/2012.

Pena – detenção, de 1 (um) a 3 (três) anos, ou multa, ou ambas as penas cumulativamente.

Parágrafo único. Se o crime for culposo, a pena será reduzida à metade.

Art. 38-A. Destruir ou danificar vegetação primária ou secundária, em estágio avançado ou médio de regeneração, do Bioma Mata Atlântica, ou utilizá-la com infringência das normas de proteção:

→ v. Art. 2º da Lei 11.428/2006.

Pena – detenção, de 1 (um) a 3 (três) anos, ou multa, ou ambas as penas cumulativamente.

→ Artigo acrescentado pela Lei 11.428/2006.

Parágrafo único. Se o crime for culposo, a pena será reduzida à metade.

Art. 39. Cortar árvores em floresta considerada de preservação permanente, sem permissão da autoridade competente:

→ v. Art. 60 da Lei 12.651/2012.

Pena – detenção, de 1 (um) a 3 (três) anos, ou multa, ou ambas as penas cumulativamente.

Art. 40. Causar dano direto ou indireto às Unidades de Conservação e às áreas de que trata o art. 27 do Decreto 99.274, de 6 de junho de 1990, independentemente de sua localização:

→ v. Art. 2º, I, da Lei 9.985/2000.

Pena – reclusão, de 1 (um) a 5 (cinco) anos.

§ 1º Entende-se por Unidades de Conservação de Proteção Integral as Estações Ecológicas, as Reservas Biológicas, os Parques Nacionais, os Monumentos Naturais e os Refúgios de Vida Silvestre.

→ § 1º com redação alterada pela Lei 9.985/2000.

→ v. Arts. 7º, § 1º, 9º a 13, da Lei 9.985/2000.

§ 2º A ocorrência de dano afetando espécies ameaçadas de extinção no interior das Unidades de Conservação de Proteção Integral será considerada circunstância agravante para a fixação da pena.

→ § 2º com redação alterada pela Lei 9.985/2000.

§ 3º Se o crime for culposo, a pena será reduzida à metade.

Art. 40-A. (*Vetado*).

→ Artigo acrescentado pela Lei 9.985/2000.

§ 1º Entende-se por Unidades de Conservação de Uso Sustentável as Áreas de Proteção Ambiental, as Áreas de Relevante Interesse Ecológico, as Florestas Nacionais, as Reservas Extrativistas, as Reservas de Fauna, as Reservas de Desenvolvimento Sustentável e as Reservas Particulares do Patrimônio Natural.

→ v. Arts. 7º, § 2º, 15 a 21 da Lei 9.985/2000.

§ 2º A ocorrência de dano afetando espécies ameaçadas de extinção no interior das Unidades de Conservação de Uso Sustentável será considerada circunstância agravante para a fixação da pena.

§ 3º Se o crime for culposo, a pena será reduzida à metade.

Art. 41. Provocar incêndio em mata ou floresta:

→ v. Art. 250, § 1º, II, *h*, do CP.

Pena – reclusão, de 2 (dois) a 4 (quatro) anos, e multa.

Parágrafo único. Se o crime é culposo, a pena é de detenção de 6 (seis) meses a 1 (um) ano, e multa.

Art. 42. Fabricar, vender, transportar ou soltar balões que possam provocar incêndios nas florestas e demais formas de vegetação, em áreas urbanas ou qualquer tipo de assentamento humano:

Pena – detenção, de 1 (um) a 3 (três) anos ou multa, ou ambas as penas cumulativamente.

Art. 43. (*Vetado*).

Art. 44. Extrair de florestas de domínio público ou consideradas de preservação permanente, sem prévia autorização, pedra, areia, cal ou qualquer espécie de minerais:

→ v. Art. 38 da Lei 9.605/1998.

Pena – detenção, de 6 (seis) meses a 1 (um) ano, e multa.

Art. 45. Cortar ou transformar em carvão madeira de lei, assim classificada por ato do Poder Público, para fins industriais, energéticos ou para qualquer outra exploração, econômica ou não, em desacordo com as determinações legais:

Pena – reclusão, de 1 (um) a 2 (dois) anos, e multa.

Art. 46. Receber ou adquirir, para fins comerciais ou industriais, madeira, lenha, carvão e outros produtos de origem vegetal, sem exigir a exibição de licença do vendedor, outorgada pela autoridade competente, e sem munir-se da via que deverá acompanhar o produto até final beneficiamento:

Pena – detenção, de 6 (seis) meses a 1 (um) ano, e multa.

Parágrafo único. Incorre nas mesmas penas quem vende, expõe à venda, tem em depósito, transporta ou guarda madeira, lenha, carvão e outros produtos de origem vegetal, sem licença válida para todo o tempo da viagem ou do armazenamento, outorgada pela autoridade competente.

Art. 47. (*Vetado*).

Art. 48. Impedir ou dificultar a regeneração natural de florestas e demais formas de vegetação:

→ v. Art. 60 da Lei 12.651/2012.

Pena – detenção, de 6 (seis) meses a 1 (um) ano, e multa.

Art. 49. Destruir, danificar, lesar ou maltratar, por qualquer modo ou meio, plantas de ornamentação de logradouros públicos ou em propriedade privada alheia:

Pena – detenção, de 3 (três) meses a 1 (um) ano, ou multa, ou ambas as penas cumulativamente.

Parágrafo único. No crime culposo, a pena é de 1 (um) a 6 (seis) meses, ou multa.

Art. 50. Destruir ou danificar florestas nativas ou plantadas ou vegetação fixadora de dunas, protetora de mangues, objeto de especial preservação:

Pena – detenção, de 3 (três) meses a 1 (um) ano, e multa.

Art. 50-A. Desmatar, explorar economicamente ou degradar floresta, plantada ou nativa, em terras de domínio público ou devolutas, sem autorização do órgão competente:

Pena – reclusão de 2 (dois) a 4 (quatro) anos e multa.

→ Artigo acrescentado pela Lei 11.284/2006.

§ 1º Não é crime a conduta praticada quando necessária à subsistência imediata pessoal do agente ou de sua família.

→ v. Art. 24 do CP.

§ 2º Se a área explorada for superior a 1.000 ha (mil hectares), a pena será aumentada de 1 (um) ano por milhar de hectare.

Art. 51. Comercializar motosserra ou utilizá-la em florestas e nas demais formas de vegetação, sem licença ou registro da autoridade competente:

Pena – detenção, de 3 (três) meses a 1 (um) ano, e multa.

Art. 52. Penetrar em Unidades de Conservação conduzindo substâncias ou instrumentos próprios para caça ou para exploração de produtos ou subprodutos florestais, sem licença da autoridade competente:

Pena – detenção, de 6 (seis) meses a 1 (um) ano, e multa.

Art. 53. Nos crimes previstos nesta Seção, a pena é aumentada de 1/6 (um sexto) a 1/3 (um terço) se:

I – do fato resulta a diminuição de águas naturais, a erosão do solo ou a modificação do regime climático;

II – o crime é cometido:

a) no período de queda das sementes;

b) no período de formação de vegetações;

c) contra espécies raras ou ameaçadas de extinção, ainda que a ameaça ocorra somente no local da infração;

d) em época de seca ou inundação;

e) durante a noite, em domingo ou feriado.

Seção III
Da poluição e outros crimes ambientais

Art. 54. Causar poluição de qualquer natureza em níveis tais que resultem ou possam resultar em danos à saúde humana, ou que provoquem a mortandade de animais ou a destruição significativa da flora:

→ *v.* Arts. 270 e 271 do CP.

→ *v.* Art. 158 do CPP.

Pena – reclusão, de 1 (um) a 4 (quatro) anos, e multa.

§ 1º Se o crime é culposo:

Pena – detenção, de 6 (seis) meses a 1 (um) ano, e multa.

§ 2º Se o crime:

I – tornar uma área, urbana ou rural, imprópria para a ocupação humana;

II – causar poluição atmosférica que provoque a retirada, ainda que momentânea, dos habitantes das áreas afetadas, ou que cause danos diretos à saúde da população;

III – causar poluição hídrica que torne necessária a interrupção do abastecimento público de água de uma comunidade;

IV – dificultar ou impedir o uso público das praias;

V – ocorrer por lançamento de resíduos sólidos, líquidos ou gasosos, ou detritos, óleos ou substâncias oleosas, em desacordo com as exigências estabelecidas em leis ou regulamentos:

→ *v.* Art. 3º, XVI, da Lei 12.305/2010.

Pena – reclusão, de 1 (um) a 5 (cinco) anos.

§ 3º Incorre nas mesmas penas previstas no parágrafo anterior quem deixar de adotar, quando assim o exigir a autoridade competente, medidas de precaução em caso de risco de dano ambiental grave ou irreversível.

→ *v.* Art. 62, VII, do Decreto 6.514/2008.

Art. 55. Executar pesquisa, lavra ou extração de recursos minerais sem a competente autorização, permissão, concessão ou licença, ou em desacordo com a obtida:

Pena – detenção, de 6 (seis) meses a 1 (um) ano, e multa.

Parágrafo único. Nas mesmas penas incorre quem deixa de recuperar a área pesquisada ou explorada, nos termos da autorização, permissão, licença, concessão ou determinação do órgão competente.

Art. 56. Produzir, processar, embalar, importar, exportar, comercializar, fornecer, transportar, armazenar, guardar, ter em depósito ou usar produto ou substância tóxica, perigosa ou nociva à saúde humana ou ao meio ambiente, em desacordo com as exigências estabelecidas em leis ou nos seus regulamentos:

→ *v.* Art. 278 do CP.

→ *v.* Arts. 2º e 15 da Lei 7.802/1989.

Pena – reclusão, de 1 (um) a 4 (quatro) anos, e multa.

§ 1º Nas mesmas penas incorre quem:

→ *Caput* do § 1º com redação alterada pela Lei 12.305/2010.

I – abandona os produtos ou substâncias referidos no *caput* ou os utiliza em desacordo com as normas ambientais ou de segurança;

→ Inciso I acrescentado pela Lei 12.305/2010.

II – manipula, acondiciona, armazena, coleta, transporta, reutiliza, recicla ou dá destinação final a resíduos perigosos de forma diversa da estabelecida em lei ou regulamento.

→ Inciso II acrescentado pela Lei 12.305/2010.

§ 2º Se o produto ou a substância for nuclear ou radioativa, a pena é aumentada de 1/6 (um sexto) a 1/3 (um terço).

→ *v.* Arts. 1º, II, 20, 22, 24 e 25 da Lei 6.453/1977.

§ 3º Se o crime é culposo:

Pena – detenção, de 6 (seis) meses a 1 (um) ano, e multa.

Art. 57. (*Vetado*).

Art. 58. Nos crimes dolosos previstos nesta Seção, as penas serão aumentadas:

I – de 1/6 (um sexto) a 1/3 (um terço), se resulta dano irreversível à flora ou ao meio ambiente em geral;

II – de 1/3 (um terço) até a 1/2 (metade), se resulta lesão corporal de natureza grave em outrem;

→ *v.* Art. 129, §§ 1º e 2º, do CP.

III – até o dobro, se resultar a morte de outrem.

→ *v.* Art. 121 do CP.

Parágrafo único. As penalidades previstas neste artigo somente serão aplicadas se do fato não resultar crime mais grave.

Art. 59. (*Vetado*).

Art. 60. Construir, reformar, ampliar, instalar ou fazer funcionar, em qualquer parte do território nacional, estabelecimentos, obras ou serviços potencialmente poluidores, sem licença ou autorização dos órgãos ambientais competentes, ou contrariando as normas legais e regulamentares pertinentes:

→ *v.* Art. 66 do Decreto 6.514/2008.

Pena – detenção, de 1 (um) a 6 (seis) meses, ou multa, ou ambas as penas cumulativamente.

Art. 61. Disseminar doença ou praga ou espécies que possam causar dano à agricultura, à pecuária, à fauna, à flora ou aos ecossistemas:

→ *v.* Art. 259 do CP.

Pena – reclusão, de 1 (um) a 4 (quatro) anos, e multa.

Seção IV
Dos crimes contra o ordenamento urbano e o patrimônio cultural

Art. 62. Destruir, inutilizar ou deteriorar:

→ *v.* Art. 165 do CP.

I – bem especialmente protegido por lei, ato administrativo ou decisão judicial;

II – arquivo, registro, museu, biblioteca, pinacoteca, instalação científica ou similar protegido por lei, ato administrativo ou decisão judicial:

Pena – reclusão, de 1 (um) a 3 (três) anos, e multa.

Parágrafo único. Se o crime for culposo, a pena é de 6 (seis) meses a 1 (um) ano de detenção, sem prejuízo da multa.

Art. 63. Alterar o aspecto ou estrutura de edificação ou local especialmente protegido por lei, ato administrativo ou decisão judicial, em razão de seu valor paisagístico, ecológico, turístico, artístico, histórico, cultural, religioso, arqueológico, etnográfico ou monumental, sem autorização da autoridade competente ou em desacordo com a concedida:

→ *v.* Art. 166 do CP.

→ *v.* Art. 1º, § 2º, do Dec.-lei 25/1937.

Pena – reclusão, de 1 (um) a 3 (três) anos, e multa.

Art. 64. Promover construção em solo não edificável, ou no seu entorno, assim considerado em razão de seu valor paisagístico, ecológico, artístico, turístico, histórico, cultural, religioso, arqueológico, etnográfico ou monumental, sem autorização da autoridade competente ou em desacordo com a concedida:

Pena – detenção, de 6 (seis) meses a 1 (um) ano, e multa.

Art. 65. Pichar ou por outro meio conspurcar edificação ou monumento urbano:

Pena – detenção, de 3 (três) meses a 1 (um) ano, e multa.

→ *Caput* com redação alterada pela Lei 12.408/2011.

§ 1º Se o ato for realizado em monumento ou coisa tombada em virtude do seu valor artístico, arqueológico ou histórico, a pena é de 6 (seis) meses a 1 (um) ano de detenção e multa.

→ § 1º acrescentado pela Lei 12.408/2011.

§ 2º Não constitui crime a prática de grafite realizada com o objetivo de valorizar o patrimônio público ou privado mediante manifestação artística, desde que consentida pelo proprietário e, quando couber, pelo locatário ou arrendatário do bem privado e, no caso de bem público, com a autorização do órgão competente e a observância das posturas municipais e das normas editadas pelos órgãos governamentais responsáveis pela preservação e conservação do patrimônio histórico e artístico nacional.

→ § 2º acrescentado pela Lei 12.408/2011.

Seção V
Dos crimes contra a administração ambiental

Art. 66. Fazer o funcionário público afirmação falsa ou enganosa, omitir a verdade, sonegar informações ou dados técnico-científicos em procedimentos de autorização ou de licenciamento ambiental:

Pena – reclusão, de 1 (um) a 3 (três) anos, e multa.

Art. 67. Conceder o funcionário público licença, autorização ou permissão em desacordo com as normas ambientais, para as atividades, obras ou serviços cuja realização depende de ato autorizativo do Poder Público:

Pena – detenção, de 1 (um) a 3 (três) anos, e multa.

Parágrafo único. Se o crime é culposo, a pena é de 3 (três) meses a 1 (um) ano de detenção, sem prejuízo da multa.

Art. 68. Deixar, aquele que tiver o dever legal ou contratual de fazê-lo, de cumprir obrigação de relevante interesse ambiental:

→ *v.* Art. 52 da Lei 12.305/2010.

Pena – detenção, de 1 (um) a 3 (três) anos, e multa.

Parágrafo único. Se o crime é culposo, a pena é de 3 (três) meses a 1 (um) ano, sem prejuízo da multa.

Art. 69. Obstar ou dificultar a ação fiscalizadora do Poder Público no trato de questões ambientais:

Pena – detenção, de 1 (um) a 3 (três) anos, e multa.

Art. 69-A. Elaborar ou apresentar, no licenciamento, concessão florestal ou qualquer outro procedimento administrativo, estudo, laudo ou relatório ambiental total ou parcialmente falso ou enganoso, inclusive por omissão:

→ v. Art. 342 do CP.

Pena – reclusão, de 3 (três) a 6 (seis) anos, e multa.

→ Artigo acrescentado pela Lei 11.284/2006.

§ 1º Se o crime é culposo:

Pena – detenção, de 1 (um) a 3 (três) anos.

§ 2º A pena é aumentada de 1/3 (um terço) a 2/3 (dois terços), se há dano significativo ao meio ambiente, em decorrência do uso da informação falsa, incompleta ou enganosa.

Capítulo VI
DA INFRAÇÃO ADMINISTRATIVA

Art. 70. Considera-se infração administrativa ambiental toda ação ou omissão que viole as regras jurídicas de uso, gozo, promoção, proteção e recuperação do meio ambiente.

§ 1º São autoridades competentes para lavrar auto de infração ambiental e instaurar processo administrativo os funcionários de órgãos ambientais integrantes do Sistema Nacional de Meio Ambiente – SISNAMA, designados para as atividades de fiscalização, bem como os agentes das Capitanias dos Portos, do Ministério da Marinha.

§ 2º Qualquer pessoa, constatando infração ambiental, poderá dirigir representação às autoridades relacionadas no parágrafo anterior, para efeito do exercício do seu poder de polícia.

§ 3º A autoridade ambiental que tiver conhecimento de infração ambiental é obrigada a promover a sua apuração imediata, mediante processo administrativo próprio, sob pena de corresponsabilidade.

§ 4º As infrações ambientais são apuradas em processo administrativo próprio, assegurado o direito de ampla defesa e o contraditório, observadas as disposições desta Lei.

Art. 71. O processo administrativo para apuração de infração ambiental deve observar os seguintes prazos máximos:

I – 20 (vinte) dias para o infrator oferecer defesa ou impugnação contra o auto de infração, contados da data da ciência da autuação;

II – 30 (trinta) dias para a autoridade competente julgar o auto de infração, contados da data da sua lavratura, apresentada ou não a defesa ou impugnação;

III – 20 (vinte) dias para o infrator recorrer da decisão condenatória à instância superior do Sistema Nacional do Meio Ambiente – SISNAMA, ou à Diretoria de Portos e Costas, do Ministério da Marinha, de acordo com o tipo de autuação;

IV – 5 (cinco) dias para o pagamento de multa, contados da data do recebimento da notificação.

Art. 72. As infrações administrativas são punidas com as seguintes sanções, observado o disposto no art. 6º:

I – advertência;

II – multa simples;

III – multa diária;

IV – apreensão dos animais, produtos e subprodutos da fauna e flora, instrumentos, petrechos, equipamentos ou veículos de qualquer natureza utilizados na infração;

V – destruição ou inutilização do produto;

VI – suspensão de venda e fabricação do produto;

VII – embargo de obra ou atividade;

VIII – demolição de obra;

IX – suspensão parcial ou total de atividades;

X – (*Vetado*);

XI – restritiva de direitos.

§ 1º Se o infrator cometer, simultaneamente, duas ou mais infrações, ser-lhe-ão aplicadas, cumulativamente, as sanções a elas cominadas.

§ 2º A advertência será aplicada pela inobservância das disposições desta Lei e da legislação em vigor, ou de preceitos regulamentares, sem prejuízo das demais sanções previstas neste artigo.

§ 3º A multa simples será aplicada sempre que o agente, por negligência ou dolo:

I – advertido por irregularidades que tenham sido praticadas, deixar de saná-las, no prazo assinalado por órgão competente do SISNAMA ou pela Capitania dos Portos, do Ministério da Marinha;

II – opuser embaraço à fiscalização dos órgãos do SISNAMA ou da Capitania dos Portos, do Ministério da Marinha.

§ 4º A multa simples pode ser convertida em serviços de preservação, melhoria e recuperação da qualidade do meio ambiente.

→ v. Art. 42 da Lei 12.651/2012.

§ 5º A multa diária será aplicada sempre que o cometimento da infração se prolongar no tempo.

§ 6º A apreensão e destruição referidas nos incisos IV e V do *caput* obedecerão ao disposto no art. 25 desta Lei.

§ 7º As sanções indicadas nos incisos VI a IX do *caput* serão aplicadas quando o produto, a obra, a atividade ou o estabelecimento não estiverem obedecendo às prescrições legais ou regulamentares.

§ 8º As sanções restritivas de direito são:

I – suspensão de registro, licença ou autorização;

II – cancelamento de registro, licença ou autorização;

III – perda ou restrição de incentivos e benefícios fiscais;

IV – perda ou suspensão da participação em linhas de financiamento em estabelecimentos oficiais de crédito;

V – proibição de contratar com a Administração Pública, pelo período de até 3 (três) anos.

Art. 73. Os valores arrecadados em pagamento de multas por infração ambiental serão revertidos ao Fundo Nacional do Meio Ambiente, criado pela Lei 7.797, de 10 de julho de 1989, Fundo Naval, criado pelo Decreto 20.923, de 8 de janeiro de 1932, fundos estaduais ou municipais de meio ambiente, ou correlatos, conforme dispuser o órgão arrecadador.

Art. 74. A multa terá por base a unidade, hectare, metro cúbico, quilograma ou outra medida pertinente, de acordo com o objeto jurídico lesado.

Art. 75. O valor da multa de que trata este Capítulo será fixado no regulamento desta Lei e corrigido periodicamente, com base nos índices estabelecidos na legislação pertinente, sendo o mínimo de R$ 50,00 (cinquenta reais) e o máximo de R$ 50.000.000,00 (cinquenta milhões de reais).

Art. 76. O pagamento de multa imposta pelos Estados, Municípios, Distrito Federal ou Territórios substitui a multa federal na mesma hipótese de incidência.

Capítulo VII
DA COOPERAÇÃO INTERNACIONAL PARA A PRESERVAÇÃO DO MEIO AMBIENTE

Art. 77. Resguardados a soberania nacional, a ordem pública e os bons costumes, o Governo brasileiro prestará, no que concerne ao meio ambiente, a necessária cooperação a outro país, sem qualquer ônus, quando solicitado para:

I – produção de prova;

II – exame de objetos e lugares;

III – informações sobre pessoas e coisas;

IV – presença temporária da pessoa presa, cujas declarações tenham relevância para a decisão de uma causa;

V – outras formas de assistência permitidas pela legislação em vigor ou pelos tratados de que o Brasil seja parte.

§ 1º A solicitação de que trata este artigo será dirigida ao Ministério da Justiça, que a remeterá, quando necessário, ao órgão judiciário competente para decidir a seu respeito, ou a encaminhará à autoridade capaz de atendê-la.

§ 2º A solicitação deverá conter:

I – o nome e a qualificação da autoridade solicitante;

II – o objeto e o motivo de sua formulação;

III – a descrição sumária do procedimento em curso no país solicitante;

IV – a especificação da assistência solicitada;

V – a documentação indispensável ao seu esclarecimento, quando for o caso.

Art. 78. Para a consecução dos fins visados nesta Lei e especialmente para a reciprocidade da cooperação internacional, deve ser mantido sistema de comunicações apto a facilitar o intercâmbio rápido e seguro de informações com órgãos de outros países.

Capítulo VIII
DISPOSIÇÕES FINAIS

Art. 79. Aplicam-se subsidiariamente a esta Lei as disposições do Código Penal e do Código de Processo Penal.

Art. 79-A. Para o cumprimento do disposto nesta Lei, os órgãos ambientais integrantes do SISNAMA, responsáveis pela execução de programas e projetos e pelo controle e fiscalização dos estabelecimentos e das atividades suscetíveis de degradarem a qualidade ambiental, ficam autorizados a celebrar, com força de título executivo extrajudicial, termo de compromisso com pessoas físicas ou jurídicas responsáveis pela construção, instalação, ampliação e funcionamento de estabelecimentos e atividades utilizadores de recursos ambientais, considerados efetiva ou potencialmente poluidores.

→ Artigo acrescentado pela MP 2.163-41/2001.

§ 1º O termo de compromisso a que se refere este artigo destinar-se-á, exclusivamente, a permitir que as pessoas físicas e jurídicas mencionadas no *caput* possam promover as necessárias correções de suas atividades, para o atendimento das exigências impostas pelas autoridades ambientais competentes, sendo obrigatório que o respectivo instrumento disponha sobre:

I – o nome, a qualificação e o endereço das partes compromissadas e dos respectivos representantes legais;

II – o prazo de vigência do compromisso, que, em função da complexidade das obrigações nele fixadas, poderá variar entre o mínimo de 90 (noventa) dias e o máximo de 3 (três) anos, com possibilidade de prorrogação por igual período;

III – a descrição detalhada de seu objeto, o valor do investimento previsto e o cronograma físico de execução e de implantação das obras e serviços exigidos, com metas trimestrais a serem atingidas;

IV – as multas que podem ser aplicadas à pessoa física ou jurídica compromissada e os casos de rescisão, em decorrência do não cumprimento das obrigações nele pactuadas;

V – o valor da multa de que trata o inciso IV não poderá ser superior ao valor do investimento previsto;

VI – o foro competente para dirimir litígios entre as partes.

§ 2º No tocante aos empreendimentos em curso até o dia 30 de março de 1998, envolvendo construção, instalação, ampliação e funcionamento de estabelecimentos e atividades utilizadores de recursos ambientais, considerados efetiva ou potencialmente poluidores, a assinatura do termo de compromisso deverá ser requerida pelas pessoas físicas e jurídicas interessadas, até o dia 31 de dezembro de 1998, mediante requerimento escrito protocolizado junto aos órgãos competentes do SISNAMA, devendo ser firmado pelo dirigente máximo do estabelecimento.

§ 3º Da data da protocolização do requerimento previsto no § 2º e enquanto perdurar a vigência do correspondente termo de compromisso, ficarão suspensas, em relação aos fatos que deram causa à celebração do instrumento, a aplicação de sanções administrativas contra a pessoa física ou jurídica que o houver firmado.

§ 4º A celebração do termo de compromisso de que trata este artigo não impede a execução de eventuais multas aplicadas antes da protocolização do requerimento.

§ 5º Considera-se rescindido de pleno direito o termo de compromisso, quando descumprida qualquer de suas cláusulas, ressalvado o caso fortuito ou de força maior.

§ 6º O termo de compromisso deverá ser firmado em até 90 (noventa) dias, contados da protocolização do requerimento.

§ 7º O requerimento de celebração do termo de compromisso deverá conter as informações necessárias à verificação da sua viabilidade técnica e jurídica, sob pena de indeferimento do plano.

§ 8º Sob pena de ineficácia, os termos de compromisso deverão ser publicados no órgão oficial competente, mediante extrato.

Art. 80. O Poder Executivo regulamentará esta Lei no prazo de 90 (noventa) dias a contar de sua publicação.

→ *V.* Decreto 6.514/2008 – Infrações e sanções administrativas ao meio ambiente.

Art. 81. (*Vetado*).

Art. 82. Revogam-se as disposições em contrário.

Brasília, 12 de fevereiro de 1998; 177º da Independência e 110º da República.

Fernando Henrique Cardoso

(Publicação no *D.O.U.* de 13.2.1998; retificação17.2.1998)

LEI 9.610,
DE 19 DE FEVEREIRO DE 1998

Altera, atualiza e consolida a legislação sobre direitos autorais e dá outras providências.

O Presidente da República:

Faço saber que o Congresso Nacional decreta e eu sanciono a seguinte Lei:

Título I
Disposições Preliminares

Art. 1º Esta Lei regula os direitos autorais, entendendo-se sob esta denominação os direitos de autor e os que lhes são conexos.

Art. 2º Os estrangeiros domiciliados no exterior gozarão da proteção assegurada nos acordos, convenções e tratados em vigor no Brasil.

Parágrafo único. Aplica-se o disposto nesta Lei aos nacionais ou pessoas domiciliadas em país que assegure aos brasileiros ou pessoas domiciliadas no Brasil a reciprocidade na proteção aos direitos autorais ou equivalentes.

Art. 3º Os direitos autorais reputam-se, para os efeitos legais, bens móveis.

Art. 4º Interpretam-se restritivamente os negócios jurídicos sobre os direitos autorais.

Art. 5º Para os efeitos desta Lei, considera-se:

I – publicação – o oferecimento de obra literária, artística ou científica ao conhecimento do público, com o consentimento do autor, ou de qualquer outro titular de direito de autor, por qualquer forma ou processo;

II – transmissão ou emissão – a difusão de sons ou de sons e imagens, por meio de ondas radioelétricas; sinais de satélites; fio, cabo ou outro condutor; meios óticos ou qualquer outro processo eletromagnético;

III – retransmissão – a emissão simultânea da transmissão de uma empresa por outra;

IV – distribuição – a colocação à disposição do público do original ou cópia de obras literárias, artísticas ou científicas, interpretações ou execuções fixadas e fonogramas, mediante a venda, locação ou qualquer outra forma de transferência de propriedade ou posse;

V – comunicação ao público – ato mediante o qual a obra é colocada ao alcance do público, por qualquer meio ou procedimento e que não consista na distribuição de exemplares;

VI – reprodução – a cópia de um ou vários exemplares de uma obra literária, artística ou científica ou de um fonograma, de qualquer forma tangível, incluindo qualquer armazenamento permanente ou temporário por meios eletrônicos ou qualquer outro meio de fixação que venha a ser desenvolvido;

VII – contrafação – a reprodução não autorizada;

VIII – obra:

a) em coautoria – quando é criada em comum, por dois ou mais autores;

b) anônima – quando não se indica o nome do autor, por sua vontade ou por ser desconhecido;

c) pseudônima – quando o autor se oculta sob nome suposto;

d) inédita – a que não haja sido objeto de publicação;

e) póstuma – a que se publique após a morte do autor;

f) originária – a criação primígena;

g) derivada – a que, constituindo criação intelectual nova, resulta da transformação de obra originária;

h) coletiva – a criada por iniciativa, organização e responsabilidade de uma pessoa física ou jurídica, que a publica sob seu nome ou marca e que é constituída pela participação de diferentes autores, cujas contribuições se fundem numa criação autônoma;

i) audiovisual – a que resulta da fixação de imagens com ou sem som, que tenha a finalidade de criar, por meio de sua reprodução, a impressão de movimento, independentemente dos processos de sua captação, do suporte usado inicial ou posteriormente para fixá-lo, bem como dos meios utilizados para sua veiculação;

IX – fonograma – toda fixação de sons de uma execução ou interpretação ou de outros sons, ou de uma representação de sons que não seja uma fixação incluída em uma obra audiovisual;

X – editor – a pessoa física ou jurídica à qual se atribui o direito exclusivo de reprodução da obra e o dever de divulgá-la, nos limites previstos no contrato de edição;

XI – produtor – a pessoa física ou jurídica que toma a iniciativa e tem a responsabilidade econômica da primeira fixação do fonograma ou da obra audiovisual, qualquer que seja a natureza do suporte utilizado;

XII – radiodifusão – a transmissão sem fio, inclusive por satélites, de sons ou imagens e sons ou das representações desses, para recepção ao público e a transmissão de sinais codificados, quando os meios de decodificação sejam oferecidos ao público pelo organismo de radiodifusão ou com seu consentimento;

XIII – artistas intérpretes ou executantes – todos os atores, cantores, músicos, bailarinos ou outras pessoas que representem um papel, cantem, recitem, declamem, interpretem ou executem em qualquer forma obras literárias ou artísticas ou expressões do folclore.

XIV – titular originário – o autor de obra intelectual, o intérprete, o executante, o produtor fonográfico e as empresas de radiodifusão.

→ Inciso XIV acrescentado pela Lei 12.853/2013, em vigor após decorridos 120 (cento e vinte) dias de sua publicação oficial – *D.O.U.* de 15.8.2013.

Art. 6º Não serão de domínio da União, dos Estados, do Distrito Federal ou dos Municípios as obras por eles simplesmente subvencionadas.

Título II
Das Obras Intelectuais

Capítulo I
DAS OBRAS PROTEGIDAS

Art. 7º São obras intelectuais protegidas as criações do espírito, expressas por qualquer meio ou fixadas em qualquer suporte, tangível ou intangível, conhecido ou que se invente no futuro, tais como:

I – os textos de obras literárias, artísticas ou científicas;

II – as conferências, alocuções, sermões e outras obras da mesma natureza;

III – as obras dramáticas e dramático-musicais;

IV – as obras coreográficas e pantomímicas, cuja execução cênica se fixe por escrito ou por outra qualquer forma;

V – as composições musicais, tenham ou não letra;

VI – as obras audiovisuais, sonorizadas ou não, inclusive as cinematográficas;

VII – as obras fotográficas e as produzidas por qualquer processo análogo ao da fotografia;

VIII – as obras de desenho, pintura, gravura, escultura, litografia e arte cinética;

IX – as ilustrações, cartas geográficas e outras obras da mesma natureza;

X – os projetos, esboços e obras plásticas concernentes à geografia, engenharia, topografia, arquitetura, paisagismo, cenografia e ciência;

XI – as adaptações, traduções e outras transformações de obras originais, apresentadas como criação intelectual nova;

XII – os programas de computador;

XIII – as coletâneas ou compilações, antologias, enciclopédias, dicionários, bases de dados e outras obras, que, por sua seleção, organização ou disposição de seu conteúdo, constituam uma criação intelectual.

§ 1º Os programas de computador são objeto de legislação específica, observadas as disposições desta Lei que lhes sejam aplicáveis.

§ 2º A proteção concedida no inciso XIII não abarca os dados ou materiais em si mesmos e se entende sem prejuízo de quaisquer direitos autorais que subsistam a respeito dos dados ou materiais contidos nas obras.

§ 3º No domínio das ciências, a proteção recairá sobre a forma literária ou artística, não abrangendo o seu conteúdo científico ou técnico, sem prejuízo dos direitos que protegem os demais campos da propriedade imaterial.

Art. 8º Não são objeto de proteção como direitos autorais de que trata esta Lei:

I – as ideias, procedimentos normativos, sistemas, métodos, projetos ou conceitos matemáticos como tais;

II – os esquemas, planos ou regras para realizar atos mentais, jogos ou negócios;

III – os formulários em branco para serem preenchidos por qualquer tipo de informação, científica ou não, e suas instruções;

IV – os textos de tratados ou convenções, leis, decretos, regulamentos, decisões judiciais e demais atos oficiais;

V – as informações de uso comum tais como calendários, agendas, cadastros ou legendas;

VI – os nomes e títulos isolados;

VII – o aproveitamento industrial ou comercial das ideias contidas nas obras.

Art. 9º À cópia de obra de arte plástica feita pelo próprio autor é assegurada a mesma proteção de que goza o original.

Art. 10. A proteção à obra intelectual abrange o seu título, se original e inconfundível com o de obra do mesmo gênero, divulgada anteriormente por outro autor.

Parágrafo único. O título de publicações periódicas, inclusive jornais, é protegido até 1 (um) ano após a saída do seu último número, salvo se forem anuais, caso em que esse prazo se elevará a 2 (dois) anos.

Capítulo II
DA AUTORIA DAS OBRAS INTELECTUAIS

Art. 11. Autor é a pessoa física criadora de obra literária, artística ou científica.

Parágrafo único. A proteção concedida ao autor poderá aplicar-se às pessoas jurídicas nos casos previstos nesta Lei.

Art. 12. Para se identificar como autor, poderá o criador da obra literária, artística ou científica usar de seu nome civil, completo ou abreviado até por suas iniciais, de pseudônimo ou qualquer outro sinal convencional.

Art. 13. Considera-se autor da obra intelectual, não havendo prova em contrário, aquele que, por uma das modalidades de identificação referidas no artigo anterior, tiver, em conformidade com o uso, indicada ou anunciada essa qualidade na sua utilização.

Art. 14. É titular de direitos de autor quem adapta, traduz, arranja ou orquestra obra caída no domínio público, não podendo opor-se a outra adaptação, arranjo, orquestração ou tradução, salvo se for cópia da sua.

Art. 15. A coautoria da obra é atribuída àqueles em cujo nome, pseudônimo ou sinal convencional for utilizada.

§ 1º Não se considera coautor quem simplesmente auxiliou o autor na produção da obra literária, artística ou científica, revendo-a, atualizando-a, bem como fiscalizando ou dirigindo sua edição ou apresentação por qualquer meio.

§ 2º Ao coautor, cuja contribuição possa ser utilizada separadamente, são asseguradas todas as faculdades inerentes à sua criação como obra individual, vedada, porém, a utilização que possa acarretar prejuízo à exploração da obra comum.

Art. 16. São coautores da obra audiovisual o autor do assunto ou argumento literário, musical ou lítero-musical e o diretor.

Parágrafo único. Consideram-se coautores de desenhos animados os que criam os desenhos utilizados na obra audiovisual.

Art. 17. É assegurada a proteção às participações individuais em obras coletivas.

§ 1º Qualquer dos participantes, no exercício de seus direitos morais, poderá proibir que se indique ou anuncie seu nome na obra coletiva, sem prejuízo do direito de haver a remuneração contratada.

§ 2º Cabe ao organizador a titularidade dos direitos patrimoniais sobre o conjunto da obra coletiva.

§ 3º O contrato com o organizador especificará a contribuição do participante, o prazo para entrega ou realização, a remuneração e demais condições para sua execução.

Capítulo III
DO REGISTRO DAS OBRAS INTELECTUAIS

Art. 18. A proteção aos direitos de que trata esta Lei independe de registro.

Art. 19. É facultado ao autor registrar a sua obra no órgão público definido no *caput* e no § 1º do art. 17 da Lei 5.988, de 14 de dezembro de 1973.

Art. 20. Para os serviços de registro previstos nesta Lei será cobrada retribuição, cujo valor e processo de recolhimento serão estabelecidos por ato do titular do órgão da administração pública federal a que estiver vinculado o registro das obras intelectuais.

Art. 21. Os serviços de registro de que trata esta Lei serão organizados conforme preceitua o § 2º do art. 17 da Lei 5.988, de 14 de dezembro de 1973.

Título III
Dos Direitos do Autor

Capítulo I
DISPOSIÇÕES PRELIMINARES

Art. 22. Pertencem ao autor os direitos morais e patrimoniais sobre a obra que criou.

Art. 23. Os coautores da obra intelectual exercerão, de comum acordo, os seus direitos, salvo convenção em contrário.

Capítulo II
DOS DIREITOS MORAIS DO AUTOR

Art. 24. São direitos morais do autor:

I – o de reivindicar, a qualquer tempo, a autoria da obra;

II – o de ter seu nome, pseudônimo ou sinal convencional indicado ou anunciado, como sendo o do autor, na utilização de sua obra;

III – o de conservar a obra inédita;

IV – o de assegurar a integridade da obra, opondo-se a quaisquer modificações ou à prática de atos que, de qualquer forma, possam prejudicá-la ou atingi-lo, como autor, em sua reputação ou honra;

V – o de modificar a obra, antes ou depois de utilizada;

VI – o de retirar de circulação a obra ou de suspender qualquer forma de utilização já autorizada, quando a circulação ou utilização implicarem afronta à sua reputação e imagem;

VII – o de ter acesso a exemplar único e raro da obra, quando se encontre legitimamente em poder de outrem, para o fim de, por meio de processo fotográfico ou assemelhado, ou audiovisual, preservar sua memória, de forma que cause o menor inconveniente possível a seu detentor, que, em todo caso, será indenizado de qualquer dano ou prejuízo que lhe seja causado.

§ 1º Por morte do autor, transmitem-se a seus sucessores os direitos a que se referem os incisos I a IV.

§ 2º Compete ao Estado a defesa da integridade e autoria da obra caída em domínio público.

§ 3º Nos casos dos incisos V e VI, ressalvam-se as prévias indenizações a terceiros, quando couberem.

Art. 25. Cabe exclusivamente ao diretor o exercício dos direitos morais sobre a obra audiovisual.

Art. 26. O autor poderá repudiar a autoria de projeto arquitetônico alterado sem o seu consentimento durante a execução ou após a conclusão da construção.

Parágrafo único. O proprietário da construção responde pelos danos que causar ao autor sempre que, após o repúdio, der como sendo daquele a autoria do projeto repudiado.

Art. 27. Os direitos morais do autor são inalienáveis e irrenunciáveis.

Capítulo III
DOS DIREITOS PATRIMONIAIS DO AUTOR E DE SUA DURAÇÃO

Art. 28. Cabe ao autor o direito exclusivo de utilizar, fruir e dispor da obra literária, artística ou científica.

Art. 29. Depende de autorização prévia e expressa do autor a utilização da obra, por quaisquer modalidades, tais como:

I – a reprodução parcial ou integral;

II – a edição;

III – a adaptação, o arranjo musical e quaisquer outras transformações;

IV – a tradução para qualquer idioma;

V – a inclusão em fonograma ou produção audiovisual;

VI – a distribuição, quando não intrínseca ao contrato firmado pelo autor com terceiros para uso ou exploração da obra;

VII – a distribuição para oferta de obras ou produções mediante cabo, fibra ótica, satélite, ondas ou qualquer outro sistema que permita ao usuário realizar a seleção da obra ou produção para percebê-la em um tempo e lugar previamente determinados por quem formula a demanda, e nos casos em que o acesso às obras ou produções se faça por qualquer sistema que importe em pagamento pelo usuário;

VIII – a utilização, direta ou indireta, da obra literária, artística ou científica, mediante:

a) representação, recitação ou declamação;

b) execução musical;

c) emprego de alto-falante ou de sistemas análogos;

d) radiodifusão sonora ou televisiva;

e) captação de transmissão de radiodifusão em locais de frequência coletiva;

f) sonorização ambiental;

g) a exibição audiovisual, cinematográfica ou por processo assemelhado;

h) emprego de satélites artificiais;

i) emprego de sistemas óticos, fios telefônicos ou não, cabos de qualquer tipo e meios de comunicação similares que venham a ser adotados;

j) exposição de obras de artes plásticas e figurativas;

IX – a inclusão em base de dados, o armazenamento em computador, a microfilmagem e as demais formas de arquivamento do gênero;

X – quaisquer outras modalidades de utilização existentes ou que venham a ser inventadas.

Art. 30. No exercício do direito de reprodução, o titular dos direitos autorais poderá colocar à disposição do público a obra, na forma, local e pelo tempo que desejar, a título oneroso ou gratuito.

§ 1º O direito de exclusividade de reprodução não será aplicável quando ela for temporária e apenas tiver o propósito de tornar a obra, fonograma ou interpretação perceptível em meio eletrônico ou quando for de natureza transitória e incidental, desde que ocorra no curso do uso devidamente autorizado da obra, pelo titular.

§ 2º Em qualquer modalidade de reprodução, a quantidade de exemplares será informada e controlada, cabendo a quem reproduzir a obra a responsabilidade de manter os registros que permitam, ao autor, a fiscalização do aproveitamento econômico da exploração.

Art. 31. As diversas modalidades de utilização de obras literárias, artísticas ou científicas ou de fonogramas são independentes entre si, e a autorização concedida pelo autor, ou pelo produtor, respectivamente, não se estende a quaisquer das demais.

Art. 32. Quando uma obra feita em regime de coautoria não for divisível, nenhum dos coautores, sob pena de responder por perdas e danos, poderá, sem consentimento dos demais, publicá-la ou autorizar-lhe a publicação, salvo na coleção de suas obras completas.

§ 1º Havendo divergência, os coautores decidirão por maioria.

§ 2º Ao coautor dissidente é assegurado o direito de não contribuir para as despesas de publicação, renunciando a sua parte nos lucros, e o de vedar que se inscreva seu nome na obra.

§ 3º Cada coautor pode, individualmente, sem aquiescência dos outros, registrar a obra e defender os próprios direitos contra terceiros.

Art. 33. Ninguém pode reproduzir obra que não pertença ao domínio público, a pretexto de anotá-la, comentá-la ou melhorá-la, sem permissão do autor.

Parágrafo único. Os comentários ou anotações poderão ser publicados separadamente.

Art. 34. As cartas missivas, cuja publicação está condicionada à permissão do autor, poderão ser juntadas como documento de prova em processos administrativos e judiciais.

Art. 35. Quando o autor, em virtude de revisão, tiver dado à obra versão definitiva, não poderão seus sucessores reproduzir versões anteriores.

Art. 36. O direito de utilização econômica dos escritos publicados pela imprensa, diária ou periódica, com exceção dos assinados ou que apresentem sinal de reserva, pertence ao editor, salvo convenção em contrário.

Parágrafo único. A autorização para utilização econômica de artigos assinados, para publicação em diários e periódicos, não produz efeito além do prazo da periodicidade acrescido de 20 (vinte) dias, a contar de sua publicação, findo o qual recobra o autor o seu direito.

Art. 37. A aquisição do original de uma obra, ou de exemplar, não confere ao adquirente qualquer dos direitos patrimoniais do autor, salvo convenção em contrário entre as partes e os casos previstos nesta Lei.

Art. 38. O autor tem o direito, irrenunciável e inalienável, de perceber, no mínimo, 5% (cinco por cento) sobre o aumento do preço eventualmente verificável em cada revenda de obra de arte ou manuscrito, sendo originais, que houver alienado.

Parágrafo único. Caso o autor não perceba o seu direito de sequência no ato da revenda, o vendedor é considerado depositário da quantia a ele devida, salvo se a operação for realizada por leiloeiro, quando será este o depositário.

Art. 39. Os direitos patrimoniais do autor, excetuados os rendimentos resultantes de sua exploração, não se comunicam, salvo pacto antenupcial em contrário.

Art. 40. Tratando-se de obra anônima ou pseudônima, caberá a quem publicá-la o exercício dos direitos patrimoniais do autor.

Parágrafo único. O autor que se der a conhecer assumirá o exercício dos direitos patrimoniais, ressalvados os direitos adquiridos por terceiros.

Art. 41. Os direitos patrimoniais do autor perduram por 70 (setenta) anos contados de 1º de janeiro do ano subsequente ao de seu falecimento, obedecida a ordem sucessória da lei civil.

Parágrafo único. Aplica-se às obras póstumas o prazo de proteção a que alude o *caput* deste artigo.

Art. 42. Quando a obra literária, artística ou científica realizada em coautoria for indivisível, o prazo previsto no artigo anterior será contado da morte do último dos coautores sobreviventes.

Parágrafo único. Acrescer-se-ão aos dos sobreviventes os direitos do coautor que falecer sem sucessores.

Art. 43. Será de 70 (setenta) anos o prazo de proteção aos direitos patrimoniais sobre as obras anônimas ou pseudônimas, contado de 1º de janeiro do ano imediatamente posterior ao da primeira publicação.

Parágrafo único. Aplicar-se-á o disposto no art. 41 e seu parágrafo único, sempre que o autor se der a conhecer antes do termo do prazo previsto no *caput* deste artigo.

Art. 44. O prazo de proteção aos direitos patrimoniais sobre obras audiovisuais e fotográficas será de 70 (setenta) anos, a contar de 1º de janeiro do ano subsequente ao de sua divulgação.

Art. 45. Além das obras em relação às quais decorreu o prazo de proteção aos direitos patrimoniais, pertencem ao domínio público:

I – as de autores falecidos que não tenham deixado sucessores;

II – as de autor desconhecido, ressalvada a proteção legal aos conhecimentos étnicos e tradicionais.

Capítulo IV
DAS LIMITAÇÕES AOS DIREITOS AUTORAIS

Art. 46. Não constitui ofensa aos direitos autorais:

I – a reprodução:

a) na imprensa diária ou periódica, de notícia ou de artigo informativo, publicado em diários ou periódicos, com a menção do nome do autor, se assinados, e da publicação de onde foram transcritos;

b) em diários ou periódicos, de discursos pronunciados em reuniões públicas de qualquer natureza;

c) de retratos, ou de outra forma de representação da imagem, feitos sob encomenda, quando realizada pelo proprietário do objeto encomendado, não havendo a oposição da pessoa neles representada ou de seus herdeiros;

d) de obras literárias, artísticas ou científicas, para uso exclusivo de deficientes visuais, sempre que a reprodução, sem fins comerciais, seja feita mediante o sistema Braille ou outro procedimento em qualquer suporte para esses destinatários;

II – a reprodução, em um só exemplar de pequenos trechos, para uso privado do copista, desde que feita por este, sem intuito de lucro;

III – a citação em livros, jornais, revistas ou qualquer outro meio de comunicação, de passagens de qualquer obra, para fins de estudo, crítica ou polêmica, na medida justificada para o fim a atingir, indicando-se o nome do autor e a origem da obra;

IV – o apanhado de lições em estabelecimentos de ensino por aqueles a quem elas se dirigem, vedada sua publicação, integral ou parcial, sem autorização prévia e expressa de quem as ministrou;

V – a utilização de obras literárias, artísticas ou científicas, fonogramas e transmissão de rádio e televisão em estabelecimentos comerciais, exclusivamente para demonstração à clientela, desde que esses estabelecimentos comercializem os suportes ou equipamentos que permitam a sua utilização;

VI – a representação teatral e a execução musical, quando realizadas no recesso familiar ou, para fins exclusivamente didáticos, nos estabelecimentos de ensino, não havendo em qualquer caso intuito de lucro;

VII – a utilização de obras literárias, artísticas ou científicas para produzir prova judiciária ou administrativa;

VIII – a reprodução, em quaisquer obras, de pequenos trechos de obras preexistentes, de qualquer natureza, ou de obra integral, quando de artes plásticas, sempre que a reprodução em si não seja o objetivo principal da obra nova e que não prejudique a exploração normal da obra reproduzida nem cause um prejuízo injustificado aos legítimos interesses dos autores.

Art. 47. São livres as paráfrases e paródias que não forem verdadeiras reproduções da obra originária nem lhe implicarem descrédito.

Art. 48. As obras situadas permanentemente em logradouros públicos podem ser representadas livremente, por meio de pinturas, desenhos, fotografias e procedimentos audiovisuais.

Capítulo V
DA TRANSFERÊNCIA DOS DIREITOS DE AUTOR

Art. 49. Os direitos de autor poderão ser total ou parcialmente transferidos a terceiros, por ele ou por seus sucessores, a título universal ou singular, pessoalmente ou por meio de representantes com poderes especiais, por meio de licenciamento, concessão, cessão ou por outros meios admitidos em Direito, obedecidas as seguintes limitações:

I – a transmissão total compreende todos os direitos de autor, salvo os de natureza moral e os expressamente excluídos por lei;

II – somente se admitirá transmissão total e definitiva dos direitos mediante estipulação contratual escrita;

III – na hipótese de não haver estipulação contratual escrita, o prazo máximo será de 5 (cinco) anos;

IV – a cessão será válida unicamente para o país em que se firmou o contrato, salvo estipulação em contrário;

V – a cessão só se operará para modalidades de utilização já existentes à data do contrato;

VI – não havendo especificações quanto à modalidade de utilização, o contrato será interpretado restritivamente, entendendo-se como limitada apenas a uma que seja aquela indispensável ao cumprimento da finalidade do contrato.

Art. 50. A cessão total ou parcial dos direitos de autor, que se fará sempre por escrito, presume-se onerosa.

§ 1º Poderá a cessão ser averbada à margem do registro a que se refere o art. 19 desta Lei, ou, não estando a obra registrada, poderá o instrumento ser registrado em Cartório de Títulos e Documentos.

§ 2º Constarão do instrumento de cessão como elementos essenciais seu objeto e as condições de exercício do direito quanto a tempo, lugar e preço.

Art. 51. A cessão dos direitos de autor sobre obras futuras abrangerá, no máximo, o período de 5 (cinco) anos.

Parágrafo único. O prazo será reduzido a 5 (cinco) anos sempre que indeterminado ou superior, diminuindo-se, na devida proporção, o preço estipulado.

Art. 52. A omissão do nome do autor, ou de coautor, na divulgação da obra não presume o anonimato ou a cessão de seus direitos.

Título IV
Da Utilização de Obras Intelectuais e dos Fonogramas

Capítulo I
DA EDIÇÃO

Art. 53. Mediante contrato de edição, o editor, obrigando-se a reproduzir e a divulgar a obra literária, artística ou científica, fica autorizado, em caráter de exclusividade, a publicá-la e a explorá-la pelo prazo e nas condições pactuadas com o autor.

Parágrafo único. Em cada exemplar da obra o editor mencionará:

I – o título da obra e seu autor;

II – no caso de tradução, o título original e o nome do tradutor;

III – o ano de publicação;

IV – o seu nome ou marca que o identifique.

Art. 54. Pelo mesmo contrato pode o autor obrigar-se à feitura de obra literária, artística ou científica em cuja publicação e divulgação se empenha o editor.

Art. 55. Em caso de falecimento ou de impedimento do autor para concluir a obra, o editor poderá:

I – considerar resolvido o contrato, mesmo que tenha sido entregue parte considerável da obra;

II – editar a obra, sendo autônoma, mediante pagamento proporcional do preço;

III – mandar que outro a termine, desde que consintam os sucessores e seja o fato indicado na edição.

Parágrafo único. É vedada a publicação parcial, se o autor manifestou a vontade de só publicá-la por inteiro ou se assim o decidirem seus sucessores.

Art. 56. Entende-se que o contrato versa apenas sobre uma edição, se não houver cláusula expressa em contrário.

Parágrafo único. No silêncio do contrato, considera-se que cada edição se constitui de 3.000 (três mil) exemplares.

Art. 57. O preço da retribuição será arbitrado, com base nos usos e costumes, sempre que no contrato não a tiver estipulado expressamente o autor.

Art. 58. Se os originais forem entregues em desacordo com o ajustado e o editor não os recusar nos 30 (trinta) dias seguintes ao do recebimento, ter-se-ão por aceitas as alterações introduzidas pelo autor.

Art. 59. Quaisquer que sejam as condições do contrato, o editor é obrigado a facultar ao autor o exame da escrituração na parte que lhe corresponde, bem como a informá-lo sobre o estado da edição.

Art. 60. Ao editor compete fixar o preço da venda, sem, todavia, poder elevá-lo a ponto de embaraçar a circulação da obra.

Art. 61. O editor será obrigado a prestar contas mensais ao autor sempre que a retribuição deste estiver condicionada à venda da obra, salvo se prazo diferente houver sido convencionado.

Art. 62. A obra deverá ser editada em 2 (dois) anos da celebração do contrato, salvo prazo diverso estipulado em convenção.

Parágrafo único. Não havendo edição da obra no prazo legal ou contratual, poderá ser rescindido o contrato, respondendo o editor por danos causados.

Art. 63. Enquanto não se esgotarem as edições a que tiver direito o editor, não poderá o autor dispor de sua obra, cabendo ao editor o ônus da prova.

§ 1º Na vigência do contrato de edição, assiste ao editor o direito de exigir que se retire de circulação edição da mesma obra feita por outrem.

§ 2º Considera-se esgotada a edição quando restarem em estoque, em poder do editor, exemplares em número inferior a 10% (dez por cento) do total da edição.

Art. 64. Somente decorrido 1 (um) ano de lançamento da edição, o editor poderá vender, como saldo, os exemplares restantes, desde que o autor seja notificado de que, no prazo de 30 (trinta) dias, terá prioridade na aquisição dos referidos exemplares pelo preço de saldo.

Art. 65. Esgotada a edição, e o editor, com direito a outra, não a publicar, poderá o autor notificá-lo a que o faça em certo prazo, sob pena de perder aquele direito, além de responder por danos.

Art. 66. O autor tem o direito de fazer, nas edições sucessivas de suas obras, as emendas e alterações que bem lhe aprouver.

Parágrafo único. O editor poderá opor-se às alterações que lhe prejudiquem os interesses, ofendam sua reputação ou aumentem sua responsabilidade.

Art. 67. Se, em virtude de sua natureza, for imprescindível a atualização da obra em novas edições, o editor, negando-se o autor a fazê-la, dela poderá encarregar outrem, mencionando o fato na edição.

Capítulo II
DA COMUNICAÇÃO AO PÚBLICO

Art. 68. Sem prévia e expressa autorização do autor ou titular, não poderão ser utilizadas obras teatrais, composições musicais ou lítero-musicais e fonogramas, em representações e execuções públicas.

§ 1º Considera-se representação pública a utilização de obras teatrais no gênero drama, tragédia, comédia, ópera, opereta, balé, pantomimas e assemelhadas, musicadas ou não, mediante a participação de artistas, remunerados ou não, em locais de frequência coletiva ou pela radiodifusão, transmissão e exibição cinematográfica.

§ 2º Considera-se execução pública a utilização de composições musicais ou lítero-musicais, mediante a participação de artistas, remunerados ou não, ou a utilização de fonogramas e obras audiovisuais, em locais de frequência coletiva, por quaisquer processos, inclusive a radiodifusão ou transmissão por qualquer modalidade, e a exibição cinematográfica.

§ 3º Consideram-se locais de frequência coletiva os teatros, cinemas, salões de baile ou concertos, boates, bares, clubes ou associações de qualquer natureza, lojas, estabelecimentos comerciais e industriais, estádios, circos, feiras, restaurantes, hotéis, motéis, clínicas, hospitais, órgãos públicos da administração direta ou indireta, fundacionais e estatais, meios de transporte de passageiros terrestre, marítimo, fluvial ou aéreo, ou onde quer se representem, executem ou transmitam obras literárias, artísticas ou científicas.

§ 4º Previamente à realização da execução pública, o empresário deverá apresentar ao escritório central, previsto no art. 99, a comprovação dos recolhimentos relativos aos direitos autorais.

§ 5º Quando a remuneração depender da frequência do público, poderá o empresário, por convênio com o escritório central, pagar o preço após a realização da execução pública.

§ 6º O usuário entregará à entidade responsável pela arrecadação dos direitos relativos à execução ou exibição pública, imediatamente após o ato de comunicação ao público, relação completa das obras e fonogramas utilizados, e a tornará pública e de livre acesso, juntamente com os valores pagos, em seu sítio eletrônico ou, em não havendo este, no local da comunicação e em sua sede.

→ § 6º com redação alterada pela Lei 12.853/2013, em vigor após decorridos 120 (cento e vinte) dias de sua publicação oficial – *D.O.U.* de 15.8.2013.

§ 7º As empresas cinematográficas e de radiodifusão manterão à imediata disposição dos interessados, cópia autêntica dos contratos, ajustes ou acordos, individuais ou coletivos, autorizando e disciplinando a remuneração por execução pública das obras musicais e fonogramas contidas em seus programas ou obras audiovisuais.

§ 8º Para as empresas mencionadas no § 7º, o prazo para cumprimento do disposto no § 6º será até o décimo dia útil de cada mês, relativamente à relação completa das obras e fonogramas utilizados no mês anterior.

→ § 8º acrescentado pela Lei 12.853/2013, em vigor após decorridos 120 (cento e vinte) dias de sua publicação oficial – *D.O.U.* de 15.8.2013

Art. 69. O autor, observados os usos locais, notificará o empresário do prazo para a representação ou execução, salvo prévia estipulação convencional.

Art. 70. Ao autor assiste o direito de opor-se à representação ou execução que não seja suficientemente ensaiada, bem como fiscalizá-la, tendo, para isso, livre acesso durante as representações ou execuções, no local onde se realizam.

Art. 71. O autor da obra não pode alterar-lhe a substância, sem acordo com o empresário que a faz representar.

Art. 72. O empresário, sem licença do autor, não pode entregar a obra a pessoa estranha à representação ou à execução.

Art. 73. Os principais intérpretes e os diretores de orquestras ou coro, escolhidos de comum acordo pelo autor e pelo produtor, não podem ser substituídos por ordem deste, sem que aquele consinta.

Art. 74. O autor de obra teatral, ao autorizar a sua tradução ou adaptação, poderá fixar prazo para utilização dela em representações públicas.

Parágrafo único. Após o decurso do prazo a que se refere este artigo, não poderá opor-se o tradutor ou adaptador à utilização de outra tradução ou adaptação autorizada, salvo se for cópia da sua.

Art. 75. Autorizada a representação de obra teatral feita em coautoria, não poderá qualquer dos coautores revogar a autorização dada, provocando a suspensão da temporada contratualmente ajustada.

Art. 76. É impenhorável a parte do produto dos espetáculos reservada ao autor e aos artistas.

Capítulo III
DA UTILIZAÇÃO DA OBRA DE ARTE PLÁSTICA

Art. 77. Salvo convenção em contrário, o autor de obra de arte plástica, ao alienar o objeto em que ela se materializa, transmite o direito de expô-la, mas não transmite ao adquirente o direito de reproduzi-la.

Art. 78. A autorização para reproduzir obra de arte plástica, por qualquer processo, deve se fazer por escrito e se presume onerosa.

Capítulo IV
DA UTILIZAÇÃO DA OBRA FOTOGRÁFICA

Art. 79. O autor de obra fotografada tem direito a reproduzi-la e colocá-la à venda, observadas as restrições à exposição, reprodução e venda de retratos, e sem prejuízo dos direitos de autor sobre a obra fotografada, se de artes plásticas protegidas.

§ 1º A fotografia, quando utilizada por terceiros, indicará de forma legível o nome do seu autor.

§ 2º É vedada a reprodução de obra fotográfica que não esteja em absoluta consonância com o original, salvo prévia autorização do autor.

Capítulo V
DA UTILIZAÇÃO DE FONOGRAMA

Art. 80. Ao publicar o fonograma, o produtor mencionará em cada exemplar:

I – o título da obra incluída e seu autor;

II – o nome ou pseudônimo do intérprete;

III – o ano de publicação;

IV – o seu nome ou marca que o identifique.

Capítulo VI
DA UTILIZAÇÃO DA OBRA AUDIOVISUAL

Art. 81. A autorização do autor e do intérprete de obra literária, artística ou científica para produção audiovisual implica, salvo disposição em contrário, consentimento para sua utilização econômica.

§ 1º A exclusividade da autorização depende de cláusula expressa e cessa 10 (dez) anos após a celebração do contrato.

§ 2º Em cada cópia da obra audiovisual, mencionará o produtor:

I – o título da obra audiovisual;

II – os nomes ou pseudônimos do diretor e dos demais coautores;

III – o título da obra adaptada e seu autor, se for o caso;

IV – os artistas intérpretes;

V – o ano de publicação;

VI – o seu nome ou marca que o identifique;

VII – o nome dos dubladores.

→ Inciso VII acrescentado pela Lei 12.091/2009.

Art. 82. O contrato de produção audiovisual deve estabelecer:

I – a remuneração devida pelo produtor aos coautores da obra e aos artistas intérpretes e executantes, bem como o tempo, lugar e forma de pagamento;

II – o prazo de conclusão da obra;

III – a responsabilidade do produtor para com os coautores, artistas intérpretes ou executantes, no caso de coprodução.

Art. 83. O participante da produção da obra audiovisual que interromper, temporária ou definitivamente, sua atuação, não poderá opor-se a que esta seja utilizada na obra nem a que terceiro o substitua, resguardados os direitos que adquiriu quanto à parte já executada.

Art. 84. Caso a remuneração dos coautores da obra audiovisual dependa dos rendimentos de sua utilização econômica, o produtor lhes prestará contas semestralmente, se outro prazo não houver sido pactuado.

Art. 85. Não havendo disposição em contrário, poderão os coautores da obra audiovisual utilizar-se, em gênero diverso, da parte que constitua sua contribuição pessoal.

Parágrafo único. Se o produtor não concluir a obra audiovisual no prazo ajustado ou não iniciar sua exploração dentro de 2 (dois) anos, a contar de sua conclusão, a utilização a que se refere este artigo será livre.

Art. 86. Os direitos autorais de execução musical relativos a obras musicais, lítero-musicais e fonogramas incluídos em obras audiovisuais serão devidos aos seus titulares pelos responsáveis dos locais ou estabelecimentos a que alude o § 3º do art. 68 desta Lei, que as exibirem, ou pelas emissoras de televisão que as transmitirem.

Capítulo VII
DA UTILIZAÇÃO DE BASES DE DADOS

Art. 87. O titular do direito patrimonial sobre uma base de dados terá o direito exclusivo, a respeito da forma de expressão da estrutura da referida base, de autorizar ou proibir:

I – sua reprodução total ou parcial, por qualquer meio ou processo;

II – sua tradução, adaptação, reordenação ou qualquer outra modificação;

III – a distribuição do original ou cópias da base de dados ou a sua comunicação ao público;

IV – a reprodução, distribuição ou comunicação ao público dos resultados das operações mencionadas no inciso II deste artigo.

Capítulo VIII
DA UTILIZAÇÃO DA OBRA COLETIVA

Art. 88. Ao publicar a obra coletiva, o organizador mencionará em cada exemplar:

I – o título da obra;

II – a relação de todos os participantes, em ordem alfabética, se outra não houver sido convencionada;

III – o ano de publicação;

IV – o seu nome ou marca que o identifique.

Parágrafo único. Para valer-se do disposto no § 1º do art. 17, deverá o participante notificar o organizador, por escrito, até a entrega de sua participação.

Título V
Dos Direitos Conexos

Capítulo I
DISPOSIÇÕES PRELIMINARES

Art. 89. As normas relativas aos direitos de autor aplicam-se, no que couber, aos direitos dos artistas intérpretes ou executantes, dos produtores fonográficos e das empresas de radiodifusão.

Parágrafo único. A proteção desta Lei aos direitos previstos neste artigo deixa intactas e não afeta as garantias asseguradas aos autores das obras literárias, artísticas ou científicas.

Capítulo II
DOS DIREITOS DOS ARTISTAS INTÉRPRETES OU EXECUTANTES

Art. 90. Tem o artista intérprete ou executante o direito exclusivo de, a título oneroso ou gratuito, autorizar ou proibir:

I – a fixação de suas interpretações ou execuções;

II – a reprodução, a execução pública e a locação das suas interpretações ou execuções fixadas;

III – a radiodifusão das suas interpretações ou execuções, fixadas ou não;

IV – a colocação à disposição do público de suas interpretações ou execuções, de maneira que qualquer pessoa a elas possa ter acesso, no tempo e no lugar que individualmente escolherem;

V – qualquer outra modalidade de utilização de suas interpretações ou execuções.

§ 1º Quando na interpretação ou na execução participarem vários artistas, seus direitos serão exercidos pelo diretor do conjunto.

§ 2º A proteção aos artistas intérpretes ou executantes estende-se à reprodução da voz e imagem, quando associadas às suas atuações.

Art. 91. As empresas de radiodifusão poderão realizar fixações de interpretação ou execução de artistas que as tenham permitido para utilização em determinado número de emissões, facultada sua conservação em arquivo público.

Parágrafo único. A reutilização subsequente da fixação, no País ou no exterior, somente será lícita mediante autorização escrita dos titulares de bens intelectuais incluídos no programa, devida uma remuneração adicional aos titulares para cada nova utilização.

Art. 92. Aos intérpretes cabem os direitos morais de integridade e paternidade de suas interpretações, inclusive depois da cessão dos direitos patrimoniais, sem prejuízo da redução, compactação, edição ou dublagem da obra de que tenham participado, sob a responsabilidade do produtor, que não poderá desfigurar a interpretação do artista.

Parágrafo único. O falecimento de qualquer participante de obra audiovisual, concluída ou não, não obsta sua exibição e aproveitamento econômico, nem exige autorização adicional, sendo a remuneração prevista para o falecido, nos termos do contrato e da lei, efetuada a favor do espólio ou dos sucessores.

Capítulo III
DOS DIREITOS DOS PRODUTORES FONOGRÁFICOS

Art. 93. O produtor de fonogramas tem o direito exclusivo de, a título oneroso ou gratuito, autorizar-lhes ou proibir-lhes:

I – a reprodução direta ou indireta, total ou parcial;

II – a distribuição por meio da venda ou locação de exemplares da reprodução;

III – a comunicação ao público por meio da execução pública, inclusive pela radiodifusão;

IV – (*Vetado*);

V – quaisquer outras modalidades de utilização, existentes ou que venham a ser inventadas.

Art. 94. (*Revogado pela Lei 12.853/2013*, em vigor após decorridos 120 (cento e vinte) dias de sua publicação oficial – *D.O.U.* de 15.8.2013).

Capítulo IV
DOS DIREITOS DAS EMPRESAS DE RADIODIFUSÃO

Art. 95. Cabe às empresas de radiodifusão o direito exclusivo de autorizar ou proibir a retransmissão, fixação e reprodução de suas emissões, bem como a comunicação ao público, pela televisão, em locais de frequência coletiva, sem prejuízo dos direitos dos titulares de bens intelectuais incluídos na programação.

Capítulo V
DA DURAÇÃO DOS DIREITOS CONEXOS

Art. 96. É de 70 (setenta) anos o prazo de proteção aos direitos conexos, contados a partir de 1º de janeiro do ano subsequente à fixação, para os fonogramas; à transmissão, para as emissões das empresas de radiodifusão; e à execução e representação pública, para os demais casos.

Título VI
Das Associações de Titulares de Direitos de Autor e dos que lhes são Conexos

Art. 97. Para o exercício e defesa de seus direitos, podem os autores e os titulares de direitos conexos associar-se sem intuito de lucro.

§ 1º As associações reguladas por este artigo exercem atividade de interesse público, por determinação desta Lei, devendo atender a sua função social.

→ § 1º com redação alterada pela Lei 12.853/2013, em vigor após decorridos 120 (cento e vinte) dias de sua publicação oficial – *D.O.U.* de 15.8.2013.

§ 2º É vedado pertencer, simultaneamente, a mais de uma associação para a gestão coletiva de direitos da mesma natureza.

→ § 2º com redação alterada pela Lei 12.853/2013, em vigor após decorridos 120 (cento e vinte) dias de sua publicação oficial – *D.O.U.* de 15.8.2013.

§ 3º Pode o titular transferir-se, a qualquer momento, para outra associação, devendo comunicar o fato, por escrito, à associação de origem.

→ § 3º com redação alterada pela Lei 12.853/2013, em vigor após decorridos 120 (cento e vinte) dias de sua publicação oficial – *D.O.U.* de 15.8.2013.

§ 4º As associações com sede no exterior far-se-ão representar, no País, por associações nacionais constituídas na forma prevista nesta Lei.

→ § 4º acrescentado Lei 12.853/2013, em vigor após decorridos 120 (cento e vinte) dias de sua publicação oficial – *D.O.U.* de 15.8.2013.

§ 5º Apenas os titulares originários de direitos de autor ou de direitos conexos filiados diretamente às associações nacionais poderão votar ou ser votados nas associações reguladas por este artigo.

→ § 5º acrescentado Lei 12.853/2013, em vigor após decorridos 120 (cento e vinte) dias de sua publicação oficial – *D.O.U.* de 15.8.2013.

LEGISLAÇÃO

§ 6º Apenas os titulares originários de direitos de autor ou de direitos conexos, nacionais ou estrangeiros domiciliados no Brasil, filiados diretamente às associações nacionais poderão assumir cargos de direção nas associações reguladas por este artigo.

→ § 6º acrescentado Lei 12.853/2013, em vigor após decorridos 120 (cento e vinte) dias de sua publicação oficial – *D.O.U.* de 15.8.2013.

Art. 98. Com o ato de filiação, as associações de que trata o art. 97 tornam-se mandatárias de seus associados para a prática de todos os atos necessários à defesa judicial ou extrajudicial de seus direitos autorais, bem como para o exercício da atividade de cobrança desses direitos.

→ *Caput* com redação alterada pela Lei 12.853/2013, em vigor após decorridos 120 (cento e vinte) dias de sua publicação oficial – no *D.O.U.* de 15.8.2013.

§ 1º O exercício da atividade de cobrança citada no *caput* somente será lícito para as associações que obtiverem habilitação em órgão da Administração Pública Federal, nos termos do art. 98-A.

→ § 1º acrescentada pela Lei 12.853/2013.

§ 2º As associações deverão adotar os princípios da isonomia, eficiência e transparência na cobrança pela utilização de qualquer obra ou fonograma.

→ § 2º acrescentado pela Lei 12.853/2013.

§ 3º Caberá às associações, no interesse dos seus associados, estabelecer os preços pela utilização de seus repertórios, considerando a razoabilidade, a boa-fé e os usos do local de utilização das obras.

→ § 3º acrescentado pela Lei 12.853/2013.

§ 4º A cobrança será sempre proporcional ao grau de utilização das obras e fonogramas pelos usuários, considerando a importância da execução pública no exercício de suas atividades, e as particularidades de cada segmento, conforme disposto no regulamento desta Lei.

→ § 4º acrescentado pela Lei 12.853/2013.

§ 5º As associações deverão tratar seus associados de forma equitativa, sendo vedado o tratamento desigual.

→ § 5º acrescentado pela Lei 12.853/2013.

§ 6º As associações deverão manter um cadastro centralizado de todos os contratos, declarações ou documentos de qualquer natureza que comprovem a autoria e a titularidade das obras e dos fonogramas, bem como as participações individuais em cada obra e em cada fonograma, prevenindo o falseamento de dados e fraudes e promovendo a desambiguação de títulos similares de obras.

→ § 6º acrescentado pela Lei 12.853/2013.

§ 7º As informações mencionadas no § 6º são de interesse público e o acesso a elas deverá ser disponibilizado por meio eletrônico a qualquer interessado, de forma gratuita, permitindo-se ainda ao Ministério da Cultura o acesso contínuo e integral a tais informações.

→ § 7º acrescentado pela Lei 12.853/2013.

§ 8º Mediante comunicação do interessado e preservada a ampla defesa e o direito ao contraditório, o Ministério da Cultura poderá, no caso de inconsistência nas informações mencionadas no § 6º deste artigo, determinar sua retificação e demais medidas necessárias à sua regularização, conforme disposto em regulamento.

→ § 8º acrescentado pela Lei 12.853/2013.

§ 9º As associações deverão disponibilizar sistema de informação para comunicação periódica, pelo usuário, da totalidade das obras e fonogramas utilizados, bem como para acompanhamento, pelos titulares de direitos, dos valores arrecadados e distribuídos.

→ § 9º acrescentado pela Lei 12.853/2013.

§ 10. Os créditos e valores não identificados deverão permanecer retidos e à disposição dos titulares pelo período de 5 (cinco) anos, devendo ser distribuídos à medida da sua identificação.

→ § 10 acrescentado pela Lei 12.853/2013.

§ 11. Findo o período de 5 (cinco) anos previsto no § 10 sem que tenha ocorrido a identificação dos créditos e valores retidos, estes serão distribuídos aos titulares de direitos de autor e de direitos conexos dentro da mesma rubrica em que foram arrecadados e na proporção de suas respectivas arrecadações durante o período da retenção daqueles créditos e valores, sendo vedada a sua destinação para outro fim.

→ § 11 acrescentado pela Lei 12.853/2013.

§ 12. A taxa de administração praticada pelas associações no exercício da cobrança e distribuição de direitos autorais deverá ser proporcional ao custo efetivo de suas operações, considerando as peculiaridades de cada uma delas.

→ § 12 acrescentado pela Lei 12.853/2013.

§ 13. Os dirigentes das associações serão eleitos para mandato de 3 (três) anos, permitida uma única recondução precedida de nova eleição.

→ § 13 acrescentado pela Lei 12.853/2013.

§ 14. Os dirigentes das associações atuarão diretamente em sua gestão, por meio de voto pessoal, sendo vedado que atuem representados por terceiros.

→ § 14 acrescentado pela Lei 12.853/2013.

§ 15. Os titulares de direitos autorais poderão praticar pessoalmente os atos referidos no *caput* e no § 3º deste artigo, mediante comunicação à associação a que estiverem filiados, com até 48 (quarenta e oito) horas de antecedência da sua prática.

→ § 15 acrescentado pela Lei 12.853/2013.

§ 16. As associações, por decisão do seu órgão máximo de deliberação e conforme previsto em seus estatutos, poderão destinar até 20% (vinte por cento) da totalidade ou de parte dos recursos oriundos de suas atividades para ações de natureza cultural e social que beneficiem seus associados de forma coletiva.

→ § 16 acrescentado pela Lei 12.853/2013.

Art. 98-A. O exercício da atividade de cobrança de que trata o art. 98 dependerá de habilitação prévia em órgão da Administração Pública Federal, conforme disposto em regulamento, cujo processo administrativo observará:

→ Artigo acrescentado pela Lei 12.853/2013, em vigor após decorridos 120 (cento e vinte) dias de sua publicação oficial – *D.O.U.* de 15.8.2013.

I – o cumprimento, pelos estatutos da entidade solicitante, dos requisitos estabelecidos na legislação para sua constituição;

II – a demonstração de que a entidade solicitante reúne as condições necessárias para assegurar uma administração eficaz e transparente dos direitos a ela confiados e significativa representatividade de obras e titulares cadastrados, mediante comprovação dos seguintes documentos e informações:

a) cadastros das obras e titulares que representam;

b) contratos e convênios mantidos com usuários de obras de seus repertórios, quando aplicável;

c) estatutos e respectivas alterações;

d) atas das assembleias ordinárias ou extraordinárias;

e) acordos de representação recíproca com entidades congêneres estrangeiras, quando existentes;

f) relatório anual de suas atividades, quando aplicável;

g) demonstrações contábeis anuais, quando aplicável;

h) demonstração de que as taxas de administração são proporcionais aos custos de cobrança e distribuição para cada tipo de utilização, quando aplicável;

i) relatório anual de auditoria externa de suas contas, desde que a entidade funcione há mais de 1 (um) ano e que a auditoria seja demandada pela maioria de seus associados ou por sindicato ou associação profissional, nos termos do art. 100;

j) detalhamento do modelo de governança da associação, incluindo estrutura de representação isonômica dos associados;

k) plano de cargos e salários, incluindo valor das remunerações dos dirigentes, gratificações, bonificações e outras modalidades de remuneração e premiação, com valores atualizados;

III – outras informações estipuladas em regulamento por órgão da Administração Pública Federal, como as que demonstrem o cumprimento das obrigações internacionais contratuais da entidade solicitante que possam ensejar questionamento ao Estado Brasileiro no âmbito dos acordos internacionais dos quais é parte.

§ 1º Os documentos e informações a que se referem os incisos II e III do *caput* deste artigo deverão ser apresentados anualmente ao Ministério da Cultura.

§ 2º A habilitação de que trata o § 1º do art. 98 é um ato de qualificação vinculado ao cumprimento dos requisitos instituídos por esta Lei e por seu regulamento e não precisará ser renovada periodicamente, mas poderá ser anulada mediante decisão proferida em processo administrativo ou judicial, quando verificado que a associação não atende ao disposto nesta Lei, assegurados sempre o contraditório e ampla defesa, bem como a comunicação do fato ao Ministério Público.

§ 3º A anulação da habilitação a que se refere o § 1º do art. 98 levará em consideração a gravidade e a relevância das irregularidades identificadas, a boa-fé do infrator e a reincidência nas irregularidades, conforme disposto em regulamento, e somente se efetivará após a aplicação de advertência, quando se concederá prazo razoável para atendimento das exigências apontadas pela autoridade competente.

§ 4º A ausência de uma associação que seja mandatária de determinada categoria de titulares em função da aplicação do § 2º deste artigo não isenta os usuários das obrigações previstas no art. 68, que deverão ser quitadas em relação ao período compreendido entre o indeferimento do pedido de habilitação, a anulação ou o cancelamento da habilitação e a obtenção de nova habilitação ou constituição de entidade sucessora nos termos deste artigo, ficando a entidade sucessora responsável pela fixação dos valores dos direitos autorais ou conexos em relação ao período compreendido entre o indeferimento do pedido de habilitação ou sua anulação e a obtenção de nova habilitação pela entidade sucessora.

§ 5º A associação cuja habilitação, nos termos deste artigo, seja anulada, inexistente ou pendente de apreciação pela autoridade competente, ou apresente qualquer outra forma de irregularidade, não poderá utilizar tais fatos como impedimento para distribuição de eventuais valores já arrecadados, sob pena de responsabilização direta de seus dirigentes nos termos do art. 100-A, sem prejuízo das sanções penais cabíveis.

§ 6º As associações de gestão coletiva de direitos autorais deverão manter atualizados e disponíveis aos associados os documentos e as informações previstos nos incisos II e III deste artigo.

Art. 98-B. As associações de gestão coletiva de direitos autorais, no desempenho de suas funções, deverão:

→ Artigo acrescentado pela Lei 12.853/2013, em vigor após decorridos 120 (cento e vinte) dias de sua publicação oficial – *D.O.U.* de 15.8.2013.

I – dar publicidade e transparência, por meio de sítios eletrônicos próprios, às formas de cálculo e critérios de cobrança, discriminando, dentre outras informações, o tipo de usuário, tempo e lugar de utilização, bem como os critérios de distribuição dos valores dos direitos autorais arrecadados, incluídas as planilhas e demais registros de utilização das obras e fonogramas fornecidas pelos usuários, excetuando os valores distribuídos aos titulares individualmente;

II – dar publicidade e transparência, por meio de sítios eletrônicos próprios, aos estatutos, aos regulamentos de arrecadação e distribuição, às atas de suas reuniões deliberativas e aos cadastros das obras e titulares que representam, bem como ao montante arrecadado e distribuído e aos créditos eventualmente arrecadados e não distribuídos, sua origem e o motivo da sua retenção;

III – buscar eficiência operacional, dentre outros meios, pela redução de seus custos administrativos e dos prazos de distribuição dos valores aos titulares de direitos;

IV – oferecer aos titulares de direitos os meios técnicos para que possam acessar o balanço dos seus créditos da forma mais eficiente dentro do estado da técnica;

V – aperfeiçoar seus sistemas para apuração cada vez mais acurada das execuções públicas realizadas e publicar anualmente seus métodos de verificação, amostragem e aferição;

VI – garantir aos associados o acesso às informações referentes às obras sobre as quais sejam titulares de direitos e às execuções aferidas para cada uma delas, abstendo-se de firmar contratos, convênios ou pactos com cláusula de confidencialidade;

VII – garantir ao usuário o acesso às informações referentes às utilizações por ele realizadas.

Parágrafo único. As informações contidas nos incisos I e II devem ser atualizadas periodicamente, em intervalo nunca superior a 6 (seis) meses.

Art. 98-C. As associações de gestão coletiva de direitos autorais deverão prestar contas dos valores devidos, em caráter regular e de modo direto, aos seus associados.

→ Artigo acrescentado pela Lei 12.853/2013, em vigor após decorridos 120 (cento e vinte) dias de sua publicação oficial – *D.O.U.* de 15.8.2013.

§ 1º O direito à prestação de contas poderá ser exercido diretamente pelo associado.

§ 2º Se as contas não forem prestadas na forma do § 1º, o pedido do associado poderá ser encaminhado ao Ministério da Cultura que, após sua apreciação, poderá determinar a prestação de contas pela associação, na forma do regulamento.

Art. 99. A arrecadação e distribuição dos direitos relativos à execução pública de obras musicais e literomusicais e de fonogramas será feita por meio das associações de gestão coletiva criadas para este fim por seus titulares, as quais deverão unificar a cobrança em um único escritório central para arrecadação e distribuição, que funcionará como ente arrecadador com personalidade jurídica própria e observará os §§ 1º a 12 do art. 98 e os arts. 98-A, 98-B, 98-C, 99-B, 100, 100-A e 100-B.

→ Artigo com redação alterada pela Lei 12.853/2013, em vigor após decorridos 120 (cento e vinte) dias de sua publicação oficial – *D.O.U.* de 15.8.2013.

§ 1º O ente arrecadador organizado na forma prevista no *caput* não terá finalidade de lucro e será dirigido e administrado por meio do voto unitário de cada associação que o integra.

§ 2º O ente arrecadador e as associações a que se refere este Título atuarão em juízo e fora dele em seus próprios nomes como substitutos processuais dos titulares a eles vinculados.

§ 3º O recolhimento de quaisquer valores pelo ente arrecadador somente se fará por depósito bancário.

§ 4º A parcela destinada à distribuição aos autores e demais titulares de direitos não poderá, em um ano da data de publicação desta Lei, ser inferior a 77,5% (setenta e sete inteiros e cinco décimos por cento) dos valores arrecadados, aumentando-se tal parcela à razão de 2,5% a.a. (dois inteiros e cinco décimos por cento ao ano), até que, em 4 (quatro) anos da data de publicação desta Lei, ela não seja inferior a 85% (oitenta e cinco por cento) dos valores arrecadados.

§ 5º O ente arrecadador poderá manter fiscais, aos quais é vedado receber do usuário numerário a qualquer título.

§ 6º A inobservância da norma do § 5º tornará o faltoso inabilitado à função de fiscal, sem prejuízo da comunicação do fato ao Ministério Público e da aplicação das sanções civis e penais cabíveis.

§ 7º Cabe ao ente arrecadador e às associações de gestão coletiva zelar pela continuidade da arrecadação e, no caso de perda da habilitação por alguma associação, cabe a ela cooperar para que a transição entre associações seja realizada sem qualquer prejuízo aos titulares, transferindo-se todas as informações necessárias ao processo de arrecadação e distribuição de direitos.

§ 8º Sem prejuízo do disposto no § 3º do art. 98, as associações devem estabelecer e unificar o preço de seus repertórios junto ao ente arrecadador para a sua cobrança, atuando este como mandatário das associações que o integram.

§ 9º O ente arrecadador cobrará do usuário de forma unificada, e se encarregará da devida distribuição da arrecadação às associações, observado o disposto nesta Lei, especialmente os critérios estabelecidos nos §§ 3º e 4º do art. 98.

Art. 99-A. O ente arrecadador de que trata o *caput* do art. 99 deverá admitir em seus quadros, além das associações que o constituíram, as associações de titulares de direitos autorais que tenham pertinência com sua área de atuação e estejam habilitadas em órgão da Administração Pública Federal na forma do art. 98-A.

→ Artigo acrescentado pela Lei 12.853/2013, em vigor após decorridos 120 (cento e vinte) dias de sua publicação oficial – *D.O.U.* de 15.8.2013.

Parágrafo único. As deliberações quanto aos critérios de distribuição dos recursos arrecadados serão tomadas por meio do voto unitário de cada associação que integre o ente arrecadador.

Art. 99-B. As associações referidas neste Título estão sujeitas às regras concorrenciais definidas em legislação específica que trate da prevenção e repressão às infrações contra a ordem econômica.

→ Artigo acrescentado pela Lei 12.853/2013, em vigor após decorridos 120 (cento e vinte) dias de sua publicação oficial – *D.O.U.* de 15.8.2013.

Art. 100. O sindicato ou associação profissional que congregue filiados de uma associação de gestão coletiva de direitos autorais poderá, 1 (uma) vez por ano, às suas expensas, após notificação, com 8 (oito) dias de antecedência, fiscalizar, por intermédio de auditor independente, a exatidão das contas prestadas por essa associação autoral a seus representados.

→ Artigo com redação alterada pela Lei 12.853/2013, em vigor após decorridos 120 (cento e vinte) dias de sua publicação oficial – *D.O.U.* de 15.8.2013.

Art. 100-A. Os dirigentes das associações de gestão coletiva de direitos autorais respondem solidariamente, com seus bens particulares, por desvio de finalidade ou quanto ao inadimplemento das obrigações para com os associados, por dolo ou culpa.

→ Artigo acrescentado pela Lei 12.853/2013, em vigor após decorridos 120 (cento e vinte) dias de sua publicação oficial – *D.O.U.* de 15.8.2013.

Art. 100-B. Os litígios entre usuários e titulares de direitos autorais ou seus mandatários, em relação à falta de pagamento, aos critérios de cobrança, às formas de oferecimento de repertório e aos valores de arrecadação, e entre titulares e suas associações, em relação aos valores e critérios de distribuição, poderão ser objeto da atuação de órgão da Administração Pública Federal para a resolução de conflitos por meio de mediação ou arbitragem, na forma do regulamento, sem prejuízo da apreciação pelo Poder Judiciário e pelos órgãos do Sistema Brasileiro de Defesa da Concorrência, quando cabível.

→ Artigo acrescentado pela Lei 12.853/2013, em vigor após decorridos 120 (cento e vinte) dias de sua publicação oficial – *D.O.U.* de 15.8.2013.

Título VII
Das Sanções às Violações dos Direitos Autorais

Capítulo I
DISPOSIÇÃO PRELIMINAR

Art. 101. As sanções civis de que trata este Capítulo aplicam-se sem prejuízo das penas cabíveis.

Capítulo II
DAS SANÇÕES CIVIS

Art. 102. O titular cuja obra seja fraudulentamente reproduzida, divulgada ou de qualquer forma utilizada, poderá requerer a apreensão dos exemplares reproduzidos ou a suspensão da divulgação, sem prejuízo da indenização cabível.

Art. 103. Quem editar obra literária, artística ou científica, sem autorização do titular, perderá para este os exemplares que se apreenderem e pagar-lhe-á o preço dos que tiver vendido.

Parágrafo único. Não se conhecendo o número de exemplares que constituem a edição fraudulenta, pagará o transgressor o valor de 3.000 (três mil) exemplares, além dos apreendidos.

Art. 104. Quem vender, expuser a venda, ocultar, adquirir, distribuir, tiver em depósito ou utilizar obra ou fonograma reproduzidos com fraude, com a finalidade de vender, obter ganho, vantagem, proveito, lucro direto ou indireto, para si ou para outrem, será solidariamente responsável com o contrafator, nos termos dos artigos precedentes, respondendo como contrafatores o importador e o distribuidor em caso de reprodução no exterior.

Art. 105. A transmissão e a retransmissão, por qualquer meio ou processo, e a comunicação ao público de obras artísticas, literárias e científicas, de interpretações e de fonogramas, realizadas mediante violação aos direitos de seus titulares, deverão ser imediatamente suspensas ou interrompidas pela autoridade judicial competente, sem prejuízo da multa diária pelo descumprimento e das demais indenizações cabíveis, independentemente das sanções penais aplicáveis; caso se comprove que o infrator é reincidente na violação aos direitos dos titulares de direitos de autor e conexos, o valor da multa poderá ser aumentado até o dobro.

Art. 106. A sentença condenatória poderá determinar a destruição de todos os exemplares ilícitos, bem como as matrizes, moldes, negativos e demais elementos utilizados para praticar o ilícito civil, assim como a perda de máquinas, equipamentos e insumos destinados a tal fim ou, servindo eles unicamente para o fim ilícito, sua destruição.

Art. 107. Independentemente da perda dos equipamentos utilizados, responderá por perdas e danos, nunca inferiores ao valor que resultaria da aplicação do disposto no art. 103 e seu parágrafo único, quem:

I – alterar, suprimir, modificar ou inutilizar, de qualquer maneira, dispositivos técnicos introduzidos nos exemplares das obras e produções protegidas para evitar ou restringir sua cópia;

II – alterar, suprimir ou inutilizar, de qualquer maneira, os sinais codificados destinados a restringir a comunicação ao público de obras, produções ou emissões protegidas ou a evitar a sua cópia;

III – suprimir ou alterar, sem autorização, qualquer informação sobre a gestão de direitos;

IV – distribuir, importar para distribuição, emitir, comunicar ou puser à disposição do público, sem autorização, obras, interpretações ou execuções, exemplares de interpretações fixadas em fonogramas e emissões, sabendo que a informação sobre a gestão de direitos, sinais codificados e dispositivos técnicos foram suprimidos ou alterados sem autorização.

Art. 108. Quem, na utilização, por qualquer modalidade, de obra intelectual, deixar de indicar ou de anunciar, como tal, o nome, pseudônimo ou sinal convencional do autor e do intérprete, além de responder por danos morais, está obrigado a divulgar-lhes a identidade da seguinte forma:

I – tratando-se de empresa de radiodifusão, no mesmo horário em que tiver ocorrido a infração, por 3 (três) dias consecutivos;

II – tratando-se de publicação gráfica ou fonográfica, mediante inclusão de errata nos exemplares ainda não distribuídos, sem prejuízo de comunicação, com destaque, por 3 (três) vezes consecutivas em jornal de grande circulação, dos domicílios do autor, do intérprete e do editor ou produtor;

III – tratando-se de outra forma de utilização, por intermédio da imprensa, na forma a que se refere o inciso anterior.

Art. 109. A execução pública feita em desacordo com os arts. 68, 97, 98 e 99 desta Lei sujeitará os responsáveis a multa de 20 (vinte) vezes o valor que deveria ser originariamente pago.

Art. 109-A. A falta de prestação ou a prestação de informações falsas no cumprimento do disposto no § 6º do art. 68 e no § 9º do art. 98 sujeitará os responsáveis, por determinação da autoridade competente e nos termos do regulamento desta Lei, a multa de 10 (dez) a 30% (trinta por cento) do valor que deveria ser originariamente pago, sem prejuízo das perdas e danos.

→ Artigo acrescentado pela Lei 12.853/2013, em vigor após decorridos 120 (cento e vinte) dias de sua publicação oficial – *D.O.U.* de 15.8.2013.

Parágrafo único. Aplicam-se as regras da legislação civil quanto ao inadimplemento das obrigações no caso de descumprimento, pelos usuários, dos seus deveres legais e contratuais junto às associações referidas neste Título.

Art. 110. Pela violação de direitos autorais nos espetáculos e audições públicas, realizados nos locais ou estabelecimentos a que alude o art. 68, seus proprietários, diretores, gerentes, empresários e arrendatários respondem solidariamente com os organizadores dos espetáculos.

Capítulo III
DA PRESCRIÇÃO DA AÇÃO

Art. 111. (*Vetado*).

Título VIII
Disposições Finais e Transitórias

Art. 112. Se uma obra, em consequência de ter expirado o prazo de proteção que lhe era anteriormente reconhecido pelo § 2º do art. 42 da Lei 5.988, de 14 de dezembro de 1973, caiu no domínio público, não terá o prazo de proteção dos direitos patrimoniais ampliado por força do art. 41 desta Lei.

Art. 113. Os fonogramas, os livros e as obras audiovisuais sujeitar-se-ão a selos ou sinais de identificação sob a responsabilidade do produtor, distribuidor ou importador, sem ônus para o consumidor, com o fim de atestar o cumprimento das normas legais vigentes, conforme dispuser o regulamento.

Art. 114. Esta Lei entra em vigor 120 (cento e vinte) dias após sua publicação.

Art. 115. Ficam revogados os arts. 649 a 673 e 1.346 a 1.362 do Código Civil e as Leis 4.944, de 6 de abril de 1966; 5.988, de 14 de dezembro de 1973, excetuando-se o art. 17 e seus §§ 1º e 2º; 6.800, de 25 de junho de 1980; 7.123, de 12 de setembro de 1983; 9.045, de 18 de maio de 1995, e demais disposições em contrário, mantidos em vigor as Leis 6.533, de 24 de maio de 1978, e 6.615, de 16 de dezembro de 1978.

Brasília, 19 de fevereiro de 1998; 177º da Independência e 110º da República.

Fernando Henrique Cardoso

(Publicação no *D.O.U.* de 20.2.1998)

LEI COMPLEMENTAR 95, DE 26 DE FEVEREIRO DE 1998

Dispõe sobre a elaboração, a redação, a alteração e a consolidação das leis, conforme determina o parágrafo único do art. 59 da Constituição Federal, e estabelece normas para a consolidação dos atos normativos que menciona.

O Presidente da República:

Faço saber que o Congresso Nacional decreta e eu sanciono a seguinte Lei Complementar:

Capítulo I
DISPOSIÇÕES PRELIMINARES

→ *V.* Decreto 4.176/2002 – Normas e diretrizes para a elaboração, a redação, a alteração, a consolidação e o encaminhamento ao Presidente da República de projetos de atos normativos de competência dos órgãos do Poder Executivo Federal.

Art. 1º A elaboração, a redação, a alteração e a consolidação das leis obedecerão ao disposto nesta Lei Complementar.

Parágrafo único. As disposições desta Lei Complementar aplicam-se, ainda, às medidas provisórias e demais atos normativos referidos no art. 59 da Constituição Federal, bem como, no que couber, aos decretos e aos demais atos de regulamentação expedidos por órgãos do Poder Executivo.

Art. 2º (*Vetado*).

§ 1º (*Vetado*).

§ 2º Na numeração das leis serão observados, ainda, os seguintes critérios:

I – as emendas à Constituição Federal terão sua numeração iniciada a partir da promulgação da Constituição;

II – as leis complementares, as leis ordinárias e as leis delegadas terão numeração sequencial em continuidade às séries iniciadas em 1946.

LEGISLAÇÃO

Capítulo II
DAS TÉCNICAS DE ELABORAÇÃO, REDAÇÃO E ALTERAÇÃO DAS LEIS

Seção I
Da estruturação das leis

Art. 3º A lei será estruturada em três partes básicas:

I – parte preliminar, compreendendo a epígrafe, a ementa, o preâmbulo, o enunciado do objeto e a indicação do âmbito de aplicação das disposições normativas;

II – parte normativa, compreendendo o texto das normas de conteúdo substantivo relacionadas com a matéria regulada;

III – parte final, compreendendo as disposições pertinentes às medidas necessárias à implementação das normas de conteúdo substantivo, às disposições transitórias, se for o caso, a cláusula de vigência e a cláusula de revogação, quando couber.

Art. 4º A epígrafe, grafada em caracteres maiúsculos, propiciará identificação numérica singular à lei e será formada pelo título designativo da espécie normativa, pelo número respectivo e pelo ano de promulgação.

Art. 5º A ementa será grafada por meio de caracteres que a realcem e explicitará, de modo conciso e sob a forma de título, o objeto da lei.

Art. 6º O preâmbulo indicará o órgão ou instituição competente para a prática do ato e sua base legal.

Art. 7º O primeiro artigo do texto indicará o objeto da lei e o respectivo âmbito de aplicação, observados os seguintes princípios:

I – excetuadas as codificações, cada lei tratará de um único objeto;

II – a lei não conterá matéria estranha a seu objeto ou a este não vinculada por afinidade, pertinência ou conexão;

III – o âmbito de aplicação da lei será estabelecido de forma tão específica quanto o possibilite o conhecimento técnico ou científico da área respectiva;

IV – o mesmo assunto não poderá ser disciplinado por mais de uma lei, exceto quando a subsequente se destine a complementar lei considerada básica, vinculando-se a esta por remissão expressa.

Art. 8º A vigência da lei será indicada de forma expressa e de modo a contemplar prazo razoável para que dela se tenha amplo conhecimento, reservada a cláusula "entra em vigor na data de sua publicação" para as leis de pequena repercussão.

§ 1º A contagem do prazo para entrada em vigor das leis que estabeleçam período de vacância far-se-á com a inclusão da data da publicação e do último dia do prazo, entrando em vigor no dia subsequente à sua consumação integral.

→ § 1º acrescentado pela LC 107/2001.

§ 2º As leis que estabeleçam período de vacância deverão utilizar a cláusula "esta lei entra em vigor após decorridos (o número de) dias de sua publicação oficial".

→ § 2º acrescentado pela LC 107/2001.

Art. 9º A cláusula de revogação deverá enumerar, expressamente, as leis ou disposições legais revogadas.

→ *Caput* com redação alterada pela LC 107/2001.

Parágrafo único. (*Vetado*).

→ Parágrafo único acrescentado pela LC 107/2001.

Seção II
Da articulação e da redação das leis

Art. 10. Os textos legais serão articulados com observância dos seguintes princípios:

I – a unidade básica de articulação será o artigo, indicado pela abreviatura "Art.", seguida de numeração ordinal até o nono e cardinal a partir deste;

II – os artigos desdobrar-se-ão em parágrafos ou em incisos; os parágrafos em incisos, os incisos em alíneas e as alíneas em itens;

III – os parágrafos serão representados pelo sinal gráfico "§", seguido de numeração ordinal até o nono e cardinal a partir deste, utilizando-se, quando existente apenas um, a expressão "parágrafo único" por extenso;

IV – os incisos serão representados por algarismos romanos, as alíneas por letras minúsculas e os itens por algarismos arábicos;

V – o agrupamento de artigos poderá constituir Subseções; o de Subseções, a Seção; o de Seções, o Capítulo; o de Capítulos, o Título; o de Títulos, o Livro e o de Livros, a Parte;

VI – os Capítulos, Títulos, Livros e Partes serão grafados em letras maiúsculas e identificados por algarismos romanos, podendo estas últimas desdobrar-se em Parte Geral e Parte Especial ou ser subdivididas em partes expressas em numeral ordinal, por extenso;

VII – as Subseções e Seções serão identificadas em algarismos romanos, grafadas em letras minúsculas e postas em negrito ou caracteres que as coloquem em realce;

VIII – a composição prevista no inciso V poderá também compreender agrupamentos em Disposições Preliminares, Gerais, Finais ou Transitórias, conforme necessário.

Art. 11. As disposições normativas serão redigidas com clareza, precisão e ordem lógica, observadas, para esse propósito, as seguintes normas:

I – para a obtenção de clareza:

a) usar as palavras e as expressões em seu sentido comum, salvo quando a norma versar sobre assunto técnico, hipótese em que se empregará a nomenclatura própria da área em que se esteja legislando;

b) usar frases curtas e concisas;

c) construir as orações na ordem direta, evitando preciosismo, neologismo e adjetivações dispensáveis;

d) buscar a uniformidade do tempo verbal em todo o texto das normas legais, dando preferência ao tempo presente ou ao futuro simples do presente;

e) usar os recursos de pontuação de forma judiciosa, evitando os abusos de caráter estilístico;

II – para a obtenção de precisão:

a) articular a linguagem, técnica ou comum, de modo a ensejar perfeita compreensão do objetivo da lei e a permitir que seu texto evidencie com clareza o conteúdo e o alcance que o legislador pretende dar à norma;

b) expressar a ideia, quando repetida no texto, por meio das mesmas palavras, evitando o emprego de sinonímia com propósito meramente estilístico;

c) evitar o emprego de expressão ou palavra que confira duplo sentido ao texto;

d) escolher termos que tenham o mesmo sentido e significado na maior parte do território nacional, evitando o uso de expressões locais ou regionais;

e) usar apenas siglas consagradas pelo uso, observado o princípio de que a primeira referência no texto seja acompanhada de explicitação de seu significado;

f) grafar por extenso quaisquer referências a números e percentuais, exceto data, número de lei e nos casos em que houver prejuízo para a compreensão do texto;

→ Alínea *f* com redação alterada pela LC 107/2001.

g) indicar, expressamente, o dispositivo objeto de remissão, em vez de usar as expressões "anterior", "seguinte" ou equivalentes;

→ Alínea *g* acrescentada pela LC 107/2001.

III – para a obtenção de ordem lógica:

a) reunir sob as categorias de agregação – subseção, seção, capítulo, título e livro – apenas as disposições relacionadas com o objeto da lei;

b) restringir o conteúdo de cada artigo da lei a um único assunto ou princípio;

c) expressar por meio dos parágrafos os aspectos complementares à norma enunciada no *caput* do artigo e as exceções à regra por este estabelecida;

d) promover as discriminações e enumerações por meio dos incisos, alíneas e itens.

Seção III
Da alteração das leis

Art. 12. A alteração da lei será feita:

I – mediante reprodução integral em novo texto, quando se tratar de alteração considerável;

II – mediante revogação parcial;

→ Inciso II com redação alterada pela LC 107/2001.

III – nos demais casos, por meio de substituição, no próprio texto, do dispositivo alterado, ou acréscimo de dispositivo novo, observadas as seguintes regras:

a) (*Revogada pela LC 107/2001*);

b) é vedada, mesmo quando recomendável, qualquer renumeração de artigos e de unidades superiores ao artigo, referidas no inciso V do art. 10, devendo ser utilizado o mesmo número do artigo ou unidade imediatamente anterior, seguido de letras maiúsculas, em ordem alfabética, tantas quantas forem suficientes para identificar os acréscimos;

→ Alínea *b* com redação alterada pela LC 107/2001.

c) é vedado o aproveitamento do número de dispositivo revogado, vetado, declarado inconstitucional pelo Supremo Tribunal Federal ou de execução suspensa pelo Senado Federal em face de decisão do Supremo Tribunal Federal, devendo a lei alterada manter essa indicação, seguida da expressão "revogado", "vetado", "declarado inconstitucional, em controle concentrado, pelo Supremo Tribunal Federal", ou "execução suspensa pelo Senado Federal, na forma do art. 52, X, da Constituição Federal";

→ Alínea *c* com redação alterada pela LC 107/2001.

d) é admissível a reordenação interna das unidades em que se desdobra o artigo, identificando-se o artigo assim modificado por alteração de redação, supressão ou acréscimo com as letras "NR" maiúsculas, entre parênteses, uma única vez ao seu final, obedecidas, quando for o caso, as prescrições da alínea *c*.

→ Alínea *d* com redação alterada pela LC 107/2001.

Parágrafo único. O termo "dispositivo" mencionado nesta Lei refere-se a artigos, parágrafos, incisos, alíneas ou itens.

→ Parágrafo único acrescentado pela LC 107/2001.

Capítulo III
DA CONSOLIDAÇÃO DAS LEIS E OUTROS ATOS NORMATIVOS

Seção I
Da consolidação das leis

Art. 13. As leis federais serão reunidas em codificações e consolidações, integradas por volumes contendo matérias conexas ou afins, constituindo em seu todo a Consolidação da Legislação Federal.

→ *Caput* com redação alterada pela LC 107/2001.

§ 1º A consolidação consistirá na integração de todas as leis pertinentes a determinada matéria num único diploma legal, revogando-se formalmente as leis incorporadas à consolidação, sem modificação do alcance nem interrupção da força normativa dos dispositivos consolidados.

→ § 1º acrescentado pela LC 107/2001.

§ 2º Preservando-se o conteúdo normativo original dos dispositivos consolidados, poderão ser feitas as seguintes alterações nos projetos de lei de consolidação:

→ § 2º acrescentado pela LC 107/2001.

I – introdução de novas divisões do texto legal base;

II – diferente colocação e numeração dos artigos consolidados;

III – fusão de disposições repetitivas ou de valor normativo idêntico;

IV – atualização da denominação de órgãos e entidades da administração pública;

V – atualização de termos antiquados e modos de escrita ultrapassados;

VI – atualização do valor de penas pecuniárias, com base em indexação padrão;

VII – eliminação de ambiguidades decorrentes do mau uso do vernáculo;

VIII – homogeneização terminológica do texto;

IX – supressão de dispositivos declarados inconstitucionais pelo Supremo Tribunal Federal, observada, no que couber, a suspensão pelo Senado Federal de execução de dispositivos, na forma do art. 52, X, da Constituição Federal;

X – indicação de dispositivos não recepcionados pela Constituição Federal;

XI – declaração expressa de revogação de dispositivos implicitamente revogados por leis posteriores.

§ 3º As providências a que se referem os incisos IX, X e XI do § 2º deverão ser expressa e fundamente justificadas, com indicação precisa das fontes de informação que lhes serviram de base.

→ § 3º acrescentado pela LC 107/2001.

Art. 14. Para a consolidação de que trata o art. 13 serão observados os seguintes procedimentos:

→ *Caput* com redação alterada pela LC 107/2001.

I – O Poder Executivo ou o Poder Legislativo procederá ao levantamento da legislação federal em vigor e formulará projeto de lei de consolidação de normas que tratem da mesma matéria ou de assuntos a ela vinculados, com a indicação precisa dos diplomas legais expressa ou implicitamente revogados;

→ Inciso I com redação alterada pela LC 107/2001.

II – a apreciação dos projetos de lei de consolidação pelo Poder Legislativo será feita na forma do Regimento Interno de cada uma de suas Casas, em procedimento simplificado, visando a dar celeridade aos trabalhos;

→ Inciso II com redação alterada pela LC 107/2001.

III – *(Revogado pela LC 107/2001).*

§ 1º Não serão objeto de consolidação as medidas provisórias ainda não convertidas em lei.

→ § 1º acrescentado pela LC 107/2001.

§ 2º A Mesa Diretora do Congresso Nacional, de qualquer de suas Casas e qualquer membro ou Comissão da Câmara dos Deputados, do Senado Federal ou do Congresso Nacional poderá formular projeto de lei de consolidação.

→ § 2º acrescentado pela LC 107/2001.

§ 3º Observado o disposto no inciso II do *caput*, será também admitido projeto de lei de consolidação destinado exclusivamente à:

→ § 3º acrescentado pela LC 107/2001.

I – declaração de revogação de leis e dispositivos implicitamente revogados ou cuja eficácia ou validade encontre-se completamente prejudicada;

II – inclusão de dispositivos ou diplomas esparsos em leis preexistentes, revogando-se as disposições assim consolidadas nos mesmos termos do § 1º do art. 13.

§ 4º (Vetado).

→ § 4º acrescentado pela LC 107/2001.

Art. 15. Na primeira sessão legislativa de cada legislatura, a Mesa do Congresso Nacional promoverá a atualização da Consolidação das Leis Federais Brasileiras, incorporando às coletâneas que a integram as emendas constitucionais, leis, decretos legislativos e resoluções promulgadas durante a legislatura imediatamente anterior, ordenados e indexados sistematicamente.

Seção II
Da consolidação de outros atos normativos

Art. 16. Os órgãos diretamente subordinados à Presidência da República e os Ministérios, assim como as entidades da administração indireta, adotarão, em prazo estabelecido em decreto, as providências necessárias para, observado, no que couber, o procedimento a que se refere o art. 14, ser efetuada a triagem, o exame e a consolidação dos decretos de conteúdo normativo e geral e demais atos normativos inferiores em vigor, vinculados às respectivas áreas de competência, remetendo os textos consolidados à Presidência da República, que os examinará e reunirá em coletâneas, para posterior publicação.

Art. 17. O Poder Executivo, até 180 dias do início do primeiro ano do mandato presidencial, promoverá a atualização das coletâneas a que se refere o artigo anterior, incorporando aos textos que as integram os decretos e atos de conteúdo normativo e geral editados no último quadriênio.

Capítulo IV
DISPOSIÇÕES FINAIS

Art. 18. Eventual inexatidão formal de norma elaborada mediante processo legislativo regular não constitui escusa válida para o seu descumprimento.

Art. 18-A. *(Vetado).*

→ Artigo acrescentado pela LC 107/2001.

Art. 19. Esta Lei Complementar entra em vigor no prazo de 90 (noventa) dias, a partir da data de sua publicação.

Brasília, 26 de fevereiro de 1998; 177º da Independência e 110º da República.

Fernando Henrique Cardoso

(Publicação no *D.O.U.* de 27.2.1998)

LEI 9.613,
DE 3 DE MARÇO DE 1998

Dispõe sobre os crimes de "lavagem" ou ocultação de bens, direitos e valores; a prevenção da utilização do sistema financeiro para os ilícitos previstos nesta Lei; cria o Conselho de Controle de Atividades Financeiras – COAF, e dá outras providências.

O Presidente da República:

Faço saber que o Congresso Nacional decreta e eu sanciono a seguinte Lei:

Capítulo I
DOS CRIMES DE "LAVAGEM" OU OCULTAÇÃO DE BENS, DIREITOS E VALORES

Art. 1º Ocultar ou dissimular a natureza, origem, localização, disposição, movimentação ou propriedade de bens, direitos ou valores provenientes, direta ou indiretamente, de infração penal.

→ *Caput* com redação alterada pela Lei 12.683/2012.

I – *(Revogado pela Lei 12.683/2012);*

II – *(Revogada pela Lei 12. 683/2012);*

III – *(Revogado pela Lei 12.683/2012);*

IV – *(Revogado pela Lei 12.683/2012);*

V – *(Revogado pela Lei 12.683/2012);*

VI – *(Revogado pela Lei 12.683/2012);*

VII – *(Revogado pela Lei 12.683/2012);*

VIII – *(Revogado pela Lei 12.683/2012).*

Pena – reclusão, de 3 (três) a 10 (dez) anos e multa.

→ Pena com redação alterada pela Lei 12.683/2012.

§ 1º Incorre na mesma pena quem, para ocultar ou dissimular a utilização de bens, direitos ou valores provenientes de infração penal:

→ *Caput* do § 1º com redação alterada pela Lei 12.683/2012.

I – os converte em ativos lícitos;

II – os adquire, recebe, troca, negocia, dá ou recebe em garantia, guarda, tem em depósito, movimenta ou transfere;

III – importa ou exporta bens com valores não correspondentes aos verdadeiros.

§ 2º Incorre, ainda, na mesma pena quem:

→ *Caput* do § 2º com redação alterada pela Lei 12.683/2012.

I – utiliza, na atividade econômica ou financeira, bens, direitos ou valores provenientes de infração penal;

→ Inciso I com redação alterada pela Lei 12.683/2012.

LEGISLAÇÃO

II – participa de grupo, associação ou escritório tendo conhecimento de que sua atividade principal ou secundária é dirigida à prática de crimes previstos nesta Lei.

§ 3º A tentativa é punida nos termos do parágrafo único do art. 14 do Código Penal.

§ 4º A pena será aumentada de 1 (um) a 2/3 (dois terços) se os crimes definidos nesta Lei forem cometidos de forma reiterada ou por intermédio de organização criminosa.

→ § 4º com redação alterada pela Lei 12.683/2012.

§ 5º A pena poderá ser reduzida de um a dois terços e ser cumprida em regime aberto ou semiaberto, facultando-se ao juiz deixar de aplicá-la ou substituí-la, a qualquer tempo, por pena restritiva de direitos, se o autor, coautor ou partícipe colaborar espontaneamente com as autoridades, prestando esclarecimentos que conduzam à apuração das infrações penais, à identificação dos autores, coautores e partícipes, ou à localização dos bens, direitos ou valores objeto do crime.

→ § 5º com redação alterada pela Lei 12.683/2012.

→ *v.* Art. 13 da Lei 9.807/1999.

Capítulo II
DISPOSIÇÕES PROCESSUAIS ESPECIAIS

Art. 2º O processo e julgamento dos crimes previstos nesta Lei:

I – obedecem às disposições relativas ao procedimento comum dos crimes punidos com reclusão, da competência do juiz singular;

II – independem do processo e julgamento das infrações penais antecedentes, ainda que praticados em outro país, cabendo ao juiz competente para os crimes previstos nesta Lei a decisão sobre a unidade de processo e julgamento;

→ Inciso II com redação alterada pela Lei 12.683/2012.

III – são da competência da Justiça Federal:

a) quando praticados contra o sistema financeiro e a ordem econômico-financeira, ou em detrimento de bens, serviços ou interesses da União, ou de suas entidades autárquicas ou empresas públicas;

b) quando a infração penal antecedente for de competência da Justiça Federal.

→ Alínea *b* com redação alterada pela Lei 12.683/2012.

§ 1º A denúncia será instruída com indícios suficientes da existência da infração penal antecedente, sendo puníveis os fatos previstos nesta Lei, ainda que desconhecido ou isento de pena o autor, ou extinta a punibilidade da infração penal antecedente.

→ § 1º com redação alterada pela Lei 12.683/2012.

→ *v.* Art. 41 do CPP.

§ 2º No processo por crime previsto nesta Lei, não se aplica o disposto no art. 366 do Decreto-Lei 3.689, de 3 de outubro de 1941 (Código de Processo Penal), devendo o acusado que não comparecer nem constituir advogado ser citado por edital, prosseguindo o feito até o julgamento, com a nomeação de defensor dativo.

→ § 2º com redação alterada pela Lei 12.683/2012.

→ *v.* Art. 363, § 1º, do CPP.

Art. 3º *(Revogado pela Lei 12.683/2012).*

Art. 4º O juiz, de ofício, a requerimento do Ministério Público ou mediante representação do delegado de polícia, ouvido o Ministério Público em 24 (vinte e quatro) horas, havendo indícios suficientes de infração penal, poderá decretar medidas assecuratórias de bens, direitos ou valores do investigado ou acusado, ou existentes em nome de interpostas pessoas, que sejam instrumento, produto ou proveito dos crimes previstos nesta Lei ou das infrações penais antecedentes.

→ Artigo com redação alterada pela Lei 12.683/2012.

→ *v.* Arts. 125 e 144 do CPP.

§ 1º Proceder-se-á à alienação antecipada para preservação do valor dos bens sempre que estiverem sujeitos a qualquer grau de deterioração ou depreciação, ou quando houver dificuldade para sua manutenção.

→ *v.* Art. 131, I, do CPP.

§ 2º O juiz determinará a liberação total ou parcial dos bens, direitos e valores quando comprovada a licitude de sua origem, mantendo-se a constrição dos bens, direitos e valores necessários e suficientes à reparação dos danos e ao pagamento de prestações pecuniárias, multas e custas decorrentes da infração penal.

§ 3º Nenhum pedido de liberação será conhecido sem o comparecimento pessoal do acusado ou de interposta pessoa a que se refere o *caput* deste artigo, podendo o juiz determinar a prática de atos necessários à conservação de bens, direitos ou valores, sem prejuízo do disposto no § 1º.

§ 4º Poderão ser decretadas medidas assecuratórias sobre bens, direitos ou valores para reparação do dano decorrente da infração penal antecedente ou da prevista nesta Lei ou para pagamento de prestação pecuniária, multa e custas.

Art. 4º-A. A alienação antecipada para preservação de valor de bens sob constrição será decretada pelo juiz, de ofício, a requerimento do Ministério Público ou por solicitação da parte interessada, mediante petição autônoma, que será autuada em apartado e cujos autos terão tramitação em separado em relação ao processo principal.

→ Artigo acrescentado pela Lei 12.683/2012.

§ 1º O requerimento de alienação deverá conter a relação de todos os demais bens, com a descrição e a especificação de cada um deles, e informações sobre quem os detém e local onde se encontram.

§ 2º O juiz determinará a avaliação dos bens, nos autos apartados, e intimará o Ministério Público.

§ 3º Feita a avaliação e dirimidas eventuais divergências sobre o respectivo laudo, o juiz, por sentença, homologará o valor atribuído aos bens e determinará sejam alienados em leilão ou pregão, preferencialmente eletrônico, por valor não inferior a 75% (setenta e cinco por cento) da avaliação.

→ *v.* Art. 22, § 5º, da Lei 8.666/1993.

§ 4º Realizado o leilão, a quantia apurada será depositada em conta judicial remunerada, adotando-se a seguinte disciplina:

I – nos processos de competência da Justiça Federal e da Justiça do Distrito Federal:

a) os depósitos serão efetuados na Caixa Econômica Federal ou em instituição financeira pública, mediante documento adequado para essa finalidade;

b) os depósitos serão repassados pela Caixa Econômica Federal ou por outra instituição financeira pública para a Conta Única do Tesouro Nacional, independentemente de qualquer formalidade, no prazo de 24 (vinte e quatro) horas; e

c) os valores devolvidos pela Caixa Econômica Federal ou por instituição financeira pública serão debitados à Conta Única do Tesouro Nacional, em subconta de restituição;

II – nos processos de competência da Justiça dos Estados:

a) os depósitos serão efetuados em instituição financeira designada em lei, preferencialmente pública, de cada Estado ou, na sua ausência, em instituição financeira pública da União;

b) os depósitos serão repassados para a conta única de cada Estado, na forma da respectiva legislação.

§ 5º Mediante ordem da autoridade judicial, o valor do depósito, após o trânsito em julgado da sentença proferida na ação penal, será:

I – em caso de sentença condenatória, nos processos de competência da Justiça Federal e da Justiça do Distrito Federal, incorporado definitivamente ao patrimônio da União, e, nos processos de competência da Justiça Estadual, incorporado ao patrimônio do Estado respectivo;

II – em caso de sentença absolutória extintiva de punibilidade, colocado à disposição do réu pela instituição financeira, acrescido da remuneração da conta judicial.

§ 6º A instituição financeira depositária manterá controle dos valores depositados ou devolvidos.

§ 7º Serão deduzidos da quantia apurada no leilão todos os tributos e multas incidentes sobre o bem alienado, sem prejuízo de iniciativas que, no âmbito da competência de cada ente da Federação, venham a desonerar bens sob constrição judicial daqueles ônus.

§ 8º Feito o depósito a que se refere o § 4º deste artigo, os autos da alienação serão apensados aos do processo principal.

§ 9º Terão apenas efeito devolutivo os recursos interpostos contra as decisões proferidas no curso do procedimento previsto neste artigo.

§ 10. Sobrevindo o trânsito em julgado de sentença penal condenatória, o juiz decretará, em favor, conforme o caso, da União ou do Estado:

I – a perda dos valores depositados na conta remunerada e da fiança;

II – a perda dos bens não alienados antecipadamente e daqueles aos quais não foi dada destinação prévia; e

III – a perda dos bens não reclamados no prazo de 90 (noventa) dias após o trânsito em julgado da sentença condenatória, ressalvado o direito de lesado ou terceiro de boa-fé.

§ 11. Os bens a que se referem os incisos II e III do § 10 deste artigo serão adjudicados ou levados a leilão, depositando-se o saldo na conta única do respectivo ente.

§ 12. O juiz determinará ao registro público competente que emita documento de habilitação à circulação e utilização dos bens colocados sob o uso e custódia das entidades a que se refere o *caput* deste artigo.

→ *v.* Lei 6.015/1973 – Registros Públicos.

§ 13. Os recursos decorrentes da alienação antecipada de bens, direitos e valores oriundos do crime de tráfico ilícito de drogas e que tenham sido objeto de dissimulação e ocultação nos termos desta Lei permanecem submetidos à disciplina definida em lei específica.

→ *v.* Art. 63 da Lei 11.343/2006.

Art. 4º-B. A ordem de prisão de pessoas ou as medidas assecuratórias de bens, direitos ou valores poderão ser suspensas pelo juiz, ouvido o Ministério Público, quando a sua execução imediata puder comprometer as investigações.

→ Artigo acrescentado pela Lei 12.683/2012.

Art. 5º Quando as circunstâncias o aconselharem, o juiz, ouvido o Ministério Público, nomeará pessoa física ou jurídica qualificada para a administração dos bens, direitos ou valores sujeitos a medidas assecuratórias, mediante termo de compromisso.

→ Artigo com redação alterada pela Lei 12.683/2012.

Art. 6º A pessoa responsável pela administração dos bens:

→ *Caput* com redação alterada pela Lei 12.683/2012.

I – fará jus a uma remuneração, fixada pelo juiz, que será satisfeita com o produto dos bens objeto da administração;

II – prestará, por determinação judicial, informações periódicas da situação dos bens sob sua administração, bem como explicações e detalhamentos sobre investimentos e reinvestimentos realizados.

Parágrafo único. Os atos relativos à administração dos bens sujeitos a medidas assecuratórias serão levados ao conhecimento do Ministério Público, que requererá o que entender cabível.

→ Parágrafo único com redação alterada pela Lei 12.683/2012.

Capítulo III
DOS EFEITOS DA CONDENAÇÃO

Art. 7º São efeitos da condenação, além dos previstos no Código Penal:

I – a perda, em favor da União – e dos Estados, nos casos de competência da Justiça Estadual –, de todos os bens, direitos e valores relacionados, direta ou indiretamente, à prática dos crimes previstos nesta Lei, inclusive aqueles utilizados para prestar a fiança, ressalvado o direito do lesado ou de terceiro de boa-fé;

→ Inciso I com redação alterada pela Lei 12.683/2012.

→ *v.* Art. 91, II, do CP.

II – a interdição do exercício de cargo ou função pública de qualquer natureza e de diretor, de membro de conselho de administração ou de gerência das pessoas jurídicas referidas no art. 9º, pelo dobro do tempo da pena privativa de liberdade aplicada.

§ 1º A União e os Estados, no âmbito de suas competências, regulamentarão a forma de destinação dos bens, direitos e valores cuja perda houver sido declarada, assegurada, quanto aos processos de competência da Justiça Federal, a sua utilização pelos órgãos federais encarregados da prevenção, do combate, da ação penal e do julgamento dos crimes previstos nesta Lei, e, quanto aos processos de competência da Justiça Estadual, a preferência dos órgãos locais com idêntica função.

→ § 1º acrescentado pela Lei 12.683/2012.

§ 2º Os instrumentos do crime sem valor econômico cuja perda em favor da União ou do Estado for decretada serão inutilizados ou doados a museu criminal ou a entidade pública, se houver interesse na sua conservação.

→ § 2º acrescentado pela Lei 12.683/2012.

Capítulo IV
DOS BENS, DIREITOS OU VALORES ORIUNDOS DE CRIMES PRATICADOS NO ESTRANGEIRO

Art. 8º O juiz determinará, na hipótese de existência de tratado ou convenção internacional e por solicitação de autoridade estrangeira competente, medidas assecuratórias sobre bens, direitos ou valores oriundos de crimes descritos no art. 1º praticados no estrangeiro.

→ *Caput* com redação alterada pela Lei 12.683/2012.

§ 1º Aplica-se o disposto neste artigo, independentemente de tratado ou convenção internacional, quando o governo do país da autoridade solicitante prometer reciprocidade ao Brasil.

§ 2º Na falta de tratado ou convenção, os bens, direitos ou valores privados sujeitos a medidas assecuratórias por solicitação de autoridade estrangeira competente ou os recursos provenientes da sua alienação serão repartidos entre o Estado requerente e o Brasil, na proporção de metade, ressalvado o direito do lesado ou de terceiro de boa-fé.

→ § 2º com redação alterada pela Lei 12.683/2012.

Capítulo V
DAS PESSOAS SUJEITAS À LEI

→ Rubrica com redação alterada pela Lei 12.683/2012.

Art. 9º Sujeitam-se às obrigações referidas nos arts. 10 e 11 as pessoas físicas e jurídicas que tenham, em caráter permanente ou eventual, como atividade principal ou acessória, cumulativamente ou não:

→ *Caput* com redação alterada pela Lei 12.683/2012.

I – a captação, intermediação e aplicação de recursos financeiros de terceiros, em moeda nacional ou estrangeira;

II – a compra e venda de moeda estrangeira ou ouro como ativo financeiro ou instrumento cambial;

III – a custódia, emissão, distribuição, liquidação, negociação, intermediação ou administração de títulos ou valores mobiliários.

Parágrafo único. Sujeitam-se às mesmas obrigações:

I – as bolsas de valores, as bolsas de mercadorias ou futuros e os sistemas de negociação do mercado de balcão organizado;

→ Inciso I com redação alterada pela Lei 12.683/2012.

II – as seguradoras, as corretoras de seguros e as entidades de previdência complementar ou de capitalização;

III – as administradoras de cartões de credenciamento ou cartões de crédito, bem como as administradoras de consórcios para aquisição de bens ou serviços;

IV – as administradoras ou empresas que se utilizem de cartão ou qualquer outro meio eletrônico, magnético ou equivalente, que permita a transferência de fundos;

V – as empresas de arrendamento mercantil (*leasing*) e as de fomento comercial (*factoring*);

VI – as sociedades que efetuem distribuição de dinheiro ou quaisquer bens móveis, imóveis, mercadorias, serviços, ou, ainda, concedam descontos na sua aquisição, mediante sorteio ou método assemelhado;

VII – as filiais ou representações de entes estrangeiros que exerçam no Brasil qualquer das atividades listadas neste artigo, ainda que de forma eventual;

VIII – as demais entidades cujo funcionamento dependa de autorização de órgão regulador dos mercados financeiro, de câmbio, de capitais e de seguros;

IX – as pessoas físicas ou jurídicas, nacionais ou estrangeiras, que operem no Brasil como agentes, dirigentes, procuradoras, comissionarias ou por qualquer forma representem interesses de ente estrangeiro que exerça qualquer das atividades referidas neste artigo;

X – as pessoas físicas ou jurídicas que exerçam atividades de promoção imobiliária ou compra e venda de imóveis;

→ Inciso X com redação alterada pela Lei 12.683/2012.

XI – as pessoas físicas ou jurídicas que comercializem joias, pedras e metais preciosos, objetos de arte e antiguidades;

XII – as pessoas físicas ou jurídicas que comercializem bens de luxo ou de alto valor, intermedeiem a sua comercialização ou exerçam atividades que envolvam grande volume de recursos em espécie;

→ Inciso XII com redação alterada pela Lei 12.683/2012.

XIII – as juntas comerciais e os registros públicos;

→ Inciso XIII acrescentado pela Lei 12.683/2012.

XIV – as pessoas físicas ou jurídicas que prestem, mesmo que eventualmente, serviços de assessoria, consultoria, contadoria, auditoria, aconselhamento ou assistência, de qualquer natureza, em operações:

→ Inciso XIV acrescentado pela Lei 12.683/2012.

a) de compra e venda de imóveis, estabelecimentos comerciais ou industriais ou participações societárias de qualquer natureza;

b) de gestão de fundos, valores mobiliários ou outros ativos;

c) de abertura ou gestão de contas bancárias, de poupança, investimento ou de valores mobiliários;

d) de criação, exploração ou gestão de sociedades de qualquer natureza, fundações, fundos fiduciários ou estruturas análogas;

e) financeiras, societárias ou imobiliárias; e

f) de alienação ou aquisição de direitos sobre contratos relacionados a atividades desportivas ou artísticas profissionais;

XV – pessoas físicas ou jurídicas que atuem na promoção, intermediação, comercialização, agenciamento ou negociação de direitos de transferência de atletas, artistas ou feiras, exposições ou eventos similares;

→ Inciso XV acrescentado pela Lei 12.683/2012.

XVI – as empresas de transporte e guarda de valores;

→ Inciso XVI acrescentado pela Lei 12.683/2012

XVII – as pessoas físicas ou jurídicas que comercializem bens de alto valor de origem rural ou animal ou intermedeiem a sua comercialização; e

→ Inciso XVII acrescentado pela Lei 12.683/2012.

XVIII – as dependências no exterior das entidades mencionadas neste artigo, por meio de sua matriz no Brasil, relativamente a residentes no País.

→ Inciso XVIII acrescentado pela Lei 12.683/2012.

Capítulo VI
DA IDENTIFICAÇÃO DOS CLIENTES E MANUTENÇÃO DE REGISTROS

Art. 10. As pessoas referidas no art. 9º:

I – identificarão seus clientes e manterão cadastro atualizado, nos termos de instruções emanadas das autoridades competentes;

II – manterão registro de toda transação em moeda nacional ou estrangeira, títulos e valores mobiliários, títulos de crédito, metais, ou qualquer ativo passível de ser convertido em dinheiro, que ultrapassar limite fixado pela autoridade competente e nos termos de instruções por esta expedidas;

III – deverão adotar políticas, procedimentos e controles internos, compatíveis com seu porte e volume de operações, que lhes permitam atender ao disposto neste artigo e no art. 11, na forma disciplinada pelos órgãos competentes;

→ Inciso III com redação alterada pela Lei 12.683/2012.

IV – deverão cadastrar-se e manter seu cadastro atualizado no órgão regulador ou fiscalizador e, na falta deste, no Conselho de Controle de Atividades Financeiras (COAF), na forma e condições por eles estabelecidas;

→ Inciso IV acrescentado pela Lei 12.683/2012

V – deverão atender às requisições formuladas pelo COAF na periodicidade, forma e condições por ele estabelecidas, cabendo-lhe preservar, nos termos da lei, o sigilo das informações prestadas.

→ Inciso V acrescentado pela Lei 12.683/2012

§ 1º Na hipótese de o cliente constituir-se em pessoa jurídica, a identificação referida no inciso I deste artigo deverá abranger as pessoas físicas autorizadas a representá-la, bem como seus proprietários.

§ 2º Os cadastros e registros referidos nos incisos I e II deste artigo deverão ser conservados durante o período mínimo de 5 (cinco) anos a partir do encerramento da conta ou da conclusão da transação, prazo este que poderá ser ampliado pela autoridade competente.

§ 3º O registro referido no inciso II deste artigo será efetuado também quando a pessoa física ou jurídica, seus entes ligados, houver realizado, em um mesmo mês-calendário, operações com uma mesma pessoa, conglomerado ou grupo que, em seu conjunto, ultrapassem o limite fixado pela autoridade competente.

Art. 10-A. O Banco Central manterá registro centralizado formando o cadastro geral de correntistas e clientes de instituições financeiras, bem como de seus procuradores.

→ Artigo acrescentado pela Lei 10.701/2003.

Capítulo VII
DA COMUNICAÇÃO DE OPERAÇÕES FINANCEIRAS

Art. 11. As pessoas referidas no art. 9º:

I – dispensarão especial atenção às operações que, nos termos de instruções emanadas das autoridades competentes, possam constituir-se em sérios indícios dos crimes previstos nesta Lei, ou com eles relacionar-se;

II – deverão comunicar ao COAF, abstendo-se de dar ciência de tal ato a qualquer pessoa, inclusive àquela à qual se refira a informação, no prazo de 24 (vinte e quatro) horas, a proposta ou realização:

→ Inciso II com redação alterada pela Lei 12.683/2012.

a) de todas as transações referidas no inciso II do art. 10, acompanhadas da identificação de que trata o inciso I do mencionado artigo; e

b) das operações referidas no inciso I;

III – deverão comunicar ao órgão regulador ou fiscalizador da sua atividade ou, na sua falta, ao COAF, na periodicidade, forma e condições por eles estabelecidas, a não ocorrência de propostas, transações ou operações passíveis de serem comunicadas nos termos do inciso II.

→ Inciso III acrescentado pela Lei 12.683/2012.

§ 1º As autoridades competentes, nas instruções referidas no inciso I deste artigo, elaborarão relação de operações que, por suas características, no que se refere às partes envolvidas, valores, forma de realização, instrumentos utilizados, ou pela falta de fundamento econômico ou legal, possam configurar a hipótese nele prevista.

§ 2º As comunicações de boa-fé, feitas na forma prevista neste artigo, não acarretarão responsabilidade civil ou administrativa.

§ 3º O COAF disponibilizará as comunicações recebidas com base no inciso II do *caput* aos respectivos órgãos responsáveis pela regulação ou fiscalização das pessoas a que se refere o art. 9º.

→ § 3º com redação alterada pela Lei 12.683/2012.

Art. 11-A. As transferências internacionais e os saques em espécie deverão ser previamente comunicados à instituição financeira, nos termos, limites, prazos e condições fixados pelo Banco Central do Brasil.

→ Artigo acrescentado pela Lei 12.683/2012.

Capítulo VIII
DA RESPONSABILIDADE ADMINISTRATIVA

Art. 12. Às pessoas referidas no art. 9º, bem como aos administradores das pessoas jurídicas, que deixem de cumprir as obrigações previstas nos arts. 10 e 11, serão aplicadas, cumulativamente ou não, pelas autoridades competentes, as seguintes sanções:

I – advertência;

II – multa pecuniária variável não superior:

→ *Caput* do inciso II com redação alterada pela Lei 12.683/2012.

a) ao dobro do valor da operação;

→ Alínea *a* acrescentada pela Lei 12.683/2012.

b) ao dobro do lucro real obtido ou que presumivelmente seria obtido pela realização da operação; ou

→ Alínea *b* acrescentada pela Lei 12.683/2012.

c) ao valor de R$ 20.000.000,00 (vinte milhões de reais);

→ Alínea *c* acrescentada pela Lei 12.683/2012.

III – inabilitação temporária, pelo prazo de até 10 (dez) anos, para o exercício do cargo de administrador das pessoas jurídicas referidas no art. 9º;

IV – cassação ou suspensão da autorização para o exercício de atividade, operação ou funcionamento.

→ Inciso IV com redação alterada pela Lei 12.683/2012.

§ 1º A pena de advertência será aplicada por irregularidade no cumprimento das instruções referidas nos incisos I e II do art. 10.

§ 2º A multa será aplicada sempre que as pessoas referidas no art. 9º, por culpa ou dolo:

→ *Caput* do § 2º com redação alterada pela Lei 12.683/2012.

I – deixarem de sanar as irregularidades objeto de advertência, no prazo assinalado pela autoridade competente;

II – não cumprirem o disposto nos incisos I a IV do art. 10;

→ Inciso II com redação alterada pela Lei 12.683/2012.

III – deixarem de atender, no prazo estabelecido, a requisição formulada nos termos do inciso V do art. 10;

→ Inciso III com redação alterada pela Lei 12.683/2012.

IV – descumprirem a vedação ou deixarem de fazer a comunicação a que se refere o art. 11.

§ 3º A inabilitação temporária será aplicada quando forem verificadas infrações graves quanto ao cumprimento das obrigações constantes desta Lei ou quando ocorrer reincidência específica, devidamente caracterizada em transgressões anteriormente punidas com multa.

§ 4º A cassação da autorização será aplicada nos casos de reincidência específica de infrações anteriormente punidas com a pena prevista no inciso III do *caput* deste artigo.

Art. 13. O procedimento para a aplicação das sanções previstas neste Capítulo será regulado por decreto, assegurados o contraditório e a ampla defesa.

Capítulo IX
DO CONSELHO DE CONTROLE DE ATIVIDADES FINANCEIRAS

Art. 14. É criado, no âmbito do Ministério da Fazenda, o Conselho de Controle de Atividades Financeiras – COAF, com a finalidade de disciplinar, aplicar penas administrativas, receber, examinar e identificar as ocorrências suspeitas de atividades ilícitas previstas nesta Lei, sem prejuízo da competência de outros órgãos e entidades.

§ 1º As instruções referidas no art. 10 destinadas às pessoas mencionadas no art. 9º, para as quais não exista órgão próprio fiscalizador ou regulador, serão expedidas pelo COAF, competindo-lhe, para esses casos, a definição das pessoas abrangidas e a aplicação das sanções enumeradas no art. 12.

§ 2º O COAF deverá, ainda, coordenar e propor mecanismos de cooperação e de troca de informações que viabilizem ações rápidas e eficientes no combate à ocultação ou dissimulação de bens, direitos e valores.

§ 3º O COAF poderá requerer aos órgãos da Administração Pública as informações cadastrais bancárias e financeiras de pessoas envolvidas em atividades suspeitas.

→ § 3º acrescentado pela Lei 10.701/2003.

Art. 15. O COAF comunicará às autoridades competentes para a instauração dos procedimentos cabíveis, quando concluir pela existência de crimes previstos nesta Lei, de fundados indícios de sua prática, ou de qualquer outro ilícito.

Art. 16. O COAF será composto por servidores públicos de reputação ilibada e reconhecida competência, designados em ato do Ministro de Estado da Fazenda, dentre os integrantes do quadro de pessoal efetivo do Banco Central do Brasil, da Comissão de Valores Mobiliários, da Superintendência de Seguros Privados, da Procuradoria-Geral da Fazenda Nacional, da Secretaria da Receita Federal, de órgão de inteligência do Poder Executivo, do Departamento de Polícia Federal, do Ministério das Relações Exteriores e da Controladoria-Geral da União, atendendo, nesses quatro últimos casos, à indicação dos respectivos Ministros de Estado.

→ *Caput* com redação alterada pela Lei 12.683/2012.

§ 1º O Presidente do Conselho será nomeado pelo Presidente da República, por indicação do Ministro de Estado da Fazenda.

§ 2º Das decisões do COAF relativas às aplicações de penas administrativas caberá recurso ao Ministro de Estado da Fazenda.

Art. 17. O COAF terá organização e funcionamento definidos em estatuto aprovado por decreto do Poder Executivo.

CAPÍTULO X

→ Capítulo acrescentado pela Lei 12.683/2012.

DISPOSIÇÕES GERAIS

Art. 17-A. Aplicam-se, subsidiariamente, as disposições do Decreto-Lei 3.689, de 3 de outubro de 1941 (Código de Processo Penal), no que não forem incompatíveis com esta Lei.

→ Artigo acrescentado pela Lei 12.683/2012.

Art. 17-B. A autoridade policial e o Ministério Público terão acesso, exclusivamente, aos dados cadastrais do investigado que informam qualificação pessoal, filiação e endereço, independentemente de autorização judicial, mantidos pela Justiça Eleitoral, pelas empresas telefônicas, pelas instituições financeiras, pelos provedores de internet e pelas administradoras de cartão de crédito.

→ Artigo acrescentado pela Lei 12.683/2012.

Art. 17-C. Os encaminhamentos das instituições financeiras e tributárias em resposta às ordens judiciais de quebra ou transferência de sigilo deverão ser, sempre que determinado, em meio informático, e apresentados em arquivos que possibilitem a migração de informações para os autos do processo sem redigitação.

→ Artigo acrescentado pela Lei 12.683/2012.

Art. 17-D. Em caso de indiciamento de servidor público, este será afastado, sem prejuízo de remuneração e demais direitos previstos em lei, até que o juiz competente autorize, em decisão fundamentada, o seu retorno.

→ Artigo acrescentado pela Lei 12.683/2012.

Art. 17-E. A Secretaria da Receita Federal do Brasil conservará os dados fiscais dos contribuintes pelo prazo mínimo de 5 (cinco) anos, contado a partir do início do exercício seguinte ao da declaração de renda respectiva ou ao do pagamento do tributo.

→ Artigo acrescentado pela Lei 12.683/2012.

Art. 18. Esta Lei entra em vigor na data de sua publicação.

Brasília, 3 de março de 1998; 177º da Independência e 110º da República.

Fernando Henrique Cardoso

(Publicação no *D.O.U.* de 4.3.1998)

LEI 9.637,
DE 15 DE MAIO DE 1998

Dispõe sobre a qualificação de entidades como organizações sociais, a criação do Programa Nacional de Publicização, a extinção dos órgãos e entidades que menciona e a absorção de suas atividades por organizações sociais, e dá outras providências.

O Presidente da República:

Faço saber que o Congresso Nacional decreta e eu sanciono a seguinte Lei:

Capítulo I
DAS ORGANIZAÇÕES SOCIAIS

→ *v.* Lei 9.790/1999 – Organizações da Sociedade Civil de Interesse Público.

→ *v.* Decreto 5.504/2005 – Estabelece a exigência de utilização do pregão, preferencialmente na forma eletrônica, para entes públicos ou privados, nas contratações de bens e serviços comuns, realizadas em decorrência de transferências voluntárias de recursos públicos da União, decorrentes de convênios ou instrumentos congêneres, ou consórcios públicos.

Seção I
Da qualificação

Art. 1º O Poder Executivo poderá qualificar como organizações sociais pessoas jurídicas de direito privado, sem fins lucrativos, cujas atividades sejam dirigidas ao ensino, à pesquisa científica, ao desenvolvimento tecnológico, à proteção e preservação do meio ambiente, à cultura e à saúde, atendidos aos requisitos previstos nesta Lei.

→ *v.* Art. 44 do CC.

Art. 2º São requisitos específicos para que as entidades privadas referidas no artigo anterior habilitem-se à qualificação como organização social:

I – comprovar o registro de seu ato constitutivo, dispondo sobre:

a) natureza social de seus objetivos relativos à respectiva área de atuação;

b) finalidade não lucrativa, com a obrigatoriedade de investimento de seus excedentes financeiros no desenvolvimento das próprias atividades;

c) previsão expressa de a entidade ter, como órgãos de deliberação superior e de direção, um conselho de administração e uma diretoria definidos nos termos do estatuto, asseguradas àquele composição e atribuições normativas e de controle básicas previstas nesta Lei;

d) previsão de participação, no órgão colegiado de deliberação superior, de representantes do Poder Público e de membros da comunidade, de notória capacidade profissional e idoneidade moral;

e) composição e atribuições da diretoria;

f) obrigatoriedade de publicação anual, no *Diário Oficial da União*, dos relatórios financeiros e do relatório de execução do contrato de gestão;

g) no caso de associação civil, a aceitação de novos associados, na forma do estatuto;

h) proibição de distribuição de bens ou de parcela do patrimônio líquido em qualquer hipótese, inclusive em razão de desligamento, retirada ou falecimento de associado ou membro da entidade;

i) previsão de incorporação integral do patrimônio, dos legados ou das doações que lhe foram destinados, bem como dos excedentes financeiros decorrentes de suas atividades, em caso de extinção ou desqualificação, ao patrimônio de outra organização social qualificada no âmbito da União, da mesma área de atuação, ou ao patrimônio da União, dos Estados, do Distrito Federal ou dos Municípios, na proporção dos recursos e bens por estes alocados;

II – haver aprovação, quanto à conveniência e oportunidade de sua qualificação como organização social, do Ministro ou titular de órgão supervisor ou regulador da área de atividade correspondente ao seu objeto social e do Ministro de Estado da Administração Federal e Reforma do Estado.

Seção II
Do conselho de administração

Art. 3º O conselho de administração deve estar estruturado nos termos que dispuser o respectivo estatuto, observados, para os fins de atendimento dos requisitos de qualificação, os seguintes critérios básicos:

I – ser composto por:

a) 20 a 40% (vinte a quarenta por cento) de membros natos representantes do Poder Público, definidos pelo estatuto da entidade;

b) 20 a 30% (vinte a trinta por cento) de membros natos representantes de entidades da sociedade civil, definidos pelo estatuto;

c) até 10% (dez por cento), no caso de associação civil, de membros eleitos dentre os membros ou os associados;

d) 10 a 30% (dez a trinta por cento) de membros eleitos pelos demais integrantes do conselho, dentre pessoas de notória capacidade profissional e reconhecida idoneidade moral;

e) até 10% (dez por cento) de membros indicados ou eleitos na forma estabelecida pelo estatuto;

II – os membros eleitos ou indicados para compor o Conselho devem ter mandato de quatro anos, admitida uma recondução;

III – os representantes de entidades previstos nas alíneas *a* e *b* do inciso I devem corresponder a mais de 50% (cinquenta por cento) do Conselho;

IV – o primeiro mandato de metade dos membros eleitos ou indicados deve ser de dois anos, segundo critérios estabelecidos no estatuto;

V – o dirigente máximo da entidade deve participar das reuniões do conselho, sem direito a voto;

VI – o Conselho deve reunir-se ordinariamente, no mínimo, três vezes a cada ano e, extraordinariamente, a qualquer tempo;

VII – os conselheiros não devem receber remuneração pelos serviços que, nesta condição, prestarem à organização social, ressalvada a ajuda de custo por reunião da qual participem;

VIII – os conselheiros eleitos ou indicados para integrar a diretoria da entidade devem renunciar ao assumirem funções executivas.

Art. 4º Para os fins de atendimento dos requisitos de qualificação, devem ser atribuições privativas do Conselho de Administração, dentre outras:

I – fixar o âmbito de atuação da entidade, para consecução do seu objeto;

II – aprovar a proposta de contrato de gestão da entidade;

III – aprovar a proposta de orçamento da entidade e o programa de investimentos;

IV – designar e dispensar os membros da diretoria;

V – fixar a remuneração dos membros da diretoria;

VI – aprovar e dispor sobre a alteração dos estatutos e a extinção da entidade por maioria, no mínimo, de 2/3 (dois terços) de seus membros;

VII – aprovar o regimento interno da entidade, que deve dispor, no mínimo, sobre a estrutura, forma de gerenciamento, os cargos e respectivas competências;

VIII – aprovar por maioria, no mínimo, de 2/3 (dois terços) de seus membros, o regulamento próprio contendo os procedimentos que deve adotar para a contratação de obras, serviços, compras e alienações e o plano de cargos, salários e benefícios dos empregados da entidade;

IX – aprovar e encaminhar, ao órgão supervisor da execução do contrato de gestão, os relatórios gerenciais e de atividades da entidade, elaborados pela diretoria;

X – fiscalizar o cumprimento das diretrizes e metas definidas e aprovar os demonstrativos financeiros e contábeis e as contas anuais da entidade, com o auxílio de auditoria externa.

Seção III
Do contrato de gestão

Art. 5º Para os efeitos desta Lei, entende-se por contrato de gestão o instrumento firmado entre o Poder Público e a entidade qualificada como organização social, com vistas à formação de parceria entre as partes para fomento e execução de atividades relativas às áreas relacionadas no artigo 1º.

Art. 6º O contrato de gestão, elaborado de comum acordo entre o órgão ou entidade supervisora e a organização social, discriminará as atribuições, responsabilidades e obrigações do Poder Público e da organização social.

Parágrafo único. O contrato de gestão deve ser submetido, após aprovação pelo Conselho de Administração da entidade, ao Ministro de Estado ou autoridade supervisora da área correspondente à atividade fomentada.

Art. 7º Na elaboração do contrato de gestão, devem ser observados os princípios da legalidade, impessoalidade, moralidade, publicidade, economicidade e, também, os seguintes preceitos:

➔ v. Art. 37, *caput*, da CF/1988.

I – especificação do programa de trabalho proposto pela organização social, a estipulação das metas a serem atingidas e os respectivos prazos de execução, bem como previsão expressa dos critérios objetivos de avaliação de desempenho a serem utilizados, mediante indicadores de qualidade e produtividade;

II – a estipulação dos limites e critérios para despesa com remuneração e vantagens de qualquer natureza a serem percebidas pelos dirigentes e empregados das organizações sociais, no exercício de suas funções.

Parágrafo único. Os Ministros de Estado ou autoridades supervisoras da área de atuação da entidade devem definir as demais cláusulas dos contratos de gestão de que sejam signatários.

Seção IV
Da execução e fiscalização do contrato de gestão

Art. 8º A execução do contrato de gestão celebrado por organização social será fiscalizada pelo órgão ou entidade supervisora da área de atuação correspondente à atividade fomentada.

§ 1º A entidade qualificada apresentará ao órgão ou entidade do Poder Público supervisora signatária do contrato, ao término de cada exercício ou a qualquer momento, conforme recomende o interesse público, relatório pertinente à execução do contrato de gestão, contendo comparativo específico das metas propostas com os resultados alcançados, acompanhado da prestação de contas correspondente ao exercício financeiro.

§ 2º Os resultados atingidos com a execução do contrato de gestão devem ser analisados, periodicamente, por comissão de avaliação, indicada pela autoridade supervisora da área correspondente, composta por especialistas de notória capacidade e adequada qualificação.

§ 3º A comissão deve encaminhar à autoridade supervisora relatório conclusivo sobre a avaliação procedida.

Art. 9º Os responsáveis pela fiscalização da execução do contrato de gestão, ao tomarem conhecimento de qualquer irregularidade ou ilegalidade na utilização de recursos ou bens de origem pública por organização social, dela darão ciência ao Tribunal de Contas da União, sob pena de responsabilidade solidária.

Art. 10. Sem prejuízo da medida a que se refere o artigo anterior, quando assim exigir a gravidade dos fatos ou o interesse público, havendo indícios fundados de malversação de bens ou recursos de origem pública, os responsáveis pela fiscalização representarão ao Ministério Público, à Advocacia-Geral da União ou à Procuradoria da entidade para que requeira ao juízo competente a decretação da indisponibilidade dos bens da entidade e o sequestro dos bens dos seus dirigentes, bem como de agente público ou terceiro, que possam ter enriquecido ilicitamente ou causado dano ao patrimônio público.

§ 1º O pedido de sequestro será processado de acordo com o disposto nos artigos 822 e 825 do Código de Processo Civil.

➔ v. Art. 301 do NCPC.

§ 2º Quando for o caso, o pedido incluirá a investigação, o exame e o bloqueio de bens, contas bancárias e aplicações mantidas pelo demandado no País e no exterior, nos termos da lei e dos tratados internacionais.

§ 3º Até o término da ação, o Poder Público permanecerá como depositário e gestor dos bens e valores sequestrados ou indisponíveis e velará pela continuidade das atividades sociais da entidade.

Seção V
Do fomento às atividades sociais

Art. 11. As entidades qualificadas como organizações sociais são declaradas como entidades de interesse social e utilidade pública, para todos os efeitos legais.

Art. 12. Às organizações sociais poderão ser destinados recursos orçamentários e bens públicos necessários ao cumprimento do contrato de gestão.

§ 1º São assegurados às organizações sociais os créditos previstos no orçamento e as respectivas liberações financeiras, de acordo com o cronograma de desembolso previsto no contrato de gestão.

§ 2º Poderá ser adicionada aos créditos orçamentários destinados ao custeio do contrato de gestão parcela de recursos para compensar desligamento de servidor cedido, desde que haja justificativa expressa da necessidade pela organização social.

§ 3º Os bens de que trata este artigo serão destinados às organizações sociais, dispensada licitação, mediante permissão de uso, consoante cláusula expressa do contrato de gestão.

➔ v. Art. 24, XXIV, da Lei 8.666/1993.

Art. 13. Os bens móveis públicos permitidos para uso poderão ser permutados por outros de igual ou maior valor, condicionado a que os novos bens integrem o patrimônio da União.

Parágrafo único. A permuta de que trata este artigo dependerá de prévia avaliação do bem e expressa autorização do Poder Público.

Art. 14. É facultado ao Poder Executivo a cessão especial de servidor para as organizações sociais, com ônus para a origem.

§ 1º Não será incorporada aos vencimentos ou à remuneração de origem do servidor cedido qualquer vantagem pecuniária que vier a ser paga pela organização social.

§ 2º Não será permitido o pagamento de vantagem pecuniária permanente por organização social a servidor cedido com recursos provenientes do contrato de gestão, ressalvada a hipótese de adicional relativo ao exercício de função temporária de direção e assessoria.

§ 3º O servidor cedido perceberá as vantagens do cargo a que fizer jus no órgão de origem, quando ocupante de cargo de primeiro ou de segundo escalão na organização social.

Art. 15. São extensíveis, no âmbito da União, os efeitos dos artigos 11 e 12, § 3º, para as entidades qualificadas como organizações sociais pelos Estados, pelo Distrito Federal e pelos Municípios, quando houver reciprocidade e desde que a legislação local não contrarie os preceitos desta Lei e a legislação específica de âmbito federal.

Seção VI
Da desqualificação

Art. 16. O Poder Executivo poderá proceder à desqualificação da entidade como organização social, quando constatado o descumprimento das disposições contidas no contrato de gestão.

§ 1º A desqualificação será precedida de processo administrativo, assegurado o direito de ampla defesa, respondendo os dirigentes da organização social, individual e solidariamente, pelos danos ou prejuízos decorrentes de sua ação ou omissão.

§ 2º A desqualificação importará reversão dos bens permitidos e dos valores entregues à utilização da organização social, sem prejuízo de outras sanções cabíveis.

Capítulo II
DAS DISPOSIÇÕES FINAIS E TRANSITÓRIAS

Art. 17. A organização social fará publicar, no prazo máximo de 90 (noventa) dias contado da assinatura do contrato de gestão, regulamento próprio contendo os procedimentos que adotará para a contratação de obras e serviços, bem como para compras com emprego de recursos provenientes do Poder Público.

Art. 18. A organização social que absorver atividades de entidade federal extinta no âmbito da área de saúde deverá considerar no contrato de gestão, quanto ao atendimento da comunidade, os princípios do Sistema Único de Saúde, expressos no artigo 198 da Constituição Federal e no artigo 7º da Lei 8.080, de 19 de setembro de 1990.

Art. 19. As entidades que absorverem atividades de rádio e televisão educativa poderão receber recursos e veicular publicidade institucional de entidades de direito público ou privado, a título de apoio cultural, admitindo-se o patrocínio de programas, eventos e projetos, vedada a veiculação remunerada de anúncios e outras práticas que configurem comercialização de seus intervalos.

→ v. Decreto 5.396/2005 – Regulamenta o art. 19 da Lei 9.637/1998.

Art. 20. Será criado, mediante decreto do Poder Executivo, o Programa Nacional de Publicização – PNP, com o objetivo de estabelecer diretrizes e critérios para a qualificação de organizações sociais, a fim de assegurar a absorção de atividades desenvolvidas por entidades ou órgãos públicos da União, que atuem nas atividades referidas no artigo 1º, por organizações sociais, qualificadas na forma desta Lei, observadas as seguintes diretrizes:

I – ênfase no atendimento do cidadão-cliente;

II – ênfase nos resultados, qualitativos e quantitativos nos prazos pactuados;

III – controle social das ações de forma transparente.

Art. 21. São extintos o Laboratório Nacional de Luz Síncrotron, integrante da estrutura do Conselho Nacional de Desenvolvimento Científico e Tecnológico – CNPq, e a Fundação Roquette Pinto, entidade vinculada à Presidência da República.

§ 1º Competirá ao Ministério da Administração Federal e Reforma do Estado supervisionar o processo de inventário do Laboratório Nacional de Luz Síncrotron, a cargo do Conselho Nacional de Desenvolvimento Científico e Tecnológico – CNPq, cabendo-lhe realizá-lo para a Fundação Roquette Pinto.

§ 2º No curso do processo de inventário da Fundação Roquette Pinto e até a assinatura do contrato de gestão, a continuidade das atividades sociais ficará sob a supervisão da Secretaria de Comunicação Social da Presidência da República.

§ 3º É o Poder Executivo autorizado a qualificar como organizações sociais, nos termos desta Lei, as pessoas jurídicas de direito privado indicadas no Anexo I, bem assim a permitir a absorção de atividades desempenhadas pelas entidades extintas por este artigo.

§ 4º Os processos judiciais em que a Fundação Roquette Pinto seja parte, ativa ou passivamente, serão transferidos para a União, na qualidade de sucessora, sendo representada pela Advocacia-Geral da União.

Art. 22. As extinções e a absorção de atividades e serviços por organizações sociais de que trata esta Lei observarão os seguintes preceitos:

I – os servidores integrantes dos quadros permanentes dos órgãos e das entidades extintos terão garantidos todos os direitos e vantagens decorrentes do respectivo cargo ou emprego e integrarão quadro em extinção nos órgãos ou nas entidades indicados no Anexo II, sendo facultada aos órgãos e entidades supervisoras, ao seu critério exclusivo, a cessão de servidor, irrecusável para este, com ônus para a origem, à organização social que vier a absorver as correspondentes atividades, observados os §§ 1º e 2º do artigo 14;

II – a desativação das unidades extintas será realizada mediante inventário de seus bens imóveis e de seu acervo físico, documental e material, bem como dos contratos e convênios, com a adoção de providências dirigidas à manutenção e ao prosseguimento das atividades sociais a cargo dessas unidades, nos termos da legislação aplicável em cada caso;

III – os recursos e as receitas orçamentárias de qualquer natureza, destinados às unidades extintas, serão utilizados no processo de inventário e para a manutenção e o financiamento das atividades sociais até a assinatura do contrato de gestão;

IV – quando necessário, parcela dos recursos orçamentários poderá ser reprogramada, mediante crédito especial a ser enviado ao Congresso Nacional, para o órgão ou entidade supervisora dos contratos de gestão, para o fomento das atividades sociais, assegurada a liberação periódica do respectivo desembolso financeiro para a organização social;

V – encerrados os processos de inventário, os cargos efetivos vagos e os em comissão serão considerados extintos;

VI – a organização social que tiver absorvido as atribuições das unidades extintas poderá adotar os símbolos designativos destes, seguidos da identificação "OS".

§ 1º A absorção pelas organizações sociais das atividades das unidades extintas efetivar-se-á mediante a celebração de contrato de gestão, na forma dos artigos 6º e 7º.

§ 2º Poderá ser adicionada às dotações orçamentárias referidas no inciso IV parcela dos recursos decorrentes da economia de despesa incorrida pela União com os cargos e funções comissionados existentes nas unidades extintas.

Art. 23. É o Poder Executivo autorizado a ceder os bens e os servidores da Fundação Roquette Pinto no Estado do Maranhão ao Governo daquele Estado.

Art. 23-A. Os servidores oriundos da extinta Fundação Roquette Pinto e do extinto Território Federal de Fernando de Noronha poderão ser redistribuídos ou cedidos para órgãos e entidades da Administração Pública Federal, independentemente do disposto no inciso II do art. 37 e no inciso I do art. 93 da Lei 8.112, de 11 de dezembro de 1990, assegurados todos os direitos e vantagens, inclusive o pagamento de gratificação de desempenho ou de produtividade, sem alteração de cargo ou de tabela remuneratória.

→ Artigo acrescentado pela Lei 12.269/2010.

Parágrafo único. As disposições do *caput* aplicam-se aos servidores que se encontram cedidos nos termos do inciso I do art. 22 e do art. 23 desta Lei.

Art. 24. São convalidados os atos praticados com base na Medida Provisória 1.648-6, de 24 de março de 1998.

Art. 25. Esta Lei entra em vigor na data de sua publicação.

Brasília, 15 de maio de 1998; 177º da Independência e 110º da República.

Fernando Henrique Cardoso

(Publicação no *D.O.U.* de 18.5.1998; retificação 25.5.1998)

ANEXO I

ÓRGÃO E ENTIDADE EXTINTOS	ENTIDADE AUTORIZADA A SER QUALIFICADA	REGISTRO CARTORIAL
Laboratório Nacional de Luz Síncrotron	Associação Brasileira de Tecnologia de Luz Síncrotron – ABTLuS	Primeiro Ofício de Registro de Títulos e Documentos da Cidade de Campinas – SP, n. de ordem 169367, averbado na inscrição n. 10.814, Livro A-36, Fls 01.
Fundação Roquette Pinto	Associação de Comunicação Educativa Roquette Pinto – ACERP	Registro Civil das Pessoas Jurídicas, Av. Pres. Roosevelt, 126, Rio de Janeiro – RJ, apontado sob o n. de ordem 624205 do protocolo do Livro A n. 54, registrado sob o n. de ordem 161374 do Livro A n. 39 do Registro Civil das Pessoas Jurídicas.

ANEXO II

ÓRGÃO E ENTIDADE EXTINTOS	QUADRO EM EXTINÇÃO
Laboratório Nacional de Luz Síncrotron	Conselho Nacional de Desenvolvimento Científico e Tecnológico – CNPq
Fundação Roquette Pinto	Ministério da Administração Federal e Reforma do Estado

LEI 9.656,
DE 3 DE JUNHO DE 1998

Dispõe sobre os planos e seguros privados de assistência à saúde.

O Presidente da República:

Faço saber que o Congresso Nacional decreta e eu sanciono a seguinte Lei:

Art. 1º Submetem-se às disposições desta Lei as pessoas jurídicas de direito privado que operam planos de assistência à saúde, sem prejuízo do cumprimento da legislação específica que rege a sua atividade, adotando-se, para fins de aplicação das normas aqui estabelecidas, as seguintes definições:

→ *Caput* com redação alterada pela MP 2.177-44/2001.

→ *v.* Súmula 469 do STJ.

→ *v.* Art. 199 da CF/1988.

→ *v.* Art. 4º, I a V, da Lei 9.961/2000.

→ *v.* Lei 10.850/2004 – Atribui competências à Agência Nacional de Saúde Suplementar – ANS e fixa as diretrizes a serem observadas na definição de normas para implementação de programas especiais de incentivo à adaptação de contratos anteriores à Lei 9.656, de 03 de junho de 1998.

I – Plano Privado de Assistência à Saúde: prestação continuada de serviços ou cobertura de custos assistenciais a preço pré ou pós estabelecido, por prazo indeterminado, com a finalidade de garantir, sem limite financeiro, a assistência à saúde, pela faculdade de acesso e atendimento por profissionais ou serviços de saúde, livremente escolhidos, integrantes ou não de rede credenciada, contratada ou referenciada, visando a assistência médica, hospitalar e odontológica, a ser paga integral ou parcialmente às expensas da operadora contratada, mediante reembolso ou pagamento direto ao prestador, por conta e ordem do consumidor;

→ Inciso I acrescentado pela MP 2.177-44/2001.

II – Operadora de Plano de Assistência à Saúde: pessoa jurídica constituída sob a modalidade de sociedade civil ou comercial, cooperativa, ou entidade de autogestão, que opere produto, serviço ou contrato de que trata o inciso I deste artigo;

→ Inciso II acrescentado pela MP 2.177-44/2001.

III – Carteira: o conjunto de contratos de cobertura de custos assistenciais ou de serviços de assistência à saúde em qualquer das modalidades de que tratam o inciso I e o § 1º deste artigo, com todos os direitos e obrigações nele contidos.

→ Inciso III acrescentado pela MP 2.177-44/2001.

§ 1º Está subordinada às normas e à fiscalização da Agência Nacional de Saúde Suplementar – ANS qualquer modalidade de produto, serviço e contrato que apresente, além da garantia de cobertura financeira de riscos de assistência médica, hospitalar e odontológica, outras características que o diferencie de atividade exclusivamente financeira, tais como:

→ *Caput* do § 1º com redação alterada pela MP 2.177-44/2001.

a) custeio de despesas;

→ Alínea *a* acrescentada pela MP 2.177-44/2001.

b) oferecimento de rede credenciada ou referenciada;

→ Alínea *b* acrescentada pela MP 2.177-44/2001.

c) reembolso de despesas;

→ Alínea *c* acrescentada pela MP 2.177-44/2001.

d) mecanismos de regulação;

→ Alínea *d* acrescentada pela MP 2.177-44/2001.

e) qualquer restrição contratual, técnica ou operacional para a cobertura de procedimentos solicitados por prestador escolhido pelo consumidor; e

→ Alínea *e* acrescentada pela MP 2.177-44/2001.

f) vinculação de cobertura financeira à aplicação de conceitos ou critérios médico-assistenciais.

→ Alínea *f* acrescentada pela MP 2.177-44/2001.

§ 2º Incluem-se na abrangência desta Lei as cooperativas que operem os produtos de que tratam o inciso I e o § 1º deste artigo, bem assim as entidades ou empresas que mantêm sistemas de assistência à saúde, pela modalidade de autogestão ou de administração.

→ § 2º com redação alterada pela MP 2.177-44/2001.

§ 3º As pessoas físicas ou jurídicas residentes ou domiciliadas no exterior podem constituir ou participar do capital, ou do aumento do capital, de pessoas jurídicas de direito privado constituídas sob as leis brasileiras para operar planos privados de assistência à saúde.

→ § 3º com redação alterada pela MP 2.177-44/2001.

§ 4º É vedada às pessoas físicas a operação dos produtos de que tratam o inciso I e o § 1º deste artigo.

→ § 4º com redação alterada pela MP 2.177-44/2001.

Art. 2º Para o cumprimento das obrigações constantes do contrato, as pessoas jurídicas de que trata esta Lei poderão:

→ Artigo com eficácia suspensa pela MP 2.177-44/2001.

I – nos planos privados de assistência à saúde, manter serviços próprios, contratar ou credenciar pessoas físicas ou jurídicas legalmente habilitadas e reembolsar o beneficiário das despesas decorrentes de eventos cobertos pelo plano;

II – nos seguros privados de assistência à saúde, reembolsar o segurado ou, ainda, pagar por ordem e conta deste, diretamente aos prestadores, livremente escolhidos pelo segurado, as despesas advindas de eventos cobertos, nos limites da apólice.

Parágrafo único. Nos seguros privados de assistência à saúde, e sem que isso implique o desvirtuamento do princípio da livre escolha dos segurados, as sociedades seguradoras podem apresentar relação de prestadores de serviços de assistência à saúde.

Art. 3º Sem prejuízo das atribuições previstas na legislação vigente e observadas, no que couber, as disposições expressas nas Leis 8.078, de 11 de setembro de 1990, e 8.080, de 19 de setembro de 1990, compete ao Conselho Nacional de Seguros Privados – CNSP ouvido, obrigatoriamente, o órgão instituído nos termos do art. 6º desta Lei, ressalvado o disposto no inciso VIII, regulamentar os planos privados de assistência à saúde, e em particular dispor sobre:

→ Artigo com eficácia suspensa pela MP 2.177-44/2001.

I – a constituição, organização, funcionamento e fiscalização das operadoras de planos privados de assistência à saúde;

II – as condições técnicas aplicáveis às operadoras de planos privados de assistência à saúde, de acordo com as suas peculiaridades;

III – as características gerais dos instrumentos contratuais utilizados na atividade das operadoras de planos privados de assistência à saúde;

IV – as normas de contabilidade, atuariais e estatísticas, a serem observadas pelas operadoras de planos privados de assistência à saúde;

V – o capital e o patrimônio líquido das operadoras de planos privados de assistência à saúde, assim como a forma de sua subscrição e realização quando se tratar de sociedade anônima de capital;

VI – os limites técnicos das operações relacionadas com planos privados de assistência à saúde;

VII – os critérios de constituição de garantias de manutenção do equilíbrio econômico-financeiro, consistentes em bens, móveis ou imóveis, ou fundos especiais ou seguros garantidores, a serem observados pelas operadoras de planos privados de assistência à saúde;

VIII – a direção fiscal, a liquidação extrajudicial e os procedimentos de recuperação financeira.

Parágrafo único. A regulamentação prevista neste artigo obedecerá às características específicas da operadora, mormente no que concerne à natureza jurídica de seus atos constitutivos.

Art. 4º O art. 33 do Decreto-Lei 73, de 21 de novembro de 1966, alterado pela Lei 8.127, de 20 de dezembro de 1990, passa a vigorar com a seguinte redação:

→ Artigo com eficácia suspensa pela MP 2.177-44/2001.

LEGISLAÇÃO

"Art. 33. O Conselho Nacional de Seguros Privados – CNSP será integrado pelos seguintes membros:

I – Ministro de Estado da Fazenda, ou seu representante legal;

II – Ministro de Estado da Saúde, ou seu representante legal;

III – Ministro de Estado da Justiça, ou seu representante legal;

IV – Ministro de Estado da Previdência e Assistência Social, ou seu representante legal;

V – Presidente do Banco Central do Brasil, ou seu representante legal;

VI – Superintendente da Superintendência de Seguros Privados – Susep, ou seu representante legal;

VII – Presidente do Instituto de Resseguros do Brasil – IRB, ou seu representante legal.

§ 1º O Conselho será presidido pelo Ministro de Estado da Fazenda e, na sua ausência, pelo Superintendente da Susep.

§ 2º O CNSP terá seu funcionamento regulado em regimento interno."

Art. 5º Compete à Superintendência de Seguros Privados Susep, de acordo com as diretrizes e resoluções do CNSP, sem prejuízo das atribuições previstas na legislação em vigor:

→ Artigo com eficácia suspensa pela MP 2.177-44/2001.

I – autorizar os pedidos de constituição, funcionamento, cisão, fusão, incorporação, alteração ou transferência do controle societário das operadoras de planos privados de assistência à saúde;

II – fiscalizar as atividades das operadoras de planos privados de assistência à saúde e zelar pelo cumprimento das normas atinentes ao funcionamento dos planos privados de saúde;

III – aplicar as penalidades cabíveis às operadoras de planos privados de assistência à saúde previstas nesta Lei;

IV – estabelecer critérios gerais para o exercício de cargos diretivos das operadoras de planos privados de assistência à saúde, segundo normas definidas pelo CNSP;

V – proceder à liquidação das operadoras que tiverem cassada a autorização para funcionar no País;

VI – promover a alienação da carteira de planos ou seguros das operadoras.

§ 1º A Susep contará, em sua estrutura organizacional, com setor específico para o tratamento das questões concernentes às operadoras referidas no art. 1º.

§ 2º A Susep ouvirá o Ministério da Saúde para a apreciação de questões concernentes às coberturas, aos aspectos sanitários e epidemiológicos relativos à prestação de serviços médicos e hospitalares.

Art. 6º É criada a Câmara de Saúde Suplementar como órgão do Conselho Nacional de Seguros Privados – CNSP, com competência privativa para se pronunciar acerca das matérias de sua audiência obrigatória, previstas no art. 3º, bem como propor a expedição de normas sobre:

→ Artigo com eficácia suspensa pela MP 2.177-44/2001.

I – regulamentação das atividades das operadoras de planos e seguros privados de assistência à saúde;

II – fixação de condições mínimas dos contratos relativos a planos e seguros privados de assistência à saúde;

III – critérios normativos em relação aos procedimentos de credenciamento e destituição de prestadores de serviço do sistema, visando assegurar o equilíbrio das relações entre os consumidores e os operadores de planos e seguros privados de assistência à saúde;

IV – estabelecimento de mecanismos de garantia, visando preservar a prestação de serviços aos consumidores;

V – o regimento interno da própria Câmara.

Art. 7º A Câmara de Saúde Suplementar é composta dos seguintes membros:

→ Artigo com eficácia suspensa pela MP 2.177-44/2001.

I – Ministro de Estado da Saúde, ou seu representante legal, na qualidade de presidente;

II – Ministro de Estado da Fazenda, ou seu representante legal;

III – Ministro de Estado da Previdência e Assistência Social, ou seu representante legal;

IV – Ministro de Estado do Trabalho, ou seu representante legal;

V – Secretário Executivo do Ministério da Saúde, ou seu representante legal;

VI – Superintendente da Superintendência de Seguros Privados – Susep, ou seu representante legal;

VII – Secretário de Direito Econômico do Ministério da Justiça, ou seu representante legal;

VIII – um representante indicado pelo Conselho Nacional de Saúde – CNS, dentre seus membros;

IX – um representante de entidades de defesa do consumidor;

X – um representante de entidades de consumidores de planos e seguros privados de assistência à saúde;

XI – um representante indicado pelos órgãos superiores de classe que representem os estabelecimentos de seguro;

XII – um representante indicado pelos órgãos superiores de classe que representem o segmento de autogestão de assistência à saúde;

XIII – um representante indicado pelos órgãos superiores de classe que representem a medicina de grupo;

XIV – um representante indicado pelas entidades que representem as cooperativas de serviços médicos;

XV – um representante das entidades filantrópicas da área de saúde;

XVI – um representante indicado pelas entidades nacionais de representação da categoria dos médicos;

XVII – um representante indicado pelas entidades nacionais de representação da categoria dos odontólogos;

XVIII – um representante indicado pelos órgãos superiores de classe que representem as empresas de odontologia de grupo;

XIX – um representante do Ministério Público Federal.

§ 1º As deliberações da Câmara dar-se-ão por maioria de votos, presente a maioria absoluta de seus membros, e as proposições aprovadas por 2/3 (dois terços) de seus integrantes exigirão igual *quorum* para serem reformadas, no todo ou em parte, pelo CNSP.

§ 2º Em suas faltas e impedimentos, o presidente da Câmara será substituído pelo Secretário Executivo do Ministério da Saúde.

§ 3º A Câmara, mediante deliberação de seus membros, pode constituir subcomissões consultivas, formadas por representantes dos profissionais e dos estabelecimentos de serviços de saúde, das entidades vinculadas à assistência à saúde ou dos consumidores, conforme dispuser seu regimento interno.

§ 4º Os representantes de que tratam os incisos VIII a XVII serão indicados pelas respectivas entidades e designados pelo Ministro de Estado da Saúde.

§ 5º As matérias definidas no art. 3º e em seus incisos, bem como as de competência da Câmara, têm prazo de 30 (trinta) dias para discussão e votação, após o que poderão ser avocadas pelo CNSP para deliberação final.

Art. 8º Para obter a autorização de funcionamento, as operadoras de planos privados de assistência à saúde devem satisfazer os seguintes requisitos, independentemente de outros que venham a ser determinados pela ANS:

→ *Caput* com redação alterada pela MP 2.177-44/2001.

I – registro nos Conselhos Regionais de Medicina e Odontologia, conforme o caso, em cumprimento ao disposto no art. 1º da Lei 6.839, de 30 de outubro de 1980;

II – descrição pormenorizada dos serviços de saúde próprios oferecidos e daqueles a serem prestados por terceiros;

III – descrição de suas instalações e equipamentos destinados à prestação de serviços;

IV – especificação dos recursos humanos qualificados e habilitados, com responsabilidade técnica de acordo com as leis que regem a matéria;

V – demonstração da capacidade de atendimento em razão dos serviços a serem prestados;

VI – demonstração da viabilidade econômico-financeira dos planos privados de assistência à saúde oferecidos, respeitadas as peculiaridades operacionais de cada uma das respectivas operadoras;

VII – especificação da área geográfica coberta pelo plano privado de assistência à saúde.

§ 1º São dispensadas do cumprimento das condições estabelecidas nos incisos VI e VII deste artigo as entidades ou empresas que mantêm sistemas de assistência privada à saúde na modalidade de autogestão, citadas no § 2º do art. 1º.

→ § 1º com redação alterada pela MP 2.177-44/2001.

§ 2º A autorização de funcionamento será cancelada caso a operadora não comercialize os produtos de que tratam o inciso I e o § 1º do art 1º desta Lei, no prazo máximo de 180 (cento e oitenta) dias a contar do seu registro na ANS.

→ § 2º acrescentado pela MP 2.177-44/2001.

§ 3º As operadoras privadas de assistência à saúde poderão voluntariamente requerer autorização para encerramento de suas atividades, observando os seguintes requisitos, independentemente de outros que venham a ser determinados pela ANS:

→ § 3º acrescentado pela MP 2.177-44/2001.

a) comprovação da transferência da carteira sem prejuízo para o consumidor, ou a inexistência de beneficiários sob sua responsabilidade;

b) garantia da continuidade da prestação de serviços dos beneficiários internados ou em tratamento;

c) comprovação da quitação de suas obrigações com os prestadores de serviço no âmbito da operação de planos privados de assistência à saúde;

d) informação prévia à ANS, aos beneficiários e aos prestadores de serviço contratados, credenciados ou referenciados, na forma e nos prazos a serem definidos pela ANS.

Art. 9º Após decorridos 120 (cento e vinte) dias de vigência desta Lei, para as operadoras, e 240 (duzentos e quarenta) dias, para as administradoras de planos de assistência à saúde, e até que sejam definidas pela ANS, as normas gerais de registro, as pessoas jurídicas que operam os produtos de que tratam o inciso I e o § 1º do art. 1º desta Lei, e observado o que dispõe o art. 19, só poderão comercializar estes produtos se:

→ *Caput* com redação alterada pela MP 2.177-44/2001.

I – as operadoras e administradoras estiverem provisoriamente cadastradas na ANS; e

→ Inciso I acrescentado pela MP 2.177-44/2001.

II – os produtos a serem comercializados estiverem registrados na ANS.

*Inciso II acrescentado pela MP 2.177-44/2001.

§ 1º O descumprimento das formalidades previstas neste artigo, além de configurar infração, constitui agravante na aplicação de penalidades por infração das demais normas previstas nesta Lei.

→ § 1º com redação alterada pela MP 2.177-44/2001.

§ 2º A ANS poderá solicitar informações, determinar alterações e promover a suspensão do todo ou de parte das condições dos planos apresentados.

→ § 2º com redação alterada pela MP 2.177-44/2001.

§ 3º A autorização de comercialização será cancelada caso a operadora não comercialize os planos ou os produtos de que tratam o inciso I e o § 1º do art. 1º desta Lei, no prazo máximo de 180 (cento e oitenta) dias a contar do seu registro na ANS.

→ § 3º acrescentado pela MP 2.177-44/2001.

§ 4º A ANS poderá determinar a suspensão temporária da comercialização de plano ou produto caso identifique qualquer irregularidade contratual, econômico-financeira ou assistencial.

→ § 4º acrescentado pela MP 2.177-44/2001.

Art. 10. É instituído o plano referência de assistência à saúde, com cobertura assistencial médico-ambulatorial e hospitalar, compreendendo partos e tratamentos, realizados exclusivamente no Brasil, com padrão de enfermaria, centro de terapia intensiva, ou similar, quando necessária a internação hospitalar, das doenças listadas na Classificação Estatística Internacional de Doenças e Problemas Relacionados com a Saúde, da Organização Mundial de Saúde, respeitadas as exigências mínimas estabelecidas no art. 12 desta Lei, exceto:

→ *Caput* com redação alterada pela MP 2.177-44/2001.

I – tratamento clínico ou cirúrgico experimental;

→ Inciso I com redação alterada pela MP 2.177-44/2001.

II – procedimentos clínicos ou cirúrgicos para fins estéticos, bem como órteses e próteses para o mesmo fim;

III – inseminação artificial;

IV – tratamento de rejuvenescimento ou de emagrecimento com finalidade estética;

V – fornecimento de medicamentos importados não nacionalizados;

VI – fornecimento de medicamentos para tratamento domiciliar, ressalvado o disposto nas alíneas *c* do inciso I e *g* do inciso II do art. 12;

→ Inciso VI com redação alterada pela Lei 12.880/2013.

VII – fornecimento de próteses, órteses e seus acessórios não ligados ao ato cirúrgico;

→ Inciso VII com redação alterada pela MP 2.177-44/2001.

VIII – procedimentos odontológicos, salvo o conjunto de serviços voltados à prevenção e manutenção básica da saúde dentária, assim compreendidos a pesquisa, o tratamento e a remoção de focos de infecção dentária, profilaxia de cárie dentária, cirurgia e traumatologia bucomaxilar;

→ Inciso VIII com eficácia suspensa pela MP 2.177-44/2001.

IX – tratamentos ilícitos ou antiéticos, assim definidos sob o aspecto médico, ou não reconhecidos pelas autoridades competentes;

X – casos de cataclismos, guerras e comoções internas, quando declarados pela autoridade competente.

§ 1º As exceções constantes dos incisos deste artigo serão objeto de regulamentação pela ANS.

→ § 1º com redação alterada pela MP 2.177-44/2001.

§ 2º As pessoas jurídicas que comercializam produtos de que tratam o inciso I e o § 1º do art. 1º desta Lei oferecerão, obrigatoriamente, a partir de 3 de dezembro de 1999, o plano referência de que trata este artigo a todos os seus atuais e futuros consumidores.

→ § 2º com redação alterada pela MP 2.177-44/2001.

§ 3º Excluem-se da obrigatoriedade a que se refere o § 2º deste artigo as pessoas jurídicas que mantêm sistemas de assistência à saúde pela modalidade de autogestão e as pessoas jurídicas que operem exclusivamente planos odontológicos.

→ § 3º com redação alterada pela MP 2.177-44/2001.

§ 4º A amplitude das coberturas, inclusive de transplantes e de procedimentos de alta complexidade, será definida por normas editadas pela ANS.

→ § 4º acrescentado pela MP 2.177-44/2001.

Art. 10-A. Cabe às operadoras definidas nos incisos I e II do § 1º do art. 1º desta Lei, por meio de sua rede de unidades conveniadas, prestar serviço de cirurgia plástica reconstrutiva de mama, utilizando-se de todos os meios e técnicas necessárias, para o tratamento de mutilação decorrente de utilização de técnica de tratamento de câncer.

→ Artigo acrescentado pela Lei 10.223/2001.

Art. 10-B. Cabe às operadoras dos produtos de que tratam o inciso I e o § 1º do art. 1º, por meio de rede própria, credenciada, contratada ou referenciada, ou mediante reembolso, fornecer bolsas de colostomia, ileostomia e urostomia, sonda vesical de demora e coletor de urina com conector, para uso hospitalar, ambulatorial ou domiciliar, vedada a limitação de prazo, valor máximo e quantidade.

→ Artigo acrescentado pela Lei 12.738/2012.

Art. 11. É vedada a exclusão de cobertura às doenças e lesões preexistentes à data de contratação dos produtos de que tratam o inciso I e o § 1º do art. 1º desta Lei após 24 (vinte e quatro) meses de vigência do aludido instrumento contratual, cabendo à respectiva operadora o ônus da prova e da demonstração do conhecimento prévio do consumidor ou beneficiário.

→ *Caput* com redação alterada pela MP 2.177-44/2001.

Parágrafo único. É vedada a suspensão da assistência à saúde do consumidor ou beneficiário, titular ou dependente, até a prova de que trata o *caput*, na forma da regulamentação a ser editada pela ANS.

→ Parágrafo único acrescentado pela MP 2.177-44/2001.

Art. 12. São facultadas a oferta, a contratação e a vigência dos produtos de que tratam o inciso I e o § 1º do art. 1º desta Lei, nas segmentações previstas nos incisos I a IV deste artigo, respeitadas as respectivas amplitudes de cobertura definidas no plano referência de que trata o art. 10, segundo as seguintes exigências mínimas:

→ *Caput* com redação alterada pela MP 2.177-44/2001.

I – quando incluir atendimento ambulatorial:

a) cobertura de consultas médicas, em número ilimitado, em clínicas básicas e especializadas, reconhecidas pelo Conselho Federal de Medicina;

b) cobertura de serviços de apoio diagnóstico, tratamentos e demais procedimentos ambulatoriais, solicitados pelo médico assistente;

→ Alínea *b* com redação alterada pela MP 2.177-44/2001.

c) cobertura de tratamentos antineoplásicos domiciliares de uso oral, incluindo medicamentos para o controle de efeitos adversos relacionados ao tratamento e adjuvantes;

→ Alínea *c* acrescentada pela Lei 12.880/2013.

II – quando incluir internação hospitalar:

a) cobertura de internações hospitalares, vedada a limitação de prazo, valor máximo e quantidade, em clínicas básicas e especializadas, reconhecidas pelo Conselho Federal de Medicina, admitindo-se a exclusão dos procedimentos obstétricos;

→ Alínea *a* com redação alterada pela MP 2.177-44/2001.

b) cobertura de internações hospitalares em centro de terapia intensiva, ou similar, vedada a limitação de prazo, valor máximo e quantidade, a critério do médico assistente;

→ Alínea *b* com redação alterada pela MP 2.177-44/2001.

c) cobertura de despesas referentes a honorários médicos, serviços gerais de enfermagem e alimentação;

d) cobertura de exames complementares indispensáveis para o controle da evolução da doença e elucidação diagnóstica, fornecimento de medicamentos, anestésicos, gases medicinais, transfusões e sessões de quimioterapia e radioterapia, conforme prescrição do médico assistente, realizados ou ministrados durante o período de internação hospitalar;

→ Alínea *d* com redação alterada pela MP 2.177-44/2001.

e) cobertura de toda e qualquer taxa, incluindo materiais utilizados, assim como da remoção do paciente, comprovadamente necessária, para outro estabelecimento hospitalar, dentro dos limites de abrangência geográfica previstos no contrato, em território brasileiro; e

→ Alínea *e* com redação alterada pela MP 2.177-44/2001.

f) cobertura de despesas de acompanhante, no caso de pacientes menores de 18 anos;

g) cobertura para tratamentos antineoplásicos ambulatoriais e domiciliares de uso oral, procedimentos radioterápicos para tratamento de câncer e hemoterapia, na qualidade de procedimentos cuja necessidade esteja relacionada à continuidade da assistência prestada em âmbito de internação hospitalar;

→ Alínea *g* acrescentada pela Lei 12.880/2013.

III – quando incluir atendimento obstétrico:

a) cobertura assistencial ao recém-nascido, filho natural ou adotivo do consumidor, ou de seu dependente, durante os primeiros trinta dias após o parto;

b) inscrição assegurada ao recém-nascido, filho natural ou adotivo do consumidor, como dependente, isento do cumprimento dos períodos de carência, desde que a inscrição ocorra no prazo máximo de 30 (trinta) dias do nascimento ou da adoção;

→ Alínea *b* com redação alterada pela MP 2.177-44/2001.

IV – quando incluir atendimento odontológico:

a) cobertura de consultas e exames auxiliares ou complementares, solicitados pelo odontólogo assistente;

b) cobertura de procedimentos preventivos, de dentística e endodontia;

c) cobertura de cirurgias orais menores, assim consideradas as realizadas em ambiente ambulatorial e sem anestesia geral;

V – quando fixar períodos de carência:

a) prazo máximo de 300 (trezentos) dias para partos a termo;

b) prazo máximo de 180 (cento e oitenta) dias para os demais casos;

c) prazo máximo de 24 (vinte e quatro) horas para a cobertura dos casos de urgência e emergência;

→ Alínea *c* acrescentada pela MP 2.177-44/2001.

VI – reembolso, em todos os tipos de produtos de que tratam o inciso I e o § 1º do art. 1º desta Lei, nos limites das obrigações contratuais, das despesas efetuadas pelo beneficiário com assistência à saúde, em casos de urgência ou emergência, quando não for possível a utilização dos serviços próprios, contratados, credenciados ou referenciados pelas operadoras, de acordo com a relação de preços de serviços médicos e hospitalares praticados pelo respectivo produto, pagáveis no prazo máximo de 30 (trinta) dias após a entrega da documentação adequada;

→ Inciso VI com redação alterada pela MP 2.177-44/2001.

VII – inscrição de filho adotivo, menor de 12 anos de idade, aproveitando os períodos de carência já cumpridos pelo consumidor adotante.

§ 1º Após 120 (cento e vinte) dias da vigência desta Lei, fica proibido o oferecimento de produtos de que tratam o inciso I e o § 1º do art. 1º desta Lei fora das segmentações de que trata este artigo, observadas suas respectivas condições de abrangência e contratação.

→ § 1º com redação alterada pela MP 2.177-44/2001.

§ 2º A partir de 3 de dezembro de 1999, da documentação relativa à contratação de produtos de que tratam o inciso I e o § 1º do art. 1º desta Lei, nas segmentações de que trata este artigo, deverá constar declaração em separado do consumidor, de que tem conhecimento da existência e disponibilidade do plano referência, e de que este lhe foi oferecido.

→ § 2º com redação alterada pela MP 2.177-44/2001.

§ 3º Nas hipóteses previstas no parágrafo anterior, é vedado o estabelecimento de carências superiores a 3 (três) dias úteis.

→ § 3º com eficácia suspensa pela MP 2.177-44/2001.

§ 4º As coberturas a que se referem as alíneas *c* do inciso I e *g* do inciso II deste artigo serão objeto de protocolos clínicos e diretrizes terapêuticas, revisados periodicamente, ouvidas as sociedades médicas de especialistas da área, publicados pela ANS.

→ § 4º acrescentado pela Lei 12.880/2013.

§ 5º O fornecimento previsto nas alíneas *c* do inciso I e *g* do inciso II deste artigo dar-se-á, por meio de rede própria, credenciada, contratada ou referenciada, diretamente ao paciente ou ao seu representante legal, podendo ser realizado de maneira fracionada por ciclo, observadas as normas estabelecidas pelos órgãos reguladores e de acordo com prescrição médica.

→ § 5º acrescentado pela Lei 12.880/2013.

Art. 13. Os contratos de produtos de que tratam o inciso I e o § 1º do art. 1º desta Lei têm renovação automática a partir do vencimento do prazo inicial de vigência, não cabendo a cobrança de taxas ou qualquer outro valor no ato da renovação.

→ *Caput* com redação alterada pela MP 2.177-44/2001.

Parágrafo único. Os produtos de que trata o *caput*, contratados individualmente, terão vigência mínima de 1 (um) ano, sendo vedadas:

→ *Caput* do parágrafo único com redação alterada pela MP 2.177-44/2001.

I – a recontagem de carências;

→ Inciso I com redação alterada pela MP 2.177-44/2001.

II – a suspensão ou a rescisão unilateral do contrato, salvo por fraude ou não pagamento da mensalidade por período superior a 60 (sessenta) dias, consecutivos ou não, nos últimos 12 (doze) meses de vigência do contrato, desde que o consumidor seja comprovadamente notificado até o quinquagésimo dia de inadimplência; e

→ Inciso II com redação alterada pela MP 2.177-44/2001.

III – a suspensão ou a rescisão unilateral do contrato, em qualquer hipótese, durante a ocorrência de internação do titular.

→ Inciso III acrescentado pela MP 2.177-44/2001.

Art. 14. Em razão da idade do consumidor, ou da condição de pessoa portadora de deficiência, ninguém pode ser impedido de participar de planos privados de assistência à saúde.

→ Artigo com redação alterada pela MP 2.177-44/2001.

→ *v.* Art. 5º da Lei 12.764/2012.

Art. 15. A variação das contraprestações pecuniárias estabelecidas nos contratos de produtos de que tratam o inciso I e o § 1º do art. 1º desta Lei, em razão da idade do consumidor, somente poderá ocorrer caso estejam previstas no contrato inicial as faixas etárias e os percentuais de reajustes incidentes em cada uma delas, conforme normas expedidas pela ANS, ressalvado o disposto no art. 35-E.

→ Artigo com redação alterada pela MP 2.177-44/2001.

→ *v.* Art. 16, IV, da Lei 9.656/1998.

Parágrafo único. É vedada a variação a que alude o *caput* para consumidores com mais de 60 (sessenta) anos de idade, que participarem dos produtos de que tratam o inciso I e o § 1º do art. 1º, ou sucessores, há mais de 10 (dez) anos.

Art. 16. Dos contratos, regulamentos ou condições gerais dos produtos de que tratam o inciso I e o § 1º do art. 1º desta Lei devem constar dispositivos que indiquem com clareza:

→ *Caput* com redação alterada pela MP 2.177-44/2001.

I – as condições de admissão;

II – o início da vigência;

III – os períodos de carência para consultas, internações, procedimentos e exames;

IV – as faixas etárias e os percentuais a que alude o *caput* do art. 15;

V – as condições de perda da qualidade de beneficiário;

→ Inciso V com redação alterada pela MP 2.177-44/2001.

VI – os eventos cobertos e excluídos;

VII – o regime, ou tipo de contratação:

→ Inciso VII com redação alterada pela MP 2.177-44/2001.

a) individual ou familiar;

b) coletivo empresarial; ou

c) coletivo por adesão;

VIII – a franquia, os limites financeiros ou o percentual de coparticipação do consumidor ou beneficiário, contratualmente previstos nas despesas com assistência médica, hospitalar e odontológica;

→ Inciso VIII com redação alterada pela MP 2.177-44/2001.

IX – os bônus, os descontos ou os agravamentos da contraprestação pecuniária;

X – a área geográfica de abrangência;

→ Inciso X com redação alterada pela MP 2.177-44/2001.

XI – os critérios de reajuste e revisão das contraprestações pecuniárias;

XII – número de registro na ANS.

→ Inciso XII acrescentado pela MP 2.177-44/2001.

Parágrafo único. A todo consumidor titular de plano individual ou familiar será obrigatoriamente entregue, quando de sua inscrição, cópia do contrato, do regulamento ou das condições gerais dos produtos de que tratam o inciso I e o § 1º do art. 1º, além de material explicativo que descreva, em linguagem simples e precisa, todas as suas características, direitos e obrigações.

→ Parágrafo único com redação alterada pela MP 2.177-44/2001.

Art. 17. A inclusão de qualquer prestador de serviço de saúde como contratado, referenciado ou credenciado dos produtos de que tratam o inciso I e o § 1º do art. 1º desta Lei implica compromisso com os consumidores quanto à sua manutenção ao longo da vigência dos contratos, permitindo-se sua substituição, desde que seja por outro prestador equivalente e mediante comunicação aos consumidores com 30 (trinta) dias de antecedência.

→ *Caput* com redação alterada pela Lei 13.003/2014, em vigor após decorridos 180 (cento e oitenta) dias de sua Publicação oficial – *D.O.U.* 25.6.2014.

§ 1º É facultada a substituição de entidade hospitalar, a que se refere o *caput* deste artigo, desde que por outro equivalente e mediante comunicação aos consumidores e à ANS com 30 (trinta) dias de antecedência, ressalvados desse prazo mínimo os casos decorrentes de rescisão por fraude ou infração das normas sanitárias e fiscais em vigor.

→ § 1º com redação alterada pela MP 2.177-44/2001.

§ 2º Na hipótese de a substituição do estabelecimento hospitalar a que se refere o § 1º ocorrer por vontade da operadora durante período de internação do consumidor, o estabelecimento obriga-se a manter a internação e a operadora, a pagar as despesas até a alta hospitalar, a critério médico, na forma do contrato.

→ § 2º com redação alterada pela MP 2.177-44/2001.

§ 3º Excetuam-se do previsto no § 2º os casos de substituição do estabelecimento hospitalar por infração às normas sanitárias em vigor, durante período de internação, quando a operadora arcará com a responsabilidade pela transferência imediata para outro estabelecimento equivalente, garantindo a continuação da assistência, sem ônus adicional para o consumidor.

→ § 3º acrescentado pela MP 2.177-44/2001.

§ 4º Em caso de redimensionamento da rede hospitalar por redução, as empresas deverão solicitar à ANS autorização expressa para tanto, informando:

→ § 4º acrescentado pela MP 2.177-44/2001.

I – nome da entidade a ser excluída;

II – capacidade operacional a ser reduzida com a exclusão;

III – impacto sobre a massa assistida, a partir de parâmetros definidos pela ANS, correlacionando a necessidade de leitos e a capacidade operacional restante; e

IV – justificativa para a decisão, observando a obrigatoriedade de manter cobertura com padrões de qualidade equivalente e sem ônus adicional para o consumidor.

→ **Anterior redação: Art. 17.** A inclusão como contratados, referenciados ou credenciados dos produtos de que tratam o inciso I e o § 1º do art. 1º desta Lei, de qualquer entidade hospitalar, implica compromisso para com os consumidores quanto à sua manutenção ao longo da vigência dos contratos. (Artigo com redação alterada pela MP 2.177-44/2001.) (...).

Art. 17-A. As condições de prestação de serviços de atenção à saúde no âmbito dos planos privados de assistência à saúde por pessoas físicas ou jurídicas, independentemente de sua qualificação como contratadas, referenciadas ou credenciadas, serão reguladas por contrato escrito, estipulado entre a operadora do plano e o prestador de serviço.

→ Artigo acrescentado pela Lei 13.003/2014, em vigor após decorridos 180 (cento e oitenta) dias de sua Publicação oficial – *D.O.U.* 25.6.2014.

§ 1º São alcançados pelas disposições do *caput* os profissionais de saúde em prática liberal privada, na qualidade de pessoa física, e os estabelecimentos de saúde, na qualidade de pessoa jurídica, que prestem ou venham a prestar os serviços de assistência à saúde a que aludem os arts. 1º e 35-F desta Lei, no âmbito de planos privados de assistência à saúde.

§ 2º O contrato de que trata o *caput* deve estabelecer com clareza as condições para a sua execução, expressas em cláusulas que definam direitos, obrigações e responsabilidades das partes, incluídas, obrigatoriamente, as que determinem:

I – o objeto e a natureza do contrato, com descrição de todos os serviços contratados;

II – a definição dos valores dos serviços contratados, dos critérios, da forma e da periodicidade do seu reajuste e dos prazos e procedimentos para faturamento e pagamento dos serviços prestados;

III – a identificação dos atos, eventos e procedimentos médico-assistenciais que necessitem de autorização administrativa da operadora;

IV – a vigência do contrato e os critérios e procedimentos para prorrogação, renovação e rescisão;

V – as penalidades pelo não cumprimento das obrigações estabelecidas.

§ 3º A periodicidade do reajuste de que trata o inciso II do § 2º deste artigo será anual e realizada no prazo improrrogável de 90 (noventa) dias, contado do início de cada ano-calendário.

§ 4º Na hipótese de vencido o prazo previsto no § 3º deste artigo, a Agência Nacional de Saúde Suplementar – ANS, quando for o caso, definirá o índice de reajuste.

§ 5º A ANS poderá constituir, na forma da legislação vigente, câmara técnica com representação proporcional das partes envolvidas para o adequado cumprimento desta Lei.

§ 6º A ANS publicará normas regulamentares sobre o disposto neste artigo.

Art. 18. A aceitação, por parte de qualquer prestador de serviço ou profissional de saúde, da condição de contratado, referenciado, credenciado ou cooperado de uma operadora de produtos de que tratam o inciso I e o § 1º do art. 1º desta Lei implica as seguintes obrigações e direitos:

→ *Caput* com redação alterada pela Lei 13.003/2014, em vigor após decorridos 180 (cento e oitenta) dias de sua Publicação oficial – *D.O.U.* 25.6.2014.

I – o consumidor de determinada operadora, em nenhuma hipótese e sob nenhum pretexto ou alegação, pode ser discriminado ou atendido de forma distinta daquela dispensada aos clientes vinculados a outra operadora ou plano;

II – a marcação de consultas, exames e quaisquer outros procedimentos deve ser feita de forma a atender às necessidades dos consumidores, privilegiando os casos de emergência ou urgência, assim como as pessoas com mais de 65 (sessenta e cinco) anos de idade, as gestantes, lactantes, lactentes e crianças até 5 (cinco) anos;

III – a manutenção de relacionamento de contratação, credenciamento ou referenciamento com número ilimitado de operadoras, sendo expressamente vedado às operadoras, independente de sua natureza jurídica constitutiva, impor contratos de exclusividade ou de restrição à atividade profissional.

→ Inciso III com redação alterada pela MP 2.177-44/2001.

Parágrafo único. A partir de 3 de dezembro de 1999, os prestadores de serviço ou profissionais de saúde não poderão manter contrato, credenciamento ou referenciamento com operadoras que não tiverem registros para funcionamento e comercialização conforme previsto nesta Lei, sob pena de responsabilidade por atividade irregular.

→ Parágrafo único acrescentado pela MP 2.177-44/2001.

→ **Anterior redação: Art. 18.** A aceitação, por parte de qualquer prestador de serviço ou profissional de saúde, da condição de contratado, credenciado ou cooperado de uma operadora de produtos de que tratam o inciso I e o § 1º do art. 1º desta Lei, implicará as seguintes obrigações e direitos: I – o consumidor de determinada operadora, em nenhuma hipótese e sob nenhum pretexto ou alegação, pode ser discriminado ou atendido de forma distinta daquela dispensada aos clientes vinculados a outra operadora ou plano; II – a marcação de consultas, exames e quaisquer outros procedimentos deve ser feita de forma a atender às necessidades dos consumidores, privilegiando os casos de emergência ou urgência, assim como as pessoas com mais de sessenta e cinco anos de idade, as gestantes, lactantes, lactentes e crianças até cinco anos; III – a manutenção de relacionamento de contratação, credenciamento ou referenciamento com número ilimitado de operadoras, sendo expressamente vedado às operadoras, independente de sua natureza jurídica constitutiva, impor contratos de exclusividade ou de restrição à atividade profissional. Parágrafo único. A partir de 3 de dezembro de 1999, os prestadores de serviço ou profissionais de saúde não poderão manter contrato, credenciamento ou referenciamento com operadoras que não tiverem registros para funcionamento e comercialização conforme previsto nesta Lei, sob pena de responsabilidade por atividade irregular.

Art. 19. Para requerer a autorização definitiva de funcionamento, as pessoas jurídicas que já atuavam como operadoras ou administradoras dos produtos de que tratam o inciso I e o § 1º do art. 1º desta Lei, terão prazo de 180 (cento e oitenta) dias, a partir da publicação da regulamentação específica pela ANS.

→ *Caput* com redação alterada pela MP 2.177-44/2001.

§ 1º Até que sejam expedidas as normas de registro, serão mantidos registros provisórios das pessoas jurídicas e dos produtos na ANS, com a finalidade de autorizar a comercialização ou operação dos produtos a que alude o *caput*, a partir de 2 de janeiro de 1999.

→ § 1º com redação alterada pela MP 2.177-44/2001.

§ 2º Para o registro provisório, as operadoras ou administradoras dos produtos a que alude o *caput* deverão apresentar à ANS as informações requeridas e os seguintes documentos, independentemente de outros que venham a ser exigidos:

→ § 2º acrescentado pela MP 2.177-44/2001.

I – registro do instrumento de constituição da pessoa jurídica;

II – nome fantasia;

III – CNPJ;

IV – endereço;

V – telefone, fax e e-mail; e

VI – principais dirigentes da pessoa jurídica e nome dos cargos que ocupam.

§ 3º Para registro provisório dos produtos a serem comercializados, deverão ser apresentados à ANS os seguintes dados:

→ § 3º acrescentado pela MP 2.177-44/2001.

I – razão social da operadora ou da administradora;

LEGISLAÇÃO

II – CNPJ da operadora ou da administradora;

III – nome do produto;

IV – segmentação da assistência (ambulatorial, hospitalar com obstetrícia, hospitalar sem obstetrícia, odontológica e referência);

V – tipo de contratação (individual/familiar, coletivo empresarial e coletivo por adesão);

VI – âmbito geográfico de cobertura;

VII – faixas etárias e respectivos preços;

VIII – rede hospitalar própria por Município (para segmentações hospitalar e referência);

IX – rede hospitalar contratada ou referenciada por Município (para segmentações hospitalar e referência);

X – outros documentos e informações que venham a ser solicitados pela ANS.

§ 4º Os procedimentos administrativos para registro provisório dos produtos serão tratados em norma específica da ANS.

→ § 4º acrescentado pela MP 2.177-44/2001.

§ 5º Independentemente do cumprimento, por parte da operadora, das formalidades do registro provisório, ou da conformidade dos textos das condições gerais ou dos instrumentos contratuais, ficam garantidos, a todos os usuários de produtos a que alude o *caput*, contratados a partir de 2 de janeiro de 1999, todos os benefícios de acesso e cobertura previstos nesta Lei e em seus regulamentos, para cada segmentação definida no art. 12.

→ § 5º acrescentado pela MP 2.177-44/2001.

§ 6º O não cumprimento do disposto neste artigo implica o pagamento de multa diária no valor de R$ 10.000,00 (dez mil reais) aplicada às operadoras dos produtos de que tratam o inciso I e o § 1º do art. 1º.

→ § 6º acrescentado pela MP 2.177-44/2001.

§ 7º As pessoas jurídicas que forem iniciar operação de comercialização de planos privados de assistência à saúde, a partir de 8 de dezembro de 1998, estão sujeitas aos registros de que trata o § 1º deste artigo.

→ § 7º acrescentado pela MP 2.177-44/2001.

Art. 20. As operadoras de produtos de que tratam o inciso I e o § 1º do art. 1º desta Lei são obrigadas a fornecer, periodicamente, à ANS todas as informações e estatísticas relativas a suas atividades, incluídas as de natureza cadastral, especialmente aquelas que permitam a identificação dos consumidores e de seus dependentes, incluindo seus nomes, inscrições no Cadastro de Pessoas Físicas dos titulares e Municípios onde residem, para fins do disposto no art. 32.

→ *Caput* com redação alterada pela MP 2.177-44/2001.

§ 1º Os agentes, especialmente designados pela ANS, para o exercício das atividades de fiscalização e nos limites por ela estabelecidos, têm livre acesso às operadoras, podendo requisitar e apreender processos, contratos, manuais de rotina operacional e demais documentos, relativos aos produtos de que tratam o inciso I e o § 1º do art. 1º desta Lei.

→ § 1º acrescentado pela MP 2.177-44/2001.

§ 2º Caracteriza-se como embaraço à fiscalização, sujeito às penas previstas na lei, a imposição de qualquer dificuldade à consecução dos objetivos da fiscalização, de que trata o § 1º deste artigo.

→ § 2º acrescentado pela MP 2.177-44/2001.

Art. 21. É vedado às operadoras de planos privados de assistência à saúde realizar quaisquer operações financeiras:

I – com seus diretores e membros dos conselhos administrativos, consultivos, fiscais ou assemelhados, bem como com os respectivos cônjuges e parentes até o segundo grau, inclusive;

II – com empresa de que participem as pessoas a que se refere o inciso I, desde que estas sejam, em conjunto ou isoladamente, consideradas como controladoras da empresa.

→ Inciso II com redação alterada pela MP 2.177-44/2001.

Art. 22. As operadoras de planos privados de assistência à saúde submeterão suas contas a auditores independentes, registrados no respectivo Conselho Regional de Contabilidade e na Comissão de Valores Mobiliários – CVM, publicando, anualmente, o parecer respectivo, juntamente com as demonstrações financeiras determinadas pela Lei 6.404, de 15 de dezembro de 1976.

§ 1º A auditoria independente também poderá ser exigida quanto aos cálculos atuariais, elaborados segundo diretrizes gerais definidas pelo CONSU.

→ § 1º acrescentado pela MP 2.177-44/2001.

§ 2º As operadoras com número de beneficiários inferior a vinte mil usuários ficam dispensadas da publicação do parecer do auditor e das demonstrações financeiras, devendo, a ANS, dar-lhes publicidade.

→ § 2º acrescentado pela MP 2.177-44/2001.

Art. 23. As operadoras de planos privados de assistência à saúde não podem requerer concordata e não estão sujeitas a falência ou insolvência civil, mas tão somente ao regime de liquidação extrajudicial.

→ *Caput* com redação alterada pela MP 2.177-44/2001.

§ 1º As operadoras sujeitar-se-ão ao regime de falência ou insolvência civil quando, no curso da liquidação extrajudicial, forem verificadas uma das seguintes hipóteses:

→ § 1º acrescentado pela MP 2.177-44/2001.

I – o ativo da massa liquidanda não for suficiente para o pagamento de pelo menos a metade dos créditos quirografários;

II – o ativo realizável da massa liquidanda não for suficiente, sequer, para o pagamento das despesas administrativas e operacionais inerentes ao regular processamento da liquidação extrajudicial; ou

III – nas hipóteses de fundados indícios de condutas previstas nos arts. 186 a 189 do Decreto-Lei 7.661, de 21 de junho de 1945.

→ O citado Dec.-lei 7.661/1945 foi revogado pela Lei 11.101/2005.

§ 2º Para efeito desta Lei, define-se ativo realizável como sendo todo ativo que possa ser convertido em moeda corrente em prazo compatível para o pagamento das despesas administrativas e operacionais da massa liquidanda.

→ § 2º acrescentado pela MP 2.177-44/2001.

§ 3º À vista do relatório do liquidante extrajudicial, e em se verificando qualquer uma das hipóteses previstas nos incisos I, II ou III do § 1º deste artigo, a ANS poderá autorizá-lo a requerer a falência ou insolvência civil da operadora.

→ § 3º acrescentado pela MP 2.177-44/2001.

§ 4º A distribuição do requerimento produzirá imediatamente os seguintes efeitos:

→ § 4º acrescentado pela MP 2.177-44/2001.

I – a manutenção da suspensão dos prazos judiciais em relação à massa liquidanda;

II – a suspensão dos procedimentos administrativos de liquidação extrajudicial, salvo os relativos à guarda e à proteção dos bens e imóveis da massa;

III – a manutenção da indisponibilidade dos bens dos administradores, gerentes, conselheiros e assemelhados, até posterior determinação judicial; e

IV – prevenção do juízo que emitir o primeiro despacho em relação ao pedido de conversão do regime.

§ 5º A ANS, no caso previsto no inciso II do § 1º deste artigo, poderá, no período compreendido entre a distribuição do requerimento e a decretação da falência ou insolvência civil, apoiar a proteção dos bens móveis e imóveis da massa liquidanda.

→ § 5º acrescentado pela MP 2.177-44/2001.

§ 6º O liquidante enviará ao juízo prevento o rol das ações judiciais em curso cujo andamento ficará suspenso até que o juiz competente nomeie o síndico da massa falida ou o liquidante da massa insolvente.

→ § 6º acrescentado pela MP 2.177-44/2001.

Art. 24. Sempre que detectadas nas operadoras sujeitas à disciplina desta Lei insuficiência das garantias do equilíbrio financeiro, anormalidades econômico-financeiras ou administrativas graves que coloquem em risco a continuidade ou a qualidade do atendimento à saúde, a ANS poderá determinar a alienação da carteira, o regime de direção fiscal ou técnica, por prazo não superior a 365 (trezentos e sessenta e cinco) dias, ou a liquidação extrajudicial, conforme a gravidade do caso.

→ Artigo com redação alterada pela MP 2.177-44/2001.

§ 1º O descumprimento das determinações do diretor-fiscal ou técnico, e do liquidante, por dirigentes, administradores, conselheiros ou empregados da operadora de planos privados de assistência à saúde acarretará o imediato afastamento do infrator, por decisão da ANS, sem prejuízo das sanções penais cabíveis, assegurado o direito ao contraditório, sem que isto implique efeito suspensivo da decisão administrativa que determinou o afastamento.

§ 2º A ANS, *ex officio* ou por recomendação do diretor técnico ou fiscal ou do liquidante, poderá, em ato administrativo devidamente motivado, determinar o afastamento dos diretores, administradores, gerentes e membros do conselho fiscal da operadora sob regime de direção ou em liquidação.

§ 3º No prazo que lhe for designado, o diretor-fiscal ou técnico procederá à análise da organização administrativa e da situação econômico-financeira da operadora, bem assim da qualidade do atendimento aos consumidores, e proporá à ANS as medidas cabíveis.

§ 4º O diretor-fiscal ou técnico poderá propor a transformação do regime de direção em liquidação extrajudicial.

LEGISLAÇÃO

§ 5º A ANS promoverá, no prazo máximo de 90 (noventa) dias, a alienação da carteira das operadoras de planos privados de assistência à saúde, no caso de não surtirem efeito as medidas por ela determinadas para sanar as irregularidades ou nas situações que impliquem risco para os consumidores participantes da carteira.

Art. 24-A. Os administradores das operadoras de planos privados de assistência à saúde em regime de direção fiscal ou liquidação extrajudicial, independentemente da natureza jurídica da operadora, ficarão com todos os seus bens indisponíveis, não podendo, por qualquer forma, direta ou indireta, aliená-los ou onerá-los, até apuração e liquidação final de suas responsabilidades.

→ Artigo acrescentado pela MP 2.177-44/2001.

§ 1º A indisponibilidade prevista neste artigo decorre do ato que decretar a direção fiscal ou a liquidação extrajudicial e atinge a todos aqueles que tenham estado no exercício das funções nos doze meses anteriores ao mesmo ato.

§ 2º Na hipótese de regime de direção fiscal, a indisponibilidade de bens a que se refere o *caput* deste artigo poderá não alcançar os bens dos administradores, por deliberação expressa da Diretoria Colegiada da ANS.

§ 3º A ANS, *ex officio* ou por recomendação do diretor fiscal ou do liquidante, poderá estender a indisponibilidade prevista neste artigo:

I – aos bens de gerentes, conselheiros e aos de todos aqueles que tenham concorrido, no período previsto no § 1º, para a decretação da direção fiscal ou da liquidação extrajudicial;

II – aos bens adquiridos, a qualquer título, por terceiros, no período previsto no § 1º, das pessoas referidas no inciso I, desde que configurada fraude na transferência.

§ 4º Não se incluem nas disposições deste artigo os bens considerados inalienáveis ou impenhoráveis pela legislação em vigor.

§ 5º A indisponibilidade também não alcança os bens objeto de contrato de alienação, de promessa de compra e venda, de cessão ou promessa de cessão de direitos, desde que os respectivos instrumentos tenham sido levados ao competente registro público, anteriormente à data da decretação da direção fiscal ou da liquidação extrajudicial.

§ 6º Os administradores das operadoras de planos privados de assistência à saúde respondem solidariamente pelas obrigações por eles assumidas durante sua gestão até o montante dos prejuízos causados, independentemente do nexo de causalidade.

Art. 24-B. A Diretoria Colegiada definirá as atribuições e competências do diretor técnico, diretor fiscal e do responsável pela alienação de carteira, podendo ampliá-las, se necessário.

→ Artigo acrescentado pela MP 2.177-44/2001.

Art. 24-C. Os créditos decorrentes da prestação de serviços de assistência privada à saúde preferem a todos os demais, exceto os de natureza trabalhista e tributários.

→ Artigo acrescentado pela MP 2.177-44/2001.

Art. 24-D. Aplica-se à liquidação extrajudicial das operadoras de planos privados de assistência à saúde e ao disposto nos arts. 24-A e 35-I, no que couber com os preceitos desta Lei, o disposto na Lei 6.024, de 13 de março de 1974, no Decreto-Lei 7.661, de 21 de junho de 1945, no Decreto-Lei 41, de 18 de novembro de 1966, e no Decreto-Lei 73, de 21 de novembro de 1966, conforme o que dispuser a ANS.

→ Artigo acrescentado pela MP 2.177-44/2001.

Art. 25. As infrações dos dispositivos desta Lei e de seus regulamentos, bem como aos dispositivos dos contratos firmados, a qualquer tempo, entre operadoras e usuários de planos privados de assistência à saúde, sujeitam a operadora dos produtos de que tratam o inciso I e o § 1º do art. 1º desta Lei, seus administradores, membros de conselhos administrativos, deliberativos, consultivos, fiscais e assemelhados às seguintes penalidades, sem prejuízo de outras estabelecidas na legislação vigente:

→ *Caput* com redação alterada pela MP 2.177-44/2001.

I – advertência;

II – multa pecuniária;

III – suspensão do exercício do cargo;

IV – inabilitação temporária para exercício de cargos em operadoras de planos de assistência à saúde;

→ Inciso IV com redação alterada pela MP 2.177-44/2001.

V – inabilitação permanente para exercício de cargos de direção ou em conselhos das operadoras a que se refere esta Lei, bem como em entidades de previdência privada, sociedades seguradoras, corretoras de seguros e instituições financeiras;

VI – cancelamento da autorização de funcionamento e alienação da carteira da operadora.

→ Inciso VI acrescentado pela MP 2.177-44/2001.

Art. 26. Os administradores e membros dos conselhos administrativos, deliberativos, consultivos, fiscais e assemelhados das operadoras de que trata esta Lei respondem solidariamente pelos prejuízos causados a terceiros, inclusive aos acionistas, cotistas, cooperados e consumidores de planos privados de assistência à saúde, conforme o caso, em consequência do descumprimento de leis, normas e instruções referentes às operações previstas na legislação e, em especial, pela falta de constituição e cobertura das garantias obrigatórias.

→ Artigo com redação alterada pela MP 2.177-44/2001.

Art. 27. A multa de que trata o art. 25 será fixada e aplicada pela ANS no âmbito de suas atribuições, com valor não inferior a R$ 5.000,00 (cinco mil reais) e não superior a R$ 1.000.000,00 (um milhão de reais) de acordo com o porte econômico da operadora ou prestadora de serviço e a gravidade da infração, ressalvado o disposto no § 6º do art. 19.

→ *Caput* com redação alterada pela MP 2.177-44/2001.

Parágrafo único. As multas constituir-se-ão em receitas da Susep.

→ Parágrafo único com eficácia suspensa pela MP 2.177-44/2001.

Art. 28. Das decisões da Susep caberá recurso ao CNSP, no prazo de 15 (quinze) dias, contados a partir do recebimento da intimação.

→ Artigo com eficácia suspensa pela MP 2.177-44/2001.

Art. 29. As infrações serão apuradas mediante processo administrativo que tenha por base o auto de infração, a representação ou a denúncia positiva dos fatos irregulares, cabendo à ANS dispor sobre normas para instauração, recursos e seus efeitos, instâncias e prazos.

→ *Caput* com redação alterada pela MP 2.177-44/2001.

§ 1º O processo administrativo, antes de aplicada a penalidade, poderá, a título excepcional, ser suspenso, pela ANS, se a operadora ou prestadora de serviço assinar termo de compromisso de ajuste de conduta, perante a diretoria colegiada, que terá eficácia de título executivo extrajudicial, obrigando-se a:

→ § 1º acrescentado pela MP 2.177-44/2001.

I – cessar a prática de atividades ou atos objetos da apuração; e

II – corrigir as irregularidades, inclusive indenizando os prejuízos delas decorrentes.

§ 2º O termo de compromisso de ajuste de conduta conterá, necessariamente, as seguintes cláusulas:

→ § 2º acrescentado pela MP 2.177-44/2001.

I – obrigações do compromissário de fazer cessar a prática objeto da apuração, no prazo estabelecido;

II – valor da multa a ser imposta no caso de descumprimento, não inferior a R$ 5.000,00 (cinco mil reais) e não superior a R$ 1.000.000,00 (um milhão de reais) de acordo com o porte econômico da operadora ou da prestadora de serviço.

§ 3º A assinatura do termo de compromisso de ajuste de conduta não importa confissão do compromissário quanto à matéria de fato, nem reconhecimento de ilicitude da conduta em apuração.

→ § 3º acrescentado pela MP 2.177-44/2001.

§ 4º O descumprimento do termo de compromisso de ajuste de conduta, sem prejuízo da aplicação da multa a que se refere o inciso II do § 2º, acarreta a revogação da suspensão do processo.

→ § 4º acrescentado pela MP 2.177-44/2001.

§ 5º Cumpridas as obrigações assumidas no termo de compromisso de ajuste de conduta, será extinto o processo.

→ § 5º acrescentado pela MP 2.177-44/2001.

§ 6º Suspende-se a prescrição durante a vigência do termo de compromisso de ajuste de conduta.

→ § 6º acrescentado pela MP 2.177-44/2001.

§ 7º Não poderá ser firmado termo de compromisso de ajuste de conduta quanto tiver havido descumprimento de outro termo de compromisso de ajuste de conduta nos termos desta Lei, dentro do prazo de 2 (dois) anos.

→ § 7º acrescentado pela MP 2.177-44/2001.

§ 8º O termo de compromisso de ajuste de conduta deverá ser publicado no Diário Oficial da União.

→ § 8º acrescentado pela MP 2.177-44/2001.

§ 9º A ANS regulamentará a aplicação do disposto nos §§ 1º a 7º deste artigo.

→ § 9º acrescentado pela MP 2.177-44/2001.

Art. 29-A. A ANS poderá celebrar com as operadoras termo de compromisso, quando houver interesse na implementação de práticas que consistam em vantagens para os consumidores, com vistas a assegurar a manutenção da qualidade dos serviços de assistência à saúde.

→ Artigo acrescentado pela MP 2.177-44/2001.

§ 1º O termo de compromisso referido no *caput* não poderá implicar restrição de direitos do usuário.

§ 2º Na definição do termo de que trata este artigo serão considerados os critérios de aferição e controle da qualidade dos serviços a serem oferecidos pelas operadoras.

§ 3º O descumprimento injustificado do termo de compromisso poderá importar na aplicação da penalidade de multa a que se refere o inciso II, § 2º, do art. 29 desta Lei.

Art. 30. Ao consumidor que contribuir para produtos de que tratam o inciso I e o § 1º do art. 1º desta Lei, em decorrência de vínculo empregatício, no caso de rescisão ou exoneração do contrato de trabalho sem justa causa, é assegurado o direito de manter sua condição de beneficiário, nas mesmas condições de cobertura assistencial de que gozava quando da vigência do contrato de trabalho, desde que assuma o seu pagamento integral.

→ *Caput* com redação alterada pela MP 2.177-44/2001.

→ *V.* Art. 4º, XI, da Lei 9.961/2000.

§ 1º O período de manutenção da condição de beneficiário a que se refere o *caput* será de 1/3 (um terço) do tempo de permanência nos produtos de que tratam o inciso I e o § 1º do art. 1º, ou sucessores, com um mínimo assegurado de seis meses e um máximo de vinte e quatro meses.

→ § 1º com redação alterada pela MP 2.177-44/2001.

§ 2º A manutenção de trata este artigo é extensiva, obrigatoriamente, a todo o grupo familiar inscrito quando da vigência do contrato de trabalho.

§ 3º Em caso de morte do titular, o direito de permanência é assegurado aos dependentes cobertos pelo plano ou seguro privado coletivo de assistência à saúde, nos termos do disposto neste artigo.

§ 4º O direito assegurado neste artigo não exclui vantagens obtidas pelos empregados decorrentes de negociações coletivas de trabalho.

§ 5º A condição prevista no *caput* deste artigo deixará de existir quando da admissão do consumidor titular em novo emprego.

→ § 5º acrescentado pela MP 2.177-44/2001.

§ 6º Nos planos coletivos custeados integralmente pela empresa, não é considerada contribuição a coparticipação do consumidor, única e exclusivamente, em procedimentos, como fator de moderação, na utilização dos serviços de assistência médica ou hospitalar.

→ § 6º acrescentado pela MP 2.177-44/2001.

Art. 31. Ao aposentado que contribuir para produtos de que tratam o inciso I e o § 1º do art. 1º desta Lei, em decorrência de vínculo empregatício, pelo prazo mínimo de 10 (dez) anos, é assegurado o direito de manutenção como beneficiário, nas mesmas condições de cobertura assistencial de que gozava quando da vigência do contrato de trabalho, desde que assuma o seu pagamento integral.

→ Artigo com redação alterada pela MP 2.177-44/2001.

→ *V.* Art. 4º, XI, da Lei 9.961/2000.

§ 1º Ao aposentado que contribuir para planos coletivos de assistência à saúde por período inferior ao estabelecido no *caput* é assegurado o direito de manutenção como beneficiário, à razão de um ano para cada ano de contribuição, desde que assuma o pagamento integral do mesmo.

§ 2º Para gozo do direito assegurado neste artigo, observar-se-ão as mesmas condições estabelecidas nos §§ 2º, 3º, 4º, 5º e 6º do art. 30 anterior.

§ 3º Para gozo do direito assegurado neste artigo, observar-se-ão as mesmas condições estabelecidas nos §§ 2 º e 4 º do art. 30.

Art. 32. Serão ressarcidos pelas operadoras dos produtos de que tratam o inciso I e o § 1º do art. 1º desta Lei, de acordo com normas a serem definidas pela ANS, os serviços de atendimento à saúde previstos nos respectivos contratos, prestados a seus consumidores e respectivos dependentes, em instituições públicas ou privadas, conveniadas ou contratadas, integrantes do Sistema Único de Saúde – SUS.

→ *Caput* com redação alterada pela MP 2.177-44/2001.

§ 1º O ressarcimento será efetuado pelas operadoras ao SUS com base em regra de valoração aprovada e divulgada pela ANS, mediante crédito ao Fundo Nacional de Saúde – FNS.

→ § 1º com redação alterada pela Lei 12.469/2011.

§ 2º Para a efetivação do ressarcimento, a ANS disponibilizará às operadoras a discriminação dos procedimentos realizados para cada consumidor.

→ § 2º com redação alterada pela MP 2.177-44/2001.

§ 3º A operadora efetuará o ressarcimento até o 15º (décimo quinto) dia da data de recebimento da notificação de cobrança feita pela ANS.

→ § 3º com redação alterada pela Lei 12.469/2011.

§ 4º O ressarcimento não efetuado no prazo previsto no § 3º será cobrado com os seguintes acréscimos:

→ *Caput* do § 4º com redação alterada pela MP 2.177-44/2001.

I – juros de mora contados do mês seguinte ao do vencimento, à razão de 1% (um por cento) ao mês ou fração;

*Inciso I acrescentado pela MP 2.177-44/2001.

II – multa de mora de 10% (dez por cento).

→ Inciso II acrescentado pela MP 2.177-44/2001.

§ 5º Os valores não recolhidos no prazo previsto no § 3º serão inscritos em dívida ativa da ANS, à qual compete a cobrança judicial dos respectivos créditos.

→ § 5º acrescentado pela MP 2.177-44/2001.

§ 6º O produto da arrecadação dos juros e da multa de mora serão revertidos ao Fundo Nacional de Saúde.

→ § 6º acrescentado pela MP 2.177-44/2001.

§ 7º A ANS disciplinará o processo de glosa ou impugnação dos procedimentos encaminhados, conforme previsto no § 2º deste artigo, cabendo-lhe, inclusive, estabelecer procedimentos para cobrança dos valores a serem ressarcidos.

→ § 7º com redação alterada pela Lei 12.469/2011.

§ 8º Os valores a serem ressarcidos não serão inferiores aos praticados pelos SUS e nem superiores aos praticados pelas operadoras de produtos de que tratam o inciso I e o § 1º do art. 1º desta Lei.

→ § 8º acrescentado pela MP 2.177-44/2001.

§ 9º Os valores a que se referem os §§ 3º e 6º deste artigo não serão computados para fins de aplicação dos recursos mínimos nas ações e serviços públicos de saúde nos termos da Constituição Federal.

→ § 9º acrescentado pela Lei 12.469/2011.

Art. 33. Havendo indisponibilidade de leito hospitalar nos estabelecimentos próprios ou credenciados pelo plano, é garantido ao consumidor o acesso à acomodação, em nível superior, sem ônus adicional.

Art. 34. As pessoas jurídicas que executam outras atividades além das abrangidas por esta Lei deverão, na forma e no prazo definidos pela ANS, constituir pessoas jurídicas independentes, com ou sem fins lucrativos, especificamente para operar planos privados de assistência à saúde, na forma da legislação em vigor e em especial desta Lei e de seus regulamentos.

→ *Caput* com redação alterada pela MP 2.177-44/2001.

§ 1º O disposto no *caput* não se aplica às entidades de autogestão constituídas sob a forma de fundação, de sindicato ou de associação que, na data da publicação desta Lei, já exerciam outras atividades em conjunto com as relacionadas à assistência à saúde, nos termos dos pertinentes estatutos sociais.

→ § 1º acrescentado pela Lei 13.127/2015.

§ 2º As entidades de que trata o § 1º poderão, desde que a hipótese de segregação da finalidade estatutária esteja prevista ou seja assegurada pelo órgão interno competente, constituir filial ou departamento com número do Cadastro Nacional da Pessoa Jurídica sequencial ao da pessoa jurídica principal.

→ § 2º acrescentado pela Lei 13.127/2015.

§ 3º As entidades de que trata o § 1º que optarem por proceder de acordo com o previsto no § 2º assegurarão condições para sua adequada segregação patrimonial, administrativa, financeira e contábil.

→ § 3º acrescentado pela Lei 13.127/2015.

Art. 35. Aplicam-se as disposições desta Lei a todos os contratos celebrados a partir de sua vigência, assegurada aos consumidores com contratos anteriores, bem como àqueles com contratos celebrados entre 2 de setembro de 1998 e 1º de janeiro de 1999, a possibilidade de optar pela adaptação ao sistema previsto nesta Lei.

→ *Caput* com redação alterada pela MP 2.177-44/2001.

§ 1º Sem prejuízo do disposto no art. 35-E, a adaptação dos contratos de que trata este artigo deverá ser formalizada em termo próprio, assinado pelos contratantes, de acordo com as normas a serem definidas pela ANS.

→ § 1º com redação alterada pela MP 2.177-44/2001.

§ 2º Quando a adaptação dos contratos incluir aumento de contraprestação pecuniária, a composição da base de cálculo deverá ficar restrita aos itens correspondentes ao aumento de cobertura, e ficará disponível para verificação pela ANS, que poderá determinar sua alteração quando o novo valor não estiver devidamente justificado.

→ § 2º com redação alterada pela MP 2.177-44/2001.

§ 3º A adaptação dos contratos não implica nova contagem dos períodos de carência e dos prazos de aquisição dos benefícios previstos nos arts. 30 e 31 desta Lei, observados, quanto aos últimos, os limites de cobertura previstos no contrato original.

→ § 3º acrescentado pela MP 2.177-44/2001.

§ 4º Nenhum contrato poderá ser adaptado por decisão unilateral da empresa operadora.

→ § 4º acrescentado pela MP 2.177-44/2001.

§ 5º A manutenção dos contratos originais pelos consumidores não optantes tem caráter personalíssimo, devendo ser garantida somente ao titular e a seus dependentes já inscritos, permitida inclusão apenas de novo cônjuge e filhos, e vedada a transferência da sua titularidade, sob qualquer pretexto, a terceiros.

→ § 5º acrescentado pela MP 2.177-44/2001.

§ 6º Os produtos de que tratam o inciso I e o § 1º do art. 1º desta Lei, contratados até 1º de janeiro de 1999, deverão permanecer em operação, por tempo indeterminado, apenas para os consumidores que não optarem pela adaptação às novas regras, sendo considerados extintos para fim de comercialização.

→ § 6º acrescentado pela MP 2.177-44/2001.

§ 7º Às pessoas jurídicas contratantes de planos coletivos, não optantes pela adaptação prevista neste artigo, fica assegurada a manutenção dos contratos originais, nas coberturas assistenciais neles pactuadas.

→ § 7º acrescentado pela MP 2.177-44/2001.

§ 8º A ANS definirá em norma própria os procedimentos formais que deverão ser adotados pelas empresas para a adaptação dos contratos de que trata este artigo.

→ § 8º acrescentado pela MP 2.177-44/2001.

Art. 35-A. Fica criado o Conselho de Saúde Suplementar – Consu, órgão colegiado integrante da estrutura regimental do Ministério da Saúde, com competência para:

→ Artigo acrescentado pela MP 2.177-44/2001.

I – estabelecer e supervisionar a execução de políticas e diretrizes gerais do setor de saúde suplementar;

II – aprovar o contrato de gestão da ANS;

III – supervisionar e acompanhar as ações e o funcionamento da ANS;

IV – fixar diretrizes gerais para implementação no setor de saúde suplementar sobre:

a) aspectos econômico-financeiros;

b) normas de contabilidade, atuariais e estatísticas;

c) parâmetros quanto ao capital e ao patrimônio líquido mínimos, bem assim quanto às formas de sua subscrição e realização quando se tratar de sociedade anônima;

d) critérios de constituição de garantias de manutenção do equilíbrio econômico-financeiro, consistentes em bens, móveis ou imóveis, ou fundos especiais ou seguros garantidores;

e) criação de fundo, contratação de seguro garantidor ou outros instrumentos que julgar adequados, com o objetivo de proteger o consumidor de planos privados de assistência à saúde em caso de insolvência de empresas operadoras;

V – deliberar sobre a criação de câmaras técnicas, de caráter consultivo, de forma a subsidiar suas decisões.

Parágrafo único. A ANS fixará as normas sobre as matérias previstas no inciso IV deste artigo, devendo adequá-las, se necessário, quando houver diretrizes gerais estabelecidas pelo Consu.

Art. 35-B. O Consu será integrado pelos seguintes Ministros de Estado:

→ Artigo acrescentado pela MP 2.177-44/2001.

I – Chefe da Casa Civil da Presidência da República, na qualidade de Presidente;

II – da Saúde;

III – da Fazenda;

IV – da Justiça; e

V – do Planejamento, Orçamento e Gestão.

§ 1º O Conselho deliberará mediante resoluções, por maioria de votos, cabendo ao Presidente a prerrogativa de deliberar nos casos de urgência e relevante interesse, *ad referendum* dos demais membros.

§ 2º Quando deliberar *ad referendum* do Conselho, o Presidente submeterá a decisão ao Colegiado na primeira reunião que se seguir àquela deliberação.

§ 3º O Presidente do Conselho poderá convidar Ministros de Estado, bem assim outros representantes de órgãos públicos, para participar das reuniões, não lhes sendo permitido o direito de voto.

§ 4º O Conselho reunir-se-á sempre que for convocado por seu Presidente.

§ 5º O regimento interno do Consu será aprovado por decreto do Presidente da República.

§ 6º As atividades de apoio administrativo ao Consu serão prestadas pela ANS.

§ 7º O Presidente da ANS participará, na qualidade de Secretário, das reuniões do Consu.

Art. 35-C. É obrigatória a cobertura do atendimento nos casos:

→ *Caput* acrescentado pela Lei 11.935/2009.

I – de emergência, como tal definidos os que implicarem risco imediato de vida ou de lesões irreparáveis para o paciente, caracterizado em declaração do médico assistente;

→ Inciso I acrescentado pela Lei 11.935/2009.

II – de urgência, assim entendidos os resultantes de acidentes pessoais ou de complicações no processo gestacional;

*Inciso II acrescentado pela Lei 11.935/2009.

III – de planejamento familiar.

→ Inciso III acrescentado pela Lei 11.935/2009.

Parágrafo único. A ANS fará publicar normas regulamentares para o disposto neste artigo, observados os termos de adaptação previstos no art. 35.

→ Parágrafo único acrescentado pela MP 2.177-44/2001.

Art. 35-D. As multas a serem aplicadas pela ANS em decorrência da competência fiscalizadora e normativa estabelecida nesta Lei e em seus regulamentos serão recolhidas à conta daquela Agência, até o limite de R$ 1.000.000,00 (um milhão de reais) por infração, ressalvado o disposto no § 6º do art. 19 desta Lei.

→ Artigo acrescentado pela MP 2.177-44/2001.

Art. 35-E. A partir de 5 de junho de 1998, fica estabelecido para os contratos celebrados anteriormente à data de vigência desta Lei que:

→ Artigo acrescentado pela MP 2.177-44/2001.

I – qualquer variação na contraprestação pecuniária para consumidores com mais de 60 (sessenta) anos de idade estará sujeita à autorização prévia da ANS;

II – a alegação de doença ou lesão preexistente estará sujeita à prévia regulamentação da matéria pela ANS;

III – é vedada a suspensão ou a rescisão unilateral do contrato individual ou familiar de produtos de que tratam o inciso I e o § 1º do art. 1º desta Lei por parte da operadora, salvo o disposto no inciso II do parágrafo único do art. 13 desta Lei;

IV – é vedada a interrupção de internação hospitalar em leito clínico, cirúrgico ou em centro de terapia intensiva ou similar, salvo a critério do médico assistente.

§ 1º Os contratos anteriores à vigência desta Lei, que estabeleçam reajuste por mudança de faixa etária com idade inicial em 60 (sessenta) anos ou mais, deverão ser adaptados, até 31 de outubro de 1999, para repactuação da cláusula de reajuste, observadas as seguintes disposições:

I – a repactuação será garantida aos consumidores de que trata o parágrafo único do art. 15, para as mudanças de faixa etária ocorridas após a vigência desta Lei, e limitar-se-á à diluição da aplicação do reajuste anteriormente previsto, em reajustes parciais anuais, com adoção de percentual fixo que, aplicado a cada ano, permita atingir o reajuste integral no início do último ano da faixa etária considerada;

II – para aplicação da fórmula de diluição, consideram-se de 10 (dez) anos as faixas etárias que tenham sido estipuladas sem limite superior;

III – a nova cláusula, contendo a fórmula de aplicação do reajuste, deverá ser encaminhada aos consumidores, juntamente com o boleto ou título de cobrança, com a demonstração do valor originalmente contratado, do valor repactuado e do percentual de reajuste anual fixo, esclarecendo, ainda, que o seu pagamento formalizará esta repactuação;

IV – a cláusula original de reajuste deverá ter sido previamente submetida à ANS;

V – na falta de aprovação prévia, a operadora, para que possa aplicar reajuste por faixa etária a consumidores com 60 (sessenta) anos ou mais de idade e 10 (dez) anos ou mais de contrato, deverá submeter à ANS as condições contratuais acompanhadas de nota técnica, para, uma vez aprovada a cláusula e o percentual de reajuste, adotar a diluição prevista neste parágrafo.

§ 2º Nos contratos individuais de produtos de que tratam o inciso I e o § 1º do art. 1º desta Lei, independentemente da data de sua celebração, a aplicação de cláusula de reajuste das contraprestações pecuniárias dependerá de prévia aprovação da ANS.

§ 3º O disposto no art. 35 desta Lei aplica-se sem prejuízo do estabelecido neste artigo.

Art. 35-F. A assistência a que alude o art. 1º desta Lei compreende todas as ações necessárias à prevenção da doença e à recuperação, manutenção e reabilitação da saúde, observados os termos desta Lei e do contrato firmado entre as partes.

→ Artigo acrescentado pela MP 2.177-44/2001.

Art. 35-G. Aplicam-se subsidiariamente aos contratos entre usuários e operadoras de produtos de que tratam o inciso I e o § 1º do art. 1º desta Lei as disposições da Lei 8.078, de 1990.

→ Artigo acrescentado pela MP 2.177-44/2001.

Art. 35-H. Os expedientes que até esta data foram protocolizados na Susep pelas operadoras de produtos de que tratam o inciso I e o § 1º do art. 1º desta Lei e que forem encaminhados à ANS em consequência desta Lei, deverão estar acompanhados de parecer conclusivo daquela Autarquia.

→ Artigo acrescentado pela MP 2.177-44/2001.

Art. 35-I. Responderão subsidiariamente pelos direitos contratuais e legais dos consumidores, prestadores de serviço e fornecedores, além dos débitos fiscais e trabalhistas, os bens pessoais dos diretores, administradores, gerentes e membros de conselhos da operadora de plano privado de assistência à saúde, independentemente da sua natureza jurídica.

→ Artigo acrescentado pela MP 2.177-44/2001.

Art. 35-J. O diretor técnico ou fiscal ou o liquidante são obrigados a manter sigilo relativo às informações da operadora às quais tiverem acesso em razão do exercício do encargo, sob pena de incorrer em improbidade administrativa, sem prejuízo das responsabilidades civis e penais.

→ Artigo acrescentado pela MP 2.177-44/2001.

Art. 35-L. Os bens garantidores das provisões técnicas, fundos e provisões deverão ser registrados na ANS e não poderão ser alienados, prometidos a alienar ou, de qualquer forma, gravados sem prévia e expressa autorização, sendo nulas, de pleno direito, as alienações realizadas ou os gravames constituídos com violação deste artigo.

→ Artigo acrescentado pela MP 2.177-44/2001.

Parágrafo único. Quando a garantia recair em bem imóvel, será obrigatoriamente inscrita no competente Cartório do Registro Geral de Imóveis, mediante requerimento firmado pela operadora de plano de assistência à saúde e pela ANS.

Art. 35-M. As operadoras de produtos de que tratam o inciso I e o § 1º do art. 1º desta Lei poderão celebrar contratos de resseguro junto às empresas devidamente autorizadas a operar em tal atividade, conforme estabelecido na Lei 9.932, de 20 de dezembro de 1999, e regulamentações posteriores.

→ Artigo acrescentado pela MP 2.177-44/2001.

Art. 36. Esta Lei entra em vigor 90 (noventa) dias após a data de sua publicação.

Brasília, 3 de junho de 1998; 177º da Independência e 110º da República.

Fernando Henrique Cardoso

(Publicação no *D.O.U.* de 4.6.1998)

LEI 9.709,

DE 18 DE NOVEMBRO DE 1998

Regulamenta a execução do disposto nos incisos I, II e III do art. 14 da Constituição Federal.

O Presidente da República:

Faço saber que o Congresso Nacional decreta e eu sanciono a seguinte Lei:

Art. 1º A soberania popular é exercida por sufrágio universal e pelo voto direto e secreto, com valor igual para todos, nos termos desta Lei e das normas constitucionais pertinentes, mediante:

I – plebiscito;

II – referendo;

III – iniciativa popular.

Art. 2º Plebiscito e referendo são consultas formuladas ao povo para que delibere sobre matéria de acentuada relevância, de natureza constitucional, legislativa ou administrativa.

§ 1º O plebiscito é convocado com anterioridade a ato legislativo ou administrativo, cabendo ao povo, pelo voto, aprovar ou denegar o que lhe tenha sido submetido.

§ 2º O referendo é convocado com posterioridade a ato legislativo ou administrativo, cumprindo ao povo a respectiva ratificação ou rejeição.

Art. 3º Nas questões de relevância nacional, de competência do Poder Legislativo ou do Poder Executivo, e no caso do § 3º do art. 18 da Constituição Federal, o plebiscito e o referendo são convocados mediante decreto legislativo, por proposta de 1/3 (um terço), no mínimo, dos membros que compõem qualquer das Casas do Congresso Nacional, de conformidade com esta Lei.

Art. 4º A incorporação de Estados entre si, subdivisão ou desmembramento para se anexarem a outros, ou formarem novos Estados ou Territórios Federais, dependem da aprovação da população diretamente interessada, por meio de plebiscito realizado na mesma data e horário em cada um dos Estados, e do Congresso Nacional, por lei complementar, ouvidas as respectivas Assembleias Legislativas.

§ 1º Proclamado o resultado da consulta plebiscitária, sendo favorável à alteração territorial prevista no *caput*, o projeto de lei complementar respectivo será proposto perante qualquer das Casas do Congresso Nacional.

§ 2º À Casa perante a qual tenha sido apresentado o projeto de lei complementar referido no parágrafo anterior compete proceder à audiência das respectivas Assembleias Legislativas.

§ 3º Na oportunidade prevista no parágrafo anterior, as respectivas Assembleias Legislativas opinarão, sem caráter vinculativo, sobre a matéria, e fornecerão ao Congresso Nacional os detalhamentos técnicos concernentes aos aspectos administrativos, financeiros, sociais e econômicos da área geopolítica afetada.

§ 4º O Congresso Nacional, ao aprovar a lei complementar, tomará em conta as informações técnicas a que se refere o parágrafo anterior.

Art. 5º O plebiscito destinado à criação, à incorporação, à fusão e ao desmembramento de Municípios, será convocado pela Assembleia Legislativa, de conformidade com a legislação federal e estadual.

Art. 6º Nas demais questões, de competência dos Estados, do Distrito Federal e dos Municípios, o plebiscito e o referendo serão convocados de conformidade, respectivamente, com a Constituição Estadual e com a Lei Orgânica.

Art. 7º Nas consultas plebiscitárias previstas nos arts. 4º e 5º entende-se por população diretamente interessada tanto a do território que se pretende desmembrar, quanto a do que sofrerá desmembramento; em caso de fusão ou anexação, tanto a população da área que se quer anexar quanto a da que receberá o acréscimo; e a vontade popular se aferirá pelo percentual que se manifestar em relação ao total da população consultada.

Art. 8º Aprovado o ato convocatório, o Presidente do Congresso Nacional dará ciência à Justiça Eleitoral, a quem incumbirá, nos limites de sua circunscrição:

I – fixar a data da consulta popular;

II – tornar pública a cédula respectiva;

III – expedir instruções para a realização do plebiscito ou referendo;

IV – assegurar a gratuidade nos meio de comunicação de massa concessionários de serviço público, aos partidos políticos e às frentes suprapartidárias organizadas pela sociedade civil em torno da matéria em questão, para a divulgação de seus postulados referentes ao tema sob consulta.

Art. 9º Convocado o plebiscito, o projeto legislativo ou medida administrativa não efetivada, cujas matérias constituam objeto da consulta popular, terá sustada sua tramitação, até que o resultado das urnas seja proclamado.

Art. 10. O plebiscito ou referendo, convocado nos termos da presente Lei, será considerado aprovado ou rejeitado por maioria simples, de acordo com o resultado homologado pelo Tribunal Superior Eleitoral.

Art. 11. O referendo pode ser convocado no prazo de 30 (trinta) dias, a contar da promulgação de lei ou adoção de medida administrativa, que se relacione de maneira direta com a consulta popular.

Art. 12. A tramitação dos projetos de plebiscito e referendo obedecerá às normas do Regimento Comum do Congresso Nacional.

Art. 13. A iniciativa popular consiste na apresentação de projeto de lei à Câmara dos Deputados, subscrito por, no mínimo, 1% (um por cento) do eleitorado nacional, distribuído pelo menos por cinco Estados, com não menos de 0,3% (três décimos por cento) dos eleitores de cada um deles.

→ v. Art. 61, § 2º, da CF/1988.

§ 1º O projeto de lei de iniciativa popular deverá circunscrever-se a um só assunto.

§ 2º O projeto de lei de iniciativa popular não poderá ser rejeitado por vício de forma, cabendo à Câmara dos Deputados, por seu órgão competente, providenciar a correção de eventuais impropriedades de técnica legislativa ou de redação.

Art. 14. A Câmara dos Deputados, verificando o cumprimento das exigências estabelecidas no art. 13 e respectivos parágrafos, dará seguimento à iniciativa popular, consoante as normas do Regimento Interno.

Art. 15. Esta Lei entra em vigor na data de sua publicação.

Brasília, 18 de novembro de 1998; 177º da Independência e 110º da República.

Fernando Henrique Cardoso

(Publicação no *D.O.U.* de 19.11.1998)

LEI 9.784,
DE 29 DE JANEIRO DE 1999

Regula o processo administrativo no âmbito da Administração Pública Federal.

O Presidente da República:

Faço saber que o Congresso Nacional decreta e eu sanciono a seguinte Lei:

Capítulo I
DAS DISPOSIÇÕES GERAIS

Art. 1º Esta Lei estabelece normas básicas sobre o processo administrativo no âmbito da Administração Federal direta e indireta, visando, em especial, à proteção dos direitos dos administrados e ao melhor cumprimento dos fins da Administração.

§ 1º Os preceitos desta Lei também se aplicam aos órgãos dos Poderes Legislativo e Judiciário da União, quando no desempenho de função administrativa.

§ 2º Para os fins desta Lei, consideram-se:

I – órgão – a unidade de atuação integrante da estrutura da Administração direta e da estrutura da Administração indireta;

II – entidade – a unidade de atuação dotada de personalidade jurídica;

III – autoridade – o servidor ou agente público dotado de poder de decisão.

Art. 2º A Administração Pública obedecerá, dentre outros, aos princípios da legalidade, finalidade, motivação, razoabilidade, proporcionalidade, moralidade, ampla defesa, contraditório, segurança jurídica, interesse público e eficiência.

→ *v.* Súmula Vinculante 3 do STF.

→ *v.* Art. 5º, LV, e 37 da CF/1988.

Parágrafo único. Nos processos administrativos serão observados, entre outros, os critérios de:

I – atuação conforme a lei e o Direito;

II – atendimento a fins de interesse geral, vedada a renúncia total ou parcial de poderes ou competências, salvo autorização em lei;

III – objetividade no atendimento do interesse público, vedada a promoção pessoal de agentes ou autoridades;

IV – atuação segundo padrões éticos de probidade, decoro e boa-fé;

→ *v.* Lei 8.429/1992 – Lei de improbidade administrativa.

V – divulgação oficial dos atos administrativos, ressalvadas as hipóteses de sigilo previstas na Constituição;

VI – adequação entre meios e fins, vedada a imposição de obrigações, restrições e sanções em medida superior àquelas estritamente necessárias ao atendimento do interesse público;

VII – indicação dos pressupostos de fato e de direito que determinarem a decisão;

VIII – observância das formalidades essenciais à garantia dos direitos dos administrados;

IX – adoção de formas simples, suficientes para propiciar adequado grau de certeza, segurança e respeito aos direitos dos administrados;

X – garantia dos direitos à comunicação, à apresentação de alegações finais, à produção de provas e à interposição de recursos, nos processos de que possam resultar sanções e nas situações de litígio;

XI – proibição de cobrança de despesas processuais, ressalvadas as previstas em lei;

XII – impulsão, de ofício, do processo administrativo, sem prejuízo da atuação dos interessados;

XIII – interpretação da norma administrativa da forma que melhor garanta o atendimento do fim público a que se dirige, vedada aplicação retroativa de nova interpretação.

Capítulo II
DOS DIREITOS DOS ADMINISTRADOS

Art. 3º O administrado tem os seguintes direitos perante a Administração, sem prejuízo de outros que lhe sejam assegurados:

I – ser tratado com respeito pelas autoridades e servidores, que deverão facilitar o exercício de seus direitos e o cumprimento de suas obrigações;

II – ter ciência da tramitação dos processos administrativos em que tenha a condição de interessado, ter vista dos autos, obter cópias de documentos neles contidos e conhecer as decisões proferidas;

III – formular alegações e apresentar documentos antes da decisão, os quais serão objeto de consideração pelo órgão competente;

IV – fazer-se assistir, facultativamente, por advogado, salvo quando obrigatória a representação, por força de lei.

Capítulo III
DOS DEVERES DO ADMINISTRADO

Art. 4º São deveres do administrado perante a Administração, sem prejuízo de outros previstos em ato normativo:

I – expor os fatos conforme a verdade;

II – proceder com lealdade, urbanidade e boa-fé;

III – não agir de modo temerário;

IV – prestar as informações que lhe forem solicitadas e colaborar para o esclarecimento dos fatos.

Capítulo IV
DO INÍCIO DO PROCESSO

Art. 5º O processo administrativo pode iniciar-se de ofício ou a pedido de interessado.

Art. 6º O requerimento inicial do interessado, salvo casos em que for admitida solicitação oral, deve ser formulado por escrito e conter os seguintes dados:

I – órgão ou autoridade administrativa a que se dirige;

II – identificação do interessado ou de quem o represente;

III – domicílio do requerente ou local para recebimento de comunicações;

IV – formulação do pedido, com exposição dos fatos e de seus fundamentos;

V – data e assinatura do requerente ou de seu representante.

Parágrafo único. É vedada à Administração a recusa imotivada de recebimento de documentos, devendo o servidor orientar o interessado quanto ao suprimento de eventuais falhas.

Art. 7º Os órgãos e entidades administrativas deverão elaborar modelos ou formulários padronizados para assuntos que importem pretensões equivalentes.

Art. 8º Quando os pedidos de uma pluralidade de interessados tiverem conteúdo e fundamentos idênticos, poderão ser formulados em um único requerimento, salvo preceito legal em contrário.

Capítulo V
DOS INTERESSADOS

Art. 9º São legitimados como interessados no processo administrativo:

I – pessoas físicas ou jurídicas que o iniciem como titulares de direitos ou interesses individuais ou no exercício do direito de representação;

II – aqueles que, sem terem iniciado o processo, têm direitos ou interesses que possam ser afetados pela decisão a ser adotada;

III – as organizações e associações representativas, no tocante a direitos e interesses coletivos;

IV – as pessoas ou as associações legalmente constituídas quanto a direitos ou interesses difusos.

Art. 10. São capazes, para fins de processo administrativo, os maiores de 18 anos, ressalvada previsão especial em ato normativo próprio.

Capítulo VI
DA COMPETÊNCIA

→ *v.* Decreto 4.734/2003 – Delega competência para a prática de atos de provimento no âmbito da Administração Pública Federal.

Art. 11. A competência é irrenunciável e se exerce pelos órgãos administrativos a que foi atribuída como própria, salvo os casos de delegação e avocação legalmente admitidos.

Art. 12. Um órgão administrativo e seu titular poderão, se não houver impedimento legal, delegar parte da sua competência a outros órgãos ou titulares, ainda que estes não lhe sejam hierarquicamente subordinados, quando for conveniente, em razão de circunstâncias de índole técnica, social, econômica, jurídica ou territorial.

Parágrafo único. O disposto no *caput* deste artigo aplica-se à delegação de competência dos órgãos colegiados aos respectivos presidentes.

Art. 13. Não podem ser objeto de delegação:

I – a edição de atos de caráter normativo;

II – a decisão de recursos administrativos;

III – as matérias de competência exclusiva do órgão ou autoridade.

Art. 14. O ato de delegação e sua revogação deverão ser publicados no meio oficial.

§ 1º O ato de delegação especificará as matérias e poderes transferidos, os limites da atuação do delegado, a duração e os objetivos da delegação e o recurso cabível, podendo conter ressalva de exercício da atribuição delegada.

§ 2º O ato de delegação é revogável a qualquer tempo pela autoridade delegante.

§ 3º As decisões adotadas por delegação devem mencionar explicitamente esta qualidade e considerar-se-ão editadas pelo delegado.

Art. 15. Será permitida, em caráter excepcional e por motivos relevantes devidamente justificados, a avocação temporária de competência atribuída a órgão hierarquicamente inferior.

Art. 16. Os órgãos e entidades administrativas divulgarão publicamente os locais das respectivas sedes e, quando conveniente, a unidade fundacional competente em matéria de interesse especial.

Art. 17. Inexistindo competência legal específica, o processo administrativo deverá ser iniciado perante a autoridade de menor grau hierárquico para decidir.

Capítulo VII
DOS IMPEDIMENTOS E DA SUSPEIÇÃO

Art. 18. É impedido de atuar em processo administrativo o servidor ou autoridade que:

I – tenha interesse direto ou indireto na matéria;

II – tenha participado ou venha a participar como perito, testemunha ou representante, ou se tais situações ocorrem quanto ao cônjuge, companheiro ou parente e afins até o terceiro grau;

III – esteja litigando judicial ou administrativamente com o interessado ou respectivo cônjuge ou companheiro.

Art. 19. A autoridade ou servidor que incorrer em impedimento deve comunicar o fato à autoridade competente, abstendo-se de atuar.

Parágrafo único. A omissão do dever de comunicar o impedimento constitui falta grave, para efeitos disciplinares.

Art. 20. Pode ser arguida a suspeição de autoridade ou servidor que tenha amizade íntima ou inimizade notória com algum dos interessados ou com os respectivos cônjuges, companheiros, parentes e afins até o terceiro grau.

Art. 21. O indeferimento de alegação de suspeição poderá ser objeto de recurso, sem efeito suspensivo.

Capítulo VIII
DA FORMA, TEMPO E LUGAR DOS ATOS DO PROCESSO

Art. 22. Os atos do processo administrativo não dependem de forma determinada senão quando a lei expressamente a exigir.

§ 1º Os atos do processo devem ser produzidos por escrito, em vernáculo, com a data e o local de sua realização e a assinatura da autoridade responsável.

→ v. Art. 2º do Decreto 70.235/1972.

§ 2º Salvo imposição legal, o reconhecimento de firma somente será exigido quando houver dúvida de autenticidade.

§ 3º A autenticação de documentos exigidos em cópia poderá ser feita pelo órgão administrativo.

§ 4º O processo deverá ter suas páginas numeradas sequencialmente e rubricadas.

Art. 23. Os atos do processo devem realizar-se em dias úteis, no horário normal de funcionamento da repartição na qual tramitar o processo.

Parágrafo único. Serão concluídos depois do horário normal os atos já iniciados, cujo adiamento prejudique o curso regular do procedimento ou cause dano ao interessado ou à Administração.

Art. 24. Inexistindo disposição específica, os atos do órgão ou autoridade responsável pelo processo e dos administrados que dele participem devem ser praticados no prazo de 5 (cinco) dias, salvo motivo de força maior.

Parágrafo único. O prazo previsto neste artigo pode ser dilatado até o dobro, mediante comprovada justificação.

Art. 25. Os atos do processo devem realizar-se preferencialmente na sede do órgão, cientificando-se o interessado se outro for o local de realização.

Capítulo IX
DA COMUNICAÇÃO DOS ATOS

Art. 26. O órgão competente perante o qual tramita o processo administrativo determinará a intimação do interessado para ciência de decisão ou a efetivação de diligências.

§ 1º A intimação deverá conter:

I – identificação do intimado e nome do órgão ou entidade administrativa;

II – finalidade da intimação;

III – data, hora e local em que deve comparecer;

IV – se o intimado deve comparecer pessoalmente, ou fazer-se representar;

V – informação da continuidade do processo independentemente do seu comparecimento;

VI – indicação dos fatos e fundamentos legais pertinentes.

§ 2º A intimação observará a antecedência mínima de 3 (três) dias úteis quanto à data de comparecimento.

§ 3º A intimação pode ser efetuada por ciência no processo, por via postal com aviso de recebimento, por telegrama ou outro meio que assegure a certeza da ciência do interessado.

§ 4º No caso de interessados indeterminados, desconhecidos ou com domicílio indefinido, a intimação deve ser efetuada por meio de publicação oficial.

§ 5º As intimações serão nulas quando feitas sem observância das prescrições legais, mas o comparecimento do administrado supre sua falta ou irregularidade.

Art. 27. O desatendimento da intimação não importa o reconhecimento da verdade dos fatos, nem a renúncia a direito pelo administrado.

Parágrafo único. No prosseguimento do processo, será garantido direito de ampla defesa ao interessado.

→ v. Art. 5º, LV, da CF/1988.

Art. 28. Devem ser objeto de intimação os atos do processo que resultem para o interessado em imposição de deveres, ônus, sanções ou restrição ao exercício de direitos e atividades e os atos de outra natureza, de seu interesse.

Capítulo X
DA INSTRUÇÃO

Art. 29. As atividades de instrução destinadas a averiguar e comprovar os dados necessários à tomada de decisão realizam-se de ofício ou mediante impulsão do órgão responsável pelo processo, sem prejuízo do direito dos interessados de propor atuações probatórias.

§ 1º O órgão competente para a instrução fará constar dos autos os dados necessários à decisão do processo.

§ 2º Os atos de instrução que exijam a atuação dos interessados devem realizar-se do modo menos oneroso para estes.

Art. 30. São inadmissíveis no processo administrativo as provas obtidas por meios ilícitos.

Art. 31. Quando a matéria do processo envolver assunto de interesse geral, o órgão competente poderá, mediante despacho motivado, abrir período de consulta pública para manifestação de terceiros, antes da decisão do pedido, se não houver prejuízo para a parte interessada.

§ 1º A abertura da consulta pública será objeto de divulgação pelos meios oficiais, a fim de que pessoas físicas ou jurídicas possam examinar os autos, fixando-se prazo para oferecimento de alegações escritas.

§ 2º O comparecimento à consulta pública não confere, por si, a condição de interessado do processo, mas confere o direito de obter da Administração resposta fundamentada, que poderá ser comum a todas as alegações substancialmente iguais.

Art. 32. Antes da tomada de decisão, a juízo da autoridade, diante da relevância da questão, poderá ser realizada audiência pública para debates sobre a matéria do processo.

Art. 33. Os órgãos e entidades administrativas, em matéria relevante, poderão estabelecer outros meios de participação de administrados, diretamente ou por meio de organizações e associações legalmente reconhecidas.

Art. 34. Os resultados da consulta e audiência pública e de outros meios de participação de administrados deverão ser apresentados com a indicação do procedimento adotado.

Art. 35. Quando necessária à instrução do processo, a audiência de outros órgãos ou entidades administrativas poderá ser realizada em reunião conjunta, com a participação de titulares ou representantes dos órgãos competentes, lavrando-se a respectiva ata, a ser juntada aos autos.

Art. 36. Cabe ao interessado a prova dos fatos que tenha alegado, sem prejuízo do dever atribuído ao órgão competente para a instrução e do disposto no art. 37 desta Lei.

Art. 37. Quando o interessado declarar que fatos e dados estão registrados em documentos existentes na própria Administração responsável pelo processo ou em outro órgão administrativo, o órgão competente para a instrução proverá, de ofício, à obtenção dos documentos ou das respectivas cópias.

Art. 38. O interessado poderá, na fase instrutória e antes da tomada da decisão, juntar documentos e pareceres, requerer diligências e perícias, bem como aduzir alegações referentes à matéria objeto do processo.

§ 1º Os elementos probatórios deverão ser considerados na motivação do relatório e da decisão.

§ 2º Somente poderão ser recusadas, mediante decisão fundamentada, as provas propostas pelos interessados quando sejam ilícitas, impertinentes, desnecessárias ou protelatórias.

Art. 39. Quando for necessária a prestação de informações ou a apresentação de provas pelos interessados ou terceiros, serão expedidas intimações para esse fim, mencionando-se data, prazo, forma e condições de atendimento.

Parágrafo único. Não sendo atendida a intimação, poderá o órgão competente, se entender relevante a matéria, suprir de ofício a omissão, não se eximindo de proferir a decisão.

Art. 40. Quando dados, atuações ou documentos solicitados ao interessado forem necessários à apreciação de pedido formulado, o não atendimento no prazo fixado pela Administração para a respectiva apresentação implicará arquivamento do processo.

Art. 41. Os interessados serão intimados de prova ou diligência ordenada, com antecedência mínima de 3 (três) dias úteis, mencionando-se data, hora e local de realização.

Art. 42. Quando deva ser obrigatoriamente ouvido um órgão consultivo, o parecer deverá ser emitido no prazo máximo de 15 (quinze) dias, salvo norma especial ou comprovada necessidade de maior prazo.

§ 1º Se um parecer obrigatório e vinculante deixar de ser emitido no prazo fixado, o processo não terá seguimento até a respectiva apresentação, responsabilizando-se quem der causa ao atraso.

§ 2º Se um parecer obrigatório e não vinculante deixar de ser emitido no prazo fixado, o processo poderá ter prosseguimento e ser decidido com sua dispensa, sem prejuízo da responsabilidade de quem se omitiu no atendimento.

Art. 43. Quando por disposição de ato normativo devam ser previamente obtidos laudos técnicos de órgãos administrativos e estes não cumprirem o encargo no prazo assinalado, o órgão responsável pela instrução deverá solicitar laudo técnico de outro órgão dotado de qualificação e capacidade técnica equivalentes.

Art. 44. Encerrada a instrução, o interessado terá o direito de manifestar-se no prazo máximo de 10 (dez) dias, salvo se outro prazo for legalmente fixado.

Art. 45. Em caso de risco iminente, a Administração Pública poderá motivadamente adotar providências acauteladoras sem a prévia manifestação do interessado.

Art. 46. Os interessados têm direito à vista do processo e a obter certidões ou cópias reprográficas dos dados e documentos que o integram, ressalvados os dados e documentos de terceiros protegidos por sigilo ou pelo direito à privacidade, à honra e à imagem.

→ *v.* Art. 5º, XXXIV, *b*, da CF/1988.

→ *v.* Art. 116, V, *b*, da Lei 8.112/1990.

Art. 47. O órgão de instrução que não for competente para emitir a decisão final elaborará relatório indicando o pedido inicial, o conteúdo das fases do procedimento e formulará proposta de decisão, objetivamente justificada, encaminhando o processo à autoridade competente.

Capítulo XI
DO DEVER DE DECIDIR

Art. 48. A Administração tem o dever de explicitamente emitir decisão nos processos administrativos e sobre solicitações ou reclamações, em matéria de sua competência.

Art. 49. Concluída a instrução de processo administrativo, a Administração tem o prazo de até 30 (trinta) dias para decidir, salvo prorrogação por igual período expressamente motivada.

Capítulo XII
DA MOTIVAÇÃO

Art. 50. Os atos administrativos deverão ser motivados, com indicação dos fatos e dos fundamentos jurídicos, quando:

I – neguem, limitem ou afetem direitos ou interesses;

II – imponham ou agravem deveres, encargos ou sanções;

III – decidam processos administrativos de concurso ou seleção pública;

IV – dispensem ou declarem a inexigibilidade de processo licitatório;

V – decidam recursos administrativos;

VI – decorram de reexame de ofício;

VII – deixem de aplicar jurisprudência firmada sobre a questão ou discrepem de pareceres, laudos, propostas e relatórios oficiais;

VIII – importem anulação, revogação, suspensão ou convalidação de ato administrativo.

§ 1º A motivação deve ser explícita, clara e congruente, podendo consistir em declaração de concordância com fundamentos de anteriores pareceres, informações, decisões ou propostas, que, neste caso, serão parte integrante do ato.

§ 2º Na solução de vários assuntos da mesma natureza, pode ser utilizado meio mecânico que reproduza os fundamentos das decisões, desde que não prejudique direito ou garantia dos interessados.

§ 3º A motivação das decisões de órgãos colegiados e comissões ou de decisões orais constará da respectiva ata ou de termo escrito.

Capítulo XIII
DA DESISTÊNCIA E OUTROS CASOS DE EXTINÇÃO DO PROCESSO

Art. 51. O interessado poderá, mediante manifestação escrita, desistir total ou parcialmente do pedido formulado ou, ainda, renunciar a direitos disponíveis.

§ 1º Havendo vários interessados, a desistência ou renúncia atinge somente quem a tenha formulado.

§ 2º A desistência ou renúncia do interessado, conforme o caso, não prejudica o prosseguimento do processo, se a Administração considerar que o interesse público assim o exige.

Art. 52. O órgão competente poderá declarar extinto o processo quando exaurida sua finalidade ou o objeto da decisão se tornar impossível, inútil ou prejudicado por fato superveniente.

Capítulo XIV
DA ANULAÇÃO, REVOGAÇÃO E CONVALIDAÇÃO

Art. 53. A Administração deve anular seus próprios atos, quando eivados de vício de legalidade, e pode revogá-los por motivo de conveniência ou oportunidade, respeitados os direitos adquiridos.

→ *v.* Art. 5º, XXXVI, da CF/1988.

→ *v.* Art. 6º da LINDB.

→ *v.* Art. 467 do CPC/1973.

→ *v.* Art. 502 do NCPC.

Art. 54. O direito da Administração de anular os atos administrativos de que decorram efeitos favoráveis para os destinatários decai em cinco anos, contados da data em que foram praticados, salvo comprovada má-fé.

§ 1º No caso de efeitos patrimoniais contínuos, o prazo de decadência contar-se-á da percepção do primeiro pagamento.

§ 2º Considera-se exercício do direito de anular qualquer medida de autoridade administrativa que importe impugnação à validade do ato.

Art. 55. Em decisão na qual se evidencie não acarretarem lesão ao interesse público nem prejuízo a terceiros, os atos que apresentarem defeitos sanáveis poderão ser convalidados pela própria Administração.

Capítulo XV
DO RECURSO ADMINISTRATIVO E DA REVISÃO

Art. 56. Das decisões administrativas cabe recurso, em face de razões de legalidade e de mérito.

§ 1º O recurso será dirigido à autoridade que proferiu a decisão, a qual, se não a reconsiderar no prazo de 5 (cinco) dias, o encaminhará à autoridade superior.

§ 2º Salvo exigência legal, a interposição de recurso administrativo independe de caução.

§ 3º Se o recorrente alegar que a decisão administrativa contraria enunciado da súmula vinculante, caberá à autoridade prolatora da decisão impugnada, se não a reconsiderar, explicitar, antes de encaminhar o recurso à autoridade superior, as razões da aplicabilidade ou inaplicabilidade da súmula, conforme o caso.

→ § 3º acrescentado pela Lei 11.417/2006.

Art. 57. O recurso administrativo tramitará no máximo por três instâncias administrativas, salvo disposição legal diversa.

Art. 58. Têm legitimidade para interpor recurso administrativo:

I – os titulares de direitos e interesses que forem parte no processo;

II – aqueles cujos direitos ou interesses forem indiretamente afetados pela decisão recorrida;

III – as organizações e associações representativas, no tocante a direitos e interesses coletivos;

→ *v.* Art. 81, parágrafo único, II, do CDC.

IV – os cidadãos ou associações, quanto a direitos ou interesses difusos.

→ *v.* Art. 81, parágrafo único, I, do CDC.

Art. 59. Salvo disposição legal específica, é de 10 (dez) dias o prazo para interposição de recurso administrativo, contado a partir da ciência ou divulgação oficial da decisão recorrida.

§ 1º Quando a lei não fixar prazo diferente, o recurso administrativo deverá ser decidido no prazo máximo de 30 (trinta) dias, a partir do recebimento dos autos pelo órgão competente.

§ 2º O prazo mencionado no parágrafo anterior poderá ser prorrogado por igual período, ante justificativa explícita.

Art. 60. O recurso interpõe-se por meio de requerimento no qual o recorrente deverá expor os fundamentos do pedido de reexame, podendo juntar os documentos que julgar convenientes.

Art. 61. Salvo disposição legal em contrário, o recurso não tem efeito suspensivo.

Parágrafo único. Havendo justo receio de prejuízo de difícil ou incerta reparação decorrente da execução, a autoridade recorrida ou a imediatamente superior poderá, de ofício ou a pedido, dar efeito suspensivo ao recurso.

Art. 62. Interposto o recurso, o órgão competente para dele conhecer deverá intimar os demais interessados para que, no prazo de 5 (cinco) dias úteis, apresentem alegações.

Art. 63. O recurso não será conhecido quando interposto:

I – fora do prazo;

II – perante órgão incompetente;

III – por quem não seja legitimado;

IV – após exaurida a esfera administrativa.

§ 1º Na hipótese do inciso II, será indicada ao recorrente a autoridade competente, sendo-lhe devolvido o prazo para recurso.

§ 2º O não conhecimento do recurso não impede a Administração de rever de ofício o ato ilegal, desde que não ocorrida preclusão administrativa.

Art. 64. O órgão competente para decidir o recurso poderá confirmar, modificar, anular ou revogar, total ou parcialmente, a decisão recorrida, se a matéria for de sua competência.

Parágrafo único. Se da aplicação do disposto neste artigo puder decorrer gravame à situação do recorrente, este deverá ser cientificado para que formule suas alegações antes da decisão.

Art. 64-A. Se o recorrente alegar violação de enunciado da súmula vinculante, o órgão competente para decidir o recurso explicitará as razões da aplicabilidade ou inaplicabilidade da súmula, conforme o caso.

→ Artigo acrescentado pela Lei 11.417/2006.

Art. 64-B. Acolhida pelo Supremo Tribunal Federal a reclamação fundada em violação de enunciado da súmula vinculante, dar-se-á ciência à autoridade prolatora e ao órgão competente para o julgamento do recurso, que deverão adequar as futuras decisões administrativas em casos semelhantes, sob pena de responsabilização pessoal nas esferas cível, administrativa e penal.

→ Artigo acrescentado pela Lei 11.417/2006.

→ *v.* Art. 103-A, § 3º, da CF/1988.

Art. 65. Os processos administrativos de que resultem sanções poderão ser revistos, a qualquer tempo, a pedido ou de ofício, quando surgirem fatos novos ou circunstâncias relevantes suscetíveis de justificar a inadequação da sanção aplicada.

Parágrafo único. Da revisão do processo não poderá resultar agravamento da sanção.

Capítulo XVI
DOS PRAZOS

Art. 66. Os prazos começam a correr a partir da data da cientificação oficial, excluindo-se da contagem o dia do começo e incluindo-se o do vencimento.

§ 1º Considera-se prorrogado o prazo até o primeiro dia útil seguinte se o vencimento cair em dia em que não houver expediente ou este for encerrado antes da hora normal.

§ 2º Os prazos expressos em dias contam-se de modo contínuo.

§ 3º Os prazos fixados em meses ou anos contam-se de data a data. Se no mês do vencimento não houver o dia equivalente àquele do início do prazo, tem-se como termo o último dia do mês.

Art. 67. Salvo motivo de força maior devidamente comprovado, os prazos processuais não se suspendem.

Capítulo XVII
DAS SANÇÕES

Art. 68. As sanções, a serem aplicadas por autoridade competente, terão natureza pecuniária ou consistirão em obrigação de fazer ou de não fazer, assegurado sempre o direito de defesa.

Capítulo XVIII
DAS DISPOSIÇÕES FINAIS

Art. 69. Os processos administrativos específicos continuarão a reger-se por lei própria, aplicando-se lhes apenas subsidiariamente os preceitos desta Lei.

Art. 69-A. Terão prioridade na tramitação, em qualquer órgão ou instância, os procedimentos administrativos em que figure como parte ou interessado:

→ Artigo acrescentado pela Lei 12.008/2009.

I – pessoa com idade igual ou superior a 60 (sessenta) anos;

→ *v.* Art. 1.211-A do CPC/1973.

→ *v.* Art. 1.048 do NCPC.

II – pessoa portadora de deficiência, física ou mental;

→ *v.* Art. 1.211-A do CPC/1973.

→ *v.* Art. 1.048 do NCPC.

III – (*Vetado*).

IV – pessoa portadora de tuberculose ativa, esclerose múltipla, neoplasia maligna, hanseníase, paralisia irreversível e incapacitante, cardiopatia grave, doença de Parkinson, espondiloartrose anquilosante, nefropatia grave, hepatopatia grave, estados avançados da doença de Paget (osteíte deformante), contaminação por radiação, síndrome de imunodeficiência adquirida, ou outra doença grave, com base em conclusão da medicina especializada, mesmo que a doença tenha sido contraída após o início do processo.

§ 1º A pessoa interessada na obtenção do benefício, juntando prova de sua condição, deverá requerê-lo à autoridade administrativa competente, que determinará as providências a serem cumpridas.

§ 2º Deferida a prioridade, os autos receberão identificação própria que evidencie o regime de tramitação prioritária.

§ 3º (*Vetado*).

§ 4º (*Vetado*).

Art. 70. Esta Lei entra em vigor na data de sua publicação.

Brasília, 29 de janeiro de 1999; 178º da Independência e 111º da República.

Fernando Henrique Cardoso

(Publicação no *D.O.U.* de 1.2.1999, retificação 11.3.1999)

LEI 9.790,
DE 23 DE MARÇO DE 1999

Dispõe sobre a qualificação de pessoas jurídicas de direito privado, sem fins lucrativos, como Organizações da Sociedade Civil de Interesse Público, institui e disciplina o Termo de Parceria, e dá outras providências.

→ *v.* Decreto 5.504/2005 – Estabelece a exigência de utilização do pregão, preferencialmente na forma eletrônica, para entes públicos ou privados, nas contratações de bens e serviços comuns, realizadas em decorrência de transferências voluntárias de recursos públicos da União, decorrentes de convênios ou instrumentos congêneres, ou consórcios públicos.

→ *v.* Decreto 3.100/1999 – Regulamenta a Lei 9.790/1999.

O Presidente da República:

Faço saber que o Congresso Nacional decreta e eu sanciono a seguinte Lei:

Capítulo I
DA QUALIFICAÇÃO COMO ORGANIZAÇÃO DA SOCIEDADE CIVIL DE INTERESSE PÚBLICO

Art. 1º Podem qualificar-se como Organizações da Sociedade Civil de Interesse Público as pessoas jurídicas de direito privado sem fins lucrativos que tenham sido constituídas e se encontrem em funcionamento regular há, no mínimo, 3 (três) anos, desde que os respectivos objetivos sociais e normas estatutárias atendam aos requisitos instituídos por esta Lei.

→ *Caput* com redação alterada pela Lei 13.019/2014.

→ Vigência da Lei 13.019/2014: Referida Lei entra em vigor após decorridos 540 (quinhentos e quarenta) dias de sua publicação oficial. Para os Municípios, esta Lei entra em vigor a partir de 1º de janeiro de 2017; e por ato administrativo local, o disposto nesta Lei poderá ser implantado nos Municípios a partir da data decorrente do disposto no *caput*. (*v.* art. 88)

→ *v.* Art. 44 do CC.

§ 1º Para os efeitos desta Lei, considera-se sem fins lucrativos a pessoa jurídica de direito privado que não distribui, entre os seus sócios ou associados, conselheiros, diretores, empregados ou doadores, eventuais excedentes operacionais, brutos ou líquidos, dividendos, bonificações, participações ou parcelas do seu patrimônio, auferidos mediante o exercício de suas atividades, e que os aplica integralmente na consecução do respectivo objeto social.

§ 2º A outorga da qualificação prevista neste artigo é ato vinculado ao cumprimento dos requisitos instituídos por esta Lei.

→ **Anterior redação: Art. 1º** Podem qualificar-se como Organizações da Sociedade Civil de Interesse Público as pessoas jurídicas de direito privado, sem fins lucrativos, desde que os respectivos objetivos sociais e normas estatutárias atendam aos requisitos instituídos por esta Lei. (...).

Art. 2º Não são passíveis de qualificação como Organizações da Sociedade Civil de Interesse Público, ainda que se dediquem de qualquer forma às atividades descritas no art. 3º desta Lei:

I – as sociedades comerciais;

II – os sindicatos, as associações de classe ou de representação de categoria profissional;

III – as instituições religiosas ou voltadas para a disseminação de credos, cultos, práticas e visões devocionais e confessionais;

IV – as organizações partidárias e assemelhadas, inclusive suas fundações;

V – as entidades de benefício mútuo destinadas a proporcionar bens ou serviços a um círculo restrito de associados ou sócios;

VI – as entidades e empresas que comercializam planos de saúde e assemelhados;

VII – as instituições hospitalares privadas não gratuitas e suas mantenedoras;

VIII – as escolas privadas dedicadas ao ensino formal não gratuito e suas mantenedoras;

IX – as organizações sociais;

X – as cooperativas;

XI – as fundações públicas;

XII – as fundações, sociedades civis ou associações de direito privado criadas por órgão público ou por fundações públicas;

XIII – as organizações creditícias que tenham quaisquer tipo de vinculação com o sistema financeiro nacional a que se refere o art. 192 da Constituição Federal.

Art. 3º A qualificação instituída por esta Lei, observado em qualquer caso, o princípio da universalização dos serviços, no respectivo âmbito de atuação das Organizações, somente será conferida às pessoas jurídicas de direito privado, sem fins lucrativos, cujos objetivos sociais tenham pelo menos uma das seguintes finalidades:

I – promoção da assistência social;

II – promoção da cultura, defesa e conservação do patrimônio histórico e artístico;

III – promoção gratuita da educação, observando-se a forma complementar de participação das organizações de que trata esta Lei;

IV – promoção gratuita da saúde, observando-se a forma complementar de participação das organizações de que trata esta Lei;

V – promoção da segurança alimentar e nutricional;

VI – defesa, preservação e conservação do meio ambiente e promoção do desenvolvimento sustentável;

VII – promoção do voluntariado;

VIII – promoção do desenvolvimento econômico e social e combate à pobreza;

IX – experimentação, não lucrativa, de novos modelos socioprodutivos e de sistemas alternativos de produção, comércio, emprego e crédito;

X – promoção de direitos estabelecidos, construção de novos direitos e assessoria jurídica gratuita de interesse suplementar;

XI – promoção da ética, da paz, da cidadania, dos direitos humanos, da democracia e de outros valores universais;

XII – estudos e pesquisas, desenvolvimento de tecnologias alternativas, produção e divulgação de informações e conhecimentos técnicos e científicos que digam respeito às atividades mencionadas neste artigo.

XIII – estudos e pesquisas para o desenvolvimento, a disponibilização e a implementação de tecnologias voltadas à mobilidade de pessoas, por qualquer meio de transporte.

→ Inciso XIII acrescentado pela Lei 13.019/2014.

→ Vigência da Lei 13.019/2014: Referida Lei entra em vigor após decorridos 540 (quinhentos e quarenta) dias de sua publicação oficial. Para os Municípios, esta Lei entra em vigor a partir de 1º de janeiro de 2017; e por ato administrativo local, o disposto nesta Lei poderá ser implantado nos Municípios a partir da data decorrente do disposto no *caput*. (*v.* art. 88)

Parágrafo único. Para os fins deste artigo, a dedicação às atividades nele previstas configura-se mediante a execução direta de projetos, programas, planos de ações correlatas, por meio da doação de recursos físicos, humanos e financeiros, ou ainda pela prestação de serviços intermediários de apoio a outras organizações sem fins lucrativos e a órgãos do setor público que atuem em áreas afins.

Art. 4º Atendido o disposto no art. 3º, exige-se ainda, para qualificarem-se como Organizações da Sociedade Civil de Interesse Público, que as pessoas jurídicas interessadas sejam regidas por estatutos cujas normas expressamente disponham sobre:

I – a observância dos princípios da legalidade, impessoalidade, moralidade, publicidade, economicidade e da eficiência;

→ *V.* Art. 37 da CF.

II – a adoção de práticas de gestão administrativa, necessárias e suficientes a coibir a obtenção, de forma individual ou coletiva, de benefícios ou vantagens pessoais, em decorrência da participação no respectivo processo decisório;

III – a constituição de conselho fiscal ou órgão equivalente, dotado de competência para opinar sobre os relatórios de desempenho financeiro e contábil, e sobre as operações patrimoniais realizadas, emitindo pareceres para os organismos superiores da entidade;

IV – a previsão de que, em caso de dissolução da entidade, o respectivo patrimônio líquido será transferido a outra pessoa jurídica qualificada nos termos desta Lei, preferencialmente que tenha o mesmo objeto social da extinta;

V – a previsão de que, na hipótese de a pessoa jurídica perder a qualificação instituída por esta Lei, o respectivo acervo patrimonial disponível, adquirido com recursos públicos durante o período em que perdurou aquela qualificação, será transferido a outra pessoa jurídica qualificada nos termos desta Lei, preferencialmente que tenha o mesmo objeto social;

→ *V.* Art. 69 do CC.

VI – a possibilidade de se instituir remuneração para os dirigentes da entidade que atuem efetivamente na gestão executiva e para aqueles que a ela prestam serviços específicos, respeitados, em ambos os casos, os valores praticados pelo mercado, na região correspondente a sua área de atuação;

VII – as normas de prestação de contas a serem observadas pela entidade, que determinarão, no mínimo:

a) a observância dos princípios fundamentais de contabilidade e das Normas Brasileiras de Contabilidade;

b) que se dê publicidade por qualquer meio eficaz, no encerramento do exercício fiscal, ao relatório de atividades e das demonstrações financeiras da entidade, incluindo-se as certidões negativas de débitos junto ao INSS e ao FGTS, colocando-os à disposição para exame de qualquer cidadão;

c) a realização de auditoria, inclusive por auditores externos independentes se for o caso, da aplicação dos eventuais recursos objeto do Termo de Parceria conforme previsto em regulamento;

d) a prestação de contas de todos os recursos e bens de origem pública recebidos pelas Organizações da Sociedade Civil de Interesse Público será feita conforme determina o parágrafo único do art. 70 da Constituição Federal.

Parágrafo único. É permitida a participação de servidores públicos na composição de conselho ou diretoria de Organização da Sociedade Civil de Interesse Público.

→ Parágrafo único com redação alterada pela Lei 13.019/2014.

→ Vigência da Lei 13.019/2014: Referida Lei entra em vigor após decorridos 540 (quinhentos e quarenta) dias de sua publicação oficial. Para os Municípios, esta Lei entra em vigor a partir de 1º de janeiro de 2017; e por ato administrativo local, o disposto nesta Lei poderá ser implantado nos Municípios a partir da data decorrente do disposto no *caput*. (*v.* art. 88)

Art. 5º Cumpridos os requisitos dos arts. 3º e 4º desta Lei, a pessoa jurídica de direito privado sem fins lucrativos, interessada em obter a qualificação instituída por esta Lei, deverá formular requerimento escrito ao Ministério da Justiça, instruído com cópias autenticadas dos seguintes documentos:

I – estatuto registrado em cartório;

II – ata de eleição de sua atual diretoria;

III – balanço patrimonial e demonstração do resultado do exercício;

IV – declaração de isenção do imposto de renda;

V – inscrição no Cadastro Geral de Contribuintes.

Art. 6º Recebido o requerimento previsto no artigo anterior, o Ministério da Justiça decidirá, no prazo de 30 (trinta) dias, deferindo ou não o pedido.

§ 1º No caso de deferimento, o Ministério da Justiça emitirá, no prazo de 15 (quinze) dias da decisão, certificado de qualificação da requerente como Organização da Sociedade Civil de Interesse Público.

§ 2º Indeferido o pedido, o Ministério da Justiça, no prazo do § 1º, dará ciência da decisão, mediante publicação no *Diário Oficial*.

§ 3º O pedido de qualificação somente será indeferido quando:

I – a requerente enquadrar-se nas hipóteses previstas no art. 2º desta Lei;

II – a requerente não atender aos requisitos descritos nos arts. 3º e 4º desta Lei;

III – a documentação apresentada estiver incompleta.

Art. 7º Perde-se a qualificação de Organização da Sociedade Civil de Interesse Público, a pedido ou mediante decisão proferida em processo administrativo ou judicial, de iniciativa popular ou do Ministério Público, no qual serão assegurados, ampla defesa e o devido contraditório.

Art. 8º Vedado o anonimato, e desde que amparado por fundadas evidências de erro ou fraude, qualquer cidadão, respeitadas as prerrogativas do Ministério Público, é parte legítima para requerer, judicial ou administrativamente, a perda da qualificação instituída por esta Lei.

Capítulo II
DO TERMO DE PARCERIA

Art. 9º Fica instituído o Termo de Parceria, assim considerado o instrumento passível de ser firmado entre o Poder Público e as entidades qualificadas como Organizações da Sociedade Civil de Interesse Público destinado à formação de vínculo de cooperação entre as partes, para o fomento e a execução das atividades de interesse público previstas no art. 3º desta Lei.

Art. 10. O Termo de Parceria firmado de comum acordo entre o Poder Público e as Organizações da Sociedade Civil de Interesse Público discriminará direitos, responsabilidades e obrigações das partes signatárias.

§ 1º A celebração do Termo de Parceria será precedida de consulta aos Conselhos de Políticas Públicas das áreas correspondentes de atuação existentes, nos respectivos níveis de governo.

§ 2º São cláusulas essenciais do Termo de Parceria:

I – a do objeto, que conterá a especificação do programa de trabalho proposto pela Organização da Sociedade Civil de Interesse Público;

II – a de estipulação das metas e dos resultados a serem atingidos e os respectivos prazos de execução ou cronograma;

III – a de previsão expressa dos critérios objetivos de avaliação de desempenho a serem utilizados, mediante indicadores de resultado;

IV – a de previsão de receitas e despesas a serem realizadas em seu cumprimento, estipulando item por item as categorias contábeis usadas pela organização e o detalhamento das remunerações e benefícios de pessoal a serem pagos, com recursos oriundos ou vinculados ao Termo de Parceria, a seus diretores, empregados e consultores;

V – a que estabelece as obrigações da Sociedade Civil de Interesse Público, entre as quais a de apresentar ao Poder Público, ao término de cada exercício, relatório sobre a execução do objeto do Termo de Parceria, contendo comparativo específico das metas propostas com os resultados alcançados, acompanhado de prestação de contas dos gastos e receitas efetivamente realizados, independente das previsões mencionadas no inciso IV;

VI – a de publicação, na imprensa oficial do Município, do Estado ou da União, conforme o alcance das atividades celebradas entre o órgão parceiro e a Organização da Sociedade Civil de Interesse Público, de extrato do Termo de Parceria e de demonstrativo da sua execução física e financeira, conforme modelo simplificado estabelecido no regulamento desta Lei, contendo os dados principais da documentação obrigatória do inciso V, sob pena de não liberação dos recursos previstos no Termo de Parceria.

Art. 11. A execução do objeto do Termo de Parceria será acompanhada e fiscalizada por órgão do Poder Público da área de atuação correspondente à atividade fomentada, e pelos Conselhos de Políticas Públicas das áreas correspondentes de atuação existentes, em cada nível de governo.

§ 1º Os resultados atingidos com a execução do Termo de Parceria devem ser analisados por comissão de avaliação, composta de comum acordo entre o órgão parceiro e a Organização da Sociedade Civil de Interesse Público.

§ 2º A comissão encaminhará à autoridade competente relatório conclusivo sobre a avaliação procedida.

§ 3º Os Termos de Parceria destinados ao fomento de atividades nas áreas de que trata esta Lei estarão sujeitos aos mecanismos de controle social previstos na legislação.

Art. 12. Os responsáveis pela fiscalização do Termo de Parceria, ao tomarem conhecimento de qualquer irregularidade ou ilegalidade na utilização de recursos ou bens de origem pública pela organização parceira, darão imediata ciência ao Tribunal de Contas respectivo e ao Ministério Público, sob pena de responsabilidade solidária.

Art. 13. Sem prejuízo da medida a que se refere o art. 12 desta Lei, havendo indícios fundados de malversação de bens ou recursos de origem pública, os responsáveis pela fiscalização representarão ao Ministério Público, à Advocacia-Geral da União, para que requeiram ao juízo competente a decretação da indisponibilidade dos bens da entidade e o sequestro dos bens dos seus dirigentes, bem como de agente público ou terceiro, que possam ter enriquecido ilicitamente ou causado dano ao patrimônio público, além de outras medidas consubstanciadas na Lei 8.429, de 2 de junho de 1992, e na Lei Complementar 64, de 18 de maio de 1990.

§ 1º O pedido de sequestro será processado de acordo com o disposto nos arts. 822 e 825 do Código de Processo Civil.

→ *v.* Art. 301 do NCPC.

§ 2º Quando for o caso, o pedido incluirá a investigação, o exame e o bloqueio de bens, contas bancárias e aplicações mantidas pelo demandado no País e no exterior, nos termos da lei e dos tratados internacionais.

§ 3º Até o término da ação, o Poder Público permanecerá como depositário e gestor dos bens e valores sequestrados ou indisponíveis e velará pela continuidade das atividades sociais da organização parceira.

Art. 14. A organização parceira fará publicar, no prazo máximo de 30 (trinta) dias, contado da assinatura do Termo de Parceria, regulamento próprio contendo os procedimentos que adotará para a contratação de obras e serviços, bem como para compras com emprego de recursos provenientes do Poder Público, observados os princípios estabelecidos no inciso I do art. 4º desta Lei.

Art. 15. Caso a organização adquira bem imóvel com recursos provenientes da celebração do Termo de Parceria, este será gravado com cláusula de inalienabilidade.

Art. 15-A. (*Vetado*).

→ Artigo acrescentado pela Lei 13.019/2014.

→ Vigência da Lei 13.019/2014: Referida Lei entra em vigor após decorridos 540 (quinhentos e quarenta) dias de sua publicação oficial. Para os Municípios, esta Lei entra em vigor a partir de 1º de janeiro de 2017; e por ato administrativo local, o disposto nesta Lei poderá ser implantado nos Municípios a partir da data decorrente do disposto no *caput*. (*v.* art. 88)

Art. 15-B. A prestação de contas relativa à execução do Termo de Parceria perante o órgão da entidade estatal parceira refere-se à correta aplicação dos recursos públicos recebidos e ao adimplemento do objeto do Termo de Parceria, mediante a apresentação dos seguintes documentos:

→ Artigo acrescentado pela Lei 13.019/2014.

→ Vigência da Lei 13.019/2014: Referida Lei entra em vigor após decorridos 540 (quinhentos e quarenta) dias de sua publicação oficial. Para os Municípios, esta Lei entra em vigor a partir de 1º de janeiro de 2017; e por ato administrativo local, o disposto nesta Lei poderá ser implantado nos Municípios a partir da data decorrente do disposto no *caput*. (*v.* art. 88)

I – relatório anual de execução de atividades, contendo especificamente relatório sobre a execução do objeto do Termo de Parceria, bem como comparativo entre as metas propostas e os resultados alcançados;

II – demonstrativo integral da receita e despesa realizadas na execução;

III – extrato da execução física e financeira;

IV – demonstração de resultados do exercício;

V – balanço patrimonial;

VI – demonstração das origens e das aplicações de recursos;

VII – demonstração das mutações do patrimônio social;

VIII – notas explicativas das demonstrações contábeis, caso necessário;

IX – parecer e relatório de auditoria, se for o caso.

Capítulo III
DAS DISPOSIÇÕES FINAIS E TRANSITÓRIAS

Art. 16. É vedada às entidades qualificadas como Organizações da Sociedade Civil de Interesse Público a participação em campanhas de interesse político-partidário ou eleitorais, sob quaisquer meios ou formas.

Art. 17. O Ministério da Justiça permitirá, mediante requerimento dos interessados, livre acesso público a todas as informações pertinentes às Organizações da Sociedade Civil de Interesse Público.

Art. 18. As pessoas jurídicas de direito privado sem fins lucrativos, qualificadas com base em outros diplomas legais, poderão qualificar-se como Organizações da Sociedade Civil de Interesse Público, desde que atendidos aos requisitos para tanto exigidos, sendo-lhes assegurada a manutenção simultânea dessas qualificações, até 5 (cinco) anos contados da data de vigência desta Lei.

→ *Caput* com redação alterada pela MP 2.216-37/2001.

§ 1º Findo o prazo de 5 (cinco) anos, a pessoa jurídica interessada em manter a qualificação prevista nesta Lei deverá por ela optar, fato que implicará a renúncia automática de suas qualificações anteriores.

→ § 1º com redação alterada pela MP 2.216-37/2001.

§ 2º Caso não seja feita a opção prevista no parágrafo anterior, a pessoa jurídica perderá automaticamente a qualificação obtida nos termos desta Lei.

Art. 19. O Poder Executivo regulamentará esta Lei no prazo de 30 (trinta) dias.

Art. 20. Esta Lei entra em vigor na data de sua publicação.

Brasília, 23 de março de 1999; 178º da Independência e 111º da República.

Fernando Henrique Cardoso

(Publicação no *D.O.U.* de 24.3.1999)

LEI 9.800,
DE 26 DE MAIO DE 1999

Permite às partes a utilização de sistema de transmissão de dados para a prática de atos processuais.

O Presidente da República:

Faço saber que o Congresso Nacional decreta e eu sanciono a seguinte Lei:

Art. 1º É permitida às partes a utilização de sistema de transmissão de dados e imagens tipo fac-símile ou outro similar, para a prática de atos processuais que dependam de petição escrita.

Art. 2º A utilização de sistema de transmissão de dados e imagens não prejudica o cumprimento dos prazos, devendo os originais ser entregues em juízo, necessariamente, até 5 (cinco) dias da data de seu término.

Parágrafo único. Nos atos não sujeitos a prazo, os originais deverão ser entregues, necessariamente, até 5 (cinco) dias da data da recepção do material.

Art. 3º Os juízes poderão praticar atos de sua competência à vista de transmissões efetuadas na forma desta Lei, sem prejuízo do disposto no artigo anterior.

Art. 4º Quem fizer uso de sistema de transmissão torna-se responsável pela qualidade e fidelidade do material transmitido, e por sua entrega ao órgão judiciário.

Parágrafo único. Sem prejuízo de outras sanções, o usuário do sistema será considerado litigante de má-fé se não houver perfeita concordância entre o original remetido pelo fac-símile e o original entregue em juízo.

Art. 5º O disposto nesta Lei não obriga a que os órgãos judiciários disponham de equipamentos para recepção.

Art. 6º Esta Lei entra em vigor 30 (trinta) dias após a data de sua publicação.

Brasília, 26 de maio de 1999; 178º da Independência e 111º da República.

Fernando Henrique Cardoso

(Publicação no *D.O.U.* 27.05.1999)

LEI 9.807,
DE 13 DE JULHO DE 1999

Estabelece normas para a organização e a manutenção de programas especiais de proteção a vítimas e a testemunhas ameaçadas, institui o Programa Federal de Assistência a Vítimas e a Testemunhas Ameaçadas e dispõe sobre a proteção de acusados ou condenados que tenham voluntariamente prestado efetiva colaboração à investigação policial e ao processo criminal.

O Presidente da República:

Faço saber que o Congresso Nacional decreta e eu sanciono a seguinte Lei:

Capítulo I
DA PROTEÇÃO ESPECIAL A VÍTIMAS E A TESTEMUNHAS

Art. 1º As medidas de proteção requeridas por vítimas ou por testemunhas de crimes que estejam coagidas ou expostas a grave ameaça em razão de colaborarem com a investigação ou processo criminal serão prestadas pela União, pelos Estados e pelo Distrito Federal, no âmbito das respectivas competências, na forma de programas especiais organizados com base nas disposições desta Lei.

→ *v.* Arts. 342 e 344 do CP.

→ *v.* Arts. 201 a 203, 208, 218 e 219 do CPP.

§ 1º A União, os Estados e o Distrito Federal poderão celebrar convênios, acordos, ajustes ou termos de parceria entre si ou com entidades não governamentais objetivando a realização dos programas.

§ 2º A supervisão e a fiscalização dos convênios, acordos, ajustes e termos de parceria de interesse da União ficarão a cargo do órgão do Ministério da Justiça com atribuições para a execução da política de direitos humanos.

Art. 2º A proteção concedida pelos programas e as medidas dela decorrentes levarão em conta a gravidade da coação ou da ameaça à integridade física ou psicológica, a dificuldade de preveni-las ou reprimi-las pelos meios convencionais e a sua importância para a produção da prova.

§ 1º A proteção poderá ser dirigida ou estendida ao cônjuge ou companheiro, ascendentes, descendentes e dependentes que tenham convivência habitual com a vítima ou testemunha, conforme o especificamente necessário em cada caso.

§ 2º Estão excluídos da proteção os indivíduos cuja personalidade ou conduta seja incompatível com as restrições de comportamento exigidas pelo programa, os condenados que estejam cumprindo pena e os indiciados ou acusados sob prisão cautelar em qualquer de suas modalidades. Tal exclusão não trará prejuízo a eventual prestação de medidas de preservação da integridade física desses indivíduos por parte dos órgãos de segurança pública.

§ 3º O ingresso no programa, as restrições de segurança e demais medidas por ele adotadas terão sempre a anuência da pessoa protegida, ou de seu representante legal.

§ 4º Após ingressar no programa, o protegido ficará obrigado ao cumprimento das normas por ele prescritas.

§ 5º As medidas e providências relacionadas com os programas serão adotadas, executadas e mantidas em sigilo pelos protegidos e pelos agentes envolvidos em sua execução.

Art. 3º Toda admissão no programa ou exclusão dele será precedida de consulta ao Ministério Público sobre o disposto no art. 2º e deverá ser subsequentemente comunicada à autoridade policial ou ao juiz competente.

Art. 4º Cada programa será dirigido por um conselho deliberativo em cuja composição haverá representantes do Ministério Público, do Poder Judiciário e de órgãos públicos e privados relacionados com a segurança pública e a defesa dos direitos humanos.

§ 1º A execução das atividades necessárias ao programa ficará a cargo de um dos órgãos representados no conselho deliberativo, devendo os agentes dela incumbidos ter formação e capacitação profissional compatíveis com suas tarefas.

§ 2º Os órgãos policiais prestarão a colaboração e o apoio necessários à execução de cada programa.

Art. 5º A solicitação objetivando ingresso no programa poderá ser encaminhada ao órgão executor:

I – pelo interessado;

II – por representante do Ministério Público;

III – pela autoridade policial que conduz a investigação criminal;

IV – pelo juiz competente para a instrução do processo criminal;

V – por órgãos públicos e entidades com atribuições de defesa dos direitos humanos.

§ 1º A solicitação será instruída com a qualificação da pessoa a ser protegida e com informações sobre a sua vida pregressa, o fato delituoso e a coação ou ameaça que a motiva.

§ 2º Para fins de instrução do pedido, o órgão executor poderá solicitar, com a aquiescência do interessado:

I – documentos ou informações comprobatórias de sua identidade, estado civil, situação profissional, patrimônio e grau de instrução, e da pendência de obrigações civis, administrativas, fiscais, financeiras ou penais;

II – exames ou pareceres técnicos sobre a sua personalidade, estado físico ou psicológico.

§ 3º Em caso de urgência e levando em consideração a procedência, gravidade e a iminência da coação ou ameaça, a vítima ou testemunha poderá ser colocada provisoriamente sob a custódia de órgão policial, pelo órgão executor, no aguardo de decisão do conselho deliberativo, com comunicação imediata a seus membros e ao Ministério Público.

Art. 6º O conselho deliberativo decidirá sobre:

I – o ingresso do protegido no programa ou a sua exclusão;

II – as providências necessárias ao cumprimento do programa.

Parágrafo único. As deliberações do conselho serão tomadas por maioria absoluta de seus membros e sua execução ficará sujeita à disponibilidade orçamentária.

Art. 7º Os programas compreendem, dentre outras, as seguintes medidas, aplicáveis isolada ou cumulativamente em benefício da pessoa protegida, segundo a gravidade e as circunstâncias de cada caso:

I – segurança na residência, incluindo o controle de telecomunicações;

II – escolta e segurança nos deslocamentos da residência, inclusive para fins de trabalho ou para a prestação de depoimentos;

III – transferência de residência ou acomodação provisória em local compatível com a proteção;

IV – preservação da identidade, imagem e dados pessoais;

V – ajuda financeira mensal para prover as despesas necessárias à subsistência individual ou familiar, no caso de a pessoa protegida estar impossibilitada de desenvolver trabalho regular ou de inexistência de qualquer fonte de renda;

VI – suspensão temporária das atividades funcionais, sem prejuízo dos respectivos vencimentos ou vantagens, quando servidor público ou militar;

VII – apoio e assistência social, médica e psicológica;

VIII – sigilo em relação aos atos praticados em virtude da proteção concedida;

IX – apoio do órgão executor do programa para o cumprimento de obrigações civis e administrativas que exijam o comparecimento pessoal.

Parágrafo único. A ajuda financeira mensal terá um teto fixado pelo conselho deliberativo no início de cada exercício financeiro.

Art. 8º Quando entender necessário, poderá o conselho deliberativo solicitar ao Ministério Público que requeira ao juiz a concessão de medidas cautelares direta ou indiretamente relacionadas com a eficácia da proteção.

Art. 9º Em casos excepcionais e considerando as características e gravidade da coação ou ameaça, poderá o conselho deliberativo encaminhar requerimento da pessoa protegida ao juiz competente para registros públicos objetivando a alteração de nome completo.

→ *v.* Arts. 57, § 7º, e 58 da Lei 6.015/1973.

→ *v.* Art. 14, II da Lei 12.850/2013.

§ 1º A alteração de nome completo poderá estender-se às pessoas mencionadas no § 1º do art. 2º desta Lei, inclusive aos filhos menores, e será precedida das providências necessárias ao resguardo de direitos de terceiros.

§ 2º O requerimento será sempre fundamentado e o juiz ouvirá previamente o Ministério Público, determinando, em seguida, que o procedimento tenha rito sumaríssimo e corra em segredo de justiça.

§ 3º Concedida a alteração pretendida, o juiz determinará na sentença, observando o sigilo indispensável à proteção do interessado:

I – a averbação no registro original de nascimento da menção de que houve alteração de nome completo em conformidade com o estabelecido nesta Lei, com expressa referência à sentença autorizatória e ao juiz que a exarou e sem a aposição do nome alterado;

II – a determinação aos órgãos competentes para o fornecimento dos documentos decorrentes da alteração;

III – a remessa da sentença ao órgão nacional competente para o registro único de identificação civil, cujo procedimento obedecerá às necessárias restrições de sigilo.

§ 4º O conselho deliberativo, resguardado o sigilo das informações, manterá controle sobre a localização do protegido cujo nome tenha sido alterado.

§ 5º Cessada a coação ou ameaça que deu causa à alteração, ficará facultado ao protegido solicitar ao juiz competente o retorno à situação anterior, com a alteração para o nome original, em petição que será encaminhada pelo conselho deliberativo e terá manifestação prévia do Ministério Público.

Art. 10. A exclusão da pessoa protegida de programa de proteção a vítimas e a testemunhas poderá ocorrer a qualquer tempo:

I – por solicitação do próprio interessado;

II – por decisão do conselho deliberativo, em consequência de:

a) cessação dos motivos que ensejaram a proteção;

b) conduta incompatível do protegido.

Art. 11. A proteção oferecida pelo programa terá a duração máxima de 2 (dois) anos.

Parágrafo único. Em circunstâncias excepcionais, perdurando os motivos que autorizam a admissão, a permanência poderá ser prorrogada.

Art. 12. Fica instituído, no âmbito do órgão do Ministério da Justiça com atribuições para a execução da política de direitos humanos, o Programa Federal de Assistência a Vítimas e a Testemunhas Ameaçadas, a ser regulamentado por decreto do Poder Executivo.

→ *v.* Decreto 3.518/2000 – Regulamenta o Programa Federal de Assistência a Vítimas e a Testemunhas Ameaçadas.

Capítulo II
DA PROTEÇÃO AOS RÉUS COLABORADORES

Art. 13. Poderá o juiz, de ofício ou a requerimento das partes, conceder o perdão judicial e a consequente extinção da punibilidade ao acusado que, sendo primário, tenha colaborado efetiva e voluntariamente com a investigação e o processo criminal, desde que dessa colaboração tenha resultado:

→ *v.* Art. 64, I, do CP.

I – a identificação dos demais coautores ou partícipes da ação criminosa;

II – a localização da vítima com a sua integridade física preservada;

III – a recuperação total ou parcial do produto do crime.

Parágrafo único. A concessão do perdão judicial levará em conta a personalidade do beneficiado e a natureza, circunstâncias, gravidade e repercussão social do fato criminoso.

→ *v.* Art. 59 do CP.

Art. 14. O indiciado ou acusado que colaborar voluntariamente com a investigação policial e o processo criminal na identificação dos demais coautores ou partícipes do crime, na localização da vítima com vida e na recuperação total ou parcial do produto do crime, no caso de condenação, terá pena reduzida de 1/3 (um terço) a 2/3 (dois terços).

→ *v.* Art. 159, § 4º, do CP.

→ *v.* Art. 41 da Lei 11.343/2006.

→ *v.* Art. 1º, § 5º, da Lei 9.613/1998.

→ *v.* Art. 8º, parágrafo único, da Lei 8.072/1990.

→ *v.* Art. 25, § 2º, da Lei 7.492/1986.

Art. 15. Serão aplicadas em benefício do colaborador, na prisão ou fora dela, medidas especiais de segurança e proteção a sua integridade física, considerando ameaça ou coação eventual ou efetiva.

§ 1º Estando sob prisão temporária, preventiva ou em decorrência de flagrante delito, o colaborador será custodiado em dependência separada dos demais presos.

→ *v.* Arts. 302 e 312 do CPP.

→ *v.* Lei 7.960/1989 – Prisão temporária.

§ 2º Durante a instrução criminal, poderá o juiz competente determinar em favor do colaborador qualquer das medidas previstas no art. 8º desta Lei.

§ 3º No caso de cumprimento da pena em regime fechado, poderá o juiz criminal determinar medidas especiais que proporcionem a segurança do colaborador em relação aos demais apenados.

DISPOSIÇÕES GERAIS

Art. 16. O art. 57 da Lei 6.015, de 31 de dezembro de 1973, fica acrescido do seguinte § 7º:

"§ 7º Quando a alteração de nome for concedida em razão de fundada coação ou ameaça decorrente de colaboração com a apuração de crime, o juiz competente determinará que haja a averbação no registro de origem de menção da existência de sentença concessiva da alteração, sem a averbação do nome alterado, que somente poderá ser procedida mediante determinação posterior, que levará em consideração a cessação da coação ou ameaça que deu causa à alteração."

Art. 17. O parágrafo único do art. 58 da Lei 6.015, de 31 de dezembro de 1973, com a redação dada pela Lei 9.708, de 18 de novembro de 1998, passa a ter a seguinte redação:

"Parágrafo único. A substituição do prenome será ainda admitida em razão de fundada coação ou ameaça decorrente da colaboração com a apuração de crime, por determinação, em sentença, de juiz competente, ouvido o Ministério Público."

Art. 18. O art. 18 da Lei 6.015, de 31 de dezembro de 1973, passa a ter a seguinte redação:

"Art. 18. Ressalvado o disposto nos arts. 45, 57, § 7º, e 95, parágrafo único, a certidão será lavrada independentemente de despacho judicial, devendo mencionar o livro de registro ou o documento arquivado no cartório."

Art. 19. A União poderá utilizar estabelecimentos especialmente destinados ao cumprimento de pena de condenados que tenham prévia e voluntariamente prestado a colaboração de que trata esta Lei.

Parágrafo único. Para fins de utilização desses estabelecimentos, poderá a União celebrar convênios com os Estados e o Distrito Federal.

Art. 19-A. Terão prioridade na tramitação o inquérito e o processo criminal em que figure indiciado, acusado, vítima ou réu colaboradores, vítima ou testemunha protegidas pelos programas de que trata esta Lei.

→ Artigo acrescentado pela Lei 12.483/2011.

Parágrafo único. Qualquer que seja o rito processual criminal, o juiz, após a citação, tomará antecipadamente o depoimento das pessoas incluídas nos programas de proteção previstos nesta Lei, devendo justificar a eventual impossibilidade de fazê-lo no caso concreto ou o possível prejuízo que a oitiva antecipada traria para a instrução criminal.

Art. 20. As despesas decorrentes da aplicação desta Lei, pela União, correrão à conta de dotação consignada no orçamento.

Art. 21. Esta Lei entra em vigor na data de sua publicação.

Brasília, 13 de julho de 1999; 178º da Independência e 111º da República.

Fernando Henrique Cardoso

(Publicação no *D.O.U.* de 14.7.1999)

LEI 9.868,
DE 10 DE NOVEMBRO DE 1999

Dispõe sobre o processo e julgamento da ação direta de inconstitucionalidade e da ação declaratória de constitucionalidade perante o Supremo Tribunal Federal.

→ v. Decreto 2.345/1997 – Consolida normas de procedimentos a serem observadas pela Administração Pública Federal em razão de decisões judiciais, regulamenta os dispositivos legais que menciona, e dá outras providências.

O Presidente da República:

Faço saber que o Congresso Nacional decreta e eu sanciono a seguinte Lei:

Capítulo I
DA AÇÃO DIRETA DE INCONSTITUCIONALIDADE E DA AÇÃO DECLARATÓRIA DE CONSTITUCIONALIDADE

Art. 1º Esta Lei dispõe sobre o processo e julgamento da ação direta de inconstitucionalidade e da ação declaratória de constitucionalidade perante o Supremo Tribunal Federal.

Capítulo II
DA AÇÃO DIRETA DE INCONSTITUCIONALIDADE

Seção I
Da admissibilidade e do procedimento da ação direta de inconstitucionalidade

Art. 2º Podem propor a ação direta de inconstitucionalidade:

→ *v.* Art. 103 da CF/1988.

I – o Presidente da República;

II – a Mesa do Senado Federal;

III – a Mesa da Câmara dos Deputados;

IV – a Mesa de Assembleia Legislativa ou a Mesa da Câmara Legislativa do Distrito Federal;

V – o Governador de Estado ou o Governador do Distrito Federal;

VI – o Procurador-Geral da República;

VII – o Conselho Federal da Ordem dos Advogados do Brasil;

VIII – partido político com representação no Congresso Nacional;

IX – confederação sindical ou entidade de classe de âmbito nacional.

Parágrafo único. (*Vetado*).

Art. 3º A petição indicará:

I – o dispositivo da lei ou do ato normativo impugnado e os fundamentos jurídicos do pedido em relação a cada uma das impugnações;

II – o pedido, com suas especificações.

Parágrafo único. A petição inicial, acompanhada de instrumento de procuração, quando subscrita por advogado, será apresentada em duas vias, devendo conter cópias da lei ou do ato normativo impugnado e dos documentos necessários para comprovar a impugnação.

Art. 4º A petição inicial inepta, não fundamentada e a manifestamente improcedente serão liminarmente indeferidas pelo relator.

Parágrafo único. Cabe agravo da decisão que indeferir a petição inicial.

Art. 5º Proposta a ação direta, não se admitirá desistência.

Parágrafo único. (*Vetado*).

Art. 6º O relator pedirá informações aos órgãos ou às autoridades das quais emanou a lei ou o ato normativo impugnado.

Parágrafo único. As informações serão prestadas no prazo de 30 (trinta) dias contado do recebimento do pedido.

Art. 7º Não se admitirá intervenção de terceiros no processo de ação direta de inconstitucionalidade.

§ 1º (*Vetado*).

§ 2º O relator, considerando a relevância da matéria e a representatividade dos postulantes, poderá, por despacho irrecorrível, admitir, observado o prazo fixado no parágrafo anterior, a manifestação de outros órgãos ou entidades.

Art. 8º Decorrido o prazo das informações, serão ouvidos, sucessivamente, o Advogado-Geral da União e o Procurador-Geral da República, que deverão manifestar-se, cada qual, no prazo de 15 (quinze) dias.

Art. 9º Vencidos os prazos do artigo anterior, o relator lançará o relatório, com cópia a todos os Ministros, e pedirá dia para julgamento.

§ 1º Em caso de necessidade de esclarecimento de matéria ou circunstância de fato ou de notória insuficiência das informações existentes nos autos, poderá o relator requisitar informações adicionais, designar perito ou comissão de peritos para que emita parecer sobre a questão, ou fixar data para, em audiência pública, ouvir depoimentos de pessoas com experiência e autoridade na matéria.

§ 2º O relator poderá, ainda, solicitar informações aos Tribunais Superiores, aos Tribunais federais e aos Tribunais estaduais acerca da aplicação da norma impugnada no âmbito de sua jurisdição.

§ 3º As informações, perícias e audiências a que se referem os parágrafos anteriores serão realizadas no prazo de 30 (trinta) dias, contado da solicitação do relator.

Seção II
Da medida cautelar em ação direta de inconstitucionalidade

→ *v.* Art. 102, I, *p*, da CF/1988.

Art. 10. Salvo no período de recesso, a medida cautelar na ação direta será concedida por decisão da maioria absoluta dos membros do Tribunal, observado o disposto no art. 22, após a audiência dos órgãos ou autoridades dos quais emanou a lei ou ato normativo impugnado, que deverão pronunciar-se no prazo de 5 (cinco) dias.

§ 1º O relator, julgando indispensável, ouvirá o Advogado-Geral da União e o Procurador-Geral da República, no prazo de 3 (três) dias.

§ 2º No julgamento do pedido de medida cautelar, será facultada sustentação oral aos representantes judiciais do requerente e das autoridades ou órgãos responsáveis pela expedição do ato, na forma estabelecida no Regimento do Tribunal.

§ 3º Em caso de excepcional urgência, o Tribunal poderá deferir a medida cautelar sem a audiência dos órgãos ou das autoridades das quais emanou a lei ou o ato normativo impugnado.

Art. 11. Concedida a medida cautelar, o Supremo Tribunal Federal fará publicar em seção especial do *Diário Oficial da União* e do *Diário da Justiça da União* a parte dispositiva da decisão, no prazo de 10 (dez) dias, devendo solicitar as informações à autoridade da qual tiver emanado o ato, observando-se, no que couber, o procedimento estabelecido na Seção I deste Capítulo.

§ 1º A medida cautelar, dotada de eficácia contra todos, será concedida com efeito *ex nunc*, salvo se o Tribunal entender que deva conceder-lhe eficácia retroativa.

§ 2º A concessão da medida cautelar torna aplicável a legislação anterior acaso existente, salvo expressa manifestação em sentido contrário.

Art. 12. Havendo pedido de medida cautelar, o relator, em face da relevância da matéria e de seu especial significado para a ordem social e a segurança jurídica, poderá, após a prestação das informações, no prazo de 10 (dez) dias, e a manifestação do Advogado-Geral da União e do Procurador-Geral da República, sucessivamente, no prazo de 5 (cinco) dias, submeter o processo diretamente ao Tribunal, que terá a faculdade de julgar definitivamente a ação.

Capítulo II-A
DA AÇÃO DIRETA DE INCONSTITUCIONALIDADE POR OMISSÃO

→ Capítulo II-A acrescentado pela Lei 12.063/2009.

Seção I
Da admissibilidade e do procedimento da ação direta de inconstitucionalidade por omissão

→ Seção I acrescentada pela Lei 12.063/2009.

Art. 12-A. Podem propor a ação direta de inconstitucionalidade por omissão os legitimados à propositura da ação direta de inconstitucionalidade e da ação declaratória de constitucionalidade.

→ Artigo acrescentado pela Lei 12.063/2009.

Art. 12-B. A petição indicará:

→ Artigo acrescentado pela Lei 12.063/2009.

I – a omissão inconstitucional total ou parcial quanto ao cumprimento de dever constitucional de legislar ou quanto à adoção de providência de índole administrativa;

II – o pedido, com suas especificações.

Parágrafo único. A petição inicial, acompanhada de instrumento de procuração, se for o caso, será apresentada em 2 (duas) vias, devendo conter cópias dos documentos necessários para comprovar a alegação de omissão.

Art. 12-C. A petição inicial inepta, não fundamentada, e a manifestamente improcedente serão liminarmente indeferidas pelo relator.

→ Artigo acrescentado pela Lei 12.063/2009.

Parágrafo único. Cabe agravo da decisão que indeferir a petição inicial.

Art. 12-D. Proposta a ação direta de inconstitucionalidade por omissão, não se admitirá desistência.

→ Artigo acrescentado pela Lei 12.063/2009.

Art. 12-E. Aplicam-se ao procedimento da ação direta de inconstitucionalidade por omissão, no que couber, as disposições constantes da Seção I do Capítulo II desta Lei.

→ Artigo acrescentado pela Lei 12.063/2009.

§ 1º Os demais titulares referidos no art. 2º desta Lei poderão manifestar-se, por escrito, sobre o objeto da ação e pedir a juntada de documentos reputados úteis para o exame da matéria, no prazo das informações, bem como apresentar memoriais.

§ 2º O relator poderá solicitar a manifestação do Advogado-Geral da União, que deverá ser encaminhada no prazo de 15 (quinze) dias.

§ 3º O Procurador-Geral da República, nas ações em que não for autor, terá vista do processo, por 15 (quinze) dias, após o decurso do prazo para informações.

Seção II
Da medida cautelar em ação direta de inconstitucionalidade por omissão

→ Seção II acrescentada pela Lei 12.063/2009.

Art. 12-F. Em caso de excepcional urgência e relevância da matéria, o Tribunal, por decisão da maioria absoluta de seus membros, observado o disposto no art. 22, poderá conceder medida cautelar, após a audiência dos órgãos ou autoridades responsáveis pela omissão inconstitucional, que deverão pronunciar-se no prazo de 5 (cinco) dias.

→ Artigo acrescentado pela Lei 12.063/2009.

§ 1º A medida cautelar poderá consistir na suspensão da aplicação da lei ou do ato normativo questionado, no caso de omissão parcial, bem como na suspensão de processos judiciais ou de procedimentos administrativos, ou ainda em outra providência a ser fixada pelo Tribunal.

§ 2º O relator, julgando indispensável, ouvirá o Procurador-Geral da República, no prazo de 3 (três) dias.

§ 3º No julgamento do pedido de medida cautelar, será facultada sustentação oral aos representantes judiciais do requerente e das autoridades ou órgãos responsáveis pela omissão inconstitucional, na forma estabelecida no Regimento do Tribunal.

Art. 12-G. Concedida a medida cautelar, o Supremo Tribunal Federal fará publicar, em seção especial do *Diário Oficial da União* e do *Diário da Justiça da União*, a parte dispositiva da decisão no prazo de 10 (dez) dias, devendo solicitar as informações à autoridade ou ao órgão responsável pela omissão inconstitucional, observando-se, no que couber, o procedimento estabelecido na Seção I do Capítulo II desta Lei.

→ Artigo acrescentado pela Lei 12.063/2009.

Seção III
Da decisão na ação direta de inconstitucionalidade por omissão

→ Seção III acrescentada pela Lei 12.063/2009.

Art. 12-H. Declarada a inconstitucionalidade por omissão, com observância do disposto no art. 22, será dada ciência ao Poder competente para a adoção das providências necessárias.

→ Artigo acrescentado pela Lei 12.063/2009.

§ 1º Em caso de omissão imputável a órgão administrativo, as providências deverão ser adotadas no prazo de 30 (trinta) dias, ou em prazo razoável a ser estipulado excepcionalmente pelo Tribunal, tendo em vista as circunstâncias específicas do caso e o interesse público envolvido.

§ 2º Aplica-se à decisão da ação direta de inconstitucionalidade por omissão, no que couber, o disposto no Capítulo IV desta Lei.

Capítulo III
DA AÇÃO DECLARATÓRIA DE CONSTITUCIONALIDADE

Seção I
Da admissibilidade e do procedimento da ação declaratória de constitucionalidade

Art. 13. Podem propor a ação declaratória de constitucionalidade de lei ou ato normativo federal:

I – o Presidente da República;

II – a Mesa da Câmara dos Deputados;

III – a Mesa do Senado Federal;

IV – o Procurador-Geral da República.

Art. 14. A petição inicial indicará:

I – o dispositivo da lei ou do ato normativo questionado e os fundamentos jurídicos do pedido;

II – o pedido, com suas especificações;

III – a existência de controvérsia judicial relevante sobre a aplicação da disposição objeto da ação declaratória.

Parágrafo único. A petição inicial, acompanhada de instrumento de procuração, quando subscrita por advogado, será apresentada em duas vias, devendo conter cópias do ato normativo questionado e dos documentos necessários para comprovar a procedência do pedido de declaração de constitucionalidade.

Art. 15. A petição inicial inepta, não fundamentada e a manifestamente improcedente serão liminarmente indeferidas pelo relator.

Parágrafo único. Cabe agravo da decisão que indeferir a petição inicial.

Art. 16. Proposta a ação declaratória, não se admitirá desistência.

Art. 17. (*Vetado*).

Art. 18. Não se admitirá intervenção de terceiros no processo de ação declaratória de constitucionalidade.

§ 1º (*Vetado*).

§ 2º (*Vetado*).

Art. 19. Decorrido o prazo do artigo anterior, será aberta vista ao Procurador-Geral da República, que deverá pronunciar-se no prazo de 15 (quinze) dias.

Art. 20. Vencido o prazo do artigo anterior, o relator lançará o relatório, com cópia a todos os Ministros, e pedirá dia para julgamento.

§ 1º Em caso de necessidade de esclarecimento de matéria ou circunstância de fato ou de notória insuficiência das informações existentes nos autos, poderá o relator requisitar informações adicionais, designar perito ou comissão de peritos para que emita parecer sobre a questão ou fixar data para, em audiência pública, ouvir depoimentos de pessoas com experiência e autoridade na matéria.

§ 2º O relator poderá solicitar, ainda, informações aos Tribunais Superiores, aos Tribunais federais e aos Tribunais estaduais acerca da aplicação da norma questionada no âmbito de sua jurisdição.

§ 3º As informações, perícias e audiências a que se referem os parágrafos anteriores serão realizadas no prazo de 30 (trinta) dias, contado da solicitação do relator.

Seção II
Da medida cautelar em ação declaratória de constitucionalidade

Art. 21. O Supremo Tribunal Federal, por decisão da maioria absoluta de seus membros, poderá deferir pedido de medida cautelar na ação declaratória de constitucionalidade, consistente na determinação de que os juízes e os Tribunais suspendam o julgamento dos processos que envolvam a aplicação da lei ou do ato normativo objeto da ação até seu julgamento definitivo.

Parágrafo único. Concedida a medida cautelar, o Supremo Tribunal Federal fará publicar em seção especial do *Diário Oficial da União* a parte dispositiva da decisão, no prazo de 10 (dez) dias, devendo o Tribunal proceder ao julgamento da ação no prazo de 180 (cento e oitenta) dias, sob pena de perda de sua eficácia.

Capítulo IV
DA DECISÃO NA AÇÃO DIRETA DE INCONSTITUCIONALIDADE E NA AÇÃO DECLARATÓRIA DE CONSTITUCIONALIDADE

Art. 22. A decisão sobre a constitucionalidade ou a inconstitucionalidade da lei ou do ato normativo somente será tomada se presentes na sessão pelo menos oito Ministros.

Art. 23. Efetuado o julgamento, proclamar-se-á a constitucionalidade ou a inconstitucionalidade da disposição ou da norma impugnada se num ou noutro sentido se tiverem manifestado pelo menos seis Ministros, quer se trate de ação direta de inconstitucionalidade ou de ação declaratória de constitucionalidade.

Parágrafo único. Se não for alcançada a maioria necessária à declaração de constitucionalidade ou de inconstitucionalidade, estando ausentes Ministros em número que possa influir no julgamento, este será suspenso a fim de aguardar-se o comparecimento dos Ministros ausentes, até que se atinja o número necessário para prolação da decisão num ou noutro sentido.

Art. 24. Proclamada a constitucionalidade, julgar-se-á improcedente a ação direta ou procedente eventual ação declaratória; e, proclamada a inconstitucionalidade, julgar-se-á procedente a ação direta ou improcedente eventual ação declaratória.

Art. 25. Julgada a ação, far-se-á a comunicação à autoridade ou ao órgão responsável pela expedição do ato.

Art. 26. A decisão que declara a constitucionalidade ou a inconstitucionalidade da lei ou do ato normativo em ação direta ou em ação declaratória é irrecorrível, ressalvada a interposição de embargos declaratórios, não podendo, igualmente, ser objeto de ação rescisória.

Art. 27. Ao declarar a inconstitucionalidade de lei ou ato normativo, e tendo em vista razões de segurança jurídica ou de excepcional interesse social, poderá o Supremo Tribunal Federal, por maioria de 2/3 (dois terços) de seus membros, restringir os efeitos daquela declaração ou decidir que ela só tenha eficácia a partir de seu trânsito em julgado ou de outro momento que venha a ser fixado.

Art. 28. Dentro do prazo de 10 (dez) dias após o trânsito em julgado da decisão, o Supremo Tribunal Federal fará publicar em seção especial do *Diário da Justiça* e do *Diário Oficial da União* a parte dispositiva do acórdão.

Parágrafo único. A declaração de constitucionalidade ou de inconstitucionalidade, inclusive a interpretação conforme a Constituição e a declaração parcial de inconstitucionalidade sem redução de texto, têm eficácia contra todos e efeito vinculante em relação aos órgãos do Poder Judiciário e à Administração Pública federal, estadual e municipal.

Capítulo V
DAS DISPOSIÇÕES GERAIS E FINAIS

Art. 29. O art. 482 do Código de Processo Civil fica acrescido dos seguintes parágrafos:

→ Alterações efetuadas no CPC/1973.

→ *V.* Arts. 1.045 e 1.046, do NCPC.

Art. 30. O art. 8º da Lei 8.185, de 14 de maio de 1991, passa a vigorar acrescido dos seguintes dispositivos:

"Art. 8º (...)

I – (...)

(...)

n) a ação direta de inconstitucionalidade de lei ou ato normativo do Distrito Federal em face da sua Lei Orgânica;

(...)

§ 3º São partes legítimas para propor a ação direta de inconstitucionalidade:

I – o Governador do Distrito Federal;

II – a Mesa da Câmara Legislativa;

III – o Procurador-Geral de Justiça;

IV – a Ordem dos Advogados do Brasil, seção do Distrito Federal;

V – as entidades sindicais ou de classe, de atuação no Distrito Federal, demonstrando que a pretensão por elas deduzida guarda relação de pertinência direta com os seus objetivos institucionais;

VI – os partidos políticos com representação na Câmara Legislativa.

§ 4º Aplicam-se ao processo e julgamento da ação direta de inconstitucionalidade perante o Tribunal de Justiça do Distrito Federal e Territórios as seguintes disposições:

I – o Procurador-Geral de Justiça será sempre ouvido nas ações diretas de constitucionalidade ou de inconstitucionalidade;

II – declarada a inconstitucionalidade por omissão de medida para tornar efetiva norma da Lei Orgânica do Distrito Federal, a decisão será comunicada ao Poder competente para adoção das providências necessárias, e, tratando-se de órgão administrativo, para fazê-lo em 30 (trinta) dias;

III – somente pelo voto da maioria absoluta de seus membros ou de seu órgão especial, poderá o Tribunal de Justiça declarar a inconstitucionalidade de lei ou de ato normativo do Distrito Federal ou suspender a sua vigência em decisão de medida cautelar.

§ 5º Aplicam-se, no que couber, ao processo de julgamento da ação direta de inconstitucionalidade de lei ou ato normativo do Distrito Federal em face da sua Lei Orgânica as normas sobre o processo e o julgamento da ação direta de inconstitucionalidade perante o Supremo Tribunal Federal."

Art. 31. Esta Lei entra em vigor na data de sua publicação.

Brasília, 10 de novembro de 1999; 178º da Independência e 111º da República.

Fernando Henrique Cardoso

(Publicação no *D.O.U* 11.11.1999)

LEI 9.873,
DE 23 DE NOVEMBRO DE 1999

Estabelece prazo de prescrição para o exercício de ação punitiva pela Administração Pública Federal, direta e indireta, e dá outras providências.

Faço saber que o Presidente da República adotou a Medida Provisória 1.859-17, de 1999, que o Congresso Nacional aprovou, e eu, Antonio Carlos Magalhães, Presidente, para os efeitos do disposto no parágrafo único do art. 62 da Constituição Federal, promulgo a seguinte Lei:

Art. 1º Prescreve em 5 (cinco) anos a ação punitiva da Administração Pública Federal, direta e indireta, no exercício do poder de polícia, objetivando apurar infração à legislação em vigor, contados da data da prática do ato ou, no caso de infração permanente ou continuada, do dia em que tiver cessado.

§ 1º Incide a prescrição no procedimento administrativo paralisado por mais de 3 (três) anos, pendente de julgamento ou despacho, cujos autos serão arquivados de ofício ou mediante requerimento da parte interessada, sem prejuízo da apuração da responsabilidade funcional decorrente da paralisação, se for o caso.

§ 2º Quando o fato objeto da ação punitiva da Administração também constituir crime, a prescrição reger-se-á pelo prazo previsto na lei penal.

→ *V.* Arts. 109 a 113 do CP.

Art. 1º-A. Constituído definitivamente o crédito não tributário, após o término regular do processo administrativo, prescreve em 5 (cinco) anos a ação de execução da administração pública federal relativa a crédito decorrente da aplicação de multa por infração à legislação em vigor.

→ Artigo acrescentado pela Lei 11.941/2009.

→ *V.* Súmula 467 do STJ.

Art. 2º Interrompe-se a prescrição da ação punitiva:

→ *Caput* com redação alterada pela Lei 11.941/2009.

I – pela notificação ou citação do indiciado ou acusado, inclusive por meio de edital;

→ Inciso I com redação alterada pela Lei 11.941/2009.

II – por qualquer ato inequívoco, que importe apuração do fato;

III – pela decisão condenatória recorrível;

IV – por qualquer ato inequívoco que importe em manifestação expressa de tentativa de solução conciliatória no âmbito interno da administração pública federal.

→ Inciso IV acrescentado pela Lei 11.941/2009.

Art. 2º-A. Interrompe-se o prazo prescricional da ação executória:

→ Artigo acrescentado pela Lei 11.941/2009.

I – pelo despacho do juiz que ordenar a citação em execução fiscal;

II – pelo protesto judicial;

III – por qualquer ato judicial que constitua em mora o devedor;

IV – por qualquer ato inequívoco, ainda que extrajudicial, que importe em reconhecimento do débito pelo devedor;

V – por qualquer ato inequívoco que importe em manifestação expressa de tentativa de solução conciliatória no âmbito interno da administração pública federal.

Art. 3º Suspende-se a prescrição durante a vigência:

I – dos compromissos de cessação ou de desempenho, respectivamente, previstos nos arts. 53 e 58 da Lei 8.884, de 11 de junho de 1994;

→ Referida Lei 8.884/1994 foi revogada pela Lei 12.529/2011.

II – do termo de compromisso de que trata o § 5º do art. 11 da Lei 6.385, de 7 de dezembro de 1976, com a redação dada pela Lei 9.457, de 5 de maio de 1997.

Art. 4º Ressalvadas as hipóteses de interrupção previstas no art. 2º, para as infrações ocorridas há mais de 3 (três) anos, contados do dia 1º de julho de 1998, a prescrição operará em 2 (dois) anos, a partir dessa data.

Art. 5º O disposto nesta Lei não se aplica às infrações de natureza funcional e aos processos e procedimentos de natureza tributária.

Art. 6º Ficam convalidados os atos praticados com base na Medida Provisória 1.859-16, de 24 de setembro de 1999.

Art. 7º Esta Lei entra em vigor na data de sua publicação.

Art. 8º Ficam revogados o art. 33 da Lei 6.385, de 1976, com a redação dada pela Lei 9.457, de 1997, o art. 28 da Lei 8.884, de 1994, e demais disposições em contrário, ainda que constantes de lei especial.

→ Referida Lei 8.884/1994 foi revogada pela Lei 12.529/2011.

Congresso Nacional, em 23 de novembro de 1999; 178º da Independência e 111º da República.

Senador Antonio Carlos Magalhães

Presidente do Congresso Nacional

(Publicação no *D.O.U.* de 24.11.1999)

LEI 9.882, DE 3 DE DEZEMBRO DE 1999

Dispõe sobre o processo e julgamento da arguição de descumprimento de preceito fundamental, nos termos do § 1º do art. 102 da Constituição Federal.

O Presidente da República:

Faço saber que o Congresso Nacional decreta e eu sanciono a seguinte Lei:

Art. 1º A arguição prevista no § 1º do art. 102 da Constituição Federal será proposta perante o Supremo Tribunal Federal, e terá por objeto evitar ou reparar lesão a preceito fundamental, resultante de ato do Poder Público.

Parágrafo único. Caberá também arguição de descumprimento de preceito fundamental:

I – quando for relevante o fundamento da controvérsia constitucional sobre lei ou ato normativo federal, estadual ou municipal, incluídos os anteriores à Constituição;

→ *v.* ADIn 2231-8.

II – (*Vetado*).

Art. 2º Podem propor arguição de descumprimento de preceito fundamental:

→ *v.* Art. 103 da CF/1988.

I – os legitimados para a ação direta de inconstitucionalidade;

II – (*Vetado*).

§ 1º Na hipótese do inciso II, faculta-se ao interessado, mediante representação, solicitar a propositura de arguição de descumprimento de preceito fundamental ao Procurador-Geral da República, que, examinando os fundamentos jurídicos do pedido, decidirá do cabimento do seu ingresso em juízo.

§ 2º (*Vetado*).

Art. 3º A petição inicial deverá conter:

I – a indicação do preceito fundamental que se considera violado;

II – a indicação do ato questionado;

III – a prova da violação do preceito fundamental;

IV – o pedido, com suas especificações;

V – se for o caso, a comprovação da existência de controvérsia judicial relevante sobre a aplicação do preceito fundamental que se considera violado.

Parágrafo único. A petição inicial, acompanhada de instrumento de mandato, se for o caso, será apresentada em duas vias, devendo conter cópias do ato questionado e dos documentos necessários para comprovar a impugnação.

Art. 4º A petição inicial será indeferida liminarmente, pelo relator, quando não for o caso de arguição de descumprimento de preceito fundamental, faltar algum dos requisitos prescritos nesta Lei ou for inepta.

§ 1º Não será admitida arguição de descumprimento de preceito fundamental quando houver qualquer outro meio eficaz de sanar a lesividade.

§ 2º Da decisão de indeferimento da petição inicial caberá agravo, no prazo de 5 (cinco) dias.

Art. 5º O Supremo Tribunal Federal, por decisão da maioria absoluta de seus membros, poderá deferir pedido de medida liminar na arguição de descumprimento de preceito fundamental.

§ 1º Em caso de extrema urgência ou perigo de lesão grave, ou, ainda, em período de recesso, poderá o relator conceder a liminar, *ad referendum* do Tribunal Pleno.

§ 2º O relator poderá ouvir os órgãos ou autoridades responsáveis pelo ato questionado, bem como o Advogado-Geral da União ou o Procurador-Geral da República, no prazo comum de 5 (cinco) dias.

§ 3º A liminar poderá consistir na determinação de que juízes e tribunais suspendam o andamento de processo ou os efeitos de decisões judiciais, ou de qualquer outra medida que apresente relação com a matéria objeto da arguição de descumprimento de preceito fundamental, salvo se decorrentes da coisa julgada.

→ *v.* ADIn 2231-8.

§ 4º (*Vetado*).

Art. 6º Apreciado o pedido de liminar, o relator solicitará as informações às autoridades responsáveis pela prática do ato questionado, no prazo de 10 (dez) dias.

§ 1º Se entender necessário, poderá o relator ouvir as partes nos processos que ensejaram a arguição, requisitar informações adicionais, designar perito ou comissão de peritos para que emita parecer sobre a questão, ou, ainda, fixar data para declarações, em audiência pública, de pessoas com experiência e autoridade na matéria.

§ 2º Poderão ser autorizadas, a critério do relator, sustentação oral e juntada de memoriais, por requerimento dos interessados no processo.

Art. 7º Decorrido o prazo das informações, o relator lançará o relatório, com cópia a todos os ministros, e pedirá dia para julgamento.

Parágrafo único. O Ministério Público, nas arguições que não houver formulado, terá vista do processo, por 5 (cinco) dias, após o decurso do prazo para informações.

Art. 8º A decisão sobre a arguição de descumprimento de preceito fundamental somente será tomada se presentes na sessão pelo menos 2/3 (dois terços) dos Ministros.

§ 1º (*Vetado*).

§ 2º (*Vetado*).

Art. 9º (*Vetado*).

Art. 10. Julgada a ação, far-se-á comunicação às autoridades ou órgãos responsáveis pela prática dos atos questionados, fixando-se as condições e o modo de interpretação e aplicação do preceito fundamental.

§ 1º O presidente do Tribunal determinará o imediato cumprimento da decisão, lavrando-se o acórdão posteriormente.

§ 2º Dentro do prazo de 10 (dez) dias contado a partir do trânsito em julgado da decisão, sua parte dispositiva será publicada em seção especial do *Diário da Justiça* e do *Diário Oficial da União*.

§ 3º A decisão terá eficácia contra todos e efeito vinculante relativamente aos demais órgãos do Poder Público.

Art. 11. Ao declarar a inconstitucionalidade de lei ou ato normativo, no processo de arguição de descumprimento de preceito fundamental, e tendo em vista razões de segurança jurídica ou de excepcional interesse social, poderá o Supremo Tribunal Federal, por maioria de 2/3 (dois terços) de seus membros, restringir os efeitos daquela declaração ou decidir que ela só tenha eficácia a partir de seu trânsito em julgado ou de outro momento que venha a ser fixado.

Art. 12. A decisão que julgar procedente ou improcedente o pedido em arguição de descumprimento de preceito fundamental é irrecorrível, não podendo ser objeto de ação rescisória.

Art. 13. Caberá reclamação contra o descumprimento da decisão proferida pelo Supremo Tribunal Federal, na forma do seu Regimento Interno.

Art. 14. Esta Lei entra em vigor na data de sua publicação.

Brasília, 3 de dezembro de 1999; 178º da Independência e 111º da República.

Fernando Henrique Cardoso

(Publicação no *D.O.U* 06.12.1999)

LEI COMPLEMENTAR 101, DE 4 DE MAIO DE 2000

Estabelece normas de finanças públicas voltadas para a responsabilidade na gestão fiscal e dá outras providências.

→ *v.* LC 151/2015 – Altera a LC 148/2014; revoga as Leis 10.819/2003, e 11.429/2006.

→ *v.* LC 148/2014 – Altera a LC 101/2000.

O Presidente da República:

Faço saber que o Congresso Nacional decreta e eu sanciono a seguinte Lei Complementar:

→ v. Lei 10.180/2001 – Organiza e disciplina os Sistemas de Planejamento e de Orçamento Federal, de Administração Financeira Federal, de Contabilidade Federal e de Controle Interno do Poder Executivo Federal, e dá outras providências.

Capítulo I
DISPOSIÇÕES PRELIMINARES

Art. 1º Esta Lei Complementar estabelece normas de finanças públicas voltadas para a responsabilidade na gestão fiscal, com amparo no Capítulo II do Título VI da Constituição.

§ 1º A responsabilidade na gestão fiscal pressupõe a ação planejada e transparente, em que se previnem riscos e corrigem desvios capazes de afetar o equilíbrio das contas públicas, mediante o cumprimento de metas de resultados entre receitas e despesas e a obediência a limites e condições no que tange a renúncia de receita, geração de despesas com pessoal, da seguridade social e outras, dívidas consolidada e mobiliária, operações de crédito, inclusive por antecipação de receita, concessão de garantia e inscrição em Restos a Pagar.

§ 2º As disposições desta Lei Complementar obrigam a União, os Estados, o Distrito Federal e os Municípios.

§ 3º Nas referências:

I – à União, aos Estados, ao Distrito Federal e aos Municípios, estão compreendidos:

a) o Poder Executivo, o Poder Legislativo, neste abrangidos os Tribunais de Contas, o Poder Judiciário e o Ministério Público;

b) as respectivas administrações diretas, fundos, autarquias, fundações e empresas estatais dependentes;

II – a Estados entende-se considerado o Distrito Federal;

III – a Tribunais de Contas estão incluídos: Tribunal de Contas da União, Tribunal de Contas do Estado e, quando houver, Tribunal de Contas dos Municípios e Tribunal de Contas do Município.

Art. 2º Para os efeitos desta Lei Complementar, entende-se como:

I – ente da Federação: a União, cada Estado, o Distrito Federal e cada Município;

II – empresa controlada: sociedade cuja maioria do capital social com direito a voto pertença, direta ou indiretamente, a ente da Federação;

III – empresa estatal dependente: empresa controlada que receba do ente controlador recursos financeiros para pagamento de despesas com pessoal ou de custeio em geral ou de capital, excluídos, no último caso, aqueles provenientes de aumento de participação acionária;

IV – receita corrente líquida: somatório das receitas tributárias, de contribuições, patrimoniais, industriais, agropecuárias, de serviços, transferências correntes e outras receitas também correntes, deduzidos:

a) na União, os valores transferidos aos Estados e Municípios por determinação constitucional ou legal, e as contribuições mencionadas na alínea *a* do inciso I e no inciso II do art. 195, e no art. 239 da Constituição;

b) nos Estados, as parcelas entregues aos Municípios por determinação constitucional;

c) na União, nos Estados e nos Municípios, a contribuição dos servidores para o custeio do seu sistema de previdência e assistência social e as receitas provenientes da compensação financeira citada no § 9º do art. 201 da Constituição.

§ 1º Serão computados no cálculo da receita corrente líquida os valores pagos e recebidos em decorrência da Lei Complementar 87, de 13 de setembro de 1996, e do fundo previsto pelo art. 60 do Ato das Disposições Constitucionais Transitórias.

§ 2º Não serão considerados na receita corrente líquida do Distrito Federal e dos Estados do Amapá e de Roraima os recursos recebidos da União para atendimento das despesas de que trata o inciso V do § 1º do art. 19.

§ 3º A receita corrente líquida será apurada somando-se as receitas arrecadadas no mês em referência e nos onze anteriores, excluídas as duplicidades.

Capítulo II
DO PLANEJAMENTO

Seção I
Do plano plurianual

Art. 3º (*Vetado*).

Seção II
Da lei de diretrizes orçamentárias

Art. 4º A lei de diretrizes orçamentárias atenderá o disposto no § 2º do art. 165 da Constituição e:

I – disporá também sobre:

a) equilíbrio entre receitas e despesas;

b) critérios e forma de limitação de empenho, a ser efetivada nas hipóteses previstas na alínea *b* do inciso II deste artigo, no art. 9º e no inciso II do § 1º do art. 31;

c) (*Vetada*).

d) (*Vetada*).

e) normas relativas ao controle de custos e à avaliação dos resultados dos programas financiados com recursos dos orçamentos;

f) demais condições e exigências para transferências de recursos a entidades públicas e privadas;

II – (*Vetado*).

III – (*Vetado*).

§ 1º Integrará o projeto de lei de diretrizes orçamentárias Anexo de Metas Fiscais, em que serão estabelecidas metas anuais, em valores correntes e constantes, relativas a receitas, despesas, resultados nominal e primário e montante da dívida pública, para o exercício a que se referirem e para os dois seguintes.

§ 2º O Anexo conterá, ainda:

I – avaliação do cumprimento das metas relativas ao ano anterior;

II – demonstrativo das metas anuais, instruído com memória e metodologia de cálculo que justifiquem os resultados pretendidos, comparando-as com as fixadas nos três exercícios anteriores, e evidenciando a consistência delas com as premissas e os objetivos da política econômica nacional;

III – evolução do patrimônio líquido, também nos últimos três exercícios, destacando a origem e a aplicação dos recursos obtidos com a alienação de ativos;

IV – avaliação da situação financeira e atuarial:

a) dos regimes geral de previdência social e próprio dos servidores públicos e do Fundo de Amparo ao Trabalhador;

b) dos demais fundos públicos e programas estatais de natureza atuarial;

V – demonstrativo da estimativa e compensação da renúncia de receita e da margem de expansão das despesas obrigatórias de caráter continuado.

§ 3º A lei de diretrizes orçamentárias conterá Anexo de Riscos Fiscais, onde serão avaliados os passivos contingentes e outros riscos capazes de afetar as contas públicas, informando as providências a serem tomadas, caso se concretizem.

§ 4º A mensagem que encaminhar o projeto da União apresentará, em anexo específico, os objetivos das políticas monetária, creditícia e cambial, bem como os parâmetros e as projeções para seus principais agregados e variáveis, e ainda as metas de inflação, para o exercício subsequente.

Seção III
Da lei orçamentária anual

Art. 5º O projeto de lei orçamentária anual, elaborado de forma compatível com o plano plurianual, com a lei de diretrizes orçamentárias e com as normas desta Lei Complementar:

I – conterá, em anexo, demonstrativo da compatibilidade da programação dos orçamentos com os objetivos e metas constantes do documento de que trata o § 1º do art. 4º;

II – será acompanhado do documento a que se refere o § 6º do art. 165 da Constituição, bem como das medidas de compensação a renúncias de receita e ao aumento de despesas obrigatórias de caráter continuado;

III – conterá reserva de contingência, cuja forma de utilização e montante, definido com base na receita corrente líquida, serão estabelecidos na lei de diretrizes orçamentárias, destinada ao:

a) (*Vetada*).

b) atendimento de passivos contingentes e outros riscos e eventos fiscais imprevistos.

→ v. Lei 11.770/2008 – Cria o Programa Empresa Cidadã, destinado à prorrogação da licença-maternidade mediante concessão de incentivo fiscal, e altera a Lei nº 8.212, de 24 de julho de 1991.

§ 1º Todas as despesas relativas à dívida pública, mobiliária ou contratual, e as receitas que as atenderão, constarão da lei orçamentária anual.

§ 2º O refinanciamento da dívida pública constará separadamente na lei orçamentária e nas de crédito adicional.

§ 3º A atualização monetária do principal da dívida mobiliária refinanciada não poderá superar a variação do índice de preços previsto na lei de diretrizes orçamentárias, ou em legislação específica.

§ 4º É vedado consignar na lei orçamentária crédito com finalidade imprecisa ou com dotação ilimitada.

§ 5º A lei orçamentária não consignará dotação para investimento com duração superior a um exercício financeiro que não esteja previsto no plano plurianual ou em lei que autorize a sua inclusão, conforme disposto no § 1º do art. 167 da Constituição.

§ 6º Integrarão as despesas da União, e serão incluídas na lei orçamentária, as do Banco Central do Brasil relativas a pessoal e encargos sociais, custeio administrativo, inclusive os destinados a benefícios e assistência aos servidores, e a investimentos.

§ 7º (*Vetado*).

Art. 6º (*Vetado*).

Art. 7º O resultado do Banco Central do Brasil, apurado após a constituição ou reversão de reservas, constitui receita do Tesouro Nacional, e será transferido até o décimo dia útil subsequente à aprovação dos balanços semestrais.

§ 1º O resultado negativo constituirá obrigação do Tesouro para com o Banco Central do Brasil e será consignado em dotação específica no orçamento.

§ 2º O impacto e o custo fiscal das operações realizadas pelo Banco Central do Brasil serão demonstrados trimestralmente, nos termos em que dispuser a lei de diretrizes orçamentárias da União.

§ 3º Os balanços trimestrais do Banco Central do Brasil conterão notas explicativas sobre os custos da remuneração das disponibilidades do Tesouro Nacional e da manutenção das reservas cambiais e a rentabilidade de sua carteira de títulos, destacando os de emissão da União.

Seção IV
Da execução orçamentária e do cumprimento das metas

Art. 8º Até 30 (trinta) dias após a publicação dos orçamentos, nos termos em que dispuser a lei de diretrizes orçamentárias e observado o disposto na alínea *c* do inciso I do art. 4º, o Poder Executivo estabelecerá a programação financeira e o cronograma de execução mensal de desembolso.

→ *v.* Decreto 5.356/2005 – Dispõe sobre a execução orçamentária e financeira dos órgãos, dos fundos e das entidades do Poder Executivo até o estabelecimento do cronograma de que trata o *caput* do art. 8º da Lei Complementar 101, de 4 de maio de 2000, e dá outras providências.

Parágrafo único. Os recursos legalmente vinculados a finalidade específica serão utilizados exclusivamente para atender ao objeto de sua vinculação, ainda que em exercício diverso daquele em que ocorrer o ingresso.

Art. 9º Se verificado, ao final de um bimestre, que a realização da receita poderá não comportar o cumprimento das metas de resultado primário ou nominal estabelecidas no Anexo de Metas Fiscais, os Poderes e o Ministério Público promoverão, por ato próprio e nos montantes necessários, nos 30 (trinta) dias subsequentes, limitação de empenho e movimentação financeira, segundo os critérios fixados pela lei de diretrizes orçamentárias.

§ 1º No caso de restabelecimento da receita prevista, ainda que parcial, a recomposição das dotações cujos empenhos foram limitados dar-se-á de forma proporcional às reduções efetivadas.

§ 2º Não serão objeto de limitação as despesas que constituam obrigações constitucionais e legais do ente, inclusive aquelas destinadas ao pagamento do serviço da dívida, e as ressalvadas pela lei de diretrizes orçamentárias.

→ *v.* ADIn 2.238-5 (*D.O.U.* 12.9.2008) – O STF, por unanimidade, deferiu o pedido de medida cautelar para suspender a eficácia do § 3º do art. 9º da LC 101/2000.

§ 3º No caso de os Poderes Legislativo e Judiciário e o Ministério Público não promoverem a limitação no prazo estabelecido no *caput*, é o Poder Executivo autorizado a limitar os valores financeiros segundo os critérios fixados pela lei de diretrizes orçamentárias.

§ 4º Até o final dos meses de maio, setembro e fevereiro, o Poder Executivo demonstrará e avaliará o cumprimento das metas fiscais de cada quadrimestre, em audiência pública na comissão referida no § 1º do art. 166 da Constituição ou equivalente nas Casas Legislativas estaduais e municipais.

§ 5º No prazo de 90 (noventa) dias após o encerramento de cada semestre, o Banco Central do Brasil apresentará, em reunião conjunta das comissões temáticas pertinentes do Congresso Nacional, avaliação do cumprimento dos objetivos e metas das políticas monetária, creditícia e cambial, evidenciando o impacto e o custo fiscal de suas operações e os resultados demonstrados nos balanços.

Art. 10. A execução orçamentária e financeira identificará os beneficiários de pagamento de sentenças judiciais, por meio de sistema de contabilidade e administração financeira, para fins de observância da ordem cronológica determinada no art. 100 da Constituição.

Capítulo III
DA RECEITA PÚBLICA

Seção I
Da previsão e da arrecadação

Art. 11. Constituem requisitos essenciais da responsabilidade na gestão fiscal a instituição, previsão e efetiva arrecadação de todos os tributos da competência constitucional do ente da Federação.

Parágrafo único. É vedada a realização de transferências voluntárias para o ente que não observe o disposto no *caput*, no que se refere aos impostos.

Art. 12. As previsões de receita observarão as normas técnicas e legais, considerarão os efeitos das alterações na legislação, da variação do índice de preços, do crescimento econômico ou de qualquer outro fator relevante e serão acompanhadas de demonstrativo de sua evolução nos últimos três anos, da projeção para os dois seguintes àquele a que se referirem, e da metodologia de cálculo e premissas utilizadas.

§ 1º Reestimativa de receita por parte do Poder Legislativo só será admitida se comprovado erro ou omissão de ordem técnica ou legal.

§ 2º O montante previsto para as receitas de operações de crédito não poderá ser superior ao das despesas de capital constantes do projeto de lei orçamentária.

→ *v.* ADIn 2.238-5 (*D.O.U.* 12.9.2008) – O STF, por unanimidade, deferiu o pedido de medida cautelar para suspender a eficácia do § 2º do art. 12 da LC 101/2000.

§ 3º O Poder Executivo de cada ente colocará à disposição dos demais Poderes e do Ministério Público, no mínimo 30 (trinta) dias antes do prazo final para encaminhamento de suas propostas orçamentárias, os estudos e as estimativas das receitas para o exercício subsequente, inclusive da corrente líquida, e as respectivas memórias de cálculo.

Art. 13. No prazo previsto no art. 8º, as receitas previstas serão desdobradas, pelo Poder Executivo, em metas bimestrais de arrecadação, com a especificação, em separado, quando cabível, das medidas de combate à evasão e à sonegação, da quantidade e valores de ações ajuizadas para cobrança da dívida ativa, bem como da evolução do montante dos créditos tributários passíveis de cobrança administrativa.

Seção II
Da renúncia de receita

→ *v.* Lei 11.770/2008 – Dispõe sobre o ressarcimento das contribuições para os Programas de Integração Social e de Formação do Patrimônio do Servidor Público - PIS/PASEP e para a Seguridade Social - COFINS incidentes sobre insumos utilizados na fabricação de produtos destinados à exportação.

Art. 14. A concessão ou ampliação de incentivo ou benefício de natureza tributária da qual decorra renúncia de receita deverá estar acompanhada de estimativa do impacto orçamentário-financeiro no exercício em que deva iniciar sua vigência e nos dois seguintes, atender ao disposto na lei de diretrizes orçamentárias e a pelo menos uma das seguintes condições:

I – demonstração pelo proponente de que a renúncia foi considerada na estimativa de receita da lei orçamentária, na forma do art. 12, e de que não afetará as metas de resultados fiscais previstas no anexo próprio da lei de diretrizes orçamentárias;

II – estar acompanhada de medidas de compensação, no período mencionado no *caput*, por meio do aumento de receita, proveniente da elevação de alíquotas, ampliação da base de cálculo, majoração ou criação de tributo ou contribuição.

§ 1º A renúncia compreende anistia, remissão, subsídio, crédito presumido, concessão de isenção em caráter não geral, alteração de alíquota ou modificação de base de cálculo que implique redução discriminada de tributos ou contribuições, e outros benefícios que correspondam a tratamento diferenciado.

§ 2º Se o ato de concessão ou ampliação do incentivo ou benefício de que trata o *caput* deste artigo decorrer da condição contida no inciso II, o benefício só entrará em vigor quando implementadas as medidas referidas no mencionado inciso.

§ 3º O disposto neste artigo não se aplica:

I - às alterações das alíquotas dos impostos previstos nos incisos I, II, IV e V do art. 153 da Constituição, na forma do seu § 1º;

II - ao cancelamento de débito cujo montante seja inferior ao dos respectivos custos de cobrança.

Capítulo IV
DA DESPESA PÚBLICA

Seção I
Da geração da despesa

Art. 15. Serão consideradas não autorizadas, irregulares e lesivas ao patrimônio público a geração de despesa ou assunção de obrigação que não atendam o disposto nos arts. 16 e 17.

Art. 16. A criação, expansão ou aperfeiçoamento de ação governamental que acarrete aumento da despesa será acompanhado de:

I - estimativa do impacto orçamentário-financeiro no exercício em que deva entrar em vigor e nos dois subsequentes;

II - declaração do ordenador da despesa de que o aumento tem adequação orçamentária e financeira com a lei orçamentária anual e compatibilidade com o plano plurianual e com a lei de diretrizes orçamentárias.

§ 1º Para os fins desta Lei Complementar, considera-se:

I - adequada com a lei orçamentária anual, a despesa objeto de dotação específica e suficiente, ou que esteja abrangida por crédito genérico, de forma que somadas todas as despesas da mesma espécie, realizadas e a realizar, previstas no programa de trabalho, não sejam ultrapassados os limites estabelecidos para o exercício;

II - compatível com o plano plurianual e a lei de diretrizes orçamentárias, a despesa que se conforme com as diretrizes, objetivos, prioridades e metas previstos nesses instrumentos e não infrinja qualquer de suas disposições.

§ 2º A estimativa de que trata o inciso I do *caput* será acompanhada das premissas e metodologia de cálculo utilizadas.

§ 3º Ressalva-se do disposto neste artigo a despesa considerada irrelevante, nos termos em que dispuser a lei de diretrizes orçamentárias.

§ 4º As normas do *caput* constituem condição prévia para:

I - empenho e licitação de serviços, fornecimento de bens ou execução de obras;

II - desapropriação de imóveis urbanos a que se refere o § 3º do art. 182 da Constituição.

Subseção I
Da despesa obrigatória de caráter continuado

Art. 17. Considera-se obrigatória de caráter continuado a despesa corrente derivada de lei, medida provisória ou ato administrativo normativo que fixem para o ente a obrigação legal de sua execução por um período superior a dois exercícios.

§ 1º Os atos que criarem ou aumentarem despesa de que trata o *caput* deverão ser instruídos com a estimativa prevista no inciso I do art. 16 e demonstrar a origem dos recursos para seu custeio.

§ 2º Para efeito do atendimento do § 1º, o ato será acompanhado de comprovação de que a despesa criada ou aumentada não afetará as metas de resultados fiscais previstas no anexo referido no § 1º do art. 4º, devendo seus efeitos financeiros, nos períodos seguintes, ser compensados pelo aumento permanente de receita ou pela redução permanente de despesa.

§ 3º Para efeito do § 2º, considera-se aumento permanente de receita o proveniente da elevação de alíquotas, ampliação da base de cálculo, majoração ou criação de tributo ou contribuição.

§ 4º A comprovação referida no § 2º, apresentada pelo proponente, conterá as premissas e metodologia de cálculo utilizadas, sem prejuízo do exame de compatibilidade da despesa com as demais normas do plano plurianual e da lei de diretrizes orçamentárias.

§ 5º A despesa de que trata este artigo não será executada antes da implementação das medidas referidas no § 2º, as quais integrarão o instrumento que a criar ou aumentar.

§ 6º O disposto no § 1º não se aplica às despesas destinadas ao serviço da dívida nem ao reajustamento de remuneração de pessoal de que trata o inciso X do art. 37 da Constituição.

§ 7º Considera-se aumento de despesa a prorrogação daquela criada por prazo determinado.

Seção II
Das despesas com pessoal

Subseção I
Definições e limites

Art. 18. Para os efeitos desta Lei Complementar, entende-se como despesa total com pessoal: o somatório dos gastos do ente da Federação com os ativos, os inativos e os pensionistas, relativos a mandatos eletivos, cargos, funções ou empregos, civis, militares e de membros de Poder, com quaisquer espécies remuneratórias, tais como vencimentos e vantagens, fixas e variáveis, subsídios, proventos da aposentadoria, reformas e pensões, inclusive adicionais, gratificações, horas extras e vantagens pessoais de qualquer natureza, bem como encargos sociais e contribuições recolhidas pelo ente às entidades de previdência.

§ 1º Os valores dos contratos de terceirização de mão de obra que se referem à substituição de servidores e empregados públicos serão contabilizados como "Outras Despesas de Pessoal".

§ 2º A despesa total com pessoal será apurada somando-se a realizada no mês em referência com as dos onze imediatamente anteriores, adotando-se o regime de competência.

Art. 19. Para os fins do disposto no *caput* do art. 169 da Constituição, a despesa total com pessoal, em cada período de apuração e em cada ente da Federação, não poderá exceder os percentuais da receita corrente líquida, a seguir discriminados:

I – União: 50% (cinquenta por cento);

II – Estados: 60% (sessenta por cento);

III – Municípios: 60% (sessenta por cento).

§ 1º Na verificação do atendimento dos limites definidos neste artigo, não serão computadas as despesas:

I – de indenização por demissão de servidores ou empregados;

II – relativas a incentivos à demissão voluntária;

III – derivadas da aplicação do disposto no inciso II do § 6º do art. 57 da Constituição;

IV – decorrentes de decisão judicial e da competência de período anterior ao da apuração a que se refere o § 2º do art. 18;

V – com pessoal, do Distrito Federal e dos Estados do Amapá e Roraima, custeadas com recursos transferidos pela União na forma dos incisos XIII e XIV do art. 21 da Constituição e do art. 31 da Emenda Constitucional n. 19;

VI – com inativos, ainda que por intermédio de fundo específico, custeadas por recursos provenientes:

a) da arrecadação de contribuições dos segurados;

b) da compensação financeira de que trata o § 9º do art. 201 da Constituição;

c) das demais receitas diretamente arrecadadas por fundo vinculado a tal finalidade, inclusive o produto da alienação de bens, direitos e ativos, bem como seu superávit financeiro.

§ 2º Observado o disposto no inciso IV do § 1º, as despesas com pessoal decorrentes de sentenças judiciais serão incluídas no limite do respectivo Poder ou órgão referido no art. 20.

Art. 20. A repartição dos limites globais do art. 19 não poderá exceder os seguintes percentuais:

I – na esfera federal:

a) 2,5% (dois inteiros e cinco décimos por cento) para o Legislativo, incluído o Tribunal de Contas da União;

b) 6% (seis por cento) para o Judiciário;

c) 40,9% (quarenta inteiros e nove décimos por cento) para o Executivo, destacando-se 3% (três por cento) para as despesas com pessoal decorrentes do que dispõem os incisos XIII e XIV do art. 21 da Constituição e o art. 31 da Emenda Constitucional n. 19, repartidos de forma proporcional à média das despesas relativas a cada um destes dispositivos, em percentual da receita corrente líquida, verificadas nos três exercícios financeiros imediatamente anteriores ao da publicação desta Lei Complementar;

→ v. Decreto 3.917/2001 – Estabelece os limites sobre o que dispõe o art. 20, inciso I, alínea c, da Lei Complementar nº 101, de 4 de maio de 2000 , para o Ministério Público e o Tribunal de Justiça do Distrito Federal e dos Territórios, os ex-Territórios do Amapá e de Roraima e, ainda, o Distrito Federal.

d) 0,6% (seis décimos por cento) para o Ministério Público da União;

II – na esfera estadual:

a) 3% (três por cento) para o Legislativo, incluído o Tribunal de Contas do Estado;

b) 6% (seis por cento) para o Judiciário;

c) 49% (quarenta e nove por cento) para o Executivo;

d) 2% (dois por cento) para o Ministério Público dos Estados;

III – na esfera municipal:

a) 6% (seis por cento) para o Legislativo, incluído o Tribunal de Contas do Município, quando houver;

b) 54% (cinquenta e quatro por cento) para o Executivo.

§ 1º Nos Poderes Legislativo e Judiciário de cada esfera, os limites serão repartidos entre seus órgãos de forma proporcional à média das despesas com pessoal, em percentual da receita corrente líquida, verificadas nos três exercícios financeiros imediatamente anteriores ao da publicação desta Lei Complementar.

§ 2º Para efeito deste artigo entende-se como órgão:

I – o Ministério Público;

II – no Poder Legislativo:

a) Federal, as respectivas Casas e o Tribunal de Contas da União;

b) Estadual, a Assembleia Legislativa e os Tribunais de Contas;

c) do Distrito Federal, a Câmara Legislativa e o Tribunal de Contas do Distrito Federal;

d) Municipal, a Câmara de Vereadores e o Tribunal de Contas do Município, quando houver;

III – no Poder Judiciário:

a) Federal, os tribunais referidos no art. 92 da Constituição;

b) Estadual, o Tribunal de Justiça e outros, quando houver.

§ 3º Os limites para as despesas com pessoal do Poder Judiciário, a cargo da União por força do inciso XIII do art. 21 da Constituição, serão estabelecidos mediante aplicação da regra do § 1º.

§ 4º Nos Estados em que houver Tribunal de Contas dos Municípios, os percentuais definidos nas alíneas *a* e *c* do inciso II do *caput* serão, respectivamente, acrescidos e reduzidos em 0,4% (quatro décimos por cento).

§ 5º Para os fins previstos no art. 168 da Constituição, a entrega dos recursos financeiros correspondentes à despesa total com pessoal por Poder e órgão será a resultante da aplicação dos percentuais definidos neste artigo, ou aqueles fixados na lei de diretrizes orçamentárias.

§ 6º (*Vetado*).

Subseção II
Do controle da despesa total com pessoal

Art. 21. É nulo de pleno direito o ato que provoque aumento da despesa com pessoal e não atenda:

I – as exigências dos arts. 16 e 17 desta Lei Complementar, e o disposto no inciso XIII do art. 37 e no § 1º do art. 169 da Constituição;

II – o limite legal de comprometimento aplicado às despesas com pessoal inativo.

→ *v.* ADIn 2.238-5 (*D.O.U.* 12.9.2008) – O STF conferiu, por unanimidade, interpretação conforme a Constituição Federal ao inciso II do artigo 21, para que se entenda como limite legal o previsto em lei complementar, e, quanto ao artigo 72, para que se entenda como serviços de terceiros os serviços permanentes.

Parágrafo único. Também é nulo de pleno direito o ato de que resulte aumento da despesa com pessoal expedido nos 180 (cento e oitenta) dias anteriores ao final do mandato do titular do respectivo Poder ou órgão referido no art. 20.

Art. 22. A verificação do cumprimento dos limites estabelecidos nos arts. 19 e 20 será realizada ao final de cada quadrimestre.

Parágrafo único. Se a despesa total com pessoal exceder a 95% (noventa e cinco por cento) do limite, são vedados ao Poder ou órgão referido no art. 20 que houver incorrido no excesso:

I – concessão de vantagem, aumento, reajuste ou adequação de remuneração a qualquer título, salvo os derivados de sentença judicial ou de determinação legal ou contratual, ressalvada a revisão prevista no inciso X do art. 37 da Constituição;

II – criação de cargo, emprego ou função;

III – alteração de estrutura de carreira que implique aumento de despesa;

IV – provimento de cargo público, admissão ou contratação de pessoal a qualquer título, ressalvada a reposição decorrente de aposentadoria ou falecimento de servidores das áreas de educação, saúde e segurança;

V – contratação de hora extra, salvo no caso do disposto no inciso II do § 6º do art. 57 da Constituição e as situações previstas na lei de diretrizes orçamentárias.

Art. 23. Se a despesa total com pessoal, do Poder ou órgão referido no art. 20, ultrapassar os limites definidos no mesmo artigo, sem prejuízo das medidas previstas no art. 22, o percentual excedente terá de ser eliminado nos dois quadrimestres seguintes, sendo pelo menos 1/3 (um terço) no primeiro, adotando-se, entre outras, as providências previstas nos §§ 3º e 4º do art. 169 da Constituição.

§ 1º No caso do inciso I do § 3º do art. 169 da Constituição, o objetivo poderá ser alcançado tanto pela extinção de cargos e funções quanto pela redução dos valores a eles atribuídos.

→ *v.* ADIn 2.238-5 (*D.O.U.* 12.9.2008) – O STF, por unanimidade, deferiu o pedido de medida cautelar para suspender a eficácia da expressão "quanto pela redução dos valores a eles atribuídos" do § 1º do art. 23 da LC 101/2000.

§ 2º É facultada a redução temporária da jornada de trabalho com adequação dos vencimentos à nova carga horária.

→ *v.* ADIn 2.238-5 (*D.O.U.* 12.9.2008) – O STF, por unanimidade, deferiu o pedido de medida cautelar para suspender a eficácia do § 2º do art. 23º da LC 101/2000.

§ 3º Não alcançada a redução no prazo estabelecido, e enquanto perdurar o excesso, o ente não poderá:

I – receber transferências voluntárias;

II – obter garantia, direta ou indireta, de outro ente;

III – contratar operações de crédito, ressalvadas as destinadas ao refinanciamento da dívida mobiliária e as que visem à redução das despesas com pessoal.

§ 4º As restrições do § 3º aplicam-se imediatamente se a despesa total com pessoal exceder o limite no primeiro quadrimestre do último ano do mandato dos titulares de Poder ou órgão referidos no art. 20.

Seção III
Das despesas com a seguridade social

Art. 24. Nenhum benefício ou serviço relativo à seguridade social poderá ser criado, majorado ou estendido sem a indicação da fonte de custeio total, nos termos do § 5º do art. 195 da Constituição, atendidas ainda as exigências do art. 17.

§ 1º É dispensada da compensação referida no art. 17 o aumento de despesa decorrente de:

I – concessão de benefício a quem satisfaça as condições de habilitação prevista na legislação pertinente;

II – expansão quantitativa do atendimento e dos serviços prestados;

III – reajustamento de valor do benefício ou serviço, a fim de preservar o seu valor real.

§ 2º O disposto neste artigo aplica-se a benefício ou serviço de saúde, previdência e assistência social, inclusive os destinados aos servidores públicos e militares, ativos e inativos, e aos pensionistas.

Capítulo V
DAS TRANSFERÊNCIAS VOLUNTÁRIAS

Art. 25. Para efeito desta Lei Complementar, entende-se por transferência voluntária a entrega de recursos correntes ou de capital a outro ente da Federação, a título de cooperação, auxílio ou assistência financeira, que não decorra de determinação constitucional, legal ou os destinados ao Sistema Único de Saúde.

§ 1º São exigências para a realização de transferência voluntária, além das estabelecidas na lei de diretrizes orçamentárias:

I – existência de dotação específica;

II – (*Vetado*).

III – observância do disposto no inciso X do art. 167 da Constituição;

IV – comprovação, por parte do beneficiário, de:

a) que se acha em dia quanto ao pagamento de tributos, empréstimos e financiamentos devidos ao ente transferidor, bem como quanto à prestação de contas de recursos anteriormente dele recebidos;

b) cumprimento dos limites constitucionais relativos à educação e à saúde;

c) observância dos limites das dívidas consolidada e mobiliária, de operações de crédito, inclusive por antecipação de receita, de inscrição em Restos a Pagar e de despesa total com pessoal;

d) previsão orçamentária de contrapartida.

§ 2º É vedada a utilização de recursos transferidos em finalidade diversa da pactuada.

§ 3º Para fins da aplicação das sanções de suspensão de transferências voluntárias constantes desta Lei Complementar, excetuam-se aquelas relativas a ações de educação, saúde e assistência social.

Capítulo VI
DA DESTINAÇÃO DE RECURSOS PÚBLICOS PARA O SETOR PRIVADO

Art. 26. A destinação de recursos para, direta ou indiretamente, cobrir necessidades de pessoas físicas ou déficits de pessoas jurídicas deverá ser autorizada por lei específica, atender às condições estabelecidas na lei de diretrizes orçamentárias e estar prevista no orçamento ou em seus créditos adicionais.

§ 1º O disposto no *caput* aplica-se a toda a administração indireta, inclusive fundações públicas e empresas estatais, exceto, no exercício de suas atribuições precípuas, as instituições financeiras e o Banco Central do Brasil.

§ 2º Compreende-se incluída a concessão de empréstimos, financiamentos e refinanciamentos, inclusive as respectivas prorrogações e a composição de dívidas, a concessão de subvenções e a participação em constituição ou aumento de capital.

Art. 27. Na concessão de crédito por ente da Federação a pessoa física, ou jurídica que não esteja sob seu controle direto ou indireto, os encargos financeiros, comissões e despesas congêneres não serão inferiores aos definidos em lei ou ao custo de captação.

Parágrafo único. Dependem de autorização em lei específica as prorrogações e composições de dívidas decorrentes de operações de crédito, bem como a concessão de empréstimos ou financiamentos em desacordo com o *caput*, sendo o subsídio correspondente consignado na lei orçamentária.

Art. 28. Salvo mediante lei específica, não poderão ser utilizados recursos públicos, inclusive de operações de crédito, para socorrer instituições do Sistema Financeiro Nacional, ainda que mediante a concessão de empréstimos de recuperação ou financiamentos para mudança de controle acionário.

§ 1º A prevenção de insolvência e outros riscos ficará a cargo de fundos, e outros mecanismos, constituídos pelas instituições do Sistema Financeiro Nacional, na forma da lei.

§ 2º O disposto no *caput* não proíbe o Banco Central do Brasil de conceder às instituições financeiras operações de redesconto e de empréstimos de prazo inferior a 360 (trezentos e sessenta) dias.

Capítulo VII
DA DÍVIDA E DO ENDIVIDAMENTO

Seção I
Definições básicas

Art. 29. Para os efeitos desta Lei Complementar, são adotadas as seguintes definições:

I – dívida pública consolidada ou fundada: montante total, apurado sem duplicidade, das obrigações financeiras do ente da Federação, assumidas em virtude de leis, contratos, convênios ou tratados e da realização de operações de crédito, para amortização em prazo superior a 12 (doze) meses;

II – dívida pública mobiliária: dívida pública representada por títulos emitidos pela União, inclusive os do Banco Central do Brasil, Estados e Municípios;

III – operação de crédito: compromisso financeiro assumido em razão de mútuo, abertura de crédito, emissão e aceite de título, aquisição financiada de bens, recebimento antecipado de valores provenientes da venda a termo de bens e serviços, arrendamento mercantil e outras operações assemelhadas, inclusive com o uso de derivativos financeiros;

IV – concessão de garantia: compromisso de adimplência de obrigação financeira ou contratual assumida por ente da Federação ou entidade a ele vinculada;

V – refinanciamento da dívida mobiliária: emissão de títulos para pagamento do principal acrescido da atualização monetária.

§ 1º Equipara-se a operação de crédito a assunção, o reconhecimento ou a confissão de dívidas pelo ente da Federação, sem prejuízo do cumprimento das exigências dos arts. 15 e 16.

§ 2º Será incluída na dívida pública consolidada da União a relativa à emissão de títulos de responsabilidade do Banco Central do Brasil.

§ 3º Também integram a dívida pública consolidada as operações de crédito de prazo inferior a 12 (doze) meses cujas receitas tenham constado do orçamento.

§ 4º O refinanciamento do principal da dívida mobiliária não excederá, ao término de cada exercício financeiro, o montante do final do exercício anterior, somado ao das operações de crédito autorizadas no orçamento para este efeito e efetivamente realizadas, acrescido de atualização monetária.

Seção II
Dos limites da dívida pública e das operações de crédito

Art. 30. No prazo de 90 (noventa) dias após a publicação desta Lei Complementar, o Presidente da República submeterá ao:

I – Senado Federal: proposta de limites globais para o montante da dívida consolidada da União, Estados e Municípios, cumprindo o que estabelece o inciso VI do art. 52 da Constituição, bem como de limites e condições relativos aos incisos VII, VIII e IX do mesmo artigo;

II – Congresso Nacional: projeto de lei que estabeleça limites para o montante da dívida mobiliária federal a que se refere o inciso XIV do art. 48 da Constituição, acompanhado da demonstração de sua adequação aos limites fixados para a dívida consolidada da União, atendido o disposto no inciso I do § 1º deste artigo.

§ 1º As propostas referidas nos incisos I e II do *caput* e suas alterações conterão:

I – demonstração de que os limites e condições guardam coerência com as normas estabelecidas nesta Lei Complementar e com os objetivos da política fiscal;

II – estimativas do impacto da aplicação dos limites a cada uma das três esferas de governo;

III – razões de eventual proposição de limites diferenciados por esfera de governo;

IV – metodologia de apuração dos resultados primário e nominal.

§ 2º As propostas mencionadas nos incisos I e II do *caput* também poderão ser apresentadas em termos de dívida líquida, evidenciando a forma e a metodologia de sua apuração.

§ 3º Os limites de que tratam os incisos I e II do *caput* serão fixados em percentual da receita corrente líquida para cada esfera de governo e aplicados igualmente a todos os entes da Federação que a integrem, constituindo, para cada um deles, limites máximos.

§ 4º Para fins de verificação do atendimento do limite, a apuração do montante da dívida consolidada será efetuada ao final de cada quadrimestre.

§ 5º No prazo previsto no art. 5º, o Presidente da República enviará ao Senado Federal ou ao Congresso Nacional, conforme o caso, proposta de manutenção ou alteração dos limites e condições previstos nos incisos I e II do *caput*.

§ 6º Sempre que alterados os fundamentos das propostas de que trata este artigo, em razão de instabilidade econômica ou alterações nas políticas monetária ou cambial, o Presidente da República poderá encaminhar ao Senado Federal ou ao Congresso Nacional solicitação de revisão dos limites.

§ 7º Os precatórios judiciais não pagos durante a execução do orçamento em que houverem sido incluídos integram a dívida consolidada, para fins de aplicação dos limites.

Seção III
Da recondução da dívida aos limites

Art. 31. Se a dívida consolidada de um ente da Federação ultrapassar o respectivo limite ao final de um quadrimestre, deverá ser a ele reconduzida até o término dos três subsequentes, reduzindo o excedente em pelo menos 25% (vinte e cinco por cento) no primeiro.

§ 1º Enquanto perdurar o excesso, o ente que nele houver incorrido:

I – estará proibido de realizar operação de crédito interna ou externa, inclusive por antecipação de receita, ressalvado o refinanciamento do principal atualizado da dívida mobiliária;

II – obterá resultado primário necessário à recondução da dívida ao limite, promovendo, entre outras medidas, limitação de empenho, na forma do art. 9º.

§ 2º Vencido o prazo para retorno da dívida ao limite, e enquanto perdurar o excesso, o ente ficará também impedido de receber transferências voluntárias da União ou do Estado.

§ 3º As restrições do § 1º aplicam-se imediatamente se o montante da dívida exceder o limite no primeiro quadrimestre do último ano do mandato do Chefe do Poder Executivo.

§ 4º O Ministério da Fazenda divulgará, mensalmente, a relação dos entes que tenham ultrapassado os limites das dívidas consolidada e mobiliária.

§ 5º As normas deste artigo serão observadas nos casos de descumprimento dos limites da dívida mobiliária e das operações de crédito internas e externas.

Seção IV
Das operações de crédito

Subseção I
Da contratação

Art. 32. O Ministério da Fazenda verificará o cumprimento dos limites e condições relativos à realização de operações de crédito de cada ente da Federação, inclusive das empresas por eles controladas, direta ou indiretamente.

→ v. Art. 10 da LC 148/2014.

§ 1º O ente interessado formalizará seu pleito fundamentando-o em parecer de seus órgãos técnicos e jurídicos, demonstrando a relação custo-benefício, o interesse econômico e social da operação e o atendimento das seguintes condições:

I – existência de prévia e expressa autorização para a contratação, no texto da lei orçamentária, em créditos adicionais ou lei específica;

II – inclusão no orçamento ou em créditos adicionais dos recursos provenientes da operação, exceto no caso de operações por antecipação de receita;

III – observância dos limites e condições fixados pelo Senado Federal;

IV – autorização específica do Senado Federal, quando se tratar de operação de crédito externo;

V – atendimento do disposto no inciso III do art. 167 da Constituição;

VI – observância das demais restrições estabelecidas nesta Lei Complementar.

§ 2º As operações relativas à dívida mobiliária federal autorizadas, no texto da lei orçamentária ou de créditos adicionais, serão objeto de processo simplificado que atenda às suas especificidades.

§ 3º Para fins do disposto no inciso V do § 1º, considerar-se-á, em cada exercício financeiro, o total dos recursos de operações de crédito nele ingressados e o das despesas de capital executadas, observado o seguinte:

I – não serão computadas nas despesas de capital as realizadas sob a forma de empréstimo ou financiamento a contribuinte, com o intuito de promover incentivo fiscal, tendo por base tributo de competência do ente da Federação, se resultar a diminuição, direta ou indireta, do ônus deste;

II – se o empréstimo ou financiamento a que se refere o inciso I for concedido por instituição financeira controlada pelo ente da Federação, o valor da operação será deduzido das despesas de capital;

III – (*Vetado*).

§ 4º Sem prejuízo das atribuições próprias do Senado Federal e do Banco Central do Brasil, o Ministério da Fazenda efetuará o registro eletrônico centralizado e atualizado das dívidas públicas interna e externa, garantido o acesso público às informações, que incluirão:

I – encargos e condições de contratação;

II – saldos atualizados e limites relativos às dívidas consolidada e mobiliária, operações de crédito e concessão de garantias.

§ 5º Os contratos de operação de crédito externo não conterão cláusula que importe na compensação automática de débitos e créditos.

Art. 33. A instituição financeira que contratar operação de crédito com ente da Federação, exceto quando relativa à dívida mobiliária ou à externa, deverá exigir comprovação de que a operação atende às condições e limites estabelecidos.

→ v. Art. 10 da LC 148/2014.

§ 1º A operação realizada com infração do disposto nesta Lei Complementar será considerada nula, procedendo-se ao seu cancelamento, mediante a devolução do principal, vedados o pagamento de juros e demais encargos financeiros.

§ 2º Se a devolução não for efetuada no exercício de ingresso dos recursos, será consignada reserva específica na lei orçamentária para o exercício seguinte.

§ 3º Enquanto não efetuado o cancelamento, a amortização, ou constituída a reserva, aplicam-se as sanções previstas nos incisos do § 3º do art. 23.

§ 4º Também se constituirá reserva, no montante equivalente ao excesso, se não atendido o disposto no inciso III do art. 167 da Constituição, consideradas as disposições do § 3º do art. 32.

Subseção II
Das vedações

Art. 34. O Banco Central do Brasil não emitirá títulos da dívida pública a partir de dois anos após a publicação desta Lei Complementar.

Art. 35. É vedada a realização de operação de crédito entre um ente da Federação, diretamente ou por intermédio de fundo, autarquia, fundação ou empresa estatal dependente, e outro, inclusive suas entidades da administração indireta, ainda que sob a forma de novação, refinanciamento ou postergação de dívida contraída anteriormente.

§ 1º Excetuam-se da vedação a que se refere o *caput* as operações entre instituição financeira estatal e outro ente da Federação, inclusive suas entidades da administração indireta, que não se destinem a:

I – financiar, direta ou indiretamente, despesas correntes;

II – refinanciar dívidas não contraídas junto à própria instituição concedente.

§ 2º O disposto no *caput* não impede Estados e Municípios de comprar títulos da dívida da União como aplicação de suas disponibilidades.

Art. 36. É proibida a operação de crédito entre uma instituição financeira estatal e o ente da Federação que a controle, na qualidade de beneficiário do empréstimo.

Parágrafo único. O disposto no *caput* não proíbe instituição financeira controlada de adquirir, no mercado, títulos da dívida pública para atender investimento de seus clientes, ou títulos da dívida de emissão da União para aplicação de recursos próprios.

Art. 37. Equiparam-se a operações de crédito e estão vedados:

I – captação de recursos a título de antecipação de receita de tributo ou contribuição cujo fato gerador ainda não tenha ocorrido, sem prejuízo do disposto no § 7º do art. 150 da Constituição;

II – recebimento antecipado de valores de empresa em que o Poder Público detenha, direta ou indiretamente, a maioria do capital social com direito a voto, salvo lucros e dividendos, na forma da legislação;

III – assunção direta de compromisso, confissão de dívida ou operação assemelhada, com fornecedor de bens, mercadorias ou serviços, mediante emissão, aceite ou aval de título de crédito, não se aplicando esta vedação a empresas estatais dependentes;

IV – assunção de obrigação, sem autorização orçamentária, com fornecedores para pagamento *a posteriori* de bens e serviços.

Subseção III
Das operações de crédito por antecipação de receita orçamentária

Art. 38. A operação de crédito por antecipação de receita destina-se a atender insuficiência de caixa durante o exercício financeiro e cumprirá as exigências mencionadas no art. 32 e mais as seguintes:

I – realizar-se-á somente a partir do décimo dia do início do exercício;

II – deverá ser liquidada, com juros e outros encargos incidentes, até o dia dez de dezembro de cada ano;

III – não será autorizada se forem cobrados outros encargos que não a taxa de juros da operação, obrigatoriamente prefixada ou indexada à taxa básica financeira, ou à que vier a esta substituir;

IV – estará proibida:

a) enquanto existir operação anterior da mesma natureza não integralmente resgatada;

b) no último ano de mandato do Presidente, Governador ou Prefeito Municipal.

§ 1º As operações de que trata este artigo não serão computadas para efeito do que dispõe o inciso III do art. 167 da Constituição, desde que liquidadas no prazo definido no inciso II do *caput*.

§ 2º As operações de crédito por antecipação de receita realizadas por Estados ou Municípios serão efetuadas mediante abertura de crédito junto à instituição financeira vencedora em processo competitivo eletrônico promovido pelo Banco Central do Brasil.

§ 3º O Banco Central do Brasil manterá sistema de acompanhamento e controle do saldo do crédito aberto e, no caso de inobservância dos limites, aplicará as sanções cabíveis à instituição credora.

Subseção IV
Das operações com o Banco Central do Brasil

Art. 39. Nas suas relações com ente da Federação, o Banco Central do Brasil está sujeito às vedações constantes do art. 35 e mais às seguintes:

I – compra de título da dívida, na data de sua colocação no mercado, ressalvado o disposto no § 2º deste artigo;

II – permuta, ainda que temporária, por intermédio de instituição financeira ou não, de título da dívida de ente da Federação por título da dívida pública federal, bem como a operação de compra e venda, a termo, daquele título, cujo efeito final seja semelhante à permuta;

III – concessão de garantia.

§ 1º O disposto no inciso II, *in fine*, não se aplica ao estoque de Letras do Banco Central do Brasil, Série Especial, existente na carteira das instituições financeiras, que pode ser refinanciado mediante novas operações de venda a termo.

§ 2º O Banco Central do Brasil só poderá comprar diretamente títulos emitidos pela União para refinanciar a dívida mobiliária federal que estiver vencendo na sua carteira.

§ 3º A operação mencionada no § 2º deverá ser realizada à taxa média e condições alcançadas no dia, em leilão público.

§ 4º É vedado ao Tesouro Nacional adquirir títulos da dívida pública federal existentes na carteira do Banco Central do Brasil, ainda que com cláusula de reversão, salvo para reduzir a dívida mobiliária.

Seção V
Da garantia e da contra garantia

Art. 40. Os entes poderão conceder garantia em operações de crédito internas ou externas, observados o disposto neste artigo, as normas do art. 32 e, no caso da União, também os limites e as condições estabelecidos pelo Senado Federal.

§ 1º A garantia estará condicionada ao oferecimento de contra garantia, em valor igual ou superior ao da garantia a ser concedida, e à adimplência da entidade que a pleitear relativamente a suas obrigações junto ao garantidor e às entidades por este controladas, observado o seguinte:

I – não será exigida contra garantia de órgãos e entidades do próprio ente;

II – a contra garantia exigida pela União a Estado ou Município, ou pelos Estados aos Municípios, poderá consistir na vinculação de receitas tributárias diretamente arrecadadas e provenientes de transferências constitucionais, com outorga de poderes ao garantidor para retê-las e empregar o respectivo valor na liquidação da dívida vencida.

§ 2º No caso de operação de crédito junto a organismo financeiro internacional, ou a instituição federal de crédito e fomento para o repasse de recursos externos, a União só prestará garantia a ente que atenda, além do disposto no § 1º, as exigências legais para o recebimento de transferências voluntárias.

§ 3º (*Vetado*).

§ 4º (*Vetado*).

§ 5º É nula a garantia concedida acima dos limites fixados pelo Senado Federal.

§ 6º É vedado às entidades da administração indireta, inclusive suas empresas controladas e subsidiárias, conceder garantia, ainda que com recursos de fundos.

§ 7º O disposto no § 6º não se aplica à concessão de garantia por:

I – empresa controlada a subsidiária ou controlada sua, nem à prestação de contragarantia nas mesmas condições;

II – instituição financeira a empresa nacional, nos termos da lei.

§ 8º Excetua-se do disposto neste artigo a garantia prestada:

I – por instituições financeiras estatais, que se submeterão às normas aplicáveis às instituições financeiras privadas, de acordo com a legislação pertinente;

II – pela União, na forma de lei federal, a empresas de natureza financeira por ela controladas, direta e indiretamente, quanto às operações de seguro de crédito à exportação.

§ 9º Quando honrarem dívida de outro ente, em razão de garantia prestada, a União e os Estados poderão condicionar as transferências constitucionais ao ressarcimento daquele pagamento.

§ 10. O ente da Federação cuja dívida tiver sido honrada pela União ou por Estado, em decorrência de garantia prestada em operação de crédito, terá suspenso o acesso a novos créditos ou financiamentos até a total liquidação da mencionada dívida.

Seção VI
Dos restos a pagar

Art. 41. (*Vetado*).

Art. 42. É vedado ao titular de Poder ou órgão referido no art. 20, nos últimos dois quadrimestres do seu mandato, contrair obrigação de despesa que não possa ser cumprida integralmente dentro dele, ou que tenha parcelas a serem pagas no exercício seguinte sem que haja suficiente disponibilidade de caixa para este efeito.

Parágrafo único. Na determinação da disponibilidade de caixa serão considerados os encargos e despesas compromissadas a pagar até o final do exercício.

Capítulo VIII
DA GESTÃO PATRIMONIAL

Seção I
Das disponibilidades de caixa

Art. 43. As disponibilidades de caixa dos entes da Federação serão depositadas conforme estabelece o § 3º do art. 164 da Constituição.

§ 1º As disponibilidades de caixa dos regimes de previdência social, geral e próprio dos servidores públicos, ainda que vinculadas a fundos específicos a que se referem os arts. 249 e 250 da Constituição, ficarão depositadas em conta separada das demais disponibilidades de cada ente e aplicadas nas condições de mercado, com observância dos limites e condições de proteção e prudência financeira.

§ 2º É vedada a aplicação das disponibilidades de que trata o § 1º em:

I – títulos da dívida pública estadual e municipal, bem como em ações e outros papéis relativos às empresas controladas pelo respectivo ente da Federação;

II – empréstimos, de qualquer natureza, aos segurados e ao Poder Público, inclusive a suas empresas controladas.

Seção II
Da preservação do patrimônio público

Art. 44. É vedada a aplicação da receita de capital derivada da alienação de bens e direitos que integram o patrimônio público para o financiamento de despesa corrente, salvo se destinada por lei aos regimes de previdência social, geral e próprio dos servidores públicos.

Art. 45. Observado o disposto no § 5º do art. 5º, a lei orçamentária e as de créditos adicionais só incluirão novos projetos após adequadamente atendidos os em andamento e contempladas as despesas de conservação do patrimônio público, nos termos em que dispuser a lei de diretrizes orçamentárias.

Parágrafo único. O Poder Executivo de cada ente encaminhará ao Legislativo, até a data do envio do projeto de lei de diretrizes orçamentárias, relatório com as informações necessárias ao cumprimento do disposto neste artigo, ao qual será dada ampla divulgação.

Art. 46. É nulo de pleno direito ato de desapropriação de imóvel urbano expedido sem o atendimento do disposto no § 3º do art. 182 da Constituição, ou prévio depósito judicial do valor da indenização.

Seção III
Das empresas controladas pelo setor público

Art. 47. A empresa controlada que firmar contrato de gestão em que se estabeleçam objetivos e metas de desempenho, na forma da lei, disporá de autonomia gerencial, orçamentária e financeira, sem prejuízo do disposto no inciso II do § 5º do art. 165 da Constituição.

Parágrafo único. A empresa controlada incluirá em seus balanços trimestrais nota explicativa em que informará:

I – fornecimento de bens e serviços ao controlador, com respectivos preços e condições, comparando-os com os praticados no mercado;

II – recursos recebidos do controlador, a qualquer título, especificando valor, fonte e destinação;

III – venda de bens, prestação de serviços ou concessão de empréstimos e financiamentos com preços, taxas, prazos ou condições diferentes dos vigentes no mercado.

Capítulo IX
DA TRANSPARÊNCIA, CONTROLE E FISCALIZAÇÃO

Seção I
Da transparência da gestão fiscal

Art. 48. São instrumentos de transparência da gestão fiscal, aos quais será dada ampla divulgação, inclusive em meios eletrônicos de acesso público: os planos, orçamentos e leis de diretrizes orçamentárias; as prestações de contas e o respectivo parecer prévio; o Relatório Resumido da Execução Orçamentária e o Relatório de Gestão Fiscal; e as versões simplificadas desses documentos.

Parágrafo único. A transparência será assegurada também mediante:

→ *Caput* do parágrafo único com redação alterada pela LC 131/2009.

I – incentivo à participação popular e realização de audiências públicas, durante os processos de elaboração e discussão dos planos, lei de diretrizes orçamentárias e orçamentos;

→ Inciso I acrescentada pela LC 131/2009.

II – liberação ao pleno conhecimento e acompanhamento da sociedade, em tempo real, de informações pormenorizadas sobre a execução orçamentária e financeira, em meios eletrônicos de acesso público;

→ Inciso II acrescentada pela LC 131/2009.

III – adoção de sistema integrado de administração financeira e controle, que atenda a padrão mínimo de qualidade estabelecido pelo Poder Executivo da União e ao disposto no art. 48-A.

→ Inciso III acrescentada pela LC 131/2009.

Art. 48-A. Para os fins a que se refere o inciso II do parágrafo único do art. 48, os entes da Federação disponibilizarão a qualquer pessoa física ou jurídica o acesso a informações referentes a:

→ Artigo acrescentado pela LC 131/2009.

I – quanto à despesa: todos os atos praticados pelas unidades gestoras no decorrer da execução da despesa, no momento de sua realização, com a disponibilização mínima dos dados referentes ao número do correspondente processo, ao bem fornecido ou ao serviço prestado, à pessoa física ou jurídica beneficiária do pagamento e, quando for o caso, ao procedimento licitatório realizado;

II – quanto à receita: o lançamento e o recebimento de toda a receita das unidades gestoras, inclusive referente a recursos extraordinários.

Art. 49. As contas apresentadas pelo Chefe do Poder Executivo ficarão disponíveis, durante todo o exercício, no respectivo Poder Legislativo e no órgão técnico responsável pela sua elaboração, para consulta e apreciação pelos cidadãos e instituições da sociedade.

Parágrafo único. A prestação de contas da União conterá demonstrativos do Tesouro Nacional e das agências financeiras oficiais de fomento, incluído o Banco Nacional de Desenvolvimento Econômico e Social, especificando os empréstimos e financiamentos concedidos com recursos oriundos dos orçamentos fiscal e da seguridade social e, no caso das agências financeiras, avaliação circunstanciada do impacto fiscal de suas atividades no exercício.

Seção II
Da escrituração e consolidação das contas

Art. 50. Além de obedecer às demais normas de contabilidade pública, a escrituração das contas públicas observará as seguintes:

I – a disponibilidade de caixa constará de registro próprio, de modo que os recursos vinculados a órgão, fundo ou despesa obrigatória fiquem identificados e escriturados de forma individualizada;

II – a despesa e a assunção de compromisso serão registradas segundo o regime de competência, apurando-se, em caráter complementar, o resultado dos fluxos financeiros pelo regime de caixa;

III – as demonstrações contábeis compreenderão, isolada e conjuntamente, as transações e operações de cada órgão, fundo ou entidade da administração direta, autárquica e fundacional, inclusive empresa estatal dependente;

IV – as receitas e despesas previdenciárias serão apresentadas em demonstrativos financeiros e orçamentários específicos;

V – as operações de crédito, as inscrições em Restos a Pagar e as demais formas de financiamento ou assunção de compromissos junto a terceiros, deverão ser escrituradas de modo a evidenciar o montante e a variação da dívida pública no período, detalhando, pelo menos, a natureza e o tipo de credor;

VI – a demonstração das variações patrimoniais dará destaque à origem e ao destino dos recursos provenientes da alienação de ativos.

§ 1º No caso das demonstrações conjuntas, excluir-se-ão as operações intragovernamentais.

§ 2º A edição de normas gerais para consolidação das contas públicas caberá ao órgão central de contabilidade da União, enquanto não implantado o conselho de que trata o art. 67.

§ 3º A Administração Pública manterá sistema de custos que permita a avaliação e o acompanhamento da gestão orçamentária, financeira e patrimonial.

Art. 51. O Poder Executivo da União promoverá, até o dia trinta de junho, a consolidação, nacional e por esfera de governo, das contas dos entes da Federação relativas ao exercício anterior, e a sua divulgação, inclusive por meio eletrônico de acesso público.

§ 1º Os Estados e os Municípios encaminharão suas contas ao Poder Executivo da União nos seguintes prazos:

I – Municípios, com cópia para o Poder Executivo do respectivo Estado, até trinta de abril;

II – Estados, até trinta e um de maio.

§ 2º O descumprimento dos prazos previstos neste artigo impedirá, até que a situação seja regularizada, que o ente da Federação receba transferências voluntárias e contrate operações de crédito, exceto as destinadas ao refinanciamento do principal atualizado da dívida mobiliária.

Seção III
Do Relatório Resumido da Execução Orçamentária

Art. 52. O relatório a que se refere o § 3º do art. 165 da Constituição abrangerá todos os Poderes e o Ministério Público, será publicado até 30 (trinta) dias após o encerramento de cada bimestre e composto de:

I – balanço orçamentário, que especificará, por categoria econômica, as:

a) receitas por fonte, informando as realizadas e a realizar, bem como a previsão atualizada;

b) despesas por grupo de natureza, discriminando a dotação para o exercício, a despesa liquidada e o saldo;

II – demonstrativos da execução das:

a) receitas, por categoria econômica e fonte, especificando a previsão inicial, a previsão atualizada para o exercício, a receita realizada no bimestre, a realizada no exercício e a previsão a realizar;

b) despesas, por categoria econômica e grupo de natureza da despesa, discriminando dotação inicial, dotação para o exercício, despesas empenhada e liquidada, no bimestre e no exercício;

c) despesas, por função e subfunção.

§ 1º Os valores referentes ao refinanciamento da dívida mobiliária constarão destacadamente nas receitas de operações de crédito e nas despesas com amortização da dívida.

§ 2º O descumprimento do prazo previsto neste artigo sujeita o ente às sanções previstas no § 2º do art. 51.

Art. 53. Acompanharão o Relatório Resumido demonstrativos relativos a:

I – apuração da receita corrente líquida, na forma definida no inciso IV do art. 2º, sua evolução, assim como a previsão de seu desempenho até o final do exercício;

II – receitas e despesas previdenciárias a que se refere o inciso IV do art. 50;

III – resultados nominal e primário;

IV – despesas com juros, na forma do inciso II do art. 4º;

V – Restos a Pagar, detalhando, por Poder e órgão referido no art. 20, os valores inscritos, os pagamentos realizados e o montante a pagar.

§ 1º O relatório referente ao último bimestre do exercício será acompanhado também de demonstrativos:

I – do atendimento do disposto no inciso III do art. 167 da Constituição, conforme o § 3º do art. 32;

II – das projeções atuariais dos regimes de previdência social, geral e próprio dos servidores públicos;

III – da variação patrimonial, evidenciando a alienação de ativos e a aplicação dos recursos dela decorrentes.

§ 2º Quando for o caso, serão apresentadas justificativas:

I – da limitação de empenho;

II – da frustração de receitas, especificando as medidas de combate à sonegação e à evasão fiscal, adotadas e a adotar, e as ações de fiscalização e cobrança.

Seção IV
Do Relatório de Gestão Fiscal

Art. 54. Ao final de cada quadrimestre será emitido pelos titulares dos Poderes e órgãos referidos no art. 20 Relatório de Gestão Fiscal, assinado pelo:

I – Chefe do Poder Executivo;

II – Presidente e demais membros da Mesa Diretora ou órgão decisório equivalente, conforme regimentos internos dos órgãos do Poder Legislativo;

III – Presidente de Tribunal e demais membros de Conselho de Administração ou órgão decisório equivalente, conforme regimentos internos dos órgãos do Poder Judiciário;

IV – Chefe do Ministério Público, da União e dos Estados.

Parágrafo único. O relatório também será assinado pelas autoridades responsáveis pela administração financeira e pelo controle interno, bem como por outras definidas por ato próprio de cada Poder ou órgão referido no art. 20.

Art. 55. O relatório conterá:

I – comparativo com os limites de que trata esta Lei Complementar, dos seguintes montantes:

a) despesa total com pessoal, distinguindo a com inativos e pensionistas;

b) dívidas consolidada e mobiliária;

c) concessão de garantias;

d) operações de crédito, inclusive por antecipação de receita;

e) despesas de que trata o inciso II do art. 4º;

II – indicação das medidas corretivas adotadas ou a adotar, se ultrapassado qualquer dos limites;

III – demonstrativos, no último quadrimestre:

a) do montante das disponibilidades de caixa em trinta e um de dezembro;

b) da inscrição em Restos a Pagar, das despesas:

1) liquidadas;

2) empenhadas e não liquidadas, inscritas por atenderem a uma das condições do inciso II do art. 41;

3) empenhadas e não liquidadas, inscritas até o limite do saldo da disponibilidade de caixa;

4) não inscritas por falta de disponibilidade de caixa e cujos empenhos foram cancelados;

c) do cumprimento do disposto no inciso II e na alínea *b* do inciso IV do art. 38.

§ 1º O relatório dos titulares dos órgãos mencionados nos incisos II, III e IV do art. 54 conterá apenas as informações relativas à alínea *a* do inciso I, e os documentos referidos nos incisos II e III.

§ 2º O relatório será publicado até 30 dias após o encerramento do período a que corresponder, com amplo acesso ao público, inclusive por meio eletrônico.

§ 3º O descumprimento do prazo a que se refere o § 2º sujeita o ente à sanção prevista no § 2º do art. 51.

§ 4º Os relatórios referidos nos arts. 52 e 54 deverão ser elaborados de forma padronizada, segundo modelos que poderão ser atualizados pelo conselho de que trata o art. 67.

Seção V
Das prestações de contas

Art. 56. As contas prestadas pelos Chefes do Poder Executivo incluirão, além das suas próprias, as dos Presidentes dos órgãos dos Poderes Legislativo e Judiciário e do Chefe do Ministério Público, referidos no art. 20, as quais receberão parecer prévio, separadamente, do respectivo Tribunal de Contas.

→ *v.* ADIn 2.238-5 (*D.O.U.* 12.9.2008) – Deferimento de medida cautelar.

§ 1º As contas do Poder Judiciário serão apresentadas no âmbito:

I – da União, pelos Presidentes do Supremo Tribunal Federal e dos Tribunais Superiores, consolidando as dos respectivos tribunais;

II – dos Estados, pelos Presidentes dos Tribunais de Justiça, consolidando as dos demais tribunais.

§ 2º O parecer sobre as contas dos Tribunais de Contas será proferido no prazo previsto no art. 57 pela comissão mista permanente referida no § 1º do art. 166 da Constituição ou equivalente das Casas Legislativas estaduais e municipais.

§ 3º Será dada ampla divulgação dos resultados da apreciação das contas, julgadas ou tomadas.

Art. 57. Os Tribunais de Contas emitirão parecer prévio conclusivo sobre as contas no prazo de 60 (sessenta) dias do recebimento, se outro não estiver estabelecido nas constituições estaduais ou nas leis orgânicas municipais.

→ *v.* ADIn 2.238-5 (*D.O.U.* 12.9.2008) – Deferimento de medida cautelar.

§ 1º No caso de Municípios que não sejam capitais e que tenham menos de duzentos mil habitantes o prazo será de 180 (cento e oitenta) dias.

§ 2º Os Tribunais de Contas não entrarão em recesso enquanto existirem contas de Poder, ou órgão referido no art. 20, pendentes de parecer prévio.

Art. 58. A prestação de contas evidenciará o desempenho da arrecadação em relação à previsão, destacando as providências adotadas no âmbito da fiscalização das receitas e combate à sonegação, as ações de recuperação de créditos nas instâncias administrativa e judicial, bem como as demais medidas para incremento das receitas tributárias e de contribuições.

Seção VI
Da fiscalização da gestão fiscal

Art. 59. O Poder Legislativo, diretamente ou com o auxílio dos Tribunais de Contas, e o sistema de controle interno de cada Poder e do Ministério Público, fiscalizarão o cumprimento das normas desta Lei Complementar, com ênfase no que se refere a:

I – atingimento das metas estabelecidas na lei de diretrizes orçamentárias;

II – limites e condições para realização de operações de crédito e inscrição em Restos a Pagar;

III – medidas adotadas para o retorno da despesa total com pessoal ao respectivo limite, nos termos dos arts. 22 e 23;

IV – providências tomadas, conforme o disposto no art. 31, para recondução dos montantes das dívidas consolidada e mobiliária aos respectivos limites;

V – destinação de recursos obtidos com a alienação de ativos, tendo em vista as restrições constitucionais e as desta Lei Complementar;

VI – cumprimento do limite de gastos totais dos legislativos municipais, quando houver.

§ 1º Os Tribunais de Contas alertarão os Poderes ou órgãos referidos no art. 20 quando constatarem:

I – a possibilidade de ocorrência das situações previstas no inciso II do art. 4º e no art. 9º;

II – que o montante da despesa total com pessoal ultrapassou 90% (noventa por cento) do limite;

III – que os montantes das dívidas consolidada e mobiliária, das operações de crédito e da concessão de garantia se encontram acima de 90% (noventa por cento) dos respectivos limites;

IV – que os gastos com inativos e pensionistas se encontram acima do limite definido em lei;

V – fatos que comprometam os custos ou os resultados dos programas ou indícios de irregularidades na gestão orçamentária.

§ 2º Compete ainda aos Tribunais de Contas verificar os cálculos dos limites da despesa total com pessoal de cada Poder e órgão referido no art. 20.

§ 3º O Tribunal de Contas da União acompanhará o cumprimento do disposto nos §§ 2º, 3º e 4º do art. 39.

Capítulo X
DISPOSIÇÕES FINAIS E TRANSITÓRIAS

Art. 60. Lei estadual ou municipal poderá fixar limites inferiores àqueles previstos nesta Lei Complementar para as dívidas consolidada e mobiliária, operações de crédito e concessão de garantias.

Art. 61. Os títulos da dívida pública, desde que devidamente escriturados em sistema centralizado de liquidação e custódia, poderão ser oferecidos em caução para garantia de empréstimos, ou em outras transações previstas em lei, pelo seu valor econômico, conforme definido pelo Ministério da Fazenda.

Art. 62. Os Municípios só contribuirão para o custeio de despesas de competência de outros entes da Federação se houver:

I – autorização na lei de diretrizes orçamentárias e na lei orçamentária anual;

II – convênio, acordo, ajuste ou congênere, conforme sua legislação.

Art. 63. É facultado aos Municípios com população inferior a cinquenta mil habitantes optar por:

I – aplicar o disposto no art. 22 e no § 4º do art. 30 ao final do semestre;

II – divulgar semestralmente:

a) (*Vetada*).

b) o Relatório de Gestão Fiscal;

c) os demonstrativos de que trata o art. 53;

III – elaborar o Anexo de Política Fiscal do plano plurianual, o Anexo de Metas Fiscais e o Anexo de Riscos Fiscais da lei de diretrizes orçamentárias e o anexo de que trata o inciso I do art. 5º a partir do quinto exercício seguinte ao da publicação desta Lei Complementar.

§ 1º A divulgação dos relatórios e demonstrativos deverá ser realizada em até 30 (trinta) dias após o encerramento do semestre.

§ 2º Se ultrapassados os limites relativos à despesa total com pessoal ou à dívida consolidada, enquanto perdurar esta situação, o Município ficará sujeito aos mesmos prazos de verificação e de retorno ao limite definidos para os demais entes.

Art. 64. A União prestará assistência técnica e cooperação financeira aos Municípios para a modernização das respectivas administrações tributária, financeira, patrimonial e previdenciária, com vistas ao cumprimento das normas desta Lei Complementar.

§ 1º A assistência técnica consistirá no treinamento e desenvolvimento de recursos humanos e na transferência de tecnologia, bem como no apoio à divulgação dos instrumentos de que trata o art. 48 em meio eletrônico de amplo acesso público.

§ 2º A cooperação financeira compreenderá a doação de bens e valores, o financiamento por intermédio das instituições financeiras federais e o repasse de recursos oriundos de operações externas.

Art. 65. Na ocorrência de calamidade pública reconhecida pelo Congresso Nacional, no caso da União, ou pelas Assembleias Legislativas, na hipótese dos Estados e Municípios, enquanto perdurar a situação:

I – serão suspensas a contagem dos prazos e as disposições estabelecidas nos arts. 23, 31 e 70;

II – serão dispensados o atingimento dos resultados fiscais e a limitação de empenho prevista no art. 9º.

Parágrafo único. Aplica-se o disposto no *caput* no caso de estado de defesa ou de sítio, decretado na forma da Constituição.

Art. 66. Os prazos estabelecidos nos arts. 23, 31 e 70 serão duplicados no caso de crescimento real baixo ou negativo do Produto Interno Bruto (PIB) nacional, regional ou estadual por período igual ou superior a quatro trimestres.

§ 1º Entende-se por baixo crescimento a taxa de variação real acumulada do Produto Interno Bruto inferior a 1% (um por cento), no período correspondente aos quatro últimos trimestres.

§ 2º A taxa de variação será aquela apurada pela Fundação Instituto Brasileiro de Geografia e Estatística ou outro órgão que vier a substituí-la, adotada a mesma metodologia para apuração dos PIB nacional, estadual e regional.

§ 3º Na hipótese do *caput*, continuarão a ser adotadas as medidas previstas no art. 22.

§ 4º Na hipótese de se verificarem mudanças drásticas na condução das políticas monetária e cambial, reconhecidas pelo Senado Federal, o prazo referido no *caput* do art. 31 poderá ser ampliado em até quatro quadrimestres.

Art. 67. O acompanhamento e a avaliação, de forma permanente, da política e da operacionalidade da gestão fiscal serão realizados por conselho de gestão fiscal, constituído por representantes de todos os Poderes e esferas de Governo, do Ministério Público e de entidades técnicas representativas da sociedade, visando a:

I – harmonização e coordenação entre os entes da Federação;

II – disseminação de práticas que resultem em maior eficiência na alocação e execução do gasto público, na arrecadação de receitas, no controle do endividamento e na transparência da gestão fiscal;

III – adoção de normas de consolidação das contas públicas, padronização das prestações de contas e dos relatórios e demonstrativos de gestão fiscal de que trata esta Lei Complementar, normas e padrões mais simples para os pequenos Municípios, bem como outros, necessários ao controle social;

IV – divulgação de análises, estudos e diagnósticos.

§ 1º O conselho a que se refere o *caput* instituirá formas de premiação e reconhecimento público aos titulares de Poder que alcançarem resultados meritórios em suas políticas de desenvolvimento social, conjugados com a prática de uma gestão fiscal pautada pelas normas desta Lei Complementar.

§ 2º Lei disporá sobre a composição e a forma de funcionamento do conselho.

Art. 68. Na forma do art. 250 da Constituição, é criado o Fundo do Regime Geral de Previdência Social, vinculado ao Ministério da Previdência e Assistência Social, com a finalidade de prover recursos para o pagamento dos benefícios do regime geral da previdência social.

§ 1º O Fundo será constituído de:

I – bens móveis e imóveis, valores e rendas do Instituto Nacional do Seguro Social não utilizados na operacionalização deste;

II – bens e direitos que, a qualquer título, lhe sejam adjudicados ou que lhe vierem a ser vinculados por força de lei;

III – receita das contribuições sociais para a seguridade social, previstas na alínea *a* do inciso I e no inciso II do art. 195 da Constituição;

IV – produto da liquidação de bens e ativos de pessoa física ou jurídica em débito com a Previdência Social;

V – resultado da aplicação financeira de seus ativos;

VI – recursos provenientes do orçamento da União.

§ 2º O Fundo será gerido pelo Instituto Nacional do Seguro Social, na forma da lei.

Art. 69. O ente da Federação que mantiver ou vier a instituir regime próprio de previdência social para seus servidores conferir-lhe-á caráter contributivo e o organizará com base em normas de contabilidade e atuária que preservem seu equilíbrio financeiro e atuarial.

Art. 70. O Poder ou órgão referido no art. 20 cuja despesa total com pessoal no exercício anterior ao da publicação desta Lei Complementar estiver acima dos limites estabelecidos nos arts. 19 e 20 deverá enquadrar-se no respectivo limite em até dois exercícios, eliminando o excesso, gradualmente, à razão de, pelo menos, 50% a.a. (cinquenta por cento ao ano), mediante a adoção, entre outras, das medidas previstas nos arts. 22 e 23.

Parágrafo único. A inobservância do disposto no *caput*, no prazo fixado, sujeita o ente às sanções previstas no § 3º do art. 23.

Art. 71. Ressalvada a hipótese do inciso X do art. 37 da Constituição, até o término do terceiro exercício financeiro seguinte à entrada em vigor desta Lei Complementar, a despesa total com pessoal dos Poderes e órgãos referidos no art. 20 não ultrapassará, em percentual da receita corrente líquida, a despesa verificada no exercício imediatamente anterior, acrescida de até 10% (dez por cento), se esta for inferior ao limite definido na forma do art. 20.

Art. 72. A despesa com serviços de terceiros dos Poderes e órgãos referidos no art. 20 não poderá exceder, em percentual da receita corrente líquida, a do exercício anterior à entrada em vigor desta Lei Complementar, até o término do terceiro exercício seguinte.

Art. 73. As infrações dos dispositivos desta Lei Complementar serão punidas segundo o Decreto-lei 2.848, de 7 de dezembro de 1940 (Código Penal); a Lei 1.079, de 10 de abril de 1950; o Decreto-lei 201, de 27 de fevereiro de 1967; a Lei 8.429, de 2 de junho de 1992; e demais normas da legislação pertinente.

Art. 73-A. Qualquer cidadão, partido político, associação ou sindicato é parte legítima para denunciar ao respectivo Tribunal de Contas e ao órgão competente do Ministério Público o descumprimento das prescrições estabelecidas nesta Lei Complementar.

→ Artigo acrescentado pela LC 131/2009.

Art. 73-B. Ficam estabelecidos os seguintes prazos para o cumprimento das determinações dispostas nos incisos II e III do parágrafo único do art. 48 e do art. 48-A:

I – 1 (um) ano para a União, os Estados, o Distrito Federal e os Municípios com mais de 100.000 (cem mil) habitantes;

II – 2 (dois) anos para os Municípios que tenham entre 50.000 (cinquenta mil) e 100.000 (cem mil) habitantes;

III – 4 (quatro) anos para os Municípios que tenham até 50.000 (cinquenta mil) habitantes.

Parágrafo único. Os prazos estabelecidos neste artigo serão contados a partir da data de publicação da lei complementar que introduziu os dispositivos referidos no *caput* deste artigo.

Art. 73-C. O não atendimento, até o encerramento dos prazos previstos no art. 73-B, das determinações contidas nos incisos II e III do parágrafo único do art. 48 e no art. 48-A sujeita o ente à sanção prevista no inciso I do § 3º do art. 23.

→ Artigo acrescentado pela LC 131/2009.

Art. 74. Esta Lei Complementar entra em vigor na data da sua publicação.

Art. 75. Revoga-se a Lei Complementar 96, de 31 de maio de 1999.

Brasília, 4 de maio de 2000; 179º da Independência e 112º da República.

Fernando Henrique Cardoso

(Publicação no *D.O.U.* 5.5.2000)

LEI 9.985, DE 18 DE JULHO DE 2000

Regulamenta o art. 225, § 1º, incisos I, II, III e VII da Constituição Federal, institui o Sistema Nacional de Unidades de Conservação da Natureza e dá outras providências.

→ *V.* Lei 12.651/2012 – Código Florestal.

→ *V.* Lei 11.794/2008 – Procedimentos para o uso científico de animais.

→ *V.* Lei 11.460/2007 – Plantio de organismos geneticamente modificados em unidades de conservação.

O Vice-Presidente da República, no exercício do cargo de Presidente da República:

Faço saber que o Congresso Nacional decreta e eu sanciono a seguinte Lei:

Capítulo I
DAS DISPOSIÇÕES PRELIMINARES

Art. 1º Esta Lei institui o Sistema Nacional de Unidades de Conservação da Natureza – SNUC, estabelece critérios e normas para a criação, implantação e gestão das unidades de conservação.

Art. 2º Para os fins previstos nesta Lei, entende-se por:

I – unidade de conservação: espaço territorial e seus recursos ambientais, incluindo as águas jurisdicionais, com características naturais relevantes, legalmente instituído pelo Poder Público, com objetivos de conservação e limites definidos, sob regime especial de administração, ao qual se aplicam garantias adequadas de proteção;

→ *V.* Art. 40 da Lei 9.605/1998.

→ *V.* Art. 27 do Decreto 99.274/1990.

II – conservação da natureza: o manejo do uso humano da natureza, compreendendo a preservação, a manutenção, a utilização sustentável, a restauração e a recuperação do ambiente natural, para que possa produzir o maior benefício, em bases sustentáveis, às atuais gerações, mantendo seu potencial de satisfazer as necessidades e aspirações das gerações futuras, e garantindo a sobrevivência dos seres vivos em geral;

III – diversidade biológica: a variabilidade de organismos vivos de todas as origens, compreendendo, dentre outros, os ecossistemas terrestres, marinhos e outros ecossistemas aquáticos e os complexos ecológicos de que fazem parte; compreendendo ainda a diversidade dentro de espécies, entre espécies e de ecossistemas;

IV – recurso ambiental: a atmosfera, as águas interiores, superficiais e subterrâneas, os estuários, o mar territorial, o solo, o subsolo, os elementos da biosfera, a fauna e a flora;

V – preservação: conjunto de métodos, procedimentos e políticas que visem a proteção a longo prazo das espécies, habitats e ecossistemas, além da manutenção dos processos ecológicos, prevenindo a simplificação dos sistemas naturais;

VI – proteção integral: manutenção dos ecossistemas livres de alterações causadas por interferência humana, admitido apenas o uso indireto dos seus atributos naturais;

VII – conservação *in situ*: conservação de ecossistemas e habitats naturais e a manutenção e recuperação de populações viáveis de espécies em seus meios naturais e, no caso de espécies domesticadas ou cultivadas, nos meios onde tenham desenvolvido suas propriedades características;

VIII – manejo: todo e qualquer procedimento que vise assegurar a conservação da diversidade biológica e dos ecossistemas;

IX – uso indireto: aquele que não envolve consumo, coleta, dano ou destruição dos recursos naturais;

X – uso direto: aquele que envolve coleta e uso, comercial ou não, dos recursos naturais;

XI – uso sustentável: exploração do ambiente de maneira a garantir a perenidade dos recursos ambientais renováveis e dos processos ecológicos, mantendo a biodiversidade e os demais atributos ecológicos, de forma socialmente justa e economicamente viável;

XII – extrativismo: sistema de exploração baseado na coleta e extração, de modo sustentável, de recursos naturais renováveis;

XIII – recuperação: restituição de um ecossistema ou de uma população silvestre degradada a uma condição não degradada, que pode ser diferente de sua condição original;

XIV – restauração: restituição de um ecossistema ou de uma população silvestre degradada o mais próximo possível da sua condição original;

XV – (*Vetado*);

XVI – zoneamento: definição de setores ou zonas em uma unidade de conservação com objetivos de manejo e normas específicos, com o propósito de proporcionar os meios e as condições para que todos os objetivos da unidade possam ser alcançados de forma harmônica e eficaz;

XVII – plano de manejo: documento técnico mediante o qual, com fundamento nos objetivos gerais de uma unidade de conservação, se estabelece o seu zoneamento e as normas que devem presidir o uso da área e o manejo dos recursos naturais, inclusive a implantação das estruturas físicas necessárias à gestão da unidade;

XVIII – zona de amortecimento: o entorno de uma unidade de conservação, onde as atividades humanas estão sujeitas a normas e restrições específicas, com o propósito de minimizar os impactos negativos sobre a unidade; e

XIX – corredores ecológicos: porções de ecossistemas naturais ou seminaturais, ligando unidades de conservação, que possibilitam entre elas o fluxo de genes e o movimento da biota, facilitando a dispersão de espécies e a recolonização de áreas degradadas, bem como a manutenção de populações que demandam para sua sobrevivência áreas com extensão maior do que aquela das unidades individuais.

Capítulo II
DO SISTEMA NACIONAL DE UNIDADES DE CONSERVAÇÃO DA NATUREZA – SNUC

Art. 3º O Sistema Nacional de Unidades de Conservação da Natureza – SNUC é constituído pelo conjunto das unidades de conservação federais, estaduais e municipais, de acordo com o disposto nesta Lei.

Art. 4º O SNUC tem os seguintes objetivos:

I – contribuir para a manutenção da diversidade biológica e dos recursos genéticos no território nacional e nas águas jurisdicionais;

II – proteger as espécies ameaçadas de extinção no âmbito regional e nacional;

III – contribuir para a preservação e a restauração da diversidade de ecossistemas naturais;

IV – promover o desenvolvimento sustentável a partir dos recursos naturais;

V – promover a utilização dos princípios e práticas de conservação da natureza no processo de desenvolvimento;

VI – proteger paisagens naturais e pouco alteradas de notável beleza cênica;

VII – proteger as características relevantes de natureza geológica, geomorfológica, espeleológica, arqueológica, paleontológica e cultural;

VIII – proteger e recuperar recursos hídricos e edáficos;

IX – recuperar ou restaurar ecossistemas degradados;

X – proporcionar meios e incentivos para atividades de pesquisa científica, estudos e monitoramento ambiental;

XI – valorizar econômica e socialmente a diversidade biológica;

XII – favorecer condições e promover a educação e interpretação ambiental, a recreação em contato com a natureza e o turismo ecológico;

XIII – proteger os recursos naturais necessários à subsistência de populações tradicionais, respeitando e valorizando seu conhecimento e sua cultura e promovendo-as social e economicamente.

Art. 5º O SNUC será regido por diretrizes que:

I – assegurem que no conjunto das unidades de conservação estejam representadas amostras significativas e ecologicamente viáveis das diferentes populações, habitats e ecossistemas do território nacional e das águas jurisdicionais, salvaguardando o patrimônio biológico existente;

II – assegurem os mecanismos e procedimentos necessários ao envolvimento da sociedade no estabelecimento e na revisão da política nacional de unidades de conservação;

III – assegurem a participação efetiva das populações locais na criação, implantação e gestão das unidades de conservação;

IV – busquem o apoio e a cooperação de organizações não governamentais, de organizações privadas e pessoas físicas para o desenvolvimento de estudos, pesquisas científicas, práticas de educação ambiental, atividades de lazer e de turismo ecológico, monitoramento, manutenção e outras atividades de gestão das unidades de conservação;

V – incentivem as populações locais e as organizações privadas a estabelecerem e administrarem unidades de conservação dentro do sistema nacional;

VI – assegurem, nos casos possíveis, a sustentabilidade econômica das unidades de conservação;

VII – permitam o uso das unidades de conservação para a conservação *in situ* de populações das variantes genéticas selvagens dos animais e plantas domesticados e recursos genéticos silvestres;

VIII – assegurem que o processo de criação e a gestão das unidades de conservação sejam feitos de forma integrada com as políticas de administração das terras e águas circundantes, considerando as condições e necessidades sociais e econômicas locais;

IX – considerem as condições e necessidades das populações locais no desenvolvimento e adaptação de métodos e técnicas de uso sustentável dos recursos naturais;

X – garantam às populações tradicionais cuja subsistência dependa da utilização de recursos naturais existentes no interior das unidades de conservação meios de subsistência alternativos ou a justa indenização pelos recursos perdidos;

XI – garantam uma alocação adequada dos recursos financeiros necessários para que, uma vez criadas, as unidades de conservação possam ser geridas de forma eficaz e atender aos seus objetivos;

XII – busquem conferir às unidades de conservação, nos casos possíveis e respeitadas as conveniências da administração, autonomia administrativa e financeira; e

XIII – busquem proteger grandes áreas por meio de um conjunto integrado de unidades de conservação de diferentes categorias, próximas ou contíguas, e suas respectivas zonas de amortecimento e corredores ecológicos, integrando as diferentes atividades de preservação da natureza, uso sustentável dos recursos naturais e restauração e recuperação dos ecossistemas.

Art. 6º O SNUC será gerido pelos seguintes órgãos, com as respectivas atribuições:

I – órgão consultivo e deliberativo: o Conselho Nacional do Meio Ambiente – Conama, com as atribuições de acompanhar a implementação do Sistema;

II – órgão central: o Ministério do Meio Ambiente, com a finalidade de coordenar o Sistema; e

III – órgãos executores: o Instituto Chico Mendes e o Ibama, em caráter supletivo, os órgãos estaduais e municipais, com a função de implementar o SNUC, subsidiar as propostas de criação e administrar as unidades de conservação federais, estaduais e municipais, nas respectivas esferas de atuação.

→ Inciso III com redação alterada pela Lei 11.516/2007.

Parágrafo único. Podem integrar o SNUC, excepcionalmente e a critério do Conama, unidades de conservação estaduais e municipais que, concebidas para atender a peculiaridades regionais ou locais, possuam objetivos de manejo que não possam ser satisfatoriamente atendidos por nenhuma categoria prevista nesta Lei e cujas características permitam, em relação a estas, uma clara distinção.

Capítulo III
DAS CATEGORIAS DE UNIDADES DE CONSERVAÇÃO

Art. 7º As unidades de conservação integrantes do SNUC dividem-se em 2 (dois) grupos, com características específicas:

I – Unidades de Proteção Integral;

→ V. Art. 8º da Lei 9.985/2000.

II – Unidades de Uso Sustentável.

→ V. Art. 14 da Lei 9.985/2000.

§ 1º O objetivo básico das Unidades de Proteção Integral é preservar a natureza, sendo admitido apenas o uso indireto dos seus recursos naturais, com exceção dos casos previstos nesta Lei.

§ 2º O objetivo básico das Unidades de Uso Sustentável é compatibilizar a conservação da natureza com o uso sustentável de parcela dos seus recursos naturais.

→ V. Art. 40-A, § 1º, da Lei 9.605/1998.

Art. 8º O grupo das Unidades de Proteção Integral é composto pelas seguintes categorias de unidade de conservação:

→ V. Art. 7º, I, da Lei 9.985/2000.

I – Estação Ecológica;

II – Reserva Biológica;

III – Parque Nacional;

IV – Monumento Natural;

V – Refúgio de Vida Silvestre.

Art. 9º A Estação Ecológica tem como objetivo a preservação da natureza e a realização de pesquisas científicas.

§ 1º A Estação Ecológica é de posse e domínio públicos, sendo que as áreas particulares incluídas em seus limites serão desapropriadas, de acordo com o que dispõe a lei.

§ 2º É proibida a visitação pública, exceto quando com objetivo educacional, de acordo com o que dispuser o Plano de Manejo da unidade ou regulamento específico.

§ 3º A pesquisa científica depende de autorização prévia do órgão responsável pela administração da unidade e está sujeita às condições e restrições por este estabelecidas, bem como àquelas previstas em regulamento.

§ 4º Na Estação Ecológica só podem ser permitidas alterações dos ecossistemas no caso de:

I – medidas que visem a restauração de ecossistemas modificados;

II – manejo de espécies com o fim de preservar a diversidade biológica;

III – coleta de componentes dos ecossistemas com finalidades científicas;

IV – pesquisas científicas cujo impacto sobre o ambiente seja maior do que aquele causado pela simples observação ou pela coleta controlada de componentes dos ecossistemas, em uma área correspondente a no máximo 3% (três por cento) da extensão total da unidade e até o limite de 1.500 (um mil e quinhentos) hectares.

Art. 10. A Reserva Biológica tem como objetivo a preservação integral da biota e demais atributos naturais existentes em seus limites, sem interferência humana direta ou modificações ambientais, excetuando-se as medidas de recuperação de seus ecossistemas alterados e as ações de manejo necessárias para recuperar e preservar o equilíbrio natural, a diversidade biológica e os processos ecológicos naturais.

§ 1º A Reserva Biológica é de posse e domínio públicos, sendo que as áreas particulares incluídas em seus limites serão desapropriadas, de acordo com o que dispõe a lei.

§ 2º É proibida a visitação pública, exceto aquela com objetivo educacional, de acordo com regulamento específico.

§ 3º A pesquisa científica depende de autorização prévia do órgão responsável pela administração da unidade e está sujeita às condições e restrições por este estabelecidas, bem como àquelas previstas em regulamento.

Art. 11. O Parque Nacional tem como objetivo básico a preservação de ecossistemas naturais de grande relevância ecológica e beleza cênica, possibilitando a realização de pesquisas científicas e o desenvolvimento de atividades de educação e interpretação ambiental, de recreação em contato com a natureza e de turismo ecológico.

§ 1º O Parque Nacional é de posse e domínio públicos, sendo que as áreas particulares incluídas em seus limites serão desapropriadas, de acordo com o que dispõe a lei.

§ 2º A visitação pública está sujeita às normas e restrições estabelecidas no Plano de Manejo da unidade, às normas estabelecidas pelo órgão responsável por sua administração e àquelas previstas em regulamento.

§ 3º A pesquisa científica depende de autorização prévia do órgão responsável pela administração da unidade e está sujeita às condições e restrições por este estabelecidas, bem como àquelas previstas em regulamento.

§ 4º As unidades dessa categoria, quando criadas pelo Estado ou Município, serão denominadas, respectivamente, Parque Estadual e Parque Natural Municipal.

Art. 12. O Monumento Natural tem como objetivo básico preservar sítios naturais raros, singulares ou de grande beleza cênica.

§ 1º O Monumento Natural pode ser constituído por áreas particulares, desde que seja possível compatibilizar os objetivos da unidade com a utilização da terra e dos recursos naturais do local pelos proprietários.

§ 2º Havendo incompatibilidade entre os objetivos da área e as atividades privadas ou não havendo aquiescência do proprietário às condições propostas pelo órgão responsável pela administração da unidade para a coexistência do Monumento Natural com o uso da propriedade, a área deve ser desapropriada, de acordo com o que dispõe a lei.

§ 3º A visitação pública está sujeita às condições e restrições estabelecidas no Plano de Manejo da unidade, às normas estabelecidas pelo órgão responsável por sua administração e àquelas previstas em regulamento.

Art. 13. O Refúgio de Vida Silvestre tem como objetivo proteger ambientes naturais onde se asseguram condições para a existência ou reprodução de espécies ou comunidades da flora local e da fauna residente ou migratória.

§ 1º O Refúgio de Vida Silvestre pode ser constituído por áreas particulares, desde que seja possível compatibilizar os objetivos da unidade com a utilização da terra e dos recursos naturais do local pelos proprietários.

§ 2º Havendo incompatibilidade entre os objetivos da área e as atividades privadas ou não havendo aquiescência do proprietário às condições propostas pelo órgão responsável pela administração da unidade para a coexistência do Refúgio de Vida Silvestre com o uso da propriedade, a área deve ser desapropriada, de acordo com o que dispõe a lei.

§ 3º A visitação pública está sujeita às normas e restrições estabelecidas no Plano de Manejo da unidade, às normas estabelecidas pelo órgão responsável por sua administração e àquelas previstas em regulamento.

§ 4º A pesquisa científica depende de autorização prévia do órgão responsável pela administração da unidade e está sujeita às condições e restrições por este estabelecidas, bem como àquelas previstas em regulamento.

Art. 14. Constituem o Grupo das Unidades de Uso Sustentável as seguintes categorias de unidade de conservação:

→ V. Art. 7º, II, da Lei 9.985/2000.

I – Área de Proteção Ambiental;

II – Área de Relevante Interesse Ecológico;

III – Floresta Nacional;

IV – Reserva Extrativista;

V – Reserva de Fauna;

VI – Reserva de Desenvolvimento Sustentável; e

VII – Reserva Particular do Patrimônio Natural.

Art. 15. A Área de Proteção Ambiental é uma área em geral extensa, com um certo grau de ocupação humana, dotada de atributos abióticos, bióticos, estéticos ou culturais especialmente importantes para a qualidade de vida e o bem-estar das populações humanas, e tem como objetivos básicos proteger a diversidade biológica, disciplinar o processo de ocupação e assegurar a sustentabilidade do uso dos recursos naturais.

→ V. Decreto 4.340/2002 – Regulamenta o art. 15 da Lei 9.985/2000, no que concerne aos conselhos das unidades de conservação

→ V. Art. 40-A, § 1º, da Lei 9.605/1998.

§ 1º A Área de Proteção Ambiental é constituída por terras públicas ou privadas.

§ 2º Respeitados os limites constitucionais, podem ser estabelecidas normas e restrições para a utilização de uma propriedade privada localizada em uma Área de Proteção Ambiental.

§ 3º As condições para a realização de pesquisa científica e visitação pública nas áreas sob domínio público serão estabelecidas pelo órgão gestor da unidade.

§ 4º Nas áreas sob propriedade privada, cabe ao proprietário estabelecer as condições para pesquisa e visitação pelo público, observadas as exigências e restrições legais.

§ 5º A Área de Proteção Ambiental disporá de um Conselho presidido pelo órgão responsável por sua administração e constituído por representantes dos órgãos públicos, de organizações da sociedade civil e da população residente, conforme se dispuser no regulamento desta Lei.

Art. 16. A Área de Relevante Interesse Ecológico é uma área em geral de pequena extensão, com pouca ou nenhuma ocupação humana, com características naturais extraordinárias ou que abriga exemplares raros da biota regional, e tem como objetivo manter os ecossistemas naturais de importância regional ou local e regular o uso admissível dessas áreas, de modo a compatibilizá-lo com os objetivos de conservação da natureza.

→ v. Art. 40-A, § 1º, da Lei 9.605/1998.

§ 1º A Área de Relevante Interesse Ecológico é constituída por terras públicas ou privadas.

§ 2º Respeitados os limites constitucionais, podem ser estabelecidas normas e restrições para a utilização de uma propriedade privada localizada em uma Área de Relevante Interesse Ecológico.

Art. 17. A Floresta Nacional é uma área com cobertura florestal de espécies predominantemente nativas e tem como objetivo básico o uso múltiplo sustentável dos recursos florestais e a pesquisa científica, com ênfase em métodos para exploração sustentável de florestas nativas.

→ v. Decreto 4.340/2002 – Regulamenta o art. 17 da Lei 9.985/2000, no que concerne aos conselhos das unidades de conservação.

→ v. Lei 11.284/2006 – Gestão de florestas públicas para a produção sustentável.

→ v. Art. 40-A, § 1º, da Lei 9.605/1998.

§ 1º A Floresta Nacional é de posse e domínio públicos, sendo que as áreas particulares incluídas em seus limites devem ser desapropriadas de acordo com o que dispõe a lei.

§ 2º Nas Florestas Nacionais é admitida a permanência de populações tradicionais que a habitam quando de sua criação, em conformidade com o disposto em regulamento e no Plano de Manejo da unidade.

§ 3º A visitação pública é permitida, condicionada às normas estabelecidas para o manejo da unidade pelo órgão responsável por sua administração.

§ 4º A pesquisa é permitida e incentivada, sujeitando-se à prévia autorização do órgão responsável pela administração da unidade, às condições e restrições por este estabelecidas e àquelas previstas em regulamento.

§ 5º A Floresta Nacional disporá de um Conselho Consultivo, presidido pelo órgão responsável por sua administração e constituído por representantes de órgãos públicos, de organizações da sociedade civil e, quando for o caso, das populações tradicionais residentes.

§ 6º A unidade desta categoria, quando criada pelo Estado ou Município, será denominada, respectivamente, Floresta Estadual e Floresta Municipal.

Art. 18. A Reserva Extrativista é uma área utilizada por populações extrativistas tradicionais, cuja subsistência baseia-se no extrativismo e, complementarmente, na agricultura de subsistência e na criação de animais de pequeno porte, e tem como objetivos básicos proteger os meios de vida e a cultura dessas populações, e assegurar o uso sustentável dos recursos naturais da unidade.

→ v. Decreto 4.340/2002 – Regulamenta o art. 18 da Lei 9.985/2000, no que concerne aos conselhos das unidades de conservação.

→ v. Art. 40-A, § 1º, da Lei 9.605/1998.

→ v. Art. 9º, VI, da Lei 6.938/1981.

§ 1º A Reserva Extrativista é de domínio público, com uso concedido às populações extrativistas tradicionais conforme o disposto no art. 23 desta Lei e em regulamentação específica, sendo que as áreas particulares incluídas em seus limites devem ser desapropriadas, de acordo com o que dispõe a lei.

§ 2º A Reserva Extrativista será gerida por um Conselho Deliberativo, presidido pelo órgão responsável por sua administração e constituído por representantes de órgãos públicos, de organizações da sociedade civil e das populações tradicionais residentes na área, conforme se dispuser em regulamento e no ato de criação da unidade.

§ 3º A visitação pública é permitida, desde que compatível com os interesses locais e de acordo com o disposto no Plano de Manejo da área.

§ 4º A pesquisa científica é permitida e incentivada, sujeitando-se à prévia autorização do órgão responsável pela administração da unidade, às condições e restrições por este estabelecidas e às normas previstas em regulamento.

§ 5º O Plano de Manejo da unidade será aprovado pelo seu Conselho Deliberativo.

§ 6º São proibidas a exploração de recursos minerais e a caça amadorística ou profissional.

§ 7º A exploração comercial de recursos madeireiros só será admitida em bases sustentáveis e em situações especiais e complementares às demais atividades desenvolvidas na Reserva Extrativista, conforme o disposto em regulamento e no Plano de Manejo da unidade.

Art. 19. A Reserva de Fauna é uma área natural com populações animais de espécies nativas, terrestres ou aquáticas, residentes ou migratórias, adequadas para estudos técnico-científicos sobre o manejo econômico sustentável de recursos faunísticos.

→ v. Art. 40-A, § 1º, da Lei 9.605/1998.

§ 1º A Reserva de Fauna é de posse e domínio públicos, sendo que as áreas particulares incluídas em seus limites devem ser desapropriadas de acordo com o que dispõe a lei.

§ 2º A visitação pública pode ser permitida, desde que compatível com o manejo da unidade e de acordo com as normas estabelecidas pelo órgão responsável por sua administração.

§ 3º É proibido o exercício da caça amadorística ou profissional.

§ 4º A comercialização dos produtos e subprodutos resultantes das pesquisas obedecerá ao disposto nas leis sobre fauna e regulamentos.

Art. 20. A Reserva de Desenvolvimento Sustentável é uma área natural que abriga populações tradicionais, cuja existência baseia-se em sistemas sustentáveis de exploração dos recursos naturais, desenvolvidos ao longo de gerações e adaptados às condições ecológicas locais e que desempenham um papel fundamental na proteção da natureza e na manutenção da diversidade biológica.

→ v. Decreto 4.340/2002 – Regulamenta o art. 20 da Lei 9.985/2000, no que concerne aos conselhos das unidades de conservação.

→ v. Art. 40-A, § 1º, da Lei 9.605/1998.

§ 1º A Reserva de Desenvolvimento Sustentável tem como objetivo básico preservar a natureza e, ao mesmo tempo, assegurar as condições e os meios necessários para a reprodução e a melhoria dos modos e da qualidade de vida e exploração dos recursos naturais das populações tradicionais, bem como valorizar, conservar e aperfeiçoar o conhecimento e as técnicas de manejo do ambiente, desenvolvido por estas populações.

§ 2º A Reserva de Desenvolvimento Sustentável é de domínio público, sendo que as áreas particulares incluídas em seus limites devem ser, quando necessário, desapropriadas, de acordo com o que dispõe a lei.

§ 3º O uso das áreas ocupadas pelas populações tradicionais será regulado de acordo com o disposto no art. 23 desta Lei e em regulamentação específica.

§ 4º A Reserva de Desenvolvimento Sustentável será gerida por um Conselho Deliberativo, presidido pelo órgão responsável por sua administração e constituído por representantes de órgãos públicos, de organizações da sociedade civil e das populações tradicionais residentes na área, conforme se dispuser em regulamento e no ato de criação da unidade.

§ 5º As atividades desenvolvidas na Reserva de Desenvolvimento Sustentável obedecerão às seguintes condições:

I – é permitida e incentivada a visitação pública, desde que compatível com os interesses locais e de acordo com o disposto no Plano de Manejo da área;

II – é permitida e incentivada a pesquisa científica voltada à conservação da natureza, à melhor relação das populações residentes com seu meio e à educação ambiental, sujeitando-se à prévia autorização do órgão responsável pela administração da unidade, às condições e restrições por este estabelecidas e às normas previstas em regulamento;

III – deve ser sempre considerado o equilíbrio dinâmico entre o tamanho da população e a conservação; e

IV – é admitida a exploração de componentes dos ecossistemas naturais em regime de manejo sustentável e a substituição da cobertura vegetal por espécies cultiváveis, desde que sujeitas ao zoneamento, às limitações legais e ao Plano de Manejo da área.

§ 6º O Plano de Manejo da Reserva de Desenvolvimento Sustentável definirá as zonas de proteção integral, de uso sustentável e de amortecimento e corredores ecológicos, e será aprovado pelo Conselho Deliberativo da unidade.

Art. 21. A Reserva Particular do Patrimônio Natural é uma área privada, gravada com perpetuidade, com o objetivo de conservar a diversidade biológica.

→ v. Decreto 5.746/2006 – Regulamenta o art. 21 da Lei 9.985/2000.

§ 1º O gravame de que trata este artigo constará de termo de compromisso assinado perante o órgão ambiental, que verificará a existência de interesse público, e será averbado à margem da inscrição no Registro Público de Imóveis.

§ 2º Só poderá ser permitida, na Reserva Particular do Patrimônio Natural, conforme se dispuser em regulamento:

I – a pesquisa científica;

II – a visitação com objetivos turísticos, recreativos e educacionais;

III – (*Vetado*).

§ 3º Os órgãos integrantes do SNUC, sempre que possível e oportuno, prestarão orientação técnica e científica ao proprietário de Reserva Particular do Patrimônio Natural para a elaboração de um Plano de Manejo ou de Proteção e de Gestão da unidade.

Capítulo IV
DA CRIAÇÃO, IMPLANTAÇÃO E GESTÃO DAS UNIDADES DE CONSERVAÇÃO

Art. 22. As unidades de conservação são criadas por ato do Poder Público.

→ v. Decreto 4.340/2002 – Regulamenta o art. 22 da Lei 9.985/2000.

§ 1º (*Vetado*).

§ 2º A criação de uma unidade de conservação deve ser precedida de estudos técnicos e de consulta pública que permitam identificar a localização, a dimensão e os limites mais adequados para a unidade, conforme se dispuser em regulamento.

§ 3º No processo de consulta de que trata o § 2º, o Poder Público é obrigado a fornecer informações adequadas e inteligíveis à população local e a outras partes interessadas.

§ 4º Na criação de Estação Ecológica ou Reserva Biológica não é obrigatória a consulta de que trata o § 2º deste artigo.

§ 5º As unidades de conservação do grupo de Uso Sustentável podem ser transformadas total ou parcialmente em unidades do grupo de Proteção Integral, por instrumento normativo do mesmo nível hierárquico do que criou a unidade, desde que obedecidos os procedimentos de consulta estabelecidos no § 2º deste artigo.

§ 6º A ampliação dos limites de uma unidade de conservação, sem modificação dos seus limites originais, exceto pelo acréscimo proposto, pode ser feita por instrumento normativo do mesmo nível hierárquico do que criou a unidade, desde que obedecidos os procedimentos de consulta estabelecidos no § 2º deste artigo.

§ 7º A desafetação ou redução dos limites de uma unidade de conservação só pode ser feita mediante lei específica.

→ v. Art. 225, § 1º, III, da CF/1988.

Art. 22-A. O Poder Público poderá, ressalvadas as atividades agropecuárias e outras atividades econômicas em andamento e obras públicas licenciadas, na forma da lei, decretar limitações administrativas provisórias ao exercício de atividades e empreendimentos efetiva ou potencialmente causadores de degradação ambiental, para a realização de estudos com vistas na criação de Unidade de Conservação, quando, a critério do órgão ambiental competente, houver risco de dano grave aos recursos naturais ali existentes.

→ Artigo acrescentado pela Lei 11.132/2005.

§ 1º Sem prejuízo da restrição e observada a ressalva constante do *caput*, na área submetida a limitações administrativas, não serão permitidas atividades que importem em exploração a corte raso da floresta e demais formas de vegetação nativa.

§ 2º A destinação final da área submetida ao disposto neste artigo será definida no prazo de 7 (sete) meses, improrrogáveis, findo o qual fica extinta a limitação administrativa.

Art. 23. A posse e o uso das áreas ocupadas pelas populações tradicionais nas Reservas Extrativistas e Reservas de Desenvolvimento Sustentável serão regulados por contrato, conforme se dispuser no regulamento desta Lei.

§ 1º As populações de que trata este artigo obrigam-se a participar da preservação, recuperação, defesa e manutenção da unidade de conservação.

§ 2º O uso dos recursos naturais pelas populações de que trata este artigo obedecerá às seguintes normas:

I – proibição do uso de espécies localmente ameaçadas de extinção ou de práticas que danifiquem os seus habitats;

II – proibição de práticas ou atividades que impeçam a regeneração natural dos ecossistemas;

III – demais normas estabelecidas na legislação, no Plano de Manejo da unidade de conservação e no contrato de concessão de direito real de uso.

Art. 24. O subsolo e o espaço aéreo, sempre que influírem na estabilidade do ecossistema, integram os limites das unidades de conservação.

→ v. Decreto 4.340/2002 – Regulamenta o art. 24 da Lei 9.985/2000.

Art. 25. As unidades de conservação, exceto Área de Proteção Ambiental e Reserva Particular do Patrimônio Natural, devem possuir uma zona de amortecimento e, quando conveniente, corredores ecológicos.

→ v. Decreto 4.340/2002 – Regulamenta o art. 25 da Lei 9.985/2000.

§ 1º O órgão responsável pela administração da unidade estabelecerá normas específicas regulamentando a ocupação e o uso dos recursos da zona de amortecimento e dos corredores ecológicos de uma unidade de conservação.

§ 2º Os limites da zona de amortecimento e dos corredores ecológicos e as respectivas normas de que trata o § 1º poderão ser definidas no ato de criação da unidade ou posteriormente.

Art. 26. Quando existir um conjunto de unidades de conservação de categorias diferentes ou não, próximas, justapostas ou sobrepostas, e outras áreas protegidas públicas ou privadas, constituindo um mosaico, a gestão do conjunto deverá ser feita de forma integrada e participativa, considerando-se os seus distintos objetivos de conservação, de forma a compatibilizar a presença da biodiversidade, a valorização da sociodiversidade e o desenvolvimento sustentável no contexto regional.

→ v. Decreto 4.340/2002 – Regulamenta o art. 26 da Lei 9.985/2000.

Parágrafo único. O regulamento desta Lei disporá sobre a forma de gestão integrada do conjunto das unidades.

Art. 27. As unidades de conservação devem dispor de um Plano de Manejo.

→ v. Decreto 4.340/2002 – Regulamenta o art. 27 da Lei 9.985/2000.

§ 1º O Plano de Manejo deve abranger a área da unidade de conservação, sua zona de amortecimento e os corredores ecológicos, incluindo medidas com o fim de promover sua integração à vida econômica e social das comunidades vizinhas.

§ 2º Na elaboração, atualização e implementação do Plano de Manejo das Reservas Extrativistas, das Reservas de Desenvolvimento Sustentável, das Áreas de Proteção Ambiental e, quando couber, das Florestas Nacionais e das Áreas de Relevante Interesse Ecológico, será assegurada a ampla participação da população residente.

§ 3º O Plano de Manejo de uma unidade de conservação deve ser elaborado no prazo de 5 (cinco) anos a partir da data de sua criação.

§ 4º O Plano de Manejo poderá dispor sobre as atividades de liberação planejada e cultivo de organismos geneticamente modificados nas Áreas de Proteção Ambiental e nas zonas de amortecimento das demais categorias de unidade de conservação, observadas as informações contidas na decisão técnica da Comissão Técnica Nacional de Biossegurança – CTNBio sobre:

→ § 4º acrescentado pela Lei 11.460/2007.

I – o registro de ocorrência de ancestrais diretos e parentes silvestres;

II – as características de reprodução, dispersão e sobrevivência do organismo geneticamente modificado;

III – o isolamento reprodutivo do organismo geneticamente modificado em relação aos seus ancestrais diretos e parentes silvestres; e

IV – situações de risco do organismo geneticamente modificado à biodiversidade.

Art. 28. São proibidas, nas unidades de conservação, quaisquer alterações, atividades ou modalidades de utilização em desacordo com os seus objetivos, o seu Plano de Manejo e seus regulamentos.

Parágrafo único. Até que seja elaborado o Plano de Manejo, todas as atividades e obras desenvolvidas nas unidades de conservação de proteção integral devem se limitar àquelas destinadas a garantir a integridade dos recursos que a unidade objetiva proteger, assegurando-se às populações tradicionais porventura residentes na área as condições e os meios necessários para a satisfação de suas necessidades materiais, sociais e culturais.

→ v. Art. 61-A, § 16, da Lei 12.651/2012.

Art. 29. Cada unidade de conservação do grupo de Proteção Integral disporá de um Conselho Consultivo, presidido pelo órgão responsável por sua administração e constituído por representantes de órgãos públicos, de organizações da sociedade civil, por proprietários de terras localizadas em Refúgio de Vida Silvestre ou Monumento Natural, quando for o caso, e, na hipótese prevista no § 2º do art. 42, das populações tradicionais residentes, conforme se dispuser em regulamento e no ato de criação da unidade.

→ v. Decreto 4.340/2002 – Regulamenta o art. 29 da Lei 9.985/2000.

Art. 30. As unidades de conservação podem ser geridas por organizações da sociedade civil de interesse público com objetivos afins aos da unidade, mediante instrumento a ser firmado com o órgão responsável por sua gestão.

→ v. Decreto 4.340/2002 – Regulamenta o art. 30 da Lei 9.985/2000.

Art. 31. É proibida a introdução nas unidades de conservação de espécies não autóctones.

§ 1º Excetuam-se do disposto neste artigo as Áreas de Proteção Ambiental, as Florestas Nacionais, as Reservas Extrativistas e as Reservas de Desenvolvimento Sustentável, bem como os animais e plantas necessários à administração e às atividades das demais categorias de unidades de conservação, de acordo com o que se dispuser em regulamento e no Plano de Manejo da unidade.

§ 2º Nas áreas particulares localizadas em Refúgios de Vida Silvestre e Monumentos Naturais podem ser criados animais domésticos e cultivadas plantas considerados compatíveis com as finalidades da unidade, de acordo com o que dispuser o seu Plano de Manejo.

Art. 32. Os órgãos executores articular-se-ão com a comunidade científica com o propósito de incentivar o desenvolvimento de pesquisas sobre a fauna, a flora e a ecologia das unidades de conservação e sobre formas de uso sustentável dos recursos naturais, valorizando-se o conhecimento das populações tradicionais.

§ 1º As pesquisas científicas nas unidades de conservação não podem colocar em risco a sobrevivência das espécies integrantes dos ecossistemas protegidos.

§ 2º A realização de pesquisas científicas nas unidades de conservação, exceto Área de Proteção Ambiental e Reserva Particular do Patrimônio Natural, depende de aprovação prévia e está sujeita à fiscalização do órgão responsável por sua administração.

§ 3º Os órgãos competentes podem transferir para as instituições de pesquisa nacionais, mediante acordo, a atribuição de aprovar a realização de pesquisas científicas e de credenciar pesquisadores para trabalharem nas unidades de conservação.

Art. 33. A exploração comercial de produtos, subprodutos ou serviços obtidos ou desenvolvidos a partir dos recursos naturais, biológicos, cênicos ou culturais ou da exploração da imagem de unidade de conservação, exceto Área de Proteção Ambiental e Reserva Particular do Patrimônio Natural, dependerá de prévia autorização e sujeitará o explorador a pagamento, conforme disposto em regulamento.

→ v. Decreto 4.340/2002 – Regulamenta o art. 33 da Lei 9.985/2000.

Art. 34. Os órgãos responsáveis pela administração das unidades de conservação podem receber recursos ou doações de qualquer natureza, nacionais ou internacionais, com ou sem encargos, provenientes de organizações privadas ou públicas ou de pessoas físicas que desejarem colaborar com a sua conservação.

Parágrafo único. A administração dos recursos obtidos cabe ao órgão gestor da unidade, e estes serão utilizados exclusivamente na sua implantação, gestão e manutenção.

Art. 35. Os recursos obtidos pelas unidades de conservação do grupo de Proteção Integral mediante a cobrança de taxa de visitação e outras rendas decorrentes de arrecadação, serviços e atividades da própria unidade serão aplicados de acordo com os seguintes critérios:

I – até 50% (cinquenta por cento), e não menos que 25% (vinte e cinco por cento), na implementação, manutenção e gestão da própria unidade;

II – até 50% (cinquenta por cento), e não menos que 25% (vinte e cinco por cento), na regularização fundiária das unidades de conservação do grupo;

III – até 50% (cinquenta por cento), e não menos que 15% (quinze por cento), na implementação, manutenção e gestão de outras unidades de conservação do grupo de Proteção Integral.

Art. 36. Nos casos de licenciamento ambiental de empreendimentos de significativo impacto ambiental, assim considerado pelo órgão ambiental competente, com fundamento em estudo de impacto ambiental e respectivo relatório – EIA/Rima, o empreendedor é obrigado a apoiar a implantação e manutenção de unidade de conservação do grupo de Proteção Integral, de acordo com o disposto neste artigo e no regulamento desta Lei.

→ v. Decreto 4.340/2002 – Regulamenta o art. 36 da Lei 9.985/2000.

§ 1º O montante de recursos a ser destinado pelo empreendedor para esta finalidade não pode ser inferior a 0,5% (meio por cento) dos custos totais previstos para a implantação do empreendimento, sendo o percentual fixado pelo órgão ambiental licenciador, de acordo com o grau de impacto ambiental causado pelo empreendimento.

→ v. ADIN 3.378-6 (*D.O.U.* 20.6.2008) o STF, por maioria de votos, declarou a inconstitucionalidade da expressão "não pode ser inferior a 0,5% (meio por cento) dos custos totais previstos para a implantação do empreendimento".

§ 2º Ao órgão ambiental licenciador compete definir as unidades de conservação a serem beneficiadas, considerando as propostas apresentadas no EIA/Rima e ouvido o empreendedor, podendo inclusive ser contemplada a criação de novas unidades de conservação.

§ 3º Quando o empreendimento afetar unidade de conservação específica ou sua zona de amortecimento, o licenciamento a que se refere o *caput* deste artigo só poderá ser concedido mediante autorização do órgão responsável por sua administração, e a unidade afetada, mesmo que não pertencente ao grupo de Proteção Integral, deverá ser uma das beneficiárias da compensação definida neste artigo.

→ v. Resolução do Conama 428/2010 – Autorização do órgão responsável pela administração da Unidade de Conservação (UC), de que trata o § 3º do art. 36 da Lei 9.985/2000.

Capítulo V
DOS INCENTIVOS, ISENÇÕES E PENALIDADES

Art. 37. (*Vetado*).

Art. 38. A ação ou omissão das pessoas físicas ou jurídicas que importem inobservância aos preceitos desta Lei e a seus regulamentos ou resultem em dano à flora, à fauna e aos demais atributos naturais das unidades de conservação, bem como às suas instalações e às zonas de amortecimento e corredores ecológicos, sujeitam os infratores às sanções previstas em lei.

Art. 39. Dê-se ao art. 40 da Lei 9.605, de 12 de fevereiro de 1998, a seguinte redação:

"Art. 40. (*Vetado*).

§ 1º Entende-se por Unidades de Conservação de Proteção Integral as Estações Ecológicas, as Reservas Biológicas, os Parques Nacionais, os Monumentos Naturais e os Refúgios de Vida Silvestre.

§ 2º A ocorrência de dano afetando espécies ameaçadas de extinção no interior das Unidades de Conservação de Proteção Integral será considerada circunstância agravante para a fixação da pena.

§ 3º (...)"

Art. 40. Acrescente-se à Lei 9.605, de 1998, o seguinte art. 40-A:

"Art. 40-A. (*Vetado*).

§ 1º Entende-se por Unidades de Conservação de Uso Sustentável as Áreas de Proteção Ambiental, as Áreas de Relevante Interesse Ecológico, as Florestas Nacionais, as Reservas Extrativistas, as Reservas de Fauna, as Reservas de Desenvolvimento Sustentável e as Reservas Particulares do Patrimônio Natural.

§ 2º A ocorrência de dano afetando espécies ameaçadas de extinção no interior das Unidades de Conservação de Uso Sustentável será considerada circunstância agravante para a fixação da pena.

§ 3º Se o crime for culposo, a pena será reduzida à metade."

Capítulo VI
DAS RESERVAS DA BIOSFERA

Art. 41. A Reserva da Biosfera é um modelo, adotado internacionalmente, de gestão integrada, participativa e sustentável dos recursos naturais, com os objetivos básicos de preservação da diversidade biológica, o desenvolvimento de atividades de pesquisa, o monitoramento ambiental, a educação ambiental, o desenvolvimento sustentável e a melhoria da qualidade de vida das populações.

→ v. Decreto 4.340/2002 – Regulamenta o art. 41 da Lei 9.985/2000.

§ 1º A Reserva da Biosfera é constituída por:

I – uma ou várias áreas-núcleo, destinadas à proteção integral da natureza;

II – uma ou várias zonas de amortecimento, onde só são admitidas atividades que não resultem em dano para as áreas-núcleo; e

III – uma ou várias zonas de transição, sem limites rígidos, onde o processo de ocupação e o manejo dos recursos naturais são planejados e conduzidos de modo participativo e em bases sustentáveis.

§ 2º A Reserva da Biosfera é constituída por áreas de domínio público ou privado.

§ 3º A Reserva da Biosfera pode ser integrada por unidades de conservação já criadas pelo Poder Público, respeitadas as normas legais que disciplinam o manejo de cada categoria específica.

§ 4º A Reserva da Biosfera é gerida por um Conselho Deliberativo, formado por representantes de instituições públicas, de organizações da sociedade civil e da população residente, conforme se dispuser em regulamento e no ato de constituição da unidade.

§ 5º A Reserva da Biosfera é reconhecida pelo Programa Intergovernamental "O Homem e a Biosfera – MAB", estabelecido pela Unesco, organização da qual o Brasil é membro.

Capítulo VII
DAS DISPOSIÇÕES GERAIS E TRANSITÓRIAS

Art. 42. As populações tradicionais residentes em unidades de conservação nas quais sua permanência não seja permitida serão indenizadas ou compensadas pelas benfeitorias existentes e devidamente realocadas pelo Poder Público, em local e condições acordados entre as partes.

→ v. Decreto 4.340/2002 – Regulamenta o art. 42 da Lei 9.985/2000.

§ 1º O Poder Público, por meio do órgão competente, priorizará o reassentamento das populações tradicionais a serem realocadas.

§ 2º Até que seja possível efetuar o reassentamento de que trata este artigo, serão estabelecidas normas e ações específicas destinadas a compatibilizar a presença das populações tradicionais residentes com os objetivos da unidade, sem prejuízo dos modos de vida, das fontes de subsistência e dos locais de moradia destas populações, assegurando-se a sua participação na elaboração das referidas normas e ações.

§ 3º Na hipótese prevista no § 2º, as normas regulando o prazo de permanência e suas condições serão estabelecidas em regulamento.

Art. 43. O Poder Público fará o levantamento nacional das terras devolutas, com o objetivo de definir áreas destinadas à conservação da natureza, no prazo de 5 (cinco) anos após a publicação desta Lei.

Art. 44. As ilhas oceânicas e costeiras destinam-se prioritariamente à proteção da natureza e sua destinação para fins diversos deve ser precedida de autorização do órgão ambiental competente.

Parágrafo único. Estão dispensados da autorização citada no *caput* os órgãos que se utilizam das citadas ilhas por força de dispositivos legais ou quando decorrente de compromissos legais assumidos.

Art. 45. Excluem-se das indenizações referentes à regularização fundiária das unidades de conservação, derivadas ou não de desapropriação:

I – (*Vetado*).

II – (*Vetado*).

III – as espécies arbóreas declaradas imunes de corte pelo Poder Público;

IV – expectativas de ganhos e lucro cessante;

V – o resultado de cálculo efetuado mediante a operação de juros compostos;

VI – as áreas que não tenham prova de domínio inequívoco e anterior à criação da unidade.

Art. 46. A instalação de redes de abastecimento de água, esgoto, energia e infraestrutura urbana em geral, em unidades de conservação onde estes equipamentos são admitidos, depende de prévia aprovação do órgão responsável por sua administração, sem prejuízo da necessidade de elaboração de estudos de impacto ambiental e outras exigências legais.

Parágrafo único. Esta mesma condição se aplica à zona de amortecimento das unidades do grupo de Proteção Integral, bem como às áreas de propriedade privada inseridas nos limites dessas unidades e ainda não indenizadas.

Art. 47. O órgão ou empresa, público ou privado, responsável pelo abastecimento de água ou que faça uso de recursos hídricos, beneficiário da proteção proporcionada por uma unidade de conservação, deve contribuir financeiramente para a proteção e implementação da unidade, de acordo com o disposto em regulamentação específica.

→ v. Decreto 4.340/2002 – Regulamenta o art. 47 da Lei 9.985/2000.

Art. 48. O órgão ou empresa, público ou privado, responsável pela geração e distribuição de energia elétrica, beneficiário da proteção oferecida por uma unidade de conservação, deve contribuir financeiramente para a proteção e implementação da unidade, de acordo com o disposto em regulamentação específica.

→ v. Decreto 4.340/2002 – Regulamenta o art. 48 da Lei 9.985/2000.

Art. 49. A área de uma unidade de conservação do grupo de Proteção Integral é considerada zona rural, para os efeitos legais.

Parágrafo único. A zona de amortecimento das unidades de conservação de que trata este artigo, uma vez definida formalmente, não pode ser transformada em zona urbana.

Art. 50. O Ministério do Meio Ambiente organizará e manterá um Cadastro Nacional de Unidades de Conservação, com a colaboração do Ibama e dos órgãos estaduais e municipais competentes.

§ 1º O Cadastro a que se refere este artigo conterá os dados principais de cada unidade de conservação, incluindo, dentre outras características relevantes, informações sobre espécies ameaçadas de extinção, situação fundiária, recursos hídricos, clima, solos e aspectos socioculturais e antropológicos.

§ 2º O Ministério do Meio Ambiente divulgará e colocará à disposição do público interessado os dados constantes do Cadastro.

Art. 51. O Poder Executivo Federal submeterá à apreciação do Congresso Nacional, a cada 2 (dois) anos, um relatório de avaliação global da situação das unidades de conservação federais do País.

Art. 52. Os mapas e cartas oficiais devem indicar as áreas que compõem o SNUC.

Art. 53. O Ibama elaborará e divulgará periodicamente uma relação revista e atualizada das espécies da flora e da fauna ameaçadas de extinção no território brasileiro.

Parágrafo único. O Ibama incentivará os competentes órgãos estaduais e municipais a elaborarem relações equivalentes abrangendo suas respectivas áreas de jurisdição.

Art. 54. O Ibama, excepcionalmente, pode permitir a captura de exemplares de espécies ameaçadas de extinção destinadas a programas de criação em cativeiro ou formação de coleções científicas, de acordo com o disposto nesta Lei e em regulamentação específica.

Art. 55. As unidades de conservação e áreas protegidas criadas com base nas legislações anteriores e que não pertençam às categorias previstas nesta Lei serão reavaliadas, no todo ou em parte, no prazo de até 2 (dois) anos, com o objetivo de definir sua destinação com base na categoria e função para as quais foram criadas, conforme o disposto no regulamento desta Lei.

→ v. Decreto 4.340/2002 – Regulamenta o art. 55 da Lei 9.985/2000.

Art. 56. (*Vetado*).

Art. 57. Os órgãos federais responsáveis pela execução das políticas ambiental e indigenista deverão instituir grupos de trabalho para, no prazo de 180 (cento e oitenta) dias a partir da vigência desta Lei, propor as diretrizes a serem adotadas com vistas à regularização das eventuais superposições entre áreas indígenas e unidades de conservação.

Parágrafo único. No ato de criação dos grupos de trabalho serão fixados os participantes, bem como a estratégia de ação e a abrangência dos trabalhos, garantida a participação das comunidades envolvidas.

Art. 57-A. O Poder Executivo estabelecerá os limites para o plantio de organismos geneticamente modificados nas áreas que circundam as unidades de conservação até que seja fixada sua zona de amortecimento e aprovado o seu respectivo Plano de Manejo.

→ Artigo acrescentado pela Lei 11.460/2007.

→ v. Decreto 5.950/2006 – Regulamenta o art. 57-A da Lei 9.985/2000.

Parágrafo único. O disposto no *caput* deste artigo não se aplica às Áreas de Proteção Ambiental e Reservas de Particulares do Patrimônio Nacional.

Art. 58. O Poder Executivo regulamentará esta Lei, no que for necessário à sua aplicação, no prazo de 180 (cento e oitenta) dias a partir da data de sua publicação.

Art. 59. Esta Lei entra em vigor na data de sua publicação.

Art. 60. Revogam-se os arts. 5º e 6º da Lei 4.771, de 15 de setembro de 1965; o art. 5º da Lei 5.197, de 3 de janeiro de 1967; e o art. 18 da Lei 6.938, de 31 de agosto de 1981.

→ Referida Lei 4.771/1965 foi revogada pela Lei 12.651/2012.

Brasília, 18 de julho de 2000; 179º da Independência e 112º da República.

Marco Antonio de Oliveira Maciel

(Publicação no *D.O.U.* de 19.7.2000)

LEGISLAÇÃO

LEI 10.048,
DE 8 DE NOVEMBRO DE 2000

Dá prioridade de atendimento às pessoas que especifica, e dá outras providências.

→ *v.* Lei 12.146/2015 – Estatuto da Pessoa com Deficiência.

→ *v.* Lei 10.741/2003 – Estatuto do Idoso.

O Presidente da República

Faço saber que o Congresso Nacional decreta e eu sanciono a seguinte Lei:

Art. 1º As pessoas com deficiência, os idosos com idade igual ou superior a 60 (sessenta) anos, as gestantes, as lactantes, as pessoas com crianças de colo e os obesos terão atendimento prioritário, nos termos desta Lei.

→ Artigo com redação alterada pela Lei 13.146/2015, em vigor após decorridos 180 (cento e oitenta) dias de sua publicação oficial – *D.O.U.* de 7.7.2015.

→ **Anterior redação: Art. 1º** As pessoas portadoras de deficiência, os idosos com idade igual ou superior a 60 (sessenta) anos, as gestantes, as lactantes e as pessoas acompanhadas por crianças de colo terão atendimento prioritário, nos termos desta Lei. (Artigo com redação alterada pela Lei 10.741/2003).

Art. 2º As repartições públicas e empresas concessionárias de serviços públicos estão obrigadas a dispensar atendimento prioritário, por meio de serviços individualizados que assegurem tratamento diferenciado e atendimento imediato às pessoas a que se refere o art. 1º.

Parágrafo único. É assegurada, em todas as instituições financeiras, a prioridade de atendimento às pessoas mencionadas no art. 1º.

Art. 3º As empresas públicas de transporte e as concessionárias de transporte coletivo reservarão assentos, devidamente identificados, aos idosos, gestantes, lactantes, pessoas portadoras de deficiência e pessoas acompanhadas por crianças de colo.

Art. 4º Os logradouros e sanitários públicos, bem como os edifícios de uso público, terão normas de construção, para efeito de licenciamento da respectiva edificação, baixadas pela autoridade competente, destinadas a facilitar o acesso e uso desses locais pelas pessoas portadoras de deficiência.

Art. 5º Os veículos de transporte coletivo a serem produzidos após doze meses da publicação desta Lei serão planejados de forma a facilitar o acesso a seu interior das pessoas portadoras de deficiência.

§ 1º (*Vetado*).

§ 2º Os proprietários de veículos de transporte coletivo em utilização terão o prazo de cento e oitenta dias, a contar da regulamentação desta Lei, para proceder às adaptações necessárias ao acesso facilitado das pessoas portadoras de deficiência.

Art. 6º A infração ao disposto nesta Lei sujeitará os responsáveis:

I – no caso de servidor ou de chefia responsável pela repartição pública, às penalidades previstas na legislação específica;

II – no caso de empresas concessionárias de serviço público, a multa de R$ 500,00 (quinhentos reais) a R$ 2.500,00 (dois mil e quinhentos reais), por veículos sem as condições previstas nos arts. 3º e 5º;

III – no caso das instituições financeiras, às penalidades previstas no artigo 44, incisos I, II e III, da Lei 4.595, de 31 de dezembro de 1964.

Parágrafo único. As penalidades de que trata este artigo serão elevadas ao dobro, em caso de reincidência.

Art. 7º O Poder Executivo regulamentará esta Lei no prazo de sessenta dias, contado de sua publicação.

Art. 8º Esta Lei entra em vigor na data de sua publicação.

Brasília, 8 de novembro de 2000; 179º da Independência e 112º da República.

Fernando Henrique Cardoso

(Publicação no *D.O.U.* de 9.11.2000)

LEI 10.101,
DE 19 DE DEZEMBRO DE 2000

Dispõe sobre a participação dos trabalhadores nos lucros ou resultados da empresa e dá outras providências.

→ *v.* Art. 7º, XI da CF/1988.

→ *v.* Art. 621 da CLT.

Faço saber que o Presidente da República adotou a Medida Provisória 1.982-77, de 2000, que o Congresso Nacional aprovou, e eu, Antônio Carlos Magalhães, Presidente, para os efeitos do disposto no parágrafo único do art. 62 da Constituição Federal, promulgo a seguinte Lei:

Art. 1º Esta Lei regula a participação dos trabalhadores nos lucros ou resultados da empresa como instrumento de integração entre o capital e o trabalho e como incentivo à produtividade, nos termos do art. 7º, inciso XI, da Constituição.

Art. 2º A participação nos lucros ou resultados será objeto de negociação entre a empresa e seus empregados, mediante um dos procedimentos a seguir descritos, escolhidos pelas partes de comum acordo:

I – comissão paritária escolhida pelas partes, integrada, também, por um representante indicado pelo sindicato da respectiva categoria;

→ Inciso I com redação alterada pela Lei 12.832/2013.

→ *v.* Art. 11 da CF/1988.

II – convenção ou acordo coletivo.

→ *v.* Art. 611 e s. da CLT.

§ 1º Dos instrumentos decorrentes da negociação deverão constar regras claras e objetivas quanto à fixação dos direitos substantivos da participação e das regras adjetivas, inclusive mecanismos de aferição das informações pertinentes ao cumprimento do acordado, periodicidade da distribuição, período de vigência e prazos para revisão do acordo, podendo ser considerados, entre outros, os seguintes critérios e condições:

I – índices de produtividade, qualidade ou lucratividade da empresa;

II – programas de metas, resultados e prazos, pactuados previamente.

§ 2º O instrumento de acordo celebrado será arquivado na entidade sindical dos trabalhadores.

§ 3º Não se equipara a empresa, para os fins desta Lei:

I – a pessoa física;

II – a entidade sem fins lucrativos que, cumulativamente:

a) não distribua resultados, a qualquer título, ainda que indiretamente, a dirigentes, administradores ou empresas vinculadas;

b) aplique integralmente os seus recursos em sua atividade institucional e no País;

c) destine o seu patrimônio a entidade congênere ou ao poder público, em caso de encerramento de suas atividades;

d) mantenha escrituração contábil capaz de comprovar a observância dos demais requisitos deste inciso, e das normas fiscais, comerciais e de direito econômico que lhe sejam aplicáveis.

§ 4º Quando forem considerados os critérios e condições definidos nos incisos I e II do § 1º deste artigo:

→ § 4º acrescentado pela Lei 12.832/2013.

I – a empresa deverá prestar aos representantes dos trabalhadores na comissão paritária informações que colaborem para a negociação;

II – não se aplicam as metas referentes à saúde e segurança no trabalho.

Art. 3º A participação de que trata o art. 2º não substitui ou complementa a remuneração devida a qualquer empregado, nem constitui base de incidência de qualquer encargo trabalhista, não se lhe aplicando o princípio da habitualidade.

→ *v.* Art. 457 da CLT.

§ 1º Para efeito de apuração do lucro real, a pessoa jurídica poderá deduzir como despesa operacional as participações atribuídas aos empregados nos lucros ou resultados, nos termos da presente Lei, dentro do próprio exercício de sua constituição.

§ 2º É vedado o pagamento de qualquer antecipação ou distribuição de valores a título de participação nos lucros ou resultados da empresa em mais de 2 (duas) vezes no mesmo ano civil e em periodicidade inferior a 1 (um) trimestre civil.

→ § 2º com redação alterada pela Lei 12.832/2013.

§ 3º Todos os pagamentos efetuados em decorrência de planos de participação nos lucros ou resultados, mantidos espontaneamente pela empresa, poderão ser compensados com as obrigações decorrentes de acordos ou convenções coletivas de trabalho atinentes à participação nos lucros ou resultados.

§ 4º A periodicidade semestral mínima referida no § 2º poderá ser alterada pelo Poder Executivo, até 31 de dezembro de 2000, em função de eventuais impactos nas receitas tributárias.

§ 5º A participação de que trata este artigo será tributada pelo imposto sobre a renda exclusivamente na fonte, em separado dos demais rendimentos recebidos, no ano do recebimento ou crédito, com base na tabela progressiva anual constante do Anexo e não integrará a base de cálculo do imposto devido pelo beneficiário na Declaração de Ajuste Anual.

→ § 5º com redação alterada pela Lei 12.832/2013.

§ 6º Para efeito da apuração do imposto sobre a renda, a participação dos trabalhadores nos lucros ou resultados da empresa será integralmente tributada com base na tabela progressiva constante do Anexo.

→ § 6º acrescentado pela Lei 12.832/2013.

§ 7º Na hipótese de pagamento de mais de 1 (uma) parcela referente a um mesmo ano-calendário, o imposto deve ser recalculado, com base no total da participação nos lucros recebida no ano-calendário, mediante a utilização da tabela constante do Anexo, deduzindo-se do imposto assim apurado o valor retido anteriormente.

→ § 7º acrescentado pela Lei 12.832/2013.

§ 8º Os rendimentos pagos acumuladamente a título de participação dos trabalhadores nos lucros ou resultados da empresa serão tributados exclusivamente na fonte, em separado dos demais rendimentos recebidos, sujeitando-se, também de forma acumulada, ao imposto sobre a renda com base na tabela progressiva constante do Anexo.

→ 8º acrescentado pela Lei 12.832/2013.

§ 9º Considera-se pagamento acumulado, para fins do § 8º, o pagamento da participação nos lucros relativa a mais de um ano-calendário.

→ § 9º acrescentado pela Lei 12.832/2013.

§ 10. Na determinação da base de cálculo da participação dos trabalhadores nos lucros ou resultados, poderão ser deduzidas as importâncias pagas em dinheiro a título de pensão alimentícia em face das normas do Direito de Família, quando em cumprimento de decisão judicial, de acordo homologado judicialmente ou de separação ou divórcio consensual realizado por escritura pública, desde que correspondentes a esse rendimento, não podendo ser utilizada a mesma parcela para a determinação da base de cálculo dos demais rendimentos.

→ § 10 acrescentado pela Lei 12.832/2013.

§ 11. A partir do ano-calendário de 2014, inclusive, os valores da tabela progressiva anual constante do Anexo serão reajustados no mesmo percentual de reajuste da Tabela Progressiva Mensal do imposto de renda incidente sobre os rendimentos das pessoas físicas.

→ § 11 acrescentado pela Lei 12.832/2013.

Art. 4º Caso a negociação visando à participação nos lucros ou resultados da empresa resulte em impasse, as partes poderão utilizar-se dos seguintes mecanismos de solução do litígio:

I – mediação;

II – arbitragem de ofertas finais, utilizando-se, no que couber, os termos da Lei 9.307, de 23 de setembro de 1996.

→ Inciso II com redação alterada pela Lei 12.832/2013.

§ 1º Considera-se arbitragem de ofertas finais aquela em que o árbitro deve restringir-se a optar pela proposta apresentada, em caráter definitivo, por uma das partes.

§ 2º O mediador ou o árbitro será escolhido de comum acordo entre as partes.

§ 3º Firmado o compromisso arbitral, não será admitida a desistência unilateral de qualquer das partes.

§ 4º O laudo arbitral terá força normativa, independentemente de homologação judicial.

Art. 5º A participação de que trata o art. 1º desta Lei, relativamente aos trabalhadores em empresas estatais, observará diretrizes específicas fixadas pelo Poder Executivo.

Parágrafo único. Consideram-se empresas estatais as empresas públicas, sociedades de economia mista, suas subsidiárias e controladas e demais empresas em que a União, direta ou indiretamente, detenha a maioria do capital social com direito a voto.

Art. 6º Fica autorizado o trabalho aos domingos nas atividades do comércio em geral, observada a legislação municipal, nos termos do inciso I do *caput* do art. 30 da Constituição Federal.

→ Artigo com redação alterada pela Lei 11.603/2007.

Parágrafo único. O repouso semanal remunerado deverá coincidir, pelo menos 1 (uma) vez no período máximo de 3 (três) semanas, com o domingo, respeitadas as demais normas de proteção ao trabalho e outras a serem estipuladas em negociação coletiva.

→ *v.* Art. 71 da CLT.

Art. 6º-A. É permitido o trabalho em feriados nas atividades do comércio em geral, desde que autorizado em convenção coletiva de trabalho e observada a legislação municipal, nos termos do inciso I do *caput* do art. 30 da Constituição Federal.

→ Artigo acrescentado pela Lei 11.603/2007.

→ *v.* Art. 71 da CLT.

Art. 6º-B. As infrações ao disposto nos arts. 6º e 6º-A desta Lei serão punidas com a multa prevista no art. 75 da Consolidação das Leis do Trabalho, aprovada pelo Decreto-lei 5.452, de 1º de maio de 1943.

→ Artigo acrescentado pela Lei 11.603/2007.

Parágrafo único. O processo de fiscalização, de autuação e de imposição de multas reger-se-á pelo disposto no Título VII da Consolidação das Leis do Trabalho.

Art. 7º Ficam convalidados os atos praticados com base na Medida Provisória 1.982-76, de 26 de outubro de 2000.

Art. 8º Esta Lei entra em vigor na data de sua publicação.

Congresso Nacional, 19 de dezembro de 2000; 179º da Independência e 112º da República.

Senador Antonio Carlos Magalhães
Presidente

(Publicado no *D.O.U.* de 20.12.2000)

ANEXO
Participação nos Lucros

Tabela de Tributação Exclusiva na Fonte

Valor do PLR anual (EM R$)	Alíquota	Parcela a Deduzir do IR (em R$)
de 0,00 a 6.000,00	0%	-
de 6.000,01 a 9.000,00	7,5%	450,00
de 9.000,01 a 12.000,00	15%	1.125,00
de 12.000,01 a 15.000,00	22,5%	2.025,00
acima de 15.000,00	27,5%	2.775,00

LEI COMPLEMENTAR 105, DE 10 DE JANEIRO DE 2001

Dispõe sobre o sigilo das operações de instituições financeiras e dá outras providências.

O Presidente da República:

Faço saber que o Congresso Nacional decreta e eu sanciono a seguinte Lei Complementar:

Art. 1º As instituições financeiras conservarão sigilo em suas operações ativas e passivas e serviços prestados.

→ *v.* art. 198 do CTN.

→ *v.* Lei 4.595/1964 – Dispõe sobre a Política e as Instituições Monetárias, Bancárias e Creditícias, cria o Conselho Monetário Nacional e dá outras providências.

§ 1º São consideradas instituições financeiras, para os efeitos desta Lei Complementar:

I – os bancos de qualquer espécie;

II – distribuidoras de valores mobiliários;

III – corretoras de câmbio e de valores mobiliários;

IV – sociedades de crédito, financiamento e investimentos;

V – sociedades de crédito imobiliário;

VI – administradoras de cartões de crédito;

VII – sociedades de arrendamento mercantil;

VIII – administradoras de mercado de balcão organizado;

IX – cooperativas de crédito;

X – associações de poupança e empréstimo;

XI – bolsas de valores e de mercadorias e futuros;

XII – entidades de liquidação e compensação;

XIII – outras sociedades que, em razão da natureza de suas operações, assim venham a ser consideradas pelo Conselho Monetário Nacional.

§ 2º As empresas de fomento comercial ou *factoring*, para os efeitos desta Lei Complementar, obedecerão às normas aplicáveis às instituições financeiras previstas no § 1º.

§ 3º Não constitui violação do dever de sigilo:

I – a troca de informações entre instituições financeiras, para fins cadastrais, inclusive por intermédio de centrais de risco, observadas as normas baixadas pelo Conselho Monetário Nacional e pelo Banco Central do Brasil;

II – o fornecimento de informações constantes de cadastro de emitentes de cheques sem provisão de fundos e de devedores inadimplentes, a entidades de proteção ao crédito, observadas as normas baixadas pelo Conselho Monetário Nacional e pelo Banco Central do Brasil;

III – o fornecimento das informações de que trata o § 2º do art. 11 da Lei 9.311, de 24 de outubro de 1996;

IV – a comunicação, às autoridades competentes, da prática de ilícitos penais ou administrativos, abrangendo o fornecimento de informações sobre operações que envolvam recursos provenientes de qualquer prática criminosa;

V – a revelação de informações sigilosas com o consentimento expresso dos interessados;

VI – a prestação de informações nos termos e condições estabelecidos nos artigos 2º, 3º, 4º, 5º, 6º, 7º e 9º desta Lei Complementar.

§ 4º A quebra de sigilo poderá ser decretada, quando necessária para apuração de ocorrência de qualquer ilícito, em qualquer fase do inquérito ou do processo judicial, e especialmente nos seguintes crimes:

→ *v.* Súmula Vinculante 14 do STF.

I – de terrorismo;

→ *v.* Lei 7.170/1983 – Crimes Contra e Segurança Nacional.

II – de tráfico ilícito de substâncias entorpecentes ou drogas afins;

III – de contrabando ou tráfico de armas, munições ou material destinado a sua produção;

→ *v.* Lei 10.826/2003 – Estatuto do Desarmamento.

IV – de extorsão mediante sequestro;

→ *v.* art. 159 do CP.

V – contra o sistema financeiro nacional;

→ *v.* Lei 7.492/1986 – Crimes Contra o Sistema Financeiro.

VI – contra a Administração Pública;

→ *v.* arts. 312 a 327 do CP.

VII – contra a ordem tributária e a previdência social;

→ *v.* Lei 8.137/1990 – Crimes Contra a Ordem Tributária e Econômica.

VIII – lavagem de dinheiro ou ocultação de bens, direitos e valores;

→ *v.* Lei 9.613/1998 – Crimes de Lavagem de Capitais.

IX – praticado por organização criminosa.

Art. 2º O dever de sigilo é extensivo ao Banco Central do Brasil, em relação às operações que realizar e às informações que obtiver no exercício de suas atribuições.

§ 1º O sigilo, inclusive quanto a contas de depósitos, aplicações e investimentos mantidos em instituições financeiras, não pode ser oposto ao Banco Central do Brasil:

I – no desempenho de suas funções de fiscalização, compreendendo a apuração, a qualquer tempo, de ilícitos praticados por controladores, administradores, membros de conselhos estatutários, gerentes, mandatários e prepostos de instituições financeiras;

II – ao proceder a inquérito em instituição financeira submetida a regime especial.

§ 2º As comissões encarregadas dos inquéritos a que se refere o inciso II do § 1º poderão examinar quaisquer documentos relativos a bens, direitos e obrigações das instituições financeiras, de seus controladores, administradores, membros de conselhos estatutários, gerentes, mandatários e prepostos, inclusive contas correntes e operações com outras instituições financeiras.

§ 3º O disposto neste artigo aplica-se à Comissão de Valores Mobiliários, quando se tratar de fiscalização de operações e serviços no mercado de valores mobiliários, inclusive nas instituições financeiras que sejam companhias abertas.

§ 4º O Banco Central do Brasil e a Comissão de Valores Mobiliários, em suas áreas de competência, poderão firmar convênios:

I – com outros órgãos públicos fiscalizadores de instituições financeiras, objetivando a realização de fiscalizações conjuntas, observadas as respectivas competências;

II – com bancos centrais ou entidades fiscalizadoras de outros países, objetivando:

a) a fiscalização de filiais e subsidiárias de instituições financeiras estrangeiras, em funcionamento no Brasil, e de filiais e subsidiárias, no exterior, de instituições financeiras brasileiras;

b) a cooperação mútua e o intercâmbio de informações para a investigação de atividades ou operações que impliquem aplicação, negociação, ocultação ou transferência de ativos financeiros e de valores mobiliários relacionados com a prática de condutas ilícitas.

§ 5º O dever de sigilo de que trata esta Lei Complementar estende-se aos órgãos fiscalizadores mencionados no § 4º e a seus agentes.

§ 6º O Banco Central do Brasil, a Comissão de Valores Mobiliários e os demais órgãos de fiscalização, nas áreas de suas atribuições, fornecerão ao Conselho de Controle de Atividades Financeiras – COAF, de que trata o art. 14 da Lei 9.613, de 3 de março de 1998, as informações cadastrais e de movimento de valores relativos às operações previstas no inciso I do art. 11 da referida Lei.

Art. 3º Serão prestadas pelo Banco Central do Brasil, pela Comissão de Valores Mobiliários e pelas instituições financeiras as informações ordenadas pelo Poder Judiciário, preservado o seu caráter sigiloso mediante acesso restrito às partes, que delas não poderão servir-se para fins estranhos à lide.

§ 1º Dependem de prévia autorização do Poder Judiciário a prestação de informações e o fornecimento de documentos sigilosos solicitados por comissão de inquérito administrativo destinada a apurar responsabilidade de servidor público por infração praticada no exercício de suas atribuições, ou que tenha relação com as atribuições do cargo em que se encontre investido.

§ 2º Nas hipóteses do § 1º, o requerimento de quebra de sigilo independe da existência de processo judicial em curso.

§ 3º Além dos casos previstos neste artigo o Banco Central do Brasil e a Comissão de Valores Mobiliários fornecerão à Advocacia-Geral da União as informações e os documentos necessários à defesa da União nas ações em que seja parte.

Art. 4º O Banco Central do Brasil e a Comissão de Valores Mobiliários, nas áreas de suas atribuições, e as instituições financeiras fornecerão ao Poder Legislativo Federal as informações e os documentos sigilosos que, fundamentadamente, se fizerem necessários ao exercício de suas respectivas competências constitucionais e legais.

§ 1º As comissões parlamentares de inquérito, no exercício de sua competência constitucional e legal de ampla investigação, obterão as informações e documentos sigilosos de que necessitarem, diretamente das instituições financeiras, ou por intermédio do Banco Central do Brasil ou da Comissão de Valores Mobiliários.

→ *v.* Lei 1.579/1952 – Comissão Parlamentar de Inquérito.

§ 2º As solicitações de que trata este artigo deverão ser previamente aprovadas pelo Plenário da Câmara dos Deputados, do Senado Federal, ou do plenário de suas respectivas comissões parlamentares de inquérito.

Art. 5º O Poder Executivo disciplinará, inclusive quanto à periodicidade e aos limites de valor, os critérios segundo os quais as instituições financeiras informarão à administração tributária da União, as operações financeiras efetuadas pelos usuários de seus serviços.

→ Artigo regulamentado pelo Decreto 4.489/2002.

§ 1º Consideram-se operações financeiras, para os efeitos deste artigo:

I – depósitos à vista e a prazo, inclusive em conta de poupança;

II – pagamentos efetuados em moeda corrente ou em cheques;

III – emissão de ordens de crédito ou documentos assemelhados;

IV – resgates em contas de depósitos à vista ou a prazo, inclusive de poupança;

V – contratos de mútuo;

VI – descontos de duplicatas, notas promissórias e outros títulos de crédito;

VII – aquisições e vendas de títulos de renda fixa ou variável;

VIII – aplicações em fundos de investimentos;

IX – aquisições de moeda estrangeira;

X – conversões de moeda estrangeira em moeda nacional;

XI – transferências de moeda e outros valores para o exterior;

XII – operações com ouro, ativo financeiro;

XIII – operações com cartão de crédito;

XIV – operações de arrendamento mercantil; e

XV – quaisquer outras operações de natureza semelhante que venham a ser autorizadas pelo Banco Central do Brasil, Comissão de Valores Mobiliários ou outro órgão competente.

§ 2º As informações transferidas na forma do *caput* deste artigo restringirão a informes relacionados com a identificação dos titulares das operações e os montantes globais mensalmente movimentados, vedada a inserção de qualquer elemento que permita identificar a sua origem ou a natureza dos gastos a partir deles efetuados.

§ 3º Não se incluem entre as informações de que trata este artigo as operações financeiras efetuadas pelas administrações direta e indireta da União, dos Estados, do Distrito Federal e dos Municípios.

§ 4º Recebidas as informações de que trata este artigo, se detectados indícios de falhas, incorreções ou omissões, ou de cometimento de ilícito fiscal, a autoridade interessada poderá requisitar as informações e os documentos de que necessitar, bem como realizar fiscalização ou auditoria para a adequada apuração dos fatos.

§ 5º As informações a que se refere este artigo serão conservadas sob sigilo fiscal, na forma da legislação em vigor.

Art. 6º As autoridades e os agentes fiscais tributários da União, dos Estados, do Distrito Federal e dos Municípios somente poderão examinar documentos, livros e registros de instituições financeiras, inclusive os referentes a contas de depósitos e aplicações financeiras, quando houver processo administrativo instaurado ou procedimento fiscal em curso e tais exames sejam considerados indispensáveis pela autoridade administrativa competente.

→ Artigo regulamentado pelo Decreto 3.724/2001.

Parágrafo único. O resultado dos exames, as informações e os documentos a que se refere este artigo serão conservados em sigilo, observada a legislação tributária.

Art. 7º Sem prejuízo do disposto no § 3º do art. 2º, a Comissão de Valores Mobiliários, instaurado inquérito administrativo, poderá solicitar à autoridade judiciária competente o levantamento do sigilo junto às instituições financeiras de informações e documentos relativos a bens, direitos e obrigações de pessoa física ou jurídica submetida ao seu poder disciplinar.

Parágrafo único. O Banco Central do Brasil e a Comissão de Valores Mobiliários manterão permanente intercâmbio de informações acerca dos resultados das inspeções que realizarem, dos inquéritos que instaurarem e das penalidades que aplicarem, sempre que as informações forem necessárias ao desempenho de suas atividades.

Art. 8º O cumprimento das exigências e formalidades previstas nos artigos 4º, 6º e 7º será expressamente declarado pelas autoridades competentes nas solicitações dirigidas ao Banco Central do Brasil, à Comissão de Valores Mobiliários ou às instituições financeiras.

Art. 9º Quando, no exercício de suas atribuições, o Banco Central do Brasil e a Comissão de Valores Mobiliários verificarem a ocorrência de crime definido em lei como de ação pública, ou indícios da prática de tais crimes, informarão ao Ministério Público, juntando à comunicação os documentos necessários à apuração ou comprovação dos fatos.

§ 1º A comunicação de que trata este artigo será efetuada pelos Presidentes do Banco Central do Brasil e da Comissão de Valores Mobiliários, admitida delegação de competência, no prazo máximo de 15 (quinze) dias, a contar do recebimento do processo, com manifestação dos respectivos serviços jurídicos.

§ 2º Independentemente do disposto no *caput* deste artigo, o Banco Central do Brasil e a Comissão de Valores Mobiliários comunicarão aos órgãos públicos competentes as irregularidades e os ilícitos administrativos de que tenham conhecimento, ou indícios de sua prática, anexando os documentos pertinentes.

Art. 10. A quebra de sigilo, fora das hipóteses autorizadas nesta Lei Complementar, constitui crime e sujeita os responsáveis à pena de reclusão, de 1 (um) a 4 (quatro) anos, e multa, aplicando-se, no que couber, o Código Penal, sem prejuízo de outras sanções cabíveis.

Parágrafo único. Incorre nas mesmas penas quem omitir, retardar injustificadamente ou prestar falsamente as informações requeridas nos termos desta Lei Complementar.

Art. 11. O servidor público que utilizar ou viabilizar a utilização de qualquer informação obtida em decorrência da quebra de sigilo de que trata esta Lei Complementar responde pessoal e diretamente pelos danos decorrentes, sem prejuízo da responsabilidade objetiva da entidade pública, quando comprovado que o servidor agiu de acordo com orientação oficial.

Art. 12. Esta Lei Complementar entra em vigor na data de sua publicação.

Art. 13. Revoga-se o art. 38 da Lei 4.595, de 31 de dezembro de 1964.

Brasília, 10 de janeiro de 2001; 180º da Independência e 113º da República.

Fernando Henrique Cardoso

(Publicação no *D.O.U.* 11.1.2001)

LEI 10.192,

DE 14 DE FEVEREIRO DE 2001

Dispõe sobre medidas complementares ao Plano Real e dá outras providências.

Faço saber que o Presidente da República adotou a Medida Provisória 2.074-73, de 2001, que o Congresso Nacional aprovou, e eu, Antonio Carlos Magalhães, Presidente, para os efeitos do disposto no parágrafo único do art. 62 da Constituição Federal, promulgo a seguinte Lei:

Art. 1º As estipulações de pagamento de obrigações pecuniárias exequíveis no território nacional deverão ser feitas em REAL, pelo seu valor nominal.

Parágrafo único. São vedadas, sob pena de nulidade, quaisquer estipulações de:

I – pagamento expressas em, ou vinculadas a ouro ou moeda estrangeira, ressalvado o disposto nos arts. 2º e 3º do Decreto-lei 857, de 11 de setembro de 1969, e na parte final do art. 6º da Lei 8.880, de 27 de maio de 1994;

II – reajuste ou correção monetária expressas em, ou vinculadas a unidade monetária de conta de qualquer natureza;

III – correção monetária ou de reajuste por índices de preço gerais, setoriais ou que reflitam a variação dos custos de produção ou dos insumos utilizados, ressalvado o disposto no artigo seguinte.

Art. 2º É admitida estipulação de correção monetária ou de reajuste por índices de preços gerais, setoriais ou que reflitam a variação dos custos de produção ou dos insumos utilizados nos contratos de prazo de duração igual ou superior a 1 (um) ano.

→ v. Lei 10.271/2001 – Autoriza a criação de mecanismo de compensação destinado a viabilizar a manutenção de preços constantes para o gás natural..

§ 1º É nula de pleno direito qualquer estipulação de reajuste ou correção monetária de periodicidade inferior a um ano.

§ 2º Em caso de revisão contratual, o termo inicial do período de correção monetária ou reajuste, ou de nova revisão, será a data em que a anterior revisão tiver ocorrido.

§ 3º Ressalvado o disposto no § 7º do art. 28 da Lei 9.069, de 29 de junho de 1995, e no parágrafo seguinte, são nulos de pleno direito quaisquer expedientes que, na apuração do índice de reajuste, produzam efeitos financeiros equivalentes aos de reajuste de periodicidade inferior à anual.

§ 4º Nos contratos de prazo de duração igual ou superior a 3 (três) anos, cujo objeto seja a produção de bens para entrega futura ou a aquisição de bens ou direitos a eles relativos, as partes poderão pactuar a atualização das obrigações, a cada período de um ano, contado a partir da contratação, e no seu vencimento final, considerada a periodicidade de pagamento das prestações, e abatidos os pagamentos, atualizados da mesma forma, efetuados no período.

§ 5º O disposto no parágrafo anterior aplica-se aos contratos celebrados a partir de 28 de outubro de 1995 até 11 de outubro de 1997.

§ 6º O prazo a que alude o parágrafo anterior poderá ser prorrogado mediante ato do Poder Executivo.

Art. 3º Os contratos em que seja parte órgão ou entidade da Administração Pública direta ou indireta da União, dos Estados, do Distrito Federal e dos Municípios, serão reajustados ou corrigidos monetariamente de acordo com as disposições desta Lei, e, no que com ela não conflitarem, da Lei 8.666, de 21 de junho de 1993.

§ 1º A periodicidade anual nos contratos de que trata o *caput* deste artigo será contada a partir da data limite para apresentação da proposta ou do orçamento a que essa se referir.

LEGISLAÇÃO

§ 2º O Poder Executivo regulamentará o disposto neste artigo.

Art. 4º Os contratos celebrados no âmbito dos mercados referidos no § 5º do art. 27 da Lei 9.069, de 1995, inclusive as condições de remuneração da poupança financeira, bem assim no da previdência privada fechada, permanecem regidos por legislação própria.

Art. 5º Fica instituída Taxa Básica Financeira – TBF, para ser utilizada exclusivamente como base de remuneração de operações realizadas no mercado financeiro, de prazo de duração igual ou superior a 60 (sessenta) dias.

Parágrafo único. O Conselho Monetário Nacional expedirá as instruções necessárias ao cumprimento do disposto neste artigo, podendo, inclusive, ampliar o prazo mínimo previsto no *caput*.

Art. 6º A Unidade Fiscal de Referência – UFIR, criada pela Lei 8.383, de 30 de dezembro de 1991, será reajustada:

→ *v.* Art. 29, § 3º, da Lei 10.522/2002.

I – semestralmente, durante o ano-calendário de 1996;

II – anualmente, a partir de 1º de janeiro de 1997.

Parágrafo único. A reconversão, para Real, dos valores expressos em UFIR, extinta em 27 de outubro de 2000, será efetuada com base no valor dessa Unidade fixado para o exercício de 2000.

Art. 7º Observado o disposto no artigo anterior, ficam extintas, a partir de 1º de julho de 1995, as unidades monetárias de conta criadas ou reguladas pelo Poder Público, exceto as unidades monetárias de conta fiscais estaduais, municipais e do Distrito Federal, que serão extintas a partir de 1º de janeiro de 1996.

§ 1º Em 1º de julho de 1995 e em 1º de janeiro de 1996, os valores expressos, respectivamente, nas unidades monetárias de contas extintas na forma do *caput* deste artigo serão convertidos em REAL, com observância do disposto no art. 44 da Lei 9.069, de 1995, no que couber.

§ 2º Os Estados, o Distrito Federal e os Municípios poderão utilizar a UFIR nas mesmas condições e periodicidade adotadas pela União, em substituição às respectivas unidades monetárias de conta fiscais extintas.

Art. 8º A partir de 1º de julho de 1995, a Fundação Instituto Brasileiro de Geografia e Estatística – IBGE deixará de calcular e divulgar o IPC-r.

§ 1º Nas obrigações e contratos em que haja estipulação de reajuste pelo IPC-r, este será substituído, a partir de 1º de julho de 1995, pelo índice previsto contratualmente para este fim.

§ 2º Na hipótese de não existir previsão de índice de preços substituto, e caso não haja acordo entre as partes, deverá ser utilizada média de índices de preços de abrangência nacional, na forma de regulamentação a ser baixada pelo Poder Executivo.

Art. 9º É assegurado aos trabalhadores, na primeira data-base da respectiva categoria após julho de 1995, o pagamento de reajuste relativo à variação acumulada do IPC-r entre a última data-base, anterior a julho de 1995, e junho de 1995, inclusive.

Art. 10. Os salários e as demais condições referentes ao trabalho continuam a ser fixados e revistos, na respectiva data-base anual, por intermédio da livre negociação coletiva.

Art. 11. Frustrada a negociação entre as partes, promovida diretamente ou através de mediador, poderá ser ajuizada a ação de dissídio coletivo.

§ 1º O mediador será designado de comum acordo pelas partes ou, a pedido destas, pelo Ministério do Trabalho e Emprego, na forma da regulamentação de que trata o § 5º deste artigo.

§ 2º A parte que se considerar sem as condições adequadas para, em situação de equilíbrio, participar da negociação direta, poderá, desde logo, solicitar ao Ministério do Trabalho e Emprego a designação de mediador, que convocará a outra parte.

§ 3º O mediador designado terá prazo de até 30 (trinta) dias para a conclusão do processo de negociação, salvo acordo expresso com as partes interessadas.

§ 4º Não alcançado o entendimento entre as partes, ou recusando-se qualquer delas à mediação, lavrar-se-á ata contendo as causas motivadoras do conflito e as reivindicações de natureza econômica, documento que instruirá a representação para o ajuizamento do dissídio coletivo.

§ 5º O Poder Executivo regulamentará o disposto neste artigo.

Art. 12. No ajuizamento do dissídio coletivo, as partes deverão apresentar, fundamentadamente, suas propostas finais, que serão objeto de conciliação ou deliberação do Tribunal, na sentença normativa.

§ 1º A decisão que puser fim ao dissídio será fundamentada, sob pena de nulidade, deverá traduzir, em seu conjunto, a justa composição do conflito de interesse das partes, e guardar adequação com o interesse da coletividade.

§ 2º A sentença normativa deverá ser publicada no prazo de 15 (quinze) dias da decisão do Tribunal.

Art. 13. No acordo ou convenção e no dissídio, coletivos, é vedada a estipulação ou fixação de cláusula de reajuste ou correção salarial automática vinculada a índice de preços.

§ 1º Nas revisões salariais na data-base anual, serão deduzidas as antecipações concedidas no período anterior à revisão.

§ 2º Qualquer concessão de aumento salarial a título de produtividade deverá estar amparada em indicadores objetivos.

Art. 14. O recurso interposto de decisão normativa da Justiça do Trabalho terá efeito suspensivo, na medida e extensão conferidas em despacho do Presidente do Tribunal Superior do Trabalho.

Art. 15. Permanecem em vigor as disposições legais relativas a correção monetária de débitos trabalhistas, de débitos resultantes de decisão judicial, de débitos relativos a ressarcimento em virtude de inadimplemento de obrigações contratuais e do passivo de empresas e instituições sob os regimes de concordata, falência, intervenção e liquidação extrajudicial.

Art. 16. Ficam convalidados os atos praticados com base na Medida Provisória 2.074-72, de 27 de dezembro de 2000.

Art. 17. Esta Lei entra em vigor na data de sua publicação.

Art. 18. Revogam-se os §§ 1º e 2º do art. 947 do Código Civil, os §§ 1º e 2º do art. 1º da Lei 8.542, de 23 de dezembro de 1992, e o art. 14 da Lei 8.177, de 1º de março de 1991.

Congresso Nacional, em 14 de fevereiro de 2001; 180º da Independência e 113º da República.

Senador Antonio Carlos Magalhães

Presidente

(Publicação no *D.O.U.* 16.2.2001)

LEI 10.259, DE 12 DE JULHO DE 2001

Dispõe sobre a instituição dos Juizados Especiais Cíveis e Criminais no âmbito da Justiça Federal.

→ *v.* Lei 13.140/2015 – Lei de mediação e autocomposição de conflitos

→ *v.* Lei 12.153/2009 - Dispõe sobre os Juizados Especiais da Fazenda Pública no âmbito dos Estados, do Distrito Federal, dos Territórios e dos Municípios.

→ *v.* Lei 9.099/1995 – Dispõe sobre os Juizados Especiais Cíveis e Criminais e dá outras providências.

O Presidente da República:

Faço saber que o Congresso Nacional decreta e eu sanciono a seguinte Lei:

Art. 1º São instituídos os Juizados Especiais Cíveis e Criminais da Justiça Federal, aos quais se aplica, no que não conflitar com esta Lei, o disposto na Lei 9.099, de 26 de setembro de 1995.

Art. 2º Compete ao Juizado Especial Federal Criminal processar e julgar os feitos de competência da Justiça Federal relativos às infrações de menor potencial ofensivo, respeitadas as regras de conexão e continência.

→ Artigo com redação alterada pela Lei 11.313/2006.

Parágrafo único. Na reunião de processos, perante o juízo comum ou o tribunal do júri, decorrente da aplicação das regras de conexão e continência, observar-se-ão os institutos da transação penal e da composição dos danos civis.

Art. 3º Compete ao Juizado Especial Federal Cível processar, conciliar e julgar causas de competência da Justiça Federal até o valor de 60 salários mínimos, bem como executar as suas sentenças.

§ 1º Não se incluem na competência do Juizado Especial Cível as causas:

I – referidas no art. 109, incisos II, III e XI, da Constituição Federal, as ações de mandado de segurança, de desapropriação, de divisão e demarcação, populares, execuções fiscais e por improbidade administrativa e as demandas sobre direitos ou interesses difusos, coletivos ou individuais homogêneos;

II – sobre bens imóveis da União, autarquias e fundações públicas federais;

III – para a anulação ou cancelamento de ato administrativo federal, salvo o de natureza previdenciária e o de lançamento fiscal;

IV – que tenham como objeto a impugnação da pena de demissão imposta a servidores públicos civis ou de sanções disciplinares aplicadas a militares.

§ 2º Quando a pretensão versar sobre obrigações vincendas, para fins de competência do Juizado Especial, a soma de 12 parcelas não poderá exceder o valor referido no art. 3º, *caput*.

§ 3º No foro onde estiver instalada Vara do Juizado Especial, a sua competência é absoluta.

Art. 4º O Juiz poderá, de ofício ou a requerimento das partes, deferir medidas cautelares no curso do processo, para evitar dano de difícil reparação.

Art. 5º Exceto nos casos do art. 4º, somente será admitido recurso de sentença definitiva.

Art. 6º Podem ser partes no Juizado Especial Federal Cível:

I – como autores, as pessoas físicas e as microempresas e empresas de pequeno porte, assim definidas na Lei 9.317, de 5 de dezembro de 1996;

II – como rés, a União, autarquias, fundações e empresas públicas federais.

Art. 7º As citações e intimações da União serão feitas na forma prevista nos arts. 35 a 38 da Lei Complementar 73, de 10 de fevereiro de 1993.

Parágrafo único. A citação das autarquias, fundações e empresas públicas será feita na pessoa do representante máximo da entidade, no local onde proposta a causa, quando ali instalado seu escritório ou representação; se não, na sede da entidade.

Art. 8º As partes serão intimadas da sentença, quando não proferida esta na audiência em que estiver presente seu representante, por ARMP (aviso de recebimento em mão própria).

§ 1º As demais intimações das partes serão feitas na pessoa dos advogados ou dos Procuradores que oficiem nos respectivos autos, pessoalmente ou por via postal.

§ 2º Os tribunais poderão organizar serviço de intimação das partes e de recepção de petições por meio eletrônico.

Art. 9º Não haverá prazo diferenciado para a prática de qualquer ato processual pelas pessoas jurídicas de direito público, inclusive a interposição de recursos, devendo a citação para audiência de conciliação ser efetuada com antecedência mínima de 30 (trinta) dias.

Art. 10. As partes poderão designar, por escrito, representantes para a causa, advogado ou não.

Parágrafo único. Os representantes judiciais da União, autarquias, fundações e empresas públicas federais, bem como os indicados na forma do *caput*, ficam autorizados a conciliar, transigir ou desistir, nos processos da competência dos Juizados Especiais Federais.

→ *v.* Art. 1º, § 1º, do Decreto 4.250/2002.

Art. 11. A entidade pública ré deverá fornecer ao Juizado a documentação de que disponha para o esclarecimento da causa, apresentando-a até a instalação da audiência de conciliação.

Parágrafo único. Para a audiência de composição dos danos resultantes de ilícito criminal (arts. 71, 72 e 74 da Lei 9.099, de 26 de setembro de 1995), o representante da entidade que comparecer terá poderes para acordar, desistir ou transigir, na forma do art. 10.

Art. 12. Para efetuar o exame técnico necessário à conciliação ou ao julgamento da causa, o Juiz nomeará pessoa habilitada, que apresentará o laudo até cinco dias antes da audiência, independentemente de intimação das partes.

§ 1º Os honorários do técnico serão antecipados à conta de verba orçamentária do respectivo Tribunal e, quando vencida na causa a entidade pública, seu valor será incluído na ordem de pagamento a ser feita em favor do Tribunal.

§ 2º Nas ações previdenciárias e relativas à assistência social, havendo designação de exame, serão as partes intimadas para, em dez dias, apresentar quesitos e indicar assistentes.

Art. 13. Nas causas de que trata esta Lei, não haverá reexame necessário.

Art. 14. Caberá pedido de uniformização de interpretação de lei federal quando houver divergência entre decisões sobre questões de direito material proferidas por Turmas Recursais na interpretação da lei.

§ 1º O pedido fundado em divergência entre Turmas da mesma Região será julgado em reunião conjunta das Turmas em conflito, sob a presidência do Juiz Coordenador.

§ 2º O pedido fundado em divergência entre decisões de turmas de diferentes regiões ou da proferida em contrariedade a súmula ou jurisprudência dominante do STJ será julgado por Turma de Uniformização, integrada por juízes de Turmas Recursais, sob a presidência do Coordenador da Justiça Federal.

§ 3º A reunião de juízes domiciliados em cidades diversas será feita pela via eletrônica.

§ 4º Quando a orientação acolhida pela Turma de Uniformização, em questões de direito material, contrariar súmula ou jurisprudência dominante no Superior Tribunal de Justiça – STJ, a parte interessada poderá provocar a manifestação deste, que dirimirá a divergência.

→ *v.* Resolução 10/2007 do STJ – Dispõe sobre o processamento, no Superior Tribunal de Justiça, de incidente de uniformização da jurisprudência dos Juizados Especiais Federais.

§ 5º No caso do § 4º, presente a plausibilidade do direito invocado e havendo fundado receio de dano de difícil reparação, poderá o relator conceder, de ofício ou a requerimento do interessado, medida liminar determinando a suspensão dos processos nos quais a controvérsia esteja estabelecida.

§ 6º Eventuais pedidos de uniformização idênticos, recebidos subsequentemente em quaisquer Turmas Recursais, ficarão retidos nos autos, aguardando-se pronunciamento do Superior Tribunal de Justiça.

§ 7º Se necessário, o relator pedirá informações ao Presidente da Turma Recursal ou Coordenador da Turma de Uniformização e ouvirá o Ministério Público, no prazo de 5 (cinco) dias. Eventuais interessados, ainda que não sejam partes no processo, poderão se manifestar, no prazo de 30 (trinta) dias.

§ 8º Decorridos os prazos referidos no § 7º, o relator incluirá o pedido em pauta na Seção, com preferência sobre todos os demais feitos, ressalvados os processos com réus presos, os habeas corpus e os mandados de segurança.

§ 9º Publicado o acórdão respectivo, os pedidos retidos referidos no § 6º serão apreciados pelas Turmas Recursais, que poderão exercer juízo de retratação ou declará-los prejudicados, se veicularem tese não acolhida pelo Superior Tribunal de Justiça.

§ 10. Os Tribunais Regionais, o Superior Tribunal de Justiça e o Supremo Tribunal Federal, no âmbito de suas competências, expedirão normas regulamentando a composição dos órgãos e os procedimentos a serem adotados para o processamento e o julgamento do pedido de uniformização e do recurso extraordinário.

→ *v.* Súmula 640 do STF.

Art. 15. O recurso extraordinário, para os efeitos desta Lei, será processado e julgado segundo o estabelecido nos §§ 4º a 9º do art. 14, além da observância das normas do Regimento.

Art. 16. O cumprimento do acordo ou da sentença, com trânsito em julgado, que imponham obrigação de fazer, não fazer ou entrega de coisa certa, será efetuado mediante ofício do Juiz à autoridade citada para a causa, com cópia da sentença ou do acordo.

Art. 17. Tratando-se de obrigação de pagar quantia certa, após o trânsito em julgado da decisão, o pagamento será efetuado no prazo de 60 (sessenta) dias, contados da entrega da requisição, por ordem do Juiz, à autoridade citada para a causa, na agência mais próxima da Caixa Econômica Federal ou do Banco do Brasil, independentemente de precatório.

§ 1º Para os efeitos do § 3º do art. 100 da Constituição Federal, as obrigações ali definidas como de pequeno valor, a serem pagas independentemente de precatório, terão como limite o mesmo valor estabelecido nesta Lei para a competência do Juizado Especial Federal Cível (art. 3º, *caput*).

§ 2º Desatendida a requisição judicial, o Juiz determinará o sequestro do numerário suficiente ao cumprimento da decisão.

§ 3º São vedados o fracionamento, repartição ou quebra do valor da execução, de modo que o pagamento se faça, em parte, na forma estabelecida no § 1º deste artigo, e, em parte, mediante expedição do precatório, e a expedição de precatório complementar ou suplementar do valor pago.

§ 4º Se o valor da execução ultrapassar o estabelecido no § 1º, o pagamento far-se-á, sempre, por meio do precatório, sendo facultado à parte exequente a renúncia ao crédito do valor excedente, para que possa optar pelo pagamento do saldo sem o precatório, da forma lá prevista.

Art. 18. Os Juizados Especiais serão instalados por decisão do Tribunal Regional Federal. O Juiz presidente do Juizado designará os conciliadores pelo período de 2 (dois) anos, admitida a recondução. O exercício dessas funções será gratuito, assegurados os direitos e prerrogativas do jurado (art. 437 do Código de Processo Penal).

Parágrafo único. Serão instalados Juizados Especiais Adjuntos nas localidades cujo movimento forense não justifique a existência de Juizado Especial, cabendo ao Tribunal designar a Vara onde funcionará.

Art. 19. No prazo de 6 (seis) meses, a contar da publicação desta Lei, deverão ser instalados os Juizados Especiais nas capitais dos Estados e no Distrito Federal.

Parágrafo único. Na capital dos Estados, no Distrito Federal e em outras cidades onde for necessário, neste último caso, por decisão do Tribunal Regional Federal, serão instalados Juizados com competência exclusiva para ações previdenciárias.

Art. 20. Onde não houver Vara Federal, a causa poderá ser proposta no Juizado Especial Federal mais próximo do foro definido no art. 4º da Lei 9.099, de 26 de setembro de 1995, vedada a aplicação desta Lei no juízo estadual.

Art. 21. As Turmas Recursais serão instituídas por decisão do Tribunal Regional Federal, que definirá sua composição e área de competência, podendo abranger mais de uma seção.

§ 1º *(Revogado pela Lei 12.665/2012)*.

§ 2º *(Revogado pela Lei 12.665/2012)*.

Art. 22. Os Juizados Especiais serão coordenados por Juiz do respectivo Tribunal Regional, escolhido por seus pares, com mandato de dois anos.

Parágrafo único. O Juiz Federal, quando o exigirem as circunstâncias, poderá determinar o funcionamento do Juizado Especial em caráter itinerante, mediante autorização prévia do Tribunal Regional Federal, com antecedência de 10 (dez) dias.

Art. 23. O Conselho da Justiça Federal poderá limitar, por até três anos, contados a partir da publicação desta Lei, a competência dos Juizados Especiais Cíveis, atendendo à necessidade da organização dos serviços judiciários ou administrativos.

Art. 24. O Centro de Estudos Judiciários do Conselho da Justiça Federal e as Escolas de Magistratura dos Tribunais Regionais Federais criarão programas de informática necessários para subsidiar a instrução das causas submetidas aos Juizados e promoverão cursos de aperfeiçoamento destinados aos seus magistrados e servidores.

Art. 25. Não serão remetidas aos Juizados Especiais as demandas ajuizadas até a data de sua instalação.

Art. 26. Competirá aos Tribunais Regionais Federais prestar o suporte administrativo necessário ao funcionamento dos Juizados Especiais.

Art. 27. Esta Lei entra em vigor 6 (seis) meses após a data de sua publicação.

Brasília, 12 de julho de 2001; 180º da Independência e 113º da República.

Fernando Henrique Cardoso

(Publicação no *D.O.U* 13.07.2001)

MEDIDA PROVISÓRIA 2.172-32,
DE 23 DE AGOSTO DE 2001

Estabelece a nulidade das disposições contratuais que menciona e inverte, nas hipóteses que prevê, o ônus da prova nas ações intentadas para sua declaração.

O Presidente da República:

No uso da atribuição que lhe confere o art. 62 da Constituição, adota a seguinte Medida Provisória, com força de lei:

Art. 1º São nulas de pleno direito as estipulações usurárias, assim consideradas as que estabeleçam:

I – nos contratos civis de mútuo, taxas de juros superiores às legalmente permitidas, caso em que deverá o juiz, se requerido, ajustá-las à medida legal ou, na hipótese de já terem sido cumpridas, ordenar a restituição, em dobro, da quantia paga em excesso, com juros legais a contar da data do pagamento indevido;

II – nos negócios jurídicos não disciplinados pelas legislações comercial e de defesa do consumidor, lucros ou vantagens patrimoniais excessivos, estipulados em situação de vulnerabilidade da parte, caso em que deverá o juiz, se requerido, restabelecer o equilíbrio da relação contratual, ajustando--os ao valor corrente, ou, na hipótese de cumprimento da obrigação, ordenar a restituição, em dobro, da quantia recebida em excesso, com juros legais a contar da data do pagamento indevido.

Parágrafo único. Para a configuração do lucro ou vantagem excessivos, considerar-se-ão a vontade das partes, as circunstâncias da celebração do contrato, o seu conteúdo e natureza, a origem das correspondentes obrigações, as práticas de mercado e as taxas de juros legalmente permitidas.

Art. 2º São igualmente nulas de pleno direito as disposições contratuais que, com o pretexto de conferir ou transmitir direitos, são celebradas para garantir, direta ou indiretamente, contratos civis de mútuo com estipulações usurárias.

Art. 3º Nas ações que visem à declaração de nulidade de estipulações com amparo no disposto nesta Medida Provisória, incumbirá ao credor ou beneficiário do negócio o ônus de provar a regularidade jurídica das correspondentes obrigações, sempre que demonstrada pelo prejudicado, ou pelas circunstâncias do caso, a verossimilhança da alegação.

Art. 4º As disposições desta Medida Provisória não se aplicam:

I – às instituições financeiras e demais instituições autorizadas a funcionar pelo Banco Central do Brasil, bem como às operações realizadas nos mercados financeiro, de capitais e de valores mobiliários, que continuam regidas pelas normas legais e regulamentares que lhes são aplicáveis;

II – às sociedades de crédito que tenham por objeto social exclusivo a concessão de financiamentos ao microempreendedor;

III – às organizações da sociedade civil de interesse público de que trata a Lei 9.790, de 23 de março de 1999, devidamente registradas no Ministério da Justiça, que se dedicam a sistemas alternativos de crédito e não têm qualquer tipo de vinculação com o Sistema Financeiro Nacional.

Parágrafo único. Poderão também ser excluídas das disposições desta Medida Provisória, mediante deliberação do Conselho Monetário Nacional, outras modalidades de operações e negócios de natureza subsidiária, complementar ou acessória das atividades exercidas no âmbito dos mercados financeiro, de capitais e de valores mobiliários.

Art. 5º Ficam convalidados os atos praticados com base na Medida Provisória 2.172-31, de 26 de julho de 2001.

Art. 6º Esta Medida Provisória entra em vigor na data de sua publicação.

Art. 7º Fica revogado o § 3º do art. 4º da Lei 1.521, de 26 de dezembro de 1951.

Brasília, 23 de agosto de 2001; 180º da Independência e 113º da República.

Fernando Henrique Cardoso

José Gregori

Pedro Malan

(Publicação no *D.O.U.* de 24.8.2001)

MEDIDA PROVISÓRIA 2.220,
DE 4 DE SETEMBRO DE 2001

Dispõe sobre a concessão de uso especial de que trata o § 1º do art. 183 da Constituição, cria o Conselho Nacional de Desenvolvimento Urbano – CNDU e dá outras providências.

O Presidente da República, no uso da atribuição que lhe confere o art. 62 da Constituição, adota a seguinte Medida Provisória, com força de lei:

Capítulo I
DA CONCESSÃO DE USO ESPECIAL

Art. 1º Aquele que, até 30 de junho de 2001, possuiu como seu, por cinco anos, ininterruptamente e sem oposição, até 250m² de imóvel público situado em área urbana, utilizando-o para sua moradia ou de sua família, tem o direito à concessão de uso especial para fins de moradia em relação ao bem objeto da posse, desde que não seja proprietário ou concessionário, a qualquer título, de outro imóvel urbano ou rural.

→ v. Arts. 4º, V, *h*, e 9º da Lei 10.257/2001.

§ 1º A concessão de uso especial para fins de moradia será conferida de forma gratuita ao homem ou à mulher, ou a ambos, independentemente do estado civil.

→ v. Art. 9º, § 1º, da Lei 10.257/2001.

§ 2º O direito de que trata este artigo não será reconhecido ao mesmo concessionário mais de uma vez.

→ v. Art. 9º, § 2º, da Lei 10.257/2001.

§ 3º Para os efeitos deste artigo, o herdeiro legítimo continua, de pleno direito, na posse de seu antecessor, desde que já resida no imóvel por ocasião da abertura da sucessão.

→ v. Art. 9º, § 3º, da Lei 10.257/2001.

Art. 2º Nos imóveis de que trata o art. 1º, com mais de 250m², que, até 30 de junho de 2001, estavam ocupados por população de baixa renda para sua moradia, por cinco anos, ininterruptamente e sem oposição, onde não for possível identificar os terrenos ocupados por possuidor, a concessão de uso especial para fins de moradia será conferida de forma coletiva, desde que os possuidores não sejam proprietários ou concessionários, a qualquer título, de outro imóvel urbano ou rural.

→ v. Art. 10 da Lei 10.257/2001.

§ 1º O possuidor pode, para o fim de contar o prazo exigido por este artigo, acrescentar sua posse à de seu antecessor, contanto que ambas sejam contínuas.

→ v. Art. 10, § 1º, da Lei 10.257/2001.

§ 2º Na concessão de uso especial de que trata este artigo, será atribuída igual fração ideal de terreno a cada possuidor, independentemente da dimensão do terreno que cada um ocupe, salvo hipótese de acordo escrito entre os ocupantes, estabelecendo frações ideais diferenciadas.

§ 3º A fração ideal atribuída a cada possuidor não poderá ser superior a 250m².

Art. 3º Será garantida a opção de exercer os direitos de que tratam os arts. 1º e 2º também aos ocupantes, regularmente inscritos, de imóveis públicos, com até 250m², da União, dos Estados, do Distrito Federal e dos Municípios, que estejam situados em área urbana, na forma do regulamento.

Art. 4º No caso de a ocupação acarretar risco à vida ou à saúde dos ocupantes, o Poder Público garantirá ao possuidor o exercício do direito de que tratam os arts. 1º e 2º em outro local.

Art. 5º É facultado ao Poder Público assegurar o exercício do direito de que tratam os arts. 1º e 2º em outro local na hipótese de ocupação de imóvel:

I – de uso comum do povo;

II – destinado a projeto de urbanização;

III – de interesse da defesa nacional, da preservação ambiental e da proteção dos ecossistemas naturais;

IV – reservado à construção de represas e obras congêneres; ou

V – situado em via de comunicação.

Art. 6º O título de concessão de uso especial para fins de moradia será obtido pela via administrativa perante o órgão competente da Administração Pública ou, em caso de recusa ou omissão deste, pela via judicial.

§ 1º A Administração Pública terá o prazo máximo de 12 (doze) meses para decidir o pedido, contado da data de seu protocolo.

§ 2º Na hipótese de bem imóvel da União ou dos Estados, o interessado deverá instruir o requerimento de concessão de uso especial para fins de moradia com certidão expedida pelo Poder Público municipal, que ateste a localização do imóvel em área urbana e a sua destinação para moradia do ocupante ou de sua família.

§ 3º Em caso de ação judicial, a concessão de uso especial para fins de moradia será declarada pelo juiz, mediante sentença.

§ 4º O título conferido por via administrativa ou por sentença judicial servirá para efeito de registro no cartório de registro de imóveis.

Art. 7º O direito de concessão de uso especial para fins de moradia é transferível por ato *inter vivos* ou *causa mortis*.

Art. 8º O direito à concessão de uso especial para fins de moradia extingue-se no caso de:

I – o concessionário dar ao imóvel destinação diversa da moradia para si ou para sua família; ou

II – o concessionário adquirir a propriedade ou a concessão de uso de outro imóvel urbano ou rural.

Parágrafo único. A extinção de que trata este artigo será averbada no cartório de registro de imóveis, por meio de declaração do Poder Público concedente.

Art. 9º É facultado ao Poder Público competente dar autorização de uso àquele que, até 30 de junho de 2001, possuiu como seu, por cinco anos, ininterruptamente e sem oposição, até 250m² de imóvel público situado em área urbana, utilizando-o para fins comerciais.

§ 1º A autorização de uso de que trata este artigo será conferida de forma gratuita.

§ 2º O possuidor pode, para o fim de contar o prazo exigido por este artigo, acrescentar sua posse à de seu antecessor, contanto que ambas sejam contínuas.

§ 3º Aplica-se à autorização de uso prevista no *caput* deste artigo, no que couber, o disposto nos arts. 4º e 5º desta Medida Provisória.

Capítulo II
DO CONSELHO NACIONAL DE DESENVOLVIMENTO URBANO

Art. 10. Fica criado o Conselho Nacional de Desenvolvimento Urbano – CNDU, órgão deliberativo e consultivo, integrante da estrutura da Presidência da República, com as seguintes competências:

I – propor diretrizes, instrumentos, normas e prioridades da política nacional de desenvolvimento urbano;

II – acompanhar e avaliar a implementação da política nacional de desenvolvimento urbano, em especial as políticas de habitação, de saneamento básico e de transportes urbanos, e recomendar as providências necessárias ao cumprimento de seus objetivos;

III – propor a edição de normas gerais de direito urbanístico e manifestar-se sobre propostas de alteração da legislação pertinente ao desenvolvimento urbano;

IV – emitir orientações e recomendações sobre a aplicação da Lei 10.257, de 10 de julho de 2001, e dos demais atos normativos relacionados ao desenvolvimento urbano;

V – promover a cooperação entre os governos da União, dos Estados, do Distrito Federal e dos Municípios e a sociedade civil na formulação e execução da política nacional de desenvolvimento urbano; e

VI – elaborar o regimento interno.

Art. 11. O CNDU é composto por seu Presidente, pelo Plenário e por uma Secretaria-Executiva, cujas atribuições serão definidas em decreto.

Parágrafo único. O CNDU poderá instituir comitês técnicos de assessoramento, na forma do regimento interno.

Art. 12. O Presidente da República disporá sobre a estrutura do CNDU, a composição do seu Plenário e a designação dos membros e suplentes do Conselho e dos seus comitês técnicos.

Art. 13. A participação no CNDU e nos comitês técnicos não será remunerada.

Art. 14. As funções de membro do CNDU e dos comitês técnicos serão consideradas prestação de relevante interesse público e a ausência ao trabalho delas decorrente será abonada e computada como jornada efetiva de trabalho, para todos os efeitos legais.

Capítulo III
DAS DISPOSIÇÕES FINAIS

Art. 15. O inciso I do art. 167 da Lei 6.015, de 31 de dezembro de 1973, passa a vigorar com as seguintes alterações:

→ Alterações efetuadas na referida Lei.

Art. 16. Esta Medida Provisória entra em vigor na data de sua publicação.

Brasília, 4 de setembro de 2001; 180º da Independência e 113º da República.

Fernando Henrique Cardoso

(Publicação no *D.O.U.* de 5.9.2001)

LEI 10.446,
DE 8 DE MAIO DE 2002

Dispõe sobre infrações penais de repercussão interestadual ou internacional que exigem repressão uniforme, para os fins do disposto no inciso I do § 1º do art. 144 da Constituição.

O Presidente da República:

Faço saber que o Congresso Nacional decreta e eu sanciono a seguinte Lei:

Art. 1º Na forma do inciso I do § 1º do art. 144 da Constituição, quando houver repercussão interestadual ou internacional que exija repressão uniforme, poderá o Departamento de Polícia Federal do Ministério da Justiça, sem prejuízo da responsabilidade dos órgãos de segurança pública arrolados no art. 144 da Constituição Federal, em especial das Polícias Militares e Civis dos Estados, proceder à investigação, dentre outras, das seguintes infrações penais:

I – sequestro, cárcere privado e extorsão mediante sequestro (arts. 148 e 159 do Código Penal), se o agente foi impelido por motivação política ou quando praticado em razão da função pública exercida pela vítima;

II – formação de cartel (incisos I, *a*, II, III e VII do art. 4º da Lei 8.137, de 27 de dezembro de 1990); e

III – relativas à violação a direitos humanos, que a República Federativa do Brasil se comprometeu a reprimir em decorrência de tratados internacionais de que seja parte; e

IV – furto, roubo ou receptação de cargas, inclusive bens e valores, transportadas em operação interestadual ou internacional, quando houver indícios da atuação de quadrilha ou bando em mais de um Estado da Federação.

V – falsificação, corrupção, adulteração ou alteração de produto destinado a fins terapêuticos ou medicinais e venda, inclusive pela internet, depósito ou distribuição do produto falsificado, corrompido, adulterado ou alterado (art. 273 do Decreto-Lei 2.848, de 7 de dezembro de 1940 – Código Penal).

→ Inciso V acrescentado pela Lei 12.894/2013.

VI – furto, roubo ou dano contra instituições financeiras, incluindo agências bancárias ou caixas eletrônicos, quando houver indícios da atuação de associação criminosa em mais de um Estado da Federação.

→ Inciso VI acrescentado pela Lei 13.124/2015.

Parágrafo único. Atendidos os pressupostos do *caput*, o Departamento de Polícia Federal procederá à apuração de outros casos, desde que tal providência seja autorizada ou determinada pelo Ministro de Estado da Justiça.

→ Parágrafo único acrescentado pela Lei 12.894/2013

Art. 2º Esta Lei entra em vigor na data de sua publicação.

Brasília, 8 de maio de 2002; 181º da Independência e 114º da República.

Fernando Henrique Cardoso

(Publicação no *D.O.U.* de 9.5.2002)

LEI 10.520,
DE 17 DE JULHO DE 2002

Institui, no âmbito da União, Estados, Distrito Federal e Municípios, nos termos do art. 37, inciso XXI, da Constituição Federal, modalidade de licitação denominada pregão, para aquisição de bens e serviços comuns, e dá outras providências.

→ *v.* Lei 12.462/2011 – Regime Diferenciado de Contratações Públicas – RDC.

→ *v.* Art. 2º da Lei 12.349/2010.

→ *v.* Lei 8.666/1993 – Licitação e contratos.

→ *v.* Decreto 5.504/2005 – Exigência de utilização do pregão, preferencialmente na forma eletrônica, para entes públicos ou privados, nas contratações de bens e serviços comuns, realizadas em decorrência de transferências voluntárias de recursos públicos da União, decorrentes de convênios ou instrumentos congêneres, ou consórcios públicos.

O Presidente da República:

Faço saber que o Congresso Nacional decreta e eu sanciono a seguinte Lei:

Art. 1º Para aquisição de bens e serviços comuns, poderá ser adotada a licitação na modalidade de pregão, que será regida por esta Lei.

Parágrafo único. Consideram-se bens e serviços comuns, para os fins e efeitos deste artigo, aqueles cujos padrões de desempenho e qualidade possam ser objetivamente definidos pelo edital, por meio de especificações usuais no mercado.

→ *v.* Decreto 5.450/2005 – Regulamenta o pregão, na forma eletrônica, para aquisição de bens e serviços comuns.

Art. 2º *(Vetado).*

§ 1º Poderá ser realizado o pregão por meio da utilização de recursos de tecnologia da informação, nos termos de regulamentação específica.

§ 2º Será facultado, nos termos de regulamentos próprios da União, Estados, Distrito Federal e Municípios, a participação de bolsas de mercadorias no apoio técnico e operacional aos órgãos e entidades promotores da modalidade de pregão, utilizando-se de recursos de tecnologia da informação.

§ 3º As bolsas a que se refere o § 2º deverão estar organizadas sob a forma de sociedades civis sem fins lucrativos e com a participação plural de corretoras que operem sistemas eletrônicos unificados de pregões.

Art. 3º A fase preparatória do pregão observará o seguinte:

I – a autoridade competente justificará a necessidade de contratação e definirá o objeto do certame, as exigências de habilitação, os critérios de aceitação das propostas, as sanções por inadimplemento e as cláusulas do contrato, inclusive com fixação dos prazos para fornecimento;

II – a definição do objeto deverá ser precisa, suficiente e clara, vedadas especificações que, por excessivas, irrelevantes ou desnecessárias, limitem a competição;

III – dos autos do procedimento constarão a justificativa das definições referidas no inciso I deste artigo e os indispensáveis elementos técnicos sobre os quais estiverem apoiados, bem como o orçamento, elaborado pelo órgão ou entidade promotora da licitação, dos bens ou serviços a serem licitados; e

IV – a autoridade competente designará, dentre os servidores do órgão ou entidade promotora da licitação, o pregoeiro e respectiva equipe de apoio, cuja atribuição inclui, dentre outras, o recebimento das propostas e lances, a análise de sua aceitabilidade e sua classificação, bem como a habilitação e a adjudicação do objeto do certame ao licitante vencedor.

§ 1º A equipe de apoio deverá ser integrada em sua maioria por servidores ocupantes de cargo efetivo ou emprego da administração, preferencialmente pertencentes ao quadro permanente do órgão ou entidade promotora do evento.

§ 2º No âmbito do Ministério da Defesa, as funções de pregoeiro e de membro da equipe de apoio poderão ser desempenhadas por militares.

Art. 4º A fase externa do pregão será iniciada com a convocação dos interessados e observará as seguintes regras:

I – a convocação dos interessados será efetuada por meio de publicação de aviso em *Diário Oficial* do respectivo ente federado ou, não existindo, em jornal de circulação local, e, facultativamente, por meios eletrônicos e conforme o vulto da licitação, em jornal de grande circulação, nos termos do regulamento de que trata o art. 2º;

II – do aviso constarão a definição do objeto da licitação, a indicação do local, dias e horários em que poderá ser lida ou obtida a íntegra do edital;

III – do edital constarão todos os elementos definidos na forma do inciso I do art. 3º, as normas que disciplinarem o procedimento e a minuta do contrato, quando for o caso;

IV – cópias do edital e do respectivo aviso serão colocadas à disposição de qualquer pessoa para consulta e divulgadas na forma da Lei 9.755, de 16 de dezembro de 1998;

V – o prazo fixado para a apresentação das propostas, contado a partir da publicação do aviso, não será inferior a 8 (oito) dias úteis;

VI – no dia, hora e local designados, será realizada sessão pública para recebimento das propostas, devendo o interessado, ou seu representante, identificar-se e, se for o caso, comprovar a existência dos necessários poderes para formulação de propostas e para a prática de todos os demais atos inerentes ao certame;

VII – aberta a sessão, os interessados ou seus representantes apresentarão declaração dando ciência de que cumprem plenamente os requisitos de habilitação e entregarão os envelopes contendo a indicação do objeto e do preço oferecidos, procedendo-se à sua imediata abertura e à verificação da conformidade das propostas com os requisitos estabelecidos no instrumento convocatório;

VIII – no curso da sessão, o autor da oferta de valor mais baixo e os das ofertas com preços até 10% (dez por cento) superiores àquela poderão fazer novos lances verbais e sucessivos, até a proclamação do vencedor;

IX – não havendo pelo menos três ofertas nas condições definidas no inciso anterior, poderão os autores das melhores propostas, até o máximo de três, oferecer novos lances verbais e sucessivos, quaisquer que sejam os preços oferecidos;

X – para julgamento e classificação das propostas, será adotado o critério de menor preço, observados os prazos máximos para fornecimento, as especificações técnicas e parâmetros mínimos de desempenho e qualidade definidos no edital;

XI – examinada a proposta classificada em primeiro lugar, quanto ao objeto e valor, caberá ao pregoeiro decidir motivadamente a respeito da sua aceitabilidade;

XII – encerrada a etapa competitiva e ordenadas as ofertas, o pregoeiro procederá à abertura do invólucro contendo os documentos de habilitação do licitante que apresentou a melhor proposta, para verificação do atendimento das condições fixadas no edital;

XIII – a habilitação far-se-á com a verificação de que o licitante está em situação regular perante a Fazenda Nacional, a Seguridade Social e o Fundo de Garantia do Tempo de Serviço – FGTS, e as Fazendas Estaduais e Municipais, quando for o caso, com a comprovação de que atende às exigências do edital quanto à habilitação jurídica e qualificações técnica e econômico-financeira;

XIV – os licitantes poderão deixar de apresentar os documentos de habilitação que já constem do Sistema de Cadastramento Unificado de Fornecedores – SICAF e sistemas semelhantes mantidos por Estados, Distrito Federal ou Municípios, assegurado aos demais licitantes o direito de acesso aos dados nele constantes;

XV – verificado o atendimento das exigências fixadas no edital, o licitante será declarado vencedor;

XVI – se a oferta não for aceitável ou se o licitante desatender às exigências habilitatórias, o pregoeiro examinará as ofertas subsequentes e a qualificação dos licitantes, na ordem de classificação, e assim sucessivamente, até a apuração de uma que atenda ao edital, sendo o respectivo licitante declarado vencedor;

XVII – nas situações previstas nos incisos XI e XVI, o pregoeiro poderá negociar diretamente com o proponente para que seja obtido preço melhor;

XVIII – declarado o vencedor, qualquer licitante poderá manifestar imediata e motivadamente a intenção de recorrer, quando lhe será concedido o prazo de 3 (três) dias para apresentação das razões do recurso, ficando os demais licitantes desde logo intimados para apresentar contrarrazões em igual número de dias, que começarão a correr do término do prazo do recorrente, sendo-lhes assegurada vista imediata dos autos;

XIX – o acolhimento de recurso importará a invalidação apenas dos atos insuscetíveis de aproveitamento;

XX – a falta de manifestação imediata e motivada do licitante importará a decadência do direito de recurso e a adjudicação do objeto da licitação pelo pregoeiro ao vencedor;

XXI – decididos os recursos, a autoridade competente fará a adjudicação do objeto da licitação ao licitante vencedor;

XXII – homologada a licitação pela autoridade competente, o adjudicatário será convocado para assinar o contrato no prazo definido em edital; e

→ *v.* Art. 64 da Lei 8.666/1993.

XXIII – se o licitante vencedor, convocado dentro do prazo de validade da sua proposta, não celebrar o contrato, aplicar-se-á o disposto no inciso XVI.

Art. 5º É vedada a exigência de:

I – garantia de proposta;

II – aquisição do edital pelos licitantes, como condição para participação no certame; e

III – pagamento de taxas e emolumentos, salvo os referentes a fornecimento do edital, que não serão superiores ao custo de sua reprodução gráfica, e aos custos de utilização de recursos de tecnologia da informação, quando for o caso.

Art. 6º O prazo de validade das propostas será de 60 (sessenta) dias, se outro não estiver fixado no edital.

Art. 7º Quem, convocado dentro do prazo de validade da sua proposta, não celebrar o contrato, deixar de entregar ou apresentar documentação falsa exigida para o certame, ensejar o retardamento da execução de seu objeto, não mantiver a proposta, falhar ou fraudar na execução do contrato, comportar-se de modo inidôneo ou cometer fraude fiscal, ficará impedido de licitar e contratar com a União, Estados, Distrito Federal ou Municípios e, será descredenciado no SICAF, ou nos sistemas de cadastramento de fornecedores a que se refere o inciso XIV do art. 4º desta Lei, pelo prazo de até 5 (cinco) anos, sem prejuízo das multas previstas em edital e no contrato e das demais cominações legais.

Art. 8º Os atos essenciais do pregão, inclusive os decorrentes de meios eletrônicos, serão documentados no processo respectivo, com vistas à aferição de sua regularidade pelos agentes de controle, nos termos do regulamento previsto no art. 2º.

Art. 9º Aplicam-se subsidiariamente, para a modalidade de pregão, as normas da Lei 8.666, de 21 de junho de 1993.

Art. 10. Ficam convalidados os atos praticados com base na Medida Provisória 2.182-18, de 23 de agosto de 2001.

Art. 11. As compras e contratações de bens e serviços comuns, no âmbito da União, dos Estados, do Distrito Federal e dos Municípios, quando efetuadas pelo sistema de registro de preços previsto no art. 15 da Lei 8.666, de 21 de junho de 1993, poderão adotar a modalidade de pregão, conforme regulamento específico.

Art. 12. A Lei 10.191, de 14 de fevereiro de 2001, passa a vigorar acrescida do seguinte artigo:

"Art. 2º-A. A União, os Estados, o Distrito Federal e os Municípios poderão adotar, nas licitações de registro de preços destinadas à aquisição de bens e serviços comuns da área da saúde, a modalidade do pregão, inclusive por meio eletrônico, observando-se o seguinte:

I – são considerados bens e serviços comuns da área da saúde aqueles necessários ao atendimento dos órgãos que integram o Sistema Único de Saúde, cujos padrões de desempenho e qualidade possam ser objetivamente definidos no edital, por meio de especificações usuais do mercado;

II – quando o quantitativo total estimado para a contratação ou fornecimento não puder ser atendido pelo licitante vencedor, admitir-se-á a convocação de tantos licitantes quantos forem necessários para o atingimento da totalidade do quantitativo, respeitada a ordem de classificação, desde que os referidos licitantes aceitem praticar o mesmo preço da proposta vencedora;

III – na impossibilidade do atendimento ao disposto no inciso II, excepcionalmente, poderão ser registrados outros preços diferentes da proposta vencedora, desde que se trate de objetos de qualidade ou desempenho superior, devidamente justificada e comprovada a vantagem, e que as ofertas sejam em valor inferior ao limite máximo admitido."

Art. 13. Esta Lei entra em vigor na data de sua publicação.

Brasília, 17 de julho de 2002; 181º da Independência e 114º da República.

Fernando Henrique Cardoso

(Publicado no *D.O.U.* de 18.7.2002; retificação 30.7.2002)

LEI 10.684,
DE 30 DE MAIO DE 2003

Altera a legislação tributária, dispõe sobre parcelamento de débitos junto à Secretaria da Receita Federal, à Procuradoria-Geral da Fazenda Nacional e ao Instituto Nacional do Seguro Social e dá outras providências.

→ *v.* Arts. 151, VI, 155-A e 198, § 3º, III, do CTN.

→ *v.* Lei 13.043/2014 – Altera diversas normas de legislação tributária.

O Presidente da República:

Faço saber que o Congresso Nacional decreta e eu sanciono a seguinte Lei:

Art. 1º Os débitos junto à Secretaria da Receita Federal ou à Procuradoria-Geral da Fazenda Nacional, com vencimento até 28 de fevereiro de 2003, poderão ser parcelados em até 180 (cento e oitenta) prestações mensais e sucessivas.

§ 1º O disposto neste artigo aplica-se aos débitos constituídos ou não, inscritos ou não como Dívida Ativa, mesmo em fase de execução fiscal já ajuizada, ou que tenham sido objeto de parcelamento anterior, não integralmente quitado, ainda que cancelado por falta de pagamento.

§ 2º Os débitos ainda não constituídos deverão ser confessados, de forma irretratável e irrevogável.

§ 3º O débito objeto do parcelamento será consolidado no mês do pedido e será dividido pelo número de prestações, sendo que o montante de cada parcela mensal não poderá ser inferior a:

I – um inteiro e cinco décimos por cento da receita bruta auferida, pela pessoa jurídica, no mês imediatamente anterior ao do vencimento da parcela, exceto em relação às optantes pelo Sistema Simplificado de Pagamento de Impostos e Contribuições das Microempresas e das Empresas de Pequeno Porte – Simples, instituído pela Lei 9.317, de 5 de dezembro de 1996, e às microempresas e empresas de pequeno porte enquadradas no disposto no art. 2º da Lei 9.841, de 5 de outubro de 1999, observado o disposto no art. 8º desta Lei, salvo na hipótese do inciso II deste parágrafo, o prazo mínimo de 120 (cento e vinte) meses;

→ As Leis 9.317/1996 e 9.841/1999 foram revogadas pela LC 123/2006.

II – dois mil reais, considerado cumulativamente com o limite estabelecido no inciso I, no caso das pessoas jurídicas ali referidas;

III – cinquenta reais, no caso de pessoas físicas.

§ 4º Relativamente às pessoas jurídicas optantes pelo Simples e às microempresas e empresas de pequeno porte, enquadradas no disposto no art. 2º da Lei 9.841, de 5 de outubro de 1999, o valor da parcela mínima mensal corresponderá a um cento e oitenta avos do total do débito ou a três décimos por cento da receita bruta auferida no mês imediatamente anterior ao do vencimento da parcela, o que for menor, não podendo ser inferior a:

→ A Lei 9.841/1999 foi revogada pela LC 123/2006.

I – cem reais, se enquadrada na condição de microempresa;

II – duzentos reais, se enquadrada na condição de empresa de pequeno porte.

§ 5º Aplica-se o disposto no § 4º às pessoas jurídicas que foram excluídas ou impedidas de ingressar no Simples exclusivamente em decorrência do disposto no inciso XV do art. 9º da Lei 9.317, de 5 de dezembro de 1996, desde que a pessoa jurídica exerça a opção pelo Simples até o último dia útil de 2003, com efeitos a partir de 1º de janeiro de 2004, nos termos e condições definidos pela Secretaria da Receita Federal.

→ A Lei 9.317/1996 foi revogada pela LC 123/2006.

§ 6º O valor de cada uma das parcelas, determinado na forma dos §§ 3º e 4º, será acrescido de juros correspondentes à variação mensal da Taxa de Juros de Longo Prazo – TJLP, a partir do mês subsequente ao da consolidação, até o mês do pagamento.

§ 7º Para os fins da consolidação referida no § 3º, os valores correspondentes à multa, de mora ou de ofício, serão reduzidos em cinquenta por cento.

§ 8º A redução prevista no § 7º não será cumulativa com qualquer outra redução admitida em lei, ressalvado o disposto no § 11.

§ 9º Na hipótese de anterior concessão de redução de multa em percentual diverso de cinquenta por cento, prevalecerá o percentual referido no § 7º determinado sobre o valor original da multa.

§ 10. A opção pelo parcelamento de que trata este artigo exclui a concessão de qualquer outro, extinguindo os parcelamentos anteriormente concedidos, admitida a transferência de seus saldos para a modalidade desta Lei.

§ 11. O sujeito passivo fará jus a redução adicional da multa, após a redução referida no § 7º à razão de vinte e cinco centésimos por cento sobre o valor remanescente para cada ponto percentual do saldo do débito que for liquidado até a data prevista para o requerimento do parcelamento referido neste artigo, após deduzida a primeira parcela determinada nos termos do § 3º ou 4º.

Art. 2º Os débitos incluídos no Programa de Recuperação Fiscal – Refis, de que trata a Lei 9.964, de 10 de abril de 2000, ou no parcelamento a ele alternativo, poderão, a critério da pessoa jurídica, ser parcelados nas condições previstas no art. 1º, nos termos a serem estabelecidos pelo Comitê Gestor do mencionado Programa.

Parágrafo único. Na hipótese deste artigo:

I – a opção pelo parcelamento na forma deste artigo implica desistência compulsória e definitiva do Refis ou do parcelamento a ele alternativo;

II – as contribuições arrecadadas pelo Instituto Nacional do Seguro Social – INSS retornarão à administração daquele órgão, sujeitando-se à legislação específica a elas aplicável;

III – será objeto do parcelamento nos termos do art. 1º o saldo devedor dos débitos relativos aos tributos administrados pela Secretaria da Receita Federal.

Art. 3º Ressalvado o disposto no art. 2º, não será concedido o parcelamento de que trata o art. 1º na hipótese de existência de parcelamentos concedidos sob outras modalidades, admitida a transferência dos saldos remanescentes para a modalidade prevista nesta Lei, mediante requerimento do sujeito passivo.

Art. 4º O parcelamento a que se refere o art. 1º:

I – deverá ser requerido, inclusive na hipótese de transferência de que tratam os arts. 2º e 3º, até o último dia útil do segundo mês subsequente ao da publicação desta Lei, perante a unidade da Secretaria da Receita Federal ou da Procuradoria-Geral da Fazenda Nacional, responsável pela cobrança do respectivo débito;

II – somente alcançará débitos que se encontrarem com exigibilidade suspensa por força dos incisos III a V do art. 151 da Lei 5.172, de 25 de outubro de 1966, no caso de o sujeito passivo desistir expressamente e de forma irrevogável da impugnação ou do recurso interposto, ou da ação judicial proposta, e renunciar a quaisquer alegações de direito sobre as quais se fundam os referidos processos administrativos e ações judiciais, relativamente à matéria cujo respectivo débito queira parcelar;

III – reger-se-á pelas disposições da Lei 10.522, de 19 de julho de 2002, ressalvado o disposto no seu art. 14;

IV – aplica-se, inclusive, à totalidade dos débitos apurados segundo o Simples;

V – independerá de apresentação de garantia ou de arrolamento de bens, mantidas aquelas decorrentes de débitos transferidos de outras modalidades de parcelamento ou de execução fiscal.

Parágrafo único. Na hipótese do inciso II, o valor da verba de sucumbência será de 1% (um por cento) do valor do débito consolidado decorrente da desistência da respectiva ação judicial.

Art. 5º Os débitos junto ao Instituto Nacional do Seguro Social – INSS, oriundos de contribuições patronais, com vencimento até 28 de fevereiro de 2003, serão objeto de acordo para pagamento parcelado em até 180 (cento e oitenta) prestações mensais, observadas as condições fixadas neste artigo, desde que requerido até o último dia útil do segundo mês subsequente ao da publicação desta Lei.

§ 1º Aplica-se ao parcelamento de que trata este artigo o disposto nos §§ 1º a 11 do art. 1º, observado o disposto no art. 8º.

§ 2º (*Vetado*).

§ 3º A concessão do parcelamento independerá de apresentação de garantias ou de arrolamento de bens, mantidas aquelas decorrentes de débitos transferidos de outras modalidades de parcelamento ou de execução fiscal.

Art. 6º Os depósitos existentes, vinculados aos débitos a serem parcelados nos termos dos arts. 1º e 5º, serão automaticamente convertidos em renda da União ou da Seguridade Social ou do Instituto Nacional do Seguro Social – INSS, conforme o caso, concedendo-se o parcelamento sobre o saldo remanescente.

Art. 7º O sujeito passivo será excluído dos parcelamentos a que se refere esta Lei na hipótese de inadimplência, por 3 (três) meses consecutivos ou 6 (seis) meses alternados, o que primeiro ocorrer, relativamente a qualquer dos tributos e das contribuições referidos nos arts. 1º e 5º, inclusive os com vencimento após 28 de fevereiro de 2003.

Art. 8º Na hipótese de a pessoa jurídica manter parcelamentos de débitos com base no art. 1º e no art. 5º, simultaneamente, o percentual a que se refere o inciso I do § 3º do art. 1º será reduzido para setenta e cinco centésimos por cento.

§ 1º Caberá à pessoa jurídica requerer a redução referida no *caput* até o prazo fixado no inciso I do art. 4º e no *caput* do art. 5º.

§ 2º Ocorrendo liquidação, rescisão ou extinção de um dos parcelamentos, inclusive por exclusão do sujeito passivo, nos termos do art. 7º, aplica-se o percentual fixado no inciso I do § 3º do art. 1º ao parcelamento remanescente, a partir do mês subsequente ao da ocorrência da liquidação, extinção ou rescisão do parcelamento obtido junto ao outro órgão.

§ 3º A pessoa jurídica deverá informar a liquidação, rescisão ou extinção do parcelamento ao órgão responsável pelo parcelamento remanescente, até o último dia útil do mês subsequente ao da ocorrência do evento, bem como efetuar o recolhimento da parcela referente àquele mês observando o percentual fixado no inciso I do § 3º do art. 1º.

§ 4º O desatendimento do disposto nos parágrafos anteriores implicará a exclusão do sujeito passivo do parcelamento remanescente e a aplicação do disposto no art. 11.

Art. 9º É suspensa a pretensão punitiva do Estado, referente aos crimes previstos nos arts. 1º e 2º da Lei 8.137, de 27 de dezembro de 1990, e nos arts. 168-A e 337-A do Decreto-Lei 2.848, de 7 de dezembro de 1940 – Código Penal, durante o período em que a pessoa jurídica relacionada com o agente dos aludidos crimes estiver incluída no regime de parcelamento.

§ 1º A prescrição criminal não corre durante o período de suspensão da pretensão punitiva.

§ 2º Extingue-se a punibilidade dos crimes referidos neste artigo quando a pessoa jurídica relacionada com o agente efetuar o pagamento integral dos débitos oriundos de tributos e contribuições sociais, inclusive acessórios.

Art. 10. A Secretaria da Receita Federal, a Procuradoria-Geral da Fazenda Nacional e o Instituto Nacional do Seguro Social – INSS expedirão, no âmbito de suas respectivas competências, os atos necessários à execução desta Lei.

Parágrafo único. Serão consolidados, por sujeito passivo, os débitos perante a Secretaria da Receita Federal e a Procuradoria-Geral da Fazenda Nacional.

Art. 11. Ao sujeito passivo que, optando por parcelamento a que se referem os arts. 1º e 5º, dele for excluído, será vedada a concessão de qualquer outra modalidade de parcelamento até 31 de dezembro de 2006.

LEGISLAÇÃO

Art. 12. A exclusão do sujeito passivo do parcelamento a que se refere esta Lei, inclusive a prevista no § 4º do art. 8º, independerá de notificação prévia e implicará exigibilidade imediata da totalidade do crédito confessado e ainda não pago e automática execução da garantia prestada, quando existente, restabelecendo-se, em relação ao montante não pago, os acréscimos legais na forma da legislação aplicável à época da ocorrência dos respectivos fatos geradores.

Art. 13. Os débitos relativos à contribuição para o Programa de Formação do Patrimônio do Servidor Público (Pasep) dos Estados, do Distrito Federal e dos Municípios, bem como de suas autarquias e fundações públicas, com vencimento até 31 de dezembro de 2002, poderão ser pagos mediante regime especial de parcelamento, por opção da pessoa jurídica de direito público interno devedora.

Parágrafo único. A opção referida no *caput* deverá ser formalizada até o último dia útil do segundo mês subsequente ao da publicação desta Lei, nos termos e condições estabelecidos pela Secretaria da Receita Federal.

Art. 14. O regime especial de parcelamento referido no art. 13 implica a consolidação dos débitos na data da opção e abrangerá totalidade dos débitos existentes em nome do optante, constituídos ou não, inclusive os juros de mora incidentes até a data de opção.

Parágrafo único. O débito consolidado na forma deste artigo:

I – sujeitar-se-á, a partir da data da consolidação, a juros equivalentes à taxa referencial do Sistema Especial de Liquidação e de Custódia – Selic para títulos federais, acumulada mensalmente, calculados a partir da data de deferimento do pedido até o mês anterior ao do pagamento, e adicionados de 1 (um por cento) relativamente ao mês em que o pagamento estiver sendo feito;

II – será pago mensalmente, até o último dia útil da primeira quinzena de cada mês, no valor equivalente a, no mínimo, um cento e vinte avos do total do débito consolidado;

III – o valor de cada parcela não poderá ser inferior a dois mil reais.

Art. 15. A opção pelo regime especial de parcelamento referido no art. 13 sujeita a pessoa jurídica optante:

I – à confissão irrevogável e irretratável dos débitos referidos no art. 14;

II – ao pagamento regular das parcelas do débito consolidado, bem como dos valores devidos relativos ao Pasep com vencimento após dezembro de 2002.

Parágrafo único. A opção pelo regime especial exclui qualquer outra forma de parcelamento de débitos relativos ao Pasep.

Art. 16. A pessoa jurídica optante pelo regime especial de parcelamento referido no art. 13 será dele excluída nas seguintes hipóteses:

I – inobservância da exigência estabelecida no art. 15;

II – inadimplência, por 2 (dois) meses consecutivos ou 6 (seis) alternados, relativamente ao Pasep, inclusive aqueles com vencimento após dezembro de 2002.

§ 1º A exclusão da pessoa jurídica do regime especial implicará exigibilidade imediata da totalidade do crédito confessado e ainda não pago.

§ 2º A exclusão será formalizada por meio de ato da Secretaria da Receita Federal e produzirá efeitos a partir do mês subsequente àquele em que a pessoa jurídica optante for cientificada.

Art. 17. Sem prejuízo do disposto no art. 15 da Medida Provisória 2.158-35, de 24 de agosto de 2001 , e no art. 1º da Medida Provisória 101, de 30 de dezembro de 2002, as sociedades cooperativas de produção agropecuária e de eletrificação rural poderão excluir da base de cálculo da contribuição para o Programa de Integração Social e de Formação do Patrimônio do Servidor Público – PIS/Pasep e da Contribuição Social para o Financiamento da Seguridade Social – Cofins os custos agregados ao produto agropecuário dos associados, quando da sua comercialização e os valores dos serviços prestados pelas cooperativas de eletrificação rural a seus associados.

Parágrafo único. O disposto neste artigo alcança os fatos geradores ocorridos a partir da vigência da Medida Provisória 1.858-10, de 26 de outubro de 1999.

→ A MP 1.858-10/1999 foi reeditada pela MP 2.158-35/2001.

Art. 18. Fica elevada para 4 (quatro por cento) a alíquota da Contribuição para o Financiamento da Seguridade Social – Cofins devida pelas pessoas jurídicas referidas nos §§ 6º e 8º do art. 3º da Lei 9.718, de 27 de novembro de 1998.

Art. 19. O art. 22-A da Lei 8.212, de 24 de julho de 1991, introduzido pela Lei 10.256, de 9 de julho de 2001, passa a vigorar com a seguinte redação:

→ Alterações efetuadas na referida Lei 8.212/1991.

Art. 20. O § 1º do art. 126 da Lei 8.213, de 24 de julho de 1991, passa a vigorar com a seguinte redação:

→ Alteração efetuada na referida Lei 8.213/1991.

Art. 21. (*Revogado pela Lei 12.101/2009*).

Art. 22. O art. 20 da Lei 9.249, de 26 de dezembro de 1995, passa a vigorar com a seguinte redação:

"Art. 20. A base de cálculo da contribuição social sobre o lucro líquido, devida pelas pessoas jurídicas que efetuarem o pagamento mensal a que se referem os arts. 27 e 29 a 34 da Lei 8.981, de 20 de janeiro de 1995, e pelas pessoas jurídicas desobrigadas de escrituração contábil, corresponderá a 12 (doze por cento) da receita bruta, na forma definida na legislação vigente, auferida em cada mês do ano-calendário, exceto para as pessoas jurídicas que exerçam as atividades a que se refere o inciso III do § 1º do art. 15, cujo percentual corresponderá a 32% (trinta e dois por cento).

Parágrafo único. A pessoa jurídica submetida ao lucro presumido poderá, excepcionalmente, em relação ao quarto trimestre-calendário de 2003, optar pelo lucro real, sendo definitiva a tributação pelo lucro presumido relativa aos 3 (três) primeiros trimestres."

Art. 23. O art. 9º da Lei 9.317, de 5 de dezembro de 1996, passa a vigorar acrescido do seguinte parágrafo:

→ A Lei 9.317/1996 foi revogada pela LC 123/2006.

"Art. 9º (...)

(...)

§ 5º A vedação a que se referem os incisos IX e XIV do *caput* não se aplica na hipótese de participação no capital de cooperativa de crédito."

Art. 24. Os arts. 1º e 2º da Lei 10.034, de 24 de outubro de 2000, passam a vigorar com a seguinte redação:

"Art. 1º Ficam excetuadas da restrição de que trata o inciso XIII do art. 9º da Lei 9.317, de 5 de dezembro de 1996, as pessoas jurídicas que se dediquem exclusivamente às seguintes atividades:

→ A Lei 9.317/1996 foi revogada pela LC 123/2006.

I – creches e pré-escolas;

II – estabelecimentos de ensino fundamental;

III – centros de formação de condutores de veículos automotores de transporte terrestre de passageiros e de carga;

IV – agências lotéricas;

V – agências terceirizadas de correios;

VI – (*Vetado*);

VII – (*Vetado*)."

"Art. 2º Ficam acrescidos de 50 (cinquenta por cento) os percentuais referidos no art. 5º da Lei 9.317, de 5 de dezembro de 1996, alterado pela Lei 9.732, de 11 de dezembro de 1998, em relação às atividades relacionadas nos incisos II a V do art. 1º desta Lei e às pessoas jurídicas que aufiram receita bruta decorrente da prestação de serviços em montante igual ou superior a 30 (trinta por cento) da receita bruta total."

→ A Lei 9.317/1996 foi revogada pela LC 123/2006.

Art. 25. A Lei 10.637, de 30 de dezembro de 2002, passa a vigorar acrescida do seguinte art. 5º-A e com as seguintes alterações dos arts. 1º, 3º, 8º, 11 e 29:

"Art. 1º (...)

(...)

§ 3º (...)

(...)

VI – não operacionais, decorrentes da venda de ativo imobilizado."

"Art. 3º (...)

(...)

II – bens e serviços utilizados como insumo na fabricação de produtos destinados à venda ou na prestação de serviços, inclusive combustíveis e lubrificantes;

(...)

V – despesas financeiras decorrentes de empréstimos, financiamentos e contraprestações de operações de arrendamento mercantil de pessoas jurídicas, exceto de optante pelo Sistema Integrado de Pagamento de Impostos e Contribuições das Microempresas e das Empresas de Pequeno Porte – Simples;

(...)

IX - energia elétrica consumida nos estabelecimentos da pessoa jurídica.

§ 1º (...)

(...)

II – dos itens mencionados nos incisos IV, V e IX do *caput*, incorridos no mês;

(...)

§ 10. Sem prejuízo do aproveitamento dos créditos apurados na forma deste artigo, as pessoas jurídicas que produzam mercadorias de origem animal ou vegetal, classificadas nos capítulos 2 a 4, 8 a 12 e 23, e nos códigos 01.03, 01.05, 0504.00, 0701.90.00, 0702.00.00, 0706.10.00, 07.08, 0709.90, 07.10, 07.12 a 07.14, 15.07 a 15.14, 1515.2, 1516.20.00, 15.17, 1701.11.00, 1701.99.00, 1702.90.00, 18.03, 1804.00.00, 1805.00.00, 20.09, 2101.11.10 e 2209.00.00, todos da Nomenclatura Comum do Mercosul, destinados à alimentação humana ou animal poderão deduzir da contribuição para o PIS/Pasep, devida em cada período de apuração, crédito presumido, calculado sobre o valor dos bens e serviços referidos no inciso II do *caput* deste artigo, adquiridos, no mesmo período, de pessoas físicas residentes no País.

§ 11. Relativamente ao crédito presumido referido no § 10:

I – seu montante será determinado mediante aplicação, sobre o valor das mencionadas aquisições, de alíquota correspondente a 70% (setenta por cento) daquela constante do art. 2º;

II – o valor das aquisições não poderá ser superior ao que vier a ser fixado, por espécie de bem ou serviço, pela Secretaria da Receita Federal."

"Art. 5º-A. Ficam isentas da contribuição para o PIS/Pasep e da Cofins as receitas decorrentes da comercialização de matérias-primas, produtos intermediários e materiais de embalagem, produzidos na Zona Franca de Manaus para emprego em processo de industrialização por estabelecimentos industriais ali instalados e consoante projetos aprovados pelo Conselho de Administração da Superintendência da Zona Franca de Manaus – Suframa."

"Art. 8º (...)

(...)

X – as sociedades cooperativas;

XI – as receitas decorrentes de prestação de serviços das empresas jornalísticas e de radiodifusão sonora e de sons e imagens."

"Art. 11. (...)

(...)

§ 4º O disposto no *caput* aplica-se também aos estoques de produtos acabados e em elaboração."

"Art. 29. As matérias-primas, os produtos intermediários e os materiais de embalagem, destinados a estabelecimento que se dedique, preponderantemente, à elaboração de produtos classificados nos Capítulos 2, 3, 4, 7, 8, 9, 10, 11, 12, 15, 16, 17, 18, 19, 20, 23 (exceto códigos 2309.10.00 e 2309.90.30 e Ex-01 no código 2309.90.90), 28, 29, 30, 31 e 64, no código 2209.00.00 e 2501.00.00, e nas posições 21.01 a 21.05.00, da Tabela de Incidência do Imposto sobre Produtos Industrializados – Tipi, inclusive aqueles a que corresponde a notação NT (não tributados), sairão do estabelecimento industrial com suspensão do referido imposto.

(...)"

Art. 26. O art. 1º da Lei 9.074, de 7 de julho de 1995, passa a vigorar acrescido dos seguintes parágrafos, renumerando-se o parágrafo único para § 1º:

"Art. 1º (...)

(...)

§ 2º O prazo das concessões e permissões de que trata o inciso VI deste artigo será de 25(vinte e cinco) anos, podendo ser prorrogado por 10 (dez) anos.

§ 3º Ao término do prazo, as atuais concessões e permissões, mencionadas no § 2º, incluídas as anteriores à Lei 8.987, de 13 de fevereiro de 1995, serão prorrogadas pelo prazo previsto no § 2º."

Art. 27. (*Vetado*).

Art. 28. Fica o Poder Executivo autorizado a emitir títulos da dívida pública atualizados de acordo com as disposições do inciso I do § 4º do art. 2º da Lei 9.964, de 10 de abril de 2000, com prazo de vencimento determinado em função do prazo médio estimado da carteira de recebíveis do Programa de Recuperação Fiscal – Refis, instituído pela referida Lei, os quais terão poder liberatório perante a Secretaria da Receita Federal e o Instituto Nacional do Seguro Social quanto as dívidas inscritas no referido programa, diferindo-se os efeitos tributários de sua utilização, em função do prazo médio da dívida do contribuinte.

Art. 29. Esta Lei entra em vigor na data de sua publicação, produzindo efeitos:

I – em relação ao art. 17, a partir de 1º de janeiro de 2003;

II – em relação ao art. 25, a partir de 1º de fevereiro de 2003;

III – em relação aos arts. 18, 19, 20 e 22, a partir do mês subsequente ao do termo final do prazo nonagesimal, a que refere o § 6º do art. 195 da Constituição Federal.

Brasília, 30 de maio de 2003; 182º da Independência e 115º da República.

Luiz Inácio Lula da Silva

(Publicação no *D.O.U.* de 31.5.2003, Edição Extra)

LEI 10.792,
DE 1º DE DEZEMBRO DE 2003

Altera a Lei 7.210, de 11 de junho de 1984 – Lei de Execução Penal e o Decreto-Lei 3.689, de 3 de outubro de 1941 - Código de Processo Penal e dá outras providências.

O Presidente da República:

Faço saber que o Congresso Nacional decreta e eu sanciono a seguinte Lei:

(...)

Art. 3º Os estabelecimentos penitenciários disporão de aparelho detector de metais, aos quais devem se submeter todos que queiram ter acesso ao referido estabelecimento, ainda que exerçam qualquer cargo ou função pública.

Art. 4º Os estabelecimentos penitenciários, especialmente os destinados ao regime disciplinar diferenciado, disporão, dentre outros equipamentos de segurança, de bloqueadores de telecomunicação para telefones celulares, radiotransmissores e outros meios, definidos no art. 60, § 1º, da Lei 9.472, de 16 de julho de 1997.

Art. 5º Nos termos do disposto no inciso I do art. 24 da Constituição da República, observados os arts. 44 a 60 da Lei 7.210, de 11 de junho de 1984, os Estados e o Distrito Federal poderão regulamentar o regime disciplinar diferenciado, em especial para:

I – estabelecer o sistema de rodízio entre os agentes penitenciários que entrem em contato direto com os presos provisórios e condenados;

II – assegurar o sigilo sobre a identidade e demais dados pessoais dos agentes penitenciários lotados nos estabelecimentos penais de segurança máxima;

III – restringir o acesso dos presos provisórios e condenados aos meios de comunicação de informação;

IV – disciplinar o cadastramento e agendamento prévio das entrevistas dos presos provisórios ou condenados com seus advogados, regularmente constituídos nos autos da ação penal ou processo de execução criminal, conforme o caso;

V – elaborar programa de atendimento diferenciado aos presos provisórios e condenados, visando a sua reintegração ao regime comum e recompensando-lhes o bom comportamento durante o período de sanção disciplinar.

Art. 6º No caso de motim, o Diretor do Estabelecimento Prisional poderá determinar a transferência do preso, comunicando-a ao juiz competente no prazo de até 24 (vinte e quatro) horas.

Art. 7º A União definirá os padrões mínimos do presídio destinado ao cumprimento de regime disciplinar.

Art. 8º A União priorizará, quando da construção de presídios federais, os estabelecimentos que se destinem a abrigar presos provisórios ou condenados sujeitos a regime disciplinar diferenciado.

Art. 9º Esta Lei entra em vigor na data de sua publicação.

Art. 10. Revoga-se o art. 194 do Decreto-Lei 3.689, de 3 de outubro de 1941.

Brasília, 1º de dezembro de 2003; 182º da Independência e 115º da República.

Luiz Inácio Lula da Silva

(Publicação no *D.O.U.* de 2.12.2003)

LEI 10.820,
DE 17 DE DEZEMBRO DE 2003

Dispõe sobre a autorização para desconto de prestações em folha de pagamento, e dá outras providências.

O Presidente da República:

Faço saber que o Congresso Nacional decreta e eu sanciono a seguinte Lei:

Art. 1º Os empregados regidos pela Consolidação das Leis do Trabalho – CLT, aprovada pelo Decreto-Lei 5.452, de 1º de maio de 1943, poderão autorizar, de forma irrevogável e irretratável, o desconto em folha de pagamento ou na sua remuneração disponível dos valores referentes ao pagamento de empréstimos, financiamentos, cartões de crédito e operações de arrendamento mercantil concedidos por instituições financeiras e sociedades de arrendamento mercantil, quando previsto nos respectivos contratos.

→ *Caput* com redação alterada pela Lei 13.172/2015.

→ *v.* Art. 3º da CLT.

§ 1º O desconto mencionado neste artigo também poderá incidir sobre verbas rescisórias devidas pelo empregador, se assim previsto no respectivo contrato de empréstimo, financiamento, cartão de crédito ou arrendamento mercantil, até o limite de 35% (trinta e cinco por cento), sendo 5% (cinco por cento) destinados exclusivamente para:

→ § 1º com redação alterada pela Lei 13.172/2015.

I – a amortização de despesas contraídas por meio de cartão de crédito; ou

→ Inciso I acrescentado pela lei 13.172/2015.

II – a utilização com a finalidade de saque por meio do cartão de crédito.

→ Inciso II acrescentado pela Lei 13.172/2015.

§ 2º O regulamento disporá sobre os limites de valor do empréstimo, da prestação consignável para os fins do *caput* e do comprometimento das verbas rescisórias para os fins do § 1º deste artigo.

§ 3º Os empregados de que trata o *caput* poderão solicitar o bloqueio, a qualquer tempo, de novos descontos.

→ § 3º acrescentado pela Lei 13.097/2015.

§ 4º O disposto no § 3º não se aplica aos descontos autorizados em data anterior à da solicitação do bloqueio.

→ § 4º acrescentado pela Lei 13.097/2015.

Art. 2º Para os fins desta Lei, considera-se:

I – empregador, a pessoa jurídica assim definida pela legislação trabalhista e o empresário a que se refere o Título I do Livro II da Parte Especial da Lei 10.406, de 10 de janeiro de 2002 – Código Civil;

→ Inciso I com redação alterada pela Lei 13.097/2015.

→ *v.* Arts. 966 e ss., do CC/2002.

II – empregado, aquele assim definido pela legislação trabalhista;

→ *v.* Art. 3º da CLT.

III – instituição consignatária, a instituição autorizada a conceder empréstimo ou financiamento ou realizar operação com cartão de crédito ou de arrendamento mercantil mencionada no *caput* do art. 1º;

→ Inciso III com redação alterada pela Lei 13.172/2015.

IV – mutuário, empregado que firma com instituição consignatária contrato de empréstimo, financiamento, cartão de crédito ou arrendamento mercantil regulado por esta Lei;

→ inciso IV com redação alterada pela Lei 13.172/2015.

V – verbas rescisórias, as importâncias devidas em dinheiro pelo empregador ao empregado em razão de rescisão do seu contrato de trabalho.

→ *v.* Art. 467 da CLT.

VI – instituição financeira mantenedora, a instituição a que se refere o inciso III do *caput* e que mantém as contas para crédito da remuneração disponível dos empregados;

→ Inciso VI acrescentado pela Lei 13.097/2015.

VII – desconto, ato de descontar na folha de pagamento ou em momento anterior ao do crédito devido pelo empregador ao empregado como remuneração disponível ou verba rescisória o valor das prestações assumidas em operação de empréstimo, financiamento, cartão de crédito ou arrendamento mercantil; e

→ Inciso VII com redação alterada pela Lei 13.72/2015.

VIII – remuneração disponível, os vencimentos, subsídios, soldos, salários ou remunerações, descontadas as consignações compulsórias.

→ Inciso VIII acrescentado pela Lei 13.097/2015.

§ 1º Para os fins desta Lei, são consideradas consignações voluntárias as autorizadas pelo empregado.

§ 2º No momento da contratação da operação, a autorização para a efetivação dos descontos permitidos nesta Lei observará, para cada mutuário, os seguintes limites:

I – a soma dos descontos referidos no art. 1º não poderá exceder a 35% (trinta e cinco por cento) da remuneração disponível, conforme definido em regulamento, sendo 5% (cinco por cento) destinados exclusivamente para:

→ Inciso I com redação alterada pela Lei 13.172/2015.

a) a amortização de despesas contraídas por meio de cartão de crédito; ou

→ Alínea *a* acrescentada pela Lei 13.172/2015.

b) a utilização com a finalidade de saque por meio do cartão de crédito; e

→ Alínea *b* acrescentada pela Lei 13.172/2015.

II – o total das consignações voluntárias, incluindo as referidas no art. 1º, não poderá exceder a quarenta por cento da remuneração disponível, conforme definida em regulamento.

Art. 3º Para os fins desta Lei, são obrigações do empregador:

I – prestar ao empregado e à instituição consignatária, mediante solicitação formal do primeiro, as informações necessárias para a contratação da operação de crédito ou arrendamento mercantil;

II – tornar disponíveis aos empregados, bem como às respectivas entidades sindicais que as solicitem, as informações referentes aos custos referidos no § 2º; e

→ Inciso II com redação alterada pela Lei 13.097/2015.

III – efetuar os descontos autorizados pelo empregado, inclusive sobre as verbas rescisórias, e repassar o valor à instituição consignatária na forma e no prazo previstos em regulamento.

→ Inciso III com redação alterada pela Lei 13.097/2015.

§ 1º É vedado ao empregador impor ao mutuário e à instituição consignatária escolhida pelo empregado qualquer condição que não esteja prevista nesta Lei ou em seu regulamento para a efetivação do contrato e a implementação dos descontos autorizados.

§ 2º Observado o disposto em regulamento e nos casos nele admitidos, é facultado ao empregador descontar na folha de pagamento do mutuário os custos operacionais decorrentes da realização da operação objeto desta Lei.

§ 3º Cabe ao empregador informar, no demonstrativo de rendimentos do empregado, de forma discriminada, o valor do desconto mensal decorrente de cada operação de empréstimo, financiamento, cartão de crédito ou arrendamento mercantil e os custos operacionais referidos no § 2º.

→ § 3º com redação alterada pela Lei 13.172/2015.

§ 4º Os descontos autorizados na forma desta Lei e seu regulamento terão preferência sobre outros descontos da mesma natureza que venham a ser autorizados posteriormente.

Art. 4º A concessão de empréstimo, financiamento, cartão de crédito ou arrendamento mercantil será feita a critério da instituição consignatária, sendo os valores e as demais condições objeto de livre negociação entre ela e o mutuário, observadas as demais disposições desta Lei e seu regulamento.

→ *Caput* com redação alterada pela Lei 13.172/2015.

§ 1º Poderá o empregador, com a anuência da entidade sindical representativa da maioria dos empregados, sem ônus para estes, firmar, com instituições consignatárias, acordo que defina condições gerais e demais critérios a serem observados nas operações de empréstimo, financiamento, cartão de crédito ou arrendamento mercantil que venham a ser realizadas com seus empregados.

→ § 1º com redação alterada pela Lei 13.172/2015.

§ 2º Poderão as entidades e centrais sindicais, sem ônus para os empregados, firmar, com instituições consignatárias, acordo que defina condições gerais e demais critérios a serem observados nas operações de empréstimo, financiamento, cartão de crédito ou arrendamento mercantil que venham a ser realizadas com seus representados.

→ § 2º com redação alterada pela Lei 13.172/2015.

§ 3º Na hipótese de ser firmado um dos acordos a que se referem os §§ 1o ou 2o e sendo observados e atendidos pelo empregado todos os requisitos e condições nele previstos, inclusive as regras de concessão de crédito, não poderá a instituição consignatária negar-se a celebrar a operação de empréstimo, financiamento, cartão de crédito ou arrendamento mercantil.

→ § 3º com redação alterada pela Lei 13.172/2015.

§ 4º Para a realização das operações referidas nesta Lei, é assegurado ao empregado o direito de optar por instituição consignatária que tenha firmado acordo com o empregador, com sua entidade sindical, ou qualquer outra instituição consignatária de sua livre escolha, ficando o empregador obrigado a proceder aos descontos e repasses por ele contratados e autorizados.

§ 5º No caso dos acordos celebrados nos termos do § 2º deste artigo, os custos de que trata o § 2º do art. 3º deverão ser negociados entre o empregador e a entidade sindical, sendo vedada a fixação de custos superiores aos previstos pelo mesmo empregador nos acordos referidos no § 1º deste artigo.

§ 6º Poderá ser prevista nos acordos referidos nos §§ 1º e 2º deste artigo, ou em acordo específico entre a instituição consignatária e o empregador, a absorção dos custos referidos no § 2º do art. 3º pela instituição consignatária.

§ 7º É vedada aos empregadores, entidades e centrais sindicais a cobrança de qualquer taxa ou exigência de contrapartida pela celebração ou pela anuência nos acordos referidos nos §§ 1º e 2º, bem como a inclusão neles de cláusulas que impliquem pagamento em seu favor, a qualquer título, pela realização das operações de que trata esta Lei, ressalvado o disposto no § 2º do art. 3º.

§ 8º Fica o empregador ou a instituição consignatária obrigada a disponibilizar, inclusive em meio eletrônico, a opção de bloqueio de novos descontos.

→ § 8º acrescentado pela Lei 13.097/2015.

Art. 5º O empregador será o responsável pelas informações prestadas, pelo desconto dos valores devidos e pelo seu repasse às instituições consignatárias, que deverá ser realizado até o quinto dia útil após a data de pagamento ao mutuário de sua remuneração disponível.

→ *Caput* com redação alterada pela Lei 13.097/2015.

§ 1º O empregador, salvo disposição contratual em contrário, não será corresponsável pelo pagamento dos empréstimos, financiamentos, cartões de crédito e arrendamentos mercantis concedidos aos seus empregados, mas responderá como devedor principal e solidário perante a instituição consignatária por valores a ela devidos em razão de contratações por ele confirmadas na forma desta Lei e de seu regulamento que deixarem, por sua falha ou culpa, de ser retidos ou repassados.

→ § 1º com redação alterada pela Lei 13.172/2015.

§ 2º Na hipótese de comprovação de que o pagamento mensal do empréstimo, financiamento, cartão de crédito ou arrendamento mercantil tenha sido descontado do mutuário e não tenha sido repassado pelo empregador, ou pela instituição financeira mantenedora, na forma do § 5º, à instituição consignatária, fica esta proibida de incluir o nome do mutuário em cadastro de inadimplentes.

→ § 2º com redação alterada pela lei 13.172/2015.

§ 3º Na hipótese de ocorrência da situação descrita no § 2º, é cabível o ajuizamento de ação de depósito, nos termos do Capítulo II do Título I do Livro IV da Lei 5.869, de 11 de janeiro de 1973 – Código de Processo Civil, em face do empregador, ou da instituição financeira mantenedora, se responsável pelo desconto, na forma do § 5º, e de seus representantes legais.

→ § 3º com redação alterada pela lei 13.097/2015.

→ v. Arts. 901 e ss., do CPC/1973.

§ 4º No caso de falência do empregador, antes do repasse das importâncias descontadas dos mutuários, fica assegurado à instituição consignatária o direito de pedir, na forma prevista em lei, a restituição das importâncias retidas.

§ 5º O acordo firmado entre o empregador e a instituição financeira mantenedora poderá prever que a responsabilidade pelo desconto de que trata o *caput* será da instituição financeira mantenedora.

→ § 5º acrescentado pela Lei 13.097/2015.

Art. 6º Os titulares de benefícios de aposentadoria e pensão do Regime Geral de Previdência Social poderão autorizar o Instituto Nacional do Seguro Social – INSS a proceder aos descontos referidos no art. 1o e autorizar, de forma irrevogável e irretratável, que a instituição financeira na qual recebam seus benefícios retenha, para fins de amortização, valores referentes ao pagamento mensal de empréstimos, financiamentos, cartões de crédito e operações de arrendamento mercantil por ela concedidos, quando previstos em contrato, nas condições estabelecidas em regulamento, observadas as normas editadas pelo INSS.

→ *Caput* com redação alterada pela Lei 13.172/2015.

§ 1º Para os fins do *caput*, fica o INSS autorizado a dispor, em ato próprio, sobre:

I – as formalidades para habilitação das instituições e sociedades referidas no art. 1º;

II – os benefícios elegíveis, em função de sua natureza e forma de pagamento;

III – as rotinas a serem observadas para a prestação aos titulares de benefícios em manutenção e às instituições consignatárias das informações necessárias à consecução do disposto nesta Lei;

IV – os prazos para o início dos descontos autorizados e para o repasse das prestações às instituições consignatárias;

V – o valor dos encargos a serem cobrados para ressarcimento dos custos operacionais a ele acarretados pelas operações; e

VI – as demais normas que se fizerem necessárias.

§ 2º Em qualquer circunstância, a responsabilidade do INSS em relação às operações referidas no *caput* deste artigo restringe-se à:

→ *Caput* do § 2º com redação alterada pela lei 10.953/2004.

I – retenção dos valores autorizados pelo beneficiário e repasse à instituição consignatária nas operações de desconto, não cabendo à autarquia responsabilidade solidária pelos débitos contratados pelo segurado; e

II – manutenção dos pagamentos do titular do benefício na mesma instituição financeira enquanto houver saldo devedor nas operações em que for autorizada a retenção, não cabendo à autarquia responsabilidade solidária pelos débitos contratados pelo segurado.

§ 3º É vedado ao titular de benefício que realizar qualquer das operações referidas nesta Lei solicitar a alteração da instituição financeira pagadora, enquanto houver saldo devedor em amortização.

→ § 3º com redação alterada pela Lei 10.953/2004.

§ 4º É facultada a transferência da consignação do empréstimo, financiamento ou arrendamento firmado pelo empregado na vigência do seu contrato de trabalho quando de sua aposentadoria, observadas as condições estabelecidas nesta Lei.

§ 5º Os descontos e as retenções mencionados no *caput* não poderão ultrapassar o limite de 35% (trinta e cinco por cento) do valor dos benefícios, sendo 5% (cinco por cento) destinados exclusivamente para:

→ *Caput* do § 5º com redação alterada pela Lei 13.172/2015.

I – a amortização de despesas contraídas por meio de cartão de crédito; ou

→ Inciso I acrescentado pela Lei 13.172/2015.

II – a utilização com a finalidade de saque por meio do cartão de crédito.

→ Inciso II acrescentado pela Lei 13.172/2015.

§ 6º A instituição financeira que proceder à retenção de valor superior ao limite estabelecido no § 5º deste artigo perderá todas as garantias que lhe são conferidas por esta Lei.

→ § 6º acrescentado pela Lei 10.953/2004.

Art. 6º-A. Equiparam-se, para os fins do disposto nos arts. 1º e 6º, às operações neles referidas as que são realizadas com entidades abertas ou fechadas de previdência complementar pelos respectivos participantes ou assistidos.

→ Artigo acrescentado pela Lei 13.183/2015.

Art. 7º O art. 115 da Lei 8.213, de 24 de julho de 1991, passa a vigorar com as seguintes alterações:

→ Alterações efetuadas na referida Lei.

Art. 8º O Poder Executivo regulamentará o disposto nesta Lei.

Art. 9º Esta Lei entra em vigor na data de sua publicação.

Brasília, 17 de dezembro de 2003; 182º da Independência e 115º da República.

Luiz Inácio Lula da Silva

(Publicação no *D.O.U.* 18.12.2003)

DECRETO 5.123,

DE 1º DE JULHO DE 2004

Regulamenta a Lei 10.826, de 22 de dezembro de 2003, que dispõe sobre registro, posse e comercialização de armas de fogo e munição, sobre o Sistema Nacional de Armas – SINARM e define crimes.

O Presidente da República, no uso da atribuição que lhe confere o art. 84, inciso IV, da Constituição, e tendo em vista o disposto na Lei 10.826, de 22 de dezembro de 2003, decreta:

Capítulo I

DOS SISTEMAS DE CONTROLE DE ARMAS DE FOGO

Art. 1º O Sistema Nacional de Armas – SINARM, instituído no Ministério da Justiça, no âmbito da Polícia Federal, com circunscrição em todo o território nacional e competência estabelecida pelo *caput* e incisos do art. 2º da Lei 10.826, de 22 de dezembro de 2003, tem por finalidade manter cadastro geral, integrado e permanente das armas de fogo importadas, produzidas e vendidas no país, de competência do SINARM, e o controle dos registros dessas armas.

§ 1º Serão cadastradas no SINARM:

I – as armas de fogo institucionais, constantes de registros próprios:

a) da Polícia Federal;

b) da Polícia Rodoviária Federal;

c) das Polícias Civis;

d) dos órgãos policiais da Câmara dos Deputados e do Senado Federal, referidos nos arts. 51, inciso IV, e 52, inciso XIII da Constituição;

e) dos integrantes do quadro efetivo dos agentes e guardas prisionais, dos integrantes das escoltas de presos e das Guardas Portuárias;

f) das Guardas Municipais; e

g) dos órgãos públicos não mencionados nas alíneas anteriores, cujos servidores tenham autorização legal para portar arma de fogo em serviço, em razão das atividades que desempenhem, nos termos do *caput* do art. 6º da Lei 10.826, de 2003.

II – as armas de fogo apreendidas, que não constem dos cadastros do SINARM ou Sistema de Gerenciamento Militar de Armas – SIGMA, inclusive as vinculadas a procedimentos policiais e judiciais, mediante comunicação das autoridades competentes à Polícia Federal;

III – as armas de fogo de uso restrito dos integrantes dos órgãos, instituições e corporações mencionados no inciso II do art. 6º da Lei 10.826, de 2003; e

IV – as armas de fogo de uso restrito, salvo aquelas mencionadas no inciso II, do § 1º, do art. 2º deste Decreto.

§ 2º Serão registradas na Polícia Federal e cadastradas no SINARM:

I – as armas de fogo adquiridas pelo cidadão com atendimento aos requisitos do art. 4º da Lei 10.826, de 2003;

II – as armas de fogo das empresas de segurança privada e de transporte de valores; e

III – as armas de fogo de uso permitido dos integrantes dos órgãos, instituições e corporações mencionados no inciso II do art. 6º da Lei 10.826, de 2003.

§ 3º A apreensão das armas de fogo a que se refere o inciso II do § 1º deste artigo deverá ser imediatamente comunicada à Polícia Federal, pela autoridade competente, podendo ser recolhidas aos depósitos do Comando do Exército, para guarda, a critério da mesma autoridade.

§ 4º O cadastramento das armas de fogo de que trata o inciso I do § 1º observará as especificações e os procedimentos estabelecidos pelo Departamento de Polícia Federal.

→ § 4º acrescentado pelo Decreto 6.715/2008.

Art. 2º O SIGMA, instituído no Ministério da Defesa, no âmbito do Comando do Exército, com circunscrição em todo o território nacional, tem por finalidade manter cadastro geral, permanente e integrado das armas de fogo importadas, produzidas e vendidas no país, de competência do SIGMA, e das armas de fogo que constem dos registros próprios.

§ 1º Serão cadastradas no SIGMA:

I – as armas de fogo institucionais, de porte e portáteis, constantes de registros próprios:

a) das Forças Armadas;

b) das Polícias Militares e Corpos de Bombeiros Militares;

c) da Agência Brasileira de Inteligência; e

d) do Gabinete de Segurança Institucional da Presidência da República;

II – as armas de fogo dos integrantes das Forças Armadas, da Agência Brasileira de Inteligência e do Gabinete de Segurança Institucional da Presidência da República, constantes de registros próprios;

III – as informações relativas às exportações de armas de fogo, munições e demais produtos controlados, devendo o Comando do Exército manter sua atualização;

IV – as armas de fogo importadas ou adquiridas no país para fins de testes e avaliação técnica; e

V – as armas de fogo obsoletas.

§ 2º Serão registradas no Comando do Exército e cadastradas no SIGMA:

I – as armas de fogo de colecionadores, atiradores e caçadores; e

II – as armas de fogo das representações diplomáticas.

Art. 3º Entende-se por registros próprios, para os fins deste Decreto, os feitos pelas instituições, órgãos e corporações em documentos oficiais de caráter permanente.

Art. 4º A aquisição de armas de fogo, diretamente da fábrica, será precedida de autorização do Comando do Exército.

Art. 5º Os dados necessários ao cadastro mediante registro, a que se refere o inciso IX do art. 2º da Lei 10.826, de 2003, serão fornecidos ao SINARM pelo Comando do Exército.

Art. 6º Os dados necessários ao cadastro da identificação do cano da arma, das características das impressões de raiamento e microestriamento de projétil disparado, a marca do percutor e extrator no estojo do cartucho deflagrado pela arma de que trata o inciso X do art. 2º da Lei 10.826, de 2003, serão disciplinados em norma específica da Polícia Federal, ouvido o Comando do Exército, cabendo às fábricas de armas de fogo o envio das informações necessárias ao órgão responsável da Polícia Federal.

Parágrafo único. A norma específica de que trata este artigo será expedida no prazo de cento e oitenta dias.

Art. 7º As fábricas de armas de fogo fornecerão à Polícia Federal, para fins de cadastro, quando da saída do estoque, relação das armas produzidas, que devam constar do SINARM, na conformidade do art. 2º da Lei 10.826, de 2003, com suas características e os dados dos adquirentes.

Art. 8º As empresas autorizadas a comercializar armas de fogo encaminharão à Polícia Federal, quarenta e oito horas após a efetivação da venda, os dados que identifiquem a arma e o comprador.

Art. 9º Os dados do SINARM e do SIGMA serão interligados e compartilhados no prazo máximo de um ano.

Parágrafo único. Os Ministros da Justiça e da Defesa estabelecerão no prazo máximo de um ano os níveis de acesso aos cadastros mencionados no *caput*.

Capítulo II
DA ARMA DE FOGO

Seção I
Das Definições

Art. 10. Arma de fogo de uso permitido é aquela cuja utilização é autorizada a pessoas físicas, bem como a pessoas jurídicas, de acordo com as normas do Comando do Exército e nas condições previstas na Lei 10.826, de 2003.

Art. 11. Arma de fogo de uso restrito é aquela de uso exclusivo das Forças Armadas, de instituições de segurança pública e de pessoas físicas e jurídicas habilitadas, devidamente autorizadas pelo Comando do Exército, de acordo com legislação específica.

Seção II
Da Aquisição e do Registro da Arma de Fogo de Uso Permitido

Art. 12. Para adquirir arma de fogo de uso permitido o interessado deverá:

I – declarar efetiva necessidade;

II – ter, no mínimo, vinte e cinco anos;

III – apresentar original e cópia, ou cópia autenticada, de documento de identificação pessoal;

→ Inciso III com redação alterada pelo Decreto 6.715/2008.

IV – comprovar, em seu pedido de aquisição e em cada renovação do Certificado de Registro de Arma de Fogo, idoneidade e inexistência de inquérito policial ou processo criminal, por meio de certidões de antecedentes criminais da Justiça Federal, Estadual, Militar e Eleitoral, que poderão ser fornecidas por meio eletrônico;

→ Inciso IV com redação alterada pelo Decreto 6.715/2008.

V – apresentar documento comprobatório de ocupação lícita e de residência certa;

VI – comprovar, em seu pedido de aquisição e em cada renovação do Certificado de Registro de Arma de Fogo, a capacidade técnica para o manuseio de arma de fogo;

→ Inciso VI com redação alterada pelo Decreto 6.715/2008.

VII – comprovar aptidão psicológica para o manuseio de arma de fogo, atestada em laudo conclusivo fornecido por psicólogo do quadro da Polícia Federal ou por esta credenciado.

§ 1º A declaração de que trata o inciso I do *caput* deverá explicitar os fatos e circunstâncias justificadoras do pedido, que serão examinados pela Polícia Federal segundo as orientações a serem expedidas pelo Ministério da Justiça.

→ § 1º com redação alterada pelo Decreto 6.715/2008.

§ 2º O indeferimento do pedido deverá ser fundamentado e comunicado ao interessado em documento próprio.

§ 3º O comprovante de capacitação técnica, de que trata o inciso VI do *caput*, deverá ser expedido por instrutor de armamento e tiro credenciado pela Polícia Federal e deverá atestar, necessariamente:

→ *Caput* do § 3º com redação alterada pelo Decreto 6.715/2008.

I – conhecimento da conceituação e normas de segurança pertinentes à arma de fogo;

II – conhecimento básico dos componentes e partes da arma de fogo; e

III – habilidade do uso da arma de fogo demonstrada, pelo interessado, em estande de tiro credenciado pelo Comando do Exército.

§ 4º Após a apresentação dos documentos referidos nos incisos III a VII do *caput*, havendo manifestação favorável do órgão competente mencionada no § 1º, será expedida, pelo SINARM, no prazo máximo de trinta dias, em nome do interessado, a autorização para a aquisição da arma de fogo indicada.

§ 5º É intransferível a autorização para a aquisição da arma de fogo, de que trata o § 4º deste artigo.

§ 6º Está dispensado da comprovação dos requisitos a que se referem os incisos VI e VII do *caput* o interessado em adquirir arma de fogo de uso permitido que comprove estar autorizado a portar arma da mesma espécie daquela a ser adquirida, desde que o porte de arma de fogo esteja válido e o interessado tenha se submetido a avaliações em período não superior a um ano, contado do pedido de aquisição.

→ § 6º acrescentado pelo Decreto 6.715/2008.

Art. 13. A transferência de propriedade da arma de fogo, por qualquer das formas em direito admitidas, entre particulares, sejam pessoas físicas ou jurídicas, estará sujeita à prévia autorização da Polícia Federal, aplicando-se ao interessado na aquisição as disposições do art. 12 deste Decreto.

Parágrafo único. A transferência de arma de fogo registrada no Comando do Exército será autorizada pela instituição e cadastrada no SIGMA.

LEGISLAÇÃO

Art. 14. É obrigatório o registro da arma de fogo, no SINARM ou no SIGMA, excetuadas as obsoletas.

Art. 15. O registro da arma de fogo de uso permitido deverá conter, no mínimo, os seguintes dados:

I – do interessado:

a) nome, filiação, data e local de nascimento;

b) endereço residencial;

c) endereço da empresa ou órgão em que trabalhe;

d) profissão;

e) número da cédula de identidade, data da expedição, órgão expedidor e Unidade da Federação; e

f) número do Cadastro de Pessoa Física – CPF ou Cadastro Nacional de Pessoa Jurídica – CNPJ;

II – da arma:

a) número do cadastro no SINARM;

b) identificação do fabricante e do vendedor;

c) número e data da nota Fiscal de venda;

d) espécie, marca, modelo e número de série;

e) calibre e capacidade de cartuchos;

f) tipo de funcionamento;

g) quantidade de canos e comprimento;

h) tipo de alma (lisa ou raiada);

i) quantidade de raias e sentido; e

j) número de série gravado no cano da arma.

Art. 16. O Certificado de Registro de Arma de Fogo expedido pela Polícia Federal, precedido de cadastro no SINARM, tem validade em todo o território nacional e autoriza o seu proprietário a manter a arma de fogo exclusivamente no interior de sua residência ou dependência desta, ou, ainda, no seu local de trabalho, desde que seja ele o titular ou o responsável legal pelo estabelecimento ou empresa.

→ *Caput* com redação alterada pelo Decreto 6.715/2008.

§ 1º Para os efeitos do disposto no *caput* deste artigo considerar-se-á titular do estabelecimento ou empresa todo aquele assim definido em contrato social, e responsável legal o designado em contrato individual de trabalho, com poderes de gerência.

§ 2º Os requisitos de que tratam os incisos IV, V, VI e VII do art. 12 deste Decreto deverão ser comprovados, periodicamente, a cada três anos, junto à Polícia Federal, para fins de renovação do Certificado de Registro.

§ 3º *(Revogado pelo Decreto 6.715/2008).*

§ 4º O disposto no § 2º não se aplica, para a aquisição e renovação do Certificado de Registro de Arma de Fogo, aos integrantes dos órgãos, instituições e corporações, mencionados nos incisos I e II do *caput* do art. 6º da Lei 10.826, de 2003.

→ § 4º acrescentado pelo Decreto 6.715/2008.

Art. 17. O proprietário de arma de fogo é obrigado a comunicar, imediatamente, à unidade policial local, o extravio, furto ou roubo de arma de fogo ou do Certificado de Registro de Arma de Fogo, bem como a sua recuperação.

→ *Caput* com redação alterada pelo Decreto 6.715/2008.

§ 1º A unidade policial deverá, em quarenta e oito horas, remeter as informações coletadas à Polícia Federal, para fins de cadastro no SINARM.

→ § 1º com redação alterada pelo Decreto 6.715/2008.

§ 2º No caso de arma de fogo de uso restrito, a Polícia Federal repassará as informações ao Comando do Exército, para fins de cadastro no SIGMA.

→ § 2º com redação alterada pelo Decreto 6.715/2008.

§ 3º Nos casos previstos no *caput*, o proprietário deverá, também, comunicar o ocorrido à Polícia Federal ou ao Comando do Exército, encaminhando, se for o caso, cópia do Boletim de Ocorrência.

Seção III
Da Aquisição e Registro da Arma de Fogo de Uso Restrito

Art. 18. Compete ao Comando do Exército autorizar a aquisição e registrar as armas de fogo de uso restrito.

§ 1º As armas de que trata o *caput* serão cadastradas no SIGMA e no SINARM, conforme o caso.

§ 2º O registro de arma de fogo de uso restrito, de que trata o *caput* deste artigo, deverá conter as seguintes informações:

I – do interessado:

a) nome, filiação, data e local de nascimento;

b) endereço residencial;

c) endereço da empresa ou órgão em que trabalhe;

d) profissão;

e) número da cédula de identidade, data da expedição, órgão expedidor e Unidade da Federação; e

f) número do Cadastro de Pessoa Física – CPF ou Cadastro Nacional de Pessoa Jurídica – CNPJ;

II – da arma:

a) número do cadastro no SINARM;

b) identificação do fabricante e do vendedor;

c) número e data da nota Fiscal de venda;

d) espécie, marca, modelo e número de série;

e) calibre e capacidade de cartuchos;

f) tipo de funcionamento;

g) quantidade de canos e comprimento;

h) tipo de alma (lisa ou raiada);

i) quantidade de raias e sentido; e

j) número de série gravado no cano da arma.

§ 3º Os requisitos de que tratam os incisos IV, V, VI e VII do art. 12 deste Decreto deverão ser comprovados periodicamente, a cada três anos, junto ao Comando do Exército, para fins de renovação do Certificado de Registro.

§ 4º Não se aplica aos integrantes dos órgãos, instituições e corporações mencionados nos incisos I e II do art. 6º da Lei 10.826, de 2003, o disposto no § 3º deste artigo.

Seção IV
Do Comércio Especializado de Armas de Fogo e Munições

Art. 19. É proibida a venda de armas de fogo, munições e demais produtos controlados, de uso restrito, no comércio.

Art. 20. O estabelecimento que comercializar arma de fogo de uso permitido em território nacional é obrigado a comunicar à Polícia Federal, mensalmente, as vendas que efetuar e a quantidade de armas em estoque, respondendo legalmente por essas mercadorias, que ficarão registradas como de sua propriedade, de forma precária, enquanto não forem vendidas, sujeitos seus responsáveis às penas previstas em lei.

→ Artigo com redação alterada pelo Decreto 6.715/2008.

Art. 21. A comercialização de acessórios de armas de fogo e de munições, incluídos estojos, espoletas, pólvora e projéteis, só poderá ser efetuada em estabelecimento credenciado pela Polícia Federal e pelo comando do Exército que manterão um cadastro dos comerciantes.

§ 1º Quando se tratar de munição industrializada, a venda ficará condicionada à apresentação pelo adquirente, do Certificado de Registro de Arma de Fogo válido, e ficará restrita ao calibre correspondente à arma registrada.

§ 2º Os acessórios e a quantidade de munição que cada proprietário de arma de fogo poderá adquirir serão fixados em Portaria do Ministério da Defesa, ouvido o Ministério da Justiça.

§ 3º O estabelecimento mencionado no *caput* deste artigo deverá manter à disposição da Polícia Federal e do Comando do Exército os estoques e a relação das vendas efetuadas mensalmente, pelo prazo de cinco anos.

Capítulo III
DO PORTE E DO TRÂNSITO DA ARMA DE FOGO

Seção I
Do Porte

Art. 22. O Porte de Arma de Fogo de uso permitido, vinculado ao prévio registro da arma e ao cadastro no SINARM, será expedido pela Polícia Federal, em todo o território nacional, em caráter excepcional, desde que atendidos os requisitos previstos nos incisos I, II e III do § 1º do art. 10 da Lei 10.826, de 2003.

→ *Caput* com redação alterada pelo Decreto 6.715/2008.

Parágrafo único. A taxa estipulada para o Porte de Arma de Fogo somente será recolhida após a análise e a aprovação dos documentos apresentados.

Art. 23. O Porte de Arma de Fogo é documento obrigatório para a condução da arma e deverá conter os seguintes dados:

I – abrangência territorial;

II – eficácia temporal;

III – características da arma;

IV – número do cadastro da arma no SINARM;

→ Inciso IV com redação alterada pelo Decreto 6.715/2008.

V – identificação do proprietário da arma; e

VI – assinatura, cargo e função da autoridade concedente.

Art. 24. O Porte de Arma de Fogo é pessoal, intransferível e revogável a qualquer tempo, sendo válido apenas com relação à arma nele especificada e com a apresentação do documento de identificação do portador.

→ Artigo com redação alterada pelo Decreto 6.715/2008.

Art. 24-A. Para portar a arma de fogo adquirida nos termos do § 6º do art. 12, o proprietário deverá solicitar a expedição do respectivo documento de porte, que observará o disposto no art. 23 e terá a mesma validade do documento referente à primeira arma.

→ Artigo acrescentado pelo Decreto 6.715/2008.

Art. 25. O titular do Porte de Arma de Fogo deverá comunicar imediatamente:

I – a mudança de domicílio, ao órgão expedidor do Porte de Arma de Fogo; e

II – o extravio, furto ou roubo da arma de fogo, à Unidade Policial mais próxima e, posteriormente, à Polícia Federal.

Parágrafo único. A inobservância do disposto neste artigo implicará na suspensão do Porte de Arma de Fogo, por prazo a ser estipulado pela autoridade concedente.

Art. 26. O titular de porte de arma de fogo para defesa pessoal concedido nos termos do art. 10 da Lei 10.826, de 2003, não poderá conduzi-la ostensivamente ou com ela adentrar ou permanecer em locais públicos, tais como igrejas, escolas, estádios desportivos, clubes, agências bancárias ou outros locais onde haja aglomeração de pessoas em virtude de eventos de qualquer natureza.

→ *Caput* com redação alterada pelo Decreto 6.715/2008.

§ 1º A inobservância do disposto neste artigo implicará na cassação do Porte de Arma de Fogo e na apreensão da arma, pela autoridade competente, que adotará as medidas legais pertinentes.

§ 2º Aplica-se o disposto no § 1º deste artigo, quando o titular do Porte de Arma de Fogo esteja portando o armamento em estado de embriaguez ou sob o efeito de drogas ou medicamentos que provoquem alteração do desempenho intelectual ou motor.

Art. 27. Será concedido pela Polícia Federal, nos termos do § 5º do art. 6º da Lei 10.826, de 2003, o Porte de Arma de Fogo, na categoria "caçador de subsistência", de uma arma portátil, de uso permitido, de tiro simples, com um ou dois canos, de alma lisa e de calibre igual ou inferior a 16, desde que o interessado comprove a efetiva necessidade em requerimento ao qual deverão ser anexados os seguintes documentos:

I – documento comprobatório de residência em área rural ou certidão equivalente expedida por órgão municipal;

→ Inciso I com redação alterada pelo Decreto 6.715/2008.

II – original e cópia, ou cópia autenticada, do documento de identificação pessoal; e

→ Inciso II com redação alterada pelo Decreto 6.715/2008.

III – atestado de bons antecedentes.

Parágrafo único. Aplicam-se ao portador do Porte de Arma de Fogo mencionado neste artigo as demais obrigações estabelecidas neste Decreto.

Art. 28. O proprietário de arma de fogo de uso permitido registrada, em caso de mudança de domicílio ou outra situação que implique o transporte da arma, deverá solicitar guia de trânsito à Polícia Federal para as armas de fogo cadastradas no SINARM, na forma estabelecida pelo Departamento de Polícia Federal.

→ Artigo com redação alterada pelo Decreto 6.715/2008.

Art. 29. Observado o princípio da reciprocidade previsto em convenções internacionais, poderá ser autorizado o Porte de Arma de Fogo pela Polícia Federal, a diplomatas de missões diplomáticas e consulares acreditadas junto ao Governo Brasileiro, e a agentes de segurança de dignitários estrangeiros durante a permanência no país, independentemente dos requisitos estabelecidos neste Decreto.

Art. 29-A. Caberá ao Departamento de Polícia Federal estabelecer os procedimentos relativos à concessão e renovação do Porte de Arma de Fogo.

→ Artigo acrescentado pelo Decreto 6.715/2008.

Seção II
Dos Atiradores, Caçadores e Colecionadores

Subseção I
Da prática de tiro desportivo

Art. 30. As agremiações esportivas e as empresas de instrução de tiro, os colecionadores, atiradores e caçadores serão registrados no Comando do Exército, ao qual caberá estabelecer normas e verificar o cumprimento das condições de segurança dos depósitos das armas de fogo, munições e equipamentos de recarga.

§ 1º As armas pertencentes às entidades mencionadas no *caput* e seus integrantes terão autorização para porte de trânsito (guia de tráfego) a ser expedida pelo Comando do Exército.

§ 2º A prática de tiro desportivo por menores de dezoito anos deverá ser autorizada judicialmente e deve restringir-se aos locais autorizados pelo Comando do Exército, utilizando arma da agremiação ou do responsável quando por este acompanhado.

§ 3º A prática de tiro desportivo por maiores de dezoito anos e menores de vinte e cinco anos pode ser feita utilizando arma de sua propriedade, registrada com amparo na Lei 9.437, de 20 de fevereiro de 1997, de agremiação ou arma registrada e cedida por outro desportista.

Art. 31. A entrada de arma de fogo e munição no país, como bagagem de atletas, para competições internacionais será autorizada pelo Comando do Exército.

§ 1º O Porte de Trânsito das armas a serem utilizadas por delegações estrangeiras em competição oficial de tiro no país será expedido pelo Comando do Exército.

§ 2º Os responsáveis e os integrantes pelas delegações estrangeiras e brasileiras em competição oficial de tiro no país transportarão suas armas desmuniciadas.

Subseção II
Dos colecionadores e caçadores

Art. 32. O Porte de Trânsito das armas de fogo de colecionadores e caçadores será expedido pelo Comando do Exército.

Parágrafo único. Os colecionadores e caçadores transportarão suas armas desmuniciadas.

Subseção III
Dos integrantes e das instituições mencionadas no art. 6º da Lei 10.826, de 2003

Art. 33. O Porte de Arma de Fogo é deferido aos militares das Forças Armadas, aos policiais federais e estaduais e do Distrito Federal, civis e militares, aos Corpos de Bombeiros Militares, bem como aos policiais da Câmara dos Deputados e do Senado Federal em razão do desempenho de suas funções institucionais.

§ 1º O Porte de Arma de Fogo das praças das Forças Armadas e dos Policiais e Corpos de Bombeiros Militares é regulado em norma específica, por atos dos Comandantes das Forças Singulares e dos Comandantes-Gerais das Corporações.

§ 2º Os integrantes das polícias civis estaduais e das Forças Auxiliares, quando no exercício de suas funções institucionais ou em trânsito, poderão portar arma de fogo fora da respectiva unidade federativa, desde que expressamente autorizados pela instituição a que pertençam, por prazo determinado, conforme estabelecido em normas próprias.

Art. 33-A. A autorização para o porte de arma de fogo previsto em legislação própria, na forma do *caput* do art. 6º da Lei 10.826, de 2003, está condicionada ao atendimento dos requisitos previstos no inciso III do *caput* do art. 4º da mencionada Lei.

→ Artigo acrescentado pelo Decreto 6.715/2008.

Art. 34. Os órgãos, instituições e corporações mencionados nos incisos I, II, III, V, VI, VII e X do *caput* do art. 6º da Lei 10.826, de 2003, estabelecerão, em normativos internos, os procedimentos relativos às condições para a utilização das armas de fogo de sua propriedade, ainda que fora do serviço.

→ *Caput* com redação alterada pelo Decreto 6.715/2008.

§ 1º As instituições mencionadas no inciso IV do art. 6º da Lei 10.826, de 2003, estabelecerão em normas próprias os procedimentos relativos às condições para a utilização, em serviço, das armas de fogo de sua propriedade.

§ 2º As instituições, órgãos e corporações nos procedimentos descritos no *caput*, disciplinarão as normas gerais de uso de arma de fogo de sua propriedade, fora do serviço, quando se tratar de locais onde haja aglomeração de pessoas, em virtude de evento de qualquer natureza, tais como no interior de igrejas, escolas, estádios desportivos, clubes, públicos e privados.

§ 3º Os órgãos e instituições que tenham os portes de arma de seus agentes públicos ou políticos estabelecidos em lei própria, na forma do *caput* do art. 6º da Lei 10.826, de 2003, deverão encaminhar à Polícia Federal a relação dos autorizados a portar arma de fogo, observando-se, no que couber, o disposto no art. 26.

→ § 3º acrescentado pelo Decreto 6.715/2008.

§ 4º Não será concedida a autorização para o porte de arma de fogo de que trata o art. 22 a integrantes de órgãos, instituições e corporações não autorizados a portar arma de fogo fora de serviço, exceto se comprovarem o risco à sua integridade física, observando-se o disposto no art. 11 da Lei 10.826, de 2003.

→ § 4º acrescentado pelo Decreto 6.715/2008.

§ 5º O porte de que tratam os incisos V, VI e X do *caput* do art. 6º da Lei 10.826, de 2003, e aquele previsto em lei própria, na forma do *caput* do mencionado artigo, serão concedidos, exclusivamente, para defesa pessoal, sendo vedado aos seus respectivos titulares o porte ostensivo da arma de fogo.

→ § 5º acrescentado pelo Decreto 6.715/2008.

§ 6º A vedação prevista no parágrafo 5º não se aplica aos servidores designados para execução da atividade fiscalizatória do Instituto Brasileiro do Meio Ambiente e dos Recursos Naturais Renováveis – IBAMA e do Instituto Chico Mendes de Conservação da Biodiversidade – Instituto Chico Mendes.

→ § 6º acrescentado pelo Decreto 6.817/2009.

Art. 35. Poderá ser autorizado, em casos excepcionais, pelo órgão competente, o uso, em serviço, de arma de fogo, de propriedade particular do integrante dos órgãos, instituições ou corporações mencionadas no inciso II do art. 6º da Lei 10.826, de 2003.

§ 1º A autorização mencionada no *caput* será regulamentada em ato próprio do órgão competente.

§ 2º A arma de fogo de que trata este artigo deverá ser conduzida com o seu respectivo Certificado de Registro.

Art. 35-A. As armas de fogo particulares de que trata o art. 35, e as institucionais não brasonadas, deverão ser conduzidas com o seu respectivo Certificado de Registro ou termo de cautela decorrente de autorização judicial para uso, sob pena de aplicação das sanções penais cabíveis.

→ Artigo acrescentado pelo Decreto 6.715/2008.

Art. 36. A capacidade técnica e a aptidão psicológica para o manuseio de armas de fogo, para os integrantes das instituições descritas nos incisos III, IV, V, VI, VII e X do *caput* do art. 6º da Lei 10.826, de 2003, serão atestadas pela própria instituição, depois de cumpridos os requisitos técnicos e psicológicos estabelecidos pela Polícia Federal.

→ *Caput* com redação alterada pelo Decreto 6.146/2007.

Parágrafo único. Caberá a Polícia Federal avaliar a capacidade técnica e a aptidão psicológica, bem como expedir o Porte de Arma de Fogo para os guardas portuários.

Art. 37. Os integrantes das Forças Armadas e os servidores dos órgãos, instituições e corporações mencionados nos incisos II, V, VI e VII do *caput* do art. 6º da Lei 10.826, de 2003, transferidos para a reserva remunerada ou aposentados, para conservarem a autorização de porte de arma de fogo de sua propriedade deverão submeter-se, a cada três anos, aos testes de avaliação da aptidão psicológica a que faz menção o inciso III do *caput* art. 4º da Lei 10.826, de 2003.

→ *Caput* com redação alterada pelo Decreto 6.146/2007.

§ 1º O cumprimento destes requisitos será atestado pelas instituições, órgãos e corporações de vinculação.

§ 2º Não se aplicam aos integrantes da reserva não remunerada das Forças Armadas e Auxiliares, as prerrogativas mencionadas no *caput*.

Subseção IV
Das empresas de segurança privada e de transporte de valores

Art. 38. A autorização para o uso de arma de fogo expedida pela Polícia Federal, em nome das empresas de segurança privada e de transporte de valores, será precedida, necessariamente, da comprovação do preenchimento de todos os requisitos constantes do art. 4º da Lei 10.826, de 2003, pelos empregados autorizados a portar arma de fogo.

§ 1º A autorização de que trata o *caput* é válida apenas para a utilização da arma de fogo em serviço.

§ 2º As empresas de que trata o *caput* encaminharão, trimestralmente, à Polícia Federal, para cadastro no SINARM, a relação nominal dos empregados autorizados a portar arma de fogo.

→ § 2º com redação alterada pelo Decreto 6.715/2008.

§ 3º A transferência de armas de fogo, por qualquer motivo, entre estabelecimentos da mesma empresa ou para empresa diversa, deverão ser previamente autorizados pela Polícia Federal.

§ 4º Durante o trâmite do processo de transferência de armas de fogo de que trata o § 3º, a Polícia Federal poderá, em caráter excepcional, autorizar a empresa adquirente a utilizar as armas em fase de aquisição, em seus postos de serviço, antes da expedição do novo Certificado de Registro

→ § 4º acrescentado pelo Decreto 6.715/2008.

Art. 39. É de responsabilidade das empresas de segurança privada e de transportes de valores a guarda e armazenagem das armas, munições e acessórios de sua propriedade, nos termos da legislação específica.

Parágrafo único. A perda, furto, roubo ou outras formas de extravio de arma de fogo, acessório e munições que estejam sob a guarda das empresas de segurança privada e de transporte de valores deverá ser comunicada à Polícia Federal, no prazo máximo de vinte e quatro horas, após a ocorrência do fato, sob pena de responsabilização do proprietário ou diretor responsável.

Subseção V
Das Guardas Municipais

Art. 40. Cabe ao Ministério da Justiça, por intermédio da Polícia Federal, diretamente ou mediante convênio com os órgãos de segurança pública dos Estados, do Distrito Federal ou dos Municípios, nos termos do § 3º do art. 6º da Lei 10.826, de 2003:

→ *Caput* com redação alterada pelo Decreto 6.715/2008.

I – conceder autorização para o funcionamento dos cursos de formação de guardas municipais;

II – fixar o currículo dos cursos de formação;

III – conceder Porte de Arma de Fogo;

IV – fiscalizar os cursos mencionados no inciso II; e

V – fiscalizar e controlar o armamento e a munição utilizados.

Parágrafo único. As competências previstas nos incisos I e II deste artigo não serão objeto de convênio.

Art. 41. Compete ao Comando do Exército autorizar a aquisição de armas de fogo e de munições para as Guardas Municipais.

Art. 42. O Porte de Arma de Fogo aos profissionais citados nos incisos III e IV, do art. 6º, da Lei 10.826, de 2003, será concedido desde que comprovada a realização de treinamento técnico de, no mínimo, sessenta horas para armas de repetição e cem horas para arma semiautomática.

§ 1º O treinamento de que trata o *caput* desse artigo deverá ter, no mínimo, sessenta e cinco por cento de conteúdo prático.

§ 2º O curso de formação dos profissionais das Guardas Municipais deverá conter técnicas de tiro defensivo e defesa pessoal.

§ 3º Os profissionais da Guarda Municipal deverão ser submetidos a estágio de qualificação profissional por, no mínimo, oitenta horas ao ano.

§ 4º Não será concedido aos profissionais das Guardas Municipais Porte de Arma de Fogo de calibre restrito, privativos das forças policiais e forças armadas.

Art. 43. O profissional da Guarda Municipal com Porte de Arma de Fogo deverá ser submetido, a cada dois anos, a teste de capacidade psicológica e, sempre que estiver envolvido em evento de disparo de arma de fogo em via pública, com ou sem vítimas, deverá apresentar relatório circunstanciado, ao Comando da Guarda Civil e ao Órgão Corregedor para justificar o motivo da utilização da arma.

Art. 44. A Polícia Federal poderá conceder Porte de Arma de Fogo, nos termos no § 3º do art. 6º, da Lei 10.826, de 2003, às Guardas Municipais dos municípios que tenham criado corregedoria própria e autônoma, para a apuração de infrações disciplinares atribuídas aos servidores integrantes do Quadro da Guarda Municipal.

Parágrafo único. A concessão a que se refere o *caput* dependerá, também, da existência de Ouvidoria, como órgão permanente, autônomo e independente, com competência para fiscalizar, investigar, auditorar e propor políticas de qualificação das atividades desenvolvidas pelos integrantes das Guardas Municipais.

Art. 45. *(Revogado pelo Decreto 5.871/2006).*

Capítulo IV
DAS DISPOSIÇÕES GERAIS, FINAIS E TRANSITÓRIAS

Seção I
Das Disposições Gerais

Art. 46. O Ministro da Justiça designará as autoridades policiais competentes, no âmbito da Polícia Federal, para autorizar a aquisição e conceder o Porte de Arma de Fogo, que terá validade máxima de cinco anos.

Art. 47. O Ministério da Justiça, por intermédio da Polícia Federal, poderá celebrar convênios com os órgãos de segurança pública dos Estados e do Distrito Federal para possibilitar a integração, ao SINARM, dos acervos policiais de armas de fogo já existentes, em cumprimento ao disposto no inciso VI do art. 2º da Lei 10.826, de 2003.

→ Artigo com redação alterada pelo Decreto 6.715/2008.

Art. 48. Compete ao Ministério da Defesa e ao Ministério da Justiça:

I – estabelecer as normas de segurança a serem observadas pelos prestadores de serviços de transporte aéreo de passageiros, para controlar o embarque de passageiros armados e fiscalizar o seu cumprimento;

II – regulamentar as situações excepcionais do interesse da ordem pública, que exijam de policiais federais, civis e militares, integrantes das Forças Armadas e agentes do Departamento de Segurança do Gabinete de Segurança Institucional da Presidência da República, o Porte de Arma de Fogo a bordo de aeronaves; e

III – estabelecer, nas ações preventivas com vistas à segurança da aviação civil, os procedimentos de restrição e condução de armas por pessoas com a prerrogativa de Porte de Arma de Fogo em áreas restritas aeroportuárias, ressalvada a competência da Polícia Federal, prevista no inciso III do § 1º do art. 144 da Constituição.

Parágrafo único. As áreas restritas aeroportuárias são aquelas destinadas à operação de um aeroporto, cujos acessos são controlados, para os fins de segurança e proteção da aviação civil.

Art. 49. A classificação legal, técnica e geral e a definição das armas de fogo e demais produtos controlados, de uso restrito ou permitido são as constantes do Regulamento para a Fiscalização de Produtos Controlados e sua legislação complementar.

Parágrafo único. Compete ao Comando do Exército promover a alteração do Regulamento mencionado no *caput*, com o fim de adequá-lo aos termos deste Decreto.

Art. 50. Compete, ainda, ao Comando do Exército:

I – autorizar e fiscalizar a produção e o comércio de armas, munições e demais produtos controlados, em todo o território nacional;

II – estabelecer as dotações em armamento e munição das corporações e órgãos previstos nos incisos II, III, IV, V, VI e VII do art. 6º da Lei 10.826, de 2003; e

III – estabelecer normas, ouvido o Ministério da Justiça, em cento e oitenta dias:

a) para que todas as munições estejam acondicionadas em embalagens com sistema de código de barras, gravado na caixa, visando possibilitar a identificação do fabricante e do adquirente;

b) para que as munições comercializadas para os órgãos referidos no art. 6º da Lei 10.826, de 2003, contenham gravação na base dos estojos que permita identificar o fabricante, o lote de venda e o adquirente;

c) para definir os dispositivos de segurança e identificação previstos no § 3º do art. 23 da Lei 10.826, de 2003; e

IV – expedir regulamentação específica para o controle da fabricação, importação, comércio, trânsito e utilização de simulacros de armas de fogo, conforme o art. 26 da Lei 10.826, de 2003.

Art. 51. A importação de armas de fogo, munições e acessórios de uso restrito está sujeita ao regime de licenciamento não automático prévio ao embarque da mercadoria no exterior e dependerá da anuência do Comando do Exército.

§ 1º A autorização é concedida por meio do Certificado Internacional de Importação.

§ 2º A importação desses produtos somente será autorizada para os órgãos de segurança pública e para colecionadores, atiradores e caçadores nas condições estabelecidas em normas específicas.

Art. 52. Os interessados pela importação de armas de fogo, munições e acessórios, de uso restrito, ao preencherem a Licença de Importação no Sistema Integrado de Comércio Exterior – SISCOMEX, deverão informar as características específicas dos produtos importados, ficando o desembaraço aduaneiro sujeito à satisfação desse requisito.

Art. 53. As importações realizadas pelas Forças Armadas dependem de autorização prévia do Ministério da Defesa e serão por este controladas.

Art. 54. A importação de armas de fogo, munições e acessórios de uso permitido e demais produtos controlados está sujeita, no que couber, às condições estabelecidas nos arts. 51 e 52 deste Decreto.

Art. 55. A Secretaria da Receita Federal e o Comando do Exército fornecerão à Polícia Federal, as informações relativas às importações de que trata o art. 54 e que devam constar do cadastro de armas do SINARM.

Art. 56. O Comando do Exército poderá autorizar a entrada temporária no país, por prazo definido, de armas de fogo, munições e acessórios para fins de demonstração, exposição, conserto, mostruário ou testes, mediante requerimento do interessado ou de seus representantes legais ou, ainda, das representações diplomáticas do país de origem.

§ 1º A importação sob o regime de admissão temporária deverá ser autorizada por meio do Certificado Internacional de Importação.

§ 2º Terminado o evento que motivou a importação, o material deverá retornar ao seu país de origem, não podendo ser doado ou vendido no território nacional, exceto a doação para os museus das Forças Armadas e das instituições policiais.

§ 3º A Receita Federal fiscalizará a entrada e saída desses produtos.

§ 4º O desembaraço alfandegário das armas e munições trazidas por agentes de segurança de dignitários estrangeiros, em visita ao país, será feito pela Receita Federal, com posterior comunicação ao Comando do Exército.

Art. 57. Fica vedada a importação de armas de fogo, seus acessórios e peças, de munições e seus componentes, por meio do serviço postal e similares.

Parágrafo único. Fica autorizada, em caráter excepcional, a importação de peças de armas de fogo, com exceção de armações, canos e ferrolho, por meio do serviço postal e similares.

Art. 58. O Comando do Exército autorizará a exportação de armas, munições e demais produtos controlados.

§ 1º A autorização das exportações enquadradas nas diretrizes de exportação de produtos de defesa rege-se por legislação específica, a cargo do Ministério da Defesa.

§ 2º Considera-se autorizada a exportação quando efetivado o respectivo Registro de Exportação, no Sistema de Comércio Exterior – SISCOMEX.

Art. 59. O exportador de armas de fogo, munições ou demais produtos controlados deverá apresentar como prova da venda ou transferência do produto, um dos seguintes documentos:

I – Licença de Importação (LI), expedida por autoridade competente do país de destino; ou

II – Certificado de Usuário Final (End User), expedido por autoridade competente do país de destino, quando for o caso.

Art. 60. As exportações de armas de fogo, munições ou demais produtos controlados considerados de valor histórico somente serão autorizadas pelo Comando do Exército após consulta aos órgãos competentes.

Parágrafo único. O Comando do Exército estabelecerá, em normas específicas, os critérios para definição do termo "valor histórico".

Art. 61. O Comando do Exército cadastrará no SIGMA os dados relativos às exportações de armas, munições e demais produtos controlados, mantendo-os devidamente atualizados.

Art. 62. Fica vedada a exportação de armas de fogo, de seus acessórios e peças, de munição e seus componentes, por meio do serviço postal e similares.

Art. 63. O desembaraço alfandegário de armas e munições, peças e demais produtos controlados será autorizado pelo Comando do Exército.

Parágrafo único. O desembaraço alfandegário de que trata este artigo abrange:

I – operações de importação e exportação, sob qualquer regime;

II – internação de mercadoria em entrepostos aduaneiros;

III – nacionalização de mercadoria entrepostadas;

IV – ingresso e saída de armamento e munição de atletas brasileiros e estrangeiros inscritos em competições nacionais ou internacionais;

V – ingresso e saída de armamento e munição;

VI – ingresso e saída de armamento e munição de órgãos de segurança estrangeiros, para participação em operações, exercícios e instruções de natureza oficial; e

VII – as armas de fogo, munições, suas partes e peças, trazidos como bagagem acompanhada ou desacompanhada.

Art. 64. O desembaraço alfandegário de armas de fogo e munição somente será autorizado após o cumprimento de normas específicas sobre marcação, a cargo do Comando do Exército.

Art. 65. As armas de fogo, acessórios ou munições mencionados no art. 25 da Lei 10.826, de 2003, serão encaminhados, no prazo máximo de quarenta e oito horas, ao Comando do Exército, para destruição, após a elaboração do laudo pericial e desde que não mais interessem ao processo judicial.

§ 1º É vedada a doação, acautelamento ou qualquer outra forma de cessão para órgão, corporação ou instituição, exceto as doações de arma de fogo de valor histórico ou obsoletas para museus das Forças Armadas ou das instituições policiais.

§ 2º As armas brasonadas ou quaisquer outras de uso restrito poderão ser recolhidas ao Comando do Exército pela autoridade competente, para sua guarda até ordem judicial para destruição.

§ 3º As armas apreendidas poderão ser devolvidas pela autoridade competente aos seus legítimos proprietários se presentes os requisitos do art. 4º da Lei 10.826, de 2003.

§ 4º O Comando do Exército designará as Organizações Militares que ficarão incumbidas de destruir as armas que lhe forem encaminhadas para esse fim, bem como incluir este dado no respectivo Sistema no qual foi cadastrada a arma.

Art. 66. A solicitação de informações sobre a origem de armas de fogo, munições e explosivos deverá ser encaminhada diretamente ao órgão controlador da Polícia Federal ou do Comando do Exército.

Art. 67. No caso de falecimento ou interdição do proprietário de arma de fogo, o administrador da herança ou curador, conforme o caso, deverá providenciar a transferência da propriedade da arma mediante alvará judicial ou autorização firmada por todos os herdeiros, desde que maiores e capazes, aplicando-se ao herdeiro ou interessado na aquisição as disposições do art. 12.

→ *Caput* com redação alterada pelo Decreto 6.715/2008.

§ 1º O administrador da herança ou o curador comunicará à Polícia Federal ou ao Comando do Exército, conforme o caso, a morte ou interdição do proprietário da arma de fogo.

→ § 1º com redação alterada pelo Decreto 6.715/2008.

§ 2º Nos casos previstos no *caput* deste artigo, a arma deverá permanecer sob a guarda e responsabilidade do administrador da herança ou curador, depositada em local seguro, até a expedição do Certificado de Registro e entrega ao novo proprietário.

§ 3º A inobservância do disposto no § 2º implicará a apreensão da arma pela autoridade competente, aplicando-se ao administrador da herança ou ao curador as sanções penais cabíveis.

→ § 3º com redação alterada pelo Decreto 6.715/2008.

Art. 67-A. Serão cassadas as autorizações de posse e de porte de arma de fogo do titular a quem seja imputada a prática de crime doloso.

→ Artigo acrescentado pelo Decreto 6.715/2008.

§ 1º Nos casos previstos no *caput*, o proprietário deverá entregar a arma de fogo à Polícia Federal, mediante indenização na forma do art. 68, ou providenciar sua transferência no prazo máximo de sessenta dias, aplicando-se, ao interessado na aquisição, as disposições do art. 4º da Lei 10.826, de 2003.

§ 2º A cassação da autorização de posse ou de porte de arma de fogo será determinada a partir do indiciamento do investigado no inquérito policial ou do recebimento da denúncia ou queixa pelo juiz.

§ 3º Aplica-se o disposto neste artigo a todas as armas de fogo de propriedade do indiciado ou acusado.

Art. 67-B. No caso do não atendimento dos requisitos previstos no art. 12, para a renovação do Certificado de Registro da arma de fogo, o proprietário deverá entregar a arma à Polícia Federal, mediante indenização na forma do art. 68, ou providenciar sua transferência para terceiro, no prazo máximo de sessenta dias, aplicando-se, ao interessado na aquisição, as disposições do art. 4º da Lei 10.826, de 2003.

→ Artigo acrescentado pelo Decreto 6.715/2008.

Parágrafo único. A inobservância do disposto no *caput* implicará a apreensão da arma de fogo pela Polícia Federal ou órgão público por esta credenciado, aplicando-se ao proprietário as sanções penais cabíveis.

Seção II
Das Disposições Finais e Transitórias

Art. 68. O valor da indenização de que tratam os arts. 31 e 32 da Lei 10.826, de 2003, bem como o procedimento para pagamento, será fixado pelo Ministério da Justiça.

Parágrafo único. Os recursos financeiros necessários para o cumprimento do disposto nos arts. 31 e 32 da Lei 10.826, de 2003, serão custeados por dotação específica constante do orçamento do Ministério da Justiça.

→ Parágrafo único com redação alterada pelo Decreto 7.473/2011.

Art. 69. Presumir-se-á a boa-fé dos possuidores e proprietários de armas de fogo que espontaneamente entregá-las na Polícia Federal ou nos postos de recolhimento credenciados, nos termos do art. 32 da Lei 10.826, de 2003.

→ Artigo com redação alterada pelo Decreto 7.473/2011.

Art. 70. A entrega da arma de fogo, acessório ou munição, de que tratam os arts. 31 e 32 da Lei 10.826, de 2003, deverá ser feita na Polícia Federal ou nos órgãos e entidades credenciados pelo Ministério da Justiça.

→ *Caput* com redação alterada pelo Decreto 7.473/2011.

§ 1º Para o transporte da arma de fogo até o local de entrega, será exigida guia de trânsito, expedida pela Polícia Federal, ou órgão por ela credenciado, contendo as especificações mínimas estabelecidas pelo Ministério da Justiça.

→ § 1º com redação alterada pelo Decreto 7.473/2011.

§ 2º A guia de trânsito poderá ser expedida pela rede mundial de computadores – Internet, na forma disciplinada pelo Departamento de Polícia Federal.

→ § 2º acrescentado pelo Decreto 6.715/2008.

§ 3º A guia de trânsito não autoriza o porte da arma, mas apenas o seu transporte, desmuniciada e acondicionada de maneira que não possa ser feito o seu pronto uso e, somente, no percurso nela autorizado.

→ § 3º acrescentado pelo Decreto 6.715/2008.

§ 4º O transporte da arma de fogo sem a guia de trânsito ou o transporte com a guia, mas sem a observância do que nela estiver estipulado, poderá sujeitar o infrator às sanções penais cabíveis.

→ § 4º acrescentado pelo Decreto 6.715/2008.

Art. 70-A. Para o registro da arma de fogo de uso permitido ainda não registrada de que trata o art. 30 da Lei 10.826, de 2003, deverão ser apresentados pelo requerente os documentos previstos no art. 70-C e original e cópia, ou cópia autenticada, da nota fiscal de compra ou de comprovação da origem lícita da posse, pelos meios de prova admitidos em direito, ou declaração firmada na qual constem as características da arma e a sua condição de proprietário.

→ Artigo acrescentado pelo Decreto 6.715/2008.

Art. 70-B. Para a renovação do Certificado de Registro de Arma de Fogo de que trata o § 3º do art. 5º da Lei 10.826, de 2003, deverão ser apresentados pelo requerente os documentos previstos no art. 70-C e cópia do referido Certificado ou, se for o caso, do boletim de ocorrência comprovando o seu extravio.

→ Artigo acrescentado pelo Decreto 6.715/2008.

Art. 70-C. Para a renovação do Certificado de Registro de Arma de Fogo ou para o registro da arma de fogo de que tratam, respectivamente, o § 3º do art. 5º e o art. 30 da Lei 10.826, de 2003, o requerente deverá:

→ Artigo acrescentado pelo Decreto 6.715/2008.

I – ter, no mínimo, vinte e cinco anos de idade;

II – apresentar originais e cópias, ou cópias autenticadas, do documento de identificação pessoal e do comprovante de residência fixa;

III – apresentar o formulário SINARM devidamente preenchido; e

IV – apresentar o certificado de registro provisório e comprovar os dados pessoais informados, caso o procedimento tenha sido iniciado pela rede mundial de computadores – Internet.

§ 1º O procedimento de registro da arma de fogo, ou sua renovação, poderá ser iniciado por meio do preenchimento do formulário SINARM na rede mundial de computadores – Internet, cujo comprovante de preenchimento impresso valerá como certificado de registro provisório, pelo prazo de noventa dias.

§ 2º No ato do preenchimento do formulário pela rede mundial de computadores – Internet, o requerente deverá escolher a unidade da Polícia Federal, ou órgão por ela credenciado, na qual entregará pessoalmente a documentação exigida para o registro ou renovação.

§ 3º Caso o requerente deixe de apresentar a documentação exigida para o registro ou renovação na unidade da Polícia Federal, ou órgão por ela credenciado, escolhida dentro do prazo de noventa dias, o certificado de registro provisório, que será expedido pela rede mundial de computadores – Internet uma única vez, perderá a validade, tornando irregular a posse da arma.

§ 4º No caso da perda de validade do certificado de registro provisório, o interessado deverá se dirigir imediatamente à unidade da Polícia Federal, ou órgão por ela credenciado, para a regularização de sua situação.

§ 5º Aplica-se o disposto no art. 70-B à renovação dos registros de arma de fogo cujo certificado tenha sido expedido pela Polícia Federal, inclusive aqueles com vencimento até o prazo previsto no § 3º do art. 5º da Lei 10.826, de 2003, ficando o proprietário isento do pagamento de taxa nas condições e prazos da Tabela constante do Anexo à referida Lei.

§ 6º Nos requerimentos de registro ou de renovação de Certificado de Registro de Arma de Fogo em que se constate a existência de cadastro anterior em nome de terceiro, será feita no SINARM a transferência da arma para o novo proprietário.

§ 7º Nos requerimentos de registro ou de renovação de Certificado de Registro de Arma de Fogo em que se constate a existência de cadastro anterior em nome de terceiro e a ocorrência de furto, roubo, apreensão ou extravio, será feita no SINARM a transferência da arma para o novo proprietário e a respectiva arma de fogo deverá ser entregue à Polícia Federal para posterior encaminhamento à autoridade policial ou judicial competente.

§ 8º No caso do requerimento de renovação do Certificado de Registro de que trata o § 6º, além dos documentos previstos no art. 70-B, deverá ser comprovada a origem lícita da posse, pelos meios de prova admitidos em direito, ou, ainda, apresentada declaração firmada na qual constem as características da arma e a sua condição de proprietário.

§ 9º Nos casos previstos neste artigo, além dos dados de identificação do proprietário, o Certificado de Registro provisório e o definitivo deverão conter, no mínimo, o número de série da arma de fogo, a marca, a espécie e o calibre.

Art. 70-D. Não se aplicam as disposições do § 6º do art. 70-C às armas de fogo cujos Certificados de Registros tenham sido expedidos pela Polícia Federal a partir da vigência deste Decreto e cujas transferências de propriedade dependam de prévia autorização.

→ Artigo acrescentado pelo Decreto 6.715/2008.

Art. 70-E. As armas de fogo entregues na campanha do desarmamento não serão submetidas a perícia, salvo se estiverem com o número de série ilegível ou houver dúvidas quanto à sua caracterização como arma de fogo, podendo, nesse último caso, serem submetidas a simples exame de constatação.

→ Artigo acrescentado pelo Decreto 6.715/2008.

Parágrafo único. As armas de fogo de que trata o *caput* serão, obrigatoriamente, destruídas.

Art. 70-F. Não poderão ser registradas ou terem seu registro renovado as armas de fogo adulteradas ou com o número de série suprimido.

→ Artigo acrescentado pelo Decreto 6.715/2008.

Parágrafo único. Nos prazos previstos nos arts. 5º, § 3º, e 30 da Lei 10.826, de 2003, as armas de que trata o *caput* serão recolhidas, mediante indenização, e encaminhadas para destruição.

Art. 70-G. Compete ao Ministério da Justiça estabelecer os procedimentos necessários à execução da campanha do desarmamento e ao Departamento de Polícia Federal a regularização de armas de fogo.

→ Artigo com redação alterada pelo Decreto 7.473/2011.

Art. 70-H. As disposições sobre entrega de armas de que tratam os arts. 31 e 32 da Lei 10.826, de 2003, não se aplicam às empresas de segurança privada e transporte de valores.

→ Artigo acrescentado pelo Decreto 6.715/2008.

Art. 71. Será aplicada pelo órgão competente pela fiscalização multa no valor de:

I – R$ 100.000,00 (cem mil reais):

a) à empresa de transporte aéreo, rodoviário, ferroviário, marítimo, fluvial ou lacustre que permita o transporte de arma de fogo, munição ou acessórios, sem a devida autorização, ou com inobservância das normas de segurança; e

b) à empresa de produção ou comércio de armamentos que realize publicidade estimulando a venda e o uso indiscriminado de armas de fogo, acessórios e munição, exceto nas publicações especializadas;

II – R$ 200.000,00 (duzentos mil reais), sem prejuízo das sanções penais cabíveis:

a) à empresa de transporte aéreo, rodoviário, ferroviário, marítimo, fluvial ou lacustre que deliberadamente, por qualquer meio, faça, promova ou facilite o transporte de arma ou munição sem a devida autorização ou com inobservância das normas de segurança; e

b) à empresa de produção ou comércio de armamentos, na reincidência da hipótese mencionada no inciso I, alínea b; e

III – R$ 300.000,00 (trezentos mil reais), sem prejuízo das sanções penais cabíveis, na hipótese de reincidência da conduta prevista na alínea a, do inciso I, e nas alíneas a e b, do inciso II.

Art. 72. A empresa de segurança e de transporte de valores ficará sujeita às penalidades de que trata o art. 23 da Lei 7.102, de 20 de junho de 1983, quando deixar de apresentar, nos termos do art. 7º, §§ 2º e 3º, da Lei 10.826, de 2003:

I – a documentação comprobatória do preenchimento dos requisitos constantes do art. 4º da Lei 10.826, de 2003, quanto aos empregados que portarão arma de fogo; ou

II – semestralmente, ao SINARM, a listagem atualizada de seus empregados.

Art. 73. *(Revogado pelo Decreto 6.146/2007).*

Art. 74. Os recursos arrecadados em razão das taxas e das sanções pecuniárias de caráter administrativo previstas neste Decreto serão aplicados na forma prevista no § 1º do art. 11 da Lei 10.826, de 2003.

Parágrafo único. As receitas destinadas ao SINARM serão recolhidas ao Banco do Brasil S.A., na conta "Fundo para Aparelhamento e Operacionalização das Atividades-Fim da Polícia Federal", e serão alocadas para o reaparelhamento, manutenção e custeio das atividades de controle e fiscalização da circulação de armas de fogo e de repressão a seu tráfico ilícito, a cargo da Polícia Federal.

→ Parágrafo único com redação alterada pelo Decreto 6.715/2008.

Art. 75. Serão concluídos em sessenta dias, a partir da publicação deste Decreto, os processos de doação, em andamento no Comando do Exército, das armas de fogo apreendidas e recolhidas na vigência da Lei 9.437, de 20 de fevereiro de 1997.

Art. 76. Este Decreto entra em vigor na data de sua publicação.

Art. 77. Ficam revogados os Decretos 2.222, de 8 de maio de 1997, 2.532, de 30 de março de 1998, e 3.305, de 23 de dezembro de 1999.

Brasília, 1º de julho de 2004; 183º da Independência e 116º da República.

Luiz Inácio Lula da Silva

(Publicação no *D.O.U.* de 2.7.2004)

LEI 10.962,
DE 11 DE OUTUBRO DE 2004

Dispõe sobre a oferta e as formas de afixação de preços de produtos e serviços para o consumidor.

→ *v.* Decreto 5.903/2006 – Regulamenta a Lei 10.962/2004, e a Lei 8.078/1990.

O Presidente da República:

Faço saber que o Congresso Nacional decreta e eu sanciono a seguinte Lei:

Art. 1º Esta Lei regula as condições de oferta e afixação de preços de bens e serviços para o consumidor.

Art. 2º São admitidas as seguintes formas de afixação de preços em vendas a varejo para o consumidor:

I – no comércio em geral, por meio de etiquetas ou similares afixados diretamente nos bens expostos à venda, e em vitrines, mediante divulgação do preço à vista em caracteres legíveis;

II – em autosserviços, supermercados, hipermercados, mercearias ou estabelecimentos comerciais onde o consumidor tenha acesso direto ao produto, sem intervenção do comerciante, mediante a impressão ou afixação do preço do produto na embalagem, ou a afixação de código referencial, ou ainda, com a afixação de código de barras.

Parágrafo único. Nos casos de utilização de código referencial ou de barras, o comerciante deverá expor, de forma clara e legível, junto aos itens expostos, informação relativa ao preço à vista do produto, suas características e código.

Art. 2º-A. Na venda a varejo de produtos fracionados em pequenas quantidades, o comerciante deverá informar, na etiqueta contendo o preço ou junto aos itens expostos, além do preço do produto à vista, o preço correspondente a uma das seguintes unidades fundamentais de medida: capacidade, massa, volume, comprimento ou área, de acordo com a forma habitual de comercialização de cada tipo de produto.

→ Artigo acrescentado pela Lei 13.175/2015.

Parágrafo único. O disposto neste artigo não se aplica à comercialização de medicamentos.

Art. 3º Na impossibilidade de afixação de preços conforme disposto no art. 2º, é permitido o uso de relações de preços dos produtos expostos, bem como dos serviços oferecidos, de forma escrita, clara e acessível ao consumidor.

Art. 4º Nos estabelecimentos que utilizem código de barras para apreçamento, deverão ser oferecidos equipamentos de leitura ótica para consulta de preço pelo consumidor, localizados na área de vendas e em outras de fácil acesso.

§ 1º O regulamento desta Lei definirá, observados, dentre outros critérios ou fatores, o tipo e o tamanho do estabelecimento e a quantidade e a diversidade dos itens de bens e serviços, a área máxima que deverá ser atendida por cada leitora ótica.

§ 2º Para os fins desta Lei, considera-se área de vendas aquela na qual os consumidores têm acesso às mercadorias e serviços oferecidos para consumo no varejo, dentro do estabelecimento.

Art. 5º No caso de divergência de preços para o mesmo produto entre os sistemas de informação de preços utilizados pelo estabelecimento, o consumidor pagará o menor dentre eles.

Art. 6º *(Vetado).*

Art. 7º Esta Lei entra em vigor na data de sua publicação.

Brasília, 11 de outubro de 2004; 183º da Independência e 116º da República.

Luiz Inácio Lula da Silva

(Publicação no *D.O.U.* de 13.10.2004)

LEI 11.079,
DE 30 DE DEZEMBRO DE 2004

Institui normas gerais para licitação e contratação de parceria público-privada no âmbito da administração pública.

→ *v.* Lei 8.987/1995 – Concessão e permissão da prestação de serviços públicos.

→ *v.* Lei 8.666/1993 – Licitações e contratos.

→ *v.* Decreto 5.411/2005 – Autoriza a integralização de cotas no Fundo Garantidor de Parcerias Público-Privadas – FGP, mediante ações representativas de participações acionárias da União em sociedades de economia mista disponíveis para venda.

O Presidente da República:

Faço saber que o Congresso Nacional decreta e eu sanciono a seguinte Lei:

Capítulo I
DISPOSIÇÕES PRELIMINARES

Art. 1º Esta Lei institui normas gerais para licitação e contratação de parceria público-privada no âmbito dos Poderes da União, dos Estados, do Distrito Federal e dos Municípios.

Parágrafo único. Esta Lei aplica-se aos órgãos da administração pública direta dos Poderes Executivo e Legislativo, aos fundos especiais, às autarquias, às fundações públicas, às empresas públicas, às sociedades de economia mista e às demais entidades controladas direta ou indiretamente pela União, Estados, Distrito Federal e Municípios.

→ Parágrafo único com redação alterada pela Lei 13.137/2015.

Art. 2º Parceria público-privada é o contrato administrativo de concessão, na modalidade patrocinada ou administrativa.

§ 1º Concessão patrocinada é a concessão de serviços públicos ou de obras públicas de que trata a Lei 8.987, de 13 de fevereiro de 1995, quando envolver, adicionalmente à tarifa cobrada dos usuários contraprestação pecuniária do parceiro público ao parceiro privado.

§ 2º Concessão administrativa é o contrato de prestação de serviços de que a Administração Pública seja a usuária direta ou indireta, ainda que envolva execução de obra ou fornecimento e instalação de bens.

§ 3º Não constitui parceria público-privada a concessão comum, assim entendida a concessão de serviços públicos ou de obras públicas de que trata a Lei 8.987, de 13 de fevereiro de 1995, quando não envolver contraprestação pecuniária do parceiro público ao parceiro privado.

§ 4º É vedada a celebração de contrato de parceria público-privada:

I – cujo valor do contrato seja inferior a R$ 20.000.000,00 (vinte milhões de reais);

II – cujo período de prestação do serviço seja inferior a 5 (cinco) anos; ou

III – que tenha como objeto único o fornecimento de mão de obra, o fornecimento e instalação de equipamentos ou a execução de obra pública.

Art. 3º As concessões administrativas regem-se por esta Lei, aplicando-se lhes adicionalmente o disposto nos arts. 21, 23, 25 e 27 a 39 da Lei 8.987, de 13 de fevereiro de 1995, e no art. 31 da Lei 9.074, de 7 de julho de 1995.

→ *v.* Decreto 5.977/2006 – Regulamenta o art. 3º, *caput*, da Lei 11.079/2004.

§ 1º As concessões patrocinadas regem-se por esta Lei, aplicando-se lhes subsidiariamente o disposto na Lei 8.987, de 13 de fevereiro de 1995, e nas leis que lhe são correlatas.

→ *v.* Decreto 5.977/2006 – Regulamenta o art. 3º, § 1º, da Lei 11.079/2004.

§ 2º As concessões comuns continuam regidas pela Lei 8.987, de 13 de fevereiro de 1995, e pelas leis que lhe são correlatas, não se lhes aplicando o disposto nesta Lei.

§ 3º Continuam regidos exclusivamente pela Lei 8.666, de 21 de junho de 1993, e pelas leis que lhe são correlatas os contratos administrativos que não caracterizem concessão comum, patrocinada ou administrativa.

Art. 4º Na contratação de parceria público-privada serão observadas as seguintes diretrizes:

I – eficiência no cumprimento das missões de Estado e no emprego dos recursos da sociedade;

II – respeito aos interesses e direitos dos destinatários dos serviços e dos entes privados incumbidos da sua execução;

III – indelegabilidade das funções de regulação, jurisdicional, do exercício do poder de polícia e de outras atividades exclusivas do Estado;

IV – responsabilidade fiscal na celebração e execução das parcerias;

V – transparência dos procedimentos e das decisões;

VI – repartição objetiva de riscos entre as partes;

VII – sustentabilidade financeira e vantagens socioeconômicas dos projetos de parceria.

Capítulo II
DOS CONTRATOS DE PARCERIA PÚBLICO-PRIVADA

Art. 5º As cláusulas dos contratos de parceria público-privada atenderão ao disposto no art. 23 da Lei 8.987, de 13 de fevereiro de 1995, no que couber, devendo também prever:

I – o prazo de vigência do contrato, compatível com a amortização dos investimentos realizados, não inferior a 5 (cinco), nem superior a 35 (trinta e cinco) anos, incluindo eventual prorrogação;

II – as penalidades aplicáveis à Administração Pública e ao parceiro privado em caso de inadimplemento contratual, fixadas sempre de forma proporcional à gravidade da falta cometida, e às obrigações assumidas;

III – a repartição de riscos entre as partes, inclusive os referentes a caso fortuito, força maior, fato do príncipe e álea econômica extraordinária;

IV – as formas de remuneração e de atualização dos valores contratuais;

V – os mecanismos para a preservação da atualidade da prestação dos serviços;

VI – os fatos que caracterizem a inadimplência pecuniária do parceiro público, os modos e o prazo de regularização e, quando houver, a forma de acionamento da garantia;

VII – os critérios objetivos de avaliação do desempenho do parceiro privado;

VIII – a prestação, pelo parceiro privado, de garantias de execução suficientes e compatíveis com os ônus e riscos envolvidos, observados os limites dos §§ 3º e 5º do art. 56 da Lei 8.666, de 21 de junho de 1993, e, no que se refere às concessões patrocinadas, o disposto no inciso XV do art. 18 da Lei 8.987, de 13 de fevereiro de 1995;

IX – o compartilhamento com a Administração Pública de ganhos econômicos efetivos do parceiro privado decorrentes da redução do risco de crédito dos financiamentos utilizados pelo parceiro privado;

X – a realização de vistoria dos bens reversíveis, podendo o parceiro público reter os pagamentos ao parceiro privado, no valor necessário para reparar as irregularidades eventualmente detectadas.

XI – o cronograma e os marcos para o repasse ao parceiro privado das parcelas do aporte de recursos, na fase de investimentos do projeto e/ou após a disponibilização dos serviços, sempre que verificada a hipótese do § 2º do art. 6º desta Lei.

→ Inciso XI acrescentado pela Lei 12.766/2012.

§ 1º As cláusulas contratuais de atualização automática de valores baseadas em índices e fórmulas matemáticas, quando houver, serão aplicadas sem necessidade de homologação pela Administração Pública, exceto se esta publicar, na imprensa oficial, onde houver, até o prazo de 15 (quinze) dias após apresentação da fatura, razões fundamentadas nesta Lei ou no contrato para a rejeição da atualização.

§ 2º Os contratos poderão prever adicionalmente:

I – os requisitos e condições em que o parceiro público autorizará a transferência do controle ou a administração temporária da sociedade de propósito específico aos seus financiadores e garantidores com quem não mantenha vínculo societário direto, com o objetivo de promover a sua reestruturação financeira e assegurar a continuidade da prestação dos serviços, não se aplicando para este efeito o previsto no inciso I do parágrafo único do art. 27 da Lei 8.987, de 13 de fevereiro de 1995;

→ Inciso I com redação alterada pela Lei 13.097/2015.

→ Referido parágrafo único foi renumerada para § 1º pela Lei 11.196/2005.

II – a possibilidade de emissão de empenho em nome dos financiadores do projeto em relação às obrigações pecuniárias da Administração Pública;

III – a legitimidade dos financiadores do projeto para receber indenizações por extinção antecipada do contrato, bem como pagamentos efetuados pelos fundos e empresas estatais garantidores de parcerias público-privadas.

Art. 5º-A. Para fins do inciso I do § 2º do art. 5º, considera-se:

→ Artigo acrescentado pela Lei 13.097/2015.

I – o controle da sociedade de propósito específico a propriedade resolúvel de ações ou quotas por seus financiadores e garantidores que atendam os requisitos do art. 116 da Lei 6.404, de 15 de dezembro de 1976;

II – A administração temporária da sociedade de propósito específico, pelos financiadores e garantidores quando, sem a transferência da propriedade de ações ou quotas, forem outorgados os seguintes poderes:

a) indicar os membros do Conselho de Administração, a serem eleitos em Assembleia Geral pelos acionistas, nas sociedades regidas pela Lei 6.404, de 15 de dezembro de 1976; ou administradores, a serem eleitos pelos quotistas, nas demais sociedades;

b) indicar os membros do Conselho Fiscal, a serem eleitos pelos acionistas ou quotistas controladores em Assembleia Geral;

c) exercer poder de veto sobre qualquer proposta submetida à votação dos acionistas ou quotistas da concessionária, que representem, ou possam representar, prejuízos aos fins previstos no *caput* deste artigo;

d) outros poderes necessários ao alcance dos fins previstos no *caput* deste artigo;

§ 1º A administração temporária autorizada pelo poder concedente não acarretará responsabilidade aos financiadores e garantidores em relação à tributação, encargos, ônus, sanções, obrigações ou compromissos com terceiros, inclusive com o poder concedente ou empregados.

§ 2º O Poder Concedente disciplinará sobre o prazo da administração temporária.

Art. 6º A contraprestação da Administração Pública nos contratos de parceria público-privada poderá ser feita por:

I – ordem bancária;

II – cessão de créditos não tributários;

III – outorga de direitos em face da Administração Pública;

IV – outorga de direitos sobre bens públicos dominicais;

V – outros meios admitidos em lei.

§ 1º O contrato poderá prever o pagamento ao parceiro privado de remuneração variável vinculada ao seu desempenho, conforme metas e padrões de qualidade e disponibilidade definidos no contrato.

→ § 1º acrescentado pela Lei 12.766/2012.

§ 2º O contrato poderá prever o aporte de recursos em favor do parceiro privado para a realização de obras e aquisição de bens reversíveis, nos termos dos incisos X e XI do *caput* do art. 18 da Lei n. 8.987, de 13 de fevereiro de 1995, desde que autorizado no edital de licitação, se contratos novos, ou em lei específica, se contratos celebrados até 8 de agosto de 2012.

→ § 2º acrescentado pela Lei 12.766/2012.

§ 3º O valor do aporte de recursos realizado nos termos do § 2º poderá ser excluído da determinação:

→ *Caput* do § 3º acrescentado pela Lei 12.766/2012.

I – do lucro líquido para fins de apuração do lucro real e da base de cálculo da Contribuição Social sobre o Lucro Líquido – CSLL; e

→ Inciso I acrescentado pela Lei 12.766/2012.

II – da base de cálculo da Contribuição para o PIS/Pasep e da Contribuição para o Financiamento da Seguridade Social – Cofins.

→ Inciso II acrescentado pela Lei 12.766/2012.

III – da base de cálculo da Contribuição Previdenciária sobre a Receita Bruta – CPRB devida pelas empresas referidas nos arts. 7º e 8º da Lei 12.546, de 14 de dezembro de 2011, a partir de 1º de janeiro de 2015.

→ Inciso III acrescentado pela Lei 13.043/2014, em vigor a partir do primeiro dia do quarto mês subsequente ao da publicação da referida Lei – *D.O.U.* de 14.11.2014.

§ 4º Até 31 de dezembro de 2013, para os optantes conforme o art. 75 da Lei 12.973, de 13 de maio de 2014, e até 31 de dezembro de 2014, para os não optantes, a parcela excluída nos termos do § 3º deverá ser computada na determinação do lucro líquido para fins de apuração do lucro real, da base de cálculo da CSLL e da base de cálculo da Contribuição para o PIS/Pasep e da Cofins, na proporção em que o custo para a realização de obras e aquisição de bens a que se refere o § 2º deste artigo for realizado, inclusive mediante depreciação ou extinção da concessão, nos termos do art. 35 da Lei 8.987, de 13 de fevereiro de 1995.

→ § 4º com redação alterada pela Lei 13.043/2014, em vigor a partir do primeiro dia do quarto mês subsequente ao da publicação da referida Lei – *D.O.U.* de 14.11.2014.

→ **Anterior redação:** § 4º A parcela excluída nos termos do § 3º deverá ser computada na determinação do lucro líquido para fins de apuração do lucro real, da base de cálculo da CSLL e da base de cálculo da Contribuição para o PIS/Pasep e da Cofins, na proporção em que o custo para a realização de obras e aquisição de bens a que se refere o § 2º deste artigo for realizado, inclusive mediante depreciação ou extinção da concessão, nos termos do art. 35 da Lei 8.987, de 13 de fevereiro de 1995. (§ 4º acrescentado pela Lei 12.766/2012).

§ 5º Por ocasião da extinção do contrato, o parceiro privado não receberá indenização pelas parcelas de investimentos vinculados a bens reversíveis ainda não amortizadas ou depreciadas, quando tais investimentos houverem sido realizados com valores provenientes do aporte de recursos de que trata o § 2º.

→ § 5º acrescentado pela Lei 12.766/2012.

§ 6º A partir de 1º de janeiro de 2014, para os optantes conforme o art. 75 da Lei 12.973, de 13 de maio de 2014, e de 1º de janeiro de 2015, para os não optantes, a parcela excluída nos termos do § 3º deverá ser computada na determinação do lucro líquido para fins de apuração do lucro real, da base de cálculo da CSLL e da base de cálculo da Contribuição para o PIS/Pasep e da Cofins em cada período de apuração durante o prazo restante do contrato, considerado a partir do início da prestação dos serviços públicos.

→ § 6º acrescentado pela Lei 13.043/2014, em vigor a partir do primeiro dia do quarto mês subsequente ao da publicação da referida Lei – *D.O.U.* de 14.11.2014.

§ 7º No caso do § 6º, o valor a ser adicionado em cada período de apuração deve ser o valor da parcela excluída dividida pela quantidade de períodos de apuração contidos no prazo restante do contrato.

→ § 7º acrescentado pela Lei 13.043/2014, em vigor a partir do primeiro dia do quarto mês subsequente ao da publicação da referida Lei – *D.O.U.* de 14.11.2014.

§ 8º Para os contratos de concessão em que a concessionária já tenha iniciado a prestação dos serviços públicos nas datas referidas no § 6º, as adições subsequentes serão realizadas em cada período de apuração durante o prazo restante do contrato, considerando o saldo remanescente ainda não adicionado.

→ § 8º acrescentado pela Lei 13.043/2014, em vigor a partir do primeiro dia do quarto mês subsequente ao da publicação da referida Lei – D.O.U. de 14.11.2014.

§ 9º A parcela excluída nos termos do inciso III do § 3º deverá ser computada na determinação da base de cálculo da contribuição previdenciária de que trata o inciso III do § 3º em cada período de apuração durante o prazo restante previsto no contrato para construção, recuperação, reforma, ampliação ou melhoramento da infraestrutura que será utilizada na prestação de serviços públicos.

→ § 9º acrescentado pela Lei 13.043/2014, em vigor a partir do primeiro dia do quarto mês subsequente ao da publicação da referida Lei – *D.O.U.* de 14.11.2014.

§ 10. No caso do § 9º, o valor a ser adicionado em cada período de apuração deve ser o valor da parcela excluída dividida pela quantidade de períodos de apuração contidos no prazo restante previsto no contrato para construção, recuperação, reforma, ampliação ou melhoramento da infraestrutura que será utilizada na prestação de serviços públicos.

→ § 10 acrescentado pela Lei 13.043/2014, em vigor a partir do primeiro dia do quarto mês subsequente ao da publicação da referida Lei – *D.O.U.* de 14.11.2014.

§ 11. Ocorrendo a extinção da concessão antes do advento do termo contratual, o saldo da parcela excluída nos termos do § 3º, ainda não adicionado, deverá ser computado na determinação do lucro líquido para fins de apuração do lucro real, da base de cálculo da CSLL e da base de cálculo da Contribuição para o PIS/Pasep, da Cofins e da contribuição previdenciária de que trata o inciso III do § 3º no período de apuração da extinção.

→ § 11 acrescentado pela Lei 13.043/2014, em vigor a partir do primeiro dia do quarto mês subsequente ao da publicação da referida Lei – *D.O.U.* de 14.11.2014.

§ 12. Aplicam-se às receitas auferidas pelo parceiro privado nos termos do § 6º o regime de apuração e as alíquotas da Contribuição para o PIS/Pasep e da Cofins aplicáveis às suas receitas decorrentes da prestação dos serviços públicos.

→ § 12 acrescentado pela Lei 13.043/2014, em vigor a partir do primeiro dia do quarto mês subsequente ao da publicação da referida Lei – *D.O.U.* de 14.11.2014.

Art. 7º A contraprestação da Administração Pública será obrigatoriamente precedida da disponibilização do serviço objeto do contrato de parceria público-privada.

§ 1º É facultado à administração pública, nos termos do contrato, efetuar o pagamento da contraprestação relativa a parcela fruível do serviço objeto do contrato de parceria público-privada.

→ § 1º acrescentado pela Lei 12.766/2012.

§ 2º O aporte de recursos de que trata o § 2º do art. 6º, quando realizado durante a fase dos investimentos a cargo do parceiro privado, deverá guardar proporcionalidade com as etapas efetivamente executadas.

→ § 2º acrescentado pela Lei 12.766/2012.

Capítulo III
DAS GARANTIAS

Art. 8º As obrigações pecuniárias contraídas pela Administração Pública em contrato de parceria público-privada poderão ser garantidas mediante:

I – vinculação de receitas, observado o disposto no inciso IV do art. 167 da Constituição Federal;

II – instituição ou utilização de fundos especiais previstos em lei;

III – contratação de seguro-garantia com as companhias seguradoras que não sejam controladas pelo Poder Público;

IV – garantia prestada por organismos internacionais ou instituições financeiras que não sejam controladas pelo Poder Público;

V – garantias prestadas por fundo garantidor ou empresa estatal criada para essa finalidade;

VI – outros mecanismos admitidos em lei.

Parágrafo único. *(Vetado).*

→ Parágrafo único acrescentado pela Lei 13.043/2014, em vigor a partir do primeiro dia do quarto mês subsequente ao da publicação da referida Lei – *D.O.U.* de 14.11.2014.

Capítulo IV
DA SOCIEDADE DE PROPÓSITO ESPECÍFICO

Art. 9º Antes da celebração do contrato, deverá ser constituída sociedade de propósito específico, incumbida de implantar e gerir o objeto da parceria.

§ 1º A transferência do controle da sociedade de propósito específico estará condicionada à autorização expressa da Administração Pública, nos termos do edital e do contrato, observado o disposto no parágrafo único do art. 27 da Lei 8.987, de 13 de fevereiro de 1995.

→ Referido parágrafo único foi renumerada para § 1º pela Lei 11.196/2005.

§ 2º A sociedade de propósito específico poderá assumir a forma de companhia aberta, com valores mobiliários admitidos a negociação no mercado.

§ 3º A sociedade de propósito específico deverá obedecer a padrões de governança corporativa e adotar contabilidade e demonstrações financeiras padronizadas, conforme regulamento.

§ 4º Fica vedado à Administração Pública ser titular da maioria do capital votante das sociedades de que trata este Capítulo.

§ 5º A vedação prevista no § 4º deste artigo não se aplica à eventual aquisição da maioria do capital votante da sociedade de propósito específico por instituição financeira controlada pelo Poder Público em caso de inadimplemento de contratos de financiamento.

Capítulo V
DA LICITAÇÃO

Art. 10. A contratação de parceria público-privada será precedida de licitação na modalidade de concorrência, estando a abertura do processo licitatório condicionada a:

→ *v.* Art. 22, § 1º, da Lei 8.666/1993.

I – autorização da autoridade competente, fundamentada em estudo técnico que demonstre:

a) a conveniência e a oportunidade da contratação, mediante identificação das razões que justifiquem a opção pela forma de parceria público-privada;

b) que as despesas criadas ou aumentadas não afetarão as metas de resultados fiscais previstas no Anexo referido no § 1º do art. 4º da Lei Complementar 101, de 4 de maio de 2000, devendo seus efeitos financeiros, nos períodos seguintes, ser compensados pelo aumento permanente de receita ou pela redução permanente de despesa; e

c) quando for o caso, conforme as normas editadas na forma do art. 25 desta Lei, a observância dos limites e condições decorrentes da aplicação dos arts. 29, 30 e 32 da Lei Complementar 101, de 4 de maio de 2000, pelas obrigações contraídas pela Administração Pública relativas ao objeto do contrato;

II – elaboração de estimativa do impacto orçamentário-financeiro nos exercícios em que deva vigorar o contrato de parceria público-privada;

III – declaração do ordenador da despesa de que as obrigações contraídas pela Administração Pública no decorrer do contrato são compatíveis com a lei de diretrizes orçamentárias e estão previstas na lei orçamentária anual;

IV – estimativa do fluxo de recursos públicos suficientes para o cumprimento, durante a vigência do contrato e por exercício financeiro, das obrigações contraídas pela Administração Pública;

V – seu objeto estar previsto no plano plurianual em vigor no âmbito onde o contrato será celebrado;

VI – submissão da minuta de edital e de contrato à consulta pública, mediante publicação na imprensa oficial, em jornais de grande circulação e por meio eletrônico, que deverá informar a justificativa para a contratação, a identificação do objeto, o prazo de duração do contrato, seu valor estimado, fixando-se prazo mínimo de 30 (trinta) dias para recebimento de sugestões, cujo termo dar-se-á pelo menos 7 (sete) dias antes da data prevista para a publicação do edital; e

VII – licença ambiental prévia ou expedição das diretrizes para o licenciamento ambiental do empreendimento, na forma do regulamento, sempre que o objeto do contrato exigir.

§ 1º A comprovação referida nas alíneas *b* e *c* do inciso I do *caput* deste artigo conterá as premissas e metodologia de cálculo utilizadas, observadas as normas gerais para consolidação das contas públicas, sem prejuízo do exame de compatibilidade das despesas com as demais normas do plano plurianual e da lei de diretrizes orçamentárias.

§ 2º Sempre que a assinatura do contrato ocorrer em exercício diverso daquele em que for publicado o edital, deverá ser precedida da atualização dos estudos e demonstrações a que se referem os incisos I a IV do *caput* deste artigo.

§ 3º As concessões patrocinadas em que mais de 70% (setenta por cento) da remuneração do parceiro privado for paga pela Administração Pública dependerão de autorização legislativa específica.

§ 4º Os estudos de engenharia para a definição do valor do investimento da PPP deverão ter nível de detalhamento de anteprojeto, e o valor dos investimentos para definição do preço de referência para a licitação será calculado com base em valores de mercado considerando o custo global de obras semelhantes no Brasil ou no exterior ou com base em sistemas de custos que utilizem como insumo valores de mercado do setor específico do projeto, aferidos, em qualquer caso, mediante orçamento sintético, elaborado por meio de metodologia expedita ou paramétrica.

→ § 4º acrescentado pela Lei 12.766/2012.

Art. 11. O instrumento convocatório conterá minuta do contrato, indicará expressamente a submissão da licitação às normas desta Lei e observará, no que couber, os §§ 3º e 4º do art. 15, os arts. 18, 19 e 21 da Lei 8.987, de 13 de fevereiro de 1995, podendo ainda prever:

I – exigência de garantia de proposta do licitante, observado o limite do inciso III do art. 31 da Lei 8.666, de 21 de junho de 1993;

II – *(Vetado).*

III – o emprego dos mecanismos privados de resolução de disputas, inclusive a arbitragem, a ser realizada no Brasil e em língua portuguesa, nos termos da Lei 9.307, de 23 de setembro de 1996, para dirimir conflitos decorrentes ou relacionados ao contrato.

Parágrafo único. O edital deverá especificar, quando houver, as garantias da contraprestação do parceiro público a serem concedidas ao parceiro privado.

Art. 12. O certame para a contratação de parcerias público-privadas obedecerá ao procedimento previsto na legislação vigente sobre licitações e contratos administrativos e também ao seguinte:

I – o julgamento poderá ser precedido de etapa de qualificação de propostas técnicas, desclassificando-se os licitantes que não alcançarem a pontuação mínima, os quais não participarão das etapas seguintes;

II – o julgamento poderá adotar como critérios, além dos previstos nos incisos I e V do art. 15 da Lei 8.987, de 13 de fevereiro de 1995, os seguintes:

a) menor valor da contraprestação a ser paga pela Administração Pública;

b) melhor proposta em razão da combinação do critério da alínea *a* com o de melhor técnica, de acordo com os pesos estabelecidos no edital;

III – o edital definirá a forma de apresentação das propostas econômicas, admitindo-se:

a) propostas escritas em envelopes lacrados; ou

b) propostas escritas, seguidas de lances em viva voz;

IV – o edital poderá prever a possibilidade de saneamento de falhas, de complementação de insuficiências ou ainda de correções de caráter formal no curso do procedimento, desde que o licitante possa satisfazer as exigências dentro do prazo fixado no instrumento convocatório.

§ 1º Na hipótese da alínea *b* do inciso III do *caput* deste artigo:

I – os lances em viva voz serão sempre oferecidos na ordem inversa da classificação das propostas escritas, sendo vedado ao edital limitar a quantidade de lances;

II – o edital poderá restringir a apresentação de lances em viva voz aos licitantes cuja proposta escrita for no máximo 20% (vinte por cento) maior que o valor da melhor proposta.

§ 2º O exame de propostas técnicas, para fins de qualificação ou julgamento, será feito por ato motivado, com base em exigências, parâmetros e indicadores de resultado pertinentes ao objeto, definidos com clareza e objetividade no edital.

Art. 13. O edital poderá prever a inversão da ordem das fases de habilitação e julgamento, hipótese em que:

I – encerrada a fase de classificação das propostas ou o oferecimento de lances, será aberto o invólucro com os documentos de habilitação do licitante mais bem classificado, para verificação do atendimento das condições fixadas no edital;

II – verificado o atendimento das exigências do edital, o licitante será declarado vencedor;

III – inabilitado o licitante melhor classificado, serão analisados os documentos habilitatórios do licitante com a proposta classificada em segundo lugar, e assim, sucessivamente, até que um licitante classificado atenda às condições fixadas no edital;

IV – proclamado o resultado final do certame, o objeto será adjudicado ao vencedor nas condições técnicas e econômicas por ele ofertadas.

Capítulo VI
DISPOSIÇÕES APLICÁVEIS À UNIÃO

Art. 14. Será instituído, por decreto, órgão gestor de parcerias público-privadas federais, com competência para:

→ *v.* Decreto 5.385/2005 – Comitê Gestor de Parceria Público-Privada Federal – CGP.

I – definir os serviços prioritários para execução no regime de parceria público-privada;

II – disciplinar os procedimentos para celebração desses contratos;

III – autorizar a abertura da licitação e aprovar seu edital;

IV – apreciar os relatórios de execução dos contratos.

§ 1º O órgão mencionado no *caput* deste artigo será composto por indicação nominal de um representante titular e respectivo suplente de cada um dos seguintes órgãos:

I – Ministério do Planejamento, Orçamento e Gestão, ao qual cumprirá a tarefa de coordenação das respectivas atividades;

II – Ministério da Fazenda;

III – Casa Civil da Presidência da República.

§ 2º Das reuniões do órgão a que se refere o *caput* deste artigo para examinar projetos de parceria público-privada participará um representante do órgão da Administração Pública direta cuja área de competência seja pertinente ao objeto do contrato em análise.

§ 3º Para deliberação do órgão gestor sobre a contratação de parceria público-privada, o expediente deverá estar instruído com pronunciamento prévio e fundamentado:

I – do Ministério do Planejamento, Orçamento e Gestão, sobre o mérito do projeto;

II – do Ministério da Fazenda, quanto à viabilidade da concessão da garantia e à sua forma, relativamente aos riscos para o Tesouro Nacional e ao cumprimento do limite de que trata o art. 22 desta Lei.

§ 4º Para o desempenho de suas funções, o órgão citado no *caput* deste artigo poderá criar estrutura de apoio técnico com a presença de representantes de instituições públicas.

§ 5º O órgão de que trata o *caput* deste artigo remeterá ao Congresso Nacional e ao Tribunal de Contas da União, com periodicidade anual, relatórios de desempenho dos contratos de parceria público-privada.

§ 6º Para fins do atendimento do disposto no inciso V do art. 4º desta Lei, ressalvadas as informações classificadas como sigilosas, os relatórios de que trata o § 5º deste artigo serão disponibilizados ao público, por meio de rede pública de transmissão de dados.

Art. 14-A. A Câmara dos Deputados e o Senado Federal, por meio de atos das respectivas Mesas, poderão dispor sobre a matéria de que trata o art. 14 no caso de parcerias público-privadas por eles realizadas, mantida a competência do Ministério da Fazenda descrita no inciso II do § 3º do referido artigo.

→ Artigo acrescentado pela Lei 13.137/2015.

Art. 15. Compete aos Ministérios e às Agências Reguladoras, nas suas respectivas áreas de competência, submeter o edital de licitação ao órgão gestor, proceder à licitação, acompanhar e fiscalizar os contratos de parceria público-privada.

Parágrafo único. Os Ministérios e Agências Reguladoras encaminharão ao órgão a que se refere o *caput* do art. 14 desta Lei, com periodicidade semestral, relatórios circunstanciados acerca da execução dos contratos de parceria público-privada, na forma definida em regulamento.

Art. 16. Ficam a União, seus fundos especiais, suas autarquias, suas fundações públicas e suas empresas estatais dependentes autorizadas a participar, no limite global de R$ 6.000.000.000,00 (seis bilhões de reais), em Fundo Garantidor de Parcerias Público-Privadas – FGP que terá por finalidade prestar garantia de pagamento de obrigações pecuniárias assumidas pelos parceiros públicos federais, distritais, estaduais ou municipais em virtude das parcerias de que trata esta Lei.

→ *Caput* com redação alterada pela Lei 12.766/2012.

§ 1º O FGP terá natureza privada e patrimônio próprio separado do patrimônio dos cotistas, e será sujeito a direitos e obrigações próprios.

§ 2º O patrimônio do Fundo será formado pelo aporte de bens e direitos realizado pelos cotistas, por meio da integralização de cotas e pelos rendimentos obtidos com sua administração.

§ 3º Os bens e direitos transferidos ao Fundo serão avaliados por empresa especializada, que deverá apresentar laudo fundamentado, com indicação dos critérios de avaliação adotados e instruído com os documentos relativos aos bens avaliados.

§ 4º A integralização das cotas poderá ser realizada em dinheiro, títulos da dívida pública, bens imóveis dominicais, bens móveis, inclusive ações de sociedade de economia mista federal excedentes ao necessário para manutenção de seu controle pela União, ou outros direitos com valor patrimonial.

§ 5º O FGP responderá por suas obrigações com os bens e direitos integrantes de seu patrimônio, não respondendo os cotistas por qualquer obrigação do Fundo, salvo pela integralização das cotas que subscreverem.

§ 6º A integralização com bens a que se refere o § 4º deste artigo será feita independentemente de licitação, mediante prévia avaliação e autorização específica do Presidente da República, por proposta do Ministro da Fazenda.

§ 7º O aporte de bens de uso especial ou de uso comum no FGP será condicionado a sua desafetação de forma individualizada.

§ 8º A capitalização do FGP, quando realizada por meio de recursos orçamentários, dar-se-á por ação orçamentária específica para esta finalidade, no âmbito de Encargos Financeiros da União.

→ § 8º acrescentado pela Lei 12.409/2011.

§ 9º (*Vetado*).

→ § 9º acrescentado pela Lei 12.766/2012.

Art. 17. O FGP será criado, administrado, gerido e representado judicial e extrajudicialmente por instituição financeira controlada, direta ou indiretamente, pela União, com observância das normas a que se refere o inciso XXII do art. 4º da Lei 4.595, de 31 de dezembro de 1964.

§ 1º O estatuto e o regulamento do FGP serão aprovados em assembleia dos cotistas.

§ 2º A representação da União na assembleia dos cotistas dar-se-á na forma do inciso V do art. 10 do Decreto-lei 147, de 3 de fevereiro de 1967.

§ 3º Caberá à instituição financeira deliberar sobre a gestão e alienação dos bens e direitos do FGP, zelando pela manutenção de sua rentabilidade e liquidez.

Art. 18. O estatuto e o regulamento do FGP devem deliberar sobre a política de concessão de garantias, inclusive no que se refere à relação entre ativos e passivos do Fundo.

→ *Caput* com redação alterada pela Lei 12.409/2011.

§ 1º A garantia será prestada na forma aprovada pela assembleia dos cotistas, nas seguintes modalidades:

I – fiança, sem benefício de ordem para o fiador;

II – penhor de bens móveis ou de direitos integrantes do patrimônio do FGP, sem transferência da posse da coisa empenhada antes da execução da garantia;

III – hipoteca de bens imóveis do patrimônio do FGP;

IV – alienação fiduciária, permanecendo a posse direta dos bens com o FGP ou com agente fiduciário por ele contratado antes da execução da garantia;

V – outros contratos que produzam efeito de garantia, desde que não transfiram a titularidade ou posse direta dos bens ao parceiro privado antes da execução da garantia;

VI – garantia, real ou pessoal, vinculada a um patrimônio de afetação constituído em decorrência da separação de bens e direitos pertencentes ao FGP.

§ 2º O FGP poderá prestar contragarantias a seguradoras, instituições financeiras e organismos internacionais que garantirem o cumprimento das obrigações pecuniárias dos cotistas em contratos de parceria público-privadas.

§ 3º A quitação pelo parceiro público de cada parcela de débito garantido pelo FGP importará exoneração proporcional da garantia.

§ 4º O FGP poderá prestar garantia mediante contratação de instrumentos disponíveis em mercado, inclusive para complementação das modalidades previstas no § 1º.

→ § 4º com redação alterada pela Lei 12.766/2012.

§ 5º O parceiro privado poderá acionar o FGP nos casos de:

→ *Caput* do § 5º com redação alterada pela Lei 12.766/2012.

I – crédito líquido e certo, constante de título exigível aceito e não pago pelo parceiro público após 15 (quinze) dias contados da data de vencimento; e

→ Inciso I acrescentado pela Lei 12.766/2012.

LEGISLAÇÃO

II – débitos constantes de faturas emitidas e não aceitas pelo parceiro público após 45 (quarenta e cinco) dias contados da data de vencimento, desde que não tenha havido rejeição expressa por ato motivado.

→ Inciso II acrescentado pela Lei 12.766/2012.

§ 6º A quitação de débito pelo FGP importará sua sub-rogação nos direitos do parceiro privado.

§ 7º Em caso de inadimplemento, os bens e direitos do Fundo poderão ser objeto de constrição judicial e alienação para satisfazer as obrigações garantidas.

§ 8º O FGP poderá usar parcela da cota da União para prestar garantia aos seus fundos especiais, às suas autarquias, às suas fundações públicas e às suas empresas estatais dependentes.

→ § 8º acrescentado pela Lei 12.409/2011.

§ 9º O FGP é obrigado a honrar faturas aceitas e não pagas pelo parceiro público.

→ § 9º acrescentado pela Lei 12.766/2012.

§ 10. O FGP é proibido de pagar faturas rejeitadas expressamente por ato motivado.

→ § 10 acrescentado pela Lei 12.766/2012.

§ 11. O parceiro público deverá informar o FGP sobre qualquer fatura rejeitada e sobre os motivos da rejeição no prazo de 40 (quarenta) dias contado da data de vencimento.

→ § 11 acrescentado pela Lei 12.766/2012.

§ 12. A ausência de aceite ou rejeição expressa de fatura por parte do parceiro público no prazo de 40 (quarenta) dias contado da data de vencimento implicará aceitação tácita.

→ § 12 acrescentado pela Lei 12.766/2012.

§ 13. O agente público que contribuir por ação ou omissão para a aceitação tácita de que trata o § 12 ou que rejeitar fatura sem motivação será responsabilizado pelos danos que causar, em conformidade com a legislação civil, administrativa e penal em vigor.

→ § 13 acrescentado pela Lei 12.766/2012

Art. 19. O FGP não pagará rendimentos a seus cotistas, assegurando-se a qualquer deles o direito de requerer o resgate total ou parcial de suas cotas, correspondente ao patrimônio ainda não utilizado para a concessão de garantias, fazendo-se a liquidação com base na situação patrimonial do Fundo.

Art. 20. A dissolução do FGP, deliberada pela assembleia dos cotistas, ficará condicionada à prévia quitação da totalidade dos débitos garantidos ou liberação das garantias pelos credores.

Parágrafo único. Dissolvido o FGP, o seu patrimônio será rateado entre os cotistas, com base na situação patrimonial à data da dissolução.

Art. 21. É facultada a constituição de patrimônio de afetação que não se comunicará com o restante do patrimônio do FGP, ficando vinculado exclusivamente à garantia em virtude da qual tiver sido constituído, não podendo ser objeto de penhora, arresto, sequestro, busca e apreensão ou qualquer ato de constrição judicial decorrente de outras obrigações do FGP.

Parágrafo único. A constituição do patrimônio de afetação será feita por registro em Cartório de Registro de Títulos e Documentos ou, no caso de bem imóvel, no Cartório de Registro Imobiliário correspondente.

Art. 22. A União somente poderá contratar parceria público-privada quando a soma das despesas de caráter continuado derivadas do conjunto das parcerias já contratadas não tiver excedido, no ano anterior, a 1% (um por cento) da receita corrente líquida do exercício, e as despesas anuais dos contratos vigentes, nos 10 (dez) anos subsequentes, não excedam a 1% (um por cento) da receita corrente líquida projetada para os respectivos exercícios.

Capítulo VII
DISPOSIÇÕES FINAIS

Art. 23. Fica a União autorizada a conceder incentivo, nos termos do Programa de Incentivo à Implementação de Projetos de Interesse Social – PIPS, instituído pela Lei 10.735, de 11 de setembro de 2003, às aplicações em fundos de investimento, criados por instituições financeiras, em direitos creditórios provenientes dos contratos de parcerias público-privadas.

Art. 24. O Conselho Monetário Nacional estabelecerá, na forma da legislação pertinente, as diretrizes para a concessão de crédito destinado ao financiamento de contratos de parcerias público-privadas, bem como para participação de entidades fechadas de previdência complementar.

Art. 25. A Secretaria do Tesouro Nacional editará, na forma da legislação pertinente, normas gerais relativas à consolidação das contas públicas aplicáveis aos contratos de parceria público-privada.

Art. 26. O inciso I do § 1º do art. 56 da Lei 8.666, de 21 de junho de 1993, passa a vigorar com a seguinte redação:

→ Alterações efetuadas na referida Lei.

Art. 27. As operações de crédito efetuadas por empresas públicas ou sociedades de economia mista controladas pela União não poderão exceder a 70% (setenta por cento) do total das fontes de recursos financeiros da sociedade de propósito específico, sendo que para as áreas das regiões Norte, Nordeste e Centro-Oeste, onde o Índice de Desenvolvimento Humano – IDH seja inferior à média nacional, essa participação não poderá exceder a 80% (oitenta por cento).

§ 1º Não poderão exceder a 80% (oitenta por cento) do total das fontes de recursos financeiros da sociedade de propósito específico ou 90% (noventa por cento) nas áreas das regiões Norte, Nordeste e Centro-Oeste, onde o Índice de Desenvolvimento Humano – IDH seja inferior à média nacional, as operações de crédito ou contribuições de capital realizadas cumulativamente por:

I – entidades fechadas de previdência complementar;

II – empresas públicas ou sociedades de economia mista controladas pela União.

§ 2º Para fins do disposto neste artigo, entende-se por fonte de recursos financeiros as operações de crédito e contribuições de capital à sociedade de propósito específico.

Art. 28. A União não poderá conceder garantia ou realizar transferência voluntária aos Estados, Distrito Federal e Municípios se a soma das despesas de caráter continuado derivadas do conjunto das parcerias já contratadas por esses entes tiver excedido, no ano anterior, a 5% (cinco por cento) da receita corrente líquida do exercício ou se as despesas anuais dos contratos vigentes nos 10 (dez) anos subsequentes excederem a 5% (cinco por cento) da receita corrente líquida projetada para os respectivos exercícios.

→ *Caput* com redação alterada pela Lei 12.766/2012

§ 1º Os Estados, o Distrito Federal e os Municípios que contratarem empreendimentos por intermédio de parcerias público-privadas deverão encaminhar ao Senado Federal e à Secretaria do Tesouro Nacional, previamente à contratação, as informações necessárias para cumprimento do previsto no *caput* deste artigo.

§ 2º Na aplicação do limite previsto no *caput* deste artigo, serão computadas as despesas derivadas de contratos de parceria celebrados pela administração pública direta, autarquias, fundações públicas, empresas públicas, sociedades de economia mista e demais entidades controladas, direta ou indiretamente, pelo respectivo ente, excluídas as empresas estatais não dependentes.

→ § 2º com redação alterada pela Lei 12.024/2009.

§ 3º *(Vetado).*

Art. 29. Serão aplicáveis, no que couber, as penalidades previstas no Decreto-lei 2.848, de 7 de dezembro de 1940 – Código Penal, na Lei 8.429, de 2 de junho de 1992 – Lei de Improbidade Administrativa, na Lei 10.028, de 19 de outubro de 2000 – Lei dos Crimes Fiscais, no Decreto-lei 201, de 27 de fevereiro de 1967, e na Lei 1.079, de 10 de abril de 1950, sem prejuízo das penalidades financeiras previstas contratualmente.

Art. 30. Esta Lei entra em vigor na data de sua publicação.

Brasília, 30 de dezembro de 2004; 183º da Independência e 116º da República.

Luiz Inácio Lula da Silva

(Publicação no *D.O.U.* de 31.12.2004)

LEI 11.107,
DE 6 DE ABRIL DE 2005

Dispõe sobre normas gerais de contratação de consórcios públicos e dá outras providências.

→ *v.* Decreto 6.017/2007 – Regulamenta a Lei 11.107/2005.

→ *v.* Decreto 5.504/2005 5.504/2005 – Exigência de utilização do pregão, preferencialmente na forma eletrônica, para entes públicos ou privados, nas contratações de bens e serviços comuns, realizadas em decorrência de transferências voluntárias de recursos públicos da União, decorrentes de convênios ou instrumentos congêneres, ou consórcios públicos.

O Presidente da República:

Faço saber que o Congresso Nacional decreta e eu sanciono a seguinte Lei:

Art. 1º Esta Lei dispõe sobre normas gerais para a União, os Estados, o Distrito Federal e os Municípios contratarem consórcios públicos para a realização de objetivos de interesse comum e dá outras providências.

→ *v.* Art. 241 da CF/1988.

§ 1º O consórcio público constituirá associação pública ou pessoa jurídica de direito privado.

§ 2º A União somente participará de consórcios públicos em que também façam parte todos os Estados em cujos territórios estejam situados os Municípios consorciados.

§ 3º Os consórcios públicos, na área de saúde, deverão obedecer aos princípios, diretrizes e normas que regulam o Sistema Único de Saúde – SUS.

Art. 2º Os objetivos dos consórcios públicos serão determinados pelos entes da Federação que se consorciarem, observados os limites constitucionais.

§ 1º Para o cumprimento de seus objetivos, o consórcio público poderá:

I – firmar convênios, contratos, acordos de qualquer natureza, receber auxílios, contribuições e subvenções sociais ou econômicas de outras entidades e órgãos do governo;

II – nos termos do contrato de consórcio de direito público, promover desapropriações e instituir servidões nos termos de declaração de utilidade ou necessidade pública, ou interesse social, realizada pelo Poder Público; e

III – ser contratado pela administração direta ou indireta dos entes da Federação consorciados, dispensada a licitação.

§ 2º Os consórcios públicos poderão emitir documentos de cobrança e exercer atividades de arrecadação de tarifas e outros preços públicos pela prestação de serviços ou pelo uso ou outorga de uso de bens públicos por eles administrados ou, mediante autorização específica, pelo ente da Federação consorciado.

§ 3º Os consórcios públicos poderão outorgar concessão, permissão ou autorização de obras ou serviços públicos mediante autorização prevista no contrato de consórcio público, que deverá indicar de forma específica o objeto da concessão, permissão ou autorização e as condições a que deverá atender, observada a legislação de normas gerais em vigor.

Art. 3º O consórcio público será constituído por contrato cuja celebração dependerá da prévia subscrição de protocolo de intenções.

Art. 4º São cláusulas necessárias do protocolo de intenções as que estabeleçam:

I – a denominação, a finalidade, o prazo de duração e a sede do consórcio;

II – a identificação dos entes da Federação consorciados;

III – a indicação da área de atuação do consórcio;

IV – a previsão de que o consórcio público é associação pública ou pessoa jurídica de direito privado sem fins econômicos;

V – os critérios para, em assuntos de interesse comum, autorizar o consórcio público a representar os entes da Federação consorciados perante outras esferas de governo;

VI – as normas de convocação e funcionamento da assembleia geral, inclusive para a elaboração, aprovação e modificação dos estatutos do consórcio público;

VII – a previsão de que a assembleia geral é a instância máxima do consórcio público e o número de votos para as suas deliberações;

VIII – a forma de eleição e a duração do mandato do representante legal do consórcio público que, obrigatoriamente, deverá ser Chefe do Poder Executivo de ente da Federação consorciado;

IX – o número, as formas de provimento e a remuneração dos empregados públicos, bem como os casos de contratação por tempo determinado para atender a necessidade temporária de excepcional interesse público;

X – as condições para que o consórcio público celebre contrato de gestão ou termo de parceria;

XI – a autorização para a gestão associada de serviços públicos, explicitando:

a) as competências cujo exercício se transferiu ao consórcio público;

b) os serviços públicos objeto da gestão associada e a área em que serão prestados;

c) a autorização para licitar ou outorgar concessão, permissão ou autorização da prestação dos serviços;

d) as condições a que deve obedecer o contrato de programa, no caso de a gestão associada envolver também a prestação de serviços por órgão ou entidade de um dos entes da Federação consorciados;

e) os critérios técnicos para cálculo do valor das tarifas e de outros preços públicos, bem como para seu reajuste ou revisão; e

XII – o direito de qualquer dos contratantes, quando adimplente com suas obrigações, de exigir o pleno cumprimento das cláusulas do contrato de consórcio público.

§ 1º Para os fins do inciso III do *caput* deste artigo, considera-se como área de atuação do consórcio público, independentemente de figurar a União como consorciada, a que corresponde à soma dos territórios:

I – dos Municípios, quando o consórcio público for constituído somente por Municípios ou por um Estado e Municípios com territórios nele contidos;

II – dos Estados ou dos Estados e do Distrito Federal, quando o consórcio público for, respectivamente, constituído por mais de 1 (um) Estado ou por 1 (um) ou mais Estados e o Distrito Federal;

III – *(Vetado).*

IV – dos Municípios e do Distrito Federal, quando o consórcio for constituído pelo Distrito Federal e os Municípios; e

V – *(Vetado).*

§ 2º O protocolo de intenções deve definir o número de votos que cada ente da Federação consorciado possui na assembleia geral, sendo assegurado 1 (um) voto a cada ente consorciado.

§ 3º É nula a cláusula do contrato de consórcio que preveja determinadas contribuições financeiras ou econômicas de ente da Federação ao consórcio público, salvo a doação, destinação ou cessão do uso de bens móveis ou imóveis e as transferências ou cessões de direitos operadas por força de gestão associada de serviços públicos.

§ 4º Os entes da Federação consorciados, ou os com eles conveniados, poderão ceder-lhe servidores, na forma e condições da legislação de cada um.

§ 5º O protocolo de intenções deverá ser publicado na imprensa oficial.

Art. 5º O contrato de consórcio público será celebrado com a ratificação, mediante lei, do protocolo de intenções.

§ 1º O contrato de consórcio público, caso assim preveja cláusula, pode ser celebrado por apenas 1 (uma) parcela dos entes da Federação que subscreveram o protocolo de intenções.

§ 2º A ratificação pode ser realizada com reserva que, aceita pelos demais entes subscritores, implicará consorciamento parcial ou condicional.

§ 3º A ratificação realizada após 2 (dois) anos da subscrição do protocolo de intenções dependerá de homologação da assembleia geral do consórcio público.

§ 4º É dispensado da ratificação prevista no *caput* deste artigo o ente da Federação que, antes de subscrever o protocolo de intenções, disciplinar por lei a sua participação no consórcio público.

Art. 6º O consórcio público adquirirá personalidade jurídica:

I – de direito público, no caso de constituir associação pública, mediante a vigência das leis de ratificação do protocolo de intenções;

II – de direito privado, mediante o atendimento dos requisitos da legislação civil.

§ 1º O consórcio público com personalidade jurídica de direito público integra a administração indireta de todos os entes da Federação consorciados.

§ 2º No caso de se revestir de personalidade jurídica de direito privado, o consórcio público observará as normas de direito público no que concerne à realização de licitação, celebração de contratos, prestação de contas e admissão de pessoal, que será regido pela Consolidação das Leis do Trabalho – CLT.

Art. 7º Os estatutos disporão sobre a organização e o funcionamento de cada um dos órgãos constitutivos do consórcio público.

Art. 8º Os entes consorciados somente entregarão recursos ao consórcio público mediante contrato de rateio.

§ 1º O contrato de rateio será formalizado em cada exercício financeiro e seu prazo de vigência não será superior ao das dotações que o suportam, com exceção dos contratos que tenham por objeto exclusivamente projetos consistentes em programas e ações contemplados em plano plurianual ou a gestão associada de serviços públicos custeados por tarifas ou outros preços públicos.

§ 2º É vedada a aplicação dos recursos entregues por meio de contrato de rateio para o atendimento de despesas genéricas, inclusive transferências ou operações de crédito.

§ 3º Os entes consorciados, isolados ou em conjunto, bem como o consórcio público, são partes legítimas para exigir o cumprimento das obrigações previstas no contrato de rateio.

§ 4º Com o objetivo de permitir o atendimento dos dispositivos da Lei Complementar 101, de 4 de maio de 2000, o consórcio público deve fornecer as informações necessárias para que sejam consolidadas, nas contas dos entes consorciados, todas as despesas realizadas com os recursos entregues em virtude de contrato de rateio, de forma que possam ser contabilizadas nas contas de cada ente da Federação na conformidade dos elementos econômicos e das atividades ou projetos atendidos.

§ 5º Poderá ser excluído do consórcio público, após prévia suspensão, o ente consorciado que não consignar, em sua lei orçamentária ou em créditos adicionais, as dotações suficientes para suportar as despesas assumidas por meio de contrato de rateio.

Art. 9º A execução das receitas e despesas do consórcio público deverá obedecer às normas de direito financeiro aplicáveis às entidades públicas.

Parágrafo único. O consórcio público está sujeito à fiscalização contábil, operacional e patrimonial pelo Tribunal de Contas competente para apreciar as contas do Chefe do Poder Executivo representante legal do consórcio, inclusive quanto à legalidade, legitimidade e economicidade das despesas, atos, contratos e renúncia de receitas, sem prejuízo do controle externo a ser exercido em razão de cada um dos contratos de rateio.

Art. 10. *(Vetado).*

Parágrafo único. Os agentes públicos incumbidos da gestão de consórcio não responderão pessoalmente pelas obrigações contraídas pelo consórcio público, mas responderão pelos atos praticados em desconformidade com a lei ou com as disposições dos respectivos estatutos.

Art. 11. A retirada do ente da Federação do consórcio público dependerá de ato formal de seu representante na assembleia geral, na forma previamente disciplinada por lei.

§ 1º Os bens destinados ao consórcio público pelo consorciado que se retira somente serão revertidos ou retrocedidos no caso de expressa previsão no contrato de consórcio público ou no instrumento de transferência ou de alienação.

§ 2º A retirada ou a extinção do consórcio público não prejudicará as obrigações já constituídas, inclusive os contratos de programa, cuja extinção dependerá do prévio pagamento das indenizações eventualmente devidas.

Art. 12. A alteração ou a extinção de contrato de consórcio público dependerá de instrumento aprovado pela assembleia geral, ratificado mediante lei por todos os entes consorciados.

§ 1º Os bens, direitos, encargos e obrigações decorrentes da gestão associada de serviços públicos custeados por tarifas ou outra espécie de preço público serão atribuídos aos titulares dos respectivos serviços.

§ 2º Até que haja decisão que indique os responsáveis por cada obrigação, os entes consorciados responderão solidariamente pelas obrigações remanescentes, garantindo o direito de regresso em face dos entes beneficiados ou dos que deram causa à obrigação.

Art. 13. Deverão ser constituídas e reguladas por contrato de programa, como condição de sua validade, as obrigações que um ente da Federação constituir para com outro ente da Federação ou para com consórcio público no âmbito de gestão associada em que haja a prestação de serviços públicos ou a transferência total ou parcial de encargos, serviços, pessoal ou de bens necessários à continuidade dos serviços transferidos.

§ 1º O contrato de programa deverá:

I – atender à legislação de concessões e permissões de serviços públicos e, especialmente no que se refere ao cálculo de tarifas e de outros preços públicos, à de regulação dos serviços a serem prestados; e

II – prever procedimentos que garantam a transparência da gestão econômica e financeira de cada serviço em relação a cada um de seus titulares.

§ 2º No caso de a gestão associada originar a transferência total ou parcial de encargos, serviços, pessoal e bens essenciais à continuidade dos serviços transferidos, o contrato de programa, sob pena de nulidade, deverá conter cláusulas que estabeleçam:

I – os encargos transferidos e a responsabilidade subsidiária da entidade que os transferiu;

II – as penalidades no caso de inadimplência em relação aos encargos transferidos;

III – o momento de transferência dos serviços e os deveres relativos a sua continuidade;

IV – a indicação de quem arcará com o ônus e os passivos do pessoal transferido;

V – a identificação dos bens que terão apenas a sua gestão e administração transferidas e o preço dos que sejam efetivamente alienados ao contratado;

VI – o procedimento para o levantamento, cadastro e avaliação dos bens reversíveis que vierem a ser amortizados mediante receitas de tarifas ou outras emergentes da prestação dos serviços.

§ 3º É nula a cláusula de contrato de programa que atribuir ao contratado o exercício dos poderes de planejamento, regulação e fiscalização dos serviços por ele próprio prestados.

§ 4º O contrato de programa continuará vigente mesmo quando extinto o consórcio público ou o convênio de cooperação que autorizou a gestão associada de serviços públicos.

§ 5º Mediante previsão do contrato de consórcio público, ou de convênio de cooperação, o contrato de programa poderá ser celebrado por entidades de direito público ou privado que integrem a administração indireta de qualquer dos entes da Federação consorciados ou conveniados.

§ 6º O contrato celebrado na forma prevista no § 5º deste artigo será automaticamente extinto no caso de o contratado não mais integrar a administração indireta do ente da Federação que autorizou a gestão associada de serviços públicos por meio de consórcio público ou de convênio de cooperação.

§ 7º Excluem-se do previsto no *caput* deste artigo as obrigações cujo descumprimento não acarrete qualquer ônus, inclusive financeiro, a ente da Federação ou a consórcio público.

Art. 14. A União poderá celebrar convênios com os consórcios públicos, com o objetivo de viabilizar a descentralização e a prestação de políticas públicas em escalas adequadas.

Art. 15. No que não contrariar esta Lei, a organização e funcionamento dos consórcios públicos serão disciplinados pela legislação que rege as associações civis.

Art. 16. O inciso IV do art. 41 da Lei 10.406, de 10 de janeiro de 2002 – Código Civil, passa a vigorar com a seguinte redação:

→ Alterações efetuadas no CC.

Art. 17. Os arts. 23, 24, 26 e 112 da Lei 8.666, de 21 de junho de 1993, passam a vigorar com a seguinte redação:

→ Alterações efetuadas na referida Lei.

Art. 18. O art. 10 da Lei 8.429, de 2 de junho de 1992, passa a vigorar acrescido dos seguintes incisos:

"Art. 10. (...)

(...)

XIV – celebrar contrato ou outro instrumento que tenha por objeto a prestação de serviços públicos por meio da gestão associada sem observar as formalidades previstas na lei;

XV – celebrar contrato de rateio de consórcio público sem suficiente e prévia dotação orçamentária, ou sem observar as formalidades previstas na lei."

Art. 19. O disposto nesta Lei não se aplica aos convênios de cooperação, contratos de programa para gestão associada de serviços públicos ou instrumentos congêneres, que tenham sido celebrados anteriormente a sua vigência.

Art. 20. O Poder Executivo da União regulamentará o disposto nesta Lei, inclusive as normas gerais de contabilidade pública que serão observadas pelos consórcios públicos para que sua gestão financeira e orçamentária se realize na conformidade dos pressupostos da responsabilidade fiscal.

Art. 21. Esta Lei entra em vigor na data de sua publicação.

Brasília, 6 de abril de 2005; 184º da Independência e 117º da República.

Luiz Inácio Lula da Silva

(Publicação no *D.O.U.* de 7.4.2005)

LEI 11.340,
DE 7 DE AGOSTO DE 2006

Cria mecanismos para coibir a violência doméstica e familiar contra a mulher, nos termos do § 8º do art. 226 da Constituição Federal, da Convenção sobre a Eliminação de Todas as Formas de Discriminação contra as Mulheres e da Convenção Interamericana para Prevenir, Punir e Erradicar a Violência contra a Mulher; dispõe sobre a criação dos Juizados de Violência Doméstica e Familiar contra a Mulher; altera o Código de Processo Penal, o Código Penal e a Lei de Execução Penal; e dá outras providências.

→ v. Lei 13.239/2015 – Cirurgia plástica reparadora causadas por atos de violência contra a mulher pelo SUS.

O Presidente da República:

Faço saber que o Congresso Nacional decreta e eu sanciono a seguinte Lei:

LEGISLAÇÃO

Título I
DISPOSIÇÕES PRELIMINARES

Art. 1º Esta Lei cria mecanismos para coibir e prevenir a violência doméstica e familiar contra a mulher, nos termos do § 8º do art. 226 da Constituição Federal, da Convenção sobre a Eliminação de Todas as Formas de Violência contra a Mulher, da Convenção Interamericana para Prevenir, Punir e Erradicar a Violência contra a Mulher e de outros tratados internacionais ratificados pela República Federativa do Brasil; dispõe sobre a criação dos Juizados de Violência Doméstica e Familiar contra a Mulher; e estabelece medidas de assistência e proteção às mulheres em situação de violência doméstica e familiar.

→ v. ADC 19 (*D.O.U.* 17.2.2012), o STF, por unanimidade, "julgou procedente a ação declaratória para declarar a constitucionalidade art. 1º da Lei 11.340/2006".

→ v. Decreto 4.377/2002 – Convenção sobre a eliminação de todas as formas de discriminação contra a mulher.

Art. 2º Toda mulher, independentemente de classe, raça, etnia, orientação sexual, renda, cultura, nível educacional, idade e religião, goza dos direitos fundamentais inerentes à pessoa humana, sendo-lhe asseguradas as oportunidades e facilidades para viver sem violência, preservar sua saúde física e mental e seu aperfeiçoamento moral, intelectual e social.

→ v. Arts. 3º, IV, 5º, I, e 226, § 5º, da CF/1988.

Art. 3º Serão asseguradas às mulheres as condições para o exercício efetivo dos direitos à vida, à segurança, à saúde, à alimentação, à educação, à cultura, à moradia, ao acesso à justiça, ao esporte, ao lazer, ao trabalho, à cidadania, à liberdade, à dignidade, ao respeito e à convivência familiar e comunitária.

§ 1º O poder público desenvolverá políticas que visem garantir os direitos humanos das mulheres no âmbito das relações domésticas e familiares no sentido de resguardá-las de toda forma de negligência, discriminação, exploração, violência, crueldade e opressão.

§ 2º Cabe à família, à sociedade e ao poder público criar as condições necessárias para o efetivo exercício dos direitos enunciados no *caput*.

Art. 4º Na interpretação desta Lei, serão considerados os fins sociais a que ela se destina e, especialmente, as condições peculiares das mulheres em situação de violência doméstica e familiar.

Título II
DA VIOLÊNCIA DOMÉSTICA E FAMILIAR CONTRA A MULHER

Capítulo I
DISPOSIÇÕES GERAIS

Art. 5º Para os efeitos desta Lei, configura violência doméstica e familiar contra a mulher qualquer ação ou omissão baseada no gênero que lhe cause morte, lesão, sofrimento físico, sexual ou psicológico e dano moral ou patrimonial:

→ v. Art. 61, II, *f*, do CP.

I – no âmbito da unidade doméstica, compreendida como o espaço de convívio permanente de pessoas, com ou sem vínculo familiar, inclusive as esporadicamente agregadas;

II – no âmbito da família, compreendida como a comunidade formada por indivíduos que são ou se consideram aparentados, unidos por laços naturais, por afinidade ou por vontade expressa;

III – em qualquer relação íntima de afeto, na qual o agressor conviva ou tenha convivido com a ofendida, independentemente de coabitação.

Parágrafo único. As relações pessoais enunciadas neste artigo independem de orientação sexual.

Art. 6º A violência doméstica e familiar contra a mulher constitui uma das formas de violação dos direitos humanos.

Capítulo II
DAS FORMAS DE VIOLÊNCIA DOMÉSTICA E FAMILIAR CONTRA A MULHER

Art. 7º São formas de violência doméstica e familiar contra a mulher, entre outras:

I – a violência física, entendida como qualquer conduta que ofenda sua integridade ou saúde corporal;

→ v. Art. 129, §§ 9º e 10, do CP.

II – a violência psicológica, entendida como qualquer conduta que lhe cause dano emocional e diminuição da autoestima ou que lhe prejudique e perturbe o pleno desenvolvimento ou que vise degradar ou controlar suas ações, comportamentos, crenças e decisões, mediante ameaça, constrangimento, humilhação, manipulação, isolamento, vigilância constante, perseguição contumaz, insulto, chantagem, ridicularização, exploração e limitação do direito de ir e vir ou qualquer outro meio que lhe cause prejuízo à saúde psicológica e à autodeterminação;

III – a violência sexual, entendida como qualquer conduta que a constranja a presenciar, a manter ou a participar de relação sexual não desejada, mediante intimidação, ameaça, coação ou uso da força; que a induza a comercializar ou a utilizar, de qualquer modo, a sua sexualidade, que a impeça de usar qualquer método contraceptivo ou que a force ao matrimônio, à gravidez, ao aborto ou à prostituição, mediante coação, chantagem, suborno ou manipulação; ou que limite ou anule o exercício de seus direitos sexuais e reprodutivos;

IV – a violência patrimonial, entendida como qualquer conduta que configure retenção, subtração, destruição parcial ou total de seus objetos, instrumentos de trabalho, documentos pessoais, bens, valores e direitos ou recursos econômicos, incluindo os destinados a satisfazer suas necessidades;

→ v. Arts. 181 e 182 do CP.

V – a violência moral, entendida como qualquer conduta que configure calúnia, difamação ou injúria.

→ v. Arts. 138 a 140 do CP.

Título III
DA ASSISTÊNCIA À MULHER EM SITUAÇÃO DE VIOLÊNCIA DOMÉSTICA E FAMILIAR

Capítulo I
DAS MEDIDAS INTEGRADAS DE PREVENÇÃO

Art. 8º A política pública que visa coibir a violência doméstica e familiar contra a mulher far-se-á por meio de um conjunto articulado de ações da União, dos Estados, do Distrito Federal e dos Municípios e de ações não governamentais, tendo por diretrizes:

I – a integração operacional do Poder Judiciário, do Ministério Público e da Defensoria Pública com as áreas de segurança pública, assistência social, saúde, educação, trabalho e habitação;

II – a promoção de estudos e pesquisas, estatísticas e outras informações relevantes, com a perspectiva de gênero e de raça ou etnia, concernentes às causas, às consequências e à frequência da violência doméstica e familiar contra a mulher, para a sistematização de dados, a serem unificados nacionalmente, e a avaliação periódica dos resultados das medidas adotadas;

III – o respeito, nos meios de comunicação social, dos valores éticos e sociais da pessoa e da família, de forma a coibir os papéis estereotipados que legitimem ou exacerbem a violência doméstica e familiar, de acordo com o estabelecido no inciso III do art. 1º, no inciso IV do art. 3º e no inciso IV do art. 221 da Constituição Federal;

IV – a implementação de atendimento policial especializado para as mulheres, em particular nas Delegacias de Atendimento à Mulher;

V – a promoção e a realização de campanhas educativas de prevenção da violência doméstica e familiar contra a mulher, voltadas ao público escolar e à sociedade em geral, e a difusão desta Lei e dos instrumentos de proteção aos direitos humanos das mulheres;

VI – a celebração de convênios, protocolos, ajustes, termos ou outros instrumentos de promoção de parceria entre órgãos governamentais ou entre estes e entidades não governamentais, tendo por objetivo a implementação de programas de erradicação da violência doméstica e familiar contra a mulher;

VII – a capacitação permanente das Polícias Civil e Militar, da Guarda Municipal, do Corpo de Bombeiros e dos profissionais pertencentes aos órgãos e às áreas enunciados no inciso I quanto às questões de gênero e de raça ou etnia;

VIII – a promoção de programas educacionais que disseminem valores éticos de irrestrito respeito à dignidade da pessoa humana com a perspectiva de gênero e de raça ou etnia;

IX – o destaque, nos currículos escolares de todos os níveis de ensino, para os conteúdos relativos aos direitos humanos, à equidade de gênero e de raça ou etnia e ao problema da violência doméstica e familiar contra a mulher.

Capítulo II
DA ASSISTÊNCIA À MULHER EM SITUAÇÃO DE VIOLÊNCIA DOMÉSTICA E FAMILIAR

Art. 9º A assistência à mulher em situação de violência doméstica e familiar será prestada de forma articulada e conforme os princípios e as diretrizes previstos na Lei Orgânica da Assistência Social, no Sistema Único de Saúde, no Sistema Único de Segurança Pública, entre outras normas e políticas públicas de proteção, e emergencialmente quando for o caso.

§ 1º O juiz determinará, por prazo certo, a inclusão da mulher em situação de violência doméstica e familiar no cadastro de programas assistenciais do governo federal, estadual e municipal.

§ 2º O juiz assegurará à mulher em situação de violência doméstica e familiar, para preservar sua integridade física e psicológica:

I – acesso prioritário à remoção quando servidora pública, integrante da administração direta ou indireta;

II – manutenção do vínculo trabalhista, quando necessário o afastamento do local de trabalho, por até 6 (seis) meses.

§ 3º A assistência à mulher em situação de violência doméstica e familiar compreenderá o acesso aos benefícios decorrentes do desenvolvimento científico e tecnológico, incluindo os serviços de contracepção de emergência, a profilaxia das Doenças Sexualmente Transmissíveis (DST) e da Síndrome da Imunodeficiência Adquirida (AIDS) e outros procedimentos médicos necessários e cabíveis nos casos de violência sexual.

Capítulo III
DO ATENDIMENTO PELA AUTORIDADE POLICIAL

Art. 10. Na hipótese da iminência ou da prática de violência doméstica e familiar contra a mulher, a autoridade policial que tomar conhecimento da ocorrência adotará, de imediato, as providências legais cabíveis.

Parágrafo único. Aplica-se o disposto no *caput* deste artigo ao descumprimento de medida protetiva de urgência deferida.

Art. 11. No atendimento à mulher em situação de violência doméstica e familiar, a autoridade policial deverá, entre outras providências:

I – garantir proteção policial, quando necessário, comunicando de imediato ao Ministério Público e ao Poder Judiciário;

II – encaminhar a ofendida ao hospital ou posto de saúde e ao Instituto Médico Legal;

III – fornecer transporte para a ofendida e seus dependentes para abrigo ou local seguro, quando houver risco de vida;

IV – se necessário, acompanhar a ofendida para assegurar a retirada de seus pertences do local da ocorrência ou do domicílio familiar;

V – informar à ofendida os direitos a ela conferidos nesta Lei e os serviços disponíveis.

Art. 12. Em todos os casos de violência doméstica e familiar contra a mulher, feito o registro da ocorrência, deverá a autoridade policial adotar, de imediato, os seguintes procedimentos, sem prejuízo daqueles previstos no Código de Processo Penal:

→ V. Art. 18 da Lei 11.340/2006.

I – ouvir a ofendida, lavrar o boletim de ocorrência e tomar a representação a termo, se apresentada;

→ V. ADIn 4.424 (*D.O.U.* 17.2.2012), o STF, por maioria, "julgou procedente a ação direta para, dando interpretação conforme aos arts. 12, I, e 16, ambos da Lei 11.340/2006, assentar a natureza incondicionada da ação penal em caso de crime de lesão, pouco importando a extensão desta, praticado contra a mulher no ambiente doméstico".

II – colher todas as provas que servirem para o esclarecimento do fato e de suas circunstâncias;

III – remeter, no prazo de 48 (quarenta e oito) horas, expediente apartado ao juiz com o pedido da ofendida, para a concessão de medidas protetivas de urgência;

IV – determinar que se proceda ao exame de corpo de delito da ofendida e requisitar outros exames periciais necessários;

V – ouvir o agressor e as testemunhas;

VI – ordenar a identificação do agressor e fazer juntar aos autos sua folha de antecedentes criminais, indicando a existência de mandado de prisão ou registro de outras ocorrências policiais contra ele;

VII – remeter, no prazo legal, os autos do inquérito policial ao juiz e ao Ministério Público.

§ 1º O pedido da ofendida será tomado a termo pela autoridade policial e deverá conter:

I – qualificação da ofendida e do agressor;

II – nome e idade dos dependentes;

III – descrição sucinta do fato e das medidas protetivas solicitadas pela ofendida.

§ 2º A autoridade policial deverá anexar ao documento referido no § 1º o boletim de ocorrência e cópia de todos os documentos disponíveis em posse da ofendida.

§ 3º Serão admitidos como meios de prova os laudos ou prontuários médicos fornecidos por hospitais e postos de saúde.

Título IV
DOS PROCEDIMENTOS

Capítulo I
DISPOSIÇÕES GERAIS

→ V. Súmula 536 do STJ.

Art. 13. Ao processo, ao julgamento e à execução das causas cíveis e criminais decorrentes da prática de violência doméstica e familiar contra a mulher aplicar-se-ão as normas dos Códigos de Processo Penal e Processo Civil e da legislação específica relativa à criança, ao adolescente e ao idoso que não conflitarem com o estabelecido nesta Lei.

Art. 14. Os Juizados de Violência Doméstica e Familiar contra a Mulher, órgãos da Justiça Ordinária com competência cível e criminal, poderão ser criados pela União, no Distrito Federal e nos Territórios, e pelos Estados, para o processo, o julgamento e a execução das causas decorrentes da prática de violência doméstica e familiar contra a mulher.

Parágrafo único. Os atos processuais poderão realizar-se em horário noturno, conforme dispuserem as normas de organização judiciária.

Art. 15. É competente, por opção da ofendida, para os processos cíveis regidos por esta Lei, o Juizado:

I – do seu domicílio ou de sua residência;

II – do lugar do fato em que se baseou a demanda;

III – do domicílio do agressor.

Art. 16. Nas ações penais públicas condicionadas à representação da ofendida de que trata esta Lei, só será admitida a renúncia à representação perante o juiz, em audiência especialmente designada com tal finalidade, antes do recebimento da denúncia e ouvido o Ministério Público.

→ V. ADIn 4.424 (*D.O.U.* 17.2.2012), o STF, por maioria, "julgou procedente a ação direta para, dando interpretação conforme aos arts. 12, I, e 16, ambos da Lei 11.340/2006, assentar a natureza incondicionada da ação penal em caso de crime de lesão, pouco importando a extensão desta, praticado contra a mulher no ambiente doméstico".

Art. 17. É vedada a aplicação, nos casos de violência doméstica e familiar contra a mulher, de penas de cesta básica ou outras de prestação pecuniária, bem como a substituição de pena que implique o pagamento isolado de multa.

Capítulo II
DAS MEDIDAS PROTETIVAS DE URGÊNCIA

Seção I
Disposições gerais

Art. 18. Recebido o expediente com o pedido da ofendida, caberá ao juiz, no prazo de 48 (quarenta e oito) horas:

I – conhecer do expediente e do pedido e decidir sobre as medidas protetivas de urgência;

II – determinar o encaminhamento da ofendida ao órgão de assistência judiciária, quando for o caso;

III – comunicar ao Ministério Público para que adote as providências cabíveis.

Art. 19. As medidas protetivas de urgência poderão ser concedidas pelo juiz, a requerimento do Ministério Público ou a pedido da ofendida.

§ 1º As medidas protetivas de urgência poderão ser concedidas de imediato, independentemente de audiência das partes e de manifestação do Ministério Público, devendo este ser prontamente comunicado.

§ 2º As medidas protetivas de urgência serão aplicadas isolada ou cumulativamente, e poderão ser substituídas a qualquer tempo por outras de maior eficácia, sempre que os direitos reconhecidos nesta Lei forem ameaçados ou violados.

§ 3º Poderá o juiz, a requerimento do Ministério Público ou a pedido da ofendida, conceder novas medidas protetivas de urgência ou rever aquelas já concedidas, se entender necessário à proteção da ofendida, de seus familiares e de seu patrimônio, ouvido o Ministério Público.

Art. 20. Em qualquer fase do inquérito policial ou da instrução criminal, caberá a prisão preventiva do agressor, decretada pelo juiz, de ofício, a requerimento do Ministério Público ou mediante representação da autoridade policial.

→ *v.* Arts. 312 e 313, III, do CPP.

Parágrafo único. O juiz poderá revogar a prisão preventiva se, no curso do processo, verificar a falta de motivo para que subsista, bem como de novo decretá-la, se sobrevierem razões que a justifiquem.

Art. 21. A ofendida deverá ser notificada dos atos processuais relativos ao agressor, especialmente dos pertinentes ao ingresso e à saída da prisão, sem prejuízo da intimação do advogado constituído ou do defensor público.

Parágrafo único. A ofendida não poderá entregar intimação ou notificação ao agressor.

Seção II
Das medidas protetivas de urgência que obrigam o agressor

Art. 22. Constatada a prática de violência doméstica e familiar contra a mulher, nos termos desta Lei, o juiz poderá aplicar, de imediato, ao agressor, em conjunto ou separadamente, as seguintes medidas protetivas de urgência, entre outras:

I – suspensão da posse ou restrição do porte de armas, com comunicação ao órgão competente, nos termos da Lei 10.826, de 22 de dezembro de 2003;

II – afastamento do lar, domicílio ou local de convivência com a ofendida;

III – proibição de determinadas condutas, entre as quais:

a) aproximação da ofendida, de seus familiares e das testemunhas, fixando o limite mínimo de distância entre estes e o agressor;

b) contato com a ofendida, seus familiares e testemunhas por qualquer meio de comunicação;

c) frequentação de determinados lugares a fim de preservar a integridade física e psicológica da ofendida;

IV – restrição ou suspensão de visitas aos dependentes menores, ouvida a equipe de atendimento multidisciplinar ou serviço similar;

V – prestação de alimentos provisionais ou provisórios.

§ 1º As medidas referidas neste artigo não impedem a aplicação de outras previstas na legislação em vigor, sempre que a segurança da ofendida ou as circunstâncias o exigirem, devendo a providência ser comunicada ao Ministério Público.

§ 2º Na hipótese de aplicação do inciso I, encontrando-se o agressor nas condições mencionadas no *caput* e incisos do art. 6º da Lei 10.826, de 22 de dezembro de 2003, o juiz comunicará ao respectivo órgão, corporação ou instituição as medidas protetivas de urgência concedidas e determinará a restrição do porte de armas, ficando o superior imediato do agressor responsável pelo cumprimento da determinação judicial, sob pena de incorrer nos crimes de prevaricação ou de desobediência, conforme o caso.

§ 3º Para garantir a efetividade das medidas protetivas de urgência, poderá o juiz requisitar, a qualquer momento, auxílio da força policial.

§ 4º Aplica-se às hipóteses previstas neste artigo, no que couber, o disposto no *caput* e nos §§ 5º e 6º do art. 461 da Lei 5.869, de 11 de janeiro de 1973 (Código de Processo Civil).

→ *v.* Arts. 497, *caput*, 536, § 1º e 537, § 1º, do NCPC.

Seção III
Das medidas protetivas de urgência à ofendida

Art. 23. Poderá o juiz, quando necessário, sem prejuízo de outras medidas:

I – encaminhar a ofendida e seus dependentes a programa oficial ou comunitário de proteção ou de atendimento;

II – determinar a recondução da ofendida e a de seus dependentes ao respectivo domicílio, após afastamento do agressor;

III – determinar o afastamento da ofendida do lar, sem prejuízo dos direitos relativos a bens, guarda dos filhos e alimentos;

IV – determinar a separação de corpos.

Art. 24. Para a proteção patrimonial dos bens da sociedade conjugal ou daqueles de propriedade particular da mulher, o juiz poderá determinar, liminarmente, as seguintes medidas, entre outras:

I – restituição de bens indevidamente subtraídos pelo agressor à ofendida;

II – proibição temporária para a celebração de atos e contratos de compra, venda e locação de propriedade em comum, salvo expressa autorização judicial;

III – suspensão das procurações conferidas pela ofendida ao agressor;

IV – prestação de caução provisória, mediante depósito judicial, por perdas e danos materiais decorrentes da prática de violência doméstica e familiar contra a ofendida.

Parágrafo único. Deverá o juiz oficiar ao cartório competente para os fins previstos nos incisos II e III deste artigo.

Capítulo III
DA ATUAÇÃO DO MINISTÉRIO PÚBLICO

Art. 25. O Ministério Público intervirá, quando não for parte, nas causas cíveis e criminais decorrentes da violência doméstica e familiar contra a mulher.

Art. 26. Caberá ao Ministério Público, sem prejuízo de outras atribuições, nos casos de violência doméstica e familiar contra a mulher, quando necessário:

I – requisitar força policial e serviços públicos de saúde, de educação, de assistência social e de segurança, entre outros;

II – fiscalizar os estabelecimentos públicos e particulares de atendimento à mulher em situação de violência doméstica e familiar, e adotar, de imediato, as medidas administrativas ou judiciais cabíveis no tocante a quaisquer irregularidades constatadas;

III – cadastrar os casos de violência doméstica e familiar contra a mulher.

Capítulo IV
DA ASSISTÊNCIA JUDICIÁRIA

Art. 27. Em todos os atos processuais, cíveis e criminais, a mulher em situação de violência doméstica e familiar deverá estar acompanhada de advogado, ressalvado o previsto no art. 19 desta Lei.

Art. 28. É garantido a toda mulher em situação de violência doméstica e familiar o acesso aos serviços de Defensoria Pública ou de Assistência Judiciária Gratuita, nos termos da lei, em sede policial e judicial, mediante atendimento específico e humanizado.

Título V
DA EQUIPE DE ATENDIMENTO MULTIDISCIPLINAR

Art. 29. Os Juizados de Violência Doméstica e Familiar contra a Mulher que vierem a ser criados poderão contar com uma equipe de atendimento multidisciplinar, a ser integrada por profissionais especializados nas áreas psicossocial, jurídica e de saúde.

Art. 30. Compete à equipe de atendimento multidisciplinar, entre outras atribuições que lhe forem reservadas pela legislação local, fornecer subsídios por escrito ao juiz, ao Ministério Público e à Defensoria Pública, mediante laudos ou verbalmente em audiência, e desenvolver trabalhos de orientação, encaminhamento, prevenção e outras medidas, voltados para a ofendida, o agressor e os familiares, com especial atenção às crianças e aos adolescentes.

Art. 31. Quando a complexidade do caso exigir avaliação mais aprofundada, o juiz poderá determinar a manifestação de profissional especializado, mediante a indicação da equipe de atendimento multidisciplinar.

Art. 32. O Poder Judiciário, na elaboração de sua proposta orçamentária, poderá prever recursos para a criação e manutenção da equipe de atendimento multidisciplinar, nos termos da Lei de Diretrizes Orçamentárias.

Título VI
DISPOSIÇÕES TRANSITÓRIAS

Art. 33. Enquanto não estruturados os Juizados de Violência Doméstica e Familiar contra a Mulher, as varas criminais acumularão as competências cível e criminal para conhecer e julgar as causas decorrentes da prática de violência doméstica e familiar contra a mulher, observadas as previsões do Título IV desta Lei, subsidiada pela legislação processual pertinente.

→ *v.* ADC 19 (*D.O.U.* 17.2.2012), o STF, por unanimidade, "julgou procedente a ação declaratória para declarar a constitucionalidade art. 1º da Lei 11.340/2006".

Parágrafo único. Será garantido o direito de preferência, nas varas criminais, para o processo e o julgamento das causas referidas no *caput*.

Título VII
DISPOSIÇÕES FINAIS

Art. 34. A instituição dos Juizados de Violência Doméstica e Familiar contra a Mulher poderá ser acompanhada pela implantação das curadorias necessárias e do serviço de assistência judiciária.

Art. 35. A União, o Distrito Federal, os Estados e os Municípios poderão criar e promover, no limite das respectivas competências:

I – centros de atendimento integral e multidisciplinar para mulheres e respectivos dependentes em situação de violência doméstica e familiar;

II – casas-abrigos para mulheres e respectivos dependentes menores em situação de violência doméstica e familiar;

III – delegacias, núcleos de defensoria pública, serviços de saúde e centros de perícia médico-legal especializados no atendimento à mulher em situação de violência doméstica e familiar;

IV – programas e campanhas de enfrentamento da violência doméstica e familiar;

V – centros de educação e de reabilitação para os agressores.

Art. 36. A União, os Estados, o Distrito Federal e os Municípios promoverão a adaptação de seus órgãos e de seus programas às diretrizes e aos princípios desta Lei.

Art. 37. A defesa dos interesses e direitos transindividuais previstos nesta Lei poderá ser exercida, concorrentemente, pelo Ministério Público e por associação de atuação na área, regularmente constituída há pelo menos 1 (um) ano, nos termos da legislação civil.

Parágrafo único. O requisito da pré-constituição poderá ser dispensado pelo juiz quando entender que não há outra entidade com representatividade adequada para o ajuizamento da demanda coletiva.

Art. 38. As estatísticas sobre a violência doméstica e familiar contra a mulher serão incluídas nas bases de dados dos órgãos oficiais do Sistema de Justiça e Segurança a fim de subsidiar o sistema nacional de dados e informações relativo às mulheres.

Parágrafo único. As Secretarias de Segurança Pública dos Estados e do Distrito Federal poderão remeter suas informações criminais para a base de dados do Ministério da Justiça.

Art. 39. A União, os Estados, o Distrito Federal e os Municípios, no limite de suas competências e nos termos das respectivas leis de diretrizes orçamentárias, poderão estabelecer dotações orçamentárias específicas, em cada exercício financeiro, para a implementação das medidas estabelecidas nesta Lei.

Art. 40. As obrigações previstas nesta Lei não excluem outras decorrentes dos princípios por ela adotados.

Art. 41. Aos crimes praticados com violência doméstica e familiar contra a mulher, independentemente da pena prevista, não se aplica a Lei 9.099, de 26 de setembro de 1995.

→ *V.* ADC 19 (*D.O.U.* 17.2.2012), o STF, por unanimidade, "julgou procedente a ação declaratória para declarar a constitucionalidade art. 1º da Lei 11.340/2006".

Art. 42. O art. 313 do Decreto-lei 3.689, de 3 de outubro de 1941 (Código de Processo Penal), passa a vigorar acrescido do seguinte inciso IV:

→ Alterações efetuadas no CPP.

Art. 43. A alínea *f* do inciso II do art. 61 do Decreto-lei 2.848, de 7 de dezembro de 1940 (Código Penal), passa a vigorar com a seguinte redação:

→ Alterações efetuadas no CP.

Art. 44. O art. 129 do Decreto-lei 2.848, de 7 de dezembro de 1940 (Código Penal), passa a vigorar com as seguintes alterações:

→ Alterações efetuadas no CP.

Art. 45. O art. 152 da Lei 7.210, de 11 de julho de 1984 (Lei de Execução Penal), passa a vigorar com a seguinte redação:

→ Alterações efetuadas na LEP.

Art. 46. Esta Lei entra em vigor 45 (quarenta e cinco) dias após sua publicação.

Brasília, 7 de agosto de 2006; 185º da Independência e 118º da República.

Luiz Inácio Lula da Silva

(Publicação no *D.O.U.* de 8.8.2006)

LEI 11.343,
DE 23 DE AGOSTO DE 2006

Institui o Sistema Nacional de Políticas Públicas sobre Drogas – Sisnad; prescreve medidas para prevenção do uso indevido, atenção e reinserção social de usuários e dependentes de drogas; estabelece normas para repressão à produção não autorizada e ao tráfico ilícito de drogas; define crimes e dá outras providências.

→ *V.* Decreto 5.912/2006 – Regulamenta a Lei 11.343/2006.

O Presidente da República:

Faço saber que o Congresso Nacional decreta e eu sanciono a seguinte Lei:

Título I
DISPOSIÇÕES PRELIMINARES

Art. 1º Esta Lei institui o Sistema Nacional de Políticas Públicas sobre Drogas – Sisnad; prescreve medidas para prevenção do uso indevido, atenção e reinserção social de usuários e dependentes de drogas; estabelece normas para repressão à produção não autorizada e ao tráfico ilícito de drogas e define crimes.

→ *V.* Arts. 3º a 5º da Lei 11.343/2006.

Parágrafo único. Para fins desta Lei, consideram-se como drogas as substâncias ou os produtos capazes de causar dependência, assim especificados em lei ou relacionados em listas atualizadas periodicamente pelo Poder Executivo da União.

→ *V.* Art. 66 da Lei 11.343/2006.

Art. 2º Ficam proibidas, em todo o território nacional, as drogas, bem como o plantio, a cultura, a colheita e a exploração de vegetais e substratos dos quais possam ser extraídas ou produzidas drogas, ressalvada a hipótese de autorização legal ou regulamentar, bem como o que estabelece a Convenção de Viena, das Nações Unidas, sobre Substâncias Psicotrópicas, de 1971, a respeito de plantas de uso estritamente ritualístico-religioso.

→ *V.* Art. 243 da CF/1988.

→ *V.* Lei 8.257/1991 – Expropriação das glebas nas quais se localizem culturas ilegais de plantas psicotrópicas.

Parágrafo único. Pode a União autorizar o plantio, a cultura e a colheita dos vegetais referidos no *caput* deste artigo, exclusivamente para fins medicinais ou científicos, em local e prazo predeterminados, mediante fiscalização, respeitadas as ressalvas supramencionadas.

Título II
DO SISTEMA NACIONAL DE POLÍTICAS PÚBLICAS SOBRE DROGAS

Art. 3º O Sisnad tem a finalidade de articular, integrar, organizar e coordenar as atividades relacionadas com:

I – a prevenção do uso indevido, a atenção e a reinserção social de usuários e dependentes de drogas;

II – a repressão da produção não autorizada e do tráfico ilícito de drogas.

Capítulo I
DOS PRINCÍPIOS E DOS OBJETIVOS DO SISTEMA NACIONAL DE POLÍTICAS PÚBLICAS SOBRE DROGAS

Art. 4º São princípios do Sisnad:

I – o respeito aos direitos fundamentais da pessoa humana, especialmente quanto à sua autonomia e à sua liberdade;

II – o respeito à diversidade e às especificidades populacionais existentes;

III – a promoção dos valores éticos, culturais e de cidadania do povo brasileiro, reconhecendo-os como fatores de proteção para o uso indevido de drogas e outros comportamentos correlacionados;

IV – a promoção de consensos nacionais, de ampla participação social, para o estabelecimento dos fundamentos e estratégias do Sisnad;

V – a promoção da responsabilidade compartilhada entre Estado e Sociedade, reconhecendo a importância da participação social nas atividades do Sisnad;

VI – o reconhecimento da intersetorialidade dos fatores correlacionados com o uso indevido de drogas, com a sua produção não autorizada e o seu tráfico ilícito;

VII – a integração das estratégias nacionais e internacionais de prevenção do uso indevido, atenção e reinserção social de usuários e dependentes de drogas e de repressão à sua produção não autorizada e ao seu tráfico ilícito;

VIII – a articulação com os órgãos do Ministério Público e dos Poderes Legislativo e Judiciário visando à cooperação mútua nas atividades do Sisnad;

IX – a adoção de abordagem multidisciplinar que reconheça a interdependência e a natureza complementar das atividades de prevenção do uso indevido, atenção e reinserção social de usuários e dependentes de drogas, repressão da produção não autorizada e do tráfico ilícito de drogas;

X – a observância do equilíbrio entre as atividades de prevenção do uso indevido, atenção e reinserção social de usuários e dependentes de drogas e de repressão à sua produção não autorizada e ao seu tráfico ilícito, visando a garantir a estabilidade e o bem-estar social;

XI – a observância às orientações e normas emanadas do Conselho Nacional Antidrogas – Conad.

Art. 5º O Sisnad tem os seguintes objetivos:

I – contribuir para a inclusão social do cidadão, visando a torná-lo menos vulnerável a assumir comportamentos de risco para o uso indevido de drogas, seu tráfico ilícito e outros comportamentos correlacionados;

II – promover a construção e a socialização do conhecimento sobre drogas no país;

III – promover a integração entre as políticas de prevenção do uso indevido, atenção e reinserção social de usuários e dependentes de drogas e de repressão à sua produção não autorizada e ao tráfico ilícito e as políticas públicas setoriais dos órgãos do Poder Executivo da União, Distrito Federal, Estados e Municípios;

IV – assegurar as condições para a coordenação, a integração e a articulação das atividades de que trata o art. 3º desta Lei.

Capítulo II
DA COMPOSIÇÃO E DA ORGANIZAÇÃO DO SISTEMA NACIONAL DE POLÍTICAS PÚBLICAS SOBRE DROGAS

Art. 6º *(Vetado).*

Art. 7º A organização do Sisnad assegura a orientação central e a execução descentralizada das atividades realizadas em seu âmbito, nas esferas federal, distrital, estadual e municipal e se constitui matéria definida no regulamento desta Lei.

Art. 8º *(Vetado).*

Capítulo III
(Vetado).

Art. 9º *(Vetado).*

Art. 10. *(Vetado).*

Art. 11. *(Vetado).*

Art. 12. *(Vetado).*

Art. 13. *(Vetado).*

Art. 14. *(Vetado).*

Capítulo IV
DA COLETA, ANÁLISE E DISSEMINAÇÃO DE INFORMAÇÕES SOBRE DROGAS

Art. 15. *(Vetado).*

Art. 16. As instituições com atuação nas áreas da atenção à saúde e da assistência social que atendam usuários ou dependentes de drogas devem comunicar ao órgão competente do respectivo sistema municipal de saúde os casos atendidos e os óbitos ocorridos, preservando a identidade das pessoas, conforme orientações emanadas da União.

Art. 17. Os dados estatísticos nacionais de repressão ao tráfico ilícito de drogas integrarão sistema de informações do Poder Executivo.

→ *v.* Art. 809 do CPP.

Título III
DAS ATIVIDADES DE PREVENÇÃO DO USO INDEVIDO, ATENÇÃO E REINSERÇÃO SOCIAL DE USUÁRIOS E DEPENDENTES DE DROGAS

Capítulo I
DA PREVENÇÃO

Art. 18. Constituem atividades de prevenção do uso indevido de drogas, para efeito desta Lei, aquelas direcionadas para a redução dos fatores de vulnerabilidade e risco e para a promoção e o fortalecimento dos fatores de proteção.

Art. 19. As atividades de prevenção do uso indevido de drogas devem observar os seguintes princípios e diretrizes:

I – o reconhecimento do uso indevido de drogas como fator de interferência na qualidade de vida do indivíduo e na sua relação com a comunidade à qual pertence;

II – a adoção de conceitos objetivos e de fundamentação científica como forma de orientar as ações dos serviços públicos comunitários e privados e de evitar preconceitos e estigmatização das pessoas e dos serviços que as atendam;

III – o fortalecimento da autonomia e da responsabilidade individual em relação ao uso indevido de drogas;

IV – o compartilhamento de responsabilidades e a colaboração mútua com as instituições do setor privado e com os diversos segmentos sociais, incluindo usuários e dependentes de drogas e respectivos familiares, por meio do estabelecimento de parcerias;

V – a adoção de estratégias preventivas diferenciadas e adequadas às especificidades socioculturais das diversas populações, bem como das diferentes drogas utilizadas;

VI – o reconhecimento do "não uso", do "retardamento do uso" e da redução de riscos como resultados desejáveis das atividades de natureza preventiva, quando da definição dos objetivos a serem alcançados;

VII – o tratamento especial dirigido às parcelas mais vulneráveis da população, levando em consideração as suas necessidades específicas;

VIII – a articulação entre os serviços e organizações que atuam em atividades de prevenção do uso indevido de drogas e a rede de atenção a usuários e dependentes de drogas e respectivos familiares;

IX – o investimento em alternativas esportivas, culturais, artísticas, profissionais, entre outras, como forma de inclusão social e de melhoria da qualidade de vida;

X – o estabelecimento de políticas de formação continuada na área da prevenção do uso indevido de drogas para profissionais de educação nos 3 (três) níveis de ensino;

XI – a implantação de projetos pedagógicos de prevenção do uso indevido de drogas, nas instituições de ensino público e privado, alinhados às Diretrizes Curriculares Nacionais e aos conhecimentos relacionados a drogas;

XII – a observância das orientações e normas emanadas do Conad;

XIII – o alinhamento às diretrizes dos órgãos de controle social de políticas setoriais específicas.

Parágrafo único. As atividades de prevenção do uso indevido de drogas dirigidas à criança e ao adolescente deverão estar em consonância com as diretrizes emanadas pelo Conselho Nacional dos Direitos da Criança e do Adolescente – Conanda.

Capítulo II
DAS ATIVIDADES DE ATENÇÃO E DE REINSERÇÃO SOCIAL DE USUÁRIOS OU DEPENDENTES DE DROGAS

Art. 20. Constituem atividades de atenção ao usuário e dependente de drogas e respectivos familiares, para efeito desta Lei, aquelas que visem à melhoria da qualidade de vida e à redução dos riscos e dos danos associados ao uso de drogas.

Art. 21. Constituem atividades de reinserção social do usuário ou do dependente de drogas e respectivos familiares, para efeito desta Lei, aquelas direcionadas para sua integração ou reintegração em redes sociais.

Art. 22. As atividades de atenção e as de reinserção social do usuário e do dependente de drogas e respectivos familiares devem observar os seguintes princípios e diretrizes:

I – respeito ao usuário e ao dependente de drogas, independentemente de quaisquer condições, observados os direitos fundamentais da pessoa humana, os princípios e diretrizes do Sistema Único de Saúde e da Política Nacional de Assistência Social;

II – a adoção de estratégias diferenciadas de atenção e reinserção social do usuário e do dependente de drogas e respectivos familiares que considerem as suas peculiaridades socioculturais;

III – definição de projeto terapêutico individualizado, orientado para a inclusão social e para a redução de riscos e de danos sociais e à saúde;

IV – atenção ao usuário ou dependente de drogas e aos respectivos familiares, sempre que possível, de forma multidisciplinar e por equipes multiprofissionais;

V – observância das orientações e normas emanadas do Conad;

VI – o alinhamento às diretrizes dos órgãos de controle social de políticas setoriais específicas.

Art. 23. As redes dos serviços de saúde da União, dos Estados, do Distrito Federal, dos Municípios desenvolverão programas de atenção ao usuário e ao dependente de drogas, respeitadas as diretrizes do Ministério da Saúde e os princípios explicitados no art. 22 desta Lei, obrigatória a previsão orçamentária adequada.

Art. 24. A União, os Estados, o Distrito Federal e os Municípios poderão conceder benefícios às instituições privadas que desenvolverem programas de reinserção no mercado de trabalho, do usuário e do dependente de drogas encaminhados por órgão oficial.

Art. 25. As instituições da sociedade civil, sem fins lucrativos, com atuação nas áreas da atenção à saúde e da assistência social, que atendam usuários ou dependentes de drogas poderão receber recursos do Funad, condicionados à sua disponibilidade orçamentária e financeira.

Art. 26. O usuário e o dependente de drogas que, em razão da prática de infração penal, estiverem cumprindo pena privativa de liberdade ou submetidos a medida de segurança, têm garantidos os serviços de atenção à sua saúde, definidos pelo respectivo sistema penitenciário.

→ *v.* Art. 183 da Lei 7.210/1984.

Capítulo III
DOS CRIMES E DAS PENAS

Art. 27. As penas previstas neste Capítulo poderão ser aplicadas isolada ou cumulativamente, bem como substituídas a qualquer tempo, ouvidos o Ministério Público e o defensor.

Art. 28. Quem adquirir, guardar, tiver em depósito, transportar ou trouxer consigo, para consumo pessoal, drogas sem autorização ou em desacordo com determinação legal ou regulamentar será submetido às seguintes penas:

→ *v.* Art. 48, §§ 2º e 5º, da Lei 11.343/2006.

I – advertência sobre os efeitos das drogas;

II – prestação de serviços à comunidade;

→ *v.* Art. 46 do CP.

III – medida educativa de comparecimento a programa ou curso educativo.

§ 1º Às mesmas medidas submete-se quem, para seu consumo pessoal, semeia, cultiva ou colhe plantas destinadas à preparação de pequena quantidade de substância ou produto capaz de causar dependência física ou psíquica.

§ 2º Para determinar se a droga destinava-se a consumo pessoal, o juiz atenderá à natureza e à quantidade da substância apreendida, ao local e às condições em que se desenvolveu a ação, às circunstâncias sociais e pessoais, bem como à conduta e aos antecedentes do agente.

§ 3º As penas previstas nos incisos II e III do *caput* deste artigo serão aplicadas pelo prazo máximo de 5 (cinco) meses.

→ *v.* Art. 109 do CP.

§ 4º Em caso de reincidência, as penas previstas nos incisos II e III do *caput* deste artigo serão aplicadas pelo prazo máximo de 10 (dez) meses.

→ *v.* Arts. 63 e 64 do CP.

§ 5º A prestação de serviços à comunidade será cumprida em programas comunitários, entidades educacionais ou assistenciais, hospitais, estabelecimentos congêneres, públicos ou privados sem fins lucrativos, que se ocupem, preferencialmente, da prevenção do consumo ou da recuperação de usuários e dependentes de drogas.

§ 6º Para garantia do cumprimento das medidas educativas a que se refere o *caput*, nos incisos I, II e III, a que injustificadamente se recuse o agente, poderá o juiz submetê-lo, sucessivamente a:

I – admoestação verbal;

II – multa.

§ 7º O juiz determinará ao Poder Público que coloque à disposição do infrator, gratuitamente, estabelecimento de saúde, preferencialmente ambulatorial, para tratamento especializado.

Art. 29. Na imposição da medida educativa a que se refere o inciso II do § 6º do art. 28, o juiz, atendendo à reprovabilidade da conduta, fixará o número de dias-multa, em quantidade nunca inferior a 40 (quarenta) nem superior a 100 (cem), atribuindo depois a cada um, segundo a capacidade econômica do agente, o valor de 1/30 (um trinta avos) até 3 (três) vezes o valor do maior salário mínimo.

Parágrafo único. Os valores decorrentes da imposição da multa a que se refere o § 6º do art. 28 serão creditados à conta do Fundo Nacional Antidrogas.

→ *v.* Art. 49, *caput*, do CP.

Art. 30. Prescrevem em 2 (dois) anos a imposição e a execução das penas, observado, no tocante à interrupção do prazo, o disposto nos arts. 107 e seguintes do Código Penal.

→ *v.* Art. 117 do CP.

Título IV
DA REPRESSÃO À PRODUÇÃO NÃO AUTORIZADA E AO TRÁFICO ILÍCITO DE DROGAS

Capítulo I
DISPOSIÇÕES GERAIS

→ *v.* Súmula 536 do STJ.

Art. 31. É indispensável a licença prévia da autoridade competente para produzir, extrair, fabricar, transformar, preparar, possuir, manter em depósito, importar, exportar, reexportar, remeter, transportar, expor, oferecer, vender, comprar, trocar, ceder ou adquirir, para qualquer fim, drogas ou matéria-prima destinada à sua preparação, observadas as demais exigências legais.

Art. 32. As plantações ilícitas serão imediatamente destruídas pelo delegado de polícia na forma do art. 50-A, que recolherá quantidade suficiente para exame pericial, de tudo lavrando auto de levantamento das condições encontradas, com a delimitação do local, asseguradas as medidas necessárias para a preservação da prova.

→ *Caput* com redação alterada pela Lei 12.961/2014.

§ 1º (*Revogado pela Lei 12.961/2014*).

§ 2º (*Revogado pela Lei 12.961/2014*).

§ 3º Em caso de ser utilizada a queimada para destruir a plantação, observar-se-á, além das cautelas necessárias à proteção ao meio ambiente, o disposto no Decreto 2.661, de 8 de julho de 1998, no que couber, dispensada a autorização prévia do órgão próprio do Sistema Nacional do Meio Ambiente – Sisnama.

→ *v.* Referido Decreto 2.661/1998 regulamentava o art. 27, parágrafo único, da Lei 4.771/1965, que foi revogada pela Lei 12.651/2012.

→ *v.* Arts. 38 a 40 da Lei 12.651/2012.

§ 4º As glebas cultivadas com plantações ilícitas serão expropriadas, conforme o disposto no art. 243 da Constituição Federal, de acordo com a legislação em vigor.

→ *v.* Lei 8.257/1991 – Expropriação das glebas nas quais se localizem culturas ilegais de plantas psicotrópicas.

Capítulo II
DOS CRIMES

Art. 33. Importar, exportar, remeter, preparar, produzir, fabricar, adquirir, vender, expor à venda, oferecer, ter em depósito, transportar, trazer consigo, guardar, prescrever, ministrar, entregar a consumo ou fornecer drogas, ainda que gratuitamente, sem autorização ou em desacordo com determinação legal ou regulamentar:

→ *v.* Súmula 528 do STJ.

→ *v.* Art. 144, § 1º, II, da CF/1988.

→ *v.* Arts. 290 e 291 do CPM.

→ *v.* Art. 66 da Lei 11.343/2006.

→ *v.* Art. 243 do ECA.

Pena – reclusão de 5 (cinco) a 15 (quinze) anos e pagamento de 500 (quinhentos) a 1.500 (mil e quinhentos) dias-multa.

§ 1º Nas mesmas penas incorre quem:

I – importa, exporta, remete, produz, fabrica, adquire, vende, expõe à venda, oferece, fornece, tem em depósito, transporta, traz consigo ou guarda, ainda que gratuitamente, sem autorização ou em desacordo com determinação legal ou regulamentar, matéria-prima, insumo ou produto químico destinado à preparação de drogas;

→ *v.* Lei 10.357/2001 – Normas de controle e fiscalização sobre produtos químicos que direta ou indiretamente possam ser destinados à elaboração ilícita de substâncias entorpecentes, psicotrópicas ou que determinem dependência física ou psíquica.

II – semeia, cultiva ou faz a colheita, sem autorização ou em desacordo com determinação legal ou regulamentar, de plantas que se constituam em matéria-prima para a preparação de drogas;

III – utiliza local ou bem de qualquer natureza de que tem a propriedade, posse, administração, guarda ou vigilância, ou consente que outrem dele se utilize, ainda que gratuitamente, sem autorização ou em desacordo com determinação legal ou regulamentar, para o tráfico ilícito de drogas.

§ 2º Induzir, instigar ou auxiliar alguém ao uso indevido de droga:

→ *v.* ADIn 4274 (*D.O.U.* 2.12.2011), o STF, por unanimidade, "julgou procedente a ação direta para dar ao § 2º do art. 33 da Lei 11.343/2006 interpretação conforme à Constituição, para dele excluir qualquer significado que enseje a proibição de manifestações e debates públicos acerca da descriminalização ou legalização do uso de drogas ou de qualquer substância que leve o ser humano ao entorpecimento episódico, ou então viciado, das suas faculdades psico-físicas".

Pena – detenção, de 1 (um) a 3 (três) anos, e multa de 100 (cem) a 300 (trezentos) dias-multa.

§ 3º Oferecer droga, eventualmente e sem objetivo de lucro, a pessoa de seu relacionamento, para juntos a consumirem:

Pena – detenção, de 6 (seis) meses a 1 (um) ano, e pagamento de 700 (setecentos) a 1.500 (mil e quinhentos) dias-multa, sem prejuízo das penas previstas no art. 28.

§ 4º Nos delitos definidos no *caput* e no § 1º deste artigo, as penas poderão ser reduzidas de 1/6 (um sexto) a 2/3 (dois terços), vedada a conversão em penas restritivas de direitos, desde que o agente seja primário, de bons antecedentes, não se dedique às atividades criminosas nem integre organização criminosa.

→ *v.* Súmula 512 do STJ.

→ *v.* Resolução do Senado Federal 5/2012, que suspende a execução da expressão "vedada a conversão em penas restritivas de direitos".

Art. 34. Fabricar, adquirir, utilizar, transportar, oferecer, vender, distribuir, entregar a qualquer título, possuir, guardar ou fornecer, ainda que gratuitamente, maquinário, aparelho, instrumento ou qualquer objeto destinado à fabricação, preparação, produção ou transformação de drogas, sem autorização ou em desacordo com determinação legal ou regulamentar:

Pena – reclusão, de 3 (três) a 10 (dez) anos, e pagamento de 1.200 (mil e duzentos) a 2.000 (dois mil) dias-multa.

Art. 35. Associarem-se duas ou mais pessoas para o fim de praticar, reiteradamente ou não, qualquer dos crimes previstos nos arts. 33, *caput* e § 1º, e 34 desta Lei:

→ *v.* Art. 8º da Lei 8.072/1990.

Pena – reclusão, de 3 (três) a 10 (dez) anos, e pagamento de 700 (setecentos) a 1.200 (mil e duzentos) dias-multa.

Parágrafo único. Nas mesmas penas do *caput* deste artigo incorre quem se associa para a prática reiterada do crime definido no art. 36 desta Lei.

→ *v.* Art. 29 do CP.

Art. 36. Financiar ou custear a prática de qualquer dos crimes previstos nos arts. 33, *caput* e § 1º, e 34 desta Lei:

Pena – reclusão, de 8 (oito) a 20 (vinte) anos, e pagamento de 1.500 (mil e quinhentos) a 4.000 (quatro mil) dias-multa.

Art. 37. Colaborar, como informante, com grupo, organização ou associação destinados à prática de qualquer dos crimes previstos nos arts. 33, *caput* e § 1º, e 34 desta Lei:

Pena – reclusão, de 2 (dois) a 6 (seis) anos, e pagamento de 300 (trezentos) a 700 (setecentos) dias-multa.

Art. 38. Prescrever ou ministrar, culposamente, drogas, sem que delas necessite o paciente, ou fazê-lo em doses excessivas ou em desacordo com determinação legal ou regulamentar:

→ *v.* Art. 18, II, do CP.

Pena – detenção, de 6 (seis) meses a 2 (dois) anos, e pagamento de 50 (cinquenta) a 200 (duzentos) dias-multa.

Parágrafo único. O juiz comunicará a condenação ao Conselho Federal da categoria profissional a que pertença o agente.

Art. 39. Conduzir embarcação ou aeronave após o consumo de drogas, expondo a dano potencial a incolumidade de outrem:

→ *v.* Art. 306 do CTB.

→ *v.* Art. 106 da Lei 7.565/1986.

Pena – detenção, de 6 (seis) meses a 3 (três) anos, além da apreensão do veículo, cassação da habilitação respectiva ou proibição de obtê-la, pelo mesmo prazo da pena privativa de liberdade aplicada, e pagamento de 200 (duzentos) a 400 (quatrocentos) dias-multa.

Parágrafo único. As penas de prisão e multa, aplicadas cumulativamente com as demais, serão de 4 (quatro) a 6 (seis) anos e de 400 (quatrocentos) a 600 (seiscentos) dias-multa, se o veículo referido no *caput* deste artigo for de transporte coletivo de passageiros.

Art. 40. As penas previstas nos arts. 33 a 37 desta Lei são aumentadas de 1/6 (um sexto) a 2/3 (dois terços), se:

I – a natureza, a procedência da substância ou do produto apreendido e as circunstâncias do fato evidenciarem a transnacionalidade do delito;

→ *v.* Súmula 528 do STJ.

→ *v.* Art. 109, V, da CF/1988.

→ *v.* Art. 7º, II, *a*, do CP.

II – o agente praticar o crime prevalecendo-se de função pública ou no desempenho de missão de educação, poder familiar, guarda ou vigilância;

III – a infração tiver sido cometida nas dependências ou imediações de estabelecimentos prisionais, de ensino ou hospitalares, de sedes de entidades estudantis, sociais, culturais, recreativas, esportivas, ou beneficentes, de locais de trabalho coletivo, de recintos onde se realizem espetáculos ou diversões de qualquer natureza, de serviços de tratamento de dependentes de drogas ou de reinserção social, de unidades militares ou policiais ou em transportes públicos;

IV – o crime tiver sido praticado com violência, grave ameaça, emprego de arma de fogo, ou qualquer processo de intimidação difusa ou coletiva;

V – caracterizado o tráfico entre Estados da Federação ou entre estes e o Distrito Federal;

→ *v.* Art. 144, § 1º, II, da CF/1988.

→ *v.* Art. 1º, parágrafo único, da Lei 10.446/2002.

VI – sua prática envolver ou visar a atingir criança ou adolescente ou a quem tenha, por qualquer motivo, diminuída ou suprimida a capacidade de entendimento e determinação;

→ *v.* Arts. 243 e 244-B do ECA.

VII – o agente financiar ou custear a prática do crime.

Art. 41. O indiciado ou acusado que colaborar voluntariamente com a investigação policial e o processo criminal na identificação dos demais coautores ou partícipes do crime e na recuperação total ou parcial do produto do crime, no caso de condenação, terá pena reduzida de 1/3 (um terço) a 2/3 (dois terços).

→ *v.* Art. 13 da Lei 9.807/1999.

Art. 42. O juiz, na fixação das penas, considerará, com preponderância sobre o previsto no art. 59 do Código Penal, a natureza e a quantidade da substância ou do produto, a personalidade e a conduta social do agente.

Art. 43. Na fixação da multa a que se referem os arts. 33 a 39 desta Lei, o juiz, atendendo ao que dispõe o art. 42 desta Lei, determinará o número de dias-multa, atribuindo a cada um, segundo as condições econômicas dos acusados, valor não inferior a 1/30 (um trinta avos) nem superior a cinco vezes o maior salário mínimo.

Parágrafo único. As multas, que em caso de concurso de crimes serão impostas sempre cumulativamente, podem ser aumentadas até o décuplo se, em virtude da situação econômica do acusado, considerá-las o juiz ineficazes, ainda que aplicadas no máximo.

Art. 44. Os crimes previstos nos arts. 33, *caput* e § 1º, e 34 a 37 desta Lei são inafiançáveis e insuscetíveis de *sursis*, graça, indulto, anistia e liberdade provisória, vedada a conversão de suas penas em restritivas de direitos.

→ *v.* Art. 310, parágrafo único, do CPP.

→ *v.* Art. 2º, I, da Lei 8.072/1990.

Parágrafo único. Nos crimes previstos no *caput* deste artigo, dar-se-á o livramento condicional após o cumprimento de 2/3 (dois terços) da pena, vedada sua concessão ao reincidente específico.

→ *v.* Art. 83, V, do CP.

Art. 45. É isento de pena o agente que, em razão da dependência, ou sob o efeito, proveniente de caso fortuito ou força maior, de droga, era, ao tempo da ação ou da omissão, qualquer que tenha sido a infração penal praticada, inteiramente incapaz de entender o caráter ilícito do fato ou de determinar-se de acordo com esse entendimento.

→ *v.* Arts. 26 a 28 do CP.

Parágrafo único. Quando absolver o agente, reconhecendo, por força pericial, que este apresentava, à época do fato previsto neste artigo, as condições referidas no *caput* deste artigo, poderá determinar o juiz, na sentença, o seu encaminhamento para tratamento médico adequado.

Art. 46. As penas podem ser reduzidas de 1/3 (um terço) a 2/3 (dois terços) se, por força das circunstâncias previstas no art. 45 desta Lei, o agente não possuía, ao tempo da ação ou da omissão, a plena capacidade de entender o caráter ilícito do fato ou de determinar-se de acordo com esse entendimento.

→ *v.* Art. 28, § 2º, do CP.

Art. 47. Na sentença condenatória, o juiz, com base em avaliação que ateste a necessidade de encaminhamento do agente para tratamento, realizada por profissional de saúde com competência específica na forma da lei, determinará que a tal se proceda, observado o disposto no art. 26 desta Lei.

Capítulo III
DO PROCEDIMENTO PENAL

Art. 48. O procedimento relativo aos processos por crimes definidos neste Título rege-se pelo disposto neste Capítulo, aplicando-se, subsidiariamente, as disposições do Código de Processo Penal e da Lei de Execução Penal.

§ 1º O agente de qualquer das condutas previstas no art. 28 desta Lei, salvo se houver concurso com os crimes previstos nos arts. 33 a 37 desta Lei, será processado e julgado na forma dos arts. 60 e seguintes da Lei 9.099, de 26 de setembro de 1995, que dispõe sobre os Juizados Especiais Criminais.

§ 2º Tratando-se da conduta prevista no art. 28 desta Lei, não se imporá prisão em flagrante, devendo o autor do fato ser imediatamente encaminhado ao juízo competente ou, na falta deste, assumir o compromisso de a ele comparecer, lavrando-se termo circunstanciado e providenciando-se as requisições dos exames e perícias necessários.

§ 3º Se ausente a autoridade judicial, as providências previstas no § 2º deste artigo serão tomadas de imediato pela autoridade policial, no local em que se encontrar, vedada a detenção do agente.

§ 4º Concluídos os procedimentos de que trata o § 2º deste artigo, o agente será submetido a exame de corpo de delito, se o requerer ou se a autoridade de polícia judiciária entender conveniente, e em seguida liberado.

§ 5º Para os fins do disposto no art. 76 da Lei 9.099, de 1995, que dispõe sobre os Juizados Especiais Criminais, o Ministério Público poderá propor a aplicação imediata de pena prevista no art. 28 desta Lei, a ser especificada na proposta.

Art. 49. Tratando-se de condutas tipificadas nos arts. 33, *caput* e § 1º, e 34 a 37 desta Lei, o juiz, sempre que as circunstâncias o recomendem, empregará os instrumentos protetivos de colaboradores e testemunhas previstos na Lei 9.807, de 13 de julho de 1999.

Seção I
Da investigação

Art. 50. Ocorrendo prisão em flagrante, a autoridade de polícia judiciária fará, imediatamente, comunicação ao juiz competente, remetendo-lhe cópia do auto lavrado, do qual será dada vista ao órgão do Ministério Público, em 24 (vinte e quatro) horas.

→ *v.* Arts. 5º, LXI, 144, § 1º, IV, e § 4º, da CF/1988.

→ *v.* Arts. 4º, 302 e 306, § 2º, do CPP.

§ 1º Para efeito da lavratura do auto de prisão em flagrante e estabelecimento da materialidade do delito, é suficiente o laudo de constatação da natureza e quantidade da droga, firmado por perito oficial ou, na falta deste, por pessoa idônea.

→ *v.* Art. 158 do CPP.

§ 2º O perito que subscrever o laudo a que se refere o § 1º deste artigo não ficará impedido de participar da elaboração do laudo definitivo.

→ *v.* Art. 159 do CPP.

§ 3º Recebida cópia do auto de prisão em flagrante, o juiz, no prazo de 10 (dez) dias, certificará a regularidade formal do laudo de constatação e determinará a destruição das drogas apreendidas, guardando-se amostra necessária à realização do laudo definitivo.

→ § 3º acrescentado pela Lei 12.961/2014.

§ 4º A destruição das drogas será executada pelo delegado de polícia competente no prazo de 15 (quinze) dias na presença do Ministério Público e da autoridade sanitária.

→ § 4º acrescentado pela Lei 12.961/2014.

§ 5º O local será vistoriado antes e depois de efetivada a destruição das drogas referida no § 3º, sendo lavrado auto circunstanciado pelo delegado de polícia, certificando-se neste a destruição total delas.

→ § 5º acrescentado pela Lei 12.961/2014.

Art. 50-A. A destruição de drogas apreendidas sem a ocorrência de prisão em flagrante será feita por incineração, no prazo máximo de 30 (trinta) dias contado da data da apreensão, guardando-se amostra necessária à realização do laudo definitivo, aplicando-se, no que couber, o procedimento dos §§ 3º a 5º do art. 50.

→ Artigo acrescentado pela Lei 12.961/2014.

Art. 51. O inquérito policial será concluído no prazo de 30 (trinta) dias, se o indiciado estiver preso, e de 90 (noventa) dias, quando solto.

Parágrafo único. Os prazos a que se refere este artigo podem ser duplicados pelo juiz, ouvido o Ministério Público, mediante pedido justificado da autoridade de polícia judiciária.

Art. 52. Findos os prazos a que se refere o art. 51 desta Lei, a autoridade de polícia judiciária, remetendo os autos do inquérito ao juízo:

I – relatará sumariamente as circunstâncias do fato, justificando as razões que a levaram à classificação do delito, indicando a quantidade e natureza da substância ou do produto apreendido, o local e as condições em que se desenvolveu a ação criminosa, as circunstâncias da prisão, a conduta, a qualificação e os antecedentes do agente; ou

II – requererá sua devolução para a realização de diligências necessárias.

Parágrafo único. A remessa dos autos far-se-á sem prejuízo de diligências complementares:

I – necessárias ou úteis à plena elucidação do fato, cujo resultado deverá ser encaminhado ao juízo competente até 3 (três) dias antes da audiência de instrução e julgamento;

II – necessárias ou úteis à indicação dos bens, direitos e valores de que seja titular o agente, ou que figurem em seu nome, cujo resultado deverá ser encaminhado ao juízo competente até 3 (três) dias antes da audiência de instrução e julgamento.

Art. 53. Em qualquer fase da persecução criminal relativa aos crimes previstos nesta Lei, são permitidos, além dos previstos em lei, mediante autorização judicial e ouvido o Ministério Público, os seguintes procedimentos investigatórios:

I – a infiltração por agentes de polícia, em tarefas de investigação, constituída pelos órgãos especializados pertinentes;

II – a não atuação policial sobre os portadores de drogas, seus precursores químicos ou outros produtos utilizados em sua produção, que se encontrem no território brasileiro, com a finalidade de identificar e responsabilizar maior número de integrantes de operações de tráfico e distribuição, sem prejuízo da ação penal cabível.

Parágrafo único. Na hipótese do inciso II deste artigo, a autorização será concedida desde que sejam conhecidos o itinerário provável e a identificação dos agentes do delito ou de colaboradores.

Seção II
Da instrução criminal

Art. 54. Recebidos em juízo os autos do inquérito policial, de Comissão Parlamentar de Inquérito ou peças de informação, dar-se-á vista ao Ministério Público para, no prazo de 10 (dez) dias, adotar uma das seguintes providências:

I – requerer o arquivamento;

→ *v.* Art. 28 do CPP.

II – requisitar as diligências que entender necessárias;

III – oferecer denúncia, arrolar até 5 (cinco) testemunhas e requerer as demais provas que entender pertinentes.

Art. 55. Oferecida a denúncia, o juiz ordenará a notificação do acusado para oferecer defesa prévia, por escrito, no prazo de 10 (dez) dias.

→ *v.* Art. 400 do CPP.

§ 1º Na resposta, consistente em defesa preliminar e exceções, o acusado poderá arguir preliminares e invocar todas as razões de defesa, oferecer documentos e justificações, especificar as provas que pretende produzir e, até o número de 5 (cinco), arrolar testemunhas.

§ 2º As exceções serão processadas em apartado, nos termos dos arts. 95 a 113 do Decreto-Lei 3.689, de 3 de outubro de 1941 – Código de Processo Penal.

§ 3º Se a resposta não for apresentada no prazo, o juiz nomeará defensor para oferecê-la em 10 (dez) dias, concedendo-lhe vista dos autos no ato de nomeação.

§ 4º Apresentada a defesa, o juiz decidirá em 5 (cinco) dias.

§ 5º Se entender imprescindível, o juiz, no prazo máximo de 10 (dez) dias, determinará a apresentação do preso, realização de diligências, exames e perícias.

Art. 56. Recebida a denúncia, o juiz designará dia e hora para a audiência de instrução e julgamento, ordenará a citação pessoal do acusado, a intimação do Ministério Público, do assistente, se for o caso, e requisitará os laudos periciais.

§ 1º Tratando-se de condutas tipificadas como infração do disposto nos arts. 33, *caput* e § 1º, e 34 a 37 desta Lei, o juiz, ao receber a denúncia, poderá decretar o afastamento cautelar do denunciado de suas atividades, se for funcionário público, comunicando ao órgão respectivo.

§ 2º A audiência a que se refere o *caput* deste artigo será realizada dentro dos 30 (trinta) dias seguintes ao recebimento da denúncia, salvo se determinada a realização de avaliação para atestar dependência de drogas, quando se realizará em 90 (noventa) dias.

Art. 57. Na audiência de instrução e julgamento, após o interrogatório do acusado e a inquirição das testemunhas, será dada a palavra, sucessivamente, ao representante do Ministério Público e ao defensor do acusado, para sustentação oral, pelo prazo de 20 (vinte) minutos para cada um, prorrogável por mais 10 (dez), a critério do juiz.

Parágrafo único. Após proceder ao interrogatório, o juiz indagará das partes se restou algum fato para ser esclarecido, formulando as perguntas correspondentes se o entender pertinente e relevante.

→ *v.* Art. 188 do CPP.

Art. 58. Encerrados os debates, proferirá o juiz sentença de imediato, ou o fará em 10 (dez) dias, ordenando que os autos para isso lhe sejam conclusos.

§ 1º *(Revogado pela Lei 12.961/2014).*

§ 2º *(Revogado pela Lei 12.961/2014).*

Art. 59. Nos crimes previstos nos arts. 33, *caput* e § 1º, e 34 a 37 desta Lei, o réu não poderá apelar sem recolher-se à prisão, salvo se for primário e de bons antecedentes, assim reconhecido na sentença condenatória.

Capítulo IV
DA APREENSÃO, ARRECADAÇÃO E DESTINAÇÃO DE BENS DO ACUSADO

Art. 60. O juiz, de ofício, a requerimento do Ministério Público ou mediante representação da autoridade de polícia judiciária, ouvido o Ministério Público, havendo indícios suficientes, poderá decretar, no curso do inquérito ou da ação penal, a apreensão e outras medidas assecuratórias relacionadas aos bens móveis e imóveis ou valores consistentes em produtos dos crimes previstos nesta Lei, ou que constituam proveito auferido com sua prática, procedendo-se na forma dos arts. 125 a 144 do Decreto-Lei 3.689, de 3 de outubro de 1941 – Código de Processo Penal.

§ 1º Decretadas quaisquer das medidas previstas neste artigo, o juiz facultará ao acusado que, no prazo de 5 (cinco) dias, apresente ou requeira a produção de provas acerca da origem lícita do produto, bem ou valor objeto da decisão.

§ 2º Provada a origem lícita do produto, bem ou valor, o juiz decidirá pela sua liberação.

§ 3º Nenhum pedido de restituição será conhecido sem o comparecimento pessoal do acusado, podendo o juiz determinar a prática de atos necessários à conservação de bens, direitos ou valores.

§ 4º A ordem de apreensão ou sequestro de bens, direitos ou valores poderá ser suspensa pelo juiz, ouvido o Ministério Público, quando a sua execução imediata possa comprometer as investigações.

→ *v.* Art. 53, II, da Lei 11.343/2006.

Art. 61. Não havendo prejuízo para a produção da prova dos fatos e comprovado o interesse público ou social, ressalvado o disposto no art. 62 desta Lei, mediante autorização do juízo competente, ouvido o Ministério Público e cientificada a Senad, os bens apreendidos poderão ser utilizados pelos órgãos ou pelas entidades que atuam na prevenção do uso indevido, na atenção e reinserção social de usuários e dependentes de drogas e na repressão à produção não autorizada e ao tráfico ilícito de drogas, exclusivamente no interesse dessas atividades.

Parágrafo único. Recaindo a autorização sobre veículos, embarcações ou aeronaves, o juiz ordenará à autoridade de trânsito ou ao equivalente órgão de registro e controle a expedição de certificado provisório de registro e licenciamento, em favor da instituição à qual tenha deferido o uso, ficando esta livre do pagamento de multas, encargos e tributos anteriores, até o trânsito em julgado da decisão que decretar o seu perdimento em favor da União.

Art. 62. Os veículos, embarcações, aeronaves e quaisquer outros meios de transporte, os maquinários, utensílios, instrumentos e objetos de qualquer natureza, utilizados para a prática dos crimes definidos nesta Lei, após a sua regular apreensão, ficarão sob custódia da autoridade de polícia judiciária, excetuadas as armas, que serão recolhidas na forma de legislação específica.

→ *v.* Art. 91, II, *a*, do CP.

§ 1º Comprovado o interesse público na utilização de qualquer dos bens mencionados neste artigo, a autoridade de polícia judiciária poderá deles fazer uso, sob sua responsabilidade e com o objetivo de sua conservação, mediante autorização judicial, ouvido o Ministério Público.

§ 2º Feita a apreensão a que se refere o *caput* deste artigo, e tendo recaído sobre dinheiro ou cheques emitidos como ordem de pagamento, a autoridade de polícia judiciária que presidir o inquérito deverá, de imediato, requerer ao juízo competente a intimação do Ministério Público.

§ 3º Intimado, o Ministério Público deverá requerer ao juízo, em caráter cautelar, a conversão do numerário apreendido em moeda nacional, se for o caso, a compensação dos cheques emitidos após a instrução do inquérito, com cópias autênticas dos respectivos títulos, e o depósito das correspondentes quantias em conta judicial, juntando-se aos autos o recibo.

§ 4º Após a instauração da competente ação penal, o Ministério Público, mediante petição autônoma, requererá ao juízo competente que, em caráter cautelar, proceda à alienação dos bens apreendidos, excetuados aqueles que a União, por intermédio da Senad, indicar para serem colocados sob uso e custódia da autoridade de polícia judiciária, de órgãos de inteligência ou militares, envolvidos nas ações de prevenção ao uso indevido de drogas e operações de repressão à produção não autorizada e ao tráfico ilícito de drogas, exclusivamente no interesse dessas atividades.

§ 5º Excluídos os bens que se houver indicado para os fins previstos no § 4º deste artigo, o requerimento de alienação deverá conter a relação de todos os demais bens apreendidos, com a descrição e a especificação de cada um deles, e informações sobre quem os tem sob custódia e o local onde se encontram.

§ 6º Requerida a alienação dos bens, a respectiva petição será autuada em apartado, cujos autos terão tramitação autônoma em relação aos da ação penal principal.

§ 7º Autuado o requerimento de alienação, os autos serão conclusos ao juiz, que, verificada a presença de nexo de instrumentalidade entre o delito e os objetos utilizados para a sua prática e risco de perda de valor econômico pelo decurso do tempo, determinará a avaliação dos bens relacionados, cientificará a Senad e intimará a União, o Ministério Público e o interessado, este, se for o caso, por edital com prazo de 5 (cinco) dias.

§ 8º Feita a avaliação e dirimidas eventuais divergências sobre o respectivo laudo, o juiz, por sentença, homologará o valor atribuído aos bens e determinará sejam alienados em leilão.

§ 9º Realizado o leilão, permanecerá depositada em conta judicial a quantia apurada, até o final da ação penal respectiva, quando será transferida ao Funad, juntamente com os valores de que trata o § 3º deste artigo.

§ 10. Terão apenas efeito devolutivo os recursos interpostos contra as decisões proferidas no curso do procedimento previsto neste artigo.

§ 11. Quanto aos bens indicados na forma do § 4º deste artigo, recaindo a autorização sobre veículos, embarcações ou aeronaves, o juiz ordenará à autoridade de trânsito ou ao equivalente órgão de registro e controle a expedição de certificado provisório de registro e licenciamento, em favor da autoridade de polícia judiciária ou órgão aos quais tenha deferido o uso, ficando estes livres do pagamento de multas, encargos e tributos anteriores, até o trânsito em julgado da decisão que decretar o seu perdimento em favor da União.

Art. 63. Ao proferir a sentença de mérito, o juiz decidirá sobre o perdimento do produto, bem ou valor apreendido, sequestrado ou declarado indisponível.

§ 1º Os valores apreendidos em decorrência dos crimes tipificados nesta Lei e que não forem objeto de tutela cautelar, após decretado o seu perdimento em favor da União, serão revertidos diretamente ao Funad.

§ 2º Compete à Senad a alienação dos bens apreendidos e não leiloados em caráter cautelar, cujo perdimento já tenha sido decretado em favor da União.

§ 3º A Senad poderá firmar convênios de cooperação, a fim de dar imediato cumprimento ao estabelecido no § 2º deste artigo.

§ 4º Transitada em julgado a sentença condenatória, o juiz do processo, de ofício ou a requerimento do Ministério Público, remeterá à Senad relação dos bens, direitos e valores declarados perdidos em favor da União, indicando, quanto aos bens, o local em que se encontram e a entidade ou o órgão em cujo poder estejam, para os fins de sua destinação nos termos da legislação vigente.

Art. 64. A União, por intermédio da Senad, poderá firmar convênio com os Estados, com o Distrito Federal e com organismos orientados para a prevenção do uso indevido de drogas, a atenção e a reinserção social de usuários ou dependentes e a atuação na repressão à produção não autorizada e ao tráfico ilícito de drogas, com vistas na liberação de equipamentos e de recursos por ela arrecadados, para a implantação e execução de programas relacionados à questão das drogas.

Título V
DA COOPERAÇÃO INTERNACIONAL

Art. 65. De conformidade com os princípios da não itervenção em assuntos internos, da igualdade jurídica e do respeito à integridade territorial dos Estados e às leis e aos regulamentos nacionais em vigor, e observado o espírito das Convenções das Nações Unidas e outros instrumentos jurídicos internacionais relacionados à questão das drogas, de que o Brasil é parte, o governo brasileiro prestará, quando solicitado, cooperação a outros países e organismos internacionais e, quando necessário, deles solicitará a colaboração, nas áreas de:

I – intercâmbio de informações sobre legislações, experiências, projetos e programas voltados para atividades de prevenção do uso indevido, de atenção e de reinserção social de usuários e dependentes de drogas;

II – intercâmbio de inteligência policial sobre produção e tráfico de drogas e delitos conexos, em especial o tráfico de armas, a lavagem de dinheiro e o desvio de precursores químicos;

III – intercâmbio de informações policiais e judiciais sobre produtores e traficantes de drogas e seus precursores químicos.

Título VI
DISPOSIÇÕES FINAIS E TRANSITÓRIAS

Art. 66. Para fins do disposto no parágrafo único do art. 1º desta Lei, até que seja atualizada a terminologia da lista mencionada no preceito, denominam-se drogas substâncias entorpecentes, psicotrópicas, precursoras e outras sob controle especial, da Portaria SVS/MS 344, de 12 de maio de 1998.

Art. 67. A liberação dos recursos previstos na Lei 7.560, de 19 de dezembro de 1986, em favor de Estados e do Distrito Federal, dependerá de sua adesão e respeito às diretrizes básicas contidas nos convênios firmados e do fornecimento de dados necessários à atualização do sistema previsto no art. 17 desta Lei, pelas respectivas polícias judiciárias.

Art. 68. A União, os Estados, o Distrito Federal e os Municípios poderão criar estímulos fiscais e outros, destinados às pessoas físicas e jurídicas que colaborem na prevenção do uso indevido de drogas, atenção e reinserção social de usuários e dependentes e na repressão da produção não autorizada e do tráfico ilícito de drogas.

Art. 69. No caso de falência ou liquidação extrajudicial de empresas ou estabelecimentos hospitalares, de pesquisa, de ensino, ou congêneres, assim como nos serviços de saúde que produzirem, venderem, adquirirem, consumirem, prescreverem ou fornecerem drogas ou de qualquer outro em que existam essas substâncias ou produtos, incumbe ao juízo perante o qual tramite o feito:

I – determinar, imediatamente à ciência da falência ou liquidação, sejam lacradas suas instalações;

II – ordenar à autoridade sanitária competente a urgente adoção das medidas necessárias ao recebimento e guarda, em depósito, das drogas arrecadadas;

III – dar ciência ao órgão do Ministério Público, para acompanhar o feito.

§ 1º Da licitação para alienação de substâncias ou produtos não proscritos referidos no inciso II do *caput* deste artigo, só podem participar pessoas jurídicas regularmente habilitadas na área de saúde ou de pesquisa científica que comprovem a destinação lícita a ser dada ao produto a ser arrematado.

§ 2º Ressalvada a hipótese de que trata o § 3º deste artigo, o produto não arrematado será, ato contínuo à hasta pública, destruído pela autoridade sanitária, na presença dos Conselhos Estaduais sobre Drogas e do Ministério Público.

§ 3º Figurando entre o praceado e não arrematadas especialidades farmacêuticas em condições de emprego terapêutico, ficarão elas depositadas sob a guarda do Ministério da Saúde, que as destinará à rede pública de saúde.

Art. 70. O processo e o julgamento dos crimes previstos nos arts. 33 a 37 desta Lei, se caracterizado ilícito transnacional, são da competência da Justiça Federal.

→ *v.* Art. 109, V, da CF/1988.

Parágrafo único. Os crimes praticados nos Municípios que não sejam sede de vara federal serão processados e julgados na vara federal da circunscrição respectiva.

Art. 71. *(Vetado).*

Art. 72. Encerrado o processo penal ou arquivado o inquérito policial, o juiz, de ofício, mediante representação do delegado de polícia ou a requerimento do Ministério Público, determinará a destruição das amostras guardadas para contraprova, certificando isso nos autos.

→ Artigo com redação alterada pela Lei 12.961/2014.

Art. 73. A União poderá estabelecer convênios com os Estados e o com o Distrito Federal, visando à prevenção e repressão do tráfico ilícito e do uso indevido de drogas, e com os Municípios, com o objetivo de prevenir o uso indevido delas e de possibilitar a atenção e reinserção social de usuários e dependentes de drogas.

→ Artigo com redação alterada pela Lei 12.219/2010.

Art. 74. Esta Lei entra em vigor 45 (quarenta e cinco) dias após a sua publicação.

→ *v.* Súmula 611 do STF.

Art. 75. Revogam-se a Lei 6.368, de 21 de outubro de 1976, e a Lei 10.409, de 11 de janeiro de 2002.

Brasília, 23 de agosto de 2006; 185º da Independência e 118º da República.

Luiz Inácio Lula da Silva

(Publicação no *D.O.U.* de 24.8.2006)

DECRETO 5.912,
DE 27 DE SETEMBRO DE 2006

Regulamenta a Lei 11.343, de 23 de agosto de 2006, que trata das políticas públicas sobre drogas e da instituição do Sistema Nacional de Políticas Públicas sobre Drogas – SISNAD, e dá outras providências.

O Presidente da República, no uso das atribuições que lhe confere o art. 84, incisos IV e VI, alínea *a*, da Constituição, e tendo em vista o disposto na Lei 11.343, de 23 de agosto de 2006, decreta:

Capítulo I
DA FINALIDADE E DA ORGANIZAÇÃO DO SISNAD

Art. 1º O Sistema Nacional de Políticas Públicas sobre Drogas – SISNAD, instituído pela Lei 11.343, de 23 de agosto de 2006, tem por finalidade articular, integrar, organizar e coordenar as atividades relacionadas com:

I – a prevenção do uso indevido, atenção e reinserção social de usuários e dependentes de drogas; e

II – a repressão da produção não autorizada e do tráfico ilícito de drogas.

Art. 2º Integram o SISNAD:

I – o Conselho Nacional Antidrogas – CONAD, órgão normativo e de deliberação coletiva do sistema, vinculado ao Ministério da Justiça;

→ Inciso I com redação alterada pelo Decreto 7.426/2010.

II – a Secretaria Nacional Antidrogas – SENAD, na qualidade de secretaria-executiva do colegiado;

III – o conjunto de órgãos e entidades públicos que exerçam atividades de que tratam os incisos I e II do art. 1º:

a) do Poder Executivo federal;

b) dos Estados, dos Municípios e do Distrito Federal, mediante ajustes específicos; e

IV – as organizações, instituições ou entidades da sociedade civil que atuam nas áreas da atenção à saúde e da assistência social e atendam usuários ou dependentes de drogas e respectivos familiares, mediante ajustes específicos.

Art. 3º A organização do SISNAD assegura a orientação central e a execução descentralizada das atividades realizadas em seu âmbito, nas esferas federal e, mediante ajustes específicos, estadual, municipal e do Distrito Federal, dispondo para tanto do Observatório Brasileiro de Informações sobre Drogas, unidade administrativa da Estrutura Regimental aprovada pelo Decreto 5.772, de 8 de maio de 2006.

Capítulo II
DA COMPETÊNCIA E DA COMPOSIÇÃO DO CONAD

Art. 4º Compete ao CONAD, na qualidade de órgão superior do SISNAD:

I – acompanhar e atualizar a política nacional sobre drogas, consolidada pela SENAD;

II – exercer orientação normativa sobre as atividades previstas no art. 1º;

III – acompanhar e avaliar a gestão dos recursos do Fundo Nacional Antidrogas – FUNAD e o desempenho dos planos e programas da política nacional sobre drogas;

IV – propor alterações em seu Regimento Interno; e

V – promover a integração ao SISNAD dos órgãos e entidades congêneres dos Estados, dos Municípios e do Distrito Federal.

Art. 5º São membros do CONAD, com direito a voto:

I – o Ministro de Estado da Justiça, que o presidirá;

→ Inciso I com redação alterada pelo Decreto 7.426/2010.

II – o Secretário Nacional de Políticas sobre Drogas;

→ Inciso II com redação alterada pelo Decreto 7.426/2010.

III – um representante da área técnica da Secretaria Nacional de Políticas sobre Drogas, indicado pelo Secretário;

→ Inciso III com redação alterada pelo Decreto 7.426/2010.

IV – representantes dos seguintes órgãos, indicados pelos seus respectivos titulares:

a) um da Secretaria Especial dos Diretos Humanos da Presidência da República;

b) um do Ministério da Educação;

c) um do Ministério da Defesa;

d) um do Ministério das Relações Exteriores;

e) um do Ministério do Desenvolvimento Social e Combate à Fome;

f) dois do Ministério da Saúde, sendo um da Agência Nacional de Vigilância Sanitária;

g) dois do Ministério da Justiça, sendo um do Departamento de Polícia Federal e um da Secretaria Nacional de Segurança Pública;

h) dois do Ministério da Fazenda, sendo um da Secretaria da Receita Federal e um do Conselho de Controle de Atividades Financeiras;

V – um representante dos Conselhos Estaduais de Entorpecentes ou Antidrogas, indicado pelo Presidente do CONAD;

VI – representantes de organizações, instituições ou entidades nacionais da sociedade civil:

a) um jurista, de comprovada experiência em assuntos de drogas, indicado pelo Conselho Federal da Ordem dos Advogados do Brasil – OAB-Federal;

b) um médico, de comprovada experiência e atuação na área de drogas, indicado pelo Conselho Federal de Medicina – CFM;

c) um psicólogo, de comprovada experiência voltada para a questão de drogas, indicado pelo Conselho Federal de Psicologia – CFP;

d) um assistente social, de comprovada experiência voltada para a questão de drogas, indicado pelo Conselho Federal de Serviço Social - CFESS;

e) um enfermeiro, de comprovada experiência e atuação na área de drogas, indicado pelo Conselho Federal de Enfermagem – COFEN;

f) um educador, com comprovada experiência na prevenção do uso de drogas na escola, indicado pelo Conselho Federal de Educação – CFE;

g) um cientista, com comprovada produção científica na área de drogas, indicado pela Sociedade Brasileira para o Progresso da Ciência – SBPC;

h) um estudante indicado pela União Nacional dos Estudantes – UNE;

VII – profissionais ou especialistas, de manifesta sensibilidade na questão das drogas, indicados pelo Presidente do CONAD:

a) um de imprensa, de projeção nacional;

b) um antropólogo;

c) um do meio artístico, de projeção nacional; e

d) dois de organizações do Terceiro Setor, de abrangência nacional, de comprovada atuação na área de redução da demanda de drogas.

§ 1º Cada membro titular do CONAD, de que tratam os incisos III a VII, terá seu respectivo suplente, que o substituirá em suas ausências e impedimentos, todos designados pelo Ministro de Estado da Justiça;

→ § 1º com redação alterada pelo Decreto 7.426/2010.

§ 2º Em suas ausências e impedimentos, o Presidente do CONAD será substituído pelo Secretário Nacional de Políticas sobre Drogas, e este, por um suplente por ele indicado e designado na forma do § 1º.

→ § 2º com redação alterada pelo Decreto 7.426/2010.

Art. 6º Os membros titulares e suplentes referidos nos incisos III a VII do art. 5º terão mandato de dois anos, permitida uma única recondução.

Art. 7º Os membros referidos nos incisos III a VII do art. 5º perderão o mandato, antes do prazo de dois anos, nos seguintes casos:

I – por renúncia; e

II – pela ausência imotivada em três reuniões consecutivas do Conselho.

Parágrafo único. No caso de perda do mandato, será designado novo Conselheiro para a função.

Art. 8º As reuniões ordinárias do CONAD, ressalvadas as situações de excepcionalidade, deverão ser convocadas com antecedência mínima de cinco dias úteis, com pauta previamente comunicada aos seus integrantes.

Art. 9º O CONAD deliberará por maioria simples de votos, cabendo ao seu Presidente utilizar o voto de qualidade para fins de desempate.

Art. 10. O CONAD formalizará suas deliberações por meio de resoluções, que serão publicadas no Diário Oficial da União.

Parágrafo único. Observado o disposto no art. 3º, as deliberações do CONAD serão cumpridas pelos órgãos e entidades integrantes do SISNAD, sob acompanhamento da SENAD e do Departamento de Polícia Federal, em suas respectivas áreas de competência.

Art. 11. O Presidente do CONAD poderá constituir grupos técnicos com a finalidade de assessorá-lo no exercício de suas atribuições, assim como convidar especialista, sem direito a voto, para prestar informações ou acompanhar as reuniões do colegiado, cujas despesas com viagem serão suportadas na forma do art. 20.

Parágrafo único. Será convidado a participar das reuniões do colegiado um membro do Ministério Público Federal, na qualidade de observador e com direito a voz

Art. 12. O CONAD definirá em ato próprio, mediante proposta aprovada pela maioria absoluta de seus integrantes e homologada pelo seu Presidente, as normas complementares relativas à sua organização e funcionamento.

Capítulo III
DAS ATRIBUIÇÕES DO PRESIDENTE DO CONAD

Art. 13. São atribuições do Presidente do CONAD, entre outras previstas no Regimento Interno:

I – convocar e presidir as reuniões do colegiado; e

II – solicitar estudos, informações e posicionamento sobre temas de relevante interesse público.

Capítulo IV
DAS COMPETÊNCIAS ESPECÍFICAS DOS ÓRGÃOS E ENTIDADES QUE COMPÕEM O SISNAD

Art. 14. Para o cumprimento do disposto neste Decreto, são competências específicas dos órgãos e entidades que compõem o SISNAD:

I – do Ministério da Saúde:

a) publicar listas atualizadas periodicamente das substâncias ou produtos capazes de causar dependência;

b) baixar instruções de caráter geral ou específico sobre limitação, fiscalização e controle da produção, do comércio e do uso das drogas;

c) autorizar o plantio, a cultura e a colheita dos vegetais dos quais possam ser extraídas ou produzidas drogas, exclusivamente para fins medicinais ou científicos, em local e prazo predeterminados, mediante fiscalização, ressalvadas as hipóteses de autorização legal ou regulamentar;

d) assegurar a emissão da indispensável licença prévia, pela autoridade sanitária competente, para produzir, extrair, fabricar, transformar, preparar, possuir, manter em depósito, importar, exportar, reexportar, remeter, transportar, expor, oferecer, vender, comprar, trocar, ceder ou adquirir, para qualquer fim, drogas ou matéria-prima destinada à sua preparação, observadas as demais exigências legais;

e) disciplinar a política de atenção aos usuários e dependentes de drogas, bem como aos seus familiares, junto à rede do Sistema Único de Saúde – SUS;

f) disciplinar as atividades que visem à redução de danos e riscos sociais e à saúde;

g) disciplinar serviços públicos e privados que desenvolvam ações de atenção às pessoas que façam uso ou sejam dependentes de drogas e seus familiares;

h) gerir, em articulação com a SENAD, o banco de dados das instituições de atenção à saúde e de assistência social que atendam usuários ou dependentes de drogas;

II – do Ministério da Educação:

a) propor e implementar, em articulação com o Ministério da Saúde, a Secretaria Especial dos Direitos Humanos da Presidência da República e a SENAD, políticas de formação continuada para os profissionais de educação nos três níveis de ensino que abordem a prevenção ao uso indevido de drogas;

b) apoiar os dirigentes das instituições de ensino público e privado na elaboração de projetos pedagógicos alinhados às Diretrizes Curriculares Nacionais e aos princípios de prevenção do uso indevido de drogas, de atenção e reinserção social de usuários e dependentes, bem como seus familiares;

III – do Ministério da Justiça:

→ *Caput* do inciso III com redação alterada pelo Decreto 7.426/2010.

a) articular e coordenar as atividades de repressão da produção não autorizada e do tráfico ilícito de drogas;

→ Alínea *a* com redação alterada pelo Decreto 7.426/2010.

b) propor a atualização da política nacional sobre drogas na esfera de sua competência;

→ Alínea *b* com redação alterada pelo Decreto 7.426/2010.

c) instituir e gerenciar o sistema nacional de dados estatísticos de repressão ao tráfico ilícito de drogas;

→ Alínea *c* com redação alterada pelo Decreto 7.426/2010.

d) (Revogada pelo Decreto 7.434/2011).

e) articular e coordenar as atividades de prevenção do uso indevido, a atenção e a reinserção social de usuários e dependentes de drogas;

→ Alínea *e* acrescentada pelo Decreto 7.426/2010.

f) (Revogada pelo Decreto 7.434/2011).

g) gerir o FUNAD e o Observatório Brasileiro de Informações sobre Drogas; e

→ Alínea *g* acrescentada pelo Decreto 7.426/2010.

IV – (*Revogado pelo Decreto 7.426/2010*).

V – dos órgãos formuladores de políticas sociais, identificar e regulamentar rede nacional das instituições da sociedade civil, sem fins lucrativos, que atendam usuários ou dependentes de drogas e respectivos familiares.

Parágrafo único. As competências específicas dos Ministérios e órgãos de que trata este artigo se estendem, quando for o caso, aos órgãos e entidades que lhes sejam vinculados.

Art. 15. No âmbito de suas respectivas competências, os órgãos e entidades de que trata o art. 2º atentarão para:

I – o alinhamento das suas respectivas políticas públicas setoriais ao disposto nos princípios e objetivos do SISNAD, de que tratam os arts. 4º e 5º da Lei 11.343, de 2006;

II – as orientações e normas emanadas do CONAD; e

III – a colaboração nas atividades de prevenção do uso indevido, atenção e reinserção social de usuários e dependentes de drogas.

Capítulo V
DA GESTÃO DAS INFORMAÇÕES

Art. 16. O Observatório Brasileiro de Informações sobre Drogas reunirá e centralizará informações e conhecimentos atualizados sobre drogas, incluindo dados de estudos, pesquisas e levantamentos nacionais, produzindo e divulgando informações, fundamentadas cientificamente, que contribuam para o desenvolvimento de novos conhecimentos aplicados às atividades de prevenção do uso indevido, de atenção e de reinserção social de usuários e dependentes de drogas e para a criação de modelos de intervenção baseados nas necessidades específicas das diferentes populações-alvo, respeitadas suas características socioculturais.

§ 1º Respeitado o caráter sigiloso das informações, fará parte do banco de dados central de que trata este artigo base de dados atualizada das instituições de atenção à saúde ou de assistência social que atendam usuários ou dependentes de drogas, bem como das de ensino e pesquisa que participem de tais atividades.

§ 2º Os órgãos e entidades da administração pública federal prestarão as informações de que necessitar o Observatório Brasileiro de Informações sobre Drogas, obrigando-se a atender tempestivamente às requisições da SENAD.

Art. 17. Será estabelecido mecanismo de intercâmbio de informações com os Estados, os Municípios e o Distrito Federal, com o objetivo de se evitar duplicidade de ações no apoio às atividades de que trata este Decreto, executadas nas respectivas unidades federadas.

Art. 18. As instituições com atuação nas áreas da atenção à saúde e da assistência social que atendam usuários ou dependentes de drogas devem comunicar ao órgão competente do respectivo sistema municipal de saúde os casos atendidos e os óbitos ocorridos, preservando a identidade das pessoas, conforme orientações emanadas do CONAD.

Capítulo VI
DAS DISPOSIÇÕES FINAIS

Art. 19. Os membros do CONAD não farão jus a nenhuma remuneração, sendo seus serviços considerados de relevante interesse público.

Art. 20. As despesas com viagem de conselheiros poderão correr à conta do FUNAD, em conformidade com o disposto no art. 5º da Lei 7.560, de 19 de dezembro de 1986, sem prejuízo da assunção de tais despesas pelos respectivos órgãos e entidades que representem.

Art. 21. Este Decreto entra em vigor em 8 de outubro de 2006, data de início da vigência da Lei 11.343, de 2006.

Art. 22. Ficam revogados os Decretos 3.696, de 21 de dezembro de 2000, e 4.513, de 13 de dezembro de 2002.

Brasília, 27 de setembro de 2006; 185º da Independência e 118º da República.

Luiz Inácio Lula da Silva

Jorge Armando Felix

(Publicação no *D.O.U.* de 28.9.2006).

LEI 11.417,
DE 19 DE DEZEMBRO DE 2006

Regulamenta o art. 103-A da Constituição Federal e altera a Lei 9.784, de 29 de janeiro de 1999, disciplinando a edição, a revisão e o cancelamento de enunciado de súmula vinculante pelo Supremo Tribunal Federal, e dá outras providências.

→ *V.* Resolução do STF 388/2008 – Processamento de proposta de edição, revisão e cancelamento de súmulas.

→ *V.* Resolução do STF 381/2008 – Processamento de proposta de edição, revisão e cancelamento de súmulas vinculantes.

O Presidente da República:

Faço saber que o Congresso Nacional decreta e eu sanciono a seguinte Lei:

Art. 1º Esta Lei disciplina a edição, a revisão e o cancelamento de enunciado de súmula vinculante pelo Supremo Tribunal Federal e dá outras providências.

Art. 2º O Supremo Tribunal Federal poderá, de ofício ou por provocação, após reiteradas decisões sobre matéria constitucional, editar enunciado de súmula que, a partir de sua publicação na imprensa oficial, terá efeito vinculante em relação aos demais órgãos do Poder Judiciário e à administração pública direta e indireta, nas esferas federal, estadual e municipal, bem como proceder à sua revisão ou cancelamento, na forma prevista nesta Lei.

§ 1º O enunciado da súmula terá por objeto a validade, a interpretação e a eficácia de normas determinadas, acerca das quais haja, entre órgãos judiciários ou entre esses e a administração pública, controvérsia atual que acarrete grave insegurança jurídica e relevante multiplicação de processos sobre idêntica questão.

§ 2º O Procurador-Geral da República, nas propostas que não houver formulado, manifestar-se-á previamente à edição, revisão ou cancelamento de enunciado de súmula vinculante.

§ 3º A edição, a revisão e o cancelamento de enunciado de súmula com efeito vinculante dependerão de decisão tomada por 2/3 (dois terços) dos membros do Supremo Tribunal Federal, em sessão plenária.

§ 4º No prazo de 10 (dez) dias após a sessão em que editar, rever ou cancelar enunciado de súmula com efeito vinculante, o Supremo Tribunal Federal fará publicar, em seção especial do *Diário da Justiça* e do *Diário Oficial da União*, o enunciado respectivo.

Art. 3º São legitimados a propor a edição, a revisão ou o cancelamento de enunciado de súmula vinculante:

I – o Presidente da República;

II – a Mesa do Senado Federal;

III – a Mesa da Câmara dos Deputados;

IV – o Procurador-Geral da República;

V – o Conselho Federal da Ordem dos Advogados do Brasil;

VI – o Defensor Público-Geral da União;

VII – partido político com representação no Congresso Nacional;

VIII – confederação sindical ou entidade de classe de âmbito nacional;

IX – a Mesa de Assembleia Legislativa ou da Câmara Legislativa do Distrito Federal;

X – o Governador de Estado ou do Distrito Federal;

XI – os Tribunais Superiores, os Tribunais de Justiça de Estados ou do Distrito Federal e Territórios, os Tribunais Regionais Federais, os Tribunais Regionais do Trabalho, os Tribunais Regionais Eleitorais e os Tribunais Militares.

§ 1º O Município poderá propor, incidentalmente ao curso de processo em que seja parte, a edição, a revisão ou o cancelamento de enunciado de súmula vinculante, o que não autoriza a suspensão do processo.

§ 2º No procedimento de edição, revisão ou cancelamento de enunciado da súmula vinculante, o relator poderá admitir, por decisão irrecorrível, a manifestação de terceiros na questão, nos termos do Regimento Interno do Supremo Tribunal Federal.

Art. 4º A súmula com efeito vinculante tem eficácia imediata, mas o Supremo Tribunal Federal, por decisão de 2/3 (dois terços) dos seus membros, poderá restringir os efeitos vinculantes ou decidir que só tenha eficácia a partir de outro momento, tendo em vista razões de segurança jurídica ou de excepcional interesse público.

Art. 5º Revogada ou modificada a lei em que se fundou a edição de enunciado de súmula vinculante, o Supremo Tribunal Federal, de ofício ou por provocação, procederá à sua revisão ou cancelamento, conforme o caso.

Art. 6º A proposta de edição, revisão ou cancelamento de enunciado de súmula vinculante não autoriza a suspensão dos processos em que se discuta a mesma questão.

Art. 7º Da decisão judicial ou do ato administrativo que contrariar enunciado de súmula vinculante, negar-lhe vigência ou aplicá-lo indevidamente caberá reclamação ao Supremo Tribunal Federal, sem prejuízo dos recursos ou outros meios admissíveis de impugnação.

§ 1º Contra omissão ou ato da administração pública, o uso da reclamação só será admitido após esgotamento das vias administrativas.

§ 2º Ao julgar procedente a reclamação, o Supremo Tribunal Federal anulará o ato administrativo ou cassará a decisão judicial impugnada, determinando que outra seja proferida com ou sem aplicação da súmula, conforme o caso.

Art. 8º O art. 56 da Lei 9.784, de 29 de janeiro de 1999, passa a vigorar acrescido do seguinte § 3º:

"Art. 56. (...)

(...)

§ 3º Se o recorrente alegar que a decisão administrativa contraria enunciado da súmula vinculante, caberá à autoridade prolatora da decisão impugnada, se não a reconsiderar, explicitar, antes de encaminhar o recurso à autoridade superior, as razões da aplicabilidade ou inaplicabilidade da súmula, conforme o caso."

Art. 9º A Lei 9.784, de 29 de janeiro de 1999, passa a vigorar acrescida dos seguintes arts. 64-A e 64-B:

"Art. 64-A. Se o recorrente alegar violação de enunciado da súmula vinculante, o órgão competente para decidir o recurso explicitará as razões da aplicabilidade ou inaplicabilidade da súmula, conforme o caso."

"Art. 64-B. Acolhida pelo Supremo Tribunal Federal a reclamação fundada em violação de enunciado da súmula vinculante, dar-se-á ciência à autoridade prolatora e ao órgão competente para o julgamento do recurso, que deverão adequar as futuras decisões administrativas em casos semelhantes, sob pena de responsabilização pessoal nas esferas cível, administrativa e penal."

Art. 10. O procedimento de edição, revisão ou cancelamento de enunciado de súmula com efeito vinculante obedecerá, subsidiariamente, ao disposto no Regimento Interno do Supremo Tribunal Federal.

Art. 11. Esta Lei entra em vigor 3 (três) meses após a sua publicação.

Brasília, 19 de dezembro de 2006; 185º da Independência e 118º da República.

Luiz Inácio Lula da Silva

(Publicação no *D.O.U.* de 20.12.2006)

LEI 11.419, DE 19 DE DEZEMBRO DE 2006

Dispõe sobre a informatização do processo judicial; altera a Lei 5.869, de 11 de janeiro de 1973 – Código de Processo Civil; e dá outras providências.

→ v. Resolução 427/2010 do STF – Regulamenta o processo eletrônico no âmbito do Supremo Tribunal Federal e dá outras providências.

→ v. Resolução 14/2013 do STJ – Regulamenta o processo judicial eletrônico no Superior Tribunal de Justiça.

→ v. Resolução 121/2010 do CNJ – Dispõe sobre a divulgação de dados processuais eletrônicos na rede mundial de computadores, expedição de certidões judiciais e dá outras providências.

→ v. Ato 342/2010 do TST – Regulamenta o processo judicial eletrônico no âmbito do Tribunal Superior do Trabalho.

O Presidente da República:

Faço saber que o Congresso Nacional decreta e eu sanciono a seguinte Lei:

Capítulo I
DA INFORMATIZAÇÃO DO PROCESSO JUDICIAL

Art. 1º O uso de meio eletrônico na tramitação de processos judiciais, comunicação de atos e transmissão de peças processuais será admitido nos termos desta Lei.

§ 1º Aplica-se o disposto nesta Lei, indistintamente, aos processos civil, penal e trabalhista, bem como aos juizados especiais, em qualquer grau de jurisdição.

§ 2º Para o disposto nesta Lei, considera-se:

I – meio eletrônico qualquer forma de armazenamento ou tráfego de documentos e arquivos digitais;

II – transmissão eletrônica toda forma de comunicação a distância com a utilização de redes de comunicação, preferencialmente a rede mundial de computadores;

III – assinatura eletrônica as seguintes formas de identificação inequívoca do signatário:

a) assinatura digital baseada em certificado digital emitido por Autoridade Certificadora credenciada, na forma de lei específica;

b) mediante cadastro de usuário no Poder Judiciário, conforme disciplinado pelos órgãos respectivos.

Art. 2º O envio de petições, de recursos e a prática de atos processuais em geral por meio eletrônico serão admitidos mediante uso de assinatura eletrônica, na forma do art. 1º desta Lei, sendo obrigatório o credenciamento prévio no Poder Judiciário, conforme disciplinado pelos órgãos respectivos.

§ 1º O credenciamento no Poder Judiciário será realizado mediante procedimento no qual esteja assegurada a adequada identificação presencial do interessado.

§ 2º Ao credenciado será atribuído registro e meio de acesso ao sistema, de modo a preservar o sigilo, a identificação e a autenticidade de suas comunicações.

§ 3º Os órgãos do Poder Judiciário poderão criar um cadastro único para o credenciamento previsto neste artigo.

Art. 3º Consideram-se realizados os atos processuais por meio eletrônico no dia e hora do seu envio ao sistema do Poder Judiciário, do que deverá ser fornecido protocolo eletrônico.

Parágrafo único. Quando a petição eletrônica for enviada para atender prazo processual, serão consideradas tempestivas as transmitidas até as 24 (vinte e quatro) horas do seu último dia.

Capítulo II
DA COMUNICAÇÃO ELETRÔNICA DOS ATOS PROCESSUAIS

Art. 4º Os tribunais poderão criar *Diário da Justiça* eletrônico, disponibilizado em sítio da rede mundial de computadores, para publicação de atos judiciais e administrativos próprios e dos órgãos a eles subordinados, bem como comunicações em geral.

§ 1º O sítio e o conteúdo das publicações de que trata este artigo deverão ser assinados digitalmente com base em certificado emitido por Autoridade Certificadora credenciada na forma da lei específica.

§ 2º A publicação eletrônica na forma deste artigo substitui qualquer outro meio e publicação oficial, para quaisquer efeitos legais, à exceção dos casos que, por lei, exigem intimação ou vista pessoal.

§ 3º Considera-se como data da publicação o primeiro dia útil seguinte ao da disponibilização da informação no *Diário da Justiça* eletrônico.

§ 4º Os prazos processuais terão início no primeiro dia útil que seguir ao considerado como data da publicação.

§ 5º A criação do *Diário da Justiça* eletrônico deverá ser acompanhada de ampla divulgação, e o ato administrativo correspondente será publicado durante 30 (trinta) dias no diário oficial em uso.

Art. 5º As intimações serão feitas por meio eletrônico em portal próprio aos que se cadastrarem na forma do art. 2º desta Lei, dispensando-se a publicação no órgão oficial, inclusive eletrônico.

§ 1º Considerar-se-á realizada a intimação no dia em que o intimando efetivar a consulta eletrônica ao teor da intimação, certificando-se nos autos a sua realização.

§ 2º Na hipótese do § 1º deste artigo, nos casos em que a consulta se dê em dia não útil, a intimação será considerada como realizada no primeiro dia útil seguinte.

§ 3º A consulta referida nos §§ 1º e 2º deste artigo deverá ser feita em até 10 (dez) dias corridos contados da data do envio da intimação, sob pena de considerar-se a intimação automaticamente realizada na data do término desse prazo.

§ 4º Em caráter informativo, poderá ser efetivada remessa de correspondência eletrônica, comunicando o envio da intimação e a abertura automática do prazo processual nos termos do § 3º deste artigo, aos que manifestarem interesse por esse serviço.

§ 5º Nos casos urgentes em que a intimação feita na forma deste artigo possa causar prejuízo a quaisquer das partes ou nos casos em que for evidenciada qualquer tentativa de burla ao sistema, o ato processual deverá ser realizado por outro meio que atinja a sua finalidade, conforme determinado pelo juiz.

§ 6º As intimações feitas na forma deste artigo, inclusive da Fazenda Pública, serão consideradas pessoais para todos os efeitos legais.

Art. 6º Observadas as formas e as cautelas do art. 5º desta Lei, as citações, inclusive da Fazenda Pública, excetuadas as dos Direitos Processuais Criminal e Infracional, poderão ser feitas por meio eletrônico, desde que a íntegra dos autos seja acessível ao citando.

Art. 7º As cartas precatórias, rogatórias, de ordem e, de um modo geral, todas as comunicações oficiais que transitem entre órgãos do Poder Judiciário, bem como entre os deste e os dos demais Poderes, serão feitas preferentemente por meio eletrônico.

Capítulo III
DO PROCESSO ELETRÔNICO

Art. 8º Os órgãos do Poder Judiciário poderão desenvolver sistemas eletrônicos de processamento de ações judiciais por meio de autos total ou parcialmente digitais, utilizando, preferencialmente, a rede mundial de computadores e acesso por meio de redes internas e externas.

Parágrafo único. Todos os atos processuais do processo eletrônico serão assinados eletronicamente na forma estabelecida nesta Lei.

Art. 9º No processo eletrônico, todas as citações, intimações e notificações, inclusive da Fazenda Pública, serão feitas por meio eletrônico, na forma desta Lei.

§ 1º As citações, intimações, notificações e remessas que viabilizem o acesso à íntegra do processo correspondente serão consideradas vista pessoal do interessado para todos os efeitos legais.

§ 2º Quando, por motivo técnico, for inviável o uso do meio eletrônico para a realização de citação, intimação ou notificação, esses atos processuais poderão ser praticados segundo as regras ordinárias, digitalizando-se o documento físico, que deverá ser posteriormente destruído.

Art. 10. A distribuição da petição inicial e a juntada da contestação, dos recursos e das petições em geral, todos em formato digital, nos autos de processo eletrônico, podem ser feitas diretamente pelos advogados públicos e privados, sem necessidade da intervenção do cartório ou secretaria judicial, situação em que a autuação deverá se dar de forma automática, fornecendo-se recibo eletrônico de protocolo.

§ 1º Quando o ato processual tiver que ser praticado em determinado prazo, por meio de petição eletrônica, serão considerados tempestivos os efetivados até as 24 (vinte e quatro) horas do último dia.

§ 2º No caso do § 1º deste artigo, se o Sistema do Poder Judiciário se tornar indisponível por motivo técnico, o prazo fica automaticamente prorrogado para o primeiro dia útil seguinte à resolução do problema.

§ 3º Os órgãos do Poder Judiciário deverão manter equipamentos de digitalização e de acesso à rede mundial de computadores à disposição dos interessados para distribuição de peças processuais.

Art. 11. Os documentos produzidos eletronicamente e juntados aos processos eletrônicos com garantia da origem e de seu signatário, na forma estabelecida nesta Lei, serão considerados originais para todos os efeitos legais.

§ 1º Os extratos digitais e os documentos digitalizados e juntados aos autos pelos órgãos da Justiça e seus auxiliares, pelo Ministério Público e seus auxiliares, pelas procuradorias, pelas autoridades policiais, pelas repartições públicas em geral e por advogados públicos e privados têm a mesma força probante dos originais, ressalvada a alegação motivada e fundamentada de adulteração antes ou durante o processo de digitalização.

§ 2º A arguição de falsidade do documento original será processada eletronicamente na forma da lei processual em vigor.

§ 3º Os originais dos documentos digitalizados, mencionados no § 2º deste artigo, deverão ser preservados pelo seu detentor até o trânsito em julgado da sentença ou, quando admitida, até o final do prazo para interposição de ação rescisória.

§ 4º *(Vetado).*

§ 5º Os documentos cuja digitalização seja tecnicamente inviável devido ao grande volume ou por motivo de ilegibilidade deverão ser apresentados ao cartório ou secretaria no prazo de 10 (dez) dias contados do envio de petição eletrônica comunicando o fato, os quais serão devolvidos à parte após o trânsito em julgado.

§ 6º Os documentos digitalizados juntados em processo eletrônico somente estarão disponíveis para acesso por meio da rede externa para suas respectivas partes processuais e para o Ministério Público, respeitado o disposto em lei para as situações de sigilo e de segredo de justiça.

Art. 12. A conservação dos autos do processo poderá ser efetuada total ou parcialmente por meio eletrônico.

§ 1º Os autos dos processos eletrônicos deverão ser protegidos por meio de sistemas de segurança de acesso e armazenados em meio que garanta a preservação e integridade dos dados, sendo dispensada a formação de autos suplementares.

§ 2º Os autos de processos eletrônicos que tiverem de ser remetidos a outro juízo ou instância superior que não disponham de sistema compatível deverão ser impressos em papel, autuados na forma dos arts. 166 a 168 da Lei 5.869, de 11 de janeiro de 1973 – Código de Processo Civil, ainda que de natureza criminal ou trabalhista, ou pertinentes a juizado especial.

→ *v.* Arts. 206 a 208, do NCPC.

§ 3º No caso do § 2º deste artigo, o escrivão ou o chefe de secretaria certificará os autores ou a origem dos documentos produzidos nos autos, acrescentando, ressalvada a hipótese de existir segredo de justiça, a forma pela qual o banco de dados poderá ser acessado para aferir a autenticidade das peças e das respectivas assinaturas digitais.

§ 4º Feita a autuação na forma estabelecida no § 2º deste artigo, o processo seguirá a tramitação legalmente estabelecida para os processos físicos.

§ 5º A digitalização de autos em mídia não digital, em tramitação ou já arquivados, será precedida de publicação de editais de intimações ou da intimação pessoal das partes e de seus procuradores, para que, no prazo preclusivo de 30 (trinta) dias, se manifestem sobre o desejo de manterem pessoalmente a guarda de algum dos documentos originais.

Art. 13. O magistrado poderá determinar que sejam realizados por meio eletrônico a exibição e o envio de dados e de documentos necessários à instrução do processo.

§ 1º Consideram-se cadastros públicos, para os efeitos deste artigo, dentre outros existentes ou que venham a ser criados, ainda que mantidos por concessionárias de serviço público ou empresas privadas, os que contenham informações indispensáveis ao exercício da função judicante.

§ 2º O acesso de que trata este artigo dar-se-á por qualquer meio tecnológico disponível, preferentemente o de menor custo, considerada sua eficiência.

§ 3º *(Vetado).*

Capítulo IV
DISPOSIÇÕES GERAIS E FINAIS

Art. 14. Os sistemas a serem desenvolvidos pelos órgãos do Poder Judiciário deverão usar, preferencialmente, programas com código aberto, acessíveis ininterruptamente por meio da rede mundial de computadores, priorizando-se a sua padronização.

Parágrafo único. Os sistemas devem buscar identificar os casos de ocorrência de prevenção, litispendência e coisa julgada.

Art. 15. Salvo impossibilidade que comprometa o acesso à justiça, a parte deverá informar, ao distribuir a petição inicial de qualquer ação judicial, o número no cadastro de pessoas físicas ou jurídicas, conforme o caso, perante a Secretaria da Receita Federal.

Parágrafo único. Da mesma forma, as peças de acusação criminais deverão ser instruídas pelos membros do Ministério Público ou pelas autoridades policiais com os números de registros dos acusados no Instituto Nacional de Identificação do Ministério da Justiça, se houver.

Art. 16. Os livros cartorários e demais repositórios dos órgãos do Poder Judiciário poderão ser gerados e armazenados em meio totalmente eletrônico.

Art. 17. *(Vetado).*

Art. 18. Os órgãos do Poder Judiciário regulamentarão esta Lei, no que couber, no âmbito de suas respectivas competências.

Art. 19. Ficam convalidados os atos processuais praticados por meio eletrônico até a data de publicação desta Lei, desde que tenham atingido sua finalidade e não tenha havido prejuízo para as partes.

Art. 20. A Lei 5.869, de 11 de janeiro de 1973 – Código de Processo Civil, passa a vigorar com as seguintes alterações:

→ Alterações efetuadas no CPC/1973.

→ *v.* Arts. 1.045 e 1.046, do NCPC.

Art. 21. *(Vetado).*

Art. 22. Esta Lei entra em vigor 90 (noventa) dias depois de sua publicação.

Brasília, 19 de dezembro de 2006; 185º da Independência e 118º da República.

Luiz Inácio Lula da Silva

(Publicação no *D.O.U.* 20.12.2006)

RESOLUÇÃO DO CNJ 35, DE 24 DE ABRIL DE 2007

Disciplina a aplicação da Lei 11.441/2007 pelos serviços notariais e de registro.

→ *v.* Lei 13.105/2015 – Novo Código de Processo Civil (NCPC).

→ *v.* Arts. 1.045 e 1.046, do NCPC.

A Presidente do Conselho Nacional de Justiça, no uso de suas atribuições constitucionais e regimentais, e tendo em vista o disposto no art. 19, I, do Regimento Interno deste Conselho, e

Considerando que a aplicação da Lei 11.441/2007 tem gerado muitas divergências;

Considerando que a finalidade da referida lei foi tornar mais ágeis e menos onerosos os atos a que se refere e, ao mesmo tempo, descongestionar o Poder Judiciário;

Considerando a necessidade de adoção de medidas uniformes quanto à aplicação da Lei 11.441/2007 em todo o território nacional, com vistas a prevenir e evitar conflitos;

Considerando as sugestões apresentadas pelos Corregedores-Gerais de Justiça dos Estados e do Distrito Federal em reunião promovida pela Corregedoria Nacional de Justiça;

Considerando que, sobre o tema, foram ouvidos o Conselho Federal da Ordem dos Advogados do Brasil e a Associação dos Notários e Registradores do Brasil; resolve:

→ *v.* Arts. 53, III, *f*, 98, § 1º, IX e § 8º, 193, parágrafo único, 384, 610, § 2º, 733, § 2º, 784, *caput*, XI, do NCPC.

→ *v.* Lei 6.015/1973 – Lei de Registros Públicos.

Seção I
Disposições de Caráter Geral

Art. 1º Para a lavratura dos atos notariais de que trata a Lei 11.441/2007, é livre a escolha do tabelião de notas, não se aplicando as regras de competência do Código de Processo Civil.

Art. 2º É facultada aos interessados a opção pela via judicial ou extrajudicial; podendo ser solicitada, a qualquer momento, a suspensão, pelo prazo de 30 dias, ou a desistência da via judicial, para promoção da via extrajudicial.

Art. 3º As escrituras públicas de inventário e partilha, separação e divórcio consensuais não dependem de homologação judicial e são títulos hábeis para o registro civil e o registro imobiliário, para a transferência de bens e direitos, bem como para promoção de todos os atos necessários à materialização das transferências de bens e levantamento de valores (Detran, Junta Comercial, Registro Civil de Pessoas Jurídicas, instituições financeiras, companhias telefônicas, etc.)

Art. 4º O valor dos emolumentos deverá corresponder ao efetivo custo e à adequada e suficiente remuneração dos serviços prestados, conforme estabelecido no parágrafo único do art. 10 da Lei 10.169/2000, observando-se, quanto a sua fixação, as regras previstas no art. 2º da citada Lei.

Art. 5º É vedada a fixação de emolumentos em percentual incidente sobre o valor do negócio jurídico objeto dos serviços notariais e de registro (Lei 10.169, de 2000, art. 3º, inciso II).

Art. 6º A gratuidade prevista na Lei 11.441/2007 compreende as escrituras de inventário, partilha, separação e divórcio consensuais.

Art. 7º Para a obtenção da gratuidade de que trata a Lei 11.441/2007, basta a simples declaração dos interessados de que não possuem condições de arcar com os emolumentos, ainda que as partes estejam assistidas por advogado constituído.

Art. 8º É necessária a presença do advogado, dispensada a procuração, ou do defensor público, na lavratura das escrituras decorrentes da Lei 11.441/2007, nelas constando seu nome e registro na OAB.

Art. 9º É vedada ao tabelião a indicação de advogado às partes, que deverão comparecer para o ato notarial acompanhadas de profissional de sua confiança. Se as partes não dispuserem de condições econômicas para contratar advogado, o tabelião deverá recomendar-lhes a Defensoria Pública, onde houver, ou, na sua falta, a Seccional da Ordem dos Advogados do Brasil.

Art. 10. É desnecessário o registro de escritura pública decorrente da Lei 11.441/2007 no Livro "E" de Ofício de Registro Civil das Pessoas Naturais, entretanto, o Tribunal de Justiça deverá promover, no prazo de 180 dias, medidas adequadas para a unificação dos dados que concentrem as informações dessas escrituras no âmbito estadual, possibilitando as buscas, preferencialmente, sem ônus para o interessado.

Seção II
Disposições Referentes ao Inventário e a Partilha

Art. 11. É obrigatória a nomeação de interessado, na escritura pública de inventário e partilha, para representar o espólio, com poderes de inventariante, no cumprimento de obrigações ativas ou passivas pendentes, sem necessidade de seguir a ordem prevista no art. 990 do Código de Processo Civil.

Art. 12. Admitem-se inventário e partilha extrajudiciais com viúvo(a) ou herdeiro(s) capazes, inclusive por emancipação, representado(s) por procuração formalizada por instrumento público com poderes especiais.

→ Artigo com redação alterada pela Resolução CNJ 179/2013.

Art. 13. A escritura pública pode ser retificada desde que haja o consentimento de todos os interessados. Os erros materiais poderão ser corrigidos, de ofício ou mediante requerimento de qualquer das partes, ou de seu procurador, por averbação à margem do ato notarial ou, não havendo espaço, por escrituração própria lançada no livro das escrituras públicas e anotação remissiva.

Art. 14. Para as verbas previstas na Lei 6.858/1980, é também admissível a escritura pública de inventário e partilha.

Art. 15. O recolhimento dos tributos incidentes deve anteceder a lavratura da escritura.

Art. 16. É possível a promoção de inventário extrajudicial por cessionário de direitos hereditários, mesmo na hipótese de cessão de parte do acervo, desde que todos os herdeiros estejam presentes e concordes.

Art. 17. Os cônjuges dos herdeiros deverão comparecer ao ato de lavratura da escritura pública de inventário e partilha quando houver renúncia ou algum tipo de partilha que importe em transmissão, exceto se o casamento se der sob o regime da separação absoluta.

Art. 18. O(A) companheiro(a) que tenha direito à sucessão é parte, observada a necessidade de ação judicial se o autor da herança não deixar outro sucessor ou não houver consenso de todos os herdeiros, inclusive quanto ao reconhecimento da união estável.

Art. 19. A meação de companheiro(a) pode ser reconhecida na escritura pública, desde que todos os herdeiros e interessados na herança, absolutamente capazes, estejam de acordo.

Art. 20. As partes e respectivos cônjuges devem estar, na escritura, nomeados e qualificados (nacionalidade; profissão; idade; estado civil; regime de bens; data do casamento; pacto antenupcial e seu registro imobiliário, se houver; número do documento de identidade; número de inscrição no CPF/MF; domicílio e residência).

Art. 21. A escritura pública de inventário e partilha conterá a qualificação completa do autor da herança; o regime de bens do casamento; pacto antenupcial e seu registro imobiliário, se houver; dia e lugar em que faleceu o autor da herança; data da expedição da certidão de óbito; livro, folha, número do termo e unidade de serviço em que consta o registro do óbito; e a menção ou declaração dos herdeiros de que o autor da herança não deixou testamento e outros herdeiros, sob as penas da lei.

Art. 22. Na lavratura da escritura deverão ser apresentados os seguintes documentos:

a) certidão de óbito do autor da herança;

b) documento de identidade oficial e CPF das partes e do autor da herança;

c) certidão comprobatória do vínculo de parentesco dos herdeiros;

d) certidão de casamento do cônjuge sobrevivente e dos herdeiros casados e pacto antenupcial, se houver;

e) certidão de propriedade de bens imóveis e direitos a eles relativos;

f) documentos necessários à comprovação da titularidade dos bens móveis e direitos, se houver;

g) certidão negativa de tributos; e

h) Certificado de Cadastro de Imóvel Rural – CCIR, se houver imóvel rural a ser partilhado.

Art. 23. Os documentos apresentados no ato da lavratura da escritura devem ser originais ou em cópias autenticadas, salvo os de identidade das partes, que sempre serão originais.

Art. 24. A escritura pública deverá fazer menção aos documentos apresentados.

Art. 25. É admissível a sobrepartilha por escritura pública, ainda que referente a inventário e partilha judiciais já findos, mesmo que o herdeiro, hoje maior e capaz, fosse menor ou incapaz ao tempo do óbito ou do processo judicial.

Art. 26. Havendo um só herdeiro, maior e capaz, com direito à totalidade da herança, não haverá partilha, lavrando-se a escritura de inventário e adjudicação dos bens.

Art. 27. A existência de credores do espólio não impedirá a realização do inventário e partilha, ou adjudicação, por escritura pública.

Art. 28. É admissível inventário negativo por escritura pública.

Art. 29. É vedada a lavratura de escritura pública de inventário e partilha referente a bens localizados no exterior.

Art. 30. Aplica-se a Lei 11.441/2007 aos casos de óbitos ocorridos antes de sua vigência.

Art. 31. A escritura pública de inventário e partilha pode ser lavrada a qualquer tempo, cabendo ao tabelião fiscalizar o recolhimento de eventual multa, conforme previsão em legislação tributária estadual e distrital específicas.

Art. 32. O tabelião poderá se negar a lavrar a escritura de inventário ou partilha se houver fundados indícios de fraude ou em caso de dúvidas sobre a declaração de vontade de algum dos herdeiros, fundamentando a recusa por escrito.

Seção III
Disposições Comuns à Separação e Divórcio Consensuais

Art. 33. Para a lavratura da escritura pública de separação e de divórcio consensuais, deverão ser apresentados:

a) certidão de casamento;

b) documento de identidade oficial e CPF/MF;

c) pacto antenupcial, se houver;

d) certidão de nascimento ou outro documento de identidade oficial dos filhos absolutamente capazes, se houver;

e) certidão de propriedade de bens imóveis e direitos a eles relativos; e

f) documentos necessários à comprovação da titularidade dos bens móveis e direitos, se houver.

Art. 34. As partes devem declarar ao tabelião, no ato da lavratura da escritura, que não têm filhos comuns ou, havendo, que são absolutamente capazes, indicando seus nomes e as datas de nascimento.

Art. 35. Da escritura, deve constar declaração das partes de que estão cientes das consequências da separação e do divórcio, firmes no propósito de pôr fim à sociedade conjugal ou ao vínculo matrimonial, respectivamente, sem hesitação, com recusa de reconciliação.

LEGISLAÇÃO

Art. 36. O comparecimento pessoal das partes é dispensável à lavratura de escritura pública de separação e divórcio consensuais, sendo admissível ao(s) separando(s) ou ao(s) divorciando(s) se fazer representar por mandatário constituído, desde que por instrumento público com poderes especiais, descrição das cláusulas essenciais e prazo de validade de trinta dias.

Art. 37. Havendo bens a serem partilhados na escritura, distinguir-se-á o que é do patrimônio individual de cada cônjuge, se houver, do que é do patrimônio comum do casal, conforme o regime de bens, constando isso do corpo da escritura.

Art. 38. Na partilha em que houver transmissão de propriedade do patrimônio individual de um cônjuge ao outro, ou a partilha desigual do patrimônio comum, deverá ser comprovado o recolhimento do tributo devido sobre a fração transferida.

Art. 39. A partilha em escritura pública de separação e divórcio consensuais far-se-á conforme as regras da partilha em inventário extrajudicial, no que couber.

Art. 40. O traslado da escritura pública de separação e divórcio consensuais será apresentado ao Oficial de Registro Civil do respectivo assento de casamento, para a averbação necessária, independente de autorização judicial e de audiência do Ministério Público.

Art. 41. Havendo alteração do nome de algum cônjuge em razão de escritura de separação, restabelecimento da sociedade conjugal ou divórcio consensuais, o Oficial de Registro Civil que averbar o ato no assento de casamento também anotará a alteração no respectivo assento de nascimento, se de sua unidade, ou, se de outra, comunicará ao Oficial competente para a necessária anotação.

Art. 42. Não há sigilo nas escrituras públicas de separação e divórcio consensuais.

Art. 43. Na escritura pública deve constar que as partes foram orientadas sobre a necessidade de apresentação de seu traslado no registro civil do assento de casamento, para a averbação devida.

Art. 44. É admissível, por consenso das partes, escritura pública de retificação das cláusulas de obrigações alimentares ajustadas na separação e no divórcio consensuais.

Art. 45. A escritura pública de separação ou divórcio consensuais, quanto ao ajuste do uso do nome de casado, pode ser retificada mediante declaração unilateral do interessado na volta ao uso do nome de solteiro, em nova escritura pública, com assistência de advogado.

Art. 46. O tabelião poderá se negar a lavrar a escritura de separação ou divórcio se houver fundados indícios de prejuízo a um dos cônjuges ou em caso de dúvidas sobre a declaração de vontade, fundamentando a recusa por escrito.

Seção IV
Disposições Referentes a Separação Consensual

Art. 47. São requisitos para lavratura da escritura pública de separação consensual:

a) um ano de casamento;

b) manifestação da vontade espontânea e isenta de vícios em não mais manter a sociedade conjugal e desejar a separação conforme as cláusulas ajustadas;

c) ausência de filhos menores não emancipados ou incapazes do casal; e

d) assistência das partes por advogado, que poderá ser comum.

Art. 48. O restabelecimento de sociedade conjugal pode ser feito por escritura pública, ainda que a separação tenha sido judicial. Neste caso, é necessária e suficiente a apresentação de certidão da sentença de separação ou da averbação da separação no assento de casamento.

Art. 49. Em escritura pública de restabelecimento de sociedade conjugal, o tabelião deve:

a) fazer constar que as partes foram orientadas sobre a necessidade de apresentação de seu traslado no registro civil do assento de casamento, para a averbação devida;

b) anotar o restabelecimento à margem da escritura pública de separação consensual, quando esta for de sua serventia, ou, quando de outra, comunicar o restabelecimento, para a anotação necessária na serventia competente; e

c) comunicar o restabelecimento ao juízo da separação judicial, se for o caso.

Art. 50. A sociedade conjugal não pode ser restabelecida com modificaç8es.

Art. 51. A averbação do restabelecimento da sociedade conjugal somente poderá ser efetivada depois da averbação da separação no registro civil, podendo ser simultâneas.

Seção V
Disposições Referentes ao Divórcio Consensual

Art. 52. Os cônjuges separados judicialmente, podem, mediante escritura pública, converter a separação judicial ou extrajudicial em divórcio, mantendo as mesmas condições ou alterando-as. Nesse caso, é dispensável a apresentação de certidão atualizada do processo judicial, bastando a certidão da averbação da separação no assento do casamento.

→ Artigo com redação alterada pela Resolução CNJ 120/2010.

Art. 53. (*Revogado pela Resolução CNJ 120/2010*).

Art. 54. Esta Resolução entra em vigor na data de sua publicação.

Ministra Ellen Gracie
Presidente

(Publicação no *D.J.* de 6.10.2010)

RESOLUÇÃO DO CNMP 23,
DE 17 DE SETEMBRO DE 2007

Regulamenta os artigos 6º, inciso VII, e 7º, inciso I, da Lei Complementar 75/1993 e os artigos 25, inciso IV, e 26, inciso I, da Lei 8.625/9193, disciplinando, no âmbito do Ministério Público, a instauração e tramitação do inquérito civil.

O Conselho Nacional do Ministério Público, no exercício das atribuições que lhe são conferidas pelo artigo 130-A, § 2º, inciso I, da Constituição Federal e com fulcro no artigo 64-A, de seu Regimento Interno;

Considerando o disposto no artigo 129, inciso III e inciso VI, da Constituição Federal;

Considerando o que dispõem os artigos 6º, inciso VII, e 7º, inciso I, da Lei Complementar 75/1993; os artigos 25, inciso IV, e 26, inciso I, da Lei 8.625/1993 e a Lei 7.347/1985;

Considerando a necessidade de uniformizar o procedimento do inquérito civil, em vista dos princípios que regem a Administração Pública e dos direitos e garantias individuais; resolve:

Capítulo I
DOS REQUISITOS PARA INSTAURAÇÃO

Art. 1º O inquérito civil, de natureza unilateral e facultativa, será instaurado para apurar fato que possa autorizar a tutela dos interesses ou direitos a cargo do Ministério Público nos termos da legislação aplicável, servindo como preparação para o exercício das atribuições inerentes às suas funções institucionais.

Parágrafo único. O inquérito civil não é condição de procedibilidade para o ajuizamento das ações a cargo do Ministério Público, nem para a realização das demais medidas de sua atribuição própria.

Art. 2º O inquérito civil poderá ser instaurado:

I – de ofício;

II – em face de requerimento ou representação formulada por qualquer pessoa ou comunicação de outro órgão do Ministério Público, ou qualquer autoridade, desde que forneça, por qualquer meio legalmente permitido, informações sobre o fato e seu provável autor, bem como a qualificação mínima que permita sua identificação e localização;

III – por designação do Procurador-Geral de Justiça, do Conselho Superior do Ministério Público, Câmaras de Coordenação e Revisão e demais órgãos superiores da Instituição, nos casos cabíveis.

§ 1º O Ministério Público atuará, independentemente de provocação, em caso de conhecimento, por qualquer forma, de fatos que, em tese, constituam lesão aos interesses ou direitos mencionados no artigo 1º desta Resolução, devendo cientificar o membro do Ministério Público que possua atribuição para tomar as providências respectivas, no caso de não a possuir.

§ 2º No caso do inciso II, em sendo as informações verbais, o Ministério Público reduzirá atermo as declarações. Da mesma forma, a falta de formalidade não implica indeferimento do pedido de instauração de inquérito civil, salvo se, desde logo, mostrar-se improcedente a notícia, atendendo-se, na hipótese, o disposto no artigo 5º desta Resolução.

§ 3º O conhecimento por manifestação anônima, justificada, não implicará ausência de providências, desde que obedecidos os mesmos requisitos para as representações em geral, constantes no artigo 2º, inciso II, desta Resolução.

§ 4º O Ministério Público, de posse de informações previstas nos artigos 6º e 7º da Lei 7.347/1985 que possam autorizar a tutela dos interesses ou direitos mencionados no artigo 1º desta Resolução, poderá complementá-las antes de instaurar o inquérito civil, visando apurar elementos para identificação dos investigados ou do objeto, instaurando procedimento preparatório.

§ 5º O procedimento preparatório deverá ser autuado com numeração sequencial à do inquérito civil e registrado em sistema próprio, mantendo-se a numeração quando de eventual conversão.

LEGISLAÇÃO

§ 6º O procedimento preparatório deverá ser concluído no prazo de 90 (noventa) dias, prorrogável por igual prazo, uma única vez, em caso de motivo justificável.

§ 7º Vencido este prazo, o membro do Ministério Público promoverá seu arquivamento, ajuizará a respectiva ação civil pública ou o converterá em inquérito civil.

Art. 3º Caberá ao membro do Ministério Público investido da atribuição para propositura da ação civil pública a responsabilidade pela instauração de inquérito civil.

Parágrafo único. Eventual conflito negativo ou positivo de atribuição será suscitado, fundamentadamente, nos próprios autos ou em petição dirigida ao órgão com atribuição no respectivo ramo, que decidirá a questão no prazo de 30 (trinta) dias.

Capítulo II
DA INSTAURAÇÃO DO INQUÉRITO CIVIL

Art. 4º O inquérito civil será instaurado por portaria, numerada em ordem crescente, renovada anualmente, devidamente registrada em livro próprio e autuada, contendo:

I – o fundamento legal que autoriza a ação do Ministério Público e a descrição do fato objeto do inquérito civil;

II – o nome e a qualificação possível da pessoa jurídica e/ou física a quem o fato é atribuído;

III – o nome e a qualificação possível do autor da representação, se for o caso;

IV – a data e o local da instauração e a determinação de diligências iniciais;

V – a designação do secretário, mediante termo de compromisso, quando couber;

VI - a determinação de afixação da portaria no local de costume, bem como a de remessa de cópia para publicação.

Parágrafo único. Se, no curso do inquérito civil, novos fatos indicarem necessidade de investigação de objeto diverso do que estiver sendo investigado, o membro do Ministério Público poderá aditar a portaria inicial ou determinar a extração de peças para instauração de outro inquérito civil, respeitadas as normas incidentes quanto à divisão de atribuições.

Capítulo III
DO INDEFERIMENTO DE REQUERIMENTO DE INSTAURAÇÃO DO INQUÉRITO CIVIL

Art. 5º Em caso de evidência de que os fatos narrados na representação não configurem lesão aos interesses ou direitos mencionados no artigo 1º desta Resolução ou se o fato já tiver sido objeto de investigação ou de ação civil pública ou se os fatos apresentados já se encontrarem solucionados, o membro do Ministério Público, no prazo máximo de 30 (trinta) dias, indeferirá o pedido de instauração de inquérito civil, em decisão fundamentada, da qual se dará ciência pessoal ao representante e ao representado.

§ 1º Do indeferimento caberá recurso administrativo, com as respectivas razões, no prazo de 10 (dez) dias.

§ 2º As razões de recurso serão protocoladas junto ao órgão que indeferiu o pedido, devendo ser remetidas, caso não haja reconsideração, no prazo de 3 (três) dias, juntamente com a representação e com a decisão impugnada, ao Conselho Superior do Ministério Público ou à Câmara de Coordenação e Revisão respectiva para apreciação.

§ 3º Do recurso serão notificados os interessados para, querendo, oferecer contrarrazões.

§ 4º Expirado o prazo do artigo 5º, § 1º, desta Resolução, os autos serão arquivados na própria origem, registrando-se no sistema respectivo, mesmo sem manifestação do representante.

§ 5º Na hipótese de atribuição originária do Procurador-Geral, caberá pedido de reconsideração no prazo e na forma do parágrafo primeiro.

Capítulo IV
DA INSTRUÇÃO

Art. 6º A instrução do inquérito civil será presidida por membro do Ministério Público a quem for conferida essa atribuição, nos termos da lei.

§ 1º O membro do Ministério Público poderá designar servidor do Ministério Público para secretariar o inquérito civil.

§ 2º Para o esclarecimento do fato objeto de investigação, deverão ser colhidas todas as provas permitidas pelo ordenamento jurídico, com a juntada das peças em ordem cronológica de apresentação, devidamente numeradas em ordem crescente.

§ 3º Todas as diligências serão documentadas mediante termo ou auto circunstanciado.

§ 4º As declarações e os depoimentos sob compromisso serão tomados por termo pelo membro do Ministério Público, assinado pelos presentes ou, em caso de recusa, na a posição da assinatura por duas testemunhas.

§ 5º Qualquer pessoa poderá, durante a tramitação do inquérito civil, apresentar ao Ministério Público documentos ou subsídios para melhor apuração dos fatos.

§ 6º Os órgãos da Procuradoria-Geral, em suas respectivas atribuições, prestarão apoio administrativo e operacional para a realização dos atos do inquérito civil.

§ 7º O Ministério Público poderá deprecar diretamente a qualquer órgão de execução a realização de diligências necessárias para a investigação.

§ 8º As notificações, requisições, intimações ou outras correspondências expedidas por órgãos do Ministério Público da União ou pelos órgãos do Ministério Público dos Estados, destinadas a instruir inquérito civil ou procedimento preparatório observarão o disposto no artigo 8º, § 4º, da Lei Complementar 75/1993, no artigo 26, § 1º, da Lei 8.625/1993 e, no que couber, no disposto na legislação estadual, devendo serem encaminhadas no prazo de dez (10) dias pelo respectivo Procurador-Geral, não cabendo a este a valoração do contido no expediente, podendo deixar de encaminhar aqueles que não contenham os requisitos legais ou que não empreguem o tratamento protocolar devido ao destinatário.

→ § 8º com redação alterada pela Resolução CNMP 59/2010.

§ 9º Aplica-se o disposto no parágrafo anterior em relação aos atos dirigidos aos Conselheiros do Conselho Nacional de Justiça e do Conselho Nacional do Ministério Público.

→ § 9º acrescentado pela Resolução CNMP 35/2009.

§ 10 Todos os ofícios requisitórios de informações ao inquérito civil e ao procedimento preparatório deverão ser fundamentados e acompanhados de cópia da portaria que instaurou o procedimento ou da indicação precisa do endereço eletrônico oficial em que tal peça esteja disponibilizada.

→ § 10 com redação alterada pela Resolução CNMP 59/2010.

Art. 7º Aplica-se ao inquérito civil o princípio da publicidade dos atos, com exceção dos casos em que haja sigilo legal ou em que a publicidade possa acarretar prejuízo às investigações, casos em que a decretação do sigilo legal deverá ser motivada.

§ 1º Nos requerimentos que objetivam a obtenção de certidões ou extração de cópia de documentos constantes nos autos sobre o inquérito civil, os interessados deverão fazer constar esclarecimentos relativos aos fins e razões do pedido, nos termos da Lei 9.051/1995.

§ 2º A publicidade consistirá:

I – na divulgação oficial, com o exclusivo fim de conhecimento público mediante publicação de extratos na imprensa oficial;

II – na divulgação em meios cibernéticos ou eletrônicos, dela devendo constar as portarias de instauração e extratos dos atos de conclusão;

III – na expedição de certidão e na extração de cópias sobre os fatos investigados, mediante requerimento fundamentado e por deferimento do presidente do inquérito civil;

IV – na prestação de informações ao público em geral, a critério do presidente do inquérito civil;

V – na concessão de vistas dos autos, mediante requerimento fundamentado do interessado ou de seu procurador legalmente constituído e por deferimento total ou parcial do presidente do inquérito civil.

§ 3º As despesas decorrentes da extração de cópias correrão por conta de quem as requereu.

§ 4º A restrição à publicidade deverá ser decretada em decisão motivada, para fins do interesse público, e poderá ser, conforme o caso, limitada a determinadas pessoas, provas, informações, dados, períodos ou fases, cessando quando extinta a causa que a motivou.

§ 5º Os documentos resguardados por sigilo legal deverão ser autuados em apenso.

Art. 8º Em cumprimento ao princípio da publicidade das investigações, o membro do Ministério Público poderá prestar informações, inclusive aos meios de comunicação social, a respeito das providências adotadas para apuração de fatos em tese ilícitos, abstendo-se, contudo de externar ou antecipar juízos de valor a respeito de apurações ainda não concluídas.

Art. 9º O inquérito civil deverá ser concluído no prazo de 1 (um) ano, prorrogável pelo mesmo prazo e quantas vezes forem necessárias, por decisão fundamentada de seu presidente, à vista da imprescindibilidade da realização ou conclusão de diligências, dando-se ciência ao Conselho Superior do Ministério Público, à Câmara de Coordenação e Revisão ou à Procuradoria Federal dos Direitos do Cidadão.

Parágrafo único. Cada Ministério Público, no âmbito de sua competência administrativa, poderá estabelecer prazo inferior, bem como limitar a prorrogação mediante ato administrativo do Órgão da Administração Superior competente.

Capítulo V
DO ARQUIVAMENTO

Art. 10. Esgotadas todas as possibilidades de diligências, o membro do Ministério Público, caso se convença da inexistência de fundamento para a propositura de ação civil pública, promoverá, fundamentadamente, o arquivamento do inquérito civil ou do procedimento preparatório.

§ 1º Os autos do inquérito civil ou do procedimento preparatório, juntamente com a promoção de arquivamento, deverão ser remetidos ao órgão de revisão competente, no prazo de 3 (três) dias, contado da comprovação da efetiva cientificação pessoal dos interessados, através de publicação na imprensa oficial ou da lavratura de termo de afixação de aviso no órgão do Ministério Público, quando não localizados os que devem ser cientificados.

§ 2º A promoção de arquivamento será submetida a exame e deliberação do órgão de revisão competente, na forma do seu Regimento Interno.

§ 3º Até a sessão do Conselho Superior do Ministério Público ou da Câmara de Coordenação e Revisão respectiva, para que seja homologada ou rejeitada a promoção de arquivamento, poderão as pessoas colegitimadas apresentar razões escritas ou documentos, que serão juntados aos autos do inquérito ou do procedimento preparatório.

§ 4º Deixando o órgão de revisão competente de homologar a promoção de arquivamento, tomará uma das seguintes providências:

I – converterá o julgamento em diligência para a realização de atos imprescindíveis à sua decisão, especificando-os e remetendo ao órgão competente para designar o membro do Ministério Público que irá atuar;

II – deliberará pelo prosseguimento do inquérito civil ou do procedimento preparatório, indicando os fundamentos de fato e de direito de sua decisão, adotando as providências relativas à designação, em qualquer hipótese, de outro membro do Ministério Público para atuação.

§ 5º Será pública a sessão do órgão revisor, salvo no caso de haver sido decretado o sigilo.

Art. 11. Não oficiará nos autos do inquérito civil, do procedimento preparatório ou da ação civil pública o órgão responsável pela promoção de arquivamento não homologado pelo Conselho Superior do Ministério Público ou pela Câmara de Coordenação e Revisão.

Art. 12. O desarquivamento do inquérito civil, diante de novas provas ou para investigar fato novo relevante, poderá ocorrer no prazo máximo de 6 (seis) meses após o arquivamento. Transcorrido esse lapso, será instaurado novo inquérito civil, sem prejuízo das provas já colhidas.

Parágrafo único. O desarquivamento de inquérito civil para a investigação de fato novo, não sendo caso de ajuizamento de ação civil pública, implicará novo arquivamento e remessa ao órgão competente, na forma do art. 10, desta Resolução.

Art. 13. O disposto acerca de arquivamento de inquérito civil ou procedimento preparatório também se aplica à hipótese em que estiver sendo investigado mais de um fato lesivo e a ação civil pública proposta somente se relacionar a um ou a algum deles.

Capítulo VI
DO COMPROMISSO DE AJUSTAMENTO DE CONDUTA

Art. 14. O Ministério Público poderá firmar compromisso de ajustamento de conduta, nos casos previstos em lei, com o responsável pela ameaça ou lesão aos interesses ou direitos mencionados no artigo 1º desta Resolução, visando à reparação do dano, à adequação da conduta às exigências legais ou normativas e, ainda, à compensação e/ou à indenização pelos danos que não possam ser recuperados.

Capítulo VII
DAS RECOMENDAÇÕES

Art. 15. O Ministério Público, nos autos do inquérito civil ou do procedimento preparatório, poderá expedir recomendações devidamente fundamentadas, visando à melhoria dos serviços públicos e de relevância pública, bem como aos demais interesses, direitos e bens cuja defesa lhe caiba promover.

Parágrafo único. É vedada a expedição de recomendação como medida substitutiva ao compromisso de ajustamento de conduta ou à ação civil pública.

Capítulo VIII
DAS DISPOSIÇÕES FINAIS

Art. 16. Cada Ministério Público deverá adequar seus atos normativos referentes a inquérito civil e a procedimento preparatório de investigação cível aos termos da presente Resolução, no prazo de 90 (noventa) dias, a contar de sua entrada em vigor.

Art. 17. Esta Resolução entrará em vigor na data de sua publicação.

Brasília, 17 de setembro de 2007.

Antonio Fernando Barros e Silva de Souza

Presidente do Conselho Nacional do Ministério Público

(Publicação no *D.J.* de 7.11.2007)

LEI 11.649,
DE 4 DE ABRIL DE 2008

Dispõe sobre procedimento na operação de arrendamento mercantil de veículo automotivo (leasing), e dá outras providências.

O Presidente da República:

Faço saber que o Congresso Nacional decreta e eu sanciono a seguinte Lei:

Art. 1º Nos contratos de arrendamento mercantil de veículos automotivos, após a quitação de todas as parcelas vencidas e vincendas, das obrigações pecuniárias previstas em contrato, e do envio ao arrendador de comprovante de pagamento dos IPVAs e dos DPVATs, bem como das multas pagas nas esferas Federal, Estaduais e Municipais, documentos esses acompanhados de carta na qual a arrendatária manifesta formalmente sua opção pela compra do bem, exigida pela Lei 6.099, de 12 de setembro 1974, a sociedade de arrendamento mercantil, na qualidade de arrendadora, deverá, no prazo de até trinta dias úteis, após recebimento destes documentos, remeter ao arrendatário:

I – o documento único de transferência (DUT) do veículo devidamente assinado pela arrendadora, a fim de possibilitar que o arrendatário providencie a respectiva transferência de propriedade do veículo junto ao departamento de trânsito do Estado;

II – a nota promissória vinculada ao contrato e emitida pelo arrendatário, se houver, com o devido carimbo de "liquidada" ou "sem efeito", bem como o termo de quitação do respectivo contrato de arrendamento mercantil (*leasing*).

Parágrafo único. Considerar-se-á como nula de pleno direito qualquer cláusula contratual relativa à operação de arrendamento mercantil de veículo automotivo que disponha de modo contrário ao disposto neste artigo.

Art. 2º O descumprimento do disposto no art. 1º sujeitará a parte infratora, sociedade de arrendamento mercantil ou arrendatário, ao pagamento de multa equivalente a dois por cento do valor da venda do bem, podendo a parte credora cobrá-la por meio de processo de execução.

Art. 3º Esta Lei entra em vigor na data de sua publicação, produzindo efeitos após decorridos sessenta dias.

Brasília, 4 de abril de 2008; 187º da Independência e 120º da República.

Luiz Inácio Lula da Silva

(Publicação no *D.O.U.* de 7.4.2008)

LEI 11.671,
DE 8 DE MAIO DE 2008

Dispõe sobre a transferência e inclusão de presos em estabelecimentos penais federais de segurança máxima e dá outras providências.

→ v. Decreto 6.877/2009 – Regulamenta a Lei 11.671/2008.

O Presidente da República:

Faço saber que o Congresso Nacional decreta e eu sanciono a seguinte Lei:

Art. 1º A inclusão de presos em estabelecimentos penais federais de segurança máxima e a transferência de presos de outros estabelecimentos para aqueles obedecerão ao disposto nesta Lei.

Art. 2º A atividade jurisdicional de execução penal nos estabelecimentos penais federais será desenvolvida pelo juízo federal da seção ou subseção judiciária em que estiver localizado o estabelecimento penal federal de segurança máxima ao qual for recolhido o preso.

Art. 3º Serão recolhidos em estabelecimentos penais federais de segurança máxima aqueles cuja medida se justifique no interesse da segurança pública ou do próprio preso, condenado ou provisório.

Art. 4º A admissão do preso, condenado ou provisório, dependerá de decisão prévia e fundamentada do juízo federal competente, após receber os autos de transferência enviados pelo juízo responsável pela execução penal ou pela prisão provisória.

§ 1º A execução penal da pena privativa de liberdade, no período em que durar a transferência, ficará a cargo do juízo federal competente.

§ 2º Apenas a fiscalização da prisão provisória será deprecada, mediante carta precatória, pelo juízo de origem ao juízo federal competente, mantendo aquele juízo a competência para o processo e para os respectivos incidentes.

Art. 5º São legitimados para requerer o processo de transferência, cujo início se dá com a admissibilidade pelo juiz da origem da necessidade da transferência do preso para estabelecimento penal federal de segurança máxima, a autoridade administrativa, o Ministério Público e o próprio preso.

§ 1º Caberá à Defensoria Pública da União a assistência jurídica ao preso que estiver nos estabelecimentos penais federais de segurança máxima.

§ 2º Instruídos os autos do processo de transferência, serão ouvidos, no prazo de 5 (cinco) dias cada, quando não requerentes, a autoridade administrativa, o Ministério Público e a defesa, bem como o Departamento Penitenciário Nacional – DEPEN, a quem é facultado indicar o estabelecimento penal federal mais adequado.

§ 3º A instrução dos autos do processo de transferência será disciplinada no regulamento para fiel execução desta Lei.

§ 4º Na hipótese de imprescindibilidade de diligências complementares, o juiz federal ouvirá, no prazo de 5 (cinco) dias, o Ministério Público Federal e a defesa e, em seguida, decidirá acerca da transferência no mesmo prazo.

§ 5º A decisão que admitir o preso no estabelecimento penal federal de segurança máxima indicará o período de permanência.

§ 6º Havendo extrema necessidade, o juiz federal poderá autorizar a imediata transferência do preso e, após a instrução dos autos, na forma do § 2º deste artigo, decidir pela manutenção ou revogação da medida adotada.

§ 7º A autoridade policial será comunicada sobre a transferência do preso provisório quando a autorização da transferência ocorrer antes da conclusão do inquérito policial que presidir.

Art. 6º Admitida a transferência do preso condenado, o juízo de origem deverá encaminhar ao juízo federal os autos da execução penal.

Art. 7º Admitida a transferência do preso provisório, será suficiente a carta precatória remetida pelo juízo de origem, devidamente instruída, para que o juízo federal competente dê início à fiscalização da prisão no estabelecimento penal federal de segurança máxima.

Art. 8º As visitas feitas pelo juiz responsável ou por membro do Ministério Público, às quais se referem os arts. 66 e 68 da Lei 7.210, de 11 de julho de 1984, serão registradas em livro próprio, mantido no respectivo estabelecimento.

Art. 9º Rejeitada a transferência, o juízo de origem poderá suscitar o conflito de competência perante o tribunal competente, que o apreciará em caráter prioritário.

Art. 10. A inclusão de preso em estabelecimento penal federal de segurança máxima será excepcional e por prazo determinado.

§ 1º O período de permanência não poderá ser superior a 360 (trezentos e sessenta) dias, renovável, excepcionalmente, quando solicitado motivadamente pelo juízo de origem, observados os requisitos da transferência.

§ 2º Decorrido o prazo, sem que seja feito, imediatamente após seu decurso, pedido de renovação da permanência do preso em estabelecimento penal federal de segurança máxima, ficará o juízo de origem obrigado a receber o preso no estabelecimento penal sob sua jurisdição.

§ 3º Tendo havido pedido de renovação, o preso, recolhido no estabelecimento federal em que estiver, aguardará que o juízo federal profira decisão.

§ 4º Aceita a renovação, o preso permanecerá no estabelecimento federal de segurança máxima em que estiver, retroagindo o termo inicial do prazo ao dia seguinte ao término do prazo anterior.

§ 5º Rejeitada a renovação, o juízo de origem poderá suscitar o conflito de competência, que o tribunal apreciará em caráter prioritário.

§ 6º Enquanto não decidido o conflito de competência em caso de renovação, o preso permanecerá no estabelecimento penal federal.

Art. 11. A lotação máxima do estabelecimento penal federal de segurança máxima não será ultrapassada.

§ 1º O número de presos, sempre que possível, será mantido aquém do limite de vagas, para que delas o juízo federal competente possa dispor em casos emergenciais.

§ 2º No julgamento dos conflitos de competência, o tribunal competente observará a vedação estabelecida no *caput* deste artigo.

Art. 12. Esta Lei entra em vigor na data de sua publicação.

Brasília, 8 de maio de 2008; 187º da Independência e 120º da República.

Luiz Inácio Lula da Silva

(Publicação no *D.O.U.* de 9.5.2008)

DECRETO 6.514,
DE 22 DE JULHO DE 2008

Dispõe sobre as infrações e sanções administrativas ao meio ambiente, estabelece o processo administrativo federal para apuração destas infrações, e dá outras providências.

O Presidente da República, no uso das atribuições que lhe confere o art. 84, incisos IV e VI, alínea *a*, da Constituição, e tendo em vista o disposto no Capítulo VI da Lei 9.605, de 12 de fevereiro de 1998, e nas Leis 9.784, de 29 de janeiro de 1999, 8.005, de 22 de março de 1990, 9.873, de 23 de novembro de 1999, e 6.938, de 31 de agosto de 1981, decreta:

Capítulo I
DAS INFRAÇÕES E SANÇÕES ADMINISTRATIVAS AO MEIO AMBIENTE

Seção I
Das disposições gerais

Art. 1º Este Capítulo dispõe sobre as condutas infracionais ao meio ambiente e suas respectivas sanções administrativas.

Art. 2º Considera-se infração administrativa ambiental, toda ação ou omissão que viole as regras jurídicas de uso, gozo, promoção, proteção e recuperação do meio ambiente, conforme o disposto na Seção III deste Capítulo.

Parágrafo único. O elenco constante da Seção III deste Capítulo não exclui a previsão de outras infrações previstas na legislação.

Art. 3º As infrações administrativas são punidas com as seguintes sanções:

→ *v.* Art. 72 da Lei 9.605/1998.

I – advertência;

II – multa simples;

III – multa diária;

IV – apreensão dos animais, produtos e subprodutos da fauna e flora e demais produtos e subprodutos objeto da infração, instrumentos, petrechos, equipamentos ou veículos de qualquer natureza utilizados na infração;

→ Inciso IV com redação alterada pelo Decreto 6.686/2008.

V – destruição ou inutilização do produto;

VI – suspensão de venda e fabricação do produto;

VII – embargo de obra ou atividade e suas respectivas áreas;

VIII – demolição de obra;

IX – suspensão parcial ou total das atividades; e

X – restritiva de direitos.

§ 1º Os valores estabelecidos na Seção III deste Capítulo, quando não disposto de forma diferente, referem-se à multa simples e não impedem a aplicação cumulativa das demais sanções previstas neste Decreto.

§ 2º A caracterização de negligência ou dolo será exigível nas hipóteses previstas nos incisos I e II do § 3º do art. 72 da Lei 9.605, de 12 de fevereiro de 1998.

Art. 4º O agente autuante, ao lavrar o auto de infração, indicará as sanções estabelecidas neste Decreto, observando:

→ *Caput* com redação alterada pelo Decreto 6.686/2008.

I – gravidade dos fatos, tendo em vista os motivos da infração e suas consequências para a saúde pública e para o meio ambiente;

II – antecedentes do infrator, quanto ao cumprimento da legislação de interesse ambiental; e

III – situação econômica do infrator.

§ 1º Para a aplicação do disposto no inciso I, o órgão ou entidade ambiental estabelecerá de forma objetiva critérios complementares para o agravamento e atenuação das sanções administrativas.

→ § 1º acrescentado pelo Decreto 6.686/2008.

§ 2º As sanções aplicadas pelo agente autuante estarão sujeitas à confirmação pela autoridade julgadora.

→ § 2º acrescentado pelo Decreto 6.686/2008.

Subseção I
Da advertência

Art. 5º A sanção de advertência poderá ser aplicada, mediante a lavratura de auto de infração, para as infrações administrativas de menor lesividade ao meio ambiente, garantidos a ampla defesa e o contraditório.

§ 1º Consideram-se infrações administrativas de menor lesividade ao meio ambiente aquelas em que a multa máxima cominada não ultrapasse o valor de R$ 1.000,00 (mil reais), ou que, no caso de multa por unidade de medida, a multa aplicável não exceda o valor referido.

§ 2º Sem prejuízo do disposto no *caput*, caso o agente autuante constate a existência de irregularidades a serem sanadas, lavrará o auto de infração com a indicação da respectiva sanção de advertência, ocasião em que estabelecerá prazo para que o infrator sane tais irregularidades.

§ 3º Sanadas as irregularidades no prazo concedido, o agente autuante certificará o ocorrido nos autos e dará seguimento ao processo estabelecido no Capítulo II.

§ 4º Caso o autuado, por negligência ou dolo, deixe de sanar as irregularidades, o agente autuante certificará o ocorrido e aplicará a sanção de multa relativa à infração praticada, independentemente da advertência.

Art. 6º A sanção de advertência não excluirá a aplicação de outras sanções.

Art. 7º Fica vedada a aplicação de nova sanção de advertência no período de 3 (três) anos contados do julgamento da defesa da última advertência ou de outra penalidade aplicada.

Subseção II
Das multas

Art. 8º A multa terá por base a unidade, hectare, metro cúbico, quilograma, metro de carvão-mdc, estéreo, metro quadrado, dúzia, estipe, cento, milheiros ou outra medida pertinente, de acordo com o objeto jurídico lesado.

Parágrafo único. O órgão ou entidade ambiental poderá especificar a unidade de medida aplicável para cada espécie de recurso ambiental objeto da infração.

Art. 9º O valor da multa de que trata este Decreto será corrigido, periodicamente, com base nos índices estabelecidos na legislação pertinente, sendo o mínimo de R$ 50,00 (cinquenta reais) e o máximo de R$ 50.000.000,00 (cinquenta milhões de reais).

Art. 10. A multa diária será aplicada sempre que o cometimento da infração se prolongar no tempo.

§ 1º Constatada a situação prevista no *caput*, o agente autuante lavrará auto de infração, indicando, além dos requisitos constantes do art. 97, o valor da multa dia.

§ 2º O valor da multa dia deverá ser fixado de acordo com os critérios estabelecidos neste Decreto, não podendo ser inferior ao mínimo estabelecido no art. 9º nem superior a 10% (dez por cento) do valor da multa simples máxima cominada para a infração.

§ 3º Lavrado o auto de infração, será aberto prazo de defesa nos termos estabelecidos no Capítulo II deste Decreto.

§ 4º A multa diária deixará de ser aplicada a partir da data em que o autuado apresentar ao órgão ambiental documentos que comprovem a regularização da situação que deu causa à lavratura do auto de infração.

→ § 4º com redação alterada pelo Decreto 6.686/2008.

§ 5º Caso o agente autuante ou a autoridade competente verifique que a situação que deu causa à lavratura do auto de infração não foi regularizada, a multa diária voltará a ser imposta desde a data em que deixou de ser aplicada, sendo notificado o autuado, sem prejuízo da adoção de outras sanções previstas neste Decreto.

→ § 5º com redação alterada pelo Decreto 6.686/2008.

§ 6º Por ocasião do julgamento do auto de infração, a autoridade ambiental deverá, em caso de procedência da autuação, confirmar ou modificar o valor da multa dia, decidir o período de sua aplicação e consolidar o montante devido pelo autuado para posterior execução.

→ § 6º com redação alterada pelo Decreto 6.686/2008.

§ 7º O valor da multa será consolidado e executado periodicamente após o julgamento final, nos casos em que a infração não tenha cessado.

→ § 7º com redação alterada pelo Decreto 6.686/2008.

§ 8º A celebração de termo de compromisso de reparação ou cessação dos danos encerrará a contagem da multa diária.

→ § 8º acrescentado pelo Decreto 6.686/2008.

Art. 11. O cometimento de nova infração ambiental pelo mesmo infrator, no período de 5 (cinco) anos, contados da lavratura de auto de infração anterior devidamente confirmado no julgamento de que trata o art. 124, implica:

I – aplicação da multa em triplo, no caso de cometimento da mesma infração; ou

II – aplicação da multa em dobro, no caso de cometimento de infração distinta.

§ 1º O agravamento será apurado no procedimento da nova infração, do qual se fará constar, por cópia, o auto de infração anterior e o julgamento que o confirmou.

§ 2º Antes do julgamento da nova infração, a autoridade ambiental deverá verificar a existência de auto de infração anterior confirmado em julgamento, para fins de aplicação do agravamento da nova penalidade.

§ 3º Após o julgamento da nova infração, não será efetuado o agravamento da penalidade.

§ 4º Constatada a existência de auto de infração anteriormente confirmado em julgamento, a autoridade ambiental deverá:

I – agravar a pena conforme disposto no *caput*;

II – notificar o autuado para que se manifeste sobre o agravamento da penalidade no prazo de 10 (dez) dias; e

III – julgar a nova infração considerando o agravamento da penalidade.

§ 5º O disposto no § 3º não se aplica para fins de majoração do valor da multa, conforme previsão contida nos arts. 123 e 129.

→ § 5º com redação alterada pelo Decreto 6.686/2008.

Art. 12. O pagamento de multa por infração ambiental imposta pelos Estados, Municípios, Distrito Federal ou Territórios substitui a aplicação de penalidade pecuniária pelo órgão federal, em decorrência do mesmo fato, respeitados os limites estabelecidos neste Decreto.

Parágrafo único. Somente o efetivo pagamento da multa será considerado para efeito da substituição de que trata o *caput*, não sendo admitida para esta finalidade a celebração de termo de compromisso de ajustamento de conduta ou outra forma de compromisso de regularização da infração ou composição de dano, salvo se deste também participar o órgão ambiental federal.

→ Parágrafo único com redação alterada pelo Decreto 6.686/2008.

→ *v.* Art. 5º, § 6º, da Lei 7.347/1985.

Art. 13. Reverterão ao Fundo Nacional do Meio Ambiente – FNMA 20% (vinte por cento) dos valores arrecadados em pagamento de multas aplicadas pela União, podendo o referido percentual ser alterado, a critério dos órgãos arrecadadores.

→ Artigo com redação alterada pelo Decreto 6.686/2008.

→ *v.* Lei 7.797/1989 – Fundo Nacional de Meio Ambiente.

Subseção III
Das demais sanções administrativas

Art. 14. A sanção de apreensão de animais, produtos e subprodutos da fauna e flora, produtos e subprodutos objeto da infração, instrumentos, petrechos, equipamentos ou veículos e embarcações de qualquer natureza utilizados na infração reger-se-á pelo disposto nas Seções II, IV e VI do Capítulo II deste Decreto.

→ Artigo com redação alterada pelo Decreto 6.686/2008.

Art. 15. As sanções indicadas nos incisos V a IX do art. 3º serão aplicadas quando o produto, a obra, a atividade ou o estabelecimento não estiverem obedecendo às determinações legais ou regulamentares.

Art. 15-A. O embargo de obra ou atividade restringe-se aos locais onde efetivamente caracterizou-se a infração ambiental, não alcançando as demais atividades realizadas em áreas não embargadas da propriedade ou posse ou não correlacionadas com a infração.

→ Artigo acrescentado pelo Decreto 6.686/2008.

Art. 15-B. A cessação das penalidades de suspensão e embargo dependerá de decisão da autoridade ambiental após a apresentação, por parte do autuado, de documentação que regularize a obra ou atividade.

→ Artigo acrescentado pelo Decreto 6.686/2008.

Art. 16. No caso de áreas irregularmente desmatadas ou queimadas, o agente autuante embargará quaisquer obras ou atividades nelas localizadas ou desenvolvidas, excetuando as atividades de subsistência.

→ *Caput* com redação alterada pelo Decreto 6.686/2008.

§ 1º O agente autuante deverá colher todas as provas possíveis de autoria e materialidade, bem como da extensão do dano, apoiando-se em documentos, fotos e dados de localização, incluindo as coordenadas geográficas da área embargada, que deverão constar do respectivo auto de infração para posterior georreferenciamento.

→ § 1º acrescentado pelo Decreto Lei 6.686/2008.

§ 2º Não se aplicará a penalidade de embargo de obra ou atividade, ou de área, nos casos em que a infração de que trata o *caput* se der fora da área de preservação permanente ou reserva legal, salvo quando se tratar de desmatamento não autorizado de mata nativa.

→ § 2º acrescentado pelo Decreto Lei 6.686/2008.

Art. 17. O embargo de área irregularmente explorada e objeto do Plano de Manejo Florestal Sustentável – PMFS não exonera seu detentor da execução de atividades de manutenção ou recuperação da floresta, na forma e prazos fixados no PMFS e no termo de responsabilidade de manutenção da floresta.

→ Artigo com redação alterada pelo Decreto 6.686/2008.

→ *v.* Arts. 2º a 9º do Decreto 5.975/2006.

LEGISLAÇÃO

Art. 18. O descumprimento total ou parcial de embargo, sem prejuízo do disposto no art. 79, ensejará a aplicação cumulativa das seguintes sanções:

I – suspensão da atividade que originou a infração e da venda de produtos ou subprodutos criados ou produzidos na área ou local objeto do embargo infringido; e

II – cancelamento de registros, licenças ou autorizações de funcionamento da atividade econômica junto aos órgãos ambientais e de fiscalização.

→ Inciso II com redação alterada pelo Decreto 6.686/2008.

§ 1º O órgão ou entidade ambiental promoverá a divulgação dos dados do imóvel rural, da área ou local embargado e do respectivo titular em lista oficial, resguardados os dados protegidos por legislação específica para efeitos do disposto no inciso III do art. 4º da Lei 10.650, de 16 de abril de 2003, especificando o exato local da área embargada e informando que o auto de infração encontra-se julgado ou pendente de julgamento.

→ § 1º acrescentado pelo Decreto 6.686/2008.

§ 2º A pedido do interessado, o órgão ambiental autuante emitirá certidão em que conste a atividade, a obra e a parte da área do imóvel que são objetos do embargo, conforme o caso.

→ § 2º acrescentado pelo Decreto 6.686/2008.

Art. 19. A sanção de demolição de obra poderá ser aplicada pela autoridade ambiental, após o contraditório e ampla defesa, quando:

→ *Caput* com redação alterada pelo Decreto 6.686/2008.

→ *v.* Art. 5º, LV, da CF/1988.

I – verificada a construção de obra em área ambientalmente protegida em desacordo com a legislação ambiental; ou

II – quando a obra ou construção realizada não atenda às condicionantes da legislação ambiental e não seja passível de regularização.

§ 1º A demolição poderá ser feita pela administração ou pelo infrator, em prazo assinalado, após o julgamento do auto de infração, sem prejuízo do disposto no art. 112.

§ 2º As despesas para a realização da demolição correrão às custas do infrator, que será notificado para realizá-la ou para reembolsar aos cofres públicos os gastos que tenham sido efetuados pela administração.

§ 3º Não será aplicada a penalidade de demolição quando, mediante laudo técnico, for comprovado que o desfazimento poderá trazer piores impactos ambientais que sua manutenção, caso em que a autoridade ambiental, mediante decisão fundamentada, deverá, sem prejuízo das demais sanções cabíveis, impor as medidas necessárias à cessação e mitigação do dano ambiental, observada a legislação em vigor.

→ § 3º acrescentado pelo Decreto 6.686/2008.

Art. 20. As sanções restritivas de direito aplicáveis às pessoas físicas ou jurídicas são:

→ *v.* Art. 225, § 3º, da CF/1988.

→ *v.* Art. 3º da Lei 9.605/1998.

I – suspensão de registro, licença ou autorização;

→ Inciso I com redação alterada pelo Decreto 6.686/2008.

II – cancelamento de registro, licença ou autorização;

→ Inciso II com redação alterada pelo Decreto 6.686/2008.

III – perda ou restrição de incentivos e benefícios fiscais;

IV – perda ou suspensão da participação em linhas de financiamento em estabelecimentos oficiais de crédito; e

V – proibição de contratar com a administração pública;

§ 1º A autoridade ambiental fixará o período de vigência das sanções previstas neste artigo, observando os seguintes prazos:

→ § 1º acrescentado pelo Decreto 6.686/2008.

I – até 3 (três) anos para a sanção prevista no inciso V;

II – até 1 (um) ano para as demais sanções.

§ 2º Em qualquer caso, a extinção da sanção fica condicionada à regularização da conduta que deu origem ao auto de infração.

→ § 2º acrescentado pelo Decreto 6.686/2008.

Seção II
Dos prazos prescricionais

Art. 21. Prescreve em 5 (cinco) anos a ação da administração objetivando apurar a prática de infrações contra o meio ambiente, contada da data da prática do ato, ou, no caso de infração permanente ou continuada, do dia em que esta tiver cessado.

§ 1º Considera-se iniciada a ação de apuração de infração ambiental pela administração com a lavratura do auto de infração.

§ 2º Incide a prescrição no procedimento de apuração do auto de infração paralisado por mais de 3 (três) anos, pendente de julgamento ou despacho, cujos autos serão arquivados de ofício ou mediante requerimento da parte interessada, sem prejuízo da apuração da responsabilidade funcional decorrente da paralisação.

→ § 2º com redação alterada pelo Decreto 6.686/2008.

§ 3º Quando o fato objeto da infração também constituir crime, a prescrição de que trata o *caput* reger-se-á pelo prazo previsto na lei penal.

→ *v.* Arts. 109 a 117 do CP.

§ 4º A prescrição da pretensão punitiva da administração não elide a obrigação de reparar o dano ambiental.

→ § 4º acrescentado pelo Decreto 6.686/2008.

Art. 22. Interrompe-se a prescrição:

I – pelo recebimento do auto de infração ou pela cientificação do infrator por qualquer outro meio, inclusive por edital;

II – por qualquer ato inequívoco da administração que importe apuração do fato; e

III – pela decisão condenatória recorrível.

Parágrafo único. Considera-se ato inequívoco da administração, para o efeito do que dispõe o inciso II, aqueles que impliquem instrução do processo.

Art. 23. O disposto neste Capítulo não se aplica aos procedimentos relativos a Taxa de Controle e Fiscalização Ambiental de que trata o art. 17-B da Lei 6.938, de 31 de agosto de 1981.

Seção III
Das infrações administrativas cometidas contra o meio ambiente

Subseção I
Das infrações contra a fauna

Art. 24. Matar, perseguir, caçar, apanhar, coletar, utilizar espécimes da fauna silvestre, nativos ou em rota migratória, sem a devida permissão, licença ou autorização da autoridade competente, ou em desacordo com a obtida:

Multa de:

I – R$ 500,00 (quinhentos reais) por indivíduo de espécie não constante de listas oficiais de risco ou ameaça de extinção;

II – R$ 5.000,00 (cinco mil reais), por indivíduo de espécie constante de listas oficiais de fauna brasileira ameaçada de extinção, inclusive da Convenção de Comércio Internacional das Espécies da Flora e Fauna Selvagens em Perigo de Extinção – CITES.

→ Inciso II com redação alterada pelo Decreto 6.686/2008.

§ 1º As multas serão aplicadas em dobro se a infração for praticada com finalidade de obter vantagem pecuniária.

§ 2º Na impossibilidade de aplicação do critério de unidade por espécime para a fixação da multa, aplicar-se-á o valor de R$ 500,00 (quinhentos reais) por quilograma ou fração.

§ 3º Incorre nas mesmas multas:

I – quem impede a procriação da fauna, sem licença, autorização ou em desacordo com a obtida;

II – quem modifica, danifica ou destrói ninho, abrigo ou criadouro natural; ou

III – quem vende, expõe à venda, exporta ou adquire, guarda, tem em cativeiro ou depósito, utiliza ou transporta ovos, larvas ou espécimes da fauna silvestre, nativa ou em rota migratória, bem como produtos e objetos dela oriundos, provenientes de criadouros não autorizados, sem a devida permissão, licença ou autorização da autoridade ambiental competente ou em desacordo com a obtida.

§ 4º No caso de guarda doméstica de espécime silvestre não considerada ameaçada de extinção, pode a autoridade competente, considerando as circunstâncias, deixar de aplicar a multa, em analogia ao disposto no § 2º do art. 29 da Lei 9.605, de 1998.

§ 5º No caso de guarda de espécime silvestre, deve a autoridade competente deixar de aplicar as sanções previstas neste Decreto, quando o agente espontaneamente entregar os animais ao órgão ambiental competente.

§ 6º Caso a quantidade ou espécie constatada no ato fiscalizatório esteja em desacordo com o autorizado pela autoridade ambiental competente, o agente autuante promoverá a autuação considerando a totalidade do objeto da fiscalização.

§ 7º São espécimes da fauna silvestre, para os efeitos deste Decreto, todos os organismos incluídos no reino animal, pertencentes às espécies nativas, migratórias e quaisquer outras não exóticas, aquáticas ou terrestres, que tenham todo ou parte de seu ciclo original de vida ocorrendo dentro dos limites do território brasileiro ou em águas jurisdicionais brasileiras.

→ § 7º com redação alterada pelo Decreto 6.686/2008.

LEGISLAÇÃO

§ 8º A coleta de material destinado a fins científicos somente é considerada infração, nos termos deste artigo, quando se caracterizar, pelo seu resultado, como danosa ao meio ambiente.

→ § 8º acrescentado pelo Decreto 6.686/2008.

§ 9º A autoridade julgadora poderá, considerando a natureza dos animais, em razão de seu pequeno porte, aplicar multa de R$ 500,00 (quinhentos reais) a R$ 100.000,00 (cem mil reais) quando a contagem individual for de difícil execução ou quando, nesta situação, ocorrendo a contagem individual, a multa final restar desproporcional em relação à gravidade da infração e a capacidade econômica do infrator.

→ § 9º acrescentado pelo Decreto 6.686/2008.

Art. 25. Introduzir espécime animal silvestre, nativo ou exótico, no País ou fora de sua área de distribuição natural, sem parecer técnico oficial favorável e licença expedida pela autoridade ambiental competente, quando exigível:

→ *Caput* com redação alterada pelo Decreto 6.686/2008.

Multa de R$ 2.000,00 (dois mil reais), com acréscimo por exemplar excedente de:

I – R$ 200,00 (duzentos reais), por indivíduo de espécie não constante em listas oficiais de espécies em risco ou ameaçadas de extinção;

II – R$ 5.000,00 (cinco mil reais), por indivíduo de espécie constante de listas oficiais de fauna brasileira ameaçada de extinção, inclusive da CITES.

→ Inciso II com redação alterada pelo Decreto 6.686/2008.

§ 1º Entende-se por introdução de espécime animal no País, além do ato de ingresso nas fronteiras nacionais, a guarda e manutenção continuada a qualquer tempo.

§ 2º Incorre nas mesmas penas quem reintroduz na natureza espécime da fauna silvestre sem parecer técnico oficial favorável e licença expedida pela autoridade ambiental competente, quando exigível.

→ § 2º com redação alterada pelo Decreto 6.686/2008.

Art. 26. Exportar peles e couros de anfíbios e répteis em bruto, sem autorização da autoridade competente:

Multa de R$ 2.000,00 (dois mil reais), com acréscimo de:

I – R$ 200,00 (duzentos reais), por unidade não constante em listas oficiais de espécies em risco ou ameaçadas de extinção; ou

II – R$ 5.000,00 (cinco mil reais), por unidade constante de listas oficiais de fauna brasileira ameaçada de extinção, inclusive da CITES.

→ Inciso II com redação alterada pelo Decreto 6.686/2008.

Parágrafo único. Caso a quantidade ou espécie constatada no ato fiscalizatório esteja em desacordo com o autorizado pela autoridade ambiental competente, o agente autuante promoverá a autuação considerando a totalidade do objeto da fiscalização.

Art. 27. Praticar caça profissional no País:

Multa de R$ 5.000,00 (cinco mil reais), com acréscimo de:

I – R$ 500,00 (quinhentos reais), por indivíduo capturado; ou

→ Inciso I com redação alterada pelo Decreto 6.686/2008.

II – R$ 10.000,00 (dez mil reais), por indivíduo de espécie constante de listas oficiais de fauna brasileira ameaçada de extinção, inclusive da CITES.

→ Inciso II com redação alterada pelo Decreto 6.686/2008.

Art. 28. Comercializar produtos, instrumentos e objetos que impliquem a caça, perseguição, destruição ou apanha de espécimes da fauna silvestre:

Multa de R$ 1.000,00 (mil reais), com acréscimo de R$ 200,00 (duzentos reais), por unidade excedente.

Art. 29. Praticar ato de abuso, maus-tratos, ferir ou mutilar animais silvestres, domésticos ou domesticados, nativos ou exóticos:

Multa de R$ 500,00 (quinhentos reais) a R$ 3.000,00 (três mil reais) por indivíduo.

Art. 30. Molestar de forma intencional qualquer espécie de cetáceo, pinípede ou sirênio em águas jurisdicionais brasileiras:

Multa de R$ 2.500,00 (dois mil e quinhentos reais).

Art. 31. Deixar, o jardim zoológico e os criadouros autorizados, de ter o livro de registro do acervo faunístico ou mantê-lo de forma irregular:

Multa de R$ 500,00 (quinhentos reais) a R$ 5.000,00 (mil reais).

Parágrafo único. Incorre na mesma multa quem deixa de manter registro de acervo faunístico e movimentação de plantel em sistemas informatizados de controle de fauna ou fornece dados inconsistentes ou fraudados.

Art. 32. Deixar, o comerciante, de apresentar declaração de estoque e valores oriundos de comércio de animais silvestres:

Multa de R$ 200,00 (duzentos reais) a R$ 10.000,00 (dez mil reais).

Art. 33. Explorar ou fazer uso comercial de imagem de animal silvestre mantido irregularmente em cativeiro ou em situação de abuso ou maus-tratos:

Multa de R$ 5.000,00 (cinco mil reais) a R$ 500.000,00 (quinhentos mil reais).

Parágrafo único. O disposto no *caput* não se aplica ao uso de imagem para fins jornalísticos, informativos, acadêmicos, de pesquisas científicas e educacionais.

Art. 34. Causar degradação em viveiros, açudes ou estação de aquicultura de domínio público:

Multa de R$ 5.000,00 (cinco mil reais) a R$ 500.000,00 (quinhentos mil reais).

Art. 35. Pescar em período ou local no qual a pesca seja proibida:

Multa de R$ 700,00 (setecentos reais) a R$ 100.000,00 (cem mil reais), com acréscimo de R$ 20,00 (vinte reais), por quilo ou fração do produto da pescaria, ou por espécime quando se tratar de produto de pesca para uso ornamental.

Parágrafo único. Incorre nas mesmas multas quem:

I – pesca espécies que devam ser preservadas ou espécimes com tamanhos inferiores aos permitidos;

II – pesca quantidades superiores às permitidas ou mediante a utilização de aparelhos, petrechos, técnicas e métodos não permitidos;

III – transporta, comercializa, beneficia ou industrializa espécimes provenientes da coleta, apanha e pesca proibida;

IV – transporta, conserva, beneficia, descaracteriza, industrializa ou comercializa pescados ou produtos originados da pesca, sem comprovante de origem ou autorização do órgão competente;

V – captura, extrai, coleta, transporta, comercializa ou exporta espécimes de espécies ornamentais oriundos da pesca, sem autorização do órgão competente ou em desacordo com a obtida; e

VI – deixa de apresentar declaração de estoque.

Art. 36. Pescar mediante a utilização de explosivos ou substâncias que, em contato com a água, produzam efeitos semelhantes, ou substâncias tóxicas, ou ainda, por outro meio proibido pela autoridade competente:

Multa de R$ 700,00 (setecentos reais) a R$ 100.000,00 (cem mil reais), com acréscimo de R$ 20,00 (vinte reais), por quilo ou fração do produto da pescaria.

Art. 37. Exercer a pesca sem prévio cadastro, inscrição, autorização, licença, permissão ou registro do órgão competente, ou em desacordo com o obtido:

Multa de R$ 300,00 (trezentos reais) a R$ 10.000,00 (dez mil reais), com acréscimo de R$ 20,00 (vinte reais) por quilo ou fração do produto da pesca, ou por espécime quando se tratar de produto de pesca para ornamentação.

Parágrafo único. Caso a quantidade ou espécie constatada no ato fiscalizatório esteja em desacordo com o autorizado pela autoridade ambiental competente, o agente autuante promoverá a autuação considerando a totalidade do objeto da fiscalização.

Art. 38. Importar ou exportar quaisquer espécies aquáticas, em qualquer estágio de desenvolvimento, bem como introduzir espécies nativas, exóticas ou não autóctones em águas jurisdicionais brasileiras, sem autorização ou licença do órgão competente, ou em desacordo com a obtida:

Multa de R$ 3.000,00 (três mil reais) a R$ 50.000,00 (cinquenta mil reais), com acréscimo de R$ 20,00 (vinte reais) por quilo ou fração do produto da pescaria, ou por espécime quando se tratar de espécies aquáticas, oriundas de produto de pesca para ornamentação.

§ 1º Incorre na mesma multa quem introduzir espécies nativas ou exóticas em águas jurisdicionais brasileiras, sem autorização do órgão competente, ou em desacordo com a obtida.

§ 2º A multa de que trata o *caput* será aplicada em dobro se houver dano ou destruição de recife de coral.

Art. 39. Explorar campos naturais de invertebrados aquáticos e algas, bem como recifes de coral sem autorização do órgão ambiental competente ou em desacordo com a obtida:

Multa de R$ 500,00 (quinhentos reais) a R$ 50.000,00 (cinquenta mil reais), com acréscimo de R$ 20,00 (vinte reais) por quilo ou espécime do produto.

Parágrafo único. Incorre nas mesmas multas quem:

I – utiliza, comercializa ou armazena invertebrados aquáticos, algas, ou recifes de coral ou subprodutos destes sem autorização do órgão competente ou em desacordo com a obtida; e

II – fundeia embarcações ou lança detritos de qualquer natureza sobre bancos de moluscos ou corais, devidamente demarcados em carta náutica.

Art. 40. A comercialização do produto da pesca de que trata esta Subseção agravará a penalidade da respectiva infração quando esta incidir sobre espécies sobreexplotadas ou ameaçadas de sobreexplotação, conforme regulamento do órgão ambiental competente, com o acréscimo de:

I – R$ 40,00 (quarenta reais) por quilo ou fração do produto da pesca de espécie constante das listas oficiais brasileiras de espécies ameaçadas de sobreexplotação; ou

II – R$ 60,00 (sessenta reais) por quilo ou fração do produto da pesca de espécie constante das listas oficiais brasileiras de espécies sobreexplotadas.

Art. 41. Deixar, os comandantes de embarcações destinadas à pesca, de preencher e entregar, ao fim de cada viagem ou semanalmente, os mapas fornecidos pelo órgão competente:

Multa: R$ 1.000,00 (mil reais).

Art. 42. Para os efeitos deste Decreto, considera-se pesca todo ato tendente a extrair, retirar, coletar, apanhar, apreender ou capturar espécimes dos grupos dos peixes, crustáceos, moluscos aquáticos e vegetais hidróbios suscetíveis ou não de aproveitamento econômico, ressalvadas as espécies ameaçadas de extinção, constantes nas listas oficiais da fauna e da flora.

Parágrafo único. Entende-se por ato tendente à pesca aquele em que o infrator esteja munido, equipado ou armado com petrechos de pesca, na área de pesca ou dirigindo-se a ela.

Subseção II
Das infrações contra a flora

Art. 43. Destruir ou danificar florestas ou demais formas de vegetação natural ou utilizá-las com infringência das normas de proteção em área considerada de preservação permanente, sem autorização do órgão competente, quando exigível, ou em desacordo com a obtida:

→ *Caput* com redação alterada pelo Decreto 6.686/2008.

Multa de R$ 5.000,00 (cinco mil reais) a R$ 50.000,00 (cinquenta mil reais), por hectare ou fração.

Art. 44. Cortar árvores em área considerada de preservação permanente ou cuja espécie seja especialmente protegida, sem permissão da autoridade competente:

Multa de R$ 5.000,00 (cinco mil reais) a R$ 20.000,00 (vinte mil reais) por hectare ou fração, ou R$ 500,00 (quinhentos reais) por árvore, metro cúbico ou fração.

Art. 45. Extrair de florestas de domínio público ou áreas de preservação permanente, sem prévia autorização, pedra, areia, cal ou qualquer espécie de minerais:

Multa simples de R$ 5.000,00 (cinco mil reais) a R$ 50.000,00 (cinquenta mil reais) por hectare ou fração.

Art. 46. Transformar madeira oriunda de floresta ou demais formas de vegetação nativa em carvão, para fins industriais, energéticos ou para qualquer outra exploração, econômica ou não, sem licença ou em desacordo com as determinações legais:

Multa de R$ 500,00 (quinhentos reais), por metro cúbico de carvão-mdc.

Art. 47. Receber ou adquirir, para fins comerciais ou industriais, madeira serrada ou em tora, lenha, carvão ou outros produtos de origem vegetal, sem exigir a exibição de licença do vendedor, outorgada pela autoridade competente, e sem munir-se da via que deverá acompanhar o produto até final beneficiamento:

Multa de R$ 300,00 (trezentos reais) por unidade, estéreo, quilo, mdc ou metro cúbico aferido pelo método geométrico.

§ 1º Incorre nas mesmas multas quem vende, expõe à venda, tem em depósito, transporta ou guarda madeira, lenha, carvão ou outros produtos de origem vegetal, sem licença válida para todo o tempo da viagem ou do armazenamento, outorgada pela autoridade competente ou em desacordo com a obtida.

§ 2º Considera-se licença válida para todo o tempo da viagem ou do armazenamento aquela cuja autenticidade seja confirmada pelos sistemas de controle eletrônico oficiais, inclusive no que diz respeito à quantidade e espécie autorizada para transporte e armazenamento.

§ 3º Nas infrações de transporte, caso a quantidade ou espécie constatada no ato fiscalizatório esteja em desacordo com o autorizado pela autoridade ambiental competente, o agente autuante promoverá a autuação considerando a totalidade do objeto da fiscalização.

→ § 3º com redação alterada pelo Decreto 6.686/2008.

§ 4º Para as demais infrações previstas neste artigo, o agente autuante promoverá a autuação considerando o volume integral de madeira, lenha, carvão ou outros produtos de origem vegetal que não guarde correspondência com aquele autorizado pela autoridade ambiental competente, em razão da quantidade ou espécie.

→ § 4º acrescentado pelo Decreto 6.686/2008.

Art. 48. Impedir ou dificultar a regeneração natural de florestas ou demais formas de vegetação nativa em unidades de conservação ou outras áreas especialmente protegidas, quando couber, área de preservação permanente, reserva legal ou demais locais cuja regeneração tenha sido indicada pela autoridade ambiental competente:

Multa de R$ 5.000,00 (cinco mil reais), por hectare ou fração.

→ Artigo com redação alterada pelo Decreto 6.686/2008.

Parágrafo único. O disposto no *caput* não se aplica para o uso permitido das áreas de preservação permanente.

Art. 49. Destruir ou danificar florestas ou qualquer tipo de vegetação nativa, objeto de especial preservação, não passíveis de autorização para exploração ou supressão:

→ *Caput* com redação alterada pelo Decreto 6.686/2008.

Multa de R$ 6.000,00 (seis mil reis) por hectare ou fração.

Parágrafo único. A multa será acrescida de R$ 1.000,00 (mil reais) por hectare ou fração quando a situação prevista no *caput* se der em detrimento de vegetação primária ou secundária no estágio avançado ou médio de regeneração do bioma Mata Atlântica.

Art. 50. Destruir ou danificar florestas ou qualquer tipo de vegetação nativa ou de espécies nativas plantadas, objeto de especial preservação, sem autorização ou licença da autoridade ambiental competente:

Multa de R$ 5.000,00 (cinco mil reais) por hectare ou fração.

§ 1º A multa será acrescida de R$ 500,00 (quinhentos reais) por hectare ou fração quando a situação prevista no *caput* se der em detrimento de vegetação secundária no estágio inicial de regeneração do bioma Mata Atlântica.

§ 2º Para os fins dispostos no art. 49 e no *caput* deste artigo, são consideradas de especial preservação as florestas e demais formas de vegetação nativa que tenham regime jurídico próprio e especial de conservação ou preservação definido pela legislação.

Art. 51. Destruir, desmatar, danificar ou explorar floresta ou qualquer tipo de vegetação nativa ou de espécies nativas plantadas, em área de reserva legal ou servidão florestal, de domínio público ou privado, sem autorização prévia do órgão ambiental competente ou em desacordo com a concedida:

→ *Caput* com redação alterada pelo Decreto 6.686/2008.

Multa de R$ 5.000,00 (cinco mil reais) por hectare ou fração.

Art. 51-A. Executar manejo florestal sem autorização prévia do órgão ambiental competente, sem observar os requisitos técnicos estabelecidos em PMFS ou em desacordo com a autorização concedida:

Multa de R$ 1.000,00 (mil reais) por hectare ou fração.

→ Artigo acrescentado pelo Decreto 6.686/2008.

Art. 52. Desmatar, a corte raso, florestas ou demais formações nativas, fora da reserva legal, sem autorização da autoridade competente:

Multa de R$ 1.000,00 (mil reais) por hectare ou fração.

→ Multa com redação alterada pelo Decreto 6.686/2008.

Art. 53. Explorar ou danificar floresta ou qualquer tipo de vegetação nativa ou de espécies nativas plantadas, localizada fora de área de reserva legal averbada, de domínio público ou privado, sem aprovação prévia do órgão ambiental competente ou em desacordo com a concedida:

Multa de R$ 300,00 (trezentos reais), por hectare ou fração, ou por unidade, estéreo, quilo, mdc ou metro cúbico.

Parágrafo único. Incide nas mesmas penas quem deixa de cumprir a reposição florestal obrigatória.

Art. 54. Adquirir, intermediar, transportar ou comercializar produto ou subproduto de origem animal ou vegetal produzido sobre área objeto de embargo:

Multa de R$ R$ 500,00 (quinhentos reais) por quilograma ou unidade.

Parágrafo único. A aplicação do disposto neste artigo dependerá de prévia divulgação dos dados do imóvel rural, da área ou local embargado e do respectivo titular de que trata o § 1º do art. 18 e estará limitada à área onde efetivamente ocorreu o ilícito.

→ Parágrafo único com redação alterada pelo Decreto 6.686/2008.

Art. 55. Deixar de averbar a reserva legal:

Penalidade de advertência e multa diária de R$ 50,00 (cinquenta reais) a R$ 500,00 (quinhentos reais) por hectare ou fração da área de reserva legal.

→ Penalidade e multa com redação alterada pelo Decreto 6.686/2008.

§ 1º O autuado será advertido para que, no prazo de 180 (cento e oitenta) dias, apresente termo de compromisso de regularização da reserva legal na forma das alternativas previstas na Lei 4.771, de 15 de setembro de 1965.

→ § 1º com redação alterada pelo Decreto 7.029/2009.

→ O Decreto 7.029/2009 foi revogado pelo Decreto 7.830/2012.

→ A Lei 4.771/1965 foi revogada pela Lei 12.651/2012.

§ 2º Durante o período previsto no § 1º, a multa diária será suspensa.

→ § 2º com redação alterada pelo Decreto 6.686/2008.

§ 3º Caso o autuado não apresente o termo de compromisso previsto no § 1º nos 120 (cento e vinte) dias assinalados, deverá a autoridade ambiental cobrar a multa diária desde o dia da lavratura do auto de infração, na forma estipulada neste Decreto.

→ § 3º acrescentado pelo Decreto 6.686/2008.

§ 4º As sanções previstas neste artigo não serão aplicadas quando o prazo previsto não for cumprido por culpa imputável exclusivamente ao órgão ambiental.

→ § 4º acrescentado pelo Decreto 6.686/2008.

§ 5º O proprietário ou possuidor terá prazo de 120 (cento e vinte) dias para averbar a localização, compensação ou desoneração da reserva legal, contados da emissão dos documentos por parte do órgão ambiental competente ou instituição habilitada.

→ § 5º acrescentado pelo Decreto 7.029/2009.

→ O Decreto 7.029/2009 foi revogado pelo Decreto 7.830/2012.

§ 6º No prazo a que se refere o § 5º, as sanções previstas neste artigo não serão aplicadas.

→ § 6º acrescentado pelo Decreto 7.029/2009.

→ O Decreto 7.029/2009 foi revogado pelo Decreto 7.830/2012.

Art. 56. Destruir, danificar, lesar ou maltratar, por qualquer modo ou meio, plantas de ornamentação de logradouros públicos ou em propriedade privada alheia:

Multa de R$ 100,00 (cem reais) a R$ 1.000,00 (mil reais) por unidade ou metro quadrado.

Art. 57. Comercializar, portar ou utilizar em floresta ou demais formas de vegetação, motosserra sem licença ou registro da autoridade ambiental competente:

Multa de R$ 1.000,00 (mil reais), por unidade.

Art. 58. Fazer uso de fogo em áreas agropastoris sem autorização do órgão competente ou em desacordo com a obtida:

Multa de R$ 1.000,00 (mil reais), por hectare ou fração.

Art. 59. Fabricar, vender, transportar ou soltar balões que possam provocar incêndios nas florestas e demais formas de vegetação, em áreas urbanas ou qualquer tipo de assentamento humano:

Multa de R$ 1.000,00 (mil reais) a R$ 10.000,00 (dez mil reais), por unidade.

Art. 60. As sanções administrativas previstas nesta Subseção serão aumentadas pela metade quando:

I – ressalvados os casos previstos nos arts. 46 e 58, a infração for consumada mediante uso de fogo ou provocação de incêndio; e

II – a vegetação destruída, danificada, utilizada ou explorada contiver espécies ameaçadas de extinção, constantes de lista oficial.

Art. 60-A. Nas hipóteses previstas nos arts. 50, 51, 52 e 53, em se tratando de espécies nativas plantadas, a autorização de corte poderá ser substituída pelo protocolo do pedido junto ao órgão ambiental competente, caso em que este será instado pelo agente de fiscalização a fazer as necessárias verificações quanto à real origem do material.

→ Artigo acrescentado pelo Decreto 6.686/2008.

Subseção III
Das infrações relativas à poluição e outras infrações ambientais

Art. 61. Causar poluição de qualquer natureza em níveis tais que resultem ou possam resultar em danos à saúde humana, ou que provoquem a mortandade de animais ou a destruição significativa da biodiversidade:

Multa de R$ 5.000,00 (cinco mil reais) a R$ 50.000.000,00 (cinquenta milhões de reais).

Parágrafo único. As multas e demais penalidades de que trata o *caput* serão aplicadas após laudo técnico elaborado pelo órgão ambiental competente, identificando a dimensão do dano decorrente da infração e em conformidade com a gradação do impacto.

Art. 62. Incorre nas mesmas multas do art. 61 quem:

I – tornar uma área, urbana ou rural, imprópria para ocupação humana;

II – causar poluição atmosférica que provoque a retirada, ainda que momentânea, dos habitantes das áreas afetadas ou que provoque, de forma recorrente, significativo desconforto respiratório ou olfativo devidamente atestado pelo agente autuante;

→ Inciso II com redação alterada pelo Decreto 6.686/2008.

III – causar poluição hídrica que torne necessária a interrupção do abastecimento público de água de uma comunidade;

IV – dificultar ou impedir o uso público das praias pelo lançamento de substâncias, efluentes, carreamento de materiais ou uso indevido dos recursos naturais;

V – lançar resíduos sólidos, líquidos ou gasosos ou detritos, óleos ou substâncias oleosas em desacordo com as exigências estabelecidas em leis ou atos normativos;

VI – deixar, aquele que tem obrigação, de dar destinação ambientalmente adequada a produtos, subprodutos, embalagens, resíduos ou substâncias quando assim determinar a lei ou ato normativo;

VII – deixar de adotar, quando assim o exigir a autoridade competente, medidas de precaução ou contenção em caso de risco ou de dano ambiental grave ou irreversível;

VIII – provocar pela emissão de efluentes ou carreamento de materiais o perecimento de espécimes da biodiversidade;

IX – lançar resíduos sólidos ou rejeitos em praias, no mar ou quaisquer recursos hídricos;

→ Inciso IX acrescentado pelo Decreto 7.404/2010.

X – lançar resíduos sólidos ou rejeitos *in natura* a céu aberto, excetuados os resíduos de mineração;

→ Inciso X acrescentado pelo Decreto 7.404/2010.

XI – queimar resíduos sólidos ou rejeitos a céu aberto ou em recipientes, instalações e equipamentos não licenciados para a atividade;

→ Inciso XI acrescentado pelo Decreto 7.404/2010.

XII – descumprir obrigação prevista no sistema de logística reversa implantado nos termos da Lei 12.305, de 2010, consoante as responsabilidades específicas estabelecidas para o referido sistema;

→ Inciso XII acrescentado pelo Decreto 7.404/2010.

XIII – deixar de segregar resíduos sólidos na forma estabelecida para a coleta seletiva, quando a referida coleta for instituída pelo titular do serviço público de limpeza urbana e manejo de resíduos sólidos;

→ Inciso XIII acrescentado pelo Decreto 7.404/2010.

XIV – destinar resíduos sólidos urbanos à recuperação energética em desconformidade com o § 1º do art. 9º da Lei 12.305, de 2010, e respectivo regulamento;

→ Inciso XIV acrescentado pelo Decreto 7.404/2010.

XV – deixar de manter atualizadas e disponíveis ao órgão municipal competente e a outras autoridades informações completas sobre a realização das ações do sistema de logística reversa sobre sua responsabilidade;

→ Inciso XV acrescentado pelo Decreto 7.404/2010.

XVI – não manter atualizadas e disponíveis ao órgão municipal competente, ao órgão licenciador do SISNAMA e a outras autoridades, informações completas sobre a implementação e a operacionalização do plano de gerenciamento de resíduos sólidos sob sua responsabilidade; e

→ Inciso XVI acrescentado pelo Decreto 7.404/2010.

XVII – deixar de atender às regras sobre registro, gerenciamento e informação previstos no § 2º do art. 39 da Lei 12.305, de 2010.

→ Inciso XVII acrescentado pelo Decreto 7.404/2010.

§ 1º As multas de que tratam os incisos I a XI deste artigo serão aplicadas após laudo de constatação.

→ § 1º acrescentado pelo Decreto 7.404/2010.

§ 2º Os consumidores que descumprirem as respectivas obrigações previstas nos sistemas de logística reversa e de coleta seletiva estarão sujeitos à penalidade de advertência.

→ § 2º acrescentado pelo Decreto 7.404/2010.

§ 3º No caso de reincidência no cometimento da infração prevista no § 2º, poderá ser aplicada a penalidade de multa, no valor de R$ 50,00 (cinquenta reais) a R$ 500,00 (quinhentos reais).

→ § 3º acrescentado pelo Decreto 7.404/2010.

§ 4º A multa simples a que se refere o § 3º pode ser convertida em serviços de preservação, melhoria e recuperação da qualidade do meio ambiente.

→ § 4º acrescentado pelo Decreto 7.404/2010.

§ 5º Não estão compreendidas na infração do inciso IX as atividades de deslocamento de material do leito de corpos d'água por meio de dragagem, devidamente licenciado ou aprovado.

→ § 5º acrescentado pelo Decreto 7.404/2010.

§ 6º As bacias de decantação de resíduos ou rejeitos industriais ou de mineração, devidamente licenciadas pelo órgão competente do SISNAMA, não são consideradas corpos hídricos para efeitos do disposto no inciso IX.

→ § 6º acrescentado pelo Decreto 7.404/2010.

Art. 63. Executar pesquisa, lavra ou extração de minerais sem a competente autorização, permissão, concessão ou licença da autoridade ambiental competente ou em desacordo com a obtida:

Multa de R$ 1.500,00 (mil e quinhentos reais) a R$ 3.000,00 (três mil reais), por hectare ou fração.

Parágrafo único. Incorre nas mesmas multas quem deixa de recuperar a área pesquisada ou explorada, nos termos da autorização, permissão, licença, concessão ou determinação do órgão ambiental competente.

Art. 64. Produzir, processar, embalar, importar, exportar, comercializar, fornecer, transportar, armazenar, guardar, ter em depósito ou usar produto ou substância tóxica, perigosa ou nociva à saúde humana ou ao meio ambiente, em desacordo com as exigências estabelecidas em leis ou em seus regulamentos:

Multa de R$ 500,00 (quinhentos reais) a R$ 2.000.000,00 (dois milhões de reais).

§ 1º Incorre nas mesmas penas quem abandona os produtos ou substâncias referidas no *caput*, descarta de forma irregular ou os utiliza em desacordo com as normas de segurança.

§ 2º Se o produto ou a substância for nuclear ou radioativa, a multa é aumentada ao quíntuplo.

Art. 65. Deixar, o fabricante de veículos ou motores, de cumprir os requisitos de garantia ao atendimento dos limites vigentes de emissão de poluentes atmosféricos e de ruído, durante os prazos e quilometragens previstos na legislação:

Multa de R$ 100.000,00 (cem mil reais) a R$ 1.000.000,00 (um milhão de reais).

Art. 66. Construir, reformar, ampliar, instalar ou fazer funcionar estabelecimentos, atividades, obras ou serviços utilizadores de recursos ambientais, considerados efetiva ou potencialmente poluidores, sem licença ou autorização dos órgãos ambientais competentes, em desacordo com a licença obtida ou contrariando as normas legais e regulamentos pertinentes:

→ *Caput* com redação alterada pelo Decreto 6.686/2008.

Multa de R$ 500,00 (quinhentos reais) a R$ 10.000.000,00 (dez milhões de reais).

Parágrafo único. Incorre nas mesmas multas quem:

I – constrói, reforma, amplia, instala ou faz funcionar estabelecimento, obra ou serviço sujeito a licenciamento ambiental localizado em unidade de conservação ou em sua zona de amortecimento, ou em áreas de proteção de mananciais legalmente estabelecidas, sem anuência do respectivo órgão gestor; e

→ Inciso I com redação alterada pelo Decreto 6.686/2008.

II – deixa de atender a condicionantes estabelecidas na licença ambiental.

Art. 67. Disseminar doença ou praga ou espécies que possam causar dano à fauna, à flora ou aos ecossistemas:

→ *Caput* com redação alterada pelo Decreto 6.686/2008.

Multa de R$ 5.000,00 (cinco mil reais) a R$ 5.000.000,00 (cinco milhões de reais).

Art. 68. Conduzir, permitir ou autorizar a condução de veículo automotor em desacordo com os limites e exigências ambientais previstos na legislação:

Multa de R$ 1.000,00 (mil reais) a R$ 10.000,00 (dez mil reais).

Art. 69. Importar ou comercializar veículo automotor sem Licença para Uso da Configuração de Veículos ou Motor – LCVM expedida pela autoridade competente:

Multa de R$ 1.000,00 (mil reais) a R$ 10.000.000,00 (dez milhões de reais) e correção de todas as unidades de veículo ou motor que sofrerem alterações.

Art. 70. Importar pneu usado ou reformado em desacordo com a legislação:

Multa de R$ 400,00 (quatrocentos reais), por unidade.

§ 1º Incorre na mesma multa quem comercializa, transporta, armazena, guarda ou mantém em depósito pneu usado ou reformado, importado nessas condições.

§ 2º Ficam isentas do pagamento da multa a que se refere este artigo as importações de pneumáticos reformados classificados nas NCM 4012.1100, 4012.1200, 4012.1300 e 4012.1900, procedentes dos Estados Partes do MERCOSUL, ao amparo do Acordo de Complementação Econômica 18.

Art. 71. Alterar ou promover a conversão de qualquer item em veículos ou motores novos ou usados que provoque alterações nos limites e exigências ambientais previstas na legislação:

Multa de R$ 500,00 (quinhentos reais) a R$ 10.000,00 (dez mil reais), por veículo, e correção da irregularidade.

Art. 71-A. Importar resíduos sólidos perigosos e rejeitos, bem como os resíduos sólidos cujas características causem dano ao meio ambiente, à saúde pública e animal e à sanidade vegetal, ainda que para tratamento, reforma, reuso, reutilização ou recuperação:

Multa de R$ 500,00 (quinhentos reais) a R$ 10.000.000,00 (dez milhões de reais).

→ Artigo acrescentado pelo Decreto 7.404/2010.

Subseção IV
Das infrações contra o ordenamento urbano e o patrimônio cultural

Art. 72. Destruir, inutilizar ou deteriorar:

I – bem especialmente protegido por lei, ato administrativo ou decisão judicial; ou

II – arquivo, registro, museu, biblioteca, pinacoteca, instalação científica ou similar protegido por lei, ato administrativo ou decisão judicial:

Multa de R$ 10.000,00 (dez mil reais) a R$ 500.000,00 (quinhentos mil reais).

Art. 73. Alterar o aspecto ou estrutura de edificação ou local especialmente protegido por lei, ato administrativo ou decisão judicial, em razão de seu valor paisagístico, ecológico, turístico, artístico, histórico, cultural, religioso, arqueológico, etnográfico ou monumental, sem autorização da autoridade competente ou em desacordo com a concedida:

Multa de R$ 10.000,00 (dez mil reais) a R$ 200.000,00 (duzentos mil reais).

Art. 74. Promover construção em solo não edificável, ou no seu entorno, assim considerado em razão de seu valor paisagístico, ecológico, artístico, turístico, histórico, cultural, religioso, arqueológico, etnográfico ou monumental, sem autorização da autoridade competente ou em desacordo com a concedida:

Multa de R$ 10.000,00 (dez mil reais) a R$ 100.000,00 (cem mil reais).

Art. 75. Pichar, grafitar ou por outro meio conspurcar edificação alheia ou monumento urbano:

Multa de R$ 1.000,00 (mil reais) a R$ 50.000,00 (cinquenta mil reais).

Parágrafo único. Se o ato for realizado em monumento ou coisa tombada, a multa é aplicada em dobro.

Subseção V
Das infrações administrativas contra a administração ambiental

Art. 76. Deixar de inscrever-se no Cadastro Técnico Federal de que trata o art. 17 da Lei 6.938, de 1981:

Multa de:

I – R$ 50,00 (cinquenta reais), se pessoa física;

II – R$ 150,00 (cento e cinquenta reais), se microempresa;

III – R$ 900,00 (novecentos reais), se empresa de pequeno porte;

IV – R$ 1.800,00 (mil e oitocentos reais), se empresa de médio porte; e

V – R$ 9.000,00 (nove mil reais), se empresa de grande porte.

Art. 77. Obstar ou dificultar a ação do Poder Público no exercício de atividades de fiscalização ambiental:

Multa de R$ 500,00 (quinhentos reais) a R$ 100.000,00 (cem mil reais).

Art. 78. Obstar ou dificultar a ação do órgão ambiental, ou de terceiro por ele encarregado, na coleta de dados para a execução de georreferenciamento de imóveis rurais para fins de fiscalização:

→ *Caput* com redação alterada pelo Decreto 6.686/2008.

Multa de R$ 100,00 (cem reais) a R$ 300,00 (trezentos reais) por hectare do imóvel.

Art. 79. Descumprir embargo de obra ou atividade e suas respectivas áreas:

Multa de R$ 10.000,00 (dez mil reais) a R$ 1.000.000,00 (um milhão de reais).

Art. 80. Deixar de atender a exigências legais ou regulamentares quando devidamente notificado pela autoridade ambiental competente no prazo concedido, visando à regularização, correção ou adoção de medidas de controle para cessar a degradação ambiental:

→ *Caput* com redação alterada pelo Decreto 6.686/2008.

Multa de R$ 1.000,00 (mil reais) a R$ 1.000.000,00 (um milhão de reais).

Art. 81. Deixar de apresentar relatórios ou informações ambientais nos prazos exigidos pela legislação ou, quando aplicável, naquele determinado pela autoridade ambiental:

Multa de R$ 1.000,00 (mil reais) a R$ 100.000,00 (cem mil reais).

Art. 82. Elaborar ou apresentar informação, estudo, laudo ou relatório ambiental total ou parcialmente falso, enganoso ou omisso, seja nos sistemas oficiais de controle, seja no licenciamento, na concessão florestal ou em qualquer outro procedimento administrativo ambiental:

Multa de R$ 1.500,00 (mil e quinhentos reais) a R$ 1.000.000,00 (um milhão de reais).

Art. 83. Deixar de cumprir compensação ambiental determinada por lei, na forma e no prazo exigidos pela autoridade ambiental:

Multa de R$ 10.000,00 (dez mil reais) a R$ 1.000.000,00 (um milhão de reais).

Subseção VI
Das infrações cometidas exclusivamente em unidades de conservação

Art. 84. Introduzir em unidade de conservação espécies alóctones:

Multa de R$ 2.000,00 (dois mil reais) a R$ 100.000,00 (cem mil reais).

§ 1º Excetuam-se do disposto neste artigo as áreas de proteção ambiental, as florestas nacionais, as reservas extrativistas e as reservas de desenvolvimento sustentável, bem como os animais e plantas necessários à administração e às atividades das demais categorias de unidades de conservação, de acordo com o que se dispuser em regulamento e no plano de manejo da unidade.

§ 2º Nas áreas particulares localizadas em refúgios de vida silvestre, monumentos naturais e reservas particulares do patrimônio natural podem ser criados animais domésticos e cultivadas plantas considerados compatíveis com as finalidades da unidade, de acordo com o que dispuser o seu plano de manejo.

Art. 85. Violar as limitações administrativas provisórias impostas às atividades efetiva ou potencialmente causadoras de degradação ambiental nas áreas delimitadas para realização de estudos com vistas à criação de unidade de conservação:

Multa de R$ 1.500,00 (mil e quinhentos reais) a R$ 1.000.000,00 (um milhão de reais).

Parágrafo único. Incorre nas mesmas multas quem explora a corte raso a floresta ou outras formas de vegetação nativa nas áreas definidas no *caput*.

Art. 86. Realizar pesquisa científica, envolvendo ou não coleta de material biológico, em unidade de conservação sem a devida autorização, quando esta for exigível:

Multa de R$ 500,00 (quinhentos reais) a R$ 10.000,00 (dez mil reais).

§ 1º A multa será aplicada em dobro caso as atividades de pesquisa coloquem em risco demográfico as espécies integrantes dos ecossistemas protegidos.

§ 2º Excetuam-se do disposto neste artigo as áreas de proteção ambiental e reservas particulares do patrimônio natural, quando as atividades de pesquisa científica não envolverem a coleta de material biológico.

Art. 87. Explorar comercialmente produtos ou subprodutos não madeireiros, ou ainda serviços obtidos ou desenvolvidos a partir de recursos naturais, biológicos, cênicos ou culturais em unidade de conservação sem autorização ou permissão do órgão gestor da unidade ou em desacordo com a obtida, quando esta for exigível:

→ *Caput* com redação alterada pelo Decreto 6.686/2008.

Multa de R$ 1.500,00 (mil e quinhentos reais) a R$ 100.000,00 (cem mil reais).

Parágrafo único. Excetuam-se do disposto neste artigo as áreas de proteção ambiental e reservas particulares do patrimônio natural.

Art. 88. Explorar ou fazer uso comercial de imagem de unidade de conservação sem autorização do órgão gestor da unidade ou em desacordo com a recebida:

Multa de R$ 5.000,00 (cinco mil reais) a R$ 2.000.000,00 (dois milhões de reais).

Parágrafo único. Excetuam-se do disposto neste artigo as áreas de proteção ambiental e reservas particulares do patrimônio natural.

Art. 89. Realizar liberação planejada ou cultivo de organismos geneticamente modificados em áreas de proteção ambiental, ou zonas de amortecimento das demais categorias de unidades de conservação, em desacordo com o estabelecido em seus respectivos planos de manejo, regulamentos ou recomendações da Comissão Técnica Nacional de Biossegurança – CTNBio:

Multa de R$ 1.500,00 (mil e quinhentos reais) a R$ 1.000.000,00 (um milhão de reais).

§ 1º A multa será aumentada ao triplo se o ato ocorrer no interior de unidade de conservação de proteção integral.

§ 2º A multa será aumentado ao quádruplo se o organismo geneticamente modificado, liberado ou cultivado irregularmente em unidade de conservação, possuir na área ancestral direto ou parente silvestre ou se representar risco à biodiversidade.

§ 3º O Poder Executivo estabelecerá os limites para o plantio de organismos geneticamente modificados nas áreas que circundam as unidades de conservação até que seja fixada sua zona de amortecimento e aprovado o seu respectivo plano de manejo.

Art. 90. Realizar quaisquer atividades ou adotar conduta em desacordo com os objetivos da unidade de conservação, o seu plano de manejo e regulamentos:

Multa de R$ 500,00 (quinhentos reais) a R$ 10.000,00 (dez mil reais).

Art. 91. Causar dano à unidade de conservação:

→ *Caput* com redação alterada pelo Decreto 6.686/2008.

Multa de R$ 200,00 (duzentos reais) a R$ 100.000,00 (cem mil reais).

Art. 92. Penetrar em unidade de conservação conduzindo substâncias ou instrumentos próprios para caça, pesca ou para exploração de produtos ou subprodutos florestais e minerais, sem licença da autoridade competente, quando esta for exigível:

Multa de R$ 1.000,00 (mil reais) a R$ 10.000,00 (dez mil reais).

Parágrafo único. Incorre nas mesmas multas quem penetrar em unidade de conservação cuja visitação pública ou permanência sejam vedadas pelas normas aplicáveis ou ocorram em desacordo com a licença da autoridade competente.

Art. 93. As infrações previstas neste Decreto, exceto as dispostas nesta Subseção, quando forem cometidas ou afetarem unidade de conservação ou sua zona de amortecimento, terão os valores de suas respectivas multas aplicadas em dobro, ressalvados os casos em que a determinação de aumento do valor da multa seja superior a este.

Capítulo II
DO PROCESSO ADMINISTRATIVO PARA APURAÇÃO DE INFRAÇÕES AMBIENTAIS

Seção I
Das disposições preliminares

Art. 94. Este Capítulo regula o processo administrativo federal para a apuração de infrações administrativas por condutas e atividades lesivas ao meio ambiente.

Parágrafo único. O objetivo deste Capítulo é dar unidade às normas legais esparsas que versam sobre procedimentos administrativos em matéria ambiental, bem como, nos termos do que dispõe o art. 84, inciso VI, alínea *a*, da Constituição, disciplinar as regras de funcionamento pelas quais a administração pública federal, de caráter ambiental, deverá pautar-se na condução do processo.

Art. 95. O processo será orientado pelos princípios da legalidade, finalidade, motivação, razoabilidade, proporcionalidade, moralidade, ampla defesa, contraditório, segurança jurídica, interesse público e eficiência, bem como pelos critérios mencionados no parágrafo único do art. 2º da Lei 9.784, de 29 de janeiro de 1999.

Seção II
Da autuação

Art. 96. Constatada a ocorrência de infração administrativa ambiental, será lavrado auto de infração, do qual deverá ser dado ciência ao autuado, assegurando-se o contraditório e a ampla defesa.

§ 1º O autuado será intimado da lavratura do auto de infração pelas seguintes formas:

→ *Caput* do § 1º com redação alterada pelo Decreto 6.686/2008.

I – pessoalmente;

→ Inciso I acrescentado pelo Decreto 6.686/2008.

II – por seu representante legal;

→ Inciso II acrescentado pelo Decreto 6.686/2008.

III – por carta registrada com aviso de recebimento;

→ Inciso III acrescentado pelo Decreto 6.686/2008.

IV – por edital, se estiver o infrator autuado em lugar incerto, não sabido ou se não for localizado no endereço.

→ Inciso IV acrescentado pelo Decreto 6.686/2008.

§ 2º Caso o autuado se recuse a dar ciência do auto de infração, o agente autuante certificará o ocorrido na presença de duas testemunhas e o entregará ao autuado.

→ § 2º com redação alterada pelo Decreto 6.686/2008.

§ 3º Nos casos de evasão ou ausência do responsável pela infração administrativa, e inexistindo preposto identificado, o agente autuante aplicará o disposto no § 1º, encaminhando o auto de infração por via postal com aviso de recebimento ou outro meio válido que assegure a sua ciência.

→ § 3º acrescentado pelo Decreto 6.686/2008.

Art. 97. O auto de infração deverá ser lavrado em impresso próprio, com a identificação do autuado, a descrição clara e objetiva das infrações administrativas constatadas e a indicação dos respectivos dispositivos legais e regulamentares infringidos, não devendo conter emendas ou rasuras que comprometam sua validade.

Art. 98. O auto de infração será encaminhado à unidade administrativa responsável pela apuração da infração, oportunidade em que se fará a autuação processual no prazo máximo de 5 (cinco) dias úteis, contados de seu recebimento, ressalvados os casos de força maior devidamente justificados.

Art. 99. O auto de infração que apresentar vício sanável poderá, a qualquer tempo, ser convalidado de ofício pela autoridade julgadora, mediante despacho saneador, após o pronunciamento do órgão da Procuradoria-Geral Federal que atua junto à respectiva unidade administrativa da entidade responsável pela autuação.

Parágrafo único. Constatado o vício sanável, sob alegação do autuado, o procedimento será anulado a partir da fase processual em que o vício foi produzido, reabrindo-se novo prazo para defesa, aproveitando-se os atos regularmente produzidos.

Art. 100. O auto de infração que apresentar vício insanável deverá ser declarado nulo pela autoridade julgadora competente, que determinará o arquivamento do processo, após o pronunciamento do órgão da Procuradoria-Geral Federal que atua junto à respectiva unidade administrativa da entidade responsável pela autuação.

§ 1º Para os efeitos do *caput*, considera-se vício insanável aquele em que a correção da autuação implica modificação do fato descrito no auto de infração.

§ 2º Nos casos em que o auto de infração for declarado nulo e estiver caracterizada a conduta ou atividade lesiva ao meio ambiente, deverá ser lavrado novo auto, observadas as regras relativas à prescrição.

§ 3º O erro no enquadramento legal da infração não implica vício insanável, podendo ser alterado pela autoridade julgadora mediante decisão fundamentada que retifique o auto de infração.

→ § 3º acrescentado pelo Decreto 6.686/2008.

Art. 101. Constatada a infração ambiental, o agente autuante, no uso do seu poder de polícia, poderá adotar as seguintes medidas administrativas:

I – apreensão;

II – embargo de obra ou atividade e suas respectivas áreas;

III – suspensão de venda ou fabricação de produto;

IV – suspensão parcial ou total de atividades;

V – destruição ou inutilização dos produtos, subprodutos e instrumentos da infração; e

VI – demolição.

§ 1º As medidas de que trata este artigo têm como objetivo prevenir a ocorrência de novas infrações, resguardar a recuperação ambiental e garantir o resultado prático do processo administrativo.

§ 2º A aplicação de tais medidas será lavrada em formulário próprio, sem emendas ou rasuras que comprometam sua validade, e deverá conter, além da indicação dos respectivos dispositivos legais e regulamentares infringidos, os motivos que ensejaram o agente autuante a assim proceder.

§ 3º A administração ambiental estabelecerá os formulários específicos a que se refere o § 2º.

§ 4º O embargo de obra ou atividade restringe-se aos locais onde efetivamente caracterizou-se a infração ambiental, não alcançando as demais atividades realizadas em áreas não embargadas da propriedade ou posse ou não correlacionadas com a infração.

→ § 4º acrescentado pelo Decreto 6.686/2008.

Art. 102. Os animais, produtos, subprodutos, instrumentos, petrechos, veículos de qualquer natureza referidos no inciso IV do art. 72 da Lei 9.605, de 1998, serão objeto da apreensão de que trata o inciso I do art. 101, salvo impossibilidade justificada.

Art. 103. Os animais domésticos e exóticos serão apreendidos quando:

I – forem encontrados no interior de unidade de conservação de proteção integral; ou

II – forem encontrados em área de preservação permanente ou quando impedirem a regeneração natural de vegetação em área cujo corte não tenha sido autorizado, desde que, em todos os casos, tenha havido prévio embargo.

§ 1º Na hipótese prevista no inciso II, os proprietários deverão ser previamente notificados para que promovam a remoção dos animais do local no prazo assinalado pela autoridade competente.

§ 2º Não será adotado o procedimento previsto no § 1º quando não for possível identificar o proprietário dos animais apreendidos, seu preposto ou representante.

§ 3º O disposto no *caput* não será aplicado quando a atividade tenha sido caracterizada como de baixo impacto e previamente autorizada, quando couber, nos termos da legislação em vigor.

→ § 3º acrescentado pelo Decreto 6.686/2008.

Art. 104. A autoridade ambiental, mediante decisão fundamentada em que se demonstre a existência de interesse público relevante, poderá autorizar o uso do bem apreendido nas hipóteses em que não haja outro meio disponível para a consecução da respectiva ação fiscalizatória.

Parágrafo único. Os veículos de qualquer natureza que forem apreendidos poderão ser utilizados pela administração ambiental para fazer o deslocamento do material apreendido até local adequado ou para promover a recomposição do dano ambiental.

Art. 105. Os bens apreendidos deverão ficar sob a guarda do órgão ou entidade responsável pela fiscalização, podendo, excepcionalmente, ser confiados a fiel depositário, até o julgamento do processo administrativo.

Parágrafo único. Nos casos de anulação, cancelamento ou revogação da apreensão, o órgão ou a entidade ambiental responsável pela apreensão restituirá o bem no estado em que se encontra ou, na impossibilidade de fazê-lo, indenizará o proprietário pelo valor de avaliação consignado no termo de apreensão.

Art. 106. A critério da administração, o depósito de que trata o art. 105 poderá ser confiado:

I – a órgãos e entidades de caráter ambiental, beneficente, científico, cultural, educacional, hospitalar, penal e militar; ou

II – ao próprio autuado, desde que a posse dos bens ou animais não traga risco de utilização em novas infrações.

§ 1º Os órgãos e entidades públicas que se encontrarem sob a condição de depositário serão preferencialmente contemplados no caso da destinação final do bem ser a doação.

§ 2º Os bens confiados em depósito não poderão ser utilizados pelos depositários, salvo o uso lícito de veículos e embarcações pelo próprio autuado.

§ 3º A entidade fiscalizadora poderá celebrar convênios ou acordos com os órgãos e entidades públicas para garantir, após a destinação final, o repasse de verbas de ressarcimento relativas aos custos do depósito.

Art. 107. Após a apreensão, a autoridade competente, levando-se em conta a natureza dos bens e animais apreendidos e considerando o risco de perecimento, procederá da seguinte forma:

I – os animais da fauna silvestre serão libertados em seu hábitat ou entregues a jardins zoológicos, fundações, entidades de caráter científico, centros de triagem, criadouros regulares ou entidades assemelhadas, desde que fiquem sob a responsabilidade de técnicos habilitados, podendo ainda, respeitados os regulamentos vigentes, serem entregues em guarda doméstica provisória;

→ Inciso I com redação alterada pelo Decreto 6.686/2008.

II – os animais domésticos ou exóticos mencionados no art. 103 poderão ser vendidos;

III – os produtos perecíveis e as madeiras sob risco iminente de perecimento serão avaliados e doados.

§ 1º Os animais de que trata o inciso II, após avaliados, poderão ser doados, mediante decisão motivada da autoridade ambiental, sempre que sua guarda ou venda forem inviáveis econômica ou operacionalmente.

§ 2º A doação a que se refere o § 1º será feita às instituições mencionadas no art. 135.

§ 3º O órgão ou entidade ambiental deverá estabelecer mecanismos que assegurem a indenização ao proprietário dos animais vendidos ou doados, pelo valor de avaliação consignado no termo de apreensão, caso esta não seja confirmada na decisão do processo administrativo.

§ 4º Serão consideradas sob risco iminente de perecimento as madeiras que estejam acondicionadas a céu aberto ou que não puderem ser guardadas ou depositadas em locais próprios, sob vigilância, ou ainda quando inviável o transporte e guarda, atestados pelo agente autuante no documento de apreensão.

§ 5º A libertação dos animais da fauna silvestre em seu hábitat natural deverá observar os critérios técnicos previamente estabelecidos pelo órgão ou entidade ambiental competente.

→ § 5º acrescentado pelo Decreto 6.686/2008.

Art. 108. O embargo de obra ou atividade e suas respectivas áreas tem por objetivo impedir a continuidade do dano ambiental, propiciar a regeneração do meio ambiente e dar viabilidade à recuperação da área degradada, devendo restringir-se exclusivamente ao local onde verificou-se a prática do ilícito.

→ *Caput* com redação alterada pelo Decreto 6.686/2008.

§ 1º No caso de descumprimento ou violação do embargo, a autoridade competente, além de adotar as medidas previstas nos arts. 18 e 79, deverá comunicar ao Ministério Público, no prazo máximo de 72 (setenta e duas) horas, para que seja apurado o cometimento de infração penal.

→ § 1º com redação alterada pelo Decreto 6.686/2008.

§ 2º Nos casos em que o responsável pela infração administrativa ou o detentor do imóvel onde foi praticada a infração for indeterminado, desconhecido ou de domicílio indefinido, será realizada notificação da lavratura do termo de embargo mediante a publicação de seu extrato no *Diário Oficial da União*.

Art. 109. A suspensão de venda ou fabricação de produto constitui medida que visa a evitar a colocação no mercado de produtos e subprodutos oriundos de infração administrativa ao meio ambiente ou que tenha como objetivo interromper o uso contínuo de matéria-prima e subprodutos de origem ilegal.

Art. 110. A suspensão parcial ou total de atividades constitui medida que visa a impedir a continuidade de processos produtivos em desacordo com a legislação ambiental.

Art. 111. Os produtos, inclusive madeiras, subprodutos e instrumentos utilizados na prática da infração poderão ser destruídos ou inutilizados quando:

I – a medida for necessária para evitar o seu uso e aproveitamento indevidos nas situações em que o transporte e a guarda forem inviáveis em face das circunstâncias; ou

II – possam expor o meio ambiente a riscos significativos ou comprometer a segurança da população e dos agentes públicos envolvidos na fiscalização.

Parágrafo único. O termo de destruição ou inutilização deverá ser instruído com elementos que identifiquem as condições anteriores e posteriores à ação, bem como a avaliação dos bens destruídos.

Art. 112. A demolição de obra, edificação ou construção não habitada e utilizada diretamente para a infração ambiental dar-se-á excepcionalmente no ato da fiscalização nos casos em que se constatar que a ausência da demolição importa em iminente risco de agravamento do dano ambiental ou de graves riscos à saúde.

→ *Caput* com redação alterada pelo Decreto 6.686/2008.

§ 1º A demolição poderá ser feita pelo agente autuante, por quem este autorizar ou pelo próprio infrator e deverá ser devidamente descrita e documentada, inclusive com fotografias.

→ § 1º com redação alterada pelo Decreto 6.686/2008.

§ 2º As despesas para a realização da demolição correrão às custas do infrator.

§ 3º A demolição de que trata o *caput* não será realizada em edificações residenciais.

Seção III
Da defesa

Art. 113. O autuado poderá, no prazo de 20 (vinte) dias, contados da data da ciência da autuação, oferecer defesa contra o auto de infração.

§ 1º O órgão ambiental responsável aplicará o desconto de 30% (trinta por cento) de que trata o art. 3º da Lei 8.005, de 22 de março de 1990, sempre que o autuado decidir efetuar o pagamento da penalidade no prazo previsto no *caput*.

§ 2º O órgão ambiental responsável concederá desconto de 30% (trinta por cento) do valor corrigido da penalidade, nos termos do art. 4º da Lei 8.005, de 1990, para os pagamentos realizados após o prazo do *caput* e no curso do processo pendente de julgamento.

Art. 114. A defesa poderá ser protocolizada em qualquer unidade administrativa do órgão ambiental que promoveu a autuação, que o encaminhará imediatamente à unidade responsável.

Art. 115. A defesa será formulada por escrito e deverá conter os fatos e fundamentos jurídicos que contrariem o disposto no auto de infração e termos que o acompanham, bem como a especificação das provas que o autuado pretende produzir a seu favor, devidamente justificadas.

Parágrafo único. Requerimentos formulados fora do prazo de defesa não serão conhecidos, podendo ser desentranhados dos autos conforme decisão da autoridade ambiental competente.

Art. 116. O autuado poderá ser representado por advogado ou procurador legalmente constituído, devendo, para tanto, anexar à defesa o respectivo instrumento de procuração.

Parágrafo único. O autuado poderá requerer prazo de até 10 (dez) dias para a juntada do instrumento a que se refere o *caput*.

Art. 117. A defesa não será conhecida quando apresentada:

I – fora do prazo;

II – por quem não seja legitimado; ou

III – perante órgão ou entidade ambiental incompetente.

Seção IV
Da instrução e julgamento

Art. 118. Ao autuado caberá a prova dos fatos que tenha alegado, sem prejuízo do dever atribuído à autoridade julgadora para instrução do processo.

Art. 119. A autoridade julgadora poderá requisitar a produção de provas necessárias à sua convicção, bem como parecer técnico ou contradita do agente autuante, especificando o objeto a ser esclarecido.

§ 1º O parecer técnico deverá ser elaborado no prazo máximo de 10 (dez) dias, ressalvadas as situações devidamente justificadas.

§ 2º A contradita deverá ser elaborada pelo agente autuante no prazo de 5 (cinco) dias, contados a partir do recebimento do processo.

§ 3º Entende-se por contradita, para efeito deste Decreto, as informações e esclarecimentos prestados pelo agente autuante necessários à elucidação dos fatos que originaram o auto de infração, ou das razões alegadas pelo autuado, facultado ao agente, nesta fase, opinar pelo acolhimento parcial ou total da defesa.

Art. 120. As provas propostas pelo autuado, quando impertinentes, desnecessárias ou protelatórias, poderão ser recusadas, mediante decisão fundamentada da autoridade julgadora competente.

Art. 121. O órgão da Procuradoria-Geral Federal, quando houver controvérsia jurídica, emitirá parecer fundamentado para a motivação da decisão da autoridade julgadora.

→ Artigo com redação alterada pelo Decreto 6.686/2008.

Art. 122. Encerrada a instrução, o autuado terá o direito de manifestar-se em alegações finais, no prazo máximo de 10 (dez) dias.

Parágrafo único. A autoridade julgadora publicará em sua sede administrativa e em sítio na rede mundial de computadores a relação dos processos que entrarão na pauta de julgamento, para fins de apresentação de alegações finais pelos interessados.

→ Parágrafo único acrescentado pelo Decreto 6.686/2008.

Art. 123. A decisão da autoridade julgadora não se vincula às sanções aplicadas pelo agente autuante, ou ao valor da multa, podendo, em decisão motivada, de ofício ou a requerimento do interessado, minorar, manter ou majorar o seu valor, respeitados os limites estabelecidos na legislação ambiental vigente.

→ *Caput* com redação alterada pelo Decreto 6.686/2008.

Parágrafo único. Nos casos de agravamento da penalidade, o autuado deverá ser cientificado antes da respectiva decisão, por meio de aviso de recebimento, para que se manifeste no prazo das alegações finais.

Art. 124. Oferecida ou não a defesa, a autoridade julgadora, no prazo de 30 (trinta) dias, julgará o auto de infração, decidindo sobre a aplicação das penalidades.

§ 1º Nos termos do que dispõe o art. 101, as medidas administrativas que forem aplicadas no momento da autuação deverão ser apreciadas no ato decisório, sob pena de ineficácia.

§ 2º A inobservância do prazo para julgamento não torna nula a decisão da autoridade julgadora e o processo.

§ 3º O órgão ou entidade ambiental competente indicará, em ato próprio, a autoridade administrativa responsável pelo julgamento da defesa, observando-se o disposto no art. 17 da Lei 9.784, de 1999.

Art. 125. A decisão deverá ser motivada, com a indicação dos fatos e fundamentos jurídicos em que se baseia.

Parágrafo único. A motivação deve ser explícita, clara e congruente, podendo consistir em declaração de concordância com fundamentos de anteriores pareceres, informações ou decisões, que, neste caso, serão parte integrante do ato decisório.

Art. 126. Julgado o auto de infração, o autuado será notificado por via postal com aviso de recebimento ou outro meio válido que assegure a certeza de sua ciência para pagar a multa no prazo de 5 (cinco) dias, a partir do recebimento da notificação, ou para apresentar recurso.

Parágrafo único. O pagamento realizado no prazo disposto no *caput* contará com o desconto de 30% (trinta por cento) do valor corrigido da penalidade, nos termos do art. 4º da Lei 8.005, de 1990.

Seção V
Dos recursos

Art. 127. Da decisão proferida pela autoridade julgadora caberá recurso no prazo de 20 (vinte) dias.

→ *Caput* com redação alterada pelo Decreto 6.686/2008.

§ 1º O recurso hierárquico de que trata este artigo será dirigido à autoridade administrativa julgadora que proferiu a decisão na defesa, a qual, se não a reconsiderar no prazo de 5 (cinco) dias, o encaminhará à autoridade superior.

→ § 1º acrescentado pelo Decreto 6.686/2008.

§ 2º O órgão ou entidade ambiental competente indicará, em ato próprio, a autoridade superior que será responsável pelo julgamento do recurso mencionado no *caput*.

→ § 2º acrescentado pelo Decreto 6.686/2008.

Art. 127-A. A autoridade que proferiu a decisão na defesa recorrerá de ofício à autoridade superior nas hipóteses a serem definidas pelo órgão ou entidade ambiental.

→ Artigo acrescentado pelo Decreto 6.686/2008.

Parágrafo único. O recurso de ofício será interposto mediante declaração na própria decisão.

Art. 128. O recurso interposto na forma prevista no art. 127 não terá efeito suspensivo.

§ 1º Na hipótese de justo receio de prejuízo de difícil ou incerta reparação, a autoridade recorrida ou a imediatamente superior poderá, de ofício ou a pedido do recorrente, conceder efeito suspensivo ao recurso.

§ 2º Quando se tratar de penalidade de multa, o recurso de que trata o art. 127 terá efeito suspensivo quanto a esta penalidade.

Art. 129. A autoridade superior responsável pelo julgamento do recurso poderá confirmar, modificar, anular ou revogar, total ou parcialmente, a decisão recorrida.

→ *Caput* com redação alterada pelo Decreto 6.686/2008.

§ 1º O recurso será interposto mediante declaração na própria decisão.

§ 2º No caso de aplicação de multa, o recurso de ofício somente será cabível nas hipóteses a serem definidas pelo órgão ou entidade ambiental.

Art. 130. Da decisão proferida pela autoridade superior caberá recurso ao CONAMA, no prazo de 20 (vinte) dias.

→ *Caput* com redação alterada pelo Decreto 6.686/2008.

§ 1º O recurso de que trata este artigo será dirigido à autoridade superior que proferiu a decisão no recurso, a qual, se não a reconsiderar no prazo de 5 (cinco) dias, e após exame prévio de admissibilidade, o encaminhará ao Presidente do CONAMA.

→ § 1º acrescentado pelo Decreto 6.868/2008.

§ 2º A autoridade julgadora junto ao CONAMA não poderá modificar a penalidade aplicada para agravar a situação do recorrente.

→ § 2º acrescentado pelo Decreto 6.686/2008.

§ 3º O recurso interposto na forma prevista neste artigo não terá efeito suspensivo, salvo quanto à penalidade de multa.

→ § 3º acrescentado pelo Decreto 6.686.2008.

§ 4º Na hipótese de justo receio de prejuízo de difícil ou incerta reparação, a autoridade recorrida ou a imediatamente superior poderá, de ofício ou a pedido do recorrente, dar efeito suspensivo ao recurso.

→ § 4º acrescentado pelo Decreto 6.686/2008.

§ 5º O órgão ou entidade ambiental disciplinará os requisitos e procedimentos para o processamento do recurso previsto no *caput* deste artigo.

→ § 5º acrescentado pelo Decreto 6.686/2008.

Art. 131. O recurso não será conhecido quando interposto:

I – fora do prazo;

II – perante órgão ambiental incompetente; ou

III – por quem não seja legitimado.

Art. 132. Após o julgamento, o CONAMA restituirá os processos ao órgão ambiental de origem, para que efetue a notificação do interessado, dando ciência da decisão proferida.

Art. 133. Havendo decisão confirmatória do auto de infração por parte do CONAMA, o interessado será notificado nos termos do art. 126.

Parágrafo único. As multas estarão sujeitas à atualização monetária desde a lavratura do auto de infração até o seu efetivo pagamento, sem prejuízo da aplicação de juros de mora e demais encargos conforme previsto em lei.

Seção VI
Do procedimento relativo à destinação dos bens e animais apreendidos

Art. 134. Após decisão que confirme o auto de infração, os bens e animais apreendidos que ainda não tenham sido objeto da destinação prevista no art. 107, não mais retornarão ao infrator, devendo ser destinados da seguinte forma:

I – os produtos perecíveis serão doados;

II – as madeiras poderão ser doadas a órgãos ou entidades públicas, vendidas ou utilizadas pela administração quando houver necessidade, conforme decisão motivada da autoridade competente;

→ Inciso II com redação alterada pelo Decreto 6.686/2008.

III – os produtos e subprodutos da fauna não perecíveis serão destruídos ou doados a instituições científicas, culturais ou educacionais;

IV – os instrumentos utilizados na prática da infração poderão ser destruídos, utilizados pela administração quando houver necessidade, doados ou vendidos, garantida a sua descaracterização, neste último caso, por meio da reciclagem quando o instrumento puder ser utilizado na prática de novas infrações;

V – os demais petrechos, equipamentos, veículos e embarcações descritos no inciso IV do art. 72 da Lei 9.605, de 1998, poderão ser utilizados pela administração quando houver necessidade, ou ainda vendidos, doados ou destruídos, conforme decisão motivada da autoridade ambiental;

VI – os animais domésticos e exóticos serão vendidos ou doados;

VII – os animais da fauna silvestre serão libertados em seu hábitat ou entregues a jardins zoológicos, fundações, centros de triagem, criadouros regulares ou entidades assemelhadas, desde que fiquem sob a responsabilidade de técnicos habilitados.

→ Inciso VII acrescentado pelo Decreto 6.686/2008.

Art. 135. Os bens apreendidos poderão ser doados pela autoridade competente para órgãos e entidades públicas de caráter científico, cultural, educacional, hospitalar, penal, militar e social, bem como para outras entidades sem fins lucrativos de caráter beneficente.

→ *Caput* com redação alterada pelo Decreto 6.686/2008.

Parágrafo único. Os produtos da fauna não perecíveis serão destruídos ou doados a instituições científicas, culturais ou educacionais.

Art. 136. Tratando-se de apreensão de substâncias ou produtos tóxicos, perigosos ou nocivos à saúde humana ou ao meio ambiente, as medidas a serem adotadas, inclusive a destruição, serão determinadas pelo órgão competente e correrão a expensas do infrator.

Art. 137. O termo de doação de bens apreendidos vedará a transferência a terceiros, a qualquer título, dos animais, produtos, subprodutos, instrumentos, petrechos, equipamentos, veículos e embarcações doados.

Parágrafo único. A autoridade ambiental poderá autorizar a transferência dos bens doados quando tal medida for considerada mais adequada à execução dos fins institucionais dos beneficiários.

Art. 138. Os bens sujeitos à venda serão submetidos a leilão, nos termos do § 5º do art. 22 da Lei 8.666, de 21 de junho de 1993.

Parágrafo único. Os custos operacionais de depósito, remoção, transporte, beneficiamento e demais encargos legais correrão à conta do adquirente.

Seção VII
Do procedimento de conversão de multa simples em serviços de preservação, melhoria e recuperação da qualidade do meio ambiente

Art. 139. A autoridade ambiental poderá, nos termos do que dispõe o § 4º do art. 72 da Lei 9.605, de 1998, converter a multa simples em serviços de preservação, melhoria e recuperação da qualidade do meio ambiente.

Art. 140. São considerados serviços de preservação, melhoria e recuperação da qualidade do meio ambiente:

I – execução de obras ou atividades de recuperação de danos decorrentes da própria infração;

II – implementação de obras ou atividades de recuperação de áreas degradadas, bem como de preservação e melhoria da qualidade do meio ambiente;

III – custeio ou execução de programas e de projetos ambientais desenvolvidos por entidades públicas de proteção e conservação do meio ambiente; e

IV – manutenção de espaços públicos que tenham como objetivo a preservação do meio ambiente.

Art. 141. Não será concedida a conversão de multa para reparação de danos de que trata o inciso I do art. 140, quando:

I – não se caracterizar dano direto ao meio ambiente; e

II – a recuperação da área degradada puder ser realizada pela simples regeneração natural.

Parágrafo único. Na hipótese do *caput*, a multa poderá ser convertida nos serviços descritos nos incisos II, III e IV do art. 140, sem prejuízo da reparação dos danos praticados pelo infrator.

Art. 142. O autuado poderá requerer a conversão de multa de que trata esta Seção por ocasião da apresentação da defesa.

Art. 143. O valor dos custos dos serviços de preservação, melhoria e recuperação da qualidade do meio ambiente não poderá ser inferior ao valor da multa convertida.

§ 1º Na hipótese de a recuperação dos danos ambientais de que trata do inciso I do art. 140 importar recursos inferiores ao valor da multa convertida, a diferença será aplicada nos outros serviços descritos no art. 140.

§ 2º Independentemente do valor da multa aplicada, fica o autuado obrigado a reparar integralmente o dano que tenha causado.

§ 3º A autoridade ambiental aplicará o desconto de 40% (quarenta por cento) sobre o valor da multa consolidada.

→ § 3º com redação alterada pelo Decreto 6.686/2008.

Art. 144. A conversão de multa destinada à reparação de danos ou recuperação da áreas degradadas pressupõe que o autuado apresente pré-projeto acompanhando o requerimento.

§ 1º Caso o autuado ainda não disponha de pré-projeto na data de apresentação do requerimento, a autoridade ambiental, se provocada, poderá conceder o prazo de até 30 (trinta) dias para que ele proceda à juntada aos autos do referido documento.

§ 2º A autoridade ambiental poderá dispensar o projeto de recuperação ambiental ou autorizar a substituição por projeto simplificado quando a recuperação ambiental for de menor complexidade.

§ 3º Antes de decidir o pedido de conversão da multa, a autoridade ambiental poderá determinar ao autuado que proceda a emendas, revisões e ajustes no pré-projeto.

§ 4º O não atendimento por parte do autuado de qualquer das situações previstas neste artigo importará no pronto indeferimento do pedido de conversão de multa.

Art. 145. Por ocasião do julgamento da defesa, a autoridade julgadora deverá, numa única decisão, julgar o auto de infração e o pedido de conversão da multa.

§ 1º A decisão sobre o pedido de conversão é discricionária, podendo a administração, em decisão motivada, deferir ou não o pedido formulado, observado o que dispõe o art. 141.

§ 2º Em caso de acatamento do pedido de conversão, deverá a autoridade julgadora notificar o autuado para que compareça à sede da respectiva unidade administrativa para a assinatura de termo de compromisso.

§ 3º O deferimento do pedido de conversão suspende o prazo para a interposição de recurso durante o prazo definido pelo órgão ou entidade ambiental para a celebração do termo de compromisso de que trata o art. 146.

Art. 146. Havendo decisão favorável ao pedido de conversão de multa, as partes celebrarão termo de compromisso, que deverá conter as seguintes cláusulas obrigatórias:

I – nome, qualificação e endereço das partes compromissadas e dos respectivos representantes legais;

II – prazo de vigência do compromisso, que, em função da complexidade das obrigações nele fixadas, poderá variar entre o mínimo de 90 (noventa) dias e o máximo de 3 (três) anos, com possibilidade de prorrogação por igual período;

III – descrição detalhada de seu objeto, valor do investimento previsto e cronograma físico de execução e de implantação das obras e serviços exigidos, com metas a serem atingidas;

IV – multa a ser aplicada em decorrência do não cumprimento das obrigações nele pactuadas, que não poderá ser inferior ao valor da multa convertida, nem superior ao dobro desse valor; e

V – foro competente para dirimir litígios entre as partes.

§ 1º A assinatura do termo de compromisso implicará renúncia ao direito de recorrer administrativamente.

§ 2º A celebração do termo de compromisso não põe fim ao processo administrativo, devendo a autoridade competente monitorar e avaliar, no máximo a cada 2 (dois) anos, se as obrigações assumidas estão sendo cumpridas.

§ 3º O termo de compromisso terá efeitos na esfera civil e administrativa.

§ 4º O descumprimento do termo de compromisso implica:

I – na esfera administrativa, a imediata inscrição do débito em Dívida Ativa para cobrança da multa resultante do auto de infração em seu valor integral; e

II – na esfera civil, a imediata execução judicial das obrigações assumidas, tendo em vista seu caráter de título executivo extrajudicial.

§ 5º O termo de compromisso poderá conter cláusulas relativas às demais sanções aplicadas em decorrência do julgamento do auto de infração.

§ 6º A assinatura do termo de compromisso tratado neste artigo suspende a exigibilidade da multa aplicada.

Art. 147. Os termos de compromisso deverão ser publicados no *diário oficial*, mediante extrato.

Art. 148. A conversão da multa não poderá ser concedida novamente ao mesmo infrator durante o período de 5 (cinco) anos, contados da data da assinatura do termo de compromisso.

Capítulo III
DAS DISPOSIÇÕES FINAIS

Art. 149. Os órgãos ambientais integrantes do Sistema Nacional do Meio Ambiente – SISNAMA ficam obrigados a dar, trimestralmente, publicidade das sanções administrativas aplicadas com fundamento neste Decreto:

→ *Caput* com redação alterada pelo Decreto 6.686/2008.

I – no Sistema Nacional de Informações Ambientais – SISNIMA, de que trata o art. 9º, inciso VII, da Lei 6.938, de 1981; e

II – em seu sítio na rede mundial de computadores.

Parágrafo único. Quando da publicação das listas, nos termos do *caput*, o órgão ambiental deverá, obrigatoriamente, informar se os processos estão julgados em definitivo ou encontram-se pendentes de julgamento ou recurso.

→ Parágrafo único acrescentado pelo Decreto 6.686/2008.

Art. 150. Nos termos do que dispõe o § 1º do art. 70 da Lei 9.605, de 1998, este Decreto se aplica, no que couber, à Capitania dos Portos do Comando da Marinha.

Art. 151. Os órgãos e entidades ambientais federais competentes estabelecerão, por meio de instrução normativa, os procedimentos administrativos complementares relativos à execução deste Decreto.

Art. 152. O disposto no art. 55 entrará em vigor em 11 de abril de 2012.

→ Artigo com redação alterada pelo Decreto 7.719/2012.

Art. 152-A. Os embargos impostos em decorrência da ocupação irregular de áreas de reserva legal não averbadas e cuja vegetação nativa tenha sido suprimida até 21 de dezembro de 2007, serão suspensos até 11 de dezembro de 2009, mediante o protocolo pelo interessado de pedido de regularização da reserva legal junto ao órgão ambiental competente.

→ *Caput* com redação alterada pelo Decreto 6.695/2008.

Parágrafo único. O disposto no *caput* não se aplica a desmatamentos irregulares ocorridos no Bioma Amazônia.

→ Parágrafo único acrescentado pelo Decreto 6.695/2008.

Art. 153. Ficam revogados os Decretos 3.179, de 21 de setembro de 1999, 3.919, de 14 de setembro de 2001, 4.592, de 11 de fevereiro de 2003, 5.523, de 25 de agosto de 2005, os arts. 26 e 27 do Decreto 5.975, de 30 de novembro de 2006, e os arts. 12 e 13 do Decreto 6.321, de 21 de dezembro de 2007.

Art. 154. Este Decreto entra em vigor na data de sua publicação.

Brasília, 22 de julho de 2008; 187º da Independência e 120º da República.

Luiz Inácio Lula da Silva

(Publicação no *D.O.U.* de 23.7.2008)

DECRETO 6.523,
DE 31 DE JULHO DE 2008

Regulamenta a Lei 8.078, de 11 de setembro de 1990, para fixar normas gerais sobre o Serviço de Atendimento ao Consumidor – SAC.

O Presidente da República, no uso da atribuição que lhe confere o art. 84, inciso IV, da Constituição, e tendo em vista o disposto na Lei 8.078, de 11 de setembro de 1990, decreta:

Art. 1º Este Decreto regulamenta a Lei 8.078, de 11 de setembro de 1990, e fixa normas gerais sobre o Serviço de Atendimento ao Consumidor – SAC por telefone, no âmbito dos fornecedores de serviços regulados pelo Poder Público federal, com vistas à observância dos direitos básicos do consumidor de obter informação adequada e clara sobre os serviços que contratar e de manter-se protegido contra práticas abusivas ou ilegais impostas no fornecimento desses serviços.

Capítulo I
DO ÂMBITO DA APLICAÇÃO

Art. 2º Para os fins deste Decreto, compreende-se por SAC o serviço de atendimento telefônico das prestadoras de serviços regulados que tenham como finalidade resolver as demandas dos consumidores sobre informação, dúvida, reclamação, suspensão ou cancelamento de contratos e de serviços.

Parágrafo único. Excluem-se do âmbito de aplicação deste Decreto a oferta e a contratação de produtos e serviços realizadas por telefone.

Capítulo II
DA ACESSIBILIDADE DO SERVIÇO

Art. 3º As ligações para o SAC serão gratuitas e o atendimento das solicitações e demandas previsto neste Decreto não deverá resultar em qualquer ônus para o consumidor.

Art. 4º O SAC garantirá ao consumidor, no primeiro menu eletrônico, as opções de contato com o atendente, de reclamação e de cancelamento de contratos e serviços.

§ 1º A opção de contatar o atendimento pessoal constará de todas as subdivisões do menu eletrônico.

§ 2º O consumidor não terá a sua ligação finalizada pelo fornecedor antes da conclusão do atendimento.

§ 3º O acesso inicial ao atendente não será condicionado ao prévio fornecimento de dados pelo consumidor.

§ 4º Regulamentação específica tratará do tempo máximo necessário para o contato direto com o atendente, quando essa opção for selecionada.

Art. 5º O SAC estará disponível, ininterruptamente, durante vinte e quatro horas por dia e sete dias por semana, ressalvado o disposto em normas específicas.

Art. 6º O acesso das pessoas com deficiência auditiva ou de fala será garantido pelo SAC, em caráter preferencial, facultado à empresa atribuir número telefônico específico para este fim.

Art. 7º O número do SAC constará de forma clara e objetiva em todos os documentos e materiais impressos entregues ao consumidor no momento da contratação do serviço e durante o seu fornecimento, bem como na página eletrônica da empresa na Internet.

Parágrafo único. No caso de empresa ou grupo empresarial que oferte serviços conjuntamente, será garantido ao consumidor o acesso, ainda que por meio de diversos números de telefone, a canal único que possibilite o atendimento de demanda relativa a qualquer um dos serviços oferecidos.

Capítulo III
DA QUALIDADE DO ATENDIMENTO

Art. 8º O SAC obedecerá aos princípios da dignidade, boa-fé, transparência, eficiência, eficácia, celeridade e cordialidade.

Art. 9º O atendente, para exercer suas funções no SAC, deve ser capacitado com as habilidades técnicas e procedimentais necessárias para realizar o adequado atendimento ao consumidor, em linguagem clara.

Art. 10. Ressalvados os casos de reclamação e de cancelamento de serviços, o SAC garantirá a transferência imediata ao setor competente para atendimento definitivo da demanda, caso o primeiro atendente não tenha essa atribuição.

§ 1º A transferência dessa ligação será efetivada em até sessenta segundos.

§ 2º Nos casos de reclamação e cancelamento de serviço, não será admitida a transferência da ligação, devendo todos os atendentes possuir atribuições para executar essas funções.

§ 3º O sistema informatizado garantirá ao atendente o acesso ao histórico de demandas do consumidor.

Art. 11. Os dados pessoais do consumidor serão preservados, mantidos em sigilo e utilizados exclusivamente para os fins do atendimento.

Art. 12. É vedado solicitar a repetição da demanda do consumidor após seu registro pelo primeiro atendente.

Art. 13. O sistema informatizado deve ser programado tecnicamente de modo a garantir a agilidade, a segurança das informações e o respeito ao consumidor.

Art. 14. É vedada a veiculação de mensagens publicitárias durante o tempo de espera para o atendimento, salvo se houver prévio consentimento do consumidor.

Capítulo IV
DO ACOMPANHAMENTO DE DEMANDAS

Art. 15. Será permitido o acompanhamento pelo consumidor de todas as suas demandas por meio de registro numérico, que lhe será informado no início do atendimento.

§ 1º Para fins do disposto no *caput*, será utilizada sequência numérica única para identificar todos os atendimentos.

§ 2º O registro numérico, com data, hora e objeto da demanda, será informado ao consumidor e, se por este solicitado, enviado por correspondência ou por meio eletrônico, a critério do consumidor.

§ 3º É obrigatória a manutenção da gravação das chamadas efetuadas para o SAC, pelo prazo mínimo de noventa dias, durante o qual o consumidor poderá requerer acesso ao seu conteúdo.

§ 4º O registro eletrônico do atendimento será mantido à disposição do consumidor e do órgão ou entidade fiscalizadora por um período mínimo de dois anos após a solução da demanda.

Art. 16. O consumidor terá direito de acesso ao conteúdo do histórico de suas demandas, que lhe será enviado, quando solicitado, no prazo máximo de setenta e duas horas, por correspondência ou por meio eletrônico, a seu critério.

Capítulo V
DO PROCEDIMENTO PARA A RESOLUÇÃO DE DEMANDAS

Art. 17. As informações solicitadas pelo consumidor serão prestadas imediatamente e suas reclamações, resolvidas no prazo máximo de 5 (cinco) dias úteis a contar do registro.

§ 1º O consumidor será informado sobre a resolução de sua demanda e, sempre que solicitar, ser-lhe-á enviada a comprovação pertinente por correspondência ou por meio eletrônico, a seu critério.

§ 2º A resposta do fornecedor será clara e objetiva e deverá abordar todos os pontos da demanda do consumidor.

§ 3º Quando a demanda versar sobre serviço não solicitado ou cobrança indevida, a cobrança será suspensa imediatamente, salvo se o fornecedor indicar o instrumento por meio do qual o serviço foi contratado e comprovar que o valor é efetivamente devido.

Capítulo VI
DO PEDIDO DE CANCELAMENTO DO SERVIÇO

Art. 18. O SAC receberá e processará imediatamente o pedido de cancelamento de serviço feito pelo consumidor.

§ 1º O pedido de cancelamento será permitido e assegurado ao consumidor por todos os meios disponíveis para a contratação do serviço.

§ 2º Os efeitos do cancelamento serão imediatos à solicitação do consumidor, ainda que o seu processamento técnico necessite de prazo, e independe de seu adimplemento contratual.

§ 3º O comprovante do pedido de cancelamento será expedido por correspondência ou por meio eletrônico, a critério do consumidor.

Capítulo VII
DAS DISPOSIÇÕES FINAIS

Art. 19. A inobservância das condutas descritas neste Decreto ensejará aplicação das sanções previstas no art. 56 da Lei 8.078, de 1990, sem prejuízo das constantes dos regulamentos específicos dos órgãos e entidades reguladoras.

Art. 20. Os órgãos competentes, quando necessário, expedirão normas complementares e específicas para execução do disposto neste Decreto.

Art. 21. Os direitos previstos neste Decreto não excluem outros, decorrentes de regulamentações expedidas pelos órgãos e entidades reguladores, desde que mais benéficos para o consumidor.

Art. 22. Este Decreto entra em vigor em 1º de dezembro de 2008.

Brasília, 31 de julho de 2008; 187º da Independência e 120º da República.

Luiz Inácio Lula da Silva

(Publicação no *D.O.U.* de 1.8.2008)

LEI 11.770,
DE 9 DE SETEMBRO DE 2008

Cria o Programa Empresa Cidadã, destinado à prorrogação da licença-maternidade mediante concessão de incentivo fiscal, e altera a Lei 8.212, de 24 de julho de 1991.

→ *v.* Decreto 7.052/2009 – Regulamenta a Lei 11.770/2008.

O Presidente da República:

Faço saber que o Congresso Nacional decreta e eu sanciono a seguinte Lei:

Art. 1º É instituído o Programa Empresa Cidadã, destinado a prorrogar por 60 (sessenta) dias a duração da licença-maternidade prevista no inciso XVIII do *caput* do art. 7º da Constituição Federal.

LEGISLAÇÃO

§ 1º A prorrogação será garantida à empregada da pessoa jurídica que aderir ao Programa, desde que a empregada a requeira até o final do primeiro mês após o parto, e concedida imediatamente após a fruição da licença-maternidade de que trata o inciso XVIII do *caput* do art. 7º da Constituição Federal.

§ 2º A prorrogação será garantida, na mesma proporção, também à empregada que adotar ou obtiver guarda judicial para fins de adoção de criança.

Art. 2º É a administração pública, direta, indireta e fundacional, autorizada a instituir programa que garanta prorrogação da licença-maternidade para suas servidoras, nos termos do que prevê o art. 1º desta Lei.

Art. 3º Durante o período de prorrogação da licença-maternidade, a empregada terá direito à sua remuneração integral, nos mesmos moldes devidos no período de percepção do salário-maternidade pago pelo regime geral de previdência social.

Art. 4º No período de prorrogação da licença-maternidade de que trata esta Lei, a empregada não poderá exercer qualquer atividade remunerada e a criança não poderá ser mantida em creche ou organização similar.

Parágrafo único. Em caso de descumprimento do disposto no *caput* deste artigo, a empregada perderá o direito à prorrogação.

Art. 5º A pessoa jurídica tributada com base no lucro real poderá deduzir do imposto devido, em cada período de apuração, o total da remuneração integral da empregada pago nos 60 (sessenta) dias de prorrogação de sua licença-maternidade, vedada a dedução como despesa operacional.

Parágrafo único. (*Vetado*).

Art. 6º (*Vetado*).

Art. 7º O Poder Executivo, com vistas no cumprimento do disposto no inciso II do *caput* do art. 5º e nos arts. 12 e 14 da Lei Complementar 101, de 4 de maio de 2000, estimará o montante da renúncia fiscal decorrente do disposto nesta Lei e o incluirá no demonstrativo a que se refere o § 6º do art. 165 da Constituição Federal, que acompanhará o projeto de lei orçamentária cuja apresentação se der após decorridos 60 (sessenta) dias da publicação desta Lei.

Art. 8º Esta Lei entra em vigor na data de sua publicação, produzindo efeitos a partir do primeiro dia do exercício subsequente àquele em que for implementado o disposto no seu art. 7º.

Brasília, 9 de setembro de 2008; 187º da Independência e 120º da República.

Luiz Inácio Lula da Silva

(Publicação no *D.O.U.* 10.9.2008)

RESOLUÇÃO DO CNJ 60, DE 19 DE SETEMBRO DE 2008

Institui o Código de Ética da Magistratura Nacional.

→ *v.* Arts. 93, 102, I, *n*, 103-B, §§ 4º e 5º, e 111-A, II, da CF/1988.

→ *v.* EC 45/2004 – Altera diversos dispositivos da CF/1988.

O Presidente do Conselho Nacional de Justiça, no uso da atribuição que lhe é conferida pelo Regimento Interno e considerando o decidido na 68ª Sessão Ordinária, do dia 2 de agosto de 2008, resolve:

Art. 1º Fica instituído o Código de Ética da Magistratura Nacional, na forma do anexo desta Resolução;

Art. 2º Esta Resolução entra em vigor na data de sua Publicação.

Ministro Gilmar Mendes

Presidente

Brasília, 26 de agosto de 2008

(Publicação no *DJ* de 18.9.2008)

CÓDIGO DE ÉTICA DA MAGISTRATURA NACIONAL

(Aprovado na 68ª Sessão Ordinária do Conselho Nacional de Justiça, do dia 06 de agosto de 2008, nos autos do Processo 200820000007337)

O Conselho Nacional de Justiça, no exercício da competência que lhe atribuíram a Constituição Federal (art. 103-B, § 4º, I e II), a Lei Orgânica da Magistratura Nacional (art. 60 da LC 35/1979) e seu Regimento Interno (art. 19, incisos I e II);

Considerando que a adoção de Código de Ética da Magistratura é instrumento essencial para os juízes incrementarem a confiança da sociedade em sua autoridade moral;

Considerando que o Código de Ética da Magistratura traduz compromisso institucional com a excelência na prestação do serviço público de distribuir Justiça e, assim, mecanismo para fortalecer a legitimidade do Poder Judiciário;

Considerando que é fundamental para a magistratura brasileira cultivar princípios éticos, pois lhe cabe também função educativa e exemplar de cidadania em face dos demais grupos sociais;

Considerando que a Lei veda ao magistrado «procedimento incompatível com a dignidade, a honra e o decoro de suas funções» e comete-lhe o dever de «manter conduta irrepreensível na vida pública e particular» (LC 35/1979, arts. 35, inciso VIII, e56, inciso II); e

Considerando a necessidade de minudenciar os princípios erigidos nas aludidas normas jurídicas; resolve aprovar e editar o presente Código de Ética da Magistratura Nacional, exortando todos os juízes brasileiros à sua fiel observância.

Capítulo I
DISPOSIÇÕES GERAIS

Art. 1º O exercício da magistratura exige conduta compatível com os preceitos deste Código e do Estatuto da Magistratura, norteando-se pelos princípios da independência, da imparcialidade, do conhecimento e capacitação, da cortesia, da transparência, do segredo profissional, da prudência, da diligência, da integridade profissional e pessoal, da dignidade, da honra e do decoro.

Art. 2º Ao magistrado impõe-se primar pelo respeito à Constituição da República e às leis do País, buscando o fortalecimento das instituições e a plena realização dos valores democráticos.

Art. 3º A atividade judicial deve desenvolver-se de modo a garantir e fomentar a dignidade da pessoa humana, objetivando assegurar e promover a solidariedade e a justiça na relação entre as pessoas.

Capítulo II
INDEPENDÊNCIA

Art. 4º Exige-se do magistrado que seja eticamente independente e que não interfira, de qualquer modo, na atuação jurisdicional de outro colega, exceto em respeito às normas legais.

Art. 5º Impõe-se ao magistrado pautar-se no desempenho de suas atividades sem receber indevidas influências externas e estranhas à justa convicção que deve formar para a solução dos casos que lhe sejam submetidos.

Art. 6º É dever do magistrado denunciar qualquer interferência que vise a limitar sua independência.

Art. 7º A independência judicial implica que ao magistrado é vedado participar de atividade político-partidária.

Capítulo III
IMPARCIALIDADE

Art. 8º O magistrado imparcial é aquele que busca nas provas a verdade dos fatos, com objetividade e fundamento, mantendo ao longo de todo o processo uma distância equivalente das partes, e evita todo o tipo de comportamento que possa refletir favoritismo, predisposição ou preconceito.

Art. 9º Ao magistrado, no desempenho de sua atividade, cumpre dispensar às partes igualdade de tratamento, vedada qualquer espécie de injustificada discriminação.

Parágrafo único. Não se considera tratamento discriminatório injustificado:

I – a audiência concedida a apenas uma das partes ou seu advogado, contanto que se assegure igual direito à parte contrária, caso seja solicitado;

II – o tratamento diferenciado resultante de lei.

Capítulo IV
TRANSPARÊNCIA

Art. 10. A atuação do magistrado deve ser transparente, documentando-se seus atos, sempre que possível, mesmo quando não legalmente previsto, de modo a favorecer sua publicidade, exceto nos casos de sigilo contemplado em lei.

Art. 11. O magistrado, obedecido o segredo de justiça, tem o dever de informar ou mandar informar aos interessados acerca dos processos sob sua responsabilidade, de forma útil, compreensível e clara.

Art. 12. Cumpre ao magistrado, na sua relação com os meios de comunicação social, comportar-se de forma prudente e equitativa, e cuidar especialmente:

I – para que não sejam prejudicados direitos e interesses legítimos de partes e seus procuradores;

II – de abster-se de emitir opinião sobre processo pendente de julgamento, seu ou de outrem, ou juízo depreciativo sobre despachos, votos, sentenças ou acórdãos, de órgãos judiciais, ressalvada a crítica nos autos, doutrinária ou no exercício do magistério.

Art. 13. O magistrado deve evitar comportamentos que impliquem a busca injustificada e desmesurada por reconhecimento social, mormente a autopromoção em publicação de qualquer natureza.

Art. 14. Cumpre ao magistrado ostentar conduta positiva e de colaboração para com os órgãos de controle e de aferição de seu desempenho profissional.

Capítulo V
INTEGRIDADE PESSOAL E PROFISSIONAL

Art. 15. A integridade de conduta do magistrado fora do âmbito estrito da atividade jurisdicional contribui para uma fundada confiança dos cidadãos na judicatura.

Art. 16. O magistrado deve comportar-se na vida privada de modo a dignificar a função, cônscio de que o exercício da atividade jurisdicional impõe restrições e exigências pessoais distintas das acometidas aos cidadãos em geral.

Art. 17. É dever do magistrado recusar benefícios ou vantagens de ente público, de empresa privada ou de pessoa física que possam comprometer sua independência funcional.

Art. 18. Ao magistrado é vedado usar para fins privados, sem autorização, os bens públicos ou os meios disponibilizados para o exercício de suas funções.

Art. 19. Cumpre ao magistrado adotar as medidas necessárias para evitar que possa surgir qualquer dúvida razoável sobre a legitimidade de suas receitas e de sua situação econômico-patrimonial.

Capítulo VI
DILIGÊNCIA E DEDICAÇÃO

Art. 20. Cumpre ao magistrado velar para que os atos processuais se celebrem com a máxima pontualidade e para que os processos a seu cargo sejam solucionados em um prazo razoável, reprimindo toda e qualquer iniciativa dilatória ou atentatória à boa-fé processual.

Art. 21. O magistrado não deve assumir encargos ou contrair obrigações que perturbem ou impeçam o cumprimento apropriado de suas funções específicas, ressalvadas as acumulações permitidas constitucionalmente.

§ 1º O magistrado que acumular, de conformidade com a Constituição Federal, o exercício da judicatura com o magistério deve sempre priorizar a atividade judicial, dispensando-lhe efetiva disponibilidade e dedicação.

§ 2º O magistrado, no exercício do magistério, deve observar conduta adequada à sua condição de juiz, tendo em vista que, aos olhos de alunos e da sociedade, o magistério e a magistratura são indissociáveis, e faltas éticas na área do ensino refletirão necessariamente no respeito à função judicial.

Capítulo VII
CORTESIA

Art. 22. O magistrado tem o dever de cortesia para com os colegas, os membros do Ministério Público, os advogados, os servidores, as partes, as testemunhas e todos quantos se relacionem com a administração da Justiça.

Parágrafo único. Impõe-se ao magistrado a utilização de linguagem escorreita, polida, respeitosa e compreensível.

Art. 23. A atividade disciplinar, de correição e de fiscalização serão exercidas sem infringência ao devido respeito e consideração pelos correicionados.

Capítulo VIII
PRUDÊNCIA

Art. 24. O magistrado prudente é o que busca adotar comportamentos e decisões que sejam o resultado de juízo justificado racionalmente, após haver meditado e valorado os argumentos e contra-argumentos disponíveis, à luz do Direito aplicável.

Art. 25. Especialmente ao proferir decisões, incumbe ao magistrado atuar de forma cautelosa, atento às consequências que pode provocar.

Art. 26. O magistrado deve manter atitude aberta e paciente para receber argumentos ou críticas lançados de forma cortês e respeitosa, podendo confirmar ou retificar posições anteriormente assumidas nos processos em que atua.

Capítulo IX
SIGILO PROFISSIONAL

Art. 27. O magistrado tem o dever de guardar absoluta reserva, na vida pública e privada, sobre dados ou fatos pessoais de que haja tomado conhecimento no exercício de sua atividade.

Art. 28. Aos juízes integrantes de órgãos colegiados impõe-se preservar o sigilo de votos que ainda não hajam sido proferidos e daqueles de cujo teor tomem conhecimento, eventualmente, antes do julgamento.

Capítulo X
CONHECIMENTO E CAPACITAÇÃO

Art. 29. A exigência de conhecimento e de capacitação permanente dos magistrados tem como fundamento o direito dos jurisdicionados e da sociedade em geral à obtenção de um serviço de qualidade na administração de Justiça.

Art. 30. O magistrado bem formado é o que conhece o Direito vigente e desenvolveu as capacidades técnicas e as atitudes éticas adequadas para aplicá-lo corretamente.

Art. 31. A obrigação de formação contínua dos magistrados estende-se tanto às matérias especificamente jurídicas quanto no que se refere aos conhecimentos e técnicas que possam favorecer o melhor cumprimento das funções judiciais.

Art. 32. O conhecimento e a capacitação dos magistrados adquirem uma intensidade especial no que se relaciona com as matérias, as técnicas e as atitudes que levem à máxima proteção dos direitos humanos e ao desenvolvimento dos valores constitucionais.

Art. 33. O magistrado deve facilitar e promover, na medida do possível, a formação dos outros membros do órgão judicial.

Art. 34. O magistrado deve manter uma atitude de colaboração ativa em todas as atividades que conduzem à formação judicial.

Art. 35. O magistrado deve esforçar-se para contribuir com os seus conhecimentos teóricos e práticos ao melhor desenvolvimento do Direito e à administração da Justiça.

Art. 36. É dever do magistrado atuar no sentido de que a instituição de que faz parte ofereça os meios para que sua formação seja permanente.

Capítulo XI
DIGNIDADE, HONRA E DECORO

Art. 37. Ao magistrado é vedado procedimento incompatível com a dignidade, a honra e o decoro de suas funções.

Art. 38. O magistrado não deve exercer atividade empresarial, exceto na condição de acionista ou cotista e desde que não exerça o controle ou gerência.

Art. 39. É atentatório à dignidade do cargo qualquer ato ou comportamento do magistrado, no exercício profissional, que implique discriminação injusta ou arbitrária de qualquer pessoa ou instituição.

Capítulo XII
DISPOSIÇÕES FINAIS

Art. 40. Os preceitos do presente Código complementam os deveres funcionais dos juízes que emanam da Constituição Federal, do Estatuto da Magistratura e das demais disposições legais.

Art. 41. Os Tribunais brasileiros, por ocasião da posse de todo Juiz, entregar-lhe-ão um exemplar do Código de Ética da Magistratura Nacional, para fiel observância durante todo o tempo de exercício da judicatura.

Art. 42. Este Código entra em vigor, em todo o território nacional, na data de sua publicação, cabendo ao Conselho Nacional de Justiça promover-lhe ampla divulgação.

LEI 11.804,
DE 5 DE NOVEMBRO DE 2008

Disciplina o direito a alimentos gravídicos e a forma como ele será exercido e dá outras providências.

O Presidente da República:

Faço saber que o Congresso Nacional decreta e eu sanciono a seguinte Lei:

Art. 1º Esta Lei disciplina o direito de alimentos da mulher gestante e a forma como será exercido.

→ v. Art. 22 da Lei 8.069/1990.

Art. 2º Os alimentos de que trata esta Lei compreenderão os valores suficientes para cobrir as despesas adicionais do período de gravidez e que sejam dela decorrentes, da concepção ao parto, inclusive as referentes a alimentação especial, assistência médica e psicológica, exames complementares, internações, parto, medicamentos e demais prescrições preventivas e terapêuticas indispensáveis, a juízo do médico, além de outras que o juiz considere pertinentes.

Parágrafo único. Os alimentos de que trata este artigo referem-se à parte das despesas que deverá ser custeada pelo futuro pai, considerando-se a contribuição que também deverá ser dada pela mulher grávida, na proporção dos recursos de ambos.

Art. 3º *(Vetado).*

Art. 4º *(Vetado).*

Art. 5º *(Vetado).*

Art. 6º Convencido da existência de indícios da paternidade, o juiz fixará alimentos gravídicos que perdurarão até o nascimento da criança, sopesando as necessidades da parte autora e as possibilidades da parte ré.

Parágrafo único. Após o nascimento com vida, os alimentos gravídicos ficam convertidos em pensão alimentícia em favor do menor até que uma das partes solicite a sua revisão.

Art. 7º O réu será citado para apresentar resposta em 5 (cinco) dias.

Art. 8º *(Vetado).*

Art. 9º *(Vetado).*

Art. 10. *(Vetado).*

Art. 11. Aplicam-se supletivamente nos processos regulados por esta Lei as disposições das Leis 5.478, de 25 de julho de 1968, e 5.869, de 11 de janeiro de 1973 – Código de Processo Civil.

→ *V.* Lei 13.105/2015 – Novo CPC.

Art. 12. Esta Lei entra em vigor na data de sua publicação.

Brasília, 5 de novembro de 2008; 187º da Independência e 120º da República.

Luiz Inácio Lula da Silva

(Publicação no *D.O.U.* de 6.11.2008)

RESOLUÇÃO DO CNMP 36, DE 6 DE ABRIL DE 2009

Dispõe sobre o pedido e a utilização das interceptações telefônicas, no âmbito do Ministério Público, nos termos da Lei 9.296, de 24 de julho de 1996.

→ *V.* Arts. 5º, XII, e 136, § 1º, I, *c*, da CF/1988.

→ *V.* Lei 12.965/2014 – Lei do marco civil da internet.

O Conselho Nacional do Ministério Público, no exercício da competência fixada no artigo 130-A, parágrafo 2°, inciso II, da Constituição Federal e com arrimo no artigo 19 do Regimento Interno, em conformidade com a decisão plenária de 6 de abril de 2009;

Considerando o que dispõe o inciso XII do artigo 5° da Constituição Federal, que afirma ser inviolável o sigilo da correspondência e das comunicações telegráficas, de dados e das comunicações telefônicas, salvo se houver ordem judicial, nas hipóteses e na forma que a lei estabelecer para fins de investigação criminal ou instrução processual;

Considerando o que dispõe a Lei 9.296, de 24 de julho de 1996, que regulamenta o artigo 5°, inciso XII, parte final, da Constituição Federal;

Considerando a necessidade de estabelecer a uniformização, a padronização e requisitos rígidos na utilização dos dados referentes às autorizações de interceptações telefônicas em todo o Ministério Público;

Considerando a imposição do segredo de justiça e da preservação do sigilo das investigações realizadas e das informações disponibilizadas pelas autorizações, para a efetividade da prova e da instrução processual;

Considerando que o Conselho Nacional de Justiça, através da Resolução 59, de 9 de agosto de 2008, disciplinou a matéria aos órgãos jurisdicionais do Poder Judiciário, sendo necessária a adequação do Ministério Público às disposições da Constituição Federal e da Lei 9.296/1996, resolve:

Art. 1° O membro do Ministério Público, ao requerer ao juiz competente da ação principal, na investigação criminal ou na instrução processual penal, medida cautelar, de caráter sigiloso em matéria criminal, que tenha por objeto a interceptação de comunicação telefônica, de telemática ou de informática e, ao acompanhar o procedimento de interceptação feito pela autoridade policial, nos termos do artigo 6°, da Lei 9.296/1996, deverá observar o que dispõe esta Resolução.

Art. 2° Os requerimentos de interceptação telefônica, telemática ou de informática, formulados por membro do Ministério Público em investigação criminal ou durante a instrução processual penal, deverão ser encaminhados ao Setor de Distribuição da respectiva Comarca ou Subseção Judiciária, em envelope lacrado, que deverá conter o pedido e os documentos necessários.

§ 1° Na parte exterior do envelope lacrado, deverá ser colada folha de rosto que identifique o Ministério Público como requerente, a Comarca ou Subseção Judiciária de origem e a informação de que se trata de medida cautelar sigilosa.

§ 2° Na parte exterior do envelope lacrado, é vedada a indicação do nome do requerido, da natureza da medida cautelar ou qualquer outra anotação que possa quebrar o necessário sigilo.

Art. 3° O membro do Ministério Público deverá anexar ao envelope descrito no artigo 2°, outro envelope menor, também lacrado, contendo em seu interior apenas o número e o ano do procedimento investigatório.

Art. 4° O pedido feito ao juízo competente da ação principal, por membro do Ministério Público em procedimento de investigação criminal ou na instrução do processo penal, deverá conter, no mínimo:

I – a fundamentação do pedido e a documentação necessária;

II – a indicação dos números dos telefones a serem interceptados, e/ou o nome do usuário, a identificação do e-mail, se possível, no caso de quebra de sigilo de informática e de telemática, ou, ainda, outro elemento identificador no caso de interceptação de dados;

III – o prazo necessário da interceptação requerida;

IV – a indicação dos titulares dos referidos números;

V – os nomes dos membros do Ministério Público, também responsáveis pela investigação criminal, e dos servidores que terão acesso às informações.

§ 1° O membro do Ministério Público poderá, excepcionalmente, formular o pedido de interceptação verbalmente, desde que presentes os requisitos acima, que deverá ser reduzido a termo.

§ 2° O membro do Ministério Público responsável pela investigação criminal, pelo pedido durante a instrução processual penal ou pelo acompanhamento do procedimento requerido pela autoridade policial, poderá requisitar os serviços e os técnicos especializados às concessionárias de serviço público, nos termos do artigo 129, incisos VI, VIII e IX, da Constituição Federal.

§ 3° Em situações excepcionais, quando houver risco imediato à investigação, o cumprimento do disposto no inciso IV poderá se dar tão logo seja possível a obtenção da informação."

→ § 3º acrescentado pela Resolução CNMP 51/2010.

Art. 5° O membro do Ministério Público, ao formular, em razão do procedimento de investigação criminal ou na instrução do processo penal, pedido de prorrogação do prazo, deverá apresentar ao Juiz competente ou ao servidor que for indicado os áudios (CD/DVD) com o inteiro teor das comunicações interceptadas, indicando neles os trechos das conversas relevantes à apreciação do pedido de prorrogação e o relatório circunstanciado das investigações que está a proceder, com o seu resultado.

→ Artigo com redação alterada pela Resolução CNMP 51/2010.

Art. 6° O membro do Ministério Público deverá acompanhar o procedimento de interceptação telefônica feito em inquérito policial, quando, necessariamente, deverá ser cientificado, nos termos do artigo 6° da Lei 9.296/1996, devendo manifestar-se, expressamente, sobre a legalidade do pedido.

→ Artigo com redação alterada pela Resolução CNMP51/2010.

Parágrafo único. Nos inquéritos policiais, em que houver quebra de sigilo de comunicações, deferida na forma da lei, necessariamente, o membro do Ministério Público deverá manter o controle sobre o prazo para sua conclusão, devendo, esgotado o prazo legal do inquérito policial, requisitar da autoridade policial responsável a remessa imediata dos autos ao juízo competente.

→ A Resolução CNMP 51/2010 alterou o artigo 6º, mas nada dispôs sobre o **Parágrafo único.**

Art. 7° O membro do Ministério Público ou o servidor que indicar poderá retirar os autos em carga, mediante recibo, desde que acondicionados, pelo Cartório ou Secretaria do Poder Judiciário, em envelopes duplos, onde, no envelope externo não constará nenhuma indicação do caráter sigiloso ou do teor do documento e, no envelope interno, constará a indicação do nome do destinatário, a indicação de sigilo ou segredo de justiça.

Parágrafo único. Os autos acima referidos serão devolvidos, pessoalmente, pelo membro do Ministério Público responsável pela investigação ou pelo acompanhamento da medida deferida, ou pelo servidor por ele indicado, expressamente autorizado, ao Juiz competente ou ao servidor por esta autoridade indicado, adotando-se as cautelas referidas no *caput* deste artigo.

Art. 8° No recebimento, movimentação, guarda dos autos e documentos sigilosos, quando recebidos em carga, mediante recibo, o membro do Ministério Público deverá tomar as medidas cabíveis para que o acesso aos dados atenda às cautelas necessárias à segurança das informações e ao sigilo legal.

§ 1° Havendo violação do sigilo, requisitará o Ministério Público as medidas destinadas à sua apuração, e, caso o fato tenha ocorrido no âmbito do Ministério Público, comunicará à respectiva Corregedoria-Geral e ao Procurador-Geral."

→ § 1º com redação alterada pela Resolução CNMP 51/2010.

§ 2° É defeso ao membro do Ministério Público ou a qualquer servidor fornecer, direta ou indiretamente, a terceiros ou a órgãos de comunicação social, elementos contidos em processos ou investigações criminais, tais como gravações, transcrições e respectivas diligências, que tenham o caráter sigiloso, sob pena de responsabilização nos termos da legislação pertinente.

§ 3° É defeso ao membro do Ministério Público ou a qualquer servidor da Instituição realizar interceptações de comunicações telefônicas, de informática ou telemática, ou quebrar o segredo da Justiça, sem autorização judicial ou com objetivos não autorizados em lei, sob pena de responsabilidade criminal, nos termos da legislação vigente.

Art. 9° Cumprida a medida solicitada, no prazo assinalado ou prorrogado, o membro do Ministério Público, nos procedimentos de investigação criminal que está promovendo, encaminhará ao Juiz competente para a causa o resultado da interceptação, acompanhado de relatório circunstanciado, que deverá conter o resumo das diligências e procedimentos adotados, com as medidas judiciais consequentes a este meio de prova.

§ 1° O membro do Ministério Público, nos pedidos feitos nos procedimentos de investigação criminal, durante a instrução processual penal e no acompanhamento do inquérito policial, deverá requerer ao Juiz competente a inutilização da gravação que não interessar à prova.

§ 2° O membro do Ministério Público acompanhará a instauração do incidente de inutilização da gravação que não interessar à prova.

Art. 10. O membro do Ministério Público responsável pela investigação criminal ou instrução penal comunicará, mensalmente, à Corregedoria-Geral, preferencialmente, pela via eletrônica, em caráter sigiloso, a quantidade de interceptações sem andamento, bem como aquelas iniciadas e findas no período, além do número de linhas telefônicas interceptadas e de investigados que tiveram seus sigilos telefônico, telemático ou informático quebrados.

→ Artigo com redação alterada pela Resolução CNMP 51/2010.

Art. 11. O membro do Ministério Público que, nos termos do artigo 6°, da Lei 9.296/1996, for cientificado do deferimento de quebra de sigilo telefônico, telemático ou informático em sede de inquérito policial, deverá exercer o controle externo da legalidade do procedimento, nos termos do artigo 129, inciso VII, da Constituição Federal, e do artigo 4°, inciso VIII, da Resolução CNMP 20.

§ 1° No exercício do controle externo da legalidade do procedimento, o membro do Ministério Público poderá fazer uso do poder requisitório previsto na Constituição Federal.

→ Anterior parágrafo único renumerado para § 1° pela Resolução CNMP 51/2010.

§ 2° O membro do Ministério Público responsável pela investigação criminal ou instrução penal deverá, no exercício do controle externo da atividade policial, adotar as providências necessárias quando constatar a omissão da autoridade policial em efetuar a comunicação de que dispõe o artigo 6° da Lei 9.296/1996.

→ *§ 2° acrescentado pela Resolução CNMP 51/2010.

Art. 12. As Corregedorias-Gerais dos Ministérios Públicos comunicarão à Corregedoria Nacional do Ministério Público, até o dia 25 do mês seguinte de referência, os dados enviados pelos membros do Ministério Público.

→ Artigo com redação alterada pela Resolução CNMP51/2010.

Parágrafo único. A Corregedoria Nacional manterá cadastro nacional, comas cautelas determinadas pelo sigilo, do número de interceptações telefônicas, telemáticas e de informática requeridas ou acompanhadas pelo Ministério Público, nos termos do que dispõe o artigo 6° da Lei 9.296/1996.

→ A Resolução CNMP 51/2010 alterou o artigo 12, mas nada dispôs sobre o **Parágrafo único.**

Art. 13. A Corregedoria Nacional do Ministério Público exercerá o acompanhamento administrativo do cumprimento da presente Resolução, podendo desenvolver estudos, programas e convênios, conjuntamente, com a Corregedoria Nacional de Justiça, visando estabelecer rotinas e procedimentos inteiramente informatizados que permitam o efetivo controle da matéria.

Parágrafo único. A Corregedoria Nacional do Ministério Público, no prazo de 120 (cento e vinte) dias, avaliará a eficácia das medidas adotadas pela presente Resolução, sugerindo ao Plenário a adoção de providências para o seu aperfeiçoamento e cumprimento.

Art. 14. Esta Resolução entra em vigor na data de sua publicação, revogando-se as disposições que a contrariam.

Brasília, 6 de abril de 2009.

Antonio Fernando Barros e Silva de Souza

Presidente do Conselho Nacional do Ministério Público

(Publicação no *D.O.U.* de 11.5.2009)

LEI 12.016, DE 7 DE AGOSTO DE 2009

Disciplina o mandado de segurança individual e coletivo e dá outras providências.

O Presidente da República:

Faço saber que o Congresso Nacional decreta e eu sanciono a seguinte Lei:

Art. 1° Conceder-se-á mandado de segurança para proteger direito líquido e certo, não amparado por *habeas corpus* ou *habeas data*, sempre que, ilegalmente ou com abuso de poder, qualquer pessoa física ou jurídica sofrer violação ou houver justo receio de sofrê-la por parte de autoridade, seja de que categoria for e sejam quais forem as funções que exerça.

→ *v.* Súmulas 101, 269, 270 e 625 do STF.

→ *v.* Art. 5°, LXIX, LXX, da CF/1988.

→ *v.* Art. 212, § 2°, do ECA.

→ *v.* Art. 2°, § 1°, I, da Lei 12.153/2009.

→ *v.* Art. 3°, § 1°, I, da Lei 10.259/2001.

§ 1° Equiparam-se às autoridades, para os efeitos desta Lei, os representantes ou órgãos de partidos políticos e os administradores de entidades autárquicas, bem como os dirigentes de pessoas jurídicas ou as pessoas naturais no exercício de atribuições do poder público, somente no que disser respeito a essas atribuições.

→ *v.* Art. 44, V, do CC.

→ *v.* Art. 4°, I e II, do Dec.-lei 200/1967.

§ 2° Não cabe mandado de segurança contra os atos de gestão comercial praticados pelos administradores de empresas públicas, de sociedade de economia mista e de concessionárias de serviço público.

§ 3° Quando o direito ameaçado ou violado couber a várias pessoas, qualquer delas poderá requerer o mandado de segurança.

Art. 2° Considerar-se-á federal a autoridade coatora se as consequências de ordem patrimonial do ato contra o qual se requer o mandado houverem de ser suportadas pela União ou entidade por ela controlada.

→ *v.* Súmulas 510, 624, e 627 do STF.

→ *v.* Súmula 41 do STJ.

→ *v.* Art. 109, I, da CF/1988.

Art. 3° O titular de direito líquido e certo decorrente de direito, em condições idênticas, de terceiro poderá impetrar mandado de segurança a favor do direito originário, se o seu titular não o fizer, no prazo de 30 (trinta) dias, quando notificado judicialmente.

→ *v.* Súmula 630 do STF.

Parágrafo único. O exercício do direito previsto no *caput* deste artigo submete-se ao prazo fixado no art. 23 desta Lei, contado da notificação.

Art. 4° Em caso de urgência, é permitido, observados os requisitos legais, impetrar mandado de segurança por telegrama, radiograma, fax ou outro meio eletrônico de autenticidade comprovada.

→ *v.* Lei 9.800/1999 – Permite às partes a utilização de sistema de transmissão de dados para a prática de atos processuais.

§ 1° Poderá o juiz, em caso de urgência, notificar a autoridade por telegrama, radiograma ou outro meio que assegure a autenticidade do documento e a imediata ciência pela autoridade.

§ 2° O texto original da petição deverá ser apresentado nos 5 (cinco) dias úteis seguintes.

→ *v.* Arts. 1° a 3° da Lei 11.419/2006.

§ 3° Para os fins deste artigo, em se tratando de documento eletrônico, serão observadas as regras da Infraestrutura de Chaves Públicas Brasileira – ICP-Brasil.

→ *v.* Art. 154, parágrafo único, do CPC/1973.

→ *v.* Art. 195 do NCPC.

Art. 5° Não se concederá mandado de segurança quando se tratar:

→ *v.* Súmulas 266 e 267 do STF.

→ *v.* Súmula 202 do STJ.

I – de ato do qual caiba recurso administrativo com efeito suspensivo, independentemente de caução;

II – de decisão judicial da qual caiba recurso com efeito suspensivo;

III – de decisão judicial transitada em julgado.

→ *v.* Súmula 268 do STF.

Parágrafo único. *(Vetado).*

Art. 6° A petição inicial, que deverá preencher os requisitos estabelecidos pela lei processual, será apresentada em 2 (duas) vias com os documentos que instruírem a primeira reproduzidos na segunda e indicará, além da autoridade coatora, a pessoa jurídica que esta integra, à qual se acha vinculada ou da qual exerce atribuições.

→ *v.* Arts. 282 e 283 do CPC/1973.

→ *v.* Arts. 319 e 320, do NCPC.

§ 1° No caso em que o documento necessário à prova do alegado se ache em repartição ou estabelecimento público ou em poder de autoridade que se recuse a fornecê-lo por certidão ou de terceiro, o juiz ordenará, preliminarmente, por ofício, a exibição desse documento em original ou em cópia autêntica e marcará, para o cumprimento da ordem, o prazo de 10 (dez) dias. O escrivão extrairá cópias do documento para juntá-las à segunda via da petição.

§ 2° Se a autoridade que tiver procedido dessa maneira for a própria coatora, a ordem far-se-á no próprio instrumento da notificação.

§ 3° Considera-se autoridade coatora aquela que tenha praticado o ato impugnado ou da qual emane a ordem para a sua prática.

§ 4° *(Vetado).*

§ 5° Denega-se o mandado de segurança nos casos previstos pelo art. 267 da Lei 5.869, de 11 de janeiro de 1973 – Código de Processo Civil.

→ *v.* Art. 485 do NCPC.

LEGISLAÇÃO

§ 6º O pedido de mandado de segurança poderá ser renovado dentro do prazo decadencial, se a decisão denegatória não lhe houver apreciado o mérito.

→ v. Súmula 632 do STF.

Art. 7º Ao despachar a inicial, o juiz ordenará:

I – que se notifique o coator do conteúdo da petição inicial, enviando-lhe a segunda via apresentada com as cópias dos documentos, a fim de que, no prazo de 10 (dez) dias, preste as informações;

II – que se dê ciência do feito ao órgão de representação judicial da pessoa jurídica interessada, enviando-lhe cópia da inicial sem documentos, para que, querendo, ingresse no feito;

III – que se suspenda o ato que deu motivo ao pedido, quando houver fundamento relevante e do ato impugnado puder resultar a ineficácia da medida, caso seja finalmente deferida, sendo facultado exigir do impetrante caução, fiança ou depósito, com o objetivo de assegurar o ressarcimento à pessoa jurídica.

§ 1º Da decisão do juiz de primeiro grau que conceder ou denegar a liminar caberá agravo de instrumento, observado o disposto na Lei 5.869, de 11 de janeiro de 1973 – Código de Processo Civil.

→ v. Arts. 1.015 e ss., do NCPC.

§ 2º Não será concedida medida liminar que tenha por objeto a compensação de créditos tributários, a entrega de mercadorias e bens provenientes do exterior, a reclassificação ou equiparação de servidores públicos e a concessão de aumento ou a extensão de vantagens ou pagamento de qualquer natureza.

§ 3º Os efeitos da medida liminar, salvo se revogada ou cassada, persistirão até a prolação da sentença.

→ v. Súmulas 405 e 626 do STF.

§ 4º Deferida a medida liminar, o processo terá prioridade para julgamento.

§ 5º As vedações relacionadas com a concessão de liminares previstas neste artigo se estendem à tutela antecipada a que se referem os arts. 273 e 461 da Lei 5.869, de 11 janeiro de 1973 – Código de Processo Civil.

→ v. Arts. 294, 296 a 298, 300, 305, parágrafo único, 497, 499, 500, 536, § 1º, e 537, § 1º, do NCPC.

Art. 8º Será decretada a perempção ou caducidade da medida liminar *ex officio* ou a requerimento do Ministério Público quando, concedida a medida, o impetrante criar obstáculo ao normal andamento do processo ou deixar de promover, por mais de 3 (três) dias úteis, os atos e as diligências que lhe cumprirem.

Art. 9º As autoridades administrativas, no prazo de 48 (quarenta e oito) horas da notificação da medida liminar, remeterão ao Ministério ou órgão a que se acham subordinadas e ao Advogado-Geral da União ou a quem tiver a representação judicial da União, do Estado, do Município ou da entidade apontada como coatora cópia autenticada do mandado notificatório, assim como indicações e elementos outros necessários às providências a serem tomadas para a eventual suspensão da medida e defesa do ato apontado como ilegal ou abusivo de poder.

Art. 10. A inicial será desde logo indeferida, por decisão motivada, quando não for o caso de mandado de segurança ou lhe faltar algum dos requisitos legais ou quando decorrido o prazo legal para a impetração.

→ v. Art. 93, IX, da CF/1988.

→ v. Art. 284 do CPC/1973.

→ v. Art. 321 do NCPC.

§ 1º Do indeferimento da inicial pelo juiz de primeiro grau caberá apelação e, quando a competência para o julgamento do mandado de segurança couber originariamente a um dos tribunais, do ato do relator caberá agravo para o órgão competente do tribunal que integre.

→ v. Arts. 296 e 513 e ss. do CPC/1973.

→ v. Arts. 331, 932, III e IV, 938, § 1º, 1.007, § 6º, 1.009, 1.010, e 1.012 a 1.020, do NCPC.

§ 2º O ingresso de litisconsorte ativo não será admitido após o despacho da petição inicial.

Art. 11. Feitas as notificações, o serventuário em cujo cartório corra o feito juntará aos autos cópia autêntica dos ofícios endereçados ao coator e ao órgão de representação judicial da pessoa jurídica interessada, bem como a prova da entrega a estes ou da sua recusa em aceitá-los ou dar recibo e, no caso do art. 4º desta Lei, a comprovação da remessa.

Art. 12. Findo o prazo a que se refere o inciso I do *caput* do art. 7º desta Lei, o juiz ouvirá o representante do Ministério Público, que opinará, dentro do prazo improrrogável de 10 (dez) dias.

→ v. Art. 127 da CF/1988.

→ v. Arts. 84 e 246 do CPC/1973.

→ v. Arts. 279 e 279, *caput* e § 1º, do NCPC.

Parágrafo único. Com ou sem o parecer do Ministério Público, os autos serão conclusos ao juiz, para a decisão, a qual deverá ser necessariamente proferida em 30 (trinta) dias.

Art. 13. Concedido o mandado, o juiz transmitirá em ofício, por intermédio do oficial do juízo, ou pelo correio, mediante correspondência com aviso de recebimento, o inteiro teor da sentença à autoridade coatora e à pessoa jurídica interessada.

Parágrafo único. Em caso de urgência, poderá o juiz observar o disposto no art. 4º desta Lei.

Art. 14. Da sentença, denegando ou concedendo o mandado, cabe apelação.

→ v. Art. 513 e ss. do CPC/1973.

→ v. Arts. 938, § 1º, 1.007, § 6º, 1.009, 1.010, e 1.012 a 1.014, do NCPC.

§ 1º Concedida a segurança, a sentença estará sujeita obrigatoriamente ao duplo grau de jurisdição.

→ v. Art. 475 do CPC/1973.

→ v. Art. 496 do NCPC.

§ 2º Estende-se à autoridade coatora o direito de recorrer.

→ v. Art. 499 do CPC/1973.

→ v. Art. 996 do NCPC.

§ 3º A sentença que conceder o mandado de segurança pode ser executada provisoriamente, salvo nos casos em que for vedada a concessão da medida liminar.

→ v. Art. 475-O do CPC/1973.

→ v. Arts. 520 e 521, do NCPC.

§ 4º O pagamento de vencimentos e vantagens pecuniárias assegurados em sentença concessiva de mandado de segurança a servidor público da administração direta ou autárquica federal, estadual e municipal somente será efetuado relativamente às prestações que se vencerem a contar da data do ajuizamento da inicial.

→ v. Súmula 271 do STF.

Art. 15. Quando, a requerimento de pessoa jurídica de direito público interessada ou do Ministério Público e para evitar grave lesão à ordem, à saúde, à segurança e à economia públicas, o presidente do tribunal ao qual couber o conhecimento do respectivo recurso suspender, em decisão fundamentada, a execução da liminar e da sentença, dessa decisão caberá agravo, sem efeito suspensivo, no prazo de 5 (cinco) dias, que será levado a julgamento na sessão seguinte à sua interposição.

→ v. Art. 97 da CF/1988.

→ v. Art. 12, § 1º, da Lei 7.347/1985.

§ 1º Indeferido o pedido de suspensão ou provido o agravo a que se refere o *caput* deste artigo, caberá novo pedido de suspensão ao presidente do tribunal competente para conhecer de eventual recurso especial ou extraordinário.

§ 2º É cabível também o pedido de suspensão a que se refere o § 1º deste artigo, quando negado provimento a agravo de instrumento interposto contra a liminar a que se refere este artigo.

§ 3º A interposição de agravo de instrumento contra liminar concedida nas ações movidas contra o poder público e seus agentes não prejudica nem condiciona o julgamento do pedido de suspensão a que se refere este artigo.

§ 4º O presidente do tribunal poderá conferir ao pedido efeito suspensivo liminar se constatar, em juízo prévio, a plausibilidade do direito invocado e a urgência na concessão da medida.

§ 5º As liminares cujo objeto seja idêntico poderão ser suspensas em uma única decisão, podendo o presidente do tribunal estender os efeitos da suspensão a liminares supervenientes, mediante simples aditamento do pedido original.

→ v. Súmula 626 do STF.

Art. 16. Nos casos de competência originária dos tribunais, caberá ao relator a instrução do processo, sendo assegurada a defesa oral na sessão do julgamento.

Parágrafo único. Da decisão do relator que conceder ou denegar a medida liminar caberá agravo ao órgão competente do tribunal que integre.

Art. 17. Nas decisões proferidas em mandado de segurança e nos respectivos recursos, quando não publicado, no prazo de 30 (trinta) dias, contado da data do julgamento, o acórdão será substituído pelas respectivas notas taquigráficas, independentemente de revisão.

Art. 18. Das decisões em mandado de segurança proferidas em única instância pelos tribunais cabe recurso especial e extraordinário, nos casos legalmente previstos, e recurso ordinário, quando a ordem for denegada.

→ v. Arts. 102, II, *a*, III, e 105, II, *b*, III, da CF/1988.

Art. 19. A sentença ou o acórdão que denegar mandado de segurança, sem decidir o mérito, não impedirá que o requerente, por ação própria, pleiteie os seus direitos e os respectivos efeitos patrimoniais.

→ v. Art. 267 do CPC/1973.

→ v. Art. 485 do NCPC.

Art. 20. Os processos de mandado de segurança e os respectivos recursos terão prioridade sobre todos os atos judiciais, salvo *habeas corpus*.

→ v. Art. 5º, LXVIII, da CF/1988.

§ 1º Na instância superior, deverão ser levados a julgamento na primeira sessão que se seguir à data em que forem conclusos ao relator.

§ 2º O prazo para a conclusão dos autos não poderá exceder de 5 (cinco) dias.

Art. 21. O mandado de segurança coletivo pode ser impetrado por partido político com representação no Congresso Nacional, na defesa de seus interesses legítimos relativos a seus integrantes ou à finalidade partidária, ou por organização sindical, entidade de classe ou associação legalmente constituída e em funcionamento há, pelo menos, 1 (um) ano, em defesa de direitos líquidos e certos da totalidade, ou de parte, dos seus membros ou associados, na forma dos seus estatutos e desde que pertinentes às suas finalidades, dispensada, para tanto, autorização especial.

→ v. Art. 5º, LXX, da CF/1988.

Parágrafo único. Os direitos protegidos pelo mandado de segurança coletivo podem ser:

→ v. Art. 81, parágrafo único, I a III, do CDC.

I – coletivos, assim entendidos, para efeito desta Lei, os transindividuais, de natureza indivisível, de que seja titular grupo ou categoria de pessoas ligadas entre si ou com a parte contrária por uma relação jurídica básica;

II – individuais homogêneos, assim entendidos, para efeito desta Lei, os decorrentes de origem comum e da atividade ou situação específica da totalidade ou de parte dos associados ou membros do impetrante.

Art. 22. No mandado de segurança coletivo, a sentença fará coisa julgada limitadamente aos membros do grupo ou categoria substituídos pelo impetrante.

→ v. Arts. 127, *caput*, e 129, IX, da CF/1988.

→ v. Art. 6º do CPC/1973.

→ v. Art. 18 do NCPC.

→ v. Arts. 81, *caput*, parágrafo único, III, 82, e 103, III, do CDC.

→ v. Art. 5º da Lei 7.347/1985.

§ 1º O mandado de segurança coletivo não induz litispendência para as ações individuais, mas os efeitos da coisa julgada não beneficiarão o impetrante a título individual se não requerer a desistência de seu mandado de segurança no prazo de 30 (trinta) dias a contar da ciência comprovada da impetração da segurança coletiva.

→ v. Art. 104 do CDC.

§ 2º No mandado de segurança coletivo, a liminar só poderá ser concedida após a audiência do representante judicial da pessoa jurídica de direito público, que deverá se pronunciar no prazo de 72 (setenta e duas) horas.

Art. 23. O direito de requerer mandado de segurança extinguir-se-á decorridos 120 (cento e vinte) dias, contados da ciência, pelo interessado, do ato impugnado.

→ v. Súmula 632 do STF.

Art. 24. Aplicam-se ao mandado de segurança os arts. 46 a 49 da Lei 5.869, de 11 de janeiro de 1973 – Código de Processo Civil.

→ v. Arts. 113 a 115, e 117 e 118, do NCPC.

Art. 25. Não cabem, no processo de mandado de segurança, a interposição de embargos infringentes e a condenação ao pagamento dos honorários advocatícios, sem prejuízo da aplicação de sanções no caso de litigância de má-fé.

→ v. Súmulas 512 e 597 do STF.

→ v. Súmulas 105 e 169 do STJ.

→ v. Arts. 17 e 18 do CPC/1973.

→ v. Arts. 80 e 81, do NCPC.

Art. 26. Constitui crime de desobediência, nos termos do art. 330 do Decreto-lei 2.848, de 7 de dezembro de 1940, o não cumprimento das decisões proferidas em mandado de segurança, sem prejuízo das sanções administrativas e da aplicação da Lei 1.079, de 10 de abril de 1950, quando cabíveis.

Art. 27. Os regimentos dos tribunais e, no que couber, as leis de organização judiciária deverão ser adaptados às disposições desta Lei no prazo de 180 (cento e oitenta) dias, contado da sua publicação.

Art. 28. Esta Lei entra em vigor na data de sua publicação.

Art. 29. Revogam-se as Leis 1.533, de 31 de dezembro de 1951, 4.166, de 4 de dezembro de 1962, 4.348, de 26 de junho de 1964, 5.021, de 9 de junho de 1966; o art. 3º da Lei 6.014, de 27 de dezembro de 1973, o art. 1º da Lei 6.071, de 3 de julho de 1974, o art. 12 da Lei 6.978, de 19 de janeiro de 1982, e o art. 2º da Lei 9.259, de 9 de janeiro de 1996.

Brasília, 7 de agosto de 2009; 188º da Independência e 121º da República.

Luiz Inácio Lula da Silva

(Publicação no *D.O.U.* de 10.8.2009)

LEI 12.037,
DE 1º DE OUTUBRO DE 2009

Dispõe sobre a identificação criminal do civilmente identificado, regulamentando o art. 5º, inciso LVIII, da Constituição Federal.

O Vice-Presidente da República, no exercício do cargo de Presidente da República:

Faço saber que o Congresso Nacional decreta e eu sanciono a seguinte Lei:

Art. 1º O civilmente identificado não será submetido a identificação criminal, salvo nos casos previstos nesta Lei.

→ v. Art. 5º, LVIII, da CF/1988.

Art. 2º A identificação civil é atestada por qualquer dos seguintes documentos:

I – carteira de identidade;

II – carteira de trabalho;

III – carteira profissional;

IV – passaporte;

V – carteira de identificação funcional;

VI – outro documento público que permita a identificação do indiciado.

Parágrafo único. Para as finalidades desta Lei, equiparam-se aos documentos de identificação civis os documentos de identificação militares.

Art. 3º Embora apresentado documento de identificação, poderá ocorrer identificação criminal quando:

→ v. Art. 307 do CP.

I – o documento apresentar rasura ou tiver indício de falsificação;

II – o documento apresentado for insuficiente para identificar cabalmente o indiciado;

III – o indiciado portar documentos de identidade distintos, com informações conflitantes entre si;

IV – a identificação criminal for essencial às investigações policiais, segundo despacho da autoridade judiciária competente, que decidirá de ofício ou mediante representação da autoridade policial, do Ministério Público ou da defesa;

V – constar de registros policiais o uso de outros nomes ou diferentes qualificações;

VI – o estado de conservação ou a distância temporal ou da localidade da expedição do documento apresentado impossibilite a completa identificação dos caracteres essenciais.

Parágrafo único. As cópias dos documentos apresentados deverão ser juntadas aos autos do inquérito, ou outra forma de investigação, ainda que consideradas insuficientes para identificar o indiciado.

Art. 4º Quando houver necessidade de identificação criminal, a autoridade encarregada tomará as providências necessárias para evitar o constrangimento do identificado.

Art. 5º A identificação criminal incluirá o processo datiloscópico e o fotográfico, que serão juntados aos autos da comunicação da prisão em flagrante, ou do inquérito policial ou outra forma de investigação.

Parágrafo único. Na hipótese do inciso IV do art. 3º, a identificação criminal poderá incluir a coleta de material biológico para a obtenção do perfil genético.

→ Parágrafo único acrescentado pela Lei 12.654/2012.

Art. 5º-A. Os dados relacionados à coleta do perfil genético deverão ser armazenados em bancos de dados de perfis genéticos, gerenciado por unidade oficial de perícia criminal.

→ Artigo acrescentado pela lei 12.654/2012.

§ 1º As informações genéticas contidas nos bancos de dados, de perfis genéticos não poderão revelar traços somáticos ou comportamentais das pessoas, exceto determinação genética de gênero, consoante as normas constitucionais e internacionais sobre os direitos humanos, genoma humano e dados genéticos.

§ 2º Os dados constantes dos bancos de dados de perfis genéticos terão caráter sigiloso, respondendo civil, penal e administrativamente aquele que permitir ou promover sua utilização para fins diversos dos previstos nesta Lei ou em decisão judicial.

→ v. Art. 325 do CP.

§ 3º As informações obtidas a partir da coincidência de perfis genéticos deverão ser consignadas em laudo pericial firmado por perito oficial devidamente habilitado.

→ v. Art. 159 do CPP.

Art. 6º É vedado mencionar a identificação criminal do indiciado em atestados de antecedentes ou em informações não destinadas ao juízo criminal, antes do trânsito em julgado da sentença condenatória.

Art. 7º No caso de não oferecimento da denúncia, ou sua rejeição, ou absolvição, é facultado ao indiciado ou ao réu, após o arquivamento definitivo do inquérito, ou trânsito em julgado da sentença, requerer a retirada da identificação fotográfica do inquérito ou processo, desde que apresente provas de sua identificação civil.

Art. 7º-A. A exclusão dos perfis genéticos dos bancos de dados ocorrerá no término do prazo estabelecido em lei para a prescrição do delito.

→ Artigo acrescentado pela Lei 12.654/2012.

Art. 7º-B. A identificação do perfil genético será armazenada em banco de dados sigiloso, conforme regulamento a ser expedido pelo Poder Executivo.

→ Artigo acrescentado pela Lei 12.654/2012.

Art. 8º Esta Lei entra em vigor na data de sua publicação.

Art. 9º Revoga-se a Lei 10.054, de 7 de dezembro de 2000.

Brasília, 1º de outubro de 2009; 188º da Independência e 121º da República.

José Alencar Gomes da Silva

(Publicação no *D.O.U.* de 2.10.2009)

LEI 12.153, DE 22 DE DEZEMBRO DE 2009

Dispõe sobre os Juizados Especiais da Fazenda Pública no âmbito dos Estados, do Distrito Federal, dos Territórios e dos Municípios.

O Presidente da República:

Faço saber que o Congresso Nacional decreta e eu sanciono a seguinte Lei:

Art. 1º Os Juizados Especiais da Fazenda Pública, órgãos da justiça comum e integrantes do Sistema dos Juizados Especiais, serão criados pela União, no Distrito Federal e nos Territórios, e pelos Estados, para conciliação, processo, julgamento e execução, nas causas de sua competência.

Parágrafo único. O sistema dos Juizados Especiais dos Estados e do Distrito Federal é formado pelos Juizados Especiais Cíveis, Juizados Especiais Criminais e Juizados Especiais da Fazenda Pública.

→ *v.* Lei 9.099/1995 – Juizados Especiais Cíveis e Criminais dos Estados, Territórios e Distrito Federal.

Art. 2º É de competência dos Juizados Especiais da Fazenda Pública processar, conciliar e julgar causas cíveis de interesse dos Estados, do Distrito Federal, dos Territórios e dos Municípios, até o valor de 60 (sessenta) salários mínimos.

§ 1º Não se incluem na competência do Juizado Especial da Fazenda Pública:

I – as ações de mandado de segurança, de desapropriação, de divisão e demarcação, populares, por improbidade administrativa, execuções fiscais e as demandas sobre direitos ou interesses difusos e coletivos;

→ *v.* Lei 12.016/2009 – Mandado de Segurança;

→ *v.* Dec.-Lei 3.365/1941 – Desapropriação;

→ *v.* Arts. 946 a 981 do CPC/1973;

→ *v.* Arts. 569 e ss., do NCPC;

→ *v.* Lei 8.429/1992 – Improbidade Administrativa;

→ *v.* Lei 6.830/1980 – Execução Fiscal.

II – as causas sobre bens imóveis dos Estados, Distrito Federal, Territórios e Municípios, autarquias e fundações públicas a eles vinculadas;

III – as causas que tenham como objeto a impugnação da pena de demissão imposta a servidores públicos civis ou sanções disciplinares aplicadas a militares.

→ *v.* Lei 8.112/1990 – Regime Jurídico dos Servidores Públicos.

§ 2º Quando a pretensão versar sobre obrigações vincendas, para fins de competência do Juizado Especial, a soma de 12 (doze) parcelas vincendas e de eventuais parcelas vencidas não poderá exceder o valor referido no *caput* deste artigo.

§ 3º *(Vetado).*

§ 4º No foro onde estiver instalado Juizado Especial da Fazenda Pública, a sua competência é absoluta.

Art. 3º O juiz poderá, de ofício ou a requerimento das partes, deferir quaisquer providências cautelares e antecipatórias no curso do processo, para evitar dano de difícil ou de incerta reparação.

→ *v.* Arts. 796 a 889 do CPC/1973.

→ *v.* Arts. 294 e ss., do NCPC.

Art. 4º Exceto nos casos do art. 3º, somente será admitido recurso contra a sentença.

Art. 5º Podem ser partes no Juizado Especial da Fazenda Pública:

I – como autores, as pessoas físicas e as microempresas e empresas de pequeno porte, assim definidas na Lei Complementar 123, de 14 de dezembro de 2006;

II – como réus, os Estados, o Distrito Federal, os Territórios e os Municípios, bem como autarquias, fundações e empresas públicas a eles vinculadas.

Art. 6º Quanto às citações e intimações, aplicam-se as disposições contidas na Lei 5.869, de 11 de janeiro de 1973 – Código de Processo Civil.

→ *v.* Arts. 213 a 242 do CPC/1973.

→ *v.* Arts. 238 e ss., do NCPC.

Art. 7º Não haverá prazo diferenciado para a prática de qualquer ato processual pelas pessoas jurídicas de direito público, inclusive a interposição de recursos, devendo a citação para a audiência de conciliação ser efetuada com antecedência mínima de 30 (trinta) dias.

Art. 8º Os representantes judiciais dos réus presentes à audiência poderão conciliar, transigir ou desistir nos processos da competência dos Juizados Especiais, nos termos e nas hipóteses previstas na lei do respectivo ente da Federação.

Art. 9º A entidade ré deverá fornecer ao Juizado a documentação de que disponha para o esclarecimento da causa, apresentando-a até a instalação da audiência de conciliação.

Art. 10. Para efetuar o exame técnico necessário à conciliação ou ao julgamento da causa, o juiz nomeará pessoa habilitada, que apresentará o laudo até 5 (cinco) dias antes da audiência.

Art. 11. Nas causas de que trata esta Lei, não haverá reexame necessário.

Art. 12. O cumprimento do acordo ou da sentença, com trânsito em julgado, que imponham obrigação de fazer, não fazer ou entrega de coisa certa, será efetuado mediante ofício do juiz à autoridade citada para a causa, com cópia da sentença ou do acordo.

→ *v.* Arts. 233 a 285 do CC – Das Modalidades de Obrigações.

Art. 13. Tratando-se de obrigação de pagar quantia certa, após o trânsito em julgado da decisão, o pagamento será efetuado:

I – no prazo máximo de 60 (sessenta) dias, contado da entrega da requisição do juiz à autoridade citada para a causa, independentemente de precatório, na hipótese do § 3º do art. 100 da Constituição Federal; ou

II – mediante precatório, caso o montante da condenação exceda o valor definido como obrigação de pequeno valor.

§ 1º Desatendida a requisição judicial, o juiz, imediatamente, determinará o sequestro do numerário suficiente ao cumprimento da decisão, dispensada a audiência da Fazenda Pública.

§ 2º As obrigações definidas como de pequeno valor a serem pagas independentemente de precatório terão como limite o que for estabelecido na lei do respectivo ente da Federação.

§ 3º Até que se dê a publicação das leis de que trata o § 2º, os valores serão:

I – 40 (quarenta) salários mínimos, quanto aos Estados e ao Distrito Federal;

II – 30 (trinta) salários mínimos, quanto aos Municípios.

§ 4º São vedados o fracionamento, a repartição ou a quebra do valor da execução, de modo que o pagamento se faça, em parte, na forma estabelecida no inciso I do *caput* e, em parte, mediante expedição de precatório, bem como a expedição de precatório complementar ou suplementar do valor pago.

§ 5º Se o valor da execução ultrapassar o estabelecido para pagamento independentemente do precatório, o pagamento far-se-á, sempre, por meio do precatório, sendo facultada à parte exequente a renúncia ao crédito do valor excedente, para que possa optar pelo pagamento do saldo sem o precatório.

§ 6º O saque do valor depositado poderá ser feito pela parte autora, pessoalmente, em qualquer agência do banco depositário, independentemente de alvará.

§ 7º O saque por meio de procurador somente poderá ser feito na agência destinatária do depósito, mediante procuração específica, com firma reconhecida, da qual constem o valor originalmente depositado e sua procedência.

Art. 14. Os Juizados Especiais da Fazenda Pública serão instalados pelos Tribunais de Justiça dos Estados e do Distrito Federal.

Parágrafo único. Poderão ser instalados Juizados Especiais Adjuntos, cabendo ao Tribunal designar a Vara onde funcionará.

Art. 15. Serão designados, na forma da legislação dos Estados e do Distrito Federal, conciliadores e juízes leigos dos Juizados Especiais da Fazenda Pública, observadas as atribuições previstas nos arts. 22, 37 e 40 da Lei 9.099, de 26 de setembro de 1995.

§ 1º Os conciliadores e juízes leigos são auxiliares da Justiça, recrutados, os primeiros, preferentemente, entre os bacharéis em Direito, e os segundos, entre advogados com mais de 2 (dois) anos de experiência.

§ 2º Os juízes leigos ficarão impedidos de exercer a advocacia perante todos os Juizados Especiais da Fazenda Pública instalados em território nacional, enquanto no desempenho de suas funções.

Art. 16. Cabe ao conciliador, sob a supervisão do juiz, conduzir a audiência de conciliação.

§ 1º Poderá o conciliador, para fins de encaminhamento da composição amigável, ouvir as partes e testemunhas sobre os contornos fáticos da controvérsia.

§ 2º Não obtida a conciliação, caberá ao juiz presidir a instrução do processo, podendo dispensar novos depoimentos, se entender suficientes para o julgamento da causa os esclarecimentos já constantes dos autos, e não houver impugnação das partes.

Art. 17. As Turmas Recursais do Sistema dos Juizados Especiais são compostas por juízes em exercício no primeiro grau de jurisdição, na forma da legislação dos Estados e do Distrito Federal, com mandato de 2 (dois) anos, e integradas, preferencialmente, por juízes do Sistema dos Juizados Especiais.

§ 1º A designação dos juízes das Turmas Recursais obedecerá aos critérios de antiguidade e merecimento.

§ 2º Não será permitida a recondução, salvo quando não houver outro juiz na sede da Turma Recursal.

Art. 18. Caberá pedido de uniformização de interpretação de lei quando houver divergência entre decisões proferidas por Turmas Recursais sobre questões de direito material.

§ 1º O pedido fundado em divergência entre Turmas do mesmo Estado será julgado em reunião conjunta das Turmas em conflito, sob a presidência de desembargador indicado pelo Tribunal de Justiça.

§ 2º No caso do § 1º, a reunião de juízes domiciliados em cidades diversas poderá ser feita por meio eletrônico.

§ 3º Quando as Turmas de diferentes Estados derem a lei federal interpretações divergentes, ou quando a decisão proferida estiver em contrariedade com súmula do Superior Tribunal de Justiça, o pedido será por este julgado.

Art. 19. Quando a orientação acolhida pelas Turmas de Uniformização de que trata o § 1º do art. 18 contrariar súmula do Superior Tribunal de Justiça, a parte interessada poderá provocar a manifestação deste, que dirimirá a divergência.

§ 1º Eventuais pedidos de uniformização fundados em questões idênticas e recebidos subsequentemente em quaisquer das Turmas Recursais ficarão retidos nos autos, aguardando pronunciamento do Superior Tribunal de Justiça.

§ 2º Nos casos do *caput* deste artigo e do § 3º do art. 18, presente a plausibilidade do direito invocado e havendo fundado receio de dano de difícil reparação, poderá o relator conceder, de ofício ou a requerimento do interessado, medida liminar determinando a suspensão dos processos nos quais a controvérsia esteja estabelecida.

§ 3º Se necessário, o relator pedirá informações ao Presidente da Turma Recursal ou Presidente da Turma de Uniformização e, nos casos previstos em lei, ouvirá o Ministério Público, no prazo de 5 (cinco) dias.

§ 4º *(Vetado).*

§ 5º Decorridos os prazos referidos nos §§ 3º e 4º, o relator incluirá o pedido em pauta na sessão, com preferência sobre todos os demais feitos, ressalvados os processos com réus presos, os *habeas corpus* e os mandados de segurança.

§ 6º Publicado o acórdão respectivo, os pedidos retidos referidos no § 1º serão apreciados pelas Turmas Recursais, que poderão exercer juízo de retratação ou os declararão prejudicados, se veicularem tese não acolhida pelo Superior Tribunal de Justiça.

Art. 20. Os Tribunais de Justiça, o Superior Tribunal de Justiça e o Supremo Tribunal Federal, no âmbito de suas competências, expedirão normas regulamentando os procedimentos a serem adotados para o processamento e o julgamento do pedido de uniformização e do recurso extraordinário.

Art. 21. O recurso extraordinário, para os efeitos desta Lei, será processado e julgado segundo o estabelecido no art. 19, além da observância das normas do Regimento.

→ *v.* Arts. 541 a 546 do CPC/1973.

→ *v.* Arts. 1.029 e ss., do NCPC.

Art. 22. Os Juizados Especiais da Fazenda Pública serão instalados no prazo de até 2 (dois) anos da vigência desta Lei, podendo haver o aproveitamento total ou parcial das estruturas das atuais Varas da Fazenda Pública.

Art. 23. Os Tribunais de Justiça poderão limitar, por até 5 (cinco) anos, a partir da entrada em vigor desta Lei, a competência dos Juizados Especiais da Fazenda Pública, atendendo à necessidade da organização dos serviços judiciários e administrativos.

Art. 24. Não serão remetidas aos Juizados Especiais da Fazenda Pública as demandas ajuizadas até a data de sua instalação, assim como as ajuizadas fora do Juizado Especial por força do disposto no art. 23.

Art. 25. Competirá aos Tribunais de Justiça prestar o suporte administrativo necessário ao funcionamento dos Juizados Especiais.

Art. 26. O disposto no art. 16 aplica-se aos Juizados Especiais Federais instituídos pela Lei 10.259, de 12 de julho de 2001.

Art. 27. Aplica-se subsidiariamente o disposto nas Leis 5.869, de 11 de janeiro de 1973 – Código de Processo Civil, 9.099, de 26 de setembro de 1995, e 10.259, de 12 de julho de 2001.

→ *v.* Lei 13.105/2015 Novo CPC.

Art. 28. Esta Lei entra em vigor após decorridos 6 (seis) meses de sua publicação oficial.

Brasília, 22 de dezembro de 2009; 188º da Independência e 121º da República.

Luiz Inácio Lula da Silva

(Publicação no *D.O.U.* 23.12.2009)

LEI 12.318,
DE 26 DE AGOSTO DE 2010

Dispõe sobre a alienação parental e altera o art. 236 da Lei 8.069, de 13 de julho de 1990.

O Presidente da República:

Faço saber que o Congresso Nacional decreta e eu sanciono a seguinte Lei:

Art. 1º Esta Lei dispõe sobre a alienação parental.

Art. 2º Considera-se ato de alienação parental a interferência na formação psicológica da criança ou do adolescente promovida ou induzida por um dos genitores, pelos avós ou pelos que tenham a criança ou adolescente sob a sua autoridade, guarda ou vigilância para que repudie genitor ou que cause prejuízo ao estabelecimento ou à manutenção de vínculos com este.

Parágrafo único. São formas exemplificativas de alienação parental, além dos atos assim declarados pelo juiz ou constatados por perícia, praticados diretamente ou com auxílio de terceiros:

I – realizar campanha de desqualificação da conduta do genitor no exercício da paternidade ou maternidade;

II – dificultar o exercício da autoridade parental;

III – dificultar contato de criança ou adolescente com genitor;

IV – dificultar o exercício do direito regulamentado de convivência familiar;

V – omitir deliberadamente a genitor informações pessoais relevantes sobre a criança ou adolescente, inclusive escolares, médicas e alterações de endereço;

VI – apresentar falsa denúncia contra genitor, contra familiares deste ou contra avós, para obstar ou dificultar a convivência deles com a criança ou adolescente;

VII – mudar o domicílio para local distante, sem justificativa, visando a dificultar a convivência da criança ou adolescente com o outro genitor, com familiares deste ou com avós.

Art. 3º A prática de ato de alienação parental fere direito fundamental da criança ou do adolescente de convivência familiar saudável, prejudica a realização de afeto nas relações com genitor e com o grupo familiar, constitui abuso moral contra a criança ou o adolescente e descumprimento dos deveres inerentes à autoridade parental ou decorrentes de tutela ou guarda.

Art. 4º Declarado indício de ato de alienação parental, a requerimento ou de ofício, em qualquer momento processual, em ação autônoma ou incidentalmente, o processo terá tramitação prioritária, e o juiz determinará, com urgência, ouvido o Ministério Público, as medidas provisórias necessárias para preservação da integridade psicológica da criança ou do adolescente, inclusive para assegurar sua convivência com genitor ou viabilizar a efetiva reaproximação entre ambos, se for o caso.

Parágrafo único. Assegurar-se-á à criança ou adolescente e ao genitor garantia mínima de visitação assistida, ressalvados os casos em que há iminente risco de prejuízo à integridade física ou psicológica da criança ou do adolescente, atestado por profissional eventualmente designado pelo juiz para acompanhamento das visitas.

Art. 5º Havendo indício da prática de ato de alienação parental, em ação autônoma ou incidental, o juiz, se necessário, determinará perícia psicológica ou biopsicossocial.

§ 1º O laudo pericial terá base em ampla avaliação psicológica ou biopsicossocial, conforme o caso, compreendendo, inclusive, entrevista pessoal com as partes, exame de documentos dos autos, histórico do relacionamento do casal e da separação, cronologia de incidentes, avaliação da personalidade dos envolvidos e exame da forma como a criança ou adolescente se manifesta acerca de eventual acusação contra genitor.

§ 2º A perícia será realizada por profissional ou equipe multidisciplinar habilitados, exigido, em qualquer caso, aptidão comprovada por histórico profissional ou acadêmico para diagnosticar atos de alienação parental.

§ 3º O perito ou equipe multidisciplinar designada para verificar a ocorrência de alienação parental terá prazo de 90 (noventa) dias para apresentação do laudo, prorrogável exclusivamente por autorização judicial baseada em justificativa circunstanciada.

Art. 6º Caracterizados atos típicos de alienação parental ou qualquer conduta que dificulte a convivência de criança ou adolescente com genitor, em ação autônoma ou incidental, o juiz poderá, cumulativamente ou não, sem prejuízo da decorrente responsabilidade civil ou criminal e da ampla utilização de instrumentos processuais aptos a inibir ou atenuar seus efeitos, segundo a gravidade do caso:

I – declarar a ocorrência de alienação parental e advertir o alienador;

II – ampliar o regime de convivência familiar em favor do genitor alienado;

III – estipular multa ao alienador;

IV – determinar acompanhamento psicológico e/ou biopsicossocial;

V – determinar a alteração da guarda para guarda compartilhada ou sua inversão;

VI – determinar a fixação cautelar do domicílio da criança ou adolescente;

VII – declarar a suspensão da autoridade parental.

Parágrafo único. Caracterizado mudança abusiva de endereço, inviabilização ou obstrução à convivência familiar, o juiz também poderá inverter a obrigação de levar para ou retirar a criança ou adolescente da residência do genitor, por ocasião das alternâncias dos períodos de convivência familiar.

Art. 7º A atribuição ou alteração da guarda dar-se-á por preferência ao genitor que viabiliza a efetiva convivência da criança ou adolescente com o outro genitor nas hipóteses em que seja inviável a guarda compartilhada.

Art. 8º A alteração de domicílio da criança ou adolescente é irrelevante para a determinação da competência relacionada às ações fundadas em direito de convivência familiar, salvo se decorrente de consenso entre os genitores ou de decisão judicial.

Art. 9º (*Vetado*).

Art. 10. (*Vetado*).

Art. 11. Esta Lei entra em vigor na data de sua publicação.

Brasília, 26 de agosto de 2010; 189º da Independência e 122º da República.

Luiz Inácio Lula da Silva

(Publicação no *D.O.U.* 27.8.2010)

LEI 12.382,
DE 25 DE FEVEREIRO DE 2011

Dispõe sobre o valor do salário mínimo em 2011 e a sua política de valorização de longo prazo; disciplina a representação fiscal para fins penais nos casos em que houve parcelamento do crédito tributário; altera a Lei 9.430, de 27 de dezembro de 1996; e revoga a Lei 12.255, de 15 de junho de 2010.

→ v. Decreto 8.381/2014 – Regulamenta a Lei 12.382/2011.

→ v. Decreto 8.166/2013 – Regulamenta a Lei 12.382/2011.

→ v. Decreto 7.872/2012 – Regulamenta a Lei 12.382/2011.

A Presidenta da República:

Faço saber que o Congresso Nacional decreta e eu sanciono a seguinte Lei:

Art. 1º O salário mínimo passa a corresponder ao valor de R$ 545,00 (quinhentos e quarenta e cinco reais).

Parágrafo único. Em virtude do disposto no *caput*, o valor diário do salário mínimo corresponderá a R$ 18,17 (dezoito reais e dezessete centavos) e o valor horário, a R$ 2,48 (dois reais e quarenta e oito centavos).

Art. 2º Ficam estabelecidas as diretrizes para a política de valorização do salário mínimo a vigorar entre 2012 e 2015, inclusive, a serem aplicadas em 1º de janeiro do respectivo ano.

§ 1º Os reajustes para a preservação do poder aquisitivo do salário mínimo corresponderão à variação do Índice Nacional de Preços ao Consumidor – INPC, calculado e divulgado pela Fundação Instituto Brasileiro de Geografia e Estatística – IBGE, acumulada nos doze meses anteriores ao mês do reajuste.

§ 2º Na hipótese de não divulgação do INPC referente a um ou mais meses compreendidos no período do cálculo até o último dia útil imediatamente anterior à vigência do reajuste, o Poder Executivo estimará os índices dos meses não disponíveis.

§ 3º Verificada a hipótese de que trata o § 2º, os índices estimados permanecerão válidos para os fins desta Lei, sem qualquer revisão, sendo os eventuais resíduos compensados no reajuste subsequente, sem retroatividade.

§ 4º A título de aumento real, serão aplicados os seguintes percentuais:

I – em 2012, será aplicado o percentual equivalente à taxa de crescimento real do Produto Interno Bruto – PIB, apurada pelo IBGE, para o ano de 2010;

II – em 2013, será aplicado o percentual equivalente à taxa de crescimento real do PIB, apurada pelo IBGE, para o ano de 2011;

III – em 2014, será aplicado o percentual equivalente à taxa de crescimento real do PIB, apurada pelo IBGE, para o ano de 2012; e

IV – em 2015, será aplicado o percentual equivalente à taxa de crescimento real do PIB, apurada pelo IBGE, para o ano de 2013.

§ 5º Para fins do disposto no § 4º, será utilizada a taxa de crescimento real do PIB para o ano de referência, divulgada pelo IBGE até o último dia útil do ano imediatamente anterior ao de aplicação do respectivo aumento real.

Art. 3º Os reajustes e aumentos fixados na forma do art. 2º serão estabelecidos pelo Poder Executivo, por meio de decreto, nos termos desta Lei.

Parágrafo único. O decreto do Poder Executivo a que se refere o *caput* divulgará a cada ano os valores mensal, diário e horário do salário mínimo decorrentes do disposto neste artigo, correspondendo o valor diário a um trinta avos e o valor horário a um duzentos e vinte avos do valor mensal.

Art. 4º Até 31 de dezembro de 2015, o Poder Executivo encaminhará ao Congresso Nacional projeto de lei dispondo sobre a política de valorização do salário mínimo para o período compreendido entre 2016 e 2019, inclusive.

Art. 5º O Poder Executivo constituirá grupo interministerial, sob coordenação do Ministério do Trabalho e Emprego, encarregado de definir e implementar sistemática de monitoramento e avaliação da política de valorização do salário mínimo.

Parágrafo único. O grupo a que se refere o *caput* identificará a cesta básica dos produtos adquiridos pelo salário mínimo e suas projeções futuras decorrentes do aumento de seu poder de compra, nos termos definidos em decreto.

Art. 6º O art. 83 da Lei 9.430, de 27 de dezembro de 1996, passa a vigorar acrescido dos seguintes §§ 1º a 5º, renumerando-se o atual parágrafo único para § 6º:

"Art. 83. (...)

§ 1º Na hipótese de concessão de parcelamento do crédito tributário, a representação fiscal para fins penais somente será encaminhada ao Ministério Público após a exclusão da pessoa física ou jurídica do parcelamento.

§ 2º É suspensa a pretensão punitiva do Estado referente aos crimes previstos no *caput*, durante o período em que a pessoa física ou a pessoa jurídica relacionada com o agente dos aludidos crimes estiver incluída no parcelamento, desde que o pedido de parcelamento tenha sido formalizado antes do recebimento da denúncia criminal.

§ 3º A prescrição criminal não corre durante o período de suspensão da pretensão punitiva.

§ 4º Extingue-se a punibilidade dos crimes referidos no *caput* quando a pessoa física ou a pessoa jurídica relacionada com o agente efetuar o pagamento integral dos débitos oriundos de tributos, inclusive acessórios, que tiverem sido objeto de concessão de parcelamento.

§ 5º O disposto nos §§ 1º a 4º não se aplica nas hipóteses de vedação legal de parcelamento.

§ 6º As disposições contidas no *caput* do art. 34 da Lei 9.249, de 26 de dezembro de 1995, aplicam-se aos processos administrativos e aos inquéritos e processos em curso, desde que não recebida a denúncia pelo juiz."

LEGISLAÇÃO

Art. 7º Esta Lei entra em vigor no primeiro dia do mês subsequente à data de sua publicação.

Art. 8º Fica revogada a Lei 12.255, de 15 de junho de 2010.

Brasília, 25 de fevereiro de 2011; 190º da Independência e 123º da República.

Dilma Rousseff

(Publicação no *D.O.U.* de 28.2.2011)

LEI 12.414,
DE 9 DE JUNHO DE 2011

Disciplina a formação e consulta a bancos de dados com informações de adimplemento, de pessoas naturais ou de pessoas jurídicas, para formação de histórico de crédito.

→ *v.* Decreto 7.829/2012 – Regulamenta a Lei 12.414/2011, que disciplina a formação e consulta a bancos de dados com informações de adimplemento, de pessoas naturais ou de pessoas jurídicas, para formação de histórico de crédito.

A Presidenta da República:

Faço saber que o Congresso Nacional decreta e eu sanciono a seguinte Lei:

Art. 1º Esta Lei disciplina a formação e consulta a bancos de dados com informações de adimplemento, de pessoas naturais ou de pessoas jurídicas, para formação de histórico de crédito, sem prejuízo do disposto na Lei 8.078, de 11 de setembro de 1990 – Código de Proteção e Defesa do Consumidor.

Parágrafo único. Os bancos de dados instituídos ou mantidos por pessoas jurídicas de direito público interno serão regidos por legislação específica.

Art. 2º Para os efeitos desta Lei, considera-se:

I – banco de dados: conjunto de dados relativo a pessoa natural ou jurídica armazenados com a finalidade de subsidiar a concessão de crédito, a realização de venda a prazo ou de outras transações comerciais e empresariais que impliquem risco financeiro;

II – gestor: pessoa jurídica responsável pela administração de banco de dados, bem como pela coleta, armazenamento, análise e acesso de terceiros aos dados armazenados;

III – cadastrado: pessoa natural ou jurídica que tenha autorizado inclusão de suas informações no banco de dados;

IV – fonte: pessoa natural ou jurídica que conceda crédito ou realize venda a prazo ou outras transações comerciais e empresariais que lhe impliquem risco financeiro;

V – consulente: pessoa natural ou jurídica que acesse informações em bancos de dados para qualquer finalidade permitida por esta Lei;

VI – anotação: ação ou efeito de anotar, assinalar, averbar, incluir, inscrever ou registrar informação relativa ao histórico de crédito em banco de dados; e

VII – histórico de crédito: conjunto de dados financeiros e de pagamentos relativos às operações de crédito e obrigações de pagamento adimplidas ou em andamento por pessoa natural ou jurídica.

Art. 3º Os bancos de dados poderão conter informações de adimplemento do cadastrado, para a formação do histórico de crédito, nas condições estabelecidas nesta Lei.

§ 1º Para a formação do banco de dados, somente poderão ser armazenadas informações objetivas, claras, verdadeiras e de fácil compreensão, que sejam necessárias para avaliar a situação econômica do cadastrado.

§ 2º Para os fins do disposto no § 1º, consideram-se informações:

I – objetivas: aquelas descritivas dos fatos e que não envolvam juízo de valor;

II – claras: aquelas que possibilitem o imediato entendimento do cadastrado independentemente de remissão a anexos, fórmulas, siglas, símbolos, termos técnicos ou nomenclatura específica;

III – verdadeiras: aquelas exatas, completas e sujeitas à comprovação nos termos desta Lei; e

IV – de fácil compreensão: aquelas em sentido comum que assegurem ao cadastrado o pleno conhecimento do conteúdo, do sentido e do alcance dos dados sobre ele anotados.

§ 3º Ficam proibidas as anotações de:

I – informações excessivas, assim consideradas aquelas que não estiverem vinculadas à análise de risco de crédito ao consumidor; e

II – informações sensíveis, assim consideradas aquelas pertinentes à origem social e étnica, à saúde, à informação genética, à orientação sexual e às convicções políticas, religiosas e filosóficas.

Art. 4º A abertura de cadastro requer autorização prévia do potencial cadastrado mediante consentimento informado por meio de assinatura em instrumento específico ou em cláusula apartada.

§ 1º Após a abertura do cadastro, a anotação de informação em banco de dados independe de autorização e de comunicação ao cadastrado.

§ 2º Atendido o disposto no *caput*, as fontes ficam autorizadas, nas condições estabelecidas nesta Lei, a fornecer aos bancos de dados as informações necessárias à formação do histórico das pessoas cadastradas.

§ 3º (*Vetado*).

Art. 5º São direitos do cadastrado:

I – obter o cancelamento do cadastro quando solicitado;

II – acessar gratuitamente as informações sobre ele existentes no banco de dados, inclusive o seu histórico, cabendo ao gestor manter sistemas seguros, por telefone ou por meio eletrônico, de consulta para informar as informações de adimplemento;

III – solicitar impugnação de qualquer informação sobre ele erroneamente anotada em banco de dados e ter, em até 7 (sete) dias, sua correção ou cancelamento e comunicação aos bancos de dados com os quais ele compartilhou a informação;

IV – conhecer os principais elementos e critérios considerados para a análise de risco, resguardado o segredo empresarial;

V – ser informado previamente sobre o armazenamento, a identidade do gestor do banco de dados, o objetivo do tratamento dos dados pessoais e os destinatários dos dados em caso de compartilhamento;

VI – solicitar ao consulente a revisão de decisão realizada exclusivamente por meios automatizados; e

VII – ter os seus dados pessoais utilizados somente de acordo com a finalidade para a qual eles foram coletados.

§ 1º (*Vetado*).

§ 2º (*Vetado*).

Art. 6º Ficam os gestores de bancos de dados obrigados, quando solicitados, a fornecer ao cadastrado:

I – todas as informações sobre ele constantes de seus arquivos, no momento da solicitação;

II – indicação das fontes relativas às informações de que trata o inciso I, incluindo endereço e telefone para contato;

III – indicação dos gestores de bancos de dados com os quais as informações foram compartilhadas;

IV – indicação de todos os consulentes que tiveram acesso a qualquer informação sobre ele nos 6 (seis) meses anteriores à solicitação; e

V – cópia de texto contendo sumário dos seus direitos, definidos em lei ou em normas infralegais pertinentes à sua relação com bancos de dados, bem como a lista dos órgãos governamentais aos quais poderá ele recorrer, caso considere que esses direitos foram infringidos.

§ 1º É vedado aos gestores de bancos de dados estabelecerem políticas ou realizarem operações que impeçam, limitem ou dificultem o acesso do cadastrado previsto no inciso II do art. 5º.

§ 2º O prazo para atendimento das informações estabelecidas nos incisos II, III, IV e V deste artigo será de 7 (sete) dias.

Art. 7º As informações disponibilizadas nos bancos de dados somente poderão ser utilizadas para:

I – realização de análise de risco de crédito do cadastrado; ou

II – subsidiar a concessão ou extensão de crédito e a realização de venda a prazo ou outras transações comerciais e empresariais que impliquem risco financeiro ao consulente.

Parágrafo único. Cabe ao gestor manter sistemas seguros, por telefone ou por meio eletrônico, de consulta para informar aos consulentes as informações de adimplemento do cadastrado.

Art. 8º São obrigações das fontes:

I – manter os registros adequados para demonstrar que a pessoa natural ou jurídica autorizou o envio e a anotação de informações em bancos de dados;

II – comunicar os gestores de bancos de dados acerca de eventual exclusão ou revogação de autorização do cadastrado;

III – verificar e confirmar, ou corrigir, em prazo não superior a 2 (dois) dias úteis, informação impugnada, sempre que solicitado por gestor de banco de dados ou diretamente pelo cadastrado;

IV – atualizar e corrigir informações enviadas aos gestores de bancos de dados, em prazo não superior a 7 (sete) dias;

V – manter os registros adequados para verificar informações enviadas aos gestores de bancos de dados; e

VI – fornecer informações sobre o cadastrado, em bases não discriminatórias, a todos os gestores de bancos de dados que as solicitarem, no mesmo formato e contendo as mesmas informações fornecidas a outros bancos de dados.

Parágrafo único. É vedado às fontes estabelecerem políticas ou realizarem operações que impeçam, limitem ou dificultem a transmissão a banco de dados de informações de cadastrados que tenham autorizado a anotação de seus dados em bancos de dados.

Art. 9º O compartilhamento de informação de adimplemento só é permitido se autorizado expressamente pelo cadastrado, por meio de assinatura em instrumento específico ou em cláusula apartada.

§ 1º O gestor que receber informações por meio de compartilhamento equipara-se, para todos os efeitos desta Lei, ao gestor que anotou originariamente a informação, inclusive quanto à responsabilidade solidária por eventuais prejuízos causados e ao dever de receber e processar impugnação e realizar retificações.

§ 2º O gestor originário é responsável por manter atualizadas as informações cadastrais nos demais bancos de dados com os quais compartilhou informações, bem como por informar a solicitação de cancelamento do cadastro, sem quaisquer ônus para o cadastrado.

§ 3º O cancelamento do cadastro pelo gestor originário implica o cancelamento do cadastro em todos os bancos de dados que compartilharam informações, que ficam obrigados a proceder, individualmente, ao respectivo cancelamento nos termos desta Lei.

§ 4º O gestor deverá assegurar, sob pena de responsabilidade, a identificação da pessoa que promover qualquer inscrição ou atualização de dados relacionados com o cadastrado, registrando a data desta ocorrência, bem como a identificação exata da fonte, do nome do agente que a efetuou e do equipamento ou terminal a partir do qual foi processada tal ocorrência.

Art. 10. É proibido ao gestor exigir exclusividade das fontes de informações.

Art. 11. Desde que autorizados pelo cadastrado, os prestadores de serviços continuados de água, esgoto, eletricidade, gás e telecomunicações, dentre outros, poderão fornecer aos bancos de dados indicados, na forma do regulamento, informação sobre o adimplemento das obrigações financeiras do cadastrado.

Parágrafo único. É vedada a anotação de informação sobre serviço de telefonia móvel na modalidade pós-paga.

Art. 12. Quando solicitado pelo cliente, as instituições autorizadas a funcionar pelo Banco Central do Brasil fornecerão aos bancos de dados indicados as informações relativas às suas operações de crédito.

§ 1º As informações referidas no *caput* devem compreender somente o histórico das operações de empréstimo e de financiamento realizadas pelo cliente.

§ 2º É proibido às instituições autorizadas a funcionar pelo Banco Central do Brasil estabelecer políticas ou realizar operações que impeçam, limitem ou dificultem a transmissão das informações bancárias de seu cliente a bancos de dados, quando por este autorizadas.

§ 3º O Conselho Monetário Nacional adotará as medidas e normas complementares necessárias para a aplicação do disposto neste artigo.

Art. 13. O Poder Executivo regulamentará o disposto nesta Lei, em especial quanto ao uso, guarda, escopo e compartilhamento das informações recebidas por bancos de dados e quanto ao disposto no art. 5º.

Art. 14. As informações de adimplemento não poderão constar de bancos de dados por período superior a 15 (quinze) anos.

Art. 15. As informações sobre o cadastrado constantes dos bancos de dados somente poderão ser acessadas por consulentes que com ele mantiverem ou pretenderem manter relação comercial ou creditícia.

Art. 16. O banco de dados, a fonte e o consulente são responsáveis objetiva e solidariamente pelos danos materiais e morais que causarem ao cadastrado.

Art. 17. Nas situações em que o cadastrado for consumidor, caracterizado conforme a Lei 8.078, de 11 de setembro de 1990 – Código de Proteção e Defesa do Consumidor, aplicam-se as sanções e penas nela previstas e o disposto no § 2º.

§ 1º Nos casos previstos no *caput*, a fiscalização e a aplicação das sanções serão exercidas concorrentemente pelos órgãos de proteção e defesa do consumidor da União, dos Estados, do Distrito Federal e dos Municípios, nas respectivas áreas de atuação administrativa.

§ 2º Sem prejuízo do disposto no *caput* e no § 1º, os órgãos de proteção e defesa do consumidor poderão aplicar medidas corretivas, estabelecendo aos bancos de dados que descumprirem o previsto nesta Lei obrigações de fazer com que sejam excluídas do cadastro, no prazo de 7 (sete) dias, informações incorretas, bem como cancelados cadastros de pessoas que não autorizaram a abertura.

Art. 18. Esta Lei entra em vigor na data de sua publicação.

Brasília, 9 de junho de 2011; 190º da Independência e 123º da República.

Dilma Rousseff

(Publicação *D.O.U.* de 10.6.2011)

LEI 12.441,
DE 11 DE JULHO DE 2011

Altera a Lei 10.406, de 10 de janeiro de 2002 (Código Civil), para permitir a constituição de empresa individual de responsabilidade limitada.

A Presidenta da República:

Faço saber que o Congresso Nacional decreta e eu sanciono a seguinte Lei:

Art. 1º Esta Lei acrescenta inciso VI ao art. 44, acrescenta art. 980-A ao Livro II da Parte Especial e altera o parágrafo único do art. 1.033, todos da Lei 10.406, de 10 de janeiro de 2002 (Código Civil), de modo a instituir a empresa individual de responsabilidade limitada, nas condições que especifica.

Art. 2º A Lei 10.406, de 10 de janeiro de 2002 (Código Civil), passa a vigorar com as seguintes alterações:

→ Alterações efetuadas no CC.

Art. 3º Esta Lei entra em vigor 180 (cento e oitenta) dias após a data de sua publicação.

Brasília, 11 de julho de 2011; 190º da Independência e 123º da República.

Dilma Rousseff

(Publicação no *D.O.U.* de 12.7.2011)

LEI 12.462,
DE 4 DE AGOSTO DE 2011

Institui o Regime Diferenciado de Contratações Públicas – RDC; altera a Lei 10.683, de 28 de maio de 2003, que dispõe sobre a organização da Presidência da República e dos Ministérios, a legislação da Agência Nacional de Aviação Civil (Anac) e a legislação da Empresa Brasileira de Infraestrutura Aeroportuária (Infraero); cria a Secretaria de Aviação Civil, cargos de Ministro de Estado, cargos em comissão e cargos de Controlador de Tráfego Aéreo; autoriza a contratação de controladores de tráfego aéreo temporários; altera as Leis 11.182, de 27 de setembro de 2005, 5.862, de 12 de dezembro de 1972, 8.399, de 7 de janeiro de 1992, 11.526, de 4 de outubro de 2007, 11.458, de 19 de março de 2007, e 12.350, de 20 de dezembro de 2010, e a Medida Provisória 2.185-35, de 24 de agosto de 2001; e revoga dispositivos da Lei 9.649, de 27 de maio de 1998.

→ *V.* Lei 12.846/2013 – Responsabilização administrativa e civil de pessoas jurídicas.

A Presidenta da República:

Faço saber que o Congresso Nacional decreta e eu sanciono a seguinte Lei:

Capítulo I
DO REGIME DIFERENCIADO DE CONTRATAÇÕES PÚBLICAS – RDC

Seção I
Aspectos Gerais

Art. 1º É instituído o Regime Diferenciado de Contratações Públicas (RDC), aplicável exclusivamente às licitações e contratos necessários à realização:

I – dos Jogos Olímpicos e Paraolímpicos de 2016, constantes da Carteira de Projetos Olímpicos a ser definida pela Autoridade Pública Olímpica (APO); e

II – da Copa das Confederações da Federação Internacional de Futebol Associação – Fifa 2013 e da Copa do Mundo Fifa 2014, definidos pelo Grupo Executivo – Gecopa 2014 do Comitê Gestor instituído para definir, aprovar e supervisionar as ações previstas no Plano Estratégico das Ações do Governo Brasileiro para a realização da Copa do Mundo Fifa 2014 – CGCOPA 2014, restringindo-se, no caso de obras públicas, às constantes da matriz de responsabilidades celebrada entre a União, Estados, Distrito Federal e Municípios;

III – de obras de infraestrutura e de contratação de serviços para os aeroportos das capitais dos Estados da Federação distantes até 350 km (trezentos e cinquenta quilômetros) das cidades sedes dos mundiais referidos nos incisos I e II.

IV – das ações integrantes do Programa de Aceleração do Crescimento (PAC)

→ Inciso IV acrescentado pela Lei 12.688/2012.

V – das obras e serviços de engenharia no âmbito do Sistema Único de Saúde – SUS.

→ Inciso V acrescentado pela Lei 12.745/2012.

VI – das obras e serviços de engenharia para construção, ampliação e reforma e administração de estabelecimentos penais e de unidades de atendimento socioeducativo;

→ Inciso VI com redação alterada pela Lei 13.190/2015.

VII – das ações no âmbito da segurança pública;

→ Inciso VII acrescentado pela Lei 13.190/2015.

VIII – das obras e serviços de engenharia, relacionadas a melhorias na mobilidade urbana ou ampliação de infraestrutura logística; e

→ Inciso VIII acrescentado pela Lei 13.190/2015.

IX – dos contratos a que se refere o art. 47-A.

→ Inciso IX acrescentado pela Lei 13.190/2015.

X – das ações em órgãos e entidades dedicados à ciência, à tecnologia e à inovação.

→ Inciso X acrescentado pela Lei 13.243/2016.

§ 1° O RDC tem por objetivos:

I – ampliar a eficiência nas contratações públicas e a competitividade entre os licitantes;

II – promover a troca de experiências e tecnologias em busca da melhor relação entre custos e benefícios para o setor público;

III – incentivar a inovação tecnológica; e

IV – assegurar tratamento isonômico entre os licitantes e a seleção da proposta mais vantajosa para a administração pública.

§ 2° A opção pelo RDC deverá constar de forma expressa do instrumento convocatório e resultará no afastamento das normas contidas na Lei 8.666, de 21 de junho de 1993, exceto nos casos expressamente previstos nesta Lei.

§ 3° Além das hipóteses previstas no *caput*, o RDC também é aplicável às licitações e aos contratos necessários à realização de obras e serviços de engenharia no âmbito dos sistemas públicos de ensino e de pesquisa, ciência e tecnologia.

→ § 3° com redação alterada pela Lei 13.190/2015.

Art. 2° Na aplicação do RDC, deverão ser observadas as seguintes definições:

I – empreitada integral: quando se contrata um empreendimento em sua integralidade, compreendendo a totalidade das etapas de obras, serviços e instalações necessárias, sob inteira responsabilidade da contratada até a sua entrega ao contratante em condições de entrada em operação, atendidos os requisitos técnicos e legais para sua utilização em condições de segurança estrutural e operacional e com as características adequadas às finalidades para a qual foi contratada;

II – empreitada por preço global: quando se contrata a execução da obra ou do serviço por preço certo e total;

III – empreitada por preço unitário: quando se contrata a execução da obra ou do serviço por preço certo de unidades determinadas;

IV – projeto básico: conjunto de elementos necessários e suficientes, com nível de precisão adequado, para, observado o disposto no parágrafo único deste artigo:

a) caracterizar a obra ou serviço de engenharia, ou complexo de obras ou serviços objeto da licitação, com base nas indicações dos estudos técnicos preliminares;

b) assegurar a viabilidade técnica e o adequado tratamento do impacto ambiental do empreendimento; e

c) possibilitar a avaliação do custo da obra ou serviço e a definição dos métodos e do prazo de execução;

V – projeto executivo: conjunto dos elementos necessários e suficientes à execução completa da obra, de acordo com as normas técnicas pertinentes; e

VI – tarefa: quando se ajusta mão de obra para pequenos trabalhos por preço certo, com ou sem fornecimento de materiais.

Parágrafo único. O projeto básico referido no inciso IV do *caput* deste artigo deverá conter, no mínimo, sem frustrar o caráter competitivo do procedimento licitatório, os seguintes elementos:

I – desenvolvimento da solução escolhida de forma a fornecer visão global da obra e identificar seus elementos constitutivos com clareza;

II – soluções técnicas globais e localizadas, suficientemente detalhadas, de forma a restringir a necessidade de reformulação ou de variantes durante as fases de elaboração do projeto executivo e de realização das obras e montagem a situações devidamente comprovadas em ato motivado da administração pública;

III – identificação dos tipos de serviços a executar e de materiais e equipamentos a incorporar à obra, bem como especificações que assegurem os melhores resultados para o empreendimento;

IV – informações que possibilitem o estudo e a dedução de métodos construtivos, instalações provisórias e condições organizacionais para a obra;

V – subsídios para montagem do plano de licitação e gestão da obra, compreendendo a sua programação, a estratégia de suprimentos, as normas de fiscalização e outros dados necessários em cada caso, exceto, em relação à respectiva licitação, na hipótese de contratação integrada;

VI – orçamento detalhado do custo global da obra, fundamentado em quantitativos de serviços e fornecimentos propriamente avaliados.

Art. 3° As licitações e contratações realizadas em conformidade com o RDC deverão observar os princípios da legalidade, da impessoalidade, da moralidade, da igualdade, da publicidade, da eficiência, da probidade administrativa, da economicidade, do desenvolvimento nacional sustentável, da vinculação ao instrumento convocatório e do julgamento objetivo.

Art. 4° Nas licitações e contratos de que trata esta Lei serão observadas as seguintes diretrizes:

I – padronização do objeto da contratação relativamente às especificações técnicas e de desempenho e, quando for o caso, às condições de manutenção, assistência técnica e de garantia oferecidas;

II – padronização de instrumentos convocatórios e minutas de contratos, previamente aprovados pelo órgão jurídico competente;

III – busca da maior vantagem para a administração pública, considerando custos e benefícios, diretos e indiretos, de natureza econômica, social ou ambiental, inclusive os relativos à manutenção, ao desfazimento de bens e resíduos, ao índice de depreciação econômica e a outros fatores de igual relevância;

IV – condições de aquisição, de seguros, de garantias e de pagamento compatíveis com as condições do setor privado, inclusive mediante pagamento de remuneração variável conforme desempenho, na forma do art. 10;

→ Inciso IV com redação alterada pela Lei 12.980/2014.

V – utilização, sempre que possível, nas planilhas de custos constantes das propostas oferecidas pelos licitantes, de mão de obra, materiais, tecnologias e matérias-primas existentes no local da execução, conservação e operação do bem, serviço ou obra, desde que não se produzam prejuízos à eficiência na execução do respectivo objeto e que seja respeitado o limite do orçamento estimado para a contratação; e

VI – parcelamento do objeto, visando à ampla participação de licitantes, sem perda de economia de escala.

VII – ampla publicidade, em sítio eletrônico, de todas as fases e procedimentos do processo de licitação, assim como dos contratos, respeitado o art. 6° desta Lei.

→ Inciso VII acrescentado pela Lei 13.173/2015.

§ 1° As contratações realizadas com base no RDC devem respeitar, especialmente, as normas relativas à:

I – disposição final ambientalmente adequada dos resíduos sólidos gerados pelas obras contratadas;

II – mitigação por condicionantes e compensação ambiental, que serão definidas no procedimento de licenciamento ambiental;

III – utilização de produtos, equipamentos e serviços que, comprovadamente, reduzam o consumo de energia e recursos naturais;

IV – avaliação de impactos de vizinhança, na forma da legislação urbanística;

V – proteção do patrimônio cultural, histórico, arqueológico e imaterial, inclusive por meio da avaliação do impacto direto ou indireto causado pelas obras contratadas; e

VI – acessibilidade para o uso por pessoas com deficiência ou com mobilidade reduzida.

§ 2° O impacto negativo sobre os bens do patrimônio cultural, histórico, arqueológico e imaterial tombados deverá ser compensado por meio de medidas determinadas pela autoridade responsável, na forma da legislação aplicável.

Seção II
Das Regras Aplicáveis às Licitações no Âmbito do RDC

Subseção I
Do objeto da licitação

Art. 5° O objeto da licitação deverá ser definido de forma clara e precisa no instrumento convocatório, vedadas especificações excessivas, irrelevantes ou desnecessárias.

Art. 6° Observado o disposto no § 3°, o orçamento previamente estimado para a contratação será tornado público apenas e imediatamente após o encerramento da licitação, sem prejuízo da divulgação do detalhamento dos quantitativos e das demais informações necessárias para a elaboração das propostas.

LEGISLAÇÃO

§ 1º Nas hipóteses em que for adotado o critério de julgamento por maior desconto, a informação de que trata o *caput* deste artigo constará do instrumento convocatório.

§ 2º No caso de julgamento por melhor técnica, o valor do prêmio ou da remuneração será incluído no instrumento convocatório.

§ 3º Se não constar do instrumento convocatório, a informação referida no *caput* deste artigo possuirá caráter sigiloso e será disponibilizada estrita e permanentemente aos órgãos de controle externo e interno.

Art. 7º No caso de licitação para aquisição de bens, a administração pública poderá:

I – indicar marca ou modelo, desde que formalmente justificado, nas seguintes hipóteses:

a) em decorrência da necessidade de padronização do objeto;

b) quando determinada marca ou modelo comercializado por mais de um fornecedor for a única capaz de atender às necessidades da entidade contratante; ou

c) quando a descrição do objeto a ser licitado puder ser melhor compreendida pela identificação de determinada marca ou modelo aptos a servir como referência, situação em que será obrigatório o acréscimo da expressão "ou similar ou de melhor qualidade";

II – exigir amostra do bem no procedimento de pré-qualificação, na fase de julgamento das propostas ou de lances, desde que justificada a necessidade da sua apresentação;

III – solicitar a certificação da qualidade do produto ou do processo de fabricação, inclusive sob o aspecto ambiental, por qualquer instituição oficial competente ou por entidade credenciada; e

IV – solicitar, motivadamente, carta de solidariedade emitida pelo fabricante, que assegure a execução do contrato, no caso de licitante revendedor ou distribuidor.

Art. 8º Na execução indireta de obras e serviços de engenharia, são admitidos os seguintes regimes:

I – empreitada por preço unitário;

II – empreitada por preço global;

III – contratação por tarefa;

IV – empreitada integral; ou

V – contratação integrada.

§ 1º Nas licitações e contratações de obras e serviços de engenharia serão adotados, preferencialmente, os regimes discriminados nos incisos II, IV e V do *caput* deste artigo.

§ 2º No caso de inviabilidade da aplicação do disposto no § 1º deste artigo, poderá ser adotado outro regime previsto no *caput* deste artigo, hipótese em que serão inseridos nos autos do procedimento os motivos que justificaram a exceção.

§ 3º O custo global de obras e serviços de engenharia deverá ser obtido a partir de custos unitários de insumos ou serviços menores ou iguais à mediana de seus correspondentes ao Sistema Nacional de Pesquisa de Custos e Índices da Construção Civil (Sinapi), no caso de construção civil em geral, ou na tabela do Sistema de Custos de Obras Rodoviárias (Sicro), no caso de obras e serviços rodoviários.

§ 4º No caso de inviabilidade da definição dos custos consoante o disposto no § 3º deste artigo, a estimativa de custo global poderá ser apurada por meio da utilização de dados contidos em tabela de referência formalmente aprovada por órgãos ou entidades da administração pública federal, em publicações técnicas especializadas, em sistema específico instituído para o setor ou em pesquisa de mercado.

§ 5º Nas licitações para a contratação de obras e serviços, com exceção daquelas onde for adotado o regime previsto no inciso V do *caput* deste artigo, deverá haver projeto básico aprovado pela autoridade competente, disponível para exame dos interessados em participar do processo licitatório.

§ 6º No caso de contratações realizadas pelos governos municipais, estaduais e do Distrito Federal, desde que não envolvam recursos da União, o custo global de obras e serviços de engenharia a que se refere o § 3º deste artigo poderá também ser obtido a partir de outros sistemas de custos já adotados pelos respectivos entes e aceitos pelos respectivos tribunais de contas.

§ 7º É vedada a realização, sem projeto executivo, de obras e serviços de engenharia para cuja concretização tenha sido utilizado o RDC, qualquer que seja o regime adotado.

Art. 9º Nas licitações de obras e serviços de engenharia, no âmbito do RDC, poderá ser utilizada a contratação integrada, desde que técnica e economicamente justificada e cujo objeto envolva, pelo menos, uma das seguintes condições:

→ *Caput* com redação alterada pela Lei 12.980/2014.

I – inovação tecnológica ou técnica;

→ Inciso I acrescentado pela Lei 12.980/2014.

II – possibilidade de execução com diferentes metodologias; ou

→ Inciso II acrescentado pela Lei 12.980/2014.

III – possibilidade de execução com tecnologias de domínio restrito no mercado.

→ Inciso III acrescentado pela Lei 12.980/2014.

§ 1º A contratação integrada compreende a elaboração e o desenvolvimento dos projetos básico e executivo, a execução de obras e serviços de engenharia, a montagem, a realização de testes, a pré-operação e todas as demais operações necessárias e suficientes para a entrega final do objeto.

§ 2º No caso de contratação integrada:

I – o instrumento convocatório deverá conter anteprojeto de engenharia que contemple os documentos técnicos destinados a possibilitar a caracterização da obra ou serviço, incluindo:

a) a demonstração e a justificativa do programa de necessidades, a visão global dos investimentos e as definições quanto ao nível de serviço desejado;

b) as condições de solidez, segurança, durabilidade e prazo de entrega, observado o disposto no *caput* e no § 1º do art. 6º desta Lei;

c) a estética do projeto arquitetônico; e

d) os parâmetros de adequação ao interesse público, à economia na utilização, à facilidade na execução, aos impactos ambientais e à acessibilidade;

II – o valor estimado da contratação será calculado com base nos valores praticados pelo mercado, nos valores pagos pela administração pública em serviços e obras similares ou na avaliação do custo global da obra, aferida mediante orçamento sintético ou metodologia expedita ou paramétrica;

→ Inciso II com redação alterada pela Lei 12.980/2014.

III – *(Revogado pela Lei 12.980/2014).*

§ 3º Caso seja permitida no anteprojeto de engenharia a apresentação de projetos com metodologias diferenciadas de execução, o instrumento convocatório estabelecerá critérios objetivos para avaliação e julgamento das propostas.

§ 4º Nas hipóteses em que for adotada a contratação integrada, é vedada a celebração de termos aditivos aos contratos firmados, exceto nos seguintes casos:

I – para recomposição do equilíbrio econômico-financeiro decorrente de caso fortuito ou força maior; e

II – por necessidade de alteração do projeto ou das especificações para melhor adequação técnica aos objetivos da contratação, a pedido da administração pública, desde que não decorrentes de erros ou omissões por parte do contratado, observados os limites previstos no § 1º do art. 65 da Lei 8.666, de 21 de junho de 1993.

§ 5º Se o anteprojeto contemplar matriz de alocação de riscos entre a administração pública e o contratado, o valor estimado da contratação poderá considerar taxa de risco compatível com o objeto da licitação e as contingências atribuídas ao contratado, de acordo com metodologia predefinida pela entidade contratante.

→ § 5º acrescentado pela Lei 13.190/2015.

Art. 10. Na contratação das obras e serviços, inclusive de engenharia, poderá ser estabelecida remuneração variável vinculada ao desempenho da contratada, com base em metas, padrões de qualidade, critérios de sustentabilidade ambiental e prazo de entrega definidos no instrumento convocatório e no contrato.

Parágrafo único. A utilização da remuneração variável será motivada e respeitará o limite orçamentário fixado pela administração pública para a contratação.

Art. 11. A administração pública poderá, mediante justificativa expressa, contratar mais de uma empresa ou instituição para executar o mesmo serviço, desde que não implique perda de economia de escala, quando:

I – o objeto da contratação puder ser executado de forma concorrente e simultânea por mais de um contratado; ou

II – a múltipla execução for conveniente para atender à administração pública.

§ 1º Nas hipóteses previstas no *caput* deste artigo, a administração pública deverá manter o controle individualizado da execução do objeto contratual relativamente a cada uma das contratadas.

§ 2º O disposto no *caput* deste artigo não se aplica aos serviços de engenharia.

Subseção II
Do procedimento licitatório

Art. 12. O procedimento de licitação de que trata esta Lei observará as seguintes fases, nesta ordem:

I – preparatória;

II – publicação do instrumento convocatório;

III – apresentação de propostas ou lances;

IV – julgamento;

V – habilitação;

VI – recursal; e

VII – encerramento.

Parágrafo único. A fase de que trata o inciso V do *caput* deste artigo poderá, mediante ato motivado, anteceder as referidas nos incisos III e IV do *caput* deste artigo, desde que expressamente previsto no instrumento convocatório.

Art. 13. As licitações deverão ser realizadas preferencialmente sob a forma eletrônica, admitida a presencial.

Parágrafo único. Nos procedimentos realizados por meio eletrônico, a administração pública poderá determinar, como condição de validade e eficácia, que os licitantes pratiquem seus atos em formato eletrônico.

Art. 14. Na fase de habilitação das licitações realizadas em conformidade com esta Lei, aplicar-se-á, no que couber, o disposto nos arts. 27 a 33 da Lei 8.666, de 21 de junho de 1993, observado o seguinte:

I – poderá ser exigida dos licitantes a declaração de que atendem aos requisitos de habilitação;

II – será exigida a apresentação dos documentos de habilitação apenas pelo licitante vencedor, exceto no caso de inversão de fases;

III – no caso de inversão de fases, só serão recebidas as propostas dos licitantes previamente habilitados; e

IV – em qualquer caso, os documentos relativos à regularidade fiscal poderão ser exigidos em momento posterior ao julgamento das propostas, apenas em relação ao licitante mais bem classificado.

Parágrafo único. Nas licitações disciplinadas pelo RDC:

I – será admitida a participação de licitantes sob a forma de consórcio, conforme estabelecido em regulamento; e

II – poderão ser exigidos requisitos de sustentabilidade ambiental, na forma da legislação aplicável.

Art. 15. Será dada ampla publicidade aos procedimentos licitatórios e de pré-qualificação disciplinados por esta Lei, ressalvadas as hipóteses de informações cujo sigilo seja imprescindível à segurança da sociedade e do Estado, devendo ser adotados os seguintes prazos mínimos para apresentação de propostas, contados a partir da data de publicação do instrumento convocatório:

I – para aquisição de bens:

a) 5 (cinco) dias úteis, quando adotados os critérios de julgamento pelo menor preço ou pelo maior desconto; e

b) 10 (dez) dias úteis, nas hipóteses não abrangidas pela alínea a deste inciso;

II – para a contratação de serviços e obras:

a) 15 (quinze) dias úteis, quando adotados os critérios de julgamento pelo menor preço ou pelo maior desconto; e

b) 30 (trinta) dias úteis, nas hipóteses não abrangidas pela alínea a deste inciso;

III – para licitações em que se adote o critério de julgamento pela maior oferta: 10 (dez) dias úteis; e

IV – para licitações em que se adote o critério de julgamento pela melhor combinação de técnica e preço, pela melhor técnica ou em razão do conteúdo artístico: 30 (trinta) dias úteis.

§ 1º A publicidade a que se refere o *caput* deste artigo, sem prejuízo da faculdade de divulgação direta aos fornecedores, cadastrados ou não, será realizada mediante:

I – publicação de extrato do edital no Diário Oficial da União, do Estado, do Distrito Federal ou do Município, ou, no caso de consórcio público, do ente de maior nível entre eles, sem prejuízo da possibilidade de publicação de extrato em jornal diário de grande circulação; e

II – divulgação em sítio eletrônico oficial centralizado de divulgação de licitações ou mantido pelo ente encarregado do procedimento licitatório na rede mundial de computadores.

§ 2º No caso de licitações cujo valor não ultrapasse R$ 150.000,00 (cento e cinquenta mil reais) para obras ou R$ 80.000,00 (oitenta mil reais) para bens e serviços, inclusive de engenharia, é dispensada a publicação prevista no inciso I do § 1º deste artigo.

§ 3º No caso de parcelamento do objeto, deverá ser considerado, para fins da aplicação do disposto no § 2º deste artigo, o valor total da contratação.

§ 4º As eventuais modificações no instrumento convocatório serão divulgadas nos mesmos prazos dos atos e procedimentos originais, exceto quando a alteração não comprometer a formulação das propostas.

Art. 16. Nas licitações, poderão ser adotados os modos de disputa aberto e fechado, que poderão ser combinados na forma do regulamento.

Art. 17. O regulamento disporá sobre as regras e procedimentos de apresentação de propostas ou lances, observado o seguinte:

I – no modo de disputa aberto, os licitantes apresentarão suas ofertas por meio de lances públicos e sucessivos, crescentes ou decrescentes, conforme o critério de julgamento adotado;

II – no modo de disputa fechado, as propostas apresentadas pelos licitantes serão sigilosas até a data e hora designadas para que sejam divulgadas; e

III – nas licitações de obras ou serviços de engenharia, após o julgamento das propostas, o licitante vencedor deverá reelaborar e apresentar à administração pública, por meio eletrônico, as planilhas com indicação dos quantitativos e dos custos unitários, bem como do detalhamento das Bonificações e Despesas Indiretas (BDI) e dos Encargos Sociais (ES), com os respectivos valores adequados ao lance vencedor.

§ 1º Poderão ser admitidos, nas condições estabelecidas em regulamento:

I – a apresentação de lances intermediários, durante a disputa aberta; e

II – o reinício da disputa aberta, após a definição da melhor proposta e para a definição das demais colocações, sempre que existir uma diferença de pelo menos 10% (dez por cento) entre o melhor lance e o do licitante subsequente.

§ 2º Consideram-se intermediários os lances:

I – iguais ou inferiores ao maior já ofertado, quando adotado o julgamento pelo critério da maior oferta; ou

II – iguais ou superiores ao menor já ofertado, quando adotados os demais critérios de julgamento.

Art. 18. Poderão ser utilizados os seguintes critérios de julgamento:

I – menor preço ou maior desconto;

II – técnica e preço;

III – melhor técnica ou conteúdo artístico;

IV – maior oferta de preço; ou

V – maior retorno econômico.

§ 1º O critério de julgamento será identificado no instrumento convocatório, observado o disposto nesta Lei.

§ 2º O julgamento das propostas será efetivado pelo emprego de parâmetros objetivos definidos no instrumento convocatório.

§ 3º Não serão consideradas vantagens não previstas no instrumento convocatório, inclusive financiamentos subsidiados ou a fundo perdido.

Art. 19. O julgamento pelo menor preço ou maior desconto considerará o menor dispêndio para a administração pública, atendidos os parâmetros mínimos de qualidade definidos no instrumento convocatório.

§ 1º Os custos indiretos, relacionados com as despesas de manutenção, utilização, reposição, depreciação e impacto ambiental, entre outros fatores, poderão ser considerados para a definição do menor dispêndio, sempre que objetivamente mensuráveis, conforme dispuser o regulamento.

§ 2º O julgamento por maior desconto terá como referência o preço global fixado no instrumento convocatório, sendo o desconto estendido aos eventuais termos aditivos.

§ 3º No caso de obras ou serviços de engenharia, o percentual de desconto apresentado pelos licitantes deverá incidir linearmente sobre os preços de todos os itens do orçamento estimado constante do instrumento convocatório.

Art. 20. No julgamento pela melhor combinação de técnica e preço, deverão ser avaliadas e ponderadas as propostas técnicas e de preço apresentadas pelos licitantes, mediante a utilização de parâmetros objetivos obrigatoriamente inseridos no instrumento convocatório.

§ 1º O critério de julgamento a que se refere o *caput* deste artigo será utilizado quando a avaliação e a ponderação da qualidade técnica das propostas que superarem os requisitos mínimos estabelecidos no instrumento convocatório forem relevantes aos fins pretendidos pela administração pública, e destinar-se-á exclusivamente a objetos:

I – de natureza predominantemente intelectual e de inovação tecnológica ou técnica; ou

II – que possam ser executados com diferentes metodologias ou tecnologias de domínio restrito no mercado, pontuando-se as vantagens e qualidades que eventualmente forem oferecidas para cada produto ou solução.

§ 2º É permitida a atribuição de fatores de ponderação distintos para valorar as propostas técnicas e de preço, sendo o percentual de ponderação mais relevante limitado a 70% (setenta por cento).

Art. 21. O julgamento pela melhor técnica ou pelo melhor conteúdo artístico considerará exclusivamente as propostas técnicas ou artísticas apresentadas pelos licitantes com base em critérios objetivos previamente estabelecidos no instrumento convocatório, no qual será definido o prêmio ou a remuneração que será atribuída aos vencedores.

Parágrafo único. O critério de julgamento referido no *caput* deste artigo poderá ser utilizado para a contratação de projetos, inclusive arquitetônicos, e trabalhos de natureza técnica, científica ou artística, excluindo-se os projetos de engenharia.

Art. 22. O julgamento pela maior oferta de preço será utilizado no caso de contratos que resultem em receita para a administração pública.

§ 1º Quando utilizado o critério de julgamento pela maior oferta de preço, os requisitos de qualificação técnica e econômico-financeira poderão ser dispensados, conforme dispuser o regulamento.

§ 2º No julgamento pela maior oferta de preço, poderá ser exigida a comprovação do recolhimento de quantia a título de garantia, como requisito de habilitação, limitada a 5% (cinco por cento) do valor ofertado.

§ 3º Na hipótese do § 2º deste artigo, o licitante vencedor perderá o valor da entrada em favor da administração pública caso não efetive o pagamento devido no prazo estipulado.

Art. 23. No julgamento pelo maior retorno econômico, utilizado exclusivamente para a celebração de contratos de eficiência, as propostas serão consideradas de forma a selecionar a que proporcionará a maior economia para a administração pública decorrente da execução do contrato.

§ 1º O contrato de eficiência terá por objeto a prestação de serviços, que pode incluir a realização de obras e o fornecimento de bens, com o objetivo de proporcionar economia ao contratante, na forma de redução de despesas correntes, sendo o contratado remunerado com base em percentual da economia gerada.

§ 2º Na hipótese prevista no *caput* deste artigo, os licitantes apresentarão propostas de trabalho e de preço, conforme dispuser o regulamento.

§ 3º Nos casos em que não for gerada a economia prevista no contrato de eficiência:

I – a diferença entre a economia contratada e a efetivamente obtida será descontada da remuneração da contratada;

II – se a diferença entre a economia contratada e a efetivamente obtida for superior à remuneração da contratada, será aplicada multa por inexecução contratual no valor da diferença; e

III – a contratada sujeitar-se-á, ainda, a outras sanções cabíveis caso a diferença entre a economia contratada e a efetivamente obtida seja superior ao limite máximo estabelecido no contrato.

Art. 24. Serão desclassificadas as propostas que:

I – contenham vícios insanáveis;

II – não obedeçam às especificações técnicas pormenorizadas no instrumento convocatório;

III – apresentem preços manifestamente inexequíveis ou permaneçam acima do orçamento estimado para a contratação, inclusive nas hipóteses previstas no art. 6º desta Lei;

IV – não tenham sua exequibilidade demonstrada, quando exigido pela administração pública; ou

V – apresentem desconformidade com quaisquer outras exigências do instrumento convocatório, desde que insanáveis.

§ 1º A verificação da conformidade das propostas poderá ser feita exclusivamente em relação à proposta mais bem classificada.

§ 2º A administração pública poderá realizar diligências para aferir a exequibilidade das propostas ou exigir dos licitantes que ela seja demonstrada, na forma do inciso IV do *caput* deste artigo.

§ 3º No caso de obras e serviços de engenharia, para efeito de avaliação da exequibilidade e de sobrepreço, serão considerados o preço global, os quantitativos e os preços unitários considerados relevantes, conforme dispuser o regulamento.

Art. 25. Em caso de empate entre 2 (duas) ou mais propostas, serão utilizados os seguintes critérios de desempate, nesta ordem:

I – disputa final, em que os licitantes empatados poderão apresentar nova proposta fechada em ato contínuo à classificação;

II – a avaliação do desempenho contratual prévio dos licitantes, desde que exista sistema objetivo de avaliação instituído;

III – os critérios estabelecidos no art. 3º da Lei 8.248, de 23 de outubro de 1991, e no § 2º do art. 3º da Lei 8.666, de 21 de junho de 1993; e

IV – sorteio.

Parágrafo único. As regras previstas no *caput* deste artigo não prejudicam a aplicação do disposto no art. 44 da Lei Complementar 123, de 14 de dezembro de 2006.

Art. 26. Definido o resultado do julgamento, a administração pública poderá negociar condições mais vantajosas com o primeiro colocado.

Parágrafo único. A negociação poderá ser feita com os demais licitantes, segundo a ordem de classificação inicialmente estabelecida, quando o preço do primeiro colocado, mesmo após a negociação, for desclassificado por sua proposta permanecer acima do orçamento estimado.

Art. 27. Salvo no caso de inversão de fases, o procedimento licitatório terá uma fase recursal única, que se seguirá à habilitação do vencedor.

Parágrafo único. Na fase recursal, serão analisados os recursos referentes ao julgamento das propostas ou lances e à habilitação do vencedor.

Art. 28. Exauridos os recursos administrativos, o procedimento licitatório será encerrado e encaminhado à autoridade superior, que poderá:

I – determinar o retorno dos autos para saneamento de irregularidades que forem supríveis;

II – anular o procedimento, no todo ou em parte, por vício insanável;

III – revogar o procedimento por motivo de conveniência e oportunidade; ou

IV – adjudicar o objeto e homologar a licitação.

Subseção III
Dos Procedimentos Auxiliares das Licitações no Âmbito do RDC

Art. 29. São procedimentos auxiliares das licitações regidas pelo disposto nesta Lei:

I – pré-qualificação permanente;

II – cadastramento;

III – sistema de registro de preços; e

IV – catálogo eletrônico de padronização.

Parágrafo único. Os procedimentos de que trata o *caput* deste artigo obedecerão a critérios claros e objetivos definidos em regulamento.

Art. 30. Considera-se pré-qualificação permanente o procedimento anterior à licitação destinado a identificar:

I – fornecedores que reúnam condições de habilitação exigidas para o fornecimento de bem ou a execução de serviço ou obra nos prazos, locais e condições previamente estabelecidos; e

II – bens que atendam às exigências técnicas e de qualidade da administração pública.

§ 1º O procedimento de pré-qualificação ficará permanentemente aberto para a inscrição dos eventuais interessados.

§ 2º A administração pública poderá realizar licitação restrita aos pré-qualificados, nas condições estabelecidas em regulamento.

§ 3º A pré-qualificação poderá ser efetuada nos grupos ou segmentos, segundo as especialidades dos fornecedores.

§ 4º A pré-qualificação poderá ser parcial ou total, contendo alguns ou todos os requisitos de habilitação ou técnicos necessários à contratação, assegurada, em qualquer hipótese, a igualdade de condições entre os concorrentes.

§ 5º A pré-qualificação terá validade de 1 (um) ano, no máximo, podendo ser atualizada a qualquer tempo.

Art. 31. Os registros cadastrais poderão ser mantidos para efeito de habilitação dos inscritos em procedimentos licitatórios e serão válidos por 1 (um) ano, no máximo, podendo ser atualizados a qualquer tempo.

§ 1º Os registros cadastrais serão amplamente divulgados e ficarão permanentemente abertos para a inscrição de interessados.

§ 2º Os inscritos serão admitidos segundo requisitos previstos em regulamento.

§ 3º A atuação do licitante no cumprimento de obrigações assumidas será anotada no respectivo registro cadastral.

§ 4º A qualquer tempo poderá ser alterado, suspenso ou cancelado o registro do inscrito que deixar de satisfazer as exigências de habilitação ou as estabelecidas para admissão cadastral.

Art. 32. O Sistema de Registro de Preços, especificamente destinado às licitações de que trata esta Lei, reger-se-á pelo disposto em regulamento.

§ 1º Poderá aderir ao sistema referido no *caput* deste artigo qualquer órgão ou entidade responsável pela execução das atividades contempladas no art. 1º desta Lei.

§ 2º O registro de preços observará, entre outras, as seguintes condições:

I – efetivação prévia de ampla pesquisa de mercado;

II – seleção de acordo com os procedimentos previstos em regulamento;

III – desenvolvimento obrigatório de rotina de controle e atualização periódicos dos preços registrados;

IV – definição da validade do registro; e

V – inclusão, na respectiva ata, do registro dos licitantes que aceitarem cotar os bens ou serviços com preços iguais ao do licitante vencedor na sequência da classificação do certame, assim como dos licitantes que mantiverem suas propostas originais.

§ 3º A existência de preços registrados não obriga a administração pública a firmar os contratos que deles poderão advir, sendo facultada a realização de licitação específica, assegurada ao licitante registrado preferência em igualdade de condições.

Art. 33. O catálogo eletrônico de padronização de compras, serviços e obras consiste em sistema informatizado, de gerenciamento centralizado, destinado a permitir a padronização dos itens a serem adquiridos pela administração pública que estarão disponíveis para a realização de licitação.

Parágrafo único. O catálogo referido no *caput* deste artigo poderá ser utilizado em licitações cujo critério de julgamento seja a oferta de menor preço ou de maior desconto e conterá toda a documentação e procedimentos da fase interna da licitação, assim como as especificações dos respectivos objetos, conforme disposto em regulamento.

Subseção IV
Da comissão de licitação

Art. 34. As licitações promovidas consoante o RDC serão processadas e julgadas por comissão permanente ou especial de licitações, composta majoritariamente por servidores ou empregados públicos pertencentes aos quadros permanentes dos órgãos ou entidades da administração pública responsáveis pela licitação.

§ 1º As regras relativas ao funcionamento das comissões de licitação e da comissão de cadastramento de que trata esta Lei serão estabelecidas em regulamento.

§ 2º Os membros da comissão de licitação responderão solidariamente por todos os atos praticados pela comissão, salvo se posição individual divergente estiver registrada na ata da reunião em que houver sido adotada a respectiva decisão.

Subseção V
Da dispensa e inexigibilidade de licitação

Art. 35. As hipóteses de dispensa e inexigibilidade de licitação estabelecidas nos arts. 24 e 25 da Lei 8.666, de 21 de junho de 1993, aplicam-se, no que couber, às contratações realizadas com base no RDC.

Parágrafo único. O processo de contratação por dispensa ou inexigibilidade de licitação deverá seguir o procedimento previsto no art. 26 da Lei 8.666, de 21 de junho de 1993.

Subseção VI
Das condições específicas para a participação nas licitações e para a contratação no RDC

Art. 36. É vedada a participação direta ou indireta nas licitações de que trata esta Lei:

I – da pessoa física ou jurídica que elaborar o projeto básico ou executivo correspondente;

II – da pessoa jurídica que participar de consórcio responsável pela elaboração do projeto básico ou executivo correspondente;

III – da pessoa jurídica da qual o autor do projeto básico ou executivo seja administrador, sócio com mais de 5% (cinco por cento) do capital votante, controlador, gerente, responsável técnico ou subcontratado; ou

IV – do servidor, empregado ou ocupante de cargo em comissão do órgão ou entidade contratante ou responsável pela licitação.

§ 1º Não se aplica o disposto nos incisos I, II e III do *caput* deste artigo no caso das contratações integradas.

§ 2º O disposto no *caput* deste artigo não impede, nas licitações para a contratação de obras ou serviços, a previsão de que a elaboração de projeto executivo constitua encargo do contratado, consoante preço previamente fixado pela administração pública.

§ 3º É permitida a participação das pessoas físicas ou jurídicas de que tratam os incisos II e III do *caput* deste artigo em licitação ou na execução do contrato, como consultor ou técnico, nas funções de fiscalização, supervisão ou gerenciamento, exclusivamente a serviço do órgão ou entidade pública interessados.

§ 4º Para fins do disposto neste artigo, considera-se participação indireta a existência de qualquer vínculo de natureza técnica, comercial, econômica, financeira ou trabalhista entre o autor do projeto, pessoa física ou jurídica, e o licitante ou responsável pelos serviços, fornecimentos e obras, incluindo-se os fornecimentos de bens e serviços a estes necessários.

§ 5º O disposto no § 4º deste artigo aplica-se aos membros da comissão de licitação.

Art. 37. É vedada a contratação direta, sem licitação, de pessoa jurídica na qual haja administrador ou sócio com poder de direção que mantenha relação de parentesco, inclusive por afinidade, até o terceiro grau civil com:

I – detentor de cargo em comissão ou função de confiança que atue na área responsável pela demanda ou contratação; e

II – autoridade hierarquicamente superior no âmbito de cada órgão ou entidade da administração pública.

Art. 38. Nos processos de contratação abrangidos por esta Lei, aplicam-se as preferências para fornecedores ou tipos de bens, serviços e obras previstos na legislação, em especial as referidas:

I – no art. 3º da Lei 8.248, de 23 de outubro de 1991;

II – no art. 3º da Lei 8.666, de 21 de junho de 1993; e

III – nos arts. 42 a 49 da Lei Complementar 123, de 14 de dezembro de 2006.

Seção III
Das Regras Específicas Aplicáveis aos Contratos Celebrados no Âmbito do RDC

Art. 39. Os contratos administrativos celebrados com base no RDC reger-se-ão pelas normas da Lei 8.666, de 21 de junho de 1993, com exceção das regras específicas previstas nesta Lei.

Art. 40. É facultado à administração pública, quando o convocado não assinar o termo de contrato ou não aceitar ou retirar o instrumento equivalente no prazo e condições estabelecidos:

I – revogar a licitação, sem prejuízo da aplicação das cominações previstas na Lei 8.666, de 21 de junho de 1993, e nesta Lei; ou

II – convocar os licitantes remanescentes, na ordem de classificação, para a celebração do contrato nas condições ofertadas pelo licitante vencedor.

Parágrafo único. Na hipótese de nenhum dos licitantes aceitar a contratação nos termos do inciso II do *caput* deste artigo, a administração pública poderá convocar os licitantes remanescentes, na ordem de classificação, para a celebração do contrato nas condições ofertadas por estes, desde que o respectivo valor seja igual ou inferior ao orçamento estimado para a contratação, inclusive quanto aos preços atualizados nos termos do instrumento convocatório.

Art. 41. Na hipótese do inciso XI do art. 24 da Lei 8.666, de 21 de junho de 1993, a contratação de remanescente de obra, serviço ou fornecimento de bens em consequência de rescisão contratual observará a ordem de classificação dos licitantes remanescentes e as condições por estes ofertadas, desde que não seja ultrapassado o orçamento estimado para a contratação.

Art. 42. Os contratos para a execução das obras previstas no plano plurianual poderão ser firmados pelo período nele compreendido, observado o disposto no *caput* do art. 57 da Lei 8.666, de 21 de junho de 1993.

Art. 43. Na hipótese do inciso II do art. 57 da Lei 8.666, de 21 de junho de 1993, os contratos celebrados pelos entes públicos responsáveis pelas atividades descritas nos incisos I a III do art. 1º desta Lei poderão ter sua vigência estabelecida até a data da extinção da APO.

→ Artigo com redação alterada pela Lei 12.688/2012.

Art. 44. As normas referentes à anulação e revogação das licitações previstas no art. 49 da Lei 8.666, de 21 de junho de 1993, aplicar-se-ão às contratações realizadas com base no disposto nesta Lei.

Art. 44-A. Nos contratos regidos por esta Lei, poderá ser admitido o emprego dos mecanismos privados de resolução de disputas, inclusive a arbitragem, a ser realizada no Brasil e em língua portuguesa, nos termos da Lei 9.307, de 23 de setembro de 1996, e a mediação, para dirimir conflitos decorrentes da sua execução ou a ela relacionados.

→ Artigo acrescentado pela Lei 13.190/2015.

Seção IV
Dos Pedidos de Esclarecimento, Impugnações e Recursos

Art. 45. Dos atos da administração pública decorrentes da aplicação do RDC caberão:

I – pedidos de esclarecimento e impugnações ao instrumento convocatório no prazo mínimo de:

a) até 2 (dois) dias úteis antes da data de abertura das propostas, no caso de licitação para aquisição ou alienação de bens; ou

b) até 5 (cinco) dias úteis antes da data de abertura das propostas, no caso de licitação para contratação de obras ou serviços;

II – recursos, no prazo de 5 (cinco) dias úteis contados a partir da data da intimação ou da lavratura da ata, em face:

a) do ato que defira ou indefira pedido de pré-qualificação de interessados;

b) do ato de habilitação ou inabilitação de licitante;

c) do julgamento das propostas;

d) da anulação ou revogação da licitação;

e) do indeferimento do pedido de inscrição em registro cadastral, sua alteração ou cancelamento;

f) da rescisão do contrato, nas hipóteses previstas no inciso I do art. 79 da Lei 8.666, de 21 de junho de 1993;

g) da aplicação das penas de advertência, multa, declaração de inidoneidade, suspensão temporária de participação em licitação e impedimento de contratar com a administração pública; e

III – representações, no prazo de 5 (cinco) dias úteis contados a partir da data da intimação, relativamente a atos de que não caiba recurso hierárquico.

§ 1º Os licitantes que desejarem apresentar os recursos de que tratam as alíneas a, b e c do inciso II do *caput* deste artigo deverão manifestar imediatamente a sua intenção de recorrer, sob pena de preclusão.

§ 2º O prazo para apresentação de contrarrazões será o mesmo do recurso e começará imediatamente após o encerramento do prazo recursal.

§ 3º É assegurado aos licitantes vista dos elementos indispensáveis à defesa de seus interesses.

§ 4º Na contagem dos prazos estabelecidos nesta Lei, excluir-se-á o dia do início e incluir-se-á o do vencimento.

§ 5º Os prazos previstos nesta Lei iniciam e expiram exclusivamente em dia de expediente no âmbito do órgão ou entidade.

§ 6º O recurso será dirigido à autoridade superior, por intermédio da autoridade que praticou o ato recorrido, cabendo a esta reconsiderar sua decisão no prazo de 5 (cinco) dias úteis ou, nesse mesmo prazo, fazê-lo subir, devidamente informado, devendo, neste caso, a decisão do recurso ser proferida dentro do prazo de 5 (cinco) dias úteis, contados do seu recebimento, sob pena de apuração de responsabilidade.

Art. 46. Aplica-se ao RDC o disposto no art. 113 da Lei 8.666, de 21 de junho de 1993.

Seção V
Das Sanções Administrativas

Art. 47. Ficará impedido de licitar e contratar com a União, Estados, Distrito Federal ou Municípios, pelo prazo de até 5 (cinco) anos, sem prejuízo das multas previstas no instrumento convocatório e no contrato, bem como das demais cominações legais, o licitante que:

I – convocado dentro do prazo de validade da sua proposta não celebrar o contrato, inclusive nas hipóteses previstas no parágrafo único do art. 40 e no art. 41 desta Lei;

II – deixar de entregar a documentação exigida para o certame ou apresentar documento falso;

III – ensejar o retardamento da execução ou da entrega do objeto da licitação sem motivo justificado;

IV – não mantiver a proposta, salvo se em decorrência de fato superveniente, devidamente justificado;

V – fraudar a licitação ou praticar atos fraudulentos na execução do contrato;

VI – comportar-se de modo inidôneo ou cometer fraude fiscal; ou

VII – der causa à inexecução total ou parcial do contrato.

§ 1º A aplicação da sanção de que trata o *caput* deste artigo implicará ainda o descredenciamento do licitante, pelo prazo estabelecido no *caput* deste artigo, dos sistemas de cadastramento dos entes federativos que compõem a Autoridade Pública Olímpica.

§ 2º As sanções administrativas, criminais e demais regras previstas no Capítulo IV da Lei 8.666, de 21 de junho de 1993, aplicam-se às licitações e aos contratos regidos por esta Lei.

Seção VI
Das Disposições Especiais

→ Seção VI acrescentada pela Lei 13.190/2015.

Art. 47-A. A administração pública poderá firmar contratos de locação de bens móveis e imóveis, nos quais o locador realiza prévia aquisição, construção ou reforma substancial, com ou sem aparelhamento de bens, por si mesmo ou por terceiros, do bem especificado pela administração.

→ Artigo acrescentado pela Lei 13.190/2015.

§ 1º A contratação referida no *caput* sujeita-se à mesma disciplina de dispensa e inexigibilidade de licitação aplicável às locações comuns.

§ 2º A contratação referida no *caput* poderá prever a reversão dos bens à administração pública ao final da locação, desde que estabelecida no contrato.

§ 3º O valor da locação a que se refere o *caput* não poderá exceder, ao mês, 1% (um por cento) do valor do bem locado.

Capítulo II
OUTRAS DISPOSIÇÕES

Seção I
Alterações da Organização da Presidência da República e dos Ministérios

Art. 48. A Lei 10.683, de 28 de maio de 2003, passa a vigorar com as seguintes alterações:

"Art. 1º A Presidência da República é constituída, essencialmente:

I – pela Casa Civil;

II – pela Secretaria-Geral;

III – pela Secretaria de Relações Institucionais;

IV – pela Secretaria de Comunicação Social;

V – pelo Gabinete Pessoal;

VI – pelo Gabinete de Segurança Institucional;

VII – pela Secretaria de Assuntos Estratégicos;

VIII – pela Secretaria de Políticas para as Mulheres;

IX – pela Secretaria de Direitos Humanos;

X – pela Secretaria de Políticas de Promoção da Igualdade Racial;

XI – pela Secretaria de Portos; e

XII – pela Secretaria de Aviação Civil.

§ 1º (...)

(...)

X – o Conselho de Aviação Civil.

(...)"

"Art. 2º À Casa Civil da Presidência da República compete:

I – assistir direta e imediatamente ao Presidente da República no desempenho de suas atribuições, especialmente:

a) na coordenação e na integração das ações do Governo;

b) na verificação prévia da constitucionalidade e legalidade dos atos presidenciais;

c) na análise do mérito, da oportunidade e da compatibilidade das propostas, inclusive das matérias em tramitação no Congresso Nacional, com as diretrizes governamentais;

d) na avaliação e monitoramento da ação governamental e da gestão dos órgãos e entidades da administração pública federal;

II – promover a publicação e a preservação dos atos oficiais.

Parágrafo único. A Casa Civil tem como estrutura básica:

I – o Conselho Deliberativo do Sistema de Proteção da Amazônia;

II – a Imprensa Nacional;

III – o Gabinete;

IV – a Secretaria-Executiva; e

V – até 3 (três) Subchefias."

"Art. 3º (...)

(...)

§ 1º À Secretaria-Geral da Presidência da República compete ainda:

I – supervisão e execução das atividades administrativas da Presidência da República e, supletivamente, da Vice-Presidência da República; e

II – avaliação da ação governamental e do resultado da gestão dos administradores, no âmbito dos órgãos integrantes da Presidência da República e Vice-Presidência da República, além de outros determinados em legislação específica, por intermédio da fiscalização contábil, financeira, orçamentária, operacional e patrimonial.

§ 2º A Secretaria-Geral da Presidência da República tem como estrutura básica:

I – o Conselho Nacional de Juventude;

II – o Gabinete;

III – a Secretaria-Executiva;

IV – a Secretaria Nacional de Juventude;

V – até 5 (cinco) Secretarias; e

VI – 1 (um) órgão de Controle Interno.

§ 3º Caberá ao Secretário-Executivo da Secretaria-Geral da Presidência da República exercer, além da supervisão e da coordenação das Secretarias integrantes da estrutura da Secretaria-Geral da Presidência da República subordinadas ao Ministro de Estado, as funções que lhe forem por este atribuídas."

"Art. 6º Ao Gabinete de Segurança Institucional da Presidência da República compete:

I – assistir direta e imediatamente ao Presidente da República no desempenho de suas atribuições;

II – prevenir a ocorrência e articular o gerenciamento de crises, em caso de grave e iminente ameaça à estabilidade institucional;

III – realizar o assessoramento pessoal em assuntos militares e de segurança;

IV – coordenar as atividades de inteligência federal e de segurança da informação;

V – zelar, assegurado o exercício do poder de polícia, pela segurança pessoal do Chefe de Estado, do Vice-Presidente da República e respectivos familiares, dos titulares dos órgãos essenciais da Presidência da República e de outras autoridades ou personalidades quando determinado pelo Presidente da República, bem como pela segurança dos palácios presidenciais e das residências do Presidente e do Vice-Presidente da República.

§ 1º *(Revogado).*

§ 2º *(Revogado).*

(...)

§ 4º O Gabinete de Segurança Institucional da Presidência da República tem como estrutura básica:

I – a Agência Brasileira de Inteligência (Abin);

II – o Gabinete;

III – a Secretaria-Executiva; e

IV – até 3 (três) Secretarias."

"Art. 11-A. Ao Conselho de Aviação Civil, presidido pelo Ministro de Estado Chefe da Secretaria de Aviação Civil da Presidência da República, com composição e funcionamento estabelecidos pelo Poder Executivo, compete estabelecer as diretrizes da política relativa ao setor de aviação civil."

"Art. 24-D. À Secretaria de Aviação Civil compete:

I – formular, coordenar e supervisionar as políticas para o desenvolvimento do setor de aviação civil e das infraestruturas aeroportuária e aeronáutica civil, em articulação, no que couber, com o Ministério da Defesa;

II – elaborar estudos e projeções relativos aos assuntos de aviação civil e de infraestruturas aeroportuária e aeronáutica civil e sobre a logística do transporte aéreo e do transporte intermodal e multimodal, ao longo de eixos e fluxos de produção em articulação com os demais órgãos governamentais competentes, com atenção às exigências de mobilidade urbana e acessibilidade;

III – formular e implementar o planejamento estratégico do setor, definindo prioridades dos programas de investimentos;

IV – elaborar e aprovar os planos de outorgas para exploração da infraestrutura aeroportuária, ouvida a Agência Nacional de Aviação Civil (Anac);

V – propor ao Presidente da República a declaração de utilidade pública, para fins de desapropriação ou instituição de servidão administrativa, dos bens necessários à construção, manutenção e expansão da infraestrutura aeronáutica e aeroportuária;

VI – administrar recursos e programas de desenvolvimento da infraestrutura de aviação civil;

VII – coordenar os órgãos e entidades do sistema de aviação civil, em articulação com o Ministério da Defesa, no que couber; e

VIII – transferir para Estados, Distrito Federal e Municípios a implantação, administração, operação, manutenção e exploração de aeródromos públicos, direta ou indiretamente.

Parágrafo único. A Secretaria de Aviação Civil tem como estrutura básica o Gabinete, a Secretaria-Executiva e até 3 (três) Secretarias."

"Art. 25. (...)

(...)

Parágrafo único. São Ministros de Estado:

I – os titulares dos Ministérios;

II – os titulares das Secretarias da Presidência da República;

III – o Advogado-Geral da União;

IV – o Chefe da Casa Civil da Presidência da República;

V – o Chefe do Gabinete de Segurança Institucional da Presidência da República;

VI – o Chefe da Controladoria-Geral da União;

VII – o Presidente do Banco Central do Brasil."

"Art. 27. (...)

(...)

VII – Ministério da Defesa:

(...)

y) infraestrutura aeroespacial e aeronáutica;

z) operacionalização do Sistema de Proteção da Amazônia (Sipam);

(...)

XII – (...)

(...)

i) (...)

(...)

6. *(Revogado);*

(...)

XIV – (...)

(...)

m) articulação, coordenação, supervisão, integração e proposição das ações do Governo e do Sistema Nacional de Políticas sobre Drogas nos aspectos relacionados com as atividades de prevenção, repressão ao tráfico ilícito e à produção não autorizada de drogas, bem como aquelas relacionadas com o tratamento, a recuperação e a reinserção social de usuários e dependentes e ao Plano Integrado de Enfrentamento ao Crack e outras Drogas;

n) política nacional de arquivos; e

o) assistência ao Presidente da República em matérias não afetas a outro Ministério;

(...)"

"Art. 29. (...)

(...)

VI – do Ministério da Cultura: o Conselho Superior do Cinema, o Conselho Nacional de Política Cultural, a Comissão Nacional de Incentivo à Cultura e até 6 (seis) Secretarias;

VII – do Ministério da Defesa: o Conselho Militar de Defesa, o Comando da Marinha, o Comando do Exército, o Comando da Aeronáutica, o Estado-Maior Conjunto das Forças Armadas, a Escola Superior de Guerra, o Centro Gestor e Operacional do Sistema de Proteção da Amazônia (Censipam), o Hospital das Forças Armadas, a Representação Brasileira na Junta Interamericana de Defesa, até 3 (três) Secretarias e um órgão de Controle Interno;

(...)

XIV – do Ministério da Justiça: o Conselho Nacional de Política Criminal e Penitenciária, o Conselho Nacional de Segurança Pública, o Conselho Federal Gestor do Fundo de Defesa dos Direitos Difusos, o Conselho Nacional de Combate à Pirataria e Delitos contra a Propriedade Intelectual, o Conselho Nacional de Arquivos, o Conselho Nacional de Políticas sobre Drogas, o Departamento de Polícia Federal, o Departamento de Polícia Rodoviária Federal, o Departamento de Polícia Ferroviária Federal, a Defensoria Pública da União, o Arquivo Nacional e até 6 (seis) Secretarias;

(...)

§ 3º *(Revogado).*

(...)

§ 8º Os profissionais da Segurança Pública Ferroviária oriundos do grupo Rede, Rede Ferroviária Federal (RFFSA), da Companhia Brasileira de Trens Urbanos (CBTU) e da Empresa de Trens Urbanos de Porto Alegre (Trensurb) que estavam em exercício em 11 de dezembro de 1990, passam a integrar o Departamento de Polícia Ferroviária Federal do Ministério da Justiça."

Art. 49. São transferidas as competências referentes à aviação civil do Ministério da Defesa para a Secretaria de Aviação Civil.

Art. 50. O acervo patrimonial dos órgãos transferidos, incorporados ou desmembrados por esta Lei será transferido para os Ministérios, órgãos e entidades que tiverem absorvido as correspondentes competências.

Parágrafo único. O quadro de servidores efetivos dos órgãos de que trata este artigo será transferido para os Ministérios e órgãos que tiverem absorvido as correspondentes competências.

Art. 51. O Ministério da Defesa e o Ministério do Planejamento, Orçamento e Gestão adotarão, até 1º de junho de 2011, as providências necessárias para a efetivação das transferências de que trata esta Lei, inclusive quanto à movimentação das dotações orçamentárias destinadas aos órgãos transferidos.

Parágrafo único. No prazo de que trata o *caput*, o Ministério da Defesa prestará o apoio administrativo e jurídico necessário para garantir a continuidade das atividades da Secretaria de Aviação Civil.

Art. 52. Os servidores e militares requisitados pela Presidência da República em exercício, em 31 de dezembro de 2010, no Centro Gestor e Operacional do Sistema de Proteção da Amazônia, no Arquivo Nacional e na Secretaria Nacional de Políticas sobre Drogas, poderão permanecer à disposição, respectivamente, do Ministério da Defesa e do Ministério da Justiça, para exercício naquelas unidades, bem como ser novamente requisitados caso tenham retornado aos órgãos ou entidades de origem antes de 18 de março de 2011.

§ 1º Os servidores e militares de que trata o *caput* poderão ser designados para o exercício de Gratificações de Representação da Presidência da República ou de Gratificação de Exercício em Cargo de Confiança nos órgãos da Presidência da República devida aos militares enquanto permanecerem nos órgãos para os quais foram requisitados.

§ 2º *(Revogado pela Lei 12.702/2012).*

§ 3º Aplica-se o disposto no parágrafo único do art. 2º da Lei 9.007, de 17 de março de 1995, aos servidores referidos neste artigo.

Seção II
Das Adaptações da Legislação da Anac

Art. 53. A Lei 11.182, de 27 de setembro de 2005, passa a vigorar com as seguintes alterações:

"Art. 3º A Anac, no exercício de suas competências, deverá observar e implementar as orientações, diretrizes e políticas estabelecidas pelo governo federal, especialmente no que se refere a:

(...)"

"Art. 8º (...)

(...)

XXII – aprovar os planos diretores dos aeroportos;

XXIII – *(Revogado);*

(...)

XXVII – *(Revogado);*

XXVIII – fiscalizar a observância dos requisitos técnicos na construção, reforma e ampliação de aeródromos e aprovar sua abertura ao tráfego;

(...)

XXXIX – apresentar ao Ministro de Estado Chefe da Secretaria de Aviação Civil da Presidência da República proposta de orçamento;

XL – elaborar e enviar o relatório anual de suas atividades à Secretaria de Aviação Civil da Presidência da República e, por intermédio da Presidência da República, ao Congresso Nacional;

(...)

XLVII – *(Revogado);*

(...)"

"Art. 11. (...)

I – propor, por intermédio do Ministro de Estado Chefe da Secretaria de Aviação Civil da Presidência da República, ao Presidente da República, alterações do regulamento da Anac;

(...)"

"Art. 14. (...)

(...)

§ 2º Cabe ao Ministro de Estado Chefe da Secretaria de Aviação Civil da Presidência da República instaurar o processo administrativo disciplinar, que será conduzido por comissão especial constituída por servidores públicos federais estáveis, competindo ao Presidente da República determinar o afastamento preventivo, quando for o caso, e proferir julgamento."

Seção III
Da Adaptação da Legislação da Infraero

Art. 54. O art. 2º da Lei 5.862, de 12 de dezembro de 1972, passa a vigorar com a seguinte redação:

"Art. 2º A Infraero terá por finalidade implantar, administrar, operar e explorar industrial e comercialmente a infraestrutura aeroportuária que lhe for atribuída pela Secretaria de Aviação Civil da Presidência da República.

(...)"

Seção IV
Da Adaptação do Programa Federal de Auxílio a Aeroportos

Art. 55. O art. 1º da Lei 8.399, de 7 de janeiro de 1992, passa a vigorar com as seguintes alterações:

"Art. 1º (...)

(...)

§ 2º A parcela de 20% (vinte por cento) especificada neste artigo constituirá o suporte financeiro do Programa Federal de Auxílio a Aeroportos a ser proposto e instituído de acordo com os Planos Aeroviários Estaduais e estabelecido por meio de convênios celebrados entre os Governos Estaduais e a Secretaria de Aviação Civil da Presidência da República.

§ 3º Serão contemplados com os recursos dispostos no § 2º os aeroportos estaduais constantes dos Planos Aeroviários e que sejam objeto de convênio específico firmado entre o Governo Estadual interessado e a Secretaria de Aviação Civil da Presidência da República.

(...)"

Seção V
Dos Cargos Decorrentes da Reestruturação da Secretaria de Aviação Civil

Art. 56. É criado o cargo de Ministro de Estado Chefe da Secretaria de Aviação Civil da Presidência da República.

Art. 57. É criado o cargo em comissão, de Natureza Especial, de Secretário-Executivo da Secretaria de Aviação Civil da Presidência da República.

Art. 58. São criados, no âmbito da administração pública federal, os seguintes cargos em comissão do Grupo-Direção e Assessoramento Superiores destinados à Secretaria de Aviação Civil:

I – 2 (dois) DAS-6;

II – 9 (nove) DAS-5;

III – 23 (vinte e três) DAS-4;

IV – 39 (trinta e nove) DAS-3;

V – 35 (trinta e cinco) DAS-2;

VI – 19 (dezenove) DAS-1.

Art. 59. É transformado o cargo, de Natureza Especial, de Secretário Nacional de Políticas sobre Drogas no cargo, de Natureza Especial, de Assessor Chefe da Assessoria Especial do Presidente da República.

Art. 60. A Tabela a do Anexo I da Lei 11.526, de 4 de outubro de 2007, passa a vigorar acrescida da seguinte linha:

Assessor Chefe da Assessoria Especial do Presidente da República	11.179,36

Seção VI
Do Pessoal Destinado ao Controle de Tráfego Aéreo

Art. 61. O art. 2º da Lei 11.458, de 19 de março de 2007, passa a vigorar com a seguinte redação:

"Art. 2º A contratação de que trata esta Lei será de, no máximo, 160 (cento e sessenta) pessoas, com validade de até 2 (dois) anos, podendo ser prorrogada por sucessivos períodos até 18 de março de 2013.

§ 1º Prorrogações para períodos posteriores à data prevista no *caput* deste artigo poderão ser autorizadas, por ato conjunto dos Ministros de Estado da Defesa e do Planejamento, Orçamento e Gestão, mediante justificativa dos motivos que impossibilitaram a total substituição dos servidores temporários por servidores efetivos admitidos nos termos do inciso II do art. 37 da Constituição Federal.

§ 2º Na hipótese do § 1º deste artigo, regulamento estabelecerá critérios de substituição gradativa dos servidores temporários.

§ 3º Nenhum contrato de que trata esta Lei poderá superar a data limite de 1º de dezembro de 2016."

Art. 62. São criados, no Quadro de Pessoal do Comando da Aeronáutica, 100 (cem) cargos efetivos de Controlador de Tráfego Aéreo, de nível intermediário, integrantes do Grupo-Defesa Aérea e Controle de Tráfego Aéreo, código Dacta-1303.

Seção VII
Da Criação do Fundo Nacional de Aviação Civil (FNAC)

Art. 63. É instituído o Fundo Nacional de Aviação Civil – FNAC, de natureza contábil e financeira, vinculado à Secretaria de Aviação Civil da Presidência da República, para destinação dos recursos do sistema de aviação civil.

→ *Caput* com redação alterada pela Lei 12.833/2013.

§ 1º São recursos do FNAC:

→ *Caput* do § 1º com redação alterada pela Lei 12.648/2012.

I – os referentes ao adicional tarifário previsto no art. 1º da Lei 7.920, de 12 de dezembro de 1989;

→ Inciso I acrescentado pela Lei 12.648/2012.

II – os referidos no art. 1º da Lei 9.825, de 23 de agosto de 1999;

→ Inciso II acrescentado pela Lei 12.648/2012.

III – os valores devidos como contrapartida à União em razão das outorgas de infraestrutura aeroportuária;

→ Inciso III acrescentado pela Lei 12.648/2012.

IV – os rendimentos de suas aplicações financeiras;

→ Inciso IV com redação alterada pela Lei 12.883/2013.

V – os que lhe forem atribuídos para os fins de que trata o art. 63-A; e

→ Inciso V com redação alterada pela Lei 12.883/2013.

VI – outros que lhe forem atribuídos.

→ Inciso VI acrescentado pela Lei 12.883/2013.

§ 2º Os recursos do FNAC serão aplicados exclusivamente no desenvolvimento e fomento do setor de aviação civil e das infraestruturas aeroportuária e aeronáutica civil.

→ § 2º com redação alterada pela Lei 12.648/2012.

§ 3º As despesas do FNAC correrão à conta de dotações orçamentárias específicas alocadas no orçamento geral da União, observados os limites anuais de movimentação e empenho e de pagamento.

§ 4º Deverão ser disponibilizadas, anualmente, pela Secretaria de Aviação Civil da Presidência da República, em seu sítio eletrônico, informações contábeis e financeiras, além de descrição dos resultados econômicos e sociais obtidos pelo FNAC.

§ 5º Os recursos do FNAC também poderão ser aplicados no desenvolvimento, na ampliação e na reestruturação de aeroportos concedidos, desde que tais ações não constituam obrigação do concessionário, conforme estabelecido no contrato de concessão, nos termos das normas expedidas pela Agência Nacional de Aviação Civil – ANAC e pela Secretaria de Aviação Civil da Presidência da República – SAC, observadas as respectivas competências.

→ § 5º acrescentado pela Lei 12.648/2012.

§ 6º Os recursos do FNAC, enquanto não destinados às finalidades previstas no art. 63-A, ficarão depositados na Conta Única do Tesouro Nacional.

→ § 6º acrescentado pela Lei 12.883/2013.

Art. 63-A. Os recursos do FNAC serão geridos e administrados pela Secretaria de Aviação Civil da Presidência da República ou, a seu critério, por instituição financeira pública federal, quando destinados à modernização, construção, ampliação ou reforma de aeródromos públicos.

→ Artigo acrescentado pela Lei 12.883/2013.

§ 1º Para a consecução dos objetivos previstos no *caput*, a Secretaria de Aviação Civil da Presidência da República, diretamente ou, a seu critério, por intermédio de instituição financeira pública federal, realizará procedimento licitatório, podendo, em nome próprio ou de terceiros, adquirir bens, contratar obras e serviços de engenharia e de técnicos especializados e utilizar-se do Regime Diferenciado de Contratações Públicas – RDC.

§ 2º Ato conjunto dos Ministros da Fazenda e da Secretaria de Aviação Civil da Presidência da República fixará a remuneração de instituição financeira que prestar serviços, na forma deste artigo.

Capítulo III
DISPOSIÇÕES FINAIS

Art. 64. O Poder Executivo federal regulamentará o disposto no Capítulo I desta Lei.

Art. 65. Até que a Autoridade Pública Olímpica defina a Carteira de Projetos Olímpicos, aplica-se, excepcionalmente, o disposto nesta Lei às contratações decorrentes do inciso I do art. 1º desta Lei, desde que sejam imprescindíveis para o cumprimento das obrigações assumidas perante o Comitê Olímpico Internacional e o Comitê Paraolímpico Internacional, e sua necessidade seja fundamentada pelo contratante da obra ou serviço.

Art. 66. Para os projetos de que tratam os incisos I a III do art. 1º desta Lei, o prazo estabelecido no inciso II do § 1º do art. 8º da Medida Provisória 2.185-35, de 24 de agosto de 2001, passa a ser o de 31 de dezembro de 2013.

Art. 67. A Lei 12.350, de 20 de dezembro de 2010, passa a vigorar acrescida do seguinte art. 62-A:

"Art. 62-A. Para efeito da análise das operações de crédito destinadas ao financiamento dos projetos para os Jogos Olímpicos e Paraolímpicos, para a Copa das Confederações da Federação Internacional de Futebol Associação – Fifa 2013 e para a Copa do Mundo Fifa 2014, a verificação da adimplência será efetuada pelo número do registro no Cadastro Nacional da Pessoa Jurídica (CNPJ) principal que represente a pessoa jurídica do mutuário ou tomador da operação de crédito."

Art. 68. O inciso II do § 1º do art. 8º da Medida Provisória 2.185-35, de 24 de agosto de 2001, passa a vigorar com a seguinte redação:

"Art. 8º (...)

(...)

§ 1º (...)

(...)

II – os empréstimos ou financiamentos tomados perante organismos financeiros multilaterais e instituições de fomento e cooperação ligadas a governos estrangeiros, o Banco Nacional de Desenvolvimento Econômico e Social (BNDES) e a Caixa Econômica Federal, que tenham avaliação positiva da agência financiadora, e desde que contratados no prazo de 2 (dois) anos, contados a partir da publicação da Lei de conversão da Medida Provisória 527, de 18 de março de 2011, e destinados exclusivamente à complementação de programas em andamento;

(...)"

Capítulo IV
DAS REVOGAÇÕES

Art. 69. Revogam-se:

I – os §§ 1º e 2º do art. 6º, o item 6 da alínea *i* do inciso XII do art. 27 e o § 3º do art. 29, todos da Lei 10.683, de 28 de maio de 2003;

II – os §§ 4º e 5º do art. 16 da Lei 9.649, de 27 de maio de 1998; e

III – os incisos XXIII, XXVII e XLVII do art. 8º e o § 2º do art. 10 da Lei 11.182, de 27 de setembro de 2005.

Art. 70. Esta Lei entra em vigor na data de sua publicação, produzindo efeitos financeiros, no tocante ao art. 52 desta Lei, a contar da transferência dos órgãos ali referidos.

Brasília, 4 de agosto de 2011; 190º da Independência e 123º da República.

(Publicação no *D.O.U.* de 5.8.2011, retificação 10.8.2011)

LEI 12.506,
DE 11 DE OUTUBRO DE 2011

Dispõe sobre o aviso-prévio e dá outras providências.

A Presidenta da República:

Faço saber que o Congresso Nacional decreta e eu sanciono a seguinte Lei:

Art. 1º O aviso-prévio, de que trata o Capítulo VI do Título IV da Consolidação das Leis do Trabalho – CLT, aprovada pelo Decreto-Lei 5.452, de 1º de maio de 1943, será concedido na proporção de 30 (trinta) dias aos empregados que contem até 1 (um) ano de serviço na mesma empresa.

Parágrafo único. Ao aviso-prévio previsto neste artigo serão acrescidos 3 (três) dias por ano de serviço prestado na mesma empresa, até o máximo de 60 (sessenta) dias, perfazendo um total de até 90 (noventa) dias.

Art. 2º Esta Lei entra em vigor na data de sua publicação.

Brasília, 11 de outubro de 2011; 190º da Independência e 123º da República.

Dilma Rousseff

(Publicação no *D.O.U.* 13.10.2011)

LEI 12.527,
DE 18 DE NOVEMBRO DE 2011

Regula o acesso a informações previsto no inciso XXXIII do art. 5º, no inciso II do § 3º do art. 37 e no § 2º do art. 216 da Constituição Federal; altera a Lei 8.112, de 11 de dezembro de 1990; revoga a Lei 11.111, de 5 de maio de 2005, e dispositivos da Lei 8.159, de 8 de janeiro de 1991; e dá outras providências.

→ Lei regulamentada pelo Decreto 7.724/2012.

A Presidenta da República:

Faço saber que o Congresso Nacional decreta e eu sanciono a seguinte Lei:

Capítulo I
DISPOSIÇÕES GERAIS

Art. 1º Esta Lei dispõe sobre os procedimentos a serem observados pela União, Estados, Distrito Federal e Municípios, com o fim de garantir o acesso a informações previsto no inciso XXXIII do art. 5º, no inciso II do § 3º do art. 37 e no § 2º do art. 216 da Constituição Federal.

Parágrafo único. Subordinam-se ao regime desta Lei:

I – os órgãos públicos integrantes da administração direta dos Poderes Executivo, Legislativo, incluindo as Cortes de Contas, e Judiciário e do Ministério Público;

LEGISLAÇÃO

II – as autarquias, as fundações públicas, as empresas públicas, as sociedades de economia mista e demais entidades controladas direta ou indiretamente pela União, Estados, Distrito Federal e Municípios.

Art. 2º Aplicam-se as disposições desta Lei, no que couber, às entidades privadas sem fins lucrativos que recebam, para realização de ações de interesse público, recursos públicos diretamente do orçamento ou mediante subvenções sociais, contrato de gestão, termo de parceria, convênios, acordo, ajustes ou outros instrumentos congêneres.

Parágrafo único. A publicidade a que estão submetidas as entidades citadas no *caput* refere-se à parcela dos recursos públicos recebidos e à sua destinação, sem prejuízo das prestações de contas a que estejam legalmente obrigadas.

Art. 3º Os procedimentos previstos nesta Lei destinam-se a assegurar o direito fundamental de acesso à informação e devem ser executados em conformidade com os princípios básicos da administração pública e com as seguintes diretrizes:

I – observância da publicidade como preceito geral e do sigilo como exceção;

II – divulgação de informações de interesse público, independentemente de solicitações;

III – utilização de meios de comunicação viabilizados pela tecnologia da informação;

IV – fomento ao desenvolvimento da cultura de transparência na administração pública;

V – desenvolvimento do controle social da administração pública.

Art. 4º Para os efeitos desta Lei, considera-se:

I – informação: dados, processados ou não, que podem ser utilizados para produção e transmissão de conhecimento, contidos em qualquer meio, suporte ou formato;

II – documento: unidade de registro de informações, qualquer que seja o suporte ou formato;

III – informação sigilosa: aquela submetida temporariamente à restrição de acesso público em razão de sua imprescindibilidade para a segurança da sociedade e do Estado;

IV – informação pessoal: aquela relacionada à pessoa natural identificada ou identificável;

V – tratamento da informação: conjunto de ações referentes à produção, recepção, classificação, utilização, acesso, reprodução, transporte, transmissão, distribuição, arquivamento, armazenamento, eliminação, avaliação, destinação ou controle da informação;

VI – disponibilidade: qualidade da informação que pode ser conhecida e utilizada por indivíduos, equipamentos ou sistemas autorizados;

VII – autenticidade: qualidade da informação que tenha sido produzida, expedida, recebida ou modificada por determinado indivíduo, equipamento ou sistema;

VIII – integridade: qualidade da informação não modificada, inclusive quanto à origem, trânsito e destino;

IX – primariedade: qualidade da informação coletada na fonte, com o máximo de detalhamento possível, sem modificações.

Art. 5º É dever do Estado garantir o direito de acesso à informação, que será franqueada, mediante procedimentos objetivos e ágeis, de forma transparente, clara e em linguagem de fácil compreensão.

Capítulo II
DO ACESSO A INFORMAÇÕES E DA SUA DIVULGAÇÃO

Art. 6º Cabe aos órgãos e entidades do poder público, observadas as normas e procedimentos específicos aplicáveis, assegurar a:

I – gestão transparente da informação, propiciando amplo acesso a ela e sua divulgação;

II – proteção da informação, garantindo-se sua disponibilidade, autenticidade e integridade; e

III – proteção da informação sigilosa e da informação pessoal, observada a sua disponibilidade, autenticidade, integridade e eventual restrição de acesso.

Art. 7º O acesso à informação de que trata esta Lei compreende, entre outros, os direitos de obter:

I – orientação sobre os procedimentos para a consecução de acesso, bem como sobre o local onde poderá ser encontrada ou obtida a informação almejada;

II – informação contida em registros ou documentos, produzidos ou acumulados por seus órgãos ou entidades, recolhidos ou não a arquivos públicos;

III – informação produzida ou custodiada por pessoa física ou entidade privada decorrente de qualquer vínculo com seus órgãos ou entidades, mesmo que esse vínculo já tenha cessado;

IV – informação primária, íntegra, autêntica e atualizada;

V – informação sobre atividades exercidas pelos órgãos e entidades, inclusive as relativas à sua política, organização e serviços;

VI – informação pertinente à administração do patrimônio público, utilização de recursos públicos, licitação, contratos administrativos; e

VII – informação relativa:

a) à implementação, acompanhamento e resultados dos programas, projetos e ações dos órgãos e entidades públicas, bem como metas e indicadores propostos;

b) ao resultado de inspeções, auditorias, prestações e tomadas de contas realizadas pelos órgãos de controle interno e externo, incluindo prestações de contas relativas a exercícios anteriores.

§ 1º O acesso à informação previsto no *caput* não compreende as informações referentes a projetos de pesquisa e desenvolvimento científicos ou tecnológicos cujo sigilo seja imprescindível à segurança da sociedade e do Estado.

§ 2º Quando não for autorizado acesso integral à informação por ser ela parcialmente sigilosa, é assegurado o acesso à parte não sigilosa por meio de certidão, extrato ou cópia com ocultação da parte sob sigilo.

§ 3º O direito de acesso aos documentos ou às informações neles contidas utilizados como fundamento da tomada de decisão e do ato administrativo será assegurado com a edição do ato decisório respectivo.

§ 4º A negativa de acesso às informações objeto de pedido formulado aos órgãos e entidades referidas no art. 1º, quando não fundamentada, sujeitará o responsável a medidas disciplinares, nos termos do art. 32 desta Lei.

§ 5º Informado do extravio da informação solicitada, poderá o interessado requerer à autoridade competente a imediata abertura de sindicância para apurar o desaparecimento da respectiva documentação.

§ 6º Verificada a hipótese prevista no § 5º deste artigo, o responsável pela guarda da informação extraviada deverá, no prazo de 10 (dez) dias, justificar o fato e indicar testemunhas que comprovem sua alegação.

Art. 8º É dever dos órgãos e entidades públicas promover, independentemente de requerimentos, a divulgação em local de fácil acesso, no âmbito de suas competências, de informações de interesse coletivo ou geral por eles produzidas ou custodiadas.

§ 1º Na divulgação das informações a que se refere o *caput*, deverão constar, no mínimo:

I – registro das competências e estrutura organizacional, endereços e telefones das respectivas unidades e horários de atendimento ao público;

II – registros de quaisquer repasses ou transferências de recursos financeiros;

III – registros das despesas;

IV – informações concernentes a procedimentos licitatórios, inclusive os respectivos editais e resultados, bem como a todos os contratos celebrados;

V – dados gerais para o acompanhamento de programas, ações, projetos e obras de órgãos e entidades; e

VI – respostas a perguntas mais frequentes da sociedade.

§ 2º Para cumprimento do disposto no *caput*, os órgãos e entidades públicas deverão utilizar todos os meios e instrumentos legítimos de que dispuserem, sendo obrigatória a divulgação em sítios oficiais da rede mundial de computadores (internet).

§ 3º Os sítios de que trata o § 2º deverão, na forma de regulamento, atender, entre outros, aos seguintes requisitos:

I – conter ferramenta de pesquisa de conteúdo que permita o acesso à informação de forma objetiva, transparente, clara e em linguagem de fácil compreensão;

II – possibilitar a gravação de relatórios em diversos formatos eletrônicos, inclusive abertos e não proprietários, tais como planilhas e texto, de modo a facilitar a análise das informações;

III – possibilitar o acesso automatizado por sistemas externos em formatos abertos, estruturados e legíveis por máquina;

IV – divulgar em detalhes os formatos utilizados para estruturação da informação;

V – garantir a autenticidade e a integridade das informações disponíveis para acesso;

VI – manter atualizadas as informações disponíveis para acesso;

VII – indicar local e instruções que permitam ao interessado comunicar-se, por via eletrônica ou telefônica, com o órgão ou entidade detentora do sítio; e

VIII – adotar as medidas necessárias para garantir a acessibilidade de conteúdo para pessoas com deficiência, nos termos do art. 17 da Lei 10.098, de 19 de dezembro de 2000, e do art. 9º da Convenção sobre os Direitos das Pessoas com Deficiência, aprovada pelo Decreto Legislativo 186, de 9 de julho de 2008.

§ 4º Os Municípios com população de até 10.000 (dez mil) habitantes ficam dispensados da divulgação obrigatória na internet a que se refere o § 2º, mantida a obrigatoriedade de divulgação, em tempo real, de informações relativas à execução orçamentária e financeira, nos critérios e prazos previstos no art. 73-B da Lei Complementar 101, de 4 de maio de 2000 (Lei de Responsabilidade Fiscal).

Art. 9º O acesso a informações públicas será assegurado mediante:

I – criação de serviço de informações ao cidadão, nos órgãos e entidades do poder público, em local com condições apropriadas para:

a) atender e orientar o público quanto ao acesso a informações;

b) informar sobre a tramitação de documentos nas suas respectivas unidades;

c) protocolizar documentos e requerimentos de acesso a informações; e

II – realização de audiências ou consultas públicas, incentivo à participação popular ou a outras formas de divulgação.

Capítulo III
DO PROCEDIMENTO DE ACESSO À INFORMAÇÃO

Seção I
Do pedido de acesso

Art. 10. Qualquer interessado poderá apresentar pedido de acesso a informações aos órgãos e entidades referidos no art. 1º desta Lei, por qualquer meio legítimo, devendo o pedido conter a identificação do requerente e a especificação da informação requerida.

§ 1º Para o acesso a informações de interesse público, a identificação do requerente não pode conter exigências que inviabilizem a solicitação.

§ 2º Os órgãos e entidades do poder público devem viabilizar alternativa de encaminhamento de pedidos de acesso por meio de seus sítios oficiais na internet.

§ 3º São vedadas quaisquer exigências relativas aos motivos determinantes da solicitação de informações de interesse público.

Art. 11. O órgão ou entidade pública deverá autorizar ou conceder o acesso imediato à informação disponível.

§ 1º Não sendo possível conceder o acesso imediato, na forma disposta no *caput*, o órgão ou entidade que receber o pedido deverá, em prazo não superior a 20 (vinte) dias:

I – comunicar a data, local e modo para se realizar a consulta, efetuar a reprodução ou obter a certidão;

II – indicar as razões de fato ou de direito da recusa, total ou parcial, do acesso pretendido; ou

III – comunicar que não possui a informação, indicar, se for do seu conhecimento, o órgão ou a entidade que a detém, ou, ainda, remeter o requerimento a esse órgão ou entidade, cientificando o interessado da remessa de seu pedido de informação.

§ 2º O prazo referido no § 1º poderá ser prorrogado por mais 10 (dez) dias, mediante justificativa expressa, da qual será cientificado o requerente.

§ 3º Sem prejuízo da segurança e da proteção das informações e do cumprimento da legislação aplicável, o órgão ou entidade poderá oferecer meios para que o próprio requerente possa pesquisar a informação de que necessitar.

§ 4º Quando não for autorizado o acesso por se tratar de informação total ou parcialmente sigilosa, o requerente deverá ser informado sobre a possibilidade de recurso, prazos e condições para sua interposição, devendo, ainda, ser-lhe indicada a autoridade competente para sua apreciação.

§ 5º A informação armazenada em formato digital será fornecida nesse formato, caso haja anuência do requerente.

§ 6º Caso a informação solicitada esteja disponível ao público em formato impresso, eletrônico ou em qualquer outro meio de acesso universal, serão informados ao requerente, por escrito, o lugar e a forma pela qual se poderá consultar, obter ou reproduzir a referida informação, procedimento esse que desonerará o órgão ou entidade pública da obrigação de seu fornecimento direto, salvo se o requerente declarar não dispor de meios para realizar por si mesmo tais procedimentos.

Art. 12. O serviço de busca e fornecimento da informação é gratuito, salvo nas hipóteses de reprodução de documentos pelo órgão ou entidade pública consultada, situação em que poderá ser cobrado exclusivamente o valor necessário ao ressarcimento do custo dos serviços e dos materiais utilizados.

Parágrafo único. Estará isento de ressarcir os custos previstos no *caput* todo aquele cuja situação econômica não lhe permita fazê-lo sem prejuízo do sustento próprio ou da família, declarada nos termos da Lei 7.115, de 29 de agosto de 1983.

Art. 13. Quando se tratar de acesso à informação contida em documento cuja manipulação possa prejudicar sua integridade, deverá ser oferecida a consulta de cópia, com certificação de que esta confere com o original.

Parágrafo único. Na impossibilidade de obtenção de cópias, o interessado poderá solicitar que, a suas expensas e sob supervisão de servidor público, a reprodução seja feita por outro meio que não ponha em risco a conservação do documento original.

Art. 14. É direito do requerente obter o inteiro teor de decisão de negativa de acesso, por certidão ou cópia.

Seção II
Dos recursos

Art. 15. No caso de indeferimento de acesso a informações ou às razões da negativa do acesso, poderá o interessado interpor recurso contra a decisão no prazo de 10 (dez) dias a contar da sua ciência.

Parágrafo único. O recurso será dirigido à autoridade hierarquicamente superior à que exarou a decisão impugnada, que deverá se manifestar no prazo de 5 (cinco) dias.

Art. 16. Negado o acesso a informação pelos órgãos ou entidades do Poder Executivo Federal, o requerente poderá recorrer à Controladoria-Geral da União, que deliberará no prazo de 5 (cinco) dias se:

I – o acesso à informação não classificada como sigilosa for negado;

II – a decisão de negativa de acesso à informação total ou parcialmente classificada como sigilosa não indicar a autoridade classificadora ou a hierarquicamente superior a quem possa ser dirigido pedido de acesso ou desclassificação;

III – os procedimentos de classificação de informação sigilosa estabelecidos nesta Lei não tiverem sido observados; e

IV – estiverem sendo descumpridos prazos ou outros procedimentos previstos nesta Lei.

§ 1º O recurso previsto neste artigo somente poderá ser dirigido à Controladoria-Geral da União depois de submetido à apreciação de pelo menos uma autoridade hierarquicamente superior àquela que exarou a decisão impugnada, que deliberará no prazo de 5 (cinco) dias.

§ 2º Verificada a procedência das razões do recurso, a Controladoria-Geral da União determinará ao órgão ou entidade que adote as providências necessárias para dar cumprimento ao disposto nesta Lei.

§ 3º Negado o acesso à informação pela Controladoria-Geral da União, poderá ser interposto recurso à Comissão Mista de Reavaliação de Informações, a que se refere o art. 35.

Art. 17. No caso de indeferimento de pedido de desclassificação de informação protocolado em órgão da administração pública federal, poderá o requerente recorrer ao Ministro de Estado da área, sem prejuízo das competências da Comissão Mista de Reavaliação de Informações, previstas no art. 35, e do disposto no art. 16.

§ 1º O recurso previsto neste artigo somente poderá ser dirigido às autoridades mencionadas depois de submetido à apreciação de pelo menos uma autoridade hierarquicamente superior à autoridade que exarou a decisão impugnada e, no caso das Forças Armadas, ao respectivo Comando.

§ 2º Indeferido o recurso previsto no *caput* que tenha como objeto a desclassificação de informação secreta ou ultrassecreta, caberá recurso à Comissão Mista de Reavaliação de Informações prevista no art. 35.

Art. 18. Os procedimentos de revisão de decisões denegatórias proferidas no recurso previsto no art. 15 e de revisão de classificação de documentos sigilosos serão objeto de regulamentação própria dos Poderes Legislativo e Judiciário e do Ministério Público, em seus respectivos âmbitos, assegurado ao solicitante, em qualquer caso, o direito de ser informado sobre o andamento de seu pedido.

Art. 19. (*Vetado*).

§ 1º (*Vetado*).

§ 2º Os órgãos do Poder Judiciário e do Ministério Público informarão ao Conselho Nacional de Justiça e ao Conselho Nacional do Ministério Público, respectivamente, as decisões que, em grau de recurso, negarem acesso a informações de interesse público.

Art. 20. Aplica-se subsidiariamente, no que couber, a Lei 9.784, de 29 de janeiro de 1999, ao procedimento de que trata este Capítulo.

Capítulo IV
DAS RESTRIÇÕES DE ACESSO À INFORMAÇÃO

Seção I
Disposições gerais

Art. 21. Não poderá ser negado acesso à informação necessária à tutela judicial ou administrativa de direitos fundamentais.

Parágrafo único. As informações ou documentos que versem sobre condutas que impliquem violação dos direitos humanos praticada por agentes públicos ou a mando de autoridades públicas não poderão ser objeto de restrição de acesso.

Art. 22. O disposto nesta Lei não exclui as demais hipóteses legais de sigilo e de segredo de justiça nem as hipóteses de segredo industrial decorrentes da exploração direta de atividade econômica pelo Estado ou por pessoa física ou entidade privada que tenha qualquer vínculo com o poder público.

Seção II
Da classificação da informação quanto ao grau e prazos de sigilo

Art. 23. São consideradas imprescindíveis à segurança da sociedade ou do Estado e, portanto, passíveis de classificação as informações cuja divulgação ou acesso irrestrito possam:

I – pôr em risco a defesa e a soberania nacionais ou a integridade do território nacional;

II – prejudicar ou pôr em risco a condução de negociações ou as relações internacionais do País, ou as que tenham sido fornecidas em caráter sigiloso por outros Estados e organismos internacionais;

III – pôr em risco a vida, a segurança ou a saúde da população;

IV – oferecer elevado risco à estabilidade financeira, econômica ou monetária do País;

V – prejudicar ou causar risco a planos ou operações estratégicos das Forças Armadas;

VI – prejudicar ou causar risco a projetos de pesquisa e desenvolvimento científico ou tecnológico, assim como a sistemas, bens, instalações ou áreas de interesse estratégico nacional;

VII – pôr em risco a segurança de instituições ou de altas autoridades nacionais ou estrangeiras e seus familiares; ou

VIII – comprometer atividades de inteligência, bem como de investigação ou fiscalização em andamento, relacionadas com a prevenção ou repressão de infrações.

Art. 24. A informação em poder dos órgãos e entidades públicas, observado o seu teor e em razão de sua imprescindibilidade à segurança da sociedade ou do Estado, poderá ser classificada como ultrassecreta, secreta ou reservada.

§ 1º Os prazos máximos de restrição de acesso à informação, conforme a classificação prevista no *caput*, vigoram a partir da data de sua produção e são os seguintes:

I – ultrassecreta: 25 (vinte e cinco) anos;

II – secreta: 15 (quinze) anos; e

III – reservada: 5 (cinco) anos.

§ 2º As informações que puderem colocar em risco a segurança do Presidente e Vice-Presidente da República e respectivos cônjuges e filhos(as) serão classificadas como reservadas e ficarão sob sigilo até o término do mandato em exercício ou do último mandato, em caso de reeleição.

§ 3º Alternativamente aos prazos previstos no § 1º, poderá ser estabelecida como termo final de restrição de acesso a ocorrência de determinado evento, desde que este ocorra antes do transcurso do prazo máximo de classificação.

§ 4º Transcorrido o prazo de classificação ou consumado o evento que defina o seu termo final, a informação tornar-se-á, automaticamente, de acesso público.

§ 5º Para a classificação da informação em determinado grau de sigilo, deverá ser observado o interesse público da informação e utilizado o critério menos restritivo possível, considerados:

I – a gravidade do risco ou dano à segurança da sociedade e do Estado; e

II – o prazo máximo de restrição de acesso ou o evento que defina seu termo final.

Seção III
Da proteção e do controle de informações sigilosas

Art. 25. É dever do Estado controlar o acesso e a divulgação de informações sigilosas produzidas por seus órgãos e entidades, assegurando a sua proteção.

→ *v.* Decreto 7.845/2012 – Regulamenta procedimentos para credenciamento de segurança e tratamento de informação classificada em qualquer grau de sigilo, e dispõe sobre o Núcleo de Segurança e Credenciamento.

§ 1º O acesso, a divulgação e o tratamento de informação classificada como sigilosa ficarão restritos a pessoas que tenham necessidade de conhecê-la e que sejam devidamente credenciadas na forma do regulamento, sem prejuízo das atribuições dos agentes públicos autorizados por lei.

§ 2º O acesso à informação classificada como sigilosa cria a obrigação para aquele que a obteve de resguardar o sigilo.

§ 3º Regulamento disporá sobre procedimentos e medidas a serem adotados para o tratamento de informação sigilosa, de modo a protegê-la contra perda, alteração indevida, acesso, transmissão e divulgação não autorizados.

Art. 26. As autoridades públicas adotarão as providências necessárias para que o pessoal a elas subordinado hierarquicamente conheça as normas e observe as medidas e procedimentos de segurança para tratamento de informações sigilosas.

Parágrafo único. A pessoa física ou entidade privada que, em razão de qualquer vínculo com o poder público, executar atividades de tratamento de informações sigilosas adotará as providências necessárias para que seus empregados, prepostos ou representantes observem as medidas e procedimentos de segurança das informações resultantes da aplicação desta Lei.

Seção IV
Dos procedimentos de classificação, reclassificação e desclassificação

Art. 27. A classificação do sigilo de informações no âmbito da administração pública federal é de competência:

→ *v.* Decreto 7.845/2012 – Regulamenta procedimentos para credenciamento de segurança e tratamento de informação classificada em qualquer grau de sigilo, e dispõe sobre o Núcleo de Segurança e Credenciamento.

I – no grau de ultrassecreto, das seguintes autoridades:

a) Presidente da República;

b) Vice-Presidente da República;

c) Ministros de Estado e autoridades com as mesmas prerrogativas;

d) Comandantes da Marinha, do Exército e da Aeronáutica; e

e) Chefes de Missões Diplomáticas e Consulares permanentes no exterior;

II – no grau de secreto, das autoridades referidas no inciso I, dos titulares de autarquias, fundações ou empresas públicas e sociedades de economia mista; e

III – no grau de reservado, das autoridades referidas nos incisos I e II e das que exerçam funções de direção, comando ou chefia, nível DAS 101.5, ou superior, do Grupo-Direção e Assessoramento Superiores, ou de hierarquia equivalente, de acordo com regulamentação específica de cada órgão ou entidade, observado o disposto nesta Lei.

§ 1º A competência prevista nos incisos I e II, no que se refere à classificação como ultrassecreta e secreta, poderá ser delegada pela autoridade responsável a agente público, inclusive em missão no exterior, vedada a subdelegação.

§ 2º A classificação de informação no grau de sigilo ultrassecreto pelas autoridades previstas nas alíneas *d* e *e* do inciso I deverá ser ratificada pelos respectivos Ministros de Estado, no prazo previsto em regulamento.

§ 3º A autoridade ou outro agente público que classificar informação como ultrassecreta deverá encaminhar a decisão de que trata o art. 28 à Comissão Mista de Reavaliação de Informações, a que se refere o art. 35, no prazo previsto em regulamento.

Art. 28. A classificação de informação em qualquer grau de sigilo deverá ser formalizada em decisão que conterá, no mínimo, os seguintes elementos:

I – assunto sobre o qual versa a informação;

II – fundamento da classificação, observados os critérios estabelecidos no art. 24;

III – indicação do prazo de sigilo, contado em anos, meses ou dias, ou do evento que defina o seu termo final, conforme limites previstos no art. 24; e

IV – identificação da autoridade que a classificou.

Parágrafo único. A decisão referida no *caput* será mantida no mesmo grau de sigilo da informação classificada.

Art. 29. A classificação das informações será reavaliada pela autoridade classificadora ou por autoridade hierarquicamente superior, mediante provocação ou de ofício, nos termos e prazos

LEGISLAÇÃO

previstos em regulamento, com vistas à sua desclassificação ou à redução do prazo de sigilo, observado o disposto no art. 24.

→ v. Decreto 7.845/2012 – Regulamenta procedimentos para credenciamento de segurança e tratamento de informação classificada em qualquer grau de sigilo, e dispõe sobre o Núcleo de Segurança e Credenciamento.

§ 1º O regulamento a que se refere o *caput* deverá considerar as peculiaridades das informações produzidas no exterior por autoridades ou agentes públicos.

§ 2º Na reavaliação a que se refere o *caput*, deverão ser examinadas a permanência dos motivos do sigilo e a possibilidade de danos decorrentes do acesso ou da divulgação da informação.

§ 3º Na hipótese de redução do prazo de sigilo da informação, o novo prazo de restrição manterá como termo inicial a data da sua produção.

Art. 30. A autoridade máxima de cada órgão ou entidade publicará, anualmente, em sítio à disposição na internet e destinado à veiculação de dados e informações administrativas, nos termos de regulamento:

I – rol das informações que tenham sido desclassificadas nos últimos 12 (doze) meses;

II – rol de documentos classificados em cada grau de sigilo, com identificação para referência futura;

III – relatório estatístico contendo a quantidade de pedidos de informação recebidos, atendidos e indeferidos, bem como informações genéricas sobre os solicitantes.

§ 1º Os órgãos e entidades deverão manter exemplar da publicação prevista no *caput* para consulta pública em suas sedes.

§ 2º Os órgãos e entidades manterão extrato com a lista de informações classificadas, acompanhadas da data, do grau de sigilo e dos fundamentos da classificação.

Seção V
Das informações pessoais

Art. 31. O tratamento das informações pessoais deve ser feito de forma transparente e com respeito à intimidade, vida privada, honra e imagem das pessoas, bem como às liberdades e garantias individuais.

§ 1º As informações pessoais, a que se refere este artigo, relativas à intimidade, vida privada, honra e imagem:

I – terão seu acesso restrito, independentemente de classificação de sigilo e pelo prazo máximo de 100 (cem) anos a contar da sua data de produção, a agentes públicos legalmente autorizados e à pessoa a que elas se referirem; e

II – poderão ter autorizada sua divulgação ou acesso por terceiros diante de previsão legal ou consentimento expresso da pessoa a que elas se referirem.

§ 2º Aquele que obtiver acesso às informações de que trata este artigo será responsabilizado por seu uso indevido.

§ 3º O consentimento referido no inciso II do § 1º não será exigido quando as informações forem necessárias:

I – à prevenção e diagnóstico médico, quando a pessoa estiver física ou legalmente incapaz, e para utilização única e exclusivamente para o tratamento médico;

II – à realização de estatísticas e pesquisas científicas de evidente interesse público ou geral, previstos em lei, sendo vedada a identificação da pessoa a que as informações se referirem;

III – ao cumprimento de ordem judicial;

IV – à defesa de direitos humanos; ou

V – à proteção do interesse público e geral preponderante.

§ 4º A restrição de acesso à informação relativa à vida privada, honra e imagem de pessoa não poderá ser invocada com o intuito de prejudicar processo de apuração de irregularidades em que o titular das informações estiver envolvido, bem como em ações voltadas para a recuperação de fatos históricos de maior relevância.

§ 5º Regulamento disporá sobre os procedimentos para tratamento de informação pessoal.

Capítulo V
DAS RESPONSABILIDADES

Art. 32. Constituem condutas ilícitas que ensejam responsabilidade do agente público ou militar:

I – recusar-se a fornecer informação requerida nos termos desta Lei, retardar deliberadamente o seu fornecimento ou fornecê-la intencionalmente de forma incorreta, incompleta ou imprecisa;

II – utilizar indevidamente, bem como subtrair, destruir, inutilizar, desfigurar, alterar ou ocultar, total ou parcialmente, informação que se encontre sob sua guarda ou a que tenha acesso ou conhecimento em razão do exercício das atribuições de cargo, emprego ou função pública;

III – agir com dolo ou má-fé na análise das solicitações de acesso à informação;

IV – divulgar ou permitir a divulgação ou acessar ou permitir acesso indevido à informação sigilosa ou informação pessoal;

V – impor sigilo à informação para obter proveito pessoal ou de terceiro, ou para fins de ocultação de ato ilegal cometido por si ou por outrem;

VI – ocultar da revisão de autoridade superior competente informação sigilosa para beneficiar a si ou a outrem, ou em prejuízo de terceiros; e

VII – destruir ou subtrair, por qualquer meio, documentos concernentes a possíveis violações de direitos humanos por parte de agentes do Estado.

§ 1º Atendido o princípio do contraditório, da ampla defesa e do devido processo legal, as condutas descritas no *caput* serão consideradas:

I – para fins dos regulamentos disciplinares das Forças Armadas, transgressões militares médias ou graves, segundo os critérios neles estabelecidos, desde que não tipificadas em lei como crime ou contravenção penal; ou

II – para fins do disposto na Lei 8.112, de 11 de dezembro de 1990, e suas alterações, infrações administrativas, que deverão ser apenadas, no mínimo, com suspensão, segundo os critérios nela estabelecidos.

§ 2º Pelas condutas descritas no *caput*, poderá o militar ou agente público responder, também, por improbidade administrativa, conforme o disposto nas Leis 1.079, de 10 de abril de 1950, e 8.429, de 2 de junho de 1992.

Art. 33. A pessoa física ou entidade privada que detiver informações em virtude de vínculo de qualquer natureza com o poder público e deixar de observar o disposto nesta Lei estará sujeita às seguintes sanções:

I – advertência;

II – multa;

III – rescisão do vínculo com o poder público;

IV – suspensão temporária de participar em licitação e impedimento de contratar com a administração pública por prazo não superior a 2 (dois) anos; e

V – declaração de inidoneidade para licitar ou contratar com a administração pública, até que seja promovida a reabilitação perante a própria autoridade que aplicou a penalidade.

§ 1º As sanções previstas nos incisos I, III e IV poderão ser aplicadas juntamente com a do inciso II, assegurado o direito de defesa do interessado, no respectivo processo, no prazo de 10 (dez) dias.

§ 2º A reabilitação referida no inciso V será autorizada somente quando o interessado efetivar o ressarcimento ao órgão ou entidade dos prejuízos resultantes e após decorrido o prazo da sanção aplicada com base no inciso IV.

§ 3º A aplicação da sanção prevista no inciso V é de competência exclusiva da autoridade máxima do órgão ou entidade pública, facultada a defesa do interessado, no respectivo processo, no prazo de 10 (dez) dias da abertura de vista.

Art. 34. Os órgãos e entidades públicas respondem diretamente pelos danos causados em decorrência da divulgação não autorizada ou utilização indevida de informações sigilosas ou informações pessoais, cabendo a apuração de responsabilidade funcional nos casos de dolo ou culpa, assegurado o respectivo direito de regresso.

Parágrafo único. O disposto neste artigo aplica-se à pessoa física ou entidade privada que, em virtude de vínculo de qualquer natureza com órgãos ou entidades, tenha acesso a informação sigilosa ou pessoal e a submeta a tratamento indevido.

Capítulo VI
DISPOSIÇÕES FINAIS E TRANSITÓRIAS

Art. 35. (*Vetado*).

§ 1º É instituída a Comissão Mista de Reavaliação de Informações, que decidirá, no âmbito da administração pública federal, sobre o tratamento e a classificação de informações sigilosas e terá competência para:

I – requisitar da autoridade que classificar informação como ultrassecreta e secreta esclarecimento ou conteúdo, parcial ou integral da informação;

II – rever a classificação de informações ultrassecretas ou secretas, de ofício ou mediante provocação de pessoa interessada, observado o disposto no art. 7º e demais dispositivos desta Lei; e

III – prorrogar o prazo de sigilo de informação classificada como ultrassecreta, sempre por prazo determinado, enquanto o seu acesso ou divulgação puder ocasionar ameaça externa à soberania nacional ou à integridade do território nacional ou grave risco às relações internacionais do País, observado o prazo previsto no § 1º do art. 24.

§ 2º O prazo referido no inciso III é limitado a uma única renovação.

§ 3º A revisão de ofício a que se refere o inciso II do § 1º deverá ocorrer, no máximo, a cada 4 (quatro) anos, após a reavaliação prevista no art. 39, quando se tratar de documentos ultrassecretos ou secretos.

§ 4º A não deliberação sobre a revisão pela Comissão Mista de Reavaliação de Informações nos prazos previstos no § 3º implicará a desclassificação automática das informações.

§ 5º Regulamento disporá sobre a composição, organização e funcionamento da Comissão Mista de Reavaliação de Informações, observado o mandato de 2 (dois) anos para seus integrantes e demais disposições desta Lei.

→ v. Decreto 7.845/2012 – Regulamenta procedimentos para credenciamento de segurança e tratamento de informação classificada em qualquer grau de sigilo, e dispõe sobre o Núcleo de Segurança e Credenciamento.

Art. 36. O tratamento de informação sigilosa resultante de tratados, acordos ou atos internacionais atenderá às normas e recomendações constantes desses instrumentos.

Art. 37. É instituído, no âmbito do Gabinete de Segurança Institucional da Presidência da República, o Núcleo de Segurança e Credenciamento (NSC), que tem por objetivos:

→ v. Decreto 7.845/2012 – Regulamenta procedimentos para credenciamento de segurança e tratamento de informação classificada em qualquer grau de sigilo, e dispõe sobre o Núcleo de Segurança e Credenciamento.

I – promover e propor a regulamentação do credenciamento de segurança de pessoas físicas, empresas, órgãos e entidades para tratamento de informações sigilosas; e

II – garantir a segurança de informações sigilosas, inclusive aquelas provenientes de países ou organizações internacionais com os quais a República Federativa do Brasil tenha firmado tratado, acordo, contrato ou qualquer outro ato internacional, sem prejuízo das atribuições do Ministério das Relações Exteriores e dos demais órgãos competentes.

Parágrafo único. Regulamento disporá sobre a composição, organização e funcionamento do NSC.

Art. 38. Aplica-se, no que couber, a Lei 9.507, de 12 de novembro de 1997, em relação à informação de pessoa, física ou jurídica, constante de registro ou banco de dados de entidades governamentais ou de caráter público.

Art. 39. Os órgãos e entidades públicas deverão proceder à reavaliação das informações classificadas como ultrassecretas e secretas no prazo máximo de 2 (dois) anos, contado do termo inicial de vigência desta Lei.

§ 1º A restrição de acesso a informações, em razão da reavaliação prevista no *caput*, deverá observar os prazos e condições previstos nesta Lei.

§ 2º No âmbito da administração pública federal, a reavaliação prevista no *caput* poderá ser revista, a qualquer tempo, pela Comissão Mista de Reavaliação de Informações, observados os termos desta Lei.

§ 3º Enquanto não transcorrido o prazo de reavaliação previsto no *caput*, será mantida a classificação da informação nos termos da legislação precedente.

§ 4º As informações classificadas como secretas e ultrassecretas não reavaliadas no prazo previsto no *caput* serão consideradas, automaticamente, de acesso público.

Art. 40. No prazo de 60 (sessenta) dias, a contar da vigência desta Lei, o dirigente máximo de cada órgão ou entidade da administração pública federal direta e indireta designará autoridade que lhe seja diretamente subordinada para, no âmbito do respectivo órgão ou entidade, exercer as seguintes atribuições:

I – assegurar o cumprimento das normas relativas ao acesso a informação, de forma eficiente e adequada aos objetivos desta Lei;

II – monitorar a implementação do disposto nesta Lei e apresentar relatórios periódicos sobre o seu cumprimento;

III – recomendar as medidas indispensáveis à implementação e ao aperfeiçoamento das normas e procedimentos necessários ao correto cumprimento do disposto nesta Lei; e

IV – orientar as respectivas unidades no que se refere ao cumprimento do disposto nesta Lei e seus regulamentos.

Art. 41. O Poder Executivo Federal designará órgão da administração pública federal responsável:

I – pela promoção de campanha de abrangência nacional de fomento à cultura da transparência na administração pública e conscientização do direito fundamental de acesso à informação;

II – pelo treinamento de agentes públicos no que se refere ao desenvolvimento de práticas relacionadas à transparência na administração pública;

III – pelo monitoramento da aplicação da lei no âmbito da administração pública federal, concentrando e consolidando a publicação de informações estatísticas relacionadas no art. 30;

IV – pelo encaminhamento ao Congresso Nacional de relatório anual com informações atinentes à implementação desta Lei.

Art. 42. O Poder Executivo regulamentará o disposto nesta Lei no prazo de 180 (cento e oitenta) dias a contar da data de sua publicação.

Art. 43. O inciso VI do art. 116 da Lei 8.112, de 11 de dezembro de 1990, passa a vigorar com a seguinte redação:

→ Alterações efetuadas na referida Lei.

Art. 44. O Capítulo IV do Título IV da Lei 8.112, de 1990, passa a vigorar acrescido do seguinte art. 126-A:

→ Alterações efetuadas na referida Lei.

Art. 45. Cabe aos Estados, ao Distrito Federal e aos Municípios, em legislação própria, obedecidas as normas gerais estabelecidas nesta Lei, definir regras específicas, especialmente quanto ao disposto no art. 9º e na Seção II do Capítulo III.

Art. 46. Revogam-se:

I – a Lei 11.111, de 5 de maio de 2005; e

II – os arts. 22 a 24 da Lei 8.159, de 8 de janeiro de 1991.

Art. 47. Esta Lei entra em vigor 180 (cento e oitenta) dias após a data de sua publicação.

Brasília, 18 de novembro de 2011; 190º da Independência e 123º da República.

Dilma Rousseff

(Publicação no *D.O.U.* de 18.11.2011, Edição Extra)

DECRETO 7.627, DE 24 DE NOVEMBRO DE 2011

Regulamenta a monitoração eletrônica de pessoas prevista no Decreto-lei 3.689, de 3 de outubro de 1941 – Código de Processo Penal, e na Lei 7.210, de 11 de julho de 1984 – Lei de Execução Penal.

A Presidenta da República, no uso da atribuição que lhe confere o art. 84, inciso IV, da Constituição, e tendo em vista o disposto no inciso IX do art. 319 no Decreto-lei 3.689, de 3 de outubro de 1941 – Código de Processo Penal, e nos arts. 146-B, 146-C e 146-D da Lei 7.210, de 11 de julho de 1984 – Lei de Execução Penal, decreta:

Art. 1º Este Decreto regulamenta a monitoração eletrônica de pessoas prevista no inciso IX do art. 319 do Decreto-lei 3.689, de 3 de outubro de 1941 – Código de Processo Penal, e nos arts. 146-B, 146-C e 146-D da Lei 7.210, de 11 de julho de 1984 – Lei de Execução Penal.

Art. 2º Considera-se monitoração eletrônica a vigilância telemática posicional à distância de pessoas presas sob medida cautelar ou condenadas por sentença transitada em julgado, executada por meios técnicos que permitam indicar a sua localização.

Art. 3º A pessoa monitorada deverá receber documento no qual constem, de forma clara e expressa, seus direitos e os deveres a que estará sujeita, o período de vigilância e os procedimentos a serem observados durante a monitoração.

Art. 4º A responsabilidade pela administração, execução e controle da monitoração eletrônica caberá aos órgãos de gestão penitenciária, cabendo-lhes ainda:

I – verificar o cumprimento dos deveres legais e das condições especificadas na decisão judicial que autorizar a monitoração eletrônica;

II – encaminhar relatório circunstanciado sobre a pessoa monitorada ao juiz competente na periodicidade estabelecida ou, a qualquer momento, quando por este determinado ou quando as circunstâncias assim o exigirem;

III – adequar e manter programas e equipes multiprofissionais de acompanhamento e apoio à pessoa monitorada condenada;

IV – orientar a pessoa monitorada no cumprimento de suas obrigações e auxiliá-la na reintegração social, se for o caso; e

V – comunicar, imediatamente, ao juiz competente sobre fato que possa dar causa à revogação da medida ou modificação de suas condições.

Parágrafo único. A elaboração e o envio de relatório circunstanciado poderão ser feitos por meio eletrônico certificado digitalmente pelo órgão competente.

Art. 5º O equipamento de monitoração eletrônica deverá ser utilizado de modo a respeitar a integridade física, moral e social da pessoa monitorada.

Art. 6º O sistema de monitoramento será estruturado de modo a preservar o sigilo dos dados e das informações da pessoa monitorada.

Art. 7º O acesso aos dados e informações da pessoa monitorada ficará restrito aos servidores expressamente autorizados que tenham necessidade de conhecê-los em virtude de suas atribuições.

Art. 8º Este Decreto entra em vigor na data de sua publicação.

Brasília, 24 de novembro de 2011; 190º da Independência e 123º da República.

Dilma Rousseff

(Publicação no *D.O.U.* de 25.11.2011)

LEI COMPLEMENTAR 140,
DE 8 DE DEZEMBRO DE 2011

Fixa normas, nos termos dos incisos III, VI e VII do caput e do parágrafo único do art. 23 da Constituição Federal, para a cooperação entre a União, os Estados, o Distrito Federal e os Municípios nas ações administrativas decorrentes do exercício da competência comum relativas à proteção das paisagens naturais notáveis, à proteção do meio ambiente, ao combate à poluição em qualquer de suas formas e à preservação das florestas, da fauna e da flora; e altera a Lei 6.938, de 31 de agosto de 1981.

A Presidenta da República:

Faço saber que o Congresso Nacional decreta e eu sanciono a seguinte Lei Complementar:

Capítulo I
DISPOSIÇÕES GERAIS

Art. 1º Esta Lei Complementar fixa normas, nos termos dos incisos III, VI e VII do *caput* e do parágrafo único do art. 23 da Constituição Federal, para a cooperação entre a União, os Estados, o Distrito Federal e os Municípios nas ações administrativas decorrentes do exercício da competência comum relativas à proteção das paisagens naturais notáveis, à proteção do meio ambiente, ao combate à poluição em qualquer de suas formas e à preservação das florestas, da fauna e da flora.

Art. 2º Para os fins desta Lei Complementar, consideram-se:

I – licenciamento ambiental: o procedimento administrativo destinado a licenciar atividades ou empreendimentos utilizadores de recursos ambientais, efetiva ou potencialmente poluidores ou capazes, sob qualquer forma, de causar degradação ambiental;

II – atuação supletiva: ação do ente da Federação que se substitui ao ente federativo originariamente detentor das atribuições, nas hipóteses definidas nesta Lei Complementar;

III – atuação subsidiária: ação do ente da Federação que visa a auxiliar no desempenho das atribuições decorrentes das competências comuns, quando solicitado pelo ente federativo originariamente detentor das atribuições definidas nesta Lei Complementar.

Art. 3º Constituem objetivos fundamentais da União, dos Estados, do Distrito Federal e dos Municípios, no exercício da competência comum a que se refere esta Lei Complementar:

I – proteger, defender e conservar o meio ambiente ecologicamente equilibrado, promovendo gestão descentralizada, democrática e eficiente;

II – garantir o equilíbrio do desenvolvimento socioeconômico com a proteção do meio ambiente, observando a dignidade da pessoa humana, a erradicação da pobreza e a redução das desigualdades sociais e regionais;

III – harmonizar as políticas e ações administrativas para evitar a sobreposição de atuação entre os entes federativos, de forma a evitar conflitos de atribuições e garantir uma atuação administrativa eficiente;

IV – garantir a uniformidade da política ambiental para todo o País, respeitadas as peculiaridades regionais e locais.

Capítulo II
DOS INSTRUMENTOS DE COOPERAÇÃO

Art. 4º Os entes federativos podem valer-se, entre outros, dos seguintes instrumentos de cooperação institucional:

I – consórcios públicos, nos termos da legislação em vigor;

II – convênios, acordos de cooperação técnica e outros instrumentos similares com órgãos e entidades do Poder Público, respeitado o art. 241 da Constituição Federal;

III – Comissão Tripartite Nacional, Comissões Tripartites Estaduais e Comissão Bipartite do Distrito Federal;

IV – fundos públicos e privados e outros instrumentos econômicos;

V – delegação de atribuições de um ente federativo a outro, respeitados os requisitos previstos nesta Lei Complementar;

VI – delegação da execução de ações administrativas de um ente federativo a outro, respeitados os requisitos previstos nesta Lei Complementar.

§ 1º Os instrumentos mencionados no inciso II do *caput* podem ser firmados com prazo indeterminado.

§ 2º A Comissão Tripartite Nacional será formada, paritariamente, por representantes dos Poderes Executivos da União, dos Estados, do Distrito Federal e dos Municípios, com o objetivo de fomentar a gestão ambiental compartilhada e descentralizada entre os entes federativos.

§ 3º As Comissões Tripartites Estaduais serão formadas, paritariamente, por representantes dos Poderes Executivos da União, dos Estados e dos Municípios, com o objetivo de fomentar a gestão ambiental compartilhada e descentralizada entre os entes federativos.

§ 4º A Comissão Bipartite do Distrito Federal será formada, paritariamente, por representantes dos Poderes Executivos da União e do Distrito Federal, com o objetivo de fomentar a gestão ambiental compartilhada e descentralizada entre esses entes federativos.

§ 5º As Comissões Tripartites e a Comissão Bipartite do Distrito Federal terão sua organização e funcionamento regidos pelos respectivos regimentos internos.

Art. 5º O ente federativo poderá delegar, mediante convênio, a execução de ações administrativas a ele atribuídas nesta Lei Complementar, desde que o ente destinatário da delegação disponha de órgão ambiental capacitado a executar as ações administrativas a serem delegadas e de conselho de meio ambiente.

Parágrafo único. Considera-se órgão ambiental capacitado, para os efeitos do disposto no *caput*, aquele que possui técnicos próprios ou em consórcio, devidamente habilitados e em número compatível com a demanda das ações administrativas a serem delegadas.

Capítulo III
DAS AÇÕES DE COOPERAÇÃO

Art. 6º As ações de cooperação entre a União, os Estados, o Distrito Federal e os Municípios deverão ser desenvolvidas de modo a atingir os objetivos previstos no art. 3º e a garantir o desenvolvimento sustentável, harmonizando e integrando todas as políticas governamentais.

Art. 7º São ações administrativas da União:

→ v. Lei 13.123/2015 – Regulamenta o patrimônio genético.

→ v. Decreto 8.437/2015 – Regulamenta dispositivos da LC 140/2011.

I – formular, executar e fazer cumprir, em âmbito nacional, a Política Nacional do Meio Ambiente;

II – exercer a gestão dos recursos ambientais no âmbito de suas atribuições;

III – promover ações relacionadas à Política Nacional do Meio Ambiente nos âmbitos nacional e internacional;

IV – promover a integração de programas e ações de órgãos e entidades da administração pública da União, dos Estados, do Distrito Federal e dos Municípios, relacionados à proteção e à gestão ambiental;

V – articular a cooperação técnica, científica e financeira, em apoio à Política Nacional do Meio Ambiente;

VI – promover o desenvolvimento de estudos e pesquisas direcionados à proteção e à gestão ambiental, divulgando os resultados obtidos;

VII – promover a articulação da Política Nacional do Meio Ambiente com as de Recursos Hídricos, Desenvolvimento Regional, Ordenamento Territorial e outras;

VIII – organizar e manter, com a colaboração dos órgãos e entidades da administração pública dos Estados, do Distrito Federal e dos Municípios, o Sistema Nacional de Informação sobre Meio Ambiente (Sinima);

IX – elaborar o zoneamento ambiental de âmbito nacional e regional;

X – definir espaços territoriais e seus componentes a serem especialmente protegidos;

XI – promover e orientar a educação ambiental em todos os níveis de ensino e a conscientização pública para a proteção do meio ambiente;

XII – controlar a produção, a comercialização e o emprego de técnicas, métodos e substâncias que comportem risco para a vida, a qualidade de vida e o meio ambiente, na forma da lei;

XIII – exercer o controle e fiscalizar as atividades e empreendimentos cuja atribuição para licenciar ou autorizar, ambientalmente, for cometida à União;

XIV – promover o licenciamento ambiental de empreendimentos e atividades:

a) localizados ou desenvolvidos conjuntamente no Brasil e em país limítrofe;

b) localizados ou desenvolvidos no mar territorial, na plataforma continental ou na zona econômica exclusiva;

LEGISLAÇÃO

c) localizados ou desenvolvidos em terras indígenas;

d) localizados ou desenvolvidos em unidades de conservação instituídas pela União, exceto em Áreas de Proteção Ambiental (APAs);

e) localizados ou desenvolvidos em 2 (dois) ou mais Estados;

f) de caráter militar, excetuando-se do licenciamento ambiental, nos termos de ato do Poder Executivo, aqueles previstos no preparo e emprego das Forças Armadas, conforme disposto na Lei Complementar 97, de 9 de junho de 1999;

g) destinados a pesquisar, lavrar, produzir, beneficiar, transportar, armazenar e dispor material radioativo, em qualquer estágio, ou que utilizem energia nuclear em qualquer de suas formas e aplicações, mediante parecer da Comissão Nacional de Energia Nuclear (CNEN); ou

h) que atendam tipologia estabelecida por ato do Poder Executivo, a partir de proposição da Comissão Tripartite Nacional, assegurada a participação de um membro do Conselho Nacional do Meio Ambiente (Conama), e considerados os critérios de porte, potencial poluidor e natureza da atividade ou empreendimento;

→ v. Decreto 8.437/2015 – Regulamenta dispositivos da LC 140/2011.

XV – aprovar o manejo e a supressão de vegetação, de florestas e formações sucessoras em:

a) florestas públicas federais, terras devolutas federais ou unidades de conservação instituídas pela União, exceto em APAs; e

b) atividades ou empreendimentos licenciados ou autorizados, ambientalmente, pela União;

XVI – elaborar a relação de espécies da fauna e da flora ameaçadas de extinção e de espécies sobre-explotadas no território nacional, mediante laudos e estudos técnico-científicos, fomentando as atividades que conservem essas espécies *in situ*;

XVII – controlar a introdução no País de espécies exóticas potencialmente invasoras que possam ameaçar os ecossistemas, *habitats* e espécies nativas;

XVIII – aprovar a liberação de exemplares de espécie exótica da fauna e da flora em ecossistemas naturais frágeis ou protegidos;

XIX – controlar a exportação de componentes da biodiversidade brasileira na forma de espécimes silvestres da flora, micro-organismos e da fauna, partes ou produtos deles derivados;

XX – controlar a apanha de espécimes da fauna silvestre, ovos e larvas;

XXI – proteger a fauna migratória e as espécies inseridas na relação prevista no inciso XVI;

XXII – exercer o controle ambiental da pesca em âmbito nacional ou regional;

XXIII – gerir o patrimônio genético e o acesso ao conhecimento tradicional associado, respeitadas as atribuições setoriais;

→ v. Lei 13.123/2015 – Regulamenta o patrimônio genético.

XXIV – exercer o controle ambiental sobre o transporte marítimo de produtos perigosos; e

XXV – exercer o controle ambiental sobre o transporte interestadual, fluvial ou terrestre, de produtos perigosos.

Parágrafo único. O licenciamento dos empreendimentos cuja localização compreenda concomitantemente áreas das faixas terrestre e marítima da zona costeira será de atribuição da União exclusivamente nos casos previstos em tipologia estabelecida por ato do Poder Executivo, a partir de proposição da Comissão Tripartite Nacional, assegurada a participação de um membro do Conselho Nacional do Meio Ambiente (Conama) e considerados os critérios de porte, potencial poluidor e natureza da atividade ou empreendimento.

→ v. Decreto 8.437/2015 – Regulamenta dispositivos da LC 140/2011.

Art. 8º São ações administrativas dos Estados:

I – executar e fazer cumprir, em âmbito estadual, a Política Nacional do Meio Ambiente e demais políticas nacionais relacionadas à proteção ambiental;

II – exercer a gestão dos recursos ambientais no âmbito de suas atribuições;

III – formular, executar e fazer cumprir, em âmbito estadual, a Política Estadual de Meio Ambiente;

IV – promover, no âmbito estadual, a integração de programas e ações de órgãos e entidades da administração pública da União, dos Estados, do Distrito Federal e dos Municípios, relacionados à proteção e à gestão ambiental;

V – articular a cooperação técnica, científica e financeira, em apoio às Políticas Nacional e Estadual de Meio Ambiente;

VI – promover o desenvolvimento de estudos e pesquisas direcionados à proteção e à gestão ambiental, divulgando os resultados obtidos;

VII – organizar e manter, com a colaboração dos órgãos municipais competentes, o Sistema Estadual de Informações sobre Meio Ambiente;

VIII – prestar informações à União para a formação e atualização do Sinima;

IX – elaborar o zoneamento ambiental de âmbito estadual, em conformidade com os zoneamentos de âmbito nacional e regional;

X – definir espaços territoriais e seus componentes a serem especialmente protegidos;

XI – promover e orientar a educação ambiental em todos os níveis de ensino e a conscientização pública para a proteção do meio ambiente;

XII – controlar a produção, a comercialização e o emprego de técnicas, métodos e substâncias que comportem risco para a vida, a qualidade de vida e o meio ambiente, na forma da lei;

XIII – exercer o controle e fiscalizar as atividades e empreendimentos cuja atribuição para licenciar ou autorizar, ambientalmente, for cometida aos Estados;

XIV – promover o licenciamento ambiental de atividades ou empreendimentos utilizadores de recursos ambientais, efetiva ou potencialmente poluidores ou capazes, sob qualquer forma, de causar degradação ambiental, ressalvado o disposto nos arts. 7º e 9º;

XV – promover o licenciamento ambiental de atividades ou empreendimentos localizados ou desenvolvidos em unidades de conservação instituídas pelo Estado, exceto em Áreas de Proteção Ambiental (APAs);

XVI – aprovar o manejo e a supressão de vegetação, de florestas e formações sucessoras em:

a) florestas públicas estaduais ou unidades de conservação do Estado, exceto em Áreas de Proteção Ambiental (APAs);

b) imóveis rurais, observadas as atribuições previstas no inciso XV do art. 7º; e

c) atividades ou empreendimentos licenciados ou autorizados, ambientalmente, pelo Estado;

XVII – elaborar a relação de espécies da fauna e da flora ameaçadas de extinção no respectivo território, mediante laudos e estudos técnico-científicos, fomentando as atividades que conservem essas espécies *in situ*;

XVIII – controlar a apanha de espécimes da fauna silvestre, ovos e larvas destinadas à implantação de criadouros e à pesquisa científica, ressalvado o disposto no inciso XX do art. 7º;

XIX – aprovar o funcionamento de criadouros da fauna silvestre;

XX – exercer o controle ambiental da pesca em âmbito estadual; e

XXI – exercer o controle ambiental do transporte fluvial e terrestre de produtos perigosos, ressalvado o disposto no inciso XXV do art. 7º.

Art. 9º São ações administrativas dos Municípios:

I – executar e fazer cumprir, em âmbito municipal, as Políticas Nacional e Estadual de Meio Ambiente e demais políticas nacionais e estaduais relacionadas à proteção do meio ambiente;

II – exercer a gestão dos recursos ambientais no âmbito de suas atribuições;

III – formular, executar e fazer cumprir a Política Municipal de Meio Ambiente;

IV – promover, no Município, a integração de programas e ações de órgãos e entidades da administração pública federal, estadual e municipal, relacionados à proteção e à gestão ambiental;

V – articular a cooperação técnica, científica e financeira, em apoio às Políticas Nacional, Estadual e Municipal de Meio Ambiente;

VI – promover o desenvolvimento de estudos e pesquisas direcionados à proteção e à gestão ambiental, divulgando os resultados obtidos;

VII – organizar e manter o Sistema Municipal de Informações sobre Meio Ambiente;

VIII – prestar informações aos Estados e à União para a formação e atualização dos Sistemas Estadual e Nacional de Informações sobre Meio Ambiente;

IX – elaborar o Plano Diretor, observando os zoneamentos ambientais;

X – definir espaços territoriais e seus componentes a serem especialmente protegidos;

XI – promover e orientar a educação ambiental em todos os níveis de ensino e a conscientização pública para a proteção do meio ambiente;

XII – controlar a produção, a comercialização e o emprego de técnicas, métodos e substâncias que comportem risco para a vida, a qualidade de vida e o meio ambiente, na forma da lei;

XIII – exercer o controle e fiscalizar as atividades e empreendimentos cuja atribuição para licenciar ou autorizar, ambientalmente, for cometida ao Município;

XIV – observadas as atribuições dos demais entes federativos previstas nesta Lei Complementar, promover o licenciamento ambiental das atividades ou empreendimentos:

a) que causem ou possam causar impacto ambiental de âmbito local, conforme tipologia definida pelos respectivos Conselhos Estaduais de Meio Ambiente, considerados os critérios de porte, potencial poluidor e natureza da atividade; ou

b) localizados em unidades de conservação instituídas pelo Município, exceto em Áreas de Proteção Ambiental (APAs);

XV – observadas as atribuições dos demais entes federativos previstas nesta Lei Complementar, aprovar:

a) a supressão e o manejo de vegetação, de florestas e formações sucessoras em florestas públicas municipais e unidades de conservação instituídas pelo Município, exceto em Áreas de Proteção Ambiental (APAs); e

b) a supressão e o manejo de vegetação, de florestas e formações sucessoras em empreendimentos licenciados ou autorizados, ambientalmente, pelo Município.

Art. 10. São ações administrativas do Distrito Federal as previstas nos arts. 8º e 9º.

Art. 11. A lei poderá estabelecer regras próprias para atribuições relativas à autorização de manejo e supressão de vegetação, considerada a sua caracterização como vegetação primária ou secundária em diferentes estágios de regeneração, assim como a existência de espécies da flora ou da fauna ameaçadas de extinção.

Art. 12. Para fins de licenciamento ambiental de atividades ou empreendimentos utilizadores de recursos ambientais, efetiva ou potencialmente poluidores ou capazes, sob qualquer forma, de causar degradação ambiental, e para autorização de supressão e manejo de vegetação, o critério do ente federativo instituidor da unidade de conservação não será aplicado às Áreas de Proteção Ambiental (APAs).

Parágrafo único. A definição do ente federativo responsável pelo licenciamento e autorização a que se refere o *caput*, no caso das APAs, seguirá os critérios previstos nas alíneas *a*, *b*, *e*, *f* e *h* do inciso XIV do art. 7º, no inciso XIV do art. 8º e na alínea *a* do inciso XIV do art. 9º.

Art. 13. Os empreendimentos e atividades são licenciados ou autorizados, ambientalmente, por um único ente federativo, em conformidade com as atribuições estabelecidas nos termos desta Lei Complementar.

§ 1º Os demais entes federativos interessados podem manifestar-se ao órgão responsável pela licença ou autorização, de maneira não vinculante, respeitados os prazos e procedimentos do licenciamento ambiental.

§ 2º A supressão de vegetação decorrente de licenciamentos ambientais é autorizada pelo ente federativo licenciador.

§ 3º Os valores alusivos às taxas de licenciamento ambiental e outros serviços afins devem guardar relação de proporcionalidade com o custo e a complexidade do serviço prestado pelo ente federativo.

Art. 14. Os órgãos licenciadores devem observar os prazos estabelecidos para tramitação dos processos de licenciamento.

§ 1º As exigências de complementação oriundas da análise do empreendimento ou atividade devem ser comunicadas pela autoridade licenciadora de uma única vez ao empreendedor, ressalvadas aquelas decorrentes de fatos novos.

§ 2º As exigências de complementação de informações, documentos ou estudos feitas pela autoridade licenciadora suspendem o prazo de aprovação, que continua a fluir após o seu atendimento integral pelo empreendedor.

§ 3º O decurso dos prazos de licenciamento, sem a emissão da licença ambiental, não implica emissão tácita nem autoriza a prática de ato que dela dependa ou decorra, mas instaura a competência supletiva referida no art. 15.

§ 4º A renovação de licenças ambientais deve ser requerida com antecedência mínima de 120 (cento e vinte) dias da expiração de seu prazo de validade, fixado na respectiva licença, ficando este automaticamente prorrogado até a manifestação definitiva do órgão ambiental competente.

Art. 15. Os entes federativos devem atuar em caráter supletivo nas ações administrativas de licenciamento e na autorização ambiental, nas seguintes hipóteses:

I – inexistindo órgão ambiental capacitado ou conselho de meio ambiente no Estado ou no Distrito Federal, a União deve desempenhar as ações administrativas estaduais ou distritais até a sua criação;

II – inexistindo órgão ambiental capacitado ou conselho de meio ambiente no Município, o Estado deve desempenhar as ações administrativas municipais até a sua criação; e

III – inexistindo órgão ambiental capacitado ou conselho de meio ambiente no Estado e no Município, a União deve desempenhar as ações administrativas até a sua criação em um daqueles entes federativos.

Art. 16. A ação administrativa subsidiária dos entes federativos dar-se-á por meio de apoio técnico, científico, administrativo ou financeiro, sem prejuízo de outras formas de cooperação.

Parágrafo único. A ação subsidiária deve ser solicitada pelo ente originariamente detentor da atribuição nos termos desta Lei Complementar.

Art. 17. Compete ao órgão responsável pelo licenciamento ou autorização, conforme o caso, de um empreendimento ou atividade, lavrar auto de infração ambiental e instaurar processo administrativo para a apuração de infrações à legislação ambiental cometidas pelo empreendimento ou atividade licenciada ou autorizada.

§ 1º Qualquer pessoa legalmente identificada, ao constatar infração ambiental decorrente de empreendimento ou atividade utilizadores de recursos ambientais, efetiva ou potencialmente poluidores, pode dirigir representação ao órgão a que se refere o *caput*, para efeito do exercício de seu poder de polícia.

§ 2º Nos casos de iminência ou ocorrência de degradação da qualidade ambiental, o ente federativo que tiver conhecimento do fato deverá determinar medidas para evitá-la, fazer cessá-la ou mitigá-la, comunicando imediatamente ao órgão competente para as providências cabíveis.

§ 3º O disposto no *caput* deste artigo não impede o exercício pelos entes federativos da atribuição comum de fiscalização da conformidade de empreendimentos e atividades efetiva ou potencialmente poluidores ou utilizadores de recursos naturais com a legislação ambiental em vigor, prevalecendo o auto de infração ambiental lavrado por órgão que detenha a atribuição de licenciamento ou autorização a que se refere o *caput*.

Capítulo IV
DISPOSIÇÕES FINAIS E TRANSITÓRIAS

Art. 18. Esta Lei Complementar aplica-se apenas aos processos de licenciamento e autorização ambiental iniciados a partir de sua vigência.

§ 1º Na hipótese de que trata a alínea *h* do inciso XIV do art. 7º, a aplicação desta Lei Complementar dar-se-á a partir da entrada em vigor do ato previsto no referido dispositivo.

§ 2º Na hipótese de que trata a alínea *a* do inciso XIV do art. 9º, a aplicação desta Lei Complementar dar-se-á a partir da edição da decisão do respectivo Conselho Estadual.

§ 3º Enquanto não forem estabelecidas as tipologias de que tratam os §§ 1º e 2º deste artigo, os processos de licenciamento e autorização ambiental serão conduzidos conforme a legislação em vigor.

Art. 19. O manejo e a supressão de vegetação em situações ou áreas não previstas nesta Lei Complementar dar-se-ão nos termos da legislação em vigor.

Art. 20. O art. 10 da Lei 6.938, de 31 de agosto de 1981, passa a vigorar com a seguinte redação:

"Art. 10. A construção, instalação, ampliação e funcionamento de estabelecimentos e atividades utilizadores de recursos ambientais, efetiva ou potencialmente poluidores ou capazes, sob qualquer forma, de causar degradação ambiental dependerão de prévio licenciamento ambiental.

§ 1º Os pedidos de licenciamento, sua renovação e a respectiva concessão serão publicados no jornal oficial, bem como em periódico regional ou local de grande circulação, ou em meio eletrônico de comunicação mantido pelo órgão ambiental competente.

§ 2º *(Revogado).*

§ 3º *(Revogado).*

§ 4º *(Revogado).*"

Art. 21. Revogam-se os §§ 2º, 3º e 4º do art. 10 e o § 1º do art. 11 da Lei 6.938, de 31 de agosto de 1981.

Art. 22. Esta Lei Complementar entra em vigor na data de sua publicação.

Brasília, 8 de dezembro de 2011; 190º da Independência e 123º da República.

Dilma Rousseff

(Publicação no *D.O.U.* de 9.12.2011; retificação: 12.12.2011)

LEI 12.529,
DE 30 DE NOVEMBRO DE 2011

Estrutura o Sistema Brasileiro de Defesa da Concorrência; dispõe sobre a prevenção e repressão às infrações contra a ordem econômica; altera a Lei 8.137, de 27 de dezembro de 1990, o Decreto-Lei 3.689, de 3 de outubro de 1941 – Código de Processo Penal, e a Lei 7.347, de 24 de julho de 1985; revoga dispositivos da Lei 8.884, de 11 de junho de 1994, e a Lei 9.781, de 19 de janeiro de 1999; e dá outras providências.

A Presidenta da República:

Faço saber que o Congresso Nacional decreta e eu sanciono a seguinte Lei:

Título I
DISPOSIÇÕES GERAIS

Capítulo I
DA FINALIDADE

Art. 1º Esta Lei estrutura o Sistema Brasileiro de Defesa da Concorrência – SBDC e dispõe sobre a prevenção e a repressão às infrações contra a ordem econômica, orientada pelos ditames constitucionais de liberdade de iniciativa, livre concorrência, função social da propriedade, defesa dos consumidores e repressão ao abuso do poder econômico.

Parágrafo único. A coletividade é a titular dos bens jurídicos protegidos por esta Lei.

Capítulo II
DA TERRITORIALIDADE

Art. 2º Aplica-se esta Lei, sem prejuízo de convenções e tratados de que seja signatário o Brasil, às práticas cometidas no todo ou em parte no território nacional ou que nele produzam ou possam produzir efeitos.

§ 1º Reputa-se domiciliada no território nacional a empresa estrangeira que opere ou tenha no Brasil filial, agência, sucursal, escritório, estabelecimento, agente ou representante.

§ 2º A empresa estrangeira será notificada e intimada de todos os atos processuais previstos nesta Lei, independentemente de procuração ou de disposição contratual ou estatutária, na pessoa do agente ou representante ou pessoa responsável por sua filial, agência, sucursal, estabelecimento ou escritório instalado no Brasil.

Título II
DO SISTEMA BRASILEIRO DE DEFESA DA CONCORRÊNCIA

Capítulo I
DA COMPOSIÇÃO

Art. 3º O SBDC é formado pelo Conselho Administrativo de Defesa Econômica – Cade e pela Secretaria de Acompanhamento Econômico do Ministério da Fazenda, com as atribuições previstas nesta Lei.

Capítulo II
DO CONSELHO ADMINISTRATIVO DE DEFESA ECONÔMICA – CADE

Art. 4º O Cade é entidade judicante com jurisdição em todo o território nacional, que se constitui em autarquia federal, vinculada ao Ministério da Justiça, com sede e foro no Distrito Federal, e competências previstas nesta Lei.

Seção I
Da estrutura organizacional do Cade

Art. 5º O Cade é constituído pelos seguintes órgãos:

I – Tribunal Administrativo de Defesa Econômica;

II – Superintendência-Geral; e

III – Departamento de Estudos Econômicos.

Seção II
Do tribunal administrativo de defesa econômica

Art. 6º O Tribunal Administrativo, órgão judicante, tem como membros um Presidente e seis Conselheiros escolhidos dentre cidadãos com mais de 30 (trinta) anos de idade, de notório saber jurídico ou econômico e reputação ilibada, nomeados pelo Presidente da República, depois de aprovados pelo Senado Federal.

§ 1º O mandato do Presidente e dos Conselheiros é de 4 (quatro) anos, não coincidentes, vedada a recondução.

§ 2º Os cargos de Presidente e de Conselheiro são de dedicação exclusiva, não se admitindo qualquer acumulação, salvo as constitucionalmente permitidas.

§ 3º No caso de renúncia, morte, impedimento, falta ou perda de mandato do Presidente do Tribunal, assumirá o Conselheiro mais antigo no cargo ou o mais idoso, nessa ordem, até nova nomeação, sem prejuízo de suas atribuições.

§ 4º No caso de renúncia, morte ou perda de mandato de Conselheiro, proceder-se-á a nova nomeação, para completar o mandato do substituído.

§ 5º Se, nas hipóteses previstas no § 4º deste artigo, ou no caso de encerramento de mandato dos Conselheiros, a composição do Tribunal ficar reduzida a número inferior ao estabelecido no § 1º do art. 9º desta Lei, considerar-se-ão automaticamente suspensos os prazos previstos nesta Lei, e suspensa a tramitação de processos, continuando-se a contagem imediatamente após a recomposição do *quorum*.

Art. 7º A perda de mandato do Presidente ou dos Conselheiros do Cade só poderá ocorrer em virtude de decisão do Senado Federal, por provocação do Presidente da República, ou em razão de condenação penal irrecorrível por crime doloso, ou de processo disciplinar de conformidade com o que prevê a Lei 8.112, de 11 de dezembro de 1990 e a Lei 8.429, de 2 de junho de 1992, e por infringência de quaisquer das vedações previstas no art. 8º desta Lei.

Parágrafo único. Também perderá o mandato, automaticamente, o membro do Tribunal que faltar a 3 (três) reuniões ordinárias consecutivas, ou 20 (vinte) intercaladas, ressalvados os afastamentos temporários autorizados pelo Plenário.

Art. 8º Ao Presidente e aos Conselheiros é vedado:

I – receber, a qualquer título, e sob qualquer pretexto, honorários, percentagens ou custas;

II – exercer profissão liberal;

III – participar, na forma de controlador, diretor, administrador, gerente, preposto ou mandatário, de sociedade civil, comercial ou empresas de qualquer espécie;

IV – emitir parecer sobre matéria de sua especialização, ainda que em tese, ou funcionar como consultor de qualquer tipo de empresa;

V – manifestar, por qualquer meio de comunicação, opinião sobre processo pendente de julgamento, ou juízo depreciativo sobre despachos, votos ou sentenças de órgãos judiciais, ressalvada a crítica nos autos, em obras técnicas ou no exercício do magistério; e

VI – exercer atividade político-partidária.

§ 1º É vedado ao Presidente e aos Conselheiros, por um período de 120 (cento e vinte) dias, contado da data em que deixar o cargo, representar qualquer pessoa, física ou jurídica, ou interesse perante o SBDC, ressalvada a defesa de direito próprio.

§ 2º Durante o período mencionado no § 1º deste artigo, o Presidente e os Conselheiros receberão a mesma remuneração do cargo que ocupavam.

§ 3º Incorre na prática de advocacia administrativa, sujeitando-se à pena prevista no art. 321 do Decreto-Lei 2.848, de 7 de dezembro de 1940 – Código Penal, o ex-presidente ou ex-conselheiro que violar o impedimento previsto no § 1º deste artigo.

§ 4º É vedado, a qualquer tempo, ao Presidente e aos Conselheiros utilizar informações privilegiadas obtidas em decorrência do cargo exercido.

Subseção I
Da competência do plenário do tribunal

Art. 9º Compete ao Plenário do Tribunal, dentre outras atribuições previstas nesta Lei:

I – zelar pela observância desta Lei e seu regulamento e do regimento interno;

II – decidir sobre a existência de infração à ordem econômica e aplicar as penalidades previstas em lei;

III – decidir os processos administrativos para imposição de sanções administrativas por infrações à ordem econômica instaurados pela Superintendência-Geral;

IV – ordenar providências que conduzam à cessação de infração à ordem econômica, dentro do prazo que determinar;

V – aprovar os termos do compromisso de cessação de prática e do acordo em controle de concentrações, bem como determinar à Superintendência-Geral que fiscalize seu cumprimento;

VI – apreciar, em grau de recurso, as medidas preventivas adotadas pelo Conselheiro-Relator ou pela Superintendência-Geral;

VII – intimar os interessados de suas decisões;

VIII – requisitar dos órgãos e entidades da administração pública federal e requerer às autoridades dos Estados, Municípios, do Distrito Federal e dos Territórios as medidas necessárias ao cumprimento desta Lei;

IX – contratar a realização de exames, vistorias e estudos, aprovando, em cada caso, os respectivos honorários profissionais e demais despesas de processo, que deverão ser pagas pela empresa, se vier a ser punida nos termos desta Lei;

X – apreciar processos administrativos de atos de concentração econômica, na forma desta Lei, fixando, quando entender conveniente e oportuno, acordos em controle de atos de concentração;

XI – determinar à Superintendência-Geral que adote as medidas administrativas necessárias à execução e fiel cumprimento de suas decisões;

XII – requisitar serviços e pessoal de quaisquer órgãos e entidades do Poder Público Federal;

XIII – requerer à Procuradoria Federal junto ao Cade a adoção de providências administrativas e judiciais;

XIV – instruir o público sobre as formas de infração da ordem econômica;

XV – elaborar e aprovar regimento interno do Cade, dispondo sobre seu funcionamento, forma das deliberações, normas de procedimento e organização de seus serviços internos;

XVI – propor a estrutura do quadro de pessoal do Cade, observado o disposto no inciso II do *caput* do art. 37 da Constituição Federal;

XVII – elaborar proposta orçamentária nos termos desta Lei;

XVIII – requisitar informações de quaisquer pessoas, órgãos, autoridades e entidades públicas ou privadas, respeitando e mantendo o sigilo legal quando for o caso, bem como determinar as diligências que se fizerem necessárias ao exercício das suas funções; e

XIX – decidir pelo cumprimento das decisões, compromissos e acordos.

§ 1º As decisões do Tribunal serão tomadas por maioria, com a presença mínima de 4 (quatro) membros, sendo o *quorum* de deliberação mínimo de 3 (três) membros.

§ 2º As decisões do Tribunal não comportam revisão no âmbito do Poder Executivo, promovendo-se, de imediato, sua execução e comunicando-se, em seguida, ao Ministério Público, para as demais medidas legais cabíveis no âmbito de suas atribuições.

§ 3º As autoridades federais, os diretores de autarquia, fundação, empresa pública e sociedade de economia mista federais e agências reguladoras são obrigados a prestar, sob pena de responsabilidade, toda a assistência e colaboração que lhes for solicitada pelo Cade, inclusive elaborando pareceres técnicos sobre as matérias de sua competência.

§ 4º O Tribunal poderá responder consultas sobre condutas em andamento, mediante pagamento de taxa e acompanhadas dos respectivos documentos.

§ 5º O Cade definirá, em resolução, normas complementares sobre o procedimento de consultas previsto no § 4º deste artigo.

Subseção II
Da competência do presidente do tribunal

Art. 10. Compete ao Presidente do Tribunal:

I – representar legalmente o Cade no Brasil ou no exterior, em juízo ou fora dele;

II – presidir, com direito a voto, inclusive o de qualidade, as reuniões do Plenário;

III – distribuir, por sorteio, os processos aos Conselheiros;

IV – convocar as sessões e determinar a organização da respectiva pauta;

V – solicitar, a seu critério, que a Superintendência-Geral auxilie o Tribunal na tomada de providências extrajudiciais para o cumprimento das decisões do Tribunal;

VI – fiscalizar a Superintendência-Geral na tomada de providências para execução das decisões e julgados do Tribunal;

VII – assinar os compromissos e acordos aprovados pelo Plenário;

VIII – submeter à aprovação do Plenário a proposta orçamentária e a lotação ideal do pessoal que prestará serviço ao Cade;

IX – orientar, coordenar e supervisionar as atividades administrativas do Cade;

X – ordenar as despesas atinentes ao Cade, ressalvadas as despesas da unidade gestora da Superintendência-Geral;

XI – firmar contratos e convênios com órgãos ou entidades nacionais e submeter, previamente, ao Ministro de Estado da Justiça os que devam ser celebrados com organismos estrangeiros ou internacionais; e

XII – determinar à Procuradoria Federal junto ao Cade as providências judiciais determinadas pelo Tribunal.

Subseção III
Da competência dos conselheiros do tribunal

Art. 11. Compete aos Conselheiros do Tribunal:

I – emitir voto nos processos e questões submetidas ao Tribunal;

II – proferir despachos e lavrar as decisões nos processos em que forem relatores;

III – requisitar informações e documentos de quaisquer pessoas, órgãos, autoridades e entidades públicas ou privadas, a serem mantidos sob sigilo legal, quando for o caso, bem como determinar as diligências que se fizerem necessárias;

IV – adotar medidas preventivas, fixando o valor da multa diária pelo seu descumprimento;

V – solicitar, a seu critério, que a Superintendência-Geral realize as diligências e a produção das provas que entenderem pertinentes nos autos do processo administrativo, na forma desta Lei;

VI – requerer à Procuradoria Federal junto ao Cade emissão de parecer jurídico nos processos em que forem relatores, quando entenderem necessário e em despacho fundamentado, na forma prevista no inciso VII do art. 15 desta Lei;

VII – determinar ao Economista-Chefe, quando necessário, a elaboração de pareceres nos processos em que forem relatores, sem prejuízo da tramitação normal do processo e sem que tal determinação implique a suspensão do prazo de análise ou prejuízo à tramitação normal do processo;

VIII – desincumbir-se das demais tarefas que lhes forem cometidas pelo regimento;

IX – propor termo de compromisso de cessação e acordos para aprovação do Tribunal;

X – prestar ao Poder Judiciário, sempre que solicitado, todas as informações sobre andamento dos processos, podendo, inclusive, fornecer cópias dos autos para instruir ações judiciais.

Seção III
Da superintendência-geral

Art. 12. O Cade terá em sua estrutura uma Superintendência-Geral, com 1 (um) Superintendente-Geral e 2 (dois) Superintendentes-Adjuntos, cujas atribuições específicas serão definidas em Resolução.

§ 1º O Superintendente-Geral será escolhido dentre cidadãos com mais de 30 (trinta) anos de idade, notório saber jurídico ou econômico e reputação ilibada, nomeado pelo Presidente da República, depois de aprovado pelo Senado Federal.

§ 2º O Superintendente-Geral terá mandato de 2 (dois) anos, permitida a recondução para um único período subsequente.

§ 3º Aplicam-se ao Superintendente-Geral as mesmas normas de impedimentos, perda de mandato, substituição e as vedações do art. 8º desta Lei, incluindo o disposto no § 2º do art. 8º desta Lei, aplicáveis ao Presidente e aos Conselheiros do Tribunal.

§ 4º Os cargos de Superintendente-Geral e de Superintendentes-Adjuntos são de dedicação exclusiva, não se admitindo qualquer acumulação, salvo as constitucionalmente permitidas.

§ 5º Durante o período de vacância que anteceder à nomeação de novo Superintendente-Geral, assumirá interinamente o cargo um dos superintendentes adjuntos, indicado pelo Presidente do Tribunal, o qual permanecerá no cargo até a posse do novo Superintendente-Geral, escolhido na forma do § 1º deste artigo.

§ 6º Se, no caso da vacância prevista no § 5º deste artigo, não houver nenhum Superintendente Adjunto nomeado na Superintendência do Cade, o Presidente do Tribunal indicará servidor em exercício no Cade, com conhecimento jurídico ou econômico na área de defesa da concorrência e reputação ilibada, para assumir interinamente o cargo, permanecendo neste até a posse do novo Superintendente-Geral, escolhido na forma do § 1º deste artigo.

§ 7º Os Superintendentes-Adjuntos serão indicados pelo Superintendente-Geral.

Art. 13. Compete à Superintendência-Geral:

I – zelar pelo cumprimento desta Lei, monitorando e acompanhando as práticas de mercado;

II – acompanhar, permanentemente, as atividades e práticas comerciais de pessoas físicas ou jurídicas que detiverem posição dominante em mercado relevante de bens ou serviços, para prevenir infrações da ordem econômica, podendo, para tanto, requisitar as informações e documentos necessários, mantendo o sigilo legal, quando for o caso;

III – promover, em face de indícios de infração da ordem econômica, procedimento preparatório de inquérito administrativo e inquérito administrativo para apuração de infrações à ordem econômica;

IV – decidir pela insubsistência dos indícios, arquivando os autos do inquérito administrativo ou de seu procedimento preparatório;

V – instaurar e instruir processo administrativo para imposição de sanções administrativas por infrações à ordem econômica, procedimento para apuração de ato de concentração, processo administrativo para análise de ato de concentração econômica e processo administrativo para imposição de sanções processuais incidentais instaurados para prevenção, apuração ou repressão de infrações à ordem econômica;

VI – no interesse da instrução dos tipos processuais referidos nesta Lei:

a) requisitar informações e documentos de quaisquer pessoas, físicas ou jurídicas, órgãos, autoridades e entidades, públicas ou privadas, mantendo o sigilo legal, quando for o caso, bem como determinar as diligências que se fizerem necessárias ao exercício de suas funções;

b) requisitar esclarecimentos orais de quaisquer pessoas, físicas ou jurídicas, órgãos, autoridades e entidades, públicas ou privadas, na forma desta Lei;

c) realizar inspeção na sede social, estabelecimento, escritório, filial ou sucursal de empresa investigada, de estoques, objetos, papéis de qualquer natureza, assim como livros comerciais, computadores e arquivos eletrônicos, podendo-se extrair ou requisitar cópias de quaisquer documentos ou dados eletrônicos;

d) requerer ao Poder Judiciário, por meio da Procuradoria Federal junto ao Cade, mandado de busca e apreensão de objetos, papéis de qualquer natureza, assim como de livros comerciais, computadores e arquivos magnéticos de empresa ou pessoa física, no interesse de inquérito administrativo ou de processo administrativo para imposição de sanções administrativas por infrações à ordem econômica, aplicando-se, no que couber, o disposto no art. 839 e seguintes da Lei 5.869, de 11 de janeiro de 1973 - Código de Processo Civil, sendo inexigível a propositura de ação principal;

→ V. Lei 13.105/2015 – Novo CPC.

e) requisitar vista e cópia de documentos e objetos constantes de inquéritos e processos administrativos instaurados por órgãos ou entidades da administração pública federal;

f) requerer vista e cópia de inquéritos policiais, ações judiciais de quaisquer natureza, bem como de inquéritos e processos administrativos instaurados por outros entes da federação, devendo o Conselho observar as mesmas restrições de sigilo eventualmente estabelecidas nos procedimentos de origem;

VII – recorrer de ofício ao Tribunal quando decidir pelo arquivamento de processo administrativo para imposição de sanções administrativas por infrações à ordem econômica;

VIII – remeter ao Tribunal, para julgamento, os processos administrativos que instaurar, quando entender configurada infração da ordem econômica;

IX – propor termo de compromisso de cessação de prática por infração à ordem econômica, submetendo-o à aprovação do Tribunal, e fiscalizar o seu cumprimento;

X – sugerir ao Tribunal condições para a celebração de acordo em controle de concentrações e fiscalizar o seu cumprimento;

XI – adotar medidas preventivas que conduzam à cessação de prática que constitua infração da ordem econômica, fixando prazo para seu cumprimento e o valor da multa diária a ser aplicada, no caso de descumprimento;

XII – receber, instruir e aprovar ou impugnar perante o Tribunal os processos administrativos para análise de ato de concentração econômica;

XIII – orientar os órgãos e entidades da administração pública quanto à adoção de medidas necessárias ao cumprimento desta Lei;

XIV – desenvolver estudos e pesquisas objetivando orientar a política de prevenção de infrações da ordem econômica;

XV – instruir o público sobre as diversas formas de infração da ordem econômica e os modos de sua prevenção e repressão;

XVI – exercer outras atribuições previstas em lei;

XVII – prestar ao Poder Judiciário, sempre que solicitado, todas as informações sobre andamento das investigações, podendo, inclusive, fornecer cópias dos autos para instruir ações judiciais; e

XVIII – adotar as medidas administrativas necessárias à execução e ao cumprimento das decisões do Plenário.

Art. 14. São atribuições do Superintendente-Geral:

I – participar, quando entender necessário, sem direito a voto, das reuniões do Tribunal e proferir sustentação oral, na forma do regimento interno;

II – cumprir e fazer cumprir as decisões do Tribunal na forma determinada pelo seu Presidente;

III – requerer à Procuradoria Federal junto ao Cade as providências judiciais relativas ao exercício das competências da Superintendência-Geral;

IV – determinar ao Economista-Chefe a elaboração de estudos e pareceres;

V – ordenar despesas referentes à unidade gestora da Superintendência-Geral; e

VI – exercer outras atribuições previstas em lei.

Seção IV
Da procuradoria federal junto ao Cade

Art. 15. Funcionará junto ao Cade Procuradoria Federal Especializada, competindo-lhe:

I – prestar consultoria e assessoramento jurídico ao Cade;

II – representar o Cade judicial e extrajudicialmente;

III – promover a execução judicial das decisões e julgados do Cade;

IV – proceder à apuração da liquidez dos créditos do Cade, inscrevendo-os em dívida ativa para fins de cobrança administrativa ou judicial;

V – tomar as medidas judiciais solicitadas pelo Tribunal ou pela Superintendência-Geral, necessárias à cessação de infrações da ordem econômica ou à obtenção de documentos para a instrução de processos administrativos de qualquer natureza;

VI – promover acordos judiciais nos processos relativos a infrações contra a ordem econômica, mediante autorização do Tribunal;

VII – emitir, sempre que solicitado expressamente por Conselheiro ou pelo Superintendente-Geral, parecer nos processos de competência do Cade, sem que tal determinação implique a suspensão do prazo de análise ou prejuízo à tramitação normal do processo;

VIII – zelar pelo cumprimento desta Lei; e

IX – desincumbir-se das demais tarefas que lhe sejam atribuídas pelo regimento interno.

Parágrafo único. Compete à Procuradoria Federal junto ao Cade, ao dar execução judicial às decisões da Superintendência-Geral e do Tribunal, manter o Presidente do Tribunal, os Conselheiros e o Superintendente-Geral informados sobre o andamento das ações e medidas judiciais.

Art. 16. O Procurador-Chefe será nomeado pelo Presidente da República, depois de aprovado pelo Senado Federal, dentre cidadãos brasileiros com mais de 30 (trinta) anos de idade, de notório conhecimento jurídico e reputação ilibada.

§ 1º O Procurador-Chefe terá mandato de 2 (dois) anos, permitida sua recondução para um único período.

§ 2º O Procurador-Chefe poderá participar, sem direito a voto, das reuniões do Tribunal, prestando assistência e esclarecimentos, quando requisitado pelos Conselheiros, na forma do Regimento Interno do Tribunal.

§ 3º Aplicam-se ao Procurador-Chefe as mesmas normas de impedimento aplicáveis aos Conselheiros do Tribunal, exceto quanto ao comparecimento às sessões.

§ 4º Nos casos de faltas, afastamento temporário ou impedimento do Procurador-Chefe, o Plenário indicará e o Presidente do Tribunal designará o substituto eventual dentre os integrantes da Procuradoria Federal Especializada.

Seção V
Do departamento de estudos econômicos

Art. 17. O Cade terá um Departamento de Estudos Econômicos, dirigido por um Economista-Chefe, a quem incumbirá elaborar estudos e pareceres econômicos, de ofício ou por solicitação do Plenário, do Presidente, do Conselheiro-Relator ou do Superintendente-Geral, zelando pelo rigor e atualização técnica e científica das decisões do órgão.

Art. 18. O Economista-Chefe será nomeado, conjuntamente, pelo Superintendente-Geral e pelo Presidente do Tribunal, dentre brasileiros de ilibada reputação e notório conhecimento econômico.

§ 1º O Economista-Chefe poderá participar das reuniões do Tribunal, sem direito a voto.

§ 2º Aplicam-se ao Economista-Chefe as mesmas normas de impedimento aplicáveis aos Conselheiros do Tribunal, exceto quanto ao comparecimento às sessões.

Capítulo III
DA SECRETARIA DE ACOMPANHAMENTO ECONÔMICO

Art. 19. Compete à Secretaria de Acompanhamento Econômico promover a concorrência em órgãos de governo e perante a sociedade cabendo-lhe, especialmente, o seguinte:

I – opinar, nos aspectos referentes à promoção da concorrência, sobre propostas de alterações de atos normativos de interesse geral dos agentes econômicos, de consumidores ou usuários dos serviços prestados submetidos a consulta pública pelas agências reguladoras e, quando entender pertinente, sobre os pedidos de revisão de tarifas e as minutas;

II – opinar, quando considerar pertinente, sobre minutas de atos normativos elaborados por qualquer entidade pública ou privada submetidos à consulta pública, nos aspectos referentes à promoção da concorrência;

III – opinar, quando considerar pertinente, sobre proposições legislativas em tramitação no Congresso Nacional, nos aspectos referentes à promoção da concorrência;

IV – elaborar estudos avaliando a situação concorrencial de setores específicos da atividade econômica nacional, de ofício ou quando solicitada pelo Cade, pela Câmara de Comércio Exterior ou pelo Departamento de Proteção e Defesa do Consumidor do Ministério da Justiça ou órgão que vier a sucedê-lo;

V – elaborar estudos setoriais que sirvam de insumo para a participação do Ministério da Fazenda na formulação de políticas públicas setoriais nos fóruns em que este Ministério tem assento;

VI – propor a revisão de leis, regulamentos e outros atos normativos da administração pública federal, estadual, municipal e do Distrito Federal que afetem ou possam afetar a concorrência nos diversos setores econômicos do País;

VII – manifestar-se, de ofício ou quando solicitada, a respeito do impacto concorrencial de medidas em discussão no âmbito de fóruns negociadores relativos às atividades de alteração tarifária, ao acesso a mercados e à defesa comercial, ressalvadas as competências dos órgãos envolvidos;

VIII – encaminhar ao órgão competente representação para que este, a seu critério, adote as medidas legais cabíveis, sempre que for identificado ato normativo que tenha caráter anticompetitivo.

§ 1º Para o cumprimento de suas atribuições, a Secretaria de Acompanhamento Econômico poderá:

I – requisitar informações e documentos de quaisquer pessoas, órgãos, autoridades e entidades, públicas ou privadas, mantendo o sigilo legal quando for o caso;

II – celebrar acordos e convênios com órgãos ou entidades públicas ou privadas, federais, estaduais, municipais, do Distrito Federal e dos Territórios para avaliar e/ou sugerir medidas relacionadas à promoção da concorrência.

§ 2º A Secretaria de Acompanhamento Econômico divulgará anualmente relatório de suas ações voltadas para a promoção da concorrência.

Título III
DO MINISTÉRIO PÚBLICO FEDERAL PERANTE O CADE

Art. 20. O Procurador-Geral da República, ouvido o Conselho Superior, designará membro do Ministério Público Federal para, nesta qualidade, emitir parecer, nos processos administrativos para imposição de sanções administrativas por infrações à ordem econômica, de ofício ou a requerimento do Conselheiro-Relator.

Título IV
DO PATRIMÔNIO, DAS RECEITAS E DA GESTÃO ADMINISTRATIVA, ORÇAMENTÁRIA E FINANCEIRA

Art. 21. Compete ao Presidente do Tribunal orientar, coordenar e supervisionar as atividades administrativas do Cade, respeitadas as atribuições dos dirigentes dos demais órgãos previstos no art. 5º desta Lei.

§ 1º A Superintendência-Geral constituirá unidade gestora, para fins administrativos e financeiros, competindo ao seu Superintendente-Geral ordenar as despesas pertinentes às respectivas ações orçamentárias.

§ 2º Para fins administrativos e financeiros, o Departamento de Estudos Econômicos estará ligado ao Tribunal.

Art. 22. Anualmente, o Presidente do Tribunal, ouvido o Superintendente-Geral, encaminhará ao Poder Executivo a proposta de orçamento do Cade e a lotação ideal do pessoal que prestará serviço àquela autarquia.

Art. 23. Instituem-se taxas processuais sobre os processos de competência do Cade, no valor de R$ 85.000,00 (oitenta e cinco mil reais), para os processos que têm como fato gerador a apresentação dos atos previstos no art. 88 desta Lei, e no valor de R$ 15.000,00 (quinze mil reais), para os processos que têm como fato gerador a apresentação das consultas referidas no § 4º do art. 9º desta Lei.

→ *Caput* com redação alterada pela Lei 13.196/2015, em vigor em 1º de janeiro de 2016 – *D.O.U.* de 2.12.2015.

Parágrafo único. A taxa processual de que trata o caput deste artigo poderá ser atualizada por ato do Poder Executivo, após autorização do Congresso Nacional.

→ A Lei 13.196/2015 no seu art. 2º não fez menção sobre o parágrafo único deste artigo.

→ **Anterior redação: Art. 23.** Ficam instituídas as taxas processuais sobre os processos de competência do Cade, no valor de R$ 45.000,00 (quarenta e cinco mil reais), que têm como fato gerador a apresentação dos atos previstos no art. 88 desta Lei e no valor de R$ 15.000,00 (quinze mil reais) para processos que têm como fato gerador a apresentação de consultas de que trata o § 4º do art. 9º desta Lei. (...)

Art. 24. São contribuintes da taxa processual que tem como fato gerador a apresentação dos atos previstos no art. 88 desta Lei qualquer das requerentes.

Art. 25. O recolhimento da taxa processual que tem como fato gerador a apresentação dos atos previstos no art. 88 desta Lei deverá ser comprovado no momento da protocolização do ato.

§ 1º A taxa processual não recolhida no momento fixado no *caput* deste artigo será cobrada com os seguintes acréscimos:

I – juros de mora, contados do mês seguinte ao do vencimento, à razão de 1% (um por cento), calculados na forma da legislação aplicável aos tributos federais;

II – multa de mora de 20% (vinte por cento).

§ 2º Os juros de mora não incidem sobre o valor da multa de mora.

Art. 26. (*Vetado*).

Art. 27. As taxas de que tratam os arts. 23 e 26 desta Lei serão recolhidas ao Tesouro Nacional na forma regulamentada pelo Poder Executivo.

Art. 28. Constituem receitas próprias do Cade:

I – o produto resultante da arrecadação das taxas previstas nos arts. 23 e 26 desta Lei;

II – a retribuição por serviços de qualquer natureza prestados a terceiros;

III – as dotações consignadas no Orçamento Geral da União, créditos especiais, créditos adicionais, transferências e repasses que lhe forem conferidos;

IV – os recursos provenientes de convênios, acordos ou contratos celebrados com entidades ou organismos nacionais e internacionais;

V – as doações, legados, subvenções e outros recursos que lhe forem destinados;

VI – os valores apurados na venda ou aluguel de bens móveis e imóveis de sua propriedade;

VII – o produto da venda de publicações, material técnico, dados e informações;

VIII – os valores apurados em aplicações no mercado financeiro das receitas previstas neste artigo, na forma definida pelo Poder Executivo; e

IX – quaisquer outras receitas, afetas às suas atividades, não especificadas nos incisos I a VIII do *caput* deste artigo.

§ 1º (*Vetado*).

§ 2º (*Vetado*).

§ 3º O produto da arrecadação das multas aplicadas pelo Cade, inscritas ou não em dívida ativa, será destinado ao Fundo de Defesa de Direitos Difusos de que trata o art. 13 da Lei 7.347, de 24 de julho de 1985, e a Lei 9.008, de 21 de março de 1995.

§ 4º As multas arrecadadas na forma desta Lei serão recolhidas ao Tesouro Nacional na forma regulamentada pelo Poder Executivo.

Art. 29. O Cade submeterá anualmente ao Ministério da Justiça a sua proposta de orçamento, que será encaminhada ao Ministério do Planejamento, Orçamento e Gestão para inclusão na lei orçamentária anual, a que se refere o § 5º do art. 165 da Constituição Federal.

§ 1º O Cade fará acompanhar as propostas orçamentárias de quadro demonstrativo do planejamento plurianual das receitas e despesas, visando ao seu equilíbrio orçamentário e financeiro nos 5 (cinco) exercícios subsequentes.

§ 2º A lei orçamentária anual consignará as dotações para as despesas de custeio e capital do Cade, relativas ao exercício a que ela se referir.

Art. 30. Somam-se ao atual patrimônio do Cade os bens e direitos pertencentes ao Ministério da Justiça atualmente afetados às atividades do Departamento de Proteção e Defesa Econômica da Secretaria de Direito Econômico.

Título V
DAS INFRAÇÕES DA ORDEM ECONÔMICA

Capítulo I
DISPOSIÇÕES GERAIS

Art. 31. Esta Lei aplica-se às pessoas físicas ou jurídicas de direito público ou privado, bem como a quaisquer associações de entidades ou pessoas, constituídas de fato ou de direito, ainda que temporariamente, com ou sem personalidade jurídica, mesmo que exerçam atividade sob regime de monopólio legal.

Art. 32. As diversas formas de infração da ordem econômica implicam a responsabilidade da empresa e a responsabilidade individual de seus dirigentes ou administradores, solidariamente.

Art. 33. Serão solidariamente responsáveis as empresas ou entidades integrantes de grupo econômico, de fato ou de direito, quando pelo menos uma delas praticar infração à ordem econômica.

Art. 34. A personalidade jurídica do responsável por infração da ordem econômica poderá ser desconsiderada quando houver da parte deste abuso de direito, excesso de poder, infração da lei, fato ou ato ilícito ou violação dos estatutos ou contrato social.

Parágrafo único. A desconsideração também será efetivada quando houver falência, estado de insolvência, encerramento ou inatividade da pessoa jurídica provocados por má administração.

Art. 35. A repressão das infrações da ordem econômica não exclui a punição de outros ilícitos previstos em lei.

Capítulo II
DAS INFRAÇÕES

Art. 36. Constituem infração da ordem econômica, independentemente de culpa, os atos sob qualquer forma manifestados, que tenham por objeto ou possam produzir os seguintes efeitos, ainda que não sejam alcançados:

I – limitar, falsear ou de qualquer forma prejudicar a livre concorrência ou a livre iniciativa;

II – dominar mercado relevante de bens ou serviços;

III – aumentar arbitrariamente os lucros; e

IV – exercer de forma abusiva posição dominante.

§ 1º A conquista de mercado resultante de processo natural fundado na maior eficiência de agente econômico em relação a seus competidores não caracteriza o ilícito previsto no inciso II do *caput* deste artigo.

§ 2º Presume-se posição dominante sempre que uma empresa ou grupo de empresas for capaz de alterar unilateral ou coordenadamente as condições de mercado ou quando controlar 20% (vinte por cento) ou mais do mercado relevante, podendo este percentual ser alterado pelo Cade para setores específicos da economia.

§ 3º As seguintes condutas, além de outras, na medida em que configurem hipótese prevista no *caput* deste artigo e seus incisos, caracterizam infração da ordem econômica:

I – acordar, combinar, manipular ou ajustar com concorrente, sob qualquer forma:

a) os preços de bens ou serviços ofertados individualmente;

b) a produção ou a comercialização de uma quantidade restrita ou limitada de bens ou a prestação de um número, volume ou frequência restrita ou limitada de serviços;

c) a divisão de partes ou segmentos de um mercado atual ou potencial de bens ou serviços, mediante, dentre outros, a distribuição de clientes, fornecedores, regiões ou períodos;

d) preços, condições, vantagens ou abstenção em licitação pública;

II – promover, obter ou influenciar a adoção de conduta comercial uniforme ou concertada entre concorrentes;

III – limitar ou impedir o acesso de novas empresas ao mercado;

IV – criar dificuldades à constituição, ao funcionamento ou ao desenvolvimento de empresa concorrente ou de fornecedor, adquirente ou financiador de bens ou serviços;

V – impedir o acesso de concorrente às fontes de insumo, matérias-primas, equipamentos ou tecnologia, bem como aos canais de distribuição;

VI – exigir ou conceder exclusividade para divulgação de publicidade nos meios de comunicação de massa;

VII – utilizar meios enganosos para provocar a oscilação de preços de terceiros;

VIII – regular mercados de bens ou serviços, estabelecendo acordos para limitar ou controlar a pesquisa e o desenvolvimento tecnológico, a produção de bens ou prestação de serviços, ou para dificultar investimentos destinados à produção de bens ou serviços ou à sua distribuição;

IX – impor, no comércio de bens ou serviços, a distribuidores, varejistas e representantes preços de revenda, descontos, condições de pagamento, quantidades mínimas ou máximas, margem de lucro ou quaisquer outras condições de comercialização relativos a negócios destes com terceiros;

X – discriminar adquirentes ou fornecedores de bens ou serviços por meio da fixação diferenciada de preços, ou de condições operacionais de venda ou prestação de serviços;

XI – recusar a venda de bens ou a prestação de serviços, dentro das condições de pagamento normais aos usos e costumes comerciais;

XII – dificultar ou romper a continuidade ou desenvolvimento de relações comerciais de prazo indeterminado em razão de recusa da outra parte em submeter-se a cláusulas e condições comerciais injustificáveis ou anticoncorrenciais;

XIII – destruir, inutilizar ou açambarcar matérias-primas, produtos intermediários ou acabados, assim como destruir, inutilizar ou dificultar a operação de equipamentos destinados a produzi-los, distribuí-los ou transportá-los;

XIV – açambarcar ou impedir a exploração de direitos de propriedade industrial ou intelectual ou de tecnologia;

XV – vender mercadoria ou prestar serviços injustificadamente abaixo do preço de custo;

XVI – reter bens de produção ou de consumo, exceto para garantir a cobertura dos custos de produção;

XVII – cessar parcial ou totalmente as atividades da empresa sem justa causa comprovada;

XVIII – subordinar a venda de um bem à aquisição de outro ou à utilização de um serviço, ou subordinar a prestação de um serviço à utilização de outro ou à aquisição de um bem; e

XIX – exercer ou explorar abusivamente direitos de propriedade industrial, intelectual, tecnologia ou marca.

Capítulo III
DAS PENAS

Art. 37. A prática de infração da ordem econômica sujeita os responsáveis às seguintes penas:

I – no caso de empresa, multa de 0,1% (um décimo por cento) a 20% (vinte por cento) do valor do faturamento bruto da empresa, grupo ou conglomerado obtido, no último exercício anterior à instauração do processo administrativo, no ramo de atividade empresarial em que ocorreu a infração, a qual nunca será inferior à vantagem auferida, quando for possível sua estimação;

II – no caso das demais pessoas físicas ou jurídicas de direito público ou privado, bem como quaisquer associações de entidades ou pessoas constituídas de fato ou de direito, ainda que temporariamente, com ou sem personalidade jurídica, que não exerçam atividade empresarial, não sendo possível utilizar-se o critério do valor do faturamento bruto, a multa será entre R$ 50.000,00 (cinquenta mil reais) e R$ 2.000.000.000,00 (dois bilhões de reais);

III – no caso de administrador, direta ou indiretamente responsável pela infração cometida, quando comprovada a sua culpa ou dolo, multa de 1% (um por cento) a 20% (vinte por cento) daquela aplicada à empresa, no caso previsto no inciso I do *caput* deste artigo, ou às pessoas jurídicas ou entidades, nos casos previstos no inciso II do *caput* deste artigo.

§ 1º Em caso de reincidência, as multas cominadas serão aplicadas em dobro.

§ 2º No cálculo do valor da multa de que trata o inciso I do *caput* deste artigo, o Cade poderá considerar o faturamento total da empresa ou grupo de empresas, quando não dispuser do valor do faturamento no ramo de atividade empresarial em que ocorreu a infração, definido pelo Cade, ou quando este for apresentado de forma incompleta e/ou não demonstrado de forma inequívoca e idônea.

Art. 38. Sem prejuízo das penas cominadas no art. 37 desta Lei, quando assim exigir a gravidade dos fatos ou o interesse público geral, poderão ser impostas as seguintes penas, isolada ou cumulativamente:

I – a publicação, em meia página e a expensas do infrator, em jornal indicado na decisão, de extrato da decisão condenatória, por 2 (dois) dias seguidos, de 1 (uma) a 3 (três) semanas consecutivas;

II – a proibição de contratar com instituições financeiras oficiais e participar de licitação tendo por objeto aquisições, alienações, realização de obras e serviços, concessão de serviços públicos, na administração pública federal, estadual, municipal e do Distrito Federal, bem como em entidades da administração indireta, por prazo não inferior a 5 (cinco) anos;

III – a inscrição do infrator no Cadastro Nacional de Defesa do Consumidor;

IV – a recomendação aos órgãos públicos competentes para que:

a) seja concedida licença compulsória de direito de propriedade intelectual de titularidade do infrator, quando a infração estiver relacionada ao uso desse direito;

b) não seja concedido ao infrator parcelamento de tributos federais por ele devidos ou para que sejam cancelados, no todo ou em parte, incentivos fiscais ou subsídios públicos;

V – a cisão de sociedade, transferência de controle societário, venda de ativos ou cessação parcial de atividade;

VI – a proibição de exercer o comércio em nome próprio ou como representante de pessoa jurídica, pelo prazo de até 5 (cinco) anos; e

VII – qualquer outro ato ou providência necessários para a eliminação dos efeitos nocivos à ordem econômica.

Art. 39. Pela continuidade de atos ou situações que configurem infração da ordem econômica, após decisão do Tribunal determinando sua cessação, bem como pelo não cumprimento de obrigações de fazer ou não fazer impostas, ou pelo descumprimento de medida preventiva ou termo de compromisso de cessação previstos nesta Lei, o responsável fica sujeito a multa diária fixada em valor de R$ 5.000,00 (cinco mil reais), podendo ser aumentada em até 50 (cinquenta) vezes, se assim recomendar a situação econômica do infrator e a gravidade da infração.

Art. 40. A recusa, omissão ou retardamento injustificado de informação ou documentos solicitados pelo Cade ou pela Secretaria de Acompanhamento Econômico constitui infração punível com multa diária de R$ 5.000,00 (cinco mil reais), podendo ser aumentada em até 20 (vinte) vezes, se necessário para garantir sua eficácia, em razão da situação econômica do infrator.

§ 1º O montante fixado para a multa diária de que trata o *caput* deste artigo constará do documento que contiver a requisição da autoridade competente.

§ 2º Compete à autoridade requisitante a aplicação da multa prevista no *caput* deste artigo.

§ 3º Tratando-se de empresa estrangeira, responde solidariamente pelo pagamento da multa de que trata o *caput* sua filial, sucursal, escritório ou estabelecimento situado no País.

Art. 41. A falta injustificada do representado ou de terceiros, quando intimados para prestar esclarecimentos, no curso de inquérito ou processo administrativo, sujeitará o faltante à multa de R$ 500,00 (quinhentos reais) a R$ 15.000,00 (quinze mil reais) para cada falta, aplicada conforme sua situação econômica.

Parágrafo único. A multa a que se refere o *caput* deste artigo será aplicada mediante auto de infração pela autoridade competente.

Art. 42. Impedir, obstruir ou de qualquer outra forma dificultar a realização de inspeção autorizada pelo Plenário do Tribunal, pelo Conselheiro-Relator ou pela Superintendência-Geral no curso de procedimento preparatório, inquérito administrativo, processo administrativo ou qualquer outro procedimento sujeitará o inspecionado ao pagamento de multa de R$ 20.000,00 (vinte mil reais) a R$ 400.000,00 (quatrocentos mil reais), conforme a situação econômica do infrator, mediante a lavratura de auto de infração pelo órgão competente.

Art. 43. A enganosidade ou a falsidade de informações, de documentos ou de declarações prestadas por qualquer pessoa ao Cade ou à Secretaria de Acompanhamento Econômico será punível com multa pecuniária no valor de R$ 5.000,00 (cinco mil reais) a R$ 5.000.000,00 (cinco milhões de reais), de acordo com a gravidade dos fatos e a situação econômica do infrator, sem prejuízo das demais cominações legais cabíveis.

Art. 44. Aquele que prestar serviços ao Cade ou a Seae, a qualquer título, e que der causa, mesmo que por mera culpa, à disseminação indevida de informação acerca de empresa, coberta por sigilo, será punível com multa pecuniária de R$ 1.000,00 (mil reais) a R$ 20.000,00 (vinte mil reais), sem prejuízo de abertura de outros procedimentos cabíveis.

§ 1º Se o autor da disseminação indevida estiver servindo o Cade em virtude de mandato, ou na qualidade de Procurador Federal ou Economista-Chefe, a multa será em dobro.

§ 2º O Regulamento definirá o procedimento para que uma informação seja tida como sigilosa, no âmbito do Cade e da Seae.

Art. 45. Na aplicação das penas estabelecidas nesta Lei, levar-se-á em consideração:

I – a gravidade da infração;

II – a boa-fé do infrator;

III – a vantagem auferida ou pretendida pelo infrator;

IV – a consumação ou não da infração;

V – o grau de lesão, ou perigo de lesão, à livre concorrência, à economia nacional, aos consumidores, ou a terceiros;

VI – os efeitos econômicos negativos produzidos no mercado;

VII – a situação econômica do infrator; e

VIII – a reincidência.

Capítulo IV
DA PRESCRIÇÃO

Art. 46. Prescrevem em 5 (cinco) anos as ações punitivas da administração pública federal, direta e indireta, objetivando apurar infrações da ordem econômica, contados da data da prática do ilícito ou, no caso de infração permanente ou continuada, do dia em que tiver cessada a prática do ilícito.

§ 1º Interrompe a prescrição qualquer ato administrativo ou judicial que tenha por objeto a apuração da infração contra a ordem econômica mencionada no *caput* deste artigo, bem como a notificação ou a intimação da investigada.

§ 2º Suspende-se a prescrição durante a vigência do compromisso de cessação ou do acordo em controle de concentrações.

§ 3º Incide a prescrição no procedimento administrativo paralisado por mais de 3 (três) anos, pendente de julgamento ou despacho, cujos autos serão arquivados de ofício ou mediante requerimento da parte interessada, sem prejuízo da apuração da responsabilidade funcional decorrente da paralisação, se for o caso.

§ 4º Quando o fato objeto da ação punitiva da administração também constituir crime, a prescrição reger-se-á pelo prazo previsto na lei penal.

Capítulo V
DO DIREITO DE AÇÃO

Art. 47. Os prejudicados, por si ou pelos legitimados referidos no art. 82 da Lei 8.078, de 11 de setembro de 1990, poderão ingressar em juízo para, em defesa de seus interesses individuais ou individuais homogêneos, obter a cessação de práticas que constituam infração da ordem econômica, bem como o recebimento de indenização por perdas e danos sofridos, independentemente do inquérito ou processo administrativo, que não será suspenso em virtude do ajuizamento de ação.

Título VI
DAS DIVERSAS ESPÉCIES DE PROCESSO ADMINISTRATIVO

Capítulo I
DISPOSIÇÕES GERAIS

Art. 48. Esta Lei regula os seguintes procedimentos administrativos instaurados para prevenção, apuração e repressão de infrações à ordem econômica:

I – procedimento preparatório de inquérito administrativo para apuração de infrações à ordem econômica;

II – inquérito administrativo para apuração de infrações à ordem econômica;

III – processo administrativo para imposição de sanções administrativas por infrações à ordem econômica;

IV – processo administrativo para análise de ato de concentração econômica;

V – procedimento administrativo para apuração de ato de concentração econômica; e

VI – processo administrativo para imposição de sanções processuais incidentais.

Art. 49. O Tribunal e a Superintendência-Geral assegurarão nos procedimentos previstos nos incisos II, III, IV e VI do *caput* do art. 48 desta Lei o tratamento sigiloso de documentos, informações e atos processuais necessários à elucidação dos fatos ou exigidos pelo interesse da sociedade.

Parágrafo único. As partes poderão requerer tratamento sigiloso de documentos ou informações, no tempo e modo definidos no regimento interno.

Art. 50. A Superintendência-Geral ou o Conselheiro-Relator poderá admitir a intervenção no processo administrativo de:

I – terceiros titulares de direitos ou interesses que possam ser afetados pela decisão a ser adotada; ou

II – legitimados à propositura de ação civil pública pelos incisos III e IV do art. 82 da Lei 8.078, de 11 de setembro de 1990.

Art. 51. Na tramitação dos processos no Cade, serão observadas as seguintes disposições, além daquelas previstas no regimento interno:

I – os atos de concentração terão prioridade sobre o julgamento de outras matérias;

II – a sessão de julgamento do Tribunal é pública, salvo nos casos em que for determinado tratamento sigiloso ao processo, ocasião em que as sessões serão reservadas;

III – nas sessões de julgamento do Tribunal, poderão o Superintendente-Geral, o Economista-Chefe, o Procurador-Chefe e as partes do processo requerer a palavra, que lhes será concedida, nessa ordem, nas condições e no prazo definido pelo regimento interno, a fim de sustentarem oralmente suas razões perante o Tribunal;

IV – a pauta das sessões de julgamento será definida pelo Presidente, que determinará sua publicação, com pelo menos 120 (cento e vinte) horas de antecedência; e

V – os atos e termos a serem praticados nos autos dos procedimentos enumerados no art. 48 desta Lei poderão ser encaminhados de forma eletrônica ou apresentados em meio magnético ou equivalente, nos termos das normas do Cade.

Art. 52. O cumprimento das decisões do Tribunal e de compromissos e acordos firmados nos termos desta Lei poderá, a critério do Tribunal, ser fiscalizado pela Superintendência-Geral, com o respectivo encaminhamento dos autos, após a decisão final do Tribunal.

§ 1º Na fase de fiscalização da execução das decisões do Tribunal, bem como do cumprimento de compromissos e acordos firmados nos termos desta Lei, poderá a Superintendência-Geral valer-se de todos os poderes instrutórios que lhe são assegurados nesta Lei.

§ 2º Cumprida integralmente a decisão do Tribunal ou os acordos em controle de concentrações e compromissos de cessação, a Superintendência-Geral, de ofício ou por provocação do interessado, manifestar-se-á sobre seu cumprimento.

Capítulo II
DO PROCESSO ADMINISTRATIVO NO CONTROLE DE ATOS DE CONCENTRAÇÃO ECONÔMICA

Seção I
Do processo administrativo na superintendência-geral

Art. 53. O pedido de aprovação dos atos de concentração econômica a que se refere o art. 88 desta Lei deverá ser endereçado ao Cade e instruído com as informações e documentos indispensáveis à instauração do processo administrativo, definidos em resolução do Cade, além do comprovante de recolhimento da taxa respectiva.

§ 1º Ao verificar que a petição não preenche os requisitos exigidos no *caput* deste artigo ou apresenta defeitos e irregularidades capazes de dificultar o julgamento de mérito, a Superintendência-Geral determinará, uma única vez, que os requerentes a emendem, sob pena de arquivamento.

§ 2º Após o protocolo da apresentação do ato de concentração, ou de sua emenda, a Superintendência-Geral fará publicar edital, indicando o nome dos requerentes, a natureza da operação e os setores econômicos envolvidos.

Art. 54. Após cumpridas as providências indicadas no art. 53, a Superintendência-Geral:

I – conhecerá diretamente do pedido, proferindo decisão terminativa, quando o processo dispensar novas diligências ou nos casos de menor potencial ofensivo à concorrência, assim definidos em resolução do Cade; ou

II – determinará a realização da instrução complementar, especificando as diligências a serem produzidas.

Art. 55. Concluída a instrução complementar determinada na forma do inciso II do *caput* do art. 54 desta Lei, a Superintendência-Geral deverá manifestar-se sobre seu satisfatório cumprimento, recebendo-a como adequada ao exame de mérito ou determinando que seja refeita, por estar incompleta.

Art. 56. A Superintendência-Geral poderá, por meio de decisão fundamentada, declarar a operação como complexa e determinar a realização de nova instrução complementar, especificando as diligências a serem produzidas.

Parágrafo único. Declarada a operação como complexa, poderá a Superintendência-Geral requerer ao Tribunal a prorrogação do prazo de que trata o § 2º do art. 88 desta Lei.

Art. 57. Concluídas as instruções complementares de que tratam o inciso II do art. 54 e o art. 56 desta Lei, a Superintendência-Geral:

I – proferirá decisão aprovando o ato sem restrições;

II – oferecerá impugnação perante o Tribunal, caso entenda que o ato deva ser rejeitado, aprovado com restrições ou que não existam elementos conclusivos quanto aos seus efeitos no mercado.

Parágrafo único. Na impugnação do ato perante o Tribunal, deverão ser demonstrados, de forma circunstanciada, o potencial lesivo do ato à concorrência e as razões pelas quais não deve ser aprovado integralmente ou rejeitado.

Seção II
Do processo administrativo no tribunal

Art. 58. O requerente poderá oferecer, no prazo de 30 (trinta) dias da data de impugnação da Superintendência-Geral, em petição escrita, dirigida ao Presidente do Tribunal, manifestação expondo as razões de fato e de direito com que se opõe à impugnação do ato de concentração da Superintendência-Geral e juntando todas as provas, estudos e pareceres que corroboram seu pedido.

Parágrafo único. Em até 48 (quarenta e oito) horas da decisão de que trata a impugnação pela Superintendência-Geral, disposta no inciso II do *caput* do art. 57 desta Lei e na hipótese do inciso I do art. 65 desta Lei, o processo será distribuído, por sorteio, a um Conselheiro-Relator.

Art. 59. Após a manifestação do requerente, o Conselheiro-Relator:

I – proferirá decisão determinando a inclusão do processo em pauta para julgamento, caso entenda que se encontre suficientemente instruído;

II – determinará a realização de instrução complementar, se necessário, podendo, a seu critério, solicitar que a Superintendência-Geral a realize, declarando os pontos controversos e especificando as diligências a serem produzidas.

§ 1º O Conselheiro-Relator poderá autorizar, conforme o caso, precária e liminarmente, a realização do ato de concentração econômica, impondo as condições que visem à preservação da reversibilidade da operação, quando assim recomendarem as condições do caso concreto.

§ 2º O Conselheiro-Relator poderá acompanhar a realização das diligências referidas no inciso II do *caput* deste artigo.

Art. 60. Após a conclusão da instrução, o Conselheiro-Relator determinará a inclusão do processo em pauta para julgamento.

Art. 61. No julgamento do pedido de aprovação do ato de concentração econômica, o Tribunal poderá aprová-lo integralmente, rejeitá-lo ou aprová-lo parcialmente, caso em que determinará as restrições que deverão ser observadas como condição para a validade e eficácia do ato.

§ 1º O Tribunal determinará as restrições cabíveis no sentido de mitigar os eventuais efeitos nocivos do ato de concentração sobre os mercados relevantes afetados.

§ 2º As restrições mencionadas no § 1º deste artigo incluem:

I – a venda de ativos ou de um conjunto de ativos que constitua uma atividade empresarial;

II – a cisão de sociedade;

III – a alienação de controle societário;

IV – a separação contábil ou jurídica de atividades;

V – o licenciamento compulsório de direitos de propriedade intelectual; e

VI – qualquer outro ato ou providência necessários para a eliminação dos efeitos nocivos à ordem econômica.

§ 3º Julgado o processo no mérito, o ato não poderá ser novamente apresentado nem revisto no âmbito do Poder Executivo.

Art. 62. Em caso de recusa, omissão, enganosidade, falsidade ou retardamento injustificado, por parte dos requerentes, de informações ou documentos cuja apresentação for determinada pelo Cade, sem prejuízo das demais sanções cabíveis, poderá o pedido de aprovação do ato de concentração ser rejeitado por falta de provas, caso em que o requerente somente poderá realizar o ato mediante apresentação de novo pedido, nos termos do art. 53 desta Lei.

Art. 63. Os prazos previstos neste Capítulo não se suspendem ou interrompem por qualquer motivo, ressalvado o disposto no § 5º do art. 6º desta Lei, quando for o caso.

Art. 64. (*Vetado*).

Seção III
Do recurso contra decisão de aprovação do ato pela superintendência-geral

Art. 65. No prazo de 15 (quinze) dias contado a partir da publicação da decisão da Superintendência-Geral que aprovar o ato de concentração, na forma do inciso I do *caput* do art. 54 e do inciso I do *caput* do art. 57 desta Lei:

I – caberá recurso da decisão ao Tribunal, que poderá ser interposto por terceiros interessados ou, em se tratando de mercado regulado, pela respectiva agência reguladora;

II – o Tribunal poderá, mediante provocação de um de seus Conselheiros e em decisão fundamentada, avocar o processo para julgamento ficando prevento o Conselheiro que encaminhou a provocação.

§ 1º Em até 5 (cinco) dias úteis a partir do recebimento do recurso, o Conselheiro-Relator:

I – conhecerá do recurso e determinará a sua inclusão em pauta para julgamento;

II – conhecerá do recurso e determinará a realização de instrução complementar, podendo, a seu critério, solicitar que a Superintendência-Geral a realize, declarando os pontos controversos e especificando as diligências a serem produzidas; ou

III – não conhecerá do recurso, determinando o seu arquivamento.

§ 2º As requerentes poderão manifestar-se acerca do recurso interposto, em até 5 (cinco) dias úteis do conhecimento do recurso no Tribunal ou da data do recebimento do relatório com a conclusão da instrução complementar elaborada pela Superintendência-Geral, o que ocorrer por último.

§ 3º O litigante de má-fé arcará com multa, em favor do Fundo de Defesa de Direitos Difusos, a ser arbitrada pelo Tribunal entre R$ 5.000,00 (cinco mil reais) e R$ 5.000.000,00 (cinco milhões de reais), levando-se em consideração sua condição econômica, sua atuação no processo e o retardamento injustificado causado à aprovação do ato.

§ 4º A interposição do recurso a que se refere o *caput* deste artigo ou a decisão de avocar suspende a execução do ato de concentração econômica até decisão final do Tribunal.

§ 5º O Conselheiro-Relator poderá acompanhar a realização das diligências referidas no inciso II do § 1º deste artigo.

Capítulo III
DO INQUÉRITO ADMINISTRATIVO PARA APURAÇÃO DE INFRAÇÕES À ORDEM ECONÔMICA E DO PROCEDIMENTO PREPARATÓRIO

Art. 66. O inquérito administrativo, procedimento investigatório de natureza inquisitorial, será instaurado pela Superintendência-Geral para apuração de infrações à ordem econômica.

§ 1º O inquérito administrativo será instaurado de ofício ou em face de representação fundamentada de qualquer interessado, ou em decorrência de peças de informação, quando os indícios de infração à ordem econômica não forem suficientes para a instauração de processo administrativo.

§ 2º A Superintendência-Geral poderá instaurar procedimento preparatório de inquérito administrativo para apuração de infrações à ordem econômica para apurar se a conduta sob análise trata de matéria de competência do Sistema Brasileiro de Defesa da Concorrência, nos termos desta Lei.

§ 3º As diligências tomadas no âmbito do procedimento preparatório de inquérito administrativo para apuração de infrações à ordem econômica deverão ser realizadas no prazo máximo de 30 (trinta) dias.

§ 4º Do despacho que ordenar o arquivamento de procedimento preparatório, indeferir o requerimento de abertura de inquérito administrativo, ou seu arquivamento, caberá recurso de qualquer interessado ao Superintendente-Geral, na forma determinada em regulamento, que decidirá em última instância.

§ 5º (*Vetado*).

§ 6º A representação de Comissão do Congresso Nacional, ou de qualquer de suas Casas, bem como da Secretaria de Acompanhamento Econômico, das agências reguladoras e da Procuradoria Federal junto ao Cade, independe de procedimento preparatório, instaurando-se desde logo o inquérito administrativo ou processo administrativo.

§ 7º O representante e o indiciado poderão requerer qualquer diligência, que será realizada ou não, a juízo da Superintendência-Geral.

§ 8º A Superintendência-Geral poderá solicitar o concurso da autoridade policial ou do Ministério Público nas investigações.

§ 9º O inquérito administrativo deverá ser encerrado no prazo de 180 (cento e oitenta) dias, contado da data de sua instauração, prorrogáveis por até 60 (sessenta) dias, por meio de despacho fundamentado e quando o fato for de difícil elucidação e o justificarem as circunstâncias do caso concreto.

§ 10. Ao procedimento preparatório, assim como ao inquérito administrativo, poderá ser dado tratamento sigiloso, no interesse das investigações, a critério da Superintendência-Geral.

Art. 67. Até 10 (dez) dias úteis a partir da data de encerramento do inquérito administrativo, a Superintendência-Geral decidirá pela instauração do processo administrativo ou pelo seu arquivamento.

§ 1º O Tribunal poderá, mediante provocação de um Conselheiro e em decisão fundamentada, avocar o inquérito administrativo ou procedimento preparatório de inquérito administrativo arquivado pela Superintendência-Geral, ficando prevento o Conselheiro que encaminhou a provocação.

§ 2º Avocado o inquérito administrativo, o Conselheiro-Relator terá o prazo de 30 (trinta) dias úteis para:

I – confirmar a decisão de arquivamento da Superintendência-Geral, podendo, se entender necessário, fundamentar sua decisão;

II – transformar o inquérito administrativo em processo administrativo, determinando a realização de instrução complementar, podendo, a seu critério, solicitar que a Superintendência-Geral a realize, declarando os pontos controversos e especificando as diligências a serem produzidas.

§ 3º Ao inquérito administrativo poderá ser dado tratamento sigiloso, no interesse das investigações, a critério do Plenário do Tribunal.

Art. 68. O descumprimento dos prazos fixados neste Capítulo pela Superintendência-Geral, assim como por seus servidores, sem justificativa devidamente comprovada nos autos, poderá resultar na apuração da respectiva responsabilidade administrativa, civil e criminal.

Capítulo IV
DO PROCESSO ADMINISTRATIVO PARA IMPOSIÇÃO DE SANÇÕES ADMINISTRATIVAS POR INFRAÇÕES À ORDEM ECONÔMICA

Art. 69. O processo administrativo, procedimento em contraditório, visa a garantir ao acusado a ampla defesa a respeito das conclusões do inquérito administrativo, cuja nota técnica final, aprovada nos termos das normas do Cade, constituirá peça inaugural.

Art. 70. Na decisão que instaurar o processo administrativo, será determinada a notificação do representado para, no prazo de 30 (trinta) dias, apresentar defesa e especificar as provas que pretende sejam produzidas, declinando a qualificação completa de até 3 (três) testemunhas.

§ 1º A notificação inicial conterá o inteiro teor da decisão de instauração do processo administrativo e da representação, se for o caso.

§ 2º A notificação inicial do representado será feita pelo correio, com aviso de recebimento em nome próprio, ou outro meio que assegure a certeza da ciência do interessado ou, não tendo êxito a notificação postal, por edital publicado no Diário Oficial da União e em jornal de grande circulação no Estado em que resida ou tenha sede, contando-se os prazos da juntada do aviso de recebimento, ou da publicação, conforme o caso.

§ 3º A intimação dos demais atos processuais será feita mediante publicação no Diário Oficial da União, da qual deverá constar o nome do representado e de seu procurador, se houver.

§ 4º O representado poderá acompanhar o processo administrativo por seu titular e seus diretores ou gerentes, ou por seu procurador, assegurando-se-lhes amplo acesso aos autos no Tribunal.

§ 5º O prazo de 30 (trinta) dias mencionado no *caput* deste artigo poderá ser dilatado por até 10 (dez) dias, improrrogáveis, mediante requisição do representado.

Art. 71. Considerar-se-á revel o representado que, notificado, não apresentar defesa no prazo legal, incorrendo em confissão quanto à matéria de fato, contra ele correndo os demais prazos, independentemente de notificação.

Parágrafo único. Qualquer que seja a fase do processo, nele poderá intervir o revel, sem direito à repetição de qualquer ato já praticado.

Art. 72. Em até 30 (trinta) dias úteis após o decurso do prazo previsto no art. 70 desta Lei, a Superintendência-Geral, em despacho fundamentado, determinará a produção de provas que julgar pertinentes, sendo-lhe facultado exercer os poderes de instrução previstos nesta Lei, mantendo-se o sigilo legal, quando for o caso.

Art. 73. Em até 5 (cinco) dias úteis da data de conclusão da instrução processual determinada na forma do art. 72 desta Lei, a Superintendência-Geral notificará o representado para apresentar novas alegações, no prazo de 5 (cinco) dias úteis.

Art. 74. Em até 15 (quinze) dias úteis contados do decurso do prazo previsto no art. 73 desta Lei, a Superintendência-Geral remeterá os autos do processo ao Presidente do Tribunal, opinando, em relatório circunstanciado, pelo seu arquivamento ou pela configuração da infração.

Art. 75. Recebido o processo, o Presidente do Tribunal o distribuirá, por sorteio, ao Conselheiro-Relator, que poderá, caso entenda necessário, solicitar à Procuradoria Federal junto ao Cade que se manifeste no prazo de 20 (vinte) dias.

Art. 76. O Conselheiro-Relator poderá determinar diligências, em despacho fundamentado, podendo, a seu critério, solicitar que a Superintendência-Geral as realize, no prazo assinado.

Parágrafo único. Após a conclusão das diligências determinadas na forma deste artigo, o Conselheiro-Relator notificará o representado para, no prazo de 15 (quinze) dias úteis, apresentar alegações finais.

Art. 77. No prazo de 15 (quinze) dias úteis contado da data de recebimento das alegações finais, o Conselheiro-Relator solicitará a inclusão do processo em pauta para julgamento.

Art. 78. A convite do Presidente, por indicação do Conselheiro-Relator, qualquer pessoa poderá apresentar esclarecimentos ao Tribunal, a propósito de assuntos que estejam em pauta.

Art. 79. A decisão do Tribunal, que em qualquer hipótese será fundamentada, quando for pela existência de infração da ordem econômica, conterá:

I – especificação dos fatos que constituam a infração apurada e a indicação das providências a serem tomadas pelos responsáveis para fazê-la cessar;

II – prazo dentro do qual devam ser iniciadas e concluídas as providências referidas no inciso I do *caput* deste artigo;

III – multa estipulada;

IV – multa diária em caso de continuidade da infração; e

V – multa em caso de descumprimento das providências estipuladas.

Parágrafo único. A decisão do Tribunal será publicada dentro de 5 (cinco) dias úteis no Diário Oficial da União.

Art. 80. Aplicam-se às decisões do Tribunal o disposto na Lei 8.437, de 30 de junho de 1992.

Art. 81. Descumprida a decisão, no todo ou em parte, será o fato comunicado ao Presidente do Tribunal, que determinará à Procuradoria Federal junto ao Cade que providencie sua execução judicial.

Art. 82. O descumprimento dos prazos fixados neste Capítulo pelos membros do Cade, assim como por seus servidores, sem justificativa devidamente comprovada nos autos, poderá resultar na apuração da respectiva responsabilidade administrativa, civil e criminal.

Art. 83. O Cade disporá de forma complementar sobre o inquérito e o processo administrativo.

Capítulo V
DA MEDIDA PREVENTIVA

Art. 84. Em qualquer fase do inquérito administrativo para apuração de infrações ou do processo administrativo para imposição de sanções por infrações à ordem econômica, poderá o Conselheiro-Relator ou o Superintendente-Geral, por iniciativa própria ou mediante provocação do Procurador-Chefe do Cade, adotar medida preventiva, quando houver indício ou fundado receio de que o representado, direta ou indiretamente, cause ou possa causar ao mercado lesão irreparável ou de difícil reparação, ou torne ineficaz o resultado final do processo.

§ 1º Na medida preventiva, determinar-se-á a imediata cessação da prática e será ordenada, quando materialmente possível, a reversão à situação anterior, fixando multa diária nos termos do art. 39 desta Lei.

§ 2º Da decisão que adotar medida preventiva caberá recurso voluntário ao Plenário do Tribunal, em 5 (cinco) dias, sem efeito suspensivo.

Capítulo VI
DO COMPROMISSO DE CESSAÇÃO

Art. 85. Nos procedimentos administrativos mencionados nos incisos I, II e III do art. 48 desta Lei, o Cade poderá tomar do representado compromisso de cessação da prática sob investigação ou dos seus efeitos lesivos, sempre que, em juízo de conveniência e oportunidade, devidamente fundamentado, entender que atende aos interesses protegidos por lei.

§ 1º Do termo de compromisso deverão constar os seguintes elementos:

I – a especificação das obrigações do representado no sentido de não praticar a conduta investigada ou seus efeitos lesivos, bem como obrigações que julgar cabíveis;

II – a fixação do valor da multa para o caso de descumprimento, total ou parcial, das obrigações compromissadas;

III – a fixação do valor da contribuição pecuniária ao Fundo de Defesa de Direitos Difusos quando cabível.

§ 2º Tratando-se da investigação da prática de infração relacionada ou decorrente das condutas previstas nos incisos I e II do § 3º do art. 36 desta Lei, entre as obrigações a que se refere o inciso I do § 1º deste artigo figurará, necessariamente, a obrigação de recolher ao Fundo de Defesa de Direitos Difusos um valor pecuniário que não poderá ser inferior ao mínimo previsto no art. 37 desta Lei.

§ 3º (*Vetado*).

§ 4º A proposta de termo de compromisso de cessação de prática somente poderá ser apresentada uma única vez.

§ 5º A proposta de termo de compromisso de cessação de prática poderá ter caráter confidencial.

§ 6º A apresentação de proposta de termo de compromisso de cessação de prática não suspende o andamento do processo administrativo.

§ 7º O termo de compromisso de cessação de prática terá caráter público, devendo o acordo ser publicado no sítio do Cade em 5 (cinco) dias após a sua celebração.

§ 8º O termo de compromisso de cessação de prática constitui título executivo extrajudicial.

§ 9º O processo administrativo ficará suspenso enquanto estiver sendo cumprido o compromisso e será arquivado ao término do prazo fixado, se atendidas todas as condições estabelecidas no termo.

§ 10. A suspensão do processo administrativo a que se refere o § 9º deste artigo dar-se-á somente em relação ao representado que firmou o compromisso, seguindo o processo seu curso regular para os demais representados.

§ 11. Declarado o descumprimento do compromisso, o Cade aplicará as sanções nele previstas e determinará o prosseguimento do processo administrativo e as demais medidas administrativas e judiciais cabíveis para sua execução.

§ 12. As condições do termo de compromisso poderão ser alteradas pelo Cade se se comprovar sua excessiva onerosidade para o representado, desde que a alteração não acarrete prejuízo para terceiros ou para a coletividade.

§ 13. A proposta de celebração do compromisso de cessação de prática será indeferida quando a autoridade não chegar a um acordo com os representados quanto aos seus termos.

§ 14. O Cade definirá, em resolução, normas complementares sobre o termo de compromisso de cessação.

§ 15. Aplica-se o disposto no art. 50 desta Lei ao Compromisso de Cessação da Prática.

Capítulo VII
DO PROGRAMA DE LENIÊNCIA

Art. 86. O Cade, por intermédio da Superintendência-Geral, poderá celebrar acordo de leniência, com a extinção da ação punitiva da administração pública ou a redução de 1 (um) a 2/3 (dois terços) da penalidade aplicável, nos termos deste artigo, com pessoas físicas e jurídicas que forem autoras de infração à ordem econômica, desde que colaborem efetivamente com as investigações e o processo administrativo e que dessa colaboração resulte:

I – a identificação dos demais envolvidos na infração; e

II – a obtenção de informações e documentos que comprovem a infração noticiada ou sob investigação.

§ 1º O acordo de que trata o *caput* deste artigo somente poderá ser celebrado se preenchidos, cumulativamente, os seguintes requisitos:

I – a empresa seja a primeira a se qualificar com respeito à infração noticiada ou sob investigação;

II – a empresa cesse completamente seu envolvimento na infração noticiada ou sob investigação a partir da data de propositura do acordo;

III – a Superintendência-Geral não disponha de provas suficientes para assegurar a condenação da empresa ou pessoa física por ocasião da propositura do acordo; e

IV – a empresa confesse sua participação no ilícito e coopere plena e permanentemente com as investigações e o processo administrativo, comparecendo, sob suas expensas, sempre que solicitada, a todos os atos processuais, até seu encerramento.

§ 2º Com relação às pessoas físicas, elas poderão celebrar acordos de leniência desde que cumpridos os requisitos II, III e IV do § 1º deste artigo.

§ 3º O acordo de leniência firmado com o Cade, por intermédio da Superintendência-Geral, estipulará as condições necessárias para assegurar a efetividade da colaboração e o resultado útil do processo.

§ 4º Compete ao Tribunal, por ocasião do julgamento do processo administrativo, verificado o cumprimento do acordo:

I – decretar a extinção da ação punitiva da administração pública em favor do infrator, nas hipóteses em que a proposta de acordo tiver sido apresentada à Superintendência-Geral sem que essa tivesse conhecimento prévio da infração noticiada; ou

II – nas demais hipóteses, reduzir de 1 (um) a 2/3 (dois terços) as penas aplicáveis, observado o disposto no art. 45 desta Lei, devendo ainda considerar na gradação da pena a efetividade da colaboração prestada e a boa-fé do infrator no cumprimento do acordo de leniência.

§ 5º Na hipótese do inciso II do § 4º deste artigo, a pena sobre a qual incidirá o fator redutor não será superior à menor das penas aplicadas aos demais coautores da infração, relativamente aos percentuais fixados para a aplicação das multas de que trata o inciso I do art. 37 desta Lei.

§ 6º Serão estendidos às empresas do mesmo grupo, de fato ou de direito, e aos seus dirigentes, administradores e empregados envolvidos na infração os efeitos do acordo de leniência, desde que o firmem em conjunto, respeitadas as condições impostas.

§ 7º A empresa ou pessoa física que não obtiver, no curso de inquérito ou processo administrativo, habilitação para a celebração do acordo de que trata este artigo, poderá celebrar com a Superintendência-Geral, até a remessa do processo para julgamento, acordo de leniência relacionado a uma outra infração, da qual o Cade não tenha qualquer conhecimento prévio.

§ 8º Na hipótese do § 7º deste artigo, o infrator se beneficiará da redução de 1/3 (um terço) da pena que lhe for aplicável naquele processo, sem prejuízo da obtenção dos benefícios de que trata o inciso I do § 4º deste artigo em relação à nova infração denunciada.

§ 9º Considera-se sigilosa a proposta de acordo de que trata este artigo, salvo no interesse das investigações e do processo administrativo.

§ 10. Não importará em confissão quanto à matéria de fato, nem reconhecimento de ilicitude da conduta analisada, a proposta de acordo de leniência rejeitada, da qual não se fará qualquer divulgação.

§ 11. A aplicação do disposto neste artigo observará as normas a serem editadas pelo Tribunal.

§ 12. Em caso de descumprimento do acordo de leniência, o beneficiário ficará impedido de celebrar novo acordo de leniência pelo prazo de 3 (três) anos, contado da data de seu julgamento.

Art. 87. Nos crimes contra a ordem econômica, tipificados na Lei 8.137, de 27 de dezembro de 1990, e nos demais crimes diretamente relacionados à prática de cartel, tais como os tipificados na Lei 8.666, de 21 de junho de 1993, e os tipificados no art. 288 do Decreto-Lei 2.848, de 7 de dezembro de 1940 - Código Penal, a celebração de acordo de leniência, nos termos desta Lei, determina a suspensão do curso do prazo prescricional e impede o oferecimento da denúncia com relação ao agente beneficiário da leniência.

Parágrafo único. Cumprido o acordo de leniência pelo agente, extingue-se automaticamente a punibilidade dos crimes a que se refere o *caput* deste artigo.

Título VII
DO CONTROLE DE CONCENTRAÇÕES

Capítulo I
DOS ATOS DE CONCENTRAÇÃO

Art. 88. Serão submetidos ao Cade pelas partes envolvidas na operação os atos de concentração econômica em que, cumulativamente:

I - pelo menos um dos grupos envolvidos na operação tenha registrado, no último balanço, faturamento bruto anual ou volume de negócios total no País, no ano anterior à operação, equivalente ou superior a R$ 400.000.000,00 (quatrocentos milhões de reais); e

II - pelo menos um outro grupo envolvido na operação tenha registrado, no último balanço, faturamento bruto anual ou volume de negócios total no País, no ano anterior à operação, equivalente ou superior a R$ 30.000.000,00 (trinta milhões de reais).

§ 1º Os valores mencionados nos incisos I e II do *caput* deste artigo poderão ser adequados, simultânea ou independentemente, por indicação do Plenário do Cade, por portaria interministerial dos Ministros de Estado da Fazenda e da Justiça.

§ 2º O controle dos atos de concentração de que trata o *caput* deste artigo será prévio e realizado em, no máximo, 240 (duzentos e quarenta) dias, a contar do protocolo de petição ou de sua emenda.

§ 3º Os atos que se subsumirem ao disposto no *caput* deste artigo não podem ser consumados antes de apreciados, nos termos deste artigo e do procedimento previsto no Capítulo II do Título VI desta Lei, sob pena de nulidade, sendo ainda imposta multa pecuniária, de valor não inferior a R$ 60.000,00 (sessenta mil reais) nem superior a R$ 60.000.000,00 (sessenta milhões de reais), a ser aplicada nos termos da regulamentação, sem prejuízo da abertura de processo administrativo, nos termos do art. 69 desta Lei.

§ 4º Até a decisão final sobre a operação, deverão ser preservadas as condições de concorrência entre as empresas envolvidas, sob pena de aplicação das sanções previstas no § 3º deste artigo.

§ 5º Serão proibidos os atos de concentração que impliquem eliminação da concorrência em parte substancial de mercado relevante, que possam criar ou reforçar uma posição dominante ou que possam resultar na dominação de mercado relevante de bens ou serviços, ressalvado o disposto no § 6º deste artigo.

§ 6º Os atos a que se refere o § 5º deste artigo poderão ser autorizados, desde que sejam observados os limites estritamente necessários para atingir os seguintes objetivos:

I – cumulada ou alternativamente:

a) aumentar a produtividade ou a competitividade;

b) melhorar a qualidade de bens ou serviços; ou

c) propiciar a eficiência e o desenvolvimento tecnológico ou econômico; e

II – sejam repassados aos consumidores parte relevante dos benefícios decorrentes.

§ 7º É facultado ao Cade, no prazo de 1 (um) ano a contar da respectiva data de consumação, requerer a submissão dos atos de concentração que não se enquadrem no disposto neste artigo.

§ 8º As mudanças de controle acionário de companhias abertas e os registros de fusão, sem prejuízo da obrigação das partes envolvidas, devem ser comunicados ao Cade pela Comissão de Valores Mobiliários - CVM e pelo Departamento Nacional do Registro do Comércio do Ministério do Desenvolvimento, Indústria e Comércio Exterior, respectivamente, no prazo de 5 (cinco) dias úteis para, se for o caso, ser examinados.

§ 9º O prazo mencionado no § 2º deste artigo somente poderá ser dilatado:

I – por até 60 (sessenta) dias, improrrogáveis, mediante requisição das partes envolvidas na operação; ou

II – por até 90 (noventa) dias, mediante decisão fundamentada do Tribunal, em que sejam especificados as razões para a extensão, o prazo da prorrogação, que será não renovável, e as providências cuja realização seja necessária para o julgamento do processo.

Art. 89. Para fins de análise do ato de concentração apresentado, serão obedecidos os procedimentos estabelecidos no Capítulo II do Título VI desta Lei.

Parágrafo único. O Cade regulamentará, por meio de Resolução, a análise prévia de atos de concentração realizados com o propósito específico de participação em leilões, licitações e operações de aquisição de ações por meio de oferta pública.

Art. 90. Para os efeitos do art. 88 desta Lei, realiza-se um ato de concentração quando:

I – 2 (duas) ou mais empresas anteriormente independentes se fundem;

II – 1 (uma) ou mais empresas adquirem, direta ou indiretamente, por compra ou permuta de ações, quotas, títulos ou valores mobiliários conversíveis em ações, ou ativos, tangíveis ou intangíveis, por via contratual ou por qualquer outro meio ou forma, o controle ou partes de uma ou outras empresas;

III – 1 (uma) ou mais empresas incorporam outra ou outras empresas; ou

IV – 2 (duas) ou mais empresas celebram contrato associativo, consórcio ou *joint venture*.

Parágrafo único. Não serão considerados atos de concentração, para os efeitos do disposto no art. 88 desta Lei, os descritos no inciso IV do *caput*, quando destinados às licitações promovidas pela administração pública direta e indireta e aos contratos delas decorrentes.

Art. 91. A aprovação de que trata o art. 88 desta Lei poderá ser revista pelo Tribunal, de ofício ou mediante provocação da Superintendência-Geral, se a decisão for baseada em informações falsas ou enganosas prestadas pelo interessado, se ocorrer o descumprimento de quaisquer das obrigações assumidas ou não forem alcançados os benefícios visados.

Parágrafo único. Na hipótese referida no *caput* deste artigo, a falsidade ou enganosidade será punida com multa pecuniária, de valor não inferior a R$ 60.000,00 (sessenta mil reais) nem superior a R$ 6.000.000,00 (seis milhões de reais), a ser aplicada na forma das normas do Cade, sem prejuízo da abertura de processo administrativo, nos termos do art. 67 desta Lei, e da adoção das demais medidas cabíveis.

Capítulo II
DO ACORDO EM CONTROLE DE CONCENTRAÇÕES

Art. 92. (*Vetado*).

Título VIII
DA EXECUÇÃO JUDICIAL DAS DECISÕES DO CADE

Capítulo I
DO PROCESSO

Art. 93. A decisão do Plenário do Tribunal, cominando multa ou impondo obrigação de fazer ou não fazer, constitui título executivo extrajudicial.

Art. 94. A execução que tenha por objeto exclusivamente a cobrança de multa pecuniária será feita de acordo com o disposto na Lei 6.830, de 22 de setembro de 1980.

Art. 95. Na execução que tenha por objeto, além da cobrança de multa, o cumprimento de obrigação de fazer ou não fazer, o Juiz concederá a tutela específica da obrigação, ou determinará providências que assegurem o resultado prático equivalente ao do adimplemento.

§ 1º A conversão da obrigação de fazer ou não fazer em perdas e danos somente será admissível se impossível a tutela específica ou a obtenção do resultado prático correspondente.

§ 2º A indenização por perdas e danos far-se-á sem prejuízo das multas.

Art. 96. A execução será feita por todos os meios, inclusive mediante intervenção na empresa, quando necessária.

Art. 97. A execução das decisões do Cade será promovida na Justiça Federal do Distrito Federal ou da sede ou domicílio do executado, à escolha do Cade.

Art. 98. O oferecimento de embargos ou o ajuizamento de qualquer outra ação que vise à desconstituição do título executivo não suspenderá a execução, se não for garantido o juízo no valor das multas aplicadas, para que se garanta o cumprimento da decisão final proferida nos autos, inclusive no que tange a multas diárias.

§ 1º Para garantir o cumprimento das obrigações de fazer, deverá o juiz fixar caução idônea.

§ 2º Revogada a liminar, o depósito do valor da multa converter-se-á em renda do Fundo de Defesa de Direitos Difusos.

§ 3º O depósito em dinheiro não suspenderá a incidência de juros de mora e atualização monetária, podendo o Cade, na hipótese do § 2º deste artigo, promover a execução para cobrança da diferença entre o valor revertido ao Fundo de Defesa de Direitos Difusos e o valor da multa atualizado, com os acréscimos legais, como se sua exigibilidade do crédito jamais tivesse sido suspensa.

§ 4º (Revogado pela Lei 13.105/2015, em vigor após decorrido 1 (um) ano da data de sua publicação – D.O.U. *de 17.3.2015 (v. Art. 1.045 do NCPC).*

Anterior redação: § 4º Na ação que tenha por objeto decisão do Cade, o autor deverá deduzir todas as questões de fato e de direito, sob pena de preclusão consumativa, reputando-se deduzidas todas as alegações que poderia deduzir em favor do acolhimento do pedido, não podendo o mesmo pedido ser deduzido sob diferentes causas de pedir em ações distintas, salvo em relação a fatos supervenientes.

Art. 99. Em razão da gravidade da infração da ordem econômica, e havendo fundado receio de dano irreparável ou de difícil reparação, ainda que tenha havido o depósito das multas e prestação de caução, poderá o Juiz determinar a adoção imediata, no todo ou em parte, das providências contidas no título executivo.

Art. 100. No cálculo do valor da multa diária pela continuidade da infração, tomar-se-á como termo inicial a data final fixada pelo Cade para a adoção voluntária das providências contidas em sua decisão, e como termo final o dia do seu efetivo cumprimento.

Art. 101. O processo de execução em juízo das decisões do Cade terá preferência sobre as demais espécies de ação, exceto *habeas corpus* e mandado de segurança.

Capítulo II
DA INTERVENÇÃO JUDICIAL

Art. 102. O Juiz decretará a intervenção na empresa quando necessária para permitir a execução específica, nomeando o interventor.

Parágrafo único. A decisão que determinar a intervenção deverá ser fundamentada e indicará, clara e precisamente, as providências a serem tomadas pelo interventor nomeado.

Art. 103. Se, dentro de 48 (quarenta e oito) horas, o executado impugnar o interventor por motivo de inaptidão ou inidoneidade, feita a prova da alegação em 3 (três) dias, o juiz decidirá em igual prazo.

Art. 104. Sendo a impugnação julgada procedente, o juiz nomeará novo interventor no prazo de 5 (cinco) dias.

Art. 105. A intervenção poderá ser revogada antes do prazo estabelecido, desde que comprovado o cumprimento integral da obrigação que a determinou.

Art. 106. A intervenção judicial deverá restringir-se aos atos necessários ao cumprimento da decisão judicial que a determinar e terá duração máxima de 180 (cento e oitenta) dias, ficando o interventor responsável por suas ações e omissões, especialmente em caso de abuso de poder e desvio de finalidade.

§ 1º Aplica-se ao interventor, no que couber, o disposto nos arts. 153 a 159 da Lei 6.404, de 15 de dezembro de 1976.

§ 2º A remuneração do interventor será arbitrada pelo Juiz, que poderá substituí-lo a qualquer tempo, sendo obrigatória a substituição quando incorrer em insolvência civil, quando for sujeito passivo ou ativo de qualquer forma de corrupção ou prevaricação, ou infringir quaisquer de seus deveres.

Art. 107. O juiz poderá afastar de suas funções os responsáveis pela administração da empresa que, comprovadamente, obstarem o cumprimento de atos de competência do interventor, devendo eventual substituição dar-se na forma estabelecida no contrato social da empresa.

§ 1º Se, apesar das providências previstas no *caput* deste artigo, um ou mais responsáveis pela administração da empresa persistirem em obstar a ação do interventor, o juiz procederá na forma do disposto no § 2º deste artigo.

§ 2º Se a maioria dos responsáveis pela administração da empresa recusar colaboração ao interventor, o juiz determinará que este assuma a administração total da empresa.

Art. 108. Compete ao interventor:

I – praticar ou ordenar que sejam praticados os atos necessários à execução;

II – denunciar ao Juiz quaisquer irregularidades praticadas pelos responsáveis pela empresa e das quais venha a ter conhecimento; e

III – apresentar ao Juiz relatório mensal de suas atividades.

Art. 109. As despesas resultantes da intervenção correrão por conta do executado contra quem ela tiver sido decretada.

Art. 110. Decorrido o prazo da intervenção, o interventor apresentará ao juiz relatório circunstanciado de sua gestão, propondo a extinção e o arquivamento do processo ou pedindo a prorrogação do prazo na hipótese de não ter sido possível cumprir integralmente a decisão exequenda.

Art. 111. Todo aquele que se opuser ou obstaculizar a intervenção ou, cessada esta, praticar quaisquer atos que direta ou indiretamente anulem seus efeitos, no todo ou em parte, ou desobedecer a ordens legais do interventor será, conforme o caso, responsabilizado criminalmente por resistência, desobediência ou coação no curso do processo, na forma dos arts. 329, 330 e 344 do Decreto-Lei 2.848, de 7 de dezembro de 1940 - Código Penal.

Título IX
DISPOSIÇÕES FINAIS E TRANSITÓRIAS

Art. 112. *(Vetado).*

Art. 113. Visando a implementar a transição para o sistema de mandatos não coincidentes, as nomeações dos Conselheiros observarão os seguintes critérios de duração dos mandatos, nessa ordem:

I – 2 (dois) anos para os primeiros 2 (dois) mandatos vagos; e

II – 3 (três) anos para o terceiro e o quarto mandatos vagos.

§ 1º Os mandatos dos membros do Cade e do Procurador-Chefe em vigor na data de promulgação desta Lei serão mantidos e exercidos até o seu término original, devendo as nomeações subsequentes à extinção desses mandatos observar o disposto neste artigo.

§ 2º Na hipótese do § 1º deste artigo, o Conselheiro que estiver exercendo o seu primeiro mandato no Cade, após o término de seu mandato original, poderá ser novamente nomeado no mesmo cargo, observado o disposto nos incisos I e II do *caput* deste artigo.

§ 3º O Conselheiro que estiver exercendo o seu segundo mandato no Cade, após o término de seu mandato original, não poderá ser novamente nomeado para o período subsequente.

§ 4º Não haverá recondução para o Procurador-Chefe que estiver exercendo mandato no Cade, após o término de seu mandato original, podendo ele ser indicado para permanecer no cargo na forma do art. 16 desta Lei.

Art. 114. *(Vetado).*

Art. 115. Aplicam-se subsidiariamente aos processos administrativo e judicial previstos nesta Lei as disposições das Leis 5.869, de 11 de janeiro de 1973 - Código de Processo Civil, 7.347, de 24 de julho de 1985, 8.078, de 11 de setembro de 1990, e 9.784, de 29 de janeiro de 1999.

→ *v.* Lei 13.105/2015 – Novo CPC.

Art. 116. O art. 4º da Lei 8.137, de 27 de dezembro de 1990, passa a vigorar com a seguinte redação:

"Art. 4º (...)

I – abusar do poder econômico, dominando o mercado ou eliminando, total ou parcialmente, a concorrência mediante qualquer forma de ajuste ou acordo de empresas;

a) *(Revogada).*

b) *(Revogada).*

c) *(Revogada).*

d) *(Revogada).*

e) *(Revogada).*

f) *(Revogada).*

II – formar acordo, convênio, ajuste ou aliança entre ofertantes, visando:

a) à fixação artificial de preços ou quantidades vendidas ou produzidas;

b) ao controle regionalizado do mercado por empresa ou grupo de empresas;

c) ao controle, em detrimento da concorrência, de rede de distribuição ou de fornecedores.

Pena - reclusão, de 2 (dois) a 5 (cinco) anos e multa.

III – *(Revogado).*

IV – *(Revogado).*

V – *(Revogado).*

VI – *(Revogado).*

VII – *(Revogado).*"

Art. 117. O *caput* e o inciso V do art. 1º da Lei 7.347, de 24 de julho de 1985, passam a vigorar com a seguinte redação:

→ Alterações efetuadas na referida Lei.

Art. 118. Nos processos judiciais em que se discuta a aplicação desta Lei, o Cade deverá ser intimado para, querendo, intervir no feito na qualidade de assistente.

Art. 119. O disposto nesta Lei não se aplica aos casos de *dumping* e subsídios de que tratam os Acordos Relativos à Implementação do Artigo VI do Acordo Geral sobre Tarifas Aduaneiras e Comércio, promulgados pelos Decretos 93.941 e 93.962, de 16 e 22 de janeiro de 1987, respectivamente.

Art. 120. (*Vetado*).

Art. 121. Ficam criados, para exercício na Secretaria de Acompanhamento Econômico e, prioritariamente, no Cade, observadas as diretrizes e quantitativos estabelecidos pelo Órgão Supervisor da Carreira, 200 (duzentos) cargos de Especialistas em Políticas Públicas e Gestão Governamental, integrantes da Carreira de Especialista em Políticas Públicas e Gestão Governamental, para o exercício das atribuições referidas no art. 1º da Lei 7.834, de 6 de outubro de 1989, a serem providos gradualmente, observados os limites e a autorização específica da lei de diretrizes orçamentárias, nos termos do inciso II do § 1º do art. 169 da Constituição Federal.

Parágrafo único. Ficam transferidos para o Cade os cargos pertencentes ao Ministério da Justiça atualmente alocados no Departamento de Proteção e Defesa Econômica da Secretaria de Direito Econômico, bem como o DAS-6 do Secretário de Direito Econômico.

→ v. Art. 3º do Decreto 7.738/2012.

Art. 122. Os órgãos do SBDC poderão requisitar servidores da administração pública federal direta, autárquica ou fundacional para neles ter exercício, independentemente do exercício de cargo em comissão ou função de confiança.

Parágrafo único. Ao servidor requisitado na forma deste artigo são assegurados todos os direitos e vantagens a que façam jus no órgão ou entidade de origem, considerando-se o período de requisição para todos os efeitos da vida funcional, como efetivo exercício no cargo que ocupe no órgão ou entidade de origem.

Art. 123. Ato do Ministro de Estado do Planejamento, Orçamento e Gestão fixará o quantitativo ideal de cargos efetivos, ocupados, a serem mantidos, mediante lotação, requisição ou exercício, no âmbito do Cade e da Secretaria de Acompanhamento Econômico, bem como fixará cronograma para que sejam atingidos os seus quantitativos, observadas as dotações consignadas nos Orçamentos da União.

Art. 124. Ficam criados, no âmbito do Poder Executivo Federal, para alocação ao Cade, os seguintes cargos em comissão do Grupo-Direção e Assessoramento Superiores - DAS: 2 (dois) cargos de natureza especial NES de Presidente do Cade e Superintendente-Geral do Cade, 7 (sete) DAS-6, 16 (dezesseis) DAS-4, 8 (oito) DAS-3, 11 (onze) DAS-2 e 21 (vinte e um) DAS-1.

Art. 125. O Poder Executivo disporá sobre a estrutura regimental do Cade, sobre as competências e atribuições, denominação das unidades e especificações dos cargos, promovendo a alocação, nas unidades internas da autarquia, dos cargos em comissão e das funções gratificadas.

Art. 126. Ficam extintos, no âmbito do Poder Executivo Federal, os seguintes cargos em comissão do Grupo-Direção e Assessoramento Superiores - DAS e Funções Gratificadas - FG: 3 (três) DAS-5, 2 (duas) FG-1 e 16 (dezesseis) FG-3.

→ v. Art. 4º do Decreto 7.738/2012.

Art. 127. Ficam revogados a Lei 9.781, de 19 de janeiro de 1999, os arts. 5º e 6º da Lei 8.137, de 27 de dezembro de 1990, e os arts. 1º a 85 e 88 a 93 da Lei 8.884, de 11 de junho de 1994.

Art. 128. Esta Lei entra em vigor após decorridos 180 (cento e oitenta) dias de sua publicação oficial.

Brasília, 30 de novembro de 2011; 190º da Independência e 123º da República.

Dilma Rousseff

(Publicação no *D.O.U.* de 1.11.2011 e retificação: 2.12.2011)

LEI 12.562,
DE 23 DE DEZEMBRO DE 2011

Regulamenta o inciso III do art. 36 da Constituição Federal, para dispor sobre o processo e julgamento da representação interventiva perante o Supremo Tribunal Federal.

A Presidenta da República:

Faço saber que o Congresso Nacional decreta e eu sanciono a seguinte Lei:

Art. 1º Esta Lei dispõe sobre o processo e julgamento da representação interventiva prevista no inciso III do art. 36 da Constituição Federal.

Art. 2º A representação será proposta pelo Procurador-Geral da República, em caso de violação aos princípios referidos no inciso VII do art. 34 da Constituição Federal, ou de recusa, por parte de Estado-Membro, à execução de lei federal.

Art. 3º A petição inicial deverá conter:

I – a indicação do princípio constitucional que se considera violado ou, se for o caso de recusa à aplicação de lei federal, das disposições questionadas;

II – a indicação do ato normativo, do ato administrativo, do ato concreto ou da omissão questionados;

III – a prova da violação do princípio constitucional ou da recusa de execução de lei federal;

IV – o pedido, com suas especificações.

Parágrafo único. A petição inicial será apresentada em 2 (duas) vias, devendo conter, se for o caso, cópia do ato questionado e dos documentos necessários para comprovar a impugnação.

Art. 4º A petição inicial será indeferida liminarmente pelo relator, quando não for o caso de representação interventiva, faltar algum dos requisitos estabelecidos nesta Lei ou for inepta.

Parágrafo único. Da decisão de indeferimento da petição inicial caberá agravo, no prazo de 5 (cinco) dias.

Art. 5º O Supremo Tribunal Federal, por decisão da maioria absoluta de seus membros, poderá deferir pedido de medida liminar na representação interventiva.

§ 1º O relator poderá ouvir os órgãos ou autoridades responsáveis pelo ato questionado, bem como o Advogado-Geral da União ou o Procurador-Geral da República, no prazo comum de 5 (cinco) dias.

§ 2º A liminar poderá consistir na determinação de que se suspenda o andamento de processo ou os efeitos de decisões judiciais ou administrativas ou de qualquer outra medida que apresente relação com a matéria objeto da representação interventiva.

Art. 6º Apreciado o pedido de liminar ou, logo após recebida a petição inicial, se não houver pedido de liminar, o relator solicitará as informações às autoridades responsáveis pela prática do ato questionado, que as prestarão em até 10 (dez) dias.

§ 1º Decorrido o prazo para prestação das informações, serão ouvidos, sucessivamente, o Advogado-Geral da União e o Procurador-Geral da República, que deverão manifestar-se, cada qual, no prazo de 10 (dez) dias.

§ 2º Recebida a inicial, o relator deverá tentar dirimir o conflito que dá causa ao pedido, utilizando-se dos meios que julgar necessários, na forma do regimento interno.

Art. 7º Se entender necessário, poderá o relator requisitar informações adicionais, designar perito ou comissão de peritos para que elabore laudo sobre a questão ou, ainda, fixar data para declarações, em audiência pública, de pessoas com experiência e autoridade na matéria.

Parágrafo único. Poderão ser autorizadas, a critério do relator, a manifestação e a juntada de documentos por parte de interessados no processo.

Art. 8º Vencidos os prazos previstos no art. 6º ou, se for o caso, realizadas as diligências de que trata o art. 7º, o relator lançará o relatório, com cópia para todos os Ministros, e pedirá dia para julgamento.

Art. 9º A decisão sobre a representação interventiva somente será tomada se presentes na sessão pelo menos 8 (oito) Ministros.

Art. 10. Realizado o julgamento, proclamar-se-á a procedência ou improcedência do pedido formulado na representação interventiva se num ou noutro sentido se tiverem manifestado pelo menos 6 (seis) Ministros.

Parágrafo único. Estando ausentes Ministros em número que possa influir na decisão sobre a representação interventiva, o julgamento será suspenso, a fim de se aguardar o comparecimento dos Ministros ausentes, até que se atinja o número necessário para a prolação da decisão.

Art. 11. Julgada a ação, far-se-á a comunicação às autoridades ou aos órgãos responsáveis pela prática dos atos questionados, e, se a decisão final for pela procedência do pedido formulado na representação interventiva, o Presidente do Supremo Tribunal Federal, publicado o acórdão, levá-lo-á ao conhecimento do Presidente da República para, no prazo improrrogável de até 15 (quinze) dias, dar cumprimento aos §§ 1º e 3º do art. 36 da Constituição Federal.

Parágrafo único. Dentro do prazo de 10 (dez) dias, contado a partir do trânsito em julgado da decisão, a parte dispositiva será publicada em seção especial do Diário da Justiça e do Diário Oficial da União.

Art. 12. A decisão que julgar procedente ou improcedente o pedido da representação interventiva é irrecorrível, sendo insuscetível de impugnação por ação rescisória.

Art. 13. Esta Lei entra em vigor na data de sua publicação.

Brasília, 23 de dezembro de 2011; 190º da Independência e 123º da República.

Dilma Rousseff

(Publicação no *D.O.U.* de 26.12.2011; retificação 27.12.2011)

LEI 12.587,
DE 3 DE JANEIRO DE 2012

Institui as diretrizes da Política Nacional de Mobilidade Urbana; revoga dispositivos dos Decretos-leis 3.326, de 3 de junho de 1941, e 5.405, de 13 de abril de 1943, da Consolidação das Leis do Trabalho (CLT), aprovada pelo Decreto-lei 5.452, de 1º de maio de 1943, e das Leis 5.917, de 10 de setembro de 1973, e 6.261, de 14 de novembro de 1975; e dá outras providências.

A Presidenta da República:

Faço saber que o Congresso Nacional decreta e eu sanciono a seguinte Lei:

Capítulo I
DISPOSIÇÕES GERAIS

Art. 1º A Política Nacional de Mobilidade Urbana é instrumento da política de desenvolvimento urbano de que tratam o inciso XX do art. 21 e o art. 182 da Constituição Federal, objetivando a integração entre os diferentes modos de transporte e a melhoria da acessibilidade e mobilidade das pessoas e cargas no território do Município.

Parágrafo único. A Política Nacional a que se refere o *caput* deve atender ao previsto no inciso VII do art. 2º e no § 2º do art. 40 da Lei 10.257, de 10 de julho de 2001 (Estatuto da Cidade).

Art. 2º A Política Nacional de Mobilidade Urbana tem por objetivo contribuir para o acesso universal à cidade, o fomento e a concretização das condições que contribuam para a efetivação dos princípios, objetivos e diretrizes da política de desenvolvimento urbano, por meio do planejamento e da gestão democrática do Sistema Nacional de Mobilidade Urbana.

Art. 3º O Sistema Nacional de Mobilidade Urbana é o conjunto organizado e coordenado dos modos de transporte, de serviços e de infraestruturas que garante os deslocamentos de pessoas e cargas no território do Município.

§ 1º São modos de transporte urbano:

I – motorizados; e

II – não motorizados.

§ 2º Os serviços de transporte urbano são classificados:

I – quanto ao objeto:

a) de passageiros;

b) de cargas;

II – quanto à característica do serviço:

a) coletivo;

b) individual;

III – quanto à natureza do serviço:

a) público;

b) privado.

§ 3º São infraestruturas de mobilidade urbana:

I – vias e demais logradouros públicos, inclusive metroferrovias, hidrovias e ciclovias;

II – estacionamentos;

III – terminais, estações e demais conexões;

IV – pontos para embarque e desembarque de passageiros e cargas;

V – sinalização viária e de trânsito;

VI – equipamentos e instalações; e

VII – instrumentos de controle, fiscalização, arrecadação de taxas e tarifas e difusão de informações.

Seção I
Das definições

Art. 4º Para os fins desta Lei, considera-se:

I – transporte urbano: conjunto dos modos e serviços de transporte público e privado utilizados para o deslocamento de pessoas e cargas nas cidades integrantes da Política Nacional de Mobilidade Urbana;

II – mobilidade urbana: condição em que se realizam os deslocamentos de pessoas e cargas no espaço urbano;

III – acessibilidade: facilidade disponibilizada às pessoas que possibilite a todos autonomia nos deslocamentos desejados, respeitando-se a legislação em vigor;

IV – modos de transporte motorizado: modalidades que se utilizam de veículos automotores;

V – modos de transporte não motorizado: modalidades que se utilizam do esforço humano ou tração animal;

VI – transporte público coletivo: serviço público de transporte de passageiros acessível a toda a população mediante pagamento individualizado, com itinerários e preços fixados pelo poder público;

VII – transporte privado coletivo: serviço de transporte de passageiros não aberto ao público para a realização de viagens com características operacionais exclusivas para cada linha e demanda;

VIII – transporte público individual: serviço remunerado de transporte de passageiros aberto ao público, por intermédio de veículos de aluguel, para a realização de viagens individualizadas;

IX – transporte urbano de cargas: serviço de transporte de bens, animais ou mercadorias;

X – transporte motorizado privado: meio motorizado de transporte de passageiros utilizado para a realização de viagens individualizadas por intermédio de veículos particulares;

XI – transporte público coletivo intermunicipal de caráter urbano: serviço de transporte público coletivo entre Municípios que tenham contiguidade nos seus perímetros urbanos;

XII – transporte público coletivo interestadual de caráter urbano: serviço de transporte público coletivo entre Municípios de diferentes Estados que mantenham contiguidade nos seus perímetros urbanos; e

XIII – transporte público coletivo internacional de caráter urbano: serviço de transporte coletivo entre Municípios localizados em regiões de fronteira cujas cidades são definidas como cidades gêmeas.

Seção II
Dos princípios, diretrizes e objetivos da Política Nacional de Mobilidade Urbana

Art. 5º A Política Nacional de Mobilidade Urbana está fundamentada nos seguintes princípios:

I – acessibilidade universal;

II – desenvolvimento sustentável das cidades, nas dimensões socioeconômicas e ambientais;

III – equidade no acesso dos cidadãos ao transporte público coletivo;

IV – eficiência, eficácia e efetividade na prestação dos serviços de transporte urbano;

V – gestão democrática e controle social do planejamento e avaliação da Política Nacional de Mobilidade Urbana;

VI – segurança nos deslocamentos das pessoas;

VII – justa distribuição dos benefícios e ônus decorrentes do uso dos diferentes modos e serviços;

VIII – equidade no uso do espaço público de circulação, vias e logradouros; e

IX – eficiência, eficácia e efetividade na circulação urbana.

Art. 6º A Política Nacional de Mobilidade Urbana é orientada pelas seguintes diretrizes:

I – integração com a política de desenvolvimento urbano e respectivas políticas setoriais de habitação, saneamento básico, planejamento e gestão do uso do solo no âmbito dos entes federativos;

II – prioridade dos modos de transportes não motorizados sobre os motorizados e dos serviços de transporte público coletivo sobre o transporte individual motorizado;

III – integração entre os modos e serviços de transporte urbano;

IV – mitigação dos custos ambientais, sociais e econômicos dos deslocamentos de pessoas e cargas na cidade;

V – incentivo ao desenvolvimento científico-tecnológico e ao uso de energias renováveis e menos poluentes;

VI – priorização de projetos de transporte público coletivo estruturadores do território e indutores do desenvolvimento urbano integrado; e

VII – integração entre as cidades gêmeas localizadas na faixa de fronteira com outros países sobre a linha divisória internacional.

Art. 7º A Política Nacional de Mobilidade Urbana possui os seguintes objetivos:

I – reduzir as desigualdades e promover a inclusão social;

II – promover o acesso aos serviços básicos e equipamentos sociais;

III – proporcionar melhoria nas condições urbanas da população no que se refere à acessibilidade e à mobilidade;

IV – promover o desenvolvimento sustentável com a mitigação dos custos ambientais e socioeconômicos dos deslocamentos de pessoas e cargas nas cidades; e

V – consolidar a gestão democrática como instrumento e garantia da construção contínua do aprimoramento da mobilidade urbana.

Capítulo II
DAS DIRETRIZES PARA A REGULAÇÃO DOS SERVIÇOS DE TRANSPORTE PÚBLICO COLETIVO

Art. 8º A política tarifária do serviço de transporte público coletivo é orientada pelas seguintes diretrizes:

I – promoção da equidade no acesso aos serviços;

II – melhoria da eficiência e da eficácia na prestação dos serviços;

III – ser instrumento da política de ocupação equilibrada da cidade de acordo com o plano diretor municipal, regional e metropolitano;

IV – contribuição dos beneficiários diretos e indiretos para custeio da operação dos serviços;

V – simplicidade na compreensão, transparência da estrutura tarifária para o usuário e publicidade do processo de revisão;

VI – modicidade da tarifa para o usuário;

VII – integração física, tarifária e operacional dos diferentes modos e das redes de transporte público e privado nas cidades;

VIII – articulação interinstitucional dos órgãos gestores dos entes federativos por meio de consórcios públicos; e

IX – estabelecimento e publicidade de parâmetros de qualidade e quantidade na prestação dos serviços de transporte público coletivo.

§ 1º *(Vetado).*

§ 2º Os Municípios deverão divulgar, de forma sistemática e periódica, os impactos dos benefícios tarifários concedidos no valor das tarifas dos serviços de transporte público coletivo.

§ 3º *(Vetado).*

Art. 9º O regime econômico e financeiro da concessão e o da permissão do serviço de transporte público coletivo serão estabelecidos no respectivo edital de licitação, sendo a tarifa de remuneração da prestação de serviço de transporte público coletivo resultante do processo licitatório da outorga do poder público.

§ 1º A tarifa de remuneração da prestação do serviço de transporte público coletivo deverá ser constituída pelo preço público cobrado do usuário pelos serviços somado à receita oriunda de outras fontes de custeio, de forma a cobrir os reais custos do serviço prestado ao usuário por operador público ou privado, além da remuneração do prestador.

§ 2º O preço público cobrado do usuário pelo uso do transporte público coletivo denomina-se tarifa pública, sendo instituída por ato específico do poder público outorgante.

§ 3º A existência de diferença a menor entre o valor monetário da tarifa de remuneração da prestação do serviço de transporte público de passageiros e a tarifa pública cobrada do usuário denomina-se *deficit* ou subsídio tarifário.

§ 4º A existência de diferença a maior entre o valor monetário da tarifa de remuneração da prestação do serviço de transporte público de passageiros e a tarifa pública cobrada do usuário denomina-se *superavit* tarifário.

§ 5º Caso o poder público opte pela adoção de subsídio tarifário, o *deficit* originado deverá ser coberto por receitas extratarifárias, receitas alternativas, subsídios orçamentários, subsídios cruzados intrassetoriais e intersetoriais provenientes de outras categorias de beneficiários dos serviços de transporte, dentre outras fontes, instituídos pelo poder público delegante.

§ 6º Na ocorrência de *superavit* tarifário proveniente de receita adicional originada em determinados serviços delegados, a receita deverá ser revertida para o próprio Sistema de Mobilidade Urbana.

§ 7º Competem ao poder público delegante a fixação, o reajuste e a revisão da tarifa de remuneração da prestação do serviço e da tarifa pública a ser cobrada do usuário.

§ 8º Compete ao poder público delegante a fixação dos níveis tarifários.

§ 9º Os reajustes das tarifas de remuneração da prestação do serviço observarão a periodicidade mínima estabelecida pelo poder público delegante no edital e no contrato administrativo e incluirão a transferência de parcela dos ganhos de eficiência e produtividade das empresas aos usuários.

§ 10 As revisões ordinárias das tarifas de remuneração terão periodicidade mínima estabelecida pelo poder público delegante no edital e no contrato administrativo e deverão:

I – incorporar parcela das receitas alternativas em favor da modicidade da tarifa ao usuário;

II – incorporar índice de transferência de parcela dos ganhos de eficiência e produtividade das empresas aos usuários; e

III – aferir o equilíbrio econômico e financeiro da concessão e o da permissão, conforme parâmetro ou indicador definido em contrato.

§ 11 O operador do serviço, por sua conta e risco e sob anuência do poder público, poderá realizar descontos nas tarifas ao usuário, inclusive de caráter sazonal, sem que isso possa gerar qualquer direito à solicitação de revisão da tarifa de remuneração.

§ 12 O poder público poderá, em caráter excepcional e desde que observado o interesse público, proceder à revisão extraordinária das tarifas, por ato de ofício ou mediante provocação da empresa, caso em que esta deverá demonstrar sua cabal necessidade, instruindo o requerimento com todos os elementos indispensáveis e suficientes para subsidiar a decisão, dando publicidade ao ato.

Art. 10. A contratação dos serviços de transporte público coletivo será precedida de licitação e deverá observar as seguintes diretrizes:

I – fixação de metas de qualidade e desempenho a serem atingidas e seus instrumentos de controle e avaliação;

II – definição dos incentivos e das penalidades aplicáveis vinculadas à consecução ou não das metas;

III – alocação dos riscos econômicos e financeiros entre os contratados e o poder concedente;

IV – estabelecimento das condições e meios para a prestação de informações operacionais, contábeis e financeiras ao poder concedente; e

V – identificação de eventuais fontes de receitas alternativas, complementares, acessórias ou de projetos associados, bem como da parcela destinada à modicidade tarifária.

Parágrafo único. Qualquer subsídio tarifário ao custeio da operação do transporte público coletivo deverá ser definido em contrato, com base em critérios transparentes e objetivos de produtividade e eficiência, especificando, minimamente, o objetivo, a fonte, a periodicidade e o beneficiário, conforme o estabelecido nos arts. 8º e 9º desta Lei.

Art. 11. Os serviços de transporte privado coletivo, prestados entre pessoas físicas ou jurídicas, deverão ser autorizados, disciplinados e fiscalizados pelo poder público competente, com base nos princípios e diretrizes desta Lei.

Art. 12. Os serviços de utilidade pública de transporte individual de passageiros deverão ser organizados, disciplinados e fiscalizados pelo poder público municipal, com base nos requisitos mínimos de segurança, de conforto, de higiene, de qualidade dos serviços e de fixação prévia dos valores máximos das tarifas a serem cobradas.

→ Artigo com redação alterada pela Lei 12.865/2013.

Art. 12-A. O direito à exploração de serviços de táxi poderá ser outorgado a qualquer interessado que satisfaça os requisitos exigidos pelo poder público local.

→ Artigo acrescentado pela Lei 12.865/2013.

§ 1º É permitida a transferência da outorga a terceiros que atendam aos requisitos exigidos em legislação municipal.

§ 2º Em caso de falecimento do outorgado, o direito à exploração do serviço será transferido a seus sucessores legítimos, nos termos dos arts. 1.829 e seguintes do Título II do Livro V da Parte Especial da Lei 10.406, de 10 de janeiro de 2002 (Código Civil).

§ 3º As transferências de que tratam os §§ 1º e 2º dar-se-ão pelo prazo da outorga e são condicionadas à prévia anuência do poder público municipal e ao atendimento dos requisitos fixados para a outorga.

Art. 12-B. Na outorga de exploração de serviço de táxi, reservar-se-ão 10% (dez por cento) das vagas para condutores com deficiência.

→ Artigo acrescentado pela Lei 13.146/2015.

§ 1º Para concorrer às vagas reservadas na forma do caput deste artigo, o condutor com deficiência deverá observar os seguintes requisitos quanto ao veículo utilizado:

I – ser de sua propriedade e por ele conduzido; e

II – estar adaptado às suas necessidades, nos termos da legislação vigente.

§ 2º No caso de não preenchimento das vagas na forma estabelecida no caput deste artigo, as remanescentes devem ser disponibilizadas para os demais concorrentes.

Art. 13. Na prestação de serviços de transporte público coletivo, o poder público delegante deverá realizar atividades de fiscalização e controle dos serviços delegados, preferencialmente em parceria com os demais entes federativos.

Capítulo III
DOS DIREITOS DOS USUÁRIOS

Art. 14. São direitos dos usuários do Sistema Nacional de Mobilidade Urbana, sem prejuízo dos previstos nas Leis 8.078, de 11 de setembro de 1990, e 8.987, de 13 de fevereiro de 1995:

I – receber o serviço adequado, nos termos do art. 6º da Lei 8.987, de 13 de fevereiro de 1995;

II – participar do planejamento, da fiscalização e da avaliação da política local de mobilidade urbana;

III – ser informado nos pontos de embarque e desembarque de passageiros, de forma gratuita e acessível, sobre itinerários, horários, tarifas dos serviços e modos de interação com outros modais; e

IV – ter ambiente seguro e acessível para a utilização do Sistema Nacional de Mobilidade Urbana, conforme as Leis 10.048, de 8 de novembro de 2000, e 10.098, de 19 de dezembro de 2000.

Parágrafo único. Os usuários dos serviços terão o direito de ser informados, em linguagem acessível e de fácil compreensão, sobre:

I – seus direitos e responsabilidades;

II – os direitos e obrigações dos operadores dos serviços; e

III – os padrões preestabelecidos de qualidade e quantidade dos serviços ofertados, bem como os meios para reclamações e respectivos prazos de resposta.

Art. 15. A participação da sociedade civil no planejamento, fiscalização e avaliação da Política Nacional de Mobilidade Urbana deverá ser assegurada pelos seguintes instrumentos:

I – órgãos colegiados com a participação de representantes do Poder Executivo, da sociedade civil e dos operadores dos serviços;

II – ouvidorias nas instituições responsáveis pela gestão do Sistema Nacional de Mobilidade Urbana ou nos órgãos com atribuições análogas;

III – audiências e consultas públicas; e

IV – procedimentos sistemáticos de comunicação, de avaliação da satisfação dos cidadãos e dos usuários e de prestação de contas públicas.

Capítulo IV
DAS ATRIBUIÇÕES

Art. 16. São atribuições da União:

I – prestar assistência técnica e financeira aos Estados, Distrito Federal e Municípios, nos termos desta Lei;

II – contribuir para a capacitação continuada de pessoas e para o desenvolvimento das instituições vinculadas à Política Nacional de Mobilidade Urbana nos Estados, Municípios e Distrito Federal, nos termos desta Lei;

III – organizar e disponibilizar informações sobre o Sistema Nacional de Mobilidade Urbana e a qualidade e produtividade dos serviços de transporte público coletivo;

IV – fomentar a implantação de projetos de transporte público coletivo de grande e média capacidade nas aglomerações urbanas e nas regiões metropolitanas;

V – *(Vetado)*;

VI – fomentar o desenvolvimento tecnológico e científico visando ao atendimento dos princípios e diretrizes desta Lei; e

VII – prestar, diretamente ou por delegação ou gestão associada, os serviços de transporte público interestadual de caráter urbano.

§ 1º A União apoiará e estimulará ações coordenadas e integradas entre Municípios e Estados em áreas conurbadas, aglomerações urbanas e regiões metropolitanas destinadas a políticas comuns de mobilidade urbana, inclusive nas cidades definidas como cidades gêmeas localizadas em regiões de fronteira com outros países, observado o art. 178 da Constituição Federal.

§ 2º A União poderá delegar aos Estados, ao Distrito Federal ou aos Municípios a organização e a prestação dos serviços de transporte público coletivo interestadual e internacional de caráter urbano, desde que constituído consórcio público ou convênio de cooperação para tal fim, observado o art. 178 da Constituição Federal.

Art. 17. São atribuições dos Estados:

I – prestar, diretamente ou por delegação ou gestão associada, os serviços de transporte público coletivo intermunicipais de caráter urbano, em conformidade com o § 1º do art. 25 da Constituição Federal;

II – propor política tributária específica e de incentivos para a implantação da Política Nacional de Mobilidade Urbana; e

III – garantir o apoio e promover a integração dos serviços nas áreas que ultrapassem os limites de um Município, em conformidade com o § 3º do art. 25 da Constituição Federal.

Parágrafo único. Os Estados poderão delegar aos Municípios a organização e a prestação dos serviços de transporte público coletivo intermunicipal de caráter urbano, desde que constituído consórcio público ou convênio de cooperação para tal fim.

Art. 18. São atribuições dos Municípios:

I – planejar, executar e avaliar a política de mobilidade urbana, bem como promover a regulamentação dos serviços de transporte urbano;

II – prestar, direta, indiretamente ou por gestão associada, os serviços de transporte público coletivo urbano, que têm caráter essencial;

III – capacitar pessoas e desenvolver as instituições vinculadas à política de mobilidade urbana do Município; e

IV – *(Vetado)*.

Art. 19. Aplicam-se ao Distrito Federal, no que couber, as atribuições previstas para os Estados e os Municípios, nos termos dos arts. 17 e 18.

Art. 20. O exercício das atribuições previstas neste Capítulo subordinar-se-á, em cada ente federativo, às normas fixadas pelas respectivas leis de diretrizes orçamentárias, às efetivas disponibilidades asseguradas pelas suas leis orçamentárias anuais e aos imperativos da Lei Complementar 101, de 4 de maio de 2000.

Capítulo V
DAS DIRETRIZES PARA O PLANEJAMENTO E GESTÃO DOS SISTEMAS DE MOBILIDADE URBANA

Art. 21. O planejamento, a gestão e a avaliação dos sistemas de mobilidade deverão contemplar:

I – a identificação clara e transparente dos objetivos de curto, médio e longo prazo;

II – a identificação dos meios financeiros e institucionais que assegurem sua implantação e execução;

III – a formulação e implantação dos mecanismos de monitoramento e avaliação sistemáticos e permanentes dos objetivos estabelecidos; e

IV – a definição das metas de atendimento e universalização da oferta de transporte público coletivo, monitorados por indicadores preestabelecidos.

Art. 22. Consideram-se atribuições mínimas dos órgãos gestores dos entes federativos incumbidos respectivamente do planejamento e gestão do sistema de mobilidade urbana:

I – planejar e coordenar os diferentes modos e serviços, observados os princípios e diretrizes desta Lei;

II – avaliar e fiscalizar os serviços e monitorar desempenhos, garantindo a consecução das metas de universalização e de qualidade;

III – implantar a política tarifária;

IV – dispor sobre itinerários, frequências e padrão de qualidade dos serviços;

V – estimular a eficácia e a eficiência dos serviços de transporte público coletivo;

VI – garantir os direitos e observar as responsabilidades dos usuários; e

VII – combater o transporte ilegal de passageiros.

Art. 23. Os entes federativos poderão utilizar, dentre outros instrumentos de gestão do sistema de transporte e da mobilidade urbana, os seguintes:

I – restrição e controle de acesso e circulação, permanente ou temporário, de veículos motorizados em locais e horários predeterminados;

II – estipulação de padrões de emissão de poluentes para locais e horários determinados, podendo condicionar o acesso e a circulação aos espaços urbanos sob controle;

III – aplicação de tributos sobre modos e serviços de transporte urbano pela utilização da infraestrutura urbana, visando a desestimular o uso de determinados modos e serviços de mobilidade, vinculando-se a receita à aplicação exclusiva em infraestrutura urbana destinada ao transporte público coletivo e ao transporte não motorizado e no financiamento do subsídio público da tarifa de transporte público, na forma da lei;

IV – dedicação de espaço exclusivo nas vias públicas para os serviços de transporte público coletivo e modos de transporte não motorizados;

V – estabelecimento da política de estacionamentos de uso público e privado, com e sem pagamento pela sua utilização, como parte integrante da Política Nacional de Mobilidade Urbana;

VI – controle do uso e operação da infraestrutura viária destinada à circulação e operação do transporte de carga, concedendo prioridades ou restrições;

VII – monitoramento e controle das emissões dos gases de efeito local e de efeito estufa dos modos de transporte motorizado, facultando a restrição de acesso a determinadas vias em razão da criticidade dos índices de emissões de poluição;

VIII – convênios para o combate ao transporte ilegal de passageiros; e

IX – convênio para o transporte coletivo urbano internacional nas cidades definidas como cidades gêmeas nas regiões de fronteira do Brasil com outros países, observado o art. 178 da Constituição Federal.

Art. 24. O Plano de Mobilidade Urbana é o instrumento de efetivação da Política Nacional de Mobilidade Urbana e deverá contemplar os princípios, os objetivos e as diretrizes desta Lei, bem como:

I – os serviços de transporte público coletivo;

II – a circulação viária;

III – as infraestruturas do sistema de mobilidade urbana;

IV – a acessibilidade para pessoas com deficiência e restrição de mobilidade;

V – a integração dos modos de transporte público e destes com os privados e os não motorizados;

VI – a operação e o disciplinamento do transporte de carga na infraestrutura viária;

VII – os polos geradores de viagens;

VIII – as áreas de estacionamentos públicos e privados, gratuitos ou onerosos;

IX – as áreas e horários de acesso e circulação restrita ou controlada;

X – os mecanismos e instrumentos de financiamento do transporte público coletivo e da infraestrutura de mobilidade urbana; e

XI – a sistemática de avaliação, revisão e atualização periódica do Plano de Mobilidade Urbana em prazo não superior a 10 (dez) anos.

§ 1º Em Municípios acima de 20.000 (vinte mil) habitantes e em todos os demais obrigados, na forma da lei, à elaboração do plano diretor, deverá ser elaborado o Plano de Mobilidade Urbana, integrado e compatível com os respectivos planos diretores ou neles inserido.

§ 2º Nos Municípios sem sistema de transporte público coletivo ou individual, o Plano de Mobilidade Urbana deverá ter o foco no transporte não motorizado e no planejamento da infraestrutura urbana destinada aos deslocamentos a pé e por bicicleta, de acordo com a legislação vigente.

§ 3º O Plano de Mobilidade Urbana deverá ser integrado ao plano diretor municipal, existente ou em elaboração, no prazo máximo de 3 (três) anos da vigência desta Lei.

§ 4º Os Municípios que não tenham elaborado o Plano de Mobilidade Urbana na data de promulgação desta Lei terão o prazo máximo de 3 (três) anos de sua vigência para elaborá-lo. Findo o prazo, ficam impedidos de receber recursos orçamentários federais destinados à mobilidade urbana até que atendam à exigência desta Lei.

Capítulo VI
DOS INSTRUMENTOS DE APOIO À MOBILIDADE URBANA

Art. 25. O Poder Executivo da União, o dos Estados, o do Distrito Federal e o dos Municípios, segundo suas possibilidades orçamentárias e financeiras e observados os princípios e diretrizes desta Lei, farão constar dos respectivos projetos de planos plurianuais e de leis de diretrizes orçamentárias as ações programáticas e instrumentos de apoio que serão utilizados, em cada período, para o aprimoramento dos sistemas de mobilidade urbana e melhoria da qualidade dos serviços.

Parágrafo único. A indicação das ações e dos instrumentos de apoio a que se refere o *caput* será acompanhada, sempre que possível, da fixação de critérios e condições para o acesso aos recursos financeiros e às outras formas de benefícios que sejam estabelecidos.

Capítulo VII
DISPOSIÇÕES FINAIS

Art. 26. Esta Lei se aplica, no que couber, ao planejamento, controle, fiscalização e operação dos serviços de transporte público coletivo intermunicipal, interestadual e internacional de caráter urbano.

Art. 27. *(Vetado).*

Art. 28. Esta Lei entra em vigor 100 (cem) dias após a data de sua publicação.

Brasília, 3 de janeiro de 2012; 191º da Independência e 124º da República.

Dilma Rousseff

(Publicação no *D.O.U.* de 4.1.2012)

LEI 12.594,
DE 18 DE JANEIRO DE 2012

Institui o Sistema Nacional de Atendimento Socioeducativo (Sinase), regulamenta a execução das medidas socioeducativas destinadas a adolescente que pratique ato infracional; e altera as Leis 8.069, de 13 de julho de 1990 (Estatuto da Criança e do Adolescente); 7.560, de 19 de dezembro de 1986, 7.998, de 11 de janeiro de 1990, 5.537, de 21 de novembro de 1968, 8.315, de 23 de dezembro de 1991, 8.706, de 14 de setembro de 1993, os Decretos-Leis 4.048, de 22 de janeiro de 1942, 8.621, de 10 de janeiro de 1946, e a Consolidação das Leis do Trabalho (CLT), aprovada pelo Decreto-Lei 5.452, de 1º de maio de 1943.

A Presidenta da República:

Faço saber que o Congresso Nacional decreta e eu sanciono a seguinte Lei:

Título I
DO SISTEMA NACIONAL DE ATENDIMENTO SOCIOEDUCATIVO – Sinase

Capítulo I
DISPOSIÇÕES GERAIS

Art. 1º Esta Lei institui o Sistema Nacional de Atendimento Socioeducativo (Sinase) e regulamenta a execução das medidas destinadas a adolescente que pratique ato infracional.

§ 1º Entende-se por Sinase o conjunto ordenado de princípios, regras e critérios que envolvem a execução de medidas socioeducativas, incluindo-se nele, por adesão, os sistemas estaduais, distrital e municipais, bem como todos os planos, políticas e programas específicos de atendimento a adolescente em conflito com a lei.

§ 2º Entendem-se por medidas socioeducativas as previstas no art. 112 da Lei 8.069, de 13 de julho de 1990 (Estatuto da Criança e do Adolescente), as quais têm por objetivos:

I – a responsabilização do adolescente quanto às consequências lesivas do ato infracional, sempre que possível incentivando a sua reparação;

II – a integração social do adolescente e a garantia de seus direitos individuais e sociais, por meio do cumprimento de seu plano individual de atendimento; e

III – a desaprovação da conduta infracional, efetivando as disposições da sentença como parâmetro máximo de privação de liberdade ou restrição de direitos, observados os limites previstos em lei.

§ 3º Entendem-se por programa de atendimento a organização e o funcionamento, por unidade, das condições necessárias para o cumprimento das medidas socioeducativas.

§ 4º Entende-se por unidade a base física necessária para a organização e o funcionamento de programa de atendimento.

§ 5º Entendem-se por entidade de atendimento a pessoa jurídica de direito público ou privado que instala e mantém a unidade e os recursos humanos e materiais necessários ao desenvolvimento de programas de atendimento.

Art. 2º O Sinase será coordenado pela União e integrado pelos sistemas estaduais, distrital e municipais responsáveis pela implementação dos seus respectivos programas de atendimento a adolescente ao qual seja aplicada medida socioeducativa, com liberdade de organização e funcionamento, respeitados os termos desta Lei.

Capítulo II
DAS COMPETÊNCIAS

Art. 3º Compete à União:

I – formular e coordenar a execução da política nacional de atendimento socioeducativo;

II – elaborar o Plano Nacional de Atendimento Socioeducativo, em parceria com os Estados, o Distrito Federal e os Municípios;

III – prestar assistência técnica e suplementação financeira aos Estados, ao Distrito Federal e aos Municípios para o desenvolvimento de seus sistemas;

IV – instituir e manter o Sistema Nacional de Informações sobre o Atendimento Socioeducativo, seu funcionamento, entidades, programas, incluindo dados relativos a financiamento e população atendida;

V – contribuir para a qualificação e ação em rede dos Sistemas de Atendimento Socioeducativo;

VI – estabelecer diretrizes sobre a organização e funcionamento das unidades e programas de atendimento e as normas de referência destinadas ao cumprimento das medidas socioeducativas de internação e semiliberdade;

VII – instituir e manter processo de avaliação dos Sistemas de Atendimento Socioeducativo, seus planos, entidades e programas;

VIII – financiar, com os demais entes federados, a execução de programas e serviços do Sinase; e

IX – garantir a publicidade de informações sobre repasses de recursos aos gestores estaduais, distrital e municipais, para financiamento de programas de atendimento socioeducativo.

§ 1º São vedados à União o desenvolvimento e a oferta de programas próprios de atendimento.

§ 2º Ao Conselho Nacional dos Direitos da Criança e do Adolescente (Conanda) competem as funções normativa, deliberativa, de avaliação e de fiscalização do Sinase, nos termos previstos na Lei nº 8.242, de 12 de outubro de 1991, que cria o referido Conselho.

§ 3º O Plano de que trata o inciso II do *caput* deste artigo será submetido à deliberação do Conanda.

§ 4º À Secretaria de Direitos Humanos da Presidência da República (SDH/PR) competem as funções executiva e de gestão do Sinase.

Art. 4º Compete aos Estados:

I – formular, instituir, coordenar e manter Sistema Estadual de Atendimento Socioeducativo, respeitadas as diretrizes fixadas pela União;

II – elaborar o Plano Estadual de Atendimento Socioeducativo em conformidade com o Plano Nacional;

III – criar, desenvolver e manter programas para a execução das medidas socioeducativas de semiliberdade e internação;

IV – editar normas complementares para a organização e funcionamento do seu sistema de atendimento e dos sistemas municipais;

V – estabelecer com os Municípios formas de colaboração para o atendimento socioeducativo em meio aberto;

VI – prestar assessoria técnica e suplementação financeira aos Municípios para a oferta regular de programas de meio aberto;

VII – garantir o pleno funcionamento do plantão interinstitucional, nos termos previstos no inciso V do art. 88 da Lei 8.069, de 13 de julho de 1990 (Estatuto da Criança e do Adolescente);

VIII – garantir defesa técnica do adolescente a quem se atribua prática de ato infracional;

IX – cadastrar-se no Sistema Nacional de Informações sobre o Atendimento Socioeducativo e fornecer regularmente os dados necessários ao povoamento e à atualização do Sistema; e

X – cofinanciar, com os demais entes federados, a execução de programas e ações destinados ao atendimento inicial de adolescente apreendido para apuração de ato infracional, bem como aqueles destinados a adolescente a quem foi aplicada medida socioeducativa privativa de liberdade.

§ 1º Ao Conselho Estadual dos Direitos da Criança e do Adolescente competem as funções deliberativas e de controle do Sistema Estadual de Atendimento Socioeducativo, nos termos previstos no inciso II do art. 88 da Lei 8.069, de 13 de julho de 1990 (Estatuto da Criança e do Adolescente), bem como outras definidas na legislação estadual ou distrital.

§ 2º O Plano de que trata o inciso II do *caput* deste artigo será submetido à deliberação do Conselho Estadual dos Direitos da Criança e do Adolescente.

§ 3º Competem ao órgão a ser designado no Plano de que trata o inciso II do *caput* deste artigo as funções executiva e de gestão do Sistema Estadual de Atendimento Socioeducativo.

Art. 5º Compete aos Municípios:

I – formular, instituir, coordenar e manter o Sistema Municipal de Atendimento Socioeducativo, respeitadas as diretrizes fixadas pela União e pelo respectivo Estado;

II – elaborar o Plano Municipal de Atendimento Socioeducativo, em conformidade com o Plano Nacional e o respectivo Plano Estadual;

III – criar e manter programas de atendimento para a execução das medidas socioeducativas em meio aberto;

IV – editar normas complementares para a organização e funcionamento dos programas do seu Sistema de Atendimento Socioeducativo;

V – cadastrar-se no Sistema Nacional de Informações sobre o Atendimento Socioeducativo e fornecer regularmente os dados necessários ao povoamento e à atualização do Sistema; e

VI – cofinanciar, conjuntamente com os demais entes federados, a execução de programas e ações destinados ao atendimento inicial de adolescente apreendido para apuração de ato infracional, bem como aqueles destinados a adolescente a quem foi aplicada medida socioeducativa em meio aberto.

§ 1º Para garantir a oferta de programa de atendimento socioeducativo de meio aberto, os Municípios podem instituir os consórcios dos quais trata a Lei 11.107, de 6 de abril de 2005, que dispõe sobre normas gerais de contratação de consórcios públicos e dá outras providências, ou qualquer outro instrumento jurídico adequado, como forma de compartilhar responsabilidades.

§ 2º Ao Conselho Municipal dos Direitos da Criança e do Adolescente competem as funções deliberativas e de controle do Sistema Municipal de Atendimento Socioeducativo, nos termos previstos no inciso II do art. 88 da Lei 8.069, de 13 de julho de 1990 (Estatuto da Criança e do Adolescente), bem como outras definidas na legislação municipal.

§ 3º O Plano de que trata o inciso II do *caput* deste artigo será submetido à deliberação do Conselho Municipal dos Direitos da Criança e do Adolescente.

§ 4º Competem ao órgão a ser designado no Plano de que trata o inciso II do *caput* deste artigo as funções executiva e de gestão do Sistema Municipal de Atendimento Socioeducativo.

Art. 6º Ao Distrito Federal cabem, cumulativamente, as competências dos Estados e dos Municípios.

Capítulo III
DOS PLANOS DE ATENDIMENTO SOCIOEDUCATIVO

Art. 7º O Plano de que trata o inciso II do art. 3º desta Lei deverá incluir um diagnóstico da situação do Sinase, as diretrizes, os objetivos, as metas, as prioridades e as formas de financiamento e gestão das ações de atendimento para os 10 (dez) anos seguintes, em sintonia com os princípios elencados na Lei 8.069, de 13 de julho de 1990 (Estatuto da Criança e do Adolescente).

§ 1º As normas nacionais de referência para o atendimento socioeducativo devem constituir anexo ao Plano de que trata o inciso II do art. 3º desta Lei.

§ 2º Os Estados, o Distrito Federal e os Municípios deverão, com base no Plano Nacional de Atendimento Socioeducativo, elaborar seus planos decenais correspondentes, em até 360 (trezentos e sessenta) dias a partir da aprovação do Plano Nacional.

Art. 8º Os Planos de Atendimento Socioeducativo deverão, obrigatoriamente, prever ações articuladas nas áreas de educação, saúde, assistência social, cultura, capacitação para o trabalho e esporte, para os adolescentes atendidos, em conformidade com os princípios elencados na Lei 8.069, de 13 de julho de 1990 (Estatuto da Criança e do Adolescente).

Parágrafo único. Os Poderes Legislativos federal, estaduais, distrital e municipais, por meio de suas comissões temáticas pertinentes, acompanharão a execução dos Planos de Atendimento Socioeducativo dos respectivos entes federados.

Capítulo IV
DOS PROGRAMAS DE ATENDIMENTO

Seção I
Disposições gerais

Art. 9º Os Estados e o Distrito Federal inscreverão seus programas de atendimento e alterações no Conselho Estadual ou Distrital dos Direitos da Criança e do Adolescente, conforme o caso.

Art. 10. Os Municípios inscreverão seus programas e alterações, bem como as entidades de atendimento executoras, no Conselho Municipal dos Direitos da Criança e do Adolescente.

Art. 11. Além da especificação do regime, são requisitos obrigatórios para a inscrição de programa de atendimento:

I – a exposição das linhas gerais dos métodos e técnicas pedagógicas, com a especificação das atividades de natureza coletiva;

II – a indicação da estrutura material, dos recursos humanos e das estratégias de segurança compatíveis com as necessidades da respectiva unidade;

III – regimento interno que regule o funcionamento da entidade, no qual deverá constar, no mínimo:

a) o detalhamento das atribuições e responsabilidades do dirigente, de seus prepostos, dos membros da equipe técnica e dos demais educadores;

b) a previsão das condições do exercício da disciplina e concessão de benefícios e o respectivo procedimento de aplicação; e

c) a previsão da concessão de benefícios extraordinários e enaltecimento, tendo em vista tornar público o reconhecimento ao adolescente pelo esforço realizado na consecução dos objetivos do plano individual;

IV – a política de formação dos recursos humanos;

V – a previsão das ações de acompanhamento do adolescente após o cumprimento de medida socioeducativa;

VI – a indicação da equipe técnica, cuja quantidade e formação devem estar em conformidade com as normas de referência do sistema e dos conselhos profissionais e com o atendimento socioeducativo a ser realizado; e

VII – a adesão ao Sistema de Informações sobre o Atendimento Socioeducativo, bem como sua operação efetiva.

Parágrafo único. O não cumprimento do previsto neste artigo sujeita as entidades de atendimento, os órgãos gestores, seus dirigentes ou prepostos à aplicação das medidas previstas no art. 97 da Lei 8.069, de 13 de julho de 1990 (Estatuto da Criança e do Adolescente).

Art. 12. A composição da equipe técnica do programa de atendimento deverá ser interdisciplinar, compreendendo, no mínimo, profissionais das áreas de saúde, educação e assistência social, de acordo com as normas de referência.

§ 1º Outros profissionais podem ser acrescentados às equipes para atender necessidades específicas do programa.

§ 2º Regimento interno deve discriminar as atribuições de cada profissional, sendo proibida a sobreposição dessas atribuições na entidade de atendimento.

§ 3º O não cumprimento do previsto neste artigo sujeita as entidades de atendimento, seus dirigentes ou prepostos à aplicação das medidas previstas no art. 97 da Lei 8.069, de 13 de julho de 1990 (Estatuto da Criança e do Adolescente).

Seção II
Dos programas de meio aberto

Art. 13. Compete à direção do programa de prestação de serviços à comunidade ou de liberdade assistida:

I – selecionar e credenciar orientadores, designando-os, caso a caso, para acompanhar e avaliar o cumprimento da medida;

II – receber o adolescente e seus pais ou responsável e orientá-los sobre a finalidade da medida e a organização e funcionamento do programa;

III – encaminhar o adolescente para o orientador credenciado;

IV – supervisionar o desenvolvimento da medida; e

V – avaliar, com o orientador, a evolução do cumprimento da medida e, se necessário, propor à autoridade judiciária sua substituição, suspensão ou extinção.

Parágrafo único. O rol de orientadores credenciados deverá ser comunicado, semestralmente, à autoridade judiciária e ao Ministério Público.

Art. 14. Incumbe ainda à direção do programa de medida de prestação de serviços à comunidade selecionar e credenciar entidades assistenciais, hospitais, escolas ou outros estabelecimentos congêneres, bem como os programas comunitários ou governamentais, de acordo com o perfil do socioeducando e o ambiente no qual a medida será cumprida.

Parágrafo único. Se o Ministério Público impugnar o credenciamento, ou a autoridade judiciária considerá-lo inadequado, instaurará incidente de impugnação, com a aplicação subsidiária do procedimento de apuração de irregularidade em entidade de atendimento regulamentado na Lei 8.069, de 13 de julho de 1990 (Estatuto da Criança e do Adolescente), devendo citar o dirigente do programa e a direção da entidade ou órgão credenciado.

Seção III
Dos programas de privação da liberdade

Art. 15. São requisitos específicos para a inscrição de programas de regime de semiliberdade ou internação:

I – a comprovação da existência de estabelecimento educacional com instalações adequadas e em conformidade com as normas de referência;

II – a previsão do processo e dos requisitos para a escolha do dirigente;

III – a apresentação das atividades de natureza coletiva;

IV - a definição das estratégias para a gestão de conflitos, vedada a previsão de isolamento cautelar, exceto nos casos previstos no § 2º do art. 49 desta Lei; e

V – a previsão de regime disciplinar nos termos do art. 72 desta Lei.

Art. 16. A estrutura física da unidade deverá ser compatível com as normas de referência do Sinase.

§ 1º É vedada a edificação de unidades socioeducacionais em espaços contíguos, anexos, ou de qualquer outra forma integrados a estabelecimentos penais.

§ 2º A direção da unidade adotará, em caráter excepcional, medidas para proteção do interno em casos de risco à sua integridade física, à sua vida, ou à de outrem, comunicando, de imediato, seu defensor e o Ministério Público.

Art. 17. Para o exercício da função de dirigente de programa de atendimento em regime de semiliberdade ou de internação, além dos requisitos específicos previstos no respectivo programa de atendimento, é necessário:

I – formação de nível superior compatível com a natureza da função;

II – comprovada experiência no trabalho com adolescentes de, no mínimo, 2 (dois) anos; e

III – reputação ilibada.

Capítulo V
DA AVALIAÇÃO E ACOMPANHAMENTO DA GESTÃO DO ATENDIMENTO SOCIOEDUCATIVO

Art. 18. A União, em articulação com os Estados, o Distrito Federal e os Municípios, realizará avaliações periódicas da implementação dos Planos de Atendimento Socioeducativo em intervalos não superiores a 3 (três) anos.

§ 1º O objetivo da avaliação é verificar o cumprimento das metas estabelecidas e elaborar recomendações aos gestores e operadores dos Sistemas.

§ 2º O processo de avaliação deverá contar com a participação de representantes do Poder Judiciário, do Ministério Público, da Defensoria Pública e dos Conselhos Tutelares, na forma a ser definida em regulamento.

§ 3º A primeira avaliação do Plano Nacional de Atendimento Socioeducativo realizar-se-á no terceiro ano de vigência desta Lei, cabendo ao Poder Legislativo federal acompanhar o trabalho por meio de suas comissões temáticas pertinentes.

Art. 19. É instituído o Sistema Nacional de Avaliação e Acompanhamento do Atendimento Socioeducativo, com os seguintes objetivos:

I – contribuir para a organização da rede de atendimento socioeducativo;

II – assegurar conhecimento rigoroso sobre as ações do atendimento socioeducativo e seus resultados;

III – promover a melhora da qualidade da gestão e do atendimento socioeducativo; e

IV – disponibilizar informações sobre o atendimento socioeducativo.

§ 1º A avaliação abrangerá, no mínimo, a gestão, as entidades de atendimento, os programas e os resultados da execução das medidas socioeducativas.

§ 2º Ao final da avaliação, será elaborado relatório contendo histórico e diagnóstico da situação, as recomendações e os prazos para que essas sejam cumpridas, além de outros elementos a serem definidos em regulamento.

§ 3º O relatório da avaliação deverá ser encaminhado aos respectivos Conselhos de Direitos, Conselhos Tutelares e ao Ministério Público.

§ 4º Os gestores e entidades têm o dever de colaborar com o processo de avaliação, facilitando o acesso às suas instalações, à documentação e a todos os elementos necessários ao seu efetivo cumprimento.

§ 5º O acompanhamento tem por objetivo verificar o cumprimento das metas dos Planos de Atendimento Socioeducativo.

Art. 20. O Sistema Nacional de Avaliação e Acompanhamento da Gestão do Atendimento Socioeducativo assegurará, na metodologia a ser empregada:

I – a realização da autoavaliação dos gestores e das instituições de atendimento;

II – a avaliação institucional externa, contemplando a análise global e integrada das instalações físicas, relações institucionais, compromisso social, atividades e finalidades das instituições de atendimento e seus programas;

III – o respeito à identidade e à diversidade de entidades e programas;

IV – a participação do corpo de funcionários das entidades de atendimento e dos Conselhos Tutelares da área de atuação da entidade avaliada; e

V – o caráter público de todos os procedimentos, dados e resultados dos processos avaliativos.

Art. 21. A avaliação será coordenada por uma comissão permanente e realizada por comissões temporárias, essas compostas, no mínimo, por 3 (três) especialistas com reconhecida atuação na área temática e definidas na forma do regulamento.

Parágrafo único. É vedado à comissão permanente designar avaliadores:

I – que sejam titulares ou servidores dos órgãos gestores avaliados ou funcionários das entidades avaliadas;

II – que tenham relação de parentesco até o 3º grau com titulares ou servidores dos órgãos gestores avaliados e/ou funcionários das entidades avaliadas; e

III – que estejam respondendo a processos criminais.

Art. 22. A avaliação da gestão terá por objetivo:

I – verificar se o planejamento orçamentário e sua execução se processam de forma compatível com as necessidades do respectivo Sistema de Atendimento Socioeducativo;

II – verificar a manutenção do fluxo financeiro, considerando as necessidades operacionais do atendimento socioeducativo, as normas de referência e as condições previstas nos instrumentos jurídicos celebrados entre os órgãos gestores e as entidades de atendimento;

III – verificar a implementação de todos os demais compromissos assumidos por ocasião da celebração dos instrumentos jurídicos relativos ao atendimento socioeducativo; e

IV – a articulação interinstitucional e intersetorial das políticas.

Art. 23. A avaliação das entidades terá por objetivo identificar o perfil e o impacto de sua atuação, por meio de suas atividades, programas e projetos, considerando as diferentes dimensões institucionais e, entre elas, obrigatoriamente, as seguintes:

I – o plano de desenvolvimento institucional;

II – a responsabilidade social, considerada especialmente sua contribuição para a inclusão social e o desenvolvimento socioeconômico do adolescente e de sua família;

III – a comunicação e o intercâmbio com a sociedade;

IV – as políticas de pessoal quanto à qualificação, aperfeiçoamento, desenvolvimento profissional e condições de trabalho;

V – a adequação da infraestrutura física às normas de referência;

VI – o planejamento e a autoavaliação quanto aos processos, resultados, eficiência e eficácia do projeto pedagógico e da proposta socioeducativa;

VII – as políticas de atendimento para os adolescentes e suas famílias;

VIII – a atenção integral à saúde dos adolescentes em conformidade com as diretrizes do art. 60 desta Lei; e

IX – a sustentabilidade financeira.

Art. 24. A avaliação dos programas terá por objetivo verificar, no mínimo, o atendimento ao que determinam os arts. 94, 100, 117, 119, 120, 123 e 124 da Lei 8.069, de 13 de julho de 1990 (Estatuto da Criança e do Adolescente).

Art. 25. A avaliação dos resultados da execução de medida socioeducativa terá por objetivo, no mínimo:

I – verificar a situação do adolescente após cumprimento da medida socioeducativa, tomando por base suas perspectivas educacionais, sociais, profissionais e familiares; e

II – verificar reincidência de prática de ato infracional.

Art. 26. Os resultados da avaliação serão utilizados para:

I – planejamento de metas e eleição de prioridades do Sistema de Atendimento Socioeducativo e seu financiamento;

II – reestruturação e/ou ampliação da rede de atendimento socioeducativo, de acordo com as necessidades diagnosticadas;

III – adequação dos objetivos e da natureza do atendimento socioeducativo prestado pelas entidades avaliadas;

IV – celebração de instrumentos de cooperação com vistas à correção de problemas diagnosticados na avaliação;

V – reforço de financiamento para fortalecer a rede de atendimento socioeducativo;

VI – melhorar e ampliar a capacitação dos operadores do Sistema de Atendimento Socioeducativo; e

VII – os efeitos do art. 95 da Lei 8.069, de 13 de julho de 1990 (Estatuto da Criança e do Adolescente).

Parágrafo único. As recomendações originadas da avaliação deverão indicar prazo para seu cumprimento por parte das entidades de atendimento e dos gestores avaliados, ao fim do qual estarão sujeitos às medidas previstas no art. 28 desta Lei.

Art. 27. As informações produzidas a partir do Sistema Nacional de Informações sobre Atendimento Socioeducativo serão utilizadas para subsidiar a avaliação, o acompanhamento, a gestão e o financiamento dos Sistemas Nacional, Distrital, Estaduais e Municipais de Atendimento Socioeducativo.

Capítulo VI
DA RESPONSABILIZAÇÃO DOS GESTORES, OPERADORES E ENTIDADES DE ATENDIMENTO

Art. 28. No caso do desrespeito, mesmo que parcial, ou do não cumprimento integral às diretrizes e determinações desta Lei, em todas as esferas, são sujeitos:

I – gestores, operadores e seus prepostos e entidades governamentais às medidas previstas no inciso I e no § 1º do art. 97 da Lei 8.069, de 13 de julho de 1990 (Estatuto da Criança e do Adolescente); e

II – entidades não governamentais, seus gestores, operadores e prepostos às medidas previstas no inciso II e no § 1º do art. 97 da Lei 8.069, de 13 de julho de 1990 (Estatuto da Criança e do Adolescente).

Parágrafo único. A aplicação das medidas previstas neste artigo dar-se-á a partir da análise de relatório circunstanciado elaborado após as avaliações, sem prejuízo do que determinam os arts. 191 a 197, 225 a 227, 230 a 236, 243 e 245 a 247 da Lei 8.069, de 13 de julho de 1990 (Estatuto da Criança e do Adolescente).

Art. 29. Àqueles que, mesmo não sendo agentes públicos, induzam ou concorram, sob qualquer forma, direta ou indireta, para o não cumprimento desta Lei, aplicam-se, no que couber, as penalidades dispostas na Lei 8.429, de 2 de junho de 1992, que dispõe sobre as sanções aplicáveis aos agentes públicos nos casos de enriquecimento ilícito no exercício de mandato, cargo, emprego ou função na administração pública direta, indireta ou fundacional e dá outras providências (Lei de Improbidade Administrativa).

Capítulo VII
DO FINANCIAMENTO E DAS PRIORIDADES

Art. 30. O Sinase será cofinanciado com recursos dos orçamentos fiscal e da seguridade social, além de outras fontes.

§ 1º (*Vetado*).

§ 2º Os entes federados que tenham instituído seus sistemas de atendimento socioeducativo terão acesso aos recursos na forma de transferência adotada pelos órgãos integrantes do Sinase.

§ 3º Os entes federados beneficiados com recursos dos orçamentos dos órgãos responsáveis pelas políticas integrantes do Sinase, ou de outras fontes, estão sujeitos às normas e procedimentos de monitoramento estabelecidos pelas instâncias dos órgãos das políticas setoriais envolvidas, sem prejuízo do disposto nos incisos IX e X do art. 4º, nos incisos V e VI do art. 5º e no art. 6º desta Lei.

Art. 31. Os Conselhos de Direitos, nas 3 (três) esferas de governo, definirão, anualmente, o percentual de recursos dos Fundos dos Direitos da Criança e do Adolescente a serem aplicados no financiamento das ações previstas nesta Lei, em especial para capacitação, sistemas de informação e de avaliação.

Parágrafo único. Os entes federados beneficiados com recursos do Fundo dos Direitos da Criança e do Adolescente para ações de atendimento socioeducativo prestarão informações sobre o desempenho dessas ações por meio do Sistema de Informações sobre Atendimento Socioeducativo.

Art. 32. A Lei 7.560, de 19 de dezembro de 1986, passa a vigorar com as seguintes alterações:

"Art. 5º Os recursos do Funad serão destinados:

(...)

X – às entidades governamentais e não governamentais integrantes do Sistema Nacional de Atendimento Socioeducativo (Sinase).

(...)"

"Art. 5º-A. A Secretaria Nacional de Políticas sobre Drogas (Senad), órgão gestor do Fundo Nacional Antidrogas (Funad), poderá financiar projetos das entidades do Sinase desde que:

I – o ente federado de vinculação da entidade que solicita o recurso possua o respectivo Plano de Atendimento Socioeducativo aprovado;

II – as entidades governamentais e não governamentais integrantes do Sinase que solicitem recursos tenham participado da avaliação nacional do atendimento socioeducativo;

III – o projeto apresentado esteja de acordo com os pressupostos da Política Nacional sobre Drogas e legislação específica."

Art. 33. A Lei 7.998, de 11 de janeiro de 1990, passa a vigorar acrescida do seguinte art. 19-A:

"Art. 19-A. O Codefat poderá priorizar projetos das entidades integrantes do Sistema Nacional de Atendimento Socioeducativo (Sinase) desde que:

I – o ente federado de vinculação da entidade que solicita o recurso possua o respectivo Plano de Atendimento Socioeducativo aprovado;

II – as entidades governamentais e não governamentais integrantes do Sinase que solicitem recursos tenham se submetido à avaliação nacional do atendimento socioeducativo."

Art. 34. O art. 2º da Lei 5.537, de 21 de novembro de 1968, passa a vigorar acrescido do seguinte § 3º:

"Art. 2º (...)

(...)

§ 3º O fundo de que trata o art. 1º poderá financiar, na forma das resoluções de seu conselho deliberativo, programas e projetos de educação básica relativos ao Sistema Nacional de Atendimento Socioeducativo (Sinase) desde que:

I – o ente federado que solicitar o recurso possua o respectivo Plano de Atendimento Socioeducativo aprovado;

II – as entidades de atendimento vinculadas ao ente federado que solicitar o recurso tenham se submetido à avaliação nacional do atendimento socioeducativo; e

III – o ente federado tenha assinado o Plano de Metas Compromisso Todos pela Educação e elaborado o respectivo Plano de Ações Articuladas (PAR)."

Título II
DA EXECUÇÃO DAS MEDIDAS SOCIOEDUCATIVAS

Capítulo I
DISPOSIÇÕES GERAIS

Art. 35. A execução das medidas socioeducativas reger-se-á pelos seguintes princípios:

I – legalidade, não podendo o adolescente receber tratamento mais gravoso do que o conferido ao adulto;

II – excepcionalidade da intervenção judicial e da imposição de medidas, favorecendo-se meios de autocomposição de conflitos;

III – prioridade a práticas ou medidas que sejam restaurativas e, sempre que possível, atendam às necessidades das vítimas;

IV – proporcionalidade em relação à ofensa cometida;

V – brevidade da medida em resposta ao ato cometido, em especial o respeito ao que dispõe o art. 122 da Lei 8.069, de 13 de julho de 1990 (Estatuto da Criança e do Adolescente);

VI – individualização, considerando-se a idade, capacidades e circunstâncias pessoais do adolescente;

VII – mínima intervenção, restrita ao necessário para a realização dos objetivos da medida;

VIII – não discriminação do adolescente, notadamente em razão de etnia, gênero, nacionalidade, classe social, orientação religiosa, política ou sexual, ou associação ou pertencimento a qualquer minoria ou *status*; e

IX – fortalecimento dos vínculos familiares e comunitários no processo socioeducativo.

Capítulo II
DOS PROCEDIMENTOS

Art. 36. A competência para jurisdicionar a execução das medidas socioeducativas segue o determinado pelo art. 146 da Lei 8.069, de 13 de julho de 1990 (Estatuto da Criança e do Adolescente).

Art. 37. A defesa e o Ministério Público intervirão, sob pena de nulidade, no procedimento judicial de execução de medida socioeducativa, asseguradas aos seus membros as prerrogativas previstas na Lei 8.069, de 13 de julho de 1990 (Estatuto da Criança e do Adolescente), podendo requerer as providências necessárias para adequar a execução aos ditames legais e regulamentares.

Art. 38. As medidas de proteção, de advertência e de reparação do dano, quando aplicadas de forma isolada, serão executadas nos próprios autos do processo de conhecimento, respeitado o disposto nos arts. 143 e 144 da Lei 8.069, de 13 de julho de 1990 (Estatuto da Criança e do Adolescente).

Art. 39. Para aplicação das medidas socioeducativas de prestação de serviços à comunidade, liberdade assistida, semiliberdade ou internação, será constituído processo de execução para cada adolescente, respeitado o disposto nos arts. 143 e 144 da Lei 8.069, de 13 de julho de 1990 (Estatuto da Criança e do Adolescente), e com autuação das seguintes peças:

I – documentos de caráter pessoal do adolescente existentes no processo de conhecimento, especialmente os que comprovem sua idade; e

II – as indicadas pela autoridade judiciária, sempre que houver necessidade e, obrigatoriamente:

a) cópia da representação;

b) cópia da certidão de antecedentes;

c) cópia da sentença ou acórdão; e

d) cópia de estudos técnicos realizados durante a fase de conhecimento.

Parágrafo único. Procedimento idêntico será observado na hipótese de medida aplicada em sede de remissão, como forma de suspensão do processo.

Art. 40. Autuadas as peças, a autoridade judiciária encaminhará, imediatamente, cópia integral do expediente ao órgão gestor do atendimento socioeducativo, solicitando designação do programa ou da unidade de cumprimento da medida.

Art. 41. A autoridade judiciária dará vistas da proposta de plano individual de que trata o art. 53 desta Lei ao defensor e ao Ministério Público pelo prazo sucessivo de 3 (três) dias, contados do recebimento da proposta encaminhada pela direção do programa de atendimento.

§ 1º O defensor e o Ministério Público poderão requerer, e o Juiz da Execução poderá determinar, de ofício, a realização de qualquer avaliação ou perícia que entenderem necessárias para complementação do plano individual.

§ 2º A impugnação ou complementação do plano individual, requerida pelo defensor ou pelo Ministério Público, deverá ser fundamentada, podendo a autoridade judiciária indeferi-la, se entender insuficiente a motivação.

§ 3º Admitida a impugnação, ou se entender que o plano é inadequado, a autoridade judiciária designará, se necessário, audiência da qual cientificará o defensor, o Ministério Público, a direção do programa de atendimento, o adolescente e seus pais ou responsável.

§ 4º A impugnação não suspenderá a execução do plano individual, salvo determinação judicial em contrário.

§ 5º Findo o prazo sem impugnação, considerar-se-á o plano individual homologado.

Art. 42. As medidas socioeducativas de liberdade assistida, de semiliberdade e de internação deverão ser reavaliadas no máximo a cada 6 (seis) meses, podendo a autoridade judiciária, se necessário, designar audiência, no prazo máximo de 10 (dez) dias, cientificando o defensor, o Ministério Público, a direção do programa de atendimento, o adolescente e seus pais ou responsável.

§ 1º A audiência será instruída com o relatório da equipe técnica do programa de atendimento sobre a evolução do plano de que trata o art. 52 desta Lei e com qualquer outro parecer técnico requerido pelas partes e deferido pela autoridade judiciária.

§ 2º A gravidade do ato infracional, os antecedentes e o tempo de duração da medida não são fatores que, por si, justifiquem a não substituição da medida por outra menos grave.

§ 3º Considera-se mais grave a internação, em relação a todas as demais medidas, e mais grave a semiliberdade, em relação às medidas de meio aberto.

Art. 43. A reavaliação da manutenção, da substituição ou da suspensão das medidas de meio aberto ou de privação da liberdade e do respectivo plano individual pode ser solicitada a qualquer tempo, a pedido da direção do programa de atendimento, do defensor, do Ministério Público, do adolescente, de seus pais ou responsável.

§ 1º Justifica o pedido de reavaliação, entre outros motivos:

I – o desempenho adequado do adolescente com base no seu plano de atendimento individual, antes do prazo da reavaliação obrigatória;

II – a inadaptação do adolescente ao programa e o reiterado descumprimento das atividades do plano individual; e

III – a necessidade de modificação das atividades do plano individual que importem em maior restrição da liberdade do adolescente.

§ 2º A autoridade judiciária poderá indeferir o pedido, de pronto, se entender insuficiente a motivação.

§ 3º Admitido o processamento do pedido, a autoridade judiciária, se necessário, designará audiência, observando o princípio do § 1º do art. 42 desta Lei.

§ 4º A substituição por medida mais gravosa somente ocorrerá em situações excepcionais, após o devido processo legal, inclusive na hipótese do inciso III do art. 122 da Lei 8.069, de 13 de julho de 1990 (Estatuto da Criança e do Adolescente), e deve ser:

I – fundamentada em parecer técnico;

II – precedida de prévia audiência, e nos termos do § 1º do art. 42 desta Lei.

Art. 44. Na hipótese de substituição da medida ou modificação das atividades do plano individual, a autoridade judiciária remeterá o inteiro teor da decisão à direção do programa de atendimento, assim como as peças que entender relevantes à nova situação jurídica do adolescente.

Parágrafo único. No caso de a substituição da medida importar em vinculação do adolescente a outro programa de atendimento, o plano individual e o histórico do cumprimento da medida deverão acompanhar a transferência.

Art. 45. Se, no transcurso da execução, sobrevier sentença de aplicação de nova medida, a autoridade judiciária procederá à unificação, ouvidos, previamente, o Ministério Público e o defensor, no prazo de 3 (três) dias sucessivos, decidindo-se em igual prazo.

§ 1º É vedado à autoridade judiciária determinar reinício de cumprimento de medida socioeducativa, ou deixar de considerar os prazos máximos, e de liberação compulsória previstos na Lei 8.069, de 13 de julho de 1990 (Estatuto da Criança e do Adolescente), excetuada a hipótese de medida aplicada por ato infracional praticado durante a execução.

§ 2º É vedado à autoridade judiciária aplicar nova medida de internação, por atos infracionais praticados anteriormente, a adolescente que já tenha concluído cumprimento de medida socioeducativa dessa natureza, ou que tenha sido transferido para cumprimento de medida menos rigorosa, sendo tais atos absorvidos por aqueles aos quais se impôs a medida socioeducativa extrema.

Art. 46. A medida socioeducativa será declarada extinta:

I – pela morte do adolescente;

II – pela realização de sua finalidade;

III – pela aplicação de pena privativa de liberdade, a ser cumprida em regime fechado ou semiaberto, em execução provisória ou definitiva;

IV – pela condição de doença grave, que torne o adolescente incapaz de submeter-se ao cumprimento da medida; e

V – nas demais hipóteses previstas em lei.

§ 1º No caso de o maior de 18 (dezoito) anos, em cumprimento de medida socioeducativa, responder a processo-crime, caberá à autoridade judiciária decidir sobre eventual extinção da execução, cientificando da decisão o juízo criminal competente.

§ 2º Em qualquer caso, o tempo de prisão cautelar não convertida em pena privativa de liberdade deve ser descontado do prazo de cumprimento da medida socioeducativa.

Art. 47. O mandado de busca e apreensão do adolescente terá vigência máxima de 6 (seis) meses, a contar da data da expedição, podendo, se necessário, ser renovado, fundamentadamente.

Art. 48. O defensor, o Ministério Público, o adolescente e seus pais ou responsável poderão postular revisão judicial de qualquer sanção disciplinar aplicada, podendo a autoridade judiciária suspender a execução da sanção até decisão final do incidente.

§ 1º Postulada a revisão após ouvida a autoridade colegiada que aplicou a sanção e havendo provas a produzir em audiência, procederá o magistrado na forma do § 1º do art. 42 desta Lei.

§ 2º É vedada a aplicação de sanção disciplinar de isolamento a adolescente interno, exceto seja essa imprescindível para garantia da segurança de outros internos ou do próprio adolescente a quem seja imposta a sanção, sendo necessária ainda comunicação ao defensor, ao Ministério Público e à autoridade judiciária em até 24 (vinte e quatro) horas.

Capítulo III
DOS DIREITOS INDIVIDUAIS

Art. 49. São direitos do adolescente submetido ao cumprimento de medida socioeducativa, sem prejuízo de outros previstos em lei:

I – ser acompanhado por seus pais ou responsável e por seu defensor, em qualquer fase do procedimento administrativo ou judicial;

II – ser incluído em programa de meio aberto quando inexistir vaga para o cumprimento de medida de privação da liberdade, exceto nos casos de ato infracional cometido mediante grave ameaça ou violência à pessoa, quando o adolescente deverá ser internado em Unidade mais próxima de seu local de residência;

III – ser respeitado em sua personalidade, intimidade, liberdade de pensamento e religião e em todos os direitos não expressamente limitados na sentença;

IV – peticionar, por escrito ou verbalmente, diretamente a qualquer autoridade ou órgão público, devendo, obrigatoriamente, ser respondido em até 15 (quinze) dias;

V – ser informado, inclusive por escrito, das normas de organização e funcionamento do programa de atendimento e também das previsões de natureza disciplinar;

VI – receber, sempre que solicitar, informações sobre a evolução de seu plano individual, participando, obrigatoriamente, de sua elaboração e, se for o caso, reavaliação;

VII – receber assistência integral à sua saúde, conforme o disposto no art. 60 desta Lei; e

VIII – ter atendimento garantido em creche e pré-escola aos filhos de 0 (zero) a 5 (cinco) anos.

§ 1º As garantias processuais destinadas a adolescente autor de ato infracional previstas na Lei 8.069, de 13 de julho de 1990 (Estatuto da Criança e do Adolescente), aplicam-se integralmente na execução das medidas socioeducativas, inclusive no âmbito administrativo.

§ 2º A oferta irregular de programas de atendimento socioeducativo em meio aberto não poderá ser invocada como motivo para aplicação ou manutenção de medida de privação da liberdade.

Art. 50. Sem prejuízo do disposto no § 1º do art. 121 da Lei 8.069, de 13 de julho de 1990 (Estatuto da Criança e do Adolescente), a direção do programa de execução de medida de privação da liberdade poderá autorizar a saída, monitorada, do adolescente nos casos de tratamento médico, doença grave ou falecimento, devidamente comprovados, de pai, mãe, filho, cônjuge, companheiro ou irmão, com imediata comunicação ao juízo competente.

Art. 51. A decisão judicial relativa à execução de medida socioeducativa será proferida após manifestação do defensor e do Ministério Público.

Capítulo IV
DO PLANO INDIVIDUAL DE ATENDIMENTO (PIA)

Art. 52. O cumprimento das medidas socioeducativas, em regime de prestação de serviços à comunidade, liberdade assistida, semiliberdade ou internação, dependerá de Plano Individual de Atendimento (PIA), instrumento de previsão, registro e gestão das atividades a serem desenvolvidas com o adolescente.

Parágrafo único. O PIA deverá contemplar a participação dos pais ou responsáveis, os quais têm o dever de contribuir com o processo ressocializador do adolescente, sendo esses passíveis de responsabilização administrativa, nos termos do art. 249 da Lei 8.069, de 13 de julho de 1990 (Estatuto da Criança e do Adolescente), civil e criminal.

Art. 53. O PIA será elaborado sob a responsabilidade da equipe técnica do respectivo programa de atendimento, com a participação efetiva do adolescente e de sua família, representada por seus pais ou responsável.

Art. 54. Constarão do plano individual, no mínimo:

I – os resultados da avaliação interdisciplinar;

II – os objetivos declarados pelo adolescente;

III – a previsão de suas atividades de integração social e/ou capacitação profissional;

IV – atividades de integração e apoio à família;

V – formas de participação da família para efetivo cumprimento do plano individual; e

VI – as medidas específicas de atenção à sua saúde.

Art. 55. Para o cumprimento das medidas de semiliberdade ou de internação, o plano individual conterá, ainda:

I – a designação do programa de atendimento mais adequado para o cumprimento da medida;

II – a definição das atividades internas e externas, individuais ou coletivas, das quais o adolescente poderá participar; e

III – a fixação das metas para o alcance de desenvolvimento de atividades externas.

Parágrafo único. O PIA será elaborado no prazo de até 45 (quarenta e cinco) dias da data do ingresso do adolescente no programa de atendimento.

Art. 56. Para o cumprimento das medidas de prestação de serviços à comunidade e de liberdade assistida, o PIA será elaborado no prazo de até 15 (quinze) dias do ingresso do adolescente no programa de atendimento.

Art. 57. Para a elaboração do PIA, a direção do respectivo programa de atendimento, pessoalmente ou por meio de membro da equipe técnica, terá acesso aos autos do procedimento de apuração do ato infracional e aos dos procedimentos de apuração de outros atos infracionais atribuídos ao mesmo adolescente.

§ 1º O acesso aos documentos de que trata o *caput* deverá ser realizado por funcionário da entidade de atendimento, devidamente credenciado para tal atividade, ou por membro da direção, em conformidade com as normas a serem definidas pelo Poder Judiciário, de forma a preservar o que determinam os arts. 143 e 144 da Lei 8.069, de 13 de julho de 1990 (Estatuto da Criança e do Adolescente).

§ 2º A direção poderá requisitar, ainda:

I – ao estabelecimento de ensino, o histórico escolar do adolescente e as anotações sobre o seu aproveitamento;

II – os dados sobre o resultado de medida anteriormente aplicada e cumprida em outro programa de atendimento; e

III – os resultados de acompanhamento especializado anterior.

Art. 58. Por ocasião da reavaliação da medida, é obrigatória a apresentação pela direção do programa de atendimento de relatório da equipe técnica sobre a evolução do adolescente no cumprimento do plano individual.

Art. 59. O acesso ao plano individual será restrito aos servidores do respectivo programa de atendimento, ao adolescente e a seus pais ou responsável, ao Ministério Público e ao defensor, exceto expressa autorização judicial.

Capítulo V
DA ATENÇÃO INTEGRAL À SAÚDE DE ADOLESCENTE EM CUMPRIMENTO DE MEDIDA SOCIOEDUCATIVA

Seção I
Disposições gerais

Art. 60. A atenção integral à saúde do adolescente no Sistema de Atendimento Socioeducativo seguirá as seguintes diretrizes:

I – previsão, nos planos de atendimento socioeducativo, em todas as esferas, da implantação de ações de promoção da saúde, com o objetivo de integrar as ações socioeducativas, estimulando a autonomia, a melhoria das relações interpessoais e o fortalecimento de redes de apoio aos adolescentes e suas famílias;

II – inclusão de ações e serviços para a promoção, proteção, prevenção de agravos e doenças e recuperação da saúde;

III – cuidados especiais em saúde mental, incluindo os relacionados ao uso de álcool e outras substâncias psicoativas, e atenção aos adolescentes com deficiências;

IV – disponibilização de ações de atenção à saúde sexual e reprodutiva e à prevenção de doenças sexualmente transmissíveis;

V – garantia de acesso a todos os níveis de atenção à saúde, por meio de referência e contrarreferência, de acordo com as normas do Sistema Único de Saúde (SUS);

VI – capacitação das equipes de saúde e dos profissionais das entidades de atendimento, bem como daqueles que atuam nas unidades de saúde de referência voltadas às especificidades de saúde dessa população e de suas famílias;

VII – inclusão, nos Sistemas de Informação de Saúde do SUS, bem como no Sistema de Informações sobre Atendimento Socioeducativo, de dados e indicadores de saúde da população de adolescentes em atendimento socioeducativo; e

VIII – estruturação das unidades de internação conforme as normas de referência do SUS e do Sinase, visando ao atendimento das necessidades de Atenção Básica.

Art. 61. As entidades que ofereçam programas de atendimento socioeducativo em meio aberto e de semiliberdade deverão prestar orientações aos socioeducandos sobre o acesso aos serviços e às unidades do SUS.

Art. 62. As entidades que ofereçam programas de privação de liberdade deverão contar com uma equipe mínima de profissionais de saúde cuja composição esteja em conformidade com as normas de referência do SUS.

Art. 63. (*Vetado*).

§ 1º O filho de adolescente nascido nos estabelecimentos referidos no *caput* deste artigo não terá tal informação lançada em seu registro de nascimento.

§ 2º Serão asseguradas as condições necessárias para que a adolescente submetida à execução de medida socioeducativa de privação de liberdade permaneça com o seu filho durante o período de amamentação.

Seção II
Do atendimento a adolescente com transtorno mental e com dependência de álcool e de substância psicoativa

Art. 64. O adolescente em cumprimento de medida socioeducativa que apresente indícios de transtorno mental, de deficiência mental, ou associadas, deverá ser avaliado por equipe técnica multidisciplinar e multissetorial.

§ 1º As competências, a composição e a atuação da equipe técnica de que trata o *caput* deverão seguir, conjuntamente, as normas de referência do SUS e do Sinase, na forma do regulamento.

§ 2º A avaliação de que trata o *caput* subsidiará a elaboração e execução da terapêutica a ser adotada, a qual será incluída no PIA do adolescente, prevendo, se necessário, ações voltadas para a família.

§ 3º As informações produzidas na avaliação de que trata o *caput* são consideradas sigilosas.

§ 4º Excepcionalmente, o juiz poderá suspender a execução da medida socioeducativa, ouvidos o defensor e o Ministério Público, com vistas a incluir o adolescente em programa de atenção integral à saúde mental que melhor atenda aos objetivos terapêuticos estabelecidos para o seu caso específico.

§ 5º Suspensa a execução da medida socioeducativa, o juiz designará o responsável por acompanhar e informar sobre a evolução do atendimento ao adolescente.

§ 6º A suspensão da execução da medida socioeducativa será avaliada, no mínimo, a cada 6 (seis) meses.

§ 7º O tratamento a que se submeterá o adolescente deverá observar o previsto na Lei 10.216, de 6 de abril de 2001, que dispõe sobre a proteção e os direitos das pessoas portadoras de transtornos mentais e redireciona o modelo assistencial em saúde mental.

§ 8º (*Vetado*).

Art. 65. Enquanto não cessada a jurisdição da Infância e Juventude, a autoridade judiciária, nas hipóteses tratadas no art. 64, poderá remeter cópia dos autos ao Ministério Público para eventual propositura de interdição e outras providências pertinentes.

Art. 66. (*Vetado*).

Capítulo VI
DAS VISITAS A ADOLESCENTE EM CUMPRIMENTO DE MEDIDA DE INTERNAÇÃO

Art. 67. A visita do cônjuge, companheiro, pais ou responsáveis, parentes e amigos a adolescente a quem foi aplicada medida socioeducativa de internação observará dias e horários próprios definidos pela direção do programa de atendimento.

Art. 68. É assegurado ao adolescente casado ou que viva, comprovadamente, em união estável o direito à visita íntima.

Parágrafo único. O visitante será identificado e registrado pela direção do programa de atendimento, que emitirá documento de identificação, pessoal e intransferível, específico para a realização da visita íntima.

Art. 69. É garantido aos adolescentes em cumprimento de medida socioeducativa de internação o direito de receber visita dos filhos, independentemente da idade desses.

Art. 70. O regulamento interno estabelecerá as hipóteses de proibição da entrada de objetos na unidade de internação, vedando o acesso aos seus portadores.

Capítulo VII
DOS REGIMES DISCIPLINARES

Art. 71. Todas as entidades de atendimento socioeducativo deverão, em seus respectivos regimentos, realizar a previsão de regime disciplinar que obedeça aos seguintes princípios:

I – tipificação explícita das infrações como leves, médias e graves e determinação das correspondentes sanções;

II – exigência da instauração formal de processo disciplinar para a aplicação de qualquer sanção, garantidos a ampla defesa e o contraditório;

III – obrigatoriedade de audiência do socioeducando nos casos em que seja necessária a instauração de processo disciplinar;

IV – sanção de duração determinada;

V – enumeração das causas ou circunstâncias que eximam, atenuem ou agravem a sanção a ser imposta ao socioeducando, bem como os requisitos para a extinção dessa;

VI – enumeração explícita das garantias de defesa;

VII – garantia de solicitação e rito de apreciação dos recursos cabíveis; e

VIII – apuração da falta disciplinar por comissão composta por, no mínimo, 3 (três) integrantes, sendo 1 (um), obrigatoriamente, oriundo da equipe técnica.

Art. 72. O regime disciplinar é independente da responsabilidade civil ou penal que advenha do ato cometido.

Art. 73. Nenhum socioeducando poderá desempenhar função ou tarefa de apuração disciplinar ou aplicação de sanção nas entidades de atendimento socioeducativo.

Art. 74. Não será aplicada sanção disciplinar sem expressa e anterior previsão legal ou regulamentar e o devido processo administrativo.

Art. 75. Não será aplicada sanção disciplinar ao socioeducando que tenha praticado a falta:

I – por coação irresistível ou por motivo de força maior;

II – em legítima defesa, própria ou de outrem.

Capítulo VIII
DA CAPACITAÇÃO PARA O TRABALHO

Art. 76. O art. 2º do Decreto-Lei 4.048, de 22 de janeiro de 1942, passa a vigorar acrescido do seguinte § 1º, renumerando-se o atual parágrafo único para § 2º:

"Art. 2º (...)

§ 1º As escolas do Senai poderão ofertar vagas aos usuários do Sistema Nacional de Atendimento Socioeducativo (Sinase) nas condições a serem dispostas em instrumentos de cooperação celebrados entre os operadores do Senai e os gestores dos Sistemas de Atendimento Socioeducativo locais.

§ 2º (...)"

Art. 77. O art. 3º do Decreto-Lei 8.621, de 10 de janeiro de 1946, passa a vigorar acrescido do seguinte § 1º, renumerando-se o atual parágrafo único para § 2º:

"Art. 3º (...)

§ 1º As escolas do Senac poderão ofertar vagas aos usuários do Sistema Nacional de Atendimento Socioeducativo (Sinase) nas condições a serem dispostas em instrumentos de cooperação celebrados entre os operadores do Senac e os gestores dos Sistemas de Atendimento Socioeducativo locais.

§ 2º. (...)"

Art. 78. O art. 1º da Lei 8.315, de 23 de dezembro de 1991, passa a vigorar acrescido do seguinte parágrafo único:

"Art. 1º (...)

Parágrafo único. Os programas de formação profissional rural do Senar poderão ofertar vagas aos usuários do Sistema Nacional de Atendimento Socioeducativo (Sinase) nas condições a serem dispostas em instrumentos de cooperação celebrados entre os operadores do Senar e os gestores dos Sistemas de Atendimento Socioeducativo locais."

Art. 79. O art. 3º da Lei 8.706, de 14 de setembro de 1993, passa a vigorar acrescido do seguinte parágrafo único:

"Art. 3º (...)

Parágrafo único. Os programas de formação profissional do Senat poderão ofertar vagas aos usuários do Sistema Nacional de Atendimento Socioeducativo (Sinase) nas condições a serem dispostas em instrumentos de cooperação celebrados entre os operadores do Senat e os gestores dos Sistemas de Atendimento Socioeducativo locais."

Art. 80. O art. 429 do Decreto-Lei 5.452, de 1º de maio de 1943, passa a vigorar acrescido do seguinte § 2º:

"Art. 429. (...)

(...)

§ 2º Os estabelecimentos de que trata o *caput* ofertarão vagas de aprendizes a adolescentes usuários do Sistema Nacional de Atendimento Socioeducativo (Sinase) nas condições a serem dispostas em instrumentos de cooperação celebrados entre os estabelecimentos e os gestores dos Sistemas de Atendimento Socioeducativo locais."

Título III
DISPOSIÇÕES FINAIS E TRANSITÓRIAS

Art. 81. As entidades que mantenham programas de atendimento têm o prazo de até 6 (seis) meses após a publicação desta Lei para encaminhar ao respectivo Conselho Estadual ou Municipal dos Direitos da Criança e do Adolescente proposta de adequação da sua inscrição, sob pena de interdição.

Art. 82. Os Conselhos dos Direitos da Criança e do Adolescente, em todos os níveis federados, com os órgãos responsáveis pelo sistema de educação pública e as entidades de atendimento, deverão, no prazo de 1 (um) ano a partir da publicação desta Lei, garantir a inserção de adolescentes em cumprimento de medida socioeducativa na rede pública de educação, em qualquer fase do período letivo, contemplando as diversas faixas etárias e níveis de instrução.

Art. 83. Os programas de atendimento socioeducativo sob a responsabilidade do Poder Judiciário serão, obrigatoriamente, transferidos ao Poder Executivo no prazo máximo de 1 (um) ano a partir da publicação desta Lei e de acordo com a política de oferta dos programas aqui definidos.

Art. 84. Os programas de internação e semiliberdade sob a responsabilidade dos Municípios serão, obrigatoriamente, transferidos para o Poder Executivo do respectivo Estado no prazo máximo de 1 (um) ano a partir da publicação desta Lei e de acordo com a política de oferta dos programas aqui definidos.

Art. 85. A não transferência de programas de atendimento para os devidos entes responsáveis, no prazo determinado nesta Lei, importará na interdição do programa e caracterizará ato de improbidade administrativa do agente responsável, vedada, ademais, ao Poder Judiciário e ao Poder Executivo municipal, ao final do referido prazo, a realização de despesas para a sua manutenção.

Art. 86. Os arts. 90, 97, 121, 122, 198 e 208 da Lei 8.069, de 13 de julho de 1990 (Estatuto da Criança e do Adolescente), passam a vigorar com a seguinte redação:

→ Alterações efetuadas na referida Lei.

Art. 87. A Lei 8.069, de 13 de julho de 1990 (Estatuto da Criança e do Adolescente), passa a vigorar com as seguintes alterações:

→ Alterações efetuadas na referida Lei.

Art. 88. O parágrafo único do art. 3º da Lei 12.213, de 20 de janeiro de 2010, passa a vigorar com a seguinte redação:

"Art. 3º (...)

Parágrafo único. A dedução a que se refere o *caput* deste artigo não poderá ultrapassar 1% (um por cento) do imposto devido."

Art. 89. (*Vetado*

Art. 90. Esta Lei entra em vigor após decorridos 90 (noventa) dias de sua publicação oficial.

Brasília, 18 de janeiro de 2012; 191º da Independência e 124º da República.

Dilma Rousseff

(Publicação no *D.O.U.* de 19.1.2012; retificação 20.1.2012)

LEI 12.619,
DE 30 DE ABRIL DE 2012

Dispõe sobre o exercício da profissão de motorista; altera a Consolidação das Leis do Trabalho – CLT, aprovada pelo Decreto-Lei 5.452, de 1º de maio de 1943, e as Leis 9.503, de 23 de setembro de 1997, 10.233, de 5 de junho de 2001, 11.079, de 30 de dezembro de 2004, e 12.023, de 27 de agosto de 2009, para regular e disciplinar a jornada de trabalho e o tempo de direção do motorista profissional; e dá outras providências.

→ *v.* Súmula 516 do STJ.

→ *v.* Art. 22, *caput* e I, da Lei 13.103/2015 – Lei do Motorista Profissional.

A Presidenta da República:

Faço saber que o Congresso Nacional decreta e eu sanciono a seguinte Lei:

Art. 1º (*Revogado pela Lei 13.103/2015*).

Art. 2º (*Revogado pela Lei 13.103/2015*).

Art. 3º O Capítulo I do Título III da Consolidação das Leis do Trabalho – CLT, aprovada pelo Decreto-Lei 5.452, de 1º de maio de 1943, passa a vigorar acrescido da seguinte Seção IV-A:

→ Alterações efetuadas na CLT.

Art. 4º O art. 71 da Consolidação das Leis do Trabalho – CLT, aprovada pelo Decreto-Lei 5.452, de 1º de maio de 1943, passa a vigorar acrescido do seguinte § 5º:

→ Alterações efetuadas na CLT.

Art. 5º A Lei 9.503, de 23 de setembro de 1997 – Código de Trânsito Brasileiro, passa a vigorar acrescida do seguinte Capítulo III-A:

→ Alterações efetuadas na referida Lei.

Art. 6º A Lei 9.503, de 23 de setembro de 1997 – Código de Trânsito Brasileiro, passa a vigorar com as seguintes alterações:

→ Alterações efetuadas na referida Lei.

Art. 7º (*Vetado*).

Art. 8º (*Vetado*).

Art. 9º (*Revogado pela Lei 13.103/2015*).

Art. 10. (*Vetado*).

Art. 11. (Vetado).

Art. 12. (*Vetado*).

Brasília, 30 de abril de 2012; 191º da Independência e 124º da República.

Dilma Rousseff

(Publicação no *D.O.U.* de 2.5.2012)

DECRETO 7.724,
DE 16 DE MAIO DE 2012

Regulamenta a Lei 12.527, de 18 de novembro de 2011, que dispõe sobre o acesso a informações previsto no inciso XXXIII do caput do art. 5º, no inciso II do § 3º do art. 37 e no § 2º do art. 216 da Constituição.

A Presidenta da República, no uso das atribuições que lhe confere o art. 84, *caput*, incisos IV e VI, alínea *a*, da Constituição, e tendo em vista o disposto na Lei 12.527, de 18 de novembro de 2011, decreta:

Capítulo I
DISPOSIÇÕES GERAIS

Art. 1º Este Decreto regulamenta, no âmbito do Poder Executivo federal, os procedimentos para a garantia do à informação e para a classificação de informações sob restrição de acesso, observados grau e prazo de sigilo, conforme o disposto na Lei 12.527, de 18 de novembro de 2011, que dispõe sobre o acesso a informações previsto no inciso XXXIII do *caput* do art. 5º, no inciso II do § 3º do art. 37 e no § 2º do art. 216 da Constituição.

Art. 2º Os órgãos e as entidades do Poder Executivo federal assegurarão, às pessoas naturais e jurídicas, o direito de acesso à informação, que será proporcionado mediante procedimentos objetivos e ágeis, de forma transparente, clara e em linguagem de fácil compreensão, observados os princípios da administração pública e as diretrizes previstas na Lei 12.527, de 2011.

Art. 3º Para os efeitos deste Decreto, considera-se:

I – informação – dados, processados ou não, que podem ser utilizados para produção e transmissão de conhecimento, contidos em qualquer meio, suporte ou formato;

II – dados processados – dados submetidos a qualquer operação ou tratamento por meio de processamento eletrônico ou por meio automatizado com o emprego de tecnologia da informação;

III – documento – unidade de registro de informações, qualquer que seja o suporte ou formato;

IV – informação sigilosa – informação submetida temporariamente à restrição de acesso público em razão de sua imprescindibilidade para a segurança da sociedade e do Estado, e aquelas abrangidas pelas demais hipóteses legais de sigilo;

V – informação pessoal – informação relacionada à pessoa natural identificada ou identificável, relativa à intimidade, vida privada, honra e imagem;

VI – tratamento da informação – conjunto de ações referentes à produção, recepção, classificação, utilização, acesso, reprodução, transporte, transmissão, distribuição, arquivamento, armazenamento, eliminação, avaliação, destinação ou controle da informação;

VII – disponibilidade – qualidade da informação que pode ser conhecida e utilizada por indivíduos, equipamentos ou sistemas autorizados;

VIII – autenticidade – qualidade da informação que tenha sido produzida, expedida, recebida ou modificada por determinado indivíduo, equipamento ou sistema;

IX – integridade – qualidade da informação não modificada, inclusive quanto à origem, trânsito e destino;

X – primariedade – qualidade da informação coletada na fonte, com o máximo de detalhamento possível, sem modificações;

XI – informação atualizada – informação que reúne os dados mais recentes sobre o tema, de acordo com sua natureza, com os prazos previstos em normas específicas ou conforme a periodicidade estabelecida nos sistemas informatizados que a organizam; e

XII – documento preparatório – documento formal utilizado como fundamento da tomada de decisão ou de ato administrativo, a exemplo de pareceres e notas técnicas.

Art. 4º A busca e o fornecimento da informação são gratuitos, ressalvada a cobrança do valor referente ao custo dos serviços e dos materiais utilizados, tais como reprodução de documentos, mídias digitais e postagem.

Parágrafo único. Está isento de ressarcir os custos dos serviços e dos materiais utilizados aquele cuja situação econômica não lhe permita fazê-lo sem prejuízo do sustento próprio ou da família, declarada nos termos da Lei 7.115, de 29 de agosto de 1983.

Capítulo II
DA ABRANGÊNCIA

Art. 5º Sujeitam-se ao disposto neste Decreto os órgãos da administração direta, as autarquias, as fundações públicas, as empresas públicas, as sociedades de economia mista e as demais entidades controladas direta ou indiretamente pela União.

§ 1º A divulgação de informações de empresas públicas, sociedade de economia mista e demais entidades controladas pela União que atuem em regime de concorrência, sujeitas ao disposto no art. 173 da Constituição, estará submetida às normas pertinentes da Comissão de Valores Mobiliários, a fim de assegurar sua competitividade, governança corporativa e, quando houver, os interesses de acionistas minoritários.

§ 2º Não se sujeitam ao disposto neste Decreto as informações relativas à atividade empresarial de pessoas físicas ou jurídicas de direito privado obtidas pelo Banco Central do Brasil, pelas agências reguladoras ou por outros órgãos ou entidades no exercício de atividade de controle, regulação e supervisão da atividade econômica cuja divulgação possa representar vantagem competitiva a outros agentes econômicos.

Art. 6º O acesso à informação disciplinado neste Decreto não se aplica:

I – às hipóteses de sigilo previstas na legislação, como fiscal, bancário, de operações e serviços no mercado de capitais, comercial, profissional, industrial e segredo de justiça; e

II – às informações referentes a projetos de pesquisa e desenvolvimento científicos ou tecnológicos cujo sigilo seja imprescindível à segurança da sociedade e do Estado, na forma do § 1º do art. 7º da Lei 12.527, de 2011.

Capítulo III
DA TRANSPARÊNCIA ATIVA

Art. 7º É dever dos órgãos e entidades promover, independente de requerimento, a divulgação em seus sítios na Internet de informações de interesse coletivo ou geral por eles produzidas ou custodiadas, observado o disposto nos arts. 7º e 8º da Lei 12.527, de 2011.

§ 1º Os órgãos e entidades deverão implementar em seus sítios na Internet seção específica para a divulgação das informações de que trata o *caput*.

§ 2º Serão disponibilizados nos sítios na Internet dos órgãos e entidades, conforme padrão estabelecido pela Secretaria de Comunicação Social da Presidência da República:

I – *banner* na página inicial, que dará acesso à seção específica de que trata o § 1º; e

II – barra de identidade do Governo federal, contendo ferramenta de redirecionamento de página para o Portal Brasil e para o sítio principal sobre a Lei 12.527, de 2011.

§ 3º Deverão ser divulgadas, na seção específica de que trata o § 1º, informações sobre:

I – estrutura organizacional, competências, legislação aplicável, principais cargos e seus ocupantes, endereço e telefones das unidades, horários de atendimento ao público;

II – programas, projetos, ações, obras e atividades, com indicação da unidade responsável, principais metas e resultados e, quando existentes, indicadores de resultado e impacto;

III – repasses ou transferências de recursos financeiros;

IV – execução orçamentária e financeira detalhada;

V – licitações realizadas e em andamento, com editais, anexos e resultados, além dos contratos firmados e notas de empenho emitidas;

VI – remuneração e subsídio recebidos por ocupante de cargo, posto, graduação, função e emprego público, incluindo auxílios, ajudas de custo, *jetons* e quaisquer outras vantagens pecuniárias, bem como proventos de aposentadoria e pensões daqueles que estiverem na ativa, de maneira individualizada, conforme ato do Ministério do Planejamento, Orçamento e Gestão;

VII – respostas a perguntas mais frequentes da sociedade;

→ Inciso VII com redação alterada pelo Decreto 8.408/2015.

VIII – contato da autoridade de monitoramento, designada nos termos do art. 40 da Lei 12.527, de 2011, e telefone e correio eletrônico do Serviço de Informações ao Cidadão – SIC; e

→ Inciso VIII com redação alterada pelo Decreto 8.408/2015.

IX – programas financiados pelo Fundo de Amparo ao Trabalhador – FAT.

→ Inciso IX acrescentado pelo Decreto 8.408/2015.

§ 4º As informações poderão ser disponibilizadas por meio de ferramenta de redirecionamento de página na Internet, quando estiverem disponíveis em outros sítios governamentais.

§ 5º No caso das empresas públicas, sociedades de economia mista e demais entidades controladas pela União que atuem em regime de concorrência, sujeitas ao disposto no art. 173 da Constituição, aplica-se o disposto no § 1º do art. 5º.

§ 6º O Banco Central do Brasil divulgará periodicamente informações relativas às operações de crédito praticadas pelas instituições financeiras, inclusive as taxas de juros mínima, máxima e média e as respectivas tarifas bancárias.

§ 7º A divulgação das informações previstas no § 3º não exclui outras hipóteses de publicação e divulgação de informações previstas na legislação.

§ 8º Ato conjunto dos Ministros de Estado da Controladoria-Geral da União, do Planejamento, Orçamento e Gestão e do Trabalho e Emprego disporá sobre a divulgação dos programas de que trata o inciso IX do § 3º, que será feita, observado o disposto no Capítulo VII:

→ § 8º acrescentado pelo Decreto 8.408/2015.

I – de maneira individualizada;

II – por meio de informações consolidadas disponibilizadas no sítio na Internet do Ministério do Trabalho e Emprego; e

III – por meio de disponibilização de variáveis das bases de dados para execução de cruzamentos, para fins de estudos e pesquisas, observado o disposto no art. 13.

Art. 8º Os sítios na Internet dos órgãos e entidades deverão, em cumprimento às normas estabelecidas pelo Ministério do Planejamento, Orçamento e Gestão, atender aos seguintes requisitos, entre outros:

I – conter formulário para pedido de acesso à informação;

II – conter ferramenta de pesquisa de conteúdo que permita o acesso à informação de forma objetiva, transparente, clara e em linguagem de fácil compreensão;

III – possibilitar gravação de relatórios em diversos formatos eletrônicos, inclusive abertos e não proprietários, tais como planilhas e texto, de modo a facilitar a análise das informações;

IV – possibilitar acesso automatizado por sistemas externos em formatos abertos, estruturados e legíveis por máquina;

V – divulgar em detalhes os formatos utilizados para estruturação da informação;

VI – garantir autenticidade e integridade das informações disponíveis para acesso;

VII – indicar instruções que permitam ao requerente comunicar-se, por via eletrônica ou telefônica, com o órgão ou entidade; e

VIII – garantir a acessibilidade de conteúdo para pessoas com deficiência.

Capítulo IV
DA TRANSPARÊNCIA PASSIVA

Seção I
Do serviço de informação ao cidadão

Art. 9º Os órgãos e entidades deverão criar Serviço de Informações ao Cidadão – SIC, com o objetivo de:

I – atender e orientar o público quanto ao acesso à informação;

II – informar sobre a tramitação de documentos nas unidades; e

III – receber e registrar pedidos de acesso à informação.

Parágrafo único. Compete ao SIC:

I – o recebimento do pedido de acesso e, sempre que possível, o fornecimento imediato da informação;

II – o registro do pedido de acesso em sistema eletrônico específico e a entrega de número do protocolo, que conterá a data de apresentação do pedido; e

III – o encaminhamento do pedido recebido e registrado à unidade responsável pelo fornecimento da informação, quando couber.

Art. 10. O SIC será instalado em unidade física identificada, de fácil acesso e aberta ao público.

§ 1º Nas unidades descentralizadas em que não houver SIC será oferecido serviço de recebimento e registro dos pedidos de acesso à informação.

§ 2º Se a unidade descentralizada não detiver a informação, o pedido será encaminhado ao SIC do órgão ou entidade central, que comunicará ao requerente o número do protocolo e a data de recebimento do pedido, a partir da qual se inicia o prazo de resposta.

Seção II
Do pedido de acesso à informação

Art. 11. Qualquer pessoa, natural ou jurídica, poderá formular pedido de acesso à informação.

§ 1º O pedido será apresentado em formulário padrão, disponibilizado em meio eletrônico e físico, no sítio na Internet e no SIC dos órgãos e entidades.

§ 2º O prazo de resposta será contado a partir da data de apresentação do pedido ao SIC.

§ 3º É facultado aos órgãos e entidades o recebimento de pedidos de acesso à informação por qualquer outro meio legítimo, como contato telefônico, correspondência eletrônica ou física, desde que atendidos os requisitos do art. 12.

§ 4º Na hipótese do § 3º, será enviada ao requerente comunicação com o número de protocolo e a data do recebimento do pedido pelo SIC, a partir da qual se inicia o prazo de resposta.

Art. 12. O pedido de acesso à informação deverá conter:

I – nome do requerente;

II – número de documento de identificação válido;

III – especificação, de forma clara e precisa, da informação requerida; e

IV – endereço físico ou eletrônico do requerente, para recebimento de comunicações ou da informação requerida.

Art. 13. Não serão atendidos pedidos de acesso à informação:

I – genéricos;

II – desproporcionais ou desarrazoados; ou

III – que exijam trabalhos adicionais de análise, interpretação ou consolidação de dados e informações, ou serviço de produção ou tratamento de dados que não seja de competência do órgão ou entidade.

Parágrafo único. Na hipótese do inciso III do *caput*, o órgão ou entidade deverá, caso tenha conhecimento, indicar o local onde se encontram as informações a partir das quais o requerente poderá realizar a interpretação, consolidação ou tratamento de dados.

Art. 14. São vedadas exigências relativas aos motivos do pedido de acesso à informação.

Seção III
Do procedimento de acesso à informação

Art. 15. Recebido o pedido e estando a informação disponível, o acesso será imediato.

§ 1º Caso não seja possível o acesso imediato, o órgão ou entidade deverá, no prazo de até vinte dias:

I – enviar a informação ao endereço físico ou eletrônico informado;

II – comunicar data, local e modo para realizar consulta à informação, efetuar reprodução ou obter certidão relativa à informação;

III – comunicar que não possui a informação ou que não tem conhecimento de sua existência;

IV – indicar, caso tenha conhecimento, o órgão ou entidade responsável pela informação ou que a detenha; ou

V – indicar as razões da negativa, total ou parcial, do acesso.

§ 2º Nas hipóteses em que o pedido de acesso demandar manuseio de grande volume de documentos, ou a movimentação do documento puder comprometer sua regular tramitação, será adotada a medida prevista no inciso II do § 1º.

§ 3º Quando a manipulação puder prejudicar a integridade da informação ou do documento, o órgão ou entidade deverá indicar data, local e modo para consulta, ou disponibilizar cópia, com certificação de que confere com o original.

§ 4º Na impossibilidade de obtenção de cópia de que trata o § 3º, o requerente poderá solicitar que, às suas expensas e sob supervisão de servidor público, a reprodução seja feita por outro meio que não ponha em risco a integridade do documento original.

Art. 16. O prazo para resposta do pedido poderá ser prorrogado por dez dias, mediante justificativa encaminhada ao requerente antes do término do prazo inicial de vinte dias.

Art. 17. Caso a informação esteja disponível ao público em formato impresso, eletrônico ou em outro meio de acesso universal, o órgão ou entidade deverá orientar o requerente quanto ao local e modo para consultar, obter ou reproduzir a informação.

Parágrafo único. Na hipótese do *caput* o órgão ou entidade desobriga-se do fornecimento direto da informação, salvo se o requerente declarar não dispor de meios para consultar, obter ou reproduzir a informação.

Art. 18. Quando o fornecimento da informação implicar reprodução de documentos, o órgão ou entidade, observado o prazo de resposta ao pedido, disponibilizará ao requerente Guia de Recolhimento da União - GRU ou documento equivalente, para pagamento dos custos dos serviços e dos materiais utilizados.

Parágrafo único. A reprodução de documentos ocorrerá no prazo de dez dias, contado da comprovação do pagamento pelo requerente ou da entrega de declaração de pobreza por ele firmada, nos termos da Lei 7.115, de 1983, ressalvadas hipóteses justificadas em que, devido ao volume ou ao estado dos documentos, a reprodução demande prazo superior.

Art. 19. Negado o pedido de acesso à informação, será enviada ao requerente, no prazo de resposta, comunicação com:

I – razões da negativa de acesso e seu fundamento legal;

II – possibilidade e prazo de recurso, com indicação da autoridade que o apreciará; e

III – possibilidade de apresentação de pedido de desclassificação da informação, quando for o caso, com indicação da autoridade classificadora que o apreciará.

§ 1º As razões de negativa de acesso a informação classificada indicarão o fundamento legal da classificação, a autoridade que a classificou e o código de indexação do documento classificado.

§ 2º Os órgãos e entidades disponibilizarão formulário padrão para apresentação de recurso e de pedido de desclassificação.

Art. 20. O acesso a documento preparatório ou informação nele contida, utilizados como fundamento de tomada de decisão ou de ato administrativo, será assegurado a partir da edição do ato ou decisão.

Parágrafo único. O Ministério da Fazenda e o Banco Central do Brasil classificarão os documentos que embasarem decisões de política econômica, tais como fiscal, tributária, monetária e regulatória.

Seção IV
Dos recursos

Art. 21. No caso de negativa de acesso à informação ou de não fornecimento das razões da negativa do acesso, poderá o requerente apresentar recurso no prazo de dez dias, contado da ciência da decisão, à autoridade hierarquicamente superior à que adotou a decisão, que deverá apreciá-lo no prazo de cinco dias, contado da sua apresentação.

Parágrafo único. Desprovido o recurso de que trata o *caput*, poderá o requerente apresentar recurso no prazo de dez dias, contado da ciência da decisão, à autoridade máxima do órgão ou entidade, que deverá se manifestar em cinco dias contados do recebimento do recurso.

Art. 22. No caso de omissão de resposta ao pedido de acesso à informação, o requerente poderá apresentar reclamação no prazo de dez dias à autoridade de monitoramento de que trata o art. 40 da Lei 12.527, de 2011, que deverá se manifestar no prazo de cinco dias, contado do recebimento da reclamação.

§ 1º O prazo para apresentar reclamação começará trinta dias após a apresentação do pedido.

§ 2º A autoridade máxima do órgão ou entidade poderá designar outra autoridade que lhe seja diretamente subordinada como responsável pelo recebimento e apreciação da reclamação.

Art. 23. Desprovido o recurso de que trata o parágrafo único do art. 21 ou infrutífera a reclamação de que trata o art. 22, poderá o requerente apresentar recurso no prazo de dez dias, contado da ciência da decisão, à Controladoria-Geral da União, que deverá se manifestar no prazo de cinco dias, contado do recebimento do recurso.

§ 1º A Controladoria-Geral da União poderá determinar que o órgão ou entidade preste esclarecimentos.

§ 2º Provido o recurso, a Controladoria-Geral da União fixará prazo para o cumprimento da decisão pelo órgão ou entidade.

Art. 24. No caso de negativa de acesso à informação, ou às razões da negativa do acesso de que trata o *caput* do art. 21, desprovido o recurso pela Controladoria-Geral da União, o requerente poderá apresentar, no prazo de dez dias, contado da ciência da decisão, recurso à Comissão Mista de Reavaliação de Informações, observados os procedimentos previstos no Capítulo VI.

Capítulo V
DAS INFORMAÇÕES CLASSIFICADAS EM GRAU DE SIGILO

Seção I
Da classificação de informações quanto ao grau e prazos de sigilo

Art. 25. São passíveis de classificação as informações consideradas imprescindíveis à segurança da sociedade ou do Estado, cuja divulgação ou acesso irrestrito possam:

I – pôr em risco a defesa e a soberania nacionais ou a integridade do território nacional;

II – prejudicar ou pôr em risco a condução de negociações ou as relações internacionais do País;

III – prejudicar ou pôr em risco informações fornecidas em caráter sigiloso por outros Estados e organismos internacionais;

IV – pôr em risco a vida, a segurança ou a saúde da população;

V – oferecer elevado risco à estabilidade financeira, econômica ou monetária do País;

VI – prejudicar ou causar risco a planos ou operações estratégicos das Forças Armadas;

VII – prejudicar ou causar risco a projetos de pesquisa e desenvolvimento científico ou tecnológico, assim como a sistemas, bens, instalações ou áreas de interesse estratégico nacional, observado o disposto no inciso II do *caput* do art. 6º;

VIII – pôr em risco a segurança de instituições ou de altas autoridades nacionais ou estrangeiras e seus familiares; ou

IX – comprometer atividades de inteligência, de investigação ou de fiscalização em andamento, relacionadas com prevenção ou repressão de infrações.

Art. 26. A informação em poder dos órgãos e entidades, observado o seu teor e em razão de sua imprescindibilidade à segurança da sociedade ou do Estado, poderá ser classificada no grau ultrassecreto, secreto ou reservado.

Art. 27. Para a classificação da informação em grau de sigilo, deverá ser observado o interesse público da informação e utilizado o critério menos restritivo possível, considerados:

I – a gravidade do risco ou dano à segurança da sociedade e do Estado; e

II – o prazo máximo de classificação em grau de sigilo ou o evento que defina seu termo final.

Art. 28. Os prazos máximos de classificação são os seguintes:

I – grau ultrassecreto: vinte e cinco anos;

II – grau secreto: quinze anos; e

III – grau reservado: cinco anos.

Parágrafo único. Poderá ser estabelecida como termo final de restrição de acesso a ocorrência de determinado evento, observados os prazos máximos de classificação.

Art. 29. As informações que puderem colocar em risco a segurança do Presidente da República, Vice-Presidente e seus cônjuges e filhos serão classificadas no grau reservado e ficarão sob sigilo até o término do mandato em exercício ou do último mandato, em caso de reeleição.

Art. 30. A classificação de informação é de competência:

I – no grau ultrassecreto, das seguintes autoridades:

a) Presidente da República;

b) Vice-Presidente da República;

c) Ministros de Estado e autoridades com as mesmas prerrogativas;

d) Comandantes da Marinha, do Exército, da Aeronáutica; e

e) Chefes de Missões Diplomáticas e Consulares permanentes no exterior;

II – no grau secreto, das autoridades referidas no inciso I do *caput*, dos titulares de autarquias, fundações, empresas públicas e sociedades de economia mista; e

III – no grau reservado, das autoridades referidas nos incisos I e II do *caput* e das que exerçam funções de direção, comando ou chefia do Grupo-Direção e Assessoramento Superiores – DAS, nível DAS 101.5 ou superior, e seus equivalentes.

§ 1º É vedada a delegação da competência de classificação nos graus de sigilo ultrassecreto ou secreto.

§ 2º O dirigente máximo do órgão ou entidade poderá delegar a competência para classificação no grau reservado a agente público que exerça função de direção, comando ou chefia.

§ 3º É vedada a subdelegação da competência de que trata o § 2º.

§ 4º Os agentes públicos referidos no § 2º deverão dar ciência do ato de classificação à autoridade delegante, no prazo de noventa dias.

§ 5º A classificação de informação no grau ultrassecreto pelas autoridades previstas nas alíneas *d* e *e* do inciso I do *caput* deverá ser ratificada pelo Ministro de Estado, no prazo de trinta dias.

§ 6º Enquanto não ratificada, a classificação de que trata o § 5º considera-se válida, para todos os efeitos legais.

Seção II
Dos procedimentos para classificação de informação

Art. 31. A decisão que classificar a informação em qualquer grau de sigilo deverá ser formalizada no Termo de Classificação de Informação – TCI, conforme modelo contido no Anexo, e conterá o seguinte:

I – código de indexação de documento;

II – grau de sigilo;

III – categoria na qual se enquadra a informação;

IV – tipo de documento;

V – data da produção do documento;

VI – indicação de dispositivo legal que fundamenta a classificação;

VII – razões da classificação, observados os critérios estabelecidos no art. 27;

VIII – indicação do prazo de sigilo, contado em anos, meses ou dias, ou do evento que defina o seu termo final, observados os limites previstos no art. 28;

IX – data da classificação; e

X – identificação da autoridade que classificou a informação.

§ 1º O TCI seguirá anexo à informação.

§ 2º As informações previstas no inciso VII do *caput* deverão ser mantidas no mesmo grau de sigilo que a informação classificada.

§ 3º A ratificação da classificação de que trata o § 5º do art. 30 deverá ser registrada no TCI.

Art. 32. A autoridade ou outro agente público que classificar informação no grau ultrassecreto ou secreto deverá encaminhar cópia do TCI à Comissão Mista de Reavaliação de Informações no prazo de trinta dias, contado da decisão de classificação ou de ratificação.

Art. 33. Na hipótese de documento que contenha informações classificadas em diferentes graus de sigilo, será atribuído ao documento tratamento do grau de sigilo mais elevado, ficando assegurado o acesso às partes não classificadas por meio de certidão, extrato ou cópia, com ocultação da parte sob sigilo.

Art. 34. Os órgãos e entidades poderão constituir Comissão Permanente de Avaliação de Documentos Sigilosos – CPADS, com as seguintes atribuições:

I – opinar sobre a informação produzida no âmbito de sua atuação para fins de classificação em qualquer grau de sigilo;

II – assessorar a autoridade classificadora ou a autoridade hierarquicamente superior quanto à desclassificação, reclassificação ou reavaliação de informação classificada em qualquer grau de sigilo;

III – propor o destino final das informações desclassificadas, indicando os documentos para guarda permanente, observado o disposto na Lei 8.159, de 8 de janeiro de 1991; e

IV – subsidiar a elaboração do rol anual de informações desclassificadas e documentos classificados em cada grau de sigilo, a ser disponibilizado na Internet.

Seção III
Da desclassificação e reavaliação da informação classificada em grau de sigilo

Art. 35. A classificação das informações será reavaliada pela autoridade classificadora ou por autoridade hierarquicamente superior, mediante provocação ou de ofício, para desclassificação ou redução do prazo de sigilo.

Parágrafo único. Para o cumprimento do disposto no *caput*, além do disposto no art. 27, deverá ser observado:

I – o prazo máximo de restrição de acesso à informação, previsto no art. 28;

II – o prazo máximo de quatro anos para revisão de ofício das informações classificadas no grau ultrassecreto ou secreto, previsto no inciso I do *caput* do art. 47;

III – a permanência das razões da classificação;

IV – a possibilidade de danos ou riscos decorrentes da divulgação ou acesso irrestrito da informação; e

V – a peculiaridade das informações produzidas no exterior por autoridades ou agentes públicos.

Art. 36. O pedido de desclassificação ou de reavaliação da classificação poderá ser apresentado aos órgãos e entidades independente de existir prévio pedido de acesso à informação.

Parágrafo único. O pedido de que trata o *caput* será endereçado à autoridade classificadora, que decidirá no prazo de trinta dias.

Art. 37. Negado o pedido de desclassificação ou de reavaliação pela autoridade classificadora, o requerente poderá apresentar recurso no prazo de dez dias, contado da ciência da negativa, ao Ministro de Estado ou à autoridade com as mesmas prerrogativas, que decidirá no prazo de trinta dias.

§ 1º Nos casos em que a autoridade classificadora esteja vinculada a autarquia, fundação, empresa pública ou sociedade de economia mista, o recurso será apresentado ao dirigente máximo da entidade.

§ 2º No caso das Forças Armadas, o recurso será apresentado primeiramente perante o respectivo Comandante, e, em caso de negativa, ao Ministro de Estado da Defesa.

§ 3º No caso de informações produzidas por autoridades ou agentes públicos no exterior, o requerimento de desclassificação e reavaliação será apreciado pela autoridade hierarquicamente superior que estiver em território brasileiro.

§ 4º Desprovido o recurso de que tratam o *caput* e os §§ 1º a 3º, poderá o requerente apresentar recurso à Comissão Mista de Reavaliação de Informações, no prazo de dez dias, contado da ciência da decisão.

Art. 38. A decisão da desclassificação, reclassificação ou redução do prazo de sigilo de informações classificadas deverá constar das capas dos processos, se houver, e de campo apropriado no TCI.

Seção IV
Disposições gerais

Art. 39. As informações classificadas no grau ultrassecreto ou secreto serão definitivamente preservadas, nos termos da Lei 8.159, de 1991, observados os procedimentos de restrição de acesso enquanto vigorar o prazo da classificação.

Art. 40. As informações classificadas como documentos de guarda permanente que forem objeto de desclassificação serão encaminhadas ao Arquivo Nacional, ao arquivo permanente do órgão público, da entidade pública ou da instituição de caráter público, para fins de organização, preservação e acesso.

Art. 41. As informações sobre condutas que impliquem violação dos direitos humanos praticada por agentes públicos ou a mando de autoridades públicas não poderão ser objeto de classificação em qualquer grau de sigilo nem ter seu acesso negado.

Art. 42. Não poderá ser negado acesso às informações necessárias à tutela judicial ou administrativa de direitos fundamentais.

Parágrafo único. O requerente deverá apresentar razões que demonstrem a existência de nexo entre as informações requeridas e o direito que se pretende proteger.

Art. 43. O acesso, a divulgação e o tratamento de informação classificada em qualquer grau de sigilo ficarão restritos a pessoas que tenham necessidade de conhecê-la e que sejam credenciadas segundo as normas fixadas pelo Núcleo de Segurança e Credenciamento, instituído no âmbito do Gabinete de Segurança Institucional da Presidência da República, sem prejuízo das atribuições de agentes públicos autorizados por lei.

Art. 44. As autoridades do Poder Executivo federal adotarão as providências necessárias para que o pessoal a elas subordinado conheça as normas e observe as medidas e procedimentos de segurança para tratamento de informações classificadas em qualquer grau de sigilo.

Parágrafo único. A pessoa natural ou entidade privada que, em razão de qualquer vínculo com o Poder Público, executar atividades de tratamento de informações classificadas, adotará as providências necessárias para que seus empregados, prepostos ou representantes observem as medidas e procedimentos de segurança das informações.

Art. 45. A autoridade máxima de cada órgão ou entidade publicará anualmente, até o dia 1º de junho, em sítio na Internet:

I – rol das informações desclassificadas nos últimos doze meses;

II – rol das informações classificadas em cada grau de sigilo, que deverá conter:

a) código de indexação de documento;

b) categoria na qual se enquadra a informação;

c) indicação de dispositivo legal que fundamenta a classificação; e

d) data da produção, data da classificação e prazo da classificação;

III – relatório estatístico com a quantidade de pedidos de acesso à informação recebidos, atendidos e indeferidos; e

IV – informações estatísticas agregadas dos requerentes.

Parágrafo único. Os órgãos e entidades deverão manter em meio físico as informações previstas no *caput*,para consulta pública em suas sedes.

Capítulo VI
DA COMISSÃO MISTA DE REAVALIAÇÃO DE INFORMAÇÕES CLASSIFICADAS

Art. 46. A Comissão Mista de Reavaliação de Informações, instituída nos termos do § 1º do art. 35 da Lei 12.527, de 2011, será integrada pelos titulares dos seguintes órgãos:

I – Casa Civil da Presidência da República, que a presidirá;

II – Ministério da Justiça;

III – Ministério das Relações Exteriores;

IV – Ministério da Defesa;

V – Ministério da Fazenda;

VI – Ministério do Planejamento, Orçamento e Gestão;

VII – Secretaria de Direitos Humanos da Presidência da República;

VIII – Gabinete de Segurança Institucional da Presidência da República;

IX – Advocacia-Geral da União; e

X – Controladoria-Geral da União.

Parágrafo único. Cada integrante indicará suplente a ser designado por ato do Presidente da Comissão.

Art. 47. Compete à Comissão Mista de Reavaliação de Informações:

I – rever, de ofício ou mediante provocação, a classificação de informação no grau ultrassecreto ou secreto ou sua reavaliação, no máximo a cada quatro anos;

II – requisitar da autoridade que classificar informação no grau ultrassecreto ou secreto esclarecimento ou conteúdo, parcial ou integral, da informação, quando as informações constantes do TCI não forem suficientes para a revisão da classificação;

III – decidir recursos apresentados contra decisão proferida:

a) pela Controladoria-Geral da União, em grau recursal, a pedido de acesso à informação ou às razões da negativa de acesso à informação; ou

b) pelo Ministro de Estado ou autoridade com a mesma prerrogativa, em grau recursal, a pedido de desclassificação ou reavaliação de informação classificada;

IV – prorrogar por uma única vez, e por período determinado não superior a vinte e cinco anos, o prazo de sigilo de informação classificada no grau ultrassecreto, enquanto seu acesso ou divulgação puder ocasionar ameaça externa à soberania nacional, à integridade do território nacional ou grave risco às relações internacionais do País, limitado ao máximo de cinquenta anos o prazo total da classificação; e

V – estabelecer orientações normativas de caráter geral a fim de suprir eventuais lacunas na aplicação da Lei 12.527, de 2011.

Parágrafo único. A não deliberação sobre a revisão de ofício no prazo previsto no inciso I do *caput* implicará a desclassificação automática das informações.

Art. 48. A Comissão Mista de Reavaliação de Informações se reunirá, ordinariamente, uma vez por mês, e, extraordinariamente, sempre que convocada por seu Presidente.

Parágrafo único. As reuniões serão realizadas com a presença de no mínimo seis integrantes.

Art. 49. Os requerimentos de prorrogação do prazo de classificação de informação no grau ultrassecreto, a que se refere o inciso IV do *caput* do art. 47, deverão ser encaminhados à Comissão Mista de Reavaliação de Informações em até um ano antes do vencimento do termo final de restrição de acesso.

Parágrafo único. O requerimento de prorrogação do prazo de sigilo de informação classificada no grau ultrassecreto deverá ser apreciado, impreterivelmente, em até três sessões subsequentes à data de sua autuação, ficando sobrestadas, até que se ultime a votação, todas as demais deliberações da Comissão.

Art. 50. A Comissão Mista de Reavaliação de Informações deverá apreciar os recursos previstos no inciso III do *caput* do art. 47, impreterivelmente, até a terceira reunião ordinária subsequente à data de sua autuação.

Art. 51. A revisão de ofício da informação classificada no grau ultrassecreto ou secreto será apreciada em até três sessões anteriores à data de sua desclassificação automática.

Art. 52. As deliberações da Comissão Mista de Reavaliação de Informações serão tomadas:

I – por maioria absoluta, quando envolverem as competências previstas nos incisos I e IV do *caput* do art.47; e

II – por maioria simples dos votos, nos demais casos.

Parágrafo único. A Casa Civil da Presidência da República poderá exercer, além do voto ordinário, o voto de qualidade para desempate.

Art. 53. A Casa Civil da Presidência da República exercerá as funções de Secretaria-Executiva da Comissão Mista de Reavaliação de Informações, cujas competências serão definidas em regimento interno.

Art. 54. A Comissão Mista de Reavaliação de Informações aprovará, por maioria absoluta, regimento interno que disporá sobre sua organização e funcionamento.

Parágrafo único. O regimento interno deverá ser publicado no Diário Oficial da União no prazo de noventa dias após a instalação da Comissão.

Capítulo VII
DAS INFORMAÇÕES PESSOAIS

Art. 55. As informações pessoais relativas à intimidade, vida privada, honra e imagem detidas pelos órgãos e entidades:

I – terão acesso restrito a agentes públicos legalmente autorizados e a pessoa a que se referirem, independentemente de classificação de sigilo, pelo prazo máximo de cem anos a contar da data de sua produção; e

II – poderão ter sua divulgação ou acesso por terceiros autorizados por previsão legal ou consentimento expresso da pessoa a que se referirem.

Parágrafo único. Caso o titular das informações pessoais esteja morto ou ausente, os direitos de que trata este artigo assistem ao cônjuge ou companheiro, aos descendentes ou ascendentes, conforme o disposto no parágrafo único do art. 20 da Lei 10.406, de 10 de janeiro de 2002, e na Lei 9.278, de 10 de maio de 1996.

Art. 56. O tratamento das informações pessoais deve ser feito de forma transparente e com respeito à intimidade, vida privada, honra e imagem das pessoas, bem como às liberdades e garantias individuais.

Art. 57. O consentimento referido no inciso II do *caput* do art. 55 não será exigido quando o acesso à informação pessoal for necessário:

I – à prevenção e diagnóstico médico, quando a pessoa estiver física ou legalmente incapaz, e para utilização exclusivamente para o tratamento médico;

II – à realização de estatísticas e pesquisas científicas de evidente interesse público ou geral, previstos em lei, vedada a identificação da pessoa a que a informação se referir;

III – ao cumprimento de decisão judicial;

IV – à defesa de direitos humanos de terceiros; ou

V – à proteção do interesse público geral e preponderante.

Art. 58. A restrição de acesso a informações pessoais de que trata o art. 55 não poderá ser invocada:

I – com o intuito de prejudicar processo de apuração de irregularidades, conduzido pelo Poder Público, em que o titular das informações for parte ou interessado; ou

II – quando as informações pessoais não classificadas estiverem contidas em conjuntos de documentos necessários à recuperação de fatos históricos de maior relevância.

Art. 59. O dirigente máximo do órgão ou entidade poderá, de ofício ou mediante provocação, reconhecer a incidência da hipótese do inciso II do *caput* do art. 58, de forma fundamentada, sobre documentos que tenha produzido ou acumulado, e que estejam sob sua guarda.

§ 1º Para subsidiar a decisão de reconhecimento de que trata o *caput*, o órgão ou entidade poderá solicitar a universidades, instituições de pesquisa ou outras entidades com notória experiência em pesquisa historiográfica a emissão de parecer sobre a questão.

§ 2º A decisão de reconhecimento de que trata o *caput* será precedida de publicação de extrato da informação, com descrição resumida do assunto, origem e período do conjunto de documentos a serem considerados de acesso irrestrito, com antecedência de no mínimo trinta dias.

§ 3º Após a decisão de reconhecimento de que trata o § 2º, os documentos serão considerados de acesso irrestrito ao público.

§ 4º Na hipótese de documentos de elevado valor histórico destinados à guarda permanente, caberá ao dirigente máximo do Arquivo Nacional, ou à autoridade responsável pelo arquivo do órgão ou entidade pública que os receber, decidir, após seu recolhimento, sobre o reconhecimento, observado o procedimento previsto neste artigo.

Art. 60. O pedido de acesso a informações pessoais observará os procedimentos previstos no Capítulo IV e estará condicionado à comprovação da identidade do requerente.

Parágrafo único. O pedido de acesso a informações pessoais por terceiros deverá ainda estar acompanhado de:

I – comprovação do consentimento expresso de que trata o inciso II do *caput* do art. 55, por meio de procuração;

II – comprovação das hipóteses previstas no art. 58;

III – demonstração do interesse pela recuperação de fatos históricos de maior relevância, observados os procedimentos previstos no art. 59; ou

IV – demonstração da necessidade do acesso à informação requerida para a defesa dos direitos humanos ou para a proteção do interesse público e geral preponderante.

Art. 61. O acesso à informação pessoal por terceiros será condicionado à assinatura de um termo de responsabilidade, que disporá sobre a finalidade e a destinação que fundamentaram sua autorização, sobre as obrigações a que se submeterá o requerente.

§ 1º A utilização de informação pessoal por terceiros vincula-se à finalidade e à destinação que fundamentaram a autorização do acesso, vedada sua utilização de maneira diversa.

§ 2º Aquele que obtiver acesso às informações pessoais de terceiros será responsabilizado por seu uso indevido, na forma da lei.

Art. 62. Aplica-se, no que couber, a Lei 9.507, de 12 de novembro de 1997, em relação à informação de pessoa, natural ou jurídica, constante de registro ou banco de dados de órgãos ou entidades governamentais ou de caráter público.

Capítulo VIII
DAS ENTIDADES PRIVADAS SEM FINS LUCRATIVOS

Art. 63. As entidades privadas sem fins lucrativos que receberem recursos públicos para realização de ações de interesse público deverão dar publicidade às seguintes informações:

I - cópia do estatuto social atualizado da entidade;

II – relação nominal atualizada dos dirigentes da entidade; e

III - cópia integral dos convênios, contratos, termos de parcerias, acordos, ajustes ou instrumentos congêneres realizados com o Poder Executivo federal, respectivos aditivos, e relatórios finais de prestação de contas, na forma da legislação aplicável.

§ 1º As informações de que trata o *caput* serão divulgadas em sítio na Internet da entidade privada e em quadro de avisos de amplo acesso público em sua sede.

§ 2º A divulgação em sítio na Internet referida no § 1º poderá ser dispensada, por decisão do órgão ou entidade pública, e mediante expressa justificação da entidade, nos casos de entidades privadas sem fins lucrativos que não disponham de meios para realizá-la.

§ 3º As informações de que trata o *caput* deverão ser publicadas a partir da celebração do convênio, contrato, termo de parceria, acordo, ajuste ou instrumento congênere, serão atualizadas periodicamente e ficarão disponíveis até cento e oitenta dias após a entrega da prestação de contas final.

Art. 64. Os pedidos de informação referentes aos convênios, contratos, termos de parcerias, acordos, ajustes ou instrumentos congêneres previstos no art. 63 deverão ser apresentados diretamente aos órgãos e entidades responsáveis pelo repasse de recursos.

Capítulo IX
DAS RESPONSABILIDADES

Art. 65. Constituem condutas ilícitas que ensejam responsabilidade do agente público ou militar:

I – recusar-se a fornecer informação requerida nos termos deste Decreto, retardar deliberadamente o seu fornecimento ou fornecê-la intencionalmente de forma incorreta, incompleta ou imprecisa;

II - utilizar indevidamente, subtrair, destruir, inutilizar, desfigurar, alterar ou ocultar, total ou parcialmente, informação que se encontre sob sua guarda, a que tenha acesso ou sobre que tenha conhecimento em razão do exercício das atribuições de cargo, emprego ou função pública;

III – agir com dolo ou má-fé na análise dos pedidos de acesso à informação;

IV – divulgar, permitir a divulgação, acessar ou permitir acesso indevido a informação classificada em grau de sigilo ou a informação pessoal;

V - impor sigilo à informação para obter proveito pessoal ou de terceiro, ou para fins de ocultação de ato ilegal cometido por si ou por outrem;

VI - ocultar da revisão de autoridade superior competente informação classificada em grau de sigilo para beneficiar a si ou a outrem, ou em prejuízo de terceiros; e

VII – destruir ou subtrair, por qualquer meio, documentos concernentes a possíveis violações de direitos humanos por parte de agentes do Estado.

§ 1º Atendido o princípio do contraditório, da ampla defesa e do devido processo legal, as condutas descritas no *caput* serão consideradas:

I – para fins dos regulamentos disciplinares das Forças Armadas, transgressões militares médias ou graves, segundo os critérios neles estabelecidos, desde que não tipificadas em lei como crime ou contravenção penal; ou

II – para fins do disposto na Lei 8.112, de 11 de dezembro de 1990, infrações administrativas, que deverão ser apenadas, no mínimo, com suspensão, segundo os critérios estabelecidos na referida lei.

§ 2º Pelas condutas descritas no *caput*, poderá o militar ou agente público responder, também, por improbidade administrativa, conforme o disposto nas Leis 1.079, de 10 de abril de 1950, e 8.429, de 2 de junho de 1992.

Art. 66. A pessoa natural ou entidade privada que detiver informações em virtude de vínculo de qualquer natureza com o Poder Público e praticar conduta prevista no art. 65, estará sujeita às seguintes sanções:

I – advertência;

II – multa;

III – rescisão do vínculo com o Poder Público;

IV – suspensão temporária de participar em licitação e impedimento de contratar com a administração pública por prazo não superior a dois anos; e

V - declaração de inidoneidade para licitar ou contratar com a administração pública, até que seja promovida a reabilitação perante a autoridade que aplicou a penalidade.

§ 1º A sanção de multa poderá ser aplicada juntamente com as sanções previstas nos incisos I, III e IV do *caput*.

§ 2º A multa prevista no inciso II do *caput* será aplicada sem prejuízo da reparação pelos danos e não poderá ser:

I – inferior a R$ 1.000,00 (mil reais) nem superior a R$ 200.000,00 (duzentos mil reais), no caso de pessoa natural; ou

II - inferior a R$ 5.000,00 (cinco mil reais) nem superior a R$ 600.000,00 (seiscentos mil reais), no caso de entidade privada.

§ 3º A reabilitação referida no inciso V do *caput* será autorizada somente quando a pessoa natural ou entidade privada efetivar o ressarcimento ao órgão ou entidade dos prejuízos resultantes e depois de decorrido o prazo da sanção aplicada com base no inciso IV do *caput*.

§ 4º A aplicação da sanção prevista no inciso V do *caput* é de competência exclusiva da autoridade máxima do órgão ou entidade pública.

§ 5º O prazo para apresentação de defesa nas hipóteses previstas neste artigo é de dez dias, contado da ciência do ato.

Capítulo X
DO MONITORAMENTO DA APLICAÇÃO DA LEI

Seção I
Da autoridade de monitoramento

Art. 67. O dirigente máximo de cada órgão ou entidade designará autoridade que lhe seja diretamente subordinada para exercer as seguintes atribuições:

I – assegurar o cumprimento das normas relativas ao acesso à informação, de forma eficiente e adequada aos objetivos da Lei 12.527, de 2011;

II – avaliar e monitorar a implementação do disposto neste Decreto e apresentar ao dirigente máximo de cada órgão ou entidade relatório anual sobre o seu cumprimento, encaminhando-o à Controladoria-Geral da União;

III - recomendar medidas para aperfeiçoar as normas e procedimentos necessários à implementação deste Decreto;

IV - orientar as unidades no que se refere ao cumprimento deste Decreto; e

V - manifestar-se sobre reclamação apresentada contra omissão de autoridade competente, observado o disposto no art. 22.

Seção II
Das competências relativas ao monitoramento

Art. 68. Compete à Controladoria-Geral da União, observadas as competências dos demais órgãos e entidades e as previsões específicas neste Decreto:

I - definir o formulário padrão, disponibilizado em meio físico e eletrônico, que estará à disposição no sítio na Internet e no SIC dos órgãos e entidades, de acordo com o § 1º do art. 11;

II – promover campanha de abrangência nacional de fomento à cultura da transparência na administração pública e conscientização sobre o direito fundamental de acesso à informação;

III – promover o treinamento dos agentes públicos e, no que couber, a capacitação das entidades privadas sem fins lucrativos, no que se refere ao desenvolvimento de práticas relacionadas à transparência na administração pública;

IV – monitorar a implementação da Lei 12.527, de 2011, concentrando e consolidando a publicação de informações estatísticas relacionadas no art. 45;

V – preparar relatório anual com informações referentes à implementação da Lei 12.527, de 2011, a ser encaminhado ao Congresso Nacional;

VI – monitorar a aplicação deste Decreto, especialmente o cumprimento dos prazos e procedimentos; e

VII - definir, em conjunto com a Casa Civil da Presidência da República, diretrizes e procedimentos complementares necessários à implementação da Lei 12.527, de 2011.

Art. 69. Compete à Controladoria-Geral da União e ao Ministério do Planejamento, Orçamento e Gestão, observadas as competências dos demais órgãos e entidades e as previsões específicas neste Decreto, por meio de ato conjunto:

I – estabelecer procedimentos, regras e padrões de divulgação de informações ao público, fixando prazo máximo para atualização; e

II – detalhar os procedimentos necessários à busca, estruturação e prestação de informações no âmbito do SIC.

Art. 70. Compete ao Gabinete de Segurança Institucional da Presidência da República, observadas as competências dos demais órgãos e entidades e as previsões específicas neste Decreto:

I – estabelecer regras de indexação relacionadas à classificação de informação;

II – expedir atos complementares e estabelecer procedimentos relativos ao credenciamento de segurança de pessoas, órgãos e entidades públicos ou privados, para o tratamento de informações classificadas; e

III – promover, por meio do Núcleo de Credenciamento de Segurança, o credenciamento de segurança de pessoas, órgãos e entidades públicos ou privados, para o tratamento de informações classificadas.

Capítulo XI
DISPOSIÇÕES TRANSITÓRIAS E FINAIS

Art. 71. Os órgãos e entidades adequarão suas políticas de gestão da informação, promovendo os ajustes necessários aos processos de registro, processamento, trâmite e arquivamento de documentos e informações.

Art. 72. Os órgãos e entidades deverão reavaliar as informações classificadas no grau ultrassecreto e secreto no prazo máximo de dois anos, contado do termo inicial de vigência da Lei 12.527, de 2011.

§ 1º A restrição de acesso a informações, em razão da reavaliação prevista no *caput*, deverá observar os prazos e condições previstos neste Decreto.

§ 2º Enquanto não transcorrido o prazo de reavaliação previsto no *caput*, será mantida a classificação da informação, observados os prazos e disposições da legislação precedente.

§ 3º As informações classificadas no grau ultrassecreto e secreto não reavaliadas no prazo previsto no *caput* serão consideradas, automaticamente, desclassificadas.

Art. 73. A publicação anual de que trata o art. 45 terá início em junho de 2013.

Art. 74. O tratamento de informação classificada resultante de tratados, acordos ou atos internacionais atenderá às normas e recomendações desses instrumentos.

Art. 75. Aplica-se subsidiariamente a Lei 9.784, de 29 de janeiro de 1999, aos procedimentos previstos neste Decreto.

Art. 76. Este Decreto entra em vigor em 16 de maio de 2012.

Brasília, 16 de maio de 2012; 191º da Independência e 124º da República.

Dilma Rousseff

(Publicação no *D.O.U.* de 16.5.2012, retificação 18.5.2012)

ANEXO
GRAU DE SIGILO:
(idêntico ao grau de sigilo do documento)

TERMO DE CLASSIFICAÇÃO DE INFORMAÇÃO	
ÓRGÃO/ENTIDADE:	
CÓDIGO DE INDEXAÇÃO:	
GRAU DE SIGILO:	
CATEGORIA:	
TIPO DE DOCUMENTO:	
Data de PRODUção:	
FUNDAMENTO LEGAL PARA CLASSIFICAÇÃO:	
RAZÕES PARA A CLASSIFICAÇÃO: (idêntico ao grau de sigilo do documento)	
PRAZO DA RESTRIÇÃO DE ACESSO:	
DATA DE CLASSIFICAÇÃO:	
AUTORIDADE CLASSIFICADORA Cargo:	Nome:
AUTORIDADE RATIFICADORA (quando aplicável) Cargo:	Nome:
DESCLASSIFICAÇÃO em ___/___/____ (quando aplicável)	Nome: Cargo:
RECLASSIFICAÇÃO em ___/___/____ (quando aplicável)	Nome: Cargo:

	REDUÇÃO DE PRAZO em ___/___/___ (quando aplicável)	Nome: Cargo:
	PRORROGAÇÃO DE PRAZO em ___/___/___ (quando aplicável)	Nome: Cargo:
ASSINATURA DA AUTORIDADE CLASSIFICADORA		
ASSINATURA DA AUTORIDADE RATIFICADORA (quando aplicável) ASSINATURA DA AUTORIDADE responsável por DESCLASSIFICAÇÃO (quando aplicável) ASSINATURA DA AUTORIDADE responsável por RECLASSIFICAÇÃO (quando aplicável) ASSINATURA DA AUTORIDADE responsável por REDUÇÃO DE PRAZO (quando aplicável) ASSINATURA DA AUTORIDADE responsável por PRORROGAÇÃO DE PRAZO (quando aplicável)		

LEI 12.690,
DE 19 DE JULHO DE 2012

Dispõe sobre a organização e o funcionamento das Cooperativas de Trabalho; institui o Programa Nacional de Fomento às Cooperativas de Trabalho – PRONACOOP; e revoga o parágrafo único do art. 442 da Consolidação das Leis do Trabalho – CLT, aprovada pelo Dec.-lei 5.452, de 1º de maio de 1943.

A Presidenta da República:

Faço saber que o Congresso Nacional decreta e eu sanciono a seguinte Lei:

Capítulo I
DAS COOPERATIVAS DE TRABALHO

Art. 1º A Cooperativa de Trabalho é regulada por esta Lei e, no que com ela não colidir, pelas Leis 5.764, de 16 de dezembro de 1971, e 10.406, de 10 de janeiro de 2002 – Código Civil.

Parágrafo único. Estão excluídas do âmbito desta Lei:

I – as cooperativas de assistência à saúde na forma da legislação de saúde suplementar;

II – as cooperativas que atuam no setor de transporte regulamentado pelo poder público e que detenham, por si ou por seus sócios, a qualquer título, os meios de trabalho;

III – as cooperativas de profissionais liberais cujos sócios exerçam as atividades em seus próprios estabelecimentos; e

IV – as cooperativas de médicos cujos honorários sejam pagos por procedimento.

Art. 2º Considera-se Cooperativa de Trabalho a sociedade constituída por trabalhadores para o exercício de suas atividades laborativas ou profissionais com proveito comum, autonomia e autogestão para obterem melhor qualificação, renda, situação socioeconômica e condições gerais de trabalho.

§ 1º A autonomia de que trata o *caput* deste artigo deve ser exercida de forma coletiva e coordenada, mediante a fixação, em Assembleia Geral, das regras de funcionamento da cooperativa e da forma de execução dos trabalhos, nos termos desta Lei.

§ 2º Considera-se autogestão o processo democrático no qual a Assembleia Geral define as diretrizes para o funcionamento e as operações da cooperativa, e os sócios decidem sobre a forma de execução dos trabalhos, nos termos da lei.

Art. 3º A Cooperativa de Trabalho rege-se pelos seguintes princípios e valores:

I – adesão voluntária e livre;

II – gestão democrática;

III – participação econômica dos membros;

IV – autonomia e independência;

V – educação, formação e informação;

VI – intercooperação;

VII – interesse pela comunidade;

VIII – preservação dos direitos sociais, do valor social do trabalho e da livre-iniciativa;

IX – não precarização do trabalho;

X – respeito às decisões de assembleia, observado o disposto nesta Lei;

XI – participação na gestão em todos os níveis de decisão de acordo com o previsto em lei e no Estatuto Social.

Art. 4º A Cooperativa de Trabalho pode ser:

I – de produção, quando constituída por sócios que contribuem com trabalho para a produção em comum de bens e a cooperativa detém, a qualquer título, os meios de produção; e

II – de serviço, quando constituída por sócios para a prestação de serviços especializados a terceiros, sem a presença dos pressupostos da relação de emprego.

Parágrafo único. (*Vetado*).

Art. 5º A Cooperativa de Trabalho não pode ser utilizada para intermediação de mão de obra subordinada.

Parágrafo único. (*Vetado*).

Art. 6º A Cooperativa de Trabalho poderá ser constituída com número mínimo de 7 (sete) sócios.

Art. 7º A Cooperativa de Trabalho deve garantir aos sócios os seguintes direitos, além de outros que a Assembleia Geral venha a instituir:

I – retiradas não inferiores ao piso da categoria profissional e, na ausência deste, não inferiores ao salário mínimo, calculadas de forma proporcional às horas trabalhadas ou às atividades desenvolvidas;

II – duração do trabalho normal não superior a 8 (oito) horas diárias e 44 (quarenta e quatro) horas semanais, exceto quando a atividade, por sua natureza, demandar a prestação de trabalho por meio de plantões ou escalas, facultada a compensação de horários;

III – repouso semanal remunerado, preferencialmente aos domingos;

IV – repouso anual remunerado;

V – retirada para o trabalho noturno superior à do diurno;

VI – adicional sobre a retirada para as atividades insalubres ou perigosas;

VII – seguro de acidente de trabalho.

§ 1º Não se aplica o disposto nos incisos III e IV do *caput* deste artigo nos casos em que as operações entre o sócio e a cooperativa sejam eventuais, salvo decisão assemblear em contrário.

§ 2º A Cooperativa de Trabalho buscará meios, inclusive mediante provisionamento de recursos, com base em critérios que devem ser aprovados em Assembleia Geral, para assegurar os direitos previstos nos incisos I, III, IV, V, VI e VII do *caput* deste artigo e outros que a Assembleia Geral venha a instituir.

LEGISLAÇÃO

§ 3º A Cooperativa de Trabalho, além dos fundos obrigatórios previstos em lei, poderá criar, em Assembleia Geral, outros fundos, inclusive rotativos, com recursos destinados a fins específicos, fixando o modo de formação, custeio, aplicação e liquidação.

§ 4º *(Vetado)*.

§ 5º A Cooperativa de Trabalho constituída nos termos do inciso I do *caput* do art. 4º desta Lei poderá, em Assembleia Geral Extraordinária, estabelecer carência na fruição dos direitos previstos nos incisos I e VII do *caput* deste artigo.

§ 6º As atividades identificadas com o objeto social da Cooperativa de Trabalho prevista no inciso II do *caput* do art. 4º desta Lei, quando prestadas fora do estabelecimento da cooperativa, deverão ser submetidas a uma coordenação com mandato nunca superior a 1 (um) ano ou ao prazo estipulado para a realização dessas atividades, eleita em reunião específica pelos sócios que se disponham a realizá-las, em que serão expostos os requisitos para sua consecução, os valores contratados e a retribuição pecuniária de cada sócio partícipe.

Art. 8º As Cooperativas de Trabalho devem observar as normas de saúde e segurança do trabalho previstas na legislação em vigor e em atos normativos expedidos pelas autoridades competentes.

Art. 9º O contratante da Cooperativa de Trabalho prevista no inciso II do *caput* do art. 4º desta Lei responde solidariamente pelo cumprimento das normas de saúde e segurança do trabalho quando os serviços forem prestados no seu estabelecimento ou em local por ele determinado.

Capítulo II
DO FUNCIONAMENTO DAS COOPERATIVAS DE TRABALHO

Art. 10. A Cooperativa de Trabalho poderá adotar por objeto social qualquer gênero de serviço, operação ou atividade, desde que previsto no seu Estatuto Social.

§ 1º É obrigatório o uso da expressão "Cooperativa de Trabalho" na denominação social da cooperativa.

§ 2º A Cooperativa de Trabalho não poderá ser impedida de participar de procedimentos de licitação pública que tenham por escopo os mesmos serviços, operações e atividades previstas em seu objeto social.

§ 3º A admissão de sócios na cooperativa estará limitada consoante as possibilidades de reunião, abrangência das operações, controle e prestação de serviços e congruente com o objeto estatuído.

§ 4º Para o cumprimento dos seus objetivos sociais, o sócio poderá exercer qualquer atividade da cooperativa, conforme deliberado em Assembleia Geral.

Art. 11. Além da realização da Assembleia Geral Ordinária e Extraordinária para deliberar nos termos dos e sobre os assuntos previstos na Lei 5.764, de 16 de dezembro de 1971, e no Estatuto Social, a Cooperativa de Trabalho deverá realizar anualmente, no mínimo, mais uma Assembleia Geral Especial para deliberar, entre outros assuntos especificados no edital de convocação, sobre gestão da cooperativa, disciplina, direitos e deveres dos sócios, planejamento e resultado econômico dos projetos e contratos firmados e organização do trabalho.

§ 1º O destino das sobras líquidas ou o rateio dos prejuízos será decidido em Assembleia Geral Ordinária.

§ 2º As Cooperativas de Trabalho deverão estabelecer, em Estatuto Social ou Regimento Interno, incentivos à participação efetiva dos sócios na Assembleia Geral e eventuais sanções em caso de ausências injustificadas.

§ 3º O *quorum* mínimo de instalação das Assembleias Gerais será de:

I – 2/3 (dois terços) do número de sócios, em primeira convocação;

II – metade mais 1 (um) dos sócios, em segunda convocação;

III – 50 (cinquenta) sócios ou, no mínimo, 20% (vinte por cento) do total de sócios, prevalecendo o menor número, em terceira convocação, exigida a presença de, no mínimo, 4 (quatro) sócios para as cooperativas que possuam até 19 (dezenove) sócios matriculados.

§ 4º As decisões das assembleias serão consideradas válidas quando contarem com a aprovação da maioria absoluta dos sócios presentes.

§ 5º Comprovada fraude ou vício nas decisões das assembleias, serão elas nulas de pleno direito, aplicando-se, conforme o caso, a legislação civil e penal.

§ 6º A Assembleia Geral Especial de que trata este artigo deverá ser realizada no segundo semestre do ano.

Art. 12. A notificação dos sócios para participação das assembleias será pessoal e ocorrerá com antecedência mínima de 10 (dez) dias de sua realização.

§ 1º Na impossibilidade de notificação pessoal, a notificação dar-se-á por via postal, respeitada a antecedência prevista no *caput* deste artigo.

§ 2º Na impossibilidade de realização das notificações pessoal e postal, os sócios serão notificados mediante edital afixado na sede e em outros locais previstos nos estatutos e publicado em jornal de grande circulação na região da sede da cooperativa ou na região onde ela exerça suas atividades, respeitada a antecedência prevista no *caput* deste artigo.

Art. 13. É vedado à Cooperativa de Trabalho distribuir verbas de qualquer natureza entre os sócios, exceto a retirada devida em razão do exercício de sua atividade como sócio ou retribuição por conta de reembolso de despesas comprovadamente realizadas em proveito da Cooperativa.

Art. 14. A Cooperativa de Trabalho deverá deliberar, anualmente, na Assembleia Geral Ordinária, sobre a adoção ou não de diferentes faixas de retirada dos sócios.

Parágrafo único. No caso de fixação de faixas de retirada, a diferença entre as de maior e as de menor valor deverá ser fixada na Assembleia.

Art. 15. O Conselho de Administração será composto por, no mínimo, 3 (três) sócios, eleitos pela Assembleia Geral, para um prazo de gestão não superior a 4 (quatro) anos, sendo obrigatória a renovação de, no mínimo, 1/3 (um terço) do colegiado, ressalvada a hipótese do art. 16 desta Lei.

Art. 16. A Cooperativa de Trabalho constituída por até 19 (dezenove) sócios poderá estabelecer, em Estatuto Social, composição para o Conselho de Administração e para o Conselho Fiscal distinta da prevista nesta Lei e no art. 56 da Lei nº 5.764, de 16 de dezembro de 1971, assegurados, no mínimo, 3 (três) conselheiros fiscais.

Capítulo III
DA FISCALIZAÇÃO E DAS PENALIDADES

Art. 17. Cabe ao Ministério do Trabalho e Emprego, no âmbito de sua competência, a fiscalização do cumprimento do disposto nesta Lei.

§ 1º A Cooperativa de Trabalho que intermediar mão de obra subordinada e os contratantes de seus serviços estarão sujeitos à multa de R$ 500,00 (quinhentos reais) por trabalhador prejudicado, dobrada na reincidência, a ser revertida em favor do Fundo de Amparo ao Trabalhador – FAT.

§ 2º Presumir-se-á intermediação de mão de obra subordinada a relação contratual estabelecida entre a empresa contratante e as Cooperativas de Trabalho que não cumprirem o disposto no § 6º do art. 7º desta Lei.

§ 3º As penalidades serão aplicadas pela autoridade competente do Ministério do Trabalho e Emprego, de acordo com o estabelecido no Título VII da Consolidação das Leis do Trabalho – CLT, aprovada pelo Dec.-lei 5.452, de 1º de maio de 1943.

Art. 18. A constituição ou utilização de Cooperativa de Trabalho para fraudar deliberadamente a legislação trabalhista, previdenciária e o disposto nesta Lei acarretará aos responsáveis as sanções penais, cíveis e administrativas cabíveis, sem prejuízo da ação judicial visando à dissolução da Cooperativa.

§ 1º *(Vetado)*.

§ 2º Fica inelegível para qualquer cargo em Cooperativa de Trabalho, pelo período de até 5 (cinco) anos, contado a partir da sentença transitada em julgado, o sócio, dirigente ou o administrador condenado pela prática das fraudes elencadas no *caput* deste artigo.

Capítulo IV
DO PROGRAMA NACIONAL DE FOMENTO ÀS COOPERATIVAS DE TRABALHO – PRONACOOP

Art. 19. É instituído, no âmbito do Ministério do Trabalho e Emprego, o Programa Nacional de Fomento às Cooperativas de Trabalho – Pronacoop, com a finalidade de promover o desenvolvimento e a melhoria do desempenho econômico e social da Cooperativa de Trabalho.

Parágrafo único. O Pronacoop tem como finalidade apoiar:

I – a produção de diagnóstico e plano de desenvolvimento institucional para as Cooperativas de Trabalho dele participantes;

II – a realização de acompanhamento técnico visando ao fortalecimento financeiro, de gestão, de organização do processo produtivo ou de trabalho, bem como à qualificação dos recursos humanos;

III – a viabilização de linhas de crédito;

IV – o acesso a mercados e à comercialização da produção;

V – o fortalecimento institucional, a educação cooperativista e a constituição de cooperativas centrais, federações e confederações de cooperativas;

VI – outras ações que venham a ser definidas por seu Comitê Gestor no cumprimento da finalidade estabelecida no *caput* deste artigo.

Art. 20. É criado o Comitê Gestor do Pronacoop, com as seguintes atribuições:

I – acompanhar a implementação das ações previstas nesta Lei;

II – estabelecer as diretrizes e metas para o Pronacoop;

III – definir as normas operacionais para o Pronacoop;

IV – propor o orçamento anual do Pronacoop;

V – *(Vetado)*;

VI – *(Vetado)*.

§ 1º O Comitê Gestor terá composição paritária entre o governo e entidades representativas do cooperativismo de trabalho.

§ 2º O número de membros, a organização e o funcionamento do Comitê Gestor serão estabelecidos em regulamento.

Art. 21. O Ministério do Trabalho e Emprego poderá celebrar convênios, acordos, ajustes e outros instrumentos que objetivem a cooperação técnico-científica com órgãos do setor público e entidades privadas sem fins lucrativos, no âmbito do Pronacoop.

Art. 22. As despesas decorrentes da implementação do Pronacoop correrão à conta das dotações orçamentárias consignadas anualmente ao Ministério do Trabalho e Emprego.

Art. 23. Os recursos destinados às linhas de crédito do Pronacoop serão provenientes:

I – do Fundo de Amparo ao Trabalhador – FAT;

II – de recursos orçamentários da União; e

III – de outros recursos que venham a ser alocados pelo poder público.

Parágrafo único. O Conselho Deliberativo do Fundo de Amparo ao Trabalhador – Codefat definirá as diretrizes para a aplicação, no âmbito do Pronacoop, dos recursos oriundos do Fundo de Amparo ao Trabalhador – FAT.

Art. 24. As instituições financeiras autorizadas a operar com os recursos do Pronacoop poderão realizar operações de crédito destinadas a empreendimentos inscritos no Programa sem a exigência de garantias reais, que poderão ser substituídas por garantias alternativas, observadas as condições estabelecidas em regulamento.

Parágrafo único. *(Vetado)*.

Art. 25. *(Vetado)*.

Capítulo V
DISPOSIÇÕES FINAIS

Art. 26. É instituída a Relação Anual de Informações das Cooperativas de Trabalho – RAICT, a ser preenchida pelas Cooperativas de Trabalho, anualmente, com informações relativas ao ano-base anterior.

Parágrafo único. O Poder Executivo regulamentará o modelo de formulário da RAICT, os critérios para entrega das informações e as responsabilidades institucionais sobre a coleta, processamento, acesso e divulgação das informações.

Art. 27. A Cooperativa de Trabalho constituída antes da vigência desta Lei terá prazo de 12 (doze) meses, contado de sua publicação, para adequar seus estatutos às disposições nela previstas.

Art. 28. A Cooperativa de Trabalho prevista no inciso II do *caput* do art. 4º desta Lei constituída antes da vigência desta Lei terá prazo de 12 (doze) meses, contado de sua publicação, para assegurar aos sócios as garantias previstas nos incisos I, IV, V, VI e VII do *caput* do art. 7º desta Lei, conforme deliberado em Assembleia Geral.

Art. 29. Esta Lei entra em vigor na data de sua publicação.

Art. 30. *(Vetado)*.

Brasília, 19 de julho de 2012; 191º da Independência e 124º da República.

Dilma Rousseff

(Publicação no *D.O.U.* de 20.7.2012)

LEI 12.694,
DE 24 DE JULHO DE 2012

Dispõe sobre o processo e o julgamento colegiado em primeiro grau de jurisdição de crimes praticados por organizações criminosas; altera o Decreto-Lei 2.848, de 7 de dezembro de 1940 – Código Penal, o Decreto-Lei 3.689, de 3 de outubro de 1941 – Código de Processo Penal, e as Leis 9.503, de 23 de setembro de 1997 – Código de Trânsito Brasileiro, e 10.826, de 22 de dezembro de 2003; e dá outras providências

A Presidenta da República:

Faço saber que o Congresso Nacional decreta e eu sanciono a seguinte Lei:

Art. 1º Em processos ou procedimentos que tenham por objeto crimes praticados por organizações criminosas, o juiz poderá decidir pela formação de colegiado para a prática de qualquer ato processual, especialmente:

I – decretação de prisão ou de medidas assecuratórias;

II – concessão de liberdade provisória ou revogação de prisão;

III – sentença;

IV – progressão ou regressão de regime de cumprimento de pena;

V – concessão de liberdade condicional;

VI – transferência de preso para estabelecimento prisional de segurança máxima; e

VII – inclusão do preso no regime disciplinar diferenciado.

§ 1º O juiz poderá instaurar o colegiado, indicando os motivos e as circunstâncias que acarretam risco à sua integridade física em decisão fundamentada, da qual será dado conhecimento ao órgão correicional.

§ 2º O colegiado será formado pelo juiz do processo e por 2 (dois) outros juízes escolhidos por sorteio eletrônico dentre aqueles de competência criminal em exercício no primeiro grau de jurisdição.

§ 3º A competência do colegiado limita-se ao ato para o qual foi convocado.

§ 4º As reuniões poderão ser sigilosas sempre que houver risco de que a publicidade resulte em prejuízo à eficácia da decisão judicial.

§ 5º A reunião do colegiado composto por juízes domiciliados em cidades diversas poderá ser feita pela via eletrônica.

§ 6º As decisões do colegiado, devidamente fundamentadas e firmadas, sem exceção, por todos os seus integrantes, serão publicadas sem qualquer referência a voto divergente de qualquer membro.

§ 7º Os tribunais, no âmbito de suas competências, expedirão normas regulamentando a composição do colegiado e os procedimentos a serem adotados para o seu funcionamento.

Art. 2º Para os efeitos desta Lei, considera-se organização criminosa a associação, de 3 (três) ou mais pessoas, estruturalmente ordenada e caracterizada pela divisão de tarefas, ainda que informalmente, com objetivo de obter, direta ou indiretamente, vantagem de qualquer natureza, mediante a prática de crimes cuja pena máxima seja igual ou superior a 4 (quatro) anos ou que sejam de caráter transnacional.

Art. 3º Os tribunais, no âmbito de suas competências, são autorizados a tomar medidas para reforçar a segurança dos prédios da Justiça, especialmente:

I – controle de acesso, com identificação, aos seus prédios, especialmente aqueles com varas criminais, ou às áreas dos prédios com varas criminais;

II – instalação de câmeras de vigilância nos seus prédios, especialmente nas varas criminais e áreas adjacentes;

III – instalação de aparelhos detectores de metais, aos quais se devem submeter todos que queiram ter acesso aos seus prédios, especialmente às varas criminais ou às respectivas salas de audiência, ainda que exerçam qualquer cargo ou função pública, ressalvados os integrantes de missão policial, a escolta de presos e os agentes ou inspetores de segurança próprios.

Art. 4º O art. 91 do Decreto-Lei 2.848, de 7 de dezembro de 1940 – Código Penal, passa a vigorar acrescido dos seguintes §§ 1º e 2º:

→ Alterações efetuadas no CP.

Art. 5º O Decreto-Lei 3.689, de 3 de outubro de 1941 – Código de Processo Penal, passa a vigorar acrescido do seguinte art. 144-A:

→ Alterações efetuadas no CPP.

Art. 6º O art. 115 da Lei 9.503, de 23 de setembro de 1997 – Código de Trânsito Brasileiro, passa a vigorar acrescido do seguinte § 7º:

→ Alterações efetuadas na referida Lei.

Art. 7º O art. 6º da Lei 10.826, de 22 de dezembro de 2003, passa a vigorar acrescido do seguinte inciso XI:

"Art. 6º (...)

XI – os tribunais do Poder Judiciário descritos no art. 92 da Constituição Federal e os Ministérios Públicos da União e dos Estados, para uso exclusivo de servidores de seus quadros pessoais que efetivamente estejam no exercício de funções de segurança, na forma de regulamento a ser emitido pelo Conselho Nacional de Justiça – CNJ e pelo Conselho Nacional do Ministério Público – CNMP. (...)"

Art. 8º A Lei 10.826, de 22 de dezembro de 2003, passa a vigorar acrescida do seguinte art. 7º-A:

"Art. 7º-A. As armas de fogo utilizadas pelos servidores das instituições descritas no inciso XI do art. 6º serão de propriedade, responsabilidade e guarda das respectivas instituições, somente podendo ser utilizadas quando em serviço, devendo estas observar as condições de uso e de armazenagem estabelecidas pelo órgão competente, sendo o certificado de registro e a autorização de porte expedidos pela Polícia Federal em nome da instituição.

§ 1º A autorização para o porte de arma de fogo de que trata este artigo independe do pagamento de taxa.

§ 2º O presidente do tribunal ou o chefe do Ministério Público designará os servidores de seus quadros pessoais no exercício de funções de segurança que poderão portar arma de fogo, respeitado o limite máximo de 50% (cinquenta por cento) do número de servidores que exerçam funções de segurança.

§ 3º O porte de arma pelos servidores das instituições de que trata este artigo fica condicionado à apresentação de documentação comprobatória do preenchimento dos requisitos constantes do art. 4º desta Lei, bem como à formação funcional em estabelecimentos de ensino de atividade policial e à existência de mecanismos de fiscalização e de controle interno, nas condições estabelecidas no regulamento desta Lei.

§ 4º A listagem dos servidores das instituições de que trata este artigo deverá ser atualizada semestralmente no Sinarm.

§ 5º As instituições de que trata este artigo são obrigadas a registrar ocorrência policial e a comunicar à Polícia Federal eventual perda, furto, roubo ou outras formas de extravio de armas de fogo, acessórios e munições que estejam sob sua guarda, nas primeiras 24 (vinte e quatro) horas depois de ocorrido o fato."

Art. 9º Diante de situação de risco, decorrente do exercício da função, das autoridades judiciais ou membros do Ministério Público e de seus familiares, o fato será comunicado à polícia judiciária, que avaliará a necessidade, o alcance e os parâmetros da proteção pessoal.

§ 1º A proteção pessoal será prestada de acordo com a avaliação realizada pela polícia judiciária e após a comunicação à autoridade judicial ou ao membro do Ministério Público, conforme o caso:

I – pela própria polícia judiciária;

II – pelos órgãos de segurança institucional;

III – por outras forças policiais;

IV – de forma conjunta pelos citados nos incisos I, II e III.

§ 2º Será prestada proteção pessoal imediata nos casos urgentes, sem prejuízo da adequação da medida, segundo a avaliação a que se referem o *caput* e o § 1º deste artigo.

§ 3º A prestação de proteção pessoal será comunicada ao Conselho Nacional de Justiça ou ao Conselho Nacional do Ministério Público, conforme o caso.

§ 4º Verificado o descumprimento dos procedimentos de segurança definidos pela polícia judiciária, esta encaminhará relatório ao Conselho Nacional de Justiça – CNJ ou ao Conselho Nacional do Ministério Público – CNMP.

Art. 10. Esta Lei entra em vigor após decorridos 90 (noventa) dias de sua publicação oficial.

Brasília, 24 de julho de 2012; 191º da Independência e 124º da República.

Dilma Rousseff

(Publicação no *D.O.U.* de 25.7.2012)

LEI 12.714,

DE 14 DE SETEMBRO DE 2012

Dispõe sobre o sistema de acompanhamento da execução das penas, da prisão cautelar e da medida de segurança.

A Presidenta da República:

Faço saber que o Congresso Nacional decreta e eu sanciono a seguinte Lei:

Art. 1º Os dados e as informações da execução da pena, da prisão cautelar e da medida de segurança deverão ser mantidos e atualizados em sistema informatizado de acompanhamento da execução da pena.

§ 1º Os sistemas informatizados de que trata o *caput* serão, preferencialmente, de tipo aberto.

§ 2º Considera-se sistema ou programa aberto aquele cuja licença de uso não restrinja sob nenhum aspecto a sua cessão, distribuição, utilização ou modificação, assegurando ao usuário o acesso irrestrito e sem custos adicionais ao seu código fonte e documentação associada, permitindo a sua modificação parcial ou total, garantindo-se os direitos autorais do programador.

§ 3º Os dados e as informações previstos no *caput* serão acompanhados pelo magistrado, pelo representante do Ministério Público e pelo defensor e estarão disponíveis à pessoa presa ou custodiada.

§ 4º O sistema de que trata o *caput* deverá permitir o cadastramento do defensor, dos representantes dos conselhos penitenciários estaduais e do Distrito Federal e dos conselhos da comunidade para acesso aos dados e informações.

Art. 2º O sistema previsto no art. 1º deverá conter o registro dos seguintes dados e informações:

I – nome, filiação, data de nascimento e sexo;

II – data da prisão ou da internação;

III – comunicação da prisão à família e ao defensor;

IV – tipo penal e pena em abstrato;

V – tempo de condenação ou da medida aplicada;

VI – dias de trabalho ou estudo;

VII – dias remidos;

VIII – atestado de comportamento carcerário expedido pelo diretor do estabelecimento prisional;

IX – faltas graves;

X – exame de cessação de periculosidade, no caso de medida de segurança; e

XI – utilização de equipamento de monitoração eletrônica pelo condenado.

Art. 3º O lançamento dos dados ou das informações de que trata o art. 2º ficará sob a responsabilidade:

I – da autoridade policial, por ocasião da prisão, quanto ao disposto nos incisos I a IV do *caput* do art. 2º;

II – do magistrado que proferir a decisão ou acórdão, quanto ao disposto nos incisos V, VII e XI do *caput* do art. 2º;

III – do diretor do estabelecimento prisional, quanto ao disposto nos incisos VI, VIII e IX do *caput* do art. 2º; e

IV – do diretor da unidade de internação, quanto ao disposto no inciso X do *caput* do art. 2º.

Parágrafo único. Os dados e informações previstos no inciso II do *caput* do art. 2º poderão, a qualquer momento, ser revistos pelo magistrado.

Art. 4º O sistema referido no art. 1º deverá conter ferramentas que:

I – informem as datas estipuladas para:

a) conclusão do inquérito;

b) oferecimento da denúncia;

c) obtenção da progressão de regime;

d) concessão do livramento condicional;

e) realização do exame de cessação de periculosidade; e

f) enquadramento nas hipóteses de indulto ou de comutação de pena;

II – calculem a remição da pena; e

III – identifiquem a existência de outros processos em que tenha sido determinada a prisão do réu ou acusado.

§ 1º O sistema deverá ser programado para informar tempestiva e automaticamente, por aviso eletrônico, as datas mencionadas no inciso I do *caput*:

I – ao magistrado responsável pela investigação criminal, processo penal ou execução da pena ou cumprimento da medida de segurança;

II – ao Ministério Público; e

III – ao defensor.

§ 2º Recebido o aviso previsto no § 1º, o magistrado verificará o cumprimento das condições legalmente previstas para soltura ou concessão de outros benefícios à pessoa presa ou custodiada e dará vista ao Ministério Público.

Art. 5º O Poder Executivo federal instituirá sistema nacional, visando à interoperabilidade das bases de dados e informações dos sistemas informatizados instituídos pelos Estados e pelo Distrito Federal.

Parágrafo único. A União poderá apoiar os Estados e o Distrito Federal no desenvolvimento, implementação e adequação de sistemas próprios que permitam interoperabilidade com o sistema nacional de que trata o *caput*.

Art. 6º Esta Lei entra em vigor após decorridos 365 (trezentos e sessenta e cinco) dias de sua publicação oficial.

Brasília, 14 de setembro de 2012; 191º da Independência e 124º da República.

Dilma Rousseff

(Publicação no *D.O.U.* de 17.9.2012)

LEI 12.741,

DE 8 DE DEZEMBRO DE 2012

Dispõe sobre as medidas de esclarecimento ao consumidor, de que trata o § 5º do artigo 150 da Constituição Federal; altera o inciso III do art. 6º e o inciso IV do art. 106 da Lei 8.078, de 11 de setembro de 1990 – Código de Defesa do Consumidor.

A Presidenta da República:

Faço saber que o Congresso Nacional decreta e eu sanciono a seguinte Lei:

Art. 1º Emitidos por ocasião da venda ao consumidor de mercadorias e serviços, em todo território nacional, deverá constar, dos documentos fiscais ou equivalentes, a informação do valor aproximado correspondente à totalidade dos tributos federais, estaduais e municipais, cuja incidência influi na formação dos respectivos preços de venda.

§ 1º A apuração do valor dos tributos incidentes deverá ser feita em relação a cada mercadoria ou serviço, separadamente, inclusive nas hipóteses de regimes jurídicos tributários diferenciados dos respectivos fabricantes, varejistas e prestadores de serviços, quando couber.

§ 2º A informação de que trata este artigo poderá constar de painel afixado em local visível do estabelecimento, ou por qualquer outro meio eletrônico ou impresso, de forma a demonstrar o valor ou percentual, ambos aproximados, dos tributos incidentes sobre todas as mercadorias ou serviços postos à venda.

§ 3º Na hipótese do § 2º, as informações a serem prestadas serão elaboradas em termos de percentuais sobre o preço a ser pago, quando se tratar de tributo com alíquota *ad valorem*, ou em valores monetários (no caso de alíquota específica); no caso de se utilizar meio eletrônico, este deverá estar disponível ao consumidor no âmbito do estabelecimento comercial.

§ 4º (*Vetado*).

§ 5º Os tributos que deverão ser computados são os seguintes:

I – Imposto sobre Operações relativas à Circulação de Mercadorias e sobre Prestações de Serviços de Transporte Interestadual e Intermunicipal e de Comunicação (ICMS);

II – Imposto sobre Serviços de Qualquer Natureza (ISS);

III – Imposto sobre Produtos Industrializados (IPI);

IV – Imposto sobre Operações de Crédito, Câmbio e Seguro, ou Relativas a Títulos ou Valores Mobiliários (IOF);

V – (*Vetado*);

VI – (*Vetado*);

VII – Contribuição Social para o Programa de Integração Social (PIS) e para o Programa de Formação do Patrimônio do Servidor Público (Pasep) – (PIS/Pasep);

VIII – Contribuição para o Financiamento da Seguridade Social (Cofins);

IX – Contribuição de Intervenção no Domínio Econômico, incidente sobre a importação e a comercialização de petróleo e seus derivados, gás natural e seus derivados, e álcool etílico combustível (Cide).

§ 6º Serão informados ainda os valores referentes ao imposto de importação, PIS/Pasep/Importação e Cofins/Importação, na hipótese de produtos cujos insumos ou componentes sejam oriundos de operações de comércio exterior e representem percentual superior a 20% (vinte por cento) do preço de venda.

§ 7º Na hipótese de incidência do imposto sobre a importação, nos termos do § 6º, bem como da incidência do Imposto sobre Produtos Industrializados – IPI, todos os fornecedores constantes das diversas cadeias produtivas deverão fornecer aos adquirentes, em meio magnético, os valores dos 2 (dois) tributos individualizados por item comercializado.

§ 8º Em relação aos serviços de natureza financeira, quando não seja legalmente prevista a emissão de documento fiscal, as informações de que trata este artigo deverão ser feitas em tabelas afixadas nos respectivos estabelecimentos.

§ 9º (*Vetado*).

§ 10. A indicação relativa ao IOF (prevista no inciso IV do § 5º) restringe-se aos produtos financeiros sobre os quais incida diretamente aquele tributo.

§ 11. A indicação relativa ao PIS e à Cofins (incisos VII e VIII do § 5º), limitar-se-á à tributação incidente sobre a operação de venda ao consumidor.

§ 12. Sempre que o pagamento de pessoal constituir item de custo direto do serviço ou produto fornecido ao consumidor, deve ser divulgada, ainda, a contribuição previdenciária dos empregados e dos empregadores incidente, alocada ao serviço ou produto.

Art. 2º Os valores aproximados de que trata o art. 1º serão apurados sobre cada operação, e poderão, a critério das empresas vendedoras, ser calculados e fornecidos, semestralmente, por instituição de âmbito nacional reconhecidamente idônea, voltada primordialmente à apuração e análise de dados econômicos.

Art. 3º O inciso III do art. 6º da Lei 8.078, de 11 de setembro de 1990, passa a vigorar com a seguinte redação:

→ Alterações efetuadas na referida Lei.

Art. 4º (*Vetado*).

Art. 5º Decorrido o prazo de 12 (doze) meses, contado do início de vigência desta Lei, o descumprimento de suas disposições sujeitará o infrator às sanções previstas no Capítulo VII do Título I da Lei 8.078, de 11 de setembro de 1990.

→ Artigo com redação alterada pela Lei 12.868/2013.

Art. 6º Esta Lei entra em vigor 6 (seis) meses após a data de sua publicação.

Brasília, 8 de dezembro de 2012; 191º da Independência e 124º da República.

Dilma Rousseff

(Publicação no *D.O.U.* 10.12.2012)

LEI 12.790,
DE 14 DE MARÇO DE 2013

Dispõe sobre a regulamentação do exercício da profissão de comerciário.

A Presidenta da República:

Faço saber que o Congresso Nacional decreta e eu sanciono a seguinte Lei:

Art. 1º Aos comerciários, integrantes da categoria profissional de empregados no comércio, conforme o quadro de atividades e profissões do art. 577, combinado com o art. 511, ambos da Consolidação das Leis do Trabalho (CLT), aprovada pelo Decreto-Lei nº 5.452, de 1º de maio de 1943, aplicam-se os dispositivos da presente Lei, sem prejuízo das demais normas trabalhistas que lhes sejam aplicáveis.

Art. 2º Na Carteira de Trabalho e Previdência Social (CTPS), a atividade ou função desempenhada pelos empregados do comércio deverá ser especificada, desde que inexista a possibilidade de classificação por similaridade.

Art. 3º A jornada normal de trabalho dos empregados no comércio é de 8 (oito) horas diárias e 44 (quarenta e quatro) semanais.

§ 1º Somente mediante convenção coletiva ou acordo coletivo de trabalho poderá ser alterada a jornada normal de trabalho estabelecida no *caput* deste artigo.

§ 2º É admitida jornada de 6 (seis) horas para o trabalho realizado em turnos de revezamento, sendo vedada a utilização do mesmo empregado em mais de 1 (um) turno de trabalho, salvo negociação coletiva de trabalho.

Art. 4º O piso salarial será fixado em convenção ou acordo coletivo de trabalho, nos termos do inciso V do art. 7º da Constituição Federal.

Art. 5º (*Vetado*).

Art. 6º As entidades representativas das categorias econômica e profissional poderão, no âmbito da negociação coletiva, negociar a inclusão, no instrumento normativo, de cláusulas que instituam programas e ações de educação, formação e qualificação profissional.

Art. 7º É instituído o Dia do Comerciário, a ser comemorado no dia 30 de outubro de cada ano.

Art. 8º Esta Lei entra em vigor na data de sua publicação.

Brasília, 14 de março de 2013; 192º da Independência e 125º da República.

Dilma Rousseff

(Publicação no *D.O.U.* de 15.3.2013)

DECRETO 7.962,
DE 15 DE MARÇO DE 2013

Regulamenta a Lei 8.078, de 11 de setembro de 1990, para dispor sobre a contratação no comércio eletrônico.

A Presidenta da República, no uso da atribuição que lhe confere o art. 84, *caput*, inciso IV, da Constituição, e tendo em vista o disposto na Lei 8.078, de 11 de setembro de 1990, decreta:

Art. 1º Este Decreto regulamenta a Lei 8.078, de 11 de setembro de 1990, para dispor sobre a contratação no comércio eletrônico, abrangendo os seguintes aspectos:

I – informações claras a respeito do produto, serviço e do fornecedor;

II – atendimento facilitado ao consumidor; e

III – respeito ao direito de arrependimento.

Art. 2º Os sítios eletrônicos ou demais meios eletrônicos utilizados para oferta ou conclusão de contrato de consumo devem disponibilizar, em local de destaque e de fácil visualização, as seguintes informações:

I – nome empresarial e número de inscrição do fornecedor, quando houver, no Cadastro Nacional de Pessoas Físicas ou no Cadastro Nacional de Pessoas Jurídicas do Ministério da Fazenda;

II – endereço físico e eletrônico, e demais informações necessárias para sua localização e contato;

III – características essenciais do produto ou do serviço, incluídos os riscos à saúde e à segurança dos consumidores;

IV – discriminação, no preço, de quaisquer despesas adicionais ou acessórias, tais como as de entrega ou seguros;

V – condições integrais da oferta, incluídas modalidades de pagamento, disponibilidade, forma e prazo da execução do serviço ou da entrega ou disponibilização do produto; e

VI – informações claras e ostensivas a respeito de quaisquer restrições à fruição da oferta.

Art. 3º Os sítios eletrônicos ou demais meios eletrônicos utilizados para ofertas de compras coletivas ou modalidades análogas de contratação deverão conter, além das informações previstas no art. 2º, as seguintes:

I – quantidade mínima de consumidores para a efetivação do contrato;

II – prazo para utilização da oferta pelo consumidor; e

III – identificação do fornecedor responsável pelo sítio eletrônico e do fornecedor do produto ou serviço ofertado, nos termos dos incisos I e II do art. 2º.

Art. 4º Para garantir o atendimento facilitado ao consumidor no comércio eletrônico, o fornecedor deverá:

I – apresentar sumário do contrato antes da contratação, com as informações necessárias ao pleno exercício do direito de escolha do consumidor, enfatizadas as cláusulas que limitem direitos;

II – fornecer ferramentas eficazes ao consumidor para identificação e correção imediata de erros ocorridos nas etapas anteriores à finalização da contratação;

III – confirmar imediatamente o recebimento da aceitação da oferta;

IV – disponibilizar o contrato ao consumidor em meio que permita sua conservação e reprodução, imediatamente após a contratação;

V – manter serviço adequado e eficaz de atendimento em meio eletrônico, que possibilite ao consumidor a resolução de demandas referentes a informação, dúvida, reclamação, suspensão ou cancelamento do contrato;

VI – confirmar imediatamente o recebimento das demandas do consumidor referidas no inciso, pelo mesmo meio empregado pelo consumidor; e

VII – utilizar mecanismos de segurança eficazes para pagamento e para tratamento de dados do consumidor.

Parágrafo único. A manifestação do fornecedor às demandas previstas no inciso V do *caput* será encaminhada em até 5 (cinco) dias ao consumidor.

Art. 5º O fornecedor deve informar, de forma clara e ostensiva, os meios adequados e eficazes para o exercício do direito de arrependimento pelo consumidor.

§ 1º O consumidor poderá exercer seu direito de arrependimento pela mesma ferramenta utilizada para a contratação, sem prejuízo de outros meios disponibilizados.

§ 2º O exercício do direito de arrependimento implica a rescisão dos contratos acessórios, sem qualquer ônus para o consumidor.

§ 3º O exercício do direito de arrependimento será comunicado imediatamente pelo fornecedor à instituição financeira ou à administradora do cartão de crédito ou similar, para que:

I – a transação não seja lançada na fatura do consumidor; ou

II – seja efetivado o estorno do valor, caso o lançamento na fatura já tenha sido realizado.

§ 4º O fornecedor deve enviar ao consumidor confirmação imediata do recebimento da manifestação de arrependimento.

Art. 6º As contratações no comércio eletrônico deverão observar o cumprimento das condições da oferta, com a entrega dos produtos e serviços contratados, observados prazos, quantidade, qualidade e adequação.

Art. 7º A inobservância das condutas descritas neste Decreto ensejará aplicação das sanções previstas no art. 56 da Lei 8.078, de 1990.

Art. 8º O Decreto 5.903, de 20 de setembro de 2006, passa a vigorar com as seguintes alterações:

"Art. 10. (...)

Parágrafo único. O disposto nos arts. 2º, 3º e 9º deste Decreto aplica-se às contratações no comércio eletrônico."

Art. 9º Este Decreto entra em vigor 60 (sessenta) dias após a data de sua publicação.

Brasília, 15 de março de 2013; 192º da Independência e 125º da República.

Dilma Rousseff

(Publicação no *D.O.U.* de 15.3.2013 - Edição extra)

LEI COMPLEMENTAR 142, DE 8 DE MAIO DE 2013

Regulamenta o § 1º do art. 201 da Constituição Federal, no tocante à aposentadoria da pessoa com deficiência segurada do Regime Geral de Previdência Social – RGPS.

→ v. Lei 13.146/2015 – Estatuto da Pessoa com Deficiência.

A Presidenta da República:

Faço saber que o Congresso Nacional decreta e eu sanciono a seguinte Lei Complementar:

Art. 1º Esta Lei Complementar regulamenta a concessão de aposentadoria da pessoa com deficiência segurada do Regime Geral de Previdência Social – RGPS de que trata o § 1º do art. 201 da Constituição Federal.

Art. 2º Para o reconhecimento do direito à aposentadoria de que trata esta Lei Complementar, considera-se pessoa com deficiência aquela que tem impedimentos de longo prazo de natureza física, mental, intelectual ou sensorial, os quais, em interação com diversas barreiras, podem obstruir sua participação plena e efetiva na sociedade em igualdade de condições com as demais pessoas.

Art. 3º É assegurada a concessão de aposentadoria pelo RGPS ao segurado com deficiência, observadas as seguintes condições:

I – aos 25 (vinte e cinco) anos de tempo de contribuição, se homem, e 20 (vinte) anos, se mulher, no caso de segurado com deficiência grave;

II – aos 29 (vinte e nove) anos de tempo de contribuição, se homem, e 24 (vinte e quatro) anos, se mulher, no caso de segurado com deficiência moderada;

III – aos 33 (trinta e três) anos de tempo de contribuição, se homem, e 28 (vinte e oito) anos, se mulher, no caso de segurado com deficiência leve; ou

IV – aos 60 (sessenta) anos de idade, se homem, e 55 (cinquenta e cinco) anos de idade, se mulher, independentemente do grau de deficiência, desde que cumprido tempo mínimo de contribuição de 15 (quinze) anos e comprovada a existência de deficiência durante igual período.

Parágrafo único. Regulamento do Poder Executivo definirá as deficiências grave, moderada e leve para os fins desta Lei Complementar.

Art. 4º A avaliação da deficiência será médica e funcional, nos termos do Regulamento.

Art. 5º O grau de deficiência será atestado por perícia própria do Instituto Nacional do Seguro Social – INSS, por meio de instrumentos desenvolvidos para esse fim.

Art. 6º A contagem de tempo de contribuição na condição de segurado com deficiência será objeto de comprovação, exclusivamente, na forma desta Lei Complementar.

§ 1º A existência de deficiência anterior à data da vigência desta Lei Complementar deverá ser certificada, inclusive quanto ao seu grau, por ocasião da primeira avaliação, sendo obrigatória a fixação da data provável do início da deficiência.

§ 2º A comprovação de tempo de contribuição na condição de segurado com deficiência em período anterior à entrada em vigor desta Lei Complementar não será admitida por meio de prova exclusivamente testemunhal.

Art. 7º Se o segurado, após a filiação ao RGPS, tornar-se pessoa com deficiência, ou tiver seu grau de deficiência alterado, os parâmetros mencionados no art. 3º serão proporcionalmente ajustados, considerando-se o número de anos em que o segurado exerceu atividade laboral sem deficiência e com deficiência, observado o grau de deficiência correspondente, nos termos do regulamento a que se refere o parágrafo único do art. 3º desta Lei Complementar.

Art. 8º A renda mensal da aposentadoria devida ao segurado com deficiência será calculada aplicando-se sobre o salário de benefício, apurado em conformidade com o disposto no art. 29 da Lei 8.213, de 24 de julho de 1991, os seguintes percentuais:

I – 100% (cem por cento), no caso da aposentadoria de que tratam os incisos I, II e III do art. 3º; ou

II – 70% (setenta por cento) mais 1% (um por cento) do salário de benefício por grupo de 12 (doze) contribuições mensais até o máximo de 30% (trinta por cento), no caso de aposentadoria por idade.

Art. 9º Aplicam-se à pessoa com deficiência de que trata esta Lei Complementar:

I – o fator previdenciário nas aposentadorias, se resultar em renda mensal de valor mais elevado;

II – a contagem recíproca do tempo de contribuição na condição de segurado com deficiência relativa à filiação ao RGPS, ao regime próprio de previdência do servidor público ou a regime de previdência militar, devendo os regimes compensar-se financeiramente;

III – as regras de pagamento e de recolhimento das contribuições previdenciárias contidas na Lei 8.212, de 24 de julho de 1991;

IV – as demais normas relativas aos benefícios do RGPS;

V – a percepção de qualquer outra espécie de aposentadoria estabelecida na Lei 8.213, de 24 de julho de 1991, que lhe seja mais vantajosa do que as opções apresentadas nesta Lei Complementar.

Art. 10. A redução do tempo de contribuição prevista nesta Lei Complementar não poderá ser acumulada, no tocante ao mesmo período contributivo, com a redução assegurada aos casos de atividades exercidas sob condições especiais que prejudiquem a saúde ou a integridade física.

Art. 11. Esta Lei Complementar entra em vigor após decorridos 6 (seis) meses de sua publicação oficial.

Brasília, 8 de maio de 2013; 192º da Independência e 125º da República.

Dilma Rousseff

(Publicação no *D.O.U.* 9.5.2013)

RESOLUÇÃO DO CNJ 175,
DE 14 DE MAIO DE 2013

Dispõe sobre a habilitação, celebração de casamento civil, ou de conversão de união estável em casamento, entre pessoas de mesmo sexo.

O Presidente do Conselho Nacional de Justiça, no uso de suas atribuições constitucionais e regimentais,

Considerando a decisão do plenário do Conselho Nacional de Justiça, tomada no julgamento do Ato Normativo 0002626-65.2013.2.00.0000, na 169ª Sessão Ordinária, realizada em 14 de maio de 2013;

Considerando que o Supremo Tribunal Federal, nos acórdãos prolatados em julgamento da ADPF 132/RJ e da ADI 4277/DF, reconheceu a inconstitucionalidade de distinção de tratamento legal às uniões estáveis constituídas por pessoas de mesmo sexo;

Considerando que as referidas decisões foram proferidas com eficácia vinculante à administração pública e aos demais órgãos do Poder Judiciário;

Considerando que o Superior Tribunal de Justiça, em julgamento do RESP 1.183.378/RS, decidiu inexistir óbices legais à celebração de casamento entre pessoas de mesmo sexo;

Considerando a competência do Conselho Nacional de Justiça, prevista no art. 103-B, da Constituição Federal de 1988; resolve:

Art. 1º É vedada às autoridades competentes a recusa de habilitação, celebração de casamento civil ou de conversão de união estável em casamento entre pessoas de mesmo sexo.

Art. 2º A recusa prevista no artigo 1º implicará a imediata comunicação ao respectivo juiz corregedor para as providências cabíveis.

Art. 3º Esta resolução entra em vigor na data de sua publicação.

Ministro Joaquim Barbosa
Presidente

(Publicação no *D.J.* de 15.5.2013)

LEI 12.830,
DE 20 DE JUNHO DE 2013

Dispõe sobre a investigação criminal conduzida pelo delegado de polícia.

A Presidenta da República:

Faço saber que o Congresso Nacional decreta e eu sanciono a seguinte Lei:

Art. 1º Esta Lei dispõe sobre a investigação criminal conduzida pelo delegado de polícia.

Art. 2º As funções de polícia judiciária e a apuração de infrações penais exercidas pelo delegado de polícia são de natureza jurídica, essenciais e exclusivas de Estado.

§ 1º Ao delegado de polícia, na qualidade de autoridade policial, cabe a condução da investigação criminal por meio de inquérito policial ou outro procedimento previsto em lei, que tem como objetivo a apuração das circunstâncias, da materialidade e da autoria das infrações penais.

§ 2º Durante a investigação criminal, cabe ao delegado de polícia a requisição de perícia, informações, documentos e dados que interessem à apuração dos fatos.

§ 3º (*Vetado*).

§ 4º O inquérito policial ou outro procedimento previsto em lei em curso somente poderá ser avocado ou redistribuído por superior hierárquico, mediante despacho fundamentado, por motivo de interesse público ou nas hipóteses de inobservância dos procedimentos previstos em regulamento da corporação que prejudique a eficácia da investigação.

§ 5º A remoção do delegado de polícia dar-se-á somente por ato fundamentado.

§ 6º O indiciamento, privativo do delegado de polícia, dar-se-á por ato fundamentado, mediante análise técnico-jurídica do fato, que deverá indicar a autoria, materialidade e suas circunstâncias.

Art. 3º O cargo de delegado de polícia é privativo de bacharel em Direito, devendo-lhe ser dispensado o mesmo tratamento protocolar que recebem os magistrados, os membros da Defensoria Pública e do Ministério Público e os advogados.

Art. 4º Esta Lei entra em vigor na data de sua publicação.

Brasília, 20 de junho de 2013; 192º da Independência e 125º da República.

Dilma Rousseff

(Publicação no *D.O.U.* 21.6.2013)

LEI 12.846,
DE 1º DE AGOSTO DE 2013

Dispõe sobre a responsabilização administrativa e civil de pessoas jurídicas pela prática de atos contra a administração pública, nacional ou estrangeira, e dá outras providências.

→ v. Decreto 8.420/2015 – Regulamenta a Lei 12.846/2013.

A Presidenta da República:

Faço saber que o Congresso Nacional decreta e eu sanciono a seguinte Lei:

Capítulo I
DISPOSIÇÕES GERAIS

Art. 1º Esta Lei dispõe sobre a responsabilização objetiva administrativa e civil de pessoas jurídicas pela prática de atos contra a administração pública, nacional ou estrangeira.

Parágrafo único. Aplica-se o disposto nesta Lei às sociedades empresárias e às sociedades simples, personificadas ou não, independentemente da forma de organização ou modelo societário adotado, bem como a quaisquer fundações, associações de entidades ou pessoas, ou sociedades estrangeiras, que tenham sede, filial ou representação no território brasileiro, constituídas de fato ou de direito, ainda que temporariamente.

Art. 2º As pessoas jurídicas serão responsabilizadas objetivamente, nos âmbitos administrativo e civil, pelos atos lesivos previstos nesta Lei praticados em seu interesse ou benefício, exclusivo ou não.

Art. 3º A responsabilização da pessoa jurídica não exclui a responsabilidade individual de seus dirigentes ou administradores ou de qualquer pessoa natural, autora, coautora ou partícipe do ato ilícito.

§ 1º A pessoa jurídica será responsabilizada independentemente da responsabilização individual das pessoas naturais referidas no *caput*.

§ 2º Os dirigentes ou administradores somente serão responsabilizados por atos ilícitos na medida da sua culpabilidade.

Art. 4º Subsiste a responsabilidade da pessoa jurídica na hipótese de alteração contratual, transformação, incorporação, fusão ou cisão societária.

§ 1º Nas hipóteses de fusão e incorporação, a responsabilidade da sucessora será restrita à obrigação de pagamento de multa e reparação integral do dano causado, até o limite do patrimônio transferido, não lhe sendo aplicáveis as demais sanções previstas nesta Lei decorrentes de atos e fatos ocorridos antes da data da fusão ou incorporação, exceto no caso de simulação ou evidente intuito de fraude, devidamente comprovados.

§ 2º As sociedades controladoras, controladas, coligadas ou, no âmbito do respectivo contrato, as consorciadas serão solidariamente responsáveis pela prática dos atos previstos nesta Lei, restringindo-se tal responsabilidade à obrigação de pagamento de multa e reparação integral do dano causado.

Capítulo II
DOS ATOS LESIVOS À ADMINISTRAÇÃO PÚBLICA NACIONAL OU ESTRANGEIRA

Art. 5º Constituem atos lesivos à administração pública, nacional ou estrangeira, para os fins desta Lei, todos aqueles praticados pelas pessoas jurídicas mencionadas no parágrafo único do art. 1º, que atentem contra o patrimônio público nacional ou estrangeiro, contra princípios da administração pública ou contra os compromissos internacionais assumidos pelo Brasil, assim definidos:

I – prometer, oferecer ou dar, direta ou indiretamente, vantagem indevida a agente público, ou a terceira pessoa a ele relacionada;

II – comprovadamente, financiar, custear, patrocinar ou de qualquer modo subvencionar a prática dos atos ilícitos previstos nesta Lei;

III – comprovadamente, utilizar-se de interposta pessoa física ou jurídica para ocultar ou dissimular seus reais interesses ou a identidade dos beneficiários dos atos praticados;

IV – no tocante a licitações e contratos:

a) frustrar ou fraudar, mediante ajuste, combinação ou qualquer outro expediente, o caráter competitivo de procedimento licitatório público;

b) impedir, perturbar ou fraudar a realização de qualquer ato de procedimento licitatório público;

c) afastar ou procurar afastar licitante, por meio de fraude ou oferecimento de vantagem de qualquer tipo;

d) fraudar licitação pública ou contrato dela decorrente;

e) criar, de modo fraudulento ou irregular, pessoa jurídica para participar de licitação pública ou celebrar contrato administrativo;

f) obter vantagem ou benefício indevido, de modo fraudulento, de modificações ou prorrogações de contratos celebrados com a administração pública, sem autorização em lei, no ato convocatório da licitação pública ou nos respectivos instrumentos contratuais; ou

g) manipular ou fraudar o equilíbrio econômico-financeiro dos contratos celebrados com a administração pública;

V – dificultar atividade de investigação ou fiscalização de órgãos, entidades ou agentes públicos, ou intervir em sua atuação, inclusive no âmbito das agências reguladoras e dos órgãos de fiscalização do sistema financeiro nacional.

§ 1º Considera-se administração pública estrangeira os órgãos e entidades estatais ou representações diplomáticas de país estrangeiro, de qualquer nível ou esfera de governo, bem como as pessoas jurídicas controladas, direta ou indiretamente, pelo poder público de país estrangeiro.

§ 2º Para os efeitos desta Lei, equiparam-se à administração pública estrangeira as organizações públicas internacionais.

§ 3º Considera-se agente público estrangeiro, para os fins desta Lei, quem, ainda que transitoriamente ou sem remuneração, exerça cargo, emprego ou função pública em órgãos, entidades estatais ou em representações diplomáticas de país estrangeiro, assim como em pessoas jurídicas controladas, direta ou indiretamente, pelo poder público de país estrangeiro ou em organizações públicas internacionais.

Capítulo III
DA RESPONSABILIZAÇÃO ADMINISTRATIVA

Art. 6º Na esfera administrativa, serão aplicadas às pessoas jurídicas consideradas responsáveis pelos atos lesivos previstos nesta Lei as seguintes sanções:

I – multa, no valor de 0,1% (um décimo por cento) a 20% (vinte por cento) do faturamento bruto do último exercício anterior ao da instauração do processo administrativo, excluídos os tributos, a qual nunca será inferior à vantagem auferida, quando for possível sua estimação; e

II – publicação extraordinária da decisão condenatória.

§ 1º As sanções serão aplicadas fundamentadamente, isolada ou cumulativamente, de acordo com as peculiaridades do caso concreto e com a gravidade e natureza das infrações.

§ 2º A aplicação das sanções previstas neste artigo será precedida da manifestação jurídica elaborada pela Advocacia Pública ou pelo órgão de assistência jurídica, ou equivalente, do ente público.

§ 3º A aplicação das sanções previstas neste artigo não exclui, em qualquer hipótese, a obrigação da reparação integral do dano causado.

§ 4º Na hipótese do inciso I do *caput*, caso não seja possível utilizar o critério do valor do faturamento bruto da pessoa jurídica, a multa será de R$ 6.000,00 (seis mil reais) a R$ 60.000.000,00 (sessenta milhões de reais).

§ 5º A publicação extraordinária da decisão condenatória ocorrerá na forma de extrato de sentença, a expensas da pessoa jurídica, em meios de comunicação de grande circulação na área da prática da infração e de atuação da pessoa jurídica ou, na sua falta, em publicação de circulação nacional, bem como por meio de afixação de edital, pelo prazo mínimo de 30 (trinta) dias, no próprio estabelecimento ou no local de exercício da atividade, de modo visível ao público, e no sítio eletrônico na rede mundial de computadores.

§ 6º (*Vetado*).

Art. 7º Serão levados em consideração na aplicação das sanções:

I – a gravidade da infração;

II – a vantagem auferida ou pretendida pelo infrator;

III – a consumação ou não da infração;

IV – o grau de lesão ou perigo de lesão;

V – o efeito negativo produzido pela infração;

VI – a situação econômica do infrator;

VII – a cooperação da pessoa jurídica para a apuração das infrações;

VIII – a existência de mecanismos e procedimentos internos de integridade, auditoria e incentivo à denúncia de irregularidades e a aplicação efetiva de códigos de ética e de conduta no âmbito da pessoa jurídica;

IX – o valor dos contratos mantidos pela pessoa jurídica com o órgão ou entidade pública lesados; e

X – (Vetado).

Parágrafo único. Os parâmetros de avaliação de mecanismos e procedimentos previstos no inciso VIII do *caput* serão estabelecidos em regulamento do Poder Executivo federal.

Capítulo IV
DO PROCESSO ADMINISTRATIVO DE RESPONSABILIZAÇÃO

Art. 8º A instauração e o julgamento de processo administrativo para apuração da responsabilidade de pessoa jurídica cabem à autoridade máxima de cada órgão ou entidade dos Poderes Executivo, Legislativo e Judiciário, que agirá de ofício ou mediante provocação, observados o contraditório e a ampla defesa.

§ 1º A competência para a instauração e o julgamento do processo administrativo de apuração de responsabilidade da pessoa jurídica poderá ser delegada, vedada a subdelegação.

§ 2º No âmbito do Poder Executivo federal, a Controladoria-Geral da União – CGU terá competência concorrente para instaurar processos administrativos de responsabilização de pessoas jurídicas ou para avocar os processos instaurados com fundamento nesta Lei, para exame de sua regularidade ou para corrigir-lhes o andamento.

Art. 9º Competem à Controladoria-Geral da União – CGU a apuração, o processo e o julgamento dos atos ilícitos previstos nesta Lei, praticados contra a administração pública estrangeira, observado o disposto no Artigo 4 da Convenção sobre o Combate da Corrupção de Funcionários Públicos Estrangeiros em Transações Comerciais Internacionais, promulgada pelo Decreto nº 3.678, de 30 de novembro de 2000.

Art. 10. O processo administrativo para apuração da responsabilidade de pessoa jurídica será conduzido por comissão designada pela autoridade instauradora e composta por 2 (dois) ou mais servidores estáveis.

§ 1º O ente público, por meio do seu órgão de representação judicial, ou equivalente, a pedido da comissão a que se refere o *caput*, poderá requerer as medidas judiciais necessárias para a investigação e o processamento das infrações, inclusive de busca e apreensão.

§ 2º A comissão poderá, cautelarmente, propor à autoridade instauradora que suspenda os efeitos do ato ou processo objeto da investigação.

§ 3º A comissão deverá concluir o processo no prazo de 180 (cento e oitenta) dias contados da data da publicação do ato que a instituir e, ao final, apresentar relatórios sobre os fatos apurados e eventual responsabilidade da pessoa jurídica, sugerindo de forma motivada as sanções a serem aplicadas.

§ 4º O prazo previsto no § 3º poderá ser prorrogado, mediante ato fundamentado da autoridade instauradora.

Art. 11. No processo administrativo para apuração de responsabilidade, será concedido à pessoa jurídica prazo de 30 (trinta) dias para defesa, contados a partir da intimação.

Art. 12. O processo administrativo, com o relatório da comissão, será remetido à autoridade instauradora, na forma do art. 10, para julgamento.

Art. 13. A instauração de processo administrativo específico de reparação integral do dano não prejudica a aplicação imediata das sanções estabelecidas nesta Lei.

Parágrafo único. Concluído o processo e não havendo pagamento, o crédito apurado será inscrito em dívida ativa da fazenda pública.

Art. 14. A personalidade jurídica poderá ser desconsiderada sempre que utilizada com abuso do direito para facilitar, encobrir ou dissimular a prática dos atos ilícitos previstos nesta Lei ou para provocar confusão patrimonial, sendo estendidos todos os efeitos das sanções aplicadas à pessoa jurídica aos seus administradores e sócios com poderes de administração, observados o contraditório e a ampla defesa.

Art. 15. A comissão designada para apuração da responsabilidade de pessoa jurídica, após a instauração do processo administrativo, dará conhecimento ao Ministério Público de sua existência, para apuração de eventuais delitos.

→ Artigo com redação alterada pela MP 703/2015.

Capítulo V
DO ACORDO DE LENIÊNCIA

Art. 16. A União, os Estados, o Distrito Federal e os Municípios poderão, no âmbito de suas competências, por meio de seus órgãos de controle interno, de forma isolada ou em conjunto com o Ministério Público ou com a Advocacia Pública, celebrar acordo de leniência com as pessoas jurídicas responsáveis pela prática dos atos e pelos fatos investigados e previstos nesta Lei que colaborem efetivamente com as investigações e com o processo administrativo, de forma que dessa colaboração resulte:

→ *Caput* com redação alterada pela MP 703/2015.

I – a identificação dos demais envolvidos na infração, quando couber;

→ Inciso I com redação alterada pela MP 703/2015.

II – a obtenção de informações e documentos que comprovem a infração noticiada ou sob investigação;

→ Inciso II com redação alterada pela MP 703/2015.

III – a cooperação da pessoa jurídica com as investigações, em face de sua responsabilidade objetiva; e

→ Inciso III acrescentado pela MP 703/2015.

IV – o comprometimento da pessoa jurídica na implementação ou na melhoria de mecanismos internos de integridade.

→ Inciso IV acrescentado pela MP 703/2015.

§ 1º O acordo de que trata o caput somente poderá ser celebrado se preenchidos, cumulativamente, os seguintes requisitos:

I – a pessoa jurídica seja a primeira a se manifestar sobre seu interesse em cooperar para a apuração do ato ilícito;

→ Inciso I com eficácia suspensa pela MP 703/2015.

II – a pessoa jurídica cesse completamente seu envolvimento na infração investigada a partir da data de propositura do acordo;

III – a pessoa jurídica, em face de sua responsabilidade objetiva, coopere com as investigações e com o processo administrativo, comparecendo, sob suas expensas, sempre que solicitada, a todos os atos processuais, até seu encerramento; e

→ Inciso III com redação alterada pela MP 703/2015.

IV – a pessoa jurídica se comprometa a implementar ou a melhorar os mecanismos internos de integridade, auditoria, incentivo às denúncias de irregularidades e à aplicação efetiva de código de ética e de conduta.

→ Inciso IV acrescentado pela MP 703/2015.

§ 2º O acordo de leniência celebrado pela autoridade administrativa:

→ *Caput* do § 2º com redação alterada pela MP 703/2015.

I – isentará a pessoa jurídica das sanções previstas no inciso II do caput do art. 6º e das sanções restritivas ao direito de licitar e contratar previstas na Lei 8.666, de 21 de junho de 1993, e em outras normas que tratam de licitações e contratos;

→ Inciso I acrescentado pela MP 703/2015.

II – poderá reduzir a multa prevista no inciso I do caput do art. 6º em até dois terços, não sendo aplicável à pessoa jurídica qualquer outra sanção de natureza pecuniária decorrente das infrações especificadas no acordo; e

→ Inciso II acrescentado pela MP 703/2015.

III – no caso de a pessoa jurídica ser a primeira a firmar o acordo de leniência sobre os atos e fatos investigados, a redução poderá chegar até a sua completa remissão, não sendo aplicável à pessoa jurídica qualquer outra sanção de natureza pecuniária decorrente das infrações especificadas no acordo.

→ Inciso III acrescentado pela MP 703/2015.

§ 3º O acordo de leniência não exime a pessoa jurídica da obrigação de reparar integralmente o dano causado.

§ 4º O acordo de leniência estipulará as condições necessárias para assegurar a efetividade da colaboração e o resultado útil do processo administrativo e quando estipular a obrigatoriedade de reparação do dano poderá conter cláusulas sobre a forma de amortização, que considerem a capacidade econômica da pessoa jurídica.

→ § 4º com redação alterada pela MP 703/2015.

§ 5º Os efeitos do acordo de leniência serão estendidos às pessoas jurídicas que integram o mesmo grupo econômico, de fato e de direito, desde que firmem o acordo em conjunto, respeitadas as condições nele estabelecidas.

§ 6º A proposta de acordo de leniência somente se tornará pública após a efetivação do respectivo acordo, salvo no interesse das investigações e do processo administrativo.

§ 7º Não importará em reconhecimento da prática do ato ilícito investigado a proposta de acordo de leniência rejeitada.

§ 8º Em caso de descumprimento do acordo de leniência, a pessoa jurídica ficará impedida de celebrar novo acordo pelo prazo de 3 (três) anos contados do conhecimento pela administração pública do referido descumprimento.

§ 9º A formalização da proposta de acordo de leniência suspende o prazo prescricional em relação aos atos e fatos objetos de apuração previstos nesta Lei e sua celebração o interrompe.

→ § 9º com redação alterada pela MP 703/2015.

§ 10. A Controladoria-Geral da União – CGU é o órgão competente para celebrar os acordos de leniência no âmbito do Poder Executivo federal, bem como no caso de atos lesivos praticados contra a administração pública estrangeira.

§ 11. O acordo de leniência celebrado com a participação das respectivas Advocacias Públicas impede que os entes celebrantes ajuízem ou prossigam com as ações de que tratam o art. 19 desta Lei e o art. 17 da Lei 8.429, de 2 de junho de 1992, ou de ações de natureza civil.

→ § 11 acrescentado pela MP 703/2015.

§ 12. O acordo de leniência celebrado com a participação da Advocacia Pública e em conjunto com o Ministério Público impede o ajuizamento ou o prosseguimento da ação já ajuizada por qualquer dos legitimados às ações mencionadas no § 11.

→ § 12 acrescentado pela MP 703/2015.

§ 13. Na ausência de órgão de controle interno no Estado, no Distrito Federal ou no Município, o acordo de leniência previsto no caput somente será celebrado pelo chefe do respectivo Poder em conjunto com o Ministério Público.

→ § 13 acrescentado pela MP 703/2015.

§ 14. O acordo de leniência depois de assinado será encaminhado ao respectivo Tribunal de Contas, que poderá, nos termos do inciso II do art. 71 da Constituição Federal, instaurar procedimento administrativo contra a pessoa jurídica celebrante, para apurar prejuízo ao erário, quando entender que o valor constante do acordo não atende o disposto no § 3º.

→ § 14 acrescentado pela MP 703/2015.

Art. 17. A administração pública poderá também celebrar acordo de leniência com a pessoa jurídica responsável por atos e fatos investigados previstos em normas de licitações e contratos administrativos com vistas à isenção ou à atenuação das sanções restritivas ou impeditivas ao direito de licitar e contratar.

→ Artigo com redação alterada pela MP 703/2015.

Art. 17-A. Os processos administrativos referentes a licitações e contratos em curso em outros órgãos ou entidades que versem sobre o mesmo objeto do acordo de leniência deverão, com a celebração deste, ser sobrestados e, posteriormente, arquivados, em caso de cumprimento integral do acordo pela pessoa jurídica.

→ Artigo acrescentado pela MP 703/2015.

Art. 17-B. Os documentos porventura juntados durante o processo para elaboração do acordo de leniência deverão ser devolvidos à pessoa jurídica quando não ocorrer a celebração do acordo, não permanecendo cópias em poder dos órgãos celebrantes.

→ Artigo acrescentado pela MP 703/2015.

Capítulo VI
DA RESPONSABILIZAÇÃO JUDICIAL

Art. 18. Na esfera administrativa, a responsabilidade da pessoa jurídica não afasta a possibilidade de sua responsabilização na esfera judicial, exceto quando expressamente previsto na celebração de acordo de leniência, observado o disposto no § 11, no § 12 e no § 13 do art. 16.

→ Artigo com redação alterada pela MP 703/2015.

Art. 19. Em razão da prática de atos previstos no art. 5º desta Lei, a União, os Estados, o Distrito Federal e os Municípios, por meio das respectivas Advocacias Públicas ou órgãos de representação judicial, ou equivalentes, e o Ministério Público, poderão ajuizar ação com vistas à aplicação das seguintes sanções às pessoas jurídicas infratoras:

I – perdimento dos bens, direitos ou valores que representem vantagem ou proveito direta ou indiretamente obtidos da infração, ressalvado o direito do lesado ou de terceiro de boa-fé;

II – suspensão ou interdição parcial de suas atividades;

III – dissolução compulsória da pessoa jurídica;

IV – proibição de receber incentivos, subsídios, subvenções, doações ou empréstimos de órgãos ou entidades públicas e de instituições financeiras públicas ou controladas pelo poder público, pelo prazo mínimo de 1 (um) e máximo de 5 (cinco) anos.

§ 1º A dissolução compulsória da pessoa jurídica será determinada quando comprovado:

I – ter sido a personalidade jurídica utilizada de forma habitual para facilitar ou promover a prática de atos ilícitos; ou

II – ter sido constituída para ocultar ou dissimular interesses ilícitos ou a identidade dos beneficiários dos atos praticados.

§ 2º (*vetado*).

§ 3º As sanções poderão ser aplicadas de forma isolada ou cumulativa.

§ 4º O Ministério Público ou a Advocacia Pública ou órgão de representação judicial, ou equivalente, do ente público poderá requerer a indisponibilidade de bens, direitos ou valores necessários à garantia do pagamento da multa ou da reparação integral do dano causado, conforme previsto no art. 7º, ressalvado o direito do terceiro de boa-fé.

Art. 20. Nas ações ajuizadas pelo Ministério Público, poderão ser aplicadas as sanções previstas no art. 6º, sem prejuízo daquelas previstas neste Capítulo, desde que constatada a omissão das autoridades competentes para promover a responsabilização administrativa.

Parágrafo único. A proposta do acordo de leniência poderá ser feita mesmo após eventual ajuizamento das ações cabíveis.

→ Parágrafo único acrescentado pela MP 703/2015.

Art. 21. Nas ações de responsabilização judicial, será adotado o rito previsto na Lei 7.347, de 24 de julho de 1985.

Parágrafo único. A condenação torna certa a obrigação de reparar, integralmente, o dano causado pelo ilícito, cujo valor será apurado em posterior liquidação, se não constar expressamente da sentença.

Capítulo VII
DISPOSIÇÕES FINAIS

Art. 22. Fica criado no âmbito do Poder Executivo federal o Cadastro Nacional de Empresas Punidas - CNEP, que reunirá e dará publicidade às sanções aplicadas pelos órgãos ou entidades dos Poderes Executivo, Legislativo e Judiciário de todas as esferas de governo com base nesta Lei.

§ 1º Os órgãos e entidades referidos no *caput* deverão informar e manter atualizados, no Cnep, os dados relativos às sanções por eles aplicadas.

§ 2º O Cnep conterá, entre outras, as seguintes informações acerca das sanções aplicadas:

I – razão social e número de inscrição da pessoa jurídica ou entidade no Cadastro Nacional da Pessoa Jurídica – CNPJ;

II – tipo de sanção; e

III – data de aplicação e data final da vigência do efeito limitador ou impeditivo da sanção, quando for o caso.

§ 3º As autoridades competentes, para celebrarem acordos de leniência previstos nesta Lei, também deverão prestar e manter atualizadas no Cnep, após a efetivação do respectivo acordo, as informações acerca do acordo de leniência celebrado, salvo se esse procedimento vier a causar prejuízo às investigações e ao processo administrativo.

§ 4º Caso a pessoa jurídica não cumpra os termos do acordo de leniência, além das informações previstas no § 3º, deverá ser incluída no Cnep referência ao respectivo descumprimento.

§ 5º Os registros das sanções e acordos de leniência serão excluídos depois de decorrido o prazo previamente estabelecido no ato sancionador ou do cumprimento integral do acordo de leniência e da reparação do eventual dano causado, mediante solicitação do órgão ou entidade sancionadora.

Art. 23. Os órgãos ou entidades dos Poderes Executivo, Legislativo e Judiciário de todas as esferas de governo deverão informar e manter atualizados, para fins de publicidade, no Cadastro Nacional de Empresas Inidôneas e Suspensas – CEIS, de caráter público, instituído no âmbito do Poder Executivo federal, os dados relativos às sanções por eles aplicadas, nos termos do disposto nos arts. 87 e 88 da Lei 8.666, de 21 de junho de 1993.

Art. 24. A multa e o perdimento de bens, direitos ou valores aplicados com fundamento nesta Lei serão destinados preferencialmente aos órgãos ou entidades públicas lesadas.

Art. 25. Prescrevem em 5 (cinco) anos as infrações previstas nesta Lei, contados da data da ciência da infração ou, no caso de infração permanente ou continuada, do dia em que tiver cessado.

§ 1º Na esfera administrativa ou judicial, a prescrição será interrompida com a instauração de processo que tenha por objeto a apuração da infração.

→ Anterior parágrafo único renumerado pela MP 703/2015.

§ 2º Aplica-se o disposto no *caput* e no § 1º aos ilícitos previstos em normas de licitações e contratos administrativos.

→ § 2º acrescentado pela MP 703/2015.

Art. 26. A pessoa jurídica será representada no processo administrativo na forma do seu estatuto ou contrato social.

§ 1º As sociedades sem personalidade jurídica serão representadas pela pessoa a quem couber a administração de seus bens.

§ 2º A pessoa jurídica estrangeira será representada pelo gerente, representante ou administrador de sua filial, agência ou sucursal aberta ou instalada no Brasil.

Art. 27. A autoridade competente que, tendo conhecimento das infrações previstas nesta Lei, não adotar providências para a apuração dos fatos será responsabilizada penal, civil e administrativamente nos termos da legislação específica aplicável.

Art. 28. Esta Lei aplica-se aos atos lesivos praticados por pessoa jurídica brasileira contra a administração pública estrangeira, ainda que cometidos no exterior.

Art. 29. O disposto nesta Lei não exclui as competências do Conselho Administrativo de Defesa Econômica, do Ministério da Justiça e do Ministério da Fazenda para processar e julgar fato que constitua infração à ordem econômica.

§ 1º Os acordos de leniência celebrados pelos órgãos de controle interno da União, dos Estados, do Distrito Federal e dos Municípios contarão com a colaboração dos órgãos a que se refere o *caput* quando os atos e fatos apurados acarretarem simultaneamente a infração ali prevista.

→ § 1º acrescentado pela MP 703/2015.

§ 2º Se não houver concurso material entre a infração prevista no caput e os ilícitos contemplados nesta Lei, a competência e o procedimento para celebração de acordos de leniência observarão o previsto na Lei 12.529, de 30 de novembro de 2011, e a referida celebração contará com a participação do Ministério Público.

→ § 2º acrescentado pela MP 703/2015.

Art. 30. Ressalvada a hipótese de acordo de leniência que expressamente as inclua, a aplicação das sanções previstas nesta Lei não afeta os processos de responsabilização e aplicação de penalidades decorrentes de:

→ *Caput* com redação alterada pela MP 703/2015.

I – ato de improbidade administrativa nos termos da Lei 8.429, de 1992;

→ Inciso I com redação alterada pela MP 703/2015.

II – atos ilícitos alcançados pela Lei 8.666, de 1993, ou por outras normas de licitações e contratos da administração pública, inclusive no que se refere ao Regime Diferenciado de Contratações Públicas – RDC, instituído pela Lei 12.462, de 2011; e

→ Inciso II com redação alterada pela MP 703/2015.

III – infrações contra a ordem econômica nos termos da Lei 12.529, de 2011.

→ Inciso III acrescentado pela MP 703/2015.

Art. 31. Esta Lei entra em vigor 180 (cento e oitenta) dias após a data de sua publicação.

Brasília, 1º de agosto de 2013; 192º da Independência e 125º da República.

Dilma Rousseff

(Publicação no *D.O.U.* de 2.8.2013)

LEI 12.850,
DE 2 DE AGOSTO DE 2013

Define organização criminosa e dispõe sobre a investigação criminal, os meios de obtenção da prova, infrações penais correlatas e o procedimento criminal; altera o Decreto-Lei 2.848, de 7 de dezembro de 1940 (Código Penal); revoga a Lei 9.034, de 3 de maio de 1995; e dá outras providências.

A Presidenta da República:

Faço saber que o Congresso Nacional decreta e eu sanciono a seguinte Lei:

Capítulo I
DA ORGANIZAÇÃO CRIMINOSA

Art. 1º Esta Lei define organização criminosa e dispõe sobre a investigação criminal, os meios de obtenção da prova, infrações penais correlatas e o procedimento criminal a ser aplicado.

§ 1º Considera-se organização criminosa a associação de 4 (quatro) ou mais pessoas estruturalmente ordenada e caracterizada pela divisão de tarefas, ainda que informalmente, com objetivo de obter, direta ou indiretamente, vantagem de qualquer natureza, mediante a prática de infrações penais cujas penas máximas sejam superiores a 4 (quatro) anos, ou que sejam de caráter transnacional.

§ 2º Esta Lei se aplica também:

I – às infrações penais previstas em tratado ou convenção internacional quando, iniciada a execução no País, o resultado tenha ou devesse ter ocorrido no estrangeiro, ou reciprocamente;

II – às organizações terroristas internacionais, reconhecidas segundo as normas de direito internacional, por foro do qual o Brasil faça parte, cujos atos de suporte ao terrorismo, bem como os atos preparatórios ou de execução de atos terroristas, ocorram ou possam ocorrer em território nacional.

Art. 2º Promover, constituir, financiar ou integrar, pessoalmente ou por interposta pessoa, organização criminosa:

Pena – reclusão, de 3 (três) a 8 (oito) anos, e multa, sem prejuízo das penas correspondentes às demais infrações penais praticadas.

§ 1º Nas mesmas penas incorre quem impede ou, de qualquer forma, embaraça a investigação de infração penal que envolva organização criminosa.

§ 2º As penas aumentam-se até a metade se na atuação da organização criminosa houver emprego de arma de fogo.

§ 3º A pena é agravada para quem exerce o comando, individual ou coletivo, da organização criminosa, ainda que não pratique pessoalmente atos de execução.

§ 4º A pena é aumentada de 1/6 (um sexto) a 2/3 (dois terços):

I – se há participação de criança ou adolescente;

II – se há concurso de funcionário público, valendo-se a organização criminosa dessa condição para a prática de infração penal;

III – se o produto ou proveito da infração penal destinar-se, no todo ou em parte, ao exterior;

IV – se a organização criminosa mantém conexão com outras organizações criminosas independentes;

V – se as circunstâncias do fato evidenciarem a transnacionalidade da organização.

§ 5º Se houver indícios suficientes de que o funcionário público integra organização criminosa, poderá o juiz determinar seu afastamento cautelar do cargo, emprego ou função, sem prejuízo da remuneração, quando a medida se fizer necessária à investigação ou instrução processual.

§ 6º A condenação com trânsito em julgado acarretará ao funcionário público a perda do cargo, função, emprego ou mandato eletivo e a interdição para o exercício de função ou cargo público pelo prazo de 8 (oito) anos subsequentes ao cumprimento da pena.

§ 7º Se houver indícios de participação de policial nos crimes de que trata esta Lei, a Corregedoria de Polícia instaurará inquérito policial e comunicará ao Ministério Público, que designará membro para acompanhar o feito até a sua conclusão.

Capítulo II
DA INVESTIGAÇÃO E DOS MEIOS DE OBTENÇÃO DA PROVA

Art. 3º Em qualquer fase da persecução penal, serão permitidos, sem prejuízo de outros já previstos em lei, os seguintes meios de obtenção da prova:

I – colaboração premiada;

II – captação ambiental de sinais eletromagnéticos, ópticos ou acústicos;

III – ação controlada;

IV – acesso a registros de ligações telefônicas e telemáticas, a dados cadastrais constantes de bancos de dados públicos ou privados e a informações eleitorais ou comerciais;

V – interceptação de comunicações telefônicas e telemáticas, nos termos da legislação específica;

VI – afastamento dos sigilos financeiro, bancário e fiscal, nos termos da legislação específica;

VII – infiltração, por policiais, em atividade de investigação, na forma do art. 11;

VIII – cooperação entre instituições e órgãos federais, distritais, estaduais e municipais na busca de provas e informações de interesse da investigação ou da instrução criminal.

§ 1º Havendo necessidade justificada de manter sigilo sobre a capacidade investigatória, poderá ser dispensada licitação para contratação de serviços técnicos especializados, aquisição ou locação de equipamentos destinados à polícia judiciária para o rastreamento e obtenção de provas previstas nos incisos II e V.

→ § 1º acrescentado pela Lei 13.097/2015.

§ 2º No caso do § 1º, fica dispensada a publicação de que trata o parágrafo único do art. 61 da Lei 8.666, de 21 de junho de 1993, devendo ser comunicado o órgão de controle interno da realização da contratação.

→ § 2º acrescentado pela Lei 13.097/2015.

Seção I
Da Colaboração Premiada

Art. 4º O juiz poderá, a requerimento das partes, conceder o perdão judicial, reduzir em até 2/3 (dois terços) a pena privativa de liberdade ou substituí-la por restritiva de direitos daquele que tenha colaborado efetiva e voluntariamente com a investigação e com o processo criminal, desde que dessa colaboração advenha um ou mais dos seguintes resultados:

I – a identificação dos demais coautores e partícipes da organização criminosa e das infrações penais por eles praticadas;

II – a revelação da estrutura hierárquica e da divisão de tarefas da organização criminosa;

III – a prevenção de infrações penais decorrentes das atividades da organização criminosa;

IV – a recuperação total ou parcial do produto ou do proveito das infrações penais praticadas pela organização criminosa;

V – a localização de eventual vítima com a sua integridade física preservada.

§ 1º Em qualquer caso, a concessão do benefício levará em conta a personalidade do colaborador, a natureza, as circunstâncias, a gravidade e a repercussão social do fato criminoso e a eficácia da colaboração.

§ 2º Considerando a relevância da colaboração prestada, o Ministério Público, a qualquer tempo, e o delegado de polícia, nos autos do inquérito policial, com a manifestação do Ministério Público, poderão requerer ou representar ao juiz pela concessão de perdão judicial ao colaborador, ainda que esse benefício não tenha sido previsto na proposta inicial, aplicando-se, no que couber, o art. 28 do Decreto-Lei 3.689, de 3 de outubro de 1941 (Código de Processo Penal).

§ 3º O prazo para oferecimento de denúncia ou o processo, relativos ao colaborador, poderá ser suspenso por até 6 (seis) meses, prorrogáveis por igual período, até que sejam cumpridas as medidas de colaboração, suspendendo-se o respectivo prazo prescricional.

§ 4º Nas mesmas hipóteses do *caput*, o Ministério Público poderá deixar de oferecer denúncia se o colaborador:

I – não for o líder da organização criminosa;

II – for o primeiro a prestar efetiva colaboração nos termos deste artigo.

§ 5º Se a colaboração for posterior à sentença, a pena poderá ser reduzida até a metade ou será admitida a progressão de regime ainda que ausentes os requisitos objetivos.

§ 6º O juiz não participará das negociações realizadas entre as partes para a formalização do acordo de colaboração, que ocorrerá entre o delegado de polícia, o investigado e o defensor, com a manifestação do Ministério Público, ou, conforme o caso, entre o Ministério Público e o investigado ou acusado e seu defensor.

§ 7º Realizado o acordo na forma do § 6º, o respectivo termo, acompanhado das declarações do colaborador e de cópia da investigação, será remetido ao juiz para homologação, o qual deverá verificar sua regularidade, legalidade e voluntariedade, podendo para este fim, sigilosamente, ouvir o colaborador, na presença de seu defensor.

§ 8º O juiz poderá recusar homologação à proposta que não atender aos requisitos legais, ou adequá-la ao caso concreto.

§ 9º Depois de homologado o acordo, o colaborador poderá, sempre acompanhado pelo seu defensor, ser ouvido pelo membro do Ministério Público ou pelo delegado de polícia responsável pelas investigações.

§ 10. As partes podem retratar-se da proposta, caso em que as provas autoincriminatórias produzidas pelo colaborador não poderão ser utilizadas exclusivamente em seu desfavor.

§ 11. A sentença apreciará os termos do acordo homologado e sua eficácia.

§ 12. Ainda que beneficiado por perdão judicial ou não denunciado, o colaborador poderá ser ouvido em juízo a requerimento das partes ou por iniciativa da autoridade judicial.

§ 13. Sempre que possível, o registro dos atos de colaboração será feito pelos meios ou recursos de gravação magnética, estenotipia, digital ou técnica similar, inclusive audiovisual, destinados a obter maior fidelidade das informações.

§ 14. Nos depoimentos que prestar, o colaborador renunciará, na presença de seu defensor, ao direito ao silêncio e estará sujeito ao compromisso legal de dizer a verdade.

§ 15. Em todos os atos de negociação, confirmação e execução da colaboração, o colaborador deverá estar assistido por defensor.

§ 16. Nenhuma sentença condenatória será proferida com fundamento apenas nas declarações de agente colaborador.

Art. 5º São direitos do colaborador:

I – usufruir das medidas de proteção previstas na legislação específica;

II – ter nome, qualificação, imagem e demais informações pessoais preservados;

III – ser conduzido, em juízo, separadamente dos demais coautores e partícipes;

IV – participar das audiências sem contato visual com os outros acusados;

V – não ter sua identidade revelada pelos meios de comunicação, nem ser fotografado ou filmado, sem sua prévia autorização por escrito;

VI – cumprir pena em estabelecimento penal diverso dos demais corréus ou condenados.

Art. 6º O termo de acordo da colaboração premiada deverá ser feito por escrito e conter:

I – o relato da colaboração e seus possíveis resultados;

II – as condições da proposta do Ministério Público ou do delegado de polícia;

III – a declaração de aceitação do colaborador e de seu defensor;

IV – as assinaturas do representante do Ministério Público ou do delegado de polícia, do colaborador e de seu defensor;

V – a especificação das medidas de proteção ao colaborador e à sua família, quando necessário.

Art. 7º O pedido de homologação do acordo será sigilosamente distribuído, contendo apenas informações que não possam identificar o colaborador e o seu objeto.

§ 1º As informações pormenorizadas da colaboração serão dirigidas diretamente ao juiz a que recair a distribuição, que decidirá no prazo de 48 (quarenta e oito) horas.

§ 2º O acesso aos autos será restrito ao juiz, ao Ministério Público e ao delegado de polícia, como forma de garantir o êxito das investigações, assegurando-se ao defensor, no interesse do representado, amplo acesso aos elementos de prova que digam respeito ao exercício do direito de defesa, devidamente precedido de autorização judicial, ressalvados os referentes às diligências em andamento.

§ 3º O acordo de colaboração premiada deixa de ser sigiloso assim que recebida a denúncia, observado o disposto no art. 5º.

Seção II
Da Ação Controlada

Art. 8º Consiste a ação controlada em retardar a intervenção policial ou administrativa relativa à ação praticada por organização criminosa ou a ela vinculada, desde que mantida sob observação e acompanhamento para que a medida legal se concretize no momento mais eficaz à formação de provas e obtenção de informações.

§ 1º O retardamento da intervenção policial ou administrativa será previamente comunicado ao juiz competente que, se for o caso, estabelecerá os seus limites e comunicará ao Ministério Público.

§ 2º A comunicação será sigilosamente distribuída de forma a não conter informações que possam indicar a operação a ser efetuada.

§ 3º Até o encerramento da diligência, o acesso aos autos será restrito ao juiz, ao Ministério Público e ao delegado de polícia, como forma de garantir o êxito das investigações.

§ 4º Ao término da diligência, elaborar-se-á auto circunstanciado acerca da ação controlada.

Art. 9º Se a ação controlada envolver transposição de fronteiras, o retardamento da intervenção policial ou administrativa somente poderá ocorrer com a cooperação das autoridades dos países que figurem como provável itinerário ou destino do investigado, de modo a reduzir os riscos de fuga e extravio do produto, objeto, instrumento ou proveito do crime.

Seção III
Da Infiltração de Agentes

Art. 10. A infiltração de agentes de polícia em tarefas de investigação, representada pelo delegado de polícia ou requerida pelo Ministério Público, após manifestação técnica do delegado de polícia quando solicitada no curso de inquérito policial, será precedida de circunstanciada, motivada e sigilosa autorização judicial, que estabelecerá seus limites.

§ 1º Na hipótese de representação do delegado de polícia, o juiz competente, antes de decidir, ouvirá o Ministério Público.

§ 2º Será admitida a infiltração se houver indícios de infração penal de que trata o art. 1º e se a prova não puder ser produzida por outros meios disponíveis.

§ 3º A infiltração será autorizada pelo prazo de até 6 (seis) meses, sem prejuízo de eventuais renovações, desde que comprovada sua necessidade.

§ 4º Findo o prazo previsto no § 3º, o relatório circunstanciado será apresentado ao juiz competente, que imediatamente cientificará o Ministério Público.

§ 5º No curso do inquérito policial, o delegado de polícia poderá determinar aos seus agentes, e o Ministério Público poderá requisitar, a qualquer tempo, relatório da atividade de infiltração.

Art. 11. O requerimento do Ministério Público ou a representação do delegado de polícia para a infiltração de agentes conterão a demonstração da necessidade da medida, o alcance das tarefas dos agentes e, quando possível, os nomes ou apelidos das pessoas investigadas e o local da infiltração.

Art. 12. O pedido de infiltração será sigilosamente distribuído, de forma a não conter informações que possam indicar a operação a ser efetivada ou identificar o agente que será infiltrado.

§ 1º As informações quanto à necessidade da operação de infiltração serão dirigidas diretamente ao juiz competente, que decidirá no prazo de 24 (vinte e quatro) horas, após manifestação do Ministério Público na hipótese de representação do delegado de polícia, devendo-se adotar as medidas necessárias para o êxito das investigações e a segurança do agente infiltrado.

§ 2º Os autos contendo as informações da operação de infiltração acompanharão a denúncia do Ministério Público, quando serão disponibilizados à defesa, assegurando-se a preservação da identidade do agente.

§ 3º Havendo indícios seguros de que o agente infiltrado sofre risco iminente, a operação será sustada mediante requisição do Ministério Público ou pelo delegado de polícia, dando-se imediata ciência ao Ministério Público e à autoridade judicial.

Art. 13. O agente que não guardar, em sua atuação, a devida proporcionalidade com a finalidade da investigação, responderá pelos excessos praticados.

Parágrafo único. Não é punível, no âmbito da infiltração, a prática de crime pelo agente infiltrado no curso da investigação, quando inexigível conduta diversa.

Art. 14. São direitos do agente:

I – recusar ou fazer cessar a atuação infiltrada;

II – ter sua identidade alterada, aplicando-se, no que couber, o disposto no art. 9º da Lei 9.807, de 13 de julho de 1999, bem como usufruir das medidas de proteção a testemunhas;

III – ter seu nome, sua qualificação, sua imagem, sua voz e demais informações pessoais preservadas durante a investigação e o processo criminal, salvo se houver decisão judicial em contrário;

IV – não ter sua identidade revelada, nem ser fotografado ou filmado pelos meios de comunicação, sem sua prévia autorização por escrito.

Seção IV
Do Acesso a Registros, Dados Cadastrais, Documentos e Informações

Art. 15. O delegado de polícia e o Ministério Público terão acesso, independentemente de autorização judicial, apenas aos dados cadastrais do investigado que informem exclusivamente a qualificação pessoal, a filiação e o endereço mantidos pela Justiça Eleitoral, empresas telefônicas, instituições financeiras, provedores de internet e administradoras de cartão de crédito.

Art. 16. As empresas de transporte possibilitarão, pelo prazo de 5 (cinco) anos, acesso direto e permanente do juiz, do Ministério Público ou do delegado de polícia aos bancos de dados de reservas e registro de viagens.

Art. 17. As concessionárias de telefonia fixa ou móvel manterão, pelo prazo de 5 (cinco) anos, à disposição das autoridades mencionadas no art. 15, registros de identificação dos números dos terminais de origem e de destino das ligações telefônicas internacionais, interurbanas e locais.

Seção V
Dos Crimes Ocorridos na Investigação e na Obtenção da Prova

Art. 18. Revelar a identidade, fotografar ou filmar o colaborador, sem sua prévia autorização por escrito:

Pena – reclusão, de 1 (um) a 3 (três) anos, e multa.

Art. 19. Imputar falsamente, sob pretexto de colaboração com a Justiça, a prática de infração penal a pessoa que sabe ser inocente, ou revelar informações sobre a estrutura de organização criminosa que sabe inverídicas:

Pena – reclusão, de 1 (um) a 4 (quatro) anos, e multa.

Art. 20. Descumprir determinação de sigilo das investigações que envolvam a ação controlada e a infiltração de agentes:

Pena – reclusão, de 1 (um) a 4 (quatro) anos, e multa.

Art. 21. Recusar ou omitir dados cadastrais, registros, documentos e informações requisitadas pelo juiz, Ministério Público ou delegado de polícia, no curso de investigação ou do processo:

Pena – reclusão, de 6 (seis) meses a 2 (dois) anos, e multa.

Parágrafo único. Na mesma pena incorre quem, de forma indevida, se apossa, propala, divulga ou faz uso dos dados cadastrais de que trata esta Lei.

Capítulo III
DISPOSIÇÕES FINAIS

Art. 22. Os crimes previstos nesta Lei e as infrações penais conexas serão apurados mediante procedimento ordinário previsto no Decreto-Lei 3.689, de 3 de outubro de 1941 (Código de Processo Penal), observado o disposto no parágrafo único deste artigo.

Parágrafo único. A instrução criminal deverá ser encerrada em prazo razoável, o qual não poderá exceder a 120 (cento e vinte) dias quando o réu estiver preso, prorrogáveis em até igual período, por decisão fundamentada, devidamente motivada pela complexidade da causa ou por fato procrastinatório atribuível ao réu.

Art. 23. O sigilo da investigação poderá ser decretado pela autoridade judicial competente, para garantia da celeridade e da eficácia das diligências investigatórias, assegurando-se ao defensor, no interesse do representado, amplo acesso aos elementos de prova que digam respeito ao exercício do direito de defesa, devidamente precedido de autorização judicial, ressalvados os referentes às diligências em andamento.

Parágrafo único. Determinado o depoimento do investigado, seu defensor terá assegurada a prévia vista dos autos, ainda que classificados como sigilosos, no prazo mínimo de 3 (três) dias que antecedem ao ato, podendo ser ampliado, a critério da autoridade responsável pela investigação.

Art. 24. O art. 288 do Decreto-Lei 2.848, de 7 de dezembro de 1940 (Código Penal), passa a vigorar com a seguinte redação:

"Associação Criminosa

Art. 288. Associarem-se 3 (três) ou mais pessoas, para o fim específico de cometer crimes:

Pena – reclusão, de 1 (um) a 3 (três) anos.

Parágrafo único. A pena aumenta-se até a metade se a associação é armada ou se houver a participação de criança ou adolescente."

Art. 25. O art. 342 do Decreto-Lei nº 2.848, de 7 de dezembro de 1940 (Código Penal), passa a vigorar com a seguinte redação:

→ Alterações efetuadas no CP.

Art. 26. Revoga-se a Lei 9.034, de 3 de maio de 1995.

Art. 27. Esta Lei entra em vigor após decorridos 45 (quarenta e cinco) dias de sua publicação oficial.

Brasília, 2 de agosto de 2013; 192º da Independência e 125º da República.

Dilma Rousseff

(Publicação no *D.O.U.* de 5.8.2013)

LEI 12.965,
DE 23 DE ABRIL DE 2014

Estabelece princípios, garantias, direitos e deveres para o uso da Internet no Brasil.

A Presidenta da República:

Faço saber que o Congresso Nacional decreta e eu sanciono a seguinte Lei:

Capítulo I
DISPOSIÇÕES PRELIMINARES

Art. 1º Esta Lei estabelece princípios, garantias, direitos e deveres para o uso da internet no Brasil e determina as diretrizes para atuação da União, dos Estados, do Distrito Federal e dos Municípios em relação à matéria.

Art. 2º A disciplina do uso da internet no Brasil tem como fundamento o respeito à liberdade de expressão, bem como:

I – o reconhecimento da escala mundial da rede;

II – os direitos humanos, o desenvolvimento da personalidade e o exercício da cidadania em meios digitais;

III – a pluralidade e a diversidade;

IV – a abertura e a colaboração;

V – a livre iniciativa, a livre concorrência e a defesa do consumidor; e

VI – a finalidade social da rede.

Art. 3º A disciplina do uso da internet no Brasil tem os seguintes princípios:

I – garantia da liberdade de expressão, comunicação e manifestação de pensamento, nos termos da Constituição Federal;

II – proteção da privacidade;

III – proteção dos dados pessoais, na forma da lei;

IV – preservação e garantia da neutralidade de rede;

V – preservação da estabilidade, segurança e funcionalidade da rede, por meio de medidas técnicas compatíveis com os padrões internacionais e pelo estímulo ao uso de boas práticas;

VI – responsabilização dos agentes de acordo com suas atividades, nos termos da lei;

VII – preservação da natureza participativa da rede;

VIII – liberdade dos modelos de negócios promovidos na internet, desde que não conflitem com os demais princípios estabelecidos nesta Lei.

Parágrafo único. Os princípios expressos nesta Lei não excluem outros previstos no ordenamento jurídico pátrio relacionados à matéria ou nos tratados internacionais em que a República Federativa do Brasil seja parte.

Art. 4º A disciplina do uso da internet no Brasil tem por objetivo a promoção:

I – do direito de acesso à internet a todos;

II – do acesso à informação, ao conhecimento e à participação na vida cultural e na condução dos assuntos públicos;

III – da inovação e do fomento à ampla difusão de novas tecnologias e modelos de uso e acesso; e

IV – da adesão a padrões tecnológicos abertos que permitam a comunicação, a acessibilidade e a interoperabilidade entre aplicações e bases de dados.

Art. 5º Para os efeitos desta Lei, considera-se:

I – internet: o sistema constituído do conjunto de protocolos lógicos, estruturado em escala mundial para uso público e irrestrito, com a finalidade de possibilitar a comunicação de dados entre terminais por meio de diferentes redes;

II – terminal: o computador ou qualquer dispositivo que se conecte à internet;

III – endereço de protocolo de internet (endereço IP): o código atribuído a um terminal de uma rede para permitir sua identificação, definido segundo parâmetros internacionais;

IV – administrador de sistema autônomo: a pessoa física ou jurídica que administra blocos de endereço IP específicos e o respectivo sistema autônomo de roteamento, devidamente cadastrada no ente nacional responsável pelo registro e distribuição de endereços IP geograficamente referentes ao País;

V – conexão à internet: a habilitação de um terminal para envio e recebimento de pacotes de dados pela internet, mediante a atribuição ou autenticação de um endereço IP;

VI – registro de conexão: o conjunto de informações referentes à data e hora de início e término de uma conexão à internet, sua duração e o endereço IP utilizado pelo terminal para o envio e recebimento de pacotes de dados;

VII – aplicações de internet: o conjunto de funcionalidades que podem ser acessadas por meio de um terminal conectado à internet; e

VIII – registros de acesso a aplicações de internet: o conjunto de informações referentes à data e hora de uso de uma determinada aplicação de internet a partir de um determinado endereço IP.

Art. 6º Na interpretação desta Lei serão levados em conta, além dos fundamentos, princípios e objetivos previstos, a natureza da internet, seus usos e costumes particulares e sua importância para a promoção do desenvolvimento humano, econômico, social e cultural.

Capítulo II
DOS DIREITOS E GARANTIAS DOS USUÁRIOS

Art. 7º O acesso à internet é essencial ao exercício da cidadania, e ao usuário são assegurados os seguintes direitos:

I – inviolabilidade da intimidade e da vida privada, sua proteção e indenização pelo dano material ou moral decorrente de sua violação;

II – inviolabilidade e sigilo do fluxo de suas comunicações pela internet, salvo por ordem judicial, na forma da lei;

III – inviolabilidade e sigilo de suas comunicações privadas armazenadas, salvo por ordem judicial;

IV – não suspensão da conexão à internet, salvo por débito diretamente decorrente de sua utilização;

V – manutenção da qualidade contratada da conexão à internet;

VI – informações claras e completas constantes dos contratos de prestação de serviços, com detalhamento sobre o regime de proteção aos registros de conexão e aos registros de acesso a aplicações de internet, bem como sobre práticas de gerenciamento da rede que possam afetar sua qualidade;

VII – não fornecimento a terceiros de seus dados pessoais, inclusive registros de conexão, e de acesso a aplicações de internet, salvo mediante consentimento livre, expresso e informado ou nas hipóteses previstas em lei;

VIII – informações claras e completas sobre coleta, uso, armazenamento, tratamento e proteção de seus dados pessoais, que somente poderão ser utilizados para finalidades que:

a) justifiquem sua coleta;

b) não sejam vedadas pela legislação; e

c) estejam especificadas nos contratos de prestação de serviços ou em termos de uso de aplicações de internet;

IX – consentimento expresso sobre coleta, uso, armazenamento e tratamento de dados pessoais, que deverá ocorrer de forma destacada das demais cláusulas contratuais;

X – exclusão definitiva dos dados pessoais que tiver fornecido a determinada aplicação de internet, a seu requerimento, ao término da relação entre as partes, ressalvadas as hipóteses de guarda obrigatória de registros previstas nesta Lei;

XI – publicidade e clareza de eventuais políticas de uso dos provedores de conexão à internet e de aplicações de internet;

XII – acessibilidade, consideradas as características físico-motoras, perceptivas, sensoriais, intelectuais e mentais do usuário, nos termos da lei; e

XIII – aplicação das normas de proteção e defesa do consumidor nas relações de consumo realizadas na internet.

Art. 8º A garantia do direito à privacidade e à liberdade de expressão nas comunicações é condição para o pleno exercício do direito de acesso à internet.

Parágrafo único. São nulas de pleno direito as cláusulas contratuais que violem o disposto no *caput*, tais como aquelas que:

I – impliquem ofensa à inviolabilidade e ao sigilo das comunicações privadas, pela internet; ou

II – em contrato de adesão, não ofereçam como alternativa ao contratante a adoção do foro brasileiro para solução de controvérsias decorrentes de serviços prestados no Brasil.

Capítulo III
DA PROVISÃO DE CONEXÃO E DE APLICAÇÕES DE INTERNET

Seção I
Da Neutralidade de Rede

Art. 9º O responsável pela transmissão, comutação ou roteamento tem o dever de tratar de forma isonômica quaisquer pacotes de dados, sem distinção por conteúdo, origem e destino, serviço, terminal ou aplicação.

§ 1º A discriminação ou degradação do tráfego será regulamentada nos termos das atribuições privativas do Presidente da República previstas no inciso IV do art. 84 da Constituição Federal, para a fiel execução desta Lei, ouvidos o Comitê Gestor da Internet e a Agência Nacional de Telecomunicações, e somente poderá decorrer de:

I – requisitos técnicos indispensáveis à prestação adequada dos serviços e aplicações; e

II – priorização de serviços de emergência.

§ 2º Na hipótese de discriminação ou degradação do tráfego prevista no § 1º, o responsável mencionado no *caput* deve:

I – abster-se de causar dano aos usuários, na forma do art. 927 da Lei 10.406, de 10 de janeiro de 2002 – Código Civil;

II – agir com proporcionalidade, transparência e isonomia;

III – informar previamente de modo transparente, claro e suficientemente descritivo aos seus usuários sobre as práticas de gerenciamento e mitigação de tráfego adotadas, inclusive as relacionadas à segurança da rede; e

IV – oferecer serviços em condições comerciais não discriminatórias e abster-se de praticar condutas anticoncorrenciais.

§ 3º Na provisão de conexão à internet, onerosa ou gratuita, bem como na transmissão, comutação ou roteamento, é vedado bloquear, monitorar, filtrar ou analisar o conteúdo dos pacotes de dados, respeitado o disposto neste artigo.

Seção II
Da Proteção aos Registros, aos Dados Pessoais e às Comunicações Privadas

Art. 10. A guarda e a disponibilização dos registros de conexão e de acesso a aplicações de internet de que trata esta Lei, bem como de dados pessoais e do conteúdo de comunicações privadas, devem atender à preservação da intimidade, da vida privada, da honra e da imagem das partes direta ou indiretamente envolvidas.

§ 1º O provedor responsável pela guarda somente será obrigado a disponibilizar os registros mencionados no *caput*, de forma autônoma ou associados a dados pessoais ou a outras informações que possam contribuir para a identificação do usuário ou do terminal, mediante ordem judicial, na forma do disposto na Seção IV deste Capítulo, respeitado o disposto no art. 7º.

§ 2º O conteúdo das comunicações privadas somente poderá ser disponibilizado mediante ordem judicial, nas hipóteses e na forma que a lei estabelecer, respeitado o disposto nos incisos II e III do art. 7º.

§ 3º O disposto no *caput* não impede o acesso aos dados cadastrais que informem qualificação pessoal, filiação e endereço, na forma da lei, pelas autoridades administrativas que detenham competência legal para a sua requisição.

§ 4º As medidas e os procedimentos de segurança e de sigilo devem ser informados pelo responsável pela provisão de serviços de forma clara e atender a padrões definidos em regulamento, respeitado seu direito de confidencialidade quanto a segredos empresariais.

Art. 11. Em qualquer operação de coleta, armazenamento, guarda e tratamento de registros, de dados pessoais ou de comunicações por provedores de conexão e de aplicações de internet em que pelo menos um desses atos ocorra em território nacional, deverão ser obrigatoriamente respeitados a legislação brasileira e os direitos à privacidade, à proteção dos dados pessoais e ao sigilo das comunicações privadas e dos registros.

§ 1º O disposto no *caput* aplica-se aos dados coletados em território nacional e ao conteúdo das comunicações, desde que pelo menos um dos terminais esteja localizado no Brasil.

§ 2º O disposto no *caput* aplica-se mesmo que as atividades sejam realizadas por pessoa jurídica sediada no exterior, desde que oferte serviço ao público brasileiro ou pelo menos uma integrante do mesmo grupo econômico possua estabelecimento no Brasil.

§ 3º Os provedores de conexão e de aplicações de internet deverão prestar, na forma da regulamentação, informações que permitam a verificação quanto ao cumprimento da legislação brasileira referente à coleta, à guarda, ao armazenamento ou ao tratamento de dados, bem como quanto ao respeito à privacidade e ao sigilo de comunicações.

§ 4º Decreto regulamentará o procedimento para apuração de infrações ao disposto neste artigo.

Art. 12. Sem prejuízo das demais sanções cíveis, criminais ou administrativas, as infrações às normas previstas nos arts. 10 e 11 ficam sujeitas, conforme o caso, às seguintes sanções, aplicadas de forma isolada ou cumulativa:

I – advertência, com indicação de prazo para adoção de medidas corretivas;

II – multa de até 10% (dez por cento) do faturamento do grupo econômico no Brasil no seu último exercício, excluídos os tributos, considerados a condição econômica do infrator e o princípio da proporcionalidade entre a gravidade da falta e a intensidade da sanção;

III – suspensão temporária das atividades que envolvam os atos previstos no art. 11; ou

IV – proibição de exercício das atividades que envolvam os atos previstos no art. 11.

Parágrafo único. Tratando-se de empresa estrangeira, responde solidariamente pelo pagamento da multa de que trata o *caput* sua filial, sucursal, escritório ou estabelecimento situado no País.

Subseção I
Da Guarda de Registros de Conexão

Art. 13. Na provisão de conexão à internet, cabe ao administrador de sistema autônomo respectivo o dever de manter os registros de conexão, sob sigilo, em ambiente controlado e de segurança, pelo prazo de 1 (um) ano, nos termos do regulamento.

§ 1º A responsabilidade pela manutenção dos registros de conexão não poderá ser transferida a terceiros.

§ 2º A autoridade policial ou administrativa ou o Ministério Público poderá requerer cautelarmente que os registros de conexão sejam guardados por prazo superior ao previsto no *caput*.

§ 3º Na hipótese do § 2º, a autoridade requerente terá o prazo de 60 (sessenta) dias, contados a partir do requerimento, para ingressar com o pedido de autorização judicial de acesso aos registros previstos no *caput*.

§ 4º O provedor responsável pela guarda dos registros deverá manter sigilo em relação ao requerimento previsto no § 2º, que perderá sua eficácia caso o pedido de autorização judicial seja indeferido ou não tenha sido protocolado no prazo previsto no § 3º.

§ 5º Em qualquer hipótese, a disponibilização ao requerente dos registros de que trata este artigo deverá ser precedida de autorização judicial, conforme disposto na Seção IV deste Capítulo.

§ 6º Na aplicação de sanções pelo descumprimento ao disposto neste artigo, serão considerados a natureza e a gravidade da infração, os danos dela resultantes, eventual vantagem auferida pelo infrator, as circunstâncias agravantes, os antecedentes do infrator e a reincidência.

Subseção II
Da Guarda de Registros de Acesso a Aplicações de Internet na Provisão de Conexão

Art. 14. Na provisão de conexão, onerosa ou gratuita, é vedado guardar os registros de acesso a aplicações de internet.

Subseção III
Da Guarda de Registros de Acesso a Aplicações de Internet na Provisão de Aplicações

Art. 15. O provedor de aplicações de internet constituído na forma de pessoa jurídica e que exerça essa atividade de forma organizada, profissionalmente e com fins econômicos deverá manter os respectivos registros de acesso a aplicações de internet, sob sigilo, em ambiente controlado e de segurança, pelo prazo de 6 (seis) meses, nos termos do regulamento.

§ 1º Ordem judicial poderá obrigar, por tempo certo, os provedores de aplicações de internet que não estão sujeitos ao disposto no *caput* a guardarem registros de acesso a aplicações de internet, desde que se trate de registros relativos a fatos específicos em período determinado.

§ 2º A autoridade policial ou administrativa ou o Ministério Público poderão requerer cautelarmente a qualquer provedor de aplicações de internet que os registros de acesso a aplicações de internet sejam guardados, inclusive por prazo superior ao previsto no *caput*, observado o disposto nos §§ 3º e 4º do art. 13.

§ 3º Em qualquer hipótese, a disponibilização ao requerente dos registros de que trata este artigo deverá ser precedida de autorização judicial, conforme disposto na Seção IV deste Capítulo.

§ 4º Na aplicação de sanções pelo descumprimento ao disposto neste artigo, serão considerados a natureza e a gravidade da infração, os danos dela resultantes, eventual vantagem auferida pelo infrator, as circunstâncias agravantes, os antecedentes do infrator e a reincidência.

Art. 16. Na provisão de aplicações de internet, onerosa ou gratuita, é vedada a guarda:

I – dos registros de acesso a outras aplicações de internet sem que o titular dos dados tenha consentido previamente, respeitado o disposto no art. 7º; ou

II – de dados pessoais que sejam excessivos em relação à finalidade para a qual foi dado consentimento pelo seu titular.

Art. 17. Ressalvadas as hipóteses previstas nesta Lei, a opção por não guardar os registros de acesso a aplicações de internet não implica responsabilidade sobre danos decorrentes do uso desses serviços por terceiros.

Seção III
Da Responsabilidade por Danos Decorrentes de Conteúdo Gerado por Terceiros

Art. 18. O provedor de conexão à internet não será responsabilizado civilmente por danos decorrentes de conteúdo gerado por terceiros.

Art. 19. Com o intuito de assegurar a liberdade de expressão e impedir a censura, o provedor de aplicações de internet somente poderá ser responsabilizado civilmente por danos decorrentes de conteúdo gerado por terceiros se, após ordem judicial específica, não tomar as providências para, no âmbito e nos limites técnicos do seu serviço e dentro do prazo assinalado, tornar indisponível o conteúdo apontado como infringente, ressalvadas as disposições legais em contrário.

§ 1º A ordem judicial de que trata o *caput* deverá conter, sob pena de nulidade, identificação clara e específica do conteúdo apontado como infringente, que permita a localização inequívoca do material.

§ 2º A aplicação do disposto neste artigo para infrações a direitos de autor ou a direitos conexos depende de previsão legal específica, que deverá respeitar a liberdade de expressão e demais garantias previstas no art. 5º da Constituição Federal.

§ 3º As causas que versem sobre ressarcimento por danos decorrentes de conteúdos disponibilizados na internet relacionados à honra, à reputação ou a direitos de personalidade, bem como sobre a indisponibilização desses conteúdos por provedores de aplicações de internet, poderão ser apresentadas perante os juizados especiais.

§ 4º O juiz, inclusive no procedimento previsto no § 3º, poderá antecipar, total ou parcialmente, os efeitos da tutela pretendida no pedido inicial, existindo prova inequívoca do fato e considerado o interesse da coletividade na disponibilização do conteúdo na internet, desde que presentes os requisitos de verossimilhança da alegação do autor e de fundado receio de dano irreparável ou de difícil reparação.

Art. 20. Sempre que tiver informações de contato do usuário diretamente responsável pelo conteúdo a que se refere o art. 19, caberá ao provedor de aplicações de internet comunicar-lhe os motivos e informações relativos à indisponibilização de conteúdo, com informações que permitam o contraditório e a ampla defesa em juízo, salvo expressa previsão legal ou expressa determinação judicial fundamentada em contrário.

Parágrafo único. Quando solicitado pelo usuário que disponibilizou o conteúdo tornado indisponível, o provedor de aplicações de internet que exerce essa atividade de forma organizada, profissionalmente e com fins econômicos substituirá o conteúdo tornado indisponível pela motivação ou pela ordem judicial que deu fundamento à indisponibilização.

Art. 21. O provedor de aplicações de internet que disponibilize conteúdo gerado por terceiros será responsabilizado subsidiariamente pela violação da intimidade decorrente da divulgação, sem autorização de seus participantes, de imagens, de vídeos ou de outros materiais contendo cenas de nudez ou de atos sexuais de caráter privado quando, após o recebimento de notificação pelo participante ou seu representante legal, deixar de promover, de forma diligente, no âmbito e nos limites técnicos do seu serviço, a indisponibilização desse conteúdo.

Parágrafo único. A notificação prevista no *caput* deverá conter, sob pena de nulidade, elementos que permitam a identificação específica do material apontado como violador da intimidade do participante e a verificação da legitimidade para apresentação do pedido.

Seção IV
Da Requisição Judicial de Registros

Art. 22. A parte interessada poderá, com o propósito de formar conjunto probatório em processo judicial cível ou penal, em caráter incidental ou autônomo, requerer ao juiz que ordene ao responsável pela guarda o fornecimento de registros de conexão ou de registros de acesso a aplicações de internet.

Parágrafo único. Sem prejuízo dos demais requisitos legais, o requerimento deverá conter, sob pena de inadmissibilidade:

I – fundados indícios da ocorrência do ilícito;

II – justificativa motivada da utilidade dos registros solicitados para fins de investigação ou instrução probatória; e

III – período ao qual se referem os registros.

Art. 23. Cabe ao juiz tomar as providências necessárias à garantia do sigilo das informações recebidas e à preservação da intimidade, da vida privada, da honra e da imagem do usuário, podendo determinar segredo de justiça, inclusive quanto aos pedidos de guarda de registro.

Capítulo IV
DA ATUAÇÃO DO PODER PÚBLICO

Art. 24. Constituem diretrizes para a atuação da União, dos Estados, do Distrito Federal e dos Municípios no desenvolvimento da internet no Brasil:

I – estabelecimento de mecanismos de governança multiparticipativa, transparente, colaborativa e democrática, com a participação do governo, do setor empresarial, da sociedade civil e da comunidade acadêmica;

II – promoção da racionalização da gestão, expansão e uso da internet, com participação do Comitê Gestor da internet no Brasil;

III – promoção da racionalização e da interoperabilidade tecnológica dos serviços de governo eletrônico, entre os diferentes Poderes e âmbitos da Federação, para permitir o intercâmbio de informações e a celeridade de procedimentos;

IV – promoção da interoperabilidade entre sistemas e terminais diversos, inclusive entre os diferentes âmbitos federativos e diversos setores da sociedade;

V – adoção preferencial de tecnologias, padrões e formatos abertos e livres;

VI – publicidade e disseminação de dados e informações públicos, de forma aberta e estruturada;

VII – otimização da infraestrutura das redes e estímulo à implantação de centros de armazenamento, gerenciamento e disseminação de dados no País, promovendo a qualidade técnica, a inovação e a difusão das aplicações de internet, sem prejuízo à abertura, à neutralidade e à natureza participativa;

VIII – desenvolvimento de ações e programas de capacitação para uso da internet;

IX – promoção da cultura e da cidadania; e

X – prestação de serviços públicos de atendimento ao cidadão de forma integrada, eficiente, simplificada e por múltiplos canais de acesso, inclusive remotos.

Art. 25. As aplicações de internet de entes do poder público devem buscar:

I – compatibilidade dos serviços de governo eletrônico com diversos terminais, sistemas operacionais e aplicativos para seu acesso;

II – acessibilidade a todos os interessados, independentemente de suas capacidades físico-motoras, perceptivas, sensoriais, intelectuais, mentais, culturais e sociais, resguardados os aspectos de sigilo e restrições administrativas e legais;

III – compatibilidade tanto com a leitura humana quanto com o tratamento automatizado das informações;

IV – facilidade de uso dos serviços de governo eletrônico; e

V – fortalecimento da participação social nas políticas públicas.

Art. 26. O cumprimento do dever constitucional do Estado na prestação da educação, em todos os níveis de ensino, inclui a capacitação, integrada a outras práticas educacionais, para o uso seguro, consciente e responsável da internet como ferramenta para o exercício da cidadania, a promoção da cultura e o desenvolvimento tecnológico.

Art. 27. As iniciativas públicas de fomento à cultura digital e de promoção da internet como ferramenta social devem:

I – promover a inclusão digital;

II – buscar reduzir as desigualdades, sobretudo entre as diferentes regiões do País, no acesso às tecnologias da informação e comunicação e no seu uso; e

III – fomentar a produção e circulação de conteúdo nacional.

Art. 28. O Estado deve, periodicamente, formular e fomentar estudos, bem como fixar metas, estratégias, planos e cronogramas, referentes ao uso e desenvolvimento da internet no País.

Capítulo V
DISPOSIÇÕES FINAIS

Art. 29. O usuário terá a opção de livre escolha na utilização de programa de computador em seu terminal para exercício do controle parental de conteúdo entendido por ele como impróprio a seus filhos menores, desde que respeitados os princípios desta Lei e da Lei 8.069, de 13 de julho de 1990 – Estatuto da Criança e do Adolescente.

Parágrafo único. Cabe ao poder público, em conjunto com os provedores de conexão e de aplicações de internet e a sociedade civil, promover a educação e fornecer informações sobre o uso dos programas de computador previstos no *caput*, bem como para a definição de boas práticas para a inclusão digital de crianças e adolescentes.

Art. 30. A defesa dos interesses e dos direitos estabelecidos nesta Lei poderá ser exercida em juízo, individual ou coletivamente, na forma da Lei.

Art. 31. Até a entrada em vigor da lei específica prevista no § 2º do art. 19, a responsabilidade do provedor de aplicações de internet por danos decorrentes de conteúdo gerado por terceiros, quando se tratar de infração a direitos de autor ou a direitos conexos, continuará a ser disciplinada pela legislação autoral vigente aplicável na data da entrada em vigor desta Lei.

Art. 32. Esta Lei entra em vigor após decorridos 60 (sessenta) dias de sua publicação oficial.

Brasília, 23 de abril de 2014; 193º da Independência e 126º da República.

Dilma Rousseff

(Publicação no *D.O.U.* de 24.4.2014)

LEI 12.977,
DE 20 DE MAIO DE 2014

Regula e disciplina a atividade de desmontagem de veículos automotores terrestres; altera o art. 126 da Lei 9.503, de 23 de setembro de 1997 – Código de Trânsito Brasileiro; e dá outras providências.

A Presidenta da República:

Faço saber que o Congresso Nacional decreta e eu sanciono a seguinte Lei:

Art. 1º Esta Lei regula e disciplina a atividade de desmontagem de veículos automotores terrestres sujeitos a registro nos termos da Lei 9.503, de 23 de setembro de 1997 – Código de Trânsito Brasileiro.

Art. 2º Para os efeitos desta Lei, entende-se por:

I – desmontagem: a atividade de desmonte ou destruição de veículo, seguida da destinação das peças ou conjunto de peças usadas para reposição, sucata ou outra destinação final; e

II – empresa de desmontagem: o empresário individual ou sociedade empresária que realize as atividades previstas nesta Lei.

Art. 3º A atividade de desmontagem somente poderá ser realizada por empresa de desmontagem registrada perante o órgão executivo de trânsito do Estado ou do Distrito Federal em que atuar.

Art. 4º O funcionamento e o registro de que trata o art. 3º estão condicionados à comprovação pela empresa de desmontagem dos seguintes requisitos:

I – dedicar-se exclusivamente às atividades reguladas por esta Lei;

II – possuir unidade de desmontagem dos veículos isolada, fisicamente, de qualquer outra atividade;

III – estar regular perante o Registro Público de Empresas, inclusive quanto à nomeação dos administradores;

IV – ter inscrição nos órgãos fazendários; e

V – possuir alvará de funcionamento expedido pela autoridade local.

§ 1º O órgão de trânsito competente, no prazo de 15 (quinze) dias do protocolo do pedido, analisará o pleito e concederá ou negará o registro, especificando, neste caso, os dispositivos desta Lei e das normas do Conselho Nacional de Trânsito – CONTRAN pendentes de atendimento.

§ 2º Toda alteração de endereço ou abertura de nova unidade de desmontagem exige complementação do registro perante o órgão de trânsito.

§ 3º A alteração dos administradores deverá ser comunicada, no prazo de 10 (dez) dias úteis, ao órgão executivo de trânsito do Estado ou do Distrito Federal.

§ 4º Após a concessão do registro, o órgão executivo de trânsito expedirá documento, padronizado e numerado conforme as normas do Contran, comprobatório do registro da unidade de desmontagem, que deverá ficar exposto no estabelecimento em local visível para o público.

§ 5º O registro terá a validade de:

I – 1 (um) ano, na 1a (primeira) vez; e

II – 5 (cinco) anos, a partir da 1a (primeira) renovação.

§ 6º É obrigatória a fiscalização in loco pelo órgão executivo de trânsito do Estado ou do Distrito Federal antes da concessão, da complementação ou da renovação do registro, assim como a realização de fiscalizações periódicas, independentemente de comunicação prévia.

§ 7º Na fiscalização in loco, o órgão executivo de trânsito do Estado ou do Distrito Federal deverá aferir, entre outros elementos, a conformidade da estrutura e das atividades de cada oficina de desmontagem com as normas do Contran.

Art. 5º A atividade de desmontagem será exercida em regime de livre concorrência.

Parágrafo único. É vedado aos entes públicos:

I – fixar preços de atividades relacionadas com a desmontagem;

II – limitar o número de empresas ou o número de locais em que a atividade referida no *caput* pode ser exercida; e

III – estabelecer regra de exclusividade territorial.

Art. 6º A empresa de desmontagem deverá emitir a nota fiscal de entrada do veículo no ato de ingresso nas dependências da empresa.

Art. 7º O veículo somente poderá ser desmontado depois de expedida a certidão de baixa do registro, nos termos do art. 126 da Lei 9.503, de 23 de setembro de 1997 – Código de Trânsito Brasileiro.

Parágrafo único. A certidão de baixa do registro do veículo deverá ser requerida no prazo máximo de 5 (cinco) dias úteis do ato de ingresso nas dependências da empresa de desmontagem.

Art. 8º O veículo deverá ser totalmente desmontado ou receber modificações que o deixem totalmente sem condições de voltar a circular no prazo de 10 (dez) dias úteis após o ingresso nas dependências da unidade de desmontagem ou, conforme o caso, após a baixa do registro.

§ 1º A empresa de desmontagem comunicará ao órgão executivo de trânsito do Estado ou do Distrito Federal, no prazo de até 3 (três) dias úteis, a desmontagem ou a inutilização do veículo.

§ 2º A unidade de desmontagem ou, no caso de encerramento das atividades da unidade específica, a empresa de desmontagem deverá manter em arquivo, pelo prazo de 10 (dez) anos, as certidões de baixa dos veículos ali desmontados.

Art. 9º Realizada a desmontagem do veículo, a empresa de desmontagem deverá, em até 5 (cinco) dias úteis, registrar no banco de dados de que trata o art. 11 as peças ou conjuntos de peças usadas que serão destinados à reutilização, inserindo no banco de dados todas as informações cadastrais exigidas pelo Contran.

Art. 10. Somente poderão ser destinadas à reposição as peças ou conjunto de peças usadas que atendam às exigências técnicas necessárias para sua reutilização, nos termos das normas do Contran.

§ 1º As normas do Contran deverão prever, entre outros elementos:

I – os requisitos de segurança;

II – o rol de peças ou conjunto de peças que não poderão ser destinados à reposição;

III – os parâmetros e os critérios para a verificação das condições da peça ou conjunto de peças usadas para fins de reutilização; e

IV – a forma de rastreabilidade.

§ 2º As peças ou conjunto de peças que não atenderem o disposto neste artigo serão destinados a sucata ou terão outra destinação final definida no prazo máximo de 20 (vinte) dias úteis da desmontagem do veículo do qual procedam, observadas, no que couber, as disposições do art. 17 desta Lei.

§ 3º É permitida a realização de reparos ou de pintura para a adequação das peças às condições de reutilização.

§ 4º É vedada a comercialização de qualquer tipo de peça ou conjunto de peças novas pela empresa de desmontagem.

Art. 11. Fica criado o banco de dados nacional de informações de veículos desmontados e das atividades exercidas pelos empresários individuais ou sociedades empresárias, na forma desta Lei, no qual serão registrados as peças ou conjuntos de peças usadas destinados a reposição e as partes destinadas a sucata ou outra destinação final.

§ 1º A implementação e a gestão do banco de dados de que trata o *caput* são da competência do órgão executivo de trânsito da União.

§ 2º Os órgãos executivos de trânsito dos Estados e do Distrito Federal terão participação no fornecimento de informações para o banco de dados.

§ 3º O acesso dos órgãos de segurança pública às informações constantes do banco de dados de que trata este artigo independe de ordem judicial.

§ 4º O Contran normatizará a implementação, a gestão, a alimentação e os níveis de acesso ao banco de dados de que trata este artigo.

§ 5º As informações cadastrais das empresas de desmontagem e das respectivas unidades de desmontagem serão divulgadas na internet pelos órgãos executivos de trânsito dos Estados e do Distrito Federal em que se situem oficinas de desmontagem.

Art. 12. A oferta e a apresentação de peças, conjuntos de peças ou serviços que incluam, total ou parcialmente, peças oriundas de desmontagem devem assegurar ao adquirente informações claras e suficientes acerca da procedência e das condições do produto.

Art. 13. Aquele que exercer suas atividades em desacordo com o disposto nesta Lei, no caso de condenação em processo administrativo sancionador, estará sujeito à sanção administrativa de multa, na forma abaixo:

I – R$ 2.000,00 (dois mil reais) para as infrações leves;

II – R$ 4.000,00 (quatro mil reais) para infrações médias; e

III – R$ 8.000,00 (oito mil reais) para infrações graves.

§ 1º Aplica-se em dobro o valor da multa em caso de reincidência na mesma infração, no prazo de 1 (um) ano.

§ 2º As multas aplicadas contra empresários individuais, microempresas e empresas de pequeno porte terão desconto de 50% (cinquenta por cento), não considerado para os fins do § 3o deste artigo.

§ 3º O acúmulo, no prazo de 1 (um) ano da primeira infração, em multas que totalizem mais de R$ 20.000,00 (vinte mil reais) acarretará a suspensão da possibilidade de recebimento de novos veículos, ou de parte de veículos, para desmonte pelo prazo de 3 (três) meses na unidade de desmontagem onde praticada a infração.

§ 4º Qualquer nova infração durante o período de suspensão do recebimento de novos veículos acarretará interdição e cassação do registro de funcionamento da empresa de desmontagem perante o órgão executivo de trânsito, permitido o requerimento de novo registro somente após o prazo de 2 (dois) anos.

§ 5º Será aplicada apenas uma multa por conduta infracional verificada na fiscalização, independentemente da quantidade de peças, conjunto de peças ou veículos envolvidos.

§ 6º O direito de ampla defesa e do contraditório contra a aplicação das sanções administrativas será exercido nos termos das normas do ente da federação respectivo.

Art. 14. São infrações leves:

I – a falta de comunicação ao órgão responsável, no prazo previsto nesta Lei, da realização de desmontagem de veículo automotor terrestre;

II – a não observância do prazo para a desmontagem ou de inutilização de qualquer veículo que dê entrada na empresa de desmontagem;

III – a não observância do prazo para o cadastro de peças e de conjunto de peças de reposição usadas e de partes destinadas a sucata no banco de dados de que trata o art. 11;

IV – o cadastro deficiente, incompleto, incorreto ou irregular de peça ou de conjunto de peças de reposição ou de partes destinadas a sucata no banco de dados previsto no art. 11;

V – a falta de destinação final das partes não destinadas à reutilização do veículo no prazo estabelecido no § 2º do art. 10;

VI – o não cumprimento, no prazo previsto nesta Lei, do disposto no § 3º do art. 4º; e

VII – o descumprimento de norma desta Lei ou do Contran para a qual não seja prevista sanção mais severa.

Art. 15. São infrações médias:

I – a não emissão imediata da nota fiscal de entrada de veículo automotor terrestre;

II – a falta de certidão de baixa de veículo desmontado na unidade de desmontagem arquivada na forma do § 2º do art. 8º; e

III – o exercício de outras atividades na área da oficina de desmontagem, ressalvado o disposto no inciso VI do art. 16.

Art. 16. São infrações graves:

I – o cadastramento, no sistema de que trata o art. 11, como destinadas à reposição, de peças ou conjunto de peças usadas que não ofereçam condições de segurança ou que não possam ser reutilizadas;

II – a alienação como destinada à reposição de peça ou conjunto de peças usadas sem o cadastramento de que trata o art. 9º;

III – a não indicação clara na alienação de que se trata de peça usada;

IV – a desmontagem de veículo automotor terrestre sem a emissão da nota fiscal de entrada ou antes da expedição da certidão de baixa do registro do veículo;

V – a comercialização de peça ou conjunto de peças de reposição em desacordo com o disposto no § 1º do art. 10;

VI – a realização de atividades de conserto de veículos, comercialização de peças novas ou de venda de veículos usados, no tocante a veículos sujeitos a registro nos termos da Lei 9.503, de 23 de setembro de 1997 – Código de Trânsito Brasileiro, na área da oficina de desmontagem;

VII – a violação da proibição de recebimento de novos veículos ou de partes de veículos; e

VIII – a realização de desmontagem de veículo em local não registrado perante o órgão executivo de trânsito competente.

Parágrafo único. Na hipótese dos incisos VII e VIII, serão também realizadas a interdição do estabelecimento e a apreensão do material encontrado para futura aplicação da pena de perdimento.

Art. 17. O atendimento do disposto nesta Lei pelo empresário individual ou sociedade empresária não afasta a necessidade de cumprimento das normas de natureza diversa aplicáveis e a sujeição às sanções decorrentes, inclusive no tocante a tratamento de resíduos e rejeitos dos veículos desmontados ou destruídos.

Art. 18. O art. 126 da Lei 9.503, de 23 de setembro de 1997 – Código de Trânsito Brasileiro, passa a vigorar com a seguinte alteração:

→ Alteração efetuada no CTB.

Art. 19. As unidades de desmontagem de veículos já existentes antes da entrada em vigor desta Lei deverão adequar-se às suas disposições no prazo máximo de 3 (três) meses.

Art. 20. Esta Lei entra em vigor após decorrido 1 (um) ano da data de sua publicação oficial

Brasília, 20 de maio de 2014; 193º da Independência e 126º da República.

Dilma Rousseff

(Publicação no *D.O.U.* de 21.5.2014)

LEI 12.984, DE 2 DE JUNHO DE 2014

Define o crime de discriminação dos portadores do vírus da imunodeficiência humana (HIV) e doentes de aids.

A Presidenta da República:

Faço saber que o Congresso Nacional decreta e eu sanciono a seguinte Lei:

Art. 1º Constitui crime punível com reclusão, de 1 (um) a 4 (quatro) anos, e multa, as seguintes condutas discriminatórias contra o portador do HIV e o doente de aids, em razão da sua condição de portador ou de doente:

I – recusar, procrastinar, cancelar ou segregar a inscrição ou impedir que permaneça como aluno em creche ou estabelecimento de ensino de qualquer curso ou grau, público ou privado;

II – negar emprego ou trabalho;

III – exonerar ou demitir de seu cargo ou emprego;

IV – segregar no ambiente de trabalho ou escolar;

V – divulgar a condição do portador do HIV ou de doente de aids, com intuito de ofender-lhe a dignidade;

VI – recusar ou retardar atendimento de saúde.

Art. 2º Esta Lei entra em vigor na data de sua publicação.

Brasília, 2 de junho de 2014; 193º da Independência e 126º da República.

Dilma Rousseff

(Publicação no *D.O.U.* de 3.6.2014)

LEI 12.990, DE 9 DE JUNHO DE 2014

Reserva aos negros 20% (vinte por cento) das vagas oferecidas nos concursos públicos para provimento de cargos efetivos e empregos públicos no âmbito da administração pública federal, das autarquias, das fundações públicas, das empresas públicas e das sociedades de economia mista controladas pela União.

A Presidenta da República

Faço saber que o Congresso Nacional decreta e eu sanciono a seguinte Lei:

Art. 1º Ficam reservadas aos negros 20% (vinte por cento) das vagas oferecidas nos concursos públicos para provimento de cargos efetivos e empregos públicos no âmbito da administração pública federal, das autarquias, das fundações públicas, das empresas públicas e das sociedades de economia mista controladas pela União, na forma desta Lei.

§ 1º A reserva de vagas será aplicada sempre que o número de vagas oferecidas no concurso público for igual ou superior a 3 (três).

§ 2º Na hipótese de quantitativo fracionado para o número de vagas reservadas a candidatos negros, esse será aumentado para o primeiro número inteiro subsequente, em caso de fração igual ou maior que 0,5 (cinco décimos), ou diminuído para número inteiro imediatamente inferior, em caso de fração menor que 0,5 (cinco décimos).

§ 3º A reserva de vagas a candidatos negros constará expressamente dos editais dos concursos públicos, que deverão especificar o total de vagas correspondentes à reserva para cada cargo ou emprego público oferecido.

Art. 2º Poderão concorrer às vagas reservadas a candidatos negros aqueles que se autodeclararem pretos ou pardos no ato da inscrição no concurso público, conforme o quesito cor ou raça utilizado pela Fundação Instituto Brasileiro de Geografia e Estatística – IBGE.

Parágrafo único. Na hipótese de constatação de declaração falsa, o candidato será eliminado do concurso e, se houver sido nomeado, ficará sujeito à anulação da sua admissão ao serviço ou emprego público, após procedimento administrativo em que lhe sejam assegurados o contraditório e a ampla defesa, sem prejuízo de outras sanções cabíveis.

Art. 3º Os candidatos negros concorrerão concomitantemente às vagas reservadas e às vagas destinadas à ampla concorrência, de acordo com a sua classificação no concurso.

§ 1º Os candidatos negros aprovados dentro do número de vagas oferecido para ampla concorrência não serão computados para efeito do preenchimento das vagas reservadas

§ 2º Em caso de desistência de candidato negro aprovado em vaga reservada, a vaga será preenchida pelo candidato negro posteriormente classificado.

§ 3º Na hipótese de não haver número de candidatos negros aprovados suficiente para ocupar as vagas reservadas, as vagas remanescentes serão revertidas para a ampla concorrência e serão preenchidas pelos demais candidatos aprovados, observada a ordem de classificação.

Art. 4º A nomeação dos candidatos aprovados respeitará os critérios de alternância e proporcionalidade, que consideram a relação entre o número de vagas total e o número de vagas reservadas a candidatos com deficiência e a candidatos negros.

Art. 5º O órgão responsável pela política de promoção da igualdade étnica de que trata o § 1º do art. 49 da Lei 12.288, de 20 de julho de 2010, será responsável pelo acompanhamento e avaliação anual do disposto nesta Lei, nos moldes previstos no art. 59 da Lei 12.288, de 20 de julho de 2010.

Art. 6º Esta Lei entra em vigor na data de sua publicação e terá vigência pelo prazo de 10 (dez) anos.

Parágrafo único. Esta Lei não se aplicará aos concursos cujos editais já tiverem sido publicados antes de sua entrada em vigor.

Brasília, 9 de junho de 2014; 193º da Independência e 126º da República.

Dilma Rousseff

(Publicação no *D.O.U.* de 10.6.2014)

LEI 13.005, DE 25 DE JUNHO DE 2014

Aprova o Plano Nacional de Educação – PNE e dá outras providências.

A Presidenta da República:

Faço saber que o Congresso Nacional decreta e eu sanciono a seguinte Lei:

Art. 1º É aprovado o Plano Nacional de Educação – PNE, com vigência por 10 (dez) anos, a contar da publicação desta Lei, na forma do Anexo, com vistas ao cumprimento do disposto no art. 214 da Constituição Federal.

Art. 2º São diretrizes do PNE:

I – erradicação do analfabetismo;

II – universalização do atendimento escolar;

III – superação das desigualdades educacionais, com ênfase na promoção da cidadania e na erradicação de todas as formas de discriminação;

IV – melhoria da qualidade da educação;

V – formação para o trabalho e para a cidadania, com ênfase nos valores morais e éticos em que se fundamenta a sociedade;

VI – promoção do princípio da gestão democrática da educação pública;

VII – promoção humanística, científica, cultural e tecnológica do País;

VIII – estabelecimento de meta de aplicação de recursos públicos em educação como proporção do Produto Interno Bruto – PIB, que assegure atendimento às necessidades de expansão, com padrão de qualidade e equidade;

IX – valorização dos (as) profissionais da educação;

X – promoção dos princípios do respeito aos direitos humanos, à diversidade e à sustentabilidade socioambiental.

Art. 3º As metas previstas no Anexo desta Lei serão cumpridas no prazo de vigência deste PNE, desde que não haja prazo inferior definido para metas e estratégias específicas.

Art. 4º As metas previstas no Anexo desta Lei deverão ter como referência a Pesquisa Nacional por Amostra de Domicílios – PNAD, o censo demográfico e os censos nacionais da educação básica e superior mais atualizados, disponíveis na data da publicação desta Lei.

Parágrafo único. O poder público buscará ampliar o escopo das pesquisas com fins estatísticos de forma a incluir informação detalhada sobre o perfil das populações de 4 (quatro) a 17 (dezessete) anos com deficiência.

Art. 5º A execução do PNE e o cumprimento de suas metas serão objeto de monitoramento contínuo e de avaliações periódicas, realizados pelas seguintes instâncias:

I – Ministério da Educação – MEC;

II – Comissão de Educação da Câmara dos Deputados e Comissão de Educação, Cultura e Esporte do Senado Federal;

III – Conselho Nacional de Educação – CNE;

IV – Fórum Nacional de Educação.

§ 1º Compete, ainda, às instâncias referidas no *caput*:

I – divulgar os resultados do monitoramento e das avaliações nos respectivos sítios institucionais da internet;

II – analisar e propor políticas públicas para assegurar a implementação das estratégias e o cumprimento das metas;

III – analisar e propor a revisão do percentual de investimento público em educação.

§ 2º A cada 2 (dois) anos, ao longo do período de vigência deste PNE, o Instituto Nacional de Estudos e Pesquisas Educacionais Anísio Teixeira – INEP publicará estudos para aferir a evolução no cumprimento das metas estabelecidas no Anexo desta Lei, com informações organizadas por ente federado e consolidadas em âmbito nacional, tendo como referência os estudos e as pesquisas de que trata o art. 4º, sem prejuízo de outras fontes e informações relevantes.

§ 3º A meta progressiva do investimento público em educação será avaliada no quarto ano de vigência do PNE e poderá ser ampliada por meio de lei para atender às necessidades financeiras do cumprimento das demais metas.

§ 4º O investimento público em educação a que se referem o inciso VI do art. 214 da Constituição Federal e a meta 20 do Anexo desta Lei engloba os recursos aplicados na forma do art. 212 da Constituição Federal e do art. 60 do Ato das Disposições Constitucionais Transitórias, bem como os recursos aplicados nos programas de expansão da educação profissional e superior, inclusive na forma de incentivo e isenção fiscal, as bolsas de estudos concedidas no Brasil e no exterior, os subsídios concedidos em programas de financiamento estudantil e o financiamento de creches, pré-escolas e de educação especial na forma do art. 213 da Constituição Federal.

§ 5º Será destinada à manutenção e ao desenvolvimento do ensino, em acréscimo aos recursos vinculados nos termos do art. 212 da Constituição Federal, além de outros recursos previstos em lei, a parcela da participação no resultado ou da compensação financeira pela exploração de petróleo e de gás natural, na forma de lei específica, com a finalidade de assegurar o cumprimento da meta prevista no inciso VI do art. 214 da Constituição Federal.

Art. 6º A União promoverá a realização de pelo menos 2 (duas) conferências nacionais de educação até o final do decênio, precedidas de conferências distrital, municipais e estaduais, articuladas e coordenadas pelo Fórum Nacional de Educação, instituído nesta Lei, no âmbito do Ministério da Educação.

§ 1º O Fórum Nacional de Educação, além da atribuição referida no *caput*:

I – acompanhará a execução do PNE e o cumprimento de suas metas;

II – promoverá a articulação das conferências nacionais de educação com as conferências regionais, estaduais e municipais que as precederem.

§ 2º As conferências nacionais de educação realizar-se-ão com intervalo de até 4 (quatro) anos entre elas, com o objetivo de avaliar a execução deste PNE e subsidiar a elaboração do plano nacional de educação para o decênio subsequente.

Art. 7º A União, os Estados, o Distrito Federal e os Municípios atuarão em regime de colaboração, visando ao alcance das metas e à implementação das estratégias objeto deste Plano.

§ 1º Caberá aos gestores federais, estaduais, municipais e do Distrito Federal a adoção das medidas governamentais necessárias ao alcance das metas previstas neste PNE.

§ 2º As estratégias definidas no Anexo desta Lei não elidem a adoção de medidas adicionais em âmbito local ou de instrumentos jurídicos que formalizem a cooperação entre os entes federados, podendo ser complementadas por mecanismos nacionais e locais de coordenação e colaboração recíproca.

§ 3º Os sistemas de ensino dos Estados, do Distrito Federal e dos Municípios criarão mecanismos para o acompanhamento local da consecução das metas deste PNE e dos planos previstos no art. 8º.

§ 4º Haverá regime de colaboração específico para a implementação de modalidades de educação escolar que necessitem considerar territórios étnico-educacionais e a utilização de estratégias que levem em conta as identidades e especificidades socioculturais e linguísticas de cada comunidade envolvida, assegurada a consulta prévia e informada a essa comunidade.

§ 5º Será criada uma instância permanente de negociação e cooperação entre a União, os Estados, o Distrito Federal e os Municípios.

§ 6º O fortalecimento do regime de colaboração entre os Estados e respectivos Municípios incluirá a instituição de instâncias permanentes de negociação, cooperação e pactuação em cada Estado.

§ 7º O fortalecimento do regime de colaboração entre os Municípios dar-se-á, inclusive, mediante a adoção de arranjos de desenvolvimento da educação.

Art. 8º Os Estados, o Distrito Federal e os Municípios deverão elaborar seus correspondentes planos de educação, ou adequar os planos já aprovados em lei, em consonância com as diretrizes, metas e estratégias previstas neste PNE, no prazo de 1 (um) ano contado da publicação desta Lei.

§ 1º Os entes federados estabelecerão nos respectivos planos de educação estratégias que:

I – assegurem a articulação das políticas educacionais com as demais políticas sociais, particularmente as culturais;

II – considerem as necessidades específicas das populações do campo e das comunidades indígenas e quilombolas, asseguradas a equidade educacional e a diversidade cultural;

III – garantam o atendimento das necessidades específicas na educação especial, assegurado o sistema educacional inclusivo em todos os níveis, etapas e modalidades;

IV – promovam a articulação interfederativa na implementação das políticas educacionais.

§ 2º Os processos de elaboração e adequação dos planos de educação dos Estados, do Distrito Federal e dos Municípios, de que trata o *caput* deste artigo, serão realizados com ampla participação de representantes da comunidade educacional e da sociedade civil.

Art. 9º Os Estados, o Distrito Federal e os Municípios deverão aprovar leis específicas para os seus sistemas de ensino, disciplinando a gestão democrática da educação pública nos respectivos âmbitos de atuação, no prazo de 2 (dois) anos contado da publicação desta Lei, adequando, quando for o caso, a legislação local já adotada com essa finalidade.

Art. 10. O plano plurianual, as diretrizes orçamentárias e os orçamentos anuais da União, dos Estados, do Distrito Federal e dos Municípios serão formulados de maneira a assegurar a consignação de dotações orçamentárias compatíveis com as diretrizes, metas e estratégias deste PNE e com os respectivos planos de educação, a fim de viabilizar sua plena execução.

Art. 11. O Sistema Nacional de Avaliação da Educação Básica, coordenado pela União, em colaboração com os Estados, o Distrito Federal e os Municípios, constituirá fonte de informação para a avaliação da qualidade da educação básica e para a orientação das políticas públicas desse nível de ensino.

§ 1º O sistema de avaliação a que se refere o caput produzirá, no máximo a cada 2 (dois) anos:

I – indicadores de rendimento escolar, referentes ao desempenho dos (as) estudantes apurado em exames nacionais de avaliação, com participação de pelo menos 80% (oitenta por cento) dos (as) alunos (as) de cada ano escolar periodicamente avaliado em cada escola, e aos dados pertinentes apurados pelo censo escolar da educação básica;

II – indicadores de avaliação institucional, relativos a características como o perfil do alunado e do corpo dos (as) profissionais da educação, as relações entre dimensão do corpo docente, do corpo técnico e do corpo discente, a infraestrutura das escolas, os recursos pedagógicos disponíveis e os processos da gestão, entre outras relevantes.

§ 2º A elaboração e a divulgação de índices para avaliação da qualidade, como o Índice de Desenvolvimento da Educação Básica – IDEB, que agreguem os indicadores mencionados no inciso I do § 1º não elidem a obrigatoriedade de divulgação, em separado, de cada um deles.

§ 3º Os indicadores mencionados no § 1º serão estimados por etapa, estabelecimento de ensino, rede escolar, unidade da Federação e em nível agregado nacional, sendo amplamente divulgados, ressalvada a publicação de resultados individuais e indicadores por turma, que fica admitida exclusivamente para a comunidade do respectivo estabelecimento e para o órgão gestor da respectiva rede.

§ 4º Cabem ao Inep a elaboração e o cálculo do Ideb e dos indicadores referidos no § 1º.

§ 5º A avaliação de desempenho dos (as) estudantes em exames, referida no inciso I do § 1º, poderá ser diretamente realizada pela União ou, mediante acordo de cooperação, pelos Estados e pelo Distrito Federal, nos respectivos sistemas de ensino e de seus Municípios, caso mantenham sistemas próprios de avaliação do rendimento escolar, assegurada a compatibilidade metodológica entre esses sistemas e o nacional, especialmente no que se refere às escalas de proficiência e ao calendário de aplicação.

Art. 12. Até o final do primeiro semestre do nono ano de vigência deste PNE, o Poder Executivo encaminhará ao Congresso Nacional, sem prejuízo das prerrogativas deste Poder, o projeto de lei referente ao Plano Nacional de Educação a vigorar no período subsequente, que incluirá diagnóstico, diretrizes, metas e estratégias para o próximo decênio.

Art. 13. O poder público deverá instituir, em lei específica, contados 2 (dois) anos da publicação desta Lei, o Sistema Nacional de Educação, responsável pela articulação entre os sistemas de ensino, em regime de colaboração, para efetivação das diretrizes, metas e estratégias do Plano Nacional de Educação.

Art. 14. Esta Lei entra em vigor na data de sua publicação.

Brasília, 25 de junho de 2014; 193º da Independência e 126º da República.

Dilma Rousseff

(Publicação no *D.O.U.* de 26.6.2014)

→ Não publicamos o Anexo desta Lei.

LEI 13.010,
DE 26 DE JUNHO DE 2014

Altera a Lei 8.069, de 13 de julho de 1990 (Estatuto da Criança e do Adolescente), para estabelecer o direito da criança e do adolescente de serem educados e cuidados sem o uso de castigos físicos ou de tratamento cruel ou degradante, e altera a Lei 9.394, de 20 de dezembro de 1996.

A Presidenta da República:

Faço saber que o Congresso Nacional decreta e eu sanciono a seguinte Lei:

Art. 1º A Lei 8.069, de 13 de julho de 1990 (Estatuto da Criança e do Adolescente), passa a vigorar acrescida dos seguintes arts. 18-A, 18-B e 70-A:

"Art. 18-A. A criança e o adolescente têm o direito de ser educados e cuidados sem o uso de castigo físico ou de tratamento cruel ou degradante, como formas de correção, disciplina, educação ou qualquer outro pretexto, pelos pais, pelos integrantes da família ampliada, pelos responsáveis, pelos agentes públicos executores de medidas socioeducativas ou por qualquer pessoa encarregada de cuidar deles, tratá-los, educá-los ou protegê-los.

Parágrafo único. Para os fins desta Lei, considera-se:

I – castigo físico: ação de natureza disciplinar ou punitiva aplicada com o uso da força física sobre a criança ou o adolescente que resulte em:

a) sofrimento físico; ou

b) lesão;

II – tratamento cruel ou degradante: conduta ou forma cruel de tratamento em relação à criança ou ao adolescente que:

a) humilhe; ou

b) ameace gravemente; ou

c) ridicularize."

"Art. 18-B. Os pais, os integrantes da família ampliada, os responsáveis, os agentes públicos executores de medidas socioeducativas ou qualquer pessoa encarregada de cuidar de crianças e de adolescentes, tratá-los, educá-los ou protegê-los que utilizarem castigo físico ou tratamento cruel ou degradante como formas de correção, disciplina, educação ou qualquer outro pretexto estarão sujeitos, sem prejuízo de outras sanções cabíveis, às seguintes medidas, que serão aplicadas de acordo com a gravidade do caso:

I – encaminhamento a programa oficial ou comunitário de proteção à família;

II – encaminhamento a tratamento psicológico ou psiquiátrico;

III – encaminhamento a cursos ou programas de orientação;

IV – obrigação de encaminhar a criança a tratamento especializado;

V – advertência.

Parágrafo único. As medidas previstas neste artigo serão aplicadas pelo Conselho Tutelar, sem prejuízo de outras providências legais."

"Art. 70-A. A União, os Estados, o Distrito Federal e os Municípios deverão atuar de forma articulada na elaboração de políticas públicas e na execução de ações destinadas a coibir o uso de castigo físico ou de tratamento cruel ou degradante e difundir formas não violentas de educação de crianças e de adolescentes, tendo como principais ações:

I – a promoção de campanhas educativas permanentes para a divulgação do direito da criança e do adolescente de serem educados e cuidados sem o uso de castigo físico ou de tratamento cruel ou degradante e dos instrumentos de proteção aos direitos humanos;

II – a integração com os órgãos do Poder Judiciário, do Ministério Público e da Defensoria Pública, com o Conselho Tutelar, com os Conselhos de Direitos da Criança e do Adolescente e com as entidades não governamentais que atuam na promoção, proteção e defesa dos direitos da criança e do adolescente;

III – a formação continuada e a capacitação dos profissionais de saúde, educação e assistência social e dos demais agentes que atuam na promoção, proteção e defesa dos direitos da criança e do adolescente para o desenvolvimento das competências necessárias à prevenção, à identificação de evidências, ao diagnóstico e ao enfrentamento de todas as formas de violência contra a criança e o adolescente;

IV – o apoio e o incentivo às práticas de resolução pacífica de conflitos que envolvam violência contra a criança e o adolescente;

V – a inclusão, nas políticas públicas, de ações que visem a garantir os direitos da criança e do adolescente, desde a atenção pré-natal, e de atividades junto aos pais e responsáveis com o objetivo de promover a informação, a reflexão, o debate e a orientação sobre alternativas ao uso de castigo físico ou de tratamento cruel ou degradante no processo educativo;

VI – a promoção de espaços intersetoriais locais para a articulação de ações e a elaboração de planos de atuação conjunta focados nas famílias em situação de violência, com participação de profissionais de saúde, de assistência social e de educação e de órgãos de promoção, proteção e defesa dos direitos da criança e do adolescente.

Parágrafo único. As famílias com crianças e adolescentes com deficiência terão prioridade de atendimento nas ações e políticas públicas de prevenção e proteção."

Art. 2º Os arts. 13 e 245 da Lei 8.069, de 13 de julho de 1990, passam a vigorar com as seguintes alterações:

→ Alterações efetuadas na referida Lei.

Art. 3º O art. 26 da Lei 9.394, de 20 de dezembro de 1996 (Lei de Diretrizes e Bases da Educação Nacional), passa a vigorar acrescido do seguinte § 8º:

"Art. 26. (...)

(...)

§ 9º Conteúdos relativos aos direitos humanos e à prevenção de todas as formas de violência contra a criança e o adolescente serão incluídos, como temas transversais, nos currículos escolares de que trata o *caput* deste artigo, tendo como diretriz a Lei 8.069, de 13 de julho de 1990 (Estatuto da Criança e do Adolescente), observada a produção e distribuição de material didático adequado."

Art. 4º Esta Lei entra em vigor na data de sua publicação.

Brasília, 26 de junho de 2014; 193º da Independência e 126º da República.

Dilma Rousseff

(Publicação no *D.O.U.* de 27.6.2014)

LEI 13.019,
DE 31 DE JULHO DE 2014

Estabelece o regime jurídico das parcerias entre a administração pública e as organizações da sociedade civil, em regime de mútua cooperação, para a consecução de finalidades de interesse público e recíproco, mediante a execução de atividades ou de projetos previamente estabelecidos em planos de trabalho inseridos em termos de colaboração, em termos de fomento ou em acordos de cooperação; define diretrizes para a política de fomento, de colaboração e de cooperação com organizações da sociedade civil; e altera as Leis nos 8.429, de 2 de junho de 1992, e 9.790, de 23 de março de 1999.

→ Ementa com redação alterada pela Lei 13.204/2015.

A Presidenta da República:

Faço saber que o Congresso Nacional decreta e eu sanciono a seguinte Lei:

Art. 1º Esta Lei institui normas gerais para as parcerias entre a administração pública e organizações da sociedade civil, em regime de mútua cooperação, para a consecução de finalidades de interesse público e recíproco, mediante a execução de atividades ou de projetos previamente estabelecidos em planos de trabalho inseridos em termos de colaboração, em termos de fomento ou em acordos de cooperação.

→ Artigo com redação alterada pela Lei 13.204/2015.

Capítulo I
DISPOSIÇÕES PRELIMINARES

Art. 2º Para os fins desta Lei, considera-se:

I – organização da sociedade civil:

→ *Caput* do inciso I com redação alterada pela Lei 13.204/2015.

a) entidade privada sem fins lucrativos que não distribua entre os seus sócios ou associados, conselheiros, diretores, empregados, doadores ou terceiros eventuais resultados, sobras, excedentes operacionais, brutos ou líquidos, dividendos, isenções de qualquer natureza, participações ou parcelas do seu patrimônio, auferidos mediante o exercício de suas atividades, e que os aplique integralmente na consecução do respectivo objeto social, de forma imediata ou por meio da constituição de fundo patrimonial ou fundo de reserva;

→ Alínea *a* acrescentada pela Lei 13.204/2015.

b) as sociedades cooperativas previstas na Lei 9.867, de 10 de novembro de 1999; as integradas por pessoas em situação de risco ou vulnerabilidade pessoal ou social; as alcançadas por programas e ações de combate à pobreza e de geração de trabalho e renda; as voltadas para fomento, educação e capacitação de trabalhadores rurais ou capacitação de agentes de assistência técnica e extensão rural; e as capacitadas para execução de atividades ou de projetos de interesse público e de cunho social.

→ Alínea *b* acrescentada pela Lei 13.204/52015.

c) as organizações religiosas que se dediquem a atividades ou a projetos de interesse público e de cunho social distintas das destinadas a fins exclusivamente religiosos;

→ Alínea *c* acrescentada pela Lei 13.204/52015.

II – administração pública: União, Estados, Distrito Federal, Municípios e respectivas autarquias, fundações, empresas públicas e sociedades de economia mista prestadoras de serviço público, e suas subsidiárias, alcançadas pelo disposto no § 9º do art. 37 da Constituição Federal;

→ Inciso II com redação alterada pela Lei 13.204/52015.

III – parceria: conjunto de direitos, responsabilidades e obrigações decorrentes de relação jurídica estabelecida formalmente entre a administração pública e organizações da sociedade civil, em regime de mútua cooperação, para a consecução de finalidades de interesse público e recíproco, mediante a execução de atividade ou de projeto expressos em termos de colaboração, em termos de fomento ou em acordos de cooperação;

→ Inciso III com redação alterada pela Lei 13.204/52015.

III-A – atividade: conjunto de operações que se realizam de modo contínuo ou permanente, das quais resulta um produto ou serviço necessário à satisfação de interesses compartilhados pela administração pública e pela organização da sociedade civil;

→ Inciso III-A acrescentado pela Lei 13.204/2015.

III-B – projeto: conjunto de operações, limitadas no tempo, das quais resulta um produto destinado à satisfação de interesses compartilhados pela administração pública e pela organização da sociedade civil;

→ Inciso III-B acrescentado pela Lei 13.204/2015.

IV – dirigente: pessoa que detenha poderes de administração, gestão ou controle da organização da sociedade civil, habilitada a assinar termo de colaboração, termo de fomento ou acordo de cooperação com a administração pública para a consecução de finalidades de interesse público e recíproco, ainda que delegue essa competência a terceiros;

→ Inciso IV com redação alterada pela Lei 13.204/52015.

V – administrador público: agente público revestido de competência para assinar termo de colaboração, termo de fomento ou acordo de cooperação com organização da sociedade civil para a consecução de finalidades de interesse público e recíproco, ainda que delegue essa competência a terceiros;

→ Inciso V com redação alterada pela Lei 13.204/52015.

VI – gestor: agente público responsável pela gestão de parceria celebrada por meio de termo de colaboração ou termo de fomento, designado por ato publicado em meio oficial de comunicação, com poderes de controle e fiscalização;

→ Inciso VI com redação alterada pela Lei 13.204/52015.

VII – termo de colaboração: instrumento por meio do qual são formalizadas as parcerias estabelecidas pela administração pública com organizações da sociedade civil para a consecução de finalidades de interesse público e recíproco propostas pela administração pública que envolvam a transferência de recursos financeiros;

→ Inciso VII com redação alterada pela Lei 13.204/52015.

VIII – termo de fomento: instrumento por meio do qual são formalizadas as parcerias estabelecidas pela administração pública com organizações da sociedade civil para a consecução de finalidades de interesse público e recíproco propostas pelas organizações da sociedade civil, que envolvam a transferência de recursos financeiros;

→ Inciso VIII com redação alterada pela Lei 13.204/52015.

VIII-A – acordo de cooperação: instrumento por meio do qual são formalizadas as parcerias estabelecidas pela administração pública com organizações da sociedade civil para a consecução de finalidades de interesse público e recíproco que não envolvam a transferência de recursos financeiros;

→ Inciso VIII-A acrescentado pela Lei 13.204/2015.

IX – conselho de política pública: órgão criado pelo poder público para atuar como instância consultiva, na respectiva área de atuação, na formulação, implementação, acompanhamento, monitoramento e avaliação de políticas públicas;

X – comissão de seleção: órgão colegiado destinado a processar e julgar chamamentos públicos, constituído por ato publicado em meio oficial de comunicação, assegurada a participação de pelo menos um servidor ocupante de cargo efetivo ou emprego permanente do quadro de pessoal da administração pública;

→ Inciso X com redação alterada pela Lei 13.204/52015.

XI – comissão de monitoramento e avaliação: órgão colegiado destinado a monitorar e avaliar as parcerias celebradas com organizações da sociedade civil mediante termo de colaboração ou termo de fomento, constituído por ato publicado em meio oficial de comunicação, assegurada a participação de pelo menos um servidor ocupante de cargo efetivo ou emprego permanente do quadro de pessoal da administração pública;

→ Inciso XI com redação alterada pela Lei 13.204/52015.

XII – chamamento público: procedimento destinado a selecionar organização da sociedade civil para firmar parceria por meio de termo de colaboração ou de fomento, no qual se garanta a observância dos princípios da isonomia, da legalidade, da impessoalidade, da moralidade, da igualdade, da publicidade, da probidade administrativa, da vinculação ao instrumento convocatório, do julgamento objetivo e dos que lhes são correlatos;

XIII – bens remanescentes: os de natureza permanente adquiridos com recursos financeiros envolvidos na parceria, necessários à consecução do objeto, mas que a ele não se incorporam;

→ Inciso XIII com redação alterada pela Lei 13.204/52015.

XIV – prestação de contas: procedimento em que se analisa e se avalia a execução da parceria, pelo qual seja possível verificar o cumprimento do objeto da parceria e o alcance das metas e dos resultados previstos, compreendendo duas fases:

→ *Caput* do inciso XIV com redação alterada pela Lei 13.204/52015.

a) apresentação das contas, de responsabilidade da organização da sociedade civil;

b) análise e manifestação conclusiva das contas, de responsabilidade da administração pública, sem prejuízo da atuação dos órgãos de controle;

XV – (*Revogado pela Lei 13.204/2015*).

Art. 2º-A. As parcerias disciplinadas nesta Lei respeitarão, em todos os seus aspectos, as normas específicas das políticas públicas setoriais relativas ao objeto da parceria e as respectivas instâncias de pactuação e deliberação.

→ Artigo acrescentado pela Lei 13.204/2015.

Art. 3º Não se aplicam as exigências desta Lei:

I – às transferências de recursos homologadas pelo Congresso Nacional ou autorizadas pelo Senado Federal naquilo em que as disposições específicas dos tratados, acordos e convenções internacionais conflitarem com esta Lei;

→ Inciso I com redação alterada pela lei 13.204/2015.

II – (*Revogado pela Lei 13.204/2015*);

III – aos contratos de gestão celebrados com organizações sociais, desde que cumpridos os requisitos previstos na Lei 9.637, de 15 de maio de 1998;

→ Inciso III com redação alterada pela lei 13.204/2015.

IV – aos convênios e contratos celebrados com entidades filantrópicas e sem fins lucrativos nos termos do § 1º do art. 199 da Constituição Federal;

→ Inciso IV acrescentado pela Lei 13.204/2015.

V – aos termos de compromisso cultural referidos no § 1º do art. 9º da Lei 13.018, de 22 de julho de 2014;

→ Inciso V acrescentado pela Lei 13.204/2015.

VI – aos termos de parceria celebrados com organizações da sociedade civil de interesse público, desde que cumpridos os requisitos previstos na Lei nº 9.790, de 23 de março de 1999;

→ Inciso VI acrescentado pela Lei 13.204/2015.

VII – às transferências referidas no art. 2º da Lei 10.845, de 5 de março de 2004, e nos arts. 5º e 22 da Lei 11.947, de 16 de junho de 2009;

→ Inciso VII acrescentado pela Lei 13.204/2015.

VIII – (*Vetado*);

→ Inciso VIII acrescentado pela Lei 13.204/2015.

IX – aos pagamentos realizados a título de anuidades, contribuições ou taxas associativas em favor de organismos internacionais ou entidades que sejam obrigatoriamente constituídas por:

→ Inciso IX acrescentado pela Lei 13.204/2015.

a) membros de Poder ou do Ministério Público;

b) dirigentes de órgão ou de entidade da administração pública;

c) pessoas jurídicas de direito público interno;

d) pessoas jurídicas integrantes da administração pública;

X – às parcerias entre a administração pública e os serviços sociais autônomos.

→ Inciso X acrescentado pela Lei 13.204/2015.

Art. 4º (*Revogado pela Lei 3.204/2015*).

Capítulo II
DA CELEBRAÇÃO DO TERMO DE COLABORAÇÃO OU DE FOMENTO

Seção I
Normas gerais

Art. 5º O regime jurídico de que trata esta Lei tem como fundamentos a gestão pública democrática, a participação social, o fortalecimento da sociedade civil, a transparência na aplicação dos recursos públicos, os princípios da legalidade, da legitimidade, da impessoalidade, da moralidade, da publicidade, da economicidade, da eficiência e da eficácia, destinando-se a assegurar:

→ *Caput* com redação alterada pela Lei 13.204/2015.

I – o reconhecimento da participação social como direito do cidadão;

LEGISLAÇÃO

II – a solidariedade, a cooperação e o respeito à diversidade para a construção de valores de cidadania e de inclusão social e produtiva;

III – a promoção do desenvolvimento local, regional e nacional, inclusivo e sustentável;

IV – o direito à informação, à transparência e ao controle social das ações públicas;

V – a integração e a transversalidade dos procedimentos, mecanismos e instâncias de participação social;

VI – a valorização da diversidade cultural e da educação para a cidadania ativa;

VII – a promoção e a defesa dos direitos humanos;

VIII – a preservação, a conservação e a proteção dos recursos hídricos e do meio ambiente;

IX – a valorização dos direitos dos povos indígenas e das comunidades tradicionais;

X – a preservação e a valorização do patrimônio cultural brasileiro, em suas dimensões material e imaterial.

Art. 6º São diretrizes fundamentais do regime jurídico de parceria:

→ *Caput* com redação alterada pela Lei 13.204/2015.

I – a promoção, o fortalecimento institucional, a capacitação e o incentivo à organização da sociedade civil para a cooperação com o poder público;

II – a priorização do controle de resultados;

III – o incentivo ao uso de recursos atualizados de tecnologias de informação e comunicação;

IV – o fortalecimento das ações de cooperação institucional entre os entes federados nas relações com as organizações da sociedade civil;

V – o estabelecimento de mecanismos que ampliem a gestão de informação, transparência e publicidade;

VI – a ação integrada, complementar e descentralizada, de recursos e ações, entre os entes da Federação, evitando sobreposição de iniciativas e fragmentação de recursos;

VII – a sensibilização, a capacitação, o aprofundamento e o aperfeiçoamento do trabalho de gestores públicos, na implementação de atividades e projetos de interesse público e relevância social com organizações da sociedade civil;

VIII – a adoção de práticas de gestão administrativa necessárias e suficientes para coibir a obtenção, individual ou coletiva, de benefícios ou vantagens indevidos;

→ Inciso VIII com redação alterada pela Lei 13.204/2015.

IX – a promoção de soluções derivadas da aplicação de conhecimentos, da ciência e tecnologia e da inovação para atender necessidades e demandas de maior qualidade de vida da população em situação de desigualdade social.

Seção II
Da capacitação de gestores, conselheiros e sociedade civil organizada

Art. 7º A União poderá instituir, em coordenação com os Estados, o Distrito Federal, os Municípios e organizações da sociedade civil, programas de capacitação voltados a:

→ *Caput* com redação alterada pela Lei 13.204/2015.

I – administradores públicos, dirigentes e gestores;

→ Inciso I acrescentado pela Lei 13.204/2015.

II – representantes de organizações da sociedade civil;

→ Inciso II acrescentado pela Lei 13.204/2015.

III – membros de conselhos de políticas públicas;

→ Inciso III acrescentado pela Lei 13.204/2015.

IV – membros de comissões de seleção;

→ Inciso IV acrescentado pela Lei 13.204/2015.

V – membros de comissões de monitoramento e avaliação;

→ Inciso V acrescentado pela Lei 13.204/2015.

VI – demais agentes públicos e privados envolvidos na celebração e execução das parcerias disciplinadas nesta Lei.

→ Inciso VI acrescentado pela Lei 13.204/2015.

Parágrafo único. A participação nos programas previstos no caput não constituirá condição para o exercício de função envolvida na materialização das parcerias disciplinadas nesta Lei.

→ Parágrafo único acrescentado pela Lei 13.204/2015.

Art. 8º Ao decidir sobre a celebração de parcerias previstas nesta Lei, o administrador público:

→ *Caput* com redação alterada pela Lei 13.204/2015.

I – considerará, obrigatoriamente, a capacidade operacional da administração pública para celebrar a parceria, cumprir as obrigações dela decorrentes e assumir as respectivas responsabilidades;

→ Inciso I acrescentado pela Lei 13.204/2015.

II – avaliará as propostas de parceria com o rigor técnico necessário;

→ Inciso II acrescentado pela Lei 13.204/2015.

III – designará gestores habilitados a controlar e fiscalizar a execução em tempo hábil e de modo eficaz;

→ Inciso III acrescentado pela Lei 13.204/2015.

IV – apreciará as prestações de contas na forma e nos prazos determinados nesta Lei e na legislação específica.

→ Inciso IV acrescentado pela Lei 13.204/2015.

Parágrafo único. A administração pública adotará as medidas necessárias, tanto na capacitação de pessoal, quanto no provimento dos recursos materiais e tecnológicos necessários, para assegurar a capacidade técnica e operacional de que trata o caput deste artigo.

Seção III
Da transparência e do controle

Art. 9º (*Revogado pela Lei 3.204/2015*).

Art. 10. A administração pública deverá manter, em seu sítio oficial na internet, a relação das parcerias celebradas e dos respectivos planos de trabalho, até cento e oitenta dias após o respectivo encerramento.

→ Artigo com redação alterada pela Lei 13.204/2015.

Art. 11. A organização da sociedade civil deverá divulgar na internet e em locais visíveis de suas sedes sociais e dos estabelecimentos em que exerça suas ações todas as parcerias celebradas com a administração pública.

→ *Caput* com redação alterada pela Lei 13.204/2015.

Parágrafo único. As informações de que tratam este artigo e o art. 10 deverão incluir, no mínimo:

I – data de assinatura e identificação do instrumento de parceria e do órgão da administração pública responsável;

II – nome da organização da sociedade civil e seu número de inscrição no Cadastro Nacional da Pessoa Jurídica – CNPJ da Secretaria da Receita Federal do Brasil – RFB;

III – descrição do objeto da parceria;

IV – valor total da parceria e valores liberados, quando for o caso;

→ Inciso IV com redação alterada pela Lei 13.204/2015.

V – situação da prestação de contas da parceria, que deverá informar a data prevista para a sua apresentação, a data em que foi apresentada, o prazo para a sua análise e o resultado conclusivo.

VI – quando vinculados à execução do objeto e pagos com recursos da parceria, o valor total da remuneração da equipe de trabalho, as funções que seus integrantes desempenham e a remuneração prevista para o respectivo exercício.

→ Inciso VI acrescentado pela Lei 13.204/2015.

Art. 12. A administração pública deverá divulgar pela internet os meios de representação sobre a aplicação irregular dos recursos envolvidos na parceria.

→ Artigo com redação alterada pela Lei 13.204/2015.

Seção IV
Do fortalecimento da participação social e da divulgação das ações

Art. 13. (*Vetado*).

Art. 14. A administração pública divulgará, na forma de regulamento, nos meios públicos de comunicação por radiodifusão de sons e de sons e imagens, campanhas publicitárias e programações desenvolvidas por organizações da sociedade civil, no âmbito das parcerias previstas nesta Lei, mediante o emprego de recursos tecnológicos e de linguagem adequados à garantia de acessibilidade por pessoas com deficiência.

→ Artigo acrescentado pela Lei 13.204/2015.

Art. 15. Poderá ser criado, no âmbito do Poder Executivo federal, o Conselho Nacional de Fomento e Colaboração, de composição paritária entre representantes governamentais e organizações da sociedade civil, com a finalidade de divulgar boas práticas e de propor e apoiar políticas e ações voltadas ao fortalecimento das relações de fomento e de colaboração previstas nesta Lei.

§ 1º A composição e o funcionamento do Conselho Nacional de Fomento e Colaboração serão disciplinados em regulamento.

§ 2º Os demais entes federados também poderão criar instância participativa, nos termos deste artigo.

§ 3º Os conselhos setoriais de políticas públicas e a administração pública serão consultados quanto às políticas e ações voltadas ao fortalecimento das relações de fomento e de colaboração propostas pelo Conselho de que trata o caput deste artigo.

§ 3º acrescentado pela Lei 13.204/2015.

Seção V
Dos termos de colaboração e de fomento

Art. 16. O termo de colaboração deve ser adotado pela administração pública para consecução de planos de trabalho de sua iniciativa, para celebração de parcerias com organizações da sociedade civil que envolvam a transferência de recursos financeiros.

→ *Caput* com redação alterada pela Lei 13.204/2015.

LEGISLAÇÃO

Parágrafo único. Os conselhos de políticas públicas poderão apresentar propostas à administração pública para celebração de termo de colaboração com organizações da sociedade civil.

Art. 17. O termo de fomento deve ser adotado pela administração pública para consecução de planos de trabalho propostos por organizações da sociedade civil que envolvam a transferência de recursos financeiros.

→ Artigo com redação alterada pela Lei 13.204/2015.

Seção VI
Do procedimento de manifestação de interesse social

Art. 18. É instituído o Procedimento de Manifestação de Interesse Social como instrumento por meio do qual as organizações da sociedade civil, movimentos sociais e cidadãos poderão apresentar propostas ao poder público para que este avalie a possibilidade de realização de um chamamento público objetivando a celebração de parceria.

Art. 19. A proposta a ser encaminhada à administração pública deverá atender aos seguintes requisitos:

I – identificação do subscritor da proposta;

II – indicação do interesse público envolvido;

III – diagnóstico da realidade que se quer modificar, aprimorar ou desenvolver e, quando possível, indicação da viabilidade, dos custos, dos benefícios e dos prazos de execução da ação pretendida.

Art. 20. Preenchidos os requisitos do art. 19, a administração pública deverá tornar pública a proposta em seu sítio eletrônico e, verificada a conveniência e oportunidade para realização do Procedimento de Manifestação de Interesse Social, o instaurará para oitiva da sociedade sobre o tema.

Parágrafo único. Os prazos e regras do procedimento de que trata esta Seção observarão regulamento próprio de cada ente federado, a ser aprovado após a publicação desta Lei.

Art. 21. A realização do Procedimento de Manifestação de Interesse Social não implicará necessariamente na execução do chamamento público, que acontecerá de acordo com os interesses da administração.

§ 1º A realização do Procedimento de Manifestação de Interesse Social não dispensa a convocação por meio de chamamento público para a celebração de parceria.

§ 2º A proposição ou a participação no Procedimento de Manifestação de Interesse Social não impede a organização da sociedade civil de participar no eventual chamamento público subsequente.

§ 3º É vedado condicionar a realização de chamamento público ou a celebração de parceria à prévia realização de Procedimento de Manifestação de Interesse Social.

→ § 3º acrescentado pela Lei 13.204/2015.

Seção VII
Do plano de trabalho

Art. 22. Deverá constar do plano de trabalho de parcerias celebradas mediante termo de colaboração ou de fomento:

→ *Caput* com redação alterada pela Lei 13.204/2015.

I – descrição da realidade que será objeto da parceria, devendo ser demonstrado o nexo entre essa realidade e as atividades ou projetos e metas a serem atingidas;

→ Inciso I com redação alterada pela Lei 13.204/2015.

II – descrição de metas a serem atingidas e de atividades ou projetos a serem executados;

→ Inciso II com redação alterada pela Lei 13.204/2015.

II-A – previsão de receitas e de despesas a serem realizadas na execução das atividades ou dos projetos abrangidos pela parceria;

→ Inciso II-A acrescentado pela Lei 13.204/2015.

III – forma de execução das atividades ou dos projetos e de cumprimento das metas a eles atreladas;

→ Inciso III com redação alterada pela Lei 13.204/2015.

IV – definição dos parâmetros a serem utilizados para a aferição do cumprimento das metas.

→ Inciso IV com redação alterada pela Lei 13.204/2015.

V a X – (*Revogados pela Lei 13.204/2015*).

Parágrafo único. (*Revogado pela Lei 13.204/2015*).

Seção VIII
Do chamamento público

Art. 23. A administração pública deverá adotar procedimentos claros, objetivos e simplificados que orientem os interessados e facilitem o acesso direto aos seus órgãos e instâncias decisórias, independentemente da modalidade de parceria prevista nesta Lei.

→ *Caput* com redação alterada pela Lei 13.204/2015.

Parágrafo único. Sempre que possível, a administração pública estabelecerá critérios a serem seguidos, especialmente quanto às seguintes características:

→ *Caput* do parágrafo único com redação alterada pela Lei 13.204/2015.

I – objetos;

II – metas;

III – (*Revogado pela Lei 13.204/2015*);

IV – custos;

V – (*Revogado pela Lei 13.204/2015*);

VI – indicadores, quantitativos ou qualitativos, de avaliação de resultados.

→ Inciso VI com redação alterada pela Lei 13.204/2015.

Art. 24. Exceto nas hipóteses previstas nesta Lei, a celebração de termo de colaboração ou de fomento será precedida de chamamento público voltado a selecionar organizações da sociedade civil que tornem mais eficaz a execução do objeto.

→ *Caput* com redação alterada pela Lei 13.204/2015.

§ 1º O edital do chamamento público especificará, no mínimo:

I – a programação orçamentária que autoriza e viabiliza a celebração da parceria;

→ Inciso I com redação alterada pela Lei 13.204/2015.

II – (*Revogado pela Lei 13.204/2015*);

III – o objeto da parceria;

IV – as datas, os prazos, as condições, o local e a forma de apresentação das propostas;

V – as datas e os critérios de seleção e julgamento das propostas, inclusive no que se refere à metodologia de pontuação e ao peso atribuído a cada um dos critérios estabelecidos, se for o caso;

→ Inciso V com redação alterada pela Lei 13.204/2015.

VI – o valor previsto para a realização do objeto;

VII – (*Revogado pela Lei 13.204/2015*);

VIII – as condições para interposição de recurso administrativo;

→ Inciso VIII acrescentado pela Lei 13.204/2015.

IX – a minuta do instrumento por meio do qual será celebrada a parceria;

→ Inciso IX acrescentado pela Lei 13.204/2015.

X – de acordo com as características do objeto da parceria, medidas de acessibilidade para pessoas com deficiência ou mobilidade reduzida e idosos.

→ Inciso X acrescentado pela Lei 13.204/2015.

§ 2º É vedado admitir, prever, incluir ou tolerar, nos atos de convocação, cláusulas ou condições que comprometam, restrinjam ou frustrem o seu caráter competitivo em decorrência de qualquer circunstância impertinente ou irrelevante para o específico objeto da parceria, admitidos:

→ *Caput* com redação alterada pela Lei 13.204/2015.

I – a seleção de propostas apresentadas exclusivamente por concorrentes sediados ou com representação atuante e reconhecida na unidade da Federação onde será executado o objeto da parceria;

→ Inciso I acrescentado pela Lei 13.204/2015.

II – o estabelecimento de cláusula que delimite o território ou a abrangência da prestação de atividades ou da execução de projetos, conforme estabelecido nas políticas setoriais.

→ Inciso II acrescentado pela Lei 13.204/2015.

Art. 25. (*Revogado pela Lei 13.204/2015*);

Art. 26. O edital deverá ser amplamente divulgado em página do sítio oficial da administração pública na internet, com antecedência mínima de trinta dias.

→ *Caput* com redação alterada pela Lei 13.204/2015.

Parágrafo único. (*Revogado pela Lei 13.204/2015*).

Art. 27. O grau de adequação da proposta aos objetivos específicos do programa ou da ação em que se insere o objeto da parceria e, quando for o caso, ao valor de referência constante do chamamento constitui critério obrigatório de julgamento.

→ *Caput* com redação alterada pela Lei 13.204/2015.

§ 1º As propostas serão julgadas por uma comissão de seleção previamente designada, nos termos desta Lei, ou constituída pelo respectivo conselho gestor, se o projeto for financiado com recursos de fundos específicos.

→ § 1º com redação alterada pela Lei 13.204/2015.

§ 2º Será impedida de participar da comissão de seleção pessoa que, nos últimos cinco anos, tenha mantido relação jurídica com, ao menos, uma das entidades participantes do chamamento público.

→ § 2º com redação alterada pela Lei 13.204/2015.

§ 3º Configurado o impedimento previsto no § 2º, deverá ser designado membro substituto que possua qualificação equivalente à do substituído.

§ 4º A administração pública homologará e divulgará o resultado do julgamento em página do sítio previsto no art. 26.

→ § 4º com redação alterada pela Lei 13.204/2015.

§ 5º Será obrigatoriamente justificada a seleção de proposta que não for a mais adequada ao valor de referência constante do chamamento público.

→ § 5º acrescentado pela Lei 13.204/2015.

§ 6º A homologação não gera direito para a organização da sociedade civil à celebração da parceria.

→ § 6º acrescentado pela Lei 13.204/2015.

Art. 28. Somente depois de encerrada a etapa competitiva e ordenadas as propostas, a administração pública procederá à verificação dos documentos que comprovem o atendimento pela organização da sociedade civil selecionada dos requisitos previstos nos arts. 33 e 34.

→ *Caput* com redação alterada pela Lei 13.204/2015.

§ 1º Na hipótese de a organização da sociedade civil selecionada não atender aos requisitos exigidos nos arts. 33 e 34, aquela imediatamente mais bem classificada poderá ser convidada a aceitar a celebração de parceria nos termos da proposta por ela apresentada.

→ § 1º com redação alterada pela Lei 13.204/2015.

§ 2º Caso a organização da sociedade civil convidada nos termos do § 1º aceite celebrar a parceria, proceder-se-á à verificação dos documentos que comprovem o atendimento aos requisitos previstos nos arts. 33 e 34.

→ § 2º com redação alterada pela Lei 13.204/2015.

§ 3º (*Revogado pela Lei 13.204/2015*).

Art. 29. Os termos de colaboração ou de fomento que envolvam recursos decorrentes de emendas parlamentares às leis orçamentárias anuais e os acordos de cooperação serão celebrados sem chamamento público, exceto, em relação aos acordos de cooperação, quando o objeto envolver a celebração de comodato, doação de bens ou outra forma de compartilhamento de recurso patrimonial, hipótese em que o respectivo chamamento público observará o disposto nesta Lei.

→ Artigo com redação alterada pela Lei 13.204/2015.

Art. 30. A administração pública poderá dispensar a realização do chamamento público:

I – no caso de urgência decorrente de paralisação ou iminência de paralisação de atividades de relevante interesse público, pelo prazo de até cento e oitenta dias;

→ Inciso I com redação alterada pela Lei 13.204/2015.

II – nos casos de guerra, calamidade pública, grave perturbação da ordem pública ou ameaça à paz social;

→ Inciso II com redação alterada pela Lei 13.204/2015.

III – quando se tratar da realização de programa de proteção a pessoas ameaçadas ou em situação que possa comprometer a sua segurança;

IV – (*Vetado*).

V – (*Vetado*);

→ Inciso V acrescentado pela Lei 13.204/2015.

VI – no caso de atividades voltadas ou vinculadas a serviços de educação, saúde e assistência social, desde que executadas por organizações da sociedade civil previamente credenciadas pelo órgão gestor da respectiva política.

→ Inciso VI acrescentado pela Lei 13.204/2015.

Art. 31. Será considerado inexigível o chamamento público na hipótese de inviabilidade de competição entre as organizações da sociedade civil, em razão da natureza singular do objeto da parceria ou se as metas somente puderem ser atingidas por uma entidade específica, especialmente quando:

→ *Caput* com redação alterada pela Lei 13.204/2015.

I – o objeto da parceria constituir incumbência prevista em acordo, ato ou compromisso internacional, no qual sejam indicadas as instituições que utilizarão os recursos;

→ Inciso I acrescentado pela Lei 13.204/2015.

II – a parceria decorrer de transferência para organização da sociedade civil que esteja autorizada em lei na qual seja identificada expressamente a entidade beneficiária, inclusive quando se tratar da subvenção prevista no inciso I do § 3º do art. 12 da Lei 4.320, de 17 de março de 1964, observado o disposto no art. 26 da Lei Complementar 101, de 4 de maio de 2000.

→ Inciso II acrescentado pela Lei 13.204/2015.

Art. 32. Nas hipóteses dos arts. 30 e 31 desta Lei, a ausência de realização de chamamento público será justificada pelo administrador público.

→ *Caput* com redação alterada pela Lei 13.204/2015.

§ 1º Sob pena de nulidade do ato de formalização de parceria prevista nesta Lei, o extrato da justificativa previsto no caput deverá ser publicado, na mesma data em que for efetivado, no sítio oficial da administração pública na internet e, eventualmente, a critério do administrador público, também no meio oficial de publicidade da administração pública.

→ § 1º com redação alterada pela Lei 13.204/2015.

§ 2º Admite-se a impugnação à justificativa, apresentada no prazo de cinco dias a contar de sua publicação, cujo teor deve ser analisado pelo administrador público responsável em até cinco dias da data do respectivo protocolo.

→ § 2º com redação alterada pela Lei 13.204/2015.

§ 3º Havendo fundamento na impugnação, será revogado o ato que declarou a dispensa ou considerou inexigível o chamamento público, e será imediatamente iniciado o procedimento para a realização do chamamento público, conforme o caso.

§ 4º A dispensa e a inexigibilidade de chamamento público, bem como o disposto no art. 29, não afastam a aplicação dos demais dispositivos desta Lei.

→ § 4º acrescentado pela Lei 13.204/2015.

Seção IX
Dos Requisitos para Celebração de Parcerias

→ Rubrica da Seção IX com redação alterada pela Lei 13.204/2015.

Art. 33. Para celebrar as parcerias previstas nesta Lei, as organizações da sociedade civil deverão ser regidas por normas de organização interna que prevejam, expressamente:

→ *Caput* com redação alterada pela Lei 13.204/2015.

I – objetivos voltados à promoção de atividades e finalidades de relevância pública e social;

II – (*Revogado pela Lei 13.204/2015*);

III – que, em caso de dissolução da entidade, o respectivo patrimônio líquido seja transferido a outra pessoa jurídica de igual natureza que preencha os requisitos desta Lei e cujo objeto social seja, preferencialmente, o mesmo da entidade extinta;

→ Inciso III com redação alterada pela Lei 13.204/2015.

IV – escrituração de acordo com os princípios fundamentais de contabilidade e com as Normas Brasileiras de Contabilidade;

→ *Caput* com redação alterada pela Lei 13.204/2015.

a) (*Revogada pela Lei 13.204/2015*);

b) (*Revogada pela Lei 13.204/2015*).

V – possuir:

→ Inciso V Acrescentado pela Lei 13.204/2015.

a) no mínimo, um, dois ou três anos de existência, com cadastro ativo, comprovados por meio de documentação emitida pela Secretaria da Receita Federal do Brasil, com base no Cadastro Nacional da Pessoa Jurídica - CNPJ, conforme, respectivamente, a parceria seja celebrada no âmbito dos Municípios, do Distrito Federal ou dos Estados e da União, admitida a redução desses prazos por ato específico de cada ente na hipótese de nenhuma organização atingi-los;

b) experiência prévia na realização, com efetividade, do objeto da parceria ou de natureza semelhante;

c) instalações, condições materiais e capacidade técnica e operacional para o desenvolvimento das atividades ou projetos previstos na parceria e o cumprimento das metas estabelecidas.

§ 1º Na celebração de acordos de cooperação, somente será exigido o requisito previsto no inciso I.

→ § 1º acrescentado pela Lei 13.204/2015.

§ 2º Serão dispensadas do atendimento ao disposto nos incisos I e III as organizações religiosas.

→ § 2º acrescentado pela Lei 13.204/2015.

§ 3º As sociedades cooperativas deverão atender às exigências previstas na legislação específica e ao disposto no inciso IV, estando dispensadas do atendimento aos requisitos previstos nos incisos I e III.

→ § 3º acrescentado pela Lei 13.204/2015.

§ 4º (*Vetado*).

→ § 4º acrescentado pela Lei 13.204/2015.

§ 5º Para fins de atendimento do previsto na alínea c do inciso V, não será necessária a demonstração de capacidade instalada prévia.

→ § 5º acrescentado pela Lei 13.204/2015.

Art. 34. Para celebração das parcerias previstas nesta Lei, as organizações da sociedade civil deverão apresentar:

I – (*Revogado pela Lei 13.204/2015*).

II – certidões de regularidade fiscal, previdenciária, tributária, de contribuições e de dívida ativa, de acordo com a legislação aplicável de cada ente federado;

III – certidão de existência jurídica expedida pelo cartório de registro civil ou cópia do estatuto registrado e de eventuais alterações ou, tratando-se de sociedade cooperativa, certidão simplificada emitida por junta comercial;

→ Inciso III com redação alterada pela Lei 13.204/2015.

IV – (*Revogado pela Lei 13.204/2015*);

V – cópia da ata de eleição do quadro dirigente atual;

VI – relação nominal atualizada dos dirigentes da entidade, com endereço, número e órgão expedidor da carteira de identidade e número de registro no Cadastro de Pessoas Físicas – CPF da Secretaria da Receita Federal do Brasil – RFB de cada um deles;

VII – comprovação de que a organização da sociedade civil funciona no endereço por ela declarado;

→ Inciso VII com redação alterada pela Lei 13.204/2015.

VIII – (*Revogado pela Lei 13.204/2015*).

Parágrafo único. (*Vetado*):

I – (*Vetado*);

II – (*Vetado*);

III – (*Vetado*).

Art. 35. A celebração e a formalização do termo de colaboração e do termo de fomento dependerão da adoção das seguintes providências pela administração pública:

I – realização de chamamento público, ressalvadas as hipóteses previstas nesta Lei;

II – indicação expressa da existência de prévia dotação orçamentária para execução da parceria;

III – demonstração de que os objetivos e finalidades institucionais e a capacidade técnica e operacional da organização da sociedade civil foram avaliados e são compatíveis com o objeto;

IV – aprovação do plano de trabalho, a ser apresentado nos termos desta Lei;

V – emissão de parecer de órgão técnico da administração pública, que deverá pronunciar-se, de forma expressa, a respeito:

a) do mérito da proposta, em conformidade com a modalidade de parceria adotada;

b) da identidade e da reciprocidade de interesse das partes na realização, em mútua cooperação, da parceria prevista nesta Lei;

c) da viabilidade de sua execução;

→ Alínea *c* com redação alterada pela Lei 13.204/2015.

d) da verificação do cronograma de desembolso;

→ Alínea *d* com redação alterada pela Lei 13.204/2015.

e) da descrição de quais serão os meios disponíveis a serem utilizados para a fiscalização da execução da parceria, assim como dos procedimentos que deverão ser adotados para avaliação da execução física e financeira, no cumprimento das metas e objetivos;

f) (*Revogada pela Lei 13.204/2015*);

g) da designação do gestor da parceria;

h) da designação da comissão de monitoramento e avaliação da parceria;

i) (*Revogada pela Lei 13.204/2015*);

VI – emissão de parecer jurídico do órgão de assessoria ou consultoria jurídica da administração pública acerca da possibilidade de celebração da parceria.

→ Inciso VI com redação alterada pela Lei 13.204/2015.

§ 1º Não será exigida contrapartida financeira como requisito para celebração de parceria, facultada a exigência de contrapartida em bens e serviços cuja expressão monetária será obrigatoriamente identificada no termo de colaboração ou de fomento.

→ § 1º com redação alterada pela Lei 13.204/2015.

§ 2º Caso o parecer técnico ou o parecer jurídico de que tratam, respectivamente, os incisos V e VI concluam pela possibilidade de celebração da parceria com ressalvas, deverá o administrador público sanar os aspectos ressalvados ou, mediante ato formal, justificar a preservação desses aspectos ou sua exclusão.

→ § 2º com redação alterada pela Lei 13.204/2015.

§ 3º Na hipótese de o gestor da parceria deixar de ser agente público ou ser lotado em outro órgão ou entidade, o administrador público deverá designar novo gestor, assumindo, enquanto isso não ocorrer, todas as obrigações do gestor, com as respectivas responsabilidades.

§ 4º (*Revogado pela Lei 13.204/2015*);

§ 5º Caso a organização da sociedade civil adquira equipamentos e materiais permanentes com recursos provenientes da celebração da parceria, o bem será gravado com cláusula de inalienabilidade, e ela deverá formalizar promessa de transferência da propriedade à administração pública, na hipótese de sua extinção.

§ 6º Será impedida de participar como gestor da parceria ou como membro da comissão de monitoramento e avaliação pessoa que, nos últimos 5 (cinco) anos, tenha mantido relação jurídica com, ao menos, 1 (uma) das organizações da sociedade civil partícipes.

§ 7º Configurado o impedimento do § 6º, deverá ser designado gestor ou membro substituto que possua qualificação técnica equivalente à do substituído.

Art. 35-A. É permitida a atuação em rede, por duas ou mais organizações da sociedade civil, mantida a integral responsabilidade da organização celebrante do termo de fomento ou de colaboração, desde que a organização da sociedade civil signatária do termo de fomento ou de colaboração possua:

→ Artigo acrescentado pela Lei 13.204/2015.

I – mais de cinco anos de inscrição no CNPJ;

II – capacidade técnica e operacional para supervisionar e orientar diretamente a atuação da organização que com ela estiver atuando em rede.

Parágrafo único. A organização da sociedade civil que assinar o termo de colaboração ou de fomento deverá celebrar termo de atuação em rede para repasse de recursos às não celebrantes, ficando obrigada a, no ato da respectiva formalização:

I – verificar, nos termos do regulamento, a regularidade jurídica e fiscal da organização executante e não celebrante do termo de colaboração ou do termo de fomento, devendo comprovar tal verificação na prestação de contas;

II – comunicar à administração pública em até sessenta dias a assinatura do termo de atuação em rede.

Art. 36. Será obrigatória a estipulação do destino a ser dado aos bens remanescentes da parceria.

Parágrafo único. Os bens remanescentes adquiridos com recursos transferidos poderão, a critério do administrador público, ser doados quando, após a consecução do objeto, não forem necessários para assegurar a continuidade do objeto pactuado, observado o disposto no respectivo termo e na legislação vigente.

Art. 37. (*Revogado pela Lei 13.204/2015*).

Art. 38. O termo de fomento, o termo de colaboração e o acordo de cooperação somente produzirão efeitos jurídicos após a publicação dos respectivos extratos no meio oficial de publicidade da administração pública.

→ Artigo com redação alterada pela Lei 13.204/2015.

Seção X
Das vedações

Art. 39. Ficará impedida de celebrar qualquer modalidade de parceria prevista nesta Lei a organização da sociedade civil que:

I – não esteja regularmente constituída ou, se estrangeira, não esteja autorizada a funcionar no território nacional;

II – esteja omissa no dever de prestar contas de parceria anteriormente celebrada;

III – tenha como dirigente membro de Poder ou do Ministério Público, ou dirigente de órgão ou entidade da administração pública da mesma esfera governamental na qual será celebrado o termo de colaboração ou de fomento, estendendo-se a vedação aos respectivos cônjuges ou companheiros, bem como parentes em linha reta, colateral ou por afinidade, até o segundo grau;

→ Inciso III com redação alterada pela Lei 13.204/2015.

IV – tenha tido as contas rejeitadas pela administração pública nos últimos cinco anos, exceto se:

→ *Caput* do inciso IV com redação alterada pela Lei 13.204/2015.

a) for sanada a irregularidade que motivou a rejeição e quitados os débitos eventualmente imputados;

→ Alínea *a* acrescentada pela Lei 13.204/2015.

b) for reconsiderada ou revista a decisão pela rejeição;

→ Alínea *b* acrescentada pela Lei 13.204/2015.

c) a apreciação das contas estiver pendente de decisão sobre recurso com efeito suspensivo;

→ Alínea *c* acrescentada pela Lei 13.204/2015.

V – tenha sido punida com uma das seguintes sanções, pelo período que durar a penalidade:

a) suspensão de participação em licitação e impedimento de contratar com a administração;

b) declaração de inidoneidade para licitar ou contratar com a administração pública;

c) a prevista no inciso II do art. 73 desta Lei;

d) a prevista no inciso III do art. 73 desta Lei;

VI – tenha tido contas de parceria julgadas irregulares ou rejeitadas por Tribunal ou Conselho de Contas de qualquer esfera da Federação, em decisão irrecorrível, nos últimos 8 (oito) anos;

VII – tenha entre seus dirigentes pessoa:

a) cujas contas relativas a parcerias tenham sido julgadas irregulares ou rejeitadas por Tribunal ou Conselho de Contas de qualquer esfera da Federação, em decisão irrecorrível, nos últimos 8 (oito) anos;

b) julgada responsável por falta grave e inabilitada para o exercício de cargo em comissão ou função de confiança, enquanto durar a inabilitação;

c) considerada responsável por ato de improbidade, enquanto durarem os prazos estabelecidos nos incisos I, II e III do art. 12 da Lei 8.429, de 2 de junho de 1992.

§ 1º Nas hipóteses deste artigo, é igualmente vedada a transferência de novos recursos no âmbito de parcerias em execução, excetuando-se os casos de serviços essenciais que não podem ser adiados sob pena de prejuízo ao erário ou à população, desde que precedida de expressa e fundamentada autorização do dirigente máximo do órgão ou entidade da administração pública, sob pena de responsabilidade solidária.

§ 2º Em qualquer das hipóteses previstas no *caput*, persiste o impedimento para celebrar parceria enquanto não houver o ressarcimento do dano ao erário, pelo qual seja responsável a organização da sociedade civil ou seu dirigente.

§ 3º (*Revogado pela Lei 13.204/2015*).

§ 4º Para os fins do disposto na alínea a do inciso IV e no § 2o, não serão considerados débitos que decorram de atrasos na liberação de repasses pela administração pública ou que tenham sido objeto de parcelamento, se a organização da sociedade civil estiver em situação regular no parcelamento.

→ § 4º acrescentado pela Lei 13.204/2015.

§ 5º A vedação prevista no inciso III não se aplica à celebração de parcerias com entidades que, pela sua própria natureza, sejam constituídas pelas autoridades referidas naquele inciso, sendo vedado que a mesma pessoa figure no termo de colaboração, no termo de fomento ou no acordo de cooperação simultaneamente como dirigente e administrador público.

→ § 5º acrescentado pela Lei 13.204/2015.

§ 6º Não são considerados membros de Poder os integrantes de conselhos de direitos e de políticas públicas.

→ § 6º acrescentado pela Lei 13.204/2015.

Art. 40. É vedada a celebração de parcerias previstas nesta Lei que tenham por objeto, envolvam ou incluam, direta ou indiretamente, delegação das funções de regulação, de fiscalização, de exercício do poder de polícia ou de outras atividades exclusivas de Estado.

→ *Caput* com redação alterada pela Lei 13.204/2015.

I – (*Revogado pela Lei 13.204/2015*);

II – (*Revogado pela Lei 13.204/2015*).

Parágrafo único. (*Revogado pela Lei 13.204/2015*).

Art. 41. Ressalvado o disposto no art. 3o e no parágrafo único do art. 84, serão celebradas nos termos desta Lei as parcerias entre a administração pública e as entidades referidas no inciso I do art. 2º.

→ *Caput* com redação alterada pela Lei 13.204/2015.

Parágrafo único. (*Revogado pela Lei 13.204/2015*).

Capítulo III
DA FORMALIZAÇÃO E DA EXECUÇÃO

Seção I
Disposições preliminares

Art. 42. As parcerias serão formalizadas mediante a celebração de termo de colaboração, de termo de fomento ou de acordo de cooperação, conforme o caso, que terá como cláusulas essenciais:

→ *Caput* com redação alterada pela Lei 13.204/2015.

I – a descrição do objeto pactuado;

II – as obrigações das partes;

III – quando for o caso, o valor total e o cronograma de desembolso;

→ Inciso III com redação alterada pela Lei 13.204/2015.

IV – (*Revogado pela Lei 13.204/2015*);

V – a contrapartida, quando for o caso, observado o disposto no § 1º do art. 35;

→ Inciso V com redação alterada pela Lei 13.204/2015.

VI – a vigência e as hipóteses de prorrogação;

VII – a obrigação de prestar contas com definição de forma, metodologia e prazos;

→ Inciso VII com redação alterada pela Lei 13.204/2015.

VIII – a forma de monitoramento e avaliação, com a indicação dos recursos humanos e tecnológicos que serão empregados na atividade ou, se for o caso, a indicação da participação de apoio técnico nos termos previstos no § 1º do art. 58 desta Lei;

IX – a obrigatoriedade de restituição de recursos, nos casos previstos nesta Lei;

X – a definição, se for o caso, da titularidade dos bens e direitos remanescentes na data da conclusão ou extinção da parceria e que, em razão de sua execução, tenham sido adquiridos, produzidos ou transformados com recursos repassados pela administração pública;

→ Inciso X com redação alterada pela Lei 13.204/2015.

XI – (*Revogado pela Lei 13.204/2015*);

XII – a prerrogativa atribuída à administração pública para assumir ou transferir a responsabilidade pela execução do objeto, no caso de paralisação, de modo a evitar sua descontinuidade;

→ Inciso XII com redação alterada pela Lei 13.204/2015.

XIII – (*Revogado pela Lei 13.204/2015*);

XIV – quando for o caso, a obrigação de a organização da sociedade civil manter e movimentar os recursos em conta bancária específica, observado o disposto no art. 51;

→ Inciso XIV com redação alterada pela Lei 13.204/2015.

XV – o livre acesso dos agentes da administração pública, do controle interno e do Tribunal de Contas correspondente aos processos, aos documentos e às informações relacionadas a termos de colaboração ou a termos de fomento, bem como aos locais de execução do respectivo objeto;

→ Inciso XV com redação alterada pela Lei 13.204/2015.

XVI – a faculdade dos partícipes rescindirem o instrumento, a qualquer tempo, com as respectivas condições, sanções e delimitações claras de responsabilidades, além da estipulação de prazo mínimo de antecedência para a publicidade dessa intenção, que não poderá ser inferior a 60 (sessenta) dias;

XVII – a indicação do foro para dirimir as dúvidas decorrentes da execução da parceria, estabelecendo a obrigatoriedade da prévia tentativa de solução administrativa, com a participação de órgão encarregado de assessoramento jurídico integrante da estrutura da administração pública;

→ Inciso XVII com redação alterada pela Lei 13.204/2015.

XVIII – (*Revogado pela Lei 13.204/2015*);

XIX – a responsabilidade exclusiva da organização da sociedade civil pelo gerenciamento administrativo e financeiro dos recursos recebidos, inclusive no que diz respeito às despesas de custeio, de investimento e de pessoal;

XX – a responsabilidade exclusiva da organização da sociedade civil pelo pagamento dos encargos trabalhistas, previdenciários, fiscais e comerciais relacionados à execução do objeto previsto no termo de colaboração ou de fomento, não implicando responsabilidade solidária ou subsidiária da administração pública a inadimplência da organização da sociedade civil em relação ao referido pagamento, os ônus incidentes sobre o objeto da parceria ou os danos decorrentes de restrição à sua execução.

→ Inciso XX com redação alterada pela Lei 13.204/2015.

Parágrafo único. Constará como anexo do termo de colaboração, do termo de fomento ou do acordo de cooperação o plano de trabalho, que deles será parte integrante e indissociável.

→ *Caput* do parágrafo único com redação alterada pela Lei 13.204/2015.

I – (*Revogado pela Lei 13.204/2015*);

II – (*Revogado pela Lei 13.204/2015*).

Seção II
Das contratações realizadas pelas organizações da sociedade civil

Art. 43. (*Revogado pela Lei 13.204/2015*);

Art. 44. (*Revogado pela Lei 13.204/2015*);

Seção III
Das despesas

Art. 45. As despesas relacionadas à execução da parceria serão executadas nos termos dos incisos XIX e XX do art. 42, sendo vedado:

→ *Caput* com redação alterada pela Lei 13.204/2015.

I – utilizar recursos para finalidade alheia ao objeto da parceria;

→ Inciso I com redação alterada pela Lei 13.204/2015.

II – pagar, a qualquer título, servidor ou empregado público com recursos vinculados à parceria, salvo nas hipóteses previstas em lei específica e na lei de diretrizes orçamentárias;

III – (*Revogado pela Lei 13.204/2015*);

IV – (*Vetado*);

V a IX – (*Revogados pela Lei 13.204/2015*);

Art. 46. Poderão ser pagas, entre outras despesas, com recursos vinculados à parceria:

→ *Caput* com redação alterada pela Lei 13.204/2015.

I – remuneração da equipe encarregada da execução do plano de trabalho, inclusive de pessoal próprio da organização da sociedade civil, durante a vigência da parceria, compreendendo as despesas com pagamentos de impostos, contribuições sociais, Fundo de Garantia do Tempo de Serviço – FGTS, férias, décimo terceiro salário, salários proporcionais, verbas rescisórias e demais encargos sociais e trabalhistas;

→ *Caput* do inciso I com redação alterada pela Lei 13.204/2015.

a) (*Revogada pela Lei 13.204/2015*);

b) (*Revogada pela Lei 13.204/2015*);

c) (*Revogada pela Lei 13.204/2015*);

II – diárias referentes a deslocamento, hospedagem e alimentação nos casos em que a execução do objeto da parceria assim o exija;

→ Inciso II com redação alterada pela Lei 13.204/2015.

III – custos indiretos necessários à execução do objeto, seja qual for a proporção em relação ao valor total da parceria;

→ Inciso III com redação alterada pela Lei 13.204/2015.

IV – aquisição de equipamentos e materiais permanentes essenciais à consecução do objeto e serviços de adequação de espaço físico, desde que necessários à instalação dos referidos equipamentos e materiais.

§ 1º A inadimplência da administração pública não transfere à organização da sociedade civil a responsabilidade pelo pagamento de obrigações vinculadas à parceria com recursos próprios.

→ § 1º com redação alterada pela Lei 13.204/2015.

§ 2º A inadimplência da organização da sociedade civil em decorrência de atrasos na liberação de repasses relacionados à parceria não poderá acarretar restrições à liberação de parcelas subsequentes.

→ § 2º com redação alterada pela Lei 13.204/2015.

§ 3º O pagamento de remuneração da equipe contratada pela organização da sociedade civil com recursos da parceria não gera vínculo trabalhista com o poder público.

→ § 3º com redação alterada pela Lei 13.204/2015.

§ 4º (*Revogado pela Lei 13.204/2015*).

§ 5º (*Vetado*).

Art. 47. (*Revogado pela Lei 13.204/2015*);

Seção IV
Da liberação dos recursos

Art. 48. As parcelas dos recursos transferidos no âmbito da parceria serão liberadas em estrita conformidade com o respectivo cronograma de desembolso, exceto nos casos a seguir, nos quais ficarão retidas até o saneamento das impropriedades:

→ Artigo com redação alterada pela Lei 13.204/2015.

I – quando houver evidências de irregularidade na aplicação de parcela anteriormente recebida;

II – quando constatado desvio de finalidade na aplicação dos recursos ou o inadimplemento da organização da sociedade civil em relação a obrigações estabelecidas no termo de colaboração ou de fomento;

III – quando a organização da sociedade civil deixar de adotar sem justificativa suficiente as medidas saneadoras apontadas pela administração pública ou pelos órgãos de controle interno ou externo.

Art. 49. Nas parcerias cuja duração exceda um ano, é obrigatória a prestação de contas ao término de cada exercício.

→ *Caput* com redação alterada pela Lei 13.204/2015.

I – (*Revogado pela Lei 13.204/2015*).

II – (*Revogado pela Lei 13.204/2015*).

III – (*Revogado pela Lei 13.204/2015*).

Art. 50. A administração pública deverá viabilizar o acompanhamento pela internet dos processos de liberação de recursos referentes às parcerias celebradas nos termos desta Lei.

Seção V
Da movimentação e aplicação financeira dos recursos

Art. 51. Os recursos recebidos em decorrência da parceria serão depositados em conta corrente específica isenta de tarifa bancária na instituição financeira pública determinada pela administração pública.

→ Artigo com redação alterada pela Lei 13.204/2015.

Parágrafo único. Os rendimentos de ativos financeiros serão aplicados no objeto da parceria, estando sujeitos às mesmas condições de prestação de contas exigidas para os recursos transferidos.

Art. 52. Por ocasião da conclusão, denúncia, rescisão ou extinção da parceria, os saldos financeiros remanescentes, inclusive os provenientes das receitas obtidas das aplicações financeiras realizadas, serão devolvidos à administração pública no prazo improrrogável de trinta dias, sob pena de imediata instauração de tomada de contas especial do responsável, providenciada pela autoridade competente da administração pública.

→ Artigo com redação alterada pela Lei 13.204/2015.

Art. 53. Toda a movimentação de recursos no âmbito da parceria será realizada mediante transferência eletrônica sujeita à identificação do beneficiário final e à obrigatoriedade de depósito em sua conta bancária.

§ 1º Os pagamentos deverão ser realizados mediante crédito na conta bancária de titularidade dos fornecedores e prestadores de serviços.

→ Anterior parágrafo único renumerado para § 1º pela Lei 13.204/2015.

§ 2º Demonstrada a impossibilidade física de pagamento mediante transferência eletrônica, o termo de colaboração ou de fomento poderá admitir a realização de pagamentos em espécie.

→ § 2º acrescentado pela Lei 13.204/2015.

Art. 54. (*Revogado pela Lei 13.204/2015*);

Seção VI
Das alterações

Art. 55. A vigência da parceria poderá ser alterada mediante solicitação da organização da sociedade civil, devidamente formalizada e justificada, a ser apresentada à administração pública em, no mínimo, trinta dias antes do termo inicialmente previsto.

→ Artigo com redação alterada pela Lei 13.204/2015.

Parágrafo único. A prorrogação de ofício da vigência do termo de colaboração ou de fomento deve ser feita pela administração pública quando ela der causa a atraso na liberação de recursos financeiros, limitada ao exato período do atraso verificado.

Art. 56. (*Revogado pela Lei 13.204/2015*);

Art. 57. O plano de trabalho da parceria poderá ser revisto para alteração de valores ou de metas, mediante termo aditivo ou por apostila ao plano de trabalho original.

→ *Caput* com redação alterada pela Lei 13.204/2015.

Parágrafo único. (*Revogado pela Lei 13.204/2015*).

Seção VII
Do monitoramento e avaliação

Art. 58. A administração pública promoverá o monitoramento e a avaliação do cumprimento do objeto da parceria.

→ *Caput* com redação alterada pela Lei 13.204/2015.

§ 1º Para a implementação do disposto no *caput*, a administração pública poderá valer-se do apoio técnico de terceiros, delegar competência ou firmar parcerias com órgãos ou entidades que se situem próximos ao local de aplicação dos recursos.

→ § 1º com redação alterada pela Lei 13.204/2015.

§ 2º Nas parcerias com vigência superior a 1 (um) ano, a administração pública realizará, sempre que possível, pesquisa de satisfação com os beneficiários do plano de trabalho e utilizará os resultados como subsídio na avaliação da parceria celebrada e do cumprimento dos objetivos pactuados, bem como na reorientação e no ajuste das metas e atividades definidas.

§ 3º Para a implementação do disposto no § 2º, a administração pública poderá valer-se do apoio técnico de terceiros, delegar competência ou firmar parcerias com órgãos ou entidades que se situem próximos ao local de aplicação dos recursos.

Art. 59. A administração pública emitirá relatório técnico de monitoramento e avaliação de parceria celebrada mediante termo de colaboração ou termo de fomento e o submeterá à comissão de monitoramento e avaliação designada, que o homologará, independentemente da obrigatoriedade de apresentação da prestação de contas devida pela organização da sociedade civil.

→ *Caput* com redação alterada pela Lei 13.204/2015.

§ 1º O relatório técnico de monitoramento e avaliação da parceria, sem prejuízo de outros elementos, deverá conter:

→ Anterior parágrafo único renumerado para § 1º pela Lei 13.204/2015.

I – descrição sumária das atividades e metas estabelecidas;

II – análise das atividades realizadas, do cumprimento das metas e do impacto do benefício social obtido em razão da execução do objeto até o período, com base nos indicadores estabelecidos e aprovados no plano de trabalho;

III – valores efetivamente transferidos pela administração pública;

→ Inciso III com redação alterada pela Lei 13.204/2015.

IV – (*Revogado pela Lei 13.204/2015*);

V – análise dos documentos comprobatórios das despesas apresentados pela organização da sociedade civil na prestação de contas, quando não for comprovado o alcance das metas e resultados estabelecidos no respectivo termo de colaboração ou de fomento;

→ Inciso V com redação alterada pela Lei 13.204/2015.

VI – análise de eventuais auditorias realizadas pelos controles interno e externo, no âmbito da fiscalização preventiva, bem como de suas conclusões e das medidas que tomaram em decorrência dessas auditorias.

→ Inciso VI com redação alterada pela Lei 13.204/2015.

§ 2º No caso de parcerias financiadas com recursos de fundos específicos, o monitoramento e a avaliação serão realizados pelos respectivos conselhos gestores, respeitadas as exigências desta Lei.

→ § 2º acrescentado pela Lei 13.204/2015.

Art. 60. Sem prejuízo da fiscalização pela administração pública e pelos órgãos de controle, a execução da parceria será acompanhada e fiscalizada pelos conselhos de políticas públicas das áreas correspondentes de atuação existentes em cada esfera de governo.

→ *Caput* com redação alterada pela Lei 13.204/2015.

Parágrafo único. As parcerias de que trata esta Lei estarão também sujeitas aos mecanismos de controle social previstos na legislação.

Seção VIII
Das obrigações do gestor

Art. 61. São obrigações do gestor:

I – acompanhar e fiscalizar a execução da parceria;

II – informar ao seu superior hierárquico a existência de fatos que comprometam ou possam comprometer as atividades ou metas da parceria e de indícios de irregularidades na gestão dos recursos, bem como as providências adotadas ou que serão adotadas para sanar os problemas detectados;

III – (*Vetado*);

IV – emitir parecer técnico conclusivo de análise da prestação de contas final, levando em consideração o conteúdo do relatório técnico de monitoramento e avaliação de que trata o art. 59;

→ Inciso IV com redação alterada pela Lei 13.204/2015.

V – disponibilizar materiais e equipamentos tecnológicos necessários às atividades de monitoramento e avaliação.

Art. 62. Na hipótese de inexecução por culpa exclusiva da organização da sociedade civil, a administração pública poderá, exclusivamente para assegurar o atendimento de serviços essenciais à população, por ato próprio e independentemente de autorização judicial, a fim de realizar ou manter a execução das metas ou atividades pactuadas:

→ *Caput* com redação alterada pela Lei 13.204/2015.

I – retomar os bens públicos em poder da organização da sociedade civil parceira, qualquer que tenha sido a modalidade ou título que concedeu direitos de uso de tais bens;

II – assumir a responsabilidade pela execução do restante do objeto previsto no plano de trabalho, no caso de paralisação, de modo a evitar sua descontinuidade, devendo ser considerado na prestação de contas o que foi executado pela organização da sociedade civil até o momento em que a administração assumiu essas responsabilidades.

→ Inciso II com redação alterada pela Lei 13.204/2015.

Parágrafo único. As situações previstas no *caput* devem ser comunicadas pelo gestor ao administrador público.

Capítulo IV
DA PRESTAÇÃO DE CONTAS

Seção I
Normas gerais

Art. 63. A prestação de contas deverá ser feita observando-se as regras previstas nesta Lei, além de prazos e normas de elaboração constantes do instrumento de parceria e do plano de trabalho.

§ 1º A administração pública fornecerá manuais específicos às organizações da sociedade civil por ocasião da celebração das parcerias, tendo como premissas a simplificação e a racionalização dos procedimentos.

→ § 1º com redação alterada pela Lei 13.204/2015.

§ 2º Eventuais alterações no conteúdo dos manuais referidos no § 1º deste artigo devem ser previamente informadas à organização da sociedade civil e publicadas em meios oficiais de comunicação.

§ 3º O regulamento estabelecerá procedimentos simplificados para prestação de contas.

→ § 3º com redação alterada pela Lei 13.204/2015.

Art. 64. A prestação de contas apresentada pela organização da sociedade civil deverá conter elementos que permitam ao gestor da parceria avaliar o andamento ou concluir que o seu objeto foi executado conforme pactuado, com a descrição pormenorizada das atividades realizadas e a comprovação do alcance das metas e dos resultados esperados, até o período de que trata a prestação de contas.

§ 1º Serão glosados valores relacionados a metas e resultados descumpridos sem justificativa suficiente.

→ § 1º com redação alterada pela Lei 13.204/2015.

§ 2º Os dados financeiros serão analisados com o intuito de estabelecer o nexo de causalidade entre a receita e a despesa realizada, a sua conformidade e o cumprimento das normas pertinentes.

§ 3º A análise da prestação de contas deverá considerar a verdade real e os resultados alcançados.

§ 4º A prestação de contas da parceria observará regras específicas de acordo com o montante de recursos públicos envolvidos, nos termos das disposições e procedimentos estabelecidos conforme previsto no plano de trabalho e no termo de colaboração ou de fomento.

Art. 65. A prestação de contas e todos os atos que dela decorram dar-se-ão em plataforma eletrônica, permitindo a visualização por qualquer interessado.

→ *Caput* com redação alterada pela Lei 13.204/2015.

Art. 66. A prestação de contas relativa à execução do termo de colaboração ou de fomento dar-se-á mediante a análise dos documentos previstos no plano de trabalho, nos termos do inciso IX do art. 22, além dos seguintes relatórios:

I – relatório de execução do objeto, elaborado pela organização da sociedade civil, contendo as atividades ou projetos desenvolvidos para o cumprimento do objeto e o comparativo de metas propostas com os resultados alcançados;

→ Inciso I com redação alterada pela Lei 13.204/2015.

II – relatório de execução financeira do termo de colaboração ou do termo de fomento, com a descrição das despesas e receitas efetivamente realizadas e sua vinculação com a execução do objeto, na hipótese de descumprimento de metas e resultados estabelecidos no plano de trabalho.

→ Inciso II com redação alterada pela Lei 13.204/2015.

Parágrafo único. A administração pública deverá considerar ainda em sua análise os seguintes relatórios elaborados internamente, quando houver:

→ Parágrafo único com redação alterada pela Lei 13.204/2015.

I – relatório de visita técnica in loco eventualmente realizada durante a execução da parceria;

→ Inciso I com redação alterada pela Lei 13.204/2015.

II – relatório técnico de monitoramento e avaliação, homologado pela comissão de monitoramento e avaliação designada, sobre a conformidade do cumprimento do objeto e os resultados alcançados durante a execução do termo de colaboração ou de fomento.

Art. 67. O gestor emitirá parecer técnico de análise de prestação de contas da parceria celebrada.

§ 1º No caso de prestação de contas única, o gestor emitirá parecer técnico conclusivo para fins de avaliação do cumprimento do objeto.

→ § 1º com redação alterada pela Lei 13.204/2015.

§ 2º Se a duração da parceria exceder um ano, a organização da sociedade civil deverá apresentar prestação de contas ao fim de cada exercício, para fins de monitoramento do cumprimento das metas do objeto.

→ § 2º com redação alterada pela Lei 13.204/2015.

§ 3º (*Revogado pela Lei 13.204/2015*).

§ 4º Para fins de avaliação quanto à eficácia e efetividade das ações em execução ou que já foram realizadas, os pareceres técnicos de que trata este artigo deverão, obrigatoriamente, mencionar:

→ *Caput* do § 4º com redação alterada pela Lei 13.204/2015.

I – os resultados já alcançados e seus benefícios;

II – os impactos econômicos ou sociais;

III – o grau de satisfação do público-alvo;

IV – a possibilidade de sustentabilidade das ações após a conclusão do objeto pactuado.

Art. 68. Os documentos incluídos pela entidade na plataforma eletrônica prevista no art. 65, desde que possuam garantia da origem e de seu signatário por certificação digital, serão considerados originais para os efeitos de prestação de contas.

Parágrafo único. Durante o prazo de 10 (dez) anos, contado do dia útil subsequente ao da prestação de contas, a entidade deve manter em seu arquivo os documentos originais que compõem a prestação de contas.

Seção II
Dos prazos

Art. 69. A organização da sociedade civil prestará contas da boa e regular aplicação dos recursos recebidos no prazo de até noventa dias a partir do término da vigência da parceria ou no final de cada exercício, se a duração da parceria exceder um ano.

→ *Caput* com redação alterada pela Lei 13.204/2015.

§ 1º O prazo para a prestação final de contas será estabelecido de acordo com a complexidade do objeto da parceria.

→ § 1º com redação alterada pela Lei 13.204/2015.

§ 2º O disposto no caput não impede que a administração pública promova a instauração de tomada de contas especial antes do término da parceria, ante evidências de irregularidades na execução do objeto.

→ § 2º com redação alterada pela Lei 13.204/2015.

§ 3º Na hipótese do § 2º, o dever de prestar contas surge no momento da liberação de recurso envolvido na parceria.

→ § 3º com redação alterada pela Lei 13.204/2015.

§ 4º O prazo referido no *caput* poderá ser prorrogado por até 30 (trinta) dias, desde que devidamente justificado.

§ 5º A manifestação conclusiva sobre a prestação de contas pela administração pública observará os prazos previstos nesta Lei, devendo concluir, alternativamente, pela:

→ *Caput* do § 5º com redação alterada pela Lei 13.204/2015.

I – aprovação da prestação de contas;

II – aprovação da prestação de contas com ressalvas; ou

→ Inciso II com redação alterada pela Lei 13.204/2015.

III – rejeição da prestação de contas e determinação de imediata instauração de tomada de contas especial.

→ Inciso III com redação alterada pela Lei 13.204/2015.

§ 6º As impropriedades que deram causa à rejeição da prestação de contas serão registradas em plataforma eletrônica de acesso público, devendo ser levadas em consideração por ocasião da assinatura de futuras parcerias com a administração pública, conforme definido em regulamento.

→ § 6º com redação alterada pela Lei 13.204/2015.

Art. 70. Constatada irregularidade ou omissão na prestação de contas, será concedido prazo para a organização da sociedade civil sanar a irregularidade ou cumprir a obrigação.

§ 1º O prazo referido no *caput* é limitado a 45 (quarenta e cinco) dias por notificação, prorrogável, no máximo, por igual período, dentro do prazo que a administração pública possui para analisar e decidir sobre a prestação de contas e comprovação de resultados.

§ 2º Transcorrido o prazo para saneamento da irregularidade ou da omissão, não havendo o saneamento, a autoridade administrativa competente, sob pena de responsabilidade solidária, deve adotar as providências para apuração dos fatos, identificação dos responsáveis, quantificação do dano e obtenção do ressarcimento, nos termos da legislação vigente.

Art. 71. A administração pública apreciará a prestação final de contas apresentada, no prazo de até cento e cinquenta dias, contado da data de seu recebimento ou do cumprimento de diligência por ela determinada, prorrogável justificadamente por igual período.

→ *Caput* com redação alterada pela Lei 13.204/2015.

§§ 1º a 3º (*Revogados pela Lei 13.204/2015*).

§ 4º O transcurso do prazo definido nos termos do caput sem que as contas tenham sido apreciadas:

→ *Caput* do § 4º com redação alterada pela Lei 13.204/2015.

I – não significa impossibilidade de apreciação em data posterior ou vedação a que se adotem medidas saneadoras, punitivas ou destinadas a ressarcir danos que possam ter sido causados aos cofres públicos;

II – nos casos em que não for constatado dolo da organização da sociedade civil ou de seus prepostos, sem prejuízo da atualização monetária, impede a incidência de juros de mora sobre débitos eventualmente apurados, no período entre o final do prazo referido neste parágrafo e a data em que foi ultimada a apreciação pela administração pública.

→ Inciso II com redação alterada pela Lei 13.204/2015.

Art. 72. As prestações de contas serão avaliadas:

I – regulares, quando expressarem, de forma clara e objetiva, o cumprimento dos objetivos e metas estabelecidos no plano de trabalho;

→ Inciso I com redação alterada pela Lei 13.204/2015.

II – regulares com ressalva, quando evidenciarem impropriedade ou qualquer outra falta de natureza formal que não resulte em dano ao erário;

→ Inciso II com redação alterada pela Lei 13.204/2015.

III – irregulares, quando comprovada qualquer das seguintes circunstâncias:

→ *Caput* do inciso III com redação alterada pela Lei 13.204/2015.

a) omissão no dever de prestar contas;

b) descumprimento injustificado dos objetivos e metas estabelecidos no plano de trabalho;

→ Alínea *b* com redação alterada pela Lei 13.204/2015.

c) dano ao erário decorrente de ato de gestão ilegítimo ou antieconômico;

d) desfalque ou desvio de dinheiro, bens ou valores públicos.

§ 1º O administrador público responde pela decisão sobre a aprovação da prestação de contas ou por omissão em relação à análise de seu conteúdo, levando em consideração, no primeiro caso, os pareceres técnico, financeiro e jurídico, sendo permitida delegação a autoridades diretamente subordinadas, vedada a subdelegação.

→ § 1º acrescentado pela Lei 13.204/2015.

§ 2º Quando a prestação de contas for avaliada como irregular, após exaurida a fase recursal, se mantida a decisão, a organização da sociedade civil poderá solicitar autorização para que o ressarcimento ao erário seja promovido por meio de ações compensatórias de interesse público, mediante a apresentação de novo plano de trabalho, conforme o objeto descrito no termo de colaboração ou de fomento e a área de atuação da organização, cuja mensuração econômica será feita a partir do plano de trabalho original, desde que não tenha havido dolo ou fraude e não seja o caso de restituição integral dos recursos.

→ § 2º acrescentado pela Lei 13.204/2015.

Capítulo V
DA RESPONSABILIDADE E DAS SANÇÕES

Seção I
Das sanções administrativas à entidade

Art. 73. Pela execução da parceria em desacordo com o plano de trabalho e com as normas desta Lei e da legislação específica, a administração pública poderá, garantida a prévia defesa, aplicar à organização da sociedade civil as seguintes sanções:

→ *Caput* com redação alterada pela Lei 13.204/2015.

I – advertência;

II – suspensão temporária da participação em chamamento público e impedimento de celebrar parceria ou contrato com órgãos e entidades da esfera de governo da administração pública sancionadora, por prazo não superior a dois anos;

→ Inciso II com redação alterada pela Lei 13.204/2015.

III – declaração de inidoneidade para participar de chamamento público ou celebrar parceria ou contrato com órgãos e entidades de todas as esferas de governo, enquanto perdurarem os motivos determinantes da punição ou até que seja promovida a reabilitação perante a própria autoridade que aplicou a penalidade, que será concedida sempre que a organização da sociedade civil ressarcir a administração pública pelos prejuízos resultantes e após decorrido o prazo da sanção aplicada com base no inciso II.

→ Inciso III com redação alterada pela Lei 13.204/2015.

§ 1º As sanções estabelecidas nos incisos II e III são de competência exclusiva de Ministro de Estado ou de Secretário Estadual, Distrital ou Municipal, conforme o caso, facultada a defesa do interessado no respectivo processo, no prazo de dez dias da abertura de vista, podendo a reabilitação ser requerida após dois anos de aplicação da penalidade.

→ § 1º acrescentado pela Lei 13.204/2015.

§ 2º Prescreve em cinco anos, contados a partir da data da apresentação da prestação de contas, a aplicação de penalidade decorrente de infração relacionada à execução da parceria.

→ § 2º acrescentado pela Lei 13.204/2015.

§ 3º A prescrição será interrompida com a edição de ato administrativo voltado à apuração da infração.

→ § 3º acrescentado pela Lei 13.204/2015.

Seção II
Da responsabilidade pela execução e pela emissão de pareceres técnicos

Art. 74. (*Vetado*).

Art. 75. (*Revogado pela Lei 13.204/2015*);

Art. 76. (*Revogado pela Lei 13.204/2015*);

Seção III
Dos atos de improbidade administrativa

Art. 77. O art. 10 da Lei 8.429, de 2 de junho de 1992, passa a vigorar com as seguintes alterações:

→ Alterações efetuadas na referida Lei.

Art. 78. O art. 11 da Lei 8.429, de 2 de junho de 1992, passa a vigorar acrescido do seguinte inciso VIII:

→ Alteração efetuada na referida Lei.

Art. 78-A. O art. 23 da Lei 8.429, de 2 de junho de 1992, passa a vigorar acrescido do seguinte inciso III:

→ Artigo acrescentado pela Lei 13.204/2015.

→ Alteração efetuada na referida Lei.

Capítulo VI
DISPOSIÇÕES FINAIS

Art. 79. (*Vetado*).

Art. 80. O processamento das compras e contratações que envolvam recursos financeiros provenientes de parceria poderá ser efetuado por meio de sistema eletrônico disponibilizado pela administração pública às organizações da sociedade civil, aberto ao público via internet, que permita aos interessados formular propostas.

→ *Caput* com redação alterada pela Lei 13.204/2015.

Parágrafo único. O Sistema de Cadastramento Unificado de Fornecedores - SICAF, mantido pela União, fica disponibilizado aos demais entes federados, para fins do disposto no caput, sem prejuízo do uso de seus próprios sistemas.

→ Parágrafo único acrescentado pela Lei 13.204/2015.

Art. 81. Mediante autorização da União, os Estados, os Municípios e o Distrito Federal poderão aderir ao Sistema de Gestão de Convênios e Contratos de Repasse – SICONV para utilizar suas funcionalidades no cumprimento desta Lei.

Art. 81-A. Até que seja viabilizada a adaptação do sistema de que trata o art. 81 ou de seus correspondentes nas demais unidades da federação:

→ Artigo acrescentado pela Lei 13.204/2015.

I – serão utilizadas as rotinas previstas antes da entrada em vigor desta Lei para repasse de recursos a organizações da sociedade civil decorrentes de parcerias celebradas nos termos desta Lei;

II – os Municípios de até cem mil habitantes serão autorizados a efetivar a prestação de contas e os atos dela decorrentes sem utilização da plataforma eletrônica prevista no art. 65.

Art. 82. (*Vetado*).

Art. 83. As parcerias existentes no momento da entrada em vigor desta Lei permanecerão regidas pela legislação vigente ao tempo de sua celebração, sem prejuízo da aplicação subsidiária desta Lei, naquilo em que for cabível, desde que em benefício do alcance do objeto da parceria.

§ 1º As parcerias de que trata o caput poderão ser prorrogadas de ofício, no caso de atraso na liberação de recursos por parte da administração pública, por período equivalente ao atraso.

→ § 1º com redação alterada pela Lei 13.204/2015.

§ 2º As parcerias firmadas por prazo indeterminado antes da data de entrada em vigor desta Lei, ou prorrogáveis por período superior ao inicialmente estabelecido, no prazo de até um ano após a data da entrada em vigor desta Lei, serão, alternativamente:

→ *Caput* do § 2º com redação alterada pela Lei 13.204/2015.

I – substituídas pelos instrumentos previstos nos arts. 16 ou 17, conforme o caso;

→ Inciso I acrescentado pela Lei 13.204/2015.

II – objeto de rescisão unilateral pela administração pública.

→ Inciso II acrescentado pela Lei 13.204/2015.

Art. 83-A. (*Vetado*).

→ Artigo acrescentado pela Lei 13.204/2015.

Art. 84. Não se aplica às parcerias regidas por esta Lei o disposto na Lei nº 8.666, de 21 de junho de 1993.

→ *Caput* com redação alterada pela Lei 13.204/2015.

Parágrafo único. São regidos pelo art. 116 da Lei 8.666, de 21 de junho de 1993, convênios:

→ *Caput* do Parágrafo único com redação alterada pela Lei 13.204/2015.

I – entre entes federados ou pessoas jurídicas a eles vinculadas;

→ Inciso I acrescentado pela Lei 13.204/2015.

II – decorrentes da aplicação do disposto no inciso IV do art. 3º.

→ Inciso II acrescentado pela Lei 13.204/2015.

Art. 84-A. A partir da vigência desta Lei, somente serão celebrados convênios nas hipóteses do parágrafo único do art. 84.

→ Artigo acrescentado pela Lei 13.204/2015.

Art. 84-B. As organizações da sociedade civil farão jus aos seguintes benefícios, independentemente de certificação:

→ Artigo acrescentado pela Lei 13.204/2015.

I – receber doações de empresas, até o limite de 2% (dois por cento) de sua receita bruta;

II – receber bens móveis considerados irrecuperáveis, apreendidos, abandonados ou disponíveis, administrados pela Secretaria da Receita Federal do Brasil;

III – distribuir ou prometer distribuir prêmios, mediante sorteios, vale-brindes, concursos ou operações assemelhadas, com o intuito de arrecadar recursos adicionais destinados à sua manutenção ou custeio.

Art. 84-C. Os benefícios previstos no art. 84-B serão conferidos às organizações da sociedade civil que apresentem entre seus objetivos sociais pelo menos uma das seguintes finalidades:

→ Artigo acrescentado pela Lei 13.204/2015.

I – promoção da assistência social;

II – promoção da cultura, defesa e conservação do patrimônio histórico e artístico;

III – promoção da educação;

IV – promoção da saúde;

V – promoção da segurança alimentar e nutricional;

VI – defesa, preservação e conservação do meio ambiente e promoção do desenvolvimento sustentável;

VII – promoção do voluntariado;

VIII – promoção do desenvolvimento econômico e social e combate à pobreza;

IX – experimentação, não lucrativa, de novos modelos socioprodutivos e de sistemas alternativos de produção, comércio, emprego e crédito;

X – promoção de direitos estabelecidos, construção de novos direitos e assessoria jurídica gratuita de interesse suplementar;

XI – promoção da ética, da paz, da cidadania, dos direitos humanos, da democracia e de outros valores universais;

XII – organizações religiosas que se dediquem a atividades de interesse público e de cunho social distintas das destinadas a fins exclusivamente religiosos;

XIII – estudos e pesquisas, desenvolvimento de tecnologias alternativas, produção e divulgação de informações e conhecimentos técnicos e científicos que digam respeito às atividades mencionadas neste artigo.

Parágrafo único. É vedada às entidades beneficiadas na forma do art. 84-B a participação em campanhas de interesse político-partidário ou eleitorais, sob quaisquer meios ou formas.

Art. 85. O art. 1º da Lei 9.790, de 23 de março de 1999, passa a vigorar com a seguinte redação:

"Art. 1º Podem qualificar-se como Organizações da Sociedade Civil de Interesse Público as pessoas jurídicas de direito privado sem fins lucrativos que tenham sido constituídas e se encontrem em funcionamento suplementor regular há, no mínimo, 3 (três) anos, desde que os respectivos objetivos sociais e normas estatutárias atendam aos requisitos instituídos por esta Lei."

Art. 85-A. O art. 3º da Lei 9.790, de 23 de março de 1999, passa a vigorar acrescido do seguinte inciso XIII:

→ Artigo acrescentado pela Lei 13.204/2015.

→ Alteração efetuada na referida Lei.

Art. 85-B. O parágrafo único do art. 4º da Lei 9.790, de 23 de março de 1999, passa a vigorar com a seguinte redação:

→ Artigo acrescentado pela Lei 13.204/2015.

→ Alteração efetuada na referida Lei.

Art. 86. A Lei 9.790, de 23 de março de 1999, passa a vigorar acrescida dos seguintes arts. 15-A e 15-B:

→ Alterações efetuadas na referida Lei.

Art. 87. As exigências de transparência e publicidade previstas em todas as etapas que envolvam a parceria, desde a fase preparatória até o fim da prestação de contas, naquilo que for necessário, serão excepcionadas quando se tratar de programa de proteção a pessoas ameaçadas ou em situação que possa comprometer a sua segurança, na forma do regulamento.

→ Artigo com redação alterada pela Lei 13.204/2015.

Art. 88. Esta Lei entra em vigor após decorridos quinhentos e quarenta dias de sua publicação oficial, observado o disposto nos §§ 1º e 2º deste artigo.

→ *Caput* com redação alterada pela Lei 13.204/2015.

§ 1º Para os Municípios, esta Lei entra em vigor a partir de 1º de janeiro de 2017.

→ § 1º acrescentado pela Lei 13.204/2015.

§ 2º Por ato administrativo local, o disposto nesta Lei poderá ser implantado nos Municípios a partir da data decorrente do disposto no *caput*.

→ § 2º acrescentado pela Lei 13.204/2015.

Brasília, 31 de julho de 2014; 193º da Independência e 126º da República.

Dilma Rousseff

(Publicação no *D.O.U.* de 1.8.2014)

LEI COMPLEMENTAR 147,
DE 7 DE AGOSTO DE 2014

Altera a Lei Complementar 123, de 14 de dezembro de 2006, e as Leis 5.889, de 8 de junho de 1973, 11.101, de 9 de fevereiro de 2005, 9.099, de 26 de setembro de 1995, 11.598, de 3 de dezembro de 2007, 8.934, de 18 de novembro de 1994, 10.406, de 10 de janeiro de 2002, e 8.666, de 21 de junho de 1993; e dá outras providências.

A Presidenta da República:

Faço saber que o Congresso Nacional decreta e eu sanciono a seguinte Lei Complementar:

Art. 1º A Lei Complementar 123, de 14 de dezembro de 2006, passa a vigorar com as seguintes alterações:

→ Alterações efetuadas na referida Lei Complementar.

Art. 2º A Lei Complementar 123, de 14 de dezembro de 2006, passa a vigorar com as seguintes alterações:

→ Alterações efetuadas na referida Lei Complementar.

Art. 3º A Lei Complementar 123, de 14 de dezembro de 2006, passa a vigorar acrescida:

I – de uma **Seção II** – Acesso ao Mercado Externo, no Capítulo V, renomeando-se a Seção Única para **Seção I;**

II – do **Anexo VI** constante do **Anexo Único desta Lei Complementar.**

Art. 4º (*Vetado*).

Art. 5º A Lei 11.101, de 9 de fevereiro de 2005, passa a vigorar com as seguintes alterações:

→ Alterações efetuadas na referida Lei.

Art. 6º A Lei 9.099, de 26 de setembro de 1995, passa a vigorar com as seguintes alterações:

→ Alteração efetuada na referida Lei.

Art. 7º A Lei 11.598, de 3 de dezembro de 2007, passa a vigorar acrescida do seguinte art. 7º-A:

"Art. 7º-A. O registro dos atos constitutivos, de suas alterações e extinções (baixas), referentes a empresários e pessoas jurídicas em qualquer órgão dos 3 (três) âmbitos de governo, ocorrerá independentemente da regularidade de obrigações tributárias, previdenciárias ou trabalhistas, principais ou acessórias, do empresário, da sociedade, dos sócios, dos administradores ou de empresas de que participem, sem prejuízo das responsabilidades do empresário, dos titulares, dos sócios ou dos administradores por tais obrigações, apuradas antes ou após o ato de extinção.

§ 1º A baixa referida no *caput* deste artigo não impede que, posteriormente, sejam lançados ou cobrados impostos, contribuições e respectivas penalidades, decorrentes da simples falta de recolhimento ou da prática comprovada e apurada em processo administrativo ou judicial de outras irregularidades praticadas pelos empresários ou por seus titulares, sócios ou administradores.

§ 2º A solicitação de baixa na hipótese prevista no *caput* deste artigo importa responsabilidade solidária dos titulares, dos sócios e dos administradores do período de ocorrência dos respectivos fatos geradores."

Art. 8º A Lei 8.934, de 18 de novembro de 1994, passa a vigorar acrescida dos seguintes arts. 39-A e 39-B:

→ Alterações efetuadas na referida Lei.

Art. 9º O inciso II do art. 968 da Lei 10.406, de 10 de janeiro de 2002 – Código Civil, passa a vigorar com a seguinte redação:

→ Alteração efetuada na referida Lei.

Art. 10. A Lei 8.666, de 21 de junho de 1993, passa a vigorar com as seguintes alterações:

→ Alterações efetuadas na referida Lei.

Art. 11. Um representante da Confederação Nacional das Microempresas e Empresas de Pequeno Porte – COMICRO e um da Confederação Nacional das Micro e Pequenas Empresas e dos Empreendedores Individuais – CONAMPE passam a integrar o Conselho Deliberativo do Serviço Brasileiro de Apoio às Micro e Pequenas Empresas – SEBRAE.

Art. 12. A redação dada pela Lei Complementar 139, de 10 de novembro de 2011, ao § 1º do art. 18-B da Lei Complementar 123, de 14 de dezembro de 2006, para as atividades de prestação de serviços diferentes de hidráulica, eletricidade, pintura, alvenaria, carpintaria e de manutenção ou reparo de veículos, deixa de produzir efeitos financeiros a partir de 9 de fevereiro de 2012, observado o disposto no § 2º do mesmo artigo.

Art. 13. Ficam convalidados os atos referentes à apuração e ao recolhimento dos impostos e contribuições da União, dos Estados, do Distrito Federal e dos Municípios mediante regime previsto na Lei Complementar 123, de 14 de dezembro de 2006, e alterações posteriores, inclusive em relação às obrigações acessórias, pelas empresas que desenvolveram as atividades de comercialização de medicamentos produzidos por manipulação de fórmulas magistrais, até a data de publicação desta Lei Complementar.

Art. 14. O Poder Executivo fará publicar no *Diário Oficial da União*, em 4 (quatro) meses a contar da data de publicação desta Lei Complementar, a íntegra da Lei Complementar 123, de 14 de dezembro de 2006, com as alterações resultantes desta Lei Complementar.

Art. 15. Esta Lei Complementar entra em vigor na data de sua publicação, exceto no que se refere:

I – ao § 14 do art. 3º, ao inciso VI do art. 17, ao *caput* e aos §§ 2º, 5º-D, 5º-F, 5º-I, 7º, 13, 14, 16, 17, 18, 18-A e 24 do art. 18, ao inciso I do § 4º do art. 18-A, ao *caput* do art. 19, ao § 3º do art. 20, aos incisos I, II e V do § 4º do art. 21 e ao Anexo VI, todos da Lei Complementar 123, de 14 de dezembro de 2006, na redação dada pelo art. 1º e Anexo Único desta Lei Complementar, ao art. 3º e aos incisos III a V do art. 16 desta Lei Complementar, que produzirão efeitos a partir de 1º de janeiro do primeiro ano subsequente ao da publicação desta Lei Complementar;

II – ao § 15 do art. 3º, aos §§ 12 a 14 do art. 26, ao art. 38-B, à alínea *a* do inciso XIII do § 1º e aos §§ 7º e 8º do art. 13 e ao art. 21-A, todos da Lei Complementar 123, de 14 de dezembro de 2006, na redação dada pelos arts. 1º e 2º desta Lei Complementar, e ao inciso I do art. 16 desta Lei Complementar, que produzirão efeitos a partir de 1º de janeiro do segundo ano subsequente ao da data de publicação desta Lei Complementar.

Art. 16. Ficam revogados os seguintes dispositivos da Lei Complementar 123, de 14 de dezembro de 2006:

I – o inciso II do § 1º do art. 4º;

II – os §§ 3º e 8º a 12 do art. 9º;

III – os incisos XI e XIII do art. 17;

IV – os §§ 5º-A e 5º-G e os incisos I e II do § 14 do art. 18;

V – o inciso I do art. 49;

VI – o parágrafo único do art. 46;

VII – o § 1º do art. 48;

VIII – os itens 2 e 3 da alínea *b* do inciso X do art. 17.

Brasília, 7 de agosto de 2014; 193º da Independência e 126º da República.

Dilma Rousseff

(Publicação no *D.O.U.* de 8.8.2014)

ANEXO ÚNICO
(ANEXO VI DA LEI COMPLEMENTAR 123, DE 14 DE DEZEMBRO DE 2006)

(Vigência: 1º de janeiro de 2015)

Alíquotas e Partilha do Simples Nacional – Receitas decorrentes da prestação de serviços relacionados no § 5º-I do art. 18 desta Lei Complementar.

1. Será apurada a relação (r) conforme abaixo:

$$(r) = \frac{\text{Folha de Salários incluídos encargos (em 12 meses)}}{\text{Receita Bruta (em 12 meses)}}$$

2. A partilha das receitas relativas ao IRPJ, PIS/Pasep, CSLL, Cofins e CPP arrecadadas na forma deste Anexo será realizada com base nos parâmetros definidos na Tabela V-B do Anexo V desta Lei Complementar.

3. Independentemente do resultado da relação (r), as alíquotas do Simples Nacional corresponderão ao seguinte:

TABELA VI

Receita Bruta em 12 meses (em R$)	Alíquota	IRPJ, PIS/Pasep, CSLL, Cofins e CPP	ISS
Até 180.000,00	16,93%	14,93%	2,00%
De 180.000,01 a 360.000,00	17,72%	14,93%	2,79%
De 360.000,01 a 540.000,00	18,43%	14,93%	3,50%
De 540.000,01 a 720.000,00	18,77%	14,93%	3,84%
De 720.000,01 a 900.000,00	19,04%	15,17%	3,87%
De 900.000,01 a 1.080.000,00	19,94%	15,71%	4,23%
De 1.080.000,01 a 1.260.000,00	20,34%	16,08%	4,26%
De 1.260.000,01 a 1.440.000,00	20,66%	16,35%	4,31%
De 1.440.000,01 a 1.620.000,00	21,17%	16,56%	4,61%
De 1.620.000,01 a 1.800.000,00	21,38%	16,73%	4,65%
De 1.800.000,01 a 1.980.000,00	21,86%	16,86%	5,00%
De 1.980.000,01 a 2.160.000,00	21,97%	16,97%	5,00%
De 2.160.000,01 a 2.340.000,00	22,06%	17,06%	5,00%
De 2.340.000,01 a 2.520.000,00	22,14%	17,14%	5,00%
De 2.520.000,01 a 2.700.000,00	22,21%	17,21%	5,00%
De 2.700.000,01 a 2.880.000,00	22,21%	17,21%	5,00%
De 2.880.000,01 a 3.060.000,00	22,32%	17,32%	5,00%
De 3.060.000,01 a 3.240.000,00	22,37%	17,37%	5,00%
De 3.240.000,01 a 3.420.000,00	22,41%	17,41%	5,00%
De 3.420.000,01 a 3.600.000,00	22,45%	17,45%	5,00%

LEI COMPLEMENTAR 148,
DE 25 DE NOVEMBRO DE 2014

Altera a Lei Complementar 101, de 4 de maio de 2000, que estabelece normas de finanças públicas voltadas para a responsabilidade na gestão fiscal; dispõe sobre critérios de indexação dos contratos de refinanciamento da dívida celebrados entre a União, Estados, o Distrito Federal e Municípios; e dá outras providências.

→ v. LC 151/2015 – Altera a LC 148/2014; revoga as Leis 10.819/2003, e 11.429/2006.

A Presidenta da República:

Faço saber que o Congresso Nacional decreta e eu sanciono a seguinte Lei Complementar:

Art. 1º (*Vetado*).

Art. 2º A União adotará, nos contratos de refinanciamento de dívidas celebradas entre a União, os Estados, o Distrito Federal e os Municípios, com base, respectivamente, na Lei 9.496, de 11 de setembro de 1997, e na Medida Provisória 2.185-35, de 24 de agosto de 2001, e nos contratos de empréstimos firmados com os Estados e o Distrito Federal ao amparo da Medida Provisória 2.192-70, de 24 de agosto de 2001, as seguintes condições, aplicadas a partir de 1º de janeiro de 2013:

→ *Caput* com redação alterada pela LC 151/2015.

I – juros calculados e debitados mensalmente, à taxa nominal de 4% a.a. (quatro por cento ao ano) sobre o saldo devedor previamente atualizado; e

II – atualização monetária calculada mensalmente com base na variação do Índice Nacional de Preços ao Consumidor Amplo (IPCA), apurado pela Fundação Instituto Brasileiro de Geografia e Estatística (IBGE), ou outro índice que venha a substituí-lo.

§ 1º Os encargos de que trata o *caput* ficarão limitados à taxa referencial do Sistema Especial de Liquidação e de Custódia (Selic) para os títulos federais.

§ 2º Para fins de aplicação da limitação referida no § 1º, será comparada mensalmente a variação acumulada do IPCA + 4% a.a. (quatro por cento ao ano) com a variação acumulada da taxa Selic.

§ 3º O IPCA e a taxa Selic estarão referenciados ao segundo mês anterior ao de sua aplicação.

§ 4º (*Vetado*).

Art. 3º A União concederá descontos sobre os saldos devedores dos contratos referidos no art. 2º, em valor correspondente à diferença entre o montante do saldo devedor existente em 1o de janeiro de 2013 e aquele apurado utilizando-se a variação acumulada da taxa Selic desde a assinatura dos respectivos contratos, observadas todas as ocorrências que impactaram o saldo devedor no período.

→ Artigo com redação alterada pela LC 151/2015.

Art. 4º Os efeitos financeiros decorrentes das condições previstas nos arts. 2º e 3º serão aplicados ao saldo devedor, mediante aditamento contratual.

Parágrafo único: A União terá até 31 de janeiro de 2016 para promover os aditivos contratuais, independentemente de regulamentação, após o que o devedor poderá recolher, a título de pagamento à União, o montante devido, com a aplicação da Lei, ficando a União obrigada a ressarcir ao devedor os valores eventualmente pagos a maior.

→ Parágrafo único acrescentado pela LC 151/2015.

Art. 5º É a União autorizada a firmar Programas de Acompanhamento Fiscal, sob a gestão do Ministério da Fazenda, com os Municípios das capitais e com os Estados que não estão obrigados a manter Programa de Reestruturação e de Ajuste Fiscal nos termos do § 3º do art. 1º da Lei 9.496, de 11 de setembro de 1997.

§ 1º Os Programas de Acompanhamento Fiscal conterão, obrigatoriamente, além de objetivos específicos para cada unidade da Federação, metas ou compromissos quanto:

I – à dívida financeira em relação à Receita Líquida Real (RLR);

II – ao resultado primário, entendido como a diferença entre as receitas e as despesas não financeiras;

III – às despesas com funcionalismo público;

IV – às receitas de arrecadação próprias;

V – à gestão pública; e

VI – ao investimento.

§ 2º A unidade da Federação deverá obter autorização legislativa específica para o estabelecimento do Programa de Acompanhamento Fiscal.

I – no caso dos Municípios, enquanto houver obrigação financeira decorrente de contrato de refinanciamento firmado com a União no âmbito da Medida Provisória 2.185-35, de 24 de agosto de 2001, ou durante, no mínimo, 5 (cinco) exercícios financeiros a partir daquele em que houver contratação de operação de crédito ao seu amparo;

II – no caso dos Estados, durante, no mínimo, 5 (cinco) exercícios financeiros a partir daquele em que houver contratação de operação de crédito ao seu amparo.

Art. 6º O § 1º do art. 8º da Medida Provisória 2.185-35, de 24 de agosto de 2001, passa a vigorar acrescido do seguinte inciso VI:

"Art. 8º (...)

(...)

§ 1º (...)

(...)

VI – as operações de crédito de Municípios das capitais, desde que incluídas em Programa de Acompanhamento Fiscal firmado com a União.

(...)"

Art. 7º É a União autorizada a formalizar aditivo aos contratos de refinanciamento de dívidas dos Municípios das capitais efetuados no âmbito da Medida Provisória 2.185-35, de 24 de agosto de 2001, para incluir a regra de que trata o inciso VI do § 1º do art. 8º da Medida Provisória 2.185-35, de 24 de agosto de 2001.

Art. 8º O § 5º do art. 3º da Lei 9.496, de 11 de setembro de 1997, passa a vigorar com a seguinte redação:

"Art. 3º (...)

(...)

§ 5º Enquanto for exigível o Programa de Reestruturação e de Ajuste Fiscal, o contrato de refinanciamento deverá prever que a unidade da Federação:

(...)

b) somente poderá contrair novas dívidas desde que incluídas no Programa de Reestruturação e de Ajuste Fiscal;

(...)"

Art. 9º É a União autorizada a formalizar aditivo aos contratos de refinanciamento de dívidas dos Estados e do Distrito Federal efetuados no âmbito da Lei 9.496, de 11 de setembro de 1997, para alterar a regra de que trata o § 5º do art. 3º da Lei 9.496, de 11 de setembro de 1997.

Art. 10. O Ministério da Fazenda, mediante ato normativo, estabelecerá critérios para a verificação prevista no art. 32 da Lei Complementar 101, de 4 de maio de 2000, diretamente pelas instituições financeiras de que trata o art. 33 da citada Lei Complementar, levando em consideração o valor da operação de crédito e a situação econômico-financeira do ente da Federação, de maneira a atender aos princípios da eficiência e da economicidade.

Parágrafo único. Na hipótese da verificação prevista no *caput*, deverá o Poder Executivo do ente da Federação formalizar o pleito à instituição financeira, acompanhado de demonstração da existência de margens da operação de crédito nos limites de endividamento e de certidão do Tribunal de Contas de sua jurisdição sobre o cumprimento das condições nos termos definidos pelo Senado Federal.

Art. 11. É vedada aos Estados, ao Distrito Federal e aos Municípios a emissão de títulos da dívida pública mobiliária.

Art. 12. Esta Lei Complementar entra em vigor na data de sua publicação.

Brasília, 25 de novembro de 2014; 193º da Independência e 126º da República.

Dilma Rousseff

(Publicação no D.O.U. de 26.11.2014)

LEI 13.052,
DE 8 DE DEZEMBRO DE 2014

Altera o art. 25 da Lei 9.605, de 12 de fevereiro de 1998, que dispõe sobre as sanções penais e administrativas derivadas de condutas e atividades lesivas ao meio ambiente e dá outras providências, para determinar que animais apreendidos sejam libertados prioritariamente em seu habitat e estabelecer condições necessárias ao bem-estar desses animais.

A Presidenta da República:

Faço saber que o Congresso Nacional decreta e eu sanciono a seguinte Lei:

Art. 1º Esta Lei determina que os animais apreendidos em decorrência de condutas e atividades lesivas ao meio ambiente sejam libertados prioritariamente em seu habitat e estabelece condições necessárias ao bem-estar desses animais.

(...)

Art. 4º Esta Lei entra em vigor na data de sua publicação.

Brasília, 8 de dezembro de 2014; 193º da Independência e 126º da República.

Dilma Rousseff

(Publicação no *D.O.U.* de 9.12.2014)

LEI 13.103,
DE 2 DE MARÇO DE 2015

Dispõe sobre o exercício da profissão de motorista; altera a Consolidação das Leis do Trabalho – CLT, aprovada pelo Decreto-lei 5.452, de 1º de maio de 1943, e as Leis 9.503, de 23 de setembro de 1997 – Código de Trânsito Brasileiro, e 11.442, de 5 de janeiro de 2007 (empresas e transportadores autônomos de carga), para disciplinar a jornada de trabalho e o tempo de direção do motorista profissional; altera a Lei 7.408, de 25 de novembro de 1985; revoga dispositivos da Lei 12.619, de 30 de abril de 2012; e dá outras providências.

→ v. Decreto 8.433/2015 – Regulamenta dispositivos da Lei 13.103/2015.

A Presidenta da República:

Faço saber que o Congresso Nacional decreta e eu sanciono a seguinte Lei:

Art. 1º É livre o exercício da profissão de motorista profissional, atendidas as condições e qualificações profissionais estabelecidas nesta Lei.

Parágrafo único. Integram a categoria profissional de que trata esta Lei os motoristas de veículos automotores cuja condução exija formação profissional e que exerçam a profissão nas seguintes atividades ou categorias econômicas:

I – de transporte rodoviário de passageiros;

II – de transporte rodoviário de cargas.

Art. 2º São direitos dos motoristas profissionais de que trata esta Lei, sem prejuízo de outros previstos em leis específicas:

I – ter acesso gratuito a programas de formação e aperfeiçoamento profissional, preferencialmente mediante cursos técnicos e especializados previstos no inciso IV do art. 145 da Lei 9.503, de 23 de setembro de 1997 – Código de Trânsito Brasileiro, normatizados pelo Conselho Nacional de Trânsito – Contran, em cooperação com o poder público;

II – contar, por intermédio do Sistema Único de Saúde – SUS, com atendimento profilático, terapêutico, reabilitador, especialmente em relação às enfermidades que mais os acometam;

III – receber proteção do Estado contra ações criminosas que lhes sejam dirigidas no exercício da profissão;

IV – contar com serviços especializados de medicina ocupacional, prestados por entes públicos ou privados à sua escolha;

V – se empregados:

a) não responder perante o empregador por prejuízo patrimonial decorrente da ação de terceiro, ressalvado o dolo ou a desídia do motorista, nesses casos mediante comprovação, no cumprimento de suas funções;

b) ter jornada de trabalho controlada e registrada de maneira fidedigna mediante anotação em diário de bordo, papeleta ou ficha de trabalho externo, ou sistema e meios eletrônicos instalados nos veículos, a critério do empregador; e

c) ter benefício de seguro de contratação obrigatória assegurado e custeado pelo empregador, destinado à cobertura de morte natural, morte por acidente, invalidez total ou parcial decorrente de acidente, traslado e auxílio para funeral referentes às suas atividades, no valor mínimo correspondente a 10 (dez) vezes o piso salarial de sua categoria ou valor superior fixado em convenção ou acordo coletivo de trabalho.

Art. 3º Aos motoristas profissionais dependentes de substâncias psicoativas é assegurado o pleno atendimento pelas unidades de saúde municipal, estadual e federal, no âmbito do Sistema Único de Saúde, podendo ser realizados convênios com entidades privadas para o cumprimento da obrigação.

Art. 4º O § 5º do art. 71 da Consolidação das Leis do Trabalho – CLT, aprovada pelo Decreto-lei 5.452, de 1º de maio de 1943, passa a vigorar com a seguinte redação:

"Art. 71. (...)

(...)

§ 5º O intervalo expresso no *caput* poderá ser reduzido e/ou fracionado, e aquele estabelecido no § 1º poderá ser fracionado, quando compreendidos entre o término da primeira hora trabalhada e o início da última hora trabalhada, desde que previsto em convenção ou acordo coletivo de trabalho, ante a natureza do serviço e em virtude das condições especiais de trabalho a que são submetidos estritamente os motoristas, cobradores, fiscalização de campo e afins nos serviços de operação de veículos rodoviários, empregados no setor de transporte coletivo de passageiros, mantida a remuneração e concedidos intervalos para descanso menores ao final de cada viagem."

Art. 5º O art. 168 da Consolidação das Leis do Trabalho – CLT, aprovada pelo Decreto-lei 5.452, de 1º de maio de 1943, passa a vigorar com as seguintes alterações:

"Art. 168 (...)

(...)

§ 6º Serão exigidos exames toxicológicos, previamente à admissão e por ocasião do desligamento, quando se tratar de motorista profissional, assegurados o direito à contraprova em caso de resultado positivo e a confidencialidade dos resultados dos respectivos exames.

§ 7º Para os fins do disposto no § 6º, será obrigatório exame toxicológico com janela de detecção mínima de 90 (noventa) dias, específico para substâncias psicoativas que causem dependência ou, comprovadamente, comprometam a capacidade de direção, podendo ser utilizado para essa finalidade o exame toxicológico previsto na Lei 9.503, de 23 de setembro de 1997 – Código de Trânsito Brasileiro, desde que realizado nos últimos 60 (sessenta) dias."

Art. 6º A Seção IV-A do Capítulo I do Título III da Consolidação das Leis do Trabalho – CLT, aprovada pelo Decreto-lei 5.452, de 1º de maio de 1943, passa a vigorar com as seguintes alterações:

"TÍTULO III

(...)

CAPÍTULO I

(...)

Seção IV-A

Do Serviço do Motorista Profissional Empregado

'Art. 235-A. Os preceitos especiais desta Seção aplicam-se ao motorista profissional empregado:

I – de transporte rodoviário coletivo de passageiros;

II – de transporte rodoviário de cargas.'

'Art. 235-B. São deveres do motorista profissional empregado:

(...);

III – respeitar a legislação de trânsito e, em especial, as normas relativas ao tempo de direção e de descanso controlado e registrado na forma do previsto no art. 67-E da Lei 9.503, de 23 de setembro de 1997 – Código de Trânsito Brasileiro;

(...);

VII – submeter-se a exames toxicológicos com janela de detecção mínima de 90 (noventa) dias e a programa de controle de uso de droga e de bebida alcoólica, instituído pelo empregador, com sua ampla ciência, pelo menos uma vez a cada 2 (dois) anos e 6 (seis) meses, podendo ser utilizado para esse fim o exame obrigatório previsto na Lei 9.503, de 23 de setembro de 1997 – Código de Trânsito Brasileiro, desde que realizado nos últimos 60 (sessenta) dias.

Parágrafo único. A recusa do empregado em submeter-se ao teste ou ao programa de controle de uso de droga e de bebida alcoólica previstos no inciso VII será considerada infração disciplinar, passível de penalização nos termos da lei.'

'Art. 235-C. A jornada diária de trabalho do motorista profissional será de 8 (oito) horas, admitindo-se a sua prorrogação por até 2 (duas) horas extraordinárias ou, mediante previsão em convenção ou acordo coletivo, por até 4 (quatro) horas extraordinárias.

§ 1º Será considerado como trabalho efetivo o tempo em que o motorista empregado estiver à disposição do empregador, excluídos os intervalos para refeição, repouso e descanso e o tempo de espera.

§ 2º Será assegurado ao motorista profissional empregado intervalo mínimo de 1 (uma) hora para refeição, podendo esse período coincidir com o tempo de parada obrigatória na condução do veículo estabelecido pela Lei 9.503, de 23 de setembro de 1997 – Código de Trânsito Brasileiro, exceto quando se tratar do motorista profissional enquadrado no § 5º do art. 71 desta Consolidação.

§ 3º Dentro do período de 24 (vinte e quatro) horas, são asseguradas 11 (onze) horas de descanso, sendo facultados o seu fracionamento e a coincidência com os períodos de parada obrigatória na condução do veículo estabelecida pela Lei 9.503, de 23 de setembro de 1997 – Código de Trânsito Brasileiro, garantidos o mínimo de 8 (oito) horas ininterruptas no primeiro período e o gozo do remanescente dentro das 16 (dezesseis) horas seguintes ao fim do primeiro período.

§ 4º Nas viagens de longa distância, assim consideradas aquelas em que o motorista profissional empregado permanece fora da base da empresa, matriz ou filial e de sua residência por mais de 24 (vinte e quatro) horas, o repouso diário pode ser feito no veículo ou em alojamento do empregador, do contratante do transporte, do embarcador ou do destinatário ou em outro local que ofereça condições adequadas.

§ 5º As horas consideradas extraordinárias serão pagas com o acréscimo estabelecido na Constituição Federal ou compensadas na forma do § 2º do art. 59 desta Consolidação.

§ 6º À hora de trabalho noturno aplica-se o disposto no art. 73 desta Consolidação.

(...)

§ 8º São considerados tempo de espera as horas em que o motorista profissional empregado ficar aguardando carga ou descarga do veículo nas dependências do embarcador ou do destinatário e o período gasto com a fiscalização da mercadoria transportada em barreiras fiscais ou alfandegárias, não sendo computados como jornada de trabalho e nem como horas extraordinárias.

§ 9º As horas relativas ao tempo de espera serão indenizadas na proporção de 30% (trinta por cento) do salário-hora normal.

§ 10. Em nenhuma hipótese, o tempo de espera do motorista empregado prejudicará o direito ao recebimento da remuneração correspondente ao salário-base diário.

§ 11. Quando a espera de que trata o § 8º for superior a 2 (duas) horas ininterruptas e for exigida a permanência do motorista empregado junto ao veículo, caso o local ofereça condições adequadas, o tempo será considerado como de repouso para os fins do intervalo de que tratam os §§ 2º e 3º, sem prejuízo do disposto no § 9º.

§ 12. Durante o tempo de espera, o motorista poderá realizar movimentações necessárias do veículo, as quais não serão consideradas como parte da jornada de trabalho, ficando garantido, porém, o gozo do descanso de 8 (oito) horas ininterruptas aludido no § 3º.

§ 13. Salvo previsão contratual, a jornada de trabalho do motorista empregado não tem horário fixo de início, de final ou de intervalos.

§ 14. O empregado é responsável pela guarda, preservação e exatidão das informações contidas nas anotações em diário de bordo, papeleta ou ficha de trabalho externo, ou no registrador instantâneo inalterável de velocidade e tempo, ou nos rastreadores ou sistemas e meios eletrônicos, instalados nos veículos, normatizados pelo Contran, até que o veículo seja entregue à empresa.

§ 15. Os dados referidos no § 14 poderão ser enviados a distância, a critério do empregador, facultando-se a anexação do documento original posteriormente.

§ 16. Aplicam-se as disposições deste artigo ao ajudante empregado nas operações em que acompanhe o motorista.'

'Art. 235-D. Nas viagens de longa distância com duração superior a 7 (sete) dias, o repouso semanal será de 24 (vinte e quatro) horas por semana ou fração trabalhada, sem prejuízo do intervalo de repouso diário de 11 (onze) horas, totalizando 35 (trinta e cinco) horas, usufruído no retorno do motorista à base (matriz ou filial) ou ao seu domicílio, salvo se a empresa oferecer condições adequadas para o efetivo gozo do referido repouso.

I – revogado;

II – revogado;

III – revogado.

§ 1º É permitido o fracionamento do repouso semanal em 2 (dois) períodos, sendo um destes de, no mínimo, 30 (trinta) horas ininterruptas, a serem cumpridos na mesma semana e em continuidade a um período de repouso diário, que deverão ser usufruídos no retorno da viagem.

§ 2º A cumulatividade de descansos semanais em viagens de longa distância de que trata o *caput* fica limitada ao número de 3 (três) descansos consecutivos.

§ 3º O motorista empregado, em viagem de longa distância, que ficar com o veículo parado após o cumprimento da jornada normal ou das horas extraordinárias fica dispensado do serviço, exceto se for expressamente autorizada a sua permanência junto ao veículo pelo empregador, hipótese em que o tempo será considerado de espera.

§ 4º Não será considerado como jornada de trabalho, nem ensejará o pagamento de qualquer remuneração, o período em que o motorista empregado ou o ajudante ficarem espontaneamente no veículo usufruindo dos intervalos de repouso.

§ 5º Nos casos em que o empregador adotar 2 (dois) motoristas trabalhando no mesmo veículo, o tempo de repouso poderá ser feito com o veículo em movimento, assegurado o repouso mínimo de 6 (seis) horas consecutivas fora do veículo em alojamento externo ou, se na cabine leito, com o veículo estacionado, a cada 72 (setenta e duas) horas.

§ 6º Em situações excepcionais de inobservância justificada do limite de jornada de que trata o art. 235-C, devidamente registradas, e desde que não se comprometa a segurança rodoviária, a duração da jornada de trabalho do motorista profissional empregado poderá ser elevada pelo tempo necessário até o veículo chegar a um local seguro ou ao seu destino.

§ 7º Nos casos em que o motorista tenha que acompanhar o veículo transportado por qualquer meio onde ele siga embarcado e em que o veículo disponha de cabine leito ou a embarcação disponha de alojamento para gozo do intervalo de repouso diário previsto no § 3º do art. 235-C, esse tempo será considerado como tempo de descanso.

§ 8º Para o transporte de cargas vivas, perecíveis e especiais em longa distância ou em território estrangeiro poderão ser aplicadas regras conforme a especificidade da operação de transporte realizada, cujas condições de trabalho serão fixadas em convenção ou acordo coletivo de modo a assegurar as adequadas condições de viagem e entrega ao destino final.'

'Art. 235-E. Para o transporte de passageiros, serão observados os seguintes dispositivos:

I – é facultado o fracionamento do intervalo de condução do veículo previsto na Lei 9.503, de 23 de setembro de 1997 – Código de Trânsito Brasileiro, em períodos de no mínimo 5 (cinco) minutos;

II – será assegurado ao motorista intervalo mínimo de 1 (uma) hora para refeição, podendo ser fracionado em 2 (dois) períodos e coincidir com o tempo de parada obrigatória na condução do veículo estabelecido pela Lei 9.503, de 23 de setembro de 1997 – Código de Trânsito Brasileiro, exceto quando se tratar do motorista profissional enquadrado no § 5º do art. 71 desta Consolidação;

III – nos casos em que o empregador adotar 2 (dois) motoristas no curso da mesma viagem, o descanso poderá ser feito com o veículo em movimento, respeitando-se os horários de jornada de trabalho, assegurado, após 72 (setenta e duas) horas, o repouso em alojamento externo ou, se em poltrona correspondente ao serviço de leito, com o veículo estacionado.

§ 1º (*Revogado*).

(...)

§ 3º (*Revogado*).

§ 4º (*Revogado*).

§ 5º (*Revogado*).

§ 6º (*Revogado*).

§ 7º (*Revogado*).

(...)

§ 9º (*Revogado*).

§ 10. (*Revogado*).

§ 11. (*Revogado*).

§ 12. (*Revogado*).'

'Art. 235-F. Convenção e acordo coletivo poderão prever jornada especial de 12 (doze) horas de trabalho por 36 (trinta e seis) horas de descanso para o trabalho do motorista profissional empregado em regime de compensação.'

'Art. 235-G. É permitida a remuneração do motorista em função da distância percorrida, do tempo de viagem ou da natureza e quantidade de produtos transportados, inclusive mediante oferta de comissão ou qualquer outro tipo de vantagem, desde que essa remuneração ou comissionamento não comprometa a segurança da rodovia e da coletividade ou possibilite a violação das normas previstas nesta Lei.'

'Art. 235-H. (*Revogado*).'"

Art. 7º O Capítulo III-A da Lei 9.503, de 23 de setembro de 1997 – Código de Trânsito Brasileiro, passa a vigorar com as seguintes alterações:

"CAPÍTULO III-A

(...)

'Art. 67-A. O disposto neste Capítulo aplica-se aos motoristas profissionais:

I – de transporte rodoviário coletivo de passageiros;

II – de transporte rodoviário de cargas.

§ 1º (*Revogado*).

§ 2º (*Revogado*).

§ 3º (*Revogado*).

§ 4º (*Revogado*).

§ 5º (*Revogado*).

§ 6º (*Revogado*).

§ 7º (*Revogado*).

(...)

(...)'

'Art. 67-C. É vedado ao motorista profissional dirigir por mais de 5 (cinco) horas e meia ininterruptas veículos de transporte rodoviário coletivo de passageiros ou de transporte rodoviário de cargas.

§ 1º Serão observados 30 (trinta) minutos para descanso dentro de cada 6 (seis) horas na condução de veículo de transporte de carga, sendo facultado o seu fracionamento e o do tempo de direção desde que não ultrapassadas 5 (cinco) horas e meia contínuas no exercício da condução.

§ 1º-A. Serão observados 30 (trinta) minutos para descanso a cada 4 (quatro) horas na condução de veículo rodoviário de passageiros, sendo facultado o seu fracionamento e o do tempo de direção.

§ 2º Em situações excepcionais de inobservância justificada do tempo de direção, devidamente registradas, o tempo de direção poderá ser elevado pelo período necessário para que o condutor, o veículo e a carga cheguem a um lugar que ofereça a segurança e o atendimento demandados, desde que não haja comprometimento da segurança rodoviária.

§ 3º O condutor é obrigado, dentro do período de 24 (vinte e quatro) horas, a observar o mínimo de 11 (onze) horas de descanso, que podem ser fracionadas, usufruídas no veículo e coincidir com os intervalos mencionados no § 1º, observadas no primeiro período 8 (oito) horas ininterruptas de descanso.

§ 4º Entende-se como tempo de direção ou de condução apenas o período em que o condutor estiver efetivamente ao volante, em curso entre a origem e o destino.

§ 5º Entende-se como início de viagem a partida do veículo na ida ou no retorno, com ou sem carga, considerando-se como sua continuação as partidas nos dias subsequentes até o destino.

§ 6º O condutor somente iniciará uma viagem após o cumprimento integral do intervalo de descanso previsto no § 3º deste artigo.

§ 7º Nenhum transportador de cargas ou coletivo de passageiros, embarcador, consignatário de cargas, operador de terminais de carga, operador de transporte multimodal de cargas ou agente de cargas ordenará a qualquer motorista a seu serviço, ainda que subcontratado, que conduza veículo referido no *caput* sem a observância do disposto no § 6º.'

(...)

'Art. 67-E. O motorista profissional é responsável por controlar e registrar o tempo de condução estipulado no art. 67-C, com vistas à sua estrita observância.

§ 1º A não observância dos períodos de descanso estabelecidos no art. 67-C sujeitará o motorista profissional às penalidades daí decorrentes, previstas neste Código.

§ 2º O tempo de direção será controlado mediante registrador instantâneo inalterável de velocidade e tempo e, ou por meio de anotação em diário de bordo, ou papeleta ou ficha de trabalho externo, ou por meios eletrônicos instalados no veículo, conforme norma do Contran.

§ 3º O equipamento eletrônico ou registrador deverá funcionar de forma independente de qualquer interferência do condutor, quanto aos dados registrados.

§ 4º A guarda, a preservação e a exatidão das informações contidas no equipamento registrador instantâneo inalterável de velocidade e de tempo são de responsabilidade do condutor.'"

Art. 8º A Lei 9.503, de 23 de setembro de 1997 – Código de Trânsito Brasileiro, passa a vigorar com as seguintes alterações:

"Art. 132. (...)

§ 1º (...)

§ 2º Antes do registro e licenciamento, o veículo de carga novo, nacional ou importado, portando a nota fiscal de compra e venda ou documento alfandegário, deverá transitar embarcado do pátio da fábrica ou do posto alfandegário ao Município de destino."

"Art. 148-A. Os condutores das categorias C, D e E deverão submeter-se a exames toxicológicos para a habilitação e renovação da Carteira Nacional de Habilitação.

§ 1º O exame de que trata este artigo buscará aferir o consumo de substâncias psicoativas que, comprovadamente, comprometam a capacidade de direção e deverá ter janela de detecção mínima de 90 (noventa) dias, nos termos das normas do Contran.

§ 2º Os condutores das categorias C, D e E com Carteira Nacional de Habilitação com validade de 5 (cinco) anos deverão fazer o exame previsto no § 1º no prazo de 2 (dois) anos e 6 (seis) meses a contar da realização do disposto no *caput*.

§ 3º Os condutores das categorias C, D e E com Carteira Nacional de Habilitação com validade de 3 (três) anos deverão fazer o exame previsto no § 1º no prazo de 1 (um) ano e 6 (seis) meses a contar da realização do disposto no *caput*.

§ 4º É garantido o direito de contraprova e de recurso administrativo no caso de resultado positivo para o exame de que trata o *caput*, nos termos das normas do Contran.

§ 5º A reprovação no exame previsto neste artigo terá como consequência a suspensão do direito de dirigir pelo período de 3 (três) meses, condicionado o levantamento da suspensão ao resultado negativo em novo exame, e vedada a aplicação de outras penalidades, ainda que acessórias.

§ 6º O resultado do exame somente será divulgado para o interessado e não poderá ser utilizado para fins estranhos ao disposto neste artigo ou no § 6º do art. 168 da Consolidação das Leis do Trabalho – CLT, aprovada pelo Decreto-lei 5.452, de 1º de maio de 1943.

§ 7º O exame será realizado, em regime de livre concorrência, pelos laboratórios credenciados pelo Departamento Nacional de Trânsito – Denatran, nos termos das normas do Contran, vedado aos entes públicos:

I – fixar preços para os exames;

II – limitar o número de empresas ou o número de locais em que a atividade pode ser exercida; e

III – estabelecer regras de exclusividade territorial."

"Art. 230. (...)

(...)

XXIII – em desacordo com as condições estabelecidas no art. 67-C, relativamente ao tempo de permanência do condutor ao volante e aos intervalos para descanso, quando se tratar de veículo de transporte de carga ou coletivo de passageiros:

Infração – média;

Penalidade – multa;

Medida administrativa – retenção do veículo para cumprimento do tempo de descanso aplicável.

(...)

§ 1º Se o condutor cometeu infração igual nos últimos 12 (doze) meses, será convertida, automaticamente, a penalidade disposta no inciso XXIII em infração grave.

§ 2º Em se tratando de condutor estrangeiro, a liberação do veículo fica condicionada ao pagamento ou ao depósito, judicial ou administrativo, da multa."

"Art. 259. (...)

(...)

§ 4º Ao condutor identificado no ato da infração será atribuída pontuação pelas infrações de sua responsabilidade, nos termos previstos no § 3º do art. 257, excetuando-se aquelas praticadas por passageiros usuários do serviço de transporte rodoviário de passageiros em viagens de longa distância transitando em rodovias com a utilização de ônibus, em linhas regulares intermunicipal, interestadual, internacional e aquelas em viagem de longa distância por fretamento e turismo ou de qualquer modalidade, excetuadas as situações regulamentadas pelo Contran a teor do art. 65 da Lei 9.503, de 23 de setembro de 1997 – Código de Trânsito Brasileiro."

Art. 9º As condições de segurança, sanitárias e de conforto nos locais de espera, de repouso e de descanso dos motoristas profissionais de transporte rodoviário de passageiros e rodoviário de cargas terão que obedecer ao disposto em normas regulamentadoras pelo ente competente.

§ 1º É vedada a cobrança ao motorista ou ao seu empregador pelo uso ou permanência em locais de espera sob a responsabilidade de:

I – transportador, embarcador ou consignatário de cargas;

II – operador de terminais de cargas;

III – aduanas;

IV – portos marítimos, lacustres, fluviais e secos;

V – terminais ferroviários, hidroviários e aeroportuários.

§ 2º Os locais de repouso e descanso dos motoristas profissionais serão, entre outros, em:

I – estações rodoviárias;

II – pontos de parada e de apoio;

III – alojamentos, hotéis ou pousadas;

IV – refeitórios das empresas ou de terceiros;

V – postos de combustíveis.

§ 3º Será de livre iniciativa a implantação de locais de repouso e descanso de que trata este artigo.

§ 4º A estrita observância às Normas Regulamentadoras do Ministério do Trabalho e Emprego, no que se refere aos incisos II, III, IV e V do § 2º, será considerada apenas quando o local for de propriedade do transportador, do embarcador ou do consignatário de cargas, bem como nos casos em que esses mantiverem com os proprietários destes locais contratos que os obriguem a disponibilizar locais de espera e repouso aos motoristas profissionais.

Art. 10. O poder público adotará medidas, no prazo de até 5 (cinco) anos a contar da vigência desta Lei, para ampliar a disponibilidade dos espaços previstos no art. 9º, especialmente:

I – a inclusão obrigatória de cláusulas específicas em contratos de concessão de exploração de rodovias, para concessões futuras ou renovação;

II – a revisão das concessões de exploração das rodovias em vigor, de modo a adequá-las à previsão de construção de pontos de parada de espera e descanso, respeitado o equilíbrio econômico-financeiro dos contratos;

III – a identificação e o cadastramento de pontos de paradas e locais para espera, repouso e descanso que atendam aos requisitos previstos no art. 9º desta Lei;

IV – a permissão do uso de bem público nas faixas de domínio das rodovias sob sua jurisdição, vinculadas à implementação de locais de espera, repouso e descanso e pontos de paradas, de trevos ou acessos a esses locais;

V – a criação de linha de crédito para apoio à implantação dos pontos de paradas.

Parágrafo único. O poder público apoiará ou incentivará, em caráter permanente, a implantação pela iniciativa privada de locais de espera, pontos de parada e de descanso.

Art. 11. Atos do órgão competente da União ou, conforme o caso, de autoridade do ente da federação com circunscrição sobre a via publicarão a relação de trechos das vias públicas que disponham de pontos de parada ou de locais de descanso adequados para o cumprimento desta Lei.

§ 1º A primeira relação dos trechos das vias referidas no *caput* será publicada no prazo de até 180 (cento e oitenta) dias a contar da data da publicação desta Lei.

§ 2º As relações de trechos das vias públicas de que trata o *caput* deverão ser ampliadas e revisadas periodicamente.

§ 3º Os estabelecimentos existentes nas vias poderão requerer no órgão competente com jurisdição sobre elas o seu reconhecimento como ponto de parada e descanso.

Art. 12. O disposto nos §§ 2º e 3º do art. 235-C do Capítulo I do Título III da Consolidação das Leis do Trabalho – CLT, aprovada pelo Decreto-Lei 5.452, de 1º de maio de 1943, e no *caput* e nos §§ 1º e 3º do art. 67-C do Capítulo III-A da Lei 9.503, de 23 de setembro de 1997 – Código de Trânsito Brasileiro, produzirá efeitos:

I – a partir da data da publicação dos atos de que trata o art. 11, para os trechos das vias deles constantes;

II – a partir da data da publicação das relações subsequentes, para as vias por elas acrescidas.

Parágrafo único. Durante os primeiros 180 (cento e oitenta) dias de sujeição do trecho ao disposto na Consolidação das Leis do Trabalho – CLT, aprovada pelo Decreto-Lei 5.452, de 1º de maio de 1943, e na Lei 9.503, de 23 de setembro de 1997 – Código de Trânsito Brasileiro, com as alterações constantes desta Lei, a fiscalização do seu cumprimento será meramente informativa e educativa.

Art. 13. O exame toxicológico com janela de detecção mínima de 90 (noventa) dias de que tratam o art. 148-A da Lei 9.503, de 23 de setembro de 1997 – Código de Trânsito Brasileiro, os §§ 6º e 7º do art. 168 e o inciso VII do art. 235-B da Consolidação das Leis do Trabalho – CLT, aprovada pelo Decreto-Lei 5.452, de 1º de maio de 1943, será exigido:

I – em 90 (noventa) dias da publicação desta Lei, para a renovação e habilitação das categorias C, D e E;

II – em 1 (um) ano a partir da entrada em vigor desta Lei, para a admissão e a demissão de motorista profissional;

III – em 3 (três) anos e 6 (seis) meses a partir da entrada em vigor desta Lei, para o disposto no § 2º do art. 148-A da Lei 9.503, de 23 de setembro de 1997;

IV – em 2 (dois) anos e 6 (seis) meses a partir da entrada em vigor desta Lei, para o disposto no § 3º do art. 148-A da Lei 9.503, de 23 de setembro de 1997.

Parágrafo único. Caberá ao Contran estabelecer adequações necessárias ao cronograma de realização dos exames.

Art. 14. Decorrido o prazo de 3 (três) anos a contar da publicação desta Lei, os seus efeitos dar-se-ão para todas as vias, independentemente da publicação dos atos de que trata o art. 11 ou de suas revisões.

Art. 15. A Lei 11.442, de 5 de janeiro de 2007, passa a vigorar com as seguintes alterações:

"Art. 4º (...)

(...)

§ 3º Sem prejuízo dos demais requisitos de controle estabelecidos em regulamento, é facultada ao TAC a cessão de seu veículo em regime de colaboração a outro profissional, assim denominado TAC – Auxiliar, não implicando tal cessão a caracterização de vínculo de emprego.

§ 4º O Transportador Autônomo de Cargas Auxiliar deverá contribuir para a previdência social de forma idêntica à dos Transportadores Autônomos.

§ 5º As relações decorrentes do contrato estabelecido entre o Transportador Autônomo de Cargas e seu Auxiliar ou entre o transportador autônomo e o embarcador não caracterizarão vínculo de emprego."

"Art. 5º-A. O pagamento do frete do transporte rodoviário de cargas ao Transportador Autônomo de Cargas – TAC deverá ser efetuado por meio de crédito em conta mantida em instituição integrante do sistema financeiro nacional, inclusive poupança, ou por outro meio de pagamento regulamentado pela Agência Nacional de Transportes Terrestres – ANTT, à critério do prestador do serviço.

(...)

§ 7º As tarifas bancárias ou pelo uso de meio de pagamento eletrônico relativas ao pagamento do frete do transporte rodoviário de cargas ao Transportador Autônomo de Cargas – TAC correrão à conta do responsável pelo pagamento."

"Art. 11. (...)

(...)

§ 5º O prazo máximo para carga e descarga do Veículo de Transporte Rodoviário de Cargas será de 5 (cinco) horas, contadas da chegada do veículo ao endereço de destino, após o qual será devido ao Transportador Autônomo de Carga – TAC ou à ETC a importância equivalente a R$ 1,38 (um real e trinta e oito centavos) por tonelada/hora ou fração.

§ 6º A importância de que trata o § 5º será atualizada, anualmente, de acordo com a variação do Índice Nacional de Preços ao Consumidor – INPC, calculado pela Fundação Instituto Brasileiro de Geografia e Estatística – IBGE ou, na hipótese de sua extinção, pelo índice que o suceder, definido em regulamento.

§ 7º Para o cálculo do valor de que trata o § 5º, será considerada a capacidade total de transporte do veículo.

§ 8º Incidente o pagamento relativo ao tempo de espera, este deverá ser calculado a partir da hora de chegada na procedência ou no destino.

§ 9º O embarcador e o destinatário da carga são obrigados a fornecer ao transportador documento hábil a comprovar o horário de chegada do caminhão nas dependências dos respectivos estabelecimentos, sob pena de serem punidos com multa a ser aplicada pela Agência Nacional de Transportes Terrestres – ANTT, que não excederá a 5% (cinco por cento) do valor da carga."

"Art. 13-A. É vedada a utilização de informações de bancos de dados de proteção ao crédito como mecanismo de vedação de contrato com o TAC e a ETC devidamente regulares para o exercício da atividade do Transporte Rodoviário de Cargas."

Art. 16. O art. 1º da Lei 7.408, de 25 de novembro de 1985, passa a vigorar com a seguinte redação:

"Art. 1º Fica permitida, na pesagem de veículos de transporte de carga e de passageiros, a tolerância máxima de:

I – 5% (cinco por cento) sobre os limites de peso bruto total;

II – 10% (dez por cento) sobre os limites de peso bruto transmitido por eixo de veículos à superfície das vias públicas.

Parágrafo único. Os limites de peso bruto não se aplicam aos locais não abrangidos pelo disposto no art. 2º da Lei 9.503, de 23 de setembro de 1997 – Código de Trânsito Brasileiro, incluindo-se as vias particulares sem acesso à circulação pública."

Art. 17. Os veículos de transporte de cargas que circularem vazios não pagarão taxas de pedágio sobre os eixos que mantiverem suspensos.

Art. 18. O embarcador indenizará o transportador por todos os prejuízos decorrentes de infração por transporte de carga com excesso de peso em desacordo com a nota fiscal, inclusive as despesas com transbordo de carga.

Art. 19. Fica instituído o Programa de Apoio ao Desenvolvimento do Transporte de Cargas Nacional – PROCARGAS, cujo objetivo principal é estimular o desenvolvimento da atividade de transporte terrestre nacional de cargas.

Parágrafo único. O Procargas tem como finalidade o desenvolvimento de programas visando à melhoria do meio ambiente de trabalho no setor de transporte de cargas, especialmente as ações de medicina ocupacional para o trabalhador.

Art. 20. Fica permitida a concessão de Autorização Especial de Trânsito – AET – para composição de veículos boiadeiros articulados (Romeu e Julieta) com até 25 m de comprimento, sendo permitido a estes veículos autorização para transitar em qualquer horário do dia.

Art. 21. Ficam revogados os arts. 1º, 2º e 9º da Lei 12.619, de 30 de abril de 2012.

Art. 22. Ficam convertidas em sanção de advertência:

I – as penalidades decorrentes de infrações ao disposto na Lei 12.619, de 30 de abril de 2012, que alterou a Consolidação das Leis do Trabalho – CLT, aprovada pelo Decreto-Lei 5.452, de 1º de maio de 1943, e a Lei 9.503, de 23 de setembro de 1997 – Código de Trânsito Brasileiro, aplicadas até a data da publicação desta Lei; e

II – as penalidades por violação do inciso V do art. 231 da Lei 9.503, de 23 de setembro de 1997 – Código de Trânsito Brasileiro, aplicadas até 2 (dois) anos antes da entrada em vigor desta Lei.

Brasília, 2 de março de 2015; 194º da Independência e 127º da República.

Dilma Rousseff

(Publicação no *D.O.U.* de 3.3.2015)

LEI 13.104,
DE 9 DE MARÇO DE 2015

Altera o art. 121 do Decreto-Lei 2.848, de 7 de dezembro de 1940 – Código Penal, para prever o feminicídio como circunstância qualificadora do crime de homicídio, e o art. 1º da Lei 8.072, de 25 de julho de 1990, para incluir o feminicídio no rol dos crimes hediondos.

A Presidenta da República:

Faço saber que o Congresso Nacional decreta e eu sanciono a seguinte Lei:

Art. 1º O art. 121 do Decreto-Lei 2.848, de 7 de dezembro de 1940 – Código Penal, passa a vigorar com a seguinte redação:

"Homicídio simples

Art. 121. (...)

(...)

Homicídio qualificado

§ 2º (...)

(...)

Feminicídio

VI – contra a mulher por razões da condição de sexo feminino:

(...)

§ 2º-A Considera-se que há razões de condição de sexo feminino quando o crime envolve:

I – violência doméstica e familiar;

II – menosprezo ou discriminação à condição de mulher.

(...)

Aumento de pena

(...)

§ 7º A pena do feminicídio é aumentada de 1/3 (um terço) até a metade se o crime for praticado:

I – durante a gestação ou nos 3 (três) meses posteriores ao parto;

II – contra pessoa menor de 14 (catorze) anos, maior de 60 (sessenta) anos ou com deficiência;

III – na presença de descendente ou de ascendente da vítima."

Art. 2º O art. 1º da Lei 8.072, de 25 de julho de 1990, passa a vigorar com a seguinte alteração:

"Art. 1º (...)

I – homicídio (art. 121), quando praticado em atividade típica de grupo de extermínio, ainda que cometido por um só agente, e homicídio qualificado (art. 121, § 2º, I, II, III, IV, V e VI);

(...)"

Art. 3º Esta Lei entra em vigor na data da sua publicação.

Brasília, 9 de março de 2015; 194º da Independência e 127º da República.

Dilma Rousseff

(Publicação no *D.O.U.* de 10.3.2015)

LEI 13.106,
DE 17 DE MARÇO DE 2015

Altera a Lei 8.069, de 13 de julho de 1990 – Estatuto da Criança e do Adolescente, para tornar crime vender, fornecer, servir, ministrar ou entregar bebida alcoólica a criança ou a adolescente; e revoga o inciso I do art. 63 do Decreto-Lei 3.688, de 3 de outubro de 1941 – Lei das Contravenções Penais.

A Presidenta da República:

Faço saber que o Congresso Nacional decreta e eu sanciono a seguinte Lei:

Art. 1º O art. 243 da Lei 8.069, de 13 de julho de 1990 – Estatuto da Criança e do Adolescente, passa a vigorar com a seguinte redação:

→ Alterações efetuadas na referida Lei.

Art. 2º A Lei 8.069, de 13 de julho de 1990, passa a vigorar acrescida do seguinte art. 258-C:

→ Alterações efetuadas na referida Lei.

Art. 3º Revoga-se o inciso I do art. 63 do Decreto-Lei 3.688, de 3 de outubro de 1941 – Lei das Contravenções Penais.

Art. 4º Esta Lei entra em vigor na data de sua publicação.

Brasília, 17 de março de 2015; 194º da Independência e 127º da República.

Dilma Rousseff

(Publicação no *D.O.U.* de 18.03.2015)

DECRETO 8.420,
DE 18 DE MARÇO DE 2015

Regulamenta a Lei 12.846, de 1º de agosto de 2013, que dispõe sobre a responsabilização administrativa de pessoas jurídicas pela prática de atos contra a administração pública, nacional ou estrangeira e dá outras providências.

A Presidenta da República, no uso da atribuição que lhe confere o art. 84, *caput*, inciso IV, da Constituição, e tendo em vista o disposto na Lei 12.846, de 1º de agosto de 2013, Decreta:

Art. 1º Este Decreto regulamenta a responsabilização objetiva administrativa de pessoas jurídicas pela prática de atos contra a administração pública, nacional ou estrangeira, de que trata a Lei 12.846, de 1º de agosto de 2013.

Capítulo I
DA RESPONSABILIZAÇÃO ADMINISTRATIVA

Art. 2º A apuração da responsabilidade administrativa de pessoa jurídica que possa resultar na aplicação das sanções previstas no art. 6º da Lei 12.846, de 2013, será efetuada por meio de Processo Administrativo de Responsabilização – PAR.

Art. 3º A competência para a instauração e para o julgamento do PAR é da autoridade máxima da entidade em face da qual foi praticado o ato lesivo, ou, em caso de órgão da administração direta, do seu Ministro de Estado.

Parágrafo único. A competência de que trata o *caput* será exercida de ofício ou mediante provocação e poderá ser delegada, sendo vedada a subdelegação.

Art. 4º A autoridade competente para instauração do PAR, ao tomar ciência da possível ocorrência de ato lesivo à administração pública federal, em sede de juízo de admissibilidade e mediante despacho fundamentado, decidirá:

I – pela abertura de investigação preliminar;

II – pela instauração de PAR; ou

III – pelo arquivamento da matéria.

§ 1º A investigação de que trata o inciso I do *caput* terá caráter sigiloso e não punitivo e será destinada à apuração de indícios de autoria e materialidade de atos lesivos à administração pública federal.

§ 2º A investigação preliminar será conduzida por comissão composta por dois ou mais servidores efetivos.

§ 3º Em entidades da administração pública federal cujos quadros funcionais não sejam formados por servidores estatutários, a comissão a que se refere o § 2º será composta por dois ou mais empregados públicos.

§ 4º O prazo para conclusão da investigação preliminar não excederá sessenta dias e poderá ser prorrogado por igual período, mediante solicitação justificada do presidente da comissão à autoridade instauradora.

§ 5º Ao final da investigação preliminar, serão enviadas à autoridade competente as peças de informação obtidas, acompanhadas de relatório conclusivo acerca da existência de indícios de autoria e materialidade de atos lesivos à administração pública federal, para decisão sobre a instauração do PAR.

Art. 5º No ato de instauração do PAR, a autoridade designará comissão, composta por dois ou mais servidores estáveis, que avaliará fatos e circunstâncias conhecidos e intimará a pessoa jurídica para, no prazo de trinta dias, apresentar defesa escrita e especificar eventuais provas que pretende produzir.

§ 1º Em entidades da administração pública federal cujos quadros funcionais não sejam formados por servidores estatutários, a comissão a que se refere o *caput* será composta por dois ou mais empregados públicos, preferencialmente com no mínimo três anos de tempo de serviço na entidade.

§ 2º Na hipótese de deferimento de pedido de produção de novas provas ou de juntada de provas julgadas indispensáveis pela comissão, a pessoa jurídica poderá apresentar alegações finais no prazo de dez dias, contado da data do deferimento ou da intimação de juntada das provas pela comissão.

§ 3º Serão recusadas, mediante decisão fundamentada, provas propostas pela pessoa jurídica que sejam ilícitas, impertinentes, desnecessárias, protelatórias ou intempestivas.

§ 4º Caso a pessoa jurídica apresente em sua defesa informações e documentos referentes à existência e ao funcionamento de programa de integridade, a comissão processante deverá examiná-lo segundo os parâmetros indicados no Capítulo IV, para a dosimetria das sanções a serem aplicadas.

Art. 6º A comissão a que se refere o art. 5º exercerá suas atividades com independência e imparcialidade, assegurado o sigilo, sempre que necessário à elucidação do fato e à preservação da imagem dos envolvidos, ou quando exigido pelo interesse da administração pública, garantido o direito à ampla defesa e ao contraditório.

Art. 7º As intimações serão feitas por meio eletrônico, via postal ou por qualquer outro meio que assegure a certeza de ciência da pessoa jurídica acusada, cujo prazo para apresentação de defesa será contado a partir da data da cientificação oficial, observado o disposto no Capítulo XVI da Lei 9.784, de 29 de janeiro de 1999.

§ 1º Caso não tenha êxito a intimação de que trata o *caput*, será feita nova intimação por meio de edital publicado na imprensa oficial, em jornal de grande circulação no Estado da federação em que a pessoa jurídica tenha sede, e no sítio eletrônico do órgão ou entidade pública responsável pela apuração do PAR, contando-se o prazo para apresentação da defesa a partir da última data de publicação do edital.

§ 2º Em se tratando de pessoa jurídica que não possua sede, filial ou representação no País e sendo desconhecida sua representação no exterior, frustrada a intimação nos termos do *caput*, será feita nova intimação por meio de edital publicado na imprensa oficial e no sítio eletrônico do órgão ou entidade público responsável pela apuração do PAR, contando-se o prazo para apresentação da defesa a partir da última data de publicação do edital.

Art. 8º A pessoa jurídica poderá acompanhar o PAR por meio de seus representantes legais ou procuradores, sendo-lhes assegurado amplo acesso aos autos.

Parágrafo único. É vedada a retirada dos autos da repartição pública, sendo autorizada a obtenção de cópias mediante requerimento.

Art. 9º O prazo para a conclusão do PAR não excederá cento e oitenta dias, admitida prorrogação por meio de solicitação do presidente da comissão à autoridade instauradora, que decidirá de forma fundamentada.

§ 1º O prazo previsto no *caput* será contado da data de publicação do ato de instauração do PAR.

§ 2º A comissão, para o devido e regular exercício de suas funções, poderá:

I – propor à autoridade instauradora a suspensão cautelar dos efeitos do ato ou do processo objeto da investigação;

II – solicitar a atuação de especialistas com notório conhecimento, de órgãos e entidades públicos ou de outras organizações, para auxiliar na análise da matéria sob exame; e

III – solicitar ao órgão de representação judicial ou equivalente dos órgãos ou entidades lesados que requeira as medidas necessárias para a investigação e o processamento das infrações, inclusive de busca e apreensão, no País ou no exterior.

§ 3º Concluídos os trabalhos de apuração e análise, a comissão elaborará relatório a respeito dos fatos apurados e da eventual responsabilidade administrativa da pessoa jurídica, no qual sugerirá, de forma motivada, as sanções a serem aplicadas, a dosimetria da multa ou o arquivamento do processo.

§ 4º O relatório final do PAR será encaminhado à autoridade competente para julgamento, o qual será precedido de manifestação jurídica, elaborada pelo órgão de assistência jurídica competente.

§ 5º Caso seja verificada a ocorrência de eventuais ilícitos a serem apurados em outras instâncias, o relatório da comissão será encaminhado, pela autoridade julgadora:

I – ao Ministério Público;

II – à Advocacia-Geral da União e seus órgãos vinculados, no caso de órgãos da administração pública direta, autarquias e fundações públicas federais; ou

III – ao órgão de representação judicial ou equivalente no caso de órgãos ou entidades da administração pública não abrangidos pelo inciso II.

§ 6º Na hipótese de decisão contrária ao relatório da comissão, esta deverá ser fundamentada com base nas provas produzidas no PAR.

Art. 10. A decisão administrativa proferida pela autoridade julgadora ao final do PAR será publicada no Diário Oficial da União e no sítio eletrônico do órgão ou entidade público responsável pela instauração do PAR.

Art. 11. Da decisão administrativa sancionadora cabe pedido de reconsideração com efeito suspensivo, no prazo de dez dias, contado da data de publicação da decisão.

§ 1º A pessoa jurídica contra a qual foram impostas sanções no PAR e que não apresentar pedido de reconsideração deverá cumpri-las no prazo de trinta dias, contado do fim do prazo para interposição do pedido de reconsideração.

§ 2º A autoridade julgadora terá o prazo de trinta dias para decidir sobre a matéria alegada no pedido de reconsideração e publicar nova decisão.

§ 3º Mantida a decisão administrativa sancionadora, será concedido à pessoa jurídica novo prazo de trinta dias para cumprimento das sanções que lhe foram impostas, contado da data de publicação da nova decisão.

Art. 12. Os atos previstos como infrações administrativas à Lei 8.666, de 21 de junho de 1993, ou a outras normas de licitações e contratos da administração pública que também sejam tipificados como atos lesivos na Lei 12.846, de 2013, serão apurados e julgados conjuntamente, nos mesmos autos, aplicando-se o rito procedimental previsto neste Capítulo.

§ 1º Concluída a apuração de que trata o *caput* e havendo autoridades distintas competentes para julgamento, o processo será encaminhado primeiramente àquela de nível mais elevado, para que julgue no âmbito de sua competência, tendo precedência o julgamento pelo Ministro de Estado competente.

§ 2º Para fins do disposto no *caput*, o chefe da unidade responsável no órgão ou entidade pela gestão de licitações e contratos deve comunicar à autoridade prevista no art. 3º sobre eventuais fatos que configurem atos lesivos previstos no art. 5º da Lei 12.846, de 2013.

Art. 13. A Controladoria-Geral da União possui, no âmbito do Poder Executivo federal, competência:

I – concorrente para instaurar e julgar PAR; e

II – exclusiva para avocar os processos instaurados para exame de sua regularidade ou para corrigir-lhes o andamento, inclusive promovendo a aplicação da penalidade administrativa cabível.

§ 1º A Controladoria-Geral da União poderá exercer, a qualquer tempo, a competência prevista no *caput*, se presentes quaisquer das seguintes circunstâncias:

I – caracterização de omissão da autoridade originariamente competente;

II – inexistência de condições objetivas para sua realização no órgão ou entidade de origem;

III – complexidade, repercussão e relevância da matéria;

IV – valor dos contratos mantidos pela pessoa jurídica com o órgão ou entidade atingida; ou

V – apuração que envolva atos e fatos relacionados a mais de um órgão ou entidade da administração pública federal.

§ 2º Ficam os órgãos e entidades da administração pública obrigados a encaminhar à Controladoria-Geral da União todos os documentos e informações que lhes forem solicitados, incluídos os autos originais dos processos que eventualmente estejam em curso.

Art. 14. Compete à Controladoria-Geral da União instaurar, apurar e julgar PAR pela prática de atos lesivos à administração pública estrangeira, o qual seguirá, no que couber, o rito procedimental previsto neste Capítulo.

Capítulo II
DAS SANÇÕES ADMINISTRATIVAS E DOS ENCAMINHAMENTOS JUDICIAIS

Seção I
Disposições gerais

Art. 15. As pessoas jurídicas estão sujeitas às seguintes sanções administrativas, nos termos do art. 6º da Lei 12.846, de 2013:

I – multa; e

II – publicação extraordinária da decisão administrativa sancionadora.

Art. 16. Caso os atos lesivos apurados envolvam infrações administrativas à Lei 8.666, de 1993, ou a outras normas de licitações e contratos da administração pública e tenha ocorrido a apuração conjunta prevista no art. 12, a pessoa jurídica também estará sujeita a sanções administrativas que tenham como efeito restrição ao direito de participar em licitações ou de celebrar contratos com a administração pública, a serem aplicadas no PAR.

Seção II
Da multa

Art. 17. O cálculo da multa se inicia com a soma dos valores correspondentes aos seguintes percentuais do faturamento bruto da pessoa jurídica do último exercício anterior ao da instauração do PAR, excluídos os tributos:

I – um por cento a dois e meio por cento havendo continuidade dos atos lesivos no tempo;

II – um por cento a dois e meio por cento para tolerância ou ciência de pessoas do corpo diretivo ou gerencial da pessoa jurídica;

III – um por cento a quatro por cento no caso de interrupção no fornecimento de serviço público ou na execução de obra contratada;

IV – um por cento para a situação econômica do infrator com base na apresentação de índice de Solvência Geral – SG e de Liquidez Geral – LG superiores a um e de lucro líquido no último exercício anterior ao da ocorrência do ato lesivo;

V – cinco por cento no caso de reincidência, assim definida a ocorrência de nova infração, idêntica ou não à anterior, tipificada como ato lesivo pelo art. 5º da Lei 12.846, de 2013, em menos de cinco anos, contados da publicação do julgamento da infração anterior; e

VI – no caso de os contratos mantidos ou pretendidos com o órgão ou entidade lesado, serão considerados, na data da prática do ato lesivo, os seguintes percentuais:

a) um por cento em contratos acima de R$ 1.500.000,00 (um milhão e quinhentos mil reais);

b) dois por cento em contratos acima de R$ 10.000.000,00 (dez milhões de reais);

c) três por cento em contratos acima de R$ 50.000.000,00 (cinquenta milhões de reais);

d) quatro por cento em contratos acima de R$ 250.000.000,00 (duzentos e cinquenta milhões de reais); e

e) cinco por cento em contratos acima de R$ 1.000.000.000,00 (um bilhão de reais).

Art. 18. Do resultado da soma dos fatores do art. 17 serão subtraídos os valores correspondentes aos seguintes percentuais do faturamento bruto da pessoa jurídica do último exercício anterior ao da instauração do PAR, excluídos os tributos:

I – um por cento no caso de não consumação da infração;

II – um e meio por cento no caso de comprovação de ressarcimento pela pessoa jurídica dos danos a que tenha dado causa;

III – um por cento a um e meio por cento para o grau de colaboração da pessoa jurídica com a investigação ou a apuração do ato lesivo, independentemente do acordo de leniência;

IV – dois por cento no caso de comunicação espontânea pela pessoa jurídica antes da instauração do PAR acerca da ocorrência do ato lesivo; e

V – um por cento a quatro por cento para comprovação de a pessoa jurídica possuir e aplicar um programa de integridade, conforme os parâmetros estabelecidos no Capítulo IV.

Art. 19. Na ausência de todos os fatores previstos nos art. 17 e art. 18 ou de resultado das operações de soma e subtração ser igual ou menor a zero, o valor da multa corresponderá, conforme o caso, a:

I – um décimo por cento do faturamento bruto do último exercício anterior ao da instauração do PAR, excluídos os tributos; ou

II – R$ 6.000,00 (seis mil reais), na hipótese do art. 22.

Art. 20. A existência e quantificação dos fatores previstos nos art. 17 e art. 18, deverá ser apurada no PAR e evidenciada no relatório final da comissão, o qual também conterá a estimativa, sempre que possível, dos valores da vantagem auferida e da pretendida.

§ 1º Em qualquer hipótese, o valor final da multa terá como limite:

I – mínimo, o maior valor entre o da vantagem auferida e o previsto no art. 19; e

II – máximo, o menor valor entre:

a) vinte por cento do faturamento bruto do último exercício anterior ao da instauração do PAR, excluídos os tributos; ou

b) três vezes o valor da vantagem pretendida ou auferida.

§ 2º O valor da vantagem auferida ou pretendida equivale aos ganhos obtidos ou pretendidos pela pessoa jurídica que não ocorreriam sem a prática do ato lesivo, somado, quando for o caso, ao valor correspondente a qualquer vantagem indevida prometida ou dada a agente público ou a terceiros a ele relacionados.

§ 3º Para fins do cálculo do valor de que trata o § 2º, serão deduzidos custos e despesas legítimos comprovadamente executados ou que seriam devidos ou despendidos caso o ato lesivo não tivesse ocorrido.

Art. 21. Ato do Ministro de Estado Chefe da Controladoria-Geral da União fixará metodologia para a apuração do faturamento bruto e dos tributos a serem excluídos para fins de cálculo da multa a que se refere o art. 6º da Lei 12.846, de 2013.

Parágrafo único. Os valores de que trata o *caput* poderão ser apurados, entre outras formas, por meio de:

I – compartilhamento de informações tributárias, na forma do inciso II do § 1º do art. 198 da Lei 5.172, de 25 de outubro de 1966; e

II – registros contábeis produzidos ou publicados pela pessoa jurídica acusada, no país ou no estrangeiro.

Art. 22. Caso não seja possível utilizar o critério do valor do faturamento bruto da pessoa jurídica no ano anterior ao da instauração ao PAR, os percentuais dos fatores indicados nos art. 17 e art. 18 incidirão:

I – sobre o valor do faturamento bruto da pessoa jurídica, excluídos os tributos, no ano em que ocorreu o ato lesivo, no caso de a pessoa jurídica não ter tido faturamento no ano anterior ao da instauração ao PAR;

II – sobre o montante total de recursos recebidos pela pessoa jurídica sem fins lucrativos no ano em que ocorreu o ato lesivo; ou

III – nas demais hipóteses, sobre o faturamento anual estimável da pessoa jurídica, levando em consideração quaisquer informações sobre a sua situação econômica ou o estado de seus negócios, tais como patrimônio, capital social, número de empregados, contratos, dentre outras.

Parágrafo único. Nas hipóteses previstas no *caput*, o valor da multa será limitado entre R$ 6.000,00 (seis mil reais) e R$ 60.000.000,00 (sessenta milhões de reais).

Art. 23. Com a assinatura do acordo de leniência, a multa aplicável será reduzida conforme a fração nele pactuada, observado o limite previsto no § 2º do art. 16 da Lei 12.846, de 2013.

§ 1º O valor da multa previsto no *caput* poderá ser inferior ao limite mínimo previsto no art. 6º da Lei 12.846, de 2013.

§ 2º No caso de a autoridade signatária declarar o descumprimento do acordo de leniência por falta imputável à pessoa jurídica colaboradora, o valor integral encontrado antes da redução de que trata o *caput* será cobrado na forma da Seção IV, descontando-se as frações da multa eventualmente já pagas.

Seção III
Da publicação extraordinária da decisão administrativa sancionadora

Art. 24. A pessoa jurídica sancionada administrativamente pela prática de atos lesivos contra a administração pública, nos termos da Lei 12.846, de 2013, publicará a decisão administrativa sancionadora na forma de extrato de sentença, cumulativamente:

I – em meio de comunicação de grande circulação na área da prática da infração e de atuação da pessoa jurídica ou, na sua falta, em publicação de circulação nacional;

II – em edital afixado no próprio estabelecimento ou no local de exercício da atividade, em localidade que permita a visibilidade pelo público, pelo prazo mínimo de trinta dias; e

III – em seu sítio eletrônico, pelo prazo de trinta dias e em destaque na página principal do referido sítio.

Parágrafo único. A publicação a que se refere o *caput* será feita a expensas da pessoa jurídica sancionada.

Seção IV
Da cobrança da multa aplicada

Art. 25. A multa aplicada ao final do PAR será integralmente recolhida pela pessoa jurídica sancionada no prazo de trinta dias, observado o disposto nos §§ 1º e 3º do art. 11.

§ 1º Feito o recolhimento, a pessoa jurídica sancionada apresentará ao órgão ou entidade que aplicou a sanção documento que ateste o pagamento integral do valor da multa imposta.

§ 2º Decorrido o prazo previsto no *caput* sem que a multa tenha sido recolhida ou não tendo ocorrido a comprovação de seu pagamento integral, o órgão ou entidade que a aplicou encaminhará o débito para inscrição em Dívida Ativa da União ou das autarquias e fundações públicas federais.

§ 3º Caso a entidade que aplicou a multa não possua Dívida Ativa, o valor será cobrado independentemente de prévia inscrição.

Seção V
Dos encaminhamentos judiciais

Art. 26. As medidas judiciais, no País ou no exterior, como a cobrança da multa administrativa aplicada no PAR, a promoção da publicação extraordinária, a persecução das sanções referidas nos incisos I a IV do *caput* do art. 19 da Lei 12.846, de 2013, a reparação integral dos danos e prejuízos, além de eventual atuação judicial para a finalidade de instrução ou garantia do processo judicial ou preservação do acordo de leniência, serão solicitadas ao órgão de representação judicial ou equivalente dos órgãos ou entidades lesados.

Art. 27. No âmbito da administração pública federal direta, a atuação judicial será exercida pela Procuradoria-Geral da União, com exceção da cobrança da multa administrativa aplicada no PAR, que será promovida pela Procuradoria-Geral da Fazenda Nacional.

Parágrafo único. No âmbito das autarquias e fundações públicas federais, a atuação judicial será exercida pela Procuradoria-Geral Federal, inclusive no que se refere à cobrança da multa administrativa aplicada no PAR, respeitadas as competências específicas da Procuradoria-Geral do Banco Central.

Capítulo III
DO ACORDO DE LENIÊNCIA

Art. 28. O acordo de leniência será celebrado com as pessoas jurídicas responsáveis pela prática dos atos lesivos previstos na Lei 12.846, de 2013, e dos ilícitos administrativos previstos na Lei 8.666, de 1993, e em outras normas de licitações e contratos, com vistas à isenção ou à atenuação das respectivas sanções, desde que colaborem efetivamente com as investigações e o processo administrativo, devendo resultar dessa colaboração:

I – a identificação dos demais envolvidos na infração administrativa, quando couber; e

II – a obtenção célere de informações e documentos que comprovem a infração sob apuração.

Art. 29. Compete à Controladoria-Geral da União celebrar acordos de leniência no âmbito do Poder Executivo federal e nos casos de atos lesivos contra a administração pública estrangeira.

Art. 30. A pessoa jurídica que pretenda celebrar acordo de leniência deverá:

I – ser a primeira a manifestar interesse em cooperar para a apuração de ato lesivo específico, quando tal circunstância for relevante;

II – ter cessado completamente seu envolvimento no ato lesivo a partir da data da propositura do acordo;

III – admitir sua participação na infração administrativa

IV – cooperar plena e permanentemente com as investigações e o processo administrativo e comparecer, sob suas expensas e sempre que solicitada, aos atos processuais, até o seu encerramento; e

V – fornecer informações, documentos e elementos que comprovem a infração administrativa.

§ 1º O acordo de leniência de que trata o *caput* será proposto pela pessoa jurídica, por seus representantes, na forma de seu estatuto ou contrato social, ou por meio de procurador com poderes específicos para tal ato, observado o disposto no art. 26 da Lei 12.846, de 2013.

§ 2º A proposta do acordo de leniência poderá ser feita até a conclusão do relatório a ser elaborado no PAR.

Art. 31. A proposta de celebração de acordo de leniência poderá ser feita de forma oral ou escrita, oportunidade em que a pessoa jurídica proponente declarará expressamente que foi orientada a respeito de seus direitos, garantias e deveres legais e de que o não atendimento às determinações e solicitações da Controladoria-Geral da União durante a etapa de negociação importará a desistência da proposta.

§ 1º A proposta apresentada receberá tratamento sigiloso e o acesso ao seu conteúdo será restrito aos servidores especificamente designados pela Controladoria-Geral da União para participar da negociação do acordo de leniência, ressalvada a possibilidade de a proponente autorizar a divulgação ou compartilhamento da existência da proposta ou de seu conteúdo, desde que haja anuência da Controladoria-Geral da União.

§ 2º Poderá ser firmado memorando de entendimentos entre a pessoa jurídica proponente e a Controladoria-Geral da União para formalizar a proposta e definir os parâmetros do acordo de leniência.

§ 3º Uma vez proposto o acordo de leniência, a Controladoria-Geral da União poderá requisitar os autos de processos administrativos em curso em outros órgãos ou entidades da administração pública federal relacionados aos fatos objeto do acordo.

Art. 32. A negociação a respeito da proposta do acordo de leniência deverá ser concluída no prazo de cento e oitenta dias, contado da data de apresentação da proposta.

Parágrafo único. A critério da Controladoria-Geral da União, poderá ser prorrogado o prazo estabelecido no *caput*, caso presentes circunstâncias que o exijam.

Art. 33. Não importará em reconhecimento da prática do ato lesivo investigado a proposta de acordo de leniência rejeitada, da qual não se fará qualquer divulgação, ressalvado o disposto no § 1º do art. 31.

Art. 34. A pessoa jurídica proponente poderá desistir da proposta de acordo de leniência a qualquer momento que anteceda a assinatura do referido acordo.

Art. 35. Caso o acordo não venha a ser celebrado, os documentos apresentados durante a negociação serão devolvidos, sem retenção de cópias, à pessoa jurídica proponente e será vedado seu uso para fins de responsabilização, exceto quando a administração pública federal tiver conhecimento deles independentemente da apresentação da proposta do acordo de leniência.

Art. 36. O acordo de leniência estipulará as condições para assegurar a efetividade da colaboração e o resultado útil do processo, do qual constarão cláusulas e obrigações que, diante das circunstâncias do caso concreto, reputem-se necessárias.

Art. 37. O acordo de leniência conterá, entre outras disposições, cláusulas que versem sobre:

I – o compromisso de cumprimento dos requisitos previstos nos incisos II a V do *caput* do art. 30;

II – a perda dos benefícios pactuados, em caso de descumprimento do acordo;

III – a natureza de título executivo extrajudicial do instrumento do acordo, nos termos do inciso II do *caput* do art. 585 da Lei 5.869, de 11 de janeiro de 1973; e

→ v. Art.784, II a IV, do NCPC.

IV – a adoção, aplicação ou aperfeiçoamento de programa de integridade, conforme os parâmetros estabelecidos no Capítulo IV.

Art. 38. A Controladoria-Geral da União poderá conduzir e julgar os processos administrativos que apurem infrações administrativas previstas na Lei 12.846, de 2013, na Lei 8.666, de 1993, e em outras normas de licitações e contratos, cujos fatos tenham sido noticiados por meio do acordo de leniência.

Art. 39. Até a celebração do acordo de leniência pelo Ministro de Estado Chefe da Controladoria-Geral da União, a identidade da pessoa jurídica signatária do acordo não será divulgada ao público, ressalvado o disposto no § 1º do art. 31.

Parágrafo único. A Controladoria-Geral da União manterá restrito o acesso aos documentos e informações comercialmente sensíveis da pessoa jurídica signatária do acordo de leniência.

Art. 40. Uma vez cumprido o acordo de leniência pela pessoa jurídica colaboradora, serão declarados em favor da pessoa jurídica signatária, nos termos previamente firmados no acordo, um ou mais dos seguintes efeitos:

I – isenção da publicação extraordinária da decisão administrativa sancionadora;

II – isenção da proibição de receber incentivos, subsídios, subvenções, doações ou empréstimos de órgãos ou entidades públicos e de instituições financeiras públicas ou controladas pelo Poder Público;

III – redução do valor final da multa aplicável, observado o disposto no art. 23; ou

IV – isenção ou atenuação das sanções administrativas previstas nos art. 86 a art. 88 da Lei 8.666, de 1993, ou de outras normas de licitações e contratos.

Parágrafo único. Os efeitos do acordo de leniência serão estendidos às pessoas jurídicas que integrarem o mesmo grupo econômico, de fato e de direito, desde que tenham firmado o acordo em conjunto, respeitadas as condições nele estabelecidas.

Capítulo IV
DO PROGRAMA DE INTEGRIDADE

Art. 41. Para fins do disposto neste Decreto, programa de integridade consiste, no âmbito de uma pessoa jurídica, no conjunto de mecanismos e procedimentos internos de integridade, auditoria e incentivo à denúncia de irregularidades e na aplicação efetiva de códigos de ética e de conduta, políticas e diretrizes com objetivo de detectar e sanar desvios, fraudes, irregularidades e atos ilícitos praticados contra a administração pública, nacional ou estrangeira.

Parágrafo único. O programa de integridade deve ser estruturado, aplicado e atualizado de acordo com as características e riscos atuais das atividades de cada pessoa jurídica, a qual por sua vez deve garantir o constante aprimoramento e adaptação do referido programa, visando garantir sua efetividade.

Art. 42. Para fins do disposto no § 4º do art. 5º, o programa de integridade será avaliado, quanto a sua existência e aplicação, de acordo com os seguintes parâmetros:

I – comprometimento da alta direção da pessoa jurídica, incluídos os conselhos, evidenciado pelo apoio visível e inequívoco ao programa;

II – padrões de conduta, código de ética, políticas e procedimentos de integridade, aplicáveis a todos os empregados e administradores, independentemente de cargo ou função exercidos;

III – padrões de conduta, código de ética e políticas de integridade estendidas, quando necessário, a terceiros, tais como, fornecedores, prestadores de serviço, agentes intermediários e associados;

IV – treinamentos periódicos sobre o programa de integridade;

V – análise periódica de riscos para realizar adaptações necessárias ao programa de integridade;

VI – registros contábeis que reflitam de forma completa e precisa as transações da pessoa jurídica;

VII – controles internos que assegurem a pronta elaboração e confiabilidade de relatórios e demonstrações financeiros da pessoa jurídica;

VIII – procedimentos específicos para prevenir fraudes e ilícitos no âmbito de processos licitatórios, na execução de contratos administrativos ou em qualquer interação com o setor público, ainda que intermediada por terceiros, tal como pagamento de tributos, sujeição a fiscalizações, ou obtenção de autorizações, licenças, permissões e certidões;

IX – independência, estrutura e autoridade da instância interna responsável pela aplicação do programa de integridade e fiscalização de seu cumprimento;

X – canais de denúncia de irregularidades, abertos e amplamente divulgados a funcionários e terceiros, e de mecanismos destinados à proteção de denunciantes de boa-fé;

XI – medidas disciplinares em caso de violação do programa de integridade;

XII – procedimentos que assegurem a pronta interrupção de irregularidades ou infrações detectadas e a tempestiva remediação dos danos gerados;

XIII – diligências apropriadas para contratação e, conforme o caso, supervisão, de terceiros, tais como, fornecedores, prestadores de serviço, agentes intermediários e associados;

XIV – verificação, durante os processos de fusões, aquisições e reestruturações societárias, do cometimento de irregularidades ou ilícitos ou da existência de vulnerabilidades nas pessoas jurídicas envolvidas;

XV – monitoramento contínuo do programa de integridade visando seu aperfeiçoamento na prevenção, detecção e combate à ocorrência dos atos lesivos previstos no art. 5º da Lei 12.846, de 2013; e

XVI – transparência da pessoa jurídica quanto a doações para candidatos e partidos políticos.

§ 1º Na avaliação dos parâmetros de que trata este artigo, serão considerados o porte e especificidades da pessoa jurídica, tais como:

I – a quantidade de funcionários, empregados e colaboradores;

II – a complexidade da hierarquia interna e a quantidade de departamentos, diretorias ou setores;

III – a utilização de agentes intermediários como consultores ou representantes comerciais;

IV – o setor do mercado em que atua;

V – os países em que atua, direta ou indiretamente;

VI – o grau de interação com o setor público e a importância de autorizações, licenças e permissões governamentais em suas operações;

VII – a quantidade e a localização das pessoas jurídicas que integram o grupo econômico; e

VIII – o fato de ser qualificada como microempresa ou empresa de pequeno porte.

§ 2º A efetividade do programa de integridade em relação ao ato lesivo objeto de apuração será considerada para fins da avaliação de que trata o *caput*.

§ 3º Na avaliação de microempresas e empresas de pequeno porte, serão reduzidas as formalidades dos parâmetros previstos neste artigo, não se exigindo, especificamente, os incisos III, V, IX, X, XIII, XIV e XV do *caput*.

§ 4º Caberá ao Ministro de Estado Chefe da Controladoria-Geral da União expedir orientações, normas e procedimentos complementares referentes à avaliação do programa de integridade de que trata este Capítulo.

§ 5º A redução dos parâmetros de avaliação para as microempresas e empresas de pequeno porte de que trata o § 3º poderá ser objeto de regulamentação por ato conjunto do Ministro de Estado Chefe da Secretaria da Micro e Pequena Empresa e do Ministro de Estado Chefe da Controladoria-Geral da União.

Capítulo V
DO CADASTRO NACIONAL DE EMPRESAS INIDÔNEAS E SUSPENSAS E DO CADASTRO NACIONAL DE EMPRESAS PUNIDAS

Art. 43. O Cadastro Nacional de Empresas Inidôneas e Suspensas – CEIS conterá informações referentes às sanções administrativas impostas a pessoas físicas ou jurídicas que impliquem restrição ao direito de participar de licitações ou de celebrar contratos com a administração pública de qualquer esfera federativa, entre as quais:

I – suspensão temporária de participação em licitação e impedimento de contratar com a administração pública, conforme disposto no inciso III do *caput* do art. 87 da Lei 8.666, de 1993;

II – declaração de inidoneidade para licitar ou contratar com a administração pública, conforme disposto no inciso IV do *caput* do art. 87 da Lei 8.666, de 1993;

III – impedimento de licitar e contratar com União, Estados, Distrito Federal ou Municípios, conforme disposto no art. 7º da Lei 10.520, de 17 de julho de 2002;

IV – impedimento de licitar e contratar com a União, Estados, Distrito Federal ou Municípios, conforme disposto no art. 47 da Lei 12.462, de 4 de agosto de 2011;

V – suspensão temporária de participação em licitação e impedimento de contratar com a administração pública, conforme disposto no inciso IV do *caput* do art. 33 da Lei 12.527, de 18 de novembro de 2011; e

VI – declaração de inidoneidade para licitar ou contratar com a administração pública, conforme disposto no inciso V do *caput* do art. 33 da Lei 12.527, de 2011.

Art. 44. Poderão ser registradas no CEIS outras sanções que impliquem restrição ao direito de participar em licitações ou de celebrar contratos com a administração pública, ainda que não sejam de natureza administrativa.

Art. 45. O Cadastro Nacional de Empresas Punidas – CNEP conterá informações referentes:

I – às sanções impostas com fundamento na Lei 12.846, de 2013; e

II – ao descumprimento de acordo de leniência celebrado com fundamento na Lei 12.846, de 2013.

Parágrafo único. As informações sobre os acordos de leniência celebrados com fundamento na Lei 12.846, de 2013, serão registradas no CNEP após a celebração do acordo, exceto se causar prejuízo às investigações ou ao processo administrativo.

Art. 46. Constarão do CEIS e do CNEP, sem prejuízo de outros a serem estabelecidos pela Controladoria-Geral da União, dados e informações referentes a:

I – nome ou razão social da pessoa física ou jurídica sancionada;

II – número de inscrição da pessoa jurídica no Cadastro Nacional da Pessoa Jurídica – CNPJ ou da pessoa física no Cadastro de Pessoas Físicas – CPF;

III – tipo de sanção;

IV – fundamentação legal da sanção;

V – número do processo no qual foi fundamentada a sanção;

VI – data de início de vigência do efeito limitador ou impeditivo da sanção ou data de aplicação da sanção;

VII – data final do efeito limitador ou impeditivo da sanção, quando couber;

VIII – nome do órgão ou entidade sancionador; e

IX – valor da multa, quando couber.

Art. 47. A exclusão dos dados e informações constantes do CEIS ou do CNEP se dará:

I – com fim do prazo do efeito limitador ou impeditivo da sanção; ou

II – mediante requerimento da pessoa jurídica interessada, após cumpridos os seguintes requisitos, quando aplicáveis:

a) publicação da decisão de reabilitação da pessoa jurídica sancionada, nas hipóteses dos incisos II e VI do *caput* do art. 43;

b) cumprimento integral do acordo de leniência;

c) reparação do dano causado; ou

d) quitação da multa aplicada.

Art. 48. O fornecimento dos dados e informações de que tratam os art. 43 a art. 46, pelos órgãos e entidades dos Poderes Executivo, Legislativo e Judiciário de cada uma das esferas de governo, será disciplinado pela Controladoria-Geral da União.

Capítulo VI
DISPOSIÇÕES FINAIS

Art. 49. As informações referentes ao PAR instaurado no âmbito dos órgãos e entidades do Poder Executivo federal serão registradas no sistema de gerenciamento eletrônico de processos administrativos sancionadores mantido pela Controladoria-Geral da União, conforme ato do Ministro de Estado Chefe da Controladoria-Geral da União.

Art. 50. Os órgãos e as entidades da administração pública, no exercício de suas competências regulatórias, disporão sobre os efeitos da Lei 12.846, de 2013, no âmbito das atividades reguladas, inclusive no caso de proposta e celebração de acordo de leniência.

Art. 51. O processamento do PAR não interfere no seguimento regular dos processos administrativos específicos para apuração da ocorrência de danos e prejuízos à administração pública federal resultantes de ato lesivo cometido por pessoa jurídica, com ou sem a participação de agente público.

Art. 52. Caberá ao Ministro de Estado Chefe da Controladoria-Geral da União expedir orientações e procedimentos complementares para a execução deste Decreto.

Art. 53. Este Decreto entra em vigor na data de sua publicação.

Brasília, 18 de março de 2015; 194º da Independência e 127º da República.

Dilma Rousseff

(Publicação no *D.O.U.* de 19.3.2015)

DECRETO 8.433,
DE 16 DE ABRIL DE 2015

Dispõe sobre a regulamentação dos art. 9º a art. 12, art. 17 e art. 22 da Lei 13.103, de 2 de março de 2015.

A Presidenta da República, no uso da atribuição que lhe confere o art. 84, *caput*, incisos IV e VI, alínea *a*, da Constituição, e tendo em vista o disposto na Lei 13.103, de 2 de março de 2015, decreta:

Art. 1º Este Decreto regulamenta a Lei 13.103, de 2 de março de 2015, que dispõe sobre o exercício da profissão de motorista.

Art. 2º Os veículos de transporte de carga que circularem vazios ficam isentos da cobrança de pedágio sobre os eixos que mantiverem suspensos.

§ 1º Os órgãos ou entidades competentes da União, dos Estados, do Distrito Federal e dos Municípios disporão sobre as medidas técnicas e operacionais para viabilizar a isenção de que trata o *caput*.

§ 2º Até a implementação das medidas a que se refere o § 1º, consideram-se vazios os veículos de transporte de carga que transpuserem as praças de pedágio com um ou mais eixos que mantiverem suspensos, ressalvada a fiscalização da condição pela autoridade com circunscrição sobre a via ou ao seu agente designado na forma do § 4º do art. 280 da Lei 9.503, de 23 de setembro de 1997 – Código de Trânsito Brasileiro.

§ 3º Para as vias rodoviárias federais concedidas, a regulamentação de que trata o § 1º será publicada pela Agência Nacional de Transportes Terrestres – ANTT no prazo máximo de cento e oitenta dias, contado da publicação deste Decreto, observada a viabilidade econômica e o interesse público.

§ 4º Regulamentações específicas fixarão os prazos para o cumprimento das medidas pelas concessionárias de rodovias.

Art. 3º As penalidades a que se refere o art. 22 da Lei 13.103, de 2015, ficam convertidas em advertências, conforme os procedimentos estabelecidos:

I – pelo Ministério do Trabalho e Emprego, no caso das infrações ao disposto na Lei 12.619, de 30 de abril de 2012, de que trata o inciso I do *caput* do art. 22 da Lei 13.103, de 2015; e

II – pelos órgãos competentes para aplicar penalidades, no caso das infrações ao Código de Trânsito Brasileiro de que tratam os incisos I e II do *caput* do art. 22 da Lei 13.103, de 2015.

§ 1º As penalidades decorrentes das infrações de trânsito de que tratam os incisos I e II do *caput* do art. 22 da Lei 13.103, de 2015, são aquelas previstas no inciso XXIII do *caput* do art. 230 e no inciso V do *caput* do art. 231 do Código de Trânsito Brasileiro, respectivamente.

§ 2º A restituição de valores pagos pelas penalidades referidas no *caput* deverá ser solicitada por escrito e autuada em processo administrativo específico junto ao órgão responsável pelo recolhimento.

Art. 4º Compete ao Ministério do Trabalho e Emprego regulamentar as condições de segurança, sanitárias e de conforto nos locais de espera, de repouso e de descanso dos motoristas profissionais de transporte rodoviário de passageiros e de cargas, conforme disposto no art. 9º da Lei 13.103, de 2 de março de 2015; e

Parágrafo único. Para os procedimentos de reconhecimento como ponto de parada e descanso, os órgãos de que trata o § 3º do art. 11 da Lei 13.103, de 2015, observarão o cumprimento da regulamentação de que trata o *caput*.

Art. 5º Compete ao Conselho Nacional de Trânsito – Contran regulamentar:

I – os modelos de sinalização, de orientação e de identificação dos locais de espera, de repouso e de descanso dos motoristas profissionais de transporte rodoviário de passageiros e de cargas, observadas as disposições do § 3º do art. 11 da Lei 13.103, de 2015; e

II – o uso de equipamentos para a verificação se o veículo se encontra vazio e os demais procedimentos a serem adotados para a fiscalização de trânsito e o cumprimento das disposições do art. 17 da Lei 13.103, de 2015, no prazo máximo de cento e oitenta dias, contado da publicação deste Decreto.

Art. 6º A regulamentação das disposições dos incisos I ao IV do *caput* do art. 10, do art. 11 e do art. 12 da Lei 13.103, de 2015, compete:

I – à ANTT, para as rodovias por ela concedidas; e

II – ao Departamento Nacional de Infraestrutura de Transportes – DNIT, para as demais rodovias federais.

Parágrafo único. A outorga de permissão de uso de bem público nas faixas de domínio a que se refere o inciso IV do *caput* do art. 10 da Lei 13.103, de 2015, compete ao órgão com jurisdição sobre a via, observados os requisitos e as condições por ele estabelecidos.

Art. 7º Este Decreto entra em vigor na data de sua publicação.

Brasília, 16 de abril de 2015; 194º da Independência e 127º da República.

Dilma Rousseff

(Publicação no *D.O.U.* de 17.4.2015)

LEI COMPLEMENTAR 150,
DE 1º DE JUNHO DE 2015

Dispõe sobre o contrato de trabalho doméstico; altera as Leis 8.212, de 24 de julho de 1991, 8.213, de 24 de julho de 1991, e 11.196, de 21 de novembro de 2005; revoga o inciso I do art. 3º da Lei 8.009, de 29 de março de 1990, o art. 36 da Lei 8.213, de 24 de julho de 1991, a Lei 5.859, de 11 de dezembro de 1972, e o inciso VII do art. 12 da Lei 9.250, de 26 de dezembro 1995; e dá outras providências.

→ v. Arts. 7º, parágrafo único, e 201, § 12, da CF/1988.

A Presidenta da República:

Faço saber que o Congresso Nacional decreta e eu sanciono a seguinte Lei Complementar:

Capítulo I
DO CONTRATO DE TRABALHO DOMÉSTICO

Art. 1º Ao empregado doméstico, assim considerado aquele que presta serviços de forma contínua, subordinada, onerosa e pessoal e de finalidade não lucrativa à pessoa ou à família, no âmbito residencial destas, por mais de 2 (dois) dias por semana, aplica-se o disposto nesta Lei.

Parágrafo único. É vedada a contratação de menor de 18 (dezoito) anos para desempenho de trabalho doméstico, de acordo com a Convenção 182, de 1999, da Organização Internacional do Trabalho (OIT) e com o Decreto 6.481, de 12 de junho de 2008.

Art. 2º A duração normal do trabalho doméstico não excederá 8 (oito) horas diárias e 44 (quarenta e quatro) semanais, observado o disposto nesta Lei.

§ 1º A remuneração da hora extraordinária será, no mínimo, 50% (cinquenta por cento) superior ao valor da hora normal.

§ 2º O salário-hora normal, em caso de empregado mensalista, será obtido dividindo-se o salário mensal por 220 (duzentas e vinte) horas, salvo se o contrato estipular jornada mensal inferior que resulte em divisor diverso.

§ 3º O salário-dia normal, em caso de empregado mensalista, será obtido dividindo-se o salário mensal por 30 (trinta) e servirá de base para pagamento do repouso remunerado e dos feriados trabalhados.

§ 4º Poderá ser dispensado o acréscimo de salário e instituído regime de compensação de horas, mediante acordo escrito entre empregador e empregado, se o excesso de horas de um dia for compensado em outro dia.

§ 5º No regime de compensação previsto no § 4º:

I – será devido o pagamento, como horas extraordinárias, na forma do § 1º, das primeiras 40 (quarenta) horas mensais excedentes ao horário normal de trabalho;

II – das 40 (quarenta) horas referidas no inciso I, poderão ser deduzidas, sem o correspondente pagamento, as horas não trabalhadas, em função de redução do horário normal de trabalho ou de dia útil não trabalhado, durante o mês;

III – o saldo de horas que excederem as 40 (quarenta) primeiras horas mensais de que trata o inciso I, com a dedução prevista no inciso II, quando for o caso, será compensado no período máximo de 1 (um) ano.

§ 6º Na hipótese de rescisão do contrato de trabalho sem que tenha havido a compensação integral da jornada extraordinária, na forma do § 5º, o empregado fará jus ao pagamento das horas extras não compensadas, calculadas sobre o valor da remuneração na data de rescisão.

§ 7º Os intervalos previstos nesta Lei, o tempo de repouso, as horas não trabalhadas, os feriados e os domingos livres em que o empregado que mora no local de trabalho nele permaneça não serão computados como horário de trabalho.

§ 8º O trabalho não compensado prestado em domingos e feriados deve ser pago em dobro, sem prejuízo da remuneração relativa ao repouso semanal.

Art. 3º Considera-se trabalho em regime de tempo parcial aquele cuja duração não exceda 25 (vinte e cinco) horas semanais.

§ 1º O salário a ser pago ao empregado sob regime de tempo parcial será proporcional a sua jornada, em relação ao empregado que cumpre, nas mesmas funções, tempo integral.

§ 2º A duração normal do trabalho do empregado em regime de tempo parcial poderá ser acrescida de horas suplementares, em número não excedente a 1 (uma) hora diária, mediante acordo escrito entre empregador e empregado, aplicando-se-lhe, ainda, o disposto nos§§ 2º e 3º do art. 2º, com o limite máximo de 6 (seis) horas diárias.

§ 3º Na modalidade do regime de tempo parcial, após cada período de 12 (doze) meses de vigência do contrato de trabalho, o empregado terá direito a férias, na seguinte proporção:

I – 18 (dezoito) dias, para a duração do trabalho semanal superior a 22 (vinte e duas) horas, até 25 (vinte e cinco) horas;

II – 16 (dezesseis) dias, para a duração do trabalho semanal superior a 20 (vinte) horas, até 22 (vinte e duas) horas;

III – 14 (quatorze) dias, para a duração do trabalho semanal superior a 15 (quinze) horas, até 20 (vinte) horas;

IV – 12 (doze) dias, para a duração do trabalho semanal superior a 10 (dez) horas, até 15 (quinze) horas;

V – 10 (dez) dias, para a duração do trabalho semanal superiora 5 (cinco) horas, até 10 (dez) horas;

VI – 8 (oito) dias, para a duração do trabalho semanal igualou inferior a 5 (cinco) horas.

Art. 4º É facultada a contratação, por prazo determinado, do empregado doméstico:

I – mediante contrato de experiência;

II – para atender necessidades familiares de natureza transitória e para substituição temporária de empregado doméstico com contrato de trabalho interrompido ou suspenso.

Parágrafo único. No caso do inciso II deste artigo, a duração do contrato de trabalho é limitada ao término do evento que motivou a contratação, obedecido o limite máximo de 2 (dois) anos.

Art. 5º O contrato de experiência não poderá exceder 90 (noventa) dias.

§ 1º O contrato de experiência poderá ser prorrogado 1 (uma) vez, desde que a soma dos 2 (dois) períodos não ultrapasse 90 (noventa) dias.

§ 2º O contrato de experiência que, havendo continuidade do serviço, não for prorrogado após o decurso de seu prazo previamente estabelecido ou que ultrapassar o período de 90 (noventa) dias passará a vigorar como contrato de trabalho por prazo indeterminado.

Art. 6º Durante a vigência dos contratos previstos nos incisos I e II do art. 4º, o empregador que, sem justa causa, despedir o empregado é obrigado a pagar-lhe, a título de indenização, metade da remuneração a que teria direito até o termo do contrato.

Art. 7º Durante a vigência dos contratos previstos nos incisos I e II do art. 4º, o empregado não poderá se desligar do contrato sem justa causa, sob pena de ser obrigado a indenizar o empregador dos prejuízos que desse fato lhe resultarem.

Parágrafo único. A indenização não poderá exceder aquela a que teria direito o empregado em idênticas condições.

Art. 8º Durante a vigência dos contratos previstos nos incisos I e II do art. 4º, não será exigido aviso prévio.

Art. 9º A Carteira de Trabalho e Previdência Social será obrigatoriamente apresentada, contra recibo, pelo empregado ao empregador que o admitir, o qual terá o prazo de 48 (quarenta e oito) horas para nela anotar, especificamente, a data de admissão, a remuneração e, quando for o caso, os contratos previstos nos incisos I e II do art. 4º.

Art. 10. É facultado às partes, mediante acordo escrito entre essas, estabelecer horário de trabalho de 12 (doze) horas seguidas por36 (trinta e seis) horas ininterruptas de descanso, observados ou indenizados os intervalos para repouso e alimentação.

§ 1º A remuneração mensal pactuada pelo horário previsto no *caput* deste artigo abrange os pagamentos devidos pelo descanso semanal remunerado e pelo descanso em feriados, e serão considerados compensados os feriados e as prorrogações de trabalho noturno, quando houver, de que tratam o art. 70 e o § 5º do art. 73 da Consolidação das Leis do Trabalho (CLT), aprovada pelo Decreto-Lei 5.452, de 1º de maio de 1943, e o art. 9º da Lei 605, de 5 de janeiro de 1949.

§ 2º (*Vetado*).

Art. 11. Em relação ao empregado responsável por acompanhar o empregador prestando serviços em viagem, serão consideradas apenas as horas efetivamente trabalhadas no período, podendo ser compensadas as horas extraordinárias em outro dia, observado o art. 2º.

§ 1º O acompanhamento do empregador pelo empregado em viagem será condicionado à prévia existência de acordo escrito entre as partes.

§ 2º A remuneração-hora do serviço em viagem será, no mínimo, 25% (vinte e cinco por cento) superior ao valor do salário-hora normal.

§ 3º O disposto no § 2º deste artigo poderá ser, mediante acordo, convertido em acréscimo no banco de horas, a ser utilizado a critério do empregado.

Art. 12. É obrigatório o registro do horário de trabalho do empregado doméstico por qualquer meio manual, mecânico ou eletrônico, desde que idôneo.

Art. 13. É obrigatória a concessão de intervalo para repouso ou alimentação pelo período de, no mínimo, 1 (uma) hora e, no máximo, 2 (duas) horas, admitindo-se, mediante prévio acordo escrito entre empregador e empregado, sua redução a 30 (trinta) minutos.

§ 1º Caso o empregado resida no local de trabalho, o período de intervalo poderá ser desmembrado em 2 (dois) períodos, desde que cada um deles tenha, no mínimo, 1 (uma) hora, até o limite de 4 (quatro) horas ao dia.

§ 2º Em caso de modificação do intervalo, na forma do § 1º, é obrigatória a sua anotação no registro diário de horário, vedada sua prenotação.

Art. 14. Considera-se noturno, para os efeitos desta Lei, o trabalho executado entre as 22 horas de um dia e as 5 horas do dia seguinte.

§ 1º A hora de trabalho noturno terá duração de 52 (cinquenta e dois) minutos e 30 (trinta) segundos.

§ 2º A remuneração do trabalho noturno deve ter acréscimo de, no mínimo, 20% (vinte por cento) sobre o valor da hora diurna.

§ 3º Em caso de contratação, pelo empregador, de empregado exclusivamente para desempenhar trabalho noturno, o acréscimo será calculado sobre o salário anotado na Carteira de Trabalho e Previdência Social.

§ 4º Nos horários mistos, assim entendidos os que abrangem períodos diurnos e noturnos, aplica-se às horas de trabalho noturno o disposto neste artigo e seus parágrafos.

Art. 15. Entre 2 (duas) jornadas de trabalho deve haver período mínimo de 11 (onze) horas consecutivas para descanso.

Art. 16. É devido ao empregado doméstico descanso semanal remunerado de, no mínimo, 24 (vinte e quatro) horas consecutivas, preferencialmente aos domingos, além de descanso remunerado em feriados.

Art. 17. O empregado doméstico terá direito a férias anuais remuneradas de 30 (trinta) dias, salvo o disposto no § 3º do art. 3º, com acréscimo de, pelo menos, um terço do salário normal, após cada período de 12 (doze) meses de trabalho prestado à mesma pessoa ou família.

§ 1º Na cessação do contrato de trabalho, o empregado, desde que não tenha sido demitido por justa causa, terá direito à remuneração relativa ao período incompleto de férias, na proporção de um doze avos por mês de serviço ou fração superior a 14 (quatorze) dias.

§ 2º O período de férias poderá, a critério do empregador, ser fracionado em até 2 (dois) períodos, sendo 1 (um) deles de, no mínimo, 14 (quatorze) dias corridos.

§ 3º É facultado ao empregado doméstico converter um terço do período de férias a que tiver direito em abono pecuniário, no valor da remuneração que lhe seria devida nos dias correspondentes.

§ 4º O abono de férias deverá ser requerido até 30 (trinta) dias antes do término do período aquisitivo.

§ 5º É lícito ao empregado que reside no local de trabalho nele permanecer durante as férias.

§ 6º As férias serão concedidas pelo empregador nos 12 (doze) meses subsequentes à data em que o empregado tiver adquirido o direito.

Art. 18. É vedado ao empregador doméstico efetuar descontos no salário do empregado por fornecimento de alimentação, vestuário, higiene ou moradia, bem como por despesas com transporte, hospedagem e alimentação em caso de acompanhamento em viagem.

§ 1º É facultado ao empregador efetuar descontos no salário do empregado em caso de adiantamento salarial e, mediante acordo escrito entre as partes, para a inclusão do empregado em planos de assistência médico-hospitalar e odontológica, de seguro e de previdência privada, não podendo a dedução ultrapassar 20% (vinte por cento) do salário.

§ 2º Poderão ser descontadas as despesas com moradia deque trata o *caput* deste artigo quando essa se referir a local diverso da residência em que ocorrer a prestação de serviço, desde que essa possibilidade tenha sido expressamente acordada entre as partes.

§ 3º As despesas referidas no *caput* deste artigo não têm natureza salarial nem se incorporam à remuneração para quaisquer efeitos.

§ 4º O fornecimento de moradia ao empregado doméstico na própria residência ou em morada anexa, de qualquer natureza, não gera ao empregado qualquer direito de posse ou de propriedade sobrea referida moradia.

Art. 19. Observadas as peculiaridades do trabalho doméstico, a ele também se aplicam as Leis 605, de 5 de janeiro de 1949, 4.090, de 13 de julho de 1962, 4.749, de 12 de agosto de 1965, e7.418, de 16 de dezembro de 1985, e, subsidiariamente, a Consolidação das Leis do Trabalho (CLT), aprovada pelo Decreto-Lei 5.452, de 1º de maio de 1943.

Parágrafo único. A obrigação prevista no art. 4º da Lei 7.418, de 16 de dezembro de 1985, poderá ser substituída, a critério do empregador, pela concessão, mediante recibo, dos valores para a aquisição das passagens necessárias ao custeio das despesas decorrentes do deslocamento residência-trabalho e vice-versa.

Art. 20. O empregado doméstico é segurado obrigatório da Previdência Social, sendo-lhe devidas, na forma da Lei 8.213, de24 de julho de 1991, as prestações nela arroladas, atendido o disposto nesta Lei e observadas as características especiais do trabalho doméstico.

Art. 21. É devida a inclusão do empregado doméstico no Fundo de Garantia do Tempo de Serviço (FGTS), na forma do regulamento a ser editado pelo Conselho Curador e pelo agente operador do FGTS, no âmbito de suas competências, conforme disposto nos arts. 5º e 7º da Lei 8.036, de 11 de maio de 1990, inclusive no que tange aos aspectos técnicos de depósitos, saques, devolução de valores e emissão de extratos, entre outros determinados na forma da lei.

Parágrafo único. O empregador doméstico somente passará ater obrigação de promover a inscrição e de efetuar os recolhimentos referentes a seu empregado após a entrada em vigor do regulamento referido no *caput*.

Art. 22. O empregador doméstico depositará a importância de 3,2% (três inteiros e dois décimos por cento) sobre a remuneração devida, no mês anterior, a cada empregado, destinada ao pagamento da indenização compensatória da perda do emprego, sem justa causa ou por culpa do empregador, não se aplicando ao empregado doméstico o disposto nos §§ 1º a 3º do art. 18 da Lei 8.036, de 11 de maio de 1990.

§ 1º Nas hipóteses de dispensa por justa causa ou a pedido, de término do contrato de trabalho por prazo determinado, de aposentadoria e de falecimento do empregado doméstico, os valores previstos no *caput* serão movimentados pelo empregador.

§ 2º Na hipótese de culpa recíproca, metade dos valores previstos no *caput* será movimentada pelo empregado, enquanto a outra metade será movimentada pelo empregador.

§ 3º Os valores previstos no *caput* serão depositados na conta vinculada do empregado, em variação distinta daquela em que se encontrarem os valores oriundos dos depósitos de que trata o inciso IV do art. 34 desta Lei, e somente poderão ser movimentados por ocasião da rescisão contratual.

§ 4º À importância monetária de que trata o *caput*, aplicam-se as disposições da Lei 8.036, de 11 de maio de 1990, e da Lei 8.844, de 20 de janeiro de 1994, inclusive quanto a sujeição passiva e equiparações, prazo de recolhimento, administração, fiscalização, lançamento, consulta, cobrança, garantias, processo administrativo de determinação e exigência de créditos tributários federais.

Art. 23. Não havendo prazo estipulado no contrato, a parte que, sem justo motivo, quiser rescindi-lo deverá avisar a outra de sua intenção.

§ 1º O aviso prévio será concedido na proporção de 30(trinta) dias ao empregado que conte com até 1 (um) ano de serviço para o mesmo empregador.

§ 2º Ao aviso prévio previsto neste artigo, devido ao empregado, serão acrescidos 3 (três) dias por ano de serviço prestado para o mesmo empregador, até o máximo de 60 (sessenta) dias, perfazendo um total de até 90 (noventa) dias.

§ 3º A falta de aviso prévio por parte do empregador dá ao empregado o direito aos salários correspondentes ao prazo do aviso, garantida sempre a integração desse período ao seu tempo de serviço.

§ 4º A falta de aviso prévio por parte do empregado dá ao empregador o direito de descontar os salários correspondentes ao prazo respectivo.

§ 5º O valor das horas extraordinárias habituais integra o aviso prévio indenizado.

Art. 24. O horário normal de trabalho do empregado durante o aviso prévio, quando a rescisão tiver sido promovida pelo empregador, será reduzido de 2 (duas) horas diárias, sem prejuízo do salário integral.

Parágrafo único. É facultado ao empregado trabalhar sem a redução das 2 (duas) horas diárias previstas no *caput* deste artigo, caso em que poderá faltar ao serviço, sem prejuízo do salário integral, por 7 (sete) dias corridos, na hipótese dos §§ 1º e 2º do art. 23.

Art. 25. A empregada doméstica gestante tem direito a licença-maternidade de 120 (cento e vinte) dias, sem prejuízo do emprego e do salário, nos termos da Seção V do Capítulo III do Título III da Consolidação das Leis do Trabalho (CLT), aprovada pelo Decreto-Lei 5.452, de 1º de maio de 1943.

Parágrafo único. A confirmação do estado de gravidez durante o curso do contrato de trabalho, ainda que durante o prazo do aviso prévio trabalhado ou indenizado, garante à empregada gestante a estabilidade provisória prevista na alínea *b* do inciso II do art. 10 do Ato das Disposições Constitucionais Transitórias.

Art. 26. O empregado doméstico que for dispensado sem justa causa fará jus ao benefício do seguro-desemprego, na forma da Lei 7.998, de 11 de janeiro de 1990, no valor de 1 (um) salário mínimo, por período máximo de 3 (três) meses, de forma contínua ou alternada.

§ 1º O benefício de que trata o *caput* será concedido ao empregado nos termos do regulamento do Conselho Deliberativo do Fundo de Amparo ao Trabalhador (Codefat).

§ 2º O benefício do seguro-desemprego será cancelado, sem prejuízo das demais sanções cíveis e penais cabíveis:

I – pela recusa, por parte do trabalhador desempregado, de outro emprego condizente com sua qualificação registrada ou declarada e com sua remuneração anterior;

II – por comprovação de falsidade na prestação das informações necessárias à habilitação;

III – por comprovação de fraude visando à percepção indevida do benefício do seguro-desemprego; ou

IV – por morte do segurado.

Art. 27. Considera-se justa causa para os efeitos desta Lei:

I – submissão a maus tratos de idoso, de enfermo, de pessoa com deficiência ou de criança sob cuidado direto ou indireto do empregado;

II – prática de ato de improbidade;

III – incontinência de conduta ou mau procedimento;

IV – condenação criminal do empregado transitada em julgado, caso não tenha havido suspensão da execução da pena;

V – desídia no desempenho das respectivas funções;

VI – embriaguez habitual ou em serviço;

VII – (*Vetado*);

VIII – ato de indisciplina ou de insubordinação;

IX – abandono de emprego, assim considerada a ausência injustificada ao serviço por, pelo menos, 30 (trinta) dias corridos;

X – ato lesivo à honra ou à boa fama ou ofensas físicas praticadas em serviço contra qualquer pessoa, salvo em caso de legítima defesa, própria ou de outrem;

XI – ato lesivo à honra ou à boa fama ou ofensas físicas praticadas contra o empregador doméstico ou sua família, salvo em caso de legítima defesa, própria ou de outrem;

XII – prática constante de jogos de azar.

Parágrafo único. O contrato de trabalho poderá ser rescindido por culpa do empregador quando:

I – o empregador exigir serviços superiores às forças do empregado doméstico, defesos por lei, contrários aos bons costumes ou alheios ao contrato;

II – o empregado doméstico for tratado pelo empregador ou por sua família com rigor excessivo ou de forma degradante;

III – o empregado doméstico correr perigo manifesto de mal considerável;

IV – o empregador não cumprir as obrigações do contrato;

V – o empregador ou sua família praticar, contra o empregado doméstico ou pessoas de sua família, ato lesivo à honra e à boa fama;

VI – o empregador ou sua família ofender o empregado doméstico ou sua família fisicamente, salvo em caso de legítima defesa, própria ou de outrem;

VII – o empregador praticar qualquer das formas de violência doméstica ou familiar contra mulheres de que trata o art. 5º da Lei 11.340, de 7 de agosto de 2006.

Art. 28. Para se habilitar ao benefício do seguro-desemprego, o trabalhador doméstico deverá apresentar ao órgão competente do Ministério do Trabalho e Emprego:

I – Carteira de Trabalho e Previdência Social, na qual deverão constar a anotação do contrato de trabalho doméstico e a data de dispensa, de modo a comprovar o vínculo empregatício, como empregado doméstico, durante pelo menos 15 (quinze) meses nos últimos 24 (vinte e quatro) meses;

II – termo de rescisão do contrato de trabalho;

III – declaração de que não está em gozo de benefício de prestação continuada da Previdência Social, exceto auxílio-acidente e pensão por morte; e

IV – declaração de que não possui renda própria de qualquer natureza suficiente à sua manutenção e de sua família.

Art. 29. O seguro-desemprego deverá ser requerido de 7 (sete) a 90 (noventa) dias contados da data de dispensa.

Art. 30. Novo seguro-desemprego só poderá ser requerido após o cumprimento de novo período aquisitivo, cuja duração será definida pelo Codefat.

Capítulo II
DO SIMPLES DOMÉSTICO

Art. 31. É instituído o regime unificado de pagamento de tributos, de contribuições e dos demais encargos do empregador doméstico (Simples Doméstico), que deverá ser regulamentado no prazo de 120(cento e vinte) dias a contar da data de entrada em vigor desta Lei.

Art. 32. A inscrição do empregador e a entrada única de dados cadastrais e de informações trabalhistas, previdenciárias e fiscais no âmbito do Simples Doméstico dar-se-ão mediante registro em sistema eletrônico a ser disponibilizado em portal na internet, conforme regulamento.

Parágrafo único. A impossibilidade de utilização do sistema eletrônico será objeto de regulamento, a ser editado pelo Ministério da Fazenda e pelo agente operador do FGTS.

Art. 33. O Simples Doméstico será disciplinado por ato conjunto dos Ministros de Estado da Fazenda, da Previdência Social e do Trabalho e Emprego que disporá sobre a apuração, o recolhimento e a distribuição dos recursos recolhidos por meio do Simples Doméstico, observadas as disposições do art. 21 desta Lei.

§ 1º O ato conjunto a que se refere o *caput* deverá dispor também sobre o sistema eletrônico de registro das obrigações trabalhistas, previdenciárias e fiscais e sobre o cálculo e o recolhimento dos tributos e encargos trabalhistas vinculados ao Simples Doméstico.

§ 2º As informações prestadas no sistema eletrônico de que trata o § 1º:

I – têm caráter declaratório, constituindo instrumento hábil e suficiente para a exigência dos tributos e encargos trabalhistas delas resultantes e que não tenham sido recolhidos no prazo consignado para pagamento; e

II – deverão ser fornecidas até o vencimento do prazo para pagamento dos tributos e encargos trabalhistas devidos no Simples Doméstico em cada mês, relativamente aos fatos geradores ocorridos no mês anterior.

§ 3º O sistema eletrônico de que trata o § 1º deste artigo e o sistema de que trata o *caput* do art. 32 substituirão, na forma regulamentada pelo ato conjunto previsto no *caput*, a obrigatoriedade de entrega de todas as informações, formulários e declarações a que estão sujeitos os empregadores domésticos, inclusive os relativos ao recolhimento do FGTS.

Art. 34. O Simples Doméstico assegurará o recolhimento mensal, mediante documento único de arrecadação, dos seguintes valores:

I – 8% (oito por cento) a 11% (onze por cento) de contribuição previdenciária, a cargo do segurado empregado doméstico, nos termos do art. 20 da Lei 8.212, de 24 de julho de 1991;

II – 8% (oito por cento) de contribuição patronal previdenciária para a seguridade social, a cargo do empregador doméstico, nos termos do art. 24 da Lei 8.212, de 24 de julho de 1991;

III – 0,8% (oito décimos por cento) de contribuição social para financiamento do seguro contra acidentes do trabalho;

IV – 8% (oito por cento) de recolhimento para o FGTS;

V – 3,2% (três inteiros e dois décimos por cento), na formado art. 22 desta Lei; e

VI – imposto sobre a renda retido na fonte de que trata o inciso I do art. 7º da Lei 7.713, de 22 de dezembro de 1988, se incidente.

§ 1º As contribuições, os depósitos e o imposto arrolados nos incisos I a VI incidem sobre a remuneração paga ou devida no mês anterior, a cada empregado, incluída na remuneração a gratificação de Natal a que se refere a Lei 4.090, de 13 de julho de 1962, e a Lei 4.749, de 12 de agosto de 1965.

§ 2º A contribuição e o imposto previstos nos incisos I e VI do *caput* deste artigo serão descontados da remuneração do empregado pelo empregador, que é responsável por seu recolhimento.

§ 3º O produto da arrecadação das contribuições, dos depósitos e do imposto de que trata o *caput* será centralizado na Caixa Econômica Federal.

§ 4º A Caixa Econômica Federal, com base nos elementos identificadores do recolhimento, disponíveis no sistema de que trata o§ 1º do art. 33, transferirá para a Conta Única do Tesouro Nacional o valor arrecadado das contribuições e do imposto previstos nos incisos I, II, III e VI do *caput*.

§ 5º O recolhimento de que trata o *caput* será efetuado em instituições financeiras integrantes da rede arrecadadora de receitas federais.

§ 6º O empregador fornecerá, mensalmente, ao empregado doméstico cópia do documento previsto no *caput*.

§ 7º O recolhimento mensal, mediante documento único de arrecadação, e a exigência das contribuições, dos depósitos e do imposto, nos valores definidos nos incisos I a VI do *caput*, somente serão devidos após 120 (cento e vinte) dias da data de publicação desta Lei.

Art. 35. O empregador doméstico é obrigado a pagar a remuneração devida ao empregado doméstico e a arrecadar e a recolher a contribuição prevista no inciso I do art. 34, assim como a arrecadar e a recolher as contribuições, os depósitos e o imposto a seu cargo discriminados nos incisos II, III, IV, V e VI do *caput* do art. 34, até o dia 7 do mês seguinte ao da competência.

§ 1º Os valores previstos nos incisos I, II, III e VI do *caput* do art. 34 não recolhidos até a data de vencimento sujeitar-se-ão à incidência de encargos legais na forma prevista na legislação do imposto sobre a renda.

§ 2º Os valores previstos nos incisos IV e V, referentes ao FGTS, não recolhidos até a data de vencimento serão corrigidos e terão a incidência da respectiva multa, conforme a Lei 8.036, de 11 de maio de 1990.

Capítulo III
DA LEGISLAÇÃO PREVIDENCIÁRIA E TRIBUTÁRIA

Art. 36. O inciso V do art. 30 da Lei 8.212, de 24 de julho de 1991, passa a vigorar com a seguinte redação:

→ Alteração efetuada na referida Lei.

Art. 37. A Lei 8.213, de 24 de julho de 1991, passa avigorar com as seguintes alterações:

→ Alterações efetuadas na referida Lei.

Art. 38. O art. 70 da Lei 11.196, de 21 de novembro de 2005, passa a vigorar com a seguinte redação:

"Art. 70. (...)

I – (...)

(...)

d) até o dia 7 do mês subsequente ao mês de ocorrência dos fatos geradores, no caso de pagamento de rendimentos provenientes do trabalho assalariado a empregado doméstico; e

e) até o último dia útil do segundo decêndio do mês subsequente ao mês de ocorrência dos fatos geradores, nos demais casos;

(...)"

Capítulo IV
DO PROGRAMA DE RECUPERAÇÃO PREVIDENCIÁRIA DOS EMPREGADORES DOMÉSTICOS (REDOM)

Art. 39. É instituído o Programa de Recuperação Previdenciária dos Empregadores Domésticos (Redom), nos termos desta Lei.

Art. 40. Será concedido ao empregador doméstico o parcelamento dos débitos com o Instituto Nacional do Seguro Social (INSS) relativos à contribuição de que tratam os arts. 20 e 24 da Lei 8.212, de 24 de julho de 1991, com vencimento até 30 de abril de 2013.

§ 1º O parcelamento abrangerá todos os débitos existente sem nome do empregado e do empregador, na condição de contribuinte, inclusive débitos inscritos em dívida ativa, que poderão ser:

I – pagos com redução de 100% (cem por cento) das multas aplicáveis, de 60% (sessenta por cento) dos juros de mora e de 100%(cem por cento) sobre os valores dos encargos legais e advocatícios;

II – parcelados em até 120 (cento e vinte) vezes, com prestação mínima no valor de R$ 100,00 (cem reais).

§ 2º O parcelamento deverá ser requerido no prazo de 120 (cento e vinte) dias após a entrada em vigor desta Lei.

§ 3º A manutenção injustificada em aberto de 3 (três) parcelas implicará, após comunicação ao sujeito passivo, a imediata rescisão do parcelamento e, conforme o caso, o prosseguimento da cobrança.

§ 4º Na hipótese de rescisão do parcelamento com o cancelamento dos benefícios concedidos:

I – será efetuada a apuração do valor original do débito, coma incidência dos acréscimos legais, até a data de rescisão;

II – serão deduzidas do valor referido no inciso I deste parágrafo as parcelas pagas, com a incidência dos acréscimos legais, até a data de rescisão.

Art. 41. A opção pelo Redom sujeita o contribuinte a:

I – confissão irrevogável e irretratável dos débitos referidos no art. 40;

II – aceitação plena e irretratável de todas as condições estabelecidas;

III – pagamento regular das parcelas do débito consolidado, assim como das contribuições com vencimento posterior a 30 de abril de 2013.

Capítulo V
DISPOSIÇÕES GERAIS

Art. 42. É de responsabilidade do empregador o arquivamento de documentos comprobatórios do cumprimento das obrigações fiscais, trabalhistas e previdenciárias, enquanto essas não prescreverem.

Art. 43. O direito de ação quanto a créditos resultantes das relações de trabalho prescreve em 5 (cinco) anos até o limite de 2(dois) anos após a extinção do contrato de trabalho.

Art. 44. A Lei 10.593, de 6 de dezembro de 2002, passa a vigorar acrescida do seguinte art. 11-A:

"Art. 11-A. A verificação, pelo Auditor-Fiscal do Trabalho, do cumprimento das normas que regem o trabalho do empregado doméstico, no âmbito do domicílio do empregador, dependerá de agendamento e de entendimento prévios entre a fiscalização e o empregador.

§ 1º A fiscalização deverá ter natureza prioritariamente orientadora.

§ 2º Será observado o critério de dupla visita para lavratura de auto de infração, salvo quando for constatada infração por falta de anotação na Carteira de Trabalho e Previdência Social ou, ainda, na ocorrência de reincidência, fraude, resistência ou embaraço à fiscalização.

§ 3º Durante a inspeção do trabalho referida no *caput*, o Auditor-Fiscal do Trabalho far-se-á acompanhar pelo empregador ou por alguém de sua família por este designado."

Art. 45. As matérias tratadas nesta Lei Complementar que não sejam reservadas constitucionalmente a lei complementar poderão ser objeto de alteração por lei ordinária.

Art. 46. Revogam-se o inciso I do art. 3º da Lei 8.009, de29 de março de 1990, e a Lei 5.859, de 11 de dezembro de 1972.

Art. 47. Esta Lei entra em vigor na data de sua publicação.

Brasília, 1º de junho de 2015; 194º da Independência e 127º da República.

Dilma Rousseff

(Publicação no *D.O.U.* de 2.6.2015)

LEI 13.140,
DE 26 DE JUNHO DE 2015

Dispõe sobre a mediação entre particulares como meio de solução de controvérsias e sobre a autocomposição de conflitos no âmbito da administração pública; altera a Lei 9.469, de 10 de julho de 1997, e o Decreto 70.235, de 6 de março de 1972; e revoga o § 2º do art. 6º da Lei 9.469, de 10 de julho de 1997.

→ v. Arts, 3º, § 3º, e 165 e ss., do NCPC.

A Presidenta da República:

Faço saber que o Congresso Nacional decreta e eu sanciono a seguinte Lei:

Art. 1º Esta Lei dispõe sobre a mediação como meio de solução de controvérsias entre particulares e sobre a autocomposição de conflitos no âmbito da administração pública.

Parágrafo único. Considera-se mediação a atividade técnica exercida por terceiro imparcial sem poder decisório, que, escolhido ou aceito pelas partes, as auxilia e estimula a identificar ou desenvolver soluções consensuais para a controvérsia.

Capítulo I
DA MEDIAÇÃO

Seção I
Disposições Gerais

Art. 2º A mediação será orientada pelos seguintes princípios:

I – imparcialidade do mediador;

II – isonomia entre as partes;

III – oralidade;

IV – informalidade;

V – autonomia da vontade das partes;

VI – busca do consenso;

VII – confidencialidade;

VIII – boa-fé.

§ 1º Na hipótese de existir previsão contratual de cláusula de mediação, as partes deverão comparecer à primeira reunião de mediação.

§ 2º Ninguém será obrigado a permanecer em procedimento de mediação.

Art. 3º Pode ser objeto de mediação o conflito que verse sobre direitos disponíveis ou sobre direitos indisponíveis que admitam transação.

§ 1º A mediação pode versar sobre todo o conflito ou parte dele.

§ 2º O consenso das partes envolvendo direitos indisponíveis, mas transigíveis, deve ser homologado em juízo, exigida a oitiva do Ministério Público.

Seção II
Dos mediadores

Subseção I
Disposições Comuns

Art. 4º O mediador será designado pelo tribunal ou escolhido pelas partes.

§ 1º O mediador conduzirá o procedimento de comunicação entre as partes, buscando o entendimento e o consenso e facilitando a resolução do conflito.

§ 2º Aos necessitados será assegurada a gratuidade da mediação.

Art. 5º Aplicam-se ao mediador as mesmas hipóteses legais de impedimento e suspeição do juiz.

Parágrafo único. A pessoa designada para atuar como mediador tem o dever de revelar às partes, antes da aceitação da função, qualquer fato ou circunstância que possa suscitar dúvida justificada em relação à sua imparcialidade para mediar o conflito, oportunidade em que poderá ser recusado por qualquer delas.

Art. 6º O mediador fica impedido, pelo prazo de um ano, contado do término da última audiência em que atuou, de assessorar, representar ou patrocinar qualquer das partes.

Art. 7º O mediador não poderá atuar como árbitro nem funcionar como testemunha em processos judiciais ou arbitrais pertinentes a conflito em que tenha atuado como mediador.

Art. 8º O mediador e todos aqueles que o assessoram no procedimento de mediação, quando no exercício de suas funções ou em razão delas, são equiparados a servidor público, para os efeitos da legislação penal.

Subseção II
Dos Mediadores Extrajudiciais

Art. 9º Poderá funcionar como mediador extrajudicial qualquer pessoa capaz que tenha a confiança das partes e seja capacitada para fazer mediação, independentemente de integrar qualquer tipo de conselho, entidade de classe ou associação, ou nele inscrever-se.

Art. 10. As partes poderão ser assistidas por advogados ou defensores públicos.

Parágrafo único. Comparecendo uma das partes acompanhada de advogado ou defensor público, o mediador suspenderá o procedimento, até que todas estejam devidamente assistidas.

Subseção III
Dos Mediadores Judiciais

Art. 11. Poderá atuar como mediador judicial a pessoa capaz, graduada há pelo menos dois anos em curso de ensino superior de instituição reconhecida pelo Ministério da Educação e que tenha obtido capacitação em escola ou instituição de formação de mediadores, reconhecida pela Escola Nacional de Formação e Aperfeiçoamento de Magistrados – ENFAM ou pelos tribunais, observados os requisitos mínimos estabelecidos pelo Conselho Nacional de Justiça em conjunto com o Ministério da Justiça.

Art. 12. Os tribunais criarão e manterão cadastros atualizados dos mediadores habilitados e autorizados a atuar em mediação judicial.

§ 1º A inscrição no cadastro de mediadores judiciais será requerida pelo interessado ao tribunal com jurisdição na área em que pretenda exercer a mediação.

§ 2º Os tribunais regulamentarão o processo de inscrição e desligamento de seus mediadores.

Art. 13. A remuneração devida aos mediadores judiciais será fixada pelos tribunais e custeada pelas partes, observado o disposto no § 2º do art. 4º desta Lei.

Seção III
Do procedimento de mediação

Subseção I
Disposições Comuns

Art. 14. No início da primeira reunião de mediação, e sempre que julgar necessário, o mediador deverá alertar as partes acerca das regras de confidencialidade aplicáveis ao procedimento.

Art. 15. A requerimento das partes ou do mediador, e com anuência daquelas, poderão ser admitidos outros mediadores para funcionarem no mesmo procedimento, quando isso for recomendável em razão da natureza e da complexidade do conflito.

Art. 16. Ainda que haja processo arbitral ou judicial em curso, as partes poderão submeter-se à mediação, hipótese em quer e quererão ao juiz ou árbitro a suspensão do processo por prazo suficiente para a solução consensual do litígio.

§ 1º É irrecorrível a decisão que suspende o processo nos termos requeridos de comum acordo pelas partes.

§ 2º A suspensão do processo não obsta a concessão de medidas de urgência pelo juiz ou pelo árbitro.

Art. 17. Considera-se instituída a mediação na data para a qual for marcada a primeira reunião de mediação.

Parágrafo único. Enquanto transcorrer o procedimento de mediação, ficará suspenso o prazo prescricional.

Art. 18. Iniciada a mediação, as reuniões posteriores com a presença das partes somente poderão ser marcadas com a sua anuência.

Art. 19. No desempenho de sua função, o mediador poderá reunir-se com as partes, em conjunto ou separadamente, bem como solicitar das partes as informações que entender necessárias para facilitar o entendimento entre aquelas.

Art. 20. O procedimento de mediação será encerrado com a lavratura do seu termo final, quando for celebrado acordo ou quando não se justificarem novos esforços para a obtenção de consenso, seja por declaração do mediador nesse sentido ou por manifestação de qualquer das partes.

Parágrafo único. O termo final de mediação, na hipótese de celebração de acordo, constitui título executivo extrajudicial e, quando homologado judicialmente, título executivo judicial.

Subseção II
Da Mediação Extrajudicial

Art. 21. O convite para iniciar o procedimento de mediação extrajudicial poderá ser feito por qualquer meio de comunicação e deverá estipular o escopo proposto para a negociação, a data e o local da primeira reunião.

Parágrafo único. O convite formulado por uma parte à outra considerar-se-á rejeitado se não for respondido em até trinta dias da data de seu recebimento.

Art. 22. A previsão contratual de mediação deverá conter, no mínimo:

I – prazo mínimo e máximo para a realização da primeira reunião de mediação, contado a partir da data de recebimento do convite;

II – local da primeira reunião de mediação;

III – critérios de escolha do mediador ou equipe de mediação;

IV – penalidade em caso de não comparecimento da parte convidada à primeira reunião de mediação.

§ 1º A previsão contratual pode substituir a especificação dos itens acima enumerados pela indicação de regulamento, publicado por instituição idônea prestadora de serviços de mediação, no qual constem critérios claros para a escolha do mediador e realização da primeira reunião de mediação.

§ 2º Não havendo previsão contratual completa, deverão ser observados os seguintes critérios para a realização da primeira reunião de mediação:

I – prazo mínimo de dez dias úteis e prazo máximo de três meses, contados a partir do recebimento do convite;

II – local adequado a uma reunião que possa envolver informações confidenciais;

III – lista de cinco nomes, informações de contato e referências profissionais de mediadores capacitados; a parte convidada poderá escolher, expressamente, qualquer um dos cinco mediadores e, caso a parte convidada não se manifeste, considerar-se-á aceito o primeiro nome da lista;

IV – o não comparecimento da parte convidada à primeira reunião de mediação acarretará a assunção por parte desta de cinquenta por cento das custas e honorários sucumbenciais caso venha a ser vencedora em procedimento arbitral ou judicial posterior, que envolva o escopo da mediação para a qual foi convidada.

§ 3º Nos litígios decorrentes de contratos comerciais ou societários que não contenham cláusula de mediação, o mediador extrajudicial somente cobrará por seus serviços caso as partes decidam assinar o termo inicial de mediação e permanecer, voluntariamente, no procedimento de mediação.

Art. 23. Se, em previsão contratual de cláusula de mediação, as partes se comprometerem a não iniciar procedimento arbitral ou processo judicial durante certo prazo ou até o implemento de determinada condição, o árbitro ou o juiz suspenderá o curso da arbitragem ou da ação pelo prazo previamente acordado ou até o implemento dessa condição.

Parágrafo único. O disposto no *caput* não se aplica às medidas de urgência em que o acesso ao Poder Judiciário seja necessário para evitar o perecimento de direito.

Subseção III
Da Mediação Judicial

Art. 24. Os tribunais criarão centros judiciários de solução consensual de conflitos, responsáveis pela realização de sessões e audiências de conciliação e mediação, pré-processuais e processuais, e pelo desenvolvimento de programas destinados a auxiliar, orientar e estimular a autocomposição.

Parágrafo único. A composição e a organização do centro serão definidas pelo respectivo tribunal, observadas as normas do Conselho Nacional de Justiça.

Art. 25. Na mediação judicial, os mediadores não estarão sujeitos à prévia aceitação das partes, observado o disposto no art. 5º desta Lei.

Art. 26. As partes deverão ser assistidas por advogados ou defensores públicos, ressalvadas as hipóteses previstas nas Leis 9.099, de 26 de setembro de 1995, e 10.259, de 12 de julho de 2001.

Parágrafo único. Aos que comprovarem insuficiência de recursos será assegurada assistência pela Defensoria Pública.

Art. 27. Se a petição inicial preencher os requisitos essenciais e não for o caso de improcedência liminar do pedido, o juiz designará audiência de mediação.

Art. 28. O procedimento de mediação judicial deverá ser concluído em até sessenta dias, contados da primeira sessão, salvo quando as partes, de comum acordo, requererem sua prorrogação.

Parágrafo único. Se houver acordo, os autos serão encaminhados ao juiz, que determinará o arquivamento do processo e, desde que requerido pelas partes, homologará o acordo, por sentença, e o termo final da mediação e determinará o arquivamento do processo.

Art. 29. Solucionado o conflito pela mediação antes da citação do réu, não serão devidas custas judiciais finais.

Seção IV
Da confidencialidade e suas exceções

Art. 30. Toda e qualquer informação relativa ao procedimento de mediação será confidencial em relação a terceiros, não podendo ser revelada sequer em processo arbitral ou judicial salvo se as partes expressamente decidirem de forma diversa ou quando sua divulgação for exigida por lei ou necessária para cumprimento de acordo obtido pela mediação.

§ 1º O dever de confidencialidade aplica-se ao mediador, às partes, a seus prepostos, advogados, assessores técnicos e a outras pessoas de sua confiança que tenham, direta ou indiretamente, participado do procedimento de mediação, alcançando:

I – declaração, opinião, sugestão, promessa ou proposta formulada por uma parte à outra na busca de entendimento para o conflito;

II – reconhecimento de fato por qualquer das partes no curso do procedimento de mediação;

III – manifestação de aceitação de proposta de acordo apresentada pelo mediador;

IV – documento preparado unicamente para os fins do procedimento de mediação.

§ 2º A prova apresentada em desacordo com o disposto neste artigo não será admitida em processo arbitral ou judicial.

§ 3º Não está abrigada pela regra de confidencialidade a informação relativa à ocorrência de crime de ação pública.

§ 4º A regra da confidencialidade não afasta o dever de as pessoas discriminadas no *caput* prestarem informações à administração tributária após o termo final da mediação, aplicando-se aos seus servidores a obrigação de manterem sigilo das informações compartilhadas nos termos do art. 198 da Lei 5.172, de 25 de outubro de 1966 – Código Tributário Nacional.

Art. 31. Será confidencial a informação prestada por uma parte em sessão privada, não podendo o mediador revelá-la às demais, exceto se expressamente autorizado.

Capítulo II
DA AUTOCOMPOSIÇÃO DE CONFLITOS EM QUE FORPARTE PESSOA JURÍDICA DE DIREITO PÚBLICO

Seção I
Disposições Comuns

Art. 32. A União, os Estados, o Distrito Federal e os Municípios poderão criar câmaras de prevenção e resolução administrativa de conflitos, no âmbito dos respectivos órgãos da Advocacia Pública, onde houver, com competência para:

I – dirimir conflitos entre órgãos e entidades da administração pública;

II – avaliar a admissibilidade dos pedidos de resolução de conflitos, por meio de composição, no caso de controvérsia entre particular e pessoa jurídica de direito público;

III – promover, quando couber, a celebração de termo de ajustamento de conduta.

§ 1º O modo de composição e funcionamento das câmaras de que trata o *caput* será estabelecido em regulamento de cada ente federado.

§ 2º A submissão do conflito às câmaras de que trata o *caput* é facultativa e será cabível apenas nos casos previstos no regulamento do respectivo ente federado.

§ 3º Se houver consenso entre as partes, o acordo será reduzido a termo e constituirá título executivo extrajudicial.

§ 4º Não se incluem na competência dos órgãos mencionados no *caput* deste artigo as controvérsias que somente possam ser resolvidas por atos ou concessão de direitos sujeitos a autorização do Poder Legislativo.

§ 5º Compreendem-se na competência das câmaras de que trata o *caput* a prevenção e a resolução de conflitos que envolvam equilíbrio econômico-financeiro de contratos celebrados pela administração com particulares.

Art. 33. Enquanto não forem criadas as câmaras de mediação, os conflitos poderão ser dirimidos nos termos do procedimento de mediação previsto na Subseção I da Seção III do Capítulo I desta Lei.

Parágrafo único. A Advocacia Pública da União, dos Estados, do Distrito Federal e dos Municípios, onde houver, poderá instaurar, de ofício ou mediante provocação, procedimento de mediação coletiva de conflitos relacionados à prestação de serviços públicos.

Art. 34. A instauração de procedimento administrativo para a resolução consensual de conflito no âmbito da administração pública suspende a prescrição.

§ 1º Considera-se instaurado o procedimento quando o órgão ou entidade pública emitir juízo de admissibilidade, retroagindo a suspensão da prescrição à data de formalização do pedido de resolução consensual do conflito.

§ 2º Em se tratando de matéria tributária, a suspensão da prescrição deverá observar o disposto na Lei 5.172, de 25 de outubro de 1966 – Código Tributário Nacional.

Seção II
Dos Conflitos Envolvendo a Administração Pública Federal Direta, suas Autarquias e Fundações

Art. 35. As controvérsias jurídicas que envolvam a administração pública federal direta, suas autarquias e fundações poderão ser objeto de transação por adesão, com fundamento em:

I – autorização do Advogado-Geral da União, com base na jurisprudência pacífica do Supremo Tribunal Federal ou de tribunais superiores; ou

II – parecer do Advogado-Geral da União, aprovado pelo Presidente da República.

§ 1º Os requisitos e as condições da transação por adesão serão definidos em resolução administrativa própria.

§ 2º Ao fazer o pedido de adesão, o interessado deverá juntar prova de atendimento aos requisitos e às condições estabelecidos na resolução administrativa.

§ 3º A resolução administrativa terá efeitos gerais e será aplicada aos casos idênticos, tempestivamente habilitados mediante pedido de adesão, ainda que solucione apenas parte da controvérsia.

§ 4º A adesão implicará renúncia do interessado ao direito sobre o qual se fundamenta a ação ou o recurso, eventualmente pendentes, de natureza administrativa ou judicial, no que tange aos pontos compreendidos pelo objeto da resolução administrativa.

§ 5º Se o interessado for parte em processo judicial inaugurado por ação coletiva, a renúncia ao direito sobre o qual se fundamenta a ação deverá ser expressa, mediante petição dirigida ao juiz da causa.

§ 6º A formalização de resolução administrativa destinada à transação por adesão não implica a renúncia tácita à prescrição nem sua interrupção ou suspensão.

Art. 36. No caso de conflitos que envolvam controvérsia jurídica entre órgãos ou entidades de direito público que integram a administração pública federal, a Advocacia-Geral da União deverá realizar composição extrajudicial do conflito, observados os procedimentos previstos em ato do Advogado-Geral da União.

§ 1º Na hipótese do *caput*, se não houver acordo quanto à controvérsia jurídica, caberá ao Advogado-Geral da União dirimi-la, com fundamento na legislação afeta.

§ 2º Nos casos em que a resolução da controvérsia implicar o reconhecimento da existência de créditos da União, de suas autarquias e fundações em face de pessoas jurídicas de direito público federais, a Advocacia-Geral da União poderá solicitar ao Ministério do Planejamento, Orçamento e Gestão a adequação orçamentária para quitação das dívidas reconhecidas como legítimas.

§ 3º A composição extrajudicial do conflito não afasta a apuração de responsabilidade do agente público que deu causa à dívida, sempre que se verificar que sua ação ou omissão constitui, em tese, infração disciplinar.

§ 4º Nas hipóteses em que a matéria objeto do litígio esteja sendo discutida em ação de improbidade administrativa ou sobre ela haja decisão do Tribunal de Contas da União, a conciliação de que trata o *caput* dependerá da anuência expressa do juiz da causa ou do Ministro Relator.

Art. 37. É facultado aos Estados, ao Distrito Federal e aos Municípios, suas autarquias e fundações públicas, bem como às empresas públicas e sociedades de economia mista federais, submeter seus litígios com órgãos ou entidades da administração pública federal à Advocacia-Geral da União, para fins de composição extrajudicial do conflito.

Art. 38. Nos casos em que a controvérsia jurídica seja relativa a tributos administrados pela Secretaria da Receita Federal do Brasil ou a créditos inscritos em dívida ativa da União:

I – não se aplicam as disposições dos incisos II e III do *caput* do art. 32;

II – as empresas públicas, sociedades de economia mista e suas subsidiárias que explorem atividade econômica de produção ou comercialização de bens ou de prestação de serviços em regime de concorrência não poderão exercer a faculdade prevista no art. 37;

III – quando forem partes as pessoas a que alude o *caput* do art. 36:

a) a submissão do conflito à composição extrajudicial pela Advocacia-Geral da União implica renúncia do direito de recorrer ao Conselho Administrativo de Recursos Fiscais;

b) a redução ou o cancelamento do crédito dependerá de manifestação conjunta do Advogado-Geral da União e do Ministro de Estado da Fazenda.

Parágrafo único. O disposto no inciso II e na alínea a do inciso III não afasta a competência do Advogado-Geral da União prevista nos incisos X e XI do art. 4º da Lei Complementar 73, de10 de fevereiro de 1993.

Art. 39. A propositura de ação judicial em que figurem concomitantemente nos polos ativo e passivo órgãos ou entidades de direito público que integrem a administração pública federal deverá ser previamente autorizada pelo Advogado-Geral da União.

Art. 40. Os servidores e empregados públicos que participarem do processo de composição extrajudicial do conflito, somente poderão ser responsabilizados civil, administrativa ou criminalmente quando, mediante dolo ou fraude, receberem qualquer vantagem patrimonial indevida, permitirem ou facilitarem sua recepção por terceiro, ou para tal concorrerem.

Capítulo III
DISPOSIÇÕES FINAIS

Art. 41. A Escola Nacional de Mediação e Conciliação, no âmbito do Ministério da Justiça, poderá criar banco de dados sobre boas práticas em mediação, bem como manter relação de mediadores e de instituições de mediação.

Art. 42. Aplica-se esta Lei, no que couber, às outras formas consensuais de resolução de conflitos, tais como mediações comunitárias e escolares, e àquelas levadas a efeito nas serventias extrajudiciais, desde que no âmbito de suas competências.

Parágrafo único. A mediação nas relações de trabalho será regulada por lei própria.

Art. 43. Os órgãos e entidades da administração pública poderão criar câmaras para a resolução de conflitos entre particulares, que versem sobre atividades por eles reguladas ou supervisionadas.

Art. 44. Os arts. 1º e 2º da Lei 9.469, de 10 de julho de1997, passam a vigorar com a seguinte redação:

"Art. 1º O Advogado-Geral da União, diretamente ou mediante delegação, e os dirigentes máximos das empresas públicas federais, em conjunto com o dirigente estatutário da área afeta ao assunto, poderão autorizar a realização de acordos ou transações para prevenir ou terminar litígios, inclusive os judiciais.

§ 1º Poderão ser criadas câmaras especializadas, compostas por servidores públicos ou empregados públicos efetivos, com o objetivo de analisar e formular propostas de acordos ou transações.

§ 3º Regulamento disporá sobre a forma de composição das câmaras de que trata o § 1º, que deverão ter como integrante pelo menos um membro efetivo da Advocacia-Geral da União ou, no caso das empresas públicas, um assistente jurídico ou ocupante de função equivalente.

§ 4º Quando o litígio envolver valores superiores aos fixado sem regulamento, o acordo ou a transação, sob pena de nulidade, dependerá de prévia e expressa autorização do Advogado-Geralda União e do Ministro de Estado a cuja área de competência estiver afeto o assunto, ou ainda do Presidente da Câmara dos Deputados, do Senado Federal, do Tribunal de Contas da União, de Tribunal ou Conselho, ou do Procurador-Geral da República, no caso de interesse dos órgãos dos Poderes Legislativo e Judiciário ou do Ministério Público da União, excluídas as empresas públicas federais não dependentes, que necessitarão apenas de prévia e expressa autorização dos dirigentes de que trata o *caput*.

§ 5º Na transação ou acordo celebrado diretamente pela parte ou por intermédio de procurador para extinguir ou encerrar processo judicial, inclusive os casos de extensão administrativa de pagamentos postulados em juízo, as partes poderão definir a responsabilidade de cada uma pelo pagamento dos honorários dos respectivos advogados."

"Art. 2º O Procurador-Geral da União, o Procurador-Geral Federal, o Procurador-Geral do Banco Central do Brasil e os dirigentes das empresas públicas federais mencionadas no *caput* do art. 1º poderão autorizar, diretamente ou mediante delegação, a realização de acordos para prevenir ou terminar, judicial ou extrajudicialmente, litígio que envolver valores inferiores aos fixado sem regulamento.

§ 1º No caso das empresas públicas federais, a delegação é restrita a órgão colegiado formalmente constituído, composto por pelo menos um dirigente estatutário.

§ 2º O acordo de que trata o *caput* poderá consistir no pagamento do débito em parcelas mensais e sucessivas, até o limite máximo de sessenta.

§ 3º O valor de cada prestação mensal, por ocasião do pagamento, será acrescido de juros equivalentes à taxa referencial do Sistema Especial de Liquidação e de Custódia – SELIC para títulos federais, acumulada mensalmente, calculados a partir do mês subsequente ao da consolidação até o mês anterior ao do pagamento e de um por cento relativamente ao mês em que o pagamento estiver sendo efetuado.

§ 4º Inadimplida qualquer parcela, após trinta dias, instaurar-se-á o processo de execução ou nele prosseguir-se-á, pelo saldo."

Art. 45. O Decreto 70.235, de 6 de março de 1972, passa a vigorar acrescido do seguinte art. 14-A:

"Art. 14-A. No caso de determinação e exigência de créditos tributários da União cujo sujeito passivo seja órgão ou entidade de direito público da administração pública federal, a submissão do litígio à composição extrajudicial pela Advocacia-Geral da União é considerada reclamação, para fins do disposto no inciso III do art. 151 da Lei 5.172, de 25 de outubro de 1966 – Código Tributário Nacional."

Art. 46. A mediação poderá ser feita pela internet ou por outro meio de comunicação que permita a transação à distância, desde que as partes estejam de acordo.

Parágrafo único. É facultado à parte domiciliada no exterior submeter-se à mediação segundo as regras estabelecidas nesta Lei.

Art. 47. Esta Lei entra em vigor após decorridos cento e oitenta dias de sua publicação oficial.

Art. 48. Revoga-se o § 2º do art. 6º da Lei 9.469, de 10de julho de 1997.

Brasília, 26 de junho de 2015; 194º da Independência e 127º da República.

Dilma Rousseff

(Publicação no D.O.U. de 29.6.2015)

LEI 13.152,
DE 29 DE JULHO DE 2015

Dispõe sobre a política de valorização do salário-mínimo e dos benefícios pagos pelo Regime Geral de Previdência Social (RGPS) para o período de 2016 a 2019.

→ v. Arts. 7º, IV, 201, § 2º, 203, V, e 239, § 3º, da CF/1988.

A Presidenta da República:

Faço saber que o Congresso Nacional decreta e eu sanciono a seguinte Lei:

Art. 1º São estabelecidas as diretrizes a vigorar entre 2016 e 2019, inclusive, a serem aplicadas em 1º de janeiro do respectivo ano, para:

I – a política de valorização do salário-mínimo; e

II – (*Vetado*).

§ 1º Os reajustes para a preservação do poder aquisitivo do salário-mínimo corresponderão à variação do Índice Nacional de Preços ao Consumidor (INPC), calculado e divulgado pela Fundação Instituto Brasileiro de Geografia e Estatística (IBGE), acumulada nos 12 (doze) meses anteriores ao mês do reajuste.

§ 2º Na hipótese de não divulgação do INPC referente a um ou mais meses compreendidos no período do cálculo até o último dia útil imediatamente anterior à vigência do reajuste, o Poder Executivo estimará os índices dos meses não disponíveis.

§ 3º Verificada a hipótese de que trata o § 2º, os índices estimados permanecerão válidos para os fins desta Lei, sem qualquer revisão, sendo os eventuais resíduos compensados no reajuste subsequente, sem retroatividade.

§ 4º A título de aumento real, serão aplicados os seguintes percentuais:

I – em 2016, será aplicado o percentual equivalente à taxa de crescimento real do Produto Interno Bruto (PIB), apurada pelo IBGE, para o ano de 2014;

II – em 2017, será aplicado o percentual equivalente à taxa de crescimento real do PIB, apurada pelo IBGE, para o ano de 2015;

III – em 2018, será aplicado o percentual equivalente à taxa de crescimento real do PIB, apurada pelo IBGE, para o ano de 2016; e

IV – em 2019, será aplicado o percentual equivalente à taxa de crescimento real do PIB, apurada pelo IBGE, para o ano de 2017.

§ 5º Para fins do disposto no § 4º, será utilizada a taxa de crescimento real do PIB para o ano de referência, divulgada pelo IBGE até o último dia útil do ano imediatamente anterior ao de aplicação do respectivo aumento real.

§ 6º (*Vetado*).

Art. 2º Os reajustes e os aumentos fixados na forma do art. 1o serão estabelecidos pelo Poder Executivo, por meio de decreto, nos termos desta Lei.

Parágrafo único. O decreto do Poder Executivo a que se refere o *caput* divulgará a cada ano os valores mensal, diário e horário do salário mínimo decorrentes do disposto neste artigo, correspondendo o valor diário a 1/30 (um trinta avos) e o valor horário a 1/220 (um duzentos e vinte avos) do valor mensal.

Art. 3º (*Vetado*).

Art. 4º Esta Lei entra em vigor na data de sua publicação.

Brasília, 29 de julho de 2015; 194º da Independência e 127º da República.

Dilma Rousseff

(Publicação no D.O.U. de 30.7.2015)

LEI COMPLEMENTAR 151,
DE 5 DE AGOSTO DE 2015

Altera a Lei Complementar 148, de 25 de novembro de 2014; revoga as Leis 10.819, de 16 de dezembro de 2003, e 11.429, de 26 de dezembro de 2006; e dá outras providências.

A Presidenta da República:

Faço saber que o Congresso Nacional decreta e eu promulgo, nos termos do § 5º do art. 66 da Constituição, as seguintes partes da Lei Complementar 151, de 5 de agosto de2015:

→ A LC 151/2015 foi alterada e republicada no *D.O.U.* de 26.11.2015.

Art. 1º A Lei Complementar 148, de 25 de novembro de 2014, passa a vigorar com as seguintes alterações:

→ Alterações efetuadas na referida LC.

Art. 2º Os depósitos judiciais e administrativos em dinheiro referentes a processos judiciais ou administrativos, tributários ou não tributários, nos quais o Estado, o Distrito Federal ou os Municípios sejam parte, deverão ser efetuados em instituição financeira oficial federal, estadual ou distrital.

Art. 3º A instituição financeira oficial transferirá para a conta única do Tesouro do Estado, do Distrito Federal ou do Município 70% (setenta por cento) do valor atualizado dos depósitos referentes aos processos judiciais e administrativos de que trata o art. 2º, bem como os respectivos acessórios.

§ 1º Para implantação do disposto no *caput* deste artigo, deverá ser instituído fundo de reserva destinado a garantir a restituição da parcela transferida ao Tesouro, observados os demais termos desta Lei Complementar.

§ 2º A instituição financeira oficial tratará de forma segregada os depósitos judiciais e os depósitos administrativos.

§ 3º O montante dos depósitos judiciais e administrativos não repassado ao Tesouro constituirá o fundo de reserva referido no § 1º deste artigo, cujo saldo não poderá ser inferior a 30% (trinta por cento) do total dos depósitos de que trata o art. 2º desta Lei Complementar, acrescidos da remuneração que lhes foi atribuída.

§ 4º (*Vetado*).

§ 5º Os valores recolhidos ao fundo de reserva terão remuneração equivalente à taxa referencial do Sistema Especial de Liquidação e de Custódia – Selic para títulos federais.

§ 6º Compete à instituição financeira gestora do fundo de reserva de que trata este artigo manter escrituração individualizada para cada depósito efetuado na forma do art. 2º, discriminando:

I – o valor total do depósito, acrescido da remuneração que lhe foi originalmente atribuída; e

II – o valor da parcela do depósito mantido na instituição financeira, nos termos do § 3º deste artigo, a remuneração que lhe foi originalmente atribuída e os rendimentos decorrentes do disposto no § 5º deste artigo.

Art. 4º A habilitação do ente federado ao recebimento das transferências referidas no art. 3º é condicionada à apresentação ao órgão jurisdicional responsável pelo julgamento dos litígios aos quais se refiram os depósitos de termo de compromisso firmado pelo chefe do Poder Executivo que preveja:

I – a manutenção do fundo de reserva na instituição financeira responsável pelo repasse das parcelas ao Tesouro, observado o disposto no § 3º do art. 3º desta Lei Complementar;

II – a destinação automática ao fundo de reserva do valor correspondente à parcela dos depósitos judiciais mantida na instituição financeira nos termos do § 3º do art. 3º, condição esta a ser observada a cada transferência recebida na forma do art. 3º desta Lei Complementar;

III – a autorização para a movimentação do fundo de reserva para os fins do disposto nos arts. 5º e 7º desta Lei Complementar; e

IV – a recomposição do fundo de reserva pelo ente federado, em até quarenta e oito horas, após comunicação da instituição financeira, sempre que o seu saldo estiver abaixo dos limites estabelecidos no § 3º do art. 3º desta Lei Complementar.

Art. 5º A constituição do fundo de reserva e a transferência da parcela dos depósitos judiciais e administrativos acumulados até a data de publicação desta Lei Complementar, conforme dispõe o art. 3º, serão realizadas pela instituição financeira em até quinze dias após a apresentação de cópia do termo de compromisso de que trata o art. 4º.

→ A LC 151/2015 foi alterada e republicada no *D.O.U.* de 26.11.2015.

§ 1º Para identificação dos depósitos, cabe ao ente federado manter atualizada na instituição financeira a relação de inscrições no Cadastro Nacional da Pessoa Jurídica – CNPJ dos órgãos que integram a sua administração pública direta e indireta.

§ 2º Realizada a transferência de que trata o *caput*, os repasses subsequentes serão efetuados em até dez dias após a data de cada depósito.

→ A LC 151/2015 foi alterada e republicada no *D.O.U.* de 26.11.2015.

§ 3º Em caso de descumprimento dos prazos estabelecidos no *caput* e no § 2º deste artigo, a instituição financeira deverá transferir a parcela do depósito acrescida da taxa referencial do Selic para títulos federais mais multa de 0,33% (trinta e três centésimos por cento) por dia de atraso.

→ A LC 151/2015 foi alterada e republicada no *D.O.U.* de 26.11.2015.

Art. 6º São vedadas quaisquer exigências por parte do órgão jurisdicional ou da instituição financeira além daquelas estabelecidas nesta Lei Complementar.

→ A LC 151/2015 foi alterada e republicada no *D.O.U.* de 26.11.2015.

Art. 7º Os recursos repassados na forma desta Lei Complementar ao Estado, ao Distrito Federal ou ao Município, ressalvados os destinados ao fundo de reserva de que trata o § 3º do art. 3º, serão aplicados, exclusivamente, no pagamento de:

I – precatórios judiciais de qualquer natureza;

II – dívida pública fundada, caso a lei orçamentária do ente federativo preveja dotações suficientes para o pagamento da totalidade dos precatórios judiciais exigíveis no exercício e não remanesçam precatórios não pagos referentes aos exercícios anteriores;

III – despesas de capital, caso a lei orçamentária do ente federativo preveja dotações suficientes para o pagamento da totalidade dos precatórios judiciais exigíveis no exercício, não remanesçam precatórios não pagos referentes aos exercícios anteriores e o ente federado não conte com compromissos classificados como dívida pública fundada;

IV – recomposição dos fluxos de pagamento e do equilíbrio atuarial dos fundos de previdência referentes aos regimes próprios de cada ente federado, nas mesmas hipóteses do inciso III.

Parágrafo único. Independentemente das prioridades de pagamento estabelecidas no *caput* deste artigo, poderá o Estado, o Distrito Federal ou o Município utilizar até 10% (dez por cento) da parcela que lhe for transferida nos termos do *caput* do art. 3º para constituição de Fundo Garantidor de PPPs ou de outros mecanismos de garantia previstos em lei, dedicados exclusivamente a investimentos de infraestrutura.

Art. 8º Encerrado o processo litigioso com ganho de causa para o depositante, mediante ordem judicial ou administrativa, o valor do depósito efetuado nos termos desta Lei Complementar acrescido da remuneração que lhe foi originalmente atribuída será colocado à disposição do depositante pela instituição financeira responsável, no prazo de 3 (três) dias úteis, observada a seguinte composição:

I – a parcela que foi mantida na instituição financeira nos termos do § 3º do art. 3º acrescida da remuneração que lhe foi originalmente atribuída será de responsabilidade direta e imediata da instituição depositária; e

II – a diferença entre o valor referido no inciso I e o total devido ao depositante nos termos do *caput* será debitada do saldo existente no fundo de reserva de que trata o § 3º do art. 3º.

§ 1º Na hipótese de o saldo do fundo de reserva após o débito referido no inciso II ser inferior ao valor mínimo estabelecido no § 3º do art. 3º, o ente federado será notificado para recompô-lo na forma do inciso IV do art. 4º.

§ 2º Na hipótese de insuficiência de saldo no fundo de reserva para o débito do montante devido nos termos do inciso II, a instituição financeira restituirá ao depositante o valor disponível no fundo acrescido do valor referido no inciso I.

§ 3º Na hipótese referida no § 2º deste artigo, a instituição financeira notificará a autoridade expedidora da ordem de liberação do depósito, informando a composição detalhada dos valores liberados, sua atualização monetária, a parcela efetivamente disponibilizada em favor do depositante e o saldo a ser pago depois de efetuada a recomposição prevista no § 1º deste artigo.

Art. 9º Nos casos em que o ente federado não recompuser o fundo de reserva até o saldo mínimo referido no § 3º do art. 3º, será suspenso o repasse das parcelas referentes a novos depósitos até a regularização do saldo.

Parágrafo único. Sem prejuízo do disposto no *caput*, na hipótese de descumprimento por três vezes da obrigação referida no inciso IV do art. 4º, será o ente federado excluído da sistemática de que trata esta Lei Complementar.

Art. 10. Encerrado o processo litigioso com ganho de causa para o ente federado, ser-lhe-á transferida a parcela do depósito mantida na instituição financeira nos termos do § 3º do art. 3º acrescida da remuneração que lhe foi originalmente atribuída.

§ 1º O saque da parcela de que trata o *caput* deste artigo somente poderá ser realizado até o limite máximo do qual não resulte saldo inferior ao mínimo exigido no § 3º do art. 3º.

§ 2º Na situação prevista no *caput*, serão transformados em pagamento definitivo, total ou parcial, proporcionalmente à exigência tributária ou não tributária, conforme o caso, inclusive seus acessórios, os valores depositados na forma do *caput* do art. 2º acrescidos da remuneração que lhes foi originalmente atribuída.

Art. 11. O Poder Executivo de cada ente federado estabelecerá regras de procedimentos, inclusive orçamentários, para a execução do disposto nesta Lei Complementar.

Art. 12. Esta Lei Complementar entra em vigor na data de sua publicação.

Art. 13. Ficam revogadas as Leis 10.819, de 16 de dezembro de 2003, e 11.429, de 26 de dezembro de 2006.

Brasília, 5 de agosto de 2015; 194º da Independência e 127º da República.

Dilma Rousseff

(Publicação no D.O.U. de 6.8.2015; e republicação no D.O.U. de 26.11.2015)

LEI 13.165, DE 29 DE SETEMBRO DE 2015

Altera as Leis 9.504, de 30 de setembro de 1997, 9.096, de 19 de setembro 1995, e 4.737, de 15 de julho de 1965 – Código Eleitoral, para reduzir os custos das campanhas eleitorais, simplificar a administração dos Partidos Políticos e incentivar a participação feminina.

A Presidenta da República:

Faço saber que o Congresso Nacional decreta e eu promulgo, nos termos do § 5º do art. 66 da Constituição, as seguintes partes da Lei 13.165, de 29 de setembro de 2015:

→ Lei 13.165/2015 foi alterada e republicada no *D.O.U.* de 26.11.2015.

Art. 1º Esta Lei modifica as Leis 9.504, de 30 de setembro de 1997, 9.096, de 19 de setembro de 1995, e 4.737, de 15 de julho de 1965 – Código Eleitoral, alterando a legislação infraconstitucional e complementando a reforma das instituições político-eleitorais do País.

Art. 2º A Lei 9.504, de 30 de setembro de 1997, passa a vigorar com as seguintes alterações:

→ Alterações efetuadas na referida Lei 9.504/1997.

Art. 3º A Lei 9.096, de 19 de setembro de 1995, passa a vigorar com as seguintes alterações:

→ Alterações efetuadas na referida Lei 9.504/1997.

Art. 4º A Lei 4.737, de 15 de julho de 1965 – Código Eleitoral, passa a vigorar com as seguintes alterações:

→ Alterações efetuadas na referida Lei 9.504/1997.

Art. 5º O limite de gastos nas campanhas eleitorais dos candidatos às eleições para Presidente da República, Governador e Prefeito será definido com base nos gastos declarados, na respectiva circunscrição, na eleição para os mesmos cargos imediatamente anterior à promulgação desta Lei, observado o seguinte:

I – para o primeiro turno das eleições, o limite será de:

a) 70% (setenta por cento) do maior gasto declarado para o cargo, na circunscrição eleitoral em que houve apenas um turno;

b) 50% (cinquenta por cento) do maior gasto declarado para o cargo, na circunscrição eleitoral em que houve dois turnos;

II – para o segundo turno das eleições, onde houver, o limite de gastos será de 30% (trinta por cento) do valor previsto no inciso I.

Parágrafo único. Nos Municípios de até dez mil eleitores, o limite de gastos será de R$ 100.000,00 (cem mil reais) para Prefeito e de R$ 10.000,00 (dez mil reais) para Vereador, ou o estabelecido no *caput* se for maior.

Art. 6º O limite de gastos nas campanhas eleitorais dos candidatos às eleições para Senador, Deputado Federal, Deputado Estadual, Deputado Distrital e Vereador será de 70% (setenta por cento) do maior gasto contratado na circunscrição para o respectivo cargo na eleição imediatamente anterior à publicação desta Lei.

Art. 7º Na definição dos limites mencionados nos arts. 5º e 6º, serão considerados os gastos realizados pelos candidatos e por partidos e comitês financeiros nas campanhas de cada um deles.

Art. 8º Caberá à Justiça Eleitoral, a partir das regras definidas nos arts. 5º e 6º:

I – dar publicidade aos limites de gastos para cada cargo eletivo até 20 de julho do ano da eleição;

II – na primeira eleição subsequente à publicação desta Lei, atualizar monetariamente, pelo Índice Nacional de Preços ao Consumidor – INPC da Fundação Instituto Brasileiro de Geografia e Estatística – IBGE ou por índice que o substituir, os valores sobre os quais incidirão os percentuais de limites de gastos previstos nos arts. 5º e 6º;

III – atualizar monetariamente, pelo INPC do IBGE ou por índice que o substituir, os limites de gastos nas eleições subsequentes.

Art. 9º Nas três eleições que se seguirem à publicação desta Lei, os partidos reservarão, em contas bancárias específicas para este fim, no mínimo 5% (cinco por cento) e no máximo 15% (quinze por cento) do montante do Fundo Partidário destinado ao financiamento das campanhas eleitorais para aplicação nas campanhas de suas candidatas, incluídos nesse valor os recursos a que se refere o inciso V do art. 44 da Lei 9.096, de 19 de setembro de 1995.

Art. 10. Nas duas eleições que se seguirem à publicação desta Lei, o tempo mínimo referido no inciso IV do art. 45 da Lei 9.096, de 19 de setembro de 1995, será de 20% (vinte por cento) do programa e das inserções.

Art. 11. Nas duas eleições que se seguirem à última das mencionadas no art. 10, o tempo mínimo referido no inciso IV do art. 45 da Lei 9.096, de 19 de setembro de 1995, será de 15% (quinze por cento) do programa e das inserções.

Art. 12. Até a primeira eleição geral subsequente à aprovação desta Lei, será implantado o processo de votação eletrônica com impressão do registro do voto a que se refere o art. 59-A da Lei 9.504, de 30 de setembro de 1997.

→ Lei 13.165/2015 foi alterada e republicada no *D.O.U.* de 26.11.2015.

Art. 13. O disposto no § 1º do art. 7º da Lei 9.096, de 19 de setembro de 1995, no tocante ao prazo de dois anos para comprovação do apoiamento de eleitores, não se aplica aos pedidos protocolizados até a data de publicação desta Lei.

Art. 14. Esta Lei entra em vigor na data de sua publicação.

Art. 15. Revogam-se os §§ 1º e 2º do art. 10, o art. 17-A, os §§ 1º e 2º do art. 18, o art. 19, os incisos I e II do § 1º do art. 23, o inciso I do *caput* e o § 1º do art. 29, os §§ 1º e 2º do art. 48, o inciso II do art. 51, o art. 81 e o § 4º do art. 100-A da Lei 9.504, de 30 de setembro de 1997; o art. 18, o § 3º do art. 32 e os arts. 56 e 57 da Lei 9.096, de 19 de setembro de 1995; e o § 11 do art. 32 da Lei 9.430, de 27 de dezembro de 1996.

Brasília, 29 de setembro de 2015; 194º da Independência e 127º da República.

Dilma Rousseff

(Publicação no D.O.U. de 29.9.2015; e republicação no D.O.U. de 26.11.2015

DECRETO 8.538,
DE 6 DE OUTUBRO DE 2015

Regulamenta o tratamento favorecido, diferenciado e simplificado para as microempresas, empresas de pequeno porte, agricultores familiares, produtores rurais pessoa física, microempreendedores individuais e sociedades cooperativas de consumo nas contratações públicas de bens, serviços e obras no âmbito da administração pública federal.

A Presidenta da República, no uso da atribuição que lhe confere o art. 84, *caput*, inciso IV, da Constituição, e tendo em vista o disposto nos arts. 42 a 45 e arts. 47 a 49 da Lei Complementar 123, de 14 de dezembro de 2006, decreta:

Art. 1º Nas contratações públicas de bens, serviços e obras, deverá ser concedido tratamento favorecido, diferenciado e simplificado para as microempresas e empresas de pequeno porte, agricultor familiar, produtor rural pessoa física, microempreendedor individual – MEI e sociedades cooperativas de consumo, nos termos deste Decreto, com o objetivo de:

I – promover o desenvolvimento econômico e social no âmbito local e regional;

II – ampliar a eficiência das políticas públicas; e

III – incentivar a inovação tecnológica.

§ 1º Subordinam-se ao disposto neste Decreto, além dos órgãos da administração pública federal direta, os fundos especiais, as autarquias, as fundações públicas, as empresas públicas, as sociedades de economia mista e as demais entidades controladas direta ou indiretamente pela União.

§ 2º Para efeitos deste Decreto, considera-se:

I – âmbito local – limites geográficos do Município onde será executado o objeto da contratação;

II – âmbito regional – limites geográficos do Estado ou da região metropolitana, que podem envolver mesorregiões ou microrregiões, conforme definido pelo Instituto Brasileiro de Geografia e Estatística – IBGE; e

III – microempresas e empresas de pequeno porte – os beneficiados pela Lei Complementar 123, de 14 de dezembro de 2006, nos termos do inciso I do *caput* do art. 13.

§ 3º Admite-se a adoção de outro critério de definição de âmbito local e regional, justificadamente, em edital, desde que previsto em regulamento específico do órgão ou entidade contratante e que atenda aos objetivos previstos no art. 1º.

§ 4º Para fins do disposto neste Decreto, serão beneficiados pelo tratamento favorecido apenas o produtor rural pessoa física e o agricultor familiar conceituado na Lei 11.326, de 24 de julho de 2006, que estejam em situação regular junto à Previdência Social e ao Município e tenham auferido receita bruta anual até o limite de que trata o inciso II do *caput* do art. 3º da Lei Complementar 123, de 2006.

Art. 2º Para a ampliação da participação das microempresas e empresas de pequeno porte nas licitações, os órgãos ou as entidades contratantes deverão, sempre que possível:

I – instituir cadastro próprio, de acesso livre, ou adequar os eventuais cadastros existentes, para identificar as microempresas e empresas de pequeno porte sediadas regionalmente, juntamente com suas linhas de fornecimento, de modo a possibilitar a notificação das licitações e facilitar a formação de parcerias e as subcontratações;

II – padronizar e divulgar as especificações dos bens, serviços e obras contratados, de modo a orientar as microempresas e empresas de pequeno porte para que adequem os seus processos produtivos;

III – na definição do objeto da contratação, não utilizar especificações que restrinjam, injustificadamente, a participação das microempresas e empresas de pequeno porte sediadas regionalmente;

IV – considerar, na construção de itens, grupos ou lotes da licitação, a oferta local ou regional dos bens e serviços a serem contratados; e

V – disponibilizar informações no sítio eletrônico oficial do órgão ou da entidade contratante sobre regras para participação nas licitações e cadastramento e prazos, regras e condições usuais de pagamento.

Parágrafo único. O disposto nos incisos I e II do *caput* poderá ser realizado de forma centralizada para os órgãos e as entidades integrantes do Sistema de Serviços Gerais – SISG e conveniados, conforme o disposto no Decreto 1.094, de 23 de março de 1994.

Art. 3º Na habilitação em licitações para o fornecimento de bens para pronta entrega ou para a locação de materiais, não será exigida da microempresa ou da empresa de pequeno porte a apresentação de balanço patrimonial do último exercício social.

Art. 4º A comprovação de regularidade fiscal das microempresas e empresas de pequeno porte somente será exigida para efeito de contratação, e não como condição para participação na licitação.

§ 1º Na hipótese de haver alguma restrição relativa à regularidade fiscal quando da comprovação de que trata o caput, será assegurado prazo de cinco dias úteis, prorrogável por igual período, para a regularização da documentação, a realização do pagamento ou parcelamento do débito e a emissão de eventuais certidões negativas ou positivas com efeito de certidão negativa.

§ 2º Para aplicação do disposto no § 1º, o prazo para regularização fiscal será contado a partir:

I – da divulgação do resultado da fase de habilitação, na licitação na modalidade pregão e nas regidas pelo Regime Diferenciado de Contratações Públicas sem inversão de fases; ou

II – da divulgação do resultado do julgamento das propostas, nas modalidades de licitação previstas na Lei 8.666, de 21 de junho de 1993, e nas regidas pelo Regime Diferenciado de Contratações Públicas com a inversão de fases.

§ 3º A prorrogação do prazo previsto no § 1º poderá ser concedida, a critério da administração pública, quando requerida pelo licitante, mediante apresentação de justificativa.

§ 4º A abertura da fase recursal em relação ao resultado do certame ocorrerá após os prazos de regularização fiscal de que tratam os §§ 1º e 3º.

§ 5º A não regularização da documentação no prazo previsto nos §§ 1º e 3º implicará decadência do direito à contratação, sem prejuízo das sanções previstas no art. 87 da Lei 8.666, de 1993, sendo facultado à administração pública convocar os licitantes remanescentes, na ordem de classificação, ou revogar a licitação.

Art. 5º Nas licitações, será assegurada, como critério de desempate, preferência de contratação para as microempresas e empresas de pequeno porte.

§ 1º Entende-se haver empate quando as ofertas apresentadas pelas microempresas e empresas de pequeno porte sejam iguais ou até dez por cento superiores ao menor preço, ressalvado o disposto no § 2º.

§ 2º Na modalidade de pregão, entende-se haver empate quando as ofertas apresentadas pelas microempresas e empresas de pequeno porte sejam iguais ou até cinco por cento superiores ao menor preço.

§ 3º O disposto neste artigo somente se aplicará quando a melhor oferta válida não houver sido apresentada por microempresa ou empresa de pequeno porte.

§ 4º A preferência de que trata o caput será concedida da seguinte forma:

I – ocorrendo o empate, a microempresa ou a empresa de pequeno porte melhor classificada poderá apresentar proposta de preço inferior àquela considerada vencedora do certame, situação em que será adjudicado o objeto em seu favor;

II – não ocorrendo a contratação da microempresa ou empresa de pequeno porte, na forma do inciso I, serão convocadas as remanescentes que porventura se enquadrem na situação de empate, na ordem classificatória, para o exercício do mesmo direito; e

III – no caso de equivalência dos valores apresentados pelas microempresas e empresas de pequeno porte que se encontrem em situação de empate, será realizado sorteio entre elas para que se identifique aquela que primeiro poderá apresentar melhor oferta.

§ 5º Não se aplica o sorteio a que se refere o inciso III do § 4º quando, por sua natureza, o procedimento não admitir o empate real, como acontece na fase de lances do pregão, em que os lances equivalentes não são considerados iguais, sendo classificados de acordo com a ordem de apresentação pelos licitantes.

§ 6º No caso do pregão, após o encerramento dos lances, a microempresa ou a empresa de pequeno porte melhor classificada será convocada para apresentar nova proposta no prazo máximo de cinco minutos por item em situação de empate, sob pena de preclusão.

§ 7º Nas demais modalidades de licitação, o prazo para os licitantes apresentarem nova proposta será estabelecido pelo órgão ou pela entidade contratante e estará previsto no instrumento convocatório.

§ 8º Nas licitações do tipo técnica e preço, o empate será aferido levando em consideração o resultado da ponderação entre a técnica e o preço na proposta apresentada pelos licitantes, sendo facultada à microempresa ou empresa de pequeno porte melhor classificada a possibilidade de apresentar proposta de preço inferior, nos termos do regulamento.

§ 9º Conforme disposto nos §§ 14 e 15 do art. 3º da Lei 8.666, de 1993, o critério de desempate previsto neste artigo observará as seguintes regras:

I – quando houver propostas beneficiadas com as margens de preferência em relação ao produto estrangeiro, o critério de desempate será aplicado exclusivamente entre as propostas que fizerem jus às margens de preferência, conforme regulamento;

II – nas contratações de bens e serviços de informática e automação, nos termos da Lei 8.248, de 23 de outubro de 1991, as microempresas e as empresas de pequeno porte que fizerem jus ao direito de preferência previsto no Decreto 7.174, de 12 de maio de 2010, terão prioridade no exercício desse benefício em relação às médias e às grandes empresas na mesma situação; e

III – quando aplicada a margem de preferência a que se refere o Decreto 7.546, de 2 de agosto de 2011, não se aplicará o desempate previsto no Decreto 7.174, de 2010.

Art. 6º Os órgãos e as entidades contratantes deverão realizar processo licitatório destinado exclusivamente à participação de microempresas e empresas de pequeno porte nos itens ou lotes de licitação cujo valor seja de até R$ 80.000,00 (oitenta mil reais).

Art. 7º Nas licitações para contratação de serviços e obras, os órgãos e as entidades contratantes poderão estabelecer, nos instrumentos convocatórios, a exigência de subcontratação de microempresas ou empresas de pequeno porte, sob pena de rescisão contratual, sem prejuízo das sanções legais, determinando:

I – o percentual mínimo a ser subcontratado e o percentual máximo admitido, a serem estabelecidos no edital, sendo vedada a sub-rogação completa ou da parcela principal da contratação;

II – que as microempresas e as empresas de pequeno porte a serem subcontratadas sejam indicadas e qualificadas pelos licitantes com a descrição dos bens e serviços a serem fornecidos e seus respectivos valores;

III – que, no momento da habilitação e ao longo da vigência contratual, seja apresentada a documentação de regularidade fiscal das microempresas e empresas de pequeno porte subcontratadas, sob pena de rescisão, aplicando-se o prazo para regularização previsto no § 1º do art. 4º;

IV – que a empresa contratada comprometa-se a substituir a subcontratada, no prazo máximo de trinta dias, na hipótese de extinção da subcontratação, mantendo o percentual originalmente subcontratado até a sua execução total, notificando o órgão ou entidade contratante, sob pena de rescisão, sem prejuízo das sanções cabíveis, ou a demonstrar a inviabilidade da substituição, hipótese em que ficará responsável pela execução da parcela originalmente subcontratada; e

V – que a empresa contratada responsabilize-se pela padronização, pela compatibilidade, pelo gerenciamento centralizado e pela qualidade da subcontratação.

§ 1º Deverá constar do instrumento convocatório que a exigência de subcontratação não será aplicável quando o licitante for:

I – microempresa ou empresa de pequeno porte;

II – consórcio composto em sua totalidade por microempresas e empresas de pequeno porte, respeitado o disposto no art. 33 da Lei 8.666, de 1993; e

III – consórcio composto parcialmente por microempresas ou empresas de pequeno porte com participação igual ou superior ao percentual exigido de subcontratação.

§ 2º Não se admite a exigência de subcontratação para o fornecimento de bens, exceto quando estiver vinculado à prestação de serviços acessórios.

§ 3º O disposto no inciso II do caput deverá ser comprovado no momento da aceitação, na hipótese de a modalidade de licitação ser pregão, ou no momento da habilitação, nas demais modalidades, sob pena de desclassificação.

§ 4º É vedada a exigência no instrumento convocatório de subcontratação de itens ou parcelas determinadas ou de empresas específicas.

§ 5º Os empenhos e pagamentos referentes às parcelas subcontratadas serão destinados diretamente às microempresas e empresas de pequeno porte subcontratadas.

§ 6º São vedadas:

I – a subcontratação das parcelas de maior relevância técnica, assim definidas no instrumento convocatório;

II – a subcontratação de microempresas e empresas de pequeno porte que estejam participando da licitação; e

III – a subcontratação de microempresas ou empresas de pequeno porte que tenham um ou mais sócios em comum com a empresa contratante.

Art. 8º Nas licitações para a aquisição de bens de natureza divisível, e desde que não haja prejuízo para o conjunto ou o complexo do objeto, os órgãos e as entidades contratantes deverão reservar cota de até vinte e cinco por cento do objeto para a contratação de microempresas e empresas de pequeno porte.

§ 1º O disposto neste artigo não impede a contratação das microempresas ou das empresas de pequeno porte na totalidade do objeto.

§ 2º O instrumento convocatório deverá prever que, na hipótese de não haver vencedor para a cota reservada, esta poderá ser adjudicada ao vencedor da cota principal ou, diante de sua recusa, aos licitantes remanescentes, desde que pratiquem o preço do primeiro colocado da cota principal.

§ 3º Se a mesma empresa vencer a cota reservada e a cota principal, a contratação das cotas deverá ocorrer pelo menor preço.

§ 4º Nas licitações por Sistema de Registro de Preço ou por entregas parceladas, o instrumento convocatório deverá prever a prioridade de aquisição dos produtos das cotas reservadas, ressalvados os casos em que a cota reservada for inadequada para atender as quantidades ou as condições do pedido, justificadamente.

§ 5º Não se aplica o benefício disposto neste artigo quando os itens ou os lotes de licitação possuírem valor estimado de até R$ 80.000,00 (oitenta mil reais), tendo em vista a aplicação da licitação exclusiva prevista no art. 6º.

Art. 9º Para aplicação dos benefícios previstos nos arts. 6º a 8º:

I – será considerado, para efeitos dos limites de valor estabelecidos, cada item separadamente ou, nas licitações por preço global, o valor estimado para o grupo ou o lote da licitação que deve ser considerado como um único item; e

II – poderá ser concedida, justificadamente, prioridade de contratação de microempresas e empresas de pequeno porte sediadas local ou regionalmente, até o limite de dez por cento do melhor preço válido, nos seguintes termos:

a) aplica-se o disposto neste inciso nas situações em que as ofertas apresentadas pelas microempresas e empresas de pequeno porte sediadas local ou regionalmente sejam iguais ou até dez por cento superiores ao menor preço;

b) a microempresa ou a empresa de pequeno porte sediada local ou regionalmente melhor classificada poderá apresentar proposta de preço inferior àquela considerada vencedora da licitação, situação em que será adjudicado o objeto em seu favor;

c) na hipótese da não contratação da microempresa ou da empresa de pequeno porte sediada local ou regionalmente com base na alínea "b", serão convocadas as remanescentes que porventura se enquadrem na situação da alínea "a", na ordem classificatória, para o exercício do mesmo direito;

d) no caso de equivalência dos valores apresentados pelas microempresas e empresas de pequeno porte sediadas local ou regionalmente, será realizado sorteio entre elas para que se identifique aquela que primeiro poderá apresentar melhor oferta;

e) nas licitações a que se refere o art. 8º, a prioridade será aplicada apenas na cota reservada para contratação exclusiva de microempresas e empresas de pequeno porte;

f) nas licitações com exigência de subcontratação, a prioridade de contratação prevista neste inciso somente será aplicada se o licitante for microempresa ou empresa de pequeno porte sediada local ou regionalmente ou for um consórcio ou uma sociedade de propósito específico formada exclusivamente por microempresas e empresas de pequeno porte sediadas local ou regionalmente;

g) quando houver propostas beneficiadas com as margens de preferência para produto nacional em relação ao produto estrangeiro previstas no art. 3º da Lei 8.666, de 1993, a prioridade de contratação prevista neste artigo será aplicada exclusivamente entre as propostas que fizerem jus às margens de preferência, de acordo com os Decretos de aplicação das margens de preferência, observado o limite de vinte e cinco por cento estabelecido pela Lei 8.666, de 1993; e

h) a aplicação do benefício previsto neste inciso e do percentual da prioridade adotado, limitado a dez por cento, deverá ser motivada, nos termos dos arts. 47 e 48, § 3º, da Lei Complementar 123, de 2006.

Art. 10. Não se aplica o disposto nos art. 6º ao art. 8º quando:

I – não houver o mínimo de três fornecedores competitivos enquadrados como microempresas ou empresas de pequeno porte sediadas local ou regionalmente e capazes de cumprir as exigências estabelecidas no instrumento convocatório;

II – o tratamento diferenciado e simplificado para as microempresas e as empresas de pequeno porte não for vantajoso para a administração pública ou representar prejuízo ao conjunto ou ao complexo do objeto a ser contratado, justificadamente;

III – a licitação for dispensável ou inexigível, nos termos dos arts. 24 e 25 da Lei 8.666, de 1993, excetuadas as dispensas tratadas pelos incisos I e II do *caput* do referido art. 24, nas quais a compra deverá ser feita preferencialmente por microempresas e empresas de pequeno porte, observados, no que couber, os incisos I, II e IV do *caput* deste artigo; ou

IV – o tratamento diferenciado e simplificado não for capaz de alcançar, justificadamente, pelo menos um dos objetivos previstos no art. 1º.

Parágrafo único. Para o disposto no inciso II do *caput*, considera-se não vantajosa a contratação quando:

I – resultar em preço superior ao valor estabelecido como referência; ou

II – a natureza do bem, serviço ou obra for incompatível com a aplicação dos benefícios.

Art. 11. Os critérios de tratamento diferenciado e simplificado para as microempresas e empresas de pequeno porte deverão estar expressamente previstos no instrumento convocatório.

Art. 12. Aplica-se o disposto neste Decreto às contratações de bens, serviços e obras realizadas por órgãos e entidades públicas com recursos federais por meio de transferências voluntárias, nos casos previstos no Decreto 5.504, de 5 de agosto de 2005, ou quando for utilizado o Regime Diferenciado de Contratações Públicas, conforme disposto na Lei 12.462, de 2011.

Art. 13. Para fins do disposto neste Decreto, o enquadramento como:

I – microempresa ou empresa de pequeno porte se dará nos termos do art. 3º, *caput*, incisos I e II, e § 4º da Lei Complementar 123, de 2006;

II – agricultor familiar se dará nos termos da Lei 11.326, de 24 de julho de 2006;

III – produtor rural pessoa física se dará nos termos da Lei 8.212, de 24 de julho de 1991;

IV – microempreendedor individual se dará nos termos do § 1º do art. 18-A da Lei Complementar 123, de 2006; e

V – sociedade cooperativa se dará nos termos do art. 34 da Lei 11.488, de 15 de junho de 2007, e do art. 4º da Lei 5.764, de 16 de dezembro de 1971.

§ 1º O licitante é responsável por solicitar seu desenquadramento da condição de microempresa ou empresa de pequeno porte quando houver ultrapassado o limite de faturamento estabelecido no art. 3º da Lei Complementar 123, de 2006, no ano fiscal anterior, sob pena de ser declarado inidôneo para licitar e contratar com a administração pública, sem prejuízo das demais sanções, caso usufrua ou tente usufruir indevidamente dos benefícios previstos neste Decreto.

§ 2º Deverá ser exigida do licitante a ser beneficiado a declaração, sob as penas da lei, de que cumpre os requisitos legais para a qualificação como microempresa ou empresa de pequeno porte, microempreendedor individual, produtor rural pessoa física, agricultor familiar ou sociedade cooperativa de consumo, estando apto a usufruir do tratamento favorecido estabelecido nos art. 42 ao art. 49 da Lei Complementar 123, de 2006.

Art. 14. O Ministério do Planejamento, Orçamento e Gestão e a Secretaria de Governo da Presidência da República, em conjunto, poderão expedir normas complementares à execução deste Decreto.

Art. 15. Este Decreto entra em vigor noventa dias após a data de sua publicação.

Parágrafo único. Não se aplica o disposto neste Decreto aos processos com instrumentos convocatórios publicados antes da data de sua entrada em vigor.

Art. 16. Fica revogado o Decreto 6.204, de 5 de setembro de 2007.

Brasília, 6 de outubro de 2015; 194º da Independência e 127º da República.

Dilma Rousseff

(Publicação no *D.O.U.* de 5.10.2015)

LEI 13.185, DE 6 DE NOVEMBRO DE 2015

*Institui o Programa de Combate à Intimidação Sistemática (*Bullying*).*

→ *v.* Art. 5º, III, VI e X, da CF/1988.

→ *v.* Arts. 121 e ss., 129 e ss., 138 e ss., e 213 e ss., do CP.

→ *v.* Lei 13.146/2015 – Estatuto da Pessoa com Deficiência.

→ *v.* Lei 12.965/2014 – Lei do Marco Civil da internet.

→ *v.* Lei 7.716/1989 – Crimes resultantes de preconceito de raça ou cor.

A Presidenta da República:

Faço saber que o Congresso Nacional decreta e eu sanciono a seguinte Lei:

Art. 1º Fica instituído o Programa de Combate à Intimidação Sistemática (*Bullying*) em todo o território nacional.

§ 1º No contexto e para os fins desta Lei, considera-se intimidação sistemática (*bullying*) todo ato de violência física ou psicológica, intencional e repetitivo que ocorre sem motivação evidente, praticado por indivíduo ou grupo, contra uma ou mais pessoas, com o objetivo de intimidá-la ou agredi-la, causando dor e angústia à vítima, em uma relação de desequilíbrio de poder entre as partes envolvidas.

§ 2º O Programa instituído no *caput* poderá fundamentar as ações do Ministério da Educação e das Secretarias Estaduais e Municipais de Educação, bem como de outros órgãos, aos quais a matéria diz respeito.

Art. 2º Caracteriza-se a intimidação sistemática (*bullying*) quando há violência física ou psicológica em atos de intimidação, humilhação ou discriminação e, ainda:

I – ataques físicos;

II – insultos pessoais;

III – comentários sistemáticos e apelidos pejorativos;

IV – ameaças por quaisquer meios;

V – grafites depreciativos;

VI – expressões preconceituosas;

VII – isolamento social consciente e premeditado;

VIII – pilhérias.

Parágrafo único. Há intimidação sistemática na rede mundial de computadores (*cyberbullying*), quando se usarem os instrumentos que lhe são próprios para depreciar, incitar a violência, adulterar fotos e dados pessoais com o intuito de criar meios de constrangimento psicossocial.

Art. 3º A intimidação sistemática (*bullying*) pode ser classificada, conforme as ações praticadas, como:

I – verbal: insultar, xingar e apelidar pejorativamente;

II – moral: difamar, caluniar, disseminar rumores;

III – sexual: assediar, induzir e/ou abusar;

IV – social: ignorar, isolar e excluir;

V – psicológica: perseguir, amedrontar, aterrorizar, intimidar, dominar, manipular, chantagear e infernizar;

VI – físico: socar, chutar, bater;

VII – material: furtar, roubar, destruir pertences de outrem;

VIII – virtual: depreciar, enviar mensagens intrusivas da intimidade, enviar ou adulterar fotos e dados pessoais que resultem em sofrimento ou com o intuito de criar meios de constrangimento psicológico e social.

Art. 4º Constituem objetivos do Programa referido no *caput* do art. 1º:

I – prevenir e combater a prática da intimidação sistemática (*bullying*) em toda a sociedade;

II – capacitar docentes e equipes pedagógicas para a implementação das ações de discussão, prevenção, orientação e solução do problema;

III – implementar e disseminar campanhas de educação, conscientização e informação;

IV – instituir práticas de conduta e orientação de pais, familiares e responsáveis diante da identificação de vítimas e agressores;

V – dar assistência psicológica, social e jurídica às vítimas e aos agressores;

VI – integrar os meios de comunicação de massa com as escolas e a sociedade, como forma de identificação e conscientização do problema e forma de preveni-lo e combatê-lo;

VII – promover a cidadania, a capacidade empática e o respeito a terceiros, nos marcos de uma cultura de paz e tolerância mútua;

VIII – evitar, tanto quanto possível, a punição dos agressores, privilegiando mecanismos e instrumentos alternativos que promovam a efetiva responsabilização e a mudança de comportamento hostil;

IX – promover medidas de conscientização, prevenção e combate a todos os tipos de violência, com ênfase nas práticas recorrentes de intimidação sistemática (*bullying*), ou constrangimento físico e psicológico, cometidas por alunos, professores e outros profissionais integrantes de escola e de comunidade escolar.

Art. 5º É dever do estabelecimento de ensino, dos clubes e das agremiações recreativas assegurar medidas de conscientização, prevenção, diagnose e combate à violência e à intimidação sistemática (*bullying*).

Art. 6º Serão produzidos e publicados relatórios bimestrais das ocorrências de intimidação sistemática (*bullying*) nos Estados e Municípios para planejamento das ações.

Art. 7º Os entes federados poderão firmar convênios e estabelecer parcerias para a implementação e a correta execução dos objetivos e diretrizes do Programa instituído por esta Lei.

Art. 8º Esta Lei entra em vigor após decorridos 90 (noventa) dias da data de sua publicação oficial.

Brasília, 6 de novembro de 2015; 194º da Independência e 127º da República.

Dilma Rousseff

(Publicação no *D.O.U.* de 9.11.2015)

INSTRUÇÃO NORMATIVA DO TST 38, DE 10 DE NOVEMBRO DE 2015

Art. 1º As normas do Código de Processo Civil relativas ao julgamento dos recursos extraordinário e especial repetitivos aplicam-se, no que couber, ao recurso de revista e ao recurso de embargos repetitivos (CLT, artigos 894, II e 896 da CLT).

→ *v.* Lei 13.105/2015 – Institui o Novo Código de Processo Civil, em vigor após decorrido 1 (um) ano da data de sua publicação oficial (Art. 1.045 do NCPC) – *D.O.U.* de 17.3.2015.

→ *v.* Arts. 1.029 e ss., do NCPC.

Art. 2º Havendo multiplicidade de recursos de revista ou de embargos para a Subseção de Dissídios Individuais I (SbDI-1) fundados em idêntica questão de direito, a questão poderá ser afetada a essa Subseção ou ao Tribunal Pleno, por decisão da maioria simples de seus membros, mediante requerimento de um dos Ministros que a compõem, considerando a relevância da matéria ou a existência de entendimentos divergentes entre os Ministros dessa Subseção ou das Turmas do Tribunal.

§ 1º O requerimento fundamentado de um dos Ministros da Subseção de Dissídios Individuais I de afetação da questão a ser julgada em incidente de recursos repetitivos deverá indicar um ou mais recursos de revista ou de embargos representativos da controvérsia e ser formulado por escrito diretamente ao Presidente da SbDI-1 ou, oralmente, em questão preliminar suscitada quando do julgamento de processo incluído na pauta de julgamentos da Subseção.

§ 2º De forma concorrente, quando a Turma do Tribunal Superior do Trabalho entender necessária a adoção do procedimento de julgamento de recursos de revista repetitivos, seu Presidente deverá submeter ao Presidente da Subseção de Dissídios Individuais I a proposta de afetação do recurso de revista, para os efeitos dos artigos 896-B e 896-C da CLT.

§ 3º O Presidente da Subseção submeterá a proposta de afetação ao colegiado, se formulada por escrito, no prazo máximo de 30 dias de seu recebimento, ou de imediato, se suscitada em questão preliminar, quando do julgamento de determinado processo pela SbDI-1, após o que:

I – acolhida a proposta, por maioria simples, o colegiado também decidirá se a questão será analisada pela própria SbDI-1 ou pelo Tribunal Pleno;

II – acolhida a proposta, a desistência da ação ou do recurso não impede a análise da questão objeto de julgamento de recursos repetitivos;

III – na hipótese do inciso I, o processo será distribuído a um relator e a um revisor do órgão jurisdicional correspondente, para sua tramitação nos termos do artigo 896-C da CLT;

IV – rejeitada a proposta, se for o caso, os autos serão devolvidos ao órgão julgador respectivo, para que o julgamento do recurso prossiga regularmente.

§ 4º Não será admitida sustentação oral versando, de forma específica, sobre a proposta de afetação.

§ 5º A critério do Presidente da Subseção, as propostas de afetação formuladas por escrito por um dos Ministros da Subseção de Dissídios Individuais I ou pelo Presidente de Turma do Tribunal Superior do Trabalho poderão ser apreciadas pela SbDI-1 por meio eletrônico, nos termos e para os efeitos do § 3º, I, deste artigo, do que serão as partes cientificadas pelo Diário da Justiça.

§ 6º Caso surja alguma divergência entre os integrantes do colegiado durante o julgamento eletrônico, este ficará imediatamente suspenso, devendo a proposta de afetação ser apreciada em sessão presencial.

Art. 3º O Presidente da Subseção de Dissídios Individuais I que afetar processo para julgamento sob o rito dos recursos repetitivos deverá expedir comunicação aos demais Presidentes de Turma, que poderão afetar outros processos sobre a questão para julgamento conjunto, a fim de conferir ao órgão julgador visão global da questão.

Art. 4º Somente poderão ser afetados recursos representativos da controvérsia que sejam admissíveis e que, a critério do relator do incidente de julgamento dos recursos repetitivos, contenham abrangente argumentação e discussão a respeito da questão a ser decidida.

Parágrafo único. O relator desse incidente não fica vinculado às propostas de afetação de que trata o artigo anterior, podendo recusá-las por desatenderem aos requisitos previstos no *caput* deste artigo e, ainda, selecionar outros recursos representativos da controvérsia.

Art. 5º Selecionados os recursos, o relator, na Subseção Especializada em Dissídios Individuais ou no Tribunal Pleno, constatada a presença do pressuposto do *caput* do art. 896-C da CLT, proferirá decisão de afetação, sempre fundamentada, na qual:

I – identificará com precisão a questão a ser submetida a julgamento;

II – poderá determinar a suspensão dos recursos de revista ou de embargos de que trata o § 5º do artigo 896-C da CLT;

III – poderá solicitar aos Tribunais Regionais do Trabalho informações a respeito da controvérsia, a serem prestadas no prazo de 15 (quinze) dias, e requisitar aos Presidentes ou Vice-Presidentes dos Tribunais Regionais do Trabalho a remessa de até dois recursos de revista representativos da controvérsia;

IV – concederá o prazo de 15 (quinze) dias para a manifestação escrita das pessoas, órgãos ou entidades interessados na controvérsia, que poderão ser admitidos como *amici curiae*.

→ v. Arts. 138 e ss., do NCPC.

V – informará aos demais Ministros sobre a decisão de afetação;

VI – poderá conceder vista ao Ministério Público e às partes, nos termos e para os efeitos do § 9º do artigo 896-C da CLT.

Art. 6º O Presidente do Tribunal Superior do Trabalho oficiará os Presidentes dos Tribunais Regionais do Trabalho, com cópia da decisão de afetação, para que suspendam os recursos de revista interpostos em casos idênticos aos afetados como recursos repetitivos e ainda não encaminhados a este Tribunal, bem como os recursos ordinários interpostos contra as sentenças proferidas em casos idênticos aos afetados como recursos repetitivos, até o pronunciamento definitivo do Tribunal Superior do Trabalho.

Art. 7º Caberá ainda ao Presidente do Tribunal de origem, caso receba a requisição de que trata o inciso III do artigo 5º desta Instrução Normativa, admitir até dois recursos representativos da controvérsia, os quais serão encaminhados ao Tribunal Superior do Trabalho.

Art. 8º Se, após receber os recursos de revista selecionados pelo Presidente ou Vice-Presidente do Tribunal Regional do Trabalho, não se proceder à sua afetação, o relator, no Tribunal Superior do Trabalho, comunicará o fato ao Presidente ou Vice-Presidente que os houver enviado, para que seja revogada a decisão de suspensão referida no artigo 896-C, § 4º, da CLT.

Art. 9º As partes deverão ser intimadas da decisão de suspensão de seu processo, a ser proferida pelo respectivo relator.

§ 1º A parte poderá requerer o prosseguimento de seu processo se demonstrar a intempestividade do recurso nele interposto ou a existência de distinção entre a questão de direito a ser decidida no seu processo e aquela a ser julgada sob o rito dos recursos repetitivos.

§ 2º O requerimento a que se refere o § 1º será dirigido:

I – ao juiz, se o processo sobrestado estiver em primeiro grau;

II – ao relator, se o processo sobrestado estiver no tribunal de origem;

III – ao relator do acórdão recorrido, se for sobrestado recurso de revista no tribunal de origem;

IV – ao relator, no Tribunal Superior do Trabalho, do recurso de revista ou de embargos cujo processamento houver sido sobrestado.

§ 3º A outra parte deverá ser ouvida sobre o requerimento, no prazo de cinco dias.

§ 4º Reconhecida a distinção no caso:

I – dos incisos I, II e IV do § 2º, o próprio juiz ou relator dará prosseguimento ao processo;

II – do inciso III do § 2º, o relator comunicará a decisão ao presidente ou ao vice-presidente que houver determinado o sobrestamento, para que este dê normal prosseguimento ao processo.

§ 5º A decisão que resolver o requerimento a que se refere o § 1º é irrecorrível de imediato, nos termos do artigo 893, § 1º, da CLT.

Art. 10. Para instruir o procedimento, pode o relator fixar data para, em audiência pública, ouvir depoimentos de pessoas com experiência e conhecimento na matéria, sempre que entender necessário o esclarecimento de questões ou circunstâncias de fato subjacentes à controvérsia objeto do incidente de recursos repetitivos.

§ 1º O relator poderá também admitir, tanto na audiência pública quanto no curso do procedimento, a manifestação, como *amici curiae*, de pessoas, órgãos ou entidades com interesse na controvérsia, considerando a relevância da matéria e assegurando o contraditório e a isonomia de tratamento.

→ v. Arts. 138 e ss., do NCPC.

§ 2º A manifestação de que trata o § 1º somente será admitida até a inclusão do processo em pauta.

Art. 11. Os recursos afetados deverão ser julgados no prazo de um ano e terão preferência sobre os demais feitos.

§ 1º Na hipótese de não ocorrer o julgamento no prazo de um ano a contar da publicação da decisão de que trata o artigo 5º desta Instrução Normativa, cessam automaticamente, em todo o território nacional, a afetação e a suspensão dos processos, que retomarão seu curso normal.

§ 2º Ocorrendo a hipótese do § 1º, é permitida, nos termos e para os efeitos do artigo 2º desta Instrução Normativa e do artigo 896-C da CLT, a formulação de outra proposta de afetação de processos representativos da controvérsia para instauração e julgamento de recursos repetitivos para ser apreciada e decidida pela SbDI-1 deste Tribunal.

Art. 12. O conteúdo do acórdão paradigma abrangerá a análise de todos os fundamentos da tese jurídica discutida, favoráveis ou contrários.

Parágrafo único. É vedado ao órgão colegiado decidir, para os fins do artigo 896-C da CLT, questão não delimitada na decisão de afetação.

Art. 13. Decidido o recurso representativo da controvérsia, os órgãos jurisdicionais respectivos declararão prejudicados os demais recursos versando sobre idêntica controvérsia ou os decidirão, aplicando a tese firmada.

Parágrafo único. Quando os recursos requisitados do Tribunal Regional do Trabalho contiverem outras questões além daquela que é objeto da afetação, caberá ao órgão jurisdicional competente, em acórdão específico para cada processo, decidir esta em primeiro lugar e depois as demais.

Art. 14. Publicado o acórdão paradigma:

I – o Presidente ou Vice-Presidente do Tribunal de origem negará seguimento aos recursos de revista sobrestados na origem, se o acórdão recorrido coincidir com a orientação do Tribunal Superior do Trabalho;

II – o órgão que proferiu o acórdão recorrido, na origem, reexaminará o processo de competência originária ou o recurso anteriormente julgado, na hipótese de o acórdão recorrido contrariar a orientação do Tribunal Superior do Trabalho;

III – os processos porventura suspensos em primeiro e segundo graus de jurisdição retomarão o curso para julgamento e aplicação da tese firmada pelo Tribunal Superior do Trabalho.

Art. 15. Para fundamentar a decisão de manutenção do entendimento, o órgão que proferiu o acórdão recorrido deverá demonstrar a existência de distinção, por se tratar de caso particularizado por hipótese fática distinta ou questão jurídica não examinada, a impor solução diversa.

§ 1º Na hipótese de que trata o *caput* deste artigo, o recurso de revista será submetido a novo exame de sua admissibilidade pelo Presidente ou Vice-Presidente do Tribunal Regional, retomando o processo o seu curso normal.

§ 2º Realizado o juízo de retratação, com alteração do acórdão divergente, o Tribunal de origem, se for o caso, decidirá as demais questões ainda não decididas, cujo enfrentamento se tornou necessário em decorrência da alteração.

§ 3º Quando for alterado o acórdão divergente na forma do § 1º e o recurso anteriormente interposto versar sobre outras questões, o Presidente ou Vice-Presidente do Tribunal Regional, independentemente de ratificação do recurso, procederá a novo juízo de admissibilidade, retomando o processo o seu curso normal.

Art. 16. A parte poderá desistir da ação em curso no primeiro grau de jurisdição, antes de proferida a sentença, se a questão nela discutida for idêntica à resolvida pelo recurso representativo da controvérsia.

§ 1º Se a desistência ocorrer antes de oferecida a defesa, a parte, se for o caso, ficará dispensada do pagamento de custas e de honorários de advogado.

§ 2º A desistência apresentada nos termos do *caput* deste artigo independe de consentimento do reclamado, ainda que apresentada contestação.

Art. 17. Caberá revisão da decisão firmada em julgamento de recursos repetitivos quando se alterar a situação econômica, social ou jurídica, caso em que será respeitada a segurança jurídica das relações firmadas sob a égide da decisão anterior, podendo o Tribunal Superior do Trabalho modular os efeitos da decisão que a tenha alterado.

Art. 18. Caso a questão afetada e julgada sob o rito dos recursos repetitivos também contenha questão constitucional, a decisão proferida pelo Tribunal Pleno não obstará o conhecimento de eventuais recursos extraordinários sobre a questão constitucional.

Art. 19. Aos recursos extraordinários interpostos perante o Tribunal Superior do Trabalho será aplicado o procedimento previsto no Código de Processo Civil para o julgamento dos recursos extraordinários repetitivos, cabendo ao Presidente do Tribunal Superior do Trabalho selecionar um ou mais recursos representativos da controvérsia e encaminhá-los ao Supremo Tribunal Federal, sobrestando os demais até o pronunciamento definitivo da Corte, na forma ali prevista.

Art. 20. Quando o julgamento dos embargos à SbDI-1 envolver relevante questão de direito, com grande repercussão social, sem repetição em múltiplos processos mas a respeito da qual seja conveniente a prevenção ou a composição de divergência entre as turmas ou os demais órgãos fracionários do Tribunal Superior do Trabalho, poderá a SbDI-1, por iniciativa de um de seus membros e após a aprovação da maioria de seus integrantes, afetar o seu julgamento ao Tribunal Pleno.

Parágrafo único. Aplica-se a este incidente, no que couber, o que esta Instrução Normativa dispõe sobre o incidente de julgamento de recursos repetitivos.

Art. 21. O Tribunal Superior do Trabalho deverá manter e dar publicidade às questões de direito objeto dos recursos repetitivos já julgados, pendentes de julgamento ou já reputadas sem relevância, bem como daquelas objeto das decisões proferidas por sua composição plenária, nos termos do § 13 do artigo 896 da CLT e do artigo 20 desta Instrução Normativa.

Parágrafo único. As decisões, organizadas por questão jurídica julgada, serão divulgadas, preferencialmente, na rede mundial de computadores e constarão do Banco Nacional de Jurisprudência Uniformizadora – Banjur, instituído pelo artigo 7º da Instrução Normativa 37/2015, aprovada pela Resolução 195, de 2.3.2015, do Tribunal Superior do Trabalho.

Art. 22. Após a publicação da presente Instrução Normativa, ficam expressamente revogados os artigos 7º a 22 do Ato 491/SEGJUD.GP, de 23 de setembro de 2014.

Ministro Antonio José de Barros Levenhagen

Presidente do Tribunal Superior do Trabalho

(Publicação no *D.E.J.T.* de 17.11. 2015)

LEI 13.188, DE 11 DE NOVEMBRO DE 2015

Dispõe sobre o direito de resposta ou retificação do ofendido em matéria divulgada, publicada ou transmitida por veículo de comunicação social.

→ v. Art. 5º, V, da CF/1988.

→ v. Lei 12.965/2014 – Lei do Marco Civil na internet.

A Presidenta da República:

Faço saber que o Congresso Nacional decreta e eu sanciono a seguinte Lei:

Art. 1º Esta Lei disciplina o exercício do direito de resposta ou retificação do ofendido em matéria divulgada, publicada ou transmitida por veículo de comunicação social.

Art. 2º Ao ofendido em matéria divulgada, publicada ou transmitida por veículo de comunicação social é assegurado o direito de resposta ou retificação, gratuito e proporcional ao agravo.

§ 1º Para os efeitos desta Lei, considera-se matéria qualquer reportagem, nota ou notícia divulgada por veículo de comunicação social, independentemente do meio ou da plataforma de distribuição, publicação ou transmissão que utilize, cujo conteúdo atente, ainda que por equívoco de informação, contra a honra, a intimidade, a reputação, o conceito, o nome, a marca ou a imagem de pessoa física ou jurídica identificada ou passível de identificação.

§ 2º São excluídos da definição de matéria estabelecida no § 1º deste artigo os comentários realizados por usuários da internet nas páginas eletrônicas dos veículos de comunicação social.

§ 3º A retratação ou retificação espontânea, ainda que a elas sejam conferidos os mesmos destaque, publicidade, periodicidade e dimensão do agravo, não impedem o exercício do direito de resposta pelo ofendido nem prejudicam a ação de reparação por dano moral.

Art. 3º O direito de resposta ou retificação deve ser exercido no prazo decadencial de 60 (sessenta) dias, contado da data de cada divulgação, publicação ou transmissão da matéria ofensiva, mediante correspondência com aviso de recebimento encaminhada diretamente ao veículo de comunicação social ou, inexistindo pessoa jurídica constituída, a quem por ele responda, independentemente de quem seja o responsável intelectual pelo agravo.

§ 1º O direito de resposta ou retificação poderá ser exercido, de forma individualizada, em face de todos os veículos de comunicação social que tenham divulgado, publicado, republicado, transmitido ou retransmitido o agravo original.

§ 2º O direito de resposta ou retificação poderá ser exercido, também, conforme o caso:

I – pelo representante legal do ofendido incapaz ou da pessoa jurídica;

II – pelo cônjuge, descendente, ascendente ou irmão do ofendido que esteja ausente do País ou tenha falecido depois do agravo, mas antes de decorrido o prazo de decadência do direito de resposta ou retificação.

§ 3º No caso de divulgação, publicação ou transmissão continuada e ininterrupta da mesma matéria ofensiva, o prazo será contado da data em que se iniciou o agravo.

Art. 4º A resposta ou retificação atenderá, quanto à forma e à duração, ao seguinte:

I – praticado o agravo em mídia escrita ou na internet, terá a resposta ou retificação o destaque, a publicidade, a periodicidade e a dimensão da matéria que a ensejou;

II – praticado o agravo em mídia televisiva, terá a resposta ou retificação o destaque, a publicidade, a periodicidade e a duração da matéria que a ensejou;

III – praticado o agravo em mídia radiofônica, terá a resposta ou retificação o destaque, a publicidade, a periodicidade e a duração da matéria que a ensejou.

§ 1º Se o agravo tiver sido divulgado, publicado, republicado, transmitido ou retransmitido em mídia escrita ou em cadeia de rádio ou televisão para mais de um Município ou Estado, será conferido proporcional alcance à divulgação da resposta ou retificação.

§ 2º O ofendido poderá requerer que a resposta ou retificação seja divulgada, publicada ou transmitida nos mesmos espaço, dia da semana e horário do agravo.

§ 3º A resposta ou retificação cuja divulgação, publicação ou transmissão não obedeça ao disposto nesta Lei é considerada inexistente.

§ 4º Na delimitação do agravo, deverá ser considerado o contexto da informação ou matéria que gerou a ofensa.

Art. 5º Se o veículo de comunicação social ou quem por ele responda não divulgar, publicar ou transmitir a resposta ou retificação no prazo de 7 (sete) dias, contado do recebimento do respectivo pedido, na forma do art. 3º, restará caracterizado o interesse jurídico para a propositura de ação judicial.

§ 1º É competente para conhecer do feito o juízo do domicílio do ofendido ou, se este assim o preferir, aquele do lugar onde o agravo tenha apresentado maior repercussão.

→ v. Arts. 70 e ss., do CC/2012.

§ 2º A ação de rito especial de que trata esta Lei será instruída com as provas do agravo e do pedido de resposta ou retificação não atendido, bem como com o texto da resposta ou retificação a ser divulgado, publicado ou transmitido, sob pena de inépcia da inicial, e processada no prazo máximo de 30 (trinta) dias, vedados:

I – a cumulação de pedidos;

→ v. Art. 327 do NCPC.

II – a reconvenção;

→ v. Arts. 343 e ss., do NCPC.

III – o litisconsórcio, a assistência e a intervenção de terceiros.

→ v. Arts. 113 e ss., e 119 e ss., do NCPC.

§ 3º (*Vetado*).

Art. 6º Recebido o pedido de resposta ou retificação, o juiz, dentro de 24 (vinte e quatro) horas, mandará citar o responsável pelo veículo de comunicação social para que:

I – em igual prazo, apresente as razões pelas quais não o divulgou, publicou ou transmitiu;

II – no prazo de 3 (três) dias, ofereça contestação.

Parágrafo único. O agravo consistente em injúria não admitirá a prova da verdade.

Art. 7º O juiz, nas 24 (vinte e quatro) horas seguintes à citação, tenha ou não se manifestado o responsável pelo veículo de comunicação, conhecerá do pedido e, havendo prova capaz de convencer sobre a verossimilhança da alegação ou justificado receio de ineficácia do provimento final, fixará desde logo as condições e a data para a veiculação, em prazo não superior a 10 (dez) dias, da resposta ou retificação.

§ 1º Se o agravo tiver sido divulgado ou publicado por veículo de mídia impressa cuja circulação seja periódica, a resposta ou retificação será divulgada na edição seguinte à da ofensa ou, ainda, excepcionalmente, em edição extraordinária, apenas nos casos em que o prazo entre a ofensa e a próxima edição indique desproporcionalidade entre a ofensa e a resposta ou retificação.

§ 2º A medida antecipatória a que se refere o *caput* deste artigo poderá ser reconsiderada ou modificada a qualquer momento, em decisão fundamentada.

§ 3º O juiz poderá, a qualquer tempo, impor multa diária ao réu, independentemente de pedido do autor, bem como modificar-lhe o valor ou a periodicidade, caso verifique que se tornou insuficiente ou excessiva.

§ 4º Para a efetivação da tutela específica de que trata esta Lei, poderá o juiz, de ofício ou mediante requerimento, adotar as medidas cabíveis para o cumprimento da decisão.

Art. 8º Não será admitida a divulgação, publicação ou transmissão de resposta ou retificação que não tenha relação com as informações contidas na matéria a que pretende responder nem se enquadre no § 1º do art. 2º desta Lei.

Art. 9º O juiz prolatará a sentença no prazo máximo de 30 (trinta) dias, contado do ajuizamento da ação, salvo na hipótese de conversão do pedido em reparação por perdas e danos.

Parágrafo único. As ações judiciais destinadas a garantir a efetividade do direito de resposta ou retificação previsto nesta Lei processam-se durante as férias forenses e não se suspendem pela superveniência delas.

Art. 10. Das decisões proferidas nos processos submetidos ao rito especial estabelecido nesta Lei, poderá ser concedido efeito suspensivo pelo tribunal competente, desde que constatadas, em juízo colegiado prévio, a plausibilidade do direito invocado e a urgência na concessão da medida.

Art. 11. A gratuidade da resposta ou retificação divulgada pelo veículo de comunicação, em caso de ação temerária, não abrange as custas processuais nem exime o autor do ônus da sucumbência.

Parágrafo único. Incluem-se entre os ônus da sucumbência os custos com a divulgação, publicação ou transmissão da resposta ou retificação, caso a decisão judicial favorável ao autor seja reformada em definitivo.

Art. 12. Os pedidos de reparação ou indenização por danos morais, materiais ou à imagem serão deduzidos em ação própria, salvo se o autor, desistindo expressamente da tutela específica de que trata esta Lei, os requerer, caso em que o processo seguirá pelo rito ordinário.

§ 1º O ajuizamento de ação cível ou penal contra o veículo de comunicação ou seu responsável com fundamento na divulgação, publicação ou transmissão ofensiva não prejudica o exercício administrativo ou judicial do direito de resposta ou retificação previsto nesta Lei.

§ 2º A reparação ou indenização dar-se-á sem prejuízo da multa a que se refere o § 3º do art. 7º.

Art. 13. O art. 143 do Decreto-Lei 2.848, de 7 de dezembro de 1940 (Código Penal), passa a vigorar acrescido do seguinte parágrafo único:

→ Alteração efetuada no referido Decreto-Lei.

Art. 14. Esta Lei entra em vigor na data de sua publicação.

Brasília, 11 de novembro de 2015; 194º da Independência e 127º da República.

Dilma Rousseff

(Publicação no *D.O.U.* de 12.11.2015)

LEI 13.189,
DE 19 DE NOVEMBRO DE 2015

Institui o Programa de Proteção ao Emprego – PPE.

A Presidenta da República:

Faço saber que o Congresso Nacional decreta e eu sanciono a seguinte Lei:

Art. 1º Fica instituído o Programa de Proteção ao Emprego – PPE, com os seguintes objetivos:

I – possibilitar a preservação dos empregos em momentos de retração da atividade econômica;

II – favorecer a recuperação econômico – financeira das empresas;

III – sustentar a demanda agregada durante momentos de adversidade, para facilitar a recuperação da economia;

IV – estimular a produtividade do trabalho por meio do aumento da duração do vínculo empregatício; e

V – fomentar a negociação coletiva e aperfeiçoar as relações de emprego.

Parágrafo único. O PPE consiste em ação para auxiliar os trabalhadores na preservação do emprego, nos termos do inciso II do *caput* do art. 2º da Lei 7.998, de 11 de janeiro de 1990.

Art. 2º Podem aderir ao PPE as empresas de todos os setores em situação de dificuldade econômico-financeira que celebrarem acordo coletivo de trabalho específico de redução de jornada e de salário.

§ 1º A adesão ao PPE pode ser feita até 31 de dezembro de 2016, e o prazo máximo de permanência no programa é de vinte e quatro meses, respeitada a data de extinção do programa.

§ 2º Tem prioridade de adesão a empresa que demonstre observar a cota de pessoas com deficiência.

Art. 3º Poderão aderir ao PPE as empresas, independentemente do setor econômico, nas condições estabelecidas em ato do Poder Executivo e que cumprirem os seguintes requisitos:

I – celebrar e apresentar acordo coletivo de trabalho específico, nos termos do art. 5º;

II – apresentar solicitação de adesão ao PPE ao órgão definido pelo Poder Executivo;

III – apresentar a relação dos empregados abrangidos, especificando o salário individual;

IV – ter registro no Cadastro Nacional da Pessoa Jurídica – CNPJ há, no mínimo, dois anos;

V – comprovar a regularidade fiscal, previdenciária e relativa ao Fundo de Garantia do Tempo de Serviço – FGTS; e

VI – comprovar a situação de dificuldade econômico-financeira, fundamentada no Indicador Líquido de Empregos - ILE, considerando-se nesta situação a empresa cujo ILE for igual ou inferior a 1% (um por cento), apurado com base nas informações disponíveis no Cadastro Geral de Empregados e Desempregados - CAGED, sendo que o ILE consiste no percentual representado pela diferença entre admissões e demissões acumulada nos doze meses anteriores ao da solicitação de adesão ao PPE dividida pelo número de empregados no mês anterior ao início desse período.

§ 1º Para fins do disposto no inciso IV do *caput*, em caso de solicitação de adesão por filial de empresa, pode ser considerado o tempo de registro no CNPJ da matriz.

§ 2º A regularidade de que trata o inciso V do *caput* deve ser observada durante todo o período de adesão ao PPE, como condição para permanência no programa.

Art. 4º Os empregados de empresas que aderirem ao PPE e que tiverem seu salário reduzido, nos termos do art. 5o, fazem jus a uma compensação pecuniária equivalente a 50% (cinquenta por cento) do valor da redução salarial e limitada a 65% (sessenta e cinco por cento) do valor máximo da parcela do seguro-desemprego, enquanto perdurar o período de redução temporária da jornada de trabalho.

§ 1º Ato do Poder Executivo federal deve dispor sobre a forma de pagamento da compensação pecuniária de que trata o *caput*, custeada pelo Fundo de Amparo ao Trabalhador – FAT.

§ 2º O valor do salário pago pelo empregador, após a redução de que trata o *caput* do art. 5º, não pode ser inferior ao valor do salário mínimo.

Art. 5º O acordo coletivo de trabalho específico para adesão ao PPE, celebrado entre a empresa e o sindicato de trabalhadores representativo da categoria da atividade econômica preponderante da empresa, pode reduzir em até 30% (trinta por cento) a jornada e o salário.

§ 1º O acordo deve ser aprovado em assembleia dos trabalhadores abrangidos pelo programa e deve dispor sobre:

I – número total de empregados abrangidos pela redução e sua identificação;

II – estabelecimentos ou setores específicos da empresa abrangidos;

III – percentual de redução da jornada e redução proporcional ou menor do salário;

IV – período pretendido de adesão ao PPE e de redução temporária da jornada de trabalho, que deve ter duração de até seis meses, podendo ser prorrogado por períodos de seis meses, desde que o período total não ultrapasse vinte e quatro meses;

V – período de garantia no emprego, que deve ser equivalente, no mínimo, ao período de redução de jornada acrescido de um terço;

VI – constituição de comissão paritária, composta por representantes do empregador e dos empregados abrangidos pelo PPE, para acompanhar e fiscalizar o cumprimento do acordo e do programa, exceto nas microempresas e empresas de pequeno porte.

§ 2º O acordo coletivo de trabalho específico de que trata este artigo não disporá sobre outras condições de trabalho.

§ 3º A empresa deve demonstrar ao sindicato que foram esgotados os bancos de horas, além de fornecer as informações econômico-financeiras.

§ 4º É facultada a celebração de acordo coletivo múltiplo de trabalho específico a grupo de microempresas e empresas de pequeno porte, do mesmo setor econômico, com o sindicato de trabalhadores representativo da categoria da atividade econômica preponderante.

§ 5º Na hipótese do § 4º, a comissão paritária de que trata o inciso VI do § 1º será composta por representantes do empregador e do sindicato de trabalhadores que celebrar o acordo coletivo múltiplo de trabalho específico.

§ 6º Para fins dos incisos I e II do § 1º, o acordo deve abranger todos os empregados da empresa ou, no mínimo, os empregados de setor ou estabelecimento específico.

§ 7º Para fins do disposto no § 4º, cada microempresa ou empresa de pequeno porte deverá demonstrar individualmente o cumprimento dos requisitos exigidos para adesão ao PPE.

§ 8º A redução de que trata o *caput* está condicionada à celebração de acordo coletivo de trabalho específico com o sindicato de trabalhadores representativo da categoria, observado o disposto no art. 511 da Consolidação das Leis do Trabalho – CLT, aprovada pelo Decreto-Lei 5.452, de 1º de maio de 1943.

Art. 6º A empresa que aderir ao PPE fica proibida de:

I – dispensar arbitrariamente ou sem justa causa os empregados que tiverem sua jornada de trabalho temporariamente reduzida enquanto vigorar a adesão ao PPE e, após o seu término, durante o prazo equivalente a um terço do período de adesão;

II – contratar empregado para executar, total ou parcialmente, as mesmas atividades exercidas por empregado abrangido pelo programa, exceto nas hipóteses de:

a) reposição;

b) aproveitamento de concluinte de curso de aprendizagem na empresa, nos termos do art. 429 da Consolidação das Leis do Trabalho – CLT, aprovada pelo Decreto-Lei 5.452, de 1º de maio de 1943.

§ 1º Nas hipóteses de contratação previstas nas alíneas *a* e *b* do inciso II do *caput*, o empregado deve ser abrangido pelo acordo coletivo de trabalho específico.

§ 2º Durante o período de adesão, é proibida a realização de horas extraordinárias pelos empregados abrangidos pelo programa.

Art. 7º A empresa pode denunciar o PPE a qualquer momento desde que comunique o ato ao sindicato que celebrou o acordo coletivo de trabalho específico, aos seus trabalhadores e ao Poder Executivo, com antecedência mínima de trinta dias, demonstrando as razões e a superação da situação de dificuldade econômico-financeira.

§ 1º Somente após o prazo de trinta dias, pode a empresa exigir o cumprimento da jornada integral de trabalho.

§ 2º Deve ser mantida a garantia de emprego, nos termos da adesão original ao PPE e seus acréscimos.

§ 3º Somente após seis meses da denúncia, pode a empresa aderir novamente ao PPE, caso demonstre que enfrenta nova situação de dificuldade econômico-financeira.

Art. 8º Fica excluída do PPE e impedida de aderir ao programa novamente a empresa que:

I – descumprir os termos do acordo coletivo de trabalho específico relativo à redução temporária da jornada de trabalho ou qualquer outro dispositivo desta Lei ou de sua regulamentação;

II – cometer fraude no âmbito do PPE; ou

III – for condenada por decisão judicial transitada em julgado ou autuada administrativamente após decisão final no processo administrativo por prática de trabalho análogo ao de escravo, trabalho infantil ou degradante.

§ 1º A empresa que descumprir o acordo coletivo ou as normas relativas ao PPE fica obrigada a restituir ao FAT os recursos recebidos, devidamente corrigidos, e a pagar multa administrativa correspondente a 100% (cem por cento) desse valor, calculada em dobro no caso de fraude, a ser aplicada conforme o Título VII da Consolidação das Leis do Trabalho – CLT, aprovada pelo Decreto-Lei 5.452, de 1º de maio de 1943, e revertida ao FAT.

§ 2º Para fins do disposto no inciso I do *caput*, a denúncia de que trata o art. 7º não é considerada descumprimento dos termos do acordo coletivo de trabalho específico.

Art. 9º A compensação pecuniária integra as parcelas remuneratórias para efeito do disposto no inciso I do art. 22 e no § 8º do art. 28 da Lei 8.212, de 24 de julho de 1991, e do disposto no art. 15 da Lei 8.036, de 11 de maio de 1990.

→ *v.* Art. 10 desta lei.

Art. 10. Permanecem regidas pela Medida Provisória 680, de 6 de julho de 2015, as adesões ao PPE já aprovadas, aplicando-se esta Lei às solicitações de adesão ou de prorrogação em tramitação na data de sua publicação ou protocoladas a partir dessa data, sendo facultadas às empresas a prorrogação dos prazos e a adoção das demais condições previstas nesta Lei mediante aditivo ao acordo coletivo de trabalho específico.

Art. 11. O PPE extingue-se em 31 de dezembro de 2017.

Art. 12. Esta Lei entra em vigor na data de sua publicação, com exceção do disposto no art. 9º, quanto à Lei 8.212, de 24 de julho de 1991, que entra em vigor no dia 1º de novembro de 2015.

Brasília, 19 de novembro de 2015; 194º da Independência e 127º da República.

Dilma Rousseff

(Publicação no *D.O.U.* de 20.11.2015)

LEI COMPLEMENTAR 152, DE 3 DE DEZEMBRO DE 2015

Dispõe sobre a aposentadoria compulsória por idade, com proventos proporcionais, nos termos do inciso II do § 1º do art. 40 da Constituição Federal.

A Presidenta da República:

Faço saber que o Congresso Nacional decreta e eu promulgo, nos termos do parágrafo 5º do art. 66 da Constituição, a seguinte Lei Complementar:

Art. 1º Esta Lei Complementar dispõe sobre a aposentadoria compulsória por idade, com proventos proporcionais, no âmbito da União, dos Estados, do Distrito Federal e dos Municípios, dos agentes públicos aos quais se aplica o inciso II do § 1º do art. 40 da Constituição Federal.

Art. 2º Serão aposentados compulsoriamente, com proventos proporcionais ao tempo de contribuição, aos 75 (setenta e cinco) anos de idade:

I – os servidores titulares de cargos efetivos da União, dos Estados, do Distrito Federal e dos Municípios, incluídas suas autarquias e fundações;

II – os membros do Poder Judiciário;

III – os membros do Ministério Público;

IV – os membros das Defensorias Públicas;

V – os membros dos Tribunais e dos Conselhos de Contas.

Parágrafo único. Aos servidores do Serviço Exterior Brasileiro, regidos pela Lei 11.440, de 29 de dezembro de 2006, o disposto neste artigo será aplicado progressivamente à razão de 1 (um) ano adicional de limite para aposentadoria compulsória ao fim de cada 2 (dois) anos, a partir da vigência desta Lei Complementar, até o limite de 75 (setenta e cinco) anos previsto no *caput*.

Art. 3º Revoga-se o inciso I do art. 1º da Lei Complementar 51, de 20 de dezembro de 1985.

Art. 4º Esta Lei Complementar entra em vigor na data de sua publicação.

Brasília, 3 de dezembro de 2015; 194º da Independência e 127º da República.

Dilma Rousseff

(Publicação no *D.O.U.* de 4.12.2015)

MEDIDA PROVISÓRIA 703, DE 18 DE DEZEMBRO 2015

Altera a Lei 12.846, de 1º de agosto de 2013, para dispor sobre acordos de leniência.

A Presidenta da República, no uso da atribuição que lhe confere o art. 62 da Constituição, adota a seguinte Medida Provisória, com força de lei:

Art. 1º A Lei 12.846, de 1º de agosto de 2013, passa a vigorar com as seguintes alterações:

→ Alterações efetuadas na referida Lei 12.846/2013.

Art. 2º Ficam revogados:

I – o § 1º do art. 17 da Lei 8.429, de 2 de junho de1992; e

II – o inciso I do § 1º do art. 16 da Lei 12.846, de 1º de agosto de 2013.

Art. 3º Esta Medida Provisória entra em vigor na data de sua publicação.

Brasília, 18 de dezembro de 2015; 194º da Independência e 127º da República.

Dilma Rousseff

(Publicação no *D.O.U.* de 21.12.2015)

LEI 13.228,
DE 28 DE DEZEMBRO DE 2015

Altera o Decreto-Lei 2.848, de 7 de dezembro de 1940 – Código Penal, para estabelecer causa de aumento de pena para o caso de estelionato cometido contra idoso.

A Presidenta da República:

Faço saber que o Congresso Nacional decreta e eu sanciono a seguinte Lei:

Art. 1º Esta Lei modifica o art. 171 do Decreto-Lei 2.848, de 7 de dezembro de 1940 – Código Penal, com o propósito de estabelecer causa de aumento de pena na hipótese de estelionato cometido contra idoso.

Art. 2º O art. 171 do Decreto-Lei 2.848, de 7 de dezembro de 1940 – Código Penal, passa a vigorar acrescido do seguinte § 4º:

"Art. 171. (...)

(...)

Estelionato contra idoso

§ 4º Aplica-se a pena em dobro se o crime for cometido contra idoso."

Art. 3º Esta Lei entra em vigor na data de sua publicação.

Brasília, 28 de dezembro de 2015; 194º da Independência e 127º da República.

Dilma Rousseff

(Publicação no DOU de 29.12.2015)

LEI 13.239,
DE 30 DE DEZEMBRO DE 2015

Dispõe sobre a oferta e a realização, no âmbito do Sistema Único de Saúde – SUS, de cirurgia plástica reparadora de sequelas de lesões causadas por atos de violência contra a mulher.

A Presidenta da República:

Faço saber que o Congresso Nacional decreta e eu sanciono a seguinte Lei:

Art. 1º Esta Lei dispõe sobre a oferta e a realização, no âmbito do Sistema Único de Saúde – SUS, de cirurgia plástica reparadora de sequelas de lesões causadas por atos de violência contra a mulher.

Art. 2º São obrigatórias, nos serviços do SUS, próprios, contratados e conveniados, a oferta e a realização de cirurgia plástica reparadora de sequelas de lesões causadas por atos de violência contra a mulher.

Art. 3º Os hospitais e os centros de saúde pública, ao receberem vítimas de violência, deverão informá-las da possibilidade de acesso gratuito à cirurgia plástica para reparação das lesões ou sequelas de agressão comprovada.

§ 1º A mulher vítima de violência grave que necessitar de cirurgia deverá procurar unidade que a realize, portando o registro oficial de ocorrência da agressão.

§ 2º O profissional de medicina que indicar a necessidade da cirurgia deverá fazê-lo em diagnóstico formal, expresso, encaminhando-o ao responsável pela unidade de saúde respectiva, para sua autorização.

§ 3º Deverão ser encaminhados para clínicas especializadas os casos indicados para complementação diagnóstica ou tratamento, quando necessário.

Art. 4º Os recursos financeiros destinados a cobrir as despesas decorrentes desta Lei serão alocados para o ano subsequente à sua publicação e provenientes da programação orçamentária de saúde.

Art. 5º A ausência do informe previsto no caput do art. 3º sujeita o responsável pelo hospital ou centro de saúde às seguintes penalidades, a serem aplicadas cumulativamente:

I – multa no valor do décuplo de sua remuneração mensal;

II – perda da função pública;

III – proibição de contratar com o poder público e de receber benefícios ou incentivos fiscais ou creditícios, direta ou indiretamente, ainda que por intermédio de pessoa jurídica da qual seja sócio majoritário, pelo prazo de quatro anos.

Parágrafo único. Os recursos provenientes da arrecadação da multa prevista no inciso I serão aplicados em campanhas educativas de combate à violência contra a mulher.

Art. 6º Esta Lei entra em vigor na data de sua publicação.

Brasília, 30 de dezembro de 2015; 194º da Independência e 127º da República.

Dilma Rousseff

(Publicação no D.O.U. de 31.12.2015)

LEI 13.243,
DE 11 DE JANEIRO DE 2016

Dispõe sobre estímulos ao desenvolvimento científico, à pesquisa, à capacitação científica e tecnológica e à inovação e altera a Lei 10.973, de 2 de dezembro de 2004, a Lei 6.815, de 19 de agosto de 1980, a Lei 8.666, de 21 de junho de 1993, a Lei 12.462, de 4 de agosto de 2011, a Lei 8.745, de 9 de dezembro de 1993, a Lei 8.958, de 20 de dezembro de 1994, a Lei 8.010, de 29 de março de 1990, a Lei 8.032, de 12 de abril de 1990, e a Lei 12.772, de 28 de dezembro de 2012, nos termos da Emenda Constitucional 85, de 26 de fevereiro de 2015.

A Presidenta da República:

Faço saber que o Congresso Nacional decreta e eu sanciono a seguinte Lei:

Art. 1º Esta Lei dispõe sobre estímulos ao desenvolvimento científico, à pesquisa, à capacitação científica e tecnológica e à inovação e altera a Lei 10.973, de 2 de dezembro de 2004, a Lei 6.815, de 19 de agosto de 1980, a Lei 8.666, de 21 de junho de 1993, a Lei 12.462, de 4 de agosto de 2011, a Lei 8.745, de 9 de dezembro de 1993, a Lei 8.958, de 20 de dezembro de 1994, a Lei 8.010, de 29 de março de 1990, a Lei 8.032, de 12 de abril de 1990, e a Lei 12.772, de 28 de dezembro de 2012, nos termos da Emenda Constitucional 85, de 26 de fevereiro de 2015.

Art. 2º A Lei 10.973, de 2 de dezembro de 2004, passa a vigorar com as seguintes alterações:

"Art. 1º Esta Lei estabelece medidas de incentivo à inovação e à pesquisa científica e tecnológica no ambiente produtivo, com vistas à capacitação tecnológica, ao alcance da autonomia tecnológica e ao desenvolvimento do sistema produtivo nacional e regional do País, nos termos dos arts. 23, 24, 167, 200, 213, 218, 219 e 219-A da Constituição Federal.

Parágrafo único. As medidas às quais se refere o *caput* deverão observar os seguintes princípios:

I – promoção das atividades científicas e tecnológicas como estratégicas para o desenvolvimento econômico e social;

II – promoção e continuidade dos processos de desenvolvimento científico, tecnológico e de inovação, assegurados os recursos humanos, econômicos e financeiros para tal finalidade;

III – redução das desigualdades regionais;

IV – descentralização das atividades de ciência, tecnologia e inovação em cada esfera de governo, com desconcentração em cada ente federado;

V – promoção da cooperação e interação entre os entes públicos, entre os setores público e privado e entre empresas;

VI – estímulo à atividade de inovação nas Instituições Científica, Tecnológica e de Inovação (ICTs) e nas empresas, inclusive para a atração, a constituição e a instalação de centros de pesquisa, desenvolvimento e inovação e de parques e polos tecnológicos no País;

VII – promoção da competitividade empresarial nos mercados nacional e internacional;

VIII – incentivo à constituição de ambientes favoráveis à inovação e às atividades de transferência de tecnologia;

IX – promoção e continuidade dos processos de formação e capacitação científica e tecnológica;

X – fortalecimento das capacidades operacional, científica, tecnológica e administrativa das ICTs;

XI – atratividade dos instrumentos de fomento e de crédito, bem como sua permanente atualização e aperfeiçoamento;

XII – simplificação de procedimentos para gestão de projetos de ciência, tecnologia e inovação e adoção de controle por resultados em sua avaliação;

XIII – utilização do poder de compra do Estado para fomento à inovação;

XIV – apoio, incentivo e integração dos inventores independentes às atividades das ICTs e ao sistema produtivo."

"Art. 2º (...)

(...)

III – criador: pessoa física que seja inventora, obtentora ou autora de criação;

III-A – incubadora de empresas: organização ou estrutura que objetiva estimular ou prestar apoio logístico, gerencial e tecnológico ao empreendedorismo inovador e intensivo em conhecimento, com o objetivo de facilitar a criação e o desenvolvimento de empresas que tenham como diferencial a realização de atividades voltadas à inovação;

IV – inovação: introdução de novidade ou aperfeiçoamento no ambiente produtivo e social que resulte em novos produtos, serviços ou processos ou que compreenda a agregação de novas funcionalidades ou características a produto, serviço ou processo já existente que possa resultar em melhorias e em efetivo ganho de qualidade ou desempenho;

V – Instituição Científica, Tecnológica e de Inovação (ICT): órgão ou entidade da administração pública direta ou indireta ou pessoa jurídica de direito privado sem fins lucrativos legalmente constituída sob as leis brasileiras, com sede e foro no País, que inclua em sua missão institucional ou em seu objetivo social ou estatutário a pesquisa básica ou aplicada de caráter científico ou tecnológico ou o desenvolvimento de novos produtos, serviços ou processos;

VI – Núcleo de Inovação Tecnológica (NIT): estrutura instituída por uma ou mais ICTs, com ou sem personalidade jurídica própria, que tenha por finalidade a gestão de política institucional de inovação e por competências mínimas as atribuições previstas nesta Lei;

VII – fundação de apoio: fundação criada com a finalidade de dar apoio a projetos de pesquisa, ensino e extensão, projetos de desenvolvimento institucional, científico, tecnológico e projetos de estímulo à inovação de interesse das ICTs, registrada e credenciada no Ministério da Educação e no Ministério da Ciência, Tecnologia e Inovação, nos termos da Lei 8.958, de 20 de dezembro de 1994, e das demais legislações pertinentes nas esferas estadual, distrital e municipal;

VIII – pesquisador público: ocupante de cargo público efetivo, civil ou militar, ou detentor de função ou emprego público que realize, como atribuição funcional, atividade de pesquisa, desenvolvimento e inovação;

(...)

X – parque tecnológico: complexo planejado de desenvolvimento empresarial e tecnológico, promotor da cultura de inovação, da competitividade industrial, da capacitação empresarial e da promoção de sinergias em atividades de pesquisa científica, de desenvolvimento tecnológico e de inovação, entre empresas e uma ou mais ICTs, com ou sem vínculo entre si;

XI – polo tecnológico: ambiente industrial e tecnológico caracterizado pela presença dominante de micro, pequenas e médias empresas com áreas correlatas de atuação em determinado espaço geográfico, com vínculos operacionais com ICT, recursos humanos, laboratórios e equipamentos organizados e com predisposição ao intercâmbio entre os entes envolvidos para consolidação, *marketing* e comercialização de novas tecnologias;

XII – extensão tecnológica: atividade que auxilia no desenvolvimento, no aperfeiçoamento e na difusão de soluções tecnológicas e na sua disponibilização à sociedade e ao mercado;

XIII – bônus tecnológico: subvenção a microempresas e a empresas de pequeno e médio porte, com base em dotações orçamentárias de órgãos e entidades da administração pública, destinada ao pagamento de compartilhamento e uso de infraestrutura de pesquisa e desenvolvimento tecnológicos, de contratação de serviços tecnológicos especializados, ou transferência de tecnologia, quando esta for meramente complementar àqueles serviços, nos termos de regulamento;

XIV – capital intelectual: conhecimento acumulado pelo pessoal da organização, passível de aplicação em projetos de pesquisa, desenvolvimento e inovação."

"Art. 3º A União, os Estados, o Distrito Federal, os Municípios e as respectivas agências de fomento poderão estimular e apoiar a constituição de alianças estratégicas e o desenvolvimento de projetos de cooperação envolvendo empresas, ICTs e entidades privadas sem fins lucrativos voltados para atividades de pesquisa e desenvolvimento, que objetivem a geração de produtos, processos e serviços inovadores e a transferência e a difusão de tecnologia.

Parágrafo único. O apoio previsto no *caput* poderá contemplar as redes e os projetos internacionais de pesquisa tecnológica, as ações de empreendedorismo tecnológico e de criação de ambientes de inovação, inclusive incubadoras e parques tecnológicos, e a formação e a capacitação de recursos humanos qualificados."

"Art. 3º-B. A União, os Estados, o Distrito Federal, os Municípios, as respectivas agências de fomento e as ICTs poderão apoiar a criação, a implantação e a consolidação de ambientes promotores da inovação, incluídos parques e polos tecnológicos e incubadoras de empresas, como forma de incentivar o desenvolvimento tecnológico, o aumento da competitividade e a interação entre as empresas e as ICTs.

§ 1º As incubadoras de empresas, os parques e polos tecnológicos e os demais ambientes promotores da inovação estabelecerão suas regras para fomento, concepção e desenvolvimento de projetos em parceria e para seleção de empresas para ingresso nesses ambientes.

§ 2º Para os fins previstos no *caput*, a União, os Estados, o Distrito Federal, os Municípios, as respectivas agências de fomento e as ICTs públicas poderão:

I – ceder o uso de imóveis para a instalação e a consolidação de ambientes promotores da inovação, diretamente às empresas e às ICTs interessadas ou por meio de entidade com ou sem fins lucrativos que tenha por missão institucional a gestão de parques e polos tecnológicos e de incubadora de empresas, mediante contrapartida obrigatória, financeira ou não financeira, na forma de regulamento;

II – participar da criação e da governança das entidades gestoras de parques tecnológicos ou de incubadoras de empresas, desde que adotem mecanismos que assegurem a segregação das funções de financiamento e de execução."

"Art. 3º-C. A União, os Estados, o Distrito Federal e os Municípios estimularão a atração de centros de pesquisa e desenvolvimento de empresas estrangeiras, promovendo sua interação com ICTs e empresas brasileiras e oferecendo-lhes o acesso aos instrumentos de fomento, visando ao adensamento do processo de inovação no País."

"Art. 3º-D. A União, os Estados, o Distrito Federal, os Municípios e as respectivas agências de fomento manterão programas específicos para as microempresas e para as empresas de pequeno porte, observando-se o disposto na Lei Complementar 123, de 14 de dezembro de 2006."

"Art. 4º A ICT pública poderá, mediante contrapartida financeira ou não financeira e por prazo determinado, nos termos de contrato ou convênio:

I – compartilhar seus laboratórios, equipamentos, instrumentos, materiais e demais instalações com ICT ou empresas em ações voltadas à inovação tecnológica para consecução das atividades de incubação, sem prejuízo de sua atividade finalística;

II – permitir a utilização de seus laboratórios, equipamentos, instrumentos, materiais e demais instalações existentes em suas próprias dependências por ICT, empresas ou pessoas físicas voltadas a atividades de pesquisa, desenvolvimento e inovação, desde que tal permissão não interfira diretamente em sua atividade-fim nem com ela conflite;

III – permitir o uso de seu capital intelectual em projetos de pesquisa, desenvolvimento e inovação.

Parágrafo único. O compartilhamento e a permissão de que tratam os incisos I e II do *caput* obedecerão às prioridades, aos critérios e aos requisitos aprovados e divulgados pela ICT pública, observadas as respectivas disponibilidades e assegurada a igualdade de oportunidades a empresas e demais organizações interessadas."

"Art. 5º São a União e os demais entes federativos e suas entidades autorizados, nos termos de regulamento, a participar minoritariamente do capital social de empresas, com o propósito de desenvolver produtos ou processos inovadores que estejam de acordo com as diretrizes e prioridades definidas nas políticas de ciência, tecnologia, inovação e de desenvolvimento industrial de cada esfera de governo.

§ 1º A propriedade intelectual sobre os resultados obtidos pertencerá à empresa, na forma da legislação vigente e de seus atos constitutivos.

§ 2º O poder público poderá condicionar a participação societária via aporte de capital à previsão de licenciamento da propriedade intelectual para atender ao interesse público.

§ 3º A alienação dos ativos da participação societária referida no *caput* dispensa realização de licitação, conforme legislação vigente.

§ 4º Os recursos recebidos em decorrência da alienação da participação societária referida no caput deverão ser aplicados em pesquisa e desenvolvimento ou em novas participações societárias.

§ 5º Nas empresas a que se refere o *caput*, o estatuto ou contrato social poderá conferir às ações ou quotas detidas pela União ou por suas entidades poderes especiais, inclusive de veto às deliberações dos demais sócios nas matérias que especificar.

§ 6º A participação minoritária de que trata o *caput* dar-se-á por meio de contribuição financeira ou não financeira, desde que economicamente mensurável, e poderá ser aceita como forma de remuneração pela transferência de tecnologia e pelo licenciamento para outorga de direito de uso ou de exploração de criação de titularidade da União e de suas entidades."

"Art. 6º É facultado à ICT pública celebrar contrato de transferência de tecnologia e de licenciamento para outorga de direito de uso ou de exploração de criação por ela desenvolvida isoladamente ou por meio de parceria.

§ 1º A contratação com cláusula de exclusividade, para os fins de que trata o *caput*, deve ser precedida da publicação de extrato da oferta tecnológica em sítio eletrônico oficial da ICT, na forma estabelecida em sua política de inovação.

§ 1º-A. Nos casos de desenvolvimento conjunto com empresa, essa poderá ser contratada com cláusula de exclusividade, dispensada a oferta pública, devendo ser estabelecida em convênio ou contrato a forma de remuneração.

LEGISLAÇÃO

(...)

§ 6º Celebrado o contrato de que trata o *caput*, dirigentes, criadores ou quaisquer outros servidores, empregados ou prestadores de serviços são obrigados a repassar os conhecimentos e informações necessários à sua efetivação, sob pena de responsabilização administrativa, civil e penal, respeitado o disposto no art. 12.

§ 7º A remuneração de ICT privada pela transferência de tecnologia e pelo licenciamento para uso ou exploração de criação de que trata o § 6º do art. 5º, bem como a oriunda de pesquisa, desenvolvimento e inovação, não representa impeditivo para sua classificação como entidade sem fins lucrativos."

"Art. 8º É facultado à ICT prestar a instituições públicas ou privadas serviços técnicos especializados compatíveis com os objetivos desta Lei, nas atividades voltadas à inovação e à pesquisa científica e tecnológica no ambiente produtivo, visando, entre outros objetivos, à maior competitividade das empresas.

§ 1º A prestação de serviços prevista no caput dependerá de aprovação pelo representante legal máximo da instituição, facultada a delegação a mais de uma autoridade, e vedada a subdelegação.

(...)

"Art. 9º É facultado à ICT celebrar acordos de parceria com instituições públicas e privadas para realização de atividades conjuntas de pesquisa científica e tecnológica e de desenvolvimento de tecnologia, produto, serviço ou processo.

§ 1º O servidor, o militar, o empregado da ICT pública e o aluno de curso técnico, de graduação ou de pós-graduação envolvidos na execução das atividades previstas no *caput* poderão receber bolsa de estímulo à inovação diretamente da ICT a que estejam vinculados, de fundação de apoio ou de agência de fomento.

§ 2º As partes deverão prever, em instrumento jurídico específico, a titularidade da propriedade intelectual e a participação nos resultados da exploração das criações resultantes da parceria, assegurando aos signatários o direito à exploração, ao licenciamento e à transferência de tecnologia, observado o disposto nos §§ 4º a 7º do art. 6º.

§ 3º A propriedade intelectual e a participação nos resultados referidas no § 2º serão asseguradas às partes contratantes, nos termos do contrato, podendo a ICT ceder ao parceiro privado a totalidade dos direitos de propriedade intelectual mediante compensação financeira ou não financeira, desde que economicamente mensurável.

§ 4º A bolsa concedida nos termos deste artigo caracteriza-se como doação, não configura vínculo empregatício, não caracteriza contraprestação de serviços nem vantagem para o doador, para efeitos do disposto no art. 26 da Lei 9.250, de 26 de dezembro de 1995, e não integra a base de cálculo da contribuição previdenciária, aplicando-se o disposto neste parágrafo a fato pretérito, como previsto no inciso I do art. 106 da Lei 5.172, de 25 de outubro de 1966.

§ 5º (*Vetado*)."

"Art. 9º-A. Os órgãos e entidades da União, dos Estados, do Distrito Federal e dos Municípios são autorizados a conceder recursos para a execução de projetos de pesquisa, desenvolvimento e inovação às ICTs ou diretamente aos pesquisadores a elas vinculados, por termo de outorga, convênio, contrato ou instrumento jurídico assemelhado.

§ 1º A concessão de apoio financeiro depende de aprovação de plano de trabalho.

§ 2º A celebração e a prestação de contas dos instrumentos aos quais se refere o *caput* serão feitas de forma simplificada e compatível com as características das atividades de ciência, tecnologia e inovação, nos termos de regulamento.

§ 3º A vigência dos instrumentos jurídicos aos quais se refere o *caput* deverá ser suficiente à plena realização do objeto, admitida a prorrogação, desde que justificada tecnicamente e refletida em ajuste do plano de trabalho.

§ 4º Do valor total aprovado e liberado para os projetos referidos no *caput*, poderá ocorrer transposição, remanejamento ou transferência de recursos de categoria de programação para outra, de acordo com regulamento.

§ 5º A transferência de recursos da União para ICT estadual, distrital ou municipal em projetos de ciência, tecnologia e inovação não poderá sofrer restrições por conta de inadimplência de quaisquer outros órgãos ou instâncias que não a própria ICT."

"Art. 10. (*Vetado*)."

"Art. 11. Nos casos e condições definidos em normas da ICT e nos termos da legislação pertinente, a ICT poderá ceder seus direitos sobre a criação, mediante manifestação expressa e motivada e a título não oneroso, ao criador, para que os exerça em seu próprio nome e sob sua inteira responsabilidade, ou a terceiro, mediante remuneração.

(...)"

"Art. 13. (...)

(...)

§ 2º Entende-se por ganho econômico toda forma de *royalty* ou de remuneração ou quaisquer benefícios financeiros resultantes da exploração direta ou por terceiros da criação protegida, devendo ser deduzidos:

I – na exploração direta e por terceiros, as despesas, os encargos e as obrigações legais decorrentes da proteção da propriedade intelectual;

II – na exploração direta, os custos de produção da ICT.

(...)

§ 4º A participação referida no *caput* deste artigo deverá ocorrer em prazo não superior a 1 (um) ano após a realização da receita que lhe servir de base, contado a partir da regulamentação pela autoridade interna competente."

"Art. 14. (...)

(...)

§ 3º As gratificações específicas do pesquisador público em regime de dedicação exclusiva, inclusive aquele enquadrado em plano de carreiras e cargos de magistério, serão garantidas, na forma do § 2º deste artigo, quando houver o completo afastamento de ICT pública para outra ICT, desde que seja de conveniência da ICT de origem.

(...)"

"Art. 14-A. O pesquisador público em regime de dedicação exclusiva, inclusive aquele enquadrado em plano de carreiras e cargos de magistério, poderá exercer atividade remunerada de pesquisa, desenvolvimento e inovação em ICT ou em empresa e participar da execução de projeto aprovado ou custeado com recursos previstos nesta Lei, desde que observada a conveniência do órgão de origem e assegurada a continuidade de suas atividades de ensino ou pesquisa nesse órgão, a depender de sua respectiva natureza."

"Art. 15-A. A ICT de direito público deverá instituir sua política de inovação, dispondo sobre a organização e a gestão dos processos que orientam a transferência de tecnologia e a geração de inovação no ambiente produtivo, em consonância com as prioridades da política nacional de ciência, tecnologia e inovação e com a política industrial e tecnológica nacional.

Parágrafo único. A política a que se refere o caput deverá estabelecer diretrizes e objetivos:

I – estratégicos de atuação institucional no ambiente produtivo local, regional ou nacional;

II – de empreendedorismo, de gestão de incubadoras e de participação no capital social de empresas;

III – para extensão tecnológica e prestação de serviços técnicos;

IV – para compartilhamento e permissão de uso por terceiros de seus laboratórios, equipamentos, recursos humanos e capital intelectual;

V – de gestão da propriedade intelectual e de transferência de tecnologia;

VI – para institucionalização e gestão do Núcleo de Inovação Tecnológica;

VII – para orientação das ações institucionais de capacitação de recursos humanos em empreendedorismo, gestão da inovação, transferência de tecnologia e propriedade intelectual;

VIII – para estabelecimento de parcerias para desenvolvimento de tecnologias com inventores independentes, empresas e outras entidades."

"Art. 16. Para apoiar a gestão de sua política de inovação, a ICT pública deverá dispor de Núcleo de Inovação Tecnológica, próprio ou em associação com outras ICTs.

§ 1º São competências do Núcleo de Inovação Tecnológica a que se refere o *caput*, entre outras:

(...)

VII – desenvolver estudos de prospecção tecnológica e de inteligência competitiva no campo da propriedade intelectual, de forma a orientar as ações de inovação da ICT;

VIII – desenvolver estudos e estratégias para a transferência de inovação gerada pela ICT;

IX – promover e acompanhar o relacionamento da ICT com empresas, em especial para as atividades previstas nos arts. 6º a 9º;

X – negociar e gerir os acordos de transferência de tecnologia oriunda da ICT.

§ 2º A representação da ICT pública, no âmbito de sua política de inovação, poderá ser delegada ao gestor do Núcleo de Inovação Tecnológica.

§ 3º O Núcleo de Inovação Tecnológica poderá ser constituído com personalidade jurídica própria, como entidade privada sem fins lucrativos.

§ 4º Caso o Núcleo de Inovação Tecnológica seja constituído com personalidade jurídica própria, a ICT deverá estabelecer as diretrizes de gestão e as formas de repasse de recursos.

§ 5º Na hipótese do § 3º, a ICT pública é autorizada a estabelecer parceria com entidades privadas sem fins lucrativos já existentes, para a finalidade prevista no caput."

"Art. 17. A ICT pública deverá, na forma de regulamento, prestar informações ao Ministério da Ciência, Tecnologia e Inovação.

I – (*Revogado*);

II – (*Revogado*);

III – (*Revogado*);

IV – (*Revogado*).

Parágrafo único. Aplica-se o disposto no caput à ICT privada beneficiada pelo poder público, na forma desta Lei."

"Art. 18. A ICT pública, na elaboração e na execução de seu orçamento, adotará as medidas cabíveis para a administração e a gestão de sua política de inovação para permitir o recebimento de receitas e o pagamento de despesas decorrentes da aplicação do disposto nos arts. 4º a 9º, 11 e 13, o pagamento das despesas para a proteção da propriedade intelectual e o pagamento devido aos criadores e aos eventuais colaboradores.

Parágrafo único. A captação, a gestão e a aplicação das receitas próprias da ICT pública, de que tratam os arts. 4º a 8º, 11 e 13, poderão ser delegadas a fundação de apoio, quando previsto em contrato ou convênio, devendo ser aplicadas exclusivamente em objetivos institucionais de pesquisa, desenvolvimento e inovação, incluindo a carteira de projetos institucionais e a gestão da política de inovação."

"Art. 19. A União, os Estados, o Distrito Federal, os Municípios, as ICTs e suas agências de fomento promoverão e incentivarão a pesquisa e o desenvolvimento de produtos, serviços e processos inovadores em empresas brasileiras e em entidades brasileiras de direito privado sem fins lucrativos, mediante a concessão de recursos financeiros, humanos, materiais ou de infraestrutura a serem ajustados em instrumentos específicos e destinados a apoiar atividades de pesquisa, desenvolvimento e inovação, para atender às prioridades das políticas industrial e tecnológica nacional.

(...)

§ 2º-A. São instrumentos de estímulo à inovação nas empresas, quando aplicáveis, entre outros:

I – subvenção econômica;

II – financiamento;

III – participação societária;

IV – bônus tecnológico;

V – encomenda tecnológica;

VI – incentivos fiscais;

VII – concessão de bolsas;

VIII – uso do poder de compra do Estado;

IX – fundos de investimentos;

X – fundos de participação;

XI – títulos financeiros, incentivados ou não;

XII – previsão de investimento em pesquisa e desenvolvimento em contratos de concessão de serviços públicos ou em regulações setoriais.

(...)

§ 6º As iniciativas de que trata este artigo poderão ser estendidas a ações visando a:

I – apoio financeiro, econômico e fiscal direto a empresas para as atividades de pesquisa, desenvolvimento e inovação tecnológica;

II – constituição de parcerias estratégicas e desenvolvimento de projetos de cooperação entre ICT e empresas e entre empresas, em atividades de pesquisa e desenvolvimento, que tenham por objetivo a geração de produtos, serviços e processos inovadores;

III – criação, implantação e consolidação de incubadoras de empresas, de parques e polos tecnológicos e de demais ambientes promotores da inovação;

IV – implantação de redes cooperativas para inovação tecnológica;

V – adoção de mecanismos para atração, criação e consolidação de centros de pesquisa e desenvolvimento de empresas brasileiras e estrangeiras;

VI – utilização do mercado de capitais e de crédito em ações de inovação;

VII – cooperação internacional para inovação e para transferência de tecnologia;

VIII – internacionalização de empresas brasileiras por meio de inovação tecnológica;

IX – indução de inovação por meio de compras públicas;

X – utilização de compensação comercial, industrial e tecnológica em contratações públicas;

XI – previsão de cláusulas de investimento em pesquisa e desenvolvimento em concessões públicas e em regimes especiais de incentivos econômicos;

XII – implantação de solução de inovação para apoio e incentivo a atividades tecnológicas ou de inovação em microempresas e em empresas de pequeno porte.

§ 7º A União, os Estados, o Distrito Federal e os Municípios poderão utilizar mais de um instrumento de estímulo à inovação a fim de conferir efetividade aos programas de inovação em empresas.

§ 8º Os recursos destinados à subvenção econômica serão aplicados no financiamento de atividades de pesquisa, desenvolvimento tecnológico e inovação em empresas, admitida sua destinação para despesas de capital e correntes, desde que voltadas preponderantemente à atividade financiada."

"Art. 20. Os órgãos e entidades da administração pública, em matéria de interesse público, poderão contratar diretamente ICT, entidades de direito privado sem fins lucrativos ou empresas, isoladamente ou em consórcios, voltadas para atividades de pesquisa e de reconhecida capacitação tecnológica no setor, visando à realização de atividades de pesquisa, desenvolvimento e inovação que envolvam risco tecnológico, para solução de problema técnico específico ou obtenção de produto, serviço ou processo inovador.

(...)

§ 3º O pagamento decorrente da contratação prevista no *caput* será efetuado proporcionalmente aos trabalhos executados no projeto, consoante o cronograma físico-financeiro aprovado, com a possibilidade de adoção de remunerações adicionais associadas ao alcance de metas de desempenho no projeto.

§ 4º O fornecimento, em escala ou não, do produto ou processo inovador resultante das atividades de pesquisa, desenvolvimento e inovação encomendadas na forma do caput poderá ser contratado mediante dispensa de licitação, inclusive com o próprio desenvolvedor da encomenda, observado o disposto em regulamento específico.

§ 5º Para os fins do *caput* e do § 4º, a administração pública poderá, mediante justificativa expressa, contratar concomitantemente mais de uma ICT, entidade de direito privado sem fins lucrativos ou empresa com o objetivo de:

I – desenvolver alternativas para solução de problema técnico específico ou obtenção de produto ou processo inovador; ou

II – executar partes de um mesmo objeto."

"Art. 20-A. (*Vetado*):

I – (*Vetado*);

II – (*Vetado*).

§ 1º (*Vetado*).

§ 2º Aplicam-se ao procedimento de contratação as regras próprias do ente ou entidade da administração pública contratante.

§ 3º Outras hipóteses de contratação de prestação de serviços ou fornecimento de bens elaborados com aplicação sistemática de conhecimentos científicos e tecnológicos poderão ser previstas em regulamento.

§ 4º Nas contratações de que trata este artigo, deverá ser observado o disposto no inciso IV do art. 27."

"Art. 21-A. A União, os Estados, o Distrito Federal, os Municípios, os órgãos e as agências de fomento, as ICTs públicas e as fundações de apoio concederão bolsas de estímulo à inovação no ambiente produtivo, destinadas à formação e à capacitação de recursos humanos e à agregação de especialistas, em ICTs e em empresas, que contribuam para a execução de projetos de pesquisa, desenvolvimento tecnológico e inovação e para as atividades de extensão tecnológica, de proteção da propriedade intelectual e de transferência de tecnologia.

Parágrafo único. (*Vetado*)."

"Art. 22. Ao inventor independente que comprove depósito de pedido de patente é facultado solicitar a adoção de sua criação por ICT pública, que decidirá quanto à conveniência e à oportunidade da solicitação e à elaboração de projeto voltado à avaliação da criação para futuro desenvolvimento, incubação, utilização, industrialização e inserção no mercado.

(...)

§ 3º O inventor independente, mediante instrumento jurídico específico, deverá comprometer-se a compartilhar os eventuais ganhos econômicos auferidos com a exploração da invenção protegida adotada por ICT pública."

"Art. 22-A. A União, os Estados, o Distrito Federal, os Municípios, as agências de fomento e as ICTs públicas poderão apoiar o inventor independente que comprovar o depósito de patente de sua criação, entre outras formas, por meio de:

I – análise da viabilidade técnica e econômica do objeto de sua invenção;

II – assistência para transformação da invenção em produto ou processo com os mecanismos financeiros e creditícios dispostos na legislação;

III – assistência para constituição de empresa que produza o bem objeto da invenção;

IV – orientação para transferência de tecnologia para empresas já constituídas."

"Art. 26-A. As medidas de incentivo previstas nesta Lei, no que for cabível, aplicam-se às ICTs públicas que também exerçam atividades de produção e oferta de bens e serviços."

"Art. 26-B. (*Vetado*)."

"Art. 27. (...)

(...)

III – assegurar tratamento diferenciado, favorecido e simplificado às microempresas e às empresas de pequeno porte;

(...)

V – promover a simplificação dos procedimentos para gestão dos projetos de ciência, tecnologia e inovação e do controle por resultados em sua avaliação;

VI – promover o desenvolvimento e a difusão de tecnologias sociais e o fortalecimento da extensão tecnológica para a inclusão produtiva e social."

"Art. 27-A. Os procedimentos de prestação de contas dos recursos repassados com base nesta Lei deverão seguir formas simplificadas e uniformizadas e, de forma a garantir a governança e a transparência das informações, ser realizados anualmente, preferencialmente, mediante envio eletrônico de informações, nos termos de regulamento."

Art. 3º O art. 13 da Lei 6.815, de 19 de agosto de 1980, passa a vigorar com a seguinte redação:

→ Alterações efetuadas na referida Lei.

Art. 4º A Lei 8.666, de 21 de junho de 1993, passa a vigorar com as seguintes alterações:

→ Alterações efetuadas na referida Lei.

Art. 5º O art. 1º da Lei 12.462, de 4 de agosto de 2011, passa a vigorar acrescido do seguinte inciso X:

→ Alterações efetuadas na referida Lei.

Art. 6º O inciso VIII do art. 2º da Lei 8.745, de 9 de dezembro de 1993, passa a vigorar com a seguinte redação:

"Art. 2º (...)

(...)

VIII – admissão de pesquisador, de técnico com formação em área tecnológica de nível intermediário ou de tecnólogo, nacionais ou estrangeiros, para projeto de pesquisa com prazo determinado, em instituição destinada à pesquisa, ao desenvolvimento e à inovação;

(...)"

Art. 7º A Lei 8.958, de 20 de dezembro de 1994, passa a vigorar com as seguintes alterações:

"Art. 1º (...)

(...)

§ 6º Os parques e polos tecnológicos, as incubadoras de empresas, as associações e as empresas criados com a participação de ICT pública poderão utilizar fundação de apoio a ela vinculada ou com a qual tenham acordo.

§ 7º Os recursos e direitos provenientes dos projetos de que trata o *caput* e das atividades e dos projetos de que tratam os arts. 3º a 9º, 11 e 13 da Lei 10.973, de 2 de dezembro de 2004, poderão ser repassados pelos contratantes diretamente para as fundações de apoio.

§ 8º O Núcleo de Inovação Tecnológica constituído no âmbito de ICT poderá assumir a forma de fundação de apoio de que trata esta Lei."

"Art. 3º Na execução de convênios, contratos, acordos e demais ajustes abrangidos por esta Lei que envolvam recursos provenientes do poder público, as fundações de apoio adotarão regulamento específico de aquisições e contratações de obras e serviços, a ser editado por meio de ato do Poder Executivo de cada nível de governo.

(...)

§ 3º Aplicam-se às contratações que não envolvam a aplicação de recursos públicos as regras instituídas pela instância superior da fundação de apoio, disponíveis em seu sítio eletrônico, respeitados os princípios mencionados no art. 2º desta Lei."

"Art. 4º (...)

(...)

§ 8º (*Vetado*)."

Art. 8º O § 2º do art. 1º da Lei 8.010, de 29 de março de 1990, passa a vigorar com a seguinte redação:

Art. 1º (...)

(...)

§ 2º O disposto neste artigo aplica-se somente às importações realizadas pelo Conselho Nacional de Desenvolvimento Científico e Tecnológico (CNPq), por cientistas, por pesquisadores e por Instituição Científica, Tecnológica e de Inovação (ICT) ativos no fomento, na coordenação ou na execução de programas de pesquisa científica e tecnológica, de inovação ou de ensino e devidamente credenciados pelo CNPq."

Art. 9º Os arts. 1º e 2º da Lei 8.032, de 12 de abril de 1990, passam a vigorar com as seguintes alterações:

"Art. 1º (...)

Parágrafo único. As ressalvas estabelecidas no caput deste artigo aplicam-se às importações realizadas nas situações relacionadas no inciso I do art. 2º."

"Art. 2º (...)

I – (...)

(...)

e) por Instituições Científica, Tecnológica e de Inovação (ICTs), definidas pela Lei 10.973, de 2 de dezembro de 2004;

(...)

g) por empresas, na execução de projetos de pesquisa, desenvolvimento e inovação, cujos critérios e habilitação serão estabelecidos pelo poder público, na forma de regulamento;

(...)

§ 1º As isenções referidas neste artigo serão concedidas com observância da legislação respectiva.

§ 2º (*Vetado*)."

Art. 10. A Lei 12.772, de 28 de dezembro de 2012, passa a vigorar com as seguintes alterações:

"Art. 20. (...)

(...)

§ 4º (...)

(...)

II – ocupar cargo de dirigente máximo de fundação de apoio de que trata a Lei 8.958, de 20 de dezembro de 1994, mediante deliberação do Conselho Superior da IFE."

"Art. 20-A. Sem prejuízo da isenção ou imunidade previstas na legislação vigente, as fundações de apoio às Instituições de Ensino Superior e as Instituições Científica, Tecnológica e de Inovação (ICTs) poderão remunerar o seu dirigente máximo que:

I – seja não estatutário e tenha vínculo empregatício com a instituição;

II – seja estatutário, desde que receba remuneração inferior, em seu valor bruto, a 70% (setenta por cento) do limite estabelecido para a remuneração de servidores do Poder Executivo federal."

"Art. 21. (...)

(...)

III – bolsa de ensino, pesquisa, extensão ou estímulo à inovação paga por agência oficial de fomento, por fundação de apoio devidamente credenciada por IFE ou por organismo internacional amparado por ato, tratado ou convenção internacional;

(...)

§ 4º As atividades de que tratam os incisos XI e XII do *caput* não excederão, computadas isoladamente ou em conjunto, a 8 (oito) horas semanais ou a 416 (quatrocentas e dezesseis) horas anuais."

Art. 11. Os processos de importação e de desembaraço aduaneiro de bens, insumos, reagentes, peças e componentes a serem utilizados em pesquisa científica e tecnológica ou em projetos de inovação terão tratamento prioritário e observarão procedimentos simplificados, nos termos de regulamento, e o disposto no art. 1º da Lei 8.010, de 29 de março de 1990, e nas alíneas *e* a *g* do inciso I do art. 2º da Lei 8.032, de 12 de abril de 1990.

Art. 12. Em atendimento ao disposto no § 5º do art. 167 da Constituição Federal, as ICTs e os pesquisadores poderão transpor, remanejar ou transferir recursos de categoria de programação para outra com o objetivo de viabilizar resultados de projetos que envolvam atividades de ciência, tecnologia e inovação, mediante regras definidas em regulamento.

Art. 13. Nos termos previamente estabelecidos em instrumento de concessão de financiamentos e outros estímulos à pesquisa, ao desenvolvimento e à inovação, os bens gerados ou adquiridos no âmbito de projetos de estímulo à ciência, à tecnologia e à inovação serão incorporados, desde sua aquisição, ao patrimônio da entidade recebedora dos recursos.

§ 1º Na hipótese de instrumento celebrado com pessoa física, os bens serão incorporados ao patrimônio da ICT à qual o pesquisador beneficiado estiver vinculado.

§ 2º Quando adquiridos com a participação de fundação de apoio, a titularidade sobre os bens observará o disposto em contrato ou convênio entre a ICT e a fundação de apoio.

Art. 14. Ao servidor, ao empregado público e ao militar serão garantidos, durante o afastamento de sua entidade de origem e no interesse da administração, para o exercício de atividades de ciência, tecnologia e inovação, os mesmos direitos a vantagens e benefícios, pertinentes a seu cargo e carreira, como se em efetivo exercício em atividade de sua respectiva entidade estivesse.

Art. 15. Em consonância com o disposto no § 7º do art. 218 da Constituição Federal, o poder público manterá mecanismos de fomento, apoio e gestão adequados à internacionalização das ICTs públicas, que poderão exercer fora do território nacional atividades relacionadas com ciência, tecnologia e inovação, respeitados os estatutos sociais, ou norma regimental equivalente, das instituições.

§ 1º Observado o disposto no inciso I do art. 49 da Constituição Federal, é facultado à ICT pública desempenhar suas atividades mediante convênios ou contratos com entidades públicas ou privadas, estrangeiras ou internacionais.

§ 2º Os mecanismos de que trata o *caput* deverão compreender, entre outros objetivos, na forma de regulamento:

I – o desenvolvimento da cooperação internacional no âmbito das ICTs, inclusive no exterior;

II – a execução de atividades de ICTs nacionais no exterior;

III – a alocação de recursos humanos no exterior.

Art. 16. (*Vetado*).

Art. 17. Revogam-se os incisos I, II, III e IV do art. 17 da Lei 10.973, de 2 de dezembro de 2004.

Art. 18. Esta Lei entra em vigor na data de sua publicação.

Brasília, 11 de janeiro de 2016; 195º da Independência e 128º da República.

Dilma Rousseff

(Publicação no *D.O.U.* de 12.1.2016)

LEGISLAÇÃO

LEGISLAÇÃO INTERNACIONAL SELECIONADA

VADE MECUM DE LEGISLAÇÃO FOCO

LEGISLAÇÃO INTERNACIONAL SELECIONADA

DECRETO 18.956,
DE 22 DE OUTUBRO DE 1929

Promulga seis convenções de direito internacional público, aprovadas pela Sexta Conferência internacional americana.

O Presidente da República dos Estados Unidos do Brasil:

Tendo sancionado, pelo Decreto n. 5.647, de 8 de Janeiro de 1929, a Resolução do Congresso Nacional que aprovou as seguintes convenções de direito internacional público, adotadas pela Sexta Conferência Internacional Americana, reunida em Havana, e assinadas a 20 de Fevereiro de 1928: 1) Convenção sobre condição dos estrangeiros; 2) Convenção sobre tratados; 3) Convenção sobre funcionários diplomáticos; 4) Convenção sobre agentes consulares; 5) Convenção sobre asilo; 6) Convenção sobre deveres e direitos dos Estados, nos casos de lutas civis; – e havendo-se efetuado o depósito do instrumento brasileiro de ratificação das ditas convenções, na Secretaria da União Pan-americana, em Washington, a 29 de agosto último;

Decreta que as mesmas convenções, apensas por cópia ao presente decreto, sejam executadas e cumpridas tão inteiramente como nela se contém.

Rio de Janeiro, 22 de Outubro de 1929, 108º da Independência e 41º da República.

Washington Luis P. de Sousa.

(Publicação no *D.O.U.* 12.12.1929)

Washington Luis Pereira de Souza
PRESIDENTE DA REPÚBLICA DOS ESTADOS UNIDOS DO BRASIL

Faço saber, aos que a presente Carta de ratificação virem, que, na Sexta Conferência Internacional Americana, reunida na cidade de Havana, foram aprovadas e assinadas pelos Plenipotenciários dos Estados Unidos do Brasil, aos vinte dias do mês de Fevereiro de mil novecentos e vinte e oito, as seis convenções de direito internacional público, do teor seguinte:

CONVENÇÃO SOBRE TRATADOS

Desejando os Governos dos Estados da América fixar claramente as regras que devem reger os tratados que subscrevam entre si, acordaram estabelecê-las numa Convenção, e, com esse fim, nomearam como plenipotenciários os seguintes Senhores:

Peru: Jesús Melquiades Salazar, Victor Maúrtua, Enrique Castro Oyanguren, Luis Ernesto Denegri.

Uruguai: Jacobo Varela Acevedo, Juan José Amézaga, Leonel Aguirre, Pedro Erasmo Callorda.

Panamá: Ricardo J. Alfaro, Eduardo Chiari.

Equador: Gonzálo Zaldumbide, Víctor Zevallos, Colón Eloy Alfaro.

México: Julio García, Fernando González Roa, Salvador Urbina, Aquiles Elorduy.

Salvador: Gustavo Guerrero, Héctor David Castro, Eduardo Alvarez.

Guatemala: Carlos Salazar, Bernardo Alvarado Tello, Luis Beltranena, José Azurdia.

Nicarágua: Carlos Cuadra Pazos, Joaquín Gómez, Máximo H. Zepeda.

Bolívia: José Antezana, Adolfo Costa du Rels.

Venezuela: Santiago Key Ayala, Francisco Gerardo Yanes, Rafael Angel Arraiz.

Colômbia: Henrique Olaya Herrera, Jesús M. Yepes, Roberto Urdaneta Arbeláez, Ricardo Gutiérrez Lee.

Honduras: Fausto Dávila, Mariano Vásquez.

Costa-Rica: Ricardo Castro Beeche, J. Rafael Orcamuno, Arturo Tinoco.

Chile: Alejandro Lira, Alejandro Alvarez, Carlos Silva Vildósola, Manuel Bianchi.

Brasil: Raul Fernandes, Lindolfo Collor, Alarico da Silveira, Sampaio Corrêa, Eduardo Espinola.

Argentina: Honorio Pueyrredón (renunciou posteriormente), Laurentino Olascoaga, Felipe A. Espil.

Paraguai: Lisandro Díaz León.

Haiti: Fernando Dennis, Charles Riboul.

República Dominicana: Francisco J. Peynado, Gustavo A. Díaz, Elías Brache, Angel Morales, Tulio M. Cesteros, Ricardo Pérez Alfonseca, Jacinto R. de Castro, Federico C. Alvarez.

Estados Unidos da América: Charles Evans Hughes, Noble Brandon Judah, Henry P. Fletcher, Osca W. Underwood, Dwight W. Marrow, Morgan J. O'Brien, James Brown Scott, Ray Lyman Wilbur, Leo S. Rowe.

Cuba: Antonio S. de Bustamante, Orestes Ferrara, Enrique Hernández Cartaya, José Manuel Cortina, Arístides Agüero, José B. Alemán, Manuel Márquez Sterling, Fernando Ortiz, Néstor Carbonell, Jesús María Barraqué.

Os quais, havendo trocado os respectivos plenos poderes, achados em boa e devida forma, convieram no seguinte:

Artigo 1º

Os Tratados serão celebrados pelos poderes competentes dos Estados ou pelos seus representantes, segundo o seu direito interno respectivo.

Artigo 2º

É condição essencial nos tratados a forma escrita. A confirmação, prorrogação, renovação ou recondução serão igualmente feitas por escrito, salvo estipulação em contrário.

Artigo 3º

A interpretação autêntica dos tratados, quando as partes contratantes a julguem necessária, será, também, formulada por escrito.

Artigo 4º

Os tratados serão publicados imediatamente depois da troca das ratificações.

A omissão, no cumprimento desta obrigação internacional, não prejudicará a vigência dos tratados, nem a exigibilidade das obrigações neles contidas.

Artigo 5º

Os tratados não são obrigatórios senão depois de ratificados pelos Estados contratantes, ainda que esta cláusula não conste nos plenos poderes dos negociadores, nem figure no próprio tratado.

Artigo 6º

A ratificação deve ser dada sem condições e abranger todo o tratado. Será feita por escrito, de conformidade com a legislação do Estado.

Se o Estado que ratifica faz reservas ao tratado, este entrará em vigor, desde que, informada dessas reservas, a outra parte contratante as aceite expressamente, ou, não as havendo rejeitado formalmente, execute atos que impliquem a sua aceitação.

Nos tratados internacionais celebrados entre diversos Estados, a reserva feita por um deles, no ato da ratificação, só atinge a aplicação da cláusula respectiva, nas relações dos demais Estados contratantes com o Estado que faz a reserva.

Artigo 7º

A falta da ratificação ou a reserva são atos inerentes à soberania nacional, e, como tais, constituem o exercício de um direito, que não viola nenhuma disposição ou norma internacional. Em caso de negativa, esta será comunicada aos outros contratantes.

Artigo 8º

Os tratados vigorarão desde a troca ou depósito das ratificações, salvo se, por cláusula expressa, outra data tiver sido convencionada.

Artigo 9º

A aceitação ou não aceitação das cláusulas de um tratado, em favor de um terceiro Estado, que não foi parte contratante, depende exclusivamente da decisão deste.

Artigo 10

Nenhum Estado se pode eximir das obrigações do tratado ou modificar as suas estipulações, senão com o acordo, pacificamente obtido, dos outros contratantes.

Artigo 11

Os tratados continuarão a produzir os seus efeitos, ainda que se modifique a constituição interna dos Estados contratantes. Se a organização do Estado mudar, de maneira que a execução seja impossível, por divisão de território ou por outros motivos análogos, os tratados serão adaptados às novas condições.

Artigo 12

Quando o tratado se torna inexequível, por culpa da parte que se obrigou, ou por circunstâncias que, no momento da celebração, dependiam dessa parte e eram ignoradas pela outra parte, aquela é responsável pelos prejuízos resultantes da sua inexecução.

Artigo 13

A execução do tratado pode, por cláusula expressa ou em virtude de convênio especial, ser posta, no todo ou em parte, sob, a garantia de um ou mais Estados.

O Estado garante que não poderá intervir na execução do tratado, senão em virtude de requerimento de uma das partes interessadas e quando se realizarem as condições sob as quais foi estipulada a intervenção, e, ao fazê-lo, só lhe será, licito empregar meios autorizados pelo direito internacional e sem outras exigências de maior alcance do que as do próprio Estado garantido.

Artigo 14

Os tratados cessam de vigorar:

a) cumprida a obrigação estipulada;

b) decorrido o prazo pelo qual foi celebrado;

c) verificada a condição resolutiva;

d) por acordo entre as partes;

e) com a renúncia da parte a quem aproveita o tratado de modo exclusivo;

f) pela denúncia, total ou parcial, quando proceda;

g) quando se torna inexequível.

Artigo 15

Poderá igualmente declarar-se a caducidade de um tratado, quando este seja permanente e de aplicação não continua, sempre que as causas que lhe deram origem hajam desaparecido e se possa logicamente deduzir que se não apresentarão no futuro.

A parte contratante que alegar essa caducidade, caso não obtenha o assentimento da outra ou das outras, poderá apelar para a arbitragem, sem cuja decisão favorável e enquanto esta não for pronunciada, continuarão em vigor as obrigações contraídas.

Artigo 16

As obrigações contraídas nos tratados serão sancionadas, nos casos de não cumprimento, e depois de esgotadas sem êxito as negociações diplomáticas, por decisão de uma corte de justiça internacional ou de um tribunal arbitral, dentro dos limites e com os trâmites que estiverem vigentes no momento em que a infração se alegar.

Artigo 17

Os tratados cuja, denúncia haja sido convencionada e os que estabelecem regras de direito internacional não podem ser denunciados, senão de acordo com o processo por eles estabelecidos.

Em falta de estipulação, o tratado pode ser denunciado por qualquer Estado contratante, o qual notificará aos outros essa decisão, uma vez que haja cumprido todas as obrigações estabelecidas no mesmo.

Neste caso, o tratado ficará sem efeito, em relação ao denunciante, um ano depois da última notificação, e continuará subsistente para os demais signatários, se os houver.

Artigo 18

Dois ou mais Estados podem convir em que as suas relações se rejam por outras regras que não as estabelecidas em convenções gerais celebradas por eles mesmos com outros Estados.

Este preceito é aplicável não somente aos tratados futuros, senão também aos que estejam em vigor ao tempo desta Convenção.

Artigo 19

Um Estado que não haja tomado parte na celebração de um tratado poderá aderir ao mesmo, se a isso se não opuser alguma das partes contratantes, a todas as quais deve o fato ser comunicado. A adesão será considerada como definitiva, a menos que seja feita com reserva expressa de ratificação.

Artigo 20

A presente Convenção não atinge os compromissos tomados anteriormente pelas partes contratantes, em virtude de acordos internacionais.

Artigo 21

A presente Convenção, depois de firmada, será submetida às ratificações dos Estados signatários. O governo de Cuba fica encarregado de enviar cópias devidamente autenticadas aos governos, para o referido fim da ratificação. O instrumento de ratificação será depositado nos arquivos da União Pan-americana, em Washington, que notificará esse deposito aos Governos signatários; tal notificação equivalerá a uma troca de ratificações. Esta Convenção ficará aberta à adesão dos Estados não signatários.

Em fé do que, os plenipotenciários mencionados assinam a presente Convenção, em espanhol, inglês, francês e português, na cidade de Havana, no dia 20 de Fevereiro de 1928.

Reserva da Delegação do México

A Delegação mexicana, sem levar em conta os votos que deseja emitir contra vários artigos, firmará as diversas convenções de Direito internacional público aprovadas, fazendo como única reserva a relativa ao artigo treze, que não aceita, da Convenção sobre tratados.

Reserva da Delegação do Salvador

A Delegação do Salvador não só opõe o seu voto negativo ao artigo treze, mas também vota negativamente a Convenção, e não a subscreve.

Reserva da Delegação da Bolívia

No conceito da Delegação da Bolívia, a inexecução a que se refere a alínea *g)*, do artigo 14, ocorre, entre outros, nos seguintes casos:

I. Quando os fatos e circunstâncias que lhe deram origem ou lhe serviram de base, se modificaram fundamentalmente;

II. Quando sua execução se torna contrária à natureza das coisas;

III. Quando se torna incompatível com a existência dum Estado, com sua independência ou dignidade;

IV. Quando se torna ruinoso para a sua riqueza ou o seu comércio.

A reserva da Bolívia, sobre o art. 15, tem em vista que sejam susceptíveis de caducidade não só os tratados de aplicação não contínua, como estabelece, o dito artigo, mas também toda espécie de tratados, qualquer que seja o seu caráter ou denominação, inclusive os chamados definitivos, que como toda convenção humana, são susceptíveis de erro, já que nada há que seja imutável e eterno.

DECRETO 19.841,
DE 22 DE OUTUBRO DE 1945

Promulga a Carta das Nações Unidas, da qual faz parte integrante o anexo Estatuto da Corte Internacional de Justiça, assinada em São Francisco, a 26 de junho de 1945, por ocasião da Conferência de Organização Internacional das Nações Unidas.

O Presidente da República, tendo em vista que foi aprovada a 4 de setembro e ratifica a 12 de setembro de 1945. Pelo governo brasileiro a Carta das Nações Unidas, da qual faz parte integrante o anexo Estatuto da Corte Internacional de Justiça, assinada em São Francisco, a 26 de junho de 1945, por ocasião da Conferência de Organização Internacional da Nações Unidas; e

Havendo sido o referido instrumento de ratificação depositado nos arquivos do Governo do Estados Unidos da América a 21 de setembro de 1945 e usando da atribuição que lhe confere o atr. 74, letra *a* da Constituição, decreta:

→ Consta conforme publicação oficial.

Art. 1º Fica promulgada a Carta da Nações Unidas apensa por cópia ao presente Decreto, da qual faz parte integrante o anexo Estatuto da Corte Internacional de Justiça, assinada em São Francisco, a 26 de junho de 1945.

Art. 2º Este Decreto entrará em vigor na data de sua publicação.

Rio de Janeiro, 22 de outubro de 1945; 124º da Independência e 57º da República.

Getulio Vargas

(Coleção de Leis do Brasil, 31.12.1945)

Faço saber, aos que a presente carta de ratificação vierem, que, entre a República dos Estados Unidos e os países representados na Conferência das Nações Unidas sobre Organização Internacional, foi concluída e assinada, pelos respectivos Plenipotenciários, em São Francisco, a 26 de junho de 1945, a Carta das Nações Unidas, da qual faz parte integrante o anexo Estatuto da Corte Internacional de Justiça, tudo do teor seguinte:

Carta das Nações Unidas

Nós, os povos das Nações Unidas,

Resolvidos

a preservar as gerações vindouras do flagelo da guerra, que por duas vezes, no espaço da nossa vida, trouxe sofrimentos indizíveis à humanidade, e a reafirmar a fé nos direitos fundamentais do homem, da dignidade e no valor do ser humano, na igualdade de direito dos homens e das mulheres, assim como das nações grandes e pequenas, e a estabelecer condições sob as quais a justiça e o respeito às obrigações decorrentes de tratados e de outras fontes do direito internacional possam ser mantidos, e

a promover o progresso social e melhores condições de vida dentro de uma liberdade mais ampla.

E para tais fins

praticar a tolerância e viver em paz, uns com os outros, como bons vizinhos, e

unir as nossas forças para manter a paz e a segurança internacionais, e a garantir, pela aceitação de princípios e a instituição dos métodos, que a força armada não será usada a não ser no interesse comum,

a empregar um mecanismo internacional para promover o progresso econômico e social de todos os povos.

Resolvemos conjugar nossos esforços para a consecução desses objetivos.

Em vista disso, nossos respectivos Governos, por intermédio de representantes reunidos na cidade de São Francisco, depois de exibirem seus plenos poderes, que foram achados em boa e devida forma, concordaram com a presente Carta das Nações Unidas e estabelecem, por meio dela, uma organização internacional que será conhecida pelo nome de Nações Unidas.

Capítulo I
PROPÓSITOS E PRINCÍPIOS

Artigo 1º

Os propósitos das Nações Unidas são:

1. Manter a paz e a segurança internacionais e, para esse fim: tomar coletivamente, medidas efetivas para evitar ameaças à paz e reprimir os atos de agressão ou outra qualquer ruptura da paz e chegar, por meios pacíficos e de conformidade com os princípios da justiça e do direito internacional, a um ajuste ou solução das controvérsias ou situações que possam levar a uma perturbação da paz;

2. Desenvolver relações amistosas entre as nações, baseadas no respeito ao princípio de igualdade de direito e de autodeterminação dos povos, e tomar outras medidas apropriadas ao fortalecimento da paz universal;

3. Conseguir uma cooperação internacional para resolver os problemas internacionais de caráter econômico, social, cultural ou humanitário, e para promover e estimular o respeito aos direitos humanos e às liberdades fundamentais para todos, sem distinção de raça, sexo, língua ou religião; e

4. Ser um centro destinado a harmonizar a ação das nações para a consecução desses objetivos comuns.

Artigo 2º

A Organização e seus membros, para a realização dos propósitos mencionados no artigo 1, agirão de acordo com os seguintes princípios:

1. A Organização é baseada no princípio da igualdade de todos os seus membros.

2. Todos os membros, a fim de assegurarem para todos em geral os direitos e vantagens resultantes de sua qualidade de membros, deverão cumprir de boa-fé as obrigações por eles assumidas de acordo com a presente Carta.

3. Todos os membros deverão resolver suas controvérsias internacionais por meios pacíficos, de modo que não sejam ameaçadas a paz, a segurança e a justiça internacionais.

4. Todos os membros deverão evitar em suas relações internacionais a ameaça ou o uso da força contra a integridade territorial ou a independência política de qualquer Estado, ou qualquer outra ação incompatível com os Propósitos das Nações Unidas.

5. Todos os membros darão às Nações Unidas toda assistência em qualquer ação a que elas recorrerem de acordo com a presente Carta e se absterão de dar auxílio a qual Estado contra o qual as Nações Unidas agirem de modo preventivo ou coercitivo.

6. A Organização fará com que os Estados que não são membros das Nações Unidas ajam de acordo com esses Princípios em tudo quanto for necessário à manutenção da paz e da segurança internacionais.

7. Nenhum dispositivo da presente Carta autorizará as Nações Unidas a intervirem em assuntos que dependam essencialmente da jurisdição de qualquer Estado ou obrigará os membros a submeterem tais assuntos a uma solução, nos termos da presente Carta; este princípio, porém, não prejudicará a aplicação das medidas coercitivas constantes do Capítulo VII.

Capítulo II
DOS MEMBROS

Artigo 3º

Os membros originários das Nações Unidas serão os Estados que, tendo participado da Conferência das Nações Unidas sobre a Organização Internacional, realizada em São Francisco, ou, tendo assinado previamente a Declaração das Nações Unidas, de 1 de janeiro de 1942, assinarem a presente Carta, e a ratificarem, de acordo com o artigo 110.

Artigo 4º

1. A admissão como membro das Nações Unidas fica aberta a todos os Estados amantes da paz que aceitarem as obrigações contidas na presente Carta e que, a juízo da Organização, estiverem aptos e dispostos a cumprir tais obrigações.

2. A admissão de qualquer desses Estados como membros das Nações Unidas será efetuada por decisão da Assembleia Geral, mediante recomendação do Conselho de Segurança.

Artigo 5º

O membro das Nações Unidas, contra o qual for levada a efeito ação preventiva ou coercitiva por parte do Conselho de Segurança, poderá ser suspenso do exercício dos direitos e privilégios de membros pela Assembleia Geral, mediante recomendação do Conselho de Segurança. O exercício desses direitos e privilégios poderá ser restabelecido pelo Conselho de Segurança.

Artigo 6º

O membro das Nações Unidas que houver violado persistentemente os princípios contidos na presente Carta, poderá ser expulso da Organização pela Assembleia Geral mediante recomendação do Conselho de Segurança.

Capítulo III
ÓRGÃOS

Artigo 7º

1. Ficam estabelecidos como órgãos especiais das Nações Unidas: uma Assembleia Geral, um Conselho de Segurança, um Conselho Econômico e Social, um Conselho de Tutela, uma Corte Internacional de Justiça e um Secretariado.

2. Serão estabelecidos, de acordo com a presente Carta, os órgãos subsidiários considerados de necessidade.

Artigo 8º

As Nações Unidas não farão restrições quanto à elegibilidade de homens e mulheres destinados a participar em qualquer caráter e em condições de igualdade em seus órgãos principais e subsidiários.

Capítulo IV
ASSEMBLEIA GERAL

Composição

Artigo 9º

1. A Assembleia Geral será constituída por todos os membros das Nações Unidas.

2. Cada membro não deverá ter mais de cinco representantes na Assembleia Geral.

Funções e atribuições

Artigo 10

A Assembleia Geral poderá discutir quaisquer questões ou assuntos que estiverem dentro das finalidades da presente Carta ou que se relacionarem com as atribuições e funções de qualquer dos órgãos nela previstos e, com exceção do estipulado no artigo 12, poderá fazer recomendações aos membros das Nações Unidas ou ao Conselho de Segurança, ou a este e àqueles, conjuntamente, com referência a quaisquer daquelas questões ou assuntos.

Artigo 11

1. A Assembleia Geral poderá considerar os princípios gerais de cooperação na manutenção da paz e da segurança internacionais, inclusive os princípios que disponham sobre o desarmamento e a regulamentação dos armamentos, e poderá fazer recomendações relativas a tais princípios aos membros ou ao Conselho de Segurança, ou a este e àqueles conjuntamente.

2. A Assembleia Geral poderá discutir quaisquer questões relativas à manutenção da paz e da segurança internacionais, que a ela forem submetidas por qualquer membro das Nações Unidas, ou pelo Conselho de Segurança, ou por um Estado que não seja membro das Nações Unidas, de acordo com o artigo 35, § 2, e, com exceção do que fica estipulado no artigo 12, poderá fazer recomendações relativas a quaisquer

destas questões ao Estado ou Estados interessados, ou ao Conselho de Segurança ou a ambos. Qualquer destas questões para cuja solução for necessária uma ação, será submetida ao Conselho de Segurança pela Assembleia Geral, antes ou depois da discussão.

3. A Assembleia Geral poderá solicitar a atenção do Conselho de Segurança para situações que possam constituir ameaça à paz e à segurança internacionais.

4. As atribuições da Assembleia Geral enumeradas neste artigo não limitarão a finalidade geral do artigo 10.

Artigo 12

1. Enquanto o Conselho de Segurança estiver exercendo, em relação a qualquer controvérsia ou situação, as funções que lhe são atribuídas na presente Carta, a Assembleia Geral não fará nenhuma recomendação a respeito dessa controvérsia ou situação, a menos que o Conselho de Segurança a solicite.

2. O Secretário-Geral, com o consentimento do Conselho de Segurança, comunicará à Assembleia Geral, em cada sessão, quaisquer assuntos relativos à manutenção da paz e da segurança internacionais que estiverem sendo tratados pelo Conselho de Segurança, e da mesma maneira dará conhecimento de tais assuntos à Assembleia Geral, ou aos membros das Nações Unidas se a Assembleia Geral não estiver em sessão, logo que o Conselho de Segurança terminar o exame dos referidos assuntos.

Artigo 13

1. A Assembleia Geral iniciará estudos e fará recomendações, destinados a:

a) promover cooperação internacional no terreno político e incentivar o desenvolvimento progressivo do direito internacional e a sua codificação;

b) promover cooperação internacional nos terrenos econômico, social, cultural, educacional e sanitário e favorecer o pleno gozo dos direitos humanos e das liberdades fundamentais, por parte de todos os povos, sem distinção de raça, língua ou religião.

2. As demais responsabilidades, funções e atribuições da Assembleia Geral, em relação aos assuntos mencionados no § 1 (*b*) acima, estão enumeradas nos capítulos IX e X.

Artigo 14

A Assembleia Geral, sujeita aos dispositivos do artigo 12, poderá recomendar medidas para a solução pacífica de qualquer situação, qualquer que seja sua origem, que lhe pareça prejudicial ao bem-estar geral ou às relações amistosas entre as nações, inclusive em situações que resultem da violação dos dispositivos da presente Carta que estabelecem os propósitos e princípios das Nações Unidas.

Artigo 15

1. A Assembleia Geral receberá e examinará os relatórios anuais e especiais do Conselho de Segurança. Esses relatórios incluirão uma relação das medidas que o Conselho de Segurança tenha adotado ou aplicado a fim de manter a paz e a segurança internacionais.

2. A Assembleia Geral receberá e examinará os relatórios dos outros órgãos das Nações Unidas.

Artigo 16

A Assembleia Geral desempenhará, com relação ao sistema internacional de tutela, as funções a ela atribuídas nos capítulos XII e XIII, inclusive a aprovação de acordos de tutela referentes às zonas não designadas como estratégicas.

Artigo 17

1. A Assembleia Geral considerará e aprovará o orçamento da Organização.

2. As despesas da Organização serão custeadas pelos membros, segundo cotas fixadas pela Assembleia Geral.

3. A Assembleia Geral considerará e aprovará quaisquer ajustes financeiros e orçamentários com as entidades especializadas, a que se refere o artigo 57 e examinará os orçamentos administrativos de tais instituições especializadas com o fim de lhes fazer recomendações.

Votação

Artigo 18

1. Cada membro da Assembleia Geral terá um voto.

2. As decisões da Assembleia Geral, em questões importantes, serão tomadas por maioria de 2/3 (dois terços) dos membros presentes e votantes. Essas questões compreenderão: recomendações relativas à manutenção da paz e da segurança internacionais, à eleição dos membros não permanentes do Conselho de Segurança, à eleição dos membros do Conselho Econômico e Social, à eleição dos membros do Conselho de Tutela, de acordo com o § 1 (*c*) do artigo 86, à admissão de novos membros das Nações Unidas; à suspensão dos direitos e privilégios de membros; à expulsão dos membros; questões referentes ao funcionamento do sistema de tutela e questões orçamentárias.

3. As decisões sobre outras questões, inclusive a determinação de categorias adicionais de assuntos a serem debatidos por uma maioria dos membros presentes e que votem.

Artigo 19

O membro das Nações Unidas que estiver em atraso no pagamento de sua contribuição financeira à Organização não terá voto na Assembleia Geral, se o total de suas contribuições atrasadas igualar ou exceder a soma das contribuições correspondentes aos 2 (dois) anos anteriores completos. A Assembleia Geral poderá, entretanto, permitir que o referido membro vote, se ficar provado que a falta de pagamento é devida a condições independentes de sua vontade.

Processo

Artigo 20

A Assembleia Geral reunir-se-á em sessões anuais regulares e em sessões especiais exigidas pelas circunstâncias. As sessões especiais serão convocadas pelo Secretário-Geral, a pedido do Conselho de Segurança ou da maioria dos membros das Nações Unidas.

Artigo 21

A Assembleia Geral adotará suas regras de processo e elegerá seu Presidente para cada sessão.

Artigo 22

A Assembleia Geral poderá estabelecer os órgãos subsidiários que julgar necessários ao desempenho de suas funções.

Capítulo V
CONSELHO DE SEGURANÇA

Composição

Artigo 23

1. O Conselho de Segurança será composto de quinze membros das Nações Unidas. A República da China, a França, a União das Repúblicas Socialistas Soviéticas, o Reino Unido da Grã-Bretanha e Irlanda do Norte e os Estados Unidos da América serão membros permanentes do Conselho de Segurança. A Assembleia Geral elegerá dez outros membros das Nações Unidas para membros não permanentes do Conselho de Segurança, tendo especialmente em vista, em primeiro lugar, a contribuição dos membros das Nações Unidas para a manutenção da paz e da segurança internacionais e para os outros propósitos da Organização e também a distribuição geográfica equitativa.

2. Os membros não permanentes do Conselho de Segurança serão eleitos por um período de 2 (dois) anos. Na primeira eleição dos membros não permanentes do Conselho de Segurança, que se celebre depois de haver-se aumentado de onze para quinze o número de membros do Conselho de Segurança, dois dos quatro membros novos serão eleitos por um período de um ano. Nenhum membro que termine seu mandato poderá ser reeleito para o período imediato.

3. Cada membro do Conselho de Segurança terá um representante.

Funções e atribuições

Artigo 24

1. A fim de assegurar pronta e eficaz ação por parte das Nações Unidas, seus membros conferem ao Conselho de Segurança a principal responsabilidade na manutenção da paz e da segurança internacionais e concordam em que no cumprimento dos deveres impostos por essa responsabilidade o Conselho de Segurança aja em nome deles.

2. No cumprimento desses deveres, o Conselho de Segurança agirá de acordo com os Propósitos e Princípios das Nações Unidas. As atribuições específicas do Conselho de Segurança para o cumprimento desses deveres estão enumeradas nos capítulos VI, VII, VIII e XII.

3. O Conselho de Segurança submeterá relatórios anuais e, quando necessário, especiais à Assembleia Geral para sua consideração.

Artigo 25

Os membros das Nações Unidas concordam em aceitar e executar as decisões do Conselho de Segurança, de acordo com a presente Carta.

Artigo 26

A fim de promover o estabelecimento e a manutenção da paz e da segurança internacionais, desviando para armamentos o menos possível dos recursos humanos e econômicos do mundo, o Conselho de Segurança terá o encargo de formular, com a assistência da Comissão de Estado-Maior, a que se refere o artigo 47, os planos a serem submetidos aos membros das Nações Unidas, para o estabelecimento de um sistema de regulamentação dos armamentos.

Votação

Artigo 27

1. Cada membro do Conselho de Segurança terá um voto.

2. As decisões do Conselho de Segurança, em questões processuais, serão tomadas pelo voto afirmativo de nove membros.

3. As decisões do Conselho de Segurança, em todos os outros assuntos, serão tomadas pelo voto afirmativo de nove membros, inclusive os votos afirmativos de todos os membros permanentes, ficando estabelecido que, nas decisões previstas no capítulo VI e no § 3 do artigo 52, aquele que for parte em uma controvérsia se absterá de votar.

Artigo 28

1. O Conselho de Segurança será organizado de maneira que possa funcionar continuamente. Cada membro do Conselho de Segurança será, para tal fim, em todos os momentos, representado na sede da Organização.

2. O Conselho de Segurança terá reuniões periódicas, nas quais cada um de seus membros poderá, se assim o desejar, ser representado por um membro do governo ou por outro representante especialmente designado.

3. O Conselho de Segurança poderá reunir-se em outros lugares, fora da sede da Organização, e que, a seu juízo, possam facilitar o seu trabalho.

Artigo 29

O Conselho de Segurança poderá estabelecer órgãos subsidiários que julgar necessários para o desempenho de suas funções.

Artigo 30

O Conselho de Segurança adotará seu próprio regulamento interno, que incluirá o método de escolha de seu Presidente.

Artigo 31

Qualquer membro das Nações Unidas, que não for Membro do Conselho de Segurança, poderá participar, sem direito a voto, na discussão de qualquer questão submetida ao Conselho de Segurança, sempre que este considere que os interesses do referido membro estão especialmente em jogo.

Artigo 32

Qualquer membro das Nações Unidas que não for membro do Conselho de Segurança, ou qualquer Estado que não for membro das Nações Unidas será convidado, desde que seja parte em uma controvérsia submetida ao Conselho de Segurança, a participar, sem voto, na discussão dessa controvérsia. O Conselho de Segurança determinará as condições que lhe parecerem justas para a participação de um Estado que não for membro das Nações Unidas.

Capítulo VI
SOLUÇÃO PACÍFICA DE CONTROVÉRSIAS

Artigo 33

1. As partes em uma controvérsia, que possa vir a constituir uma ameaça à paz e à segurança internacionais, procurarão, antes de tudo, chegar a uma solução por negociação, inquérito, mediação, conciliação, arbitragem, solução judicial, recurso a entidades ou acordos regionais, ou a qualquer outro meio pacífico à sua escolha.

2. O Conselho de Segurança convidará, quando julgar necessário, as referidas partes a resolver, por tais meios, suas controvérsias.

Artigo 34

O Conselho de Segurança poderá investigar sobre qualquer controvérsia ou situação suscetível de provocar atritos entre as Nações ou dar origem a uma controvérsia, a fim de determinar se a continuação de tal controvérsia ou situação pode constituir ameaça à manutenção da paz e da segurança internacionais.

Artigo 35

1. Qualquer membro das Nações Unidas poderá solicitar a atenção do Conselho de Segurança ou da Assembleia Geral para qualquer controvérsia, ou qualquer situação, da natureza das que se acham previstas no artigo 34.

2. Um Estado que não for membro das Nações Unidas poderá solicitar a atenção do Conselho de Segurança ou da Assembleia Geral para qualquer controvérsia em que seja parte, uma vez que aceite, previamente, em relação a essa controvérsia, as obrigações de solução pacífica previstas na presente Carta.

3. Os atos da Assembleia Geral, a respeito dos assuntos submetidos à sua atenção, de acordo com este artigo, serão sujeitos aos dispositivos dos artigos 11 e 12.

Artigo 36

1. O Conselho de Segurança poderá, em qualquer fase de uma controvérsia da natureza a que se refere o artigo 33, ou de uma situação de natureza semelhante, recomendar procedimentos ou métodos de solução apropriados.

2. O Conselho de Segurança deverá tomar em consideração quaisquer procedimentos para a solução de uma controvérsia que já tenham sido adotados pelas partes.

3. Ao fazer recomendações, de acordo com este artigo, o Conselho de Segurança deverá tomar em consideração que as controvérsias de caráter jurídico devem, em regra geral, ser submetidas pelas partes à Corte Internacional de Justiça, de acordo com os dispositivos do Estatuto da Corte.

Artigo 37

1. No caso em que as partes em controvérsia da natureza a que se refere o artigo 33 não conseguirem resolvê-la pelos meios indicados no mesmo artigo, deverão submetê-la ao Conselho de Segurança.

2. O Conselho de Segurança, caso julgue que a continuação dessa controvérsia poderá realmente constituir uma ameaça à manutenção da paz e da segurança internacionais, decidirá sobre a conveniência de agir de acordo com o artigo 36 ou recomendar as condições que lhe parecerem apropriadas à sua solução.

Artigo 38

Sem prejuízo dos dispositivos dos artigos 33 a 37, o Conselho de Segurança poderá, se todas as partes em uma controvérsia assim o solicitarem, fazer recomendações às partes, tendo em vista uma solução pacífica da controvérsia.

Capítulo VII
AÇÃO RELATIVA A AMEAÇAS À PAZ, RUPTURA DA PAZ E ATOS DE AGRESSÃO

Artigo 39

O Conselho de Segurança determinará a existência de qualquer ameaça à paz, ruptura da paz ou ato de agressão, e fará recomendações ou decidirá que medidas deverão ser tomadas de acordo com os artigos 41 e 42, a fim de manter ou restabelecer a paz e a segurança internacionais.

Artigo 40

A fim de evitar que a situação se agrave, o Conselho de Segurança poderá, antes de fazer as recomendações ou decidir a respeito das medidas previstas no artigo 39, convidar as partes interessadas a que aceitem as medidas provisórias que lhe pareçam necessárias ou aconselháveis. Tais medidas provisórias não prejudicarão os direitos ou pretensões, nem a situação das partes interessadas. O Conselho de Segurança tomará devida nota do não cumprimento dessas medidas.

Artigo 41

O Conselho de Segurança decidirá sobre as medidas que, sem envolver o emprego de forças armadas, deverão ser tomadas para tornar efetivas suas decisões e poderá convidar os membros das Nações Unidas a aplicarem tais medidas. Estas poderão incluir a interrupção completa ou parcial das relações econômicas, dos meios de comunicação ferroviários, marítimos, aéreos, postais, telegráficos, radiofônicos, ou de outra qualquer espécie e o rompimento das relações diplomáticas.

Artigo 42

No caso de o Conselho de Segurança considerar que as medidas previstas no artigo 41 seriam ou demonstraram que são inadequadas, poderá levar a efeito, por meio de forças aéreas, navais ou terrestres, a ação que julgar necessária para manter ou restabelecer a paz e a segurança internacionais. Tal ação poderá compreender demonstrações, bloqueios e outras operações, por parte das forças aéreas, navais ou terrestres dos membros das Nações Unidas.

Artigo 43

1. Todos os membros das Nações Unidas, a fim de contribuir para a manutenção da paz e da segurança internacionais, se comprometem a proporcionar ao Conselho de Segurança, a seu pedido e de conformidade com o acordo ou acordos especiais, forças armadas, assistência e facilidades, inclusive direitos de passagem, necessários à manutenção da paz e da segurança internacionais.

2. Tal acordo ou tais acordos determinarão o número e tipo das forças, seu grau de preparação e sua localização geral, bem como a natureza das facilidades e da assistência a serem proporcionadas.

3. O acordo ou acordos serão negociados o mais cedo possível, por iniciativa do Conselho de Segurança. Serão concluídos entre o Conselho de Segurança e membros da Organização ou entre o Conselho de Segurança e grupos de membros e submetidos à ratificação, pelos Estados signatários, de conformidade com seus respectivos processos constitucionais.

Artigo 44

Quando o Conselho de Segurança decidir o emprego de força, deverá, antes de solicitar a um membro nele não representado o fornecimento de forças armadas em cumprimento das obrigações assumidas em virtude do artigo 43, convidar o referido membro, se este assim o desejar, a participar das decisões do Conselho de Segurança relativas ao emprego de contingentes das forças armadas do dito membro.

Artigo 45

A fim de habilitar as Nações Unidas a tomarem medidas militares urgentes, os membros das Nações deverão manter, imediatamente utilizáveis, contingentes das forças aéreas nacionais para a execução combinada de uma ação coercitiva internacional. A potência e o grau de preparação desses contingentes, como os planos de ação combinada serão determinados pelo Conselho de Segurança com a assistência da Comissão de Estado-Maior, dentro dos limites estabelecidos no acordo ou acordos especiais a que se refere o artigo 43.

Artigo 46

O Conselho de Segurança, com a assistência da Comissão do Estado-Maior, fará planos para a aplicação das forças armadas.

Artigo 47

1. Será estabelecida uma Comissão de Estado-Maior destinada a orientar e assistir o Conselho de Segurança, em todas as questões relativas às exigências militares do mesmo Conselho, para a manutenção da paz e da segurança internacionais, utilização e comando das forças colocadas à sua disposição, regulamentação de armamentos e possível desarmamento.

2. A Comissão de Estado-Maior será composta dos Chefes de Estado-Maior dos Membros Permanentes do Conselho de Segurança ou de seus representantes. Todo Membro das Nações Unidas que não estiver permanentemente representado na Comissão será por esta convidado a tomar parte nos seus trabalhos, sempre que a sua participação for necessária ao eficiente cumprimento das responsabilidades da Comissão.

3. A Comissão de Estado-Maior será responsável, sob a autoridade do Conselho de Segurança, pela direção estratégica de todas as forças armadas postas à disposição do dito Conselho. As questões relativas ao comando dessas forças serão resolvidas ulteriormente.

4. A Comissão do Estado-Maior, com autorização do Conselho de Segurança e depois de consultar os organismos regionais adequados, poderá estabelecer subcomissões regionais.

Artigo 48

1. A ação necessária ao cumprimento das decisões do Conselho de Segurança para manutenção da paz e da segurança internacionais será levada a efeito por todos os membros das Nações Unidas ou por alguns deles, conforme seja determinado pelo Conselho de Segurança.

2. Essas decisões serão executadas pelos membros das Nações Unidas diretamente e, por seu intermédio, nos organismos internacionais apropriados de que façam parte.

Artigo 49

Os membros das Nações Unidas prestar-se-ão assistência mútua para a execução das medidas determinadas pelo Conselho de Segurança.

Artigo 50

No caso de serem tomadas medidas preventivas ou coercitivas contra um Estado pelo Conselho de Segurança, qualquer outro Estado, membro ou não das Nações Unidas, que se sinta em presença de problemas especiais de natureza econômica, resultantes da execução daquelas medidas, terá o direito de consultar o Conselho de Segurança a respeito da solução de tais problemas.

Artigo 51

Nada na presente Carta prejudicará o direito inerente de legítima defesa individual ou coletiva no caso de ocorrer um ataque armado contra um membro das Nações Unidas, até que o Conselho de Segurança tenha tomado as medidas necessárias para a manutenção da paz e da segurança internacionais. As medidas tomadas pelos Membros no exercício desse direito de legítima defesa serão comunicadas imediatamente ao Conselho de Segurança e não deverão, de modo algum, atingir a autoridade e a responsabilidade que a presente Carta atribui ao Conselho para levar a efeito, em qualquer tempo, a ação que julgar necessária à manutenção ou ao restabelecimento da paz e da segurança internacionais.

Capítulo VIII
ACORDOS REGIONAIS

Artigo 52

1. Nada na presente Carta impede a existência de acordos ou de entidades regionais, destinadas a tratar dos assuntos relativos à manutenção da paz e da segurança internacionais que forem suscetíveis de uma ação regional, desde que tais acordos ou entidades regionais e suas atividades sejam compatíveis com os Propósitos e Princípios das Nações Unidas.

2. Os membros das Nações Unidas, que forem parte em tais acordos ou que constituírem tais entidades, empregarão todos os esforços para chegar a uma solução pacífica das controvérsias locais por meio desses acordos e entidades regionais, antes de as submeter ao Conselho de Segurança.

3. O Conselho de Segurança estimulará o desenvolvimento da solução pacífica de controvérsias locais mediante os referidos acordos ou entidades regionais, por iniciativa dos Estados interessados ou a instância do próprio Conselho de Segurança.

4. Este artigo não prejudica, de modo algum, a aplicação dos artigos 34 e 35.

Artigo 53

1. O Conselho de Segurança utilizará, quando for o caso, tais acordos e entidades regionais para uma ação coercitiva sob a sua própria autoridade. Nenhuma ação coercitiva será, no entanto, levada a efeito de conformidade com acordos ou entidades regionais sem autorização do Conselho de Segurança, com exceção das medidas contra um Estado inimigo como está definido no § 2 deste artigo, que forem determinadas em consequência do artigo 107 ou em acordos regionais destinados a impedir a renovação de uma política agressiva por parte de qualquer desses Estados, até o momento em que a Organização possa, a pedido dos Governos interessados, ser incumbida de impedir toda nova agressão por parte de tal Estado.

2. O termo Estado inimigo, usado no § 1 deste artigo, aplica-se a qualquer Estado que, durante a Segunda Guerra Mundial, foi inimigo de qualquer signatário da presente Carta.

Artigo 54

O Conselho de Segurança será sempre informado de toda ação compreendida ou projetada de conformidade com os acordos ou entidades regionais para manutenção da paz e da segurança internacionais.

Capítulo IX
COOPERAÇÃO ECONÔMICA E SOCIAL INTERNACIONAL

Artigo 55

Com o fim de criar condições de estabilidade e bem-estar, necessárias às relações pacíficas e amistosas entre as Nações, baseadas no respeito ao princípio da igualdade de direitos e da autodeterminação dos povos, as Nações Unidas favorecerão:

a) níveis mais altos de vida, trabalho efetivo e condições de progresso e desenvolvimento econômico e social;

b) a solução dos problemas internacionais econômicos, sociais, sanitários e conexos; a cooperação internacional, de caráter cultural e educacional; e

c) o respeito universal e efetivo dos direitos humanos e das liberdades fundamentais para todos, sem distinção de raça, sexo, língua ou religião.

Artigo 56

Para a realização dos propósitos enumerados no artigo 55, todos os membros da Organização se comprometem a agir em cooperação com esta, em conjunto ou separadamente.

Artigo 57

1. As várias entidades especializadas, criadas por acordos intergovernamentais e com amplas responsabilidades internacionais, definidas em seus instrumentos básicos, nos campos econômico, social, cultural, educacional, sanitário e conexos, serão vinculadas às Nações Unidas, de conformidade com as disposições do artigo 63.

2. Tais entidades assim vinculadas às Nações Unidas serão designadas, daqui por diante, como entidades especializadas.

Artigo 58

A Organização fará recomendação para coordenação dos programas e atividades das entidades especializadas.

Artigo 59

A Organização, quando julgar conveniente, iniciará negociações entre os Estados interessados para criação de novas entidades especializadas que forem necessárias ao cumprimento dos propósitos enumerados no artigo 55.

Artigo 60

A Assembleia Geral e, sob a sua autoridade, o Conselho Econômico e Social, que dispõe, para esse efeito, da competência que lhe é atribuída no Capítulo X, são incumbidos de exercer as funções da Organização estipuladas no presente capítulo.

Capítulo X
CONSELHO ECONÔMICO E SOCIAL

Composição
Artigo 61

1. O Conselho Econômico e Social será composto de cinquenta e quatro membros das Nações Unidas eleitos pela Assembleia Geral.

2. De acordo com os dispositivos do § 3, dezoito membros do Conselho Econômico e Social serão eleitos cada ano para um período de 3 (três) anos, podendo, ao terminar esse prazo, ser reeleitos para o período seguinte.

3. Na primeira eleição a realizar-se depois de elevado de vinte e sete para cinquenta e quatro o número de Membros do Conselho Econômico e Social, além dos Membros que forem eleitos para substituir os nove Membros, cujo mandato expira no fim desse ano, serão eleitos outros vinte e sete Membros. O mandato de nove destes vinte e sete Membros suplementares assim eleitos expirará no fim de um ano e o de nove outros no fim de dois anos, de acordo com o que for determinado pela Assembleia Geral.

4. Cada membro do Conselho Econômico e Social terá nele um representante.

Funções e atribuições
Artigo 62

1. O Conselho Econômico e Social fará ou iniciará estudos e relatórios a respeito de assuntos internacionais de caráter econômico, social, cultural, educacional, sanitário e conexos e poderá fazer recomendações a respeito de tais assuntos à Assembleia Geral, aos membros das Nações Unidas e às entidades especializadas interessadas.

2. Poderá, igualmente, fazer recomendações destinadas a promover o respeito e a observância dos direitos humanos e das liberdades fundamentais para todos.

3. Poderá preparar projetos de convenções a serem submetidos à Assembleia Geral, sobre assuntos de sua competência.

4. Poderá convocar, de acordo com as regras estipuladas pelas Nações Unidas, conferências internacionais sobre assuntos de sua competência.

Artigo 63

1. O Conselho Econômico e Social poderá estabelecer acordos com qualquer das entidades a que se refere o artigo 57, a fim de determinar as condições em que a entidade interessada será vinculada às Nações Unidas. Tais acordos serão submetidos à aprovação da Assembleia Geral.

2. Poderá coordenar as atividades das entidades especializadas, por meio de consultas e recomendações às mesmas e de recomendações à Assembleia Geral e aos membros das Nações Unidas.

Artigo 64

1. O Conselho Econômico e Social poderá tomar as medidas adequadas a fim de obter relatórios regulares das entidades especializadas. Poderá entrar em entendimentos com os membros das Nações Unidas e com as entidades especializadas, a fim de obter relatórios sobre as medidas tomadas para cumprimento de suas próprias recomendações e das que forem feitas pela Assembleia Geral sobre assuntos da competência do Conselho.

2. Poderá comunicar à Assembleia Geral suas observações a respeito desses relatórios.

Artigo 65

O Conselho Econômico e Social poderá fornecer informações ao Conselho de Segurança e, a pedido deste, prestar-lhe assistência.

Artigo 66

1. O Conselho Econômico e Social desempenhará as funções que forem de sua competência em relação ao cumprimento das recomendações da Assembleia Geral.

2. Poderá mediante aprovação da Assembleia Geral, prestar os serviços que lhe forem solicitados pelos membros das Nações Unidas e pelas entidades especializadas.

3. Desempenhará as demais funções especificadas em outras partes da presente Carta ou as que lhe forem atribuídas pela Assembleia Geral.

Votação
Artigo 67

1. Cada membro do Conselho Econômico e Social terá um voto.

2. As decisões do Conselho Econômico e Social serão tomadas por maioria dos membros presentes e votantes.

Processo
Artigo 68

O Conselho Econômico e Social criará comissões para os assuntos econômicos e sociais e a proteção dos direitos humanos assim como outras comissões que forem necessárias para o desempenho de suas funções.

Artigo 69

O Conselho Econômico e Social poderá convidar qualquer membro das Nações Unidas a tomar parte, sem voto, em suas deliberações sobre qualquer assunto que interesse particularmente a esse membro.

Artigo 70

O Conselho Econômico e Social poderá entrar em entendimentos para que representantes das entidades especializadas tomem parte, sem voto, em suas deliberações e nas das comissões por ele criadas, e para que os seus próprios representantes tomem parte nas deliberações das entidades especializadas.

Artigo 71

O Conselho Econômico e Social poderá entrar nos entendimentos convenientes para a consulta com organizações não governamentais, encarregadas de questões que estiverem dentro da sua própria competência. Tais entendimentos poderão ser feitos com organizações internacionais e, quando for o caso, como organizações nacionais, depois de efetuadas consultas com o membro das Nações Unidas no caso.

Artigo 72

1. O Conselho Econômico e Social adotará seu próprio regulamento, que incluirá o método de escolha de seu Presidente.

2. O Conselho Econômico e Social reunir-se-á quando for necessário, de acordo com o seu regulamento, o qual deverá incluir disposições referentes à convocação de reuniões a pedido da maioria dos membros.

Capítulo XI
DECLARAÇÃO RELATIVA A TERRITÓRIOS SEM GOVERNO PRÓPRIO

Artigo 73

Os membros das Nações Unidas, que assumiram ou assumam responsabilidades pela administração de territórios cujos povos não tenham atingido a plena capacidade de se governarem a si mesmos, reconhecem o princípio de que os interesses dos habitantes desses territórios são da mais alta importância, e aceitam, como missão sagrada, a obrigação de promover no mais alto grau, dentro do sistema de paz e segurança internacionais estabelecido na presente Carta, o bem-estar dos habitantes desses territórios e, para tal fim, se obrigam a:

a) assegurar, com o devido respeito à cultura dos povos interessados, o seu progresso político, econômico, social e educacional, o seu tratamento equitativo e a sua proteção contra todo abuso;

b) desenvolver sua capacidade de governo próprio, tomar devida nota das aspirações políticas dos povos e auxiliá-los no desenvolvimento progressivo de suas instituições políticas livres, de acordo com as circunstâncias peculiares a cada território e seus habitantes e os diferentes graus de seu adiantamento;

c) consolidar a paz e a segurança internacionais;

d) promover medidas construtivas de desenvolvimento, estimular pesquisas, cooperar uns com os outros e, quando for o caso, com entidades internacionais especializadas, com vistas à realização prática dos propósitos de ordem social, econômica ou científica enumerados neste artigo; e

e) transmitir regularmente ao Secretário-Geral, para fins de informação, sujeitas às reservas impostas por considerações de segurança e de ordem constitucional, informações estatísticas ou de outro caráter técnico, relativas às condições econômicas, sociais e educacionais dos territórios pelos quais são respectivamente responsáveis e que não estejam compreendidos entre aqueles a que se referem os Capítulos XII e XIII da Carta.

Artigo 74

Os membros das Nações Unidas concordam também em que a sua política com relação aos territórios a que se aplica o presente capítulo deve ser baseada, do mesmo modo que a política seguida nos respectivos territórios metropolitanos, no princípio geral de boa vizinhança, tendo na devida conta os interesses e o bem-estar do resto do mundo no que se refere às questões sociais, econômicas e comerciais.

Capítulo XII
SISTEMA INTERNACIONAL DE TUTELA

Artigo 75

As Nações Unidas estabelecerão sob sua autoridade um sistema internacional de tutela para a administração e fiscalização dos territórios que possam ser colocados sob tal sistema em consequência de futuros acordos individuais. Esses territórios serão, daqui em diante, mencionados como territórios tutelados.

Artigo 76

Os objetivos básicos do sistema de tutela, de acordo com os Propósitos das Nações Unidas enumerados no artigo 1 da presente Carta serão:

a) favorecer a paz e a segurança internacionais;

b) fomentar o progresso político, econômico, social e educacional dos habitantes dos territórios tutelados e o seu desenvolvimento progressivo para alcançar governo próprio ou independência, como mais convenha às circunstâncias particulares de cada território e de seus habitantes e aos desejos livremente expressos dos povos interessados, e como for previsto nos termos de cada acordo de tutela;

c) estimular o respeito aos direitos humanos e às liberdades fundamentais para todos, sem distinção de raça, sexo, língua ou religião e favorecer o reconhecimento da interdependência de todos os povos; e

d) assegurar igualdade de tratamento nos domínios social, econômico e comercial para todos os membros das Nações Unidas e seus nacionais e, para estes últimos, igual tratamento na administração da justiça, sem prejuízo dos objetivos acima expostos e sob reserva das disposições do artigo 80.

Artigo 77

1. O sistema de tutela será aplicado aos territórios das categorias seguintes, que venham a ser colocados sob tal sistema por meio de acordos de tutela:

a) territórios atualmente sob mandato;

b) territórios que possam ser separados de Estados inimigos em consequência da Segunda Guerra Mundial; e

c) territórios voluntariamente colocados sob tal sistema por Estados responsáveis pela sua administração.

2. Será objeto de acordo ulterior a determinação dos territórios das categorias acima mencionadas a serem colocados sob o sistema de tutela e das condições em que o serão.

Artigo 78

O sistema de tutela não será aplicado a territórios que se tenham tornado membros das Nações Unidas, cujas relações mútuas deverão basear-se no respeito ao princípio da igualdade soberana.

Artigo 79

As condições de tutela em que cada território será colocado sob este sistema, bem como qualquer alteração ou emenda, serão determinadas por acordo entre os Estados diretamente interessados, inclusive a potência mandatária no caso de território sob mandato de um membro das Nações Unidas e serão aprovadas de conformidade com as disposições dos artigos 83 e 85.

Artigo 80

1. Salvo o que for estabelecido em acordos individuais de tutela feitos de conformidade com os artigos 77, 79 e 81, pelos quais se coloque cada território sob este sistema, e até que tais acordos tenham sido concluídos, nada neste Capítulo será interpretado como alteração de qualquer espécie nos direitos de qualquer Estado ou povo ou nos termos dos atos internacionais vigentes em que os membros das Nações Unidas forem partes.

2. O § 1 deste artigo não será interpretado como motivo para demora ou adiamento da negociação e conclusão de acordos destinados a colocar territórios dentro do sistema de tutela, conforme as disposições do artigo 77.

Artigo 81

O acordo de tutela deverá, em cada caso, incluir as condições sob as quais o território tutelado será administrado e designar a autoridade que exercerá essa administração. Tal autoridade, daqui em diante chamada a autoridade administradora, poderá ser um ou mais Estados ou a própria Organização.

Artigo 82

Poderão designar-se, em qualquer acordo de tutela, uma ou várias zonas estratégicas, que compreendam parte ou a totalidade do território tutelado a que o mesmo se aplique, sem prejuízo de qualquer acordo ou acordos especiais feitos de conformidade com o artigo 43.

Artigo 83

1. Todas as funções atribuídas às Nações Unidas relativamente às zonas estratégicas, inclusive a aprovação das condições dos acordos de tutela, assim como de sua alteração ou emendas, serão exercidas pelo Conselho de Segurança.

2. Os objetivos básicos enumerados no artigo 76 serão aplicáveis aos habitantes de cada zona estratégica.

3. O Conselho de Segurança, ressalvadas as disposições dos acordos de tutela e sem prejuízo das exigências de segurança, poderá valer-se da assistência do Conselho de Tutela para desempenhar as funções que cabem às Nações Unidas pelo sistema de tutela, relativamente a matérias políticas, econômicas, sociais ou educacionais dentro das zonas estratégicas.

Artigo 84

A autoridade administradora terá o dever de assegurar que o território tutelado preste sua colaboração à manutenção da paz e da segurança internacionais. Para tal fim, a autoridade administradora poderá fazer uso de forças voluntárias, de facilidades e da ajuda do território tutelado para o desempenho das obrigações por ele assumidas a este respeito perante o Conselho de Segurança, assim como para a defesa local e para a manutenção da lei e da ordem dentro do território tutelado.

Artigo 85

1. As funções das Nações Unidas relativas a acordos de tutela para todas as zonas não designadas como estratégicas, inclusive a aprovação das condições dos acordos de tutela e de sua alteração ou emenda, serão exercidas pela Assembleia Geral.

2. O Conselho de Tutela, que funcionará sob a autoridade da Assembleia Geral, auxiliará esta no desempenho dessas atribuições.

Capítulo XIII
O CONSELHO DE TUTELA

Composição

Artigo 86

1. O Conselho de Tutela será composto dos seguintes membros das Nações Unidas:

a) os membros que administrem territórios tutelados;

b) aqueles dentre os membros mencionados nominalmente no artigo 23, que não estiverem administrando territórios tutelados; e

c) quantos outros membros eleitos por um período de 3 (três) anos, pela Assembleia Geral, sejam necessários para assegurar que o número total de membros do Conselho de Tutela fique igualmente dividido entre os membros das Nações Unidas que administrem territórios tutelados e aqueles que o não fazem.

2. Cada membro do Conselho de Tutela designará uma pessoa especialmente qualificada para representá-lo perante o Conselho.

Artigo 87

A Assembleia Geral e, sob a sua autoridade, o Conselho de Tutela, no desempenho de suas funções, poderão:

a) examinar os relatórios que lhes tenham sido submetidos pela autoridade administradora;

b) aceitar petições e examiná-las, em consulta com a autoridade administradora;

c) providenciar sobre visitas periódicas aos territórios tutelados em épocas fixadas de acordo com a autoridade administradora; e

d) tomar estas e outras medidas de conformidade com os termos dos acordos de tutela.

Artigo 88

O Conselho de Tutela formulará um questionário sobre o adiantamento político, econômico, social e educacional dos habitantes de cada território tutelado e a autoridade administradora de cada um destes territórios, dentro da competência da Assembleia Geral, fará um relatório anual à Assembleia, baseado no referido questionário.

Votação

Artigo 89

1. Cada membro do Conselho de Tutela terá um voto.

2. As decisões do Conselho de Tutela serão tomadas por uma maioria dos membros presentes e votantes.

Processo

Artigo 90

1. O Conselho de Tutela adotará seu próprio regulamento que incluirá o método de escolha de seu Presidente.

2. O Conselho de Tutela reunir-se-á quando for necessário, de acordo com o seu regulamento, que incluirá uma disposição referente à convocação de reuniões a pedido da maioria dos seus membros.

Artigo 91

O Conselho de Tutela valer-se-á, quando for necessário, da colaboração do Conselho Econômico e Social e das entidades especializadas, a respeito das matérias em que estas e aquele sejam respectivamente interessados.

Capítulo XIV
A CORTE INTERNACIONAL DE JUSTIÇA

Artigo 92

A Corte Internacional de Justiça será o principal órgão judiciário das Nações Unidas. Funcionará de acordo com o Estatuto anexo, que é baseado no Estatuto da Corte Permanente de Justiça Internacional e faz parte integrante da presente Carta.

Artigo 93

1. Todos os membros das Nações Unidas são *ipso facto* partes do Estatuto da Corte Internacional de Justiça.

2. Um Estado que não for membro das Nações Unidas poderá tornar-se parte no Estatuto da Corte Internacional de Justiça, em condições que serão determinadas, em cada caso, pela Assembleia Geral, mediante recomendação do Conselho de Segurança.

Artigo 94

1. Cada membro das Nações Unidas se compromete a conformar-se com a decisão da Corte Internacional de Justiça em qualquer caso em que for parte.

2. Se uma das partes num caso deixar de cumprir as obrigações que lhe incumbem em virtude de sentença proferida pela Corte, a outra terá direito de recorrer ao Conselho de Segurança que poderá, se julgar necessário, fazer recomendações ou decidir sobre medidas a serem tomadas para o cumprimento da sentença.

Artigo 95

Nada na presente Carta impedirá os membros das Nações Unidas de confiarem a solução de suas divergências a outros Tribunais, em virtude de acordos já vigentes ou que possam ser concluídos no futuro.

Artigo 96

1. A Assembleia Geral ou o Conselho de Segurança poderá solicitar parecer consultivo da Corte Internacional de Justiça, sobre qualquer questão de ordem jurídica.

2. Outros órgãos das Nações Unidas e entidades especializadas, que forem em qualquer época devidamente autorizados pela Assembleia Geral, poderão também solicitar pareceres consultivos da Corte sobre questões jurídicas surgidas dentro da esfera de suas atividades.

Capítulo XV
O SECRETARIADO

Artigo 97

O Secretariado será composto de um Secretário-Geral e do pessoal exigido pela Organização. O Secretário-Geral será indicado pela Assembleia Geral mediante a recomendação do Conselho de Segurança. Será o principal funcionário administrativo da Organização.

Artigo 98

O Secretário-Geral atuará neste caráter em todas as reuniões da Assembleia Geral, do Conselho de Segurança, do Conselho Econômico e Social e do Conselho de Tutela, e desempenhará outras funções que lhe forem atribuídas por estes órgãos. O Secretário-Geral fará um relatório anual à Assembleia Geral sobre os trabalhos da Organização.

Artigo 99

O Secretário-Geral poderá chamar a atenção do Conselho de Segurança para qualquer assunto que em sua opinião possa ameaçar a manutenção da paz e da segurança internacionais.

Artigo 100

1. No desempenho de seus deveres, o Secretário-Geral e o pessoal do Secretariado não solicitarão nem receberão instruções de qualquer Governo ou de qualquer autoridade estranha à organização. Abster-se-ão de qualquer ação que seja incompatível com a sua posição de funcionários internacionais responsáveis somente perante a Organização.

2. Cada membro das Nações Unidas se compromete a respeitar o caráter exclusivamente internacional das atribuições do Secretário-Geral e do pessoal do Secretariado, e não procurará exercer qualquer influência sobre eles, no desempenho de suas funções.

Artigo 101

1. O pessoal do Secretariado será nomeado pelo Secretário-Geral, de acordo com regras estabelecidas pela Assembleia Geral.

2. Será também nomeado, em caráter permanente, o pessoal adequado para o Conselho Econômico e Social, o Conselho de Tutela e, quando for necessário, para outros órgãos das Nações Unidas. Esses funcionários farão parte do Secretariado.

3. A consideração principal que prevalecerá na escolha do pessoal e na determinação das condições de serviço será a da necessidade de assegurar o mais alto grau de eficiência, competência e integridade. Deverá ser levada na devida conta a importância de ser a escolha do pessoal feita dentro do mais amplo critério geográfico possível.

Capítulo XVI
DISPOSIÇÕES DIVERSAS

Artigo 102

1. Todo tratado e todo acordo internacional, concluídos por qualquer membro das Nações Unidas depois da entrada em vigor da presente Carta, deverão, dentro do mais breve prazo possível, ser registrados e publicados pelo Secretariado.

2. Nenhuma parte em qualquer Tratado ou acordo internacional que não tenha sido registrado de conformidade com as disposições do § 1 deste artigo poderá invocar tal tratado ou acordo perante qualquer órgão das Nações Unidas.

Artigo 103

No caso de conflito entre as obrigações dos membros das Nações Unidas em virtude da presente Carta e as obrigações resultantes de qualquer outro acordo internacional, prevalecerão as obrigações assumidas em virtude da presente Carta.

Artigo 104

A Organização gozará, no território de cada um de seus membros, da capacidade jurídica necessária ao exercício de suas funções e à realização de seus propósitos.

Artigo 105

1. A Organização gozará, no território de cada um de seus membros, dos privilégios e imunidades necessários à realização de seus propósitos.

2. Os representantes dos membros das Nações Unidas e os funcionários da Organização gozarão, igualmente, dos privilégios e imunidades necessários ao exercício independente de suas funções relacionadas com a Organização.

3. A Assembleia Geral poderá fazer recomendações com o fim de determinar os pormenores da aplicação dos §§ 1 e 2 deste artigo ou poderá propor aos membros das Nações Unidas convenções nesse sentido.

Capítulo XVII
DISPOSIÇÕES TRANSITÓRIAS SOBRE SEGURANÇA

Artigo 106

Antes da entrada em vigor dos acordos especiais a que se refere o artigo 43, que, a juízo do Conselho de Segurança, o habilitem ao exercício de suas funções previstas no artigo 42, as partes na Declaração das Quatro Nações, assinada em Moscou, a 30 de outubro de 1943, e a França, deverão, de acordo com as disposições do § 5 daquela Declaração, consultar-se entre si e, sempre que a ocasião o exija, com outros membros das Nações Unidas, a fim de ser levada a efeito, em nome da Organização, qualquer ação conjunta que se torne necessária à manutenção da paz e da segurança internacionais.

Artigo 107

Nada na presente Carta invalidará ou impedirá qualquer ação que, em relação a um Estado inimigo de qualquer dos signatários da presente Carta durante a Segunda Guerra Mundial, for levada a efeito ou autorizada em consequência da dita guerra, pelos governos, responsáveis por tal ação.

Capítulo XVIII
EMENDAS

Artigo 108

As emendas à presente Carta entrarão em vigor para todas as Nações Unidas, quando forem adotadas pelos votos de 2/3 (dois terços) dos membros da Assembleia Geral e ratificadas de acordo com os seus respectivos métodos constitucionais por 2/3 (dois terços) dos membros das Nações Unidas inclusive todos os membros permanentes do Conselho de Segurança.

Artigo 109

1. Uma Conferência Geral dos membros das Nações Unidas, destinada a rever a presente Carta, poderá reunir-se em data e lugar a serem fixados pelo voto de 2/3 (dois terços) dos membros da Assembleia Geral e de nove membros quaisquer do Conselho de Segurança. Cada membro das Nações Unidas terá um voto nessa Conferência.

2. Qualquer modificação à presente Carta, que for recomendada por 2/3 (dois terços) dos votos da Conferência, terá efeito depois de ratificada, de acordo com os respectivos métodos constitucionais, por 2/3 (dois terços) dos membros das Nações Unidas, inclusive todos os membros permanentes do Conselho de Segurança.

3. Se essa Conferência não for celebrada antes da décima sessão anual da Assembleia Geral que se seguir à entrada em vigor da presente Carta, a proposta de sua convocação deverá figurar na agenda da referida sessão da Assembleia Geral, e a Conferência será realizada, se assim for decidido por maioria de votos dos membros da Assembleia Geral, e pelo voto de sete membros quaisquer do Conselho de Segurança.

Capítulo XIX
RATIFICAÇÃO E ASSINATURA

Artigo 110

1. A presente Carta deverá ser ratificada pelos Estados signatários, de acordo com os respectivos métodos constitucionais.

2. As ratificações serão depositadas junto ao Governo dos Estados Unidos da América, que notificará de cada depósito todos os Estados signatários, assim como o Secretário-Geral da Organização depois que este for escolhido.

3. A presente Carta entrará em vigor depois do depósito de ratificações pela República da China, França, União das Repúblicas Socialistas Soviéticas, Reino Unido da Grã-Bretanha e Irlanda do Norte e Estados Unidos da América, e pela maioria dos outros Estados signatários. O Governo dos Estados Unidos da América organizará, em seguida, um protocolo das ratificações depositadas, o qual será comunicado, por meio de cópias, aos Estados signatários.

4. Os Estados signatários da presente Carta, que a ratificarem depois de sua entrada em vigor, tornar-se-ão membros fundadores das Nações Unidas, na data do depósito de suas respectivas ratificações.

Artigo 111

A presente Carta, cujos textos em chinês, francês, russo, inglês e espanhol fazem igualmente fé, ficará depositada nos arquivos do Governo dos Estados Unidos da América. Cópias da mesma, devidamente autenticadas, serão transmitidas por este último Governo aos dos outros Estados signatários.

Em fé do que, os representantes dos Governos das Nações Unidas assinaram a presente Carta.

Feita na cidade de São Francisco, aos vinte e seis dias do mês de junho de mil novecentos e quarenta e cinco.

ESTATUTO DA CORTE INTERNACIONAL DE JUSTIÇA

Artigo 1º

A Corte Internacional de Justiça, estabelecida pela Carta das Nações Unidas como o principal órgão judiciário das Nações Unidas, será constituída e funcionará de acordo com as disposições do presente Estatuto.

Capítulo I
ORGANIZAÇÃO DA CORTE

Artigo 2º

A Corte será composta de um corpo de juízes independentes, eleitos sem atenção à sua nacionalidade, dentre pessoas que gozem de alta consideração moral e possuam as condições exigidas em seus respectivos países para o desempenho das mais altas funções judiciárias, ou que sejam jurisconsultos de reconhecida competência em direito internacional.

Artigo 3º

1. A Corte será composta de quinze membros, não podendo figurar entre eles dois nacionais do mesmo Estado.

2. A pessoa que possa ser considerada nacional de mais de um Estado será, para efeito de sua inclusão como membro da Corte, considerada nacional do Estado em que exercer ordinariamente seus direitos civis e políticos.

Artigo 4º

1. Os membros da Corte serão eleitos pela Assembleia Geral e pelo Conselho de Segurança de uma lista de pessoas apresentadas pelos grupos nacionais da Corte Permanente de Arbitragem, de acordo com as disposições seguintes.

2. Quando se tratar de membros das Nações Unidas não representados na Corte Permanente de Arbitragem, os candidatos serão apresentados por grupos nacionais designados para esse fim pelos seus Governos, nas mesmas condições que as estipuladas para os membros da Corte Permanente de Arbitragem pelo artigo 44 da Convenção de Haia de 1907, referente à solução pacífica das controvérsias internacionais.

3. As condições pelas quais um Estado, que é parte do presente Estatuto, sem ser membro das Nações Unidas, poderá participar na eleição dos membros da Corte, serão, na falta de acordo especial, determinadas pela Assembleia Geral mediante recomendações do Conselho de Segurança.

Artigo 5º

1. Três meses, pelo menos antes da data da eleição, o Secretário-Geral das Nações Unidas convidará, por escrito, os membros da Corte Permanente de Arbitragem pertencentes a Estados que sejam partes no presente Estatuto, e os membros dos grupos nacionais designados de conformidade com o artigo 5, § 2, para que indiquem, por grupos nacionais, dentro de um prazo estabelecido, os nomes das pessoas em condições de desempenhar as funções de membros da Corte.

2. Nenhum grupo deverá indicar mais de quatro pessoas, das quais, no máximo, duas poderão ser de sua nacionalidade. Em nenhum caso o número dos candidatos indicados por um grupo poderá ser maior do que o dobro dos lugares a serem preenchidos.

Artigo 6º

Recomenda-se que, antes de fazer estas indicações, cada grupo nacional consulte sua mais alta corte de justiça, suas faculdades e escolas de direito, suas academias nacionais e as seções nacionais de academias internacionais dedicadas ao estudo de direito.

Artigo 7º

1. O Secretário-Geral preparará uma lista, por ordem alfabética, de todas as pessoas assim indicadas. Salvo o caso previsto no art. 12, § 2, serão elas as únicas pessoas elegíveis.

2. O Secretário-Geral submeterá essa lista à Assembleia Geral e ao Conselho de Segurança.

Artigo 8º

A Assembleia Geral e o Conselho de Segurança procederão, independentemente um do outro, à eleição dos membros da Corte.

Artigo 9º

Em cada eleição, os eleitores devem ter presente não só que as pessoas a serem eleitas possuam individualmente as condições exigidas, mas também que, no conjunto desse órgão judiciário, seja assegurada a representação das mais altas formas da civilização e dos principais sistemas jurídicos do mundo.

Artigo 10

1. Os candidatos que obtiverem maioria absoluta de votos na Assembleia Geral e no Conselho de Segurança serão considerados eleitos.

2. Nas votações do Conselho de Segurança, quer para a eleição dos juízes, quer para a nomeação dos membros da comissão prevista no artigo 12, não haverá qualquer distinção entre membros permanentes e não permanentes do Conselho de Segurança.

3. No caso em que a maioria absoluta de votos, tanto da Assembleia Geral quanto do Conselho de Segurança, contemple mais de um nacional do mesmo Estado, o mais velho dos dois será considerado eleito.

Artigo 11

Se, depois da primeira reunião convocada para fins de eleição, um ou mais lugares continuarem vagos, deverá ser realizada uma segunda e, se for necessário, uma terceira reunião.

Artigo 12

1. Se, depois da terceira reunião, um ou mais lugares ainda continuarem vagos, uma comissão, composta de seis membros, três indicados pela Assembleia Geral e três pelo Conselho de Segurança, poderá ser formada em qualquer momento, por solicitação da Assembleia ou do Conselho de Segurança, com o fim de escolher, por maioria absoluta de votos, um nome para cada lugar ainda vago, o qual será submetido à Assembleia Geral e ao Conselho de Segurança para sua respectiva aceitação.

2. A Comissão Mista, caso concorde unanimemente com a escolha de uma pessoa que preencha as condições exigidas, poderá incluí-la em sua lista, ainda que a mesma não tenha figurado na lista de indicações a que se refere o artigo 7.

3. Se a Comissão Mista chegar à convicção de que não logrará resultados com uma eleição, os membros já eleitos da Corte deverão, dentro de um prazo a ser fixado pelo Conselho de Segurança, preencher os lugares vagos, e o farão por escolha dentre os candidatos que tenham obtido votos na Assembleia Geral ou no Conselho de Segurança.

4. No caso de um empate na votação dos juízes, o mais velho deles terá voto decisivo.

Artigo 13

1. Os membros da Corte serão eleitos por 9 (nove) anos e poderão ser reeleitos; fica estabelecido, entretanto, que, dos juízes eleitos na primeira eleição, cinco terminarão suas funções no fim de um período de 3 (três) anos, e outros cinco no fim de um período de 6 (seis) anos.

2. Os juízes cujas funções deverão terminar no fim dos referidos períodos iniciais de 3 (três) e 6 (seis) anos serão escolhidos por sorteio, que será efetuado pelo Secretário-Geral imediatamente depois de terminada a primeira eleição.

3. Os membros da Corte continuarão no desempenho de suas funções até que suas vagas tenham sido preenchidas. Ainda depois de substituídos, deverão terminar qualquer questão cujo estudo tenham começado.

4. No caso de renúncia de um membro da Corte, o pedido de demissão deverá ser dirigido ao Presidente da Corte, que o transmitirá ao Secretário-Geral. Esta última notificação significará a abertura de vaga.

Artigo 14

As vagas serão preenchidas pelo método estabelecido para a primeira eleição, de acordo com a seguinte disposição: o Secretário-Geral, dentro de 1 (um) mês a contar da abertura da vaga, expedirá os convites a que se refere o art. 5, e a data da eleição será fixada pelo Conselho de Segurança.

Artigo 15

O membro da Corte eleito na vaga de um membro que não terminou seu mandato completará o período de mandato de seu predecessor.

Artigo 16

1. Nenhum membro da Corte poderá exercer qualquer função política ou administrativa, ou dedicar-se a outra ocupação de natureza profissional.

2. Qualquer dúvida a esse respeito será resolvida por decisão da Corte.

Artigo 17

1. Nenhum membro da Corte poderá servir como agente, consultor ou advogado em qualquer questão.

2. Nenhum membro poderá participar da decisão de qualquer questão na qual anteriormente tenha intervindo como agente consultor ou advogado de uma das partes, como membro de um tribunal nacional ou internacional, ou de uma comissão de inquérito, ou em qualquer outro caráter.

3. Qualquer dúvida a esse respeito será resolvida por decisão da Corte.

Artigo 18

1. Nenhum membro da Corte poderá ser demitido, a menos que, na opinião unânime dos outros membros, tenha deixado de preencher as condições exigidas.

2. O Secretário-Geral será disso notificado, oficialmente, pelo Escrivão da Corte.

3. Essa notificação significará a abertura da vaga.

Artigo 19

Os membros da Corte, quando no exercício de suas funções, gozarão dos privilégios e imunidades diplomáticas.

Artigo 20

Todo membro da Corte, antes de assumir as suas funções, fará, em sessão pública, a declaração solene de que exercerá as suas atribuições imparcial e conscienciosamente.

Artigo 21

1. A Corte elegerá, pelo período de 3 (três) anos, seu Presidente e seu Vice-Presidente, que poderão ser reeleitos.

2. A Corte nomeará seu Escrivão e providenciará sobre a nomeação de outros funcionários que sejam necessários.

Artigo 22

1. A sede da Corte será a cidade de Haia. Isto, entretanto, não impedirá que até aqui a Corte se reúna e exerça suas funções em qualquer outro lugar que considere conveniente.

2. O Presidente e o Escrivão residirão na sede da Corte.

Artigo 23

1. A Corte funcionará permanentemente, exceto durante as férias judiciárias, cuja data e duração serão por ela fixadas.

2. Os membros da Corte gozarão de licenças periódicas, cujas datas e duração serão fixadas pela Corte, sendo tomadas em consideração a distância entre Haia e o domicílio de cada juiz.

3. Os membros da Corte serão obrigados a ficar permanentemente à disposição da Corte, a menos que estejam em licença ou impedidos de comparecer por motivo de doença ou outra séria razão, devidamente justificada perante o Presidente.

Artigo 24

1. Se, por qualquer razão especial, o membro da Corte considerar que não deve tomar parte no julgamento de uma determinada questão, deverá informar disto o Presidente.

2. Se o Presidente considerar que, por uma razão especial, um dos membros da Corte não deve funcionar numa determinada questão, deverá informá-lo disto.

3. Se, em qualquer desses casos, o membro da Corte e o Presidente não estiverem de acordo, o assunto será resolvido por decisão da Corte.

Artigo 25

1. A Corte funcionará em sessão plenária, exceto nos casos previstos em contrário no presente capítulo.

2. O regulamento da Corte poderá permitir que um ou mais juízes, de acordo com as circunstâncias e rotativamente, sejam dispensados das sessões, contanto que o número de juízes disponíveis para constituir a Corte não seja reduzido a menos de onze.

3. O *quorum* de 9 (nove) juízes será suficiente para constituir a Corte.

Artigo 26

1. A Corte poderá periodicamente formar uma ou mais Câmaras, compostas de três ou mais juízes, conforme ela mesma determinar, a fim de tratar de questões de caráter especial, como, por exemplo, questões trabalhistas e assuntos referentes a trânsito e comunicações.

2. A Corte poderá, em qualquer tempo, formar uma Câmara para tratar de uma determinada questão. O número de juízes que constituirão essa Câmara será determinado pela Corte, com a aprovação das partes.

3. As questões serão consideradas e resolvidas pelas Câmaras a que se refere o presente artigo, se as partes assim o solicitarem.

Artigo 27

Uma sentença proferida por qualquer das Câmaras, a que se referem os artigos 26 e 29, será considerada como sentença emanada da Corte.

Artigo 28

As Câmaras, a que se referem os artigos 26 e 29, poderão, com o consentimento das partes, reunir-se e exercer suas funções fora da cidade de Haia.

Artigo 29

Com o fim de apressar a solução dos assuntos, a Corte formará anualmente uma Câmara, composta de 5 (cinco) juízes, a qual, a pedido das partes, poderá considerar e resolver sumariamente as questões. Além dos 5 (cinco) juízes, serão escolhidos outros 2 (dois), que atuarão como substitutos, no impedimento de um daqueles.

Artigo 30

1. A Corte estabelecerá regras para o desempenho de suas funções, especialmente as que se refiram aos métodos processuais.

2. O Regulamento da Corte disporá sobre a nomeação de assessores para a Corte ou para qualquer de suas Câmaras, os quais não terão direito a voto.

Artigo 31

1. Os juízes da mesma nacionalidade de qualquer das partes conservam o direito de funcionar numa questão julgada pela Corte.

2. Se a Corte incluir entre os seus membros um juiz de nacionalidade de uma das partes, qualquer outra parte poderá escolher uma pessoa para funcionar como juiz. Essa pessoa deverá, de preferência, ser escolhida dentre os que figuram entre os candidatos a que se referem os arts. 4 e 5.

3. Se a Corte não incluir entre os seus membros nenhum juiz de nacionalidade das partes, cada uma destas poderá proceder à escolha de um juiz, de conformidade com o § 2 deste artigo.

4. As disposições deste artigo serão aplicadas aos casos previstos nos arts. 26 e 29. Em tais casos, o Presidente solicitará a 1 (um) ou, se necessário, a 2 (dois) dos membros da Corte integrantes da Câmara, que cedam seu lugar aos Membros da Corte de nacionalidade das partes interessadas, e, na falta ou impedimento destes, aos juízes especialmente escolhidos pelas partes.

5. No caso de haver diversas partes interessadas na mesma questão, elas serão, para os fins das disposições precedentes, consideradas como uma só parte. Qualquer dúvida sobre este ponto será resolvida por decisão da Corte.

6. Os Juízes escolhidos de conformidade com os §§ 2, 3 e 4 deste artigo deverão preencher as condições exigidas pelos artigos 2, 17 (§ 2), 20 e 24, do presente Estatuto. Tomarão parte nas decisões em condições de completa igualdade com seus colegas.

Artigo 32

1. Os membros da Corte perceberão vencimentos anuais.

2. O Presidente receberá, por ano, um subsídio especial.

3. O Vice-Presidente receberá um subsídio especial, correspondente a cada dia em que funcionar como Presidente.

4. Os juízes escolhidos de conformidade com o art. 31, que não sejam membros da Corte, receberão uma remuneração correspondente a cada dia em que exerçam suas funções.

5. Esses vencimentos, subsídios e remunerações serão fixados pela Assembleia Geral e não poderão ser diminuídos enquanto durarem os mandatos.

6. Os vencimentos do escrivão serão fixados pela Assembleia Geral, por proposta da Corte.

7. O Regulamento elaborado pela Assembleia Geral fixará as condições pelas quais serão concedidas pensões aos membros da Corte e ao escrivão, e as condições pelas quais os membros da Corte e o escrivão serão reembolsados de suas despesas de viagem.

8. Os vencimentos, subsídios e remunerações, acima mencionados, estarão livres de qualquer imposto.

Artigo 33

As despesas da Corte serão custeadas pelas Nações Unidas da maneira que for decidida pela Assembleia Geral.

Capítulo II
COMPETÊNCIA DA CORTE

Artigo 34

1. Só os Estados poderão ser partes em questões perante a Corte.

2. Sobre as questões que lhe forem submetidas, a Corte, nas condições prescritas por seu Regulamento, poderá solicitar informação, de organizações públicas internacionais, e receberá as informações que lhe forem prestadas, por iniciativa própria, pelas referidas organizações.

3. Sempre que, no julgamento de uma questão perante a Corte, for discutida a interpretação do instrumento constitutivo de uma organização pública internacional ou de uma convenção internacional adotada em virtude do mesmo, o Escrivão dará conhecimento disso à organização pública internacional interessada e lhe encaminhará cópias de todo o expediente escrito.

Artigo 35

1. A Corte estará aberta aos Estados que são partes do presente Estatuto.

2. As condições pelas quais a Corte estará aberta a outros Estados serão determinadas, pelo Conselho de Segurança, ressalvadas as disposições especiais dos tratados vigentes; em nenhum caso, porém, tais condições colocarão as partes em posições de desigualdade perante a Corte.

3. Quando um Estado que não é membro das Nações Unidas for parte numa questão, a Corte fixará a importância com que ele deverá contribuir para as despesas da Corte. Esta disposição não será aplicada, se tal Estado já contribuir para as referidas despesas.

Artigo 36

1. A competência da Corte abrange todas as questões que as partes lhe submetam, bem como todos os assuntos especialmente previstos na Carta das Nações Unidas ou em tratados e convenções em vigor.

2. Os Estados-partes do presente Estatuto poderão, em qualquer momento, declarar que reconhecem como obrigatória, *ipso facto* e sem acordo especial, em relação a qualquer outro Estado que aceite a mesma obrigação, a jurisdição da Corte em todas as controvérsias de ordem jurídica que tenham por objeto:

a) a interpretação de um tratado;

b) qualquer ponto de direito internacional;

c) a existência de qualquer fato que, se verificado, constituiria violação de um compromisso internacional;

d) a natureza ou a extensão da reparação devida pela ruptura de um compromisso internacional.

3. As declarações acima mencionadas poderão ser feitas pura e simplesmente ou sob condição de reciprocidade da parte de vários ou de certos Estados, ou por prazo determinado.

4. Tais declarações serão depositadas junto ao Secretário-Geral das Nações Unidas que as transmitirá, por cópia, às partes contratantes do presente Estatuto e ao escrivão da Corte.

5. Nas relações entre as partes contratantes do presente Estatuto, as declarações feitas de acordo com o artigo 36 do Estatuto da Corte Permanente de Justiça Internacional e que ainda estejam em vigor serão consideradas como importando na aceitação da jurisdição obrigatória da Corte Internacional de Justiça, pelo período em que ainda devem vigorar e de conformidade com os seus termos.

6. Qualquer controvérsia sobre a jurisdição da Corte será resolvida por decisão da própria Corte.

Artigo 37

Sempre que um tratado ou convenção em vigor disponha que um assunto deva ser submetido a uma jurisdição a ser instituída pela Liga das Nações ou à Corte Permanente de Justiça Internacional, o assunto deverá, no que respeita às partes contratantes do presente Estatuto, ser submetido à Corte Internacional de Justiça.

Artigo 38

1. A Corte, cuja função é decidir de acordo com o direito internacional as controvérsias que lhe forem submetidas, aplicará:

a) as convenções internacionais, quer gerais, quer especiais, que estabeleçam regras expressamente reconhecidas pelos Estados litigantes;

b) o costume internacional, como prova de uma prática geral aceita como sendo o direito;

c) os princípios gerais de direito reconhecidos pelas nações civilizadas;

d) sob ressalva da disposição do art. 59, as decisões judiciárias e a doutrina dos juristas mais qualificados das diferentes nações, como meio auxiliar para a determinação das regras de direito.

2. A presente disposição não prejudicará a faculdade da Corte de decidir uma questão *ex aequo et bono*, se as partes com isto concordarem.

Capítulo III
PROCESSO

Artigo 39

1. As línguas oficiais da Corte serão o francês e o inglês. Se as partes concordarem em que todo o processo se efetue em francês, a sentença será proferida em francês. Se as partes concordarem em que todo o processo se efetue em inglês, a sentença será proferida em inglês.

2. Na ausência de acordo a respeito da língua que deverá ser empregada, cada parte deverá, em suas alegações, usar a língua que preferir; a sentença da Corte será proferida em francês e em inglês. Neste caso, a Corte determinará ao mesmo tempo qual dos dois textos fará fé.

3. A pedido de uma das partes, a Corte poderá autorizá-la a usar uma língua que não seja o francês ou o inglês.

Artigo 40

1. As questões serão submetidas à Corte, conforme o caso, por notificação do acordo especial ou por uma petição escrita dirigida ao Escrivão. Em qualquer dos casos, o objeto da controvérsia e as partes deverão ser indicados.

2. O escrivão comunicará imediatamente a petição a todos os interessados.

3. Notificará também os membros das Nações Unidas por intermédio do Secretário-Geral e quaisquer outros Estados com direito a comparecer perante a Corte.

Artigo 41

1. A Corte terá a faculdade de indicar, se julgar que as circunstâncias o exigem, quaisquer medidas provisórias que devam ser tomadas para preservar os direitos de cada parte.

2. Antes que a sentença seja proferida, as partes e o Conselho de Segurança deverão ser informados imediatamente das medidas sugeridas.

Artigo 42

1. As partes serão representadas por agentes.

2. Estes terão a assistência de consultores ou advogados, perante a Corte.

3. Os agentes, os consultores e os advogados das partes perante a Corte gozarão dos privilégios e imunidades necessários ao livre exercício de suas atribuições.

Artigo 43

1. O processo constará de duas fases: uma escrita e outra oral.

2. O processo escrito compreenderá a comunicação à Corte e, às partes de memórias, contramemórias e, se necessário, réplicas assim como quaisquer peças e documentos em apoio das mesmas.

3. Essas comunicações serão feitas por intermédio do Escrivão na ordem e dentro do prazo fixados pela Corte.

4. Uma cópia autenticada de cada documento apresentado por uma das partes será comunicada à outra parte.

5. O processo oral consistirá na audiência, pela Corte, de testemunhas, peritos, agentes, consultores e advogados.

Artigo 44

1. Para citação de outras pessoas que não sejam os agentes, os consultores ou advogados, a Corte dirigir-se-á diretamente ao Governo do Estado em cujo território deve ser feita a citação.

2. O mesmo processo será usado sempre que for necessário providenciar para obter quaisquer meios de prova no lugar do fato.

Artigo 45

Os debates serão dirigidos pelo Presidente, ou, no impedimento deste, pelo Vice-Presidente; se ambos estiverem impossibilitados de presidir, o mais antigo dos juízes presentes ocupará a presidência.

Artigo 46

As audiências da Corte serão públicas, a menos que a Corte decida de outra maneira ou que as partes solicitem a não admissão de público.

Artigo 47

1. Será lavrada ata de cada audiência, assinada pelo Escrivão e pelo Presidente.

2. Só essa ata fará fé.

Artigo 48

A Corte proferirá decisões sobre o andamento do processo, a forma e o tempo em que cada parte terminará suas alegações, e tomará todas as medidas relacionadas com a apresentação das provas.

Artigo 49

A Corte poderá, ainda antes do início da audiência, intimar os agentes a apresentarem qualquer documento ou a fornecerem quaisquer explicações. Qualquer recusa deverá constar da ata.

Artigo 50

A Corte poderá, em qualquer momento, confiar a qualquer indivíduo, corporação, repartição, comissão ou outra organização, à sua escolha, a tarefa de proceder a um inquérito ou a uma perícia.

Artigo 51

Durante os debates, todas as perguntas de interesse serão feitas às testemunhas e peritos de conformidade com as condições determinadas pela Corte no Regulamento a que se refere o artigo 30.

Artigo 52

Depois de receber as provas e depoimentos dentro do prazo fixado para esse fim, a Corte poderá recusar-se a aceitar qualquer novo depoimento oral ou escrito que uma das partes deseje apresentar, a menos que as outras partes com isso concordem.

Artigo 53

1. Se uma das partes deixar de comparecer perante a Corte ou de apresentar a sua defesa, a outra parte poderá solicitar à Corte que decida a favor de sua pretensão.

2. A Corte, antes de decidir nesse sentido, deve certificar-se não só de que o assunto é de sua competência, de conformidade com os arts. 36 e 37, mas também de que a pretensão é bem fundada, de fato e de direito.

Artigo 54

1. Quando os agentes, consultores e advogados tiverem concluído, sob a fiscalização da Corte, a apresentação de sua causa, o Presidente declarará encerrados os debates.

2. A Corte retirar-se-á para deliberar.

3. As deliberações da Corte serão tomadas privativamente e permanecerão secretas.

Artigo 55

1. Todas as questões serão decididas por maioria dos juízes presentes.

2. No caso de empate na votação, o Presidente ou o juiz que funcionar em seu lugar decidirá com o seu voto.

Artigo 56

1. A sentença deverá declarar as razões em que se funda.

2. Deverá mencionar os nomes dos juízes que tomaram parte na decisão.

Artigo 57

Se a sentença não representar no todo ou em parte opinião unânime dos juízes, qualquer deles terá direito de lhe juntar a exposição de sua opinião individual.

Artigo 58

A sentença será assinada pelo Presidente e pelo escrivão. Deverá ser lida em sessão pública, depois de notificados, devidamente, os agentes.

Artigo 59

A decisão da Corte só será obrigatória para as partes litigantes e a respeito do caso em questão.

Artigo 60

A sentença é definitiva e inapelável. Em caso de controvérsia quanto ao sentido e ao alcance da sentença, caberá à Corte interpretá-la a pedido de qualquer das partes.

Artigo 61

1. O pedido de revisão de uma sentença só poderá ser feito em razão do descobrimento de algum fato suscetível de exercer influência decisiva, o qual, na ocasião de ser proferida a sentença, era desconhecido da Corte e também da parte que solicita a revisão, contanto que tal desconhecimento não tenha sido devido a negligência.

2. O processo de revisão será aberto por uma sentença da Corte, na qual se consignará expressamente a existência do fato novo, com o reconhecimento do caráter que determina a abertura da revisão e a declaração de que é cabível a solicitação nesse sentido.

3. A Corte poderá subordinar a abertura do processo de revisão à prévia execução da sentença.

4. O pedido de revisão deverá ser feito no prazo máximo de 6 (seis) meses a partir do descobrimento do fato novo.

5. Nenhum pedido de revisão poderá ser feito depois de transcorridos 10 (dez) anos da data da sentença.

Artigo 62

1. Quando um Estado entender que a decisão de uma causa é suscetível de comprometer um interesse seu de ordem jurídica, esse Estado poderá solicitar à Corte permissão para intervir em tal causa.

2. A Corte decidirá sobre esse pedido.

Artigo 63

1. Quando se tratar de interpretação de uma convenção, da qual forem partes outros Estados, além dos litigantes, o escrivão notificará imediatamente todos os Estados interessados.

2. Cada Estado assim notificado terá o direito de intervir no processo; mas, se usar deste direito, a interpretação dada pela sentença será igualmente obrigatória para ele.

Artigo 64

A menos que seja decidido em contrário pela Corte, cada parte pagará suas próprias custas no processo.

Capítulo IV
PARECERES CONSULTIVOS

Artigo 65

1. A Corte poderá dar parecer consultivo sobre qualquer questão jurídica a pedido do órgão que, de acordo com a Carta das Nações Unidas ou por ela autorizado, estiver em condições de fazer tal pedido.

2. As questões sobre as quais for pedido o parecer consultivo da Corte serão submetidas a ela por meio de petição, escrita, que deverá conter uma exposição do assunto sobre o qual é solicitado o parecer e será acompanhada de todos os documentos que possam elucidar a questão.

Artigo 66

1. O escrivão notificará imediatamente todos os Estados, com direito a comparecer perante a Corte, do pedido de parecer consultivo.

2. Além disto, a todo Estado admitido a comparecer perante a Corte e à qualquer organização internacional, que, a juízo da Corte ou de seu Presidente, se a Corte não estiver reunida, forem suscetíveis de fornecer informações sobre a questão, o escrivão fará saber, por comunicação especial e direta, que a Corte estará disposta a receber exposições escritas, dentro de um prazo a ser fixado pelo Presidente, ou ouvir exposições orais, durante uma audiência pública realizada para tal fim.

3. Se qualquer Estado com direito a comparecer perante a Corte deixar de receber a comunicação especial a que se refere o § 2 deste artigo, tal Estado poderá manifestar o desejo de submeter a ela uma exposição escrita ou oral. A Corte decidirá.

4. Os Estados e organizações que tenham apresentado exposição escrita ou oral, ou ambas, terão a faculdade de discutir as exposições feitas por outros Estados ou organizações, na forma, extensão ou limite de tempo, que a Corte, ou, se ela não estiver reunida, o seu Presidente determinar, em cada caso particular. Para esse efeito, o escrivão deverá, no devido tempo, comunicar qualquer dessas exposições escritas aos Estados e organizações que submeterem exposições semelhantes.

Artigo 67

A Corte dará seus pareceres consultivos em sessão pública, depois de terem sido notificados o Secretário-Geral, os representantes dos membros das Nações Unidas, bem como de outros Estados e das organizações internacionais diretamente interessados.

Artigo 68

No exercício de suas funções consultivas, a Corte deverá guiar-se, além disso, pelas disposições do presente Estatuto, que se aplicam em casos contenciosos, na medida em que, na sua opinião, tais disposições forem aplicáveis.

Capítulo V
EMENDAS

Artigo 69

As emendas ao presente Estatuto serão efetuadas pelo mesmo processo estabelecido pela Carta das Nações Unidas para emendas à Carta, ressalvadas, entretanto, quaisquer disposições que a Assembleia Geral, por determinação do Conselho de Segurança, possa adotar a respeito da participação de Estados que, tendo aceito o presente Estatuto, não são membros das Nações Unidas.

Artigo 70

A Corte terá a faculdade de propor por escrito ao Secretário-Geral quaisquer emendas ao presente Estatuto, que julgar necessárias, a fim de que as mesmas sejam consideradas de conformidade com as disposições do art. 69.

E, havendo o Governo do Brasil aprovado a mesma Carta nos termos acima transcritos, pela presente a dou por firme e valiosa para produzir os seus devidos efeitos, prometendo que será cumprida inviolavelmente.

Em firmeza do que, mandei passar esta Carta que assino e é selada cem o selo das armas da República e subscrita pelo Ministro de Estado das Relações Exteriores.

Dada no Palácio da Presidência, no Rio de Janeiro, aos doze dias do mês de setembro, de mil novecentos e quarenta e cinco, 124° da Independência e 57° da República.

Getulio Vargas

DECLARAÇÃO UNIVERSAL DOS DIREITOS HUMANOS DE 1948

Considerando que o reconhecimento da dignidade inerente a todos os membros da família humana e de seus direitos iguais e inalienáveis é o fundamento da liberdade, da justiça e da paz no mundo;

Considerando que o desprezo e o desrespeito pelos direitos humanos resultaram em atos bárbaros que ultrajaram a consciência da Humanidade e que o advento de um mundo em que todos gozem de liberdade de palavra, de crença e da liberdade de viverem a salvo do temor e da necessidade foi proclamado como a mais alta aspiração do ser humano comum;

Considerando ser essencial que os direitos humanos sejam protegidos pelo império da lei, para que o ser humano não seja compelida, como último recurso, à rebelião contra a tirania e a opressão;

Considerando essencial promover o desenvolvimento de relações amistosas entre as nações;

Considerando que os povos das Nações Unidas reafirmaram, na Carta da ONU, sua fé nos direitos humanos fundamentais, na dignidade e no valor do ser humana e na igualdade de direitos entre homens e mulheres, e que decidiram promover o progresso social e melhores condições de vida em uma liberdade mais ampla;

Considerando que os Estados-Membros se comprometeram a promover, em cooperação com as Nações Unidas, o respeito universal aos direitos e liberdades humanas fundamentais e a observância desses direitos e liberdades;

Considerando que uma compreensão comum desses direitos e liberdades é da mais alta importância para o pleno cumprimento desse compromisso,

A Assembleia Geral proclama

A presente Declaração Universal dos Direitos Humanos como o ideal comum a ser atingido por todos os povos e todas as nações, com o objetivo de que cada indivíduo e cada órgão da sociedade, tendo sempre em mente esta Declaração, se esforce, através do ensino e da educação, por promover o respeito a esses direitos e liberdades e, pela adoção de medidas progressivas de caráter nacional e internacional, por assegurar o seu reconhecimento e a sua observância universal e efetiva, tanto entre os povos dos próprios Estados-Membros, quanto entre os povos dos territórios sob a sua jurisdição.

Artigo I

Todos os seres humanos nascem livres e iguais em dignidade e direitos. São dotados de razão e consciência e devem agir em relação uns aos outros com espírito de fraternidade.

Artigo II

1. Todo ser humano tem capacidade para gozar os direitos e as liberdades estabelecidos nesta Declaração, sem distinção de qualquer espécie, seja de raça, cor, sexo, idioma, religião, opinião política ou de outra natureza, origem nacional ou social, riqueza, nascimento, ou qualquer outra condição.

2. Não será também feita nenhuma distinção fundada na condição política, jurídica ou internacional do país ou território a que pertença uma pessoa, quer se trate de um território independente, sob tutela, sem governo próprio, quer sujeito a qualquer outra limitação de soberania.

Artigo III

Todo ser humano tem direito à vida, à liberdade e à segurança pessoal.

Artigo IV

Ninguém será mantido em escravidão ou servidão; a escravidão e o tráfico de escravos serão proibidos em todas as suas formas.

Artigo V

Ninguém será submetido à tortura, nem a tratamento ou castigo cruel, desumano ou degradante.

Artigo VI

Todo ser humano tem o direito de ser, em todos os lugares, reconhecido como pessoa perante a lei.

Artigo VII

Todos são iguais perante a lei e têm direito, sem qualquer distinção, a igual proteção da lei. Todos têm direito a igual proteção contra qualquer discriminação que viole a presente Declaração e contra qualquer incitamento a tal discriminação.

Artigo VIII

Todo ser humano tem direito de receber dos Tribunais nacionais competentes remédio efetivo para os atos que violem os direitos fundamentais que lhe sejam reconhecidos pela Constituição ou pela lei.

Artigo IX

Ninguém será arbitrariamente preso, detido ou exilado.

Artigo X

Todo ser humano tem direito, em plena igualdade, a uma justa e pública audiência por parte de um Tribunal independente e imparcial, para decidir sobre seus direitos e deveres ou do fundamento de qualquer acusação criminal contra ele.

Artigo XI

1. Todo ser humano acusado de um ato delituoso tem o direito de ser presumido inofensiva até que a sua culpabilidade tenha sido provada de acordo com a lei, em julgamento público no qual lhe tenham sido asseguradas todas as garantias necessárias à sua defesa.

2. Ninguém poderá ser culpado por qualquer ação ou omissão que, no momento, não constituíam delito perante o direito nacional ou internacional. Também não será imposta pena mais forte do que aquela que, no momento da prática, era aplicável ao ato delituoso.

Artigo XII

Ninguém será sujeito à interferência em sua vida privada, em sua família, em seu lar ou em sua correspondência, nem a ataques à sua honra e reputação. Todo ser humano tem direito à proteção da lei contra tais interferências ou ataques.

Artigo XIII

1. Todo ser humano tem direito à liberdade de locomoção e residência dentro das fronteiras de cada Estado.

2. Todo ser humano tem o direito de deixar qualquer país, inclusive o próprio, e a este regressar.

Artigo XIV

1. Todo ser humano, vítima de perseguição tem o direito de procurar e de gozar asilo em outros países.

2. Este direito não pode ser invocado em caso de perseguição legitimamente motivada por crimes de direito comum ou por atos contrários aos propósitos ou princípios das Nações Unidas.

Artigo XV

1. Todo homem tem direito a uma nacionalidade.

2. Ninguém será arbitrariamente privado de sua nacionalidade, nem do direito de mudar de nacionalidade.

Artigo XVI

1. Os homens e mulheres de maior idade, sem qualquer restrição de raça, nacionalidade ou religião, têm o direito de contrair matrimônio e fundar uma família. Gozam de iguais direitos em relação ao casamento, sua duração e sua dissolução.

2. O casamento não será válido senão com o livre e pleno consentimento dos nubentes.

3. A família é o núcleo natural e fundamental da sociedade e tem direito à proteção da sociedade e do Estado.

Artigo XVII

1. Todo ser humano tem direito à propriedade, só ou em sociedade com outros.

2. Ninguém será arbitrariamente privado de sua propriedade.

Artigo XVIII

Todo ser humano tem direito à liberdade de pensamento, consciência e religião; este direito inclui a liberdade de mudar de religião ou crença e a liberdade de manifestar essa religião ou crença, pelo ensino, pela prática, pelo culto e pela observância, em público ou em particular.

Artigo XIX

Todo ser humano tem direito à liberdade de opinião e expressão; este direito inclui a liberdade de, sem interferência, ter opiniões e de procurar, receber e transmitir informações e ideias por quaisquer meios e independentemente de fronteiras.

Artigo XX

1. Todo ser humano tem direito à liberdade de reunião e associação pacífica.

2. Ninguém pode ser obrigado a fazer parte de uma associação.

Artigo XXI

1. Todo ser humano tem o direito de fazer parte no governo de seu país diretamente ou por intermédio de representantes livremente escolhidos.

2. Todo ser humano tem igual direito de acesso ao serviço público do seu país.

3. A vontade do povo será a base da autoridade do governo; esta vontade será expressa em eleições periódicas e legítimas, por sufrágio universal, por voto secreto ou processo equivalente que assegure a liberdade de voto.

Artigo XXII

Todo ser humano, como membro da sociedade, tem direito à segurança social, à realização pelo esforço nacional, pela cooperação internacional e de acordo com a organização e recursos de cada Estado, dos direitos econômicos, sociais e culturais indispensáveis à sua dignidade e ao livre desenvolvimento de sua personalidade.

Artigo XXIII

1. Todo ser humano tem direito ao trabalho, à livre escolha de emprego, a condições justas e favoráveis de trabalho e à proteção contra o desemprego.

2. Todo ser humano, sem qualquer distinção, tem direito a igual remuneração por igual trabalho.

3. Todo ser humano que trabalha tem direito a uma remuneração justa e satisfatória, que lhe assegure, assim como à sua família, uma existência compatível com a dignidade humana, e a que se acrescentarão, se necessário, outros meios de proteção social.

4. Todo ser humano tem direito a organizar sindicatos e a neles ingressar para a proteção de seus interesses.

Artigo XXIV

Todo ser humano tem direito a repouso e lazer, inclusive a limitação razoável das horas de trabalho e a férias remuneradas periódicas.

Artigo XXV

1. Todo ser humano tem direito a um padrão de vida capaz de assegurar a si e a sua família saúde e bem-estar, inclusive alimentação, vestuário, habitação, cuidados médicos e os serviços sociais indispensáveis, e direito à segurança em caso de desemprego, doença, invalidez, viuvez, velhice ou outros casos de perda dos meios de subsistência em circunstâncias fora de seu controle.

2. A maternidade e a infância têm direito a cuidados e assistência especiais. Todas as crianças, nascidas dentro ou fora do matrimônio gozarão da mesma proteção social.

Artigo XXVI

1. Todo ser humano tem direito à instrução. A instrução será gratuita, pelo menos nos graus elementares e fundamentais. A instrução elementar será obrigatória. A instrução técnico-profissional será acessível a todos, bem como a instrução superior, esta baseada no mérito.

2. A instrução será orientada no sentido do pleno desenvolvimento da personalidade humana e do fortalecimento e do respeito pelos direitos humanos e pelas liberdades fundamentais. A instrução promoverá a compreensão, a tolerância e a amizade entre todas as nações e grupos raciais ou religiosos, e coadjuvará as atividades das Nações Unidas em prol da manutenção da paz.

3. Os pais têm prioridade de direito na escolha do gênero de instrução que será ministrada a seus filhos.

Artigo XXVII

1. Todo ser humano tem o direito de participar livremente da vida cultural da comunidade, de fruir das artes e de participar do progresso científico e de seus benefícios.

2. Todo ser humano tem direito à proteção dos interesses morais e materiais decorrentes de qualquer produção científica, literária ou artística da qual seja autor.

Artigo XXVIII

Todo ser humano tem direito a uma ordem social e internacional em que os direitos e liberdades estabelecidos na presente Declaração possam ser plenamente realizados.

Artigo XXIX

1. Todo ser humano tem deveres para com a comunidade, na qual o livre e pleno desenvolvimento de sua personalidade é possível.

2. No exercício de seus direitos e liberdades, Todo ser humano estará sujeito apenas às limitações determinadas pela lei, exclusivamente com o fim de assegurar o devido reconhecimento e respeito dos direitos e liberdades de outrem e de satisfazer as justas exigências da moral, da ordem pública e do bem-estar de uma sociedade democrática.

3. Esses direitos e liberdades não podem, em hipótese alguma, ser exercidos contrariamente aos objetivos e princípios das Nações Unidas.

Artigo XXX

Nenhuma disposição da presente Declaração pode ser interpretada como o reconhecimento a qualquer Estado, grupo ou pessoa, do direito de exercer qualquer atividade ou praticar qualquer ato destinado à destruição de quaisquer dos direitos e liberdades aqui estabelecidos.

DECRETO 57.663,
DE 24 DE JANEIRO DE 1966

Promulga as Convenções para adoção de uma Lei Uniforme em matéria de letras de câmbio e notas promissórias.

O Presidente da República:

Havendo o Governo brasileiro, por nota da Legação em Berna, datada de 26 de agosto de 1942, ao secretário-geral da Liga das Nações, aderido às seguintes Convenções assinadas em Genebra, a 7 de junho de 1930:

1ª) Convenção para adoção de uma Lei Uniforme sobre letras de câmbio e notas promissórias, anexos e protocolo, com reservas aos arts. 2, 3, 5, 6, 7, 9, 10, 13, 15, 16, 17, 19 e 20 do Anexo II;

2ª) Convenção destinada a regular conflitos de leis em matéria de letras de câmbio e notas promissórias, com Protocolo;

3ª) Convenção relativa ao Imposto do Selo, em matéria de letras de câmbio e de notas promissórias, com Protocolo;

Havendo as referidas Convenções entrado em vigor para o Brasil 90 (noventa) dias após a data do registro pela Secretaria-Geral da Liga das Nações, isto é, a 26 de novembro de 1942;

E havendo o Congresso Nacional aprovado pelo Decreto Legislativo 54, de 1964, as referidas Convenções;

Decreta que as mesmas, apensas por cópia ao presente Decreto, sejam executadas e cumpridas tão inteiramente como nelas se contém, observadas as reservas feitas à Convenção relativa à Lei Uniforme sobre letras de câmbio e notas promissórias.

Brasília, 24 de janeiro de 1966; 145º da Independência e 78º da República.

H. Castello Branco

(Publicação no *D.O.U.* de 31.1.1966; retificação 2.3.1966)

CONVENÇÃO PARA A ADOÇÃO DE UMA LEI UNIFORME SOBRE LETRAS DE CÂMBIO E NOTAS PROMISSÓRIAS

O Presidente do Reich Alemão; o Presidente Federal da República Austríaca; Sua Majestade o Rei dos Belgas; o Presidente da República dos Estados Unidos do Brasil; o Presidente da República da Colômbia; Sua Majestade o Rei da Dinamarca; o Presidente da República da Polônia, pela Cidade Livre de Dantzig; o Presidente da República do Equador; Sua Majestade o Rei da Espanha; o Presidente da República da Finlândia; o Presidente da República Francesa; o Presidente da República Helênica; Sua Alteza Sereníssima o Regente do Reino da Hungria; Sua Majestade o Rei da Itália; Sua Majestade o Imperador do Japão; Sua Alteza Real a Grã-Duquesa do Luxemburgo; Sua Majestade o Rei da Noruega; Sua Majestade a Rainha da Holanda; o Presidente da República da Polônia; o Presidente da República Portuguesa; Sua Majestade o Rei da Suécia; o Conselho Federal Suíço; o Presidente da República da Tchecoslováquia; o Presidente da República da Turquia; Sua Majestade o Rei da Iugoslávia.

Desejando evitar as dificuldades originadas pela diversidade de legislação nos vários países em que as letras circulam e aumentar assim a segurança e rapidez das relações do comércio internacional;

Designaram como seus plenipotenciários:

(...)

Os quais, depois de terem apresentado os seus plenos poderes, achados em boa e devida forma, acordaram nas disposições seguintes:

Artigo 1º

As Altas Partes Contratantes obrigam-se a adotar nos territórios respectivos, quer num dos textos originais, quer nas suas línguas nacionais, a Lei Uniforme que constitui o Anexo I da presente Convenção.

Esta obrigação poderá ficar subordinada a certas reservas que deverão eventualmente ser formuladas por cada uma das Altas Partes Contratantes no momento da sua ratificação ou adesão. Estas reservas deverão ser recolhidas entre as mencionadas no Anexo II da presente Convenção.

Todavia, as reservas a que se referem os arts. 8º, 12 e 18 do citado Anexo II poderão ser feitas posteriormente à ratificação ou adesão, desde que sejam notificadas ao secretário-geral da Sociedade das Nações, o qual imediatamente comunicará o seu texto aos membros da Sociedade das Nações e aos Estados não membros em cujo nome tenha sido ratificada a presente Convenção ou que a ela tenham aderido. Essas reservas só produzirão efeitos 90 (noventa) dias depois de o secretário-geral ter recebido a referida notificação.

Qualquer das Altas Partes Contratantes poderá, em caso de urgência, fazer uso, depois da ratificação ou da adesão, das reservas indicadas nos arts. 7º e 22 do referido Anexo II. Neste caso deverá comunicar essas reservas direta e imediatamente a todas as outras Altas Partes Contratantes e ao secretário-geral da Sociedade das Nações. Esta notificação produzirá os seus efeitos 2 (dois) dias depois de recebida a dita comunicação pelas Altas Partes Contratantes.

Artigo 2º

A Lei Uniforme não será aplicável no território de cada uma das Altas Partes Contratantes às letras e notas promissórias já passadas à data da entrada em vigor da presente Convenção.

Artigo 3º

A presente Convenção, cujos textos francês e inglês farão, ambos, igualmente fé, terá a data de hoje.

Poderá ser ulteriormente assinada, até 6 de setembro de 1930, em nome de qualquer membro da Sociedade das Nações e de qualquer Estado não membro.

Artigo 4º

A presente Convenção será ratificada.

Os instrumentos de ratificação serão transmitidos, antes de 1º de setembro de 1932, ao secretário-geral da Sociedade das Nações, que notificará imediatamente do seu depósito todos os membros da Sociedade das Nações e os Estados não membros que sejam Partes na presente Convenção.

Artigo 5º

A partir de 6 de setembro de 1930, qualquer membro da Sociedade das Nações e qualquer Estado não membro poderá aderir à presente Convenção.

Esta adesão efetuar-se-á por meio de notificação ao secretário-geral da Sociedade das Nações, que será depositada nos arquivos do Secretariado.

O secretário-geral notificará imediatamente desse depósito todos os Estados que tenham assinado ou aderido à presente Convenção.

Artigo 6º

A presente Convenção somente entrará em vigor depois de ter sido ratificada ou de a ela terem aderido sete membros da Sociedade das Nações ou Estados não membros, entre os quais deverão figurar três dos membros da Sociedade das Nações com representação permanente no Conselho.

Começará a vigorar 90 (noventa) dias depois de recebida pelo secretário-geral da Sociedade das Nações a 7ª ratificação ou adesão, em conformidade com o disposto na alínea primeira do presente artigo.

O secretário-geral da Sociedade das Nações, nas notificações previstas nos arts. 4º e 5º, fará menção especial de terem sido recebidas as ratificações ou adesões a que se refere a alínea primeira do presente artigo.

Artigo 7º

As ratificações ou adesões após a entrada em vigor da presente Convenção em conformidade com o disposto no art. 6º produzirão os seus efeitos 90 (noventa) dias depois da data da sua recepção pelo secretário-geral da Sociedade das Nações.

Artigo 8º

Exceto nos casos de urgência, a presente Convenção não poderá ser denunciada antes de decorrido um prazo de 2 (dois) anos a contar da data em que tiver começado a vigorar para o membro da Sociedade das Nações ou para o Estado não membro que a denuncia; esta denúncia produzirá os seus efeitos 90 (noventa) dias depois de recebida pelo secretário-geral a respectiva notificação.

Qualquer denúncia será imediatamente comunicada pelo secretário-geral da Sociedade das Nações a todas as outras Altas Partes Contratantes.

Nos casos de urgência, a Alta Parte Contratante que efetuar a denúncia comunicará esse fato direta e imediatamente a todas as outras Altas Partes Contratantes, e a denúncia produzirá os seus efeitos 2 (dois) dias depois de recebida a dita comunicação pelas respectivas Altas Partes Contratantes. A Alta Parte Contratante que fizer a denúncia nestas condições dará igualmente conhecimento da sua decisão ao secretário-geral da Sociedade das Nações.

Qualquer denúncia só produzirá efeitos em relação à Alta Parte Contratante em nome da qual ela tenha sido feita.

Artigo 9º

Decorrido um prazo de 4 (quatro) anos da entrada em vigor da presente Convenção, qualquer membro da Sociedade das Nações ou Estado não membro ligado à Convenção poderá formular ao secretário-geral da Sociedade das Nações um pedido de revisão de algumas ou de todas as suas disposições.

Se este pedido, comunicado aos outros membros ou Estados não membros para os quais a Convenção estiver em vigor, for apoiado dentro do prazo de 1 (um) ano por seis, pelo menos, dentre eles, o Conselho da Sociedade das Nações decidirá se deve ser convocada uma conferência para aquele fim.

Artigo 10

As Altas Partes Contratantes poderão declarar no momento da assinatura da ratificação ou da adesão que, aceitando a presente Convenção, não assumem nenhuma obrigação pelo que respeita a todas ou partes das suas colônias, protetorados ou territórios sob a sua soberania ou mandato, caso em que a presente Convenção se não aplicará aos territórios mencionados nessa declaração.

As Altas Partes Contratantes poderão a todo o tempo mais tarde notificar o secretário-geral da Sociedade das Nações de que desejam que a presente Convenção se aplique a todos ou parte dos territórios que tenham sido objeto da declaração prevista na alínea precedente, e nesse caso a Convenção aplicar-se-á aos territórios mencionados na comunicação 90 (noventa) dias depois de esta ter sido recebida pelo secretário-geral da Sociedade das Nações.

Da mesma forma, as Altas Partes Contratantes podem, nos termos do art. 8º, denunciar a presente Convenção para todas ou parte das suas colônias, protetorados ou territórios sob a sua soberania ou mandato.

Artigo 11

A presente Convenção será registrada pelo secretário-geral da Sociedade das Nações desde que entre em vigor. Será publicada, logo que for possível, na "Coleção de Tratados" da Sociedade das Nações. Em fé do que os plenipotenciários acima designados assinaram a presente Convenção. Feito em Genebra, aos sete de junho de mil novecentos e trinta, num só exemplar, que será depositado nos arquivos do Secretariado da Sociedade das Nações. Será transmitida cópia autêntica a todos os membros da Sociedade das Nações e a todos os Estados não membros representados na Conferência. Alemanha: Leo Quassowski, Dr. Albrecht, Dr. Ullmann; Áustria: Dr. Strobele; Bélgica: Vte. P. Poullert de la Vallée Poussin; Brasil: Deoclécio de Campos; Colômbia: A. J. Restrepo; Dinamarca: A. Helper, V. Eigtved; Cidade Livre de Dantzig: Sulkowski; Equador: Alej. Gastolú; Espanha: Juan Gómez Monteio; Finlândia: F. Gronvall; França: J. Percerou; Grécia: R. Raphael; Hungria: Dr. Baranyai, Zoltán; Itália: Amedeo Giannini; Japão: M. Ohno, T. Shimada; Luxemburgo: Ch. G. Vermaire; Noruega: Stub Holmboe; Holanda: Molengraaff; Peru: J. M. Barreto; Polônia: Sulkowski; Portugal: José Caieiro da Matta; Suécia: E. Marks von Wurtemberg, Birger Ekeberg; Suíça: Vischer; Tchecoslováquia: Prof. Dr. Karel Hermann-Otavsky; Turquia: Ad referendum, Mehmed Munir; Iugoslávia: I. Choumenkovitch.

ANEXO I
LEI UNIFORME RELATIVA ÀS LETRAS DE CÂMBIO E NOTAS PROMISSÓRIAS

Título I
Das letras

Capítulo I
DA EMISSÃO E FORMA DA LETRA

Artigo 1º

A letra contém:

1. a palavra "letra" inserta no próprio texto do título e expressa na língua empregada para a redação desse título;

2. o mandato puro e simples de pagar uma quantia determinada;

3. o nome daquele que deve pagar (sacado);

4. a época do pagamento;

5. a indicação do lugar em que se deve efetuar o pagamento;

6. o nome da pessoa a quem ou à ordem de quem deve ser paga;

7. a indicação da data em que, e do lugar onde a letra é passada;

8. a assinatura de quem passa a letra (sacador).

Artigo 2º

O escrito em que faltar algum dos requisitos indicados no artigo anterior não produzirá efeito como letra, salvo nos casos determinados nas alíneas seguintes:

A letra em que se não indique a época do pagamento entende-se pagável à vista.

Na falta de indicação especial, o lugar designado ao lado do nome do sacado considera-se como sendo o lugar do pagamento, e, ao mesmo tempo, o lugar do domicílio do sacado.

A letra sem indicação do lugar onde foi passada considera-se como tendo-o sido no lugar designado, ao lado do nome do sacador.

Artigo 3º

A letra pode ser à ordem do próprio sacador. Pode ser sacada sobre o próprio sacador.

Pode ser sacada por ordem e conta de terceiro.

Artigo 4º

A letra pode ser pagável no domicílio de terceiro, quer na localidade onde o sacado tem o seu domicílio, quer noutra localidade.

Artigo 5º

Numa letra pagável à vista ou a um certo termo de vista, pode o sacador estipular que a sua importância vencerá juros. Em qualquer outra espécie de letra a estipulação de juros será considerada como não escrita.

A taxa de juros deve ser indicada na letra; na falta de indicação, a cláusula de juros é considerada como não escrita.

Os juros contam-se da data da letra, se outra data não for indicada.

Artigo 6º

Se na letra a indicação da quantia a satisfazer se achar feita por extenso e em algarismos, e houver divergência entre uma e outra, prevalece a que estiver feita por extenso.

Se na letra a indicação da quantia a satisfazer se achar feita por mais de uma vez, quer por extenso, quer em algarismos, e houver divergências entre as diversas indicações, prevalecerá a que se achar feita pela quantia inferior.

Artigo 7º

Se a letra contém assinaturas de pessoas incapazes de se obrigarem por letras, assinaturas falsas, assinaturas de pessoas fictícias, ou assinaturas que por qualquer outra razão não poderiam obrigar as pessoas que assinaram a letra, ou em nome das quais ela foi assinada, as obrigações dos outros signatários nem por isso deixam de ser válidas.

Artigo 8º

Todo aquele que apuser a sua assinatura numa letra, como representante de uma pessoa, para representar a qual não tinha de fato poderes, fica obrigado em virtude da letra e, se a pagar, tem os mesmos direitos que o pretendido representado. A mesma regra se aplica ao representante que tenha excedido os seus poderes.

Artigo 9º

O sacador é garante tanto da aceitação como do pagamento de letra.

O sacador pode exonerar-se da garantia da aceitação; toda e qualquer cláusula pela qual ele se exonere da garantia do pagamento considera-se como não escrita.

Artigo 10

Se uma letra incompleta no momento de ser passada tiver sido completada contrariamente aos acordos realizados, não pode a inobservância desses acordos ser motivo de oposição ao portador, salvo se este tiver adquirido a letra de má-fé ou, adquirindo-a, tenha cometido uma falta grave.

Capítulo II
DO ENDOSSO

Artigo 11

Toda letra de câmbio, mesmo que não envolva expressamente a cláusula à ordem, é transmissível por via de endosso.

Quando o sacador tiver inserido na letra as palavras "não à ordem", ou uma expressão equivalente, a letra só é transmissível pela forma e com os efeitos de uma cessão ordinária de créditos.

O endosso pode ser feito mesmo a favor do sacado, aceitando ou não, do sacador, ou de qualquer outro coobrigado. Estas pessoas podem endossar novamente a letra.

Artigo 12

O endosso deve ser puro e simples. Qualquer condição a que ele seja subordinado considera-se como não escrita.

O endosso parcial é nulo.

O endosso ao portador vale como endosso em branco.

Artigo 13

O endosso deve ser escrito na letra ou numa folha ligada a esta (anexo). Deve ser assinado pelo endossante.

O endosso pode não designar o beneficiário, ou consistir simplesmente na assinatura do endossante (endosso em branco). Neste último caso, o endosso para ser válido deve ser escrito no verso da letra ou na folha anexa.

Artigo 14

O endosso transmite todos os direitos emergentes da letra.

Se o endosso for branco, o portador pode:

1º) preencher o espaço em branco, quer com o seu nome, quer com o nome de outra pessoa;

2º) endossar de novo a letra em branco ou a favor de outra pessoa;

3º) remeter a letra a um terceiro, sem preencher o espaço em branco e sem a endossar.

Artigo 15

O endossante, salvo cláusula em contrário, é garante tanto da aceitação como do pagamento da letra.

O endossante pode proibir um novo endosso, e, neste caso, não garante o pagamento às pessoas a quem a letra for posteriormente endossada.

Artigo 16

O detentor de uma letra é considerado portador legítimo se justifica o seu direito por uma série ininterrupta de endossos, mesmo se o último for em branco. Os endossos riscados consideram-se, para este efeito, como não escritos. Quando um endosso em branco é seguido de um outro endosso, presume-se que o signatário deste adquiriu a letra pelo endosso em branco.

Se uma pessoa foi por qualquer maneira desapossada de uma letra, o portador dela, desde que justifique o seu direito pela maneira indicada na alínea precedente, não é obrigado a restituí-la, salvo se a adquiriu de má-fé ou se, adquirindo-a, cometeu uma falta grave.

Artigo 17

As pessoas acionadas em virtude de uma letra não podem opor ao portador exceções fundadas sobre as relações pessoais delas com o sacador ou com os portadores anteriores, a menos que o portador ao adquirir a letra tenha procedido conscientemente em detrimento do devedor.

Artigo 18

Quando o endosso contém a menção "valor a cobrar" (*valeur en recouvrement*), "para cobrança" (*pour encaissement*), "por procuração" (*par procuration*), ou qualquer outra menção que implique um simples mandato, o portador pode exercer todos os direitos emergentes da letra, mas só pode endossá-la na qualidade de procurador.

Os coobrigados, neste caso, só podem invocar contra o portador as exceções que eram oponíveis ao endossante.

O mandato que resulta de um endosso por procuração não se extingue por morte ou sobrevinda incapacidade legal do mandatário.

Artigo 19

Quando o endosso contém a menção "valor em garantia", "valor em penhor" ou qualquer outra menção que implique uma caução, o portador pode exercer todos os direitos emergentes da letra, mas um endosso feito por ele só vale como endosso a título de procuração.

Os coobrigados não podem invocar contra o portador as exceções fundadas sobre as relações pessoais deles com o endossante, a menos que o portador, ao receber a letra, tenha procedido conscientemente em detrimento do devedor.

Artigo 20

O endosso posterior ao vencimento tem os mesmos efeitos que o endosso anterior. Todavia, o endosso posterior ao protesto por falta de pagamento, ou feito depois de expirado o prazo fixado para se fazer o protesto, produz apenas os efeitos de uma cessão ordinária de créditos.

Salvo prova em contrário, presume-se que um endosso sem data foi feito antes de expirado o prazo fixado para se fazer o protesto.

Capítulo III
DO ACEITE

Artigo 21

A letra pode ser apresentada, até o vencimento, ao aceite do sacado, no seu domicílio, pelo portador ou até por um simples detentor.

Artigo 22

O sacador pode, em qualquer letra, estipular que ela será apresentada ao aceite, com ou sem fixação de prazo.

Pode proibir na própria letra a sua apresentação ao aceite, salvo se se tratar de uma letra pagável em domicílio de terceiro, ou de uma letra pagável em localidade diferente da do domicílio do sacado, ou de uma letra sacada a certo termo de vista.

O sacador pode também estipular que a apresentação ao aceite não poderá efetuar-se antes de determinada data.

Todo endossante pode estipular que a letra deve ser apresentada ao aceite, com ou sem fixação de prazo, salvo se ela tiver sido declarada não aceitável pelo sacador.

Artigo 23

As letras a certo termo de vista devem ser apresentadas ao aceite dentro do prazo de 1 (um) ano das suas datas.

O sacador pode reduzir este prazo ou estipular um prazo maior.

Esses prazos podem ser reduzidos pelos endossantes.

Artigo 24

O sacado pode pedir que a letra lhe seja apresentada uma segunda vez no dia seguinte ao da primeira apresentação. Os interessados somente podem ser admitidos a pretender que não foi dada satisfação a este pedido no caso de ele figurar no protesto.

O portador não é obrigado a deixar nas mãos do aceitante a letra apresentada ao aceite.

Artigo 25

O aceite é escrito na própria letra. Exprime-se pela palavra "aceite" ou qualquer outra palavra equivalente; o aceite é assinado pelo sacado. Vale como aceite a simples assinatura do sacado aposta na parte anterior da letra.

Quando se trate de uma letra pagável a certo termo de vista, ou que deva ser apresentada ao aceite dentro de um prazo determinado por estipulação especial, o aceite deve ser datado do dia em que foi dado, salvo se o portador exigir que a data seja a da apresentação. À falta de data, o portador, para conservar os seus direitos de recurso contra os endossantes e contra o sacador, deve fazer constar essa omissão por um protesto, feito em tempo útil.

Artigo 26

O aceite é puro e simples, mas o sacado pode limitá-lo a uma parte da importância sacada.

Qualquer outra modificação introduzida pelo aceite no enunciado da letra equivale a uma recusa de aceite. O aceitante fica, todavia, obrigado nos termos do seu aceite.

Artigo 27

Quando o sacador tiver indicado na letra um lugar de pagamento diverso do domicílio do sacado, sem designar um terceiro em cujo domicílio o pagamento se deva efetuar, o sacado pode designar no ato do aceite a pessoa que deve pagar a letra. Na falta dessa indicação, considera-se que o aceitante se obriga, ele próprio, a efetuar o pagamento no lugar indicado na letra.

Se a letra é pagável no domicílio do sacado, este pode, no ato do aceite, indicar, para ser efetuado o pagamento, um outro domicílio no mesmo lugar.

Artigo 28

O sacado obriga-se pelo aceite pagar a letra à data do vencimento.

Na falta de pagamento, o portador, mesmo no caso de ser ele o sacador, tem contra o aceitante um direito de ação resultante da letra, em relação a tudo que pode ser exigido nos termos dos arts. 48 e 49.

Artigo 29

Se o sacado, antes da restituição da letra, riscar o aceite que tiver dado, tal aceite é considerado como recusado. Salvo prova em contrário, a anulação do aceite considera-se feita antes da restituição da letra.

Se, porém, o sacado tiver informado por escrito o portador ou qualquer outro signatário da letra de que aceita, fica obrigado para com estes, nos termos do seu aceite.

Capítulo IV
DO AVAL

Artigo 30

O pagamento de uma letra pode ser no todo ou em parte garantido por aval.

Esta garantia é dada por um terceiro ou mesmo por um signatário da letra.

Artigo 31

O aval é escrito na própria letra ou numa folha anexa.

Exprime-se pelas palavras "bom para aval" ou por qualquer fórmula equivalente; e assinado pelo dador do aval.

O aval considera-se como resultante da simples assinatura do dador aposta na face anterior da letra, salvo se se trata das assinaturas do sacado ou do sacador.

O aval deve indicar por quem se dá. Na falta de indicação, entender-se-á pelo sacador.

Artigo 32

O dador de aval é responsável da mesma maneira que a pessoa por ele afiançada.

A sua obrigação mantém-se, mesmo no caso de a obrigação que ele garantiu ser nula por qualquer razão que não seja um vício de forma.

Se o dador de aval paga a letra, fica sub-rogado nos direitos emergentes da letra contra a pessoa a favor de quem foi dado o aval e contra os obrigados para com esta em virtude da letra.

Capítulo V
DO VENCIMENTO

Artigo 33

Uma letra pode ser sacada:

– à vista;

– a um certo termo de vista;

– a um certo termo de data;

– pagável num dia fixado.

As letras, quer com vencimentos diferentes, quer com vencimentos sucessivos, são nulas.

Artigo 34

A letra à vista é pagável à apresentação. Deve ser apresentada a pagamento dentro do prazo de 1 (um) ano, a contar da sua data. O sacador pode reduzir este prazo ou estipular um outro mais longo. Estes prazos podem ser encurtados pelos endossantes.

O sacador pode estipular que uma letra pagável à vista não deverá ser apresentada a pagamento antes de uma certa data. Nesse caso, o prazo para a apresentação conta-se dessa data.

Artigo 35

O vencimento de uma letra a certo termo de vista determina-se, quer pela data do aceite, quer pela do protesto. Na falta de protesto, o aceite não datado entende-se, no que respeita ao aceitante, como tendo sido dado no último dia do prazo para a apresentação ao aceite.

Artigo 36

O vencimento de uma letra sacada a 1 (um) ou mais meses de data ou de vista será na data correspondente do mês em que o pagamento se deve efetuar. Na falta de data correspondente, o vencimento será no último dia desse mês.

Quando a letra é sacada a 1 (um) ou mais meses e meio de data ou de vista, contam-se primeiro os meses inteiros.

Se o vencimento for fixado para o princípio, meado ou fim do mês, entende-se que a letra será vencível no primeiro, no dia 15 (quinze), ou no último dia desse mês.

As expressões "oito dias" ou "quinze dias" entendem-se não como 1 (uma) ou 2 (duas) semanas, mas como um prazo de 8 (oito) ou 15 (quinze) dias efetivos.

A expressão "meio mês" indica um prazo de 15 (quinze) dias.

Artigo 37

Quando uma letra é pagável num dia fixo num lugar em que o calendário é diferente do lugar de emissão, a data do vencimento é considerada como fixada segundo o calendário do lugar de pagamento.

Quando uma letra sacada entre duas praças que em calendários diferentes é pagável a certo termo de vista, o dia da emissão é referido ao dia correspondente do calendário do lugar de pagamento, para o efeito da determinação da data do vencimento.

Os prazos de apresentação das letras são calculados segundo as regras da alínea precedente.

Estas regras não se aplicam se uma cláusula da letra, ou até o simples enunciado do título, indicar que houve intenção de adotar regras diferentes.

Capítulo VI
DO PAGAMENTO

Artigo 38

O portador de uma letra pagável em dia fixo ou a certo termo de data ou de vista deve apresentá-la a pagamento no dia em que ela é pagável ou num dos 2 (dois) dias úteis seguintes.

A apresentação da letra a uma câmara de compensação equivale a apresentação a pagamento.

Artigo 39

O sacado que paga uma letra pode exigir que ela lhe seja entregue com a respectiva quitação.

O portador não pode recusar qualquer pagamento parcial.

No caso de pagamento parcial, o sacado pode exigir que desse pagamento se faça menção na letra e que dele lhe seja dada quitação.

Artigo 40

O portador de uma letra não pode ser obrigado a receber o pagamento dela antes do vencimento.

O sacado que paga uma letra antes do vencimento fá-lo sob sua responsabilidade.

Aquele que paga uma letra no vencimento fica validamente desobrigado, salvo se da sua parte tiver havido fraude ou falta grave. É obrigado a verificar a regularidade da sucessão dos endossos mas não a assinatura dos endossantes.

Artigo 41

Se numa letra se estipular o pagamento em moeda que não tenha curso legal no lugar do pagamento, pode a sua importância ser paga na moeda do país, segundo o seu valor no dia do vencimento. Se o devedor está em atraso, o portador pode, à sua escolha, pedir que o pagamento da importância da letra seja feito na moeda do país ao câmbio do dia do vencimento ou ao câmbio do dia do pagamento.

A determinação do valor da moeda estrangeira será feita segundo os usos do lugar de pagamento. O sacador pode, todavia, estipular que a soma a pagar seja calculada segundo um câmbio fixado na letra.

As regras acima indicadas não se aplicam ao caso em que o sacador tenha estipulado que o pagamento deverá ser efetuado numa certa moeda especificada (cláusula de pagamento efetivo numa moeda estrangeira).

Se a importância da letra for indicada numa moeda que tenha a mesma denominação mas o valor diferente no país de emissão e no de pagamento, presume-se que se fez referência à moeda do lugar de pagamento.

Artigo 42

Se a letra não for apresentada a pagamento dentro do prazo fixado no art. 38, qualquer devedor tem a faculdade de depositar a sua importância junto da autoridade competente a custa do portador e sob a responsabilidade deste.

Capítulo VII
DA AÇÃO POR FALTA DE ACEITE E FALTA DE PAGAMENTO

Artigo 43

O portador de uma letra pode exercer os seus direitos de ação contra os endossantes, sacador e outros coobrigados:

– no vencimento;

– se o pagamento não foi efetuado;

– mesmo antes do vencimento:

1º) se houve recusa total ou parcial de aceite;

2º) nos casos de falência do sacado, quer ele tenha aceite, quer não, de suspensão de pagamentos do mesmo, ainda que não constatada por sentença, ou de ter sido promovida, sem resultado, execução dos seus bens;

3º) nos casos de falência do sacador de uma letra não aceitável.

Artigo 44

A recusa de aceite ou de pagamento deve ser comprovada por um ato formal (protesto por falta de aceite ou falta de pagamento).

O protesto por falta de aceite deve ser feito nos prazos fixados para a apresentação ao aceite. Se, no caso previsto na alínea 1ª do art. 24, a primeira apresentação da letra tiver sido feita no último dia do prazo, pode fazer-se ainda o protesto no dia seguinte.

O protesto por falta de pagamento de uma letra pagável em dia fixo ou a certo termo de data ou de vista deve ser feito num dos 2 (dois) dias úteis seguintes àquele em que a letra é pagável. Se se trata de uma letra pagável à vista, o protesto deve ser feito nas condições indicadas na alínea precedente para o protesto por falta de aceite.

O protesto por falta de aceite dispensa a apresentação a pagamento e o protesto por falta de pagamento.

No caso de suspensão de pagamentos do sacado, quer seja aceitante, quer não, ou no caso de lhe ter sido promovida, sem resultado, execução dos bens, o portador da letra só pode exercer o seu direito de ação após apresentação da mesma ao sacado para pagamento e depois de feito o protesto.

No caso de falência declarada do sacado, quer seja aceitante, quer não, bem como no caso de falência declarada do sacador de uma letra não aceitável, a apresentação da sentença de declaração de falência é suficiente para que o portador da letra possa exercer o seu direito de ação.

Artigo 45

O portador deve avisar da falta de aceite ou de pagamento o seu endossante e o sacador dentro dos 4 (quatro) dias úteis que se seguirem ao dia do protesto ou da apresentação, no caso de a letra conter a cláusula "sem despesas". Cada um dos endossantes deve, por sua vez, dentro dos 2 (dois) dias úteis que se seguirem ao da recepção do aviso, informar o seu endossante do aviso que recebeu, indicando os nomes e endereços dos que enviaram os avisos precedentes, e assim sucessivamente até se chegar ao sacador. Os prazos acima indicados contam-se a partir da recepção do aviso precedente.

Quando, em conformidade com o disposto na alínea anterior, se avisou um signatário da letra, deve avisar-se também o seu avalista dentro do mesmo prazo de tempo.

No caso de um endossante não ter indicado o seu endereço, ou de o ter feito de maneira ilegível, basta que o aviso seja enviado ao endossante que o precede.

A pessoa que tenha de enviar um aviso pode fazê-lo por qualquer forma, mesmo pela simples devolução da letra.

Essa pessoa deverá provar que o aviso foi enviado dentro do prazo prescrito. O prazo considerar-se-á como tendo sido observado desde que a carta contendo o aviso tenha sido posta no Correio dentro dele.

A pessoa que não der o aviso dentro do prazo acima indicado não perde os seus direitos; será responsável pelo prejuízo, se o houver, motivado pela sua negligência, sem que a responsabilidade possa exceder a importância da letra.

Artigo 46

O sacador, um endossante ou um avalista pode, pela cláusula "sem despesas", "sem protesto", ou outra cláusula equivalente, dispensar o portador de fazer um protesto por falta de aceite ou falta de pagamento, para poder exercer os seus direitos de ação.

Essa cláusula não dispensa o portador da apresentação da letra dentro do prazo prescrito nem tampouco dos avisos a dar. A prova da inobservância do prazo incumbe àquele que dela se prevaleça contra o portador.

Se a cláusula foi escrita pelo sacador produz os seus efeitos em relação a todos os signatários da letra; se for inserida por um endossante ou por avalista, só produz efeito em relação a esse endossante ou avalista. Se, apesar da cláusula escrita pelo sacador, o portador faz o protesto, as respectivas despesas serão de conta dele quando a cláusula emanar de um endossante ou de um avalista, as despesas do protesto, se for feito, podem ser cobradas de todos os signatários da letra.

Artigo 47

Os sacadores, aceitantes, endossantes ou avalistas de uma letra são todos solidariamente responsáveis para com o portador.

O portador tem o direito de acionar todas estas pessoas individualmente, sem estar adstrito a observar a ordem por que elas se obrigaram.

O mesmo direito possui qualquer dos signatários de uma letra quando a tenha pago.

A ação intentada contra um dos coobrigados não impede acionar os outros, mesmo os posteriores àquele que foi acionado em primeiro lugar.

Artigo 48

O portador pode reclamar daquele contra quem exerce o seu direito de ação:

1º) o pagamento da letra não aceite não paga, com juros se assim foi estipulado;

2º) os juros à taxa de 6% (seis por cento) desde a data do vencimento;

3º) as despesas do protesto, as dos avisos dados e as outras despesas.

Se a ação for interposta antes do vencimento da letra, a sua importância será reduzida de um desconto. Esse desconto será calculado de acordo com a taxa oficial de desconto (taxa de Banco) em vigor no lugar do domicílio do portador à data da ação.

Artigo 49

A pessoa que pagou uma letra pode reclamar dos seus garantes:

1º) a soma integral que pagou;

2º) os juros da dita soma, calculados à taxa de 6% (seis por cento), desde a data em que a pagou;

3º) as despesas que tiver feito.

Artigo 50

Qualquer dos coobrigados, contra o qual se intentou ou pode ser intentada uma ação, pode exigir, desde que pague a letra, que ela lhe seja entregue com o protesto e um recibo.

Qualquer dos endossantes que tenha pago uma letra pode riscar o seu endosso e os dos endossantes subsequentes.

Artigo 51

No caso de ação intentada depois de um aceite parcial, a pessoa que pagar a importância pela qual a letra não foi aceita pode exigir que esse pagamento seja mencionado na letra e que dele lhe seja dada quitação. O portador deve, além disso, entregar a essa pessoa uma cópia autêntica da letra e o protesto, de maneira a permitir o exercício de ulteriores direitos de ação.

Artigo 52

Qualquer pessoa que goze do direito de ação pode, salvo estipulação em contrário, embolsar-se por meio de uma nova letra (ressaque) à vista, sacada sobre um dos coobrigados e pagável no domicílio deste.

O ressaque inclui, além das importâncias indicadas nos arts. 48 e 49, um direito de corretagem e a importância do selo do ressaque.

Se o ressaque é sacado pelo portador, a sua importância é fixada segundo a taxa para uma letra à vista, sacada do lugar onde a primitiva letra era pagável sobre o lugar do domicílio do coobrigado. Se o ressaque é sacado por um endossante a sua importância é fixada segundo a taxa para uma letra à vista, sacada do lugar onde o sacador do ressaque tem o seu domicílio sobre o lugar do domicílio do coobrigado.

Artigo 53

Depois de expirados os prazos fixados:

– para a apresentação de uma letra à vista ou a certo termo de vista;

– para se fazer o protesto por falta de aceite ou por falta de pagamento;

– para a apresentação a pagamento no caso da cláusula "sem despesas".

O portador perdeu os seus direitos de ação contra os endossantes, contra o sacador e contra os outros coobrigados, à exceção do aceitante.

Na falta de apresentação ao aceite no prazo estipulado pelo sacador, o portador perdeu os seus direitos de ação, tanto por falta de pagamento como por falta de aceite, a não ser que dos termos da estipulação se conclua que o sacador apenas teve em vista exonerar-se da garantia do aceite.

Se a estipulação de um prazo para a apresentação constar de um endosso, somente aproveita ao respectivo endossante.

Artigo 54

Quando a apresentação da letra ou o seu protesto não puder fazer-se dentro dos prazos indicados por motivo insuperável (prescrição legal declarada por um Estado qualquer ou outro caso de força maior), esses prazos serão prorrogados.

O portador deverá avisar imediatamente o seu endossante do caso de força maior e fazer menção desse aviso, datada e assinada, na letra ou numa folha anexa; para os demais são aplicáveis as disposições do art. 45.

Desde que tenha cessado o caso de força maior, o portador deve apresentar sem demora a letra ao aceite ou a pagamento, e, caso haja motivo para tal, fazer o protesto.

Se o caso de força maior se prolongar além de 30 (trinta) dias a contar da data do vencimento, podem promover-se ações sem que haja necessidade de apresentação ou protesto.

Para as letras à vista ou a certo termo de vista, o prazo de 30 (trinta) dias conta-se da data em que o portador, mesmo antes de expirado o prazo para a apresentação, deu o aviso do caso de força maior ao seu endossante; para as letras a certo termo de vista, o prazo de 30 (trinta) dias fica acrescido do prazo de vista indicado na letra.

Não são considerados casos de força maior os fatos que sejam de interesse puramente pessoal do portador ou da pessoa por ele encarregada da apresentação da letra ou de fazer o protesto.

Capítulo VIII
DA INTERVENÇÃO

1 – Disposições gerais

Artigo 55

O sacador, um endossante ou um avalista podem indicar uma pessoa para em caso de necessidade aceitar ou pagar.

A letra pode, nas condições a seguir indicadas, ser aceita ou paga por uma pessoa que intervenha por um devedor qualquer contra quem existe direito de ação:

O interveniente pode ser um terceiro, ou mesmo o sacado, ou uma pessoa já obrigada em virtude da letra, exceto o aceitante.

O interveniente é obrigado a participar, no prazo de 2 (dois) dias úteis, a sua intervenção à pessoa por quem interveio. Em caso de inobservância deste prazo, o interveniente é responsável pelo prejuízo, se o houver, resultante da sua negligência, sem que as perdas e danos possam exceder a importância da letra.

2 – Aceite por intervenção

Artigo 56

O aceite por intervenção pode realizar-se em todos os casos em que o portador de uma letra aceitável tem direito de ação antes do vencimento.

Quando na letra se indica uma pessoa para em caso de necessidade a aceitar ou a pagar no lugar do pagamento, o portador não pode exercer o seu direito de ação antes do vencimento contra aquele que indicou essa pessoa e contra os signatários subsequentes a não ser que tenha apresentado a letra à pessoa designada e que, tendo esta recusado o aceite, se tenha feito o protesto.

Nos outros casos de intervenção, o portador pode recusar o aceite por intervenção. Se, porém, o admitir, perde o direito de ação antes do vencimento contra aquele por quem a aceitação foi dada e contra os signatários subsequentes.

Artigo 57

O aceite por intervenção será mencionado na letra e assinado pelo interveniente. Deverá indicar por honra de quem se fez a intervenção; na falta desta indicação, presume-se que interveio pelo sacador.

Artigo 58

O aceitante por intervenção fica obrigado para com o portador e para com os endossantes posteriores àquele por honra de quem interveio da mesma forma que este.

Não obstante o aceite por intervenção, aquele por honra de quem ele foi feito e os seus garantes podem exigir do portador, contra o pagamento da importância indicada, no art. 48, a entrega da letra, do instrumento do protesto e, havendo lugar, de uma conta com a respectiva quitação.

3 – Pagamento por intervenção

Artigo 59

O pagamento por intervenção pode realizar-se em todos os casos em que o portador de uma letra tem direito de ação à data do vencimento ou antes dessa data.

O pagamento deve abranger a totalidade da importância que teria a pagar aquele por honra de quem a intervenção se realizou.

O pagamento deve ser feito o mais tardar no dia seguinte ao último em que é permitido fazer o protesto por falta de pagamento.

Artigo 60

Se a letra foi aceita por intervenientes tendo o seu domicílio no lugar do pagamento, ou se foram indicadas pessoas tendo o seu domicílio no mesmo lugar para, em caso de necessidade, pagarem a letra, o portador deve apresentá-la a todas essas pessoas e, se houver lugar, fazer o protesto por falta de pagamento o mais tardar no dia seguinte e ao último em que era permitido fazer o protesto.

Na falta de protesto dentro deste prazo, aquele que tiver indicado pessoas para pagarem em caso de necessidade, ou por conta de quem a letra tiver sido aceita, bem como os endossantes posteriores, ficam desonerados.

Artigo 61

O portador que recusar o pagamento por intervenção perde o seu direito de ação contra aqueles que teriam ficado desonerados.

Artigo 62

O pagamento por intervenção deve ficar constatado por um recibo passado na letra, contendo a indicação da pessoa por honra de quem foi feito. Na falta desta indicação presume-se que o pagamento foi feito por honra do sacador.

A letra e o instrumento do protesto, se o houve, devem ser entregues à pessoa que pagou por intervenção.

Artigo 63

O que paga por intervenção fica sub-rogado nos direitos emergentes da letra contra aquele por honra de quem pagou e contra os que são obrigados para com este em virtude da letra. Não pode, todavia, endossar de novo a letra.

Os endossantes posteriores ao signatário por honra de quem foi feito o pagamento ficam desonerados.

Quando se apresentarem várias pessoas para pagar uma letra por intervenção, será preferida aquela que desonerar maior número de obrigados. Aquele que, com conhecimento de causa, intervir contrariamente a esta regra, perde os seus direitos de ação contra os que teriam sido desonerados.

Capítulo IX
DA PLURALIDADE DE EXEMPLARES E DAS CÓPIAS

1 – Pluralidade de exemplares

Artigo 64

A letra pode ser sacada por várias vias.

Essas vias devem ser numeradas no próprio texto, na falta do que, cada via será considerada como uma letra distinta. O portador de uma letra que não contenha a indicação de ter sido sacada numa única via pode exigir à sua custa a entrega de várias vias. Para este efeito o portador deve dirigir-se ao seu endossante imediato, para que este o auxilie a proceder contra o seu próprio endossante e assim sucessivamente até se chegar ao sacador. Os endossantes são obrigados a reproduzir os endossos nas novas vias.

Artigo 65

O pagamento de uma das vias é liberatório, mesmo que não esteja estipulado que esse pagamento anula o efeito das outras. O sacado fica, porém, responsável por cada uma das vias que tenham o seu aceite e lhe não hajam sido restituídas.

O endossante que transferiu vias da mesma letra a várias pessoas e os endossantes subsequentes são responsáveis por todas as vias que contenham as suas assinaturas e que não hajam sido restituídas.

Artigo 66

Aquele que enviar ao aceite uma das vias da letra deve indicar nas outras o nome da pessoa em cujas mãos aquela se encontra. Essa pessoa é obrigada a entregar essa via ao portador legítimo doutro exemplar.

Se se recusar a fazê-lo, o portador só pode exercer seu direito de ação depois de ter feito constatar por um protesto:

1º) que a via enviada ao aceite lhe não foi restituída a seu pedido;

2º) que não foi possível conseguir o aceite ou o pagamento de uma outra via.

2 – Cópias

Artigo 67

O portador de uma letra tem o direito de tirar cópias dela.

A cópia deve reproduzir exatamente o original, com os endossos e todas as outras menções que nela figurem. Deve mencionar onde acaba a cópia.

A cópia pode ser endossada e avalizada da mesma maneira e produzindo os mesmos efeitos que o original.

Artigo 68

A cópia deve indicar a pessoa em cuja posse se encontra o título original. Esta é obrigada a remeter o dito título ao portador legítimo da cópia.

Se se recusar a fazê-lo, o portador só pode exercer o seu direito de ação contra as pessoas que tenham endossado ou avalizado a cópia, depois de ter feito constatar por um protesto que o original lhe não foi entregue a seu pedido.

Se o título original, em seguida ao último endosso feito antes de tirada a cópia, contiver a cláusula "daqui em diante só é válido o endosso na cópia" ou qualquer outra fórmula equivalente, é nulo qualquer endosso assinado ulteriormente no original.

Capítulo X
DAS ALTERAÇÕES

Artigo 69

No caso de alteração do texto de uma letra, os signatários posteriores a essa alteração ficam obrigados nos termos do texto alterado; os signatários anteriores são obrigados nos termos do texto original.

Capítulo XI
DA PRESCRIÇÃO

Artigo 70

Todas as ações contra o aceitante relativas a letras prescrevem em 3 (três) anos a contar do seu vencimento.

As ações do portador contra os endossantes e contra o sacador prescrevem num ano, a contar da data do protesto feito em tempo útil, ou da data do vencimento, se se trata de letra que contenha cláusula "sem despesas".

As ações dos endossantes uns contra os outros e contra o sacador prescrevem em 6 (seis) meses a contar do dia em que o endossante pagou a letra ou em que ele próprio foi acionado.

Artigo 71

A interrupção da prescrição só produz efeito em relação5 à pessoa para quem a interrupção foi feita.

Capítulo XII
DISPOSIÇÕES GERAIS

Artigo 72

O pagamento de uma letra cujo vencimento recai em dia feriado legal só pode ser exigido no primeiro dia útil seguinte. Da mesma maneira, todos os atos relativos a letras, especialmente a apresentação ao aceite e o protesto, somente podem ser feitos em dia útil.

Quando um desses atos tem de ser realizado num determinado prazo, e o último dia desse prazo é feriado legal, fica o dito prazo prorrogado até ao primeiro dia útil que se seguir ao seu termo.

Artigo 73

Os prazos legais ou convencionais não compreendem o dia que marca o seu início.

Artigo 74

Não são admitidos dias de perdão quer legal, quer judicial.

Título II
Da nota promissória

Artigo 75

A nota promissória contém:

1. denominação "nota promissória" inserta no próprio texto do título e expressa na língua empregada para a redação desse título;

2. a promessa pura e simples de pagar uma quantia determinada;

3. a época do pagamento;

4. a indicação do lugar em que se deve efetuar o pagamento;

5. o nome da pessoa a quem ou à ordem de quem deve ser paga;

6. a indicação da data em que e do lugar onde a nota promissória é passada;

7. a assinatura de quem passa a nota promissória (subscritor).

Artigo 76

O título em que faltar algum dos requisitos indicados no artigo anterior não produzirá efeito como nota promissória, salvo nos casos determinados das alíneas seguintes.

A nota promissória em que se não indique a época do pagamento será considerada à vista.

Na falta de indicação especial, o lugar onde o título foi passado considera-se como sendo o lugar do pagamento e, ao mesmo tempo, o lugar do domicílio do subscritor da nota promissória.

A nota promissória que não contenha indicação do lugar onde foi passada considera-se como tendo sido no lugar designado ao lado do nome do subscritor.

Artigo 77

São aplicáveis às notas promissórias, na parte em que não sejam contrárias à natureza deste título, as disposições relativas às letras e concernentes:

– endosso (arts. 11 a 20);

– vencimento (arts. 33 a 37);

– pagamento (arts. 38 a 42);

– direito de ação por falta de pagamento (arts. 43 a 50 e 52 a 54);

– pagamento por intervenção (arts. 55 e 59 a 63);

– cópias (arts. 67 e 68);

– alterações (art. 69);

– prescrição (arts. 70 e 71);

– dias feriados, contagem de prazos e interdição de dias de perdão (arts. 72 a 74).

São também aplicáveis às notas promissórias as disposições relativas às letras pagáveis no domicílio de terceiro ou numa localidade diversa da do domicílio do sacado (arts. 4º e 27), a estipulação de juros (art. 5º), as divergências das indicações da quantia a pagar (art. 6º), as consequências da aposição de uma assinatura nas condições indicadas no art. 7º, as da assinatura de uma pessoa que age sem poderes ou excedendo os seus poderes (art. 8º) e a letra em branco (art. 10).

São também aplicáveis às notas promissórias as disposições relativas ao aval (arts. 30 a 32); no caso previsto na última alínea do art. 31, se o aval não indicar a pessoa por quem é dado, entender-se-á ser pelo subscritor da nota promissória.

Artigo 78

O subscritor de uma nota promissória é responsável da mesma forma que o aceitante de uma letra.

As notas promissórias pagáveis a certo termo de vista devem ser presentes ao visto dos subscritores nos prazos fixados no art. 23. O termo de vista conta-se da data do visto dado pelo subscritor. A recusa do subscritor a dar o seu visto é comprovada por um protesto (art. 25), cuja data serve de início ao termo de vista.

ANEXO II

Artigo 1º

Qualquer das Altas Partes Contratantes pode prescrever que a obrigação de inserir nas letras passadas no seu território a palavra "letra", prevista no art. 1º, n. 1, da Lei Uniforme, só se aplicará 6 (seis) meses após a entrada em vigor da presente Convenção.

Artigo 2º

Qualquer das Altas Partes Contratantes tem, pelo que respeita às obrigações contraídas em matéria de letras no seu território, a faculdade de determinar de que maneira pode ser suprida a falta de assinatura, desde que por uma declaração autêntica escrita na letra se possa constatar a vontade daquele que deveria ter assinado.

Artigo 3º

Qualquer das Altas Partes Contratantes reserva-se a faculdade de não inserir o art. 10 da Lei Uniforme na sua lei nacional.

Artigo 4º

Por derrogação da alínea primeira do art. 31 da Lei Uniforme, qualquer das Altas Partes Contratantes tem a faculdade de admitir a possibilidade de ser dado um aval no seu território por ato separado em que se indique o lugar onde foi feito.

Artigo 5º

Qualquer das Altas Partes Contratantes pode completar o art. 38 da Lei Uniforme dispondo que, em relação às letras pagáveis no seu território, o portador deverá fazer a apresentação no próprio dia do vencimento; a inobservância desta obrigação só acarreta responsabilidade por perdas e danos.

As outras Altas Partes Contratantes terão a faculdade de fixar as condições em que reconhecerão uma tal obrigação.

Artigo 6º

A cada uma das Altas Partes Contratantes incumbe determinar, para os efeitos da aplicação da última alínea do art. 38, quais as instituições que, segundo a lei nacional, devam ser consideradas câmaras de compensação.

Artigo 7º

Pelo que se refere às letras pagáveis no seu território, qualquer das Altas Partes Contratantes tem a faculdade de sustar, se o julgar necessário, em circunstâncias excepcionais relacionadas com a taxa de câmbio da moeda nacional, os efeitos da cláusula prevista no art. 41 relativa ao pagamento efetivo em moeda estrangeira. A mesma regra se aplica no que respeita à emissão no território nacional de letras em moedas estrangeiras.

Artigo 8º

Qualquer das Altas Partes Contratantes tem a faculdade de determinar que os protestos a fazer no seu território possam ser substituídos por uma declaração datada, escrita na própria letra e assinada pelo sacado, exceto no caso de o sacador exigir no texto da letra que se faça um protesto com as formalidades devidas.

Qualquer das Altas Partes Contratantes tem igualmente a faculdade de determinar que a dita declaração seja transcrita num registro público no prazo fixado para os protestos.

No caso previsto nas alíneas precedentes o endosso sem data presume se ter sido feito anteriormente ao protesto.

Artigo 9º

Por derrogação da alínea terceira do art. 44 da Lei Uniforme, qualquer das Altas Partes Contratantes tem a faculdade de determinar que o protesto por falta de pagamento deve ser feito no dia em que a letra é pagável ou num dos 2 (dois) dias úteis seguintes.

Artigo 10

Fica reservada para a legislação de cada uma das Altas Partes Contratantes a determinação precisa das situações jurídicas a que se referem os números 2 e 3 do art. 43 e os números 5 e 6 do art. 44 da Lei Uniforme.

Artigo 11

Por derrogação dos números 2 e 3 do art. 43 e do art. 74 da Lei Uniforme, qualquer das Altas Partes Contratantes reserva-se a faculdade de admitir na sua legislação a possibilidade, para os garantes de uma letra que tenham sido acionados, de ser concedido um alongamento de prazos, os quais não poderão em caso algum ir além da data do vencimento da letra.

Artigo 12

Por derrogação do art. 45 da Lei Uniforme, qualquer das Altas Partes Contratantes tem a faculdade de manter ou de introduzir o sistema de aviso por intermédio de um agente público, que consiste no seguinte: ao fazer o protesto por falta de aceite ou por falta de pagamento, o notário ou o funcionário público incumbido desse serviço, segundo a lei nacional, é obrigado a dar comunicação por escrito desse protesto às pessoas obrigadas pela letra, cujos endereços figuram nela, ou que sejam conhecidos do agente que faz o protesto, ou sejam indicados pelas pessoas que exigiram o protesto. As despesas originadas por esses avisos serão adicionadas às despesas do protesto.

Artigo 13

Qualquer das Altas Partes Contratantes tem a faculdade de determinar, no que respeita às letras passadas e pagáveis no seu território, que a taxa de juro a que referem os números 2 dos arts. 48 e 49 da Lei Uniforme poderá ser substituída pela taxa legal em vigor no território da respectiva Alta Parte Contratante.

Artigo 14

Por derrogação do art. 48 da Lei Uniforme, qualquer das Altas Partes Contratantes reserva-se a faculdade de inserir na lei nacional uma disposição pela qual o portador pode reclamar daquele contra quem exerce o seu direito de ação uma comissão cujo quantitativo será fixado pela mesma lei nacional.

A mesma doutrina se aplica, por derrogação do art. 49 da Lei Uniforme, no que se refere à pessoa que, tendo pago uma letra, reclama a sua importância aos seus garantes.

Artigo 15

Qualquer das Altas Partes Contratantes tem a liberdade de decidir que, no caso de perda de direitos ou de prescrição, no seu território subsistirá o direito de proceder contra o sacador que não constituir provisão ou contra um sacador ou endossante que tenha feito lucros ilegítimos. A mesma faculdade existe, em caso de prescrição, pelo que respeita ao aceitante que recebeu provisão ou tenha realizado lucros ilegítimos.

Artigo 16

A questão de saber se o sacador é obrigado a constituir provisão à data do vencimento e se o portador tem direitos especiais sobre essa provisão está fora do âmbito da Lei Uniforme.

O mesmo sucede relativamente a qualquer outra questão respeitante às relações jurídicas que serviram de base à emissão da letra.

Artigo 17

A cada uma das Altas Partes Contratantes compete determinar na sua legislação nacional as causas de interrupção e de suspensão da prescrição das ações relativas a letras que os seus tribunais são chamados a conhecer.

As outras Altas Partes Contratantes têm a faculdade de determinar as condições a que subordinarão o conhecimento de tais causas. O mesmo sucede quanto ao efeito de uma ação como meio de indicação do início do prazo de prescrição, a que se refere a alínea terceira do art. 70 da Lei Uniforme.

Artigo 18

Qualquer das Altas Partes Contratantes tem a faculdade de determinar que certos dias úteis sejam assimilados aos dias feriados legais, pelo que respeita à apresentação ao aceite ou ao pagamento e demais atos relativos às letras.

Artigo 19

Qualquer das Altas Partes Contratantes pode determinar o nome a dar nas leis nacionais aos títulos a que se refere o art. 75 da Lei Uniforme ou dispensar esses títulos de qualquer denominação especial, uma vez que contenham a indicação expressa de que são à ordem.

Artigo 20

As disposições dos arts. 1º a 18 do presente Anexo, relativas às letras, aplicam-se igualmente às notas promissórias.

Artigo 21

Qualquer das Altas Partes Contratantes reserva-se a faculdade de limitar a obrigação assumida, em virtude do art. 1º da Convenção, exclusivamente às disposições relativas às letras, não introduzindo no seu território as disposições sobre notas promissórias constantes do Título II da Lei Uniforme. Neste caso, a Alta Parte Contratante que fizer uso desta reserva será considerada Parte Contratante apenas pelo que respeita às letras.

Qualquer das Altas Partes Contratantes reserva-se igualmente a faculdade de compilar num regulamento especial as disposições relativas às notas promissórias, regulamento que será inteiramente conforme com as estipulações do Título II da Lei Uniforme e que deverá reproduzir as disposições sobre letras referidas no mesmo título sujeitas apenas às modificações resultantes dos arts. 75, 76, 77 e 78 da Lei Uniforme e dos arts. 19 e 20 do presente Anexo.

Artigo 22

Qualquer das Altas Partes Contratantes tem a faculdade de tomar medidas excepcionais de ordem geral relativas à prorrogação dos prazos relativos a atos tendentes à conservação de direitos e à prorrogação do vencimento das letras.

Artigo 23

Cada uma das Altas Partes Contratantes obriga-se a reconhecer as disposições adotadas por qualquer das outras Altas Partes Contratantes em virtude dos arts. 1º a 4º, 6º, 8º a 16 e 18 a 21 do presente Anexo.

PROTOCOLO

Ao assinar a Convenção datada de hoje, estabelecendo uma Lei Uniforme em matéria de letras e notas promissórias, os abaixo-assinados, devidamente autorizados, acordaram nas disposições seguintes:

A

Os membros da Sociedade das Nações e os Estados não membros que não tenham podido efetuar antes de 1º de setembro de 1932 o depósito da ratificação da referida Convenção obrigam-se a enviar, dentro de 15 (quinze) dias, a contar daquela data, uma comunicação ao secretário-geral da Sociedade das Nações, dando-lhe a conhecer a situação em que se encontram no que diz respeito à ratificação.

B

Se, em 1º de novembro de 1932, não se tiverem verificado as condições previstas na alínea primeira do art. 6º para a entrada em vigor da Convenção, o secretário-geral da Sociedade nas Nações convocará uma reunião dos membros da Sociedade das Nações e dos Estados não membros que tenham assinado a Convenção ou a ela tenham aderido, a fim de serem examinadas a situação e as medidas que porventura devam ser tomadas para a resolver.

C

As Altas Partes Contratantes comunicar-se-ão reciprocamente, a partir da sua entrada em vigor, as disposições legislativas promulgadas nos respectivos territórios para tornar efetiva a Convenção.

Em fé do que os plenipotenciários acima mencionados assinaram o presente Protocolo.

Feito em Genebra, aos sete de junho de mil novecentos e trinta, num só exemplar, que será depositado nos arquivos do Secretariado da Sociedade das Nações, será transmitida cópia autêntica a todos os membros da Sociedade das Nações e a todos os Estados não membros representados na Conferência.

CONVENÇÃO DESTINADA A REGULAR CERTOS CONFLITOS DE LEIS EM MATÉRIA DAS LETRAS DE CÂMBIO E NOTAS PROMISSÓRIAS E PROTOCOLOS

O Presidente do Reich Alemão...

Desejando adotar disposições para resolver certos conflitos de leis em matéria de letras e de notas promissórias, designaram como seus plenipotenciários:

(...)

Os quais depois de terem apresentado os seus plenos poderes, achados em boa e devida forma, acordaram nas disposições seguintes:

Artigo 1º

As Altas Partes Contratantes obrigam-se mutuamente a aplicar para a solução dos conflitos de leis em matéria de letras e de notas promissórias, a seguir enumerados, as disposições constantes dos artigos seguintes.

Artigo 2º

A capacidade de uma pessoa para se obrigar por letra ou nota promissória é regulada pela respectiva lei nacional. Se a lei nacional declarar competente a lei de um outro país, será aplicada esta última.

A pessoa incapaz, segundo a lei indicada na alínea precedente, é contudo havida como validamente obrigada se tiver aposto a sua assinatura em território de um país segundo cuja legislação teria sido considerada capaz.

Qualquer das Altas Partes Contratantes tem a faculdade de não reconhecer a validade da obrigação contraída em matéria de letras ou notas promissórias por um dos seus nacionais, quando essa obrigação só seja válida no território das outras Altas Partes Contratantes pela aplicação da alínea anterior do presente artigo.

Artigo 3º

A forma das obrigações contraídas em matéria de letras e notas promissórias é regulada pela lei do país em cujo território essas obrigações tenham sido assumidas.

No entanto, se as obrigações assumidas em virtude de uma letra ou nota promissória não forem válidas nos termos da alínea precedente, mas o forem em face da legislação do país em que tenha posteriormente sido contraída uma outra obrigação, o fato de as primeiras obrigações serem irregulares quanto à forma não afeta a validade da obrigação posterior.

Qualquer das Altas Partes Contratantes tem a faculdade de determinar que as obrigações contraídas no estrangeiro por algum dos seus nacionais, em matéria de letras e notas promissórias, serão válidas no seu próprio território, em relação a qualquer outro dos seus nacionais, desde que tenham sido contraídas pela forma estabelecida na lei nacional.

Artigo 4º

Os efeitos das obrigações do aceitante de uma letra e do subscritor de uma nota promissória são determinados pela lei do lugar onde esses títulos sejam pagáveis.

Os efeitos provenientes das assinaturas dos outros coobrigados por letra ou nota promissória são determinados pela lei do país em cujo território as assinaturas forem apostas.

Artigo 5º

Os prazos para o exercício do direito de ação são determinados para todos os signatários pela lei do lugar de emissão do título.

Artigo 6º

A lei do lugar de emissão do título determina se o portador de uma letra adquire o crédito que originou a emissão do título.

Artigo 7º

A lei do país em que a letra é pagável determina se o aceite pode ser restrito a uma parte da importância a pagar ou se o portador é ou não obrigado a receber um pagamento parcial.

A mesma regra é aplicável ao pagamento de notas promissórias.

Artigo 8º

A forma e os prazos do protesto, assim como a forma dos outros atos necessários ao exercício ou à conservação dos direitos em matéria de letras e notas promissórias, são regulados pelas leis do país em cujo território se deva fazer o protesto ou praticar os referidos atos.

Artigo 9º

As medidas a tomar em caso de perda ou de roubo de uma letra ou de uma nota promissória são determinadas pela lei do país em que esses títulos sejam pagáveis.

Artigo 10

Qualquer das Altas Partes Contratantes reserva-se a faculdade de não aplicar os princípios de Direito Internacional privado consignados na presente Convenção, pelo que respeita:

1º) uma obrigação contraída fora do território de uma das Altas Partes Contratantes;

2º) a uma lei que seria aplicável em conformidade com estes princípios, mas que não seja lei em vigor no território de uma das Altas Partes Contratantes.

Artigo 11

As disposições da presente Convenção não serão aplicáveis, no território de cada uma das Altas Partes Contratantes, às letras e notas promissórias já criadas à data de entrada em vigor da Convenção.

Artigo 12

A presente Convenção, cujos textos francês e inglês farão, ambos, igualmente fé, terá a data de hoje.

Poderá ser ulteriormente assinada até 6 de setembro de 1930 em nome de qualquer membro da Sociedade das Nações e de qualquer Estado não membro.

Artigo 13

A presente Convenção será ratificada.

Os instrumentos de ratificação serão transmitidos, antes de 1º de setembro de 1932, ao secretário-geral da Sociedade das Nações, que notificará imediatamente do seu depósito todos os membros da Sociedade das Nações e os Estados não membros que sejam partes na presente Convenção.

Artigo 14

A partir de 6 de setembro de 1930, qualquer membro da Sociedade das Nações e qualquer Estado não membro poderá aderir à presente Convenção.

Esta adesão efetuar-se-á por meio de notificação ao secretário-geral da Sociedade das Nações, que será depositada nos arquivos do Secretariado.

O secretário-geral notificará imediatamente desse depósito todos os Estados que tenham assinado a presente Convenção ou a ela tenham aderido.

Artigo 15

A presente Convenção somente entrará em vigor depois de ter sido ratificada ou de a ela terem aderido sete membros da Sociedade das Nações ou Estados não membros, entre os quais deverão figurar três dos membros da Sociedade das Nações com representação no Conselho.

Começará a vigorar 90 (noventa) dias depois de recebida pelo secretário-geral da Sociedade das Nações a 7ª ratificação ou adesão, em conformidade com o disposto na alínea primeira do presente artigo.

O secretário-geral da Sociedade das Nações, nas notificações previstas nos arts. 13 e 14, fará menção especial de terem sido recebidas as ratificações ou adesões a que se refere a alínea primeira do presente artigo.

Artigo 16

As ratificações ou adesões após a entrada em vigor da presente Convenção, em conformidade com o disposto no art. 15 produzirão os seus efeitos 90 (noventa) dias depois da data da sua recepção pelo secretário-geral da Sociedade das Nações.

Artigo 17

A presente Convenção não poderá ser denunciada antes de decorrido um prazo de 2 (dois) anos a contar da data em que ela tiver começado a vigorar para o membro da Sociedade das Nações ou para o Estado não membro que a denuncia; esta denúncia produzirá os seus efeitos 90 (noventa) dias depois de recebida pelo secretário-geral a respectiva notificação.

Qualquer denúncia será imediatamente comunicada pelo secretário-geral da Sociedade das Nações a todas as outras Altas Partes Contratantes.

A denúncia só produzirá efeito em relação à Alta Parte Contratante em nome da qual ela tenha sido feita.

Artigo 18

Decorrido um prazo de 4 (quatro) anos da entrada em vigor da presente Convenção, qualquer membro da Sociedade das Nações, ou Estado não membro ligado à Convenção poderá formular ao secretário-geral da Sociedade das Nações um pedido de revisão de algumas ou de todas as suas disposições.

Se este pedido, comunicado aos outros membros da Sociedade das Nações ou Estados não membros para os quais a Convenção estiver então em vigor, for apoiado dentro do prazo de 1 (um) ano por seis, pelo menos, dentre eles, o Conselho da Sociedade das Nações decidirá se deve ser convocada uma conferência para aquele fim.

Artigo 19

As Altas Partes Contratantes podem declarar no momento da assinatura da ratificação ou da adesão que, aceitando a presente Convenção, não assumem nenhuma obrigação pelo que respeita a todas ou parte das suas colônias, protetorados ou territórios sob a sua soberania ou mandato, caso em que a presente Convenção se não aplicará aos territórios mencionados nessa declaração.

As Altas Partes Contratantes poderão mais tarde notificar o secretário-geral da Sociedade das Nações de que desejam que a presente Convenção se aplique a todos ou parte dos territórios que tenham sido objeto da declaração prevista na alínea precedente, e nesse caso a Convenção aplicar-se-á aos territórios mencionados na comunicação, 90 (noventa) dias depois de esta ter sido recebida pelo secretário-geral da Sociedade das Nações.

As Altas Partes Contratantes podem a todo o tempo declarar que desejam que a presente Convenção cesse de se aplicar a toda ou parte das suas colônias, protetorados ou territórios sob a sua soberania ou mandato, caso em que a Convenção deixará de se aplicar aos territórios mencionados nessa declaração 1 (um) ano após esta ter sido recebida pelo secretário-geral da Sociedade das Nações.

Artigo 20

A presente Convenção será registrada pelo secretário-geral da Sociedade das Nações desde que entre em vigor. Será publicada, logo que for possível, na "Coleção de Tratados" da Sociedade das Nações.

Em fé do que os plenipotenciários acima designados assinaram a presente Convenção.

Feito em Genebra, aos sete de junho de mil novecentos e trinta, num só exemplar, que será depositado nos arquivos do Secretariado da Sociedade das Nações. Será transmitida cópia autêntica a todos os membros da Sociedade das Nações e a todos os Estados não membros representados na Conferência.

PROTOCOLO

Ao assinar a Convenção datada de hoje, destinada a regular certos conflitos de leis em matéria de letras e de notas promissórias, os abaixo-assinados, devidamente autorizados, acordaram nas disposições seguintes:

A

Os membros da Sociedade das Nações e os Estados não membros que não tenham podido efetuar, antes de 1º de setembro de 1932, o depósito da ratificação da referida Convenção, obrigam-se a enviar, dentro de 15 (quinze) dias a contar daquela data, uma comunicação ao secretário-geral da Sociedade das Nações dando-lhe a conhecer a situação em que se encontram no que diz respeito à ratificação.

B

Se, em 1º de novembro de 1932, não se tiverem verificado as condições previstas na alínea primeira do art. 15 para a entrada em vigor da Convenção, o secretário-geral da Sociedade das Nações convocará uma reunião dos membros da Sociedade das Nações e dos Estados não membros que tenham assinado a Convenção ou a ela tenham aderido, a fim de ser examinada a situação e as medidas que porventura devem ser tomadas para a resolver.

C

As Altas Partes Contratantes comunicar-se-ão, reciprocamente, a partir da sua entrada em vigor, as disposições legislativas promulgadas nos respectivos territórios para tornar efetiva a Convenção.

Em fé do que os plenipotenciários acima mencionados assinaram o presente Protocolo.

Feito em Genebra, aos sete de junho de mil novecentos e trinta, num só exemplar, que será depositado nos arquivos do Secretariado da Sociedade das Nações, será transmitida cópia autêntica a todos os membros da Sociedade das Nações e a todos os Estados não membros representados na Conferência.

DECRETO 350,
DE 21 DE NOVEMBRO DE 1991

Promulga o Tratado para a Constituição de um Mercado Comum entre a República Argentina, a República Federativa do Brasil, a República do Paraguai e a República Oriental do Uruguai (Tratado Mercosul).

O Presidente da República, usando da atribuição que lhe confere o artigo 84, inciso VIII, da Constituição e

Considerando que o Tratado para a Constituição de um Mercado Comum entre a República da Argentina, a República Federativa do Brasil, a República do Paraguai e a República Oriental do Uruguai foi concluído em Assunção, em 26 de março de 1991;

Considerando que o Congresso Nacional aprovou o referido tratado por meio do Decreto Legislativo 197, de 25 de setembro de 1991;

Considerando que a Carta de Ratificação do Tratado, ora promulgado, foi depositada pelo Brasil em 30 de outubro de 1991;

Considerando que o Tratado para a Constituição de um Mercado Comum entre a República Argentina, a República Federativa do Brasil, a República do Paraguai e a República Oriental do Uruguai (Tratado Mercosul) entrará em vigor internacional, e para o Brasil, em 29 de novembro de 1991, na forma de seu artigo 19, decreta:

Art. 1º O Tratado para a Constituição de um Mercado Comum entre a República da Argentina, a República Federativa do Brasil, a República do Paraguai e a República Oriental do Uruguai (Tratado Mercosul), apenso por cópia ao presente Decreto, será executado e cumprido tão inteiramente como nele se contém.

Art. 2º Este Decreto entra em vigor na data de sua publicação.

Brasília, 21 de novembro de 1991; 170º da Independência e 103º da República.

Fernando Collor

(Publicação no *D.O.U.* de 22.11.1991)

TRATADO PARA A CONSTITUIÇÃO DE UM MERCADO COMUM ENTRE A REPÚBLICA ARGENTINA, A REPÚBLICA FEDERATIVA DO BRASIL, A REPÚBLICA DO PARAGUAI E A REPÚBLICA ORIENTAL DO URUGUAI

A República Argentina, a República Federativa do Brasil, a República do Paraguai e a República Oriental do Uruguai, doravante denominados "Estados-Partes";

Considerando que a ampliação das atuais dimensões de seus mercados nacionais, através da integração, constitui condição fundamental para acelerar seus processos de desenvolvimento econômico com justiça social;

Entendendo que esse objetivo deve ser alcançado mediante o aproveitamento mais eficaz dos recursos disponíveis, a preservação do meio ambiente, o melhoramento das interconexões físicas, a coordenação de políticas macroeconômicas e a complementação dos diferentes setores da economia, com base nos princípios de gradualidade, flexibilidade e equilíbrio;

Tendo em conta a evolução dos acontecimentos internacionais, em especial a consolidação de grandes espaços econômicos, e a importância de lograr uma adequada inserção internacional para seus países;

Expressando que este processo de integração constitui uma resposta adequada a tais acontecimentos;

Conscientes de que o presente Tratado deve ser considerado como um novo avanço no esforço tendente ao desenvolvimento progressivo da integração da América Latina, conforme o objetivo do Tratado de Montevidéu de 1980.

Convencidos da necessidade de promover o desenvolvimento científico e tecnológico dos Estados-Partes e de modernizar suas economias para ampliar a oferta e a qualidade dos bens de serviço disponíveis, a fim de melhorar as condições de vida de seus habitantes;

Reafirmando sua vontade política de deixar estabelecidas as bases para uma união cada vez mais estreita entre seus povos, com a finalidade de alcançar os objetivos supramencionados

Acordam:

Capítulo I
PROPÓSITOS, PRINCÍPIOS E INSTRUMENTOS

Artigo 1º

Os Estados-Partes decidem constituir um Mercado Comum, que deverá estar estabelecido a 31 de dezembro de 1994, e que se denominará "Mercado Comum do Sul" (Mercosul).

Este Mercado comum implica:

A livre circulação de bens, serviços e fatores produtivos entre os países, através, entre outros, da eliminação dos direitos alfandegários e restrições não tarifárias à circulação de mercadorias e de qualquer outra medida de efeito equivalente;

O estabelecimento de uma tarifa externa comum e a adoção de uma política comercial comum em relação a terceiros Estados ou agrupamentos de Estados e a coordenação de posições em foros econômico-comerciais regionais e internacionais;

A coordenação de políticas macroeconômicas e setoriais entre os Estados-Partes – de comércio exterior, agrícola, industrial, fiscal, monetária, cambial e de capitais, de outras que se acordem –, a fim de assegurar condições adequadas de concorrência entre os Estados-Partes, e

O compromisso dos Estados-Partes de harmonizar suas legislações, nas áreas pertinentes, para lograr o fortalecimento do processo de integração.

Artigo 2º

O Mercado comum estará fundado na reciprocidade de direitos e obrigações entre os Estados-Partes.

Artigo 3º

Durante o período de transição, que se estenderá desde a entrada em vigor do presente Tratado até 31 de dezembro de 1994, e a fim de facilitar a constituição do Mercado Comum, os Estados-Partes adotam um Regime Geral de Origem, um Sistema de Solução de Controvérsias e Cláusulas de Salvaguarda, que contam com Anexos II, III e IV ao presente Tratado.

Artigo 4º

Nas relações com terceiros países, os Estados-Partes asseguração condições equitativas de comércio. Para tal fim, aplicarão suas legislações nacionais para inibir importações cujos preços estejam influenciados por subsídios, *dumping* ou qualquer outra prática desleal. Paralelamente, os Estados-Partes coordenarão suas respectivas políticas nacionais com o objetivo de elaborar normas comuns sobre concorrência comercial.

Artigo 5º

Durante o período de transição, os principais instrumentos para a constituição do Mercado Comum são:

a) Um Programa de Libertação Comercial, que consistirá em reduções tarifárias progressivas, lineares e automáticas, acompanhadas da eliminação de restrições não tarifárias ou medidas de efeito equivalente, assim como de outras restrições ao comércio entre os Estados-Partes, para chegar a 31 de dezembro de 1994 com tarifa zero, sem barreiras não tarifárias sobre a totalidade do universo tarifário (Anexo I);

b) A coordenação de políticas macroeconômicas que se realizará gradualmente e de forma convergente com os programas de desgravação tarifária e eliminação de restrições não tarifárias, indicados na letra anterior;

c) Uma tarifa externa comum, que incentive a competitividade externa dos Estados-Partes;

d) A adoção de acordos setoriais, com o fim de otimizar a utilização e mobilidade dos fatores de produção e alcançar escalas operativas eficientes.

Artigo 6º

Os Estados-Partes reconhecem diferenças pontuais de ritmo para a República do Paraguai e para a República Oriental do Uruguai, que constam no Programa de Liberação Comercial (Anexo I).

Artigo 7º

Em matéria de impostos, taxas e outros gravames internos, os produtos originários do território de um Estado-Parte gozarão, nos outros Estados-Partes, do mesmo tratamento que se aplique ao produto nacional.

Artigo 8º

Os Estados-Partes se comprometem a preservar os compromissos assumidos até a data de celebração do presente Tratado, inclusive os Acordos firmados no âmbito da Associação Latino-Americana de Integração, e a coordenar suas posições nas negociações comerciais externas que empreendam durante o período de transição. Para tanto:

a) Evitarão afetar os interesses dos Estados-Partes nas negociações comerciais que realizem entre si até 31 de dezembro de 1994;

b) Evitarão afetar os interesses dos demais Estados-Partes ou os objetivos do Mercado Comum nos acordos que celebrarem com outros países membros da Associação Latino-Americana de Integração durante o período e transição;

c) Realizarão consultas entre si sempre que negociarem esquemas amplos de desgravação tarifária, tendentes à formação de zonas de livre comércio com os demais países membros da Associação Latino-Americana de Integração;

d) Estenderão automaticamente aos demais Estados-Partes qualquer vantagem, favor, franquia, imunidade ou privilégio que concedam a um produto originário de ou destinado a terceiros países não membros da Associação Latino-Americana de Integração.

Capítulo II
ESTRUTURA ORGÂNICA

Artigo 9º

A administração e execução do presente Tratado e dos Acordos específicos e decisões que se adotem no quadro jurídico que o mesmo estabelece durante o período de transição estarão a cargo dos seguintes órgãos:

a) Conselho do Mercado Comum;

b) Grupo Mercado Comum.

Artigo 10

O Conselho é o órgão superior do Mercado Comum, correspondendo-lhe a condução política do mesmo e a tomada de decisões para assegurar o cumprimento dos objetivos e prazos estabelecidos para a constituição definitiva do Mercado Comum.

Artigo 11

O Conselho estará integrado pelos Ministros de Relações Exteriores e os Ministro de Economia dos Estados-Partes.

Reunir-se-á quantas vezes estime oportuno, e, pelo menos uma vez ao ano, o fará com a participação dos Presidentes dos Estados-Partes.

Artigo 12

A Presidência do Conselho se exercerá por rotação dos Estados-Partes e em ordem alfabética, por períodos de 6 (seis) meses.

As reuniões do Conselho serão coordenadas pelos Ministros de Relações Exteriores e poderão ser convidados a delas participar outros Ministros ou autoridades de nível ministerial.

Artigo 13

O Grupo Mercado Comum é o órgão executivo do Mercado Comum e será coordenado pelos Ministérios das Relações Exteriores.

O Grupo Mercado Comum terá faculdade de iniciativa. Suas funções serão as seguintes:

- velar pelo cumprimento do Tratado;
- tomar as providências necessárias ao cumprimento das decisões adotadas pelo Conselho;
- propor medidas concretas tendentes à aplicação do Programa de Liberação Comercial, à coordenação de políticas macroeconômicas e à negociação de Acordos frente a terceiros;
- fixar programas de trabalho que assegurem avanços para o estabelecimento do Mercado Comum.

O Grupo Mercado Comum poderá constituir os Subgrupos de trabalho que forem necessários para o cumprimento de seus objetivos. Contará inicialmente com os Subgrupos mencionados no Anexo V.

O Grupo Mercado Comum estabelecerá seu regime interno no prazo de 60 (sessenta) dias a partir de sua instalação.

Artigo 14

O Grupo Mercado Comum estará integrado por quatro membros titulares e quatro membros alternos por país, que representem os seguintes órgãos públicos:

- Ministério das Relações Exteriores;
- Ministério da Economia ou seus equivalentes (áreas de indústria, comércio exterior e/ou coordenação econômica);
- Banco Central.

Ao elaborar e propor medidas concretas no desenvolvimento de seus trabalhos, até 31 de dezembro de 1994, o Grupo Mercado Comum poderá convocar, quando julgar conveniente, representantes de outros órgãos de Administração Pública e do setor privado.

Artigo 15

O Grupo Mercado Comum contará com uma Secretaria Administrativa cujas principais funções consistirão na guarda de documentos e comunicações de atividades do mesmo. Terá sua sede na cidade de Montevidéu.

Artigo 16

Durante o período de transição, as decisões do Conselho do Mercado Comum e do Grupo Mercado Comum serão tomadas por consenso e com a presença de todos os Estados-Partes.

Artigo 17

Os idiomas oficiais do Mercado Comum serão o português e o espanhol e a versão oficial dos documentos de trabalho será a do idioma do país sede de cada reunião.

Artigo 18

Antes do estabelecimento do Mercado Comum, a 31 de dezembro de 1994, os Estados-Partes convocarão uma reunião extraordinária com o objetivo de determinar a estrutura institucional definitiva dos órgãos de administração do Mercado comum, assim como as atribuições específicas de cada um deles e seu sistema de tomada de decisões.

Capítulo III
VIGÊNCIA

Artigo 19

O presente Tratado terá duração indefinida e entrará em vigor 30 (trinta) dias após a data do depósito do terceiro instrumento de ratificação. Os instrumentos de ratificação serão depositados ante o Governo da República do Paraguai, que comunicará a data do depósito aos Governos dos demais Estados-Partes.

O Governo da República do Paraguai notificará ao Governo de cada um dos demais Estados-Partes a data de entrada em vigor do presente Tratado.

Capítulo IV
ADESÃO

Artigo 20

O presente Tratado estará aberto à adesão, mediante negociação, dos demais países membros da Associação Latino-Americana de Integração, cujas solicitações poderão ser examinadas pelos Estados-Partes depois de 5 (cinco) anos de vigência deste Tratado.

Não obstante, poderão ser consideradas antes do referido prazo as solicitações apresentadas por países membros da Associação Latino-Americana de Integração que não façam parte de esquemas de integração sub-regional ou de uma associação extra-regional.

A aprovação das solicitações será objeto de decisão unânime dos Estados-Partes.

Capítulo V
DENÚNCIA

Artigo 21

O Estado-Parte que desejar desvincular-se do presente Tratado deverá comunicar essa intenção aos demais Estados-Partes de maneira expressa e formal, efetuando no prazo de 60 (sessenta) dias a entrega do documento de denúncia ao Ministério das Relações Exteriores da República do Paraguai, que o distribuirá aos demais Estados-Partes.

Artigo 22

Formalizada a denúncia, cessarão para o Estado denunciante os direitos e obrigações que correspondam a sua condição de Estado-Parte, mantendo-se os referentes ao programa de liberação do presente Tratado e outros aspectos que os Estados-Partes, juntos com o Estado denunciante, acordem no prazo de 60 (sessenta) dias após a formalização da denúncia. Esses direitos e obrigações do Estado denunciante continuarão em vigor por um período de 2 (dois) anos a partir da data da mencionada formalização.

Capítulo VI
DISPOSIÇÕES GERAIS

Artigo 23

O presente Tratado se chamará "Tratado de Assunção".

Artigo 24

Com o objetivo de facilitar a implementação do Mercado Comum, estabelecer-se-á uma Comissão Parlamentar Conjunta do Mercosul. Os Poderes Executivos dos Estados-Partes manterão seus respectivos Poderes Legislativos informados sobre a evolução do Mercado Comum objeto do presente Tratado.

Feito na cidade de Assunção, aos 26 dias do mês de março de mil novecentos e noventa e um, em um original, nos idiomas português e espanhol, sendo ambos os textos igualmente autênticos. O governo da República do Paraguai será o depositário do presente Tratado e enviará cópia devidamente autenticada do mesmo aos Governos dos demais Estados-Partes signatários e aderentes.

Pelo Governo da República Argentina:

Carlos Saul Menem

Guido Di Tella

Pelo Governo da República Federativa do Brasil:

Fernando Collor

Francisco Rezek

Pelo Governo da República do Paraguai:

Andres Rodrigues

Alexis Frutos Vaesken

Pelo Governo da República Oriental do Uruguai:

Luis Alberto Lacalle Herrera

Hector Gros Espiell

Cópia fiel do original que esta no Departamento de Tratados do Ministénio de Relações Exteriores da República do Paraguai.

Dr, Bernardino Hugo Saguier Caballero

Sub-Secretário de Estado das Relações Exteriores

ANEXO I
PROGRAMA DE LIBERAÇÃO COMERCIAL

Artigo Primeiro

Os Estados-Partes acordam eliminar, o mais tardar a 31 de dezembro de 1994, os gravames e demais restrições aplicadas ao seu comércio recíproco.

No que se refere às Listas de Exceções apresentadas pela República do Paraguai e pela República Oriental do Uruguai, o prazo para sua eliminação se estenderá até 31 de dezembro de 1995, nos termos do Artigo Sétimo do presente Anexo.

Artigo Segundo

Para efeito do disposto no Artigo anterior, se entenderá:

a) por "gravames" os direitos aduaneiros e quaisquer outras medidas de efeito equivalente, sejam de caráter fiscal, monetário, cambial ou de qualquer natureza, que incidam sobre o comércio exterior. Não estão compreendidas neste conceito taxas e medidas análogas quando respondam ao custo aproximado dos serviços prestados; e

b) por "restrições", qualquer medida de caráter administrativo, financeiro, cambial ou de qualquer natureza, mediante a qual um Estado-Parte impeça ou dificulte, por decisão unilateral, o comércio recíproco. Não estão compreendidas no mencionado conceito as medidas adotadas em virtude das situações previstas no Artigo 50 do Tratado de Montevidéu de 1980.

Artigo Terceiro

A partir da data de entrada em vigor do Tratado, os Estados-Partes iniciarão um programa de desgravação progressivo, linear e automático, que beneficiará os produtos compreendidos no universo tarifário, classificados em conformidade com a nomenclatura tarifária utilizada pela Associação Latino-Americana de Integração, de acordo com:

DATA/PERCENTUAL DE DESGRAVAÇÃO

30/ VI/1991	31/ XII/1991	30/ VI/1992	31/ XII/1992
47	54	61	68
30/VI/93	31/XII/93	30/VI/94	31/XII/94
75	82	89	100

As preferências serão aplicadas sobre a tarifa vigente no momento de sua aplicação e consistem em uma redução percentual dos gravames mais favoráveis aplicados à importação dos produtos procedentes de terceiros países não membros da Associação Latino-Americana de Integração.

No caso de algum dos Estados-Partes elevar essa tarifa para a importação de terceiros países, o cronograma estabelecido continuará a ser aplicado sobre o nível tarifário vigente em 1° de janeiro de 1991.

Se se reduzirem as tarifas, a preferência correspondente será aplicada automaticamente sobre a nova tarifa na data de entrada em vigência da mesma.

Para tal efeito, os Estados-Partes intercambiarão entre si e remeterão à Associação Latino-Americana de Integração, dentro de 30 (trinta) dias a partir da entrada em vigor do Tratado, cópias atualizadas de suas tarifas aduaneiras, assim como das vigentes em 1° de janeiro de 1991.

Artigo Quarto

As preferências negociadas nos acordos de Alcance Parcial, celebrados no marco da Associação Latino-Americana de Integração pelos Estados-Partes entre si, serão aprofundadas dentro do presente Programa de Desgravação de acordo com o seguinte cronograma:

DATA/PERCENTUAL DE DESGRAVAÇÃO

31/XII/1990	30/VI/1991	30/XII/1991	30/VI/1992	31/XII/1992
00 a 40	47	54	61	68
41 a 45	52	59	66	73
46 a 50	57	64	71	78
51 a 55	61	67	73	79
56 a 60	67	74	81	88
61 a 65	71	77	83	89
66 a 70	75	80	85	90
71 a 75	80	85	90	95
76 a 80	85	90	95	100
81 a 85	89	93	97	100
86 a 90	95	100		
91 a 95	100			
96 a 100				
30/VI/1993	31/XII/1993	30/VI/1994	31/XII/1994	
75	82	89	100	
80	87	94	100	
85	92	100		
86	93	100		
95	100			
96	100			
95	100			
100				

Estas desgravações se aplicarão exclusivamente no âmbito dos respectivos Acordos de Alcance Parcial, não beneficiando os demais integrantes do Mercado Comum, e não alcançarão os produtos incluídos nas respectivas Listas de Exceções.

Artigo Quinto

Sem prejuízo do mecanismo descrito nos Artigos Terceiro e Quarto, os Estados-Partes poderão aprofundar adicionalmente as preferências, mediante negociações a efetuarem-se no âmbito dos Acordos previstos no Tratado de Montevidéu 1980.

Artigo Sexto

Estarão excluídos do cronograma de desgravação a que se referem os Artigos Terceiro e Quarto do presente Anexo os produtos compreendidos nas listas de Exceções apresentadas por cada um dos Estados-Partes com as seguintes quantidades de itens Naladi:

República Argentina 394

República Federativa do Brasil 324

República do Paraguai 439

República Oriental do Uruguai 960

Artigo Sétimo

As Listas de Exceções serão reduzidas no vencimento de cada ano-calendário de acordo com o cronograma que se detalha a seguir:

a) Para a República Argentina e a República Federativa do Brasil na razão de 20% (vinte por cento) anuais dos itens que a compõem, redução que se aplica desde 31 de dezembro de 1990;

b) Para a República do Paraguai e para a República Oriental do Uruguai, a redução se fará na razão de:

10% (dez por cento) na data de entrada em vigor do Tratado,

10% (dez por cento) na data de entrada em vigor do Tratado,

10% (dez por cento) em 31 de dezembro de 1991,

20% (vinte por cento) em 31 de dezembro de 1992,

20% (vinte por cento) em 31 de dezembro de 1994,

20% (vinte por cento) em 31 de dezembro de 1995.

Artigo Oitavo

As Listas de Exceções incorporadas nos Apêndices I, II, III e IV incluem a primeira redução contemplada no Artigo anterior.

Artigo Nono

Os produtos que forem retirados das Listas de Exceções nos termos previstos no Artigo Sétimo se beneficiarão automaticamente das preferências que resultem do Programa de Desgravação estabelecido no Artigo Terceiro do presente Anexo com, pelo menos, o percentual de desgravação mínimo previsto na data em que se opere sua retirada dessas Listas.

Artigo Décimo

Os Estados-Partes somente poderão aplicar até 31 de dezembro de 1994, aos produtos compreendidos no programa de desgravação, as restrições não tarifárias expressamente declaradas nas Notas Complementares ao Acordo de Complementação que os Estados-Partes celebrem no marco do Tratado de Montevidéu 1980.

A em 31 de dezembro de 1994 e no âmbito do Mercado Comum, ficarão eliminadas todas as restrições não tarifárias.

Artigo Décimo Primeiro

A fim de assegurar o cumprimento do cronograma de desgravação estabelecido nos Artigos Terceiro e Quarto, assim como o Estabelecimento do Mercado Comum, os Estados-Partes coordenarão as políticas macroeconômicas e as setoriais que se acordem, a que se refere o Tratado para a Constituição do Mercado Comum, começando por aquelas relacionadas aos fluxos de comércio e à configuração dos setores produtivos dos Estados-Partes.

As normas contidas no presente Anexo não se aplicarão aos Acordos de Alcance Parcial, de Complementação Econômica Números 1, 2, 13 e 14, nem aos comerciais e agropecuários, subscritos no âmbito do Tratado de Montevidéu 1980, os quais se regerão exclusivamente pelas disposições neles estabelecidas.

BRASIL
Lista de exceções

03.01.1.01	29.04.1.01	73.40.1.99	84.45.6.02
03.01.1.02	29.04.2.05	73.40.2.01	84.45.6.99
03.01.1.99	29.14.1.01	73.40.2.99	84.45.7.02
03.01.2.01	38.08.1.01	73.40.3.01	84.45.7.99
03.01.2.02	39.07.0.01	73.40.3.99	84.45.9.09
03.01.3.01	39.07.0.03	73.40.9.01	84.45.9.11
03.01.4.01	39.07.0.04	73.40.9.99	84.45.9.21
04.04.1.01	39.07.0.05	84.06.1.01	84.45.9.29
04.04.1.99	39.07.0.06	84.06.2.01	84.45.9.91
04.04.2.99	39.07.0.07	84.06.3.01	84.45.9.92
04.04.3.01	39.07.0.08	84.06.3.99	84.45.9.93
04.04.3.99	39.07.0.99	84.06.4.99	84.45.9.94
04.04.4.02	40.08.0.01	84.06.5.01	84.45.9.95
04.04.9.01	40.08.0.99	84.06.5.99	84.45.9.99
04.04.9.99	40.09.0.01	84.06.8.01	84.47.1.01
07.01.0.04	53.11.0.01	84.06.8.11	84.47.1.02
07.01.0.05	53.11.0.02	84.34.1.01	84.47.1.03
07.01.0.07	53.11.0.03	84.45.1.99	84.47.1.04
08.07.0.04	53.11.0.04	84.45.2.01	84.46.1.99
16.04.0.01	53.11.0.99	84.45.2.99	84.47.2.01

20.06.1.05	70.04.1.02	84.45.3.01	84.47.2.02
20.06.2.05	70.04.9.02	84.45.3.02	84.47.2.99
22.05.1.01	70.05.1.01	84.45.3.99	84.47.3.01
22.05.1.02	70.05.1.02	84.45.4.01	84.47.3.02
22.05.1.11	70.05.9.02	84.45.4.02	84.47.3.03
22.05.1.19	70.06.1.01	84.45.4.03	84.47.3.99
24.02.1.01	70.06.1.02	84.45.4.04	84.47.4.01
24.02.1.03	70.06.9.01	84.45.4.99	84.47.4.99
24.02.1.04	70.06.9.02	84.45.5.01	84.47.5.01
24.02.1.99	70.18.0.99	84.45.5.02	84.47.5.99
24.02.2.01	70.19.0.01	84.45.5.03	84.47.6.01
28.03.0.01	70.19.0.99	84.45.5.99	84.47.6.02
28.40.1.02	73.40.1.01	84.45.6.01	84.47.6.99
84.47.9.01	84.59.7.01	87.02.1.99	90.28.1.01
84.47.9.02	84.59.7.02	87.02.2.01	90.28.1.09
84.47.9.99	84.59.7.03	87.02.2.99	90.28.1.99
84.48.1.01	84.59.7.04	87.02.3.01	90.28.2.01
84.48.1.02	84.59.7.99	87.02.3.99	90.28.2.99
84.48.1.03	84.59.8.01	87.02.9.01	90.28.3.01
84.48.1.99	84.59.8.99	87.02.9.99	90.28.3.09
84.48.2.01	84.59.9.01	87.03.0.01	90.28.3.99
84.48.3.01	84.59.9.02	87.03.0.99	90.28.4.01
84.48.3.02	84.59.9.99	87.04.1.01	90.28.4.99
84.51.2.01	84.61.1.01	87.04.1.99	90.28.5.01
84.52.1.03	84.61.1.99	87.04.9.01	90.28.5.09
84.52.3.99	84.61.8.01	87.04.9.99	90.28.5.99
84.53.0.01	84.61.9.01	87.05.0.01	90.28.6.01
84.53.0.02	84.61.9.02	87.05.0.03	90.28.6.09
84.53.0.03	84.61.9.03	87.06.0.01	90.28.6.99
84.53.0.04	84.61.9.99	87.06.0.03	90.28.7.01
84.53.0.05	85.05.0.01	90.07.1.02	90.28.7.09
84.53.0.99	85.13.1.03	90.07.1.03	90.28.7.99
84.59.1.01	85.13.1.99	90.07.1.04	90.28.8.01
84.59.2.01	85.13.2.03	90.07.1.05	90.28.8.99
84.59.2.02	85.15.1.09	90.07.2.01	90.28.9.02
84.59.2.03	85.15.1.19	90.07.2.99	90.28.9.03
84.59.2.99	85.15.1.29	90.07.8.01	90.28.9.04
84.59.3.01	85.19.3.99	90.17.1.01	90.28.9.05
84.59.3.02	85.19.4.01	90.17.1.99	90.28.9.09
84.59.3.03	85.19.4.99	90.17.2.01	90.28.9.91
84.59.3.99	85.21.2.01	90.17.2.02	90.28.9.92
84.59.4.01	85.21.4.99	90.17.2.99	90.28.9.93
84.59.5.01	85.21.5.01	90.17.9.02	90.28.9.99
84.59.5.99	85.21.6.01	90.17.9.99	92.12.0.06
84.59.6.01	87.02.1.01	90.20.1.01	

ANEXO II
REGIME GERAL DE ORIGEM

Capítulo I
REGIME GERAL DE QUALIFICAÇÃO DE ORIGEM

Artigo Primeiro

Serão considerados originários dos Estados--Partes:

a) Os produtos elaborados integralmente no território de qualquer um deles, quando em sua elaboração forem utilizados exclusivamente materiais originários dos Estados-Partes;

b) Os produtos compreendidos nos capítulos ou posições da Nomenclatura Tarifária da Associação Latino-Americana de Integração que se identificam no Anexo 1 da Resolução 78 do Comitê de Representantes da citada Associação, pelo simples fato de serem produzidos em seus respectivos territórios.

Considerar-se-ão produzidos no território de um Estado-Parte:

i. Os produtos dos reinos mineral, vegetal ou animal, incluindo os da caça e da pesca, extraídos, colhidos ou apanhados, nascidos e criados em seu território ou em suas Águas Territoriais ou Zona Econômica Exclusiva;

ii. Os produtos do mar extraídos fora de suas Águas Territoriais e zona econômica exclusiva por barcos de sua bandeira ou arrendados por empresas estabelecidas em seu território; e

iii. Os produtos que resultem de operações ou processos efetuados em seu território pelos quais adquiram a forma final em que serão comercializados, exceto quando esses processos ou operações consistam somente em simples montagens ou ensamblagens, embalagem, fracionamento em lotes ou volumes, seleção e classificação, marcação, composição de sortimentos de mercadorias ou outras operações ou processos equivalentes;

c) Os produtos em cuja elaboração se utilizem materiais não originários dos Estados-Partes, quando resultem de um processo de transformação, realizado no território de algum deles, que lhes confira uma nova individualidade, caracterizada pelo fato de estarem classificados na Nomenclatura Aduaneira da Associação Latino-Americana de Integração em posição diferente à dos mencionados materiais, exceto nos casos em que os Estados-Partes determinem que, ademais, se cumpra com o requisito previsto no Artigo Segundo do presente Anexo.

Não obstante, não serão considerados originários os produtos resultantes de operações ou processos efetuados no território de um Estado-Parte pelos quais adquiram a forma final em que serão comercializados, quando nessas operações ou processos forem utilizados exclusivamente materiais ou insumos não originários de seus respectivos países e consistam apenas em montagens ou ensamblagens, fracionamento em lotes ou volumes, seleção, classificação, marcação, composição de sortimentos de mercadorias ou outras operações ou processos semelhantes;

d) Até em 31 de dezembro de 1994, os produtos resultantes de operações de ensamblagem e montagem realizadas no território de um Estado-Parte utilizando materiais originários dos Estados-Partes e de terceiros países, quando o valor dos materiais originários não for inferior a 40% (quarenta por cento) do valor FOB de exportação do produto final, e

e) Os produtos que, além de serem produzidos em seu território, cumpram com os requisitos específicos estabelecidos no Anexo 2 da Resolução 78 do Comitê de Representantes da Associação Latino-Americana de Integração.

Artigo Segundo

Nos casos em que o requisito estabelecido na letra *c)* do Artigo Primeiro não possa ser cumprido porque o processo de transformação operado não implica mudança de posição na nomenclatura, bastará que o valor CIF porto de destino ou CIF porto marítimo dos materiais de terceiros países não exceda a 50% (cinquenta por cento) do valor FOB de exportação das mercadorias de que se trata.

Na ponderação dos materiais originários de terceiros países para os Estados-Partes sem litoral marítimo, ter-se-ão em conta, como porto de destino, os depósitos e zonas francas concedidos pelos demais Estados-Partes, quando os materiais chegarem por via marítima.

Artigo Terceiro

Os Estados-Partes poderão estabelecer, de comum acordo, requisitos específicos de origem, que prevalecerão sobre os critérios gerais de qualificação.

Artigo Quarto

Na determinação dos requisitos específicos de origem a que se refere o Artigo Terceiro, assim como na revisão dos que tiverem sido estabelecidos, os Estados-Partes tomarão como base, individual ou conjuntamente, os seguintes elementos:

I – Materiais e outros insumos empregados na produção:

a) Matérias primas:

i. Matéria prima preponderante ou que confira ao produto sua característica essencial; e

ii. Matérias primas principais.

b) Partes ou peças:

i. Parte ou peça que confira ao produto sua característica essencial

ii. Partes ou peças principais; e

iii. Percentual das partes ou peças em relação ao peso total.

c) Outros insumos.

II – Processo de transformação ou elaboração utilizado.

III – Proporção máxima do valor dos materiais importados de terceiros países em relação ao valor total do produto, que resulte do procedimento de valorização acordado em cada caso.

Artigo Quinto

Em casos excepcionais, quando os requisitos específicos não puderem ser cumpridos porque ocorrem problemas circunstanciais de abastecimento: disponibilidade, especificações técnicas, prazo de entrega e preço, tendo em conta o disposto no Artigo 4 do Tratado, poderão ser utilizados materiais não originários dos Estados--Partes.

Dada a situação prevista no parágrafo anterior, o país exportador emitirá o certificado correspondente informando ao Estado-Parte importador e ao Grupo Mercado Comum, acompanhando os antecedentes e constâncias que justifiquem a expedição do referido documento.

Caso se produza uma contínua reiteração desses casos, o Estado-Parte exportador ou Estado-Parte importador comunicará esta situação ao Grupo Mercado Comum, para fins de revisão do requisito específico.

Este Artigo não compreende os produtos que resultem de operações de ensamblagem ou montagem, e será aplicável até a entrada em vigor da Tarifa Externa Comum para os produtos objeto de requisitos específicos de origem e seus materiais ou insumos.

Artigo Sexto

Qualquer dos Estados-Partes poderá solicitar a revisão dos requisitos de origem estabelecidos de conformidade com o Artigo Primeiro. Em sua solicitação, deverá propor e fundamentar os requisitos aplicáveis ao produto de que se trate.

Artigo Sétimo

Para fins do cumprimento dos requisitos de origem, os materiais e outros insumos, originários do território de qualquer dos Estados-Partes, incorporados por um Estado-Parte na elaboração de determinado produto, serão considerados originários do território deste último.

Artigo Oitavo

O critério de máxima utilização de materiais ou outros insumos originários dos Estados-Partes não poderá ser considerado para fixar requisitos que impliquem a imposição de materiais ou outros insumos dos referidos Estados-Partes, quando, a juízo dos mesmos, estes não cumpram condições adequadas de abastecimento, qualidade e preço, ou que não se adaptem aos processos industriais ou tecnologias aplicadas.

Artigo Nono

Para que as mercadorias originárias se beneficiem dos tratamentos preferenciais, as mesmas deverão ter sido expedidas diretamente do país exportador ao país importador. Para tal fim, se considera expedição direta:

a) As mercadorias transportadas sem passar pelo território de algum país não participante do Tratado.

b) As mercadorias transportadas em trânsito por um ou mais países não participantes, com ou sem transtorno ou armazenamento temporário, sob a vigilância de autoridade alfandegária competente em tais países, sempre que:

i. o trânsito estiver justificado por razões geográficas ou por considerações relativas a requerimentos do transporte;

ii. não estiverem destinadas ao comércio, uso ou emprego no país de trânsito, e

iii. não sofram, durante o transporte e depósito, nenhuma operação distinta às de carga e descarga ou manuseio para mantê-las em boas condições ou assegurar sua conservação.

Artigo Décimo

Para os efeitos do presente Regime Geral se entenderá:

a) que os produtos procedentes das zonas francas situadas nos limites geográficos de qualquer dos Estados-Partes deverão cumprir os requisitos previstos no presente Regime Geral;

b) que a expressão "materiais" compreende as matérias-primas, os produtos intermediários e as partes e peças utilizadas na elaboração das mercadorias.

Capítulo II
DECLARAÇÃO, CERTIFICAÇÃO E COMPROVAÇÃO

Artigo Décimo Primeiro

Para que a importação dos produtos originários dos Estados-Partes possa beneficiar-se das reduções de gravames e restrições outorgadas entre si, na documentação correspondente às exportações de tais produtos deverá constar uma declaração que certifique o cumprimento dos requisitos de origem estabelecidos de acordo com o disposto no Capítulo anterior.

Artigo Décimo Segundo

A declaração a que se refere o Artigo precedente será expedida pelo produtor final ou pelo exportador da mercadoria, e certificado por uma repartição oficial ou entidade de classe com personalidade jurídica, credenciada pelo Governo do Estado-Parte exportador.

Ao credenciar entidades de classe, os Estados-Partes velarão para que se trate de organizações que atuem com jurisdição nacional, podendo delegar atribuições a entidades regionais ou locais, conservando sempre a responsabilidade direta pela veracidade das certificações que forem expedidas.

Os Estados-Partes se comprometem, no prazo de 90 (noventa) dias a partir da entrada em vigor do Tratado, a estabelecer um regime harmonizado de sanções administrativas para casos de falsidade nos certificados, sem prejuízo das ações penais correspondentes.

Artigo Décimo Terceiro

Os certificados de origem emitidos para os fins do presente Tratado terão prazo de validade de 180 (cento e oitenta) dias, a contar da data de sua expedição.

Artigo Décimo Quarto

Em todos os casos, se utilizará o formulário-padrão que figura anexo ao Acordo 25 do Comitê de Representantes da Associação Latino-Americana de Integração, enquanto não entrar em vigor outro formulário aprovado pelos Estados-Partes.

Artigo Décimo Quinto

Os Estados-Partes comunicarão à Associação Latino-Americana de Integração a relação das repartições oficiais e entidades de classe credenciadas a expedir a certificação a que se refere o Artigo anterior, com o registro de *fac-simile* das assinaturas autorizadas.

Artigo Décimo Sexto

Sempre que um Estado-Parte considerar que os certificados emitidos por uma repartição oficial ou entidade de classe credenciada de outro Estado-Parte não se ajustam às disposições contidas no presente Regime Geral, comunicará o fato ao outro Estado-Parte para que este adote as medidas que estime necessárias para solucionar os problemas apresentados.

Em nenhum caso o país importador deterá o trâmite de importação dos produtos amparados nos certificados a que se refere o parágrafo anterior, mas poderá, além de solicitar as informações adicionais que correspondam às autoridades governamentais do país exportador, adotar as medidas que considere necessárias para resguardar o interesse fiscal.

Artigo Décimo Sétimo

Para fins de um controle posterior, as cópias dos certificados e os documentos respectivos deverão ser conservados durante 2 (dois) anos a partir de sua emissão.

Artigo Décimo Oitavo

As disposições do presente Regime Geral e as modificações que lhe forem introduzidas não afetarão as mercadorias embarcadas na data de sua adoção.

Artigo Décimo Nono

As normas contidas no presente Anexo não se aplicam aos Acordos de Alcance Parcial, de Complementação Econômica n. 1, 2, 13 e 14 nem aos comerciais e agropecuários subscritos no âmbito do Tratado de Montevidéu 1980, os quais se regerão exclusivamente pelas disposições neles estabelecidas.

ANEXO III
SOLUÇÃO DE CONTROVÉRSIAS

1. As Controvérsias que possam surgir entre os Estados-Partes como consequência da aplicação do Tratado serão resolvidas mediante negociações diretas.

No caso de não lograrem uma solução, os Estados-Partes submeterão a controvérsia à consideração do Grupo Mercado Comum que, após avaliar a situação, formulará no lapso de 60 (sessenta) dias as recomendações pertinentes às Partes para a solução do diferendo. Para tal fim, o Grupo Mercado Comum poderá estabelecer ou convocar painéis de especialistas ou grupos de peritos com o objetivo de contar com assessoramento técnico.

Se no âmbito do Grupo Mercado Comum tampouco for alcançada uma solução, a controvérsia será elevada ao Conselho do Mercado Comum para que este adote as recomendações pertinentes.

2. Dentro de 120 (cento e vinte) dias a partir da entrada em vigor do Tratado, o Grupo Mercado Comum elevará aos Governos dos Estados-Partes uma proposta de Sistema de Solução de Controvérsias, que vigerá durante o período de transição.

3. Até em 31 de dezembro de 1994, os Estados-Partes adotarão um Sistema Permanente de Solução de controvérsias para o Mercado comum.

ANEXO IV
CLÁUSULAS DE SALVAGUARDA

Artigo 1º

Cada Estado-Parte poderá aplicar, até 31 de dezembro de 1994, cláusulas de salvaguarda à importação dos produtos que se beneficiem do Programa de Liberação Comercial estabelecido no âmbito do Tratado.

Os Estados-Partes acordam que somente deverão recorrer ao presente Regime em casos excepcionais.

Artigo 2º

Se as importações de determinado produto causarem dano ou ameaça de dano grave a seu mercado, como consequência de um sensível aumento, em um curto período, das importações desse produto provenientes dos outros Estados-Partes, o país importador solicitará ao Grupo Mercado Comum a realização de consultas com vistas a eliminar essa situação.

O pedido do país importador estará acompanhado de uma declaração pormenorizada dos fatos, razões e justificativas do mesmo.

O Grupo Mercado Comum deverá iniciar as consultas no prazo máximo de 10 (dez) dias corridos a partir da apresentação do pedido do país importador e deverá concluí-las, havendo tomado uma decisão a respeito, dentro de 20 (vinte) dias corridos após seu início.

Artigo 3º

A determinação do dano ou ameaça de dano grave no sentido do presente Regime será analisada por cada país, levando em conta a evolução, entre outros, dos seguintes aspectos relacionados com o produto em questão:

a) Nível de produção e capacidade utilizada;

b) Nível de emprego;

c) Participação no mercado;

d) Nível de comércio entre as Partes envolvidas ou participantes de consulta;

e) Desempenho das importações e exportações com relação a terceiros países.

Nenhum dos fatores acima mencionados constitui, por si só, um critério decisivo para a determinação do dano ou ameaça de dano grave.

Não serão considerados, na determinação do dano ou ameaça de dano grave, fatores tais como as mudanças tecnológicas ou mudanças nas preferências dos consumidores em favor de produtos similares e/ou diretamente competitivos dentro do mesmo setor.

A aplicação da cláusula de salvaguarda dependerá, em cada país, da aprovação final da seção nacional do Grupo Mercado Comum.

Artigo 4º

Com o objetivo de não interromper as correntes de comércio que tiverem sido geradas, o país importador negociará uma quota para a importação do produto objeto de salvaguarda, que se regerá pelas mesmas preferências e demais condições estabelecidas no Programa de Liberação Comercial.

A mencionada quota será negociada com o Estado-Parte de onde se originam as importações, durante o período de consulta a que se refere o Artigo 2. Vencido o prazo da consulta e não havendo acordo, o país importador que se considerar afetado poderá fixar uma quota, que será mantida pelo prazo de 1 (um) ano.

Em nenhum caso a quota fixada unilateralmente pelo país importador será menor que a média dos volumes físicos importados nos últimos 3 (três) anos calendário.

Artigo 5º

As cláusulas de salvaguarda terão 1 (um) ano de duração e poderão ser prorrogadas por um novo período anual e consecutivo, aplicando-se-lhes os termos e condições estabelecidas no presente Anexo. Estas medidas apenas poderão ser adotadas uma vez para cada produto.

Em nenhum caso a aplicação de cláusulas de salvaguarda poderá estender-se além de 31 de dezembro de 1994.

Artigo 6º

A aplicação das cláusulas de salvaguarda não afetará as mercadorias embarcadas na data de sua adoção, as quais serão computadas na quota prevista no Artigo 4.

Artigo 7º

Durante o período de transição, no caso de algum Estado-Parte se considerar afetado por graves dificuldades em suas atividades econômicas, solicitará ao Grupo Mercado Comum a realização de consultas, a fim de que se tomem as medidas corretivas que forem necessárias.

O Grupo Mercado Comum, dentro dos prazos estabelecidos no Artigo 2 do presente Anexo, avaliará a situação e se pronunciará sobre as medidas a serem adotadas, em função das circunstâncias.

ANEXO V

SUBGRUPOS DE TRABALHO DO GRUPO MERCADO COMUM

O Grupo Mercado Comum, para fins de coordenação das políticas macroeconômicas e setoriais, constituirá, no prazo de 30 (trinta) dias após sua instalação de Trabalho:

Subgrupo 1: Assuntos Comerciais

Subgrupo 2: Assuntos Aduaneiros

Subgrupo 3: Normas Técnicas

Subgrupo 4: Política Fiscal e Monetária Relacionadas com o Comércio

Subgrupo 5: Transporte Terrestre

Subgrupo 7: Política Industrial e Tecnológica

Subgrupo 8: Política Agrícola

Subgrupo 9: Política Energética

Subgrupo 10: Coordenação de Políticas Macroeconômicas

DECRETO 678,
DE 6 DE NOVEMBRO DE 1992

Promulga a Convenção Americana sobre Direitos Humanos (Pacto de São José da Costa Rica), de 22 de novembro de 1969.

➔ *v.* Decreto 4.463/2002 – Promulga a Declaração de Reconhecimento da Competência Obrigatória da Corte Interamericana de Direitos Humanos, sob reserva de reciprocidade.

O Vice-Presidente da República, no exercício do cargo de Presidente da República, no uso da atribuição que lhe confere o art. 84, inciso VIII, da Constituição, e

Considerando que a Convenção Americana sobre Direitos Humanos (Pacto de São José da Costa Rica), adotada no âmbito da Organização dos Estados Americanos, em São José da Costa Rica, em 22 de novembro de 1969, entrou em vigor internacional em 18 de julho de 1978, na forma do segundo parágrafo de seu artigo 74;

Considerando que o Governo brasileiro depositou a carta de adesão a essa Convenção em 25 de setembro de 1992;

Considerando que a Convenção Americana sobre Direitos Humanos (Pacto de São José da Costa Rica) entrou em vigor, para o Brasil, em 25 de setembro de 1992, de conformidade com o disposto no segundo parágrafo de seu artigo 74; decreta:

Art. 1º A Convenção Americana sobre Direitos Humanos (Pacto de São José da Costa Rica), celebrada em São José da Costa Rica, em 22 de novembro de 1969, apensa por cópia ao presente decreto, deverá ser cumprida tão inteiramente como nela se contém.

Art. 2º Ao depositar a Carta de Adesão a esse ato internacional, em 25 de setembro de 1992, o Governo brasileiro fez a seguinte declaração interpretativa: "O Governo do Brasil entende que os artigos 43 e 48, alínea *d*, não incluem o direito automático de visitas e inspeções *in loco* da Comissão Interamericana de Direitos Humanos, as quais dependerão da anuência expressa do Estado".

Art. 3º O presente Decreto entra em vigor na data de sua publicação.

Brasília, 6 de novembro de 1992; 171º da Independência e 104º da República.

Itamar Franco

(Publicação no *D.O.U.* de 9.11.1992)

ANEXO AO DECRETO QUE PROMULGA A CONVENÇÃO AMERICANA SOBRE DIREITOS HUMANOS (PACTO DE SÃO JOSÉ DA COSTA RICA) – MRE

CONVENÇÃO AMERICANA SOBRE DIREITOS HUMANOS (1969)

PREÂMBULO

Os Estados americanos signatários da presente Convenção,

Reafirmando seu propósito de consolidar neste Continente, dentro do quadro das instituições democráticas, um regime de liberdade pessoal e de justiça social, fundado no respeito dos direitos essenciais do homem;

Reconhecendo que os direitos essenciais do homem não derivam do fato de ser ele nacional de determinado Estado, mas sim do fato de ter como fundamento os atributos da pessoa humana, razão por que justificam uma proteção internacional, de natureza convencional, coadjuvante ou complementar da que oferece o direito interno dos Estados americanos;

Considerando que esses princípios foram consagrados na Carta da Organização dos Estados Americanos, na Declaração Americana dos Direitos e Deveres do Homem e na Declaração Universal dos Direitos do Homem e que foram reafirmados e desenvolvidos em outros instrumentos internacionais, tanto de âmbito mundial como regional;

Reiterando que, de acordo com a Declaração Universal dos Direitos do Homem, só pode ser realizado o ideal do ser humano livre, isento do temor e da miséria, se forem criadas condições que permitam a cada pessoa gozar dos seus direitos econômicos, sociais e culturais, bem como dos seus direitos civis e políticos; e

Considerando que a Terceira Conferência Interamericana Extraordinária (Buenos Aires, 1967) aprovou a incorporação à própria Carta da Organização de normas mais amplas sobre direitos econômicos, sociais e educacionais e resolveu que uma convenção interamericana sobre direitos humanos determinasse a estrutura, competência e processo dos órgãos encarregados dessa matéria,

Convieram no seguinte:

PARTE I
Deveres dos Estados e direitos protegidos

Capítulo I
ENUMERAÇÃO DE DEVERES

Artigo 1º

Obrigação de respeitar os direitos

1. Os Estados-Partes nesta Convenção comprometem-se a respeitar os direitos e liberdades nela reconhecidos e a garantir seu livre e pleno exercício a toda pessoa que esteja sujeita à sua jurisdição, sem discriminação alguma por motivo de raça, cor, sexo, idioma, religião, opiniões políticas ou de qualquer outra natureza, origem nacional ou social, posição econômica, nascimento ou qualquer outra condição social.

2. Para os efeitos desta Convenção, pessoa é todo ser humano.

Artigo 2º

Dever de adotar disposições de direito interno

Se o exercício dos direitos e liberdades mencionados no artigo 1º ainda não estiver garantido por disposições legislativas ou de outra natureza, os Estados-Partes comprometem-se a adotar, de acordo com as suas normas constitucionais e com as disposições desta Convenção, as medidas legislativas ou de outra natureza que forem necessárias para tornar efetivos tais direitos e liberdades.

Capítulo II
DIREITOS CIVIS E POLÍTICOS

Artigo 3º

Direito ao reconhecimento da personalidade jurídica

Toda pessoa tem direito ao reconhecimento de sua personalidade jurídica.

Artigo 4º

Direito à vida

1. Toda pessoa tem o direito de que se respeite sua vida. Esse direito deve ser protegido pela lei e, em geral, desde o momento da concepção. Ninguém pode ser privado da vida arbitrariamente.

2. Nos países que não houverem abolido a pena de morte, esta só poderá ser imposta pelos delitos mais graves, em cumprimento de sentença final de tribunal competente e em conformidade com lei que estabeleça tal pena, promulgada antes de haver o delito sido cometido. Tampouco se estenderá sua aplicação a delitos aos quais não se aplique atualmente.

3. Não se pode restabelecer a pena de morte nos Estados que a hajam abolido.

4. Em nenhum caso pode a pena de morte ser aplicada por delitos políticos, nem por delitos comuns conexos com delitos políticos.

5. Não se deve impor a pena de morte a pessoa que, no momento da perpetração do delito,

for menor de dezoito anos, ou maior de setenta, nem aplicá-la a mulher em estado de gravidez.

6. Toda pessoa condenada à morte tem direito a solicitar anistia, indulto ou comutação da pena, os quais podem ser concedidos em todos os casos. Não se pode executar a pena de morte enquanto o pedido estiver pendente de decisão ante a autoridade competente.

Artigo 5º
Direito à integridade pessoal

1. Toda pessoa tem o direito de que se respeite sua integridade física, psíquica e moral.

2. Ninguém deve ser submetido a torturas, nem a penas ou tratos cruéis, desumanos ou degradantes. Toda pessoa privada da liberdade deve ser tratada com o respeito devido à dignidade inerente ao ser humano.

3. A pena não pode passar da pessoa do delinquente.

4. Os processados devem ficar separados dos condenados, salvo em circunstâncias excepcionais, e ser submetidos a tratamento adequado à sua condição de pessoas não condenadas.

5. Os menores, quando puderem ser processados, devem ser separados dos adultos e conduzidos a tribunal especializado, com a maior rapidez possível, para seu tratamento.

6. As penas privativas da liberdade devem ter por finalidade essencial a reforma e a readaptação social dos condenados.

Artigo 6º
Proibição da escravidão e da servidão

1. Ninguém pode ser submetido a escravidão ou a servidão, e tanto estas como o tráfico de escravos e o tráfico de mulheres são proibidos em todas as formas.

2. Ninguém deve ser constrangido a executar trabalho forçado ou obrigatório. Nos países em que se prescreve, para certos delitos, pena privativa da liberdade acompanhada de trabalhos forçados, esta disposição não pode ser interpretada no sentido de que proíbe o cumprimento da dita pena, imposta por juiz ou tribunal competente. O trabalho forçado não deve afetar a dignidade nem a capacidade física e intelectual do recluso.

3. Não constituem trabalhos forçados ou obrigatórios para os efeitos deste artigo:

a) os trabalhos ou serviços normalmente exigidos de pessoa reclusa em cumprimento de sentença ou resolução formal expedida pela autoridade judiciária competente. Tais trabalhos ou serviços devem ser executados sob a vigilância e controle das autoridades públicas, e os indivíduos que os executarem não devem ser postos à disposição de particulares, companhias ou pessoas jurídicas de caráter privado;

b) o serviço militar e, nos países onde se admite a isenção por motivos de consciência, o serviço nacional que a lei estabelecer em lugar daquele;

c) o serviço imposto em casos de perigo ou calamidade que ameace a existência ou o bem-estar da comunidade; e

d) o trabalho ou serviço que faça parte das obrigações cívicas normais.

Artigo 7º
Direito à liberdade pessoal

1. Toda pessoa tem direito à liberdade e à segurança pessoais.

2. Ninguém pode ser privado de sua liberdade física, salvo pelas causas e nas condições previamente fixadas pelas constituições políticas dos Estados-Partes ou pelas leis de acordo com elas promulgadas.

3. Ninguém pode ser submetido a detenção ou encarceramento arbitrários.

4. Toda pessoa detida ou retida deve ser informada das razões da sua detenção e notificada, sem demora, da acusação ou acusações formuladas contra ela.

5. Toda pessoa detida ou retida deve ser conduzida, sem demora, à presença de um juiz ou outra autoridade autorizada pela lei a exercer funções judiciais e tem direito a ser julgada dentro de um prazo razoável ou a ser posta em liberdade, sem prejuízo de que prossiga o processo. Sua liberdade pode ser condicionada a garantias que assegurem o seu comparecimento em juízo.

6. Toda pessoa privada da liberdade tem direito a recorrer a um juiz ou tribunal competente, a fim de que este decida, sem demora, sobre a legalidade de sua prisão ou detenção e ordene sua soltura se a prisão ou a detenção forem ilegais. Nos Estados-Partes cujas leis preveem que toda pessoa que se vir ameaçada de ser privada de sua liberdade tem direito a recorrer a um juiz ou tribunal competente a fim de que este decida sobre a legalidade de tal ameaça, tal recurso não pode ser restringido nem abolido. O recurso pode ser interposto pela própria pessoa ou por outra pessoa.

7. Ninguém deve ser detido por dívida. Este princípio não limita os mandados de autoridade judiciária competente expedidos em virtude de inadimplemento de obrigação alimentar.

→ *v.* Súmula Vinculante 25 do STF.

→ *v.* Súmula 419 do STJ.

Artigo 8º
Garantias judiciais

1. Toda pessoa tem direito a ser ouvida, com as devidas garantias e dentro de um prazo razoável, por um juiz ou tribunal competente, independente e imparcial, estabelecido anteriormente por lei, na apuração de qualquer acusação penal formulada contra ela, ou para que se determinem seus direitos ou obrigações de natureza civil, trabalhista, fiscal ou de qualquer outra natureza.

2. Toda pessoa acusada de delito tem direito a que se presuma sua inocência enquanto não se comprove legalmente sua culpa. Durante o processo, toda pessoa tem direito, em plena igualdade, às seguintes garantias mínimas:

a) direito do acusado de ser assistido gratuitamente por tradutor ou intérprete, se não compreender ou não falar o idioma do juízo ou tribunal;

b) comunicação prévia e pormenorizada ao acusado da acusação formulada;

c) concessão ao acusado do tempo e dos meios adequados para a preparação de sua defesa;

d) direito do acusado de defender-se pessoalmente ou de ser assistido por um defensor de sua escolha e de comunicar-se, livremente e em particular, com seu defensor;

e) direito irrenunciável de ser assistido por um defensor proporcionado pelo Estado, remunerado ou não, segundo a legislação interna, se o acusado não se defender ele próprio nem nomear defensor dentro do prazo estabelecido pela lei;

f) direito da defesa de inquirir as testemunhas presentes no tribunal e de obter o comparecimento, como testemunhas ou peritos, de outras pessoas que possam lançar luz sobre os fatos;

g) direito de não ser obrigado a depor contra si mesma, nem a declarar-se culpada; e

h) direito de recorrer da sentença para juiz ou tribunal superior.

3. A confissão do acusado só é válida se feita sem coação de nenhuma natureza.

4. O acusado absolvido por sentença passada em julgado não poderá ser submetido a novo processo pelos mesmos fatos.

5. O processo penal deve ser público, salvo no que for necessário para preservar os interesses da justiça.

Artigo 9º
Princípio da legalidade e da retroatividade

Ninguém pode ser condenado por ações ou omissões que, no momento em que forem cometidas, não sejam delituosas, de acordo com o direito aplicável. Tampouco se pode impor pena mais grave que a aplicável no momento da perpetração do delito. Se depois da perpetração do delito a lei dispuser a imposição de pena mais leve, o delinquente será por isso beneficiado.

Artigo 10
Direito à indenização

Toda pessoa tem direito de ser indenizada conforme a lei, no caso de haver sido condenada em sentença passada em julgado, por erro judiciário.

Artigo 11
Proteção da honra e da dignidade

1. Toda pessoa tem direito ao respeito de sua honra e ao reconhecimento de sua dignidade.

2. Ninguém pode ser objeto de ingerências arbitrárias ou abusivas em sua vida privada, na de sua família, em seu domicílio ou em sua correspondência, nem de ofensas ilegais à sua honra ou reputação.

3. Toda pessoa tem direito à proteção da lei contra tais ingerências ou tais ofensas.

Artigo 12
Liberdade de consciência e de religião

1. Toda pessoa tem direito à liberdade de consciência e de religião. Esse direito implica a liberdade de conservar sua religião ou suas crenças, ou de mudar de religião ou de crenças, bem como a liberdade de professar e divulgar sua religião ou suas crenças, individual ou coletivamente, tanto em público como em privado.

2. Ninguém pode ser objeto de medidas restritivas que possam limitar sua liberdade de conservar sua religião ou suas crenças, ou de mudar de religião ou de crenças.

3. A liberdade de manifestar a própria religião e as próprias crenças está sujeita unicamente às limitações prescritas pela lei e que sejam necessárias para proteger a segurança, a ordem, a saúde ou a moral pública ou os direitos ou liberdades das demais pessoas.

4. Os pais, e quando for o caso os tutores, têm direito a que seus filhos ou pupilos recebam a educação religiosa e moral que esteja acorde com suas próprias convicções.

Artigo 13
Liberdade de pensamento e de expressão

1. Toda pessoa tem direito à liberdade de pensamento e de expressão. Esse direito compreende a liberdade de buscar, receber e difundir informações e ideias de toda natureza, sem consideração de fronteiras, verbalmente ou por escrito, ou em forma impressa ou artística, ou por qualquer outro processo de sua escolha.

2. O exercício do direito previsto no inciso precedente não pode estar sujeito a censura prévia, mas a responsabilidades ulteriores, que devem ser expressamente fixadas pela lei a ser necessárias para assegurar:

a) o respeito aos direitos ou à reputação das demais pessoas; ou

b) a proteção da segurança nacional, da ordem pública, ou da saúde ou da moral públicas.

3. Não se pode restringir o direito de expressão por vias ou meios indiretos, tais como o abuso de controles oficiais ou particulares de papel de imprensa, de frequências radioelétricas ou de equipamentos e aparelhos usados na difusão de informação, nem por quaisquer outros meios destinados a obstar a comunicação e a circulação de ideias e opiniões.

4. A lei pode submeter os espetáculos públicos a censura prévia, com o objetivo exclusivo de regular o acesso a eles, para proteção moral da infância e da adolescência, sem prejuízo do disposto no inciso 2.

5. A lei deve proibir toda propaganda a favor da guerra, bem como toda apologia ao ódio nacional, racial ou religioso que constitua incitação à discriminação, à hostilidade, ao crime ou à violência.

Artigo 14
Direito de retificação ou resposta

1. Toda pessoa atingida por informações inexatas ou ofensivas emitidas em seu prejuízo por meios de difusão legalmente regulamentados e que se dirijam ao público em geral, tem direito a fazer, pelo mesmo órgão de difusão, sua retificação ou resposta, nas condições que estabeleça a lei.

2. Em nenhum caso a retificação ou a resposta eximirão das outras responsabilidades legais em que se houver incorrido.

3. Para a efetiva proteção da honra e da reputação, toda publicação ou empresa jornalística, cinematográfica, de rádio ou televisão, deve ter uma pessoa responsável que não seja protegida por imunidades nem goze de foro especial.

Artigo 15
Direito de reunião

É reconhecido o direito de reunião pacífica e sem armas. O exercício de tal direito só pode estar sujeito às restrições previstas pela lei e que sejam necessárias, numa sociedade democrática, no interesse da segurança nacional, da segurança ou da ordem públicas, ou para proteger a saúde ou a moral pública ou os direitos e liberdades das demais pessoas.

Artigo 16
Liberdade de associação

1. Todas as pessoas têm o direito de associar-se livremente com fins ideológicos, religiosos, políticos, econômicos, trabalhistas, sociais, culturais, desportivos ou de qualquer outra natureza.

2. O exercício de tal direito só pode estar sujeito às restrições previstas pela lei que sejam necessárias, numa sociedade democrática, no interesse da segurança nacional, da segurança ou da ordem públicas, ou para proteger a saúde ou a moral pública ou os direitos e liberdades das demais pessoas.

3. O disposto neste artigo não impede a imposição de restrições legais, e mesmo a privação do exercício do direito de associação, aos membros das forças armadas e da polícia.

Artigo 17
Proteção da família

1. A família é o elemento natural e fundamental da sociedade e deve ser protegida pela sociedade e pelo Estado.

2. É reconhecido o direito do homem e da mulher de contraírem casamento e de fundarem uma família, se tiverem a idade e as condições para isso exigidas pelas leis internas, na medida em que não afetem estas o princípio da não discriminação estabelecido nesta Convenção.

3. O casamento não pode ser celebrado sem o livre e pleno consentimento dos contraentes.

4. Os Estados-Partes devem tomar medidas apropriadas no sentido de assegurar a igualdade de direitos e a adequada equivalência de responsabilidade dos cônjuges quanto ao casamento, durante o casamento e em caso de dissolução do mesmo. Em caso de dissolução, serão adotadas disposições que assegurem a proteção necessária aos filhos, com base unicamente no interesse e conveniência dos mesmos.

5. A lei deve reconhecer iguais direitos tanto aos filhos nascidos fora do casamento como aos nascidos dentro do casamento.

Artigo 18
Direito ao nome

Toda pessoa tem direito a um prenome e aos nomes de seus pais ou ao de um destes. A lei deve regular a forma de assegurar a todos esse direito, mediante nomes fictícios, se for necessário.

Artigo 19
Direitos da criança

Toda criança tem direito às medidas de proteção que a sua condição de menor requer por parte da sua família, da sociedade e do Estado.

Artigo 20
Direito à nacionalidade

1. Toda pessoa tem direito a uma nacionalidade.

2. Toda pessoa tem direito à nacionalidade do Estado em cujo território houver nascido, se não tiver direito a outra.

3. A ninguém se deve privar arbitrariamente de sua nacionalidade nem do direito de mudá-la.

Artigo 21
Direito à propriedade privada

1. Toda pessoa tem direito ao uso e gozo dos seus bens. A lei pode subordinar esse uso e gozo ao interesse social.

2. Nenhuma pessoa pode ser privada de seus bens, salvo mediante o pagamento de indenização justa, por motivo de utilidade pública ou de interesse social e nos casos e na forma estabelecidos pela lei.

3. Tanto a usura como qualquer outra forma de exploração do homem pelo homem devem ser reprimidas pela lei.

Artigo 22
Direito de circulação e de residência

1. Toda pessoa que se ache legalmente no território de um Estado tem direito de circular nele e de nele residir em conformidade com as disposições legais.

2. Toda pessoa tem o direito de sair livremente de qualquer país, inclusive do próprio.

3. O exercício dos direitos acima mencionados não pode ser restringido senão em virtude de lei, na medida indispensável, numa sociedade democrática, para prevenir infrações penais ou para proteger a segurança nacional, a segurança ou a ordem pública, a moral ou a saúde públicas, ou os direitos e liberdades das demais pessoas.

4. O exercício dos direitos reconhecidos no inciso 1 pode também ser restringido pela lei, em zonas determinadas, por motivos de interesse público.

5. Ninguém pode ser expulso do território do Estado do qual for nacional, nem ser privado do direito de nele entrar.

6. O estrangeiro que se ache legalmente no território de um Estado-Parte nesta Convenção só poderá dele ser expulso em cumprimento de decisão adotada de acordo com a lei.

7. Toda pessoa tem o direito de buscar e receber asilo em território estrangeiro, em caso de perseguição por delitos políticos ou comuns conexos com delitos políticos e de acordo com a legislação de cada Estado e com os convênios internacionais.

8. Em nenhum caso o estrangeiro pode ser expulso ou entregue a outro país, seja ou não de origem, onde seu direito à vida ou à liberdade pessoal esteja em risco de violação por causa da sua raça, nacionalidade, religião, condição social ou de suas opiniões políticas.

9. É proibida a expulsão coletiva de estrangeiros.

Artigo 23
Direitos políticos

1. Todos os cidadãos devem gozar dos seguintes direitos e oportunidades:

a) de participar da direção dos assuntos públicos, diretamente ou por meio de representantes livremente eleitos;

b) de votar e ser eleitos em eleições periódicas autênticas, realizadas por sufrágio universal e igual e por voto secreto que garanta a livre expressão da vontade dos eleitores; e

c) de ter acesso, em condições gerais de igualdade, às funções públicas de seu país.

2. A lei pode regular o exercício dos direitos e oportunidades e a que se refere o inciso anterior, exclusivamente por motivos de idade, nacionalidade, residência, idioma, instrução, capacidade civil ou mental, ou condenação, por juiz competente, em processo penal.

Artigo 24

Igualdade perante a lei

Todas as pessoas são iguais perante a lei. Por conseguinte, têm direito, sem discriminação, a igual proteção da lei.

Artigo 25

Proteção judicial

1. Toda pessoa tem direito a um recurso simples e rápido ou a qualquer outro recurso efetivo, perante os juízes ou tribunais competentes, que a proteja contra atos que violem seus direitos fundamentais reconhecidos pela constituição, pela lei ou pela presente Convenção, mesmo quando tal violação seja cometida por pessoas que estejam atuando no exercício de suas funções oficiais.

2. Os Estados-Partes comprometem-se:

a) a assegurar que a autoridade competente prevista pelo sistema legal do Estado decida sobre os direitos de toda pessoa que interpuser tal recurso;

b) a desenvolver as possibilidades de recurso judicial; e

c) a assegurar o cumprimento, pelas autoridades competentes, de toda decisão em que se tenha considerado procedente o recurso.

Capítulo III

DIREITOS ECONÔMICOS, SOCIAIS E CULTURAIS

Artigo 26

Desenvolvimento progressivo

Os Estados-Partes comprometem-se a adotar providências, tanto no âmbito interno como mediante cooperação internacional, especialmente econômica e técnica, a fim de conseguir progressivamente a plena efetividade dos direitos que decorrem das normas econômicas, sociais e sobre educação, ciência e cultura, constantes da Carta da Organização dos Estados Americanos, reformada pelo Protocolo de Buenos Aires, na medida dos recursos disponíveis, por via legislativa ou por outros meios apropriados.

Capítulo IV

SUSPENSÃO DE GARANTIAS, INTERPRETAÇÃO E APLICAÇÃO

Artigo 27

Suspensão de garantias

1. Em caso de guerra, de perigo público, ou de outra emergência que ameace a independência ou segurança do Estado-Parte, este poderá adotar disposições que, na medida e pelo tempo estritamente limitados às exigências da situação, suspendem as obrigações contraídas em virtude desta Convenção, desde que tais disposições não sejam incompatíveis com as demais obrigações que lhe impõe o Direito Internacional e não encerrem discriminação alguma fundada em motivos de raça, cor, sexo, idioma, religião ou origem social.

2. A disposição precedente não autoriza a suspensão dos direitos determinados nos seguintes artigos: 3 (Direito ao Reconhecimento da Personalidade Jurídica), 4 (Direito à Vida), 5 (Direito à Integridade Pessoal), 6 (Proibição da Escravidão e Servidão), 9 (Princípio da Legalidade e da Retroatividade), 12 (Liberdade de Consciência e de Religião), 17 (Proteção da Família), 18 (Direito ao Nome), 19 (Direitos da Criança), 20 (Direito à Nacionalidade) e 23 (Direitos Políticos), nem das garantias indispensáveis para a proteção de tais direitos.

3. Todo Estado-Parte que fizer uso do direito de suspensão deverá informar imediatamente os outros Estados-Partes na presente Convenção, por intermédio do Secretário-Geral da Organização dos Estados Americanos, das disposições cuja aplicação haja suspendido, dos motivos determinantes da suspensão e da data em que haja dado por terminada tal suspensão.

Artigo 28

Cláusula federal

1. Quando se tratar de um Estado-Parte constituído como Estado federal, o governo nacional do aludido Estado-Parte cumprirá todas as disposições da presente Convenção, relacionadas com as matérias sobre as quais exerce competência legislativa e judicial.

2. No tocante às disposições relativas às matérias que correspondem à competência das entidades componentes da federação, o governo nacional deve tomar imediatamente as medidas pertinentes, em conformidade com sua constituição e suas leis, a fim de que as autoridades competentes das referidas entidades possam adotar as disposições cabíveis para o cumprimento desta Convenção.

3. Quando dois ou mais Estados-Partes decidirem constituir entre eles uma federação ou outro tipo de associação, diligenciarão no sentido de que o pacto comunitário respectivo contenha as disposições necessárias para que continuem sendo efetivas no novo Estado assim organizado as normas da presente Convenção.

Artigo 29

Normas de interpretação

Nenhuma disposição desta Convenção pode ser interpretada no sentido de:

a) permitir a qualquer dos Estados-Partes, grupo ou pessoa, suprimir o gozo e exercício dos direitos e liberdades reconhecidos na Convenção ou limitá-los em maior medida do que a nela prevista;

b) limitar o gozo e exercício de qualquer direito ou liberdade que possam ser reconhecidos de acordo com as leis de qualquer dos Estados-Partes ou de acordo com outra convenção em que seja parte um dos referidos Estados;

c) excluir outros direitos e garantias que são inerentes ao ser humano ou que decorrem da forma democrática representativa de governo; e

d) excluir ou limitar o efeito que possam produzir a Declaração Americana dos Direitos e Deveres do Homem e outros atos internacionais da mesma natureza.

Artigo 30

Alcance das restrições

As restrições permitidas, de acordo com esta Convenção, ao gozo e exercício dos direitos e liberdades nela reconhecidos, não podem ser aplicadas senão de acordo com leis que forem promulgadas por motivo de interesse geral e com o propósito para o qual houverem sido estabelecidas.

Artigo 31

Reconhecimento de outros direitos

Poderão ser incluídos no regime de proteção desta Convenção outros direitos e liberdades que forem reconhecidos de acordo com os processos estabelecidos nos artigos 69 e 70.

Capítulo V

DEVERES DAS PESSOAS

Artigo 32

Correlação entre deveres e direitos

1. Toda pessoa tem deveres para com a família, a comunidade e a humanidade.

2. Os direitos de cada pessoa são limitados pelos direitos dos demais, pela segurança de todos e pelas justas exigências do bem comum, numa sociedade democrática.

PARTE II

Meios da proteção

Capítulo VI

ÓRGÃOS COMPETENTES

Artigo 33

São competentes para conhecer dos assuntos relacionados com o cumprimento dos compromissos assumidos pelos Estados-Partes nesta Convenção:

a) a Comissão Interamericana de Direitos Humanos, doravante denominada a Comissão; e

b) a Corte Interamericana de Direitos Humanos, doravante denominada a Corte.

Capítulo VII

COMISSÃO INTERAMERICANA DE DIREITOS HUMANOS

Seção 1

Organização

Artigo 34

A Comissão Interamericana de Direitos Humanos compor-se-á de sete membros, que deverão ser pessoas de alta autoridade moral e de reconhecido saber em matéria de direitos humanos.

Artigo 35

A Comissão representa todos os membros da Organização dos Estados Americanos.

Artigo 36

1. Os membros da Comissão serão eleitos a título pessoal, pela Assembleia Geral da Organização, de uma lista de candidatos propostos pelos governos dos Estados-Membros.

2. Cada um dos referidos governos pode propor até três candidatos nacionais do Estado que os propuser ou de qualquer outro Estado-Membro da Organização dos Estados Americanos. Quando for proposta uma lista de três candidatos, pelo menos um deles deverá ser nacional de Estado diferente do proponente.

Artigo 37

1. Os membros da Comissão serão eleitos por 4 (quatro) anos e só poderão ser reeleitos uma vez, porém o mandato de três dos membros designados na primeira eleição expirará ao cabo de 2 (dois) anos. Logo depois da referida eleição, serão determinados por sorteio, na Assembleia Geral, os nomes desses três membros.

2. Não pode fazer parte da Comissão mais de um nacional de um mesmo Estado.

Artigo 38

As vagas que ocorrerem na Comissão, que não se devam à expiração normal do mandato, serão preenchidas pelo Conselho Permanente da Organização, de acordo com o que dispuser o Estatuto da Comissão.

Artigo 39

A Comissão elaborará seu estatuto e submetê-lo-á à aprovação da Assembleia Geral e expedirá seu próprio regulamento.

Artigo 40

Os serviços de secretaria da Comissão devem ser desempenhados pela unidade funcional especializada que faz parte da Secretaria-Geral da Organização e deve dispor dos recursos necessários para cumprir as tarefas que lhe forem confiadas pela Comissão.

Seção 2
Funções

Artigo 41

A Comissão tem a função principal de promover a observância e a defesa dos direitos humanos e, no exercício do seu mandato, tem as seguintes funções e atribuições:

a) estimular a consciência dos direitos humanos nos povos da América;

b) formular recomendações aos governos dos Estados-Membros, quando o considerar conveniente, no sentido de que adotem medidas progressivas em prol dos direitos humanos no âmbito de suas leis internas e seus preceitos constitucionais, bem como disposições apropriadas para promover o devido respeito a esses direitos;

c) preparar os estudos ou relatórios que considerar convenientes para o desempenho de suas funções;

d) solicitar aos governos dos Estados-Membros que lhe proporcionem informações sobre as medidas que adotarem em matéria de direitos humanos;

e) atender às consultas que, por meio da Secretaria-Geral da Organização dos Estados Americanos, lhe formularem os Estados-Membros sobre questões relacionadas com os direitos humanos e, dentro de suas possibilidades, prestar-lhes o assessoramento que eles lhe solicitarem;

f) atuar com respeito às petições e outras comunicações, no exercício de sua autoridade, de conformidade com o disposto nos artigos 44 a 51 desta Convenção; e

g) apresentar um relatório anual à Assembleia Geral da Organização dos Estados Americanos.

Artigo 42

Os Estados-Partes devem remeter à Comissão cópia dos relatórios e estudos que, em seus respectivos campos, submetem anualmente às Comissões Executivas do Conselho Interamericano Econômico e Social e do Conselho Interamericano de Educação, Ciência e Cultura, a fim de que aquela vele por que se promovam os direitos decorrentes das normas econômicas, sociais e sobre educação, ciência e cultura, constantes da Carta da Organização dos Estados Americanos, reformada pelo Protocolo de Buenos Aires.

Artigo 43

Os Estados-Partes obrigam-se a proporcionar à Comissão as informações que esta lhes solicitar sobre a maneira pela qual o seu direito interno assegura a aplicação efetiva de quaisquer disposições desta Convenção.

Seção 3
Competência

Artigo 44

Qualquer pessoa ou grupo de pessoas, ou entidade não governamental legalmente reconhecida em um ou mais Estados-Membros da Organização, pode apresentar à Comissão petições que contenham denúncias ou queixas de violação desta Convenção por um Estado-Parte.

Artigo 45

1. Todo Estado-Parte pode, no momento do depósito do seu instrumento de ratificação desta Convenção ou de adesão a ela, ou em qualquer momento posterior, declarar que reconhece a competência da Comissão para receber e examinar as comunicações em que um Estado-Parte alegue haver outro Estado-Parte incorrido em violações dos direitos humanos estabelecidos nesta Convenção.

2. As comunicações feitas em virtude deste artigo só podem ser admitidas e examinadas se forem apresentadas por um Estado-Parte que haja feito uma declaração pela qual reconheça a referida competência da Comissão. A Comissão não admitirá nenhuma comunicação contra um Estado-Parte que não haja feito tal declaração.

3. As declarações sobre reconhecimento de competência podem ser feitas para que esta vigore por tempo indefinido, por período determinado ou para casos específicos.

4. As declarações serão depositadas na Secretaria-Geral da Organização dos Estados Americanos, a qual encaminhará cópia das mesmas aos Estados-Membros da referida Organização.

Artigo 46

1. Para que uma petição ou comunicação apresentada de acordo com os artigos 44 ou 45 seja admitida pela Comissão, será necessário:

a) que hajam sido interpostos e esgotados os recursos da jurisdição interna, de acordo com os princípios de direito internacional geralmente reconhecidos;

b) que seja apresentada dentro do prazo de 6 (seis) meses, a partir da data em que o presumido prejudicado em seus direitos tenha sido notificado da decisão definitiva;

c) que a matéria da petição ou comunicação não esteja pendente de outro processo de solução internacional; e

d) que, no caso do artigo 44, a petição contenha o nome, a nacionalidade, a profissão, o domicílio e a assinatura da pessoa ou pessoas ou do representante legal da entidade que submeter a petição.

2. As disposições das alíneas *a* e *b* do inciso 1 deste artigo não se aplicarão quando:

a) não existir, na legislação interna do Estado de que se tratar, o devido processo legal para a proteção do direito ou direitos que se alegue tenham sido violados;

b) não se houver permitido ao presumido prejudicado em seus direitos o acesso aos recursos da jurisdição interna, ou houver sido ele impedido de esgotá-los; e

c) houver demora injustificada na decisão sobre os mencionados recursos.

Artigo 47

A Comissão declarará inadmissível toda petição ou comunicação apresentada de acordo com os artigos 44 ou 45 quando:

a) não preencher algum dos requisitos estabelecidos no artigo 46;

b) não expuser fatos que caracterizem violação dos direitos garantidos por esta Convenção;

c) pela exposição do próprio peticionário ou do Estado, for manifestamente infundada a petição ou comunicação ou for evidente sua total improcedência; ou

d) for substancialmente reprodução de petição ou comunicação anterior, já examinada pela Comissão ou por outro organismo internacional.

Seção 4
Processo

Artigo 48

1. A Comissão, ao receber uma petição ou comunicação na qual se alegue violação de qualquer dos direitos consagrados nesta Convenção, procederá da seguinte maneira:

a) se reconhecer a admissibilidade da petição ou comunicação, solicitará informações ao Governo do Estado ao qual pertença a autoridade apontada como responsável pela violação alegada e transcreverá as partes pertinentes da petição ou comunicação. As referidas informações devem ser enviadas dentro de um prazo razoável, fixado pela Comissão ao considerar as circunstâncias de cada caso;

b) recebidas as informações, ou transcorrido o prazo fixado sem que sejam elas recebidas, verificará se existem ou subsistem os motivos da petição ou comunicação. No caso de não existirem ou não subsistirem, mandará arquivar o expediente;

c) poderá também declarar a inadmissibilidade ou a improcedência da petição ou comunicação, com base em informação ou prova superveniente;

d) se o expediente não houver sido arquivado, e com o fim de comprovar os fatos, a Comissão procederá, com conhecimento das partes, a um exame do assunto exposto na petição ou comunicação. Se for necessário e conveniente, a Comissão procederá a uma investigação para cuja eficaz realização solicitará, e os Estados interessados lhe proporcionarão, todas as facilidades necessárias;

e) poderá pedir aos Estados interessados qualquer informação pertinente e receberá, se isso lhe for solicitado, as exposições verbais ou escritas que apresentarem os interessados; e

f) pôr-se-á à disposição das partes interessadas, a fim de chegar a uma solução amistosa do assunto, fundada no respeito aos direitos humanos reconhecidos nesta Convenção.

2. Entretanto, em casos graves e urgentes, pode ser realizada uma investigação, mediante prévio consentimento do Estado em cujo território se alegue haver sido cometida a violação, tão somente com a apresentação de uma petição ou comunicação que reúna todos os requisitos formais de admissibilidade.

Artigo 49

Se se houver chegado a uma solução amistosa de acordo com as disposições do inciso 1, *f*, do artigo 48, a Comissão redigirá um relatório que será encaminhado ao peticionário e aos Estados-Partes nesta Convenção e, posteriormente, transmitido, para sua publicação, ao Secretário-Geral da Organização dos Estados Americanos. O referido relatório conterá uma breve exposição dos fatos e da solução alcançada. Se qualquer das partes no caso o solicitar, ser-lhe-á proporcionada a mais ampla informação possível.

Artigo 50

1. Se não se chegar a uma solução, e dentro do prazo que for fixado pelo Estatuto da Comissão, esta redigirá um relatório no qual exporá os fatos e suas conclusões. Se o relatório não representar, no todo ou em parte, o acordo unânime dos membros da Comissão, qualquer deles poderá agregar ao referido relatório seu voto em separado. Também se agregarão ao relatório as exposições verbais ou escritas que houverem sido feitas pelos interessados em virtude do inciso 1, e, do artigo 48.

2. O relatório será encaminhado aos Estados interessados, aos quais não será facultado publicá-lo.

3. Ao encaminhar o relatório, a Comissão pode formular as proposições e recomendações que julgar adequadas.

Artigo 51

1. Se no prazo de 3 (três) meses, a partir da remessa aos Estados interessados do relatório da Comissão, o assunto não houver sido solucionado ou submetido à decisão da Corte pela Comissão ou pelo Estado interessado, aceitando sua competência, a Comissão poderá emitir, pelo voto da maioria absoluta dos seus membros, sua opinião e conclusões sobre a questão submetida à sua consideração.

2. A Comissão fará as recomendações pertinentes e fixará um prazo dentro do qual o Estado deve tomar as medidas que lhe competirem para remediar a situação examinada.

3. Transcorrido o prazo fixado, a Comissão decidirá, pelo voto da maioria absoluta dos seus membros, se o Estado tomou ou não medidas adequadas e se publica ou não seu relatório.

Capítulo VIII
CORTE INTERAMERICANA DE DIREITOS HUMANOS

Seção 1
Organização

Artigo 52

1. A Corte compor-se-á de sete juízes, nacionais dos Estados-Membros da Organização, eleitos a título pessoal dentre juristas da mais alta autoridade moral, de reconhecida competência em matéria de direitos humanos, que reúnam as condições requeridas para o exercício das mais elevadas funções judiciais, de acordo com a lei do Estado do qual sejam nacionais, ou do Estado que os propuser como candidatos.

2. Não deve haver dois juízes da mesma nacionalidade.

Artigo 53

1. Os juízes da Corte serão eleitos, em votação secreta e pelo voto da maioria absoluta dos Estados-Partes na Convenção, na Assembleia Geral da Organização, de uma lista de candidatos propostos pelos mesmos Estados.

2. Cada um dos Estados-Partes pode propor até três candidatos, nacionais do Estado que os propuser ou de qualquer outro Estado-Membro da Organização dos Estados Americanos. Quando se propuser uma lista de três candidatos, pelo menos um deles deverá ser nacional de Estado diferente do proponente.

Artigo 54

1. Os juízes da Corte serão eleitos por um período de 6 (seis) anos e só poderão ser reeleitos uma vez. O mandato de três dos juízes designados na primeira eleição expirará ao cabo de 3 (três) anos. Imediatamente depois da referida eleição, determinar-se-ão por sorteio, na Assembleia Geral, os nomes desses três juízes.

2. O juiz eleito para substituir outro cujo mandato não haja expirado, completará o período deste.

3. Os juízes permanecerão em suas funções até o término dos seus mandatos. Entretanto, continuarão funcionando nos casos de que já houverem tomado conhecimento e que se encontrem em fase de sentença e, para tais efeitos, não serão substituídos pelos novos juízes eleitos.

Artigo 55

1. O juiz que for nacional de algum dos Estados-Partes no caso submetido à Corte conservará o seu direito de conhecer o mesmo.

2. Se um dos juízes chamados a conhecer do caso for de nacionalidade de um dos Estados-Partes, outro Estado-Parte no caso poderá designar uma pessoa de sua escolha para integrar a Corte na qualidade de juiz *ad hoc*.

3. Se, dentre os juízes chamados a conhecer do caso, nenhum for da nacionalidade dos Estados-Partes, cada um destes poderá designar um juiz *ad hoc*.

4. O juiz *ad hoc* deve reunir os requisitos indicados no artigo 52.

5. Se vários Estados-Partes na Convenção tiverem o mesmo interesse no caso, serão considerados como uma só parte, para os fins das disposições anteriores. Em caso de dúvida, a Corte decidirá.

Artigo 56

O *quorum* para as deliberações da Corte é constituído por cinco juízes.

Artigo 57

A Comissão comparecerá em todos os casos perante a Corte.

Artigo 58

1. A Corte terá sua sede no lugar que for determinado, na Assembleia Geral da Organização, pelos Estados-Partes na Convenção, mas poderá realizar reuniões no território de qualquer Estado-Membro da Organização dos Estados Americanos em que o considerar conveniente pela maioria dos seus membros e mediante prévia aquiescência do Estado respectivo. Os Estados-Partes na Convenção podem, na Assembleia Geral, por dois terços dos seus votos, mudar a sede da Corte.

2. A Corte designará seu Secretário.

3. O Secretário residirá na sede da Corte e deverá assistir às reuniões que ela realizar fora da mesma.

Artigo 59

A Secretaria da Corte será por esta estabelecida e funcionará sob a direção do Secretário da Corte, de acordo com as normas administrativas da Secretaria-Geral da Organização em tudo o que não for incompatível com a independência da Corte. Seus funcionários serão nomeados pelo Secretário-Geral da Organização, em consulta com o Secretário da Corte.

Artigo 60

A Corte elaborará seu estatuto e submetê-lo-á à aprovação da Assembleia Geral e expedirá seu regimento.

Seção 2
Competência e funções

Artigo 61

1. Somente os Estados-Partes e a Comissão têm direito de submeter caso à decisão da Corte.

2. Para que a Corte possa conhecer de qualquer caso, é necessário que sejam esgotados os processos previstos nos artigos 48 a 50.

Artigo 62

1. Todo Estado-Parte pode, no momento do depósito do seu instrumento de ratificação desta Convenção ou de adesão a ela, ou em qualquer momento posterior, declarar que reconhece como obrigatória, de pleno direito e sem convenção especial, a competência da Corte em todos os casos relativos à interpretação ou aplicação desta Convenção.

2. A declaração pode ser feita incondicionalmente, ou sob condição de reciprocidade, por prazo determinado ou para casos específicos. Deverá ser apresentada ao Secretário-Geral da Organização, que encaminhará cópias da mesma aos outros Estados-Membros da Organização e ao Secretário da Corte.

3. A Corte tem competência para conhecer de qualquer caso relativo à interpretação e aplicação das disposições desta Convenção que lhe seja submetido, desde que os Estados-Partes no caso tenham reconhecido ou reconheçam a referida competência, seja por declaração especial, como preveem os incisos anteriores, seja por convenção especial.

Artigo 63

1. Quando decidir que houve violação de um direito ou liberdade protegidos nesta Convenção, a Corte determinará que se assegure ao prejudicado o gozo do seu direito ou liberdade violados. Determinará também, se isso for procedente, que sejam reparadas as consequências da medida ou situação que haja configurado a violação desses direitos, bem como o pagamento de indenização justa à parte lesada.

2. Em casos de extrema gravidade e urgência, e quando se fizer necessário evitar danos irreparáveis às pessoas, a Corte, nos assuntos de que estiver conhecendo, poderá tomar as medidas provisórias que considerar pertinentes. Se se tratar de assuntos que ainda não estiverem submetidos ao seu conhecimento, poderá atuar a pedido da Comissão.

Artigo 64

1. Os Estados-Membros da Organização poderão consultar a Corte sobre a interpretação desta Convenção ou de outros tratados concernentes à proteção dos direitos humanos nos Estados americanos. Também poderão consultá-la, no que lhes compete, os órgãos enumerados no Capítulo X da Carta da Organização dos Estados Americanos, reformada pelo Protocolo de Buenos Aires.

2. A Corte, a pedido de um Estado-Membro da Organização, poderá emitir pareceres sobre a compatibilidade entre qualquer de suas leis internas e os mencionados instrumentos internacionais.

Artigo 65

A Corte submeterá à consideração da Assembleia Geral da Organização, em cada período ordinário de sessões, um relatório sobre suas atividades no ano anterior. De maneira especial, e com as recomendações pertinentes, indicará os casos em que um Estado não tenha dado cumprimento a suas sentenças.

Seção 3
Processo

Artigo 66

1. A sentença da Corte deve ser fundamentada.

2. Se a sentença não expressar no todo ou em parte a opinião unânime dos juízes, qualquer deles terá direito a que se agregue à sentença o seu voto dissidente ou individual.

Artigo 67

A sentença da Corte será definitiva e inapelável. Em caso de divergência sobre o sentido ou alcance da sentença, a Corte interpretá-la-á, a pedido de qualquer das partes, desde que o pedido seja apresentado dentro de 90 (noventa) dias a partir da data da notificação da sentença.

Artigo 68

1. Os Estados-Partes na Convenção comprometem-se a cumprir a decisão da Corte em todo caso em que forem partes.

2. A parte da sentença que determinar indenização compensatória poderá ser executada no país respectivo pelo processo interno vigente para a execução de sentenças contra o Estado.

Artigo 69

A sentença da Corte deve ser notificada às partes no caso e transmitida aos Estados-Partes na Convenção.

Capítulo IX
DISPOSIÇÕES COMUNS

Artigo 70

1. Os juízes da Corte e os membros da Comissão gozam, desde o momento de sua eleição e enquanto durar o seu mandato, das imunidades reconhecidas aos agentes diplomáticos pelo Direito Internacional. Durante o exercício dos seus cargos gozam, além disso, dos privilégios diplomáticos necessários para o desempenho de suas funções.

2. Não se poderá exigir responsabilidade em tempo algum dos juízes da Corte, nem dos membros da Comissão, por votos e opiniões emitidos no exercício de suas funções.

Artigo 71

Os cargos de juiz da Corte ou de membro da Comissão são incompatíveis com outras atividades que possam afetar sua independência ou imparcialidade conforme o que for determinado nos respectivos estatutos.

Artigo 72

Os juízes da Corte e os membros da Comissão perceberão honorários e despesas de viagem na forma e nas condições que determinarem os seus estatutos, levando em conta a importância e independência de suas funções. Tais honorários e despesas de viagem serão fixados no orçamento-programa da Organização dos Estados Americanos, no qual devem ser incluídas, além disso, as despesas da Corte e de sua Secretaria. Para tais efeitos, a Corte elaborará o seu próprio projeto de orçamento e submetê-lo-á à aprovação da Assembleia Geral, por intermédio da Secretaria-Geral. Esta última não poderá nele introduzir modificações.

Artigo 73

Somente por solicitação da Comissão ou da Corte, conforme o caso, cabe à Assembleia Geral da Organização resolver sobre as sanções aplicáveis aos membros da Comissão ou aos juízes da Corte que incorrerem nos casos previstos nos respectivos estatutos. Para expedir uma resolução, será necessária maioria de 2/3 (dois terços) dos votos dos Estados-Membros da Organização, no caso dos membros da Comissão; e, além disso, de dois terços dos votos dos Estados-Partes na Convenção, se se tratar dos juízes da Corte.

PARTE III
Disposições gerais e transitórias

Capítulo X
ASSINATURA, RATIFICAÇÃO, RESERVA, EMENDA, PROTOCOLO E DENÚNCIA

Artigo 74

1. Esta Convenção fica aberta à assinatura e à ratificação ou adesão de todos os Estados-Membros da Organização dos Estados Americanos.

2. A ratificação desta Convenção ou a adesão a ela efetuar-se-á mediante depósito de um instrumento de ratificação ou de adesão na Secretaria-Geral da Organização dos Estados Americanos. Esta Convenção entrará em vigor logo que onze Estados houverem depositado os seus respectivos instrumentos de ratificação ou de adesão. Com referência a qualquer outro Estado que a ratificar ou que a ela aderir ulteriormente, a Convenção entrará em vigor na data do depósito do seu instrumento de ratificação ou de adesão.

3. O Secretário-Geral informará todos os Estados-Membros da Organização sobre a entrada em vigor da Convenção.

Artigo 75

Esta Convenção só pode ser objeto de reservas em conformidade com as disposições da Convenção de Viena sobre Direito dos Tratados, assinada em 23 de maio de 1969.

Artigo 76

1. Qualquer Estado-Parte, diretamente, e a Comissão ou a Corte, por intermédio do Secretário-Geral, podem submeter à Assembleia Geral, para o que julgarem conveniente, proposta de emenda a esta Convenção.

2. As emendas entrarão em vigor para os Estados que ratificarem as mesmas na data em que houver sido depositado o respectivo instrumento de ratificação que corresponda ao número de dois terços dos Estados-Partes nesta Convenção. Quanto aos outros Estados-Partes, entrarão em vigor na data em que depositarem eles os seus respectivos instrumentos de ratificação.

Artigo 77

1. De acordo com a faculdade estabelecida no artigo 31, qualquer Estado-Parte e a Comissão podem submeter à consideração dos Estados-Partes reunidos por ocasião da Assembleia Geral, projetos de protocolos adicionais a esta Convenção, com a finalidade de incluir progressivamente no regime de proteção da mesma outros direitos e liberdades.

2. Cada protocolo deve estabelecer as modalidades de sua entrada em vigor e será aplicado somente entre os Estados-Partes no mesmo.

Artigo 78

1. Os Estados-Partes poderão denunciar esta Convenção depois de expirado um prazo de 5 (cinco) anos, a partir da data de entrada em vigor da mesma e mediante aviso prévio de 1 (um) ano, notificando o Secretário-Geral da Organização, o qual deve informar as outras Partes.

2. Tal denúncia não terá o efeito de desligar o Estado-Parte interessado das obrigações contidas nesta Convenção, no que diz respeito a qualquer ato que, podendo constituir violação dessas obrigações, houver sido cometido por ele anteriormente à data na qual a denúncia produzir efeito.

Capítulo XI
DISPOSIÇÕES TRANSITÓRIAS

Seção 1
Comissão Interamericana de Direitos Humanos

Artigo 79

Ao entrar em vigor esta Convenção, o Secretário-Geral pedirá por escrito a cada Estado-Membro da Organização que apresente, dentro de um prazo de 90 (noventa) dias, seus candidatos a membro da Comissão Interamericana de Direitos Humanos. O Secretário-Geral preparará uma lista por ordem alfabética dos candidatos apresentados e a encaminhará aos Estados-Membros da Organização pelo menos 30 (trinta) dias antes da Assembleia Geral seguinte.

Artigo 80

A eleição dos membros da Comissão far-se-á dentre os candidatos que figurem na lista a que se refere o artigo 79, por votação secreta da Assembleia Geral, e serão declarados eleitos os candidatos que obtiverem maior número de votos e a maioria absoluta dos votos dos representantes dos Estados-Membros. Se, para eleger todos os membros da Comissão, for necessário realizar várias votações, serão eliminados sucessivamente, na forma que for determinada pela Assembleia Geral, os candidatos que receberem menor número de votos.

Seção 2
Corte Interamericana de Direitos Humanos

Artigo 81

Ao entrar em vigor esta Convenção, o Secretário-Geral solicitará por escrito a cada Estado-Parte que apresente, dentro de um prazo de 90 (noventa) dias, seus candidatos a juiz da Corte Interamericana de Direitos Humanos. O Secretário-Geral preparará uma lista por ordem alfabética dos candidatos apresentados e a encaminhará aos Estados-Partes pelo menos 30 (trinta) dias antes da Assembleia Geral seguinte.

Artigo 82

A eleição dos juízes da Corte far-se-á dentre os candidatos que figurem na lista a que se refere o artigo 81, por votação secreta dos Estados-Partes, na Assembleia Geral, e serão declarados eleitos os candidatos que obtiverem maior número de votos e a maioria absoluta dos votos dos representantes dos Estados-Partes. Se, para eleger todos os juízes da Corte, for necessário realizar várias votações, serão eliminados sucessivamente, na forma que for determinada pelos Estados- Partes, os candidatos que receberem menor número de votos.

DECLARAÇÕES E RESERVAS

Declaração do Chile

A Delegação do Chile apõe sua assinatura a esta Convenção, sujeita à sua posterior aprovação parlamentar e ratificação, em conformidade com as normas constitucionais vigentes.

Declaração do Equador

A Delegação do Equador tem a honra de assinar a Convenção Americana sobre Direitos Humanos. Não crê necessário especificar reserva alguma, deixando a salvo tão somente a faculdade geral constante da mesma Convenção, que deixa aos governos a liberdade de ratificá-la.

Reserva do Uruguai

O artigo 80, parágrafo 2, da Constituição da República Oriental do Uruguai, estabelece que se suspende a cidadania "pela condição de legalmente processado em causa criminal de que possa resultar pena de penitenciária". Essa limitação ao exercício dos direitos reconhecidos no artigo 23 da Convenção não está prevista entre as circunstâncias que a tal respeito prevê o parágrafo 2 do referido artigo 23, motivo por que a Delegação do Uruguai formula a reserva pertinente.

Em fé do que, os plenipotenciários abaixo assinados, cujos plenos poderes foram encontrados em boa e devida forma, assinam esta Convenção, que se denominará "Pacto de São José da Costa Rica", na cidade de São José, Costa Rica, em vinte e dois de novembro de mil novecentos e sessenta e nove.

DECLARAÇÃO INTERPRETATIVA DO BRASIL

Ao depositar a Carta de Adesão à Convenção Americana sobre Direitos Humanos (Pacto de São José da Costa Rica), em 25 de setembro de 1992, o Governo brasileiro fez a seguinte declaração interpretativa sobre os artigos 43 e 48, alínea *d*:

"O Governo do Brasil entende que os artigos 43 e 48, alínea *d*, não incluem o direito automático de visitas e inspeções *in loco* da Comissão Interamericana de Direitos Humanos, as quais dependerão da anuência expressa do Estado".

DECRETO 1.901, DE 9 DE MAIO DE 1996

Promulga o Protocolo Adicional ao Tratado de Assunção sobre a Estrutura Institucional do Mercosul (Protocolo de Ouro Preto), de 17 de dezembro de 1994.

O Presidente da República, no uso de suas atribuições que lhe confere o art. 84, inciso VIII, da Constituição, e

Considerando que o Protocolo Adicional ao Tratado de Assunção sobre a Estrutura Institucional do Mercosul foi assinado em Ouro Preto, em 17 de dezembro de 1994;

Considerando que o Protocolo ora promulgado foi oportunamente submetido ao Congresso Nacional, que o aprovou por meio do Decreto Legislativo 188, de 15 de dezembro de 1995;

Considerando que o Governo brasileiro depositou a Carta de Ratificação do Instrumento multilateral em epígrafe em 16 de fevereiro de 1996, passando o mesmo a vigorar, para o Brasil, naquela data, decreta:

Art. 1º O Protocolo Adicional ao Tratado de Assunção sobre a Estrutura Institucional do Mercosul, assinado em Ouro Preto, em 17 de dezembro de 1994, apenso por cópia ao presente Decreto, deverá ser executado e cumprido tão inteiramente como nele se contém.

Art. 2º O presente Decreto entra em vigor na data de sua publicação.

Brasília, 9 de maio de 1996; 175º da Independência e 108º da República.

Fernando Henrique Cardoso

(Publicação no *D.O.U.* de 10.5.1996)

ANEXO AO DECRETO QUE PROMULGA O PROTOCOLO ADICONAL AO TRATADO DE ASSUNÇÃO SOBRE A ESTRUTURA INSTITUCIONAL DO MERCOSUL – PROTOCOLO DE OURO PRETO – /MER

Protocolo adicional ao tratado de assunção sobre a estrutura institucional do mercosul – protocolo de ouro preto

A República Argentina, a República Federativa do Brasil, a República do Paraguai e a República Oriental do Uruguai, doravante denominadas "Estados-Partes";

Em cumprimento ao disposto no artigo 18 do Tratado de Assunção, de 26 de março de 1991;

Conscientes da importância dos avanços alcançados e da implementação da união aduaneira como etapa para a construção do mercado comum;

Reafirmando os princípios e objetivos do Tratado de Assunção e atentos para a necessidade de uma consideração especial para países e regiões menos desenvolvidos do Mercosul;

Atentos para a dinâmica implícita em todo processo de integração e para a consequente necessidade de adaptar a estrutura institucional do Mercosul às mudanças ocorridas;

Reconhecendo o destacado trabalho desenvolvido pelos órgãos existentes durante o período de transição,

Acordam:

Capítulo I
ESTRUTURA DO MERCOSUL

Artigo 1º

A estrutura institucional do Mercosul contará com os seguintes órgãos:

I – O Conselho do Mercado Comum (CMC);

II – O Grupo Mercado Comum (GMC);

III – A Comissão de Comércio do Mercosul (CCM);

IV – A Comissão Parlamentar Conjunta (CPC);

V – O Foro Consultivo Econômico-Social (FCES);

VI – A Secretaria Administrativa do Mercosul (SAM).

Parágrafo único. Poderão ser criados, nos termos do presente Protocolo, os órgãos auxiliares que se fizerem necessários à consecução dos objetivos do processo de integração.

Artigo 2º

São órgãos com capacidade decisória, de natureza intergovernamental, o Conselho do Mercado Comum, o Grupo Mercado Comum e a Comissão de Comércio do Mercosul.

Seção I
Do Conselho do Mercado Comum

Artigo 3º

O Conselho do Mercado Comum é o órgão superior do Mercosul ao qual incumbe a condução política do processo de integração e a tomada de decisões para assegurar o cumprimento dos objetivos estabelecidos pelo Tratado de Assunção e para lograr a constituição final do mercado comum.

Artigo 4º

O Conselho do Mercado Comum será integrado pelos Ministros das Relações Exteriores e pelo Ministro da Economia, ou seus equivalentes, dos Estados-Partes.

Artigo 5º

A Presidência do Conselho do Mercado Comum será exercida por rotação dos Estados-Partes, em ordem alfabética, pelo período de 6 (seis) meses.

Artigo 6º

O Conselho do Mercado Comum reunir-se-á quantas vezes estime oportuno, devendo fazê-lo pelo menos uma vez por semestre com a participação dos Presidentes dos Estados-Partes.

Artigo 7º

As reuniões do Conselho do Mercado Comum serão coordenadas pelos Ministérios das Relações Exteriores e poderão ser convidados a delas participar outros Ministros ou autoridades de nível ministerial.

Artigo 8º

São funções e atribuições do Conselho do Mercado Comum:

I – velar pelo cumprimento do Tratado de Assunção, de seus Protocolos e dos acordos firmados em seu âmbito;

II – formular políticas e promover as ações necessárias à conformação do mercado comum;

III – exercer a titularidade da personalidade jurídica do Mercosul.

IV – negociar e firmar acordos em nome do Mercosul com terceiros países, grupos de países e organizações internacionais. Estas funções podem ser delegadas ao Grupo Mercado Comum por mandato expresso, nas condições estipuladas no inciso VII do artigo 14;

V – manifestar-se sobre as propostas que lhe sejam elevadas pelo Grupo Mercado Comum;

VI – criar reuniões de ministros e pronunciar-se sobre os acordos que lhe sejam remetidos pelas mesmas;

VII – criar órgãos que estime pertinentes, assim como modificá-los ou extingui-los;

VIII – esclarecer, quando estime necessário, o conteúdo e o alcance de suas Decisões;

IX – designar o Diretor da Secretaria Administrativa do Mercosul;

X – adotar Decisões em matéria financeira e orçamentária;

XI – homologar o Regimento Interno do Grupo Mercado Comum.

Artigo 9º

O Conselho do Mercado Comum manifestar-se-á mediante Decisões, as quais serão obrigatórias para os Estados-Partes.

Seção II
Do Grupo Mercado Comum

Artigo 10

O Grupo Mercado Comum é o órgão executivo do Mercosul.

Artigo 11

O Grupo Mercado Comum será integrado por quatro membros titulares e quatro membros alternos por país, designados pelos respectivos Governos, dentre os quais devem constar necessariamente representantes dos Ministérios das Relações Exteriores, dos Ministérios da Economia (ou equivalentes) e dos Bancos Centrais. O Grupo Mercado comum será coordenado pelos Ministérios das Relações Exteriores.

Artigo 12

Ao elaborar e propor medidas concretas no desenvolvimento de seus trabalhos, o Grupo Mercado Comum poderá convocar, quando julgar conveniente, representantes de outros órgãos da Administração Pública ou da estrutura institucional do Mercosul.

Artigo 13

O Grupo Mercado Comum reunir-se-á de forma ordinária ou extraordinária, quantas vezes se fizerem necessárias, nas condições estipuladas por seu Regimento Interno.

Artigo 14

São funções e atribuições do Grupo Mercado Comum:

I – velar, nos limites de suas competências, pelo cumprimento do Tratado de Assunção, de seus Protocolos e dos Acordos firmados em seu âmbito;

II – propor projetos de Decisão ao Conselho do Mercado Comum;

III – tomar as medidas necessárias ao cumprimento das Decisões adotadas pelo Conselho do Mercado Comum;

IV – fixar programas de trabalho que assegurem avanços para o estabelecimento do mercado comum;

V – criar, modificar ou extinguir órgãos tais como subgrupos de trabalho e reuniões especializadas, para o cumprimento de seus objetivos;

VI – manifestar-se sobre as propostas ou recomendações que lhe forem submetidas pelos demais órgãos do Mercosul no âmbito de suas competências;

VII – negociar com a participação de representantes de todos os Estados-Partes, por delegação expressa do Conselho do Mercado Comum e dentro dos limites estabelecidos em mandatos específicos concedidos para este fim, acordos em nome do Mercosul com terceiros países, grupos de países e organismos internacionais. O Grupo Mercado Comum, quando dispuser de mandato para tal fim, procederá à assinatura dos mencionados acordos. O Grupo Mercado Comum, quando autorizado pelo Conselho do Mercado Comum, poderá delegar os referidos poderes à Comissão de Comércio do Mercosul.

VIII – aprovar o orçamento e a prestação de contas anual apresentada pela Secretaria Administrativa do Mercosul;

IX – adotar resoluções em matéria financeira e orçamentária, com base nas orientações emanadas do Conselho do Mercado Comum;

X – submeter ao Conselho do Mercado Comum seu Regimento Interno;

XI – organizar as reuniões do Conselho do Mercado Comum e preparar os relatórios e estudos que este lhe solicitar;

XII – eleger o Diretor da Secretaria Administrativa do Mercosul;

XIII – supervisionar as atividades da Secretaria Administrativa do Mercosul;

XIV – homologar os Regimentos Internos da Comissão de Comércio e do Foro Consultivo Econômico-Social;

Artigo 15

O Grupo Mercado Comum manifestar-se-á mediante Resoluções, as quais serão obrigatórias para os Estados-Partes.

Seção III
Da Comissão de Comércio do Mercosul

Artigo 16

À Comissão de Comércio do Mercosul, órgão encarregado de assistir o Grupo Mercado Comum, compete velar pela aplicação dos instrumentos de política comercial comum acordados pelos Estados-Partes para o funcionamento da união aduaneira, bem como acompanhar e revisar os temas e matérias relacionados com as políticas comerciais comuns, com o comércio intraMercosul e com terceiros países.

Artigo 17

A Comissão de Comércio do Mercosul será integrada por quatro membros titulares e quatro membros alternos por Estado-Parte e será coordenada pelos Ministérios das Relações Exteriores.

Artigo 18

A Comissão de Comércio do Mercosul reunir-se-á pelo menos uma vez por mês ou sempre que solicitado pelo Grupo Mercado Comum ou por qualquer dos Estados-Partes.

Artigo 19

São funções e atribuições da Comissão de Comércio do Mercosul:

I – velar pela aplicação dos instrumentos comuns de política comercial intraMercosul e com terceiros países, organizações intencionais e acordos de comércio;

II – considerar e pronunciar-se sobre as solicitações apresentadas pelos Estados-Partes com respeito à aplicação e ao cumprimento da tarifa externa comum e dos demais instrumentos de política comercial comum;

III – acompanhar a aplicação dos instrumentos de política comercial comum nos Estados-Partes;

IV – analisar a evolução dos instrumentos de política comercial comum para o funcionamento da união aduaneira e formular propostas a respeito ao Grupo Mercado Comum;

V – tomar as decisões vinculadas à administração e à aplicação da tarifa externa comum e dos instrumentos de política comercial comum acordados pelos Estados-Partes;

VI – informar ao Grupo Mercado Comum sobre a evolução e a aplicação dos instrumentos de política comercial comum, sobre o trâmite das solicitações recebidas e sobre as decisões adotadas a respeito delas;

VII – propor ao Grupo Mercado Comum novas normas ou modificações às normas existentes referentes à matéria comercial e aduaneira do Mercosul;

VIII – propor a revisão das alíquotas tarifárias de itens específicos da tarifa comum, inclusive para contemplar casos referentes a novas atividades produtivas no âmbito do Mercosul;

IX – estabelecer os comitês técnicos necessários ao adequado cumprimento de suas funções, bem como dirigir e supervisionar as atividades dos mesmos;

X – desempenhar as tarefas vinculadas à política comercial comum que lhe solicite o Grupo Mercado Comum;

XI – adotar o Regimento Interno, que submeterá ao Grupo Mercado Comum para sua homologação.

Artigo 20

A Comissão de Comércio do Mercosul manifestar-se-á mediante Diretrizes ou Propostas. As Diretrizes serão obrigatórias para os Estados-Partes.

Artigo 21

Além das funções e atribuições estabelecidas nos artigos 16 e 19 do presente Protocolo, caberá à Comissão de comércio do Mercosul considerar reclamações apresentadas pelas Seções Nacionais da Comissão de Comércio do Mercosul, originadas pelos Estados-Partes ou demandas de particulares – pessoas físicas ou jurídicas – relacionadas com as situações previstas nos artigos 1º ou 25 do Protocolo de Brasília, quando estiverem em sua área de competência.

Parágrafo primeiro. O exame das referidas reclamações no âmbito da Comissão de Comércio do Mercosul; não obstará a ação do Estado-Parte que efetuou a reclamação ao amparo do Protocolo de Brasília para Solução de Controvérsias.

Parágrafo segundo. As reclamações originadas nos casos estabelecidos no presente artigo obedecerão o procedimento previsto no anexo deste Protocolo.

Seção IV
Da Comissão Parlamentar Conjunta

Artigo 22

A Comissão Parlamentar Conjunta é o órgão representativo dos Parlamentos dos Estados-Partes no âmbito do Mercosul.

Artigo 23

A Comissão Parlamentar Conjunta será integrada por igual número de parlamentares representantes dos Estados-Partes.

Artigo 24

Os integrantes da Comissão Parlamentar Conjunta serão designados pelos respectivos Parlamentares nacionais, de acordo com seus procedimentos internos.

Artigo 25

A Comissão Parlamentar Conjunta procurará acelerar os procedimentos internos correspondentes nos Estados-Partes para a pronta entrada em vigor das normas emanadas dos órgãos do Mercosul previstos no Artigo 2º deste Protocolo. Da mesma forma, coadjuvará na harmonização de legislações, tal como requerido pelo avanço do processo de integração. Quando necessário, o Conselho do Mercado Comum solicitará à Comissão Parlamentar Conjunta o exame de temas prioritários.

Artigo 26

A comissão Parlamentar Conjunta encaminhará, por intermédio do Grupo Mercado Comum, Recomendações ao Conselho do Mercado Comum.

Artigo 27

A Comissão Parlamentar Conjunta adotará o seu Regimento Interno.

Seção V
Do Foro Consultivo Econômico-Social

Artigo 28

O Foro Consultivo Econômico-Social é o órgão de representação dos setores econômicos e sociais e será integrado por igual número de representantes de cada Estado-Parte.

Artigo 29

O Foro Consultivo Econômico-Social terá função consultiva e manifestar-se-á mediante Recomendações no Grupo Mercado Comum.

Artigo 30

O Foro Consultivo Econômico-Social submeterá seu Regimento Interno ao Grupo Mercado Comum, para homologação.

Seção VI
Da Secretaria Administrativa do Mercosul

Artigo 31

O Mercosul contará com uma Secretaria Administrativa como órgão de apoio operacional. A Secretaria Administrativa do Mercosul será responsável pela prestação de serviço aos demais órgãos do Mercosul e terá sede permanente na cidade de Montevidéu.

Artigo 32

A Secretaria Administrativa do Mercosul desempenhará as seguintes atividades:

I – servir como arquivo oficial da documentação do Mercosul;

II – realizar a publicação e a difusão das decisões adotadas no âmbito do Mercosul. Nesse contexto, lhe corresponderá:

i) realizar, em coordenação como os Estados-Partes, as traduções autênticas para os idiomas espanhol e português de todas as decisões adotadas pelos órgãos da estrutura institucionais do Mercosul, conforme previsto no Artigo 39;

ii) editar o Boletim Oficial do Mercosul;

III – organizar os aspectos logísticos das reuniões do Conselho do Mercosul Comum, do Grupo Mercado Comum e da Comissão do Comércio do Mercosul e, dentro de suas possibilidades, dos demais órgãos do Mercosul, quando as mesmas forem realizadas em sua sede permanente. No que se refere às reuniões realizadas fora de sua sede permanente, a Secretaria Administrativa do Mercosul fornecerá apoio ao Estado que sediar o evento;

IV – informar regularmente os Estados-Partes sobre as medidas implementadas por cada país para incorporar em seu ordenamento jurídico as normas emanadas dos órgãos do Mercosul previstos no Artigo 2º deste Protocolo;

V – registrar as listas nacionais dos árbitros e especialistas, bem como desempenhar outras tarefas determinadas pelo Protocolo de Brasília, de 17 de dezembro de 1991;

VI – desempenhar as tarefas que lhe sejam solicitadas pelo Conselho do Mercado Comum, pelo Grupo Mercado Comum e pela Comissão do Comércio do Mercosul.

VII – elaborar seu projeto de orçamento e uma vez aprovado pelo Grupo Mercado Comum, praticar todos os atos necessários à sua correta execução;

VIII – apresentar anualmente ao Grupo Mercado Comum a sua prestação de contas, bem como relatório sobre suas atividades;

Artigo 33

A Secretaria Administrativa do Mercosul estará a cargo de um Diretor, o qual será nacional de um dos Estados-Partes. Será eleito pelo Grupo Mercado Comum, em bases rotativas prévia consulta aos Estados-Partes, e designado pelo Conselho do Mercado Comum. Terá mandato de 2 (dois) anos, vedada a reeleição.

Capítulo II
PERSONALIDADE JURÍDICA

Artigo 34

O Mercosul terá personalidade jurídica de Direito Internacional.

Artigo 35

O Mercosul poderá, no uso de suas atribuições, praticar todos os atos necessários à realização de seus objetivos, em especial contratar, adquirir ou alienar bens móveis e imóveis, comparecer em juízo, conservar fundos e fazer transferências.

Artigo 36

O Mercosul celebrará acordos de sede.

Capítulo III
SISTEMA DE TOMADA DE DECISÕES

Artigo 37

As decisões dos órgãos do Mercosul serão tomadas por consenso e com a presença de todos os Estados-Partes.

Capítulo IV
APLICAÇÃO INTERNA DAS NORMAS EMANADAS DOS ÓRGÃOS DO MERCOSUL

Artigo 38

Os Estados-Partes comprometem-se a adotar todas as medidas necessárias para assegurar, em seus respectivos territórios, o cumprimento das normas emanadas dos órgãos do Mercosul previstos no artigo 2º deste Protocolo.

Parágrafo único. Os Estados-Partes informarão à Secretaria Administrativa do Mercosul as medidas adotadas para esse fim.

Artigo 39

Serão publicados no Boletim Oficial do Mercosul, em sua íntegra, nos idiomas espanhol e português, o teor das Decisões do Conselho do Mercado Comum, das Resoluções do Grupo Mercado Comum, das Diretrizes da Comissão de Comércio do Mercosul e dos Laudos Arbitrais de solução de controvérsias, bem como de quaisquer atos aos quais o Conselho do Mercado Comum ou o Grupo Mercado Comum entendam necessário atribuir publicidade oficial.

Artigo 40

A fim de garantir a vigência simultânea nos Estados-Partes das normas emanadas dos órgãos do Mercosul previstos no Artigo 2º deste Protocolo, deverá ser observado o seguinte procedimento:

i) uma vez aprovada a norma, os Estados-Partes adotarão as medidas necessárias para a sua incorporação ao ordenamento jurídico nacional e comunicarão as mesmas à Secretaria Administrativa do Mercosul;

ii) quando todos os Estados-Partes tiverem informado sua incorporação aos respectivos ordenamentos jurídicos internos, a Secretaria Administrativa do Mercosul comunicará o fato a cada Estado-Parte;

iii) as normas entrarão em vigor simultaneamente nos Estados-Partes 30 (trinta) dias após a data da comunicação efetuada pela Secretaria Administrativa do Mercosul, nos termos do item anterior. Com esse objetivo, os Estados-Partes, dentro do prazo acima, darão publicidade do início da vigência das referidas normas por intermédio de seus respectivos diários oficiais.

Capítulo V
FONTES JURÍDICAS DO MERCOSUL

Artigo 41

As fontes jurídicas do Mercosul são:

I – o Tratado de Assunção, seus protocolos e os instrumentos adicionais ou complementares;

II – os acordos celebrados no âmbito do Tratado de Assunção e seus protocolos;

III – as Decisões do Conselho do Mercado Comum, as Resoluções do Grupo Mercado Comum e as Diretrizes da Comissão de Comércio do Mercosul, adotadas desde a entrada em vigor do Tratado de Assunção.

Artigo 42

As normas emanadas dos órgãos do Mercosul previstos no Artigo 2º deste Protocolo terão caráter obrigatório e deverão, quando necessário, ser incorporadas aos ordenamentos jurídicos nacionais mediante os procedimentos previstos pela legislação de cada país.

Capítulo VI
SISTEMA DE SOLUÇÃO DE CONTROVÉRSIAS

Artigo 43

As controvérsias que surgirem entre os Estados-Partes sobre a interpretação, a aplicação ou o não cumprimento das disposições contidas no Tratado de Assunção, dos acordos celebrados no âmbito do mesmo, bem como das Decisões do Conselho do Mercado Comum, das Resoluções do Grupo Mercado Comum e das Diretrizes da Comissão de Comércio do Mercosul, serão submetidas aos procedimentos de solução estabelecidos no Protocolo de Brasília, de 17 de dezembro de 1991.

Parágrafo único. Ficam também incorporadas aos Artigos 19 e 25 do Protocolo de Brasília as Diretrizes da Comissão de Comércio do Mercosul.

Artigo 44

Antes de culminar o processo de convergência da tarifa externa comum, os Estados-Partes efetuarão uma revisão do atual sistema de solução de controvérsias do Mercosul, com vistas à adoção do sistema permanente a que se refere o item 3 do Anexo III do Tratado de Assunção e o artigo 34 do Protocolo de Brasília.

Capítulo VII
ORÇAMENTO

Artigo 45

A Secretaria Administrativa do Mercosul contará com orçamento para cobrir seus gastos de funcionamento e aqueles que determine o Grupo Mercado Comum. Tal orçamento será financiado, em partes iguais, por contribuições dos Estados-Partes.

Capítulo VIII
IDIOMAS

Artigo 46

Os idiomas oficiais do Mercosul são o espanhol e o português. A versão oficial dos documentos de trabalho será a do idioma do país sede de cada reunião.

Capítulo IX
REVISÃO

Artigo 47

Os Estados-Partes convocarão, quando julgarem oportuno, conferência diplomática com o objetivo de revisar a estrutura institucional do Mercosul estabelecida pelo presente Protocolo, assim como as atribuições específicas de cada um de seus órgãos.

Capítulo X
VIGÊNCIA

Artigo 48

O presente Protocolo, parte integrante do Tratado de Assunção, terá duração indefinida e entrará em vigor 30 (trinta) dias após a data do depósito do terceiro instrumento de ratificação. O presente Protocolo e seus instrumentos de ratificação serão depositados ante o Governo da República do Paraguai.

Artigo 49

O Governo da República do Paraguai notificará aos Governos dos demais Estados-Partes a data do depósito dos instrumentos de ratificação e da entrada em vigor do presente Protocolo.

Artigo 50

Em matéria de adesão ou denúncia, regerão como um todo, para o presente Protocolo, as normas estabelecidas pelo Tratado de Assunção. A adesão ou denúncia ao Tratado de Assunção ou ao presente Protocolo significam, *ipso iure*, a adesão ou denúncia ao presente Protocolo e ao Tratado de Assunção.

Capítulo XI
DISPOSIÇÃO TRANSITÓRIA

Artigo 51

A estrutura institucional prevista no Tratado de Assunção, de 26 de março de 1991, assim como seus órgãos, será mantida até a data de entrada em vigor do presente Protocolo.

Capítulo XII
DISPOSIÇÕES GERAIS

Artigo 52

O presente Protocolo chamar-se-á "Protocolo de Ouro Preto".

Artigo 53

Ficam revogadas todas as disposições do Tratado de Assunção, de 26 de março de 1991, que conflitem com os termos do presente Protocolo e com o teor das Decisões aprovadas pelo Conselho do Mercado Comum, durante o período de transição.

Feito na cidade de Ouro Preto, República Federativa do Brasil, aos dezessete dias do mês de dezembro de mil novecentos e noventa e quatro, em um original, nos idiomas português e espanhol, sendo ambos os textos igualmente autênticos. O Governo da República do Paraguai enviará cópia devidamente autenticada do presente Protocolo aos Governos dos demais Estados-Partes.

PELA REPÚBLICA ARGENTINA

Carlos Saul Menem

Guido Di Tella

PELA REPÚBLICA FEDERATIVA DO BRASIL

Itamar Franco

Celso L. N. Amorim

PELA REPÚBLICA DO PARAGUAI

Juan Carlos Wasmosy

Luiz Maria Ramirez Boettner

PELA REPÚBLICA ORIENTAL DO URUGUAI

Luiz Alberto Lacalle Herrera

Sergio Abreu

ANEXO AO PROTOCOLO DE OURO PRETO

Procedimento geral para reclamações perante a comissão de comércio do mercosul

Artigo 1º

As reclamações apresentadas pelas Seções Nacionais da Comissão de Comércio do Mercosul, originadas pelos Estados-Partes ou em reclamações de particulares – pessoas físicas ou jurídicas – de acordo com o previsto no Artigo 21 do Protocolo de Ouro Preto, observarão o procedimento estabelecido no presente Anexo.

Artigo 2º

O Estado-Parte reclamante apresentará sua reclamação perante a Presidência *Pro-Tempore* da Comissão de Comércio do Mercosul, a qual tomará as providências necessárias para a incorporação do tema na agenda da primeira reunião subsequente da Comissão de Comércio do Mercosul, respeitado o prazo mínimo de 1 (uma) semana de antecedência. Se não for adotada decisão na referida reunião, a Comissão de Comércio do Mercosul remeterá os antecedentes, sem outro procedimento, a um Comitê Técnico.

Artigo 3º

O Comitê Técnico preparará e encaminhará à Comissão de Comércio do Mercosul, no prazo máximo de 30 (trinta) dias corridos, um parecer conjunto sobre a matéria. Esse parecer, bem como as conclusões dos especialistas integrantes do Comitê Técnico, quando não for adotado parecer, serão levados em consideração pela Comissão de Comércio do Mercosul, quando esta decidir sobre a reclamação.

INTERNACIONAL

Artigo 4º

A Comissão de Comércio do Mercosul decidirá sobre a questão em sua primeira reunião ordinária posterior ao recebimento do parecer conjunto ou, na sua ausência, as conclusões dos especialistas, podendo também ser convocada uma reunião extraordinária com essa finalidade.

Artigo 5º

Se não for alcançado o consenso na primeira reunião mencionada no Artigo 4º, a Comissão de Comércio do Mercosul encaminhará ao Grupo Mercado Comum as diferentes alternativas propostas, assim como o parecer conjunto ou as conclusões dos especialistas do Comitê Técnico, a fim de que seja tomada uma decisão sobre a matéria. O Grupo Mercado Comum pronunciar-se-á a respeito no prazo de 30 (trinta) dias corridos, contados do recebimento, pela Presidência *Pro-Tempore*, das propostas encaminhadas pela Comissão de Comércio do Mercosul.

Artigo 6º

Se houver consenso quanto à procedência de reclamação, o Estado-Parte reclamado deverá tomar as medidas aprovadas na Comissão de Comércio do Mercosul ou no Grupo Mercado Comum. Em cada caso, a Comissão de Comércio do Mercosul ou, posteriormente, o Grupo Mercado Comum determinarão prazo razoável para a implementação dessas medidas. Decorrido tal prazo sem que o Estado reclamado tenha observado o disposto na decisão alcançada, seja na Comissão do Comércio do Mercosul ou no Grupo Mercado Comum, o Estado reclamante poderá recorrer diretamente ao procedimento previsto no Capítulo IV do Protocolo de Brasília.

Artigo 7º

Se não for alcançado consenso na Comissão de Comércio do Mercosul e, posteriormente, no Grupo Mercado Comum, ou se o Estado reclamado não observar, no prazo previsto no Artigo 6º, o disposto na decisão alcançada, o Estado reclamante poderá recorrer diretamente ao procedimento previsto no Capítulo IV do Protocolo de Brasília, fato que será comunicado à Secretaria Administrativa do Mercosul.

O Tribunal Arbitral, antes da emissão de seu Laudo, deverá, se assim solicitar o Estado reclamante, manifestar-se, no prazo de até 15 (quinze) dias após sua constituição, sobre as medidas provisórias que considere apropriadas, nas condições estipuladas pelo Artigo 18 do Protocolo de Brasília.

DECRETO 1.979,
DE 9 DE AGOSTO DE 1996

Promulga a Convenção Interamericana sobre Normas Gerais de Direito Internacional Privado, concluída em Montevidéu, Uruguai, em 8 de maio de 1979.

O Presidente da República, no uso das atribuições que lhe confere o art. 84, inciso VIII, da Constituição Federal, e

Considerando que a Convenção Interamericana sobre Normas Gerais de Direito Internacional Privado foi concluída em Montevidéu, Uruguai, em 8 de maio de 1979;

Considerando que a Convenção ora promulgada foi oportunamente submetida ao Congresso Nacional, que a aprovou por meio do Decreto Legislativo 36, de 4 de abril de 1995;

Considerando que a Convenção em tela entrou em vigor internacional em 10 de junho de 1981; e

Considerando que o Governo brasileiro depositou a Carta de Ratificação do instrumento multilateral em epígrafe em 27 de novembro de 1995, passando o mesmo a vigorar, para o Brasil, em 27 de dezembro de 1995, na forma de seu artigo 14; decreta:

Art. 1º A Convenção Interamericana sobre Normas Gerais de Direito Internacional Privado, concluída em Montevidéu, Uruguai, em 8 de maio de 1979, apensa por cópia ao presente Decreto, deverá ser executada e cumprida tão inteiramente como nela se contém.

Art. 2º O presente Decreto entra em vigor na data de sua publicação.

Brasília, 9 de agosto de 1996; 175º da Independência e 108º da República.

Fernando Henrique Cardoso

(Publicação no *D.O.U.* de 12.8.1996)

ANEXO AO DECRETO QUE PROMULGA A CONVENÇÃO INTERAMERICANA SOBRE NORMAS GERAIS DE DIREITO INTERNACIONAL PRIVADO/MRE

Convenção Internacional sobre Normas Gerais de Direito Internacional Privado

Os Governos dos Estados-Membros de Organização dos Estados Americanos, desejosos de concluir uma convenção sobre normas gerais de Direito Internacional Privado, convieram no seguinte:

Artigo 1º

A determinação da norma jurídica aplicável para reger situações vinculadas com o direito estrangeiro ficará sujeita ao disposto nesta Convenção e nas demais convenções internacionais assinaladas, ou que venham a ser assinadas no futuro, em caráter bilateral ou multilateral, pelos Estados-Partes.

Na falta de norma internacional, os Estados-Partes aplicarão as regras de conflito do seu direito interno.

Artigo 2º

Os juízes e as autoridades dos Estados-Partes ficarão obrigados a aplicar o direito estrangeiro tal como o fariam os juízes do Estado cujo direito seja aplicável, sem prejuízo de que as partes possam alegar e provar a existência e o conteúdo da lei estrangeira invocada.

Artigo 3º

Quando a lei de um Estado-Parte previr instituições ou procedimentos essenciais para a sua aplicação adequada e que não sejam previstos na legislação de outro Estado-Parte, este poderá negar-se a aplicar a referida lei, desde que não tenha instituições ou procedimentos análogos.

Artigo 4º

Todos os recursos previstos na lei processual do lugar do processo serão igualmente admitidos para os casos de aplicação da lei de qualquer dos outros Estados-Partes que seja aplicável.

Artigo 5º

A lei declarada aplicável por uma convenção de Direito Internacional Privado poderá não ser aplicada no território do Estado-Parte que a considerar manifestamente contrária aos princípios da sua ordem pública.

Artigo 6º

Não se aplica como direito estrangeiro o direito de um Estado-Parte quando artificiosamente se tenham burlado os princípios fundamentais da lei do outro Estado-Parte.

Ficará a juízo das autoridades competentes do Estado receptor determinar a intenção fraudulenta das partes interessadas.

Artigo 7º

As situações jurídicas validamente constituídas em um Estado-Parte, de acordo com todas as leis com as quais tenham conexão no momento de sua constituição, serão reconhecidas nos demais Estados-Partes, desde que não sejam contrárias aos princípios da sua ordem pública.

Artigo 8º

As questões prévias, preliminares ou incidentes que surjam em decorrência de uma questão principal não devem necessariamente ser resolvidas de acordo com a lei que regula esta última.

Artigo 9º

As diversas leis que podem ser competentes para regular os diferentes aspectos de uma mesma relação jurídica serão aplicadas de maneira harmônica, procurando-se realizar os fins colimados por cada uma das referidas legislações. As dificuldades que forem causadas por sua aplicação simultânea serão resolvidas levando-se em conta as exigências impostas pela equidade no caso concreto.

Artigo 10

Esta Convenção ficará aberta à assinatura dos Estados-Membros da Organização dos Estados Americanos.

Artigo 11

Esta Convenção está sujeita a ratificação. Os instrumentos de ratificação serão depositados na Secretaria-Geral da Organização dos Estados Americanos.

Artigo 12

Esta Convenção ficará aberta à adesão de qualquer outro Estado. Os instrumentos de adesão serão depositados na Secretaria-Geral da Organização dos Estados Americanos.

Artigo 13

Cada Estado poderá formular reservas a esta Convenção no momento de assiná-la, ratificá-la ou a ela aderir, desde que a reserva verse sobre uma ou mais disposições específicas e que não seja incompatível com o objetivo e fim da Convenção.

Artigo 14

Esta Convenção entrará em vigor no trigésimo dia a partir da data em que haja sido depositado o segundo instrumento de ratificação. Para cada

Estado que ratificar a Convenção ou a ela aderir depois de haver sido depositado o segundo instrumento de ratificação, a Convenção entrará em vigor no trigésimo dia a partir da data em que tal Estado haja depositado seu instrumento de ratificação ou adesão.

Artigo 15

Os Estados-Partes que tenham duas ou mais unidades territoriais em que vigorem sistemas jurídicos diferentes com relação a questões de que trata esta Convenção poderão declarar, no momento da assinatura, ratificação ou adesão, que a Convenção se aplicará a todas as suas unidades territoriais ou somente a uma ou mais delas.

Tais declarações poderão ser modificadas mediante declarações ulteriores, que especificarão expressamente a ou as unidades territoriais a que se aplicará esta Convenção. Tais declarações ulteriores serão transmitidas a Secretaria-Geral da Organização dos Estados Americanos e surtirão efeito 30 (trinta) dias depois de recebidas.

Artigo 16

Esta Convenção vigorará por prazo indefinido, mas qualquer dos Estados-Partes poderá denunciá-la. O instrumento de denúncia será depositado na Secretaria-Geral da Organização dos Estados Americanos. Transcorrido 1 (um) ano, contado a partir da data do depósito do instrumento de denúncia, cessarão os efeitos da Convenção para o Estado denunciante, continuando ela subsistente para os demais Estados-Partes.

Artigo 17

O instrumento original desta Convenção, cujos textos em português, espanhol, francês e inglês são igualmente autênticos, será depositado na Secretaria-Geral da Organização dos Estados Americanos, que enviará cópia autenticada do seu texto para o respectivo registro e publicação à Secretaria das Nações Unidas, de conformidade com o artigo 102 da sua Carta constitutiva. A Secretaria-Geral da Organização dos Estados Americanos notificará aos Estados-membros da referida Organização, e aos Estados que houverem aderido à Convenção, as assinaturas e os depósitos de instrumentos de ratificação, de adesão e de denúncia, bem como as reservas que houver. Outrossim, transmitirá aos mesmos as declarações previstas no artigo 15 desta Convenção.

Em fé do que, os plenipotenciários infra-assinados, devidamente autorizados por seus respectivos Governos, firmam esta Convenção.

Feita na cidade de Montevidéu, República Oriental do Uruguai, no dia oito de maio de mil novecentos e setenta e nove.

DECRETO 2.626,
DE 15 DE JUNHO DE 1998

Promulga o Protocolo de Medidas Cautelares, concluído em Ouro Preto, em 16 de dezembro de 1994.

O Presidente da República:

No uso das atribuições que lhe confere o art. 84, inciso VIII, da Constituição Federal,

Considerando que o Protocolo de Medidas Cautelares foi concluído em Ouro Preto, em 16 de dezembro de 1994;

Considerando que o Congresso Nacional aprovou o ato multilateral em epígrafe por meio do Decreto Legislativo 192, de 15 de dezembro de 1995;

Considerando que o Governo brasileiro depositou o Instrumento de Ratificação do Protocolo em 18 de março de 1997, passando o mesmo a vigorar para o Brasil em 18 de abril de 1997;

Decreta:

Art. 1º O Protocolo de Medidas Cautelares, concluído em Ouro Preto, em 16 de dezembro de 1994, será executado e cumprido tão inteiramente como nele se contém.

Art. 2º Este Decreto entra em vigor na data de sua publicação.

Brasília, em 15 de junho de 1998; 177º da Independência e 110º da República.

Fernando Henrique Cardoso

(Publicação no *D.O.U.* 16.6.1998)

ANEXO AO DECRETO QUE PROMULGA AO PROTOCOLO DE MEDIDAS CAUTELARES

PROTOCOLO DE MEDIDAS CAUTELARES – MERCOSUL

Os Governos da República Argentina, da República Federativa do Brasil, da República do Paraguai e da República Oriental do Uruguai, doravante denominados Estados Partes, Considerando que o Tratado de Assunção, firmado em 26 de março de 1991, estabelece o compromisso dos Estados Partes de harmonizar suas legislações nas áreas pertinentes;

Reafirmando a vontade dos Estados Partes de acordar soluções jurídicas comuns para o fortalecimento do processo de integração; Convencidos da importância e da necessidade de oferecer ao setor privado dos Estados Partes, um quadro de segurança jurídica que garanta soluções justas às controvérsias privadas e torne viável a cooperação cautelar entre os Estados Partes do Tratado de Assunção,

Acordam:

Objeto do Protocolo

Artigo 1º

O presente Protocolo tem objetivo regulamentar entre os Estados Partes do Tratado de Assunção o cumprimento de medidas cautelares destinadas a impedir a irreparabilidade de um dano em relação às pessoas, bens e obrigações de dar, de fazer ou de não fazer.

Artigo 2º

A medida cautelar poderá ser solicitada em processos ordinários, de execução, especiais ou extraordinários, de natureza civil, comercial, trabalhista e em processos penais, quanto à reparação civil.

Artigo 3º

Admitir-se-ão medidas cautelares preparatórias, incidentais de uma ação principal e as que garantam a execução de uma sentença.

Âmbito de Aplicação

Artigo 4º

As autoridades jurisdicionais dos Estados Partes do Tratado de Assunção darão cumprimento às medidas cautelares decretadas por Juízes ou Tribunais de outros Estados Partes, competentes na esfera internacional, adotando as providências necessárias, de acordo com a lei do lugar onde sejam situados os bens ou residam as pessoas objeto da medida.

Lei Aplicável

Artigo 5º

A admissibilidade da medida cautelar será regulada pelas leis e julgada pelos juízes ou tribunais do Estado requerente.

Artigo 6º

A execução da medida cautelar e sua contracautela ou respectiva garantia, serão processadas pelo Juízes ou Tribunais do Estado requerido, segundo suas leis.

Artigo 7º

Serão também regidas pelas leis e julgadas pelos Juízes ou tribunais do Estado requerido:

a) as modificações que no curso do processo se justificarem para o seu correto cumprimento e, se for o caso, sua redução ou sua substituição;

b) as sanções em decorrência de litigância de má-fé; e

c) as questões relativas a domínio e demais direitos reais.

Artigo 8º

O Juiz ou Tribunal do Estado requerido poderá recusar cumprimento ou, se for o caso, determinar o levantamento da medida, quando verificada sua absoluta improcedência, nos termos deste Protocolo.

Oposição

Artigo 9º

O presumido devedor da obrigação ou terceiros interessados que se considerarem prejudicados poderão opor-se à medida perante a autoridade judicial requerida. Sem prejuízo da manutenção da medida cautelar, dita autoridade restituirá o procedimento ao Juiz ou Tribunal de origem, para que decida sobre a oposição segundo suas leis, com exceção do disposto na alínea "c" do artigo 7.

Autonomia da Cooperação Cautelar

Artigo 10

O cumprimento de uma medida cautelar pela autoridade jurisdicional requerida não implica o compromisso de reconhecimento ou execução da sentença definitiva estrangeira proferida no processo principal.

Cooperação Cautelar na Execução da Sentença

Artigo 11

O Juiz ou tribunal, a quem for solicitado o cumprimento de uma sentença estrangeira, poderá determinar as medidas cautelares garantidoras da execução, de conformidade com as suas leis.

Medidas Cautelares em Matéria de Menores

Artigo 12

Quando a medida cautelar se referir à custódia de menores, o Juiz ou tribunal do Estado requerido poderá limitar o alcance da medida exclusivamente ao seu território, à espera da decisão definitiva do Juiz ou tribunal do processo principal.

Interposição da Demanda no Processo Principal

Artigo 13

A interposição da demanda no processo principal, fora do prazo previsto na legislação do Estado requerente, produzirá a plena ineficácia da medida preparatória concedida.

Obrigação de Informar

Artigo 14

O Juiz ou tribunal do Estado requerente comunicará ao do Estado requerido:

a) ao transmitir a rogatória, o prazo – contado a partir da efetivação da medida cautelar – dentro do qual o pedido da ação principal deverá ser apresentado ou interposto;

b) o mais breve possível, a data da apresentação, ou a não apresentação da demanda no processo principal.

Artigo 15

O Juiz ou tribunal do Estado requerido comunicará, imediatamente, ao Estado requerente, a data em que foi dado cumprimento à medida cautelar solicitada, ou as razões pelas quais deixou de ser cumprida.

Cooperação Interna

Artigo 16

Se a autoridade jurisdicional requerida se julgar incompetente para proceder o trâmite da carta rogatória, transmitirá de ofício os documentos e antecedentes do caso à autoridade jurisdicional competente de seu Estado.

Ordem Pública

Artigo 17

A autoridade jurisdicional do Estado requerido poderá recusar o cumprimento de uma carta rogatória referente a medidas cautelares, quando estas sejam manifestamente contrárias a sua ordem pública.

Meio Empregado para Formulação do Pedido

Artigo 18

A solicitação de medidas cautelares será formulada através de *exhortos* ou cartas rogatórias, termos equivalentes para os fins do presente Protocolo.

Transmissão e Diligenciamento

Artigo 19

A carta rogatória relativa ao cumprimento de uma medida cautelar será transmitida pela via diplomática ou consular, por intermédio da respectiva Autoridade Central ou das partes interessadas.

Quando a transmissão for efetuada pela via diplomática ou consular, ou por intermédio das autoridades centrais, não se exigirá o requisito da legalização.

Quando a carta rogatória for encaminhada por intermédio da parte interessada, deverá ser legalizada perante os agentes diplomáticos ou consulares do Estado requerido, salvo se, entre os Estados requerente e requerido, haja sido suprimido o requisito da legalização ou substituído por outra formalidade.

Os Juízes ou Tribunais das zonas fronteiriças dos Estados Partes poderão transmitir-se, de forma direta, os *exhortos* ou cartas rogatórias previstos neste Protocolo, sem necessidade de legalização. Não será aplicado no cumprimento das medidas cautelares o procedimento homologatório das sentenças estrangeiras.

Autoridade Central

Artigo 20

Cada Estado Parte designará uma Autoridade Central encarregada de receber e transmitir as solicitações de cooperação cautelar.

Documentos e Informações

Artigo 21

As cartas rogatórias conterão:

a) a identificação e o domicílio do juiz ou tribunal que determinou a ordem;

b) cópia autenticada da petição da medida cautelar, e da demanda principal, se houver;

c) documentos que fundamentem a petição;

d) ordem fundamentada que determine a medida cautelar;

e) informação acerca das normas que estabeleçam algum procedimento especial que a autoridade jurisdicional requerida ou solicite que se observe; e

f) indicação da pessoa que no Estado requerido deverá arcar com os gastos e custas judiciais devidas, salvo as exceções previstas no artigo 25. Será facultativa à autoridade do Estado requerido dar tramitação à carta rogatória que careça de indicação acerca da pessoa que deva atender às despesas e custas, quando ocorrerem.

As cartas rogatórias e os documentos que as acompanham deverão estar revestidos das formalidades externas necessárias para serem considerados autênticos no Estado de onde procedem.

A medida cautelar será cumprida, a não ser que lhe faltem requisitos, documentos ou informações consideradas fundamentais, que tornem inadmissível sua procedência. Nessa hipótese, o Juiz ou tribunal requerido comunicar-se-á imediatamente com o requerente, para que, com urgência, sejam sanados os referidos defeitos.

Artigo 22

Quando as circunstâncias do caso o justifiquem, de acordo com a apreciação do Juiz ou Tribunal requerente, a rogatória informará acerca da existência e do domicílio das defensórias de ofício competentes.

Tradução

Artigo 23

As cartas rogatórias e os documentos que as acompanham deverão ser redigidos no idioma do Estado requerente e serão acompanhados de uma tradução no idioma do Estado requerido.

Custas e Despesas

Artigo 24

As custas judiciais e demais despesas serão de responsabilidade da parte solicitante da medida cautelar.

Artigo 25

Ficam excetuadas das obrigações estabelecidas no artigo anterior as medidas cautelares requeridas em matéria de alimentos provisionais, localização e restituição de menores e aquelas que solicitem as pessoas que, no Estado requerente, tenham obtido o benefício da justiça gratuita.

Disposições Finais

Artigo 26

Este Protocolo não restringirá a aplicação de disposições mais favoráveis para a cooperação contidas em outras Convenções sobre medidas cautelares que estejam em vigor com caráter bilateral ou multilateral entre os Estados Partes.

Artigo 27

As controvérsias que surgirem entre os Estados Partes em decorrência da aplicação, interpretação ou descumprimento das disposições contidas no presente Protocolo serão resolvidas mediante negociações diplomáticas diretas.

Se, mediante tais negociações, não se alcançar acordo ou se a controvérsia só for solucionada parcialmente, aplicar-se-ão os procedimentos previstos no Sistema de Solução de Controvérsias vigente entre os Estados Partes do Tratado de Assunção.

Artigo 28

Os Estados Partes ao depositar o instrumento de ratificação ao presente Protocolo comunicarão a designação da Autoridade Central ao Governo depositário, o qual dará conhecimento aos demais Estados Partes.

Artigo 29

O presente Protocolo, parte integrante do Tratado de Assunção, será submetido aos procedimentos constitucionais de aprovação de cada Estado Parte e entrará em vigor trinta dias após o depósito do segundo instrumento de ratificação, com relação aos dois primeiros Estados Partes que o ratifiquem. Para os demais signatários, entrará em vigor no trigésimo dia posterior ao depósito do respectivo instrumento de ratificação.

Artigo 30

A adesão por parte de um Estado ao Tratado de Assunção implicará de pleno direito a adesão ao presente Protocolo.

Artigo 31

O Governo da República do Paraguai será o depositário do presente Protocolo e dos instrumentos de ratificação e enviará cópias devidamente autenticadas dos mesmos aos Governos dos demais Estados Partes.

Outrossim, o Governo da República do Paraguai notificará aos Governos dos demais Estados Partes da data de entrada em vigor do presente Protocolo e a data do depósito dos instrumentos de ratificação.

Feito em Ouro Preto, aos 16 dias do mês de dezembro de 1994, em um original nos idiomas português e espanhol, sendo ambos os mesmos textos igualmente autênticos.

DECRETO 3.832,

DE 1º DE JUNHO DE 2001

Promulga o Estatuto da Conferência da Haia de Direito Internacional Privado, adotado na VII Conferência da Haia de Direito Internacional Privado, de 9 a 31 de outubro de 1951.

O Presidente da República, no uso da atribuição que lhe confere o art. 84, inciso IV, da Constituição,

Considerando que o Estatuto da Conferência da Haia de Direito Internacional Privado, foi aprovado na VII Conferência, realizada no período de 9 a 31 de outubro de 1951;

Considerando que o Congresso Nacional aprovou o ato multilateral em epígrafe por meio do Decreto Legislativo 41, de 14 de maio de 1998;

Considerando que o Governo brasileiro depositou o Instrumento de Ratificação do referido ato em 23 de fevereiro de 2001, passando o mesmo a vigorar, para o Brasil, naquela data; decreta:

Art. 1º O Estatuto da Conferência da Haia de Direito Internacional Privado, aprovado na VII Conferência, realizada no período de 9 a 31 de outubro de 1951, apenso por cópia a este Decreto, será executado e cumprido tão inteiramente como nele se contém.

Parágrafo único. São sujeitos à aprovação do Congresso Nacional quaisquer atos que possam resultar em revisão do referido Estatuto, bem como quaisquer ajustes complementares que, nos termos do art. 49, I, da Constituição, acarretem encargos ou compromissos gravosos ao patrimônio nacional.

Art. 2º Este Decreto entra em vigor na data de sua publicação.

Brasília, 1 de junho de 2001; 180º da Independência e 113º da República.

Fernando Henrique Cardoso

(*Publicação no D.O.U.* de 5.6.2001)

Estatuto da Conferência da Haia de Direito Internacional Privado Haia, 9-31 de outubro, 1951.

Os Governos dos Estados a seguir enumerados, República Federal da Alemanha, Áustria, Bélgica, Dinamarca, Espanha, Finlândia, França, Itália, Japão, Luxemburgo, Noruega, Países Baixos, Portugal, Reino Unido da Grã-Bretanha e Irlanda do Norte, Suécia e Suíça;

Considerando o caráter permanente da Conferência da Haia de Direito Internacional Privado;

Desejando acentuar esse caráter;

Tendo, para esse fim, julgado desejável dotar a Conferência de um Estatuto;

Convieram nas seguintes disposições:

Artigo 1º

A Conferência da Haia tem como objetivo trabalhar para a unificação progressiva das regras de direito internacional privado.

Artigo 2º

São Membros da Conferência da Haia de Direito Internacional Privado os Estados que participaram de uma ou várias das sessões da Conferência e que aceitem o presente Estatuto.

Poderão tornar-se Membros quaisquer outros Estados cuja participação tenha importância jurídica para os trabalhos da Conferência. A admissão de novos Membros será decidida pelos Governos dos Estados participantes, por propostas de um ou vários dentre eles, por maioria dos votos expressos, num prazo de seis meses contados da data em que essa proposta for submetida aos Governos.

A admissão tornar-se-á definitiva pela aceitação do presente Estatuto pelo Estado interessado.

Artigo 3º

A Comissão de Estado Neerlandesa, instituída pelo Decreto Real de 20 de fevereiro de 1897 para promover a codificação do direito internacional privado, ficará encarregada do funcionamento da Conferência.

A Comissão assegurará tal funcionamento por intermédio de uma Repartição Permanente, cujas atividades dirigirá.

Ela examinará todas as propostas destinadas a serem incluídas na agenda da Conferência. Ela poderá determinar livremente as medidas a serem tomadas em relação a essas propostas.

A Comissão de Estado fixará, após consulta aos Membros da Conferência, a data e a agenda da Conferência.

Ela se dirigirá ao Governo dos Países Baixos para a convocação dos Membros.

As sessões ordinárias da Conferência serão realizadas em princípio, cada quatro anos.

Em caso de necessidade, a Comissão de Estado poderá, após aprovação dos Membros, solicitar ao Governo dos Países Baixos a convocação da Conferência em sessão extraordinária.

Artigo 4º

A Repartição Permanente terá sua sede na Haia. Será composta de um Secretário-Geral e de dois Secretários de nacionalidades diversas, que serão nomeados pelo Governo dos Países Baixos mediante propostas da Comissão de Estado.

O Secretário-Geral e os Secretários deverão possuir conhecimento jurídicos e experiência prática apropriados.

O número de Secretários poderá ser aumentado após consulta aos Membros da Conferência.

Artigo 5º

Sob a direção da Comissão de Estado, a Repartição Permanente ficará encarregada:

a) da preparação e organização das sessões da Conferência da Haia e das reuniões das comissões especiais;

b) dos trabalhos do Secretariado das sessões e reuniões acima previstas;

c) de todos os trabalhos incluídos nas atividades de um secretariado.

Artigo 6º

O Governo de cada um dos Membros deverá designar um órgão nacional com o objetivo de facilitar as comunicações entre os Membros da Conferência e a Repartição Permanente.

A Repartição Permanente poderá corresponder-se com todos os órgãos nacionais assim designados, e com as organizações internacionais competentes.

Artigo 7º

A Conferência e, no intervalo das sessões, a Comissão de Estado poderão criar comissões especiais a fim de elaborar projetos de convenções ou estudar quaisquer questões de direito internacional privado incluídas nos objetivos da Conferência.

Artigo 8º

As despesas de funcionamento e manutenção da Repartição Permanente e das comissões especiais serão rateadas entre os Membros da Conferência, com exceção das despesas de viagem e de permanência dos Delegados nas comissões especiais, despesas essas que ficarão a cargo dos Governos representados.

Artigo 9º

O orçamento da Repartição Permanente e das comissões especiais será submetido, cada ano, à aprovação dos representantes diplomáticos dos Membros na Haia.

Esses representantes deverão igualmente ratear entre os Membros as despesas a estes atribuídas pelo orçamento.

Os representantes diplomáticos reunir-se-ão, para tal finalidade, sob a presidência do Ministro dos Assuntos Estrangeiros dos Países Baixos.

Artigo 10

As despesas que resultarem das sessões ordinárias da Conferência serão custeadas pelo Governo dos Países Baixos.

No caso de sessão extraordinária, as despesas serão rateadas entre os Membros da Conferência representados na sessão.

Em todos os casos as despesas de viagem e de permanência dos Delegados deverão ser custeadas por seus respectivos Governos.

Artigo 11

As práticas adotadas pela Conferência continuarão a ser mantidas em relação a tudo que não for contrário ao presente Estatuto ou ao Regulamento.

Artigo 12

Poderão ser introduzidas modificações ao presente Estatuto se forem aprovadas por dois terços dos Membros.

Artigo 13

As disposições do presente Estatuto serão completadas por um Regulamento, o qual deverá assegurar sua execução. O Regulamento será adotado pela Repartição Permanente e submetido à aprovação dos Governos dos Membros.

Artigo 14

O presente Estatuto deverá ser submetido, para aceitação, aos Governos dos Estados que participaram de uma ou várias das sessões da Conferência. Entrará em vigor a partir da data de sua aceitação pela maioria dos Estados representados na Sétima Sessão. (1)

A declaração de aceitação será depositada junto ao Governo Neerlandês, que informará aos Governos mencionados no primeiro parágrafo deste Artigo. O mesmo se aplica, no caso de admissão de um novo Estado, à declaração de aceitação desse Estado.

Artigo 15

Cada Membro poderá denunciar o presente Estatuto após um período de cinco anos contados da data de sua entrada em vigor, nos termos do Artigo 14, parágrafo 1.

A notificação da denúncia deverá ser apresentada ao Ministério das Relações Exteriores dos Países Baixos pelo menos seis meses antes do término do ano orçamentário da Conferência, e passará a vigorar no término do referido ano orçamentário, mas somente em relação ao Membro que houver apresentado a mencionada notificação.

(1) O Estatuto entrou em vigor em 15 de julho de 1955.

DECRETO 4.311,

DE 23 DE JULHO DE 2002

Promulga a Convenção sobre o Reconhecimento e a Execução de Sentenças Arbitrais Estrangeiras

O Presidente da República:

No uso da atribuição que lhe confere o art. 84, inciso VIII, da Constituição,

Considerando que o Congresso Nacional aprovou o texto da Convenção sobre o Reconhecimento e a Execução de Sentenças Arbitrais Estrangeiras, por meio do Decreto Legislativo 52, de 25 de abril de 2002;

Considerando que a Convenção entrou em vigor internacional em 7 de junho de 1959, nos termos de seu artigo 12; decreta:

Art. 1º A Convenção sobre o Reconhecimento e a Execução de Sentenças Arbitrais Estrangeiras, apensa por cópia ao presente Decreto, será executada e cumprida tão inteiramente como nela se contém.

Art. 2º São sujeitos à aprovação do Congresso Nacional quaisquer atos que possam resultar em revisão da referida Convenção, assim como quaisquer ajustes complementares que, nos termos do art. 49, inciso I, da Constituição, acarretem encargos ou compromissos gravosos ao patrimônio nacional.

Art. 3º Este Decreto entra em vigor na data de sua publicação.

Brasília, 23 de julho de 2002; 181º da Independência e 114º da República.

Fernando Henrique Cardoso

(Publicação no *D.O.U.* 24.7.2002)

CONVENÇÃO SOBRE O RECONHECIMENTO E A EXECUÇÃO DE SENTENÇAS ARBITRAIS ESTRANGEIRAS FEITA EM NOVA YORK, EM 10 DE JUNHO DE 1958

Artigo I

1. A presente Convenção aplicar-se-á ao reconhecimento e à execução de sentenças arbitrais estrangeiras proferidas no território de um Estado que não o Estado em que se tencione o reconhecimento e a execução de tais sentenças, oriundas de divergências entre pessoas, sejam elas físicas ou jurídicas. A Convenção aplicar-se-á igualmente a sentenças arbitrais não consideradas como sentenças domésticas no Estado onde se tencione o seu reconhecimento e a sua execução.

2. Entender-se-á por "sentenças arbitrais" não só as sentenças proferidas por árbitros nomeados para cada caso, mas também aquelas emitidas por órgãos arbitrais permanentes aos quais as partes se submetam.

3. Quando da assinatura, ratificação ou adesão à presente Convenção, ou da notificação de extensão nos termos do Artigo X, qualquer Estado poderá, com base em reciprocidade, declarar que aplicará a Convenção ao reconhecimento e à execução de sentenças proferidas unicamente no território de outro Estado signatário. Poderá igualmente declarar que aplicará a Convenção somente a divergências oriundas de relacionamentos jurídicos, sejam eles contratuais ou não, que sejam considerados como comerciais nos termos da lei nacional do Estado que fizer tal declaração.

Artigo II

1. Cada Estado signatário deverá reconhecer o acordo escrito pelo qual as partes se comprometem a submeter à arbitragem todas as divergências que tenham surgido ou que possam vir a surgir entre si no que diz respeito a um relacionamento jurídico definido, seja ele contratual ou não, com relação a uma matéria passível de solução mediante arbitragem.

2. Entender-se-á por "acordo escrito" uma cláusula arbitral inserida em contrato ou acordo de arbitragem, firmado pelas partes ou contido em troca de cartas ou telegramas.

3. O tribunal de um Estado signatário, quando de posse de ação sobre matéria com relação à qual as partes tenham estabelecido acordo nos termos do presente artigo, a pedido de uma delas, encaminhará as partes à arbitragem, a menos que constate que tal acordo é nulo e sem efeitos, inoperante ou inexequível.

Artigo III

Cada Estado signatário reconhecerá as sentenças como obrigatórias e as executará em conformidade com as regras de procedimento do território no qual a sentença é invocada, de acordo com as condições estabelecidas nos artigos que se seguem. Para fins de reconhecimento ou de execução das sentenças arbitrais às quais a presente Convenção se aplica, não serão impostas condições substancialmente mais onerosas ou taxas ou cobranças mais altas do que as impostas para o reconhecimento ou a execução de sentenças arbitrais domésticas.

Artigo IV

1. A fim de obter o reconhecimento e a execução mencionados no artigo precedente, a parte que solicitar o reconhecimento e a execução fornecerá, quando da solicitação:

a) a sentença original devidamente autenticada ou uma cópia da mesma devidamente certificada;

b) o acordo original a que se refere o Artigo II ou uma cópia do mesmo devidamente autenticada.

2. Caso tal sentença ou tal acordo não for feito em um idioma oficial do país no qual a sentença é invocada, a parte que solicitar o reconhecimento e a execução da sentença produzirá uma tradução desses documentos para tal idioma. A tradução será certificada por um tradutor oficial ou juramentado ou por um agente diplomático ou consular.

Artigo V

1. O reconhecimento e a execução de uma sentença poderão ser indeferidos, a pedido da parte contra a qual ela é invocada, unicamente se esta parte fornecer, à autoridade competente onde se tenciona o reconhecimento e a execução, prova de que:

a) as partes do acordo a que se refere o Artigo II estavam, em conformidade com a lei a elas aplicável, de algum modo incapacitadas, ou que tal acordo não é válido nos termos da lei à qual as partes o submeteram, ou, na ausência de indicação sobre a matéria, nos termos da lei do país onde a sentença foi proferida; ou

b) a parte contra a qual a sentença é invocada não recebeu notificação apropriada acerca da designação do árbitro ou do processo de arbitragem, ou lhe foi impossível, por outras razões, apresentar seus argumentos; ou

c) a sentença se refere a uma divergência que não está prevista ou que não se enquadra nos termos da cláusula de submissão à arbitragem, ou contém decisões acerca de matérias que transcendem o alcance da cláusula de submissão, contanto que, se as decisões sobre as matérias suscetíveis de arbitragem puderem ser separadas daquelas não suscetíveis, a parte da sentença que contém decisões sobre matérias suscetíveis de arbitragem possa ser reconhecida e executada; ou

d) a composição da autoridade arbitral ou o procedimento arbitral não se deu em conformidade com o acordado pelas partes, ou, na ausência de tal acordo, não se deu em conformidade com a lei do país em que a arbitragem ocorreu; ou

e) a sentença ainda não se tornou obrigatória para as partes ou foi anulada ou suspensa por autoridade competente do país em que, ou conforme a lei do qual, a sentença tenha sido proferida.

2. O reconhecimento e a execução de uma sentença arbitral também poderão ser recusados caso a autoridade competente do país em que se tenciona o reconhecimento e a execução constatar que:

a) segundo a lei daquele país, o objeto da divergência não é passível de solução mediante arbitragem; ou

b) o reconhecimento ou a execução da sentença seria contrário à ordem pública daquele país.

Artigo VI

Caso a anulação ou a suspensão da sentença tenha sido solicitada à autoridade competente mencionada no Artigo V, 1. (e), a autoridade perante a qual a sentença está sendo invocada poderá, se assim julgar cabível, adiar a decisão quanto a execução da sentença e poderá, igualmente, a pedido da parte que reivindica a execução da sentença, ordenar que a outra parte forneça garantias apropriadas.

Artigo VII

1. As disposições da presente Convenção não afetarão a validade de acordos multilaterais ou bilaterais relativos ao reconhecimento e à execução de sentenças arbitrais celebrados pelos Estados signatários nem privarão qualquer parte

interessada de qualquer direito que ela possa ter de valer-se de uma sentença arbitral da maneira e na medida permitidas pela lei ou pelos tratados do país em que a sentença é invocada.

2. O Protocolo de Genebra sobre Cláusulas de Arbitragem de 1923 e a Convenção de Genebra sobre a Execução de Sentenças Arbitrais Estrangeiras de 1927 deixarão de ter efeito entre os Estados signatários quando, e na medida em que, eles se tornem obrigados pela presente Convenção.

Artigo VIII

1. A presente Convenção estará aberta, até 31 de dezembro de 1958, à assinatura de qualquer Membro das Nações Unidas e também de qualquer outro Estado que seja ou que doravante se torne membro de qualquer órgão especializado das Nações Unidas, ou que seja ou que doravante se torne parte do Estatuto da Corte Internacional de Justiça, ou qualquer outro Estado convidado pela Assembleia Geral das Nações Unidas.

2. A presente Convenção deverá ser ratificada e o instrumento de ratificação será depositado junto ao Secretário-Geral das Nações Unidas.

Artigo IX

1. A presente Convenção estará aberta para adesão a todos os Estados mencionados no Artigo VIII.

2. A adesão será efetuada mediante o depósito de instrumento de adesão junto ao Secretário-Geral das Nações Unidas.

Artigo X

1. Qualquer Estado poderá, quando da assinatura, ratificação ou adesão, declarar que a presente Convenção se estenderá a todos ou a qualquer dos territórios por cujas relações internacionais ele é responsável. Tal declaração passará a ter efeito quando a Convenção entrar em vigor para tal Estado.

2. A qualquer tempo a partir dessa data, qualquer extensão será feita mediante notificação dirigida ao Secretário-Geral das Nações Unidas e terá efeito a partir do nonagésimo dia a contar do recebimento pelo Secretário-Geral das Nações Unidas de tal notificação, ou a partir da data de entrada em vigor da Convenção para tal Estado, considerada sempre a última data.

3. Com respeito àqueles territórios aos quais a presente Convenção não for estendida quando da assinatura, ratificação ou adesão, cada Estado interessado examinará a possibilidade de tomar as medidas necessárias a fim de estender a aplicação da presente Convenção a tais territórios, respeitando-se a necessidade, quando assim exigido por razões constitucionais, do consentimento dos Governos de tais territórios.

Artigo XI

No caso de um Estado federativo ou não unitário, aplicar-se-ão as seguintes disposições:

a) com relação aos artigos da presente Convenção que se enquadrem na jurisdição legislativa da autoridade federal, as obrigações do Governo federal serão as mesmas que aquelas dos Estados signatários que não são Estados federativos;

b) com relação àqueles artigos da presente Convenção que se enquadrem na jurisdição legislativa dos estados e das províncias constituintes que, em virtude do sistema constitucional da confederação, não são obrigados a adotar medidas legislativas, o Governo federal, o mais cedo possível, levará tais artigos, com recomendação favorável, ao conhecimento das autoridades competentes dos estados e das províncias constituintes;

c) um Estado federativo Parte da presente Convenção fornecerá, atendendo a pedido de qualquer outro Estado signatário que lhe tenha sido transmitido por meio do Secretário-Geral das Nações Unidas, uma declaração da lei e da prática na confederação e em suas unidades constituintes com relação a qualquer disposição em particular da presente Convenção, indicando até que ponto se tornou efetiva aquela disposição mediante ação legislativa ou outra.

Artigo XII

1. A presente Convenção entrará em vigor no nonagésimo dia após a data de depósito do terceiro instrumento de ratificação ou adesão.

2. Para cada Estado que ratificar ou aderir à presente Convenção após o depósito do terceiro instrumento de ratificação ou adesão, a presente Convenção entrará em vigor no nonagésimo dia após o depósito por tal Estado de seu instrumento de ratificação ou adesão.

Artigo XIII

1. Qualquer Estado signatário poderá denunciar a presente Convenção mediante notificação por escrito dirigida ao Secretário-Geral das Nações Unidas. A denúncia terá efeito um ano após a data de recebimento da notificação pelo Secretário-Geral.

2. Qualquer Estado que tenha feito uma declaração ou notificação nos termos do Artigo X poderá, a qualquer tempo a partir dessa data, mediante notificação ao Secretário-Geral das Nações Unidas, declarar que a presente Convenção deixará de aplicar-se ao território em questão um ano após a data de recebimento da notificação pelo Secretário-Geral.

3. A presente Convenção continuará sendo aplicável a sentenças arbitrais com relação às quais tenham sido instituídos processos de reconhecimento ou de execução antes de a denúncia surtir efeito.

Artigo XIV

Um Estado signatário não poderá valer-se da presente Convenção contra outros Estados signatários, salvo na medida em que ele mesmo esteja obrigado a aplicar a Convenção.

Artigo XV

O Secretário-Geral das Nações Unidas notificará os Estados previstos no Artigo VIII acerca de:

a) assinaturas e ratificações em conformidade com o Artigo VIII;

b) adesões em conformidade com o Artigo IX;

c) declarações e notificações nos termos dos Artigos I, X e XI;

d) data em que a presente Convenção entrar em vigor em conformidade com o Artigo XII;

e) denúncias e notificações em conformidade com o Artigo XIII.

Artigo XV

1. A presente Convenção, da qual os textos em chinês, inglês, francês, russo e espanhol são igualmente autênticos, será depositada nos arquivos das Nações Unidas.

2. O Secretário-Geral das Nações Unidas transmitirá uma cópia autenticada da presente Convenção aos Estados contemplados no Artigo VIII.

DECRETO 4.388, DE 25 DE SETEMBRO DE 2002

Promulga o Estatuto de Roma do Tribunal Penal Internacional.

O Presidente da República, no uso da atribuição que lhe confere o art. 84, inciso VIII, da Constituição,

Considerando que o Congresso Nacional aprovou o texto do Estatuto de Roma do Tribunal Penal Internacional, por meio do Decreto Legislativo 112, de 6 de junho de 2002;

Considerando que o mencionado Ato Internacional entrou em vigor internacional em 1º de julho de 2002, e passou a vigorar, para o Brasil, em 1º de setembro de 2002, nos termos de seu art. 126; decreta:

Art. 1º O Estatuto de Roma do Tribunal Penal Internacional, apenso por cópia ao presente Decreto, será executado e cumprido tão inteiramente como nele se contém.

Art. 2º São sujeitos à aprovação do Congresso Nacional quaisquer atos que possam resultar em revisão do referido Acordo, assim como quaisquer ajustes complementares que, nos termos do art. 49, inciso I, da Constituição, acarretem encargos ou compromissos gravosos ao patrimônio nacional.

Art. 3º Este Decreto entra em vigor na data de sua publicação.

Brasília, 25 de setembro de 2002; 181º da Independência e 114º da República.

Fernando Henrique Cardoso

(Publicação no *D.O.U.* de 26.9.2002)

ESTATUTO DE ROMA DO TRIBUNAL PENAL INTERNACIONAL

Preâmbulo

Os Estados-Partes no presente Estatuto.

Conscientes de que todos os povos estão unidos por laços comuns e de que suas culturas foram construídas sobre uma herança que partilham, e preocupados com o fato deste delicado mosaico poder vir a quebrar-se a qualquer instante,

Tendo presente que, no decurso deste século, milhões de crianças, homens e mulheres têm sido vítimas de atrocidades inimagináveis que chocam profundamente a consciência da humanidade,

Reconhecendo que crimes de uma tal gravidade constituem uma ameaça à paz, à segurança e ao bem-estar da humanidade,

Afirmando que os crimes de maior gravidade, que afetam a comunidade internacional no seu conjunto, não devem ficar impunes e que a sua repressão deve ser efetivamente assegurada através da adoção de medidas em nível nacional e do reforço da cooperação internacional,

Decididos a por fim à impunidade dos autores desses crimes e a contribuir assim para a prevenção de tais crimes,

Relembrando que é dever de cada Estado exercer a respectiva jurisdição penal sobre os responsáveis por crimes internacionais,

Reafirmando os Objetivos e Princípios consignados na Carta das Nações Unidas e, em particular, que todos os Estados se devem abster de recorrer à ameaça ou ao uso da força, contra a integridade territorial ou a independência política de qualquer Estado, ou de atuar por qualquer outra forma incompatível com os Objetivos das Nações Unidas,

Salientando, a este propósito, que nada no presente Estatuto deverá ser entendido como autorizando qualquer Estado-Parte a intervir em um conflito armado ou nos assuntos internos de qualquer Estado,

Determinados em perseguir este objetivo e no interesse das gerações presentes e vindouras, a criar um Tribunal Penal Internacional com caráter permanente e independente, no âmbito do sistema das Nações Unidas, e com jurisdição sobre os crimes de maior gravidade que afetem a comunidade internacional no seu conjunto,

Sublinhando que o Tribunal Penal Internacional, criado pelo presente Estatuto, será complementar às jurisdições penais nacionais,

Decididos a garantir o respeito duradouro pela efetivação da justiça internacional,

Convieram no seguinte:

Capítulo I
CRIAÇÃO DO TRIBUNAL

Artigo 1º
O Tribunal

É criado, pelo presente instrumento, um Tribunal Penal Internacional ("o Tribunal"). O Tribunal será uma instituição permanente, com jurisdição sobre as pessoas responsáveis pelos crimes de maior gravidade com alcance internacional, de acordo com o presente Estatuto, e será complementar às jurisdições penais nacionais. A competência e o funcionamento do Tribunal reger-se-ão pelo presente Estatuto.

Artigo 2º
Relação do Tribunal com as Nações Unidas

A relação entre o Tribunal e as Nações Unidas será estabelecida através de um acordo a ser aprovado pela Assembleia dos Estados-Partes no presente Estatuto e, em seguida, concluído pelo Presidente do Tribunal em nome deste.

Artigo 3º
Sede do Tribunal

1. A sede do Tribunal será na Haia, Países Baixos ("o Estado anfitrião").

2. O Tribunal estabelecerá um acordo de sede com o Estado anfitrião, a ser aprovado pela Assembléia dos Estados-Partes e em seguida concluído pelo Presidente do Tribunal em nome deste.

3. Sempre que entender conveniente, o Tribunal poderá funcionar em outro local, nos termos do presente Estatuto.

Artigo 4º
Regime Jurídico e Poderes do Tribunal

1. O Tribunal terá personalidade jurídica internacional. Possuirá, igualmente, a capacidade jurídica necessária ao desempenho das suas funções e à prossecução dos seus objetivos.

2. O Tribunal poderá exercer os seus poderes e funções nos termos do presente Estatuto, no território de qualquer Estado-Parte e, por acordo especial, no território de qualquer outro Estado.

Capítulo II
COMPETÊNCIA, ADMISSIBILIDADE E DIREITO APLICÁVEL

Artigo 5º
Crimes da Competência do Tribunal

1. A competência do Tribunal restringir-se-á aos crimes mais graves, que afetam a comunidade internacional no seu conjunto. Nos termos do presente Estatuto, o Tribunal terá competência para julgar os seguintes crimes:

a) O crime de genocídio;

b) Crimes contra a humanidade;

c) Crimes de guerra;

d) O crime de agressão.

2. O Tribunal poderá exercer a sua competência em relação ao crime de agressão desde que, nos termos dos artigos 121 e 123, seja aprovada uma disposição em que se defina o crime e se enunciem as condições em que o Tribunal terá competência relativamente a este crime. Tal disposição deve ser compatível com as disposições pertinentes da Carta das Nações Unidas.

Artigo 6º
Crime de Genocídio

Para os efeitos do presente Estatuto, entende-se por "genocídio", qualquer um dos atos que a seguir se enumeram, praticado com intenção de destruir, no todo ou em parte, um grupo nacional, étnico, racial ou religioso, enquanto tal:

a) Homicídio de membros do grupo;

b) Ofensas graves à integridade física ou mental de membros do grupo;

c) Sujeição intencional do grupo a condições de vida com vista a provocar a sua destruição física, total ou parcial;

d) Imposição de medidas destinadas a impedir nascimentos no seio do grupo;

e) Transferência, à força, de crianças do grupo para outro grupo.

Artigo 7º
Crimes contra a Humanidade

1. Para os efeitos do presente Estatuto, entende-se por "crime contra a humanidade", qualquer um dos atos seguintes, quando cometido no quadro de um ataque, generalizado ou sistemático, contra qualquer população civil, havendo conhecimento desse ataque:

a) Homicídio;

b) Extermínio;

c) Escravidão;

d) Deportação ou transferência forçada de uma população;

e) Prisão ou outra forma de privação da liberdade física grave, em violação das normas fundamentais de direito internacional;

f) Tortura;

g) Agressão sexual, escravatura sexual, prostituição forçada, gravidez forçada, esterilização forçada ou qualquer outra forma de violência no campo sexual de gravidade comparável;

h) Perseguição de um grupo ou coletividade que possa ser identificado, por motivos políticos, raciais, nacionais, étnicos, culturais, religiosos ou de gênero, tal como definido no parágrafo 3º, ou em função de outros critérios universalmente reconhecidos como inaceitáveis no direito internacional, relacionados com qualquer ato referido neste parágrafo ou com qualquer crime da competência do Tribunal;

i) Desaparecimento forçado de pessoas;

j) Crime de *apartheid;*

k) Outros atos desumanos de caráter semelhante, que causem intencionalmente grande sofrimento, ou afetem gravemente a integridade física ou a saúde física ou mental.

2. Para efeitos do parágrafo 1º:

a) Por "ataque contra uma população civil" entende-se qualquer conduta que envolva a prática múltipla de atos referidos no parágrafo 1º contra uma população civil, de acordo com a política de um Estado ou de uma organização de praticar esses atos ou tendo em vista a prossecução dessa política;

b) O "extermínio" compreende a sujeição intencional a condições de vida, tais como a privação do acesso a alimentos ou medicamentos, com vista a causar a destruição de uma parte da população;

c) Por "escravidão" entende-se o exercício, relativamente a uma pessoa, de um poder ou de um conjunto de poderes que traduzam um direito de propriedade sobre uma pessoa, incluindo o exercício desse poder no âmbito do tráfico de pessoas, em particular mulheres e crianças;

d) Por "deportação ou transferência à força de uma população" entende-se o deslocamento forçado de pessoas, através da expulsão ou outro ato coercivo, da zona em que se encontram legalmente, sem qualquer motivo reconhecido no direito internacional;

e) Por "tortura" entende-se o ato por meio do qual uma dor ou sofrimentos agudos, físicos ou mentais, são intencionalmente causados a uma pessoa que esteja sob a custódia ou o controle do acusado; este termo não compreende a dor ou os sofrimentos resultantes unicamente de sanções legais, inerentes a essas sanções ou por elas ocasionadas;

f) Por "gravidez à força" entende-se a privação ilegal de liberdade de uma mulher que foi engravidada à força, com o propósito de alterar a composição étnica de uma população ou de cometer outras violações graves do direito internacional. Esta definição não pode, de modo algum, ser interpretada como afetando as disposições de direito interno relativas à gravidez;

g) Por "perseguição" entende-se a privação intencional e grave de direitos fundamentais em violação do direito internacional, por motivos relacionados com a identidade do grupo ou da coletividade em causa;

h) Por "crime de *apartheid*" entende-se qualquer ato desumano análogo aos referidos no parágrafo 1°, praticado no contexto de um regime institucionalizado de opressão e domínio sistemático de um grupo racial sobre um ou outros grupos nacionais e com a intenção de manter esse regime;

i) Por "desaparecimento forçado de pessoas" entende-se a detenção, a prisão ou o sequestro de pessoas por um Estado ou uma organização política ou com a autorização, o apoio ou a concordância destes, seguidos de recusa a reconhecer tal estado de privação de liberdade ou a prestar qualquer informação sobre a situação ou localização dessas pessoas, com o propósito de lhes negar a proteção da lei por um prolongado período de tempo.

3. Para efeitos do presente Estatuto, entende-se que o termo "gênero" abrange os sexos masculino e feminino, dentro do contexto da sociedade, não lhe devendo ser atribuído qualquer outro significado.

Artigo 8º
Crimes de Guerra

1. O Tribunal terá competência para julgar os crimes de guerra, em particular quando cometidos como parte integrante de um plano ou de uma política ou como parte de uma prática em larga escala desse tipo de crimes.

2. Para os efeitos do presente Estatuto, entende-se por "crimes de guerra":

a) As violações graves às Convenções de Genebra, de 12 de Agosto de 1949, a saber, qualquer um dos seguintes atos, dirigidos contra pessoas ou bens protegidos nos termos da Convenção de Genebra que for pertinente:

i) Homicídio doloso;

ii) Tortura ou outros tratamentos desumanos, incluindo as experiências biológicas;

iii) O ato de causar intencionalmente grande sofrimento ou ofensas graves à integridade física ou à saúde;

iv) Destruição ou a apropriação de bens em larga escala, quando não justificadas por quaisquer necessidades militares e executadas de forma ilegal e arbitrária;

v) O ato de compelir um prisioneiro de guerra ou outra pessoa sob proteção a servir nas forças armadas de uma potência inimiga;

vi) Privação intencional de um prisioneiro de guerra ou de outra pessoa sob proteção do seu direito a um julgamento justo e imparcial;

vii) Deportação ou transferência ilegais, ou a privação ilegal de liberdade;

viii) Tomada de reféns;

b) Outras violações graves das leis e costumes aplicáveis em conflitos armados internacionais no âmbito do direito internacional, a saber, qualquer um dos seguintes atos:

i) Dirigir intencionalmente ataques à população civil em geral ou civis que não participem diretamente nas hostilidades;

ii) Dirigir intencionalmente ataques a bens civis, ou seja bens que não sejam objetivos militares;

iii) Dirigir intencionalmente ataques ao pessoal, instalações, material, unidades ou veículos que participem numa missão de manutenção da paz ou de assistência humanitária, de acordo com a Carta das Nações Unidas, sempre que estes tenham direito à proteção conferida aos civis ou aos bens civis pelo direito internacional aplicável aos conflitos armados;

iv) Lançar intencionalmente um ataque, sabendo que o mesmo causará perdas acidentais de vidas humanas ou ferimentos na população civil, danos em bens de caráter civil ou prejuízos extensos, duradouros e graves no meio ambiente que se revelem claramente excessivos em relação à vantagem militar global concreta e direta que se previa;

v) Atacar ou bombardear, por qualquer meio, cidades, vilarejos, habitações ou edifícios que não estejam defendidos e que não sejam objetivos militares;

vi) Matar ou ferir um combatente que tenha deposto armas ou que, não tendo mais meios para se defender, se tenha incondicionalmente rendido;

vii) Utilizar indevidamente uma bandeira de trégua, a bandeira nacional, as insígnias militares ou o uniforme do inimigo ou das Nações Unidas, assim como os emblemas distintivos das Convenções de Genebra, causando deste modo a morte ou ferimentos graves;

viii) A transferência, direta ou indireta, por uma potência ocupante de parte da sua população civil para o território que ocupa ou a deportação ou transferência da totalidade ou de parte da população do território ocupado, dentro ou para fora desse território;

ix) Dirigir intencionalmente ataques a edifícios consagrados ao culto religioso, à educação, às artes, às ciências ou à beneficência, monumentos históricos, hospitais e lugares onde se agrupem doentes e feridos, sempre que não se trate de objetivos militares;

x) Submeter pessoas que se encontrem sob o domínio de uma parte beligerante a mutilações físicas ou a qualquer tipo de experiências médicas ou científicas que não sejam motivadas por um tratamento médico, dentário ou hospitalar, nem sejam efetuadas no interesse dessas pessoas, e que causem a morte ou coloquem seriamente em perigo a sua saúde;

xi) Matar ou ferir à traição pessoas pertencentes à nação ou ao exército inimigo;

xii) Declarar que não será dado quartel;

xiii) Destruir ou apreender bens do inimigo, a menos que tais destruições ou apreensões sejam imperativamente determinadas pelas necessidades da guerra;

xiv) Declarar abolidos, suspensos ou não admissíveis em tribunal os direitos e ações dos nacionais da parte inimiga;

xv) Obrigar os nacionais da parte inimiga a participar em operações bélicas dirigidas contra o seu próprio país, ainda que eles tenham estado ao serviço daquela parte beligerante antes do início da guerra;

xvi) Saquear uma cidade ou uma localidade, mesmo quando tomada de assalto;

xvii) Utilizar veneno ou armas envenenadas;

xviii) Utilizar gases asfixiantes, tóxicos ou outros gases ou qualquer líquido, material ou dispositivo análogo;

xix) Utilizar balas que se expandem ou achatam facilmente no interior do corpo humano, tais como balas de revestimento duro que não cobre totalmente o interior ou possui incisões;

xx) Utilizar armas, projéteis; materiais e métodos de combate que, pela sua própria natureza, causem ferimentos supérfluos ou sofrimentos desnecessários ou que surtam efeitos indiscriminados, em violação do direito internacional aplicável aos conflitos armados, na medida em que tais armas, projéteis, materiais e métodos de combate sejam objeto de uma proibição geral e estejam incluídos em um anexo ao presente Estatuto, em virtude de uma alteração aprovada em conformidade com o disposto nos artigos 121 e 123;

xxi) Ultrajar a dignidade da pessoa, em particular por meio de tratamentos humilhantes e degradantes;

xxii) Cometer atos de violação, escravidão sexual, prostituição forçada, gravidez à força, tal como definida na alínea *f)* do parágrafo 2º do artigo 7º, esterilização à força e qualquer outra forma de violência sexual que constitua também um desrespeito grave às Convenções de Genebra;

xxiii) Utilizar a presença de civis ou de outras pessoas protegidas para evitar que determinados pontos, zonas ou forças militares sejam alvo de operações militares;

xxiv) Dirigir intencionalmente ataques a edifícios, material, unidades e veículos sanitários, assim como o pessoal que esteja usando os emblemas distintivos das Convenções de Genebra, em conformidade com o direito internacional;

xxv) Provocar deliberadamente a inanição da população civil como método de guerra, privando-a dos bens indispensáveis à sua sobrevivência, impedindo, inclusive, o envio de socorros, tal como previsto nas Convenções de Genebra;

xxvi) Recrutar ou alistar menores de 15 anos nas forças armadas nacionais ou utilizá-los para participar ativamente nas hostilidades;

c) Em caso de conflito armado que não seja de índole internacional, as violações graves do artigo 3º comum às quatro Convenções de Genebra, de 12 de Agosto de 1949, a saber, qualquer um dos atos que a seguir se indicam, cometidos contra pessoas que não participem diretamente nas hostilidades, incluindo os membros das forças armadas que tenham deposto armas e os que tenham ficado impedidos de continuar a combater devido a doença, lesões, prisão ou qualquer outro motivo:

i) Atos de violência contra a vida e contra a pessoa, em particular o homicídio sob todas as suas formas, as mutilações, os tratamentos cruéis e a tortura;

ii) Ultrajes à dignidade da pessoa, em particular por meio de tratamentos humilhantes e degradantes;

iii) A tomada de reféns;

iv) As condenações proferidas e as execuções efetuadas sem julgamento prévio por um tribunal regularmente constituído e que ofereça todas as garantias judiciais geralmente reconhecidas como indispensáveis.

d) A alínea *c)* do parágrafo 2º do presente artigo aplica-se aos conflitos armados que não tenham caráter internacional e, por conseguinte, não se aplica a situações de distúrbio e de tensão internas, tais como motins, atos de violência esporádicos ou isolados ou outros de caráter semelhante;

e) As outras violações graves das leis e costumes aplicáveis aos conflitos armados que não têm caráter internacional, no quadro do direito internacional, a saber qualquer um dos seguintes atos:

i) Dirigir intencionalmente ataques à população civil em geral ou civis que não participem diretamente nas hostilidades;

ii) Dirigir intencionalmente ataques a edifícios, material, unidades e veículos sanitários, bem como ao pessoal que esteja usando os emblemas distintivos das Convenções de Genebra, em conformidade com o direito internacional;

iii) Dirigir intencionalmente ataques ao pessoal, instalações, material, unidades ou veículos que participem numa missão de manutenção da paz ou de assistência humanitária, de acordo com a Carta das Nações Unidas, sempre que estes tenham direito à proteção conferida pelo direito internacional dos conflitos armados aos civis e aos bens civis;

iv) Atacar intencionalmente edifícios consagrados ao culto religioso, à educação, às artes, às ciências ou à beneficência, monumentos históricos, hospitais e lugares onde se agrupem doentes e feridos, sempre que não se trate de objetivos militares;

v) Saquear um aglomerado populacional ou um local, mesmo quando tomado de assalto;

vi) Cometer atos de agressão sexual, escravidão sexual, prostituição forçada, gravidez à força, tal como definida na alínea *f* do parágrafo 2º do artigo 7º; esterilização à força ou qualquer outra forma de violência sexual que constitua uma violação grave do artigo 3º comum às quatro Convenções de Genebra;

vii) Recrutar ou alistar menores de 15 anos nas forças armadas nacionais ou em grupos, ou utilizá-los para participar ativamente nas hostilidades;

viii) Ordenar a deslocação da população civil por razões relacionadas com o conflito, salvo se assim o exigirem a segurança dos civis em questão ou razões militares imperiosas;

ix) Matar ou ferir à traição um combatente de uma parte beligerante;

x) Declarar que não será dado quartel;

xi) Submeter pessoas que se encontrem sob o domínio de outra parte beligerante a mutilações físicas ou a qualquer tipo de experiências médicas ou científicas que não sejam motivadas por um tratamento médico, dentário ou hospitalar nem sejam efetuadas no interesse dessa pessoa, e que causem a morte ou ponham seriamente a sua saúde em perigo;

xii) Destruir ou apreender bens do inimigo, a menos que as necessidades da guerra assim o exijam;

f) A alínea *e)* do parágrafo 2º do presente artigo aplicar-se-á aos conflitos armados que não tenham caráter internacional e, por conseguinte, não se aplicará a situações de distúrbio e de tensão internas, tais como motins, atos de violência esporádicos ou isolados ou outros de caráter semelhante; aplicar-se-á, ainda, a conflitos armados que tenham lugar no território de um Estado, quando exista um conflito armado prolongado entre as autoridades governamentais e grupos armados organizados ou entre estes grupos.

3. O disposto nas alíneas *c)* e *e)* do parágrafo 2º, em nada afetará a responsabilidade que incumbe a todo o Governo de manter e de restabelecer a ordem pública no Estado, e de defender a unidade e a integridade territorial do Estado por qualquer meio legítimo.

Artigo 9º
Elementos Constitutivos dos Crimes

1. Os elementos constitutivos dos crimes que auxiliarão o Tribunal a interpretar e a aplicar os artigos 6º, 7º e 8º do presente Estatuto, deverão ser adotados por uma maioria de 2/3 (dois terços) dos membros da Assembleia dos Estados-Partes.

2. As alterações aos elementos constitutivos dos crimes poderão ser propostas por:

a) Qualquer Estado-Parte;

b) Os juízes, através de deliberação tomada por maioria absoluta;

c) O Procurador.

As referidas alterações entram em vigor depois de aprovadas por uma maioria de 2/3 (dois terços) dos membros da Assembléia dos Estados-Partes.

3. Os elementos constitutivos dos crimes e respectivas alterações deverão ser compatíveis com as disposições contidas no presente Estatuto.

Artigo 10

Nada no presente capítulo deverá ser interpretado como limitando ou afetando, de alguma maneira, as normas existentes ou em desenvolvimento de direito internacional com fins distintos dos do presente Estatuto.

Artigo 11
Competência *Ratione Temporis*

1. O Tribunal só terá competência relativamente aos crimes cometidos após a entrada em vigor do presente Estatuto.

2. Se um Estado se tornar Parte no presente Estatuto depois da sua entrada em vigor, o Tribunal só poderá exercer a sua competência em relação a crimes cometidos depois da entrada em vigor do presente Estatuto relativamente a esse Estado, a menos que este tenha feito uma declaração nos termos do parágrafo 3º do artigo 12.

Artigo 12
Condições Prévias ao Exercício da Jurisdição

1. O Estado que se torne Parte no presente Estatuto, aceitará a jurisdição do Tribunal relativamente aos crimes a que se refere o artigo 5º.

2. Nos casos referidos nos parágrafos *a)* ou *c)* do artigo 13, o Tribunal poderá exercer a sua jurisdição se um ou mais Estados a seguir identificados forem Partes no presente Estatuto ou aceitarem a competência do Tribunal de acordo com o disposto no parágrafo 3º:

a) Estado em cujo território tenha tido lugar a conduta em causa, ou, se o crime tiver sido cometido a bordo de um navio ou de uma aeronave, o Estado de matrícula do navio ou aeronave;

b) Estado de que seja nacional a pessoa a quem é imputado um crime.

3. Se a aceitação da competência do Tribunal por um Estado que não seja Parte no presente Estatuto for necessária nos termos do parágrafo 2º, pode o referido Estado, mediante declaração depositada junto do Secretário, consentir em que o Tribunal exerça a sua competência em relação ao crime em questão. O Estado que tiver aceito a competência do Tribunal colaborará com este, sem qualquer demora ou exceção, de acordo com o disposto no Capítulo IX.

Artigo 13
Exercício da Jurisdição

O Tribunal poderá exercer a sua jurisdição em relação a qualquer um dos crimes a que se refere o artigo 5º, de acordo com o disposto no presente Estatuto, se:

a) Um Estado-Parte denunciar ao Procurador, nos termos do artigo 14, qualquer situação em que haja indícios de ter ocorrido a prática de um ou vários desses crimes;

b) O Conselho de Segurança, agindo nos termos do Capítulo VII da Carta das Nações Unidas, denunciar ao Procurador qualquer situação em que haja indícios de ter ocorrido a prática de um ou vários desses crimes; ou

c) O Procurador tiver dado início a um inquérito sobre tal crime, nos termos do disposto no artigo 15.

Artigo 14
Denúncia por um Estado-Parte

1. Qualquer Estado-Parte poderá denunciar ao Procurador uma situação em que haja indícios de ter ocorrido a prática de um ou vários crimes da competência do Tribunal e solicitar ao Procurador que a investigue, com vista a determinar se uma ou mais pessoas identificadas deverão ser acusadas da prática desses crimes.

2. O Estado que proceder à denúncia deverá, tanto quanto possível, especificar as circunstâncias relevantes do caso e anexar toda a documentação de que disponha.

Artigo 15
Procurador

1. O Procurador poderá, por sua própria iniciativa, abrir um inquérito com base em informações sobre a prática de crimes da competência do Tribunal.

2. O Procurador apreciará a seriedade da informação recebida. Para tal, poderá recolher informações suplementares junto aos Estados, aos órgãos da Organização das Nações Unidas, às Organizações Intergovernamentais ou Não Governamentais ou outras fontes fidedignas que considere apropriadas, bem como recolher depoimentos escritos ou orais na sede do Tribunal.

3. Se concluir que existe fundamento suficiente para abrir um inquérito, o Procurador apresentará um pedido de autorização nesse sentido ao Juízo de Instrução, acompanhado da documentação de apoio que tiver reunido. As vítimas poderão apresentar representações no Juízo de Instrução, de acordo com o Regulamento Processual.

4. Se, após examinar o pedido e a documentação que o acompanha, o Juízo de Instrução considerar que há fundamento suficiente para abrir um Inquérito e que o caso parece caber na jurisdição do Tribunal, autorizará a abertura do inquérito, sem prejuízo das decisões que o Tribunal vier a tomar posteriormente em matéria de competência e de admissibilidade.

5. A recusa do Juízo de Instrução em autorizar a abertura do inquérito não impedirá o Procurador de formular ulteriormente outro pedido com base em novos fatos ou provas respeitantes à mesma situação.

6. Se, depois da análise preliminar a que se referem os parágrafos 1° e 2°, o Procurador concluir que a informação apresentada não constitui fundamento suficiente para um inquérito, o Procurador informará quem a tiver apresentado de tal entendimento. Tal não impede que o Procurador examine, à luz de novos fatos ou provas, qualquer outra informação que lhe venha a ser comunicada sobre o mesmo caso.

Artigo 16
Adiamento do Inquérito e do Procedimento Criminal

Nenhum inquérito ou procedimento crime poderá ter início ou prosseguir os seus termos, com base no presente Estatuto, por um período de 12 (doze) meses a contar da data em que o Conselho de Segurança assim o tiver solicitado em resolução aprovada nos termos do disposto no Capítulo VII da Carta das Nações Unidas; o pedido poderá ser renovado pelo Conselho de Segurança nas mesmas condições.

Artigo 17
Questões Relativas à Admissibilidade

1. Tendo em consideração o décimo parágrafo do preâmbulo e o artigo 1°, o Tribunal decidirá sobre a não admissibilidade de um caso se:

a) O caso for objeto de inquérito ou de procedimento criminal por parte de um Estado que tenha jurisdição sobre o mesmo, salvo se este não tiver vontade de levar a cabo o inquérito ou o procedimento ou, não tenha capacidade para o fazer;

b) O caso tiver sido objeto de inquérito por um Estado com jurisdição sobre ele e tal Estado tenha decidido não dar seguimento ao procedimento criminal contra a pessoa em causa, a menos que esta decisão resulte do fato de esse Estado não ter vontade de proceder criminalmente ou da sua incapacidade real para o fazer;

c) A pessoa em causa já tiver sido julgada pela conduta a que se refere a denúncia, e não puder ser julgada pelo Tribunal em virtude do disposto no parágrafo 3° do artigo 20;

d) O caso não for suficientemente grave para justificar a ulterior intervenção do Tribunal.

2. A fim de determinar se há ou não vontade de agir num determinado caso, o Tribunal, tendo em consideração as garantias de um processo equitativo reconhecidas pelo direito internacional, verificará a existência de uma ou mais das seguintes circunstâncias:

a) O processo ter sido instaurado ou estar pendente ou a decisão ter sido proferida no Estado com o propósito de subtrair a pessoa em causa à sua responsabilidade criminal por crimes da competência do Tribunal, nos termos do disposto no artigo 5°;

b) Ter havido demora injustificada no processamento, a qual, dadas as circunstâncias, se mostra incompatível com a intenção de fazer responder a pessoa em causa perante a justiça;

c) O processo não ter sido ou não estar sendo conduzido de maneira independente ou imparcial, e ter estado ou estar sendo conduzido de uma maneira que, dadas as circunstâncias, seja incompatível com a intenção de levar a pessoa em causa perante a justiça;

3. A fim de determinar se há incapacidade de agir num determinado caso, o Tribunal verificará se o Estado, por colapso total ou substancial da respectiva administração da justiça ou por indisponibilidade desta, não estará em condições de fazer comparecer o acusado, de reunir os meios de prova e depoimentos necessários ou não estará, por outros motivos, em condições de concluir o processo.

Artigo 18
Decisões Preliminares sobre Admissibilidade

1. Se uma situação for denunciada ao Tribunal nos termos do artigo 13, parágrafo *a)*, e o Procurador determinar que existem fundamentos para abrir um inquérito ou der início a um inquérito de acordo com os artigos 13, parágrafo *c)* e 15, deverá notificar todos os Estados-Partes e os Estados que, de acordo com a informação disponível, teriam jurisdição sobre esses crimes. O Procurador poderá proceder à notificação a título confidencial e, sempre que o considere necessário com vista a proteger pessoas, impedir a destruição de provas ou a fuga de pessoas, poderá limitar o âmbito da informação a transmitir aos Estados.

2. No prazo de 1 (um) mês após a recepção da referida notificação, qualquer Estado poderá informar o Tribunal de que está procedendo, ou já procedeu, a um inquérito sobre nacionais seus ou outras pessoas sob a sua jurisdição, por atos que possam constituir crimes a que se refere o artigo 5° e digam respeito à informação constante na respectiva notificação. A pedido desse Estado, o Procurador transferirá para ele o inquérito sobre essas pessoas, a menos que, a pedido do Procurador, o Juízo de Instrução decida autorizar o inquérito.

3. A transferência do inquérito poderá ser reexaminada pelo Procurador 6 (seis) meses após a data em que tiver sido decidida ou, a todo o momento, quando tenha ocorrido uma alteração significativa de circunstâncias, decorrente da falta de vontade ou da incapacidade efetiva do Estado de levar a cabo o inquérito.

4. O Estado interessado ou o Procurador poderão interpor recurso para o Juízo de Recursos da decisão proferida por um Juízo de Instrução, tal como previsto no artigo 82. Este recurso poderá seguir uma forma sumária.

5. Se o Procurador transferir o inquérito, nos termos do parágrafo 2°, poderá solicitar ao Estado interessado que o informe periodicamente do andamento do mesmo e de qualquer outro procedimento subsequente. Os Estados-Partes responderão a estes pedidos sem atrasos injustificados.

6. O Procurador poderá, enquanto aguardar uma decisão a proferir no Juízo de Instrução, ou a todo o momento se tiver transferido o inquérito nos termos do presente artigo, solicitar ao tribunal de instrução, a título excepcional, que o autorize a efetuar as investigações que considere necessárias para preservar elementos de prova, quando exista uma oportunidade única de obter provas relevantes ou um risco significativo de que essas provas possam não estar disponíveis numa fase ulterior.

7. O Estado que tenha recorrido de uma decisão do Juízo de Instrução nos termos do presente artigo poderá impugnar a admissibilidade de um caso nos termos do artigo 19, invocando fatos novos relevantes ou uma alteração significativa de circunstâncias.

Artigo 19
Impugnação da Jurisdição do Tribunal ou da Admissibilidade do Caso

1. O Tribunal deverá certificar-se de que detém jurisdição sobre todos os casos que lhe sejam submetidos. O Tribunal poderá pronunciar-se de ofício sobre a admissibilidade do caso em conformidade com o artigo 17.

2. Poderão impugnar a admissibilidade do caso, por um dos motivos referidos no artigo 17, ou impugnar a jurisdição do Tribunal:

a) O acusado ou a pessoa contra a qual tenha sido emitido um mandado ou ordem de detenção ou de comparecimento, nos termos do artigo 58;

b) Um Estado que detenha o poder de jurisdição sobre um caso, pelo fato de o estar investigando ou julgando, ou por já o ter feito antes; ou

c) Um Estado cuja aceitação da competência do Tribunal seja exigida, de acordo com o artigo 12.

3. O Procurador poderá solicitar ao Tribunal que se pronuncie sobre questões de jurisdição ou admissibilidade. Nas ações relativas a jurisdição ou admissibilidade, aqueles que tiverem denunciado um caso ao abrigo do artigo 13, bem como as vítimas, poderão também apresentar as suas observações ao Tribunal.

4. A admissibilidade de um caso ou a jurisdição do Tribunal só poderão ser impugnadas uma única vez por qualquer pessoa ou Estado a que se faz referência no parágrafo 2°. A impugnação deverá ser feita antes do julgamento ou no seu início. Em circunstâncias excepcionais, o Tribunal poderá autorizar que a impugnação se faça mais de uma vez ou depois do início do julgamento. As impugnações à admissibilidade de um caso feitas no início do julgamento, ou posteriormente com a autorização do Tribunal, só poderão fundamentar-se no disposto no parágrafo 1°, alínea *c)* do artigo 17.

5. Os Estados a que se referem as alíneas *b)* e *c)* do parágrafo 2° do presente artigo deverão deduzir impugnação logo que possível.

6. Antes da confirmação da acusação, a impugnação da admissibilidade de um caso ou da jurisdição do Tribunal será submetida ao Juízo de Instrução e, após confirmação, ao Juízo de Julgamento em Primeira Instância. Das decisões relativas à jurisdição ou admissibilidade caberá recurso para o Juízo de Recursos, de acordo com o artigo 82.

7. Se a impugnação for feita pelo Estado referido nas alíneas *b)* e *c)* do parágrafo 2°, o Procurador suspenderá o inquérito até que o Tribunal decida em conformidade com o artigo 17.

8. Enquanto aguardar uma decisão, o Procurador poderá solicitar ao Tribunal autorização para:

a) Proceder às investigações necessárias previstas no parágrafo 6° do artigo 18;

b) Recolher declarações ou o depoimento de uma testemunha ou completar o recolhimento e o exame das provas que tenha iniciado antes da impugnação; e

c) Impedir, em colaboração com os Estados interessados, a fuga de pessoas em relação às quais já tenha solicitado um mandado de detenção, nos termos do artigo 58.

9. A impugnação não afetará a validade de nenhum ato realizado pelo Procurador, nem de nenhuma decisão ou mandado anteriormente emitido pelo Tribunal.

10. Se o Tribunal tiver declarado que um caso não é admissível, de acordo com o artigo 17, o Procurador poderá pedir a revisão dessa decisão, após se ter certificado de que surgiram novos fatos que invalidam os motivos pelos quais o caso havia sido considerado inadmissível nos termos do artigo 17.

11. Se o Procurador, tendo em consideração as questões referidas no artigo 17, decidir transferir um inquérito, poderá pedir ao Estado em questão que o mantenha informado do seguimento do processo. Esta informação deverá, se esse Estado o solicitar, ser mantida confidencial. Se o Procurador decidir, posteriormente, abrir um inquérito, comunicará a sua decisão ao Estado para o qual foi transferido o processo.

Artigo 20
Ne bis in idem

1. Salvo disposição contrária do presente Estatuto, nenhuma pessoa poderá ser julgada pelo Tribunal por atos constitutivos de crimes pelos quais este já a tenha condenado ou absolvido.

2. Nenhuma pessoa poderá ser julgada por outro tribunal por um crime mencionado no artigo 5°, relativamente ao qual já tenha sido condenada ou absolvida pelo Tribunal.

3. O Tribunal não poderá julgar uma pessoa que já tenha sido julgada por outro tribunal, por atos também punidos pelos artigos 6°, 7° ou 8°, a menos que o processo nesse outro tribunal:

a) Tenha tido por objetivo subtrair o acusado à sua responsabilidade criminal por crimes da competência do Tribunal; ou

b) Não tenha sido conduzido de forma independente ou imparcial, em conformidade com as garantias de um processo equitativo reconhecidas pelo direito internacional, ou tenha sido conduzido de uma maneira que, no caso concreto, se revele incompatível com a intenção de submeter a pessoa à ação da justiça.

Artigo 21
Direito Aplicável

1. O Tribunal aplicará:

a) Em primeiro lugar, o presente Estatuto, os Elementos Constitutivos do Crime e o Regulamento Processual;

b) Em segundo lugar, se for o caso, os tratados e os princípios e normas de direito internacional aplicáveis, incluindo os princípios estabelecidos no direito internacional dos conflitos armados;

c) Na falta destes, os princípios gerais do direito que o Tribunal retire do direito interno dos diferentes sistemas jurídicos existentes, incluindo, se for o caso, o direito interno dos Estados que exerceriam normalmente a sua jurisdição relativamente ao crime, sempre que esses princípios não sejam incompatíveis com o presente Estatuto, com o direito internacional, nem com as normas e padrões internacionalmente reconhecidos.

2. O Tribunal poderá aplicar princípios e normas de direito tal como já tenham sido por si interpretados em decisões anteriores.

3. A aplicação e interpretação do direito, nos termos do presente artigo, deverá ser compatível com os direitos humanos internacionalmente reconhecidos, sem discriminação alguma baseada em motivos tais como o gênero, definido no parágrafo 3° do artigo 7°, a idade, a raça, a cor, a religião ou o credo, a opinião política ou outra, a origem nacional, étnica ou social, a situação econômica, o nascimento ou outra condição.

Capítulo III
PRINCÍPIOS GERAIS DE DIREITO PENAL

Artigo 22
Nullum crimen sine lege

1. Nenhuma pessoa será considerada criminalmente responsável, nos termos do presente Estatuto, a menos que a sua conduta constitua, no momento em que tiver lugar, um crime da competência do Tribunal.

2. A previsão de um crime será estabelecida de forma precisa e não será permitido o recurso à analogia. Em caso de ambiguidade, será interpretada a favor da pessoa objeto de inquérito, acusada ou condenada.

3. O disposto no presente artigo em nada afetará a tipificação de uma conduta como crime nos termos do direito internacional, independentemente do presente Estatuto.

Artigo 23
Nulla poena sine lege

Qualquer pessoa condenada pelo Tribunal só poderá ser punida em conformidade com as disposições do presente Estatuto.

Artigo 24
Não retroatividade *ratione personae*

1. Nenhuma pessoa será considerada criminalmente responsável, de acordo com o presente Estatuto, por uma conduta anterior à entrada em vigor do presente Estatuto.

2. Se o direito aplicável a um caso for modificado antes de proferida sentença definitiva, aplicar-se-á o direito mais favorável à pessoa objeto de inquérito, acusada ou condenada.

Artigo 25
Responsabilidade Criminal Individual

1. De acordo com o presente Estatuto, o Tribunal será competente para julgar as pessoas físicas.

2. Quem cometer um crime da competência do Tribunal será considerado individualmente responsável e poderá ser punido de acordo com o presente Estatuto.

3. Nos termos do presente Estatuto, será considerado criminalmente responsável e poderá ser punido pela prática de um crime da competência do Tribunal quem:

a) Cometer esse crime individualmente ou em conjunto ou por intermédio de outrem, quer essa pessoa seja, ou não, criminalmente responsável;

b) Ordenar, solicitar ou instigar à prática desse crime, sob forma consumada ou sob a forma de tentativa;

c) Com o propósito de facilitar a prática desse crime, for cúmplice ou encobridor, ou colaborar de algum modo na prática ou na tentativa de prática do crime, nomeadamente pelo fornecimento dos meios para a sua prática;

d) Contribuir de alguma outra forma para a prática ou tentativa de prática do crime por um grupo de pessoas que tenha um objetivo comum. Esta contribuição deverá ser intencional e ocorrer, conforme o caso:

i) Com o propósito de levar a cabo a atividade ou o objetivo criminal do grupo, quando um ou outro impliquem a prática de um crime da competência do Tribunal; ou

ii) Com o conhecimento da intenção do grupo de cometer o crime;

e) No caso de crime de genocídio, incitar, direta e publicamente, à sua prática;

f) Tentar cometer o crime mediante atos que contribuam substancialmente para a sua execução, ainda que não se venha a consumar devido a circunstâncias alheias à sua vontade. Porém, quem desistir da prática do crime, ou impedir de outra forma que este se consuma, não poderá ser punido em conformidade com o presente Estatuto pela tentativa, se renunciar total e voluntariamente ao propósito delituoso.

4. O disposto no presente Estatuto sobre a responsabilidade criminal das pessoas físicas em nada afetará a responsabilidade do Estado, de acordo com o direito internacional.

Artigo 26
Exclusão da Jurisdição Relativamente a Menores de 18 anos

O Tribunal não terá jurisdição sobre pessoas que, à data da alegada prática do crime, não tenham ainda completado 18 anos de idade.

Artigo 27
Irrelevância da Qualidade Oficial

1. O presente Estatuto será aplicável de forma igual a todas as pessoas sem distinção alguma baseada na qualidade oficial. Em particular, a qualidade oficial de Chefe de Estado ou de Governo, de membro de Governo ou do Parlamento, de representante eleito ou de funcionário público, em caso algum eximirá a pessoa em causa de responsabilidade criminal nos termos do presente Estatuto, nem constituirá de *per se* motivo de redução da pena.

2. As imunidades ou normas de procedimento especiais decorrentes da qualidade oficial de uma pessoa; nos termos do direito interno ou do direito internacional, não deverão obstar a que o Tribunal exerça a sua jurisdição sobre essa pessoa.

Artigo 28
Responsabilidade dos Chefes Militares e Outros Superiores Hierárquicos

Além de outras fontes de responsabilidade criminal previstas no presente Estatuto, por crimes da competência do Tribunal:

a) O chefe militar, ou a pessoa que atue efetivamente como chefe militar, será criminalmente responsável por crimes da competência do Tribunal que tenham sido cometidos por forças sob o seu comando e controle efetivos ou sob a sua autoridade e controle efetivos, conforme o caso, pelo fato de não exercer um controle apropriado sobre essas forças quando:

i) Esse chefe militar ou essa pessoa tinha conhecimento ou, em virtude das circunstâncias do momento, deveria ter tido conhecimento de que essas forças estavam a cometer ou preparavam-se para cometer esses crimes; e

ii) Esse chefe militar ou essa pessoa não tenha adotado todas as medidas necessárias e adequadas ao seu alcance para prevenir ou reprimir a sua prática, ou para levar o assunto ao conhecimento das autoridades competentes, para efeitos de inquérito e procedimento criminal.

b) Nas relações entre superiores hierárquicos e subordinados, não referidos na alínea *a)*, o superior hierárquico será criminalmente responsável pelos crimes da competência do Tribunal que tiverem sido cometidos por subordinados sob a sua autoridade e controle efetivos, pelo fato de não ter exercido um controle apropriado sobre esses subordinados, quando:

a) O superior hierárquico teve conhecimento ou deliberadamente não levou em consideração a informação que indicava claramente que os subordinados estavam a cometer ou se preparavam para cometer esses crimes;

b) Esses crimes estavam relacionados com atividades sob a sua responsabilidade e controle efetivos; e

c) O superior hierárquico não adotou todas as medidas necessárias e adequadas ao seu alcance para prevenir ou reprimir a sua prática ou para levar o assunto ao conhecimento das autoridades competentes, para efeitos de inquérito e procedimento criminal.

Artigo 29
Imprescritibilidade

Os crimes da competência do Tribunal não prescrevem.

Artigo 30
Elementos Psicológicos

1. Salvo disposição em contrário, nenhuma pessoa poderá ser criminalmente responsável e punida por um crime da competência do Tribunal, a menos que atue com vontade de o cometer e conhecimento dos seus elementos materiais.

2. Para os efeitos do presente artigo, entende-se que atua intencionalmente quem:

a) Relativamente a uma conduta, se propuser adotá-la;

b) Relativamente a um efeito do crime, se propuser causá-lo ou estiver ciente de que ele terá lugar em uma ordem normal dos acontecimentos.

3. Nos termos do presente artigo, entende-se por "conhecimento" a consciência de que existe uma circunstância ou de que um efeito irá ter lugar, em uma ordem normal dos acontecimentos. As expressões "ter conhecimento" e "com conhecimento" deverão ser entendidas em conformidade.

Artigo 31
Causas de Exclusão da Responsabilidade Criminal

Sem prejuízo de outros fundamentos para a exclusão de responsabilidade criminal previstos no presente Estatuto, não será considerada criminalmente responsável a pessoa que, no momento da prática de determinada conduta:

a) Sofrer de enfermidade ou deficiência mental que a prive da capacidade para avaliar a ilicitude ou a natureza da sua conduta, ou da capacidade para controlar essa conduta a fim de não violar a lei;

b) Estiver em estado de intoxicação que a prive da capacidade para avaliar a ilicitude ou a natureza da sua conduta, ou da capacidade para controlar essa conduta a fim de não transgredir a lei, a menos que se tenha intoxicado voluntariamente em circunstâncias que lhe permitiam ter conhecimento de que, em consequência da intoxicação, poderia incorrer numa conduta tipificada como crime da competência do Tribunal, ou, de que haveria o risco de tal suceder;

c) Agir em defesa própria ou de terceiro com razoabilidade ou, em caso de crimes de guerra, em defesa de um bem que seja essencial para a sua sobrevivência ou de terceiro ou de um bem que seja essencial à realização de uma missão militar, contra o uso iminente e ilegal da força, de forma proporcional ao grau de perigo para si, para terceiro ou para os bens protegidos. O fato de participar em uma força que realize uma operação de defesa não será causa bastante de exclusão de responsabilidade criminal, nos termos desta alínea;

d) Tiver incorrido numa conduta que presumivelmente constitui crime da competência do Tribunal, em consequência de coação decorrente de uma ameaça iminente de morte ou ofensas corporais graves para si ou para outrem, e em que se veja compelida a atuar de forma necessária e razoável para evitar essa ameaça, desde que não tenha a intenção de causar um dano maior que aquele que se propunha evitar. Essa ameaça tanto poderá:

i) Ter sido feita por outras pessoas; ou

ii) Ser constituída por outras circunstâncias alheias à sua vontade.

2. O Tribunal determinará se os fundamentos de exclusão da responsabilidade criminal previstos no presente Estatuto serão aplicáveis no caso em apreço.

3. No julgamento, o Tribunal poderá levar em consideração outros fundamentos de exclusão da responsabilidade criminal; distintos dos referidos no parágrafo 1º, sempre que esses fundamentos resultem do direito aplicável em conformidade com o artigo 21. O processo de exame de um fundamento de exclusão deste tipo será definido no Regulamento Processual.

Artigo 32
Erro de Fato ou Erro de Direito

1. O erro de fato só excluirá a responsabilidade criminal se eliminar o dolo requerido pelo crime.

2. O erro de direito sobre se determinado tipo de conduta constitui crime da competência do Tribunal não será considerado fundamento de exclusão de responsabilidade criminal. No entanto, o erro de direito poderá ser considerado fundamento de exclusão de responsabilidade criminal se eliminar o dolo requerido pelo crime ou se decorrer do artigo 33 do presente Estatuto.

Artigo 33
Decisão Hierárquica e Disposições Legais

1. Quem tiver cometido um crime da competência do Tribunal, em cumprimento de uma decisão emanada de um Governo ou de um superior hierárquico, quer seja militar ou civil, não será isento de responsabilidade criminal, a menos que:

a) Estivesse obrigado por lei a obedecer a decisões emanadas do Governo ou superior hierárquico em questão;

b) Não tivesse conhecimento de que a decisão era ilegal; e

c) A decisão não fosse manifestamente ilegal.

2. Para os efeitos do presente artigo, qualquer decisão de cometer genocídio ou crimes contra a humanidade será considerada como manifestamente ilegal.

Capítulo IV
COMPOSIÇÃO E ADMINISTRAÇÃO DO TRIBUNAL

Artigo 34
Órgãos do Tribunal

O Tribunal será composto pelos seguintes órgãos:

a) A Presidência;

b) Uma Seção de Recursos, uma Seção de Julgamento em Primeira Instância e uma Seção de Instrução;

c) O Gabinete do Procurador;

d) A Secretaria.

Artigo 35
Exercício das Funções de Juiz

1. Os juízes serão eleitos membros do Tribunal para exercer funções em regime de exclusividade e deverão estar disponíveis para desempenhar o respectivo cargo desde o início do seu mandato.

2. Os juízes que comporão a Presidência desempenharão as suas funções em regime de exclusividade desde a sua eleição.

3. A Presidência poderá, em função do volume de trabalho do Tribunal, e após consulta dos seus membros, decidir periodicamente em que medida é que será necessário que os restantes juízes desempenhem as suas funções em regime de exclusividade. Estas decisões não prejudicarão o disposto no artigo 40.

4. Os ajustes de ordem financeira relativos aos juízes que não tenham de exercer os respectivos cargos em regime de exclusividade serão adotadas em conformidade com o disposto no artigo 49.

Artigo 36
Qualificações, Candidatura e Eleição dos Juízes

1. Sob reserva do disposto no parágrafo 2º, o Tribunal será composto por 18 juízes.

2. *a)* A Presidência, agindo em nome do Tribunal, poderá propor o aumento do número de juízes referido no parágrafo 1º fundamentando as razões pelas quais considera necessária e apropriada tal medida. O Secretário comunicará imediatamente a proposta a todos os Estados-Partes;

b) A proposta será seguidamente apreciada em sessão da Assembleia dos Estados-Partes convocada nos termos do artigo 112 e deverá ser considerada adotada se for aprovada na sessão por maioria de 2/3 (dois terços) dos membros da Assembleia dos Estados-Partes; a proposta entrará em vigor na data fixada pela Assembleia dos Estados-Partes;

c) i) Logo que seja aprovada a proposta de aumento do número de juízes, de acordo com o disposto na alínea *b)*, a eleição dos juízes adicionais terá lugar no período seguinte de sessões da Assembleia dos Estados-Partes, nos termos dos parágrafos 3º a 8º do presente artigo e do parágrafo 2º do artigo 37;

ii) Após a aprovação e a entrada em vigor de uma proposta de aumento do número de juízes, de acordo com o disposto nas alíneas *b)* e *c)* i), a Presidência poderá, a qualquer momento, se o volume de trabalho do Tribunal assim o justificar, propor que o número de juízes seja reduzido, mas nunca para um número inferior ao fixado no parágrafo 1º. A proposta será apreciada de acordo com o procedimento definido nas alíneas *a)* e *b)*. Caso a proposta seja aprovada, o número de juízes será progressivamente reduzido, à medida que expirem os mandatos e até que se alcance o número previsto.

3. *a)* Os juízes serão eleitos dentre pessoas de elevada idoneidade moral, imparcialidade e integridade, que reúnam os requisitos para o exercício das mais altas funções judiciais nos seus respectivos países.

b) Os candidatos a juízes deverão possuir:

i) Reconhecida competência em direito penal e direito processual penal e a necessária experiência em processos penais na qualidade de juiz, procurador, advogado ou outra função semelhante; ou

ii) Reconhecida competência em matérias relevantes de direito internacional, tais como o direito internacional humanitário e os direitos humanos, assim como vasta experiência em profissões jurídicas com relevância para a função judicial do Tribunal;

c) Os candidatos a juízes deverão possuir um excelente conhecimento e serem fluentes em, pelo menos, uma das línguas de trabalho do Tribunal.

4. *a)* Qualquer Estado-Parte no presente Estatuto poderá propor candidatos às eleições para juiz do Tribunal mediante:

i) O procedimento previsto para propor candidatos aos mais altos cargos judiciais do país; ou

ii) O procedimento previsto no Estatuto da Corte Internacional de Justiça para propor candidatos a esse Tribunal.

As propostas de candidatura deverão ser acompanhadas de uma exposição detalhada comprovativa de que o candidato possui os requisitos enunciados no parágrafo 3º;

b) Qualquer Estado-Parte poderá apresentar uma candidatura de uma pessoa que não tenha necessariamente a sua nacionalidade, mas que seja nacional de um Estado-Parte;

c) A Assembleia dos Estados-Partes poderá decidir constituir, se apropriado, uma Comissão consultiva para o exame das candidaturas, neste caso, a Assembleia dos Estados-Partes determinará a composição e o mandato da Comissão.

5. Para efeitos da eleição, serão estabelecidas duas listas de candidatos:

A lista A, com os nomes dos candidatos que reúnam os requisitos enunciados na alínea *b)* i) do parágrafo 3º; e

A lista B, com os nomes dos candidatos que reúnam os requisitos enunciados na alínea *b)* ii) do parágrafo 3º.

O candidato que reúna os requisitos constantes de ambas as listas, poderá escolher em qual delas deseja figurar. Na primeira eleição de membros do Tribunal, pelo menos 9 (nove) juízes serão eleitos entre os candidatos da lista A e pelo menos 5 (cinco) entre os candidatos da lista B. As eleições subsequentes serão organizadas por forma a que se mantenha no Tribunal uma proporção equivalente de juízes de ambas as listas.

6. *a)* Os juízes serão eleitos por escrutínio secreto, em sessão da Assembleia dos Estados-Partes convocada para esse efeito, nos termos do artigo 112. Sob reserva do disposto no parágrafo 7, serão eleitos os 18 (dezoito) candidatos que obtenham o maior número de votos e uma maioria de 2/3 (dois terços) dos Estados-Partes presentes e votantes;

b) No caso em que da primeira votação não resulte eleito um número suficiente de juízes, proceder-se-á a nova votação, de acordo com os procedimentos estabelecidos na alínea *a)*, até provimento dos lugares restantes.

7. O Tribunal não poderá ter mais de 1 (um) juiz nacional do mesmo Estado. Para este efeito, a pessoa que for considerada nacional de mais de um Estado será considerada nacional do Estado onde exerce habitualmente os seus direitos civis e políticos.

8. *a)* Na seleção dos juízes, os Estados-Partes ponderarão sobre a necessidade de assegurar que a composição do Tribunal inclua:

i) A representação dos principais sistemas jurídicos do mundo;

ii) Uma representação geográfica equitativa; e

iii) Uma representação justa de juízes do sexo feminino e do sexo masculino;

b) Os Estados-Partes levarão igualmente em consideração a necessidade de assegurar a presença de juízes especializados em determinadas matérias incluindo, entre outras, a violência contra mulheres ou crianças.

9. *a)* Salvo o disposto na alínea *b)*, os juízes serão eleitos por um mandato de 9 (nove) anos e não poderão ser reeleitos, salvo o disposto na alínea *c)* e no parágrafo 2º do artigo 37;

b) Na primeira eleição, 1/3 (um terço) dos juízes eleitos será selecionado por sorteio para exercer um mandato de 3 (três) anos; outro terço será selecionado, também por sorteio, para exercer um mandato de 6 (seis) anos; e os restantes exercerão um mandato de 9 (nove) anos;

c) Um juiz selecionado para exercer um mandato de 3 (três) anos, em conformidade com a alínea *b)*, poderá ser reeleito para um mandato completo.

10. Não obstante o disposto no parágrafo 9, um juiz afeto a um Juízo de Julgamento em Primeira Instância ou de Recurso, em conformidade com o artigo 39, permanecerá em funções até à conclusão do julgamento ou do recurso dos casos que tiver a seu cargo.

Artigo 37
Vagas

1. Caso ocorra uma vaga, realizar-se-á uma eleição para o seu provimento, de acordo com o artigo 36.

2. O juiz eleito para prover uma vaga, concluirá o mandato do seu antecessor e, se esse período for igual ou inferior a 3 (três) anos, poderá ser reeleito para um mandato completo, nos termos do artigo 36.

Artigo 38
A Presidência

1. O Presidente, o Primeiro Vice-Presidente e o Segundo Vice-Presidente serão eleitos por maioria absoluta dos juízes. Cada um desempenhará o respectivo cargo por um período de 3 (três) anos ou até ao termo do seu mandato como juiz, conforme o que expirar em primeiro lugar. Poderão ser reeleitos uma única vez.

2. O Primeiro Vice-Presidente substituirá o Presidente em caso de impossibilidade ou recusa deste. O Segundo Vice-Presidente substituirá o Presidente em caso de impedimento ou recusa deste ou do Primeiro Vice-Presidente.

3. O Presidente, o Primeiro Vice-Presidente e o Segundo Vice-Presidente constituirão a Presidência, que ficará encarregada:

a) Da adequada administração do Tribunal, com exceção do Gabinete do Procurador; e

b) Das restantes funções que lhe forem conferidas de acordo com o presente Estatuto.

4. Embora eximindo-se da sua responsabilidade nos termos do parágrafo 3º *a)*, a Presidência atuará em coordenação com o Gabinete do Procurador e deverá obter a aprovação deste em todos os assuntos de interesse comum.

Artigo 39
Juízos

1. Após a eleição dos juízes e logo que possível, o Tribunal deverá organizar-se nas seções referidas no artigo 34 *b)*. A Seção de Recursos será composta pelo Presidente e quatro juízes, a Seção de Julgamento em Primeira Instância por, pelo menos, seis juízes e a Seção de Instrução por, pelo menos, seis juízes. Os juízes serão adstritos às Seções de acordo com a natureza das funções que corresponderem a cada um e com as respectivas qualificações e experiência, por forma a que cada Seção disponha de um conjunto adequado de especialistas em direito penal e processual penal e em direito internacional. A Seção de Julgamento em Primeira Instância e a Seção de Instrução serão predominantemente compostas por juízes com experiência em processo penal.

2. *a)* As funções judiciais do Tribunal serão desempenhadas em cada Seção pelos juízos.

b) i) O Juízo de Recursos será composto por todos os juízes da Seção de Recursos;

ii) As funções do Juízo de Julgamento em Primeira Instância serão desempenhadas por 3 (três) juízes da Seção de Julgamento em Primeira Instância;

iii) As funções do Juízo de Instrução serão desempenhadas por 3 (três) juízes da Seção de Instrução ou por 1 (um) só juiz da referida Seção, em conformidade com o presente Estatuto e com o Regulamento Processual;

c) Nada no presente número obstará a que se constituam simultaneamente mais de um Juízo de Julgamento em Primeira Instância ou Juízo de Instrução, sempre que a gestão eficiente do trabalho do Tribunal assim o exigir.

3. *a)* Os juízes adstritos às Seções de Julgamento em Primeira Instância e de Instrução desempenharão o cargo nessas Seções por um período de 3 (três) anos ou, decorrido esse período, até à conclusão dos casos que lhes tenham sido cometidos pela respectiva Seção;

b) Os juízes adstritos à Seção de Recursos desempenharão o cargo nessa Seção durante todo o seu mandato.

4. Os juízes adstritos à Seção de Recursos desempenharão o cargo unicamente nessa Seção. Nada no presente artigo obstará a que sejam adstritos temporariamente juízes da Seção de Julgamento em Primeira Instância à Seção de Instrução, ou inversamente, se a Presidência entender que a gestão eficiente do trabalho do Tribunal assim o exige; porém, o juiz que tenha participado na fase instrutória não poderá, em caso algum, fazer parte do Juízo de Julgamento em Primeira Instância encarregado do caso.

Artigo 40
Independência dos Juízes

1. Os juízes serão independentes no desempenho das suas funções.

2. Os juízes não desenvolverão qualquer atividade que possa ser incompatível com o exercício das suas funções judiciais ou prejudicar a confiança na sua independência.

3. Os juízes que devam desempenhar os seus cargos em regime de exclusividade na sede do Tribunal não poderão ter qualquer outra ocupação de natureza profissional.

4. As questões relativas à aplicação dos parágrafos 2º e 3º serão decididas por maioria absoluta dos juízes. Nenhum juiz participará na decisão de uma questão que lhe diga respeito.

Artigo 41
Impedimento e Desqualificação de Juízes

1. A Presidência poderá, a pedido de um juiz, declarar seu impedimento para o exercício de alguma das funções que lhe confere o presente Estatuto, em conformidade com o Regulamento Processual.

2. *a)* Nenhum juiz pode participar num caso em que, por qualquer motivo, seja posta em dúvida a sua imparcialidade. Será desqualificado, em conformidade com o disposto neste número, entre outras razões, se tiver intervindo anteriormente, a qualquer título, em um caso submetido ao Tribunal ou em um procedimento criminal conexo em nível nacional que envolva a pessoa objeto de inquérito ou procedimento criminal. Pode ser igualmente desqualificado por qualquer outro dos motivos definidos no Regulamento Processual;

b) O Procurador ou a pessoa objeto de inquérito ou procedimento criminal poderá solicitar a desqualificação de 1 (um) juiz em virtude do disposto no presente número;

c) As questões relativas à desqualificação de juízes serão decididas por maioria absoluta dos juízes. O juiz cuja desqualificação for solicitada, poderá pronunciar-se sobre a questão, mas não poderá tomar parte na decisão.

Artigo 42
O Gabinete do Procurador

1. O Gabinete do Procurador atuará de forma independente, enquanto órgão autônomo do Tribunal. Competir-lhe-á recolher comunicações e qualquer outro tipo de informação, devidamente fundamentada, sobre crimes da competência do Tribunal, a fim de os examinar e investigar e de exercer a ação penal junto ao Tribunal. Os membros do Gabinete do Procurador não solicitarão nem cumprirão ordens de fontes externas ao Tribunal.

2. O Gabinete do Procurador será presidido pelo Procurador, que terá plena autoridade para dirigir e administrar o Gabinete do Procurador, incluindo o pessoal, as instalações e outros recursos. O Procurador será coadjuvado por um ou mais Procuradores-Adjuntos, que poderão desempenhar qualquer uma das funções que incumbam àquele, em conformidade com o disposto no presente Estatuto. O Procurador e os Procuradores-Adjuntos terão nacionalidades diferentes e desempenharão o respectivo cargo em regime de exclusividade.

3. O Procurador e os Procuradores-Adjuntos deverão ter elevada idoneidade moral, elevado nível de competência e vasta experiência prática em matéria de processo penal. Deverão possuir um excelente conhecimento e serem fluentes em, pelo menos, uma das línguas de trabalho do Tribunal.

4. O Procurador será eleito por escrutínio secreto e por maioria absoluta de votos dos membros da Assembleia dos Estados-Partes. Os Procuradores-Adjuntos serão eleitos da mesma forma, de entre uma lista de candidatos apresentada pelo Procurador. O Procurador proporá 3 (três) candidatos para cada cargo de Procurador-Adjunto a prover. A menos que, ao tempo da eleição, seja fixado um período mais curto, o Procurador e os Procuradores-Adjuntos exercerão os respectivos cargos por um período de 9 (nove) anos e não poderão ser reeleitos.

5. O Procurador e os Procuradores-Adjuntos não deverão desenvolver qualquer atividade que possa interferir com o exercício das suas funções ou afetar a confiança na sua independência e não poderão desempenhar qualquer outra função de caráter profissional.

6. A Presidência poderá, a pedido do Procurador ou de um Procurador-Adjunto, escusá-lo de intervir num determinado caso.

7. O Procurador e os Procuradores-Adjuntos não poderão participar em qualquer processo em que, por qualquer motivo, a sua imparcialidade possa ser posta em causa. Serão recusados, em conformidade com o disposto no presente número, entre outras razões, se tiverem intervindo anteriormente, a qualquer título, num caso submetido ao Tribunal ou num procedimento crime conexo em nível nacional, que envolva a pessoa objeto de inquérito ou procedimento criminal.

8. As questões relativas à recusa do Procurador ou de um Procurador-Adjunto serão decididas pelo Juízo de Recursos.

a) A pessoa objeto de inquérito ou procedimento criminal poderá solicitar, a todo o momento, a recusa do Procurador ou de um Procurador-Adjunto, pelos motivos previstos no presente artigo;

b) O Procurador ou o Procurador-Adjunto, segundo o caso, poderão pronunciar-se sobre a questão.

9. O Procurador nomeará assessores jurídicos especializados em determinadas áreas incluindo, entre outras, as da violência sexual ou violência por motivos relacionados com a pertença a um determinado gênero e da violência contra as crianças.

Artigo 43
A Secretaria

1. A Secretaria será responsável pelos aspectos não judiciais da administração e do funcionamento do Tribunal, sem prejuízo das funções e atribuições do Procurador definidas no artigo 42.

2. A Secretaria será dirigida pelo Secretário, principal responsável administrativo do Tribunal. O Secretário exercerá as suas funções na dependência do Presidente do Tribunal.

3. O Secretário e o Secretário-Adjunto deverão ser pessoas de elevada idoneidade moral e possuir um elevado nível de competência e um excelente conhecimento e domínio de, pelo menos, uma das línguas de trabalho do Tribunal.

4. Os juízes elegerão o Secretário em escrutínio secreto, por maioria absoluta, tendo em consideração as recomendações da Assembleia dos Estados-Partes. Se necessário, elegerão um Secretário-Adjunto, por recomendação do Secretário e pela mesma forma.

5. O Secretário será eleito por um período de 5 (cinco) anos para exercer funções em regime de exclusividade e só poderá ser reeleito uma vez. O Secretário-Adjunto será eleito por um período de 5 (cinco) anos, ou por um período mais curto se assim o decidirem os juízes por deliberação tomada por maioria absoluta, e exercerá as suas funções de acordo com as exigências de serviço.

6. O Secretário criará, no âmbito da Secretaria, uma Unidade de Apoio às Vítimas e Testemunhas. Esta Unidade, em conjunto com o Gabinete do Procurador, adotará medidas de proteção e dispositivos de segurança e prestará assessoria e outro tipo de assistência às testemunhas e vítimas que compareçam perante o Tribunal e a outras pessoas ameaçadas em virtude do testemunho prestado por aquelas. A Unidade incluirá pessoal especializado para atender as vítimas de traumas, nomeadamente os relacionados com crimes de violência sexual.

Artigo 44
O Pessoal

1. O Procurador e o Secretário nomearão o pessoal qualificado necessário aos respectivos serviços, nomeadamente, no caso do Procurador, o pessoal encarregado de efetuar diligências no âmbito do inquérito.

2. No tocante ao recrutamento de pessoal, o Procurador e o Secretário assegurarão os mais altos padrões de eficiência, competência e integridade, tendo em consideração, *mutatis mutandis,* os critérios estabelecidos no parágrafo 8 do artigo 36.

3. O Secretário, com o acordo da Presidência e do Procurador, proporá o Estatuto do Pessoal, que fixará as condições de nomeação, remuneração e cessação de funções do pessoal do Tribunal. O Estatuto do Pessoal será aprovado pela Assembleia dos Estados-Partes.

4. O Tribunal poderá, em circunstâncias excepcionais, recorrer aos serviços de pessoal colocado à sua disposição, a título gratuito, pelos Estados-Partes, organizações intergovernamentais e organizações não governamentais, com vista a colaborar com qualquer um dos órgãos do Tribunal. O Procurador poderá anuir a tal eventualidade em nome do Gabinete do Procurador. A utilização do pessoal disponibilizado a título gratuito ficará sujeita às diretivas estabelecidas pela Assembleia dos Estados-Partes.

Artigo 45
Compromisso Solene

Antes de assumir as funções previstas no presente Estatuto, os juízes, o Procurador, os Procuradores-Adjuntos, o Secretário e o Secretário-Adjunto declararão solenemente, em sessão pública, que exercerão as suas funções imparcial e conscienciosamente.

Artigo 46
Cessação de Funções

1. Um Juiz, o Procurador, um Procurador-Adjunto, o Secretário ou o Secretário-Adjunto cessará as respectivas funções, por decisão adotada de acordo com o disposto no parágrafo 2º, nos casos em que:

a) Se conclua que a pessoa em causa incorreu em falta grave ou incumprimento grave das funções conferidas pelo presente Estatuto, de acordo com o previsto no Regulamento Processual; ou

b) A pessoa em causa se encontre impossibilitada de desempenhar as funções definidas no presente Estatuto.

2. A decisão relativa à cessação de funções de um juiz, do Procurador ou de um Procurador-Adjunto, de acordo com o parágrafo 1º, será adotada pela Assembleia dos Estados-Partes em escrutínio secreto:

a) No caso de um juiz, por maioria de 2/3 (dois terços) dos Estados-Partes, com base em recomendação adotada por maioria de 2/3 (dois terços) dos restantes juízes;

b) No caso do Procurador, por maioria absoluta dos Estados-Partes;

c) No caso de um Procurador-Adjunto, por maioria absoluta dos Estados-Partes, com base na recomendação do Procurador.

3. A decisão relativa à cessação de funções do Secretário ou do Secretário-Adjunto, será adotada por maioria absoluta de votos dos juízes.

4. Os juízes, o Procurador, os Procuradores-Adjuntos, o Secretário ou o Secretário-Adjunto, cuja conduta ou idoneidade para o exercício das funções inerentes ao cargo em conformidade com o presente Estatuto tiver sido contestada ao abrigo do presente artigo, terão plena possibilidade de apresentar e obter meios de prova e produzir alegações de acordo com o Regulamento Processual; não poderão, no entanto, participar, de qualquer outra forma, na apreciação do caso.

Artigo 47
Medidas Disciplinares

Os juízes, o Procurador, os Procuradores-Adjuntos, o Secretário ou o Secretário-Adjunto que tiverem cometido uma falta menos grave que a prevista no parágrafo 1º do artigo 46 incorrerão em responsabilidade disciplinar nos termos do Regulamento Processual.

Artigo 48
Privilégios e Imunidades

1. O Tribunal gozará, no território dos Estados-Partes, dos privilégios e imunidades que se mostrem necessários ao cumprimento das suas funções.

2. Os juízes, o Procurador, os Procuradores-Adjuntos e o Secretário gozarão, no exercício das suas funções ou em relação a estas, dos mesmos privilégios e imunidades reconhecidos aos chefes das missões diplomáticas, continuando a usufruir de absoluta imunidade judicial relativamente às suas declarações, orais ou escritas, e aos atos que pratiquem no desempenho de funções oficiais após o termo do respectivo mandato.

3. O Secretário-Adjunto, o pessoal do Gabinete do Procurador e o pessoal da Secretaria gozarão dos mesmos privilégios e imunidades e das facilidades necessárias ao cumprimento das respectivas funções, nos termos do acordo sobre os privilégios e imunidades do Tribunal.

4. Os advogados, peritos, testemunhas e outras pessoas, cuja presença seja requerida na sede do Tribunal, beneficiarão do tratamento que se mostre necessário ao funcionamento adequado deste, nos termos do acordo sobre os privilégios e imunidades do Tribunal.

5. Os privilégios e imunidades poderão ser levantados:

a) No caso de um juiz ou do Procurador, por decisão adotada por maioria absoluta dos juízes;

b) No caso do Secretário, pela Presidência;

c) No caso dos Procuradores-Adjuntos e do pessoal do Gabinete do Procurador, pelo Procurador;

d) No caso do Secretário-Adjunto e do pessoal da Secretaria, pelo Secretário.

Artigo 49
Vencimentos, Subsídios e Despesas

Os juízes, o Procurador, os Procuradores-Adjuntos, o Secretário e o Secretário-Adjunto auferirão os vencimentos e terão direito aos subsídios e ao reembolso de despesas que forem estabelecidos em Assembleia dos Estados-Partes. Estes vencimentos e subsídios não serão reduzidos no decurso do mandato.

Artigo 50
Línguas Oficiais e Línguas de Trabalho

1. As línguas árabe, chinesa, espanhola, francesa, inglesa e russa serão as línguas oficiais do Tribunal. As sentenças proferidas pelo Tribunal, bem como outras decisões sobre questões fundamentais submetidas ao Tribunal, serão publicadas nas línguas oficiais. A Presidência, de acordo com os critérios definidos no Regulamento Processual, determinará quais as decisões que poderão ser consideradas como decisões sobre questões fundamentais, para os efeitos do presente parágrafo.

2. As línguas francesa e inglesa serão as línguas de trabalho do Tribunal. O Regulamento Processual definirá os casos em que outras línguas oficiais poderão ser usadas como línguas de trabalho.

3. A pedido de qualquer Parte ou qualquer Estado que tenha sido admitido a intervir num processo, o Tribunal autorizará o uso de uma língua que não seja a francesa ou a inglesa, sempre que considere que tal autorização se justifica.

Artigo 51
Regulamento Processual

1. O Regulamento Processual entrará em vigor mediante a sua aprovação por uma maioria de 2/3 (dois terços) dos votos dos membros da Assembleia dos Estados-Partes.

2. Poderão propor alterações ao Regulamento Processual:

a) Qualquer Estado-Parte;

b) Os juízes, por maioria absoluta; ou

c) O Procurador.

Estas alterações entrarão em vigor mediante a aprovação por uma maioria de 2/3 (dois terços) dos votos dos membros da Assembleia dos Estados-partes.

3. Após a aprovação do Regulamento Processual, em casos urgentes em que a situação concreta suscitada em Tribunal não se encontre prevista no Regulamento Processual, os juízes poderão, por maioria de 2/3 (dois terços), estabelecer normas provisórias a serem aplicadas até que a Assembleia dos Estados-Partes as aprove, altere ou rejeite na sessão ordinária ou extraordinária seguinte.

4. O Regulamento Processual, e respectivas alterações, bem como quaisquer normas provisórias, deverão estar em consonância com o presente Estatuto. As alterações ao Regulamento Processual, assim como as normas provisórias aprovadas em conformidade com o parágrafo 3º, não serão aplicadas com caráter retroativo em detrimento de qualquer pessoa que seja objeto de inquérito ou de procedimento criminal, ou que tenha sido condenada.

5. Em caso de conflito entre as disposições do Estatuto e as do Regulamento Processual, o Estatuto prevalecerá.

Artigo 52
Regimento do Tribunal

1. De acordo com o presente Estatuto e com o Regulamento Processual, os juízes aprovarão, por maioria absoluta, o Regimento necessário ao normal funcionamento do Tribunal.

2. O Procurador e o Secretário serão consultados sobre a elaboração do Regimento ou sobre qualquer alteração que lhe seja introduzida.

3. O Regimento do Tribunal e qualquer alteração posterior entrarão em vigor mediante a sua aprovação, salvo decisão em contrário dos juízes. Imediatamente após a adoção, serão circulados pelos Estados-Partes para observações e continuarão em vigor se, dentro de 6 (seis) meses, não forem formuladas objeções pela maioria dos Estados-Partes.

Capítulo V
INQUÉRITO E PROCEDIMENTO CRIMINAL

Artigo 53
Abertura do Inquérito

1. O Procurador, após examinar a informação de que dispõe, abrirá um inquérito, a menos que considere que, nos termos do presente Estatuto, não existe fundamento razoável para proceder ao mesmo. Na sua decisão, o Procurador terá em conta se:

a) A informação de que dispõe constitui fundamento razoável para crer que foi, ou está sendo, cometido um crime da competência do Tribunal;

b) O caso é ou seria admissível nos termos do artigo 17; e

c) Tendo em consideração a gravidade do crime e os interesses das vítimas, não existirão, contudo, razões substanciais para crer que o inquérito não serve os interesses da justiça.

Se decidir que não há motivo razoável para abrir um inquérito e se esta decisão se basear unicamente no disposto na alínea *c)*, o Procurador informará o Juízo de Instrução.

2. Se, concluído o inquérito, o Procurador chegar à conclusão de que não há fundamento suficiente para proceder criminalmente, na medida em que:

a) Não existam elementos suficientes, de fato ou de direito, para requerer a emissão de um mandado de detenção ou notificação para comparência, de acordo com o artigo 58;

b) O caso seja inadmissível, de acordo com o artigo 17; ou

c) O procedimento não serviria o interesse da justiça, consideradas todas as circunstâncias, tais como a gravidade do crime, os interesses das vítimas e a idade ou o estado de saúde do presumível autor e o grau de participação no alegado crime, comunicará a sua decisão, devidamente fundamentada, ao Juízo de Instrução e ao Estado que lhe submeteu o caso, de acordo com o artigo 14, ou ao Conselho de Segurança, se se tratar de um caso previsto no parágrafo *b)* do artigo 13.

3. *a)* A pedido do Estado que tiver submetido o caso, nos termos do artigo 14, ou do Conselho de Segurança, nos termos do parágrafo *b)* do artigo 13, o Juízo de Instrução poderá examinar a decisão do Procurador de não proceder criminalmente em conformidade com os parágrafos 1º ou 2º e solicitar-lhe que reconsidere essa decisão;

b) Além disso, o Juízo de Instrução poderá, oficiosamente, examinar a decisão do Procurador de não proceder criminalmente, se essa decisão se basear unicamente no disposto no parágrafo 1º, alínea *c)*, e no parágrafo 2º, alínea *c)*. Nesse caso, a decisão do Procurador só produzirá efeitos se confirmada pelo Juízo de Instrução.

4. O Procurador poderá, a todo o momento, reconsiderar a sua decisão de abrir um inquérito ou proceder criminalmente, com base em novos fatos ou novas informações.

Artigo 54
Funções e Poderes do Procurador em Matéria de Inquérito

1. O Procurador deverá:

a) A fim de estabelecer a verdade dos fatos, alargar o inquérito a todos os fatos e provas pertinentes para a determinação da responsabilidade criminal, em conformidade com o presente Estatuto e, para esse efeito, investigar, de igual modo, as circunstâncias que interessam quer à acusação, quer à defesa;

b) Adotar as medidas adequadas para assegurar a eficácia do inquérito e do procedimento criminal relativamente aos crimes da jurisdição do Tribunal e, na sua atuação, o Procurador terá em conta os interesses e a situação pessoal das vítimas e testemunhas, incluindo a idade, o gênero tal como definido no parágrafo 3º do artigo 7º, e o estado de saúde; terá igualmente em conta a natureza do crime, em particular quando envolva violência sexual, violência por motivos relacionados com a pertença a um determinado gênero e violência contra as crianças; e

c) Respeitar plenamente os direitos conferidos às pessoas pelo presente Estatuto.

2. O Procurador poderá realizar investigações no âmbito de um inquérito no território de um Estado:

a) De acordo com o disposto na Parte IX; ou

b) Mediante autorização do Juízo de Instrução, dada nos termos do parágrafo 3º, alínea *d)*, do artigo 57.

3. O Procurador poderá:

a) Reunir e examinar provas;

b) Convocar e interrogar pessoas objeto de inquérito e convocar e tomar o depoimento de vítimas e testemunhas;

c) Procurar obter a cooperação de qualquer Estado ou organização intergovernamental ou instrumento intergovernamental, de acordo com a respectiva competência e/ou mandato;

d) Celebrar acordos ou convênios compatíveis com o presente Estatuto, que se mostrem necessários para facilitar a cooperação de um Estado, de uma organização intergovernamental ou de uma pessoa;

e) Concordar em não divulgar, em qualquer fase do processo, documentos ou informação que tiver obtido, com a condição de preservar o seu caráter confidencial e com o objetivo único de obter novas provas, a menos que quem tiver facilitado a informação consinta na sua divulgação; e

f) Adotar ou requerer que se adotem as medidas necessárias para assegurar o caráter confidencial da informação, a proteção de pessoas ou a preservação da prova.

Artigo 55
Direitos das Pessoas no Decurso do Inquérito

1. No decurso de um inquérito aberto nos termos do presente Estatuto:

a) Nenhuma pessoa poderá ser obrigada a depor contra si própria ou a declarar-se culpada;

b) Nenhuma pessoa poderá ser submetida a qualquer forma de coação, intimidação ou ameaça, tortura ou outras formas de penas ou tratamentos cruéis, desumanos ou degradantes; e

c) Qualquer pessoa que for interrogada numa língua que não compreenda ou não fale fluentemente, será assistida, gratuitamente, por um intérprete competente e disporá das traduções que são necessárias às exigências de equidade;

d) Nenhuma pessoa poderá ser presa ou detida arbitrariamente, nem ser privada da sua liberdade, salvo pelos motivos previstos no presente Estatuto e em conformidade com os procedimentos nele estabelecidos.

2. Sempre que existam motivos para crer que uma pessoa cometeu um crime da competência do Tribunal e que deve ser interrogada pelo Procurador ou pelas autoridades nacionais, em virtude de um pedido feito em conformidade com o disposto na Parte IX do presente Estatuto, essa pessoa será informada, antes do interrogatório, de que goza ainda dos seguintes direitos:

a) A ser informada antes de ser interrogada de que existem indícios de que cometeu um crime da competência do Tribunal;

b) A guardar silêncio, sem que tal seja tido em consideração para efeitos de determinação da sua culpa ou inocência;

c) A ser assistida por um advogado da sua escolha ou, se não o tiver, a solicitar que lhe seja designado um defensor dativo, em todas as situações em que o interesse da justiça assim o exija e sem qualquer encargo se não possuir meios suficientes para lhe pagar; e

d) A ser interrogada na presença do seu advogado, a menos que tenha renunciado voluntariamente ao direito de ser assistida por um advogado.

Artigo 56
Intervenção do Juízo de Instrução em Caso de Oportunidade Única de Proceder a um Inquérito

1. *a)* Sempre que considere que um inquérito oferece uma oportunidade única de recolher depoimentos ou declarações de uma testemunha ou de examinar, reunir ou verificar provas, o Procurador comunicará esse fato ao Juízo de Instrução;

b) Nesse caso, o Juízo de Instrução, a pedido do Procurador, poderá adotar as medidas que entender necessárias para assegurar a eficácia e a integridade do processo e, em particular, para proteger os direitos de defesa;

c) Salvo decisão em contrário do Juízo de Instrução, o Procurador transmitirá a informação relevante à pessoa que tenha sido detida, ou que tenha comparecido na sequência de notificação emitida no âmbito do inquérito a que se refere a alínea *a)*, para que possa ser ouvida sobre a matéria em causa.

2. As medidas a que se faz referência na alínea *b)* do parágrafo 1º poderão consistir em:

a) Fazer recomendações ou proferir despachos sobre o procedimento a seguir;

b) Ordenar que seja lavrado o processo;

c) Nomear um perito;

d) Autorizar o advogado de defesa do detido, ou de quem tiver comparecido no Tribunal na sequência de notificação, a participar no processo ou, no caso dessa detenção ou comparecimento não se ter ainda verificado ou não tiver ainda sido designado advogado, a nomear outro defensor que se encarregará dos interesses da defesa e os representará;

e) Encarregar um dos seus membros ou, se necessário, outro juiz disponível da Seção de Instrução ou da Seção de Julgamento em Primeira Instância, de formular recomendações ou proferir despachos sobre o recolhimento e a preservação de meios de prova e a inquirição de pessoas;

f) Adotar todas as medidas necessárias para reunir ou preservar meios de prova.

3. *a)* Se o Procurador não tiver solicitado as medidas previstas no presente artigo mas o Juízo de Instrução considerar que tais medidas serão

necessárias para preservar meios de prova que lhe pareçam essenciais para a defesa no julgamento, o Juízo consultará o Procurador a fim de saber se existem motivos poderosos para este não requerer as referidas medidas. Se, após consulta, o Juízo concluir que a omissão de requerimento de tais medidas é injustificada, poderá adotar essas medidas de ofício.

b) O Procurador poderá recorrer da decisão do Juízo de Instrução de ofício, nos termos do presente número. O recurso seguirá uma forma sumária.

4. A admissibilidade dos meios de prova preservados ou recolhidos para efeitos do processo ou o respectivo registro, em conformidade com o presente artigo, reger-se-ão, em julgamento, pelo disposto no artigo 69, e terão o valor que lhes for atribuído pelo Juízo de Julgamento em Primeira Instância.

Artigo 57
Funções e Poderes do Juízo de Instrução

1. Salvo disposição em contrário contida no presente Estatuto, o Juízo de Instrução exercerá as suas funções em conformidade com o presente artigo.

2. *a)* Para os despachos do Juízo de Instrução proferidos ao abrigo dos artigos 15, 18, 19, 54, parágrafo 2º, 61, parágrafo 7, e 72, deve concorrer maioria de votos dos juízes que o compõem;

b) Em todos os outros casos, um único juiz do Juízo de Instrução poderá exercer as funções definidas no presente Estatuto, salvo disposição em contrário contida no Regulamento Processual ou decisão em contrário do Juízo de Instrução tomada por maioria de votos.

3. Independentemente das outras funções conferidas pelo presente Estatuto, o Juízo de Instrução poderá:

a) A pedido do Procurador, proferir os despachos e emitir os mandados que se revelem necessários para um inquérito;

b) A pedido de qualquer pessoa que tenha sido detida ou tenha comparecido na sequência de notificação expedida nos termos do artigo 58, proferir despachos, incluindo medidas tais como as indicadas no artigo 56, ou procurar obter, nos termos do disposto na Parte IX, a cooperação necessária para auxiliar essa pessoa a preparar a sua defesa;

c) Sempre que necessário, assegurar a proteção e o respeito pela privacidade de vítimas e testemunhas, a preservação da prova, a proteção de pessoas detidas ou que tenham comparecido na sequência de notificação para comparecimento, assim como a proteção de informação que afete a segurança nacional;

d) Autorizar o Procurador a adotar medidas específicas no âmbito de um inquérito, no território de um Estado-Parte sem ter obtido a cooperação deste nos termos do disposto na Parte IX, caso o Juízo de Instrução determine que, tendo em consideração, na medida do possível, a posição do referido Estado, este último não está manifestamente em condições de satisfazer um pedido de cooperação face à incapacidade de todas as autoridades ou órgãos do seu sistema judiciário com competência para dar seguimento a um pedido de cooperação formulado nos termos do disposto na Parte IX.

e) Quando tiver emitido um mandado de detenção ou uma notificação para comparecimento nos termos do artigo 58, e levando em consideração o valor das provas e os direitos das partes em questão, em conformidade com o disposto no presente Estatuto e no Regulamento Processual, procurar obter a cooperação dos Estados, nos termos do parágrafo 1º, alínea *k)* do artigo 93, para adoção de medidas cautelares que visem à apreensão, em particular no interesse superior das vítimas.

Artigo 58
Mandado de Detenção e Notificação para Comparecimento do Juízo de Instrução

1. A todo o momento após a abertura do inquérito, o Juízo de Instrução poderá, a pedido do Procurador, emitir um mandado de detenção contra uma pessoa se, após examinar o pedido e as provas ou outras informações submetidas pelo Procurador, considerar que:

a) Existem motivos suficientes para crer que essa pessoa cometeu um crime da competência do Tribunal; e

b) A detenção dessa pessoa se mostra necessária para:

i) Garantir o seu comparecimento em tribunal;

ii) Garantir que não obstruirá, nem porá em perigo, o inquérito ou a ação do Tribunal; ou

iii) Se for o caso, impedir que a pessoa continue a cometer esse crime ou um crime conexo que seja da competência do Tribunal e tenha a sua origem nas mesmas circunstâncias.

2. Do requerimento do Procurador deverão constar os seguintes elementos:

a) O nome da pessoa em causa e qualquer outro elemento útil de identificação;

b) A referência precisa do crime da competência do Tribunal que a pessoa tenha presumivelmente cometido;

c) Uma descrição sucinta dos fatos que alegadamente constituem o crime;

d) Um resumo das provas e de qualquer outra informação que constitua motivo suficiente para crer que a pessoa cometeu o crime; e

e) Os motivos pelos quais o Procurador considere necessário proceder à detenção daquela pessoa.

3. Do mandado de detenção deverão constar os seguintes elementos:

a) O nome da pessoa em causa e qualquer outro elemento útil de identificação;

b) A referência precisa do crime da competência do Tribunal que justifique o pedido de detenção; e

c) Uma descrição sucinta dos fatos que alegadamente constituem o crime.

4. O mandado de detenção manter-se-á válido até decisão em contrário do Tribunal.

5. Com base no mandado de detenção, o Tribunal poderá solicitar a prisão preventiva ou a detenção e entrega da pessoa em conformidade com o disposto na Parte IX do presente Estatuto.

6. O Procurador poderá solicitar ao Juízo de Instrução que altere o mandado de detenção no sentido de requalificar os crimes aí indicados ou de adicionar outros. O Juízo de Instrução alterará o mandado de detenção se considerar que existem motivos suficientes para crer que a pessoa cometeu quer os crimes na forma que se indica nessa requalificação, quer os novos crimes.

7. O Procurador poderá solicitar ao Juízo de Instrução que, em vez de um mandado de detenção, emita uma notificação para comparecimento. Se o Juízo considerar que existem motivos suficientes para crer que a pessoa cometeu o crime que lhe é imputado e que uma notificação para comparecimento será suficiente para garantir a sua presença efetiva em tribunal, emitirá uma notificação para que a pessoa compareça, com ou sem a imposição de medidas restritivas de liberdade (distintas da detenção) se previstas no direito interno. Da notificação para comparecimento deverão constar os seguintes elementos:

a) O nome da pessoa em causa e qualquer outro elemento útil de identificação;

b) A data de comparecimento;

c) A referência precisa ao crime da competência do Tribunal que a pessoa alegadamente tenha cometido; e

d) Uma descrição sucinta dos fatos que alegadamente constituem o crime.

Esta notificação será diretamente feita à pessoa em causa.

Artigo 59
PROCEDIMENTO DE DETENÇÃO NO ESTADO DA DETENÇÃO

1. O Estado-Parte que receber um pedido de prisão preventiva ou de detenção e entrega, adotará imediatamente as medidas necessárias para proceder à detenção, em conformidade com o respectivo direito interno e com o disposto na Parte IX.

2. O detido será imediatamente levado à presença da autoridade judiciária competente do Estado da detenção que determinará se, de acordo com a legislação desse Estado:

a) O mandado de detenção é aplicável à pessoa em causa;

b) A detenção foi executada de acordo com a lei;

c) Os direitos do detido foram respeitados,

3. O detido terá direito a solicitar à autoridade competente do Estado da detenção autorização para aguardar a sua entrega em liberdade.

4. Ao decidir sobre o pedido, a autoridade competente do Estado da detenção determinará se, em face da gravidade dos crimes imputados, se verificam circunstâncias urgentes e excepcionais que justifiquem a liberdade provisória e se existem as garantias necessárias para que o Estado de detenção possa cumprir a sua obrigação de entregar a pessoa ao Tribunal. Essa autoridade não terá competência para examinar se o mandado de detenção foi regularmente emitido, nos termos das alíneas *a)* e *b)* do parágrafo 1º do artigo 58.

5. O pedido de liberdade provisória será notificado ao Juízo de Instrução, o qual fará recomendações à autoridade competente do Estado da detenção. Antes de tomar uma decisão, a autoridade competente do Estado da detenção terá em conta essas recomendações, incluindo as relativas a medidas adequadas para impedir a fuga da pessoa.

6. Se a liberdade provisória for concedida, o Juízo de Instrução poderá solicitar informações periódicas sobre a situação de liberdade provisória.

7. Uma vez que o Estado da detenção tenha ordenado a entrega, o detido será colocado, o mais rapidamente possível, à disposição do Tribunal.

Artigo 60
Início da Fase Instrutória

1. Logo que uma pessoa seja entregue ao Tribunal ou nele compareça voluntariamente em cumprimento de uma notificação para comparecimento, o Juízo de Instrução deverá assegurar-se de que essa pessoa foi informada dos crimes que lhe são imputados e dos direitos que o presente Estatuto lhe confere, incluindo o direito de solicitar autorização para aguardar o julgamento em liberdade.

2. A pessoa objeto de um mandado de detenção poderá solicitar autorização para aguardar julgamento em liberdade. Se o Juízo de Instrução considerar verificadas as condições enunciadas no parágrafo 1ºdo artigo 58, a detenção será mantida. Caso contrário, a pessoa será posta em liberdade, com ou sem condições.

3. O Juízo de Instrução reexaminará periodicamente a sua decisão quanto à liberdade provisória ou à detenção, podendo fazê-lo a todo o momento, a pedido do Procurador ou do interessado. Ao tempo da revisão, o Juízo poderá modificar a sua decisão quanto à detenção, à liberdade provisória ou às condições desta, se considerar que a alteração das circunstâncias o justifica.

4. O Juízo de Instrução certificar-se-á de que a detenção não será prolongada por período não razoável devido a demora injustificada por parte do Procurador. Caso se produza a referida demora, o Tribunal considerará a possibilidade de por o interessado em liberdade, com ou sem condições.

5. Se necessário, o Juízo de Instrução poderá emitir um mandado de detenção para garantir o comparecimento de uma pessoa que tenha sido posta em liberdade.

Artigo 61
Apreciação da Acusação Antes do Julgamento

1. Salvo o disposto no parágrafo 2º, e em um prazo razoável após a entrega da pessoa ao Tribunal ou ao seu comparecimento voluntário perante este, o Juízo de Instrução realizará uma audiência para apreciar os fatos constantes da acusação com base nos quais o Procurador pretende requerer o julgamento. A audiência ocorrerá lugar na presença do Procurador e do acusado, assim como do defensor deste.

2. O Juízo de Instrução, de ofício ou a pedido do Procurador, poderá realizar a audiência na ausência do acusado, a fim de apreciar os fatos constantes da acusação com base nos quais o Procurador pretende requerer o julgamento, se o acusado:

a) Tiver renunciado ao seu direito a estar presente; ou

b) Tiver fugido ou não for possível encontrá-lo, tendo sido tomadas todas as medidas razoáveis para assegurar o seu comparecimento em Tribunal e para o informar dos fatos constantes da acusação e da realização de uma audiência para apreciação dos mesmos.

Neste caso, o acusado será representado por um defensor, se o Juízo de Instrução decidir que tal servirá os interesses da justiça.

3. Num prazo razoável antes da audiência, o acusado:

a) Receberá uma cópia do documento especificando os fatos constantes da acusação com base nos quais o Procurador pretende requerer o julgamento; e

b) Será informado das provas que o Procurador pretende apresentar em audiência.

O Juízo de Instrução poderá proferir despacho sobre a divulgação de informação para efeitos da audiência.

4. Antes da audiência, o Procurador poderá reabrir o inquérito e alterar ou retirar parte dos fatos constantes da acusação. O acusado será notificado de qualquer alteração ou retirada em tempo razoável, antes da realização da audiência. No caso de retirada de parte dos fatos constantes da acusação, o Procurador informará o Juízo de Instrução dos motivos da mesma.

5. Na audiência, o Procurador produzirá provas satisfatórias dos fatos constantes da acusação, nos quais baseou a sua convicção de que o acusado cometeu o crime que lhe é imputado. O Procurador poderá basear-se em provas documentais ou um resumo das provas, não sendo obrigado a chamar as testemunhas que irão depor no julgamento.

6. Na audiência, o acusado poderá:

a) Contestar as acusações;

b) Impugnar as provas apresentadas pelo Procurador; e

c) Apresentar provas.

7. Com base nos fatos apreciados durante a audiência, o Juízo de Instrução decidirá se existem provas suficientes de que o acusado cometeu os crimes que lhe são imputados. De acordo com essa decisão, o Juízo de Instrução:

a) Declarará procedente a acusação na parte relativamente à qual considerou terem sido reunidas provas suficientes e remeterá o acusado para o juízo de Julgamento em Primeira Instância, a fim de aí ser julgado pelos fatos confirmados;

b) Não declarará procedente a acusação na parte relativamente à qual considerou não terem sido reunidas provas suficientes;

c) Adiará a audiência e solicitará ao Procurador que considere a possibilidade de:

i) Apresentar novas provas ou efetuar novo inquérito relativamente a um determinado fato constante da acusação; ou

ii) Modificar parte da acusação, se as provas reunidas parecerem indicar que um crime distinto, da competência do Tribunal, foi cometido.

8. A declaração de não procedência relativamente a parte de uma acusação, proferida pelo Juízo de Instrução, não obstará a que o Procurador solicite novamente a sua apreciação, na condição de apresentar provas adicionais.

9. Tendo os fatos constantes da acusação sido declarados procedentes, e antes do início do julgamento, o Procurador poderá, mediante autorização do Juízo de Instrução e notificação prévia do acusado, alterar alguns fatos constantes da acusação. Se o Procurador pretender acrescentar novos fatos ou substituí-los por outros de natureza mais grave, deverá, nos termos do preserve artigo, requerer uma audiência para a respectiva apreciação. Após o início do julgamento, o Procurador poderá retirar a acusação, com autorização do Juízo de Instrução.

10. Qualquer mandado emitido deixará de ser válido relativamente aos fatos constantes da acusação que tenham sido declarados não procedentes pelo Juízo de Instrução ou que tenham sido retirados pelo Procurador.

11. Tendo a acusação sido declarada procedente nos termos do presente artigo, a Presidência designará um Juízo de Julgamento em Primeira Instância que, sob reserva do disposto no parágrafo 9 do presente artigo e no parágrafo 4º do artigo 64, se encarregará da fase seguinte do processo e poderá exercer as funções do Juízo de Instrução que se mostrem pertinentes e apropriadas nessa fase do processo.

Capítulo VI
O JULGAMENTO

Artigo 62
Local do Julgamento

Salvo decisão em contrário, o julgamento terá lugar na sede do Tribunal.

Artigo 63
Presença do Acusado em Julgamento

1. O acusado estará presente durante o julgamento.

2. Se o acusado, presente em tribunal, perturbar persistentemente a audiência, o Juízo de Julgamento em Primeira Instância poderá ordenar a sua remoção da sala e providenciar para que acompanhe o processo e dê instruções ao seu defensor a partir do exterior da mesma, utilizando, se necessário, meios técnicos de comunicação. Estas medidas só serão adotadas em circunstâncias excepcionais e pelo período estritamente necessário, após se terem esgotado outras possibilidades razoáveis.

Artigo 64
Funções e Poderes do Juízo de Julgamento em Primeira Instância

1. As funções e poderes do Juízo de Julgamento em Primeira Instância, enunciadas no presente artigo, deverão ser exercidas em conformidade com o presente Estatuto e o Regulamento Processual.

2. O Juízo de Julgamento em Primeira Instância zelará para que o julgamento seja conduzido de maneira equitativa e célere, com total respeito dos direitos do acusado e tendo em devida conta a proteção das vítimas e testemunhas.

3. O Juízo de Julgamento em Primeira Instância a que seja submetido um caso nos termos do presente Estatuto:

a) Consultará as partes e adotará as medidas necessárias para que o processo se desenrole de maneira equitativa e célere;

b) Determinará qual a língua, ou quais as línguas, a utilizar no julgamento; e *c)* Sob reserva de qualquer outra disposição pertinente do presente Estatuto, providenciará pela revelação de quaisquer documentos ou da informação que não tenha sido divulgada anteriormente, com suficiente antecedência relativamente ao início do julgamento, a fim de permitir a sua preparação adequada para o julgamento.

4. O Juízo de Julgamento em Primeira Instância poderá, se mostrar necessário para o seu funcionamento eficaz e imparcial, remeter questões preliminares ao Juízo de Instrução ou, se necessário, a um outro juiz disponível da Seção de Instrução.

5. Mediante notificação às partes, o Juízo de Julgamento em Primeira Instância poderá, conforme se lhe afigure mais adequado, ordenar que as acusações contra mais de um acusado sejam deduzidas conjunta ou separadamente.

6. No desempenho das suas funções, antes ou no decurso de um julgamento, o Juízo de Julgamento em Primeira Instância poderá, se necessário:

a) Exercer qualquer uma das funções do Juízo de Instrução consignadas no parágrafo 11 do artigo 61;

b) Ordenar a comparência e a audição de testemunhas e a apresentação de documentos e outras provas, obtendo para tal, se necessário, o auxílio de outros Estados, conforme previsto no presente Estatuto;

c) Adotar medidas para a proteção da informação confidencial;

d) Ordenar a apresentação de provas adicionais às reunidas antes do julgamento ou às apresentadas no decurso do julgamento pelas partes;

e) Adotar medidas para a proteção do acusado, testemunhas e vítimas; e

f) Decidir sobre qualquer outra questão pertinente.

7. A audiência de julgamento será pública. No entanto, o Juízo de Julgamento em Primeira Instância poderá decidir que determinadas diligências se efetuem à porta fechada, em conformidade com os objetivos enunciados no artigo 68 ou com vista a proteger informação de caráter confidencial ou restrita que venha a ser apresentada como prova.

8. *a)* No início da audiência de julgamento, o Juízo de Julgamento em Primeira Instância ordenará a leitura ao acusado, dos fatos constantes da acusação previamente confirmados pelo Juízo de Instrução. O Juízo de Julgamento em Primeira Instância deverá certificar-se de que o acusado compreende a natureza dos fatos que lhe são imputados e dar-lhe a oportunidade de os confessar, de acordo com o disposto no artigo 65, ou de se declarar inocente;

b) Durante o julgamento, o juiz presidente poderá dar instruções sobre a condução da audiência, nomeadamente para assegurar que esta se desenrole de maneira equitativa e imparcial. Salvo qualquer orientação do juiz presidente, as partes poderão apresentar provas em conformidade com as disposições do presente Estatuto.

9. O Juízo de Julgamento em Primeira Instância poderá, inclusive, de ofício ou a pedido de uma das partes, a saber:

a) Decidir sobre a admissibilidade ou pertinência das provas; e

b) Tomar todas as medidas necessárias para manter a ordem na audiência.

10. O Juízo de Julgamento em Primeira Instância providenciará para que o Secretário proceda a um registro completo da audiência de julgamento onde sejam fielmente relatadas todas as diligências efetuadas, registro que deverá manter e preservar.

Artigo 65
Procedimento em Caso de Confissão

1. Se o acusado confessar nos termos do parágrafo 8, alínea *a)*, do artigo 64, o Juízo de Julgamento em Primeira Instância apurará:

a) Se o acusado compreende a natureza e as consequências da sua confissão;

b) Se essa confissão foi feita livremente, após devida consulta ao seu advogado de defesa; e

c) Se a confissão é corroborada pelos fatos que resultam:

i) Da acusação deduzida pelo Procurador e aceita pelo acusado;

ii) De quaisquer meios de prova que confirmam os fatos constantes da acusação deduzida pelo Procurador e aceita pelo acusado; e

iii) De quaisquer outros meios de prova, tais como depoimentos de testemunhas, apresentados pelo Procurador ou pelo acusado.

2. Se o Juízo de Julgamento em Primeira Instância estimar que estão reunidas as condições referidas no parágrafo 1°, considerará que a confissão, juntamente com quaisquer provas adicionais produzidas, constitui um reconhecimento de todos os elementos essenciais constitutivos do crime pelo qual o acusado se declarou culpado e poderá condená-lo por esse crime.

3. Se o Juízo de Julgamento em Primeira Instância estimar que não estão reunidas as condições referidas no parágrafo 1°, considerará a confissão como não tendo tido lugar e, nesse caso, ordenará que o julgamento prossiga de acordo com o procedimento comum estipulado no presente Estatuto, podendo transmitir o processo a outro Juízo de Julgamento em Primeira Instância.

4. Se o Juízo de Julgamento em Primeira Instância considerar necessária, no interesse da justiça, e em particular no interesse das vítimas, uma explanação mais detalhada dos fatos integrantes do caso, poderá:

a) Solicitar ao Procurador que apresente provas adicionais, incluindo depoimentos de testemunhas; ou

b) Ordenar que o processo prossiga de acordo com o procedimento comum estipulado no presente Estatuto, caso em que considerará a confissão como não tendo tido lugar e poderá transmitir o processo a outro Juízo de Julgamento em Primeira Instância.

5. Quaisquer consultas entre o Procurador e a defesa, no que diz respeito à alteração dos fatos constantes da acusação, à confissão ou à pena a ser imposta, não vincularão o Tribunal.

Artigo 66
Presunção de Inocência

1. Toda a pessoa se presume inocente até prova da sua culpa perante o Tribunal, de acordo com o direito aplicável.

2. Incumbe ao Procurador o ônus da prova da culpa do acusado.

3. Para proferir sentença condenatória, o Tribunal deve estar convencido de que o acusado é culpado, além de qualquer dúvida razoável.

Artigo 67
Direitos do Acusado

1. Durante a apreciação de quaisquer fatos constantes da acusação, o acusado tem direito a ser ouvido em audiência pública, levando em conta o disposto no presente Estatuto, a uma audiência conduzida de forma equitativa e imparcial e às seguintes garantias mínimas, em situação de plena igualdade:

a) A ser informado, sem demora e de forma detalhada, numa língua que compreenda e fale fluentemente, da natureza, motivo e conteúdo dos fatos que lhe são imputados;

b) A dispor de tempo e de meios adequados para a preparação da sua defesa e a comunicar-se livre e confidencialmente com um defensor da sua escolha;

c) A ser julgado sem atrasos indevidos;

d) Salvo o disposto no parágrafo 2° do artigo 63, o acusado terá direito a estar presente na audiência de julgamento e a defender-se a si próprio ou a ser assistido por um defensor da sua escolha; se não o tiver, a ser informado do direito de o tribunal lhe nomear um defensor sempre que o interesse da justiça o exija, sendo tal assistência gratuita se o acusado carecer de meios suficientes para remunerar o defensor assim nomeado;

e) A inquirir ou a fazer inquirir as testemunhas de acusação e a obter o comparecimento das testemunhas de defesa e a inquirição destas nas mesmas condições que as testemunhas de acusação. O acusado terá também direito a apresentar defesa e a oferecer qualquer outra prova admissível, de acordo com o presente Estatuto;

f) A ser assistido gratuitamente por um intérprete competente e a serem-lhe facultadas as traduções necessárias que a equidade exija, se não compreender perfeitamente ou não falar a língua utilizada em qualquer ato processual ou documento produzido em tribunal;

g) A não ser obrigado a depor contra si próprio, nem a declarar-se culpado, e a guardar silêncio, sem que este seja levado em conta na determinação da sua culpa ou inocência;

h) A prestar declarações não ajuramentadas, oralmente ou por escrito, em sua defesa; e

i) A que não lhe seja imposta quer a inversão do ônus da prova, quer a impugnação.

2. Além de qualquer outra revelação de informação prevista no presente Estatuto, o Procurador comunicará à defesa, logo que possível, as provas que tenha em seu poder ou sob o seu controle e que, no seu entender, revelem ou tendam a revelar a inocência do acusado, ou a atenuar a sua culpa, ou que possam afetar a credibilidade

das provas de acusação. Em caso de dúvida relativamente à aplicação do presente número, cabe ao Tribunal decidir.

Artigo 68
Proteção das Vítimas e das Testemunhas e sua Participação no Processo

1. O Tribunal adotará as medidas adequadas para garantir a segurança, o bem-estar físico e psicológico, a dignidade e a vida privada das vítimas e testemunhas. Para tal, o Tribunal levará em conta todos os fatores pertinentes, incluindo a idade, o gênero tal como definido no parágrafo 3º do artigo 7º, e o estado de saúde, assim como a natureza do crime, em particular, mas não apenas quando este envolva elementos de agressão sexual, de violência relacionada com a pertença a um determinado gênero ou de violência contra crianças. O Procurador adotará estas medidas, nomeadamente durante o inquérito e o procedimento criminal. Tais medidas não poderão prejudicar nem ser incompatíveis com os direitos do acusado ou com a realização de um julgamento equitativo e imparcial.

2. Enquanto excepção ao princípio do caráter público das audiências estabelecido no artigo 67, qualquer um dos Juízos que compõem o Tribunal poderá, a fim de proteger as vítimas e as testemunhas ou o acusado, decretar que um ato processual se realize, no todo ou em parte, à porta fechada ou permitir a produção de prova por meios eletrônicos ou outros meios especiais. Estas medidas aplicar-se-ão, nomeadamente, no caso de uma vítima de violência sexual ou de um menor que seja vítima ou testemunha, salvo decisão em contrário adotada pelo Tribunal, ponderadas todas as circunstâncias, particularmente a opinião da vítima ou da testemunha.

3. Se os interesses pessoais das vítimas forem afetados, o Tribunal permitir-lhes-á que expressem as suas opiniões e preocupações em fase processual que entenda apropriada e por forma a não prejudicar os direitos do acusado nem a ser incompatível com estes ou com a realização de um julgamento equitativo e imparcial. Os representantes legais das vítimas poderão apresentar as referidas opiniões e preocupações quando o Tribunal o considerar oportuno e em conformidade com o Regulamento Processual.

4. A Unidade de Apoio às Vítimas e Testemunhas poderá aconselhar o Procurador e o Tribunal relativamente a medidas adequadas de proteção, mecanismos de segurança, assessoria e assistência a que se faz referência no parágrafo 6 do artigo 43.

5. Quando a divulgação de provas ou de informação, de acordo com o presente Estatuto, representar um grave perigo para a segurança de uma testemunha ou da sua família, o Procurador poderá, para efeitos de qualquer diligência anterior ao julgamento, não apresentar as referidas provas ou informação, mas antes um resumo das mesmas. As medidas desta natureza deverão ser postas em prática de uma forma que não seja prejudicial aos direitos do acusado ou incompatível com estes e com a realização de um julgamento equitativo e imparcial.

6. Qualquer Estado poderá solicitar que sejam tomadas as medidas necessárias para assegurar a proteção dos seus funcionários ou agentes, bem como a proteção de toda a informação de caráter confidencial ou restrito.

Artigo 69
Prova

1. Em conformidade com o Regulamento Processual e antes de depor, qualquer testemunha se comprometerá a fazer o seu depoimento com verdade.

2. A prova testemunhal deverá ser prestada pela própria pessoa no decurso do julgamento, salvo quando se apliquem as medidas estabelecidas no artigo 68 ou no Regulamento Processual. De igual modo, o Tribunal poderá permitir que uma testemunha preste declarações oralmente ou por meio de gravação em vídeo ou áudio, ou que sejam apresentados documentos ou transcrições escritas, nos termos do presente Estatuto e de acordo com o Regulamento Processual. Estas medidas não poderão prejudicar os direitos do acusado, nem ser incompatíveis com eles.

3. As partes poderão apresentar provas que interessem ao caso, nos termos do artigo 64. O Tribunal será competente para solicitar de ofício a produção de todas as provas que entender necessárias para determinar a veracidade dos fatos.

4. O Tribunal poderá decidir sobre a relevância ou admissibilidade de qualquer prova, tendo em conta, entre outras coisas, o seu valor probatório e qualquer prejuízo que possa acarretar para a realização de um julgamento equitativo ou para a avaliação equitativa dos depoimentos de uma testemunha, em conformidade com o Regulamento Processual.

5. O Tribunal respeitará e atenderá aos privilégios de confidencialidade estabelecidos no Regulamento Processual.

6. O Tribunal não exigirá prova dos fatos do domínio público, mas poderá fazê-los constar dos autos.

7. Não serão admissíveis as provas obtidas com violação do presente Estatuto ou das normas de direitos humanos internacionalmente reconhecidas quando:

a) Essa violação suscite sérias dúvidas sobre a fiabilidade das provas; ou

b) A sua admissão atente contra a integridade do processo ou resulte em grave prejuízo deste.

8. O Tribunal, ao decidir sobre a relevância ou admissibilidade das provas apresentadas por um Estado, não poderá pronunciar-se sobre a aplicação do direito interno desse Estado.

Artigo 70
Infrações contra a Administração da Justiça

1. O Tribunal terá competência para conhecer das seguintes infrações contra a sua administração da justiça, quando cometidas intencionalmente:

a) Prestação de falso testemunho, quando há a obrigação de dizer a verdade, de acordo com o parágrafo 1º do artigo 69;

b) Apresentação de provas, tendo a parte conhecimento de que são falsas ou que foram falsificadas;

c) Suborno de uma testemunha, impedimento ou interferência no seu comparecimento ou depoimento, represálias contra uma testemunha por esta ter prestado depoimento, destruição ou alteração de provas ou interferência nas diligências de obtenção de prova;

d) Entrave, intimidação ou corrupção de um funcionário do Tribunal, com a finalidade de o obrigar ou o induzir a não cumprir as suas funções ou a fazê-lo de maneira indevida;

e) Represálias contra um funcionário do Tribunal, em virtude das funções que ele ou outro funcionário tenham desempenhado; e

f) Solicitação ou aceitação de suborno na qualidade de funcionário do Tribunal, e em relação com o desempenho das respectivas funções oficiais.

2. O Regulamento Processual estabelecerá os princípios e procedimentos que regularão o exercício da competência do Tribunal relativamente às infrações a que se faz referência no presente artigo. As condições de cooperação internacional com o Tribunal, relativamente ao procedimento que adote de acordo com o presente artigo, reger-se-ão pelo direito interno do Estado requerido.

3. Em caso de decisão condenatória, o Tribunal poderá impor uma pena de prisão não superior a 5 (cinco) anos, ou de multa, de acordo com o Regulamento Processual, ou ambas.

4. *a)* Cada Estado-Parte tornará extensivas as normas penais de direito interno que punem as infrações contra a realização da justiça às infrações contra a administração da justiça a que se faz referência no presente artigo, e que sejam cometidas no seu território ou por um dos seus nacionais;

b) A pedido do Tribunal, qualquer Estado-Parte submeterá, sempre que o entender necessário, o caso à apreciação das suas autoridades competentes para fins de procedimento criminal. Essas autoridades conhecerão do caso com diligência e acionarão os meios necessários para a sua eficaz condução.

Artigo 71
Sanções por Desrespeito ao Tribunal

1. Em caso de atitudes de desrespeito ao Tribunal, tal como perturbar a audiência ou recusar-se deliberadamente a cumprir as suas instruções, o Tribunal poderá impor sanções administrativas que não impliquem privação de liberdade, como, por exemplo, a expulsão temporária ou permanente da sala de audiências, a multa ou outra medida similar prevista no Regulamento Processual.

2. O processo de imposição das medidas a que se refere o número anterior reger-se-á pelo Regulamento Processual.

Artigo 72
Proteção de Informação Relativa à Segurança Nacional

1. O presente artigo aplicar-se-á a todos os casos em que a divulgação de informação ou de documentos de um Estado possa, no entender deste, afetar os interesses da sua segurança nacional. Tais casos incluem os abrangidos pelas disposições constantes dos parágrafos 2º e 3º do artigo 56, parágrafo 3º do artigo 61, parágrafo 3º do artigo 64, parágrafo 2º do artigo 67, parágrafo 6 do artigo 68, parágrafo 6 do artigo 87 e do artigo 93, assim como os que se apresentem em qualquer outra fase do processo em que uma tal divulgação possa estar em causa.

2. O presente artigo aplicar-se-á igualmente aos casos em que uma pessoa a quem tenha sido solicitada a prestação de informação ou provas, se tenha recusado a apresenta-las ou tenha entregue a questão ao Estado, invocando que tal divulgação afetaria os interesses da segurança nacional do Estado, e o Estado em causa confirme que, no seu entender, essa divulgação afetaria os interesses da sua segurança nacional.

3. Nada no presente artigo afetará os requisitos de confidencialidade a que se referem as alíneas *e)* e *f)* do parágrafo 3º do artigo 54, nem a aplicação do artigo 73.

4. Se um Estado tiver conhecimento de que informações ou documentos do Estado estão a ser, ou poderão vir a ser, divulgados em qualquer fase do processo, e considerar que essa divulgação afetaria os seus interesses de segurança nacional, tal Estado terá o direito de intervir com vista a ver alcançada a resolução desta questão em conformidade com o presente artigo.

5. O Estado que considere que a divulgação de determinada informação poderá afetar os seus interesses de segurança nacional adotará, em conjunto com o Procurador, a defesa, o Juízo de Instrução ou o Juízo de Julgamento em Primeira Instância, conforme o caso, todas as medidas razoavelmente possíveis para encontrar uma solução através da concertação. Estas medidas poderão incluir:

a) A alteração ou o esclarecimento dos motivos do pedido;

b) Uma decisão do Tribunal relativa à relevância das informações ou dos elementos de prova solicitados, ou uma decisão sobre se as provas, ainda que relevantes, não poderiam ser ou ter sido obtidas junto de fonte distinta do Estado requerido;

c) A obtenção da informação ou de provas de fonte distinta ou em uma forma diferente; ou

d) Um acordo sobre as condições em que a assistência poderá ser prestada, incluindo, entre outras, a disponibilização de resumos ou exposições, restrições à divulgação, recurso ao procedimento à porta fechada ou à revelia de uma das partes, ou aplicação de outras medidas de proteção permitidas pelo Estatuto ou pelas Regulamento Processual.

6. Realizadas todas as diligências razoavelmente possíveis com vista a resolver a questão por meio de concertação, e se o Estado considerar não haver meios nem condições para que as informações ou os documentos possam ser fornecidos ou revelados sem prejuízo dos seus interesses de segurança nacional, notificará o Procurador ou o Tribunal nesse sentido, indicando as razões precisas que fundamentaram a sua decisão, a menos que a descrição específica dessas razões prejudique, necessariamente, os interesses de segurança nacional do Estado.

7. Posteriormente, se decidir que a prova é relevante e necessária para a determinação da culpa ou inocência do acusado, o Tribunal poderá adotar as seguintes medidas:

a) Quando a divulgação da informação ou do documento for solicitada no âmbito de um pedido de cooperação, nos termos da Parte IX do presente Estatuto ou nas circunstâncias a que se refere o parágrafo 2º do presente artigo, e o Estado invocar o motivo de recusa estatuído no parágrafo 4° do artigo 93:

i) O Tribunal poderá, antes de chegar a qualquer uma das conclusões a que se refere o ponto ii) da alínea *a)* do parágrafo 7º, solicitar consultas suplementares com o fim de ouvir o Estado, incluindo, se for caso disso, a sua realização à porta fechada ou à revelia de uma das partes;

ii) Se o Tribunal concluir que, ao invocar o motivo de recusa estatuído no parágrafo 4º do artigo 93, dadas as circunstâncias do caso, o Estado requerido não está a atuar de harmonia com as obrigações impostas pelo presente Estatuto, poderá remeter a questão nos termos do parágrafo 7 do artigo 87, especificando as razões da sua conclusão; e

iii) O Tribunal poderá tirar as conclusões, que entender apropriadas, em razão das circunstâncias, ao julgar o acusado, quanto à existência ou inexistência de um fato; ou

b) Em todas as restantes circunstâncias:

i) Ordenar a revelação; ou

ii) Se não ordenar a revelação, inferir, no julgamento do acusado, quanto à existência ou inexistência de um fato, conforme se mostrar apropriado.

Artigo 73
Informação ou Documentos Disponibilizados por Terceiros

Se um Estado-Parte receber um pedido do Tribunal para que lhe forneça uma informação ou um documento que esteja sob sua custódia, posse ou controle, e que lhe tenha sido comunicado a título confidencial por um Estado, uma organização intergovernamental ou uma organização internacional, tal Estado-Parte deverá obter o consentimento do seu autor para a divulgação dessa informação ou documento. Se o autor for um Estado-Parte, este poderá consentir em divulgar a referida informação ou documento ou comprometer-se a resolver a questão com o Tribunal, salvaguardando-se o disposto no artigo 72. Se o autor não for um Estado-Parte e não consentir em divulgar a informação ou o documento, o Estado requerido comunicará ao Tribunal que não lhe será possível fornecer a informação ou o documento em causa, devido à obrigação previamente assumida com o respectivo autor de preservar o seu caráter confidencial.

Artigo 74
Requisitos para a Decisão

1. Todos os juízes do Juízo de Julgamento em Primeira Instância estarão presentes em cada uma das fases do julgamento e nas deliberações. A Presidência poderá designar, conforme o caso, um ou vários juízes substitutos, em função das disponibilidades, para estarem presentes em todas as fases do julgamento, bem coma para substituírem qualquer membro do Juízo de Julgamento em Primeira Instância que se encontre impossibilitado de continuar a participar no julgamento.

2. O Juízo de Julgamento em Primeira Instância fundamentará a sua decisão com base na apreciação das provas e do processo no seu conjunto. A decisão não exorbitará dos fatos e circunstâncias descritos na acusação ou nas alterações que lhe tenham sido feitas. O Tribunal fundamentará a sua decisão exclusivamente nas provas produzidas ou examinadas em audiência de julgamento.

3. Os juízes procurarão tomar uma decisão por unanimidade e, não sendo possível, por maioria.

4. As deliberações do Juízo de Julgamento em Primeira Instância serão e permanecerão secretas.

5. A decisão será proferida por escrito e conterá uma exposição completa e fundamentada da apreciação das provas e as conclusões do Juízo de Julgamento em Primeira Instância. Será proferida uma só decisão pelo Juízo de Julgamento em Primeira Instância. Se não houver unanimidade, a decisão do Juízo de Julgamento em Primeira Instância conterá as opiniões tanto da maioria como da minoria dos juízes. A leitura da decisão ou de uma sua súmula far-se-á em audiência pública.

Artigo 75
Reparação em Favor das Vítimas

1. O Tribunal estabelecerá princípios aplicáveis às formas de reparação, tais como a restituição, a indenização ou a reabilitação, que hajam de ser atribuídas às vítimas ou aos titulares desse direito. Nesta base, o Tribunal poderá, de ofício ou por requerimento, em circunstâncias excepcionais, determinar a extensão e o nível dos danos, da perda ou do prejuízo causados às vítimas ou aos titulares do direito à reparação, com a indicação dos princípios nos quais fundamentou a sua decisão.

2. O Tribunal poderá lavrar despacho contra a pessoa condenada, no qual determinará a reparação adequada a ser atribuída às vítimas ou aos titulares de tal direito. Esta reparação poderá, nomeadamente, assumir a forma de restituição, indenização ou reabilitação. Se for caso disso, o Tribunal poderá ordenar que a indenização atribuída a título de reparação seja paga por intermédio do Fundo previsto no artigo 79.

3. Antes de lavrar qualquer despacho ao abrigo do presente artigo, o Tribunal poderá solicitar e levar em consideração as pretensões formuladas pela pessoa condenada, pelas vítimas, por outras pessoas interessadas ou por outros Estados interessados, bem como as observações formuladas em nome dessas pessoas ou desses Estados.

4. Ao exercer os poderes conferidos pelo presente artigo, o Tribunal poderá, após a condenação por crime que seja da sua competência, determinar se, para fins de aplicação dos despachos que lavrar ao abrigo do presente artigo, será necessário tomar quaisquer medidas em conformidade com o parágrafo 1º do artigo 93.

5. Os Estados-Partes observarão as decisões proferidas nos termos deste artigo como se as disposições do artigo 109 se aplicassem ao presente artigo.

6. Nada no presente artigo será interpretado como prejudicando os direitos reconhecidos às vítimas pelo direito interno ou internacional.

Artigo 76
Aplicação da Pena

1. Em caso de condenação, o Juízo de Julgamento em Primeira Instância determinará a pena a aplicar tendo em conta os elementos de prova e as exposições relevantes produzidos no decurso do julgamento,

2. Salvo nos casos em que seja aplicado o artigo 65 e antes de concluído o julgamento, o Juízo de Julgamento em Primeira Instância poderá,

oficiosamente, e deverá, a requerimento do Procurador ou do acusado, convocar uma audiência suplementar, a fim de conhecer de quaisquer novos elementos de prova ou exposições relevantes para a determinação da pena, de harmonia com o Regulamento Processual.

3. Sempre que o parágrafo 2º for aplicável, as pretensões previstas no artigo 75 serão ouvidas pelo Juízo de Julgamento em Primeira Instância no decorrer da audiência suplementar referida no parágrafo 2º e, se necessário, no decorrer de qualquer nova audiência.

4. A sentença será proferida em audiência pública e, sempre que possível, na presença do acusado.

Capítulo VII
AS PENAS

Artigo 77
Penas Aplicáveis

1. Sem prejuízo do disposto no artigo 110, o Tribunal pode impor à pessoa condenada por um dos crimes previstos no artigo 5º do presente Estatuto uma das seguintes penas:

a) Pena de prisão por um número determinado de anos, até ao limite máximo de 30 (trinta) anos; ou

b) Pena de prisão perpétua, se o elevado grau de ilicitude do fato e as condições pessoais do condenado o justificarem,

2. Além da pena de prisão, o Tribunal poderá aplicar:

a) Uma multa, de acordo com os critérios previstos no Regulamento Processual;

b) A perda de produtos, bens e haveres provenientes, direta ou indiretamente, do crime, sem prejuízo dos direitos de terceiros que tenham agido de boa-fé.

Artigo 78
Determinação da pena

1. Na determinação da pena, o Tribunal atenderá, em harmonia com o Regulamento Processual, a fatores tais como a gravidade do crime e as condições pessoais do condenado.

2. O Tribunal descontará, na pena de prisão que vier a aplicar, o período durante o qual o acusado esteve sob detenção por ordem daquele. O Tribunal poderá ainda descontar qualquer outro período de detenção que tenha sido cumprido em razão de uma conduta constitutiva do crime.

3. Se uma pessoa for condenada pela prática de vários crimes, o Tribunal aplicará penas de prisão parcelares relativamente a cada um dos crimes e uma pena única, na qual será especificada a duração total da pena de prisão. Esta duração não poderá ser inferior à da pena parcelar mais elevada e não poderá ser superior a 30 anos de prisão ou ir além da pena de prisão perpétua prevista no artigo 77, parágrafo 1º, alínea *b)*.

Artigo 79
Fundo em Favor das Vítimas

1. Por decisão da Assembleia dos Estados-Partes, será criado um Fundo a favor das vítimas de crimes da competência do Tribunal, bem como das respectivas famílias.

2. O Tribunal poderá ordenar que o produto das multas e quaisquer outros bens declarados perdidos revertam para o Fundo.

3. O Fundo será gerido em harmonia com os critérios a serem adotados pela Assembleia dos Estados-Partes.

Artigo 80
Não Interferência no Regime de Aplicação de Penas Nacionais e nos Direitos Internos

Nada no presente Capítulo prejudicará a aplicação, pelos Estados, das penas previstas nos respectivos direitos internos, ou a aplicação da legislação de Estados que não preveja as penas referidas neste capítulo.

Capítulo VIII
RECURSO E REVISÃO

Artigo 81
Recurso da Sentença Condenatória ou Absolutória ou da Pena

1. A sentença proferida nos termos do artigo 74 é recorrível em conformidade com o disposto no Regulamento Processual nos seguintes termos:

a) O Procurador poderá interpor recurso com base num dos seguintes fundamentos:

i) Vício processual;

ii) Erro de fato; ou

iii) Erro de direito;

b) O condenado ou o Procurador, no interesse daquele; poderá interpor recurso com base num dos seguintes fundamentos:

i) Vício processual;

ii) Erro de fato;

iii) Erro de direito; ou

iv) Qualquer outro motivo suscetível de afetar a equidade ou a regularidade do processo ou da sentença.

2. *a)* O Procurador ou o condenado poderá, em conformidade com o Regulamento Processual, interpor recurso da pena decretada invocando desproporção entre esta e o crime;

b) Se, ao conhecer de recurso interposto da pena decretada, o Tribunal considerar que há fundamentos suscetíveis de justificar a anulação, no todo ou em parte, da sentença condenatória, poderá convidar o Procurador e o condenado a motivarem a sua posição nos termos da alínea *a)* ou *b)* do parágrafo 1º do artigo 81, após o que poderá pronunciar-se sobre a sentença condenatória nos termos do artigo 83;

c) O mesmo procedimento será aplicado sempre que o Tribunal, ao conhecer de recurso interposto unicamente da sentença condenatória, considerar haver fundamentos comprovativos de uma redução da pena nos termos da alínea *a)* do parágrafo 2º.

3. *a)* Salvo decisão em contrário do Juízo de Julgamento em Primeira Instância, o condenado permanecerá sob prisão preventiva durante a tramitação do recurso;

b) Se o período de prisão preventiva ultrapassar a duração da pena decretada, o condenado será posto em liberdade; todavia, se o Procurador também interpuser recurso, a libertação ficará sujeita às condições enunciadas na alínea *c)* infra;

c) Em caso de absolvição, o acusado será imediatamente posto em liberdade, sem prejuízo das seguintes condições:

i) Em circunstâncias excepcionais e tendo em conta, nomeadamente, o risco de fuga, a gravidade da infração e as probabilidades de o recurso ser julgado procedente, o Juízo de Julgamento em Primeira Instância poderá, a requerimento do Procurador, ordenar que o acusado seja mantido em regime de prisão preventiva durante a tramitação do recurso;

ii) A decisão proferida pelo juízo de julgamento em primeira instância nos termos da sub-alínea i), será recorrível em harmonia com as Regulamento Processual.

4. Sem prejuízo do disposto nas alíneas *a)* e *b)* do parágrafo 3º, a execução da sentença condenatória ou da pena ficará suspensa pelo período fixado para a interposição do recurso, bem como durante a fase de tramitação do recurso.

Artigo 82
Recurso de Outras Decisões

1. Em conformidade com o Regulamento Processual, qualquer uma das Partes poderá recorrer das seguintes decisões:

a) Decisão sobre a competência ou a admissibilidade do caso;

b) Decisão que autorize ou recuse a libertação da pessoa objeto de inquérito ou de procedimento criminal;

c) Decisão do Juízo de Instrução de agir por iniciativa própria, nos termos do parágrafo 3º do artigo 56;

d) Decisão relativa a uma questão suscetível de afetar significativamente a tramitação equitativa e célere do processo ou o resultado do julgamento, e cuja resolução imediata pelo Juízo de Recursos poderia, no entender do Juízo de Instrução ou do Juízo de Julgamento em Primeira Instância, acelerar a marcha do processo.

2. Quer o Estado interessado quer o Procurador poderão recorrer da decisão proferida pelo Juízo de Instrução, mediante autorização deste, nos termos do artigo 57, parágrafo 3º, alínea *d)*. Este recurso adotará uma forma sumária.

3. O recurso só terá efeito suspensivo se o Juízo de Recursos assim o ordenar, mediante requerimento, em conformidade com o Regulamento Processual.

4. O representante legal das vítimas, o condenado ou o proprietário de boa-fé de bens que hajam sido afetados por um despacho proferido ao abrigo do artigo 75 poderá recorrer de tal despacho, em conformidade com o Regulamento Processual.

Artigo 83
Processo Sujeito a Recurso

1. Para os fins do procedimento referido no artigo 81 e no presente artigo, o Juízo de Recursos terá todos os poderes conferidos ao Juízo de Julgamento em Primeira Instância.

2. Se o Juízo de Recursos concluir que o processo sujeito a recurso padece de vícios tais que afetem a regularidade da decisão ou da sentença, ou que a decisão ou a sentença recorridas estão materialmente afetadas por erros de fato ou de direito, ou vício processual, ela poderá:

a) Anular ou modificar a decisão ou a pena; ou

b) Ordenar um novo julgamento perante um outro Juízo de Julgamento em Primeira Instância.

Para os fins mencionados, poderá o Juízo de Recursos reenviar uma questão de fato para o Juízo de Julgamento em Primeira Instância à qual foi submetida originariamente, a fim de que esta decida a questão e lhe apresente um relatório, ou pedir, ela própria, elementos de prova para decidir. Tendo o recurso da decisão ou da pena sido interposto somente pelo condenado, ou pelo Procurador no interesse daquele, não poderão aquelas ser modificadas em prejuízo do condenado.

3. Se, ao conhecer, do recurso de uma pena, o Juízo de Recursos considerar que a pena é desproporcionada relativamente ao crime, poderá modificá-la nos termos do Capítulo VII.

4. O acórdão do Juízo de Recursos será tirado por maioria dos juízes e proferido em audiência pública. O acórdão será sempre fundamentado. Não havendo unanimidade, deverá conter as opiniões da parte maioria e da minoria de juízes; contudo, qualquer juiz poderá exprimir uma opinião separada ou discordante sobre uma questão de direito.

5. O Juízo de Recursos poderá emitir o seu acórdão na ausência da pessoa absolvida ou condenada.

Artigo 84
Revisão da Sentença Condenatória ou da Pena

1. O condenado ou, se este tiver falecido, o cônjuge sobrevivo, os filhos, os pais ou qualquer pessoa que, em vida do condenado, dele tenha recebido incumbência expressa, por escrito, nesse sentido, ou o Procurador no seu interesse, poderá submeter ao Juízo de Recursos um requerimento solicitando a revisão da sentença condenatória ou da pena pelos seguintes motivos:

a) A descoberta de novos elementos de prova:

i) De que não dispunha ao tempo do julgamento, sem que essa circunstância pudesse ser imputada, no todo ou em parte, ao requerente; e

ii) De tal forma importantes que, se tivessem ficado provados no julgamento, teriam provavelmente conduzido a um veredicto diferente;

b) A descoberta de que elementos de prova, apreciados no julgamento e decisivos para a determinação da culpa, eram falsos ou tinham sido objeto de contrafação ou falsificação;

c) Um ou vários dos juízes que intervieram na sentença condenatória ou confirmaram a acusação hajam praticado atos de conduta reprovável ou de incumprimento dos respectivos deveres de tal forma graves que justifiquem a sua cessação de funções nos termos do artigo 46.

2. O Juízo de Recursos rejeitará o pedido se o considerar manifestamente infundado. Caso contrário, poderá o Juízo, se julgar oportuno:

a) Convocar de novo o Juízo de Julgamento em Primeira Instância que proferiu a sentença inicial;

b) Constituir um novo Juízo de Julgamento em Primeira Instância; ou

c) Manter a sua competência para conhecer da causa, a fim de determinar se, após a audição das partes nos termos do Regulamento Processual, haverá lugar à revisão da sentença.

Artigo 85
Indenização do Detido ou Condenado

1. Quem tiver sido objeto de detenção ou prisão ilegal terá direito a reparação.

2. Sempre que uma decisão final seja posteriormente anulada em razão de fatos novos ou recentemente descobertos que apontem inequivocamente para um erro judiciário, a pessoa que tiver cumprido pena em resultado de tal sentença condenatória será indenizada, em conformidade com a lei, a menos que fique provado que a não revelação, em tempo útil, do fato desconhecido lhe seja imputável, no todo ou em parte.

3. Em circunstâncias excepcionais e em face de fatos que conclusivamente demonstrem a existência de erro judiciário grave e manifesto, o Tribunal poderá, no uso do seu poder discricionário, atribuir uma indenização, de acordo com os critérios enunciados no Regulamento Processual, à pessoa que, em virtude de sentença absolutória ou de extinção da instância por tal motivo, haja sido posta em liberdade.

Capítulo IX
COOPERAÇÃO INTERNACIONAL E AUXÍLIO JUDICIÁRIO

Artigo 86
Obrigação Geral de Cooperar

Os Estados-Partes deverão, em conformidade com o disposto no presente Estatuto, cooperar plenamente com o Tribunal no inquérito e no procedimento contra crimes da competência deste.

Artigo 87
Pedidos de Cooperação: Disposições Gerais

1. *a)* O Tribunal estará habilitado a dirigir pedidos de cooperação aos Estados-Partes. Estes pedidos serão transmitidos pela via diplomática ou por qualquer outra via apropriada escolhida pelo Estado-Parte no momento de ratificação, aceitação, aprovação ou adesão ao presente Estatuto.

Qualquer Estado-Parte poderá alterar posteriormente a escolha feita nos termos do Regulamento Processual.

b) Se for caso disso, e sem prejuízo do disposto na alínea *a)*, os pedidos poderão ser igualmente transmitidos pela Organização internacional de Polícia Criminal (Interpol) ou por qualquer outra organização regional competente.

2. Os pedidos de cooperação e os documentos comprovativos que os instruam serão redigidos na língua oficial do Estado requerido ou acompanhados de uma tradução nessa língua, ou numa das línguas de trabalho do Tribunal ou acompanhados de uma tradução numa dessas línguas, de acordo com a escolha feita pelo Estado requerido no momento da ratificação, aceitação, aprovação ou adesão ao presente Estatuto.

Qualquer alteração posterior será feita de harmonia com o Regulamento Processual.

3. O Estado requerido manterá a confidencialidade dos pedidos de cooperação e dos documentos comprovativos que os instruam, salvo quando a sua revelação for necessária para a execução do pedido.

4. Relativamente aos pedidos de auxílio formulados ao abrigo do presente Capítulo, o Tribunal poderá, nomeadamente em matéria de proteção da informação, tomar as medidas necessárias à garantia da segurança e do bem-estar físico ou psicológico das vítimas, das potenciais testemunhas e dos seus familiares. O Tribunal poderá solicitar que as informações fornecidas ao abrigo do presente Capítulo sejam comunicadas e tratadas por forma a que a segurança e o bem-estar físico ou psicológico das vítimas, das potenciais testemunhas e dos seus familiares sejam devidamente preservados.

5. *a)* O Tribunal poderá convidar qualquer Estado que não seja Parte no presente Estatuto a prestar auxílio ao abrigo do presente Capítulo com base num convênio *ad hoc*, num acordo celebrado com esse Estado ou por qualquer outro modo apropriado.

b) Se, após a celebração de um convênio *ad hoc* ou de um acordo com o Tribunal, um Estado que não seja Parte no presente Estatuto se recusar a cooperar nos termos de tal convênio ou acordo, o Tribunal dará conhecimento desse fato à Assembleia dos Estados-Partes ou ao Conselho de Segurança, quando tiver sido este a referenciar o fato ao Tribunal.

6. O Tribunal poderá solicitar informações ou documentos a qualquer organização intergovernamental. Poderá igualmente requerer outras formas de cooperação e auxílio a serem acordadas com tal organização e que estejam em conformidade com a sua competência ou o seu mandato.

7. Se, contrariamente ao disposto no presente Estatuto, um Estado-Parte recusar um pedido de cooperação formulado pelo Tribunal, impedindo-o assim de exercer os seus poderes e funções nos termos do presente Estatuto, o Tribunal poderá elaborar um relatório e remeter a questão à Assembleia dos Estados-Partes ou ao Conselho de Segurança, quando tiver sido este a submeter o fato ao Tribunal.

Artigo 88
Procedimentos Previstos no Direito Interno

Os Estados-Partes deverão assegurar-se de que o seu direito interno prevê procedimentos que permitam responder a todas as formas de cooperação especificadas neste Capítulo.

Artigo 89
Entrega de Pessoas ao Tribunal

1. O Tribunal poderá dirigir um pedido de detenção e entrega de uma pessoa, instruído com os documentos comprovativos referidos no artigo 91, a qualquer Estado em cujo território essa pessoa se possa encontrar, e solicitar a cooperação desse Estado na detenção e entrega da pessoa em causa. Os Estados-Partes darão satisfação aos pedidos de detenção e de entrega em conformidade com o presente Capítulo e com os procedimentos previstos nos respectivos direitos internos.

2. Sempre que a pessoa cuja entrega é solicitada impugnar a sua entrega perante um tribunal nacional com, base no princípio *ne bis in*

idem previsto no artigo 20, o Estado requerido consultará, de imediato, o Tribunal para determinar se houve uma decisão relevante sobre a admissibilidade. Se o caso for considerado admissível, o Estado requerido dará seguimento ao pedido. Se estiver pendente decisão sobre a admissibilidade, o Estado requerido poderá diferir a execução do pedido até que o Tribunal se pronuncie.

3. *a)* Os Estados-Partes autorizarão, de acordo com os procedimentos previstos na respectiva legislação nacional, o trânsito, pelo seu território, de uma pessoa entregue ao Tribunal por um outro Estado, salvo quando o trânsito por esse Estado impedir ou retardar a entrega.

b) Um pedido de trânsito formulado pelo Tribunal será transmitido em conformidade com o artigo 87. Do pedido de trânsito constarão:

i) A identificação da pessoa transportada;

ii) Um resumo dos fatos e da respectiva qualificação jurídica;

iii) O mandado de detenção e entrega.

c) A pessoa transportada será mantida sob custódia no decurso do trânsito.

d) Nenhuma autorização será necessária se a pessoa for transportada por via aérea e não esteja prevista qualquer aterrissagem no território do Estado de trânsito.

e) Se ocorrer, uma aterrissagem imprevista no território do Estado de trânsito, poderá este exigir ao Tribunal a apresentação de um pedido de trânsito nos termos previstos na alínea *b)*. O Estado de trânsito manterá a pessoa sob detenção até a recepção do pedido de trânsito e a efetivação do trânsito. Todavia, a detenção ao abrigo da presente alínea não poderá prolongar-se para além das 96 (noventa e seis) horas subsequentes à aterrissagem imprevista se o pedido não for recebido dentro desse prazo.

4. Se a pessoa reclamada for objeto de procedimento criminal ou estiver cumprindo uma pena no Estado requerido por crime diverso do que motivou o pedido de entrega ao Tribunal, este Estado consultará o Tribunal após ter decidido anuir ao pedido

Artigo 90
Pedidos Concorrentes

1. Um Estado-Parte que, nos termos do artigo 89, receba um pedido de entrega de uma pessoa formulado pelo Tribunal, e receba igualmente, de qualquer outro Estado, um pedido de extradição relativo à mesma pessoa, pelos mesmos fatos que motivaram o pedido de entrega por parte do Tribunal, deverá notificar o Tribunal e o Estado requerente de tal fato.

2. Se o Estado requerente for um Estado-Parte, o Estado requerido dará prioridade ao pedido do Tribunal:

a) Se o Tribunal tiver decidido, nos termos do artigo 18 ou 19, da admissibilidade do caso a que respeita o pedido de entrega, e tal determinação tiver levado em conta o inquérito ou o procedimento criminal conduzido pelo Estado requerente relativamente ao pedido de extradição por este formulado; ou

b) Se o Tribunal tiver tomado a decisão referida na alínea *a)* em conformidade com a notificação feita pelo Estado requerido, em aplicação do parágrafo 1º.

3. Se o Tribunal não tiver tomado uma decisão nos termos da alínea *a)* do parágrafo 2º, o Estado requerido poderá, se assim o entender, estando pendente a determinação do Tribunal nos termos da alínea *b)* do parágrafo 2º, dar seguimento ao pedido de extradição formulado pelo Estado requerente sem, contudo, extraditar a pessoa até que o Tribunal decida sobre a admissibilidade do caso. A decisão do Tribunal seguirá a forma sumária.

4. Se o Estado requerente não for Parte no presente Estatuto, o Estado requerido, desde que não esteja obrigado por uma norma internacional a extraditar o acusado para o Estado requerente, dará prioridade ao pedido de entrega formulado pelo Tribunal, no caso de este se ter decidido pela admissibilidade do caso.

5. Quando um caso previsto no parágrafo 4º não tiver sido declarado admissível pelo Tribunal, o Estado requerido poderá, se assim o entender, dar seguimento ao pedido de extradição formulado pelo Estado requerente.

6. Relativamente aos casos em que o disposto no parágrafo 4º seja aplicável, mas o Estado requerido se veja obrigado, por força de uma norma internacional, a extraditar a pessoa para o Estado requerente que não seja Parte no presente Estatuto, o Estado requerido decidirá se procederá à entrega da pessoa em causa ao Tribunal ou se a extraditará para o Estado requerente. Na sua decisão, o Estado requerido terá em conta todos os fatores relevantes, incluindo, entre outros

a) A ordem cronológica dos pedidos;

b) Os interesses do Estado requerente, incluindo, se relevante, se o crime foi cometido no seu território bem como a nacionalidade das vítimas e da pessoa reclamada; e

c) A possibilidade de o Estado requerente vir a proceder posteriormente à entrega da pessoa ao Tribunal.

7. Se um Estado-Parte receber um pedido de entrega de uma pessoa formulado pelo Tribunal e um pedido de extradição formulado por um outro Estado-Parte relativamente à mesma pessoa, por fatos diferentes dos que constituem o crime objeto do pedido de entrega:

a) O Estado requerido dará prioridade ao pedido do Tribunal, se não estiver obrigado por uma norma internacional a extraditar a pessoa para o Estado requerente;

b) O Estado requerido terá de decidir se entrega a pessoa ao Tribunal ou a extradita para o Estado requerente, se estiver obrigado por uma norma internacional a extraditar a pessoa para o Estado requerente. Na sua decisão, o Estado requerido considerará todos os fatores relevantes, incluindo, entre outros, os constantes do parágrafo 6; todavia, deverá dar especial atenção à natureza e à gravidade dos fatos em causa.

8. Se, em conformidade com a notificação prevista no presente artigo, o Tribunal se tiver pronunciado pela inadmissibilidade do caso e, posteriormente, a extradição para o Estado requerente for recusada, o Estado requerido notificará o Tribunal dessa decisão.

Artigo 91
Conteúdo do Pedido de Detenção e de Entrega

1. O pedido de detenção e de entrega será formulado por escrito. Em caso de urgência, o pedido poderá ser feito através de qualquer outro meio de que fique registro escrito, devendo, no entanto, ser confirmado através dos canais previstos na alínea *a)* do parágrafo 1º do artigo 87,

2. O pedido de detenção e entrega de uma pessoa relativamente à qual o Juízo de Instrução tiver emitido um mandado de detenção ao abrigo do artigo 58, deverá conter ou ser acompanhado dos seguintes documentos:

a) Uma descrição da pessoa procurada, contendo informação suficiente que permita a sua identificação, bem como informação sobre a sua provável localização;

b) Uma cópia do mandado de detenção; e

c) Os documentos, declarações e informações necessários para satisfazer os requisitos do processo de entrega pelo Estado requerido; contudo, tais requisitos não deverão ser mais rigorosos dos que os que devem ser observados em caso de um pedido de extradição em conformidade com tratados ou convênios celebrados entre o Estado requerido e outros Estados, devendo, se possível, ser menos rigorosos face à natureza específica de que se reveste o Tribunal.

3. Se o pedido respeitar à detenção e à entrega de uma pessoa já condenada, deverá conter ou ser acompanhado dos seguintes documentos:

a) Uma cópia do mandado de detenção dessa pessoa;

b) Uma cópia da sentença condenatória;

c) Elementos que demonstrem que a pessoa procurada é a mesma a que se refere a sentença condenatória; e

d) Se a pessoa já tiver sido condenada, uma cópia da sentença e, em caso de pena de prisão, a indicação do período que já tiver cumprido, bem como o período que ainda lhe falte cumprir.

4. Mediante requerimento do Tribunal, um Estado-Parte manterá, no que respeite a questões genéricas ou a uma questão específica, consultas com o Tribunal sobre quaisquer requisitos previstos no seu direito interno que possam ser aplicados nos termos da alínea *c)* do parágrafo 2º. No decurso de tais consultas, o Estado-Parte informará o Tribunal dos requisitos específicos constantes do seu direito interno.

Artigo 92
Prisão Preventiva

1. Em caso de urgência, o Tribunal poderá solicitar a prisão preventiva da pessoa procurada até a apresentação do pedido de entrega e os documentos de apoio referidos no artigo 91.

2. O pedido de prisão preventiva será transmitido por qualquer meio de que fique registro escrito e conterá:

a) Uma descrição da pessoa procurada, contendo informação suficiente que permita a sua identificação, bem como informação sobre a sua provável localização;

b) Uma exposição sucinta dos crimes pelos quais a pessoa é procurada, bem como dos fatos alegadamente constitutivos de tais crimes incluindo, se possível, a data e o local da sua prática;

c) Uma declaração que certifique a existência de um mandado de detenção ou de uma decisão condenatória contra a pessoa procurada; e

d) Uma declaração de que o pedido de entrega relativo à pessoa procurada será enviado posteriormente.

3. Qualquer pessoa mantida sob prisão preventiva poderá ser posta em liberdade se o Estado requerido não tiver recebido, em conformidade com o artigo 91, o pedido de entrega e os respectivos documentos no prazo fixado pelo Regulamento Processual. Todavia, essa pessoa poderá consentir na sua entrega antes do termo do período se a legislação do Estado requerido o permitir. Nesse caso, o Estado requerido procede à entrega da pessoa reclamada ao Tribunal, o mais rapidamente possível.

4. O fato de a pessoa reclamada ter sido posta em liberdade em conformidade com o parágrafo 3° não obstará a que seja de novo detida e entregue se o pedido de entrega e os documentos em apoio, vierem a ser apresentados posteriormente.

Artigo 93
Outras Formas de Cooperação

1. Em conformidade com o disposto no presente Capítulo e nos termos dos procedimentos previstos nos respectivos direitos internos, os Estados-Partes darão seguimento aos pedidos formulados pelo Tribunal para concessão de auxílio, no âmbito de inquéritos ou procedimentos criminais, no que se refere a:

a) Identificar uma pessoa e o local onde se encontra, ou localizar objetos;

b) Reunir elementos de prova, incluindo os depoimentos prestados sob juramento, bem como produzir elementos de prova, incluindo perícias e relatórios de que o Tribunal necessita;

c) Interrogar qualquer pessoa que seja objeto de inquérito ou de procedimento criminal;

d) Notificar documentos, nomeadamente documentos judiciários;

e) Facilitar o comparecimento voluntária, perante o Tribunal, de pessoas que deponham na qualidade de testemunhas ou de peritos;

f) Proceder à transferência temporária de pessoas, em conformidade com o parágrafo 7°;

g) Realizar inspeções, nomeadamente a exumação e o exame de cadáveres enterrados em fossas comuns;

h) Realizar buscas e apreensões;

i) Transmitir registros e documentos, nomeadamente registros e documentos oficiais;

j) Proteger vítimas e testemunhas, bem como preservar elementos de prova;

k) Identificar, localizar e congelar ou apreender o produto de crimes, bens, haveres e instrumentos ligados aos crimes, com vista à sua eventual declaração de perda, sem prejuízo dos direitos de terceiros de boa-fé; e

l) Prestar qualquer outra forma de auxílio não proibida pela legislação do Estado requerido, destinada a facilitar o inquérito e o julgamento por crimes da competência do Tribunal.

2. O Tribunal tem poderes para garantir à testemunha ou ao perito que perante ele compareça de que não serão perseguidos, detidos ou sujeitos a qualquer outra restrição da sua liberdade pessoal, por fato ou omissão anteriores à sua saída do território do Estado requerido.

3. Se a execução de uma determinada medida de auxílio constante de um pedido apresentado ao abrigo do parágrafo 1° não for permitida no Estado requerido em virtude de um princípio jurídico fundamental de aplicação geral, o Estado em causa iniciará sem demora consultas com o Tribunal com vista à solução dessa questão. No decurso das consultas, serão consideradas outras formas de auxílio, bem como as condições da sua realização. Se, concluídas as consultas, a questão não estiver resolvida, o Tribunal alterará o conteúdo do pedido conforme se mostrar necessário.

4. Nos termos do disposto no artigo 72, um Estado-Parte só poderá recusar, no todo ou em parte, um pedido de auxílio formulado pelo Tribunal se tal pedido se reportar unicamente à produção de documentos ou à divulgação de elementos de prova que atentem contra a sua segurança nacional.

5. Antes de denegar o pedido de auxílio previsto na alínea *l)* do parágrafo 1°, o Estado requerido considerará se o auxílio poderá ser concedido sob determinadas condições ou se poderá sê-lo em data ulterior ou sob uma outra forma, com a ressalva de que, se o Tribunal ou o Procurador aceitarem tais condições, deverão observá-las.

6. O Estado requerido que recusar um pedido de auxílio comunicará, sem demora, os motivos ao Tribunal ou ao Procurador.

7. *a)* O Tribunal poderá pedir a transferência temporária de uma pessoa detida para fins de identificação ou para obter um depoimento ou outra forma de auxílio. A transferência realizar-se-á sempre que:

i) A pessoa der o seu consentimento, livremente e com conhecimento de causa; e

ii) O Estado requerido concordar com a transferência, sem prejuízo das condições que esse Estado e o Tribunal possam acordar;

b) A pessoa transferida permanecerá detida. Esgotado o fim que determinou a transferência, o Tribunal reenviá-la-á imediatamente para o Estado requerido.

8. *a)* O Tribunal garantirá a confidencialidade dos documentos e das informações recolhidas, exceto se necessários para o inquérito e os procedimentos descritos no pedido;

b) O Estado requerido poderá, se necessário, comunicar os documentos ou as informações ao Procurador a título confidencial. O Procurador só poderá utilizá-los para recolher novos elementos de prova;

c) O Estado requerido poderá, de ofício ou a pedido do Procurador, autorizar a divulgação posterior de tais documentos ou informações; os quais poderão ser utilizados como meios de prova, nos termos do disposto nos Capítulos V e VI e no Regulamento Processual.

9. *a)* i) Se um Estado-Parte receber pedidos concorrentes formulados pelo Tribunal e por um outro Estado, no âmbito de uma obrigação internacional, e cujo objeto não seja nem a entrega nem a extradição, esforçar-se-á, mediante consultas com o Tribunal e esse outro Estado, por dar satisfação a ambos os pedidos adiando ou estabelecendo determinadas condições a um ou outro pedido, se necessário.

ii) Não sendo possível, os pedidos concorrentes observarão os princípios fixados no artigo 90.

b) Todavia, sempre que o pedido formulado pelo Tribunal respeitar a informações, bens ou pessoas que estejam sob o controle de um Estado terceiro ou de uma organização internacional ao abrigo de um acordo internacional, os Estados requeridos informarão o Tribunal em conformidade, este dirigirá o seu pedido ao Estado terceiro ou à organização internacional.

10. *a)* Mediante pedido, o Tribunal cooperará com um Estado-Parte e prestar-lhe-á auxílio na condução de um inquérito ou julgamento relacionado com fatos que constituam um crime da jurisdição do Tribunal ou que constituam um crime grave à luz do direito interno do Estado requerente.

b) i) O auxílio previsto na alínea *a)* deve compreender, a saber:

a. A transmissão de depoimentos, documentos e outros elementos de prova recolhidos no decurso do inquérito ou do julgamento conduzidos pelo Tribunal; e

b. O interrogatório de qualquer pessoa detida por ordem do Tribunal;

ii) No caso previsto na alínea *b)*, i), *a*;

a. A transmissão dos documentos e de outros elementos de prova obtidos com o auxílio de um Estado necessita do consentimento desse Estado;

b. A transmissão de depoimentos, documentos e outros elementos de prova fornecidos quer por uma testemunha, quer por um perito, será feita em conformidade com o disposto no artigo 68.

c) O Tribunal poderá, em conformidade com as condições enunciadas neste número, deferir um pedido de auxílio formulado por um Estado que não seja parte no presente Estatuto.

Artigo 94
Suspensão da Execução de um Pedido Relativamente a um Inquérito ou a Procedimento Criminal em Curso

1. Se a imediata execução de um pedido prejudicar o desenrolar de um inquérito ou de um procedimento criminal relativos a um caso diferente daquele a que se reporta o pedido, o Estado requerido poderá suspender a execução do pedido por tempo determinado, acordado com o Tribunal. Contudo, a suspensão não deve prolongar-se além do necessário para que o inquérito ou o procedimento criminal em causa sejam efetuados no Estado requerido. Este, antes de decidir suspender a execução do pedido, verificará se o auxílio não poderá ser concedido de imediato sob determinadas condições.

2. Se for decidida a suspensão de execução do pedido em conformidade com o parágrafo 1°, o Procurador poderá, no entanto, solicitar que sejam adotadas medidas para preservar os elementos de prova, nos termos da alínea *j)* do parágrafo 1° do artigo 93.

Artigo 95
Suspensão da Execução de um Pedido por Impugnação de Admissibilidade

Se o Tribunal estiver apreciando uma impugnação de admissibilidade, de acordo com os artigos 18 ou 19, o Estado requerido poderá suspender a execução de um pedido formulado ao abrigo do presente Capítulo enquanto aguarda que o Tribunal se pronuncie, a menos que o Tribunal tenha especificamente ordenado que o Procurador continue a reunir elementos de prova, nos termos dos artigos 18 ou 19.

Artigo 96
Conteúdo do Pedido sob Outras Formas de Cooperarão previstas no Artigo 93

1. Todo o pedido relativo a outras formas de cooperação previstas no artigo 93 será formulado por escrito. Em caso de urgência, o pedido poderá ser feito por qualquer meio que permita manter um registro escrito, desde que seja confirmado através dos canais indicados na alínea *a)* do parágrafo 1° do artigo 87.

2. O pedido deverá conter, ou ser instruído com, os seguintes documentos:

a) Um resumo do objeto do pedido, bem como da natureza do auxílio solicitado, incluindo os fundamentos jurídicos e os motivos do pedido;

b) Informações tão completas quanto possível sobre a pessoa ou o lugar a identificar ou a localizar, por forma a que o auxílio solicitado possa ser prestado;

c) Uma exposição sucinta dos fatos essenciais que fundamentam o pedido;

d) A exposição dos motivos e a explicação pormenorizada dos procedimentos ou das condições a respeitar;

e) Toda a informação que o Estado requerido possa exigir de acordo com o seu direito interno para dar seguimento ao pedido; e

f) Toda a informação útil para que o auxílio possa ser concedido.

3. A requerimento do Tribunal, um Estado-Parte manterá, no que respeita a questões genéricas ou a uma questão específica, consultas com o Tribunal sobre as disposições aplicáveis do seu direito interno, susceptíveis de serem aplicadas em conformidade com a alínea *e)* do parágrafo 2°. No decurso de tais consultas, o Estado-Parte informará o Tribunal das disposições específicas constantes do seu direito interno.

4. O presente artigo aplicar-se-á, se for caso disso, a qualquer pedido de auxílio dirigido ao Tribunal.

Artigo 97
Consultas

Sempre que, ao abrigo do presente Capítulo, um Estado-Parte receba um pedido e verifique que este suscita dificuldades que possam obviar à sua execução ou impedi-la, o Estado em causa iniciará, sem demora, as consultas com o Tribunal com vista à solução desta questão. Tais dificuldades podem revestir as seguintes formas:

a) Informações insuficientes para dar seguimento ao pedido;

b) No caso de um pedido de entrega, o paradeiro da pessoa reclamada continuar desconhecido a despeito de todos os esforços ou a investigação realizada permitiu determinar que a pessoa que se encontra no Estado Requerido não é manifestamente a pessoa identificada no mandado; ou

c) O Estado requerido ver-se-ia compelido, para cumprimento do pedido na sua forma atual, a violar uma obrigação constante de um tratado anteriormente celebrado com outro Estado.

Artigo 98
Cooperação Relativa à Renúncia, à Imunidade e ao Consentimento na Entrega

1. O Tribunal pode não dar seguimento a um pedido de entrega ou de auxílio por força do qual o Estado requerido devesse atuar de forma incompatível com as obrigações que lhe incumbem à luz do direito internacional em matéria de imunidade dos Estados ou de imunidade diplomática de pessoa ou de bens de um Estado terceiro, a menos que obtenha, previamente a cooperação desse Estado terceiro com vista ao levantamento da imunidade.

2. O Tribunal pode não dar seguimento à execução de um pedido de entrega por força do qual o Estado requerido devesse atuar de forma incompatível com as obrigações que lhe incumbem em virtude de acordos internacionais à luz dos quais o consentimento do Estado de envio é necessário para que uma pessoa pertencente a esse Estado seja entregue ao Tribunal, a menos que o Tribunal consiga, previamente, obter a cooperação do Estado de envio para consentir na entrega.

Artigo 99
Execução dos Pedidos Apresentados ao Abrigo dos Artigos 93 e 96

1. Os pedidos de auxílio serão executados de harmonia com os procedimentos previstos na legislação interna do Estado requerido e, a menos que o seu direito interno o proíba, na forma especificada no pedido, aplicando qualquer procedimento nele indicado ou autorizando as pessoas nele indicadas a estarem presentes e a participarem na execução do pedido.

2. Em caso de pedido urgente, os documentos e os elementos de prova produzidos na resposta serão, a requerimento do Tribunal, enviados com urgência.

3. As respostas do Estado requerido serão transmitidas na sua língua e forma originais.

4. Sem prejuízo dos demais artigos do presente Capítulo, sempre que for necessário para a execução com sucesso de um pedido, e não haja que recorrer a medidas coercitivas, nomeadamente quando se trate de ouvir ou levar uma pessoa a depor de sua livre vontade, mesmo sem a presença das autoridades do Estado-Parte requerido se tal for determinante para a execução do pedido, ou quando se trate de examinar, sem proceder a alterações, um lugar público ou um outro local público, o Procurador poderá dar cumprimento ao pedido diretamente no território de um Estado, de acordo com as seguintes modalidades:

a) Quando o Estado requerido for o Estado em cujo território haja indícios de ter sido cometido o crime e existir uma decisão sobre a admissibilidade tal como previsto nos artigos 18 e 19, o Procurador poderá executar diretamente o pedido, depois de ter levado a cabo consultas tão amplas quanto possível com o Estado requerido;

b) Em outros casos, o Procurador poderá executar o pedido após consultas com o Estado-Parte requerido e tendo em conta as condições ou as preocupações razoáveis que esse Estado tenha eventualmente argumentado. Sempre que o Estado requerido verificar que a execução de um pedido nos termos da presente alínea suscita dificuldades, consultará de imediato o Tribunal para resolver a questão.

5. As disposições que autorizam a pessoa ouvida ou interrogada pelo Tribunal ao abrigo do artigo 72, a invocar as restrições previstas para impedir a divulgação de informações confidenciais relacionadas com a segurança nacional, aplicar-se-ão de igual modo à execução dos pedidos de auxílio referidos no presente artigo.

Artigo 100
Despesas

1. As despesas ordinárias decorrentes da execução dos pedidos no território do Estado requerido serão por este suportadas, com exceção das seguintes, que correrão a cargo do Tribunal:

a) As despesas relacionadas com as viagens e a proteção das testemunhas e dos peritos ou com a transferência de detidos ao abrigo do artigo 93;

b) As despesas de tradução, de interpretação e de transcrição;

c) As despesas de deslocação e de estada dos juízes, do Procurador, dos Procuradores-adjuntos, do Secretário, do Secretário-Adjunto e dos membros do pessoal de todos os órgãos do Tribunal;

d) Os custos das perícias ou dos relatórios periciais solicitados pelo Tribunal;

e) As despesas decorrentes do transporte das pessoas entregues ao Tribunal pelo Estado de detenção; e

f) Após consulta, quaisquer despesas extraordinárias decorrentes da execução de um pedido.

2. O disposto no parágrafo 1° aplicar-se-á, sempre que necessário, aos pedidos dirigidos pelos Estados-Partes ao Tribunal. Neste caso, o Tribunal tomará a seu cargo as despesas ordinárias decorrentes da execução.

Artigo 101
Regra da Especialidade

1. Nenhuma pessoa entregue ao Tribunal nos termos do presente Estatuto poderá ser perseguida, condenada ou detida por condutas anteriores à sua entrega, salvo quando estas constituam crimes que tenham fundamentado a sua entrega.

2. O Tribunal poderá solicitar uma derrogação dos requisitos estabelecidos no parágrafo 1° ao Estado que lhe tenha entregue uma pessoa e, se necessário, facultar-lhe-á, em conformidade com o artigo 91, informações complementares. Os Estados-Partes estarão habilitados a conceder uma derrogação ao Tribunal e deverão envidar esforços nesse sentido.

Artigo 102
Termos Usados

Para os fins do presente Estatuto:

a) Por "entrega", entende-se a entrega de uma pessoa por um Estado ao Tribunal nos termos do presente Estatuto.

b) Por "extradição", entende-se a entrega de uma pessoa por um Estado a outro Estado conforme previsto em um tratado, em uma convenção ou no direito interno.

Capítulo X
EXECUÇÃO DA PENA

Artigo 103
Função dos Estados na Execução das Penas Privativas de Liberdade

1. *a)* As penas privativas de liberdade serão cumpridas num Estado indicado pelo Tribunal a partir de uma lista de Estados que lhe tenham manifestado a sua disponibilidade para receber pessoas condenadas.

b) Ao declarar a sua disponibilidade para receber pessoas condenadas, um Estado poderá formular condições acordadas com o Tribunal e em conformidade com o presente Capítulo.

c) O Estado indicado no âmbito de um determinado caso dará prontamente a conhecer se aceita ou não a indicação do Tribunal.

2. *a)* O Estado da execução informará o Tribunal de qualquer circunstância, incluindo o cumprimento de quaisquer condições acordadas nos termos do parágrafo 1°, que possam afetar materialmente as condições ou a duração da detenção. O Tribunal será informado com, pelo menos, 45 (quarenta e cinco) dias de antecedência sobre qualquer circunstância dessa natureza, conhecida ou previsível. Durante este período, o Estado da execução não tomará qualquer medida que possa ser contrária às suas obrigações ao abrigo do artigo 110.

b) Se o Tribunal não puder aceitar as circunstâncias referidas na alínea *a)*, deverá informar o Estado da execução e proceder em harmonia com o parágrafo 1° do artigo 104.

3. Sempre que exercer o seu poder de indicação em conformidade com o parágrafo 1°, o Tribunal levará em consideração:

a) O princípio segundo o qual os Estados-Partes devem partilhar da responsabilidade na execução das penas privativas de liberdade, em conformidade com os princípios de distribuição equitativa estabelecidos no Regulamento Processual;

b) A aplicação de normas convencionais do direito internacional amplamente aceitas, que regulam o tratamento dos reclusos;

c) A opinião da pessoa condenada; e

d) A nacionalidade da pessoa condenada;

e) Outros fatores relativos às circunstâncias do crime, às condições pessoais da pessoa condenada ou à execução efetiva da pena, adequadas à indicação do Estado da execução.

4. Se nenhum Estado for designado nos termos do parágrafo 1°, a pena privativa de liberdade será cumprida num estabelecimento prisional designado pelo Estado anfitrião, em conformidade com as condições estipuladas no acordo que determinou o local da sede previsto no parágrafo 2° do artigo 3°. Neste caso, as despesas relacionadas com a execução da pena ficarão a cargo do Tribunal.

Artigo 104
Alteração da Indicação do Estado da Execução

1. O Tribunal poderá, a qualquer momento, decidir transferir um condenado para uma prisão de um outro Estado.

2. A pessoa condenada pelo Tribunal poderá, a qualquer momento, solicitar-lhe que a transfira do Estado encarregado da execução.

Artigo 105
Execução da Pena

1. Sem prejuízo das condições que um Estado haja estabelecido nos termos do artigo 103, parágrafo 1°, alínea *b)*, a pena privativa de liberdade é vinculativa para os Estados-Partes, não podendo estes modificá-la em caso algum.

2. Será da exclusiva competência do Tribunal pronunciar-se sobre qualquer pedido de revisão ou recurso. O Estado da execução não obstará a que o condenado apresente um tal pedido.

Artigo 106
Controle da Execução da Pena e das Condições de Detenção

1. A execução de uma pena privativa de liberdade será submetida ao controle do Tribunal e observará as regras convencionais internacionais amplamente aceitas em matéria de tratamento dos reclusos.

2. As condições de detenção serão reguladas pela legislação do Estado da execução e observarão as regras convencionais internacionais amplamente aceitas em matéria de tratamento dos reclusos. Em caso algum devem ser menos ou mais favoráveis do que as aplicáveis aos reclusos condenados no Estado da execução por infrações análogas.

3. As comunicações entre o condenado e o Tribunal serão livres e terão caráter confidencial.

Artigo 107
Transferência do Condenado depois de Cumprida a Pena

1. Cumprida a pena, a pessoa que não seja nacional do Estado da execução poderá, de acordo com a legislação desse mesmo Estado, ser transferida para um outro Estado obrigado a aceitá-la ou ainda para um outro Estado que aceite acolhê-la tendo em conta a vontade expressa pela pessoa em ser transferida para esse Estado; a menos que o Estado da execução autorize essa pessoa a permanecer no seu território.

2. As despesas relativas à transferência do condenado para um outro Estado nos termos do parágrafo 1° serão suportadas pelo Tribunal se nenhum Estado as tomar a seu cargo.

3. Sem prejuízo do disposto no artigo 108, o Estado da execução poderá igualmente, em harmonia com o seu direito interno, extraditar ou entregar por qualquer outro modo a pessoa a um Estado que tenha solicitado a sua extradição ou a sua entrega para fins de julgamento ou de cumprimento de uma pena.

Artigo 108
Restrições ao Procedimento Criminal ou à Condenação por Outras Infrações

1. A pessoa condenada que esteja detida no Estado da execução não poderá ser objeto de procedimento criminal, condenação ou extradição para um Estado terceiro em virtude de uma conduta anterior à sua transferência para o Estado da execução, a menos que a Tribunal tenha dado a sua aprovação a tal procedimento, condenação ou extradição, a pedido do Estado da execução.

2. Ouvido o condenado, o Tribunal pronunciar-se-á sobre a questão.

3. O parágrafo 1° deixará de ser aplicável se o condenado permanecer voluntariamente no território do Estado da execução por um período superior a 30 dias após o cumprimento integral da pena proferida pelo Tribunal, ou se regressar ao território desse Estado após dele ter saído.

Artigo 109
Execução das Penas de Multa e das Medidas de Perda

1. Os Estados-Partes aplicarão as penas de multa, bem como as medidas de perda ordenadas pelo Tribunal ao abrigo do Capítulo VII, sem prejuízo dos direitos de terceiros de boa-fé e em conformidade com os procedimentos previstos no respectivo direito interno.

2. Sempre que um Estado-Parte não possa tornar efetiva a declaração de perda, deverá tomar medidas para recuperar o valor do produto, dos bens ou dos haveres cuja perda tenha sido declarada pelo Tribunal, sem prejuízo dos direitos de terceiros de boa-fé.

3. Os bens, ou o produto da venda de bens imóveis ou, se for caso disso, da venda de outros bens, obtidos por um Estado-Parte por força da execução de uma decisão do Tribunal, serão transferidos para o Tribunal.

Artigo 110
Reexame pelo Tribunal da Questão de Redução de Pena

1. O Estado da execução não poderá libertar o recluso antes de cumprida a totalidade da pena proferida pelo Tribunal.

2. Somente o Tribunal terá a faculdade de decidir sobre qualquer redução da pena e, ouvido o condenado, pronunciar-se-á a tal respeito,

3. Quando a pessoa já tiver cumprido dois terços da pena, ou 25 (vinte e cinco) anos de prisão em caso de pena de prisão perpétua, o Tribunal reexaminará a pena para determinar se haverá lugar a sua redução. Tal reexame só será efetuado transcorrido o período acima referido.

4. No reexame a que se refere o parágrafo 3°, o Tribunal poderá reduzir a pena se constatar que se verificam uma ou várias das condições seguintes:

a) A pessoa tiver manifestado, desde o início e de forma contínua, a sua vontade em cooperar com o Tribunal no inquérito e no procedimento;

b) A pessoa tiver, voluntariamente, facilitado a execução das decisões e despachos do Tribunal em outros casos, nomeadamente ajudando-o a localizar bens sobre os quais recaíam decisões de perda, de multa ou de reparação que poderão ser usados em benefício das vítimas; ou

c) Outros fatores que conduzam a uma clara e significativa alteração das circunstâncias suficiente para justificar a redução da pena, conforme previsto no Regulamento Processual;

5. Se, no reexame inicial a que se refere o parágrafo 3º, o Tribunal considerar não haver motivo para redução da pena, ele reexaminará subsequentemente a questão da redução da pena com a periodicidade e nos termos previstos no Regulamento Processual.

Artigo 111
Evasão

Se um condenado se evadir do seu local de detenção e fugir do território do Estado da execução, este poderá, depois de ter consultado o Tribunal, pedir ao Estado no qual se encontra localizado o condenado que o entregue em conformidade com os acordos bilaterais ou multilaterais em vigor, ou requerer ao Tribunal que solicite a entrega dessa pessoa ao abrigo do Capítulo IX. O Tribunal poderá, ao solicitar a entrega da pessoa, determinar que esta seja entregue ao Estado no qual se encontrava a cumprir a sua pena, ou a outro Estado por ele indicado.

Capítulo XI
ASSEMBLEIA DOS ESTADOS-PARTES

Artigo 112
Assembleia dos Estados-Partes

1. É constituída, pelo presente instrumento, uma Assembleia dos Estados-Partes. Cada um dos Estados-Partes nela disporá de um representante, que poderá ser coadjuvado por substitutos e assessores. Outros Estados signatários do Estatuto ou da Ata Final poderão participar nos trabalhos da Assembleia na qualidade de observadores.

2. A Assembleia:

a) Examinará e adotará, se adequado, as recomendações da Comissão Preparatória;

b) Promoverá junto à Presidência, ao Procurador e ao Secretário as linhas orientadoras gerais no que toca à administração do Tribunal;

c) Examinará os relatórios e as atividades da Mesa estabelecido nos termos do parágrafo 3° e tomará as medidas apropriadas;

d) Examinará e aprovará o orçamento do Tribunal;

e) Decidirá, se for caso disso, alterar o número de juízes nos termos do artigo 36;

f) Examinará, em harmonia com os parágrafos 5 e 7 do artigo 87, qualquer questão relativa à não cooperação dos Estados;

g) Desempenhará qualquer outra função compatível com as disposições do presente Estatuto ou do Regulamento Processual;

3. *a)* A Assembleia será dotada de uma Mesa composta por um presidente, dois vice-presidentes e 18 membros por ela eleitos por períodos de 3 (três) anos;

b) A Mesa terá um caráter representativo, atendendo nomeadamente ao princípio da distribuição geográfica equitativa e à necessidade de assegurar uma representação adequada dos principais sistemas jurídicos do mundo;

c) A Mesa reunir-se-á as vezes que forem necessárias, mas, pelo menos, 1 (uma) vez por ano. Assistirá a Assembleia no desempenho das suas funções.

4. A Assembleia poderá criar outros órgãos subsidiários que julgue necessários, nomeadamente um mecanismo de controle independente que proceda a inspeções, avaliações e inquéritos em ordem a melhorar a eficiência e economia da administração do Tribunal.

5. O Presidente do Tribunal, o Procurador e o Secretário ou os respectivos representantes poderão participar, sempre que julguem oportuno, nas reuniões da Assembleia e da Mesa.

6. A Assembleia reunir-se-á na sede do Tribunal ou na sede da Organização das Nações Unidas uma vez por ano e, sempre que as circunstâncias o exigirem, reunir-se-á em sessão extraordinária. A menos que o presente Estatuto estabeleça em contrário, as sessões extraordinárias são convocadas pela Mesa, de ofício ou a pedido de um terço dos Estados-Partes.

7. Cada um dos Estados-Partes disporá de um voto. Todos os esforços deverão ser envidados para que as decisões da Assembleia e da Mesa sejam adotadas por consenso. Se tal não for possível, e a menos que o Estatuto estabeleça em contrário:

a) As decisões sobre as questões de fundo serão tomadas por maioria de dois terços dos membros presentes e votantes, sob a condição que a maioria absoluta dos Estados-Partes constitua *quorum* para o escrutínio;

b) As decisões sobre as questões de procedimento serão tomadas por maioria simples dos Estados-Partes presentes e votantes.

8. O Estado-Parte em atraso no pagamento da sua contribuição financeira para as despesas do Tribunal não poderá votar nem na Assembleia nem na Mesa se o total das suas contribuições em atraso igualar ou exceder a soma das contribuições correspondentes aos 2 (dois) anos anteriores completos por ele devidos. A Assembleia Geral poderá, no entanto, autorizar o Estado em causa a votar na Assembleia ou na Mesa se ficar provado que a falta de pagamento é devida a circunstâncias alheias ao controle do Estado-Parte.

9. A Assembleia adotará o seu próprio Regimento.

10. As línguas oficiais e de trabalho da Assembleia dos Estados-Partes serão as línguas oficiais e de trabalho da Assembleia Geral da Organização das Nações Unidas.

Capítulo XII
FINANCIAMENTO

Artigo 113
Regulamento Financeiro

Salvo disposição expressa em contrário, todas as questões financeiras atinentes ao Tribunal e às reuniões da Assembleia dos Estados-Partes, incluindo a sua Mesa e os seus órgãos subsidiários, serão reguladas pelo presente Estatuto, pelo Regulamento Financeiro e pelas normas de gestão financeira adotados pela Assembleia dos Estados-Partes.

Artigo 114
Pagamento de Despesas

As despesas do Tribunal e da Assembleia dos Estados-Partes, incluindo a sua Mesa e os seus órgãos subsidiários, serão pagas pelos fundos do Tribunal.

Artigo 115
Fundos do Tribunal e da Assembleia dos Estados-Partes

As despesas do Tribunal e da Assembleia dos Estados-Partes, incluindo a sua Mesa e os seus órgãos subsidiários, inscritas no orçamento aprovado pela Assembleia dos Estados-Partes, serão financiadas:

a) Pelas quotas dos Estados-Partes;

b) Pelos fundos provenientes da Organização das Nações Unidas, sujeitos à aprovação da Assembleia Geral, nomeadamente no que diz respeito às despesas relativas a questões remetidas para o Tribunal pelo Conselho de Segurança.

Artigo 116
Contribuições Voluntárias

Sem prejuízo do artigo 115, o Tribunal poderá receber e utilizar, a título de fundos adicionais, as contribuições voluntárias dos Governos, das organizações internacionais, dos particulares, das empresas e demais entidades, de acordo com os critérios estabelecidos pela Assembleia dos Estados-Partes nesta matéria.

Artigo 117
Cálculo das Quotas

As quotas dos Estados-Partes serão calculadas em conformidade com uma tabela de quotas que tenha sido acordada, com base na tabela adotada pela Organização das Nações Unidas para o seu orçamento ordinário, e adaptada de harmonia com os princípios nos quais se baseia tal tabela.

Artigo 118
Verificação Anual de Contas

Os relatórios, livros e contas do Tribunal, incluindo os balanços financeiros anuais, serão verificados anualmente por um revisor de contas independente.

Capítulo XIII
CLÁUSULAS FINAIS

Artigo 119
Resolução de Diferendos

1. Qualquer diferendo relativo às funções judiciais do Tribunal será resolvido por decisão do Tribunal.

2. Quaisquer diferendos entre 2 (dois) ou mais Estados-Partes relativos à interpretação ou à aplicação do presente Estatuto, que não forem resolvidos pela via negocial num período de 3 (três) meses após o seu início, serão submetidos à Assembleia dos Estados-Partes. A Assembleia poderá procurar resolver o diferendo ou fazer recomendações relativas a outros métodos de resolução, incluindo a submissão do diferendo à Corte Internacional de Justiça, em conformidade com o Estatuto dessa Corte.

Artigo 120
Reservas

Não são admitidas reservas a este Estatuto.

Artigo 121
Alterações

1. Expirado o período de 7 (sete) anos após a entrada em vigor do presente Estatuto, qualquer Estado-Parte poderá propor alterações ao Estatuto. O texto das propostas de alterações será submetido ao Secretário-Geral da Organização das Nações Unidas, que o comunicará sem demora a todos os Estados-Partes.

2. Decorridos pelo menos 3 (três) meses após a data desta notificação, a Assembleia dos Estados-Partes decidirá na reunião seguinte, por maioria dos seus membros presentes e votantes, se deverá examinar a proposta. A Assembleia poderá tratar desta proposta, ou convocar uma Conferência de Revisão se a questão suscitada o justificar.

3. A adoção de uma alteração numa reunião da Assembleia dos Estados-Partes ou numa Conferência de Revisão exigirá a maioria de 2/3 (dois terços) dos Estados-Partes, quando não for possível chegar a um consenso.

4. Sem prejuízo do disposto no parágrafo 5, qualquer alteração entrará em vigor, para todos os Estados-Partes, 1 (um) ano depois que sete oitavos de entre eles tenham depositado os respectivos instrumentos de ratificação ou de aceitação junto do Secretário-Geral da Organização das Nações Unidas.

5. Qualquer alteração ao artigo 5º, 6º, 7º e 8º do presente Estatuto entrará em vigor, para todos os Estados-Partes que a tenham aceitado, 1 (um) ano após o depósito dos seus instrumentos de ratificação ou de aceitação. O Tribunal não exercerá a sua competência relativamente a um crime abrangido pela alteração sempre que este tiver sido cometido por nacionais de um Estado-Parte que não tenha aceitado a alteração, ou no território desse Estado-Parte.

6. Se uma alteração tiver sido aceita por sete oitavos dos Estados-Partes nos termos do parágrafo 4, qualquer Estado-Parte que não a tenha aceito poderá retirar-se do Estatuto com efeito imediato, não obstante o disposto no parágrafo 1º do artigo 127, mas sem prejuízo do disposto no parágrafo 2º do artigo 127, mediante notificação da sua retirada o mais tardar um ano após a entrada em vigor desta alteração.

7. O Secretário-Geral da Organização dás Nações Unidas comunicará a todos os Estados-Partes quaisquer alterações que tenham sido adotadas em reunião da Assembleia dos Estados-Partes ou numa Conferência de Revisão.

Artigo 122
Alteração de Disposições de Caráter Institucional

1. Não obstante o artigo 121, parágrafo 1º, qualquer Estado-Parte poderá, em qualquer momento, propor alterações às disposições do Estatuto, de caráter exclusivamente institucional, a saber, artigos 35, 36, parágrafos 8 e 9, artigos 37, 38, 39, parágrafos 1º (as primeiras duas frases), 2º e 4º, artigo 42, parágrafos 4 a 9, artigo 43, parágrafos 2º e 3º e artigos 44, 46, 47 e 49. O texto de qualquer proposta será submetido ao Secretário-Geral da Organização das Nações Unidas ou a qualquer outra pessoa designada pela Assembleia dos Estados-Partes, que o comunicará sem demora a todos os Estados-Partes e aos outros participantes na Assembleia.

2. As alterações apresentadas nos termos deste artigo, sobre as quais não seja possível chegar a um consenso, serão adotadas pela Assembleia dos Estados-Partes ou por uma Conferência de Revisão, por uma maioria de dois terços dos Estados-Partes. Tais alterações entrarão em vigor, para todos os Estados-Partes, 6 (seis) meses após a sua adoção pela Assembleia ou, conforme o caso, pela Conferência de Revisão.

Artigo 123
Revisão do Estatuto

1. Sete anos após a entrada em vigor do presente Estatuto, o Secretário-Geral da Organização das Nações Unidas convocará uma Conferência de Revisão para examinar qualquer alteração ao presente Estatuto. A revisão poderá incidir nomeadamente, mas não exclusivamente, sobre a lista de crimes que figura no artigo 5º. A Conferência estará aberta aos participantes na Assembleia dos Estados-Partes, nas mesmas condições.

2. A todo o momento ulterior, a requerimento de um Estado-Parte e para os fins enunciados no parágrafo 1º, o Secretário-Geral da Organização das Nações Unidas, mediante aprovação da maioria dos Estados-Partes, convocará uma Conferência de Revisão.

3. A adoção e a entrada em vigor de qualquer alteração ao Estatuto examinada numa Conferência de Revisão serão reguladas pelas disposições do artigo 121, parágrafos 3º a 7º.

Artigo 124
Disposição Transitória

Não obstante o disposto nos parágrafos 1º e 2º do artigo 12, um Estado que se torne Parte no presente Estatuto, poderá declarar que, durante um período de 7 (sete) anos a contar da data da entrada em vigor do Estatuto no seu território, não aceitará a competência do Tribunal relativamente à categoria de crimes referidos no artigo 8º, quando haja indícios de que um crime tenha sido praticado por nacionais seus ou no seu território. A declaração formulada ao abrigo deste artigo poderá ser retirada a qualquer momento. O disposto neste artigo será reexaminado na Conferência de Revisão a convocar em conformidade com o parágrafo 1º do artigo 123.

Artigo 125
Assinatura, Ratificação, Aceitação, Aprovação ou Adesão

1. O presente Estatuto estará aberto à assinatura de todos os Estados na sede da Organização das Nações Unidas para a Alimentação e a Agricultura, em Roma, a 17 de Julho de 1998, continuando aberto à assinatura no Ministério dos Negócios Estrangeiros de Itália, em Roma, até 17 de Outubro de 1998. Após esta data, o Estatuto continuará aberto na sede da Organização das Nações Unidas, em Nova Iorque, até 31 de Dezembro de 2000.

2. O presente Estatuto ficará sujeito a ratificação, aceitação ou aprovação dos Estados signatários. Os instrumentos de ratificação, aceitação ou aprovação serão depositados junto do Secretário-Geral da Organização das Nações Unidas.

3. O presente Estatuto ficará aberto à adesão de qualquer Estado. Os instrumentos de adesão serão depositados junto do Secretário-Geral da Organização das Nações Unidas.

Artigo 126
Entrada em Vigor

1. O presente Estatuto entrará em vigor no primeiro dia do mês seguinte ao termo de um período de 60 (sessenta) dias após a data do depósito do sexagésimo instrumento de ratificação, de aceitação, de aprovação ou de adesão junto do Secretário-Geral da Organização das Nações Unidas.

2. Em relação ao Estado que ratifique, aceite ou aprove o Estatuto, ou a ele adira após o depósito do sexagésimo instrumento de ratificação, de aceitação, de aprovação ou de adesão, o Estatuto entrará em vigor no primeiro dia do mês seguinte ao termo de um período de 60 (sessenta) dias após a data do depósito do respectivo instrumento de ratificação, de aceitação, de aprovação ou de adesão.

Artigo 127
Retirada

1. Qualquer Estado-Parte poderá, mediante notificação escrita e dirigida ao Secretário-Geral da Organização das Nações Unidas, retirar-se do presente Estatuto. A retirada produzirá efeitos 1 (um) ano após a data de recepção da notificação, salvo se esta indicar uma data ulterior.

2. A retirada não isentará o Estado das obrigações que lhe incumbem em virtude do presente Estatuto enquanto Parte do mesmo, incluindo as obrigações financeiras que tiver assumido, não afetando também a cooperação com o Tribunal no âmbito de inquéritos e de procedimentos criminais relativamente aos quais o Estado tinha o dever de cooperar e que se iniciaram antes da data em que a retirada começou a produzir efeitos; a retirada em nada afetará a prossecução da apreciação das causas que o Tribunal já tivesse começado a apreciar antes da data em que a retirada começou a produzir efeitos.

Artigo 128
Textos Autênticos

O original do presente Estatuto, cujos textos em árabe, chinês, espanhol, francês, inglês e russo fazem igualmente fé, será depositado junto do Secretário-Geral das Nações Unidas, que enviará cópia autenticada a todos os Estados.

Em fé do que, os abaixo assinados, devidamente autorizados pelos respectivos Governos, assinaram o presente Estatuto.

Feito em Roma, aos dezessete dias do mês de julho de mil novecentos e noventa e oito.

DECRETO 7.030,
DE 14 DE DEZEMBRO DE 2009

Promulga a Convenção de Viena sobre o Direito dos Tratados, concluída em 23 de maio de 1969, com reserva aos Artigos 25 e 66.

O Presidente da República, no uso da atribuição que lhe confere o art. 84, inciso IV, da Constituição, e Considerando que o Congresso Nacional aprovou, por meio do Decreto Legislativo 496, de 17 de julho de 2009, a Convenção de Viena sobre o Direito dos Tratados, concluída em 23 de maio de 1969, com reserva aos Artigos 25 e 66;

Considerando que o Governo brasileiro depositou o instrumento de ratificação da referida Convenção junto ao Secretário-Geral das Nações Unidas em 25 de setembro de 2009; decreta:

Art. 1º A Convenção de Viena sobre o Direito dos Tratados, concluída em 23 de maio de 1969, com reserva aos Artigos 25 e 66, apensa por cópia ao presente Decreto, será executada e cumprida tão inteiramente como nela se contém.

Art. 2º São sujeitos à aprovação do Congresso Nacional quaisquer atos que possam resultar em revisão da referida Convenção ou que acarretem encargos ou compromissos gravosos ao patrimônio nacional, nos termos do art. 49, inciso I, da Constituição.

Art. 3º Este Decreto entra em vigor na data de sua publicação.

Brasília, 14 de dezembro de 2009; 188º da Independência e 121º da República.

Luiz Inácio Lula da Silva

(Publicação no *D.O.U. de* 15.12.2009)

CONVENÇÃO DE VIENA SOBRE O DIREITO DOS TRATADOS

Os Estados Partes na presente Convenção,

Considerando o papel fundamental dos tratados na história das relações internacionais,

Reconhecendo a importância cada vez maior dos tratados como fonte do Direito Internacional e como meio de desenvolver a cooperação pacífica entre as nações, quaisquer que sejam seus sistemas constitucionais e sociais,

Constatando que os princípios do livre consentimento e da boa-fé e a regra *pacta sunt servanda* são universalmente reconhecidos,

Afirmando que as controvérsias relativas aos tratados, tais como outras controvérsias internacionais, devem ser solucionadas por meios pacíficos e de conformidade com os princípios da Justiça e do Direito Internacional,

Recordando a determinação dos povos das Nações Unidas de criar condições necessárias à manutenção da Justiça e do respeito às obrigações decorrentes dos tratados,

Conscientes dos princípios de Direito Internacional incorporados na Carta das Nações Unidas, tais como os princípios da igualdade de direitos e da autodeterminação dos povos, da igualdade soberana e da independência de todos os Estados, da não intervenção nos assuntos internos dos Estados, da proibição da ameaça ou do emprego da força e do respeito universal e observância dos direitos humanos e das liberdades fundamentais para todos,

Acreditando que a codificação e o desenvolvimento progressivo do direito dos tratados alcançados na presente Convenção promoverão os propósitos das Nações Unidas enunciados na Carta, que são a manutenção da paz e da segurança internacionais, o desenvolvimento das relações amistosas e a consecução da cooperação entre as nações,

Afirmando que as regras do Direito Internacional consuetudinário continuarão a reger as questões não reguladas pelas disposições da presente Convenção,

Convieram no seguinte:

PARTE I
INTRODUÇÃO

Artigo 1
Âmbito da presente convenção

A presente Convenção aplica-se aos tratados entre Estados.

Artigo 2
Expressões empregadas

1. Para os fins da presente Convenção:

a) "tratado" significa um acordo internacional concluído por escrito entre Estados e regido pelo Direito Internacional, quer conste de um instrumento único, quer de dois ou mais instrumentos conexos, qualquer que seja sua denominação específica;

b) "ratificação", "aceitação", "aprovação" e "adesão" significam, conforme o caso, o ato internacional assim denominado pelo qual um Estado estabelece no plano internacional o seu consentimento em obrigar-se por um tratado;

c) "plenos poderes" significa um documento expedido pela autoridade competente de um Estado e pelo qual são designadas uma ou várias pessoas para representar o Estado na negociação, adoção ou autenticação do texto de um tratado, para manifestar o consentimento do Estado em obrigar-se por um tratado ou para praticar qualquer outro ato relativo a um tratado;

d) "reserva" significa uma declaração unilateral, qualquer que seja a sua redação ou denominação, feita por um Estado ao assinar, ratificar, aceitar ou aprovar um tratado, ou a ele aderir, com o objetivo de excluir ou modificar o efeito jurídico de certas disposições do tratado em sua aplicação a esse Estado;

e) "Estado negociador" significa um Estado que participou na elaboração e na adoção do texto do tratado;

f) "Estado contratante" significa um Estado que consentiu em se obrigar pelo tratado, tenha ou não o tratado entrado em vigor;

g) "parte" significa um Estado que consentiu em se obrigar pelo tratado e em relação ao qual este esteja em vigor;

h) "terceiro Estado" significa um Estado que não é parte no tratado;

i) "organização internacional" significa uma organização intergovernamental.

2. As disposições do parágrafo 1 relativas às expressões empregadas na presente Convenção não prejudicam o emprego dessas expressões, nem os significados que lhes possam ser dados na legislação interna de qualquer Estado.

Artigo 3
Acordos internacionais excluídos do âmbito da presente convenção

O fato de a presente Convenção não se aplicar a acordos internacionais concluídos entre Estados e outros sujeitos de Direito Internacional, ou entre estes outros sujeitos de Direito Internacional, ou a acordos internacionais que não sejam concluídos por escrito, não prejudicará:

a) a eficácia jurídica desses acordos;

b) a aplicação a esses acordos de quaisquer regras enunciadas na presente Convenção às quais estariam sujeitos em virtude do Direito Internacional, independentemente da Convenção;

c) a aplicação da Convenção às relações entre Estados, reguladas em acordos internacionais em que sejam igualmente partes outros sujeitos de Direito Internacional.

Artigo 4
Irretroatividade da presente convenção

Sem prejuízo da aplicação de quaisquer regras enunciadas na presente Convenção a que os tratados estariam sujeitos em virtude do Direito Internacional, independentemente da Convenção, esta somente se aplicará aos tratados concluídos por Estados após sua entrada em vigor em relação a esses Estados.

Artigo 5
Tratados constitutivos de organizações internacionais e tratados adotados no âmbito de uma organização internacional

A presente Convenção aplica-se a todo tratado que seja o instrumento constitutivo de uma organização internacional e a todo tratado adotado no âmbito de uma organização internacional, sem prejuízo de quaisquer normas relevantes da organização.

PARTE II
CONCLUSÃO E ENTRADA EM VIGOR DE TRATADOS

Seção 1
Conclusão de Tratados

Artigo 6
Capacidade dos estados para concluir tratados

Todo Estado tem capacidade para concluir tratados.

Artigo 7
Plenos poderes

1. Uma pessoa é considerada representante de um Estado para a adoção ou autenticação do texto de um tratado ou para expressar o consentimento do Estado em obrigar-se por um tratado se:

a) apresentar plenos poderes apropriados; ou

b) a prática dos Estados interessados ou outras circunstâncias indicarem que a intenção do Estado era considerar essa pessoa seu representante para esses fins e dispensar os plenos poderes.

2. Em virtude de suas funções e independentemente da apresentação de plenos poderes, são considerados representantes do seu Estado:

a) os Chefes de Estado, os Chefes de Governo e os Ministros das Relações Exteriores, para a realização de todos os atos relativos à conclusão de um tratado;

b) os Chefes de missão diplomática, para a adoção do texto de um tratado entre o Estado acreditante e o Estado junto ao qual estão acreditados;

c) os representantes acreditados pelos Estados perante uma conferência ou organização internacional ou um de seus órgãos, para a adoção do texto de um tratado em tal conferência, organização ou órgão.

Artigo 8

Confirmação posterior de um ato praticado sem autorização

Um ato relativo à conclusão de um tratado praticado por uma pessoa que, nos termos do artigo 7, não pode ser considerada representante de um Estado para esse fim não produz efeitos jurídicos, a não ser que seja confirmado, posteriormente, por esse Estado.

Artigo 9

Adoção do texto

1. A adoção do texto do tratado efetua-se pelo consentimento de todos os Estados que participam da sua elaboração, exceto quando se aplica o disposto no parágrafo 2.

2. A adoção do texto de um tratado numa conferência internacional efetua-se pela maioria de 2/3 (dois terços) dos Estados presentes e votantes, salvo se esses Estados, pela mesma maioria, decidirem aplicar uma regra diversa.

Artigo 10

Autenticação do texto

O texto de um tratado é considerado autêntico e definitivo:

a) mediante o processo previsto no texto ou acordado pelos Estados que participam da sua elaboração; ou

b) na ausência de tal processo, pela assinatura, assinatura *ad referendum* ou rubrica, pelos representantes desses Estados, do texto do tratado ou da Ata Final da Conferência que incorporar o referido texto.

Artigo 11

Meios de manifestar consentimento em obrigar-se por um tratado

O consentimento de um Estado em obrigar-se por um tratado pode manifestar-se pela assinatura, troca dos instrumentos constitutivos do tratado, ratificação, aceitação, aprovação ou adesão, ou por quaisquer outros meios, se assim acordado.

Artigo 12

Consentimento em obrigar-se por um tratado manifestado pela assinatura

1. O consentimento de um Estado em obrigar-se por um tratado manifesta-se pela assinatura do representante desse Estado:

a) quando o tratado dispõe que a assinatura terá esse efeito;

b) quando se estabeleça, de outra forma, que os Estados negociadores acordaram em dar à assinatura esse efeito; ou

c) quando a intenção do Estado interessado em dar esse efeito à assinatura decorra dos plenos poderes de seu representante ou tenha sido manifestada durante a negociação.

2. Para os efeitos do parágrafo 1:

a) a rubrica de um texto tem o valor de assinatura do tratado, quando ficar estabelecido que os Estados negociadores nisso concordaram;

b) a assinatura *ad referendum* de um tratado pelo representante de um Estado, quando confirmada por esse Estado, vale como assinatura definitiva do tratado.

Artigo 13

Consentimento em obrigar-se por um tratado manifestado pela troca dos seus instrumentos constitutivos

O consentimento dos Estados em se obrigarem por um tratado, constituído por instrumentos trocados entre eles, manifesta-se por essa troca:

a) quando os instrumentos estabeleçam que a troca produzirá esse efeito; ou

b) quando fique estabelecido, por outra forma, que esses Estados acordaram em que a troca dos instrumentos produziria esse efeito.

Artigo 14

Consentimento em obrigar-se por um tratado manifestado pela ratificação, aceitação ou aprovação

1. O consentimento de um Estado em obrigar-se por um tratado manifesta-se pela ratificação:

a) quando o tratado disponha que esse consentimento se manifeste pela ratificação;

b) quando, por outra forma, se estabeleça que os Estados negociadores acordaram em que a ratificação seja exigida;

c) quando o representante do Estado tenha assinado o tratado sujeito a ratificação; ou

d) quando a intenção do Estado de assinar o tratado sob reserva de ratificação decorra dos plenos poderes de seu representante ou tenha sido manifestada durante a negociação.

2. O consentimento de um Estado em obrigar-se por um tratado manifesta-se pela aceitação ou aprovação em condições análogas às aplicáveis à ratificação.

Artigo 15

Consentimento em obrigar-se por um tratado manifestado pela adesão

O consentimento de um Estado em obrigar-se por um tratado manifesta-se pela adesão:

a) quando esse tratado disponha que tal consentimento pode ser manifestado, por esse Estado, pela adesão;

b) quando, por outra forma, se estabeleça que os Estados negociadores acordaram em que tal consentimento pode ser manifestado, por esse Estado, pela adesão; ou

c) quando todas as partes acordaram posteriormente em que tal consentimento pode ser manifestado, por esse Estado, pela adesão.

Artigo 16

Troca ou depósito dos instrumentos de ratificação, aceitação, aprovação ou adesão

A não ser que o tratado disponha diversamente, os instrumentos de ratificação, aceitação, aprovação ou adesão estabelecem o consentimento de um Estado em obrigar-se por um tratado por ocasião:

a) da sua troca entre os Estados contratantes;

b) do seu depósito junto ao depositário; ou

c) da sua notificação aos Estados contratantes ou ao depositário, se assim for convencionado.

Artigo 17

Consentimento em obrigar-se por parte de um tratado e escolha entre disposições diferentes

1. Sem prejuízo do disposto nos artigos 19 a 23, o consentimento de um Estado em obrigar-se por parte de um tratado só produz efeito se o tratado o permitir ou se outros Estados contratantes nisso acordarem.

2. O consentimento de um Estado em obrigar-se por um tratado que permite a escolha entre disposições diferentes só produz efeito se as disposições a que se refere o consentimento forem claramente indicadas.

Artigo 18

Obrigação de não frustrar o objeto e finalidade de um tratado antes de sua entrada em vigor

Um Estado é obrigado a abster-se da prática de atos que frustrariam o objeto e a finalidade de um tratado, quando:

a) tiver assinado ou trocado instrumentos constitutivos do tratado, sob reserva de ratificação, aceitação ou aprovação, enquanto não tiver manifestado sua intenção de não se tornar parte no tratado; ou

b) tiver expressado seu consentimento em obrigar-se pelo tratado no período que precede a entrada em vigor do tratado e com a condição de esta não ser indevidamente retardada.

Seção 2
Reservas

Artigo 19

Formulação de reservas

Um Estado pode, ao assinar, ratificar, aceitar ou aprovar um tratado, ou a ele aderir, formular uma reserva, a não ser que:

a) a reserva seja proibida pelo tratado;

b) o tratado disponha que só possam ser formuladas determinadas reservas, entre as quais não figure a reserva em questão; ou

c) nos casos não previstos nas alíneas *a* e *b*, a reserva seja incompatível com o objeto e a finalidade do tratado.

Artigo 20

Aceitação de reservas e objeções às reservas

1. Uma reserva expressamente autorizada por um tratado não requer qualquer aceitação posterior pelos outros Estados contratantes, a não ser que o tratado assim disponha.

2. Quando se infere do número limitado dos Estados negociadores, assim como do objeto e da finalidade do tratado, que a aplicação do tratado na íntegra entre todas as partes é condição essencial para o consentimento de cada uma delas em obrigar-se pelo tratado, uma reserva requer a aceitação de todas as partes.

3. Quando o tratado é um ato constitutivo de uma organização internacional, a reserva exige a aceitação do órgão competente da organização, a não ser que o tratado disponha diversamente.

4. Nos casos não previstos nos parágrafos precedentes e a menos que o tratado disponha de outra forma:

a) a aceitação de uma reserva por outro Estado contratante torna o Estado autor da reserva parte no tratado em relação àquele outro Estado, se o tratado está em vigor ou quando entrar em vigor para esses Estados;

b) a objeção feita a uma reserva por outro Estado contratante não impede que o tratado entre em vigor entre o Estado que formulou a objeção e o Estado autor da reserva, a não ser que uma intenção contrária tenha sido expressamente manifestada pelo Estado que formulou a objeção;

c) um ato que manifestar o consentimento de um Estado em obrigar-se por um tratado e que contiver uma reserva produzirá efeito logo que pelo menos outro Estado contratante aceitar a reserva.

5. Para os fins dos parágrafos 2 e 4, e a não ser que o tratado disponha diversamente, uma reserva é tida como aceita por um Estado se este não formulou objeção à reserva quer no decurso do prazo de 12 (doze) meses que se seguir à data em que recebeu a notificação, quer na data em que manifestou o seu consentimento em obrigar-se pelo tratado, se esta for posterior.

Artigo 21
Efeitos jurídicos das reservas e das objeções às reservas

1. Uma reserva estabelecida em relação a outra parte, de conformidade com os artigos 19, 20 e 23:

a) modifica para o autor da reserva, em suas relações com a outra parte, as disposições do tratado sobre as quais incide a reserva, na medida prevista por esta; e

b) modifica essas disposições, na mesma medida, quanto a essa outra parte, em suas relações com o Estado autor da reserva.

2. A reserva não modifica as disposições do tratado quanto às demais partes no tratado em suas relações *inter se*.

3. Quando um Estado que formulou objeção a uma reserva não se opôs à entrada em vigor do tratado entre ele próprio e o Estado autor da reserva, as disposições a que se refere a reserva não se aplicam entre os dois Estados, na medida prevista pela reserva.

Artigo 22
Retirada de reservas e de objeções às reservas

1. A não ser que o tratado disponha de outra forma, uma reserva pode ser retirada a qualquer momento, sem que o consentimento do Estado que a aceitou seja necessário para sua retirada.

2. A não ser que o tratado disponha de outra forma, uma objeção a uma reserva pode ser retirada a qualquer momento.

3. A não ser que o tratado disponha ou fique acordado de outra forma:

a) a retirada de uma reserva só produzirá efeito em relação a outro Estado contratante quando este Estado receber a correspondente notificação;

b) a retirada de uma objeção a uma reserva só produzirá efeito quando o Estado que formulou a reserva receber notificação dessa retirada.

Artigo 23
Processo relativo às reservas

1. A reserva, a aceitação expressa de uma reserva e a objeção a uma reserva devem ser formuladas por escrito e comunicadas aos Estados contratantes e aos outros Estados que tenham o direito de se tornar partes no tratado.

2. Uma reserva formulada quando da assinatura do tratado sob reserva de ratificação, aceitação ou aprovação, deve ser formalmente confirmada pelo Estado que a formulou no momento em que manifestar o seu consentimento em obrigar-se pelo tratado. Nesse caso, a reserva considerar-se-á feita na data de sua confirmação.

3. Uma aceitação expressa de uma reserva, ou objeção a uma reserva, feita antes da confirmação da reserva não requer confirmação.

4. A retirada de uma reserva ou de uma objeção a uma reserva deve ser formulada por escrito.

Seção 3
Entrada em vigor dos tratados e aplicação provisória

Artigo 24
Entrada em vigor

1. Um tratado entra em vigor na forma e na data previstas no tratado ou acordadas pelos Estados negociadores.

2. Na ausência de tal disposição ou acordo, um tratado entra em vigor tão logo o consentimento em obrigar-se pelo tratado seja manifestado por todos os Estados negociadores.

3. Quando o consentimento de um Estado em obrigar-se por um tratado for manifestado após sua entrada em vigor, o tratado entrará em vigor em relação a esse Estado nessa data, a não ser que o tratado disponha de outra forma.

4. Aplicam-se desde o momento da adoção do texto de um tratado as disposições relativas à autenticação de seu texto, à manifestação do consentimento dos Estados em obrigarem-se pelo tratado, à maneira ou à data de sua entrada em vigor, às reservas, às funções de depositário e aos outros assuntos que surjam necessariamente antes da entrada em vigor do tratado.

Artigo 25
Aplicação provisória

1. Um tratado ou uma parte do tratado aplica-se provisoriamente enquanto não entra em vigor, se:

a) o próprio tratado assim dispuser; ou

b) os Estados negociadores assim acordarem por outra forma.

2. A não ser que o tratado disponha ou os Estados negociadores acordem de outra forma, a aplicação provisória de um tratado ou parte de um tratado, em relação a um Estado, termina se esse Estado notificar aos outros Estados, entre os quais o tratado é aplicado provisoriamente, sua intenção de não se tornar parte no tratado.

PARTE III
OBSERVÂNCIA, APLICAÇÃO E INTERPRETAÇÃO DE TRATADOS

Seção 1
Observância de Tratados

Artigo 26
Pacta sunt servanda

Todo tratado em vigor obriga as partes e deve ser cumprido por elas de boa-fé.

Artigo 27
Direito interno e observância de tratados

Uma parte não pode invocar as disposições de seu direito interno para justificar o inadimplemento de um tratado. Esta regra não prejudica o artigo 46.

Seção 2
Aplicação de tratados

Artigo 28
Irretroatividade de tratados

A não ser que uma intenção diferente se evidencie do tratado, ou seja estabelecida de outra forma, suas disposições não obrigam uma parte em relação a um ato ou fato anterior ou a uma situação que deixou de existir antes da entrada em vigor do tratado, em relação a essa parte.

Artigo 29
Aplicação territorial de tratados

A não ser que uma intenção diferente se evidencie do tratado, ou seja estabelecida de outra forma, um tratado obriga cada uma das partes em relação a todo o seu território.

Artigo 30
Aplicação de tratados sucessivos sobre o mesmo assunto

1. Sem prejuízo das disposições do artigo 103 da Carta das Nações Unidas, os direitos e obrigações dos Estados partes em tratados sucessivos sobre o mesmo assunto serão determinados de conformidade com os parágrafos seguintes.

2. Quando um tratado estipular que está subordinado a um tratado anterior ou posterior ou que não deve ser considerado incompatível com esse outro tratado, as disposições deste último prevalecerão.

3. Quando todas as partes no tratado anterior são igualmente partes no tratado posterior, sem que o tratado anterior tenha cessado de vigorar ou sem que a sua aplicação tenha sido suspensa nos termos do artigo 59, o tratado anterior só se aplica na medida em que as suas disposições sejam compatíveis com as do tratado posterior.

4. Quando as partes no tratado posterior não incluem todas a partes no tratado anterior:

a) nas relações entre os Estados partes nos dois tratados, aplica-se o disposto no parágrafo 3;

b) nas relações entre um Estado parte nos dois tratados e um Estado parte apenas em um desses tratados, o tratado em que os dois Estados são partes rege os seus direitos e obrigações recíprocos.

5. O parágrafo 4 aplica-se sem prejuízo do artigo 41, ou de qualquer questão relativa à extinção ou suspensão da execução de um tratado nos termos do artigo 60 ou de qualquer questão de responsabilidade que possa surgir para um Estado da conclusão ou da aplicação de um tratado cujas disposições sejam incompatíveis com suas obrigações em relação a outro Estado nos termos de outro tratado.

Seção 3
Interpretação de Tratados

Artigo 31

Regra geral de interpretação

1. Um tratado deve ser interpretado de boa -fé segundo o sentido comum atribuível aos termos do tratado em seu contexto e à luz de seu objetivo e finalidade.

2. Para os fins de interpretação de um tratado, o contexto compreenderá, além do texto, seu preâmbulo e anexos:

a) qualquer acordo relativo ao tratado e feito entre todas as partes em conexão com a conclusão do tratado;

b) qualquer instrumento estabelecido por uma ou várias partes em conexão com a conclusão do tratado e aceito pelas outras partes como instrumento relativo ao tratado.

3. Serão levados em consideração, juntamente com o contexto:

a) qualquer acordo posterior entre as partes relativo à interpretação do tratado ou à aplicação de suas disposições;

b) qualquer prática seguida posteriormente na aplicação do tratado, pela qual se estabeleça o acordo das partes relativo à sua interpretação;

c) quaisquer regras pertinentes de Direito Internacional aplicáveis às relações entre as partes.

4. Um termo será entendido em sentido especial se estiver estabelecido que essa era a intenção das partes.

Artigo 32

Meios suplementares de interpretação

Pode-se recorrer a meios suplementares de interpretação, inclusive aos trabalhos preparatórios do tratado e às circunstâncias de sua conclusão, a fim de confirmar o sentido resultante da aplicação do artigo 31 ou de determinar o sentido quando a interpretação, de conformidade com o artigo 31:

a) deixa o sentido ambíguo ou obscuro; ou

b) conduz a um resultado que é manifestamente absurdo ou desarrazoado.

Artigo 33

Interpretação de tratados autenticados em duas ou mais línguas

1. Quando um tratado foi autenticado em duas ou mais línguas, seu texto faz igualmente fé em cada uma delas, a não ser que o tratado disponha ou as partes concordem que, em caso de divergência, prevaleça um texto determinado.

2. Uma versão do tratado em língua diversa daquelas em que o texto foi autenticado só será considerada texto autêntico se o tratado o previr ou as partes nisso concordarem.

3. Presume-se que os termos do tratado têm o mesmo sentido nos diversos textos autênticos.

4. Salvo o caso em que um determinado texto prevalece nos termos do parágrafo 1, quando a comparação dos textos autênticos revela uma diferença de sentido que a aplicação dos artigos 31 e 32 não elimina, adotar-se-á o sentido que, tendo em conta o objeto e a finalidade do tratado, melhor conciliar os textos.

Seção 4
Tratados e Terceiros Estados

Artigo 34
Regra geral com relação a terceiros estados

Um tratado não cria obrigações nem direitos para um terceiro Estado sem o seu consentimento.

Artigo 35

Tratados que criam obrigações para terceiros estados

Uma obrigação nasce para um terceiro Estado de uma disposição de um tratado se as partes no tratado tiverem a intenção de criar a obrigação por meio dessa disposição e o terceiro Estado aceitar expressamente, por escrito, essa obrigação.

Artigo 36

Tratados que criam direitos para terceiros estados

1. Um direito nasce para um terceiro Estado de uma disposição de um tratado se as partes no tratado tiverem a intenção de conferir, por meio dessa disposição, esse direito quer a um terceiro Estado, quer a um grupo de Estados a que pertença, quer a todos os Estados, e o terceiro Estado nisso consentir. Presume-se o seu consentimento até indicação em contrário, a menos que o tratado disponha diversamente.

2. Um Estado que exerce um direito nos termos do parágrafo 1 deve respeitar, para o exercício desse direito, as condições previstas no tratado ou estabelecidas de acordo com o tratado.

Artigo 37

Revogação ou modificação de obrigações ou direitos de terceiros estados

1. Qualquer obrigação que tiver nascido para um terceiro Estado nos termos do artigo 35 só poderá ser revogada ou modificada com o consentimento das partes no tratado e do terceiro Estado, salvo se ficar estabelecido que elas haviam acordado diversamente.

2. Qualquer direito que tiver nascido para um terceiro Estado nos termos do artigo 36 não poderá ser revogado ou modificado pelas partes, se ficar estabelecido ter havido a intenção de que o direito não fosse revogável ou sujeito a modificação sem o consentimento do terceiro Estado.

Artigo 38

Regras de um tratado tornadas obrigatórias para terceiros estados por força do costume internacional

Nada nos artigos 34 a 37 impede que uma regra prevista em um tratado se torne obrigatória para terceiros Estados como regra consuetudinária de Direito Internacional, reconhecida como tal.

PARTE IV
EMENDA E MODIFICAÇÃO DE TRATADOS

Artigo 39

Regra geral relativa à emenda de tratados

Um tratado poderá ser emendado por acordo entre as partes. As regras estabelecidas na parte II aplicar-se-ão a tal acordo, salvo na medida em que o tratado dispuser diversamente.

Artigo 40

Emenda de tratados multilaterais

1. A não ser que o tratado disponha diversamente, a emenda de tratados multilaterais reger-se-á pelos parágrafos seguintes.

2. Qualquer proposta para emendar um tratado multilateral entre todas as partes deverá ser notificada a todos os Estados contratantes, cada um dos quais terá o direito de participar:

a) na decisão quanto à ação a ser tomada sobre essa proposta;

b) na negociação e conclusão de qualquer acordo para a emenda do tratado.

3. Todo Estado que possa ser parte no tratado poderá igualmente ser parte no tratado emendado.

4. O acordo de emenda não vincula os Estados que já são partes no tratado e que não se tornaram partes no acordo de emenda; em relação a esses Estados, aplicar-se-á o artigo 30, parágrafo 4 (b).

5. Qualquer Estado que se torne parte no tratado após a entrada em vigor do acordo de emenda será considerado, a menos que manifeste intenção diferente:

a) parte no tratado emendado; e

b) parte no tratado não emendado em relação às partes no tratado não vinculadas pelo acordo de emenda.

Artigo 41

Acordos para modificar tratados multilaterais somente entre algumas partes

1. Duas ou mais partes num tratado multilateral podem concluir um acordo para modificar o tratado, somente entre si, desde que:

a) a possibilidade de tal modificação seja prevista no tratado; ou

b) a modificação em questão não seja proibida pelo tratado; e

i) não prejudique o gozo pelas outras partes dos direitos provenientes do tratado nem o cumprimento de suas obrigações.

ii) não diga respeito a uma disposição cuja derrogação seja incompatível com a execução efetiva do objeto e da finalidade do tratado em seu conjunto.

2. A não ser que, no caso previsto na alínea *a* do parágrafo 1, o tratado disponha de outra forma, as partes em questão notificarão às outras partes sua intenção de concluir o acordo e as modificações que este introduz no tratado.

PARTE V
NULIDADE, EXTINÇÃO E SUSPENSÃO DA EXECUÇÃO DE TRATADOS

Seção 1
Disposições Gerais

Artigo 42

Validade e vigência de tratados

1. A validade de um tratado ou do consentimento de um Estado em obrigar-se por um tratado só pode ser contestada mediante a aplicação da presente Convenção.

2. A extinção de um tratado, sua denúncia ou a retirada de uma das partes só poderá ocorrer em virtude da aplicação das disposições do tratado ou da presente Convenção. A mesma regra aplica-se à suspensão da execução de um tratado.

Artigo 43

Obrigações impostas pelo direito internacional, independentemente de um tratado

A nulidade de um tratado, sua extinção ou denúncia, a retirada de uma das partes ou a suspensão da execução de um tratado em consequência da aplicação da presente Convenção ou das disposições do tratado não prejudicarão, de nenhum modo, o dever de um Estado de cumprir qualquer obrigação enunciada no tratado à qual estaria ele sujeito em virtude do Direito Internacional, independentemente do tratado.

Artigo 44

Divisibilidade das disposições de um tratado

1. O direito de uma parte, previsto num tratado ou decorrente do artigo 56, de denunciar, retirar-se ou suspender a execução do tratado, só pode ser exercido em relação à totalidade do tratado, a menos que este disponha ou as partes acordem diversamente.

2. Uma causa de nulidade, de extinção, de retirada de uma das partes ou de suspensão de execução de um tratado, reconhecida na presente Convenção, só pode ser alegada em relação à totalidade do tratado, salvo nas condições previstas nos parágrafos seguintes ou no artigo 60.

3. Se a causa diz respeito apenas a determinadas cláusulas, só pode ser alegada em relação a essas cláusulas e desde que:

a) essas cláusulas sejam separáveis do resto do tratado no que concerne a sua aplicação;

b) resulte do tratado ou fique estabelecido de outra forma que a aceitação dessas cláusulas não constituía para a outra parte, ou para as outras partes no tratado, uma base essencial do seu consentimento em obrigar-se pelo tratado em seu conjunto; e

c) não seja injusto continuar a executar o resto do tratado.

4. Nos casos previstos nos artigos 49 e 50, o Estado que tem o direito de alegar o dolo ou a corrupção pode fazê-lo em relação à totalidade do tratado ou, nos termos do parágrafo 3, somente às determinadas cláusulas.

5. Nos casos previstos nos artigos 51, 52 e 53 a divisão das disposições de um tratado não é permitida.

Artigo 45

Perda do direito de invocar causa de nulidade, extinção, retirada ou suspensão da execução de um tratado

Um Estado não pode mais invocar uma causa de nulidade, de extinção, de retirada ou de suspensão da execução de um tratado, com base nos artigos 46 a 50 ou nos artigos 60 e 62, se, depois de haver tomado conhecimento dos fatos, esse Estado:

a) tiver aceito, expressamente, que o tratado é válido, permanece em vigor ou continua em execução conforme o caso, ou

b) em virtude de sua conduta, deva ser considerado como tendo concordado em que o tratado é válido, permanece em vigor ou continua em execução, conforme o caso.

Seção 2

Nulidade de tratados

Artigo 46

Disposições do direito interno sobre competência para concluir tratados

1. Um Estado não pode invocar o fato de que seu consentimento em obrigar-se por um tratado foi expresso em violação de uma disposição de seu direito interno sobre competência para concluir tratados, a não ser que essa violação fosse manifesta e dissesse respeito a uma norma de seu direito interno de importância fundamental.

2. Uma violação é manifesta se for objetivamente evidente para qualquer Estado que proceda, na matéria, de conformidade com a prática normal e de boa-fé.

Artigo 47

Restrições específicas ao poder de manifestar o consentimento de um estado

Se o poder conferido a um representante de manifestar o consentimento de um Estado em obrigar-se por um determinado tratado tiver sido objeto de restrição específica, o fato de o representante não respeitar a restrição não pode ser invocado como invalidando o consentimento expresso, a não ser que a restrição tenha sido notificada aos outros Estados negociadores antes da manifestação do consentimento.

Artigo 48

Erro

1. Um Estado pode invocar erro no tratado como tendo invalidado o seu consentimento em obrigar-se pelo tratado se o erro se referir a um fato ou situação que esse Estado supunha existir no momento em que o tratado foi concluído e que constituía uma base essencial de seu consentimento em obrigar-se pelo tratado.

2. O parágrafo 1 não se aplica se o referido Estado contribui para tal erro pela sua conduta ou se as circunstâncias foram tais que o Estado devia ter-se apercebido da possibilidade de erro.

3. Um erro relativo à redação do texto de um tratado não prejudicará sua validade; neste caso, aplicar-se-á o artigo 79.

Artigo 49

Dolo

Se um Estado foi levado a concluir um tratado pela conduta fraudulenta de outro Estado negociador, o Estado pode invocar a fraude como tendo invalidado o seu consentimento em obrigar-se pelo tratado.

Artigo 50

Corrupção de representante de um estado

Se a manifestação do consentimento de um Estado em obrigar- se por um tratado foi obtida por meio da corrupção de seu representante, pela ação direta ou indireta de outro Estado negociador, o Estado pode alegar tal corrupção como tendo invalidado o seu consentimento em obrigar-se pelo tratado.

Artigo 51

Coação de representante de um estado

Não produzirá qualquer efeito jurídico a manifestação do consentimento de um Estado em obrigar-se por um tratado que tenha sido obtida pela coação de seu representante, por meio de atos ou ameaças dirigidas contra ele.

Artigo 52

Coação de um estado pela ameaça ou emprego da força

É nulo um tratado cuja conclusão foi obtida pela ameaça ou o emprego da força em violação dos princípios de Direito Internacional incorporados na Carta das Nações Unidas.

Artigo 53

Tratado em conflito com uma norma imperativa de direito internacional geral (*jus cogens*)

É nulo um tratado que, no momento de sua conclusão, conflite com uma norma imperativa de Direito Internacional geral. Para os fins da presente Convenção, uma norma imperativa de Direito Internacional geral é uma norma aceita e reconhecida pela comunidade internacional dos Estados como um todo, como norma da qual nenhuma derrogação é permitida e que só pode ser modificada por norma ulterior de Direito Internacional geral da mesma natureza.

Seção 3

Extinção e Suspensão da Execução de Tratados

Artigo 54

Extinção ou retirada de um tratado em virtude de suas disposições ou por consentimento das partes

A extinção de um tratado ou a retirada de uma das partes pode ter lugar:

a) de conformidade com as disposições do tratado; ou

b) a qualquer momento, pelo consentimento de todas as partes, após consulta com os outros Estados contratantes.

Artigo 55

Redução das partes num tratado multilateral aquém do número necessário para sua entrada em vigor

A não ser que o tratado disponha diversamente, um tratado multilateral não se extingue pelo simples fato de que o número de partes ficou aquém do número necessário para sua entrada em vigor.

Artigo 56

Denúncia, ou retirada, de um tratado que não contém disposições sobre extinção, denúncia ou retirada

1. Um tratado que não contém disposição relativa à sua extinção, e que não prevê denúncia ou retirada, não é suscetível de denúncia ou retirada, a não ser que:

a) se estabeleça terem as partes tencionado admitir a possibilidade da denúncia ou retirada; ou

b) um direito de denúncia ou retirada possa ser deduzido da natureza do tratado.

2. Uma parte deverá notificar, com pelo menos doze meses de antecedência, a sua intenção de denunciar ou de se retirar de um tratado, nos termos do parágrafo 1.

Artigo 57

Suspensão da execução de um tratado em virtude de suas disposições ou pelo consentimento das partes

A execução de um tratado em relação a todas as partes ou a uma parte determinada pode ser suspensa:

a) de conformidade com as disposições do tratado; ou

b) a qualquer momento, pelo consentimento de todas as partes, após consulta com os outros Estados contratantes.

Artigo 58

Suspensão da execução de tratado multilateral por acordo apenas entre algumas das partes

1. Duas ou mais partes num tratado multilateral podem concluir um acordo para suspender temporariamente, e somente entre si, a execução das disposições de um tratado se:

a) a possibilidade de tal suspensão estiver prevista pelo tratado; ou

b) essa suspensão não for proibida pelo tratado e:

i) não prejudicar o gozo, pelas outras partes, dos seus direitos decorrentes do tratado nem o cumprimento de suas obrigações;

ii) não for incompatível com o objeto e a finalidade do tratado.

2. Salvo se, num caso previsto no parágrafo 1 (a), o tratado dispuser diversamente, as partes em questão notificarão às outras partes sua intenção de concluir o acordo e as disposições do tratado cuja execução pretendem suspender.

Artigo 59

Extinção ou suspensão da execução de um tratado em virtude da conclusão de um tratado posterior

1. Considerar-se-á extinto um tratado se todas as suas partes concluírem um tratado posterior sobre o mesmo assunto e:

a) resultar do tratado posterior, ou ficar estabelecido por outra forma, que a intenção das partes foi regular o assunto por este tratado; ou

b) as disposições do tratado posterior forem de tal modo incompatíveis com as do anterior, que os dois tratados não possam ser aplicados ao mesmo tempo.

2. Considera-se apenas suspensa a execução do tratado anterior se se depreender do tratado posterior, ou ficar estabelecido de outra forma, que essa era a intenção das partes.

Artigo 60

Extinção ou suspensão da execução de um tratado em consequência de sua violação

1. Uma violação substancial de um tratado bilateral por uma das partes autoriza a outra parte a invocar a violação como causa de extinção ou suspensão da execução de tratado, no todo ou em parte.

2. Uma violação substancial de um tratado multilateral por uma das partes autoriza:

a) as outras partes, por consentimento unânime, a suspenderem a execução do tratado, no todo ou em parte, ou a extinguirem o tratado, quer:

i) nas relações entre elas e o Estado faltoso;

ii) entre todas as partes;

b) uma parte especialmente prejudicada pela violação a invocá-la como causa para suspender a execução do tratado, no todo ou em parte, nas relações entre ela e o Estado faltoso;

c) qualquer parte que não seja o Estado faltoso a invocar a violação como causa para suspender a execução do tratado, no todo ou em parte, no que lhe diga respeito, se o tratado for de tal natureza que uma violação substancial de suas disposições por parte modifique radicalmente a situação de cada uma das partes quanto ao cumprimento posterior de suas obrigações decorrentes do tratado.

3. Uma violação substancial de um tratado, para os fins deste artigo, consiste:

a) numa rejeição do tratado não sancionada pela presente Convenção; ou

b) na violação de uma disposição essencial para a consecução do objeto ou da finalidade do tratado.

4. Os parágrafos anteriores não prejudicam qualquer disposição do tratado aplicável em caso de violação.

5. Os parágrafos 1 a 3 não se aplicam às disposições sobre a proteção da pessoa humana contidas em tratados de caráter humanitário, especialmente às disposições que proíbem qualquer forma de represália contra pessoas protegidas por tais tratados.

Artigo 61

Impossibilidade superveniente de cumprimento

1. Uma parte pode invocar a impossibilidade de cumprir um tratado como causa para extinguir o tratado ou dele retirar-se, se esta possibilidade resultar da destruição ou do desaparecimento definitivo de um objeto indispensável ao cumprimento do tratado. Se a impossibilidade for temporária, pode ser invocada somente como causa para suspender a execução do tratado.

2. A impossibilidade de cumprimento não pode ser invocada por uma das partes como causa para extinguir um tratado, dele retirar-se, ou suspender a execução do mesmo, se a impossibilidade resultar de uma violação, por essa parte, quer de uma obrigação decorrente do tratado, quer de qualquer outra obrigação internacional em relação a qualquer outra parte no tratado.

Artigo 62

Mudança fundamental de circunstâncias

1. Uma mudança fundamental de circunstâncias, ocorrida em relação às existentes no momento da conclusão de um tratado, e não prevista pelas partes, não pode ser invocada como causa para extinguir um tratado ou dele retirar-se, salvo se:

a) a existência dessas circunstâncias tiver constituído uma condição essencial do consentimento das partes em obrigarem-se pelo tratado; e

b) essa mudança tiver por efeito a modificação radical do alcance das obrigações ainda pendentes de cumprimento em virtude do tratado.

2. Uma mudança fundamental de circunstâncias não pode ser invocada pela parte como causa para extinguir um tratado ou dele retirar-se:

a) se o tratado estabelecer limites; ou

b) se a mudança fundamental resultar de violação, pela parte que a invoca, seja de uma obrigação decorrente do tratado, seja de qualquer outra obrigação internacional em relação a qualquer outra parte no tratado.

3. Se, nos termos dos parágrafos anteriores, uma parte pode invocar uma mudança fundamental de circunstâncias como causa para extinguir um tratado ou dele retirar-se, pode também invocá-la como causa para suspender a execução do tratado.

Artigo 63

Rompimento de relações diplomáticas e consulares

O rompimento de relações diplomáticas ou consulares entre partes em um tratado não afetará as relações jurídicas estabelecidas entre elas pelo tratado, salvo na medida em que a existência de relações diplomáticas ou consulares for indispensável à aplicação do tratado.

Artigo 64

Superveniência de uma nova norma imperativa de direito internacional geral (*jus cogens*)

Se sobrevier uma nova norma imperativa de Direito Internacional geral, qualquer tratado existente que estiver em conflito com essa norma torna-se nulo e extingue-se.

Seção 4
Processo

Artigo 65

Processo relativo à nulidade, extinção, retirada ou suspensão da execução de um tratado

1. Uma parte que, nos termos da presente Convenção, invocar quer um vício no seu consentimento em obrigar-se por um tratado, quer uma causa para impugnar a validade de um tratado, extingui-lo, dele retirar-se ou suspender sua aplicação, deve notificar sua pretensão às outras partes. A notificação indicará a medida que se propõe tomar em relação ao tratado e as razões para isso.

2. Salvo em caso de extrema urgência, decorrido o prazo de pelo menos 3 (três) meses contados do recebimento da notificação, se nenhuma parte tiver formulado objeções, a parte que fez a notificação pode tomar, na forma prevista pelo artigo 67, a medida que propôs.

3. Se, porém, qualquer outra parte tiver formulado uma objeção, as partes deverão procurar uma solução pelos meios previstos, no artigo 33 da Carta das Nações Unidas.

4. Nada nos parágrafos anteriores afetará os direitos ou obrigações das partes decorrentes de quaisquer disposições em vigor que obriguem as partes com relação à solução de controvérsias.

5. Sem prejuízo do artigo 45, o fato de um Estado não ter feito a notificação prevista no parágrafo 1 não o impede de fazer tal notificação em resposta a outra parte que exija o cumprimento do tratado ou alegue a sua violação.

Artigo 66

Processo de solução judicial, de arbitragem e de conciliação

Se, nos termos do parágrafo 3 do artigo 65, nenhuma solução foi alcançada, nos 12 meses seguintes à data na qual a objeção foi formulada, o seguinte processo será adotado:

a) qualquer parte na controvérsia sobre a aplicação ou a interpretação dos artigos 53 ou 64 poderá, mediante pedido escrito, submetê-la à decisão da Corte Internacional de Justiça, salvo se as partes decidirem, de comum acordo, submeter a controvérsia a arbitragem;

b) qualquer parte na controvérsia sobre a aplicação ou a interpretação de qualquer um dos outros artigos da Parte V da presente Convenção poderá iniciar o processo previsto no Anexo à Convenção, mediante pedido nesse sentido ao Secretário-Geral das Nações Unidas.

Artigo 67

Instrumentos declaratórios da nulidade, da extinção, da retirada ou suspensão da execução de um tratado

1. A notificação prevista no parágrafo 1 do artigo 65 deve ser feita por escrito.

2. Qualquer ato que declare a nulidade, a extinção, a retirada ou a suspensão da execução de um tratado, nos termos das disposições do tratado ou dos parágrafos 2 e 3 do artigo 65, será levado a efeito através de um instrumento comunicado às outras partes. Se o instrumento não for assinado pelo Chefe de Estado, Chefe de Governo ou Ministro das Relações Exteriores, o representante do Estado que faz a comunicação poderá ser convidado a exibir plenos poderes.

Artigo 68

Revogação de notificações e instrumentos previstos nos artigos 65 e 67

Uma notificação ou um instrumento previsto nos artigos 65 ou 67 podem ser revogados a qualquer momento antes que produzam efeitos.

Seção 5

Consequências da Nulidade, da Extinção e da Suspensão da Execução de um Tratado

Artigo 69

Consequências da nulidade de um tratado

1. É nulo um tratado cuja nulidade resulta das disposições da presente Convenção. As disposições de um tratado nulo não têm eficácia jurídica.

2. Se, todavia, tiverem sido praticados atos em virtude desse tratado:

a) cada parte pode exigir de qualquer outra parte o estabelecimento, na medida do possível, em suas relações mútuas, da situação que teria existido se esses atos não tivessem sido praticados;

b) os atos praticados de boa-fé, antes de a nulidade haver sido invocada, não serão tornados ilegais pelo simples motivo da nulidade do tratado.

3. Nos casos previsto pelos artigos 49, 50, 51 ou 52, o parágrafo 2 não se aplica com relação à parte a que é imputado o dolo, o ato de corrupção ou a coação.

4. No caso da nulidade do consentimento de um determinado Estado em obrigar-se por um tratado multilateral, aplicam-se as regras acima nas relações entre esse Estado e as partes no tratado.

Artigo 70

Consequências da extinção de um tratado

1. A menos que o tratado disponha ou as partes acordem de outra forma, a extinção de um, tratado, nos termos de suas disposições ou da presente Convenção:

a) libera as partes de qualquer obrigação de continuar a cumprir o tratado;

b) não prejudica qualquer direito, obrigação ou situação jurídica das partes, criados pela execução do tratado antes de sua extinção.

2. Se um Estado denunciar um tratado multilateral ou dele se retirar, o parágrafo 1 aplica-se nas relações entre esse Estado e cada uma das outras partes no tratado, a partir da data em que produza efeito essa denúncia ou retirada.

Artigo 71

Consequências da nulidade de um tratado em conflito com uma norma imperativa de direito internacional geral

1. No caso de um tratado nulo em virtude do artigo 53, as partes são obrigadas a:

a) eliminar, na medida do possível, as consequências de qualquer ato praticado com base em uma disposição que esteja em conflito com a norma imperativa de Direito Internacional geral; e

b) adaptar suas relações mútuas à norma imperativa do Direito Internacional geral.

2. Quando um tratado se torne nulo e seja extinto, nos termos do artigo 64, a extinção do tratado:

a) libera as partes de qualquer obrigação de continuar a cumprir o tratado;

b) não prejudica qualquer direito, obrigação ou situação jurídica das partes, criados pela execução do tratado, antes de sua extinção; entretanto, esses direitos, obrigações ou situações só podem ser mantidos posteriormente, na medida em que sua manutenção não entre em conflito com a nova norma imperativa de Direito Internacional geral.

Artigo 72

Consequências da suspensão da execução de um tratado

1. A não ser que o tratado disponha ou as partes acordem de outra forma, a suspensão da execução de um tratado, nos termos de suas disposições ou da presente Convenção:

a) libera as partes, entre as quais a execução do tratado seja suspensa, da obrigação de cumprir o tratado nas suas relações mútuas durante o período da suspensão;

b) não tem outro efeito sobre as relações jurídicas entre as partes, estabelecidas pelo tratado.

2. Durante o período da suspensão, as partes devem abster-se de atos tendentes a obstruir o reinício da execução do tratado.

PARTE VI
DISPOSIÇÕES DIVERSAS

Artigo 73

Caso de sucessão de estados, de responsabilidade de um estado e de início de hostilidades

As disposições da presente Convenção não prejulgarão qualquer questão que possa surgir em relação a um tratado, em virtude da sucessão de Estados, da responsabilidade internacional de um Estado ou do início de hostilidades entre Estados.

Artigo 74

Relações diplomáticas e consulares e conclusão de tratados

O rompimento ou a ausência de relações diplomáticas ou consulares entre dois ou mais Estados não obsta à conclusão de tratados entre os referidos Estados. A conclusão de um tratado, por si, não produz efeitos sobre as relações diplomáticas ou consulares.

Artigo 75

Caso de estado agressor

As disposições da presente Convenção não prejudicam qualquer obrigação que, em relação a um tratado, possa resultar para um Estado agressor de medidas tomadas em conformidade com a Carta das Nações Unidas, relativas à agressão cometida por esse Estado.

PARTE VII
DEPOSITÁRIOS, NOTIFICAÇÕES, CORREÇÕES E REGISTRO

Artigo 76

Depositários de tratados

1. a designação do depositário de um tratado pode ser feita pelos Estados negociadores no próprio tratado ou de alguma outra forma. O depositário pode ser um ou mais Estados, uma organização internacional ou o principal funcionário administrativo dessa organização.

2. As funções do depositário de um tratado têm caráter internacional e o depositário é obrigado a agir imparcialmente no seu desempenho. Em especial, não afetará essa obrigação o fato de um tratado não ter entrado em vigor entre algumas das partes ou de ter surgido uma divergência, entre um Estado e o depositário, relativa ao desempenho das funções deste último.

Artigo 77

Funções dos depositários

1. As funções do depositário, a não ser que o tratado disponha ou os Estados contratantes acordem de outra forma, compreendem particularmente:

a) guardar o texto original do tratado e quaisquer plenos poderes que lhe tenham sido entregues;

b) preparar cópias autenticadas do texto original e quaisquer textos do tratado em outros idiomas que possam ser exigidos pelo tratado e remetê-los às partes e aos Estados que tenham direito a ser partes no tratado;

c) receber quaisquer assinaturas ao tratado, receber e guardar quaisquer instrumentos, notificações e comunicações pertinentes ao mesmo;

d) examinar se a assinatura ou qualquer instrumento, notificação ou comunicação relativa ao tratado, está em boa e devida forma e, se necessário, chamar a atenção do Estado em causa sobre a questão;

e) informar as partes e os Estados que tenham direito a ser partes no tratado de quaisquer atos, notificações ou comunicações relativas ao tratado;

f) informar os Estados que tenham direito a ser partes no tratado sobre quando tiver sido recebido ou depositado o número de assinaturas ou de instrumentos de ratificação, de aceitação, de aprovação ou de adesão exigidos para a entrada em vigor do tratado;

g) registrar o tratado junto ao Secretariado das Nações Unidas;

h) exercer as funções previstas em outras disposições da presente Convenção.

2. Se surgir uma divergência entre um Estado e o depositário a respeito do exercício das funções deste último, o depositário levará a questão ao conhecimento dos Estados signatários e dos Estados contratantes ou, se for o caso, do órgão competente da organização internacional em causa.

Artigo 78

Notificações e comunicações

A não ser que o tratado ou a presente Convenção disponham de outra forma, uma notificação ou comunicação que deva ser feita por um Estado, nos termos da presente Convenção:

a) será transmitida, se não houver depositário, diretamente aos Estados a que se destina ou, se houver depositário, a este último;

b) será considerada como tendo sido feita pelo Estado em causa somente a partir do seu recebimento pelo Estado ao qual é transmitida ou, se for o caso, pelo depositário;

c) se tiver sido transmitida a um depositário, será considerada como tendo sido recebida pelo Estado ao qual é destinada somente a partir do momento em que este Estado tenha recebido do depositário a informação prevista no parágrafo 1 (e) do artigo 77.

Artigo 79

Correção de erros em textos ou em cópias autenticadas de tratados

1. Quando, após a autenticação do texto de um tratado, os Estados signatários e os Estados contratantes acordarem em que nele existe erro, este, salvo decisão sobre diferente maneira de correção, será corrigido:

a) mediante a correção apropriada no texto, rubricada por representantes devidamente credenciados;

b) mediante a elaboração ou troca de instrumento ou instrumentos em que estiver consignada a correção que se acordou em fazer; ou

c) mediante a elaboração de um texto corrigido da totalidade do tratado, segundo o mesmo processo utilizado para o texto original.

2. Quando o tratado tiver um depositário, este deve notificar aos Estados signatários e contratantes a existência do erro e a proposta de corrigi-lo e fixar um prazo apropriado durante o qual possam ser formulados objeções à correção proposta. Se, expirado o prazo:

a) nenhuma objeção tiver sido feita, o depositário deve efetuar e rubricar a correção do texto, lavrar a ata de retificação do texto e remeter cópias da mesma às partes e aos Estados que tenham direito a ser partes no tratado;

b) uma objeção tiver sido feita, o depositário deve comunicá-la aos Estados signatários e aos Estados contratantes.

3. As regras enunciadas nos parágrafos 1 e 2 aplicam-se igualmente quando o texto, autenticado em duas ou mais línguas, apresentar uma falta de concordância que, de acordo com os Estados signatários e os Estados contratantes, deva ser corrigida.

4. O texto corrigido substitui *ab initio* o texto defeituoso, a não ser que os Estados signatários e os Estados contratantes decidam de outra forma.

5. A correção do texto de um tratado já registrado será notificado ao Secretariado das Nações Unidas.

6. Quando se descobrir um erro numa cópia autenticada de um tratado, o depositário deve lavrar uma ata mencionando a retificação e remeter cópia da mesma aos Estados signatários e aos Estados contratantes.

Artigo 80

Registro e publicação de tratados

1. Após sua entrada em vigor, os tratados serão remetidos ao Secretariado das Nações Unidas para fins de registro ou de classificação e catalogação, conforme o caso, bem como de publicação

2. A designação de um depositário constitui autorização para este praticar os atos previstos no parágrafo anterior.

PARTE VIII
DISPOSIÇÕES FINAIS

Artigo 81

Assinatura

A presente Convenção ficará aberta à assinatura de todos os Estados-Membros das Nações Unidas ou de qualquer das agências especializadas ou da Agência Internacional de Energia Atômica, assim como de todas as partes no Estatuto da Corte Internacional de Justiça e de qualquer outro Estado convidado pela Assembleia Geral das Nações Unidas a tornar-se parte na Convenção, da seguinte maneira: até 30 de novembro de 1969, no Ministério Federal dos Negócios Estrangeiros da República da Áustria e, posteriormente, até 30 de abril de 1970, na sede das Nações Unidas em Nova York.

Artigo 82

Ratificação

A presente Convenção é sujeita à ratificação. Os instrumentos de ratificação serão depositados junto ao Secretário-Geral das Nações Unidas.

Artigo 83

Adesão

A presente Convenção permanecerá aberta à adesão de todo Estado pertencente a qualquer das categorias mencionadas no artigo 81. Os instrumentos de adesão serão depositados junto ao Secretário-Geral das Nações Unidas.

Artigo 84

Entrada em vigor

1. A presente Convenção entrará em vigor no trigésimo dia que se seguir à data do depósito do 35º (trigésimo quinto) instrumento de ratificação ou adesão.

2. Para cada Estado que ratificar a Convenção ou a ela aderir após o depósito do 35º (trigésimo quinto) instrumento de ratificação ou adesão, a Convenção entrará em vigor no trigésimo dia após o depósito, por esse Estado, de seu instrumento de ratificação ou adesão.

Artigo 85

Textos autênticos

O original da presente Convenção, cujos textos em chinês, espanhol, francês, inglês e russo fazem igualmente fé, será depositado junto ao Secretário-Geral das Nações Unidas.

Em fé do que, os plenipotenciários abaixo assinados, devidamente autorizados por seus respectivos Governos, assinaram a presente Convenção.

Feita em Viena, aos vinte e três dias de maio de mil novecentos e sessenta e nove.

ANEXO

1. O Secretário-Geral das Nações Unidas deve elaborar e manter uma lista de conciliadores composta de juristas qualificados. Para esse fim, todo Estado membro das Nações Unidas ou parte na presente Convenção será convidado a nomear dois conciliadores e os nomes das pessoas assim nomeadas constituirão a lista. A nomeação dos conciliadores, inclusive os nomeados para preencher uma vaga eventual, é feita por um período de cinco anos, renovável. Com a expiração do período para o qual forem nomeados, os conciliadores continuarão a exercer as funções para as quais tiverem sido escolhidos, nos termos do parágrafo seguinte.

2. Quando um pedido é apresentado ao Secretário-Geral nos termos do artigo 66, o Secretário-Geral deve submeter a controvérsia a uma comissão de conciliação, constituída do seguinte modo:

O Estado ou os Estados que constituem uma das partes na controvérsia nomeiam:

a) um conciliador da nacionalidade desse Estado ou de um desses Estados, escolhido ou não da lista prevista no parágrafo 1; e

b) um conciliador que não seja da nacionalidade desse Estado ou de um desses Estados, escolhido da lista.

O Estado ou os Estados que constituírem a outra parte na controvérsia nomeiam dois conciliadores do mesmo modo. Os quatro conciliadores escolhidos pelas partes devem ser nomeados num prazo de 60 (sessenta) dias a partir da data do recebimento do pedido pelo Secretário-Geral.

Nos sessenta dias que se seguirem à última nomeação, os quatro conciliadores nomeiam 1/5 (um quinto), escolhido da lista, que será o presidente. Se a nomeação do presidente ou de qualquer outro conciliador não for feita no prazo acima previsto para essa nomeação, será feita pelo Secretário-Geral nos sessenta dias seguintes à expiração desse prazo. O Secretário-Geral pode nomear como presidente uma das pessoas inscritas na lista ou um dos membros da Comissão de Direito Internacional. Qualquer um dos prazos, nos quais as nomeações devem ser feitas, pode ser prorrogado, mediante acordo das partes na controvérsia.

Qualquer vaga deve ser preenchida da maneira prevista para a nomeação inicial.

3. A Comissão de Conciliação adotará o seu próprio procedimento. A Comissão, com o consentimento das partes na controvérsia, pode convidar qualquer outra parte no tratado a submeter seu ponto de vista oralmente ou por escrito. A decisão e as recomendações da Comissão serão adotadas por maioria de votos de seus cinco membros.

4. A Comissão pode chamar a atenção das partes na controvérsia sobre qualquer medida suscetível de facilitar uma solução amigável.

5. A Comissão deve ouvir as partes, examinar as pretensões e objeções e fazer propostas às partes a fim de ajudá-las a chegar a uma solução amigável da controvérsia.

6. A Comissão deve elaborar um relatório nos doze meses que se seguirem à sua constituição. Seu relatório deve ser depositado junto ao Secretário-Geral e comunicado às partes na controvérsia. O relatório da Comissão, inclusive todas as conclusões nele contidas quanto aos fatos e às questões de direito, não vincula as partes e não terá outro valor senão o de recomendações submetidas à consideração das partes, a fim de facilitar uma solução amigável da controvérsia.

7. O Secretário-Geral fornecerá à Comissão a assistência e as facilidades de que ela possa necessitar. As despesas da Comissão serão custeadas pelas Nações Unidas.

- SÚMULAS
- ORIENTAÇÕES JURISPRUDENCIAIS
- PRECEDENTES NORMATIVOS

VADE MECUM DE LEGISLAÇÃO FOCO

• Súmulas
• Orientações Jurisprudenciais
• Precedentes Normativos

SÚMULAS VINCULANTES DO SUPREMO TRIBUNAL FEDERAL – STF

1. Ofende a garantia constitucional do ato jurídico perfeito a decisão que, sem ponderar as circunstâncias do caso concreto, desconsidera a validez e a eficácia de acordo constante de termo de adesão instituído pela Lei Complementar 110/2001. (*D.O.U.* 6.6.2007)

2. É inconstitucional a lei ou ato normativo estadual ou distrital que disponha sobre sistemas de consórcios e sorteios, inclusive bingos e loterias. (*D.O.U.* 6.6.2007)

3. Nos processos perante o Tribunal de Contas da União asseguram-se o contraditório e a ampla defesa quando da decisão puder resultar anulação ou revogação de ato administrativo que beneficie o interessado, excetuada a apreciação da legalidade do ato de concessão inicial de aposentadoria, reforma e pensão. (*D.O.U.* 6.6.2007)

4. Salvo nos casos previstos na Constituição, o salário mínimo não pode ser usado como indexador de base de cálculo de vantagem de servidor público ou de empregado, nem ser substituído por decisão judicial. (*D.O.U.* 9.5.2008)

5. A falta de defesa técnica por advogado no processo administrativo disciplinar não ofende a Constituição. (*D.O.U.* 16.5.2008)

6. Não viola a Constituição o estabelecimento de remuneração inferior ao salário mínimo para as praças prestadoras de serviço militar inicial. (*D.O.U.* 16.5.2008)

7. A norma do § 3º do artigo 192 da Constituição, revogada pela Emenda Constitucional 40/2003, que limitava a taxa de juros reais a 12% ao ano, tinha sua aplicação condicionada à edição de lei complementar. (*D.O.U.* 20.6.2008)

8. São inconstitucionais o parágrafo único do artigo 5º do Decreto-lei 1.569/1977 e os artigos 45 e 46 da Lei 8.212/1991, que tratam de prescrição e decadência de crédito tributário. (*D.O.U.* 20.6.2008)

9. O disposto no artigo 127 da Lei 7.210/1984 (Lei de Execução Penal) foi recebido pela ordem constitucional vigente, e não se lhe aplica o limite temporal previsto no *caput* do artigo 58. (*D.O.U.* 20.6.2008 e republicação *D.O.U.* 27.6.2008)

10. Viola a cláusula de reserva de plenário (CF, artigo 97) a decisão de órgão fracionário de Tribunal que, embora não declare expressamente a inconstitucionalidade de lei ou ato normativo do poder público, afasta sua incidência, no todo ou em parte. (*D.O.U.* 27.6.2008)

11. Só é lícito o uso de algemas em casos de resistência e de fundado receio de fuga ou de perigo à integridade física própria ou alheia, por parte do preso ou de terceiros, justificada a excepcionalidade por escrito, sob pena de responsabilidade disciplinar, civil e penal do agente ou da autoridade e de nulidade da prisão ou do ato processual a que se refere, sem prejuízo da responsabilidade civil do Estado. (*D.O.U.* 22.8.2008)

12. A cobrança de taxa de matrícula nas universidades públicas viola o disposto no art. 206, IV, da Constituição Federal. (*D.O.U.* 22.8.2008)

13. A nomeação de cônjuge, companheiro ou parente em linha reta, colateral ou por afinidade, até o terceiro grau, inclusive, da autoridade nomeante ou de servidor da mesma pessoa jurídica investido em cargo de direção, chefia ou assessoramento, para o exercício de cargo em comissão ou de confiança ou, ainda, de função gratificada na administração pública direta e indireta em qualquer dos Poderes da União, dos Estados, do Distrito Federal e dos Municípios, compreendido o ajuste mediante designações recíprocas, viola a Constituição Federal. (*D.O.U.* 29.8.2008)

14. É direito do defensor, no interesse do representado, ter acesso amplo aos elementos de prova que, já documentados em procedimento investigatório realizado por órgão com competência de polícia judiciária, digam respeito ao exercício do direito de defesa. (*D.O.U.* 9.2.2009)

15. O cálculo de gratificações e outras vantagens do servidor público não incide sobre o abono utilizado para se atingir o salário mínimo. (*D.O.U.* 1.7.2009)

16. Os artigos 7º, IV, e 39, § 3º (redação da EC 19/1998), da Constituição, referem-se ao total da remuneração percebida pelo servidor público. (*D.O.U.* 1.7.2009)

17. Durante o período previsto no § 1º do artigo 100 da Constituição, não incidem juros de mora sobre os precatórios que nele sejam pagos. (*D.O.U.* 10.11.2009)

18. A dissolução da sociedade ou do vínculo conjugal, no curso do mandato, não afasta a inelegibilidade prevista no § 7º do artigo 14 da Constituição Federal. (*D.O.U.* 10.11.2009)

19. A taxa cobrada exclusivamente em razão dos serviços públicos de coleta, remoção e tratamento ou destinação de lixo ou resíduos provenientes de imóveis, não viola o artigo 145, II, da Constituição Federal. (*D.O.U.* 10.11.2009)

20. A Gratificação de Desempenho de Atividade Técnico-Administrativa – GDATA, instituída pela Lei 10.404/2002, deve ser deferida aos inativos nos valores correspondentes a 37,5 (trinta e sete vírgula cinco) pontos no período de fevereiro a maio de 2002 e, nos termos do artigo 5º, parágrafo único, da Lei 10.404/2002, no período de junho de 2002 até a conclusão dos efeitos do último ciclo de avaliação a que se refere o artigo 1º da Medida Provisória 198/2004, a partir da qual passa a ser de 60 (sessenta) pontos. (*D.O.U.* 10.11.2009)

21. É inconstitucional a exigência de depósito ou arrolamento prévios de dinheiro ou bens para admissibilidade de recurso administrativo. (*D.O.U.* 10.11.2009)

22. A Justiça do Trabalho é competente para processar e julgar as ações de indenização por danos morais e patrimoniais decorrentes de acidente de trabalho propostas por empregado contra empregador, inclusive aquelas que ainda não possuíam sentença de mérito em primeiro grau quando da promulgação da Emenda Constitucional 45/2004. (*D.O.U.* 11.12.2009)

23. A Justiça do Trabalho é competente para processar e julgar ação possessória ajuizada em decorrência do exercício do direito de greve pelos trabalhadores da iniciativa privada. (*D.O.U.* 11.12.2009)

24. Não se tipifica crime material contra a ordem tributária, previsto no art. 1º, incisos I a IV, da Lei 8.137/1990, antes do lançamento definitivo do tributo. (*D.O.U.* 11.12.2009)

25. É ilícita a prisão civil de depositário infiel, qualquer que seja a modalidade do depósito. (*D.O.U* 23.12.2009)

26. Para efeito de progressão de regime no cumprimento de pena por crime hediondo, ou equiparado, o juízo da execução observará a inconstitucionalidade do art. 2º da Lei 8.072, de 25 de julho de 1990, sem prejuízo de avaliar se o condenado preenche, ou não, os requisitos objetivos e subjetivos do benefício, podendo determinar, para tal fim, de modo fundamentado, a realização de exame criminológico. (*D.O.U.* 23.12.2009)

27. Compete à Justiça estadual julgar causas entre consumidor e concessionária de serviço público de telefonia, quando a Anatel não seja litisconsorte passiva necessária, assistente, nem opoente. (*D.O.U.* 23.12.2009)

28. É inconstitucional a exigência de depósito prévio como requisito de admissibilidade de ação judicial na qual se pretenda discutir a exigibilidade de crédito tributário. (*D.O.U.* 17.2.2010)

29. É constitucional a adoção, no cálculo do valor de taxa, de um ou mais elementos da base de cálculo própria de determinado imposto, desde que não haja integral identidade entre uma base e outra. (*D.O.U.* 17.2.2010)

→ O Plenário do STF, em 04 de fevereiro de 2010, suspende a publicação de nova súmula vinculante (que receberia o número 30) sobre partilha do ICMS para melhor exame.

31. É inconstitucional a incidência do Imposto sobre Serviços de Qualquer Natureza – ISS sobre operações de locação de bens móveis. (*D.O.U.* 17.2.2010)

32. O ICMS não incide sobre alienação de salvados de sinistro pelas seguradoras. (*D.O.U.* 24.2.2011)

33. Aplicam-se ao servidor público, no que couber, as regras do regime geral da previdência social sobre aposentadoria especial de que trata o artigo 40, § 4º, inciso III da Constituição Federal, até a edição de lei complementar específica. (*D.O.U.* 24.4.2014)

34. A Gratificação de Desempenho de Atividade de Seguridade Social e do Trabalho – GDASST, instituída pela Lei 10.483/2002, deve ser estendida aos inativos no valor correspondente a 60 (sessenta) pontos, desde o advento da Medida Provisória 198/2004, convertida na Lei 10.971/2004, quando tais inativos façam jus à paridade constitucional (EC 20, 41 e 47). (*D.O.U.* 24.10.2014)

35. A homologação da transação penal prevista no artigo 76 da Lei 9.099/1995 não faz coisa julgada material e, descumpridas suas cláusulas, retoma-se a situação anterior, possibilitando-se ao Ministério Público a continuidade da persecução penal mediante oferecimento de denúncia ou requisição de inquérito policial. (*D.O.U.* 24.10.2014)

36. Compete à Justiça Federal comum processar e julgar civil denunciado pelos crimes de falsificação e de uso de documento falso quando se tratar de falsificação da Caderneta de Inscrição e Registro (CIR) ou de Carteira de Habilitação de Arrais-Amador (CHA), ainda que expedidas pela Marinha do Brasil. (*D.O.U.* 24.10.2014)

37. Não cabe ao poder judiciário, que não tem função legislativa, aumentar vencimentos de servidores públicos sob o fundamento de isonomia. (*D.O.U.* 24.10.2014)

→ *v.* Súmula 339 do STF.

38. É competente o Município para fixar o horário de funcionamento de estabelecimento comercial. (*D.O.U.* de 20.3.2015)

39. Compete privativamente à União legislar sobre vencimentos dos membros das polícias civil e militar e do corpo de bombeiros militar do Distrito Federal. (*D.O.U.* de 20.3.2015)

40. A contribuição confederativa de que trata o art. 8º, IV, da Constituição Federal, só é exigível dos filiados ao sindicato respectivo. (*D.O.U.* de 20.3.2015)

41. O serviço de iluminação pública não pode ser remunerado mediante taxa. (*D.O.U.* de 20.3.2015)

42. É inconstitucional a vinculação do reajuste de vencimentos de servidores estaduais ou municipais a índices federais de correção monetária. (*D.O.U.* de 20.3.2015)

43. É inconstitucional toda modalidade de provimento que propicie ao servidor investir-se, sem prévia aprovação em concurso público destinado ao seu provimento, em cargo que não integra a carreira na qual anteriormente investido. (*D.O.U.* de 17.4.2015)

→ A Súmula Vinculante 43 do STF foi convertida a partir da redação da Súmula 685 do STF.

→ *v.* Art. 37, II da CF.

44. Só por lei se pode sujeitar a exame psicotécnico a habilitação de candidato a cargo público. (*D.O.U.* de 17.4.2015)

→ A Súmula Vinculante 44 do STF foi convertida a partir da redação da Súmula 686 do STF.

→ *v.* Art. 37, I da CF.

45. A competência constitucional do Tribunal do Júri prevalece sobre o foro por prerrogativa de função estabelecido exclusivamente pela Constituição Estadual. (*D.O.U.* de 17.4.2015)

→ Súmula Vinculante 45 do STF originada da Súmula 721 do STF.

→ *v.* Art. 5º, XXXVIII da CF.

46. A definição dos crimes de responsabilidade e o estabelecimento das respectivas normas de processo e julgamento são da competência legislativa privativa da União. (*D.O.U.* de 17.4.2015)

→ Conversão da Súmula 722 do STF.

47. Os honorários advocatícios incluídos na condenação ou destacados do montante principal devido ao credor consubstanciam verba de natureza alimentar cuja satisfação ocorrerá com a expedição de precatório ou requisição de pequeno valor, observada ordem especial restrita aos créditos dessa natureza. (*D.O.U.* 2.6.2015)

48. Na entrada de mercadoria importada do exterior, é legítima a cobrança do ICMS por ocasião do desembaraço aduaneiro. (*D.O.U.* 2.6.2015)

49. Ofende o princípio da livre concorrência lei municipal que impede a instalação de estabelecimentos comerciais do mesmo ramo em determinada área. (*D.O.U.* 23.6.2015)

50. Norma legal que altera o prazo de recolhimento de obrigação tributária não se sujeita ao princípio da anterioridade. (*D.O.U.* 23.6.2015)

51. O reajuste de 28,86%, concedido aos servidores militares pelas Leis 8.622/1993 e 8.627/1993, estende-se aos servidores civis do poder executivo, observadas as eventuais compensações decorrentes dos reajustes diferenciados concedidos pelos mesmos diplomas legais. (*D.O.U.* 23.6.2015)

52. Ainda quando alugado a terceiros, permanece imune ao IPTU o imóvel pertencente a qualquer das entidades referidas pelo art. 150, VI, c, da Constituição Federal, desde que o valor dos aluguéis seja aplicado nas atividades para as quais tais entidades foram constituídas. (*D.O.U.* 23.6.2015)

53. A competência da Justiça do Trabalho prevista no art. 114, VIII, da Constituição Federal alcança a execução de ofício das contribuições previdenciárias relativas ao objeto da condenação constante das sentenças que proferir e acordos por ela homologados. (*D.O.U.* 23.6.2015)

SÚMULAS DO SUPREMO TRIBUNAL FEDERAL – STF

1. É vedada a expulsão de estrangeiro casado com brasileira, ou que tenha filho brasileiro, dependente da economia paterna.

2. SÚMULA SEM EFICÁCIA – Concede-se liberdade vigiada ao extraditando que estiver preso por prazo superior a 60 (sessenta) dias.

3. SÚMULA SUPERADA NO JULGAMENTO DO RE 456.679/DF, *D.J.* 7.4.2006 – A imunidade concedida a deputados estaduais é restrita à Justiça do Estado.

4. SÚMULA CANCELADA NO JULGAMENTO DO INQ 104/RS, *D.J.* 2.10.1981 – Não perde a imunidade parlamentar o congressista nomeado Ministro de Estado.

5. A sanção do projeto supre a falta de iniciativa do Poder Executivo.

6. A revogação ou anulação, pelo Poder Executivo, de aposentadoria, ou qualquer outro ato aprovado pelo Tribunal de Contas, não produz efeitos antes de aprovada por aquele Tribunal, ressalvada a competência revisora do Judiciário.

7. Sem prejuízo de recurso para o Congresso, não é exequível contrato administrativo a que o Tribunal de Contas houver negado registro.

8. Diretor de sociedade de economia mista pode ser destituído no curso do mandato.

9. Para o acesso de auditores ao Superior Tribunal Militar, só concorrem os de segunda entrância.

10. O tempo de serviço militar conta-se para efeito de disponibilidade e aposentadoria do servidor público estadual.

11. A vitaliciedade não impede a extinção do cargo, ficando o funcionário em disponibilidade, com todos os vencimentos.

12. A vitaliciedade do professor catedrático não impede o desdobramento da cátedra.

13. A equiparação de extranumerário a funcionário efetivo, determinada pela Lei 2.284, de 9.8.1954, não envolve reestruturação, não compreendendo, portanto, os vencimentos.

14. SÚMULA CANCELADA NO JULGAMENTO DO RE 74.486, *D.J.* 8.3.1974 – Não é admissível, por ato administrativo, restringir, em razão da idade, inscrição em concurso para cargo público.

15. Dentro do prazo de validade do concurso, o candidato aprovado tem o direito à nomeação, quando o cargo for preenchido sem observância da classificação.

16. Funcionário nomeado por concurso tem direito à posse.

17. A nomeação de funcionário sem concurso pode ser desfeita antes da posse.

18. Pela falta residual, não compreendida na absolvição pelo juízo criminal, é admissível a punição administrativa do servidor público.

19. É inadmissível segunda punição de servidor público, baseada no mesmo processo em que se fundou a primeira.

20. É necessário processo administrativo com ampla defesa, para demissão de funcionário admitido por concurso.

21. Funcionário em estágio probatório não pode ser exonerado nem demitido sem inquérito ou sem as formalidades legais de apuração de sua capacidade.

22. O estágio probatório não protege o funcionário contra a extinção do cargo.

23. Verificados os pressupostos legais para o licenciamento da obra, não o impede a declaração de utilidade pública para desapropriação do imóvel, mas o valor da obra não se incluirá na indenização, quando a desapropriação for efetivada.

24. Funcionário interino substituto é demissível, mesmo antes de cessar a causa da substituição.

25. A nomeação a termo não impede a livre demissão pelo Presidente da República, de ocupante de cargo dirigente de autarquia.

26. Os servidores do instituto de aposentadoria e pensões dos industriários não podem acumular a sua gratificação bienal com o adicional de tempo de serviço previsto no Estatuto dos Funcionários Civis da União.

27. Os servidores públicos não têm vencimentos irredutíveis, prerrogativa dos membros do Poder Judiciário e dos que lhes são equiparados.

28. O estabelecimento bancário é responsável pelo pagamento de cheque falso, ressalvadas as hipóteses de culpa exclusiva ou concorrente do correntista.

29. Gratificação devida a servidores do "sistema fazendário" não se estende aos dos Tribunais de Contas.

30. Servidores de coletorias não têm direito à percentagem pela cobrança de contribuições destinadas à PETROBRAS.

31. Para aplicação da Lei 1.741, de 22.11.1952, soma-se o tempo de serviço ininterrupto em mais de um cargo em comissão.

32. Para aplicação da Lei 1.741, de 22.11.1952, soma-se o tempo de serviço ininterrupto em cargo em comissão e em função gratificada.

33. A Lei 1.741, de 22.11.1952, é aplicável às autarquias federais.

34. No Estado de São Paulo, funcionário eleito vereador fica licenciado por toda a duração do mandato.

35. Em caso de acidente do trabalho ou de transporte, a concubina tem direito de ser indenizada pela morte do amásio, se entre eles não havia impedimento para o matrimônio.

36. Servidor vitalício está sujeito à aposentadoria compulsória, em razão da idade.

37. Não tem direito de se aposentar pelo Tesouro Nacional o servidor que não satisfizer as condições estabelecidas na legislação do serviço público federal, ainda que aposentado pela respectiva instituição previdenciária, com direito, em tese, a duas aposentadorias.

38. Reclassificação posterior à aposentadoria não aproveita ao servidor aposentado.

39. À falta de lei, funcionário em disponibilidade não pode exigir, judicialmente, o seu aproveitamento, que fica subordinado ao critério de conveniência da administração.

40. A elevação da entrância da comarca não promove automaticamente o juiz, mas não interrompe o exercício de suas funções na mesma comarca.

41. Juízes preparadores ou substitutos não têm direito aos vencimentos da atividade fora dos períodos de exercício.

42. É legítima a equiparação de Juízes do Tribunal de Contas, em direitos e garantias, aos membros do Poder Judiciário.

43. Não contraria a Constituição Federal o art. 61 da Constituição de São Paulo, que equiparou os vencimentos do Ministério Público aos da Magistratura.

44. O exercício do cargo pelo prazo determinado na Lei 1.341, de 30.1.1951, art. 91, dá preferência para a nomeação interina de Procurador da República.

45. A estabilidade dos substitutos do Ministério Público Militar não confere direito aos vencimentos da atividade fora dos períodos de exercício.

46. Desmembramento de serventia de Justiça não viola o princípio de vitaliciedade do serventuário.

47. Reitor de universidade não é livremente demissível pelo Presidente da República durante o prazo de sua investidura.

48. É legítimo o rodízio de docentes livres na substituição do professor catedrático.

49. A cláusula de inalienabilidade inclui a incomunicabilidade dos bens.

50. A lei pode estabelecer condições para a demissão de extranumerário.

51. Militar não tem direito a mais de duas promoções na passagem para a inatividade, ainda que por motivos diversos.

52. A promoção de militar, vinculada à inatividade, pode ser feita, quando couber, a posto inexistente no quadro.

53. A promoção de professor militar, vinculada à sua reforma, pode ser feita, quando couber, a posto inexistente no quadro.

54. A reserva ativa do magistério militar não confere vantagens vinculadas à efetiva passagem para a inatividade.

55. Militar da reserva está sujeito à pena disciplinar.

56. Militar reformado não está sujeito à pena disciplinar.

57. Militar inativo não tem direito ao uso do uniforme fora dos casos previstos em lei ou regulamento.

58. É válida a exigência de média superior a quatro para aprovação em estabelecimento de ensino superior, consoante o respectivo regimento.

59. Imigrante pode trazer, sem licença prévia, automóvel que lhe pertença desde mais de seis meses antes do seu embarque para o Brasil.

60. Não pode o estrangeiro trazer automóvel quando não comprovada a transferência definitiva de sua residência para o Brasil.

61. Brasileiro domiciliado no estrangeiro, que se transfere definitivamente para o Brasil, pode trazer automóvel licenciado em seu nome há mais de seis meses.

62. Não basta a simples estada no estrangeiro por mais de seis meses, para dar direito à trazida de automóvel com fundamento em transferência de residência.

63. É indispensável, para trazida de automóvel, a prova do licenciamento há mais de seis meses no país de origem.

64. É permitido trazer do estrangeiro, como bagagem, objetos de uso pessoal e doméstico, desde que, por sua quantidade e natureza, não induzam finalidade comercial.

65. A cláusula de aluguel progressivo anterior à Lei 3.494, de 19.12.1958, continua em vigor em caso de prorrogação legal ou convencional da locação.

66. É legítima a cobrança do tributo que houver sido aumentado após o orçamento, mas antes do início do respectivo exercício financeiro.

67. É inconstitucional a cobrança do tributo que houver sido criado ou aumentado no mesmo exercício financeiro.

68. É legítima a cobrança, pelos municípios, no exercício de 1961, de tributo estadual, regularmente criado ou aumentado, e que lhes foi transferido pela Emenda Constitucional 5, de 21.11.1961.

69. A Constituição Estadual não pode estabelecer limite para o aumento de tributos municipais.

70. É inadmissível a interdição de estabelecimento como meio coercitivo para cobrança de tributo.

71. Embora pago indevidamente, não cabe restituição de tributo indireto.

72. No julgamento de questão constitucional, vinculada a decisão do Tribunal Superior Eleitoral, não estão impedidos os ministros do Supremo Tribunal Federal que ali tenham funcionado no mesmo processo, ou no processo originário.

73. A imunidade das autarquias, implicitamente contida no art. 31, V, *a*, da Constituição Federal, abrange tributos estaduais e municipais.

→ Referida Constituição é a de 1946.

74. O imóvel transcrito em nome de autarquia, embora objeto de promessa de venda a particulares, continua imune de impostos locais.

→ Súmula não mais vigora - RE 69.781, em 26.11.1970.

75. Sendo vendedora uma autarquia, a sua imunidade fiscal não compreende o Imposto de Transmissão *Inter Vivos*, que é encargo do comprador.

76. As sociedades de economia mista não estão protegidas pela imunidade fiscal do art. 31, V, *a*, da Constituição Federal.

→ Referida Constituição é a de 1946.

77. Está isenta de impostos federais a aquisição de bens pela Rede Ferroviária Federal.

78. Estão isentas de impostos locais as empresas de energia elétrica, no que respeita às suas atividades específicas.

79. O Banco do Brasil não tem isenção de tributos locais.

80. Para a retomada de prédio situado fora do domicílio do locador exige-se a prova da necessidade.

81. As cooperativas não gozam de isenção de impostos locais, com fundamento na Constituição e nas leis federais.

82. São inconstitucionais o Imposto de Cessão e a taxa sobre inscrição de promessa de venda de imóvel, substitutivos do Imposto de Transmissão, por incidirem sobre ato que não transfere o domínio.

83. Os ágios de importação incluem-se no valor dos artigos importados para incidência do Imposto de Consumo.

84. Não estão isentos do Imposto de Consumo os produtos importados pelas cooperativas.

85. Não estão sujeitos ao Imposto de Consumo os bens de uso pessoal e doméstico trazidos, como bagagem, do exterior.

86. Não está sujeito ao Imposto de Consumo automóvel usado, trazido do exterior pelo proprietário.

87. Somente no que não colidirem com a Lei 3.244, de 14.8.1957, são aplicáveis acordos tarifários anteriores.

88. É válida a majoração da tarifa alfandegária, resultante da Lei 3.244, de 14.8.1957, que modificou o Acordo Geral sobre Tarifas Aduaneiras e Comércio (GATT), aprovado pela Lei 313, de 30.7.1948.

89. Estão isentas do Imposto de Importação frutas importadas da Argentina, do Chile, da Espanha e de Portugal, enquanto vigentes os respectivos acordos comerciais.

90. É legítima a lei local que faça incidir o imposto de indústrias e profissões com base no movimento econômico do contribuinte.

91. SÚMULA SEM EFICÁCIA – A incidência do Imposto Único não isenta o comerciante de combustíveis do Imposto de Indústrias e Profissões.

92. É constitucional o art. 100, II, da Lei 4.563, de 20.2.1957, do município de Recife, que faz variar o imposto de licença em função do aumento do capital do contribuinte.

93. Não está isenta do Imposto de Renda a atividade profissional do arquiteto.

94. É competente a autoridade alfandegária para o desconto, na fonte, do Imposto de Renda correspondente às comissões dos despachantes aduaneiros.

95. Para cálculo do Imposto de Lucro Extraordinário, incluem-se no capital as reservas do ano-base, apuradas em balanço.

96. O Imposto de Lucro Imobiliário incide sobre a venda de imóvel da meação do cônjuge sobrevivente, ainda que aberta a sucessão antes da vigência da Lei 3.470, de 28.11.1958.

97. É devida a alíquota anterior do Imposto de Lucro Imobiliário, quando a promessa de venda houver sido celebrada antes da vigência da lei que a tiver elevado.

98. Sendo o imóvel alienado na vigência da Lei 3.470, de 28.11.1958, ainda que adquirido por herança, usucapião ou a título gratuito, é devido o Imposto de Lucro Imobiliário.

99. Não é devido o Imposto de Lucro Imobiliário, quando a alienação de imóvel, adquirido por herança, ou a título gratuito, tiver sido anterior à vigência da Lei 3.470, de 28.11.1958.

100. Não é devido o Imposto de Lucro Imobiliário, quando a alienação de imóvel, adquirido por usucapião, tiver sido anterior à vigência da Lei 3.470, de 28.11.1958.

101. O mandado de segurança não substitui a ação popular.

102. É devido o Imposto Federal do Selo pela incorporação de reservas, em reavaliação de ativo, ainda que realizada antes da vigência da Lei 3.519, de 30.12.1958.

103. É devido o Imposto Federal do Selo na simples reavaliação de ativo, realizada posteriormente à vigência da Lei 3.519, de 30.12.1958.

104. Não é devido o Imposto Federal do Selo na simples reavaliação de ativo anterior à vigência da Lei 3.519, de 30.12.1958.

105. Salvo se tiver havido premeditação, o suicídio do segurado no período contratual de carência não exime o segurador do pagamento do seguro.

106. É legítima a cobrança de selo sobre registro de automóveis, na conformidade da legislação estadual.

107. É inconstitucional o imposto de selo de 3%, *ad valorem*, do Paraná, quanto aos produtos remetidos para fora do Estado.

108. É legítima a incidência do Imposto de Transmissão *Inter Vivos* sobre o valor do imóvel ao tempo da alienação e não da promessa, na conformidade da legislação local.

109. É devida a multa prevista no art. 15, § 6º, da Lei 1.300, de 28.12.1950, ainda que a desocupação do imóvel tenha resultado da notificação e não haja sido proposta ação de despejo.

110. O Imposto de Transmissão *Inter Vivos* não incide sobre a construção, ou parte dela, realizada pelo adquirente, mas sobre o que tiver sido construído ao tempo da alienação do terreno.

111. É legítima a incidência do Imposto de Transmissão *Inter Vivos* sobre a restituição, ao antigo proprietário, de imóvel que deixou de servir à finalidade da sua desapropriação.

112. O Imposto de Transmissão *Causa Mortis* é devido pela alíquota vigente ao tempo da abertura da sucessão.

113. O Imposto de Transmissão *Causa Mortis* é calculado sobre o valor dos bens na data da avaliação.

114. O Imposto de Transmissão *Causa Mortis* não é exigível antes da homologação do cálculo.

115. Sobre os honorários do advogado contratado pelo inventariante, com a homologação do juiz, não incide o Imposto de Transmissão *Causa Mortis*.

116. SÚMULA SEM EFICÁCIA – Em desquite ou inventário, é legítima a cobrança do chamado Imposto de Reposição, quando houver desigualdade nos valores partilhados.

117. A lei estadual pode fazer variar a alíquota do Imposto de Vendas e Consignações em razão da espécie do produto.

118. SÚMULA SEM EFICÁCIA, RE 70138 – Estão sujeitas ao Imposto de Vendas e Consignações as transações sobre minerais, que ainda não estão compreendidos na legislação federal sobre o Imposto Único.

→ v. arts. 74 e 75 do CTN.

119. É devido o Imposto de Vendas e Consignações sobre a venda de cafés ao Instituto Brasileiro do Café, embora o lote, originariamente, se destinasse à exportação.

120. Parede de tijolos de vidro translúcido pode ser levantada a menos de metro e meio do prédio vizinho, não importando servidão sobre ele.

121. É vedada a capitalização de juros, ainda que expressamente convencionada.

122. O enfiteuta pode purgar a mora enquanto não decretado o comisso por sentença.

123. Sendo a locação regida pelo Decreto 24.150, de 20.4.1934, o locatário não tem direito à purgação da mora prevista na Lei 1.300, de 28.12.1950.

124. É inconstitucional o adicional do Imposto de Vendas e Consignações cobrado pelo Estado do Espírito Santo sobre cafés da cota de expurgo entregues ao Instituto Brasileiro do Café.

125. Não é devido o Imposto de Vendas e Consignações sobre a parcela do Imposto de Consumo que onera a primeira venda realizada pelo produtor.

126. É inconstitucional a chamada taxa de aguardente, do Instituto do Açúcar e do Álcool.

127. É indevida a taxa de armazenagem, posteriormente aos primeiros trinta dias, quando não exigível o Imposto de Consumo, cuja cobrança tenha motivado a retenção da mercadoria.

128. É indevida a taxa de assistência médica e hospitalar das instituições de previdência social.

129. Na conformidade da legislação local, é legítima a cobrança de taxa de calçamento.

130. A taxa de despacho aduaneiro (art. 66 da Lei 3.244, de 14.8.1957) continua a ser exigível após o Decreto Legislativo 14, de 25.8.1960, que aprovou alterações introduzidas no Acordo Geral sobre Tarifas Aduaneiras e Comércio (GATT).

131. A taxa de despacho aduaneiro (art. 66 da Lei 3.244, de 14.8.1957) continua a ser exigível após o Decreto Legislativo 14, de 25.8.1960, mesmo para as mercadorias incluídas na vigente Lista III do Acordo Geral sobre Tarifas Aduaneiras e Comércio (GATT).

132. Não é devida a taxa de previdência social na importação de amianto bruto ou em fibra.

133. Não é devida a taxa de despacho aduaneiro na importação de fertilizantes e inseticidas.

134. A isenção fiscal para a importação de frutas da Argentina compreende a taxa de despacho aduaneiro e a taxa de previdência social.

135. É inconstitucional a taxa de eletrificação de Pernambuco.

136. É constitucional a taxa de estatística da Bahia.

137. A taxa de fiscalização da exportação incide sobre a bonificação cambial concedida ao exportador.

138. É inconstitucional a taxa contra fogo, do Estado de Minas Gerais, incidente sobre prêmio de seguro contra fogo.

139. É indevida a cobrança do imposto de transação a que se refere a Lei 899/1957, art. 58, IV, *e*, do antigo Distrito Federal.

140. Na importação de lubrificantes é devida a taxa de previdência social.

141. Não incide a taxa de previdência social sobre combustíveis.

142. Não é devida a taxa de previdência social sobre mercadorias isentas do Imposto de Importação.

143. SÚMULA SEM EFICÁCIA – Na forma da lei estadual, é devido o Imposto de Vendas e Consignações na exportação de café pelo Estado da Guanabara, embora proveniente de outro Estado.

144. É inconstitucional a incidência da taxa de recuperação econômica de Minas Gerais sobre contrato sujeito ao Imposto Federal do Selo.

145. Não há crime, quando a preparação do flagrante pela polícia torna impossível a sua consumação.

146. A prescrição da ação penal regula-se pela pena concretizada na sentença, quando não há recurso da acusação.

147. A prescrição de crime falimentar começa a correr da data em que deveria estar encerrada a falência, ou do trânsito em julgado da sentença que a encerrar ou que julgar cumprida a concordata.

148. É legítimo o aumento de tarifas portuárias por ato do Ministro da Viação e Obras Públicas.

149. É imprescritível a ação de investigação de paternidade, mas não o é a de petição de herança.

150. Prescreve a execução no mesmo prazo de prescrição da ação.

151. Prescreve em um ano a ação do segurador sub-rogado para haver indenização por extravio ou perda de carga transportada por navio.

152. REVOGADA PELA SÚMULA 494 DO STF – A ação para anular venda de ascendente a descendente, sem consentimento dos demais, prescreve em quatro anos a contar da abertura da sucessão.

153. Simples protesto cambiário não interrompe a prescrição.

154. Simples vistoria não interrompe a prescrição.

155. É relativa a nulidade do processo criminal por falta de intimação da expedição de precatória para inquirição de testemunha.

156. É absoluta a nulidade do julgamento, pelo júri, por falta de quesito obrigatório.

157. É necessária prévia autorização do Presidente da República para desapropriação, pelos Estados, de empresa de energia elétrica.

158. Salvo estipulação contratual averbada no Registro Imobiliário, não responde o adquirente pelas benfeitorias do locatário.

159. Cobrança excessiva, mas de boa-fé, não dá lugar às sanções do art. 1.531 do Código Civil.

→ Referido Código Civil é o de 1916.

160. É nula a decisão do Tribunal que acolhe, contra o réu, nulidade não arguida no recurso da acusação, ressalvados os casos de recurso de ofício.

161. Em contrato de transporte, é inoperante a cláusula de não indenizar.

162. É absoluta a nulidade do julgamento pelo júri, quando os quesitos da defesa não precedem aos das circunstâncias agravantes.

163. Salvo contra a Fazenda Pública, sendo a obrigação ilíquida, contam-se os juros moratórios desde a citação inicial para a ação.

→ A primeira parte da Súmula 163 não mais subsiste em face do art. 1º da Lei 4.414/1964 – RE 109156, *D.J.* 7.8.1987.

164. No processo de desapropriação, são devidos juros compensatórios desde a antecipada imissão de posse, ordenada pelo juiz, por motivo de urgência.

165. A venda realizada diretamente pelo mandante ao mandatário não é atingida pela nulidade do art. 1.133, II, do Código Civil.

→ Referido Código Civil é o de 1916.

166. É inadmissível o arrependimento no compromisso de compra e venda sujeito ao regime do Decreto-lei 58, de 10.12.1937.

167. Não se aplica o regime do Decreto-lei 58, de 10.12.1937, ao compromisso de compra e venda não inscrito no Registro Imobiliário, salvo se o promitente vendedor se obrigou a efetuar o registro.

168. Para os efeitos do Decreto-lei 58, de 10.12.1937, admite-se a inscrição imobiliária do compromisso de compra e venda no curso da ação.

169. Depende de sentença a aplicação da pena de comisso.

170. É resgatável a enfiteuse instituída anteriormente à vigência do Código Civil.

171. Não se admite, na locação em curso, de prazo determinado, a majoração de encargos a que se refere a Lei 3.844, de 15.12.1960.

172. Não se admite, na locação em curso, de prazo determinado, o reajustamento de aluguel a que se refere a Lei 3.085, de 29.12.1956.

173. Em caso de obstáculo judicial admite-se a purga da mora, pelo locatário, além do prazo legal.

174. Para a retomada do imóvel alugado, não é necessária a comprovação dos requisitos legais na notificação prévia.

175. Admite-se a retomada de imóvel alugado para uso de filho que vai contrair matrimônio.

176. O promitente comprador, nas condições previstas na Lei 1.300, de 28.12.1950, pode retomar o imóvel locado.

177. SÚMULA SEM EFICÁCIA – O cessionário do promitente comprador, nas mesmas condições deste, pode retomar o imóvel locado.

178. Não excederá de cinco anos a renovação judicial de contrato de locação, fundada no Decreto 24.150, de 20.4.1934.

179. O aluguel arbitrado judicialmente nos termos da Lei 3.085, de 29.12.1956, art. 6º, vigora a partir da data do laudo pericial.

180. Na ação revisional do art. 31 do Decreto 24.150, de 20.4.1934, o aluguel arbitrado vigora a partir do laudo pericial.

181. Na retomada, para construção mais útil de imóvel sujeito ao Decreto 24.150, de 20.4.1934, é sempre devida indenização para despesas de mudança do locatário.

182. Não impede o reajustamento do débito pecuário, nos termos da Lei 1.002, de 24.12.1949, a falta de cancelamento da renúncia à moratória da Lei 209, de 2.1.1948.

183. Não se incluem no reajustamento pecuário dívidas estranhas à atividade agropecuária.

184. Não se incluem no reajustamento pecuário dívidas contraídas posteriormente a 19.12.1946.

185. Em processo de reajustamento pecuário, não responde a União pelos honorários do advogado do credor ou do devedor.

186. Não infringe a lei a tolerância da quebra de 1% no transporte por estrada de ferro, prevista no regulamento de transportes.

187. A responsabilidade contratual do transportador, pelo acidente com o passageiro, não é elidida por culpa de terceiro, contra o qual tem ação regressiva.

188. O segurador tem ação regressiva contra o causador do dano, pelo que efetivamente pagou, até ao limite previsto no contrato de seguro.

189. Avais em branco e superpostos consideram-se simultâneos e não sucessivos.

190. O não pagamento de título vencido há mais de trinta dias, sem protesto, não impede a concordata preventiva.

191. SÚMULA CANCELADA NO JULGAMENTO DO RE 79625/SP, *D.J.* 8.7.1975 – Inclui-se no crédito habilitado em falência a multa fiscal simplesmente moratória.

192. Não se inclui no crédito habilitado em falência a multa fiscal com efeito de pena administrativa.

193. Para a restituição prevista no art. 76, § 2º, da Lei de Falências, conta-se o prazo de 15 (quinze) dias da entrega da coisa e não da sua remessa.

194. É competente o Ministro do Trabalho para a especificação das atividades insalubres.

195. Contrato de trabalho para obra certa, ou de prazo determinado, transforma-se em contrato de prazo indeterminado, quando prorrogado por mais de quatro anos.

196. Ainda que exerça atividade rural, o empregado de empresa industrial ou comercial é classificado de acordo com a categoria do empregador.

197. O empregado com representação sindical só pode ser despedido mediante inquérito em que se apure falta grave.

198. As ausências motivadas por acidente do trabalho não são descontáveis do período aquisitivo das férias.

199. O salário das férias do empregado horista corresponde à média do período aquisitivo, não podendo ser inferior ao mínimo.

200. Não é inconstitucional a Lei 1.530, de 26.12.1951, que manda incluir na indenização por despedida injusta parcela correspondente a férias proporcionais.

201. O vendedor pracista, remunerado mediante comissão, não tem direito ao repouso semanal remunerado.

202. Na equiparação de salário, em caso de trabalho igual, toma-se em conta o tempo de serviço na função, e não no emprego.

203. Não está sujeita à vacância de 60 dias a vigência de novos níveis de salário mínimo.

204. Tem direito o trabalhador substituto, ou de reserva, ao salário mínimo no dia em que fica à disposição do empregador sem ser aproveitado na função específica; se aproveitado, recebe o salário contratual.

205. Tem direito a salário integral o menor não sujeito à aprendizagem metódica.

206. É nulo o julgamento ulterior pelo júri com a participação de jurado que funcionou em julgamento anterior do mesmo processo.

207. As gratificações habituais, inclusive a de Natal, consideram-se tacitamente convencionadas, integrando o salário.

208. O assistente do Ministério Público não pode recorrer, extraordinariamente, de decisão concessiva de *habeas corpus*.

209. O salário-produção, como outras modalidades de salário-prêmio, é devido, desde que verificada a condição a que estiver subordinado, e não pode ser suprimido unilateralmente, pelo empregador, quando pago com habitualidade.

210. O assistente do Ministério Público pode recorrer, inclusive extraordinariamente, na ação penal, nos casos dos arts. 584, § 1º, e 598 do Código de Processo Penal.

211. Contra a decisão proferida sobre o agravo no auto do processo, por ocasião do julgamento da apelação, não se admitem embargos infringentes ou de nulidade.

212. Tem direito ao adicional de serviço perigoso o empregado de posto de revenda de combustível líquido.

213. É devido o adicional de serviço noturno, ainda que sujeito o empregado ao regime de revezamento.

214. A duração legal da hora de serviço noturno (52 minutos e 30 segundos) constitui vantagem suplementar que não dispensa o salário adicional.

215. Conta-se a favor de empregado readmitido o tempo de serviço anterior, salvo se houver sido despedido por falta grave ou tiver recebido a indenização legal.

216. Para decretação da absolvição de instância pela paralisação do processo por mais de trinta dias, é necessário que o autor, previamente intimado, não promova o andamento da causa.

217. Tem direito de retornar ao emprego, ou ser indenizado em caso de recusa do empregador, o aposentado que recupera a capacidade de trabalho dentro de cinco anos, a contar da aposentadoria, que se torna definitiva após esse prazo.

218. É competente o Juízo da Fazenda Nacional da Capital do Estado, e não o da situação da coisa, para a desapropriação promovida por empresa de energia elétrica, se a União Federal intervém como assistente.

219. Para a indenização devida a empregado que tinha direito a ser readmitido, e não foi, levam-se em conta as vantagens advindas à sua categoria no período do afastamento.

220. A indenização devida a empregado estável, que não é readmitido, ao cessar sua aposentadoria, deve ser paga em dobro.

221. A transferência de estabelecimento, ou a sua extinção parcial, por motivo que não seja de força maior, não justifica a transferência de empregado estável.

222. O princípio da identidade física do juiz não é aplicável às Juntas de Conciliação e Julgamento da Justiça do Trabalho.

223. Concedida isenção de custas ao empregado, por elas não responde o sindicato que o representa em juízo.

224. Os juros da mora, nas reclamações trabalhistas, são contados desde a notificação inicial.

225. Não é absoluto o valor probatório das anotações da Carteira Profissional.

226. Na ação de desquite, os alimentos são devidos desde a inicial e não da data da decisão que os concede.

227. A concordata do empregador não impede a execução de crédito nem a reclamação de empregado na Justiça do Trabalho.

228. SÚMULA SEM EFICÁCIA, RE 84.334, *D.J.U.* 8.7.1976 – Não é provisória a execução na pendência de recurso extraordinário, ou de agravo destinado a fazê-lo admitir.

229. A indenização acidentária não exclui a do direito comum, em caso de dolo ou culpa grave do empregador.

230. A prescrição da ação de acidente do trabalho conta-se do exame pericial que comprovar a enfermidade ou verificar a natureza da incapacidade.

231. O revel, em processo cível, pode produzir provas, desde que compareça em tempo oportuno.

232. Em caso de acidente do trabalho, são devidas diárias até doze meses, as quais não se confundem com a indenização acidentária nem com o auxílio-enfermidade.

233. Salvo em caso de divergência qualificada (Lei 623/1949), não cabe recurso de embargos contra decisão que nega provimento a agravo ou não conhece de recurso extraordinário, ainda que por maioria de votos.

234. São devidos honorários de advogado em ação de acidente do trabalho julgada procedente.

235. É competente para a ação de acidente do trabalho a Justiça Cível Comum, inclusive em segunda instância, ainda que seja parte autarquia seguradora.

236. Em ação de acidente do trabalho, a autarquia seguradora não tem isenção de custas.

237. O usucapião pode ser arguido em defesa.

238. Em caso de acidente do trabalho, a multa pelo retardamento da liquidação é exigível do segurador sub-rogado, ainda que autarquia.

239. Decisão que declara indevida a cobrança do imposto em determinado exercício não faz coisa julgada em relação aos posteriores.

240. O depósito para recorrer, em ação de acidente do trabalho, é exigível do segurador sub-rogado, ainda que autarquia.

241. A contribuição previdenciária incide sobre o abono incorporado ao salário.

242. O agravo no auto do processo deve ser apreciado, no julgamento da apelação, ainda que o agravante não tenha apelado.

243. Em caso de dupla aposentadoria, os proventos a cargo do IAPFESP não são equiparáveis aos pagos pelo Tesouro Nacional, mas calculados à base da média salarial nos últimos doze meses de serviço.

244. A importação de máquinas de costura está isenta do Imposto de Consumo.

245. A imunidade parlamentar não se estende ao corréu sem essa prerrogativa.

246. Comprovado não ter havido fraude, não se configura o crime de emissão de cheque sem fundos.

247. O relator não admitirá os embargos da Lei 623, de 19.2.1949, nem deles conhecerá o Supremo Tribunal Federal, quando houver jurisprudência firme do Plenário no mesmo sentido da decisão embargada.

248. É competente, originariamente, o Supremo Tribunal Federal, para mandado de segurança contra ato do Tribunal de Contas da União.

249. É competente o Supremo Tribunal Federal para a ação rescisória, quando, embora não tendo conhecido do recurso extraordinário, ou havendo negado provimento ao agravo, tiver apreciado a questão federal controvertida.

250. A intervenção da União desloca o processo do juízo cível comum para o fazendário.

251. Responde a Rede Ferroviária Federal S.A. perante o foro comum e não perante o juízo especial da Fazenda Nacional, a menos que a União intervenha na causa.

252. Na ação rescisória, não estão impedidos juízes que participaram do julgamento rescindendo.

253. Nos embargos da Lei 623, de 19.2.1949, no Supremo Tribunal Federal, a divergência somente será acolhida, se tiver sido indicada na petição de recurso extraordinário.

254. Incluem-se os juros moratórios na liquidação, embora omisso o pedido inicial ou a condenação.

255. SÚMULA CANCELADA NO JULGAMENTO DOS ERE 74244/PR, *D.J.U.* 19.12.1973 – Sendo ilíquida a obrigação, os juros moratórios, contra a Fazenda Pública, incluídas as autarquias, são contados do trânsito em julgado da sentença de liquidação.

256. É dispensável pedido expresso para condenação do réu em honorários, com fundamento nos arts. 63 ou 64 do Código de Processo Civil.

→ Referido Código de Processo Civil é o de 1939.

257. São cabíveis honorários de advogado na ação regressiva do segurador contra o causador do dano.

258. É admissível reconvenção em ação declaratória.

259. Para produzir efeito em juízo não é necessária a inscrição, no Registro Público, de documentos de procedência estrangeira, autenticados por via consular.

260. O exame de livros comerciais, em ação judicial, fica limitado às transações entre os litigantes.

261. Para a ação de indenização, em caso de avaria, é dispensável que a vistoria se faça judicialmente.

262. Não cabe medida possessória liminar para liberação alfandegária de automóvel.

263. O possuidor deve ser citado pessoalmente para a ação de usucapião.

264. Verifica-se a prescrição intercorrente pela paralisação da ação rescisória por mais de cinco anos.

265. Na apuração de haveres não prevalece o balanço não aprovado pelo sócio falecido, excluído ou que se retirou.

266. Não cabe mandado de segurança contra lei em tese.

267. Não cabe mandado de segurança contra ato judicial passível de recurso ou correição.

268. Não cabe mandado de segurança contra decisão judicial com trânsito em julgado.

269. O mandado de segurança não é substitutivo de ação de cobrança.

270. Não cabe mandado de segurança para impugnar enquadramento da Lei 3.780, de 12.7.1960, que envolva exame de prova ou de situação funcional complexa.

271. Concessão de mandado de segurança não produz efeitos patrimoniais em relação a período pretérito, os quais devem ser reclamados administrativamente ou pela via judicial própria.

272. Não se admite como ordinário recurso extraordinário de decisão denegatória de mandado de segurança.

273. Nos embargos da Lei 623, de 19.2.1949, a divergência sobre questão prejudicial ou preliminar, suscitada após a interposição do recurso extraordinário, ou do agravo, somente será acolhida se o acórdão-padrão for anterior à decisão embargada.

274. REVOGADA PELA SÚMULA 549 DO STF – É inconstitucional a taxa de serviço contra fogo cobrada pelo Estado de Pernambuco.

275. Está sujeita a recurso *ex officio* sentença concessiva de reajustamento pecuário anterior à vigência da Lei 2.804, de 25.6.1956.

276. Não cabe recurso de revista em ação executiva fiscal.

277. São cabíveis embargos, em favor da Fazenda Pública, em ação executiva fiscal, não sendo unânime a decisão.

278. São cabíveis embargos em ação executiva fiscal contra decisão reformatória da de primeira instância, ainda que unânime.

279. Para simples reexame de prova não cabe recurso extraordinário.

280. Por ofensa a direito local não cabe recurso extraordinário.

281. É inadmissível o recurso extraordinário, quando couber na Justiça de origem, recurso ordinário da decisão impugnada.

282. É inadmissível o recurso extraordinário, quando não ventilada, na decisão recorrida, a questão federal suscitada.

283. É inadmissível o recurso extraordinário, quando a decisão recorrida assenta em mais de um fundamento suficiente e o recurso não abrange todos eles.

284. É inadmissível o recurso extraordinário, quando a deficiência na sua fundamentação não permitir a exata compreensão da controvérsia.

285. Não sendo razoável a arguição de inconstitucionalidade, não se conhece do recurso extraordinário fundado na letra *c* do art. 101, III, da Constituição Federal.

→ Referida Constituição é a de 1946.

286. Não se conhece do recurso extraordinário fundado em divergência jurisprudencial, quando a orientação do plenário do Supremo Tribunal Federal já se firmou no mesmo sentido da decisão recorrida.

287. Nega-se provimento ao agravo, quando a deficiência na sua fundamentação, ou na do recurso extraordinário, não permitir a exata compreensão da controvérsia.

288. Nega-se provimento a agravo para subida de recurso extraordinário, quando faltar no traslado o despacho agravado, a decisão recorrida, a petição de recurso extraordinário ou qualquer peça essencial à compreensão da controvérsia.

→ *V.* Súmula 639 do STF.

289. O provimento do agravo por uma das Turmas do Supremo Tribunal Federal ainda que sem ressalva, não prejudica a questão do cabimento do recurso extraordinário.

290. Nos embargos da Lei 623, de 19.2.1949, a prova de divergência far-se-á por certidão, ou mediante indicação do *Diário da Justiça* ou de repertório de jurisprudência autorizado, que a tenha publicado, com a transcrição do trecho que configure a divergência, mencionadas as circunstâncias que identifiquem ou assemelhem os casos confrontados.

291. No recurso extraordinário pela letra *d* do art. 101, III, da Constituição, a prova do dissídio jurisprudencial far-se-á por certidão, ou mediante indicação do *Diário da Justiça* ou de repertório de jurisprudência autorizado, com a transcrição do trecho que configure a divergência, mencionadas as circunstâncias que identifiquem ou assemelhem os casos confrontados.

→ Referida Constituição é a de 1946.

292. Interposto o recurso extraordinário por mais de um dos fundamentos indicados no art. 101, III, da Constituição, a admissão apenas por um deles não prejudica o seu conhecimento por qualquer dos outros.

→ Referida Consstituição é a de 1946.

293. São inadmissíveis embargos infringentes contra decisão em matéria constitucional submetida ao plenário dos Tribunais.

294. São inadmissíveis embargos infringentes contra decisão do Supremo Tribunal Federal em mandado de segurança.

295. São inadmissíveis embargos infringentes contra decisão unânime do Supremo Tribunal Federal em ação rescisória.

296. São inadmissíveis embargos infringentes sobre matéria não ventilada, pela Turma, no julgamento do recurso extraordinário.

297. Oficiais e praças das milícias dos Estados, no exercício de função policial civil, não são considerados militares para efeitos penais, sendo competente a Justiça Comum para julgar os crimes cometidos por ou contra eles.

→ Súmula superada, conforme indicado na ementa do HC 82.142/MS, *D.J.* 12.9.2003.

→ *V.* Arts. 82 e 84 do CPPM.

298. O legislador ordinário só pode sujeitar civis à Justiça Militar, em tempo de paz, nos crimes contra a segurança externa do País ou as instituições militares.

299. O recurso ordinário e o extraordinário interpostos no mesmo processo de mandado de segurança, ou de *habeas corpus*, serão julgados conjuntamente pelo Tribunal Pleno.

300. São incabíveis os embargos da Lei 623, de 19.2.1949, contra provimento de agravo para subida de recurso extraordinário.

301. SÚMULA CANCELADA NO JULGAMENTO DO RHC 49038/AM, *D.J.* 19.11.1971 – Por crime de responsabilidade, o procedimento penal contra prefeito municipal fica condicionado ao seu afastamento do cargo por *impeachment*, ou à cessação do exercício por outro motivo.

302. Está isenta da taxa de previdência social a importação de petróleo bruto.

303. Não é devido o Imposto Federal de Selo em contrato firmado com autarquia anteriormente à vigência da Emenda Constitucional 5, de 21.11.1961.

304. Decisão denegatória de mandado de segurança, não fazendo coisa julgada contra o impetrante, não impede o uso da ação própria.

305. Acordo de desquite ratificado por ambos os cônjuges não é retratável unilateralmente.

306. As taxas de recuperação econômica e de assistência hospitalar de Minas Gerais são legítimas, quando incidem sobre matéria tributável pelo Estado.

307. É devido o adicional de serviço insalubre, calculado à base do salário mínimo da região, ainda que a remuneração contratual seja superior ao salário mínimo acrescido da taxa de insalubridade.

308. A taxa de despacho aduaneiro, sendo adicional do Imposto de Importação, não incide sobre borracha importada com isenção daquele imposto.

309. A taxa de despacho aduaneiro, sendo adicional do Imposto de Importação, não está compreendida na isenção do Imposto de Consumo para automóvel usado trazido do exterior pelo proprietário.

310. Quando a intimação tiver lugar na sexta-feira, ou a publicação com efeito de intimação for feita nesse dia, o prazo judicial terá início na segunda-feira imediata, salvo se não houver expediente, caso em que começará no primeiro dia útil que se seguir.

311. No típico acidente do trabalho, a existência de ação judicial não exclui a multa pelo retardamento da liquidação.

312. Músico integrante de orquestra da empresa, com atuação permanente e vínculo de subordinação, está sujeito à legislação geral do trabalho, e não à especial dos artistas.

313. Provada a identidade entre o trabalho diurno e o noturno, é devido o adicional, quanto a este, sem a limitação do art. 73, § 3º, da Consolidação das Leis do Trabalho independentemente da natureza da atividade do empregador.

314. Na composição do dano por acidente do trabalho, ou de transporte, não é contrário à lei tomar para base da indenização o salário do tempo da perícia ou da sentença.

315. Indispensável o traslado das razões da revista, para julgamento, pelo Tribunal Superior do Trabalho, do agravo para sua admissão.

316. A simples adesão a greve não constitui falta grave.

317. São improcedentes os embargos declaratórios, quando não pedida a declaração do julgado anterior, em que se verificou a omissão.

318. É legítima a cobrança, em 1962, pela municipalidade de São Paulo, do Imposto de Indústrias e Profissões, consoante as Leis 5.917 e 5.919, de 1961 (aumento anterior à vigência do orçamento e incidência do tributo sobre o movimento econômico do contribuinte).

319. O prazo do recurso ordinário para o Supremo Tribunal Federal, em *habeas corpus* ou mandado de segurança, é de cinco dias.

320. A apelação despachada pelo juiz no prazo legal não fica prejudicada pela demora da juntada, por culpa do cartório.

321. SÚMULA REVOGADA, REPRESENTAÇÃO 1428/RO, *D.J.* 19.2.1989 – A Constituição estadual pode estabelecer a irredutibilidade dos vencimentos do Ministério Público.

322. Não terá seguimento pedido ou recurso dirigido ao Supremo Tribunal Federal, quando manifestamente incabível, ou apresentado fora do prazo, ou quando for evidente a incompetência do Tribunal.

323. É inadmissível a apreensão de mercadorias como meio coercitivo para pagamento de tributos.

324. A imunidade do art. 31, V, da Constituição Federal não compreende as taxas.

→ Referida Constituição é a de 1946.

325. As emendas ao Regimento do Supremo Tribunal Federal, sobre julgamento de questão constitucional, aplicam-se aos pedidos ajuizados e aos recursos interpostos anteriormente a sua aprovação.

326. É legítima a incidência do Imposto de Transmissão *inter vivos* sobre a transferência do domínio útil.

327. O direito trabalhista admite a prescrição intercorrente.

328. É legítima a incidência do Imposto de Transmissão *inter vivos* sobre a doação de imóvel.

329. O Imposto de Transmissão *inter vivos* não incide sobre a transferência de ações de sociedade imobiliária.

330. O Supremo Tribunal Federal não é competente para conhecer de mandado de segurança contra atos dos Tribunais de Justiça dos Estados.

331. É legítima a incidência do Imposto de Transmissão *causa mortis* no inventário por morte presumida.

332. É legítima a incidência do Imposto de Vendas e Consignações sobre a parcela do preço correspondente aos ágios cambiais.

333. Está sujeita ao Imposto de Vendas e Consignações a venda realizada por invernista não qualificado como pequeno produtor.

334. É legítima a cobrança, ao empreiteiro, do Imposto de Vendas e Consignações, sobre o valor dos materiais empregados, quando a empreitada não for apenas de lavor.

335. É válida a cláusula de eleição do foro para os processos oriundos do contrato.

336. A imunidade da autarquia financiadora, quanto ao contrato de financiamento, não se estende à compra e venda entre particulares, embora constantes os dois atos de um só instrumento.

337. A controvérsia entre o empregador e o segurador não suspende o pagamento devido ao empregado por acidente do trabalho.

338. Não cabe ação rescisória no âmbito da Justiça do Trabalho.

339. Não cabe ao Poder Judiciário, que não tem função legislativa, aumentar vencimentos de servidores públicos sob fundamento de isonomia.

→ v. Súmula Vinculante 37 do STF.

340. Desde a vigência do Código Civil, os bens dominicais, como os demais bens públicos, não podem ser adquiridos por usucapião.

→ Referido Código Civil é o de 1916.

341. É presumida a culpa do patrão ou comitente pelo ato culposo do empregado ou preposto.

342. Cabe agravo no auto do processo, e não agravo de petição, do despacho que não admite a reconvenção.

343. Não cabe ação rescisória por ofensa a literal disposição de lei, quando a decisão rescindenda se tiver baseado em texto legal de interpretação controvertida nos tribunais.

344. Sentença de primeira instância concessiva de *habeas corpus*, em caso de crime praticado em detrimento de bens, serviços ou interesses da União, está sujeita a recurso *ex officio*.

345. Na chamada desapropriação indireta, os juros compensatórios são devidos a partir da perícia, desde que tenha atribuído valor atual ao imóvel.

→ No julgamento do RE 74.803, *D.J.* 4.3.1977, o STF decidiu que não mais prevalece a Súmula 345.

346. A administração pública pode declarar a nulidade dos seus próprios atos.

347. O Tribunal de Contas, no exercício de suas atribuições, pode apreciar a constitucionalidade das leis e dos atos do Poder Público.

348. É constitucional a criação de taxa de construção, conservação e melhoramento de estradas.

349. A prescrição atinge somente as prestações de mais de dois anos, reclamadas com fundamento em decisão normativa da Justiça do Trabalho, ou em convenção coletiva de trabalho, quando não estiver em causa a própria validade de tais atos.

350. O imposto de indústrias e profissões não é exigível de empregado, por falta de autonomia na sua atividade profissional.

351. É nula a citação por edital de réu preso na mesma unidade da Federação em que o juiz exerce a sua jurisdição.

352. Não é nulo o processo penal por falta de nomeação de curador ao réu menor que teve a assistência de defensor dativo.

353. São incabíveis os embargos da Lei 623, de 19.2.1949, com fundamento em divergência entre decisões da mesma Turma do Supremo Tribunal Federal.

354. Em caso de embargos infringentes parciais, é definitiva a parte da decisão embargada em que não houve divergência na votação.

355. Em caso de embargos infringentes parciais, é tardio o recurso extraordinário interposto após o julgamento dos embargos, quanto à parte da decisão embargada que não fora por eles abrangida.

356. O ponto omisso da decisão, sobre o qual não foram opostos embargos declaratórios, não pode ser objeto de recurso extraordinário, por faltar o requisito do prequestionamento.

357. É lícita a convenção pela qual o locador renuncia, durante a vigência do contrato, à ação revisional do art. 31 do Decreto 24.150, de 20.4.1934.

358. O servidor público em disponibilidade tem direito aos vencimentos integrais do cargo.

359. Ressalvada a revisão prevista em lei, os proventos da inatividade regulam-se pela lei vigente ao tempo em que o militar, ou o servidor civil, reuniu os requisitos necessários.

→ Redação alterada no julgamento do RE 72.509/PR, *D.J.* 30.3.1973.

360. Não há prazo de decadência para a representação de inconstitucionalidade prevista no art. 8º, parágrafo único, da Constituição Federal.

→ Referida Constituição é a de 1946.

361. No processo penal, é nulo o exame realizado por um só perito, considerando-se impedido o que tiver funcionado, anteriormente, na diligência de apreensão.

362. A condição de ter o clube sede própria para a prática de jogo lícito não o obriga a ser proprietário do imóvel em que tem sede.

363. A pessoa jurídica de direito privado pode ser demandada no domicílio da agência, ou estabelecimento, em que se praticou o ato.

364. SÚMULA SEM EFICÁCIA – Enquanto o Estado da Guanabara não tiver Tribunal Militar de segunda instância, o Tribunal de Justiça é competente para julgar os recursos das decisões da auditoria da Polícia Militar.

365. Pessoa jurídica não tem legitimidade para propor ação popular.

366. Não é nula a citação por edital que indica o dispositivo da lei penal, embora não transcreva a denúncia ou queixa, ou não resuma os fatos em que se baseia.

367. Concede-se liberdade ao extraditando que não for retirado do País no prazo do art. 16 do Decreto-lei 394, de 28.4.1938.

368. Não há embargos infringentes no processo de reclamação.

369. Julgados do mesmo tribunal não servem para fundamentar o recurso extraordinário por divergência jurisprudencial.

370. SÚMULA SEM EFICÁCIA, CONFORME INDICADO NO RE 65.137/RJ, *D.J.* 24.10.1969 – Julgada improcedente a ação renovatória da locação, terá o locatário, para desocupar o imóvel, o prazo de seis meses, acrescido de tantos meses quantos forem os anos da ocupação, até o limite total de dezoito meses.

371. Ferroviário, que foi admitido como servidor autárquico, não tem direito a dupla aposentadoria.

372. A Lei 2.752, de 10.4.1956, sobre dupla aposentadoria, aproveita, quando couber, a servidores aposentados antes de sua publicação.

373. Servidor nomeado após aprovação no curso de capacitação policial, instituído na Polícia do Distrito Federal, em 1941, preenche o requisito da nomeação por concurso a que se referem as Leis 705, de 16.5.1949, e 1.639, de 14.7.1952.

374. Na retomada para construção mais útil, não é necessário que a obra tenha sido ordenada pela autoridade pública.

375. Não renovada a locação regida pelo Decreto 24.150, de 20.4.1934, aplica-se o direito comum e não a legislação especial do inquilinato.

376. Na renovação de locação, regida pelo Decreto 24.150, de 20.4.1934, o prazo do novo contrato conta-se da transcrição da decisão exequenda no Registro de Títulos e Documentos; começa, porém, da terminação do contrato anterior, se esta tiver ocorrido antes do registro.

377. No regime de separação legal de bens, comunicam-se os adquiridos na constância do casamento.

378. Na indenização por desapropriação incluem-se honorários do advogado do expropriado.

379. No acordo de desquite não se admite renúncia aos alimentos, que poderão ser pleiteados ulteriormente, verificados os pressupostos legais.

380. Comprovada a existência de sociedade de fato entre os concubinos, é cabível a sua dissolução judicial, com a partilha do patrimônio adquirido pelo esforço comum.

381. Não se homologa sentença de divórcio obtida por procuração, em país de que os cônjuges não eram nacionais.

382. A vida em comum sob o mesmo teto, *more uxorio*, não é indispensável à caracterização do concubinato.

383. A prescrição em favor da Fazenda Pública recomeça a correr, por dois anos e meio, a partir do ato interruptivo, mas não fica reduzida aquém de cinco anos, embora o titular do direito a interrompa durante a primeira metade do prazo.

384. A demissão de extranumerário do serviço público federal, equiparado a funcionário de provimento efetivo para efeito de estabilidade, é da competência do Presidente da República.

385. Oficial das Forças Armadas só pode ser reformado, em tempo de paz, por decisão de Tribunal Militar permanente, ressalvada a situação especial dos atingidos pelo art. 177 da Constituição de 1937.

386. Pela execução de obra musical por artistas remunerados é devido direito autoral, não exigível quando a orquestra for de amadores.

387. A cambial emitida ou aceita com omissões, ou em branco, pode ser completada pelo credor de boa-fé antes da cobrança ou do protesto.

388. SÚMULA REVOGADA NO JULGAMENTO DO HC 53.777/MG, *D.J.* 10.9.1976. O casamento da ofendida com quem não seja o ofensor faz cessar a qualidade do seu representante legal, e a ação penal só pode prosseguir por iniciativa da própria ofendida, observados os prazos legais de decadência e perempção.

389. Salvo limite legal, a fixação de honorários de advogado, em complemento da condenação, depende das circunstâncias da causa, não dando lugar a recurso extraordinário.

390. A exibição judicial de livros comerciais pode ser requerida como medida preventiva.

391. O confinante certo deve ser citado, pessoalmente, para a ação de usucapião.

392. O prazo para recorrer de acórdão concessivo de segurança conta-se da publicação oficial de suas conclusões, e não da anterior ciência à autoridade para cumprimento da decisão.

393. Para requerer revisão criminal, o condenado não é obrigado a recolher-se à prisão.

394. SÚMULA CANCELADA NOS SEGUINTES JULGAMENTOS: INQ 687/SP, *D.J.* 9.11.2001, AP 315/DF, *D.J.* 31.10.2001, AP 319/DF, *D.J.* 31.10.2001, INQ 656/AC *D.J.* 31.10.2001, INQ 881/MT, *D.J.* 31.10.2001 E AP 313/DF, *D.J.* 12.11.1999 – Cometido o crime durante o exercício funcional, prevalece a competência especial por prerrogativa de função, ainda que o inquérito ou a ação penal sejam iniciados após a cessação daquele exercício.

395. Não se conhece de recurso de *habeas corpus* cujo objeto seja resolver sobre o ônus das custas, por não estar mais em causa a liberdade de locomoção.

396. Para a ação penal por ofensa à honra, sendo admissível a exceção da verdade quanto ao desempenho de função pública, prevalece a competência especial por prerrogativa de função, ainda que já tenha cessado o exercício funcional do ofendido.

397. O poder de polícia da Câmara dos Deputados e do Senado Federal, em caso de crime cometido nas suas dependências, compreende, consoante o regimento, a prisão em flagrante do acusado e a realização do inquérito.

398. O Supremo Tribunal Federal não é competente para processar e julgar, originariamente, deputado ou senador acusado de crime.

399. Não cabe recurso extraordinário, por violação de lei federal, quando a ofensa alegada for a regimento de tribunal.

400. Decisão que deu razoável interpretação à lei, ainda que não seja a melhor, não autoriza recurso extraordinário pela letra *a* do art. 101, III, da Constituição Federal.

→ Referida Constituição é a de 1946.

401. Não se conhece do recurso de revista, nem dos embargos de divergência, do processo trabalhista, quando houver jurisprudência firme do Tribunal Superior do Trabalho no mesmo sentido da decisão impugnada, salvo se houver colisão com a jurisprudência do Supremo Tribunal Federal.

402. Vigia noturno tem direito a salário adicional.

403. É de decadência o prazo de trinta dias para instauração do inquérito judicial, a contar da suspensão, por falta grave, de empregado estável.

404. Não contrariam a Constituição os arts. 3º, 22 e 27 da Lei 3.244, de 14.8.1957, que definem as atribuições do Conselho de Política Aduaneira quanto à tarifa flexível.

405. Denegado o mandado de segurança pela sentença, ou no julgamento do agravo, dela interposto, fica sem efeito a liminar concedida, retroagindo os efeitos da decisão contrária.

406. O estudante ou professor bolsista e o servidor público em missão de estudo satisfazem a condição da mudança de residência para o efeito de trazer automóvel do exterior, atendidos os demais requisitos legais.

407. Não tem direito ao terço de campanha o militar que não participou de operações de guerra, embora servisse na "zona de guerra".

408. Os servidores fazendários não têm direito a percentagem pela arrecadação de receita federal destinada ao Banco Nacional de Desenvolvimento Econômico.

409. Ao retomante, que tenha mais de um prédio alugado, cabe optar entre eles, salvo abuso de direito.

410. Se o locador, utilizando prédio próprio para residência ou atividade comercial, pede o imóvel locado para uso próprio, diverso do que tem o por ele ocupado, não está obrigado a provar a necessidade, que se presume.

411. O locatário autorizado a ceder a locação pode sublocar o imóvel.

412. No compromisso de compra e venda com cláusula de arrependimento, a devolução do sinal, por quem o deu, ou a sua restituição em dobro, por quem o recebeu, exclui indenização maior a título de perdas e danos, salvo os juros moratórios e os encargos do processo.

413. O compromisso de compra e venda de imóveis, ainda que não loteados, dá direito à execução compulsória, quando reunidos os requisitos legais.

414. Não se distingue a visão direta da oblíqua na proibição de abrir janela, ou fazer terraço, eirado, ou varanda, a menos de metro e meio do prédio de outrem.

415. Servidão de trânsito não titulada, mas tornada permanente, sobretudo pela natureza das obras realizadas, considera-se aparente, conferindo direito à proteção possessória.

416. Pela demora no pagamento do preço da desapropriação não cabe indenização complementar além dos juros.

417. Pode ser objeto de restituição, na falência, dinheiro em poder do falido, recebido em nome de outrem, ou do qual, por lei ou contrato, não tivesse ele a disponibilidade.

418. SÚMULA SEM EFICÁCIA RE 111954/PR, *D.J.* 24.6.1988 – O empréstimo compulsório não é tributo, e sua arrecadação não está sujeita à exigência constitucional da prévia autorização orçamentária.

419. Os Municípios têm competência para regular o horário do comércio local, desde que não infrinjam leis estaduais ou federais válidas.

420. Não se homologa sentença proferida no estrangeiro sem prova do trânsito em julgado.

421. Não impede a extradição a circunstância de ser o extraditando casado com brasileira ou ter filho brasileiro.

422. A absolvição criminal não prejudica a medida de segurança, quando couber, ainda que importe privação da liberdade.

423. Não transita em julgado a sentença por haver omitido o recurso *ex officio*, que se considera interposto *ex lege*.

424. Transita em julgado o despacho saneador de que não houve recurso, excluídas as questões deixadas, explícita ou implicitamente, para a sentença.

425. O agravo despachado no prazo legal não fica prejudicado pela demora da juntada, por culpa do cartório; nem o agravo entregue em cartório no prazo legal, embora despachado tardiamente.

426. A falta do termo específico não prejudica o agravo no auto do processo, quando oportuna a interposição por petição ou no termo da audiência.

427. SÚMULA CANCELADA NO JULGAMENTO DO RE 66447/MG, *D.J.* 20.2.1970 – A falta de petição de interposição não prejudica o agravo no auto do processo tomado por termo.

428. Não fica prejudicada a apelação entregue em cartório no prazo legal, embora despachada tardiamente.

429. A existência de recurso administrativo com efeito suspensivo não impede o uso do mandado de segurança contra omissão da autoridade.

430. Pedido de reconsideração na via administrativa não interrompe o prazo para o mandado de segurança.

431. É nulo o julgamento de recurso criminal, na segunda instância, sem prévia intimação, ou publicação da pauta, salvo em *habeas corpus*.

432. Não cabe recurso extraordinário com fundamento no art. 101, III, *d*, da Constituição Federal, quando a divergência alegada for entre decisões da Justiça do Trabalho.

→ Referida Constituição é a de 1946.

433. É competente o Tribunal Regional do Trabalho para julgar mandado de segurança contra ato de seu presidente em execução de sentença trabalhista.

434. A controvérsia entre seguradores indicados pelo empregador na ação de acidente do trabalho não suspende o pagamento devido ao acidentado.

435. O Imposto de Transmissão *causa mortis* pela transferência de ações é devido ao Estado em que tem sede a companhia.

436. É válida a Lei 4.093, de 24.10.1959, do Paraná, que revogou a isenção concedida às cooperativas por lei anterior.

437. Está isenta da taxa de despacho aduaneiro a importação de equipamento para a indústria automobilística, segundo plano aprovado, no prazo legal, pelo órgão competente.

438. É ilegítima a cobrança, em 1962, da taxa de educação e saúde, de Santa Catarina, adicional do Imposto de Vendas e Consignações.

439. Estão sujeitos à fiscalização tributária ou previdenciária quaisquer livros comerciais, limitado o exame aos pontos objeto da investigação.

440. Os benefícios da legislação federal de serviços de guerra não são exigíveis dos Estados, sem que a lei estadual assim disponha.

441. O militar, que passa à inatividade com proventos integrais, não tem direito às cotas trigésimas a que se refere o Código de Vencimentos e Vantagens dos Militares.

442. A inscrição do contrato de locação no Registro de Imóveis, para a validade da cláusula de vigência contra o adquirente do imóvel, ou perante terceiros, dispensa a transcrição no Registro de Títulos e Documentos.

443. A prescrição das prestações anteriores ao período previsto em lei não ocorre, quando não tiver sido negado, antes daquele prazo, o próprio direito reclamado, ou a situação jurídica de que ele resulta.

444. Na retomada para construção mais útil, de imóvel sujeito ao Decreto 24.150, de 20.4.1934, a indenização se limita às despesas de mudança.

445. A Lei 2.437, de 7.3.1955, que reduz prazo prescricional, é aplicável às prescrições em curso na data de sua vigência (1º.1.1956), salvo quanto aos processos então pendentes.

446. Contrato de exploração de jazida ou pedreira não está sujeito ao Decreto 24.150, de 20.4.1934.

447. É válida a disposição testamentária em favor de filho adulterino do testador com sua concubina.

448. O prazo para o assistente recorrer, supletivamente, começa a correr imediatamente após o transcurso do prazo do Ministério Público.

449. O valor da causa, na consignatória de aluguel, corresponde a uma anuidade.

450. São devidos honorários de advogado sempre que vencedor o beneficiário de Justiça gratuita.

451. A competência especial por prerrogativa de função não se estende ao crime cometido após a cessação definitiva do exercício funcional.

452. SÚMULA SEM EFICÁCIA – Oficiais e praças do Corpo de Bombeiros do Estado da Guanabara respondem perante a Justiça Comum por crime anterior à Lei 427, de 11.10.1948.

453. Não se aplicam à segunda instância o art. 384 e parágrafo único do Código de Processo Penal, que possibilitam dar nova definição jurídica ao fato delituoso, em virtude de circunstância elementar não contida, explícita ou implicitamente, na denúncia ou queixa.

➔ A Lei 11.719/2008 alterou o art. 384 do CPP.

454. Simples interpretação de cláusulas contratuais não dá lugar a recurso extraordinário.

455. Da decisão que se seguir ao julgamento de constitucionalidade pelo Tribunal Pleno, são inadmissíveis embargos infringentes quanto à matéria constitucional.

456. O Supremo Tribunal Federal, conhecendo do recurso extraordinário, julgará a causa, aplicando o direito à espécie.

457. O Tribunal Superior do Trabalho, conhecendo da revista, julgará a causa, aplicando o direito à espécie.

458. O processo da execução trabalhista não exclui a remição pelo executado.

459. No cálculo da indenização por despedida injusta, incluem-se os adicionais, ou gratificações, que, pela habitualidade, se tenham incorporado ao salário.

460. Para efeito do adicional de insalubridade, a perícia judicial, em reclamação trabalhista, não dispensa o enquadramento da atividade entre as insalubres, que é ato da competência do Ministro do Trabalho e Previdência Social.

461. É duplo, e não triplo, o pagamento de salário nos dias destinados a descanso.

462. No cálculo da indenização por despedida injusta inclui-se, quando devido, o repouso semanal remunerado.

463. Para efeito de indenização e estabilidade, conta-se o tempo em que o empregado esteve afastado, em serviço militar obrigatório, mesmo anteriormente à Lei 4.072, de 1º.6.1962.

464. No cálculo da indenização por acidente do trabalho inclui-se, quando devido, o repouso semanal remunerado.

465. O regime de manutenção de salário, aplicável ao (IAPM) e ao (IAPETC), exclui a indenização tarifada na lei de acidentes do trabalho, mas não o benefício previdenciário.

466. Não é inconstitucional a inclusão de sócios e administradores de sociedades e titulares de firmas individuais como contribuintes obrigatórios da Previdência Social.

467. A base do cálculo das contribuições previdenciárias, anteriormente à vigência da Lei Orgânica da Previdência Social, é o salário mínimo mensal, observados os limites da Lei 2.755/1956.

468. Após a Emenda Constitucional 5, de 21.11.1961, em contrato firmado com a União, Estado, Município ou Autarquia, é devido o Imposto Federal de Selo pelo contratante não protegido pela imunidade, ainda que haja repercussão do ônus tributário sobre o patrimônio daquelas entidades.

469. A multa de cem por cento, para o caso de mercadoria importada irregularmente, é calculada à base do custo de câmbio da categoria correspondente.

470. O Imposto de Transmissão *inter vivos* não incide sobre a construção, ou parte dela, realizada, inequivocamente, pelo promitente comprador, mas sobre o valor do que tiver sido construído antes da promessa de venda.

471. As empresas aeroviárias não estão isentas do Imposto de Indústrias e Profissões.

472. A condenação do autor em honorários de advogado, com fundamento no art. 64 do Código de Processo Civil, depende de reconvenção.

➔ Refere-se ao Código de Processo Civil de 1939.

473. A administração pode anular seus próprios atos, quando eivados de vícios que os tornam ilegais, porque deles não se originam direitos; ou revogá-los, por motivo de conveniência ou oportunidade, respeitados os direitos adquiridos, e ressalvada, em todos os casos, a apreciação judicial.

474. Não há direito líquido e certo, amparado pelo mandado de segurança, quando se escuda em lei cujos efeitos foram anulados por outra, declarada constitucional pelo Supremo Tribunal Federal.

475. A Lei 4.686, de 21.6.1965, tem aplicação imediata aos processos em curso, inclusive em grau de recurso extraordinário.

476. Desapropriadas as ações de uma sociedade, o poder desapropriante, imitido na posse, pode exercer, desde logo, todos os direitos inerentes aos respectivos títulos.

477. As concessões de terras devolutas situadas na faixa de fronteira, feitas pelos Estados, autorizam, apenas, o uso, permanecendo o domínio com a União, ainda que se mantenha inerte ou tolerante, em relação aos possuidores.

478. O provimento em cargos de Juízes substitutos do Trabalho, deve ser feito independentemente de lista tríplice, na ordem de classificação dos candidatos.

479. As margens dos rios navegáveis são de domínio público, insuscetíveis de expropriação e, por isso mesmo, excluídas de indenização.

480. Pertencem ao domínio e administração da União, nos termos dos arts. 4º, IV, e 186, da Constituição Federal de 1967, as terras ocupadas por silvícolas.

481. Se a locação compreende, além do imóvel, fundo de comércio, com instalações e pertences, como no caso de teatros, cinemas e hotéis, não se aplicam ao retomante as restrições do art. 8º, e, parágrafo único, do Decreto 24.150, de 20.4.1934.

482. O locatário, que não for sucessor ou cessionário do que o precedeu na locação, não pode somar os prazos concedidos a este, para pedir a renovação do contrato, nos termos do Decreto 24.150.

483. É dispensável a prova da necessidade, na retomada de prédio situado em localidade para onde o proprietário pretende transferir residência, salvo se mantiver, também, a anterior, quando dita prova será exigida.

484. Pode, legitimamente, o proprietário pedir o prédio para a residência de filho, ainda que solteiro, de acordo com o art. 11, III, da Lei 4.494, de 25.11.1964.

485. Nas locações regidas pelo Decreto 24.150, de 20.4.1934, a presunção de sinceridade do retomante é relativa, podendo ser ilidida pelo locatário.

486. Admite-se a retomada para sociedade da qual o locador, ou seu cônjuge, seja sócio, com participação predominante no capital social.

487. Será deferida a posse a quem, evidentemente, tiver o domínio, se com base neste for ela disputada.

488. SÚMULA SEM EFICÁCIA – A preferência a que se refere o art. 9º da Lei 3.912, de 3.7.1961, constitui direito pessoal. Sua violação resolve-se em perdas e danos.

489. A compra e venda de automóvel não prevalece contra terceiros, de boa-fé, se o contrato não foi transcrito no Registro de Títulos e Documentos.

490. A pensão correspondente à indenização oriunda de responsabilidade civil deve ser calculada com base no salário mínimo vigente ao tempo da sentença e ajustar-se-á às variações ulteriores.

491. É indenizável o acidente que cause a morte de filho menor, ainda que não exerça trabalho remunerado.

492. A empresa locadora de veículos responde, civil e solidariamente com o locatário, pelos danos por este causados a terceiro, no uso do carro locado.

493. O valor da indenização, se consistente em prestações periódicas e sucessivas, compreenderá, para que se mantenha inalterável na sua fixação, parcelas compensatórias do Imposto de Renda, incidente sobre os juros do capital gravado ou caucionado, nos termos dos arts. 911 e 912 do Código de Processo Civil.

→ Referido Código de Processo Civil é o de 1939.

494. A ação para anular venda de ascendente a descendente, sem consentimento dos demais, prescreve em vinte anos, contados da data do ato, revogada a Súmula 152.

495. A restituição em dinheiro da coisa vendida a crédito, entregue nos quinze dias anteriores ao pedido de falência ou de concordata, cabe, quando, ainda que consumida ou transformada, não faça o devedor prova de haver sido alienada a terceiro.

496. São válidos, porque salvaguardados pelas Disposições Constitucionais Transitórias da Constituição Federal de 1967, os decretos-leis expedidos entre 24 de janeiro e 15 de março de 1967.

497. Quando se tratar de crime continuado, a prescrição regula-se pela pena imposta na sentença, não se computando o acréscimo decorrente da continuação.

498. Compete à Justiça dos Estados, em ambas as instâncias, o processo e o julgamento dos crimes contra a economia popular.

499. Não obsta à concessão do *sursis* condenação anterior à pena de multa.

500. Não cabe a ação cominatória para compelir-se o réu a cumprir obrigação de dar.

501. Compete à Justiça ordinária estadual o processo e o julgamento, em ambas as instâncias, das causas de acidente do trabalho, ainda que promovidas contra a União, suas autarquias, empresas públicas ou sociedades de economia mista.

502. Na aplicação do art. 839 do Código de Processo Civil, com a redação da Lei 4.290, de 5.12.1963, a relação valor da causa e salário mínimo vigente na Capital do Estado, ou do Território, para o efeito de alçada, deve ser considerada na data do ajuizamento do pedido.

→ Referido Código de Processo Civil é o de 1939.

503. A dúvida, suscitada por particular, sobre o direito de tributar, manifestado por dois Estados, não configura litígio da competência originária do Supremo Tribunal Federal.

504. Compete à Justiça Federal, em ambas as instâncias, o processo e o julgamento das causas fundadas em contrato de seguro marítimo.

505. Salvo quando contrariarem a Constituição, não cabe recurso para o Supremo Tribunal Federal, de quaisquer decisões da Justiça do Trabalho, inclusive dos presidentes de seus Tribunais.

506. SÚMULA REVOGADA NO JULGAMENTO DA SUSPENSÃO DE SEGURANÇA 1.945/AL, *D.J.* 1.8.2003 – O agravo a que se refere o art. 4º da Lei 4.348, de 26.6.1964, cabe, somente, do despacho do presidente do Supremo Tribunal Federal que defere a suspensão da liminar, em mandado de segurança; não do que a "denega".

507. A ampliação dos prazos a que se refere o art. 32 do Código de Processo Civil aplica-se aos executivos fiscais.

→ Referido Código de Processo Civil é o de 1939.

508. Compete à Justiça Estadual, em ambas as instâncias, processar e julgar as causas em que for parte o Banco do Brasil S.A.

509. A Lei 4.632, de 18.5.1965, que alterou o art. 64 do Código de Processo Civil, aplica-se aos processos em andamento, nas instâncias ordinárias.

→ Referido Código de Processo Civil é o de 1939.

510. Praticado o ato por autoridade, no exercício de competência delegada, contra ela cabe o mandado de segurança ou a medida judicial.

511. Compete à Justiça Federal, em ambas as instâncias, processar e julgar as causas entre autarquias federais e entidades públicas locais, inclusive mandados de segurança, ressalvada a ação fiscal, nos termos da Constituição Federal de 1967, art. 119, § 3º.

512. Não cabe condenação em honorários de advogado na ação de mandado de segurança.

513. A decisão que enseja a interposição de recurso ordinário ou extraordinário não é a do Plenário, que resolve o incidente de inconstitucionalidade, mas a do órgão (Câmaras, Grupos ou Turmas) que completa o julgamento do feito.

514. Admite-se ação rescisória contra sentença transitada em julgado, ainda que contra ela não se tenha esgotado todos os recursos.

515. A competência para a ação rescisória não é do Supremo Tribunal Federal, quando a questão federal, apreciada no recurso extraordinário ou no agravo de instrumento, seja diversa da que foi suscitada no pedido rescisório.

516. O Serviço Social da Indústria (SESI) está sujeito à jurisdição da Justiça Estadual.

517. As sociedades de economia mista só têm foro na Justiça Federal, quando a União intervém como assistente ou opoente.

518. A intervenção da União, em feito já julgado pela segunda instância e pendente de embargos, não desloca o processo para o Tribunal Federal de Recursos.

519. Aplica-se aos executivos fiscais o princípio da sucumbência a que se refere o art. 64 do Código de Processo Civil.

→ Referido Código de Processo Civil é o de 1939.

520. Não exige a lei que, para requerer o exame a que se refere o art. 777 do Código de Processo Penal, tenha o sentenciado cumprido mais de metade do prazo da medida de segurança imposta.

521. O foro competente para o processo e julgamento dos crimes de estelionato, sob a modalidade da emissão dolosa de cheque sem provisão de fundos, é o do local onde se deu a recusa do pagamento pelo sacado.

522. Salvo ocorrência de tráfico para o exterior, quando, então, a competência será da Justiça Federal, compete à Justiça dos Estados o processo e julgamento dos crimes relativos a entorpecentes.

523. No processo penal, a falta de defesa constitui nulidade absoluta, mas a sua deficiência só o anulará se houver prova de prejuízo para o réu.

524. Arquivado o inquérito policial, por despacho do juiz, a requerimento do Promotor de Justiça, não pode a ação penal ser iniciada, sem novas provas.

525. A medida de segurança não será aplicada em segunda instância, quando só o réu tenha recorrido.

526. SÚMULA SEM EFICÁCIA – Subsiste a competência do Supremo Tribunal Federal para conhecer e julgar a apelação, nos crimes da Lei de Segurança Nacional, se houve sentença antes da vigência do Ato Institucional 2.

527. Após a vigência do Ato Institucional 6, que deu nova redação ao art. 114, III, da Constituição Federal de 1967, não cabe recurso extraordinário das decisões do juiz singular.

528. Se a decisão contiver partes autônomas, a admissão parcial, pelo Presidente do Tribunal *a quo*, de recurso extraordinário que, sobre qualquer delas se manifestar, não limitará a apreciação de todas pelo Supremo Tribunal Federal, independentemente de interposição de agravo de instrumento.

529. Subsiste a responsabilidade do empregador pela indenização decorrente de acidente do trabalho, quando o segurador, por haver entrado em liquidação, ou por outro motivo, não se encontrar em condições financeiras, de efetuar, na forma da lei, o pagamento que o seguro obrigatório visava garantir.

530. Na legislação anterior ao art. 4º da Lei 4.749, de 12.8.1965, a contribuição para a previdência social não estava sujeita ao limite estabelecido no art. 69 da Lei 3.807, de 26.8.1960, sobre o 13º salário a que se refere o art. 3º da Lei 4.281, de 8.11.1963.

531. É inconstitucional o Decreto 51.668, de 17.1.1963, que estabeleceu salário profissional para trabalhadores de transportes marítimos, fluviais e lacustres.

532. É constitucional a Lei 5.043, de 21.6.1966, que concedeu remissão das dívidas fiscais oriundas da falta de oportuno pagamento de selo nos contratos particulares com a Caixa Econômica e outras entidades autárquicas.

533. Nas operações denominadas "crediários", com emissão de vales ou certificados para compras e nas quais, pelo financiamento, se cobram, em separado, juros, selos e outras despesas, incluir-se-á tudo no custo da mercadoria e sobre esse preço global calcular-se-á o Imposto de Vendas e Consignações.

534. O Imposto de Importação sobre o extrato alcoólico de malte, como matéria-prima para fabricação de "whisky", incide à base de 60%, desde que desembarcado antes do Decreto-lei 398, de 30.12.1968.

535. Na importação, a granel, de combustíveis líquidos é admissível a diferença de peso, para mais, até 4%, motivada pelas variações previstas no Decreto-lei 1.028, de 4.1.1939, art. 1º.

536. São objetivamente imunes ao Imposto sobre Circulação de Mercadorias os "produtos industrializados", em geral, destinados à exportação, além de outros, com a mesma destinação, cuja isenção a lei determinar.

537. É inconstitucional a exigência de Imposto Estadual do Selo, quando feita nos atos e instrumentos tributados ou regulados por lei federal, ressalvado o disposto no art. 15, § 5º, da Constituição Federal de 1946.

538. SÚMULA SEM EFICÁCIA – A avaliação judicial para o efeito do cálculo das benfeitorias dedutíveis do Imposto sobre o Lucro Imobiliário independe do limite a que se refere a Lei 3.470, de 28.11.1958, art. 8º, parágrafo único.

539. É constitucional a lei do Município que reduz o Imposto Predial Urbano sobre imóvel ocupado pela residência do proprietário, que não possua outro.

540. No preço da mercadoria sujeita ao Imposto de Vendas e Consignações, não se incluem as despesas de frete e carreto.

541. O Imposto sobre Vendas e Consignações não incide sobre a venda ocasional de veículos e equipamentos usados, que não se insere na atividade profissional do vendedor, e não é realizada com o fim de lucro, sem caráter, pois, de comercialidade.

542. Não é inconstitucional a multa instituída pelo Estado-membro, como sanção pelo retardamento do início ou da ultimação do inventário.

543. A Lei 2.975, de 27.11.1965, revogou, apenas, as isenções de caráter geral, relativas ao Imposto Único sobre Combustíveis, não as especiais, por outras leis concedidas.

544. Isenções tributárias concedidas, sob condição onerosa, não podem ser livremente suprimidas.

545. Preços de serviços públicos e taxas não se confundem, porque estas, diferentemente daqueles, são compulsórias e têm sua cobrança condicionada à prévia autorização orçamentária, em relação à lei que as instituiu.

546. Cabe a restituição do tributo pago indevidamente, quando reconhecido por decisão, que o contribuinte *de jure* não recuperou do contribuinte *de facto* o *quantum* respectivo.

547. Não é lícito à autoridade proibir que o contribuinte em débito adquira estampilhas, despache mercadorias nas alfândegas e exerça suas atividades profissionais.

548. É inconstitucional o Decreto-lei 643, de 19.6.1947, art. 4º, do Paraná, na parte que exige selo proporcional sobre atos e instrumentos regulados por lei federal.

549. A taxa de bombeiros do Estado de Pernambuco é constitucional, revogada a Súmula 274.

550. A isenção concedida pelo art. 2º da Lei 1.815/1953, às empresas de navegação aérea não compreende a taxa de melhoramento de portos, instituída pela Lei 3.421/1958.

551. É inconstitucional a taxa de urbanização da Lei 2.320, de 20.12.1961, instituída pelo município de Porto Alegre, porque seu fato gerador é o mesmo da transmissão imobiliária.

552. Com a regulamentação do art. 15 da Lei 5.316/1967, pelo Decreto 71.037/1972, tornou-se exequível a exigência da exaustão da via administrativa antes do início da ação de acidente do trabalho.

→ No julgamento do RE/SP 91.742/0, *DJ* 21.12.1979, o Tribunal entendeu que a Súmula 552 foi superada com o advento da Lei 6.367/1976.

553. O Adicional ao Frete para Renovação da Marinha Mercante (AFRMM) é contribuição parafiscal, não sendo abrangido pela imunidade prevista na letra *d*, III, do art. 19 da Constituição Federal.

→ Referida Constituição é a de 1967, com a EC 1/1969.

554. O pagamento de cheque emitido sem provisão de fundos, após o recebimento da denúncia, não obsta ao prosseguimento da ação penal.

555. É competente o Tribunal de Justiça para julgar conflito de jurisdição entre juiz de direito do Estado e a Justiça Militar local.

556. É competente a Justiça Comum para julgar as causas em que é parte sociedade de economia mista.

557. É competente a Justiça Federal para julgar as causas em que são partes a COBAL e a CIBRAZEM.

558. É constitucional o art. 27 do Decreto-lei 898, de 29.9.1969.

559. O Decreto-lei 730, de 5.8.1969, revogou a exigência de homologação, pelo Ministro da Fazenda, das Resoluções do Conselho de Política Aduaneira.

560. SÚMULA SEM EFICÁCIA – A extinção de punibilidade, pelo pagamento do tributo devido, estende-se ao crime de contrabando ou descaminho, por força do art. 18, § 2º, do Decreto-lei 157/1967.

561. Em desapropriação, é devida a correção monetária até a data do efetivo pagamento da indenização, devendo proceder-se à atualização do cálculo, ainda que por mais de uma vez.

562. Na indenização de danos materiais decorrentes de ato ilícito cabe a atualização de seu valor, utilizando-se, para esse fim, dentre outros critérios, dos índices de correção monetária.

563. O concurso de preferência a que se refere o parágrafo único do art. 187 do Código Tributário Nacional é compatível com o disposto no art. 9º, I, da Constituição Federal.

→ Referida Constituição é a de 1967, com a EC 1/1969.

564. A ausência de fundamentação do despacho de recebimento de denúncia por crime falimentar enseja nulidade processual, salvo se já houver sentença condenatória.

565. A multa fiscal moratória constitui pena administrativa, não se incluindo no crédito habilitado em falência.

566. Enquanto pendente, o pedido de readaptação fundado em desvio funcional não gera direitos para o servidor, relativamente ao cargo pleiteado.

567. A Constituição, ao assegurar, no § 3º do art. 102, a contagem integral do tempo de serviço público federal, estadual ou municipal para os efeitos de aposentadoria e disponibilidade não proíbe à União, aos Estados e aos Municípios mandarem contar, mediante lei, para efeito diverso, tempo de serviço prestado a outra pessoa de direito público interno.

→ Referida Constituição é a de 1967, com a EC 1/1969.

568. SÚMULA SUPERADA NO JULGAMENTO DO RHC 66.881/DF, *D.J.* 11.11.1988 – A identificação criminal não constitui constrangimento ilegal, ainda que o indiciado já tenha sido identificado civilmente.

569. É inconstitucional a discriminação de alíquotas do Imposto de Circulação de Mercadorias nas operações interestaduais, em razão de o destinatário ser, ou não, contribuinte.

570. O Imposto de Circulação de Mercadorias não incide sobre a importação de bens de capital.

571. O comprador de café ao IBC, ainda que sem expedição de nota fiscal, habilita-se, quando da comercialização do produto, ao crédito do ICM que incidiu sobre a operação anterior.

572. No cálculo do Imposto de Circulação de Mercadorias devido na saída de mercadorias para o exterior, não se incluem fretes pagos a terceiros, seguros e despesas de embarque.

573. Não constitui fato gerador do Imposto de Circulação de Mercadorias a saída física de máquinas, utensílios e implementos a título de comodato.

574. Sem lei estadual que a estabeleça, é ilegítima a cobrança do Imposto de Circulação de Mercadorias sobre o fornecimento de alimentação e bebidas em restaurante ou estabelecimento similar.

575. À mercadoria importada de país signatário do (GATT), ou membro da (ALALC), estende-se a isenção do Imposto de Circulação de Mercadorias concedida a similar nacional.

576. É lícita a cobrança do Imposto de Circulação de Mercadorias sobre produtos importados sob o regime da alíquota "zero".

577. Na importação de mercadorias do exterior, o fato gerador do Imposto de Circulação de Mercadorias ocorre no momento de sua entrada no estabelecimento do importador.

578. Não podem os Estados, a título de ressarcimento de despesas, reduzir a parcela de 20% do produto da arrecadação do Imposto de Circulação de Mercadorias, atribuída aos Municípios pelo art. 23, § 8º, da Constituição Federal.

→ Referida Constituição é a de 1967, com a EC 1/1969.

579. A cal virgem e a hidratada estão sujeitas ao Imposto de Circulação de Mercadorias.

580. A isenção prevista no art. 13, parágrafo único, do Decreto-lei 43/1966, restringe-se aos filmes cinematográficos.

581. A exigência de transporte em navio de bandeira brasileira, para efeito de isenção tributária, legitimou-se com o advento do Decreto-lei 666, de 2.7.1969.

582. É constitucional a Resolução 640/1969, do Conselho de Política Aduaneira, que reduziu a alíquota do Imposto de Importação para a soda cáustica, destinada a zonas de difícil distribuição e abastecimento.

583. Promitente comprador de imóvel residencial transcrito em nome de autarquia é contribuinte do Imposto Predial Territorial Urbano.

584. Ao Imposto de Renda calculado sobre os rendimentos do ano-base, aplica-se a lei vigente no exercício financeiro em que deve ser apresentada a declaração.

585. Não incide o imposto de renda sobre a remessa de divisas para pagamento de serviços prestados no exterior, por empresa que não opera no Brasil.

586. Incide Imposto de Renda sobre os juros remetidos para o exterior, com base em contrato de mútuo.

587. Incide Imposto de Renda sobre o pagamento de serviços técnicos contratados no exterior e prestados no Brasil.

588. O Imposto Sobre Serviços não incide sobre os depósitos, as comissões e taxas de desconto, cobrados pelos estabelecimentos bancários.

589. É inconstitucional a fixação de adicional progressivo do Imposto Predial e Territorial Urbano em função do número de imóveis do contribuinte.

590. Calcula-se o Imposto de Transmissão *causa mortis* sobre o saldo credor da promessa de compra e venda de imóvel, no momento da abertura da sucessão do promitente vendedor.

591. A imunidade ou a isenção tributária do comprador não se estende ao produtor, contribuinte do Imposto sobre Produtos Industrializados.

592. Nos crimes falimentares, aplicam-se as causas interruptivas da prescrição, previstas no Código Penal.

593. Incide o percentual do Fundo de Garantia do Tempo de Serviço (FGTS) sobre a parcela da remuneração correspondente a horas extraordinárias de trabalho.

594. Os direitos de queixa e de representação podem ser exercidos, independentemente, pelo ofendido ou por seu representante legal.

595. É inconstitucional a taxa municipal de conservação de estradas de rodagem cuja base de cálculo seja idêntica à do Imposto Territorial Rural.

596. As disposições do Decreto 22.626/1933 não se aplicam às taxas de juros e aos outros encargos cobrados nas operações realizadas por instituições públicas ou privadas, que integram o Sistema Financeiro Nacional.

597. Não cabem embargos infringentes de acórdão que, em mandado de segurança decidiu, por maioria de votos, a apelação.

598. Nos embargos de divergência não servem como padrão de discordância os mesmos paradigmas invocados para demonstrá-la mas repelidos como não dissidentes no julgamento do recurso extraordinário.

599. SÚMULA CANCELADA NOS SEGUINTES JULGAMENTOS: AG.REG NOS EMB. DIV. NO AG.REG NO RE 356.069-7/RS, *D.J.E.* 27.3.2008, AG.REG NOS EMB.DIV. NOS EMB. DECL. NO AG.REG. NO RE 285.093-4/MG, *D.J.E.* 27.3.2008, AG.REG. NOS EMB. DIV. NOS EMB. DECL. NO AG.REG. NO RE 283.240-5/RS, *D.J.E.* 13.3.2008 – São incabíveis embargos de divergência de decisão de Turma, em agravo regimental.

600. Cabe ação executiva contra o emitente e seus avalistas, ainda que não apresentado o cheque ao sacado no prazo legal, desde que não prescrita a ação cambiária.

601. Os arts. 3º, II, e 55 da Lei Complementar 40/1981 (Lei Orgânica do Ministério Público) não revogaram a legislação anterior que atribui a iniciativa para a ação penal pública, no processo sumário, ao juiz ou à autoridade policial, mediante portaria ou auto de prisão em flagrante.

602. Nas causas criminais, o prazo de interposição de recurso extraordinário é de 10 (dez) dias.

603. A competência para o processo e julgamento de latrocínio é do juiz singular e não do Tribunal do Júri.

604. A prescrição pela pena em concreto é somente da pretensão executória da pena privativa de liberdade.

605. Não se admite continuidade delitiva nos crimes contra a vida.

606. Não cabe *habeas corpus* originário para o Tribunal Pleno de decisão de Turma, ou do Plenário, proferida em *habeas corpus* ou no respectivo recurso.

607. Na ação penal regida pela Lei 4.611/1965, a denúncia, como substitutivo da portaria, não interrompe a prescrição.

→ *v.* Lei 9.099/1995, que revogou a referida Lei 4.611/1965.

608. No crime de estupro, praticado mediante violência real, a ação penal é pública incondicionada.

609. É pública incondicionada a ação penal por crime de sonegação fiscal.

610. Há crime de latrocínio, quando o homicídio se consuma, ainda que não realize o agente a subtração de bens da vítima.

611. Transitada em julgado a sentença condenatória, compete ao juízo das execuções a aplicação de lei mais benigna.

612. Ao trabalhador rural não se aplicam, por analogia, os benefícios previstos na Lei 6.367, de 19.10.1976.

613. Os dependentes de trabalhador rural não têm direito à pensão previdenciária, se o óbito ocorreu anteriormente à vigência da Lei Complementar 11/1971.

614. Somente o procurador-geral da Justiça tem legitimidade para propor ação direta interventiva por inconstitucionalidade de lei municipal.

615. O princípio constitucional da anualidade (§ 29 do art. 153 da Constituição Federal) não se aplica à revogação de isenção do ICM.

→ Referida Constituição é a de 1967, com a EC 1/1969.

616. É permitida a cumulação da multa contratual com os honorários de advogado, após o advento do Código de Processo Civil vigente.

→ *v.* Lei 13.105/2015 – Novo CPC.

617. A base de cálculo dos honorários de advogado em desapropriação é a diferença entre a oferta e a indenização, corrigidas ambas monetariamente.

618. Na desapropriação, direta ou indireta, a taxa dos juros compensatórios é de 12% (doze por cento) ao ano.

619. SÚMULA REVOGADA NO JULGAMENTO DO HC 92.566-9/SP, *D.J.E.* 4.6.2009 – A prisão do depositário judicial pode ser decretada no próprio processo em que se constituiu o encargo, independentemente da propositura de ação de depósito.

620. A sentença proferida contra autarquias não está sujeita a reexame necessário, salvo quando sucumbente em execução de dívida ativa.

621. SÚMULA SEM EFICÁCIA – Não enseja embargos de terceiro à penhora a promessa de compra e venda não inscrita no registro de imóveis.

622. Não cabe agravo regimental contra decisão do relator que concede ou indefere liminar em mandado de segurança.

623. Não gera por si só a competência originária do Supremo Tribunal Federal para conhecer do mandado de segurança com base no art. 102, I, *n*, da Constituição, dirigir-se o pedido contra deliberação administrativa do tribunal de origem, da qual haja participado a maioria ou a totalidade de seus membros.

624. Não compete ao Supremo Tribunal Federal conhecer originariamente de mandado de segurança contra atos de outros tribunais.

625. Controvérsia sobre matéria de direito não impede concessão de mandado de segurança.

626. A suspensão da liminar em mandado de segurança, salvo determinação em contrário da decisão que a deferir, vigorará até o trânsito em julgado da decisão definitiva de concessão da segurança ou, havendo recurso, até a sua manutenção pelo Supremo Tribunal Federal, desde que o objeto da liminar deferida coincida, total ou parcialmente, com o da impetração.

627. No mandado de segurança contra a nomeação de magistrado da competência do Presidente da República, este é considerado autoridade coatora, ainda que o fundamento da impetração seja nulidade ocorrida em fase anterior do procedimento.

628. Integrante de lista de candidatos a determinada vaga da composição de tribunal é parte legítima para impugnar a validade da nomeação de concorrente.

629. A impetração de mandado de segurança coletivo por entidade de classe em favor dos associados independe da autorização destes.

630. A entidade de classe tem legitimação para o mandado de segurança ainda quando a pretensão veiculada interesse apenas a uma parte da respectiva categoria.

631. Extingue-se o processo de mandado de segurança se o impetrante não promove, no prazo assinado, a citação do litisconsorte passivo necessário.

632. É constitucional lei que fixa o prazo de decadência para a impetração de mandado de segurança.

633. É incabível a condenação em verba honorária nos recursos extraordinários interpostos em processo trabalhista, exceto nas hipóteses previstas na Lei 5.584/1970.

634. Não compete ao Supremo Tribunal Federal conceder medida cautelar para dar efeito suspensivo a recurso extraordinário que ainda não foi objeto de juízo de admissibilidade na origem.

635. Cabe ao Presidente do Tribunal de origem decidir o pedido de medida cautelar em recurso extraordinário ainda pendente do seu juízo de admissibilidade.

636. Não cabe recurso extraordinário por contrariedade ao princípio constitucional da legalidade, quando a sua verificação pressuponha rever a interpretação dada a normas infraconstitucionais pela decisão recorrida.

637. Não cabe recurso extraordinário contra acórdão de Tribunal de Justiça que defere pedido de intervenção estadual em Município.

638. A controvérsia sobre a incidência, ou não, de correção monetária em operações de crédito rural é de natureza infraconstitucional, não viabilizando recurso extraordinário.

639. Aplica-se a Súmula 288 quando não constarem do traslado do agravo de instrumento as cópias das peças necessárias à verificação da tempestividade do recurso extraordinário não admitido pela decisão agravada.

640. É cabível recurso extraordinário contra decisão proferida por juiz de primeiro grau nas causas de alçada, ou por turma recursal de juizado especial cível e criminal.

641. Não se conta em dobro o prazo para recorrer, quando só um dos litisconsortes haja sucumbido.

642. Não cabe ação direta de inconstitucionalidade de lei do Distrito Federal derivada da sua competência legislativa municipal.

643. O Ministério Público tem legitimidade para promover ação civil pública cujo fundamento seja a ilegalidade de reajuste de mensalidades escolares.

644. Ao titular do cargo de procurador de autarquia não se exige a apresentação de instrumento de mandato para representá-la em juízo.

→ Redação alterada em 26.11.2003.

645. É competente o Município para fixar o horário de funcionamento de estabelecimento comercial.

646. Ofende o princípio da livre concorrência lei municipal que impede a instalação de estabelecimentos comerciais do mesmo ramo em determinada área.

647. Compete privativamente à União legislar sobre vencimentos dos membros das polícias civil e militar do Distrito Federal.

648. A norma do § 3º do art. 192 da Constituição, revogada pela Emenda Constitucional n. 40/2003, que limitava a taxa de juros reais a 12% ao ano, tinha sua aplicabilidade condicionada à edição de lei complementar.

649. É inconstitucional a criação, por Constituição estadual, de órgão de controle administrativo do Poder Judiciário do qual participem representantes de outros poderes ou entidades.

650. Os incisos I e XI do art. 20 da Constituição Federal não alcançam terras de aldeamentos extintos, ainda que ocupadas por indígenas em passado remoto.

→ Redação retificada no *D.J.* de 29.10.2003.

651. A medida provisória não apreciada pelo Congresso Nacional podia, até a Emenda Constitucional 32/2001, ser reeditada dentro do seu prazo de eficácia de trinta dias, mantidos os efeitos de lei desde a primeira edição.

652. Não contraria a Constituição o art. 15, § 1º, do Decreto-lei 3.365/1941 (Lei da desapropriação por utilidade pública).

653. No Tribunal de Contas estadual, composto por sete conselheiros, quatro devem ser escolhidos pela Assembleia Legislativa e três pelo Chefe do Poder Executivo estadual, cabendo a este indicar um dentre auditores e outro dentre membros do Ministério Público, e um terceiro a sua livre escolha.

654. A garantia da irretroatividade da lei, prevista no art. 5º, XXXVI, da Constituição da República, não é invocável pela entidade estatal que a tenha editado.

655. A exceção prevista no art. 100, *caput*, da Constituição, em favor dos créditos de natureza alimentícia, não dispensa a expedição de precatório, limitando-se a isentá-los da observância da ordem cronológica dos precatórios decorrentes de condenações de outra natureza.

656. É inconstitucional a lei que estabelece alíquotas progressivas para o Imposto de Transmissão *inter vivos* de Bens Imóveis – ITBI com base no valor venal do imóvel.

657. A imunidade prevista no art. 150, VI, *d*, da Constituição Federal abrange os filmes e papéis fotográficos necessários à publicação de jornais e periódicos.

658. São constitucionais os arts. 7º da Lei 7.787/1989 e 1º da Lei 7.894/1989 e da Lei 8.147/1990, que majoraram a alíquota do FINSOCIAL, quando devida a contribuição por empresas dedicadas exclusivamente à prestação de serviços.

659. É legítima a cobrança da COFINS, do PIS e do FINSOCIAL sobre as operações relativas a energia elétrica, serviços de telecomunicações, derivados de petróleo, combustíveis e minerais do País.

660. Não incide ICMS na importação de bens por pessoa física ou jurídica que não seja contribuinte do imposto.

→ Redação republicada no *D.J.U.* de 30.3.2006.

661. Na entrada de mercadoria importada do exterior, é legítima a cobrança do ICMS por ocasião do desembaraço aduaneiro.

→ *v.* Súmula Vinculante 48 do STF.

662. É legítima a incidência do ICMS na comercialização de exemplares de obras cinematográficas, gravados em fitas de videocassete.

663. Os §§ 1º e 3º do art. 9º do Decreto-lei 406/1968 foram recebidos pela Constituição.

664. É inconstitucional o inciso V do art. 1º da Lei 8.033/1990, que instituiu a incidência do Imposto nas Operações de Crédito, Câmbio e Seguros – IOF sobre saques efetuados em caderneta de poupança.

665. É constitucional a Taxa de Fiscalização dos Mercados de Títulos e Valores Mobiliários instituída pela Lei 7.940/1989.

666. A contribuição confederativa de que trata o art. 8º, IV, da Constituição, só é exigível dos filiados ao sindicato respectivo.

667. Viola a garantia constitucional de acesso à jurisdição a taxa judiciária calculada sem limite sobre o valor da causa.

668. É inconstitucional a lei municipal que tenha estabelecido, antes da Emenda Constitucional 29/2000, alíquotas progressivas para o IPTU, salvo se destinada a assegurar o cumprimento da função social da propriedade urbana.

669. Norma legal que altera o prazo de recolhimento da obrigação tributária não se sujeita ao princípio da anterioridade.

670. O serviço de iluminação pública não pode ser remunerado mediante taxa.

671. Os servidores públicos e os trabalhadores em geral têm direito, no que concerne à URP de abril/maio de 1988, apenas ao valor correspondente a 7/30 de 16,19% sobre os vencimentos e salários pertinentes aos meses de abril e maio de 1988, não cumulativamente, devidamente corrigido até o efetivo pagamento.

672. O reajuste de 28,86%, concedido aos servidores militares pelas Leis 8.622/1993 e 8.627/1993, estende-se aos servidores civis do Poder Executivo, observadas as eventuais compensações decorrentes dos reajustes diferenciados concedidos pelos mesmos diplomas legais.

673. O art. 125, § 4º, da Constituição não impede a perda da graduação de militar mediante procedimento administrativo.

674. A anistia prevista no art. 8º do Ato das Disposições Constitucionais Transitórias não alcança os militares expulsos com base em legislação disciplinar ordinária, ainda que em razão de atos praticados por motivação política.

675. Os intervalos fixados para descanso e alimentação durante a jornada de seis horas não descaracterizam o sistema de turnos ininterruptos de revezamento para o efeito do art. 7º, XIV, da Constituição.

676. A garantia da estabilidade provisória prevista no art. 10, II, *a*, do Ato das Disposições Constitucionais Transitórias, também se aplica ao suplente do cargo de direção de Comissões Internas de Prevenção de Acidentes (CIPA).

677. Até que lei venha a dispor a respeito, incumbe ao Ministério do Trabalho proceder ao registro das entidades sindicais e zelar pela observância do princípio da unicidade.

678. São inconstitucionais os incisos I e III do art. 7º da Lei 8.162/1991, que afastam, para efeito de anuênio e de licença-prêmio, a contagem do tempo de serviço regido pela Consolidação das Leis do Trabalho dos servidores que passaram a submeter-se ao Regime Jurídico Único.

679. A fixação de vencimentos dos servidores públicos não pode ser objeto de convenção coletiva.

680. O direito ao auxílio-alimentação não se estende aos servidores inativos.

681. É inconstitucional a vinculação do reajuste de vencimentos de servidores estaduais ou municipais a índices federais de correção monetária.

682. Não ofende a Constituição a correção monetária no pagamento com atraso dos vencimentos de servidores públicos.

683. O limite de idade para a inscrição em concurso público só se legitima em face do art. 7º, XXX, da Constituição, quando possa ser justificado pela natureza das atribuições do cargo a ser preenchido.

684. É inconstitucional o veto não motivado à participação de candidato a concurso público.

685. É inconstitucional toda modalidade de provimento que propicie ao servidor investir-se, sem prévia aprovação em concurso público destinado ao seu provimento, em cargo que não integra a carreira na qual anteriormente investido.

→ *v.* Súmula Vinculante 43 do STF.

686. Só por lei se pode sujeitar a exame psicotécnico a habilitação de candidato a cargo público.

→ *v.* Súmula Vinculante 44 do STF.

687. A revisão de que trata o art. 58 do Ato das Disposições Constitucionais Transitórias não se aplica aos benefícios previdenciários concedidos após a promulgação da Constituição de 1988.

688. É legítima a incidência da contribuição previdenciária sobre o 13º salário.

689. O segurado pode ajuizar ação contra a instituição previdenciária perante o juízo federal do seu domicílio ou nas varas federais da capital do Estado-membro.

690. SÚMULA SEM EFICÁCIA, HC 86834/SP, *D.J.U.* 9.3.2007; Ag.Reg. no HC 90905/SP, *D.J.U.* 11.5.2007; Ag.Reg. no HC 89378/RJ, *D.J.U.* 15.12.2006 - Compete originariamente ao Supremo Tribunal Federal o julgamento de *habeas corpus* contra decisão de turma recursal de juizados especiais criminais.

691. Não compete ao Supremo Tribunal Federal conhecer de *habeas corpus* impetrado contra decisão do Relator que, em *habeas corpus* requerido a tribunal superior, indefere a liminar.

692. Não se conhece de *habeas corpus* contra omissão de relator de extradição, se fundado em fato ou direito estrangeiro cuja prova não constava dos autos, nem foi ele provocado a respeito.

693. Não cabe *habeas corpus* contra decisão condenatória a pena de multa, ou relativo a processo em curso por infração penal a que a pena pecuniária seja a única cominada.

694. Não cabe *habeas corpus* contra a imposição da pena de exclusão de militar ou de perda de patente ou de função pública.

695. Não cabe *habeas corpus* quando já extinta a pena privativa de liberdade.

696. Reunidos os pressupostos legais permissivos da suspensão condicional do processo, mas se recusando o Promotor de Justiça a propô-la, o Juiz, dissentindo, remeterá a questão ao Procurador-Geral, aplicando-se por analogia o art. 28 do Código de Processo Penal.

697. A proibição de liberdade provisória nos processos por crimes hediondos não veda o relaxamento da prisão processual por excesso de prazo.

698. Não se estende aos demais crimes hediondos a admissibilidade de progressão no regime de execução da pena aplicada ao crime de tortura.

699. O prazo para interposição de agravo, em processo penal, é de cinco dias, de acordo com a Lei 8.038/1990, não se aplicando o disposto a respeito nas alterações da Lei 8.950/1994 ao Código de Processo Civil.

→ *V.* Lei 13.105/2015 – Novo CPC.

700. É de cinco dias o prazo para interposição de agravo contra decisão do juiz da execução penal.

701. No mandado de segurança impetrado pelo Ministério Público contra decisão proferida em processo penal, é obrigatória a citação do réu como litisconsorte passivo.

702. A competência do Tribunal de Justiça para julgar prefeitos restringe-se aos crimes de competência da Justiça Comum estadual; nos demais casos, a competência originária caberá ao respectivo tribunal de segundo grau.

703. A extinção do mandato do prefeito não impede a instauração de processo pela prática dos crimes previstos no art. 1º do Decreto-lei 201/1967.

704. Não viola as garantias do juiz natural, da ampla defesa e do devido processo legal a atração por continência ou conexão do processo do corréu ao foro por prerrogativa de função de um dos denunciados.

705. A renúncia do réu ao direito de apelação, manifestada sem a assistência do defensor, não impede o conhecimento da apelação por este interposta.

706. É relativa a nulidade decorrente da inobservância da competência penal por prevenção.

707. Constitui nulidade a falta de intimação do denunciado para oferecer contrarrazões ao recurso interposto da rejeição da denúncia, não a suprindo a nomeação de defensor dativo.

708. É nulo o julgamento da apelação se, após a manifestação nos autos da renúncia do único defensor, o réu não foi previamente intimado para constituir outro.

709. Salvo quando nula a decisão de primeiro grau, o acórdão que provê o recurso contra a rejeição da denúncia vale, desde logo, pelo recebimento dela.

710. No processo penal, contam-se os prazos da data da intimação, e não da juntada aos autos do mandado ou da carta precatória ou de ordem.

711. A lei penal mais grave aplica-se ao crime continuado ou ao crime permanente, se a sua vigência é anterior à cessação da continuidade ou da permanência.

712. É nula a decisão que determina o desaforamento de processo da competência do júri sem audiência da defesa.

713. O efeito devolutivo da apelação contra decisões do júri é adstrito aos fundamentos da sua interposição.

714. É concorrente a legitimidade do ofendido, mediante queixa, e do Ministério Público, condicionada à representação do ofendido, para a ação penal por crime contra a honra de servidor público em razão do exercício de suas funções.

715. A pena unificada para atender ao limite de trinta anos de cumprimento, determinado pelo art. 75 do Código Penal, não é considerada para a concessão de outros benefícios, como o livramento condicional ou regime mais favorável de execução.

716. Admite-se a progressão de regime de cumprimento da pena ou a aplicação imediata de regime menos severo nela determinada, antes do trânsito em julgado da sentença condenatória.

717. Não impede a progressão de regime de execução da pena, fixada em sentença não transitada em julgado, o fato de o réu se encontrar em prisão especial.

718. A opinião do julgador sobre a gravidade em abstrato do crime não constitui motivação idônea para a imposição de regime mais severo do que o permitido segundo a pena aplicada.

719. A imposição do regime de cumprimento mais severo do que a pena aplicada permitir exige motivação idônea.

720. O art. 309 do Código de Trânsito Brasileiro, que reclama decorra do fato perigo de dano, derrogou o art. 32 da Lei das Contravenções Penais no tocante à direção sem habilitação em vias terrestres.

721. A competência constitucional do Tribunal do Júri prevalece sobre o foro por prerrogativa de função estabelecido exclusivamente pela Constituição estadual.

→ *V.* Súmula Vinculante 45 do STF.

722. São da competência legislativa da União a definição dos crimes de responsabilidade e o estabelecimento das respectivas normas de processo e julgamento.

→ *V.* Súmula Vinculante 46 do STF.

723. Não se admite a suspensão condicional do processo por crime continuado, se a soma da pena mínima da infração mais grave com o aumento mínimo de um sexto for superior a um ano.

724. Ainda quando alugado a terceiros, permanece imune ao IPTU o imóvel pertencente a qualquer das entidades referidas pelo art. 150, VI, *c*, da Constituição, desde que o valor dos aluguéis seja aplicado nas atividades essenciais de tais entidades.

725. É constitucional o § 2º do art. 6º da Lei 8.024/1990, resultante da conversão da Medida Provisória 168/1990, que fixou o BTN fiscal como índice de correção monetária aplicável aos depósitos bloqueados pelo Plano Collor I.

726. Para efeito de aposentadoria especial de professores, não se computa o tempo de serviço prestado fora da sala de aula.

727. Não pode o magistrado deixar de encaminhar ao Supremo Tribunal Federal o agravo de instrumento interposto da decisão que não admite recurso extraordinário, ainda que referente a causa instaurada no âmbito dos juizados especiais.

728. É de três dias o prazo para a interposição de recurso extraordinário contra decisão do Tribunal Superior Eleitoral, contado, quando for o caso, a partir da publicação do acórdão, na própria sessão de julgamento, nos termos do art. 12 da Lei 6.055/1974, que não foi revogado pela Lei 8.950/1994.

729. A decisão na Ação Direta de Constitucionalidade 4 não se aplica à antecipação de tutela em causa de natureza previdenciária.

730. A imunidade tributária conferida a instituições de assistência social sem fins lucrativos pelo art. 150, VI, *c*, da Constituição, somente alcança as entidades fechadas de previdência social privada se não houver contribuição dos beneficiários.

731. Para fim da competência originária do Supremo Tribunal Federal, é de interesse geral da magistratura a questão de saber se, em face da Lei Orgânica da Magistratura Nacional, os juízes têm direito à licença-prêmio.

732. É constitucional a cobrança da contribuição do salário-educação, seja sob a Carta de 1969, seja sob a Constituição Federal de 1988, e no regime da Lei 9.424/1996.

733. Não cabe recurso extraordinário contra decisão proferida no processamento de precatórios.

734. Não cabe reclamação quando já houver transitado em julgado o ato judicial que se alega tenha desrespeitado decisão do Supremo Tribunal Federal.

735. Não cabe recurso extraordinário contra acórdão que defere medida liminar.

736. Compete à Justiça do Trabalho julgar as ações que tenham como causa de pedir o descumprimento de normas trabalhistas relativas à segurança, higiene e saúde dos trabalhadores.

SÚMULAS DO SUPERIOR TRIBUNAL DE JUSTIÇA – STJ

1. O foro do domicílio ou da residência do alimentando é o competente para a ação de investigação de paternidade, quando cumulada com a de alimentos.

2. Não cabe o *habeas data* (CF, art. 5º, LXXII, letra *a*) se não houve recusa de informações por parte da autoridade administrativa.

3. Compete ao Tribunal Regional Federal dirimir conflito de competência verificado, na respectiva Região, entre Juiz Federal e Juiz Estadual investido de jurisdição federal.

4. Compete à Justiça Estadual julgar causa decorrente do processo eleitoral sindical.

5. A simples interpretação de cláusula contratual não enseja recurso especial.

6. Compete à Justiça Comum Estadual processar e julgar delito decorrente de acidente de trânsito envolvendo viatura de Polícia Militar, salvo se autor e vítima forem policiais militares em situação de atividade.

7. A pretensão de simples reexame de prova não enseja recurso especial.

8. Aplica-se a correção monetária aos créditos habilitados em concordata preventiva, salvo durante o período compreendido entre as datas de vigência da Lei 7.274, de 10.12.1984, e do Decreto-lei 2.283, de 27.2.1986.

→ *V.* Decreto-lei 2.284/1986, que revogou o Decreto-Lei 2.283/1986.

9. A exigência da prisão provisória, para apelar, não ofende a garantia constitucional da presunção de inocência.

10. Instalada a Junta de Conciliação e Julgamento, cessa a competência do Juiz de Direito em matéria trabalhista, inclusive para a execução das sentenças por ele proferidas.

11. A presença da União ou de qualquer de seus entes, na ação de usucapião especial, não afasta a competência do foro da situação do imóvel.

12. Em desapropriação, são cumuláveis juros compensatórios e moratórios.

13. A divergência entre julgados do mesmo Tribunal não enseja recurso especial.

14. Arbitrados os honorários advocatícios em percentual sobre o valor da causa, a correção monetária incide a partir do respectivo ajuizamento.

15. Compete à Justiça Estadual processar e julgar os litígios decorrentes de acidente do trabalho.

16. A legislação ordinária sobre crédito rural não veda a incidência da correção monetária.

17. Quando o falso se exaure no estelionato, sem mais potencialidade lesiva, é por este absorvido.

18. A sentença concessiva do perdão judicial é declaratória da extinção da punibilidade, não subsistindo qualquer efeito condenatório.

19. A fixação do horário bancário, para atendimento ao público, é da competência da União.

20. A mercadoria importada de país signatário do GATT é isenta do ICM, quando contemplado com esse favor o similar nacional.

21. Pronunciado o réu, fica superada a alegação do constrangimento ilegal da prisão por excesso de prazo na instrução.

22. Não há conflito de competência entre o Tribunal de Justiça e Tribunal de Alçada do mesmo Estado-membro.

23. O Banco Central do Brasil é parte legítima nas ações fundadas na Resolução 1.154/1986.

24. Aplica-se ao crime de estelionato, em que figure como vítima entidade autárquica da Previdência Social, a qualificadora do § 3º do art. 171 do Código Penal.

25. Nas ações da Lei de Falências o prazo para a interposição de recurso conta-se da intimação da parte.

26. O avalista do título de crédito vinculado a contrato de mútuo também responde pelas obrigações pactuadas, quando no contrato figurar como devedor solidário.

27. Pode a execução fundar-se em mais de um título extrajudicial relativos ao mesmo negócio.

28. O contrato de alienação fiduciária em garantia pode ter por objeto bem que já integrava o patrimônio do devedor.

29. No pagamento em juízo para elidir falência, são devidos correção monetária, juros e honorários de advogado.

30. A comissão de permanência e a correção monetária são inacumuláveis.

31. A aquisição, pelo segurado, de mais de um imóvel financiado pelo Sistema Financeiro da Habitação, situados na mesma localidade, não exime a seguradora da obrigação de pagamento dos seguros.

32. Compete à Justiça Federal processar justificações judiciais destinadas a instruir pedidos perante entidades que nela têm exclusividade de foro, ressalvada a aplicação do art. 15, II da Lei 5.010/1966.

33. A incompetência relativa não pode ser declarada de ofício.

34. Compete à Justiça Estadual processar e julgar causa relativa a mensalidade escolar, cobrada por estabelecimento particular de ensino.

35. Incide correção monetária sobre as prestações pagas, quando de sua restituição, em virtude da retirada ou exclusão do participante de plano de consórcio.

36. A correção monetária integra o valor da restituição, em caso de adiantamento de câmbio, requerida em concordata ou falência.

37. São cumuláveis as indenizações por dano material e dano moral oriundos do mesmo fato.

38. Compete à Justiça Estadual Comum, na vigência da Constituição de 1988, o processo por contravenção penal, ainda que praticada em detrimento de bens, serviços ou interesse da União ou de suas entidades.

39. Prescreve em vinte anos a ação para haver indenização, por responsabilidade civil, de sociedade de economia mista.

40. Para obtenção dos benefícios de saída temporária e trabalho externo, considera-se o tempo de cumprimento da pena no regime fechado.

41. O Superior Tribunal de Justiça não tem competência para processar e julgar, originariamente, mandado de segurança contra ato de outros tribunais ou dos respectivos órgãos.

42. Compete à Justiça Comum Estadual processar e julgar as causas cíveis em que é parte sociedade de economia mista e os crimes praticados em seu detrimento.

43. Incide correção monetária sobre dívida por ato ilícito a partir da data do efetivo prejuízo.

44. A definição, em ato regulamentar, de grau mínimo de disacusia, não exclui, por si só, a concessão do benefício previdenciário.

45. No reexame necessário, é defeso, ao tribunal, agravar a condenação imposta à Fazenda Pública.

46. Na execução por carta, os embargos do devedor serão decididos no juízo deprecante, salvo se versarem unicamente vícios ou defeitos da penhora, avaliação ou alienação dos bens.

47. Compete à Justiça Militar processar e julgar crime cometido por militar contra civil, com emprego de arma pertencente à Corporação, mesmo não estando em serviço.

48. Compete ao Juízo do local da obtenção da vantagem ilícita processar e julgar crime de estelionato cometido mediante falsificação de cheque.

49. Na exportação de café em grão, não se inclui na base de cálculo do ICM a quota de contribuição, a que se refere o art. 2º do Decreto-lei 2.295, de 21.11.1986.

→ *V.* Resolução do Senado Federal 28/2005, que suspendeu a execução de referido art. 2º do Decreto-lei 2.295/1986, em virtude de declaração de inconstitucionalidade em decisão definitiva do Supremo Tribunal Federal, nos autos do RE 408.830-4/ES.

50. O Adicional de Tarifa Portuária incide apenas nas operações realizadas com mercadorias importadas ou exportadas, objeto do comércio de navegação de longo curso.

51. A punição do intermediador, no jogo do bicho, independe da identificação do "apostador" ou do "banqueiro".

52. Encerrada a instrução criminal, fica superada a alegação de constrangimento por excesso de prazo.

53. Compete à Justiça Comum Estadual processar e julgar civil acusado de prática de crime contra instituições militares estaduais.

54. Os juros moratórios fluem a partir do evento danoso, em caso de responsabilidade extracontratual.

55. Tribunal Regional Federal não é competente para julgar recurso de decisão proferida por juiz estadual não investido de jurisdição federal.

56. Na desapropriação para instituir servidão administrativa são devidos os juros compensatórios pela limitação de uso da propriedade.

57. SÚMULA SEM EFICÁCIA – Compete à Justiça Comum Estadual processar e julgar ação de cumprimento fundada em acordo ou convenção coletiva não homologados pela Justiça do Trabalho.

58. Proposta a execução fiscal, a posterior mudança de domicílio do executado não desloca a competência já fixada.

59. Não há conflito de competência se já existe sentença com trânsito em julgado, proferida por um dos juízos conflitantes.

60. É nula a obrigação cambial assumida por procurador do mutuário vinculado ao mutuante, no exclusivo interesse deste.

61. O seguro de vida cobre o suicídio não premeditado.

62. Compete à Justiça Estadual processar e julgar o crime de falsa anotação na Carteira de Trabalho e Previdência Social, atribuído à empresa privada.

63. São devidos direitos autorais pela retransmissão radiofônica de músicas em estabelecimentos comerciais.

64. Não constitui constrangimento ilegal o excesso de prazo na instrução, provocado pela defesa.

65. O cancelamento, previsto no art. 29 do Decreto-lei 2.303, de 21.11.1986, não alcança os débitos previdenciários.

66. Compete à Justiça Federal processar e julgar execução fiscal promovida por Conselho de Fiscalização Profissional.

67. Na desapropriação, cabe a atualização monetária, ainda que por mais de uma vez, independente do decurso de prazo superior a 1 (um) ano entre o cálculo e o efetivo pagamento da indenização.

68. A parcela relativa ao ICM inclui-se na base de cálculo do PIS.

69. Na desapropriação direta, os juros compensatórios são devidos desde a antecipada imissão na posse e, na desapropriação indireta, a partir da efetiva ocupação do imóvel.

70. Os juros moratórios, na desapropriação direta ou indireta, contam-se desde o trânsito em julgado da sentença.

71. O bacalhau importado de país signatário do GATT é isento do ICM.

72. A comprovação da mora é imprescindível à busca e apreensão do bem alienado fiduciariamente.

73. A utilização de papel-moeda grosseiramente falsificado configura, em tese, o crime de estelionato, da competência da Justiça Estadual.

74. Para efeitos penais, o reconhecimento da menoridade do réu requer prova por documento hábil.

75. Compete à Justiça Comum Estadual processar e julgar o policial militar por crime de promover ou facilitar a fuga de preso de estabelecimento penal.

76. A falta de registro do compromisso de compra e venda de imóvel não dispensa a prévia interpelação para constituir em mora o devedor.

77. A Caixa Econômica Federal é parte ilegítima para figurar no polo passivo das ações relativas às contribuições para o Fundo PIS/PASEP.

78. Compete à Justiça Militar processar e julgar policial de corporação estadual, ainda que o delito tenha sido praticado em outra unidade federativa.

79. Os bancos comerciais não estão sujeitos a registro nos Conselhos Regionais de Economia.

80. A Taxa de Melhoramento dos Portos não se inclui na base de cálculo do ICMS.

81. Não se concede fiança quando, em concurso material, a soma das penas mínimas cominadas for superior a 2 (dois) anos de reclusão.

82. Compete à Justiça Federal, excluídas as reclamações trabalhistas, processar e julgar os feitos relativos à movimentação do FGTS.

83. Não se conhece do recurso especial pela divergência, quando a orientação do Tribunal se firmou no mesmo sentido da decisão recorrida.

84. É admissível a oposição de embargos de terceiro fundados em alegação de posse advinda do compromisso de compra e venda de imóvel, ainda que desprovido do registro.

85. Nas relações jurídicas de trato sucessivo em que a Fazenda Pública figure como devedora, quando não tiver sido negado o próprio direito reclamado, a prescrição atinge apenas as prestações vencidas antes do quinquênio anterior à propositura da ação.

86. Cabe recurso especial contra acórdão proferido no julgamento de agravo de instrumento.

87. A isenção do ICMS relativa às rações balanceadas para animais abrange o concentrado e o suplemento.

88. São admissíveis embargos infringentes em processo falimentar.

89. A ação acidentária prescinde do exaurimento da via administrativa.

90. Compete à Justiça Estadual Militar processar e julgar o policial militar pela prática do crime militar, e à Comum pela prática do crime comum simultâneo àquele.

91. SÚMULA CANCELADA, *D.J.U.* 23.11.2000 – Compete à Justiça Federal processar e julgar os crimes praticados contra a fauna.

92. A terceiro de boa-fé não é oponível a alienação fiduciária não anotada no Certificado de Registro do veículo automotor.

93. A legislação sobre cédulas de crédito rural, comercial e industrial admite o pacto de capitalização de juros.

94. A parcela relativa ao ICMS inclui-se na base de cálculo do FINSOCIAL.

95. A redução da alíquota do Imposto sobre Produtos Industrializados ou do Imposto de Importação não implica redução do ICMS.

96. O crime de extorsão consuma-se independentemente da obtenção da vantagem indevida.

97. Compete à Justiça do Trabalho processar e julgar reclamação de servidor público relativamente a vantagens trabalhistas anteriores à instituição do Regime Jurídico Único.

98. Embargos de declaração manifestados com notório propósito de prequestionamento não têm caráter protelatório.

99. O Ministério Público tem legitimidade para recorrer no processo em que oficiou como fiscal da lei, ainda que não haja recurso da parte.

100. É devido o Adicional ao Frete para Renovação da Marinha Mercante na importação sob o regime de benefícios fiscais à exportação (BEFIEX).

101. A ação de indenização do segurado em grupo contra a seguradora prescreve em um ano.

102. A incidência dos juros moratórios sobre os compensatórios, nas ações expropriatórias, não constitui anatocismo vedado em lei.

103. Incluem-se entre os imóveis funcionais que podem ser vendidos os administrados pelas Forças Armadas e ocupados pelos servidores civis.

104. Compete à Justiça Estadual o processo e julgamento dos crimes de falsificação e uso de documento falso relativo a estabelecimento particular de ensino.

105. Na ação de mandado de segurança não se admite condenação em honorários advocatícios.

106. Proposta a ação no prazo fixado para o seu exercício, a demora na citação, por motivos inerentes ao mecanismo da Justiça, não justifica o acolhimento da arguição de prescrição ou decadência.

107. Compete à Justiça Comum Estadual processar e julgar crime de estelionato praticado mediante falsificação das guias de recolhimento das contribuições previdenciárias, quando não ocorrente lesão à autarquia federal.

108. A aplicação de medidas socioeducativas ao adolescente, pela prática de ato infracional, é de competência exclusiva do juiz.

109. O reconhecimento do direito a indenização, por falta de mercadoria transportada via marítima, independe de vistoria.

110. A isenção do pagamento de honorários advocatícios, nas ações acidentárias, é restrita ao segurado.

111. Os honorários advocatícios, nas ações previdenciárias, não incidem sobre as prestações vencidas após a sentença.

→ Redação alterada em 27.9.2006.

112. O depósito somente suspende a exigibilidade do crédito tributário se for integral e em dinheiro.

113. Os juros compensatórios, na desapropriação direta, incidem a partir da imissão na posse, calculados sobre o valor da indenização, corrigido monetariamente.

114. Os juros compensatórios, na desapropriação indireta, incidem a partir da ocupação, calculados sobre o valor da indenização, corrigido monetariamente.

115. Na instância especial é inexistente recurso interposto por advogado sem procuração nos autos.

116. A Fazenda Pública e o Ministério Público têm prazo em dobro para interpor agravo regimental no Superior Tribunal de Justiça.

117. A inobservância do prazo de 48 (quarenta e oito) horas, entre a publicação de pauta e o julgamento sem a presença das partes, acarreta nulidade.

118. O agravo de instrumento é o recurso cabível da decisão que homologa a atualização do cálculo da liquidação.

119. A ação de desapropriação indireta prescreve em vinte anos.

120. O oficial de farmácia, inscrito no Conselho Regional de Farmácia, pode ser responsável técnico por drogaria.

121. Na execução fiscal o devedor deverá ser intimado, pessoalmente, do dia e hora da realização do leilão.

122. Compete à Justiça Federal o processo e julgamento unificado dos crimes conexos de competência federal e estadual, não se aplicando a regra do art. 78, II, *a*, do Código de Processo Penal.

123. A decisão que admite, ou não, o recurso especial deve ser fundamentada, com o exame dos seus pressupostos gerais e constitucionais.

124. A Taxa de Melhoramento dos Portos tem base de cálculo diversa do Imposto de Importação, sendo legítima a sua cobrança sobre a importação de mercadorias de países signatários do GATT, da ALALC ou ALADI.

125. O pagamento de férias não gozadas por necessidade do serviço não está sujeito à incidência do Imposto de Renda.

126. É inadmissível recurso especial, quando o acórdão recorrido assenta em fundamentos constitucional e infraconstitucional, qualquer deles suficiente, por si só, para mantê-lo, e a parte vencida não manifesta recurso extraordinário.

127. É ilegal condicionar a renovação da licença de veículo ao pagamento de multa, da qual o infrator não foi notificado.

128. Na execução fiscal haverá segundo leilão, se no primeiro não houver lanço superior à avaliação.

129. O exportador adquire o direito de transferência de crédito do ICMS quando realiza a exportação do produto e não ao estocar a matéria-prima.

130. A empresa responde, perante o cliente, pela reparação de dano ou furto de veículo ocorridos em seu estacionamento.

131. Nas ações de desapropriação incluem-se no cálculo da verba advocatícia as parcelas relativas aos juros compensatórios e moratórios, devidamente corrigidas.

132. A ausência de registro da transferência não implica a responsabilidade do antigo proprietário por dano resultante de acidente que envolva o veículo alienado.

133. A restituição da importância adiantada, à conta de contrato de câmbio, independe de ter sido a antecipação efetuada nos quinze dias anteriores ao requerimento da concordata.

134. Embora intimado da penhora em imóvel do casal, o cônjuge do executado pode opor embargos de terceiro para defesa de sua meação.

135. O ICMS não incide na gravação e distribuição de filmes e videoteipes.

136. O pagamento de licença-prêmio não gozada por necessidade do serviço não está sujeito ao Imposto de Renda.

137. Compete à Justiça Comum Estadual processar e julgar ação de servidor público municipal, pleiteando direitos relativos ao vínculo estatutário.

138. O ISS incide na operação de arrendamento mercantil de coisas móveis.

139. Cabe à Procuradoria da Fazenda Nacional propor execução fiscal para cobrança de crédito relativo ao ITR.

140. Compete à Justiça Comum Estadual processar e julgar crime em que o indígena figure como autor ou vítima.

141. Os honorários de advogado em desapropriação direta são calculados sobre a diferença entre a indenização e a oferta, corrigidas monetariamente.

142. SÚMULA CANCELADA, *D.J.U.* 10.6.1999 – Prescreve em vinte anos a ação para exigir a abstenção do uso de marca comercial.

143. Prescreve em cinco anos a ação de perdas e danos pelo uso de marca comercial.

144. Os créditos de natureza alimentícia gozam de preferência, desvinculados os precatórios da ordem cronológica dos créditos de natureza diversa.

145. No transporte desinteressado, de simples cortesia, o transportador só será civilmente responsável por danos causados ao transportado quando incorrer em dolo ou culpa grave.

146. O segurado, vítima de novo infortúnio, faz jus a um único benefício somado ao salário de contribuição vigente no dia do acidente.

147. Compete à Justiça Federal processar e julgar os crimes praticados contra funcionário público federal, quando relacionados com o exercício da função.

148. Os débitos relativos a benefício previdenciário, vencidos e cobrados em juízo após a vigência da Lei 6.899/1981, devem ser corrigidos monetariamente na forma prevista nesse diploma legal.

149. A prova exclusivamente testemunhal não basta à comprovação da atividade rurícola, para efeito da obtenção de benefício previdenciário.

150. Compete à Justiça Federal decidir sobre a existência de interesse jurídico que justifique a presença, no processo, da União, suas autarquias ou empresas públicas.

151. A competência para o processo e julgamento por crime de contrabando ou descaminho define-se pela prevenção do Juízo Federal do lugar da apreensão dos bens.

152. SÚMULA CANCELADA, *D.J.U.* 25.6.2007 – Na venda pelo segurador, de bens salvados de sinistros, incide o ICMS.

153. A desistência da execução fiscal, após o oferecimento dos embargos, não exime o exequente dos encargos da sucumbência.

154. Os optantes pelo FGTS, nos termos da Lei 5.958, de 1973, têm direito a taxa progressiva dos juros, na forma do art. 4º da Lei 5.107, de 1966.

→ *v.* Lei 8.036/1990 – Fundo de Garantia do Tempo de Serviço.

155. O ICMS incide na importação de aeronave, por pessoa física, para uso próprio.

156. A prestação de serviço de composição gráfica, personalizada e sob encomenda, ainda que envolva fornecimento de mercadorias, está sujeita, apenas, ao ISS.

157. SÚMULA CANCELADA, *D.J.U.* 7.5.2002 – É ilegítima a cobrança de taxa, pelo Município, na renovação de licença para localização de estabelecimento comercial ou industrial.

158. Não se presta a justificar embargos de divergência o dissídio com acórdão de Turma ou Seção que não mais tenha competência para a matéria neles versada.

159. O benefício acidentário, no caso de contribuinte que perceba remuneração variável, deve ser calculado com base na média aritmética dos últimos doze meses de contribuição.

160. É defeso, ao Município, atualizar o IPTU, mediante decreto, em percentual superior ao índice oficial de correção monetária.

161. É da competência da Justiça Estadual autorizar o levantamento dos valores relativos ao PIS/PASEP e FGTS, em decorrência do falecimento do titular da conta.

162. Na repetição de indébito tributário, a correção monetária incide a partir do pagamento indevido.

163. O fornecimento de mercadorias com a simultânea prestação de serviços em bares, restaurantes e estabelecimentos similares constitui fato gerador do ICMS a incidir sobre o valor total da operação.

164. O prefeito municipal, após a extinção do mandato, continua sujeito a processo por crime previsto no art. 1º do Decreto-lei 201, de 27.2.1967.

165. Compete à Justiça Federal processar e julgar crime de falso testemunho cometido no processo trabalhista.

166. Não constitui fato gerador do ICMS o simples deslocamento de mercadoria de um para outro estabelecimento do mesmo contribuinte.

167. O fornecimento de concreto, por empreitada, para construção civil, preparado no trajeto até a obra em betoneiras acopladas a caminhões, é prestação de serviço, sujeitando-se apenas à incidência do ISS.

168. Não cabem embargos de divergência, quando a jurisprudência do Tribunal se firmou no mesmo sentido do acórdão embargado.

169. São inadmissíveis embargos infringentes no processo de mandado de segurança.

170. Compete ao juízo onde primeiro for intentada a ação envolvendo acumulação de pedidos, trabalhista e estatutário, decidi-la nos limites da sua jurisdição, sem prejuízo do ajuizamento de nova causa, com o pedido remanescente, no juízo próprio.

171. Cominadas cumulativamente, em lei especial, penas privativa de liberdade e pecuniária, é defeso a substituição da prisão por multa.

172. Compete à Justiça Comum processar e julgar militar por crime de abuso de autoridade, ainda que praticado em serviço.

173. Compete à Justiça Federal processar e julgar o pedido de reintegração em cargo público federal, ainda que o servidor tenha sido dispensado antes da instituição do Regime Jurídico Único.

174. SÚMULA CANCELADA, *D.J.U.* 6.11.2001 – No crime de roubo, a intimidação feita com arma de brinquedo autoriza o aumento da pena.

175. Descabe o depósito prévio nas ações rescisórias propostas pelo INSS.

176. É nula a cláusula contratual que sujeita o devedor à taxa de juros divulgada pela ANBID/CETIP.

177. O Superior Tribunal de Justiça é incompetente para processar e julgar, originariamente, mandado de segurança contra ato de órgão colegiado presidido por Ministro de Estado.

178. O INSS não goza de isenção do pagamento de custas e emolumentos, nas ações acidentárias e de benefícios propostas na Justiça Estadual.

179. O estabelecimento de crédito que recebe dinheiro, em depósito judicial, responde pelo pagamento da correção monetária relativa aos valores recolhidos.

180. Na lide trabalhista, compete ao Tribunal Regional do Trabalho dirimir conflito de competência verificado, na respectiva Região, entre Juiz Estadual e Junta de Conciliação e Julgamento.

181. É admissível ação declaratória, visando a obter certeza quanto à exata interpretação de cláusula contratual.

182. É inviável o agravo do art. 545 do CPC que deixa de atacar especificamente os fundamentos da decisão agravada.

183. SÚMULA CANCELADA, *D.J.U.* 24.11.2000 – Compete ao Juiz Estadual, nas comarcas que não sejam sede de Vara da Justiça Federal, processar e julgar ação civil pública, ainda que a União figure no processo.

184. A microempresa de representação comercial é isenta do Imposto do Renda.

185. Nos depósitos judiciais, não incide o Imposto sobre Operações Financeiras.

186. Nas indenizações por ato ilícito, os juros compostos somente são devidos por aquele que praticou o crime.

187. É deserto o recurso interposto para o Superior Tribunal de Justiça, quando o recorrente não recolhe, na origem, a importância das despesas de remessa e retorno dos autos.

188. Os juros moratórios, na repetição do indébito tributário, são devidos a partir do trânsito em julgado da sentença.

189. É desnecessária a intervenção do Ministério Público nas execuções fiscais.

190. Na execução fiscal, processada perante a Justiça Estadual, cumpre à Fazenda Pública antecipar o numerário destinado ao custeio das despesas com o transporte dos oficiais de justiça.

191. A pronúncia é causa interruptiva da prescrição, ainda que o Tribunal do Júri venha a desclassificar o crime.

192. Compete ao Juízo das Execuções Penais do Estado a execução das penas impostas a sentenciados pela Justiça Federal, Militar ou Eleitoral, quando recolhidos a estabelecimentos sujeitos à administração estadual.

193. O direito de uso de linha telefônica pode ser adquirido por usucapião.

194. Prescreve em vinte anos a ação para obter, do construtor, indenização por defeitos da obra.

195. Em embargos de terceiro não se anula ato jurídico, por fraude contra credores.

196. Ao executado que, citado por edital ou por hora certa, permanecer revel, será nomeado curador especial, com legitimidade para apresentação de embargos.

197. O divórcio direto pode ser concedido sem que haja prévia partilha dos bens.

198. Na importação de veículo por pessoa física, destinado a uso próprio, incide o ICMS.

199. Na execução hipotecária de crédito vinculado ao Sistema Financeiro da Habitação, nos termos da Lei 5.741/1971, a petição inicial deve ser instruída com, pelo menos, dois avisos de cobrança.

200. O Juízo Federal competente para processar e julgar acusado de crime de uso de passaporte falso é o do lugar onde o delito se consumou.

201. Os honorários advocatícios não podem ser fixados em salários mínimos.

202. A impetração de segurança por terceiro, contra ato judicial, não se condiciona à interposição de recurso.

203. Não cabe recurso especial contra decisão proferida por órgão de segundo grau dos Juizados Especiais.

→ Redação alterada em 23.5.2002.

204. Os juros de mora nas ações relativas a benefícios previdenciários incidem a partir da citação válida.

205. A Lei 8.009/1990 aplica-se à penhora realizada antes de sua vigência.

206. A existência de vara privativa, instituída por lei estadual, não altera a competência territorial resultante das leis de processo.

207. É inadmissível recurso especial quando cabíveis embargos infringentes contra o acórdão proferido no tribunal de origem.

208. Compete à Justiça Federal processar e julgar prefeito municipal por desvio de verba sujeita à prestação de contas perante órgão federal.

209. Compete à Justiça Estadual processar e julgar prefeito por desvio de verba transferida e incorporada ao patrimônio municipal.

210. A ação de cobrança das contribuições para o FGTS prescreve em 30 (trinta) anos.

211. Inadmissível recurso especial quanto à questão que, a despeito da oposição de embargos declaratórios, não foi apreciada pelo tribunal *a quo*.

212. A compensação de créditos tributários não pode ser deferida em ação cautelar ou por medida liminar cautelar ou antecipatória.

→ Redação alterada em 11.5.2005.

213. O mandado de segurança constitui ação adequada para a declaração do direito à compensação tributária.

214. O fiador na locação não responde por obrigações resultantes de aditamento ao qual não anuiu.

215. A indenização recebida pela adesão a programa de incentivo à demissão voluntária não está sujeita à incidência do Imposto de Renda.

216. A tempestividade de recurso interposto no Superior Tribunal de Justiça é aferida pelo registro no protocolo da Secretaria e não pela data da entrega na agência do correio.

217. SÚMULA CANCELADA, *D.J.U.* 10.11.2003 – Não cabe agravo de decisão que indefere o pedido de suspensão da execução da liminar, ou da sentença em mandado de segurança.

218. Compete à Justiça dos Estados processar e julgar ação de servidor estadual decorrente de direitos e vantagens estatutárias no exercício de cargo em comissão.

219. Os créditos decorrentes de serviços prestados à massa falida, inclusive a remuneração do síndico, gozam dos privilégios próprios dos trabalhistas.

220. A reincidência não influi no prazo da prescrição da pretensão punitiva.

221. São civilmente responsáveis pelo ressarcimento de dano, decorrente de publicação pela imprensa, tanto o autor do escrito quanto o proprietário do veículo de divulgação.

222. Compete à Justiça Comum processar e julgar as ações relativas à contribuição sindical prevista no art. 578 da CLT.

223. A certidão de intimação do acórdão recorrido constitui peça obrigatória do instrumento de agravo.

224. Excluído do feito o ente federal, cuja presença levara o Juiz Estadual a declinar da competência, deve o Juiz Federal restituir os autos e não suscitar conflito.

225. Compete ao Tribunal Regional do Trabalho apreciar recurso contra sentença proferida por órgão de primeiro grau da Justiça Trabalhista, ainda que para declarar-lhe a nulidade em virtude de incompetência.

226. O Ministério Público tem legitimidade para recorrer na ação de acidente do trabalho, ainda que o segurado esteja assistido por advogado.

227. A pessoa jurídica pode sofrer dano moral.

228. É inadmissível o interdito proibitório para a proteção do direito autoral.

229. O pedido do pagamento de indenização à seguradora suspende o prazo de prescrição até que o segurado tenha ciência da decisão.

230. SÚMULA CANCELADA, *D.J.U.* 9.11.2000 – Compete à Justiça Estadual processar e julgar ação movida por trabalhador avulso portuário, em que se impugna ato do órgão gestor de mão de obra de que resulte óbice ao exercício de sua profissão.

231. A incidência da circunstância atenuante não pode conduzir a redução da pena abaixo do mínimo legal.

232. A Fazenda Pública, quando parte no processo, fica sujeita à exigência do depósito prévio dos honorários do perito.

233. O contrato de abertura de crédito, ainda que acompanhado de extrato da conta-corrente, não é título executivo.

234. A participação de membro do Ministério Público na fase investigatória criminal não acarreta o seu impedimento ou suspeição para o oferecimento da denúncia.

235. A conexão não determina a reunião dos processos, se um deles já foi julgado.

236. Não compete ao Superior Tribunal de Justiça dirimir conflitos de competência entre juízos trabalhistas vinculados a Tribunais do Trabalho diversos.

237. Nas operações com cartão de crédito, os encargos relativos ao financiamento não são considerados no cálculo do ICMS.

238. A avaliação da indenização devida ao proprietário do solo, em razão de alvará de pesquisa mineral, é processada no Juízo Estadual da situação do imóvel.

239. O direito à adjudicação compulsória não se condiciona ao registro do compromisso de compra e venda no cartório de imóveis.

240. A extinção do processo, por abandono da causa pelo autor, depende de requerimento do réu.

241. A reincidência penal não pode ser considerada como circunstância agravante e, simultaneamente, como circunstância judicial.

242. Cabe ação declaratória para reconhecimento de tempo de serviço para fins previdenciários.

243. O benefício da suspensão do processo não é aplicável em relação às infrações penais cometidas em concurso material, concurso formal ou continuidade delitiva, quando a pena mínima cominada, seja pelo somatório, seja pela incidência da majorante, ultrapassar o limite de 1 (um) ano.

244. Compete ao foro do local da recusa processar e julgar o crime de estelionato mediante cheque sem provisão de fundos.

245. A notificação destinada a comprovar a mora nas dívidas garantidas por alienação fiduciária dispensa a indicação do valor do débito.

246. O valor do seguro obrigatório deve ser deduzido da indenização judicialmente fixada.

247. O contrato de abertura de crédito em conta-corrente, acompanhado do demonstrativo de débito, constitui documento hábil para o ajuizamento da ação monitória.

248. Comprovada a prestação dos serviços, a duplicata não aceita, mas protestada, é título hábil para instruir pedido de falência.

249. A Caixa Econômica Federal tem legitimidade passiva para integrar processo em que se discute correção monetária do FGTS.

250. É legítima a cobrança de multa fiscal de empresa em regime de concordata.

251. A meação só responde pelo ato ilícito quando o credor, na execução fiscal, provar que o enriquecimento dele resultante aproveitou ao casal.

252. Os saldos das contas do FGTS, pela legislação infraconstitucional, são corrigidos em 42,72% (quarenta e dois inteiros e setenta e dois décimos por cento) (IPC) quanto às perdas de janeiro de 1989 e 44,80% (quarenta e quatro inteiros e oitenta décimos por cento) (IPC) quanto às de abril de 1990, acolhidos pelo STJ os índices de 18,02% (dezoito inteiros e dois centésimos por cento) (LBC) quanto às perdas de junho de 1987, de 5,38% (cinco inteiros e trinta e oito décimos por cento) (BTN) para maio de 1990 e 7,00% (sete por cento) (TR) para fevereiro de 1991, de acordo com o entendimento do STF (RE 226.855-7-RS).

253. O art. 557 do CPC, que autoriza o relator a decidir o recurso, alcança o reexame necessário.

254. A decisão do Juízo Federal que exclui da relação processual ente federal não pode ser reexaminada no Juízo Estadual.

255. Cabem embargos infringentes contra acórdão, proferido por maioria, em agravo retido, quando se tratar de matéria de mérito.

256. SÚMULA CANCELADA, *D.J.E. 9.6.2008* – O sistema de "protocolo integrado" não se aplica aos recursos dirigidos ao Superior Tribunal de Justiça.

257. A falta de pagamento do prêmio do seguro obrigatório de Danos Pessoais Causados por Veículos Automotores de Vias Terrestres (DPVAT) não é motivo para a recusa do pagamento da indenização.

258. A nota promissória vinculada a contrato de abertura de crédito não goza de autonomia em razão da iliquidez do título que a originou.

259. A ação de prestação de contas pode ser proposta pelo titular de conta-corrente bancária.

260. A convenção de condomínio aprovada, ainda que sem registro, é eficaz para regular as relações entre os condôminos.

261. A cobrança de direitos autorais pela retransmissão radiofônica de músicas, em estabelecimentos hoteleiros, deve ser feita conforme a taxa média de utilização do equipamento, apurada em liquidação.

262. Incide o imposto de renda sobre o resultado das aplicações financeiras realizadas pelas cooperativas.

263. SÚMULA CANCELADA, *D.J.U.* 25.9.2003 – A cobrança antecipada do valor residual (VRG) descaracteriza o contrato de arrendamento mercantil, transformando-o em compra e venda à prestação.

264. É irrecorrível o ato judicial que apenas manda processar a concordata preventiva.

265. É necessária a oitiva do menor infrator antes de decretar-se a regressão da medida scioeducativa.

266. O diploma ou habilitação legal para o exercício do cargo deve ser exigido na posse e não na inscrição para o concurso público.

267. A interposição de recurso, sem efeito suspensivo, contra decisão condenatória não obsta a expedição de mandado de prisão.

268. O fiador que não integrou a relação processual na ação de despejo não responde pela execução do julgado.

269. É admissível a adoção do regime prisional semi-aberto aos reincidentes condenados a pena igual ou inferior a 4 (quatro) anos se favoráveis as circunstâncias judiciais.

270. O protesto pela preferência de crédito, apresentado por ente federal em execução que tramita na Justiça Estadual, não desloca a competência para a Justiça Federal.

271. A correção monetária dos depósitos judiciais independe de ação específica contra o banco depositário.

272. O trabalhador rural, na condição de segurado especial, sujeito à contribuição obrigatória sobre a produção rural comercializada, somente faz jus à aposentadoria por tempo de serviço, se recolher contribuições facultativas.

273. Intimada a defesa da expedição da carta precatória, torna-se desnecessária intimação da data da audiência no juízo deprecado.

274. O ISS incide sobre o valor dos serviços de assistência médica, incluindo-se neles as refeições, os medicamentos e as diárias hospitalares.

275. O auxiliar de farmácia não pode ser responsável técnico por farmácia ou drogaria.

276. SÚMULA CANCELADA, *D.J.E.* 20.11.2008 – As sociedades civis de prestação de serviços profissionais são isentas da COFINS, irrelevante o regime tributário adotado.

277. Julgada procedente a investigação de paternidade, os alimentos são devidos a partir da citação.

278. O termo inicial do prazo prescricional, na ação de indenização, é a data em que o segurado teve ciência inequívoca da incapacidade laboral.

279. É cabível execução por título extrajudicial contra a Fazenda Pública.

280. O art. 35, do Decreto-lei 7.661, de 1945, que estabelece a prisão administrativa, foi revogado pelos incisos LXI e LXVII do art. 5º da Constituição Federal de 1988.

→ *v.* Lei 11.101/2005, que revogou o Decreto-lei 7.661/1945.

281. A indenização por dano moral não está sujeita à tarifação prevista na Lei de Imprensa.

→ *v.* ADPF 130 (*D.O.U.* 12.5.2009) o STF declarou "como não recepcionado pela Constituição de 1988 todo o conjunto de dispositivos da Lei federal 5.250, de 9 de fevereiro de 1967" – Lei de Imprensa.

282. Cabe a citação por edital em ação monitória.

283. As empresas administradoras de cartão de crédito são instituições financeiras e, por isso, os juros remuneratórios por elas cobrados não sofrem as limitações da Lei de Usura.

284. A purga da mora, nos contratos de alienação fiduciária, só é permitida quando já pagos pelo menos 40% (quarenta por cento) do valor financiado.

285. Nos contratos bancários posteriores ao Código de Defesa do Consumidor incide a multa moratória nele prevista.

286. A renegociação de contrato bancário ou a confissão da dívida não impede a possibilidade de discussão sobre eventuais ilegalidades dos contratos anteriores.

287. A Taxa Básica Financeira (TBF) não pode ser utilizada como indexador de correção monetária nos contratos bancários.

288. A Taxa de Juros de Longo Prazo (TJLP) pode ser utilizada como indexador de correção monetária nos contratos bancários.

289. A restituição das parcelas pagas a plano de previdência privada deve ser objeto de correção plena, por índice que recomponha a efetiva desvalorização da moeda.

290. Nos planos de previdência privada, não cabe ao beneficiário a devolução da contribuição efetuada pelo patrocinador.

291. A ação de cobrança de parcelas de complementação de aposentadoria pela previdência privada prescreve em 5 (cinco) anos.

292. A reconvenção é cabível na ação monitória, após a conversão do procedimento em ordinário.

293. A cobrança antecipada do valor residual garantido (VRG) não descaracteriza o contrato de arrendamento mercantil.

294. Não é potestativa a cláusula contratual que prevê a comissão de permanência, calculada pela taxa média de mercado apurada pelo Banco Central do Brasil, limitada à taxa do contrato.

295. A Taxa Referencial (TR) é indexador válido para contratos posteriores à Lei 8.177/1991, desde que pactuada.

296. Os juros remuneratórios, não cumuláveis com a comissão de permanência, são devidos no período de inadimplência, à taxa média de mercado estipulada pelo Banco Central do Brasil, limitada ao percentual contratado.

297. O Código de Defesa do Consumidor é aplicável às instituições financeiras.

298. O alongamento de dívida originada de crédito rural não constitui faculdade da instituição financeira, mas, direito do devedor nos termos da lei.

299. É admissível a ação monitória fundada em cheque prescrito.

300. O instrumento de confissão de dívida, ainda que originário de contrato de abertura de crédito, constitui título executivo extrajudicial.

301. Em ação investigatória, a recusa do suposto pai a submeter-se ao exame de DNA induz presunção *juris tantum* de paternidade.

302. É abusiva a cláusula contratual de plano de saúde que limita no tempo a internação hospitalar do segurado.

303. Em embargos de terceiro, quem deu causa à constrição indevida deve arcar com os honorários advocatícios.

304. É ilegal a decretação da prisão civil daquele que não assume expressamente o encargo de depositário judicial.

305. É descabida a prisão civil do depositário quando, decretada a falência da empresa, sobrevém a arrecadação do bem pelo síndico.

306. Os honorários advocatícios devem ser compensados quando houver sucumbência recíproca, assegurado o direito autônomo do advogado à execução do saldo sem excluir a legitimidade da própria parte.

307. A restituição de adiantamento de contrato de câmbio, na falência, deve ser atendida antes de qualquer crédito.

308. A hipoteca firmada entre a construtora e o agente financeiro, anterior ou posterior à celebração da promessa de compra e venda, não tem eficácia perante os adquirentes do imóvel.

309. O débito alimentar que autoriza a prisão civil do alimentante é o que compreende as três prestações anteriores ao ajuizamento da execução e as que se vencerem no curso do processo.

→ Redação alterada em 22.3.2006.

310. O auxílio-creche não integra o salário de contribuição.

311. Os atos do presidente do tribunal que disponham sobre processamento e pagamento de precatório não têm caráter jurisdicional.

312. No processo administrativo para imposição de multa de trânsito, são necessárias as notificações da autuação e da aplicação da pena decorrente da infração.

313. Em ação de indenização, procedente o pedido, é necessária a constituição de capital ou caução fidejussória para a garantia de pagamento da pensão, independentemente da situação financeira do demandado.

314. Em execução fiscal, não localizados bens penhoráveis, suspende-se o processo por um ano, findo o qual se inicia o prazo da prescrição quinquenal intercorrente.

315. Não cabem embargos de divergência no âmbito do agravo de instrumento que não admite recurso especial.

316. Cabem embargos de divergência contra acórdão que, em agravo regimental, decide recurso especial.

317. É definitiva a execução de título extrajudicial, ainda que pendente apelação contra sentença que julgue improcedentes os embargos.

318. Formulado pedido certo e determinado, somente o autor tem interesse recursal em arguir o vício da sentença ilíquida.

319. O encargo de depositário de bens penhorados pode ser expressamente recusado.

320. A questão federal somente ventilada no voto vencido não atende ao requisito do prequestionamento.

321. O Código de Defesa do Consumidor é aplicável à relação jurídica entre a entidade de previdência privada e seus participantes.

322. Para a repetição de indébito, nos contratos de abertura de crédito em conta-corrente, não se exige a prova do erro.

323. A inscrição do nome do devedor pode ser mantida nos serviços de proteção ao crédito até o prazo máximo de 5 (cinco) anos, independentemente da prescrição da execução.

→ Redação alterada em 25.11.2009.

324. Compete à Justiça Federal processar e julgar ações de que participa a Fundação Habitacional do Exército, equiparada à entidade autárquica federal, supervisionada pelo Ministério do Exército.

325. A remessa oficial devolve ao Tribunal o reexame de todas as parcelas da condenação suportadas pela Fazenda Pública, inclusive dos honorários de advogado.

326. Na ação de indenização por dano moral, a condenação em montante inferior ao postulado na inicial não implica sucumbência recíproca.

327. Nas ações referentes ao Sistema Financeiro da Habitação, a Caixa Econômica Federal tem legitimidade como sucessora do Banco Nacional da Habitação.

328. Na execução contra instituição financeira, é penhorável o numerário disponível, excluídas as reservas bancárias mantidas no Banco Central.

329. O Ministério Público tem legitimidade para propor ação civil pública em defesa do patrimônio público.

330. É desnecessária a resposta preliminar de que trata o artigo 514 do Código de Processo Penal, na ação penal instruída por inquérito policial.

331. A apelação interposta contra sentença que julga embargos à arrematação tem efeito meramente devolutivo.

332. A fiança prestada sem autorização de um dos cônjuges implica a ineficácia total da garantia.

333. Cabe mandado de segurança contra ato praticado em licitação promovida por sociedade de economia mista ou empresa pública.

334. O ICMS não incide no serviço dos provedores de acesso à Internet.

335. Nos contratos de locação, é válida a cláusula de renúncia à indenização das benfeitorias e ao direito de retenção.

336. A mulher que renunciou aos alimentos na separação judicial tem direito à pensão previdenciária por morte do ex-marido, comprovada a necessidade econômica superveniente.

337. É cabível a suspensão condicional do processo na desclassificação do crime e na procedência parcial da pretensão punitiva.

338. A prescrição penal é aplicável nas medidas socioeducativas.

339. É cabível ação monitória contra a Fazenda Pública.

340. A lei aplicável à concessão de pensão previdenciária por morte é aquela vigente na data do óbito do segurado.

341. A frequência a curso de ensino formal é causa de remição de parte do tempo de execução de pena sob regime fechado ou semiaberto.

342. No procedimento para aplicação de medida socioeducativa, é nula a desistência de outras provas em face da confissão do adolescente.

343. É obrigatória a presença de advogado em todas as fases do processo administrativo disciplinar.

344. A liquidação por forma diversa da estabelecida na sentença não ofende a coisa julgada.

345. São devidos honorários advocatícios pela Fazenda Pública nas execuções individuais de sentença proferida em ações coletivas, ainda que não embargadas.

346. É vedada aos militares temporários, para aquisição de estabilidade, a contagem em dobro de férias e licenças não gozadas.

347. O conhecimento de recurso de apelação do réu independe de sua prisão.

348. SÚMULA CANCELADA, *D.J.E.* 23.3.2010 – Compete ao Superior Tribunal de Justiça decidir os conflitos de competência entre juizado especial federal e juízo federal, ainda que da mesma seção judiciária.

349. Compete à Justiça Federal ou aos juízes com competência delegada o julgamento das execuções fiscais de contribuições devidas pelo empregador ao FGTS.

350. O ICMS não incide sobre o serviço de habilitação de telefone celular.

351. A alíquota de contribuição para o Seguro de Acidente do Trabalho (SAT) é aferida pelo grau de risco desenvolvido em cada empresa, individualizada pelo seu CNPJ, ou pelo grau de risco da atividade preponderante quando houver apenas um registro.

352. A obtenção ou a renovação do Certificado de Entidade Beneficente de Assistência Social (CEBAS) não exime a entidade do cumprimento dos requisitos legais supervenientes.

353. As disposições do Código Tributário Nacional não se aplicam às contribuições para o FGTS.

354. A invasão do imóvel é causa de suspensão do processo expropriatório para fins de reforma agrária.

355. É válida a notificação do ato de exclusão do programa de recuperação fiscal do REFIS pelo *Diário Oficial* ou pela internet.

356. É legítima a cobrança da tarifa básica pelo uso dos serviços de telefonia fixa.

357. SÚMULA REVOGADA, *D.J.E.* 22.6.2009 – A pedido do assinante, que responderá pelos custos, é obrigatória, a partir de 1° de janeiro de 2006, a discriminação de pulsos excedentes e ligações de telefone fixo para celular.

358. O cancelamento de pensão alimentícia de filho que atingiu a maioridade está sujeito à decisão judicial, mediante contraditório, ainda que nos próprios autos.

359. Cabe ao órgão mantenedor do Cadastro de Proteção ao Crédito a notificação do devedor antes de proceder à inscrição.

360. O benefício da denúncia espontânea não se aplica aos tributos sujeitos a lançamento por homologação regularmente declarados, mas pagos a destempo.

361. A notificação do protesto, para requerimento de falência da empresa devedora, exige a identificação da pessoa que a recebeu.

362. A correção monetária do valor da indenização do dano moral incide desde a data do arbitramento.

363. Compete à Justiça estadual processar e julgar a ação de cobrança ajuizada por profissional liberal contra cliente.

364. O conceito de impenhorabilidade de bem de família abrange também o imóvel pertencente a pessoas solteiras, separadas e viúvas.

365. A intervenção da União como sucessora da Rede Ferroviária Federal S.A. (RFFSA) desloca a competência para a Justiça Federal ainda que a sentença tenha sido proferida por Juízo estadual.

→ *v.* Súmula 505 do STJ.

366. SÚMULA CANCELADA, *D.J.E.* 22.9.2009 – Compete à Justiça estadual processar e julgar ação indenizatória proposta por viúva e filhos de empregado falecido em acidente de trabalho.

367. A competência estabelecida pela EC n. 45/2004 não alcança os processos já sentenciados.

368. Compete à Justiça comum estadual processar e julgar os pedidos de retificação de dados cadastrais da Justiça Eleitoral.

369. No contrato de arrendamento mercantil (*leasing*), ainda que haja cláusula resolutiva expressa, é necessária a notificação prévia do arrendatário para constituí-lo em mora.

370. Caracteriza dano moral a apresentação antecipada de cheque pré-datado.

371. Nos contratos de participação financeira para a aquisição de linha telefônica, o Valor Patrimonial da Ação (VPA) é apurado com base no balancete do mês da integralização.

372. Na ação de exibição de documentos, não cabe a aplicação de multa cominatória.

373. É ilegítima a exigência de depósito prévio para admissibilidade de recurso administrativo.

374. Compete à Justiça Eleitoral processar e julgar a ação para anular débito decorrente de multa eleitoral.

375. O reconhecimento da fraude à execução depende do registro da penhora do bem alienado ou da prova de má-fé do terceiro adquirente.

376. Compete a turma recursal processar e julgar o mandado de segurança contra ato de juizado especial.

377. O portador de visão monocular tem direito de concorrer, em concurso público, às vagas reservadas aos deficientes.

378. Reconhecido o desvio de função, o servidor faz jus às diferenças salariais decorrentes.

379. Nos contratos bancários não regidos por legislação específica, os juros moratórios poderão ser convencionados até o limite de 1% (um por cento) ao mês.

380. A simples propositura da ação de revisão de contrato não inibe a caracterização da mora do autor.

381. Nos contratos bancários, é vedado ao julgador conhecer, de ofício, da abusividade das cláusulas.

382. A estipulação de juros remuneratórios superiores a 12% (doze por cento) ao ano, por si só, não indica abusividade.

383. A competência para processar e julgar as ações conexas de interesse de menor é, em princípio, do foro do domicílio do detentor de sua guarda.

384. Cabe ação monitória para haver saldo remanescente oriundo de venda extrajudicial de bem alienado fiduciariamente em garantia.

385. Da anotação irregular em cadastro de proteção ao crédito, não cabe indenização por dano moral, quando preexistente legítima inscrição, ressalvado o direito ao cancelamento.

386. São isentas de imposto de renda as indenizações de férias proporcionais e o respectivo adicional.

387. É lícita a cumulação das indenizações de dano estético e dano moral.

388. A simples devolução indevida de cheque caracteriza dano moral.

389. A comprovação do pagamento do "custo do serviço" referente ao fornecimento de certidão de assentamentos constantes dos livros da companhia é requisito de procedibilidade da ação de exibição de documentos ajuizada em face da sociedade anônima.

390. Nas decisões por maioria, em reexame necessário, não se admitem embargos infringentes.

391. O ICMS incide sobre o valor da tarifa de energia elétrica correspondente à demanda de potência efetivamente utilizada.

392. A Fazenda Pública pode substituir a certidão de dívida ativa (CDA) até a prolação da sentença de embargos, quando se tratar de correção de erro material ou formal, vedada a modificação do sujeito passivo da execução.

393. A exceção de pré-executividade é admissível na execução fiscal relativamente às matérias conhecíveis de ofício que não demandem dilação probatória.

394. É admissível, em embargos à execução, compensar os valores de imposto de renda retidos indevidamente na fonte com os valores restituídos apurados na declaração anual.

→ Redação republicada no *D.J.E.* de 21.10.2009.

395. O ICMS incide sobre o valor da venda a prazo constante da nota fiscal.

396. A Confederação Nacional da Agricultura tem legitimidade ativa para a cobrança da contribuição sindical rural.

397. O contribuinte do IPTU é notificado do lançamento pelo envio do carnê ao seu endereço.

398. A prescrição da ação para pleitear os juros progressivos sobre os saldos de conta vinculada do FGTS não atinge o fundo de direito, limitando-se às parcelas vencidas.

399. Cabe à legislação municipal estabelecer o sujeito passivo do IPTU.

400. O encargo de 20% (vinte por cento) previsto no Decreto-lei 1.025/1969 é exigível na execução fiscal proposta contra a massa falida.

401. O prazo decadencial da ação rescisória só se inicia quando não for cabível qualquer recurso do último pronunciamento judicial.

402. O contrato de seguro por danos pessoais compreende os danos morais, salvo cláusula expressa de exclusão.

403. Independe de prova do prejuízo a indenização pela publicação não autorizada de imagem de pessoa com fins econômicos ou comerciais.

404. É dispensável o aviso de recebimento (AR) na carta de comunicação ao consumidor sobre a negativação de seu nome em bancos de dados e cadastros.

405. A ação de cobrança do seguro obrigatório (DPVAT) prescreve em 3 (três) anos.

406. A Fazenda Pública pode recusar a substituição do bem penhorado por precatório.

407. É legítima a cobrança da tarifa de água fixada de acordo com as categorias de usuários e as faixas de consumo.

408. Nas ações de desapropriação, os juros compensatórios incidentes após a Medida Provisória 1.577, de 11.6.1997, devem ser fixados em 6% (seis por cento) ao ano até 13.9.2001 e, a partir de então, em 12% (doze por cento) ao ano, na forma da Súmula 618 do Supremo Tribunal Federal.

→ *v.* MP 2.183-56/2001.

409. Em execução fiscal, a prescrição ocorrida antes da propositura da ação pode ser decretada de ofício (art. 219, § 5º, do CPC).

410. A prévia intimação pessoal do devedor constitui condição necessária para a cobrança de multa pelo descumprimento de obrigação de fazer ou não fazer.

411. É devida a correção monetária ao creditamento do IPI quando há oposição ao seu aproveitamento decorrente de resistência ilegítima do Fisco.

412. A ação de repetição de indébito de tarifas de água e esgoto sujeita-se ao prazo prescricional estabelecido no Código Civil.

413. O farmacêutico pode acumular a responsabilidade técnica por uma farmácia e uma drogaria ou por duas drogarias.

414. A citação por edital na execução fiscal é cabível quando frustradas as demais modalidades.

415. O período de suspensão do prazo prescricional é regulado pelo máximo da pena cominada.

416. É devida a pensão por morte aos dependentes do segurado que, apesar de ter perdido essa qualidade, preencheu os requisitos legais para a obtenção de aposentadoria até a data do seu óbito.

417. Na execução civil, a penhora de dinheiro na ordem de nomeação de bens não tem caráter absoluto.

418. É inadmissível o recurso especial interposto antes da publicação do acórdão dos embargos de declaração, sem posterior ratificação.

419. Descabe a prisão civil do depositário judicial infiel.

420. Incabível, em embargos de divergência, discutir o valor de indenização por danos morais.

421. Os honorários advocatícios não são devidos à Defensoria Pública quando ela atua contra a pessoa jurídica de direito público à qual pertença.

422. O art. 6º, *e*, da Lei 4.380/1964 não estabelece limitação aos juros remuneratórios nos contratos vinculados ao SFH.

423. A Contribuição para Financiamento da Seguridade Social – Cofins incide sobre as receitas provenientes das operações de locação de bens móveis.

424. É legítima a incidência de ISS sobre os serviços bancários congêneres da lista anexa ao Decreto-lei 406/1968 e à Lei Complementar 56/1987.

→ *V.* LC 116/2003, que revogou a LC 56/1987.

425. A retenção da contribuição para a seguridade social pelo tomador do serviço não se aplica às empresas optantes pelo Simples.

426. Os juros de mora na indenização do seguro DPVAT fluem a partir da citação.

427. A ação de cobrança de diferenças de valores de complementação de aposentadoria prescreve em 5 (cinco) anos contados da data do pagamento.

428. Compete ao Tribunal Regional Federal decidir os conflitos de competência entre juizado especial federal e juízo federal da mesma seção judiciária.

429. A citação postal, quando autorizada por lei, exige o aviso de recebimento.

430. O inadimplemento da obrigação tributária pela sociedade não gera, por si só, a responsabilidade solidária do sócio-gerente.

431. É ilegal a cobrança de ICMS com base no valor da mercadoria submetido ao regime de pauta fiscal.

432. As empresas de construção civil não estão obrigadas a pagar ICMS sobre mercadorias adquiridas como insumos em operações interestaduais.

433. O produto semielaborado, para fins de incidência de ICMS, é aquele que preenche cumulativamente os três requisitos do art. 1º da Lei Complementar 65/1991.

434. O pagamento da multa por infração de trânsito não inibe a discussão judicial do débito.

435. Presume-se dissolvida irregularmente a empresa que deixar de funcionar no seu domicílio fiscal, sem comunicação aos órgãos competentes, legitimando o redirecionamento da execução fiscal para o sócio-gerente.

436. A entrega de declaração pelo contribuinte reconhecendo débito fiscal constitui o crédito tributário, dispensada qualquer outra providência por parte do fisco.

437. A suspensão da exigibilidade do crédito tributário superior a quinhentos mil reais para opção pelo Refis pressupõe a homologação expressa do comitê gestor e a constituição de garantia por meio do arrolamento de bens.

438. É inadmissível a extinção da punibilidade pela prescrição da pretensão punitiva com fundamento em pena hipotética, independentemente da existência ou sorte do processo penal.

439. Admite-se o exame criminológico pelas peculiaridades do caso, desde que em decisão motivada.

440. Fixada a pena-base no mínimo legal, é vedado o estabelecimento de regime prisional mais gravoso do que o cabível em razão da sanção imposta, com base apenas na gravidade abstrata do delito.

441. A falta grave não interrompe o prazo para obtenção de livramento condicional.

442. É inadmissível aplicar, no furto qualificado, pelo concurso de agentes, a majorante do roubo.

443. O aumento na terceira fase de aplicação da pena no crime de roubo circunstanciado exige fundamentação concreta, não sendo suficiente para a sua exasperação a mera indicação do número de majorantes.

444. É vedada a utilização de inquéritos policiais e ações penais em curso para agravar a pena-base.

445. As diferenças de correção monetária resultantes de expurgos inflacionários sobre os saldos de FGTS têm como termo inicial a data em que deveriam ter sido creditadas.

446. Declarado e não pago o débito tributário pelo contribuinte, é legítima a recusa de expedição de certidão negativa ou positiva com efeito de negativa.

447. Os Estados e o Distrito Federal são partes legítimas na ação de restituição de imposto de renda retido na fonte proposta por seus servidores.

448. A opção pelo Simples de estabelecimentos dedicados às atividades de creche, pré-escola e ensino fundamental é admitida somente a partir de 24.10.2000, data de vigência da Lei 10.034/2000.

449. A vaga de garagem que possui matrícula própria no registro de imóveis não constitui bem de família para efeito de penhora.

450. Nos contratos vinculados ao SFH, a atualização do saldo devedor antecede sua amortização pelo pagamento da prestação.

451. É legítima a penhora da sede do estabelecimento comercial.

452. A extinção das ações de pequeno valor é faculdade da Administração Federal, vedada a atuação judicial de ofício.

453. Os honorários sucumbenciais, quando omitidos em decisão transitada em julgado, não podem ser cobrados em execução ou em ação própria.

454. Pactuada a correção monetária nos contratos do SFH pelo mesmo índice aplicável à caderneta de poupança, incide a taxa referencial (TR) a partir da vigência da Lei 8.177/1991.

455. A decisão que determina a produção antecipada de provas com base no art. 366 do CPP deve ser concretamente fundamentada, não a justificando unicamente o mero decurso do tempo.

456. É incabível a correção monetária dos salários de contribuição considerados no cálculo do salário de benefício de auxílio-doença, aposentadoria por invalidez, pensão ou auxílio-reclusão concedidos antes da vigência da CF/1988.

457. Os descontos incondicionais nas operações mercantis não se incluem na base de cálculo do ICMS.

458. A contribuição previdenciária incide sobre a comissão paga ao corretor de seguros.

459. A Taxa Referencial (TR) é o índice aplicável, a título de correção monetária, aos débitos com o FGTS recolhidos pelo empregador mas não repassados ao fundo.

460. É incabível o mandado de segurança para convalidar a compensação tributária realizada pelo contribuinte.

461. O contribuinte pode optar por receber, por meio de precatório ou por compensação, o indébito tributário certificado por sentença declaratória transitada em julgado.

462. Nas ações em que representa o FGTS, a CEF, quando sucumbente, não está isenta de reembolsar as custas antecipadas pela parte vencedora.

463. Incide imposto de renda sobre os valores percebidos a título de indenização por horas extraordinárias trabalhadas, ainda que decorrentes de acordo coletivo.

464. A regra de imputação de pagamentos estabelecida no art. 354 do Código Civil não se aplica às hipóteses de compensação tributária.

465. Ressalvada a hipótese de efetivo agravamento do risco, a seguradora não se exime do dever de indenizar em razão da transferência do veículo sem a sua prévia comunicação.

466. O titular da conta vinculada ao FGTS tem o direito de sacar o saldo respectivo quando declarado nulo seu contrato de trabalho por ausência de prévia aprovação em concurso público.

467. Prescreve em 5 (cinco) anos, contados do término do processo administrativo, a pretensão da Administração Pública de promover a execução da multa por infração ambiental.

468. A base de cálculo do PIS, até a edição da Medida Provisória 1.212/1995, era o faturamento ocorrido no sexto mês anterior ao do fato gerador.

→ *V.* Lei 9.715/1998.

469. Aplica-se o Código de Defesa do Consumidor aos contratos de plano de saúde.

470. SÚMULA CANCELADA *D.J.E.* DE 15.6.2015 – O Ministério Público não tem legitimidade para pleitear, em ação civil pública, a indenização decorrente do DPVAT em benefício do segurado.

471. Os condenados por crimes hediondos ou assemelhados cometidos antes da vigência da Lei 11.464/2007 sujeitam-se ao disposto no art. 112 da Lei 7.210/1984 (Lei de Execução Penal) para a progressão de regime prisional.

472. A cobrança de comissão de permanência – cujo valor não pode ultrapassar a soma dos encargos remuneratórios e moratórios previstos no contrato – exclui a exigibilidade dos juros remuneratórios, moratórios e da multa contratual.

473. O mutuário do SFH não pode ser compelido a contratar o seguro habitacional obrigatório com a instituição financeira mutuante ou com a seguradora por ela indicada.

474. A indenização do seguro DPVAT, em caso de invalidez parcial do beneficiário, será paga de forma proporcional ao grau da invalidez.

475. Responde pelos danos decorrentes de protesto indevido o endossatário que recebe por endosso translativo título de crédito contendo vício formal extrínseco ou intrínseco, ficando ressalvado seu direito de regresso contra os endossantes e avalistas.

476. O endossatário de título de crédito por endosso-mandato só responde por danos decorrentes de protesto indevido se extrapolar os poderes de mandatário.

477. A decadência do art. 26 do CDC não é aplicável à prestação de contas para obter esclarecimentos sobre cobrança de taxas, tarifas e encargos bancários.

478. Na execução de crédito relativo a cotas condominiais, este tem preferência sobre o hipotecário.

479. As instituições financeiras respondem objetivamente pelos danos gerados por fortuito interno relativo a fraudes e delitos praticados por terceiros no âmbito de operações bancárias.

480. O juízo da recuperação judicial não é competente para decidir sobre a constrição de bens não abrangidos pelo plano de recuperação da empresa.

481. Faz jus ao benefício da justiça gratuita a pessoa jurídica com ou sem fins lucrativos que demonstrar sua impossibilidade de arcar com os encargos processuais.

482. A falta de ajuizamento da ação principal no prazo do art. 806 do CPC acarreta a perda da eficácia da liminar deferida e a extinção do processo cautelar.

483. O INSS não está obrigado a efetuar depósito prévio do preparo por gozar das prerrogativas e privilégios da Fazenda Pública.

484. Admite-se que o preparo seja efetuado no primeiro dia útil subsequente, quando a interposição do recurso ocorrer após o encerramento do expediente bancário.

485. A Lei de Arbitragem aplica-se aos contratos que contenham cláusula arbitral, ainda que celebrados antes da sua edição

486. É impenhorável o único imóvel residencial do devedor que esteja locado a terceiros, desde que a renda obtida com a locação seja revertida para a subsistência ou a moradia da sua família.

487. O parágrafo único do art. 741 do CPC não se aplica às sentenças transitadas em julgado em data anterior à da sua vigência.

488. O § 2º do art. 6º da Lei 9.469/1997, que obriga à repartição dos honorários advocatícios, é inaplicável a acordos ou transações celebrados em data anterior à sua vigência.

489. Reconhecida a continência, devem ser reunidas na Justiça Federal as ações civis públicas propostas nesta e na Justiça estadual.

490. A dispensa de reexame necessário, quando o valor da condenação ou do direito controvertido for inferior a sessenta salários mínimos, não se aplica a sentenças ilíquidas.

491. É inadmissível a chamada progressão *per saltum* de regime prisional.

492. O ato infracional análogo ao tráfico de drogas, por si só, não conduz obrigatoriamente à imposição de medida socioeducativa de internação do adolescente.

493. É inadmissível a fixação de pena substitutiva (art. 44 do CP) como condição especial ao regime aberto.

494. O benefício fiscal do ressarcimento do crédito presumido do IPI relativo às exportações incide mesmo quando as matérias-primas ou os insumos sejam adquiridos de pessoa física ou jurídica não contribuinte do PIS/PASEP.

495. A aquisição de bens integrantes do ativo permanente da empresa não gera direito a creditamento de IPI.

496. Os registros de propriedade particular de imóveis situados em terrenos de marinha não são oponíveis à União.

497. Os créditos das autarquias federais preferem aos créditos da Fazenda estadual desde que coexistam penhoras sobre o mesmo bem.

498. Não incide imposto de renda sobre a indenização por danos morais.

499. As empresas prestadoras de serviços estão sujeitas às contribuições ao SESC e SENAC, salvo se integradas noutro serviço social.

500. A configuração do crime do art. 244-B do ECA independe da prova da efetiva corrupção do menor, por se tratar de delito formal.

501. É cabível a aplicação retroativa da Lei 11.343/2006, desde que o resultado da incidência das suas disposições, na íntegra, seja mais favorável ao réu do que o advindo da aplicação da Lei 6.368/1976, sendo vedada a combinação de leis.

502. Presentes a materialidade e a autoria, afigura-se típica, em relação ao crime previsto no art. 184, § 2º, do CP, a conduta de expor à venda CDs e DVDs piratas.

503. O prazo para ajuizamento de ação monitória em face do emitente de cheque sem força executiva é quinquenal, a contar do dia seguinte à data de emissão estampada na cártula.

504. O prazo para ajuizamento de ação monitória em face do emitente de nota promissória sem força executiva é quinquenal, a contar do dia seguinte ao vencimento do título.

505. A competência para processar e julgar as demandas que têm por objeto obrigações decorrentes dos contratos de planos de previdência privada firmados com a Fundação Rede Ferroviária de Seguridade Social – REFER é da Justiça estadual.

506. A Anatel não é parte legítima nas demandas entre a concessionária e o usuário de telefonia decorrentes de relação contratual.

507. A acumulação de auxílio-acidente com aposentadoria pressupõe que a lesão incapacitante e a aposentadoria sejam anteriores a 11.11.1997, observado o critério do artigo 23 da Lei 8.213/1991 para definição do momento da lesão nos casos de doença profissional ou do trabalho.

508. A isenção da Cofins concedida pelo artigo 6º, II, da LC 70/1991 às sociedades civis de prestação de serviços profissionais foi revogada pelo artigo 56 da Lei 9.430/1996.

509. É lícito ao comerciante de boa-fé aproveitar os créditos de ICMS decorrentes de nota fiscal posteriormente declarada inidônea, quando demonstrada a veracidade da compra e venda.

510. A liberação de veículo retido apenas por transporte irregular de passageiros não está condicionada ao pagamento de multas e despesas.

511. É possível o reconhecimento do privilégio previsto no § 2º do art. 155 do CP nos casos de crime de furto qualificado, se estiverem presentes a primariedade do agente, o pequeno valor da coisa e a qualificadora for de ordem objetiva.

512. A aplicação da causa de diminuição de pena prevista no art. 33, § 4º, da Lei 11.343/2006 não afasta a hediondez do crime de tráfico de drogas.

513. A *abolitio criminis* temporária prevista na Lei 10.826/2003 aplica-se ao crime de posse de arma de fogo de uso permitido com numeração, marca ou qualquer outro sinal de identificação raspado, suprimido ou adulterado, praticado somente até 23.10.2005.

514. A CEF é responsável pelo fornecimento dos extratos das contas individualizadas vinculadas ao FGTS dos trabalhadores participantes do Fundo de Garantia do Tempo de Serviço, inclusive para fins de exibição em juízo, independentemente do período em discussão.

515. A reunião de execuções fiscais contra o mesmo devedor constitui faculdade do juiz.

516. A contribuição de intervenção no domínio econômico para o Incra (Decreto-lei 1.110/1970), devida por empregadores rurais e urbanos, não foi extinta pelas Leis 7.787/1989, 8.212/1991 e 8.213/1991, não podendo ser compensada com a contribuição ao INSS.

517. São devidos honorários advocatícios no cumprimento de sentença, haja ou não impugnação, depois de escoado o prazo para pagamento voluntário, que se inicia após a intimação do advogado da parte executada.

518. Para fins do art. 105, III, *a*, da Constituição Federal, não é cabível recurso especial fundado em alegada violação de enunciado de súmula.

519. Na hipótese de rejeição da impugnação ao cumprimento de sentença, não são cabíveis honorários advocatícios.

520. O benefício de saída temporária no âmbito da execução penal é ato jurisdicional insuscetível de delegação à autoridade administrativa do estabelecimento prisional.

521. A legitimidade para execução fiscal de multa pendente de pagamento imposta em sentença condenatória é exclusiva da Procuradoria da Fazenda Pública.

522. A conduta de atribuir-se falsa identidade perante autoridade policial é típica, ainda que em situação de alegada autodefesa.

523. A taxa de juros de mora incidente na repetição de indébito de tributos estaduais deve corresponder à utilizada para cobrança do tributo pago em atraso, sendo legítima a incidência da taxa Selic, em ambas as hipóteses, quando prevista na legislação local, vedada sua cumulação com quaisquer outros índices.

524. No tocante à base de cálculo, o ISSQN incide apenas sobre a taxa de agenciamento quando o serviço prestado por sociedade empresária de trabalho temporário for de intermediação, devendo, entretanto, englobar também os valores dos salários e encargos sociais dos trabalhadores por ela contratados nas hipóteses de fornecimento de mão de obra.

525. A Câmara de vereadores não possui personalidade jurídica, apenas personalidade judiciária, somente podendo demandar em juízo para defender os seus direitos institucionais.

526. O reconhecimento de falta grave decorrente do cometimento de fato definido como crime doloso no cumprimento da pena prescinde do trânsito em julgado de sentença penal condenatória no processo penal instaurado para apuração do fato.

527. O tempo de duração da medida de segurança não deve ultrapassar o limite máximo da pena abstratamente cominada ao delito praticado.

528. Compete ao juiz federal do local da apreensão da droga remetida do exterior pela via postal processar e julgar o crime de tráfico internacional.

529. No seguro de responsabilidade civil facultativo, não cabe o ajuizamento de ação pelo terceiro prejudicado direta e exclusivamente em face da seguradora do apontado causador do dano.

530. Nos contratos bancários, na impossibilidade de comprovar a taxa de juros efetivamente contratada - por ausência de pactuação ou pela falta de juntada do instrumento aos autos -, aplica-se a taxa média de mercado, divulgada pelo Bacen, praticada nas operações da mesma espécie, salvo se a taxa cobrada for mais vantajosa para o devedor.

531. Em ação monitória fundada em cheque prescrito ajuizada contra o emitente, é dispensável a menção ao negócio jurídico subjacente à emissão da cártula.

532. Constitui prática comercial abusiva o envio de cartão de crédito sem prévia e expressa solicitação do consumidor, configurando-se ato ilícito indenizável e sujeito à aplicação de multa administrativa.

533. Para o reconhecimento da prática de falta disciplinar no âmbito da execução penal, é imprescindível a instauração de procedimento administrativo pelo diretor do estabelecimento prisional, assegurado o direito de defesa, a ser realizado por advogado constituído ou defensor público nomeado.

534. A prática de falta grave interrompe a contagem do prazo para a progressão de regime de cumprimento de pena, o qual se reinicia a partir do cometimento dessa infração.

535. A prática de falta grave não interrompe o prazo para fim de comutação de pena ou indulto.

536. A suspensão condicional do processo e a transação penal não se aplicam na hipótese de delitos sujeitos ao rito da Lei Maria da Penha.

537. Em ação de reparação de danos, a seguradora denunciada, se aceitar a denunciação ou contestar o pedido do autor, pode ser condenada, direta e solidariamente junto com o segurado, ao pagamento da indenização devida à vítima, nos limites contratados na apólice.

538. As administradoras de consórcio têm liberdade para estabelecer a respectiva taxa de administração, ainda que fixada em percentual superior a dez por cento.

539. É permitida a capitalização de juros com periodicidade inferior à anual em contratos celebrados com instituições integrantes do Sistema Financeiro Nacional a partir de 31/3/2000 (MP 1.963-17/2000, reeditada como MP 2.170-36/2001), desde que expressamente pactuada.

540. Na ação de cobrança do seguro DPVAT, constitui faculdade do autor escolher entre os foros do seu domicílio, do local do acidente ou ainda do domicílio do réu.

541. A previsão no contrato bancário de taxa de juros anual superior ao duodécuplo da mensal é suficiente para permitir a cobrança da taxa efetiva anual contratada.

542. A ação penal relativa ao crime de lesão corporal resultante de violência doméstica contra a mulher é pública incondicionada.

543. Na hipótese de resolução de contrato de promessa de compra e venda de imóvel submetido ao Código de Defesa do Consumidor, deve ocorrer a imediata restituição das parcelas pagas pelo promitente comprador - integralmente, em caso de culpa exclusiva do promitente vendedor/construtor, ou parcialmente, caso tenha sido o comprador quem deu causa ao desfazimento.

544. É válida a utilização de tabela do Conselho Nacional de Seguros Privados para estabelecer a proporcionalidade da indenização do seguro DPVAT ao grau de invalidez também na hipótese de sinistro anterior a 16/12/2008, data da entrada em vigor da Medida Provisória 451/2008.

545. Quando a confissão for utilizada para a formação do convencimento do julgador, o réu fará jus à atenuante prevista no art. 65, III, *d*, do Código Penal.

546. A competência para processar e julgar o crime de uso de documento falso é firmada em razão da entidade ou órgão ao qual foi apresentado o documento público, não importando a qualificação do órgão expedidor.

547. Nas ações em que se pleiteia o ressarcimento dos valores pagos a título de participação financeira do consumidor no custeio de construção de rede elétrica, o prazo prescricional é de vinte anos na vigência do Código Civil de 1916. Na vigência do Código Civil de 2002, o prazo é de cinco anos se houver previsão contratual de ressarcimento e de três anos na ausência de cláusula nesse sentido, observada a regra de transição disciplinada em seu art. 2.028.

548. Incumbe ao credor a exclusão do registro da dívida em nome do devedor no cadastro de inadimplentes no prazo de cinco dias úteis, a partir do integral e efetivo pagamento do débito.

549. É válida a penhora de bem de família pertencente a fiador de contrato de locação.

550. A utilização de escore de crédito, método estatístico de avaliação de risco que não constitui banco de dados, dispensa o consentimento do consumidor, que terá o direito de solicitar esclarecimentos sobre as informações pessoais valoradas e as fontes dos dados considerados no respectivo cálculo.

551. Nas demandas por complementação de ações de empresas de telefonia, admite-se a condenação ao pagamento de dividendos e juros sobre capital próprio independentemente de pedido expresso. No entanto, somente quando previstos no título executivo, poderão ser objeto de cumprimento de sentença.

552. O portador de surdez unilateral não se qualifica como pessoa com deficiência para o fim de disputar as vagas reservadas em concursos públicos.

553. Nos casos de empréstimo compulsório sobre o consumo de energia elétrica, é competente a Justiça estadual para o julgamento de demanda proposta exclusivamente contra a Eletrobrás. Requerida a intervenção da União no feito após a prolação de sentença pelo juízo estadual, os autos devem ser remetidos ao Tribunal Regional Federal competente para o julgamento da apelação se deferida a intervenção.

554. Na hipótese de sucessão empresarial, a responsabilidade da sucessora abrange não apenas os tributos devidos pela sucedida, mas também as multas moratórias ou punitivas referentes a fatos geradores ocorridos até a data da sucessão.

555. Quando não houver declaração do débito, o prazo decadencial quinquenal para o Fisco constituir o crédito tributário conta-se exclusivamente na forma do art. 173, I, do CTN, nos casos em que a legislação atribui ao sujeito passivo o dever de antecipar o pagamento sem prévio exame da autoridade administrativa.

556. É indevida a incidência de imposto de renda sobre o valor da complementação de aposentadoria pago por entidade de previdência privada e em relação ao resgate de contribuições recolhidas para referidas entidades patrocinadoras no período de 1.1.1989 a 31.12.1995, em razão da isenção concedida pelo art. 6º, VII, *b*, da Lei 7.713/1988, na redação anterior à que lhe foi dada pela Lei 9.250/1995.

557. A renda mensal inicial (RMI) alusiva ao benefício de aposentadoria por invalidez precedido de auxílio-doença será apurada na forma do art. 36, § 7º, do Decreto 3.048/1999, observando-se, porém, os critérios previstos no art. 29, § 5º, da Lei 8.213/1991, quando intercalados períodos de afastamento e de atividade laboral.

558. Em ações de execução fiscal, a petição inicial não pode ser indeferida sob o argumento da falta de indicação do CPF e/ou RG ou CNPJ da parte executada.

559. Em ações de execução fiscal, é desnecessária a instrução da petição inicial com o demonstrativo de cálculo do débito, por tratar-se de requisito não previsto no art. 6º da Lei 6.830/1980.

560. A decretação da indisponibilidade de bens e direitos, na forma do art. 185-A do CTN, pressupõe o exaurimento das diligências na busca por bens penhoráveis, o qual fica caracterizado quando infrutíferos o pedido de constrição sobre ativos financeiros e a expedição de ofícios aos registros públicos do domicílio do executado, ao Denatran ou Detran.

561. Os Conselhos Regionais de Farmácia possuem atribuição para fiscalizar e autuar as farmácias e drogarias quanto ao cumprimento da exigência de manter profissional legalmente habilitado (farmacêutico) durante todo o período de funcionamento dos respectivos estabelecimentos.

SÚMULAS DOS JUIZADOS ESPECIAIS FEDERAIS – JEF

1. A conversão dos benefícios previdenciários em URV, em março/1994, obedece às disposições do art. 20, incisos I e II da Lei 8.880/1994 (Medida Provisória 434/1994).

2. Os benefícios previdenciários, em maio de 1996, deverão ser reajustados na forma da Medida Provisória 1.415, de 29 de abril de 1996, convertida na Lei 9.711, de 20 de novembro de 1998.

3. SÚMULA CANCELADA EM 30.9.2003 – Os benefícios de prestação continuada, no Regime Geral da Previdência Social, devem ser reajustados com base no IGP-DI nos anos de 1997, 1999, 2000 e 2001.

4. Não há direito adquirido, na condição de dependente, pessoa designada, quando o falecimento do segurado deu-se após o advento da Lei 9.032/1995.

5. A prestação de serviço rural por menor de 12 a 14 anos, até o advento da Lei 8.213, de 24 de julho de 1991, devidamente comprovada, pode ser reconhecida para fins previdenciários.

6. A certidão de casamento ou outro documento idôneo que evidencie a condição de trabalhador rural do cônjuge constitui início razoável de prova material da atividade rurícula.

7. Descabe incidente de uniformização versando sobre honorários advocatícios por se tratar de questão de direito processual.

8. Os benefícios de prestação continuada, no Regime Geral da Previdência Social, não serão reajustados com base no IGP-DI nos anos de 1997, 1999, 2000 e 2001.

9. O uso de Equipamento de Proteção Individual (EPI), ainda que elimine a insalubridade, no caso de exposição a ruído, não descaracteriza o tempo de serviço especial prestado.

10. O tempo de serviço rural anterior à vigência da Lei 8.213/1991 pode ser utilizado para fins de contagem recíproca, assim entendida aquela que soma tempo de atividade privada, rural ou urbana, ao de serviço público estatutário, desde que sejam recolhidas as respectivas contribuições previdenciárias.

11. SÚMULA CANCELADA EM 24.4.2006 – A renda mensal, *per capita*, familiar, superior a 1/4 (um quarto) do salário mínimo não impede a concessão do benefício assistencial previsto no art. 20, § 3º da Lei 8.742 de 1993, desde que comprovada, por outros meios, a miserabilidade do postulante.

12. Os juros moratórios são devidos pelo gestor do FGTS e incidem a partir da citação nas ações em que se reclamam diferenças de correção monetária, tenha havido ou não levantamento do saldo, parcial ou integralmente.

13. O reajuste concedido pelas Leis 8.622/1993 e 8.627/1993 (28,86%) constituiu revisão geral dos vencimentos e, por isso, é devido também aos militares que não o receberam em sua integralidade, compensado o índice então concedido, sendo limite temporal desse reajuste o advento da Medida Provisória 2.131 de 28.12.2000.

14. Para a concessão de aposentadoria rural por idade, não se exige que o início de prova material, corresponda a todo o período equivalente à carência do benefício.

15. SÚMULA CANCELADA EM 26.3.2007 – O valor mensal da pensão por morte concedida antes da Lei 9.032, de 28 de abril de 1995, deve ser revisado de acordo com a nova redação dada ao art. 75 da Lei 8.213, de 24 de julho de 1991.

16. SÚMULA CANCELADA EM 27.3.2009 – A conversão em tempo de serviço comum, do período trabalhado em condições especiais, somente é possível relativamente à atividade exercida até 28 de maio de 1998 (art. 28 da Lei 9.711/1998).

17. Não há renúncia tácita no Juizado Especial Federal, para fins de competência.

18. Provado que o aluno aprendiz de Escola Técnica Federal recebia remuneração, mesmo que indireta, à conta do orçamento da União, o respectivo tempo de serviço pode ser computado para fins de aposentadoria previdenciária.

19. Para o cálculo da renda mensal inicial do benefício previdenciário, deve ser considerada, na atualização dos salários de contribuição anteriores a março de 1994, a variação integral do IRSM de fevereiro de 1994, na ordem de 39,67% (art. 21, § 1º, da Lei 8.880/1994).

20. A Lei 8.112, de 11 de dezembro de 1990, não modificou a situação do servidor celetista anteriormente aposentado pela Previdência Social Urbana.

21. Não há direito adquirido a reajuste de benefícios previdenciários com base na variação do IPC (Índice de Preço ao Consumidor), de janeiro de 1989 (42,72%) e abril de 1990 (44,80%).

22. Se a prova pericial realizada em juízo dá conta de que a incapacidade já existia na data do requerimento administrativo, esta é o termo inicial do benefício assistencial.

23. As substituições de cargos ou funções de direção ou chefia ou de cargo de natureza especial ocorridas a partir da vigência da Medida Provisória 1.522, de 11.10.1996, e até o advento da Lei 9.527, de 10.12.1997, quando iguais ou inferiores a 30 dias, não geram direito à remuneração correspondente ao cargo ou função substituída.

24. O tempo de serviço do segurado trabalhador rural anterior ao advento da Lei 8.213/1991, sem o recolhimento de contribuições previdenciárias, pode ser considerado para a concessão de benefício previdenciário do Regime Geral de Previdência Social (RGPS), exceto para efeito de carência, conforme a regra do art. 55, § 2º, da Lei 8.213/1991.

25. A revisão dos valores dos benefícios previdenciários, prevista no art. 58 do ADCT, deve ser feita com base no número de salários mínimos apurado na data da concessão, e não no mês de recolhimento da última contribuição.

26. A atividade de vigilante enquadra-se como especial, equiparando-se à de guarda, elencada no item 2.5.7 do Anexo III do Decreto 53.831/1964.

27. A ausência de registro em órgão do Ministério do Trabalho não impede a comprovação do desemprego por outros meios admitidos em Direito.

28. Encontra-se prescrita a pretensão de ressarcimento de perdas sofridas na atualização monetária da conta do Plano de Integração Social – PIS, em virtude de expurgos ocorridos por ocasião dos Planos Econômicos Verão e Collor I.

29. Para os efeitos do art. 20, § 2º, da Lei 8.742, de 1993, incapacidade para a vida independente não é só aquela que impede as atividades mais elementares da pessoa, mas também a impossibilita de prover ao próprio sustento.

30. Tratando-se de demanda previdenciária, o fato de o imóvel ser superior ao módulo rural não afasta, por si só, a qualificação de seu proprietário como segurado especial, desde que comprovada, nos autos, a sua exploração em regime de economia familiar.

31. A anotação na CTPS decorrente de sentença trabalhista homologatória constitui início de prova material para fins previdenciários.

32. SÚMULA CANCELADA EM 9.10.2013 – O tempo de trabalho laborado com exposição a ruído é considerado especial, para fins de conversão em comum, nos seguintes níveis: superior a 80 decibéis, na vigência do Decreto 53.831/1964 e, a contar de 5 de março de 1997, superior a 85 decibéis, por força da edição do Decreto 4.882, de 18 de novembro de 2003, quando a Administração Pública reconheceu e declarou a nocividade à saúde de tal índice de ruído.

33. Quando o segurado houver preenchido os requisitos legais para concessão da aposentadoria por tempo de serviço na data do requerimento administrativo, esta data será o termo inicial da concessão do benefício.

34. Para fins de comprovação do tempo de labor rural, o início de prova material deve ser contemporâneo à época dos fatos a provar.

35. A Taxa SELIC, composta por juros de mora e correção monetária, incide nas repetições de indébito tributário.

36. Não há vedação legal à cumulação da pensão por morte de trabalhador rural com o benefício da aposentadoria por invalidez, por apresentarem pressupostos fáticos e fatos geradores distintos.

37. A pensão por morte, devida ao filho até os 21 anos de idade, não se prorroga pela pendência do curso universitário.

38. Aplica-se subsidiariamente a Tabela de Cálculos de Santa Catarina aos pedidos de revisão de RMI – OTN/ORTN, na atualização dos salários de contribuição.

39. Nas ações contra a Fazenda Pública, que versem sobre pagamento de diferenças decorrentes de reajuste nos vencimentos de servidores públicos, ajuizadas após 24.8.2001, os juros de mora devem ser fixados em 6% (seis por cento) ao ano (art. 1º-F da Lei 9.494/1997).

40. Nenhuma diferença é devida a título de correção monetária dos depósitos do FGTS, relativos ao mês de fevereiro de 1989.

41. A circunstância de um dos integrantes do núcleo familiar desempenhar atividade urbana não implica, por si só, a descaracterização do trabalhador rural como segurado especial, condição que deve ser analisada no caso concreto.

42. Não se conhece de incidente de uniformização que implique reexame de matéria de fato.

43. Não cabe incidente de uniformização que verse sobre matéria processual.

44. Para efeito de aposentadoria urbana por idade, a tabela progressiva de carência prevista no art. 142 da Lei 8.213/1991 deve ser aplicada em função do ano em que o segurado completa a idade mínima para concessão do benefício, ainda que o período de carência só seja preenchido posteriormente.

45. Incide correção monetária sobre o salário-maternidade desde a época do parto, independentemente da data do requerimento administrativo.

46. O exercício de atividade urbana intercalada não impede a concessão de benefício previdenciário de trabalhador rural, condição que deve ser analisada no caso concreto.

47. Uma vez reconhecida a incapacidade parcial para o trabalho, o juiz deve analisar as condições pessoais e sociais do segurado para a concessão de aposentadoria por invalidez.

48. A incapacidade não precisa ser permanente para fins de concessão do benefício assistencial de prestação continuada.

49. Para reconhecimento de condição especial de trabalho antes de 29.4.1995, a exposição a agentes nocivos à saúde ou à integridade física não precisa ocorrer de forma permanente.

50. É possível a conversão do tempo de serviço especial em comum do trabalho prestado em qualquer período.

51. Os valores recebidos por força de antecipação dos efeitos de tutela, posteriormente revogada em demanda previdenciária, são irrepetíveis em razão da natureza alimentar e da boa-fé no seu recebimento.

52. Para fins de concessão de pensão por morte, é incabível a regularização do recolhimento de contribuições de segurado contribuinte individual posteriormente a seu óbito, exceto quando as contribuições devam ser arrecadadas por empresa tomadora de serviços.

53. Não há direito a auxílio-doença ou à aposentadoria por invalidez quando a incapacidade para o trabalho é preexistente ao reingresso do segurado no Regime Geral de Previdência Social.

54. Para a concessão de aposentadoria por idade de trabalhador rural, o tempo de exercício de atividade equivalente à carência deve ser aferido no período imediatamente anterior ao requerimento administrativo ou à data do implemento da idade mínima.

55. A conversão do tempo de atividade especial em comum deve ocorrer com aplicação do fator multiplicativo em vigor na data da concessão da aposentadoria.

56. O prazo de 30 anos para prescrição da pretensão à cobrança de juros progressivos sobre saldo de conta vinculada ao FGTS tem início na data em que deixou de ser feito o crédito e incide sobre cada prestação mensal.

57. O auxílio-doença e a aposentadoria por invalidez não precedida de auxílio-doença, quando concedidos na vigência da Lei 9.876/1999, devem ter o salário de benefício apurado com base na média aritmética simples dos maiores salários de contribuição correspondentes a 80% do período contributivo, independentemente da data de filiação do segurado ou do número de contribuições mensais no período contributivo.

58. Não é devido o reajuste na indenização de campo por força da alteração trazida pelo Decreto 5.554/2005.

59. A ausência de declaração do objeto postado não impede a condenação da ECT a indenizar danos decorrentes do extravio, desde que o conteúdo da postagem seja demonstrado por outros meios de prova admitidos em direito.

60. O décimo terceiro salário não integra o salário de contribuição para fins de cálculo do salário de benefício, independentemente da data da concessão do benefício previdenciário.

61. SÚMULA CANCELADA EM 9.10.2013 – As alterações promovidas pela Lei 11.960/2009 têm aplicação imediata na regulação dos juros de mora em condenações contra a Fazenda Pública, inclusive em matéria previdenciária, independentemente da data do ajuizamento da ação ou do trânsito em julgado.

62. O segurado contribuinte individual pode obter reconhecimento de atividade especial para fins previdenciários, desde que consiga comprovar exposição a agentes nocivos à saúde ou à integridade física.

63. A comprovação de união estável para efeito de concessão de pensão por morte prescinde de início de prova material.

64. O direito à revisão do ato de indeferimento de benefício previdenciário ou assistencial sujeita-se ao prazo decadencial de dez anos.

65. Os benefícios de auxílio-doença, auxílio-acidente e aposentadoria por invalidez concedidos no período de 28.3.2005 a 20.7.2005 devem ser calculados nos termos da Lei 8.213/1991, em sua redação anterior à vigência da Medida Provisória 242/2005.

66. O servidor público ex-celetista que trabalhava sob condições especiais antes de migrar para o regime estatutário tem direito adquirido à conversão do tempo de atividade especial em tempo comum com o devido acréscimo legal, para efeito de contagem recíproca no regime previdenciário próprio dos servidores públicos.

67. O auxílio-alimentação recebido em pecúnia por segurado filiado ao Regime Geral da Previdência Social integra o salário de contribuição e sujeita-se à incidência de contribuição previdenciária.

68. O laudo pericial não contemporâneo ao período trabalhado é apto à comprovação da atividade especial do segurado.

69. O tempo de serviço prestado em empresa pública ou em sociedade de economia mista por servidor público federal somente pode ser contado para efeitos de aposentadoria e disponibilidade.

70. A atividade de tratorista pode ser equiparada à de motorista de caminhão para fins de reconhecimento de atividade especial mediante enquadramento por categoria profissional.

71. O mero contato do pedreiro com o cimento não caracteriza condição especial de trabalho para fins previdenciários.

72. É possível o recebimento de benefício por incapacidade durante período em que houve exercício de atividade remunerada quando comprovado que o segurado estava incapaz para as atividades habituais na época em que trabalhou.

73. O tempo de gozo de auxílio-doença ou de aposentadoria por invalidez não decorrentes de acidente de trabalho só pode ser computado como tempo de contribuição ou para fins de carência quando intercalado entre períodos nos quais houve recolhimento de contribuições para a previdência social.

74. O prazo de prescrição fica suspenso pela formação de requerimento administrativo e volta a correr pelo saldo remanescente após a ciência da decisão administrativa final.

75. A CTPS em relação à qual não se aponta defeito formal que lhe comprometa a fidedignidade goza de presunção relativa de veracidade, formando prova suficiente de tempo de serviço para fins previdenciários, ainda que a anotação de vínculo de emprego não conste no CNIS.

76. A averbação de tempo de serviço rural não contributivo não permite majorar o coeficiente de cálculo da renda mensal inicial de aposentadoria por idade previsto no art. 50 da Lei 8.213/1991.

77. O julgador não é obrigado a analisar as condições pessoais e sociais quando não reconhecer a incapacidade do requerente para a sua atividade habitual.

78. Comprovado que o requerente de benefício é portador do vírus HIV, cabe ao julgador verificar as condições pessoais, sociais, econômicas e culturais, de forma a analisar a incapacidade em sentido amplo, em face da elevada estigmatização social da doença.

79. Nas ações em que se postula benefício assistencial, é necessária a comprovação das condições socioeconômicas do autor por laudo de assistente social, por auto de constatação lavrado por oficial de justiça ou, sendo inviabilizados os referidos meios, por prova testemunhal.

80. Nos pedidos de benefício de prestação continuada (LOAS), tendo em vista o advento da Lei 12.470/11, para adequada valoração dos fatores ambientais, sociais, econômicos e pessoais que impactam na participação da pessoa com deficiência na sociedade, é necessária a realização de avaliação social por assistente social ou outras providências aptas a revelar a efetiva condição vivida no meio social pelo requerente.

81. Não incide o prazo decadencial previsto no art. 103, *caput*, da Lei 8.213/1991, nos casos de indeferimento e cessação de benefícios, bem como em relação às questões não apreciadas pela Administração no ato da concessão.

82. O código 1.3.2 do quadro anexo ao Decreto 53.831/1964, além dos profissionais da área da saúde, contempla os trabalhadores que exercem atividades de serviços gerais em limpeza e higienização de ambientes hospitalares.

SÚMULAS DO TRIBUNAL SUPERIOR ELEITORAL – TSE

1. Proposta a ação para desconstituir a decisão que rejeitou as contas, anteriormente à impugnação, fica suspensa a inelegibilidade (Lei Complementar 64/1990, art. 1º, I, *g*).

2. Assinada e recebida a ficha de filiação partidária até o termo final do prazo fixado em lei, considera-se satisfeita a correspondente condição de elegibilidade, ainda que não tenha fluído, até a mesma data, o tríduo legal de impugnação.

3. No processo de registro de candidatos, não tendo o juiz aberto prazo para o suprimento de defeito da instrução do pedido, pode o documento, cuja falta houver motivado o indeferimento, ser juntado com o recurso ordinário.

4. Não havendo preferência entre candidatos que pretendam o registro da mesma variação nominal, defere-se o do que primeiro o tenha requerido.

5. Serventuário de cartório, celetista, não se inclui na exigência do art. 1º, II, *l*, da Lei Complementar 64/1990.

6. É inelegível, para o cargo de prefeito, o cônjuge e os parentes indicados no § 7º do art. 14 da Constituição, do titular do mandato, ainda que este haja renunciado ao cargo há mais de seis meses do pleito.

7. SÚMULA CANCELADA PELA RESOLUÇÃO TSE 20.920/2001 – É inelegível para o cargo de prefeito a irmã da concubina do atual titular do mandato.

8. SÚMULA CANCELADA PELA RESOLUÇÃO TSE 20.920/2001 – O vice-prefeito é inelegível para o mesmo cargo.

9. A suspensão de direitos políticos decorrente de condenação criminal transitada em julgado cessa com o cumprimento ou a extinção da pena, independendo de reabilitação ou de prova de reparação dos danos.

10. No processo de registro de candidatos, quando a sentença for entregue em cartório antes de três dias contados da conclusão ao juiz, o prazo para o recurso ordinário, salvo intimação pessoal anterior, só se conta do termo final daquele tríduo.

11. No processo de registro de candidatos, o partido que não o impugnou não tem legitimidade para recorrer da sentença que o deferiu, salvo se se cuidar de matéria constitucional.

12. São inelegíveis, no município desmembrado, e ainda não instalado, o cônjuge e os parentes consanguíneos ou afins, até o segundo grau ou por adoção, do prefeito do município-mãe, ou de quem o tenha substituído, dentro dos seis meses anteriores ao pleito, salvo se já titular de mandato eletivo.

13. Não é autoaplicável o § 9º do art. 14 da Constituição, com a redação da Emenda Constitucional de Revisão 4/1994.

14. SÚMULA CANCELADA PELA RESOLUÇÃO TSE 21.885/2004 – A duplicidade de que cuida o parágrafo único do art. 22 da Lei 9.096/1995 somente fica caracterizada caso a nova filiação houver ocorrido após a remessa das listas previstas no parágrafo único do art. 58 da referida Lei.

15. O exercício de cargo eletivo não é circunstância suficiente para, em recurso especial, determinar-se a reforma de decisão mediante a qual o candidato foi considerado analfabeto.

16. SÚMULA REVOGADA EM 5.11.2002 – A falta de abertura de conta bancária específica não é fundamento suficiente para a rejeição de contas de campanha eleitoral, desde que, por outros meios, se possa demonstrar sua regularidade (art. 34 da Lei 9.096, de 19.9.1995).

17. SÚMULA CANCELADA EM 16.4.2002 – Não é admissível a presunção de que o candidato, por ser beneficiário de propaganda eleitoral irregular, tenha prévio conhecimento de sua veiculação (arts. 36 e 37 da Lei 9.504, de 30.9.1997).

18. Conquanto investido de poder de polícia, não tem legitimidade o juiz eleitoral para, de ofício, instaurar procedimento com a finalidade de impor multa pela veiculação de propaganda eleitoral em desacordo com a Lei 9.504/1997.

19. O prazo de inelegibilidade de 3 (três) anos, por abuso de poder econômico ou político, é contado a partir da data da eleição em que se verificou (art. 22, XIV, da Lei Complementar 64, de 18.5.1990).

20. A falta do nome do filiado ao partido na lista por este encaminhada à Justiça Eleitoral, nos termos do art. 19 da Lei 9.096, de 19.9.1995, pode ser suprida por outros elementos de prova de oportuna filiação.

21. O prazo para ajuizamento da representação contra doação de campanha acima do limite legal é de 180 (cento e oitenta) dias, contados da data da diplomação.

SÚMULAS DO TRIBUNAL SUPERIOR DO TRABALHO – TST

1. PRAZO JUDICIAL

Quando a intimação tiver lugar na sexta-feira, ou a publicação com efeito de intimação for feita nesse dia, o prazo judicial será contado da segunda-feira imediata, inclusive, salvo se não houver expediente, caso em que fluirá no dia útil que se seguir.

2. (*Cancelada. Resolução do TST 121/2003 – D.J. 19.11.2003*) – GRATIFICAÇÃO NATALINA

É devida a gratificação natalina proporcional (Lei 4.090, de 1962) na extinção dos contratos a prazo, entre estes incluídos os de safra, ainda que a relação de emprego haja findado antes de dezembro.

3. (*Cancelada. Resolução TST 121/2003 – D.J. 19.11.2003*) – GRATIFICAÇÃO NATALINA

É devida a gratificação natalina proporcional (Lei 4.090, de 1962) na cessação da relação de emprego resultante da aposentadoria do trabalhador, ainda que verificada antes de dezembro.

4. (*Cancelada. Resolução TST 121/2003 – D.J. 19.11.2003*) – CUSTAS

As pessoas jurídicas de direito público não estão sujeitas a prévio pagamento de custas, nem a depósito da importância da condenação, para o processamento de recurso na Justiça do Trabalho.

5. (*Cancelada. Resolução do TST 121/2003 – D.J. 19.11.2003*) – REAJUSTAMENTO SALARIAL

O reajustamento salarial coletivo, determinado no curso do aviso-prévio, beneficia o empregado pré-avisado da despedida, mesmo que tenha recebido antecipadamente os salários correspondentes ao período do aviso, que integra o seu tempo de serviço para todos os efeitos legais.

6. EQUIPARAÇÃO SALARIAL. ART. 461 DA CLT

I – Para os fins previstos no § 2º do art. 461 da CLT, só é válido o quadro de pessoal organizado em carreira quando homologado pelo Ministério do Trabalho, excluindo-se, apenas, dessa exigência o quadro de carreira das entidades de direito público da administração direta, autárquica e fundacional aprovado por ato administrativo da autoridade competente. (ex-Súmula 6 – alterada pela Res. 104/2000, *D.J.* 20.12.2000)

II – Para efeito de equiparação de salários em caso de trabalho igual, conta-se o tempo de serviço na função e não no emprego. (ex-Súmula 135 – RA 102/1982, *D.J.* 11.10.1982 e *D.J.* 15.10.1982)

III – A equiparação salarial só é possível se o empregado e o paradigma exercerem a mesma função, desempenhando as mesmas tarefas, não importando se os cargos têm, ou não, a mesma denominação. (ex-OJ da SDI-I 328 – *D.J.* 9.12.2003)

IV – É desnecessário que, ao tempo da reclamação sobre equiparação salarial, reclamante e paradigma estejam a serviço do estabelecimento, desde que o pedido se relacione com situação pretérita. (ex-Súmula 22 – RA 57/1970, DO-GB 27.11.1970)

V – A cessão de empregados não exclui a equiparação salarial, embora exercida a função em órgão governamental estranho à cedente, se esta responde pelos salários do paradigma e do reclamante. (ex-Súmula 111 – RA 102/1980, *D.J.* 25.9.1980)

VI – Presentes os pressupostos do art. 461 da CLT, é irrelevante a circunstância de que o desnível salarial tenha origem em decisão judicial que beneficiou o paradigma, exceto: a) se decorrente de vantagem pessoal ou de tese jurídica superada pela jurisprudência de Corte Superior; b) na hipótese de equiparação salarial em cadeia, suscitada em defesa, se o empregador produzir prova do alegado fato modificativo, impeditivo ou extintivo do direito à equiparação salarial em relação ao paradigma remoto, considerada irrelevante, para esse efeito, a existência de diferença de tempo de serviço na função superior a dois anos entre o reclamante e os empregados paradigmas componentes da cadeia equiparatória, à exceção do paradigma imediato.

→ Item VI com redação alterada pela Resolução do TST 198/2015 (*D.E.J.T.* 16.6.2015).

VII – Desde que atendidos os requisitos do art. 461 da CLT, é possível a equiparação salarial de trabalho intelectual, que pode ser avaliado por sua perfeição técnica, cuja aferição terá critérios objetivos. (ex-OJ da SDI-I 298 – *D.J.* 11.8.2003)

VIII – É do empregador o ônus da prova do fato impeditivo, modificativo ou extintivo da equiparação salarial. (ex-Súmula 68 - RA 9/1977, *D.J.* 11.2.1977)

IX – Na ação de equiparação salarial, a prescrição é parcial e só alcança as diferenças salariais vencidas no período de 5 (cinco) anos que precedeu o ajuizamento. (ex-Súmula 274 – alterada pela Resolução 121/2003, *D.J.* 21.11.2003)

X – O conceito de "mesma localidade" de que trata o art. 461 da CLT refere-se, em princípio, ao mesmo município, ou a municípios distintos que, comprovadamente, pertençam à mesma região metropolitana. (ex-OJ da SDI-I 252 – inserida em 13.3.2002)

7. FÉRIAS

A indenização pelo não deferimento das férias no tempo oportuno será calculada com base na remuneração devida ao empregado na época da reclamação ou, se for o caso, na da extinção do contrato.

8. JUNTADA DE DOCUMENTO

A juntada de documentos na fase recursal só se justifica quando provado o justo impedimento para sua oportuna apresentação ou se referir a fato posterior à sentença.

9. AUSÊNCIA DO RECLAMANTE

A ausência do reclamante, quando adiada a instrução após contestada a ação em audiência, não importa arquivamento do processo.

10. PROFESSOR. DISPENSA SEM JUSTA CAUSA. TÉRMINO DO ANO LETIVO OU NO CURSO DE FÉRIAS ESCOLARES. AVISO-PRÉVIO

→ Redação alterada pela Resolução do TST 185/2012 (*D.E.J.T.* 25.9.2012).

→ Redação alterada em sessão do Tribunal Pleno realizada em 14.9.2012.

O direito aos salários do período de férias escolares assegurado aos professores (art. 322, *caput* e § 3º, da CLT) não exclui o direito ao aviso-prévio, na hipótese de dispensa sem justa causa ao término do ano letivo ou no curso das férias escolares.

11. (*Cancelada. Resolução TST 121/2003 – D.J. 19.11.2003*) – HONORÁRIOS DE ADVOGADO

É inaplicável na Justiça do Trabalho o disposto no art. 64 do Código de Processo Civil, sendo os honorários de advogado somente devidos nos termos do preceituado na Lei 1.060, de 1950.

→ Refere-se ao Código de Processo Civil de 1939.

12. CARTEIRA PROFISSIONAL

As anotações apostas pelo empregador na carteira profissional do empregado não geram presunção *juris et de jure*, mas apenas *juris tantum*.

13. MORA

O só pagamento dos salários atrasados em audiência não elide a mora capaz de determinar a rescisão do contrato de trabalho.

14. CULPA RECÍPROCA

→ Redação alterada pela Resolução do TST 121/2003 (*D.J.* 19.11.2003).

Reconhecida a culpa recíproca na rescisão do contrato de trabalho (art. 484 da CLT), o empregado tem direito a 50% (cinquenta por cento) do valor do aviso-prévio, do décimo terceiro salário e das férias proporcionais.

15. ATESTADO MÉDICO

A justificação da ausência do empregado motivada por doença, para a percepção do salário-enfermidade e da remuneração do repouso semanal, deve observar a ordem preferencial dos atestados médicos estabelecida em lei.

16. NOTIFICAÇÃO

→ Redação alterada pela Resolução do TST 121/2003 (*D.J.* 19.11.2003).

Presume-se recebida a notificação 48 (quarenta e oito) horas depois de sua postagem. O seu não recebimento ou a entrega após o decurso desse prazo constitui ônus de prova do destinatário.

17. (*Cancelada. Resolução TST 148/2008 – D.J. 4.7.2008*) – ADICIONAL DE INSALUBRIDADE

O adicional de insalubridade devido a empregado que, por força da lei, convenção coletiva ou sentença normativa, percebe salário profissional será sobre este calculado.

18. COMPENSAÇÃO

A compensação, na Justiça do Trabalho, está restrita a dívidas de natureza trabalhista.

19. QUADRO DE CARREIRA

A Justiça do Trabalho é competente para apreciar reclamação de empregado que tenha por objeto direito fundado em quadro de carreira.

20. (*Cancelada. Resolução TST 106/2001 – D.J. 21.3.2001*) – RESILIÇÃO CONTRATUAL

Não obstante o pagamento da indenização de antiguidade, presume-se em fraude à lei a resilição contratual, se o empregado permaneceu prestando serviço ou tiver sido, em curto prazo, readmitido.

21. (*Cancelada. Resolução 30/1994 – D.J. 12.5.1994*) – APOSENTADORIA

O empregado aposentado tem direito ao cômputo do tempo anterior à aposentadoria, se permanecer a serviço da empresa ou a ela retornar.

22. (*Cancelada em decorrência da sua incorporação à nova redação da Súmula 6. Resolução TST 129/2005 – D.J. 20.4.2005*) – EQUIPARAÇÃO SALARIAL

É desnecessário que, ao tempo da reclamação sobre equiparação salarial, reclamante e paradigma estejam a serviço do estabelecimento, desde que o pedido se relacione com situação pretérita.

23. RECURSO

Não se conhece de recurso de revista ou de embargos, se a decisão recorrida resolver determinado item do pedido por diversos fundamentos, e a jurisprudência transcrita não abranger a todos.

24. SERVIÇO EXTRAORDINÁRIO

Insere-se no cálculo da indenização por antiguidade o salário relativo a serviço extraordinário, desde que habitualmente prestado.

25. CUSTAS PROCESSUAIS. INVERSÃO DO ÔNUS DA SUCUMBÊNCIA. (alterada a Súmula e incorporadas as Orientações Jurisprudenciais nºs 104 e 186 da SBDI-1).

→ *Caput* da Súmula 25 com redação alterada pela Resolução TST 197/2015 (*D.E.J.T.* 18.5.2015).

I – A parte vencedora na primeira instância, se vencida na segunda, está obrigada, independentemente de intimação, a pagar as custas fixadas na sentença originária, das quais ficara isenta a parte então vencida;

→ Item I acrescentado pela Resolução TST 197/2015 (*D.E.J.T.* 18.5.2015).

II – No caso de inversão do ônus da sucumbência em segundo grau, sem acréscimo ou atualização do valor das custas e se estas já foram devidamente recolhidas, descabe um novo pagamento pela parte vencida, ao recorrer. Deverá ao final, se sucumbente, reembolsar a quantia; (ex-OJ nº 186 da SBDI-I)

→ Item II acrescentado pela Resolução TST 197/2015 (*D.E.J.T.* 18.5.2015).

III – Não caracteriza deserção a hipótese em que, acrescido o valor da condenação, não houve fixação ou cálculo do valor devido a título de custas e tampouco intimação da parte para o preparo do recurso, devendo ser as custas pagas ao final; (ex-OJ nº 104 da SBDI-I)

→ Item III acrescentado pela Resolução TST 197/2015 (*D.E.J.T.* 18.5.2015).

IV – O reembolso das custas à parte vencedora faz-se necessário mesmo na hipótese em que a parte vencida for pessoa isenta do seu pagamento, nos termos do art. 790-A, parágrafo único, da CLT.

→ Item IV acrescentado pela Resolução TST 197/2015 (*D.E.J.T.* 18.5.2015).

26. (*Cancelada. Resolução TST 121/2003 – D.J. 19.11.2003*) – ESTABILIDADE

Presume-se obstativa à estabilidade a despedida, sem justo motivo, do empregado que alcançar 9 (nove) anos de serviço na empresa.

27. COMISSIONISTA

É devida a remuneração do repouso semanal e dos dias feriados ao empregado comissionista, ainda que pracista.

28. INDENIZAÇÃO

No caso de se converter a reintegração em indenização dobrada, o direito aos salários é assegurado até a data da primeira decisão que determinou essa conversão.

→ Redação alterada pela Resolução do TST 121/2003 (*D.J.* 19.11.2003).

29. TRANSFERÊNCIA

Empregado transferido, por ato unilateral do empregador, para local mais distante de sua residência, tem direito a suplemento salarial correspondente ao acréscimo da despesa de transporte.

30. INTIMAÇÃO DA SENTENÇA

Quando não juntada a ata ao processo em 48 (quarenta e oito) horas, contadas da audiência de julgamento (art. 851, § 2º, da CLT), o prazo para recurso será contado da data em que a parte receber a intimação da sentença.

31. (*Cancelada. Resolução TST 31/1994 – D.J. 12.5.1994*) – AVISO-PRÉVIO

É incabível o aviso-prévio na despedida indireta.

32. ABANDONO DE EMPREGO

→ Redação alterada pela Resolução do TST 121/2003 (*D.J.* 19.11.2003).

Presume-se o abandono de emprego se o trabalhador não retornar ao serviço no prazo de 30 (trinta) dias após a cessação do benefício previdenciário nem justificar o motivo de não o fazer.

33. MANDADO DE SEGURANÇA. DECISÃO JUDICIAL TRANSITADA EM JULGADO

Não cabe mandado de segurança de decisão judicial transitada em julgado.

34. (*Cancelada. Resolução TST 121/2003 – D.J. 19.11.2003*) – GRATIFICAÇÃO NATALINA

A gratificação natalina, instituída pela Lei 4.090, de 1962, é devida ao empregado rural.

35. (*Cancelada. Resolução TST 121/2003 – D.J. 19.11.2003*) – DEPÓSITO RECURSAL. COMPLEMENTAÇÃO

A majoração do salário mínimo não obriga o recorrente a complementar o depósito de que trata o art. 899 da CLT.

36. CUSTAS

Nas ações plúrimas, as custas incidem sobre o respectivo valor global.

37. (*Cancelada. Resolução TST 32/1994 – D.J. 12.5.1994*) – PRAZO

O prazo para recurso da parte que não comparece à audiência de julgamento, apesar de notificada, conta-se da intimação da sentença.

38. (*Cancelada. Resolução TST 121/2003 – D.J. 19.11.2003*) – RECURSO

Para comprovação da divergência justificadora do recurso é necessário que o recorrente junte certidão, ou documento equivalente, do acórdão paradigma ou faça transcrição do trecho pertinente à hipótese, indicando sua origem e esclarecendo a fonte da publicação, isto é, órgão oficial ou repertório idôneo de jurisprudência.

39. PERICULOSIDADE

Os empregados que operam em bomba de gasolina têm direito ao adicional de periculosidade (Lei 2.573, de 15.8.1955).

40. (*Cancelada. Resolução TST 121/2003 – D.J. 19.11.2003*) – PROCESSO ADMINISTRATIVO

Não cabe recurso ao Tribunal Superior do Trabalho contra decisão em processo administrativo, de interesse de funcionário, proferida por Tribunal Regional do Trabalho.

41. (*Cancelada. Resolução TST 121/2003 – D.J. 19.11.2003*) – QUITAÇÃO

A quitação, nas hipóteses dos §§ 1º e 2º do art. 477 da CLT, concerne exclusivamente aos valores discriminados no documento respectivo.)

42. (*Cancelada. Resolução TST 121/2003 – D.J. 19.11.2003*) – RECURSO

Não ensejam o conhecimento de revista ou de embargos decisões superadas por iterativa, notória e atual jurisprudência do Pleno.

43. TRANSFERÊNCIA

Presume-se abusiva a transferência de que trata o § 1º do art. 469 da CLT, sem comprovação da necessidade do serviço.

44. AVISO-PRÉVIO

A cessação da atividade da empresa, com o pagamento da indenização, simples ou em dobro, não exclui, por si só, o direito do empregado ao aviso-prévio.

45. SERVIÇO SUPLEMENTAR

A remuneração do serviço suplementar, habitualmente prestado, integra o cálculo da gratificação natalina prevista na Lei 4.090, de 13.7.1962.

46. ACIDENTE DE TRABALHO

As faltas ou ausências decorrentes de acidente do trabalho não são consideradas para os efeitos de duração de férias e cálculo da gratificação natalina.

47. INSALUBRIDADE

O trabalho executado em condições insalubres, em caráter intermitente, não afasta, só por essa circunstância, o direito à percepção do respectivo adicional.

48. COMPENSAÇÃO

A compensação só poderá ser arguida com a contestação.

49. (*Cancelada. Resolução TST 121/2003 – D.J. 19.11.2003*) – INQUÉRITO JUDICIAL

No inquérito judicial, contadas e não pagas as custas no prazo fixado pelo juízo, será determinado o arquivamento do processo.

50. GRATIFICAÇÃO NATALINA

A gratificação natalina, instituída pela Lei 4.090, de 13.7.1962, é devida pela empresa cessionária ao servidor público cedido enquanto durar a cessão.

51. NORMA REGULAMENTAR. VANTAGENS E OPÇÃO PELO NOVO REGULAMENTO. ART. 468 DA CLT

→ Redação alterada pela Resolução do TST 129/2005 (*D.J.* 20.4.2005).

→ Incorporada a OJ da SDI-I 163 do TST.

I – As cláusulas regulamentares, que revoguem ou alterem vantagens deferidas anteriormente, só atingirão os trabalhadores admitidos após a revogação ou alteração do regulamento. (ex-Súmula 51 – RA 41/1973, *D.J.* 14.6.1973)

II – Havendo a coexistência de dois regulamentos da empresa, a opção do empregado por um deles tem efeito jurídico de renúncia às regras do sistema do outro. (ex-OJ 163 da SDI-I – Inserida em 26.3.1999)

52. TEMPO DE SERVIÇO

O adicional de tempo de serviço (quinquênio) é devido, nas condições estabelecidas no art. 19 da Lei 4.345, de 26.6.1964, aos contratados sob regime da CLT, pela empresa a que se refere a mencionada lei, inclusive para fim de complementação de aposentadoria.

53. CUSTAS

O prazo para pagamento das custas, no caso de recurso, é contado da intimação do cálculo.

54. OPTANTE

Rescindindo por acordo seu contrato de trabalho, o empregado estável optante tem direito ao mínimo de 60% (sessenta por cento) do total da indenização em dobro, calculada sobre o maior salário percebido no emprego. Se houver recebido menos do que esse total, qualquer que tenha sido a forma de transação, assegura-se-lhe a complementação até aquele limite.

55. FINANCEIRAS

As empresas de crédito, financiamento ou investimento, também denominadas financeiras, equiparam-se aos estabelecimentos bancários para os efeitos do art. 224 da CLT

56. (*Cancelada. Resolução TST 121/2003 – D.J. 19.11.2003*) – BALCONISTA

O balconista que recebe comissão tem direito ao adicional de 20% (vinte por cento) pelo trabalho em horas extras, calculado sobre o valor das comissões referentes a essas horas.

57. (*Cancelada. Resolução TST 3/1993 – D.J. 6.5.1993*) – TRABALHADOR RURAL

Os trabalhadores agrícolas das usinas de açúcar integram categoria profissional de industriários, beneficiando-se dos aumentos normativos obtidos pela referida categoria.

58. PESSOAL DE OBRAS

Ao empregado admitido como pessoal de obras, em caráter permanente e não amparado pelo regime estatutário, aplica-se a legislação trabalhista.

59. (*Cancelada. Resolução TST 121/2003 – D.J. 19.11.2003*) – VIGIA

Vigia de estabelecimento bancário não se beneficia da jornada de trabalho reduzida prevista no art. 224 da CLT.

60. ADICIONAL NOTURNO. INTEGRAÇÃO NO SALÁRIO E PRORROGAÇÃO EM HORÁRIO DIURNO

→ Redação alterada pela Resolução do TST 129/2005 (*D.J.* 20.4.2005).

→ Incorporada a OJ da SDI-I 6 do TST.

I – O adicional noturno, pago com habitualidade, integra o salário do empregado para todos os efeitos. (ex-Súmula 60 – RA 105/1974, *D.J.* 24.10.1974)

II – Cumprida integralmente a jornada no período noturno e prorrogada esta, devido é também o adicional quanto às horas prorrogadas. Exegese do art. 73, § 5º, da CLT. (ex-OJ 6 da SDI-I – Inserida em 25.11.1996)

61. FERROVIÁRIO

Aos ferroviários que trabalham em estação do interior, assim classificada por autoridade competente, não são devidas horas extras (art. 243, CLT).

62. ABANDONO DE EMPREGO

O prazo de decadência do direito do empregador de ajuizar inquérito em face do empregado que incorre em abandono de emprego é contado a partir do momento em que o empregado pretendeu seu retorno ao serviço.

63. FUNDO DE GARANTIA

A contribuição para o Fundo de Garantia do Tempo de Serviço incide sobre a remuneração mensal devida ao empregado, inclusive horas extras e adicionais eventuais.

64. (*Cancelada. Resolução TST 121/2003 – D.J. 19.11.2003*) – PRESCRIÇÃO

A prescrição para reclamar contra anotação de carteira profissional, ou omissão desta, flui da data de cessação do contrato de trabalho.

65. VIGIA

O direito à hora reduzida de 52 (cinquenta e dois) minutos e 30 (trinta) segundos aplica-se ao vigia noturno.

66. (*Cancelada. Resolução TST 121/2003 – D.J. 19.11.2003*) – TEMPO DE SERVIÇO

Os quinquênios devidos ao pessoal da Rede Ferroviária Federal S.A. serão calculados sobre o salário do cargo efetivo, ainda que o trabalhador exerça cargo ou função em comissão.

67. GRATIFICAÇÃO. FERROVIÁRIO

Chefe de trem, regido pelo estatuto dos ferroviários (Decreto 35.530, de 19.9.1959), não tem direito à gratificação prevista no respectivo art. 110.

68. (*Cancelada em decorrência da sua incorporação à nova redação da Súmula 6. Resolução TST 129/2005 – D.J. 20.4.2005*) – PROVA

É do empregador o ônus da prova do fato impeditivo, modificativo ou extintivo da equiparação salarial.

69. RESCISÃO DO CONTRATO

→ Redação alterada pela Resolução do TST 121/2003 (*D.J.* 19.11.2003).

A partir da Lei 10.272, de 5.9.2001, havendo rescisão do contrato de trabalho e sendo revel e confesso quanto à matéria de fato, deve ser o empregador condenado ao pagamento das verbas rescisórias, não quitadas na primeira audiência, com acréscimo de 50% (cinquenta por cento).

70. ADICIONAL DE PERICULOSIDADE

O adicional de periculosidade não incide sobre os triênios pagos pela Petrobrás.

71. ALÇADA

A alçada é fixada pelo valor dado à causa na data de seu ajuizamento, desde que não impugnado, sendo inalterável no curso do processo.

72. APOSENTADORIA

→ Redação alterada pela Resolução do TST 121/2003 (*D.J.* 19.11.2003).

O prêmio-aposentadoria instituído por norma regulamentar da empresa não está condicionado ao disposto no § 2º do art. 14 da Lei 8.036, de 11.5.1990.

73. DESPEDIDA. JUSTA CAUSA

→ Redação alterada pela Resolução do TST 121/2003 (*D.J.* 19.11.2003).

A ocorrência de justa causa, salvo a de abandono de emprego, no decurso do prazo do aviso-prévio dado pelo empregador, retira do empregado qualquer direito às verbas rescisórias de natureza indenizatória.

74. CONFISSÃO

→ Redação alterada pela Resolução do TST 174/2011 (*D.E.J.T.* 27.5.2011).

I – Aplica-se a confissão à parte que, expressamente intimada com aquela cominação, não comparecer à audiência em prosseguimento, na qual deveria depor. (ex-Súmula 74 – RA 69/1978, *D.J.* 26.9.1978)

II – A prova pré-constituída nos autos pode ser levada em conta para confronto com a confissão ficta (art. 400, I, CPC), não implicando cerceamento de defesa o indeferimento de provas posteriores. (ex-OJ 184 da SDI-I – Inserida em 8.11.2000)

III – A vedação à produção de prova posterior pela parte confessa somente a ela se aplica, não afetando o exercício, pelo magistrado, do poder/dever de conduzir o processo.

75. (*Cancelada. Resolução TST 121/2003 - D.J. 19.11.2003*) - FERROVIÁRIO

É incompetente a Justiça do Trabalho para conhecer de ação de ferroviário oriundo das empresas Sorocabana, São Paulo-Minas e Araraquarense, que mantém a condição de funcionário público.

76. (*Cancelada. Resolução TST 121/2003 - D.J. 19.11.2003*) - HORAS EXTRAS

O valor das horas suplementares prestadas habitualmente, por mais de 2 (dois) anos, ou durante todo o contrato, se suprimidas, integra-se ao salário para todos os efeitos legais.

77. PUNIÇÃO

Nula é a punição de empregado se não precedida de inquérito ou sindicância internos a que se obrigou a empresa, por norma regulamentar.

78. (*Cancelada. Resolução TST 121/2003 - D.J. 19.11.2003*) - GRATIFICAÇÃO

A gratificação periódica contratual integra o salário, pelo seu duodécimo, para todos os efeitos legais, inclusive o cálculo da natalina da Lei 4.090/1962.

79. (*Cancelada. Resolução TST 121/2003 - D.J. 19.11.2003*) - TEMPO DE SERVIÇO

O adicional de antiguidade, pago pela Fepasa, calcula-se sobre o salário-base.

80. INSALUBRIDADE

A eliminação da insalubridade mediante fornecimento de aparelhos protetores aprovados pelo órgão competente do Poder Executivo exclui a percepção do respectivo adicional.

81. FÉRIAS

Os dias de férias gozados após o período legal de concessão deverão ser remunerados em dobro.

82. ASSISTÊNCIA

→ Redação alterada pela Resolução do TST 121/2003 (*D.J.* 19.11.2003).

A intervenção assistencial, simples ou adesiva, só é admissível se demonstrado o interesse jurídico e não o meramente econômico.

83. AÇÃO RESCISÓRIA. MATÉRIA CONTROVERTIDA

→ Redação alterada pela Resolução do TST 137/2005 (*D.J.* 22.8.2005).

→ Incorporada a OJ da SDI-II 77 do TST.

I - Não procede pedido formulado na ação rescisória por violação literal de lei se a decisão rescindenda estiver baseada em texto legal infraconstitucional de interpretação controvertida nos Tribunais. (ex-Súmula 83 - Resolução 121/2003, *D.J.* 21.11.2003).

II - O marco divisor quanto a ser, ou não, controvertida, nos Tribunais, a interpretação dos dispositivos legais citados na ação rescisória é a data da inclusão, na Orientação Jurisprudencial do TST, da matéria discutida. (ex-OJ 77 da SDI-II - Inserida em 13.3.2002).

84. ADICIONAL REGIONAL

→ Redação alterada pela Resolução do TST 121/2003 (*D.J.* 19.11.2003).

O adicional regional, instituído pela Petrobras, não contraria o art. 7º, XXXII, da CF/1988.

85. COMPENSAÇÃO DE JORNADA

I - A compensação de jornada de trabalho deve ser ajustada por acordo individual escrito, acordo coletivo ou convenção coletiva. (ex-Súmula 85 - primeira parte - alterada pela Resolução 121/2003, *D.J.* 21.11.2003)

II - O acordo individual para compensação de horas é válido, salvo se houver norma coletiva em sentido contrário. (ex-OJ 182 da SDI-I - inserida em 8.11.2000)

III - O mero não atendimento das exigências legais para a compensação de jornada, inclusive quando encetada mediante acordo tácito, não implica a repetição do pagamento das horas excedentes à jornada normal diária, se não dilatada a jornada máxima semanal, sendo devido apenas o respectivo adicional. (ex-Súmula 85 - segunda parte- alterada pela Resolução 121/2003, *D.J.* 21.11.2003)

IV - A prestação de horas extras habituais descaracteriza o acordo de compensação de jornada. Nesta hipótese, as horas que ultrapassarem a jornada semanal normal deverão ser pagas como horas extraordinárias e, quanto àquelas destinadas à compensação, deverá ser pago a mais apenas o adicional por trabalho extraordinário. (ex-OJ 220 da SDI-I - Inserida em 20.6.2001)

V - As disposições contidas nesta súmula não se aplicam ao regime compensatório na modalidade "banco de horas", que somente pode ser instituído por negociação coletiva.

→ Item V acrescentado pela Resolução do TST 174/2011 (*D.E.J.T.* 27.5.2011).

86. DESERÇÃO. MASSA FALIDA. EMPRESA EM LIQUIDAÇÃO EXTRAJUDICIAL

→ Redação alterada pela Resolução do TST 129/2005 (*D.J.* 20.4.2005).

→ Incorporada a OJ da SDI-I 31 do TST.

Não ocorre deserção de recurso da massa falida por falta de pagamento de custas ou de depósito do valor da condenação. Esse privilégio, todavia, não se aplica à empresa em liquidação extrajudicial. (Primeira parte - ex-Súmula 86 - RA 69/1978, *D.J.* 26.9.1978; segunda parte - ex-OJ 31 da SDI-I - Inserida em 14.3.1994)

87. PREVIDÊNCIA PRIVADA

Se o empregado, ou seu beneficiário, já recebeu da instituição previdenciária privada, criada pela empresa, vantagem equivalente, é cabível a dedução do seu valor do benefício a que faz jus por norma regulamentar anterior.

88. (*Cancelada. Resolução TST 42/1995 - D.J. 17.2.1995*) - JORNADA DE TRABALHO. INTERVALO ENTRE TURNOS

O desrespeito ao intervalo mínimo entre 2 (dois) turnos de trabalho, sem importar em excesso na jornada efetivamente trabalhada, não dá direito a qualquer ressarcimento ao obreiro, por tratar-se apenas de infração sujeita a penalidade administrativa (art. 71 da CLT).

89. FALTA AO SERVIÇO

Se as faltas já são justificadas pela lei, consideram-se como ausências legais e não serão descontadas para o cálculo do período de férias.

90. HORAS *IN ITINERE*. TEMPO DE SERVIÇO

→ Redação alterada pela Resolução do TST 129/2005 (*D.J.* 20.4.2005).

→ Incorporadas as Súmulas 324 e 325 e as OJs da SDI-I 50 e 236 do TST.

I - O tempo despendido pelo empregado, em condução fornecida pelo empregador, até o local de trabalho de difícil acesso, ou não servido por transporte público regular, e para o seu retorno é computável na jornada de trabalho. (ex-Súmula 90 - RA 80/1978, *D.J.* 10.11.1978)

II - A incompatibilidade entre os horários de início e término da jornada do empregado e os do transporte público regular é circunstância que também gera o direito às horas *in itinere*. (ex-OJ 50 da SDI-I - Inserida em 1.2.1995)

III - A mera insuficiência de transporte público não enseja o pagamento de horas *in itinere*. (ex-Súmula 324 - Resolução 16/1993, *D.J.* 21.12.1993)

IV - Se houver transporte público regular em parte do trajeto percorrido em condução da empresa, as horas *in itinere* remuneradas limitam-se ao trecho não alcançado pelo transporte público. (ex-Súmula 325 Resolução 17/1993, *D.J.* 21.12.1993)

V - Considerando que as horas *in itinere* são computáveis na jornada de trabalho, o tempo que extrapola a jornada legal é considerado como extraordinário e sobre ele deve incidir o adicional respectivo. (ex-OJ 236 da SDI-I - Inserida em 20.6.2001)

91. SALÁRIO COMPLESSIVO

Nula é a cláusula contratual que fixa determinada importância ou percentagem para atender englobadamente vários direitos legais ou contratuais do trabalhador.

92. APOSENTADORIA

O direito à complementação de aposentadoria, criado pela empresa, com requisitos próprios, não se altera pela instituição de benefício previdenciário por órgão oficial.

93. BANCÁRIO

Integra a remuneração do bancário a vantagem pecuniária por ele auferida na colocação ou na venda de papéis ou valores mobiliários de empresas pertencentes ao mesmo grupo econômico, se exercida essa atividade no horário e no local de trabalho e com o consentimento, tácito ou expresso, do banco empregador.

94. (*Cancelada. Resolução TST 121/2003 - D.J. 19.11.2003*) - HORAS EXTRAS

O valor das horas extraordinárias habituais integra o aviso-prévio indenizado.

95. (*Cancelada. Resolução TST 121/2003 - D.J. 19.11.2003*) - PRESCRIÇÃO TRINTENÁRIA. FGTS

É trintenária a prescrição do direito de reclamar contra o não recolhimento da contribuição para o Fundo de Garantia do Tempo de Serviço.

96. MARÍTIMO

A permanência do tripulante a bordo do navio, no período de repouso, além da jornada, não importa presunção de que esteja à disposição do empregador ou em regime de prorrogação de horário, circunstâncias que devem resultar provadas, dada a natureza do serviço.

97. APOSENTADORIA. COMPLEMENTAÇÃO

→ Redação mantida pela Resolução do TST 121/2003 (*D.J.* 19.11.2003).

Instituída complementação de aposentadoria por ato da empresa, expressamente dependente de regulamentação, as condições desta devem ser observadas como parte integrante da norma.

98. FGTS. INDENIZAÇÃO. EQUIVALÊNCIA. COMPATIBILIDADE

→ Redação alterada pela Resolução do TST 129/2005 (*D.J.* 20.4.2005).

→ Incorporada a OJ da SDI-I 299 do TST.

I – A equivalência entre os regimes do Fundo de Garantia do Tempo de Serviço e da estabilidade prevista na CLT é meramente jurídica e não econômica, sendo indevidos valores a título de reposição de diferenças. (ex-Súmula 98 – RA 57/1980, *D.J.* 6.6.1980)

II – A estabilidade contratual ou a derivada de regulamento de empresa são compatíveis com o regime do FGTS. Diversamente ocorre com a estabilidade legal (decenal, art. 492 da CLT), que é renunciada com a opção pelo FGTS. (ex-OJ 299 da SDI-I – *D.J.* 11.8.2003)

99. AÇÃO RESCISÓRIA. DESERÇÃO. PRAZO

→ Redação alterada pela Resolução do TST 137/2005 (*D.J.* 22.8.2005).

→ Incorporada a OJ da SDI-II 117 do TST.

Havendo recurso ordinário em sede de rescisória, o depósito recursal só é exigível quando for julgado procedente o pedido e imposta condenação em pecúnia, devendo este ser efetuado no prazo recursal, no limite e nos termos da legislação vigente, sob pena de deserção. (ex-Súmula 99 – RA. 62/1980, *D.J.* 11.6.1980 e alterada pela Resolução 110/2002, *D.J.* 11.4.2002 e ex-OJ 117 da SDI-II – *D.J.* 11.8.2003)

100. AÇÃO RESCISÓRIA. DECADÊNCIA

→ Redação alterada pela Resolução do TST 137/2005 (*D.J.* 22.8.2005).

→ Incorporadas as OJs da SDI-II 13, 16, 79, 102, 104, 122 e 145 do TST.

I – O prazo de decadência, na ação rescisória, conta-se do dia imediatamente subsequente ao trânsito em julgado da última decisão proferida na causa, seja de mérito ou não. (ex-Súmula 100 – Resolução 109/2001, *D.J.* 18.4.2001).

II – Havendo recurso parcial no processo principal, o trânsito em julgado dá-se em momentos e em tribunais diferentes, contando-se o prazo decadencial para a ação rescisória do trânsito em julgado de cada decisão, salvo se o recurso tratar de preliminar ou prejudicial que possa tornar insubsistente a decisão recorrida, hipótese em que flui a decadência a partir do trânsito em julgado da decisão que julgar o recurso parcial. (ex-Súmula 100 – alterada pela Resolução 109/2001, *D.J.* 18.4.2001).

III – Salvo se houver dúvida razoável, a interposição de recurso intempestivo ou a interposição de recurso incabível não protrai o termo inicial do prazo decadencial. (ex-Súmula 100 – alterada pela Resolução 109/2001, *D.J.* 18.4.2001).

IV – O juízo rescindente não está adstrito à certidão de trânsito em julgado juntada com a ação rescisória, podendo formar sua convicção através de outros elementos dos autos quanto à antecipação ou postergação do *dies a quo* do prazo decadencial. (ex-OJ 102 da SDI-II – *D.J.* 29.4.2003).

V – O acordo homologado judicialmente tem força de decisão irrecorrível, na forma do art. 831 da CLT. Assim sendo, o termo conciliatório transita em julgado na data da sua homologação judicial. (ex-OJ 104 da SDI-II – *D.J.* 29.4.2003).

VI – Na hipótese de colusão das partes, o prazo decadencial da ação rescisória somente começa a fluir para o Ministério Público, que não interveio no processo principal, a partir do momento em que tem ciência da fraude. (ex-OJ 122 da SDI-II – *D.J.* 11.8.2003).

VII – Não ofende o princípio do duplo grau de jurisdição a decisão do TST que, após afastar a decadência em sede de recurso ordinário, aprecia desde logo a lide, se a causa versar questão exclusivamente de direito e estiver em condições de imediato julgamento. (ex-OJ 79 da SDI-II – inserida em 13.3.2002).

VIII – A exceção de incompetência, ainda que oposta no prazo recursal, sem ter sido aviado o recurso próprio, não tem o condão de afastar a consumação da coisa julgada e, assim, postergar o termo inicial do prazo decadencial para a ação rescisória. (ex-OJ 16 da SDI-II – Inserida em 20.9.2000).

IX – Prorroga-se até o primeiro dia útil, imediatamente subsequente, o prazo decadencial para ajuizamento de ação rescisória quando expira em férias forenses, feriados, finais de semana ou em dia em que não houver expediente forense. Aplicação do art. 775 da CLT. (ex-OJ 13 da SDI-II – Inserida em 20.9.2000).

X – Conta-se o prazo decadencial da ação rescisória, após o decurso do prazo legal previsto para a interposição do recurso extraordinário, apenas quando esgotadas todas as vias recursais ordinárias. (ex-OJ 145 da SDI-II – *D.J.* 10.11.2004).

101. DIÁRIAS DE VIAGEM. SALÁRIO

→ Redação alterada pela Resolução do TST 129/2005 (*D.J.* 20.4.2005).

→ Incorporada a OJ da SDI-I 292 do TST.

Integram o salário, pelo seu valor total e para efeitos indenizatórios, as diárias de viagem que excedam a 50% (cinquenta por cento) do salário do empregado, enquanto perdurarem as viagens. (Primeira parte – ex-Súmula 101 – RA 65/1980, *D.J.* 18.6.1980; segunda parte – ex-OJ 292 – Inserida em 11.8.2003)

102. BANCÁRIO. CARGO DE CONFIANÇA

→ Súmula mantida pela Resolução do TST 174/2011 (*D.E.J.T.* 27.5.2011).

I – A configuração, ou não, do exercício da função de confiança a que se refere o art. 224, § 2º, da CLT, dependente da prova das reais atribuições do empregado, é insuscetível de exame mediante recurso de revista ou de embargos. (ex-Súmula 204 – alterada pela Resolução 121/2003, *D.J.* 21.11.2003)

II – O bancário que exerce a função a que se refere o § 2º do art. 224 da CLT e recebe gratificação não inferior a 1/3 (um terço) de seu salário já tem remuneradas as duas horas extraordinárias excedentes de seis. (ex-Súmula 166 – RA 102/1982, *D.J.* 11.10.1982 e *D.J.* 15.10.1982)

III – Ao bancário exercente de cargo de confiança previsto no artigo 224, § 2º, da CLT são devidas as 7ª e 8ª horas, como extras, no período em que se verificar o pagamento a menor da gratificação de 1/3 (um terço). (ex-OJ 288 da SDI-I – *D.J.* 11.8.2003)

IV – O bancário sujeito à regra do art. 224, § 2º, da CLT cumpre jornada de trabalho de 8 (oito) horas, sendo extraordinárias as trabalhadas além da oitava. (ex-Súmula 232- RA 14/1985, *D.J.* 19.9.1985)

V – O advogado empregado de banco, pelo simples exercício da advocacia, não exerce cargo de confiança, não se enquadrando, portanto, na hipótese do § 2º do art. 224 da CLT. (ex-OJ 222 da SDI-I – inserida em 20.6.2001)

VI – O caixa bancário, ainda que caixa executivo, não exerce cargo de confiança. Se perceber gratificação igual ou superior a um terço do salário do posto efetivo, essa remunera apenas a maior responsabilidade do cargo e não as duas horas extraordinárias além da sexta. (ex-Súmula 102 – RA 66/1980, *D.J.* 18.6.1980 e republicada *D.J.* 14.7.1980)

VII – O bancário exercente de função de confiança, que percebe a gratificação não inferior ao terço legal, ainda que norma coletiva contemple percentual superior, não tem direito às sétima e oitava horas como extras, mas tão somente às diferenças de gratificação de função, se postuladas. (ex-OJ 15 da SDI-I – inserida em 14.3.1994)

103. (*Cancelada. Resolução TST 121/2003 – D.J. 19.11.2003*) – TEMPO DE SERVIÇO. LICENÇA-PRÊMIO

Os trabalhadores que hajam prestado serviço no regime da Lei 1.890, de 13.6.1953, e optado pelo regime estatutário, não contam, posteriormente, esse período para fins de licença-prêmio, privativa de servidores estatutários.

104. (*Cancelada. Resolução TST 121/2003 – D.J. 19.11.2003*) – FÉRIAS. TRABALHADOR RURAL

É devido o pagamento de férias ao rurícola, qualquer que tenha sido a data de sua admissão e, em dobro, se não concedidas na época prevista em lei.

105. (*Cancelada. Resolução TST 121/2003 – D.J. 19.11.2003*) – FUNCIONÁRIO PÚBLICO. QUINQUÊNIOS

O empregado estatutário que optar pelo regime celetista, com o congelamento dos quinquênios em seus valores à época, não tem direito ao reajuste posterior dos seus níveis.

106. (*Cancelada. Resolução TST 157/2009 – D.J. 4.9.2009*) – APOSENTADORIA. FERROVIÁRIO. COMPETÊNCIA

É incompetente a Justiça do Trabalho para julgar ação ajuizada em face da Rede Ferroviária Federal, em que ex-empregado desta pleiteie complementação de aposentadoria, elaboração ou alteração de folhas de pagamento de aposentados, se por essas obrigações responde órgão da previdência social.

107. (*Cancelada. Súmula 299. Resolução TST 9/1989 – D.J. 14.4.1989*) – AÇÃO RESCISÓRIA. PROVA

É indispensável a juntada à inicial da ação rescisória da prova do trânsito em julgado da decisão rescindenda, sob pena de indeferimento liminar.

108. (*Cancelada. Resolução 85/1998 – D.J. 20.8.1998*) – COMPENSAÇÃO DE HORÁRIO. ACORDO

A compensação de horário semanal deve ser ajustada por acordo escrito, não necessariamente em acordo coletivo ou convenção coletiva, exceto quanto ao trabalho da mulher.

109. GRATIFICAÇÃO DE FUNÇÃO

→ Redação mantida pela Resolução do TST 121/2003 (*D.J.* 19.11.2003).

O bancário não enquadrado no § 2º do art. 224 da CLT, que receba gratificação de função, não pode ter o salário relativo a horas extraordinárias compensado com o valor daquela vantagem.

110. JORNADA DE TRABALHO. INTERVALO

No regime de revezamento, as horas trabalhadas em seguida ao repouso semanal de 24 (vinte e quatro) horas, com prejuízo do intervalo mínimo de 11 (onze) horas consecutivas para descanso entre jornadas, devem ser remuneradas como extraordinárias, inclusive com o respectivo adicional.

111. (*Cancelada em decorrência da sua incorporação à nova redação da Súmula 6. Resolução TST 129/2005 – D.J. 20.4.2005*) – EQUIPARAÇÃO SALARIAL

A cessão de empregados não exclui a equiparação salarial, embora exercida a função em órgão governamental estranho à cedente, se esta responde pelos salários do paradigma e do reclamante.

112. TRABALHO NOTURNO. PETRÓLEO

O trabalho noturno dos empregados nas atividades de exploração, perfuração, produção e refinação do petróleo, industrialização do xisto, indústria petroquímica e transporte de petróleo e seus derivados, por meio de dutos, é regulado pela Lei 5.811, de 11.10.1972, não se lhe aplicando a hora reduzida de 52 (cinquenta e dois) minutos e 30 (trinta) segundos prevista no art. 73, § 2º, da CLT.

113. BANCÁRIO. SÁBADO. DIA ÚTIL

O sábado do bancário é dia útil não trabalhado, não dia de repouso remunerado. Não cabe a repercussão do pagamento de horas extras habituais em sua remuneração.

114. PRESCRIÇÃO INTERCORRENTE

É inaplicável na Justiça do Trabalho a prescrição intercorrente.

115. HORAS EXTRAS. GRATIFICAÇÕES SEMESTRAIS

→ Redação alterada pela Resolução do TST 121/2003 (*D.J.* 19.11.2003).

O valor das horas extras habituais integra a remuneração do trabalhador para o cálculo das gratificações semestrais.

116. (*Cancelada. Resolução TST 121/2003 – D.J. 19.11.2003*) – FUNCIONÁRIO PÚBLICO. CEDIDO. REAJUSTE SALARIAL

Os funcionários públicos cedidos à Rede Ferroviária Federal S.A. têm direito ao reajustamento salarial determinado pelo art. 5º da Lei 4.345/1964.

117. BANCÁRIO. CATEGORIA DIFERENCIADA

Não se beneficiam do regime legal relativo aos bancários os empregados de estabelecimento de crédito pertencentes a categorias profissionais diferenciadas.

118. JORNADA DE TRABALHO. HORAS EXTRAS

Os intervalos concedidos pelo empregador na jornada de trabalho, não previstos em lei, representam tempo à disposição da empresa, remunerados como serviço extraordinário, se acrescidos ao final da jornada.

119. JORNADA DE TRABALHO

Os empregados de empresas distribuidoras e corretoras de títulos e valores mobiliários não têm direito à jornada especial dos bancários.

120. (*Cancelada em decorrência da sua incorporação à nova redação da Súmula 6. Resolução TST 129/2005 – D.J. 20.4.2005*) – EQUIPARAÇÃO SALARIAL. DECISÃO JUDICIAL

Presentes os pressupostos do art. 461 da CLT, é irrelevante a circunstância de que o desnível salarial tenha origem em decisão judicial que beneficiou o paradigma, exceto se decorrente de vantagem pessoal ou de tese jurídica superada pela jurisprudência de Corte Superior.

121. (*Cancelada. Resolução TST 121/2003 – D.J. 19.11.2003*) – FUNCIONÁRIO PÚBLICO. GRATIFICAÇÃO DE PRODUTIVIDADE

Não tem direito à percepção da gratificação de produtividade, na forma do regime estatutário, o servidor de ex-autarquia administradora de porto que opta pelo regime jurídico da Consolidação das Leis do Trabalho.

122. REVELIA. ATESTADO MÉDICO

→ Redação alterada pela Resolução do TST 129/2005 (*D.J.* 20.4.2005).

→ Incorporada a OJ da SDI-I 74 do TST.

A reclamada, ausente à audiência em que deveria apresentar defesa, é revel, ainda que presente seu advogado munido de procuração, podendo ser ilidida a revelia mediante a apresentação de atestado médico, que deverá declarar, expressamente, a impossibilidade de locomoção do empregador ou do seu preposto no dia da audiência. (Primeira parte – ex-OJ 74 da SDI-I – Inserida em 25.11.1996; segunda parte – ex-Súmula 122, alterada pela Resolução 121/2003, *D.J.* 21.11.2003)

123. (*Cancelada. Resolução TST 121/2003 – D.J. 19.11.2003*) – COMPETÊNCIA. ART. 106 DA CF

Em se tratando de Estado ou Município, a lei que estabelece o regime jurídico (art. 106 da Constituição Federal) do servidor temporário ou contratado é a estadual ou municipal, a qual, uma vez editada, apanha as situações preexistentes, fazendo cessar sua regência pelo regime trabalhista. Incompetente é a Justiça do Trabalho para julgar as reclamações ajuizadas posteriormente à vigência da lei especial.

124. BANCÁRIO. SALÁRIO-HORA. DIVISOR

→ Redação alterada pela Resolução do TST 185/2012 (*D.E.J.T.* 25.9.2012).

→ Redação alterada na sessão do Tribunal Pleno realizada em 14.9.2012.

I – O divisor aplicável para o cálculo das horas extras do bancário, se houver ajuste individual expresso ou coletivo no sentido de considerar o sábado como dia de descanso remunerado, será:

a) 150, para os empregados submetidos à jornada de seis horas, prevista no *caput* do art. 224 da CLT;

b) 200, para os empregados submetidos à jornada de oito horas, nos termos do § 2º do art. 224 da CLT.

II – Nas demais hipóteses, aplicar-se-á o divisor:

a) 180, para os empregados submetidos à jornada de seis horas prevista no *caput* do art. 224 da CLT;

b) 220, para os empregados submetidos à jornada de oito horas, nos termos do § 2º do art. 224 da CLT.

125. CONTRATO DE TRABALHO. ART. 479 DA CLT

O art. 479 da CLT aplica-se ao trabalhador optante pelo FGTS admitido mediante contrato por prazo determinado, nos termos do art. 30, § 3º, do Decreto 59.820, de 20.12.1966.

126. RECURSO. CABIMENTO

Incabível o recurso de revista ou de embargos (arts. 896 e 894, *b*, da CLT) para reexame de fatos e provas.

127. QUADRO DE CARREIRA

Quadro de pessoal organizado em carreira, aprovado pelo órgão competente, excluída a hipótese de equiparação salarial, não obsta reclamação fundada em preterição, enquadramento ou reclassificação.

128. DEPÓSITO RECURSAL

→ Redação alterada pela Resolução do TST 129/2005 (D.J. 20.4.2005).

→ Incorporadas as OJs da SDI-I 139, 189 e 190 do TST.

I – É ônus da parte recorrente efetuar o depósito legal, integralmente, em relação a cada novo recurso interposto, sob pena de deserção. Atingido o valor da condenação, nenhum depósito mais é exigido para qualquer recurso. (ex-Súmula 128, redação dada pela Resolução 121/2003, *D.J.* 21.11.03, que incorporou a OJ 139 da SDI-I – Inserida em 27.11.98)

II – Garantido o juízo, na fase executória, a exigência de depósito para recorrer de qualquer decisão viola os incisos II e LV do art. 5º da CF/1988. Havendo, porém, elevação do valor do débito, exige-se a complementação da garantia do juízo. (ex-OJ 189 da SDI-I – Inserida em 8.11.2000)

III – Havendo condenação solidária de duas ou mais empresas, o depósito recursal efetuado por uma delas aproveita as demais, quando a empresa que efetuou o depósito não pleiteia sua exclusão da lide. (ex-OJ 190 da SDI-I – Inserida em 8.11.2000)

129. CONTRATO DE TRABALHO GRUPO ECONÔMICO

A prestação de serviços a mais de uma empresa do mesmo grupo econômico, durante a mesma jornada de trabalho, não caracteriza a coexistência de mais de um contrato de trabalho, salvo ajuste em contrário.

130. (*Cancelada. Resolução TST 121/2003 – D.J. 19.11.2003*) – ADICIONAL NOTURNO

O regime de revezamento no trabalho não exclui o direito do empregado ao adicional noturno, em face da derrogação do art. 73 da CLT pelo art. 157, item III, da Constituição de 18.9.1946.

131. (*Cancelada. Resolução 121/2003 – D.J. 19.11.2003*) – SALÁRIO MÍNIMO. VIGÊNCIA

O salário mínimo, uma vez decretado em condições de excepcionalidade, tem imediata vigência.

132. ADICIONAL DE PERICULOSIDADE. INTEGRAÇÃO

→ Redação alterada pela Resolução do TST 129/2005 (*D.J.* 20.4.2005).

→ Incorporadas as OJs da SDI-I 174 e 267 do TST.

I – O adicional de periculosidade, pago em caráter permanente, integra o cálculo de indenização e de horas extras. (ex-prejulgado 3). (ex-Súmula 132 – RA 102/1982, *D.J.* 11.10.1982/ *D.J.* 15.10.1982 e ex-OJ 267 da SDI-I – Inserida em 27.9.2002)

II – Durante as horas de sobreaviso, o empregado não se encontra em condições de risco, razão pela qual é incabível a integração do adicional de periculosidade sobre as mencionadas horas. (ex- OJ 174 da SDI-I – Inserida em 8.11.2000)

133. (*Cancelada. Resolução TST 121/2003 – D.J. 19.11.2003*) – EMBARGOS INFRINGENTES

Para o julgamento dos embargos infringentes, nas juntas, é desnecessária a notificação das partes.

134. (*Cancelada. Resolução TST 121/2003 – D.J. 19.11.2003*) – SALÁRIO. MENOR NÃO APRENDIZ

Ao menor não aprendiz é devido o salário mínimo integral.

135. (*Cancelada. Incorporação à nova redação da Súmula 6 – Resolução TST 129/2005 – D.J. 20.4.2005*) – SALÁRIO. EQUIPARAÇÃO

Para efeito de equiparação de salários em caso de trabalho igual, conta-se o tempo de serviço na função e não no emprego.

136. (*Cancelada. Resolução TST 185/2012 – D.E.J.T. 25.9.2012*) – JUIZ. IDENTIDADE FÍSICA

Não se aplica às Varas do Trabalho o princípio da identidade física do juiz.

137. (*Cancelada. Resolução TST 121/2003 – D.J. 19.11.2003*) ADICIONAL DE INSALUBRIDADE

É devido o adicional de serviço insalubre, calculado à base do salário mínimo da região, ainda que a remuneração contratual seja superior ao salário mínimo acrescido da taxa de insalubridade.

138. READMISSÃO

Em caso de readmissão, conta-se a favor do empregado o período de serviço anterior, encerrado com a saída espontânea.

139. ADICIONAL DE INSALUBRIDADE

→ Redação alterada pela Resolução do TST 129/2005 (*D.J.* 20.4.2005).

→ Incorporada a OJ da SDI-I 102 do TST.

Enquanto percebido, o adicional de insalubridade integra a remuneração para todos os efeitos legais. (ex-OJ 102 da SDI-I – Inserida em 1.10.1997)

140. VIGIA

É assegurado ao vigia sujeito ao trabalho noturno o direito ao respectivo adicional.

141. (*Cancelada. Resolução TST 121/2003 – D.J. 19.11.2003*) – DISSÍDIO COLETIVO

É constitucional o art. 2º da Lei 4.725, de 13.7.1965.

142. (*Cancelada. Resolução TST 121/2003 – D.J. 19.11.2003*) – GESTANTE. DISPENSA

Empregada gestante, dispensada sem motivo antes do período de 6 (seis) semanas anteriores ao parto, tem direito à percepção do salário-maternidade.)

143. SALÁRIO PROFISSIONAL

O salário profissional dos médicos e dentistas guarda proporcionalidade com as horas efetivamente trabalhadas, respeitado o mínimo de 50 (cinquenta) horas.

144. (*Cancelada. Resolução TST 121/2003 – D.J. 19.11.2003*) – AÇÃO RESCISÓRIA

É cabível a ação rescisória no âmbito da Justiça do Trabalho.

145. (*Cancelada. Resolução TST 121/2003 – D.J. 19.11.2003*) – GRATIFICAÇÃO DE NATAL

É compensável a gratificação de Natal com a da Lei 4.090, de 1962.

146. TRABALHO EM DOMINGOS E FERIADOS, NÃO COMPENSADO

→ Redação alterada pela Resolução do TST 121/2003 (*D.J.* 19.11.2003).

→ Incorporada a OJ da SDI-I 93 do TST.

O trabalho prestado em domingos e feriados, não compensado, deve ser pago em dobro, sem prejuízo da remuneração relativa ao repouso semanal.

147. (*Cancelada. Resolução TST 121/2003 – D.J. 19.11.2003*) – FÉRIAS. INDENIZAÇÃO

Indevido o pagamento dos repousos semanais e feriados intercorrentes nas férias indenizadas.

148. GRATIFICAÇÃO NATALINA

É computável a gratificação de Natal para efeito do cálculo da indenização.

149. TAREFEIRO. FÉRIAS

A remuneração das férias do tarefeiro deve ser calculada com base na média da produção do período aquisitivo, aplicando-se-lhe a tarifa da data da concessão.

150. (*Cancelada. Resolução TST 121/2003 – D.J. 19.11.2003*) – DEMISSÃO. INCOMPETÊNCIA DA JUSTIÇA DO TRABALHO

Falece competência à Justiça do Trabalho para determinar a reintegração ou a indenização de empregado demitido com base nos atos institucionais.

151. (*Cancelada. Resolução TST 121/2003 – D.J. 19.11.2003*) – FÉRIAS. REMUNERAÇÃO

A remuneração das férias inclui a das horas extraordinárias habitualmente prestadas.

152. GRATIFICAÇÃO. AJUSTE TÁCITO

O fato de constar do recibo de pagamento de gratificação o caráter de liberalidade não basta, por si só, para excluir a existência de ajuste tácito.

153. PRESCRIÇÃO

Não se conhece de prescrição não arguida na instância ordinária.

154. (*Cancelada. Resolução TST 121/2003 – D.J. 19.11.2003*) – MANDADO DE SEGURANÇA

Da decisão do Tribunal Regional do Trabalho em mandado de segurança cabe recurso ordinário, no prazo de 10 (dez) dias, para o Tribunal Superior do Trabalho.

155. AUSÊNCIA AO SERVIÇO

As horas em que o empregado falta ao serviço para comparecimento necessário, como parte, à Justiça do Trabalho não serão descontadas de seus salários.

156. PRESCRIÇÃO. PRAZO

Da extinção do último contrato começa a fluir o prazo prescricional do direito de ação em que se objetiva a soma de períodos descontínuos de trabalho.

157. GRATIFICAÇÃO

A gratificação instituída pela Lei 4.090, de 13.7.1962 é devida na resilição contratual de iniciativa do empregado.

158. AÇÃO RESCISÓRIA

Da decisão de Tribunal Regional do Trabalho, em ação rescisória, é cabível recurso ordinário para o Tribunal Superior do Trabalho, em face da organização judiciária trabalhista.

159. SUBSTITUIÇÃO DE CARÁTER NÃO EVENTUAL E VACÂNCIA DO CARGO

→ Redação alterada pela Resolução do TST 129/2005 (*D.J.* 20.4.2005).

→ Incorporada a OJ da SDI-I 112 do TST.

I – Enquanto perdurar a substituição que não tenha caráter meramente eventual, inclusive nas férias, o empregado substituto fará jus ao salário contratual do substituído. (ex-Súmula 159 – alterada pela Resolução 121/2003, *D.J.* 21.11.2003)

II – Vago o cargo em definitivo, o empregado que passa a ocupá-lo não tem direito a salário igual ao do antecessor. (ex-OJ 112 da SDI-I – Inserida em 1.10.1997)

160. APOSENTADORIA POR INVALIDEZ

Cancelada a aposentadoria por invalidez, mesmo após 5 (cinco) anos, o trabalhador terá direito de retornar ao emprego, facultado, porém, ao empregador, indenizá-lo na forma da lei.

161. DEPÓSITO. CONDENAÇÃO A PAGAMENTO EM PECÚNIA

Se não há condenação a pagamento em pecúnia, descabe o depósito de que tratam os §§ 1º e 2º do art. 899 da CLT.

162. (*Cancelada. Resolução TST 59/1996 – D.J. 28.6.1996*) – INSALUBRIDADE

É constitucional o art. 3º do Decreto-lei 389, de 26.12.1968.

163. AVISO-PRÉVIO. CONTRATO DE EXPERIÊNCIA

Cabe aviso-prévio nas rescisões antecipadas dos contratos de experiência, na forma do art. 481 da CLT.

164. PROCURAÇÃO. JUNTADA

→ Redação alterada pela Resolução do TST 121/2003 (*D.J.* 19.11.2003).

O não cumprimento das determinações dos §§ 1º e 2º do art. 5º da Lei 8.906, de 4.7.1994 e do art. 37, parágrafo único, do Código de Processo Civil importa o não conhecimento de recurso, por inexistente, exceto na hipótese de mandato tácito.

→ Refere-se ao CPC de 1973.

→ *v.* Art. 104, § 2º, do NCPC.

165. (*Cancelada. Resolução 87/1998 – D.J. 15.10.1998*) – DEPÓSITO. RECURSO. CONTA VINCULADA

O depósito, para fins de recurso, realizado fora da conta vinculada do trabalhador, desde que feito na sede do juízo, ou realizado na conta vinculada do trabalhador, apesar de fora da sua sede do juízo, uma vez que permaneça à disposição deste, não impedirá o conhecimento do apelo.

166. (*Cancelada. Incorporação à nova redação da Súmula 102 – Resolução TST 129/2005 – D.J. 20.4.2005*) – BANCÁRIO. CARGO DE CONFIANÇA. JORNADA DE TRABALHO

O bancário que exerce a função a que se refere o § 2º do art. 224 da CLT e recebe gratificação não inferior a 1/3 (um terço) de seu salário já tem remuneradas as duas horas extraordinárias excedentes de seis.

167. (*Cancelada. Resolução TST 121/2003 – D.J. 19.11.2003*) – VOGAL. INVESTIDURA. RECURSO

Das decisões proferidas pelos Tribunais Regionais, em processo de impugnação ou contestação à investidura de vogal, cabe recurso para o Tribunal Superior do Trabalho.

168. (*Cancelada. Súmula 294 – Resolução TST 4/1989 – D.J. 14.4.1989*) – PRESCRIÇÃO. PRESTAÇÕES PERIÓDICAS. CONTAGEM

Na lesão de direito que atinja prestações periódicas, de qualquer natureza, devidas ao empregado, a prescrição é sempre parcial e se conta do vencimento de cada uma delas e não do direito do qual se origina.

169. (*Cancelada. Resolução TST 121/2003 – D.J. 19.11.2003*) – AÇÃO RESCISÓRIA. JUSTIÇA DO TRABALHO. DEPÓSITO PRÉVIO

Nas ações rescisórias ajuizadas na Justiça do Trabalho e que só serão admitidas nas hipóteses dos arts. 798 a 800 do Código de Processo Civil de 1939, desnecessário o depósito a que aludem os arts. 488, II, e 494 do Código de Processo Civil de 1973.

→ *v.* Arts. 968, II, e 974, do NCPC.

170. SOCIEDADE DE ECONOMIA MISTA. CUSTAS

Os privilégios e isenções no foro da Justiça do Trabalho não abrangem as sociedades de economia mista, ainda que gozassem desses benefícios anteriormente ao Decreto-lei 779, de 21.8.1969.

171. FÉRIAS PROPORCIONAIS. CONTRATO DE TRABALHO. EXTINÇÃO

Salvo na hipótese de dispensa do empregado por justa causa, a extinção do contrato de trabalho sujeita o empregador ao pagamento da remuneração das férias proporcionais, ainda que incompleto o período aquisitivo de 12 (doze) meses (art. 147 da CLT).

→ Republicada em razão de erro material no registro da referência legislativa, *D.J.* 5.5.2004.

172. REPOUSO REMUNERADO. HORAS EXTRAS. CÁLCULO

Computam-se no cálculo do repouso remunerado as horas extras habitualmente prestadas.

173. SALÁRIO. EMPRESA. CESSAÇÃO DE ATIVIDADES

Extinto, automaticamente, o vínculo empregatício com a cessação das atividades da empresa, os salários só são devidos até a data da extinção.

174.(*Cancelada. Resolução TST 121/2003–D.J. 19.11.2003*) – PREVIDÊNCIA. LEI 3.841/1960. APLICAÇÃO

As disposições da Lei 3.841, de 15.12.1960, dirigidas apenas ao sistema previdenciário oficial, não se aplicam aos empregados vinculados ao regime de seguro social de caráter privado.

175. (*Cancelada. Resolução TST 121/2003 – D.J. 19.11.2003*) – RECURSO ADESIVO. ART. 500 DO CPC. INAPLICABILIDADE

O recurso adesivo, previsto no art. 500 do Código de Processo Civil, é incompatível com o processo do trabalho.

→ Refere-se ao CPC de 1973.

→ *v.* Art. 997 do NCPC.

176. (*Cancelada. Resolução TST 130/2005 – D.J. 13.5.2005*) – FUNDO DE GARANTIA. LEVANTAMENTO DO DEPÓSITO

→ Redação alterada pela Resolução do TST 121/2003 (*D.J.* 13.5.2005).

A Justiça do Trabalho só tem competência para autorizar o levantamento do depósito do Fundo de Garantia do Tempo de Serviço na ocorrência de dissídio entre empregado e empregador.

177. (*Cancelada. Resolução TST 121/2003 – D.J. 19.11.2003*) – DISSÍDIO COLETIVO. SINDICATO. REPRESENTAÇÃO

Está em plena vigência o art. 859 da Consolidação das Leis do Trabalho, cuja redação é a seguinte: "A representação dos sindicatos para instauração da instância fica subordinada à aprovação de assembleia, da qual participem os associados interessados na solução do dissídio coletivo, em primeira convocação, por maioria de 2/3 (dois terços) dos mesmos, ou, em segunda convocação, por 2/3 (dois terços) dos presentes".

178. TELEFONISTA. ART. 227, E PARÁGRAFOS, DA CLT. APLICABILIDADE

É aplicável à telefonista de mesa de empresa que não explora o serviço de telefonia o disposto no art. 227, e seus parágrafos, da CLT.

179. (*Cancelada. Resolução TST 121/2003 – D.J. 19.11.2003*) – INCONSTITUCIONALIDADE. ART. 22 DA LEI 5.107/1966

É inconstitucional o art. 22 da Lei 5.107, de 13.9.1966, na sua parte final, em que dá competência à Justiça do Trabalho para julgar dissídios coletivos "quando o BNH e a Previdência Social figurarem no feito como litisconsortes".

180. (*Cancelada. Resolução TST 121/2003 – D.J. 19.11.2003*) – AÇÃO DE CUMPRIMENTO. SUBSTITUIÇÃO PROCESSUAL. DESISTÊNCIA

Nas ações de cumprimento, o substituído processualmente pode, a qualquer tempo, desistir da ação, desde que, comprovadamente, tenha havido transação.

181. (*Cancelada. Resolução TST 121/2003 – D.J. 19.11.2003*) – ADICIONAL. TEMPO DE SERVIÇO. REAJUSTE SEMESTRAL. LEI 6.708/1979

O adicional por tempo de serviço, quando estabelecido em importe fixo, está sujeito ao reajuste da Lei 6.708/1979.

182. AVISO-PRÉVIO. INDENIZAÇÃO COMPENSATÓRIA. LEI 6.708, DE 30.10.1979

→ Redação alterada pela Resolução do TST 5/1983 (*D.J.* 9.11.1983).

O tempo do aviso-prévio, mesmo indenizado, conta-se para efeito da indenização adicional prevista no art. 9º da Lei 6.708, de 30.10.1979.

183. (*Cancelada. Resolução TST 121/2003 – D.J. 19.11.2003*) – EMBARGOS. RECURSO DE REVISTA. DESPACHO DENEGATÓRIO. AGRAVO DE INSTRUMENTO. NÃO CABIMENTO

São incabíveis embargos para o Tribunal Pleno contra decisão em agravo de instrumento oposto a despacho denegatório de recurso de revista, inexistindo ofensa ao art. 153, § 4º, da Constituição Federal.

184. EMBARGOS DECLARATÓRIOS. OMISSÃO EM RECURSO DE REVISTA. PRECLUSÃO

Ocorre preclusão se não forem opostos embargos declaratórios para suprir omissão apontada em recurso de revista ou de embargos.

185. (*Cancelada. Resolução TST 121/2003 – D.J. 19.11.2003*) – EMBARGOS SOB INTERVENÇÃO DO BANCO CENTRAL. LIQUIDAÇÃO EXTRAJUDICIAL. JUROS. CORREÇÃO MONETÁRIA. LEI 6.024/1974

Aplicada a Lei 6.024/1974, fica suspensa a incidência de juros e correção monetária nas liquidações de empresas sob intervenção do Banco Central.

186. LICENÇA-PRÊMIO. CONVERSÃO EM PECÚNIA. REGULAMENTO DA EMPRESA

→ Redação alterada pela Resolução do TST 121/2003 (*D.J.* 19.11.2003).

A licença-prêmio, na vigência do contrato de trabalho, não pode ser convertida em pecúnia, salvo se expressamente admitida a conversão no regulamento da empresa.

187. CORREÇÃO MONETÁRIA. INCIDÊNCIA

A correção monetária não incide sobre o débito do trabalhador reclamante.

188. CONTRATO DE TRABALHO. EXPERIÊNCIA. PRORROGAÇÃO

O contrato de experiência pode ser prorrogado, respeitado o limite máximo de 90 (noventa) dias.

189. GREVE. COMPETÊNCIA DA JUSTIÇA DO TRABALHO. ABUSIVIDADE

→ Redação alterada pela Resolução do TST 121/2003 (*D.J.* 19.11.2003).

A Justiça do Trabalho é competente para declarar a abusividade, ou não, da greve.

190. PODER NORMATIVO DO TST. CONDIÇÕES DE TRABALHO. INCONSTITUCIONALIDADE. DECISÕES CONTRÁRIAS AO STF

Ao julgar ou homologar ação coletiva ou acordo nela havido, o Tribunal Superior do Trabalho exerce o poder normativo constitucional, não podendo criar ou homologar condições de trabalho que o Supremo Tribunal Federal julgue iterativamente inconstitucionais.

191. ADICIONAL. PERICULOSIDADE. INCIDÊNCIA

→ Redação alterada pela Resolução do TST 121/2003 (*D.J.* 19.11.2003).

O adicional de periculosidade incide apenas sobre o salário básico e não sobre este acrescido de outros adicionais. Em relação aos eletricitários, o cálculo do adicional de periculosidade deverá ser efetuado sobre a totalidade das parcelas de natureza salarial.

192. AÇÃO RESCISÓRIA. COMPETÊNCIA E POSSIBILIDADE JURÍDICA DO PEDIDO.

→ Redação alterada pela Resolução do TST 153/2008 (*D.E.J.T.* 20.11.2008).

I – Se não houver o conhecimento de recurso de revista ou de embargos, a competência para julgar ação que vise a rescindir a decisão de mérito é do Tribunal Regional do Trabalho, ressalvado o disposto no item II. (ex-Súmula 192 – alterada pela Resolução 121/2003, *D.J.* 21.11.2003)

II – Acórdão rescindendo do Tribunal Superior do Trabalho que não conhece de recurso de embargos ou de revista, analisando arguição de violação de dispositivo de lei material ou decidindo em consonância com súmula de direito material ou com iterativa, notória e atual jurisprudência de direito material da Seção de Dissídios Individuais (Súmula 333), examina o mérito da causa, cabendo ação rescisória da competência do Tribunal Superior do Trabalho. (ex-Súmula 192 – alterada pela Resolução 121/2003, *D.J.* 21.11.2003)

III – Em face do disposto no art. 512 do CPC, é juridicamente impossível o pedido explícito de desconstituição de sentença quando substituída por acórdão do Tribunal Regional ou superveniente sentença homologatória de acordo que puser fim ao litígio.

→ Item III com redação alterada pela Resolução do TST 153/2008 (*D.E.J.T.* 20.11.2008).

IV – É manifesta a impossibilidade jurídica do pedido de rescisão de julgado proferido em agravo de instrumento que, limitando-se a aferir o eventual desacerto do juízo negativo de admissibilidade do recurso de revista, não substitui o acórdão regional, na forma do art. 512 do CPC. (ex-OJ 105 da SDI-II – *D.J.* 29.4.2003)

→ *v.* Art. 1.008 do NCPC.

V – A decisão proferida pela SDI, em sede de agravo regimental, calcada na Súmula 333, substitui acórdão de Turma do TST, porque emite juízo de mérito, comportando, em tese, o corte rescisório. (ex-OJ 133 da SDI-II – *D.J.* 4.5.2004)

193. (*Cancelada. Resolução TST 105/2000 – D.J. 18.12.2000*) – CORREÇÃO MONETÁRIA. JUROS. CÁLCULO. EXECUÇÃO DE SENTENÇA. PESSOA JURÍDICA DE DIREITO PÚBLICO

Nos casos de execução de sentença contra pessoa jurídica de direito público, os juros e a correção monetária serão calculados até o pagamento do valor principal da condenação.

194. (*Cancelada. Resolução TST 142/2007 – D.J. 10.10.2007*) – AÇÃO RESCISÓRIA. JUSTIÇA DO TRABALHO. DEPÓSITO PRÉVIO.

As ações rescisórias ajuizadas na Justiça do Trabalho serão admitidas, instruídas e julgadas conforme os arts. 485 *usque* 495 do Código de Processo Civil de 1973, sendo, porém, desnecessário o depósito prévio a que aludem os respectivos arts. 488, II, e 494.

→ *v.* Arts. 966 e ss., do NCPC.

195. (*Cancelada. Resolução TST 121/2003 – D.J. 19.11.2003*) – EMBARGOS. AGRAVO REGIMENTAL. CABIMENTO

Não cabem embargos para o Pleno de decisão de turma do Tribunal Superior do Trabalho, prolatada em agravo regimental.

196. (*Cancelada. Resolução TST 121/2003 – D.J. 19.11.2003*) – RECURSO ADESIVO. PRAZO. REVISÃO DA SÚMULA 175.

O recurso adesivo é compatível com o processo do trabalho, onde cabe, no prazo de 8 (oito) dias, no recurso ordinário, na revista, nos embargos para o Pleno e no agravo de petição.

197. Prazo

O prazo para recurso da parte que, intimada, não comparecer à audiência em prosseguimento para a prolação da sentença conta-se de sua publicação.

198. (*Cancelada. Súmula 294 – Resolução TST. 4/1989, D.J. 14.4.1989*) – PRESCRIÇÃO

Na lesão de direito individual que atinja prestações periódicas devidas ao empregado, à exceção da que decorre de ato único do empregador, a prescrição é sempre parcial e se conta do vencimento de cada uma dessas prestações, e não da lesão do direito.

199. BANCÁRIO. PRÉ-CONTRATAÇÃO DE HORAS EXTRAS

→ Redação alterada pela Resolução do TST 129/2005 (*D.J.* 20.4.2005).

→ Incorporadas as OJs da SDI-I 48 e 63 do TST.

I – A contratação do serviço suplementar, quando da admissão do trabalhador bancário, é nula. Os valores assim ajustados apenas remuneram a jornada normal, sendo devidas as horas extras com o adicional de, no mínimo, 50% (cinquenta por cento), as quais não configuram pré-contratação, se pactuadas após a admissão do bancário. (ex-Súmula 199, alterada pela Resolução 41/1995, *D.J.* 21.2.1995 e ex-OJ 48 da SDI-I – Inserida em 25.11.1996)

II – Em se tratando de horas extras pré-contratadas, opera-se a prescrição total se a ação não for ajuizada no prazo de cinco anos, a partir da data em que foram suprimidas. (ex-OJ 63 da SDI-I – Inserida em 14.3.1994)

200. JUROS DE MORA. INCIDÊNCIA

Os juros de mora incidem sobre a importância da condenação já corrigida monetariamente.

201. RECURSO ORDINÁRIO EM MANDADO DE SEGURANÇA

Da decisão de Tribunal Regional do Trabalho em mandado de segurança cabe recurso ordinário, no prazo de 8 (oito) dias, para o Tribunal Superior do Trabalho, e igual dilação para o recorrido e interessados apresentarem razões de contrariedade.

202. GRATIFICAÇÃO POR TEMPO DE SERVIÇO. COMPENSAÇÃO

Existindo, ao mesmo tempo, gratificação por tempo de serviço outorgada pelo empregador e outra da mesma natureza prevista em acordo coletivo, convenção coletiva ou sentença normativa, o empregado tem direito a receber, exclusivamente, a que lhe seja mais benéfica.

203. GRATIFICAÇÃO POR TEMPO DE SERVIÇO. NATUREZA SALARIAL

A gratificação por tempo de serviço integra o salário para todos os efeitos legais.

204. (*Cancelada em decorrência da sua incorporação à nova redação da Súmula 102. Resolução TST 129/2005 – D.J. 20.4.2005*) – BANCÁRIO. CARGO DE CONFIANÇA. CARACTERIZAÇÃO. (Resolução 121/2003, D.J. 21.11.2003)

A configuração, ou não, do exercício da função de confiança a que se refere o art. 224, § 2º, da CLT, dependente da prova das reais atribuições do empregado, é insuscetível de exame mediante recurso de revista ou de embargos.

205. (*Cancelada. Resolução TST 121/2003 – D.J. 19.11.2003*) – GRUPO ECONÔMICO. EXECUÇÃO. SOLIDARIEDADE

O responsável solidário, integrante do grupo econômico, que não participou da relação processual como reclamado e que, portanto, não consta no título executivo judicial como devedor, não pode ser sujeito passivo na execução.

206. FGTS. INCIDÊNCIA SOBRE PARCELAS PRESCRITAS

→ Redação alterada pela Resolução do TST 121/2003 (*D..J.* 19.11.2003).

A prescrição da pretensão relativa às parcelas remuneratórias alcança o respectivo recolhimento da contribuição para o FGTS.

207. (*Cancelada. Resolução TST 181/2012 – D.E.J.T. 19.4.2012*) – CONFLITOS DE LEIS TRABALHISTAS NO ESPAÇO. PRINCÍPIO DA LEX LOCI EXECUTIONIS

A relação jurídica trabalhista é regida pelas leis vigentes no país da prestação de serviço e não por aquelas do local da contratação.

208. (*Cancelada. Resolução 59/1996 – D.J. 28.6.1996*) – RECURSO DE REVISTA. ADMISSIBILIDADE. INTERPRETAÇÃO DE CLÁUSULA DE NATUREZA CONTRATUAL

A divergência jurisprudencial, suficiente a ensejar a admissibilidade ou o conhecimento do recurso de revista, diz respeito a interpretação de lei, sendo imprestável aquela referente ao alcance de cláusula contratual, ou de regulamento de empresa.

209. (*Cancelada. RA 81/1985 – D.J. 3.12.1985*) – CARGO EM COMISSÃO. REVERSÃO

A reversão do empregado ao cargo efetivo implica na perda das vantagens salariais inerentes ao cargo em comissão, salvo se nele houver permanecido 10 (dez) ou mais anos ininterruptos.

210. (*Cancelada. Resolução TST 121/2003 – D.J. 19.11.2003*) – RECURSO DE REVISTA. EXECUÇÃO DE SENTENÇA

A admissibilidade do recurso de revista contra acórdão proferido em execução de sentença depende de demonstração inequívoca de violação direta à Constituição Federal.

211. JUROS DE MORA E CORREÇÃO MONETÁRIA. INDEPENDÊNCIA DO PEDIDO INICIAL E DO TÍTULO EXECUTIVO JUDICIAL

Os juros de mora e a correção monetária incluem-se na liquidação, ainda que omisso o pedido inicial ou a condenação.

212. DESPEDIMENTO. ÔNUS DA PROVA

O ônus de provar o término do contrato de trabalho, quando negados a prestação de serviço e o despedimento, é do empregador, pois o princípio da continuidade da relação de emprego constitui presunção favorável ao empregado.

213. (*Cancelada. Resolução 46/1995 – D.J. 20.4.1995*) – EMBARGOS DE DECLARAÇÃO. SUSPENSÃO DO PRAZO RECURSAL

Os embargos de declaração suspendem o prazo do recurso principal, para ambas as partes, não se computando o dia da sua interposição.

214. DECISÃO INTERLOCUTÓRIA. IRRECORRIBILIDADE

→ Redação alterada pela Resolução do TST 127/2005 (*D.J.* 14.3.2005).

Na Justiça do Trabalho, nos termos do art. 893, § 1º, da CLT, as decisões interlocutórias não ensejam recurso imediato, salvo nas hipóteses de decisão:

a) de Tribunal Regional do Trabalho contrária à Súmula ou Orientação Jurisprudencial do Tribunal Superior do Trabalho;

b) suscetível de impugnação mediante recurso para o mesmo Tribunal;

c) que acolhe exceção de incompetência territorial, com a remessa dos autos para Tribunal Regional distinto daquele a que se vincula o juízo excepcionado, consoante o disposto no art. 799, § 2º, da CLT.

215. (*Cancelada. Resolução TST 28/1994 – D.J. 12.5.1994*) – HORAS EXTRAS NÃO CONTRATADAS EXPRESSAMENTE. ADICIONAL DEVIDO

Inexistindo acordo escrito para prorrogação da jornada de trabalho, o adicional referente às horas extras é devido na base de 25% (vinte e cinco por cento).

216. (*Cancelada. Resolução TST 87/1998 – D.J. 15.10.1998*) – DESERÇÃO. RELAÇÃO DE EMPREGADOS. AUTENTICAÇÃO MECÂNICA DESNECESSÁRIA

São juridicamente desnecessárias a autenticação mecânica do valor do depósito recursal na relação de empregados (RE) e a individualização do processo na guia de recolhimento (GR), pelo que a falta não importa em deserção).

217. DEPÓSITO RECURSAL. CREDENCIAMENTO BANCÁRIO. PROVA DISPENSÁVEL

O credenciamento dos bancos para o fim de recebimento do depósito recursal é fato notório, independendo da prova.

218. RECURSO DE REVISTA. ACÓRDÃO PROFERIDO EM AGRAVO DE INSTRUMENTO

É incabível recurso de revista interposto de acórdão regional prolatado em agravo de instrumento.

219. HONORÁRIOS ADVOCATÍCIOS. HIPÓTESE DE CABIMENTO

I – Na Justiça do Trabalho, a condenação ao pagamento de honorários advocatícios, nunca superiores a 15% (quinze por cento), não decorre pura e simplesmente da sucumbência, devendo a parte, concomitantemente:

a) estar assistida por sindicato da categoria profissional;

b) comprovar a percepção de salário inferior ao dobro do salário mínimo ou encontrar-se em situação econômica que não lhe permita demandar sem prejuízo do próprio sustento ou da respectiva família. (art.14,§1º, da Lei 5.584/1970). (ex-OJ 305da SBDI-I)

→ Item I com redação alterada pela Resolução do TST 197/2015 (*D.E.J.T.* 18.5/2015).

II – É cabível a condenação ao pagamento de honorários advocatícios em ação rescisória no processo trabalhista.

→ Redação alterada pela Resolução do TST 174/2011 (*D.E. J.T.* 27.5.2011).

III – São devidos os honorários advocatícios nas causas em que o ente sindical figure como substituto processual e nas lides que não derivem da relação de emprego.

→ Item III acrescentado pela Resolução do TST 174/2011 (*D.E.J.T.* 27.5.2011).

220. (*Cancelada. Resolução 55/1996 – D.J. 23.4.1996*) – HONORÁRIOS ADVOCATÍCIOS. SUBSTITUIÇÃO PROCESSUAL

Atendidos os requisitos da Lei 5.584/1970, são devidos os honorários advocatícios, ainda que o sindicato figure como substituto processual.

221. RECURSOS DE REVISTA.VIOLAÇÃO DE LEI. INDICAÇÃO DE PRECEITO

→ Redação alterada pela Resolução do TST 185/2012 (*D.J.* 25.9.2012).

→ Cancelado o item II e conferida nova redação na sessão do Tribunal Pleno realizada em 14.9.2012.

A admissibilidade do recurso de revista por violação tem como pressuposto a indicação expressa do dispositivo de lei ou da Constituição tido como violado.

222. (*Cancelada. Resolução TST 84/1998 – D.J. 20.8.1998*) – DIRIGENTES DE ASSOCIAÇÕES PROFISSIONAIS. ESTABILIDADE PROVISÓRIA

Os dirigentes de associações profissionais, legalmente registradas, gozam de estabilidade provisória no emprego.

223. (*Cancelada. Resolução TST 121/2003 – D.J. 19.11.2003*) – PRESCRIÇÃO. OPÇÃO PELO SISTEMA DO FUNDO DE GARANTIA DO TEMPO DE SERVIÇO. TERMO INICIAL

O termo inicial da prescrição para anular a opção pelo Fundo de Garantia do Tempo de Serviço coincide com a data em que formalizado o ato opcional, e não com a cessação do contrato de trabalho.

224. (*Cancelada. Resolução TST 121/2003 – D.J. 19.11.2003*) – COMPETÊNCIA. AÇÃO DE CUMPRIMENTO. SINDICATO. DESCONTO ASSISTENCIAL

A Justiça do Trabalho é incompetente para julgar ação na qual o sindicato, em nome próprio, pleiteia o recolhimento de desconto assistencial previsto em sentença normativa, convenção ou acordo coletivos.

225. REPOUSO SEMANAL. CÁLCULO. GRATIFICAÇÕES POR TEMPO DE SERVIÇO E PRODUTIVIDADE

As gratificações por tempo de serviço e produtividade, pagas mensalmente, não repercutem no cálculo do repouso semanal remunerado.

226. BANCÁRIO. GRATIFICAÇÃO POR TEMPO DE SERVIÇO. INTEGRAÇÃO NO CÁLCULO DAS HORAS EXTRAS

A gratificação por tempo de serviço integra o cálculo das horas extras.

227. (*Cancelada. Resolução TST 121/2003 – D.J. 19.11.2003*) – SALÁRIO-FAMÍLIA. TRABALHADOR RURAL

O salário-família somente é devido aos trabalhadores urbanos, não alcançando os rurais, ainda que prestem serviços, no campo, à empresa agroindustrial.

228. (*Súmula com eficácia suspensa por decisão liminar do Supremo Tribunal Federal. Resolução TST 185/2012*) – ADICIONAL DE INSALUBRIDADE. BASE DE CÁLCULO

A partir de 9 de maio de 2008, data da publicação da Súmula Vinculante 4 do Supremo Tribunal Federal, o adicional de insalubridade será calculado sobre o salário básico, salvo critério mais vantajoso fixado em instrumento coletivo.

229. SOBREAVISO. ELETRICITÁRIOS

→ Redação alterada pela Resolução do TST 121/2003 (*D.J.* 19.11.2003).

Por aplicação analógica do art. 244, § 2º, da CLT, as horas de sobreaviso dos eletricitários são remuneradas à base de 1/3 (um terço) sobre a totalidade das parcelas de natureza salarial.

230. AVISO-PRÉVIO. SUBSTITUIÇÃO PELO PAGAMENTO DAS HORAS REDUZIDAS DA JORNADA DE TRABALHO

É ilegal substituir o período que se reduz da jornada de trabalho, no aviso-prévio, pelo pagamento das horas correspondentes.

231. (*Cancelada. Resolução TST 121/2003 – D.J. 19.11.2003*) – QUADRO DE CARREIRA. HOMOLOGAÇÃO PELO CONSELHO NACIONAL DE POLÍTICA SALARIAL. EFICÁCIA

É eficaz para efeito do art. 461, § 2º, da CLT a homologação de quadro organizado em carreira pelo Conselho Nacional de Política Salarial.

232. (*Cancelada em decorrência da sua incorporação à nova redação da Súmula 102. Resolução TST 129/2005 – D.J. 20.4.2005*) – BANCÁRIO. CARGO DE CONFIANÇA. JORNADA. HORAS EXTRAS

O bancário sujeito à regra do art. 224, § 2º, da CLT cumpre jornada de trabalho de 8 (oito) horas, sendo extraordinárias as trabalhadas além da oitava.

233. (*Cancelada. Resolução TST 121/2003 – D.J. 19.11.2003*) – BANCÁRIO. CHEFE

O bancário no exercício da função de chefia, que recebe gratificação não inferior a 1/3 (um terço) do salário do cargo efetivo, está inserido na exceção do § 2º do art. 224 da CLT, não fazendo jus ao pagamento das sétima e oitava horas como extras.

234. (*Cancelada. Resolução TST 121/2003 – D.J. 19.11.2003*) – BANCÁRIO. SUBCHEFE

O bancário no exercício da função de subchefia, que recebe gratificação não inferior a 1/3 (um terço) do salário do cargo efetivo, está inserido na exceção do § 2º do art. 224 da CLT, não fazendo jus ao pagamento das sétima e oitava horas como extras.

235. (*Cancelada. Resolução TST 121/2003 – D.J. 19.11.2003*) – DISTRITO FEDERAL E AUTARQUIAS. CORREÇÃO AUTOMÁTICA DOS SALÁRIOS. INAPLICABILIDADE DA LEI 6.708/1979

Aos servidores do Distrito Federal e respectivas autarquias, submetidos ao regime da CLT, não se aplica a Lei 6.708/1979, que determina a correção automática dos salários.

236. (*Cancelada. Resolução TST 121/2003 – D.J. 19.11.2003*) – HONORÁRIOS PERICIAIS. RESPONSABILIDADE

A responsabilidade pelo pagamento dos honorários periciais é da parte sucumbente na pretensão relativa ao objeto da perícia.

237. (*Cancelada. Resolução TST 121/2003 – D.J. 19.11.2003*) – BANCÁRIO. TESOUREIRO

O bancário investido na função de tesoureiro, que recebe gratificação não inferior a 1/3 (um terço) do salário do cargo efetivo, está inserido na exceção do § 2º do art. 224 da CLT, não fazendo jus ao pagamento das sétima e oitava horas como extras.

238. (*Cancelada. Resolução TST 121/2003 – D.J. 19.11.2003*) – BANCÁRIO. SUBGERENTE

O bancário no exercício da função de subgerente, que recebe gratificação não inferior a 1/3 (um terço) do salário do cargo efetivo, está inserido na exceção do § 2º do art. 224 da CLT, não fazendo jus ao pagamento das sétima e oitava horas como extras.

239. BANCÁRIO. EMPREGADO DE EMPRESA DE PROCESSAMENTO DE DADOS

→ Redação alterada pela Resolução do TST 129/2005 (*D.J.* 20.4.2005).

→ Incorporadas as OJs da SDI-I 64 e 126 do TST.

É bancário o empregado de empresa de processamento de dados que presta serviço a banco integrante do mesmo grupo econômico, exceto quando a empresa de processamento de dados presta serviços a banco e a empresas não bancárias do mesmo grupo econômico ou a terceiros. (primeira parte – ex-Súmula 239 – Resolução 15/1985, *D.J.* 9.12.1985; segunda parte – ex-OJs 64 – inserida em 13.9.1994 e 126 da SDI-I – Inserida em 20.4.1998)

240. BANCÁRIO. GRATIFICAÇÃO DE FUNÇÃO E ADICIONAL POR TEMPO DE SERVIÇO

O adicional por tempo de serviço integra o cálculo da gratificação prevista no art. 224, § 2º, da CLT.

241. SALÁRIO-UTILIDADE. ALIMENTAÇÃO

O vale para refeição, fornecido por força do contrato de trabalho, tem caráter salarial, integrando a remuneração do empregado, para todos os efeitos legais.

242. INDENIZAÇÃO ADICIONAL. VALOR

A indenização adicional, prevista no art. 9º da Lei 6.708, de 30.10.1979 e no art. 9º da Lei 7.238, de 28.10.1984, corresponde ao salário mensal, no valor devido na data da comunicação do despedimento, integrado pelos adicionais legais ou convencionados, ligados à unidade de tempo mês, não sendo computável a gratificação natalina.

243. OPÇÃO PELO REGIME TRABALHISTA. SUPRESSÃO DAS VANTAGENS ESTATUTÁRIAS

Exceto na hipótese de previsão contratual ou legal expressa, a opção do funcionário público pelo regime trabalhista implica a renúncia dos direitos inerentes ao sistema estatutário.

244. GESTANTE. ESTABILIDADE PROVISÓRIA

→ Redação alterada pela Resolução do TST 185/2012 (*D.E.J.T.* 25.9.2012).

I – O desconhecimento do estado gravídico pelo empregador não afasta o direito ao pagamento da indenização decorrente da estabilidade. (art. 10, II, *b* do ADCT).

II – A garantia de emprego à gestante só autoriza a reintegração se esta se der durante o período de estabilidade. Do contrário, a garantia restringe-se aos salários e demais direitos correspondentes ao período de estabilidade

III – A empregada gestante tem direito à estabilidade provisória prevista no art. 10, inciso II, alínea *b*, do Ato das Disposições Constitucionais Transitórias, mesmo na hipótese de admissão mediante contrato por tempo determinado.

→ Redação do item III alterada na Sessão do Tribunal Pleno realizada em 14.9.2012 - Resolução do TST 185/2012 (*D.E.J.T.* 25.9.2012).

245. DEPÓSITO RECURSAL. PRAZO

O depósito recursal deve ser feito e comprovado no prazo alusivo ao recurso. A interposição antecipada deste não prejudica a dilação legal.

246. AÇÃO DE CUMPRIMENTO. TRÂNSITO EM JULGADO DA SENTENÇA NORMATIVA

É dispensável o trânsito em julgado da sentença normativa para propositura da ação de cumprimento.

247. QUEBRA DE CAIXA. NATUREZA JURÍDICA

A parcela paga aos bancários sob a denominação "quebra de caixa" possui natureza salarial, integrando o salário do prestador de serviços, para todos os efeitos legais.

248. ADICIONAL DE INSALUBRIDADE. DIREITO ADQUIRIDO

A reclassificação ou descaracterização da insalubridade, por ato da autoridade competente, repercute na satisfação do respectivo adicional, sem ofensa a direito adquirido ou ao princípio da irredutibilidade salarial.

249. (*Cancelada. Resolução TST 121/2003 – D.J. 19.11.2003*) – AUMENTO SALARIAL SETORIZADO. TABELA ÚNICA

Legítima é a concessão de aumento salarial por região do país, desfazendo identidade anterior, baseada em tabela única de âmbito nacional.

250. (*Cancelada. Resolução TST 121/2003 – D.J. 19.11.2003*) – PLANO DE CLASSIFICAÇÃO. PARCELAS ANTIGUIDADE E DESEMPENHO. AGLUTINAÇÃO AO SALÁRIO

Lícita é a incorporação ao salário-base das parcelas pagas a título de antiguidade e desempenho, quando não há prejuízo para o empregado.

251. (*Cancelada. Resolução 33/1994 – D.J. 12.5.1994*) – PARTICIPAÇÃO NOS LUCROS. NATUREZA SALARIAL

A parcela participação nos lucros da empresa, habitualmente paga, tem natureza salarial, para todos os efeitos legais.

252. (*Cancelada. Resolução TST 121/2003 – D.J. 19.11.2003*) – FUNCIONÁRIO PÚBLICO. CEDIDO. REAJUSTE SALARIAL

Os funcionários públicos cedidos à Rede Ferroviária Federal S.A. têm direito ao reajustamento salarial previsto no art. 5º da Lei 4.345/1964, compensável com o deferido pelo art. 1º da Lei 4.564/1964 e observados os padrões de vencimentos, à época dos cargos idênticos ou assemelhados do serviço público, a teor do disposto no art. 20, item I, da Lei 4.345/1964 e nos termos dos acórdãos proferidos no DC 2/1966. O paradigma previsto neste último dispositivo legal será determinado através de perícia, se as partes não o indicarem de comum acordo.

253. GRATIFICAÇÃO SEMESTRAL. REPERCUSSÕES

→ Redação alterada pela Resolução do TST 121/2003 (*D.J.* 19.11.2003).

A gratificação semestral não repercute no cálculo das horas extras, das férias e do aviso-prévio, ainda que indenizados. Repercute, contudo, pelo seu duodécimo na indenização por antiguidade e na gratificação natalina.

254. SALÁRIO-FAMÍLIA. TERMO INICIAL DA OBRIGAÇÃO

O termo inicial do direito ao salário-família coincide com a prova da filiação. Se feita em juízo, corresponde à data de ajuizamento do pedido, salvo se comprovado que anteriormente o empregador se recusara a receber a respectiva certidão.

255. (*Cancelada. Resolução TST 121/2003 – D.J. 19.11.2003*) – SUBSTITUIÇÃO PROCESSUAL. DESISTÊNCIA

O substituído processualmente pode, antes da sentença de primeiro grau, desistir da ação.

256. (*Cancelada. Resolução 121/2003 – D.J. 19.11.2003*) – CONTRATO DE PRESTAÇÃO DE SERVIÇOS. LEGALIDADE

Salvo os casos de trabalho temporário e de serviço de vigilância, previstos nas Leis 6.019, de 3.1.1974, e 7.102, de 20.6.1983, é ilegal a contratação de trabalhadores por empresa interposta, formando-se o vínculo empregatício diretamente com o tomador dos serviços.

257. VIGILANTE

O vigilante, contratado diretamente por banco ou por intermédio de empresas especializadas, não é bancário.

258. SALÁRIO-UTILIDADE. PERCENTUAIS

→ Redação alterada pela Resolução do TST 121/2003 (*D.J.* 19.11.2003).

Os percentuais fixados em lei relativos ao salário *in natura* apenas se referem às hipóteses em que o empregado percebe salário mínimo, apurando-se, nas demais, o real valor da utilidade.

259. TERMO DE CONCILIAÇÃO. AÇÃO RESCISÓRIA

Só por ação rescisória é impugnável o termo de conciliação previsto no parágrafo único do art. 831 da CLT.

260. (*Cancelada. Resolução TST 121/2003 – D.J. 19.11.2003*) – SALÁRIO-MATERNIDADE. CONTRATO DE EXPERIÊNCIA

No contrato de experiência, extinto antes do período de 4 (quatro) semanas que precede ao parto, a empregada não tem direito a receber, do empregador, o salário-maternidade.

261. FÉRIAS PROPORCIONAIS. PEDIDO DE DEMISSÃO. CONTRATO VIGENTE HÁ MENOS DE 1 (UM) ANO

→ Redação alterada pela Resolução do TST 121/2003 (*D.J.* 19.11.2003).

O empregado que se demite antes de completar 12 (doze) meses de serviço tem direito a férias proporcionais.

262. PRAZO JUDICIAL. NOTIFICAÇÃO OU INTIMAÇÃO EM SÁBADO. RECESSO FORENSE

→ Redação alterada pela Resolução TST 194/2014 (*D.J.* 21.5.2014).

→ Incorporada a OJ da SDI-I 209 do TST.

I – Intimada ou notificada a parte no sábado, o início do prazo se dará no primeiro dia útil imediato e a contagem, no subsequente. (ex-Súmula 262 – Resolução 10/1986, *D.J.* 31.10.1986)

II – O recesso forense e as férias coletivas dos Ministros do Tribunal Superior do Trabalho suspendem os prazos recursais. (ex-OJ 209 da SDI-I – Inserida em 8.11.2000)

→ Item II com redação alterada pela Resolução TST 194/2014 (*D.J.* 21.5.2014).

263. PETIÇÃO INICIAL. INDEFERIMENTO. INSTRUÇÃO OBRIGATÓRIA DEFICIENTE

→ Redação alterada pela Resolução do TST 121/2003 (*D.J.* 19.11.2003).

Salvo nas hipóteses do art. 295 do CPC, o indeferimento da petição inicial, por encontrar-se desacompanhada de documento indispensável à propositura da ação ou não preencher outro requisito legal, somente é cabível se, após intimada para suprir a irregularidade em 10 (dez) dias, a parte não o fizer.

264. HORA SUPLEMENTAR. CÁLCULO

A remuneração do serviço suplementar é composta do valor da hora normal, integrado por parcelas de natureza salarial e acrescido do adicional previsto em lei, contrato, acordo, convenção coletiva ou sentença normativa.

265. ADICIONAL NOTURNO. ALTERAÇÃO DE TURNO DE TRABALHO. POSSIBILIDADE DE SUPRESSÃO

A transferência para o período diurno de trabalho implica na perda do direito ao adicional noturno.

266. RECURSO DE REVISTA. ADMISSIBILIDADE. EXECUÇÃO DE SENTENÇA

A admissibilidade do recurso de revista interposto de acórdão proferido em agravo de petição, na liquidação de sentença ou em processo incidente na execução, inclusive os embargos de terceiro, depende de demonstração inequívoca de violência direta à Constituição Federal.

267. (*Cancelada. Resolução TST 121/2003 – D.J. 19.11.2003*) – BANCÁRIO. VALOR DO SALÁRIO-HORA. DIVISOR

O bancário sujeito à jornada de 8 (oito) horas (art. 224, § 2º, da CLT) tem salário-hora calculado com base no divisor 240 (duzentos e quarenta) e não 180 (cento e oitenta), que é relativo à jornada de 6 (seis) horas.

268. PRESCRIÇÃO. INTERRUPÇÃO. AÇÃO TRABALHISTA ARQUIVADA

→ Redação alterada pela Resolução do TST 121/2003 (*D.J.* 19.11.2003).

A ação trabalhista, ainda que arquivada, interrompe a prescrição somente em relação aos pedidos idênticos.

269. DIRETOR ELEITO. CÔMPUTO DO PERÍODO COMO TEMPO DE SERVIÇO

O empregado eleito para ocupar cargo de diretor tem o respectivo contrato de trabalho suspenso, não se computando o tempo de serviço deste período, salvo se permanecer a subordinação jurídica inerente à relação de emprego.

270. (*Cancelada. Resolução 49/1995 – D.J. 30.8.1995*) – REPRESENTAÇÃO PROCESSUAL. MANDATO EXPRESSO. AUSÊNCIA DE FIRMA RECONHECIDA

A ausência de reconhecimento de firma no instrumento de mandato – procuração – torna irregular a representação processual, impossibilitando o conhecimento do recurso, por inexistente.

271. (*Cancelada. Resolução TST 121/2003 – D.J. 19.11.2003*) – SUBSTITUIÇÃO PROCESSUAL. ADICIONAIS DE INSALUBRIDADE E DE PERICULOSIDADE

Legítima é a substituição processual dos empregados associados, pelo sindicato que congrega a categoria profissional, na demanda trabalhista cujo objeto seja adicional de insalubridade ou periculosidade.

272. (*Cancelada. Resolução TST 121/2003 – D.J. 19.11.2003*) – AGRAVO DE INSTRUMENTO. TRASLADO DEFICIENTE

Não se conhece do agravo para subida de recurso de revista, quando faltarem no traslado o despacho agravado, a decisão recorrida, a petição de recurso de revista, a procuração subscrita pelo agravante, ou qualquer peça essencial à compreensão da controvérsia.

273. (*Cancelada. Resolução TST 121/2003 – D.J. 19.11.2003*) – CONSTITUCIONALIDADE. DECRETOS-LEIS 2.012/1983 E 2.045/1983

São constitucionais os Decretos-leis 2.012/1983 e 2.045/1983.

274. (*Cancelada em decorrência da sua incorporação à nova redação da Súmula 6 – Resolução TST 129/2005 – D.J. 20.4.2005*) – PRESCRIÇÃO PARCIAL. EQUIPARAÇÃO SALARIAL

Na ação de equiparação salarial, a prescrição só alcança as diferenças salariais vencidas no período de 5 (cinco) anos que precedeu o ajuizamento.

275. PRESCRIÇÃO. DESVIO DE FUNÇÃO E REENQUADRAMENTO

→ Redação alterada pela Resolução do TST 129/2005 (*D.J.* 20.4.2005).

→ Incorporada a OJ da SDI-I 144 do TST.

I – Na ação que objetive corrigir desvio funcional, a prescrição só alcança as diferenças salariais vencidas no período de 5 (cinco) anos que precedeu o ajuizamento. (ex-Súmula 275 – alterada pela Resolução 121/2003, *D.J.* 21.11.2003)

II – Em se tratando de pedido de reenquadramento, a prescrição é total, contada da data do enquadramento do empregado. (ex-OJ 144 da SDI-I – Inserida em 27.11.1998)

276. AVISO-PRÉVIO. RENÚNCIA PELO EMPREGADO

O direito ao aviso-prévio é irrenunciável pelo empregado. O pedido de dispensa de cumprimento não exime o empregador de pagar o valor respectivo, salvo comprovação de haver o prestador dos serviços obtido novo emprego.

277. CONVENÇÃO COLETIVA DE TRABALHO OU ACORDO COLETIVO DE TRABALHO. EFICÁCIA. ULTRATIVIDADE

→ Redação alterada pela Resolução do TST 185/2012 (*D.E.J.T.* 25.9.2012).

→ Redação alterada na sessão do Tribunal Pleno em 14.9.2012

As cláusulas normativas dos acordos coletivos ou convenções coletivas integram os contratos individuais de trabalho e somente poderão ser modificados ou suprimidas mediante negociação coletiva de trabalho.

278. EMBARGOS DE DECLARAÇÃO. OMISSÃO NO JULGADO

A natureza da omissão suprida pelo julgamento de embargos declaratórios pode ocasionar efeito modificativo no julgado.

279. RECURSO CONTRA SENTENÇA NORMATIVA. EFEITO SUSPENSIVO. CASSAÇÃO

A cassação de efeito suspensivo concedido a recurso interposto de sentença normativa retroage à data do despacho que o deferiu.

280. (*Cancelada. Resolução TST 2/1990 – D.J. 10.1.1991*) – CONVENÇÃO COLETIVA. SOCIEDADE DE ECONOMIA MISTA. AUDIÊNCIA PRÉVIA DO ÓRGÃO OFICIAL COMPETENTE

Convenção coletiva, formalizada sem prévia audição do órgão oficial competente, não obriga sociedade de economia mista.

281. (*Cancelada. Resolução TST 121/2003 – D.J. 19.11.2003*) – PISO SALARIAL. PROFESSORES

A instituição do Fundo de Participação dos Estados e Municípios não fez surgir, para os professores, direito a piso salarial.

282. ABONO DE FALTAS. SERVIÇO MÉDICO DA EMPRESA

Ao serviço médico da empresa ou ao mantido por esta última mediante convênio compete abonar os primeiros 15 (quinze) dias de ausência ao trabalho.

283. RECURSO ADESIVO. PERTINÊNCIA NO PROCESSO DO TRABALHO. CORRELAÇÃO DE MATÉRIAS

→ Redação mantida pela Resolução do TST 121/2003 (*D.J.* 19.11.2003).

O recurso adesivo é compatível com o processo do trabalho e cabe, no prazo de 8 (oito) dias, nas hipóteses de interposição de recurso ordinário, de agravo de petição, de revista e de embargos, sendo desnecessário que a matéria nele veiculada esteja relacionada com a do recurso interposto pela parte contrária.

284. (*Cancelada. Resolução TST 121/2003 – D.J. 19.11.2003*) – CORREÇÃO MONETÁRIA. EMPRESAS EM LIQUIDAÇÃO. LEI 6.024/1974

Os débitos trabalhistas das empresas em liquidação de que cogita a Lei 6.024/1974 estão sujeitos à correção monetária, observada a vigência do Decreto-lei 2.278/1985, ou seja, a partir de 22.11.1985.

285. RECURSO DE REVISTA. ADMISSIBILIDADE PARCIAL PELO JUIZ-PRESIDENTE DO TRIBUNAL REGIONAL DO TRABALHO. EFEITO

O fato de o juízo primeiro de admissibilidade do recurso de revista entendê-lo cabível apenas quanto à parte das matérias veiculadas não impede a apreciação integral pela Turma do Tribunal Superior do Trabalho, sendo imprópria a interposição de agravo de instrumento.

286. SINDICATO. SUBSTITUIÇÃO PROCESSUAL. CONVENÇÃO E ACORDOS COLETIVOS

→ Redação alterada pela Resolução do TST 98/2000 (*D.J.* 18.9.2000).

A legitimidade do sindicato para propor ação de cumprimento estende-se também à observância de acordo ou de convenção coletivos.

287. JORNADA DE TRABALHO. GERENTE BANCÁRIO

→ Redação alterada pela Resolução do TST 121/2003 (*D.J.* 19.11.2003).

A jornada de trabalho do empregado de banco gerente de agência é regida pelo art. 224, § 2º, da CLT. Quanto ao gerente-geral de agência bancária, presume-se o exercício de encargo de gestão, aplicando-se-lhe o art. 62 da CLT.

288. COMPLEMENTAÇÃO DOS PROVENTOS DA APOSENTADORIA

A complementação dos proventos da aposentadoria é regida pelas normas em vigor na data da admissão do empregado, observando-se as alterações posteriores desde que mais favoráveis ao beneficiário do direito.

I – A complementação dos proventos da aposentadoria é regida pelas normas em vigor na data da admissão do empregado, observando-se as alterações posteriores desde que mais favoráveis ao beneficiário do direito.

II – Na hipótese de coexistência de dois regulamentos de planos de previdência complementar, instituídos pelo empregador ou por entidade de previdência privada, a opção do beneficiário por um deles tem efeito jurídico de renúncia às regras do outro.

→ Item II acrescentado pela Resolução 193/2013 (*D.E.J.T.* 13.12.2013).

289. INSALUBRIDADE. ADICIONAL. FORNECIMENTO DO APARELHO DE PROTEÇÃO. EFEITO

O simples fornecimento do aparelho de proteção pelo empregador não o exime do pagamento do adicional de insalubridade. Cabe-lhe tomar as medidas que conduzam à diminuição ou eliminação da nocividade, entre as quais as relativas ao uso efetivo do equipamento pelo empregado.

290. (*Cancelada. Resolução TST 121/2003 – D.J. 19.11.2003*) – GORJETAS. NATUREZA JURÍDICA. AUSÊNCIA DE DISTINÇÃO QUANTO À FORMA DE RECEBIMENTO.

As gorjetas, sejam cobradas pelo empregador na nota de serviço ou oferecidas espontaneamente pelos clientes, integram a remuneração do empregado.

291. HORAS EXTRAS. HABITUALIDADE. SUPRESSÃO. INDENIZAÇÃO

→ Redação alterada pela Resolução do TST 174/2011 (*D.E.J.T.* 27.5.2011).

A supressão total ou parcial, pelo empregador, de serviço suplementar prestado com habitualidade, durante pelo menos 1 (um) ano, assegura ao empregado o direito à indenização correspondente ao valor de 1 (um) mês das horas suprimidas, total ou parcialmente, para cada ano ou fração igual ou superior a 6 (seis) meses de prestação de serviço acima da jornada normal. O cálculo observará a média das horas suplementares nos últimos 12 (doze) meses anteriores à mudança, multiplicada pelo valor da hora extra do dia da supressão.

292. (*Cancelada. Resolução TST 121/2003 – D.J. 19.11.2003*) – ADICIONAL DE INSALUBRIDADE. TRABALHADOR RURAL

O trabalhador rural tem direito ao adicional de insalubridade, observando-se a necessidade de verificação, na forma da lei, de condições nocivas à saúde.

293. ADICIONAL DE INSALUBRIDADE. CAUSA DE PEDIR. AGENTE NOCIVO DIVERSO DO APONTADO NA INICIAL

A verificação mediante perícia de prestação de serviços em condições nocivas, considerado agente insalubre diverso do apontado na inicial, não prejudica o pedido de adicional de insalubridade.

294. PRESCRIÇÃO. ALTERAÇÃO CONTRATUAL. TRABALHADOR URBANO

→ Redação mantida pela Resolução do TST 121/2003 (*D.J.* 19.11.2003).

Tratando-se de ação que envolva pedido de prestações sucessivas decorrente de alteração do pactuado, a prescrição é total, exceto quando o direito à parcela esteja também assegurado por preceito de lei.

295. (*Cancelada. Resolução TST 152/2008 – D.E.J.T. 20.11.2008*) – APOSENTADORIA ESPONTÂNEA. DEPÓSITO DO FGTS. PERÍODO ANTERIOR À OPÇÃO

A cessação do contrato de trabalho em razão de aposentadoria espontânea do empregado exclui o direito ao recebimento de indenização relativa ao período anterior à opção. A realização de depósito na conta do Fundo de Garantia do Tempo de Serviço, de que trata o § 3º do art. 14 da Lei 8.036, de 11.5.1990, é faculdade atribuída ao empregador.

296. RECURSO. DIVERGÊNCIA JURISPRUDENCIAL. ESPECIFICIDADE

→ Redação alterada pela Resolução do TST 129/2005 (*D.J.* 20.4.2005).

→ Incorporada a OJ da SDI-I 37 do TST.

I – A divergência jurisprudencial ensejadora da admissibilidade, do prosseguimento e do conhecimento do recurso há de ser específica, revelando a existência de teses diversas na interpretação de um mesmo dispositivo legal, embora idênticos os fatos que as ensejaram. (ex-Súmula 296 – Resolução 6/1989, *D.J.* 14.4.1989)

II – Não ofende o art. 896 da CLT decisão de Turma que, examinando premissas concretas de especificidade da divergência colacionada no apelo revisional, conclui pelo conhecimento ou desconhecimento do recurso. (ex-OJ 37 da SDI-I – Inserida em 1.2.1995)

297. PREQUESTIONAMENTO. OPORTUNIDADE. CONFIGURAÇÃO

→ Redação alterada pela Resolução do TST 121/2003 (*D.J.* 19.11.2003).

I – Diz-se prequestionada a matéria ou questão quando na decisão impugnada haja sido adotada, explicitamente, tese a respeito.

II – Incumbe à parte interessada, desde que a matéria haja sido invocada no recurso principal, opor embargos declaratórios objetivando o pronunciamento sobre o tema, sob pena de preclusão.

III – Considera-se prequestionada a questão jurídica invocada no recurso principal sobre a qual se omite o Tribunal de pronunciar tese, não obstante opostos embargos de declaração.

298. AÇÃO RESCISÓRIA. VIOLAÇÃO A DISPOSIÇÃO DE LEI. PRONUNCIAMENTO EXPLÍCITO

→ Redação alterada pela Resolução do TST 177/2012 (*D.E.J.T.* 13.2.2012).

→ Redação alterada pelo Tribunal Pleno na sessão realizada em 6.2.2012.

I – A conclusão acerca da ocorrência de violação literal a disposição de lei pressupõe pronunciamento explícito, na sentença rescindenda, sobre a matéria veiculada.

II – O pronunciamento explícito exigido em ação rescisória diz respeito à matéria e ao enfoque específico da tese debatida na ação, e não, necessariamente, ao dispositivo legal tido por violado. Basta que o conteúdo da norma reputada violada haja sido abordado na decisão rescindenda para que se considere preenchido o pressuposto.

III – Para efeito de ação rescisória, considera-se pronunciada explicitamente a matéria tratada na sentença quando, examinando remessa de ofício, o Tribunal simplesmente a confirma.

IV – A sentença meramente homologatória, que silencia sobre os motivos de convencimento do juiz, não se mostra rescindível, por ausência de pronunciamento explícito.

V – Não é absoluta a exigência de pronunciamento explícito na ação rescisória, ainda que esta tenha por fundamento violação de dispositivo de lei. Assim, prescindível o pronunciamento explícito quando o vício nasce no próprio julgamento, como se dá com a sentença *extra, citra e ultra petita*.

299. AÇÃO RESCISÓRIA. DECISÃO RESCINDENDA. TRÂNSITO EM JULGADO. COMPROVAÇÃO. EFEITOS

→ Redação alterada pela Resolução do TST 137/2005 (*D.J.* 22.8.2005).

→ Incorporadas as OJs da SDI-II 96 e 106 do TST.

I – É indispensável ao processamento da ação rescisória a prova do trânsito em julgado da decisão rescindenda. (ex-Súmula 299 – Resolução 8/1989, *D.J.* 14, 18 e 19.4.1989)

II – Verificando o relator que a parte interessada não juntou à inicial o documento comprobatório, abrirá prazo de 10 (dez) dias para que o faça, sob pena de indeferimento. (ex-Súmula 299 – Resolução 8/1989, *D.J.* 14, 18 e 19.4.1989)

III – A comprovação do trânsito em julgado da decisão rescindenda é pressuposto processual indispensável ao tempo do ajuizamento da ação rescisória. Eventual trânsito em julgado posterior ao ajuizamento da ação rescisória não reabilita a ação proposta, na medida em que o ordenamento jurídico não contempla a ação rescisória preventiva. (ex-OJ 106 da SDI-II – *D.J.* 29.4.2003)

IV – O pretenso vício de intimação, posterior à decisão que se pretende rescindir, se efetivamente ocorrido, não permite a formação da coisa julgada material. Assim, a ação rescisória deve ser julgada extinta, sem julgamento do mérito, por carência de ação, por inexistir decisão transitada em julgado a ser rescindida. (ex-OJ 96 da SDI-II – inserida em 27.9.2002)

300. COMPETÊNCIA DA JUSTIÇA DO TRABALHO. CADASTRAMENTO NO PIS

Compete à Justiça do Trabalho processar e julgar ações ajuizadas por empregados em face de empregadores relativas ao cadastramento no Programa de Integração Social (PIS).

301. AUXILIAR DE LABORATÓRIO. AUSÊNCIA DE DIPLOMA. EFEITOS

O fato de o empregado não possuir diploma de profissionalização de auxiliar de laboratório não afasta a observância das normas da Lei 3.999, de 15.12.1961, uma vez comprovada a prestação de serviços na atividade.

302. (*Cancelada. Resolução TST 121/2003 – D.J. 19.11.2003*) – PROCESSO ADMINISTRATIVO

Não cabe recurso ao Tribunal Superior do Trabalho, contra decisão em processo administrativo, proferida por Tribunal Regional do Trabalho, ainda que nele seja interessado magistrado.

303. FAZENDA PÚBLICA. DUPLO GRAU DE JURISDIÇÃO

→ Redação alterada pela Resolução do TST 129/2005 (*D.J.* 20.4.2005).

→ Incorporadas as OJs da SDI-I 9, 71, 72 e 73 do TST.

I – Em dissídio individual, está sujeita ao duplo grau de jurisdição, mesmo na vigência da CF/1988, decisão contrária à Fazenda Pública, salvo:

a) quando a condenação não ultrapassar o valor correspondente a 60 (sessenta) salários mínimos;

b) quando a decisão estiver em consonância com decisão plenária do Supremo Tribunal Federal ou com súmula ou orientação jurisprudencial do Tribunal Superior do Trabalho. (ex-Súmula 303 – alterada pela Resolução 121/2003, *D.J.* 21.11.2003 – Lei 10.352, de 26.12.2001)

II – Em ação rescisória, a decisão proferida pelo juízo de primeiro grau está sujeita ao duplo grau de jurisdição obrigatório quando desfavorável ao ente público, exceto nas hipóteses das alíneas *a* e *b* do inciso anterior. (ex-OJ 71 da SDI-I – Inserida em 3.6.1996)

III – Em mandado de segurança, somente cabe remessa *ex officio* se, na relação processual, figurar pessoa jurídica de direito público como parte prejudicada pela concessão da ordem. Tal situação não ocorre na hipótese de figurar no feito como impetrante e terceiro interessado pessoa de direito privado, ressalvada a hipótese de matéria administrativa. (ex-OJs 72 da SDI-I – Inserida em 25.11.1996 e 73 da SDI-I – Inserida em 3.6.1996)

304. CORREÇÃO MONETÁRIA. EMPRESAS EM LIQUIDAÇÃO. ART. 46 DO ADCT/CF

→ Redação mantida pela Resolução do TST 121/2003 (*D.J.* 19.11.2003).

Os débitos trabalhistas das entidades submetidas aos regimes de intervenção ou liquidação extrajudicial estão sujeitos a correção monetária desde o respectivo vencimento até seu efetivo pagamento, sem interrupção ou suspensão, não incidindo, entretanto, sobre tais débitos, juros de mora.

305. FUNDO DE GARANTIA DO TEMPO DE SERVIÇO. INCIDÊNCIA SOBRE O AVISO-PRÉVIO

O pagamento relativo ao período de aviso-prévio, trabalhado ou não, está sujeito a contribuição para o FGTS.

306. (*Cancelada. Resolução TST 121/2003 – D.J. 19.11.2003*) – INDENIZAÇÃO ADICIONAL. PAGAMENTO DEVIDO COM FUNDAMENTO NOS ARTIGOS 9º DA LEI 6.708/1979 E 9º DA LEI 7.238/1984

É devido o pagamento da indenização adicional na hipótese de dispensa injusta do empregado, ocorrida no trintídio que antecede a data-base. A legislação posterior não revogou os arts. 9º da Lei 6.708/1979 e 9º da Lei 7.238/1984.

307. JUROS. IRRETROATIVIDADE DO DECRETO-LEI 2.322, DE 26.2.1987

A fórmula de cálculo de juros prevista no Decreto-lei 2.322, de 26.2.1987 somente é aplicável a partir de 27.2.1987. Quanto ao período anterior, deve-se observar a legislação então vigente.

308. PRESCRIÇÃO QUINQUENAL

→ Redação alterada pela Resolução do TST 129/2005 (*D.J.* 20.4.2005).

→ Incorporada a OJ da SDI-I 204 do TST.

I – Respeitado o biênio subsequente à cessação contratual, a prescrição da ação trabalhista concerne às pretensões imediatamente anteriores a cinco anos, contados da data do ajuizamento da reclamação e, não, às anteriores ao quinquênio da data da extinção do contrato. (ex-OJ 204 da SDI-I – Inserida em 8.11.2000)

II – A norma constitucional que ampliou o prazo de prescrição da ação trabalhista para 5 (cinco) anos é de aplicação imediata e não atinge pretensões já alcançadas pela prescrição bienal quando da promulgação da CF/1988. (ex-Súmula 308 – Resolução 6/1992, *D.J.* 5.11.1992)

309. VIGIA PORTUÁRIO. TERMINAL PRIVATIVO. NÃO OBRIGATORIEDADE DE REQUISIÇÃO

Tratando-se de terminais privativos destinados à navegação de cabotagem ou de longo curso, não é obrigatória a requisição de vigia portuário indicado por sindicato.

310. (*Cancelada. Resolução 119/2003 – D.J. 1.10.2003*) – SUBSTITUIÇÃO PROCESSUAL. SINDICATO

I – O art. 8º, inciso III, da Constituição da República não assegura a substituição processual pelo sindicato.

II – A substituição processual autorizada ao sindicato pelas Leis 6.708, de 30.10.1979, e 7.238, de 29.10.1984, limitada aos associados, restringe-se às demandas que visem aos reajustes salariais previstos em lei, ajuizadas até 3.7.1989, data em que entrou em vigor a Lei 7.788.

III – A Lei 7.788/1989, em seu art. 8º, assegurou, durante sua vigência, a legitimidade do sindicato como substituto processual da categoria.

IV – A substituição processual autorizada pela Lei 8.073, de 30.7.1990, ao sindicato alcança todos os integrantes da categoria e é restrita às demandas que visem à satisfação de reajustes salariais específicos resultantes de disposição prevista em lei de política salarial.

V – Em qualquer ação proposta pelo sindicato como substituto processual, todos os substituídos serão individualizados na petição inicial e, para o início da execução, devidamente identificados pelo número da Carteira de Trabalho e Previdência Social ou de qualquer documento de identidade.

VI – É lícito aos substituídos integrar a lide como assistente litisconsorcial, acordar, transigir e renunciar, independentemente de autorização ou anuência do substituto.

VII – Na liquidação da sentença exequenda, promovida pelo substituto, serão individualizados os valores devidos a cada substituído, cujos depósitos para quitação serão levantados através de guias expedidas em seu nome ou de procurador com poderes especiais para esse fim, inclusive nas ações de cumprimento.

VIII – Quando o sindicato for o autor da ação na condição de substituto processual, não serão devidos honorários advocatícios.

311. BENEFÍCIO PREVIDENCIÁRIO A DEPENDENTE DE EX-EMPREGADO. CORREÇÃO MONETÁRIA. LEGISLAÇÃO APLICÁVEL

O cálculo da correção monetária incidente sobre débitos relativos a benefícios previdenciários devidos a dependentes de ex-empregado pelo empregador, ou por entidade de previdência privada a ele vinculada, será o previsto na Lei 6.899, de 8.4.1981.

312. CONSTITUCIONALIDADE. ALÍNEA *B* DO ART. 896 DA CLT

É constitucional a alínea *b* do art. 896 da CLT, com a redação dada pela Lei 7.701, de 21.12.1988.

313. COMPLEMENTAÇÃO DE APOSENTADORIA. PROPORCIONALIDADE. BANESPA

A complementação de aposentadoria, prevista no art. 106, e seus parágrafos, do regulamento de pessoal editado em 1965, só é integral para os empregados que tenham 30 (trinta) ou mais anos de serviços prestados exclusivamente ao banco.

314. INDENIZAÇÃO ADICIONAL. VERBAS RESCISÓRIAS. SALÁRIO CORRIGIDO

Se ocorrer a rescisão contratual no período de 30 (trinta) dias que antecede à data-base, observada a Súmula 182 do TST, o pagamento das verbas rescisórias com o salário já corrigido não afasta o direito à indenização adicional prevista nas Leis 6.708, de 30.10.1979 e 7.238, de 28.10.1984.

315. IPC DE MARÇO/1990. LEI 8.030, DE 12.4.1990 (PLANO COLLOR). INEXISTÊNCIA DE DIREITO ADQUIRIDO

A partir da vigência da Medida Provisória 154, 15.3.1990, convertida na Lei 8.030, de 12.4.1990, não se aplica o IPC de março de 1990, de 84,32% (oitenta e quatro inteiros e trinta e dois centésimos por cento), para a correção dos salários, porque o direito ainda não se havia incorporado ao patrimônio jurídico dos trabalhadores, inexistindo ofensa ao inciso XXXVI do art. 5º da CF/1988.

316. (*Cancelada. Resolução 37/1994 – D.J. 25.11.1994*) – IPC DE JUNHO/1987. DECRETO-LEI 2.335/1987 (PLANO BRESSER). EXISTÊNCIA DE DIREITO ADQUIRIDO

É devido o reajuste salarial decorrente da incidência do IPC de junho de 1987, correspondente a 26,06% (vinte e seis inteiros e seis centésimos por cento), porque este direito já se havia incorporado ao patrimônio jurídico dos trabalhadores quando do advento do Decreto-lei 2.335/1987.

317. (*Cancelada. Resolução 37/1994 – D.J. 25.11.1994*) – URP DE FEVEREIRO/1989. LEI 7.730/1989 (PLANO VERÃO). EXISTÊNCIA DE DIREITO ADQUIRIDO

A correção salarial da URP de fevereiro de 1989, de 26,05% (vinte e seis inteiros e cinco centésimos por cento), já constituía direito adquirido do trabalhador, quando do advento da Medida Provisória 32/1989, convertida na Lei 7.730/1989, sendo devido o reajuste respectivo.

318. DIÁRIAS. BASE DE CÁLCULO PARA SUA INTEGRAÇÃO NO SALÁRIO

Tratando-se de empregado mensalista, a integração das diárias no salário deve ser feita tomando-se por base o salário mensal por ele percebido, e não o valor do dia de salário, somente sendo devida a referida integração quando o valor das diárias, no mês, for superior à metade do salário mensal.

319. REAJUSTES SALARIAIS ("GATILHOS"). APLICAÇÃO AOS SERVIDORES PÚBLICOS CONTRATADOS SOB A ÉGIDE DA LEGISLAÇÃO TRABALHISTA

Aplicam-se aos servidores públicos, contratados sob o regime da CLT, os reajustes decorrentes da correção automática dos salários pelo mecanismo denominado "gatilho", de que tratam os Decretos-leis 2.284, de 10.3.1986 e 2.302, de 21.11.1986.

320. HORAS *IN ITINERE*. OBRIGATORIEDADE DE CÔMPUTO NA JORNADA DE TRABALHO

O fato de o empregador cobrar, parcialmente ou não, importância pelo transporte fornecido, para local de difícil acesso, ou não servido por transporte regular, não afasta o direito à percepção do pagamento das horas *in itinere*.

321. (*Cancelada. Resolução TST 135/2005 – D.J. 5.7.2005*) – DECISÃO ADMINISTRATIVA. RECURSO

Das decisões proferidas pelos Tribunais Regionais do Trabalho, em processo administrativo, cabe recurso para o Tribunal Superior do Trabalho tão somente para exame da legalidade do ato.

322. DIFERENÇAS SALARIAIS. PLANOS ECONÔMICOS. LIMITE

Os reajustes salariais decorrentes dos chamados "gatilhos" e URPs, previstos legalmente como antecipação, são devidos tão somente até a data-base de cada categoria.

323. (*Cancelada. Resolução 38/1994 – D.J. 25.11.1994*) – URP DE ABRIL E MAIO DE 1988. DECRETO-LEI 2.425/1988

A suspensão do pagamento das URP's de abril e maio de 1988, determinada pelo Decreto-lei 2.425, de 7.4.1988, afronta direito adquirido dos trabalhadores e o princípio constitucional da isonomia.

324. (*Cancelada em decorrência da sua incorporação à nova redação da Súmula 90. Resolução TST 129/2005 – D.J. 20.4.2005*) – HORAS *IN ITINERE*. ENUNCIADO 90. INSUFICIÊNCIA DE TRANSPORTE PÚBLICO

A mera insuficiência de transporte público não enseja o pagamento de horas *in itinere*.

325. (*Cancelada em decorrência da sua incorporação à nova redação da Súmula 90. Resolução TST 129/2005 – D.J. 20.4.2005*) – HORAS *IN ITINERE*. ENUNCIADO 90. REMUNERAÇÃO EM RELAÇÃO A TRECHO NÃO SERVIDO POR TRANSPORTE PÚBLICO

Se houver transporte público regular, em parte do trajeto percorrido em condução da empresa, as horas *in itinere* remuneradas limitam-se ao trecho não alcançado pelo transporte público.

326. COMPLEMENTAÇÃO DE APOSENTADORIA. PRESCRIÇÃO TOTAL

→ Redação alterada pela Resolução do TST 174/2011 (*D.E.J.T.* 27.5.2011).

A pretensão à complementação de aposentadoria jamais recebida prescreve em 2 (dois) anos contados da cessação do contrato de trabalho.

327. COMPLEMENTAÇÃO DE APOSENTADORIA. DIFERENÇAS. PRESCRIÇÃO PARCIAL

→ Redação alterada pela Resolução do TST 174/2011 (*D.E.J.T.* 27.5.2011).

A pretensão a diferenças de complementação de aposentadoria sujeita-se à prescrição parcial e quinquenal, salvo se o pretenso direito decorrer de verbas não recebidas no curso da relação de emprego e já alcançadas pela prescrição, à época da propositura da ação.

328. FÉRIAS. TERÇO CONSTITUCIONAL

O pagamento das férias, integrais ou proporcionais, gozadas ou não, na vigência da CF/1988, sujeita-se ao acréscimo do terço previsto no respectivo art. 7º, XVII.

329. HONORÁRIOS ADVOCATÍCIOS. ART. 133 DA CF/1988

Mesmo após a promulgação da CF/ 1988, permanece válido o entendimento consubstanciado na Súmula 219 do Tribunal Superior do Trabalho.

330. QUITAÇÃO. VALIDADE

→ Redação alterada pela Resolução do TST 108/2001 (*D.J.* 18.4.2001).

A quitação passada pelo empregado, com assistência de entidade sindical de sua categoria, ao empregador, com observância dos requisitos exigidos nos parágrafos do art. 477 da CLT, tem eficácia liberatória em relação às parcelas expressamente consignadas no recibo, salvo se oposta ressalva expressa e especificada ao valor dado à parcela ou parcelas impugnadas.

I – A quitação não abrange parcelas não consignadas no recibo de quitação e, consequentemente, seus reflexos em outras parcelas, ainda que essas constem desse recibo.

II – Quanto a direitos que deveriam ter sido satisfeitos durante a vigência do contrato de trabalho, a quitação é válida em relação ao período expressamente consignado no recibo de quitação.

331. CONTRATO DE PRESTAÇÃO DE SERVIÇOS. LEGALIDADE

→ Nova redação do item IV e acrescentados os itens V e VI pela Resolução do TST 174/2011 (*D.E.J.T.* 27.5.2011).

I – A contratação de trabalhadores por empresa interposta é ilegal, formando-se o vínculo diretamente com o tomador dos serviços, salvo no caso de trabalho temporário (Lei 6.019, de 3.1.1974).

II – A contratação irregular de trabalhador, mediante empresa interposta, não gera vínculo de emprego com os órgãos da Administração Pública direta, indireta ou fundacional (art. 37, II, da CF/1988).

III – Não forma vínculo de emprego com o tomador a contratação de serviços de vigilância (Lei 7.102, de 20.6.1983) e de conservação e limpeza, bem como a de serviços especializados ligados à atividade-meio do tomador, desde que inexistente a pessoalidade e a subordinação direta.

IV – O inadimplemento das obrigações trabalhistas, por parte do empregador, implica a responsabilidade subsidiária do tomador dos serviços quanto àquelas obrigações, desde que haja participado da relação processual e conste também do título executivo judicial.

→ Item IV com redação alterada pela Resolução do TST 174/2011 (*D.E.J.T.* 27.5.2011).

V – Os entes integrantes da Administração Pública direta e indireta respondem subsidiariamente, nas mesmas condições do item IV, caso evidenciada a sua conduta culposa no cumprimento das obrigações da Lei 8.666, de 21.6.1993, especialmente na fiscalização do cumprimento das obrigações contratuais e legais da prestadora de serviço como empregadora. A aludida responsabilidade não decorre de mero inadimplemento das obrigações trabalhistas assumidas pela empresa regularmente contratada.

→ Item V acrescentado pela Resolução do TST 174/2011 (*D.E.J.T.* 27.5.2011).

VI – A responsabilidade subsidiária do tomador de serviços abrange todas as verbas decorrentes da condenação referentes ao período da prestação laboral.

→ Item VI acrescentado pela Resolução do TST 174/2011 (*D.E.J.T.* 27.5.2011).

332. COMPLEMENTAÇÃO DE APOSENTADORIA. PETROBRÁS. MANUAL DE PESSOAL. NORMA PROGRAMÁTICA

As normas relativas à complementação de aposentadoria, inseridas no Manual de Pessoal da Petrobrás, têm caráter meramente programático, delas não resultando direito à referida complementação.

333. RECURSO DE REVISTA. CONHECIMENTO

→ Redação alterada pela Resolução do TST 155/2009 (*D.E.J.T.* 26.3.2009).

Não ensejam recurso de revista decisões superadas por iterativa, notória e atual jurisprudência do Tribunal Superior do Trabalho.

334. (*Cancelada. Resolução TST 59/1996 – D.J. 28.6.1996*) – COMPETÊNCIA. AÇÃO DE CUMPRIMENTO. SINDICATO. DESCONTO ASSISTENCIAL

A Justiça do Trabalho é incompetente para julgar ação na qual o sindicato, em nome próprio, pleiteia o recolhimento de desconto assistencial previsto em convenção ou acordo coletivos.

335. (*Cancelada. Resolução TST 121/2003 – D.J. 19.11.2003*) – EMBARGOS PARA A SEÇÃO ESPECIALIZADA EM DISSÍDIOS INDIVIDUAIS CONTRA DECISÃO EM AGRAVO DE INSTRUMENTO OPOSTO A DESPACHO DENEGATÓRIO DE RECURSO DE REVISTA

São incabíveis embargos para a Seção Especializada em Dissídios Individuais contra decisão proferida em agravo de instrumento oposto a despacho denegatório de recurso de revista, salvo quando a controvérsia se referir a pressupostos extrínsecos do próprio agravo.

336. CONSTITUCIONALIDADE. § 2º DO ART. 9º, DO DECRETO-LEI 1.971, DE 30.11.1982

É constitucional o § 2º do art. 9º, do Decreto-lei 1.971, de 30.11.1982, com a redação dada pelo Decreto-lei 2.100, de 28.12.1983.

337. COMPROVAÇÃO DE DIVERGÊNCIA JURISPRUDENCIAL. RECURSOS DE REVISTA E DE EMBARGOS

→ Redação do item IV alterada na sessão do Tribunal Pleno realizada em 14.9.2012.

I – Para comprovação da divergência justificadora do recurso, é necessário que o recorrente:

a) Junte certidão ou cópia autenticada do acórdão paradigma ou cite a fonte oficial ou o repositório autorizado em que foi publicado; e

b) Transcreva, nas razões recursais, as ementas e/ou trechos dos acórdãos trazidos à configuração do dissídio, demonstrando o conflito de teses que justifique o conhecimento do recurso, ainda que os acórdãos já se encontrem nos autos ou venham a ser juntados com o recurso.

II – A concessão de registro de publicação como repositório autorizado de jurisprudência do TST torna válidas todas as suas edições anteriores

III – A mera indicação da data de publicação, em fonte oficial, de aresto paradigma é inválida para comprovação de divergência jurisprudencial, nos termos do item I, *a*, desta súmula, quando a parte pretende demonstrar o conflito de teses mediante a transcrição de trechos que integram a fundamentação do acórdão divergente, uma vez que só se publicam o dispositivo e a ementa dos acórdãos;

IV – É válida para a comprovação da divergência jurisprudencial justificadora do recurso a indicação de aresto extraído de repositório oficial na internet, desde que o recorrente:

→ Item IV com redação alterada pela Resolução do TST 185/2012 (*D.E.J.T.* 25.9.2012).

a) transcreva o trecho divergente;

b) aponte o sítio de onde foi extraído; e

c) decline o número do processo, o órgão prolator do acórdão e a data da respectiva publicação no Diário Eletrônico da Justiça do Trabalho.

338. JORNADA DE TRABALHO. REGISTRO. ÔNUS DA PROVA

→ Redação alterada pela Resolução do TST 129/2005 (*D.J.* 20.4.2005).

→ Incorporadas as OJs da SDI-I 234 e 306 do TST.

I – É ônus do empregador que conta com mais de 10 (dez) empregados o registro da jornada de trabalho na forma do art. 74, § 2º, da CLT. A não apresentação injustificada dos controles de frequência gera presunção relativa de veracidade da jornada de trabalho, a qual pode ser elidida por prova em contrário. (ex-Súmula 338 – Resolução 121, *D.J.* 21.11.2003)

II – A presunção de veracidade da jornada de trabalho, ainda que prevista em instrumento normativo, pode ser elidida por prova em contrário. (ex-OJ 234 da SDI-I – Inserida em 20.6.2001)

III – Os cartões de ponto que demonstram horários de entrada e saída uniformes são inválidos como meio de prova, invertendo-se o ônus da prova, relativo às horas extras, que passa a ser do empregador, prevalecendo a jornada da inicial se dele não se desincumbir. (ex- OJ 306 da SDI-I – *D.J.* 11.8.2003)

339. CIPA. SUPLENTE. GARANTIA DE EMPREGO. CF/1988

→ Redação alterada pela Resolução do TST 129/2005 (*D.J.* 20.4.2005).

→ Incorporadas as OJs da SDI-I 25 e 329 do TST.

I – O suplente da Cipa goza da garantia de emprego prevista no art. 10, II, *a*, do ADCT a partir da promulgação da Constituição Federal de 1988. (ex-Súmula 339 – Resolução 39/1994, *D.J.* 20.12.1994 e ex-OJ 25 da SDI-I – Inserida em 29.3.1996)

II – A estabilidade provisória do cipeiro não constitui vantagem pessoal, mas garantia para as atividades dos membros da Cipa, que somente tem razão de ser quando em atividade a empresa. Extinto o estabelecimento, não se verifica a despedida arbitrária, sendo impossível a reintegração e indevida a indenização do período estabilitário. (ex-OJ 329 da SDI-I – *D.J.* 9.12.2003)

340. COMISSIONISTA. HORAS EXTRAS

O empregado, sujeito a controle de horário, remunerado à base de comissões, tem direito ao adicional de, no mínimo, 50% (cinquenta por cento) pelo trabalho em horas extras, calculado sobre o valor-hora das comissões recebidas no mês, considerando-se como divisor o número de horas efetivamente trabalhadas.

→ Redação alterada pela Resolução do TST 121/2003 (*D.J.* 19.11.2003).

341. HONORÁRIOS DO ASSISTENTE TÉCNICO

A indicação do perito assistente é faculdade da parte, a qual deve responder pelos respectivos honorários, ainda que vencedora no objeto da perícia.

342. DESCONTOS SALARIAIS. ART. 462, DA CLT

Descontos salariais efetuados pelo empregador, com a autorização prévia e por escrito do empregado, para ser integrado em planos de assistência odontológica, médico-hospitalar, de seguro, de previdência privada, ou de entidade cooperativa, cultural ou recreativa associativa dos seus trabalhadores, em seu benefício e dos seus dependentes, não afrontam o disposto no art. 462 da CLT, salvo se ficar demonstrada a existência de coação ou de outro defeito que vicie o ato jurídico.

343. (*Cancelada. Resolução TST 185/2012 – D.E.J.T 25.9.2012*) – BANCÁRIO. HORA DE SALÁRIO

O bancário sujeito à jornada de 8 (oito) horas (art. 224, § 2º, da CLT), após a CF/1988, tem salário-hora calculado com base no divisor 220 (duzentos e vinte), não mais 240 (duzentos e quarenta).

344. SALÁRIO-FAMÍLIA. TRABALHADOR RURAL

→ Redação alterada pela Resolução do TST 121/2003 (*D.J.* 19.11.2003).

O salário-família é devido aos trabalhadores rurais, somente após a vigência da Lei 8.213, de 24.7.1991.

345. BANDEPE. REGULAMENTO INTERNO DE PESSOAL NÃO CONFERE ESTABILIDADE AOS EMPREGADOS

O Regulamento Interno de Pessoal (Rip) do Banco do Estado de Pernambuco – Bandepe, na parte que trata do seu regime disciplinar, não confere estabilidade aos seus empregados.

346. DIGITADOR. INTERVALOS INTRAJORNADA. APLICAÇÃO ANALÓGICA DO ART. 72, CLT

Os digitadores, por aplicação analógica do art. 72 da CLT, equiparam-se aos trabalhadores nos serviços de mecanografia (datilografia, escrituração ou cálculo), razão pela qual têm direito a intervalos de descanso de 10 (dez) minutos a cada 90 (noventa) de trabalho consecutivo.

347. HORAS EXTRAS HABITUAIS. APURAÇÃO. MÉDIA FÍSICA

O cálculo do valor das horas extras habituais, para efeito de reflexos em verbas trabalhistas, observará o número das horas efetivamente prestadas e a ele aplica-se o valor do salário-hora da época do pagamento daquelas verbas.

348. AVISO-PRÉVIO. CONCESSÃO NA FLUÊNCIA DA GARANTIA DE EMPREGO. INVALIDADE

É inválida a concessão do aviso-prévio na fluência da garantia de emprego, ante a incompatibilidade dos dois institutos.

349. (*Cancelada. Resolução TST 174/2011 – D.E.J.T. 27.5.2011*) – ACORDO DE COMPENSAÇÃO DE HORÁRIO EM ATIVIDADE INSALUBRE, CELEBRADO POR ACORDO COLETIVO. VALIDADE

A validade de acordo coletivo ou convenção coletiva de compensação de jornada de trabalho em atividade insalubre prescinde da inspeção prévia da autoridade competente em matéria de higiene do trabalho (art. 7º, XIII, da CF/1988; art. 60 da CLT).

350. PRESCRIÇÃO. TERMO INICIAL. AÇÃO DE CUMPRIMENTO. SENTENÇA NORMATIVA

O prazo de prescrição com relação à ação de cumprimento de decisão normativa flui apenas da data de seu trânsito em julgado.

351. PROFESSOR. REPOUSO SEMANAL REMUNERADO. ART. 7º, § 2º, DA LEI 605, DE 5.1.1949 E ART. 320 DA CLT

O professor que recebe salário mensal à base de hora-aula tem direito ao acréscimo de 1/6 (um sexto) a título de repouso semanal remunerado, considerando-se para esse fim o mês de quatro semanas e meia.

352. (*Cancelada. Resolução TST 114/2002 – D.J. 28.11.2002*) – CUSTAS. PRAZO PARA COMPROVAÇÃO

O prazo para comprovação do pagamento das custas, sempre a cargo da parte, é de 5 (cinco) dias contados do seu recolhimento (CLT, art. 789, § 4º – CPC, art. 185).

353. EMBARGOS. AGRAVO. CABIMENTO

→ Redação da letra *f* alterada pela Resolução do TST 189/2013 (*D.E.J.T.* 13.3.2013).

Não cabem embargos para a Seção de Dissídios Individuais de decisão de Turma proferida em agravo, salvo:

a) da decisão que não conhece de agravo de instrumento ou de agravo pela ausência de pressupostos extrínsecos;

b) da decisão que nega provimento a agravo contra decisão monocrática do Relator, em que se proclamou a ausência de pressupostos extrínsecos de agravo de instrumento;

c) para revisão dos pressupostos extrínsecos de admissibilidade do recurso de revista, cuja ausência haja sido declarada originariamente pela Turma no julgamento do agravo;

d) para impugnar o conhecimento de agravo de instrumento;

e) para impugnar a imposição de multas previstas no art. 538, parágrafo único, do CPC, ou no art. 557, § 2º, do CPC;

f) contra decisão de Turma proferida em agravo em recurso de revista, nos termos do art. 894, II, da CLT.

→ Redação alterada pela Resolução do TST 189/2013 (*D.E.J.T.* 13.3.2013).

354. GORJETAS. NATUREZA JURÍDICA. REPERCUSSÕES

→ Redação alterada pela Resolução do TST 121/2003 (*D.J.* 19.11.2003).

As gorjetas, cobradas pelo empregador na nota de serviço ou oferecidas espontaneamente pelos clientes, integram a remuneração do empregado, não servindo de base de cálculo para as parcelas de aviso-prévio, adicional noturno, horas extras e repouso semanal remunerado.

355. CONAB. ESTABILIDADE. AVISO DIREH 2, DE 12.12.1984

O aviso DIREH 2, de 12.12.1984, que concedia estabilidade aos empregados da Conab, não tem eficácia, porque não aprovado pelo Ministério ao qual a empresa se subordina.

356. ALÇADA RECURSAL. VINCULAÇÃO AO SALÁRIO MÍNIMO

O art. 2º, § 4º, da Lei 5.584, de 26.6.1970 foi recepcionado pela CF/ 1988, sendo lícita a fixação do valor da alçada com base no salário mínimo.

357. TESTEMUNHA. AÇÃO CONTRA A MESMA RECLAMADA. SUSPEIÇÃO

Não torna suspeita a testemunha o simples fato de estar litigando ou de ter litigado contra o mesmo empregador.

358. RADIOLOGISTA. SALÁRIO PROFISSIONAL. LEI 7.394, DE 29.10.1985

O salário profissional dos técnicos em radiologia é igual a 2 (dois) salários mínimos e não a 4 (quatro).

359. (*Cancelada. Resolução TST 121/2003 – D.J. 19.11.2003*) – SUBSTITUIÇÃO PROCESSUAL. AÇÃO DE CUMPRIMENTO. ART. 872, PARÁGRAFO ÚNICO, DA CLT. FEDERAÇÃO. LEGITIMIDADE

A federação não tem legitimidade para ajuizar a ação de cumprimento prevista no art. 872, parágrafo único, da CLT na qualidade de substituto processual da categoria profissional inorganizada.

360. TURNOS ININTERRUPTOS DE REVEZAMENTO. INTERVALOS INTRAJORNADA E SEMANAL

A interrupção do trabalho destinada a repouso e alimentação, dentro de cada turno, ou o intervalo para repouso semanal, não descaracteriza o turno de revezamento com jornada de 6 (seis) horas previsto no art. 7º, XIV, da CF/1988.

361. ADICIONAL DE PERICULOSIDADE. ELETRICITÁRIOS. EXPOSIÇÃO INTERMITENTE

O trabalho exercido em condições perigosas, embora de forma intermitente, dá direito ao empregado a receber o adicional de periculosidade de forma integral, porque a Lei 7.369, de 20.9.1985 não estabeleceu nenhuma proporcionalidade em relação ao seu pagamento.

362. FGTS. PRESCRIÇÃO

→ Redação alterada pela Resolução do TST 198/2015 (*D.E.J.T.* 16.6.2015).

I – Para os casos em que a ciência da lesão ocorreu a partir de 13.11.2014, é quinquenal a prescrição do direito de reclamar contra o não recolhimento de contribuição para o FGTS, observado o prazo de dois anos após o término do contrato;

II – Para os casos em que o prazo prescricional já estava em curso em 13.11.2014, aplica-se o prazo prescricional que se consumar primeiro: trinta anos, contados do termo inicial, ou cinco anos, a partir de 13.11.2014 (STF-ARE-709212/DF).

363. CONTRATO NULO. EFEITOS

→ Redação alterada pela Resolução do TST 121/2003 (*D.J.* 19.11.2003).

A contratação de servidor público, após a CF/1988, sem prévia aprovação em concurso público, encontra óbice no respectivo art. 37, II e § 2º, somente lhe conferindo direito ao pagamento da contraprestação pactuada, em relação ao número de horas trabalhadas, respeitado o valor da hora do salário mínimo, e dos valores referentes aos depósitos do FGTS.

364. ADICIONAL DE PERICULOSIDADE. EXPOSIÇÃO EVENTUAL, PERMANENTE E INTERMITENTE

→ Redação alterada pela Resolução do TST 174/2011 (*D.E.J.T.* 27.5.2011).

→ Cancelado o item II e dada nova redação ao item I.

Tem direito ao adicional de periculosidade o empregado exposto permanentemente ou que, de forma intermitente, sujeita-se a condições de risco. Indevido, apenas, quando o contato dá-se de forma eventual, assim considerado o fortuito, ou o que, sendo habitual, dá-se por tempo extremamente reduzido. (ex-Ojs da SDI-I 5 – inserida em 14.3.1994 – e 280 – *D.J.* 11.8.2003).

365. ALÇADA. AÇÃO RESCISÓRIA E MANDADO DE SEGURANÇA

→ Súmula acrescentada pela Resolução do TST 129/2005 (*D.J.* 20.4.2005).

→ Conversão das OJs da SDI-I 8 e 10 do TST.

Não se aplica a alçada em ação rescisória e em mandado de segurança. (ex-OJs 8 e 10, ambas inseridas em 1.2.1995)

366. CARTÃO DE PONTO. REGISTRO. HORAS EXTRAS. MINUTOS QUE ANTECEDEM E SUCEDEM A JORNADA DE TRABALHO

→ Redação alterada pela Resolução do TST 197/2015 (*D.E.J.T.* 18.5.2015).

Não serão descontadas nem computadas como jornada extraordinária as variações de horário do registro de ponto não excedentes de cinco minutos, observado o limite máximo de dez minutos diários. Se ultrapassado esse limite, será considerada como extra a totalidade do tempo que exceder a jornada normal, pois configurado tempo à disposição do empregador, não importando as atividades desenvolvidas pelo empregado ao longo do tempo residual (troca de uniforme, lanche, higiene pessoal, etc).

367. UTILIDADES IN NATURA. HABITAÇÃO, ENERGIA ELÉTRICA. VEÍCULO. CIGARRO. NÃO INTEGRAÇÃO AO SALÁRIO

→ Súmula acrescentada pela Resolução do TST 129/2005 (*D.J.* 20.4.2005).

→ Conversão das OJs da SDI-I 24, 131 e 246 do TST.

I – A habitação, a energia elétrica e veículo fornecidos pelo empregador ao empregado, quando indispensáveis para a realização do trabalho, não têm natureza salarial, ainda que, no caso de veículo, seja ele utilizado pelo empregado também em atividades particulares. (ex-OJs da SDI-I 131 – Inserida em 20.4.1998 e ratificada pelo Tribunal Pleno em 7.12.2000 e 246 – Inserida em 20.6.2001)

II – O cigarro não se considera salário utilidade em face de sua nocividade à saúde. (ex-OJ 24 da SDI-I – Inserida em 29.3.1996)

368. DESCONTOS PREVIDENCIÁRIOS E FISCAIS. COMPETÊNCIA. RESPONSABILIDADE PELO PAGAMENTO. FORMA DE CÁLCULO

→ Redação do item II alterada na sessão do Tribunal Pleno realizada em 16.4.2012 - Resolução do TST 181/2012 (*D.E.J.T.* 19.4.2012).

I – A Justiça do Trabalho é competente para determinar o recolhimento das contribuições fiscais. A competência da Justiça do Trabalho, quanto à execução das contribuições previdenciárias, limita-se às sentenças condenatórias em pecúnia que proferir e aos valores, objeto de acordo homologado, que integrem o salário de contribuição. (ex-OJ 141 da SDI-I – Inserida em 27.11.1998)

II – É do empregador a responsabilidade pelo recolhimento das contribuições previdenciárias e fiscais, resultante de crédito do empregado oriundo de condenação judicial, devendo ser calculadas, em relação à incidência dos descontos fiscais, mês a mês, nos termos do art. 12-A da Lei 7.713, de 22/12/1988.

→ Item II com redação alterada pela Resolução do TST 181/2012 (*D.E.J.T.* 19.4.2012).

III – Em se tratando de descontos previdenciários, o critério de apuração encontra-se disciplinado no art. 276, §4º, do Decreto 3.048/1999 que regulamentou a Lei 8.212/1991 e determina que a contribuição do empregado, no caso de ações trabalhistas, seja calculada mês a mês, aplicando-se as alíquotas previstas no art. 198, observado o limite máximo do salário de contribuição. (ex-OJs 32 e 228 da SBDI-1 – inseridas, respectivamente, em 14.3.1994 e 20.6.2001)

369. DIRIGENTE SINDICAL. ESTABILIDADE PROVISÓRIA

→ Redação do item I alterada na sessão do Tribunal Pleno realizada em 14.9.2012 - Resolução do TST 185/2012 (*D.E.J.T.* 25.9.2012).

I – É assegurada a estabilidade provisória ao empregado dirigente sindical, ainda que a comunicação do registro da candidatura ou da eleição e da posse seja realizada fora do prazo previsto no art. 543, § 5º, da CLT, desde que a ciência ao empregador, por qualquer meio, ocorra na vigência do contrato de trabalho.

→ Item I com redação alterada pela Resolução do TST 185/2012 (*D.E.J.T.* 25.9.2012).

II – O art. 522 da CLT foi recepcionado pela Constituição Federal de 1988. Fica limitada, assim, a estabilidade a que alude o art. 543, § 3.º, da CLT a sete dirigentes sindicais e igual número de suplentes.

III – O empregado de categoria diferenciada eleito dirigente sindical só goza de estabilidade se exercer na empresa atividade pertinente à categoria profissional do sindicato para o qual foi eleito dirigente.

IV – Havendo extinção da atividade empresarial no âmbito da base territorial do sindicato, não há razão para subsistir a estabilidade.

V – O registro da candidatura do empregado a cargo de dirigente sindical durante o período de aviso-prévio, ainda que indenizado, não lhe assegura a estabilidade, visto que inaplicável a regra do § 3º do art. 543 da Consolidação das Leis do Trabalho.

370. MÉDICO E ENGENHEIRO. JORNADA DE TRABALHO. LEIS 3.999/1961 E 4.950/1966

→ Súmula acrescentada pela Resolução do TST 129/2005 (*D.J.* 20.4.2005).

→ Conversão das OJs da SDI-I 39 e 53 do TST.

Tendo em vista que as Leis 3.999/1961 e 4.950/1966 não estipulam a jornada reduzida, mas apenas estabelecem o salário mínimo da categoria para uma jornada de quatro horas para os médicos e de seis horas para os engenheiros, não há que se falar em horas extras, salvo as excedentes à oitava, desde que seja respeitado o salário mínimo/horário das categorias. (ex-OJs 39 e 53 da SDI-I – Inseridas, respectivamente, em 7.11.1994 e 29.4.1994)

371. AVISO-PRÉVIO INDENIZADO. EFEITOS. SUPERVENIÊNCIA DE AUXÍLIO-DOENÇA NO CURSO DESTE

→ Súmula acrescentada pela Resolução do TST 129/2005 (*D.J.* 20.4.2005).

→ Conversão das OJs da SDI-I 40 e 135 do TST.

A projeção do contrato de trabalho para o futuro, pela concessão do aviso-prévio indenizado, tem efeitos limitados às vantagens econômicas obtidas no período de pré-aviso, ou seja, salários, reflexos e verbas rescisórias. No caso de concessão de auxílio-doença no curso do aviso-prévio, todavia, só se concretizam os efeitos da dispensa depois de expirado o benefício previdenciário. (ex-OJs 40 e 135 da SDI-I – Inseridas respectivamente em 28.11.1995 e 27.11.1998)

372. GRATIFICAÇÃO DE FUNÇÃO. SUPRESSÃO OU REDUÇÃO. LIMITES

→ Súmula acrescentada pela Resolução do TST 129/2005 (*D.J.* 20.4.2005).

→ Conversão das OJs da SDI-I 45 e 303 do TST.

I – Percebida a gratificação de função por dez ou mais anos pelo empregado, se o empregador, sem justo motivo, revertê-lo a seu cargo efetivo, não poderá retirar-lhe a gratificação tendo em vista o princípio da estabilidade financeira. (ex-OJ 45 da SDI-I – Inserida em 25.11.1996)

II – Mantido o empregado no exercício da função comissionada, não pode o empregador reduzir o valor da gratificação. (ex-OJ 303 da SDI-I – *D.J.* 11.8.2003)

373. GRATIFICAÇÃO SEMESTRAL. CONGELAMENTO. PRESCRIÇÃO PARCIAL

→ Súmula acrescentada pela Resolução do TST 129/2005 (*D.J.* 20.4.2005).

→ Conversão da OJ da SDI-I 46 do TST.

Tratando-se de pedido de diferença de gratificação semestral que teve seu valor congelado, a prescrição aplicável é a parcial. (ex-OJ 46 da SDI-I – Inserida em 29.3.1996)

374. NORMA COLETIVA. CATEGORIA DIFERENCIADA. ABRANGÊNCIA

→ Súmula acrescentada pela Resolução do TST 129/2005 (*D.J.* 20.4.2005).

→ Conversão da OJ da SDI-I 55 do TST.

Empregado integrante de categoria profissional diferenciada não tem o direito de haver de seu empregador vantagens previstas em instrumento coletivo no qual a empresa não foi representada por órgão de classe de sua categoria. (ex-OJ 55 da SDI-I – Inserida em 25.11.1996)

375. REAJUSTES SALARIAIS PREVISTOS EM NORMA COLETIVA. PREVALÊNCIA DA LEGISLAÇÃO DE POLÍTICA SALARIAL

→ Súmula acrescentada pela Resolução do TST 129/2005 (*D.J.* 20.4.2005).

→ Conversão das OJs da SDI-II 69 e 40 do TST.

Os reajustes salariais previstos em norma coletiva de trabalho não prevalecem frente à legislação superveniente de política salarial. (ex-OJs 69 da SDI-I – Inserida em 14.3.1994 e 40 da SDI-II – Inserida em 20.9.2000)

376. HORAS EXTRAS. LIMITAÇÃO. ART. 59 DA CLT. REFLEXOS

→ Súmula acrescentada pela Resolução do TST 129/2005 (*D.J.* 20.4.2005).

→ Conversão das OJs da SDI-I 89 e 117 do TST.

I – A limitação legal da jornada suplementar a duas horas diárias não exime o empregador de pagar todas as horas trabalhadas. (ex-OJ 117 da SDI-I – Inserida em 20.11.1997)

II – O valor das horas extras habitualmente prestadas integra o cálculo dos haveres trabalhistas, independentemente da limitação prevista no *caput* do art. 59 da CLT. (ex-OJ 89 da SDI-I – Inserida em 28.4.1997)

377. PREPOSTO. EXIGÊNCIA DA CONDIÇÃO DE EMPREGADO

→ Redação alterada pela Resolução do TST 146/2008 (*D.J.* 28.4.2008).

Exceto quanto à reclamação de empregado doméstico, ou contra micro ou pequeno empresário, o preposto deve ser necessariamente empregado do reclamado. Inteligência do art. 843, § 1º, da CLT e do art. 54 da Lei Complementar 123, de 14 de dezembro de 2006.

378. ESTABILIDADE PROVISÓRIA. ACIDENTE DO TRABALHO. ART. 118 DA LEI 8.213/1991

→ Inserido item III pela Resolução do TST 185/2012 (*D.E.J.T.* 25.9.2012).

I – É constitucional o artigo 118 da Lei 8.213/1991 que assegura o direito à estabilidade provisória por período de 12 meses após a cessação do auxílio-doença ao empregado acidentado. (ex-OJ 105 da SDI-I - Inserida em 1.10.1997)

II – São pressupostos para a concessão da estabilidade o afastamento superior a 15 dias e a consequente percepção do auxílio-doença acidentário, salvo se constatada, após a despedida, doença profissional que guarde relação de causalidade com a execução do contrato de emprego. (primeira parte - ex-OJ 230 da SDI-I - Inserida em 20.6.2001)

III – O empregado submetido a contrato de trabalho por tempo determinado goza da garantia provisória de emprego decorrente de acidente de trabalho prevista no art. 118 da Lei 8.213/1991.

→ Item III acrescentada pela Resolução do TST 185/2012 (*D.E.J.T.* 25.9.2012).

379. DIRIGENTE SINDICAL. DESPEDIDA. FALTA GRAVE. INQUÉRITO JUDICIAL. NECESSIDADE

→ Súmula acrescentada pela Resolução do TST 129/2005 (*D.J.* 20.4.2005).

→ Conversão da OJ da SDI-I 114 do TST.

O dirigente sindical somente poderá ser dispensado por falta grave mediante a apuração em inquérito judicial, inteligência dos arts. 494 e 543, § 3º, da CLT. (ex-OJ 114 da SDI-I – Inserida em 20.11.1997)

380. AVISO-PRÉVIO. INÍCIO DA CONTAGEM. ART. 132 DO CÓDIGO CIVIL DE 2002

→ Súmula acrescentada pela Resolução do TST 129/2005 (*D.J.* 20.4.2005).

→ Conversão da OJ da SDI-I 122 do TST.

Aplica-se a regra prevista no *caput* do art. 132 do Código Civil de 2002 à contagem do prazo do aviso-prévio, excluindo-se o dia do começo e incluindo o do vencimento. (ex-OJ 122 da SDI-I – Inserida em 20.4.1998)

381. CORREÇÃO MONETÁRIA. SALÁRIO. ART. 459 DA CLT

→ Súmula acrescentada pela Resolução do TST 129/2005 (*D.J.* 20.4.2005).

→ Conversão da OJ da SDI-I 124 do TST.

O pagamento dos salários até o 5º dia útil do mês subsequente ao vencido não está sujeito à correção monetária. Se essa data limite for ultrapassada, incidirá o índice da correção monetária do mês subsequente ao da prestação dos serviços, a partir do dia 1º. (ex-OJ 124 da SDI-I – Inserida em 20.4.1998)

382. MUDANÇA DE REGIME CELETISTA PARA ESTATUTÁRIO. EXTINÇÃO DO CONTRATO. PRESCRIÇÃO BIENAL

→ Súmula acrescentada pela Resolução do TST 129/2005 (*D.J.* 20.4.2005).

→ Conversão da OJ da SDI-I 128 do TST.

A transferência do regime jurídico de celetista para estatutário implica extinção do contrato de trabalho, fluindo o prazo da prescrição bienal a partir da mudança de regime. (ex-OJ 128 da SDI-I – Inserida em 20.4.1998)

383. MANDATO. ARTS. 13 E 37 DO CPC/1973. FASE RECURSAL. INAPLICABILIDADE

→ Súmula acrescentada pela Resolução do TST 129/2005 (*D.J.* 20.4.2005).

→ Conversão das OJs da SDI-I 149 e 311 do TST.

→ Refere-se ao CPC de 1973.

→ *V.* Arts. 76 e 104, do NCPC.

I – É inadmissível, em instância recursal, o oferecimento tardio de procuração, nos termos do art. 37 do CPC, ainda que mediante protesto por posterior juntada, já que a interposição de recurso não pode ser reputada ato urgente. (ex-OJ 311 da SDI-I – *D.J.* 11.8.2003)

II – Inadmissível na fase recursal a regularização da representação processual, na forma do art. 13 do CPC, cuja aplicação se restringe ao Juízo de 1º grau. (ex-OJ 149 da SDI-I – Inserida em 27.11.1998)

384. MULTA CONVENCIONAL. COBRANÇA

→ Súmula acrescentada pela Resolução do TST 129/2005 (*D.J.* 20.4.2005).

→ Conversão das OJs da SDI-I 150 e 239 do TST.

I – O descumprimento de qualquer cláusula constante de instrumentos normativos diversos não submete o empregado a ajuizar várias ações, pleiteando em cada uma o pagamento da multa referente ao descumprimento de obrigações previstas nas cláusulas respectivas. (ex-OJ 150 da SDI-I – Inserida em 27.11.1998)

II – É aplicável multa prevista em instrumento normativo (sentença normativa, convenção ou acordo coletivo) em caso de descumprimento de obrigação prevista em lei, mesmo que a norma coletiva seja mera repetição de texto legal. (ex-OJ 239 da SDI-I – Inserida em 20.6.2001)

385. FERIADO LOCAL. AUSÊNCIA DE EXPEDIENTE FORENSE. PRAZO RECURSAL. PRORROGAÇÃO. COMPROVAÇÃO. NECESSIDADE. ATO ADMINISTRATIVO DO JUÍZO *A QUO*

→ Súmula acrescentada pela Resolução do TST 185/2012 (*D.E.J.T.* 25.9.2012).

→ Redação alterada na sessão do Tribunal Pleno realizada em 14.9.2012.

I – Incumbe à parte o ônus de provar, quando da interposição do recurso, a existência de feriado local que autorize a prorrogação do prazo recursal.

II – Na hipótese de feriado forense, incumbirá à autoridade que proferir a decisão de admissibilidade certificar o expediente nos autos.

III – Na hipótese do inciso II, admite-se a reconsideração da análise da tempestividade do recurso, mediante prova documental superveniente, em Agravo Regimental, Agravo de Instrumento ou Embargos de Declaração.

386. POLICIAL MILITAR. RECONHECIMENTO DE VÍNCULO EMPREGATÍCIO COM EMPRESA PRIVADA

→ Súmula acrescentada pela Resolução do TST 129/2005 (*D.J.* 20.4.2005).

→ Conversão da OJ da SDI-I 167 do TST.

Preenchidos os requisitos do art. 3º da CLT, é legítimo o reconhecimento de relação de emprego entre policial militar e empresa privada, independentemente do eventual cabimento de penalidade disciplinar prevista no Estatuto do Policial Militar. (ex-OJ 167 da SDI-I – Inserida em 26.3.1999)

387. RECURSO. FAC-SÍMILE. LEI 9.800/1999

→ Inserido o item IV à redação.

I – A Lei 9.800, de 26.5.1999, é aplicável somente a recursos interpostos após o início de sua vigência. (ex-OJ 194 da SDI-I – Inserida em 8.11.2000)

II – A contagem do quinquídio para apresentação dos originais de recurso interposto por intermédio de fac-símile começa a fluir do dia subsequente ao término do prazo recursal, nos termos do art. 2º da Lei 9.800, de 26.5.1999, e não do dia seguinte à interposição do recurso, se esta se deu antes do termo final do prazo. (ex-OJ 337 da SDI-I – primeira parte – *D.J.* 4.5.2004)

III – Não se tratando a juntada dos originais de ato que dependa de notificação, pois a parte, ao interpor o recurso, já tem ciência de seu ônus processual, não se aplica a regra do art. 184 do CPC quanto ao *dies a quo*, podendo coincidir com sábado, domingo ou feriado. (ex-OJ 337 da SDI-I – *in fine* – *D.J.* 4.5.2004)

IV – A autorização para utilização do fac-símile, constante do art. 1º da Lei 9.800, de 26.5.1999, somente alcança as hipóteses em que o documento é dirigido diretamente ao órgão jurisdicional, não se aplicando à transmissão ocorrida entre particulares.

→ Item IV com redação alterada pela Resolução do TST 174/2011 (*D.E.J.T.* 27.5.2011).

388. MASSA FALIDA. ARTS. 467 E 477 DA CLT. INAPLICABILIDADE

→ Súmula acrescentada pela Resolução do TST 129/2005 (*D.J.* 20.4.2005).

→ Conversão das OJs da SDI-I 201 e 314 do TST.

A Massa Falida não se sujeita à penalidade do art. 467 e nem à multa do § 8º do art. 477, ambos da CLT. (ex-OJs da SDI-I 201 – *D.J.* 11.8.2003 e 314 – *D.J.* 8.11.2000)

389. SEGURO-DESEMPREGO. COMPETÊNCIA DA JUSTIÇA DO TRABALHO. DIREITO À INDENIZAÇÃO POR NÃO LIBERAÇÃO DE GUIAS

→ Súmula acrescentada pela Resolução do TST 129/2005 (*D.J.* 20.4.2005).

→ Conversão das OJs da SDI-I 210 e 211 do TST.

I – Inscreve-se na competência material da Justiça do Trabalho a lide entre empregado e empregador tendo por objeto indenização pelo não fornecimento das guias do seguro-desemprego. (ex-OJ 210 da SDI-I – Inserida em 8.11.2000)

II – O não fornecimento pelo empregador da guia necessária para o recebimento do seguro-desemprego dá origem ao direito à indenização. (ex-OJ 211 da SDI-I – Inserida em 8.11.2000)

390. ESTABILIDADE. ART. 41 DA CF/1988. CELETISTA. ADMINISTRAÇÃO DIRETA, AUTÁRQUICA OU FUNDACIONAL. APLICABILIDADE. EMPREGADO DE EMPRESA PÚBLICA E SOCIEDADE DE ECONOMIA MISTA. INAPLICÁVEL

→ Súmula acrescentada pela Resolução do TST 129/2005 (*D.J.* 20.4.2005).

→ Conversão das OJs da SDI-I 229 e 265 e da OJ SDI-II 22 do TST.

I – O servidor público celetista da administração direta, autárquica ou fundacional é beneficiário da estabilidade prevista no art. 41 da CF/1988. (ex-OJ 265 da SDI-I – Inserida em 27.9.2002 e ex-OJ 22 da SDI-2 – Inserida em 20.9.2000)

II – Ao empregado de empresa pública ou de sociedade de economia mista, ainda que admitido mediante aprovação em concurso público, não é garantida a estabilidade prevista no art. 41 da CF/1988. (ex-OJ 229 da SDI-I – Inserida em 20.6.2001)

391. PETROLEIROS. LEI 5.811/1972. TURNO ININTERRUPTO DE REVEZAMENTO. HORAS EXTRAS E ALTERAÇÃO DA JORNADA PARA HORÁRIO FIXO

→ Súmula acrescentada pela Resolução do TST 129/2005 (*D.J.* 20.4.2005).

→ Conversão das OJs da SDI-I 240 e 333 do TST.

I – A Lei 5.811/72 foi recepcionada pela CF/1988 no que se refere à duração da jornada de trabalho em regime de revezamento dos petroleiros. (ex-OJ 240 da SDI-I – Inserida em 20.6.2001)

II – A previsão contida no art. 10 da Lei 5.811/1972, possibilitando a mudança do regime de revezamento para horário fixo, constitui alteração lícita, não violando os arts. 468 da CLT e 7º, VI, da CF/1988. (ex-OJ 333 da SDI-I – *D.J.* 9.12.2003)

392. DANO MORAL E MATERIAL. RELAÇÃO DE TRABALHO. COMPETÊNCIA DA JUSTIÇA DO TRABALHO.

→ Súmula com redação alterada pela Resolução 200/2015 (*D.E.J.T.* 04.11.2015).

Nos termos do art. 114, inc. VI, da Constituição da República, a Justiça do Trabalho é competente para processar e julgar ações de indenização por dano moral e material, decorrentes da relação de trabalho, inclusive as oriundas de acidente de trabalho e doenças a ele equiparadas, ainda que propostas pelos dependentes ou sucessores do trabalhador falecido.

393. RECURSO ORDINÁRIO. EFEITO DEVOLUTIVO EM PROFUNDIDADE. ART. 515, § 1º, DO CPC

→ Redação alterada pela Resolução do TST 169/2010 (*D.E. J.T.* 19.11.2010).

→ Redação alterada pelo Tribunal Pleno na sessão realizada em 16.11.2010.

O efeito devolutivo em profundidade do recurso ordinário, que se extrai do § 1º do art. 515 do CPC, transfere ao Tribunal a apreciação dos fundamentos da inicial ou da defesa, não examinados pela sentença, ainda que não renovados em contrarrazões. Não se aplica, todavia, ao caso de pedido não apreciado na sentença, salvo a hipótese contida no § 3º do art. 515 do CPC.

→ Refere-se ao CPC de 1973.

→ *v.* Art. 1.013, § 3º, I, do NCPC.

394. ART. 462 DO CPC. FATO SUPERVENIENTE

→ Súmula acrescentada pela Resolução do TST 129/2005 (*D.J.* 20.4.2005).

→ Conversão da OJ da SDI-I 81 do TST.

→ Refere-se ao CPC de 1973.

→ *v.* Art. 493 do NCPC.

O art. 462 do CPC, que admite a invocação de fato constitutivo, modificativo ou extintivo do direito, superveniente à propositura da ação, é aplicável de ofício aos processos em curso em qualquer instância trabalhista. (ex-OJ 81 SDI-I I – Inserida em 28.4.1997)

395. MANDATO E SUBSTABELECMENTO. CONDIÇÕES DE VALIDADE

→ Súmula acrescentada pela Resolução do TST 129/2005 (*D.J.* 20.4.2005).

→ Conversão das OJs da SDI-I 108, 312, 313 e 330 do TST.

I – Válido é o instrumento de mandato com prazo determinado que contém cláusula estabelecendo a prevalência dos poderes para atuar até o final da demanda. (ex-OJ 312 da SDI-I – *D.J.* 11.8.2003)

II – Diante da existência de previsão, no mandato, fixando termo para sua juntada, o instrumento de mandato só tem validade se anexado ao processo dentro do aludido prazo. (ex-OJ 313 da SDI-I – *D.J.* 11.8.2003)

III – São válidos os atos praticados pelo substabelecido, ainda que não haja, no mandato, poderes expressos para substabelecer (art. 667, e parágrafos, do Código Civil de 2002). (ex-OJ 108 da SDI-I – Inserida em 1.10.1997)

IV – Configura-se a irregularidade de representação se o substabelecimento é anterior à outorga passada ao substabelecente. (ex-OJ 330 da SDI-I – *D.J.* 9.12.2003)

396. ESTABILIDADE PROVISÓRIA. PEDIDO DE REINTEGRAÇÃO. CONCESSÃO DO SALÁRIO RELATIVO AO PERÍODO DE ESTABILIDADE JÁ EXAURIDO. INEXISTÊNCIA DE JULGAMENTO *EXTRA PETITA*.

→ Súmula acrescentada pela Resolução do TST 129/2005 (*D.J.* 20.4.2005).

→ Conversão das OJs da SDI-I 106 e 116 do TST.

I – Exaurido o período de estabilidade, são devidos ao empregado apenas os salários do período compreendido entre a data da despedida e o final do período de estabilidade, não lhe sendo assegurada a reintegração no emprego. (ex-OJ 116 da SDI-I – Inserida em 1.10.1997)

II – Não há nulidade por julgamento *extra petita* da decisão que deferir salário quando o pedido for de reintegração, dados os termos do art. 496 da CLT (ex-OJ 106 da SDI-I – Inserida em 20.11.1997)

397. AÇÃO RESCISÓRIA. ART. 485, IV, DO CPC. AÇÃO DE CUMPRIMENTO. OFENSA À COISA JULGADA EMANADA DE SENTENÇA NORMATIVA MODIFICADA EM GRAU DE RECURSO. INVIABILIDADE. CABIMENTO DE MANDADO DE SEGURANÇA.

→ Conversão da OJ da SDI-II 116 do TST.

→ Refere-se ao CPC de 1973.

→ *v.* Art. 966, IV, do NCPC.

Não procede ação rescisória calcada em ofensa à coisa julgada perpetrada por decisão proferida em ação de cumprimento, em face de a sentença normativa, na qual se louvava, ter sido modificada em grau de recurso, porque em dissídio coletivo somente se consubstancia coisa julgada formal. Assim, os meios processuais aptos a atacarem a execução da cláusula reformada são a exceção de pré-executividade e o mandado de segurança, no caso de descumprimento do art. 572 do CPC. (ex-OJ 116 – da SDI-II *D.J.* 11.8.2003)

→ Súmula acrescentada pela Resolução do TST 137/2005 (*D.J* 22.8.2005).

→ Refere-se ao CPC de 1973.

→ *v.* Art. 514 do NCPC.

398. AÇÃO RESCISÓRIA. AUSÊNCIA DE DEFESA. INAPLICÁVEIS OS EFEITOS DA REVELIA

→ Conversão da OJ da SDI-II 126 do TST.

Na ação rescisória, o que se ataca na ação é a sentença, ato oficial do Estado, acobertado pelo manto da coisa julgada. Assim sendo, e considerando que a coisa julgada envolve questão de ordem pública, a revelia não produz confissão na ação rescisória. (ex-OJ 126 da SDI-II – *D.J.* 9.12.2003).

→ Súmula acrescentada pela Resolução do TST 137/2005 (*D.J* 22.8.2005).

399. AÇÃO RESCISÓRIA. CABIMENTO. SENTENÇA DE MÉRITO. DECISÃO HOMOLOGATÓRIA DE ADJUDICAÇÃO, DE ARREMATAÇÃO E DE CÁLCULOS

→ Súmula acrescentada pela Resolução do TST 137/2005 (*D.J* 22.8.2005).

→ Conversão das OJs da SDI-II 44, 45 e 85 do TST.

I – É incabível ação rescisória para impugnar decisão homologatória de adjudicação ou arrematação. (ex-OJs 44 e 45 da SDI-II – Inseridas em 20.9.2000)

II – A decisão homologatória de cálculos apenas comporta rescisão quando enfrentar as questões envolvidas na elaboração da conta de liquidação, quer solvendo a controvérsia das partes quer explicitando, de ofício, os motivos pelos quais acolheu os cálculos oferecidos por uma das partes ou pelo setor de cálculos, e não contestados pela outra. (ex-OJ 85 da SDI-II, primeira parte – inserida em 13.3.2002 e alterada em 26.11.2002).

400. AÇÃO RESCISÓRIA DE AÇÃO RESCISÓRIA. VIOLAÇÃO DE LEI. INDICAÇÃO DOS MESMOS DISPOSITIVOS LEGAIS APONTADOS NA RESCISÓRIA PRIMITIVA

→ Súmula acrescentada pela Resolução do TST 137/2005 (*D.J* 22.8.2005).

→ Conversão da OJ da SDI-II 95 do TST.

Em se tratando de rescisória de rescisória, o vício apontado deve nascer na decisão rescindenda, não se admitindo a rediscussão do acerto do julgamento da rescisória anterior. Assim, não se admite rescisória calcada no inciso V do art. 485 do CPC para discussão, por má aplicação dos mesmos dispositivos de lei, tidos por violados na rescisória anterior, bem como para arguição de questões inerentes à ação rescisória primitiva. (ex-OJ 95 da SDI-II – Inserida em 27.9.2002 e alterada *D.J.* 16.4.2004)

401. AÇÃO RESCISÓRIA. DESCONTOS LEGAIS. FASE DE EXECUÇÃO. SENTENÇA EXEQUENDA OMISSA. INEXISTÊNCIA DE OFENSA À COISA JULGADA

→ Súmula acrescentada pela Resolução do TST 137/2005 (*D.J* 22.8.2005).

→ Conversão da OJ da SDI-II 81 do TST.

Os descontos previdenciários e fiscais devem ser efetuados pelo juízo executório, ainda que a sentença exequenda tenha sido omissa sobre a questão, dado o caráter de ordem pública ostentado pela norma que os disciplina. A ofensa à coisa julgada somente poderá ser caracterizada na hipótese de o título exequendo, expressamente, afastar a dedução dos valores a título de imposto de renda e de contribuição previdenciária. (ex-OJ 81 da SDI-II – Inserida em 13.3.2002)

402. AÇÃO RESCISÓRIA. DOCUMENTO NOVO. DISSÍDIO COLETIVO. SENTENÇA NORMATIVA

→ Súmula acrescentada pela Resolução do TST 137/2005 (*D.J* 22.8.2005).

→ Conversão da OJ da SDI-II 20 do TST.

Documento novo é o cronologicamente velho, já existente ao tempo da decisão rescindenda, mas ignorado pelo interessado ou de impossível utilização, à época, no processo. Não é documento novo apto a viabilizar a desconstituição de julgado:

a) sentença normativa proferida ou transitada em julgado posteriormente à sentença rescindenda;

b) sentença normativa preexistente à sentença rescindenda, mas não exibida no processo principal, em virtude de negligência da parte, quando podia e deveria louvar-se de documento já existente e não ignorado quando emitida a decisão rescindenda. (ex-OJ 20 da SDI-II – Inserida em 20.9.2000)

403. AÇÃO RESCISÓRIA. DOLO DA PARTE VENCEDORA EM DETRIMENTO DA VENCIDA. ART. 485, III, DO CPC

→ Súmula acrescentada pela Resolução do TST 137/2005 (*D.J* 22.8.2005).

→ Conversão das OJs da SDI-II 111 e 125 do TST.

I – Não caracteriza dolo processual, previsto no art. 485, III, do CPC, o simples fato de a parte vencedora haver silenciado a respeito de fatos contrários a ela, porque o procedimento, por si só, não constitui ardil do qual resulte cerceamento de defesa e, em consequência, desvie o juiz de uma sentença não condizente com a verdade. (ex-OJ 125 da SDI-II – *D.J.* 9.12.2003)

II – Se a decisão rescindenda é homologatória de acordo, não há parte vencedora ou vencida, razão pela qual não é possível a sua desconstituição calcada no inciso III do art. 485 do CPC (dolo da parte vencedora em detrimento da vencida), pois constitui fundamento de rescindibilidade que supõe solução jurisdicional para a lide. (ex-OJ 111 da SDI-II – *D.J.* 29.4.2003)

404. AÇÃO RESCISÓRIA. FUNDAMENTO PARA INVALIDAR CONFISSÃO. CONFISSÃO FICTA. INADEQUAÇÃO DO ENQUADRAMENTO NO ART. 485, VIII, DO CPC

→ Súmula acrescentada pela Resolução do TST 137/2005 (*D.J* 22.8.2005).

→ Conversão da OJ da SDI-II 108 do TST.

O art. 485, VIII, do CPC, ao tratar do fundamento para invalidar a confissão como hipótese de rescindibilidade da decisão judicial, refere-se à confissão real, fruto de erro, dolo ou coação, e não à confissão ficta resultante de revelia. (ex-OJ 108 da SDI-II – *D.J.* 29.4.2003)

405. AÇÃO RESCISÓRIA. LIMINAR. ANTECIPAÇÃO DE TUTELA

→ Súmula acrescentada pela Resolução do TST 137/2005 (*D.J* 22.8.2005).

→ Conversão das OJs da SDI-II 1, 3 e 121 do TST.

I – Em face do que dispõe a MP 1.984-22/2000 e reedições e o artigo 273, § 7º, do CPC, é cabível o pedido liminar formulado na petição inicial de ação rescisória ou na fase recursal, visando a suspender a execução da decisão rescindenda.

II – O pedido de antecipação de tutela, formulado nas mesmas condições, será recebido como medida acautelatória em ação rescisória, por não se admitir tutela antecipada em sede de ação rescisória. (ex-OJs 1 e 3 da SDI-II – Inseridas em 20.9.2000, e 121 – *D.J.* 11.8.2003)

406. AÇÃO RESCISÓRIA. LITISCONSÓRCIO. NECESSÁRIO NO POLO PASSIVO E FACULTATIVO NO ATIVO. INEXISTENTE QUANTO AOS SUBSTITUÍDOS PELO SINDICATO

→ Súmula acrescentada pela Resolução do TST 137/2005 (*D.J* 22.8.2005).

→ Conversão das OJs da SDI-II 82 e 110 do TST.

I – O litisconsórcio, na ação rescisória, é necessário em relação ao polo passivo da demanda, porque supõe uma comunidade de direitos ou de obrigações que não admite solução díspar para os litisconsortes, em face da indivisibilidade do objeto. Já em relação ao polo ativo, o litisconsórcio é facultativo, uma vez que a aglutinação de autores se faz por conveniência e não, pela necessidade decorrente da natureza do litígio, pois não se pode condicionar o exercício do direito individual de um dos litigantes no processo originário à anuência dos demais para retomar a lide. (ex-OJ 82 da SDI-II – inserida em 13.3.2002)

II – O Sindicato, substituto processual e autor da reclamação trabalhista, em cujos autos fora proferida a decisão rescindenda, possui legitimidade para figurar como réu na ação rescisória, sendo descabida a exigência de citação de todos os empregados substituídos, porquanto inexistente litisconsórcio passivo necessário. (ex-OJ 110 da SDI-II – *D.J.* 29.4.2003)

407. AÇÃO RESCISÓRIA. MINISTÉRIO PÚBLICO. LEGITIMIDADE AD CAUSAM PREVISTA NO ART. 487, III, "a" E "b", DO CPC. AS HIPÓTESES SÃO MERAMENTE EXEMPLIFICATIVAS

→ Súmula acrescentada pela Resolução do TST 137/2005 (*D.J* 22.8.2005).

→ Conversão da OJ da SDI-II 83 do TST.

→ Refere-se ao CPC de 1973.

→ *v.* Art. 967, III, a e b, do NCPC.

A legitimidade *ad causam* do Ministério Público para propor ação rescisória, ainda que não tenha sido parte no processo que deu origem à decisão rescindenda, não está limitada às alíneas *a* e *b* do inciso III do art. 487 do CPC, uma vez que traduzem hipóteses meramente exemplificativas. (ex-OJ 83 da SDI-II – Inserida em 13.3.2002)

408. AÇÃO RESCISÓRIA. PETIÇÃO INICIAL. CAUSA DE PEDIR. AUSÊNCIA DE CAPITULAÇÃO OU CAPITULAÇÃO ERRÔNEA NO ART. 485 DO CPC. PRINCÍPIO *IURA NOVIT CURIA*

→ Súmula acrescentada pela Resolução do TST 137/2005 (*D.J* 22.8.2005).

→ Conversão das OJs da SDI-II 32 e 33 do TST.

→ Refere-se ao CPC de 1973.

→ *v.* Art. 966 do NCPC.

Não padece de inépcia a petição inicial de ação rescisória apenas porque omite a subsunção do fundamento de rescindibilidade no art. 485 do CPC ou o capitula erroneamente em um de seus incisos. Contanto que não se afaste dos fatos e fundamentos invocados como causa de pedir, ao Tribunal é lícito emprestar-lhes a adequada qualificação jurídica (*iura novit curia*). No entanto, fundando-se a ação rescisória no art. 485, inc. V, do CPC, é indispensável expressa indicação, na petição inicial da ação rescisória, do dispositivo legal violado, por se tratar de causa de pedir da rescisória, não se aplicando, no caso, o princípio *iura novit curia*. (ex-Ojs 32 e 33 da SDI-II – Inseridas em 20.9.2000)

409. AÇÃO RESCISÓRIA. PRAZO PRESCRICIONAL. TOTAL OU PARCIAL. VIOLAÇÃO DO ART. 7º, XXIX, DA CF/1988. MATÉRIA INFRACONSTITUCIONAL

→ Súmula acrescentada pela Resolução do TST 137/2005 (*D.J* 22.8.2005).

→ Conversão da OJ da SDI-II 119 do TST.

Não procede ação rescisória calcada em violação do art. 7º, XXIX, da CF/1988 quando a questão envolve discussão sobre a espécie de prazo prescricional aplicável aos créditos trabalhistas, se total ou parcial, porque a matéria tem índole infraconstitucional, construída, na Justiça do Trabalho, no plano jurisprudencial. (ex-OJ 119 da SDI-II – *D.J.* 11.8.2003)

410. AÇÃO RESCISÓRIA. REEXAME DE FATOS E PROVAS. INVIABILIDADE

→ Súmula acrescentada pela Resolução do TST 137/2005 (*D.J* 22.8.2005).

→ Conversão da OJ da SDI-II 109 do TST.

A ação rescisória calcada em violação de lei não admite reexame de fatos e provas do processo que originou a decisão rescindenda. (ex-OJ 109 da SDI-II – *D.J.* 29.4.2003)

411. AÇÃO RESCISÓRIA. SENTENÇA DE MÉRITO. DECISÃO DE TRIBUNAL REGIONAL DO TRABALHO EM AGRAVO REGIMENTAL CONFIRMANDO DECISÃO MONOCRÁTICA DO RELATOR QUE, APLICANDO A SÚMULA 83 DO TST, INDEFERIU A PETIÇÃO INICIAL DA AÇÃO RESCISÓRIA. CABIMENTO

→ Súmula acrescentada pela Resolução do TST 137/2005 (*D.J* 22.8.2005).

→ Conversão da OJ da SDI-II 43 do TST.

Se a decisão recorrida, em agravo regimental, aprecia a matéria na fundamentação, sob o enfoque das Súmulas 83 do TST e 343 do STF, constitui sentença de mérito, ainda que haja resultado no indeferimento da petição inicial e na extinção do processo sem julgamento do mérito. Sujeita-se, assim, à reforma pelo TST, a decisão do Tribunal que, invocando controvérsia na interpretação da lei, indefere a petição inicial de ação rescisória. (ex-OJ 43 da SDI-II – Inserida em 20.9.2000)

412. AÇÃO RESCISÓRIA. SENTENÇA DE MÉRITO. QUESTÃO PROCESSUAL

→ Súmula acrescentada pela Resolução do TST 137/2005 (*D.J* 22.8.2005).

→ Conversão da OJ da SDI-II 46 do TST.

Pode uma questão processual ser objeto de rescisão desde que consista em pressuposto de validade de uma sentença de mérito. (ex-OJ 46 da SDI-II – inserida em 20.9.2000)

413. AÇÃO RESCISÓRIA. SENTENÇA DE MÉRITO. VIOLAÇÃO DO ART. 896, A, DA CLT

→ Súmula acrescentada pela Resolução do TST 137/2005 (*D.J* 22.8.2005).

→ Conversão da OJ da SDI-II 47 do TST.

É incabível ação rescisória, por violação do art. 896, *a*, da CLT, contra decisão que não conhece de recurso de revista, com base em divergência jurisprudencial, pois não se cuida de sentença de mérito (art. 485 do CPC). (ex-OJ 47 da SDI-II – inserida em 20.9.2000)

414. MANDADO DE SEGURANÇA. ANTECIPAÇÃO DE TUTELA (OU LIMINAR) CONCEDIDA ANTES OU NA SENTENÇA.

→ Súmula acrescentada pela Resolução do TST 137/2005 (*D.J* 22.8.2005).

→ Conversão das OJs da SDI-II 50, 51, 58, 86 e 139 do TST.

I – A antecipação da tutela concedida na sentença não comporta impugnação pela via do mandado de segurança, por ser impugnável mediante recurso ordinário. A ação cautelar é o meio próprio para se obter efeito suspensivo a recurso. (ex-OJ 51 da SDI-II – inserida em 20.9.2000)

II – No caso da tutela antecipada (ou liminar) ser concedida antes da sentença, cabe a impetração do mandado de segurança, em face da inexistência de recurso próprio. (ex-OJs 50 e 58 da SDI-II – inseridas em 20.9.2000)

III – A superveniência da sentença, nos autos originários, faz perder o objeto do mandado de segurança que impugnava a concessão da tutela antecipada (ou liminar). (ex-OJs 86 da SDI-II – inserida em 13.3.2002 e 139 – *D.J.* 4.5.2004).

415. MANDADO DE SEGURANÇA. ART. 284 DO CPC. APLICABILIDADE

→ Súmula acrescentada pela Resolução do TST 137/2005 (*D.J* 22.8.2005).

→ Conversão da OJ da SDI-II 52 do TST.

→ Refere-se ao CPC de 1973.

→ *v.* Art. 321 do NCPC.

Exigindo o mandado de segurança prova documental pré-constituída, inaplicável se torna o art. 284 do CPC quando verificada, na petição inicial do *mandamus*, a ausência de documento indispensável ou de sua autenticação. (ex-OJ 52 da SDI-II – inserida em 20.9.2000)

416. MANDADO DE SEGURANÇA. EXECUÇÃO. LEI 8.432/1992. ART. 897, § 1º, DA CLT. CABIMENTO

→ Súmula acrescentada pela Resolução do TST 137/2005 (*D.J* 22.8.2005).

→ Conversão da OJ da SDI-II 55 do TST.

Devendo o agravo de petição delimitar justificadamente a matéria e os valores objeto de discordância, não fere direito líquido e certo o prosseguimento da execução quanto aos tópicos e valores não especificados no agravo. (ex-OJ 55 da SDI-II – inserida em 20.9.2000)

417. MANDADO DE SEGURANÇA. PENHORA EM DINHEIRO

→ Súmula acrescentada pela Resolução do TST 137/2005 (*D.J.* 22.8.2005).

→ Conversão das OJs da SDI-II 60,61 e 62 do TST.

I – Não fere direito líquido e certo do impetrante o ato judicial que determina penhora em dinheiro do executado, em execução definitiva, para garantir crédito exequendo, uma vez que obedece à gradação prevista no art. 655 do CPC. (ex-OJ 60 da SDI-II – inserida em 20.9.2000)

→ Refere-se ao CPC de 1973.

→ *v.* Art. 835 do NCPC.

II – Havendo discordância do credor, em execução definitiva, não tem o executado direito líquido e certo a que os valores penhorados em dinheiro fiquem depositados no próprio banco, ainda que atenda aos requisitos do art. 666, I, do CPC. (ex-OJ 61 da SDI-II – inserida em 20.9.2000)

→ Refere-se ao CPC de 1973.

→ *v.* Art. 840, I, do NCPC.

III – Em se tratando de execução provisória, fere direito líquido e certo do impetrante a determinação de penhora em dinheiro, quando nomeados outros bens à penhora, pois o executado tem direito a que a execução se processe da forma que lhe seja menos gravosa, nos termos do art. 620 do CPC. (ex-OJ 62 da SDI-II – inserida em 20.9.2000)

→ Refere-se ao CPC de 1973.

→ *v.* Art. 805 do NCPC.

418. MANDADO DE SEGURANÇA VISANDO À CONCESSÃO DE LIMINAR OU HOMOLOGAÇÃO DE ACORDO

→ Súmula acrescentada pela Resolução do TST 137/2005 (*D.J* 22.8.2005).

→ Conversão das OJs da SDI-II 120 e 141 do TST.

A concessão de liminar ou a homologação de acordo constituem faculdade do juiz, inexistindo direito líquido e certo tutelável pela via do mandado de segurança. (ex-OJs 120 da SDI-II – *D.J.* 11.8.2003 e 141 – *D.J.* 4.5.2004)

419. COMPETÊNCIA. EXECUÇÃO POR CARTA. EMBARGOS DE TERCEIRO. JUÍZO DEPRECANTE

→ Súmula acrescentada pela Resolução do TST 137/2005 (*D.J* 22.8.2005).

→ Conversão da OJ da SDI-II 114 do TST.

Na execução por carta precatória, os embargos de terceiro serão oferecidos no juízo deprecante ou no juízo deprecado, mas a competência para julgá-los é do juízo deprecante, salvo se versarem, unicamente, sobre vícios ou irregularidades da penhora, avaliação ou alienação dos bens, praticados pelo juízo deprecado, em que a competência será deste último. (ex-OJ 114 da SDI-II – *D.J.* 11.8.2003)

420. COMPETÊNCIA FUNCIONAL. CONFLITO NEGATIVO. TRT E VARA DO TRABALHO DE IDÊNTICA REGIÃO. NÃO CONFIGURAÇÃO

→ Súmula acrescentada pela Resolução do TST 137/2005 (*D.J* 22.8.2005).

→ Conversão da OJ da SDI-II 115 do TST.

Não se configura conflito de competência entre Tribunal Regional do Trabalho e Vara do Trabalho a ele vinculada. (ex-OJ 115 da SDI-II – *D.J.* 11.8.2003)

421. EMBARGOS DECLARATÓRIOS CONTRA DECISÃO MONOCRÁTICA DO RELATOR CALCADA NO ART. 557 DO CPC. CABIMENTO

→ Súmula acrescentada pela Resolução do TST 137/2005 (*D.J* 22.8.2005).

→ Conversão da OJ da SDI-II 74 do TST.

→ Refere-se ao CPC de 1973.

→ *v.* Arts. 932 e 1.021. do NCPC.

I – Tendo a decisão monocrática de provimento ou denegação de recurso, prevista no art. 557 do CPC, conteúdo decisório definitivo e conclusivo da lide, comporta ser esclarecida pela via dos embargos de declaração, em decisão aclaratória, também monocrática, quando se pretende tão somente suprir omissão e não, modificação do julgado.

II – Postulando o embargante efeito modificativo, os embargos declaratórios deverão ser submetidos ao pronunciamento do Colegiado, convertidos em agravo, em face dos princípios da fungibilidade e celeridade processual. (ex-OJ 74 da SDI-II – inserida em 8.11.2000)

422. RECURSO. FUNDAMENTO AUSENTE OU DEFICIENTE. NÃO CONHECIMENTO

→ *Caput* da Súmula 422 com redação alterada pela Resolução do TST 199/2015 (*D.E.J.T.* 26.6.2015).

I – Não se conhece de recurso para o Tribunal Superior do Trabalho se as razões do recorrente não impugnam os fundamentos da decisão recorrida, nos termos em que proferida.

→ Item I acrescentado pela Resolução do TST 199/2015 (*D.E.J.T.* 26.06.2015).

II – O entendimento referido no item anterior não se aplica em relação à motivação secundária e impertinente, consubstanciada em despacho de admissibilidade de recurso ou em decisão monocrática.

→ Item II acrescentado pela Resolução do TST 199/2015 (*D.E.J.T.* 26.06.2015).

III – Inaplicável a exigência do item I relativamente ao recurso ordinário da competência de Tribunal Regional do Trabalho, exceto em caso de recurso cuja motivação é inteiramente dissociada dos fundamentos da sentença.

→ Item III acrescentado pela Resolução do TST 199/2015 (*D.E.J.T.* 26.06.2015).

423. TURNO ININTERRUPTO DE REVEZAMENTO. FIXAÇÃO DE JORNADA DE TRABALHO MEDIANTE NEGOCIAÇÃO COLETIVA. VALIDADE

→ Súmula acrescentada pela Resolução do TST 139/2006 (*D.J.* 10.10.2006).

→ Conversão da OJ da SDI-I 169 do TST.

Estabelecida jornada superior a 6 (seis) horas e limitada a 8 (oito) horas por meio de regular negociação coletiva, os empregados submetidos a turnos ininterruptos de revezamento não têm direito ao pagamento da 7ª e 8ª horas como extras.

424. RECURSO ADMINISTRATIVO. PRESSUPOSTO DE ADMISSIBILIDADE. DEPÓSITO PRÉVIO DA MULTA ADMINISTRATIVA. NÃO RECEPÇÃO PELA CONSTITUIÇÃO FEDERAL DO § 1º DO ART. 636 DA CLT

→ Súmula acrescentada pela Resolução do TST 160/2009 (*D.E.J.T.* 23.11.2009).

O § 1º do art. 636 da CLT, que estabelece a exigência de prova do depósito prévio do valor da multa cominada em razão de autuação administrativa como pressuposto de admissibilidade de recurso administrativo, não foi recepcionado pela Constituição Federal de 1988, ante a sua incompatibilidade com o inciso LV do art. 5º.

425. *JUS POSTULANDI* NA JUSTIÇA DO TRABALHO. ALCANCE

→ Súmula acrescentada pela Resolução do TST 165/2010 (*D.E.J.T.* 30.4.2010).

O *jus postulandi* das partes, estabelecido no art. 791 da CLT, limita-se às Varas do Trabalho e aos Tribunais Regionais do Trabalho, não alcançando a ação rescisória, a ação cautelar, o mandado de segurança e os recursos de competência do Tribunal Superior do Trabalho.

426. DEPÓSITO RECURSAL. UTILIZAÇÃO DA GUIA GFIP. OBRIGATORIEDADE

→ Súmula acrescentada pela Resolução do TST 174/2011 (*D.E.J.T.* 27.5.2011).

Nos dissídios individuais o depósito recursal será efetivado mediante a utilização da Guia de Recolhimento do FGTS e Informações à Previdência Social – GFIP, nos termos dos §§ 4º e 5º do art. 899 da CLT, admitido o depósito judicial, realizado na sede do juízo e à disposição deste, na hipótese de relação de trabalho não submetida ao regime do FGTS.

427. INTIMAÇÃO. PLURALIDADE DE ADVOGADOS. PUBLICAÇÃO EM NOME DE ADVOGADO DIVERSO DAQUELE EXPRESSAMENTE INDICADO. NULIDADE

→ Súmula acrescentada pela Resolução do TST 174/2011 (*D.E.J.T.* 27.5.2011).

Havendo pedido expresso de que as intimações e publicações sejam realizadas exclusivamente em nome de determinado advogado, a comunicação em nome de outro profissional constituído nos autos é nula, salvo se constatada a inexistência de prejuízo.

428. SOBREAVISO. APLICAÇÃO ANALÓGICA DO ART. 244, § 2º DA CLT

→ Súmula acrescentada pela Resolução do TST 185/2012 (*D.E.J.T.* 25.9.2012).

→ Redação alterada na sessão do Tribunal Pleno realizada em 14.9.2012.

I – O uso de instrumentos telemáticos ou informatizados fornecidos pela empresa ao empregado, por si só, não caracteriza o regime de sobreaviso.

II – Considera-se em sobreaviso o empregado que, à distância e submetido a controle patronal por instrumentos telemáticos ou informatizados, permanecer em regime de plantão ou equivalente, aguardando a qualquer momento o chamado para o serviço durante o período de descanso.

429. TEMPO À DISPOSIÇÃO DO EMPREGADOR. ART. 4º DA CLT. PERÍODO DE DESLOCAMENTO ENTRE A PORTARIA E O LOCAL DE TRABALHO

→ Súmula acrescentada pela Resolução do TST 174/2011 (*D.E.J.T.* 27.5.2011).

Considera-se à disposição do empregador, na forma do art. 4º da CLT, o tempo necessário ao deslocamento do trabalhador entre a portaria da empresa e o local de trabalho, desde que supere o limite de 10 (dez) minutos diários.

430. ADMINISTRAÇÃO PÚBLICA INDIRETA. CONTRATAÇÃO. AUSÊNCIA DE CONCURSO PÚBLICO. NULIDADE. ULTERIOR PRIVATIZAÇÃO. CONVALIDAÇÃO. INSUBSISTÊNCIA DO VÍCIO

→ Súmula acrescentada pela Resolução do TST 177/2012 (*D.E.J.T.* 13.2.2012).

Convalidam-se os efeitos do contrato de trabalho que, considerado nulo por ausência de concurso público, quando celebrado originalmente com ente da Administração Pública Indireta, continua a existir após a sua privatização.

431. SALÁRIO-HORA.EMPREGADO SUJEITO AO REGIME GERAL DE TRABALHO (ART. 58, *CAPUT*, DA CLT). 40 HORAS SEMANAIS. CÁLCULO. APLICAÇÃO DO DIVISOR 200

→ Redação alterada pela Resolução do TST 185/2012 (*D.E.J.T.* 25.9.2012).

→ Redação alterada na sessão do Tribunal Pleno realizada em 14.9.2012.

Para os empregados a que alude o art. 58, *caput*, da CLT, quando sujeitos a 40 horas semanais de trabalho, aplica-se o divisor 200 (duzentos) para o cálculo do valor do salário-hora.

432. CONTRIBUIÇÃO SINDICAL RURAL. AÇÃO DE COBRANÇA. PENALIDADE POR ATRASO NO RECOLHIMENTO. INAPLICABILIDADE DO ART. 600 DA CLT. INCIDÊNCIA DO ART. 2º DA LEI 8.022/1990

→ Súmula acrescentada pela Resolução do TST 177/2012 (*D.E.J.T.* 13.2.2012).

O recolhimento a destempo da contribuição sindical rural não acarreta a aplicação da multa progressiva prevista no art. 600 da CLT, em decorrência da sua revogação tácita pela Lei 8.022, de 12 de abril de 1990.

433. EMBARGOS. ADMISSIBILIDADE PROCESSO EM FASE DE EXECUÇÃO.ACÓRDÃO DE TURMA PUBLICADO NA VIGÊNCIA DA LEI 11.496, DE 26.6.2007. DIVERGÊNCIA DE INTERPRETAÇÃO DE DISPOSITIVO CONSTITUCIONAL

→ Súmula acrescentada pela Resolução do TST 177/2012 (*D.E.J.T.* 13.2.2012).

A admissibilidade do recurso de embargos contra acórdão de Turma em Recurso de Revista em fase de execução, publicado na vigência da Lei 11.496, de 26.6.2007, condiciona-se à demonstração de divergência jurisprudencial entre Turmas ou destas e a Seção Especializada em Dissídios Individuais do Tribunal Superior do Trabalho em relação à interpretação de dispositivo constitucional.

434. *(Cancelada. Resolução TST 198/2015 – D.E.J.T. 16.6.2015)* – RECURSO. INTERPOSIÇÃO ANTES DA PUBLICAÇÃO DO ACÓRDÃO IMPUGNADO. EXTEMPORANEIDADE

I) É extemporâneo recurso interposto antes de publicado o acórdão impugnado. (ex-OJ 357 da SDI-I – inserida em 14.3.2008)

II) A interrupção do prazo recursal em razão da interposição de embargos de declaração pela parte adversa não acarreta qualquer prejuízo àquele que apresentou seu recurso tempestivamente.

435. ART. 557 DO CPC. APLICAÇÃO SUBSIDIÁRIA AO PROCESSO DO TRABALHO

→ Súmula acrescentada pela Resolução do TST 185/2012 (*D.E.J.T.* 25.9.2012).

→ Conversão da OJ SDI-II 73 do TST.

→ Refere-se ao CPC de 1973.

→ *v.* Arts. 932 e 1.021, do NCPC.

Aplica-se subsidiariamente ao processo do trabalho o art. 557 do Código de Processo Civil.

436. REPRESENTAÇÃO PROCESSUAL. PROCURADOR DA UNIÃO, ESTADOS, MUNICÍPIOS E DISTRITO FEDERAL, SUAS AUTARQUIAS E FUNDAÇÕES PÚBLICAS. JUNTADA DE INSTRUMENTO DE MANDATO

→ Súmula acrescentada pela Resolução do TST 185/2012 (*D.E.J.T.* 25.9.2012).

→ Conversão da OJ SDI-I 52 do TST e inserção do item II à redação.

I - A União, Estados, Municípios e Distrito Federal, suas autarquias e fundações públicas, quando representadas em juízo, ativa e passivamente, por seus procuradores, estão dispensadas da juntada de instrumento de mandato e de comprovação do ato de nomeação.

II – Para os efeitos do item anterior, é essencial que o signatário ao menos declare-se exercente do cargo de procurador, não bastando a indicação do número de inscrição na Ordem dos Advogados do Brasil.

437. INTERVALO INTRAJORNADA PARA REPOUSO E ALIMENTAÇÃO. APLICAÇÃO DO ART. 71 DA CLT

→ Súmula acrescentada pela Resolução do TST 185/2012 (*D.E.J.T.* 25.9.2012).

→ Conversão das OJs SDI-I 307, 342, 354, 380 e 381 do TST e inserção do item II à redação.

I – Após a edição da Lei 8.923/94, a não concessão ou a concessão parcial do intervalo intrajornada mínimo, para repouso e alimentação, a empregados urbanos e rurais, implica o pagamento total do período correspondente, e não apenas daquele suprimido, com acréscimo de, no mínimo, 50% (cinquenta por cento) sobre o valor da remuneração da hora normal de trabalho (art. 71 da CLT), sem prejuízo do cômputo da efetiva jornada de labor para efeito de remuneração.

II – É inválida cláusula de acordo ou convenção coletiva de trabalho contemplando a supressão ou redução do intervalo intrajornada porque este constitui medida de higiene, saúde e segurança do trabalho, garantido por norma de ordem pública (art. 71 da CLT e art. 7º, XXII, da CF/1988), infenso à negociação coletiva.

III – Possui natureza salarial a parcela prevista no art. 71, § 4º, da CLT, com redação introduzida pela Lei 8.923, de 27 de julho de 1994, quando não concedido ou reduzido pelo empregador o intervalo mínimo intrajornada para repouso e alimentação, repercutindo, assim, no cálculo de outras parcelas salariais.

IV – Ultrapassada habitualmente a jornada de seis horas de trabalho, é devido o gozo do intervalo intrajornada mínimo de uma hora, obrigando o empregador a remunerar o período para descanso e alimentação não usufruído como extra, acrescido do respectivo adicional, na forma prevista no art. 71, *caput* e § 4º da CLT.

438. INTERVALO PARA RECUPERAÇÃO TÉRMICA DO EMPREGADO. AMBIENTE ARTIFICIALMENTE FRIO. HORAS EXTRAS. ART. 253 DA CLT. APLICAÇÃO ANALÓGICA

→ Súmula acrescentada pela Resolução do TST 185/2012 (*D.E.J.T.* 25.9.2012).

O empregado submetido a trabalho contínuo em ambiente artificialmente frio, nos termos do parágrafo único do art. 253 da CLT, ainda que não labore em câmara frigorífica, tem direito ao intervalo intrajornada previsto no *caput* do art. 253 da CLT.

439. DANOS MORAIS. JUROS DE MORA E ATUALIZAÇÃO MONETÁRIA. TERMO INICIAL

→ Súmula acrescentada pela Resolução do TST 185/2012 (*D.E.J.T.* 25.9.2012).

Nas condenações por dano moral, a atualização monetária é devida a partir da data da decisão de arbitramento ou de alteração do valor. Os juros incidem desde o ajuizamento da ação, nos termos do art. 883 da CLT.

440. AUXÍLIO-DOENÇA ACIDENTÁRIO. APOSENTADORIA POR INVALIDEZ. SUSPENSÃO DO CONTRATO DE TRABALHO. RECONHECIMENTO DO DIREITO À MANUTENÇÃO DE PLANO DE SAÚDE OU DE ASSISTÊNCIA MÉDICA

→ Súmula acrescentada pela Resolução do TST 185/2012 (*D.E.J.T.* 25.9.2012).

Assegura-se o direito à manutenção de plano de saúde ou de assistência médica oferecido pela empresa ao empregado, não obstante suspenso o contrato de trabalho em virtude de auxílio-doença acidentário ou de aposentadoria por invalidez.

441. AVISO-PRÉVIO. PROPORCIONALIDADE

→ Súmula acrescentada pela Resolução do TST 185/2012 (*D.E.J.T.* 25.9.2012).

O direito ao aviso-prévio proporcional ao tempo de serviço somente é assegurado nas rescisões de contrato de trabalho ocorridas a partir da publicação da Lei 12.506, em 13 de outubro de 2011.

442. PROCEDIMENTO SUMARÍSSIMO. RECURSO DE REVISTA FUNDAMENTADO EM CONTRARIEDADE A ORIENTAÇÃO JURISPRUDENCIAL. INADMISSIBILIDADE. ART. 896, § 6º, DA CLT, ACRESCENTADO PELA LEI 9.957, DE 12.1.2000

→ Súmula acrescentada pela Resolução do TST 185/2012 (*D.E.J.T.* 25.9.2012).

→ Conversão da OJ da SDI-I 352 do TST.

Nas causas sujeitas ao procedimento sumaríssimo, a admissibilidade de recurso de revista está limitada à demonstração de violação direta a dispositivo da Constituição Federal ou contrariedade a Súmula do Tribunal Superior do Trabalho, não se admitindo o recurso por contrariedade a Orientação Jurisprudencial deste Tribunal (Livro II, Título II, Capítulo III, do RITST), ante a ausência de previsão no art. 896, § 6º, da CLT.

443. DISPENSA DISCRIMINATÓRIA. PRESUNÇÃO. EMPREGADO PORTADOR DE DOENÇA GRAVE. ESTIGMA OU PRECONCEITO. DIREITO À REINTEGRAÇÃO

→ Súmula acrescentada pela Resolução do TST 185/2012 (*D.E.J.T.* 25.9.2012).

Presume-se discriminatória a despedida de empregado portador do vírus HIV ou de outra doença grave que suscite estigma ou preconceito. Inválido o ato, o empregado tem direito à reintegração no emprego.

444. JORNADA DE TRABALHO. NORMA COLETIVA. LEI. ESCALA DE 12 POR 36. VALIDADE

→ Súmula acrescentada pela Resolução do TST 185/2012 (*D.E.J.T.* 25.9.2012).

É valida, em caráter excepcional, a jornada de doze horas de trabalho por trinta e seis de descanso, prevista em lei ou ajustada exclusivamente mediante acordo coletivo de trabalho ou convenção coletiva de trabalho, assegurada a remuneração em dobro dos feriados trabalhados. O empregado não tem direito ao pagamento de adicional referente ao labor prestado na décima primeira e décima segunda horas.

445. INADIMPLEMENTO DE VERBAS TRABALHISTAS. FRUTOS. POSSE DE MÁ-FÉ. ART. 1.216 DO CÓDIGO CIVIL. INAPLICABILIDADE AO DIREITO DO TRABALHO

→ Súmula acrescentada pela Resolução do TST 189/2013 (*D.E.J.T.* 13.3.2013).

A indenização por frutos percebidos pela posse de má-fé, prevista no art. 1.216 do Código Civil, por tratar-se de regra afeta a direitos reais, mostra-se incompatível com o Direito do Trabalho, não sendo devida no caso de inadimplemento de verbas trabalhistas.

446. MAQUINISTA FERROVIÁRIO. INTERVALO INTRAJORNADA. SUPRESSÃO PARCIAL OU TOTAL. HORAS EXTRAS DEVIDAS. COMPATIBILIDADE ENTRE OS ARTS. 71, § 4º, E 238, § 5º, DA CLT.

→ Súmula acrescentada pela Resolução do TST 193/2013 (*D.E.J.T.* 13.12.2013).

A garantia ao intervalo intrajornada, prevista no art. 71 da CLT, por constituir-se em medida de higiene, saúde e segurança do empregado, é aplicável também ao ferroviário maquinista integrante da categoria c (equipagem de trem em geral), não havendo incompatibilidade entre as regras inscritas nos arts. 71, § 4º, e 238, § 5º, da CLT.

447. ADICIONAL DE PERICULOSIDADE. PERMANÊNCIA A BORDO DURANTE O ABASTECIMENTO DA AERONAVE. INDEVIDO.

→ Súmula acrescentada pela Resolução do TST 193/2013 (*D.E.J.T.* 13.12.2013).

Os tripulantes e demais empregados em serviços auxiliares de transporte aéreo que, no momento do abastecimento da aeronave, permanecem a bordo não têm direito ao adicional de periculosidade a que aludem o art. 193 da CLT e o Anexo 2, item 1, c, da NR 16 do MTE.

448. ATIVIDADE INSALUBRE. CARACTERIZAÇÃO. PREVISÃO NA NORMA REGULAMENTADORA 15 DA PORTARIA DO MINISTÉRIO DO TRABALHO 3.214/1978. INSTALAÇÕES SANITÁRIAS. (Conversão da Orientação Jurisprudencial 4 da SBDI-1 com nova redação do item II).

→ Súmula acrescentada pela Resolução 194/2014 (*D.E.J.T.* 21.5.2014).

I – Não basta a constatação da insalubridade por meio de laudo pericial para que o empregado tenha direito ao respectivo adicional, sendo necessária a classificação da atividade insalubre na relação oficial elaborada pelo Ministério do Trabalho.

II – A higienização de instalações sanitárias de uso público ou coletivo de grande circulação, e a respectiva coleta de lixo, por não se equiparar à limpeza em residências e escritórios, enseja o pagamento de adicional de insalubridade em grau máximo, incidindo o disposto no Anexo 14 da NR-15 da Portaria do MTE 3.214/1978 quanto à coleta e industrialização de lixo urbano.

449. MINUTOS QUE ANTECEDEM E SUCEDEM A JORNADA DE TRABALHO. LEI 10.243, DE 19.6.2001. NORMA COLETIVA. FLEXIBILIZAÇÃO. IMPOSSIBILIDADE. (Conversão da Orientação Jurisprudencial 372 da SBDI-1)

→ Súmula acrescentada pela Resolução 194/2014 (*D.E.J.T.* 21.5.2014).

A partir da vigência da Lei 10.243, de 19.6.2001, que acrescentou o § 1º ao art. 58 da CLT, não mais prevalece cláusula prevista em convenção ou acordo coletivo que elastece o limite de 5 minutos que antecedem e sucedem a jornada de trabalho para fins de apuração das horas extras.

450. FÉRIAS. GOZO NA ÉPOCA PRÓPRIA. PAGAMENTO FORA DO PRAZO. DOBRA DEVIDA. ARTS. 137 E 145 DA CLT. (Conversão da Orientação Jurisprudencial 386 da SBDI-1)

→ Súmula acrescentada pela Resolução 194/2014 (*D.E.J.T.* 21.5.2014).

É devido o pagamento em dobro da remuneração de férias, incluído o terço constitucional, com base no art. 137 da CLT, quando, ainda que gozadas na época própria, o empregador tenha descumprido o prazo previsto no art. 145 do mesmo diploma legal.

451. PARTICIPAÇÃO NOS LUCROS E RESULTADOS. RESCISÃO CONTRATUAL ANTERIOR À DATA DA DISTRIBUIÇÃO DOS LUCROS. PAGAMENTO PROPORCIONAL AOS MESES TRABALHADOS. PRINCÍPIO DA ISONOMIA. (Conversão da Orientação Jurisprudencial 390 da SBDI-1)

→ Súmula acrescentada pela Resolução 194/2014 (*D.E.J.T.* 21.5.2014).

Fere o princípio da isonomia instituir vantagem mediante acordo coletivo ou norma regulamentar que condiciona a percepção da parcela participação nos lucros e resultados ao fato de estar o contrato de trabalho em vigor na data prevista para a distribuição dos lucros. Assim, inclusive na rescisão contratual antecipada, é devido o pagamento da parcela de forma proporcional aos meses trabalhados, pois o ex-empregado concorreu para os resultados positivos da empresa.

452. DIFERENÇAS SALARIAIS. PLANO DE CARGOS E SALÁRIOS. DESCUMPRIMENTO. CRITÉRIOS DE PROMOÇÃO NÃO OBSERVADOS. PRESCRIÇÃO PARCIAL. (Conversão da Orientação Jurisprudencial 404 da SBDI-1)

→ Súmula acrescentada pela Resolução 194/2014 (*D.E.J.T.* 21.5.2014).

Tratando-se de pedido de pagamento de diferenças salariais decorrentes da inobservância dos critérios de promoção estabelecidos em Plano de Cargos e Salários criado pela empresa, a prescrição aplicável é a parcial, pois a lesão é sucessiva e se renova mês a mês.

453. ADICIONAL DE PERICULOSIDADE. PAGAMENTO ESPONTÂNEO. CARACTERIZAÇÃO DE FATO INCONTROVERSO. DESNECESSÁRIA A PERÍCIA DE QUE TRATA O ART. 195 DA CLT. (Conversão da Orientação Jurisprudencial 406 da SBDI-1)

→ Súmula acrescentada pela Resolução 194/2014 (*D.E.J.T.* 21.5.2014).

O pagamento de adicional de periculosidade efetuado por mera liberalidade da empresa, ainda que de forma proporcional ao tempo de exposição ao risco ou em percentual inferior ao máximo legalmente previsto, dispensa a realização da prova técnica exigida pelo art. 195 da CLT, pois torna incontroversa a existência do trabalho em condições perigosas.

454. COMPETÊNCIA DA JUSTIÇA DO TRABALHO. EXECUÇÃO DE OFÍCIO. CONTRIBUIÇÃO SOCIAL REFERENTE AO SEGURO DE ACIDENTE DE TRABALHO (SAT). ARTS. 114, VIII, E 195, I, "A", DA CONSTITUIÇÃO DA REPÚBLICA. (Conversão da Orientação Jurisprudencial 414 da SBDI-1)

→ Súmula acrescentada pela Resolução 194/2014 (*D.E.J.T.* 21.5.2014).

Compete à Justiça do Trabalho a execução, de ofício, da contribuição referente ao Seguro de Acidente de Trabalho (SAT), que tem natureza de contribuição para a seguridade social (arts. 114, VIII, e 195, I, *a*, da CF), pois se destina ao financiamento de benefícios relativos à incapacidade do empregado decorrente de infortúnio no trabalho (arts. 11 e 22 da Lei 8.212/1991).

455. EQUIPARAÇÃO SALARIAL. SOCIEDADE DE ECONOMIA MISTA. ART. 37, XIII, DA CF/1988. POSSIBILIDADE. (Conversão da Orientação Jurisprudencial 353 da SBDI-1 com nova redação).

→ Súmula acrescentada pela Resolução 194/2014 (*D.E.J.T.* 21.5.2014).

À sociedade de economia mista não se aplica a vedação à equiparação prevista no art. 37, XIII, da CF/1988, pois, ao admitir empregados sob o regime da CLT, equipara-se a empregador privado, conforme disposto no art. 173, § 1º, II, da CF/1988

456. REPRESENTAÇÃO. PESSOA JURÍDICA. PROCURAÇÃO. INVALIDADE. IDENTIFICAÇÃO DO OUTORGANTE E DE SEU REPRESENTANTE. (Conversão da Orientação Jurisprudencial 373 da SBDI-1 com nova redação).

→ Súmula acrescentada pela Resolução 194/2014 (*D.E.J.T.* 21.5.2014).

É inválido o instrumento de mandato firmado em nome de pessoa jurídica que não contenha, pelo menos, o nome do outorgante e do signatário da procuração, pois estes dados constituem elementos que os individualizam.

457. HONORÁRIOS PERICIAIS. BENEFICIÁRIO DA JUSTIÇA GRATUITA. RESPONSABILIDADE DA UNIÃO PELO PAGAMENTO. RESOLUÇÃO 66/2010 DO CSJT. OBSERVÂNCIA. (Conversão da Orientação Jurisprudencial 387 da SBDI-1 com nova redação).

→ Súmula acrescentada pela Resolução 194/2014 (*D.E.J.T.* 21.5.2014).

A União é responsável pelo pagamento dos honorários de perito quando a parte sucumbente no objeto da perícia for beneficiária da assistência judiciária gratuita, observado o procedimento disposto nos arts. 1º, 2º e 5º da Resolução 66/2010 do Conselho Superior da Justiça do Trabalho – CSJT.

458. EMBARGOS. PROCEDIMENTO SUMARÍSSIMO. CONHECIMENTO. RECURSO INTERPOSTO APÓS VIGÊNCIA DA LEI 11.496, DE 22.6.2007, QUE CONFERIU NOVA REDAÇÃO AO ART. 894, DA CLT. (Conversão da Orientação Jurisprudencial 405 da SBDI-1 com nova redação).

→ Súmula acrescentada pela Resolução 194/2014 (*D.E.J.T.* 21.5.2014).

Em causas sujeitas ao procedimento sumaríssimo, em que pese a limitação imposta no art. 896, § 6º, da CLT à interposição de recurso de revista, admitem-se os embargos interpostos na vigência da Lei 11.496, de 22.6.2007, que conferiu nova redação ao art. 894 da CLT, quando demonstrada a divergência jurisprudencial entre Turmas do TST, fundada em interpretações diversas acerca da aplicação de mesmo dispositivo constitucional ou de matéria sumulada.

459. RECURSO DE REVISTA. NULIDADE POR NEGATIVA DE PRESTAÇÃO JURISDICIONAL (conversão da Orientação Jurisprudencial 115 da SBDI-1).

→ Súmula acrescentada pela Resolução do TST 197/2015 (*D.E.J.T.* 18.5.2015).

O conhecimento do recurso de revista, quanto à preliminar de nulidade por negativa de prestação jurisdicional, supõe indicação de violação do art. 832 da CLT, do art. 458 do CPC ou do art. 93, IX, da CF/1988.

ORIENTAÇÃO JURISPRUDENCIAL DA SDI – SUBSEÇÃO I DO TST

1. (*Cancelada. Conversão na OJ 110 da SDI-2, publicada no DJU 29.4.2003*).

2. (*Cancelada. Resolução TST 148/2008, publicada no DJU 4.7.2008; republicado no DJ 8.7.2008*).

3. (*Cancelada. Conversão na OJ 33 da SDI-I Transitória) – Resolução TST 129/2005, DJU 20.4.2005.*

4. (*Cancelada. Conversão na Súmula TST 448) – Resolução TST 194/2014, DEJT 21.5.2014.*

5. (*Cancelada. Conversão na Súmula 364*) – *Resolução TST 129/2005, DJU 20.4.2005.*

6. (*Cancelada. Nova redação conferida à Súmula 60) – Resolução TST 129/2005, DJU 20.4.2005.*

7. ADVOGADO. ATUAÇÃO FORA DA SEÇÃO DA OAB ONDE O ADVOGADO ESTÁ INSCRITO. AUSÊNCIA DE COMUNICAÇÃO (LEI 4.215/1963, § 2º, ART. 56). INFRAÇÃO DISCIPLINAR. NÃO IMPORTA NULIDADE. (*Inserido em 29.3.1996*)

A despeito da norma então prevista no artigo 56, § 2º, da Lei 4.215/1963, a falta de comunicação do advogado à OAB para o exercício profissional em seção diversa daquela na qual tem inscrição não importa nulidade dos atos praticados, constituindo apenas infração disciplinar, que cabe àquela instituição analisar.

→ Redação alterada pela Resolução do TST 129/2005.

8. (*Cancelada. Conversão na Súmula 365) – Resolução TST 129/2005, DJU 20.4.2005.*

9. (*Cancelada. Redação da Súmula 303) – Resolução TST 129/2005, DJU 20.4.2005.*

10. (*Cancelada. Conversão na Súmula 365) – Resolução TST 129/2005, DJU 20.4.2005.*

11. (*Cancelada. Conversão na Súmula 356) – Resolução TST 75/1997, DJU 19.12.1997.*

12. ANISTIA. EMENDA CONSTITUCIONAL N. 26/1985. EFEITOS FINANCEIROS DA PROMULGAÇÃO. (*Inserida em 3.6.1996*)

Os efeitos financeiros decorrentes da anistia concedida pela Emenda Constitucional n. 26/1985 contam-se desde a data da sua promulgação.

→ Redação alterada pela Resolução do TST 129/2005.

13. APPA. DECRETO-LEI 779, DE 21.8.1969. DEPÓSITO RECURSAL E CUSTAS. NÃO ISENÇÃO.

A Administração dos Portos de Paranaguá e Antonina – APPA, vinculada à Administração Pública indireta, não é isenta do recolhimento do depósito recursal e do pagamento das custas processuais por não ser beneficiária dos privilégios previstos no Decreto-lei 779, de 21.8.1969, ante o fato de explorar atividade econômica com fins lucrativos, o que descaracteriza sua natureza jurídica, igualando-a às empresas privadas.

→ Redação republicada no *DEJT* de 16.11.2010.

14. AVISO-PRÉVIO CUMPRIDO EM CASA. VERBAS RESCISÓRIAS. PRAZO PARA PAGAMENTO. (ART. 477, § 6º, *b*, DA CLT). (*Inserida em 25.11.1996*)

Em caso de aviso-prévio cumprido em casa, o prazo para pagamento das verbas rescisórias é até o décimo dia da notificação de despedida.

→ Redação alterada pela Resolução do TST 129/2005.

15. (*Cancelada. Nova redação conferida à Súmula 102*) – *Resolução TST 129/2005, DJU 20.4.2005.*

16. BANCO DO BRASIL. ACP. ADICIONAL DE CARÁTER PESSOAL. INDEVIDO. (*Inserida em 13.2.1995*)

A isonomia de vencimentos entre servidores do Banco Central do Brasil e do Banco do Brasil, decorrente de sentença normativa, alcançou apenas os vencimentos e vantagens de caráter permanente. Dado o caráter personalíssimo do Adicional de Caráter Pessoal – ACP e não integrando a remuneração dos funcionários do Banco do Brasil, não foi ele contemplado na decisão normativa para efeitos de equiparação à tabela de vencimentos do Banco Central do Brasil.

→ Redação alterada pela Resolução do TST 129/2005.

17. BANCO DO BRASIL. AP E ADI.

Os adicionais AP, ADI ou AFR, somados ou considerados isoladamente, sendo equivalentes a 1/3 (um terço) do salário do cargo efetivo (art. 224, § 2º, da CLT), excluem o empregado ocupante de cargo de confiança do Banco do Brasil da jornada de 6 (seis) horas.

18. COMPLEMENTAÇÃO DE APOSENTADORIA. BANCO DO BRASIL. (Redação do item I alterada processos TST-IUJ E-D--RR-301900-52.2005.5.09.0661 e ERR 119900-56.1999.5.04.0751)

I – O valor das horas extras integra a remuneração do empregado para o cálculo da complementação de aposentadoria, desde que sobre ele incida a contribuição à Caixa de Previdência dos Funcionários do Banco do Brasil – PREVI, observado o respectivo regulamento no tocante à integração.

II – Os adicionais AP e ADI não integram o cálculo para a apuração do teto da complementação de aposentadoria; (ex-Orientação Jurisprudencial 21 da SDI-1, inserida em 13.2.1995)

III – No cálculo da complementação de aposentadoria deve-se observar a média trienal; (ex-Orientações Jurisprudenciais 19 e 289 ambas da SDI-1, inseridas respectivamente em 5.6.1995 e 11.8.2003)

IV – A complementação de aposentadoria proporcional aos anos de serviço prestados exclusivamente ao Banco do Brasil somente se verifica a partir da Circular FUNCI 436/1963; (ex-Orientação Jurisprudencial 20 da SDI-1, inserida em 13.2.1995)

V – O telex DIREC do Banco do Brasil 5.003/1987 não assegura a complementação de aposentadoria integral, porque não aprovado pelo órgão competente ao qual a instituição se subordina. (ex-Orientação Jurisprudencial 136 da SDI-1, inserida em 27.11.1998)

→ Redação alterada pela Resolução do TST 175/2011.

19. (*Cancelada. Incorporação à nova redação conferida à Orientação Jurisprudencial 18 da SDI-1) – Resolução TST 129/2005, DJU 20.4.2005.*

20. (*Cancelada. Incorporação à nova redação conferida à OJ 18 da SDI-1) – Resolução TST 129/2005, DJU 20.4.2005.*

21. (*Cancelada. Incorporação à nova redação conferida à OJ 18 da SDI-1) – Resolução TST 129/2005, DJU 20.4.2005.)*

22. (*Cancelada. Conversão na OJ Transitória 34 da SDI-1) – Resolução TST 129/2005, DJU 20.4.2005.*

23. (*Cancelada. Conversão na Súmula 366) – Resolução TST 129/2005, DJU 20.4.2005.*

24. (*Cancelada. Conversão na Súmula 367) – Resolução TST 129/2005, DJU 20.4.2005.*

25. (*Cancelada. Nova redação conferida à Súmula 339) – Resolução TST 129/2005, DJU 20.4.2005.*

26. COMPETÊNCIA DA JUSTIÇA DO TRABALHO. COMPLEMENTAÇÃO DE PENSÃO REQUERIDA POR VIÚVA DE EX-EMPREGADO. (*Inserida em 1.2.1995*)

A Justiça do Trabalho é competente para apreciar pedido de complementação de pensão postulada por viúva de ex-empregado, por se tratar de pedido que deriva do contrato de trabalho.

→ Redação alterada pela Resolução do TST 129/2005.

27. (*Cancelada. Conversão na Súmula 355) – Resolução TST 72/1997, DJU 3.7.1997.*

28. CORREÇÃO MONETÁRIA SOBRE AS DIFERENÇAS SALARIAIS. UNIVERSIDADES Federais. DEVIDA. LEI 7.596/1987. (*Inserida em 14.3.1994*)

Incide correção monetária sobre as diferenças salariais dos servidores das universidades federais, decorrentes da aplicação retroativa dos efeitos financeiros assegurados pela Lei 7.596/1987, pois a correção monetária tem como escopo único minimizar a desvalorização da moeda em decorrência da corrosão inflacionária.

→ Redação alterada pela Resolução do TST 129/2005.

29. (*Cancelada. Conversão na Orientação Jurisprudencial 148 da SDI-2) – Resolução TST 129/2005, DJU 20.4.2005.*

30. (*Cancelada. Conversão na Súmula 352) – Resolução 69/1997, DJ 30.5.1997.*

31. (*Cancelada. Nova redação conferida à Súmula 86) – Resolução TST 129/2005, DJU 20.4.2005.*

32. (*Cancelada. Conversão na Súmula 368) – Resolução TST 129/2005, DJU 20.4.2005.*

33. DESERÇÃO. CUSTAS. CARIMBO DO BANCO. VALIDADE.

O carimbo do banco recebedor na guia de comprovação do recolhimento das custas supre a ausência de autenticação mecânica.

34. (*Cancelada. Conversão na Súmula 369) – Resolução TST 129/2005, DJU 20.4.2005.*

35. (*Cancelada. Conversão na Súmula 369) – Resolução TST 129/2005, DJU 20.4.2005.*

36. INSTRUMENTO NORMATIVO. CÓPIA NÃO AUTENTICADA. DOCUMENTO COMUM ÀS PARTES. VALIDADE. (*Inserida em 25.11.1996*)

O instrumento normativo em cópia não autenticada possui valor probante, desde que não haja impugnação ao seu conteúdo, eis que se trata de documento comum às partes.

→ Redação alterada pela Resolução do TST 129/2005.

37. (*Cancelada. Nova redação conferida à Súmula 296) – Resolução TST 129/2005, DJU 20.4.2005.*

38. EMPREGADO QUE EXERCE ATIVIDADE RURAL. EMPRESA DE REFLORESTAMENTO. PRESCRIÇÃO PRÓPRIA DO RURÍCOLA. (LEI 5.889, DE 8.6.1973, ART. 10, E DECRETO 73.626, DE 12.2.1974, ART. 2º, § 4º).

O empregado que trabalha em empresa de reflorestamento, cuja atividade está diretamente ligada ao manuseio da terra e de matéria-prima, é rurícola e não industriário, nos termos do Decreto 73.626, de 12.2.1974, art. 2º, § 4º, pouco importando que o fruto de seu trabalho seja destinado à indústria. Assim, aplica-se a prescrição própria dos rurícolas aos direitos desses empregados.

→ Redação republicada no *DEJT* de 16.11.2010.

39. (*Cancelada. Conversão na Súmula 370) – Resolução TST 129/2005, DJU 20.4.2005.*

40. (*Cancelada. Conversão na Súmula 371) – Resolução TST 129/2005, DJU 20.4.2005.*

41. ESTABILIDADE. INSTRUMENTO NORMATIVO. VIGÊNCIA. EFICÁCIA.

Preenchidos todos os pressupostos para a aquisição de estabilidade decorrente de acidente ou doença profissional, ainda durante a vigência do instrumento normativo, goza o empregado de estabilidade mesmo após o término da vigência deste.

42. FGTS. MULTA DE 40%. (*Inserida em 25.11.1996*) – (*Nova redação em decorrência da incorporação das Orientações Jurisprudenciais 107 e 254 da SDI-1*)

I – É devida a multa do FGTS sobre os saques corrigidos monetariamente ocorridos na vigência do contrato de trabalho. Art. 18, § 1º, da Lei 8.036/1990 e art. 9º, § 1º, do Decreto 99.684/1990. (ex-Orientação Jurisprudencial 107 da SDI-1, inserida em 1.10.1997)

II – O cálculo da multa de 40% (quarenta por cento) do FGTS deverá ser feito com base no saldo da conta vinculada na data do efetivo pagamento das verbas rescisórias, desconsiderada a projeção do aviso-prévio indenizado, por ausência de previsão legal. (ex-Orientação Jurisprudencial 254 da SDI-1, inserida em 13.3.2002)

→ Redação alterada pela Resolução do TST 129/2005.

43. CONVERSÃO DE SALÁRIOS DE CRUZEIROS PARA CRUZADOS. DECRETO-LEI 2.284/1986. (*Inserida em 7.11.1994*)

A conversão de salários de cruzeiros para cruzados, nos termos do Decreto-lei 2.284/1986, não afronta direito adquirido dos empregados.

→ Redação alterada pela Resolução do TST 129/2005.

44. GESTANTE. SALÁRIO MATERNIDADE.

É devido o salário maternidade, de 120 dias, desde a promulgação da CF/1988, ficando a cargo do empregador o pagamento do período acrescido pela Carta.

45. (*Cancelada. Conversão na Súmula 372) – Resolução TST 129/2005, DJU 20.4.2005.*

46. (*Cancelada. Conversão na Súmula 373) – Resolução TST 129/2005, DJU 20.4.2005.*

47. HORA EXTRA. ADICIONAL DE INSALUBRIDADE. BASE DE CÁLCULO.

A base de cálculo da hora extra é o resultado da soma do salário contratual mais o adicional de insalubridade.

→ Redação alterada pela Resolução do TST 148/2008, republicada em 8.7.2008.

48. (*Cancelada. Nova redação conferida à Súmula 199) – Resolução TST 129/2005, DJU 20.4.2005.*

49. (*Cancelada. Conversão na Súmula 428) – Resolução TST 175/2011, DEJT 27.5.2011.*

50. (*Cancelada. Nova redação conferida à Súmula 90) – Resolução TST 129/2005, DJU 20.4.2005.*

51. LEGISLAÇÃO ELEITORAL. EMPRESAS PÚBLICAS E SOCIEDADES DE ECONOMIA MISTA.

Aos empregados das empresas públicas e das sociedades de economia mista regidos pela CLT aplicam-se as vedações dispostas no art. 15 da Lei 7.773, de 8.6.1989.

→ Redação republicada no *DEJT* de 16.11.2010.

52. (*Cancelada. Conversão na Súmula 436) – Resolução TST 186/2012, DEJT 25.9.2012.*

53. (*Cancelada. Conversão na Súmula 370) – Resolução TST 129/2005, DJU 20.4.2005.*

54. MULTA. CLÁUSULA PENAL. VALOR SUPERIOR AO PRINCIPAL. (*Inserida em 30.5.1994*)

O valor da multa estipulada em cláusula penal, ainda que diária, não poderá ser superior à obrigação principal corrigida, em virtude da aplicação do art. 412 do Código Civil de 2002 (art. 920 do Código Civil de 1916).

→ Redação alterada pela Resolução do TST 129/2005.

55. (*Cancelada. Conversão na Súmula 374*) – *Resolução TST 129/2005, DJU 20.4.2005.*

56. NOSSA CAIXA NOSSO BANCO (CAIXA ECONÔMICA DO ESTADO DE SÃO PAULO). REGULAMENTO. GRATIFICAÇÃO ESPECIAL E/OU ANUÊNIOS.

Direito reconhecido apenas àqueles empregados que tinham 25 anos de efetivo exercício prestados exclusivamente à caixa.

57. PCCS. DEVIDO O REAJUSTE DO ADIANTAMENTO. LEI 7.686/1988, ART. 1°. (*Inserida em 14.3.1994*)

É devido o reajuste da parcela denominada "adiantamento do PCCS", conforme a redação do art. 1° da Lei 7.686/1988.

→ Redação alterada pela Resolução do TST 129/2005.

58. PLANO BRESSER. IPC JUN/1987. INEXISTÊNCIA DE DIREITO ADQUIRIDO. (*Inserida em 10.3.1995*)

Inexiste direito adquirido ao IPC de junho de 1987 (Plano Bresser), em face da edição do Decreto-lei 2.335/1987.

→ Redação alterada pela Resolução do TST 129/2005.

59. PLANO VERÃO. URP DE FEVEREIRO DE 1989. INEXISTÊNCIA DE DIREITO ADQUIRIDO. (*Inserida em 13.2.1995*)

Inexiste direito adquirido à URP de fevereiro de 1989 (Plano Verão), em face da edição da Lei 7.730/1989.

→ Redação alterada pela Resolução do TST 129/2005 (*DJU* 20.4.2005).

60. PORTUÁRIOS. HORA NOTURNA. HORAS EXTRAS. (LEI 4.860/1965, ARTS. 4° E 7°, § 5°). (*Inserida em 28.11.1995*) (*Nova redação em decorrência da incorporação da Orientação jurisprudencial 61 da SDI-1*)

I – A hora noturna no regime de trabalho no porto, compreendida entre dezenove horas e sete horas do dia seguinte, é de sessenta minutos.

II – Para o cálculo das horas extras prestadas pelos trabalhadores portuários, observar-se-á somente o salário básico percebido, excluídos os adicionais de risco e produtividade. (ex-Orientação Jurisprudencial 61 da SDI-1, inserida em 14.3.1994)

→ Redação alterada pela Resolução do TST 129/2005.

61. (*Cancelada. Nova redação da OJ 60 da SDI-1*) – *Resolução TST 129/2005, DJU 20.4.2005.*

62. PREQUESTIONAMENTO. PRESSUPOSTO DE ADMISSIBILIDADE EM APELO DE NATUREZA EXTRAORDINÁRIA. NECESSIDADE, AINDA QUE SE TRATE DE INCOMPETÊNCIA ABSOLUTA.

É necessário o prequestionamento como pressuposto de admissibilidade em recurso de natureza extraordinária, ainda que se trate de incompetência absoluta.

→ Redação republicada no *DEJT* de 23.11.2010.

63. (*Cancelada. Nova redação conferida à Súmula 199*) – *Resolução TST 129/2005, DJU 20.4.2005.*

64. (*Cancelada. Nova redação conferida à Súmula 239*) – *Resolução TST 129/2005, DJU 20.4.2005.*

65. PROFESSOR ADJUNTO. INGRESSO NO CARGO DE PROFESSOR TITULAR. EXIGÊNCIA DE CONCURSO PÚBLICO NÃO AFASTADA PELA CONSTITUIÇÃO FEDERAL DE 1988 (CF/1988, ARTS. 37, II, e 206, V). (*Inserida em 30.5.1994*)

O acesso de professor adjunto ao cargo de professor titular só pode ser efetivado por meio de concurso público, conforme dispõem os arts. 37, inciso II, e 206, inciso V, da CF/1988.

→ Redação alterada pela Resolução do TST 129/2005.

66. (*Cancelada. Conversão na Súmula 351*) – *Resolução 68/1997, DJ 30.5.1997.*

67. (*Cancelada. Conversão na Súmula 358*) – *Resolução 77/1997, DJ 19.12.1997.*

68. (*Cancelada. Conversão na OJ Transitória 35 da SDI-1*) – *Resolução TST 129/2005, DJU 20.4.2005.*

69. (*Cancelada. Conversão na Súmula 375*) – *Resolução TST 129/2005, DJU 20.4.2005.*

70. (*Cancelada. Conversão na OJ 5 do Tribunal Pleno*) – *Resolução TST 129/2005, DJU 20.4.2005.*

71. (*Cancelada. Nova redação conferida à Súmula 303*) – *Resolução TST 129/2005, DJU 20.4.2005.*

72. (*Cancelada. Nova redação conferida à Súmula 303*) – *Resolução TST 129/2005, DJU 20.4.2005.*

73. (*Cancelada. Nova redação conferida à Súmula 303*) – *Resolução TST 129/2005, DJU 20.4.2005.*

74. (*Cancelada. Nova redação conferida à Súmula 122*) – *Resolução TST 129/2005, DJU 20.4.2005.*

75. SUBSTABELECIMENTO SEM O RECONHECIMENTO DE FIRMA DO SUBSTABELECENTE. INVÁLIDO (ANTERIOR À Lei 8.952/1994). (*Inserida em 1.2.1995*)

Não produz efeitos jurídicos recurso subscrito por advogado com poderes conferidos em substabelecimento em que não consta o reconhecimento de firma do outorgante. Entendimento aplicável antes do advento da Lei 8.952/1994.

→ Redação alterada pela Resolução do TST 129/2005.

76. SUBSTITUIÇÃO DOS AVANÇOS TRIENAIS POR QUINQUÊNIOS. ALTERAÇÃO DO CONTRATO DE TRABALHO. PRESCRIÇÃO TOTAL. CEEE. (*Inserida em 14.3.1994*)

A alteração contratual consubstanciada na substituição dos avanços trienais por quinquênios decorre de ato único do empregador, momento em que começa a fluir o prazo fatal de prescrição.

→ Redação alterada pela Resolução do TST 129/2005.

77. (*Cancelada. Conversão na Súmula 357*) – *Resolução TST 76/1997, DJU 19.12.1997.*

78. (*Cancelada. Conversão na Súmula 360*) – *Resolução TST 79/1997, DJU 13.1.1998.*

79. URPS DE ABRIL E MAIO DE 1988. DECRETO-LEI 2.425/1988.

Existência de direito apenas ao reajuste de 7/30 (sete trinta avos) de 16,19% (dezesseis inteiros e dezenove décimos por cento), a ser calculado sobre o salário de março e incidente sobre o salário dos meses de abril e maio, não cumulativamente, corrigidos desde a época própria até a data do efetivo pagamento.

→ Redação alterada em decorrência do julgamento do Processo 573062/1999, *DJU* 14.6.2005.

80. (*Cancelada. Conversão na Orientação Jurisprudencial 110 da SDI-2, publicada no DJU 29.4.2003.*)

81. (*Cancelada. Conversão na Súmula 394*) – *Resolução TST 129/2005, DJU 20.4.2005.*

82. AVISO-PRÉVIO. BAIXA NA CTPS.

A data de saída a ser anotada na CTPS deve corresponder à do término do prazo do aviso-prévio, ainda que indenizado.

83. AVISO-PRÉVIO. PRESCRIÇÃO.

Começa a fluir no final da data do término do aviso-prévio. Art. 487, § 1°, CLT.

84. (*Cancelada. Resolução TST 186/2012, publicada no DEJT 25.9.2012*).

85. (*Cancelada. Conversão na Súmula 363*) – *Resolução TST 97/2000, DJU 18.9.2000; republicada 13.10.2000.*

86. (*Cancelada. Conversão na Súmula 369*) – *Resolução TST 129/2005, DJU 20.4.2005.*

87. ENTIDADE PÚBLICA. EXPLORAÇÃO DE ATIVIDADE EMINENTEMENTE ECONÔMICA. EXECUÇÃO. ART. 883 DA CLT.

É direta a execução contra a APPA e MINASCAIXA (§ 1° do art. 173, da CF/88).

→ Redação alterada pelo TST em 6.4.2004.

88. (*Cancelada. Nova redação conferida à Súmula 244*) – *Resolução TST 129/2005, DJU 20.4.2005.*

89. (*Cancelada. Conversão na Súmula 376*) – *Resolução TST 129/2005, DJU 20.4.2005.*

90. (*Cancelada. Nova redação conferida ao art. 897 da CLT pela Lei 9.756/1998*) – *Resolução TST 129/2005, DJU 20.4.2005.*

91. ANISTIA. Art. 8°, § 1°, ADCT. EFEITOS FINANCEIROS. ECT.

ROAR 105.608/1994, SDI – Plena.

Em 19.5.1997, a SDI-Plena decidiu, pelo voto prevalente do Exmo. Sr. Presidente, que os efeitos financeiros da readmissão do empregado anistiado serão contados a partir do momento em que este manifestou o desejo de retornar ao trabalho e, na ausência de prova, da data do ajuizamento da ação.

92. DESMEMBRAMENTO DE MUNICÍPIOS. RESPONSABILIDADE TRABALHISTA.

Em caso de criação de novo município, por desmembramento, cada uma das novas entidades responsabiliza-se pelos direitos trabalhistas do empregado no período em que figurarem como real empregador.

93. (*Cancelada. Redação da Súmula 146 conferida pela Resolução 121/2003, DJ 21.11.2003*) – *Resolução TST 129/2005, DJU 20.4.2005.*

94. (*Cancelada. Nova redação conferida à Súmula 221*) – *Resolução TST 129/2005, DJU 20.4.2005.*

95. EMBARGOS PARA SDI. DIVERGÊNCIA ORIUNDA DA MESMA TURMA DO TST. INSERVÍVEL.

ERR 125320/1994, SDI-Plena.

Em 19.5.1997, a SDI-Plena, por maioria, decidiu que acórdãos oriundos da mesma turma, embora divergentes, não fundamentam divergência jurisprudencial de que trata a alínea *b* do art. 894 da Consolidação das Leis do Trabalho para embargos à Sessão Especializada em Dissídios Individuais, Subseção I.

96. *(Cancelada. Redação da Súmula 159 conferida pela Resolução 121/2003, DJ 21.11.2003) – Resolução TST 129/2005, DJU 20.4.2005.*

97. HORAS EXTRAS. ADICIONAL NOTURNO. BASE DE CÁLCULO.

O adicional noturno integra a base de cálculo das horas extras prestadas no período noturno.

98. *(Cancelada. Conversão na OJ Transitória 36 da SDI-1) – Resolução TST 129/2005, DJU 20.4.2005.*

99. *(Cancelada. Conversão na Súmula 377) – Resolução TST 129/2005, DJU 20.4.2005.*

100. SALÁRIO. REAJUSTE. ENTES PÚBLICOS. *(Inserida em 30.5.1997)*

Os reajustes salariais previstos em legislação federal devem ser observados pelos Estados-membros, suas Autarquias e Fundações Públicas nas relações contratuais trabalhistas que mantiverem com seus empregados.

→ Redação alterada pela Resolução do TST 129/2005.

101. *(Cancelada. Nova redação da Súmula 28 conferida pela Resolução 121/2003, DJ 21.11.2003) – Resolução TST 129/2005, DJU 20.4.2005.*

102. *(Cancelada. Nova redação conferida à Súmula 139) – Resolução TST 129/2005, DJU 20.4.2005.*

103. ADICIONAL DE INSALUBRIDADE. REPOUSO SEMANAL E FERIADOS. *(Inserida em 1.10.1997)*

O adicional de insalubridade já remunera os dias de repouso semanal e feriados.

→ Redação alterada pela Resolução do TST 129/2005.

104. *(Cancelada. Incorporação à nova redação da Súmula 25) – Resolução 197/2015, D.E.J.T. 18.5.2015.*

105. *(Cancelada. Conversão na Súmula 378) – Resolução TST 129/2005, DJU 20.4.2005.*

106. *(Cancelada. Conversão na Súmula 396) – Resolução TST 129/2005, DJU 20.4.2005.*

107. *(Cancelada. Nova redação na OJ 42 da SDI-1) – Resolução TST 129/2005, DJU 20.4.2005.*

108. *(Cancelada. Conversão na Súmula 395) – Resolução TST 129/2005, DJU 20.4.2005.*

109. *(Cancelada. Conversão na Orientação Jurisprudencial Transitória 37 da SDI-1) – Resolução TST 129/2005, DJU 20.4.2005.*

110. REPRESENTAÇÃO IRREGULAR. PROCURAÇÃO APENAS NOS AUTOS DE AGRAVO DE INSTRUMENTO.

A existência de instrumento de mandato apenas nos autos de agravo de instrumento, ainda que em apenso, não legitima a atuação de advogado nos processos de que se originou o agravo.

→ Redação republicada no *DEJT* de 16.11.2010.

111. RECURSO DE REVISTA. DIVERGÊNCIA JURISPRUDENCIAL. ARESTO ORIUNDO DO MESMO TRIBUNAL REGIONAL. LEI 9.756/1998. INSERVÍVEL AO CONHECIMENTO.

Não é servível ao conhecimento de recurso de revista aresto oriundo de mesmo Tribunal Regional do Trabalho, salvo se o recurso houver sido interposto anteriormente à vigência da Lei 9.756/1998.

→ Redação alterada pela Resolução do TST 129/2005.

112. *(Cancelada. Nova redação conferida à Súmula 159) – Resolução TST 129/2005, DJU 20.4.2005.*

113. ADICIONAL DE TRANSFERÊNCIA. CARGO DE CONFIANÇA OU PREVISÃO CONTRATUAL DE TRANSFERÊNCIA. DEVIDO. DESDE QUE A TRANSFERÊNCIA SEJA PROVISÓRIA.

O fato de o empregado exercer cargo de confiança ou a existência de previsão de transferência no contrato de trabalho não exclui o direito ao adicional. O pressuposto legal apto a legitimar a percepção do mencionado adicional é a transferência provisória.

114. *(Cancelada. Conversão na Súmula 379) – Resolução TST 129/2005, DJU 20.4.2005.*

115. *(Cancelada. Conversão na Súmula 459) – Resolução 197/2015, D.E.J.T. 18.5.2015.*

116. *(Cancelada. Conversão na Súmula 396) – Resolução TST 129/2005, DJU 20.4.2005.*

117. *(Cancelada. Conversão na Súmula 376) – Resolução TST 129/2005, DJU 20.4.2005.*

118. PREQUESTIONAMENTO. TESE EXPLÍCITA. INTELIGÊNCIA DA SÚMULA 297.

Havendo tese explícita sobre a matéria, na decisão recorrida, desnecessário contenha nela referência expressa do dispositivo legal para ter-se como prequestionado este.

119. PREQUESTIONAMENTO INEXIGÍVEL. VIOLAÇÃO NASCIDA NA PRÓPRIA DECISÃO RECORRIDA. SÚMULA 297 DO TST. INAPLICÁVEL.

É inexigível o prequestionamento quando a violação indicada houver nascido na própria decisão recorrida. Inaplicável a Súmula 297 do TST.

→ Redação republicada no *DEJT* de 16.11.2010.

120. Recurso. Assinatura da petição ou das razões recursais. Validade.

O recurso sem assinatura será tido por inexistente. Será considerado válido o apelo assinado, ao menos, na petição de apresentação ou nas razões recursais.

→ Redação alterada pela Resolução do TST 129/2005.

121. SUBSTITUIÇÃO PROCESSUAL. DIFERENÇA DO ADICIONAL DE INSALUBRIDADE. LEGITIMIDADE. *(Inserida em 20.11.1997)*

O sindicato tem legitimidade para atuar na qualidade de substituto processual para pleitear diferença de adicional de insalubridade.

→ Redação alterada pela Resolução do TST 129/2005 (*DJU* 20.4.2005).

122. *(Cancelada. Conversão na Súmula 380) – Resolução TST 129/2005, DJU 20.4.2005.*

123. BANCÁRIOS. AJUDA ALIMENTAÇÃO.

A ajuda alimentação prevista em norma coletiva em decorrência de prestação de horas extras tem natureza indenizatória e, por isso, não integra o salário do empregado bancário.

124. *(Cancelada. Conversão na Súmula 381) – Resolução TST 129/2005, DJU 20.4.2005.*

125. DESVIO DE FUNÇÃO. QUADRO DE CARREIRA.

O simples desvio funcional do empregado não gera direito a novo enquadramento, mas apenas às diferenças salariais respectivas, mesmo que o desvio de função haja iniciado antes da vigência da CF/1988.

→ Redação alterada pelo TST em 13.3.2002.

126. *(Cancelada. Nova redação conferida à Súmula 239) – Resolução TST 129/2005, DJU 20.4.2005.*

127. HORA NOTURNA REDUZIDA. SUBSISTÊNCIA APÓS A CF/1988.

O art. 73, § 1º, da CLT, que prevê a redução da hora noturna, não foi revogado pelo inciso IX do art. 7º da CF/1988.

128. *(Cancelada. Conversão na Súmula 382) – Resolução TST 129/2005, DJU 20.4.2005.*

129. PRESCRIÇÃO. COMPLEMENTAÇÃO DA PENSÃO E AUXÍLIO FUNERAL.

A prescrição extintiva para pleitear judicialmente o pagamento da complementação de pensão e do auxílio-funeral é de 2 (dois) anos, contados a partir do óbito do empregado.

130. PRESCRIÇÃO. MINISTÉRIO PÚBLICO. ARGUIÇÃO. CUSTOS LEGIS. ILEGITIMIDADE. *(Inserida em 20.4.1998)*

Ao exarar o parecer na remessa de ofício, na qualidade de *custos legis*, o Ministério Público não tem legitimidade para arguir a prescrição em favor de entidade de direito público, em matéria de direito patrimonial (arts. 194 do CC de 2002 e 219, § 5º, do CPC).

→ Redação alterada pela Resolução do TST 129/2005.

131. *(Cancelada. Conversão na Súmula 367) – Resolução TST 129/2005, DJU 20.4.2005.*

132. AGRAVO REGIMENTAL. PEÇAS ESSENCIAIS NOS AUTOS PRINCIPAIS.

Inexistindo lei que exija a tramitação de agravo regimental em autos apartados, tampouco previsão no Regimento Interno do Regional, não pode o agravante ver-se apenado por não haver colacionado cópia de peças dos autos principais, quando o agravo regimental deveria fazer parte dele.

133. AJUDA ALIMENTAÇÃO. PAT. Lei 6.321/1976. NÃO INTEGRAÇÃO AO SALÁRIO.

A ajuda alimentação fornecida por empresa participante do programa de alimentação ao trabalhador, instituído pela Lei 6.321/1976, não tem caráter salarial. Portanto, não integra o salário para nenhum efeito legal.

134. AUTENTICAÇÃO. PESSOA JURÍDICA DE DIREITO PÚBLICO. DISPENSADA. MEDIDA PROVISÓRIA 1.360, DE 12.3.1996.

São válidos os documentos apresentados, por pessoa jurídica de direito público, em fotocópia não autenticada, posteriormente à edição da Medida Provisória 1.360/1996 e suas reedições.

135. *(Cancelada. Conversão na Súmula 371) – Resolução TST 129/2005, DJU 20.4.2005.*

136. *(Cancelada. Nova redação da OJ 18 da SDI-1) – Resolução TST 129/2005, DJU 20.4.2005.*

137. (*Cancelada. Conversão na Orientação Jurisprudencial Transitória 38 da SDI-1*) *– Resolução TST 129/2005, DJU 20.4.2005.*

138. COMPETÊNCIA RESIDUAL. REGIME JURÍDICO ÚNICO. LIMITAÇÃO DA EXECUÇÃO. (*Nova redação em decorrência da incorporação da OJ 249 da SDI-1*)

Compete à Justiça do Trabalho julgar pedidos de direitos e vantagens previstos na legislação trabalhista referente a período anterior à Lei 8.112/1990, mesmo que a ação tenha sido ajuizada após a edição da referida lei. A superveniência de regime estatutário em substituição ao celetista, mesmo após a sentença, limita a execução ao período celetista. (1ª parte - ex-Orientação Jurisprudencial 138 da SDI-1, inserida em 27.11.1998; 2ª parte - ex-Orientação Jurisprudencial 249, inserida em 13.3.2002)

→ Redação alterada pela Resolução do TST 129/2005.

139. (*Cancelada. Nova redação conferida à Súmula 128*) *– Resolução TST 129/2005, DJU 20.4.2005.*

140. DEPÓSITO RECURSAL E CUSTAS. DIFERENÇA ÍNFIMA. DESERÇÃO. OCORRÊNCIA. (*Inserida em 27.11.1998*)

Ocorre deserção do recurso pelo recolhimento insuficiente das custas e do depósito recursal, ainda que a diferença em relação ao *quantum* devido seja ínfima, referente a centavos.

→ Redação alterada pela Resolução do TST 129/2005.

141. (*Cancelada. Conversão na Súmula 368*) *– Resolução TST 129/2005, DJU 20.4.2005.*

142. EMBARGOS DE DECLARAÇÃO. EFEITO MODIFICATIVO. VISTA À PARTE CONTRÁRIA. (*Inserido o item II à redação*)

I - É passível de nulidade decisão que acolhe embargos de declaração com efeito modificativo sem que seja concedida oportunidade de manifestação prévia à parte contrária.

II - Em decorrência do efeito devolutivo amplo conferido ao recurso ordinário, o item I não se aplica às hipóteses em que não se concede vista à parte contrária para se manifestar sobre os embargos de declaração opostos contra sentença.

→ Redação alterada pela Resolução do TST 178/2012.

143. EMPRESA EM LIQUIDAÇÃO EXTRAJUDICIAL. EXECUÇÃO. CRÉDITOS TRABALHISTAS. LEI 6.024/1974.

A execução trabalhista deve prosseguir diretamente na Justiça do Trabalho mesmo após a decretação da liquidação extrajudicial. Lei 6.830/1980, arts. 5º e 29, aplicados supletivamente (CLT, art. 889 e CF/1988, art. 114).

144. (*Cancelada. Nova redação conferida à Súmula 275*) *– Resolução TST 129/2005, DJU 20.4.2005.*

145. (*Cancelada. Conversão na Súmula 369*) *– Resolução TST 129/2005, DJU 20.4.2005.*

146. (*Cancelada. Conversão na Orientação Jurisprudencial Transitória 39 da SDI-1*) *– Resolução TST 129/2005, DJU 20.4.2005.*

147. LEI ESTADUAL, NORMA COLETIVA OU NORMA REGULAMENTAR. CONHECIMENTO INDEVIDO DO RECURSO DE REVISTA POR DIVERGÊNCIA JURISPRUDENCIAL. (*Nova redação em decorrência da incorporação da Orientação Jurisprudencial 309 da SDI-1*)

I - É inadmissível o recurso de revista fundado tão somente em divergência jurisprudencial, se a parte não comprovar que a lei estadual, a norma coletiva ou o regulamento da empresa extrapolam o âmbito do TRT prolator da decisão recorrida. (ex-Orientação Jurisprudencial 309 da SDI-1, inserida em 11.8.2003)

II - É imprescindível a arguição de afronta ao art. 896 da CLT para o conhecimento de embargos interpostos em face de acórdão de Turma que conhece indevidamente de recurso de revista, por divergência jurisprudencial, quanto a tema regulado por lei estadual, norma coletiva ou norma regulamentar de âmbito restrito ao Regional prolator da decisão.

→ Redação alterada pela Resolução do TST 129/2005.

148. LEI 8.880/1994, ART. 31. CONSTITUCIONALIDADE. (*Inserida em 27.11.1998*)

É constitucional o art. 31 da Lei 8.880/1994 que prevê a indenização por demissão sem justa causa.

→ Redação alterada pela Resolução do TST 129/2005.

149. (*Cancelada. Conversão na Súmula 383*) *– Resolução TST 129/2005, DJU 20.4.2005.*

150. (*Cancelada. Conversão na Súmula 384*) *– Resolução TST 129/2005, DJU 20.4.2005.*

151. PREQUESTIONAMENTO. DECISÃO REGIONAL QUE ADOTA A SENTENÇA. AUSÊNCIA DE PREQUESTIONAMENTO.

Decisão regional que simplesmente adota os fundamentos da decisão de primeiro grau não preenche a exigência do prequestionamento, tal como previsto na Súmula 297.

152. REVELIA. PESSOA JURÍDICA DE DIREITO PÚBLICO. APLICÁVEL. (ART. 844 da CLT). (*Inserida em 27.11.1998*)

Pessoa jurídica de direito público sujeita-se à revelia prevista no art. 844 da CLT.

→ Redação alterada pela Resolução do TST 129/2005.

153. (*Cancelada. Conversão na OJ Transitória 57 da SDI-1*) *– Resolução TST 129/2005, DJU 20.4.2005.*

154. (*Cancelada pela Resolução TST 158/2009, publicada no DJE 21.10.2009.*)

155. (*Cancelada. Conversão na OJ Transitória 40 da SDI-1*) *– Resolução TST 129/2005, DJU 20.4.2005.*

156. (*Cancelada. Nova redação da Súmula 327*) *– Resolução TST 175/2011, DEJT 27.5.2011.*

157. (*Cancelada. Conversão na OJ Transitória 41 da SDI-1*) *– Resolução TST 129/2005, DJU 20.4.2005.*

158. CUSTAS. COMPROVAÇÃO DE RECOLHIMENTO. DARF ELETRÔNICO. VALIDADE.

O denominado "Darf Eletrônico" é válido para comprovar o recolhimento de custas por entidades da Administração Pública Federal, emitido conforme a IN-SRF 162, de 4.11.1988.

159. DATA DE PAGAMENTO. SALÁRIOS. ALTERAÇÃO.

Diante da inexistência de previsão expressa em contrato ou em instrumento normativo, a alteração de data de pagamento pelo empregador não viola o art. 468, desde que observado o parágrafo único, do art. 459, ambos da CLT.

160. DESCONTOS SALARIAIS. AUTORIZAÇÃO NO ATO DA ADMISSÃO. VALIDADE.

É inválida a presunção de vício de consentimento resultante do fato de ter o empregado anuído expressamente com descontos salariais na oportunidade da admissão. É de se exigir demonstração concreta do vício de vontade.

161. (*Cancelada. Conversão na Súmula 385*) *– Resolução TST 129/2005, DJU 20.4.2005.*

162. MULTA. ART. 477 DA CLT. CONTAGEM DO PRAZO. APLICÁVEL O ART. 132 DO CÓDIGO CIVIL DE 2002. (*Inserida em 26.3.1999*)

A contagem do prazo para quitação das verbas decorrentes da rescisão contratual prevista no art. 477 da CLT exclui necessariamente o dia da notificação da demissão e inclui o dia do vencimento, em obediência ao disposto no art. 132 do Código Civil de 2002 (artigo 125 do Código Civil de 1916).

→ Redação alterada pela Resolução do TST 129/2005.

163. (*Cancelada. Nova redação conferida à Súmula 51*) *– Resolução TST 129/2005, DJU 20.4.2005.*

164. OFICIAL DE JUSTIÇA AD HOC. INEXISTÊNCIA DE VÍNCULO EMPREGATÍCIO. (*Inserida em 26.3.1999*)

Não se caracteriza o vínculo empregatício na nomeação para o exercício das funções de oficial de justiça *ad hoc*, ainda que feita de forma reiterada, pois exaure-se a cada cumprimento de mandado.

→ Redação alterada pela Resolução do TST 129/2005.

165. PERÍCIA. ENGENHEIRO OU MÉDICO. ADICIONAL DE INSALUBRIDADE E PERICULOSIDADE. VÁLIDO. ART. 195 DA CLT.

O art. 195 da CLT não faz qualquer distinção entre o médico e o engenheiro para efeito de caracterização e classificação da insalubridade e periculosidade, bastando para a elaboração do laudo seja o profissional devidamente qualificado.

166. (*Cancelada. Conversão na OJ Transitória 42 da SDI-1*) *– Resolução TST 129/2005, DJU 20.4.2005.*

167. (*Cancelada. Conversão na Súmula 386*) *– Resolução TST 129/2005, DJU 20.4.2005.*

168. (*Cancelada. Conversão na OJ Transitória 43 da SDI-1*) *– Resolução TST 129/2005, DJU 20.4.2005.*

169. (*Cancelada. Conversão na Súmula 423*) *– Resolução TST 139/2006, DJU 10.10.2006.*

170. (*Cancelada. Incorporação à nova redação da OJ 04 da SDI-1*) *– Resolução TST 129/2005, DJU 20.4.2005.*

171. ADICIONAL DE INSALUBRIDADE. ÓLEOS MINERAIS. SENTIDO DO TERMO "MANIPULAÇÃO".

Para efeito de concessão de adicional de insalubridade não há distinção entre fabricação e manuseio de óleos minerais - Portaria 3.214 do Ministério do Trabalho, NR 15, Anexo XIII.

172. ADICIONAL DE INSALUBRIDADE OU PERICULOSIDADE. CONDENAÇÃO. INSERÇÃO EM FOLHA DE PAGAMENTO.

Condenada ao pagamento do adicional de insalubridade ou periculosidade, a empresa deverá inserir, mês a mês e enquanto o trabalho for executado sob essas condições, o valor correspondente em folha de pagamento.

173. ADICIONAL DE INSALUBRIDADE. ATIVIDADE A CÉU ABERTO. EXPOSIÇÃO AO SOL E AO CALOR. (Redação alterada pelo Tribunal Pleno em 14.9.2012)

I – Ausente previsão legal, indevido o adicional de insalubridade ao trabalhador em atividade a céu aberto, por sujeição à radiação solar (art. 195 da CLT e Anexo 7 da NR 15 da Portaria 3.214/1978 do MTE).

II – Tem direito ao adicional de insalubridade o trabalhador que exerce atividade exposto ao calor acima dos limites de tolerância, inclusive em ambiente externo com carga solar, nas condições previstas no Anexo 3 da NR 15 da Portaria 3.214/78 do MTE.

→ Redação alterada pela Resolução do TST 186/2012.

174. (*Cancelada. Nova redação conferida à Súmula 132) – Resolução TST 129/2005, DJU 20.4.2005.*

175. COMISSÕES. ALTERAÇÃO OU SUPRESSÃO. PRESCRIÇÃO TOTAL. (*Nova redação em decorrência da incorporação da Orientação Jurisprudencial 248 da SBDI-1*)

A supressão das comissões, ou a alteração quanto à forma ou ao percentual, em prejuízo do empregado, é suscetível de operar a prescrição total da ação, nos termos da Súmula 294 do TST, em virtude de cuidar-se de parcela não assegurada por preceito de lei.

→ Redação alterada pelo TST em 10.11.2005.

176. (*Cancelada. Conversão na OJ Transitória 44 da SDI-1) – Resolução TST 129/2005, DJU 20.4.2005.*

177. (*Cancelada pelo Tribunal Pleno em 25.10.2006, DJU 30.10.2006.*)

178. BANCÁRIO. INTERVALO DE 15 MINUTOS. NÃO COMPUTÁVEL NA JORNADA DE TRABALHO. (*Inserida em 8.11.2000*)

Não se computa, na jornada do bancário sujeito a seis horas diárias de trabalho, o intervalo de quinze minutos para lanche ou descanso.

→ Redação alterada pela Resolução do TST 129/2005.

179. (*Cancelada. Conversão na OJ Transitória 77 da SDI-1, publicada no DEJT 16.11.2010.*)

180. (*Cancelada. Conversão na OJ Transitória 45 da SDI-1) – Resolução TST 129/2005, DJU 20.4.2005.*

181. COMISSÕES. CORREÇÃO MONETÁRIA. CÁLCULO.

O valor das comissões deve ser corrigido monetariamente para em seguida obter-se a média para efeito de cálculo de férias, 13º salário e verbas rescisórias.

182. (*Cancelada. Nova redação conferida à Súmula 85) – Resolução TST 129/2005, DJU 20.4.2005.*

183. (*Cancelada. Conversão na OJ Transitória 46 da SDI-1) – Resolução TST 129/2005, DJU 20.4.2005.*

184. (*Cancelada. Nova redação conferida à Súmula 74) – Resolução TST 129/2005, DJU 20.4.2005.*

185. CONTRATO DE TRABALHO COM A ASSOCIAÇÃO DE PAIS E MESTRES – APM. INEXISTÊNCIA DE RESPONSABILIDADE SOLIDÁRIA OU SUBSIDIÁRIA DO ESTADO. (*Inserida em 8.11.2000*)

O Estado-Membro não é responsável subsidiária ou solidariamente com a Associação de Pais e Mestres pelos encargos trabalhistas dos empregados contratados por esta última, que deverão ser suportados integral e exclusivamente pelo real empregador.

→ Redação alterada pela Resolução do TST 129/2005.

186. (*Cancelada. Incorporação da nova redação da Súmula 25) – Resolução 197/2015, D.E.J.T. 18.5.2015.*

187. (*Cancelada. Conversão na OJ Transitória 47 da SDI-1) – Resolução TST 129/2005, DJU 20.4.2005.*

188. DECISÃO NORMATIVA QUE DEFERE DIREITOS. FALTA DE INTERESSE DE AGIR PARA AÇÃO INDIVIDUAL.

Falta interesse de agir para a ação individual, singular ou plúrima, quando o direito já foi reconhecido através de decisão normativa, cabendo, no caso, ação de cumprimento.

189. (*Cancelada. Nova redação conferida à Súmula 128) – Resolução TST 129/2005, DJU 20.4.2005.*

190. (*Cancelada. Nova redação conferida à Súmula 128) – Resolução TST 129/2005, DJU 20.4.2005.*

191. CONTRATO DE EMPREITADA. DONO DA OBRA DE CONSTRUÇÃO CIVIL. RESPONSABILIDADE.

Diante da inexistência de previsão legal específica, o contrato de empreitada de construção civil entre o dono da obra e o empreiteiro não enseja responsabilidade solidária ou subsidiária nas obrigações trabalhistas contraídas pelo empreiteiro, salvo sendo o dono da obra uma empresa construtora ou incorporadora.

→ Redação alterada pela Resolução do TST 175/2011.

192. EMBARGOS DECLARATÓRIOS. PRAZO EM DOBRO. PESSOA JURÍDICA DE DIREITO PÚBLICO. DECRETO-LEI 779/1969.

É em dobro o prazo para a interposição de embargos declaratórios por pessoa jurídica de direito público.

193. (*Cancelada. Redação da Súmula 6 conferida pela Resolução 104/2000, DJ 18.2.2000) – Resolução TST 129/2005, DJU 20.4.2005.*

194. (*Cancelada. Conversão na Súmula 387) – Resolução TST 129/2005, DJU 20.4.2005.*

195. FÉRIAS INDENIZADAS. FGTS. NÃO INCIDÊNCIA. (*Inserida em 8.11.2000*)

Não incide a contribuição para o FGTS sobre as férias indenizadas.

→ Redação alterada pela Resolução do TST 129/2005.

196. (*Cancelada. Nova redação conferida à Súmula 244) – Resolução TST 129/2005, DJU 20.4.2005.*

197. (*Cancelada. Redação da Súmula 253 conferida pela Resolução 121/2003, DJ 21.11.2003) – Resolução TST 129/2005, DJU 20.4.2005.*)

198. HONORÁRIOS PERICIAIS. ATUALIZAÇÃO MONETÁRIA.

Diferentemente da correção aplicada aos débitos trabalhistas, que têm caráter alimentar, a atualização monetária dos honorários periciais é fixada pelo art. 1º da Lei 6.899/1981, aplicável a débitos resultantes de decisões judiciais.

199. JOGO DO BICHO. CONTRATO DE TRABALHO. NULIDADE. OBJETO ILÍCITO.

É nulo o contrato de trabalho celebrado para o desempenho de atividade inerente à prática do jogo do bicho, ante a ilicitude de seu objeto, o que subtrai o requisito de validade para a formação do ato jurídico.

→ Redação republicada no *DEJT* de 16.11.2010.

200. Mandato tácito. Substabelecimento inválido. (*Inserida em 8.11.2000*)

É inválido o substabelecimento de advogado investido de mandato tácito.

→ Redação alterada pela Resolução do TST 129/2005.

201. (*Cancelada. Conversão na Súmula 388) – Resolução TST 129/2005, DJU 20.4.2005.*

202. (*Cancelada. Conversão na OJ Transitória 48 da SDI-1) – Resolução TST 129/2005, DJU 20.4.2005.*

203. (*Cancelada. Conversão na OJ Transitória 54 da SDI-1) – Resolução TST 129/2005, DJU 20.4.2005.*

204. (*Cancelada. Nova redação conferida à Súmula 308) – Resolução TST 129/2005, DJU 20.4.2005.*)

205. (*Cancelada pela Resolução TST 156/2009, DJE 27.4.2009.*)

206. PROFESSOR. HORAS EXTRAS. ADICIONAL DE 50% (CINQUENTA POR CENTO).

Excedida a jornada máxima (art. 318 da CLT), as horas excedentes devem ser remuneradas com o adicional de, no mínimo, 50% (cinquenta por cento) (art. 7º, XVI, CF/1988).

207. PROGRAMA DE INCENTIVO À DEMISSÃO VOLUNTÁRIA. INDENIZAÇÃO. IMPOSTO DE RENDA. NÃO INCIDÊNCIA. (*Inserida em 8.11.2000*)

A indenização paga em virtude de adesão a programa de incentivo à demissão voluntária não está sujeita à incidência do imposto de renda.

→ Redação alterada pela Resolução do TST 129/2005.

208. RADIOLOGISTA. GRATIFICAÇÃO DE RAIOS X. REDUÇÃO. LEI 7.923/1989.

A alteração da gratificação por trabalho com raios X, de quarenta para dez por cento, na forma da Lei 7.923/1989, não causou prejuízo ao trabalhador porque passou a incidir sobre o salário incorporado com todas as demais vantagens.

209. (*Cancelada. Nova redação conferida à Súmula 262) – Resolução TST 129/2005, DJU 20.4.2005.*

210. (*Cancelada. Conversão na Súmula 389) – Resolução TST 129/2005, DJU 20.4.2005.*)

211. (*Cancelada. Conversão na Súmula 389) – Resolução TST 129/2005, DJU 20.4.2005.*

212. (*Cancelada. Conversão na Orientação Jurisprudencial Transitória 54 da SDI-1) – Resolução TST 129/2005, DJU 20.4.2005.*

213. TELEX. OPERADORES. ART. 227 DA CLT. INAPLICÁVEL.

O operador de telex de empresa, cuja atividade econômica não se identifica com qualquer uma das previstas no art. 227 da CLT, não se beneficia de jornada reduzida.

214. (*Cancelada. Conversão na OJ Transitória 58 da SDI-1) – Resolução TST 129/2005, DJU 20.4.2005.*

215. (*Cancelada pela Resolução TST 175/2011, publicada no DEJT 27.5.2011.*)

216. VALE-TRANSPORTE. SERVIDOR PÚBLICO CELETISTA. LEI 7.418/1985. DEVIDO. (*Inserida em 8.11.2000*)

Aos servidores públicos celetistas é devido o vale-transporte, instituído pela Lei 7.418/1985, de 16 de dezembro de 1985.

→ Redação alterada pela Resolução do TST 129/2005.

217. AGRAVO DE INSTRUMENTO. TRASLADO. LEI 9.756/1998. GUIAS DE CUSTAS E DE DEPÓSITO RECURSAL.

Para a formação do Agravo de instrumento, não é necessária a juntada de comprovantes de recolhimento de custas e de depósito recursal relativamente ao recurso ordinário, desde que não seja objeto de controvérsia no recurso de revista a validade daqueles recolhimentos.

218. (*Cancelada. Incorporação à OJ 241 da SDI-1 e posterior conversão na Orientação Jurisprudencial Transitória 55 da SDI-1) – Resolução TST 129/2005, DJU 20.4.2005.*

219. RECURSO DE REVISTA OU DE EMBARGOS FUNDAMENTADO EM ORIENTAÇÃO JURISPRUDENCIAL DO TST.

É válida, para efeito de conhecimento do recurso de revista ou de embargos, a invocação de orientação jurisprudencial do tribunal superior do trabalho, desde que, das razões recursais, conste o seu número ou conteúdo.

220. (*Cancelada. Nova redação conferida à Súmula 85) – Resolução TST 129/2005, DJU 20.4.2005.*

221. (*Cancelada. Conversão na OJ Transitória 56 da SDI-1) – Resolução TST 129/2005, DJU 20.4.2005.*

222. (*Cancelada. Nova redação conferida à Súmula 102) – Resolução TST 129/2005, DJU 20.4.2005.*

223. (*Cancelada. Nova redação conferida à Súmula 85) – Resolução TST 129/2005, DJU 20.4.2005.*

224. COMPLEMENTAÇÃO DE APOSENTADORIA. REAJUSTE. LEI 9.069, DE 29.6.1995.

I – A partir da vigência da Medida Provisória 542, de 30.6.1994, convalidada pela Lei 9.069, de 29.6.1995, o critério de reajuste da complementação de aposentadoria passou a ser anual e não semestral, aplicando-se o princípio *rebus sic stantibus* diante da nova ordem econômica.

II – A alteração da periodicidade do reajuste da complementação de aposentadoria – de semestral para anual –, não afeta o direito ao resíduo inflacionário apurado nos meses de abril, maio e junho de 1994, que deverá incidir sobre a correção realizada no mês de julho de 1995.

→ Redação alterada pelo TST em 14.9.2010.

225. CONTRATO DE CONCESSÃO DE SERVIÇO PÚBLICO. RESPONSABILIDADE TRABALHISTA. (*Inserida em 20.6.2001 e alterada pelo Tribunal Pleno em 18.4.2002 – MA 10.999/2002*)

Celebrado contrato de concessão de serviço público em que uma empresa (primeira concessionária) outorga a outra (segunda concessionária), no todo ou em parte, mediante arrendamento, ou qualquer outra forma contratual, a título transitório, bens de sua propriedade:

I – em caso de rescisão do contrato de trabalho após a entrada em vigor da concessão, a segunda concessionária, na condição de sucessora, responde pelos direitos decorrentes do contrato de trabalho, sem prejuízo da responsabilidade subsidiária da primeira concessionária pelos débitos trabalhistas contraídos até a concessão;

II – no tocante ao contrato de trabalho extinto antes da vigência da concessão, a responsabilidade pelos direitos dos trabalhadores será exclusivamente da antecessora.

→ Redação alterada pela Resolução do TST 129/2005.

226. CRÉDITO TRABALHISTA. CÉDULA DE CRÉDITO RURAL. CÉDULA DE CRÉDITO INDUSTRIAL. PENHORABILIDADE. (*Inserida em 20.6.2001*)

Diferentemente da cédula de crédito industrial garantida por alienação fiduciária, na cédula rural pignoratícia ou hipotecária o bem permanece sob o domínio do devedor (executado), não constituindo óbice à penhora na esfera trabalhista. (Decreto-lei 167/1967, art. 69; CLT, arts. 10 e 30 e Lei 6.830/1980.)

→ Redação alterada pela Resolução do TST 129/2005.

227. (*Cancelada pelo Tribunal Pleno em 10.11.2005, publicada no DJU 22.11.2005.*)

228. (*Cancelada. Conversão na Súmula 368) – Resolução TST 129/2005, DJU 20.4.2005.*

229. (*Cancelada. Conversão na Súmula 390) – Resolução TST 129/2005, DJU 20.4.2005.*

230. (*Cancelada. Conversão na Súmula 378) – Resolução TST 129/2005, DJU 20.4.2005.*

231. (*Cancelada. Conversão na OJ Transitória 50 da SDI-1) – Resolução TST 129/2005, DJU 20.4.2005.*

232. FGTS. INCIDÊNCIA. EMPREGADO TRANSFERIDO PARA O EXTERIOR. REMUNERAÇÃO.

O FGTS incide sobre todas as parcelas de natureza salarial pagas ao empregado em virtude de prestação de serviços no exterior.

233. HORAS EXTRAS. COMPROVAÇÃO DE PARTE DO PERÍODO ALEGADO. (*Inserida em 20.6.2001*)

A decisão que defere horas extras com base em prova oral ou documental não ficará limitada ao tempo por ela abrangido, desde que o julgador fique convencido de que o procedimento questionado superou aquele período.

→ Redação alterada pela Resolução do TST 129/2005.

234. (*Cancelada. Nova redação conferida à Súmula 338) – Resolução TST 129/2005, DJU 20.4.2005.*

235. HORAS EXTRAS. SALÁRIO POR PRODUÇÃO. (*Redação alterada na sessão do Tribunal Pleno realizada em 16.4.2012*)

O empregado que recebe salário por produção e trabalha em sobrejornada tem direito à percepção apenas do adicional de horas extras, exceto no caso do empregado cortador de cana, a quem é devido o pagamento das horas extras e do adicional respectivo.

→ Redação alterada pela Resolução do TST 182/2012.

236. (*Cancelada. Nova redação conferida à Súmula 90) – Resolução TST 129/2005, DJU 20.4.2005.*

237. MINISTÉRIO PÚBLICO DO TRABALHO. ILEGITIMIDADE PARA RECORRER.

O Ministério Público não tem legitimidade para recorrer na defesa de interesse patrimonial privado, inclusive de empresas públicas e sociedades de economia mista.

238. MULTA. ART. 477 DA CLT. PESSOA JURÍDICA DE DIREITO PÚBLICO. APLICÁVEL. (*Inserida em 20.6.2001*)

Submete-se à multa do art. 477 da CLT a pessoa jurídica de direito público que não observa o prazo para pagamento das verbas rescisórias, pois nivela-se a qualquer particular, em direitos e obrigações, despojando-se do *jus imperii* ao celebrar um contrato de emprego.

→ Redação alterada pela Resolução do TST 129/2005.

239. (*Cancelada. Conversão na Súmula 384) – Resolução TST 129/2005, DJU 20.4.2005.*

240. (*Cancelada. Conversão na Súmula 391) – Resolução TST 129/2005, DJU 20.4.2005.*

241. (*Cancelada. Conversão na OJ Transitória 55 da SDI-1) – Resolução TST 129/2005, DJU 20.4.2005.*

242. PRESCRIÇÃO TOTAL. HORAS EXTRAS. ADICIONAL. INCORPORAÇÃO.

Embora haja previsão legal para o direito à hora extra, inexiste previsão para a incorporação ao salário do respectivo adicional, razão pela qual deve incidir a prescrição total.

243. PRESCRIÇÃO TOTAL. PLANOS ECONÔMICOS.

Aplicável a prescrição total sobre o direito de reclamar diferenças salariais resultantes de planos econômicos.

244. PROFESSOR. REDUÇÃO DA CARGA HORÁRIA. POSSIBILIDADE.

A redução da carga horária do professor, em virtude da diminuição do número de alunos, não constitui alteração contratual, uma vez que não implica redução do valor da hora-aula.

245. REVELIA. ATRASO. AUDIÊNCIA.

Inexiste previsão legal tolerando atraso no horário de comparecimento da parte na audiência.

246. (*Cancelada. Conversão na Súmula 367) – Resolução TST 129/2005, DJU 20.4.2005.*

247. SERVIDOR PÚBLICO. CELETISTA CONCURSADO. DESPEDIDA IMOTIVADA. EMPRESA PÚBLICA OU SOCIEDADE DE ECONOMIA MISTA. POSSIBILIDADE.

I – A despedida de empregados de empresa pública e de sociedade de economia mista, mesmo admitidos por concurso público, independe de ato motivado para sua validade;

II – A validade do ato de despedida do empregado da Empresa Brasileira de Correios e Telégrafos (ECT) está condicionada à motivação, por gozar a empresa do mesmo tratamento destinado à Fazenda Pública em relação à imunidade tributária e à execução por precatório, além das prerrogativas de foro, prazos e custas processuais.

→ Redação alterada pela Resolução do TST 143/2007.

248. (*Cancelada. Incorporação à OJ 175 da SBDI-1, publicada no DJU 22.11.2005.*)

249. (*Cancelada. Nova redação à OJ 138 da SDI-1) – Resolução TST 129/2005, DJU 20.4.2005.*

250. (*Cancelada. Conversão na OJ Transitória 51 da SDI-1) – Resolução TST 129/2005, DJU 20.4.2005.*

251. DESCONTOS. FRENTISTA. CHEQUES SEM FUNDOS.

É lícito o desconto salarial referente à devolução de cheques sem fundos, quando o frentista não observar as recomendações previstas em instrumento coletivo.

252. (*Cancelada. Nova redação conferida à Súmula 6) – Resolução TST 129/2005, DJU 20.4.2005.*

253. ESTABILIDADE PROVISÓRIA. COOPERATIVA. LEI 5.764/1971. CONSELHO FISCAL. SUPLENTE. NÃO ASSEGURADA.

O art. 55 da Lei 5.764/1971 assegura a garantia de emprego apenas aos empregados eleitos diretores de Cooperativas, não abrangendo os membros suplentes.

254. (*Cancelada. Incorporação à nova redação conferida à OJ 42 da SDI-1) – Resolução TST 129/2005, DJU 20.4.2005.*

255. MANDATO. CONTRATO SOCIAL. DESNECESSÁRIA A JUNTADA.

O art. 12, VI, do CPC não determina a exibição dos estatutos da empresa em juízo como condição de validade do instrumento de mandato outorgado ao seu procurador, salvo se houver impugnação da parte contrária.

256. PREQUESTIONAMENTO. CONFIGURAÇÃO. TESE EXPLÍCITA. SÚMULA 297.

Para fins do requisito do prequestionamento de que trata a Súmula 297, há necessidade de que haja, no acórdão, de maneira clara, elementos que levem à conclusão de que o Regional adotou uma tese contrária à lei ou a súmula.

257. RECURSO DE REVISTA. FUNDAMENTAÇÃO. VIOLAÇÃO DE LEI. VOCÁBULO VIOLAÇÃO. DESNECESSIDADE. (Alterada em decorrência da redação do inciso II do art. 894 da CLT, incluído pela Lei 11.496/2007)

A invocação expressa no Recurso de Revista dos preceitos legais ou constitucionais tidos como violados não significa exigir da parte a utilização das expressões "contrariar", "ferir", "violar" etc.

→ Redação alterada pela Resolução do TST 182/2012.

258. (*Cancelada. Conversão na Súmula 364) – Resolução TST 129/2005, DJU 20.4.2005.*

259. ADICIONAL NOTURNO. BASE DE CÁLCULO. ADICIONAL DE PERICULOSIDADE. INTEGRAÇÃO.

O adicional de periculosidade deve compor a base de cálculo do adicional noturno, já que também neste horário o trabalhador permanece sob as condições de risco.

260. AGRAVO DE INSTRUMENTO. RECURSO DE REVISTA. PROCEDIMENTO SUMARÍSSIMO. LEI 9.957/2000. PROCESSOS EM CURSO.

I – É inaplicável o rito sumaríssimo aos processos iniciados antes da vigência da Lei 9.957/2000.

II – No caso de o despacho denegatório de recurso de revista invocar, em processo iniciado antes da Lei 9.957/2000, o § 6º do art. 896 da CLT (rito sumaríssimo), como óbice ao trânsito do apelo calcado em divergência jurisprudencial ou violação de dispositivo infraconstitucional, o Tribunal superará o obstáculo, apreciando o recurso sob esses fundamentos.

261. BANCOS. SUCESSÃO TRABALHISTA.

As obrigações trabalhistas, inclusive as contraídas à época em que os empregados trabalhavam para o banco sucedido, são de responsabilidade do sucessor, uma vez que a este foram transferidos os ativos, as agências, os direitos e deveres contratuais, caracterizando típica sucessão trabalhista.

262. COISA JULGADA. PLANOS ECONÔMICOS. LIMITAÇÃO À DATA-BASE NA FASE DE EXECUÇÃO.

Não ofende a coisa julgada a limitação à data-base da categoria, na fase executória, da condenação ao pagamento de diferenças salariais decorrentes de planos econômicos, quando a decisão exequenda silenciar sobre a limitação, uma vez que a limitação decorre de norma cogente. Apenas quando a sentença exequenda houver expressamente afastado a limitação à data-base é que poderá ocorrer ofensa à coisa julgada.

263. (*Cancelada pelo Tribunal Pleno em 2.9.2004, publicada no DJU 14.9.2004.*)

264. DEPÓSITO RECURSAL. PIS/PASEP. AUSÊNCIA DE INDICAÇÃO NA GUIA DE DEPÓSITO RECURSAL. VALIDADE.

Não é essencial para a validade da comprovação do depósito recursal a indicação do número do PIS/PASEP na guia respectiva.

265. (*Cancelada. Conversão na Súmula 390) – Resolução TST 129/2005, DJU 20.4.2005.*

266. (*Cancelada. Conversão na Súmula 369) – Resolução TST 129/2005, DJU 20.4.2005.*

267. (*Cancelada. Nova redação conferida à Súmula 132) – Resolução TST 129/2005, DJU 20.4.2005.*

268. INDENIZAÇÃO ADICIONAL. LEIS 6.708/1979 E 7.238/1984. AVISO-PRÉVIO. PROJEÇÃO. ESTABILIDADE PROVISÓRIA.

Somente após o término do período estabilitário é que se inicia a contagem do prazo do aviso-prévio para efeito das indenizações previstas nos arts. 9º da Lei 6.708/1979 e 9º da Lei 7.238/1984.

269. JUSTIÇA GRATUITA. REQUERIMENTO DE ISENÇÃO DE DESPESAS PROCESSUAIS. MOMENTO OPORTUNO.

O benefício da justiça gratuita pode ser requerido em qualquer tempo ou grau de jurisdição, desde que, na fase recursal, seja o requerimento formulado no prazo alusivo ao recurso.

270. PROGRAMA DE INCENTIVO À DEMISSÃO VOLUNTÁRIA. TRANSAÇÃO EXTRAJUDICIAL. PARCELAS ORIUNDAS DO EXTINTO CONTRATO DE TRABALHO. EFEITOS.

A transação extrajudicial que importa rescisão do contrato de trabalho ante a adesão do empregado a plano de demissão voluntária implica quitação exclusivamente das parcelas e valores constantes do recibo.

271. RURÍCOLA. PRESCRIÇÃO. CONTRATO DE EMPREGO EXTINTO. EMENDA CONSTITUCIONAL 28/2000. INAPLICABILIDADE. (*Inserida em 27.9.2002*)

O prazo prescricional da pretensão do rurícola, cujo contrato de emprego já se extinguira ao sobrevir a Emenda Constitucional 28, de 26.5.2000, tenha sido ou não ajuizada a ação trabalhista, prossegue regido pela lei vigente ao tempo da extinção do contrato de emprego.

→ Redação alterada pelo TST em 10.11.2005.

272. SALÁRIO MÍNIMO. SERVIDOR. SALÁRIO-BASE INFERIOR. DIFERENÇAS. INDEVIDAS.

A verificação do respeito ao direito ao salário mínimo não se apura pelo confronto isolado do salário-base com o mínimo legal, mas deste com a soma de todas as parcelas de natureza salarial recebidas pelo empregado diretamente do empregador.

273. (*Cancelada pela Resolução TST 175/2011, publicada no* DEJT *27.5.2011.*)

274. TURNO ININTERRUPTO DE REVEZAMENTO. FERROVIÁRIO. HORAS EXTRAS. DEVIDAS.

O ferroviário submetido a escalas variadas, com alternância de turnos, faz jus à jornada especial prevista no art. 7º, XIV, da CF/1988.

275. TURNO ININTERRUPTO DE REVEZAMENTO. HORISTA. HORAS EXTRAS E ADICIONAL. DEVIDOS.

Inexistindo instrumento coletivo fixando jornada diversa, o empregado horista submetido a turno ininterrupto de revezamento faz jus ao pagamento das horas extraordinárias laboradas além da sexta, bem como ao respectivo adicional.

276. AÇÃO DECLARATÓRIA. COMPLEMENTAÇÃO DE APOSENTADORIA.

É incabível ação declaratória visando a declarar direito à complementação de aposentadoria, se ainda não atendidos os requisitos necessários à aquisição do direito, seja por via regulamentar, ou por acordo coletivo.

277. AÇÃO DE CUMPRIMENTO FUNDADA EM DECISÃO NORMATIVA QUE SOFREU POSTERIOR REFORMA, QUANDO JÁ TRANSITADA EM JULGADO A SENTENÇA CONDENATÓRIA. COISA JULGADA. NÃO CONFIGURAÇÃO.

A coisa julgada produzida na ação de cumprimento é atípica, pois dependente de condição resolutiva, ou seja, da não modificação da decisão normativa por eventual recurso. Assim, modificada a sentença normativa pelo TST, com a consequente extinção do processo, sem julgamento do mérito, deve-se extinguir a execução em andamento, uma vez que a norma sobre a qual se apoiava o título exequendo deixou de existir no mundo jurídico.

278. ADICIONAL DE INSALUBRIDADE. PERÍCIA. LOCAL DE TRABALHO DESATIVADO.

A realização de perícia é obrigatória para a verificação de insalubridade. Quando não for possível sua realização, como em caso de fechamento da empresa, poderá o julgador utilizar-se de outros meios de prova.

279. ADICIONAL de periculosidade. ELETRICITÁRIOS. BASE DE CÁLCULO. LEI 7.369/1985, ART. 1º. INTERPRETAÇÃO.

O adicional de periculosidade dos eletricitários deverá ser calculado sobre o conjunto de parcelas de natureza salarial.

280. (*Cancelada. Conversão na Súmula 364) – Resolução TST 129/2005, DJU 20.4.2005.*

281. (*Cancelada. Conversão na OJ Transitória 52 da SDI-1) – Resolução TST 129/2005, DJU 20.4.2005.*

282. AGRAVO de INSTRUMENTO. JUÍZO DE ADMISSIBILIDADE *AD QUEM*.

No julgamento de Agravo de Instrumento, ao afastar o óbice apontado pelo TRT para o processamento do recurso de revista, pode o juízo *ad quem* prosseguir no exame dos demais pressupostos extrínsecos e intrínsecos do recurso de revista, mesmo que não apreciados pelo TRT.

283. AGRAVO DE INSTRUMENTO. PEÇAS ESSENCIAIS. TRASLADO REALIZADO PELO AGRAVADO. VALIDADE.

É válido o traslado de peças essenciais efetuado pelo agravado, pois a regular formação do agravo incumbe às partes e não somente ao agravante.

284. AGRAVO DE INSTRUMENTO. TRASLADO. AUSÊNCIA DE CERTIDÃO DE PUBLICAÇÃO. ETIQUETA ADESIVA IMPRESTÁVEL PARA AFERIÇÃO DA TEMPESTIVIDADE.

A etiqueta adesiva na qual consta a expressão "no prazo" não se presta à aferição de tempestividade do recurso, pois sua finalidade é tão somente servir de controle processual interno do TRT e sequer contém a assinatura do funcionário responsável por sua elaboração.

285. AGRAVO DE INSTRUMENTO. TRASLADO. CARIMBO DO PROTOCOLO DO RECURSO ILEGÍVEL. INSERVÍVEL.

O carimbo do protocolo da petição recursal constitui elemento indispensável para aferição da tempestividade do apelo, razão pela qual deverá estar legível, pois um dado ilegível é o mesmo que a inexistência do dado.

286. AGRAVO DE INSTRUMENTO. TRASLADO. MANDATO TÁCITO. ATA DE AUDIÊNCIA. CONFIGURAÇÃO.

I – A juntada da ata de audiência, em que consignada a presença do advogado, desde que não estivesse atuando com mandato expresso, torna dispensável a procuração deste, porque demonstrada a existência de mandato tácito.

II – Configurada a existência de mandato tácito fica suprida a irregularidade detectada no mandato expresso.

→ Redação alterada pela Resolução do TST 167/2010.

287. AUTENTICAÇÃO. DOCUMENTOS DISTINTOS. DESPACHO DENEGATÓRIO DO RECURSO DE REVISTA E CERTIDÃO DE PUBLICAÇÃO.

Distintos os documentos contidos no verso e anverso, é necessária a autenticação de ambos os lados da cópia.

288. *(Cancelada. Redação conferida à Súmula 102) – Resolução TST 129/2005,* DJU *20.4.2005.*

289. *(Cancelada. Incorporação à nova redação conferida à Orientação Jurisprudencial 18 da SDI-1) – Resolução TST 129/2005,* DJU *20.4.2005.*

290. *(Cancelada pelo Tribunal Pleno em 30.6.2005, publicada no* DJU *5.7.2005.)*

291. *(Cancelada. Conversão na Orientação Jurisprudencial Transitória 53 da SDI-1) – Resolução TST 129/2005,* DJU *20.4.2005.*

292. *(Cancelada. Nova redação conferida à Súmula 101) – Resolução TST 129/2005,* DJU *20.4.2005.*

293. *(Cancelada pela Resolução TST 171/2010, publicada no* DJE *19.11.2010.)*

294. *(Cancelada. Conversão na Orientação Jurisprudencial Transitória 78 da SBDI-1) – Resolução TST 194/2014, DEJT 21.5.2014.*

295. *(Cancelada. Conversão na Orientação Jurisprudencial Transitória 79 da SBDI-1) – Resolução TST 194/2014, DEJT 21.5.2014.*

296. EQUIPARAÇÃO SALARIAL. ATENDENTE E AUXILIAR DE ENFERMAGEM. IMPOSSIBILIDADE.

Sendo regulamentada a profissão de auxiliar de enfermagem, cujo exercício pressupõe habilitação técnica, realizada pelo Conselho Regional de Enfermagem, impossível a equiparação salarial do simples atendente com o auxiliar de enfermagem.

297. EQUIPARAÇÃO SALARIAL. SERVIDOR PÚBLICO DA ADMINISTRAÇÃO DIRETA, AUTÁRQUICA E FUNDACIONAL. ART. 37, XIII, DA CF/1988.

O art. 37, inciso XIII, da CF/1988, veda a equiparação de qualquer natureza para o efeito de remuneração do pessoal do serviço público, sendo juridicamente impossível a aplicação da norma infraconstitucional prevista no art. 461 da CLT quando se pleiteia equiparação salarial entre servidores públicos, independentemente de terem sido contratados pela CLT.

298. *(Cancelada. Nova redação conferida à Súmula 6) – Resolução TST 129/2005,* DJU *20.4.2005.*

299. *(Cancelada. Nova redação conferida à Súmula 98) – Resolução TST 129/2005,* DJU *20.4.2005.*

300. EXECUÇÃO TRABALHISTA. CORREÇÃO MONETÁRIA. JUROS. LEI 8.177/1991, ART. 39, E LEI 10.192/2001, ART. 15. (DJ 11.8.2003)

Não viola norma constitucional (art. 5º, II e XXXVI) a determinação de aplicação da TRD como fator de correção monetária dos débitos trabalhistas, cumulada com juros de mora, previstos no art. 39 da Lei 8.177/1991 e convalidado pelo art. 15 da Lei 10.192/2001.

→ Redação alterada pela Resolução do TST 129/2005.

301. *(Cancelada pela Resolução TST 175/2011, publicada no DEJT 27.5.2011.)*

302. FGTS. ÍNDICE DE CORREÇÃO. DÉBITOS TRABALHISTAS.

Os créditos referentes ao FGTS, decorrentes de condenação judicial, serão corrigidos pelos mesmos índices aplicáveis aos débitos trabalhistas.

303. *(Cancelada. Conversão na Súmula 372) – Resolução TST 129/2005,* DJU *20.4.2005.*

304. HONORÁRIOS ADVOCATÍCIOS. ASSISTÊNCIA JUDICIÁRIA. DECLARAÇÃO DE POBREZA. COMPROVAÇÃO.

Atendidos os requisitos da Lei 5.584/1970 (art. 14, § 2º), para a concessão da assistência judiciária, basta a simples afirmação do declarante ou de seu advogado, na petição inicial, para considerar configurada a sua situação econômica (art. 4º, § 1º, da Lei 7.510/1986, que deu nova redação à Lei 1.060/1950).

305. *(Cancelada. Incorporação à nova redação da Súmula 219) – Resolução 197/2015, D.E.J.T. 18.5.2015)*

306. *(Cancelada. Nova redação conferida à Súmula 338) – Resolução TST 129/2005,* DJU *20.4.2005.*

307. *(Cancelada. Aglutinação ao item I da Súmula 437) – Resolução TST 186/2012,* DEJT *25.9.2012.*

308. JORNADA DE TRABALHO. ALTERAÇÃO. RETORNO À JORNADA INICIALMENTE CONTRATADA. SERVIDOR PÚBLICO.

O retorno do servidor público (administração direta, autárquica e fundacional) à jornada inicialmente contratada não se insere nas vedações do art. 468 da CLT, sendo a sua jornada definida em lei e no contrato de trabalho firmado entre as partes.

309. *(Cancelada. Incorporação à nova redação conferida à OJ 147 da SDI-1) – Resolução TST 129/2005,* DJU *20.4.2005.*

310. LITISCONSORTES. PROCURADORES DISTINTOS. PRAZO EM DOBRO. ART. 191 DO CPC. INAPLICÁVEL AO PROCESSO DO TRABALHO.

A regra contida no art. 191 do CPC é inaplicável ao processo do trabalho, em face da sua incompatibilidade com o princípio da celeridade inerente ao processo trabalhista.

→ Refere-se ao CPC de 1973.

→ *v.* Art. 229 do NCPC.

311. *(Cancelada. Conversão na Súmula 383) – Resolução TST 129/2005,* DJU *20.4.2005.*

312. *(Cancelada. Conversão na Súmula 395) – Resolução TST 129/2005,* DJU *20.4.2005.*

313. *(Cancelada. Conversão na Súmula 395) – Resolução TST 129/2005,* DJU *20.4.2005.*

314. *(Cancelada. Conversão na Súmula 388) – Resolução TST 129/2005,* DJU *20.4.2005.*

315. *(Cancelada pela Resolução TST 200/20115, publicada no D.E.J.T. 4.11.2015.)*

316. PORTUÁRIOS. ADICIONAL DE RISCO. LEI 4.860/1965.

O adicional de risco dos portuários, previsto no art. 14 da Lei 4.860/1965, deve ser proporcional ao tempo efetivo no serviço considerado sob risco e apenas concedido àqueles que prestam serviços na área portuária.

317. *(Cancelada. Nova redação conferida à Súmula 337) – Resolução TST 129/2005, DJU 20.4.2005.*

318. REPRESENTAÇÃO IRREGULAR. AUTARQUIA.

Os Estados e os Municípios não têm legitimidade para recorrer em nome das autarquias detentoras de personalidade jurídica própria, devendo ser representadas pelos procuradores que fazem parte de seus quadros ou por advogados constituídos.

319. REPRESENTAÇÃO REGULAR. ESTAGIÁRIO. HABILITAÇÃO POSTERIOR.

Válidos são os atos praticados por estagiário se, entre o substabelecimento e a interposição do recurso, sobreveio a habilitação, do então estagiário, para atuar como advogado.

320. *(Cancelada pelo Tribunal Pleno em 2.9.2004, publicada no* DJU *14.9.2004.)*

321. VÍNCULO EMPREGATÍCIO COM A ADMINISTRAÇÃO PÚBLICA. PERÍODO ANTERIOR À CF/1988. (*DJ* 11.8.2003)

Salvo os casos de trabalho temporário e de serviço de vigilância, previstos nas Leis 6.019, de 3.1.1974, e 7.102, de 20.6.1983, é ilegal a contratação de trabalhadores por empresa interposta, formando-se o vínculo empregatício diretamente com o tomador dos serviços, inclusive ente público, em relação ao período anterior à vigência da CF/1988.

→ Redação alterada pela Resolução do TST 129/2005.

322. ACORDO COLETIVO DE TRABALHO. CLÁUSULA DE TERMO ADITIVO PRORROGANDO O ACORDO PARA PRAZO INDETERMINADO. INVÁLIDA.

Nos termos do art. 614, § 3º, da CLT, é de 2 (dois) anos o prazo máximo de vigência dos acordos e das convenções coletivas. Assim sendo, é inválida, naquilo que ultrapassa o prazo total de 2 (dois) anos, a cláusula de termo aditivo que prorroga a vigência do instrumento coletivo originário por prazo indeterminado.

323. ACORDO DE COMPENSAÇÃO DE JORNADA. "SEMANA ESPANHOLA". VALIDADE.

É válido o sistema de compensação de horário quando a jornada adotada é a denominada "semana espanhola", que alterna a prestação de 48 horas em uma semana e 40 horas em outra, não violando os arts. 59, § 2º, da CLT e 7º, XIII, da CF/1988 o seu ajuste mediante acordo ou convenção coletiva de trabalho.

324. ADICIONAL DE PERICULOSIDADE. SISTEMA ELÉTRICO DE POTÊNCIA. DECRETO 93.412/1986, ART. 2º, § 1º.

É assegurado o adicional de periculosidade apenas aos empregados que trabalham em sistema elétrico de potência em condições de risco, ou que o façam com equipamentos e instalações elétricas similares, que ofereçam risco equivalente, ainda que em unidade consumidora de energia elétrica.

325. AUMENTO SALARIAL CONCEDIDO PELA EMPRESA. COMPENSAÇÃO NO ANO SEGUINTE EM ANTECIPAÇÃO SEM A PARTICIPAÇÃO DO SINDICATO PROFISSIONAL. IMPOSSIBILIDADE.

O aumento real, concedido pela empresa a todos os seus empregados, somente pode ser reduzido mediante a participação efetiva do sindicato profissional no ajuste, nos termos do art. 7º, VI, da CF/1988.

326. *(Cancelada. Conversão na Súmula 366) – Resolução TST 129/2005, DJU 20.4.2005.*

327. *(Cancelada. Conversão na Súmula 392) – Resolução TST 129/2005, DJU 20.4.2005.*

328. *(Cancelada. Nova redação conferida à Súmula 6) – Resolução TST 129/2005, DJU 20.4.2005.*

329. *(Cancelada. Nova redação conferida à Súmula 339) – Resolução TST 129/2005, DJU 20.4.2005.*

330. *(Cancelada. Conversão na Súmula 395) – Resolução TST 129/2005, DJU 20.4.2005.*

331. JUSTIÇA GRATUITA. DECLARAÇÃO DE INSUFICIÊNCIA ECONÔMICA. MANDATO. PODERES ESPECÍFICOS DESNECESSÁRIOS.

Desnecessária a outorga de poderes especiais ao patrono da causa para firmar declaração de insuficiência econômica, destinada à concessão dos benefícios da justiça gratuita.

332. MOTORISTA. HORAS EXTRAS. ATIVIDADE EXTERNA. CONTROLE DE JORNADA POR TACÓGRAFO. RESOLUÇÃO 816/1986 DO CONTRAN.

O tacógrafo, por si só, sem a existência de outros elementos, não serve para controlar a jornada de trabalho de empregado que exerce atividade externa.

333. *(Cancelada. Conversão na Súmula 391) – Resolução TST 129/2005, DJU 20.4.2005.*

334. REMESSA *EX OFFICIO*. RECURSO DE REVISTA. INEXISTÊNCIA DE RECURSO ORDINÁRIO VOLUNTÁRIO DE ENTE PÚBLICO. INCABÍVEL.

Incabível recurso de revista de ente público que não interpôs recurso ordinário voluntário da Decisão de primeira instância, ressalvada a hipótese de ter sido agravada, na segunda instância, a condenação imposta.

335. CONTRATO NULO. ADMINISTRAÇÃO PÚBLICA. EFEITOS. CONHECIMENTO DO RECURSO POR VIOLAÇÃO DO ART. 37, II E § 2º, DA CF/1988.

A nulidade da contratação sem concurso público, após a CF/1988, bem como a limitação de seus efeitos, somente poderá ser declarada por ofensa ao art. 37, II, se invocado concomitantemente o seu § 2º, todos da CF/1988.

336. EMBARGOS INTERPOSTOS ANTERIORMENTE À VIGÊNCIA DA LEI 11.496/2007. RECURSO NÃO CONHECIDO COM BASE EM ORIENTAÇÃO JURISPRUDENCIAL. DESNECESSÁRIO O EXAME DAS VIOLAÇÕES DE LEI E DA CONSTITUIÇÃO ALEGADAS NA REVISTA. (Redação alterada pelo Tribunal Pleno na sessão realizada em 6.2.2012)

Estando a decisão recorrida em conformidade com orientação jurisprudencial, desnecessário o exame das divergências e das violações de lei e da Constituição alegadas em embargos interpostos antes da vigência da Lei 11.496/2007, salvo nas hipóteses em que a orientação jurisprudencial não fizer qualquer citação do dispositivo constitucional.

→ Redação alterada pela Resolução do TST 178/2012.

337. *(Cancelada. Conversão na Súmula 387) – Resolução TST 129/2005, DJU 20.4.2005.*

338. MINISTÉRIO PÚBLICO DO TRABALHO. LEGITIMIDADE PARA RECORRER. SOCIEDADE DE ECONOMIA MISTA E EMPRESA PÚBLICA. CONTRATO NULO.

Há interesse do Ministério Público do Trabalho para recorrer contra decisão que declara a existência de vínculo empregatício com sociedade de economia mista ou empresa pública, após a CF/1988, sem a prévia aprovação em concurso público.

339. TETO REMUNERATÓRIO. EMPRESA PÚBLICA E SOCIEDADE DE ECONOMIA MISTA. ART. 37, XI, DA CF/1988 (anterior à Emenda Constitucional 19/1998). (DJ 4.5.2004)

As empresas públicas e as sociedades de economia mista estão submetidas à observância do teto remuneratório previsto no inciso XI do art. 37 da CF/1988, sendo aplicável, inclusive, ao período anterior à alteração introduzida pela Emenda Constitucional 19/1998.

→ Redação alterada pela Resolução do TST 129/2005.

340. *(Cancelada. Conversão na Súmula 393) – Resolução TST 129/2005, DJU 20.4.2005.*

341. FGTS. MULTA DE 40%. DIFERENÇAS DECORRENTES DOS EXPURGOS INFLACIONÁRIOS. RESPONSABILIDADE PELO PAGAMENTO.

É de responsabilidade do empregador o pagamento da diferença da multa de 40% (quarenta por cento) sobre os depósitos do FGTS, decorrente da atualização monetária em face dos expurgos inflacionários.

342. *(Cancelada. Convertido o item I no item II da Súmula 437) – Resolução TST 186/2012, DJET 25.9.2012.*

343. PENHORA. SUCESSÃO. ART. 100 DA CF/1988. EXECUÇÃO.

É válida a penhora em bens de pessoa jurídica de direito privado, realizada anteriormente à sucessão pela União ou por Estado-membro, não podendo a execução prosseguir mediante precatório. A decisão que a mantém não viola o art. 100 da CF/1988.

344. FGTS. MULTA DE 40%. DIFERENÇAS DECORRENTES DOS EXPURGOS INFLACIONÁRIOS. PRESCRIÇÃO. TERMO INICIAL.

O termo inicial do prazo prescricional para o empregado pleitear em juízo diferenças da multa do FGTS, decorrentes dos expurgos inflacionários, deu-se com a vigência da Lei Complementar 110, em 30.6.2001, salvo comprovado trânsito em julgado de decisão proferida em ação proposta anteriormente na Justiça Federal, que reconheça o direito à atualização do saldo da conta vinculada.

→ Redação mantida pela Resolução do TST 175/2011.

345. ADICIONAL DE PERICULOSIDADE. RADIAÇÃO IONIZANTE OU SUBSTÂNCIA RADIOATIVA. DEVIDO.

A exposição do empregado à radiação ionizante ou à substância radioativa enseja a percepção do adicional de periculosidade, pois a regulamentação ministerial (Portarias do Ministério do Trabalho 3.393, de 17.12.1987, e 518, de 7.4.2003), ao reputar perigosa a atividade, reveste-se de plena eficácia, porquanto expedida por força de delegação legislativa contida no art. 200, *caput*, e inciso VI, da CLT. No período de 12.12.2002 a 6.4.2003, enquanto vigeu a Portaria 496 do Ministério do Trabalho, o empregado faz jus ao adicional de insalubridade.

346. ABONO PREVISTO EM NORMA COLETIVA. NATUREZA INDENIZATÓRIA. CONCESSÃO APENAS AOS EMPREGADOS EM ATIVIDADE. EXTENSÃO AOS INATIVOS. IMPOSSIBILIDADE.

A decisão que estende aos inativos a concessão de abono de natureza jurídica indenizatória, previsto em norma coletiva apenas para os empregados em atividade, a ser pago de uma única vez, e confere natureza salarial à parcela, afronta o art. 7º, XXVI, da CF/1988.

347. ADICIONAL DE PERICULOSIDADE. SISTEMA ELÉTRICO DE POTÊNCIA. LEI 7.369, DE 20.9.1985, REGULAMENTADA PELO DECRETO 93.412, DE 14.10.1986. EXTENSÃO DO DIREITO AOS CABISTAS, INSTALADORES E REPARADORES DE LINHAS E APARELHOS EM EMPRESA DE TELEFONIA.

É devido o adicional de periculosidade aos empregados cabistas, instaladores e reparadores de linhas e aparelhos de empresas de telefonia, desde que, no exercício de suas funções, fiquem expostos a condições de risco equivalente ao do trabalho exercido em contato com sistema elétrico de potência.

348. HONORÁRIOS ADVOCATÍCIOS. BASE DE CÁLCULO. VALOR LÍQUIDO. LEI 1.060, DE 5.2.1950.

Os honorários advocatícios, arbitrados nos termos do art. 11, § 1º, da Lei 1.060, de 5.2.1950, devem incidir sobre o valor líquido da condenação, apurado na fase de liquidação de sentença, sem a dedução dos descontos fiscais e previdenciários.

349. MANDATO. JUNTADA DE NOVA PROCURAÇÃO. AUSÊNCIA DE RESSALVA. EFEITOS.

A juntada de nova procuração aos autos, sem ressalva de poderes conferidos ao antigo patrono, implica revogação tácita do mandato anterior.

350. MINISTÉRIO PÚBLICO DO TRABALHO. NULIDADE DO CONTRATO DE TRABALHO NÃO SUSCITADA PELO ENTE PÚBLICO NO MOMENTO DA DEFESA. ARGUIÇÃO EM PARECER. POSSIBILIDADE. (Alterada em razão do julgamento do Processo TST IUJERR 526538/1999.2)

O Ministério Público do Trabalho pode arguir, em parecer, na primeira vez que tenha de se manifestar no processo, a nulidade do contrato de trabalho em favor de ente público, ainda que a parte não a tenha suscitado, a qual será apreciada, sendo vedada, no entanto, qualquer dilação probatória.

→ Redação alterada pela Resolução do TST 162/2009.

351. *(Cancelada pela Resolução TST 163/2009, publicada no* DJE *20.11.2009.*

352. *(Cancelada. Conversão na Súmula 442) - Resolução TST 186/2012,* DEJT *25.9.2012.*

353. *(Cancelada. Conversão na Súmula 455) - Resolução TST 194/2014, DEJT 21.5.2014.*

354. *(Cancelada. Conversão no item II da Súmula 437) - Resolução TST 186/2012,* DEJT *25.9.2012.*

355. INTERVALO INTERJORNADAS. INOBSERVÂNCIA. HORAS EXTRAS. PERÍODO PAGO COMO SOBREJORNADA. ART. 66 DA CLT. APLICAÇÃO ANALÓGICA DO § 4º DO ART. 71 DA CLT.

O desrespeito ao intervalo mínimo interjornadas previsto no art. 66 da CLT acarreta, por analogia, os mesmos efeitos previstos no § 4º do art. 71 da CLT e na Súmula 110 do TST, devendo-se pagar a integralidade das horas que foram subtraídas do intervalo, acrescidas do respectivo adicional.

356. PROGRAMA DE INCENTIVO À DEMISSÃO VOLUNTÁRIA (PDV). CRÉDITOS TRABALHISTAS RECONHECIDOS EM JUÍZO. COMPENSAÇÃO. IMPOSSIBILIDADE.

Os créditos tipicamente trabalhistas reconhecidos em juízo não são suscetíveis de compensação com a indenização paga em decorrência de adesão do trabalhador a Programa de Incentivo à Demissão Voluntária (PDV).

357. *(Cancelada. Conversão na Súmula 434) - Resolução TST 178/2012,* DEJT *13.2.2012.*

358. SALÁRIO MÍNIMO E PISO SALARIAL PROPORCIONAL À JORNADA REDUZIDA. POSSIBILIDADE.

Havendo contratação para cumprimento de jornada reduzida, inferior à previsão constitucional de 8 (oito) horas diárias ou 44 (quarenta e quatro) semanais, é lícito o pagamento do piso salarial ou do salário mínimo proporcional ao tempo trabalhado.

359. SUBSTITUIÇÃO PROCESSUAL. SINDICATO. LEGITIMIDADE. PRESCRIÇÃO. INTERRUPÇÃO.

A ação movida por sindicato, na qualidade de substituto processual, interrompe a prescrição, ainda que tenha sido considerado parte ilegítima *ad causam*.

360. TURNO ININTERRUPTO DE REVEZAMENTO. DOIS TURNOS. HORÁRIO DIURNO E NOTURNO. CARACTERIZAÇÃO.

Faz jus à jornada especial prevista no art. 7º, XIV, da CF/1988 o trabalhador que exerce suas atividades em sistema de alternância de turnos, ainda que em dois turnos de trabalho, que compreendam, no todo ou em parte, o horário diurno e o noturno, pois submetido à alternância de horário prejudicial à saúde, sendo irrelevante que a atividade da empresa se desenvolva de forma ininterrupta.

361. APOSENTADORIA ESPONTÂNEA. UNICIDADE DO CONTRATO DE TRABALHO. MULTA DE 40% DO FGTS SOBRE TODO O PERÍODO.

A aposentadoria espontânea não é causa de extinção do contrato de trabalho se o empregado permanece prestando serviços ao empregador após a jubilação. Assim, por ocasião da sua dispensa imotivada, o empregado tem direito à multa de 40% do FGTS sobre a totalidade dos depósitos efetuados no curso do pacto laboral.

362. CONTRATO NULO. EFEITOS. FGTS. MEDIDA PROVISÓRIA 2.164-41, DE 24.8.2001, E ART. 19-A DA LEI 8.036, DE 11.5.1990. IRRETROATIVIDADE.

Não afronta o princípio da irretroatividade da lei a aplicação do art. 19-A da Lei 8.036, de 11.5.1990, aos contratos declarados nulos celebrados antes da vigência da Medida Provisória 2.164-41, de 24.8.2001.

363. DESCONTOS PREVIDENCIÁRIOS E FISCAIS. CONDENAÇÃO DO EMPREGADOR EM RAZÃO DO INADIMPLEMENTO DE VERBAS REMUNERATÓRIAS. RESPONSABILIDADE DO EMPREGADO PELO PAGAMENTO. ABRANGÊNCIA.

A responsabilidade pelo recolhimento das contribuições social e fiscal, resultante de condenação judicial referente a verbas remuneratórias, é do empregador e incide sobre o total da condenação. Contudo, a culpa do empregador pelo inadimplemento das verbas remuneratórias não exime a responsabilidade do empregado pelos pagamentos do imposto de renda devido e da contribuição previdenciária que recaia sobre sua quota-parte.

364. ESTABILIDADE. ART. 19 DO ADCT. SERVIDOR PÚBLICO DE FUNDAÇÃO REGIDO PELA CLT.

Fundação instituída por lei e que recebe dotação ou subvenção do Poder Público para realizar atividades de interesse do Estado, ainda que tenha personalidade jurídica de direito privado, ostenta natureza de fundação pública. Assim, seus servidores regidos pela CLT são beneficiários da estabilidade excepcional prevista no art. 19 do ADCT.

365. ESTABILIDADE PROVISÓRIA. MEMBRO DE CONSELHO FISCAL DE SINDICATO. INEXISTÊNCIA.

Membro de conselho fiscal de sindicato não tem direito à estabilidade prevista nos arts. 543, § 3º, da CLT e 8º, VIII, da CF/1988, porquanto não representa ou atua na defesa de direitos da categoria respectiva, tendo sua competência limitada à fiscalização da gestão financeira do sindicato (art. 522, § 2º, da CLT).

366. ESTAGIÁRIO. DESVIRTUAMENTO DO CONTRATO DE ESTÁGIO. RECONHECIMENTO DO VÍNCULO EMPREGATÍCIO COM A ADMINISTRAÇÃO PÚBLICA DIRETA OU INDIRETA. PERÍODO POSTERIOR À CONSTITUIÇÃO FEDERAL DE 1988. IMPOSSIBILIDADE.

Ainda que desvirtuada a finalidade do contrato de estágio celebrado na vigência da Constituição Federal de 1988, é inviável o reconhecimento do vínculo empregatício com ente da Administração Pública direta ou indireta, por força do art. 37, II, da CF/1988, bem como o deferimento de indenização pecuniária, exceto em relação às parcelas previstas na Súmula 363 do TST, se requeridas.

367. AVISO-PRÉVIO DE 60 (SESSENTA) DIAS. ELASTECIMENTO POR NORMA COLETIVA. PROJEÇÃO. REFLEXOS NAS PARCELAS TRABALHISTAS.

O prazo de aviso-prévio de 60 (sessenta) dias, concedido por meio de norma coletiva que silencia sobre alcance de seus efeitos jurídicos, computa-se integralmente como tempo de serviço, nos termos do § 1º do art. 487 da CLT, repercutindo nas verbas rescisórias.

368. DESCONTOS PREVIDENCIÁRIOS. ACORDO HOMOLOGADO EM JUÍZO. INEXISTÊNCIA DE VÍNCULO EMPREGATÍCIO. PARCELAS INDENIZATÓRIAS. AUSÊNCIA DE DISCRIMINAÇÃO. INCIDÊNCIA SOBRE O VALOR TOTAL.

É devida a incidência das contribuições para a Previdência Social sobre o valor total do acordo homologado em juízo, independentemente do reconhecimento de vínculo de emprego, desde que não haja discriminação das parcelas sujeitas à incidência da contribuição previdenciária, conforme parágrafo único do art. 43 da Lei 8.212, de 24.7.1991, e do art. 195, I, *a*, da CF/1988.

369. ESTABILIDADE PROVISÓRIA. DELEGADO SINDICAL. INAPLICÁVEL.

O delegado sindical não é beneficiário da estabilidade provisória prevista no art. 8º, VIII, da CF/1988, a qual é dirigida, exclusivamente, àqueles que exerçam ou ocupem cargos de direção nos sindicatos, submetidos a processo eletivo.

370. FGTS. MULTA DE 40% (QUARENTA POR CENTO). DIFERENÇAS DOS EXPURGOS INFLACIONÁRIOS. PRESCRIÇÃO. INTERRUPÇÃO DECORRENTE DE PROTESTOS JUDICIAIS.

O ajuizamento de protesto judicial dentro do biênio posterior à Lei Complementar 110, de 29.6.2001, interrompe a prescrição, sendo irrelevante o transcurso de mais de 2 (dois) anos da propositura de outra medida acautelatória, com o mesmo objetivo, ocorrida antes da vigência da referida lei, pois ainda não iniciado o prazo prescricional, conforme disposto na Orientação Jurisprudencial 344 da SBDI-1.

371. IRREGULARIDADE DE REPRESENTAÇÃO. SUBSTABELECIMENTO NÃO DATADO. INAPLICABILIDADE DO ART. 654, § 1º, DO CÓDIGO CIVIL.

Não caracteriza a irregularidade de representação a ausência da data da outorga de poderes, pois, no mandato judicial, ao contrário do mandato civil, não é condição de validade do negócio jurídico. Assim, a data a ser considerada é aquela em que o instrumento for juntado aos autos, conforme preceitua o art. 370, IV, do CPC. Inaplicável o art. 654, § 1º, do Código Civil.

→ Refere-se ao CPC de 1973.

→ *v.* Art. 409, parágrafo único, IN, do NCPC.

372. *(Cancelada. Conversão na Súmula 449) – Resolução TST 194/2014, DEJT 21.5.2014.*

373. *(Cancelada. Conversão na Súmula 456) – Resolução TST 194/2014, DEJT 21.5.2014.*

374. AGRAVO DE INSTRUMENTO. REPRESENTAÇÃO PROCESSUAL. REGULARIDADE. PROCURAÇÃO OU SUBSTABELECIMENTO COM CLÁUSULA LIMITATIVA DE PODERES AO ÂMBITO DO TRIBUNAL REGIONAL DO TRABALHO.

É regular a representação processual do subscritor do agravo de instrumento ou do recurso de revista que detém mandato com poderes de representação limitados ao âmbito do Tribunal Regional do Trabalho, pois, embora a apreciação desse recurso seja realizada pelo Tribunal Superior do Trabalho, a sua interposição é ato praticado perante o Tribunal Regional do Trabalho, circunstância que legitima a atuação do advogado no feito.

375. AUXÍLIO-DOENÇA. APOSENTADORIA POR INVALIDEZ. SUSPENSÃO DO CONTRATO DE TRABALHO. PRESCRIÇÃO. CONTAGEM.

A suspensão do contrato de trabalho, em virtude da percepção do auxílio-doença ou da aposentadoria por invalidez, não impede a fluência da prescrição quinquenal, ressalvada a hipótese de absoluta impossibilidade de acesso ao Judiciário.

376. CONTRIBUIÇÃO PREVIDENCIÁRIA. ACORDO HOMOLOGADO EM JUÍZO APÓS O TRÂNSITO EM JULGADO DA SENTENÇA CONDENATÓRIA. INCIDÊNCIA SOBRE O VALOR HOMOLOGADO.

É devida a contribuição previdenciária sobre o valor do acordo celebrado e homologado após o trânsito em julgado de decisão judicial, respeitada a proporcionalidade de valores entre as parcelas de natureza salarial e indenizatória deferidas na decisão condenatória e as parcelas objeto do acordo.

377. EMBARGOS DE DECLARAÇÃO. DECISÃO DENEGATÓRIA DE RECURSO DE REVISTA EXARADO POR PRESIDENTE DO TRT. DESCABIMENTO. NÃO INTERRUPÇÃO DO PRAZO RECURSAL.

Não cabem embargos de declaração interpostos contra decisão de admissibilidade do recurso de revista, não tendo o efeito de interromper qualquer prazo recursal.

378. EMBARGOS. INTERPOSIÇÃO CONTRA DECISÃO MONOCRÁTICA. NÃO CABIMENTO.

Não encontra amparo no art. 894 da CLT, quer na redação anterior quer na redação posterior à Lei 11.496, de 22.6.2007, recurso de embargos interposto à decisão monocrática exarada nos moldes dos arts. 557 do CPC e 896, § 5º, da CLT, pois o comando legal restringe seu cabimento à pretensão de reforma de decisão colegiada proferida por Turma do Tribunal Superior do Trabalho.

379. EMPREGADO DE COOPERATIVA DE CRÉDITO. BANCÁRIO. EQUIPARAÇÃO. IMPOSSIBILIDADE.

Os empregados de cooperativas de crédito não se equiparam a bancário, para efeito de aplicação do art. 224 da CLT, em razão da inexistência de expressa previsão legal, considerando, ainda, as diferenças estruturais e operacionais entre as instituições financeiras e as cooperativas de crédito. Inteligência das Leis 4.594, de 29.12.1964, e 5.764, de 16.12.1971.

380. *(Cancelada. Conversão no item IV da Súmula 437) – Resolução TST 186/2012, DEJT 25.9.2012.*

381. *(Cancelada. Aglutinação ao item I da Súmula 437) – Resolução TST 186/2012, DEJT 25.9.2012.*

382. JUROS De Mora. ART. 1º-F DA LEI 9.494, DE 10.9.1997. INAPLICABILIDADE À FAZENDA PÚBLICA QUANDO CONDENADA SUBSIDIARIAMENTE.

A Fazenda Pública, quando condenada subsidiariamente pelas obrigações trabalhistas devidas pela empregadora principal, não se beneficia da limitação dos juros, prevista no art. 1º-F da Lei 9.494, de 10.9.1997.

383. TERCEIRIZAÇÃO. EMPREGADOS DA EMPRESA PRESTADORA DE SERVIÇOS E DA TOMADORA. ISONOMIA. ART. 12, A, DA LEI 6.019, DE 3.1.1974.

A contratação irregular de trabalhador, mediante empresa interposta, não gera vínculo de emprego com ente da Administração Pública, não afastando, contudo, pelo princípio da isonomia, o direito dos empregados terceirizados às mesmas verbas trabalhistas legais e normativas asseguradas àqueles contratados pelo tomador dos serviços, desde que presente a igualdade de funções. Aplicação analógica do art. 12, *a*, da Lei 6.019, de 3.1.1974.

→ Redação mantida pela Resolução do TST 175/2011.

384. *(Cancelada. Resolução TST186/2012, publicada no DEJT 25.9.2012.)*

385. ADICIONAL DE PERICULOSIDADE. DEVIDO. ARMAZENAMENTO DE LÍQUIDO INFLAMÁVEL NO PRÉDIO. CONSTRUÇÃO VERTICAL.

É devido o pagamento do adicional de periculosidade ao empregado que desenvolve suas atividades em edifício (construção vertical), seja em pavimento igual ou distinto daquele onde estão instalados tanques para armazenamento de líquido inflamável, em quantidade acima do limite legal, considerando-se como área de risco toda a área interna da construção vertical.

386. *(Cancelada. Conversão na Súmula 450) – Resolução TST 194/2014, DEJT 21.5.2014.*

387. *(Cancelada. Conversão na Súmula 457) – Resolução TST 194/2014, DEJT 21.5.2014.*

388. JORNADA 12X36. JORNADA MISTA QUE COMPREENDA A TOTALIDADE DO PERÍODO NOTURNO. ADICIONAL NOTURNO. DEVIDO.

O empregado submetido à jornada de 12 horas de trabalho por 36 de descanso, que compreenda a totalidade do período noturno, tem direito ao adicional noturno, relativo às horas trabalhadas após as 5 horas da manhã.

389. MULTA PREVISTA NOART. 557, § 2º, DO CPC. RECOLHIMENTO. PRESSUPOSTO RECURSAL. PESSOA JURÍDICA DE DIREITO PÚBLICO.EXIGIBILIDADE.

Está a parte obrigada, sob pena de deserção, a recolher a multa aplicada com fundamento no § 2º do art. 557 do CPC, ainda que pessoa jurídica de direito público.

→ Refere-se ao CPC de 1973.

→ *v.* Art. 1.021, §§ 4º e 5º, do NCPC.

390. *(Cancelada. Conversão na Súmula 451) – Resolução TST 194/2014, DEJT 21.5.2014.*

391. PORTUÁRIOS. SUBMISSÃO PRÉVIA DE DEMANDA A COMISSÃO PARITÁRIA. LEI 8.630, DE 25.2.1993. INEXIGIBILIDADE.

A submissão prévia de demanda a comissão paritária, constituída nos termos do art. 23 da Lei 8.630, de 25.2.1993 (Lei dos Portos), não é pressuposto de constituição e desenvolvimento válido e regular do processo, ante a ausência de previsão em lei.

392. PRESCRIÇÃO. INTERRUPÇÃO. AJUIZAMENTO DE PROTESTO JUDICIAL. MARCO INICIAL.

O protesto judicial é medida aplicável no processo do trabalho, por força do art. 769 da CLT, sendo que o seu ajuizamento, por si só, interrompe o prazo prescricional, em razão da inaplicabilidade do § 2º do art. 219 do CPC, que impõe ao autor da ação o ônus de promover a citação do réu, por ser ele incompatível com o disposto no art. 841 da CLT.

393. PROFESSOR. JORNADA DE TRABALHO ESPECIAL. ART. 318 DA CLT. SALÁRIO MÍNIMO. PROPORCIONALIDADE.

A contraprestação mensal devida ao professor, que trabalha no limite máximo da jornada prevista no art. 318 da CLT, é de um salário mínimo integral, não se cogitando do pagamento proporcional em relação à jornada prevista no art. 7º, XIII, da Constituição Federal.

394. REPOUSO SEMANAL REMUNERADO – RSR. INTEGRAÇÃO DAS HORAS EXTRAS. NÃO REPERCUSSÃO NO CÁLCULO DAS FÉRIAS, DO DÉCIMO TERCEIRO SALÁRIO, DO AVISO-PRÉVIO E DOS DEPÓSITOS DO FGTS.

A majoração do valor do repouso semanal remunerado, em razão da integração das horas extras habitualmente prestadas, não repercute no cálculo das férias, da gratificação natalina, do aviso-prévio e do FGTS, sob pena de caracterização de *bis in idem*.

395. TURNO ININTERRUPTO DE REVEZAMENTO. HORA NOTURNA REDUZIDA. INCIDÊNCIA.

O trabalho em regime de turnos ininterruptos de revezamento não retira o direito à hora noturna reduzida, não havendo incompatibilidade entre as disposições contidas nos arts. 73, § 1º, da CLT e 7º, XIV, da Constituição Federal.

396. TURNOS ININTERRUPTOS DE REVEZAMENTO. ALTERAÇÃO DA JORNADA DE 8 PARA 6 HORAS DIÁRIAS. EMPREGADO HORISTA. APLICAÇÃO DO DIVISOR 180.

Para o cálculo do salário hora do empregado horista, submetido a turnos ininterruptos de revezamento, considerando a alteração da jornada de 8 para 6 horas diárias, aplica-se o divisor 180, em observância ao disposto no art. 7º, VI, da Constituição Federal, que assegura a irredutibilidade salarial.

397. COMISSIONISTA MISTO. HORAS EXTRAS. BASE DE CÁLCULO. APLICAÇÃO DA SÚMULA 340 DO TST.

O empregado que recebe remuneração mista, ou seja, uma parte fixa e outra variável, tem direito a horas extras pelo trabalho em sobrejornada. Em relação à parte fixa, são devidas as horas simples acrescidas do adicional de horas extras. Em relação à parte variável, é devido somente o adicional de horas extras, aplicando-se à hipótese o disposto na Súmula 340 do TST.

398. CONTRIBUIÇÃO PREVIDENCIÁRIA. ACORDO HOMOLOGADO EM JUÍZO SEM RECONHECIMENTO DE VÍNCULO DE EMPREGO. CONTRIBUINTE INDIVIDUAL. RECOLHIMENTO DA ALÍQUOTA DE 20% (VINTE POR CENTO) A CARGO DO TOMADOR E 11% (ONZE POR CENTO) A CARGO DO PRESTADOR DE SERVIÇOS.

Nos acordos homologados em juízo em que não haja o reconhecimento de vínculo empregatício, é devido o recolhimento da contribuição previdenciária, mediante a alíquota de 20% (vinte por cento) a cargo do tomador de serviços e de 11% (onze por cento) por parte do prestador de serviços, na qualidade de contribuinte individual, sobre o valor total do acordo, respeitado o teto de contribuição. Inteligência do § 4º do art. 30 e do inciso III do art. 22, todos da Lei 8.212, de 24.7.1991.

399. ESTABILIDADE PROVISÓRIA. AÇÃO TRABALHISTA AJUIZADA APÓS O TÉRMINO DO PERÍODO DE GARANTIA NO EMPREGO. ABUSO DO EXERCÍCIO DO DIREITO DE AÇÃO. NÃO CONFIGURAÇÃO. INDENIZAÇÃO DEVIDA.

O ajuizamento de ação trabalhista após decorrido o período de garantia de emprego não configura abuso do exercício do direito de ação, pois este está submetido apenas ao prazo prescricional inscrito no art. 7º, XXIX, da CF/1988, sendo devida a indenização desde a dispensa até a data do término do período estabilitário.

400. IMPOSTO DE RENDA. BASE DE CÁLCULO. JUROS DE MORA. NÃO INTEGRAÇÃO. ART. 404 DO CÓDIGO CIVIL BRASILEIRO.

Os juros de mora decorrentes do inadimplemento de obrigação de pagamento em dinheiro não integram a base de cálculo do imposto de renda, independentemente da natureza jurídica da obrigação inadimplida, ante o cunho indenizatório conferido pelo art. 404 do Código Civil de 2002 aos juros de mora.

401. PRESCRIÇÃO. MARCO INICIAL. AÇÃO CONDENATÓRIA. TRÂNSITO EM JULGADO DA AÇÃO DECLARATÓRIA COM MESMA CAUSA DE PEDIR REMOTA AJUIZADA ANTES DA EXTINÇÃO DO CONTRATO DE TRABALHO.

O marco inicial da contagem do prazo prescricional para o ajuizamento de ação condenatória, quando advém a dispensa do empregado no curso de ação declaratória que possua a mesma causa de pedir remota, é o trânsito em julgado da decisão proferida na ação declaratória e não a data da extinção do contrato de trabalho.

402. ADICIONAL DE RISCO. PORTUÁRIO. TERMINAL PRIVATIVO. ARTS. 14 E 19 DA LEI 4.860, DE 26.11.1965. INDEVIDO.

O adicional de risco previsto no art. 14 da Lei 4.860, de 26.11.1965, aplica-se somente aos portuários que trabalham em portos organizados, não podendo ser conferido aos que operam terminal privativo.

→ Redação mantida pela Resolução do TST 175/2011.

403. ADVOGADO EMPREGADO. CONTRATAÇÃO ANTERIOR A LEI 8.906, DE 4.7.1994. JORNADA DE TRABALHO MANTIDA COM O ADVENTO DA LEI. DEDICAÇÃO EXCLUSIVA. CARACTERIZAÇÃO.

O advogado empregado contratado para jornada de 40 (quarenta) horas semanais, antes da edição da Lei 8.906, de 4.7.1994, está sujeito ao regime de dedicação exclusiva disposto no art. 20 da referida lei, pelo que não tem direito à jornada de 20 (vinte) horas semanais ou 4 diárias.

404. *(Cancelada. Conversão na Súmula 452) – Resolução TST 194/2014, DEJT 21.5.2014.*

405. *(Cancelada. Conversão na Súmula 458) – Resolução TST 194/2014, DEJT 21.5.2014.*

406. *(Cancelada. Conversão na Súmula 453) – Resolução TST 194/2014, DEJT 21.5.2014.*

407. JORNALISTA. EMPRESA NÃO JORNALÍSTICA. JORNADA DE TRABALHO REDUZIDA. ARTS. 302 E 303 DA CLT.

O jornalista que exerce funções típicas de sua profissão, independentemente do ramo de atividade do empregador, tem direito à jornada reduzida prevista no art. 303 da CLT.

408. JUROS DE MORA. EMPRESA EM LIQUIDAÇÃO EXTRAJUDICIAL. SUCESSÃO TRABALHISTA.

É devida a incidência de juros de mora em relação aos débitos trabalhistas de empresa em liquidação extrajudicial sucedida nos moldes dos arts. 10 e 448 da CLT. O sucessor responde pela obrigação do sucedido, não se beneficiando de qualquer privilégio a este destinado.

409. MULTA POR LITIGÂNCIA DE MÁ-FÉ. RECOLHIMENTO. PRESSUPOSTO RECURSAL. INEXIGIBILIDADE.

O recolhimento do valor da multa imposta por litigância de má-fé, nos termos do art. 18 do CPC, não é pressuposto objetivo para interposição dos recursos de natureza trabalhista. Assim, resta inaplicável o art. 35 do CPC como fonte subsidiária, uma vez que, na Justiça do Trabalho, as custas estão reguladas pelo art. 789 da CLT.

410. REPOUSO SEMANAL REMUNERADO. CONCESSÃO APÓS O SÉTIMO DIA CONSECUTIVO DE TRABALHO. ART. 7º, XV, DA CF. VIOLAÇÃO.

Viola o art. 7º, XV, da CF a concessão de repouso semanal remunerado após o sétimo dia consecutivo de trabalho, importando no seu pagamento em dobro.

411. SUCESSÃO TRABALHISTA. AQUISIÇÃO DE EMPRESA PERTENCENTE A GRUPO ECONÔMICO. RESPONSABILIDADE SOLIDÁRIA DO SUCESSOR POR DÉBITOS TRABALHISTAS DE EMPRESA NÃO ADQUIRIDA. INEXISTÊNCIA.

O sucessor não responde solidariamente por débitos trabalhistas de empresa não adquirida, integrante do mesmo grupo econômico da empresa sucedida, quando, à época, a empresa devedora direta era solvente ou idônea economicamente, ressalvada a hipótese de má-fé ou fraude na sucessão.

412. AGRAVO INOMINADO OU AGRAVO REGIMENTAL. INTERPOSIÇÃO EM FACE DE DECISÃO COLEGIADA. NÃO CABIMENTO. ERRO GROSSEIRO. INAPLICABILIDADE DO PRINCÍPIO DA FUNGIBILIDADE RECURSAL

É incabível agravo inominado (art. 557, § 1º, do CPC) ou agravo regimental (art. 235 do RITST) contra decisão proferida por Órgão colegiado. Tais recursos destinam-se, exclusivamente, a impugnar decisão monocrática nas hipóteses expressamente previstas. Inaplicável, no caso, o princípio da fungibilidade ante a configuração de erro grosseiro.

413. AUXÍLIO-ALIMENTAÇÃO. ALTERAÇÃO DA NATUREZA JURÍDICA. NORMA COLETIVA OU ADESÃO AO PAT.

A pactuação em norma coletiva conferindo caráter indenizatório à verba "auxílio-alimentação" ou a adesão posterior do empregador ao Programa de Alimentação do Trabalhador - PAT - não altera a natureza salarial da parcela, instituída anteriormente, para aqueles empregados que, habitualmente, já percebiam o benefício, a teor das Súmulas 51, I, e 241 do TST.

414. *(Cancelada. Conversão na Súmula 454) – Resolução TST 194/2014, DEJT 21.5.2014.*

415. HORAS EXTRAS. RECONHECIMENTO EM JUÍZO. CRITÉRIO DE DEDUÇÃO/ABATIMENTO DOS VALORES COMPROVADAMENTE PAGOS NO CURSO DO CONTRATO DE TRABALHO.

A dedução das horas extras comprovadamente pagas daquelas reconhecidas em juízo não pode ser limitada ao mês de apuração, devendo ser integral e aferida pelo total das horas extraordinárias quitadas durante o período imprescrito do contrato de trabalho.

416. IMUNIDADE DE JURISDIÇÃO. ORGANIZAÇÃO OU ORGANISMO INTERNACIONAL.

As organizações ou organismos internacionais gozam de imunidade absoluta de jurisdição quando amparados por norma internacional incorporada ao ordenamento jurídico brasileiro, não se lhes aplicando a regra do Direito Consuetudinário relativa à natureza dos atos praticados. Excepcionalmente, prevalecerá a jurisdição brasileira na hipótese de renúncia expressa à cláusula de imunidade jurisdicional.

417. RESCRIÇÃO. RURÍCOLA. EMENDA CONSTITUCIONAL 28, DE 26.5.2000. CONTRATO DE TRABALHO EM CURSO.

Não há prescrição total ou parcial da pretensão do trabalhador rural que reclama direitos relativos a contrato de trabalho que se encontrava em curso à época da promulgação da Emenda Constitucional 28, de 26.5.2000, desde que ajuizada a demanda no prazo de cinco anos de sua publicação, observada a prescrição bienal.

418. EQUIPARAÇÃO SALARIAL. PLANO DE CARGOS E SALÁRIOS. APROVAÇÃO POR INSTRUMENTO COLETIVO. AUSÊNCIA DE ALTERNÂNCIA DE CRITÉRIOS DE PROMOÇÃO POR ANTIGUIDADE E MERECIMENTO

Não constitui óbice à equiparação salarial a existência de plano de cargos e salários que, referendado por norma coletiva, prevê critério de promoção apenas por merecimento ou antiguidade, não atendendo, portanto, o requisito de alternância dos critérios, previsto no art. 461, § 2º, da CLT.

419. *(Cancelada pela Resolução TST 200/20115, publicada no D.E.J.T. 4.11.2015.)*

420. TURNOS ININTERRUPTOS DE REVEZAMENTO. ELASTECIMENTO DA JORNADA DE TRABALHO. NORMA COLETIVA COM EFICÁCIA RETROATIVA. INVALIDADE.

É inválido o instrumento normativo que, regularizando situações pretéritas, estabelece jornada de oito horas para o trabalho em turnos ininterruptos de revezamento.

421. HONORÁRIOS ADVOCATÍCIOS. AÇÃO DE INDENIZAÇÃO POR DANOS MORAIS E MATERIAIS DECORRENTES DE ACIDENTE DE TRABALHO OU DE DOENÇA PROFISSIONAL. AJUIZAMENTO PERANTE A JUSTIÇA COMUM ANTES DA PROMULGAÇÃO DA EMENDA CONSTITUCIONAL 45/2004. POSTERIOR REMESSA DOS AUTOS À JUSTIÇA DO TRABALHO. ART. 20 DO CPC. INCIDÊNCIA.

→ Refere-se ao CPC de 1973.

→ v. Art. 104, § 2º, do NCPC.

A condenação em honorários advocatícios nos autos de ação de indenização por danos morais e materiais decorrentes de acidente de trabalho ou de doença profissional, remetida à Justiça do Trabalho após ajuizamento na Justiça comum, antes da vigência da Emenda Constitucional 45/2004, decorre da mera sucumbência, nos termos do art. 20 do CPC, não se sujeitando aos requisitos da Lei 5.584/1970.

→ Refere-se ao CPC de 1973.

→ v. Arts. 84 e 85, do NCPC.

ORIENTAÇÃO JURISPRUDENCIAL DA SEÇÃO DE DISSÍDIOS COLETIVOS – SDC DO TST

1. *(Cancelada – publicação no D.J.U. de 22.6.2004)*

2. ACORDO HOMOLOGADO. EXTENSÃO A PARTES NÃO SUBSCREVENTES. INVIABILIDADE. É inviável aplicar condições constantes de acordo homologado nos autos de dissídio coletivo, extensivamente, às partes que não o subscreveram, exceto se observado o procedimento previsto no art. 868 e seguintes, da CLT.

3. ARRESTO. APREENSÃO. DEPÓSITO. PRETENSÕES INSUSCETÍVEIS DE DEDUÇÃO EM SEDE COLETIVA. São incompatíveis com a natureza e finalidade do dissídio coletivo as pretensões de provimento judicial de arresto, apreensão ou depósito.

4. *(Cancelada – publicação no D.J.U. de 18.10.2006)*

5. DISSÍDIO COLETIVO. PESSOA JURÍDICA DE DIREITO PÚBLICO. POSSIBILIDADE JURÍDICA. CLÁUSULA DE NATUREZA SOCIAL (redação alterada na sessão do Tribunal Pleno realizada em 14.9.2012) – Resolução do TST 186/2012, *D.E.J.T.* de 25, 26 e 27.9.2012. Em face de pessoa jurídica de direito público que mantenha empregados, cabe dissídio coletivo exclusivamente para apreciação de cláusulas de natureza social. Inteligência da Convenção nº 151 da Organização Internacional do Trabalho, ratificada pelo Decreto Legislativo 206/2010.

6. *(Cancelada – publicação no D.J.U. 23.3.2001).*

7. DISSÍDIO COLETIVO. NATUREZA JURÍDICA. INTERPRETAÇÃO DE NORMA DE CARÁTER GENÉRICO. INVIABILIDADE. Não se presta o dissídio coletivo de natureza jurídica à interpretação de normas de caráter genérico, a teor do disposto no art. 313, II, do RITST.

8. DISSÍDIO COLETIVO. PAUTA REIVINDICATÓRIA NÃO REGISTRADA EM ATA. CAUSA DE EXTINÇÃO. A ata da assembleia de trabalhadores que legitima a atuação da entidade sindical respectiva em favor de seus interesses deve registrar, obrigatoriamente, a pauta reivindicatória, produto da vontade expressa da categoria.

9. ENQUADRAMENTO SINDICAL. INCOMPETÊNCIA MATERIAL DA JUSTIÇA DO TRABALHO. O dissídio coletivo não é meio próprio para o Sindicato vir a obter o reconhecimento de que a categoria que representa é diferenciada, pois esta matéria – enquadramento sindical – envolve a interpretação de norma genérica, notadamente do art. 577 da CLT.

10. GREVE ABUSIVA NÃO GERA EFEITOS. É incompatível com a declaração de abusividade de movimento grevista o estabelecimento de quaisquer vantagens ou garantias a seus partícipes, que assumiram os riscos inerentes à utilização do instrumento de pressão máximo.

11. GREVE. IMPRESCINDIBILIDADE DE TENTATIVA DIRETA E PACÍFICA DA SOLUÇÃO DO CONFLITO. ETAPA NEGOCIAL PRÉVIA. É abusiva a greve levada a efeito sem que as partes hajam tentado, direta e pacificamente, solucionar o conflito que lhe constitui o objeto.

12. *(Cancelada – Resolução do TST 166/2010 – publicação no* D.J.E.T. *30.4.2010)*

13. *(Cancelada – publicação no D.J.U. 24.11.2003).*

14. *(Cancelada – publicação no D.J.U. 2.12.2003).*

15. SINDICATO. LEGITIMIDADE *AD PROCESSUM*. IMPRESCINDIBILIDADE DO REGISTRO NO MINISTÉRIO DO TRABALHO. A comprovação da legitimidade *ad processum* da entidade sindical se faz por seu registro no órgão competente do Ministério do Trabalho, mesmo após a promulgação da Constituição Federal de 1988.

16. TAXA DE HOMOLOGAÇÃO DE RESCISÃO CONTRATUAL. ILEGALIDADE. É contrária ao espírito da lei (art. 477, § 7º, da CLT) e da função precípua do sindicato a cláusula coletiva que estabelece taxa para homologação de rescisão contratual, a ser paga pela empresa a favor do sindicato profissional.

17. CONTRIBUIÇÕES PARA ENTIDADES SINDICAIS. INCONSTITUCIONALIDADE DE SUA EXTENSÃO A NÃO ASSOCIADOS. As cláusulas coletivas que estabeleçam contribuição em favor de entidade sindical, a qualquer título, obrigando trabalhadores não sindicalizados, são ofensivas ao direito de livre associação e sindicalização, constitucionalmente assegurado, e, portanto, nulas, sendo passíveis de devolução, por via própria, os respectivos valores eventualmente descontados. (Mantida – Publicação no *D.E.J.T.* 25.8.2014)

18. DESCONTOS AUTORIZADOS NO SALÁRIO PELO TRABALHADOR. LIMITAÇÃO MÁXIMA DE 70% DO SALÁRIO BASE. Os descontos efetuados com base em cláusula de acordo firmado entre as partes não podem ser superiores a 70% do salário base percebido pelo empregado, pois deve-se assegurar um mínimo de salário em espécie ao trabalhador.

19. DISSÍDIO COLETIVO CONTRA EMPRESA. LEGITIMAÇÃO DA ENTIDADE SINDICAL. AUTORIZAÇÃO DOS TRABALHADORES DIRETAMENTE ENVOLVIDOS NO CONFLITO. A legitimidade da entidade sindical para a instauração da instância contra determinada empresa está condicionada à prévia autorização dos trabalhadores da suscitada diretamente envolvidos no conflito.

20. EMPREGADOS SINDICALIZADOS. ADMISSÃO PREFERENCIAL. CONDIÇÃO VIOLADORA DO ART. 8º, V, DA CF/1988. Viola o art. 8º, V, da CF/1988 cláusula de instrumento normativo que estabelece a preferência, na contratação de mão de obra, do trabalhador sindicalizado sobre os demais.

21. *(Cancelada – publicação no D.J.U.* 2.12.2003).

22. LEGITIMIDADE *AD CAUSAM* DO SINDICATO. CORRESPONDÊNCIA ENTRE AS ATIVIDADES EXERCIDAS PELOS SETORES PROFISSIONAL E ECONÔMICO ENVOLVIDOS NO CONFLITO. NECESSIDADE. É necessária a correspondência entre as atividades exercidas pelos setores profissional e econômico, a fim de legitimar os envolvidos no conflito a ser solucionado pela via do dissídio coletivo.

23. LEGITIMIDADE AD CAUSAM. SINDICATO REPRESENTATIVO DE SEGMENTO PROFISSIONAL OU PATRONAL. IMPOSSIBILIDADE. A representação sindical abrange toda a categoria, não comportando separação fundada na maior ou menor dimensão de cada ramo ou empresa.

24. *(Cancelada – publicação no D.J.U. 16.4.2004).*

25. SALÁRIO NORMATIVO. CONTRATO DE EXPERIÊNCIA. LIMITAÇÃO. TEMPO DE SERVIÇO. POSSIBILIDADE. Não fere o princípio da isonomia salarial (art. 7º, XXX, da CF/1988) a previsão de salário normativo tendo em vista o fator tempo de serviço.

26. SALÁRIO NORMATIVO. MENOR EMPREGADO. ART. 7º, XXX, DA CF/1988. VIOLAÇÃO. Os empregados menores não podem ser discriminados em cláusula que fixa salário mínimo profissional para a categoria.

27. CUSTAS. AUSÊNCIA DE INTIMAÇÃO. DESERÇÃO. CARACTERIZAÇÃO. A deserção se impõe mesmo não tendo havido intimação, pois incumbe à parte, na defesa do próprio interesse, obter os cálculos necessários para efetivar o preparo.

28. EDITAL DE CONVOCAÇÃO DA AGT. PUBLICAÇÃO. BASE TERRITORIAL. VALIDADE. O edital de convocação para a AGT deve ser publicado em jornal que circule em cada um dos municípios componentes da base territorial.

29. EDITAL DE CONVOCAÇÃO E ATA DA ASSEMBLEIA GERAL. REQUISITOS ESSENCIAIS PARA INSTAURAÇÃO DE DISSÍDIO COLETIVO. O edital de convocação da categoria e a respectiva ata da AGT constituem peças essenciais à instauração do processo de dissídio coletivo.

30. ESTABILIDADE DA GESTANTE. RENÚNCIA OU TRANSAÇÃO DE DIREITOS CONSTITUCIONAIS. IMPOSSIBILIDADE. (republicada em decorrência de erro material) – *D.E.J.T.* de 19, 20 e 21.9.2011. Nos termos do art. 10, II, "b", do ADCT, a proteção à maternidade foi erigida à hierarquia constitucional, pois retirou do âmbito do direito potestativo do empregador a possibilidade de despedir arbitrariamente a empregada em estado gravídico. Portanto, a teor do artigo 9º, da CLT, torna-se nula de pleno direito a cláusula que estabelece a possibilidade de renúncia ou transação, pela gestante, das garantias referentes à manutenção do emprego e salário.

31. ESTABILIDADE DO ACIDENTADO. ACORDO HOMOLOGADO. PREVALÊNCIA. IMPOSSIBILIDADE. VIOLAÇÃO DO ART. 118, LEI 8.213/1991. Não é possível a prevalência de acordo sobre legislação vigente, quando ele é menos benéfico do que a própria lei, porquanto o caráter imperativo dessa última restringe o campo de atuação da vontade das partes.

32. REIVINDICAÇÕES DA CATEGORIA. FUNDAMENTAÇÃO DAS CLÁUSULAS. NECESSIDADE. APLICAÇÃO DO Precedente Normativo 37 DO TST. É pressuposto indispensável à constituição válida e regular da ação coletiva a apresentação em forma clausulada e fundamentada das reivindicações da categoria, conforme orientação do item VI, letra "e", da Instrução Normativa 4/93.

33. (*Cancelada – publicação no D.J.U.* 22.8.2005).

34. ACORDO EXTRAJUDICIAL. HOMOLOGAÇÃO. JUSTIÇA DO TRABALHO. PRESCINDIBILIDADE. É desnecessária a homologação, por Tribunal Trabalhista, do acordo extrajudicialmente celebrado, sendo suficiente, para que surta efeitos, sua formalização perante o Ministério do Trabalho (art. 614 da CLT e art. 7°, inciso XXXV, da Constituição Federal.)

→ Errata: onde se lê "inciso XXXV", leia-se "inciso XXVI".

35. EDITAL DE CONVOCAÇÃO DA AGT. DISPOSIÇÃO ESTATUTÁRIA ESPECÍFICA. PRAZO MÍNIMO ENTRE A PUBLICAÇÃO E A REALIZAÇÃO DA ASSEMBLEIA. OBSERVÂNCIA OBRIGATÓRIA. Se os estatutos da entidade sindical contam com norma específica que estabeleça prazo mínimo entre a data de publicação do edital convocatório e a realização da assembleia correspondente, então a validade desta última depende da observância desse interregno.

36. EMPREGADOS DE EMPRESA DE PROCESSAMENTO DE DADOS. RECONHECIMENTO COMO CATEGORIA DIFERENCIADA. IMPOSSIBILIDADE. É por lei e não por decisão judicial, que as categorias diferenciadas são reconhecidas como tais. De outra parte, no que tange aos profissionais da informática, o trabalho que desempenham sofre alterações, de acordo com a atividade econômica exercida pelo empregador.

37. (*Cancelada – publicação no D.J.U.* 18.10.2006)

38. GREVE. SERVIÇOS ESSENCIAIS. GARANTIA DAS NECESSIDADES INADIÁVEIS DA POPULAÇÃO USUÁRIA. FATOR DETERMINANTE DA QUALIFICAÇÃO JURÍDICA DO MOVIMENTO. É abusiva a greve que se realiza em setores que a lei define como sendo essenciais à comunidade, se não é assegurado o atendimento básico das necessidades inadiáveis dos usuários do serviço, na forma prevista na Lei 7.783/1989.

ORIENTAÇÃO JURISPRUDENCIAL DA SDI – SUBSEÇÃO I – TRANSITÓRIA DO TST

1. FGTS. MULTA DE 40%. COMPLEMENTAÇÃO. INDEVIDA. (*Inserida em 2.10.1997, alterada em 20.5.2005*)

A rescisão contratual operada antes da vigência da Constituição Federal de 1988, com o pagamento da multa sobre os depósitos do FGTS no percentual de 10% (dez por cento), é ato jurídico perfeito, não se admitindo retroatividade. Assim, indevido o deferimento da complementação, a título de diferenças de multa do FGTS, do percentual de 30% (trinta por cento), referente ao período do primeiro contrato rescindido e pago de acordo com a norma vigente à época (Lei 5.107/1966, art. 6°).

→ Redação alterada pela Resolução do TST 129/2005.

→ *v.* Lei 8.036/1990 – Fundo de Garantia do Tempo de Serviço.

2. CSN. LICENÇA REMUNERADA.

É devido o valor das horas extras até então habitualmente prestadas.

3. SÚMULA 337. INAPLICABILIDADE. (*Inserida em 2.10.1997, alterada em 20.4.2005*)

A Súmula 337 do TST é inaplicável a recurso de revista interposto anteriormente à sua vigência.

→ Redação alterada pela Resolução do TST 129/2005

4. (*Cancelada. Resolução TST 175/2011, D.E.J.T. 27.5.2011*).

5. SERVITA. BONIFICAÇÃO DE ASSIDUIDADE E PRODUTIVIDADE PAGA SEMANALMENTE. REPERCUSSÃO NO REPOUSO SEMANAL REMUNERADO. (*Inserida em 2.10.1997, alterada em 20.4.2005*)

O valor das bonificações de assiduidade e produtividade, pago semanalmente e em caráter permanente pela empresa Servita, visando incentivar o melhor rendimento dos empregados, possui natureza salarial, repercutindo no cálculo do repouso semanal remunerado.

→ Redação alterada pela Resolução do TST 129/2005.

6. ADICIONAL DE PRODUTIVIDADE. DECISÃO NORMATIVA. VIGÊNCIA. LIMITAÇÃO. (*Inserida em 9.10.2000*)

O adicional de produtividade previsto na decisão normativa, proferida nos autos do Dissídio Coletivo DC-TST 6/1979, tem sua eficácia limitada à vigência do respectivo instrumento normativo.

7. BANRISUL. COMPLEMENTAÇÃO DE APOSENTADORIA. ADI E CHEQUE-RANCHO. NÃO INTEGRAÇÃO. *Nova Redação em decorrência da incorporação da OJ Transitória 8 da SDI-1*)

As parcelas ADI e cheque-rancho não integram a complementação de aposentadoria dos empregados do BANRISUL. (ex-Orientação Jurisprudencial Transitória 8 da SDI-1, inserida em 19.10.2000)

→ Redação alterada pela Resolução do TST 129/2005.

8. (*Cancelada. Incorporação à redação da OJ Transitória 7 da SDI-1*) – Resolução TST 129/2005, *D.J.U.* 20.4.2005.

9. BNCC. GARANTIA DE EMPREGO. NÃO ASSEGURADA. (*Inserida em 19.10.2000*)

O Regulamento do BNCC não garante a estabilidade ao empregado nos moldes daquela prevista na CLT, mas apenas a garantia no emprego, ou seja, a garantia contra a despedida imotivada.

10. BNCC. JUROS. SÚMULA 304 DO TST. INAPLICÁVEL. (*Inserida em 19.10.2000*)

A extinção do BNCC não foi decretada pelo Banco Central mas por deliberação de seus acionistas. Portanto, inaplicável a Súmula 304 do TST e, em seus débitos trabalhistas, devem incidir os juros de mora.

11. COMPLEMENTAÇÃO DE APOSENTADORIA. CEAGESP. (*Inserida em 19.10.2000*)

Para o empregado se beneficiar da aposentadoria integral, prevista no § 1° do art. 16 do Regulamento Geral 1/1963, da CEAGESP, o empregado deverá contar com 30 anos ou mais de efetivo serviço à CEAGESP.

12. CSN. ADICIONAL DE INSALUBRIDADE E DE PERICULOSIDADE. SALÁRIO COMPLESSIVO. PREVALÊNCIA DO ACORDO COLETIVO. (*Inserida em 19.10.2000, alterada em 20.4.2005*)

O pagamento do adicional de insalubridade e periculosidade embutido no salário contratual dos empregados da CSN não caracteriza a complessividade salarial, uma vez que essa forma de pagamento decorre de acordo coletivo há muitos anos em vigor.

→ Redação alterada pela Resolução do TST 129/2005.

13. CSN. LICENÇA REMUNERADA. AVISO-PRÉVIO. CONCOMITÂNCIA. POSSIBILIDADE. (*Inserida em 19.10.2000*)

Devido às circunstâncias especialíssimas ocorridas na CSN (Próspera), considera-se válida a concessão de aviso prévio durante o período da licença remunerada.

14. DEFENSORIA PÚBLICA. OPÇÃO PELA CARREIRA. (*Inserida em 19.10.2000*)

Servidor investido na função de defensor público até a data em que foi instalada a Assembleia Nacional Constituinte tem direito à opção pela carreira, independentemente de realização de concurso público (celetista ou estatutário), bastando que a opção tenha sido feita até a data supra.

15. ENERGIPE. PARTICIPAÇÃO NOS LUCROS. INCORPORAÇÃO ANTERIOR À CF/1988. NATUREZA SALARIAL. (*Inserida em 19.10.2000*)

A parcela participação nos lucros, incorporada ao salário do empregado anteriormente à CF/1988, possui natureza salarial e gera reflexos em todas as verbas salariais.

16. AGRAVO DE INSTRUMENTO INTERPOSTO NA VIGÊNCIA DA LEI 9.756/1998 E ANTERIORMENTE À EDIÇÃO DA INSTRUÇÃO NORMATIVA 16/1999 DO TST. TRASLADO DE PEÇAS. OBRIGATORIEDADE. (*Inserida em 13.2.2001*)

Não há como dizer que a exigência de traslado de peças necessárias ao julgamento de ambos os recursos (o agravo e o recurso principal) somente se tornou obrigatória após a edição da Instrução Normativa 16/1999, pois trata-se apenas de meio destinado à interpretação acerca das novas exigências que se tornaram efetivas a partir da vigência da Lei 9.756/1998.

17. AGRAVO DE INSTRUMENTO INTERPOSTO NA VIGÊNCIA DA LEI 9.756/1998. EMBARGOS DECLARATÓRIOS. (*Inserida em 13.2.2001*)

Para comprovar a tempestividade do recurso de revista, basta a juntada da certidão de publicação do acórdão dos embargos declaratórios opostos perante o Regional, se conhecidos.

18. AGRAVO DE INSTRUMENTO INTERPOSTO NA VIGÊNCIA DA LEI 9.756/1998. PEÇA INDISPENSÁVEL. CERTIDÃO DE PUBLICAÇÃO DO ACÓRDÃO REGIONAL. NECESSÁRIA A JUNTADA, SALVO SE NOS AUTOS HOUVER ELEMENTOS QUE ATESTEM A TEMPESTIVIDADE DA REVISTA. (*Inserida em 13.2.2001*)

A certidão de publicação do acórdão regional é peça essencial para a regularidade do traslado do agravo de instrumento, porque imprescindível para aferir a tempestividade do recurso de revista e para viabilizar, quando provido, seu imediato julgamento, salvo se nos autos houver elementos que atestem a tempestividade da revista.

19. AGRAVO DE INSTRUMENTO. INTERPOSTO NA VIGÊNCIA DA LEI 9.756/1998. PEÇAS DISPENSÁVEIS À COMPREENSÃO DA CONTROVÉRSIA. DESNECESSÁRIA A JUNTADA. (*Inserida em 13.2.2001*)

Mesmo na vigência da Lei 9.756/1998, a ausência de peças desnecessárias à compreensão da controvérsia, ainda que relacionadas no inciso I do § 5º do art. 897 da CLT, não implica o não conhecimento do agravo.

20. AGRAVO DE INSTRUMENTO. MINISTÉRIO PÚBLICO. PRESSUPOSTOS EXTRÍNSECOS. (*Inserida em 13.2.2001*)

Para aferição da tempestividade do AI interposto pelo Ministério Público, desnecessário o traslado da certidão de publicação do despacho agravado, bastando a juntada da cópia da intimação pessoal na qual conste a respectiva data de recebimento (Lei Complementar 75/1993, art. 84, IV).

21. AGRAVO DE INSTRUMENTO. TRASLADO. CERTIDÃO. INSTRUÇÃO NORMATIVA 6/1996 DO TST. (*Inserida em 13.2.2001*)

Certidão do Regional afirmando que o AI está formado de acordo com IN 6/1996 do TST não confere autenticidade às peças.

22. (*Cancelada. Conversão na OJ 287 da SDI-1, publicada no D.J. 24.11.2003*).

23. AUTENTICAÇÃO. DOCUMENTO ÚNICO. CÓPIA. VERSO E ANVERSO. (*Inserida em 13.2.2001*)

Inexistindo impugnação da parte contrária, bem como o disposto no art. 795 da CLT, é válida a autenticação aposta em uma face da folha que contenha documento que continua no verso, por constituir documento único.

24. ABONO. COMPLEMENTAÇÃO DE APOSENTADORIA. REAJUSTE. CVRD (VALIA). (*D.J. 9.12.2003*)

A Resolução 7/1989 da CVRD, que instituiu o benefício "abono aposentadoria" (art. 6º), determina que o reajuste seja feito na mesma época e com o mesmo índice aplicado pelo INSS ou observada a variação do IGP ou da OTN, aplicando-se o maior deles.

25. BANCO MERIDIONAL. COMPLEMENTAÇÃO DE APOSENTADORIA. REAJUSTES. EXTENSÃO. (*D.J. 9.12.2003*)

Os reajustes salariais concedidos sobre quaisquer parcelas aos empregados ativos devem ser estendidos aos inativos, com exclusão apenas das parcelas ressalvadas expressamente no Regulamento do Banco.

26. BANERJ. PLANO BRESSER. ACORDO COLETIVO DE TRABALHO DE 1991. NÃO É NORMA PROGRAMÁTICA. (*D.J. 9.12.2003*)

É de eficácia plena e imediata o *caput* da cláusula 5ª do Acordo Coletivo de Trabalho de 1991/1992 celebrado pelo Banerj contemplando o pagamento de diferenças salariais do Plano Bresser, sendo devido o percentual de 26,06% (vinte e seis vírgula zero seis por cento) nos meses de janeiro a agosto de 1992, inclusive.

27. BANRISUL. GRATIFICAÇÃO JUBILEU. PRESCRIÇÃO. (*D.J. 9.12.2003*)

A Gratificação Jubileu, instituída pela Resolução 1.761/1967, que foi alterada, reduzindo-se o seu valor, pela Resolução 1.885/1970, era devida a todo empregado que completasse 25, 30, 35 e 40 anos de serviço no Banco. Era vantagem a ser paga de uma única vez, na data da aposentadoria, fluindo desta data o prazo prescricional, sendo inaplicável a Súmula 294 do TST, que é restrito aos casos em que se postulam prestações sucessivas.

28. CDHU. SUCESSÃO TRABALHISTA. (*D.J. 9.12.2003*)

Considerando a moldura fática delineada pelo Regional, conduz-se à ilação de que a CDHU foi a sucessora da CONESP, uma vez que ocupou os imóveis e assumiu os contratos anteriores, dando sequência às obras com o mesmo pessoal.

29. CEEE. EQUIPARAÇÃO SALARIAL. QUADRO DE CARREIRA. REESTRUTURAÇÃO EM 1991. VÁLIDO. (*D.J. 9.12.2003*)

O quadro de carreira implantado na CEEE em 1977 foi homologado pelo Ministério do Trabalho. A reestruturação procedida em 1991, mesmo não homologada, é válida.

30. CISÃO PARCIAL DE EMPRESA. RESPONSABILIDADE SOLIDÁRIA. PROFORTE. (*D.J. 9.12.2003*)

É solidária a responsabilidade entre a empresa cindida subsistente e aquelas que absorverem parte do seu patrimônio, quando constatada fraude na cisão parcial.

31. PLANOS BRESSER E VERÃO. ACORDO COLETIVO AUTORIZANDO A QUITAÇÃO ATRAVÉS DA CONCESSÃO DE FOLGAS REMUNERADAS. CONVERSÃO EM PECÚNIA APÓS A EXTINÇÃO DO CONTRATO DE TRABALHO. INVIABILIDADE. (*D.J. .9.12.2003*)

Acordo coletivo celebrado entre as partes autorizando a quitação dos valores devidos a título de Planos Bresser e Verão em folgas remuneradas é válido. Incabível a conversão do valor correspondente às folgas remuneradas em pecúnia quando extinto o contrato de trabalho pelo advento de aposentadoria voluntária.

32. COMPLEMENTAÇÃO DE APOSENTADORIA. BANCO DO BRASIL. SUCUMBÊNCIA. INVERSÃO. (*D.J. 10.11.2004*)

Imposta condenação originária em diferenças de complementação de aposentadoria, por ocasião do julgamento de recurso de revista, imperativo o exame no acórdão, sob pena de negativa de prestação jurisdicional, de postulação aduzida em contestação e/ou em contrarrazões visando à limitação da condenação à média trienal e ao teto, matéria insuscetível de prequestionamento.

33. ADICIONAL DE INSALUBRIDADE. BASE DE CÁLCULO, NA VIGÊNCIA DO DECRETO-LEI 2.351/1987: PISO NACIONAL DE SALÁRIOS. (*Conversão da OJ 3 da SDI-1, publicada no D.J. 20.4.2005*)

Na vigência do Decreto-lei 2.351/1987, o piso nacional de salários é a base de cálculo para o adicional de insalubridade. (ex-Orientação Jurisprudencial 3 da SDI-1, inserida em 14.3.1994)

34. BRDE. ENTIDADE AUTÁRQUICA DE NATUREZA BANCÁRIA. LEI 4.595/1964, ART. 17. RESOLUÇÃO BACEN 469/1970, ART. 8º. CLT, ART. 224, § 2º. CF, ART. 173, § 1º. (*Conversão da Orientação Jurisprudencial 22 da SDI-1, publicada no D.J. 20.4.2005*)

O Banco Regional de Desenvolvimento do Extremo Sul – BRDE é uma entidade autárquica de natureza bancária, e, como tal, submete-se ao art. 173, § 1º, da Constituição Federal de 1988. Desta forma, sendo a natureza das atividades por ele exercidas similares às de qualquer instituição financeira, seus empregados são bancários, regendo-se pelas normas especiais a eles referentes, inclusive o art. 224 da CLT. (ex-Orientação Jurisprudencial 22 da SDI-1, inserida em 14.3.1994)

35. REAJUSTES SALARIAIS. BIMESTRAIS E QUADRIMESTRAIS (LEI 8.222/1991). SIMULTANEIDADE INVIÁVEL. (Conversão da Orientação Jurisprudencial *68 da SDI-1, publicada no D.J. 20.4.2005*)

Nova antecipação bimestral, na mesma época do reajuste quadrimestral, constitui verdadeiro *bis in idem*, pois o bimestre anterior, que servia como base de cálculo, já teve o INPC considerado para fim do reajuste quadrimestral. (ex-Orientação Jurisprudencial 68 da SDI-1, inserida em 28.11.1995)

36. HORA *IN ITINERE*. TEMPO GASTO ENTRE A PORTARIA DA EMPRESA E O LOCAL DO SERVIÇO. DEVIDA. AÇOMINAS.

Configura-se como hora *in itinere* o tempo gasto pelo obreiro para alcançar seu local de trabalho a partir da portaria da Açominas. (ex- Orientação Jurisprudencial 98 da SDI-1, inserida em 30.5.1997)

→ Redação mantida pela Resolução do TST 1752011.

37. MINASCAIXA. LEGITIMIDADE PASSIVA AD CAUSAM ENQUANTO NÃO CONCLUÍDO O PROCEDIMENTO DE LIQUIDAÇÃO EXTRAJUDICIAL. (*Conversão da OJ 109 da SDI-1, publicada no D.J. 20.4.2005*)

A Minascaixa tem legitimidade passiva *ad causam* para figurar nas demandas contra ela ajuizadas enquanto não tiver concluído o processo de liquidação extrajudicial ao qual se encontra submetida. (ex-Orientação Jurisprudencial 109 da SDI-1 – inserida em 1.10.1997)

38. BANCO MERIDIONAL. CIRCULAR 34.046/1989. DISPENSA SEM JUSTA CAUSA. (*Conversão da OJ 137 da SDI-1, publicada no D.J. 20.4.2005*)

A inobservância dos procedimentos disciplinados na Circular 34.046/1989 do Banco Meridional, norma de caráter eminentemente procedimental, não é causa para a nulidade da dispensa sem justa causa. (ex-Orientação Jurisprudencial 137 da SDI-1, inserida em 27.11.1998)

39. FGTS. OPÇÃO RETROATIVA. CONCORDÂNCIA DO EMPREGADOR. NECESSIDADE. (*Conversão da OJ 146 da SDI-1, publicada no D.J. 20.4.2005*)

A concordância do empregador é indispensável para que o empregado possa optar retroativamente pelo sistema do Fundo de Garantia por Tempo de Serviço. (ex-Orientação Jurisprudencial 146 da SDI-1, inserida em 27.11.1998)

40. BANRISUL. COMPLEMENTAÇÃO DE APOSENTADORIA. (*Conversão da OJ 155 da SDI-1, publicada no D.J. 20.4.2005*)

A Resolução 1.600/1964, vigente à época da admissão do empregado, incorporou-se ao contrato de trabalho, pelo que sua alteração não poderá prejudicar o direito adquirido, mesmo em virtude da edição da Lei 6.435/1977. Incidência das Súmulas 51 e 288. (ex-Orientação Jurisprudencial 155 da SDI-1, inserida em 26.3.1999)

41. COMPLEMENTAÇÃO DE APOSENTADORIA. FUNDAÇÃO CLEMENTE DE FARIA. BANCO REAL. *(Conversão da OJ 157 da SDI-1, publicada no D.J. 20.4.2005)*

É válida a cláusula do Estatuto da Fundação Clemente de Faria que condicionou o direito à complementação de aposentadoria à existência de recursos financeiros, e também previa a suspensão, temporária ou definitiva, da referida complementação. (ex-Orientação Jurisprudencial 157 da SDI-1, inserida em 26.3.1999)

42. PETROBRAS. PENSÃO POR MORTE DO EMPREGADO ASSEGURADA NO MANUAL DE PESSOAL. ESTABILIDADE DECENAL. OPÇÃO PELO REGIME DO FGTS. *(Inserido item II à redação)*

I – Tendo o empregado adquirido a estabilidade decenal, antes de optar pelo regime do FGTS, não há como negar-se o direito à pensão, eis que preenchido o requisito exigido pelo Manual de Pessoal. (ex-Orientação Jurisprudencial 166 da SDI-1, inserida em 26.3.1999)

II – O benefício previsto no manual de pessoal da Petrobras, referente ao pagamento de pensão e auxílio-funeral aos dependentes do empregado que vier a falecer no curso do contrato de trabalho, não se estende à hipótese em que sobrevém o óbito do trabalhador quando já extinto o contrato de trabalho.

→ Redação alterada pela Resolução do TST 182/2012.

43. SUDS. GRATIFICAÇÃO. CONVÊNIO DA UNIÃO COM ESTADO. NATUREZA SALARIAL ENQUANTO PAGA. *(Conversão da OJ 168 da SDI-1, publicada no D.J. 20.4.2005)*

A parcela denominada "Complementação SUDS" paga aos servidores em virtude de convênio entre o Estado e a União Federal tem natureza salarial, enquanto paga, pelo que repercute nos demais créditos trabalhistas do empregado. (ex-Orientação Jurisprudencial 168 da SDI-1, inserida em 26.3.1999)

44. ANISTIA. LEI 6.683/1979. TEMPO DE AFASTAMENTO. NÃO COMPUTÁVEL PARA EFEITO DE INDENIZAÇÃO E ADICIONAL POR TEMPO DE SERVIÇO, LICENÇA-PRÊMIO E PROMOÇÃO. *(Conversão da Orientação Jurisprudencial 176 da SDI-1, publicada no D.J. 20.4.2005)*

O tempo de afastamento do anistiado pela Lei 6.683/1979 não é computável para efeito do pagamento de indenização por tempo de serviço, licença-prêmio e promoção. (ex-Orientação Jurisprudencial 176 da SDI-1, inserida em 8.11.2000)

45. COMISSIONISTA PURO. ABONO. LEI 8.178/1991. NÃO INCORPORAÇÃO. *(Conversão da OJ 180 da SDI-1, publicada no D.J. 20.4.2005)*

É indevida a incorporação do abono instituído pela Lei 8.178/1991 aos empregados comissionistas. (ex-Orientação Jurisprudencial 180 da SDI-1, inserida em 8.11.2000)

46. COMPLEMENTAÇÃO DE APOSENTADORIA. BANCO ITAÚ. *(Conversão da Orientação Jurisprudencial 183 da SDI-1, publicada no D.J. 20.4.2005)*

O empregado do Banco Itaú admitido na vigência da Circular BB-05/1966, que passou para a inatividade posteriormente à vigência da RP-40/1974, está sujeito ao implemento da condição "idade mínima de 55 anos". (ex-Orientação Jurisprudencial 183 da SDI-1, inserida em 8.11.2000)

47. DÉCIMO TERCEIRO SALÁRIO. DEDUÇÃO DA 1ª PARCELA. URV. LEI 8.880/1994. *(Conversão da Orientação Jurisprudencial 187 da SDI-1, publicada no D.J. 20.4.2005)*

Ainda que o adiantamento do 13º salário tenha ocorrido anteriormente à edição da Lei 8.880/1994, as deduções deverão ser realizadas considerando o valor da antecipação, em URV, na data do efetivo pagamento, não podendo a 2ª parcela ser inferior à metade do 13º salário, em URV. (ex-Orientação Jurisprudencial 187 da SDI-1, inserida em 8.11.2000)

48. PETROMISA. SUCESSÃO. PETROBRAS. LEGITIMIDADE. *(Conversão da Orientação Jurisprudencial 202 da SDI-1, publicada no D.J. 20.4.2005)*

Em virtude da decisão tomada em assembleia, a PETROBRAS é a real sucessora da PETROMISA, considerando que recebeu todos os bens móveis e imóveis da extinta PETROMISA. (ex-Orientação Jurisprudencial 202 da SDI-1, inserida em 8.11.2000)

49. SERPRO. NORMA REGULAMENTAR. REAJUSTES SALARIAIS. SUPERVENIÊNCIA DE SENTENÇA NORMATIVA. PREVALÊNCIA. *(Conversão da OJ 212 da SDI-1, publicada no D.J. 20.4.2005)*

Durante a vigência do instrumento normativo, é lícita ao empregador a obediência à norma coletiva (DC 8948/1990) que alterou as diferenças interníveis previstas no Regulamento de Recursos Humanos. (ex-Orientação Jurisprudencial 212 da SDI-1, inserida em 8.11.2000)

50. FÉRIAS. ABONO INSTITUÍDO POR INSTRUMENTO NORMATIVO E TERÇO CONSTITUCIONAL. SIMULTANEIDADE INVIÁVEL. *(Conversão da Orientação Jurisprudencial 231 da SDI-1, publicada no D.J. 20.4.2005)*

O abono de férias decorrente de instrumento normativo e o abono de 1/3 (um terço) previsto no art. 7º, XVII, da CF/1988 têm idêntica natureza jurídica, destinação e finalidade, constituindo-se *bis in idem* seu pagamento simultâneo, sendo legítimo o direito do empregador de obter compensação de valores porventura pagos. (ex-Orientação Jurisprudencial 231 da SDI-1, inserida em 20.6.2001)

51. COMPLEMENTAÇÃO DE APOSENTADORIA. CAIXA ECONÔMICA FEDERAL. AUXÍLIO-ALIMENTAÇÃO. SUPRESSÃO. SÚMULAS 51 E 288. *(Conversão da Orientação Jurisprudencial 250 da SDI-1, publicada no D.J. 20.4.2005)*

A determinação de supressão do pagamento de auxílio-alimentação aos aposentados e pensionistas da Caixa Econômica Federal, oriunda do Ministério da Fazenda, não atinge aqueles ex-empregados que já percebiam o benefício. (ex-Orientação Jurisprudencial 250 da SDI-1, inserida em 13.3.2002)

52. *(Conversão na Súmula 436 do TST, pela Resolução 185/2012)*

53. CUSTAS. EMBARGOS DE TERCEIRO. INTERPOSTOS ANTERIORMENTE À LEI 10.537/2002. INEXIGÊNCIA DE RECOLHIMENTO PARA A INTERPOSIÇÃO DE AGRAVO DE PETIÇÃO. *(Conversão da OJ 291 da SDI-1, publicada no D.J. 20.4.2005)*

Tratando-se de embargos de terceiro, incidentes em execução, ajuizados anteriormente à Lei 10.537/2002, incabível a exigência do recolhimento de custas para a interposição de agravo de petição por falta de previsão legal. (ex-Orientação Jurisprudencial 291 da SDI-1, inserida em 11.8.2003)

54. PLANO ECONÔMICO (COLLOR). EXECUÇÃO. CORREÇÃO MONETÁRIA. ÍNDICE DE 84,32%. LEI 7.738/1989. APLICÁVEL. *(Conversão da OJ 203 da SDI-1, publicada no D.J. 20.4.2005)*

Aplica-se o índice de 84,32%, relativo ao IPC de março de 1990, para a correção monetária do débito trabalhista, por ocasião da execução, nos termos da Lei 7.738/1989. (ex-Orientação Jurisprudencial 203 da SDI-1, inserida em 8.11.2000)

55. PLANO COLLOR. SERVIDORES CELETISTAS DO GDF. LEGISLAÇÃO FEDERAL. PREVALÊNCIA. *(Conversão da OJ 218 da SDI-1 e incorporada a OJ 241 da SDI-1, publicada no D.J. 20.4.2005)*

Inexiste direito adquirido às diferenças salariais de 84,32% do IPC de março de 1990 aos servidores celetistas da Administração Direta, Fundações e Autarquias do Distrito Federal. (ex-Orientações Jurisprudenciais 218 e 241 da SDI-1, inseridas respectivamente em 2.4.2001 e 20.6.2001)

56. ANISTIA. LEI 8.878/1994. EFEITOS FINANCEIROS DEVIDOS A PARTIR DO EFETIVO RETORNO À ATIVIDADE. *(Conversão da Orientação Jurisprudencial 221 da SDI-1, publicada no D.J. 20.4.2005)*

Os efeitos financeiros da anistia concedida pela Lei 8.878/1994 somente serão devidos a partir do efetivo retorno à atividade, vedada a remuneração em caráter retroativo. (ex-Orientação Jurisprudencial 221 da SDI-1, inserida em 20.6.2001)

57. ADICIONAL DE INSALUBRIDADE. DEFICIÊNCIA DE ILUMINAMENTO. LIMITAÇÃO. *(Conversão da Orientação Jurisprudencial 153 da SDI-1, publicada no D.J. 20.4.2005)*

Somente após 26.2.1991 foram, efetivamente, retiradas do mundo jurídico as normas ensejadoras do direito ao adicional de insalubridade por iluminamento insuficiente no local da prestação de serviço, como previsto na Portaria 3751/1990 do Ministério do Trabalho. (ex-Orientação Jurisprudencial 153 da SDI-1, inserida em 26.3.1999)

58. URP'S DE JUNHO E JULHO DE 1988. SUSPENSÃO DO PAGAMENTO. DATA-BASE EM MAIO. DECRETO-LEI 2.425/1988. INEXISTÊNCIA DE VIOLAÇÃO A DIREITO ADQUIRIDO. *(Conversão da OJ 214 da SDI-1, publicada no D.J. 20.4.2005)*

O Decreto-lei 2.425, de 7.4.1988, não ofendeu o direito adquirido dos empregados com data-base em maio, pelo que não fazem jus às URP's de junho e julho de 1988. (ex-Orientação Jurisprudencial 214 da SDI-1, inserida em 8.11.2000)

59. INTERBRAS. SUCESSÃO. RESPONSABILIDADE. *(D.J. 25.4.2007)*

A Petrobrás não pode ser responsabilizada solidária ou subsidiariamente pelas obrigações trabalhistas da extinta Interbras, da qual a união é a real sucessora, nos termos do art. 20 da Lei 8.029, de 12.4.1990 (atual art. 23 em face da renumeração dada pela Lei 8.154, de 28.12.1990).

60. ADICIONAL POR TEMPO DE SERVIÇO. BASE DE CÁLCULO. SALÁRIO-BASE. ART. 129 DA CONSTITUIÇÃO DO ESTADO DE SÃO PAULO. *(Republicada em 11.4.2011)*

O adicional por tempo de serviço – quinquênio –, previsto no art. 129 da Constituição do Estado de São Paulo, tem como base de cálculo o vencimento básico do servidor público estadual, ante o disposto no art. 11 da Lei Complementar do Estado de São Paulo 712, de 12.4.1993.

61. AUXÍLIO CESTA-ALIMENTAÇÃO PREVISTO EM NORMA COLETIVA. CEF. CLÁUSULA QUE ESTABELECE NATUREZA INDENIZATÓRIA À PARCELA. EXTENSÃO AOS APOSENTADOS E PENSIONISTAS. IMPOSSIBILIDADE. *(D.J. 14.3.2008)*

Havendo previsão em cláusula de norma coletiva de trabalho de pagamento mensal de auxílio cesta-alimentação somente a empregados em atividade, dando-lhe caráter indenizatório, é indevida a extensão desse benefício aos aposentados e pensionistas. Exegese do art. 7º, XXVI, da Constituição Federal.

62. PETROBRAS. COMPLEMENTAÇÃO DE APOSENTADORIA. AVANÇO DE NÍVEL. CONCESSÃO DE PARCELA POR ACORDO COLETIVO APENAS PARA OS EMPREGADOS DA ATIVA. EXTENSÃO PARA OS INATIVOS. ART. 41 DO REGULAMENTO DO PLANO DE BENEFÍCIOS DA PETROS. *(D.E.J.T. 3.12.2008)*

Ante a natureza de aumento geral de salários, estende-se à complementação de aposentadoria dos ex-empregados da Petrobras benefício concedido indistintamente a todos os empregados da ativa e estabelecido em norma coletiva, prevendo a concessão de aumento de nível salarial – "avanço de nível" –, a fim de preservar a paridade entre ativos e inativos assegurada no art. 41 do Regulamento do Plano de Benefícios da Fundação Petrobras de Seguridade Social – PETROS.

63. PETROBRAS. COMPLEMENTAÇÃO DE APOSENTADORIA. INTEGRALIDADE. CONDIÇÃO. IDADE MÍNIMA. LEI 6.435, DE 15.7.1977. *(D.E.J.T. 3.12.2008)*

Os empregados admitidos na vigência do Decreto 81.240, de 20.1.1978, que regulamentou a Lei 6.435, de 15.7.1977, ainda que anteriormente à alteração do Regulamento do Plano de Benefícios da PETROS, sujeitam-se à condição "idade mínima de 55 anos" para percepção dos proventos integrais de complementação de aposentadoria.

64. PETROBRAS. PARCELAS GRATIFICAÇÃO CONTINGENTE E PARTICIPAÇÃO NOS RESULTADOS DEFERIDAS POR NORMA COLETIVA A EMPREGADOS DA ATIVA. NATUREZA JURÍDICA NÃO SALARIAL. NÃO INTEGRAÇÃO NA COMPLEMENTAÇÃO DE APOSENTADORIA. *(D.E.J.T. 3.12.2008)*

As parcelas gratificação contingente e participação nos resultados, concedidas por força de acordo coletivo a empregados da Petrobras em atividade, pagas de uma única vez, não integram a complementação de aposentadoria.

65. REPRESENTAÇÃO JUDICIAL DA UNIÃO. ASSISTENTE JURÍDICO. APRESENTAÇÃO DO ATO DE DESIGNAÇÃO. *(D.E.J.T. 3.12.2008)*

A ausência de juntada aos autos de documento que comprove a designação do assistente jurídico como representante judicial da União (art. 69 da Lei Complementar 73, de 10.2.1993) importa irregularidade de representação.

66. SPTRANS. RESPONSABILIDADE SUBSIDIÁRIA. NÃO CONFIGURAÇÃO. CONTRATO DE CONCESSÃO DE SERVIÇO PÚBLICO. TRANSPORTE COLETIVO. *(D.E.J.T. 3.12.2008)*

A atividade da São Paulo Transportes S/A – SPTRANS de gerenciamento e fiscalização dos serviços prestados pelas concessionárias de transporte público, atividade descentralizada da Administração Pública, não se confunde com a terceirização de mão de obra, não se configurando a responsabilidade subsidiária.

67. TELEMAR. PRIVATIZAÇÃO. PLANO DE INCENTIVO À RESCISÃO CONTRATUAL (PIRC). PREVISÃO DE PAGAMENTO DA INDENIZAÇÃO COM REDUTOR DE 30%. APLICAÇÃO LIMITADA AO PERÍODO DA REESTRUTURAÇÃO. *(D.E.J.T. 3.12.2008)*

Não é devida a indenização com redutor de 30%, prevista no Plano de Incentivo à Rescisão Contratual da TELEMAR, ao empregado que, embora atenda ao requisito estabelecido de não haver aderido ao PIRC, foi despedido em data muito posterior ao processo de reestruturação da empresa, e cuja dispensa não teve relação com o plano.

68. BANCO DO ESTADO DE SÃO PAULO S.A. – BANESPA. CONVENÇÃO COLETIVA. REAJUSTE SALARIAL. SUPERVENIÊNCIA DE ACORDO EM DISSÍDIO COLETIVO. PREVALÊNCIA. *(D.E.J.T. 3.11.2009)*

O acordo homologado no Dissídio Coletivo TST – DC – 810.905/2001.3, que estabeleceu a garantia de emprego aos empregados em atividade do Banco do Estado de São Paulo S.A. – BANESPA e que, portanto, não se aplica aos empregados aposentados, prevalece sobre a fixação do reajuste salarial previsto na convenção coletiva firmada entre a Federação Nacional dos Bancos – FENABAN e os sindicatos dos bancários, ante a consideração do conjunto das cláusulas constantes do acordo e em respeito às disposições dos arts. 5º, XXXVI, e 7º, XXVI, da CF/1988.

69. BANCO DO BRASIL. COMPLEMENTAÇÃO DE APOSENTADORIA. ALTERAÇÃO DO PLANO DE CARGOS COMISSIONADOS. EXTENSÃO AOS INATIVOS. *(D.E.J.T. 26.5.2010)*

As alterações na estrutura do Plano de Cargos Comissionados do Banco do Brasil, introduzidas pelas Cartas-Circulares DIREC/FUNCI 96/0904 e 96/0957, dentre as quais a substituição do Abono de Função e Representação (AFR) pelo Adicional de Função (AF) e pelo Adicional Temporário de Revitalização (ATR), não autorizam o pagamento de diferenças de complementação de aposentadoria aos inativos por só abrangerem os empregados em atividade, bem como em razão de o Plano de Incentivo à Aposentadoria da época do jubilamento não conter previsão de aplicação de eventual alteração na estrutura dos cargos comissionados àqueles que se aposentassem.

70. CAIXA ECONÔMICA FEDERAL. BANCÁRIO. PLANO DE CARGOS EM COMISSÃO. OPÇÃO PELA JORNADA DE OITO HORAS. INEFICÁCIA. EXERCÍCIO DE FUNÇÕES MERAMENTE TÉCNICAS. NÃO CARACTERIZAÇÃO DE EXERCÍCIO DE FUNÇÃO DE CONFIANÇA. *(D.E.J.T. 26.5.2010)*

Ausente a fidúcia especial a que alude o art. 224, § 2º, da CLT, é ineficaz a adesão do empregado à jornada de oito horas constante do Plano de Cargos em Comissão da Caixa Econômica Federal, o que importa no retorno à jornada de seis horas, sendo devidas como extras a sétima e a oitava horas laboradas. A diferença de gratificação de função recebida em face da adesão ineficaz poderá ser compensada com as horas extraordinárias prestadas.

71. EMPRESA BRASILEIRA DE CORREIOS E TELÉGRAFOS – ECT. PLANO DE CARGOS E SALÁRIOS. PROGRESSÃO HORIZONTAL POR ANTIGUIDADE. NECESSIDADE DE DELIBERAÇÃO DA DIRETORIA PARA COMPROVAR O EFETIVO CUMPRIMENTO DOS REQUISITOS DO PCCS. CONDIÇÃO PURAMENTE POTESTATIVA PARA A CONCESSÃO DA PROMOÇÃO. INVALIDADE. *(D.E.J.T. 9.6.2010)*

A deliberação da diretoria da Empresa Brasileira de Correios e Telégrafos – ECT, prevista no Plano de Carreira, Cargos e Salários como requisito necessário para a concessão de progressão por antiguidade, por se tratar de condição puramente potestativa, não constitui óbice ao deferimento da progressão horizontal por antiguidade aos empregados, quando preenchidas as demais condições dispostas no aludido plano.

72. PETROBRAS. DOMINGOS E FERIADOS TRABALHADOS. REGIME DE TURNOS ININTERRUPTOS DE REVEZAMENTO. PAGAMENTO EM DOBRO CONCEDIDO POR LIBERALIDADE DO EMPREGADOR. INCORPORAÇÃO AO CONTRATO DE TRABALHO. SUPRESSÃO UNILATERAL. ACORDO COLETIVO POSTERIOR QUE VALIDA A SUPRESSÃO. RETROAÇÃO DA NORMA COLETIVA. IMPOSSIBILIDADE. *(D.E.J.T. 9.6.2010)*

O pagamento em dobro, concedido por liberalidade da empresa, dos domingos e feriados trabalhados de forma habitual pelo empregado da Petrobras submetido ao regime de turnos ininterruptos de revezamento não pode ser suprimido unilateralmente, pois é vantagem incorporada ao contrato de trabalho, nos termos do art. 468 da CLT. Assim, o acordo coletivo, posteriormente firmado, somente opera efeitos a partir da data de sua entrada em vigor, sendo incabível a utilização da norma coletiva para regular situação pretérita.

73. VOLKSWAGEN DO BRASIL LTDA. PARTICIPAÇÃO NOS LUCROS E RESULTADOS. PAGAMENTO MENSAL EM DECORRÊNCIA DE NORMA COLETIVA. NATUREZA INDENIZATÓRIA. *(D.E.J.T. 9.6.2010)*

A despeito da vedação de pagamento em periodicidade inferior a um semestre civil ou mais de duas vezes no ano cível, disposta no art. 3º, § 2º, da Lei 10.101, de 19.12.2000, o parcelamento em prestações mensais da participação nos lucros e resultados de janeiro de 1999 a abril de 2000, fixado no acordo coletivo celebrado entre o Sindicato dos Metalúrgicos do ABC e a Volkswagen do Brasil Ltda., não retira a natureza indenizatória da referida verba (art. 7º, XI, da CF), devendo prevalecer a diretriz constitucional que prestigia a autonomia privada coletiva (art. 7º, XXVI, da CF).

74. HOSPITAL DE CLÍNICAS DE PORTO ALEGRE. CUSTAS PROCESSUAIS. RECOLHIMENTO. ISENÇÃO. ART. 15 DA LEI 5.604, DE 2.9.1970. *(D.E.J.T. 2.8.2010)*

A isenção tributária concedida pelo art. 15 da Lei 5.604, de 2.9.1970, ao Hospital de Clínicas de Porto Alegre compreende as custas processuais, por serem estas espécie do gênero tributo.

75. PARCELA "SEXTA PARTE". ART. 129 DA CONSTITUIÇÃO DO ESTADO DE SÃO PAULO. EXTENSÃO AOS EMPREGADOS DE SOCIEDADE DE ECONOMIA MISTA E EMPRESA PÚBLICA. INDEVIDA. *(D.E.J.T. 2.8.2010)*

A parcela denominada "sexta parte", instituída pelo art. 129 da Constituição do Estado de São Paulo, é devida apenas aos servidores estaduais, celetistas e estatutários da Administração Pública direta, das fundações e das autarquias, conforme disposição contida no art. 124 da Constituição Estadual, não se estendendo aos empregados de sociedade de economia mista e de empresa pública, integrantes da Administração Pública indireta, submetidas ao regime jurídico próprio das empresas privadas, nos termos do art. 173, § 1º, II, da Constituição Federal.

76. COMPLEMENTAÇÃO DE APOSENTADORIA. INTEGRALIDADE. EMPREGADO DO ESTADO DE SÃO PAULO ADMITIDO ANTES DA LEI ESTADUAL 200, DE 13.5.1974. IMPLEMENTAÇÃO DO REQUISITO RELATIVO AOS 30 ANOS DE SERVIÇO EFETIVO. INCIDÊNCIA DA SÚMULA 288 DO TST. *(D.E.J.T. 16.9.2010)*

É assegurado o direito à percepção de complementação de aposentadoria integral ao ex-empregado do Estado de São Paulo que, admitido anteriormente ao advento da Lei Estadual 200, de 13.5.1974, implementou 30 anos de serviço efetivo, ante a extensão das regras de complementação de aposentadoria previstas na Lei Estadual 1.386, de 19.12.1951. Incidência da Súmula 288 do TST.

77. BNDES. ARTS. 224 A 226 da CLT. APLICÁVEL A SEUS EMPREGADOS. *(Conversão da Orientação Jurisprudencial 179 da SBDI-1, publicada no D.E.J.T. 16.11.2010)*

Até o advento da Lei 10.556, de 13.11.2002, era aplicável aos empregados do BNDES a jornada de trabalho dos bancários prevista nos arts. 224 a 226 da CLT.

78. EMBARGOS À SDI CONTRA DECISÃO EM RECURSO DE REVISTA NÃO CONHECIDO QUANTO AOS PRESSUPOSTOS INTRÍNSECOS. RECURSO INTERPOSTO ANTES DA VIGÊNCIA DA LEI 11.496, DE 22.6.2007, QUE CONFERIU NOVA REDAÇÃO AO ART. 894 DA CLT. NECESSÁRIA A INDICAÇÃO EXPRESSA DE OFENSA AO ART. 896 DA CLT. *(Conversão da Orientação Jurisprudencial 294 da SBDI-1 com nova redação, publicada no D.E.J.T. de 21.5.2014)*

Para a admissibilidade e conhecimento de embargos, interpostos antes da vigência da Lei 11.496/2007, contra decisão mediante a qual não foi conhecido o recurso de revista pela análise dos pressupostos intrínsecos, necessário que a parte embargante aponte expressamente a violação ao art. 896 da CLT.

79. EMBARGOS. RECURSO INTERPOSTO ANTES DA VIGÊNCIA DA LEI 11.496, DE 22.6.2007, QUE CONFERIU NOVA REDAÇÃO AO ART. 894 DA CLT. REVISTA NÃO CONHECIDA POR MÁ APLICAÇÃO DE SÚMULA OU DE ORIENTAÇÃO JURISPRUDENCIAL. EXAME DO MÉRITO PELA SDI. *(Conversão da Orientação Jurisprudencial 295 da SBDI-1 com nova redação, publicada no D.E.J.T. de 21.5.2014)*

A SDI, ao conhecer dos embargos, interpostos antes da vigência da Lei 11.496/2007, por violação do art. 896 – por má aplicação de súmula ou de orientação jurisprudencial pela Turma -, julgará desde logo o mérito, caso conclua que a revista merecia conhecimento e que a matéria de fundo se encontra pacificada neste Tribunal.

ORIENTAÇÃO JURISPRUDENCIAL DA SDI – SUBSEÇÃO II DO TST

1. *(Cancelada. Conversão na Súmula 405)* – Resolução TST 137/2005, *DJ* 22.8.2005.

2. AÇÃO RESCISÓRIA. ADICIONAL DE INSALUBRIDADE. BASE DE CÁLCULO. SALÁRIO MÍNIMO. CABÍVEL. *(Redação mantida pela sessão do Tribunal Pleno em 26.6.2008)* – Resolução TST 148/2008, DJ 4.7.2008, republicada no DJ 8.7.2008

Viola o art. 192 da CLT decisão que acolhe pedido de adicional de insalubridade com base na remuneração do empregado.

3. *(Cancelada. Conversão na Súmula 405)* – Resolução TST 137/2005, DJ 22.8.2005.

4. AÇÃO RESCISÓRIA. BANCO DO BRASIL. ADICIONAL DE CARÁTER PESSOAL. ACP.

Procede, por ofensa ao art. 5º, inciso XXXVI, da CF/1988, o pedido de rescisão de julgado que acolheu Adicional de Caráter Pessoal em favor de empregado do Banco do Brasil S.A.

5. AÇÃO RESCISÓRIA. BANCO DO BRASIL. AP e ADI. HORAS EXTRAS. SÚMULA 83 DO TST. APLICÁVEL.

Não se acolhe pedido de rescisão de julgado que deferiu a empregado do Banco do Brasil S.A. Horas extras após a sexta, não obstante o pagamento dos adicionais AP e ADI, ou AFR quando a decisão rescindenda for anterior à Orientação Jurisprudencial 17, da Seção de Dissídios Individuais do TST (7.11.1994). Incidência das Súmulas 83 do TST e 343 do STF.

6. AÇÃO RESCISÓRIA. CIPEIRO SUPLENTE. ESTABILIDADE. ADCT DA CF/1988, ART. 10, II, *a*. SÚMULA 83 DO TST. *(Nova Redação, publicada no DJ 22.8.2005)*

Rescinde-se o julgado que nega estabilidade a membro suplente de CIPA, representante de empregado, por ofensa ao art. 10, II, *a*, do ADCT da CF/1988, ainda que se cuide de decisão anterior à Súmula 339 do TST. Incidência da Súmula 83 do TST.

→ Redação alterada pela Resolução do TST 137/2005.

7. AÇÃO RESCISÓRIA. COMPETÊNCIA. CRIAÇÃO DE TRIBUNAL REGIONAL DO TRABALHO. NA OMISSÃO DA LEI, É FIXADA PELO ART. 678, INC. I, *c*, ITEM 2, DA CLT. *(Nova Redação, publicada no DJ 22.8.2005)*

A Lei 7.872/1989 que criou o Tribunal Regional do Trabalho da 17ª Região não fixou a sua competência para apreciar as ações rescisórias de decisões oriundas da 1ª Região, o que decorreu do art. 678, I, *c*, item 2, da CLT.

→ Redação alterada pela Resolução do TST 137/2005.

8. AÇÃO Rescisória. COMPLEMENTAÇÃO DE APOSENTADORIA. BANESPA. SÚMULA 83 Do TST. *(Nova Redação, publicada no DJ 22.8.2005)*

Não se rescinde julgado que acolheu pedido de complementação de aposentadoria integral em favor de empregado do BANESPA, antes da Súmula 313 do TST, em virtude da notória controvérsia jurisprudencial então reinante. Incidência da Súmula 83 do TST.

→ Redação alterada pela Resolução do TST 137/2005.

9. AÇÃO RESCISÓRIA. CONAB. AVISO DIREH 02/1984. SÚMULA 83 DO TST. APLICÁVEL.

Não se rescinde julgado que reconheceu garantia de emprego com base no aviso DIREH 02/1984 da CONAB, antes da Súmula 355 do TST, em virtude da notória controvérsia jurisprudencial então reinante. Incidência da Súmula 83 do TST.

10. AÇÃO RESCISÓRIA. CONTRATO NULO. ADMINISTRAÇÃO PÚBLICA. EFEITOS. ART. 37, II E § 2º, DA CF/1988.

Somente por ofensa ao art. 37, II e § 2º, da CF/1988, procede o pedido de rescisão de julgado para considerar nula a contratação, sem concurso público, de servidor, após a CF/1988.

11. AÇÃO RESCISÓRIA. CORREÇÃO MONETÁRIA. LEI 7.596/1987. UNIVERSIDADES FEDERAIS. IMPLANTAÇÃO TARDIA DO PLANO DE CLASSIFICAÇÃO DE CARGOS. VIOLAÇÃO DE LEI. SÚMULA 83 DO TST. APLICÁVEL.

Não se rescinde julgado que acolhe pedido de correção monetária decorrente da implantação tardia do plano de classificação de cargos de universidade federal previsto na Lei 7.596/1987, à época em que era controvertida tal matéria na jurisprudência. Incidência da Súmula 83 do TST.

12. AÇÃO RESCISÓRIA. DECADÊNCIA. CONSUMAÇÃO ANTES OU DEPOIS DA EDIÇÃO DA MEDIDA PROVISÓRIA 1.577/1997. AMPLIAÇÃO DO PRAZO. *(Nova Redação em decorrência da incorporação da Orientação Jurisprudencial 17 da SBDI-II, publicada no DJ 22.8.2005)*

I – A vigência da Medida Provisória 1.577/1997 e de suas reedições implicou o elastecimento do prazo decadencial para o ajuizamento da ação rescisória a favor dos entes de direito público, autarquias e fundações públicas. Se o biênio decadencial do art. 495 do CPC findou após a entrada em vigor da referida medida provisória e até sua suspensão pelo STF em sede liminar de ação direta de inconstitucionalidade (ADIn 1.753-2), tem-se como aplicável o prazo decadencial elastecido à rescisória. (ex-Orientação Jurisprudencial 17 da SDI-2, inserida em 20.9.2000)

II – A regra ampliativa do prazo decadencial para a propositura de ação rescisória em favor de pessoa jurídica de direito público não se aplica se, ao tempo em que sobreveio a Medida Provisória 1.577/1997, já se exaurira o biênio do art. 495 do CPC. Preservação do direito adquirido da parte à decadência já consumada sob a égide da lei velha. (ex- Orientação Jurisprudencial 12 da SDI-2, inserida em 20.9.2000)

→ Redação alterada pela Resolução do TST 137/2005.

→ Refere-se ao CPC de 1973.

→ *v.* Art. 975 do NCPC.

13. *(Cancelada. Nova redação conferida à Súmula 100)* – Resolução TST 137/2005, DJ 22.8.2005.

14. *(Cancelada. Nova redação imprimida à Súmula 100)* – Resolução TST 109/2001, *DJ* 18.4.2001.

15. *(Cancelada devido à nova redação imprimida à Súmula 100)* – Resolução TST 109/2001, *DJ* 18.4.2001.

16. *(Cancelada. Nova redação conferida à Súmula 100)* – Resolução TST 137/2005, *DJ* 22.8.2005.

17. *(Cancelada. Incorporação à nova redação da Orientação Jurisprudencial 12 da SDI-2)* – Resolução TST 137/2005, *DJ* 22.8.2005.

18. AÇÃO RESCISÓRIA. DECADÊNCIA. UNIÃO. LEI COMPLEMENTAR 73/1993, ART. 67. LEI 8.682/1993, ART. 6º.

O art. 67 da Lei Complementar 73/1993 interrompeu todos os prazos, inclusive o de decadência, em favor da União, no período compreendido entre 14.2.1993 e 14.8.1993.

19. AÇÃO RESCISÓRIA. DESLIGAMENTO INCENTIVADO. IMPOSTO DE RENDA. ABONO PECUNIÁRIO. VIOLAÇÃO DE LEI. SÚMULA 83 DO TST. APLICÁVEL.

Havendo notória controvérsia jurisprudencial acerca da incidência de imposto de renda sobre parcela paga pelo empregador ("abono pecuniário") a título de "desligamento incentivado", improcede pedido de rescisão do julgado. Incidência da Súmula 83 do TST.

20. *(Cancelada. Conversão na Súmula 402)* – Resolução TST 137/2005, *DJ* 22.8.2005.

21. AÇÃO RESCISÓRIA. DUPLO GRAU DE JURISDIÇÃO. TRÂNSITO EM JULGADO. INOBSERVÂNCIA. DECRETO-LEI 779/1969, ART. 1º, V. INCABÍVEL. *(Nova redação, publicada no DJ 22.8.2005)*

É incabível ação rescisória para a desconstituição de sentença não transitada em julgado porque ainda não submetida ao necessário duplo grau de jurisdição, na forma do Decreto-lei 779/1969. Determina-se que se oficie ao Presidente do TRT para que proceda à avocatória do processo principal para o reexame da sentença rescindenda.

→ Redação alterada pela Resolução do TST 137/2005.

22. *(Cancelada. Conversão na Súmula 390)* – Resolução TST 129/2005, *DJ* 20.4.2005.

23. AÇÃO RESCISÓRIA. ESTABILIDADE. PERÍODO PRÉ-ELEITORAL. VIOLAÇÃO DE LEI. SÚMULA 83 DO TST. APLICÁVEL.

Não procede pedido de rescisão de sentença de mérito que assegura ou nega estabilidade pré-eleitoral, quando a decisão rescindenda for anterior à Orientação Jurisprudencial 51, da Seção de Dissídios Individuais do TST (25.11.1996). Incidência da Súmula 83 do TST.

24. AÇÃO RESCISÓRIA. ESTABILIDADE PROVISÓRIA. REINTEGRAÇÃO EM PERÍODO POSTERIOR. DIREITO LIMITADO AOS SALÁRIOS E CONSECTÁRIOS DO PERÍODO DA ESTABILIDADE.

Rescinde-se o julgado que reconhece estabilidade provisória e determina a reintegração de empregado, quando já exaurido o respectivo período de estabilidade. Em juízo rescisório, restringe-se a condenação quanto aos salários e consectários até o termo final da estabilidade.

25. AÇÃO RESCISÓRIA. EXPRESSÃO "LEI" DO ART. 485, V, do CPC. NÃO INCLUSÃO DO ACT, CCT, PORTARIA, REGULAMENTO, SÚMULA E ORIENTAÇÃO JURISPRUDENCIAL DE TRIBUNAL. *(Nova Redação em decorrência da incorporação da Orientação Jurisprudencial 118 da SBDI-II, publicada no DJ 22.8.2005)*

→ Refere-se ao CPC de 1973.

→ *V.* Art. 866, V, do NCPC.

Não procede pedido de rescisão fundado no art. 485, V, do CPC quando se aponta contrariedade à norma de convenção coletiva de trabalho, acordo coletivo de trabalho, portaria do Poder Executivo, regulamento de empresa e súmula ou orientação jurisprudencial de Tribunal. (ex-Orientação Jurisprudencial 25 da SDI-2, inserida em 20.9.2000 e ex-Orientação Jurisprudencial 118 da SDI-2, *DJ* 11.8.2003)

→ Redação alterada pela Resolução do TST 137/2005.

26. AÇÃO RESCISÓRIA. GRATIFICAÇÃO DE NÍVEL SUPERIOR. SUFRAMA.

A extensão da gratificação instituída pela SUFRAMA aos servidores celetistas exercentes de atividade de nível superior não ofende as disposições contidas nos arts. 37, XIII, e 39, § 1º, da CF/1988.

27. *(Cancelada. Nova redação conferida à Súmula 219)* – Resolução TST 137/2005, *DJ* 22.8.2005.

28. *(Cancelada. Resolução TST 149/2008, publicada no DJE 20.11.2008.)*

29. *(Cancelada. Nova redação conferida à Súmula 83 pela Resolução 121/2003, publicada no* DJ *21.11.2003)* – Resolução TST 137/2005, *DJ* 22.8.2005.

30. AÇÃO RESCISÓRIA. MULTA. ART. 920 DO CÓDIGO CIVIL DE 1916 (ART. 412 DO CÓDIGO CIVIL DE 2002). *(Nova Redação em decorrência da incorporação da Orientação Jurisprudencial 31 da SBDI-II)*

Não se acolhe, por violação do art. 920 do Código Civil de 1916 (art. 412 do Código Civil de 2002), pedido de rescisão de julgado que:

a) em processo de conhecimento, impôs condenação ao pagamento de multa, quando a decisão rescindenda for anterior à Orientação Jurisprudencial 54 da Subseção I Especializada em Dissídios Individuais do TST (30.5.1994), incidindo o óbice da Súmula 83 do TST; (ex-Orientação Jurisprudencial 30 da SDI-2, inserida em 20.9.2000)

b) em execução, rejeita-se limitação da condenação ao pagamento de multa, por inexistência de violação literal. (ex-Orientação Jurisprudencial 31 da SDI-2, inserida em 20.9.2000)

→ Redação alterada pela Resolução do TST 137/2005.

31. *(Cancelada. Incorporação à redação da OJ 30 da SDI-2)* – Resolução TST 137/2005, *DJ* 22.8.2005.

32. *(Cancelada. Conversão na Súmula 408)* – Resolução TST 137/2005, *DJ* 22.8.2005.

33. *(Cancelada. Conversão na Súmula 408)* – Resolução TST 137/2005, *DJ* 22.8.2005.

34. AÇÃO RESCISÓRIA. PLANOS ECONÔMICOS.

1. O acolhimento de pedido em ação rescisória de plano econômico, fundada no art. 485, inciso V, do CPC, pressupõe, necessariamente, expressa invocação na petição inicial de afronta ao art. 5º, inciso XXXVI, da Constituição Federal de 1988. A indicação de ofensa literal a preceito de lei ordinária atrai a incidência da Súmula 83 do TST e da Súmula 343 do STF.

2. Se a decisão rescindenda é posterior à Súmula 315 do TST (Resolução 7, *DJ* 22.9.1993), inaplicável a Súmula 83 do TST.

35. AÇÃO RESCISÓRIA. PLANOS ECONÔMICOS. COISA JULGADA. LIMITAÇÃO À DATA-BASE NA FASE DE EXECUÇÃO.

Não ofende a coisa julgada a limitação à data-base da categoria, na fase executória, da condenação ao pagamento de diferenças salariais decorrentes de planos econômicos, quando a decisão exequenda silenciar sobre a limitação, uma vez que a limitação decorre de norma cogente. Apenas quando a sentença exequenda houver expressamente afastado a limitação à data-base é que poderá ocorrer ofensa à coisa julgada.

36. *(Cancelada. Nova redação conferida à Súmula 298)* – Resolução TST 137/2005, *DJ* 22.8.2005.

37. *(Cancelada. Nova redação conferida à Súmula 83 pela Resolução 121/2003, publicada no* DJ *21.11.2003)* – Resolução TST 137/2005, *DJ* 22.8.2005.

38. AÇÃO RESCISÓRIA. PROFESSOR ADJUNTO. INGRESSO NO CARGO DE PROFESSOR TITULAR. EXIGÊNCIA DE CONCURSO PÚBLICO (LEI 7.596/1987, DECRETO 94.664/1987 E ART. 206, V, CF/1988.)

A assunção do professor-adjunto ao cargo de professor titular de universidade pública, sem prévia aprovação em concurso público, viola o art. 206, inciso V, da Constituição Federal. Procedência do pedido de rescisão do julgado.

39. AÇÃO RESCISÓRIA. REAJUSTES BIMESTRAIS E QUADRIMESTRAIS. LEI 8.222/1991. SÚMULA 83 DO TST. APLICÁVEL.

Havendo controvérsia jurisprudencial à época, não se rescinde decisão que aprecia a possibilidade de cumulação das antecipações bimestrais e reajustes quadrimestrais de salário previstos na Lei 8.222/1991. Incidência da Súmula 83 do TST.

→ A Lei 8.221/1991 foi revogada pela Lei 8.419/1992, que por sua vez foi revogada pela Lei 8.542/1992.

40. *(Cancelada. Conversão na Súmula 375)* – *Resolução TST 129/2005, DJ 20.4.2005.*

41. AÇÃO RESCISÓRIA. SENTENÇA *CITRA PETITA*. CABIMENTO.

Revelando-se a sentença *citra petita*, o vício processual vulnera os arts. 128 e 460 do CPC, tornando-a passível de desconstituição, ainda que não opostos embargos declaratórios.

42. *(Cancelada. Redação conferida à Súmula 192 pela Resolução 121/2003, publicada no* DJ *21.11.2003)* – Resolução TST 137/2005, *DJ* 22.8.2005.

43. *(Cancelada. Conversão na Súmula 411)* – Resolução TST 137/2005, *DJ* 22.8.2005.

44. *(Cancelada. Conversão na Súmula 399)* – Resolução TST 137/2005, *DJ* 22.8.2005.

45. *(Cancelada. Conversão na Súmula 399)* – Resolução TST 137/2005, *DJ* 22.8.2005.

46. *(Cancelada. Conversão na Súmula 412)* – Resolução TST 137/2005, *DJ* 22.8.2005.

47. *(Cancelada. Conversão na Súmula 413)* – Resolução TST 137/2005, *DJ* 22.8.2005.

48. *(Cancelada. Nova redação da Súmula 192)* – Resolução TST 137/2005, *DJ* 22.8.2005.

49. *(Cancelada. Conversão da tese mais abrangente da OJ 116 na Súmula 397)* – Resolução TST 137/2005, *DJ* 22.8.2005.

50. *(Cancelada. Conversão na Súmula 414)* – Resolução TST 137/2005, *DJ* 22.8.2005.

51. *(Cancelada. Conversão na Súmula 414)* – Resolução TST 137/2005, *DJ* 22.8.2005.

52. *(Cancelada. Conversão na Súmula 415)* – Resolução TST 137/2005, *DJ* 22.8.2005.

53. MANDADO DE SEGURANÇA. COOPERATIVA EM LIQUIDAÇÃO EXTRAJUDICIAL. LEI 5.764/1971, ART. 76. INAPLICÁVEL. NÃO SUSPENDE A EXECUÇÃO.

A liquidação extrajudicial de sociedade cooperativa não suspende a execução dos créditos trabalhistas existentes contra ela.

54. MANDADO DE SEGURANÇA. EMBARGOS DE TERCEIRO. CUMULAÇÃO. PENHORA. INCABÍVEL. (*Nova Redação, publicada no* DJ *22.8.2005*)

Ajuizados embargos de terceiro (art. 1.046 do CPC) para pleitear a desconstituição da penhora, é incabível a interposição de mandado de segurança com a mesma finalidade.

→ Redação alterada pela Resolução do TST 137/2005.

55. *(Cancelada. Conversão na Súmula 416)* – Resolução TST 137/2005, *DJ* 22.8.2005.

56. MANDADO DE SEGURANÇA. EXECUÇÃO. PENDÊNCIA DE RECURSO EXTRAORDINÁRIO.

Não há direito líquido e certo à execução definitiva na pendência de recurso extraordinário, ou de agravo de instrumento visando a destrancá-lo.

57. MANDADO DE SEGURANÇA. INSS. TEMPO DE SERVIÇO. AVERBAÇÃO E/OU RECONHECIMENTO.

Conceder-se-á mandado de segurança para impugnar ato que determina ao INSS o reconhecimento e/ou averbação de tempo de serviço.

58. *(Cancelada. Conversão na Súmula 414)* – Resolução TST 137/2005, *DJ* 22.8.2005.

59. Mandado de segurança. Penhora. Carta de fiança bancária.

A carta de fiança bancária equivale a dinheiro para efeito da gradação dos bens penhoráveis, estabelecida no art. 655 do CPC.

→ Refere-se ao CPC de 1973.

→ *v.* Art. 835 do NCPC.

60. *(Cancelada. Conversão na Súmula 417)* – Resolução TST 137/2005, *DJ* 22.8.2005.

61. *(Cancelada. Conversão na Súmula 417)* – Resolução TST 137/2005, *DJ* 22.8.2005.

62. *(Cancelada. Conversão na Súmula 417)* – Resolução TST 137/2005, *DJ* 22.8.2005.

63. MANDADO DE SEGURANÇA. REINTEGRAÇÃO. AÇÃO CAUTELAR.

Comporta a impetração de mandado de segurança o deferimento de reintegração no emprego em ação cautelar.

64. MANDADO DE SEGURANÇA. REINTEGRAÇÃO LIMINARMENTE CONCEDIDA.

Não fere direito líquido e certo a concessão de tutela antecipada para reintegração de empregado protegido por estabilidade provisória decorrente de lei ou norma coletiva.

65. MANDADO DE SEGURANÇA. REINTEGRAÇÃO LIMINARMENTE CONCEDIDA. DIRIGENTE SINDICAL.

Ressalvada a hipótese do art. 494 da CLT, não fere direito líquido e certo a determinação liminar de reintegração no emprego de dirigente sindical, em face da previsão do inciso X do art. 659 da CLT.

66. MANDADO DE SEGURANÇA. SENTENÇA HOMOLOGATÓRIA DE ADJUDICAÇÃO. INCABÍVEL.

Incabível o mandado de segurança contra sentença homologatória de adjudicação, uma vez que existe meio próprio para impugnar o ato judicial, consistente nos embargos à adjudicação (CPC, art. 746).

67. MANDADO DE SEGURANÇA. TRANSFERÊNCIA. ART. 659, IX, DA CLT.

Não fere direito líquido e certo a concessão de liminar obstativa de transferência de empregado, em face da previsão do inciso IX do art. 659 da CLT.

68. ANTECIPAÇÃO DE TUTELA. COMPETÊNCIA. (*Nova Redação, publicada no* DJ *22.8.2005*)

Nos Tribunais, compete ao relator decidir sobre o pedido de antecipação de tutela, submetendo sua decisão ao Colegiado respectivo, independentemente de pauta, na sessão imediatamente subsequente.

→ Redação alterada pela Resolução do TST 137/2005.

69. FUNGIBILIDADE RECURSAL. INDEFERIMENTO LIMINAR DE AÇÃO RESCISÓRIA OU MANDADO DE SEGURANÇA. RECURSO PARA O TST. RECEBIMENTO COMO AGRAVO REGIMENTAL E DEVOLUÇÃO DOS AUTOS AO TRT.

Recurso ordinário interposto contra despacho monocrático indeferitório da petição inicial de ação rescisória ou de mandado de segurança pode, pelo princípio de fungibilidade recursal, ser recebido como agravo regimental. Hipótese de não conhecimento do recurso pelo TST e devolução dos autos ao TRT, para que aprecie o apelo como agravo regimental.

70. AÇÃO RESCISÓRIA. MANIFESTO E INESCUSÁVEL EQUÍVOCO NO DIRECIONAMENTO. INÉPCIA DA INICIAL. EXTINÇÃO DO PROCESSO.

O manifesto equívoco da parte em ajuizar ação rescisória no TST para desconstituir julgado proferido pelo TRT, ou vice-versa, implica a extinção do processo sem julgamento do mérito por inépcia da inicial.

→ Redação alterada pelo TST em 26.11.2002.

71. AÇÃO RESCISÓRIA. SALÁRIO PROFISSIONAL. FIXAÇÃO. MÚLTIPLO DE SALÁRIO MÍNIMO. ART. 7°, IV, DA CF/1988. (*Nova Redação, publicada no* DJ *22.11.2004*)

A estipulação do salário profissional em múltiplos do salário mínimo não afronta o art. 7°, inciso IV, da Constituição Federal de 1988, só incorrendo em vulneração do referido preceito constitucional a fixação de correção automática do salário pelo reajuste do salário mínimo.

72. *(Cancelada. Nova redação conferida à Súmula 298)* – Resolução TST 137/2005, *DJ* 22.8.2005.

73. *(Cancelada. Conversão na Súmula 435)* – Resolução TST 186/2012, *DEJT* 25.9.2012.

74. *(Cancelada. Conversão na Súmula 421)* – Resolução TST 137/2005, *DJ* 22.8.2005.

75. *(Cancelada. Nova redação conferida à Súmula 298)* – Resolução TST 137/2005, *DJ* 22.8.2005.

76. AÇÃO RESCISÓRIA. AÇÃO CAUTELAR PARA SUSPENDER EXECUÇÃO. JUNTADA DE DOCUMENTO INDISPENSÁVEL. POSSIBILIDADE DE ÊXITO NA RESCISÃO DO JULGADO.

É indispensável a instrução da ação cautelar com as provas documentais necessárias à aferição da plausibilidade de êxito na rescisão do julgado. Assim sendo, devem vir junto com a inicial da cautelar as cópias da petição inicial da ação rescisória principal, da decisão rescindenda, da certidão do trânsito em julgado da decisão rescindenda e informação do andamento atualizado da execução.

77. *(Cancelada. Nova redação conferida à Súmula 83)* – Resolução TST 137/2005, *DJ* 22.8.2005.

78. AÇÃO RESCISÓRIA. CUMULAÇÃO SUCESSIVA DE PEDIDOS. RESCISÃO DA SENTENÇA E DO ACÓRDÃO. AÇÃO ÚNICA. ART. 289 DO CPC.

→ Refere-se ao CPC de 1973.

→ *v.* Art. 326 do NCPC.

É admissível o ajuizamento de uma única ação rescisória contendo mais de um pedido, em ordem sucessiva, de rescisão da sentença e do acórdão. Sendo inviável a tutela jurisdicional de um deles, o julgador está obrigado a apreciar os demais, sob pena de negativa de prestação jurisdicional.

79. *(Cancelada. Nova redação conferida à Súmula 100)* – Resolução TST 137/2005, *DJ* 22.8.2005.

80. AÇÃO RESCISÓRIA. DECADÊNCIA. *DIES A QUO*. RECURSO DESERTO. SÚMULA 100 DO TST.

O não conhecimento do recurso por deserção não antecipa o *dies a quo* do prazo decadencial para o ajuizamento da ação rescisória, atraindo, na contagem do prazo, a aplicação da Súmula 100 do TST.

81. (*Cancelada. Conversão na Súmula 401)* – Resolução TST 137/2005, *DJ* 22.8.2005.

82. *(Cancelada. Conversão na Súmula 406)* – Resolução TST 137/2005, *DJ* 22.8.2005.)

83. *(Cancelada. Conversão na Súmula 407)* – Resolução TST 137/2005, *DJ* 22.8.2005.

84. AÇÃO RESCISÓRIA. PETIÇÃO INICIAL. AUSÊNCIA DA DECISÃO RESCINDENDA E/OU DA CERTIDÃO DE SEU TRÂNSITO EM JULGADO DEVIDAMENTE AUTENTICADAS. PEÇAS ESSENCIAIS PARA A CONSTITUIÇÃO VÁLIDA E REGULAR DO FEITO. ARGUIÇÃO DE OFÍCIO. EXTINÇÃO DO PROCESSO SEM JULGAMENTO DO MÉRITO.

A decisão rescindenda e/ou a certidão do seu trânsito em julgado, devidamente autenticadas, à exceção de cópias reprográficas apresentadas por pessoa jurídica de direito público, a teor do art. 24 da Lei 10.522/2002, são peças essenciais para o julgamento da ação rescisória. Em fase recursal, verificada a ausência de qualquer delas, cumpre ao Relator do recurso ordinário arguir, de ofício, a extinção do processo, sem julgamento do mérito, por falta de pressuposto de constituição e desenvolvimento válido do feito.

→ Resolução alterada pelo TST em 26.11.2002.

85. *(Cancelada – 1ª parte convertida na Súmula 399 e parte final incorporada à nova redação da Súmula 298)* – Resolução TST 137/2005, *DJ* 22.8.2005.

86. *(Cancelada. Conversão na Súmula 414)* – Resolução TST 137/2005, *DJ* 22.8.2005.

87. *(Cancelada pela Resolução TST 137/2005, DJ 22.8.2005.)*

88. MANDADO DE SEGURANÇA. VALOR DA CAUSA. CUSTAS PROCESSUAIS. CABIMENTO.

Incabível a impetração de mandado de segurança contra ato judicial que, de ofício, arbitrou novo valor à causa, acarretando a majoração das custas processuais, uma vez que cabia à parte, após recolher as custas, calculadas com base no valor dado à causa na inicial, interpor recurso ordinário e, posteriormente, agravo de instrumento no caso de o recurso ser considerado deserto.

89. *HABEAS CORPUS*. DEPOSITÁRIO. TERMO DE DEPÓSITO NÃO ASSINADO PELO PACIENTE. NECESSIDADE DE ACEITAÇÃO DO ENCARGO. IMPOSSIBILIDADE DE PRISÃO CIVIL.

A investidura no encargo de depositário depende da aceitação do nomeado, que deve assinar termo de compromisso no auto de penhora, sem o que, é inadmissível a restrição de seu direito de liberdade.

90. *(Cancelada. Conversão na Súmula 422)* – Resolução TST 137/2005, *DJ* 22.8.2005.

91. MANDADO DE SEGURANÇA. AUTENTICAÇÃO DE CÓPIAS PELAS SECRETARIAS DOS TRIBUNAIS REGIONAIS DO TRABALHO. REQUERIMENTO INDEFERIDO. ART. 789, § 9º, DA CLT.

Não sendo a parte beneficiária da assistência judiciária gratuita, inexiste direito líquido e certo à autenticação, pelas Secretarias dos Tribunais, de peças extraídas do processo principal, para formação do agravo de instrumento.

92. MANDADO DE SEGURANÇA. EXISTÊNCIA DE RECURSO PRÓPRIO.

Não cabe mandado de segurança contra decisão judicial passível de reforma mediante recurso próprio, ainda que com efeito diferido.

93. MANDADO DE SEGURANÇA. POSSIBILIDADE DA PENHORA SOBRE PARTE DA RENDA DE ESTABELECIMENTO COMERCIAL.

É admissível a penhora sobre a renda mensal ou faturamento de empresa, limitada a determinado percentual, desde que não comprometa o desenvolvimento regular de suas atividades.

94. AÇÃO RESCISÓRIA. COLUSÃO. FRAUDE À LEI. RECLAMATÓRIA SIMULADA EXTINTA.

A decisão ou acordo judicial subjacente à reclamação trabalhista, cuja tramitação deixa nítida a simulação do litígio para fraudar a lei e prejudicar terceiros, enseja ação rescisória, com lastro em colusão. No juízo rescisório, o processo simulado deve ser extinto.

95. *(Cancelada. Conversão na Súmula 400)* – Resolução TST 137/2005, *DJ* 22.8.2005.

96. *(Cancelada. Nova redação conferida à Súmula 299)* – Resolução TST 137/2005, *DJ* 22.8.2005.

97. AÇÃO RESCISÓRIA. VIOLAÇÃO DO ART. 5º, II, LIV E LV, DA CONSTITUIÇÃO FEDERAL. PRINCÍPIOS DA LEGALIDADE, DO DEVIDO PROCESSO LEGAL, DO CONTRADITÓRIO E DA AMPLA DEFESA.

Os princípios da legalidade, do devido processo legal, do contraditório e da ampla defesa não servem de fundamento para a desconstituição de decisão judicial transitada em julgado, quando se apresentam sob a forma de pedido genérico e desfundamentado, acompanhando dispositivos legais que tratam especificamente da matéria debatida, estes sim, passíveis de fundamentarem a análise do pleito rescisório.

→ Redação alterada pela Resolução do TST 137/2005.

98. MANDADO DE SEGURANÇA. CABÍVEL PARA ATACAR EXIGÊNCIA DE DEPÓSITO PRÉVIO DE HONORÁRIOS PERICIAIS.

É ilegal a exigência de depósito prévio para custeio dos honorários periciais, dada a incompatibilidade com o processo do trabalho, sendo cabível o mandado de segurança visando à realização da perícia, independentemente do depósito.

→ Redação alterada pela Resolução do TST 137/2005.

99. MANDADO DE SEGURANÇA. ESGOTAMENTO DE TODAS AS VIAS PROCESSUAIS DISPONÍVEIS. TRÂNSITO EM JULGADO FORMAL. DESCABIMENTO.

Esgotadas as vias recursais existentes, não cabe mandado de segurança.

100. RECURSO ORDINÁRIO PARA O TST. DECISÃO DE TRT PROFERIDA EM AGRAVO REGIMENTAL CONTRA LIMINAR EM AÇÃO CAUTELAR OU EM MANDADO DE SEGURANÇA. INCABÍVEL.

Não cabe recurso ordinário para o TST de decisão proferida pelo Tribunal Regional do Trabalho em agravo regimental interposto contra despacho que concede ou não liminar em ação cautelar ou em mandado de segurança, uma vez que o processo ainda pende de decisão definitiva do Tribunal *a quo*.

101. AÇÃO RESCISÓRIA. ART. 485, IV, DO CPC. OFENSA A COISA JULGADA. NECESSIDADE DE FIXAÇÃO DE TESE NA DECISÃO RESCINDENDA.

→ Refere-se ao CPC de 1973.

→ v. Art. 966, IV, do NCPC.

Para viabilizar a desconstituição do julgado pela causa de rescindibilidade do inciso IV, do art. 485, do CPC, é necessário que a decisão rescindenda tenha enfrentado as questões ventiladas na ação rescisória, sob pena de inviabilizar o cotejo com o título executivo judicial tido por desrespeitado, de modo a se poder concluir pela ofensa à coisa julgada.

102. *(Cancelada. Nova redação conferida à Súmula 100)* – Resolução TST 137/2005, *DJ* 22.8.2005.

103. AÇÃO RESCISÓRIA. CONTRADIÇÃO ENTRE FUNDAMENTAÇÃO E PARTE DISPOSITIVA DO JULGADO. CABIMENTO. ERRO DE FATO.

É cabível a rescisória para corrigir contradição entre a parte dispositiva do acórdão rescindendo e a sua fundamentação, por erro de fato na retratação do que foi decidido.

104. *(Cancelada. Nova redação conferida à Súmula 100)* – Resolução TST 137/2005, *DJ* 22.8.2005.

105. *(Cancelada. Nova redação conferida à Súmula 192)* – Resolução TST 137/2005, *DJ* 22.8.2005.

106. *(Cancelada. Nova redação conferida à Súmula 299)* – Resolução TST 137/2005, *DJ* 22.8.2005.

107. AÇÃO RESCISÓRIA. DECISÃO RESCINDENDA DE MÉRITO. SENTENÇA DECLARATÓRIA DE EXTINÇÃO DE EXECUÇÃO. SATISFAÇÃO DA OBRIGAÇÃO.

Embora não haja atividade cognitiva, a decisão que declara extinta a execução, nos termos do art. 794 c/c 795 do CPC, extingue a relação processual e a obrigacional, sendo passível de corte rescisório.

108. *(Cancelada. Conversão na Súmula 404)* – Resolução TST 137/2005, *DJ* 22.8.2005.

109. *(Cancelada. Conversão na Súmula 410)* – Resolução TST 137/2005, *DJ* 22.8.2005.

110. *(Cancelada. Conversão na Súmula 406)* – Resolução TST 137/2005, *DJ* 22.8.2005.

111. *(Cancelada. Conversão na Súmula 403)* – Resolução TST 137/2005, *DJ* 22.8.2005.

112. AÇÃO RESCISÓRIA. VIOLAÇÃO DE LEI. DECISÃO RESCINDENDA POR DUPLO FUNDAMENTO. IMPUGNAÇÃO PARCIAL.

Para que a violação da lei dê causa à rescisão de decisão de mérito alicerçada em duplo fundamento, é necessário que o Autor da ação rescisória invoque causas de rescindibilidade que, em tese, possam infirmar a motivação dúplice da decisão rescindenda.

113. AÇÃO CAUTELAR. EFEITO SUSPENSIVO AO RECURSO ORDINÁRIO EM MANDADO DE SEGURANÇA. INCABÍVEL. AUSÊNCIA DE INTERESSE. EXTINÇÃO.

É incabível medida cautelar para imprimir efeito suspensivo a recurso interposto contra decisão proferida em mandado de segurança, pois ambos visam, em última análise, à sustação do ato atacado. Extingue-se, pois, o processo, sem julgamento do mérito, por ausência de interesse de agir, para evitar que decisões judiciais conflitantes e inconciliáveis passem a reger idêntica situação jurídica.

114. *(Cancelada. Conversão na Súmula 419)* – Resolução TST 137/2005, *DJ* 22.8.2005.

115. *(Cancelada. Conversão na Súmula 420)* – Resolução TST 137/2005, *DJ* 22.8.2005.

116. *(Cancelada. Conversão na Súmula 397)* – Resolução TST 137/2005, *DJ* 22.8.2005.

117. *(Cancelada. Nova redação conferida à Súmula 99)* – Resolução TST 137/2005, *DJ* 22.8.2005.

118. *(Cancelada. Incorporação à nova redação da Orientação Jurisprudencial 25 da SDI2I)* – Resolução TST 137/2005, *DJ* 22.8.2005.

119. *(Cancelada. Conversão na Súmula 409)* – Resolução TST 137/2005, *DJ* 22.8.2005.

120. *(Cancelada. Conversão na Súmula 418)* – Resolução TST 137/2005, *DJ* 22.8.2005.

121. *(Cancelada. Conversão na Súmula 405)* – Resolução TST 137/2005, *DJ* 22.8.2005.

122. *(Cancelada. Nova redação conferida à Súmula 100)* – Resolução TST 137/2005, *DJ* 22.8.2005.

123. AÇÃO RESCISÓRIA. INTERPRETAÇÃO DO SENTIDO E ALCANCE DO TÍTULO EXECUTIVO. INEXISTÊNCIA DE OFENSA À COISA JULGADA.

O acolhimento da ação rescisória calcada em ofensa à coisa julgada supõe dissonância patente entre as decisões exequenda e rescindenda, o que não se verifica quando se faz necessária a interpretação do título executivo judicial para se concluir pela lesão à coisa julgada.

→ Redação alterada pela Resolução do TST 137/2005.

124. AÇÃO RESCISÓRIA. ART. 485, II, DO CPC. ARGUIÇÃO DE INCOMPETÊNCIA ABSOLUTA. PREQUESTIONAMENTO INEXIGÍVEL.

→ Refere-se ao CPC de 1973.

→ *V.* Art. 966, II, do NCPC.

Na hipótese em que a ação rescisória tem como causa de rescindibilidade o inciso II do art. 485 do CPC, a arguição de incompetência absoluta prescinde de prequestionamento.

125. *(Cancelada. Conversão na Súmula 403)* – Resolução TST 137/2005, *DJ* 22.8.2005.

126. *(Cancelada. Conversão na Súmula 398)* – Resolução TST 137/2005, *DJ* 22.8.2005.

127. MANDADO DE SEGURANÇA. DECADÊNCIA. CONTAGEM. EFETIVO ATO COATOR.

Na contagem do prazo decadencial para ajuizamento de mandado de segurança, o efetivo ato coator é o primeiro em que se firmou a tese hostilizada e não aquele que a ratificou.

128. AÇÃO RESCISÓRIA. CONCURSO PÚBLICO ANULADO POSTERIORMENTE. APLICAÇÃO DA SÚMULA 363 DO TST.

O certame público posteriormente anulado equivale à contratação realizada sem a observância da exigência contida no art. 37, II, da Constituição Federal de 1988. Assim sendo, aplicam-se à hipótese os efeitos previstos na Súmula 363 do TST.

129. AÇÃO ANULATÓRIA. COMPETÊNCIA ORIGINÁRIA.

Em se tratando de ação anulatória, a competência originária se dá no mesmo juízo em que praticado o ato supostamente eivado de vício.

130. AÇÃO CIVIL PÚBLICA. COMPETÊNCIA. LOCAL DO DANO. LEI 7.347/1985, ART. 2º. CÓDIGO DE DEFESA DO CONSUMIDOR, ART. 93.

I – A competência para a Ação Civil Pública fixa-se pela extensão do dano.

II – Em caso de dano de abrangência regional, que atinja cidades sujeitas à jurisdição de mais de uma Vara do Trabalho, a competência será de qualquer das varas das localidades atingidas, ainda que vinculadas a Tribunais Regionais do Trabalho distintos.

III – Em caso de dano de abrangência suprarregional ou nacional, há competência concorrente para a Ação Civil Pública das varas do trabalho das sedes dos Tribunais Regionais do Trabalho.

IV – Estará prevento o juízo a que a primeira ação houver sido distribuída.

→ Redação alterada pela Resolução do TST 186/2012.

131. AÇÃO RESCISÓRIA. AÇÃO CAUTELAR PARA SUSPENDER EXECUÇÃO DA DECISÃO RESCINDENDA. PENDÊNCIA DE TRÂNSITO EM JULGADO DA AÇÃO RESCISÓRIA PRINCIPAL. EFEITOS.

A ação cautelar não perde o objeto enquanto ainda estiver pendente o trânsito em julgado da ação rescisória principal, devendo o pedido cautelar ser julgado procedente, mantendo-se os efeitos da liminar eventualmente deferida, no caso de procedência do pedido rescisório ou, por outro lado, improcedente, se o pedido da ação rescisória principal tiver sido julgado improcedente.

132. AÇÃO RESCISÓRIA. ACORDO HOMOLOGADO. ALCANCE. OFENSA À COISA JULGADA.

Acordo celebrado – homologado judicialmente – em que o empregado dá plena e ampla quitação, sem qualquer ressalva, alcança não só o objeto da inicial, como também todas as demais parcelas referentes ao extinto contrato de trabalho, violando a coisa julgada, a propositura de nova reclamação trabalhista.

133. *(Cancelada. Nova redação conferida à Súmula 192)* – Resolução TST 137/2005, *DJ* 22.8.2005.

134. AÇÃO RESCISÓRIA. DECISÃO RESCINDENDA. PRECLUSÃO DECLARADA. FORMAÇÃO DA COISA JULGADA FORMAL. IMPOSSIBILIDADE JURÍDICA DO PEDIDO.

A decisão que conclui estar preclusa a oportunidade de impugnação da sentença de liquidação, por ensejar tão somente a formação da coisa julgada formal, não é suscetível de rescindibilidade.

135. AÇÃO RESCISÓRIA. VIOLAÇÃO DO ART. 37, *CAPUT*, DA CF/1988. NECESSIDADE DE PREQUESTIONAMENTO.

A ação rescisória calcada em violação do art. 37, *caput*, da Constituição Federal, por desrespeito ao princípio da legalidade administrativa exige que ao menos o princípio constitucional tenha sido prequestionado na decisão.

136. AÇÃO RESCISÓRIA. ERRO DE FATO. CARACTERIZAÇÃO.

A caracterização do erro de fato como causa de rescindibilidade de decisão judicial transitada em julgado supõe a afirmação categórica e indiscutida de um fato, na decisão rescindenda, que não corresponde à realidade dos autos. O fato afirmado pelo julgador, que pode ensejar ação rescisória calcada no inciso IX do art. 485 do CPC, é apenas aquele que se coloca como premissa fática indiscutida de um silogismo argumentativo, não aquele que se apresenta ao final desse mesmo silogismo, como conclusão decorrente das premissas que especificaram as provas oferecidas, para se concluir pela existência do fato. Esta última hipótese é afastada pelo § 2º do art. 485 do CPC, ao exigir que não tenha havido controvérsia sobre o fato e pronunciamento judicial esmiuçando as provas.

137. MANDADO DE SEGURANÇA. DIRIGENTE SINDICAL. ART. 494 DA CLT. APLICÁVEL.

Constitui direito líquido e certo do empregador a suspensão do empregado, ainda que detentor de estabilidade sindical, até a decisão final do inquérito em que se apure a falta grave a ele imputada, na forma do art. 494, *caput* e parágrafo único, da CLT.

138. *(Cancelada pelo Tribunal Pleno, DJ 10.5.2006.)*

139. *(Cancelada. Conversão na Súmula 414)* – Resolução TST 137/2005 – *DJ* 22.8.2005.

140. MANDADO DE SEGURANÇA CONTRA LIMINAR, CONCEDIDA OU DENEGADA EM OUTRA SEGURANÇA. INCABÍVEL. (ART. 8º DA LEI 1.533/1951).

Não cabe mandado de segurança para impugnar despacho que acolheu ou indeferiu liminar em outro mandado de segurança.

→ Referida Lei 1.533/1951 for revogada pela Lei 12.016/2009.

→ *V.* Art. 10 da Lei 12.016/2009.

141. *(Cancelada. Conversão na Súmula 418)* – Resolução TST 137/2005, *DJ* 22.8.2005.

142. MANDADO DE SEGURANÇA. REINTEGRAÇÃO LIMINARMENTE CONCEDIDA.

Inexiste direito líquido e certo a ser oposto contra ato de Juiz que, antecipando a tutela jurisdicional, determina a reintegração do empregado até a decisão final do processo, quando demonstrada a razoabilidade do direito subjetivo material, como nos casos de anistiado pela da Lei 8.878/1994, aposentado, integrante de comissão de fábrica, dirigente sindical, portador de doença profissional, portador de vírus HIV ou detentor de estabilidade provisória prevista em norma coletiva.

143. *HABEAS CORPUS*. PENHORA SOBRE COISA FUTURA E INCERTA. PRISÃO. DEPOSITÁRIO INFIEL.

Não se caracteriza a condição de depositário infiel quando a penhora recair sobre coisa futura e incerta, circunstância que, por si só, inviabiliza a materialização do depósito no momento da constituição do paciente em depositário, autorizando-se a concessão de *habeas corpus* diante da prisão ou ameaça de prisão que sofra.

→ Redação alterada pela Resolução do TST 151/2008.

144. MANDADO DE SEGURANÇA. PROIBIÇÃO DE PRÁTICA DE ATOS FUTUROS. SENTENÇA GENÉRICA. EVENTO FUTURO. INCABÍVEL.

O mandado de segurança não se presta à obtenção de uma sentença genérica, aplicável a eventos futuros, cuja ocorrência é incerta.

→ Redação alterada pela Resolução do TST 137/2005.

145. *(Cancelada. Nova redação conferida à Súmula 100)* – Resolução TST 137/2005, *DJ* 22.8.2005.

146. AÇÃO RESCISÓRIA. INÍCIO DO PRAZO PARA APRESENTAÇÃO DA CONTESTAÇÃO. ART. 774 DA CLT.

A contestação apresentada em sede de ação rescisória obedece à regra relativa à contagem de prazo constante do art. 774 da CLT, sendo inaplicável o art. 241 do CPC.

→ Refere-se ao CPC de 1973.

→ *V.* Art. 231 do NCPC.

147. *(Cancelada pela Resolução TST 142/2007,* DJ *10.10.2007.)*

148. CUSTAS. MANDADO DE SEGURANÇA. RECURSO ORDINÁRIO. EXIGÊNCIA DO PAGAMENTO. (*Conversão da Orientação Jurisprudencial 29 da SDI-I*) – Resolução 129/2005, *DJ* 20.4.2005.

É responsabilidade da parte, para interpor recurso ordinário em mandado de segurança, a comprovação do recolhimento das custas processuais no prazo recursal, sob pena de deserção. (ex- Orientação Jurisprudencial 29, inserida em 20.9.2000)

149. CONFLITO DE COMPETÊNCIA. INCOMPETÊNCIA TERRITORIAL. HIPÓTESE DO ART. 651, § 3º, DA CLT. IMPOSSIBILIDADE DE DECLARAÇÃO DE OFÍCIO DE INCOMPETÊNCIA RELATIVA.

Não cabe declaração de ofício de incompetência territorial no caso do uso, pelo trabalhador, da faculdade prevista no art. 651, § 3º, da CLT. Nessa hipótese, resolve-se o conflito pelo reconhecimento da competência do juízo do local onde a ação foi proposta.

150. AÇÃO RESCISÓRIA. DECISÃO RESCINDENDA QUE EXTINGUE O PROCESSO SEM RESOLUÇÃO DE MÉRITO POR ACOLHIMENTO DA EXCEÇÃO DE COISA JULGADA. CONTEÚDO MERAMENTE PROCESSUAL. IMPOSSIBILIDADE JURÍDICA DO PEDIDO.

Reputa-se juridicamente impossível o pedido de corte rescisório de decisão que, reconhecendo a configuração de coisa julgada, nos termos do art. 267, V, do CPC, extingue o processo sem resolução de mérito, o que, ante o seu conteúdo meramente processual, a torna insuscetível de produzir a coisa julgada material.

151. AÇÃO RESCISÓRIA E MANDADO DE SEGURANÇA. IRREGULARIDADE DE REPRESENTAÇÃO PROCESSUAL VERIFICADA NA FASE RECURSAL. PROCURAÇÃO OUTORGADA COM PODERES ESPECÍFICOS PARA AJUIZAMENTO DE RECLAMAÇÃO TRABALHISTA. VÍCIO PROCESSUAL INSANÁVEL.

A procuração outorgada com poderes específicos para ajuizamento de reclamação trabalhista não autoriza a propositura de ação rescisória e mandado de segurança, bem como não se admite sua regularização quando verificado o defeito de representação processual na fase recursal, nos termos da Súmula 383, item II, do TST.

152. AÇÃO RESCISÓRIA E MANDADO DE SEGURANÇA. RECURSO DE REVISTA DE ACÓRDÃO REGIONAL QUE JULGA AÇÃO RESCISÓRIA OU MANDADO DE SEGURANÇA. PRINCÍPIO DA FUNGIBILIDADE. INAPLICABILIDADE. ERRO GROSSEIRO NA INTERPOSIÇÃO DO RECURSO.

A interposição de recurso de revista de decisão definitiva de Tribunal Regional do Trabalho em ação rescisória ou em mandado de segurança, com fundamento em violação legal e divergência jurisprudencial e remissão expressa ao art. 896 da CLT, configura erro grosseiro, insuscetível de autorizar o seu recebimento como recurso ordinário, em face do disposto no art. 895, *b*, da CLT.

→ *v.* Lei 11.925/2009, que alterou o art. 895, excluindo suas alíneas.

153. MANDADO DE SEGURANÇA. EXECUÇÃO. ORDEM DE PENHORA SOBRE VALORES EXISTENTES EM CONTA SALÁRIO. ART. 649, IV, DO CPC. ILEGALIDADE.

→ Refere-se ao CPC de 1973.

→ *v.* Art. 833, IV e § 2º, do NCPC.

Ofende direito líquido e certo decisão que determina o bloqueio de numerário existente em conta salário, para satisfação de crédito trabalhista, ainda que seja limitado a determinado percentual dos valores recebidos ou a valor revertido para fundo de aplicação ou poupança, visto que o art. 649, IV, do CPC contém norma imperativa que não admite interpretação ampliativa, sendo a exceção prevista no art. 649, § 2º, do CPC espécie e não gênero de crédito de natureza alimentícia, não englobando o crédito trabalhista.

154. AÇÃO RESCISÓRIA. ACORDO PRÉVIO AO AJUIZAMENTO DA RECLAMAÇÃO. QUITAÇÃO GERAL. LIDE SIMULADA. POSSIBILIDADE DE RESCISÃO DA SENTENÇA HOMOLOGATÓRIA DE ACORDO APENAS SE VERIFICADA A EXISTÊNCIA DE VÍCIO DE CONSENTIMENTO.

A sentença homologatória de acordo prévio ao ajuizamento de reclamação trabalhista, no qual foi conferida quitação geral do extinto contrato, sujeita-se ao corte rescisório tão somente se verificada a existência de fraude ou vício de consentimento.

155. AÇÃO RESCISÓRIA E MANDADO DE SEGURANÇA. VALOR ATRIBUÍDO À CAUSA NA INICIAL. MAJORAÇÃO DE OFÍCIO. INVIABILIDADE.

Atribuído o valor da causa na inicial da ação rescisória ou do mandado de segurança e não havendo impugnação, nos termos do art. 261 do CPC, é defeso ao Juízo majorá-lo de ofício, ante a ausência de amparo legal. Inaplicável, na hipótese, a Orientação Jurisprudencial da SBDI-2 147 e o art. 2º, II, da Instrução Normativa 31 do TST.

→ Referida Orientação Jurisprudencial da SBDI-2 147 foi revogada pela Resolução do TST 142/2007.

156. *HABEAS CORPUS* ORIGINÁRIO NO TST. SUBSTITUTIVO DE RECURSO ORDINÁRIO EM *HABEAS CORPUS*. CABIMENTO CONTRA DECISÃO DEFINITIVA PROFERIDA POR TRIBUNAL REGIONAL DO TRABALHO.

É cabível ajuizamento de *habeas corpus* originário no Tribunal Superior do Trabalho, em substituição de recurso ordinário em *habeas corpus*, de decisão definitiva proferida por Tribunal Regional do Trabalho, uma vez que o órgão colegiado passa a ser a autoridade coatora no momento em que examina o mérito do *habeas corpus* impetrado no âmbito da Corte local.

157. AÇÃO RESCISÓRIA. DECISÕES PROFERIDAS EM FASES DISTINTAS DE UMA MESMA AÇÃO. COISA JULGADA. NÃO CONFIGURAÇÃO.

A ofensa à coisa julgada de que trata o art. 485, IV, do CPC refere-se apenas a relações processuais distintas. A invocação de desrespeito à coisa julgada formada no processo de conhecimento, na correspondente fase de execução, somente é possível com base na violação do art. 5º, XXXVI, da Constituição da República.

158. AÇÃO RESCISÓRIA. DECLARAÇÃO DE NULIDADE DE DECISÃO HOMOLOGATÓRIA DE ACORDO EM RAZÃO DE COLUSÃO (ART. 485, III, DO CPC). MULTA POR LITIGÂNCIA DE MÁ-FÉ. IMPOSSIBILIDADE.

A declaração de nulidade de decisão homologatória de acordo, em razão da colusão entre as partes (art. 485, III, do CPC), é sanção suficiente em relação ao procedimento adotado, não havendo que ser aplicada a multa por litigância de má-fé.

ORIENTAÇÃO JURISPRUDENCIAL DO TRIBUNAL PLENO DO TST

1. PRECATÓRIO. CRÉDITO TRABALHISTA. PEQUENO VALOR. EMENDA CONSTITUCIONAL N. 37/2002.

Há dispensa da expedição de precatório, na forma do art. 100, § 3º, da CF/1988, quando a execução contra a Fazenda Pública não exceder os valores definidos, provisoriamente, pela Emenda Constitucional 37/2002, como obrigações de pequeno valor, inexistindo ilegalidade, sob esse prisma, na determinação de sequestro da quantia devida pelo ente público.

2. PRECATÓRIO. REVISÃO DE CÁLCULOS. LIMITES DA COMPETÊNCIA DO PRESIDENTE DO TRT.

O pedido de revisão dos cálculos, em fase de precatório, previsto no art. 1º-E da Lei 9.494/1997, apenas poderá ser acolhido desde que: *a)* o requerente aponte e especifique claramente quais são as incorreções existentes nos cálculos, discriminando o montante que seria correto, pois do contrário a incorreção torna-se abstrata; *b)* o defeito nos cálculos esteja ligado à incorreção material ou à utilização de critério em descompasso com a lei ou com o título executivo judicial; e *c)* o critério legal aplicável ao débito não tenha sido objeto de debate nem na fase de conhecimento, nem na fase de execução.

3. PRECATÓRIO. SEQUESTRO. EMENDA CONSTITUCIONAL N. 30/2000. PRETERIÇÃO. ADIN 1662-8. ART. 100, § 2º, DA CF/1988.

O sequestro de verbas públicas para satisfação de precatórios trabalhistas só é admitido na hipótese de preterição do direito de precedência do credor, a ela não se equiparando as situações de não inclusão da despesa no orçamento ou de não pagamento do precatório até o final do exercício, quando incluído no orçamento.

4. MANDADO DE SEGURANÇA. DECISÃO DE TRT. INCOMPETÊNCIA ORIGINÁRIA DO TRIBUNAL SUPERIOR DO TRABALHO.

Ao Tribunal Superior do Trabalho não compete apreciar, originariamente, mandado de segurança impetrado em face de decisão de TRT.

5. RECURSO ORDINÁRIO. CABIMENTO. (conversão da Orientação Jurisprudencial 70 da SDI-1)

Não cabe recurso ordinário contra decisão em agravo regimental interposto em reclamação correicional ou em pedido de providência. (ex-Orientação Jurisprudencial 70, inserida em 13.9.1994)

6. PRECATÓRIO. EXECUÇÃO. LIMITAÇÃO DA CONDENAÇÃO IMPOSTA PELO TÍTULO JUDICIAL EXEQUENDO À DATA DO ADVENTO DA LEI 8.112, DE 11.12.1990.

Em sede de precatório, não configura ofensa à coisa julgada a limitação dos efeitos pecuniários da sentença condenatória ao período anterior ao advento da Lei 8.112, de 11.12.1990, em que o exequente submetia-se à legislação trabalhista, salvo disposição expressa em contrário na decisão exequenda.

7. JUROS DE MORA. CONDENAÇÃO DA FAZENDA PÚBLICA. (*Nova Redação, publicada 27.5.2011)*

I – Nas condenações impostas à Fazenda Pública, incidem juros de mora segundo os seguintes critérios:

a) 1% (um por cento) ao mês, até agosto de 2001, nos termos do § 1º do art. 39 da Lei 8.177, de 1.3.1991;

b) 0,5% (meio por cento) ao mês, de setembro de 2001 a junho de 2009, conforme determina o art. 1º-F da Lei 9.494, de 10.9.1997, introduzido pela Medida Provisória 2.180-35, de 24.8.2001.

II – a partir de 30 de junho de 2009, atualizam-se os débitos trabalhistas da Fazenda Pública, mediante a incidência dos índices oficiais de remuneração básica e juros aplicados à caderneta de poupança, por força do art. 5º da Lei 11.960, de 29.6.2009.

III – a adequação do montante da condenação deve observar essa limitação legal, ainda que em sede de precatório.

→ Orientação Jurisprudencial alterada pela Resolução do TST 175/2011

8. PRECATÓRIO. MATÉRIA ADMINISTRATIVA. REMESSA NECESSÁRIA. NÃO CABIMENTO.

Em sede de precatório, por se tratar de decisão de natureza administrativa, não se aplica o disposto no art. 1º, V, do Decreto-lei 779, de 21.8.1969, em que se determina a remessa necessária em caso de decisão judicial desfavorável a ente público.

9. PRECATÓRIO. PEQUENO VALOR. INDIVIDUALIZAÇÃO DO CRÉDITO APURADO. RECLAMAÇÃO TRABALHISTA PLÚRIMA. EXECUÇÃO DIRETA CONTRA A FAZENDA PÚBLICA. POSSIBILIDADE.

Tratando-se de reclamações trabalhistas plúrimas, a aferição do que vem a ser obrigação de pequeno valor, para efeito de dispensa de formação de precatório e aplicação do disposto no § 3º do art. 100 da CF/1988, deve ser realizada considerando-se os créditos de cada reclamante.

10. PRECATÓRIO. PROCESSAMENTO E PAGAMENTO. NATUREZA ADMINISTRATIVA. MANDADO DE SEGURANÇA. CABIMENTO.

É cabível mandado de segurança contra atos praticados pela Presidência dos Tribunais Regionais em precatório em razão de sua natureza administrativa, não se aplicando o disposto no inciso II do art. 5º da Lei 1.533, de 31.12.1951.

→ v. Lei 12.016/2009, que revogou a citada Lei 1.533/1951.

11. RECURSO EM MATÉRIA ADMINISTRATIVA. PRAZO. ÓRGÃO COLEGIADO. OITO DIAS. ART. 6º DA LEI 5.584, DE 26.6.1970.

Se não houver norma específica quanto ao prazo para interposição de recurso em matéria administrativa de decisão emanada de órgão Colegiado do Tribunal Regional do Trabalho, aplica-se, por analogia, a regra geral dos prazos adotados na Justiça do Trabalho, ou seja, oito dias, conforme estabelecido no art. 6º da Lei 5.584, de 26.6.1970. O prazo de 10 (dez) dias a que alude o art. 59 da Lei 9.784, de 29.1.1999, aplica-se somente à interposição de recursos de decisões prolatadas monocraticamente.

12. PRECATÓRIO. PROCEDIMENTO DE NATUREZA ADMINISTRATIVA. INCOMPETÊNCIA FUNCIONAL DO PRESIDENTE DO TRT PARA DECLARAR A INEXIGIBILIDADE DO TÍTULO EXEQUENDO.

O Presidente do TRT, em sede de precatório, não tem competência funcional para declarar a inexigibilidade do título judicial exequendo, com fundamento no art. 884, § 5º, da CLT, ante a natureza meramente administrativa do procedimento.

13. PRECATÓRIO. QUEBRA DA ORDEM DE PRECEDÊNCIA. NÃO DEMONSTRAÇÃO DA POSIÇÃO DO EXEQUENTE NA ORDEM CRONOLÓGICA. SEQUESTRO INDEVIDO.

É indevido o sequestro de verbas públicas quando o exequente/requerente não se encontra em primeiro lugar na lista de ordem cronológica para pagamento de precatórios ou quando não demonstrada essa condição.

PRECEDENTES NORMATIVOS DO TST

1. (*Cancelado pela SDC em 14.9.1998*) – Resolução do TST 86/1998, *DJ* 15.10.1998.

2. (*Cancelado pela SDC em 14.9.1998*) – Resolução do TST 86/1998, *DJ* 15.10.1998.

3. (*Cancelado pela SDC em 2.6.1998*) – Resolução do TST 81/1998, *DJ* 20.8.1998.

4. (*Cancelado pela SDC em 2.6.1998*) – Resolução do TST 81/1998, *DJ* 20.8.1998.

5. ANOTAÇÕES DE COMISSÕES.

O empregador é obrigado a anotar, na CTPS, o percentual das comissões a que faz jus o empregado.

6. GARANTIA DE SALÁRIO NO PERÍODO DE AMAMENTAÇÃO.

É garantido às mulheres, no período de amamentação, o recebimento do salário, sem prestação de serviços, quando o empregador não cumprir as determinações dos §§ 1º e 2º do art. 389 da CLT.

7. (*Cancelado pela SDC em 2.6.1998*) – Resolução do TST 81/1998, *DJ* 20.8.1998.

8. ATESTADOS DE AFASTAMENTO E SALÁRIOS.

O empregador é obrigado a fornecer atestados de afastamento e salários ao empregado demitido.

9. (*Cancelado pela SDC em 14.9.1998*) – Resolução do TST 86/1998, *DJ* 15.10.1998.

10. BANCO DO BRASIL COMO PARTE EM DISSÍDIO COLETIVO NO TRT. *(Nova Redação, dada pela SDC em 14.10.1998)*

Os Tribunais Regionais do Trabalho são incompetentes para processar e julgar Dissídios Coletivos em que sejam partes o Banco do Brasil S.A. e entidades sindicais dos bancários.

→ Redação alterada pela Resolução do TST 86/1998.

11. (*Cancelado pela SDC em 14.9.1998*) – Resolução do TST 86/1998, *DJ* 15.10.1998.

12. (*Cancelado pela SDC em 2.6.1998*) – Resolução do TST 81/1998, *DJ* 20.8.1998.

13. (*Cancelado pela SDC em 14.9.1998*) – Resolução do TST 86/1998, *DJ* 15.10.1998.

14. DESCONTO NO SALÁRIO.

Proíbe-se o desconto no salário do empregado dos valores de cheques não compensados ou sem fundos, salvo se não cumprir as resoluções da empresa.

15. COMISSÃO SOBRE COBRANÇA.

Se não obrigado por contrato a efetuar cobranças, o vendedor receberá comissões por esse serviço, respeitadas as taxas em vigor para os demais cobradores.

16. (*Cancelado pela SDC em 14.9.1998*) – Resolução do TST 86/1998, *DJ* 15.10.1998.

17. (*Cancelado pela SDC em 14.9.1998*) – Resolução do TST 86/1998, *DJ* 15.10.1998.

18. (*Cancelado pela SDC em 14.9.1998*) – Resolução do TST 86/1998, *DJ* 15.10.1998.

19. (*Cancelado pela SDC em 2.6.1998*) – Resolução do TST 81/1998, *DJ* 20.8.1998.

20. EMPREGADO RURAL. CONTRATO ESCRITO.

Sendo celebrado contrato por tarefa, parceria ou meação, por escrito, obriga-se o empregador a fornecer uma via deste ao empregado, devidamente datada e assinada pelas partes.

21. (*Cancelado pela SDC em 14.9.1998*) – Resolução do TST 86/1998, *DJ* 15.10.1998.

22. CRECHE.

Determina-se a instalação de local destinado à guarda de crianças em idade de amamentação, quando existentes na empresa mais de 30 (trinta) mulheres maiores de 16 (dezesseis) anos, facultado o convênio com creches.

23. (*Cancelado pela SDC em 14.9.1998*) – Resolução do TST 86/1998, *DJ* 15.10.1998.

24. DISPENSA DO AVISO-PRÉVIO.

O empregado despedido fica dispensado do cumprimento do aviso-prévio quando comprovar a obtenção de novo emprego, desonerando a empresa do pagamento dos dias não trabalhados.

25. (*Cancelado pela SDC em 2.6.1998*) – Resolução do TST 81/1998, DJ 20.8.1998.

26. (*Cancelado pela SDC em 2.6.1998*) – Resolução do TST 81/1998, *DJ* 20.8.1998.

27. (*Cancelado pela SDC em 14.9.1998*) – Resolução do TST 86/1998, *DJ* 15.10.1998.

28. (*Cancelado pela SDC em 2.6.1998*) – Resolução do TST 81/1998, *DJ* 20.8.1998.

29. GREVE. COMPETÊNCIA DOS TRIBUNAIS PARA DECLARÁ-LA ABUSIVA.

Compete aos Tribunais do Trabalho decidir sobre o abuso do direito de greve.

30. (*Cancelado pela SDC em 2.6.1998*) – Resolução do TST 81/1998, *DJ* 20.8.1998.

31. PROFESSOR ("JANELAS").

Os tempos vagos (janelas) em que o professor ficar à disposição do curso serão remunerados como aula, no limite de 1 (uma) hora diária por unidade.

32. JORNADA DO ESTUDANTE.

Proíbe-se a prorrogação da jornada de trabalho do empregado estudante, ressalvadas as hipóteses dos arts. 59 e 61 da CLT.

33. (*Cancelado pela SDC em 2.6.1998*) – Resolução do TST 81/1998, *DJ* 20.8.1998.

34. EMPREGADO RURAL. MORADIA.

Ao empregado que residir no local de trabalho fica assegurada a moradia em condições de habitabilidade, conforme exigências da autoridade local.

35. (*Cancelado pela SDC em 2.6.1998*) – Resolução do TST 81/1998, *DJ* 20.8.1998.

36. (*Cancelado pela SDC em 2.6.1998*) – Resolução do TST 81/1998, *DJ* 20.8.1998.

37. DISSÍDIO COLETIVO. FUNDAMENTAÇÃO DE CLÁUSULAS. NECESSIDADE.

Nos processos de dissídio coletivo só serão julgadas as cláusulas fundamentadas na representação, em caso de ação originária, ou no recurso.

38. (*Cancelado pela SDC em 14.9.1998*) – Resolução do TST 86/1998, *DJ* 15.10.1998.

39. (*Cancelado pela SDC em 14.9.1998*) – Resolução do TST 86/1998, *DJ* 15.10.1998.

40. (*Cancelado pela SDC em 2.6.1998*) – Resolução do TST 81/1998, *DJ* 20.8.1998.

41. RELAÇÃO NOMINAL DE EMPREGADOS.

As empresas encaminharão à entidade profissional cópia das Guias de Contribuição Sindical e Assistencial, com a relação nominal dos respectivos salários, no prazo máximo de 30 dias após o desconto.

42. SEGURO OBRIGATÓRIO.

Institui-se a obrigação do seguro, por acidente ou morte, para empregados que transportem valores ou exerçam as atividades de vigia ou vigilante.

43. (*Cancelado pela SDC em 2.6.1998*) – Resolução do TST 81/1998, *DJ* 20.8.1998.

44. (*Cancelado pela SDC em 14.9.1998*) – Resolução do TST 86/1998, *DJ* 15.10.1998.

45. (*Cancelado pela SDC em 2.6.1998*) – Resolução do TST 81/1998, *DJ* 20.8.1998.

46. (*Cancelado pela SDC em 2.6.1998*) – Resolução do TST 81/1998, *DJ* 20.8.1998.

47. DISPENSA DO EMPREGADO.

O empregado despedido será informado, por escrito, dos motivos da dispensa.

48. (*Cancelado pelo Tribunal Pleno em 2.9.2004*) – Resolução do TST 125/2004, *DJ* 10.9.2004.

49. (*Cancelado pela SDC em 2.6.1998*) – Resolução do TST 81/1998, *DJ* 20.8.1998.

50. EMPREGADO RURAL. DEFENSIVOS AGRÍCOLAS.

O empregador rural é obrigado a possuir o receituário agronômico de defensivos agrícolas e a observar as medidas de prevenção nele contidas.

51. (*Cancelado pela SDC em 2.6.1998*) – Resolução do TST 81/1998, *DJ* 20.8.1998.

52. RECEBIMENTO DO PIS.

Garante-se ao empregado o recebimento do salário do dia em que tiver de se afastar para recebimento do PIS.

53. EMPREGADO RURAL. RESCISÃO DO CONTRATO DE TRABALHO DO CHEFE DE FAMÍLIA.

A rescisão do contrato de trabalho rural, sem justa causa, do chefe da unidade familiar é extensiva à esposa, às filhas solteiras e aos filhos até 20 anos de idade, que exerçam atividades na propriedade, mediante opção destes.

54. (*Cancelado pela SDC em 14.9.1998*) – Resolução do TST 86/1998, *DJ* 15.10.1998.

55. JORNALISTA. CONTRATO DE TRABALHO.

O empregador é obrigado a mencionar no contrato de trabalho o órgão de imprensa no qual o jornalista vai trabalhar.

56. CONSTITUCIONALIDADE.

São constitucionais os Decretos-leis 2.012/1983, 2.024/1983 e 2.045/1983.

57. (*Cancelado pela SDC em 2.6.1998*) – Resolução do TST 81/1998, *DJ* 20.8.1998.

58. SALÁRIO. PAGAMENTO AO ANALFABETO.

O pagamento de salário ao empregado analfabeto deverá ser efetuado na presença de 2 (duas) testemunhas.

59. EMPREGADO RURAL. AFERIÇÃO DAS BALANÇAS.

O instrumento de peso e medida, utilizado pelos empregadores para aferição das tarefas no regime de produção, deverá ser conferido pelo INPM.

60. EMPREGADO RURAL. LATÃO DE CAFÉ.

O latão de café terá capacidade de 60 litros e será padronizado de acordo com as normas do INPM.

61. COBRANÇA DE TÍTULOS.

Salvo disposição contratual, é vedado ao empregador responsabilizar o empregado pelo inadimplemento do cliente, até mesmo quanto a títulos.

62. EMPREGADO RURAL. CONSERVAÇÃO DAS CASAS.

Os empregadores são responsáveis pelos reparos nas residências que cedam aos empregados rurais, desde que os danos não decorram de culpa destes.

63. EMPREGADO RURAL. FICHA DE CONTROLE DA PRODUÇÃO.

Quando da colheita, o café será entregue na lavoura ou no monte, fornecendo-se ao trabalhador uma ficha com o valor da respectiva produção.

64. EMPREGADO RURAL. HORÁRIO E LOCAL DE CONDUÇÃO.

Fornecendo o empregador condução para o trabalho, informará ele aos empregados, previamente, os locais e horários do transporte.

65. EMPREGADO RURAL. PAGAMENTO DE SALÁRIO.

O pagamento do salário será efetuado em moeda corrente e no horário de serviço, para isso permitido o seu prolongamento até duas horas após o término da jornada de trabalho.

66. GARRAFAS "BICADAS".

Constituem ônus do empregador aceitar a devolução de garrafas "bicadas" e o extravio de engradados, salvo se não cumpridas as disposições contratuais pelo empregado.

67. REMUNERAÇÃO POR PRODUÇÃO.

Quando o serviço for contratado por produção, a remuneração não poderá ser inferior à diária correspondente ao salário normativo.

68. EMPREGADO RURAL. FALTAS AO SERVIÇO. COMPRAS.

Autoriza-se o chefe de família, se empregado rural, a faltar ao serviço um dia por mês ou meio dia por quinzena, para efetuar compras, sem remuneração ou mediante compensação de horário, mas sem prejuízo do repouso remunerado, desde que não tenha falta injustificada durante o mês.

69. EMPREGADO RURAL. PAGAMENTO DE DIA NÃO TRABALHADO.

O empregado rural fará jus ao salário do dia, quando comparecer ao local de prestação de serviço ou ponto de embarque, se fornecida condução pelo empregador, e não puder trabalhar em consequência de chuva ou de outro motivo alheio à sua vontade.

70. LICENÇA PARA ESTUDANTE.

Concede-se licença não remunerada nos dias de prova ao empregado estudante, desde que avisado o patrão com 72 horas de antecedência e mediante comprovação.

71. EMPREGADO RURAL. TRANSPORTE. CONDIÇÕES DE SEGURANÇA.

Quando fornecidos pelo empregador, os veículos destinados a transportar trabalhadores rurais deverão satisfazer as condições de segurança e comodidade, sendo proibido o carregamento de ferramentas soltas junto às pessoas conduzidas.

72. MULTA. ATRASO NO PAGAMENTO DE SALÁRIO.

Estabelece-se multa de 10% sobre o saldo salarial, na hipótese de atraso no pagamento de salário até 20 dias, e de 5% por dia no período subsequente.

73. MULTA. OBRIGAÇÃO DE FAZER.

Impõe-se multa, por descumprimento das obrigações de fazer, no valor equivalente a 10% do salário básico, em favor do empregado prejudicado.

74. (*Cancelado pela SDC em 2.6.1998*) – Resolução do TST 81/1998, *DJ* 20.8.1998.

75. (*Cancelado pela SDC em 2.6.1998*) – Resolução do TST 81/1998, *DJ* 20.8.1998.

76. (*Cancelado pela SDC em 2.6.1998*) – Resolução do TST 81/1998, *DJ* 20.8.1998.

77. EMPREGADO TRANSFERIDO. GARANTIA DE EMPREGO.

Assegura-se ao empregado transferido, na forma do art. 469 da CLT, a garantia de emprego por 1 (um) ano após a data da transferência.

78. PROFESSOR. REDUÇÃO SALARIAL NÃO CONFIGURADA.

Não configura redução salarial ilegal a diminuição de carga horária motivada por inevitável supressão de aulas eventuais ou de turmas.

79. TRABALHADOR TEMPORÁRIO. DESCANSO SEMANAL.

Concede-se ao trabalhador temporário o acréscimo de 1/6 ao seu salário diário, correspondente ao descanso semanal remunerado, por aplicação analógica do art. 3º da Lei 605/1949.

80. SERVIÇO MILITAR. GARANTIA DE EMPREGO AO ALISTANDO.

Garante-se o emprego do alistando, desde a data da incorporação no serviço militar até 30 dias após a baixa.

81. ATESTADOS MÉDICOS E ODONTOLÓGICOS.

Assegura-se eficácia aos atestados médicos e odontológicos fornecidos por profissionais do sindicato dos trabalhadores, para o fim de abono de faltas ao serviço, desde que existente convênio do sindicato com a Previdência social, salvo se o empregador possuir serviço próprio ou conveniado.

82. DISSÍDIO COLETIVO. GARANTIA DE SALÁRIOS E CONSECTÁRIOS.

Defere-se a garantia de salários e consectários ao empregado despedido sem justa causa, desde a data do julgamento do dissídio coletivo até 90 dias após a publicação do acórdão, limitado o período total a 120 dias.

83. DIRIGENTES SINDICAIS. FREQUÊNCIA LIVRE.

Assegura-se a frequência livre dos dirigentes sindicais para participarem de assembleias e reuniões sindicais devidamente convocadas e comprovadas, sem ônus para o empregador.

→ Redação alterada pela Resolução do TST 123/2004.

84. SEGURO DE VIDA. ASSALTO.

Institui-se a obrigação do seguro de vida, em favor do empregado e seus dependentes previdenciários, para garantir a indenização nos casos de morte ou invalidez permanente, decorrentes de assalto, consumado ou não, desde que o empregado se encontre no exercício das suas funções.

85. GARANTIA DE EMPREGO. APOSENTADORIA VOLUNTÁRIA.

Defere-se a garantia de emprego, durante os 12 meses que antecedem a data em que o empregado adquire direito à aposentadoria voluntária, desde que trabalhe na empresa há pelo menos 5 anos. Adquirido o direito, extingue-se a garantia.

86. REPRESENTANTE DOS TRABALHADORES. ESTABILIDADE NO EMPREGO.

Nas empresas com mais de 200 empregados é assegurada a eleição direta de um representante, com as garantias do art. 543, e seus parágrafos, da CLT.

87. TRABALHO EM DOMINGOS E FERIADOS. PAGAMENTO DOS SALÁRIOS.

É devida a remuneração em dobro do trabalho em domingos e feriados não compensados, sem prejuízo do pagamento do repouso remunerado, desde que, para este, não seja estabelecido outro dia pelo empregador.

88. (*Cancelado pela SDC em 2.6.1998*) – Resolução do TST 81/1998, *DJ* 20.8.1998.

89. REEMBOLSO DE DESPESAS.

Defere-se o reembolso das despesas de alimentação e pernoite a motorista e ajudante, quando executarem tarefas a mais de 100 km da empresa.

90. (*Cancelado pela SDC em 2.6.1998*) – Resolução do TST 81/1998, *DJ* 20.8.1998.

91. ACESSO DE DIRIGENTE SINDICAL À EMPRESA.

Assegura-se o acesso dos dirigentes sindicais às empresas, nos intervalos destinados à alimentação e descanso, para desempenho de suas funções, vedada a divulgação de matéria político-partidária ou ofensiva.

92. GARANTIA DE REPOUSO REMUNERADO. INGRESSO COM ATRASO.

Assegura-se o repouso remunerado ao empregado que chegar atrasado, quando permitido seu ingresso pelo empregador, compensado o atraso no final da jornada de trabalho ou da semana.

93. COMPROVANTE DE PAGAMENTO.

O pagamento do salário será feito mediante recibo, fornecendo-se cópia ao empregado, com a identificação da empresa, e do qual constarão a remuneração, com a discriminação das parcelas, a quantia líquida paga, os dias trabalhados ou o total da produção, as horas extras e os descontos efetuados, inclusive para a Previdência Social, e o valor correspondente ao FGTS.

94. (*Cancelado pela SDC em 2.6.1998*) – Resolução do TST 81/1998, *DJ* 20.8.1998.

95. ABONO DE FALTA PARA LEVAR FILHO AO MÉDICO.

Assegura-se o direito à ausência remunerada de 1 (um) dia por semestre ao empregado, para levar ao médico filho menor ou dependente previdenciário de até 6 (seis) anos de idade, mediante comprovação no prazo de 48 horas.

96. (*Cancelado pela SDC em 2.6.1998*) – Resolução 81/1998, *DJ* 20.8.1998.

97. PROIBIÇÃO DE ESTORNO DE COMISSÕES.

Ressalvada a hipótese prevista no art. 7º da Lei 3.207/1957, fica vedado às empresas o desconto ou estorno das comissões do empregado, incidentes sobre mercadorias devolvidas pelo cliente, após a efetivação de venda.

98. RETENÇÃO DA CTPS. INDENIZAÇÃO.

Será devida ao empregado a indenização correspondente a 1 (um) dia de salário, por dia de atraso, pela retenção de sua carteira profissional após o prazo de 48 horas.

99. (*Cancelado pela SDC em 2.6.1998*) – Resolução do TST 81/1998, *DJ* 20.8.1998.

100. FÉRIAS. INÍCIO DO PERÍODO DE GOZO.

O início das férias, coletivas ou individuais, não poderá coincidir com sábado, domingo, feriado ou dia de compensação de repouso semanal.

101. (*Cancelado pela SDC em 2.6.1998*) – Resolução do TST 81/1998, *DJ* 20.8.1998.

102. ASSISTÊNCIA JURÍDICA AOS VIGIAS.

A empresa prestará assistência jurídica a seu empregado que, no exercício da função de vigia, praticar ato que o leve a responder a ação penal.

103. GRATIFICAÇÃO DE CAIXA.

Concede-se ao empregado que exercer permanentemente a função de caixa a gratificação de 10% sobre seu salário, excluídos do cálculo adicionais, acréscimos e vantagens pessoais.

104. QUADRO DE AVISOS.

Defere-se a afixação, na empresa, de quadro de avisos do sindicato, para comunicados de interesse dos empregados, vedados os de conteúdo político-partidário ou ofensivo.

105. ANOTAÇÃO NA CARTEIRA PROFISSIONAL.

As empresas ficam obrigadas a anotar na carteira de trabalho a função efetivamente exercida pelo empregado, observada a Classificação Brasileira de Ocupações (CBO).

106. EMPREGADO RURAL. ATIVIDADE INSALUBRE. FORNECIMENTO DE LEITE.

Os empregadores que se dedicarem à pecuária leiteira fornecerão, diariamente, 1 (um) litro de leite aos trabalhadores que exerçam atividades insalubres.

107. EMPREGADO RURAL. CAIXA DE MEDICAMENTOS.

Nos locais de trabalho no campo serão mantidos pelo empregador medicamentos e materiais de primeiros socorros.

108. EMPREGADO RURAL. ABRIGOS NO LOCAL DE TRABALHO.

Os empregadores rurais ficam obrigados a construir abrigos rústicos, nos locais de trabalho, para proteção de seus empregados.

109. DESCONTO MORADIA.

Autoriza-se o desconto da moradia fornecida ao empregado somente quando o imóvel tiver o habite-se concedido pela autoridade competente.

110. EMPREGADO RURAL. FERRAMENTAS. FORNECIMENTO PELO EMPREGADOR.

Serão fornecidas gratuitamente, pelo empregador, as ferramentas necessárias à execução do trabalho.

111. RELAÇÃO DE EMPREGADOS.

Obriga-se a empresa a remeter ao sindicato profissional, uma vez por ano, a relação dos empregados pertencentes à categoria.

112. JORNALISTA. SEGURO DE VIDA.

Institui-se a obrigação do seguro de vida em favor de jornalista designado para prestar serviço em área de risco.

113. TRANSPORTE DE ACIDENTADOS, DOENTES E PARTURIENTES.

Obriga-se o empregador a transportar o empregado, com urgência, para local apropriado, em caso de acidente, mal súbito ou parto, desde que ocorram no horário de trabalho ou em consequência deste.

114. (*Cancelado pela SDC em 2.6.1998*) – Resolução do TST 81/1998, *DJ* 20.8.1998.

115. UNIFORMES.

Determina-se o fornecimento gratuito de uniformes, desde que exigido seu uso pelo empregador.

116. FÉRIAS. CANCELAMENTO OU ADIANTAMENTO.

Comunicado ao empregado o período do gozo de férias individuais ou coletivas, o empregador somente poderá cancelar ou modificar o início previsto se ocorrer necessidade imperiosa e, ainda assim, mediante o ressarcimento, ao empregado, dos prejuízos financeiros por este comprovados.

117. PAGAMENTO DO SALÁRIO COM CHEQUE.

Se o pagamento do salário for feito em cheque, a empresa dará ao trabalhador o tempo necessário para descontá-lo, no mesmo dia.

118. QUEBRA DE MATERIAL.

Não se permite o desconto salarial por quebra de material, salvo nas hipóteses de dolo ou recusa de apresentação dos objetos danificados, ou ainda, havendo previsão contratual, de culpa comprovada do empregado.

119. CONTRIBUIÇÕES SINDICAIS. INOBSERVÂNCIA DE PRECEITOS CONSTITUCIONAIS. *(Nova Redação, dada pela SDC em 2.6.1998)*

A Constituição da República, em seus arts. 5º, XX, e 8º, V, assegura o direito de livre associação e sindicalização. É ofensiva a essa modalidade de liberdade cláusula constante de acordo, convenção coletiva ou sentença normativa estabelecendo contribuição em favor de entidade sindical a título de taxa para custeio do sistema confederativo, assistencial, revigoramento ou fortalecimento sindical e outras da mesma espécie, obrigando trabalhadores não sindicalizados. Sendo nulas as estipulações que inobservem tal restrição, tornam-se passíveis de devolução os valores irregularmente descontados.

→ Redação alterada pela Resolução do TST 82/1998.

120. SENTENÇA NORMATIVA. DURAÇÃO. POSSIBILIDADE E LIMITES.

A sentença normativa vigora, desde seu termo inicial até que sentença normativa, convenção coletiva de trabalho ou acordo coletivo de trabalho superveniente produza sua revogação, expressa ou tácita, respeitado, porém, o prazo máximo legal de 4 anos de vigência.

→ Precedente Normativo acrescentado pela Resolução do TST 176/2011.

ÍNDICE CRONOLÓGICO GERAL

VADE MECUM DE LEGISLAÇÃO FOCO

ÍNDICE CRONOLÓGICO GERAL

CONSTITUIÇÃO FEDERAL – ADCT – EMENDAS À CONSTITUIÇÃO

LEIS COMPLEMENTARES

(*) Informamos que as normas com asteriscos estão parciais no produto.

(**) As Emendas Constitucionais alteradoras não constam na obra impressa, mas o conteúdo alterado foi processado no texto.

LEIS

DECRETOS-LEIS

DECRETOS

MEDIDAS PROVISÓRIAS

RESOLUÇÃO

PROVIMENTO

INSTRUÇÃO NORMATIVA

INTERNACIONAL – CÓDIGO DE ÉTICA – REGULAMENTO GERAL

EXPOSIÇÕES DE MOTIVOS

SÚMULAS – ORIENTAÇÕES JURISPRUDENCIAIS – PRECEDENTES NORMATIVOS

2016
3ª EDIÇÃO
ATUALIZADO ATÉ
02/01/2016

Wander Garcia
Coordenador

MINI VADE MECUM

DE JURISPRUDÊNCIA STF • STJ

DECISÕES CLASSIFICADAS

1 ANO DE INFORMATIVOS + SÉRIE HISTÓRICA DE SÚMULAS

CIVIL	CONSTITUCIONAL	PENAL
PROCESSO CIVIL	ADMINISTRATIVO	PROCESSO PENAL
EMPRESARIAL	TRIBUTÁRIO	DEMAIS ÁREAS (ON LINE)

** Este livro é parte integrante da obra Vade Mecum de Legislação da Editora Foco. Não pode ser vendido separadamente.*

EDITORA FOCO

2016 © Wander Garcia
Coordenador: Wander Garcia
Organizadorores: Wander Garcia, Bruna Vieira, Eduardo Dompieri e Henrique Subi
Editor: Márcio Dompieri
Gerente Editorial: Paula Tseng
Equipe Editora Foco: Georgia Dias e Ivo Tomita
Capa: R2 Editorial
Projeto Gráfico e Diagramação: Ladislau Lima
Impressão e acabamento: GRAFICA EXPRESSÃO & ARTE

Dados Internacionais de Catalogação na Publicação (CIP)
(Câmara Brasileira do Livro, SP, Brasil)

Mini Vade Mecum de jurisprudência STF e STJ : decisões classificadas / Wander Garcia, coordenador . – 3. ed. – Indaiatuba, SP : Editora Foco Jurídico, 2016. – (Coleção Vade Mecum)

ISBN 978-85-8242-142-0

1. Direito – Brasil 2. Direito – Manuais 3. Manuais, vademécuns etc. I. Garcia, Wander. II. Série.

15-00064 CDU-34(81)(02)

Índices para Catálogo Sistemático:

1. Direito : Brasil : Vademécuns 34(81)(02)
2. Vademécuns : Direito : Brasil 34(81)(02)

Impresso no Brasil (01.2016)
Data de Fechamento (01.2016)

Atualizações e erratas: a presente obra é vendida como está, sem garantia de atualização futura. Porém, atualizações voluntárias e erratas são disponibilizadas no site www.editorafoco.com.br, na seção *Atualizações*. Esforçamo-nos ao máximo para entregar ao leitor uma obra com a melhor qualidade possível e sem erros técnicos ou de conteúdo. No entanto, nem sempre isso ocorre, seja por motivo de alteração de *software*, interpretação ou falhas de diagramação e revisão. Sendo assim, disponibilizamos em nosso site a seção mencionada (*Atualizações*), na qual relataremos, com a devida correção, os erros encontrados na obra. Solicitamos, outrossim, que o leitor faça a gentileza de colaborar com a perfeição da obra, comunicando eventual erro encontrado por meio de mensagem para contato@editorafoco.com.br.

FSC www.fsc.org MISTO Papel produzido a partir de fontes responsáveis

2016

Editora Foco Ltda
Alameda Júpiter, 578 – Galpão 01 – American Park Distrito Industrial
CEP 13347-653 – Indaiatuba/SP
E-mail: contato@editorafoco.com.br
www.editorafoco.com.br

COORDENADOR E ORGANIZADORES

SOBRE O COORDENADOR

WANDER GARCIA

É um dos maiores especialistas em Concursos Públicos do País. No seu currículo constam passagens pelos principais cursos preparatórios e a publicação de obras de referência:

– Professor e Coordenador do IEDI, preparatório *on-line* para Exame de Ordem e Concursos Públicos – www.iedi.com.br.

– Professor da Rede LFG, nos Cursos Preparatórios para a OAB, Concursos e na Pós-Graduação.

– Professor do Complexo DAMÁSIO, nos Cursos Preparatórios para a OAB e Concursos. Nessa instituição, além de professor, foi Diretor Acadêmico de todos os cursos preparatórios.

– Professor do Êxito/Proordem.

– Doutor e Mestre pela PUC/SP.

– Autor de mais de 20 obras de referência na preparação para Concursos Públicos e OAB.

– Advogado e Procurador do Município de São Paulo.

SOBRE OS ORGANIZADORES

Wander Garcia – @wander_garcia

Doutor e Mestre em Direito pela PUC/SP. Professor e coordenador do IEDI. Procurador do Município de São Paulo.

Bruna Vieira – @profa_bruna

Pós-graduada em Direito. Professora do IEDI, PROORDEM, LEGALE, ROBORTELLA e ÊXITO. Professora de Pós-graduação em Instituições de Ensino Superior. Palestrante. Autora de diversas obras de preparação para Concursos Públicos e Exame de Ordem, por diversas editoras. Advogada.

Eduardo Dompieri – @eduardodompieri

Pós-graduado em Direito. Professor do IEDI. Autor de diversas obras de preparação para Concursos Públicos e Exame de Ordem.

Henrique Subi – @henriquesubi

Agente da Fiscalização Financeira do Tribunal de Contas do Estado de São Paulo. Mestrando em Direito Político e Econômico pela Universidade Presbiteriana Mackenzie. Especialista em Direito Empresarial pela Fundação Getúlio Vargas e em Direito Tributário pela UNISUL. Professor de cursos preparatórios para concursos desde 2006. Coautor de mais de 20 obras voltadas para concursos, todas pela Editora Foco.

SUMÁRIO

CAPÍTULOS *ON-LINE*

COMO TER ACESSO AOS CAPÍTULOS *ON-LINE*?

Entre no site

www.editorafoco.com.br

clique em

Atualizações

e baixe o arquivo

Capítulos *on-line*

1. DIREITO CIVIL

1. PARTE GERAL

1.1. Pessoas naturais e direitos da personalidade

Biografias: autorização prévia e liberdade de expressão – 2

O Ministro Roberto Barroso ponderou que, embora os artigos 20 e 21 do CC produzissem legítima ponderação em favor dos direitos da personalidade e em desfavor da liberdade de expressão, esta deveria prevalecer, por algumas razões. Em primeiro lugar, o país teria histórico de graves episódios de censura, de modo que, para que não se repetissem, a liberdade de expressão deveria ser sempre reafirmada. Em segundo lugar, a liberdade de expressão não seria apenas um pressuposto democrático, mas também um pressuposto para o exercício dos outros direitos fundamentais. Por último, a liberdade de expressão seria essencial para o conhecimento histórico, o avanço social e a conservação da memória nacional. Como consequências de se estabelecer a prevalência da liberdade de expressão, haveria o ônus argumentativo de aquele que pretendesse cerceá-la demonstrar o seu direito. Além disso, quaisquer manifestações de cerceamento de liberdade de expressão deveriam sofrer forte suspeição e escrutínio rigoroso. Por fim, seria vedada a censura prévia ou a licença. Apontou que, se a informação sobre determinado fato tivesse sido obtida por meios ilícitos, isso poderia comprometer a possibilidade de vir a ser divulgada legitimamente. Ademais, a mentira dolosa, com o intuito de fazer mal a alguém, poderia também ser fundamento para considerar-se ilegítima a divulgação de um fato, e que essas transgressões seriam reparáveis por meio de indenização. De toda forma, qualquer intervenção jurisdicional haveria de processar-se sempre "a posteriori". Assinalou que a liberdade de expressão não necessariamente significaria a prevalência da verdade ou da justiça, mas seria um valor em si relevante para as democracias. A Ministra Rosa Weber salientou a possibilidade de existirem várias versões sobre um mesmo fato histórico, de modo que controlar biografias significaria tentar controlar a história. O Ministro Luiz Fux lembrou que apenas pessoas notórias seriam biografadas, e que, na medida do crescimento da notoriedade, diminuir-se-ia a reserva de privacidade. O Ministro Dias Toffoli sublinhou que o autor de biografia não estaria impedido de requerer autorização para que sua obra fosse publicada, no intuito de evitar eventual controle jurisdicional. Entretanto, essa seria uma mera faculdade. O Ministro Gilmar Mendes ressalvou que a indenização não seria o único meio capaz de reparar eventual dano sofrido, tendo em vista a possibilidade de, por exemplo, exigir-se a publicação de nova obra, com correção, a funcionar como exercício do direito de resposta. O Ministro Marco Aurélio considerou que escrever biografia mediante autorização prévia não seria biografar, mas criar publicidade. A pessoa com visibilidade social geraria interesse por parte do cidadão comum, e caberia a terceiro revelar o respectivo perfil. O Ministro Celso de Mello frisou o pluralismo de pensamento como um dos fundamentos estruturantes do Estado de Direito, e a garantia do dissenso seria condição essencial à formação de opinião pública livre, em face do caráter contramajoritário dos direitos fundamentais. O Ministro Ricardo Lewandowski (Presidente) apontou a existência das publicações em meio digital, o que facilitaria a disseminação de conteúdo apócrifo e com alcance mundial. Portanto, a problemática seria complexa, e haveria de existir meios para coibir abusos dessa natureza.

ADI 4815/DF, rel. Min. Cármen Lúcia, 10.6.2015. (ADI-4815) (Inform. STF 789)

1.2. Pessoas jurídicas e desconsideração da personalidade

DIREITO CIVIL. ELEMENTOS TÍPICOS DE SOCIEDADE EMPRESÁRIA E DISSOLUÇÃO DE SOCIEDADE DE ADVOGADOS.

Na avaliação e na partilha de bens em processo de dissolução de sociedade de advogados, não podem ser levados em consideração elementos típicos de sociedade empresária, tais quais bens incorpóreos, como a clientela e a sua expressão econômica e a "estrutura do escritório". Acontece que, no que diz respeito especificamente às sociedades de advogados, a possibilidade de revestirem caráter empresarial é expressamente vedada pelo ordenamento jurídico vigente. O Estatuto da Ordem dos Advogados (arts. 15 a 17 da Lei 8.906/1994) enuncia que a sociedade formada por advogados é "sociedade civil de prestação de serviço de advocacia", com regulação específica ditada pela própria lei. A organização prevista para esse tipo específico de sociedade simples é a forma em nome coletivo, respondendo os sócios – advogados – pelas obrigações sociais solidária e ilimitadamente. Na linha do que preceitua o art. 16 da Lei 8.906/1994, o Conselho Federal da Ordem dos Advogados do Brasil, por meio do art. 2°, X, do Provimento 112/2006, resolveu que: "não são admitidas a registro, nem podem funcionar, Sociedades de Advogados que revistam a forma de sociedade empresária ou cooperativa, ou qualquer outra modalidade de cunho mercantil". Assim, pode-se concluir que, ainda que um escritório de advocacia apresente estrutura complexa, organização de grande porte, conte com a colaboração de auxiliares e com considerável volume de trabalho, prestado, inclusive, de forma impessoal, a sociedade existente não deixará de ser simples, por expressa determinação legal. **REsp 1.227.240-SP, Rel. Min. Luis Felipe Salomão, julgado em 26/5/2015, DJe 18/6/2015 (Inform. STJ 564).**

DIREITO CIVIL. LIMITES À APLICABILIDADE DO ART. 50 DO CC.

O encerramento das atividades da sociedade ou sua dissolução, ainda que irregulares, não são causas, por si sós, para a desconsideração da personalidade jurídica a que se refere o art. 50 do CC. Para a aplicação da teoria maior da desconsideração da personalidade social – adotada pelo CC –, exige-se o dolo das pessoas naturais que estão por trás da sociedade, desvirtuando-lhe os fins institucionais e servindo-se os sócios ou administradores desta para lesar credores ou terceiros. É a intenção ilícita e fraudulenta, portanto, que autoriza, nos termos da teoria adotada pelo CC, a aplicação do instituto em comento. Especificamente em relação à hipótese a que se refere o art. 50 do CC, tratando-se de regra de exceção, de restrição ao princípio da autonomia patrimonial da pessoa jurídica, deve-se restringir a aplicação desse disposto legal a casos extremos, em que a pessoa jurídica tenha sido instrumento para fins fraudulentos, configurado mediante o desvio da finalidade institucional ou a confusão patrimonial. Dessa forma, a ausência de intuito fraudulento afasta o cabimento da desconsideração da personalidade jurídica, ao menos quando se tem o CC como o microssistema legislativo norteador do instituto, a afastar a simples hipótese de encerramento ou dissolução irregular da sociedade como causa bastante para a aplicação do disregard doctrine. Ressalte-se que não se quer dizer com isso que o encerramento da sociedade jamais será causa de desconsideração de sua personalidade, mas que somente o será quando sua dissolução ou inatividade irregulares tenham o fim de fraudar a lei, com o desvirtuamento da finalidade institucional ou confusão patrimonial. Assim é que o enunciado 146, da III Jornada de Direito Civil, orienta o intérprete a adotar exegese restritiva no exame do artigo 50 do CC, haja vista que o instituto da desconsideração, embora não determine a despersonalização da sociedade – visto que aplicável a certo ou determinado negócio e que impõe apenas a ineficácia da pessoa jurídica frente ao lesado –, constitui restrição ao princípio da autonomia patrimonial. Ademais, evidenciando a interpretação restritiva que se deve dar ao dispositivo em exame, a IV Jornada de Direito Civil firmou o enunciado 282, que expressamente afasta o encerramento irregular da pessoa jurídica como causa para desconsideração de sua personalidade: "O encerramento irregular das atividades da pessoa jurídica, por si só, não basta para caracterizar abuso da personalidade jurídica". Entendimento diverso conduziria, no limite, em termos práticos, ao fim da autonomia patrimonial da pessoa jurídica, ou seja, regresso histórico incompatível com a segurança jurídica e com o vigor da atividade econômica. Precedentes citados: AgRg no REsp 762.555-SC, Quarta Turma, DJe 25/10/2012; e AgRg no REsp 1.173.067/RS, Terceira Turma, DJe 19/6/2012. **EREsp 1.306.553-SC, Rel. Min. Maria Isabel Gallotti, julgado em 10/12/2014, DJe 12/12/2014 (Inform. STJ 554).**

1.3. Fatos Jurídicos

DIREITO CIVIL. PREVALÊNCIA DO VALOR ATRIBUÍDO PELO FISCO PARA APLICAÇÃO DO ART. 108 DO CC.

Para a aferição do valor do imóvel para fins de enquadramento no

patamar definido no art. 108 do CC – o qual exige escritura pública para os negócios jurídicos acima de trinta salários mínimos –, deve-se considerar o valor atribuído pelo Fisco, e não o declarado pelos particulares no contrato de compra e venda. De fato, essa interpretação do art. 108 do CC é mais consentânea com a finalidade da referida norma, que é justamente conferir maior segurança jurídica aos negócios que envolvem bem imóveis. Ressalte-se ainda que o art. 108 do CC, ao prescrever a escritura pública como essencial à validade dos negócios jurídicos que objetivem a constituição, transferência, modificação ou renúncia de direitos reais sobre imóveis de valor superior a trinta salários mínimos, refere-se ao valor do imóvel e não ao preço do negócio. Assim, havendo disparidade entre ambos, é aquele que deve ser levado em conta para efeito de aplicação da ressalva prevista na parte final desse dispositivo legal. Destaque-se, finalmente, que a avaliação levada a termo pela Fazenda Pública para fins de apuração do valor venal do imóvel é baseada em critérios objetivos, previstos em lei, os quais admitem aos interessados o conhecimento das circunstâncias consideradas na formação do quantum atribuído ao bem. **REsp 1.099.480-MG, Rel. Min. Marco Buzzi, julgado em 2/12/2014, DJe 25/5/2015 (Inform. STJ 562).**

1.4. Prescrição e decadência

DIREITO CIVIL. PRAZO PRESCRICIONAL DA PRETENSÃO INDENIZATÓRIA EXERCIDA CONTRA PESSOA JURÍDICA DE DIREITO PRIVADO PRESTADORA DE SERVIÇO PÚBLICO.

É quinquenal o prazo prescricional para a propositura de ação indenizatória ajuizada por vítima de acidente de trânsito contra concessionária de serviço público de transporte coletivo. De fato, o STJ tem sustentado o entendimento de que é trienal (art. 206, § 3º, V, do CC) – e não quinquenal – o prazo prescricional para a propositura desse tipo de ação (AgRg nos EDcl no Ag 1.386.124-SP, Terceira Turma, DJe 29/6/2011; e AgRg no Ag 1.195.710-RS, Quarta Turma, DJe 1º/8/2012). Todavia, esse posicionamento merece ser revisado, uma vez que o art. 1º-C da Lei 9.494/1997, que se encontra em vigor e que é norma especial em relação ao Código Civil, determina que "Prescreverá em cinco anos o direito de obter indenização dos danos causados por agentes de pessoas jurídicas de direito público e de pessoas jurídicas de direito privado prestadoras de serviços públicos". Ademais, frise-se que não se trata de aplicar à concessionária de serviço público o disposto no Decreto 20.910/1932, que dispõe sobre a prescrição contra a Fazenda Pública, mas sim de utilizar a regra voltada especificamente para as hipóteses de danos causados por agentes da administração direta e indireta. **REsp 1.277.724-PR, Rel. Min. João Otávio de Noronha, julgado em 26/5/2015, DJe 10/6/2015 (Inform. STJ 563).**

DIREITO CIVIL E PROCESSUAL CIVIL. TERMO INICIAL DA PRESCRIÇÃO DA PRETENSÃO DE COBRANÇA DE HONORÁRIOS AD EXITUM.

O termo inicial do prazo de prescrição da pretensão ao recebimento de honorários advocatícios contratados sob a condição de êxito da demanda judicial, no caso em que o mandato foi revogado por ato unilateral do mandante antes do término do litígio judicial, é a data do êxito da demanda, e não a da revogação do mandato. Na hipótese de prestação de serviços advocatícios com cláusula de remuneração quota litis, resta claro que o compromisso do advogado – que, em regra, representa obrigação de meio, ou seja, independe do sucesso na pretensão deduzida em juízo – assume a natureza de obrigação de resultado, vinculando o direito à remuneração do profissional a um julgamento favorável na demanda judicial. No caso em análise, no momento da revogação do mandato, o advogado destituído não tinha o direito de exigir o pagamento da verba honorária, uma vez que, naquela altura, ainda não se verificara a hipótese gravada em cláusula condicional incerta (arts. 121 e 125 do CC). A par disso, cumpre esclarecer que o princípio da actio nata orienta que somente se inicia o fluxo do prazo prescricional se existir pretensão exercitável por parte daquele que suportará os efeitos do fenômeno extintivo (art. 189 do CC). Desse modo, inexistindo o direito material, não se pode cogitar de sua violação e, por consequência, da pretensão. Portanto, não há que se falar na incidência de prescrição sobre pretensão nascitura. Nessa perspectiva, é desarrazoado imputar a uma parte contratante o pesado ônus da prescrição se não lhe era possível exigir da outra parte o cumprimento da obrigação. Na hipótese em foco, nem mesmo o an debeatur era certo, porque subordinado a fato superveniente imprevisível (sucesso ou insucesso da demanda judicial). Contra non valentem agere non currit praescriptio: a prescrição não corre contra quem não pode agir, em sua tradução livre. Além disso, não se afigura adequado entender pela possibilidade de ajuizamento de ação de arbitramento e cobrança dos honorários contratuais imediatamente após a revogação do mandato. Isso porque o resultado favorável ao procurador nessa demanda poderia contrariar frontalmente o que fora avençado entre as partes, caso os pedidos da demanda inicial fossem julgados posteriormente improcedentes. Em outras palavras, o arbitramento judicial anterior à definitiva solução da demanda judicial imporia ao constituinte-contratante o pagamento de honorários advocatícios que, a rigor, não seriam devidos, se houvesse julgamento de improcedência da demanda inicial. **REsp 805.151-SP, Rel. Min. Raul Araújo, Rel. para acórdão Min. Antonio Carlos Ferreira, julgado em 12/8/2014, DJe 28/4/2015 (Inform. STJ 560).**

DIREITO CIVIL E PROCESSUAL CIVIL. IMPOSSIBILIDADE DE DECLARAÇÃO DE OFÍCIO DA USUCAPIÃO.

O § 5º do art. 219 do CPC ("O juiz pronunciará, de ofício, a prescrição") não autoriza a declaração, de ofício, da usucapião. No ordenamento jurídico brasileiro, existem duas formas de prescrição: (i) a prescrição extintiva e (ii) a prescrição aquisitiva. A prescrição extintiva (i) – a prescrição propriamente dita – conduz à perda do direito de ação por seu titular negligente, ao fim de certo lapso de tempo. Por sua vez, a prescrição aquisitiva (ii) -usucapião – faz com que um determinado direito seja adquirido pela inércia e pelo lapso temporal. Ambas têm em comum os elementos tempo e inércia do titular, mas, enquanto na primeira eles dão lugar à extinção do direito, na segunda produzem a sua aquisição. Realmente, o § 5º do art. 219 do CPC não estabeleceu qualquer distinção em relação à espécie de prescrição. Sendo assim, num primeiro momento, poder-se-ia cogitar ser possível ao julgador declarar de ofício a aquisição mediante usucapião de propriedade. Entretanto, essa assertiva não pode ser aplicada. Primeiro, porque o disposto no § 5º do art. 219 está intimamente ligado às causas extintivas, conforme expressamente dispõe o art. 220 – "O disposto no artigo anterior aplica-se a todos os prazos extintivos previstos na lei" –, sendo que a simples leitura dos arts. 219 e 220 demonstra a impropriedade de se pretender projetar os ditames do § 5º do art. 219 para as hipóteses de usucapião. Segundo, pois a prescrição extintiva e a usucapião são institutos díspares, sendo inadequada a aplicação da disciplina de um deles frente ao outro, vez que a expressão prescrição aquisitiva tem vínculos mais íntimos com fundamentos fáticos/históricos do que a contornos meramente temporais. Essa diferenciação é imprescindível, sob pena de ocasionar insegurança jurídica, além de violação aos princípios do contraditório e ampla defesa, pois, no processo de usucapião, o direito de defesa assegurado ao confinante é impostergável, eis que lhe propicia oportunidade de questionar os limites oferecidos ao imóvel usucapiendo. Como simples exemplo, se assim fosse, nas ações possessórias, o demandante poderia obter um julgamento de mérito, pela procedência, antes mesmo da citação da outra parte, afinal o magistrado haveria de reconhecer a prescrição (na hipótese, a aquisitiva-usucapião) já com a petição inicial, no primeiro momento. Consequentemente, a outra parte teria eliminada qualquer possibilidade de defesa do seu direito de propriedade constitucionalmente assegurado, sequer para alegar uma eventual suspensão ou interrupção daquele lapso prescricional. Ademais, conforme a doutrina, o juiz, ao sentenciar, não pode fundamentar o decidido em causa não articulada pelo demandante, ainda que por ela seja possível acolher o pedido do autor. Trata-se de decorrência do dever de o juiz decidir a lide "nos limites em que foi proposta, sendo-lhe defeso conhecer de questões, não suscitadas, a cujo respeito a lei exige a iniciativa da parte" (art. 128 do CPC). Ainda de acordo com a doutrina, essa vedação, em razão do princípio da igualdade das partes no processo, aplica-se não só ao demandado, mas, também, ao réu, de sorte que o juiz não poderia reconhecer ex officio de uma exceção material em prol do réu, como por exemplo, a exceção de usucapião. **REsp 1.106.809-RS, Rel. originário Min. Luis Felipe Salomão, Rel. para acórdão Min. Marco Buzzi, julgado em 3/3/2015, DJe 27/4/2015 (Inform. STJ 560).**

DIREITO CIVIL. PRAZO PRESCRICIONAL PARA COBRANÇA OU COMPLEMENTAÇÃO DE VALOR DO SEGURO DPVAT. RECURSO REPETITIVO (ART. 543-C DO CPC E RES. 8/2008-STJ). TEMA 883.

A pretensão de cobrança e a pretensão a diferenças de valores do seguro obrigatório (DPVAT) prescrevem em três anos, sendo o termo inicial, no último caso, o pagamento administrativo considerado a menor. Em relação ao prazo de prescrição da ação de cobrança do seguro obrigatório (DPVAT), cabe ressaltar que a Segunda Seção do STJ, quando do julgamento do REsp 1.071.861-SP (DJe 21/8/2009), firmou o entendimento de que o seguro DPVAT não perdeu a natureza de seguro obrigatório de responsabilidade civil, de modo que o prazo de prescrição, na vigência do CC/2002, é de três anos. Posteriormente, esse entendimento foi cristalizado na Súmula 405 do STJ: "A ação de cobrança do seguro obrigatório (DPVAT) prescreve em três anos". Quanto à prescrição da ação de cobrança de diferença de valor pago a menor a título de seguro DPVAT, o STJ consagrou o entendimento de que o prazo de prescrição para o recebimento da complementação deve ser o mesmo prazo utilizado para o recebimento da totalidade da indenização securitária, pois o complemento está contido na totalidade (REsp 1.220.068-MG, Quarta Turma, DJe 1º/2/2012). Assim, o prazo de prescrição para o exercício da pretensão de cobrança de diferença de indenização paga a menor a título do seguro obrigatório DPVAT deve ser o de três anos, incidindo também nesta hipótese a Súmula 405 do STJ. No tocante ao termo inicial do aludido prazo prescricional, cabe assinalar que, nos termos do art. 202, VI, do CC/2002 (art. 172, V, do CC/1916), qualquer ato inequívoco, ainda que extrajudicial, que importe reconhecimento do direito pelo devedor é considerado causa interruptiva da prescrição, a exemplo do pagamento parcial. Por isso, em caso de pagamento parcial do seguro DPVAT, este deve ser o termo inicial para a contagem do prazo prescricional relativo à pretensão ao recebimento complementar da verba indenizatória, tendo em vista o ato inequívoco da seguradora de reconhecer a condição do postulante como beneficiário do seguro obrigatório. Nesse passo, cumpre ressaltar e distinguir que a suspensão do prazo de prescrição se dá apenas durante a tramitação administrativa do pedido de indenização securitária, voltando a fluir da data da ciência da recusa da seguradora (Súmula 229 do STJ). Por outro lado, se o pleito é acolhido, há, como visto, a interrupção do lapso prescricional para se postular a indenização integral, caso venha ela a ser paga apenas parcialmente. Precedentes citados: AgRg no REsp 1.382.252-PR, Terceira Turma, DJe 30/8/2013; AgRg no AREsp 178.937-SP, Quarta Turma, DJe 4/9/2012; e REsp 1.220.068-MG, Quarta Turma, DJe 1º/2/2012. **REsp 1.418.347-MG, Rel. Min. Ricardo Villas Bôas Cueva, Segunda Seção, julgado em 8/4/2015, DJe 15/4/2015 (Inform. STJ 559).**

DIREITO CIVIL. PRESCRIÇÃO DA PRETENSÃO DE COBRANÇA, ENTRE ADVOGADOS, DE HONORÁRIOS ADVOCATÍCIOS.

Prescreve em dez anos a pretensão do advogado autônomo de cobrar de outro advogado o valor correspondente à divisão de honorários advocatícios contratuais e de sucumbência referentes a ação judicial na qual ambos trabalharam em parceria. De fato, o art. 25, V, da Lei 8.906/1994 (Estatuto da OAB) afirma que prescreve em cinco anos a ação de cobrança de honorários de advogado, contado o prazo da renúncia ou revogação do mandato. No mesmo sentido, o art. 206, § 5º, II, do CC estabelece que prescreve em cinco anos "a pretensão dos profissionais liberais em geral, procuradores judiciais, curadores e professores pelos seus honorários, contado o prazo da conclusão dos serviços, da cessação dos respectivos contratos ou mandato". Todavia, pela simples leitura dos dispositivos invocados, em conjunto com demais artigos circundantes, verifica-se que se referem à relação advogado-cliente no âmbito do contrato de mandato judicial, já que, por várias vezes, mencionam-se os termos "advogado", "cliente", "constituinte", "acordo feito pelo cliente do advogado", "renúncia" e "revogação do mandato" (REsp 448.116-SP, Terceira Turma, DJ 14/4/2003). Assim, afastada a aplicação dos arts. 25, V, do Estatuto da OAB e 206, § 5º, II, do CC, incide, na hipótese em análise, o prazo decenal disposto no art. 205 do CC, ante a ausência de disposição legal específica. Precedente citado: EDcl no REsp 448.116-SP, Terceira Turma, DJ 18/8/2003. **REsp 1.504.969-SP, Rel. Min. Ricardo Villas Bôas Cueva, julgado em 10/3/2015, DJe 16/3/2015 (Inform. STJ 557).**

DIREITO CIVIL. PRAZO PRESCRICIONAL PARA COBRANÇA DE SOBRE-ESTADIA DE CONTÊINER.

Prescreve em um ano a pretensão de cobrar despesas de sobre-estadia de contêiner (demurrage), quer se trate de transporte multimodal, quer se trate de transporte unimodal. Embora existam dispositivos legais em vigor que tratam de prescrição no âmbito do transporte marítimo, nenhum deles versa especificamente acerca da sobre-estadia de contêiner. Assim, a solução da controvérsia deve ser buscada no regramento do art. 22 da Lei 9.611/1998, que estabelece prazo prescricional de um ano para as ações judiciais oriundas do não cumprimento das responsabilidades decorrentes do transporte multimodal. Observe-se que esse dispositivo legal não se limita às ações entre o contratante e o operador do transporte multimodal. A sua redação foi abrangente, incluindo todas as ações judiciais oriundas do transporte multimodal. A propósito, esclareça-se que no transporte multimodal, uma pessoa jurídica, denominada operador de transporte multimodal (OTM), assume a responsabilidade de transportar a carga da origem até o destino, utilizando-se de duas ou mais modalidades de transporte, podendo subcontratar terceiros. Nesse passo, a Lei 9.611/1998, além de tratar da responsabilidade do OTM, dispõe também acerca da responsabilidade dos subcontratados, conforme se verifica, dentre outros dispositivos, dos arts. 12 e 16. Desse modo, a redação abrangente do art. 22 da referida lei, regulando a prescrição ânua, teve como objetivo abarcar não somente a relação jurídica do contratante com o operador, mas também as que envolvem estes e os subcontratados. Nessa medida, a pretensão de cobrança da demurrage, deduzida pelo armador (subcontratado) contra o operador de transporte multimodal, também deve estar sujeita ao mesmo prazo prescricional de um ano previsto no art. 22 da referida lei, tendo em vista a inexistência de prazo diverso em legislação específica. Assim, se a demurrage, no transporte multimodal, está sujeita ao prazo prescricional de um ano, e considerando a necessidade de coerência entre as normas de um mesmo sistema jurídico, é recomendável que a prescrição no transporte unimodal também deva ocorrer no mesmo prazo. Isso porque, do ponto de vista do armador, titular da pretensão, a demurrage é sempre o mesmo fato, seja o transporte marítimo o único meio de transporte (unimodal), seja ele apenas uma parte do transporte multimodal. Dessa maneira, é possível, inclusive, que em um mesmo contêiner existam mercadorias sujeitas a um contrato de transporte multimodal e outras a um unimodal. Além disso, nada obsta que um operador de transporte multimodal celebre também contratos de transporte unimodal. Nessas circunstâncias, caso haja atraso na devolução do contêiner, haveria um conflito entre a prescrição anual, prevista no art. 22 da Lei 9.611/1998, e a prescrição quinquenal, prevista no art. 206, § 5º, I, do Código Civil. A melhor solução, portanto, é entender que a prescrição do art. 22 da Lei 9.611/1998 aplica-se também ao contrato unimodal, pois o transporte multimodal, no plano dos fatos, nada mais é do que a integração de dois ou mais transportes unimodais. Em verdade, as normas referentes à prescrição devem ser interpretadas restritivamente, entretanto, há de se lembrar, também, que a interpretação não pode conduzir a resultados contraditórios, como ocorreria na hipótese de se estabelecer prazos prescricionais diversos para a demurrage em transporte multimodal e unimodal. Além do mais, concluir-se pela prescrição anual também tem a vantagem de tratar de maneira uniforme a pretensão deduzida pelo armador quanto à demurrage e a pretensão deduzida contra o armador, quanto aos danos à carga transportada (art. 8º do Decreto-Lei 116/1967). **REsp 1.355.095-SP, Rel. Ministro Paulo De Tarso Sanseverino, julgado em 9/12/2014, DJe 12/3/2015 (Inform. STJ 557).**

DIREITO CIVIL E PROCESSUAL CIVIL. CIÊNCIA INEQUÍVOCA DE INVALIDEZ PERMANENTE EM DEMANDAS POR INDENIZAÇÃO DO SEGURO DPVAT. RECURSO REPETITIVO (ART. 543-C DO CPC E RES. 8/2008-STJ).

Em julgamento de embargos de declaração opostos contra acórdão que julgou representativo da controvérsia (543-C do CPC) relativo ao termo inicial do prazo prescricional nas demandas por indenização do seguro DPVAT que envolvem invalidez permanente da vítima, houve alteração da tese 1.2 do acórdão embargado, nos seguintes termos: "Exceto nos casos de invalidez permanente notória, ou naqueles em que o conhecimento anterior resulte comprovado na fase de instrução, a ciência inequívoca do caráter permanente da invalidez depende de laudo médico". **EDcl no REsp 1.388.030-MG, Rel. Min. Paulo de Tarso Sanseverino, Segunda Seção, julgado em 27/8/2014, DJe 12/11/2014 (Inform. STJ 555).**

DIREITO CIVIL. AÇÃO DEMOLITÓRIA E PRAZO DECADENCIAL.

O prazo decadencial de ano e dia para a propositura da ação demolitória previsto no art. 576 do CC/1916 não tem aplicação quando a construção controvertida – uma escada – tiver sido edificada integralmente em terreno alheio. De plano, importante esclarecer que o prazo decadencial para propositura de ação demolitória previsto no art. 576 do CC/1916 tem incidência apenas nas situações em que a construção controvertida é erigida no imóvel contíguo e embaraça, de qualquer modo, a propriedade vizinha. A construção de uma escada integralmente em terreno alheio não se amolda ao comando do art. 576 do CC/1916, visto que não há, nesse caso, construção em terreno vizinho de forma suspensa que possa ser equiparada a uma janela, sacada, terraço ou goteira. Ademais, segundo a doutrina, o prazo decadencial previsto no art. 576 tem aplicação limitada às espécies nele mencionadas. Desse modo, em outros casos, que refogem àquelas espécies expressamente tratadas, é possível ajuizar utilmente a ação demolitória ainda que escoado o prazo de ano e dia da obra lesiva, aplicando-se os prazos prescricionais gerais. **REsp 1.218.605-PR, Rel. Min. Ricardo Villas Bôas Cueva, julgado em 2/12/2014, DJe 9/12/2014 (Inform. STJ 553).**

Súmula STF nº 494

A ação para anular venda de ascendente a descendente, sem consentimento dos demais, prescreve em vinte anos, contados da data do ato, revogada a súmula 152.

Súmula STF nº 445

A Lei 2437, de 7/3/1955, que reduz prazo prescricional, é aplicável às prescrições em curso na data de sua vigência (1º/1/1956), salvo quanto aos processos então pendentes.

Súmula STF nº 443

A prescrição das prestações anteriores ao período previsto em Lei não ocorre, quando não tiver sido negado, antes daquele prazo, o próprio direito reclamado, ou a situação jurídica de que ele resulta.

Súmula STF nº 154

Simples vistoria não interrompe a prescrição.

Súmula STF nº 153

Simples protesto cambiário não interrompe a prescrição.

Súmula STF nº 150

Prescreve a execução no mesmo prazo de prescrição da ação.

Súmula STF nº 149

É imprescritível a ação de investigação de paternidade, mas não o é a de petição de herança.

Súmula STJ nº 547

Nas ações em que se pleiteia o ressarcimento dos valores pagos a título de participação financeira do consumidor no custeio de construção de rede elétrica, o prazo prescricional é de vinte anos na vigência do Código Civil de 1916. Na vigência do Código Civil de 2002, o prazo é de cinco anos se houver previsão contratual de ressarcimento e de três anos na ausência de cláusula nesse sentido, observada a regra de transição disciplinada em seu art. 2.028.

Súmula STJ nº 412

A ação de repetição de indébito de tarifas de água e esgoto sujeita-se ao prazo prescricional estabelecido no Código Civil.

Súmula STJ nº 405

A ação de cobrança do seguro obrigatório (DPVAT) prescreve em três anos.

Súmula STJ nº 323

A inscrição do nome do devedor pode ser mantida nos serviços de proteção ao crédito até o prazo máximo de cinco anos, independentemente da prescrição da execução.

Súmula STJ nº 291

A ação de cobrança de parcelas de complementação de aposentadoria pela previdência privada prescreve em cinco anos.

Súmula STJ nº 278

O termo inicial do prazo prescricional, na ação de indenização, é a data em que o segurado teve ciência inequívoca da incapacidade laboral.

Súmula STJ nº 229

O pedido do pagamento de indenização à seguradora suspende o prazo de prescrição até que o segurado tenha ciência da decisão.

Súmula STJ nº 194

Prescreve em vinte anos a ação para obter, do construtor, indenização por defeitos da obra.

Súmula STJ nº 143

Prescreve em cinco anos a ação de perdas e danos pelo uso de marca comercial.

Súmula STJ nº 101

A ação de indenização do segurado em grupo contra a seguradora prescreve em um ano.

Súmula STJ nº 39

Prescreve em vinte anos a ação para haver indenização, por responsabilidade civil, de sociedade de economia mista.

2. OBRIGAÇÕES

DIREITO CIVIL. TERMO INICIAL DE JUROS DE MORA EM COBRANÇA DE MENSALIDADE POR SERVIÇO EDUCACIONAL.

Se o contrato de prestação de serviço educacional especifica o valor da mensalidade e a data de pagamento, os juros de mora fluem a partir do vencimento das mensalidades não pagas – e não da citação válida. O caput do art. 397 do CC/2002 dispõe que: "O inadimplemento da obrigação, positiva e líquida, no seu termo, constitui de pleno direito em mora o devedor". Por sua vez, o parágrafo único do mesmo dispositivo legal afirma que, "Não havendo termo, a mora se constitui mediante interpelação judicial ou extrajudicial". De fato, o citado dispositivo celebra a distinção clássica entre a mora ex re (ou automática), que se constitui pelo simples inadimplemento, e mora ex persona, que depende de interpelação. Mantendo a tradição do CC/1916, o diploma em vigor estabelece como regra geral que, se desobedecido o prazo estipulado para o cumprimento da obrigação, sua simples estipulação já dispensa ato do credor para constituir o devedor em mora. Assim, para que incida a regra da mora automática é necessário haver previsão contratual ou o concurso dos requisitos previstos no art. 397, caput: dívida líquida, certa e o inadimplemento da obrigação. Se o devedor acertou um prazo para cumprir a prestação e se não há dúvida quanto ao valor a ser pago, não há também razão para se exigir que o credor o advirta quanto ao inadimplemento. Nesses casos, aplica-se o brocardo dies interpellat pro homine (o termo interpela no lugar do credor). Na hipótese, a obrigação é positiva e certa, pois materializada em mensalidades de serviço educacional em valor estabelecido em contrato. Com efeito, a mora ex re independe de qualquer ato do credor, como interpelação ou citação, porquanto decorre do próprio inadimplemento de obrigação positiva, líquida e com termo implementado, cuja matriz normativa é atualmente o art. 397, caput, do CC/2002. Precedente citado: AgRg no REsp 1.401.973-MG, Quarta Turma, DJe 26/8/2014. **REsp 1.513.262-SP, Rel. Min. Ricardo Villas Bôas Cueva, julgado em 18/8/2015, DJe 26/8/2015 (Inform. STJ 567).**

DIREITO CIVIL. DÍVIDA DE JOGO CONTRAÍDA EM CASA DE BINGO.

A dívida de jogo contraída em casa de bingo é inexigível, ainda que seu funcionamento tenha sido autorizado pelo Poder Judiciário. De acordo com o art. 814, §2º, do CC, não basta que o jogo seja lícito (não proibido), para que as obrigações dele decorrentes venham a ser exigíveis, é necessário, também, que seja legalmente permitido. Nesse contexto, é importante enfatizar que existe posicionamento doutrinário, no sentido de que os jogos classificam-se em autorizados, proibidos ou tolerados. Os primeiros, como as loterias (Decreto-Lei 204/1967) ou o turfe (Lei 7.294/1984), são lícitos e geram efeitos jurídicos normais, erigindo-se em obrigações perfeitas (art. 814, § 2º, do CC). Os jogos ou apostas proibidos são, por exemplo, as loterias não autorizadas, como o jogo do bicho, ou os jogos de azar referidos pelo art. 50 da Lei das Contravenções Penais. Os jogos tolerados, por sua vez, são aqueles de menor reprovabilidade, em que o evento não depende exclusivamente do azar, mas igualmente da habilidade do participante, como alguns jogos de cartas. Inclusive, como uma diversão sem maior proveito, a legislação não os proíbe, mas também não lhes empresta a natureza de obrigação perfeita. No caso, por causa da existência de liminares concedidas pelo Poder Judiciário, sustenta-se a licitude de jogo praticado em caso de bingo. Porém, mais do que uma aparência de licitude, o legislador exige autorização legal para que a dívida de jogo obrigue o pagamento, até porque, como se sabe, decisões liminares têm caráter precário. Assim, não se tratando de jogo expressamente autorizado por lei, as obrigações dele decorrentes carecem de exigibilidade, sendo meras obrigações naturais. **REsp 1.406.487-SP, Rel. Min. Paulo de Tarso Sanseverino, julgado em 4/8/2015, DJe 13/8/2015 (Inform. STJ 566).**

Súmula STF nº 596

As disposições do Decreto 22626/1933 não se aplicam às taxas de juros e aos outros encargos cobrados nas operações realizadas por instituições públicas ou privadas, que integram o sistema financeiro nacional.

Súmula STF nº 121

É vedada a capitalização de juros, ainda que expressamente convencionada.

Súmula STJ nº 472

A cobrança de comissão de permanência – cujo valor não pode ultrapassar a soma dos encargos remuneratórios e moratórios previstos no contrato exclui a exigibilidade dos juros remuneratórios, moratórios e da multa contratual.

Súmula STJ nº 464

A regra de imputação de pagamentos estabelecida no art. 354 do Código Civil não se aplica às hipóteses de compensação tributária.

Súmula STJ nº 422

O art. 6º, e, da Lei n. 4.380/1964 não estabelece limitação aos juros remuneratórios nos contratos vinculados ao SFH.

Súmula STJ nº 382

A estipulação de juros remuneratórios superiores a 12% ao ano, por si só, não indica abusividade.

Súmula STJ nº 379

Nos contratos bancários não regidos por legislação específica, os juros moratórios poderão ser convencionados até o limite de 1% ao mês.

Súmula STJ nº 296

Os juros remuneratórios, não cumuláveis com a comissão de permanência, são devidos no período de inadimplência, à taxa média de mercado estipulada pelo Banco Central do Brasil, limitada ao percentual contratado.

Súmula STJ nº 288

A Taxa de Juros de Longo Prazo (TJLP) pode ser utilizada como indexador de correção monetária nos contratos bancários.

Súmula STJ nº 287

A Taxa Básica Financeira (TBF) não pode ser utilizada como indexador de correção monetária nos contratos bancários.

Súmula STJ nº 283

As empresas administradoras de cartão de crédito são instituições financeiras e, por isso, os juros remuneratórios por elas cobrados não sofrem as limitações da Lei de Usura.

Súmula STJ nº 186

Nas indenizações por ato ilícito, os juros compostos somente são devidos por aquele que praticou o crime.

Súmula STJ nº 176

É nula a clausula contratual que sujeita o devedor a taxa de juros divulgada pela Anbid/Cetip.

Súmula STJ nº 54

Os juros moratórios fluem a partir do evento danoso, em caso de responsabilidade extracontratual.

3. CONTRATOS

3.1. Contratos em geral

DIREITO CIVIL. MAXIDESVALORIZAÇÃO DO REAL EM FACE DO DÓLAR AMERICANO E TEORIAS DA IMPREVISÃO E DA ONEROSIDADE EXCESSIVA.

Tratando-se de relação contratual paritária – a qual não é regida pelas normas consumeristas –, a maxidesvalorização do real em face do dólar americano ocorrida a partir de janeiro de 1999 não autoriza a aplicação da teoria da imprevisão ou da teoria da onerosidade excessiva, com intuito de promover a revisão de cláusula de indexação ao dólar americano. Com efeito, na relação contratual, a regra é a observância do princípio pacta sunt servanda, segundo o qual o contrato faz lei entre as partes e, por conseguinte, impõe ao Estado o dever de não intervir nas relações privadas. Ademais, o princípio da autonomia da vontade confere aos contratantes ampla liberdade para estipular o que lhes convenha, desde que preservada a moral, a ordem pública e os bons costumes, valores que não podem ser derrogados pelas partes. Desse modo, a intervenção do Poder Judiciário nos contratos, à luz da teoria da imprevisão ou da teoria da onerosidade excessiva, exige a demonstração de mudanças supervenientes das circunstâncias iniciais vigentes à época da realização do negócio, oriundas de evento imprevisível (teoria da imprevisão) e de evento imprevisível e extraordinário (teoria da onerosidade excessiva), que comprometam o valor da prestação, demandando tutela jurisdicional específica, tendo em vista, em especial, o disposto nos arts. 317, 478 e 479 do CC. Nesse passo, constitui pressuposto da aplicação das referidas teorias, a teor dos arts. 317 e 478 do CC, como se pode extrair de suas próprias denominações, a existência de um fato imprevisível em contrato de execução diferida, que imponha consequências indesejáveis e onerosas para um dos contratantes. A par disso, o histórico inflacionário e as sucessivas modificações no padrão monetário experimentados pelo País desde longa data até julho de 1994, quando sobreveio o Plano Real, seguido de período de relativa estabilidade até a maxidesvalorização do real em face do dólar, ocorrida a partir de janeiro de 1999, não autorizam concluir pela inexistência de risco objetivo nos contratos firmados com base na cotação da moeda norte-americana, em se tratando de relação contratual paritária. **REsp 1.321.614-SP, Rel. originário Min. Paulo de Tarso Sanseverino, Rel. para acórdão Min. Ricardo Villas Bôas Cueva, julgado em 16/12/2014, DJe 3/3/2015 (Inform. STJ 556).**

DIREITO CIVIL. VÍCIO REDIBITÓRIO E PRAZO DECADENCIAL.

Quando o vício oculto, por sua natureza, só puder ser conhecido mais tarde (art. 445, § 1°, CC), o adquirente de bem móvel terá o prazo de trinta dias (art. 445, caput, do CC), a partir da ciência desse defeito, para exercer o direito de obter a redibição ou abatimento no preço, desde que o conhecimento do vício ocorra dentro do prazo de cento e oitenta dias da aquisição do bem. O prazo decadencial para exercício do direito de obter a redibição ou abatimento no preço de bem móvel é o previsto no caput do art. 445 do CC, isto é, trinta dias. O § 1º do art. 445 do CC apenas delimita que, se o vício somente se revelar mais tarde, em razão de sua natureza, o prazo de 30 dias fluirá a partir do conhecimento desse defeito, desde que revelado até o prazo máximo de 180 dias, com relação aos bens móveis. Desse modo, no caso de vício oculto em coisa móvel, o adquirente tem o prazo máximo de cento e oitenta dias para perceber o vício e, se o notar neste período, tem o prazo de decadência de trinta dias, a partir da verificação do vício, para ajuizar a ação redibitória. Nesse sentido, o enunciado 174 do CJF dispõe que: "Em se tratando de vício oculto, o adquirente tem os prazos do caput do art. 445 para obter redibição ou abatimento do preço, desde que os vícios se revelem nos prazos estabelecidos no parágrafo primeiro, fluindo, entretanto, a partir do conhecimento do defeito". **REsp 1.095.882-SP, Rel. Min. Maria Isabel Gallotti, julgado em 9/12/2014, DJe 19/12/2014 (Inform. STJ 554).**

3.2. Compra e venda e compromisso de compra e venda

DIREITO PROCESSUAL CIVIL. COBRANÇA DE COTA CONDOMINIAL E PENHORA SOBRE DIREITO AQUISITIVO DECORRENTE DE COMPROMISSO DE COMPRA E VENDA.

Em ação de cobrança de cotas condominiais proposta somente contra o promissário comprador, não é possível a penhora do imóvel que gerou a dívida – de propriedade do promissário vendedor -, admitindo-se, no entanto, a constrição dos direitos aquisitivos decorrentes do compromisso de compra e venda. É certo que o adquirente de unidade condominial, após a imissão na posse e a ciência inequívoca do condomínio acerca da alienação, deve responder pelas cotas que recaem sobre o bem, ainda que não tenha sido averbado junto ao competente registro de imóveis (REsp 1.345.331-RS, Segunda Seção, DJe 20/4/2015). Além disso, o promitente vendedor detém legitimidade passiva concorrente para responder por eventual ação de cobrança de débitos condominiais, mesmo que posteriores à imissão na posse (REsp 1.442.840-PR, Terceira Turma, DJe 21/8/2015). Convém esclarecer que a promessa de compra e venda de imóvel faz nascer para o promissário comprador o direito à aquisição do bem, embora a propriedade continue sendo do promitente vendedor. Ao promissário comprador cabe, após o cumprimento das obrigações previstas no pacto preliminar (em regra, o adimplemento do preço), exigir a outorga da escritura definitiva, por vontade do promitente vendedor ou por decisão judicial. Somente a partir de então, com o registro deste título, é que passará o até então promissário comprador a ser o proprietário do bem. Assim, a transferência da propriedade, nos termos do art. 1.245 do CC, opera-se mediante registro do título translativo no Registro de Imóveis, e, enquanto não registrado, o alienante continuará a ser dono do imóvel. Nesse contexto, não se pode autorizar a penhora de unidade condominial sobre o qual o executado possui apenas direito aquisitivo e, portanto, não ostenta a condição de proprietário. Concretamente, é possível apenas e tão somente a constrição do direito do promissário comprador do imóvel, e não da propriedade em si. Admitir entendimento contrário equivaleria a aceitar que bem de terceiro (proprietário) responda por dívida em processo no qual ele não figurou como parte, circunstância que, inclusive, desafia o disposto nos arts. 568, I, e 591 do CPC. Assim, aperfeiçoado o título executivo judicial, por sentença transitada em julgado, impossível a constrição de bem pertencente ao patrimônio de pessoa que não faz parte da demanda, restando possível apenas a penhora de bens e direitos que se encontrem dentro da esfera de disposição do executado, de modo que sejam respeitados os limites subjetivos da lide. Destaca-se, ainda, que a natureza *propter rem*, por si só, não autoriza a ampliação, sem título, dos bens do executado ou a penhora de bem de propriedade de terceiro. Isso porque, diferentemente dos ônus reais, em que a coisa responde pela dívida, na obrigação *propter rem*, o devedor é quem responde com todos os seus bens, pois, nessa espécie, é a pessoa que se encontra vinculada à coisa. Desse modo, não sendo o executado titular do domínio do imóvel que gerou o débito exequendo, afigura-se inviável a sua constrição. Todavia, tratando-se de meros detentores de direitos sobre o imóvel, é perfeitamente possível a incidência da penhora sobre eles, até porque possuem valor econômico, não havendo nenhum óbice à sua alienação judicial (art. 655, XI, do CPC). **REsp 1.273.313-SP, Rel. Min. Ricardo Villas Bôas Cueva, julgado em 3/11/2015, DJe 12/11/2015. (Inform. STJ 573)**

DIREITO CIVIL. NOTIFICAÇÃO POR E-MAIL PARA O EXERCÍCIO DE DIREITO DE PREFERÊNCIA.

É válida a notificação por e-mail enviada ao franqueador para o exercício do direito de preferência previsto em contrato de franquia, no caso em que, não tendo o contrato previsto forma específica para a notificação e sendo o correio eletrônico meio usual de comunicação entre franqueador e franqueado, houve ciência inequívoca do franqueador quanto à data do envio e do recebimento da mensagem, segurança quanto à legitimidade do remetente para tratar do assunto e, quanto ao conteúdo, respeito aos requisitos estabelecidos na cláusula contratual. A validade da notificação por e-mail exige o atendimento de certos requisitos, para o fim de assegurar a efetividade da notificação em si, bem como o exercício do direito de preferência. A respeito da forma eleita pelo franqueado para notificar a franqueadora, o correio eletrônico (e-mail), é possível afirmar que esta cumpriu a finalidade essencial do ato: dar ciência de forma incontestável do teor da notificação. Atualmente, no ambiente empresarial, é inegável que a utilização de correspondência eletrônica (e-mail) é veículo usual e indispensável de intercâmbio de informação, pois é ferramenta que aprimora e agiliza a comunicação. A dinâmica das relações negociais, na maioria das vezes, requer agilidade do processo decisório, e a eficiência na comunicação é relevante fator para tal fim. A busca pela agilidade nas empresas vai em direção ao tempo real, ao instantâneo, e nesse cenário, as singularidades do correio eletrônico vêm ao encontro dessas necessidades. Ademais, é mecanismo capaz de superar dificuldades relacionadas à distância, dispensando, em regra, a presença física das partes. No âmbito do Poder Judiciário, a edição da Lei 11.419/2006 foi importante marco na informatização do processo judicial. Através dela, introduziu-se o uso do meio eletrônico na tramitação de processos judiciais, comunicação de atos e transmissão de peças processuais, demonstrando que o norte é o aprimoramento das operações realizadas no ambiente eletrônico. Por outro lado, a introdução de novas tecnologias aplicadas tanto nas relações negociais como também no âmbito dos processos judiciais, a despeito da evidente agilização dos procedimentos, com ganhos de tempo, de trabalho e de recursos materiais, deve ser vista com precaução, considerando-se os riscos e as dificuldades próprias do uso de sistemas informatizados. Na hipótese, o juízo de cautela sobre a segurança da informação foi observado. **REsp 1.545.965-RJ, Rel. Min. Ricardo Villas Bôas Cueva, julgado em 22/9/2015, DJe 30/9/2015 (Inform. STJ 570).**

DIREITO CIVIL. AUSÊNCIA DE PRAZO PARA O EXERCÍCIO DO DIREITO DE ADJUDICAR COMPULSORIAMENTE IMÓVEL OBJETO DE COMPROMISSO DE COMPRA E VENDA.

O promitente comprador, amparado em compromisso de compra e venda de imóvel cujo preço já tenha sido integralmente pago, tem o direito de requerer judicialmente, a qualquer tempo, a adjudicação compulsória do imóvel. O compromisso de compra e venda é espécie de contrato por meio do qual o promitente vendedor se obriga a outorgar a escritura pública do imóvel ao promissário comprador após o integral pagamento do preço. Realizado o cumprimento dos deveres por ambas as partes contratantes, o contrato definitivo de compra e venda será celebrado. Ressalte-se que o compromisso de compra e venda não pode ficar sujeito a eventuais situações atentatórias por parte dos contratantes, uma vez que se exige a boa-fé em todas as fases da negociação. Dessa maneira, garantiu-se ao promissário comprador a propositura da ação de adjudicação compulsória quando a demanda se fundar na inércia do promitente vendedor que recebeu a quantia pela alienação do imóvel e deixou de emitir a escritura pública de compra e venda. Cumpre esclarecer que direito subjetivo é o poder da vontade consubstanciado na faculdade de agir e de exigir de outrem determinado comportamento para a realização de um interesse, cujo pressuposto é a existência de uma relação jurídica. Por sua vez, encapsulados na fórmula poder-sujeição, estão os chamados direitos potestativos, a cuja faculdade de exercício não se vincula propriamente qualquer prestação contraposta (dever), mas uma submissão à manifestação unilateral do titular do direito, muito embora tal manifestação atinja diretamente a esfera jurídica de outrem. Os direitos potestativos, são insuscetíveis de violação, porque a eles não se relaciona nenhum dever, mas uma submissão involuntária, como salienta remansosa doutrina. De outro lado, somente os direitos subjetivos estão sujeitos a violações, e, quando ditas violações são verificadas, nasce, para o titular do direito subjetivo, a faculdade (poder) de exigir de outrem uma ação ou omissão (prestação positiva ou negativa), poder tradicionalmente nomeado de pretensão. Nessa ordem de ideias, pode-se afirmar que a prescrição é a perda da pretensão inerente ao direito subjetivo em razão da passagem do tempo, ao passo que a decadência se revela como o perecimento do próprio direito potestativo pelo seu não exercício no prazo determinado. Posta essa distinção, convém apontar que, por meio da propositura de ação de adjudicação, permite-se, cumpridos os requisitos legais para a efetivação do contrato definitivo, a substituição da vontade do promitente vendedor por sentença que valerá como título para registro no cartório de imóveis. Por tal razão, o art. 466-A do CPC assevera que o autor – no caso, o promissário comprador – poderá obter uma sentença que produza os mesmos efeitos do contrato a ser firmado. Ou seja, permite-se ao Poder Judiciário a ingerência na esfera jurídica do promitente vendedor, a qual o submeterá à exigência do titular do direito. No caso, é válido ponderar que não se profere sentença condenatória obrigando o promitente vendedor a celebrar contrato definitivo de compra e venda com a consequente determinação de outorga de escritura pública ao promissário comprador. Ao contrário disso, a própria decisão judicial gera a constituição de uma nova relação jurídica para garantir a definitividade da contratação, cuja sentença substituirá a vontade da parte renitente. Assim, verifica-se que a ação de adjudicação compulsória possui características de ação constitutiva, tendo em vista que a sentença judicial possui a mesma eficácia de escritura pública de compra e venda do imóvel, sendo que não houve exteriorização da vontade por resistência injustificada do promitente vendedor, aliada a um fundo declaratório quanto ao reconhecimento do direito de realização do negócio definitivo. Nesse passo, mostra-se oportuno assinalar que a doutrina compreende que as tutelas condenatórias se sujeitam a prazos prescricionais, enquanto as tutelas constitutivas (positivas ou negativas) obedecem a prazos decadenciais. De modo contrário, as tutelas meramente declaratórias (*v.g.*, de nulidade) e as constitutivas sem previsão de prazo em lei não se sujeitam a prazo prescricional ou decadencial. À primeira vista, a circunstância de o pedido de adjudicação compulsória consubstanciar-se em exercício de direito potestativo – e reclamar, por outro lado, uma tutela de natureza constitutiva – poderia conduzir à conclusão de que tal pedido estaria, em tese, sujeito a prazo decadencial. Entretanto, isso não ocorre, haja vista a inexistência de previsão legal. De fato, o Código Civil de 1916, malgrado tenha baralhado as hipóteses de prescrição e decadência, previu para a decadência a tipicidade das situações sujeitas a tal fenômeno. E mais, o Código Civil de 2002, assim como o Estatuto Civil de 1916, não tem um prazo geral e amplo de decadência, como tem em relação ao prazo de prescrição. Tanto o CC/1916 quanto o CC/2002 fizeram a opção de elencar de forma esparsa e sem excluir outros diplomas, os direitos potestativos cujo exercício está sujeito a prazo decadencial. Portanto, à míngua de previsão legal, o pedido de adjudicação compulsória, quando preenchidos os requisitos da medida, poderá ser realizado a qualquer momento. **REsp 1.216.568-MG, Rel. Min. Luis Felipe Salomão, julgado em 3/9/2015, DJe 29/9/2015 (Inform. STJ 570).**

Súmula STF nº 489

A compra e venda de automóvel não prevalece contra terceiros, de boa-fé, se o contrato não foi transcrito no registro de títulos e documentos.

Súmula STF nº 413

O compromisso de compra e venda de imóveis, ainda que não loteados, dá direito à execução compulsória, quando reunidos os requisitos legais.

Súmula STF nº 412

No compromisso de compra e venda com cláusula de arrependimento, a devolução do sinal, por quem o deu, ou a sua restituição em dobro, por quem o recebeu, exclui indenização maior, a título de perdas e danos, salvo os juros moratórios e os encargos do processo.

Súmula STF nº 168

Para os efeitos do Decreto-Lei 58, de 10/12/1937, admite-se a inscrição imobiliária do compromisso de compra e venda no curso da ação.

Súmula STF nº 167

Não se aplica o regime do Decreto-Lei 58, de 10/12/1937, ao compromisso de compra e venda não inscrito no registro imobiliário, salvo se o promitente vendedor se obrigou a efetuar o registro.

Súmula STF nº 166

É inadmissível o arrependimento no compromisso de compra e venda sujeito ao regime do Decreto-Lei 58, de 10/12/1937.

Súmula STJ nº 308

A hipoteca firmada entre a construtora e o agente financeiro, anterior ou posterior à celebração da promessa de compra e venda, não tem eficácia perante os adquirentes do imóvel.

Súmula STJ nº 239

O direito à adjudicação compulsória não se condiciona ao registro do compromisso de compra e venda no cartório de imóveis.

Súmula STJ nº 76

A falta de registro do compromisso de compra e venda de imóvel não dispensa a prévia interpelação para constituir em mora o devedor.

3.3. Locação

DIREITO CIVIL. BASE DE CÁLCULO DE MULTA EM CONTRATO DE ALUGUEL.

Na hipótese em que, na data de vencimento, o valor do aluguel seja cobrado com incidência de desconto de bonificação, a multa prevista para o caso de atraso no pagamento deverá incidir sobre o valor do aluguel com o referido desconto. Nos termos do art. 17 da Lei 8.245/1991, é livre a convenção do aluguel, prevalecendo o que as partes contrataram de acordo com seus interesses e necessidades, sendo vedada, apenas, a estipulação em moeda estrangeira e a vinculação à variação cambial ou ao salário mínimo. Desse modo, o desconto para pagamento pontual do aluguel (abono pontualidade) é, em princípio, liberalidade do locador, em obediência ao princípio da livre contratação, representando um incentivo concedido ao locatário, caso venha a pagar o aluguel em data convencionada. Referido bônus tem, portanto, o objetivo de induzir o locatário a cumprir corretamente sua obrigação de maneira antecipada. A multa contratual, por sua vez, também livremente acordada entre as partes, tem a natureza de sanção, incidindo apenas quando houver atraso no cumprimento da prestação (ou descumprimento de outra cláusula), sendo uma consequência, de caráter punitivo, pelo não cumprimento do que fora acordado, desestimulando tal comportamento (infração contratual). Portanto, apesar de ambos os institutos – o bônus e a multa – objetivarem o cumprimento pontual da obrigação contratada, não possuem eles a mesma natureza, pois o primeiro constitui um prêmio ou incentivo, enquanto a multa representa uma sanção ou punição. Por isso, em princípio, as cláusulas de abono pontualidade e de multa por impontualidade são válidas, não havendo impedimento a que estejam previstas no contrato de locação de imóvel, desde que compatibilizadas entre si, nas respectivas lógicas de incidência antípodas. Nessa ordem de ideias, a compatibilização dos institutos requer, para a validade do desconto, bônus ou prêmio por pontualidade, que este, constituindo uma liberalidade do locador, esteja previsto para ser aplicado apenas no caso de pagamento antes da data do vencimento normal do aluguel mensal, cumprindo seu objetivo "premial", representando uma bonificação, um desconto para o pagamento antes do dia do vencimento. Para pagamento efetuado no dia do vencimento da obrigação, entretanto, já não poderá incidir o bônus, mas o valor normal do aluguel (valor cheio), pois, caso contrário, esse "valor normal do aluguel" inexistirá na prática. De fato, o valor cobrado no dia de vencimento da obrigação é o ordinário, sendo descabida a exigência de quantia maior, salvo na hipótese de pagamento após o vencimento, momento em que poderá haver a incidência de multa por impontualidade. A lógica compatibilizadora, portanto, reclama previsão contratual: a) de desconto ou bônus sobre o valor normal do aluguel apenas para o caso de pagamentos efetivados antes da data normal de vencimento; b) de que na data regular do vencimento prevaleça o valor do aluguel tido como normal (cheio), ou seja, sem desconto, confirmando-se, assim, a efetiva existência desse valor da locação; e c.1) de que, somente quando previstas as estipulações anteriores (letras "a" e "b"), a multa por atraso possa ter como base de cálculo o valor normal do aluguel (montante cheio); c.2) caso contrário (não atendidas às condições "a" e "b"), a multa deverá incidir sobre o valor do aluguel com desconto (quantia reduzida), por ser esse o efetivo montante cobrado no vencimento normal da obrigação. **REsp 832.293-PR, Rel. Min. Raul Araújo, julgado em 20/8/2015, DJe 28/10/2015. (Inform. STJ 572)**

DIREITO CIVIL. LEGITIMIDADE PARA COBRANÇA DE ALUGUÉIS VENCIDOS EM DATA ANTERIOR À DA ALIENAÇÃO DO IMÓVEL.

O antigo proprietário – alienante – tem legitimidade para cobrar os aluguéis que tenham vencido em data anterior à alienação do imóvel, somente cabendo ao novo proprietário – adquirente – direito sobre tais parcelas caso disposto no contrato de compra e venda do imóvel. Em princípio, o contrato de locação é uma relação jurídica de cunho obrigacional, pessoal, constituída entre o locador e o locatário, em que o primeiro transfere ao segundo a posse direta do imóvel para uso. Já o contrato de compra e venda celebrado posteriormente entre o proprietário/locador e terceiro estabelece um novo negócio jurídico, que não vincula, por si só, o adquirente do imóvel ao locatário, tendo em vista que não foi ele quem contratou a locação, e sim o locador/vendedor, que deixou de ser proprietário da coisa. Ademais, a alienação não altera a relação obrigacional entre o locatário e o locador no período anterior à venda do imóvel. Sendo assim, o locatário se tornará obrigado perante o novo proprietário somente após o negócio jurídico, por força de sub-rogação legal, nos termos do art. 8º, § 2º, da Lei 8.245/1991. **REsp 1.228.266-RS, Rel. Min. Maria Isabel Gallotti, julgado em 10/3/2015, DJe 23/3/2015 (Inform. STJ 558).**

Súmula STJ nº 549

É válida a penhora de bem de família pertencente a fiador de contrato de locação.

Súmula STJ nº 335

Nos contratos de locação, é válida a cláusula de renúncia à indenização das benfeitorias e ao direito de retenção.

Súmula STJ nº 214

O fiador na locação não responde por obrigações resultantes de aditamento ao qual não anuiu.

3.4. Mútuo

AG. REG. NO ARE N. 863.862-CE

RELATOR: MIN. ROBERTO BARROSO

EMENTA: DIREITO CIVIL. AGRAVO REGIMENTAL EM RECURSO EXTRAORDINÁRIO COM AGRAVO. SISTEMA FINANCEIRO DE HABITAÇÃO. TAXA REFERENCIAL. AUSÊNCIA DE PREQUESTIONAMENTO. NECESSIDADE DE REEXAME DO MATERIAL PROBATÓRIO. SÚMULA 279/STF. CRITÉRIOS DE REAJUSTE. AUSÊNCIA DE REPERCUSSÃO GERAL. 1. Exceto o art. 5º, XXXVI, da Constituição, os demais temas constitucionais do recurso extraordinário não foram objeto de análise prévia e conclusiva pelo Tribunal de origem. Incidência das Súmulas 282 e 356/STF. 2. A jurisprudência desta Corte assentou o entendimento de que não ofende as garantias do ato jurídico perfeito e do direito adquirido a utilização da Taxa Referencial (TR) como fator de correção de contratos de SFH anteriores à edição da Lei nº 8.117/1991, desde que no referido contrato conste cláusula de que a correção monetária seja feita com aplicação do índice do BTN ou do índice de correção das cadernetas de poupança. Precedentes.3. O Supremo Tribunal Federal já assentou a ausência de repercussão geral da questão discutida (RE 579.073-RG, Rel. Min. Cezar Peluso), relativa ao critério de reajuste de saldo devedor de contrato de mútuo firmado no âmbito do sistema financeiro da habitação, por restringir-se a tema infraconstitucional. 4. O art. 543-A, § 5º, do CPC, bem como os arts. 326 e 327 do RI/STF, dispõe que a decisão desta Corte quanto à inexistência de repercussão geral valerá para todos os casos que versem sobre questão idêntica.
5. Agravo regimental a que se nega provimento. **(Inform. STF 790)**

DIREITO CIVIL. TEMA 909 (REFORMULAÇÃO).

Reformulada a controvérsia da qual este Recurso Especial, afetado à Corte Especial, é representativo: **"definição do conceito jurídico de capitalização de juros vedada pela Lei de Usura e permitida pela MP 2.170-01 no âmbito do Sistema Financeiro Nacional, e pela Lei 11.977/2009, no Sistema Financeiro da Habitação, desde que expressamente pactuada". REsp 951.894-DF, Rel. Min. Maria Isabel Gallotti, DJe 26/10/2015. (Inform. STJ 571)**

DIREITO CIVIL E PROCESSUAL CIVIL. UTILIZAÇÃO DA TABELA PRICE NOS CONTRATOS DO SFH. RECURSO REPETITIVO (ART. 543-C DO CPC E RES. 8/2008-STJ).

A análise acerca da legalidade da utilização da Tabela Price – mesmo que em abstrato – passa, necessariamente, pela constatação da eventual capitalização de juros (ou incidência de juros compostos, juros sobre juros ou anatocismo), que é questão de fato e não de direito, motivo pelo qual não cabe ao STJ tal apreciação, em razão dos óbices contidos nas Súmulas 5 e 7 do STJ; é exatamente por isso que, em contratos cuja capitalização de juros seja vedada, é necessária a interpretação de cláusulas contratuais e a produção de prova técnica para aferir a existência da cobrança de juros não lineares, incompatíveis, portanto, com financiamentos celebrados no âmbito do Sistema Financeiro de Habitação (SFH) antes da vigência da Lei 11.977/2009, que acrescentou o art. 15-A à Lei 4.380/1964; em se verificando que matérias de fato ou eminentemente técnicas foram tratadas como exclusivamente de direito, reconhece-se o cerceamento, para que seja realizada a prova pericial. No âmbito do SFH, a Lei 4.380/1964, em sua redação original, não previa a possibilidade de cobrança de juros capitalizados, vindo à luz essa permissão apenas com a edição da Lei 11.977/2009, que acrescentou ao diploma de 1964 o art. 15-A. Daí o porquê de a jurisprudência do STJ ser tranquila em afirmar que, antes da vigência da Lei 11.977/2009, era vedada a cobrança de juros capitalizados em qualquer periodicidade nos contratos de mútuo celebrados no âmbito do SFH. Esse entendimento foi, inclusive, sufragado em sede de julgamento de recurso especial repetitivo, submetido ao rito do art. 543-C do CPC, nos seguintes termos: "Nos contratos celebrados no âmbito do Sistema Financeiro da Habitação, é vedada a capitalização de juros em qualquer periodicidade. Não cabe ao STJ, todavia, aferir se há capitalização de juros com a utilização da Tabela Price, por força das Súmulas 5 e 7" (REsp 1.070.297-PR, Segunda Seção, DJe 18/9/2009). No referido precedente, a Segunda Seção decidiu ser matéria de fato e não de direito a possível capitalização de juros na utilização da Tabela Price, sendo exatamente por isso que as insurgências relativas a essa temática dirigidas ao STJ esbarram nos óbices das Súmulas 5 e 7 do STJ. A despeito disso, nota-se, ainda, a existência de divergência sobre a capitalização de juros na Tabela Price nas instâncias ordinárias, uma vez que os diversos tribunais de justiça das unidades federativas, somados aos regionais federais, manifestam, cada qual, entendimentos diversos sobre a utilização do Sistema Francês de amortização de financiamentos. Nessa linha intelectiva, não é possível que uma mesma tese jurídica – saber se a Tabela Price, por si só, representa capitalização de juros – possa receber tratamento absolutamente distinto, a depender da unidade da Federação ou se a jurisdição é federal ou estadual. A par disso, para solucionar a controvérsia, as "regras de experiência comum" e as "as regras da experiência técnica" devem ceder à necessidade de "exame pericial" (art. 335 do CPC), cabível sempre que a prova do fato "depender do conhecimento especial de técnico" (art. 420, I, do CPC). Realmente, há diversos trabalhos publicados no sentido de não haver anatocismo na utilização da Tabela Price, porém há diversos outros em direção exatamente oposta. As contradições, os estudos técnicos dissonantes e as diversas teorizações demonstram o que já se afirmou no REsp 1.070.297-PR, Segunda Seção, DJe 18/9/2009: em matéria de Tabela Price, nem "sequer os matemáticos chegam a um consenso". Nessa seara de incertezas, cabe ao Judiciário conferir a solução ao caso concreto, mas não lhe cabe imiscuir-se em terreno movediço nos quais os próprios experts tropeçam. Isso porque os juízes não têm conhecimentos técnicos para escolher entre uma teoria matemática e outra, mormente porque não há perfeito consenso neste campo. Dessa maneira, o dissídio jurisprudencial quanto à utilização ou à vedação da Tabela Price decorre, por vezes, dessa invasão do magistrado ou do tribunal em questões técnicas, estabelecendo, a seu arbítrio, que o chamado Sistema Francês de Amortização é legal ou ilegal. Por esses motivos não pode o STJ – sobretudo, e com maior razão, porque não tem contato com as provas dos autos – cometer o mesmo equívoco por vezes praticado pelas instâncias ordinárias, permitindo ou vedando, em abstrato, o uso da Tabela Price. É que, se a análise acerca da legalidade da utilização do Sistema Francês de Amortização passa, necessariamente, pela averiguação da forma pela qual incidiram os juros, a legalidade ou a ilegalidade do uso da Tabela Price não pode ser reconhecida em abstrato, sem apreciação dos contornos do caso concreto. Desse modo, em atenção à segurança jurídica, o procedimento adotado nas instâncias ordinárias deve ser ajustado, a fim de corrigir as hipóteses de deliberações arbitrárias ou divorciadas do exame probatório do caso concreto. Isto é, quando o juiz ou o tribunal, ad nutum, afirmar a legalidade ou ilegalidade da Tabela Price, sem antes verificar, no caso concreto, a ocorrência ou não de juros capitalizados (compostos ou anatocismo), haverá ofensa aos arts. 131, 333, 335, 420, 458 ou 535 do CPC, ensejando, assim, novo julgamento com base nas provas ou nas consequências de sua não produção, levando-se em conta, ainda, o ônus probatório de cada litigante. Assim, por ser a capitalização de juros na Tabela Price questão de fato, deve-se franquear às partes a produção da prova necessária à demonstração dos fatos constitutivos do direito alegado, sob pena de cerceamento de defesa e invasão do magistrado em seara técnica com a qual não é afeito. Ressalte-se que a afirmação em abstrato acerca da ocorrência de capitalização de juros quando da utilização da Tabela Price, como reiteradamente se constata, tem dado azo a insurgências tanto dos consumidores quanto das instituições financeiras, haja vista que uma ou outra conclusão dependerá unicamente do ponto de vista do julgador, manifestado quase que de forma ideológica, por vez às cegas e desprendida da prova dos autos, a qual, em não raros casos, simplesmente inexiste. Por isso, reservar à prova pericial essa análise, de acordo com as particularidades do caso concreto, beneficiará tanto os mutuários como as instituições financeiras, porquanto nenhuma das partes ficará ao alvedrio de valorações superficiais do julgador acerca de questão técnica. Precedentes citados: AgRg no AREsp 219.959-SP, Terceira Turma, DJe 28/2/2014; AgRg no AREsp 420.450-DF, Quarta Turma, DJe 7/4/2014; AgRg no REsp 952.569-SC, Quarta Turma, DJe 19/8/2010; e REsp 894.682-RS, DJe 29/10/2009. **REsp 1.124.552-RS, Rel. Min. Luis Felipe Salomão, Corte Especial, julgado em 3/12/2014, DJe 2/2/2015 (Inform. STJ 554).**

Súmula Vinculante STF 7

A norma do § 3º do artigo 192 da Constituição, revogada pela Emenda Constitucional nº 40/2003, que limitava a taxa de juros reais a 12% ao ano, tinha sua aplicação condicionada à edição de lei complementar.

Súmula STF nº 596

As disposições do Decreto 22.626/1933 não se aplicam às taxas de juros e aos outros encargos cobrados nas operações realizadas por instituições públicas ou privadas, que integram o sistema financeiro nacional.

Súmula STJ nº 541

A previsão no contrato bancário de taxa de juros anual superior ao duodécuplo da mensal é suficiente para permitir a cobrança da taxa efetiva anual contratada.

Súmula STJ nº 539

É permitida a capitalização de juros com periodicidade inferior à anual em contratos celebrados com instituições integrantes do Sistema Financeiro Nacional a partir de 31/3/2000 (MP n. 1.963-17/2000, reeditada como MP n. 2.170-36/2001), desde que expressamente pactuada.

Súmula STJ nº 530

Nos contratos bancários, na impossibilidade de comprovar a taxa de juros efetivamente contratada – por ausência de pactuação ou pela falta de juntada do instrumento aos autos -, aplica-se a taxa média de mercado, divulgada pelo Bacen, praticada nas operações da mesma espécie, salvo se a taxa cobrada for mais vantajosa para o devedor.

Súmula STJ nº 473

O mutuário do SFH não pode ser compelido a contratar o seguro habitacional obrigatório com a instituição financeira mutuante ou com a seguradora por ela indicada.

Súmula STJ nº 382

A estipulação de juros remuneratórios superiores a 12% ao ano, por si só, não indica abusividade.

Súmula STJ nº 381

Nos contratos bancários, é vedado ao julgador conhecer, de ofício, da abusividade das cláusulas.

Súmula STJ nº 379

Nos contratos bancários não regidos por legislação específica, os juros moratórios poderão ser convencionados até o limite de 1% ao mês.

Súmula STJ nº 328

Na execução contra instituição financeira, é penhorável o numerário disponível, excluídas as reservas bancárias mantidas no Banco Central.

Súmula STJ nº 297

O Código de Defesa do Consumidor é aplicável às instituições financeiras.

Súmula STJ nº 296

Os juros remuneratórios, não cumuláveis com a comissão de permanência, são devidos no período de inadimplência, à taxa média de mercado estipulada pelo Banco Central do Brasil, limitada ao percentual contratado.

Súmula STJ nº 295

A Taxa Referencial (TR) é indexador válido para contratos posteriores à Lei n. 8.177/91, desde que pactuada.

Súmula STJ nº 294

Não é potestativa a cláusula contratual que prevê a comissão de permanência, calculada pela taxa média de mercado apurada pelo Banco Central do Brasil, limitada à taxa do contrato.

Súmula STJ nº 288

A Taxa de Juros de Longo Prazo (TJLP) pode ser utilizada como indexador de correção monetária nos contratos bancários.

Súmula STJ nº 287

A Taxa Básica Financeira (TBF) não pode ser utilizada como indexador de correção monetária nos contratos bancários.

Súmula STJ nº 286

A renegociação de contrato bancário ou a confissão da dívida não impede a possibilidade de discussão sobre eventuais ilegalidades dos contratos anteriores.

Súmula STJ nº 285

Nos contratos bancários posteriores ao Código de Defesa do Consumidor incide a multa moratória nele prevista.

Súmula STJ nº 283

As empresas administradoras de cartão de crédito são instituições financeiras e, por isso, os juros remuneratórios por elas cobrados não sofrem as limitações da Lei de Usura.

Súmula STJ nº 271

A correção monetária dos depósitos judiciais independe de ação específica contra o banco depositário.

Súmula STJ nº 259

A ação de prestação de contas pode ser proposta pelo titular de conta-corrente bancária.

Súmula STJ nº 258

A nota promissória vinculada a contrato de abertura de crédito não goza de autonomia em razão da iliquidez do título que a originou.

Súmula STJ nº 247

O contrato de abertura de crédito em conta-corrente, acompanhado do demonstrativo de débito, constitui documento hábil para o ajuizamento da ação monitória.

Súmula STJ nº 233

O contrato de abertura de crédito, ainda que acompanhado de extrato da conta-corrente, não é título executivo.

Súmula STJ nº 79

Os bancos comerciais não estão sujeitos a registro nos conselhos regionais de economia.

Súmula STJ nº 30

A comissão de permanência e a correção monetária são inacumuláveis.

3.5. Depósito

DIREITO CIVIL. CORREÇÃO MONETÁRIA E JUROS COMPENSATÓRIOS. Incidem correção monetária e juros compensatórios sobre os depósitos judiciais decorrentes de processos originários do STJ. Aplicam-se as regras do mercado como parâmetro de atualização, de modo que a aplicação dos juros se faz com o intuito de "remuneração", enquanto que a correção monetária, com o de "atualização". Essa compreensão está disposta no ordenamento jurídico como norma extraída dos princípios constitucionais, notadamente, o da isonomia, porquanto repõe o equilíbrio entre os partícipes das relações econômicas. Se assim o é, obviamente que o sentido do direito será sempre o de recompor as perdas da moeda, por meio da correção monetária, e, ainda, recompensar o seu titular pelo tempo que ficou sem dela dispor, senão estaríamos diante de um enriquecimento ilícito. **Pet 10.326-RJ, Rel. originário Min. Og Fernandes, Rel. para acórdão Min. Maria Thereza de Assis Moura, julgado em 5/8/2015, DJe 14/9/2015 (Inform. STJ 569).**

DIREITO CIVIL. CONTRATO DE DEPÓSITO BANCÁRIO E TERMO FINAL DE INCIDÊNCIA DOS JUROS REMUNERATÓRIOS.

Na execução individual de sentença proferida em ação civil pública que reconhece o direito de poupadores aos expurgos inflacionários relativos ao período de junho de 1987 e janeiro de 1989 (Planos Bresser e Verão), os juros remuneratórios são devidos até a data de encerramento da conta poupança, mas se a instituição bancária deixar de demonstrar precisamente o momento em que a conta bancária chegou ao seu termo, os juros remuneratórios deverão incidir até a citação ocorrida nos autos da ação civil pública objeto da execução. Os juros remuneratórios são devidos ao cliente/depositante em razão da utilização do capital (valor depositado) pela instituição bancária. A par disso, se os juros remuneratórios são cabíveis como compensação ou remuneração do capital, caso o capital não esteja mais à disposição da instituição bancária, não há nenhuma justificativa para a incidência dos referidos juros, pois o poupador/depositante não estará mais privado da utilização do dinheiro e o banco não estará fazendo uso de "capital alheio". Nesse sentido, a Terceira Turma do STJ (AgRg no REsp 1.505.007-MS, DJe 18/5/2015) afirmou que "Os juros remuneratórios incidem até a data de encerramento da conta poupança porque (1) após o seu encerramento não se justifica a incidência de juros, já que o poupador não mais estará privado da utilização de seu capital; e, (2) os juros são frutos civis e representam prestações acessórias ligadas à obrigação principal". Nesse contexto, cabe ressaltar que não se desconhece que a jurisprudência do STJ também possui o entendimento no sentido de que os juros remuneratórios têm como termo final a data do efetivo pagamento da dívida (AgRg no AREsp 408.287-SP, Terceira Turma, DJe 27/5/2014; AgRg no Ag 1.010.310-DF, Quarta Turma, DJe 31/10/2012). Por sua vez, o contrato de depósito pecuniário ou bancário por ostentar natureza real, somente se aperfeiçoa com a efetiva entrega do dinheiro ou equivalente ao banco. Nessa linha de intelecção, observa-se, portanto, que uma das formas de extinção dessa espécie contratual ocorre com a retirada da quantia integralmente depositada ou diante do pedido feito pelo depositante para que a conta bancária seja encerrada, com a consequente devolução de todo o montante pecuniário. É o que se extrai da dicção do art. 1.265, *caput*, do CC/1916, cujo texto foi reproduzido pelo art. 627 do CC/2002. No entanto, caso o banco não demonstre a data de extinção da conta-poupança, a melhor solução consiste em adotar a data da citação ocorrida nos autos da ação civil pública objeto da execução como o termo final dos juros remuneratórios. Isso porque, na hipótese em análise, o ônus de comprovação da data de encerramento da conta-poupança, pela retirada do valor depositado, incumbe à instituição bancária, nos termos do art. 333, II, do CPC, uma vez que se trata de fato que delimita a extensão do pedido formulado pelo autor desse tipo de demanda. Ademais, porque essa sistemática impede que exista concomitantemente a incidência de juros remuneratórios e moratórios dentro de um mesmo período, uma vez que, na hipótese aqui analisada, o depositante, no momento da propositura da ação coletiva, demonstra o interesse em rever os reflexos dos expurgos inflacionários, ocorrendo a constituição em mora do banco, por não satisfazer voluntariamente a pretensão resistida, momento a partir do qual deverão ser aplicados os juros de mora. Trata-se, além disso, de sistemática que se coaduna com entendimento recente da Corte Especial do STJ, julgado sob o regime do art. 543-C do CPC, no sentido de que "Os juros de mora incidem a partir da citação do devedor na fase de conhecimento da Ação Civil Pública, quando esta se fundar em responsabilidade contratual, sem que haja configuração da mora em momento anterior" (REsp 1.361.800-SP, Corte Especial, DJe 14/10/2014). **REsp 1.535.990-MS, Rel. Min. Luis Felipe Salomão, julgado em 04/8/2015, DJe 20/8/2015 (Inform. STJ 566).**

DIREITO CIVIL. INCLUSÃO NO DÉBITO JUDICIAL DE EXPURGOS INFLACIONÁRIOS SUBSEQUENTES. RECURSO REPETITIVO (ART. 543-C DO CPC E RES. 8/2008-STJ). TEMA 891.

Na execução de sentença que reconhece o direito de poupadores aos expurgos inflacionários decorrentes do Plano Verão (janeiro de 1989), incidem os expurgos inflacionários posteriores a título de correção monetária plena do débito judicial, que terá como base de cálculo o saldo existente ao tempo do referido plano econômico, e não os valores de eventuais depósitos da época de cada plano subsequente. De início, cumpre diferenciar duas situações que parecem se baralhar com relativa frequência: (i) uma é a incidência de expurgos inflacionários resultantes de planos econômicos não previstos na sentença coletiva a valores eventualmente existentes em contas de poupança em momento posterior; (ii) outra é a incidência, no débito judicial resultante da sentença, de expurgos inflacionários decorrentes de planos econômicos posteriores ao período apreciado pela ação coletiva, a título de correção monetária plena da dívida consolidada. Exemplo da primeira situação: em janeiro de 1989, um poupador detinha determinado valor depositado em poupança e manteve a conta aberta com valores passados e/ou futuros até a atualidade; a sentença coletiva reconhece o direito à diferença de correção monetária referente a janeiro de 1989 (Plano Verão) e o correntista busca, na execução da sentença, a incidência de outros expurgos aos valores que foram ou se mantiveram depositados na conta; nessa hipótese, a depender do caso concreto, certamente poderá haver ofensa à coisa julgada com a inclusão de expurgos – posteriores à sentença –, na fase de execução. Em relação à segunda situação, tem-se o seguinte exemplo: em janeiro de 1989, um poupador detinha determinado valor depositado em poupança; a sentença coletiva reconhece o direito à diferença de correção monetária referente a janeiro de 1989 (Plano Verão); sobre esse débito certo e reconhecido (fixado conforme o título), referente ao direito a expurgos inflacionários concretamente decididos na sentença, a parte, na fase de execução, busca a incidência de outros expurgos referentes a planos econômicos posteriores, mas tudo a título de correção monetária do débito reconhecido. Percebe-se que as bases de cálculo de cada situação são bem distintas: na primeira, a base de cálculo é o saldo dos depósitos existentes à época de cada plano econômico; na segunda, é o saldo existente em conta em janeiro de 1989, que é atualizado na fase de execução, fazendo-se incidir os demais expurgos referentes aos planos econômicos não contemplados na sentença. No caso em análise – situação (ii) –, observa-se que o propósito subjacente é a mera recomposição da moeda, mediante incidência de correção monetária plena. No ponto, é de longa data a jurisprudência do STF e do STJ no sentido de que a correção monetária não consubstancia acréscimo material ao débito principal, mas mera recomposição do valor real em face da corrosão inflacionária de determinado período. Por essa ótica, havendo um montante fixo já definido na sentença – dependente apenas de mero cálculo aritmético –, não hostiliza a coisa julgada a inclusão, na fase de execução individual, de correção monetária não contemplada na sentença. Antes, a protege, pois só assim o título permanece hígido com a passagem do tempo em um cenário econômico no qual a inflação não é nula. Com efeito, se, para a manutenção da coisa julgada, é necessário proceder à correção monetária plena do débito reconhecido, os expurgos inflacionários do período de inadimplemento devem compor o cálculo, estejam ou não contemplados na sentença exequenda. Precedentes citados: REsp 1.322.543-DF, Quarta Turma, julgado em 26/8/2014, DJe 16/9/2014; AgRg no REsp 1.240.114-SC, Terceira Turma, DJe 18/3/2014; e REsp 550.063-PR, Segunda Turma, DJe 23/4/2010. **REsp 1.314.478-RS, Rel. Min. Luis Felipe Salomão, Segunda Seção, julgado em 13/5/2015, DJe 9/6/2015 (Inform. STJ 563).**

Súmula Vinculante STF 25

É ilícita a prisão civil de depositário infiel, qualquer que seja a modalidade do depósito.

Súmula STJ nº 419

Descabe a prisão civil do depositário judicial infiel.

Súmula STJ nº 179

O estabelecimento de credito que recebe dinheiro, em deposito judicial, responde pelo pagamento da correção monetária relativa aos valores recolhidos.

3.6. Corretagem

DIREITO CIVIL. OBRIGAÇÃO PELO PAGAMENTO DE COMISSÃO DE CORRETAGEM.

Inexistindo pactuação dispondo em sentido contrário, a obrigação de pagar a comissão de corretagem é daquele que efetivamente contrata o corretor. Na forma do art. 722 do CC, o contrato de corretagem é aquele por meio do qual alguém se obriga a obter para outro um ou mais negócios de acordo com as instruções recebidas. Essa relação não pode existir em virtude de mandato, de prestação de serviços ou de qualquer relação de dependência. A pessoa que contrata o serviço do corretor é denominada de comitente. Observe-se que, no mercado, há hipóteses em que é o proprietário (vendedor) do imóvel que busca alguém para comprá-lo. Em outras, o contrário ocorre, ou seja, é o comprador que busca a aquisição de imóvel. Em qualquer dos casos, a partir do momento em que o corretor é chamado para ingressar na relação entre comprador e devedor, passa a ser devida a sua comissão. O encargo, pois, do pagamento da remuneração desse trabalho depende, em muito, da situação fática contratual objeto da negociação, devendo ser considerado quem propõe ao corretor nela intervir. Independentemente dessas situações, existindo efetiva intermediação pelo corretor, as partes podem, livremente, pactuar como se dará o pagamento da comissão de corretagem. Há, porém, casos em que tanto o comprador quanto o vendedor se acham desobrigados desse encargo, pois entendem que ao outro compete fazê-lo. Há casos ainda em que essa pactuação nem sequer existe, porquanto nada acordam as partes a respeito, daí surgindo a interpretação que se ampara no art. 724 do CC. Em face dessas dúvidas ou omissões e em virtude da proposta dirigida inicialmente ao corretor, conforme acima exposto, é justo que a obrigação de pagar a comissão de corretagem seja de quem efetivamente contrata o corretor, isto é, do comitente, que busca o auxílio daquele, visando à aproximação com outrem cuja pretensão, naquele momento, está em conformidade com seus interesses, seja como comprador ou como vendedor. Ressalte-se ainda que, quando o comprador vai ao mercado, pode ocorrer que seu interesse se dê por bem que está sendo vendido já com a intervenção de corretor. Aí, inexistindo convenção das partes, não lhe compete nenhuma obrigação quanto à comissão de corretagem, pois o corretor já foi anteriormente contratado pelo vendedor. Diferente é a hipótese em que o comprador, visando à aquisição de bem, contrate o corretor para que, com base em seu conhecimento de mercado, busque bem que lhe interesse. Nessa situação, a tratativa inicial com o corretor foi do próprio comprador. **REsp 1.288.450-AM, Rel. Min. João Otávio de Noronha, julgado em 24/2/2015, DJe 27/2/2015 (Inform. STJ 556).**

3.7. Transporte

DIREITO CIVIL. VALOR DE INDENIZAÇÃO PELO EXTRAVIO DE MERCADORIAS EM TRANSPORTE AÉREO.

Independentemente da existência de relação jurídica consumerista, a indenização pelo extravio de mercadoria transportada por via aérea, prévia e devidamente declarada, com inequívoca ciência do transportador acerca de seu conteúdo, deve corresponder ao valor integral declarado, não se aplicando, por conseguinte, as limitações tarifadas prevista no Código Brasileiro de Aeronáutica e na Convenção de Varsóvia. De fato, a jurisprudência do STJ já entende que, estabelecida relação jurídica de consumo entre as partes, a indenização pelo extravio de mercadoria transportada por via aérea deve ser integral, não se aplicando, por conseguinte, a limitação tarifada prevista no Código de Aeronáutica e na Convenção de Varsóvia. Em verdade, tem-se pela absoluta inaplicabilidade da indenização tarifada contemplada na Convenção de Varsóvia, inclusive na hipótese em que a relação jurídica estabelecida entre as partes não se qualifique como de consumo. Isso porque, em matéria de responsabilidade civil no serviço de transporte aéreo, pode-se identificar a aparente colisão entre as seguintes normas: de um lado, a Convenção de Varsóvia de 1929 e o Código Brasileiro de Aeronáutica de 1986 (normas especiais e anteriores à própria Ordem Constitucional inaugurada pela CF/1988), e, de outro, o Código Civil de 2002 (norma geral e posterior), que preconiza que a indenização mede-se pela extensão do dano (art. 944), em consonância com a Ordem Constitucional inaugurada pela CF/1988, que traz, em si, como direito fundamental, o princípio da indenizabilidade irrestrita (art. 5º, V e X). Nesse contexto, o critério da especialidade, como método hermenêutico para solver o presente conflito de normas (Convenção de Varsóvia de 1929 e Código Brasileiro de Aeronáutica de 1986 *versus* Código Civil de 2002), isoladamente considerado, afigura-se insuficiente para tal escopo. Deve-se, para tanto, mensurar, a partir das normas em cotejo, qual delas melhor reflete, no tocante à responsabilidade civil, os princípios e valores encerrados na ordem constitucional inaugurada pela Constituição Federal de 1988. E inferir, a partir daí, se as razões que justificavam a referida limitação, inserida no ordenamento jurídico nacional em 1931 pelo Decreto 20.704 (que ratificou a Convenção de Varsóvia), encontrar-se-iam presentes nos dias atuais, com observância ao postulado da proporcionalidade. A limitação tarifária contemplada pela Convenção de Varsóvia aparta-se, a um só tempo, do direito à reparação integral pelos danos de ordem material injustamente sofridos, concebido pela Constituição Federal como direito fundamental (art. 5º, V e X), bem como pelo Código Civil, em seu art. 994, que, em adequação à ordem constitucional, preceitua que a indenização mede-se pela extensão do dano. Efetivamente, a limitação prévia e abstrata da indenização não atenderia, sequer, indiretamente, ao princípio da proporcionalidade, notadamente porque teria o condão de esvaziar a própria função satisfativa da reparação, ante a completa desconsideração da gravidade e da efetiva repercussão dos danos injustamente percebidos pela vítima do evento. Tampouco se concebe que a solução contida na lei especial, que preceitua a denominada indenização tarifada, decorra das necessidades inerentes (e atuais) do transporte aéreo. Isso porque as razões pelas quais a limitação da indenização pela falha do serviço de transporte se faziam presentes quando inseridas no ordenamento jurídico nacional, em 1931, pelo Decreto 20.704, não mais subsistem nos tempos atuais. A limitação da indenização inserida pela Convenção de Varsóvia, no início do século XX, justificava-se pela necessidade de proteção a uma indústria, à época, incipiente, em processo de afirmação de sua viabilidade econômica e tecnológica, circunstância fática inequivocamente insubsistente atualmente, tratando-se de meio de transporte, estatisticamente, dos mais seguros. Veja-se, portanto, que o tratamento especial e protetivo então dispensado pela Convenção de Varsóvia e pelo Código Brasileiro de Aeronáutica ao transporte aéreo, no tocante à responsabilização civil, devia-se ao risco da aviação, relacionado este à ocorrência de acidentes aéreos. O art. 750 do CC, por sua vez, não encerra, em si, uma exceção ao princípio da indenizabilidade irrestrita. O preceito legal dispõe que o transportador se responsabilizará pelos valores constantes no conhecimento de transporte, ou seja, pelos valores das mercadorias previamente declaradas pelo contratante ao transportador. Desse modo, o regramento legal tem por propósito justamente propiciar a efetiva indenização da mercadoria que se perdeu – prévia e devidamente declarada, contando, portanto, com a absoluta ciência do transportador acerca de seu conteúdo -, evitando-se, com isso, que a reparação tenha por lastro a declaração unilateral do contratante do serviço de transporte, que, eventualmente de má-fé, possa superdimensionar o prejuízo sofrido. Ressalta-se que a restrição ao direito à reparação integral pelos danos de ordem material e moral injustamente percebidos somente poderia ser admitida, em tese, caso houvesse previsão nesse sentido no próprio diploma legal do qual tal direito emana. Esta contemporização do direito à integral reparação, todavia, não se verifica do tratamento ofertado à questão pelo Código Civil. Vislumbra-se, quando muito, como hipótese de incidência subsidiária, o caso em que o transportador não detém conhecimento prévio sobre o conteúdo da mercadoria a ser transportada e, embora incontroverso a ocorrência do dano, não se tem elementos idôneos a demonstrar seu valor (ante o extravio da mercadoria, por exemplo), circunstâncias diversas da presente hipótese. Assim, tem-se pela absoluta inaplicabilidade da indenização tarifada contemplada na Convenção de Varsóvia, inclusive na hipótese em que a relação jurídica estabelecida entre as partes não se qualifique como de consumo. **REsp 1.289.629-SP, Rel. Min. Marco Aurélio Bellizze, julgado em 20/10/2015, DJe 3/11/2015. (Inform. STJ 573)**

DIREITO CIVIL. SEGURO DE RESPONSABILIDADE CIVIL DO TRANSPORTADOR RODOVIÁRIO DE CARGAS COM APÓLICE EM ABERTO.

No Seguro de Responsabilidade Civil do Transportador Rodoviário de Cargas (RCTR-C) com apólice em aberto, ou seja, quando as averbações são feitas após o início dos riscos, o segurado perde o direito à garantia securitária na hipótese de não averbar todos os embarques e mercadorias transportadas, exceto se, comprovadamente, a omissão do transportador se der por mero lapso, a evidenciar a boa-fé. O Seguro de Responsabilidade Civil do Transportador Rodoviário de Cargas (RCTR-C) garante o reembolso dos valores que ele, transportador, despender aos proprietários da carga por tê-la entregue em desconformidade com o que recebeu. Em virtude da dinâmica, competitividade e flexibilidade das regras do mercado, foi criada a cláusula de averbação, ou seja, foi instituída uma apólice em aberto (ou seguro de risco decorrido), hipótese em que há apenas uma proposta, e é emitida uma única apólice especificando de forma genérica os riscos cobertos, mas sem detalhar as características de cada embarque, o que somente será feito em um momento futuro por meio da averbação. Isso posto, tendo em vista a contratação de garantia de todos os embarques, inclusive futuros, por certo período de tempo e a sistemática de entrega das averbações após as viagens, o transportador rodoviário deverá informar à seguradora a totalidade dos bens e mercadorias transportados, sob pena de perder a indenização securitária, dada a não observância do princípio da globalidade, essencial para manter hígida a equação matemática que dá suporte ao negócio jurídico firmado. Exceção deve ser feita se, comprovadamente, a omissão do transportador se der por mero lapso, a evidenciar a boa-fé. O dever de comunicar todos os embarques tem a finalidade de evitar que o segurado averbe apenas aqueles que lhe interessem (notadamente eventos em que ocorreram prejuízos), porquanto a livre seleção dos riscos a critério do transportador, com exclusão das averbações dos embarques de pequeno risco, tornaria insuficiente ou deficitário o fundo mútuo constituído pelos prêmios pagos por todo o grupo segurado. Seriam averbações de sinistros em vez de averbações de embarques. Sendo assim, a empresa transportadora que reiteradamente não faz averbações integrais dos embarques realizados, não cumprindo o princípio da globalidade ou a obrigação contratual, perde o direito à garantia securitária, sobretudo se não forem meros lapsos, a configurar boa-fé, mas sonegações capazes de interferir no equilíbrio do contrato e no cálculo dos prêmios. **REsp 1.318.021-RS, Rel. Min. Ricardo Villas Bôas Cueva, julgado em 3/2/2015, DJe 12/2/2015 (Inform. STJ 555).**

Súmula STF nº 187

A responsabilidade contratual do transportador, pelo acidente com o passageiro, não é elidida por culpa de terceiro, contra o qual tem ação regressiva.

Súmula STF nº 161

Em contrato de transporte, é inoperante a cláusula de não indenizar.

Súmula STJ nº 145

No transporte desinteressado, de simples cortesia, o transportador só será civilmente responsável por danos causados ao transportado quando incorrer em dolo ou culpa grave.

Súmula STJ nº 109

O reconhecimento do direito à indenização, por falta de mercadoria transportada via marítima, independe de vistoria.

3.8. Seguro de dano

DIREITO CIVIL. COBERTURA SECURITÁRIA EM CASO DE PERDA TOTAL DO BEM.

Ainda que o sinistro tenha ocasionado a perda total do bem, a indenização securitária deve ser calculada com base no prejuízo real suportado pelo segurado, sendo o valor previsto na apólice, salvo expressa disposição em contrário, mero teto indenizatório. Com a entrada em vigor do CC/2002, passou a ser observado, para os casos de pagamento de indenização em seguro de dano, o chamado princípio indenitário previsto no art. 781, o qual é claro ao dispor que "A indenização não pode ultrapassar o valor do interesse segurado no momento do sinistro, e, em hipótese alguma, o limite máximo da garantia fixado na apólice, salvo em caso de mora do segurador". Dessa forma, a quantificação da indenização está, em regra, condicionada ao valor do dano atual e efetivo, e não ao valor que foi segurado. Ou seja, a quantia atribuída ao bem segurado no momento da contratação é considerada, salvo expressa disposição em sentido contrário, como o valor máximo a ser indenizado. Nesse passo, segundo doutrina, o contrato de seguro não deve ser causa de enriquecimento do segurado. O seu objetivo é apenas o de restabelecer a situação das coisas, em nível patrimonial, ao mesmo patamar que tinha antes do sinistro. Em suma, a indenização não pode ultrapassar o valor de mercado do bem no momento do sinistro. **REsp 1.473.828-RJ, Rel. Min. Moura Ribeiro, julgado em 27/10/2015, DJe 5/11/2015. (Inform. STJ 573)**

DIREITO CIVIL. SEGURO DE AUTOMÓVEL COM COBERTURA DE RESPONSABILIDADE CIVIL FACULTATIVA DE VEÍCULOS – DANOS CORPORAIS.

No contrato de seguro de automóvel, a cobertura de Responsabilidade Civil Facultativa de Veículos (RCF-V) – Danos Corporais – não assegura o pagamento de indenização pelas lesões sofridas pelo condutor e por passageiros do automóvel sinistrado, compreendendo apenas a indenização a ser paga pelo segurado a terceiros envolvidos no acidente. Com efeito, a garantia de Responsabilidade Civil – Danos Corporais assegura o reembolso ao segurado das quantias pelas quais vier a ser responsável civilmente, em sentença judicial transitada em julgado ou em acordo autorizado de modo expresso pela seguradora, relativas a reparações por danos corporais causados a terceiros, pelo veículo segurado, durante a vigência da apólice. Ademais, a Segunda Seção do STJ, ao julgar o REsp 962.230-RS (DJe 20/4/2012), submetido ao rito dos recursos repetitivos (art. 543-C do CPC), decidiu que a figura central do seguro de responsabilidade civil facultativo é a obrigação imputável ao segurado de indenizar os danos causados a terceiros.

Ressalta-se que é a cobertura de Acidentes Pessoais de Passageiros (APP) que garante o pagamento da indenização ao segurado ou aos seus beneficiários na ocorrência de acidentes pessoais que causem a morte ou a invalidez permanente total ou parcial dos passageiros do veículo segurado, respeitados os critérios quanto à lotação oficial do veículo e o limite máximo de indenização por passageiro estipulado na apólice. Além disso, para esta cobertura, entende-se por passageiros as pessoas que no momento do acidente se encontrem no interior do veículo segurado, incluindo-se o condutor principal e/ou eventual. Tratando-se de uma cobertura adicional, cabe ao segurado optar, quando da celebração da avença, por sua contratação, pagando o prêmio correspondente. **REsp 1.311.407-SP, Rel. Min. Ricardo Villas Bôas Cueva, julgado em 5/3/2015, DJe 24/4/2015 (Inform. STJ 560).**

Súmula STF nº 188

O segurador tem ação regressiva contra o causador do dano, pelo que efetivamente pagou, até ao limite previsto no contrato de seguro.

Súmula STJ nº 529

No seguro de responsabilidade civil facultativo, não cabe o ajuizamento de ação pelo terceiro prejudicado direta e exclusivamente em face da seguradora do apontado causador do dano.

Súmula STJ nº 465

Ressalvada a hipótese de efetivo agravamento do risco, a seguradora não se exime do dever de indenizar em razão da transferência do veículo sem a sua prévia comunicação.

Súmula STJ nº 31

A aquisição, pelo segurado, de mais de um imóvel financiado pelo Sistema Financeiro da Habitação, situados na mesma localidade, não exime a seguradora da obrigação de pagamento dos seguros.

3.9. Seguro de pessoa

DIREITO CIVIL. IRRETROATIVIDADE DE REGRA QUE PROÍBE REAJUSTE PARA SEGURADOS MAIORES DE SESSENTA ANOS.

No contrato de seguro de vida celebrado antes da Lei 9.656/1998, é a partir da vigência dessa Lei que se contam os 10 anos de vínculo contratual exigidos, por analogia, pelo parágrafo único do artigo 15 para que se considere abusiva, para o segurado maior de 60 anos, a cláusula que prevê o aumento do prêmio do seguro de acordo com a faixa etária. Isso porque, no ordenamento jurídico brasileiro, vigora o princípio da irretroatividade da lei, pelo qual a lei nova produzirá efeitos imediatos a partir de sua entrada em vigor, não podendo prejudicar o direito adquirido, o ato jurídico perfeito e a coisa julgada (art. 6º da LINDB e art. 5º, XXXVI, da CF). Ou seja, a regra é que a lei não retroage para alcançar fatos ocorridos no passado. Desse modo, as disposições contidas na Lei 9.656/1998 nunca poderiam retroagir, até porque, no passado, o direito agora previsto não existia. **EDcl no REsp 1.376.550-RS, Rel. Min. Moura Ribeiro, julgado em 4/8/2015, DJe 17/8/2015 (Inform. STJ 566).**

DIREITO CIVIL. PAGAMENTO DE INDENIZAÇÃO SECURITÁRIA NA AUSÊNCIA DE INDICAÇÃO DE BENEFICIÁRIO NO CONTRATO DE SEGURO DE VIDA.

Na hipótese em que o segurado tenha contratado seguro de vida sem indicação de beneficiário e, na data do óbito, esteja separado de fato e em união estável, o capital segurado deverá ser pago metade aos herdeiros, segundo a ordem da vocação hereditária, e a outra metade à cônjuge não separada judicialmente e à companheira. De fato, o art. 792 do CC dispõe que: "Na falta de indicação da pessoa ou beneficiário, ou se por qualquer motivo não prevalecer a que for feita, o capital segurado será pago por metade ao cônjuge não separado judicialmente, e o restante aos herdeiros do segurado, obedecida a ordem da vocação hereditária". Em que pese a doutrina pátria divergir a respeito da interpretação a ser dada ao referido dispositivo legal, o intérprete não deve se apegar simplesmente à letra da lei. Desse modo, ele deve perseguir o espírito da norma a partir de outras, inserindo-a no sistema como um todo, para extrair, assim, o seu sentido mais harmônico e coerente com o ordenamento jurídico. Nesse contexto, nunca se pode perder de vista a finalidade da lei, ou seja, a razão pela qual foi elaborada e o bem jurídico que visa proteger. Dessa forma, os métodos de interpretação da norma em questão devem ser o sistemático e o teleológico (art. 5º da LINDB), a amparar também a figura do companheiro (união estável). Nesse passo, impende assinalar que o segurado, ao contratar o seguro de vida, geralmente possui a intenção de resguardar a própria família, os parentes ou as pessoas que lhe são mais valiosas, de modo a não deixá-los desprotegidos economicamente quando de seu óbito. Logo, na falta de indicação de beneficiário na apólice de seguro de vida, revela-se incoerente com o sistema jurídico nacional o favorecimento do cônjuge separado de fato em detrimento do companheiro do segurado, sobretudo considerando que a união estável é reconhecida constitucionalmente como entidade familiar. Ademais, ressalte-se que o reconhecimento da qualidade de companheiro pressupõe a inexistência de cônjuge ou o término da sociedade conjugal (arts. 1.723 a 1.727 do CC). Efetivamente, a separação de fato se dá na hipótese de rompimento do laço de afetividade do casal, ou seja, ocorre quando esgotado o conteúdo material do casamento. A exegese exposta privilegia a finalidade e a unidade do sistema, harmonizando os institutos do direito de família com o direito obrigacional, coadunando-se ao que já ocorre na previdência social e na do servidor público e militar para os casos de pensão por morte: rateio igualitário do benefício entre o ex-cônjuge e o companheiro (AgRg no Ag 1.088.492-SP, Terceira Turma, DJe 1º/6/2015). Portanto, a interpretação do art. 792 do CC mais consentânea com o ordenamento jurídico é que, no seguro de vida, na falta de indicação da pessoa ou beneficiário, o capital segurado deverá ser pago metade aos herdeiros do segurado, segundo a ordem da vocação hereditária, e a outra metade ao cônjuge não separado judicialmente e ao companheiro, desde que comprovada, nessa última hipótese, a união estável. **REsp 1.401.538-RJ, Rel. Min. Ricardo Villas Bôas Cueva, julgado em 4/8/2015, DJe 12/8/2015 (Inform. STJ 566).**

DIREITO CIVIL. DEVOLUÇÃO DA RESERVA TÉCNICA EM SEGURO DE VIDA NO CASO DE SUICÍDIO PREMEDITADO.

Se o segurado se suicidar dentro dos dois primeiros anos de vigência de contrato de seguro de vida, o segurador, a despeito de não ter que pagar o valor correspondente à indenização, será obrigado a devolver ao beneficiário o montante da reserva técnica já formada, mesmo diante da prova mais cabal de premeditação do suicídio. Realmente, conforme a redação do art. 798, caput, do CC/2002, o "beneficiário não tem direito ao capital estipulado quando o segurado se suicida nos primeiros dois anos de vigência inicial do contrato [...], observado o disposto no parágrafo único do artigo antecedente". Por sua vez, o parágrafo único do art. 797 do CC/2002 estabelece que, se o segurado se suicidar dentro do prazo de carência do seguro, o beneficiário – conquanto não tenha direito ao capital estipulado (art. 798, caput) – terá direito ao ressarcimento do "montante da reserva técnica já formada". Ao contrário do CC/1916, não há, no CC/2002, previsão acerca do caráter premeditado ou não do suicídio, visto que a intenção do novo Código é precisamente evitar a dificílima prova da premeditação e da sanidade mental e capacidade de autodeterminação no momento do suicídio. Percebe-se, portanto, que o art. 798 do CC/2002 adotou critério objetivo temporal para determinar a cobertura relativa ao suicídio do segurado, afastando o critério subjetivo da premeditação. Nesse contexto, deve-se ressaltar o fato de que a Súmula 105 do STF ("Salvo se tiver havido premeditação, o suicídio do segurado no período contratual de carência não exime o segurador do pagamento do seguro") foi formada, antes do CC/2002, a partir de precedentes nos quais se invalidava a cláusula de exclusão de cobertura simplesmente porque não havia previsão legal, na época, para esta cláusula. Posteriormente a essa Súmula, surgiu a Súmula 61 do STJ ("O seguro de vida cobre o suicídio não premeditado"), em data também anterior ao CC/2002, em uma época em que o pressuposto de todos os precedentes tanto da mencionada Súmula do STF quanto da referida Súmula do STJ era a ausência de previsão legal que autorizasse a estipulação de cláusula que eximisse a seguradora da cobertura por suicídio não premeditado, o contrário do que sucede hoje, quando a lei expressamente estabelece que o de suicídio durante os primeiros dois anos de vigência da apólice é um risco não coberto (art. 798, caput). **REsp 1.334.005-GO, Rel. originário Min. Paulo de Tarso Sanseverino, Rel.**

para acórdão Min. Maria Isabel Gallotti, julgado em 8/4/2015, DJe 23/6/2015 (Inform. STJ 564).

DIREITO CIVIL. REAJUSTE DO VALOR DO PRÊMIO NOS CONTRATOS DE SEGURO DE VIDA.

A cláusula de contrato de seguro de vida que estabelece o aumento do prêmio do seguro de acordo com a faixa etária mostra-se abusiva quando imposta ao segurado maior de 60 anos de idade e que conte com mais de 10 anos de vínculo contratual. Com efeito, embora se mostre abusiva a cláusula que prevê fatores de aumento diferenciados por faixa etária, uma vez que oneram de forma desproporcional os segurados na velhice e possuem, como objetivo precípuo, compelir o idoso à quebra do vínculo contratual, afrontando, dessa maneira, a boa-fé que deve perdurar durante toda a relação contratual, há que se ressaltar que, em relação aos contratos de seguro de vida, a jurisprudência do STJ segue no sentido de se declarar abusivos somente aqueles reajustes diferenciados do prêmio incidentes após o implemento da idade de 60 anos do segurado e desde que já conte ele com mais de 10 anos de vínculo contratual. Isso se dá pela aplicação analógica das regras que incidem sobre os contratos de plano de saúde (art. 15, parágrafo único, da Lei 9.656/1998). Precedentes citados: EDcl no AgRg no REsp 1.453.941-RS, Terceira Turma, DJe 4/12/2014; e AgRg no AREsp 586.995-RS, Terceira turma, DJe 7/4/2015. **REsp 1.376.550-RS, Rel. Min. Moura Ribeiro, julgado em 28/4/2015, DJe 12/5/2015 (Inform. STJ 561).**

DIREITO CIVIL. SEGURO DE VIDA EM GRUPO COM GARANTIA ADICIONAL DE INVALIDEZ TOTAL E PERMANENTE POR DOENÇA.

Na hipótese de seguro de vida em grupo com garantia adicional de invalidez total e permanente por doença (IPD), a seguradora não deve pagar nova indenização securitária após a ocorrência do evento morte natural do segurado caso já tenha pagado integralmente a indenização securitária quando da configuração do sinistro invalidez total e permanente por doença. De início, impende asseverar que, no seguro de vida em grupo, a cobertura adicional IPD é uma antecipação do pagamento da indenização relativa à garantia básica, ou seja, para o caso de morte. Desse modo, como uma é a antecipação da outra, as indenizações relativas às garantias básica e adicional de IPD não podem se acumular (art. 2º, § 1º, § 2º, III, e § 4º, da Circular Susep 17/1992, vigente à época da contratação). Cumpre ressaltar que isso não ocorre com as garantias adicionais de indenização especial de morte por acidente (IEA) e de invalidez permanente total ou parcial por acidente (IPA), que recebem tratamento jurídico diverso, de modo que essas coberturas, típicas do seguro de acidentes pessoais, somam-se à garantia básica (morte), adquirindo autonomia e independência. Assim, se o segurado utilizar a garantia de invalidez permanente total por doença, extinta estará a garantia básica (morte). A opção pela primeira afasta, necessariamente, a segunda. Logo, se o segurado quiser que os beneficiários recebam a indenização securitária quando de seu falecimento, não poderá fazer uso da garantia IPD, mesmo na ocorrência deste evento. O que impera na cobertura adicional de invalidez permanente total por doença é a facultatividade. **REsp 1.178.616-PR, Rel. Min. Ricardo Villas Bôas Cueva, julgado em 14/4/2015, DJe 24/4/2015 (Inform. STJ 560).**

Súmula STF nº 105

Salvo se tiver havido premeditação, o suicídio do segurado no período contratual de carência não exime o segurador do pagamento do seguro.

Súmula STJ nº 402

O contrato de seguro por danos pessoais compreende os danos morais, salvo cláusula expressa de exclusão.

Súmula STJ nº 61

O seguro de vida cobre o suicídio não premeditado.

3.10. DPVAT

DIREITO PROCESSUAL CIVIL. ILEGITIMIDADE DO ESPÓLIO PARA PLEITEAR INDENIZAÇÃO DO SEGURO OBRIGATÓRIO DPVAT NO CASO DE MORTE DA VÍTIMA.

O espólio, ainda que representado pelo inventariante, não possui legitimidade ativa para ajuizar ação de cobrança do seguro obrigatório (DPVAT) em caso de morte da vítima no acidente de trânsito. Antes da vigência da Lei 11.482/2007, a indenização do seguro obrigatório DPVAT, na ocorrência do falecimento da vítima, deveria ser paga em sua totalidade ao cônjuge ou equiparado e, na sua ausência, aos herdeiros legais. Depois da modificação legislativa, o valor indenizatório passou a ser pago metade ao cônjuge não separado judicialmente e o restante aos herdeiros da vítima, segundo a ordem de vocação hereditária (art. 4º da Lei 6.194/1974, com a redação dada pela Lei 11.482/2007). Desse modo, depreende-se que o valor oriundo do seguro obrigatório (DPVAT) não integra o patrimônio da vítima de acidente de trânsito (créditos e direitos da vítima falecida) quando se configurar o evento morte, mas passa diretamente para os beneficiários. Como se vê, a indenização do seguro obrigatório (DPVAT) em caso de morte da vítima surge somente em razão e após a sua configuração, ou seja, esse direito patrimonial não é preexistente ao óbito da pessoa acidentada, sendo, portanto, direito próprio dos beneficiários, a afastar a inclusão no espólio. De fato, apesar de o seguro DPVAT possuir a natureza de seguro obrigatório de responsabilidade civil (e não de danos pessoais), deve ser aplicado, por analogia, nesta situação específica, o art. 794 do CC/2002 (art. 1.475 do CC/1916), segundo o qual o capital estipulado, no seguro de vida ou de acidentes pessoais para o caso de morte, não está sujeito às dívidas do segurado, nem se considera herança para todos os efeitos de direito. Precedentes citados: REsp 1.132.925-SP, Quarta Turma, DJe 6/11/2013; e REsp 1.233.498-PE, Terceira Turma, DJe 14/12/2011. **REsp 1.419.814-SC, Rel. Min. Ricardo Villas Bôas Cueva, julgado em 23/6/2015, DJe 3/8/2015 (Inform. STJ 565).**

DIREITO CIVIL. TERMO INICIAL DA ATUALIZAÇÃO MONETÁRIA DAS INDENIZAÇÕES RELATIVAS AO SEGURO DPVAT. RECURSO REPETITIVO (ART. 543-C DO CPC E RES. 8/2008-STJ). TEMA 898.

A incidência de atualização monetária nas indenizações por morte ou invalidez do seguro DPVAT, prevista no § 7º do art. 5º da Lei 6.194/1974, redação dada pela Lei 11.482/2007, opera-se desde a data do evento danoso. Com a edição da MP 340/2006, desvinculou-se a indenização do seguro DPVAT do salário mínimo, estabelecendo-a no valor fixo de R$ 13.500,00 para os casos de invalidez ou morte. Após a conversão da MP na Lei 11.482/2007 – dando nova redação à Lei 6.194/1974 –, surgiu controvérsia sobre a existência de uma lacuna legislativa acerca do termo inicial da correção monetária das indenizações. Passou-se a discutir, então, se haveria efetivamente uma lacuna legislativa ou um silêncio eloquente do legislador ou, até mesmo, uma inconstitucionalidade por omissão. Sob o fundamento de inconstitucionalidade da MP 340/2006, foram ajuizadas ações diretas de inconstitucionalidade (ADI) perante o STF. De outro lado, sob o argumento de silêncio eloquente do legislador, as seguradoras interessadas passaram a se opor à pretensão de reajuste do valor da indenização. Por sua vez, sob o fundamento da existência de lacuna legislativa, várias demandas foram ajuizadas, pleiteando-se a sua colmatação pelo Poder Judiciário, com base no art. 4º da LINDB. Nesta linha de intelecção, a correção monetária poderia incidir a partir da publicação da MP 340/2006, porquanto a atualização não importaria acréscimo no valor originário. Ocorre que o STF, no julgamento da ADI 4.350-DF (DJe 3/12/2014), rejeitou a alegação de inconstitucionalidade sob o fundamento de que a lei não contém omissão. Desse modo, esse entendimento há de ser seguido pelo STJ, não havendo espaço para a controvérsia estabelecida no plano infraconstitucional. Assim, deverá ser seguida a forma de atualização monetária prevista no § 7º do art. 5º da Lei 6.194/1974, com a redação dada pela Lei 11.482/2007, considerando a data do evento danoso como termo inicial da correção, na linha da jurisprudência pacificada no STJ. Precedentes citados: AgRg no AREsp 46.024-PR, Terceira Turma, DJe 12/3/2012; AgRg no REsp 1.480.735-SC, Quarta Turma, DJe 30/10/2014; e AgRg no REsp 1.482.716-SC, Terceira Turma, DJe 16/12/2014. **REsp 1.483.620-SC, Rel. Min. Paulo de Tarso Sanseverino, Segunda Seção, julgado em 27/5/2015, DJe 2/6/2015 (Inform. STJ 563).**

DIREITO CIVIL. CESSÃO DE CRÉDITO RELATIVO AO SEGURO DPVAT.

É possível a cessão de crédito relativo à indenização do seguro DPVAT

decorrente de morte. Isso porque se trata de direito pessoal disponível, que segue a regra geral do art. 286 do CC, que permite a cessão de crédito se a isso não se opuser a natureza da obrigação, a lei ou a convenção com o devedor. Assim, inexistindo, na lei de regência do DPVAT (Lei 6.194/1974), óbice à cessão dos direitos sobre a indenização devida, não cabe ao intérprete impor restrições ao titular do crédito. Cabe ressaltar que o legislador, quando quis, vetou expressamente a possibilidade de cessão de crédito decorrente do seguro DPVAT, mas o fez apenas em relação à hipótese de reembolso de despesas médico-hospitalares (art. 3º, § 2º, da Lei 6.194/1974, incluído pela Lei 11.945/2009). **REsp 1.275.391-RS, Rel. Min. João Otávio de Noronha, julgado em 19/5/2015, DJe 22/5/2015 (Inform. STJ 562).**

Súmula STJ nº 544

É válida a utilização de tabela do Conselho Nacional de Seguros Privados para estabelecer a proporcionalidade da indenização do seguro DPVAT ao grau de invalidez também na hipótese de sinistro anterior a 16/12/2008, data da entrada em vigor da Medida Provisória n. 451/2008.

Súmula STJ nº 540

Na ação de cobrança do seguro DPVAT, constitui faculdade do autor escolher entre os foros do seu domicílio, do local do acidente ou ainda do domicílio do réu.

Súmula STJ nº 257

A falta de pagamento do prêmio do seguro obrigatório de Danos Pessoais Causados por Veículos Automotores de Vias Terrestres (DPVAT) não é motivo para a recusa do pagamento da indenização.

3.11. Fiança

DIREITO CIVIL. PRORROGAÇÃO AUTOMÁTICA DE FIANÇA EM CONTRATO DE MÚTUO BANCÁRIO.

É lícita cláusula em contrato de mútuo bancário que preveja expressamente que a fiança prestada prorroga-se automaticamente com a prorrogação do contrato principal. No caso, a avença principal não envolvia relação contratual de consumo, pois cuidava-se de mútuo mediante o qual se obteve capital de giro para o exercício de atividade empresarial. Posto isso, esclareça-se que a prorrogação da fiança do contrato principal, a par de ser circunstância prevista em cláusula contratual – previsível no panorama contratual –, comporta ser solucionada adotando-se a mesma diretriz conferida para fiança em contrato de locação – antes mesmo da nova redação do art. 39 da Lei do Inquilinato dada pela Lei 12.112/2009 –, pois é a mesma matéria disciplinada pelo Código Civil. O contrato de mútuo bancário tem por característica ser, em regra, de adesão e de longa duração, mantendo a paridade entre as partes contratantes, vigendo e renovando-se periodicamente por longo período – constituindo o tempo elemento nuclear dessa modalidade de negócio. A fiança, para ser celebrada, exige forma escrita – pois é requisito para sua validade a manifestação expressa e forma documentada – para gerar o dever obrigacional de garantir o contrato principal, não se prorrogando, salvo disposição em contrário. Além disso, não se admite, na fiança, interpretação extensiva de suas cláusulas, a fim de utilizar analogia para ampliar as obrigações do fiador ou a duração do contrato acessório, não o sendo a observância àquilo que foi expressamente pactuado, sendo certo que as causas específicas legais de extinção da fiança são taxativas. Esclareça-se que não admitir interpretação extensiva significa tão somente que o fiador responde, precisamente, por aquilo que declarou no instrumento da fiança. Nesse contexto, não há ilegalidade na previsão contratual expressa de que a fiança prorroga-se automaticamente com a prorrogação do contrato principal. Com efeito, como a fiança tem o propósito de transferir para o fiador o risco do inadimplemento, cumprindo dessa forma sua função de garantia, tendo o pacto previsto, em caso de prorrogação da avença principal, a sua prorrogação automática – sem que tenha havido notificação resilitória, novação, transação ou concessão de moratória –, não há falar em extinção da garantia pessoal. Ressalte-se que poderá o fiador, querendo, promover a notificação resilitória nos moldes do disposto no art. 835 do CC, a fim de se exonerar da fiança. **REsp 1.253.411-CE, Rel. Min. Luis Felipe Salomão, julgado em 24/6/2015, DJe 4/8/2015 (Inform. STJ 565).**

DIREITO PROCESSUAL CIVIL. ILEGITIMIDADE ATIVA DO FIADOR PARA PLEITEAR EM JUÍZO A REVISÃO DO CONTRATO PRINCIPAL.

O fiador de mútuo bancário não tem legitimidade para, exclusivamente e em nome próprio, pleitear em juízo a revisão e o afastamento de cláusulas e encargos abusivos constantes do contrato principal. Com efeito, a fiança é obrigação acessória, assumida por terceiro, que garante ao credor o cumprimento total ou parcial da obrigação principal de outrem (o devedor) caso este não a cumpra ou não possa cumpri-la conforme o avençado. Esse conceito é facilmente extraído do art. 1.481 do CC/1916 bem como do art. 818 do CC/2002, que dispõe: "Pelo contrato de fiança, uma pessoa garante satisfazer ao credor uma obrigação assumida pelo devedor, caso este não a cumpra". A despeito disso, a relação jurídica que se estabelece entre o credor e o devedor do negócio jurídico principal não se confunde com a relação estabelecida no contrato secundário (de fiança), firmado entre aquele mesmo credor e o fiador, que se apresenta como mero garantidor do adimplemento da obrigação principal. Cuida-se, portanto, de contratos que, apesar de vinculados pela acessoriedade da fiança, dizem respeito a relações jurídico-materiais distintas. Essa distinção existente entre as relações de direito material é que torna evidente a ilegitimidade do fiador para, exclusivamente e em nome próprio, postular em juízo a revisão e o afastamento de cláusulas e encargos abusivos constantes do contrato principal (mútuo bancário), materializador, como de outro modo não poderia ser, da comunhão de vontades, exclusivamente, dos contratantes (credor e devedor). É que não se pode confundir legitimidade para agir – que diz respeito à qualidade reconhecida ao titular do direito material que se pretenda tutelar em juízo, relacionada ao fato de ser o autor da pretensão o verdadeiro titular do direito que se pretende tutelar bem como ser o réu o titular do direito de àquele pleito se contrapor – com interesse de agir, nem, menos ainda, conceber a ideia de que o exercício da ação estaria sujeito apenas à existência do segundo. Desse modo, apesar de ser inconteste a existência de interesse econômico do fiador na eventual minoração da dívida que se comprometeu garantir perante o credor, não é sua a legitimidade para demandar a revisão das cláusulas apostas no contrato principal, sendo irrelevante, nesse aspecto, o fato de responder de modo subsidiário ou mesmo solidariamente pelo adimplemento da obrigação. Isso porque, para tanto, a titular do direito material correlato é pessoa jurídica distinta e o fiador, como consabido, não está autorizado por lei a atuar como seu substituto processual. **REsp 926.792-SC, Rel. Min. Ricardo Villas Bôas Cueva, julgado em 14/4/2015, DJe 17/4/2015 (Inform. STJ 560).**

Súmula STJ nº 549

É válida a penhora de bem de família pertencente a fiador de contrato de locação.

Súmula STJ nº 332

A fiança prestada sem autorização de um dos cônjuges implica a ineficácia total da garantia.

Súmula STJ nº 268

O fiador que não integrou a relação processual na ação de despejo não responde pela execução do julgado.

Súmula STJ nº 214

O fiador na locação não responde por obrigações resultantes de aditamento ao qual não anuiu.

3.12. Seguro e Plano de saúde

DIREITO CIVIL. MODIFICAÇÃO DE PLANO DE SAÚDE COLETIVO EMPRESARIAL COM O FIM DE EVITAR A INEXEQUIBILIDADE DO MODELO ANTIGO (EXCEÇÃO DE RUÍNA).

Os empregados demitidos sem justa causa e os aposentados que contribuíram para plano de saúde coletivo empresarial que tenha

sido extinto não têm direito de serem mantidos nesse plano se o estipulante (ex-empregador) e a operadora redesenharam o sistema estabelecendo um novo plano de saúde coletivo a fim de evitar o seu colapso (exceção da ruína) ante prejuízos crescentes, desde que tenham sido asseguradas aos inativos as mesmas condições de cobertura assistencial proporcionadas aos empregados ativos. Inicialmente, cabe asseverar que um plano de saúde pode ser: (a) individual ou familiar: em que a pessoa física contrata diretamente com a operadora ou por intermédio de um corretor autorizado; ou (b) coletivo: contratado por uma sociedade empresária, conselho, sindicato ou associação junto à operadora de planos de saúde para oferecer assistência médica e/ou odontológica às pessoas vinculadas às mencionadas entidades, bem como a seus dependentes. Um plano de saúde coletivo, por sua vez, pode ser: (b.1) por adesão: contratado por pessoas jurídicas de caráter profissional, classista ou setorial, como conselhos, sindicatos e associações profissionais; ou (b.2) empresarial: contratado por sociedade empresária, para garantir assistência à saúde dos seus funcionários e de seus respectivos dependentes em razão do vínculo empregatício ou estatutário. No que diz respeito a plano de saúde coletivo empresarial (b.2) – ou seja, à hipótese em análise –, realmente, é garantido ao inativo (o empregado demitido sem justa causa ou o aposentado) que contribuiu para o plano de saúde em decorrência do vínculo empregatício o direito de manutenção da sua condição de beneficiário "nas mesmas condições de cobertura assistencial de que gozava quando da vigência do contrato de trabalho, desde que assuma o seu pagamento integral" (arts. 30 e 31 da Lei 9.656/1998). Nesse contexto, de acordo com o art. 2º, II, da RN 279/2011 da ANS, deve-se entender por "mesmas condições de cobertura assistencial" a "mesma segmentação e cobertura, rede assistencial, padrão de acomodação em internação, área geográfica de abrangência e fator moderador, se houver, do plano privado de assistência à saúde contratado para os empregados ativos", de modo a inexistir, na hipótese em análise, direito adquirido a modelo de plano de saúde ou de custeio. Nesse sentido, aliás, a Quarta Turma do STJ (REsp 531.370-SP, DJe 6/9/2012) decidiu que, embora seja garantida aos empregados demitidos sem justa causa e aos aposentados "a manutenção no plano de saúde coletivo nas mesmas condições de assistência médica e de valores de contribuição, desde que assuma o pagamento integral desta", os valores de contribuição poderão "variar conforme as alterações promovidas no plano paradigma, sempre em paridade com os que a ex-empregadora tiver que custear". De fato, pela exceção da ruína – instituto que, conforme definição doutrinária, representa a circunstância liberatória decorrente da "situação de ruína em que o devedor poderia incorrer, caso a execução do contrato, atingida por alterações fácticas, não fosse sustida" –, o vínculo contratual original pode sofrer ação liberatória e adaptadora às novas circunstâncias da realidade, com a finalidade de manter a relação jurídica sem a quebra do sistema, sendo imprescindível a cooperação mútua para modificar o contrato do modo menos danoso às partes. É por isso que, nos contratos cativos de longa duração, também chamados de relacionais, baseados na confiança, o rigorismo e a perenidade do vínculo existente entre as partes podem sofrer, excepcionalmente, algumas flexibilizações, a fim de evitar a ruína do sistema e da empresa, devendo ser respeitados, em qualquer caso, a boa-fé, que é bilateral, e os deveres de lealdade, de solidariedade (interna e externa) e de cooperação recíprocos. Além do mais, ressalte-se que a onerosidade excessiva é vedada tanto para o consumidor quanto para o fornecedor, nos termos do art. 51, § 2º, da Lei 8.078/1990. Cumpre destacar, também, que a função social e a solidariedade nos planos de saúde coletivos assumem grande relevo, tendo em vista o mutualismo existente, caracterizador de um pacto tácito entre as diversas gerações de empregados passados, atuais e futuros (solidariedade intergeracional), trazendo o dever de todos para a viabilização do próprio contrato de assistência médica. Desse modo, na hipótese em apreço, não há como preservar indefinidamente a sistemática contratual original se verificada a exceção de ruína. **REsp 1.479.420-SP, Rel. Min. Ricardo Villas Bôas Cueva, julgado em 1º/9/2015, DJe 11/9/2015 (Inform. STJ 569).**

DIREITO CIVIL E PROCESSUAL CIVIL. LEGITIMIDADE ATIVA DE USUÁRIO DE PLANO DE SAÚDE COLETIVO.

O usuário de plano de saúde coletivo tem legitimidade ativa para ajuizar individualmente ação contra a operadora pretendendo discutir a validade de cláusulas contratuais, não sendo empecilho o fato de a contratação ter sido intermediada por caixa de assistência de categoria profissional. De início, esclareça-se que há dois tipos de contratação de planos de saúde coletivos: o coletivo empresarial, o qual garante a assistência à saúde dos funcionários da empresa contratante em razão do vínculo empregatício ou estatutário, e o coletivo por adesão, contratado por pessoas jurídicas de caráter profissional, classista ou setorial, como conselhos, sindicatos e associações profissionais. Por seu turno, a legitimidade exigida para o exercício do direito de ação depende, em regra, da relação jurídica de direito material havida entre as partes; em outras palavras, a ação tem como condição a titularidade de um direito ou interesse juridicamente protegido. Desse modo, para se aferir a legitimidade ativa ad causam do usuário de plano de saúde coletivo para postular a revisão judicial das cláusulas contratuais, revela-se necessário verificar a natureza jurídica das relações estabelecidas entre os diversos atores nesse contrato: usuários, estipulante e operadora de plano de saúde. Para tanto, faz-se necessário buscar amparo nos institutos do seguro de vida coletivo (art. 801 do CC/2002). Apesar de serem contratos distintos, as relações existentes entre as diferentes figuras do plano de saúde coletivo são similares às havidas entre as personagens do seguro de vida em grupo. Com efeito, leciona a doutrina que a vinculação entre o segurador e o grupo segurado é da mesma natureza do seguro de vida individual, tratando-se, portanto, de estipulação em favor de terceiro. Depreende-se, assim, que o vínculo jurídico formado entre a operadora e o grupo de usuários caracteriza-se como uma estipulação em favor de terceiro. Por sua vez, a relação havida entre a operadora e o estipulante é similar a um contrato por conta de terceiro. Por fim, para os usuários, o estipulante é apenas um intermediário, um mandatário, não representando a operadora de plano de saúde. De acordo com o art. 436, parágrafo único, do CC/2002 (correspondente ao art. 1.098, parágrafo único, do CC/1916), na estipulação em favor de terceiro, tanto o estipulante (promissário) quanto o beneficiário podem exigir do promitente (ou prestador de serviço) o cumprimento da obrigação. Assim, na fase de execução contratual, o terceiro (beneficiário) passa a ser também credor do promitente. Ademais, os princípios gerais do contrato amparam ambos, beneficiário e estipulante, de modo que havendo no pacto cláusula abusiva ou ocorrendo fato que o onere excessivamente, não é vedado a nenhum dos envolvidos pedir a revisão da avença, mesmo porque, como cediço, as cláusulas contratuais devem obedecer a lei, a exemplo do CC ou do CDC. Além do mais, diante do interesse juridicamente protegido do usuário de plano de saúde, destinatário final dos serviços de assistência à saúde, o exercício do direito de ação não pode ser tolhido, sobretudo se ele busca eliminar eventual vício contratual (cláusula inválida) ou promover o equilíbrio econômico do contrato (discutir os valores e os reajustes de mensalidades). Precedente citado: AgRg no REsp 1.355.612-AL, Terceira Turma, DJe 23/9/2014. **REsp 1.510.697-SP, Rel. Min. Ricardo Villas Bôas Cueva, julgado em 9/6/2015, DJe 15/6/2015 (Inform. STJ 564).**

DIREITO DO CONSUMIDOR E CIVIL. MANUTENÇÃO DE PLANO DE SAÚDE POR EMPREGADO APOSENTADO DEMITIDO SEM JUSTA CAUSA.

O empregado que, mesmo após a sua aposentadoria, continuou a trabalhar e a contribuir, em decorrência de vínculo empregatício, para o plano de saúde oferecido pelo empregador, totalizando, durante todo o período de trabalho, mais de dez anos de contribuições, e que, após esse período de contribuições, tenha sido demitido sem justa causa por iniciativa do empregador, tem assegurado o direito de manutenção no plano da empresa, na condição de beneficiário aposentado, nas mesmas condições de cobertura assistencial de que gozava quando da vigência do contrato de trabalho. O art. 31 da Lei 9.656/1998 garante ao funcionário aposentado que venha a se desligar da empresa o direito de manutenção (do plano de saúde) "nas mesmas condições de cobertura assistencial de que gozava quando da vigência do contrato de trabalho", sendo que, para o exercício desse direito, se exigem três requisitos: (i) que o funcionário seja aposentado; (ii) que tenha contribuído pelo prazo mínimo de dez anos para o plano ou seguro coletivo de assistência à saúde, em decorrência de vínculo empregatício; e (iii) que assuma a integralidade da contribuição. Como se percebe, a norma não exige que a extinção do contrato de trabalho em razão da aposentadoria se dê no exato momento em que ocorra o pedido de manutenção das condições de cobertura assistencial. Ao revés, exige tão somente que, no momento de requerer o benefício, tenha preenchido as exigências legais, dentre as quais ter a condição de jubilado, independentemente de ser esse o motivo de desligamento da empresa. Trata-se de verdadeiro direito adquirido do contribuinte que venha a preencher os requisitos da lei, incorporando ao seu patrimônio para ser utilizado quando lhe aprouver. Em verdade, referida norma foi a forma encontrada pelo legislador para proteger o usuário/consumidor, evitando que, justamente no momento em que ele se desvincula de seu vínculo laboral e, provavelmente, tenha menos recursos à sua disposição, veja em risco a continuidade e qualidade de atendimento à saúde após contribuir anos a fio para a seguradora que o respaldava. Aliás, é um direito reconhecido pela própria Agência Nacional de Saúde Suplementar – ANS, autarquia responsável pelo setor, que, ao regulamentar os artigos 30 e 31 da Lei 9.656/1998 por meio da Resolução Normativa 279/2011, estabeleceu no Capítulo II, na Seção VIII, intitulada de "Do Aposentado que Continua Trabalhando na Mesma Empresa", que: "Art. 22. Ao empregado aposentado que continua trabalhando na mesma empresa e vem a se desligar da empresa é garantido o direito de manter sua condição de beneficiário observado o disposto no artigo 31 da Lei nº 9.656, de 1998, e nesta Resolução. § 1º O direito de que trata o caput será exercido pelo ex-empregado aposentado no momento em que se desligar do empregador". Portanto, não se faz necessário que o beneficiário rompa sua relação de emprego por causa da aposentadoria, mas sim que tenha as condições legais preenchidas para ver reconhecido o seu direito subjetivo. **REsp 1.305.861-RS, Rel. Min. Luis Felipe Salomão, julgado em 24/2/2015, DJe 17/3/2015 (Inform. STJ 557).**

Súmula STJ nº 302

É abusiva a cláusula contratual de plano de saúde que limita no tempo a internação hospitalar do segurado.

3.13. Outros Contratos

DIREITO CIVIL. PURGAÇÃO DA MORA EM CONTRATO DE ARRENDAMENTO MERCANTIL DE VEÍCULO AUTOMOTOR.

Em contrato de arrendamento mercantil de veículo automotor – com ou sem cláusula resolutiva expressa -, a purgação da mora realizada nos termos do art. 401, I, do CC deixou de ser possível somente a partir de 14/11/2014, data de vigência da Lei 13.043/2014, que incluiu o § 15º do art. 3º do Decreto-Lei 911/1969. De fato, a Lei 6.099/1974 – que dispõe sobre o arrendamento mercantil – é omissa quanto à possibilidade de purgação da mora nesse tipo de contrato. Diante disso, a jurisprudência do STJ (REsp 228.625-SP, Terceira Turma, DJ 16/2/2004; e AgRg no REsp 329.936-SP, Quarta Turma, DJ 12/5/2003) admitia a possibilidade de purgação da mora em contrato de arrendamento mercantil, ainda que contemplasse cláusula resolutiva expressa, invocando, como base, a regra geral do CC/1916, ou a regra geral do CC/2002, ou o CDC, ou, por analogia, o disposto no art. 1.071 do CPC (nas vendas a crédito com reserva de domínio), ou o art. 3º do Decreto-Lei 911/1969, com redação anterior à Lei 10.931/2004. Diferentemente, em relação ao financiamento garantido por alienação fiduciária, os §§ 1º e 3º do art. 3º do Decreto-Lei 911/1969, em suas redações originais, garantiam ao devedor a purgação da mora, desde que observados certos limites. Contudo, com o advento da Lei 10.931/2004, alterou-se o art. 3º do Decreto-Lei 911/1969 para coibir a purgação da mora nos contratos garantidos por alienação fiduciária. Nesse contexto, o § 2º desse dispositivo passou a prever que "No prazo do § 1º, o devedor fiduciante poderá pagar a integralidade da dívida pendente, segundo os valores apresentados pelo credor fiduciário na inicial, hipótese na qual o bem lhe será restituído livre do ônus". Essa modificação legislativa, inclusive, foi alvo de amplo debate no STJ, que passou a declarar o fim da purgação da mora nos contratos de financiamento com garantia de alienação fiduciária, ao firmar, para fins do art. 534-C do CPC (REsp 1.418.593-MS, Segunda Seção, DJe 27/5/2014), o seguinte entendimento: "Nos contratos firmados na vigência da Lei 10.931/2004, compete ao devedor, no prazo de 5 (cinco) dias após a execução da liminar na ação de busca e apreensão, pagar a integralidade da dívida – entendida esta como os valores apresentados e comprovados pelo credor na inicial -, sob pena de consolidação da propriedade do bem móvel objeto de alienação fiduciária". Ocorre que, em 14/11/2014, entrou em vigor a Lei 13.043/2014, que incluiu o § 15º do art. 3º do Decreto-Lei 911/1969, segundo o qual as "disposições deste artigo aplicam-se no caso de reintegração de posse de veículos referente às operações de arrendamento mercantil previstas na Lei 6.099, de 12 de setembro de 1974". Dessa forma, estabeleceu-se, a partir de então, a aplicação das demais disposições do art. 3º do Decreto-Lei 911/1969 (direcionadas à alienação fiduciária) à reintegração de posse de veículos objeto de arrendamento mercantil. Nessa conjuntura, a Terceira Turma do STJ (REsp 1.507.239-SP, DJe 11/3/2015) estabeleceu ser aplicável ao contrato de arrendamento mercantil de bem móvel o mesmo entendimento fixado, para fins do art. 534-C do CPC, no referido REsp 1.418.593-MS. Todavia, deve-se ressaltar que, na forma do disposto nos arts. 1º, *caput*, 2º, *caput* e § 2º, da LINDB, a alteração promovida pela Lei 13.043/2014 – que coibiu a purgação da mora no contrato de arredamento mercantil de veículo automotor – somente passou a incidir a partir de 14/11/2014, data de sua publicação. Portanto, até a data da inclusão do aludido § 15º, a norma que disciplinava a purgação da mora no contrato de arrendamento mercantil de veículo automotor era a do art. 401, I, do CC/2002. **REsp 1.381.832-PR, Rel. Min. Maria Isabel Gallotti, julgado em 5/11/2015, DJe 24/11/2015. (Inform. STJ 573)**

DIREITO CIVIL E PROCESSUAL CIVIL. CONTRATO DE COMPRA E VENDA COM RESERVA DE DOMÍNIO E PROTEÇÃO POSSESSÓRIA REQUERIDA POR VENDEDOR.

Ainda que sem prévia ou concomitante rescisão do contrato de compra e venda com reserva de domínio, o vendedor pode, ante o inadimplemento do comprador, pleitear a proteção possessória sobre o bem móvel objeto da avença. A cláusula de reserva de domínio ou *pactum reservati dominii* é uma disposição inserida nos contratos de compra e venda que permite ao vendedor conservar para si a propriedade e a posse indireta da coisa alienada até o pagamento integral do preço pelo comprador, o qual terá apenas a posse direta do bem, enquanto não solvida a obrigação. Neste contexto, segundo doutrina, "o domínio não se transmite com o contrato e entrega da coisa, mas automaticamente com o pleno pagamento". Desde que formulado o pacto com reserva de domínio, o comprador tem conhecimento que recebe a mera posse direta do bem e o vendedor, por pressuposto, sabe que a sua propriedade é resolúvel, uma vez que o primeiro poderá adquirir a propriedade do bem com o pagamento integral do preço, sendo franqueado à parte vendedora/credora optar pelo procedimento que melhor lhe convier a fim de ressarcir-se dos prejuízos havidos com o ajuste inadimplido. Saliente-se que nem a lei nem a doutrina impõem, textual ou implicitamente, a necessidade de ajuizamento preliminar de demanda rescisória do contrato de compra e venda com reserva de domínio, para a obtenção da retomada do bem. Isso porque não se trata, aqui, da análise do *ius possessionis* (direito de posse decorrente do simples fato da posse), mas sim do *ius possidendi*, ou seja, do direito à posse decorrente do inadimplemento contratual, onde a discussão acerca da titularidade da coisa é inviabilizada, haja vista se tratar de contrato de compra e venda com reserva de domínio onde a transferência da propriedade só se perfectibiliza com o pagamento integral do preço, o que não ocorreu em razão da inadimplência do devedor. A fim de melhor elucidar a questão, o *ius possessionis* é o direito de posse, ou seja, é o poder sobre a coisa e a possibilidade de sua defesa por intermédio dos interditos (interdito proibitório, de manutenção da posse ou de reintegração de posse). Trata-se de conceito que se relaciona diretamente com a posse direta e indireta. Já o *ius possidendi* é o direito à posse, decorrente do direito de propriedade, ou seja, é o próprio domínio. Em outras palavras, é o direito conferido ao titular de possuir o que é seu, independentemente de prévio ajuizamento de demanda objetivando rescindir o contrato de compra e venda, uma vez que, nos ajustes cravados com cláusula de reserva de domínio, a propriedade do bem, até o pagamento integral do preço, pertence ao vendedor, ou seja, não se consolida a transferência da propriedade ao comprador. Destaque-se que não se trata das hipóteses em que o STJ assevera que o deferimento da proteção possessória está condicionado à prévia conclusão do contrato (AgRg no REsp 1.337.902-BA, Quarta Turma, DJe 14/3/2013; e AgRg no REsp

1.292.370-MS, Terceira Turma, DJe 20/11/2012). Isso porque, nas ações em que se discute o *ius possessionis*, ainda que fundada em contrato de compra e venda inadimplido, no qual não consta cláusula de reserva de domínio, a propriedade já se transfere de plano, razão pela qual, por não comportar a tutela possessória dilação processual necessária à discussão da ocorrência, ou não, do inadimplemento contratual, essa não pode ser requerida sem que seja oportunizado ao comprador/devedor questionar o descumprimento da obrigação, em face da abusividade das cláusulas contratuais ou purgar a mora quando se verificar a ocorrência de pagamento substancial do preço. Desta feita, a discussão do contrato e, por conseguinte, a sua rescisão deve se dar em momento anterior ao ajuizamento da ação possessória ou, ao menos de forma concomitante, em cumulação de ações, sendo o pleito possessório pedido subsidiário em relação à pretensão rescisória do contrato, pelo inadimplemento obrigacional, uma vez que somente após a resolução contratual é que poderá haver posse injusta a aclamar a retomada do bem. **REsp 1.056.837-RN, Rel. Min. Marco Buzzi, julgado em 3/11/2015, DJe 10/11/2015. (Inform. STJ 573)**

DIREITO CIVIL. ALCANCE DE OBRIGAÇÃO DE SOCIEDADE EMPRESÁRIA DE VIGILÂNCIA ARMADA EM FACE DE INSTITUIÇÃO FINANCEIRA.

A cláusula de contrato de prestação de serviço de vigilância armada que impõe o dever de obstar assaltos e de garantir a preservação do patrimônio de instituição financeira não acarreta à contratada automática responsabilização por roubo contra agência bancária da contratante, especialmente quando praticado por grupo fortemente armado. Por um lado, legislação e atos normativos infralegais – arts. 22 da Lei 7.102/1983, 22 do Decreto 89.056/1983, 6º, VIII, e 7º da Lei 10.826/2003 (Estatuto do Desarmamento), art. 70, § 1º, da Portaria 387/2006 do Departamento da Polícia Federal – impõem limitação aos meios de segurança a serem utilizados por empresas de vigilância privada, notadamente ao vigilante que se encontra no interior da agência bancária. Consequentemente, a proteção oferecida a instituições financeiras contratantes também há de ser tida por limitada. Caso contrário, ter-se-ia de exigir das empresas contratadas posturas muitas vezes contrárias às normas que regulamentam a atividade. Por outro lado, a tentativa de transformar o serviço de segurança privada em um contrato constitutivo de obrigação de resultado, em não raras vezes, imporia à contratada uma obrigação impossível (art. 104, II, CC). Com efeito, o contrato de segurança privada é de ser tido como constitutivo de obrigação de meio, consistente no dever de a sociedade empresária contratada, mediante seus agentes de vigilância, envidar todos os esforços razoáveis a evitar danos ao patrimônio da contratante e de proceder com a diligência condizente com os riscos inerentes ao pacto. Todavia, descabe exigir dos seguranças – que portam armamento limitado por imposição legal – atitudes heroicas perante grupo criminoso fortemente armado. Nesse passo, o art. 5º do Decreto 89.056/1983, que regulamenta a Lei 7.102/1983, dá o norte interpretativo de cláusulas desse jaez, Decreto esse que exige pessoas preparadas para impedir ou inibir a ação criminosa, mas não que efetivamente a impeça. Não fosse assim, além de patentear o completo desprezo à vida humana, o contrato de vigilância transformar-se-ia em verdadeiro contrato de seguro, olvidando-se de que a própria Lei 7.102/1983 trata do seguro de estabelecimentos bancários como medida complementar ao serviço obrigatório de segurança armada (arts. 8º e 9º). **REsp 1.329.831-MA, Rel. Min. Luis Felipe Salomão, julgado em 10/3/2015, DJe 5/5/2015 (Inform. STJ 561).**

DIREITO CIVIL. DEVER DE RETRANSMISSÃO POR TELEVISÃO A CABO DA PROGRAMAÇÃO E SINAL GERADOS POR EMISSORA LOCAL.

A empresa de TV a cabo, ao distribuir os canais básicos de utilização gratuita, deve veicular os sinais de radiodifusão e imagens gerados pelas emissoras locais afiliadas regionais de emissora nacional que tenham programação própria. Isso porque o art. 23, I, "a", da Lei 8.977/1995 dispõe que a operadora de TV a cabo, na sua área de prestação do serviço, deverá tornar disponíveis canais destinados à distribuição obrigatória, integral e simultânea, sem inserção de qualquer informação, da programação das emissoras locais de radiodifusão de sons e imagens, em VHF ou UHF, abertos e não codificados, cujo sinal alcance a área do serviço de TV a Cabo e apresente nível técnico adequado, conforme padrões estabelecidos pelo Poder Executivo. De acordo com a doutrina, a "Lei do Cabo é a única que obriga as operadoras locais a oferecerem aos seus assinantes canais abertos de emissora Geradora local, com programação que tiver condições técnicas de ser veiculada na localidade onde é oferecido o cabo." Ressalta ainda que "somente são oferecidos os canais abertos de emissora Geradora local que são captados na comunidade onde é oferecida a assinatura do cabo. Assim, se na localidade não houver Geradoras tal obrigação não existe. Tal obrigação é específica da operação de cabo e não pode ser estendida as demais". É certo que existem estações meramente retransmissoras, mas muitas TVs locais atuam também como geradoras de programas, já que as emissoras nacionais abrem espaço na grade de programação para produção local de telejornais, programas regionais e publicidade nos intervalos comerciais. Mesmo que esses espaços sejam diminutos, ainda assim, se existentes, está caracterizada a geração de sinais. Assim, a operadora de TV a cabo deve disponibilizar para seus assinantes o sinal gerado pela emissora local, com a inserção de programas e publicidades locais, visto que a finalidade da lei é preservar a cultura e interesses locais. **REsp 1.234.153-SC, Rel. Min. João Otávio de Noronha, julgado em 7/4/2015, DJe 13/4/2015 (Inform. STJ 559).**

DIREITO CIVIL. DEVOLUÇÃO DOS VALORES PAGOS A TÍTULO DE TAXA DE ARRENDAMENTO EM VIRTUDE DE DEFEITOS NA CONSTRUÇÃO DE IMÓVEL INCLUÍDO NO PROGRAMA DE ARRENDAMENTO RESIDENCIAL.

Havendo vícios de construção que tornem precárias as condições de habitabilidade de imóvel incluído no Programa de Arrendamento Residencial (PAR), não configura enriquecimento sem causa a condenação da CEF a devolver aos arrendatários que optaram pela resolução do contrato o valor pago a título de taxa de arrendamento. O PAR objetiva, nos termos do art. 10 da Lei 10.188/2001, o atendimento da necessidade de moradia da população de baixa renda, sob a forma de arrendamento residencial com opção de compra. A CEF, como agente-gestor do Fundo de Arrendamento Residencial, é responsável tanto pela aquisição como pela construção dos imóveis, que permanecem de propriedade do referido fundo até que os particulares que firmaram contratos de arrendamento com opção de compra possam exercer o ato de aquisição no final do contrato. Assim, compete à CEF a responsabilidade pela entrega aos arrendatários de bens imóveis aptos à moradia, respondendo por eventuais vícios de construção. Em que pese a aquisição do imóvel arrendado configurar uma opção do arrendatário ao final do período do arrendamento, o PAR visa a sanar o problema da moradia das populações de baixa renda, e o alcance desse objetivo, inegavelmente, dar-se-ia com a aquisição, ao final, do imóvel objeto do arrendamento. Frise-se que a própria escolha de um arrendamento, em vez da locação, já enuncia, ao menos em tese, a pretensão do arrendatário de vir a adquirir o imóvel. Assim, pela total incúria com o bem que entrega ao arrendamento, a CEF inviabiliza a opção pela aquisição do imóvel. Aliás, essas alternativas conferidas aos adquirentes desses imóveis estão previstas no art. 18 do CDC, quando regula os efeitos dos vícios de qualidade do produto. Desse modo, inexiste enriquecimento sem causa (arts. 884 e 885 do CC), pois há motivo para a devolução aos arrendatários dos valores por eles despendidos para residir em imóvel que apresentou assomados problemas decorrentes de vícios de construção. **REsp 1.352.227-RN, Rel. Min. Paulo de Tarso Sanseverino, julgado em 24/2/2015, DJe 2/3/2015 (Inform. STJ 556).**

---

4. RESPONSABILIDADE CIVIL

4.1. Responsabilidade pelo fato de terceiro

DIREITO CIVIL. RESPONSABILIDADE CIVIL DOS GENITORES PELOS DANOS CAUSADOS POR SEU FILHO ESQUIZOFRÊNICO.

Os pais de portador de esquizofrenia paranoide que seja solteiro, maior de idade e more sozinho tem responsabilidade civil pelos danos causados durante os recorrentes surtos agressivos de seu filho, no caso em que eles, plenamente cientes dessa situação, tenham sido omissos na adoção de quaisquer medidas com o propósito de evitar a repetição desses fatos, deixando de tomar qualquer atitude para interditá-lo ou mantê-lo sob sua guarda e companhia. Inicialmente, é importante destacar que a guarda representa mais que um direito dos pais de ter próximos os seus filhos. Revela-se, sobretudo, como um dever de cuidar, de vigiar e de proteger os filhos, em todos os sentidos, enquanto necessária essa proteção. Para reforçar a responsabilidade dos pais em relação aos filhos, dispõe o art. 1.583, § 3º, do CC que "A guarda unilateral obriga o pai ou a mãe que não a detenha a supervisionar os interesses dos filhos". O art. 1.589 do mesmo diploma, por sua vez, mediante outras palavras, afirma que "O pai ou a mãe, em cuja guarda não estejam os filhos, poderá [...] fiscalizar sua manutenção e educação". Ademais, o CC impõe aos genitores, sistemática e reiteradamente, em vários outros dispositivos pertinentes a capítulos diversos, o dever natural de cuidar, de instruir, de proteger e de vigiar sua prole, obrigações essas inseridas no próprio conceito de guarda. A par disso, observa-se que o art. 1.590 do CC – segundo o qual "As disposições relativas à guarda e prestação de alimentos aos filhos menores estendem-se aos maiores incapazes" – estende ao maior incapaz (absoluta ou relativamente) as normas pertinentes à guarda dos filhos menores. No que diz respeito ao caso em análise, destaca-se ser absolutamente necessária e cabível uma interpretação mais positiva desse dispositivo para que seja alcançado, de fato, o real e mais justo objetivo do legislador. Dessa forma, ao portador de esquizofrenia paranoide que comumente tem surtos psicóticos é aplicável a expressão "maiores incapazes", no sentido de não estar apto a praticar, sozinho e indistintamente, todo e qualquer ato da vida civil em todos os momentos. Isso porque o esquizofrênico que sofra, reincidentemente, surtos psicóticos e pratique atos agressivos – como no caso em análise – é, realmente, incapacitado, total ou parcialmente, para a prática de atos da vida civil, mesmo que não oficialmente interditado, demandando cuidados especiais por parte daqueles que estão cientes do problema psiquiátrico, cuja obrigação decorre da lei e da relação de parentesco – genitores, cônjuge, companheiro, filhos etc. -, tudo para proteger o doente e terceiros. Ele deve ser enquadrado, no mínimo, como relativamente incapaz, nos termos do art. 4º, II, do CC (segundo o qual são relativamente incapazes "os que, por deficiência mental, tenham o discernimento reduzido"), tendo em vista que possui momentos intercalados de sanidade, sendo-lhe possível, em tese, praticar atos da vida civil, até mesmo desacompanhado, durante os períodos de lucidez. Ademais, dependendo do grau de evolução da doença mental, poderá o enfermo ficar impossibilitado, total e permanentemente, de praticar sozinho quaisquer atos da vida civil, passando a se qualificar como absolutamente incapaz, a teor do disposto no art. 3º, II, do CC (de acordo com o qual são absolutamente incapazes "os que, por enfermidade ou deficiência mental, não tiverem o necessário discernimento para a prática desses atos"). Além do mais, no tocante à possibilidade de o genitor estar sujeito a indenizar os danos causados pelo filho maior incapaz, interpretando sistematicamente o art. 932, I e II, do CC com as normas que disciplinam as obrigações dos pais em relação aos filhos, tem-se que os trechos a) "estiverem sob sua autoridade e em sua companhia" e b) "curatelados, que se acharem nas mesmas condições" são aplicáveis, também, aos casos em que os pais – seja com o propósito de isentar-se de responsabilidades, seja por simples omissão quanto aos deveres de guardar, proteger, vigiar e educar – deixam de impor sua autoridade sobre os maiores reconhecidamente incapazes, de trazê-los para junto de si, de interditá-los e de assumir, oficialmente, o papel de curador quando deveriam tê-lo feito por força das circunstâncias e da lei. Nesse caso, a obrigação dos genitores não depende de interdição judicial, decorrendo de uma situação de fato, qual seja, a sabida deficiência mental instalada. Além disso, dispõe o art. 942 do CC que "Os bens do responsável pela ofensa ou violação do direito de outrem ficam sujeitos à reparação do dano causado; e, se a ofensa tiver mais de um autor, todos responderão solidariamente pela reparação. Parágrafo único. São solidariamente responsáveis com os autores os coautores e as pessoas designadas no art. 932". Diante disso, como, no caso aqui analisado, caberia aos genitores tomar cuidados para, ao menos, tentar evitar que seu filho, portador de esquizofrenia paranoide, cometesse agressões contra terceiros – tratando-se, inclusive, de diligência recomendada como forma de protegê-lo de revides -, revela-se flagrante a omissão da mãe no cumprimento das suas obrigações como genitora do incapaz, o que a obriga a indenizar os danos causados pelo seu filho. **REsp 1.101.324-RJ, Rel. Min. Antonio Carlos Ferreira, julgado em 13/10/2015, DJe 12/11/2015. (Inform. STJ 573)**

Súmula STF nº 341

É presumida a culpa do patrão ou comitente pelo ato culposo do empregado ou preposto.

4.2. Responsabilidade por outras causas

AG. REG. NO ARE N. 906.803-MG

RELATORA: MIN. ROSA WEBER

EMENTA: DIREITO CIVIL. INDENIZAÇÃO. DANOS MORAIS. SUSPEITA DE FURTO. ABORDAGEM EM ESTABELECIMENTO COMERCIAL. EVENTUAL OFENSA REFLEXA NÃO VIABILIZA O MANEJO DO RECURSO EXTRAORDINÁRIO. ART. 102 DA LEI MAIOR. REELABORAÇÃO DA MOLDURA FÁTICA CONSTANTE DO ACÓRDÃO REGIONAL. IMPOSSIBILIDADE. ACÓRDÃO RECORRIDO PUBLICADO EM 11.02.2015.

1. O exame da alegada ofensa ao art. 5º, X, da Constituição Federal, observada a estreita moldura com que devolvida a matéria à apreciação desta Suprema Corte, dependeria de prévia análise da legislação infraconstitucional aplicada à espécie, o que refoge à competência jurisdicional extraordinária prevista no art. 102 da Magna Carta.
2. Divergir da conclusão da Corte Regional exigiria a reelaboração da moldura fática delineada no acórdão da origem, procedimento vedado em sede extraordinária. Aplicação da Súmula 279/STF: "*Para simples reexame de prova não cabe recurso extraordinário*".
3. As razões do agravo regimental não se mostram aptas a infirmar os fundamentos que lastrearam a decisão agravada, mormente no que se refere à ausência de ofensa direta e literal a preceito da Constituição da República.
4. Agravo regimental conhecido e não provido. **(Inform. STF 802)**

Súmula STJ nº 179

O estabelecimento de credito que recebe dinheiro, em deposito judicial, responde pelo pagamento da correção monetária relativa aos valores recolhidos.

4.3. Indenização

4.3.1. Sujeitos ativos do direito à indenização

DIREITO CIVIL. SENTENÇA PENAL CONDENATÓRIA E SENTENÇA CÍVEL QUE RECONHECE A OCORRÊNCIA DE CULPA RECÍPROCA.

Diante de sentença penal condenatória que tenha reconhecido a prática de homicídio culposo, o juízo cível, ao apurar responsabilidade civil decorrente do delito, não pode, com fundamento na concorrência de culpas, afastar a obrigação de reparar, embora possa se valer da existência de culpa concorrente da vítima para fixar o valor da indenização. É sabido que o ordenamento jurídico pátrio adota o princípio da independência entre as instâncias administrativa, cível e criminal. É o que reza o art. 935 do CC quando destaca que a "responsabilidade civil é independente da criminal, não se podendo questionar mais sobre a existência do fato, ou sobre quem seja o autor, quando estas questões se acharem decididas no juízo criminal". Observe-se que, não obstante a primeira parte do dispositivo acima citado expressamente assentar que a responsabilidade cível pelo mesmo fato é independente da responsabilidade criminal, o trecho final do artigo explicita que a referida separação não é absoluta, uma vez que a independência é relativa. Em virtude de diversos questionamentos sobre a matéria, na I Jornada de Direito Civil, promovida pelo CJF e pelo STJ, foi aprovado o Enunciado 45, cuja redação destacou que "no caso do art. 935, não mais se poderá questionar sobre a existência do fato ou quem seja o seu autor se estas questões se acharem categoricamente decididas no juízo criminal". Além disso, o art. 91, I, do Código Penal dispõe que a condenação penal torna certa a obrigação de indenizar o dano causado pelo crime. Desse modo, a sentença penal condenatória decorrente da mesma situação fática geradora da responsabilidade civil provoca incontornável dever de indenizar, sob pena de afronta direta ao aludido art. 91, I, do CP. Some-se a isso o fato de que o CPC reconhece a sentença penal condenatória como título executivo judicial (art. 475-N, II, do CPC). Ademais, com a reforma efetuada pela Lei 11.719/2008, o parágrafo único do art. 63 do CPP passou a estipular que "Transitada em julgado a sentença condenatória, a execução poderá ser efetuada pelo valor fixado nos termos do inciso IV do *caput* do art. 387 deste Código sem prejuízo da liquidação para a apuração do dano efetivamente sofrido". Nessa linha intelectiva, apesar da impossibilidade de discussão sobre os fatos e sua autoria, nada obsta que a sentença cível, após o exame dos autos e das circunstâncias que envolveram as condutas do autor e da vítima, conclua pela existência de concorrência de culpas em relação ao evento danoso (REsp 735.087-SP, Terceira Turma, DJ 20/02/2006; e REsp 83.889-RS, Terceira Turma, DJ 3/5/1999). Contudo, é claro que não poderá o juízo civil, ao apurar o grau da responsabilidade civil decorrente do mesmo delito, afastar a indenização decorrente da prática de crime, ainda mais se baseando em situação caracterizadora de culpa concorrente, que não se inclui nas hipóteses de excludente da responsabilidade civil. **REsp 1.354.346-PR, Rel. Min. Luis Felipe Salomão, julgado em 17/9/2015, DJe 26/10/2015. (Inform. STJ 572)**

Súmula STJ nº 387

É lícita a cumulação das indenizações de dano estético e dano moral.

4.3.2. Dano moral

DIREITO CIVIL. POSSIBILIDADE DE ABSOLUTAMENTE INCAPAZ SOFRER DANO MORAL.

O absolutamente incapaz, ainda quando impassível de detrimento anímico, pode sofrer dano moral. O dano moral caracteriza-se por uma ofensa, e não por uma dor ou um padecimento. Eventuais mudanças no estado de alma do lesado decorrentes do dano moral, portanto, não constituem o próprio dano, mas eventuais efeitos ou resultados do dano. Já os bens jurídicos cuja afronta caracteriza o dano moral são os denominados pela doutrina como direitos da personalidade, que são aqueles reconhecidos à pessoa humana tomada em si mesma e em suas projeções na sociedade. A CF deu ao homem lugar de destaque, realçou seus direitos e fez deles o fio condutor de todos os ramos jurídicos. A dignidade humana pode ser considerada, assim, um direito constitucional subjetivo – essência de todos os direitos personalíssimos –, e é o ataque a esse direito o que se convencionou chamar dano moral. **REsp 1.245.550-MG, Rel. Min. Luis Felipe Salomão, julgado em 17/3/2015, DJe 16/4/2015 (Inform. STJ 559).**

Súmula STJ nº 388

A simples devolução indevida de cheque caracteriza dano moral.

Súmula STJ nº 387

É lícita a cumulação das indenizações de dano estético e dano moral.

Súmula STJ nº 385

Da anotação irregular em cadastro de proteção ao crédito, não cabe indenização por dano moral, quando preexistente legítima inscrição, ressalvado o direito ao cancelamento.

Súmula STJ nº 370

Caracteriza dano moral a apresentação antecipada de cheque pré-datado.

Súmula STJ nº 362

A correção monetária do valor da indenização do dano moral incide desde a data do arbitramento.

Súmula STJ nº 227

A pessoa jurídica pode sofrer dano moral.

Súmula STJ nº 37

São cumuláveis as indenizações por dano material e dano moral oriundos do mesmo fato.

4.3.3. Pensão

DIREITO CIVIL. PENSÃO CIVIL POR INCAPACIDADE PARCIAL PARA O TRABALHO.

Pode ser incluída pensão civil em indenização por debilidade permanente de membro inferior causada a soldado por acidente de trânsito, ainda que se possa presumir capacidade para atividades administrativas no próprio Exército Brasileiro ou para outras ocupações. O STJ já decidiu que a circunstância de se presumir a capacidade laborativa da vítima para outras atividades, diversas daquela exercida no momento do acidente, não exclui o pensionamento civil, observado o princípio da reparação integral do dano. Precedentes citados: REsp 1.269.274-RS, Segunda Turma, DJe 10/12/2012; e REsp 899.869-MG, Terceira Turma, DJe 26/3/2007. **REsp 1.344.962-DF, Rel. Min. Ricardo Villas Bôas Cueva, julgado em 25/8/2015, DJe 2/9/2015 (Inform. STJ 568).**

DIREITO CIVIL. VALOR DA PENSÃO CIVIL POR INCAPACIDADE PARCIAL PARA O TRABALHO.

A pensão civil incluída em indenização por debilidade permanente de membro inferior causada a soldado do Exército Brasileiro por acidente de trânsito pode ser fixada em 100% do soldo que recebia quando em atividade. A pensão correspondente ao soldo integral que o soldado recebia na ativa bem repara o dano gravíssimo sofrido, com amparo no princípio da reparação integral do dano. **REsp 1.344.962-DF, Rel. Min. Ricardo Villas Bôas Cueva, julgado em 25/8/2015, DJe 2/9/2015 (Inform. STJ 568).**

DIREITO CIVIL. FORMA DE PAGAMENTO DE PENSÃO FIXADA NOS CASOS DE RESPONSABILIDADE CIVIL DERIVADA DE INCAPACITAÇÃO DA VÍTIMA PARA O TRABALHO.

Nos casos de responsabilidade civil derivada de incapacitação para o trabalho (art. 950 do CC), a vítima não tem o direito absoluto de que a indenização por danos materiais fixada em forma de pensão seja arbitrada e paga de uma só vez, podendo o magistrado avaliar, em cada caso concreto, sobre a conveniência da aplicação da regra que autoriza a estipulação de parcela única (art. 950, parágrafo único, do CC), a fim de evitar, de um lado, que a satisfação do crédito do beneficiário fique ameaçada e, de outro, que haja risco de o devedor ser levado à ruína. Assim dispõe o art. 950 do CC: "Se da ofensa resultar defeito pelo qual o ofendido não possa exercer o seu ofício ou profissão, ou se lhe diminua a capacidade de trabalho, a indenização, além das despesas do tratamento e lucros cessantes até ao fim da convalescença, incluirá pensão correspondente à importância do trabalho para que se inabilitou, ou da depreciação que ele sofreu". O parágrafo único do referido artigo, por sua vez, prescreve que "O prejudicado, se preferir, poderá exigir que a indenização seja arbitrada e paga de uma só vez". Embora a questão não seja pacífica, tem prevalecido na doutrina e na jurisprudência o entendimento de que a regra prevista no parágrafo único não deve ser interpretada como direito absoluto da parte, podendo o magistrado avaliar, em cada caso concreto, sobre a conveniência de sua aplicação, considerando a situação econômica do devedor, o prazo de duração do pensionamento, a idade da vítima, etc, para só então definir pela possibilidade de que a pensão seja ou não paga de uma só vez, antecipando-se as prestações vincendas que só iriam ser creditadas no decorrer dos anos. Ora, se a pensão mensal devida em decorrência de incapacidade total ou parcial para o trabalho é vitalícia, como então quantificar o seu valor se, a princípio, não se tem o marco temporal final? A propósito, a Terceira Turma do STJ, em caso versando sobre pagamento de pensão a aluna baleada em campus universitário que ficou tetraplégica, decidiu que, "no caso de sobrevivência da vítima, não é razoável o pagamento de pensionamento em parcela única, diante da possibilidade de enriquecimento ilícito, caso o beneficiário faleça antes de completar sessenta e cinco anos de idade" (REsp 876.448-RJ, DJe 21/9/2010). Cumpre ressaltar, por fim, que o ordenamento jurídico cuidou de proteger o credor da pensão dos riscos decorrentes de uma futura insolvência do ofensor, mediante o mecanismo da constituição de capital com a possibilidade de prestação de garantia, conforme o atual art. 475-Q do CPC, orientação que já havia sido consolidada pela Súmula 313 do STJ, de seguinte teor: "Em ação de indenização, procedente o pedido, é necessária a constituição de capital ou caução fidejussória para a garantia de pagamento da pensão, independentemente da situação financeira do demandado". Desse modo, ainda que não estejam presentes os elementos que recomendem que a pensão deva ser paga em parcela única, a fim de assegurar o efetivo pagamento das prestações mensais estipuladas, nada impede, a depender do caso, a constituição de verba para esse fim, nos termos da Súmula 313 do STJ. Precedente citado: REsp 1.045.775-ES, Terceira Turma, DJe de 4/8/2009. **REsp 1.349.968-DF, Rel. Min. Marco Aurélio Bellizze, julgado em 14/4/2015, DJe 4/5/2015 (Inform. STJ 561).**

5. COISAS

5.1. Posse e propriedade

DIREITO CIVIL. DIREITO DE PROPRIEDADE DE SUBSOLO.

No caso em que o subsolo de imóvel tenha sido invadido por tirantes (pinos de concreto) provenientes de obra de sustentação do imóvel vizinho, o proprietário do imóvel invadido não terá legítimo interesse para requerer, com base no art. 1.229 do CC, a remoção dos tirantes nem indenização por perdas e danos, desde que fique constatado que a invasão não acarretou prejuízos comprovados a ele, tampouco impossibilitou o perfeito uso, gozo e fruição do seu imóvel. Dispõe o art. 1.229 do CC que a "propriedade do solo abrange a do espaço aéreo e subsolo correspondentes, em altura e profundidade úteis ao seu exercício, não podendo o proprietário opor-se a atividades que sejam realizadas, por terceiros, a uma altura ou profundidade tais, que não tenha ele interesse legítimo em impedi-las". Ou seja, o normativo legal, ao regular o direito de propriedade, ampara-se especificamente no critério de utilidade da coisa por seu titular. Por essa razão, o direito à extensão das faculdades do proprietário é exercido contra terceiro tão somente em face de ocorrência de conduta invasora e lesiva que lhe traga dano ou incômodo ou que lhe proíba de utilizar normalmente o bem imóvel, considerando suas características físicas normais. Como se verifica, a pretensão de retirada dos tirantes não está amparada em possíveis prejuízos devidamente comprovados ou mesmo no fato de os tirantes terem impossibilitado, ou estarem impossibilitando, o perfeito uso, gozo ou fruição do imóvel. Também inexistem possíveis obstáculos a futuras obras que venham a ser idealizadas no local, até porque, caso e quando se queira, referidos tirantes podem ser removidos sem nenhum prejuízo para quaisquer dos imóveis vizinhos. De fato, ao proprietário compete a titularidade do imóvel, abrangendo solo, subsolo e o espaço aéreo correspondentes. Entretanto, referida titularidade não é plena, estando satisfeita e completa apenas em relação ao espaço físico sobre o qual emprega efetivo exercício sobre a coisa. Dessa forma, não tem o proprietário do imóvel o legítimo interesse em impedir a utilização do subsolo onde estão localizados os tirantes que se pretende remover, pois sobre o referido espaço não exerce ou demonstra quaisquer utilidades. Precedente citado: REsp 1.233.852-RS, Terceira Turma, DJe de 1º/2/2012. **REsp 1.256.825-SP, Rel. Min. João Otávio de Noronha, julgado em 5/3/2015, DJe 16/3/2015 (Inform. STJ 557).**

DIREITO CIVIL. DIREITO EXCLUSIVO DO PESQUISADOR À EXPLORAÇÃO DA JAZIDA.

O terceiro que explorou clandestinamente área objeto de outorga para pesquisa de viabilidade de lavra de minérios deve indenizar o particular que possuía o direito de pesquisa e de lavra. Ainda que o Estado seja o proprietário exclusivo das reservas minerais existentes no solo e subsolo, ao concessionário particular é garantida a propriedade do produto de sua exploração, fazendo emergir da nossa ordem constitucional o princípio do livre acesso aos recursos minerais. Nesse cenário, o Código de Mineração trouxe o importante instituto da prioridade, ou seja: cumpridas as determinações legais, o minerador faz jus à obtenção de um título minerário, obedecida a prioridade prevista no art. 11, "a", do Decreto-Lei 227/1967. Desse modo, para fins de fixação do direito de prioridade, o referido dispositivo estabelece que se tomará em consideração a data do requerimento relativo à pesquisa ou à exploração de área considerada livre. Concedido o alvará de pesquisa e verificada a viabilidade da exploração em conclusão dos trabalhos de pesquisa, o autorizatário terá o prazo decadencial ânuo para requerer a concessão da lavra ou negociar seu direito com terceiros (arts. 31 e 32 do Decreto-Lei 227/1967, ambos com redação dada pela Lei 6.403/1976). Daí se extrai que, uma vez autorizada a pesquisa para fins de mineração, nasce para o autorizatário o direito subjetivo e exclusivo à futura exploração da mina, como decorrência do direito de prioridade, durante o prazo decadencial de um ano, contado da aprovação do relatório final da pesquisa. Portanto, fixado legalmente o direito subjetivo à futura concessão da lavra como decorrência da autorização de pesquisa, a exploração indevida, exercida clandestina e ilicitamente por terceiro, que não detinha nenhum título minerário, resulta em prejuízo injusto ao legítimo autorizatário. Dano esse que, portanto, deve ser-lhe integralmente ressarcido na esteira do art. 927 do CC. **REsp 1.471.571-RO, Rel. Min. Marco Aurélio Bellizze, julgado em 10/2/2015, DJe 26/2/2015 (Inform. STJ 556).**

5.2. Condomínio

DIREITO CIVIL. APLICAÇÃO DE MULTAS SANCIONATÓRIA E MORATÓRIA POR INADIMPLÊNCIA CONDOMINIAL CONTUMAZ.

No caso de descumprimento reiterado do dever de contribuir para as despesas do condomínio (inciso I do art. 1.336 do CC), pode ser aplicada a multa sancionatória em razão de comportamento "antissocial" ou "nocivo" (art. 1.337 do CC), além da aplicação da multa moratória (§ 1º do art. 1.336 do CC). De acordo com o art. 1.336, *caput*, I e § 1º, do CC, o condômino que não cumpra com o dever de contribuir para as despesas do condomínio, adimplindo sua cota-parte dentro do prazo estipulado para o vencimento, ficará obrigado a pagar juros moratórios convencionados ou, caso não ajustados, de 1% ao mês e multa de até 2% sobre o débito. Já o art. 1.337 do CC cria a figura do "condômino nocivo" ou "condômino antissocial", utilizando-se de cláusula aberta em relação àquele que não cumpra reiteradamente com os seus deveres com o condomínio. Nessa medida, o *caput* do art. 1.337 do CC inovou ao permitir a aplicação de "multa" de até o quíntuplo do valor atribuído à contribuição para as despesas condominiais, em face do condômino ou possuidor que não cumpra reiteradamente com os seus deveres com o condomínio, independente das perdas e danos que eventualmente venham a ser apurados. Frise-se que o "condômino nocivo" ou "antissocial" não é somente aquele que pratica atividades ilícitas, utiliza o imóvel para atividades de prostituição, promove a comercialização de drogas proibidas ou desrespeita constantemente o dever de silêncio, mas também aquele que deixa de contribuir de forma reiterada com o pagamento das despesas condominiais. A par disso, em leitura detida do *caput* do art. 1.337 do CC, conclui-se que o CC previu a hipótese genérica para aquele "que não cumpre reiteradamente com os seus deveres perante o condomínio", sem fazer qualquer restrição ou óbice legal que impeça a aplicação ao devedor contumaz de débitos condominiais. Ademais, observa-se que a multa prevista no § 1º do art. 1.336 do CC tem natureza jurídica moratória, enquanto a penalidade pecuniária regulada pelo art. 1.337 do CC tem caráter sancionatório, uma vez que, se for o caso, o condomínio pode exigir, inclusive, a apuração das perdas e danos. De mais a mais, tal posicionamento intensifica a prevalência da "solidariedade condominial", a fim de que seja permitida a continuidade e manutenção do próprio condomínio e impedir a ruptura da sua estabilidade econômico-financeira, o que provoca dano considerável aos demais comunheiros. Por fim, a atitude do condômino que reiteradamente deixa de contribuir com o pagamento das despesas condominiais viola os mais comezinhos deveres anexos da boa-fé objetiva, principalmente na vertente da cooperação e lealdade, devendo ser rechaçada veementemente atitudes tais que colocam em risco a continuidade da propriedade condominial. **REsp 1.247.020-DF, Rel. Min. Luis Felipe Salomão, julgado em 15/10/2015, DJe 11/11/2015. (Inform. STJ 573)**

DIREITO CIVIL. APLICAÇÃO DE MULTA A CONDÔMINO ANTISSOCIAL.

A sanção prevista para o comportamento antissocial reiterado de condômino (art. 1.337, parágrafo único, do CC) não pode ser aplicada sem que antes lhe seja conferido o direito de defesa. De fato, o Código Civil – na linha de suas diretrizes da socialidade, cunho de humanização do direito e de vivência social, da eticidade, na busca de solução mais justa e equitativa, e da operabilidade, alcançando o direito em sua concretude – previu, no âmbito da função social da posse e da propriedade, no particular, a proteção da convivência coletiva na propriedade horizontal. Assim, os condôminos podem usar, fruir e livremente dispor das suas unidades habitacionais, assim como das áreas comuns (art. 1.335 do CC), desde que respeitem outros direitos e preceitos da legislação e da convenção condominial. Nesse passo, o art. 1.337 do CC estabelece sancionamento para o condômino que reiteradamente venha a violar seus deveres para com o condomínio, além de instituir, em seu parágrafo único, punição extrema àquele que reitera comportamento antissocial. A doutrina especializada reconhece a necessidade de garantir o contraditório ao condômino infrator, possibilitando, assim, o exercício de seu direito de defesa. A propósito, esta é a conclusão do enunciado 92 da I Jornada de Direito Civil do CJF: "Art. 1.337: As sanções do art. 1.337 do novo Código Civil não podem ser aplicadas sem que se garanta direito de defesa ao condômino nocivo". Por se tratar de punição imputada por conduta contrária ao direito, na esteira da visão civil-constitucional do sistema, deve-se reconhecer a aplicação imediata dos princípios que protegem a pessoa humana nas relações entre particulares, a reconhecida eficácia horizontal dos direitos fundamentais, que também deve incidir nas relações condominiais, para assegurar, na medida do possível, a ampla defesa e o contraditório. Ressalte-se que a gravidade da punição do condômino antissocial, sem nenhuma garantia de ampla defesa, contraditório ou devido processo legal, na medida do possível, acaba por onerar consideravelmente o suposto infrator, o qual fica impossibilitado de demonstrar, por qualquer motivo, que seu comportamento não era antijurídico nem afetou a harmonia, a qualidade de vida e o bem-estar geral, sob pena de restringir o seu próprio direito de propriedade. Por fim, convém esclarecer que a prévia notificação não visa conferir uma última chance ao condômino nocivo, facultando-lhe, mais uma vez, a possibilidade de mudança de seu comportamento nocivo. Em verdade, a advertência é para que o condômino faltoso venha prestar esclarecimentos aos demais condôminos e, posteriormente, a assembleia possa decidir sobre o mérito da punição. **REsp 1.365.279-SP, Rel. Min. Luis Felipe Salomão, julgado em 25/8/2015, DJe 29/9/2015 (Inform. STJ 570).**

DIREITO CIVIL. ALTERAÇÃO DE FACHADA SEM AUTORIZAÇÃO DA TOTALIDADE DOS CONDÔMINOS.

O condômino não pode, sem a anuência de todos os condôminos, alterar a cor das esquadrias externas de seu apartamento para padrão distinto do empregado no restante da fachada do edifício, ainda que a modificação esteja posicionada em recuo, não acarrete prejuízo direto ao valor dos demais imóveis e não possa ser vista do térreo, mas apenas de andares correspondentes de prédios vizinhos. Destaca-se que o legislador, tanto no Código Civil como na Lei 4.591/1964, faz referência expressa à proibição de se alterar a cor das esquadrias externas ao dispor, respectivamente, que "São deveres do condômino: [...] não alterar a forma e a cor da fachada, das partes e esquadrias externas" (inciso III do art. 1.336) e que "É defeso a qualquer condômino: [...] decorar as partes e esquadriais externas com tonalidades ou côres diversas das empregadas no conjunto da edificação" (inciso II do art. 10), ressalvando-se a possibilidade de sua modificação quando autorizada pela unanimidade dos condôminos (art. 10, § 2º, da Lei 4.591/1946). A consideração de que a alteração seria possível porque pouco visível a partir da vista da rua e por não acarretar prejuízo direto no valor dos demais imóveis do condomínio fere a literalidade da norma, pois é indiscutível que houve alteração na fachada do prédio. Admitir que apenas as alterações visíveis do térreo possam caracterizar alteração da fachada, passível de desfazimento, poderia levar ao entendimento de que, em arranha-céus, os moradores dos andares superiores, quase invisíveis da rua, não estariam sujeitos ao regramento em análise. De igual modo, poderia ensejar a descaracterização do padrão arquitetônico da obra, ainda que a alteração da fachada seja avistável apenas dos prédios vizinhos em andares correspondentes, visto posicionar-se em área recuada. Há de se considerar que recuos são recursos arquitetônicos comuns e que, se localizados na face externa da edificação, não deixam de compor a fachada. De fato, fachada não é somente aquilo que pode ser visualizado do térreo. Assim, isoladamente, a alteração pode não afetar diretamente o preço dos demais imóveis do edifício, mas deve-se ponderar que, se cada proprietário de unidade superior promover sua personalização, empregando cores de esquadrias que entender mais adequadas ao seu gosto pessoal, a quebra da unidade arquitetônica seria drástica, com a inevitável desvalorização do condomínio. Registre-se, por fim, que não se ignoram as discussões doutrinárias e jurisprudenciais a respeito da alteração de fachada, mais especificamente acerca de fechamento de varandas com vidros incolores, instalação de redes de segurança e até substituição de esquadrias com material diverso do original quando este não se encontra mais disponível no mercado. Entretanto, na hipótese em apreço, foi utilizada esquadria de cor diversa do conjunto arquitetônico, alteração jamais admitida e em flagrante violação do texto legal. **REsp 1.483.733-RJ, Rel. Min. Ricardo Villas Bôas Cueva, julgado em 25/8/2015, DJe 1º/9/2015 (Inform. STJ 568).**

DIREITO PROCESSUAL CIVIL. LEGITIMIDADE DO PROMITENTE COMPRADOR E DO PROMITENTE VENDEDOR EM AÇÃO DE COBRANÇA DE DÉBITOS CONDOMINIAIS.

O promitente comprador e o promitente vendedor de imóvel têm legitimidade passiva concorrente em ação de cobrança de débitos condominiais posteriores à imissão daquele na posse do bem, admitindo-se a penhora do imóvel, como garantia da dívida, quando o titular do direito de propriedade (promitente vendedor) figurar no polo passivo da demanda. No REsp 1.345.331-RS (Segunda Seção, DJe 20/4/2015), julgado por meio do rito dos recursos repetitivos, as seguintes teses foram firmadas: "a) O que define a responsabilidade pelo pagamento das obrigações condominiais não é o registro do compromisso de compra e venda, mas a relação jurídica material com o imóvel, representada pela imissão na posse pelo promissário comprador e pela ciência inequívoca do condomínio acerca da transação. b) Havendo compromisso de compra e venda não levado a registro, a responsabilidade pelas despesas de condomínio pode recair tanto sobre o promitente vendedor quanto sobre o promissário comprador, dependendo das circunstâncias de cada caso concreto. c) Se ficar comprovado: (i) que o promissário comprador se imitira na posse; e (ii) o condomínio teve ciência inequívoca da transação, afasta-se a legitimidade passiva do promitente vendedor para responder por despesas condominiais relativas a período em que a posse foi exercida pelo promissário comprador". Pela leitura isolada da tese 1, "c", desse precedente, o proprietário estaria isento de arcar com as despesas de condomínio a partir da imissão do promitente comprador na posse do imóvel. Porém, a tese firmada no repetitivo deve ser interpretada de acordo com a solução dada ao caso que deu origem à afetação. Há de se observar, portanto, que, no caso do REsp 1.345.331-RS, a ação de cobrança havia sido ajuizada contra o proprietário (promitente vendedor), tendo havido embargos de terceiro pelos promitentes compradores na fase de execução. Naquele julgado, entendeu-se que a responsabilidade pelo pagamento das despesas condominiais seria dos promitentes compradores, porque relativas a débitos surgidos após a imissão destes na posse do imóvel. Porém, não se desconstituiu a penhora do imóvel. Há, portanto, uma aparente contradição entre a tese e a solução dada ao caso concreto, pois a tese 1, "c", em sua literalidade, conduziria à desconstituição da penhora sobre o imóvel do promitente vendedor. A contradição, contudo, é apenas aparente, podendo ser resolvida à luz da teoria da dualidade da obrigação. Observe-se, inicialmente, que o promitente comprador não é titular do direito real de propriedade, tendo apenas direito real de aquisição caso registrado o contrato de promessa de compra e venda. Desse modo, o condomínio ficaria impossibilitado de penhorar o imóvel. Restaria, então, penhorar bens do patrimônio pessoal do promitente comprador. Porém, não é rara a hipótese em que o comprador esteja adquirindo seu primeiro imóvel e não possua outros bens penhoráveis, o que conduziria a uma execução frustrada. Esse resultado não se coaduna com a natureza, tampouco com finalidade da obrigação propter rem. Quanto à natureza, é da essência dessa obrigação que ela nasça automaticamente com a titularidade do direito real e somente se extinga com a extinção do direito ou a transferência da titularidade, ressalvadas as prestações vencidas. Como se verifica, não há possibilidade de a obrigação se extinguir por ato de vontade do titular do direito real, pois a fonte da obrigação propter rem é a situação jurídica de direito real, não a manifestação de vontade. Logo, a simples pactuação de uma promessa de compra e venda não é suficiente para extinguir a responsabilidade do proprietário pelo pagamento das despesas de condomínio. De outra parte, quanto à finalidade, a obrigação propter rem destina-se a manter a conservação da coisa. Nessa esteira, ao se desconstituir a penhora sobre o imóvel, o atendimento da finalidade de conservação acaba sendo comprometido, pois o condomínio passa a depender da incerta possibilidade de encontrar bens penhoráveis no patrimônio do promitente comprador. Vale lembrar, ainda, que a mera possibilidade de penhora do imóvel tem, por si só, o efeito psicológico de desestimular a inadimplência, de modo que a impossibilidade de penhora geraria o efeito inverso, atentando contra a finalidade da obrigação propter rem, que é manter a conservação da coisa. Há premente necessidade, portanto, de se firmar uma adequada interpretação da tese firmada pelo rito do art. 543-C do CPC, de modo a afastar interpretações contrárias à natureza e à finalidade da obrigação propter rem. Uma interpretação interessante pode ser obtida com a aplicação da teoria da dualidade do vínculo obrigacional à hipótese de pluralidade de direitos subjetivos reais sobre a coisa. Segundo essa teoria, a obrigação se decompõe em débito (Schuld), o dever de prestar, e responsabilidade (Haftung), a sujeição do devedor, ou terceiro, à satisfação da dívida. Aplicando-se essa teoria à obrigação de pagar despesas condominiais, verifica-se que o débito deve ser imputado a quem se beneficia dos serviços prestados pelo condomínio, no caso, o promitente comprador, valendo assim o brocardo latino ubi commoda, ibi incommoda. Até aqui, não há, a rigor, nenhuma novidade. A grande diferença é que o proprietário não se desvincula da obrigação, mantendo-se na condição de responsável pelo pagamento da dívida, enquanto mantiver a situação jurídica de proprietário do imóvel. Essa separação entre débito e responsabilidade permite uma solução mais adequada para a controvérsia, preservando-se a essência da obrigação propter rem. Restauram-se, desse modo, as conclusões de um entendimento já trilhado por esta Corte Superior, em voto proferido pelo Min. Ruy Rosado de Aguiar no REsp 194.481-SP, Quarta Turma, DJ 22/3/1999. É certo que esse julgado acabou sendo superado, ante os questionamentos do Min. Sálvio de Figueiredo Teixeira nos EREsp 138.389-MG, o que influenciou a jurisprudência desta Corte a partir de então. Cabe, portanto, enfrentar os referidos questionamentos. O primeiro diz respeito à possibilidade de o proprietário do imóvel ficar vinculado à obrigação por longos anos, caso o promitente comprador não providencie a lavratura da escritura e o devido registro. Esse questionamento, entretanto, diz respeito exclusivamente à relação obrigacional estabelecida entre o proprietário (promitente vendedor) e o promitente comprador, os quais podem estabelecer prazo para a ultimação do negócio jurídico, inclusive com fixação de multa. Se não o fazem, deixam aberta a possibilidade de o negócio jurídico ficar pendente de exaurimento por longos anos, devendo arcar com as consequências de seus atos. O outro questionamento diz respeito à possível falta de interesse do proprietário, ou melhor, "quase ex-proprietário", em contestar a ação de cobrança de despesas condominiais, uma vez que o interesse direto seria do promitente comprador, já imitido na posse do imóvel. Sobre esse ponto, cabe ressaltar que o proprietário do imóvel responde pelos débitos condominiais com todo o seu patrimônio, não somente com o imóvel, pois a obrigação propter rem não se confunde com os direitos reais de garantia. Não se pode afirmar, portanto, que faltaria interesse ao proprietário em contestar a demanda, pois correrá o risco de sofrer constrição em seu patrimônio pessoal, uma vez que dinheiro e depósitos bancários têm preferência sobre a penhora do imóvel (art. 655, I, do CPC). De outra parte, o promitente comprador poderá, a qualquer tempo, ingressar na demanda como assistente litisconsorcial (art. 54 do CPC), para assumir a defesa de seus interesses. Por último, não restam dúvidas de que, entre o risco de o condômino inadimplente perder o imóvel e o risco de a comunidade de condôminos ter que arcar com as despesas da unidade inadimplente, deve-se privilegiar o interesse coletivo dessa comunidade em detrimento do interesse individual do condômino inadimplente. Conclui-se, portanto, que os questionamentos referidos no EREsp 138.389-MG não obstam a interpretação da tese à luz da teoria da dualidade da obrigação. **REsp 1.442.840-PR, Rel. Min. Paulo de Tarso Sanseverino, julgado em 6/8/2015, DJe 21/8/2015 (Inform. STJ 567).**

DIREITO CIVIL. DIREITO DE PREFERÊNCIA NA ALIENAÇÃO DE IMÓVEL EM ESTADO DE INDIVISÃO.

O condômino que desejar alienar a fração ideal de bem imóvel divisível em estado de indivisão deverá dar preferência na aquisição ao comunheiro. O art. 504 do CC estabelece que: "Não pode um condômino em coisa indivisível vender a sua parte a estranhos, se outro consorte a quiser, tanto por tanto. O condômino, a quem não se der conhecimento da venda, poderá, depositando o preço, haver para si a parte vendida a estranhos, se o requerer no prazo de cento e oitenta dias, sob pena de decadência". Da comparação desse dispositivo com o art. 1.139 do CC/1916, conclui-se que a única alteração substancial está relacionada com o prazo decadencial, que – de seis meses – passou a ser de cento e oitenta dias. Nessa linha de intelecção, apesar de existir divergência doutrinária, não se vislumbra motivo para alterar o entendimento conferido pela Segunda Seção do STJ, adotado sob a égide do CC/1916, no sentido de que: "Na hipótese de o bem se encontrar em estado de indivisão, seja ele divisível ou indivisível, o condômino que desejar alienar sua fração ideal do condomínio deve obrigatoriamente notificar os demais condôminos para que possam exercer o direito de preferência na aquisição, nos termos do art. 1.139 do CC/1916" (REsp 489.860-SP, DJ 13/12/2004). Primeiro, porque, como o STJ é responsável pela uniformização da interpretação da lei federal, uma vez definida tese sobre determinada matéria, ele deve prestigiá-la, a fim de manter a coesão. Segundo, porquanto realmente parece ser, em uma interpretação teleológica, o posicionamento mais consentâneo com o melhor direito. Deveras, ao conceder o direito de preferência aos demais condôminos, pretendeu o legislador, conforme entendimento doutrinário, "conciliar os objetivos particulares do vendedor com o intuito da comunidade de coproprietários. Certamente, a função social recomenda ser mais cômodo manter a propriedade entre os titulares originários, evitando desentendimento com a entrada de um estranho no grupo". Terceiro, porque deve ser levado em conta todo o sistema jurídico, notadamente o parágrafo único do art. 1.314 do CC/2002, que veda ao condômino, sem prévia aquiescência dos outros, dar posse, uso ou gozo da propriedade a estranhos (o que é um minus em relação à transferência de propriedade), somado ao art. 504, que proíbe o condômino em coisa indivisível de vender a sua parte a estranhos, se outro consorte a quiser, tanto por tanto. Por fim, nesse mesmo viés de entendimento, há julgado mais recente da Quarta Turma que, ao manter a posição de outrora quanto à incidência do art. 1.139 do CC/1916, estendeu aos coerdeiros – na cessão de direitos hereditários – o direito de preferência concedido aos condôminos, agora com base no art. 504 do CC/2002 (REsp 550.940-MG, DJe 8/9/2009). Portanto, se o imóvel encontra-se em estado de indivisão, apesar de ser ele divisível, deve se reconhecer o direito de preferência do condômino que pretenda adquirir o quinhão do comunheiro, desde que preenchidos os demais requisitos legais. **REsp 1.207.129-MG, Rel. Min. Luis Felipe Salomão, Quarta Turma, julgado em 16/6/2015, DJe 26/6/2015 (Inform. STJ 564).**

DIREITO CIVIL. COBRANÇA DE TAXA DE MANUTENÇÃO EM CONDOMÍNIO DE FATO. RECURSO REPETITIVO (ART. 543-C DO CPC E RES. 8/2008-STJ). TEMA 882.

As taxas de manutenção criadas por associações de moradores não obrigam os não associados ou os que a elas não anuíram. As obrigações de ordem civil, sejam de natureza real sejam de natureza contratual, pressupõem, como fato gerador ou pressuposto, a existência de uma lei que as exija ou de um acordo firmado com a manifestação expressa de vontade das partes pactuantes, pois, em nosso ordenamento jurídico positivado, há somente duas fontes de obrigações: a lei ou o contrato. Nesse contexto, não há espaço para entender que o morador, ao gozar dos serviços organizados em condomínio de fato por associação de moradores, aceitou tacitamente participar de sua estrutura orgânica. Com efeito, na ausência de uma legislação que regule especificamente a matéria em análise, deve preponderar o exercício da autonomia da vontade – a ser manifestado pelo proprietário ou, inclusive, pelo comprador de boa-fé –, emanada da própria garantia constitucional da liberdade de associação e da legalidade, uma vez que ninguém pode ser compelido a fazer algo senão em virtude de lei. De igual modo, incabível o entendimento de que a vedação ao enriquecimento ilícito autorizaria a cobrança pelos serviços usufruídos ou postos à disposição do dono do imóvel inserto em loteamento, independentemente de ser ou não associado. Isso porque adotar esse posicionamento significaria esvaziar o sentido e a finalidade da garantia fundamental e constitucional da liberdade de associação, como bem delimitou o STF no julgamento do RE 432.106-RJ (DJe 4/11/2011), encontrando a matéria, inclusive, afetada ao rito da repercussão geral (RG no AI 745.831-SP, DJe 29/11/2011). De fato, a jurisprudência não pode esvaziar o comando normativo de um preceito fundamental e constitucional em detrimento de um corolário de ordem hierárquica inferior, pois, ainda que se aceite a ideia de colisão ou choque de princípios – liberdade associativa (art. 5º, XX, da CF) versus vedação ao enriquecimento sem causa (art. 884 do CC) –, o relacionamento vertical entre as normas – normas constitucionais e normas infraconstitucionais, por exemplo – deve ser apresentado, conforme a doutrina, de tal forma que o conteúdo de sentido da norma inferior deve ser aquele que mais intensamente corresponder ao conteúdo de sentido da norma superior. Ademais, cabe ressaltar que a associação de moradores é mera associação civil e, consequentemente, deve respeitar os direitos e garantias individuais, aplicando-se, na espécie, a teoria da eficácia horizontal dos direitos fundamentais. Concluindo, a aquisição de imóvel situado em loteamento fechado em data anterior à constituição da associação não pode impor a cobrança de encargos ao adquirente que não se associou nem a ela aderiu. Igualmente, se a compra se opera em data posterior à constituição da associação, na ausência de fonte criadora da obrigação – lei ou contrato –, é defeso ao poder jurisdicional, apenas calcado no princípio do enriquecimento sem causa, em detrimento dos princípios constitucionais da legalidade e da liberdade associativa, instituir um dever tácito a terceiros, pois, ainda que se admita a colisão de princípios norteadores, prevalece, dentre eles, dada a verticalidade de preponderância, os preceitos constitucionais, cabendo tão-somente ao STF, no âmbito da repercussão geral, afastá-los se assim o desejar ou entender. Precedentes citados: EREsp 444.931-SP, Segunda Seção, DJ 1º/2/2006; AgRg nos EDcl no Ag 715.800-RJ, Terceira Turma, DJe 12/12/2014; e EDcl no REsp 1.322.723-SP, Quarta Turma, DJe 29/8/2013. **REsp 1.280.871-SP e REsp 1.439.163-SP, Rel. Min. Ricardo Villas Bôas Cueva, Rel. para acórdão Min. Marco Buzzi, Segunda Seção, julgados em 11/3/2015, DJe 22/5/2015 (Inform. STJ 562).**

DIREITO CIVIL E PROCESSUAL CIVIL. LEGITIMIDADE PASSIVA EM AÇÃO DE COBRANÇA DE DÍVIDAS CONDOMINIAIS. RECURSO REPETITIVO (ART. 543-C DO CPC E RES. 8/2008-STJ). TEMA 886.

A respeito da legitimidade passiva em ação de cobrança de dívidas condominiais, firmaram-se as seguintes teses: a) o que define a responsabilidade pelo pagamento das obrigações condominiais não é o registro do compromisso de compra e venda, mas a relação jurídica material com o imóvel, representada pela imissão na posse pelo promissário comprador e pela ciência inequívoca do condomínio acerca da transação; b) havendo compromisso de compra e venda não levado a registro, a responsabilidade pelas despesas de condomínio pode recair tanto sobre o promitente vendedor quanto sobre o promissário comprador, dependendo das circunstâncias de cada caso concreto; e c) se ficar comprovado (i) que o promissário comprador se imitira na posse e (ii) o condomínio teve ciência inequívoca da transação, afasta-se a legitimidade passiva do promitente vendedor para responder por despesas condominiais relativas a período em que a posse foi exercida pelo promissário comprador. De início, cumpre esclarecer que as despesas condominiais, compreendidas como obrigações propter rem, são de responsabilidade daquele que detém a qualidade de proprietário da unidade imobiliária, ou ainda pelo titular de um dos aspectos da propriedade, tais como a posse, o gozo ou a fruição, desde que este tenha estabelecido relação jurídica direta com o condomínio. Portanto, a responsabilidade pelas despesas de condomínio, ante a existência de promessa de compra e venda, pode recair tanto sobre o promissário comprador quanto sobre o promitente vendedor, a depender das circunstâncias do caso concreto (EREsp 138.389-MG, Segunda Seção, DJ 13/9/1999), sem prejuízo, todavia, de eventual ação de regresso. Importante esclarecer, nesse ponto, que o polo passivo da ação que objetiva o adimplemento de despesas de condomínio não ficará à disposição do autor da demanda. Na verdade, será imprescindível aferir com quem, de fato, foi estabelecida a relação jurídica material. Frise-se, ademais, que não há nenhuma relevância, para o efeito de definir a responsabilidade pelas despesas condominiais, se o contrato de promessa de compra e venda foi ou não registrado, pois, conforme assinalado, não é aquele que figura no registro como proprietário que, necessariamente, responderá por tais encargos. Assim, ficando demonstrado que (i) o promissário comprador se imitira na posse do bem e (ii) o condomínio tivera ciência inequívoca da transação, deve-se afastar a legitimidade passiva do promitente vendedor para responder por despesas condominiais relativas a período em que a posse foi exercida pelo promissário comprador (REsp 1.297.239-RJ, Terceira Turma, DJe 29/4/2014; e AgRg no AREsp 526.651-SP, Quarta Turma, DJe 11/11/2014). Por fim, ressalte-se que o CC, em seu art. 1.345, regulou, de forma expressa, a questão ora analisada, ao dispor que "o adquirente de unidade responde pelos débitos do alienante, em relação ao condomínio, inclusive multas e juros moratórios". **REsp 1.345.331-RS, Rel. Min. Luis Felipe Salomão, Segunda Seção, julgado em 8/4/2015, DJe 20/4/2015 (Inform. STJ 560).**

DIREITO CIVIL. INSUBSISTÊNCIA DE CLÁUSULA DE IRREVOGABILIDADE E DE IRRETRATABILIDADE EM CONVENÇÃO DE CONDOMÍNIO.

Ainda que, na vigência do CC/1916, tenha sido estipulado, na convenção original de condomínio, ser irrevogável e irretratável cláusula que prevê a divisão das despesas do condomínio em partes iguais, admite-se ulterior alteração da forma de rateio, mediante aprovação de 2/3 dos votos dos condôminos, para que as expensas sejam suportadas na proporção das frações ideais. De fato, não há como obrigar – sem que haja previsão legal – que os atuais condôminos ou os eventuais futuros adquirentes das unidades fiquem eternamente submetidos às regras impostas na convenção original. Basta imaginar a existência de condomínios centenários, cujas unidades imobiliárias já passaram por várias gerações de proprietários sem que remanescesse nenhum proprietário original. Nesse cenário, ao admitir a perpetuação de cláusula pétrea, estar-se-ia engessando de maneira desarrazoada a vontade dos condôminos e a soberania das deliberações assembleares, que nem mesmo pela unanimidade de votos poderiam alterar as cláusulas gravadas pela irrevogabilidade e pela irretratabilidade. Na hipótese em análise, reforça a legitimidade da alteração o fato de ser aprovada pela maioria dos condôminos e de obedecer ao quórum legal de 2/3 dos condôminos (art. 1.351 do CC/2002), observando-se a forma de rateio (na proporção da fração ideal) prevista no novo Código Civil (art. 1.336, I), o que afasta qualquer alegação, por parte de eventual condômino que não concorde com a modificação, de ofensa aos princípios da razoabilidade, da proporcionalidade ou da vedação ao enriquecimento ilícito. Além disso, tendo em vista a natureza estatutária da convenção de condomínio, que autoriza a aplicação imediata do regime jurídico previsto no novo Código Civil, não há espaço para falar em violação do direito adquirido e do ato jurídico perfeito (REsp 722.904-RS, Terceira Turma, DJ 1º/7/2005; e REsp 1.169.865-DF, Quarta Turma, DJe 2/9/2013). **REsp 1.447.223-RS, Rel. originário Min. Paulo de Tarso Sanseverino, Rel. para acórdão Min. Ricardo Villas Bôas Cueva, julgado em 16/12/2014, DJe 5/2/2015 (Inform. STJ 554).**

Súmula STJ nº 478

Na execução de crédito relativo a cotas condominiais, este tem preferência sobre o hipotecário.

Súmula STJ nº 260

A convenção de condomínio aprovada, ainda que sem registro, é eficaz para regular as relações entre os condôminos.

5.3. Direitos reais sobre coisa alheia

DIREITO CIVIL. EXTINÇÃO DA GARANTIA HIPOTECÁRIA E PRESCRIÇÃO DA OBRIGAÇÃO PRINCIPAL.

A prescrição da pretensão de cobrança da dívida extingue o direito real de hipoteca estipulado para garanti-la. O credor de uma obrigação tem o direito ao crédito desde o momento da pactuação do negócio jurídico, ainda que não implementado o prazo de vencimento. Após o vencimento da dívida, nasce para o credor a pretensão de recebimento dela. Recusado o cumprimento da obrigação, inflama-se a pretensão, nascendo a ação de direito material. Esse desdobramento da obrigação tem interesse prático exatamente no caso da prescrição, pois, após o vencimento da dívida sem a sua exigência coativa, o transcurso do lapso temporal previsto em lei encobre a pretensão e a ação de direito material, mas não extingue o direito do credor. A par disso, é possível visualizar que, efetivamente, o reconhecimento da prescrição não extingue o direito do credor, mas, apenas, encobre a pretensão ou a ação correspondente. De outro lado, registre-se que o art. 1.499 do CC elenca as causas de extinção da hipoteca, sendo a primeira delas a "extinção da obrigação principal". Nessa ordem de ideias, não há dúvida de que a declaração de prescrição de dívida garantida por hipoteca inclui-se no conceito de "extinção da obrigação principal". Isso porque o rol de causas de extinção da hipoteca, elencadas pelo art. 1.499, não é *numerus clausus*. Ademais, a hipoteca, no sistema brasileiro, é uma garantia acessória em relação a uma obrigação principal, seguindo, naturalmente, as vicissitudes sofridas por esta. Além do mais, segundo entendimento doutrinário, o prazo prescricional "diz respeito à pretensão de receber o valor da dívida a que se vincula a garantia real. [...] extinta a pretensão à cobrança judicial do referido crédito, extinta também estará a pretensão de excutir a hipoteca dada a sua natureza acessória". **REsp 1.408.861-RJ, Rel. Min. Paulo de Tarso Sanseverino, julgado em 20/10/2015, DJe 6/11/2015. (Inform. STJ 572)**

Súmula STF nº 122

O enfiteuta pode purgar a mora enquanto não decretado o comisso por sentença.

Súmula STJ nº 308

A hipoteca firmada entre a construtora e o agente financeiro, anterior ou posterior à celebração da promessa de compra e venda, não tem eficácia perante os adquirentes do imóvel.

6. FAMÍLIA

6.1. Separação e divórcio

REPERCUSSÃO GERAL EM RE N. 633.981-DF

RED. P/ O ACÓRDÃO: MIN. GILMAR MENDES

Recurso Extraordinário. Direito Civil. Divórcio Direto. Ausência de coabitação dos cônjuges como prova da separação de fato. Análise da presença dos requisitos necessários. Código Civil. Controvérsia que se situa no âmbito da legislação infraconstitucional. Ofensa reflexa. Ausência de repercussão geral da questão suscitada. **(Inform. STF 775)**

DIREITO CIVIL. RETIFICAÇÃO DO SOBRENOME DOS FILHOS EM RAZÃO DE DIVÓRCIO.

É admissível a averbação, no registro de nascimento do filho, da alteração do sobrenome de um dos genitores que, em decorrência do divórcio, optou por utilizar novamente o nome de solteiro, contanto que ausentes quaisquer prejuízos a terceiros. O art. 57 da Lei 6.015/1973 – Lei de Registros Públicos – admite a alteração do nome civil, excepcionalmente e de forma motivada, com a devida apreciação judicial, sem descurar da ausência de prejuízo a terceiros. Dessa forma, é justificável e plausível a modificação do sobrenome constante da certidão de nascimento, situação que prima pela contemporaneidade da vida, dinâmica por natureza (e não do momento da lavratura do registro). A função do sobrenome é identificar o núcleo familiar da pessoa e deve retratar a verdade real, fim do registro público, que objetiva espelhar, da melhor forma, a linhagem individual. Assim, é direito subjetivo da pessoa retificar seu sobrenome no registro de nascimento de seus filhos após divórcio. Ademais, a averbação do sobrenome no registro de nascimento do filho em decorrência do casamento (art. 3º, parágrafo único, da Lei 8.560/1992) atrai, à luz do princípio da simetria, a aplicação da mesma norma à hipótese inversa, qual seja, em decorrência do divórcio, um dos genitores deixa de utilizar o nome de casado. Além disso, não se coaduna à razoabilidade exigir que um dos genitores e seus filhos portem diariamente consigo cópia da certidão de casamento dos pais com a respectiva averbação para fins de identificação, em prejuízo do exercício do poder familiar. Além do mais, não seria coerente impor a alguém utilizar-se de outro documento público para provar a filiação constante de sua certidão de nascimento. Por isso, havendo alteração superveniente que venha a obstaculizar a própria identificação do indivíduo no meio social, resta indubitável a possibilidade de posterior retificação do registro civil. Por fim, registre-se que não se verifica impedimento legal para modificação do sobrenome dos filhos quando há alteração do nome de um dos genitores por ocasião do divórcio, conforme se verifica na legislação de regência: art. 54 da Lei 6.015/1973, arts. 20 e 27 do ECA, art. 1.565 do CC e art. 3º, parágrafo único, da Lei 8.560/1992. Precedentes citados: REsp 1.072.402-MG, Quarta Turma, DJe 1º/2/2013; e REsp 1.041.751-DF, Terceira Turma, DJe 3/9/2009. **REsp 1.279.952-MG, Rel. Min. Ricardo Villas Bôas Cueva, julgado em 3/2/2015, DJe 12/2/2015 (Inform. STJ 555).**

6.2. União estável

DIREITO CIVIL. IRRETROATIVIDADE DOS EFEITOS DE CONTRATO DE UNIÃO ESTÁVEL.

Não é lícito aos conviventes atribuírem efeitos retroativos ao contrato de união estável, a fim de eleger o regime de bens aplicável ao período de convivência anterior à sua assinatura. Inicialmente, registre-se, acerca dos efeitos do contrato de união estável, que doutrinadores renomados sustentam que, na união estável, é possível a alteração, a qualquer tempo, das disposições de caráter patrimonial, inclusive com efeitos retroativos, mediante singelo acordo despido de caráter patrimonial, sob o argumento de que deve prevalecer o princípio da autonomia da vontade. Não obstante essa vertente doutrinária, o art. 1.725 do CC não comporta o referido alcance. Com efeito, o mencionado dispositivo legal autoriza que os conviventes formalizem suas relações patrimoniais e pessoais por meio de contrato e que somente na ausência dele aplicar-se-á, no que couber, o regime de comunhão parcial. Em síntese: enquanto não houver a formalização da união estável, vigora o regime da comunhão parcial, no que couber. O contrato de convivência, no entanto, não pode conceder mais benefícios à união estável do que ao casamento, pois o legislador constitucional, apesar de reconhecer os dois institutos como entidade familiar e lhes conferir proteção, não os colocou no mesmo patamar, pois expressamente dispôs que a lei facilitará a conversão daquele neste (§ 3º do art. 226 da CF). Portanto, como o regime de bens entre os cônjuges começa a vigorar desde a data do casamento (§ 1º do art. 1.639 do CC) e a modificação dele somente é permitida mediante autorização judicial requerida por ambos os consortes, apurada a procedência das razões invocadas e ressalvado o direito de terceiros (§ 3º do art. 1.639 do CC), não se vislumbra como o contrato de convivência poderia reconhecer uma situação que o legislador, para o casamento, enuncia a necessidade da intervenção do Judiciário. Até porque, admitir o contrário seria conferir, sem dúvida, mais benefícios à união estável do que ao matrimônio civil, bem como teria o potencial de causar prejuízo a direito de terceiros que porventura tivessem contratado com os conviventes. **REsp 1.383.624-MG, Rel. Min. Moura Ribeiro, julgado em 2/6/2015, DJe 12/6/2015 (Inform. STJ 563).**

DIREITO CIVIL E PROCESSUAL CIVIL. PENHORA DE QUOTAS SOCIAIS NA PARTE RELATIVA À MEAÇÃO.

A existência de dívida alimentar não autoriza a penhora imediata de cotas sociais pertencentes à atual companheira do devedor na parte relativa à meação, sem que antes tenha sido verificada a viabilidade de constrição do lucro relativo às referidas cotas e das demais hipóteses que devam anteceder a penhora (art. 1.026, c/c art. 1.053, ambos do CC). Com efeito, como se aplica à união estável o regime da comunhão parcial de bens, a jurisprudência do STJ admite a penhora da meação do devedor para satisfação de débito exequendo (REsp 708.143-MA, Quarta Turma, DJ 26/2/2007). Igualmente, não se pode olvidar que a jurisprudência STJ, nos moldes do disposto no art. 655, VI, do CPC, também admite a penhora de quotas sociais do executado para satisfação de crédito exequendo, ainda que exista vedação no contrato social da sociedade empresária à livre alienação das cotas, sem que isso, todavia, implique a admissão como sócio daquele que arrematar ou adjudicar (REsp 327.687-SP, Quarta Turma, DJ 15/4/2002). Contudo, não se pode ignorar que o advento do art. 1.026 do CC, ao dispor que "O credor particular de sócio pode, na insuficiência de outros bens do devedor, fazer recair a execução sobre o que a este couber nos lucros da sociedade, ou na parte que lhe tocar em liquidação", relativizou a penhorabilidade das quotas sociais, que só deve ser efetuada acaso superadas as demais possibilidades conferidas pelo dispositivo mencionado, consagrando o princípio da conservação da empresa ao restringir a adoção de solução que possa provocar a dissolução da sociedade empresária e maior onerosidade da execução, visto que a liquidação parcial da sociedade empresária, por débito estranho à sociedade, implica a sua descapitalização, afetando os interesses dos demais sócios, empregados, fornecedores e credores da empresa. Nesse mesmo diapasão, propugna a doutrina que não cabe ao credor particular do sócio "escolher se vai receber os lucros ou se vai liquidar parte da sociedade como forma de pagamento do que lhe é devido, seria condenar as sociedades a um futuro incerto e possivelmente desastroso, caso a diminuição de capital afete sua capacidade produtiva. Nessa última situação acabaria, ainda, punindo a sociedade por obrigação que lhe é estranha, da qual não tomou parte, mas que poderia ser adimplida de outro modo", devendo sempre que possível ser feita a opção pela retenção dos lucros, correspondentes à quota social do devedor. Convém consignar que o Enunciado 387 da IV Jornada de Direito Civil propõe que a opção entre fazer a execução recair sobre o que ao sócio couber no lucro da sociedade ou na parte em que lhe tocar em dissolução orienta-se pelos princípios da menor onerosidade e da função social da empresa. Assim, tendo em vista o disposto no art. 1.026, c/c o art. 1.053, ambos do CC, e os princípios da conservação da empresa e da menor onerosidade da execução, cabe ao exequente requerer a penhora dos lucros relativos às quotas sociais correspondentes à meação do devedor – o que também é a inteligência do art. 1.027 do CC –,não podendo ser deferida, de modo imediato, a penhora de quotas sociais de sociedade empresária em plena atividade, em prejuízo de terceiros, por dívida estranha à referida pessoa jurídica. **REsp 1.284.988-RS, Rel. Min. Luis Felipe Salomão, julgado em 19/3/2015, DJe 9/4/2015 (Inform. STJ 559).**

DIREITO CIVIL. DIREITO A ALIMENTOS PELO ROMPIMENTO DE UNIÃO ESTÁVEL ENTRE PESSOAS DO MESMO SEXO.

É juridicamente possível o pedido de alimentos decorrente do rompimento de união estável homoafetiva. De início, cabe ressaltar que, no STJ e no STF, são reiterados os julgados dando conta da viabilidade jurídica de uniões estáveis formadas por companheiros do mesmo sexo sob a égide do sistema constitucional inaugurado em 1988, que tem como caros os princípios da dignidade da pessoa humana, a igualdade e repúdio à discriminação de qualquer natureza (STF: ADPF 132, Tribunal Pleno, DJe 14/10/2011; e RE 477554 AgR, Segunda Turma, DJe 26/08/2011. STJ: REsp 827.962-RS, Quarta Turma, DJe 08/08/2011; e REsp 1.199.667-MT, Terceira Turma, DJe 04/08/2011). Destaque-se que STF explicitou que o julgamento da ADPF 132-RJ proclamou que "ninguém, absolutamente ninguém, pode ser privado de direitos nem sofrer quaisquer restrições de ordem jurídica por motivo de sua orientação sexual" (RE 477.554 AgR, Segunda Turma, DJe 26/8/2011). De fato, a igualdade e o tratamento isonômico supõem o direito a ser diferente, o direito a autoafirmação e a um projeto de vida independente de tradições e ortodoxias, sendo a base jurídica para a construção do direito à orientação sexual como direito personalíssimo, atributo inerente e inegável da pessoa humana. Em outras palavras, resumidamente: o direito à igualdade somente se realiza com plenitude se for garantido o direito à diferença. Conclusão diversa também não se mostra consentânea com o ordenamento constitucional, que prevê o princípio do livre planejamento familiar (§ 7º do art. 226), tendo como alicerce a dignidade da pessoa humana (art. 1º, III) somada à solidariedade social (art. 3º) e à igualdade substancial (arts. 3º e 5º). É importante ressaltar, ainda, que o planejamento familiar se faz presente tão logo haja a decisão de duas pessoas em se unirem, com escopo de constituírem família. Nesse momento, a Constituição lhes franqueia ampla proteção funcionalizada na dignidade de seus membros. Trilhando esse raciocínio é que o STF, no julgamento conjunto da ADPF 132-RJ e da ADI 4.277-DF, conferiu interpretação conforme ao art. 1.723 do CC ("é reconhecida como entidade familiar a união estável entre o homem e a mulher, configurada na convivência pública, contínua e duradoura e estabelecida com o objetivo de constituição de família") para afastar qualquer exegese que impeça o reconhecimento da união contínua, pública e duradoura entre pessoas do mesmo sexo como "entidade familiar", entendida esta como sinônimo perfeito de família. Por conseguinte, "este reconhecimento é de ser feito segundo as mesmas regras e com as mesmas conseqüências da união estável heteroafetiva". Portanto, a legislação que regula a união estável deve ser interpretada de forma expansiva e igualitária, permitindo que as uniões homoafetivas tenham o mesmo regime jurídico protetivo conferido aos casais heterossexuais, trazendo efetividade e concreção aos princípios da dignidade da pessoa humana, não discriminação, igualdade, liberdade, solidariedade, autodeterminação, proteção das minorias, busca da felicidade e ao direito fundamental e personalíssimo à orientação sexual. Nessa ordem de ideias, não há como afastar da relação de pessoas do mesmo sexo a obrigação de sustento e assistência técnica, protegendo-se, em última análise, a própria sobrevivência do mais vulnerável dos parceiros, uma vez que se trata de entidade familiar, vocacionalmente amorosa, parental e protetora dos respectivos membros, constituindo-se no espaço ideal das mais duradouras, afetivas, solidárias ou espiritualizadas relações humanas de índole privada, o que a credenciaria como base da sociedade (ADI 4.277-DF e ADPF 132-RJ). Ora, se a união homoafetiva é reconhecidamente uma família e se o fundamento da existência das normas de direito de família consiste precisamente em gerar proteção jurídica ao núcleo familiar, parece despropositado concluir que o elevado instrumento jurídico dos alimentos não pudesse alcançar os casais homoafetivos, relação também edificada na solidariedade familiar, com espeque no dever de cooperação, reciprocidade e assistência mútuos (art. 1.724 do CC). De fato, o direito a alimentos do companheiro que se encontra em situação precária e de vulnerabilidade assegura a máxima efetividade do interesse prevalente, a saber, o mínimo existencial, com a preservação da dignidade do indivíduo, conferindo a satisfação de necessidade humana básica. É por isso que a doutrina afirma que a proteção das pessoas "em situação de vulnerabilidade e necessitadas de auxílio material encontra suas requisições alimentícias na solidariedade familiar, edificada na cooperação, ajuda, contribuição, reciprocidade e na assistência dos demais indivíduos que compõem o seu núcleo familiar, pois é dentro das diferentes relações de família, sejam elas de origem biológica ou advindas de vínculos afetivos hétero ou homossexuais, que seus componentes materializam seus direitos e suas expectativas pessoais". Realmente, o projeto de vida advindo do afeto, nutrido pelo amor, solidariedade, companheirismo, sobeja obviamente no amparo material dos componentes da união, até porque os alimentos não podem ser negados a pretexto de uma preferência sexual diversa. O art. 1.694 do CC, ao prever que os parentes, os cônjuges ou companheiros podem pedir uns aos outros alimentos, na qualidade de sujeitos potencialmente ativos e passivos dessa obrigação recíproca, não exclui o casal homossexual dessa normatização. De fato, a conclusão que se extrai no cotejo de todo ordenamento é a de que a isonomia entre casais heteroafetivos e pares homoafetivos somente ganha plenitude de sentido se desembocar no igual direito subjetivo à formação de uma autonomizada família (ADI 4.277-DF e ADPF 132-RJ), incluindo-se aí o reconhecimento do direito à sobrevivência com dignidade por meio do pensionamento alimentar. **REsp 1.302.467-SP, Rel. Min. Luis Felipe Salomão, julgado em 3/3/2015, DJe 25/3/2015 (Inform. STJ 558).**

DIREITO CIVIL. DEFINIÇÃO DE PROPÓSITO DE CONSTITUIR FAMÍLIA PARA EFEITO DE RECONHECIMENTO DE UNIÃO ESTÁVEL.

O fato de namorados projetarem constituir família no futuro não caracteriza união estável, ainda que haja coabitação. Isso porque essas circunstâncias não bastam à verificação da affectio maritalis. O propósito de constituir família, alçado pela lei de regência como requisito essencial à constituição da união estável – a distinguir, inclusive, esta entidade familiar do denominado "namoro qualificado" –, não consubstancia mera proclamação, para o futuro, da intenção de constituir uma família. É mais abrangente. Deve se afigurar presente durante toda a convivência, a partir do efetivo compartilhamento de vidas, com irrestrito apoio moral e material entre os companheiros. É dizer: a família deve, de fato, estar constituída. Tampouco a coabitação, por si, evidencia a constituição de uma união estável (ainda que possa vir a constituir, no mais das vezes, um relevante indício). A coabitação entre namorados, a propósito, afigura-se absolutamente usual nos tempos atuais, impondo-se ao Direito, longe das críticas e dos estigmas, adequar-se à realidade social. Por oportuno, convém ressaltar que existe precedente do STJ no qual, a despeito da coabitação entre os namorados, por contingências da vida, inclusive com o consequente fortalecimento da relação, reconheceu-se inexistente a união estável, justamente em virtude da não configuração do animus maritalis (REsp 1.257.819-SP, Terceira Turma, DJe 15/12/2011). **REsp 1.454.643-RJ, Rel. Min. Marco Aurélio Bellizze, julgado em 3/3/2015, DJe 10/3/2015 (Inform. STJ 557).**

DIREITO CIVIL. NECESSIDADE DE OBSERVÂNCIA, NA PARTILHA, DAS NORMAS VIGENTES AO TEMPO DA AQUISIÇÃO DOS BENS.

Ainda que o término do relacionamento e a dissolução da união estável tenham ocorrido durante a vigência da Lei 9.278/1996, não é possível aplicar à partilha do patrimônio formado antes da vigência da referida lei a presunção legal de que os bens adquiridos onerosamente foram fruto de esforço comum dos conviventes (art. 5º da Lei 9.278/1996), devendo-se observar o ordenamento jurídico vigente ao tempo da aquisição de cada bem a partilhar. Antes da Lei 9.278/1996, a partilha de bens ao término da união estável dava-se mediante a comprovação – e na proporção respectiva – do esforço direto ou indireto de cada companheiro para a formação do patrimônio amealhado durante a convivência (Súmula 380 do STF). Apenas com a referida Lei, estabeleceu-se a presunção legal relativa de comunhão dos bens adquiridos a título oneroso durante a união estável (art. 5º da Lei 9.278/1996), excetuados os casos em que existe estipulação em sentido contrário (caput do art. 5º) e os casos em que a aquisição patrimonial decorre do produto de bens anteriores ao início da união (§ 1º do art. 5º). Os bens adquiridos anteriormente à Lei 9.278/1996 têm a propriedade – e, consequentemente, a partilha ao término da união – disciplinada pelo ordenamento jurídico vigente quando da respectiva aquisição. Com efeito, a aquisição da propriedade dá-se no momento em que se aperfeiçoam os requisitos legais para tanto. Desse modo, a titularidade dos bens não pode ser alterada por lei posterior em prejuízo ao direito adquirido e ao ato jurídico perfeito (art. 5, XXXVI, da CF e art. 6º da LINDB). Cumpre esclarecer, a propósito, que os princípios legais que regem a sucessão e a partilha de bens não se confundem: a sucessão é disciplinada pela lei em vigor na data do óbito; a partilha de bens, ao contrário – seja em razão do término, em vida, do relacionamento, seja em decorrência do óbito do companheiro ou cônjuge – deve observar o regime de bens e o ordenamento jurídico vigente ao tempo da aquisição de cada bem a partilhar. A aplicação da lei vigente ao término do relacionamento a todo o período de união implicaria expropriação do patrimônio adquirido segundo a disciplina da lei anterior, em manifesta ofensa ao direito adquirido e ao ato jurídico perfeito, além de causar insegurança jurídica, podendo atingir até mesmo terceiros. Ademais, deve-se levar em consideração que antes da edição da Lei 9.278/1996 os companheiros não dispunham de instrumento eficaz para, caso desejassem, dispor sobre a forma de aquisição do patrimônio durante a união estável. Efetivamente, como não havia presunção legal de meação de bens entre conviventes, não havia sequer razão para que os conviventes fizessem estipulação escrita em contrário a direito dispositivo inexistente. **REsp 1.124.859-MG, Rel. originário Min. Luis Felipe Salomão, Rel. para acórdão Min. Maria Isabel Gallotti, julgado em 26/11/2014, DJe 27/2/2015 (Inform. STJ 556).**

DIREITO CIVIL. ÓBITO DE EX-COMPANHEIRO ALIMENTANTE E RESPONSABILIDADE DO ESPÓLIO PELOS DÉBITOS ALIMENTARES NÃO QUITADOS.

Extingue-se, com o óbito do alimentante, a obrigação de prestar alimentos a sua ex-companheira decorrente de acordo celebrado em razão do encerramento da união estável, transmitindo-se ao espólio apenas a responsabilidade pelo pagamento dos débitos alimentares que porventura não tenham sido quitados pelo devedor em vida (art. 1.700 do CC). De acordo com o art. 1.700 do CC, "A obrigação de prestar alimentos transmite-se aos herdeiros do devedor, na forma do art. 1.694". Esse comando deve ser interpretado à luz do entendimento doutrinário de que a obrigação alimentar é fruto da solidariedade familiar, não devendo, portanto, vincular pessoas fora desse contexto. A morte do alimentante traz consigo a extinção da personalíssima obrigação alimentar, pois não se pode conceber que um vínculo alimentar decorrente de uma já desfeita solidariedade entre o falecido-alimentante e a alimentada, além de perdurar após o término do relacionamento, ainda lance seus efeitos para além da vida do alimentante, deitando garras no patrimônio dos herdeiros, filhos do de cujus. Entender que a obrigação alimentar persiste após a morte, ainda que nos limites da herança, implicaria agredir o patrimônio dos herdeiros (adquirido desde o óbito por força da saisine). Aliás, o que se transmite, no disposto do art. 1.700 do CC, é a dívida existente antes do óbito e nunca o dever ou a obrigação de pagar alimentos, pois personalíssima. Não há vínculos entre os herdeiros e a ex-companheira que possibilitem se protrair, indefinidamente, o pagamento dos alimentos a esta, fenecendo, assim, qualquer tentativa de transmitir a obrigação de prestação de alimentos após a morte do alimentante. O que há, e isso é inegável, até mesmo por força do expresso texto de lei, é a transmissão da dívida decorrente do débito alimentar que por ventura não tenha sido paga pelo alimentante enquanto em vida. Essa limitação de efeitos não torna inócuo o texto legal que preconiza a transmissão, pois, no âmbito do STJ, se vem dando interpretação que, embora lhe outorgue efetividade, não descura dos comandos macros que regem as relações das obrigações alimentares. Daí a existência de precedentes que limitam a prestação dos alimentos, pelo espólio, à circunstância do alimentado também ser herdeiro, ante o grave risco de demoras, naturais ou provocadas, no curso do inventário, que levem o alimentado a carência material inaceitável (REsp 1.010.963-MG, Terceira Turma, DJe 5/8/2008). Qualquer interpretação diversa, apesar de gerar mais efetividade ao art. 1.700 do CC, vergaria de maneira inaceitável os princípios que regem a obrigação alimentar, dando ensejo à criação de situações teratológicas, como o de viúvas pagando alimentos para ex-companheiras do de cujus, ou verdadeiro digladiar entre alimentados que também sejam herdeiros, todos pedindo, reciprocamente, alimentos. Assim, admite-se a transmissão tão somente quando o alimentado também seja herdeiro, e, ainda assim, enquanto perdurar o inventário, já se tratando aqui de uma excepcionalidade, porquanto extinta a obrigação alimentar desde o óbito. A partir de então (no caso de herdeiros) ou a partir do óbito do alimentante (para aqueles que não o sejam), fica extinto o direito de perceber alimentos com base no art. 1.694 do CC, ressaltando-se que os valores não pagos pelo alimentante podem ser cobrados do espólio. **REsp 1.354.693-SP, Rel. originário Min. Maria Isabel Gallotti, voto vencedor Min. Nancy Andrighi, Rel. para acórdão Min. Antonio Carlos Ferreira, julgado em 26/11/2014, DJe 20/2/2015 (Inform. STJ 555).**

DIREITO CIVIL. ALIENAÇÃO, SEM CONSENTIMENTO DO COMPANHEIRO, DE BEM IMÓVEL ADQUIRIDO NA CONSTÂNCIA DA UNIÃO ESTÁVEL.

A invalidação da alienação de imóvel comum, fundada na falta de consentimento do companheiro, dependerá da publicidade conferida à união estável, mediante a averbação de contrato de convivência ou da decisão declaratória da existência de união estável no Ofício do Registro de Imóveis em que cadastrados os bens comuns, ou da demonstração de má-fé do adquirente. A Lei 9.278/1996, em seu art. 5º, ao dispor acerca dos bens adquiridos na constância da união estável, estabeleceu serem eles considerados fruto do trabalho e da colaboração comum, passando a pertencer a ambos os conviventes, em condomínio e em partes iguais, salvo estipulação contrária em contrato escrito. Dispôs, ainda, que a administração do patrimônio comum dos conviventes compete a ambos, questão também submetida ao poder de disposição dos conviventes. Nessa perspectiva, conforme entendimento doutrinário, a alienação de bem co-titularizado por ambos os conviventes, na esteira do citado artigo, sem a anuência de um dos condôminos, representaria alienação – pelo menos em parte – de coisa alheia, caracterizando uma venda "a non domino", ou seja, um ato ilícito. Por outro lado, inolvidável a aplicabilidade, em regra, da comunhão parcial de bens à união estável, consoante o disposto no caput do art. 1.725 do CC. E, especialmente acerca da disponibilidade dos bens, em se tratando de regime que não o da separação absoluta, consoante disciplinou o CC no seu art. 1.647, nenhum dos cônjuges poderá, sem autorização do outro, alienar ou gravar de ônus real os bens imóveis. A interpretação dessas normas, ou seja, do art. 5º da Lei 9.278/1996 e dos já referidos arts. 1.725 e 1.647 do CC, fazendo-as alcançar a união estável, não fosse pela subsunção mesma, esteia-se, ainda, no fato de que a mesma ratio – que indisfarçavelmente imbuiu o legislador a estabelecer a outorga uxória e marital em relação ao casamento – mostra-se presente em relação à união estável; ou seja, a proteção da família (com a qual, aliás, comprome-

-se o Estado, seja legal, seja constitucionalmente). Todavia, levando-se em consideração os interesses de terceiros de boa-fé, bem como a segurança jurídica necessária para o fomento do comércio jurídico, os efeitos da inobservância da autorização conjugal em sede de união estável dependerão, para a sua produção (ou seja, para a eventual anulação da alienação do imóvel que integra o patrimônio comum) da existência de uma prévia e ampla notoriedade dessa união estável. No casamento, ante a sua peculiar conformação registral, até mesmo porque dele decorre a automática alteração de estado de pessoa e, assim, dos documentos de identificação dos indivíduos, é ínsita essa ampla e irrestrita publicidade. Projetando-se tal publicidade à união estável, a anulação da alienação do imóvel dependerá da averbação do contrato de convivência ou do ato decisório que declara a união no Registro Imobiliário em que inscritos os imóveis adquiridos na constância da união. A necessidade de segurança jurídica, tão cara à dinâmica dos negócios na sociedade contemporânea, exige que os atos jurídicos celebrados de boa-fé sejam preservados. Em outras palavras, nas hipóteses em que os conviventes tornem pública e notória a sua relação, mediante averbação, no registro de imóveis em que cadastrados os bens comuns, do contrato de convivência ou da decisão declaratória da existência da união estável, não se poderá considerar o terceiro adquirente do bem como de boa-fé, assim como não seria considerado caso se estivesse diante da venda de bem imóvel no curso do casamento. Contrariamente, não havendo o referido registro da relação na matrícula dos imóveis comuns, ou não se demonstrando a má-fé do adquirente, deve-se presumir a sua boa-fé, não sendo possível a invalidação do negócio que, à aparência, foi higidamente celebrado. Por fim, não se olvide que o direito do companheiro prejudicado pela alienação de bem que integrava o patrimônio comum remanesce sobre o valor obtido com a alienação, o que deverá ser objeto de análise em ação própria em que se discuta acerca da partilha do patrimônio do casal. **REsp 1.424.275-MT, Rel. Min. Paulo de Tarso Sanseverino, julgado em 4/12/2014, DJe 16/12/2014 (Inform. STJ 554).**

DIREITO CIVIL. IRRENUNCIABILIDADE, NA CONSTÂNCIA DO VÍNCULO FAMILIAR, DOS ALIMENTOS DEVIDOS.

Tendo os conviventes estabelecido, no início da união estável, por escritura pública, a dispensa à assistência material mútua, a superveniência de moléstia grave na constância do relacionamento, reduzindo a capacidade laboral e comprometendo, ainda que temporariamente, a situação financeira de um deles, autoriza a fixação de alimentos após a dissolução da união. De início, cabe registrar que a presente situação é distinta daquelas tratadas em precedentes do STJ, nos quais a renúncia aos alimentos se deu ao término da relação conjugal. Naqueles casos, o entendimento aplicado foi no sentido de que, "após a homologação do divórcio, não pode o ex-cônjuge pleitear alimentos se deles desistiu expressamente por ocasião do acordo de separação consensual" (AgRg no Ag 1.044.922-SP, Quarta Turma, DJe 2/8/2010). No presente julgado, a hipótese é de prévia dispensa dos alimentos, firmada durante a união estável, ou seja, quando ainda existentes os laços conjugais que, por expressa previsão legal, impõem aos companheiros, reciprocamente, o dever de assistência. Observe-se que a assistência material mútua constitui tanto um direito como uma obrigação para os conviventes, conforme art. 2º, II, da Lei 9.278/1996 e arts. 1.694 e 1.724 do CC. Essas disposições constituem normas de interesse público e, por isso, não admitem renúncia, nos termos do art. 1.707 do CC: "Pode o credor não exercer, porém lhe é vedado renunciar o direito a alimentos, sendo o respectivo crédito insuscetível de cessão, compensação ou penhora". Nesse contexto, e não obstante considere-se válida e eficaz a renúncia manifestada por ocasião de acordo de separação judicial ou de divórcio, nos termos da reiterada jurisprudência do STJ, não pode ela ser admitida na constância do vínculo familiar. Nesse sentido há entendimento doutrinário e, de igual, dispõe o Enunciado 263, aprovado na III Jornada de Direito Civil, segundo o qual: "O art. 1.707 do Código Civil não impede seja reconhecida válida e eficaz a renúncia manifestada por ocasião do divórcio (direto ou indireto) ou da dissolução da 'união estável'. A irrenunciabilidade do direito a alimentos somente é admitida enquanto subsista vínculo de Direito de Família". Com efeito, ante o princípio da irrenunciabilidade dos alimentos, decorrente do dever de mútua assistência expressamente previsto nos dispositivos legais citados, não se pode ter como válida disposição que implique renúncia aos alimentos na constância da união, pois esses, como dito, são irrenunciáveis. **REsp 1.178.233-RJ, Rel. Min. Raul Araújo, julgado em 18/11/2014, DJe 9/12/2014 (Inform. STJ 553).**

Súmula STF nº 382

A vida em comum sob o mesmo teto, "more uxorio", não é indispensável à caracterização do concubinato.

6.3. Poder familiar, adoção, tutela e guarda

DIREITO CIVIL. ADOÇÃO DE PESSOA MAIOR DE IDADE SEM O CONSENTIMENTO DE SEU PAI BIOLÓGICO.

Ante o abandono do adotando pelo pai biológico e o estabelecimento de relação paterno-filial (vínculo afetivo) entre adotante e adotando, a adoção de pessoa maior de idade não pode ser refutada sem apresentação de justa causa por parte do pai biológico. Após a revogação do art. 1.621 do CC pela Lei 12.010/2009, o ECA passou a reger, no que couber, a adoção de maiores de dezoito anos (art. 1.619 do CC). Nesse passo, convém esclarecer que o caput do art. 45 do referido Estatuto dispõe que "a adoção depende do consentimento dos pais ou do representante legal do adotando". Por sua vez, o § 1° do mencionado dispositivo do ECA preceitua que "o consentimento será dispensado em relação à criança ou adolescente cujos pais sejam desconhecidos ou tenham sido destituídos do poder familiar". Ciente disso, importa destacar que o poder familiar extingue-se pela maioridade (art. 1.635 do CC), pois "os filhos estão sujeitos ao poder familiar, enquanto menores" (art. 1.630 do CC). Portanto, considerando-se que o direito em discussão está envolto à defesa de interesse individual e disponível de pessoa plenamente capaz e que o exercício da autonomia da vontade do maior de dezoito anos não depende mais do consentimento de seus pais ou de seu representante legal, não se aplica o art. 45 do ECA à adoção de maior de idade. Além disso, o art. 48 do ECA dispõe que "o adotado tem direito de conhecer sua origem biológica, bem como de obter acesso irrestrito ao processo no qual a medida foi aplicada e seus eventuais incidentes, após completar 18 (dezoito) anos". Desse modo, sendo possível ao filho maior buscar suas origens biológicas, partindo-se de uma interpretação teleológica desse dispositivo, é possível reconhecer também o direito de afastá-las por definitivo, por meio de adoção quando ele atingir a maioridade. **REsp 1.444.747-DF, Rel. Min. Ricardo Villas Bôas Cueva, julgado em 17/3/2015, DJe 23/3/2015 (Inform. STJ 558).**

DIREITO CIVIL. EXCLUSÃO DOS SOBRENOMES PATERNOS EM RAZÃO DO ABANDONO PELO GENITOR.

Pode ser deferido pedido formulado por filho que, no primeiro ano após atingir a maioridade, pretende excluir completamente de seu nome civil os sobrenomes de seu pai, que o abandonou em tenra idade. Nos termos da legislação vigente (arts. 56 e 57 da Lei 6.015/1973 – Lei de Registros Públicos), o nome civil pode ser alterado no primeiro ano, após atingida a maioridade, desde que não prejudique os apelidos de família, ou, ultrapassado esse prazo, por justo motivo, mediante apreciação judicial e após ouvido o Ministério Público. A propósito, deve-se salientar a tendência do STJ à superação da rigidez do registro de nascimento, com a adoção de interpretação mais condizente com o respeito à dignidade da pessoa humana, fundamento basilar de um estado democrático. Em outras palavras, o STJ tem adotado posicionamento mais flexível acerca da imutabilidade ou definitividade do nome civil, especialmente quanto à possibilidade de alteração por justo motivo (hipótese prevista no art. 57), que deve ser aferido caso a caso. Com efeito, o princípio da imutabilidade do nome não é absoluto no sistema jurídico brasileiro. Além disso, a referida flexibilização se justifica "pelo próprio papel que o nome desempenha na formação e consolidação da personalidade de uma pessoa" (REsp 1.412.260-SP, Terceira Turma, DJe 22/5/2014). Desse modo, o direito da pessoa de portar um nome que não lhe remeta às angústias decorrentes do abandono paterno e, especialmente, corresponda à sua realidade familiar, sobrepõe-se ao interesse público de imutabilidade do nome, já excepcionado pela própria Lei de Registros Públicos. Sendo assim, nos moldes preconizados pelo STJ, considerando que o nome é elemento da personalidade, identificador e individualizador da pessoa na sociedade e no âmbito familiar, conclui-se que o abandono pelo genitor caracteriza o justo motivo de o interessado requerer a alteração de seu nome civil, com a respectiva exclusão completa dos sobrenomes paternos. Precedentes citados: REsp 66.643-SP, Quarta Turma, DJ 21/10/1997; e REsp 401.138-MG, Terceira Turma, DJ 26/6/2003. **REsp 1.304.718-SP, Rel. Min. Paulo de Tarso Sanseverino, julgado em 18/12/2014, DJe 5/2/2015 (Inform. STJ 555).**

6.4. Alimentos

REPERCUSSÃO GERAL EM ARE N 842.157-DF

RELATOR: MIN. DIAS TOFFOLI

EMENTA: DIREITO CONSTITUCIONAL. PENSÃO ALIMENTÍCIA. AÇÃO DE ALIMENTOS. FIXAÇÃO COM BASE NO SALÁRIO MÍNIMO. POSSIBILIDADE. ALEGAÇÃO DE VIOLAÇÃO AO ART. 7º, INCISO IV, DA CONSTITUIÇÃO FEDERAL. AUSÊNCIA DE INCONSTITUCIONALIDADE. REAFIRMAÇÃO DE JURISPRUDÊNCIA. REPERCUSSÃO GERAL RECONHECIDA. **(Inform. STF 795)**

DIREITO CIVIL. PENSÃO ALIMENTÍCIA DEVIDA A EX-CÔNJUGE E FIXAÇÃO, OU NÃO, DE TERMO FINAL.

Em regra, a pensão alimentícia devida a ex-cônjuge deve ser fixada por tempo determinado, sendo cabível o pensionamento alimentar sem marco final tão somente quando o alimentado (ex-cônjuge) se encontrar em circunstâncias excepcionais, como de incapacidade laboral permanente, saúde fragilizada ou impossibilidade prática de inserção no mercado de trabalho. Precedentes citados: REsp 1.290.313-AL, Quarta Turma, DJe 7/11/2014; REsp 1.396.957-PR, Terceira Turma, DJe 20/6/2014; e REsp 1.205.408-RJ, Terceira Turma, DJe 29/6/2011. **REsp 1.496.948-SP, Rel. Ministro Moura Ribeiro, julgado em 3/3/2015, DJe 12/3/2015 (Inform. STJ 557).**

DIREITO CIVIL. AVISO PRÉVIO COMO BASE DE CÁLCULO DE PENSÃO ALIMENTÍCIA.

Desde que não haja disposição transacional ou judicial em sentido contrário, o aviso prévio não integra a base de cálculo da pensão alimentícia. Segundo a doutrina, o aviso prévio é o "pagamento que vai ser efetuado pelo empregador ao empregado pela prestação de serviços durante o restante do contrato de trabalho, ou a indenização substitutiva pelo não cumprimento do aviso prévio por qualquer das partes". Em verdade, essa parcela pode ter cunho indenizatório (art. 487, § 1º, da CLT) – quando o empregado é dispensado do labor durante o período do aviso prévio – ou salarial (art. 488 da CLT) – quando destinada a remunerar o trabalhador pela continuação dos serviços no referido lapso temporal. Não obstante essa natureza dúplice, é cediço tratar-se, em qualquer das hipóteses, de verba rescisória – e, por conseguinte, de caráter excepcional –, razão pela qual se mostra infensa à incidência da pensão alimentícia, desde que não haja disposição transacional ou judicial em sentido contrário. A aplicação de solução diversa, levando em consideração tão somente a natureza jurídica imediata desse estipêndio (remuneratória) e olvidando a sua natureza mediata (verba rescisória), consistiria em verdadeira iniquidade, com foco restrito no fato de determinado empregado não ter sido dispensado do cumprimento dos deveres laborais. Ademais, a jurisprudência do STJ é uníssona no sentido de que a verba indenizatória não se inclui na base de cálculo da pensão alimentícia (REsp 807.783-PB, Quarta Turma, DJe 8/5/2006; e REsp 277.459-PR, Quarta Turma, DJe 2/4/2001). **REsp 1.332.808-SC, Rel. Min. Luis Felipe Salomão, julgado em 18/12/2014 (Inform. STJ 553).**

DIREITO CIVIL. DÉCIMO TERCEIRO SALÁRIO COMO BASE DE CÁLCULO DE PENSÃO ALIMENTÍCIA.

Desde que não haja disposição transacional ou judicial em sentido contrário, o décimo terceiro salário não compõe a base de cálculo da pensão alimentícia quando esta é estabelecida em valor fixo. Isso porque os alimentos arbitrados em valor fixo devem ser analisados de forma diversa daqueles arbitrados em percentuais sobre "vencimento", "salário", "rendimento", "provento", entre outros ad valorem. No primeiro caso, a dívida consolida-se com a fixação do valor e periodicidade em que deve ser paga, não se levando em consideração nenhuma outra base de cálculo, desde que não haja disposição transacional ou judicial em sentido contrário (REsp 1.091.095-RJ, Quarta Turma, DJe 25/4/2013). **REsp 1.332.808-SC, Rel. Min. Luis Felipe Salomão, julgado em 18/12/2014 (Inform. STJ 553).**

DIREITO CIVIL. PARTICIPAÇÃO NOS LUCROS E RESULTADOS COMO BASE DE CÁLCULO DE PENSÃO ALIMENTÍCIA.

Desde que não haja disposição transacional ou judicial em sentido contrário, as parcelas percebidas a título de participação nos lucros e resultados integram a base de cálculo da pensão alimentícia quando esta é fixada em percentual sobre os rendimentos. A rubrica nominada participação nos lucros e resultados corresponde, segundo entendimento doutrinário, a um "método de remuneração com o qual se assegura ao beneficiário uma parcela, percentualmente fixada, dos lucros obtidos pelo empreendimento econômico". A CF de 1988 definiu a referida parcela em seu art. 7º, XI, como um direito do trabalhador, desvinculando-a do conceito de remuneração. Contudo, verifica-se que essa desvinculação não tem o condão de alterar a essência dessa rubrica a ponto de descaracterizá-la, pois objetiva tão somente, segundo a doutrina, "incentivar a sua utilização pelos empregadores, que não se conformavam em ter que integrar o seu valor ao salário e pagar diferenças reflexas em outras parcelas trabalhistas, além dos encargos sociais". Nessa esteira, parece claro que não houve alteração quanto à essência remuneratória da participação nos lucros, pois essa configura acréscimo patrimonial (REsp 841.664-PR, Segunda Turma, DJe 25/8/2006; REsp 767.121-PR, Primeira Turma, DJe 3/4/2006; e REsp 794.949-PR, Primeira Turma, DJe de 1º/2/2006). Por outro ângulo, o fato de a verba não ser considerada para efeito de incidência de ônus sociais, trabalhistas, previdenciários e fiscais, tampouco ser computada no salário-base do empregado para cálculo de benefícios trabalhistas, em boa verdade, não guarda nenhuma relação com a incidência ou não do percentual relativo aos alimentos. É que, para além da discussão acerca da natureza jurídica da verba para efeitos trabalhistas e fiscais, é importante ter em vista a base legal para a fixação dos alimentos, seus princípios e valores subjacentes, os quais conduzem, invariavelmente, à apreciação do binômio necessidade-possibilidade. Vale dizer, se a supressão ou acréscimo de verbas na remuneração do alimentante tiver aptidão para alterar as possibilidades do devedor, tudo indica que esses valores farão parte da base de cálculo dos alimentos sempre que fixados em percentual sobre os rendimentos, desde que não haja disposição transacional ou judicial em sentido contrário. E, nessa esteira, haverá um acréscimo nas possibilidades alimentares do devedor, hipótese em que, via de regra, deverá o alimentando perceber também algum incremento da pensão, ainda que de forma transitória, haja vista que o pagamento de participação nos lucros fica condicionado à existência de lucratividade. Assim, as parcelas percebidas a título de "participação nos lucros" configuram rendimento, devendo integrar a base de cálculo da pensão fixada em percentual, uma vez que o conceito de rendimentos é amplo, mormente para fins de cálculo de alimentos. **REsp 1.332.808-SC, Rel. Min. Luis Felipe Salomão, julgado em 18/12/2014 (Inform. STJ 553).**

Súmula STJ nº 358

O cancelamento de pensão alimentícia de filho que atingiu a maioridade está sujeito à decisão judicial, mediante contraditório, ainda que nos próprios autos.

Súmula STJ nº 336

A mulher que renunciou aos alimentos na separação judicial tem direito à pensão previdenciária por morte do ex-marido, comprovada a necessidade econômica superveniente.

6.5. Paternidade e filiação

DIREITO CIVIL. INAPLICABILIDADE DE PRAZO DECADENCIAL NOS CASOS DE INVESTIGAÇÃO DE PATERNIDADE.

O prazo decadencial de 4 anos estabelecido nos arts. 178, § 9º, VI e 362 do CC/1916 (correspondente ao art. 1.614 do CC/2002) aplica-se apenas aos casos em que se pretende, exclusivamente, desconstituir o reconhecimento de filiação, não tendo incidência nas investigações de paternidade, nas quais a anulação do registro civil constitui mera consequência lógica da procedência do pedido. Precedentes citados: REsp 259.768-RS, Quarta Turma, DJ 22/3/2004; REsp 714.969-MS, Quarta Turma, DJ 22/3/2010; e RESP 987.987-SP, Terceira Turma, DJ 5/9/2008. **AgRg no REsp 1.259.703-MS, Rel. Min. Maria Isabel Gallotti, julgado em 24/2/2015, DJe 27/2/2015 (Inform. STJ 556).**

DIREITO CIVIL. DESCONSTITUIÇÃO DE PATERNIDADE REGISTRAL. Admitiu-se a desconstituição de paternidade registral no seguinte caso: (a) o pai registral, na fluência de união estável estabelecida com a genitora da criança, fez constar o seu nome como pai no registro de nascimento, por acreditar ser o pai biológico do infante; (b) estabeleceu-se vínculo de afetividade entre o pai registral e a criança durante os primeiros cinco anos de vida deste; (c) o pai registral solicitou, ao descobrir que fora traído, a realização de exame de DNA e, a partir do resultado negativo do exame, não mais teve qualquer contato com a criança, por mais de oito anos até a atualidade; e (d) o pedido de desconstituição foi formulado pelo próprio pai registral. De fato, a simples ausência de convergência entre a paternidade declarada no assento de nascimento e a paternidade biológica, por si só, não autoriza a invalidação do registro. Realmente, não se impõe ao declarante, por ocasião do registro, prova de que é o genitor da criança a ser registrada. O assento de nascimento traz, em si, essa presunção. Entretanto, caso o declarante demonstre ter incorrido, seriamente, em vício de consentimento, essa presunção poderá vir a ser ilidida por ele. Não se pode negar que a filiação socioativa detém integral respaldo do ordenamento jurídico nacional, a considerar a incumbência constitucional atribuída ao Estado de proteger toda e qualquer forma de entidade familiar, independentemente de sua origem (art. 227 da CF). Ocorre que o estabelecimento da filiação socioafetiva perpassa, necessariamente, pela vontade e, mesmo, pela voluntariedade do apontado pai, ao despender afeto, de ser reconhecido como tal. Em outras palavras, as manifestações de afeto e carinho por parte de pessoa próxima à criança somente terão o condão de convolarem-se numa relação de filiação se, além da caracterização do estado de posse de filho, houver, por parte do indivíduo que despende o afeto, a clara e inequívoca intenção de ser concebido juridicamente como pai ou mãe da criança. Portanto, a higidez da vontade e da voluntariedade de ser reconhecido juridicamente como pai consubstancia pressuposto à configuração de filiação socioafetiva no caso aqui analisado. Dessa forma, não se concebe a conformação dessa espécie de filiação quando o apontado pai incorre em qualquer dos vícios de consentimento. Ademais, sem proceder a qualquer consideração de ordem moral, não se pode obrigar o pai registral, induzido a erro substancial, a manter uma relação de afeto igualmente calcada no vício de consentimento originário, impondo-lhe os deveres daí advindos sem que voluntária e conscientemente o queira. Além disso, como a filiação sociafetiva pressupõe a vontade e a voluntariedade do apontado pai de ser assim reconhecido juridicamente, caberá somente a ele contestar a paternidade em apreço. Por fim, ressalte-se que é diversa a hipótese em que o indivíduo, ciente de que não é o genitor da criança, voluntária e expressamente declara o ser perante o Oficial de Registro das Pessoas Naturais ("adoção à brasileira"), estabelecendo com esta, a partir daí, vínculo da afetividade paterno-filial. Nesta hipótese – diversa do caso em análise –, o vínculo de afetividade se sobrepõe ao vício, encontrando-se inegavelmente consolidada a filiação socioafetiva (hipótese, aliás, que não comportaria posterior alteração). A consolidação dessa situação – em que pese antijurídica e, inclusive, tipificada no art. 242 do CP –, em atenção ao melhor e prioritário interesse da criança, não pode ser modificada pelo pai registral e socioafetivo, afigurando-se irrelevante, nesse caso, a verdade biológica. Trata-se de compreensão que converge com o posicionamento perfilhado pelo STJ (REsp 709.608-MS, Quarta Turma, DJe 23/11/2009; e REsp 1.383.408-RS, Terceira Turma, DJe 30/5/2014). **REsp 1.330.404-RS, Rel. Min. Marco Aurélio Bellizze, julgado em 5/2/2015, DJe 19/2/2015 (Inform. STJ 555).**

6.6. Bem de Família

DIREITO CIVIL E PROCESSUAL CIVIL. POSSIBILIDADE DE PENHORA DE BEM DE FAMÍLIA POR MÁ-FÉ DO DEVEDOR. Não se deve desconstituir a penhora de imóvel sob o argumento de se tratar de bem de família na hipótese em que, mediante acordo homologado judicialmente, o executado tenha pactuado com o exequente a prorrogação do prazo para pagamento e a redução do valor de dívida que contraíra em benefício da família, oferecendo o imóvel em garantia e renunciando expressamente ao oferecimento de qualquer defesa, de modo que, descumprido o acordo, a execução prosseguiria com a avaliação e praça do imóvel. De fato, a jurisprudência do STJ inclinou-se no sentido de que o bem de família é impenhorável, mesmo quando indicado à constrição pelo devedor. No entanto, o caso em exame apresenta certas peculiaridades que torna válida a renúncia. Com efeito, no caso em análise, o executado agiu em descompasso com o princípio nemo venire contra factum proprium, adotando comportamento contraditório, num momento ofertando o bem à penhora e, no instante seguinte, arguindo a impenhorabilidade do mesmo bem, o que evidencia a ausência de boa-fé. Essa conduta antiética deve ser coibida, sob pena de desprestígio do próprio Poder Judiciário, que validou o acordo celebrado. Se, por um lado, é verdade que a Lei 8.009/1990 veio para proteger o núcleo familiar, resguardando-lhe a moradia, não é menos correto afirmar que aquele diploma legal não pretendeu estimular o comportamento dissimulado. Como se trata de acordo judicial celebrado nos próprios autos da execução, a garantia somente podia ser constituída mediante formalização de penhora incidente sobre o bem. Nada impedia, no entanto, que houvesse a celebração do pacto por escritura pública, com a constituição de hipoteca sobre o imóvel e posterior juntada aos autos com vistas à homologação judicial. Se tivesse ocorrido dessa forma, seria plenamente válida a penhora sobre o bem em razão da exceção à impenhorabilidade prevista no inciso V do art. 3º da Lei 8.009/1990, não existindo, portanto, nenhuma diferença substancial entre um ato e outro no que interessa às partes. Acrescente-se, finalmente, que a decisão homologatória do acordo tornou preclusa a discussão da matéria, de forma que o mero inconformismo do devedor contra uma das cláusulas pactuadas, manifestado tempos depois, quando já novamente inadimplentes, não tem força suficiente para tornar ineficaz a avença. Dessa forma, não se pode permitir, em razão da boa-fé que deve reger as relações jurídicas, a desconstituição da penhora, sob pena de desprestígio do próprio Poder Judiciário. **REsp 1.461.301-MT, Rel. Min. João Otávio de Noronha, julgado em 5/3/2015, DJe 23/3/2015 (Inform. STJ 558).**

Súmula STJ nº 449

A vaga de garagem que possui matrícula própria no registro de imóveis não constitui bem de família para efeito de penhora.

Súmula STJ nº 364

O conceito de impenhorabilidade de bem de família abrange também o imóvel pertencente a pessoas solteiras, separadas e viúvas.

7. SUCESSÕES

REPERCUSSÃO GERAL EM RE N. 878.694-MG

RELATOR: MIN. ROBERTO BARROSO

EMENTA: DIREITO DAS SUCESSÕES. RECURSO EXTRAORDINÁRIO. DISPOSITIVOS DO CÓDIGO CIVIL QUE PREVEEM DIREITOS DISTINTOS AO CÔNJUGE E AO COMPANHEIRO. ATRIBUIÇÃO DE REPERCUSSÃO GERAL.

1. Possui caráter constitucional a controvérsia acerca da validade do art. 1.790 do Código Civil, que prevê ao companheiro direitos sucessórios distintos daqueles outorgados ao cônjuge pelo art. 1.829 do mesmo Código.
2. Questão de relevância social e jurídica que ultrapassa os interesses subjetivos da causa.
3. Repercussão geral reconhecida. **(Inform. STF 786)**

DIREITO CIVIL. PRETENSÃO ANULATÓRIA DE DOAÇÃO-PARTILHA. Na hipótese em que o autor da herança tenha promovido em vida a

partilha da integralidade de seus bens em favor de todos seus descendentes e herdeiros necessários, por meio de escrituras públicas de doação nas quais ficou consignado o consentimento de todos eles e, ainda, a dispensa de colação futura, a alegação de eventual prejuízo à legítima em decorrência da referida partilha deve ser pleiteada pela via anulatória apropriada, e não por meio de ação de inventário. Com efeito, segundo entendimento doutrinário, "inventário é o processo judicial que se destina a apurar os bens deixados pelo finado, a fim de sobre o monte proceder-se à partilha". Consiste, portanto, na descrição pormenorizada dos bens da herança, tendente a possibilitar o recolhimento de tributos, o pagamento de credores e, por fim, a partilha. Em regra, a doação feita de ascendente para descendente, por si só, não é considerada inválida ou ineficaz pelo ordenamento jurídico, mas impõe ao donatário a obrigação protraída no tempo de, à época do óbito do doador, trazer o patrimônio recebido à colação, a fim de igualar as legítimas, caso não seja aquele o único herdeiro necessário (arts. 2.002, parágrafo único, e 2.003 do CC), sob pena de perda do direito sobre os bens não colacionados. O teor do *caput* do art. 2.002 dispõe expressamente que os descendentes que concorrerem à sucessão do ascendente comum são obrigados, para preservar a regra de igualdade das legítimas, a conferir o valor das doações que dele em vida receberam, sob pena de sonegação. Não obstante, o dever de colacionar os bens admite exceções, sendo de destacar, entre elas, "as doações que o doador determinar saiam da parte disponível, contanto que não a excedam, computado o seu valor ao tempo da doação" (art. 2.005). Assim, a única restrição imposta pela lei à livre vontade do disponente é o respeito à legítima dos herdeiros necessários, que, por óbvio, não pode ser reduzida. Desde que observado esse limite, não fica o autor da herança obrigado nem mesmo a proceder à distribuição igualitária dos quinhões, contanto que eventuais desigualdades sejam imputadas à sua quota disponível. Isso porque, sendo-lhe lícito dispor livremente de metade de seus bens, nada impede que beneficie um de seus herdeiros mais do que os outros, embora sejam todos necessários, contando que não lhes lese a legítima. Complementando a regra anterior, o art. 2.006 do mesmo diploma legal preconiza que a dispensa da colação "pode ser outorgada pelo doador em testamento, ou no próprio título de liberalidade", revelando, portanto, a necessidade de que seja expressa. No caso em análise, os atos de liberalidade foram realizados abrangendo todo o patrimônio do cedente, com a anuência dos herdeiros, o que configura partilha em vida dos bens, tendo constado, ainda, das escrituras públicas de doação a dispensa de colação futura. Para a doutrina, "no caso do que vulgarmente se denomina doação-partilha, não existe dádiva, porém inventário antecipado, em vida; não se dá colação; rescinde-se ou corrige-se a partilha, quando ilegal ou errada". Desse modo, considera-se que os autores são carecedores de interesse de agir para o processo de inventário, o qual, ante o ato constitutivo de partilha em vida e consequente dispensa de colação, não teria nenhuma utilidade. Ressalte-se que eventual prejuízo à legítima do herdeiro necessário em decorrência de partilha em vida dos bens feita pelo autor da herança deve ser buscada pela via anulatória apropriada, e não por meio de ação de inventário. Afinal, se não há bens a serem partilhados, não há a necessidade de processo do inventário. **REsp 1.523.552-PR, Rel. Min. Marco Aurélio Bellizze, julgado em 3/11/2015, DJe 13/11/2015. (Inform. STJ 573)**

DIREITO CIVIL E PROCESSUAL CIVIL. DISCUSSÃO DE CULPA NO DIREITO SUCESSÓRIO E ÔNUS DA PROVA.

Ocorrendo a morte de um dos cônjuges após dois anos da separação de fato do casal, é legalmente relevante, para fins sucessórios, a discussão da culpa do cônjuge sobrevivente pela ruptura da vida em comum, cabendo a ele o ônus de comprovar que a convivência do casal se tornara impossível sem a sua culpa. A despeito das críticas doutrinárias a respeito do art. 1.830 do CC/2002, no que se refere principalmente à possibilidade de discussão de culpa como requisito para se determinar a exclusão ou não do cônjuge sobrevivente da ordem de vocação hereditária, cumpre definir o sentido e o alcance do texto expresso da lei. Posto isso, observa-se que as regras trazidas pelo CC/2002, na linha de evolução do direito brasileiro, visam elevar a proteção conferida ao cônjuge sobrevivente. Registre-se, desse modo, que o tratamento conferido ao cônjuge pelo CC/1916 considerava a circunstância de que a maioria dos matrimônios seguia o regime legal da comunhão universal. Assim, em caso de falecimento de um dos cônjuges, o outro não ficava desamparado, já que a metade dos bens lhe pertencia, porque lhe era conferida a meação sobre a totalidade do patrimônio do casal. A partir de 1977, com a edição da Lei 6.515 (Lei do Divórcio), o regime legal passou a ser o da comunhão parcial de bens, de modo que o cônjuge supérstite não necessariamente ficaria amparado, em caso de morte de seu consorte, já que a meação incidia apenas sobre os bens adquiridos onerosamente na constância do casamento. Neste contexto, a doutrina esclarece que a exclusão do direito sucessório do cônjuge sobrevivente com a simples separação de fato, independente de lapso temporal ou arguição de culpa, não exprime "o valor da justiça nos casos de abandono de lar por um dos cônjuges, ou de decretação de separação de fato pelo Poder Judiciário dos consortes em virtude de tentativa de morte ou injúria grave, de casais unidos, por exemplo, há mais de vinte anos, e que estão separados de fato há mais de dois anos". Nesse sentido, a doutrina continua: "seria absurdo defender que uma mulher que conviveu por anos com seu esposo e contribuiu para a dilatação do patrimônio do casal, em sendo abandonada por seu marido não tivesse direito à herança do falecido, por ser legalmente apartada da sucessão". Portanto, não há se falar em ilegalidade ou impertinência da discussão da culpa no vigente direito sucessório. Por fim, cabe ao cônjuge sobrevivente o ônus de comprovar que a convivência do casal se tornara impossível sem a sua culpa, a fim de lhe reconhecer o direito sucessório na sucessão de seu consorte. Isso porque, conforme se verifica da ordem de vocação hereditária prevista no art. 1.829 do CC/2002, o cônjuge separado de fato é exceção à ordem de vocação. Ademais, ao alçar o cônjuge sobrevivente à condição de herdeiro necessário, a intenção do CC/2002 é proteger as relações unidas por laços de afetividade, solidariedade e convivência para as quais a proximidade e integração de seus membros são mais relevantes que os laços mais distantes de parentesco. **REsp 1.513.252-SP, Rel. Min. Maria Isabel Gallotti, julgado em 3/11/2015, DJe 12/11/2015. (Inform. STJ 573)**

DIREITO CIVIL. SUCESSÃO *CAUSA MORTIS* E REGIME DE COMUNHÃO PARCIAL DE BENS.

O cônjuge sobrevivente casado sob o regime de comunhão parcial de bens concorrerá com os descendentes do cônjuge falecido apenas quanto aos bens particulares eventualmente constantes do acervo hereditário. O art. 1.829, I, do CC estabelece que o cônjuge sobrevivente concorre com os descendentes do falecido, salvo se casado: i) no regime da comunhão universal; ou ii) no da separação obrigatória de bens (art. 1.641, e não art. 1.640, parágrafo único); ou, ainda, iii) no regime da comunhão parcial, quando o autor da herança não houver deixado bens particulares. Com isso, o cônjuge supérstite é herdeiro necessário, concorrendo com os descendentes do morto, desde que casado com o falecido no regime: i) da separação convencional (ou consensual), em qualquer circunstância do acervo hereditário (ou seja, existindo ou não bens particulares do falecido); ou ii) da comunhão parcial, apenas quando tenha o de cujus deixado bens particulares, pois, quanto aos bens comuns, já tem o cônjuge sobrevivente o direito à meação, de modo que se faz necessário assegurar a condição de herdeiro ao cônjuge supérstite apenas quanto aos bens particulares. Dessa forma, se o falecido não deixou bens particulares, não há razão para o cônjuge sobrevivente ser herdeiro, pois já tem a meação sobre o total dos bens em comum do casal deixados pelo inventariado, cabendo a outra metade somente aos descendentes deste, estabelecendo-se uma situação de igualdade entre essas categorias de herdeiros, como é justo. Por outro lado, se o falecido deixou bens particulares e não se adotar o entendimento ora esposado, seus descendentes ficariam com a metade do acervo de bens comuns e com o total dos bens particulares, em clara desvantagem para o cônjuge sobrevivente. Para evitar essa situação, a lei estabelece a participação do cônjuge supérstite, agora na qualidade de herdeiro, em concorrência com os descendentes do morto, quanto aos bens particulares. Assim, impõe uma situação de igualdade entre os interessados na partilha, pois o cônjuge sobrevivente permanece meeiro em relação aos bens comuns e tem participação na divisão dos bens particulares, como herdeiro necessário, concorrendo com os descendentes. A preocupação do legislador de colocar o cônjuge sobrevivente na condição de herdeiro necessário, em concorrência com os descendentes do falecido, assenta-se na ideia de garantir ao cônjuge supérstite condições mínimas para sua sobrevivência, quando não possuir obrigatória ou presumida meação com o falecido (como ocorre no regime da separação convencional) ou quando a meação puder ser até inferior ao acervo de bens particulares do morto, ficando o cônjuge sobrevivente (mesmo casado em regime de comunhão parcial) em desvantagem frente aos descendentes. Noutro giro, não se mostra acertado o entendimento de que deveria prevalecer para fins sucessórios a vontade dos cônjuges, no que tange ao patrimônio, externada na ocasião do casamento com a adoção de regime de bens que exclua da comunhão os bens particulares de cada um. Com efeito, o regime de bens tal qual disciplinado no Livro de Família do Código Civil, instituto que disciplina o patrimônio dos nubentes, não rege o direito sucessório, embora tenha repercussão neste. Ora, a sociedade conjugal se extingue com o falecimento de um dos cônjuges (art. 1.571, I, do CC), incidindo, a partir de então, regras próprias que regulam a transmissão do patrimônio do de cujus, no âmbito do Direito das Sucessões, que possui livro próprio e específico no Código Civil. Assim, o regime de bens adotado na ocasião do casamento é considerado e tem influência no Direito das Sucessões, mas não prevalece tal qual enquanto em curso o matrimônio, não sendo extensivo a situações que possuem regulação legislativa própria, como no direito sucessório (REsp 1.472.945-RJ, Terceira Turma, DJe de 19/11/2014). Por fim, ressalte-se que essa linha exegética é a mesma chancelada no Enunciado 270 do Conselho da Justiça Federal, aprovado na III Jornada de Direito Civil. Precedente citado: REsp 974.241-DF, Quarta Turma, DJe 5/10/2011. **REsp 1.368.123-SP, Rel. Min. Sidnei Beneti, Rel. para acórdão Min. Raul Araújo, julgado em 22/4/2015, DJe 8/6/2015 (Inform. STJ 563).**

DIREITO CIVIL. RESPONSABILIDADE DOS HERDEIROS PELO PAGAMENTO DE DÍVIDA DIVISÍVEL DO AUTOR DA HERANÇA.

Em execução de dívida divisível do autor da herança ajuizada após a partilha, cada herdeiro beneficiado pela sucessão responde na proporção da parte que lhes coube na herança. De fato, os herdeiros e legatários do autor da herança não respondem pelas dívidas do de cujus acima das forças dos bens que receberam. Dessarte, com a abertura da sucessão, há a formação de um condomínio necessário, que somente é dissolvido com a partilha, estabelecendo o quinhão hereditário de cada beneficiário no tocante ao acervo transmitido. Nesse contexto, a herança é constituída pelo acervo patrimonial e dívidas (obrigações) deixadas por seu autor, sendo que aos credores do autor da herança é facultada, antes da partilha dos bens transmitidos, a habilitação de seus créditos no juízo do inventário ou o ajuizamento de ação em face do espólio. Ultimada a partilha, o acervo outrora indiviso, constituído pelos bens e direitos que pertenciam ao de cujus, transmitidos com o seu falecimento, estará discriminado e especificado, de modo que só caberá ação em face dos beneficiários, que, em todo caso, responderão até o limite de seus quinhões. Com efeito, é nítido do exame do art. 1.997, caput, do CC, c/c o art. 597 do CPC (correspondente ao art. 796 do novo CPC) que, feita a partilha, cada herdeiro responde pelas dívidas (divisíveis) do falecido dentro das forças da herança e na proporção da parte que lhe coube, e não necessariamente no limite de seu quinhão hereditário. Portanto, após a partilha, não há cogitar em solidariedade entre os herdeiros de dívidas divisíveis, motivo pelo qual caberá ao credor executar os herdeiros pro rata, observando a proporção da parte que lhes coube (quinhão) no tocante ao acervo partilhado. Precedente citado: REsp 1.290.042-SP, Sexta Turma, DJe 29/2/2012. **REsp 1.367.942-SP, Rel. Min. Luis Felipe Salomão, julgado em 21/5/2015, DJe 11/6/2015 (Inform. STJ 563).**

DIREITO CIVIL. DIREITO DE HERDEIRO DE EXIGIR A COLAÇÃO DE BENS.

O filho do autor da herança tem o direito de exigir de seus irmãos a colação dos bens que receberam via doação a título de adiantamento da legítima, ainda que sequer tenha sido concebido ao tempo da liberalidade. De fato, para efeito de cumprimento do dever de colação, é irrelevante se o herdeiro nasceu antes ou após a doação, não havendo também diferença entre os descendentes, se são eles irmãos germanos ou unilaterais ou se supervenientes à eventual separação ou divórcio do doador. O que deve prevalecer é a ideia de que a doação feita de ascendente para descendente, por si só, não é considerada inválida ou ineficaz pelo ordenamento jurídico, mas impõe ao donatário obrigação protraída no tempo, de à época do óbito do doador, trazer o patrimônio recebido à colação, a fim de igualar as legítimas, caso não seja aquele o único herdeiro necessário (arts. 2.002, parágrafo único, e 2.003 do CC). Importante destacar que o dever de colacionar os bens recebidos a título de liberalidade só se dispensa por expressa manifestação do doador, determinando que a doação seja extraída da parte disponível de seus bens, o que também não ocorre na hipótese em análise, na qual a liberalidade de fato configura adiantamento da legítima. Precedentes citados: REsp 730.483-MG, Terceira Turma, DJ 20/6/2005; e REsp 9.081-SP, Terceira Turma, DJ 20/4/1992. **REsp 1.298.864-SP, Rel. Min. Marco Aurélio Bellizze, julgado em 19/5/2015, DJe 29/5/2015 (Inform. STJ 563).**

DIREITO CIVIL. CÔNJUGE SUPÉRSTITE CASADO EM REGIME DE SEPARAÇÃO CONVENCIONAL E SUCESSÃO "CAUSA MORTIS".

No regime de separação convencional de bens, o cônjuge sobrevivente concorre na sucessão causa mortis com os descendentes do autor da herança. Quem determina a ordem da vocação hereditária é o legislador, que pode construir um sistema para a separação em vida diverso do da separação por morte. E ele o fez, estabelecendo um sistema para a partilha dos bens por causa mortis e outro sistema para a separação em vida decorrente do divórcio. Se a mulher se separa, se divorcia, e o marido morre, ela não herda. Esse é o sistema de partilha em vida. Contudo, se ele vier a morrer durante a união, ela herda porque o Código a elevou à categoria de herdeira. São, como se vê, coisas diferentes. Ademais, se a lei fez algumas ressalvas quanto ao direito de herdar em razão do regime de casamento ser o de comunhão universal ou parcial, ou de separação obrigatória, não fez nenhuma quando o regime escolhido for o de separação de bens não obrigatório, de forma que, nesta hipótese, o cônjuge casado sob tal regime, bem como sob comunhão parcial na qual não haja bens comuns, é exatamente aquele que a lei buscou proteger, pois, em tese, ele ficaria sem quaisquer bens, sem amparo, já que, segundo a regra anterior, além de não herdar (em razão da presença de descendentes) ainda não haveria bens a partilhar. Essa, aliás, é a posição dominante hoje na doutrina nacional, embora não unissona. No mesmo sentido, caminha o Enunciado 270 do CJF, aprovado na III Jornada de Direito Civil, ao dispor que: "O art. 1.829, inc. I, só assegura ao cônjuge sobrevivente o direito de concorrência com os descendentes do autor da herança quando casados no regime da separação convencional de bens ou, se casados nos regimes da comunhão parcial ou participação final nos aquestos, o falecido possuísse bens particulares, hipóteses em que a concorrência se restringe a tais bens, devendo os bens comuns (meação) ser partilhados exclusivamente entre os descendentes". Ressalta-se ainda que o art. 1.829, I, do CC, ao elencar os regimes de bens nos quais não há concorrência entre cônjuge supérstite e descendentes do falecido, menciona o da separação obrigatória e faz constar entre parênteses o art. 1.640, parágrafo único. Significa dizer que a separação obrigatória a que alude o dispositivo é aquela prevista no artigo mencionado entre parênteses. Como registrado na doutrina, a menção ao art. 1.640 constitui equívoco a ser sanado. Tal dispositivo legal não trata da questão. A referência correta é ao art. 1.641, que elenca os casos em que é obrigatória a adoção do regime de separação. Nessas circunstâncias, uma única conclusão é possível: quando o art. 1.829, I, do CC diz separação obrigatória, está referindo-se apenas à separação legal prevista no art. 1.641, cujo rol não inclui a separação convencional. Assim, de acordo com art. 1.829, I, do CC, a concorrência é afastada apenas quanto ao regime da separação legal de bens prevista no art. 1.641 do CC, uma vez que o cônjuge, qualquer que seja o regime de bens adotado pelo casal, é herdeiro necessário (art. 1.845 do CC). Precedentes citados: REsp 1.430.763-SP, Terceira Turma, DJe 2/12/2014; e REsp 1.346.324-SP, Terceira Turma, DJe 2/12/2014. **REsp 1.382.170-SP, Rel. Min. Moura Ribeiro, Rel. para acórdão Min. João Otávio de Noronha, julgado em 22/4/2015, DJe 26/5/2015 (Inform. STJ 562).**

DIREITO CIVIL. INEFICÁCIA DE DISPOSIÇÃO TESTAMENTÁRIA QUE NÃO AFASTA O PRÊMIO DO TESTAMENTEIRO.

A perda de finalidade de testamento – elaborado apenas para que os bens imóveis herdados pelos filhos do testador fossem gravados com cláusula de incomunicabilidade – não ocasiona a perda do direito do

testamenteiro de receber um prêmio pelo exercício de seu encargo (art. 1.987 do CC/2002) caso a execução da disposição testamentária só tenha sido obstada em razão de omissão do próprio testador que, após a vigência do novo Código Civil, deixou de aditar o testamento para indicar a justa causa da restrição imposta (art. 1.848 c/c art. 2.042 do CC/2002). Com a vigência do CC/2002, passou-se a exigir a indicação de justa causa para que o testador imponha cláusula de incomunicabilidade sobre os bens da legítima, tendo sido concedido o prazo de 1 (um) ano após a entrada em vigor do Código para que fosse feito o aditamento (art. 1.848 c/c art. 2.042 do CC/2002), o que não foi observado, no caso, pelo testador. A despeito de a ineficácia da referida cláusula afetar todo o testamento, não há que se falar em afastamento do pagamento do prêmio ao testamenteiro, a pretexto de que a sua atuação no feito teria sido singela, uma vez que o maior ou menor esforço no cumprimento das disposições testamentárias deve ser considerado apenas como critério para a fixação da vintena, que poderá variar entre o mínimo de 1% e o máximo de 5% sobre a herança líquida (art. 1.987 do CC/2002), mas não para ensejar a sua supressão. Na hipótese, a fiel execução da disposição testamentária foi obstada pela própria inação do disponente ante a exigência da lei, razão pela qual não pode ser atribuída ao testamenteiro nenhuma responsabilidade por seu descumprimento. Ademais, cabe ressaltar que a perda do direito ao prêmio só é admitida, excepcionalmente, em caso de sua remoção, nas situações previstas em lei (art. 1.989 do CC/2002 e art. 1.140, I e II, do CPC). **REsp 1.207.103-SP, Rel. Min. Marco Aurélio Bellizze, julgado em 2/12/2014, DJe 11/12/2014 (Inform. STJ 553).**

8. DIREITOS AUTORAIS

DIREITO PROCESSUAL CIVIL. AÇÃO DE COBRANÇA DE DIREITOS AUTORAIS PROPOSTA PELO ECAD.

Na ação de cobrança de direitos autorais proposta pelo ECAD em desfavor de sociedade empresária executante de serviço de radiodifusão, o Termo de Comprovação de Utilização Musical não é fonte de prova imprescindível para comprovação do fato constitutivo do direito do autor. De início, releva anotar que o ECAD é associação civil, portanto, de natureza privada, constituída pelas associações de direitos do autor, com a finalidade de defesa e cobrança dos direitos autorais. Em razão da adoção pelo legislador brasileiro do sistema de gestão coletiva, a Lei 9.610/1998 (Lei de Direitos Autorais) reservou ao ECAD a exclusividade quanto à arrecadação e distribuição dos direitos autorais relativos à reprodução e divulgação de obras musicais e fonogramas. Apesar do reconhecido monopólio do ECAD, a natureza privada da atividade (exploração de direitos autorais) e da própria entidade legitimada à sua exigência, o Termo de Comprovação de Utilização Musical não goza de qualquer presunção, tais como gozam os autos de infração emitidos por entidades fiscalizadoras (e, portanto, prestadoras de serviço público), devendo ser analisado no contexto das demais provas produzidas. Além disso, o fato de o mencionado termo, na praxe, não contar com a participação do infrator em sua formação suscita questionamento quanto à sua força *probandi*. Com efeito, a Terceira Turma do STJ, em precedente antigo, albergou o entendimento de que o referido Termo, ainda que produzido unilateralmente, associado à presunção decorrente da notoriedade do fato gerador – evidente na hipótese de atividade de emissor de rádio – seria suficiente para inverter o ônus *probandi*. Desse modo, reconheceu-se que caberia à emissora de rádio a produção de contraprova, demonstrando estar em conformidade com as exigências da Lei 9.610/1998 (REsp 612.615-MG, Terceira Turma, DJ 7/8/2006). As bases fáticas desta hipótese são evidentemente diversas das ora verificadas. Isso porque, no precedente, houve a efetiva juntada do Termo, o qual não contava com a assinatura da emissora de rádio demandada, em razão de sua manifesta recusa. No presente caso, todavia, não houve a juntada do referido documento, o que serviu de fundamento exclusivo para se concluir pela ausência de comprovação do fato constitutivo do direito alegado. Conquanto, na hipótese em análise, não se tenha juntado o Termo de Comprovação de Utilização Musical, esse documento não é, de conformidade com a legislação, o fato constitutivo do direito. Isso porque, a obrigação *sub judice* tem sua origem na exploração – reprodução e divulgação – de obras musicais, protegidas pela Constituição Federal enquanto direitos imateriais dos autores. Noutros termos, como bem alertado no precedente da Terceira Turma, é a exploração de obras musicais que faz nascer a obrigação de pagamento do preço ao ECAD, tanto que este pagamento deve ser providenciado antes mesmo da utilização. Assim, o fato constitutivo do direito é a divulgação e transmissão de músicas e fonogramas, e não a lavratura de um termo, que, ao fim e ao cabo, tem por finalidade facilitar a comprovação de uma inadimplência já ocorrida e que não pode ser utilizada como forma de dificultar a realização do escopo da própria associação. Desse modo, demonstrando-se por qualquer meio probatório a exploração não autorizada ou sem o correspondente pagamento prévio dos direitos autorais, estará comprovado o fato constitutivo do direito, cabendo, a partir daí, à parte *ex adversa* a comprovação de fatos extintivos, modificativos ou impeditivos do direito, conforme a clássica distribuição do ônus probatório (art. 333, II, do CPC). Portanto, não é razoável nem legal a exigência de produção de um documento específico (Termo de Comprovação de Utilização Musical) como requisito essencial de ação de cobrança, quando a própria lei não o exige. Ressalte-se que o referido documento – como qualquer outro documento – nada mais é do que mera fonte de prova, a qual pode, em regra, ser substituída por qualquer outro meio de prova. **REsp 1.391.090-MT, Rel. Min. Marco Aurélio Bellizze, julgado em 22/9/2015, DJe 9/10/2015 (Inform. STJ 570).**

DIREITO CIVIL. PAGAMENTO DE DIREITOS AUTORAIS PELA EXECUÇÃO PÚBLICA DE FONOGRAMAS INSERIDOS EM TRILHAS SONORAS DE FILMES.

É possível a suspensão ou a interrupção da transmissão ou retransmissão públicas de obra audiovisual por sociedade empresária do ramo cinematográfico no caso em que não houver o prévio pagamento dos direitos autorais referentes à transmissão ou à retransmissão dos fonogramas que componham a trilha sonora da obra cinematográfica, ainda que os detentores dos direitos autorais dos fonogramas tenham concedido, ao diretor ou ao produtor da obra cinematográfica, autorizações para inserção das suas obras na trilha sonora do filme. Isso porque, de acordo com o art. 105 da Lei 9.610/1998, a "transmissão e a retransmissão, por qualquer meio ou processo, e a comunicação ao público de obras artísticas, literárias e científicas, de interpretações e de fonogramas, realizadas mediante violação aos direitos de seus titulares, deverão ser imediatamente suspensas ou interrompidas pela autoridade judicial competente [...]". Nesse contexto, cabe ressaltar que a prévia autorização concedida pelos detentores dos direitos autorais dos fonogramas apenas para a sincronização das suas obras na trilha sonora da obra cinematográfica não abrange autorização para execução pública, uma vez que, na forma do art. 31 da Lei 9.610/1998, "as diversas modalidades de utilização de obras literárias, artísticas ou científicas ou de fonogramas são independentes entre si, e a autorização concedida pelo autor, ou pelo produtor, respectivamente, não se estende a quaisquer das demais". Esse entendimento, aliás, encontra amparo na jurisprudência da Terceira Turma do STJ segundo a qual são devidos direitos autorais pela exibição pública de trilhas sonoras nos filmes (AgRg nos EDcl no REsp 885.783-SP, DJe 22/5/2013; REsp 590.138-RS, DJ 12/9/2005; e AgRg no REsp 403.668-RJ, DJ 7/4/2003). Além disso, mostra-se correta a aplicação, ao caso em análise – que diz respeito a sociedades empresárias do ramo cinematográfico –, do entendimento adotado pela Terceira Turma do STJ no sentido de que é possível a suspensão ou interrupção da transmissão de obras musicais por emissora de radiodifusão em razão da falta de pagamento dos direito autorais, conforme previsto no art. 105 da Lei 9.610/1998 (REsp 1.190.841-SC, Terceira Turma, DJe 21/6/2013; e REsp 936.893-RN, Terceira Turma, DJe 13/2/2012), visto que, em síntese, a hipótese em apreço também representa violação de direito material de direitos autorais. **AgRg no AgRg no REsp 1.484.566-SP, Rel. Min. João Otávio de Noronha, julgado em 6/8/2015, DJe 13/8/2015 (Inform. STJ 566).**

DIREITO CIVIL. RESPONSABILIDADE CIVIL DOS ADMINISTRADORES DE REDE SOCIAL POR VIOLAÇÃO DE DIREITO AUTORAL CAUSADA POR SEUS USUÁRIOS.

A Google não é responsável pelos prejuízos decorrentes de violações de direito autoral levadas a efeito por usuários que utilizavam a rede social Orkut para comercializar obras sem autorização dos respectivos

titulares, uma vez verificado (a) que o provedor de internet não obteve lucro ou contribuiu decisivamente com a prática ilícita e (b) que os danos sofridos antecederam a notificação do provedor acerca da existência do conteúdo infringente. Na situação em análise, a Google, administradora da rede social Orkut, não violou diretamente direitos autorais, seja editando, contrafazendo ou distribuindo obras protegidas, seja praticando quaisquer dos verbos previstos nos arts. 102 a 104 da Lei 9.610/1998. De fato, tratando-se de provedor de internet comum, como os administradores de rede social, não é óbvia a inserção de sua conduta regular em algum dos verbos constantes nos arts. 102 a 104 da Lei de Direitos Autorais. Há que se investigar como e em que medida a estrutura do provedor de internet ou sua conduta culposa ou dolosamente omissiva contribuíram para a violação de direitos autorais. No direito comparado, a responsabilidade civil de provedores de internet por violações de direitos autorais praticadas por terceiros tem sido reconhecida a partir da ideia de responsabilidade contributiva e de responsabilidade vicária, somada à constatação de que a utilização de obra protegida não consubstancia o chamado fair use. Nesse contexto, reconhece-se a responsabilidade contributiva do provedor de internet, no cenário de violação de propriedade intelectual, nas hipóteses em que há intencional induzimento ou encorajamento para que terceiros cometam diretamente ato ilícito. A responsabilidade vicária, por sua vez, tem lugar nos casos em que há lucratividade com ilícitos praticados por outrem, e o beneficiado se nega a exercer o poder de controle ou de limitação dos danos quando poderia fazê-lo. No caso em exame, a rede social em questão não tinha como traço fundamental o compartilhamento de obras, prática que poderia ensejar a distribuição ilegal de criações protegidas. Descabe, portanto, a incidência da chamada responsabilidade contributiva. Igualmente, não se verificou ter havido lucratividade com ilícitos praticados por usuários em razão da negativa de o provedor exercer o poder de controle ou de limitação dos danos quando poderia fazê-lo, do que resulta a impossibilidade de aplicação da chamada teoria da responsabilidade vicária. Ademais, não há danos que possam ser imputados à inércia do provedor de internet. Ato ilícito futuro não pode acarretar ou justificar dano pretérito. Se eventualmente houver omissão culposa – em tornar indisponíveis as páginas que veiculavam o conteúdo ilícito –, são os danos resultantes dessa omissão que devem ser recompostos, descabendo o ressarcimento, pela Google, de eventuais prejuízos que os autores já vinham experimentando antes mesmo de proceder à notificação. **REsp 1.512.647-MG, Rel. Min. Luis Felipe Salomão, julgado em 13/5/2015, DJe 5/8/2015 (Inform. STJ 565).**

DIREITO PROCESSUAL CIVIL. NECESSIDADE DE DISPONIBILIZAÇÃO DE MEIOS PARA IDENTIFICAÇÃO DE USUÁRIO QUE PRATICA ILÍCITO EM REDE SOCIAL.

O titular que teve direito autoral violado pela comercialização desautorizada de sua obra em rede social deve indicar a URL específica da página na qual o ilícito foi praticado, caso pretenda que o provedor torne indisponível o conteúdo e forneça o IP do usuário responsável pela violação. Precedentes citados: Rcl 5.072-AC, Segunda Seção, DJe 4/6/2014; REsp 1.306.157-SP, Quarta Turma, DJe 24/3/2014; e REsp 1.308.830-RS, Terceira Turma, DJe 19/6/2012. **REsp 1.512.647-MG, Rel. Min. Luis Felipe Salomão, julgado em 13/5/2015, DJe 5/8/2015 (Inform. STJ 565).**

DIREITO CIVIL. INAPLICABILIDADE DE PROTEÇÃO DO DIREITO AUTORAL A MODELO FOTOGRAFADO. O modelo fotografado não é titular de direitos autorais oponíveis contra a editora da revista que divulga suas fotos. De fato, o ordenamento jurídico brasileiro, de forma ampla e genérica, confere à fotografia proteção própria de direito autoral (art. 7º, VII, da Lei 9.610/1998 – Lei de Direitos Autorais – e art. 2 da Convenção de Berna). Ocorre que, se o próprio conceito de direito autoral está ontologicamente relacionado com processo de criação – afora os direitos conexos dos executantes e outros –, a proteção deve incidir em benefício daquele que efetivamente criou a obra protegida. Quanto a esse aspecto, aliás, o art. 11 da Lei de Direitos Autorais prescreve que "Autor é a pessoa física criadora de obra literária, artística ou científica". Dessa maneira, em se tratando de fotografia, para efeitos de proteção do direito autoral das obras artísticas, o autor – e, portanto, o titular do direito autoral – é o fotógrafo (e não o fotografado). Isso porque é o fotógrafo, detentor da técnica e da inspiração, quem coordena os demais elementos complementares ao retrato do objeto – como iluminação – e capta a oportunidade do momento e o transforma em criação intelectual, digna, portanto, de tutela como manifestação de cunho artístico. O fotografado, conquanto seja titular de direitos da personalidade (como a imagem, a honra e a intimidade), nada cria. Dele não emana nenhuma criação do espírito exteriorizada como obra artística. Sua imagem compõe obra artística de terceiros. Nesse sentido, a Terceira Turma do STJ já decidiu que a "fotografia é obra protegida por direito do autor, e, ainda que produzida na constância de relação de trabalho, integra a propriedade imaterial do fotógrafo, não importando se valorada como obra de especial caráter artístico ou não" (REsp 1.034.103-RJ, DJe 21/9/2010). Ressalte-se, todavia, que o fotografado tem direito de imagem, cuja violação poderia, realmente, ensejar indenizações. **REsp 1.322.704-SP, Rel. Min. Luis Felipe Salomão, julgado em 23/10/2014, DJe 19/12/2014 (Inform. STJ 554).**

Súmula STF nº 386

Pela execução de obra musical por artistas remunerados é devido direito autoral, não exigível quando a orquestra for de amadores.

Súmula STJ nº 261

A cobrança de direitos autorais pela retransmissão radiofônica de músicas, em estabelecimentos hoteleiros, deve ser feita conforme a taxa média de utilização do equipamento, apurada em liquidação.

Súmula STJ nº 63

São devidos direitos autorais pela retransmissão radiofônica de músicas em estabelecimentos comerciais.

2. DIREITO PROCESSUAL CIVIL

1. PARTES, PROCURADORES, MINISTÉRIO PÚBLICO E JUIZ

DIREITO PROCESSUAL CIVIL. HIPÓTESE EM QUE NÃO SE EXIGE INTERVENÇÃO DO MP.

O fato de a ré residir com seus filhos menores no imóvel não torna, por si só, obrigatória a intervenção do Ministério Público (MP) em ação de reintegração de posse. Nos termos do inciso I do artigo 82 do CPC, o MP deve intervir nas causas em que houver interesse de incapazes, hipótese em que deve diligenciar pelos direitos daqueles que não podem agir sozinhos em juízo. Logo, o que legitima a intervenção do MP nessas situações é a possibilidade de desequilíbrio da relação jurídica e eventual comprometimento do contraditório em função da existência de parte absoluta ou relativamente incapaz. Nesses casos, cabe ao MP aferir se os interesses do incapaz estão sendo assegurados e respeitados a contento, seja do ponto de vista processual ou material. Na hipótese, a ação de reintegração de posse foi ajuizada tão somente contra a genitora dos menores, não veiculando, portanto, pretensão em desfavor dos incapazes, já que a relação jurídica subjacente em nada tangencia a estes. A simples possibilidade de os filhos – de idade inferior a dezoito anos – virem a ser atingidos pelas consequências fáticas oriundas da ação de reintegração de posse não justifica a intervenção do MP no processo como custos legis. Na hipótese, o interesse dos menores é meramente reflexo. Não são partes ou intervenientes no processo, tampouco compuseram qualquer relação negocial. Concretamente, não evidenciado o interesse público pela qualidade das partes, a atuação do MP importaria na defesa de direito disponível, de pessoa maior, capaz e com advogado constituído, situação não albergada pela lei. De fato, se assim fosse, a intervenção ministerial deveria ocorrer em toda e qualquer ação judicial relacionada a imóveis em que residem crianças ou adolescentes. Nesse passo, destacando-se a relevante função ministerial na defesa da ordem jurídica e na correta aplicação da lei, o exercício amplo e indiscriminado do MP em demandas judiciais de índole meramente patrimonial acabaria por inviabilizar a atuação dos membros do MP e se afiguraria como um perigoso desvirtuamento da sua missão constitucional. Dessa maneira, não havendo interesse público, seja pela natureza da lide ou pela qualidade das partes, não há falar em intervenção ministerial em feitos de interesse puramente patrimonial e de reduzida repercussão social. **REsp 1.243.425-RS, Rel. Min. Ricardo Villas Bôas Cueva, julgado em 18/8/2015, DJe 3/9/2015 (Inform. STJ 567).**

DIREITO PROCESSUAL CIVIL E PROCESSUAL PENAL. LEGITIMIDADE DO MINISTÉRIO PÚBLICO ESTADUAL PARA ATUAR NO ÂMBITO DO STJ.

O Ministério Público Estadual tem legitimidade para atuar diretamente como parte em recurso submetido a julgamento perante o STJ. O texto do § 1° do art. 47 da LC 75/1993 é expresso no sentido de que as funções do Ministério Público Federal perante os Tribunais Superiores da União somente podem ser exercidas por titular do cargo de Subprocurador-Geral da República. A par disso, deve-se perquirir quais as funções que um Subprocurador-Geral da República exerce perante o STJ. É evidente que o Ministério Público, tanto aquele organizado pela União quanto aquele estruturado pelos Estados, pode ser parte e custos legis, seja no âmbito cível ou criminal. Nesse passo, tendo a ação (cível ou penal) sido proposta pelo Ministério Público Estadual perante o primeiro grau de jurisdição, e tendo o processo sido alçado ao STJ por meio de recurso, é possível que esse se valha dos instrumentos recursais necessários na defesa de seus interesses constitucionais. Nessas circunstâncias, o Ministério Público Federal exerce apenas uma de suas funções, qual seja: a de custos legis. Isto é, sendo o recurso do Ministério Público Estadual, o Ministério Público Federal, à vista do ordenamento jurídico, pode opinar pelo provimento ou pelo desprovimento da irresignação. Assim, cindido em um processo o exercício das funções do Ministério Público (o Ministério Público Estadual sendo o autor da ação, e o Ministério Público Federal opinando acerca do recurso interposto nos respectivos autos), não há razão legal, nem qualquer outra ditada pelo interesse público, que autorize restringir a atuação do Ministério Público Estadual enquanto parte recursal, realizando sustentações orais, interpondo agravos regimentais contra decisões, etc. Caso contrário, seria permitido a qualquer outro autor ter o referido direito e retirar-se-ia do Ministério Público Estadual, por exemplo, o direito de perseguir a procedência de ações penais e de ações de improbidade administrativa imprescindíveis à ordem social. **EREsp 1.327.573-RJ, Rel. originário e voto vencedor Min. Ari Pargendler, Rel. para acórdão Min. Nancy Andrighi, julgado em 17/12/2014, DJe 27/2/2015 (Inform. STJ 556).**

DIREITO PROCESSUAL CIVIL. ATUAÇÃO DA PROCURADORIA-GERAL DA FAZENDA NACIONAL (PGFN) EM CAUSA DE COMPETÊNCIA DA PROCURADORIA-GERAL DA UNIÃO (PGU).

O fato de a PGFN ter atuado em defesa da União em causa não fiscal de atribuição da PGU não justifica, por si só, a invalidação de todos os atos de processo no qual não se evidenciou – e sequer se alegou – qualquer prejuízo ao ente federado, que exercitou plenamente o seu direito ao contraditório e à ampla defesa, mediante oportuna apresentação de diversas teses jurídicas eloquentes e bem articuladas, desde a primeira instância e em todos os momentos processuais apropriados. Ainda que se reconheça, na hipótese em análise, o erro consistente na atuação da PGFN em causa de natureza não fiscal de competência da PGU, deve prevalecer a consideração de que a parte representada pelos dois órgãos é a mesma, a União, e teve ela a oportunidade de realizar o seu direito de defesa, o que efetivamente fez de modo pleno, mediante arguições competentes e oportunas, deduzindo diversas teses defensivas, todas eloquentes e bem articuladas, desde a primeira instância e em todos os momentos processuais. Assim, não resta espaço algum para enxergar nódoa no direito constitucional que assegura o contraditório e a ampla defesa. A propósito, se não houve prejuízo – e, a rigor, não houve sequer alegação de prejuízo –, não é viável que sejam simples e sumariamente descartados todos os atos processuais, como se não vigorassem os princípios da economicidade, da instrumentalidade das formas, da razoável duração do processo, e como se não tivesse relevância o brocardo segundo o qual ne pas de nullité sans grief. **REsp 1.037.563-SC, Rel. Min. Napoleão Nunes Maia Filho, julgado em 25/11/2014, DJe 3/2/2015 (Inform. STJ 554).**

DIREITO PROCESSUAL CIVIL. ATUAÇÃO DO MINISTÉRIO PÚBLICO COMO DEFENSOR DO INTERDITANDO.

Nas ações de interdição não ajuizadas pelo MP, a função de defensor do interditando deverá ser exercida pelo próprio órgão ministerial, não sendo necessária, portanto, nomeação de curador à lide. Estão legitimados para requerer a interdição somente os pais ou tutor, o cônjuge ou parentes próximos do interditando ou, ainda, em caráter subsidiário, o MP (art. 1.177 e 1.178 do CPC), sendo esta a única hipótese em que se exige a nomeação de curador à lide, a fim de ensejar o contraditório. Nessa perspectiva, verifica-se que a designação de curador especial tem por pressuposto a presença do conflito de interesses entre o incapaz e o responsável pela defesa de seus interesses no processo judicial. Assim, na hipótese de encontrar-se o MP e o suposto incapaz em polos opostos da ação, há intrínseco conflito de interesses a exigir a nomeação ao interditando de curador à lide, nos termos do art. 1.179 do CPC, que se reporta ao art. 9º do mesmo Código. Todavia, proposta a ação pelos demais legitimados, caberá ao MP a defesa dos interesses do interditando, fiscalizando a regularidade do processo, requerendo provas e outras diligências que entender pertinentes ao esclarecimento da incapacidade e, ao final, impugnar ou não o pedido de interdição, motivo pelo qual não se faz cabível a nomeação de curador especial para defender, exatamente, os mesmos interesses pelos quais zela o MP. A atuação do MP como defensor do interditando, nos casos em que não é o autor da ação, decorre da lei (art. 1.182, § 1º, do CPC e art. 1.770 do CC) e se dá em defesa de direitos individuais indisponíveis, função compatível com as suas funções institucionais (art. 127 da CF). **REsp 1.099.458-PR, Rel. Min. Maria Isabel Gallotti, julgado em 2/12/2014, DJe 10/12/2014 (Inform. STJ 553).**

Súmula STF nº 644

Ao titular do cargo de procurador de autarquia não se exige a apresentação de instrumento de mandato para representá-la em juízo.

Súmula STJ nº 525

A Câmara de Vereadores não possui personalidade jurídica, apenas personalidade judiciária, somente podendo demandar em juízo para defender os seus direitos institucionais.

Súmula STJ nº 327

Nas ações referentes ao Sistema Financeiro da Habitação, a Caixa Econômica Federal tem legitimidade como sucessora do Banco Nacional da Habitação.

Súmula STJ nº 232

A Fazenda Pública, quando parte no processo, fica sujeita à exigência do depósito prévio dos honorários do perito.

Súmula STJ nº 226

O Ministério Público tem legitimidade para recorrer na ação de acidente do trabalho, ainda que o segurado esteja assistido por advogado.

Súmula STJ nº 99

O Ministério Público tem legitimidade para recorrer no processo em que oficiou como fiscal da lei, ainda que não haja recurso da Parte.

2. ATOS PROCESSUAIS

DIREITO PROCESSUAL CIVIL. AÇÃO DE INVESTIGAÇÃO DE PATERNIDADE PROPOSTA PELO MP E REALIZAÇÃO DE CITAÇÃO EDITÁLICIA DO RÉU EM JORNAL LOCAL.

Na hipótese em que o Ministério Público Estadual tenha proposto ação de investigação de paternidade como substituto processual de criança, a citação editalícia do réu não poderá ser realizada apenas em órgão oficial. Isso porque não se aplica o art. 232, § 2º, do CPC, o qual prevê que a publicação do edital de citação, no caso de a parte ser beneficiária da justiça gratuita, deve se restringir ao órgão oficial. Assim, por versar disposição restritiva e, portanto, aplicável exclusivamente apenas à previsão específica, é vedada a sua aplicação analógica do referido dispositivo ao Ministério Público, cuja atuação não se confunde com as funções próprias da Defensoria Pública, e com essa instituição não pode ser equiparado. Ademais, restringir a publicação de editais de citação ao órgão oficial resultaria, evidentemente, na limitação das chances da citação por edital lograr êxito. **REsp 1.377.675-SC, Rel. Min. Ricardo Villas Bôas Cueva, julgado em 10/3/2015, DJe 16/3/2015 (Inform. STJ 557).**

DIREITO PROCESSUAL CIVIL. IMPOSSIBILIDADE DE PRORROGAÇÃO DO TERMO INICIAL DE PRAZO RECURSAL DIANTE DE ENCERRAMENTO PREMATURO DO EXPEDIENTE FORENSE.

O disposto no art. 184, § 1º, II, do CPC – que trata da possibilidade de prorrogação do prazo recursal em caso de encerramento prematuro do expediente forense – aplica-se quando o referido encerramento tiver ocorrido no termo final para interposição do recurso, e não no termo inicial. O § 1º do art. 184 do CPC trata das hipóteses em que haverá prorrogação do prazo quando seu vencimento cair em feriado ou em dia que for determinado o fechamento do fórum ou quando houver o encerramento do expediente forense antes da hora normal. Não há dúvida, portanto, de que a hipótese ora regulada trata exclusivamente do dies ad quem (dia do vencimento). Essa conclusão é reforçada pelo disposto no § 2º, o qual regula a única possibilidade em que haverá a prorrogação do dies a quo ("os prazos somente começam a correr do primeiro dia útil após a intimação"). Verifica-se, desse modo, que o legislador tratou de forma distinta as hipóteses de prorrogação do prazo referente ao dies a quo e ao dies ad quem nos parágrafos do art. 184 do CPC. Além da falta de previsão legal, a referida prorrogação não se aplica ao dies a quo em razão, também, da ratio da norma, que é justamente possibilitar àqueles que vierem a interpor o recurso no último dia do prazo não serem surpreendidos, indevidamente, com o encerramento prematuro do expediente forense, em obediência ao princípio da confiança, que deve proteger a atuação do jurisdicionado perante a Justiça, e assim conferir máxima eficácia à prestação jurisdicional. Ademais, não se vislumbra qualquer razão para se prorrogar o início da contagem do prazo processual em situação idêntica ocorrida no primeiro dia do prazo. É que, nessa hipótese, remanescerá para o recorrente a possibilidade de interpor o recurso nos dias subsequentes. Não há motivo lógico que justifique aplicar-se o regramento referente ao dies ad quem a esta hipótese. Desse modo, a prorrogação em razão do encerramento prematuro do expediente forense aplica-se tão somente em relação ao dies ad quem do prazo recursal. Precedentes citados: AgRg no Ag 1.142.783-PE, Quinta Turma, DJe de 17/5/2010; e AgRg no REsp 614.496-RJ, Primeira Turma, DJ 1º/2/2006. **EAREsp 185.695-PB, Rel. Min. Felix Fischer, julgado em 4/2/2015, DJe 5/3/2015 (Inform. STJ 557).**

DIREITO PROCESSUAL CIVIL. PUBLICAÇÃO DE INTIMAÇÃO COM ERRO NA GRAFIA DO SOBRENOME DO ADVOGADO.

Não há nulidade na publicação de ato processual em razão do acréscimo de uma letra ao sobrenome do advogado no caso em que o seu prenome, o nome das partes e o número do processo foram cadastrados corretamente, sobretudo se, mesmo com a existência de erro idêntico nas intimações anteriores, houve observância aos prazos processuais passados, de modo a demonstrar que o erro gráfico não impediu a exata identificação do processo. À luz do § 1º do art. 236 do CPC, devem constar nas publicações de ato processual em órgão oficial "os nomes das partes e dos seus advogados, suficientes para sua identificação". Nesse contexto, a Corte Especial do STJ firmou entendimento no sentido de que o erro insignificante na grafia do nome do advogado, aliado à possibilidade de se identificar o processo por outros elementos, como o seu número e o nome da parte, não enseja a nulidade da publicação do ato processual (AgRg nos EDcl nos EAREsp 140.898-SP, DJe 10/10/2013). Além disso, diversas Turmas do STJ comungam do mesmo entendimento (AgRg no AREsp 109.463-SP, Primeira Turma, DJe 8/3/2013; RCD no REsp 1.294.546-RS, Segunda Turma, DJe 12/6/2013; AgRg no AREsp 375.744-PE, Terceira Turma, DJe 12/11/2013; AgRg no AREsp 27.988-PA, Quarta Turma, DJe 7/12/2012; e HC 206.686-SC, Quinta Turma, DJe 11/2/2014). **EREsp 1.356.168-RS, Rel. originário Min. Sidnei Beneti, Rel. para acórdão Min. Jorge Mussi, julgado em 13/3/2014, DJe 12/12/2014 (Inform. STJ 553).**

DIREITO PROCESSUAL CIVIL. NECESSIDADE DE NOVA INTIMAÇÃO NA HIPÓTESE DE ADIAMENTO DE JULGAMENTO DE PROCESSO INCLUÍDO EM PAUTA.

No âmbito do STJ, na hipótese em que o julgamento do processo tenha sido adiado por mais de três sessões, faz-se necessária nova intimação das partes por meio de publicação de pauta de julgamento. De fato, a sistemática anteriormente seguida no âmbito da Corte Especial do STJ era no sentido de que, uma vez incluído em pauta o processo, não se fazia necessária nova publicação e intimação das partes, independentemente do número de sessões pendentes do respectivo julgamento. No entanto, esse quadro deve ser revisto, uma vez que se trata de uma daquelas situações em que o STJ não se deve guiar pelo procedimento de outros tribunais. Ao contrário, deve dar o bom exemplo. Há que se fazer o certo. E o certo é assegurar a ampla defesa, o contraditório e a segurança jurídica. E mais, não se pode desconsiderar que este é um Tribunal nacional, um Tribunal de superposição, onde atuam advogados que vêm dos extremos mais remotos do nosso País. Nesse sentido, causa intensa preocupação a situação dos advogados que se deslocam a Brasília, com despesas custeadas por seus clientes, que, frequentemente, são pessoas humildes e somente podem arcar com a passagem de seus procuradores uma única vez, sem conseguir suportar com os custos da segunda, terceira e, muito menos, quarta e quinta viagens. Ademais, no processo civil brasileiro, a surpresa e o ônus financeiro excessivo são incompatíveis com o due process e com os pressupostos do Estado de Direito que é, antes de tudo, Social. Dessa forma, o estabelecimento de um limite de 3 (três) sessões para dispensa de nova publicação é um início, um limiar para a retificação da omissão até hoje verificada, sem prejuízo de a questão ser deliberada oportunamente mediante reforma do Regimento Interno. **EDcl no REsp 1.340.444-RS, Rel. originário Min. Humberto Martins, Rel. para acórdão Min. Herman Benjamin, julgado em 29/5/2014, DJe 2/12/2014 (Inform. STJ 553).**

Súmula STF nº 641

Não se conta em dobro o prazo para recorrer, quando só um dos litisconsortes haja sucumbido.

Súmula STF nº 310

Quando a intimação tiver lugar na sexta-feira, ou a publicação com efeito de intimação for feita nesse dia, o prazo judicial terá início na segunda-feira imediata, salvo se não houver expediente, caso em que começará no primeiro dia útil que se seguir.

Súmula STJ nº 429

A citação postal, quando autorizada por lei, exige o aviso de recebimento.

Súmula STJ nº 273

Intimada a defesa da expedição da carta precatória, torna-se desnecessária intimação da data da audiência no juízo deprecado.

Súmula STJ nº 116

A Fazenda Pública e o Ministério Publico têm prazo em dobro para interpor agravo regimental no Superior Tribunal de Justiça.

3. LITISCONSÓRCIO, ASSISTÊNCIA E INTERVENÇÃO DE TERCEIROS

DIREITO PROCESSUAL CIVIL. LITISCONSÓRCIO PASSIVO NECESSÁRIO EM AÇÃO DEMOLITÓRIA.

Os cônjuges casados em regime de comunhão de bens devem ser necessariamente citados em ação demolitória. Nesse caso, há litisconsórcio passivo necessário. **REsp 1.374.593-SC, Rel. Min. Herman Benjamin, julgado em 5/3/2015, DJe 1º/7/2015 (Inform. STJ 565).**

DIREITO PROCESSUAL CIVIL. APLICABILIDADE DO ART. 191 DO CPC/1973 AOS PROCESSOS JUDICIAIS ELETRÔNICOS.

Aplica-se o art. 191 do CPC/1973 à contagem de prazo nos processos judiciais eletrônicos. De fato, a aplicação do prazo em dobro para contestar, recorrer e, de modo geral, falar nos autos quando os litisconsortes tiverem procuradores diferentes (art. 191 do CPC/1973), visa possibilitar acesso e manuseio dos autos aos advogados, haja vista ser o prazo comum. Todavia, como a utilização do processo judicial eletrônico afastou a impossibilidade de diferentes advogados obterem vista simultânea dos autos, não mais subsiste a situação que justificava a previsão do prazo em dobro. Nesse contexto, o Novo CPC (de 2015), atento à necessidade de alteração legislativa, exclui a aplicação do prazo em dobro no processo eletrônico (art. 229, § 2º). A lei disciplinadora do processo eletrônico (Lei 11.419/2006), no entanto, não alterou nem criou nenhuma exceção ao determinado no art. 191 do CPC/1973, de forma que, ausente alteração legislativa acerca do tema, não há como deixar de se aplicar o dispositivo legal vigente, sob pena de se instaurar grave insegurança jurídica e se ofender o princípio da legalidade. Desse modo, apesar de se reconhecer que o disposto no art. 191 está em descompasso com o sistema do processo eletrônico, em respeito ao princípio da legalidade e à legítima expectativa gerada pelo texto normativo vigente, enquanto não houver alteração legal, aplica-se aos processos eletrônicos o disposto no art. 191, preservando-se a segurança jurídica do sistema como um todo, bem como a proteção da confiança. **REsp 1.488.590-PR, Rel. Min. Ricardo Villas Bôas Cueva, julgado em 14/4/2015, DJe 23/4/2015 (Inform. STJ 560).**

Súmula STJ nº 537

Em ação de reparação de danos, a seguradora denunciada, se aceitar a denunciação ou contestar o pedido do autor, pode ser condenada, direta e solidariamente junto com o segurado, ao pagamento da indenização devida à vítima, nos limites contratados na apólice.

4. COMPETÊNCIA E CONFLITO DE COMPETÊNCIA. CONEXÃO. CONTINÊNCIA.

EMB. DECL. NOS EMB. DECL. NOS EMB. DECL. NO AG. REG. NA Rcl N 5.698-SP

RELATOR: MIN. LUIZ FUX

EMENTA: EMBARGOS DE DECLARAÇÃO NOS EMBARGOS DE DECLARAÇÃO NOS EMBARGOS DE DECLARAÇÃO NO AGRAVO REGIMENTAL NA RECLAMAÇÃO. AUSÊNCIA DE QUALQUER DOS VÍCIOS PREVISTOS NO ART. 535 DO CPC. TENTATIVA DE MERA REDISCUSSÃO DO QUE JÁ UNANIMEMENTE DECIDIDO NO ACÓRDÃO EMBARGADO. VÍNCULO DE NATUREZA CELETISTA. CAUSA DE PEDIR FUNDAMENTADA EM CONTRATO DE TRABALHO E NA LEGISLAÇÃO TRABALHISTA. COMPETÊNCIA DA JUSTIÇA DO TRABALHO. INAPLICABILIDADE, *IN CASU*, DO QUE DECIDIDO NA ADI 3.395/MC. INEXISTÊNCIA DE VÍNCULO JURÍDICO-ADMINISTRATIVO. NÃO CONHECIMENTO. APLICAÇÃO DE MULTA. ARTIGO 538, PARÁGRAFO ÚNICO, DO CPC. EMBARGOS DE DECLARAÇÃO NÃO CONHECIDOS.

1. O inconformismo que tem como real escopo a pretensão de reformar o *decisum* não pode prosperar, porquanto inocorrentes as hipóteses de omissão, contradição, obscuridade ou erro material, sendo inviável a revisão da decisão em sede de embargos de declaração, em face dos estreitos limites do art. 535 do CPC.

2. *In casu*, os embargos de declaração demonstram mera tentativa de rediscussão do que foi decidido pelo acórdão embargado, inobservando o embargante que os restritos limites desse recurso não permitem o rejulgamento da causa.

3. É competente a Justiça do Trabalho para julgar ação que envolva o Poder Público e o trabalhador regido pela Consolidação das Leis do Trabalho. Precedentes: ARE 859.365-AgR, rel. Min. Teori Zavascki, Segunda Turma, DJe de 13/4/2015; ARE 846.036-AgR, rel. Min. Luiz Fux, Primeira Turma, DJe de 14/4/2015; Rcl 16.458-AgR, Rel. Min. Rosa Weber, Primeira Turma, DJe de 9/9/2014; Rcl 16.893-AgR, Rel. Min. Dias Toffoli, Primeira Turma, DJe de 10/10/2014; Rcl 8.406-AgR, Rel. Min. Marco Aurélio, Primeira Turma, DJe de 29/5/2014.

4. A competência da Justiça Comum, em confronto com a da Justiça do Trabalho, em casos em que envolvido o Poder Público, reclama a análise da natureza do vínculo jurídico existente entre o trabalhador – termo aqui tomado em sua acepção ampla – e o órgão patronal: se de natureza jurídico-administrativa o vínculo, a competência fixa-se como da Justiça Comum; se de natureza celetista, a competência é da Justiça Trabalhista.

5. *In casu*, diante da natureza celetista do vínculo estabelecido entre as partes, é de se assentar a competência da Justiça do Trabalho.

6. Embargos de declaração não conhecidos. **(Inform. STF 794)**

Terras indígenas e conflito de competência – 2

Em conclusão de julgamento, a Segunda Turma desproveu agravo regimental interposto de decisão que negara seguimento a recursos extraordinários nos quais discutida a ocupação de terras indígenas. Os agravantes alegavam que, havendo disputa de direitos indígenas, inclusive sobre terras ocupadas, bem como a presença da Funai no feito, deslocar-se-ia a competência para a Justiça Federal (CF, art. 109, I). Sustentavam, ainda, não incidir o Enunciado 279 da Súmula desta Corte para o estabelecimento de competência em razão da pessoa – v. Informativo 634. A Turma asseverou que a decisão agravada não mereceria reparos, pois a competência para julgamento da ação fora estabelecida com base no contexto fático-probatório. Destacou que o pretendido interesse do MPF para atuar em defesa da população indígena não poderia ser considerado, uma vez não se admitir reexame dos fundamentos fáticos – apreciados exaustivamente na origem —, a partir dos quais afastada a característica indígena das terras objeto da controvérsia inicial. Por fim, salientou que o ingresso da Funai nos autos ocorrera em adiantada fase recursal, muito tempo após a estabilização da relação jurídico-processual, o que impediria a incidência do art. 109, I, da CF, pois a competência fora determinada no momento da propositura da ação (CPC, art. 87).

RE 431602 Quarto-AgR/PB, rel. orig. Min. Ellen Gracie, red. p/ o acórdão Min. Cármen Lúcia, 30.6.2015. (RE-431602) (Inform. STF 792)

AG. REG. NO RE N. 591.420-PE

RELATORA: MIN. ROSA WEBER

EMENTA: DIREITO CIVIL E PROCESSUAL CIVIL. AÇÃO POSSESSÓRIA. CONFLITO DE COMPETÊNCIA. PRECLUSÃO E COISA JULGADA. RECURSO QUE NÃO ATACA OS FUNDAMENTOS DA DECISÃO AGRAVADA. IRREGULARIDADE FORMAL. ART. 317, §1º, RISTF. ACÓRDÃO RECORRIDO PUBLICADO EM 17.01.2008.

Não preenchimento do requisito de regularidade formal expresso no artigo 317, § 1º, do RISTF (a petição conterá, sob pena de rejeição liminar, as razões do pedido de reforma da decisão agravada). Ausência de ataque, nas razões do agravo regimental, aos fundamentos da decisão agravada, mormente no que se refere à aplicação da Súmula 283/STF.

Agravo regimental conhecido e não provido. **(Inform. STF 787)**

Conflito de competência e art. 115 do CPC

O Plenário acolheu embargos de declaração, com efeitos modificativos, para conhecer de conflito de competência e assentar a competência da justiça comum para o processamento e julgamento de processos que tratam de complementação de aposentadoria. O Tribunal afirmou que, em regra, a admissão do conflito de competência, com base no art. 115, III do CPC, exigiria divergência entre juízos diversos quanto à reunião ou separação dos feitos. Todavia, seria cabível, por meio de interpretação extensiva do art. 115 do CPC, o acolhimento do incidente, mesmo quando não houvesse a apontada divergência. Esse entendimento ficaria evidenciado, sobretudo, em ações conexas, com possibilidade de prolação de decisões conflitantes em trâmite perante justiças distintas, no bojo das quais o apontamento de conexão não se demonstrasse suficiente à definição da competência para seu processamento e julgamento. Ademais, o caso concreto trataria de demandas em trâmite perante a justiça comum e a justiça trabalhista, em que se discutiria complementação de aposentadoria com decisões conflitantes já proferidas, a justificar o conhecimento do conflito. Além disso, seria inaplicável a regra de solução de conexão entre os feitos prevista no

art. 105 do CPC, uma vez que as ações tramitariam perante juízos com competência material distinta.
CC 7706 AgR-segundo-ED-terceiros/SP, rel. Min. Dias Toffoli, 12.3.2015. (CC-7706) (Inform. STF 777)

DIREITO PROCESSUAL CIVIL. COMPETÊNCIA PARA O JULGAMENTO DE AÇÃO DE CONSIGNAÇÃO EM PAGAMENTO PROPOSTA PELA UNIÃO PARA AFASTAR EVENTUAL RESPONSABILIZAÇÃO TRABALHISTA SUBSIDIÁRIA.

A Justiça do Trabalho é competente para processar e julgar ação de consignação em pagamento movida pela União contra sociedade empresária por ela contratada para a prestação de serviços terceirizados, caso a demanda tenha sido proposta com o intuito de evitar futura responsabilização trabalhista subsidiária da Administração nos termos da Súmula 331 do TST. De acordo com o item IV da referida Súmula, "O inadimplemento das obrigações trabalhistas, por parte do empregador, implica a responsabilidade subsidiária do tomador dos serviços quanto àquelas obrigações, desde que haja participado da relação processual e conste também do título executivo judicial". Além disso, dispõe o item V que "Os entes integrantes da Administração Pública direta e indireta respondem subsidiariamente, nas mesmas condições do item IV, caso evidenciada a sua conduta culposa no cumprimento das obrigações da Lei n.º 8.666, de 21.06.1993, especialmente na fiscalização do cumprimento das obrigações contratuais e legais da prestadora de serviço como empregadora. A aludida responsabilidade não decorre de mero inadimplemento das obrigações trabalhistas assumidas pela empresa regularmente contratada". Posto isso, deve-se ressaltar que a competência para o julgamento de demanda levada a juízo é fixada em razão da natureza da causa, que, a seu turno, é definida pelo pedido e pela causa de pedir deduzidos. Nesse sentido, a partir da análise do pedido e pela causa de pedir deduzidos do caso aqui mencionado, verifica-se que a lide tem natureza predominantemente trabalhista. Ademais, deve-se destacar que a EC 45/2004 ampliou a competência da Justiça do Trabalho, tornando incontroversa a competência desta para, nos termos do art. 114, IX, da CF, conhecer e julgar "outras controvérsias decorrentes da relação de trabalho", como a aqui analisada. Além disso, nessa hipótese, a Justiça do Trabalho é quem terá melhores condições de apreciar as alegações da autora, bem como de extrair e controlar suas consequências jurídicas. **CC 136.739-RS, Rel. Min. Raul Araújo, julgado em 23/9/2015, DJe 15/10/2015. (Inform. STJ 571)**

DIREITO PROCESSUAL CIVIL. FORO PARA O AJUIZAMENTO DE AÇÃO EM FACE DE ENTIDADE FECHADA DE PREVIDÊNCIA COMPLEMENTAR.

É possível a participante ou assistido de plano de benefícios patrocinado ajuizar ação em face da respectiva entidade fechada de previdência privada no foro do domicílio da ré, no eventual foro de eleição do contrato ou, até mesmo, no foro onde labora ou laborou para a patrocinadora do plano. De fato, as regras do CDC, conquanto sejam aplicáveis à relação jurídica existente entre a entidade aberta de previdência privada e seus participantes, não se aplicam à relação jurídica, de direito civil, formada entre entidade fechada de previdência complementar e seus participantes ou assistidos de plano de benefícios, mesmo em situações que não sejam regulamentadas pela legislação especial. Dessa maneira, tratando-se de ação proposta por participante em face de entidade fechada de previdência privada, o foro competente não será disciplinado pelo diploma consumerista. Afastada a aplicação do CDC, deve-se atentar à circunstância de que, embora a relação autônoma de previdência complementar não se confunda com a trabalhista, a própria legislação de regência (art. 16 da LC 109/2001) impõe que a entidade confira tratamento isonômico com relação a todos os empregados da patrocinadora. Dessarte, a possibilidade de o participante ou assistido poder ajuizar ação no foro do local onde labora(ou) para a patrocinadora não pode ser menosprezada, inclusive para garantir um equilíbrio e isonomia entre os participantes que laboram no mesmo foro da sede da entidade e os demais, pois o participante não tem nem mesmo a possibilidade, até que ocorra o rompimento do vinculo trabalhista com o instituidor, de proceder ao resgate ou à portabilidade. **REsp 1.536.786-MG, Rel. Min. Luis Felipe Salomão, julgado em 26/8/2015, DJe 20/10/2015. (Inform. STJ 571)**

DIREITO PROCESSUAL CIVIL. FORO COMPETENTE PARA APRECIAR AÇÃO DE DISSOLUÇÃO DE UNIÃO ESTÁVEL CUMULADA COM ALIMENTOS.

A autora pode optar entre o foro de seu domicílio e o foro de domicílio do réu para propor ação de reconhecimento e dissolução de união estável cumulada com pedido de alimentos, quando o litígio não envolver interesse de incapaz. Deve-se ponderar, para a solução da controvérsia em análise, acerca de qual regra de competência deve sobressair: se a geral do art. 94, ou a especial do art. 100, II, ambos do CPC. A resposta se orienta à luz do princípio da especificidade, prevalecendo, dessa forma, a segunda regra de competência. Deve-se ressaltar, contudo, que a competência prevista no art. 100, II, do CPC é relativa quando se tratar de pedido de alimentos feito por qualquer um dos cônjuges, ao qual se presume a condição de hipossuficiente. O que significa dizer que é lícito à autora optar tanto pelo foro do domicílio do réu quanto pelo de seu próprio domicílio. A propósito do tema, cabe invocar a seguinte lição doutrinária: "A regra especial de competência dos incisos I e II do CPC 100 não fere o princípio constitucional da isonomia (art. 5º, I), nem é incompatível com a igualdade dos cônjuges na condução da sociedade conjugal (CF 226) (RJTJSP 134/283, 132/279). A hipótese é de tratar desigualmente partes desiguais, vale dizer, de discriminação justa, permitida pela CF 5º, I. Como, em tese, o alimentando necessita dos alimentos para sobreviver e o alimentante pode pagá-los, a ação de alimentos deve ser proposta no foro do domicílio do alimentando". Conclui-se, portanto, que a aplicação da regra especial de competência resguarda o alimentando em sua presumida condição de hipossuficiente e ameniza o custo financeiro de se demandar em foro distinto de seu domicílio, promovendo seu acesso à justiça. **REsp 1.290.950-SP, Rel. Min. Ricardo Villas Bôas Cueva, julgado em 25/8/2015, DJe 31/8/2015 (Inform. STJ 568).**

DIREITO PROCESSUAL CIVIL. HIPÓTESE DE CONEXÃO ENTRE PROCESSO DE CONHECIMENTO E DE EXECUÇÃO.

Pode ser reconhecida a conexão e determinada a reunião para julgamento conjunto de um processo executivo com um processo de conhecimento no qual se pretenda a declaração da inexistência da relação jurídica que fundamenta a execução, desde que não implique modificação de competência absoluta. Uma causa, mercê de não poder ser idêntica à outra, pode guardar com esta um vínculo de identidade quanto a um de seus elementos caracterizadores. Esse vínculo entre as ações por força da identidade de um de seus elementos denomina-se, tecnicamente, de conexão, cujo efeito jurídico maior é a modificação de competência, com reunião das causas em um mesmo juízo. A modificação, no entanto, apenas não acontecerá nos casos de competência absoluta, quando se providenciará a suspensão do andamento processual de uma das ações, até que a conexa seja, enfim, resolvida. De mais a mais, a moderna teoria materialista da conexão ultrapassa os limites estreitos da teoria tradicional e procura caracterizar o fenômeno pela identificação de fatos comuns, causais ou finalísticos entre diferentes ações, superando a simples identidade parcial dos elementos constitutivos das ações. Nesse ponto, renomados estudiosos do tema concluíram pela insuficiência da teoria tradicional da conexão e do conceito apresentado pelo art. 103 do CPC. É a partir da constatação desta insuficiência do conceito legal que surge a inevitável identificação da conexão com o fenômeno da prejudicialidade, uma vez que o fundamento maior da conexão, assim como da prejudicialidade, é o fato de haver entre determinadas relações jurídicas uma força que as atrai, fazendo com que essas questões mereçam caminhar unidas. Assim, quando a demanda declaratória ajuizada tiver por objeto a declaração de inexistência de relação jurídica que fundamenta a execução, será necessária a reunião das ações por identificar-se uma conexão por prejudicialidade. Convém ressaltar que a ação declaratória negativa serve ao executado como defesa heterotópica e muito se assemelha aos embargos do devedor, que também possuem a mesma natureza declaratória. No atinente ao tema, já se manifestou o STJ no sentido da possibilidade da reunião de ações em fases processuais distintas (REsp 603.311-SE, Segunda Turma, DJ 15/8/2005; e REsp 557.080-DF, Primeira Turma, DJ 7/3/2005). A doutrina alerta, ainda, no que respeita às consequências de não serem reunidas essas ações para julgamento conjunto, que, tendo havido sentença já transitada em julgado, declarando a inexistência de relação jurídica entre as partes, eventual título executivo consubstanciado na dita relação inexistente poderá ensejar uma execução, mas que se apresentará natimorta, em face da ausência de condição da ação. Se prolatada sentença no curso da execução, assim como ocorre nos embargos, terá ela o condão de extinguir o feito executivo. Dessa forma, é possível determinar a reunião de processo de conhecimento e de execução para julgamento conjunto, quando ocorrer a relação de prejudicialidade entre eles, sendo inaplicável a Súmula 235 do STJ. **REsp 1.221.941-RJ, Rel. Min. Luis Felipe Salomão, julgado em 24/2/2015, DJe 14/4/2015 (Inform. STJ 559).**

DIREITO PROCESSUAL CIVIL. INAPLICABILIDADE DA CLÁUSULA DE ELEIÇÃO DE FORO PREVISTA EM CONTRATO SEM ASSINATURA DAS PARTES.

Na hipótese em que a própria validade do contrato esteja sendo objeto de apreciação judicial pelo fato de que não houve instrumento de formalização assinado pelas partes, a cláusula de eleição de foro não deve prevalecer, ainda que prevista em contratos semelhantes anteriormente celebrados entre as partes. O STJ tem entendido que, em hipóteses em que se discute a própria validade do contrato, o foro de eleição não prevalece (REsp 773.753-PR, Terceira Turma, DJ 24/10/2005; e CC 15.134-RJ, Segunda Seção, DJ 11/12/1995). Esse entendimento aplica-se ao caso em análise, uma vez que a validade do contrato está sendo objeto de apreciação nos autos principais exatamente pelo fato de não haver instrumento de formalização assinado pelas partes, o que demandará produção de prova a respeito e a futura definição quanto à sua validade ao ensejo da prolação da sentença. **REsp 1.491.040-RJ, Rel. Min. Paulo de Tarso Sanseverino, julgado em 3/3/2015, DJe 10/3/2015 (Inform. STJ 557).**

DIREITO PROCESSUAL CIVIL. LIMITAÇÃO DA SUSPENSÃO DO PROCESSO CÍVEL PARA QUE HAJA A APRECIAÇÃO DE QUESTÃO PREJUDICIAL NA ESFERA CRIMINAL.

A suspensão do processo determinada com base no art. 110 do CPC não pode superar um ano, de modo que, ultrapassado esse prazo, pode o juiz apreciar a questão prejudicial. A despeito de o art. 935, in fine, do CC positivar uma relação de prejudicialidade entre as esferas penal e cível, a ponto de autorizar o magistrado a suspender o processo, é inviável o sobrestamento indeterminado da ação cível, sobretudo quando ultrapassado o lapso de um ano, nos termos do art. 110 do CPC, o qual deve ser interpretado em consonância com o art. 265, § 5º, do CPC. Com efeito, o art. 110 do CPC confere ao juiz a faculdade de sobrestar o andamento do processo civil para a verificação de fato delituoso, atribuindo-se ao magistrado a prerrogativa de examinar a conveniência e a oportunidade dessa suspensão. Segundo a doutrina, a razão hermenêutica de tal comando reside na possibilidade de decisões conflitantes justificando a suspensão da causa prejudicada, para aguardar-se a solução da prejudicial, nos termos do art. 265, IV, alínea "a", do CPC. Por fim, ressalte-se que a eventual análise da questão prejudicial não se revestirá da força da coisa julgada material, nos termos do art. 469, III, do CPC. Precedentes citados: REsp 282.235-SP, Terceira Turma, DJ 9/04/2001; REsp 35.877-SP, Quarta Turma, DJ 4/11/1996. **REsp 1.198.068-MS, Rel. Min. Marco Buzzi, julgado em 2/12/2014, DJe 20/2/2015 (Inform. STJ 555).**

Súmula Vinculante 27

Compete à Justiça estadual julgar causas entre consumidor e concessionária de serviço público de telefonia, quando a ANATEL não seja litisconsorte passiva necessária, assistente, nem opoente.

Súmula Vinculante 23

A Justiça do Trabalho é competente para processar e julgar ação possessória ajuizada em decorrência do exercício do direito de greve pelos trabalhadores da iniciativa privada.

Súmula Vinculante 22

A Justiça do Trabalho é competente para processar e julgar as ações de indenização por danos morais e patrimoniais decorrentes de acidente de trabalho propostas por empregado contra o empregador, inclusive aquelas que ainda não possuíam sentença de mérito em primeiro grau quando da promulgação da Emenda Constitucional nº 45/04.

Súmula STF nº 689

O segurado pode ajuizar ação contra a instituição previdenciária perante o Juízo Federal do seu domicílio ou nas varas federais da capital do estado-membro.

Súmula STF nº 557

É competente a Justiça Federal para julgar as causas em que são partes a COBAL e CIBRAZEM.

Súmula STF nº 556

É competente a Justiça Comum para julgar as causas em que é parte sociedade de economia mista.

Súmula STF nº 518

A intervenção da União, em feito já julgado pela segunda instância e pendente de embargos, não desloca o processo para o Tribunal Federal de Recursos.

Súmula STF nº 517

As sociedades de economia mista só têm foro na Justiça Federal, quando a União intervém como assistente ou opoente.

Súmula STF nº 516

O Serviço Social da Indústria (SESI) está sujeito à jurisdição da Justiça Estadual.

Súmula STF nº 508

Compete à Justiça Estadual, em ambas as instâncias, processar e julgar as causas em que for parte o Banco do Brasil S.A.

Súmula STF nº 363

A pessoa jurídica de direito privado pode ser demandada no domicílio da agência, ou estabelecimento, em que se praticou o ato.

Súmula STF nº 251

Responde a Rede Ferroviária federal S.A. Perante o foro comum e não perante o juízo especial da Fazenda Nacional, a menos que a União intervenha na causa.

Súmula STF nº 250

A intervenção da União desloca o processo do juízo cível comum para o fazendário.

Súmula STF nº 218

É competente o Juízo da Fazenda Nacional da capital do estado, e não o da situação da coisa, para a desapropriação promovida por empresa de energia elétrica, se a união federal intervém como assistente.

Súmula STJ nº 505

A competência para processar e julgar as demandas que têm por objeto obrigações decorrentes dos contratos de planos de previdência privada firmados com a Fundação Rede Ferroviária de Seguridade Social – REFER é da Justiça estadual.

Súmula STJ nº 428

Compete ao Tribunal Regional Federal decidir os conflitos de competência entre juizado especial federal e juízo federal da mesma seção judiciária.

Súmula STJ nº 383

A competência para processar e julgar as ações conexas de interesse de menor é, em princípio, do foro do domicílio do detentor de sua guarda.

Súmula STJ nº 368

Compete à Justiça comum estadual processar e julgar os pedidos de retificação de dados cadastrais da Justiça Eleitoral.

Súmula STJ nº 367

A competência estabelecida pela EC n. 45/2004 não alcança os processos já sentenciados.

Súmula STJ nº 365

A intervenção da União como sucessora da Rede Ferroviária Federal S/A (RFFSA) desloca a competência para a Justiça Federal ainda que a sentença tenha sido proferida por Juízo estadual.

Súmula STJ nº 363

Compete à Justiça estadual processar e julgar a ação de cobrança ajuizada por profissional liberal contra cliente.

Súmula STJ nº 324

Compete à Justiça Federal processar e julgar ações de que participa a Fundação Habitacional do Exército, equiparada à entidade autárquica federal, supervisionada pelo Ministério do Exército.

Súmula STJ nº 270

O protesto pela preferência de crédito, apresentado por ente federal em execução que tramita na Justiça Estadual, não desloca a competência para a Justiça Federal.

Súmula STJ nº 254

A decisão do Juízo Federal que exclui da relação processual ente federal não pode ser reexaminada no Juízo Estadual.

Súmula STJ nº 238

A avaliação da indenização devida ao proprietário do solo, em razão de alvará de pesquisa mineral, é processada no Juízo Estadual da situação do imóvel.

Súmula STJ nº 224

Excluído do feito o ente federal, cuja presença levara o Juiz Estadual a declinar da competência, deve o Juiz Federal restituir os autos e não suscitar conflito.

Súmula STJ nº 222

Compete à Justiça Comum processar e julgar as ações relativas à contribuição sindical prevista no art. 578 da CLT.

Súmula STJ nº 218

Compete à Justiça dos Estados processar e julgar ação de servidor estadual decorrente de direitos e vantagens estatutárias no exercício de cargo em comissão.

Súmula STJ nº 209

Compete à Justiça Estadual processar e julgar prefeito por desvio de verba transferida e incorporada ao patrimônio municipal.

Súmula STJ nº 208

Compete à Justiça Federal processar e julgar prefeito municipal por desvio de verba sujeita a prestação de contas perante órgão federal.

Súmula STJ nº 206

A existência de vara privativa, instituída por lei estadual, não altera a competência territorial resultante das leis de processo.

Súmula STJ nº 173

Compete à justiça federal processar e julgar o pedido de reintegração em cargo público federal, ainda que o servidor tenha sido dispensado antes da instituição do regime jurídico único.

Súmula STJ nº 170

Compete ao juízo onde primeiro for intentada a ação envolvendo acumulação de pedidos, trabalhista e estatutário, decidi-la nos limites da sua jurisdição, sem prejuízo do ajuizamento de nova causa, com o pedido remanescente, no juízo próprio.

Súmula STJ nº 150

Compete à Justiça Federal decidir sobre a existência de interesse jurídico que justifique a presença, no processo, da União, suas autarquias ou empresas públicas.

Súmula STJ nº 137

Compete à Justiça Comum estadual processar e julgar ação de servidor público municipal, pleiteando direitos relativos ao vinculo estatutário.

Súmula STJ nº 59

Não há conflito de competência se já existe sentença com transito em julgado, proferida por um dos juízos conflitantes.

Súmula STJ nº 34

Compete à Justiça Estadual processar e julgar causa relativa a mensalidade escolar, cobrada por estabelecimento particular de ensino.

Súmula STJ nº 33

A incompetência relativa não pode ser declarada de oficio.

Súmula STJ nº 32

Compete à Justiça Federal processar justificações judiciais destinadas a instruir pedidos perante entidades que nela tem exclusividade de foro, ressalvada a aplicação do art. 15, II, da lei 5010/66.

Súmula STJ nº 22

Não há conflito de competência entre o Tribunal de Justiça e Tribunal de Alçada do mesmo estado-membro.

Súmula STJ nº 6

Compete à Justiça Comum estadual processar e julgar delito decorrente de acidente de trânsito envolvendo viatura de policia Militar, salvo se autor e vitima forem policiais militares em situação de atividade.

Súmula STJ nº 4

Compete à Justiça Estadual julgar causa decorrente do processo eleitoral sindical.

Súmula STJ nº 3

Compete ao Tribunal Regional Federal dirimir Conflito de Competência verificado, na respectiva região, entre juiz federal e juiz estadual investido de jurisdição federal.

5. PRESSUPOSTOS PROCESSUAIS E CONDIÇÕES DA AÇÃO

DIREITO PROCESSUAL CIVIL. AUSÊNCIA DE INTERESSE DE AGIR EM AÇÃO DE PRESTAÇÃO DE CONTAS DE CONTRATOS DE MÚTUO E FINANCIAMENTO. RECURSO REPETITIVO (ART. 543-C DO CPC E RES. 8/2008-STJ).

Nos contratos de mútuo e financiamento, o devedor não possui interesse de agir para a ação de prestação de contas. A ação de prestação de contas constitui procedimento especial de jurisdição contenciosa normatizado nos arts. 914 a 919 do CPC e presta-se, essencialmente, a dirimir incertezas surgidas a partir da administração de bens, negócios e interesses alheios, cabendo ao gestor a apresentação minuciosa de todas as receitas e despesas envolvidas na relação jurídica e, ao final, a exibição do saldo, que tanto pode ser credor quanto devedor. O art. 914 do CPC dispõe que a "ação de prestação de contas competirá a quem tiver: I – o direito de exigi-las; II – a obrigação de prestá-las". A hipótese a que se refere o inciso I – única que interessa ao presente caso – visa a permitir que o autor exija do réu o oferecimento de contas. Fundamenta-se exclusivamente na existência ou não do direito de exigir essas contas, sem que seja necessário que se invoque alguma desconfiança sobre o trabalho exercido pelo administrador ou algum saldo supostamente existente em razão da atuação deste. Assim, na ação de prestação de contas, é fundamental a existência, entre autor e réu, de relação jurídica de direito material em que um deles administre bens, direitos ou interesses alheios.

Sem essa relação, inexiste o dever de prestar contas. Nessa ordem de ideias, são duas conclusões acerca do interesse de agir nesse tipo de ação: a) o interesse sobre o qual versa a prestação de contas independe da existência ou não de débito e b) requer apenas a existência de vínculo jurídico capaz de obrigar uma das partes a prestá-las em favor da outra. No contrato de mútuo bancário, a obrigação do mutuante cessa com a entrega da coisa. Nesse contexto, não há obrigação da instituição financeira em prestar contas, porquanto a relação estabelecida com o mutuário não é de administração ou gestão de bens alheios, sendo apenas um empréstimo. Conclui-se, então, pela inexistência de interesse de agir do cliente/mutuário para propor ação de prestação de contas, haja vista que o mutuante/instituição financeira exime-se de compromissos com a entrega da coisa. Ou seja, "a atividade da instituição financeira limita-se a entrega de recursos ao tomador do empréstimo, no valor estipulado contratualmente, cabendo a este a restituição da quantia emprestada, na forma pactuada". (REsp 1.225.252-PR, Terceira Turma, DJe 6/5/2013). No que concerne à matéria, a Segunda Seção do STJ, no julgamento do REsp 1.201.662-PR, firmou o entendimento de que, na hipótese de contrato de financiamento, não há, para o tomador do financiamento, interesse de agir na propositura de ação de prestação de contas, uma vez que o banco não administra recursos do financiado. Ademais, importante salientar que a questão analisada é diversa da regulada na Súmula 259 do STJ, que dispõe sobre o cabimento da ação de prestação de contas em contratos de conta-corrente bancária. Aliás, toda argumentação utilizada até aqui deve ser estendida aos contratos de financiamento em geral. Nessa espécie contratual, assim como no empréstimo bancário, o cliente adquire certa quantia em dinheiro com a instituição financeira, comprometendo-se a saldá-la em determinado prazo, na forma avençada no contrato. A diferença entre eles é que, no contrato de financiamento, há destinação específica dos recursos tomados, como, por exemplo, para a aquisição de um bem imóvel ou de um veículo. Ademais, geralmente o contrato de financiamento possui algum tipo de garantia, como a hipoteca ou a alienação fiduciária. Conclui-se, então, que, na hipótese de contrato de financiamento, assim como no de mútuo, não há, para o tomador do financiamento, interesse de agir na propositura de ação de prestação de contas, uma vez que o banco não administra recursos do financiado: trata-se aqui de contrato fixo, em que há valor e taxa de juros definidos, cabendo ao próprio financiado fazer o cálculo, pois todas as informações constam no contrato. **REsp 1.293.558-PR, Rel. Min. Luis Felipe Salomão, Segunda Seção, julgado em 11/3/2015, DJe 25/3/2015 (Inform. STJ 558).**

Súmula STF nº 365

Pessoa jurídica não tem legitimidade para propor ação popular.

Súmula STJ nº 249

A Caixa Econômica Federal tem legitimidade passiva para integrar processo em que se discute correção monetária do FGTS.

Súmula STJ nº 235

A conexão não determina a reunião dos processos, se um deles já foi julgado.

Súmula STJ nº 23

O Banco Central do Brasil é parte legítima nas ações fundadas na Resolução 1154, de 1986.

6. PROCESSO DE CONHECIMENTO

AG. REG. NA ACO N. 1.609-PI

RELATOR: MIN. LUIZ FUX

EMENTA: AGRAVO REGIMENTAL NA AÇÃO CÍVEL ORIGINÁRIA. CONSTITUCIONAL. ADMINISTRATIVO. FINANCEIRO. APLICAÇÃO DE PERCENTUAIS MÍNIMOS EM AÇÕES E SERVIÇOS DE SAÚDE. NECESSIDADE DE ANÁLISE CASUÍSTICA. PEDIDO FORMULADO GENERICAMENTE. PRETENSÃO AUTORAL QUE SE MOSTRA CONCRETAMENTE IRREALIZÁVEL. PEDIDO QUE, NO SISTEMA PROCESSUAL VIGENTE, DEVE SER FORMULADO DE FORMA CERTA OU DETERMINADA. ART. 286 DO CPC. AGRAVO REGIMENTAL A QUE SE NEGA PROVIMENTO.

1. No sistema processual vigente, nos termos do art. 286 do CPC, o pedido deve ser formulado de forma certa ou determinada, não se admitindo sua formulação em termos genéricos, salvo as exceções expressamente previstas (nenhuma delas aplicável ao presente caso).
2. *In casu*, o pedido de mérito foi assim formulado pelo autor: *"O Estado do Piauí, à vista dessas conclusões, requer deste C. Tribunal: [...] b) O julgamento final de procedência da ação, que, confirmando a decisão liminar proferida nos autos da ação cautelar 2.648, determine em definitivo a exclusão do autor do CAUC ou de quaisquer outros cadastros restritivos administrados pela União Federal com fundamento em divergências de metodologia na apuração de percentual mínimo de investimento em ações e serviços públicos de saúde (art. 77, II, ADCT) ou, em qualquer hipótese, sem a notificação prévia do requerente para o oferecimento de defesa em prazo hábil*".
3. Tal pedido, formulado em caráter genérico, torna irrealizável a pretensão autoral no plano concreto.
4. Agravo regimental a que se nega provimento. **(Inform. STF 788)**

DIREITO PROCESSUAL CIVIL. TRANSAÇÃO JUDICIAL APÓS PUBLICAÇÃO DO ACÓRDÃO.

A publicação do acórdão que decide a lide não impede que as partes transacionem o objeto do litígio. A tentativa de conciliação dos interesses em conflito é obrigação de todos os operadores do direito desde a fase pré-processual até a fase de cumprimento de sentença. Nesse passo, o Código de Ética e Disciplina da OAB, no art. 2º, parágrafo único, VI, prevê, dentre os deveres do advogado, "estimular a conciliação entre os litigantes, prevenindo, sempre que possível, a instauração de litígios". No mesmo sentido, são inúmeros os dispositivos legais que preconizam a prática da conciliação, no curso do processo, com o objetivo de pôr termo ao litígio (arts. 277, 448 e 794, II, do CPC, dentre outros). De mais a mais, ao magistrado foi atribuída expressamente, pela reforma processual de 1994 (Lei 8.952), a incumbência de tentar, a qualquer tempo, conciliar as partes, com a inclusão do inciso IV ao artigo 125 do CPC. Com efeito, essa medida atende ao interesse do Estado na rápida solução dos litígios e converge para o ideal de concretização da pacificação social. Logo, não há marco final para implementá-la. **REsp 1.267.525-DF, Rel. Min. Ricardo Villas Bôas Cueva, julgado em 20/10/2015, DJe 29/10/2015. (Inform. STJ 572)**

DIREITO PROCESSUAL CIVIL. ARGUIÇÃO DE COMPENSAÇÃO EM CONTESTAÇÃO.

A compensação de dívida pode ser alegada em contestação. A compensação é meio extintivo da obrigação (art. 368 do CC), caracterizando-se como defesa substancial de mérito ou espécie de contradireito do réu. Nesse contexto, a compensação pode ser alegada em contestação como matéria de defesa, independentemente da propositura de reconvenção, em obediência aos princípios da celeridade e da economia processual. Com efeito, não é razoável exigir o ajuizamento de ação reconvencional para a análise de eventual compensação de créditos, devendo-se prestigiar a utilidade, a celeridade e a economia processuais, bem como obstar enriquecimento sem causa. No mais, o Novo Código de Processo Civil, nos arts. 336, 337 e 343, atento aos princípios da economia e da celeridade processual, adotou a concentração das respostas do réu, facultando a propositura da reconvenção na própria contestação. Precedente citado: REsp 781.427-SC, Quarta Turma, DJe 9/9/2010. **REsp 1.524.730-MG, Rel. Min. Ricardo Villas Bôas Cueva, julgado em 18/8/2015, DJe 25/8/2015 (Inform. STJ 567).**

DIREITO PROCESSUAL CIVIL. INCIDÊNCIA DA LEI 10.931/2004 NAS AÇÕES JUDICIAIS QUE ENVOLVAM O SFH.

Aplicam-se aos contratos de financiamento imobiliário do Sistema de Financiamento de Habitação (SFH) as disposições da Lei 10.931/2004, mormente as referentes aos requisitos da petição inicial de ação de revisão de cláusulas contratuais (art. 50). A análise econômica da função social do contrato, realizada a partir da doutrina da análise econômica do direito, permite reconhecer o papel institucional e social que o direito contratual pode oferecer ao mercado, qual seja, a segurança e previsibilidade nas operações econômicas e sociais capazes de proteger as expectativas dos agentes econômicos, por meio de instituições mais sólidas, que reforcem, ao contrário de minar, a estrutura do mercado. Nesse contexto, observa-se que a Lei 10.931/2004, especialmente seu art. 50, inspirou-se na efetividade, celeridade e boa-fé perseguidos pelo processo civil moderno, cujo entendimento é de que todo litígio a ser composto, dentre eles os de cunho econômico, deve apresentar pedido objetivo e apontar precisa e claramente a espécie e o alcance do abuso contratual que fundamenta a ação de revisão do contrato. As regras expressas no art. 50 e seus parágrafos têm a clara intenção de garantir o cumprimento dos contratos de financiamento de imóveis tal como pactuados, gerando segurança para os contratantes. O objetivo maior da norma é garantir que, quando a execução do contrato se tornar controvertida e necessária for a intervenção judicial, a discussão seja eficiente, porque somente o ponto conflitante será discutido e a discussão da controvérsia não impedirá a execução de tudo aquilo com o qual concordam as partes. Posto isso, diante do raciocínio desenvolvido acima, tem-se por viável a incidência, nos contratos de financiamento do Sistema Financeiro de Habitação, das regras encartadas na Lei 10.931/2004, mormente as referentes à ação revisional e aos requisitos de procedibilidade, conclusão alcançada, como visto, a partir de uma interpretação teleológica da norma objeto de controvérsia. Ademais, na própria Lei 10.931/2004, há prova de que suas disposições devem incidir sobre todos os contratos de financiamento de imóveis do Sistema Financeiro da Habitação. Com efeito, o art. 63 prevê: "nas operações envolvendo recursos do Sistema Financeiro da Habitação e do Sistema Financeiro Imobiliário, relacionadas com a moradia, é vedado cobrar do mutuário a elaboração de instrumento contratual particular, ainda que com força de escritura pública". Cabe ressaltar, ainda, que no CPC foi introduzido, por meio da Lei 12.810/2013, artigo com redação idêntica ao art. 50 da Lei 10.931/2004. Essa inovação legislativa corrobora os objetivos buscados pelo processo civil moderno, preocupado em ser, acima de tudo, eficaz. A discriminação do valor incontroverso na petição inicial proporciona melhor compreensão da dimensão do litígio, da lesão ao direito envolvido, além de permitir a demonstração da verossimilhança do direito invocado. Ainda, auxilia na atenuação de naturais mazelas da demora na prestação jurisdicional, contribuindo para a segurança jurídica. **REsp 1.163.283-RS, Rel. Min. Luis Felipe Salomão, julgado em 7/4/2015, DJe 4/5/2015 (Inform. STJ 561).**

DIREITO PROCESSUAL CIVIL. VIA ADEQUADA PARA COBRANÇA DE INDENIZAÇÃO FUNDADA EM CONTRATO DE SEGURO DE AUTOMÓVEL. É a ação de conhecimento sob o rito sumário – e não a ação executiva – a via adequada para cobrar, em decorrência de dano causado por acidente de trânsito, indenização securitária fundada em contrato de seguro de automóvel. Isso porque o contrato de seguro de automóvel não se enquadra como título executivo extrajudicial (art. 585 do CPC). Como cediço, o título executivo extrajudicial prescinde de prévia ação condenatória, ou seja, a função de conhecimento do processo é postergada até eventual oposição de embargos do devedor. Ademais, somente a lei pode prescrever quais são os títulos executivos, fixando-lhes as características formais peculiares. Desse modo, apenas os documentos descritos pelo legislador, seja em códigos ou em leis especiais, é que são dotados de força executiva, não podendo as partes convencionarem a respeito. Além disso, pela interpretação conjunta dos arts. 275, II, "e", 585, III, e 586 do CPC, depreende-se que somente os contratos de seguro de vida, dotados de liquidez, certeza e exigibilidade, são títulos executivos extrajudiciais, podendo ser utilizada, nesses casos, a via da ação executiva. Logo, para o seguro de automóveis, na ocorrência de danos causados em acidente de veículo, a ação a ser proposta é, necessariamente, a cognitiva, sob o rito sumário, uma vez que este contrato de seguro é destituído de executividade e as situações nele envolvidas comumente não se enquadram no conceito de obrigação líquida, certa e exigível, sendo imprescindível, portanto, nessa hipótese, a prévia condenação do devedor e a constituição de título judicial. A par disso, percebe-se que o legislador optou por elencar somente o contrato de seguro de vida como título executivo extrajudicial, justificando a sua escolha na ausência de caráter indenizatório do referido seguro, ou seja, o seu valor carece de limitação, sendo de responsabilidade do segurador o valor do seguro por ele coberto, uma vez que existe dívida líquida e certa. Verifica-se, ainda, que o tratamento dispensado ao seguro de dano, como ao de automóveis, é diverso, uma vez que esses ostentam índole indenizatória, de modo que a indenização securitária não poderá redundar em enriquecimento do segurado, devendo, pois, o pagamento ser feito em função do que se perdeu, quando ocorrer o sinistro, nos limites do montante segurado. **REsp 1.416.786-PR, Rel. Min. Ricardo Villas Bôas Cueva, julgado em 2/12/2014, DJe 9/12/2014 (Inform. STJ 553).**

Súmula STF nº 424

Transita em julgado o despacho saneador de que não houve recurso, excluídas as questões deixadas, explícita ou implicitamente, para a sentença.

Súmula STF nº 231

O revel, em processo cível, pode produzir provas, desde que compareça em tempo oportuno.

Súmula STF nº 216

Para decretação da absolvição de instância pela paralisação do processo por mais de trinta dias, é necessário que o autor, previamente intimado, não promova o andamento da causa.

Súmula STJ nº 305

É descabida a prisão civil do depositário quando, decretada a falência da empresa, sobrevém a arrecadação do bem pelo síndico.

Súmula STJ nº 304

É ilegal a decretação da prisão civil daquele que não assume expressamente o encargo de depositário judicial.

Súmula STJ nº 271

A correção monetária dos depósitos judiciais independe de ação específica contra o banco depositário.

Súmula STJ nº 245

A notificação destinada a comprovar a mora nas dívidas garantidas por alienação fiduciária dispensa a indicação do valor do débito.

Súmula STJ nº 240

A extinção do processo, por abandono da causa pelo autor, depende de requerimento do réu.

Súmula STJ nº 181

É admissível ação declaratória, visando a obter certeza quanto à exata interpretação de clausula contratual.

Súmula STJ nº 149

A prova exclusivamente testemunhal não basta à comprovação da atividade rurícola, para efeito da obtenção de benefício previdenciário.

Súmula STJ nº 106

Proposta a ação no prazo fixado para o seu exercício, a demora na citação, por motivos inerentes ao mecanismo da justiça, não justifica o acolhimento da arguição de prescrição ou decadência.

7. SENTENÇA, CUMPRIMENTO DE SENTENÇA, COISA JULGADA E AÇÕES ANULATÓRIA E RESCISÓRIA

7.1. Sucumbência. Honorários, custas e despesas processuais.

Assistência judiciária gratuita: art. 12 da Lei 1.060/1950 e recepção

O art. 12 da Lei 1.060/1950 ("A parte beneficiada pela isenção do pagamento das custas ficará obrigada a pagá-las, desde que possa fazê-lo, sem prejuízo do sustento próprio ou da família, se dentro de cinco anos, a contar da sentença final, o assistido não puder satisfazer tal pagamento, a obrigação ficará prescrita") foi recepcionado pela presente ordem constitucional. Com base nessa orientação, o Plenário,

em julgamento conjunto, recebeu os embargos de declaração como agravo regimental e a eles deu provimento para determinar aos juízos de liquidação e de execução que observem o benefício da assistência judiciária gratuita deferido no curso da fase cognitiva. Vencido o Ministro Marco Aurélio quanto à conversão. O Tribunal concluiu que o art.12 da mencionada lei seria materialmente compatível com o art. 5º, LXXIV, da CF ("O Estado prestará assistência jurídica integral e gratuita aos que comprovarem insuficiência de recursos"). Frisou que a taxa judiciária seria tributo da espécie taxa. Portanto, deveria guardar pertinência com a prestação do serviço público referente à Administração da Justiça, além de ser divisível. Ademais, não obstante estivesse topograficamente fora do Sistema Tributário Nacional, a doutrina e a jurisprudência em matéria tributária reconheceriam o art. 5º, LXXIV, da CF, como imunidade, por conseguinte assim deveria ser lido o termo "isenção" do art. 12 do diploma normativo impugnado. Contudo, impenderia observar que a norma imunizante seria condicionada por uma situação de fato, a ser comprovada em juízo, qual seja, a insuficiência de recursos econômicos para promover uma ação, sem colocar em risco o próprio sustento e do núcleo familiar. A fim de concretizar a imunidade nos estreitos limites em que justificada, a legislação exigiria do Estado-Juiz a emissão de um juízo de equidade tributária e forneceria para isso os meios processuais adequados, como, por exemplo, a modulação da gratuidade, a irretroatividade do benefício e a possibilidade de revogação do ato concessivo da benesse fiscal. Não seria justo privilegiar tributariamente jurisdicionado que recuperasse sua capacidade contributiva para adimplir obrigação relacionada à taxa, em detrimento de todo corpo social que pagaria impostos sobre as bases econômicas renda, patrimônio e consumo.
RE 249003 ED/RS, rel. Min. Edson Fachin, 9.12.2015. (RE-249003)
RE 249277 ED/RS, rel. Min. Edson Fachin, 9.12.2015. (RE-249277)
RE 284729 AgR/MG, rel. Min. Edson Fachin, 9.12.2015. (RE-284729)
(Inform. STF 811)

Multa: justiça gratuita e suspensão do recolhimento

As partes beneficiárias da justiça gratuita não estão isentas do pagamento da multa do art. 557, § 2º do CPC (contra recurso manifestamente inadmissível ou infundado), porém, o recolhimento do numerário deve ficar suspenso, nos termos do art. 12 da Lei 1.060/1950 ("Art. 12. A parte beneficiada pela isenção do pagamento das custas ficará obrigada a pagá-las, desde que possa fazê-lo, sem prejuízo do sustento próprio ou da família, se dentro de cinco anos, a contar da sentença final, o assistido não puder satisfazer tal pagamento, a obrigação ficará prescrita"). Com base nessa orientação, a Primeira Turma, por maioria, acolheu, em parte, os embargos de declaração apenas para determinar a suspensão da execução da multa. A Turma enfatizou que, na espécie, enquanto perdurasse a situação de pobreza a multa não seria exigível. Vencido o Ministro Roberto Barroso que rejeitava os embargos para manter a cobrança da multa.
RE 775685 AgR-ED/BA, rel. Min. Dias Toffoli, 17.11.2015. (RE-775685) (Inform. STF 808)

SEGUNDO AG. REG. NO RE N. 498.546-RS

RELATOR: MIN. ROBERTO BARROSO

EMENTA: DIREITO PROCESSUAL CIVIL. SEGUNDO AGRAVO REGIMENTAL EM RECURSO EXTRAORDINÁRIO. DIREITO PROCESSUAL CIVIL. HONORÁRIOS ADVOCATÍCIOS. EXECUÇÃO EMBARGADA. PRECEDENTES.
1. A jurisprudência do Supremo Tribunal Federal é firme no sentido de que a premissa fática exigida para que se aplique o que foi decidido no RE nº 420.816 é a de que a execução não tenha sido embargada pela União. Precedentes.2. Agravo regimental a que se nega provimento.
(Inform. STF 791)

DIREITO PROCESSUAL CIVIL. FIXAÇÃO PROVISÓRIA DE HONORÁRIOS ADVOCATÍCIOS EM EXECUÇÃO E POSTERIOR HOMOLOGAÇÃO DE ACORDO.

O advogado não tem direito à percepção dos honorários fixados no despacho de recebimento da inicial de execução por quantia certa (art. 652-A do CPC), na hipótese em que a cobrança for extinta em virtude de homologação de acordo entre as partes em que se estabeleceu que cada parte arcaria com os honorários de seus respectivos patronos. Salienta-se, inicialmente, que este Tribunal Superior possui jurisprudência consolidada no sentido de que: "[...] a fixação de honorários no início da Execução é meramente provisória, pois a sucumbência final será determinada, definitivamente, apenas no momento do julgamento dos Embargos à Execução" (AgRg no REsp 1.265.456-PR, Segunda Turma, DJe de 19/4/2012). Desse modo, ao receber a petição inicial de execução por quantia certa, o juiz arbitra provisoriamente os honorários advocatícios para a hipótese de pagamento da dívida pelo executado no prazo de três dias (art. 652 do CPC). Contudo, se a execução, por qualquer motivo, prosseguir, vislumbra-se a possibilidade de revisão da referida verba advocatícia, a qual poderá ser majorada, reduzida, invertida ou até mesmo suprimida. Nesse sentido, existindo composição amigável, não subsistem os honorários fixados no despacho que recebe a execução, tampouco se pode falar em sucumbência, visto que não há vencedor nem vencido, cabendo às partes dispor a respeito do ônus do pagamento da verba. Ressalte-se que, conforme art. 840 do CC, é lícito aos interessados prevenirem ou terminarem o litígio mediante concessões mútuas. Nesse contexto, o fato de o acordo estabelecer que cada parte se responsabilizará pelo pagamento dos honorários de seus respectivos patronos não confere aos advogados o direito de perceber os honorários provisórios arbitrados no despacho inicial da execução, os quais, repise-se, valem tão somente para o pronto pagamento da dívida. Por fim, os advogados que se reputarem prejudicados por essa espécie de transação poderão ajuizar ação autônoma, por meio da qual terão condições de discutir o efetivo direito à percepção da verba honorária, bem como o respectivo valor, tudo conforme a extensão de atuação no processo e a complexidade do trabalho desenvolvido. **REsp 1.414.394-DF, Rel. Min. Ricardo Villas Bôas Cueva, julgado em 22/9/2015, DJe 30/9/2015 (Inform. STJ 570).**

DIREITO PROCESSUAL CIVIL. IMPOSSIBILIDADE DE CONDENAÇÃO IMPLÍCITA EM HONORÁRIOS ADVOCATÍCIOS.

Não cabe a execução de honorários advocatícios com base na expressão "invertidos os ônus da sucumbência" empregada por acórdão que, anulando sentença de mérito que fixara a verba honorária em percentual sobre o valor da condenação, extinguiu o processo sem resolução de mérito. Consoante jurisprudência do STJ, se o Tribunal de origem, ao reformar a sentença, omite-se quanto à condenação da parte vencida em honorários advocatícios, deve a parte vencedora opor os necessários embargos declaratórios. Não o fazendo, não é possível depois voltar ao tema na fase de execução, buscando a condenação da parte vencida ao pagamento da referida verba, sob pena de ofensa à coisa julgada. A propósito, dispõe a Súmula 453 do STJ que "Os honorários sucumbenciais, quando omitidos em decisão transitada em julgado, não podem ser cobrados em execução ou em ação própria". Ademais, tendo o Tribunal de origem determinado a inversão dos ônus de sucumbência no processo de conhecimento, não se pode entender que os honorários advocatícios estão implicitamente incluídos, pois se estará constituindo direito até então inexistente e também se afastando o direito da parte adversa de se insurgir contra referida condenação no momento apropriado. **REsp 1.285.074-SP, Rel. Min. João Otávio de Noronha, julgado em 23/6/2015, DJe 30/6/2015 (Inform. STJ 565).**

DIREITO PROCESSUAL CIVIL. LITIGÂNCIA DE MÁ-FÉ E DESNECESSIDADE DE PROVA DE PREJUÍZO.

É desnecessária a comprovação de prejuízo para que haja condenação ao pagamento de indenização por litigância de má-fé (art. 18, caput e § 2º, do CPC). Ressalta-se, inicialmente, que o art. 18, caput e § 2º, do CPC é voltado à valoração dos princípios da boa-fé e lealdade processual. Nesse contexto, o litigante que proceder de má-fé deverá indenizar a parte contrária pelos prejuízos advindos de sua conduta processual, bem como ser punido por multa de até 1% (um por cento) sobre o valor da causa, mais os honorários advocatícios e outras despesas processuais. O § 2º do art. 18 do CPC, por sua vez, estipula que o juiz poderá, de ofício, fixar o valor da indenização em até 20% (vinte por cento) sobre o valor da causa ou determinar sua liquidação por arbitramento. Em momento algum, o dispositivo legal em questão exige que haja prova do prejuízo para que a indenização em discussão possa ser fixada. Com efeito, o art. 18, caput e § 2º, do CPC apenas dispõe que: "o juiz ou tribunal, de ofício ou a requerimento, condenará o litigante de má-fé a [...] indenizar a parte contrária dos prejuízos que esta sofreu [...]". Assim, para a fixação da indenização, a lei só exige que haja um prejuízo, potencial ou presumido. A par disso, observa-se que a exigência de comprovação do prejuízo praticamente impossibilitaria a aplicação do comando normativo em análise, comprometendo a sua eficácia, por se tratar de prova extremamente difícil de ser produzida pela parte que se sentir atingida pelo dano processual. Portanto, tem-se que o preenchimento das condutas descritas no art. 17 do CPC, que define os contornos fáticos da litigância de má-fé, é causa suficiente para a configuração do prejuízo à parte contrária e ao andamento processual do feito, até porque, caso prevalecesse a tese quanto à exigibilidade de comprovação do prejuízo causado pelo dano processual, isso impossibilitaria, muitas vezes, que o próprio juiz pudesse – como de fato pode – decretar a litigância de má-fé ex officio, na medida em que o prejuízo não estaria efetivamente comprovado nos autos. Precedentes citados: EDcl no REsp 816.512-PI, Primeira Seção, DJe 16/11/2011; REsp 861.471-SP, Quarta Turma, DJe 22/3/2010; REsp 872.978-PR, Segunda Turma, DJe 25/10/2010. **EREsp 1.133.262-ES, Rel. Min. Luis Felipe Salomão, julgado em 3/6/2015, DJe 4/8/2015 (Inform. STJ 565).**

DIREITO PROCESSUAL CIVIL. DESCABIMENTO DE FIXAÇÃO DE HONORÁRIOS ADVOCATÍCIOS EM EXECUÇÃO INVERTIDA.
Não cabe a condenação da Fazenda Pública em honorários advocatícios no caso em que o credor simplesmente anui com os cálculos apresentados em "execução invertida", ainda que se trate de hipótese de pagamento mediante Requisição de Pequeno Valor (RPV). É certo que o STJ possui entendimento de ser cabível a fixação de verba honorária nas execuções contra a Fazenda Pública, ainda que não embargadas, quando o pagamento da obrigação for feito mediante RPV. Entretanto, a jurisprudência ressalvou que, nos casos de "execução invertida", a apresentação espontânea dos cálculos após o trânsito em julgado do processo de conhecimento, na fase de liquidação, com o reconhecimento da dívida, afasta a condenação em honorários advocatícios. Precedentes citados: AgRg no AREsp 641.596-RS, Segunda Turma, DJe 23/3/2015; e AgRg nos EDcl no AREsp 527.295-RS, Primeira Turma, DJe 13/4/2015. **AgRg no AREsp 630.235-RS, Rel. Min. Sérgio Kukina, julgado em 19/5/2015, DJe 5/6/2015 (Inform. STJ 563).**

DIREITO PROCESSUAL CIVIL. RECURSO ADESIVO PARA MAJORAR QUANTIA INDENIZATÓRIA DECORRENTE DE DANO MORAL. RECURSO REPETITIVO (ART. 543-C DO CPC E RES. 8/2008-STJ). TEMA 459. O recurso adesivo pode ser interposto pelo autor da demanda indenizatória, julgada procedente, quando arbitrado, a título de danos morais, valor inferior ao que era almejado, uma vez configurado o interesse recursal do demandante em ver majorada a condenação, hipótese caracterizadora de sucumbência material. O CPC trata do recurso adesivo em seu art. 500, do qual se depreende, pela interpretação teleológica, que o cabimento do recurso adesivo pressupõe a constatação da "sucumbência recíproca", expressão a ser compreendida sob o enfoque da existência de interesse recursal da parte. O interesse recursal exsurge em face da constatação da utilidade da prestação jurisdicional concretamente apta a propiciar um resultado prático mais vantajoso ao recorrente. Nessa ordem de ideias, considerar-se-á vencida a parte que tenha obtido prestação jurisdicional aquém do que pretendia, tanto quanto aquelas efetivamente prejudicadas ou colocadas em situação desfavorável pela decisão judicial. A propósito, importante destacar lição doutrinária acerca da existência de distinção entre "sucumbência formal" e "sucumbência material" para fins de aferição do interesse recursal das partes: (a) "Por sucumbência formal se entende a frustração da parte em termos processuais, ou seja, a não obtenção por meio da decisão judicial de tudo aquilo que poderia ter processualmente obtido em virtude do pedido formulado ao órgão jurisdicional. Nesse sentido, será sucumbente formal o autor se este não obtiver a procedência integral de seu pedido e o réu se não obtiver a improcedência integral do pedido do autor. Na parcial procedência do pedido haverá sucumbência formal recíproca"; e (b) "A sucumbência material, por sua vez, se refere ao aspecto material do processo, verificando-se sempre que a parte deixar de obter no mundo dos fatos tudo aquilo que poderia ter conseguido com o processo. A análise nesse caso nada tem de processual, fundando-se no bem ou bens da vida que a parte poderia obter em virtude do processo judicial e que não obteve em razão da decisão judicial. Essa discrepância entre o desejado no mundo prático e o praticamente obtido no processo gera a sucumbência material da parte". A doutrina ainda conclui que: "Verificando-se a sucumbência formal, em regra, também haverá sucumbência material, sendo presumível que, não obtendo processualmente tudo o que o processo poderia lhe entregar, a parte também não obterá tudo o que poderia obter no plano prático. É até possível estabelecer uma regra de que, sempre que exista sucumbência formal, haverá também a material, mas essa vinculação entre as duas espécies de sucumbência nem sempre ocorrerá, havendo casos excepcionais nos quais não haverá sucumbência formal, mas ocorrerá a material". Assim, a procedência integral da pretensão deduzida na inicial, conquanto configure a sucumbência formal apenas da parte ré, pode vir a consubstanciar a chamada sucumbência material inclusive do autor da demanda, quando obtido provimento jurisdicional em extensão inferior a tudo aquilo que se almejava obter do ponto de vista prático. É o que ocorre nos casos de pretensão indenizatória calcada em dano moral. Isto porque a procedência da demanda configura, sem sombra de dúvidas, sucumbência formal e material do réu. Contudo, o arbitramento judicial de quantum indenizatório tido por irrisório, porque inferior aos parâmetros jurisprudenciais ou ao pedido constante da inicial, caracteriza frustração da expectativa do autor, sobressaindo seu interesse em ver majorada a condenação, hipótese caracterizadora, portanto, da sucumbência material viabilizadora da irresignação recursal. Dada a premissa anteriormente lançada, cumpre afastar a aparente dissonância com a orientação jurisprudencial cristalizada na Súmula 326 do STJ, segundo a qual: "Na ação de indenização por dano moral, a condenação em montante inferior ao postulado na inicial não implica sucumbência recíproca". Deveras, o aludido verbete sumular funda-se em jurisprudência voltada à definição da responsabilidade pelo pagamento de despesas processuais e honorários advocatícios devidos em razão da procedência de ação de indenização por danos morais, quando fixada quantia inferior à desejada pelo autor, tendo em vista os critérios delineados notadamente nos arts. 20 e 21 do CPC. Desse modo, a exegese consolidada na Súmula 326 do STJ não pode servir de amparo para a verificação da existência de interesse recursal do autor da demanda ressarcitória, porque adstrita ao exame da sucumbência recíproca sob as perspectivas formal e econômica, vale dizer, tão-somente tornando defesa a imputação do ônus sucumbencial à parte que obteve provimento jurisdicional de procedência da pretensão deduzida. Assim, constatado o interesse recursal do autor da ação de indenização por danos morais, quando arbitrada quantia inferior ao valor desejado, a decisão será apelável, embargável ou extraordinariamente recorrível. Consequentemente, uma vez cabida a interposição de recurso independente pelo autor materialmente sucumbente (a despeito da ausência de sucumbência formal), não se pode tolher seu direito ao manejo de recurso adesivo em caso de impugnação principal exclusiva da parte adversa. Outrossim, como reforço de argumento, cumpre assinalar a afirmação doutrinária de que "o interesse em recorrer adesivamente afere-se à luz da função processual do recurso adesivo, que é a de levar à cognição do órgão ad quem matéria ainda não abrangida pelo efeito devolutivo do recurso principal, e que, portanto, ficaria preclusa em não ocorrendo a adesão". Precedentes citados: AgRg no AREsp 189.692-MG, Terceira Turma, DJe 7/11/2012; AgRg no Ag 1.393.699-MS, Quarta Turma, DJe 28/3/2012; e REsp 944.218-PB, Quarta Turma, DJe 23/11/2009. **REsp 1.102.479-RJ, Rel. Min. Marco Buzzi, Corte Especial, julgado em 4/3/2015, DJe 25/5/2015 (Inform. STJ 562).**

DIREITO PROCESSUAL CIVIL. IMPOSSIBILIDADE DE COBRAR DO EXEQUENTE HONORÁRIOS SUCUMBENCIAIS FIXADOS NO DESPACHO INICIAL DE EXECUÇÃO DE TÍTULO EXTRAJUDICIAL (ART. 652-A DO CPC). Os honorários sucumbenciais fixados no despacho inicial de execução de título extrajudicial (art. 652-A do CPC) não podem ser cobrados do exequente, mesmo que, no decorrer do processo executivo, este tenha utilizado parte de seu crédito na arrematação de bem antes

pertencente ao executado, sem reservar parcela para o pagamento de verba honorária. A legislação estabelece que os honorários sucumbenciais, assim como os incluídos na condenação por arbitramento, constituem direito do advogado, podendo ser executados autonomamente (art. 23 da Lei 8.906/1994). Cabe ressaltar, entretanto, que o pagamento dos honorários sucumbenciais cabe ao sucumbente (art. 20 do CPC). Essa orientação fica ainda mais clara no livro processual que trata especificamente da execução de título extrajudicial, no ponto em que define a quem cabe o pagamento da verba honorária a ser fixada no início do procedimento executivo, nos moldes do art. 652-A: "Ao despachar a inicial, o juiz fixará, de plano, os honorários de advogado a serem pagos pelo executado (art. 20, § 4°)". A propósito do tema em análise, cabe ressaltar que a jurisprudência do STJ está consolidada no sentido de reconhecer que os honorários constituem direito do advogado, podendo ser executados autonomamente, e que o comando judicial que fixa os honorários advocatícios estabelece uma relação de crédito entre o vencido e o advogado da parte vencedora (REsp 1.347.736-RS, Primeira Seção, DJe 15/4/2014). Essa obrigação impõe ao vencido o dever de arcar com os honorários sucumbenciais em favor do advogado do vencedor. Ademais, não se pode olvidar a natureza provisória dos honorários sucumbenciais fixados na inicial da execução de título extrajudicial. Essa provisoriedade pode, inclusive, afetar a liquidez da execução dessa verba. Conforme visto, o art. 652-A do CPC determina que o juiz, ao despachar a inicial, fixará, de plano, os honorários sucumbenciais a serem pagos pelo executado. Não obstante, é possível que essa verba seja arbitrada em valor único quando do julgamento dos embargos à execução, hipótese em que abarcará a verba de sucumbência relativa às condenações na ação executiva e nos embargos à execução, ainda que no despacho inaugural da execução tenham sido fixados honorários provisórios. Isso porque os efeitos dos embargos à execução transbordam os limites da ação de rito ordinário para atingir o próprio feito executivo, o que implica reconhecer que a autonomia dessas ações não é absoluta. O sucesso dos embargos importa a desconstituição do título exequendo e, consequentemente, interfere na respectiva verba honorária. Assim, tendo em vista que o resultado dos embargos influencia no resultado da execução, a fixação inicial dos honorários sucumbenciais na execução tem apenas caráter provisório. Daí porque deve ser afastada a tese de que os honorários sucumbenciais, no presente caso, deveriam ser cobrados do exequente. **REsp 1.120.753-RJ, Rel. Min. Ricardo Villas Bôas Cueva, julgado em 28/4/2015, DJe 7/5/2015 (Inform. STJ 561).**

DIREITO PROCESSUAL CIVIL. LEGITIMIDADE PARA COBRANÇA DE HONORÁRIOS ADVOCATÍCIOS SUCUMBENCIAIS.

O advogado substabelecido com reserva de poderes que atuara na fase de conhecimento não possui legitimidade para postular, sem a intervenção do substabelecente, os honorários de sucumbência fixados nessa fase, ainda que tenha firmado contrato de prestação de serviços, na fase de cumprimento da sentença, com a parte vencedora da ação. O art. 22, caput, da Lei 8.906/1994 prevê três espécies de honorários advocatícios: contratuais, sucumbenciais e arbitrados. Quanto aos sucumbenciais, constitui direito autônomo do advogado executar a sentença na parte que condena o vencido ao pagamento da verba honorária, segundo o contido no art. 23. No entanto, em se tratando de cobrança de honorários pelo advogado substabelecido, é imperiosa a intervenção do substabelecente, consoante se depreende do teor do art. 26, que dispõe: "O advogado substabelecido, com reserva de poderes, não pode cobrar honorários sem a intervenção daquele que lhe conferiu o substabelecimento". Assim, o advogado substabelecido, com reserva de poderes, pode, em regra, cobrar o valor devido a título de honorários advocatícios tão somente se houver a participação do substabelecente. Cabe ressaltar que a relação existente entre substabelecente e substabelecido é pessoal e não determina a divisão igualitária da verba honorária, devendo qualquer controvérsia a respeito ser solucionada entre os próprios advogados contratantes, conforme já decidiu o STJ (REsp 525.671-RS, Quarta Turma, DJe 26/5/2008). Desse modo, a cláusula que estipula reserva de poderes inserida em substabelecimento aponta para a circunstância de que os honorários advocatícios são devidos, em regra, ao substabelecente, nos termos do art. 26 da Lei 8.906/1994. Ressalte-se que, ainda que o advogado substabelecido tenha firmado, em momento posterior, na fase de cumprimento de sentença, contrato de prestação de serviços diretamente com a parte exequente, esse contrato assegura peticionar, naturalmente e com autonomia, na fase de cumprimento de sentença, mas não permite exigir os valores devidos em virtude da condenação imposta pela sentença proferida no processo de conhecimento, quando atuava como substabelecido. Consequentemente, sua atuação deve ser restrita à defesa dos interesses do constituinte e ao recebimento da verba honorária contratual ou a fixada na própria fase de cumprimento de sentença, diversa daquela de natureza sucumbencial. **REsp 1.214.790-SP, Rel. Min. Ricardo Villas Bôas Cueva, julgado em 14/4/2015, DJe 23/4/2015 (Inform. STJ 560).**

DIREITO PROCESSUAL CIVIL. EFICÁCIA DA CONCESSÃO DE ASSISTÊNCIA JUDICIÁRIA GRATUITA.

Quando a assistência judiciária gratuita for deferida, a eficácia da concessão do benefício prevalecerá, independentemente de renovação de seu pedido, em todas as instâncias e para todos os atos do processo – alcançando, inclusive, as ações incidentais ao processo de conhecimento, os recursos, as rescisórias, assim como o subsequente processo de execução e eventuais embargos à execução –, somente perdendo sua eficácia por expressa revogação pelo Juiz ou Tribunal. Isso porque não há previsão legal que autorize a exigência de renovação do pedido de assistência judiciária gratuita em cada instância e a cada interposição de recurso, mesmo na instância extraordinária. Ao contrário, o art. 9° da Lei 1.060/1950 estabelece expressamente a eficácia da decisão deferitória do benefício em todas as instâncias e graus de jurisdição. Com efeito, a concessão do benefício, por compor a integralidade da tutela jurídica pleiteada, comporta eficácia para todos os atos processuais, em todas as instâncias, alcançando, inclusive, as ações incidentais ao processo de conhecimento, os recursos, as rescisórias, assim como o subsequente processo de execução e eventuais embargos à execução, sendo despicienda a constante renovação do pedido a cada instância e para a prática de cada ato processual. Essa é a interpretação mais adequada da legislação, especialmente da Lei 1.060/1950 (arts. 4°, 6° e 9°), e consentânea com os princípios constitucionais da inafastabilidade da tutela jurisdicional e do processo justo, com garantia constitucional de concessão do benefício da assistência judiciária gratuita ao necessitado (art. 5°, XXXV, LIV e LXXIV, da CF). Assim, desde que adequadamente formulado o pedido e uma vez concedida, a assistência judiciária gratuita prevalecerá em todas as instâncias e para todos os atos do processo, nos expressos termos assegurados no art. 9° da Lei 1.060/1950 (reiterado no parágrafo único do art. 13 da Lei 11.636/2007). Contudo, perderá eficácia a concessão do benefício em caso de expressa revogação pelo Juiz ou Tribunal, quando comprovada a mudança da condição econômico-financeira do beneficiário. Isso porque a decisão que concede a gratuidade está condicionada à cláusula rebus sic standibus, primando pela precariedade e não gerando preclusão pro judicato. Dessa maneira, a renovação do pedido de gratuidade da justiça somente se torna necessária quando houver anterior indeferimento do pleito ou revogação no curso do processo. Por fim, cabe ressaltar que não se faz necessário, para o processamento de eventual recurso, que o beneficiário faça expressa remissão na petição recursal acerca do anterior deferimento da assistência judiciária gratuita, embora seja evidente a utilidade dessa providência facilitadora. Basta, portanto, que constem dos autos os comprovantes de que já litiga na condição de beneficiário da justiça gratuita. **AgRg nos EAREsp 86.915-SP, Rel. Min. Raul Araújo, julgado em 26/2/2015, DJe 4/3/2015 (Inform. STJ 557).**

DIREITO PROCESSUAL CIVIL. INCIDENTE PROCESSUAL DE IMPUGNAÇÃO AO VALOR DA CAUSA E RECOLHIMENTO DE CUSTAS JUDICIAIS NO ÂMBITO DO STJ.

Não se pode exigir, no âmbito do STJ, o recolhimento de custas judiciais quando se tratar de incidente processual de impugnação ao valor da causa, conforme a Lei 11.636/2007. As custas judiciais são tributos da espécie taxa, prevista no art. 145, II, da CF, razão pela qual só podem ser fixadas em lei específica, dado o princípio constitucional da reserva legal para a instituição ou aumento de tributo (STF, RE 116.208-MG, Tribunal Pleno, DJ 8/6/1990; e STJ, AI no RMS 31.170-SP, Corte Especial, DJe 23/5/2012). No âmbito do STJ, a Lei 11.636/2007 dispõe sobre as custas judiciais devidas nos processos de competência originária e recursal. Como a impugnação ao valor da causa não consta na Lei 11.636/2007, não se pode exigir o recolhimento das custas judiciais nesse tipo de incidente processual. **PET 9.892-SP, Rel. Min. Luis Felipe Salomão, julgado em 11/2/2015, DJe 3/3/2015 (Inform. STJ 556).**

DIREITO PROCESSUAL CIVIL. ILEGITIMIDADE PASSIVA DE SOCIEDADES EMPRESÁRIAS INTEGRANTES DE GRUPO ECONÔMICO EM EXECUÇÃO DE HONORÁRIOS ADVOCATÍCIOS.

Não estão legitimadas a integrar o polo passivo de ação de execução de honorários advocatícios as sociedades empresárias que não figurarem no título executivo extrajudicial, ainda que sejam integrantes do mesmo grupo econômico da sociedade empresária que firmou o contrato de prestação de serviços advocatícios. O fato de sociedades empresárias pertencerem a um mesmo grupo econômico, por si só, não as torna automaticamente solidárias nas respectivas obrigações. Cada pessoa jurídica tem personalidade e patrimônio próprios, distintos, justamente para assegurar a autonomia das relações e atividades de cada sociedade empresária, ainda que integrantes de um mesmo grupo econômico. Somente em casos excepcionais essas distinções podem ser superadas, motivadamente (art. 50 do CC). Esse raciocínio é ainda mais forte em se tratando de processo de execução, que reclama título hábil a tanto, ou seja, dotado de liquidez, certeza e exigibilidade em relação ao executado. A questão, portanto, resolve-se pela observância dos limites subjetivos do título extrajudicial, nos termos do art. 568, I, do CPC: "São sujeitos passivos na execução: I – o devedor, reconhecido como tal no título executivo". Desse modo, não se justifica, na espécie, a aplicação da teoria da aparência – ao menos para o fim de constituir automaticamente título executivo extrajudicial. Com efeito, não se está a tratar de relação de consumo ou hipótese outra que autorize presumir a hipossuficiência dos contratantes advogados. Estes, na verdade, estão apenas a cobrar honorários advocatícios decorrentes de contrato de prestação de serviços firmado com sociedade empresária específica, não havendo indícios objetivos que permitam, no processo de execução, reconhecer-se a existência de confusão ou dúvida quanto ao real devedor, de modo a estender a responsabilidade para além da contratante. Não podem os credores, no intuito de agilizar o resgate de seu crédito perante sociedade empresária em aparente dificuldade financeira, direcionar a execução para outras sociedades – ainda que integrantes do mesmo grupo econômico – contra as quais não possuem título executivo, atropelando as normas legais. A teoria da aparência, definitivamente, não admite esse viés. **REsp 1.404.366-RS, Rel. Min. Raul Araújo, julgado em 23/10/2014, DJe 9/2/2015 (Inform. STJ 555).**

Súmula Vinculante STF 47

Os honorários advocatícios incluídos na condenação ou destacados do montante principal devido ao credor consubstanciam verba de natureza alimentar cuja satisfação ocorrerá com a expedição de precatório ou requisição de pequeno valor, observada ordem especial restrita aos créditos dessa natureza.

Súmula STF nº 450

São devidos honorários de advogado sempre que vencedor o beneficiário de justiça gratuita.

Súmula STF nº 257

São cabíveis honorários de advogado na ação regressiva do segurador contra o causador do dano.

Súmula STF nº 256

É dispensável pedido expresso para condenação do réu em honorários, com fundamento nos arts. 63 ou 64 do Código de Processo Civil.

Súmula STF nº 234

São devidos honorários de advogado em ação de acidente do trabalho julgada procedente.

Súmula STJ nº 488

O § 2º do art. 6º da Lei n. 9.469/1997, que obriga à repartição dos honorários advocatícios, é inaplicável a acordos ou transações celebrados em data anterior à sua vigência.

Súmula STJ nº 481

Faz jus ao benefício da justiça gratuita a pessoa jurídica com ou sem fins lucrativos que demonstrar sua impossibilidade de arcar com os encargos processuais.

Súmula STJ nº 462

Nas ações em que representa o FGTS, a CEF, quando sucumbente, não está isenta de reembolsar as custas antecipadas pela parte vencedora.

Súmula STJ nº 453

Os honorários sucumbenciais, quando omitidos em decisão transitada em julgado, não podem ser cobrados em execução ou em ação própria.

Súmula STJ nº 421

Os honorários advocatícios não são devidos à Defensoria Pública quando ela atua contra a pessoa jurídica de direito público à qual pertença.

Súmula STJ nº 345

São devidos honorários advocatícios pela Fazenda Pública nas execuções individuais de sentença proferida em ações coletivas, ainda que não embargadas.

Súmula STJ nº 326

Na ação de indenização por dano moral, a condenação em montante inferior ao postulado na inicial não implica sucumbência recíproca.

Súmula STJ nº 201

Os honorários advocatícios não podem ser fixados em salários mínimos.

Súmula STJ nº 178

O INSS não goza de isenção do pagamento de custas e emolumentos, nas ações acidentárias e de benefícios, propostas na justiça estadual.

Súmula STJ nº 111

Os honorários advocatícios, nas ações previdenciárias, não Incidem sobre as prestações vencidas após a sentença. (*) apreciando o projeto de súmula n. 560, na sessão de 27/09/06, a terceira seção deliberou pela modificação da Súmula n. 111. A redação anterior era a seguinte (decisão de 06/10/1994, DJ 13/10/1994): Os honorários advocatícios, nas ações previdenciárias, não Incidem sobre prestações vincendas.

Súmula STJ nº 110

A isenção do pagamento de honorários advocatícios, nas ações acidentarias, é restrita ao segurado.

7.2. Cumprimento de Sentença

DIREITO PROCESSUAL CIVIL. IMPUGNAÇÃO AO CUMPRIMENTO DE SENTENÇA E NECESSIDADE DE GARANTIA DO JUÍZO.

Na fase de cumprimento de sentença, não é cabível a apresentação de impugnação fundada em excesso de execução (art. 475-L, V, do CPC) antes do depósito da quantia devida (art. 475-J, caput, do CPC); contudo, se mesmo assim ela for apresentada, não haverá preclusão da faculdade de apresentar nova impugnação a partir da intimação da penhora realizada nos autos (art. 475-J, §1º, do CPC). De fato, com o trânsito em julgado da sentença de mérito, inicia-se a fase executória com o desencadear de atos e procedimentos que buscam a liquidação do referido título judicial. Nesse contexto, tendo o credor requerido o cumprimento de sentença e apresentado seus cálculos, o devedor é intimado, na pessoa de seu advogado, para, querendo, efetuar o pagamento na forma do art. 475-J do CPC. Não obstante, se a parte devedora apresenta impugnação ao cumprimento de sentença sem efetuar, espontaneamente, o respectivo depósito, é cabível, naquele momento, o não conhecimento do alegado excesso de execução, tendo em vista que o STJ entende que a garantia do juízo é requisito necessário à admissão da impugnação ao cumprimento de sentença. Dessa forma, não providenciado o depósito, além da incidência de multa no percentual de 10% (dez por cento) sobre o total do débito, haverá determinação judicial de expedição do mandado de penhora e avaliação. Assim, somente a partir da intimação do executado a respeito da penhora realizada nos autos é que se inicia o prazo para impugnação, a teor do que dispõe o § 1° do art. 475-J do CPC. Portanto, havendo a garantia do juízo ante a penhora realizada nos autos, surge o direito de a parte impugnar os cálculos ofertados pelo credor. **REsp 1.455.937-SP, Rel. Min. João Otávio de Noronha, julgado em 3/11/2015, DJe 9/11/2015. (Inform. STJ 573)**

DIREITO PROCESSUAL CIVIL. MULTA DO ART. 475-J DO CPC EM CUMPRIMENTO DE SENTENÇA ARBITRAL. TEMA 893.

No âmbito do cumprimento de sentença arbitral condenatória de prestação pecuniária, a multa de 10% (dez por cento) do artigo 475-J do CPC deverá incidir se o executado não proceder ao pagamento espontâneo no prazo de 15 (quinze) dias contados da juntada do mandado de citação devidamente cumprido aos autos (em caso de título executivo contendo quantia líquida) ou da intimação do devedor, na pessoa de seu advogado, mediante publicação na imprensa oficial (em havendo prévia liquidação da obrigação certificada pelo juízo arbitral). O CPC (arts. 475-N, IV e parágrafo único), assim como a Lei da Arbitragem (arts. 18 e 31), confere a natureza de título executivo judicial à sentença arbitral, distinguindo apenas o instrumento de comunicação processual do executado. Com efeito, em se tratando de cumprimento de sentença arbitral, a angularização da relação jurídica processual dar-se-á mediante citação do devedor no processo de liquidação ou de execução em vez da intimação promovida nos processos sincréticos. Eis, portanto, a única diferença procedimental entre o cumprimento da sentença proferida no processo civil e o da sentença arbitral. Nessa ordem de ideias, à exceção da ordem de citação (e não de intimação atinente aos processos sincréticos), a execução da sentença arbitral condenatória de obrigação de pagar quantia certa observa o mesmo procedimento previsto para as sentenças civis de idêntico conteúdo, qual seja, o regime previsto nos artigos 475-J a 475-R do CPC. À luz da supracitada premissa, o decurso *in albis* do prazo de 15 (quinze) dias (contados da comunicação pessoal do devedor, mediante citação ou intimação) para pagamento espontâneo da prestação pecuniária certificada na sentença arbitral enseja a aplicação da multa de 10% (dez por cento) prevista no art. 475-J do CPC. A referida sanção pecuniária (aplicável no âmbito do cumprimento de título representativo de obrigação pecuniária líquida) ostenta caráter punitivo e coercitivo, tendo por objetivo garantir a maior efetividade e celeridade na prestação jurisdicional, tornando onerosa a recalcitrância do devedor em desobedecer ao comando sentencial ao qual submetido. Consequentemente, o afastamento a incidência da referida sanção no âmbito do cumprimento de sentença arbitral de prestação pecuniária representaria um desprestígio ao procedimento da arbitragem (tornando-a um *minus* em relação à prestação jurisdicional estatal), olvidando-se de um de seus principais atrativos, qual seja, a expectativa de célere desfecho na solução dos conflitos. Além disso, a sentença arbitral não se sujeita a reexame de mérito nem pelo árbitro nem pelo juiz estatal, adquirindo, desde sua prolação, a imutabilidade decorrente da coisa julgada (arts. 18 e 31 da Lei 9.037/1996), razão pela qual cabida sua execução definitiva (e não provisória). Assim, firmada a aplicabilidade da multa do art. 475-J do CPC no âmbito do cumprimento de sentença arbitral condenatória de prestação pecuniária, impende consignar que o termo inicial do prazo de quinze dias contar-se-á: (i) da data da juntada do mandado de citação (com a determinação de pagamento) devidamente cumprido aos autos (em caso de título executivo contendo quantia líquida); ou (ii) da intimação do devedor, na pessoa de seu advogado, mediante publicação na imprensa oficial, no caso em que necessária prévia liquidação da obrigação certificada pelo juízo arbitral. Tal consideração decorre da especificidade da comunicação processual do executado na ação de cumprimento de sentença arbitral, adaptando-se à orientação jurisprudencial do STJ firmada no bojo de recurso especial representativo de controvérsia, no sentido de que "na fase de cumprimento de sentença, o devedor deverá ser intimado, na pessoa de seu advogado, mediante publicação na imprensa oficial, para efetuar o pagamento no prazo de 15 (quinze) dias, a partir de quando, caso não o efetue, passará a incidir a multa de 10% (dez por cento) sobre montante da condenação (art. 475-J do CPC)" (REsp 1.262.933-RJ, Corte Especial, DJe 20/8/2013). **REsp 1.102.460-RJ, Rel. Min. Marco Buzzi, Corte Especial, julgado em 17/6/2015, DJe 23/9/2015 (Inform. STJ 569).**

DIREITO PROCESSUAL CIVIL. CANCELAMENTO DE DISTRIBUIÇÃO DE IMPUGNAÇÃO AO CUMPRIMENTO DE SENTENÇA OU DE EMBARGOS À EXECUÇÃO. RECURSO REPETITIVO (ART. 543-C DO CPC E RES. 8/2008-STJ). TEMAS 674, 675 E 676.

Cancela-se a distribuição da impugnação ao cumprimento de sentença ou dos embargos à execução na hipótese de não recolhimento das custas no prazo de 30 dias, independentemente de prévia intimação da parte; não se determina o cancelamento se o recolhimento das custas, embora intempestivo, estiver comprovado nos autos. Precedentes citados: AgRg no AREsp 278.854-RS, Terceira Turma, DJe 15/3/2013; e REsp 168.605-SC, Quarta Turma, julgado em 9/6/1998, DJ 24/5/1999. **REsp 1.361.811-RS, Rel. Min. Paulo de Tarso Sanseverino, Primeira Seção, julgado em 4/3/2015, DJe 6/5/2015 (Inform. STJ 561).**

DIREITO PROCESSUAL CIVIL. CUMPRIMENTO DE SENTENÇA DE IMPROCEDÊNCIA DE PEDIDO DECLARATÓRIO.

No caso em que, em ação declaratória de nulidade de notas promissórias, a sentença, ao reconhecer subsistente a obrigação cambial entre as partes, atestando a existência de obrigação líquida, certa e exigível, defina a improcedência da ação, o réu poderá pleitear o cumprimento dessa sentença, independentemente de ter sido formalizado pedido de satisfação do crédito na contestação. Nos termos do art. 475-N, I, do CPC, considera-se título executivo judicial "a sentença proferida no processo civil que reconheça a existência de obrigação de fazer, não fazer, entregar coisa ou pagar quantia". Assim, as sentenças que, mesmo não qualificadas como condenatórias, ao declararem um direito, atestem de forma exauriente a existência de obrigação certa, líquida e exigível, serão dotadas de força executiva. Esclareça-se que o referido dispositivo processual aplica-se também às sentenças declaratórias que, julgando improcedente o pedido do autor da demanda, reconhecem a existência de obrigação desse em relação ao réu da ação declaratória, independentemente de constar pedido de satisfação de crédito na contestação. Nessa vertente, há legitimação do réu para o cumprimento de sentença. Na hipótese em foco, a sentença de improcedência proferida nos autos da ação de anulação de notas promissórias, declarou subsistente a obrigação cambial entre as partes. Desse modo, reconhecida a certeza, a exigibilidade e a liquidez da obrigação cambial, deve-se dar prosseguimento ao pedido de cumprimento de sentença formulado pelo réu da ação declaratória, ante a aplicação do disposto no art. 475-N, I, do CPC. Precedentes citados: REsp 1.300.213-RS, Primeira Turma, DJe 18/4/2012; e AgRg no AREsp 385.551-RJ, Primeira Turma, DJe 11/2/2014. **REsp 1.481.117-PR, Rel. Min. João Otávio de Noronha, julgado em 3/3/2015, DJe 10/3/2015 (Inform. STJ 557).**

Súmula STF nº 254

Incluem-se os juros moratórios na liquidação, embora omisso o pedido inicial ou a condenação.

Súmula STJ nº 551

Nas demandas por complementação de ações de empresas de telefonia, admite-se a condenação ao pagamento de dividendos e juros sobre capital próprio independentemente de pedido expresso. No entanto, somente quando previstos no título executivo, poderão ser objeto de cumprimento de sentença.

Súmula STJ nº 519

Na hipótese de rejeição da impugnação ao cumprimento de sentença, não são cabíveis honorários advocatícios.

Súmula STJ nº 517

São devidos honorários advocatícios no cumprimento de sentença, haja ou não impugnação, depois de escoado o prazo para pagamento voluntário, que se inicia após a intimação do advogado da parte executada.

Súmula STJ nº 362

A correção monetária do valor da indenização do dano moral incide desde a data do arbitramento.

Súmula STJ nº 344

A liquidação por forma diversa da estabelecida na sentença não ofende a coisa julgada.

Súmula STJ nº 306

Os honorários advocatícios devem ser compensados quando houver sucumbência recíproca, assegurado o direito autônomo do advogado à execução do saldo sem excluir a legitimidade da própria parte.

Súmula STJ nº 204

Os juros de mora nas ações relativas a benefícios previdenciários incidem a partir da citação válida.

Súmula STJ nº 14

Arbitrados os honorários advocatícios em percentual sobre o valor da causa, a correção monetária incide a partir do respectivo ajuizamento.

7.3. Coisa Julgada

AG. REG. NO ARE N. 881.585-DF
RELATOR: MIN. DIAS TOFFOLI
EMENTA: Agravo regimental no recurso extraordinário com agravo. Tributário. Coisa julgada. Efeitos. Alteração das circunstâncias fáticas e jurídicas. Superveniência de alteração legislativa. Necessidade de reexame da causa à luz da legislação infraconstitucional e dos fatos e das provas dos autos. Súmula 279/STF. Afronta reflexa.

1. O Tribunal de origem entendeu que houve alteração nas circunstâncias fáticas e jurídicas que permitiriam uma alteração dos efeitos da coisa julgada não só por força da atual exegese do Supremo Tribunal Federal, como também por força de alteração legislativa (LC nº 87/96).
2. Para decidir de modo contrário ao assentado pelo Tribunal de origem, seria necessário analisar a eficácia vinculante da coisa julgada e se tais circunstâncias fáticas teriam modificado, de modo substancial, a situação jurídica do objeto do pedido ou a causa de pedir, o que importaria no revolvimento dos fatos e das provas dos autos. Incidência da Súmula 279/STF.
3. A Corte tem entendimento pacífico no sentido de que a violação do art. 5º, XXXVI, da Constituição, quando dependente do reexame da contenda à luz da legislação infraconstitucional (LC nº 87/96), ocorre de maneira meramente reflexa, sendo, dessa forma, incabível a interposição de apelo extremo.
4. Agravo regimental não provido. **(Inform. STF 804)**

DIREITO PROCESSUAL CIVIL. CONFLITO ENTRE COISAS JULGADAS. Havendo conflito entre duas coisas julgadas, prevalecerá a que se formou por último, enquanto não desconstituída mediante ação rescisória. Precedentes citados: AgRg no REsp 643.998-PE, Sexta Turma, DJe 1/2/2010; REsp 598.148-SP, Segunda Turma, DJe 31/8/2009. **REsp 1.524.123-SC, Rel. Min. Herman Benjamin, julgado em 26/5/2015, DJe 30/6/2015 (Inform. STJ 565).**

DIREITO PROCESSUAL CIVIL. EFICÁCIA SUBJETIVA DA COISA JULGADA.
Não está sujeito aos efeitos de decisão reintegratória de posse proferida em processo do qual não participou o terceiro de boa-fé que, antes da citação, adquirira do réu o imóvel objeto do litígio. É certo que, segundo o disposto no art. 42, § 3º, do CPC, em se tratando de aquisição de coisa ou direito litigioso, "A sentença, proferida entre as partes originárias, estende os seus efeitos ao adquirente ou ao cessionário". Trata-se de exceção legal à regra segundo a qual a coisa julgada só opera efeito inter partes – eficácia subjetiva da coisa julgada –, prevista na primeira parte do art. 472 do CPC: "A sentença faz coisa julgada às partes entre as quais é dada, não beneficiando, nem prejudicando terceiros [...]". Entretanto, a coisa só se torna litigiosa para a parte ré após a citação válida, nos termos do disposto no art. 219 do CPC. Observe-se que o bem ou direito somente se torna litigioso com a litispendência, ou seja, com a lide pendente. A lide é considerada pendente, para o autor, com a propositura da ação, enquanto que, para o réu, com a citação válida. Desse modo, para o adquirente, o momento em que o bem ou direito é considerado litigioso vai variar de acordo com a posição ocupada pela parte na relação jurídica processual que sucederia. Nesse contexto, se o bem é adquirido por terceiro de boa-fé antes de configurada a litigiosidade, não há falar em extensão dos efeitos da coisa julgada ao adquirente. **REsp 1.458.741-GO, Rel. Min. Ricardo Villas Bôas Cueva, julgado em 14/4/2015, DJe 17/4/2015 (Inform. STJ 560).**

DIREITO PROCESSUAL CIVIL. CONFLITO ENTRE DUAS SENTENÇAS TRANSITADAS EM JULGADO.
É possível acolher alegação de coisa julgada formulada em sede de exceção de pré-executividade caso se verifique, na fase de execução, que o comando da sentença exequenda transitada em julgado conflita com o comando de outra sentença, anteriormente transitada em julgado, proferida em idêntica demanda. Efetivamente, existe grande polêmica na doutrina a respeito do conflito entre sentenças transitadas em julgado, especificamente no que se refere à definição de qual decisão deve prevalecer, a primeira ou a segunda. Diante da ausência de disposição específica no CPC, cabe ao intérprete colmatar essa lacuna legislativa, sempre tomando como norte a CF. Nessa tarefa integrativa, a primeira questão que se coloca é saber se a ausência de uma condição da ação causaria a invalidade ou a inexistência da sentença proferida. Consoante parte da doutrina, não há atividade jurisdicional autêntica nesse caso, mas apenas aparência de jurisdição – ou a forma externa de jurisdição –, de modo que a carência de ação conduziria à própria inexistência da sentença. Firmada essa premissa, tem-se por inexistente a segunda sentença proferida em demanda idêntica a outra já transitada em julgado, tendo em vista que o autor na segunda demanda careceria de interesse jurídico em provocar a jurisdição. A propósito, reforça essa conclusão o fato de a coisa julgada ser um pressuposto processual negativo (ou extrínseco). Ressalte-se, ademais, que persiste o entendimento de que deve prevalecer a primeira sentença também quando se tem em foco o plano da validade, ou seja, ainda que se admita o ingresso da segunda sentença no mundo jurídico como ato judicial existente. Isso porque a segunda sentença traz em si as máculas da inconstitucionalidade e da ausência de boa-fé. Superada a polêmica acerca de qual das sentenças deve prevalecer, há controvérsia também em torno do instrumento processual adequado para se alegar o vício coisa julgada. Em que pese a existência de dissenso a respeito do tema, firmada a premissa de que a segunda sentença é inexistente, cabe concluir que não há necessidade de ação rescisória, podendo-se obter a declaração de inexistência perante o próprio juízo de origem, por meio de ação ou objeção, esteja ou não transcorrido o prazo decadencial do art. 495 do CPC. **REsp 1.354.225-RS, Rel. Min. Paulo de Tarso Sanseverino, julgado em 24/2/2015, DJe 5/3/2015 (Inform. STJ 557).**

Súmula STJ nº 490

A dispensa de reexame necessário, quando o valor da condenação ou do direito controvertido for inferior a sessenta salários mínimos, não se aplica a sentenças ilíquidas.

7.4. Ações Anulatória e Rescisória

AG. REG. NA AR N. 1.798-PE
RELATOR: MIN. MARCO AURÉLIO
AÇÃO RESCISÓRIA – OBJETO – DECISÃO DE MERITO – AUSÊNCIA. A ausência de apreciação do mérito direciona à negativa de seguimento ao pedido formulado na rescisória. **(Inform. STF 800)**

AG. REG. NA Pet N. 5.592-DF
RELATOR: MIN. LUIZ FUX
Ementa: AGRAVO REGIMENTAL NA PETIÇÃO. TENTATIVA DE NOVA REDISCUSSÃO DO QUE JÁ ASSENTADO POR ESTA CORTE EM RECURSO EXTRAORDINÁRIO E EM POSTERIOR AÇÃO RESCISÓRIA. INADEQUAÇÃO DA VIA PROCESSUAL ELEITA. AÇÃO MANIFESTAMENTE INCABÍVEL. A CLASSE PROCESSUAL DE PETIÇÃO NÃO PODE SE CARACTERIZAR COMO SUCEDÂNEO RECURSAL, NOTADAMENTE QUANDO PRETENDE REDISCUTIR A MESMA QUESTÃO JURÍDICA JÁ ASSENTADA TANTO EM AÇÃO ORIGINAL QUANTO EM RESCISÓRIA. AGRAVO REGIMENTAL A QUE SE NEGA PROVIMENTO.

1. A ação rescisória – e quanto mais o seus sucedâneos recursais – é via processual inadequada à mera rediscussão de matérias já assentadas pelo Tribunal à época do julgamento do qual decorreu a decisão que se quer ver desconstituída. Precedentes: AR 2.017, rel. Min. Luiz Fux, DJe de 17/4/2015; AR 2.304-AgR, rel. Min. Luiz Fux, Primeira Turma, DJe de 5/3/2015; AR 1.063, rel. Min. Néri da Silveira, Pleno, DJ de 25/8/1995; AR 973, rel. Min. Néri da Silveira, Pleno, DJ de 30/4/1992.

2. *In casu*, a discussão que se propõe tem sido objeto de apreciação pelo Judiciário desde a ação original, bem como pela posterior ação rescisória. Assim, nota-se que o autor apenas pretende rediscutir alegações já expendidas durante o curso do processo original, as quais já foram objeto de análise detida desta Corte, tanto no processo original, quando em sede rescisória; providência descabida neste momento processual.

3. Agravo regimental a que se nega provimento. **(Inform. STF 790)**

Ação rescisória e revisão geral anual de vencimentos

O Plenário, por maioria, não conheceu de ação rescisória ajuizada, com fundamento no art. 485, V, do CPC ("Art. 485. A sentença de mérito, transitada em julgado, pode ser rescindida quando: ... V – violar literal disposição de lei"), em face de decisão monocrática que dera provimento ao RE 560.077/SC. Na espécie, pleiteava-se o restabelecimento de acórdão, objeto do referido recurso extraordinário, no qual fora deferido pedido de indenização por danos materiais, formulado por servidor público, em razão de alegada omissão do titular do Poder Executivo em encaminhar projeto de lei de revisão geral anual da remuneração dos servidores federais, a teor do disposto no art. 37, X, da CF. O autor da rescisória sustentava que a matéria não estaria uniformizada pela jurisprudência do STF, destacando a repercussão geral reconhecida no RE 424.584/MG e no RE 565.089/SP, ainda pendente de apreciação. O Tribunal reiterou o quanto decidido no RE 590.809/RS (DJe de 24.11.2014) no sentido do não cabimento de ação rescisória de decisões proferidas em harmonia com a jurisprudência do STF, ainda que viesse a ocorrer alteração posterior do seu entendimento sobre a matéria. Tratar-se-ia, no caso, de ação rescisória manifestamente incabível, porquanto fundada exclusivamente em possível e eventual alteração na jurisprudência do STF sobre o tema. Vencido o Ministro Marco Aurélio (relator), que julgava procedente o pedido para rescindir a decisão proferida no RE 560.077/SC, restabelecendo o acórdão do TRF, considerada a responsabilidade civil do Estado pela omissão inconstitucional, a conflitar com a Constituição Federal. **AR 2199/SC, rel. Min. Marco Aurélio, red. p/ o acórdão Min. Gilmar Mendes, 23.4.2015. (AR-2199) (Inform. STF 782)**

DIREITO PROCESSUAL CIVIL. PRAZO DECADENCIAL PARA AJUIZAMENTO DE AÇÃO ANULATÓRIA NO PROCEDIMENTO ARBITRAL.

No procedimento arbitral, o prazo decadencial de noventa dias para o ajuizamento de ação anulatória (art. 33, § 1º, da Lei 9.307/1996) em face de sentença arbitral parcial conta-se a partir do trânsito em julgado desta, e não do trânsito em julgado da sentença arbitral final. De plano, afigura-se de suma relevância consignar que, no âmbito do procedimento arbitral, nos termos da Lei 9.307/1996 (antes mesmo das alterações promovidas pela Lei 13.129/2015), inexiste qualquer óbice à prolação de sentença arbitral parcial. Efetivamente, a possibilidade de prolação de sentença arbitral parcial, há muito admitida no Direito Comparado e expressamente prevista nos principais regulamentos de arbitragem internacionais (dentre eles, citam-se: da UNCITRAL – United Nations Commission on International Trade Law, art. 32.1; da ICC – International Court of Arbitration, art. 2 (iii); da AAA – International Centre for Dispute Resolution, art. 27.7; e da LCIA – London Court of International Arbitration, art. 26.7), encontrava, no país, antes da Lei 11.232/2005, alguma resistência de alguns autores, em virtude, não raro, da inevitável comparação com o processo judicial então em vigor. Todavia, após a Reforma instituída pela Lei 11.232/2005, pela qual se afastou da definição de sentença o critério "exclusivamente" topográfico (extinção do processo), reportando-se ao conteúdo das matérias vertidas nos arts. 267 e 269 do CPC, tornou-se insubsistente o argumento de parte da doutrina nacional, que não admitia a prolação de sentença parcial no âmbito do procedimento arbitral em virtude da literalidade do art. 29 da Lei 9.307/1996 ("Proferida a sentença arbitral, dá-se por finda a arbitragem..."). Não se olvidam, tampouco se afastam, as vantagens de se traçar um paralelo entre o processo judicial e a arbitragem, notadamente por se tratar efetivamente de ramos do Direito Processual. E, desse modo, natural que do processo judicial se extraiam as principais noções e, muitas vezes, elementos seguros para solver relevantes indagações surgidas no âmbito da arbitragem, de modo a conceder às partes tratamento isonômico e a propiciar-lhes o pleno contraditório e a ampla defesa. Por consectário, vislumbra-se, em certa medida, a salutar harmonia dos institutos processuais incidentes no processo judicial com aqueles aplicáveis à arbitragem. Isso, todavia, não autoriza o intérprete a compreender que a arbitragem – regida por princípios próprios (notadamente o da autonomia da vontade e o da celeridade da prestação jurisdicional) – deva observar necessária e detidamente os regramentos disciplinadores do processo judicial, sob pena de desnaturar-se esse importante modo de heterocomposição. Há que se preservar, portanto, as particularidades de cada qual. É justamente com este enfoque que se deve examinar a admissão da prolação de sentença parcial no âmbito do procedimento arbitral, assim como sua adequação com o sistema processual vigente. E, o fazendo, pode-se afirmar com segurança que o julgamento fatiado da causa afigura-se adequado, viável e condizente com o sistema processual posto (inclusive pela Lei 11.232/2005). Portanto, em consonância com o sistema processual vigente, absolutamente admissível que, no âmbito do procedimento arbitral, os árbitros profiram decisão (sentença) que resolva a causa parcialmente, compreendida esta como o decisum que reconhece ou não o direito alegado pela parte (sentença de mérito), ou que repute ausente pressupostos ou condições de admissibilidade da tutela jurisdicional pretendida (sentença terminativa). Naturalmente, levando-se em conta as peculiaridades do processo arbitral, a decisão (sentença) que decide a causa, total ou parcialmente, não pode ser impugnada por meio de recursos (com exceção, é certo, dos embargos aclaratórios), mas apenas pela estreita via da ação anulatória, justamente em função da celeridade e da segurança jurídica da prestação jurisdicional perseguida pelas partes signatárias. Não obstante, a simples disparidade de forma pela qual a decisão (sentença) parcial é impugnada nos processos judicial e arbitral não consubstancia justificativa idônea para inadmiti-la neste último. Com base em tais premissas, e em se transportando a definição de sentença ofertada pela Lei 11.232/2005 à Lei 9.307/1996, é de se reconhecer a absoluta admissão, no âmbito do procedimento arbitral, de se prolatar sentença parcial, compreendida esta como o ato dos árbitros que, em definitivo (ou seja, finalizando a arbitragem na extensão do que restou decidido), resolve parte da causa, com fundamento na existência ou não do direito material alegado pelas partes ou na ausência dos pressupostos de admissibilidade da tutela jurisdicional pleiteada. Nesse passo, a sentença parcial arbitral resolve parte da causa em definitivo, ou seja, finaliza a arbitragem na extensão do que restou decidido, sendo, portanto, apta, no ponto, à formação da coisa julgada. Nessa medida, a ação anulatória destinada a infirmá-la – único meio admitido de impugnação do decisum – deve ser intentada de imediato, sob pena de a questão decidida tornar-se imutável, porquanto não mais passível de anulação pelo Poder Judiciário, a obstar, por conseguinte, que o Juízo arbitral profira nova decisão sobre a matéria. Não há, dessa maneira, qualquer argumento idôneo a autorizar a compreensão de que a impugnação ao comando da sentença parcial arbitral, por meio da competente ação anulatória, poderia ser engendrada somente por ocasião da prolação da sentença arbitral final. Sob o enfoque da celeridade, da efetividade e da segurança jurídica especialmente perseguidas pelas partes signatárias de um compromisso arbitral, absolutamente contraproducente a adoção de tal postura. De fato, encontrando-se determinado capítulo da causa maduro para ser julgado, não haveria razão para que a correlata matéria não fosse desde logo decidida. E, uma vez resolvida a questão em sentença parcial, caso esta venha a ser anulada, salutar que o referido provimento judicial seja exarado o quanto antes a fim de não comprometer ainda mais o procedimento arbitral. A justificar, ainda, a imediata impugnação, é de suma relevância reconhecer que a questão decidida pela sentença arbitral parcial encontrar-se-á definitivamente julgada, não podendo ser objeto de ratificação e muito menos de modificação pela sentença arbitral final, exigindo-se de ambas, por questão de lógica, naturalmente, coerência, tão-somente. Não bastassem tais considerações, suficientes em si, para lastrear a compreensão de que a impugnação da sentença parcial, por meio de ação anulatória, deve ser exercida pela parte sucumbente imediatamente à sua prolação, é de se reconhecer, também e principalmente, que tal incumbência decorre da própria lei de regência (Lei 9.307/1996, inclusive antes das alterações promovidas pela Lei 13.129/2015), que, no § 1º do art. 33, estabelece o prazo decadencial de 90 (noventa dias) para anular a sentença arbitral. Nesse contexto, compreendendo-se sentença arbitral como gênero, do qual a parcial e a definitiva são espécies, o prazo previsto no aludido dispositivo legal aplica-se a estas, indistintamente. **REsp 1.519.041–RJ, Rel. Min. Marco Aurélio Bellizze, julgado em 1º/9/2015, DJe 11/9/2015 (Inform. STJ 568).**

DIREITO PROCESSUAL CIVIL. IMPUGNAÇÃO AO VALOR DA CAUSA EM AÇÃO RESCISÓRIA.

Em sede de ação rescisória, o valor da causa, em regra, deve corresponder ao da ação principal, devidamente atualizado monetariamente, exceto se houver comprovação de que o benefício econômico pretendido está em descompasso com o valor atribuído à causa, hipótese em que o impugnante deverá demonstrar, com precisão, o valor correto que entende devido para a ação rescisória, instruindo a inicial da impugnação ao valor da causa com os documentos necessários à comprovação do alegado. Precedentes citados: Pet 8.707-GO, Segunda Seção, DJe 29/8/2014; EDcl na Pet 5.541-SP, Terceira Seção, DJe 11/2/2010; e AgRg na AR 4.277-DF, Primeira Seção, DJe 10/11/2009. **PET 9.892-SP, Rel. Min. Luis Felipe Salomão, julgado em 11/2/2015, DJe 3/3/2015 (Inform. STJ 556).**

DIREITO PROCESSUAL CIVIL. PRORROGAÇÃO DO TERMO FINAL DO PRAZO PARA AJUIZAMENTO DA AÇÃO RESCISÓRIA. RECURSO REPETITIVO (ART. 543-C DO CPC E RES. 8/2008-STJ).

O termo final do prazo decadencial para propositura de ação rescisória deve ser prorrogado para o primeiro dia útil subsequente quando recair em data em que não haja funcionamento da secretaria do juízo competente. Preliminarmente, tendo em vista que o art. 495 do CPC dispõe que "o direito de propor ação rescisória se extingue em dois anos, contados do trânsito em julgado da decisão", cabe examinar a data do trânsito em julgado da decisão, a partir da qual se dá o termo inicial do prazo para a proposição da ação rescisória. Essa análise se faz necessária, pois se observa a existência de divergência acerca da definição do termo inicial do biênio decadencial (se do dia do trânsito em julgado ou do dia seguinte ao trânsito em julgado), que ocorre, principalmente, em razão da imprecisão ao se definir o exato dia do trânsito em julgado. A teor do disposto no § 3.º do art. 6.º da Lei de Introdução às normas do Direito Brasileiro, "chama-se coisa julgada ou caso julgado a decisão judicial de que já não caiba mais recurso", bem assim no art. 467 do CPC: "denomina-se coisa julgada material a eficácia, que torna imutável e indiscutível a sentença, não mais sujeita a recurso ordinário ou extraordinário". Em uma linha: só há trânsito em julgado quando não mais couber recurso, ou seja, há trânsito em julgado no dia imediatamente subsequente ao último dia do prazo para o recurso em tese cabível contra a última decisão proferida na causa. Assim, em que pese a existência de precedentes em sentido contrário, o termo inicial para o ajuizamento da ação rescisória coincide com a data do trânsito em julgado da decisão rescindenda (STF, AR 1.412-SC, Tribunal Pleno, DJe 26/6/2009; AR 1.472-DF, Tribunal Pleno, DJe 7/12/2007; e STJ, AR 4.374-MA, Segunda Seção, DJe 5/6/2012). A regra para contagem do prazo bienal é a estabelecida no art. 1.º da Lei 810/1949, qual seja, "considera-se ano o período de doze meses contados do dia do início ao dia e mês correspondentes do ano seguinte", fórmula que está em consonância com aquela estabelecida também no art. 132, § 2.º, do CC, onde se lê: "os prazos de meses e anos expiram no dia de igual número do de início, ou no imediato, se faltar exata correspondência". Consoante adverte amplo magistério doutrinário, o prazo para a propositura da ação rescisória é decadencial, e, dessa forma, não estaria sujeito à suspensão ou interrupção. Não obstante, a jurisprudência do STJ firmou-se no sentido de que, se o termo final do prazo para ajuizamento da ação rescisória recair em dia não útil prorroga-se para o primeiro dia útil subsequente. Ressalte-se que não se está a afirmar que não se trata de prazo decadencial, pois esta é a natureza do prazo para o ajuizamento da ação rescisória. A solução apresentada pela jurisprudência do STJ, que aplica ao prazo de ajuizamento da ação rescisória a regra geral do art. 184, § 1.º, do CPC, visa a atender ao princípio da razoabilidade, evitando que se subtraia da parte a plenitude do prazo a ela legalmente concedido. E, conforme já assentado pelo STJ, "Em se tratando de prazos, o intérprete, sempre que possível, deve orientar-se pela exegese mais liberal, atento às tendências do processo civil contemporâneo – calcado nos princípios da efetividade e da instrumentalidade – e à advertência da doutrina de que as sutilezas da lei nunca devem servir para impedir o exercício de um direito" (REsp 11.834-PB, Quarta Turma, DJ 30/3/1992). Precedentes citados: AgRg no REsp 1.231.666-BA, Primeira Turma, DJe 24/4/2012; REsp 1.210.186-RS, Segunda Turma, DJe 31/3/2011; AgRg no REsp 966.017-RO, Quinta Turma, DJe 9/3/2009; e EREsp 667.672-SP, Corte Especial, DJe 26/6/2008. **REsp 1.112.864-MG, Rel. Min. Laurita Vaz, Corte Especial, julgado em 19/11/2014, DJe 17/12/2014 (Inform. STJ 553).**

Súmula STF nº 514

Admite-se ação rescisória contra sentença transitada em julgado, ainda que contra ela não se tenha esgotado todos os recursos.

Súmula STF nº 343

Não cabe ação rescisória por ofensa a literal disposição de Lei, quando a decisão rescindenda se tiver baseado em texto legal de interpretação controvertida nos tribunais.

Súmula STF nº 264

Verifica-se a prescrição intercorrente pela paralisação da ação rescisória por mais de cinco anos.

Súmula STF nº 252

Na ação rescisória, não estão impedidos juízes que participaram do julgamento rescindendo.

Súmula STF nº 249

É competente o Supremo Tribunal Federal para a ação rescisória, quando, embora não tendo conhecido do recurso extraordinário, ou havendo negado provimento ao agravo, tiver apreciado a questão federal controvertida.

Súmula STJ nº 401

O prazo decadencial da ação rescisória só se inicia quando não for cabível qualquer recurso do último pronunciamento judicial.

Súmula STJ nº 175

Descabe o deposito prévio nas ações rescisórias propostas pelo INSS.

7.5. *Astreintes*

DIREITO PROCESSUAL CIVIL. EXEQUIBILIDADE DE MULTA COMINATÓRIA DE VALOR SUPERIOR AO DA OBRIGAÇÃO PRINCIPAL.

O valor de multa cominatória pode ser exigido em montante superior ao da obrigação principal. O objetivo da astreinte não é constranger o réu a pagar o valor da multa, mas forçá-lo a cumprir a obrigação específica. Dessa forma, o valor da multa diária deve ser o bastante para inibir o devedor que descumpre decisão judicial, educando-o. Nesse passo, é lícito ao juiz, adotando os critérios da razoabilidade e da proporcionalidade, limitar o valor da astreinte, a fim de evitar o enriquecimento sem causa, nos termos do § 6º do art. 461 do CPC. Nessa medida, a apuração da razoabilidade e da proporcionalidade do valor da multa diária deve ser verificada no momento de sua fixação em cotejo com o valor da obrigação principal. Com efeito, a redução do montante total a título de astreinte, quando superior ao valor da obrigação principal, acaba por prestigiar a conduta de recalcitrância do devedor em cumprir as decisões judiciais, bem como estimula a interposição de recursos com esse fim, em total desprestígio da atividade jurisdicional das instâncias ordinárias. Em suma, deve-se ter em conta o valor da multa diária inicialmente fixada e não o montante total alcançado em razão da demora no cumprimento da decisão. Portanto, a fim de desestimular a conduta recalcitrante do devedor em cumprir decisão judicial, é possível se exigir valor de multa cominatória superior ao montante da obrigação principal. **REsp 1.352.426-GO, Rel. Min. Moura Ribeiro, julgado em 5/5/2015, DJe 18/5/2015 (Inform. STJ 562).**

DIREITO CIVIL E PROCESSUAL CIVIL. RECONHECIMENTO DA LEGALIDADE DE COMINAÇÃO DE MULTA DIÁRIA EM AÇÃO DE EXIBIÇÃO DE DOCUMENTOS EM FACE DAS PECULIARIDADES DO CASO CONCRETO.
É cabível a cominação de multa diária – astreintes – em ação de exibição de documentos movida por usuário de serviço de telefonia celular para obtenção de informações acerca do endereço de IP (Internet Protocol) de onde teriam sido enviadas, para o seu celular, diversas mensagens anônimas agressivas, por meio do serviço de SMS disponibilizado no sítio eletrônico da empresa de telefonia. De fato, a Súmula 372 do STJ estabelece não ser cabível a aplicação de multa cominatória na ação de exibição de documentos, entendimento esse posteriormente ratificado em sede de recurso repetitivo (REsp 1.333.988-SP, Segunda Seção, DJe 11/4/2014). Essa orientação jurisprudencial, todavia, não se aplica ao caso em questão. Não se trata de uma ação de exibição de documentos propriamente dita, uma vez que não se busca a prova de fatos contra a demandada, mas a identificação do terceiro responsável pela autoria de atos ilícitos. Desse modo, não é igualmente aplicável a determinação contida no art. 359 do CPC (presunção de veracidade dos fatos afirmados pela parte requerente da exibição dos documentos), pois não se busca a prova de fatos contra a demandada, mas a identificação do terceiro responsável pela autoria de atos ilícitos. Em situações como a dos autos, em que a busca e apreensão de documentos e a confissão não surtiriam os efeitos esperados, a fixação de astreintes mostra-se a medida mais adequada para garantir a eficácia da decisão que determina o fornecimento de informações de dados de usuário em sítio eletrônico. Por fim, destaque-se que não se está aqui desconsiderando o entendimento sumular, mas apenas se estabelecendo uma distinção em face das peculiaridades do caso – técnica das distinções (distinguishing). **REsp 1.359.976-PB, Rel. Min. Paulo de Tarso Sanseverino, julgado em 25/11/2014, DJe 2/12/2014 (Inform. STJ 554).**

Súmula STJ nº 410

A prévia intimação pessoal do devedor constitui condição necessária para a cobrança de multa pelo descumprimento de obrigação de fazer ou não fazer.

8. RECURSOS

8.1. Pressupostos Gerais e Princípios

Porte de remessa e retorno e recolhimento pelo INSS
Aplica-se o § 1º do art. 511 do CPC ("§ 1º. São dispensados de preparo os recursos interpostos pelo Ministério Público, pela União, pelos Estados e Municípios e respectivas autarquias, e pelos que gozam de isenção legal") para dispensa de porte de remessa e retorno ao exonerar o seu respectivo recolhimento por parte do INSS. Esse o entendimento do Plenário, que, por maioria, deu provimento a recurso extraordinário em que discutida a possibilidade de cobrança do porte de remessa e retorno dos autos de autarquia federal no âmbito da Justiça Estadual, tendo em conta a existência de norma local nesse sentido. O Colegiado assentou que a despesa com porte de remessa e retorno não se enquadra no conceito de taxa judiciária, uma vez que as custas dos serviços forenses se dividem em taxa judiciária e custas em sentido estrito. O porte de remessa e retorno é típica despesa de um serviço postal prestado por empresa pública monopolística e, assim, remunerado mediante tarifas ou preço público. Além disso, lembrou que o art. 511 do CPC dispensa o recolhimento dessa despesa processual por parte do INSS. Trata-se de diploma a editado pela União, a quem compete dispor sobre as receitas públicas oriundas da prestação do serviço público postal. Verificou, ainda, que a lei estadual em questão padeceria de inconstitucionalidade, da medida em define ser da competência do Conselho Superior da Magistratura, órgão de nível estadual, a competência para tratar das despesas com o porte de remessa e retorno. Assim, declarou, incidentalmente, a inconstitucionalidade da expressão "cujo valor será estabelecido por ato do Conselho Superior da Magistratura", contida no art. 2º, parágrafo único, II, da Lei 11.608/2003 do Estado de São Paulo. Vencido o Ministro Marco Aurélio, que desprovia o recurso. Pontuava que a norma estadual que instituíra a referida cobrança teria amparo constitucional ("Art. 24. Compete à União, aos Estados e ao Distrito Federal legislar concorrentemente sobre: ... IV – custas dos serviços forenses").
RE 594116/SP, rel. Min. Edson Fachin, 3.12.2015. (RE-594116) **(Inform. STF 810)**

SEGUNDO AG. REG. NO RE N. 590.415-SC
RELATOR: MIN. ROBERTO BARROSO
DIREITO PROCESSUAL CIVIL. AGRAVO REGIMENTAL. DESCABIMENTO CONTRA DECISÃO QUE ADMITE "AMICUS CURIAE".
1. Há dois entendimentos possíveis sobre o cabimento de recurso contra decisão que aprecia pedido de ingresso como *amicus curiae*: i) o primeiro, no sentido da irrecorribilidade de tal decisão, em razão do teor literal do art. 7º, §2º, da Lei 9.868/1999 e do art. 21, XVIII, do RI/STF; ii) o segundo, na linha capitaneada pelo Ministro Celso de Mello, admitindo a interposição de recurso contra a decisão que *indefere* o ingresso como o *amicus curiae*, pelo próprio requerente que teve o pedido rejeitado (cf. RE 597.165 AgR, rel. Min. Celso de Mello).
2. O caso em exame não se enquadra em qualquer de tais hipóteses.
3. Agravo a que se nega seguimento. **(Inform. STF 787)**

AG. REG. NO ARE N. 764.763-DF
RELATOR : MIN. GILMAR MENDES
EMENTA: Agravo regimental no recurso extraordinário. 2. Razões recursais dissociadas dos fundamentos utilizados pelo Superior Tribunal de Justiça para negar seguimento ao recurso especial. Incidência da Súmula 284. 3. Matéria constitucional surgida nas instâncias originárias. Não interposição do recurso extraordinário concomitante ao especial. Preclusão. Precedentes. 4. Agravo regimental a que se nega provimento. **(Inform. STF 785)**

AG. REG. NO ARE N. 871.149-BA
RELATOR: MINISTRO PRESIDENTE
Ementa: AGRAVO REGIMENTAL. RECURSO EXTRAORDINÁRIO COM AGRAVO. AUSÊNCIA DE IMPUGNAÇÃO DOS FUNDAMENTOS DA DECISÃO AGRAVADA. AGRAVO REGIMENTAL A QUE SE NEGA PROVIMENTO.
I – Nos termos da orientação firmada pelo Supremo Tribunal Federal, cabe à parte agravante impugnar todos os fundamentos da decisão agravada, o que não ocorreu no caso.
II – Agravo regimental a que se nega provimento. **(Inform. STF 785)**

DIREITO PROCESSUAL CIVIL. LIMITES DO JULGAMENTO SUBMETIDO AO RITO DO ART. 543-C DO CPC.
Em julgamentos submetidos ao rito do art. 534-C do CPC, cabe ao STJ traçar as linhas gerais acerca da tese aprovada, descabendo a inserção de soluções episódicas ou exceções que porventura possam surgir em outros indetermináveis casos, sob pena de se ter de redigir verdadeiros tratados sobre todos os temas conexos ao objeto do recurso. **EDcl no REsp 1.124.552-RS, Rel. Min. Luis Felipe Salomão, julgado em 6/5/2015, DJe 25/5/2015 (Inform. STJ 562).**

DIREITO PROCESSUAL CIVIL. COMPROVAÇÃO DE PAGAMENTO DE PREPARO RECURSAL VIA RECIBO EXTRAÍDO DA INTERNET.
O pagamento do preparo recursal pode ser comprovado por intermédio de recibo extraído da internet, desde que esse meio de constatação

de quitação possibilite a aferição da regularidade do recolhimento. A despeito do entendimento de que o comprovante de pagamento emitido pela internet não possui fé pública, não podendo ser utilizado para comprovação de recolhimento de preparo recursal, em virtude da possibilidade de adulteração pelo próprio interessado, entende-se que o ordenamento jurídico não veda expressamente essa modalidade de demonstração de quitação. Ao contrário, é recomendado o seu uso, por ser mais consentâneo com a velocidade e a praticidade da vida moderna, proporcionadas pela utilização da rede mundial de computadores, desde que possível, por esse meio, aferir a regularidade do pagamento, inclusive permitindo-se ao interessado a impugnação fundamentada. Ademais, as relações sociais são constituídas com base na presunção de que há boa-fé entre seus co-partícipes, tendo o direito processual, de forma geral, adotado idêntico viés. Tanto é assim que a exceção é prevista expressamente nos artigos 14 e seguintes do CPC, outorgando-se poderes ao julgador para penalizar aquele que foge à regra geral, ou seja, aquele que age de má-fé. Além disso, parece ser um contrassenso permitir o uso do meio eletrônico na tramitação do processo judicial, avalizar a emissão das guias por meio da rede mundial de computadores e, ao mesmo tempo, coibir o seu pagamento pela mesma via, obrigando o jurisdicionado a se dirigir a uma agência bancária. Por fim, o próprio Tesouro Nacional autoriza o pagamento pela internet. Portanto, o fato dos comprovantes de pagamento das custas e do porte de remessa e retorno terem sido extraídos da internet, por si só, não é circunstância suficiente para conduzir à deserção do recurso (AgRg no REsp 1.232.385-MG, Quarta Turma, DJe 22/8/2013). Precedente citado: AgRg no AREsp 249.395-SC, Terceira Turma, DJe 25/2/2014. **EAREsp 423.679-SC, Rel. Min. Raul Araújo, julgado em 24/6/2015, DJe 3/8/2015 (Inform. STJ 565).**

DIREITO PROCESSUAL CIVIL. DESERÇÃO E ASSISTÊNCIA JUDICIÁRIA. Não se aplica a pena de deserção a recurso interposto contra julgado que indeferiu o pedido de justiça gratuita. Se a controvérsia posta sob análise judicial diz respeito justamente à alegação do recorrente de que ele não dispõe de condições econômico-financeiras para arcar com os custos da demanda, não faz sentido considerar deserto o recurso, uma vez que ainda está sob análise o pedido de assistência judiciária e, caso seja deferido, neste momento, o efeito da decisão retroagirá até o período da interposição do recurso e suprirá a ausência do recolhimento e, caso seja indeferido, deve ser dada oportunidade de regularização do preparo. É um contrassenso exigir o prévio pagamento das custas recursais nestes casos em que a parte se insurge contra a decisão judicial que indeferiu o pedido de justiça gratuita, sob pena de incorrer em cerceamento de defesa e inviabilizar o direito de recorrer da parte, motivo pelo qual o recurso deve ser conhecido a fim de que seja examinada essa preliminar recursal. Precedentes citados: AgRg no REsp 1.245.981-DF, Segunda Turma, DJe 15/10/2012; AgRg no Ag 1.279.954-SP, Quarta Turma, DJe 1º/2/2011; REsp. 1.087.290-SP, Terceira Turma, DJe 18/2/2009; e REsp 885.071-SP, Primeira Turma, DJU 22/3/2007. **AgRg no AREsp 600.215-RS, Rel. Min. Napoleão Nunes Maia Filho, julgado em 2/6/2015, DJe 18/6/2015 (Inform. STJ 564).**

DIREITO PROCESSUAL CIVIL. ALCANCE DA EXPRESSÃO INSUFICIÊNCIA DO VALOR DO PREPARO CONTIDA NO § 2º DO ART. 511 DO CPC. O recolhimento, no ato da interposição do recurso, de apenas uma das verbas indispensáveis ao seu processamento (custas, porte de remessa e retorno, taxas ou outras) acarreta a intimação do recorrente para suprir o preparo no prazo de cinco dias, e não deserção. Isso porque a norma do § 2º do art. 511 do CPC, acrescentado pela Lei 9.756/1998, diz respeito à "insuficiência no valor do preparo", não das custas ou do porte de remessa e retorno ou de taxas separadamente. Nesse sentido, reafirmando o conceito adotado na pacífica e antiga jurisprudência – ainda aplicada até mesmo no STF –, invoca-se entendimento doutrinário segundo o qual "o valor do preparo é o da soma, quando for o caso, da taxa judiciária e das despesas postais (portes de remessa e de retorno dos autos)". Com isso, recolhido tempestivamente algum dos componentes do preparo, incide a norma do § 2º do art. 511 do CPC, que permite sua complementação mediante a quitação de outros valores, mesmo com natureza distinta. Ademais, possuindo a lei o claro propósito de mitigar o rigor no pagamento do preparo, admitindo sua complementação diante da boa-fé e da manifestação inequívoca de recorrer, descabe ao Poder Judiciário impor requisitos ou criar obstáculos não previstos e que, principalmente, possam toldar a razão da lei. Em suma, se a norma do § 2º do art. 511 do CPC foi editada com o propósito de viabilizar a prestação jurisdicional, permitindo a complementação do "preparo" em sua concepção ampla, tem-se que o recolhimento apenas das custas ou do porte de remessa e retorno, ou de alguma outra taxa recursal, representa preparo insuficiente, sendo tal entendimento o que melhor se coaduna com a tradicional jurisprudência do STJ, com o objetivo da própria Lei 9.756/1998 e com o ideal de acesso à justiça. **REsp 844.440-MS, Rel. Min. Antonio Carlos Ferreira, julgado em 6/5/2015, DJe 11/6/2015 (Inform. STJ 563).**

Súmula STF nº 325

As emendas ao regimento do Supremo Tribunal Federal, sobre julgamento de questão constitucional, aplicam-se aos pedidos ajuizados e aos recursos interpostos anteriormente a sua aprovação.

Súmula STF nº 322

Não terá seguimento pedido ou recurso dirigido ao Supremo Tribunal Federal, quando manifestamente incabível, ou apresentado fora do prazo, ou quando for evidente a incompetência do tribunal.

Súmula STJ nº 484

Admite-se que o preparo seja efetuado no primeiro dia útil subsequente, quando a interposição do recurso ocorrer após o encerramento do expediente bancário.

Súmula STJ nº 483

O INSS não está obrigado a efetuar depósito prévio do preparo por gozar das prerrogativas e privilégios da Fazenda Pública.

Súmula STJ nº 325

A remessa oficial devolve ao Tribunal o reexame de todas as parcelas da condenação suportadas pela Fazenda Pública, inclusive dos honorários de advogado.

Súmula STJ nº 318

Formulado pedido certo e determinado, somente o autor tem interesse recursal em arguir o vício da sentença ilíquida.

Súmula STJ nº 264

É irrecorrível o ato judicial que apenas manda processar a concordata preventiva.

Súmula STJ nº 253

O art. 557 do CPC, que autoriza o relator a decidir o recurso, alcança o reexame necessário.

Súmula STJ nº 216

A tempestividade de recurso interposto no Superior Tribunal de Justiça é aferida pelo registro no protocolo da secretaria e não pela data da entrega na agência do correio.

Súmula STJ nº 187

É deserto o recurso interposto para o Superior Tribunal de Justiça, quando o recorrente não recolhe, na origem, a importância das despesas de remessa e retorno dos autos.

Súmula STJ nº 117

A inobservância do prazo de 48 horas, entre a publicação de pauta e o julgamento sem a presença das partes, acarreta nulidade.

Súmula STJ nº 115

Na instancia especial é inexistente recurso interposto por advogado sem procuração nos autos.

Súmula STJ nº 55

Tribunal Regional Federal não é competente para julgar recurso de decisão proferida por juiz estadual não investido de jurisdição federal.

Súmula STJ nº 45

No reexame necessário, é defeso, ao tribunal, agravar a condenação imposta à Fazenda Pública.

8.2. Agravo

AG. REG. NO ARE N. 656.543-MS

RELATOR: MINISTRO PRESIDENTE

Ementa: AGRAVO REGIMENTAL NO RECURSO EXTRAORDINÁRIO COM AGRAVO. APLICAÇÃO DA SISTEMÁTICA DA REPERCUSSÃO GERAL PELO TRIBUNAL DE ORIGEM. INTERPOSIÇÃO DO AGRAVO PREVISTO NO ART. 544 DO CPC. NÃO CABIMENTO. PRINCÍPIO DA FUNGIBILIDADE RECURSAL. DEVOLUÇÃO DOS AUTOS AO TRIBUNAL DE ORIGEM. CABIMENTO SOMENTE PARA OS RECURSOS INTERPOSTOS ANTES DE 19/11/2009. AGRAVO A QUE SE NEGA PROVIMENTO.

I – Não é cabível agravo para a correção de suposto equívoco na aplicação da repercussão geral, consoante firmado no julgamento do AI 760.358-QO/SE, Rel. Min. Gilmar Mendes.

II – A aplicação do princípio da fungibilidade recursal, com a devolução dos autos para julgamento pelo Tribunal de origem como agravo regimental, só é cabível nos processos interpostos antes de 19/11/2009.

III – Agravo regimental a que se nega provimento. **(Inform. STF 790)**

AG. REG. NO ARE N. 854.180-SC

RELATOR: MINISTRO PRESIDENTE

Ementa: AGRAVO REGIMENTAL NO RECURSO EXTRAORDINÁRIO COM AGRAVO. APLICAÇÃO DA SISTEMÁTICA DA REPERCUSSÃO GERAL PELO TRIBUNAL DE ORIGEM. INTERPOSIÇÃO DO AGRAVO PREVISTO NO ART. 544 DO CPC. NÃO CABIMENTO. PRINCÍPIO DA FUNGIBILIDADE RECURSAL. DEVOLUÇÃO DOS AUTOS AO TRIBUNAL DE ORIGEM. CABIMENTO SOMENTE PARA OS RECURSOS INTERPOSTOS ANTES DE 19/11/2009. AGRAVO A QUE SE NEGA PROVIMENTO.

I – Não é cabível agravo para a correção de suposto equívoco na aplicação da repercussão geral, consoante firmado no julgamento do AI 760.358-QO/SE, Rel. Min. Gilmar Mendes.

II – A aplicação do princípio da fungibilidade recursal, com a devolução dos autos para julgamento pelo Tribunal de origem como agravo regimental, só é cabível nos processos interpostos antes de 19/11/2009.

III – Agravo regimental a que se nega provimento. **(Inform. STF 787)**

AG. REG. NO ARE N. 865.466-SP

RELATOR: MINISTRO PRESIDENTE

Ementa: AGRAVO REGIMENTAL NO RECURSO EXTRAORDINÁRIO COM AGRAVO. APLICAÇÃO DA SISTEMÁTICA DA REPERCUSSÃO GERAL PELO TRIBUNAL DE ORIGEM. INTERPOSIÇÃO DO AGRAVO PREVISTO NO ART. 544 DO CPC. NÃO CABIMENTO. PRINCÍPIO DA FUNGIBILIDADE RECURSAL. DEVOLUÇÃO DOS AUTOS AO TRIBUNAL DE ORIGEM. CABIMENTO SOMENTE PARA OS RECURSOS INTERPOSTOS ANTES DE 19/11/2009. AGRAVO A QUE SE NEGA PROVIMENTO.

I – Não é cabível agravo para a correção de suposto equívoco na aplicação da repercussão geral, consoante firmado no julgamento do AI 760.358-QO/SE, Rel. Min. Gilmar Mendes. II – A aplicação do princípio da fungibilidade recursal, com a devolução dos autos para julgamento pelo Tribunal de origem como agravo regimental, só é cabível nos processos interpostos antes de 19/11/2009. III – Agravo regimental a que se nega provimento. **(Inform. STF 785)**

DIREITO PROCESSUAL CIVIL. PERDA DO OBJETO DE AGRAVO DE INSTRUMENTO INTERPOSTO CONTRA DECISÃO PROFERIDA EM ANTECIPAÇÃO DE TUTELA.

A superveniência de sentença de mérito implica a perda do objeto de agravo de instrumento interposto contra decisão anteriormente proferida em tutela antecipada. A definição acerca de a superveniência de sentença de mérito ocasionar a perda do objeto do agravo de instrumento deve ser feita casuisticamente, mediante o cotejo da pretensão contida no agravo com o conteúdo da sentença, de modo a viabilizar a perquirição sobre eventual e remanescente interesse e utilidade no julgamento do recurso. Entretanto, na específica hipótese de interposição de agravo contra decisão de deferimento ou indeferimento de antecipação de tutela, vislumbra-se que a prolatação de sentença meritória implicará a perda do objeto do agravo de instrumento, em virtude da superveniente perda do interesse recursal. Isso porque a sentença de procedência do pedido – que substitui a decisão concessiva da tutela de urgência – torna-se plenamente eficaz ante o recebimento da apelação tão somente no efeito devolutivo, permitindo-se desde logo a execução provisória do julgado, nos termos do art. 520, VII, do CPC, o qual dispõe que: "Art. 520. A apelação será recebida em seu efeito devolutivo e suspensivo. Será, no entanto, recebida só no efeito devolutivo, quando interposta de sentença que: [...] VII – confirmar a antecipação dos efeitos da tutela". O mesmo se diz em relação à sentença de improcedência do pedido, a qual tem o condão de revogar a decisão concessiva de antecipação, ante a existência de evidente antinomia entre elas. Portanto, a superveniência da sentença de mérito ocasiona a perda de objeto de anterior agravo de instrumento interposto contra decisão proferida em sede de medida antecipatória. **EAREsp 488.188-SP, Rel. Min. Luis Felipe Salomão, julgado em 7/10/2015, DJe 19/11/2015. (Inform. STJ 573)**

DIREITO PROCESSUAL CIVIL. FALTA DE CITAÇÃO E MANIFESTAÇÃO DO RÉU EM AGRAVO DE INSTRUMENTO.

Não supre a falta de citação em ação revisional de alimentos o comparecimento do réu para contraminutar agravo de instrumentos contra decisão denegatória de tutela antecipada, sem que haja qualquer pronunciamento na ação principal por parte do demandado. De fato, a ação só produz efeitos para o réu a partir de quando é regularmente citado ou, na falta de citação, desde quando comparece espontaneamente em juízo. Nesse sentido, o art. 214 do CPC determina, no seu *caput*, que "Para a validade do processo é indispensável a citação inicial do réu" e, no seu § 1º, que o "comparecimento espontâneo do réu supre, entretanto, a falta de citação". Ocorre que, se o réu de ação revisional de alimentos – a despeito de ter apresentado resposta em agravo de instrumento, tendo, portanto, tomado ciência da ação principal – não se pronuncia nos autos da ação revisional, resta ausente um dos elementos essenciais da citação: a oportunidade da parte de se manifestar. Desse modo, na hipótese em análise, não há como suprir a falta de citação, sob pena de violação dos princípios do contraditório e da ampla defesa. **REsp 1.310.704-MS, Rel. Min. Ricardo Villas Bôas Cueva, julgado em 10/11/2015, DJe 16/11/2015. (Inform. STJ 573)**

DIREITO PROCESSUAL CIVIL. TRÂMITE DO AGRAVO EM RECURSO ESPECIAL INTERPOSTO CONTRA DECISÃO FUNDAMENTADA NO ART. 543-C, § 7º, I, DO CPC.

Na hipótese em que for interposto agravo em recurso especial (art. 544 do CPC) contra decisão que nega seguimento a recurso especial com base no art. 543-C, § 7º, I, do CPC, o STJ remeterá o agravo do art. 544 do CPC ao Tribunal de origem para sua apreciação como agravo interno. No julgamento da QO no Ag 1.154.599-SP (Corte Especial, DJe 12/5/2011), o STJ assentou o entendimento de que não cabe agravo em recurso especial (art. 544 do CPC) contra decisão que nega seguimento a recurso especial com base no art. 543-C, § 7º, I, do CPC, podendo a parte interessada manejar agravo interno ou regimental na origem, demonstrando a especificidade do caso concreto. Entretanto, o art. 544 do CPC prevê o cabimento de agravo contra a decisão que não admite o recurso especial sem fazer distinção acerca do fundamento utilizado para a negativa de seguimento do apelo extraordinário. O não cabimento do agravo em recurso especial (art. 544 do CPC), na hipótese em que o recurso especial sobrestado na origem tiver o seu seguimento denegado quando o acórdão recorrido coincidir com a orientação do STJ, deriva de interpretação adotada por este Tribunal Superior, a fim de obter a máxima efetividade da sistemática dos recursos representativos da controvérsia, implementada pela Lei 11.672/2008. A par disso, se equivocadamente a parte interpuser o agravo do art. 544 do CPC contra a referida decisão, por não configurar erro grosseiro, cabe ao STJ remeter o recurso ao

Tribunal de origem para sua apreciação como agravo interno. **AgRg no AREsp 260.033-PR, Rel. Min. Raul Araújo, julgado em 5/8/2015, DJe 25/9/2015 ((Inform. STJ 569).**

DIREITO PROCESSUAL CIVIL. POSSIBILIDADE DE SE CONHECER DE AGRAVO DE INSTRUMENTO NÃO INSTRUÍDO COM A CERTIDÃO DE INTIMAÇÃO DA DECISÃO AGRAVADA.

O termo de abertura de vista e remessa dos autos à Fazenda Nacional substitui, para efeito de demonstração da tempestividade do agravo de instrumento (art. 522 do CPC) por ela interposto, a apresentação de certidão de intimação da decisão agravada (art. 525, I, do CPC). De fato, o art. 525, I, do CPC determina que o agravo de instrumento deve ser instruído, "obrigatoriamente, com cópias da decisão agravada, da certidão da respectiva intimação e das procurações outorgadas aos advogados do agravante e do agravado". A simples interpretação literal do referido dispositivo poderia levar à rápida conclusão de que a referida certidão seria requisito extrínseco, sem o qual o recurso não ultrapassaria, sequer, a barreira da admissibilidade. Entretanto, a interpretação literal não é, em algumas ocasiões, a mais adequada, especialmente em se tratando de leis processuais, as quais têm a finalidade precípua de resguardar o regular exercício do direito das partes litigantes. Assim, na linha do pensamento da moderna doutrina processual a respeito da necessidade de primazia da finalidade das normas de procedimento, na busca por uma prestação jurisdicional mais breve e efetiva, a interpretação das regras processuais deve levar em conta não apenas o cumprimento da norma em si mesma, mas seu escopo, seu objetivo, sob pena de se privilegiar o formalismo em detrimento do próprio direito material buscado pelo jurisdicionado. Nessa linha intelectiva, se for possível verificar a tempestividade do agravo de instrumento por outro meio, atingindo-se, assim, a finalidade da exigência formal, deve-se, em atenção ao princípio da instrumentalidade das formas, considerar atendido o pressuposto e conhecer-se do recurso. Com efeito, a Fazenda Nacional tem a prerrogativa de ser intimada das decisões, por meio da concessão de vista pessoal dos autos (arts. 38 da LC 73/1993, 6º, § 1º e § 2º, da Lei 9.028/1995, 20 da Lei 11.033/2004 e 25 da Lei 6.830/1980), razão pela qual o prazo para a apresentação de recurso por essa tem início a partir da data em que há concessão da referida vista pessoal a ela. Dessa forma, a certidão de concessão de vistas dos autos pode ser considerada como elemento suficiente da demonstração da tempestividade do agravo de instrumento, substituindo a certidão de intimação legalmente prevista. Importa ressaltar que esse tratamento não pode, via de regra, ser automaticamente conferido aos litigantes que não possuem a prerrogativa de intimação pessoal, sob pena de se admitir que o início do prazo seja determinado pelo próprio recorrente, a partir da data de vista dos autos, a qual pode ser posterior ao efetivo termo inicial do prazo recursal, que, via de regra, é a data da publicação da mesma decisão (EREsp 683.504-SC, Corte Especial, DJe 1/7/2013). Precedentes citados: REsp 1.259.896-PE, Segunda Turma, DJe 17/9/2013; e REsp 1.278.731-DF, Segunda Turma, DJe 22/9/2011. **REsp 1.376.656-SP, Rel. Min. Benedito Gonçalves, Corte Especial, julgado em 17/12/2014, DJe 2/2/2015 (Inform. STJ 554).**

Súmula STF nº 727

Não pode o magistrado deixar de encaminhar ao Supremo Tribunal Federal o agravo de instrumento interposto da decisão que não admite recurso extraordinário, ainda que referente a causa instaurada no âmbito dos juizados especiais.

Súmula STF nº 639

Aplica-se a Súmula 288 quando não constarem do traslado do agravo de instrumento as cópias das peças necessárias à verificação da tempestividade do recurso extraordinário não admitido pela decisão agravada.

Súmula STF nº 426

A falta do termo específico não prejudica o agravo no auto do processo, quando oportuna a interposição por petição ou no termo da audiência.

Súmula STF nº 425

O agravo despachado no prazo legal não fica prejudicado pela demora da juntada, por culpa do cartório; nem o agravo entregue em cartório no prazo legal, embora despachado tardiamente.

Súmula STF nº 289

O provimento do agravo por uma das turmas do Supremo Tribunal Federal ainda que sem ressalva, não prejudica a questão do cabimento do recurso extraordinário.

Súmula STF nº 288

Nega-se provimento a agravo para subida de recurso extraordinário, quando faltar no traslado o despacho agravado, a decisão recorrida, a petição de recurso extraordinário ou qualquer peça essencial à compreensão da controvérsia.

Súmula STF nº 287

Nega-se provimento ao agravo, quando a deficiência na sua fundamentação, ou na do recurso extraordinário, não permitir a exata compreensão da controvérsia.

Súmula STJ nº 223

A certidão de intimação do acórdão recorrido constitui peça obrigatória do instrumento de agravo.

8.3. Apelação

Protocolização em setor indevido e tempestividade

O recebimento de recurso em setor indevido não poderá dar ensejo à declaração de intempestividade, caso este tenha sido protocolizado dentro do prazo assinado em lei. Esse o entendimento da Primeira Turma, que em conclusão de julgamento e por maioria, acolheu embargos de declaração com efeitos infringentes, para dar provimento ao agravo regimental e, em consequência, prover o recurso extraordinário interposto, tão somente para que o Tribunal de origem, afastada a premissa de intempestividade, prossiga no exame do recurso de apelação. No caso, a parte interpusera o aludido recurso, o qual não fora conhecido, haja vista que a Corte de origem concluíra pela sua intempestividade. Ocorre que o recurso fora protocolado na contadoria daquele tribunal tempestivamente. A contadoria recebera a apelação e a encaminhara ao setor de protocolo um dia após o vencimento do prazo. A Turma assentou que o referido erro não poderia ser atribuído exclusivamente ao advogado do apelante, mas também ao setor que recebera a petição do recurso indevidamente. Vencidos os Ministros Marco Aurélio e Rosa Weber, que desproviam o recurso.

RE 755613 AgR-ED/ES, rel. Min. Dias Toffoli, 22.9.2015. (RE-755613) **(Inform. STF 800)**

DIREITO PROCESSUAL CIVIL. IMPOSSIBILIDADE DE DESISTÊNCIA DO RECURSO PRINCIPAL APÓS A CONCESSÃO DE ANTECIPAÇÃO DOS EFEITOS DA TUTELA EM SEDE DE RECURSO ADESIVO.

Concedida antecipação dos efeitos da tutela em recurso adesivo, não se admite a desistência do recurso principal de apelação, ainda que a petição de desistência tenha sido apresentada antes do julgamento dos recursos. De fato, a apresentação da petição de desistência na hipótese em análise demonstra pretensão incompatível com o princípio da boa-fé processual e com a própria regra que faculta ao recorrente não prosseguir com o recurso, a qual não deve ser utilizada como forma de obstaculizar a efetiva proteção ao direito lesionado. Isso porque, embora tecnicamente não se possa afirmar que a concessão da antecipação dos efeitos da tutela represente o início do julgamento da apelação, é evidente que a decisão proferida pelo relator, ao satisfazer o direito material reclamado, passa a produzir efeitos de imediato na esfera jurídica das partes, evidenciada a presença dos seus requisitos (prova inequívoca e verossimilhança da alegação). Além disso, deve-se considerar que os arts. 500, III, e 501 do CPC – que permitem a desistência do recurso sem a anuência da parte contrária – foram inseridos no Código de 1973, razão pela qual, em caso como o aqui analisado, a sua interpretação não pode prescindir de uma análise conjunta com o art. 273 do CPC – que introduziu a antecipação dos efeitos da tutela no ordenamento jurídico pátrio por meio da Lei 8.952, apenas no ano de 1994, como forma de propiciar uma prestação jurisdicional mais célere e justa –, bem como com o princípio da boa-fé processual, que deve nortear o comportamento das partes em juízo (de que são exemplos, entre outros, os arts. 14, II, e 600 do CPC, introduzidos, respectivamente, pelas Leis 10.358/2001 e 11.382/2006). Ante o exposto, a solução adequada para o caso em apreço desborda da aplicação literal dos arts. 500, III, e 501 do CPC, os quais têm função apenas instrumental, devendo ser adotada uma interpretação teleológica que, associada aos demais artigos mencionados, privilegie o escopo maior de efetividade do direito material buscado pelo sistema, que tem no processo um instrumento de realização da justiça. **REsp 1.285.405-SP, Rel. Min. Marco Aurélio Bellizze, julgado em 16/12/2014, DJe 19/12/2014 (Inform. STJ 554).**

Súmula STF nº 428

Não fica prejudicada a apelação entregue em cartório no prazo legal, embora despachada tardiamente.

8.4. Embargos de Declaração

EMB. DECL. NO AG. REG. NO RE N. 755.613-ES
RELATOR: MIN. DIAS TOFFOLI
EMENTA: Embargos de declaração no agravo regimental no recurso extraordinário. Efeitos infringentes. Possibilidade, em casos excepcionais. Corte de origem. Recebimento de petição. Erro do próprio órgão judiciário no processamento do recurso. Recurso de apelação tempestivo.

1. No caso concreto, o recebimento da petição de apelação no Tribunal **a quo** não poderia dar ensejo à declaração de intempestividade do recurso, haja vista ter sido protocolado dentro do prazo previsto em lei.
2. O erro não pode ser atribuído exclusivamente ao advogado do apelante, sendo da responsabilidade, também, do setor que recebeu a petição do recurso indevidamente.
3. A Turma acolheu os embargos de declaração para, atribuindo a eles excepcionais efeitos infringentes, dar provimento ao agravo regimental e, em consequência, prover o recurso extraordinário, **tão somente** para que a Corte de origem, afastada a premissa de intempestividade, prossiga no exame do recurso de apelação. **(Inform. STF 809)**

EMB. DECL. EM MS N. 26.264-DF
RELATOR: MIN. MARCO AURÉLIO
EMBARGOS DECLARATÓRIOS – VÍCIO – INEXISTÊNCIA. O acolhimento do pedido formulado pelo embargante, a envolver o mérito do recurso, pressupõe um dos vícios relativos aos declaratórios – omissão, contradição e obscuridade. **(Inform. STF 802)**

EMB.DECL. NO AG. REG. NO ARE N. 873.282-MG
RELATOR: MIN. DIAS TOFFOLI
EMENTA: Embargos de declaração no agravo regimental no recurso extraordinário com agravo. Questões afastadas nos julgamentos anteriores. Não há omissão, contradição ou obscuridade a ser sanada. Precedentes.

1. No julgamento do recurso, as questões postas pela parte recorrente foram enfrentadas adequadamente. Inexistência dos vícios do art. 535 do Código de Processo Civil.
2. Embargos de declaração rejeitados. **(Inform. STF 799)**

ED: sucumbência recursal e aplicação de multa

O Plenário, ao julgar em conjunto três embargos declaratórios opostos de decisão que denegara a ordem em mandado de segurança – a versar sobre ingresso de substituto em serventia extrajudicial após a promulgação da CF/1988 —, negou provimento aos primeiros embargos e não conheceu dos dois subsequentes, com aplicação de multa de 1% sobre o valor da causa em relação ao último. Afirmou que, de acordo com o CPC, seria possível majorar a multa aplicada apenas se tivesse sido imposta, anteriormente, a sanção no valor de 1%. Após a primeira multa, se fossem protocolados novos embargos, poder-se-ia chegar a até 10% no total. Assim, como no caso os primeiros embargos teriam sido oferecidos por uma parte; mas os segundos e os terceiros, por outra, se aplicada essa sistemática chegar-se ia ao resultado em questão.
MS 26860 ED/DF; rel. Min. Luiz Fux, 1º.7.2015. (MS-26860)
MS 26860 ED-segundos/DF; rel. Min. Luiz Fux, 1º.7.2015. (MS-26860)
MS 26860-terceiros/DF, rel. Min. Luiz Fux, 1º.7.2015. (MS-26860)
(Inform. STF 792)

SEGUNDOS EMB. DECL. NO AG. REG. NO ARE N. 835.893-DF
RELATOR: MIN. MARCO AURÉLIO
EMBARGOS DECLARATÓRIOS – ACÓRDÃO – INEXISTÊNCIA DE VÍCIO – DESPROVIMENTO. Uma vez voltados os embargos declaratórios ao simples rejulgamento de certa matéria, inexistindo, no acórdão proferido, qualquer dos vícios que os respaldam – omissão, contradição e obscuridade –, impõe-se o desprovimento. **(Inform. STF 791)**

AG. REG. NOS EMB. DIV. NOS EMB. DECL. NO AG. REG. NO ARE N. 832.532-PE
RELATOR: MIN. GILMAR MENDES
Agravo regimental em embargos de divergência em embargos declaratórios em agravo regimental em recurso extraordinário com agravo. 2. Direito Processual Civil. Aplicação de multa por embargos protelatórios. Art. 538, parágrafo único, CPC. Necessidade de prévio depósito do valor da multa como requisito de admissibilidade de novos recursos. 3. Agravo regimental a que se nega provimento, com determinação de baixa imediata dos autos, independentemente da publicação do acórdão. **(Inform. STF 790)**

EMB. DECL. NO AG. REG. NA Rcl N. 16.193-PR
RELATOR: MIN. LUIZ FUX
Ementa: EMBARGOS DE DECLARAÇÃO NO AGRAVO REGIMENTAL NA RECLAMAÇÃO. ALEGAÇÃO DE OMISSÃO. INEXISTÊNCIA. REDISCUSSÃO DA MATÉRIA APRECIADA PELO TRIBUNAL. IMPOSSIBILIDADE. RESPONSABILIDADE SUBSIDIÁRIA DA UNIÃO. ADC Nº 16. CARÁTER INFRINGENTE. EMBARGOS DE DECLARAÇÃO DESPROVIDOS.

1. A omissão, contradição ou obscuridade, quando inocorrentes, tornam inviável a revisão em sede de embargos de declaração, em face dos estreitos limites do art. 535 do CPC.
2. O magistrado não está obrigado a rebater, um a um, os argumentos trazidos pela parte, desde que os fundamentos utilizados tenham sido suficientes para embasar a decisão.
3. A revisão do julgado, com manifesto caráter infringente, revela-se inadmissível, em sede de embargos. (Precedentes: AI n. 799.509-AgR--ED, Relator o Ministro Marco Aurélio, 1ª Turma, DJe de 8/9/2011; e RE n. 591.260-AgR-ED, Relator o Ministro Celso de Mello, 2ª Turma, DJe de 9/9/2011).
4. *In casu*, o acórdão embargado restou assim ementado: *"AGRAVO REGIMENTAL NA RECLAMAÇÃO. RESPONSABILIDADE SUBSIDIÁRIA. ARTIGO 71, § 1º, DA LEI 8.666/93. CONSTITUCIONALIDADE. ADC 16. ADMINISTRAÇÃO PÚBLICA. DEVER DE FISCALIZAÇÃO. RESPONSABILIDADE DA UNIÃO. AGRAVO REGIMENTAL A QUE SE NEGA PROVIMENTO".*
5. Embargos de declaração desprovidos. (Inform. STF 790)

EMB. DECL. NO ARE N. 748.309-RN
RELATOR: MIN. TEORI ZAVASCKI
Ementa: PROCESSUAL CIVIL. EMBARGOS DE DECLARAÇÃO RECEBIDOS COMO AGRAVO REGIMENTAL. RECURSO EXTRAORDINÁRIO COM AGRAVO. CONSELHOS PROFISSIONAIS. CUSTAS PROCESSUAIS. ISENÇÃO. INEXISTÊNCIA. ART. 4º, PARÁGRAFO ÚNICO, DA LEI 9.289/1996.
1. Apesar de ostentarem a natureza de autarquia, os Conselhos Profissionais estão excluídos da isenção do pagamento de custas. É o que estabelece o parágrafo único do art. 4º da Lei 9.289/1996.
2. Agravo regimental a que se nega provimento. **(Inform. STF 789)**

Decisão monocrática em embargos de declaração – 2

O recurso extraordinário é inadmissível quando interposto após decisão monocrática proferida pelo relator, haja vista não esgotada a prestação jurisdicional pelo tribunal de origem. Com base nessa orientação, a Segunda Turma, em conclusão de julgamento, negou provimento a agravo regimental em recurso extraordinário com agravo. Na espécie, turma recursal negara provimento ao recurso inominado do réu e confirmara a sentença por seus próprios fundamentos. Opostos embargos de declaração, estes não foram conhecidos por decisão monocrática do relator e, na sequência, fora protocolado recurso extraordinário – v. Informativo 785. A Turma destacou que a matéria seria objeto do Enunciado 281 da Súmula do STF ("É inadmissível o recurso extraordinário, quando couber na justiça de origem, recurso ordinário da decisão impugnada"). Asseverou, ainda, não se admitir recurso extraordinário quando os dispositivos constitucionais indicados como violados carecessem do necessário prequestionamento (Enunciados 282 e 356 das Súmulas do STF).

ARE 868922/SP, rel. Min. Dias Toffoli, 2.6.2015. (ARE-868922) **(Inform. STF 788)**

EMB. DECL. NO ARE N. 864.913-SC

RELATOR: MINISTRO PRESIDENTE

Ementa: EMBARGOS DE DECLARAÇÃO OPOSTOS DE DECISÃO MONOCRÁTICA. CONVERSÃO EM AGRAVO REGIMENTAL. INEXISTÊNCIA DE REPERCUSSÃO GERAL. ÓBICE INTRANSPONÍVEL AO PROCESSAMENTO DO RECURSO EXTRAORDINÁRIO. AGRAVO A QUE SE NEGA PROVIMENTO.

I – A questão em exame nestes autos teve sua repercussão geral negada por esta Corte no julgamento do ARE 685.029-RG. Essa decisão vale para todos os recursos sobre matéria idêntica, consoante determinam os arts. 326 e 327 do RISTF e o art. 543-A, § 5º, do CPC, introduzido pela Lei 11.418/2006.

II – Agravo regimental a que se nega provimento. **(Inform. STF 785)**

EMB. DECL. NO ARE N. 858.250-SP

RELATOR: MIN. DIAS TOFFOLI

EMENTA: Embargos de declaração no recurso extraordinário com agravo. Conversão dos embargos declaratórios em agravo regimental. Direito civil. Dano material. Indenização. Prequestionamento. Ausência. Fatos e provas. Reexame. Impossibilidade. Legislação infraconstitucional. Ofensa reflexa. Precedentes.1. Embargos de declaração recebidos como agravo regimental.2. Não se admite o recurso extraordinário quando o dispositivo constitucional que nele se alega violado não está devidamente prequestionado. Incidência das Súmulas nºs 282 e 356/ STF. 3. Inadmissível, em recurso extraordinário, O reexame dos fatos e das provas dos autos ou a análise da legislação infraconstitucional. Incidência das Súmulas nºs 279 e 636/STF. 4. Agravo regimental não provido. **(Inform. STF 783)**

EMENTA: Agravo regimental e embargos de declaração em ação originária. Interposição de mais de um recurso contra a mesma decisão. Princípio da unirrecorribilidade ou da singularidade recursal. Transgressão. Não conhecimento do segundo recurso. Exame do primeiro. Agravo regimental interposto antes da publicação da decisão agravada. Recente modificação da jurisprudência do Supremo Tribunal Federal. Unificação do entendimento pelo Plenário no sentido de admitir recurso interposto antes da publicação da decisão impugnada. Falta de impugnação dos fundamentos da decisão agravada. Incompetência do Supremo Tribunal Federal para apreciar a demanda. Não conhecimento dos embargos declaratórios. Não provimento do agravo regimental.

1. A interposição pela parte recorrente de mais de um recurso contra a mesma decisão transgride o princípio da unirrecorribilidade ou da singularidade recursal. Essa transgressão torna insuscetível de conhecimento o segundo recurso (embargos de declaração). Conhecimento e exame do agravo regimental apenas.

2. O Plenário do STF, nos autos do AI nº 703.269-AgR-ED-ED-EDv-ED/MG, unificou, na sessão de 5/3/15, a compreensão da questão relativa à admissibilidade da interposição de peça recursal antes da publicação da decisão impugnada, concluindo pela ausência de intempestividade processual e, assim, pela possibilidade de conhecimento do recurso.

3. Os fundamentos da decisão agravada não foram infirmados pelo agravante. Não subsiste o agravo regimental que deixa de atacar especificamente os fundamentos da decisão monocrática (art. 317, § 1º, RISTF). Precedentes.

4. A competência originária do Supremo Tribunal Federal submete-se a regime de direito estrito. Hipóteses taxativamente previstas no art. 102, inciso I, da Constituição. Incompetência do STF para apreciar processo por crime de responsabilidade de prefeito. Precedentes.

5. Não conhecimento dos embargos de declaração. Agravo Regimental não provido. **(Inform. STF 781)**

EMB.DECL. NO ARE N.853.228-RS

RELATOR: MINISTRO PRESIDENTE

Ementa: EMBARGOS DE DECLARAÇÃO OPOSTOS DE DECISÃO MONOCRÁTICA. CONVERSÃO EM AGRAVO REGIMENTAL. APLICAÇÃO DA SISTEMÁTICA DA REPERCUSSÃO GERAL PELO TRIBUNAL DE ORIGEM (ART. 543-B DO CPC). INTERPOSIÇÃO DO AGRAVO PREVISTO NO ART. 544 DO CPC. NÃO CABIMENTO. PRINCÍPIO DA FUNGIBILIDADE RECURSAL. DEVOLUÇÃO DOS AUTOS AO TRIBUNAL DE ORIGEM PARA JULGAMENTO DO RECURSO COMO AGRAVO INTERNO. CABIMENTO SOMENTE PARA OS RECURSOS INTERPOSTOS ANTES DE 19/11/2009. CONFIGURAÇÃO DE ERRO GROSSEIRO. AGRAVO REGIMENTAL A QUE SE NEGA PROVIMENTO.

I – A jurisprudência do Supremo Tribunal Federal firmou-se no sentido do não cabimento do agravo previsto no art. 544 do Código de Processo Civil para atacar decisão *a quo* que aplica a sistemática da repercussão geral (AI 760.358-QO/SE, Rel. Min. Gilmar Mendes).

II – Inaplicável o princípio da fungibilidade recursal para se determinar a conversão do presente recurso em agravo regimental a ser apreciado pela origem, porquanto esta Corte fixou o entendimento de que após 19/11/2009, data em que julgado o AI 760.358-QO/SE, a interposição do agravo previsto no art. 544 do CPC configura erro grosseiro.

III – Agravo regimental a que se nega provimento. **(Inform. STF 777)**

ED: interposição antes da publicação do acórdão e admissibilidade

Admite-se a interposição de embargos declaratórios oferecidos antes da publicação do acórdão embargado e dentro do prazo recursal. Essa a conclusão do Plenário que, por maioria, converteu embargos declaratórios em agravo regimental e a ele deu provimento para que o Ministro Luiz Fux (relator) analise o cabimento de embargos de divergência anteriormente interpostos. O Colegiado assentou que se a parte tomasse conhecimento do teor do acórdão antes de sua publicação e entendesse haver omissão, contradição ou obscuridade, poderia embargar imediatamente. A jurisprudência não poderia punir a parte que estivesse disposta a superar certo formalismo para ser mais diligente, sem intuito meramente protelatório. Não se trataria de recurso prematuro, porque o prazo começaria a correr da data de intimação da parte, e a presença do advogado, a manifestar conhecimento do acórdão, supriria a intimação. Assim, se a parte se sentisse preparada para recorrer antecipadamente, poderia fazê-lo. Ademais, esse recurso não poderia ser considerado intempestivo, termo relacionado à prática do ato processual após o decurso do prazo. Vencido, em parte, o Ministro Marco Aurélio, apenas quanto à conversão.

AI 703269 AgR-ED-ED-EDv-ED/MG, rel. Min. Luiz Fux, 5.3.2015. (AI-703269) **(Inform. STF 776)**

DIREITO PROCESSUAL CIVIL. DESNECESSIDADE DE RATIFICAÇÃO DO RECURSO INTERPOSTO NA PENDÊNCIA DE JULGAMENTO DE EMBARGOS DECLARATÓRIOS.

Não é necessária a ratificação do recurso interposto na pendência de julgamento de embargos de declaração quando, pelo julgamento dos aclaratórios, não houver modificação do jugado embargado. A Súmula 418 do STJ prevê ser "inadmissível o recurso especial interposto antes da publicação do acórdão dos embargos de declaração, sem posterior ratificação". A despeito da referida orientação sumular, o reconhecimento da (in)tempestividade do recurso prematuro por ter sido interposto antes da publicação do acórdão recorrido ou antes da decisão definitiva dos embargos de declaração – e que não venha a ser ratificado – foi objeto de entendimentos diversos tanto no âmbito do STJ como do STF, ora se admitindo, ora não se conhecendo do recurso. Ao que parece, diante da notória divergência, considerando-se a interpretação teleológica e a hermenêutica processual, sempre em busca de conferir concretude aos princípios da justiça e do bem comum, mostra-se mais razoável e consentâneo com os ditames atuais o entendimento que busca privilegiar o mérito do recurso, o acesso à justiça (art. 5°, XXXV, da CF), dando prevalência à solução do direito material em litígio, atendendo a melhor dogmática na apreciação dos requisitos de admissibilidade recursais, afastando o formalismo interpretativo para conferir efetividade aos princípios constitucionais responsáveis pelos valores mais caros à sociedade. Nesse contexto, a celeuma surge exatamente quando se impõe ao litigante que interpôs recurso principal, na pendência de julgamento de embargos declaratórios, o ônus da ratificação daquele recurso, mesmo que seja mantida integralmente a decisão que o originou. É que a parte recorrente (recurso principal) não poderá interpor novo recurso, não obstante a reabertura de prazo pelo julgamento dos embargos, uma vez constatada a preclusão consumativa. Em verdade, só parece possível pensar na obrigatoriedade de ratificação – *rectius* complementação – do recurso prematuramente interposto para que possa também alcançar, por meio de razões adicionais, a parte do acórdão atingida pelos efeitos modificativos e/ou infringentes dos embargos declaratórios. Aliás, trata-se de garantia processual da parte que já recorreu. Deveras, é autorizado ao recorrente que já tenha interposto o recurso principal complementar as razões de seu recurso, caso haja integração ou alteração do julgado objeto de aclaratórios acolhidos, aduzindo novos fundamentos no tocante à parcela da decisão que foi modificada. Porém, ele não poderá apresentar novo recurso nem se valer da faculdade do aditamento se não houver alteração da sentença ou acórdão, porquanto já operada, de outra parte, a preclusão consumativa – o direito de recorrer já foi exercido. Esse entendimento é consentâneo com a jurisprudência do STJ (REsp 950.522-PR, Quarta Turma, DJe 8/2/2010). Assim sendo, não havendo alteração da decisão pelos embargos de declaração, deve haver o processamento normal do recurso (principal), que não poderá mais ser alterado. Esse entendimento é coerente com o fluxo lógico-processual, com a celeridade e com a razoabilidade, além de estar a favor do acesso à justiça e em consonância com o previsto no art. 1.024, § 5°, do novo CPC. Dessarte, seguindo toda essa linha de raciocínio, o STF proclamou, recentemente, posicionamento no sentido de superar a obrigatoriedade de ratificação (RE 680.371 AgR-SP, Primeira Turma, DJe 16/9/2013). Ademais, no tocante aos recursos extraordinários, que exigem o esgotamento de instância (Súmula 281 do STF), não há falar que a interposição de recurso antes do advento do julgamento dos embargos de declaração não seria apta a tal contendo. Isso porque os aclaratórios não constituem requisito para a interposição dos recursos excepcionais, não havendo falar em esgotamento das vias recursais, uma vez que se trata de remédio processual facultativo para corrigir ou esclarecer o provimento jurisdicional. Com efeito, a referida exigência advém do fato de que os recursos extraordinários não podem ser exercidos *per saltum*, só sendo desafiados por decisão de última ou única instância. Entender de forma diversa seria o mesmo que afirmar que sempre e em qualquer circunstância os litigantes teriam que opor embargos declaratórios contra acórdão suscetível de recurso de natureza extraordinária. Aliás, o efeito interruptivo dos embargos, previsto no art. 538 do CPC, só suporta interpretação benéfica, não podendo importar em prejuízo para os contendores. Portanto, a única interpretação cabível para o enunciado da Súmula 418 do STJ é no sentido de que o ônus da ratificação do recurso interposto na pendência de julgamento de embargos declaratórios apenas existe quando houver modificação do julgado embargado. **REsp 1.129.215-DF, Rel. Min. Luis Felipe Salomão, julgado em 16/9/2015, DJe 3/11/2015. (Inform. STJ 572)**

DIREITO PROCESSUAL CIVIL. PREJUÍZOS DECORRENTES DA FIXAÇÃO DE PREÇOS PARA O SETOR SUCROALCOOLEIRO. RECURSO REPETITIVO (ART. 543-C DO CPC E RES. 8/2008-STJ). Em julgamento de embargos de declaração opostos contra acórdão que julgou recurso representativo da controvérsia (543-C do CPC) relativo ao prejuízo experimentado pelas empresas do setor sucroalcooleiro em razão do tabelamento de preços estabelecido pelo Governo Federal por intermédio da Lei 4.870/1965, reconheceu-se a existência de omissão e obscuridade no acórdão embargado para se esclarecer, em seguida, que: (a) nos casos em que já há sentença transitada em julgado, no processo de conhecimento, a forma de apuração do valor devido deve observar o respectivo título executivo; e (b) a eficácia da Lei 4.870/1965 findou em 31/1/1991, em virtude da publicação, em 1/2/1991, da Medida Provisória 295, de 31/1/1991, posteriormente convertida na Lei 8.178, de 1/3/1991. **EDcl no REsp 1.347.136-DF, Rel. Min. Assusete Magalhães, Primeira Seção, julgado em 11/6/2014, DJe 2/2/2015 (Inform. STJ 555).**

Súmula STF nº 317

São improcedentes os embargos declaratórios, quando não pedida a declaração do julgado anterior, em que se verificou a omissão.

Súmula STJ nº 98

Embargos de declaração manifestados com notório proposito de prequestionamento não tem caráter protelatório.

8.5. Embargos Infringentes e Embargos de Divergência

AG. REG. NOS EMB. DECL. NOS EMB. DIV. NO AG. REG. NO AI N. 808.405-SP

RELATOR: MIN. MARCO AURÉLIO

EMBARGOS DE DIVERGÊNCIA – ACÓRDÃO RELATIVO A AGRAVO. Acórdão decorrente de julgamento de agravo regimental, interposto contra ato de relator no exame de agravo, sem apreciação da matéria de fundo do extraordinário, não desafia embargos de divergência – inteligência do artigo 546 do Código de Processo Civil. **(Inform. STF 805)**

AG. REG. NOS EMB. DIV. NOS EMB. DECL. NO AG. REG. NO ARE N. 845.201-RS

RELATOR: MIN. CELSO DE MELLO

EMENTA: **EMBARGOS DE DIVERGÊNCIA – DESCUMPRIMENTO**, PELA PARTE EMBARGANTE, **DO DEVER PROCESSUAL** DE PROCEDER *AO CONFRONTO ANALÍTICO* **DETERMINADO** NO ART. 331 DO RISTF – **SUPREMO TRIBUNAL FEDERAL** – *COMPETÊNCIA NORMATIVA PRIMÁRIA* (**CF/69**, ART. 119, § 3°, "**c**") – **POSSIBILIDADE CONSTITUCIONAL**, *SOB A ÉGIDE* DA CARTA FEDERAL DE 1969, **DE O SUPREMO TRIBUNAL FEDERAL DISPOR**, *EM SEDE REGIMENTAL*, **SOBRE NORMAS DE DIREITO PROCESSUAL – RECEPÇÃO**, *PELA CONSTITUIÇÃO DE 1988*, DE TAIS PRECEITOS REGIMENTAIS *COM FORÇA E EFICÁCIA DE LEI* (**RTJ** 147/1010 – **RTJ** 151/278) – **PLENA LEGITIMIDADE CONSTITUCIONAL** *DO ART. 331 DO RISTF* – **RECURSO DE AGRAVO IMPROVIDO.**

– A parte embargante, **sob pena** *de recusa liminar de processamento dos embargos de divergência* – **ou** *de não conhecimento* destes, *quando já admitidos* – **deve demonstrar**, *de maneira objetiva*, **mediante análise comparativa** entre o acórdão paradigma **e** a decisão embargada, **a existência** do alegado dissídio jurisprudencial, **impondo-se-lhe** reproduzir, *na petição recursal*, **para efeito** de caracterização do conflito interpretativo, **os trechos** *que configurariam* a divergência indicada, **mencionando**, *ainda*, **as circunstâncias** *que identificariam* **ou** *que tornariam assemelhados* os casos em confronto. **Precedentes**.

– **O Supremo Tribunal Federal**, *sob a égide* da Carta Política de 1969 (art. 119, § 3°, "**c**"), **dispunha** *de competência normativa primária* **para**, em sede **meramente** regimental, **formular** normas de direito processual **concernentes** ao processo **e** ao julgamento dos feitos de sua competência originária ou recursal. **Com a superveniência** da Constituição de 1988, **operou-se a recepção** de tais preceitos regimentais, **que passaram a ostentar** *força* **e** *eficácia* de norma legal (**RTJ** 147/1010 – **RTJ** 151/278), **revestindo-se**, *por isso mesmo*, **de plena** legitimidade constitucional **a exigência** *de pertinente confronto analítico* **entre** os acórdãos postos em cotejo (**RISTF**, art. 331). **(Inform. STF 794)**

AG. REG. NOS EMB. DIV. NOS EMB. DECL. NO AG. REG. NO ARE N. 762.767-DF

RELATOR: MIN. LUIZ FUX

Ementa: agravo regimental nos embargos de divergência nos embargos de declaração no agravo regimental no recurso extra-

ordinário com agravo. Administrativo. Processo seletivo interno. Formação de sargentos da polícia militar. Ausência de impugnação específica. Súmula STF 287. Ausência de demonstração do dissenso jurisprudencial. Mero traslado dos acórdãos paradigmas. Confronto estabelecido em face de decisão monocrática. Impossibilidade. Agravo regimental a que se nega provimento.

1. A impugnação específica da decisão agravada, quando ausente, conduz ao desprovimento do agravo regimental. Súmula 287 do STF. Precedentes: RCL 5.684/PE-AgR, Tribunal Pleno, Rel. Min. Ricardo Lewandowski, DJe-152 de 15/8/08; ARE 665.255-AgR/PR, Rel. Min. Ricardo Lewandowski, Segunda Turma, Dje 22/5/2013; e AI 763.915-AgR/RJ, Rel. Min. Dias Toffoli, Primeira Turma, DJe 7/5/2013.

2. A demonstração objetiva do alegado dissídio jurisprudencial mediante análise comparativa entre o acórdão paradigma e o ato embargado é imperiosa para o juízo de admissão dos embargos de divergência.

3. Inadmissíveis os embargos de divergência opostos com fundamento em decisões monocráticas. 4. Agravo regimental a que se nega provimento. **(Inform. STF 790)**

AG. REG. NOS EMB. DIV. NOS EMB. DECL. NOS EMB. DECL. NO AG. REG. NO RE N. 551.955-RS

RELATOR: MIN. LUIZ FUX

EMENTA: AGRAVO REGIMENTAL NOS EMBARGOS DE DIVERGÊNCIA NOS EMBARGOS DE DECLARAÇÃO NOS EMBARGOS DE DECLARAÇÃO NO AGRAVO REGIMENTAL NO RECURSO EXTRAORDINÁRIO. HONORÁRIOS ADVOCATÍCIOS. DISPENSA. EXECUÇÃO NÃO EMBARGADA PELA FAZENDA PÚBLICA EM AÇÃO COLETIVA. IMPOSSIBILIDADE DE FRACIONAMENTO DA EXECUÇÃO. ENTENDIMENTO ALINHADO AO POSICIONAMENTO SEDIMENTADO PELO PLENÁRIO DESTA SUPREMA CORTE. PARADIGMA EMPREGADO COMO CAUSA DE DECIDIR DO ACÓRDÃO EMBARGADO. AGRAVO REGIMENTAL A QUE SE NEGA PROVIMENTO.

1. A controvérsia suscitada nos presentes embargos de divergência encontra respaldo na decisão do Plenário do STF.

2. Inadmissíveis os embargos de divergência quando a decisão embargada estiver alinhada ao posicionamento do Plenário desta Suprema Corte.

3. *In casu*, apontado como acórdão paradigma o mesmo precedente empregado para fundamentar o julgado embargado.

4. Agravo regimental a que se nega provimento. **(Inform. STF 785)**

AG. REG. NOS EMB. DIV. NO AG. REG. NO RE N. 649.112-DF

RELATOR: MIN. LUIZ FUX

EMENTA: AGRAVO REGIMENTAL NOS EMBARGOS DE DIVERGÊNCIA NO AGRAVO REGIMENTAL NO RECURSO EXTRAORDINÁRIO. ENTENDIMENTO ALINHADO AO POSICIONAMENTO SEDIMENTADO PELO PLENÁRIO DESTA SUPREMA CORTE. PARADIGMA EMPREGADO COMO CAUSA DE DECIDIR DO ACÓRDÃO EMBARGADO. AGRAVO REGIMENTAL A QUE SE NEGA PROVIMENTO.

1. Inadmissíveis os embargos de divergência opostos em face de acórdão alinhado ao posicionamento do Plenário desta Suprema Corte.

2. *In casu*, apontado como acórdão paradigma o mesmo precedente empregado para fundamentar o julgado embargado.

3. **Agravo regimental a que se nega provimento. (Inform. STF 782)**

Súmula STF nº 598

Nos embargos de divergência não servem como padrão de discordância os mesmos paradigmas invocados para demonstrá-la mas repelidos como não dissidentes no julgamento do recurso extraordinário.

Súmula STF nº 597

Não cabem embargos infringentes de acórdão que, em mandado de segurança decidiu, por maioria de votos, a apelação.

Súmula STF nº 455

Da decisão que se seguir ao julgamento de constitucionalidade pelo tribunal pleno, são inadmissíveis embargos infringentes quanto à matéria constitucional.

Súmula STF nº 368

Não há embargos infringentes no processo de reclamação.

Súmula STF nº 355

Em caso de embargos infringentes parciais, é tardio o recurso extraordinário interposto após o julgamento dos embargos, quanto à parte da decisão embargada que não fora por eles abrangida.

Súmula STF nº 354

Em caso de embargos infringentes parciais, é definitiva a parte da decisão embargada em que não houve divergência na votação.

Súmula STF nº 296

São inadmissíveis embargos infringentes sobre matéria não ventilada, pela turma, no julgamento do recurso extraordinário.

Súmula STF nº 295

São inadmissíveis embargos infringentes contra decisão unânime do Supremo Tribunal Federal em ação rescisória.

Súmula STF nº 294

São inadmissíveis embargos infringentes contra decisão do Supremo Tribunal Federal em mandado de segurança.

Súmula STF nº 293

São inadmissíveis embargos infringentes contra decisão em matéria constitucional submetida ao plenário dos tribunais.

Súmula STJ nº 420

Incabível, em embargos de divergência, discutir o valor de indenização por danos morais.

Súmula STJ nº 390

Nas decisões por maioria, em reexame necessário, não se admitem embargos infringentes.

Súmula STJ nº 316

Cabem embargos de divergência contra acórdão que, em agravo regimental, decide recurso especial.

Súmula STJ nº 315

Não cabem embargos de divergência no âmbito do agravo de instrumento que não admite recurso especial.

Súmula STJ nº 255

Cabem embargos infringentes contra acórdão, proferido por maioria, em agravo retido, quando se tratar de matéria de mérito.

Súmula STJ nº 169

São inadmissíveis embargos infringentes no processo de mandado de segurança.

Súmula STJ nº 168

Não cabem embargos de divergência, quando a jurisprudência do tribunal se firmou no mesmo sentido do acórdão embargado.

Súmula STJ nº 158

Não se presta a justificar embargos de divergência o dissidio com acórdão de turma ou seção que não mais tenha competência para a matéria neles versada.

Súmula STJ nº 88

São admissíveis embargos infringentes em processo falimentar.

8.5. Recurso Especial

RE e análise dos requisitos de admissibilidade de REsp – 3

O recurso extraordinário é instrumento processual idôneo para questionar o cabimento de recurso especial manejado em face de decisão proferida em sede de suspensão de liminar deferida ao Poder Público com base no art. 4º da Lei 8.437/1992 ("Compete ao presidente do tribunal, ao qual couber o conhecimento do respectivo recurso, suspender,

em despacho fundamentado, a execução da liminar nas ações movidas contra o Poder Público ou seus agentes, a requerimento do Ministério Público ou da pessoa jurídica de direito público interessada, em caso de manifesto interesse público ou de flagrante ilegitimidade, e para evitar grave lesão à ordem, à saúde, à segurança e à economia públicas"). Essa a orientação da Primeira Turma, que, em conclusão de julgamento e por maioria, proveu agravo regimental para assegurar o trânsito do recurso extraordinário. Na espécie, o STJ não conhecera de recurso especial sob o fundamento de que não poderia ser utilizado para impugnar decisões proferidas no âmbito do pedido de suspensão de segurança. Segundo o STJ, o recurso especial se destinaria a combater argumentos que dissessem respeito a exame de legalidade, ao passo que o pedido de suspensão ostentaria juízo político – v. Informativos 750 e 778. A Turma entendeu que a decisão em sede de suspensão de segurança não seria estritamente política, mas teria conteúdo jurisdicional, o que, de início, desafiaria recurso especial. O Ministro Edson Fachin, ao desempatar a questão, ressaltou que o cabimento de recurso especial na hipótese de concessão de suspensão de liminar nas instâncias judiciárias respectivas seria matéria de índole constitucional e, portanto, deveria ser analisada pelo STF. Registrou, por fim, que a jurisprudência da Turma seria no sentido da admissibilidade do recurso extraordinário interposto contra decisão do STJ que contrariasse, em tese, o art. 105, III, da CF. Vencidos a Ministra Rosa Weber (relatora) e o Ministro Roberto Barroso, que negavam provimento ao agravo regimental.
RE 798740 AgR/DF, rel. orig. Min. Rosa Weber, red. p/ o acórdão Min. Marco Aurélio, 1º.9.2015. (RE-798740) **(Inform. STF 797)**

AG. REG. NA AC N. 3.738-MG
RELATOR: MIN. LUIZ FUX
Ementa: AÇÃO CAUTELAR. PEDIDO DE ATRIBUIÇÃO DE EFEITO SUSPENSIVO A RECURSO EXTRAORDINÁRIO ADMITIDO NA ORIGEM. INTERPOSIÇÃO SIMULTÂNEA DE RECURSO ESPECIAL, TAMBÉM ADMITIDO NA ORIGEM. AUTOS QUE SE ENCONTRAM SOB APRECIAÇÃO DO SUPERIOR TRIBUNAL DE JUSTIÇA. JULGAMENTO DO RECURSO ESPECIAL AINDA NÃO REALIZADO. NÃO CARACTERIZAÇÃO DO NECESSÁRIO EXAURIMENTO DA JURISDIÇÃO DO STJ. A CONCESSÃO DE EFEITO SUSPENSIVO A RECURSO EXTRAORDINÁRIO ATRAVÉS DE MEDIDA CAUTELAR SE RESTRINGE AOS CASOS EM QUE O RECURSO, DEVIDAMENTE ADMITIDO, ENCONTRA-SE SUBMETIDO À ANÁLISE DESTA CORTE, HIPÓTESE NÃO VERIFICADA *IN CASU*. INCOMPETÊNCIA DO SUPREMO TRIBUNAL FEDERAL. PRECEDENTES. AGRAVO REGIMENTAL A QUE SE NEGA PROVIMENTO.
1. A competência do Supremo Tribunal Federal para a concessão de efeito suspensivo a recurso extraordinário através de medida cautelar se restringe aos casos em que o recurso, devidamente admitido, encontra-se submetido à análise desta Corte. Precedentes: AC 3.683-AgR, Rel. Min. Rosa Weber, Primeira Turma, DJe de 28/10/2014; AC 2.206-AgR, Rel. Min. Eros Grau, Segunda Turma, DJe de 25/9/2009.
2. Interposto o recurso especial simultaneamente ao extraordinário, as medidas cautelares referentes ao último só devem ser examinadas por esta Corte após o exaurimento da jurisdição do Superior Tribunal de Justiça, requisito não configurado *in casu*.
3. Agravo a que se nega provimento. **(Inform. STF 782)**

DIREITO PROCESSUAL CIVIL. CONHECIMENTO PELO STJ DE RESP EM PARTE INADMITIDO NA ORIGEM.
O recurso especial que foi em parte admitido pelo Tribunal de origem pode ser conhecido pelo STJ na totalidade, ainda que à parte inadmitida tenha sido aplicado o art. 543-C, § 7º, I, do CPC e o recorrente não tenha interposto agravo regimental na origem para combater essa aplicação. Realmente, consoante iterativa jurisprudência do STJ, o agravo regimental é o recurso a ser interposto contra a decisão que nega trânsito ao recurso especial com base em aplicação de tese firmada em recurso especial representativo de controvérsia repetitiva (QO no Ag 1.154.599-SP, Corte Especial, DJe 12/5/2011). De igual modo, observa-se que é dever da parte agravante atacar especificamente todos os fundamentos da decisão do Tribunal de origem que nega trânsito ao recurso especial, sob pena de não conhecimento da irresignação (art. 544, § 4º, I, do CPC). Nada obstante, o caso em análise é absolutamente diverso, pois, na origem, foi conferido trânsito ao recurso especial, ficando, desse modo, superado o exame da decisão de admissibilidade do Tribunal de origem, pois esta não vincula o relator no STJ, que promoverá novo exame do recurso especial. Cabe ressaltar que a Súmula 292 do STF, aplicável por analogia ao recurso especial, orienta que, interposto o recurso extraordinário por mais de um dos fundamentos, a admissão apenas por um deles não prejudica o seu conhecimento por qualquer dos outros. A Súmula 528 do STF, por sua vez, também aplicável por analogia ao recurso especial, esclarece que, se a decisão de admissibilidade do recurso excepcional contiver partes autônomas, a admissão parcial não limitará a apreciação de todas as demais questões pelo Tribunal de superposição. De mais a mais, no novo exame de admissibilidade do recurso especial efetuado no âmbito do STJ, todos os pressupostos recursais são reexaminados. Assim, em vista da patente ausência do binômio necessidade-utilidade da interposição do agravo regimental na origem, não há cogitar em não ser conhecido o recurso especial por esse motivo. **AgRg no REsp 1.472.853-SC, Rel. Min. Luis Felipe Salomão, julgado em 4/8/2015, DJe 27/8/2015 (Inform. STJ 567).**

DIREITO PROCESSUAL CIVIL. UTILIZAÇÃO DE GRU SIMPLES PARA O PREPARO DE RECURSO ESPECIAL.
O recolhimento do valor correspondente ao porte de remessa e de retorno por meio de GRU Simples, enquanto resolução do STJ exigia que fosse realizado por meio de GRU Cobrança, não implica a deserção do recurso se corretamente indicados na guia o STJ como unidade de destino, o nome e o CNPJ do recorrente e o número do processo. Como se sabe, a tendência do STJ é de não conhecer dos recursos especiais cujos preparos não tenham sido efetivados com estrita observância das suas formalidades extrínsecas. Contudo, deve-se flexibilizar essa postura na hipótese em análise, sobretudo à luz da conhecida prevalência do princípio da instrumentalidade das formas dos atos do processo. No tocante às nulidades, as atenções no âmbito processual devem ser voltadas à finalidade dos atos, conforme preceitua o art. 244 do CPC. De igual modo, nas hipóteses de preparo recursal, esse mesmo norte também deve ser enfatizado. Com efeito, se a Guia de Recolhimento indica, corretamente, o STJ como unidade de destino, além do nome e do CNPJ da recorrente e do número do processo, ocorre o efetivo ingresso do valor pago nos cofres do STJ, de modo que a finalidade do ato é alcançada. Desse modo, recolhido o valor correto aos cofres públicos e sendo possível relacioná-lo ao processo e ao recorrente, então a parte merece ter seu recurso processado e decidido como se entender de direito. **REsp 1.498.623-RJ, Rel. Min. Napoleão Nunes Maia Filho, julgado em 26/2/2015, DJe 13/3/2015 (Inform. STJ 557).**

DIREITO PROCESSUAL CIVIL. CABIMENTO DE RECURSO ESPECIAL SOB ALEGAÇÃO DE OFENSA A DIREITO ADQUIRIDO E ATO JURÍDICO PERFEITO.
Cabe recurso especial – e não recurso extraordinário – para examinar se ofende o art. 6º da Lei de Introdução às normas do Direito Brasileiro (LINDB) a interpretação feita pelo acórdão recorrido dos conceitos legais de direito adquirido e de ato jurídico perfeito a qual ensejou a aplicação de lei nova a situação jurídica já constituída quando de sua edição. Embora o tema não seja pacífico, não se desconhece que há acórdãos do STJ segundo os quais, havendo dispositivo constitucional com o mesmo conteúdo da regra legal cuja violação se alega – como é o caso do direito adquirido e do ato jurídico perfeito –, a questão é constitucional, não suscetível de apreciação na via do recurso especial. Todavia, a jurisprudência do STF orienta-se no sentido de que não cabe recurso extraordinário por ofensa aos princípios constitucionais da legalidade, do devido processo legal, da coisa julgada, do direito adquirido, entre outros, se, para apreciá-la, for necessária a interpretação de legislação ordinária (AgRg no AG 135.632-RS, Primeira Turma, DJ 3/9/1999). Os conceitos de direito adquirido, ato jurídico perfeito e coisa julgada são dados por lei ordinária (art. 6º da LINDB), sem aptidão, portanto, para inibir o legislador infraconstitucional. Assim, se a lei ordinária contiver regra de cujo texto se extraia ordem de retroatividade, em prejuízo de situação jurídica anteriormente constituída, a ofensa será direta ao art. 5º, XXXVI, da CF, passível de exame em recurso extraordinário. Diversamente, caso se cuide de decidir acerca da aplicação da lei nova

a determinada relação jurídica existente quando de sua edição, a questão será infraconstitucional, impugnável mediante recurso especial. **REsp 1.124.859-MG, Rel. originário Min. Luis Felipe Salomão, Rel. para acórdão Min. Maria Isabel Gallotti, julgado em 26/11/2014, DJe 27/2/2015 (Inform. STJ 556).**

Súmula STJ nº 518

Para fins do art. 105, III, a, da Constituição Federal, não é cabível recurso especial fundado em alegada violação de enunciado de súmula.

Súmula STJ nº 418

É inadmissível o recurso especial interposto antes da publicação do acórdão dos embargos de declaração, sem posterior ratificação.

Súmula STJ nº 320

A questão federal somente ventilada no voto vencido não atende ao requisito do prequestionamento.

Súmula STJ nº 211

Inadmissível recurso especial quanto à questão que, a despeito da oposição de embargos declaratórios, não foi apreciada pelo tribunal a quo.

Súmula STJ nº 207

É inadmissível recurso especial quando cabíveis embargos infringentes contra o acórdão proferido no tribunal de origem.

Súmula STJ nº 126

É inadmissível recurso especial, quando o acórdão recorrido assenta em fundamentos constitucional e infraconstitucional, qualquer deles suficiente, por si só, para mantê-lo, e a parte vencida não manifesta recurso extraordinário.

Súmula STJ nº 123

A decisão que admite, ou não, o recurso especial deve ser fundamentada, com o exame dos seus pressupostos gerais e constitucionais.

Súmula STJ nº 86

Cabe recurso especial contra acórdão proferido no julgamento de agravo de instrumento.

Súmula STJ nº 83

Não se conhece do recurso especial pela divergência, quando a orientação do tribunal se firmou no mesmo sentido da decisão Recorrida.

Súmula STJ nº 13

A divergência entre julgados do mesmo tribunal não enseja recurso especial.

Súmula STJ nº 7

A pretensão de simples reexame de prova não enseja recurso especial.

Súmula STJ nº 5

A simples interpretação de cláusula contratual não enseja recurso especial.

8.6. Recurso Extraordinário

EMB. DECL. NO RE N. 900.701-SC
RELATORA: MIN. ROSA WEBER
EMENTA: EMBARGOS DE DECLARAÇÃO RECEBIDOS COMO AGRAVO REGIMENTAL. DIREITO ADMINISTRATIVO E PROCESSUAL CIVIL. AÇÃO DEMOLITÓRIA. EDIFICAÇÃO EM FAIXA DE DOMÍNIO DE RODOVIA FEDERAL E ÁREA *NON EDIFICANDI*. LIMITAÇÃO ADMINISTRATIVA. LEI Nº 6.766/1979. DEBATE DE ÂMBITO INFRACONSTITUCIONAL. EVENTUAL OFENSA REFLEXA NÃO VIABILIZA O MANEJO DO RECURSO EXTRAORDINÁRIO. ART. 102 DA LEI MAIOR. ACÓRDÃO RECORRIDO PUBLICADO EM 17.10.2014.1. A jurisprudência desta Suprema Corte firmou-se no sentido de que incabíveis embargos de declaração opostos em face de decisão monocrática. Recebimento como agravo regimental com fundamento no princípio da fungibilidade. 2. A controvérsia, a teor do já asseverado na decisão guerreada, não alcança estatura constitucional. Não há falar em afronta aos preceitos constitucionais indicados nas razões recursais. Compreender de modo diverso exigiria a análise da legislação infraconstitucional encampada na decisão da Corte de origem, a tornar oblíqua e reflexa eventual ofensa, insuscetível, como tal, de viabilizar o conhecimento do recurso extraordinário. Desatendida a exigência do art. 102, III, "a", da Lei Maior, nos termos da remansosa jurisprudência desta Suprema Corte. 3. As razões do agravo regimental não se mostram aptas a infirmar os fundamentos que lastrearam a decisão agravada. 4. Embargos de declaração recebidos como agravo regimental, ao qual se nega provimento. **(Inform. STF 811)**

AG. REG. NO ARE N. 853.123-PE
RELATOR: MIN. MARCO AURÉLIO
RECURSO EXTRAORDINÁRIO – MATÉRIA FÁTICA E LEGAL. O recurso extraordinário não é meio próprio ao revolvimento da prova, também não servindo à interpretação de normas estritamente legais. **(Inform. STF 809)**

AG. REG. NO ARE N. 743.430-BA
RELATORA: MIN. ROSA WEBER
EMENTA: DIREITO PROCESSUAL CIVIL. DESERÇÃO DO RECURSO. DEFICIENTE REALIZAÇÃO DO PREPARO PREVISTO NA LEI ESTADUAL Nº 12.373/2011. RECOLHIMENTO INCOMPLETO. ANÁLISE DE LEGISLAÇÃO INFRACONSTITUCIONAL. EVENTUAL OFENSA REFLEXA NÃO VIABILIZA O MANEJO DO RECURSO EXTRAORDINÁRIO. ART. 102 DA LEI MAIOR. DECISÃO RECORRIDA PUBLICADA EM 10.10.2012.
1. A controvérsia, a teor do já asseverado na decisão guerreada, não alcança estatura constitucional. Não há falar em afronta aos preceitos constitucionais indicados nas razões recursais. Compreender de modo diverso exigiria a análise da legislação infraconstitucional encampada na decisão da Corte de origem, a tornar oblíqua e reflexa eventual ofensa, insuscetível, como tal, de viabilizar o conhecimento do recurso extraordinário. Desatendida a exigência do art. 102, III, "a", da Lei Maior, nos termos da remansosa jurisprudência desta Suprema Corte.
2. As razões do agravo regimental não se mostram aptas a infirmar os fundamentos que lastrearam a decisão agravada.
3. Agravo regimental conhecido e não provido. **(Inform. STF 809)**

AG. REG. NO ARE N. 914.837-SP
RELATOR: MIN. MARCO AURÉLIO
RECURSO EXTRAORDINÁRIO – MATÉRIA FÁTICA E LEGAL. O recurso extraordinário não é meio próprio ao revolvimento da prova, também não servindo à interpretação de normas estritamente legais.
PREQUESTIONAMENTO – CONFIGURAÇÃO – RAZÃO DE SER. O prequestionamento não resulta da circunstância de a matéria haver sido arguida pela parte recorrente. A configuração pressupõe debate e decisão prévios pelo Colegiado, ou seja, emissão de entendimento. O instituto visa o cotejo indispensável a que se diga enquadrado o recurso extraordinário no permissivo constitucional. **(Inform. STF 809)**

AG. REG. NO AI N. 762.803-RS
RELATOR: MIN. DIAS TOFFOLI
EMENTA: Agravo regimental no agravo de instrumento. Prequestionamento. Ausência. Precatório. Juros moratórios. Critérios de cálculo. Coisa julgada reconhecida pelo Tribunal de origem. Limites objetivos. Fundamento suficiente à manutenção do acórdão recorrido. Matéria infraconstitucional. Ofensa reflexa. Precedentes.
1. Inadmissível o recurso extraordinário quando os dispositivos constitucionais que nele se alega violados não estão devidamente prequestionados. Incidência das Súmulas nºs 282 e 356/STF.
2. Não se admite recurso extraordinário contra acórdão que contenha fundamento infraconstitucional suficiente para a manutenção do julgado recorrido. Orientação da Súmula nº 283/STF.

3. É pacífica a jurisprudência da Corte de que não se presta o recurso extraordinário para a verificação dos limites objetivos da coisa julgada, haja vista tratar-se de discussão de índole infraconstitucional.
4. Agravo regimental não provido. **(Inform. STF 804)**

AG. REG. NO ARE N. 910.117-MG
RELATOR: MIN. EDSON FACHIN
AGRAVO REGIMENTAL EM RECURSO EXTRAORDINÁRIO COM AGRAVO. DIREITO PREVIDENCIÁRIO. PENSÃO POR MORTE. COMPROVAÇÃO DA QUALIDADE DE SEGURADO DO *DE CUJUS*.
1. A jurisprudência do STF é firme no sentido da inadmissibilidade de recurso extraordinário interposto sem preliminar formal e fundamentada de repercussão geral. Precedente: AI-QO 664.567, de relatoria do Ministro Sepúlveda Pertence, Tribunal Pleno, DJ 06.09.2007.
2. É inadmissível o recurso extraordinário, quando a matéria constitucional suscitada não tiver sido apreciada pelo acórdão recorrido, em decorrência da ausência do requisito processual do prequestionamento. Súmula 282 do STF.
3. É inviável o processamento do apelo extremo, quando o seu exame demanda o reexame da legislação aplicável à espécie e dos fatos e provas. Súmulas 279.
4. Agravo regimental a que se nega provimento. **(Inform. STF 804)**

AG. REG. NO ARE N. 898.539-SP
RELATOR: MIN. MARCO AURÉLIO
RECURSO EXTRAORDINÁRIO – MATÉRIA FÁTICA E LEGAL. O recurso extraordinário não é meio próprio ao revolvimento da prova, também não servindo à interpretação de normas estritamente legais.
PREQUESTIONAMENTO – CONFIGURAÇÃO – RAZÃO DE SER. O prequestionamento não resulta da circunstância de a matéria haver sido arguida pela parte recorrente. A configuração pressupõe debate e decisão prévios pelo Colegiado, ou seja, emissão de entendimento. O instituto visa o cotejo indispensável a que se diga enquadrado o recurso extraordinário no permissivo constitucional. **(Inform. STF 802)**

AG. REG. NO ARE N. 879.909-SP
RELATOR: MIN. MARCO AURÉLIO
DEVIDO PROCESSO LEGAL – PRESTAÇÃO JURISDICIONAL – NULIDADE – RECURSO EXTRAORDINÁRIO. Se, de um lado, é possível haver situação concreta em que transgredido o devido processo legal a ponto de enquadrar o recurso extraordinário no permissivo que lhe é próprio, de outro, descabe confundir a ausência de aperfeiçoamento da prestação jurisdicional com a entrega de forma contrária a interesses.
RECURSO EXTRAORDINÁRIO – MATÉRIA FÁTICA E LEGAL. O recurso extraordinário não é meio próprio ao revolvimento da prova, também não servindo à interpretação de normas estritamente legais. **(Inform. STF 799)**

AG. REG. NO ARE N. 866.435-RJ
RELATOR: MIN. MARCO AURÉLIO
LEI – INICIATIVA – CONCURSO PÚBLICO – PRECEDENTE DO PLENÁRIO. Norma que dispõe sobre condição para se chegar à investidura no cargo, por tratar de momento anterior ao da caracterização do candidato como servidor público, não é de iniciativa privativa do Chefe do Poder Executivo – Ação Direta de Inconstitucionalidade nº 2.672/ES. RECURSO EXTRAORDINÁRIO – PREQUESTIONAMENTO – CONFIGURAÇÃO – RAZÃO DE SER. O prequestionamento não resulta da circunstância de a matéria haver sido arguida pela parte recorrente. A configuração do instituto pressupõe debate e decisão prévios pelo Colegiado, ou seja, emissão de juízo sobre o tema. O procedimento tem como escopo o cotejo indispensável a que se diga do enquadramento do recurso extraordinário no permissivo constitucional. Se o Tribunal de origem não adotou tese explícita a respeito do fato jurígeno veiculado nas razões recursais, inviabilizado fica o entendimento sobre a violência ao preceito evocado pelo recorrente. **(Inform. STF 789)**

Súmula STF nº 735

Não cabe recurso extraordinário contra acórdão que defere medida liminar.

Súmula STF nº 733

Não cabe recurso extraordinário contra decisão proferida no processamento de precatórios.

Súmula STF nº 640

É cabível recurso extraordinário contra decisão proferida por juiz de primeiro grau nas causas de alçada, ou por turma recursal de juizado especial cível e criminal.

Súmula STF nº 638

A controvérsia sobre a incidência, ou não, de correção monetária em operações de crédito rural é de natureza infraconstitucional, não viabilizando recurso extraordinário.

Súmula STF nº 637

Não cabe recurso extraordinário contra acórdão de tribunal de justiça que defere pedido de intervenção estadual em município.

Súmula STF nº 636

Não cabe recurso extraordinário por contrariedade ao princípio constitucional da legalidade, quando a sua verificação pressuponha rever a interpretação dada a normas infraconstitucionais pela decisão recorrida.

Súmula STF nº 635

Cabe ao presidente do tribunal de origem decidir o pedido de medida cautelar em recurso extraordinário ainda pendente do seu juízo de admissibilidade.

Súmula STF nº 634

Não compete ao Supremo Tribunal Federal conceder medida cautelar para dar efeito suspensivo a recurso extraordinário que ainda não foi objeto de juízo de admissibilidade na origem.

Súmula STF nº 528

Se a decisão contiver partes autônomas, a admissão parcial, pelo presidente do tribunal "a quo", de recurso extraordinário que, sobre qualquer delas se manifestar, não limitará a apreciação de todas pelo Supremo Tribunal Federal, independentemente de interposição de agravo de instrumento.

Súmula STF nº 513

A decisão que enseja a interposição de recurso ordinário ou extraordinário não é a do plenário, que resolve o incidente de inconstitucionalidade, mas a do órgão (câmaras, grupos ou turmas) que completa o julgamento do feito.

Súmula STF nº 456

O Supremo Tribunal Federal, conhecendo do recurso extraordinário, julgará a causa, aplicando o direito à espécie.

Súmula STF nº 454

Simples interpretação de cláusulas contratuais não dá lugar a recurso extraordinário.

Súmula STF nº 432

Não cabe recurso extraordinário com fundamento no art. 101, III, "d", da Constituição Federal, quando a divergência alegada for entre decisões da Justiça do Trabalho.

Súmula STF nº 400

Decisão que deu razoável interpretação à Lei, ainda que não seja a melhor, não autoriza recurso extraordinário pela letra "a" do art. 101, III, da Constituição Federal.

Súmula STF nº 399

Não cabe recurso extraordinário, por violação de Lei federal, quando a ofensa alegada for a regimento de tribunal.

Súmula STF nº 369

Julgados do mesmo tribunal não servem para fundamentar o recurso extraordinário por divergência jurisprudencial.

Súmula STF nº 356

O ponto omisso da decisão, sobre o qual não foram opostos embargos declaratórios, não pode ser objeto de recurso extraordinário, por faltar o requisito do prequestionamento.

Súmula STF nº 299

O recurso ordinário e o extraordinário interpostos no mesmo processo de mandado de segurança, ou de "habeas corpus", serão julgados conjuntamente pelo tribunal pleno.

Súmula STF nº 292

Interposto o recurso extraordinário por mais de um dos fundamentos indicados no art. 101, III, da Constituição, a admissão apenas por um deles não prejudica o seu conhecimento por qualquer dos outros.

Súmula STF nº 291

No recurso extraordinário pela letra "d" do art. 101, III, da Constituição, a prova do dissídio jurisprudencial far-se-á por certidão, ou mediante indicação do "diário da justiça" ou de repertório de jurisprudência autorizado, com a transcrição do trecho que configure a divergência, mencionadas as circunstâncias que identifiquem ou assemelhem os casos confrontados.

Súmula STF nº 286

Não se conhece do recurso extraordinário fundado em divergência jurisprudencial, quando a orientação do plenário do Supremo Tribunal Federal já se firmou no mesmo sentido da decisão recorrida.

Súmula STF nº 285

Não sendo razoável a arguição de inconstitucionalidade, não se conhece do recurso extraordinário fundado na letra "c" do art. 101, III, da Constituição Federal.

Súmula STF nº 284

É inadmissível o recurso extraordinário, quando a deficiência na sua fundamentação não permitir a exata compreensão da controvérsia.

Súmula STF nº 283

É inadmissível o recurso extraordinário, quando a decisão recorrida assenta em mais de um fundamento suficiente e o recurso não abrange todos eles.

Súmula STF nº 282

É inadmissível o recurso extraordinário, quando não ventilada, na decisão recorrida, a questão federal suscitada.

Súmula STF nº 281

É inadmissível o recurso extraordinário, quando couber na justiça de origem, recurso ordinário da decisão impugnada.

Súmula STF nº 280

Por ofensa a direito local não cabe recurso extraordinário.

Súmula STF nº 279

Para simples reexame de prova não cabe recurso extraordinário.

9. REPERCUSSÃO GERAL

REPERCUSSÃO GERAL EM ARE N. 907.777-RN
RELATOR: MIN. TEORI ZAVASCKI
Ementa: PROCESSUAL CIVIL. RECURSO EXTRAORDINÁRIO COM AGRAVO. SERVIDORA PÚBLICA INATIVA. AÇÃO VISANDO AO PAGAMENTO DE COMPLEMENTAÇÃO DE APOSENTADORIA. LEGITIMIDADE PASSIVA *AD CAUSAM* DO MUNICÍPIO DE MOSSORÓ. MATÉRIA INFRACONSTITUCIONAL. AUSÊNCIA DE REPERCUSSÃO GERAL.

1. A controvérsia relativa à legitimidade do Município de Mossoró para figurar no polo passivo de demanda visando ao pagamento de complementação de aposentadoria a servidora pública inativa é infraconstitucional, pois fundada na interpretação da Lei Municipal 311/91.
2. É cabível a atribuição dos efeitos da declaração de ausência de repercussão geral quando não há matéria constitucional a ser apreciada ou quando eventual ofensa à Carta Magna ocorra de forma indireta ou reflexa (RE 584.608-RG, Rel. Min. ELLEN GRACIE, DJe de 13/3/2009).
3. Ausência de repercussão geral da questão suscitada, nos termos do art. 543-A do CPC. **(Inform. STF 811)**

REPERCUSSÃO GERAL EM ARE N. 921.694-RS
RELATOR: MIN. TEORI ZAVASCKI
Ementa: PROCESSUAL CIVIL. RECURSO EXTRAORDINÁRIO COM AGRAVO. SERVIDORA PÚBLICA DA SECRETARIA DE ESTADO DE EDUCAÇÃO DO RIO GRANDE DO SUL. GRATIFICAÇÃO DE DIFÍCIL ACESSO. BASE DE CÁLCULO. MATÉRIA INFRACONSTITUCIONAL. AUSÊNCIA DE REPERCUSSÃO GERAL.
1. É de natureza infraconstitucional a controvérsia acerca da base de cálculo da gratificação de difícil acesso, pois requer a análise das Leis 6.672/74 e 9.121/90, do Estado do Rio Grande do Sul.
2. É cabível a atribuição dos efeitos da declaração de ausência de repercussão geral quando não há matéria constitucional a ser apreciada ou quando eventual ofensa à Carta Magna ocorra de forma indireta ou reflexa (RE 584.608-RG, Rel. Min. ELLEN GRACIE, DJe de 13/3/2009).
3. Ausência de repercussão geral da questão suscitada, nos termos do art. 543-A do CPC. **(Inform. STF 811)**

AG. REG. NO AG. REG. NO RE N. 562.763-SP
RELATOR: MIN. MARCO AURÉLIO
REPERCUSSÃO GERAL – BAIXA À ORIGEM – DECISÃO PRECLUSA – ARTIGO 543-B DO CÓDIGO DE PROCESSO CIVIL. A preclusão do pronunciamento, mediante o qual se determinou a remessa do Agravo de Instrumento nº 682.112/SP à origem, obstaculiza o sucesso de impugnação. **(Inform. STF 811)**

REPERCUSSÃO GERAL EM RE N. 678.162-AL
RELATOR: MIN. MARCO AURÉLIO
COMPETÊNCIA – JUSTIÇAS FEDERAL E ESTADUAL – INSOLVÊNCIA CIVIL – ARTIGO 109, INCISO I, DA CONSTITUIÇÃO FEDERAL – ALCANCE – RECURSO EXTRAORDINÁRIO – REPERCUSSÃO GERAL CONFIGURADA. Possui repercussão geral a controvérsia alusiva à competência para processar e julgar as ações de insolvência civil nas quais haja interesse da União, entidade autárquica ou empresa pública federal, considerado o preceito do artigo 109, inciso I, da Constituição Federal. **(Inform. STF 808)**

REPERCUSSÃO GERAL EM RE N. 887.671-CE
RELATOR: MIN. MARCO AURÉLIO
ASSISTÊNCIA JURÍDICA INTEGRAL E GRATUITA – DEFENSORIA PÚBLICA – PREENCHIMENTO DE CARGO – CONTROLE JUDICIAL – SEPARAÇÃO DE PODERES – ALCANCE DOS ARTIGOS 5º, INCISO LXXIV, E 134 DA CONSTITUIÇÃO FEDERAL – RECURSO EXTRAORDINÁRIO – REPERCUSSÃO GERAL CONFIGURADA. Possui repercussão geral a controvérsia alusiva à possibilidade de o Poder Judiciário impor o preenchimento de cargo de Defensor Público em localidade desamparada, considerados os preceitos dos artigos 5º, inciso LXXIV, e 134 da Carta de 1988. **(Inform. STF 808)**

REPERCUSSÃO GERAL EM ARE N. 911.161-SC
RELATOR: MIN. TEORI ZAVASCKI
Ementa: PROCESSUAL CIVIL. RECURSO EXTRAORDINÁRIO COM AGRAVO. JUIZADOS ESPECIAIS CÍVEIS DA LEI 9.099/95. PRAZO PARA APRESENTAÇÃO DE DEFESA. TERMO INICIAL. MATÉRIA INFRACONSTITUCIONAL. AUSÊNCIA DE REPERCUSSÃO GERAL.
1. A controvérsia relativa ao termo inicial da contagem do prazo para apresentação de defesa no âmbito dos Juizados Especiais Cíveis, fundada

na interpretação da Lei 9.099/95 e do Código de Processo Civil, é de natureza infraconstitucional.

2. É cabível a atribuição dos efeitos da declaração de ausência de repercussão geral quando não há matéria constitucional a ser apreciada ou quando eventual ofensa à Carta Magna ocorra de forma indireta ou reflexa (RE 584.608-RG, Rel. Min. ELLEN GRACIE, DJe de 13/3/2009).

3. Ademais, esta Corte, ao apreciar o Tema 800 da sistemática da repercussão geral (ARE 835.833-RG, de minha relatoria, DJe de 26/3/2015), atribuiu os efeitos da ausência de repercussão geral aos recursos extraordinários interpostos nos Juizados Especiais Cíveis da Lei 9.099/99 que, como o presente, não demonstrem claramente (a) o prequestionamento de matéria constitucional e (b) a repercussão geral da controvérsia.

4. Ausência de repercussão geral da questão suscitada, nos termos do art. 543-A do CPC. **(Inform. STF 806)**

REPERCUSSÃO GERAL EM ARE N. 903.171-MG

RELATOR: MIN. TEORI ZAVASCKI

Ementa: PROCESSUAL CIVIL. RECURSO EXTRAORDINÁRIO COM AGRAVO. ART. 37, § 6º, DA CONSTITUIÇÃO FEDERAL. AUSÊNCIA DE PREQUESTIONAMENTO. SERVIDOR PÚBLICO. ESTADO DE MINAS GERAIS. LEI ESTADUAL 18.975/2010. ESTABELECIMENTO DO REGIME DE SUBSÍDIO, COM ACRÉSCIMO DE 5% (CINCO POR CENTO) AOS SERVIDORES A ELE VINCULADOS. OPÇÃO PELO REGIME REMUNERATÓRIO ANTERIOR. DIREITO AO AUMENTO DE 5% (CINCO POR CENTO). MATÉRIA INFRACONSTITUCIONAL. AUSÊNCIA DE REPERCUSSÃO GERAL.

1. A controvérsia relativa ao direito dos servidores do Estado de Minas Gerais optantes do regime de pagamento anterior à Lei Estadual 18.975/10 ao aumento de 5% (cinco por cento) por ela instituído, fundada na interpretação desse diploma normativo, possui natureza infraconstitucional.

2. É incabível, em sede de recurso extraordinário, a verificação, caso a caso, de decesso remuneratório decorrente de alteração no regime jurídico de servidores públicos, já que necessária seria a reapreciação do conjunto fático-probatório dos autos (Súmula 279). A propósito, citem-se: ARE 790.203-AgR, Rel. Min. ROSA WEBER, Primeira Turma, DJe de 19/8/2014; ARE 743.072-AgR, Rel. Min. DIAS TOFFOLI, Primeira Turma, DJe de 24/6/2014; ARE 795.870-AgR, Rel. Min. CÁRMEN LÚCIA, Segunda Turma, DJe de 23/5/2014; ARE 772.833-AgR, Rel. Min. RICARDO LEWANDOWSKI, Segunda Turma, DJe de 26/2/2014; RE 638.033-AgR, Rel. Min. ROBERTO BARROSO, Primeira Turma, DJe de 3/2/2014; ARE 672.401-AgR, de minha relatoria, Segunda Turma, DJe de 18/9/2013; ARE 733.788-ED, Rel. Min. CELSO DE MELLO, Segunda Turma, DJe de 24/5/2013; AI 767.617-AgR, Rel. Min. GILMAR MENDES, Segunda Turma, DJe de 17/9/2012; AI 820.444-AgR, Rel. Min. ELLEN GRACIE, Segunda Turma, DJe de 18/5/2011.

3. O Plenário do Supremo Tribunal Federal firmou o entendimento de que é possível a atribuição dos efeitos da declaração de ausência de repercussão geral quando não há matéria constitucional a ser apreciada ou quando eventual ofensa à Constituição Federal ocorra de forma indireta ou reflexa (RE 584.608 RG, Min. ELLEN GRACIE, DJe de 13/3/2009).

4. Ausência de repercussão geral da questão suscitada, nos termos do art. 543-A do CPC. **(Inform. STF 800)**

REPERCUSSÃO GERAL EM RE N. 860.508-SP

RELATOR: MIN. MARCO AURÉLIO

CONFLITO DE COMPETÊNCIA – JUSTIÇAS FEDERAL E ESTADUAL – ALCANCE DOS ARTIGOS 105, INCISO I, ALÍNEA "D", E 108, INCISO I, ALÍNEA "E", DA CARTA DA REPÚBLICA – RECURSO EXTRAORDINÁRIO – REPERCUSSÃO GERAL CONFIGURADA. Possui repercussão geral a controvérsia acerca da competência, sob o ângulo dos artigos 105, inciso I, alínea "d", e 108, inciso I, alínea "e", da Constituição Federal, para processar e julgar conflitos entre juizado especial federal e juízo estadual no exercício de competência federal delegada.

CONFLITO DE COMPETÊNCIA – JUSTIÇAS FEDERAL E ESTADUAL – ALCANCE DO ARTIGO 109, § 3º, DO DIPLOMA MAIOR – RECURSO EXTRAORDINÁRIO – REPERCUSSÃO GERAL CONFIGURADA. Possui repercussão geral a questão acerca da definição do pressuposto fático para a incidência do artigo 109, § 3º, da Constituição Federal, se a inexistência de juízo federal no município ou na comarca onde reside o segurado ou beneficiário do Instituto Nacional do Seguro Social. **(Inform. STF 795)**

REPERCUSSÃO GERAL EM ARE N. 891.653-MG

RELATOR: MIN. TEORI ZAVASCKI

Ementa: PROCESSUAL CIVIL. RECURSO EXTRAORDINÁRIO COM AGRAVO. AÇÃO DE INDENIZAÇÃO AJUIZADA EM FACE DE CONSTRUTORA. VÍCIOS NA EDIFICAÇÃO DE IMÓVEL ADQUIRIDO ATRAVÉS DO PROGRAMA GOVERNAMENTAL "MINHA CASA, MINHA VIDA". CAIXA ECONÔMICA FEDERAL. LITISCONSÓRCIO PASSIVO NECESSÁRIO. CONSEQUENTE COMPETÊNCIA DA JUSTIÇA FEDERAL. MATÉRIA INFRACONSTITUCIONAL. AUSÊNCIA DE REPERCUSSÃO GERAL.

1. A controvérsia relativa à existência ou não de litisconsórcio passivo necessário entre a Caixa Econômica Federal e a parte demandada, com o consequente reconhecimento da competência da Justiça Federal para julgar a ação, configura questão que envolve única e exclusivamente juízo a respeito dos termos da demanda (causa de pedir e pedido) e das normas processuais, infraconstitucionais, que disciplinam a existência ou não de litisconsórcio passivo necessário. Não há, portanto, matéria constitucional a ser apreciada.

2. É cabível a atribuição dos efeitos da declaração de ausência de repercussão geral quando não há matéria constitucional a ser apreciada ou quando eventual ofensa à Carta Magna ocorra de forma indireta ou reflexa (RE 584.608-RG, Rel. Min. ELLEN GRACIE, DJe de 13/3/2009).

3. Ausência de repercussão geral da questão suscitada, nos termos do art. 543-A do CPC. **(Inform. STF 793)**

REPERCUSSÃO GERAL EM RE N. 751.526-SP

RELATOR: MINISTRO PRESIDENTE

Ementa: RECURSO EXTRAORDINÁRIO. PROCESSUAL CIVIL. QUANTIFICAÇÃO DA CONDENAÇÃO EM HONORÁRIOS ADVOCATÍCIOS NAS AÇÕES PREVIDENCIÁRIAS. SÚMULA 111 DO SUPERIOR TRIBUNAL DE JUSTIÇA E ART. 20, § 3º, DO CÓDIGO DE PROCESSO CIVIL. MATÉRIA DE ÍNDOLE INFRACONSTITUCIONAL. OFENSA INDIRETA À CONSTITUIÇÃO. REPERCUSSÃO GERAL. INEXISTÊNCIA.

I – A controvérsia acerca da apuração do valor da condenação em honorários advocatícios nas ações previdenciárias – notadamente quanto à incidência, ou não, de verba honorária sobre as prestações vencidas após a sentença – está restrita ao âmbito infraconstitucional.

II – O exame da questão constitucional não prescinde da prévia análise de normas infraconstitucionais, o que afasta a possibilidade de reconhecimento do requisito constitucional da repercussão geral.

III – Repercussão geral inexistente. **(Inform. STF 787)**

REPERCUSSÃO GERAL EM ARE N. 876.982-PR

RELATOR: MIN. TEORI ZAVASCKI

Ementa: PROCESSUAL CIVIL. RECURSO EXTRAORDINÁRIO COM AGRAVO. ESTADO DO PARANÁ. SERVIDORA PÚBLICA. GRATIFICAÇÃO DE INSALUBRIDADE. BASE DE CÁLCULO. MATÉRIA INFRACONSTITUCIONAL. AUSÊNCIA DE REPERCUSSÃO GERAL.

1. A controvérsia relativa à base de cálculo da vantagem denominada "gratificação de insalubridade", paga aos servidores públicos das universidades estaduais do Paraná, é de natureza infraconstitucional, uma vez que fundada na interpretação das Leis Estaduais 10.692/93 e 15.050/06.

2. É cabível a atribuição dos efeitos da declaração de ausência de repercussão geral quando não há matéria constitucional a ser apreciada ou quando eventual ofensa à Carta Magna ocorra de forma indireta ou reflexa (RE 584.608 RG, Min. ELLEN GRACIE, DJe de 13/3/2009).

3. Ausência de repercussão geral da questão suscitada, nos termos do art. 543-A do CPC. **(Inform. STF 786)**

REPERCUSSÃO GERAL EM ARE N. 836.819-SP, ARE N. 837.318-SP e ARE N.835.833-RS

RELATOR: MIN. TEORI ZAVASCKI

Ementa: PROCESSUAL CIVIL. DEMANDA PROPOSTA PERANTE OS JUIZADOS ESPECIAIS CÍVEIS DA LEI 9.099/95. CONTROVÉRSIA NATU-

RALMENTE DECORRENTE DE RELAÇÃO DE DIREITO PRIVADO, REVESTIDA DE SIMPLICIDADE FÁTICA E JURÍDICA, COM PRONTA SOLUÇÃO NA INSTÂNCIA ORDINÁRIA. EXCEPCIONALIDADE DE REPERCUSSÃO GERAL ENSEJADORA DE ACESSO À INSTÂNCIA EXTRAORDINÁRIA.

1. Como é da própria essência e natureza dos Juizados Especiais Cíveis Estaduais previstos na Lei 9.099/95, as causas de sua competência decorrem de controvérsias fundadas em relações de direito privado, revestidas de simplicidade fática e jurídica, ensejando pronta solução na instância ordinária. Apenas excepcionalmente essas causas são resolvidas mediante aplicação direta de preceitos normativos constitucionais. E mesmo quando isso ocorre, são incomuns e improváveis as situações em que a questão constitucional debatida contenha o requisito da repercussão geral de que tratam o art. 102, § 3º, da Constituição, os arts. 543-A e 543-B do Código de Processo Civil e o art. 322 e seguinte do Regimento Interno do STF.

2. Por isso mesmo, os recursos extraordinários interpostos em causas processadas perante os Juizados Especiais Cíveis da Lei 9.099/95 somente podem ser admitidos quando (a) for demonstrado o prequestionamento de matéria constitucional envolvida diretamente na demanda e (b) o requisito da repercussão geral estiver justificado com indicação detalhada das circunstâncias concretas e dos dados objetivos que evidenciem, no caso examinado, a relevância econômica, política, social ou jurídica.

3. À falta dessa adequada justificação, aplicam-se ao recurso extraordinário interposto nas causas de Juizados Especiais Estaduais Cíveis da Lei 9.099/95 os efeitos da ausência de repercussão geral, nos termos do art. 543-A do CPC. **(Inform. STF 779)**

REPERCUSSÃO GERAL EM ARE N. 722.421-MG

RELATOR: MINISTRO PRESIDENTE

Ementa: RECURSO EXTRAORDINÁRIO COM AGRAVO. PREVIDENCIÁRIO E PROCESSUAL CIVIL. VALORES RECEBIDOS EM VIRTUDE DE CONCESSÃO DE ANTECIPAÇÃO DE TUTELA POSTERIORMENTE REVOGADA. DEVOLUÇÃO. MATÉRIA DE ÍNDOLE INFRACONSTITUCIONAL. OFENSA INDIRETA À CONSTITUIÇÃO. REPERCUSSÃO GERAL. INEXISTÊNCIA.

I – O exame da questão constitucional não prescinde da prévia análise de normas infraconstitucionais, o que afasta a possibilidade de reconhecimento do requisito constitucional da repercussão geral.

II – Repercussão geral inexistente. **(Inform. STF 779)**

REPERCUSSÃO GERAL EM RE N. 598.650-MS

RELATOR: MIN. MARCO AURÉLIO

AÇÃO RESCISÓRIA FORMALIZADA PELA UNIÃO – TERCEIRA INTERESSADA – TRIBUNAL REGIONAL FEDERAL – DECLÍNIO DE COMPETÊNCIA – DECISÃO RESCINDENDA – JUSTIÇA ESTADUAL – ARTIGOS 108, INCISO I, ALÍNEA "B", E 109, INCISO I, DA CARTA DA REPÚBLICA – CONFLITO – RECURSO EXTRAORDINÁRIO – REPERCUSSÃO GERAL CONFIGURADA. Possui repercussão geral a controvérsia acerca da competência para processar e julgar pedido formalizado pela União, na qualidade de terceira interessada em relação ao processo originário, voltado a ver rescindida decisão prolatada por juiz estadual. **(Inform. STF 773)**

10. EXECUÇÃO

10.1. Execução em Geral

DIREITO PROCESSUAL CIVIL. NATUREZA JURÍDICA DO TERMO DE ACORDO DE PARCELAMENTO PARA FINS DE EXECUÇÃO.

O Termo de Acordo de Parcelamento que tenha sido subscrito pelo devedor e pela Fazenda Pública deve ser considerado documento público para fins de caracterização de título executivo extrajudicial, apto à promoção de ação executiva, na forma do art. 585, II, do CPC. De fato, o art. 585, II, do CPC elenca o "documento público assinado pelo devedor" dentre os títulos executivos extrajudiciais, mas não traz o seu conceito, sendo que o art. 364 do CPC revela tão somente a força probante do referido documento, ao referir que "faz prova não só da sua formação, mas também dos fatos que o escrivão, o tabelião, ou o funcionário declarar que ocorreram na sua presença". Nesse contexto, o STJ, ao analisar situação similar, assentou que "a melhor interpretação para a expressão documento público é no sentido de que tal documento é aquele produzido por autoridade, ou em sua presença, com a respectiva chancela, desde que tenha competência para tanto" (REsp 487.913-MG, Primeira Turma, DJ 9/6/2003). Ademais, essa mesma linha de raciocínio é seguida pela doutrina, que define documento público como "todo aquele cuja elaboração se deu perante qualquer órgão público, como, por exemplo um termo de confissão de dívida em repartição administrativa". Dessa forma, na hipótese em análise, não há como extirpar da declaração de vontades exarada pelas partes no âmbito administrativo a natureza de documento público, na medida em que lavrada sob a chancela de órgão público e firmado pelo devedor, externando a vontade da Administração Pública e do particular. **REsp 1.521.531-SE, Rel. Min. Mauro Campbell Marques, julgado em 25/8/2015, DJe 3/9/2015 (Inform. STJ 568).**

DIREITO PROCESSUAL CIVIL. IMPOSSIBILIDADE DE PROLAÇÃO DE SENTENÇA PARCIAL DE MÉRITO.

Mesmo após as alterações promovidas pela Lei 11.232/2005 no conceito de sentença (arts. 162, § 1º, 269 e 463 do CPC), não se admite a resolução definitiva fracionada da causa mediante prolação de sentenças parciais de mérito. A reforma processual oriunda da Lei 11.232/2005 teve por objetivo dar maior efetividade à entrega da prestação jurisdicional, sobretudo quanto à função executiva, pois o processo passou a ser sincrético, tendo em vista que os processos de liquidação e de execução de título judicial deixaram de ser autônomos para constituírem etapas finais do processo de conhecimento; isto é, o processo passou a ser um só, com fases cognitiva e de execução (cumprimento de sentença). Daí porque houve a necessidade de alteração, entre outros dispositivos, dos arts. 162, 269 e 463 do CPC, visto que a sentença não mais "põe fim" ao processo, mas apenas a uma de suas fases. Alguns processualistas, a partir do novo conceito, em uma interpretação literal do art. 162, § 1º, do CPC, passaram a enxergar a sentença exclusivamente quanto ao seu conteúdo, de modo a admitirem que o juiz julgue apenas parcela da demanda, remetendo para outro momento processual o julgamento do restante da controvérsia. Entretanto, a exegese que melhor se coaduna com o sistema lógico-processual brasileiro é a sistemática e teleológica, devendo, portanto, ser levados em consideração, para a definição de sentença, não só o art. 162, § 1º, do CPC, mas também os arts. 162, §§ 2º e 3º, 267, 269, 459, 475-H, 475-M, § 3º, 504, 513 e 522 do CPC. Logo, pelo atual conceito, sentença é o pronunciamento do juiz de primeiro grau de jurisdição (i) que contém uma das matérias previstas nos arts. 267 e 269 do CPC e (ii) que extingue uma fase processual ou o próprio processo. A nova Lei apenas acrescentou mais um parâmetro (conteúdo do ato) para a identificação da decisão como sentença, já que não foi abandonado o critério da finalidade do ato (extinção do processo ou da fase processual). Permaneceu, assim, no CPC/1973, a teoria da unidade estrutural da sentença, a obstar a ocorrência de pluralidade de sentenças em uma mesma fase processual. Isso não impede, todavia, a prolação de certas decisões interlocutórias que contenham matérias de mérito (art. 269 do CPC), tais quais as que apreciam a liquidação, mas, por não encerrarem o processo ou a fase processual, não podem ser consideradas sentença. Ademais, apesar de o novo CPC (Lei 13.105/2015), que entrará em vigor no dia 17 de março de 2016, ter disciplinado o tema com maior amplitude no art. 356, este diploma não pode incidir antes da referida data nem de forma retroativa, haja vista os princípios do devido processo legal, da legalidade e do tempus regit actum. **REsp 1.281.978-RS, Rel. Min. Ricardo Villas Bôas Cueva, julgado em 5/5/2015, DJe 20/5/2015 (Inform. STJ 562).**

DIREITO PROCESSUAL CIVIL. REQUISITOS PARA A IMPOSIÇÃO DA MULTA PREVISTA NO ART. 475-J DO CPC NO CASO DE SENTENÇA ILÍQUIDA. RECURSO REPETITIVO (ART. 543-C DO CPC E RES. 8/2008-STJ). TEMA 380.

No caso de sentença ilíquida, para a imposição da multa prevista no art. 475-J do CPC, revela-se indispensável (i) a prévia liquidação da obrigação; e, após o acertamento, (ii) a intimação do devedor, na figura do seu advogado, para pagar o quantum ao final definido no prazo de 15 dias. Para as sentenças condenatórias ao cumprimento de obrigação de fazer ou não fazer e para aquelas que tenham por objeto a entrega de coisa, a execução do julgado far-se-á na forma dos arts. 461 e 461-A do CPC; para aquelas em que determinado o pagamento de quantia em dinheiro ou na qual a obrigação possa assim ser convertida, o procedimento é o previsto no art. 475-J do CPC. Neste último caso, a finalidade da multa imposta para o caso de não pagamento foi a de mitigar a apresentação de defesas e impugnações meramente protelatórias, incentivando a pronta satisfação do direito previamente reconhecido. Todavia, a própria legislação define que, no caso de condenação a prestação em dinheiro, a multa em caso de inadimplemento somente poderá incidir sobre título judicial representativo de quantia certa ou já fixada em liquidação, e depois de passado o prazo ali estipulado. Isso porque a liquidez da obrigação é pressuposto para o pedido de cumprimento de sentença. A doutrina firma textualmente que a incidência da multa subordina-se à liquidez da condenação. O art. 475-J alude à quantia certa ou já fixada em liquidação. Então, se a condenação é desde logo líquida (incluindo-se nessa hipótese aquela que depende de determinação do valor por mero cálculo aritmético), é o que basta para que já possa incidir a multa. Caso contrário, apenas depois da fase de liquidação, terá vez a multa. Assim, apenas quando a obrigação for líquida pode ser cogitado, de imediato, o arbitramento da multa para pronto pagamento. Se ainda não liquidada ou se para a apuração do quantum ao final devido for indispensável cálculos mais elaborados, o prévio acertamento do valor faz-se necessário, para, após, mediante intimação, cogitar-se da aplicação da referida multa, o que parece de muito obviedade, considerando que não se pode penalizar aquele que ainda não sabe o quê ou quanto pagar. No contexto das obrigações ilíquidas, pouco importa que tenha havido depósito da quantia que o devedor entendeu incontroversa ou a apresentação de garantias, porque, independentemente delas, a aplicação da multa sujeita-se à condicionante da liquidez da obrigação definida no título judicial. A sentença líquida deve ser entendida como aquela que define uma obrigação determinada (fazer ou não fazer alguma coisa, entregar coisa certa, ou pagar quantia determinada). Na hipótese de condenação ao pagamento em dinheiro, que espelha a mais comum e clássica espécie de sentença condenatória, considera-se líquida a obrigação quando o valor a ser adimplido está fixado no título ou é facilmente determinável por meio de cálculos aritméticos simples, que não demandem grandes questionamentos e nem apresentem insegurança para as partes que litigam. Afirma a doutrina, ademais, ser ilíquida a sentença que não fixa o valor da condenação ou não lhe individua o objeto, condição incompatível com a índole do processo executivo que pressupõe, sempre, a lastreá-lo um título representativo de obrigação, certa, líquida e exigível (art. 586). Destarte, se já há valor fixado na sentença, cuidando-se apenas de adicionar-lhe os acréscimos legais (correção monetária a partir de índices oficiais conhecidos e juros de mora), não se pode imputar-lhe a condição de ilíquida, posto que do contrário não haveria uma única sentença com o atributo da liquidez; igualmente, não é a existência de impugnação, com alegação de excesso, que tornará ilíquida a obrigação, devendo-se perquirir a certeza a partir do comando sentencial de que resulta o pedido de cumprimento. Precedente citado: REsp. 1.262.933-RJ, Corte Especial, DJe 20/8/2013. **REsp 1.147.191-RS, Rel. Min. Napoleão Nunes Maia Filho, Segunda Seção, julgado em 4/3/2015, DJe 24/4/2015 (Inform. STJ 560).**

DIREITO PROCESSUAL CIVIL. EXECUÇÃO DE TÍTULO EXTRAJUDICIAL QUE CONTENHA CLÁUSULA COMPROMISSÓRIA.

Ainda que possua cláusula compromissória, o contrato assinado pelo devedor e por duas testemunhas pode ser levado a execução judicial relativamente a cláusula de confissão de dívida líquida, certa e exigível. O documento particular assinado pelo devedor e por duas testemunhas tem força executiva, de modo que, havendo cláusula estipulando obrigação líquida, certa e exigível, possível a propositura de execução judicial (art. 585, II, CPC). O STJ já decidiu pela possibilidade de o credor executar judicialmente contrato que, embora contenha convenção de arbitragem, possua cláusula que contemple confissão de dívida, a constituir título executivo extrajudicial, haja vista que o juízo arbitral é desprovido de poderes coercitivos; a existência de cláusula compromissória não constitui óbice à execução de título extrajudicial, desde que preenchidos os requisitos de certeza, liquidez e exigibilidade (REsp 944.917-SP, Terceira Turma, DJe de 3/10/2008). Assim, a existência de título executivo extrajudicial prescinde de sentença arbitral condenatória para formação de um outro título sobre a mesma dívida, de modo que é viável, desde logo, a propositura de execução perante o Poder Judiciário. **REsp 1.373.710-MG, Rel. Min. Ricardo Villas Bôas Cueva, julgado em 7/4/2015, DJe 27/4/2015 (Inform. STJ 560).**

Súmula STF nº 600

Cabe ação executiva contra o emitente e seus avalistas, ainda que não apresentado o cheque ao sacado no prazo legal, desde que não prescrita a ação cambiária.

Súmula STJ nº 375

O reconhecimento da fraude à execução depende do registro da penhora do bem alienado ou da prova de má-fé do terceiro adquirente.

Súmula STJ nº 317

É definitiva a execução de título extrajudicial, ainda que pendente apelação contra sentença que julgue improcedentes os embargos.

Súmula STJ nº 300

O instrumento de confissão de dívida, ainda que originário de contrato de abertura de crédito, constitui título executivo extrajudicial.

Súmula STJ nº 233

O contrato de abertura de crédito, ainda que acompanhado de extrato da conta-corrente, não é título executivo.

Súmula STJ nº 199

Na execução hipotecária de crédito vinculado ao sistema financeiro da habitação, nos termos da Lei n. 5.741/71, a petição inicial deve ser instruída com, pelo menos, dois avisos de cobrança.

Súmula STJ nº 196

Ao executado que, citado por edital ou por hora certa, permanecer revel, será nomeado curador especial, com legitimidade para apresentação de embargos.

Súmula STJ nº 27

Pode a execução fundar-se em mais de um título extrajudicial relativos ao mesmo negócio.

10.2. Espécies de Execução

AG. REG. NO ARE N. 854.962-PR

RELATOR: MIN. MARCO AURÉLIO

PRECATÓRIO – FRACIONAMENTO – LITISCONSÓRCIO ATIVO FACULTATIVO – EXECUÇÃO AUTÔNOMA – CRÉDITOS INDIVIDUALIZADOS – REQUISIÇÃO DE PEQUENO VALOR – POSSIBILIDADE. No julgamento do Recurso Extraordinário nº 586.645/SP, da relatoria da ministra Cármen Lúcia, submetido à sistemática da repercussão geral, o Plenário concluiu que a regra do § 4º do artigo 100 da Constituição Federal, hoje correspondente ao § 8º do mesmo dispositivo, permite a execução autônoma e o pagamento dos créditos individualizados nos casos de litisconsórcio ativo facultativo. **(Inform. STF 791)**

DIREITO PROCESSUAL CIVIL. EXECUÇÃO DE ALIMENTOS E IMPOSSIBILIDADE DE EFETUAR O PAGAMENTO DAS PRESTAÇÕES.

Em execução de alimentos pelo rito do art. 733 do CPC, o acolhimento da justificativa da impossibilidade de efetuar o pagamento das prestações alimentícias executadas desautoriza a decretação da prisão do devedor, mas não acarreta a extinção da execução. De fato, por força do art. 733 do CPC, institui-se meio executório com a possibilidade de restrição da liberdade individual do devedor de alimentos, de caráter excepcional, nos seguintes termos: "Art. 733. Na execução de sentença ou de decisão, que fixa os alimentos provisionais, o juiz mandará citar o devedor para, em 3 (três) dias, efetuar o pagamento, provar que o fez ou justificar a impossibilidade de efetuá-lo. § 1º Se o devedor não pagar, nem se escusar, o juiz decretar-lhe-á a prisão pelo prazo de 1 (um) a 3 (três) meses". Recorrendo à justificativa, o devedor terá o direito de comprovar a sua situação de penúria, devendo o magistrado conferir oportunidade para seu desiderato, sob pena de cerceamento de defesa. Não se pode olvidar que a justificativa deverá ser baseada em fato novo, isto é, que não tenha sido levado em consideração pelo juízo do processo de conhecimento no momento da definição do débito alimentar. Outrossim, a impossibilidade do devedor deve ser apenas temporária. Uma vez reconhecida, irá subtrair o risco momentâneo da prisão civil, não havendo falar, contudo, em exoneração da obrigação alimentícia ou redução do encargo, que só poderão ser analisados em ação própria. Assim, a justificativa afasta temporariamente a prisão, não impedindo, porém, que a execução prossiga em sua forma tradicional (patrimonial), com penhora e expropriação de bens, ou ainda, que fique suspensa até que o executado se restabeleça em situação condizente com a viabilização do processo executivo, conciliando as circunstâncias de imprescindibilidade de subsistência do alimentando com a escassez superveniente de seu prestador, preservando a dignidade humana de ambos. De fato, a justificativa não pode afrontar o título executivo nem a coisa julgada, sendo apenas um meio de afastar ocasionalmente a coerção pessoal do devedor por circunstâncias pessoais e atuais que demonstrem a escusabilidade no seu dever relacionado à obrigação de alimentos, representando verdadeira inexigibilidade de conduta diversa do alimentante. Não haverá, contudo, de se reconhecer, nesse âmbito, a exoneração ou a revisão dos alimentos devidos, que deverão ser objeto de ação própria, pois, como visto, a execução não se extingue, persistindo o crédito, podendo o credor, por outros meios, buscar a satisfação da quantia devida. Precedente citado do STJ: HC 285.502-SC, Quarta Turma, DJe 25/3/2014. Precedente citado do STF: HC 106.709-RS, Segunda Turma, DJe 15/9/2011. **REsp 1.185.040-SP, Rel. Min. Luis Felipe Salomão, julgado em 13/10/2015, DJe 9/11/2015. (Inform. STJ 573)**

Súmula Vinculante 17

Durante o período previsto no parágrafo 1º do artigo 100 da Constituição, não incidem juros de mora sobre os precatórios que nele sejam pagos.

Súmula STF nº 655

A exceção prevista no art. 100, "caput", da Constituição, em favor dos créditos de natureza alimentícia, não dispensa a expedição de precatório, limitando-se a isentá-los da observância da ordem cronológica dos precatórios decorrentes de condenações de outra natureza.

Súmula STJ nº 419

Descabe a prisão civil do depositário judicial infiel.

Súmula STJ nº 406

A Fazenda Pública pode recusar a substituição do bem penhorado por precatório.

Súmula STJ nº 311

Os atos do presidente do tribunal que disponham sobre processamento e pagamento de precatório não têm caráter jurisdicional.

Súmula STJ nº 279

É cabível execução por título extrajudicial contra a Fazenda Pública.

Súmula STJ nº 144

Os créditos de natureza alimentícia gozam de preferência, desvinculados os precatórios da ordem cronológica dos créditos de natureza diversa.

Súmula STJ nº 85

Nas relações jurídicas de trato sucessivo em que a fazenda pública figure como devedora, quando não tiver sido negado o próprio direito reclamado, a prescrição atinge apenas as prestações vencidas antes do quinquênio anterior a propositura da ação.

10.3. Penhora e expropriação de bens

DIREITO PROCESSUAL CIVIL. ARREMATAÇÃO DE BEM IMÓVEL MEDIANTE PAGAMENTO EM PRESTAÇÕES.

A arrematação de bem imóvel mediante pagamento em prestações (art. 690, § 1º, do CPC) não pode ser realizada por preço inferior ao da avaliação, mesmo que realizada em segunda praça. De fato, a jurisprudência do STJ possui entendimento firmado de que, "malsucedida a primeira praça, a arrematação do bem imóvel pode ser concretizada em segunda praça, por valor inferior ao da avaliação" (REsp 229.304-SP, Terceira Turma, DJ de 9/10/2006), observando-se apenas os casos de caracterização de preço vil (arts. 692, *caput*, e 701 do CPC). Naqueles casos, contudo, a forma de pagamento então admitida era, em conformidade com o art. 690, caput, do CPC, "com dinheiro à vista, ou a prazo de 3 (três) dias, mediante caução idônea" – na redação anterior à Lei 11.832/2006 –, não se referindo à hipótese excepcional do art. 700 do CPC, revogado pela mesma lei. Neste caso, a hipótese é de arrematação de bem imóvel, em segunda praça, mediante pagamento em prestações, nos termos do previsto no art. 690, § 1º, do CPC, com a redação introduzida pela Lei 11.382/2006, segundo o qual, "Tratando-se de bem imóvel, quem estiver interessado em adquiri-lo em prestações poderá apresentar por escrito sua proposta, nunca inferior à avaliação, com oferta de pelo menos 30% (trinta por cento) à vista, sendo o restante garantido por hipoteca sobre o próprio imóvel". A questão que se coloca é saber se, frustrada a primeira hasta pública, a arrematação de bem imóvel em segunda praça, mediante pagamento em prestações, poderá ser feita por preço inferior ao da avaliação, nos termos do previsto no art. 686, VI, do CPC, que possui a seguinte redação: "Não requerida a adjudicação e não realizada a alienação particular do bem penhorado, será expedido o edital de hasta pública, que conterá: [...] a comunicação de que, se o bem não alcançar lanço superior à importância da avaliação, seguir-se-á, em dia e hora que forem desde logo designados entre os dez e os vinte dias seguintes, a sua alienação pelo maior lanço (art. 692)". O aparente conflito entre as normas processuais confrontadas – art. 686, VI, e art. 690, § 1º, ambos do CPC – resolve-se pelo princípio da especialidade, segundo o qual a lei especial afasta a aplicação da lei geral (*lex especialis derrogat generali*). Pelo critério da especialidade, o art. 686, VI, do CPC, que estabelece as regras para a alienação de bens, móveis ou imóveis, em hasta pública, apresenta-se, portanto, como norma geral em relação ao art. 690, § 1º, do mesmo diploma legal, que trata especificamente da arrematação de bens imóveis em prestações – norma especial. Em vista disso, deve ser afastada a incidência do art. 686, VI, do CPC, reconhecendo-se como prevalente, na espécie, o disposto no art. 690, § 1º, do CPC. Nesses termos, não parece possível admitir-se, mesmo em segunda praça, que, em se tratando de imóvel adquirido em prestações, a arrematação se realize por preço inferior ao valor de avaliação do bem. Isso porque, estabelecendo-se, de modo enfático, que, "Tratando-se de bem imóvel, quem estiver interessado em adquiri-lo em prestações poderá apresentar por escrito sua proposta, nunca inferior à avaliação [...]" (art. 690, §1º, do CPC), o dispositivo legal em questão não deixa dúvidas quanto à intenção do legislador de não admitir que a aquisição do imóvel, em tais condições, se faça por preço inferior ao da avaliação. De fato, o vocábulo "nunca", em sua acepção única de advérbio, significa "em tempo algum; em nenhum tempo; jamais" (Dicionário Aurélio), e a lei, como se sabe, não contém, ou não deve conter, palavras inúteis. Portanto, parece inequívoca a intenção do legislador de impedir, na hipótese específica de que cuida – a arrematação de bem imóvel em prestações – que a aquisição se realize por preço inferior ao da avaliação, mesmo que em segunda praça. **REsp 1.340.965-MG, Rel. Min. Raul Araújo, julgado em 3/9/2015, DJe 11/9/2015 (Inform. STJ 569).**

DIREITO PROCESSUAL CIVIL. DESNECESSIDADE DE EXAURIMENTO DAS VIAS EXTRAJUDICIAIS PARA A UTILIZAÇÃO DO SISTEMA RENAJUD.

A utilização do sistema RENAJUD com o propósito de identificar a existência de veículos penhoráveis em nome do executado não pressupõe a comprovação do insucesso do exequente na obtenção dessas informações mediante consulta ao DETRAN. O RENAJUD é um sistema on line de restrição judicial de veículos criado pelo Conselho Nacional de

Justiça (CNJ), que interliga o Judiciário ao Departamento Nacional de Trânsito (Denatran) e permite consultas e o envio, em tempo real, à base de dados do Registro Nacional de Veículos Automotores (Renavam), de ordens judiciais de restrições de veículos, inclusive registro de penhora. Para a utilização desse sistema, assim como ocorre com a penhora on line pelo sistema BACENJUD, é dispensável o exaurimento das vias administrativas tendentes à localização de bens do devedor. Essa conclusão pode ser extraída das seguintes considerações: a) a execução é movida no interesse do credor, a teor do disposto no artigo 612 do CPC; b) o sistema RENAJUD é ferramenta idônea para simplificar e agilizar a busca de bens aptos a satisfazer os créditos executados; e c) a utilização do sistema informatizado permite a maior celeridade do processo (prática de atos com menor dispêndio de tempo e de recursos) e contribui para a efetividade da tutela jurisdicional. Observe-se que, nos termos do art. 655, I e II, do CPC, a penhora observará, preferencialmente, dinheiro e, em seguida, veículos de vias terrestres. Logo, em cumprimento à referida ordem de preferência, no insucesso da utilização da ferramenta BACENJUD para a localização de ativos financeiros, é lícito ao exequente requerer ao juízo que promova a consulta via RENAJUD a respeito da possível existência de veículos automotores em nome do executado, revelando-se injustificável a recusa com esteio no singelo fundamento da ausência de comprovação do esgotamento de diligências na busca de bens penhoráveis. Sob outra perspectiva, é notório que os órgãos públicos, em sua grande maioria, como garantia de privacidade, não fornecem os dados cadastrais de particulares, o que torna difícil a obtenção da informação pretendida. Além disso, a busca realizada no DETRAN local não é capaz de verificar a existência de veículos em outros Estados da Federação, ao contrário da pesquisa pelo sistema RENAJUD, que atinge todo o país. Dessa forma, atualmente, com o aparato tecnológico posto a favor do Estado, a exigência de exaurimento das vias administrativas de busca bens do devedor se afigura verdadeiro mecanismo de procrastinação do andamento do feito, o que vai de encontro à efetiva prestação jurisdicional. Ademais, o CNJ, atento às repercussões dos sistemas BACENJUD, RENAJUD e INFOJUD como importantes ferramentas que asseguram a razoável duração do processo judicial, editou a Recomendação 51/2015, cujo teor corrobora o entendimento exposto acima. **REsp 1.347.222-RS, Rel. Min. Ricardo Villas Bôas Cueva, julgado em 25/8/2015, DJe 2/9/2015 (Inform. STJ 568).**

DIREITO PROCESSUAL CIVIL E TRIBUTÁRIO. IMPOSSIBILIDADE DE INDEFERIMENTO DE PEDIDO DE PENHORA COM FUNDAMENTO NA POTENCIAL ILIQUIDEZ DO BEM. Na ação de execução fiscal, frustradas as diligências para localização de outros bens em nome do devedor e obedecida a ordem legal de nomeação de bens à penhora, não cabe ao magistrado recusar a constrição de bens nomeados pelo credor fundamentando a decisão apenas na assertiva de que a potencial iliquidez deles poderia conduzir à inutilidade da penhora. Isso porque, nos termos do art. 612 do CPC, a execução é realizada no interesse do credor que adquire, pela penhora, o direito de preferência sobre os bens indicados. Ademais, conforme preceitua o art. 591 do CPC, todo o patrimônio presente e futuro do devedor pode ser utilizado para pagamento de débitos. **REsp 1.523.794-RS, Rel. Min. Sérgio Kukina, julgado em 19/5/2015, DJe 1/6/2015 (Inform. STJ 563).**

DIREITO PROCESSUAL CIVIL. IMPENHORABILIDADE ABSOLUTA DE VALORES DO FUNDO PARTIDÁRIO.
Os recursos do fundo partidário são absolutamente impenhoráveis, inclusive na hipótese em que a origem do débito esteja relacionada às atividades previstas no art. 44 da Lei 9.096/1995. O inciso XI do art. 649 do CPC enuncia que: "São absolutamente impenhoráveis: [...] XI – os recursos públicos do fundo partidário recebidos, nos termos da lei, por partido político". A expressão "nos termos da lei" remete à Lei 9.096/1995, a qual, no art. 38, discrimina as fontes que compõem o fundo partidário. Nesse contexto, os recursos do fundo são oriundos de fontes públicas – como as multas e penalidades, recursos financeiros destinados por lei e dotações orçamentárias da União (art. 38, I, II e IV) – ou de fonte privada – como as doações de pessoa física ou jurídica, efetuadas por intermédio de depósitos bancários diretamente na conta do fundo partidário (art. 38, III). A despeito dessas duas espécies de fontes, após a incorporação das somas ao fundo, elas passam a ter destinação específica prevista em lei (art. 44 da Lei 9.096/1995) e a sujeitar-se a determinada dinâmica de distribuição, utilização e controle do Poder Público (arts. 40 e 44, §1°, da Lei 9.096/1995 c/c o art. 18 da Resolução TSE 21.841/2004) e, portanto, a natureza jurídica dessas verbas passa a ser pública ou, nos termos do art. 649, XI, do CPC, elas tornam-se recursos públicos. Tais circunstâncias deixam claro que o legislador, no art. 649, XI, do CPC, ao fazer referência a "recursos públicos do fundo partidário", tão somente reforçou a natureza pública da verba, de modo que os valores depositados nas contas bancárias utilizadas exclusivamente para o recebimento dessa legenda são absolutamente impenhoráveis. Nesse sentido, o TSE, que possui vasta jurisprudência acerca da impossibilidade do bloqueio de cotas do fundo partidário, não faz distinção acerca da origem dos recursos que o constitui, se pública ou privada, tratando-o como um todo indivisível e, como dito, de natureza pública (AgR-AI 13.885-PA, DJe 19/5/2014 e AgR-REspe 7.582.125-95-SC, DJe 30/4/2012). O fundamento para a impenhorabilidade é o mesmo aplicável à hipótese de recursos públicos recebidos por instituições privadas para aplicação compulsória em educação, saúde, ou assistência social (art. 649, IX, do CPC): a preservação da ordem pública, até porque o fundo partidário está relacionado ao funcionamento dos partidos políticos, organismos essenciais ao Estado Democrático de Direito. Destaca-se, por fim, que a conclusão de que a origem do débito, se relacionada com as atividades previstas no art. 44 da Lei 9.096/1995, seria capaz de afastar a previsão contida no art. 649, XI, do CPC, é desacertada, pois, na realidade, ela descaracteriza a absoluta impenhorabilidade ora em questão. **REsp 1.474.605-MS, Rel. Min. Ricardo Villas Bôas Cueva, julgado em 7/4/2015, DJe 26/5/2015 (Inform. STJ 562).**

DIREITO PROCESSUAL CIVIL. ARREMATAÇÃO DE BEM POR OFICIAL DE JUSTIÇA APOSENTADO.
A vedação contida no art. 497, III, do CC não impede o oficial de justiça aposentado de arrematar bem em hasta pública. De acordo com o referido artigo, "(...) não podem ser comprados, ainda que em hasta pública: (...) pelos juízes, secretários de tribunais, arbitradores, peritos e outros serventuários ou auxiliares da justiça, os bens ou direitos sobre que se litigar em tribunal, juízo ou conselho, no lugar onde servirem, ou a que se estender a sua autoridade". O real significado e extensão dessa vedação é impedir influências diretas, ou até potenciais, desses servidores no processo de expropriação do bem. O que a lei visou foi impedir a ocorrência de situações nas quais a atividade funcional da pessoa possa, de qualquer modo, influir no negócio jurídico em que o agente é beneficiado. Não é a qualificação funcional ou o cargo que ocupa que impede um serventuário ou auxiliar da justiça de adquirir bens em hasta pública, mas sim a possibilidade de influência que a sua função lhe propicia no processo de expropriação do bem. Na situação em análise, não há influência direta, nem mesmo eventual, visto que a situação de aposentado desvincula o servidor do serviço público e da qualidade de serventuário ou auxiliar da justiça. **REsp 1.399.916-RS, Rel. Min. Humberto Martins, julgado em 28/4/2015, DJe 6/5/2015 (Inform. STJ 561).**

DIREITO PROCESSUAL CIVIL. RESPONSABILIDADE DO ADJUDICANTE POR DÍVIDAS CONDOMINIAIS PRETÉRITAS.
O exequente que adjudicou o imóvel penhorado após finda praça sem lançador deve arcar com as despesas condominiais anteriores à praça, ainda que omitidas no edital da hasta pública. De fato, a jurisprudência consolidada no STJ estabelece que, diante da ausência de previsão no edital da hasta pública acerca de débitos condominiais anteriores à praça, não haverá a responsabilização do arrematante pelo pagamento da dívida, a qual deverá ser quitada com o valor obtido na alienação judicial. Cumpre esclarecer, entretanto, que a adjudicação e a arrematação, apesar de ambos os institutos visarem à satisfação do direito do credor, ostentam características diversas e, portanto, merecem tratamento distinto no que diz respeito à vinculação ao edital. Efetivamente, a adjudicação consiste na aquisição espontânea pelo exequente do bem penhorado por preço não inferior ao da avaliação, não havendo sua subordinação ao edital de praça, haja vista que essa forma de

aquisição da propriedade não se insere no conceito de hasta pública. A propósito, cabe ressaltar que a Lei 11.382/2006 – que revogou o art. 714 do CPC – alterou a sistemática tradicional da alienação forçada na tutela executiva prevista no CPC, evidenciando ainda mais a independência do ato de adjudicar em relação ao edital, ao colocar a adjudicação como a primeira técnica expropriativa, seguida pela alienação por iniciativa particular e, apenas subsidiariamente, a arrematação ou alienação em hasta pública. É o que se infere do caput do art. 686, que prevê que somente será expedido o edital da arrematação se não requerida a adjudicação e não realizada a alienação particular do bem penhorado. Assim, é certa a responsabilização do adjudicante pelo pagamento das contribuições condominiais inadimplidas no período anterior à adjudicação, aplicando-se o art. 1.345 do CC em sua íntegra: "O adquirente de unidade responde pelos débitos do alienante, em relação ao condomínio, inclusive multa e juros moratórios". **REsp 1.186.373-MS, Rel. Min. Luis Felipe Salomão, julgado em 24/3/2015, DJe 14/4/2015 (Inform. STJ 559).**

DIREITO CIVIL E PROCESSUAL CIVIL. POSSIBILIDADE DE PENHORA DE BEM DE FAMÍLIA POR MÁ-FÉ DO DEVEDOR.

Não se deve desconstituir a penhora de imóvel sob o argumento de se tratar de bem de família na hipótese em que, mediante acordo homologado judicialmente, o executado tenha pactuado com o exequente a prorrogação do prazo para pagamento e a redução do valor de dívida que contraíra em benefício da família, oferecendo o imóvel em garantia e renunciando expressamente ao oferecimento de qualquer defesa, de modo que, descumprido o acordo, a execução prosseguiria com a avaliação e praça do imóvel. De fato, a jurisprudência do STJ inclinou-se no sentido de que o bem de família é impenhorável, mesmo quando indicado à constrição pelo devedor. No entanto, o caso em exame apresenta certas peculiaridades que torna válida a renúncia. Com efeito, no caso em análise, o executado agiu em descompasso com o princípio nemo venire contra factum proprium, adotando comportamento contraditório, num momento ofertando o bem à penhora e, no instante seguinte, arguindo a impenhorabilidade do mesmo bem, o que evidencia a ausência de boa-fé. Essa conduta antiética deve ser coibida, sob pena de desprestígio do próprio Poder Judiciário, que validou o acordo celebrado. Se, por um lado, é verdade que a Lei 8.009/1990 veio para proteger o núcleo familiar, resguardando-lhe a moradia, não é menos correto afirmar que aquele diploma legal não pretendeu estimular o comportamento dissimulado. Como se trata de acordo judicial celebrado nos próprios autos da execução, a garantia somente podia ser constituída mediante formalização de penhora incidente sobre o bem. Nada impedia, no entanto, que houvesse a celebração do pacto por escritura pública, com a constituição de hipoteca sobre o imóvel e posterior juntada aos autos com vistas à homologação judicial. Se tivesse ocorrido dessa forma, seria plenamente válida a penhora sobre o bem em razão da exceção à impenhorabilidade prevista no inciso V do art. 3º da Lei 8.009/1990, não existindo, portanto, nenhuma diferença substancial entre um ato e outro no que interessa às partes. Acrescente-se, finalmente, que a decisão homologatória do acordo tornou preclusa a discussão da matéria, de forma que o mero inconformismo do devedor contra uma das cláusulas pactuadas, manifestado tempos depois, quando já novamente inadimplentes, não tem força suficiente para tornar ineficaz a avença. Dessa forma, não se pode permitir, em razão da boa-fé que deve reger as relações jurídicas, a desconstituição da penhora, sob pena de desprestígio do próprio Poder Judiciário. **REsp 1.461.301-MT, Rel. Min. João Otávio de Noronha, julgado em 5/3/2015, DJe 23/3/2015 (Inform. STJ 558).**

DIREITO PROCESSUAL CIVIL. LIMITES DA IMPENHORABILIDADE DE QUANTIA TRANSFERIDA PARA APLICAÇÃO FINANCEIRA.

É impenhorável a quantia oriunda do recebimento, pelo devedor, de verba rescisória trabalhista posteriormente poupada em mais de um fundo de investimento, desde que a soma dos valores não seja superior a quarenta salários mínimos. De fato, a jurisprudência do STJ vem interpretando a expressão salário, prevista no inciso IV do art. 649 do CPC, de forma ampla, de modo que todos os créditos decorrentes da atividade profissional estão abrangidos pela impenhorabilidade. Cabe registrar, entretanto, que a Segunda Seção do STJ definiu que a remuneração protegida é apenas a última percebida – a do último mês vencido – e, mesmo assim, sem poder ultrapassar o teto constitucional referente à remuneração de ministro do STF (REsp 1.230.060-PR, DJe 29/8/2014). Após esse período, eventuais sobras perdem a proteção. Todavia, conforme esse mesmo precedente do STJ, a norma do inciso X do art. 649 do CPC merece interpretação extensiva, de modo a permitir a impenhorabilidade, até o limite de quarenta salários mínimos, de quantia depositada não só em caderneta de poupança, mas também em conta corrente ou em fundos de investimento, ou guardada em papel-moeda. Dessa maneira, a Segunda Seção admitiu que é possível ao devedor poupar, nesses referidos meios, valores que correspondam a até quarenta salários mínimos sob a regra da impenhorabilidade. Por fim, cumpre esclarecer que, de acordo com a Terceira Turma do STJ (REsp 1.231.123-SP, DJe 30/8/2012), deve-se admitir, para alcançar esse patamar de valor, que esse limite incida em mais de uma aplicação financeira, na medida em que, de qualquer modo, o que se deve proteger é a quantia equivalente a, no máximo, quarenta salários mínimos. **EREsp 1.330.567-RS, Rel. Min. Luis Felipe Salomão, julgado em 10/12/2014, DJe 19/12/2014 (Inform. STJ 554).**

DIREITO PROCESSUAL CIVIL. POSSIBILIDADE DE PENHORA SOBRE HONORÁRIOS ADVOCATÍCIOS.

Excepcionalmente é possível penhorar parte dos honorários advocatícios – contratuais ou sucumbenciais – quando a verba devida ao advogado ultrapassar o razoável para o seu sustento e de sua família. Com efeito, toda verba que ostente natureza alimentar e que seja destinada ao sustento do devedor e de sua família – como os honorários advocatícios – é impenhorável. Entretanto, a regra disposta no art. 649, IV, do CPC não pode ser interpretada de forma literal. Em determinadas circunstâncias, é possível a sua relativização, como ocorre nos casos em que os honorários advocatícios recebidos em montantes exorbitantes ultrapassam os valores que seriam considerados razoáveis para sustento próprio e de sua família. Ademais, o princípio da menor onerosidade do devedor, insculpido no art. 620 do CPC, tem de estar em equilíbrio com a satisfação do credor, sendo indevida sua aplicação de forma abstrata e presumida. Precedente citado: REsp 1.356.404-DF, Quarta Turma, DJe 23/8/2013. **REsp 1.264.358-SC, Rel. Min. Humberto Martins, julgado em 25/11/2014, DJe 5/12/2014 (Inform. STJ 553).**

Súmula STJ nº 549

É válida a penhora de bem de família pertencente a fiador de contrato de locação.

Súmula STJ nº 497

Os créditos das autarquias federais preferem aos créditos da Fazenda estadual desde que coexistam penhoras sobre o mesmo bem.

Súmula STJ nº 451

É legítima a penhora da sede do estabelecimento comercial.

Súmula STJ nº 417

Na execução civil, a penhora de dinheiro na ordem de nomeação de bens não tem caráter absoluto.

Súmula STJ nº 328

Na execução contra instituição financeira, é penhorável o numerário disponível, excluídas as reservas bancárias mantidas no Banco Central.

Súmula STJ nº 319

O encargo de depositário de bens penhorados pode ser expressamente recusado.

Súmula STJ nº 205

A lei 8.009/90 aplica-se a penhora realizada antes de sua vigência.

10.4. Embargos do devedor e exceção de pré-executividade

DIREITO PROCESSUAL CIVIL. IMPOSSIBILIDADE DE OFERECIMENTO DE RECONVENÇÃO EM EMBARGOS À EXECUÇÃO.

É incabível o oferecimento de reconvenção em embargos à execução. O processo de execução tem como finalidade a satisfação do crédito constituído, razão pela qual se revela inviável a reconvenção, na medida em que, se admitida, ocasionaria o surgimento de uma relação instrumental cognitiva simultânea, o que inviabilizaria o prosseguimento da ação executiva. Com efeito, na execução, a doutrina ensina que: "a cognição é rarefeita e instrumental aos atos de satisfação. Daí a falta de espaço para a introdução de uma demanda do executado no processo puramente executivo". Dessa forma, como a reconvenção demanda dilação probatória e exige sentença de mérito, ela vai de encontro com a fase de execução, na qual o título executivo já se encontra definido, de sorte que só pode ser utilizada em processos de conhecimento. Por fim, entendimento em sentido contrário violaria o princípio da celeridade e criaria obstáculo para a satisfação do crédito, porquanto a ideia que norteia a reconvenção é o seu desenvolvimento de forma conjunta com a demanda inicial, o que não ocorreria caso ela fosse admitida em sede de embargos à execução, na medida em que as demandas não teriam pontos de contato a justificar a reunião. Precedente citado: **REsp 1.085.689-RJ, Primeira Turma, DJe 4/11/2009. REsp 1.528.049-RS, Rel. Min. Mauro Campbell Marques, julgado em 18/8/2015, DJe 28/8/2015 (Inform. STJ 567).**

Súmula STJ nº 487

O parágrafo único do art. 741 do CPC não se aplica às sentenças transitadas em julgado em data anterior à da sua vigência.

Súmula STJ nº 331

A apelação interposta contra sentença que julga embargos à arrematação tem efeito meramente devolutivo.

Súmula STJ nº 46

Na execução por carta, os embargos do devedor serão decididos no juízo deprecante, salvo se versarem unicamente vícios ou defeitos da penhora, avaliação ou alienação dos bens.

11. CAUTELAR

DIREITO PROCESSUAL CIVIL. SUSTAÇÃO DE PROTESTO E PRESTAÇÃO DE CONTRACAUTELA. RECURSO REPETITIVO (ART. 543-C DO CPC E RES. 8/2008-STJ). TEMA 902.

A legislação de regência estabelece que o documento hábil a protesto extrajudicial é aquele que caracteriza prova escrita de obrigação pecuniária líquida, certa e exigível. Portanto, a sustação de protesto de título, por representar restrição a direito do credor, exige prévio oferecimento de contracautela, a ser fixada conforme o prudente arbítrio do magistrado. A teor do art. 17, § 1º, da Lei de Protesto, o título ou documento de dívida cujo protesto tiver sido sustado judicialmente só poderá ser pago, protestado ou retirado com autorização judicial. É dizer, a sustação do protesto implica retenção do título de crédito, inviabilizando, pois, a sua execução e, por conseguinte, restringindo, ainda que provisoriamente, o próprio direito fundamental do credor de acesso à justiça e de haver imediatamente seu crédito, mediante atos de agressão ao patrimônio do devedor efetuados por meio do Judiciário. Ademais, em interpretação sistemática do diploma processual, apenas para um exercício de comparação, é bem de ver que, como o documento cambiário apresentado a protesto tem que ser título hábil à execução (título de crédito), a sustação do protesto implica obstar a execução por título extrajudicial, efeito que, com a vigência do art. 739-A, § 1º, do CPC/1973, nem os embargos do executado produzem, a menos que, "sendo relevantes seus fundamentos, o prosseguimento da execução manifestamente possa causar ao executado grave dano de difícil ou incerta reparação, e desde que a execução já esteja garantida por penhora, depósito ou caução suficientes". Nessa ordem de ideias, a sustação do protesto, por meio transverso, inviabiliza a própria execução aparelhada pelo título levado a protesto, não havendo nenhum sentido/razoabilidade em que seja feita sem a exigência de caução ou depósito, igualmente exigidos para a suspensão da execução. Nesse sentido, leciona a doutrina que, para a execução de medida antecipatória/acautelatória, mesmo quando se tratar de provimento de natureza reversível, há o dever de salvaguardar o núcleo essencial do direito fundamental à segurança jurídica do réu; "não fosse assim o perigo de dano não teria sido eliminado, mas apenas deslocado da esfera do autor para a do demandado". Com efeito, à luz do disposto no art. 804 do CPC/1973 (art. 300 do novo CPC) há muito está consolidado na jurisprudência dos tribunais que, para a sustação do protesto cambial de título hábil à execução, é necessário, para que se resguarde também os interesses do credor, o oferecimento de contracautela. Por isso é que a jurisprudência do STJ só admite a sustação do protesto quando as circunstâncias de fato, efetivamente, autorizam a proteção do devedor, com a presença da aparência do bom direito e, de regra, com o depósito do valor devido ou, a critério ponderado do juiz, quando preste caução idônea. Por fim, enfatiza-se que a hipótese em questão – em que é apontado a protesto documento apto a aparelhar a execução judicial, isto é, título que caracteriza prova escrita de obrigação pecuniária líquida, certa e exigível – não se confunde com a situação em que o magistrado, *v.g.*, constata que o título está prescrito para a execução cambial, hipótese que atrai a tutela de evidência prevista no novo CPC e refoge ao controle efetuado pelo tabelião, caracterizando o hipotético ato do apontamento a protesto, à luz da iterativa jurisprudência do STJ, por si só, abusivo; mas é certo que, em todo caso, o excepcional deferimento da medida sem contracautela (resguardo dos interesses do credor) deverá ser devidamente fundamentado pelo juiz. Precedentes citados: REsp 627.759-MG, Terceira Turma, DJ 8/5/2006; e AgRg no Ag 1.238.302-MG, Quarta Turma, DJe 1º/2/2011. **REsp 1.340.236-SP, Rel. Min. Luis Felipe Salomão, Segunda Seção, julgado em 14/10/2015, DJe 26/10/2015. (Inform. STJ 571)**

DIREITO PROCESSUAL CIVIL. POSSIBILIDADE DE DISPENSA DA CAUÇÃO PREVISTA NO ART. 835 DO CPC. A caução prevista no art. 835 do CPC não tem natureza cautelar, sendo exigível no caso em que se verificar a presença dos requisitos objetivos e cumulativos elencados no referido dispositivo, podendo ser dispensada nas hipóteses previstas no art. 836 do CPC ou quando, com base na prova dos autos, as peculiaridades do caso concreto indicarem que a sua exigência irá obstaculizar o acesso à jurisdição. Com efeito, para que a caução prevista no art. 835 do CPC seja exigível são necessários dois pressupostos objetivos e cumulativos, a saber: (i) o autor da ação não residir no Brasil ou dele se ausentar na pendência da demanda; e (ii) não ter o autor da ação bens imóveis no Brasil que assegurem o pagamento das custas e honorários de advogado da parte contrária em caso de sucumbência. Esclareça-se que o referido dispositivo legal, a despeito de estar inserido no livro do CPC referente aos procedimentos cautelares, não ostenta natureza cautelar. O tema relaciona-se, de fato, com as despesas processuais. Logo, para a sua incidência, não se exige a presença do fumus boni iuris ou do periculum in mora, mas, sim, a configuração de requisitos objetivos que elenca. Nota-se que o legislador não conferiu qualquer margem de discricionariedade ao magistrado para que dispense a prestação da caução com base em critérios subjetivos – como, por exemplo, a plausibilidade do direito em que se funda a ação – porque não se trata de faculdade, mas de imposição legal. Nesse passo, registre-se que não se encontra eleito pelo legislador (art. 835 do CPC) critério de índole eminentemente subjetiva para averiguação da necessidade de prestação de caução nem se verifica o referido critério entre as exceções do art. 836 do CPC ("Não se exigirá, porém, a caução, de que trata o artigo antecedente: I – na execução fundada em título extrajudicial; II – na reconvenção."). Entretanto, como o não atendimento da prestação de caução constitui um obstáculo processual ao prosseguimento da demanda – visto que, se não removido, impõe a extinção do processo sem resolução do mérito –, não se pode afastar por completo a possibilidade de, excepcionalmente, diante das peculiaridades de determinado caso concreto, dispensar-se a caução quando, com base na prova dos autos, conclua-se pela existência de efetivo obstáculo concreto ao acesso à jurisdição. **REsp 1.479.051-RJ, Rel. Min. Ricardo Villas Bôas Cueva, julgado em 26/5/2015, DJe 5/6/2015 (Inform. STJ 563).**

Súmula STF nº 390

A exibição judicial de livros comerciais pode ser requerida como medida preventiva.

Súmula STJ nº 482

A falta de ajuizamento da ação principal no prazo do art. 806 do CPC acarreta a perda da eficácia da liminar deferida e a extinção do processo cautelar.

12. PROCEDIMENTOS ESPECIAIS

12.1. Possessórias e Petitórias

DIREITO PROCESSUAL CIVIL. PREJUDICIALIDADE EXTERNA ENTRE AÇÃO REIVINDICATÓRIA E AÇÃO DE NULIDADE DE NEGÓCIO JURÍDICO.

Deve ser suspensa a ação reivindicatória de bem imóvel, pelo prazo máximo de um ano (art. 265, IV, "a", do CPC), enquanto se discute, em outra ação, a nulidade do próprio negócio jurídico que ensejou a transferência do domínio aos autores da reivindicatória. Isso porque, nessa situação, está configurada a prejudicialidade externa entre as ações, de modo que, nos termos do art. 265, IV, "a", do CPC, deve o juiz decretar a suspensão do processo quando houver questão prejudicial (externa) cuja solução é pressuposto lógico necessário da decisão que estará contida na sentença. Na espécie, constata-se que tanto a ação anulatória como a reivindicatória estão dirigidas ao mesmo bem imóvel. Dessa forma, tem-se, sem dúvida, prejudicialidade do resultado do julgamento da ação anulatória em relação à reivindicatória, pois, acaso procedente aquela, faltará legitimidade ativa ad causam aos autores desta, justificando-se a suspensão da ação reivindicatória pelo prazo máximo de um ano, nos termos do § 5º do art. 265 do CPC. Precedente citado: AgRg no REsp 1.151.040-RJ, Quarta Turma, DJe de 22/2/2012. **EREsp 1.409.256-PR, Rel. Min. Og Fernandes, julgado em 6/5/2015, DJe 28/5/2015 (Inform. STJ 563).**

Súmula STF nº 262

Não cabe medida possessória liminar para liberação alfandegária de automóvel.

Súmula STJ nº 228

É inadmissível o interdito proibitório para a proteção do direito autoral.

12.2. Monitória

DIREITO PROCESSUAL CIVIL. INSTRUÇÃO DA PETIÇÃO INICIAL DA AÇÃO MONITÓRIA. RECURSO REPETITIVO (ART. 543-C DO CPC E RES. 8/2008-STJ). TEMA 474.

A petição inicial da ação monitória para cobrança de soma em dinheiro deve ser instruída com demonstrativo de débito atualizado até a data do ajuizamento, assegurando-se, na sua ausência ou insuficiência, o direito da parte de supri-la, nos termos do art. 284 do CPC. Não obstante o baixo formalismo que caracteriza o procedimento monitório, é indispensável, sempre que se tratar de cobrança de soma em dinheiro, a apresentação pelo credor de demonstrativo que possibilite ao devedor o perfeito conhecimento da quantia que lhe está sendo reclamada. De fato, embora seja possível a discussão sobre o quantum debeatur nos embargos à ação monitória, é necessário que haja o detalhamento da dívida, com a indicação de critérios, índices e taxas utilizados, a fim de que o devedor possa validamente impugná-los em sua peça de resistência. É importante registrar, contudo, que, detectada a falta ou insuficiência do demonstrativo, tem a parte o direito de saná-la, nos termos do art. 284 do CPC, entendimento que se estende à própria inicial de execução, na forma da jurisprudência dominante. **REsp 1.154.730-PE, Rel. Min. João Otávio de Noronha, Segunda Seção, julgado em 8/4/2015, DJe 15/4/2015 (Inform. STJ 559).**

Súmula STJ nº 531

Em ação monitória fundada em cheque prescrito ajuizada contra o emitente, é dispensável a menção ao negócio jurídico subjacente à emissão da cártula.

Súmula STJ nº 504

O prazo para ajuizamento de ação monitória em face do emitente de nota promissória sem força executiva é quinquenal, a contar do dia seguinte ao vencimento do título.

Súmula STJ nº 384

Cabe ação monitória para haver saldo remanescente oriundo de venda extrajudicial de bem alienado fiduciariamente em garantia.

Súmula STJ nº 339

É cabível ação monitória contra a Fazenda Pública.

Súmula STJ nº 299

É admissível a ação monitória fundada em cheque prescrito.

Súmula STJ nº 292

A reconvenção é cabível na ação monitória, após a conversão do procedimento em ordinário.

Súmula STJ nº 282

Cabe a citação por edital em ação monitória.

Súmula STJ nº 247

O contrato de abertura de crédito em conta-corrente, acompanhado do demonstrativo de débito, constitui documento hábil para o ajuizamento da ação monitória.

12.3. Embargos de terceiro

DIREITO PROCESSUAL CIVIL. CABIMENTO DE EMBARGOS DE TERCEIRO EM MEDIDA CAUTELAR.

São admissíveis embargos de terceiro em ação cautelar. O art. 1.048 deve ser lido em conjunto com o art. 1.046 do CPC. De fato, o art. 1.048 refere-se à possibilidade de oposição dos embargos apenas em processo de conhecimento e em processo de execução. Já o art. 1.046 do CPC afirma que "quem, não sendo parte no processo, sofrer turbação ou esbulho na posse de seus bens por ato de apreensão judicial, em casos como o de penhora, depósito, arresto, sequestro, alienação judicial, arrecadação, arrolamento, inventário, partilha, poderá requerer lhe sejam manutenidos ou restituídos por meio de embargos". Assim, o pressuposto para o cabimento dos embargos de terceiro é a existência de uma constrição judicial que ofenda a posse ou a propriedade de um bem de pessoa que não seja parte no processo. Sendo um meio defensivo que o terceiro possui contra atos judiciais que gerem medida constritiva de seus bens, revestem-se de tal importância que não comportam interpretação literal e restritiva, com base no exame isolado do art. 1.048. **REsp 837.546-MT, Rel. Min. Raul Araújo, julgado em 1º/10/2015, DJe 21/10/2015. (Inform. STJ 571)**

DIREITO PROCESSUAL CIVIL. CARÊNCIA DE AÇÃO NO ÂMBITO DE EMBARGOS DE TERCEIRO.

O proprietário sem posse a qualquer título não tem legitimidade para ajuizar, com fundamento no direito de propriedade, embargos de terceiro contra decisão transitada em julgado proferida em ação de reintegração de posse, da qual não participou, e na qual sequer foi aventada discussão em torno da titularidade do domínio. A partir de uma exegese literal do art. 1.046, § 1º, do CPC, extrai-se que apenas o senhor (proprietário) e possuidor, ou apenas o possuidor, podem lançar mão dos embargos de terceiro, pois o ato judicial de constrição ou apreensão há de configurar, de algum modo, turbação ou esbulho da posse do autor. Na hipótese, os embargos de terceiro foram utilizados contra decisão judicial proferida no curso de demanda, transitada em julgado, em que terceiros disputaram a posse de área de terra que, segundo o autor, seria de sua propriedade. Percebe-se que o embargante, na via estreita da presente demanda incidental, não buscou apartar bem que não deveria ser objeto de constrição/apreensão pelo juízo no curso de outro processo, mas tornar mais complexa a discussão material inicialmente travada, alegando que o domínio e, consequentemente, a posse do imóvel, não seria nem do autor nem do réu, mas seus, por força do direito de propriedade. Ora, na demanda originária, em que agora se está em sede executiva, sequer foi aventada discussão em torno da titularidade do domínio. Ademais, o propósito dos embargos é a liberação do bem que foi objeto de equivocada constrição judicial, e não fazer frente, no curso de execução, ao ato judicial que determinou, com base em decisão transitada em julgado, a reintegração do bem objeto da discussão à parte vitoriosa na demanda, sem sequer poder ser afirmada a existência de melhor posse em relação ao exequente. Recorde-se que os embargos de terceiro têm cognição limitada a uma eventual melhor posse exercida pelo embargante, ou, na hipótese prevista no art. 1.047 do CPC, ao exercício do direito real de garantia pelo seu beneficiário, na defesa do bem e do crédito por ele garantido. Contra aquele que restou reconhecido o direito à reintegração na demanda pregressa, poderá o ora recorrente, com supedâneo no seu domínio, lançar mão da ação petitória adequada. **REsp 1.417.620-DF, Rel. Min. Paulo de Tarso Sanseverino, julgado em 2/12/2014, DJe 11/12/2014 (Inform. STJ 553).**

Súmula STJ nº 303

Em embargos de terceiro, quem deu causa à constrição indevida deve arcar com os honorários advocatícios.

Súmula STJ nº 195

Em embargos de terceiro não se anula ato jurídico, por fraude contra credores.

Súmula STJ nº 84

É admissível a oposição de embargos de terceiro fundados em alegação de posse advinda do compromisso de compra e venda de imóvel, ainda que desprovido do registro.

12.4. Inventário

DIREITO PROCESSUAL CIVIL. COMPETÊNCIA PARA JULGAR DISSOLUÇÃO PARCIAL DE SOCIEDADE LIMITADA COM APURAÇÃO DE HAVERES.

Compete ao juízo cível – e não ao juízo de sucessões no qual tramita o inventário – julgar, com consequente apuração de haveres do *de cujus*, dissolução parcial de sociedade limitada que demande extensa dilação probatória. De fato, conforme entendimento do STJ, "Cabe ao juízo do inventário decidir, nos termos do art. 984 do CPC, 'todas as questões de direito e também as questões de fato, quando este se achar provado por documento, só remetendo para os meios ordinários as que demandarem alta indagação ou dependerem de outras provas', entendidas como de 'alta indagação' aquelas questões que não puderem ser provadas nos autos do inventário" (REsp 450.951-DF, Quarta Turma, DJe 12/4/2010). Nesse diapasão, questões de alta indagação, que, por exigirem extensa dilação probatória, extrapolam a cognição do juízo do inventário, devem ser remetidas aos meios ordinários. Logo, é no juízo cível que haverá lugar para a dissolução parcial das sociedades limitadas e consequente apuração de haveres do *de cujus*, visto que, nessa via ordinária, deve ser esmiuçado, caso a caso, o alcance dos direitos e obrigações das partes interessadas – os quotistas e as próprias sociedades limitadas –, indiferentes ao desate do processo de inventário. Deixa-se, pois, ao juízo do inventário a atribuição jurisdicional de descrever o saldo advindo com a liquidação das sociedades comerciais, para que possa dar à herança a devida partilha, não comportando seu limitado procedimento questões mais complexas que não aquelas voltadas para o levantamento, descrição e liquidação do espólio. **REsp 1.459.192-CE, Rel. originário Ricardo Villas Bôas Cueva, Rel. para acórdão João Otávio de Noronha, julgado em 23/6/2015, DJe 12/8/2015 (Inform. STJ 566).**

12.5. Separação, Divórcio e Dissolução de Sociedade de Fato

DIREITO PROCESSUAL CIVIL. COMPETÊNCIA PARA PROCESSAR E JULGAR AÇÃO DE DIVÓRCIO ADVINDA DE VIOLÊNCIA SUPORTADA POR MULHER NO ÂMBITO FAMILIAR E DOMÉSTICO.

A extinção de medida protetiva de urgência diante da homologação de acordo entre as partes não afasta a competência da Vara Especializada de Violência Doméstica ou Familiar contra a Mulher para julgar ação de divórcio fundada na mesma situação de agressividade vivenciada pela vítima e que fora distribuída por dependência à medida extinta. De fato, o art. 14 da Lei 11.340/2006 (Lei Maria Da Penha) preconiza a competência híbrida e cumulativa (criminal e civil) das Varas Especializadas da Violência Doméstica e Familiar contra a Mulher para o julgamento e execução das causas advindas do constrangimento físico ou moral suportado pela mulher no âmbito doméstico e familiar. Nesse sentido, afirma o art. 14 que os "Juizados de Violência Doméstica e Familiar contra a Mulher, órgãos da Justiça Ordinária com competência cível e criminal, poderão ser criados pela União, no Distrito Federal e nos Territórios, e pelos Estados, para o processo, o julgamento e a execução das causas decorrentes da prática de violência doméstica e familiar contra a mulher". Constata-se, a partir da literalidade do artigo acima transcrito, que o legislador, ao estabelecer a competência cível da Vara Especializada de Violência Doméstica contra a Mulher, não especificou quais seriam as ações que deveriam ali tramitar. De modo bem abrangente, preconizou a competência desse "Juizado" para as ações de natureza civil que tenham por causa de pedir, necessariamente, a prática de violência doméstica e familiar contra a mulher. No âmbito da doutrina, controverte-se sobre a abrangência da competência civil da Vara Especializada, se ficaria restrita às medidas protetivas (e, naturalmente, à execução de seus julgados), devidamente explicitadas na Lei 11.340/2006 (especificamente as previstas nos arts. 22, II, IV e V; 23, III e IV; e 24, que assumem natureza civil), ou se, além das mencionadas providências judiciais de urgência, o Juizado de Violência Doméstica e Familiar contra a Mulher também conheceria das ações principais inseridas no espectro do Direito de Família (separação judicial, divórcio, reconhecimento e dissolução de união estável, alimentos, guarda dos filhos, etc.). Para a vertente restritiva, em que se propugna a competência cível da Vara Especializada apenas para o julgamento das medidas protetivas de urgência previstas na Lei Maria da Penha, não teria sido o propósito do legislador "superdimensionar" a competência desses Juizados em relação às ações de índole familiar, devendo-se, pois, observar, necessariamente, as regras de organização judiciária local. De modo diverso, cita-se corrente doutrinária que, em atenção à estrita disposição legal, reconhece a competência cível da Vara Especializada da Violência Doméstica e Familiar contra a Mulher para todas as ações de cunho civil que ostente como causa de pedir a prática de violência doméstica e familiar contra a mulher, conferindo-se ao magistrado melhores subsídios para julgar a questão e, por conseguinte, à mulher, vítima de violência doméstica, maior proteção. Contrapostos os argumentos que subsidiam os posicionamentos acima destacados, tem-se que a melhor exegese, para a correta definição da competência cível dos Juizados da Violência Doméstica e Familiar contra a Mulher, está no equilíbrio de tais entendimentos, para melhor atendimento aos propósitos da Lei 11.340/2006. De plano, há que se reconhecer, na esteira do que já decidiu o STF (ADC 19, Tribunal Pleno, DJe 29/4/2014), que a Lei Maria da Penha, ao facultar a criação de Juizados de Violência Doméstica e Familiar, com competência cumulativa para as ações cíveis e criminais advindas da prática de violência doméstica e familiar contra a mulher, "ante a necessidade de conferir tratamento uniforme, especializado e célere, em todo território nacional, às causas sobre a matéria", de modo algum imiscuiu-se na competência do Estados para disciplinar as respectivas normas de organização judiciária, mas, ao contrário, cuidou de tema de caráter eminentemente nacional. Portanto, a competência dos Juizados da Violência Doméstica e Familiar contra a Mulher – cuja criação restou facultada aos Estados – foi devidamente definida pela Lei 11.340/2006, devendo, por conseguinte, a Lei de Organização Judiciária dos Estados, caso venha a instituí-los, a ela se amoldar. Além do mais, a amplitude da competência conferida pela Lei 11.340/2006 à Vara Especializada tem por propósito justamente permitir ao mesmo magistrado o conhecimento da situação de violência doméstica e familiar contra a mulher, permitindo-lhe bem sopesar as repercussões jurídicas nas diversas ações civis e criminais advindas direta e indiretamente desse fato. Trata-se de providência que a um só tempo facilita o acesso da mulher, vítima de violência familiar e doméstica, ao Poder Judiciário e lhe confere real proteção. Assim, para o estabelecimento da competência da Vara Especializada da Violência Doméstica ou Familiar contra a Mulher nas ações de natureza civil (notadamente, as relacionadas ao Direito de Família), imprescindível que a correlata ação decorra (tenha por fundamento) da prática de violência doméstica ou familiar contra a mulher, não se limitando, por conseguinte, apenas às medidas protetivas de urgência previstas nos arts. 22, II, IV e V; 23, III e IV; e 24 (que assumem natureza civil). Além disso, para a fixação dessa competência da Vara Especializada da Violência Doméstica ou Familiar contra a Mulher, tem-se que, no momento do ajuizamento da ação de natureza cível, deve ser atual a situação de violência doméstica e familiar a que a demandante se encontre submetida, a ensejar, potencialmente, a adoção das medidas protetivas expressamente previstas na Lei 11.340/2006, sob pena de banalizar a competência das Varas Especializadas. Nesse contexto, a competência para conhecer e julgar determinada ação resta instaurada por ocasião de seu ajuizamento, afigurando-se irrelevante, para a fixação da competência, o fato de haver a extinção do processo referente à medida protetiva por meio da homologação de acordo entre as partes. **REsp 1.496.030-MT, Rel. Min. Marco Aurélio Bellizze, julgado em 6/10/2015, DJe 19/10/2015. (Inform. STJ 572)**

DIREITO PROCESSUAL CIVIL. DESNECESSIDADE DE AUDIÊNCIA DE CONCILIAÇÃO OU RATIFICAÇÃO NA AÇÃO DE DIVÓRCIO DIRETO CONSENSUAL.

Na ação de divórcio direto consensual, é possível a imediata homologação do divórcio, sendo dispensável a realização de audiência de conciliação ou ratificação (art. 1.122 do CPC), quando o magistrado tiver condições de aferir a firme disposição dos cônjuges em se divorciarem, bem como de atestar que as demais formalidades foram atendidas. Com a edição da EC 66/2010, a nova redação do art. 226, § 6º, da CF – que dispõe que o casamento civil pode ser dissolvido pelo divórcio – eliminou os prazos à concessão do divórcio e afastou a necessidade de arguição de culpa, presente na separação, não mais adentrando nas causas do fim da união, deixando de expor desnecessária e vexatoriamente a intimidade do casal, persistindo essa questão apenas na esfera patrimonial quando da quantificação dos alimentos. Criou-se, dessa forma, nova figura totalmente dissociada do divórcio anterior. Assim, os arts. 40, § 2º, da Lei 6.515/1977 (Lei do divórcio) e 1.122, §§ 1º e 2º, do CPC, ao exigirem uma audiência a fim de se conceder o divórcio direto consensual, passaram a ter redação conflitante com o novo entendimento, segundo o qual não mais existem as condições pré-existentes ao divórcio: de averiguação dos motivos e do transcurso de tempo. Isso porque, consoante a nova redação, o divórcio passou a ser efetivamente direto. A novel figura passa ser voltada para o futuro. Passa a ter vez no Direito de Família a figura da intervenção mínima do Estado, como deve ser. Vale relembrar que, na ação de divórcio consensual direto, não há causa de pedir, inexiste necessidade de os autores declinarem o fundamento do pedido, cuidando-se de simples exercício de um direito potestativo. Portanto, em que pese a determinação constante no art. 1.122 do CPC, não mais subsiste o referido artigo no caso em que o magistrado tiver condições de aferir a firme disposição dos cônjuges em se divorciarem, bem como de atestar que as demais formalidades foram atendidas. Com efeito, o art. 1.122 do CPC cuida obrigatoriamente da audiência em caso de separação e posterior divórcio. Assim, não havendo mais a separação, mas o divórcio consensual direto e, principalmente, em razão de não mais haver que se apurarem as causas da separação para fins de divórcio, não cabe a audiência de conciliação ou ratificação, por se tornar letra morta. Nessa perspectiva, a audiência de conciliação ou ratificação teria apenas cunho eminentemente formal, sem nada a produzir. De fato, não se desconhece que a Lei do Divórcio ainda permanece em vigor, discorrendo acerca de procedimentos da separação judicial e do divórcio (arts. 34 a 37, 40, §2º, e 47 e 48), a qual remete ao CPC (arts. 1.120 a 1.124). Entretanto, a interpretação de todos esses dispositivos infraconstitucionais deverá observar a nova ordem constitucional e a ela se adequar, seja por meio de declaração de inconstitucionalidade parcial sem redução de texto, seja como da interpretação conforme a constituição ou, como no caso em comento, pela interpretação sistemática dos artigos. **REsp 1.483.841-RS, Rel. Min. Moura Ribeiro, julgado em 17/3/2015, DJe 27/3/2015 (Inform. STJ 558).**

Súmula STF nº 381

Não se homologa sentença de divórcio obtida, por procuração, em país de que os cônjuges não eram nacionais.

Súmula STF nº 380

Comprovada a existência de sociedade de fato entre os concubinos, é cabível a sua dissolução judicial, com a partilha do patrimônio adquirido pelo esforço comum.

Súmula STF nº 379

No acordo de desquite não se admite renúncia aos alimentos, que poderão ser pleiteados ulteriormente, verificados os pressupostos legais.

Súmula STF nº 305

Acordo de desquite ratificado por ambos os cônjuges não é retratável unilateralmente.

Súmula STF nº 226

Na ação de desquite, os alimentos são devidos desde a inicial e não da data da decisão que os concede.

Súmula STJ nº 197

O divórcio direto pode ser concedido sem que haja prévia partilha dos bens.

12.6. Investigação de Paternidade e Alimentos

AG. REG. NO RHC N 127.725-DF

RELATOR: MIN. DIAS TOFFOLI

EMENTA: Agravo regimental no recurso ordinário em *habeas corpus*. Execução de alimentos. Inexistência de ordem atual de prisão. Perda do objeto da impetração. Pretendido reconhecimento da nulidade do processo de conhecimento, por ausência de advogado. Descabimento. Possibilidade de julgamento à revelia na ação de alimentos. Inteligência do art. 7º da Lei nº 5.478/68. Agravo regimental não provido.

1. Não subsistindo ameaça de prisão civil em execução de alimentos, há que se reconhecer a perda de objeto do **habeas corpus**.
2. A simples possibilidade de, futuramente, vir a ser observado o rito do art. 733 do Código de Processo Civil não obsta o reconhecimento da perda de objeto do **writ**, mesmo porque também poderá ser adotado o rito da execução por quantia certa contra devedor solvente, sem nova cominação de prisão.
3. O art. 7º da Lei nº 5.478/68 admite, na ação de alimentos, o julgamento à revelia de réu ausente, ao qual se equipara aquele que comparece pessoalmente desacompanhado de advogado.
4. Logo, não há que se falar em nulidade do título executivo judicial por falta de nomeação de defensor ao recorrente.
5. Agravo regimental ao qual se nega provimento. **(Inform. STF 796)**

DIREITO PROCESSUAL CIVIL. POSSIBILIDADE DE ALTERAÇÃO DA FORMA DE PAGAMENTO DOS ALIMENTOS EM AÇÃO REVISIONAL.

Em sede de ação revisional de alimentos, é possível a modificação da forma da prestação alimentar (em espécie ou in natura), desde que demonstrada a razão pela qual a modalidade anterior não mais atende à finalidade da obrigação, ainda que não haja alteração na condição financeira das partes nem pretensão de modificação do valor da pensão. A ação revisional de alimentos tem como objeto a exoneração, redução ou majoração do encargo, diante da modificação da situação financeira de quem presta os alimentos ou os recebe, nos termos do que dispõe o art. 1.699 do CC. A variabilidade ou possibilidade de alteração que caracteriza os alimentos, que está prevista e reconhecida no referido artigo, não diz respeito somente à possibilidade de sua redução, majoração e exoneração na mesma forma em que inicialmente fixados, mas também à alteração da própria forma do pagamento sem modificação de valor, pois é possível seu adimplemento mediante prestação em dinheiro ou o atendimento direto das necessidades do alimentado (in natura), conforme dispõe o art. 1.701 do CC. Nesse contexto, a ação de revisão de alimentos, que tem rito ordinário e se baseia justamente na característica de variabilidade da obrigação alimentar, também pode contemplar a pretensão de modificação da forma da prestação alimentar, devendo ser demonstrada a razão pela qual a modalidade anterior não mais atende à finalidade da obrigação, ainda que não haja alteração na condição financeira das partes nem pretensão de modificação do valor da pensão, cabendo ao juiz fixar ou autorizar, se for o caso, um novo modo de prestação. Precedente citado: REsp 1.284.177-DF, Terceira Turma, DJe de 24/10/2011. **REsp 1.505.030-MG, Rel. Min. Raul Araújo, julgado em 06/8/2015, DJe 17/8/2015 (Inform. STJ 567).**

Súmula STJ nº 358

O cancelamento de pensão alimentícia de filho que atingiu a maioridade está sujeito à decisão judicial, mediante contraditório, ainda que nos próprios autos.

Súmula STJ nº 309

O débito alimentar que autoriza a prisão civil do alimentante é o que compreende as três prestações anteriores ao ajuizamento da execução e as que se vencerem no curso do processo.(*) (*) julgando o HC 53.068-MS, na sessão de 22/03/2006, a Segunda Seção deliberou pela ALTERAÇÃO da súmula n. 309. REDAÇÃO ANTERIOR (decisão de 27/04/2005, DJ 04/05/2005): O débito alimentar que autoriza a prisão civil do alimentante é o que compreende as três prestações anteriores à citação e as que vencerem no curso do processo.

Súmula STJ nº 301

Em ação investigatória, a recusa do suposto pai a submeter-se ao exame de DNA induz presunção juris tantum de paternidade.

Súmula STJ nº 277

Julgada procedente a investigação de paternidade, os alimentos são devidos a partir da citação.

Súmula STJ nº 1

O foro do domicilio ou da residência do alimentando é o Competente para a ação de investigação de paternidade, quando cumulada com a de alimentos.

12.7. Outras ações de procedimento especial

DIREITO PROCESSUAL CIVIL. ENUMERAÇÃO DOS LEGITIMADOS ATIVOS PARA AÇÃO DE INTERDIÇÃO.

Não é preferencial a ordem de legitimados para o ajuizamento de ação de interdição. De fato, a enumeração dos legitimados pelos arts. 1.177 do CPC e 1.768 do CC é taxativa, mas não é preferencial. Trata-se de legitimação concorrente, não sendo a propositura da ação prerrogativa de uma única pessoa. Mais de um legitimado pode requerer a curatela, formando-se um litisconsórcio ativo facultativo. Assim, ambos os pais, ou mesmo mais de um parente, pode propor a ação, cabendo ao juiz escolher, em momento oportuno, quem vai exercer o encargo. Note-se, ainda, que a redação do art. 1.177 do CPC utiliza o verbo "poder", em vez de "dever", evidenciando, portanto, a ideia de mera faculdade, e não obrigação. Esclareça-se também que, conforme destacado no art. 1.775 do CC, as pessoas habilitadas para promoverem a ação diferem das habilitadas para exercerem a curatela sobre o interditando. Essas duas legitimidades obedecem apenas a uma ordem taxativa, mas não preferencial e absoluta, pois caberá ao juiz analisar cada caso concreto e aplicar o melhor para o interditando, independentemente de o autor da ação ser indicado em primeiro lugar nos artigos citados. O que se deve considerar, antes de tudo, é o interesse do incapaz, dado o caráter protetivo e assistencial que tem o instituto, já que mais grave do que haver dúvidas a respeito da legitimidade é deixar um incapaz abandonado e à mercê de pessoas inescrupulosas e interesseiras. Não se pode insistir em uma prioridade legal, apenas recomendada para o exercício da curatela, e não para a propositura da ação. Registre-se que, mesmo para o exercício da curatela, o juiz sempre haverá de analisar o melhor interesse do interditando, o que também não torna prioritária e absoluta a ordem legal na escolha do curador. Ressalte-se, ainda, que a interdição visa a curatela, que é imprescindível para a proteção e o amparo do interditando, resguardando a segurança social ameaçada ou perturbada por seus atos. Trata-se de intervenção que atende a imperativos de ordem social. **REsp 1.346.013-MG, Rel. Min. Ricardo Villas Bôas Cueva, julgado em 13/10/2015, DJe 20/10/2015. (Inform. STJ 571)**

DIREITO PROCESSUAL CIVIL. LEGITIMIDADE DE PARENTE PARA PROPOR AÇÃO DE INTERDIÇÃO.

Qualquer pessoa que se enquadre no conceito de parente do Código Civil é parte legítima para propor ação de interdição. Segundo o art. 1.177, II, do CPC, a interdição pode ser promovida por algum parente próximo; e segundo o art. 1.768, II, do CC, a interdição deve ser promovida por qualquer parente. O certo é que a interdição é facultada a quem a lei reconhece como tal: ascendentes e descendentes de qualquer grau (art. 1.591 do CC) e aqueles em linha colateral até o quarto grau (art. 1.592 do CC). Como afinidade gera relação de parentesco, nada impede que os afins requeiram a interdição e exerçam a curatela. **REsp 1.346.013-MG, Rel. Min. Ricardo Villas Bôas Cueva, julgado em 13/10/2015, DJe 20/10/2015. (Inform. STJ 571)**

Súmula STJ nº 389

A comprovação do pagamento do "custo do serviço" referente ao fornecimento de certidão de assentamentos constantes dos livros da companhia é requisito de procedibilidade da ação de exibição de documentos ajuizada em face da sociedade anônima.

Súmula STJ nº 372

Na ação de exibição de documentos, não cabe a aplicação de multa cominatória.

Súmula STJ nº 322

Para a repetição de indébito, nos contratos de abertura de crédito em conta-corrente, não se exige a prova do erro.

Súmula STJ nº 268

O fiador que não integrou a relação processual na ação de despejo não responde pela execução do julgado.

Súmula STJ nº 259

A ação de prestação de contas pode ser proposta pelo titular de conta-corrente bancária.

Súmula STJ nº 242

Cabe ação declaratória para reconhecimento de tempo de serviço para fins previdenciários.

13. JUIZADO ESPECIAL

DIREITO PROCESSUAL CIVIL. JUIZADO ESPECIAL DA FAZENDA PÚBLICA E REQUISITOS PARA ADMISSIBILIDADE DE RECLAMAÇÃO E DE PEDIDO DE UNIFORMIZAÇÃO DE JURISPRUDÊNCIA.

Não é cabível reclamação, tampouco pedido de uniformização de jurisprudência, ao STJ contra acórdão de Turma Recursal do Juizado Especial da Fazenda Pública sob a alegação de que a decisão impugnada diverge de orientação fixada em precedentes do STJ. O sistema para o processamento e julgamento de causas em juizados especiais é composto por três microssistemas. Cada um deles é submetido a regras específicas de procedimento, inclusive com relação ao mecanismo de uniformização de jurisprudência e de submissão das decisões das Turmas Recursais ao crivo do STJ. No âmbito do microssistema dos Juizados Especiais Estaduais Comuns, instituídos pela Lei 9.099/1995, o mecanismo é a reclamação, nas hipóteses do art. 1º da Resolução 12/2009 do STJ, ou seja, quando decisão de Turma Recursal contrariar: a) jurisprudência do STJ; b) súmula do STJ; ou c) orientações decorrentes do julgamento de recursos especiais processados na forma do art. 543-C. Já no que se refere aos Juizados Especiais Federais instituídos pela Lei 10.259/2001, é o pedido de uniformização de jurisprudência que é cabível quando a orientação da Turma Nacional de Uniformização contrariar (art. 14, § 4º): a) jurisprudência dominante do STJ; ou b) súmula do STJ. Finalmente, quanto ao mais recente microssistema, instituído pela Lei 12.153/2009 (Juizados Especiais da Fazenda Pública), é cabível o pedido de uniformização de jurisprudência quando (arts. 18 e 19): a) as Turmas de diferentes

Estados derem a lei federal interpretações divergentes; ou b) a decisão proferida estiver em contrariedade com súmula do STJ. Percebe-se, portanto, que foi opção expressa do legislador restringir apenas às duas hipóteses acima o cabimento do pedido de uniformização de jurisprudência nos Juizados Especiais da Fazenda Pública, havendo silêncio eloquente quanto a todas as demais hipóteses. Desse modo, o caso em que a parte alega que o acórdão da Turma Recursal no subsistema do Juizado Especial da Fazenda Pública viola precedentes do STJ não se amolda às hipóteses de cabimento de pedido de uniformização de jurisprudência. Quanto à utilização da reclamação, observa-se que, nos termos do art. 105, I, "f", da CF, c/c o art. 187 do RISTJ, seu cabimento é previsto para: a) a usurpação de competência do STJ; ou b) a necessidade de garantir a autoridade das decisões do STJ. Além dessas hipóteses constitucionais, conforme visto acima, cabe reclamação para a adequação do entendimento adotado em acórdãos de Turmas Recursais no subsistema dos Juizados Especiais Comuns Estaduais à jurisprudência, súmula ou orientação adotada na sistemática dos recursos repetitivos do STJ (em razão do decidido pelo STF nos EDcl no RE 571.572-BA, Tribunal Pleno, DJe 27/11/2009 e das regras contidas na Resolução 12/2009 do STJ). De acordo com a larga jurisprudência do STF, seguida pelo STJ, a reclamação não pode – e não deve – ser considerada sucedâneo recursal, ou seja, é cabível tão-só nas hipóteses em que adequadamente atende aos requisitos de admissibilidade (Rcl 5684 AgR, Tribunal Pleno, DJe 15/8/2008; e Rcl 5465 ED, Tribunal Pleno, DJe 15/8/2008). Cumpre esclarecer que não é possível a aplicação do princípio da fungibilidade, quando a reclamação fundar-se em suposta divergência entre a decisão recorrida e arestos paradigmas do STJ, sendo que essa hipótese não é abrangida no pedido de uniformização previsto no art. 18, § 3º, da Lei 12.153/2009. Assim, não se amolda ao caso nem o pedido de uniformização de jurisprudência nem a reclamação, por não incidirem em nenhuma das hipóteses de cabimento. **Rcl 22.033-SC, Rel. Min. Mauro Campbell Marques, julgado em 8/4/2015, DJe 16/4/2015 (Inform. STJ 559).**

Súmula STJ nº 376

Compete a turma recursal processar e julgar o mandado de segurança contra ato de juizado especial.

Súmula STJ nº 203

Não cabe recurso especial contra decisão proferida por órgão de segundo grau dos juizados especiais. (*) julgando o AgRg no Ag 400.076-BA, na sessão de 23/05/02, a corte especial deliberou pela alteração da súmula n. 203. A redação anterior era a seguinte (decisão de 04/02/1998, DJ 12/02/1998): Não cabe recurso especial contra decisão proferida, nos limites de sua competência, por órgão de segundo grau dos juizados especiais.

15. RECLAMAÇÃO

Reclamação: aposentadoria espontânea e extinção do contrato de trabalho – 4

Para o cabimento de reclamação é indispensável a relação de pertinência estrita entre o ato reclamado e o parâmetro de controle. Com base nessa orientação, o Plenário, em conclusão de julgamento e por maioria, reputou improcedente pedido formulado em reclamação. No caso, empresa pública estadual impugnava decisão que, nos autos de reclamação trabalhista, deferira pleito de tutela antecipada e mantivera trabalhadores aposentados pelo Regime Geral de Previdência – RGPS como empregados da ora reclamante. Segundo a decisão questionada, a aposentadoria concedida aos empregados não seria causa de extinção do contrato de emprego, nem implicaria acumulação de proventos vedada por lei. A reclamante aduzia a impossibilidade de acumulação de proventos de aposentadoria com salários. Apontava afronta ao que decidido pelo STF nos autos da ADI 1.770/DF (DJU de 1º.12.2006), ocasião em que declarada a inconstitucionalidade do § 1º do art. 453 da CLT ("§ 1º Na aposentadoria espontânea de empregados das empresas públicas e sociedades de economia mista é permitida sua readmissão desde que atendidos aos requisitos constantes do art. 37, inciso XVI, da Constituição, e condicionada à prestação de concurso público") – v. Informativo 575. O Colegiado entendeu que o ato reclamado não aplicara o referido preceito legal. Não fora determinado aos empregados públicos que se submetessem a novo concurso, para readmissão após a aposentadoria, condicionada a readmissão ao atendimento dos requisitos do art. 37, XVI, da CF. Ao contrário, fora respeitada a autoridade do acórdão paradigma, ao considerar que a aposentadoria não extingue o contrato de trabalho. A parte reclamante pretenderia dar efeito vinculante a um dos fundamentos do voto condutor daquele acórdão, qual seja, o da impossibilidade de cumulação de vencimentos e proventos. Entretanto, a jurisprudência do STF é firme quanto ao não cabimento de reclamação fundada na transcendência dos motivos determinantes do acórdão com efeito vinculante. Ainda que assim não fosse, o ato reclamado respeitara um dos fundamentos do voto condutor relativamente à ideia de que a aposentadoria espontânea não extingue o contrato de trabalho. Ademais, nesse mesmo voto se cuidara de precedentes alusivos a servidores públicos, e não a empregados públicos sujeitos ao RGPS. Por sua vez, a Constituição veda apenas o recebimento cumulativo de aposentadoria do regime próprio de previdência e de remuneração de cargo, emprego ou função pública, ressalvados os cargos acumuláveis da forma da própria Constituição, os cargos eletivos e os cargos em comissão. Em nenhum momento, na vedação, é feita referência à aposentadoria paga pelo RGPS. Ao ser necessário optar por um dos fundamentos, deveria prevalecer aquele em sintonia com a jurisprudência do STF sobre a matéria, ou seja, o acolhido pelo ato reclamado. Em nenhum momento, o acórdão paradigma decidira sobre a possibilidade de empresa pública despedir empregado público após sua aposentadoria, nem, caso despedisse, se a consequência seria reintegrar o empregado ou garantir-lhe verbas rescisórias. Não se poderia, em sede de reclamação, avançar para cassar uma decisão judicial, por ela haver desrespeitado entendimento não exposto no paradigma apontado, para assentar-se ser essa a conclusão correta sobre a matéria. Desse modo, não é possível o uso da reclamação como sucedâneo de recurso. Ressaltou que os precedentes do Tribunal seriam nesse mesmo sentido, tendo em conta a necessidade de pertinência estrita. Vencidos os Ministros Ellen Gracie (relatora) e Ayres Britto, que julgavam procedente o pedido.

Rcl 8168/SC, rel. orig. Min. Ellen Gracie, red. p/ o acórdão Min. Edson Fachin, 19.11.2015. (Rcl-8168) **(Inform. STF 808)**

AG. REG. NA Rcl N. 5.476-PE

RELATORA: MIN. ROSA WEBER

EMENTA: AGRAVO REGIMENTAL EM RECLAMAÇÃO. ALEGAÇÃO DE AFRONTA AO QUE DECIDIDO NA ADC Nº 4. INDEFERIMENTO DE PEDIDO DE ANTECIPAÇÃO DE TUTELA. AUSÊNCIA DE ESTRITA ADERÊNCIA.

Ao julgamento da medida cautelar na ADC 4, este Supremo Tribunal Federal assentou a legitimidade das restrições impostas pela Lei nº 9.494/97 relativas ao não cabimento de antecipação de tutela contra o Poder Público nas hipóteses que importem em a) reclassificação ou equiparação de servidores públicos; (b) concessão de aumento ou extensão de vantagens pecuniárias; (c) outorga ou acréscimo de vencimentos; (d) pagamento de vencimentos e vantagens pecuniárias a servidor público ou (e) esgotamento, total ou parcial, do objeto da ação, desde que tal ação diga respeito, exclusivamente, a qualquer das matérias acima referidas.

Não se tratando de insurgência contra a concessão de medida liminar contra a Fazenda Pública nas hipóteses descritas, impõe-se reconhecer a ausência de estrita aderência entre o ato reclamado e o paradigma invocado.

Agravo regimental conhecido e não provido. **(Inform. STF 806)**

Reclamação e sociedade de economia mista

A Primeira Turma, em conclusão de julgamento e por maioria, negou provimento a agravo regimental interposto de decisão que determinara a remessa dos autos de ação civil pública – que fora apreciada pela Justiça do Trabalho – à justiça comum. Na espécie, a decisão agravada acolhera o argumento de que teria havido afronta à decisão proferida na ADI 3395 MC/DF (DJU de 10.11.2006). Prevaleceu o voto do Ministro Luiz Fux (relator), que manteve o que decidido na decisão monocrática para assegurar o processamento dos litígios entre servidores temporários e a Administração Pública perante a justiça comum. A Ministra Rosa Weber, por sua vez, acompanhou o relator na conclusão, ao negar provimento ao agravo, porém, divergiu quanto à fundamentação. Assentou que no julgamento da ADI 3395 MC/DF, o Tribunal decidira competir à Justiça do Trabalho a apreciação de litígios que envolvessem servidores estatutários ou vinculados de qualquer forma por relação jurídico-administrativa com pessoas jurídicas de direito público, da Administração direta e indireta. Apontou que a Prodesp seria sociedade de economia mista e fora questionada sobre a validade de seus contratos de trabalho sem o prévio concurso público. Dessa forma, seus trabalhadores, por força do ordenamento constitucional, não poderiam ser vinculados a relações estatutárias. Frisou que os ora agravantes seriam os reclamantes beneficiados pelo julgamento da reclamação que lhes dera razão e determinara a remessa dos autos à justiça comum. Aduziu que o único ponto discutido no presente recurso seria se, ante a declaração de incompetência absoluta da Justiça do Trabalho, haveria ou não necessidade de decretar nulidade de atos decisórios da Justiça do Trabalho. Por ser vedada a "reformatio in pejus", negava provimento ao agravo regimental. Vencido o Ministro Marco Aurélio, que provia o recurso. Assentava que, ao se ajuizar processo trabalhista, até mesmo para se declarar o autor carecedor dessa ação, competente seria a justiça do trabalho.

Rcl 6527 AgR/SP, rel. Min. Luiz Fux, 25.8.2015. (Rcl-6527) **(Inform. STF 796)**

AG. REG. NA Rcl N. 19.205-BA

RELATOR: MIN. MARCO AURÉLIO

RECLAMAÇÃO – USURPAÇÃO DA COMPETÊNCIA DO SUPREMO – INEXISTÊNCIA. Não havendo equívoco quanto à aplicação da sistemática da repercussão geral, impõe-se a negativa de seguimento à reclamação. **(Inform. STF 792)**

AG. REG. NA Rcl N. 20.034-RS

RELATOR: MIN. LUIZ FUX

Ementa: AGRAVO REGIMENTAL NA RECLAMAÇÃO. ALEGAÇÃO DE AFRONTA AO QUE DECIDIDO NA ADI 4.357. INEXISTÊNCIA. AUSÊNCIA DE IDENTIDADE DE TEMAS ENTRE O ATO RECLAMADO E O PARADIGMA DESTA SUPREMA CORTE. AGRAVO REGIMENTAL DESPROVIDO.

1. A ausência de identidade de temas entre o ato reclamado e o paradigma desta Corte conduz à inadmissão da reclamação.

2. *In casu:* a) O Plenário do Supremo Tribunal Federal, ao julgar as ADIs 4.357 e 4.425, assentou que o art. 1º-F da Lei nº 9.494/97, com redação dada pela Lei nº 11.960/09, ao reproduzir as regras da EC nº 62/09 quanto à atualização monetária e à fixação de juros moratórios de créditos inscritos em precatórios, viola o direito fundamental de propriedade (CF, art. 5º, XXII), bem como o princípio constitucional da isonomia (CF, art. 5º, *caput*, da CF), razão pela qual se revela inconstitucional por arrastamento; **b)** Neste feito, o reclamante se insurge contra decisão que deixou de aplicar o disposto no art. 1º-F da Lei nº 9.494/97, com fundamento na Orientação Jurisprudencial 382 da SBDI-1 do TST. Não há identidade ou similitude entre o ato impugnado e a decisão tida por desrespeitada.

3. A reclamação é inadmissível quando utilizada como sucedâneo de ação rescisória ou de recurso.

4. Agravo regimental desprovido. **(Inform. STF 788)**

3. DIREITO PENAL

1. CONCEITO, FONTES E PRINCÍPIOS

Princípio da insignificância: reincidência e crime qualificado – 4

A incidência do princípio da insignificância deve ser feita caso a caso. Essa a orientação do Plenário ao concluir julgamento conjunto de três "habeas corpus" impetrados contra julgados que mantiveram a condenação dos pacientes por crime de furto e afastaram a aplicação do mencionado princípio – v. Informativo 771. No HC 123.108/MG, o paciente fora condenado à pena de um ano de reclusão e dez dias-multa pelo crime de furto simples de chinelo avaliado em R$ 16,00. Embora o bem tenha sido restituído à vítima, o tribunal local não substituíra a pena privativa de liberdade por restritiva de direitos em razão da reincidência. Nesse caso, o Colegiado, por decisão majoritária, denegou a ordem, mas concedeu "habeas corpus" de ofício para fixar o regime aberto para cumprimento de pena. No HC 123.533/SP, a paciente fora condenada pela prática de furto qualificado de dois sabonetes líquidos íntimos avaliados em R$ 40,00. O tribunal de origem não aplicara o princípio da insignificância em razão do concurso de agentes e a condenara a um ano e dois meses de reclusão, em regime semiaberto e cinco dias-multa. Na espécie, o Pleno, por maioria, denegou a ordem, mas concedeu "habeas corpus" de ofício para fixar o regime aberto para cumprimento de pena. Por fim, no HC 123.734/MG, o paciente fora sentenciado pelo furto de 15 bombons caseiros, avaliados em R$ 30,00. Condenado à pena de detenção em regime inicial aberto, a pena fora substituída por prestação de serviços à comunidade e, não obstante reconhecida a primariedade do réu e a ausência de prejuízo à vítima, o juízo de piso afastara a incidência do princípio da insignificância porque o furto fora praticado mediante escalada e com rompimento de obstáculo. No caso, o Colegiado, por decisão majoritária, denegou a ordem.

HC 123108/MG, rel. Min. Roberto Barroso, 3.8.2015. (HC-123108)
HC 123533/SP, rel. Min. Roberto Barroso, 3.8.2015. (HC-123533)
HC 123734/MG, rel. Min. Roberto Barroso, 3.8.2015. (HC-123734)

Princípio da insignificância: reincidência e crime qualificado – 5

O Plenário aduziu ser necessário ter presentes as consequências jurídicas e sociais que decorrem do juízo de atipicidade resultante da aplicação do princípio da insignificância. Negar a tipicidade significaria afirmar que, do ponto de vista penal, as condutas seriam lícitas. Além disso, a alternativa de reparação civil da vítima seria possibilidade meramente formal e inviável no mundo prático. Sendo assim, a conduta não seria apenas penalmente lícita, mas imune a qualquer espécie de repressão. Isso estaria em descompasso com o conceito social de justiça, visto que as condutas em questão, embora pudessem ser penalmente irrelevantes, não seriam aceitáveis socialmente. Ante a inação estatal, poder-se-ia chegar à lamentável consequência da justiça privada. Assim, a pretexto de favorecer o agente, a imunização de sua conduta pelo Estado o deixaria exposto a uma situação com repercussões imprevisíveis e mais graves. Desse modo, a aferição da insignificância como requisito negativo da tipicidade, mormente em se tratando de crimes contra o patrimônio, envolveria juízo muito mais abrangente do que a simples expressão do resultado da conduta. Importaria investigar o desvalor da ação criminosa em seu sentido amplo, traduzido pela ausência de periculosidade social, pela mínima ofensividade e pela ausência de reprovabilidade, de modo a impedir que, a pretexto da insignificância do resultado meramente material, acabasse desvirtuado o objetivo do legislador quando formulada a tipificação legal. Aliás, as hipóteses de irrelevância penal não teriam passado despercebidas pela lei, que conteria dispositivos a contemplar a mitigação da pena ou da persecução penal. Para se conduzir à atipicidade da conduta, portanto, seria necessário ir além da irrelevância penal prevista em lei. Seria indispensável averiguar o significado social da ação, a adequação da conduta, a fim de que a finalidade da lei fosse alcançada.

HC 123108/MG, rel. Min. Roberto Barroso, 3.8.2015. (HC-123108)
HC 123533/SP, rel. Min. Roberto Barroso, 3.8.2015. (HC-123533)
HC 123734/MG, rel. Min. Roberto Barroso, 3.8.2015. (HC-123734)

Princípio da insignificância: reincidência e crime qualificado – 6

No que se refere aos casos em que fora imposto o regime inicial semiaberto para cumprimento de pena, o Colegiado afirmou que seria desproporcional para a reprovação e prevenção quanto à conduta imputada. De acordo com a jurisprudência da Corte, seria necessário valorar os vetores subjetivos a respeito da causa penal (CP, art. 59), no sentido de individualizar a pena. A pena privativa de liberdade deveria se restringir às hipóteses de reconhecida necessidade, tendo em vista seu custo elevado, as consequências deletérias para infratores primários, ocasionais ou responsáveis por delitos de pequena significação. Haveria situações que, embora enquadráveis no enunciado normativo, não mereceriam as consequências concebidas pelo legislador. Caberia ao intérprete calibrar eventuais excessos e produzir a solução mais harmônica com o sistema jurídico. Dever-se-ia ter presente a regra geral de proporcionalidade, compatível com a natureza e a repercussão do delito.

Seria indispensável, porém, que a avaliação se desse caso a caso, pois a uniformização de tratamento não seria desejável, tendo em vista as díspares realidades sociais, econômicas e culturais existentes no País. O Ministro Roberto Barroso (relator) reajustou seu voto. Vencidos, no HC 123.108/MG, a Ministra Rosa Weber e os Ministros Celso de Mello, que concediam a ordem; Edson Fachin, que não conhecia do "habeas corpus"; e Marco Aurélio, que denegava a ordem. Quanto ao HC 123.533/SP, ficaram vencidos os Ministros Celso de Mello e Rosa Weber, que não conheciam do "habeas corpus", mas concediam a ordem de ofício; Edson Fachin, que não conhecia do "habeas corpus"; e Marco Aurélio, que denegava a ordem. No que se refere ao HC 123.734/MG, ficaram vencidos os Ministros Edson Fachin e Rosa Weber, que não conheciam do "habeas corpus"; e o Ministro Celso de Mello, que concedia a ordem.
HC 123108/MG, rel. Min. Roberto Barroso, 3.8.2015. (HC-123108)
HC 123533/SP, rel. Min. Roberto Barroso, 3.8.2015. (HC-123533)
HC 123734/MG, rel. Min. Roberto Barroso, 3.8.2015. (HC-123734) (Inform. STF 793)

AG. REG. NO HC N. 124.867-PR
RELATORA: MIN. ROSA WEBER
E M E N T A: AGRAVO REGIMENTAL EM *HABEAS CORPUS*. DIREITO PENAL. DESCAMINHO. VALOR INFERIOR AO ESTIPULADO PELO ART. 20 DA LEI 10.522/2002. PRINCÍPIO DA INSIGNIFICÂNCIA. HABITUALIDADE DELITIVA. REPROVABILIDADE DA CONDUTA.
1. A pertinência do princípio da insignificância deve ser avaliada considerando os aspectos relevantes da conduta imputada.
2. A habitualidade delitiva revela reprovabilidade suficiente a afastar a aplicação do princípio da insignificância (ressalva de entendimento da Relatora). Precedentes.
3. Agravo regimental conhecido e não provido. **(Inform. STF 786)**

Princípio da consunção: homicídio e posse ilegal de arma
A 1ª Turma, por maioria, julgou extinto "habeas corpus" em que se discutia a aplicabilidade do princípio da consunção em hipótese de prática de homicídio com o uso de arma de fogo de numeração raspada. No caso, o paciente fora absolvido sumariamente em relação ao delito de homicídio, uma vez sua conduta haver caracterizado legítima defesa. Não obstante, remanescia a persecução penal no tocante ao crime de posse e porte de arma de fogo. A Turma reputou que os tipos penais seriam diversos, e que a excludente de ilicitude reconhecida quanto ao homicídio não alcançaria a posse ilegal de arma de fogo com numeração raspada. Vencido o Ministro Luiz Fux (relator), que concedia a ordem de ofício, por entender incidir o princípio da consunção.
HC 120678/PR, rel. orig. Min. Luiz Fux, red. p/ o acórdão Min. Marco Aurélio, 24.2.2015. (HC-120678) (Inform. STF 775)

DIREITO PENAL. HIPÓTESE DE INAPLICABILIDADE DO PRINCÍPIO DA CONSUNÇÃO.
O delito de estelionato não será absorvido pelo de roubo na hipótese em que o agente, dias após roubar um veículo e os objetos pessoais dos seus ocupantes, entre eles um talonário de cheques, visando obter vantagem ilícita, preenche uma de suas folhas e, diretamente na agência bancária, tenta sacar a quantia nela lançada. Isso porque a falsificação da cártula, no caso, não é mero exaurimento do crime antecedente, porquanto há diversidade de desígnios e de bens jurídicos lesados. Dessa forma, inaplicável o princípio da consunção. Precedente citado: REsp 1.111.754-SP, Sexta Turma, DJe 26/11/2012. **HC 309.939-SP, Rel. Min. Newton Trisotto (Desembargador convocado do TJ-SC), julgado em 28/4/2015, DJe 19/5/2015 (Inform. STJ 562).**

DIREITO PENAL. INAPLICABILIDADE DO PRINCÍPIO DA INSIGNIFICÂNCIA AO DELITO PREVISTO NO ART. 183 DA LEI 9.472/1997.
Não se aplica o princípio da insignificância à conduta descrita no art. 183 da Lei 9.472/1997 ("Desenvolver clandestinamente atividades de telecomunicação"). Isso porque se trata de crime de perigo abstrato. Precedentes citados: AgRg no REsp 1.323.865-MG, Quinta Turma, DJe 23/10/2013; e AgRg no REsp 1.186.677-DF, Sexta Turma, DJe 28/10/2013. **AgRg no REsp 1.304.262-PB, Rel. Min. Jorge Mussi, julgado em 16/4/2015, DJe 28/4/2015 (Inform. STJ 560).**

DIREITO PENAL. INAPLICABILIDADE DO PRINCÍPIO DA INSIGNIFICÂNCIA AO DELITO PREVISTO NO ART. 183 DA LEI 9.472/1997.
Não se aplica o princípio da insignificância à conduta descrita no art. 183 da Lei 9.472/197 ("Desenvolver clandestinamente atividades de telecomunicação"). Isso porque o referido crime é considerado formal, de perigo abstrato, tendo como bem jurídico tutelado a segurança e o regular funcionamento dos meios de comunicação. Além disso, a exploração clandestina de sinal de internet, sem autorização do órgão regulador (ANATEL), já é suficiente a comprometer a regularidade do sistema de telecomunicações, razão pela qual o princípio da insignificância deve ser afastado. Sendo assim, ainda que constatada a baixa potência do equipamento operacionalizado, tal conduta não pode ser considerada de per si, um irrelevante penal. Precedentes citados: AgRg no AREsp 383.884-PB, Sexta Turma, DJe 23/10/2014; e AgRg no REsp 1.407.124-PR, Sexta Turma, DJe 12/5/2014. **AgRg no AREsp 599.005-PR, Rel. Min. Nefi Cordeiro, julgado em 14/4/2015, DJe 24/4/2015 (Inform. STJ 560).**

Súmula STJ nº 17

Quando o falso se exaure no estelionato, sem mais potencialidade lesiva, é por este absorvido.

2. TEORIA DO CRIME

Inq N. 3.601-SP
RELATOR: MIN. LUIZ FUX
Ementa: INQUÉRITO. PENAL. CRIME DE FALSIDADE IDEOLÓGICA EM PRESTAÇÃO DE CONTAS ELEITORAL. PREJUDICIAL: PRESCRIÇÃO PELA PENA EM ABSTRATO. INOCORRÊNCIA. NATUREZA PÚBLICA, E NÃO PRIVADA, DO DOCUMENTO. PRECEDENTES. OMISSÃO DE INFORMAÇÃO COM FIM DE ALTERAR A VERDADE SOBRE FATO JURIDICAMENTE RELEVANTE. NARRATIVA FÁTICA OBEDIENTE AO DISPOSTO NO ART. 41 DO CÓDIGO DE PROCESSO PENAL. DEMONSTRAÇÃO MÍNIMA DA PRÁTICA DA CONDUTA E DO ESPECIAL FIM DE AGIR. EXISTÊNCIA DE JUSTA CAUSA PARA O INÍCIO DA AÇÃO PENAL. DENÚNCIA RECEBIDA.
1. O crime de falsidade ideológica, quando incidente sobre prestação de contas eleitoral, é apenado com reclusão, de um a cinco anos, e multa, por se tratar de documento de natureza pública.
2. O candidato e o administrador financeiro da campanha são os responsáveis legais pela veracidade das informações, nos termos dos artigos 20 e 21 da Lei 9.504/97.
3. A jurisprudência deste Supremo Tribunal Federal assentou o entendimento de que jurisprudência deste Supremo Tribunal Federal, "*a responsabilidade na prestação de contas das despesas realizadas com a campanha cabe ao candidato, pouco importando que outrem haja intermediado as relações jurídicas*" (Inq. 3345/DF, Primeira Turma, Rel. Min. Marco Aurélio, j. 12/08/2014, unânime).
4. *In casu*, os nomes dos dois acusados constam do documento de prestação de contas objeto da acusação, razão pela qual ambos respondem pela prática, em tese, do crime de *falsum*.
5. A aplicação do método fenomenológico e ontológico ao Direito penal levou à substituição do conceito causal por um conceito final de ação, cujo ponto de partida é a consideração de que o que o comportamento humano possui de específico não é a causalidade, mas a finalidade (isto é, o conduzir-se intencionalmente a uma meta previamente eleita), porque as forças da natureza também operam causalmente. Só a ação humana é 'vidente' (vê para onde tende a finalidade perseguida), ao contrário dos demais processos naturais, que atuam de modo 'cego'. A ação humana se caracteriza, pois, por ser 'exercício de atividade final (PUIG, 2007, p. 156/157). Consequentemente, verificada a prática de uma conduta por um indivíduo capaz (imputável), presume-se que ele a tenha praticado consciente e voluntariamente.
6. De modo excepcional, o comportamento humano pode derivar de culpa, que afasta o dolo. Culpa, segundo conceitua a doutrina, é a inobservância do dever de cuidado manifestada numa conduta produtora

de um resultado não querido, objetivamente previsível (BITENCOURT, CONDE, 2000, p. 199).

7. *In casu*, a omissão narrada na exordial teria envolvido pagamento de despesas da campanha por uma empresa da família do candidato acusado, empresa esta que teria sido empregada também em supostos crimes contra a Administração Pública.

8. Assim, a inicial acusatória apresentou argumentação suficiente para demonstrar não somente a materialidade delitiva como, também, a presença do **elemento subjetivo** da conduta.

9. A justa causa revela-se demonstrada quando se analisam os documentos fiscais emitidos pela prestadora de serviços, inscrições que os vinculam diretamente à campanha eleitoral do acusado, elemento a que se somam os montantes omitidos, no total de 21% dos recursos declarados na prestação de contas.

10. Denúncia recebida contra os acusados PAULO SALIM MALUF e SÉRGIO STEFANELLI GOMES. **(Inform. STF 805)**

Súmula STF nº 145

Não há crime, quando a preparação do flagrante pela polícia torna impossível a sua consumação.

3. PENA, MEDIDA DE SEGURANÇA, CONCURSO DE CRIMES E AÇÃO PENAL

HC N. 94.620-MS

RELATOR: MIN. RICARDO LEWANDOWSKI

Ementa: PENAL. *HABEAS CORPUS*. FIXAÇÃO DE PENA-BASE ACIMA DO MÍNIMO LEGAL. POSSIBILIDADE. PREMEDITAÇÃO. MOMENTO DE ANÁLISE. MAUS ANTECEDENTES. FOLHA DE ANTECEDENTES CRIMINAIS. PRESUNÇÃO DE INOCÊNCIA. DESRESPEITO. OCORRÊNCIA. ORDEM CONCEDIDA.

I – O magistrado, ao fixar a pena-base dos pacientes, observou fundamentadamente todas as circunstâncias judiciais constantes do art. 59 do Código Penal, o que justifica o *quantum* acima do mínimo legal.

II – A premeditação é analisada quando da fixação da pena-base, tal como ocorreu na espécie.

III – Inquéritos ou processos em andamento, que ainda não tenham transitado em julgado, não devem ser levados em consideração como maus antecedentes na dosimetria da pena.

IV – Ordem concedida. **(Inform. STF 809)**

"Sursis" e requisito temporal para a concessão de indulto – 1

A Segunda Turma retomou julgamento de "habeas corpus" no qual se pretende o cômputo do período de prova cumprido em suspensão condicional da pena para preenchimento do requisito temporal objetivo do indulto natalino, relativo ao cumprimento de um quarto da pena privativa de liberdade, instituído pelo art. 1º, XIII, do Decreto 8.172/2013. A impetrante sustenta, em suma, que o paciente reuniria todos os requisitos necessários para a fruição do benefício, porque já teria cumprido mais de um quarto do período de prova para a suspensão condicional da pena que lhe fora imposta. Na sessão de 16.9.2014, a Ministra Cármen Lúcia (relatora), ao denegar a ordem, no que foi acompanhada pelos Ministros Celso de Mello e Gilmar Mendes, entendeu, em essência, que o paciente não faria jus ao benefício, pois não se poderia confundir o tempo alusivo ao período de prova, exigido para a obtenção da suspensão condicional da pena, com o requisito temporal objetivo previsto no art. 1º, XIII, do Decreto 8.172/2013. Na presente assentada, o Ministro Teori Zavascki, em voto-vista, concedeu a ordem. Considerou não se inferir da norma concessiva de indulto que o efetivo enclausuramento seria requisito para a concessão do benefício. Afirmou que o desiderato do decreto seria, também, conceder indulto a pessoas que cumprissem medidas alternativas à privação de liberdade. Reputou, por fim, que período de prova cumprido em suspensão condicional da pena, por ostentar inegável viés sancionatório, ainda que parcial, deveria ser computado como tempo de cumprimento da pena restritiva de liberdade, o que autorizaria, na espécie, a concessão do indulto natalino ao paciente. Em seguida, pediu vista dos autos o Ministro Dias Toffoli.

HC 123698/PE, rel. Min. Cármen Lúcia, 26.5.2015. (HC-123698)

"Sursis" e requisito temporal para a concessão de indulto – 2

Não é possível o cômputo do período de prova cumprido em suspensão condicional da pena para preenchimento do requisito temporal objetivo do indulto natalino. Com base nessa orientação, a Segunda Turma, em conclusão de julgamento e por maioria, denegou a ordem em "habeas corpus" no qual se pleiteava tal contagem, relativamente ao cumprimento de um quarto da pena privativa de liberdade, instituído pelo art. 1º, XIII, do Decreto 8.172/2013 ("Art. 1º Concede-se indulto coletivo às pessoas, nacionais e estrangeiras; ... XIII – condenadas a pena privativa de liberdade, desde que substituída por restritiva de direitos, na forma do art. 44 do Decreto-lei nº 2.848, de 7 de dezembro de 1940 – Código Penal, ou ainda beneficiadas com a suspensão condicional da pena, que, de qualquer forma, tenham cumprido, até 25 de dezembro de 2013, um quarto da pena, se não reincidentes, ou um terço, se reincidentes") – v. Informativo 787. A impetrante sustentava, em suma, que o paciente reuniria todos os requisitos necessários para a fruição do benefício, porque já teria cumprido mais de um quarto do período de prova para a suspensão condicional da pena que lhe fora imposta. O Colegiado asseverou que não se poderia confundir o tempo alusivo ao período de prova, exigido para a obtenção da suspensão condicional da pena, com o requisito temporal objetivo previsto no art. 1º, XIII, do Decreto 8.172/2013, qual seja o cumprimento parcial da pena. Reiterou, assim, o que decidido no HC 117.855/SP (DJe de 19.11.2013). Vencido o Ministro Teori Zavascki, que concedia a ordem por entender que o período de prova cumprido em suspensão condicional da pena deveria ser computado como tempo de cumprimento de pena restritiva de liberdade. O Ministro Gilmar Mendes reajustou seu voto para acompanhar o voto divergente.

HC 123698/PE, rel. Min. Cármen Lúcia, 17.11.2015. (HC-123698) (Inform. STF 808)

HC N. 113.577-RS

RELATOR: MIN. MARCO AURÉLIO

PENA-BASE – CIRCUNSTÂNCIA JUDICIAL – ANTECEDENTES CRIMINAIS – INQUÉRITOS E PROCESSOS EM CURSO – DESINFLUÊNCIA. Ante o princípio constitucional da não culpabilidade, inquéritos e processos criminais em curso, bem como condenações por fatos posteriores ao crime, embora com decisões transitadas em julgado, são neutros na definição dos antecedentes – precedente: Recurso Extraordinário nº 591.054, de minha relatoria, julgado no Plenário em 17 de dezembro de 2014, com acórdão publicado no Diário da Justiça de 26 de fevereiro de 2015.

PENA – REGIME DE CUMPRIMENTO – DEFINIÇÃO. O regime de cumprimento da pena é fixado, presentes os parâmetros do artigo 33 do Código Penal, ante as circunstâncias judiciais. Sendo a pena-base estabelecida no mínimo previsto para o tipo e a final em quantitativo inferior a quatro anos, não se tratando de condenado reincidente, impõe-se o regime aberto.

PENA – SUBSTITUIÇÃO – EXAME. Uma vez aplicada pena em patamar a atrair a incidência do disposto no artigo 44 do Código Penal, cumpre implementar a substituição da restritiva da liberdade pela limitadora de direitos. **(Inform. STF 809)**

RHC N. 117.806-PE

REDATOR P/ O ACÓRDÃO: MIN. EDSON FACHIN

Ementa: RECURSO ORDINÁRIO EM *HABEAS CORPUS*. DOSIMETRIA DA PENA. PENA-BASE. CIRCUNSTÂNCIAS JUDICIAIS DESFAVORÁVEIS. FUNDAMENTAÇÃO ADEQUADA. EXASPERAÇÃO. EXCESSO NÃO VERIFICADO. DISCRICIONARIEDADE REGRADA. INDIVIDUALIZAÇÃO DA PENA. RECURSO DESPROVIDO.

1. É razoável a fundamentação que justifica a exasperação da pena-base tendo em vista a constatação de circunstâncias judiciais desfavoráveis ao condenado e que extrapolam os elementos típicos inerentes à figura penal cominada.

2. Inexiste excesso no *quantum* da exasperação quando, presentes diversos vetores negativos, a pena foi fixada abaixo do termo médio. Dosimetria efetuada segundo os critérios de discricionariedade regrada que naturam a individualização da pena.

3.Recurso ordinário em *habeas corpus* desprovido. **(Inform. STF 806)**

Indulto e medida de segurança

Reveste-se de legitimidade jurídica a concessão, pelo presidente da República, do benefício constitucional do indulto (CF, art. 84, XII), que traduz expressão do poder de graça do Estado, mesmo se se tratar de indulgência destinada a favorecer pessoa que, em razão de sua inimputabilidade ou semi-imputabilidade, sofre medida de segurança, ainda que de caráter pessoal e detentivo. Essa a conclusão do Plenário, que negou provimento a recurso extraordinário em que discutida a possibilidade de extensão de indulto a internados em cumprimento de medida de segurança. O Colegiado assinalou que a competência privativa do presidente da República prevista no art. 84, XII, da CF abrange a medida de segurança, espécie de sanção penal, inexistindo restrição à concessão de indulto. Embora não seja pena em sentido estrito, é medida de natureza penal e ajusta-se ao preceito, cuja interpretação deveria ser ontológica. Lembrou o HC 84.219/SP (DJU de 23.9.2005), em que o período máximo da medida de segurança fora limitado a 30 anos, mediante interpretação sistemática e teleológica dos artigos 75 e 97 do CP e 183 da LEP. Fora reconhecida, na ocasião, a feição penal da medida de segurança, a implicar restrição coercitiva da liberdade. Em reforço a esse entendimento, sublinhou o art. 171 da LEP, a condicionar a execução da sentença ao trânsito em julgado; bem assim o art. 397, II, do CPP, a proibir a absolvição sumária imprópria, em observância ao princípio da não culpabilidade (CF, art. 5º, LVII). No caso, o Presidente da República, ao implementar indulto no tocante a internados em cumprimento de medida de segurança, nos moldes do art. 1º, VIII, do Decreto natalino 6.706/1998, não extrapolara o permissivo constitucional. Precedentes citados: RE 612.862 AgR/RS (DJe de 18.2.2011) e HC 97.621/RS (DJe de 26.6.2009).

RE 628658/RS, rel. Min. Marco Aurélio, 4 e 5.11.2015. (RE-628658) (Inform. STF 806)

Maus antecedentes e período depurador – 1

A 2ª Turma iniciou julgamento de "habeas corpus" em que se discute a possibilidade de condenação transitada em julgado alcançada pelo prazo de cinco anos, previsto no art. 64, I, do CP ["Para efeito de reincidência: I – não prevalece a condenação anterior, se entre a data do cumprimento ou extinção da pena e a infração posterior tiver decorrido período de tempo superior a 5 (cinco) anos, computado o período de prova da suspensão ou do livramento condicional, se não ocorrer revogação"], constituir fundamento idôneo para exasperação da pena-base a título de maus antecedentes. O Ministro Gilmar Mendes (relator) concedeu a ordem para restabelecer a decisão do tribunal de justiça que afastara os maus antecedentes, considerada condenação anterior ao período depurador (CP, art. 64, I), para efeito de dosimetria da pena. Afirmou que o período depurador de cinco anos teria a aptidão de nulificar a reincidência, de forma que não poderia mais influenciar no "quantum" de pena do réu e em nenhum de seus desdobramentos. Observou que seria assente que a "ratio legis" consistiria em apagar da vida do indivíduo os erros do passado, já que houvera o devido cumprimento de sua punição, de modo que seria inadmissível atribuir à condenação o "status" de perpetuidade, sob pena de violação aos princípios constitucionais e legais, sobretudo o da ressocialização da pena. A Constituição vedaria expressamente, na alínea b do inciso XLVII do art. 5º, as penas de caráter perpétuo. Esse dispositivo suscitaria questão acerca da proporcionalidade da pena e de seus efeitos para além da reprimenda corporal propriamente dita. Nessa perspectiva, por meio de cotejo das regras basilares de hermenêutica, constatar-se-ia que, se o objetivo primordial fosse o de se afastar a pena perpétua, reintegrando o apenado no seio da sociedade, com maior razão dever-se-ia aplicar esse raciocínio aos maus antecedentes. Ademais, o agravamento da pena-base com fundamento em condenações transitadas em julgado há mais de cinco anos não encontraria previsão na legislação pátria, tampouco na Constituição, mas se trataria de uma analogia "in malam partem", método de integração vedado em nosso ordenamento. Dessa forma, decorridos mais de cinco anos desde a extinção da pena da condenação anterior (CP, art. 64, I), não seria possível alargar a interpretação de modo a permitir o reconhecimento dos maus antecedentes. Por fim, determinou ao tribunal de origem que procedesse à nova fixação de regime prisional, sem considerar a gravidade abstrata do delito, nos termos do art. 33, §§ 2º e 3º, do CP. Em seguida, pediu vista a Ministra Cármen Lúcia.

HC 126315/SP, rel. Min. Gilmar Mendes, 17.3.2015. (HC-126315)

Maus antecedentes e período depurador – 2

As condenações transitadas em julgado há mais de cinco anos não poderão ser caracterizadas como maus antecedentes para efeito de fixação da pena, conforme previsão do art. 64, I, do CP ["Para efeito de reincidência: I – não prevalece a condenação anterior, se entre a data do cumprimento ou extinção da pena e a infração posterior tiver decorrido período de tempo superior a 5 (cinco) anos, computado o período de prova da suspensão ou do livramento condicional, se não ocorrer revogação"]. Esse é o entendimento da Segunda Turma, que, em conclusão de julgamento e por maioria, concedeu a ordem em "habeas corpus" para restabelecer a decisão do tribunal de justiça que afastara os maus antecedentes, considerada condenação anterior ao período depurador (CP, art. 64, I), para efeito de dosimetria da pena – v. Informativo 778. A Turma afirmou que o período depurador de cinco anos teria a aptidão de nulificar a reincidência, de forma que não poderia mais influenciar no "quantum" de pena do réu e em nenhum de seus desdobramentos. Observou que seria assente que a "ratio legis" consistiria em apagar da vida do indivíduo os erros do passado, já que houvera o devido cumprimento de sua punição, de modo que seria inadmissível atribuir à condenação o "status" de perpetuidade, sob pena de violação aos princípios constitucionais e legais, sobretudo o da ressocialização da pena. A Constituição vedaria expressamente, na alínea b do inciso XLVII do art. 5º, as penas de caráter perpétuo. Esse dispositivo suscitaria questão acerca da proporcionalidade da pena e de seus efeitos para além da reprimenda corporal propriamente dita. Nessa perspectiva, por meio de cotejo das regras basilares de hermenêutica, constatar-se-ia que, se o objetivo primordial fosse o de se afastar a pena perpétua, reintegrando o apenado no seio da sociedade, com maior razão dever-se-ia aplicar esse raciocínio aos maus antecedentes. Ademais, o agravamento da pena-base com fundamento em condenações transitadas em julgado há mais de cinco anos não encontraria previsão na legislação pátria, tampouco na Constituição, mas se trataria de uma analogia "in malam partem", método de integração vedado em nosso ordenamento. Por fim, determinou ao tribunal de origem que procedesse à nova fixação de regime prisional, sem considerar a gravidade abstrata do delito, nos termos do art. 33, §§ 2º e 3º, do CP. Vencidos os Ministros Teori Zavascki e Cármen Lúcia, que concediam parcialmente a ordem, apenas quanto à fixação do regime prisional.

HC 126315/SP, rel. Min. Gilmar Mendes, 15.9.2015. (HC-126315) (Inform. STF 799)

HC N 127.158-MG

RELATOR: MIN. DIAS TOFFOLI

EMENTA: *Habeas corpus*. Penal e Processual Penal. Recurso especial. Revaloração do conjunto fático-probatório. Admissibilidade. Hipótese que não se confunde com reexame de provas. Precedentes. Estupro (art. 213, § 1º, do CP). Pena. Dosimetria. Continuidade delitiva (art. 71, CP). Majoração da pena no máximo legal de 2/3 (dois terços). Admissibilidade. Delitos praticados durante 6 (seis) anos contra a mesma vítima. Imprecisão quanto ao número de crimes. Irrelevância. Dilatado lapso temporal que obsta a incidência do aumento em apenas 1/6 (um sexto). Ordem denegada.

1. A revaloração de elementos fático-jurídicos, em sede de recurso especial, não se confunde com reapreciação de matéria probatória, por se tratar de **quaestio juris**, e não de **quaestio facti**. Precedentes.

2. Na espécie, toda a matéria fática foi bem retratada na sentença e no acórdão do tribunal local, razão por que se limitou o Superior Tribunal de Justiça a emprestar-lhe a correta consequência jurídica.

3. Segundo pacífica jurisprudência da Suprema Corte, o **quantum** de exasperação da pena, por força da continuidade delitiva, deve ser proporcional ao número de infrações cometidas. Precedentes.

4. A imprecisão quanto ao número de crimes praticados não obsta a aplicação da causa de aumento de pena da continuidade delitiva no patamar máximo de 2/3 (dois terços), desde que haja elementos seguros

que demonstrem que vários foram os delitos perpetrados ao longo de dilatado lapso temporal.

5. Ordem denegada. **(Inform. STF 796)**

Período de prova em "sursis" e indulto

Em razão de o "sursis" não ostentar natureza jurídica de pena, mas de medida alternativa a ela, o período de prova exigido para a obtenção desse benefício não se confunde com o requisito temporal relativo ao cumprimento de um quarto da pena privativa de liberdade para se alcançar o indulto natalino. Com base nesse entendimento, a Primeira Turma, por maioria, negou provimento a recurso ordinário em "habeas corpus" em que se discutia a possibilidade de se computar o período de prova referente ao "sursis" como cumprimento de pena para fins de concessão de indulto. Na espécie, os incisos XIII e XIV do art. 1º do Decreto 8.172/2013 teriam reconhecido como merecedores do indulto natalino os réus condenados a pena privativa de liberdade, desde que substituída por pena restritiva de direitos, na forma do art. 44 do CP, ou ainda beneficiados com a suspensão condicional da pena, que, de qualquer forma, tivessem cumprido, até 25 de dezembro de 2013, um quarto da pena, requisito temporal vinculado à pena privativa de liberdade, sem qualquer relação com o período de prova do "sursis". O recorrente fora condenado a dois meses de prisão no regime aberto pela prática do crime de lesões corporais culposas, tipificado no art. 251 do CPM e, beneficiado com o "sursis", tivera negado o indulto natalino pelo STJ. Vencido o Ministro Marco Aurélio, que dava provimento ao recurso. Afirmava que, no caso do indulto, o período de prova para suspensão condicional da pena poderia ser considerado para efeito do atendimento ao requisito temporal, sob pena de um direito atribuído ao cidadão vir, em um passo seguinte, a prejudicá-lo.

RHC 128515/BA, rel. Min. Luiz Fux, 30.6.2015. (RHC-128515) (Inform. STF 792)

Princípio da Não-Culpabilidade: Processos em Curso e Maus Antecedentes – 1

O Tribunal iniciou julgamento de dois habeas corpus, afetados ao Pleno pela 1ª Turma, nos quais se discute se inquéritos policiais e ações penais sem trânsito em julgado podem ser considerados como elementos caracterizadores de maus antecedentes – v. Informativo 524. O Min. Ricardo Lewandowski, relator, denegou as ordens. Considerou que, não obstante a Corte entenda que o simples fato de tramitarem ações penais ou inquéritos policiais em curso não leva, automaticamente, à conclusão de que o réu possui maus antecedentes, é lícito ao magistrado deduzi-los em face da existência de diversos procedimentos criminais, sem que, com isso, reste ofendido o princípio da presunção de não-culpabilidade. Afirmou, relativamente ao HC 94620/MS, que o magistrado, ao fixar a pena-base dos pacientes, observara fundamentadamente todas as circunstâncias judiciais constantes do art. 59 do CP, o que justificaria a fixação do quantum da pena acima do mínimo legal. No ponto, ressaltou que referido juiz levara em conta a extensa ficha criminal dos pacientes, a sua acentuada culpabilidade, caracterizada pela premeditação das condutas, as circunstâncias e os motivos reprováveis da ação, em especial a busca do lucro fácil como modo de vida, as conseqüências graves da conduta e a falta de ressarcimento dos danos causados à vítima. Aduziu que a avaliação dos antecedentes do réu, na fixação da pena, sujeita ao prudente arbítrio do juiz, tem apoio no art. 5º, XLVI, da CF, que determina a individualização da pena. Além disso, asseverou que o sopesamento dos antecedentes do réu é diverso do reconhecimento da reincidência, prevista no art. 63 do CP, a qual gera efeitos penais diversos, como no âmbito da suspensão condicional da pena ou de fixação do regime prisional. Por fim, acrescentou não haver, por outro lado, razão para se alegar a ocorrência de bis in idem pelo fato de o magistrado ter analisado o iter percorrido para a consumação do delito, haja vista que, apesar da falta de consenso, na doutrina, acerca dos elementos do art. 59 do CP em que deveria ser enquadrada a premeditação, dúvida não haveria de que ela pode e deve ser analisada no momento da fixação da pena-base, tal como ocorrera na espécie. Após, o julgamento foi adiado em virtude do pedido de vista do Min. Cezar Peluso.

HC 94620/MS, rel. Min. Ricardo Lewandowski, 12.3.2009. (HC-94620)

HC 94680/SP, rel. Min. Ricardo Lewandowski, 12.3.2009. (HC-94680)

Princípio da não-culpabilidade: processos em curso e maus antecedentes – 2

O Plenário, em conclusão de julgamento e por maioria, concedeu, em parte, a ordem em dois "habeas corpus" para determinar ao juízo das execuções penais que proceda ao novo cálculo da pena imposta aos pacientes, devendo considerar como circunstâncias negativas, na primeira fase da dosimetria, somente a culpabilidade e as consequências do crime. Em ambos os casos, discutia-se a possibilidade de inquéritos policiais e ações penais sem trânsito em julgado poderem ser considerados como elementos caracterizadores de maus antecedentes – v. Informativo 538. Prevaleceu o voto do Ministro Teori Zavascki. Salientou recente posicionamento do STF a respeito do tema, firmado no julgamento do RE 591.054/SC (DJe de 25.2.2015), com repercussão geral, no sentido da impossibilidade de se considerar esses elementos como maus antecedentes para fins de dosimetria da pena. Salientou, ainda, que no HC 94.620/MS, também haveria outra discussão, a respeito da admissibilidade de alegações genéricas – de que o agente possuiria conduta inadaptada ao convívio social e personalidade voltada para o crime, e de que as circunstâncias e motivos seriam deploráveis – embasarem a reprimenda do paciente. Reputou que essa fundamentação genérica também não poderia ser considerada para esse fim. Os Ministros Ricardo Lewandowski (Presidente e relator) – que reajustou seu voto —, Teori Zavascki, Edson Fachin e Rosa Weber, embora ressalvassem seu entendimento pessoal, acompanharam a orientação firmada no recurso com repercussão geral, em respeito ao princípio da colegialidade. Vencidos a Ministra Cármen Lúcia e o Ministro Luiz Fux, que denegavam a ordem em ambos os casos. Por fim, o Tribunal, tendo em conta as manifestações proferidas e o fato de se tratar de "habeas corpus", pronunciou-se no sentido da possibilidade de rever a tese firmada no precedente em repercussão geral, em recurso extraordinário a ser oportunamente submetido à apreciação da Corte.

HC 94620/MS rel. Min. Ricardo Lewandowski, 24.6.2015. (HC-94620)
HC 94680/SP, rel. Min. Ricardo Lewandowski, 24.6.2015. (HC-94680)
(Inform. STF 791)

Aumento da pena e continuidade delitiva

A Segunda Turma indeferiu pedido formulado em "habeas corpus" no qual se pretendia fosse afastada a aplicação da fração de aumento da pena, em decorrência da continuidade delitiva, prevista no art. 71, "caput", do CP, em seu grau máximo. Alegava o impetrante que o STJ, ao aumentar a fração de 1/6 para 2/3, teria efetuado a reanálise do acervo fático-probatório, o que seria vedado pelo Enunciado 7 da Súmula daquela Corte. Apontava que, no caso, por não se saber com certeza quantas teriam sido as infrações penais cometidas pelo paciente, o aumento da pena, em razão da continuidade delitiva, não poderia ser aplicado em seu grau máximo, de modo que deveria ser restabelecida a fração de aumento de pena fixada pelo tribunal local, em observância ao princípio do "in dubio pro reo". A Turma entendeu que, como já decidido pelo STF, nova valoração de elementos fático-probatórios não se confundiria com reapreciação de matéria probatória. Asseverou que, na espécie, como toda a matéria fática teria sido bem retratada na sentença e no acórdão do tribunal local, o STJ teria se limitado a lhe emprestar a correta consequência jurídica. Consignou, ademais, que o aumento de 2/3 da pena se harmonizaria com a jurisprudência pacífica da Corte, no sentido de que o "quantum" de exasperação da pena, por força do reconhecimento da continuidade delitiva, deveria ser proporcional ao número de infrações cometidas. Considerou, por fim, que a imprecisão quanto ao número de crimes praticados pelo paciente não obstaria a incidência da causa de aumento da pena em seu patamar máximo, desde que houvesse elementos seguros, como na espécie, que demonstrassem que vários seriam os crimes praticados ao longo de dilatadíssimo lapso temporal.

HC 127158/MG, rel. Min. Dias Toffoli, 23.6.2015. (HC-127158) (Inform. STF 791)

HC N. 104.266-RJ

RELATOR: MIN. TEORI ZAVASCKI

Ementa: *HABEAS CORPUS*. PENAL. ASSOCIAÇÃO PARA O TRÁFICO (LEI 6.368/1976, ART. 14). DOSIMETRIA. MAUS ANTECEDENTES. INVOCAÇÃO DE INQUÉRITOS E AÇÕES PENAIS EM CURSO. INADEQUAÇÃO. PENA-BASE FIXADA NO SEU PATAMAR MÁXIMO. AUSÊNCIA DE FUNDAMENTOS IDÔNEOS E SUFICIENTES.

1. A dosimetria da pena, além de não admitir soluções arbitrárias e voluntaristas, supõe, como pressuposto de legitimidade, uma adequada fundamentação racional, revestida dos predicados de logicidade, harmonia e proporcionalidade com os dados empíricos em que deve se basear.

2. No particular, a sentença, ao exasperar a pena-base em seu patamar máximo, levando em conta a culpabilidade e a existência de anotações criminais, não atendeu adequadamente aos requisitos de coerência interna, de proporcionalidade e de equilíbrio em suas avaliações fáticas à luz do princípio da individualização da pena. Se não bastasse, o ato judicial está em dissonância com o que decidido pelo Plenário do Supremo Tribunal Federal no julgamento do RE 591.054, o qual firmou a tese de que a existência de inquéritos policiais ou de ações penais sem trânsito em julgado não pode ser considerada como maus antecedentes para fins de dosimetria da pena.

3. Nessas circunstâncias, e considerando a jurisprudência do STF, tem-se situação reveladora de ilegalidade aferível sem necessidade de revolvimento de fatos e provas.

4. Ordem concedida, em parte, para determinar ao juízo da vara de execuções penais que proceda ao novo cálculo da pena-base. **(Inform. STF 787)**

AG. REG. NO HC N. 126.797-PR

RELATORA: MIN. CÁRMEN LÚCIA

EMENTA: *AGRAVO REGIMENTAL EM* HABEAS CORPUS. *CONSTITUCIONAL. PENAL. CRIMES CONTRA O SISTEMA FINANCEIRO E LAVAGEM DE DINHEIRO. IMPEDIMENTO DE MINISTRO DO SUPERIOR TRIBUNAL DE JUSTIÇA: PREJUÍZO NÃO DEMONSTRADO. DOSIMETRIA DA PENA-BASE. LIMITES INSTRUTÓRIOS DO* HABEAS CORPUS. *IMPETRAÇÃO MANIFESTAMENTE CONTRÁRIA À JURISPRUDÊNCIA DOMINANTE. PRECEDENTES. AGRAVO REGIMENTAL NÃO PROVIDO.*

1. A jurisprudência deste Supremo Tribunal é firme no sentido de não se verificar prejuízo quando Ministro impedido participa de julgamento cujo resultado é unânime, pois a subtração do voto desse magistrado não teria a capacidade de alterar o resultado da votação.

2. Não há ilegalidade na fixação da pena-base acima do mínimo legal quando identificadas circunstâncias judiciais desfavoráveis e específicas.

3. Agravo Regimental não provido. **(Inform. STF 785)**

Fixação de regime inicial de cumprimento de pena e circunstâncias judiciais

A 2ª Turma denegou a ordem em "habeas corpus" no qual se sustentava a existência de ilegalidade em sentença condenatória que teria fixado de forma automática o regime inicial semiaberto para o cumprimento de pena aplicada em patamar inferior a quatro anos, exclusivamente em razão da exasperação da pena-base. No caso, os pacientes foram condenados à pena de dois anos e seis meses de detenção pela suposta prática de crime contra a ordem econômica (Lei 8.176/1991, art. 1º, I), o que, segundo alegado, ensejaria a fixação do regime aberto, nos termos do art. 33, § 2º, c, do CP. O Colegiado destacou que, na espécie, embora a pena final fixada fosse inferior a quatro anos, duas das circunstâncias judiciais contidas no art. 59 do CP seriam desfavoráveis aos pacientes – as circunstâncias e as consequências do crime —, o que, nos termos do § 3º do art. 33 do CP ("A determinação do regime inicial de cumprimento da pena far-se-á com observância dos critérios previstos no art. 59 deste Código") e do Enunciado 719 da Súmula do STF ("A imposição do regime de cumprimento mais severo do que a pena aplicada permitir exige motivação idônea"), impediria a aplicação do regime inicial mais brando. Nessa perspectiva, não haveria dúvidas de que, por ocasião da sentença, o magistrado "a quo" cumprira satisfatoriamente a exigência de fundamentação da decisão, tendo em vista que apresentara justificativa plausível, amparada pelo ordenamento jurídico, para determinação do regime inicial semiaberto.

HC 124876/SP, rel. Min. Gilmar Mendes, 24.2.2015. (HC-124876) (Inform. STF 775)

DIREITO PENAL. IMPOSSIBILIDADE DE APLICAÇÃO CONCOMITANTE DA CONTINUIDADE DELITIVA COMUM E ESPECÍFICA.

Se reconhecida a continuidade delitiva específica entre estupros praticados contra vítimas diferentes, deve ser aplicada exclusivamente a regra do art. 71, parágrafo único, do Código Penal, mesmo que, em relação a cada uma das vítimas, especificamente, também tenha ocorrido a prática de crime continuado. A quantidade de infrações praticadas quanto a todas as vítimas deve ser avaliada de uma só vez, refletindo na fixação do patamar de aumento decorrente da incidência do crime continuado específico, em cuja estipulação também deverão ser observadas as demais circunstâncias mencionadas no art. 71, parágrafo único, do CP. Esse procedimento não faz com que a continuidade delitiva existente em relação a cada vítima específica deixe de ser considerada, mas apenas com que a sua valoração seja feita em conjunto, o que é possível porque os parâmetros mínimo e máximo de aumento previstos no art. 71, parágrafo único, são mais amplos do que aqueles estabelecidos no *caput* do mesmo artigo. **REsp 1.471.651-MG, Rel. Min. Sebastião Reis Júnior, julgado em 13/10/2015, DJe 5/11/2015. (Inform. STJ 573)**

DIREITO PENAL. NÃO CARACTERIZAÇÃO DE ATENUANTE INOMINADA.

Não caracteriza circunstância relevante anterior ao crime (art. 66 do CP) o fato de o condenado possuir bons antecedentes criminais. A atenuante inominada é entendida como uma circunstância relevante, anterior ou posterior ao delito, não disposta em lei, mas que influencia no juízo de reprovação do autor. Excluem-se, portanto, os antecedentes criminais, que já são avaliados na fixação da pena-base e expressamente previstos como circunstância judicial do art. 59 do CP. **REsp 1.405.989-SP, Rel. para o acórdão Min. Nefi Cordeiro, julgado em 18/8/2015, DJe 23/9/2015 (Inform. STJ 569).**

DIREITO PENAL. HIPÓTESE QUE NÃO CARACTERIZA CONTINUIDADE DELITIVA.

Não há continuidade delitiva entre os crimes do art. 6º da Lei 7.492/1986 (Lei dos Crimes contra o Sistema Financeiro Nacional) e os crimes do art. 1º da Lei 9.613/1998 (Lei dos Crimes de "Lavagem" de Dinheiro). Há continuidade delitiva, a teor do art. 71 do CP, quando o agente, mediante mais de uma ação ou omissão, pratica crimes da mesma espécie e, em razão das condições de tempo, lugar, maneira de execução e outras semelhantes, devam os delitos seguintes ser havidos como continuação do primeiro. Assim, não incide a regra do crime continuado na hipótese, pois os crimes descritos nos arts. 6º da Lei 7.492/1986 e 1º da Lei 9.613/1998 não são da mesma espécie. **REsp 1.405.989-SP, Rel. originário Min. Sebastião Reis Júnior, Rel. para acórdão Min. Nefi Cordeiro, julgado em 18/8/2015, DJe 23/9/2015 (Inform. STJ 569).**

DIREITO PENAL. NÃO INCIDÊNCIA DA ATENUANTE DA CONFISSÃO ESPONTÂNEA.

O fato de o denunciado por roubo ter confessado a subtração do bem, negando, porém, o emprego de violência ou grave ameaça, é circunstância que não enseja a aplicação da atenuante da confissão espontânea (art. 65, III, "d", do CP). Isso porque a atenuante da confissão espontânea pressupõe que o réu reconheça a autoria do fato típico que lhe é imputado. Ocorre que, no caso, o réu não admitiu a prática do roubo denunciado, pois negou o emprego de violência ou de grave ameaça para subtrair o bem da vítima, numa clara tentativa de desclassificar a sua conduta para o crime de furto. Nesse contexto, em que se nega a prática do tipo penal apontado na peça acusatória, não é possível o reconhecimento da circunstância atenuante. Precedente citado: HC 98.280-RS, Quinta Turma, DJe 30/11/2009. **HC 301.063-SP, Rel. Min. Gurgel de Faria, julgado em 3/9/2015, DJe 18/9/2015 (Inform. STJ 569).**

DIREITO PENAL. INCIDÊNCIA DA ATENUANTE DA CONFISSÃO ESPONTÂNEA.

O fato de o denunciado por furto qualificado pelo rompimento de obstáculo ter confessado a subtração do bem, apesar de ter negado o arrombamento, é circunstância suficiente para a incidência da atenuante da confissão espontânea (art. 65, III, "d", do CP). Isso porque, consoante entendimento sufragado no âmbito do STJ, mesmo que o agente tenha confessado parcialmente os fatos narrados na exordial acusatória, deve ser beneficiado com a atenuante genérica da confissão espontânea (HC 322.077-SP, Quinta Turma, DJe 3/8/2015; e HC 229.478-RJ, Sexta Turma, DJe 2/6/2015). **HC 328.021-SC, Rel. Min. Leopoldo de Arruda Raposo (Desembargador convocado do TJ-PE), julgado em 3/9/2015, DJe 15/9/2015 (Inform. STJ 569).**

DIREITO PENAL. COMPENSAÇÃO ENTRE A ATENUANTE DA CONFISSÃO ESPONTÂNEA E A AGRAVANTE DE VIOLÊNCIA CONTRA A MULHER.

Compensa-se a atenuante da confissão espontânea (art. 65, III, "d", do CP) com a agravante de ter sido o crime praticado com violência contra a mulher (art. 61, II, "f", do CP). O STJ tem firme entendimento de que a atenuante da confissão espontânea, por envolver a personalidade do agente, deve ser utilizada como circunstância preponderante quando do concurso entre agravantes e atenuantes, nos termos consignados pelo art. 67 do CP. Nessa linha intelectiva, o STJ, por ocasião do julgamento do REsp 1.341.370-MT, Terceira Seção, DJe 17/4/2013, submetido ao rito do art. 543-C do CPC, pacificou a compreensão de que a agravante da reincidência e a atenuante da confissão espontânea, por serem igualmente preponderantes, devem ser compensadas entre si. Nessa senda, o referido entendimento deve ser estendido, por interpretação analógica, à hipótese em análise, dada sua similitude, por também versar sobre a possibilidade de compensação entre circunstâncias preponderantes. **AgRg no AREsp 689.064-RJ, Rel. Min. Maria Thereza de Assis Moura, julgado em 6/8/2015, DJe 26/8/2015 (Inform. STJ 568).**

DIREITO PENAL. MOTIVOS PARA EXASPERAÇÃO DA PENA-BASE DE HOMICÍDIO E DE LESÕES CORPORAIS CULPOSOS PRATICADOS NA DIREÇÃO DE VEÍCULO AUTOMOTOR.

O juiz, na análise dos motivos do crime (art. 59 do CP), pode fixar a pena-base acima do mínimo legal em razão de o autor ter praticado delito de homicídio e de lesões corporais culposos na direção de veículo automotor, conduzindo-o com imprudência a fim de levar droga a uma festa. Isso porque o fim de levar droga a uma festa representa finalidade que desborda das razoavelmente utilizadas para esses crimes, configurando justificativa válida para o desvalor. **AgRg no HC 153.549-DF, Rel. Min. Nefi Cordeiro, julgado em 2/6/2015, DJe 12/6/2015 (Inform. STJ 563).**

DIREITO PENAL. INDEVIDA EXASPERAÇÃO DA PENA-BASE DE HOMICÍDIO E DE LESÕES CORPORAIS CULPOSOS PRATICADOS NA DIREÇÃO DE VEÍCULO AUTOMOTOR.

Na primeira fase da dosimetria da pena, o excesso de velocidade não deve ser considerado na aferição da culpabilidade (art. 59 do CP) do agente que pratica delito de homicídio e de lesões corporais culposos na direção de veículo automotor. O excesso de velocidade não constitui fundamento apto a justificar o aumento da pena-base pela culpabilidade, por ser inerente aos delitos de homicídio culposo e de lesões corporais culposas praticados na direção de veículo automotor, caracterizando a imprudência, modalidade de violação do dever de cuidado objetivo, necessária à configuração dos delitos culposos. **AgRg no HC 153.549-DF, Rel. Min. Nefi Cordeiro, julgado em 2/6/2015, DJe 12/6/2015 (Inform. STJ 563).**

DIREITO PENAL. VEDAÇÃO DA FIXAÇÃO DE REGIME PRISIONAL MAIS SEVERO DO QUE AQUELE ABSTRATAMENTE IMPOSTO.

No crime de roubo, o emprego de arma de fogo não autoriza, por si só, a imposição do regime inicial fechado se, primário o réu, a pena-base foi fixada no mínimo legal. Nesse sentido, dispõe a Súmula 440 do STJ que, "fixada a pena-base no mínimo legal, é vedado o estabelecimento de regime prisional mais gravoso do que o cabível em razão da sanção imposta, com base apenas na gravidade abstrata do delito"; e a Súmula 719 do STF, "a imposição do regime de cumprimento mais severo do que a pena aplicada permitir exige motivação idônea". Precedente citado do STJ: AgRg no HC 303.275-SP, Quinta Turma, DJe 24/2/2015. Precedente citado do STF: HC 118.230-RS, Primeira Turma, DJe 11/3/2009. **HC 309.939-SP, Rel. Min. Newton Trisotto (Desembargador convocado do TJ-SC), julgado em 28/4/2015, DJe 19/5/2015 (Inform. STJ 562).**

DIREITO PROCESSUAL PENAL. LEGITIMIDADE DO MP PARA PROMOVER MEDIDA QUE GARANTA O PAGAMENTO DE MULTA PENAL.

O Ministério Público tem legitimidade para promover medida assecuratória que vise à garantia do pagamento de multa imposta por sentença penal condenatória. É certo que, com a edição da Lei 9.268/1996, a qual deu nova redação ao art. 51 do CP, modificou-se o procedimento de cobrança da pena de multa, passando-se a aplicar as regras referentes à Fazenda Pública. Cabe referir, por oportuno, que não obstante a pena de multa tenha passado a ser considerada dívida de valor, não perdeu sua natureza jurídica de sanção penal. Todavia, na hipótese em análise, discute-se a legitimidade do MP não para cobrança de pena de multa – esta sim de legitimidade da Fazenda Pública –, mas para promover medida assecuratória, a qual está assegurada tanto pelos termos do art. 142 do CPP quanto pela própria titularidade da ação penal, conferida pela Constituição Federal. Precedentes citados: Resp 1.115.275-PR, Quinta Turma, DJe 4/11/2011); e RMS 21.967-PR, Quinta Turma, DJe 2/3/2009. **REsp 1.275.834-PR, Rel. Min. Ericson Maranho (Desembargador convocado do TJ-SP), julgado em 17/3/2015, DJe 25/3/2015 (Inform. STJ 558).**

DIREITO PENAL. COMPENSAÇÃO ENTRE REINCIDÊNCIA E CONFISSÃO ESPONTÂNEA.

Tratando-se de réu multirreincidente, não é possível promover a compensação entre a atenuante da confissão espontânea e a agravante da reincidência. De fato, a Terceira Seção do STJ firmou o entendimento de que a atenuante da confissão espontânea pode ser compensada com a agravante da reincidência (EREsp 1.154.752-RS, DJe 4/9/2012). No entanto, tratando-se de réu multirreincidente, promover essa compensação implicaria ofensa aos princípios da individualização da pena e da proporcionalidade. Isso porque a multirreincidência exige maior reprovação do que aquela conduta perpetrada por quem ostenta a condição de reincidente por força, apenas, de um único evento isolado em sua vida. Precedente citado: AgRg no REsp 1.356.527-DF, Quinta Turma, DJe 25/9/2013. **AgRg no REsp 1.424.247-DF, Rel. Min. Nefi Cordeiro, julgado em 3/2/2015, DJe 13/2/2015 (Inform. STJ 555).**

Súmula STF Nº 723

Não se admite a suspensão condicional do processo por crime continuado, se a soma da pena mínima da infração mais grave com o aumento mínimo de um sexto for superior a um ano.

Súmula STF nº 719

A imposição do regime de cumprimento mais severo do que a pena aplicada permitir exige motivação idônea.

Súmula STF nº 718

A opinião do julgador sobre a gravidade em abstrato do crime não constitui motivação idônea para a imposição de regime mais severo do que o permitido segundo a pena aplicada.

Súmula STF nº 605

Não se admite continuidade delitiva nos crimes contra a vida.

Súmula STF nº 499

Não obsta à concessão do "sursis" condenação anterior à pena de multa.

Súmula STF nº 422

A absolvição criminal não prejudica a medida de segurança, quando couber, ainda que importe privação da liberdade.

Súmula STJ nº 545

Quando a confissão for utilizada para a formação do convencimento do julgador, o réu fará jus à atenuante prevista no art. 65, III, d, do Código Penal.

Súmula STJ nº 527

O tempo de duração da medida de segurança não deve ultrapassar o limite máximo da pena abstratamente cominada ao delito praticado.

Súmula STJ nº 493

É inadmissível a fixação de pena substitutiva (art. 44 do CP) como condição especial ao regime aberto.

Súmula STJ nº 444

É vedada a utilização de inquéritos policiais e ações penais em curso para agravar a pena-base.

Súmula STJ nº 440

Fixada a pena-base no mínimo legal, é vedado o estabelecimento de regime prisional mais gravoso do que o cabível em razão da sanção imposta, com base apenas na gravidade abstrata do delito.

Súmula STJ nº 269

É admissível a adoção do regime prisional semiaberto aos reincidentes condenados a pena igual ou inferior a quatro anos se favoráveis as circunstâncias judiciais.

Súmula STJ nº 241

A reincidência penal não pode ser considerada como circunstância agravante e, simultaneamente, como circunstância judicial.

Súmula STJ nº 231

A incidência da circunstância atenuante não pode conduzir à redução da pena abaixo do mínimo legal.

Súmula STJ nº 171

Cominadas cumulativamente, em lei especial, penas privativa de liberdade e pecuniária, é defeso a substituição da prisão por multa.

4. EXTINÇÃO DA PUNIBILIDADE – PRESCRIÇÃO

ED: interesse recursal e reconhecimento da prescrição da pretensão punitiva – 1

A Primeira Turma iniciou julgamento de embargos de declaração opostos de acórdão proferido em ação penal, em que declarada a extinção da punibilidade, em virtude do reconhecimento da prescrição da pretensão punitiva com base na pena aplicada em concreto. Sustenta o embargante a existência de omissão e contradição no julgado, uma vez que, ao desclassificar a conduta descrita na denúncia – falsificação de documento público – para o delito de falsidade ideológica de documento particular (CP, art. 299), a Turma deveria, de imediato, ter reconhecido a prescrição da pretensão punitiva com base na pena cominada em abstrato e não ter prosseguido no julgamento do feito, proferindo decreto condenatório, para, só então, reconhecer a prescrição com base na pena aplicada em concreto. Aduz que a declaração da prescrição da pena em abstrato seria mais benéfica aos interesses do acusado, pois o reconhecimento da prescrição com base na pena em concreto se materializaria após a formação do juízo de reprovação penal. Ao apreciar os embargos de declaração, o Ministro Roberto Barroso (relator), no que foi acompanhado pelo Ministro Luiz Fux, entendeu existir omissão no julgado. Asseverou que a Turma, não obstante a desclassificação da conduta descrita na peça acusatória para tipo penal diverso, previsto no art. 299 do CP, não teria se manifestado acerca da prescrição em abstrato da pretensão punitiva estatal. Considerou que o reconhecimento da prescrição com fundamento na pena cominada em abstrato impediria o exame do mérito da pretensão deduzida pelo órgão acusatório, de modo que haveria interesse legítimo do acusado no reconhecimento da prescrição em tese, em substituição à prescrição pela pena aplicada em concreto. Em divergência, os Ministros Marco Aurélio e Rosa Weber rejeitaram os embargos declaratórios. O Ministro Marco Aurélio ressaltou que não haveria utilidade ou necessidade na prestação jurisdicional, na medida em que o Colegiado teria efetivamente declarado a prescrição da pretensão punitiva estatal, sendo irrelevante se com fundamento na pena em concreto ou em abstrato, pois o resultado prático seria o mesmo. Em seguida, o julgamento foi suspenso para se aguardar o voto de desempate do Ministro Celso de Mello.
<u>AP 530 ED-segundos/MS, rel. Min. Roberto Barroso, 9.6.2015</u>. (AP-530)

ED: interesse recursal e reconhecimento da prescrição da pretensão punitiva – 2

Em conclusão de julgamento, a Primeira Turma, por maioria, rejeitou embargos de declaração em que se discutia a existência de omissão e contradição no julgado, uma vez que, ao desclassificar a conduta descrita na denúncia, essa Corte deveria, por ser supostamente mais favorável ao acusado, ter reconhecido, de imediato, a prescrição da pretensão punitiva com base na pena cominada em abstrato, e não ter prosseguido no julgamento do feito, proferindo decreto condenatório, para, só então, reconhecer a prescrição com base na pena aplicada em concreto – v. Informativo 789. A Turma ressaltou que não haveria utilidade ou necessidade na prestação jurisdicional, na medida em que o Colegiado teria efetivamente declarado a prescrição da pretensão punitiva estatal, sendo irrelevante se com fundamento na pena em concreto ou em abstrato, pois o resultado prático seria o mesmo. Vencidos os Ministros Roberto Barroso (relator) e Luiz Fux, que acolhiam os embargos.
<u>AP 530 ED-segundos/MS, rel. Min. Roberto Barroso, red. p/ o acórdão Min. Marco Aurélio, 30.6.2015.</u> (AP-530) (Inform. STF 792)

Ação penal e prescrição em perspectiva

Não se admite a denominada prescrição em perspectiva, haja vista a inexistência de previsão legal do instituto. Com base nessa orientação, a Primeira Turma negou provimento a agravo regimental em que se impugnava decisão monocrática que determinara o prosseguimento de inquérito, ouvindo-se o Ministério Público Federal quanto a possíveis diligências. Na espécie, em face da diplomação de um dos investigados no cargo de deputado federal, os autos foram remetidos ao STF. A Turma destacou que, por ocasião do julgamento do presente recurso, o agravante não mais deteria prerrogativa de foro, porém, competiria ao STF processar e julgar o agravo regimental em que se impugna decisão monocrática de integrante da Corte. Apontou a inadequação da decisão do juízo de origem que teria prejulgado ação penal que sequer fora proposta, ao aventar uma possível penalidade e, a partir da pena hipotética, pronunciar a prescrição da pretensão punitiva. Afastada a prescrição e o arquivamento dos autos, a Turma determinou a remessa do inquérito ao juiz da vara criminal competente.
<u>Inq 3574 AgR/MT, rel. Min. Marco Aurélio, 2.6.2015.</u> (Inq-3574) (Inform. STF 788)

AG. REG. NO HC N. 126.983-PE
RELATOR: MIN. DIAS TOFFOLI

EMENTA: Agravo regimental em habeas corpus. Penal. Estelionato Previdenciário. (CP, art. 171, § 3º). Prescrição da pretensão punitiva. Não ocorrência. Delito praticado pelo próprio beneficiário das parcelas da aposentadoria concedida mediante fraude. Crime permanente. Termo inicial do prazo prescricional contabilizado a partir da cessação do pagamento do benefício indevido. Precedentes. Regimental não provido.
1. O magistério jurisprudencial da Corte está consolidado no sentido de que "o crime de estelionato previdenciário, quando praticado pelo próprio beneficiário das prestações, tem caráter permanente, cessando a atividade delitiva apenas com o fim da percepção das prestações" (HC nº 107.385/RJ, Primeira Turma, Relatora a Ministra **Rosa Weber**, DJe de 30/3/12).
2. Tomando por base esse entendimento, não há que se falar em prescrição da pretensão punitiva, pois a cessação da atividade delitiva ocorreu aos 31/12/07 e o lapso temporal de 4 (quatro) anos (CP, art. 109, inciso V c/c o parágrafo único), necessário à sua efetivação – tomando-se por base a pena em concreto aplicada -, não foi alcançado entre os marcos interruptivos verificados na espécie, a saber, o recebimento da denúncia (em 8/2/11) e a sentença penal condenatória recorrível (em 10/8/12).
3. Agravo regimental ao qual se nega provimento. **(Inform. STF 787)**

Marco temporal da prescrição em 2ª instância: sessão de julgamento ou publicação do acórdão

A prescrição da pretensão punitiva do Estado, em segundo grau de jurisdição, se interrompe na data da sessão de julgamento do recurso e não na data da publicação do acórdão. Com base nesse entendimento, a 1ª Turma, por maioria, negou provimento a recurso ordinário em "habeas corpus" em que se alegava a extinção da punibilidade do delito pela ocorrência da prescrição da pretensão punitiva. O Colegiado

afirmou que, por se tratar de acórdão, a publicação do ato ocorreria com a realização da sessão de julgamento. O Ministro Roberto Barroso enfatizou que a prescrição seria a perda de uma pretensão pelo seu não exercício, dentro de um determinado prazo. Portanto, a prescrição estaria associada à inércia do titular do direito. Dessa forma, com a realização da sessão de julgamento, não se poderia reconhecer essa inércia. Vencido o Ministro Marco Aurélio, que dava provimento ao recurso. Reputava que a interrupção da prescrição só ocorreria com a publicação da sentença ou acórdão condenatório recorrível (CP, art. 117, IV). Pontuava que o acórdão somente se tornaria recorrível com a sua confecção. Observava que a publicação do aresto teria ocorrido cinco meses depois da sessão de julgamento.
RHC 125078/SP, rel. Min. Dias Toffoli, 3.3.2015. (RHC-125078) (Inform. STF 776)

Cumprimento de decreto presidencial e extinção da punibilidade
O Plenário, ao resolver questão de ordem em execução penal trazida pelo Ministro Roberto Barroso (relator), declarou extinta a punibilidade de condenado, nos autos da AP 470/MG (DJe de 22.4.2013), à pena de 4 anos e 8 meses de reclusão e 180 dias-multa pelo crime de corrupção ativa (CP, art. 333). O Colegiado registrou que o apenado efetuara o pagamento integral da multa e que cumpriria a pena desde 15.11.2013. Ademais, atenderia os requisitos objetivos e subjetivos do Decreto 8.380/2014, por meio do qual a Presidência da República concedeu indulto natalino e comutação de penas.
EP 1 QO/DF, rel. Min. Roberto Barroso, 4.3.2015. (EP-1) (Inform. STF 776)

DIREITO PENAL. INTERRUPÇÃO DE PRESCRIÇÃO DE PRETENSÃO PUNITIVA EM CRIMES CONEXOS.
No caso de crimes conexos que sejam objeto do mesmo processo, havendo sentença condenatória para um dos crimes e acórdão condenatório para o outro delito, tem-se que a prescrição da pretensão punitiva de ambos é interrompida a cada provimento jurisdicional (art. 117, § 1º, do CP). De antemão, salienta-se que o art. 117, IV, do CP enuncia que: "O curso da prescrição interrompe-se: IV – pela publicação da sentença ou acórdão condenatórios recorríveis". Nesse contexto, é importante ressaltar que, se a sentença é condenatória, o acórdão só poderá ser confirmatório ou absolutório, assim como só haverá acórdão condenatório no caso de prévia sentença absolutória. Na hipótese, contudo, os crimes são conexos, o que viabilizou a ocorrência, no mesmo processo, tanto de uma sentença condenatória quanto de um acórdão condenatório. Isso porque a sentença condenou por um crime e absolveu por outro, e o acórdão reformou a absolvição. Ressaltado isso, enfatiza-se que a prescrição não é contada separadamente nos casos de crimes conexos que sejam objeto do mesmo processo. Ademais, para efeito de prescrição, o art. 117, § 1º, do CP dispõe que: "[...] Nos crimes conexos, que sejam objeto do mesmo processo, estende-se aos demais a interrupção relativa a qualquer deles". Portanto, observa-se que, a despeito de a sentença ter sido em parte condenatória e em parte absolutória, ela interrompeu o prazo prescricional de ambos os crimes julgados. Outrossim, o acórdão, em que pese ter confirmado a condenação perpetrada pelo Juiz singular, também condenou o agente – que, até então, tinha sido absolvido – pelo outro crime, de sorte que interrompeu, novamente, a prescrição de ambos os delitos conexos. Precedente citado do STF: HC 71.983-SP, Segunda Turma, DJ 31/5/1996. **RHC 40.177-PR, Rel. Min. Reynaldo Soares da Fonseca, julgado em 25/8/2015, DJe 1º/9/2015 (Inform. STJ 568).**

DIREITO PENAL. TERMO INICIAL DO PRAZO PRESCRICIONAL DO CRIME PREVISTO NO ART. 2º, I, DA LEI 8.137/1990.
O termo inicial do prazo prescricional da pretensão punitiva do crime previsto no art. 2º, I, da Lei 8.137/1990 ("fazer declaração falsa ou omitir declaração sobre rendas, bens ou fatos, ou empregar outra fraude, para eximir-se, total ou parcialmente, de pagamento de tributo") é a data em que a fraude é perpetrada, e não a data em que ela é descoberta. Isso porque o referido tipo tem natureza de crime formal, instantâneo, sendo suficiente a conduta instrumental, haja vista não ser necessária a efetiva supressão ou redução do tributo para a sua consumação, bastando o emprego da fraude. Assim, o fato de a fraude ter sido empregada em momento determinado, ainda que irradie efeitos até ser descoberta, não revela conduta permanente, mas sim, crime instantâneo de efeitos permanentes – os quais perduraram até a descoberta do engodo. Precedente citado do STJ: RHC 9.625-CE, Sexta Turma, DJ 27/8/2001. Precedente citado do STF: RHC 90.532 ED, Tribunal Pleno, DJe 5/11/2009. **RHC 36.024-ES, Rel. Min. Reynaldo Soares da Fonseca, julgado em 25/8/2015, DJe 1º/9/2015 (Inform. STJ 568).**

DIREITO PENAL. EXTINÇÃO DA PUNIBILIDADE INDEPENDENTEMENTE DO ADIMPLEMENTO DA PENA DE MULTA. RECURSO REPETITIVO (ART. 543-C DO CPC E RES. 8/2008-STJ). TEMA 931.
Nos casos em que haja condenação a pena privativa de liberdade e multa, cumprida a primeira (ou a restritiva de direitos que eventualmente a tenha substituído), o inadimplemento da sanção pecuniária não obsta o reconhecimento da extinção da punibilidade. A Lei 9.268/1996 deu nova redação ao art. 51 do CP e extirpou do diploma jurídico a possibilidade de conversão da pena de multa em detenção, no caso de inadimplemento da sanção pecuniária. Após a alteração legislativa, o mencionado artigo passou a vigorar com a seguinte redação: "Transitada em julgado a sentença condenatória, a multa será considerada dívida de valor, aplicando-se-lhes as normas da legislação relativa à dívida ativa da Fazenda Pública, inclusive no que concerne às causas interruptivas e suspensivas da prescrição". Portanto, diante da nova redação dada ao CP, a pena de multa não mais possui o condão de constranger o direito à locomoção do sentenciado (STF: AgRg no HC 81.480-SP, Primeira Turma, DJ 5/4/2002; e HC 73.758-SP, Segunda Turma, DJ 24/9/1999). É imperioso frisar que a nova redação do art. 51 do CP trata da pena de multa como dívida de valor já a partir do trânsito em julgado da sentença penal condenatória, ou seja, em momento, inclusive, anterior ao próprio cumprimento da pena privativa de liberdade ou da restritiva de direitos. Isso implica afirmar que o jus puniendi do Estado exaure-se ao fim da execução da pena privativa de liberdade ou da restritiva de direitos, porquanto, em nenhum momento, engloba a pena de multa, considerada dívida de valor a partir do trânsito em julgado da sentença penal condenatória. Entendimento oposto, ou seja, a possibilidade de constrição da liberdade daquele que é apenado somente em razão de sanção pecuniária, consistiria em legitimação da prisão por dívida, em afronta, portanto, ao disposto no art. 5º, LXVII, da CF e, ainda, no art. 7º, 7, da Convenção Americana sobre Direitos Humanos (Pacto de San José da Costa Rica), cujo texto estabelece que "ninguém deve ser detido por dívida". Dessa forma, o reconhecimento da pena de multa como dívida de valor atribui à sanção pecuniária caráter extrapenal. Se a natureza da multa, após o trânsito em julgado da condenação, fosse compreendida como de caráter penal, mesmo diante da extinção da pena privativa de liberdade ou da restritiva de direitos pelo cumprimento, os efeitos da sentença se conservariam até o adimplemento da pena pecuniária, porquanto não reconhecida a extinção da punibilidade do apenado. Após a alteração legislativa que considerou a pena de multa como dívida de valor, deve-se assinalar também a alteração da competência para a execução da sanção, exclusiva, então, da Fazenda Pública, conforme disposto no enunciado da Súmula 521 do STJ: "A legitimidade para a execução fiscal de multa pendente de pagamento imposta em sentença condenatória é exclusiva da Fazenda Pública". Portanto, extinta a pena privativa de liberdade (ou restritiva de direitos) pelo seu cumprimento, o inadimplemento da pena de multa não obsta a extinção da punibilidade do apenado, porquanto, após a nova redação do art. 51 do CP, dada pela Lei 9.268/1996, a pena pecuniária é considerada dívida de valor e, desse modo, possui caráter extrapenal, de forma que sua execução é de competência exclusiva da Procuradoria da Fazenda Pública. **REsp 1.519.777-SP, Rel. Min. Rogerio Schietti Cruz, Terceira Seção, julgado em 26/8/2015, DJe 10/9/2015 (Inform. STJ 568).**

DIREITO PENAL E PROCESSUAL PENAL. RECEBIMENTO DE DENÚNCIA POR AUTORIDADE INCOMPETENTE E PRESCRIÇÃO.
Quando a autoridade que receber a denúncia for incompetente em razão de prerrogativa de foro do réu, o recebimento da peça acusatória será ato absolutamente nulo e, portanto, não interromperá a prescrição. Precedente citado do STJ: REsp 819.168-PE, Quinta Turma, DJ 5/2/2007. Precedente citado do STF: HC 63.556-RS, Segunda Turma, DJ 9/5/1986. **APn 295-RR, Rel. Min. Jorge Mussi, julgado em 17/12/2014, DJe 12/2/2015 (Inform. STJ 555).**

Súmula STF nº 604

A prescrição pela pena em concreto é somente da pretensão executória da pena privativa de liberdade.

Súmula STF nº 497

Quando se tratar de crime continuado, a prescrição regula-se pela pena imposta na sentença, não se computando o acréscimo decorrente da continuação.

Súmula STF nº 146

A prescrição da ação penal regula-se pela pena concretizada na sentença, quando não há recurso da acusação.

Súmula STJ nº 438

É inadmissível a extinção da punibilidade pela prescrição da pretensão punitiva com fundamento em pena hipotética, independentemente da existência ou sorte do processo penal.

Súmula STJ nº 338

A prescrição penal é aplicável nas medidas socioeducativas.

Súmula STJ nº 220

A reincidência não influi no prazo da prescrição da pretensão punitiva.

Súmula STJ nº 191

A pronúncia é causa interruptiva da prescrição, ainda que o tribunal do júri venha a desclassificar o crime.

5. CRIMES CONTRA A PESSOA

EMENTA: INTERPELAÇÃO JUDICIAL. *PROCEDIMENTO DE NATUREZA CAUTELAR*. **MEDIDA PREPARATÓRIA** DE AÇÃO PENAL **REFERENTE** A DELITOS CONTRA A HONRA (**CP**, ART. 144). **PEDIDO DE EXPLICAÇÕES AJUIZADO** *CONTRA MINISTRO DE ESTADO*. **COMPETÊNCIA ORIGINÁRIA** DO SUPREMO TRIBUNAL FEDERAL, **POR TRATAR-SE** DE AUTORIDADE **QUE DISPÕE**, PERANTE A SUPREMA CORTE, **DE PRERROGATIVA DE FORO** *NAS INFRAÇÕES PENAIS COMUNS*. **NOTIFICAÇÃO DEFERIDA**.

- O Supremo Tribunal Federal **possui** competência originária **para processar** pedido de explicações **formulado** com apoio **no art. 144** do Código Penal, **quando deduzido** *contra Ministro de Estado*, **por tratar-se** de autoridade **que dispõe** de prerrogativa de foro ***"ratione muneris"*** nos ilícitos penais comuns (**CF**, art. 102, I, **"c"**).

- **O pedido de explicações** *admissível* – **em qualquer** das modalidades de crimes contra a honra – **constitui** *típica providência* de ordem cautelar *destinada a aparelhar* **ação penal principal tendente a sentença condenatória**. O interessado, **ao formulá-lo**, invoca, *em juízo*, tutela cautelar penal, **visando a que se esclareçam** situações **revestidas** *de equivocidade, ambiguidade* **ou** *dubiedade*, **a fim** *de que se viabilize* o exercício *eventual* de ação penal condenatória, **notadamente** naqueles casos em que se registre **efetiva incerteza** *quanto aos destinatários específicos* das imputações moralmente ofensivas (**Pet 4.444-AgR/DF**, Rel. Min. CELSO DE MELLO, **Pleno**).

- **A interpelação judicial**, *sempre facultativa* (**RT** 602/368 – **RT** 627/365 – **RT** 752/611 **RTJ** 142/816), acha-se **instrumentalmente** vinculada **à necessidade** de esclarecer situações, frases **ou** expressões, escritas **ou** verbais, **caracterizadas** *por sua dubiedade, equivocidade* **ou** *ambiguidade*.

- **O pedido** de explicações em juízo **submete-se** *à mesma* ordem ritual **que é peculiar** *ao procedimento das notificações avulsas* (**CPC**, art. 867 **c/c** o art. 3º **do CPP**). **Isso significa**, *portanto*, **que não caberá** ao Supremo Tribunal Federal, **em sede** de interpelação penal, **avaliar** o conteúdo das explicações dadas pela parte requerida **nem examinar** a legitimidade jurídica de sua eventual recusa em prestá-las, **pois** tal matéria **compreende-se** na esfera do processo penal de conhecimento a ser *ulteriormente* instaurado. **Doutrina. Precedentes. Pet 5.557/DF. RELATOR: Ministro Celso de Mello (Inform. STF 776)**

DIREITO PENAL. CRIME DE LESÃO CORPORAL QUALIFICADO PELA DEFORMIDADE PERMANENTE.

A qualificadora "deformidade permanente" do crime de lesão corporal (art. 129, § 2º, IV, do CP) não é afastada por posterior cirurgia estética reparadora que elimine ou minimize a deformidade na vítima. Isso porque, o fato criminoso é valorado no momento de sua consumação, não o afetando providências posteriores, notadamente quando não usuais (pelo risco ou pelo custo, como cirurgia plástica ou de tratamentos prolongados, dolorosos ou geradores do risco de vida) e promovidas a critério exclusivo da vítima. **HC 306.677-RJ, Rel. Min. Ericson Maranho (Desembargador convocado do TJ-SP), Rel. para acórdão Min. Nefi Cordeiro, julgado em 19/5/2015, DJe 28/5/2015 (Inform. STJ 562).**

DIREITO PENAL. POSSIBILIDADE DA PRÁTICA DE CALÚNIA, DIFAMAÇÃO E INJÚRIA POR MEIO DA DIVULGAÇÃO DE UMA ÚNICA CARTA.

É possível que se impute de forma concomitante a prática dos crimes de calúnia, de difamação e de injúria ao agente que divulga em uma única carta dizeres aptos a configurar os referidos delitos, sobretudo no caso em que os trechos utilizados para caracterizar o crime de calúnia forem diversos dos empregados para demonstrar a prática do crime de difamação. Ainda que diversas ofensas tenham sido assacadas por meio de uma única carta, a simples imputação ao acusado dos crimes de calúnia, injúria e difamação não caracteriza ofensa ao princípio que proíbe o bis in idem, já que os crimes previstos nos arts. 138, 139 e 140 do CP tutelam bens jurídicos distintos, não se podendo asseverar de antemão que o primeiro absorveria os demais. Ademais, constatado que diferentes afirmações constantes da missiva atribuída ao réu foram utilizadas para caracterizar os crimes de calúnia e de difamação, não se pode afirmar que teria havido dupla persecução pelos mesmos fatos. De mais a mais, ainda que os dizeres também sejam considerados para fins de evidenciar o cometimento de injúria, o certo é que essa infração penal, por tutelar bem jurídico diverso daquele protegido na calúnia e na difamação, a princípio, não pode ser por elas absorvido. **RHC 41.527-RJ, Rel. Min. Jorge Mussi, julgado em 3/3/2015, DJe 11/3/2015 (Inform. STJ 557).**

DIREITO PENAL. MORTE INSTANTÂNEA DA VÍTIMA E OMISSÃO DE SOCORRO COMO CAUSA DE AUMENTO DE PENA.

No homicídio culposo, a morte instantânea da vítima não afasta a causa de aumento de pena prevista no art. 121, § 4°, do CP – deixar de prestar imediato socorro à vítima –, a não ser que o óbito seja evidente, isto é, perceptível por qualquer pessoa. Com efeito, o aumento imposto à pena decorre do total desinteresse pela sorte da vítima. Isso é evidenciado por estar a majorante inserida no § 4° do art. 121 do CP, cujo móvel é a observância do dever de solidariedade que deve reger as relações na sociedade brasileira (art. 3º, I, da CF). Em suma, o que pretende a regra em destaque é realçar a importância da alteridade. Assim, o interesse pela integridade da vítima deve ser demonstrado, a despeito da possibilidade de êxito, ou não, do socorro que possa vir a ser prestado. Tanto é que não só a omissão de socorro majora a pena no caso de homicídio culposo, como também se o agente "não procura diminuir as consequências do seu ato, ou foge para evitar a prisão em flagrante". Cumpre destacar, ainda, que o dever imposto ao autor do homicídio remanesce, a não ser que seja evidente a morte instantânea, perceptível por qualquer pessoa. Em outras palavras, havendo dúvida sobre a ocorrência do óbito imediato, compete ao autor da conduta imprimir os esforços necessários para minimizar as consequências do fato. Isso porque "ao agressor, não cabe, no momento do fato, presumir as condições físicas da vítima, medindo a gravidade das lesões que causou e as consequências de sua conduta. Tal responsabilidade é do especialista médico, autoridade científica e legalmente habilitada para, em tais circunstâncias, estabelecer o momento e a causa da morte" (REsp 277.403-MG, Quinta Turma, DJ 2/9/2002). Precedente citado do STF: HC 84.380-MG, Segunda Turma, DJ 3/6/2005. **HC 269.038-RS, Rel. Min. Felix Fischer, julgado em 2/12/2014, DJe 19/12/2014 (Inform. STJ 554).**

Súmula STJ nº 18

A sentença concessiva do perdão judicial é declaratória da extinção da punibilidade, não subsistindo qualquer efeito condenatório.

6. CRIMES CONTRA O PATRIMÔNIO

Estelionato e extinção de punibilidade

A causa especial de extinção de punibilidade prevista no § 2º do art. 9º da Lei 10.684/2003, relativamente ao pagamento integral do crédito

tributário, não se aplica ao delito de estelionato (CP, art. 171). Esse o entendimento da Segunda Turma, que negou provimento a recurso ordinário em "habeas corpus" em que se pleiteava a declaração da extinção da punibilidade em razão do ressarcimento integral do dano causado à vítima do estelionato.
RHC 126917/SP, rel. Min. Teori Zavascki, 25.8.2015. (RHC-126917) (Inform. STF 796)

DIREITO PENAL. MOMENTO CONSUMATIVO DO CRIME DE ROUBO. RECURSO REPETITIVO (ART. 543-C DO CPC E RES. 8/2008-STJ).
Consuma-se o crime de roubo com a inversão da posse do bem, mediante emprego de violência ou grave ameaça, ainda que por breve tempo e em seguida a perseguição imediata ao agente e recuperação da coisa roubada, sendo prescindível a posse mansa e pacífica ou desvigiada. **Como se sabe, o delineamento acerca da consumação dos crimes de roubo e de furto foi construído com base no direito romano, cuja noção de *furtum* – elaborada pelos operadores práticos do direito e pelos jurisconsultos -, mais ampla que a do furto do direito moderno, trazia a exigência da *contrectatio* (apreensão fraudulenta da coisa), visto que se exigia, necessariamente, o apossamento da coisa. É de se notar que, a partir das interpretações discrepantes da palavra *contrectatio* – entendida diversamente no sentido de trazer, de mover de lugar, de tocar (materialmente) e pôr a mão -, explica-se a profusão de teorias sobre a consumação do furto. O desenvolvimento desses conceitos, no âmbito do direito romano, levou à distinção de quatro momentos da ação: (*a*) a ação de *tocar* o objeto *(contrectatio)*; (*b*) a ação de *remover* a coisa *(amotio)*; (*c*) a ação de *levar* a coisa, *tirando*-a da esfera patrimonial do proprietário (*ablatio*); e (*d*) a ação de colocar a coisa em *lugar seguro* (*illatio*). O porquê de tanto esforço intelectual pode ser encontrado no fato de o direito romano não ter desenvolvido a ideia de "tentativa", motivo pelo qual era necessária a antecipação da consumação, considerando-se já consumado o furto com o simples toque da coisa, sem necessidade de levá-la. Todavia, com o surgimento da noção de tentativa, ficou evidente que não se fazia necessária a antecipação da consumação (*attrectatio*). Decorre daí o abandono das teorias radicais (consumação pelo simples toque ou somente com a colocação da coisa em local seguro). No Brasil, o histórico da jurisprudência do STF quanto ao tema remete a dois momentos distintos. No primeiro momento, observava-se, acerca da consumação do crime de roubo próprio, a existência de duas correntes na jurisprudência do STF: (*i*) a orientação tradicional, que considerava consumada a infração com a subtração da coisa, mediante violência ou grave ameaça, sem cogitar outros requisitos, explicitando ser desnecessário o locupletamento do agente (HC 49.671-SP, Primeira Turma, DJ 16/6/1972; RE 93.133-SP, Primeira Turma, DJ 6/2/1981; HC 53.495-SP, Segunda Turma, DJ 19/9/1975; e RE 102.389-SP, Segunda Turma, DJ 17/8/1984); e (*ii*) a orientação segundo a qual se exige, para a consumação, tenha a coisa subtraída saído da esfera de vigilância da vítima ou tenha tido o agente a posse pacífica da *res*, ainda que por curto lapso (RE 93.099-SP, Primeira Turma, DJ 18/12/1981; RE 96.383-SP, Primeira Turma, DJ 18/3/1983; RE 97.500-SP, Segunda Turma, DJ 24/8/1982; e RE 97.677-SP, Segunda Turma, DJ 15/10/1982). Para esta corrente, havendo perseguição imediata ao agente e sua prisão logo em seguida com o produto do roubo, não haveria que se falar em roubo consumado. Num segundo momento, ocorreu a estabilização da jurisprudência do STF com o julgamento do RE 102.490-SP em 17/9/1987 (DJ 16/8/1991), no qual, de acordo com a referida orientação tradicional da jurisprudência (*i*), definiu-se que "Para que o ladrão se torne possuidor, não é preciso, em nosso direito, que ele saia da esfera de vigilância do antigo possuidor, mas, ao contrário, basta que cesse a clandestinidade ou a violência, para que o poder de fato sobre a coisa se transforme de detenção em posse, ainda que seja possível ao antigo possuidor retomá-la pela violência, por si ou por terceiro, em virtude de perseguição [...]". Após esse julgado, o STF, no que tange ao momento consumativo do roubo, unificou a jurisprudência, para entender que se consuma o crime de roubo no momento em que o agente obtém a posse do bem, mediante violência ou grave ameaça, ainda que não seja mansa e pacífica e/ou haja perseguição policial, sendo prescindível que o objeto subtraído saia da esfera de vigilância da vítima. Precedentes citados do STJ: AgRg no REsp 1.410.795-SP, Sexta Turma, DJe 6/12/2013; e EDcl no REsp 1.425.160-RJ, Sexta Turma, DJe 25/9/2014. Precedentes citados do STF: HC 94.406-SP, Primeira Turma, DJe 5/9/2008; e HC 100.189-SP, Segunda Turma, DJe 16/4/2010. REsp 1.499.050-RJ, Rel. Min. Rogerio Schietti Cruz, Terceira Seção, julgado em 14/10/2015, DJe 9/11/2015. (Inform. STJ 572)**

DIREITO PENAL. MOMENTO CONSUMATIVO DO CRIME DE FURTO. RECURSO REPETITIVO (ART. 543-C DO CPC E RES. 8/2008-STJ).
Consuma-se o crime de furto com a posse de fato da res furtiva, ainda que por breve espaço de tempo e seguida de perseguição ao agente, sendo prescindível a posse mansa e pacífica ou desvigiada. O Plenário do STF (RE 102.490-SP, DJ 16/8/1991), superando a controvérsia em torno do tema, consolidou a adoção da teoria da *apprehensio* (ou *amotio*), segundo a qual se considera consumado o delito de furto quando, cessada a clandestinidade, o agente detenha a posse de fato sobre o bem, ainda que seja possível à vítima retomá-lo, por ato seu ou de terceiro, em virtude de perseguição imediata. Desde então, o tema encontra-se pacificado na jurisprudência dos Tribunais Superiores. Precedentes citados do STJ: AgRg no REsp 1.346.113-SP, Quinta Turma, DJe 30/4/2014; HC 220.084-MT, Sexta Turma, DJe 17/12/2014; e AgRg no AREsp 493.567-SP, Sexta Turma, DJe 10/9/2014. Precedentes citados do STF: HC 114.329-RS, Primeira Turma, DJe 18/10/2013; e HC 108.678-RS, Primeira Turma, DJe 10/5/2012. **REsp 1.524.450-RJ, Rel. Min. Nefi Cordeiro, Terceira Seção, julgado em 14/10/2015, DJe 29/10/2015. (Inform. STJ 572)**

DIREITO PENAL. CRIME DE DANO PRATICADO CONTRA A CEF.
O crime de dano (art. 163 do CP) não será qualificado (art. 163, parágrafo único, III) pelo fato de ser praticado contra o patrimônio da Caixa Econômica Federal (CEF). O crime de dano qualificado previsto no art. 163, parágrafo único, III, do CP possui a seguinte redação: "Destruir, inutilizar ou deteriorar coisa alheia: [...]. Parágrafo único – Se o crime é cometido: [...] III – contra o patrimônio da União, Estado, Município, empresa concessionária de serviços públicos ou sociedade de economia mista [...]". Diante da literalidade do referido dispositivo penal, questiona-se se o dano ao patrimônio de entes públicos nele não mencionados, como as empresas públicas, permitiria ou não a incidência da qualificadora em questão. Como se sabe, o Direito Penal é regido pelo princípio da legalidade, não havendo crime sem lei anterior que o defina, nem pena sem prévia cominação legal, nos termos do art. 5º, XXXIX, da CF e do art. 2º do CP. Em observância ao mencionado postulado, não se admite analogia em matéria penal quando utilizada de modo a prejudicar o réu. Desse modo, ainda que o legislador tenha pretendido proteger o patrimônio público de forma geral por via da previsão da forma qualificada do dano e, além disso, mesmo que a destruição ou a inutilização de bens de empresas públicas seja tão prejudicial quanto as cometidas em face das demais pessoas jurídicas mencionadas na norma penal em exame, o certo é que, não é possível incluir a CEF (empresa pública) no rol constante do dispositivo em apreço. Precedente citado: AgRg no REsp 1.469.224-DF, Sexta Turma, DJe 20/2/2015. **RHC 57.544-SP, Rel. Min. Leopoldo de Arruda Raposo (Desembargador convocado do TJ-PE), julgado em 6/8/2015, DJe 18/8/2015 (Inform. STJ 567).**

DIREITO PENAL. FURTO PRATICADO NO INTERIOR DE ESTABELECIMENTO COMERCIAL GUARNECIDO POR MECANISMO DE VIGILÂNCIA E DE SEGURANÇA. RECURSO REPETITIVO (ART. 543-C DO CPC E RES. 8/2008-STJ). TEMA 924.
A existência de sistema de segurança ou de vigilância eletrônica não torna impossível, por si só, o crime de furto cometido no interior de estabelecimento comercial. O crime impossível – subordinado às regras da adequação típica – se manifesta por meio de duas modalidades clássicas (art. 17 do CP): (a) a ineficácia absoluta dos meios empregados pelo agente e (b) a absoluta impropriedade do objeto. A primeira decorre dos meios empregados pelo agente nos atos executivos. A segunda refere-se à hipótese em que o objeto do crime não existe ou lhe falta alguma qualidade imprescindível para configurar-se a infração. No tocante à primeira modalidade (em torno da qual surge

a discussão aqui enfrentada), há que se distinguir a insuficiência do meio (inidoneidade relativa) – deficiência de forças para alcançar o fim delituoso e determinada por razões de qualidade, quantidade, ou de modo – da ausência completa de potencialidade causal (inidoneidade absoluta), observando-se que a primeira (diferentemente da segunda) não torna absolutamente impossível o resultado que consuma o delito, pois o fortuito pode suprir a insuficiência do meio empregado. No caso de furto praticado no interior de estabelecimento comercial guarnecido por mecanismo de vigilância e de segurança, tem-se que, embora os sistemas eletrônicos de vigilância tenham por objetivo evitar a ocorrência de furtos, sua eficiência apenas minimiza as perdas dos comerciantes, visto que não impedem, de modo absoluto, a ocorrência de subtrações no interior de estabelecimentos comerciais. Ora, não se pode afirmar, em um juízo normativo de perigo potencial, que o equipamento funcionará normalmente, que haverá vigilante a observar todas as câmeras durante todo o tempo, que as devidas providências de abordagem do agente serão adotadas após a constatação do ilícito etc. Conquanto se possa crer que, sob a perspectiva do que normalmente acontece, na maior parte dos casos o agente não logrará consumar a subtração de produtos do interior do estabelecimento comercial guarnecido por mecanismos de vigilância e de segurança, sempre haverá o risco de que providências tomadas, por qualquer motivo, não frustrem a ação delitiva. Além disso, os atos do agente não devem ser apreciados isoladamente, mas em sua totalidade, uma vez que o criminoso pode se valer de atos inidôneos no início da execução, mas ante a sua indiscutível inutilidade, passar a praticar atos idôneos. Portanto, na hipótese aqui analisada, o meio empregado pelo agente é de inidoneidade relativa, visto que há possibilidade (remota) de consumação do delito. Sendo assim, se a ineficácia do meio deu-se apenas de forma relativa, não é possível o reconhecimento do instituto do crime impossível previsto no art. 17 do CP. **REsp 1.385.621-MG, Rel. Min. Rogerio Schietti Cruz, Terceira Seção, julgado em 27/5/2015, DJe 2/6/2015 (Inform. STJ 563).**

DIREITO PENAL. ESTELIONATO CONTRA A PREVIDÊNCIA SOCIAL E DEVOLUÇÃO DA VANTAGEM INDEVIDA ANTES DO RECEBIMENTO DA DENÚNCIA.

Não extingue a punibilidade do crime de estelionato previdenciário (art. 171, § 3º, do CP) a devolução à Previdência Social, antes do recebimento da denúncia, da vantagem percebida ilicitamente, podendo a iniciativa, eventualmente, caracterizar arrependimento posterior, previsto no art. 16 do CP. O art. 9º da Lei 10.684/2003 prevê hipótese excepcional de extinção de punibilidade, "quando a pessoa jurídica relacionada com o agente efetuar o pagamento integral dos débitos oriundos de tributos e contribuições sociais, inclusive acessórios", que somente abrange os crimes de sonegação fiscal, apropriação indébita previdenciária e sonegação de contribuição previdenciária, ontologicamente distintos do estelionato previdenciário, no qual há emprego de ardil para o recebimento indevido de benefícios. Dessa forma, não é possível aplicação, por analogia, da causa extintiva de punibilidade prevista no art. 9º da Lei 10.684/2003 pelo pagamento do débito ao estelionato previdenciário, pois não há lacuna involuntária na lei penal a demandar o procedimento supletivo, de integração do ordenamento jurídico. Precedente citado: AgRg no Ag 1.351.325-PR, Quinta Turma, DJe 5/12/2011. **REsp 1.380.672-SC, Rel. Min. Rogerio Schietti Cruz, julgado em 24/3/2015, DJe 6/4/2015 (Inform. STJ 559).**

DIREITO PENAL. EFEITOS DA SUSPENSÃO DA EXIGIBILIDADE DE CRÉDITO TRIBUTÁRIO NA PRESCRIÇÃO DA PRETENSÃO PUNITIVA.

A prescrição da pretensão punitiva do crime de apropriação indébita previdenciária (art. 168-A do CP) permanece suspensa enquanto a exigibilidade do crédito tributário estiver suspensa em razão de decisão de antecipação dos efeitos da tutela no juízo cível. Isso porque a decisão cível acerca da exigibilidade do crédito tributário repercute diretamente no reconhecimento da própria existência do tipo penal, visto ser o crime de apropriação indébita previdenciária um delito de natureza material, que pressupõe, para sua consumação, a realização do lançamento tributário definitivo. **RHC 51.596-SP, Rel. Min. Felix Fischer, julgado em 3/2/2015, DJe 24/2/2015 (Inform. STJ 556).**

DIREITO PENAL. HIPÓTESE DE CONFIGURAÇÃO DE CRIME ÚNICO DE ROUBO.

No delito de roubo, se a intenção do agente é direcionada à subtração de um único patrimônio, estará configurado apenas um crime, ainda que, no modus operandi, seja utilizada violência ou grave ameaça contra mais de uma pessoa para a consecução do resultado pretendido. Realmente, há precedente da Sexta Turma do STJ no sentido de que "Se num único contexto duas pessoas têm seu patrimônio ameaçado, sendo que uma delas foi efetivamente roubada, configura-se concurso formal de crimes em sua forma homogênea" (HC 100.848-MS, DJe 12/5/2008). Entretanto, trata-se de situação distinta do caso aqui analisado, visto que, da simples leitura de trecho da ementa do acórdão mencionado, observa-se que a configuração do concurso de crimes decorreu não da existência de ameaça a mais de uma vítima, mas sim da intenção do agente direcionada à subtração de mais de um patrimônio. Em suma, como o roubo é um crime contra o patrimônio, deve-se concluir que, se a intenção do agente é direcionada à subtração de um único patrimônio, estará configurado apenas um crime, ainda que, no modus operandi, seja utilizada violência ou grave ameaça contra mais de uma pessoa. **AgRg no REsp 1.490.894-DF, Rel. Min. Sebastião Reis Júnior, julgado em 10/2/2015, DJe 23/2/2015 (Inform. STJ 556).**

DIREITO PENAL. FURTO QUALIFICADO PRATICADO DURANTE O REPOUSO NOTURNO.

A causa de aumento de pena prevista no § 1° do art. 155 do CP – que se refere à prática do crime durante o repouso noturno – é aplicável tanto na forma simples (caput) quanto na forma qualificada (§ 4°) do delito de furto. Isso porque esse entendimento está em consonância, mutatis mutandis, com a posição firmada pelo STJ no julgamento do Recurso Especial Repetitivo 1.193.194-MG, no qual se afigurou possível o reconhecimento do privilégio previsto no § 2º do art. 155 do CP nos casos de furto qualificado (art. 155, § 4º, do CP), máxime se presentes os requisitos. Dessarte, nessa linha de raciocínio, não haveria justificativa plausível para se aplicar o § 2° do art. 155 do CP e deixar de impor o § 1° do referido artigo, que, a propósito, compatibiliza-se com as qualificadoras previstas no § 4° do dispositivo. Ademais, cumpre salientar que o § 1° do art. 155 do CP refere-se à causa de aumento, tendo aplicação apenas na terceira fase da dosimetria, o que não revela qualquer prejuízo na realização da dosimetria da pena com arrimo no método trifásico. Cabe registrar que não se desconhece o entendimento da Quinta Turma do STJ segundo o qual somente será cabível aplicação da mencionada causa de aumento quando o crime for perpetrado na sua forma simples (caput do art. 155). Todavia, o fato é que, após o entendimento exarado em 2011 no julgamento do EREsp 842.425-RS, no qual se evidenciou a possibilidade de aplicação do privilégio (§ 2°) no furto qualificado, não há razoabilidade em negar a incidência da causa de aumento (delito cometido durante o repouso noturno) na mesma situação em que presente a forma qualificada do crime de furto. Em outras palavras, uma vez que não mais se observa a ordem dos parágrafos para a aplicação da causa de diminuição (§ 2º), também não se considera essa ordem para imposição da causa de aumento (§ 1º). **HC 306.450-SP, Rel. Min. Maria Thereza de Assis Moura, julgado em 4/12/2014, DJe 17/12/2014 (Inform. STJ 554).**

DIREITO PENAL. QUALIFICADORA DA DESTREZA NO CRIME DE FURTO.

No crime de furto, não deve ser reconhecida a qualificadora da "destreza" (art. 155, § 4º, II, do CP) caso inexista comprovação de que o agente tenha se valido de excepcional – incomum – habilidade para subtrair a coisa que se encontrava na posse da vítima sem despertar-lhe a atenção. Efetivamente, não configuram essa qualificadora os atos dissimulados comuns aos crimes contra o patrimônio – que, por óbvio, não são praticados às escancaras. A propósito, preleciona a doutrina que essa qualificadora significa uma "especial habilidade capaz de impedir que a vítima perceba a subtração realizada em sua presença. É a subtração que se convencionou chamar de punga. A destreza pressupõe uma atividade dissimulada, que exige habilidade incomum, aumentando o risco de dano ao patrimônio e dificultando sua proteção". Nesse passo, "a destreza constitui a habilidade física ou manual empregada pelo agente na subtração, fazendo com que a vítima não perceba o seu ato. É o meio empregado pelos batedores de carteira, pick-pockets ou punguistas, na gíria criminal brasileira. O agente adestra-se, treina, especializa-se, adquirindo habilidade tal com as mãos e dedos que a subtração ocorre como um passe de mágica, dissimuladamente. Por isso, a prisão em flagrante (próprio) do punguista afasta a qualificadora, devendo responder por tentativa de furto simples; na verdade, a realidade prática comprovou exatamente a inabilidade do incauto". Dispõe ainda a doutrina que "Destreza: é a agilidade ímpar dos movimentos de alguém, configurando uma especial habilidade. O batedor de carteira (figura praticamente extinta diante da ousadia dos criminosos atuais) era o melhor exemplo. Por conta da agilidade de suas mãos, conseguia retirar a carteira de alguém, sem que a vítima percebesse. Não se trata do 'trombadinha', que investe contra a vítima, arrancando-lhe, com violência, os pertences". **REsp 1.478.648-PR, Rel. Min. Newton Trisotto (desembargador convocado do TJ/SC), julgado em 16/12/2014, DJe 2/2/2015 (Inform. STJ 554).**

DIREITO PENAL. ESTELIONATO JUDICIAL E USO DE DOCUMENTO FALSO.

Não se adequa ao tipo penal de estelionato (art. 171, § 3º, do CP) – podendo, contudo, caracterizar o crime de uso de documento falso (art. 304 do CP) – a conduta do advogado que, utilizando-se de procurações com assinatura falsa e comprovantes de residência adulterados, propôs ações indenizatórias em nome de terceiros com objetivo de obter para si vantagens indevidas, tendo as irregularidades sido constadas por meio de perícia determinada na própria demanda indenizatória. De fato, não se configura o crime de estelionato judiciário (art. 171, § 3º, do CP) quando é possível ao magistrado, durante o curso do processo, ter acesso às informações que caracterizam a fraude. Não se desconhece a existência de posicionamento doutrinário e jurisprudencial, inclusive do STJ, no sentido de que não se admite a prática do delito de estelionato por meio do ajuizamento de ações judiciais (RHC 31.344-PR, Quinta Turma, DJe 26/3/2012; e HC 136.038-RS, Sexta Turma, DJe 30/11/2009). Contudo, em recente julgado, a Quinta Turma do STJ firmou o entendimento de que quando não é possível ao magistrado, durante o curso do processo, ter acesso às informações que caracterizam a fraude, é viável a configuração do crime de estelionato (AgRg no HC 248.211-RS, Quinta Turma, DJe 25/4/2013). No caso em análise, constata-se que fora determinada a realização de perícia na documentação acostada pelo advogado, o que revela que a suposta fraude perpetrada era passível de ser descoberta pelas vias ordinárias no curso do processo, o que afasta o crime de estelionato. Todavia, observa-se que o agente teria se utilizado de procurações e comprovantes de residência falsos para ingressar com ações cíveis, sendo certo que tais documentos são hábeis a caracterizar o delito previsto no artigo 304 do CP, conforme entendimento da doutrina e da jurisprudência. **RHC 53.471-RJ, Rel. Min. Jorge Mussi, julgado em 4/12/2014, DJe 15/12/2014 (Inform. STJ 554).**

Súmula STF nº 610

Há crime de latrocínio, quando o homicídio se consuma, ainda que não realize o agente a subtração de bens da vítima.

Súmula STF nº 554

O pagamento de cheque emitido sem provisão de fundos, após o recebimento da denúncia, não obsta ao prosseguimento da ação penal.

Súmula STF nº 246

Comprovado não ter havido fraude, não se configura o crime de emissão de cheque sem fundos.

SÚMULA STJ nº 511

É possível o reconhecimento do privilégio previsto no § 2º do art. 155 do CP nos casos de crime de furto qualificado, se estiverem presentes a primariedade do agente, o pequeno valor da coisa e a qualificadora for de ordem objetiva.

Súmula STJ nº 502

Presentes a materialidade e a autoria, afigura-se típica, em relação ao crime previsto no art. 184, § 2º, do CP, a conduta de expor à venda CDs e DVDs piratas.

Súmula STJ nº 443

O aumento na terceira fase de aplicação da pena no crime de roubo circunstanciado exige fundamentação concreta, não sendo suficiente para a sua exasperação a mera indicação do número de majorantes.

Súmula STJ nº 442

É inadmissível aplicar, no furto qualificado, pelo concurso de agentes, a majorante do roubo.

Súmula STJ nº 96

O crime de extorsão consuma-se independentemente da obtenção da vantagem indevida.

Súmula STJ nº 73

A utilização de papel moeda grosseiramente falsificado configura, em tese, o crime de estelionato, da competência da justiça estadual.

Súmula STJ nº 24

Aplica-se ao crime de estelionato, em que figure como vítima entidade autárquica da previdência social, a qualificadora do § 3º, do art. 171, do Código Penal.

7. CRIMES CONTRA A DIGNIDADE SEXUAL

DIREITO PENAL. CONFIGURAÇÃO DO CRIME DE ESTUPRO DE VULNERÁVEL. RECURSO REPETITIVO (ART. 543-C DO CPC E RES. 8/2008-STJ). TEMA 918.

Para a caracterização do crime de estupro de vulnerável previsto no art. 217-A, *caput*, do Código Penal, basta que o agente tenha conjunção carnal ou pratique qualquer ato libidinoso com pessoa menor de 14 anos; o consentimento da vítima, sua eventual experiência sexual anterior ou a existência de relacionamento amoroso entre o agente e a vítima não afastam a ocorrência do crime. Inicialmente, registre-se que a interpretação jurisprudencial acerca do art. 224, "a", do CP (antes da entrada em vigor da Lei 12.015/2009) já vinha se consolidando no sentido de que respondia por estupro ou por atentado violento ao pudor o agente que mantinha relações sexuais (ou qualquer ato libidinoso) com menor de 14 anos, mesmo sem violência real, e ainda que mediante anuência da vítima (EREsp 1.152.864-SC, Terceira Seção, DJe 1º/4/2014). Com efeito, o fato de alterações legislativas terem sido incorporadas pela Lei 12.015/2009 ao "Título IV – Dos Crimes contra a Dignidade Sexual", especialmente ao "Capítulo II – Dos Crimes Sexuais contra Vulnerável", do CP, estanca, de uma vez por todas, qualquer dúvida quanto à irrelevância, para fins de aperfeiçoamento do tipo penal inscrito no caput do art. 217-A, de eventual consentimento da vítima ao ato libidinoso, de anterior experiência sexual ou da existência de relacionamento amoroso entre ela e o agente. Isso porque, a despeito de parte da doutrina sustentar o entendimento de que ainda se mantém a discussão sobre vulnerabilidade absoluta e vulnerabilidade relativa, o tipo penal do art. 217-A do CP não traz como elementar a expressão "vulnerável". É certo que o nomem iuris que a Lei 12.015/2009 atribui ao citado preceito legal estipula o termo "estupro de vulnerável". Entretanto, como salientado, a "vulnerabilidade" não integra o preceito primário do tipo. Na verdade, o legislador estabelece três situações distintas em que a vítima poderá se enquadrar em posição de vulnerabilidade, dentre elas: "Ter conjunção carnal ou praticar outro ato libidinoso com menor de 14 (catorze) anos". Não cabe, destarte, ao aplicador do direito relativizar esse dado objetivo, com o fim de excluir a tipicidade da conduta. A propósito, há entendimento doutrinário no viés de que: "Hoje, com louvor, visando acabar, de uma vez por todas, com essa discussão, surge em nosso ordenamento jurídico penal, fruto da Lei nº 12.015, de 7 de agosto de 2009, o delito que se convencionou denominar de estupro de vulnerável, justamente para identificar a situação de vulnerabilidade que se encontra a vítima. Agora, não poderão os Tribunais entender de outra forma quando a vítima do ato sexual for alguém menor de 14 (quatorze) anos. [...]. O tipo não está presumindo nada, ou seja, está tão somente proibindo que alguém tenha conjunção carnal ou pratique outro ato libidinoso com menor de 14 anos, bem como com aqueles mencionados no § 1º do art. 217-A do Código Penal. Como dissemos anteriormente, existe um critério objetivo para análise da figura típica, vale dizer, a idade da vítima". Dessa forma, não se pode qualificar ou etiquetar comportamento de crianças, de modo a desviar a análise da conduta criminosa ou justificá-la. Expressões como "amadurecimento sexual da adolescente", "experiência sexual pretérita da vítima" ou mesmo a utilização das expressões "criança prostituta" ou "criança sedutora" ainda frequentam o discurso jurisprudencial, como se o reconhecimento de tais circunstâncias, em alguma medida, justificasse os crimes sexuais perpetrados. Esse posicionamento, todavia, implica a impropriedade de se julgar a vítima da ação delitiva para, a partir daí, julgar-se o agente. Refuta-se, ademais, o frágil argumento de que o desenvolvimento da sociedade e dos costumes possa configurar fator que não permita a subsistência de uma presunção que toma como base a innocentia consilli da vítima. Basta um rápido exame da história das ideias penais – e, em particular, das opções de política criminal que deram ensejo às sucessivas normatizações do Direito Penal brasileiro – para se constatar que o caminho da "modernidade" é antípoda a essa espécie de proposição. Deveras, de um Estado ausente e de um Direito Penal indiferente à proteção da dignidade sexual de crianças e adolescentes, evoluiu-se, paulatinamente, para uma Política Social e Criminal de redobrada preocupação com o saudável crescimento físico, mental e afetivo do componente infanto-juvenil de nossa população, preocupação que passou a ser compartilhada entre o Estado, a sociedade e a família, com reflexos na dogmática penal. Assim é que novas tipificações vieram reforçar a opção do Estado brasileiro – na linha de similar esforço mundial – de combater todo tipo de violência, sobretudo a sexual, contra crianças e adolescentes. É anacrônico, portanto, qualquer discurso que procure considerar a modernidade, a evolução moral dos costumes sociais e o acesso à informação como fatores que se contrapõem à natural tendência civilizatória de proteger certos grupos de pessoas física, biológica, social ou psiquicamente fragilizadas. Além disso, não há que se falar em aplicação do princípio da adequação social, porquanto no julgamento de caso de estupro de vulnerável deve-se evitar carga de subjetivismo, sob pena de ocorrência de possíveis danos relevantes ao bem jurídico tutelado – o saudável crescimento físico, psíquico e emocional de crianças e adolescentes – que, recorde-se, conta com proteção constitucional e infraconstitucional, não sujeito a relativizações. Ora, a tentativa de não conferir o necessário relevo à prática de relações sexuais entre casais em que uma das partes (em regra, a mulher) é menor de 14 anos, com respaldo nos costumes sociais ou na tradição local, tem raízes em uma cultura sexista – ainda muito impregnada no âmago da sociedade ocidental, sobretudo em comunidades provincianas, segundo a qual meninas de tenra idade, já informadas dos assuntos da sexualidade, estão aptas a manter relacionamentos duradouros e estáveis (envolvendo, obviamente, a prática sexual), com pessoas adultas. Ressalta-se, por fim, que praticamente todos os países do mundo repudiam o sexo entre um adulto e um adolescente – e, mais ainda, com uma criança – e tipificam como crime a conduta de praticar atos libidinosos com pessoa ainda incapaz de ter o seu consentimento reconhecido como válido. Precedentes citados: AgRg nos EDcl no AREsp 191.197-MS, Quinta Turma, DJe 19/12/2014; e AgRg no REsp 1.435.416-SC, Sexta Turma, DJe 3/11/2014. **REsp 1.480.881-PI, Rel. Min. Rogerio Schietti Cruz, Terceira Seção, julgado em 26/8/2015, DJe 10/9/2015 (Inform. STJ 568).**

DIREITO PENAL. AUMENTO DE PENA NO MÁXIMO PELA CONTINUIDADE DELITIVA EM CRIME SEXUAL.

Constatando-se a ocorrência de diversos crimes sexuais durante longo período de tempo, é possível o aumento da pena pela continuidade delitiva no patamar máximo de 2/3 (art. 71 do CP), ainda que sem a quantificação exata do número de eventos criminosos. Precedentes citados: AgRg no REsp 1.281.127-PR, Quinta Turma, DJe 25/9/2014; e AgRg no AREsp 455.218-MG, Sexta Turma, DJe 5/2/2015. **HC 311.146-SP, Rel. Min. Newton Trisotto (Desembargador convocado do TJ-SC), julgado em 17/3/2015, DJe 31/3/2015 (Inform. STJ 559).**

DIREITO PENAL. CONSUMAÇÃO DO CRIME DE ATENTADO VIOLENTO AO PUDOR MEDIANTE VIOLÊNCIA PRESUMIDA.

Considera-se consumado o delito de atentado violento ao pudor cometido por agente que, antes da vigência da Lei 12.015/2009, com o intuito de satisfazer sua lascívia, levou menor de 14 anos a um quarto, despiu-se e começou a passar as mãos no corpo da vítima enquanto lhe retirava as roupas, ainda que esta tenha fugido do local antes da prática de atos mais invasivos. Considerar consumado atos libidinosos diversos da conjunção carnal somente quando invasivos, ou seja, nas hipóteses em que há introdução do membro viril nas cavidades oral, vaginal ou anal da vítima, não corresponde ao entendimento do legislador, tampouco ao da doutrina e da jurisprudência acerca do tema. Conforme ensina a doutrina, libidinoso é ato lascivo, voluptuoso, que objetiva prazer sexual; aliás, libidinoso é espécie do gênero atos de libidinagem, que envolve também a conjunção carnal. Nesse contexto, o aplicador precisa aquilatar o caso concreto e concluir se o ato praticado foi capaz de ferir ou não a dignidade sexual da vítima. Quando o crime é praticado contra criança, um grande número de outros atos (diversos da conjunção carnal) contra vítima de tenra idade, são capazes de lhe ocasionar graves consequências psicológicas, devendo, portanto, ser punidos com maior rigor. Conforme já consolidado pelo STJ: "o ato libidinoso diverso da conjunção carnal, que caracteriza o delito tipificado no revogado art. 214 do CP, inclui toda ação atentatória contra o pudor praticada com o propósito lascivo, seja sucedâneo da conjunção carnal ou não, evidenciando-se com o contato físico entre o agente e a vítima durante o apontado ato voluptuoso" (AgRg no REsp 1.154.806-RS, Sexta Turma, DJe 21/3/2012). Por certo, não há como classificar, com rigidez preestabelecida, os contatos físicos que configurariam o crime de atentado violento ao pudor em sua forma consumada. Cada caso deve ser analisado pelo julgador de maneira artesanal, e algumas hipóteses menos invasivas entre pessoas adultas poderão, singularmente, até mesmo afastar a configuração do crime sexual, permanecendo, residualmente, a figura contravencional correspondente. Na hipótese em análise, entretanto, ficou evidenciada a prática de ato libidinoso diverso da conjunção carnal em desfavor da vítima em um contexto no qual o réu satisfez sua lascívia ao acariciar o corpo nu do menor. Ressalta-se, por fim, que a proteção integral à criança, em especial no que se refere às agressões sexuais, é preocupação constante de nosso Estado, constitucionalmente garantida (art. 227, caput e § 4º, da CF), e de instrumentos internacionais. **REsp 1.309.394-RS, Rel. Min. Rogerio Schietti Cruz, julgado em 3/2/2015, DJe 20/2/2015 (Inform. STJ 555).**

DIREITO PENAL. CRIME SEXUAL PRATICADO CONTRA MENOR DE 14 ANOS E REDUÇÃO DA PENA-BASE PAUTADA NO COMPORTAMENTO DA VÍTIMA.

Em se tratando de crime sexual praticado contra menor de 14 anos, a experiência sexual anterior e a eventual homossexualidade do ofendido não servem para justificar a diminuição da pena-base a título de comportamento da vítima. Inicialmente, importante salientar que a jurisprudência pacífica do STJ considera que, no estupro e no atentado violento ao pudor contra menor de 14 anos, praticados antes da vigência da Lei 12.015/2009, a presunção de violência é absoluta. Desse modo, é irrelevante, para fins de configuração do delito, a aquiescência da adolescente ou mesmo o fato de a vítima já ter mantido relações sexuais anteriores (EREsp 1.152.864-SC, Terceira Seção, DJe 1º/4/2014 e EREsp 762.044-SP, Terceira Seção, DJe 14/4/2010). Portanto, tem-se que o comportamento da vítima menor de 14 anos é irrelevante para fins de configuração do delito, tendo em vista a presunção absoluta de violência. No caso em análise, todavia, a discussão gira em torno da possibilidade de se considerar o comportamento da vítima – quando menor de 14 anos – como fundamento para a redução da pena-base do réu. De fato, sobre a possibilidade de redução da pena-base em face do comportamento da vítima, o STJ firmou entendimento de que "o comportamento da vítima é uma circunstância neutra ou favorável quando da fixação da primeira fase da dosimetria da condenação" (HC

245.665-AL, Quinta Turma, DJe 3/2/2014). Nessa medida, ainda que o comportamento da vítima possa ser considerado de forma favorável ao réu, tratando-se de crime de atentado violento ao pudor contra vítima menor de 14 anos, a experiência sexual anterior e a eventual homossexualidade do ofendido não servem para justificar a diminuição da pena-base a título de comportamento da vítima. A experiência sexual anterior e a eventual homossexualidade do ofendido, assim como não desnaturam o crime sexual praticado, com violência presumida, contra menor de 14 anos, não servem para justificar a diminuição da pena-base a título de comportamento da vítima. **REsp 897.734-PR, Rel. Min. Nefi Cordeiro, julgado em 3/2/2015, DJe 13/2/2015 (Inform. STJ 555).**

8. CRIMES CONTRA A FÉ PÚBLICA

DIREITO PENAL. INAPLICABILIDADE DO ARREPENDIMENTO POSTERIOR AO CRIME DE MOEDA FALSA.

Não se aplica o instituto do arrependimento posterior ao crime de moeda falsa. No crime de moeda falsa – cuja consumação se dá com a falsificação da moeda, sendo irrelevante eventual dano patrimonial imposto a terceiros –, a vítima é a coletividade como um todo, e o bem jurídico tutelado é a fé pública, que não é passível de reparação. Desse modo, os crimes contra a fé pública, semelhantes aos demais crimes não patrimoniais em geral, são incompatíveis com o instituto do arrependimento posterior, dada a impossibilidade material de haver reparação do dano causado ou a restituição da coisa subtraída. **REsp 1.242.294-PR, Rel. originário Min. Sebastião Reis Júnior, Rel. para acórdão Min. Rogerio Schietti Cruz, julgado em 18/11/2014, DJe 3/2/2015 (Inform. STJ 554).**

Súmula STJ nº 522

A conduta de atribuir-se falsa identidade perante autoridade policial é típica, ainda que em situação de alegada autodefesa.

9. CRIMES CONTRA A ADMINISTRAÇÃO PÚBLICA E AS FINANÇAS PÚBLICAS

Inq N. 3.320-RS

RELATOR: MIN. LUIZ FUX

Ementa: PENAL. INQUÉRITO. OFERECIMENTO DE DENÚNCIA POR CRIME DE SONEGAÇÃO DE DOCUMENTOS. CONDUTA QUE NÃO SE ADEQUA AO TIPO PENAL DO ART. 314 DO CÓDIGO PENAL. POSSÍVEL CRIME DE PREVARICAÇÃO, CUJA PUNIBILIDADE ESTÁ EXTINTA. DENÚNCIA REJEITADA.

1. O crime de sonegação de documentos descrito no art. 314 do Código Penal se caracteriza pela ocultação ou negativa de acesso a quem de direito a documentos de que o acusado tenha a guarda em razão do cargo.

2. *In casu*, foram requisitados: a) demonstrativos, relatórios, dados e outras informações que permitissem avaliar os indicadores de saúde do Estado; b) a apresentação dos saldos das contas bancárias que movimentam os recursos recebidos do Fundo Nacional de Saúde.

3. O crime de sonegação de documentos não se caracteriza em razão da não elaboração de demonstrativos, relatórios ou informações, podendo encerrar, em tese, quando muito, o crime de prevaricação, cuja punibilidade está extinta, no caso *sub judice*.

a) *In casu*, os saldos das contas vinculadas à saúde foram apresentados pela Secretaria de Saúde, o que é inconteste nos autos. Embora os auditores tenham se queixado da não apresentação dos *extratos bancários* das mencionadas contas, o fato é que *somente foram solicitados os saldos*, e não os extratos, razão pela qual é inadmissível imputar ao acusado a prática do crime de sonegação de um documento que não lhe foi requerido.

b) Outrossim, afigura-se impossível a prática do crime de sonegação de extratos bancários pelo Secretário de Saúde, por não se tratar de ato do seu ofício a guarda dos documentos exigidos, encarregada a órgão próprio, não se revelando presente o fim de agir do tipo penal do art. 314 do Código Penal (consistente em inviabilizar por completo o acesso aos documentos requeridos).

c) os extratos bancários acabaram por ser fornecidos pelo Ministério Público de Contas do Estado, que é um dos órgãos detentores dos mencionados documentos. É que "*a aplicação correta da Emenda Constitucional nº 29 foi verificada e atestada pelo órgão competente, que é o Tribunal de Contas do Estado. O mesmo se diga dos indicadores de saúde, reconhecidamente os melhores da federação. O IBGE fez o levantamento dos dados relativos à gestão de 2008, exatamente o período auditado, concluindo que o Rio Grande do Sul possuía os melhores índices de saúde do país*".

c.i) Consequentemente, assume verossimilhança o fato de que a auditoria que se pretendia realizar foi programada pelo Diretor do DENASUS por motivos políticos, uma vez que "*vinha fazendo oposição declarada ao governo do qual fazia parte o Acusado*" e tinha por fim aproveitar-se do momento de excesso de trabalho da Secretaria de Saúde do Estado do Rio Grande do Sul, por conta da epidemia da gripe H1N1 que atingiu o país naquele período, pois todos os seus diretores estavam envolvidos, dia e noite, com esta pauta.

4. Denúncia rejeitada. **(Inform. STF 811)**

DIREITO PENAL. CRIME DE COAÇÃO NO CURSO DE PROCEDIMENTO INVESTIGATÓRIO CRIMINAL (PIC).

O crime de coação no curso do processo (art. 344 do CP) pode ser praticado no decorrer de Procedimento Investigatório Criminal instaurado no âmbito do Ministério Público. Isso porque, além de o PIC servir para os mesmos fins e efeitos do inquérito policial, o STJ já reconheceu que, mesmo as ameaças proferidas antes da formalização do inquérito caracterizam o crime de coação no curso do processo, desde que realizadas com o intuito de influenciar o resultado de eventual investigação criminal (HC 152.526-MG, Quinta Turma, DJe 19/12/2011). **HC 315.743-ES, Rel. Min. Nefi Cordeiro, julgado em 6/8/2015, DJe 26/8/2015 (Inform. STJ 568).**

DIREITO PENAL E PROCESSUAL PENAL. FLAGRANTE NO CRIME DE CONCUSSÃO.

No crime de concussão, a situação de flagrante delito configura-se pela exigência – e não pela entrega – da vantagem indevida. Isso porque a concussão é crime formal, que se consuma com a exigência da vantagem indevida. Assim, a eventual entrega do exigido se consubstancia mero exaurimento do crime previamente consumado. **HC 266.460-ES, Rel. Min. Reynaldo Soares da Fonseca, julgado em 11/6/2015, DJe 17/6/2015 (Inform. STJ 564).**

DIREITO PENAL. DESCAMINHO E EXTINÇÃO DA PUNIBILIDADE.

O pagamento do tributo devido não extingue a punibilidade do crime de descaminho (art. 334 do CP). A partir do julgamento do HC 218.961-SP (DJe 25/10/2013), a Quinta Turma do STJ, alinhando-se ao entendimento da Sexta Turma e do STF, passou a considerar ser desnecessária, para a persecução penal do crime de descaminho, a apuração administrativa do montante de tributo que deixou de ser recolhido, tendo em vista a natureza formal do delito, o qual se configura com o simples ato de iludir o pagamento do imposto devido pela entrada de mercadoria no país. Na ocasião, consignou-se que o bem jurídico tutelado pelo art. 334 do CP vai além do valor do imposto sonegado, pois, além de lesar o Fisco, atinge a estabilidade das atividades comerciais dentro do país, dá ensejo ao comércio ilegal e à concorrência desleal, gerando uma série de prejuízos para a atividade empresarial brasileira. Verifica-se, assim, que o descaminho não pode ser equiparado aos crimes materiais contra a ordem tributária, o que revela a impossibilidade de que o agente acusado da prática do crime de descaminho tenha a sua punibilidade extinta pelo pagamento do tributo. Ademais, o art. 9º da Lei 10.684/2003 prevê a extinção da punibilidade pelo pagamento dos débitos fiscais apenas no que se refere aos crimes contra a ordem tributária e de apropriação ou sonegação de contribuição previdenciária – arts. 1º e 2º da Lei 8.137/1990, 168-A e 337-A do CP. Nesse sentido, se o crime de descaminho não se assemelha aos crimes acima mencionados, notadamente em razão dos diferentes bens jurídicos por cada um deles tutelados, inviável a aplicação analógica da Lei 10.684/2003. **RHC 43.558-SP, Rel. Min. Jorge Mussi, julgado em 5/2/2015, DJe 13/2/2015 (Inform. STJ 555).**

10. OUTROS CRIMES DO CÓDIGO PENAL

DIREITO PENAL E PROCESSUAL PENAL. COMPROVAÇÃO DA MATERIALIDADE DO DELITO DE VIOLAÇÃO DE DIREITO AUTORAL. RECURSO REPETITIVO (ART. 543-C DO CPC E RES. 8/2008-STJ). TEMA 926.

É suficiente, para a comprovação da materialidade do delito previsto no art. 184, § 2º, do CP, a perícia realizada, por amostragem, sobre os aspectos externos do material apreendido, sendo desnecessária a identificação dos titulares dos direitos autorais violados ou de quem os represente. No que diz respeito à comprovação da materialidade dos delitos contra a propriedade intelectual, a Lei 10.695/2003 (Lei Antipirataria), além de modificar o art. 184 do CP, incluiu, para facilitar a apuração desses crimes, os arts. 530-A e seguintes no CPP, prevendo a possibilidade de elaboração de laudo pericial por apenas um perito. Previu-se, também, nos crimes de ação penal pública incondicionada – aos quais se aplica o procedimento previsto nos arts. 530-B a 530-H -, a possibilidade de a autoridade policial agir de ofício, apreendendo o produto ilícito e tomando as medidas necessárias para cessar a atividade criminosa. Daí o debate sobre: (a) se a materialidade do crime previsto no art. 184, § 2º, do CP pode ser comprovada mediante laudo pericial feito por amostragem do produto apreendido; (b) se é suficiente a análise de características externas do material apreendido para a aferição da falsidade necessária à tipificação do delito descrito no art. 184, § 2º, do CP; e, ainda, (c) se, para a configuração do delito em questão, é dispensável a identificação individualizada dos titulares dos direitos autorais violados ou de quem os represente. Quanto ao primeiro ponto em debate (a), realmente, o art. 530-D do CPP dispõe que "Subsequente à apreensão, será realizada, por perito oficial, ou, na falta deste, por pessoa tecnicamente habilitada, perícia sobre todos os bens apreendidos e elaborado o laudo que deverá integrar o inquérito policial ou o processo". Entretanto, ainda que esse dispositivo legal literalmente disponha que a perícia deve ser realizada sobre "todos os bens apreendidos", a materialidade do crime previsto no art. 184, § 2º, do CP pode ser comprovada mediante laudo pericial feito por amostragem do produto apreendido, já que basta a apreensão de um único objeto para que, realizada a perícia e identificada a falsidade do bem periciado, tenha-se como configurado o delito em questão. Nesse sentido, a Sexta Turma do STJ (HC 213.758-SP, DJe 10/4/2013) já definiu que "há critérios estatísticos aptos a permitir que o perito conclua sobre a falsidade ou autenticidade dos bens a partir de exemplares representativos da amostra apreendida [...] contraproducente a análise de dezenas ou mesmo de centenas de produtos praticamente idênticos para fins de comprovação da materialidade do delito de violação de direito autoral. Entender de forma diversa o disposto no art. 530-D do Código de Processo Penal apenas dificultaria a apuração do delito em questão e retardaria o término do processo judicial, em inobservância ao princípio constitucional da razoável duração do processo (CF, art. 5º, LXXVIII)", de modo que "a exigência do legislador de que a perícia seja realizada sobre todos os bens apreendidos se presta, na verdade, não para fins de comprovação da materialidade delitiva, mas para fins de dosimetria da pena, mais especificamente para a exasperação da reprimenda-base, uma vez que se mostra mais acentuada a reprovabilidade do agente que reproduz, por exemplo, com intuito de lucro, 500 obras intelectuais, [...] do que aquele que, nas mesmas condições reproduz apenas 20". Do mesmo modo, a Quinta Turma do STJ (AgRg no REsp 1.451.608-SP, DJe 5/6/2015) também entende que a materialidade do delito previsto no art. 184, § 2º, do CP pode ser comprovada mediante perícia por amostragem no material apreendido. Em relação ao segundo ponto (b), deve-se destacar que o STJ já possui o entendimento de que é dispensável excesso de formalismo para a constatação da materialidade do crime de violação de direito autoral, de modo que a simples análise de características externas dos objetos apreendidos é suficiente para a aferição da falsidade necessária à configuração do delito descrito no art. 184, § 2º, do CP. Nessa perspectiva, registre-se que, conforme a Quinta Turma do STJ, a análise das características externas, tais como a padronização das impressões gráficas, presença de logotipo padrão, códigos IFPI, nome do fabricante, cor do disco, e a conclusão de que os objetos não possuem características de fabricação comuns, são suficientes a atestar a falsificação, "até mesmo porque, na maioria dos casos, o conteúdo da mídia falsificada é idêntico ao produto original, situando a diferença unicamente em seus aspectos externos" (AgRg no REsp 1.359.458-MG, DJe 19/12/2013). Ademais, seguindo o intuito da legislação pátria de facilitar o combate à pirataria, não seria razoável exigir minúcias no laudo pericial, como a análise do conteúdo das mídias apreendidas, mesmo porque "a caracterização da materialidade delitiva [...] pode ser afirmada [até mesmo] por exames visuais sobre a mídia fraudada" (AgRg no REsp 1.441.840-MG, Quinta Turma, DJe 10/6/2014). Com a mesma compreensão, a Sexta Turma do STJ (AgRg no REsp 1.499.185-MG, DJe 9/3/2015). Por fim, no tocante à terceira questão em debate (c), de fato, para a configuração do crime em questão, é dispensável a identificação individualizada dos titulares dos direitos autorais violados ou de quem os represente. Isso porque a violação de direito autoral extrapola a individualidade do titular do direito, devendo ser tratada como ofensa ao Estado e a toda a coletividade, visto que acarreta a diminuição na arrecadação de impostos, reduz a oferta de empregos formais, causa prejuízo aos consumidores e aos proprietários legítimos e fortalece o poder paralelo e a prática de atividades criminosas conexas à venda desses bens, aparentemente inofensiva. Sob essa orientação, posicionam-se tanto a Quinta Turma (HC 273.164-ES, DJe 5/2/2014) quanto a Sexta Turma (AgRg no AREsp 416.554-SC, DJe 26/3/2015) do STJ. Além disso, o tipo penal descrito no art. 184, § 2º, do CP, é perseguido, nos termos do art. 186, II, do mesmo diploma normativo, mediante ação penal pública incondicionada, de modo que não é exigida nenhuma manifestação do detentor do direito autoral violado para que se dê início à ação penal. Consequentemente, não é coerente se exigir a sua individualização para a configuração do delito em questão. Saliente-se, ainda, que o delito previsto no art. 184, § 2º, do CP é de natureza formal. Portanto, não demanda, para sua consumação, a ocorrência de resultado naturalístico, o que corrobora a prescindibilidade de identificação dos titulares dos direitos autorais violados ou de quem os represente para a configuração do crime em questão. **REsp 1.456.239-MG e REsp 1.485.832-MG, Rel. Min. Rogerio Schietti Cruz, Terceira Seção, julgado em 12/8/2015, DJe 21/8/2015 (Inform. STJ 567).**

DIREITO CONSTITUCIONAL E PENAL. INCONSTITUCIONALIDADE DO PRECEITO SECUNDÁRIO DO ART. 273, § 1º-B, V, DO CP.

É inconstitucional o preceito secundário do art. 273, § 1º-B, V, do CP – "reclusão, de 10 (dez) a 15 (quinze) anos, e multa" –,devendo-se considerar, no cálculo da reprimenda, a pena prevista no caput do art. 33 da Lei 11.343/2006 (Lei de Drogas), com possibilidade de incidência da causa de diminuição de pena do respectivo § 4º. De fato, é viável a fiscalização judicial da constitucionalidade de preceito legislativo que implique intervenção estatal por meio do Direito Penal, examinando se o legislador considerou suficientemente os fatos e prognoses e se utilizou de sua margem de ação de forma adequada para a proteção suficiente dos bens jurídicos fundamentais. Nesse sentido, a Segunda Turma do STF (HC 104.410-RS, DJe 27/3/2012) expôs o entendimento de que os "mandatos constitucionais de criminalização [...] impõem ao legislador [...] o dever de observância do princípio da proporcionalidade como proibição de excesso e como proibição de proteção insuficiente. A idéia é a de que a intervenção estatal por meio do Direito Penal, como ultima ratio, deve ser sempre guiada pelo princípio da proporcionalidade [...] Abre-se, com isso, a possibilidade do controle da constitucionalidade da atividade legislativa em matéria penal". Sendo assim, em atenção ao princípio constitucional da proporcionalidade e razoabilidade das leis restritivas de direitos (CF, art. 5º, LIV), é imprescindível a atuação do Judiciário para corrigir o exagero e ajustar a pena de "reclusão, de 10 (dez) a 15 (quinze) anos, e multa" abstratamente cominada à conduta inscrita no art. 273, § 1º-B, V, do CP, referente ao crime de ter em depósito, para venda, produto destinado a fins terapêuticos ou medicinais de procedência ignorada. Isso porque, se esse delito for comparado, por exemplo, com o crime de tráfico ilícito de drogas (notoriamente mais grave e cujo bem jurídico também é a saúde pública), percebe-se a total falta de razoabilidade do preceito secundário do art. 273, § 1º-B, do CP, sobretudo após a edição da Lei 11.343/2006 (Lei de Drogas), que, apesar de ter aumentado a pena mínima de 3 para 5 anos, introduziu a possibilidade de redução da reprimenda, quando aplicável o § 4º do art. 33, de 1/6 a 2/3. Com isso, em inúmeros casos, o esporádico e pequeno traficante pode receber a exígua pena privativa de liberdade de 1 ano e 8 meses. E mais: é possível, ainda, sua substituição por restritiva de direitos. De mais a mais, constata-se que a pena mínima cominada ao crime ora em debate excede em mais de três vezes a pena máxima do homicídio culposo, corresponde a quase o dobro da pena mínima do homicídio doloso simples, é cinco vezes maior que a pena mínima da lesão corporal de natureza grave, enfim, é mais grave do que a do estupro, do estupro de vulnerável, da extorsão mediante sequestro, situação que gera gritante desproporcionalidade no sistema penal. Além disso, como se trata de crime de perigo abstrato, que independe da prova da ocorrência de efetivo risco para quem quer que seja, a dispensabilidade do dano concreto à saúde do pretenso usuário do produto evidencia ainda mais a falta de harmonia entre esse delito e a pena abstratamente cominada pela redação dada pela Lei 9.677/1998 (de 10 a 15 anos de reclusão). Ademais, apenas para seguir apontando a desproporcionalidade, deve-se ressaltar que a conduta de importar medicamento não registrado na ANVISA, considerada criminosa e hedionda pelo art. 273, § 1º-B, do CP, a que se comina pena altíssima, pode acarretar mera sanção administrativa de advertência, nos termos dos arts. 2º, 4º, 8º (IV) e 10 (IV), todos da Lei n. 6.437/1977, que define as infrações à legislação sanitária. A ausência de relevância penal da conduta, a desproporção da pena em ponderação com o dano ou perigo de dano à saúde pública decorrente da ação e a inexistência de consequência calamitosa do agir convergem para que se conclua pela falta de razoabilidade da pena prevista na lei, tendo em vista que a restrição da liberdade individual não pode ser excessiva, mas compatível e proporcional à ofensa causada pelo comportamento humano criminoso. Quanto à possibilidade de aplicação, para o crime em questão, da pena abstratamente prevista para o tráfico de drogas – "reclusão de 5 (cinco) a 15 (quinze) anos e pagamento de 500 (quinhentos) a 1.500 (mil e quinhentos) dias-multa" (art. 33 da Lei de drogas) –,a Sexta Turma do STJ (REsp 915.442-SC, DJe 1º/2/2011) dispôs que "A Lei 9.677/98, ao alterar a pena prevista para os delitos descritos no artigo 273 do Código Penal, mostrou-se excessivamente desproporcional, cabendo, portanto, ao Judiciário promover o ajuste principiológico da norma [...] Tratando-se de crime hediondo, de perigo abstrato, que tem como bem jurídico tutelado a saúde pública, mostra-se razoável a aplicação do preceito secundário do delito de tráfico de drogas ao crime de falsificação, corrupção, adulteração ou alteração de produto destinado a fins terapêuticos ou medicinais". **AI no HC 239.363-PR, Rel. Min. Sebastião Reis Júnior, julgado em 26/2/2015, DJe 10/4/2015 (Inform. STJ 559).**

11. CRIMES RELATIVOS A DROGAS (ASPECTOS DE DIREITO MATERIAL E PROCESSUAL)

RHC N. 129.811-ES

RELATOR: MIN. TEORI ZAVASCKI

Ementa: RECURSO ORDINÁRIO EM *HABEAS CORPUS*. TRÁFICO DE DROGAS. CAUSA DE DIMINUIÇÃO DA PENA PREVISTA NO ART. 33, § 4º, DA LEI 11.343/2006. APLICAÇÃO. INVIABILIDADE. RÉU QUE NÃO PREENCHE OS REQUISITOS LEGAIS. *REFORMATIO IN PEJUS*. NÃO OCORRÊNCIA. REGIME PRISIONAL FUNDAMENTADO NAS CIRCUNSTÂNCIAS DO CASO.

1. A não aplicação da minorante prevista no § 4º do art. 33 da Lei 11.343/2006 pressupõe a demonstração pelo juízo sentenciante da existência de conjunto probatório apto a afastar ao menos um dos critérios, que são autônomos, descritos no preceito legal: (a) primariedade; (b) bons antecedentes; (c) não dedicação a atividades criminosas; e (d) não integração à organização criminosa. Nesse juízo, não se pode ignorar que a norma em questão tem a clara finalidade de apenar com menor grau de intensidade quem pratica de modo eventual as condutas descritas no art. 33, *caput* e § 1º, daquele mesmo diploma legal em contraponto ao agente que faz do crime o seu modo de vida, razão pela qual, evidentemente, não estaria apto a usufruir do referido benefício.

2. As instâncias ordinárias concluíram, com base nos elementos de provas colhidos sob o crivo do contraditório, pela dedicação do recorrente a atividade criminosa, circunstância que não pode contraditada em sede de *habeas corpus*, instrumento que não se presta para o revolvimento do conjunto fático probatório. Precedentes.

3. Mantida a essência da causa de pedir e sem piorar a situação do recorrente, é legítima a manutenção da decisão recorrida, em sede de apelação, ainda que por outros fundamentos. No particular, a não aplicação da minorante foi mantida, sob perspectiva diversa, com esteio circunstâncias fáticas apontadas na própria sentença condenatória. Desse modo, não há falar em *reformatio in pejus*.

4. A determinação do regime inicial de cumprimento da pena deve levar em conta dois fatores: (a) o *quantum* da reprimenda imposta (CP, art. 33, § 2º); e (b) as condições pessoais do condenado estabelecidas na primeira etapa da dosimetria (CP, art. 59 c/c art. 33 § 3º). Nesse contexto, não há ilegalidade na decisão que, mediante fundamentação jurídica adequada, estabelece o regime inicial mais grave, como medida necessária e suficiente para reprovação e prevenção do crime.

5. Recurso ordinário a que se nega provimento. **(Inform. STF 811)**

Tráfico de entorpecente e transposição de fronteira

A incidência da causa de aumento de pena prevista na Lei 11.343/2006 ["Art. 40. As penas previstas nos artigos 33 a 37 desta Lei são aumentadas de um sexto a dois terços, se: (...) V – caracterizado o tráfico entre Estados da Federação ou entre estes e o Distrito Federal"] não demanda a efetiva transposição da fronteira da unidade da Federação. Seria suficiente a reunião dos elementos que identificassem o tráfico interestadual, que se consumaria instantaneamente, sem depender de um resultado externo naturalístico. Esse é o entendimento da Primeira Turma, que, em conclusão de julgamento e por maioria, denegou a ordem em "habeas corpus" no qual se sustentava a não incidência da mencionada majorante, porque o agente teria adquirido a substância entorpecente no mesmo Estado em que fora preso. Segundo o Colegiado, existiriam provas suficientes quanto à finalidade de consumar a ação típica, a saber: a) o paciente estava no interior de ônibus de transporte interestadual com bilhete cujo destino final seria outro Estado da Federação; e, b) a fase da intenção e a dos atos preparatórios teriam sido ultrapassadas no momento em que o agente ingressara no ônibus com a droga, a adentrar a fase de execução do crime. O fundamento da punição de todos os atos de execução do delito responderia ao fim político-criminal e preventivo que presidiria o Direito Penal. Essa a razão porque a tentativa seria punível, em atenção à necessidade político-criminal de estender a ameaça ou cominação penal, prevista para os tipos delitivos consumados, também às condutas que, embora não consumassem o delito, estariam próximas da consumação e se realizariam com a vontade de obter essa efetividade. Consoante a dogmática penal, o âmbito do fato punível começaria quando o sujeito iniciasse a execução do delito diretamente por fatos exteriores, ainda que não fosse necessário o efetivo começo da ação tipificada no verbo nuclear do tipo penal. Assim, o transporte da droga, uma vez iniciado, se protrairia no tempo, a revelar crime de consumação permanente. Isso permitiria o flagrante durante a execução desse transporte. Vencido o Ministro Marco Aurélio, que afastava a causa de aumento versada no inciso V do art. 40 da Lei 11.343/2006. Apontava que haveria distorção no fato de se ter como consumado crime interestadual e tentado quanto à causa de aumento de pena.

HC 122791/MS, rel. Min. Dias Toffoli, 17.11.2015. (HC-122791) (Inform. STF 808)

RHC N. 129.951-PA

RELATOR: MIN. TEORI ZAVASCKI

Ementa: RECURSO ORDINÁRIO EM *HABEAS CORPUS*. TRÁFICO TRANSNACIONAL DE ENTORPECENTES. DOSIMETRIA. PENA-BASE ACIMA DO MÍNIMO LEGAL. MENORIDADE RELATIVA. *QUANTUM* DE ATENUAÇÃO DA PENA. PATAMAR DE DIMINUIÇÃO DE PENA PREVISTA NO ART. 33, § 4º, DA LEI 11.343/2006. FIXAÇÃO DE REGIME INICIAL SEMIABERTO. SUBSTITUIÇÃO DA PENA PRIVATIVA DE LIBERDADE POR RESTRITIVA DE DIREITOS. CIRCUNSTÂNCIAS DESFAVORÁVEIS. NATUREZA E QUANTIDADE DA DROGA APREENDIDA. FUNDAMENTOS IDÔNEOS.

1. A dosimetria da pena, além de não admitir soluções arbitrárias e voluntaristas, supõe, como pressuposto de legitimidade, adequada fundamentação racional, revestida dos predicados de logicidade, harmonia e proporcionalidade com os dados empíricos em que se deve basear.

2. Idônea a exasperação da pena-base com fundamento na natureza das substâncias traficadas, consoante preconiza o art. 42 da Lei 11.343/2006 c/c art. 59 do Código Penal.

3. A avaliação do *quantum* de atenuação da pena, à míngua de previsão legislativa dos parâmetros a serem considerados, sujeita-se ao livre convencimento motivado do julgador, observado o limite máximo de redução, as circunstâncias do caso e os princípios da proporcionalidade e razoabilidade.
4. A minorante prevista no § 4º do art. 33 da Lei 11.343/2006 em patamar inferior ao máximo permitido encontrou respaldo em fundamentação jurídica adequada, com base na quantidade da droga apreendida com o recorrente (2.360g de cocaína e 1.895g de maconha).
5. À luz do art. 33, § 3º, do Código Penal, a jurisprudência desta Corte firmou o entendimento de que a imposição do regime inicial de cumprimento da pena não decorre somente do *quantum* da reprimenda, mas também das circunstâncias judiciais (CP, art. 59) declinadas na primeira etapa da dosimetria. No crime de tráfico de drogas, devem ser levadas em consideração, ainda, a quantidade e a qualidade das drogas apreendidas, como critério legal adicional na fixação do regime inicial de cumprimento de pena, conforme intelecção do art. 42 da Lei 11.343/2006.
6. Não é viável proceder à substituição da pena privativa de liberdade por restritivas de direito, pois, embora preenchido o requisito objetivo previsto no inciso I do art. 44 do Código Penal (pena não superior a 4 anos), as instâncias ordinárias concluíram que a conversão da pena não se revela adequada ao caso, ante a existência de circunstâncias judiciais desfavoráveis (natureza da droga apreendida). Precedentes.
7. Recurso a que se nega provimento. **(Inform. STF 802)**

Lei de drogas e princípio da consunção

A Segunda Turma conheceu parcialmente e, nessa extensão, concedeu, em parte, a ordem em "habeas corpus", para restabelecer a sentença imposta ao paciente pelo juízo singular, com o decotamento da confissão espontânea fixado em 2º grau. Na espécie, ele fora condenado pela prática de tráfico de drogas e associação para o tráfico (Lei 11.343/2006, artigos 33 e 35). O tribunal local, ao apreciar as apelações da acusação e da defesa, reduzira a pena referente ao tráfico, mas condenara o réu com relação aos delitos dos artigos 33, § 1º, I; e 34 da Lei 11.343/2006. No "habeas", sustentava-se a existência de irregularidades quanto às transcrições de escutas telefônicas colhidas em investigação; a ilegalidade quanto à pena-base; a ocorrência do princípio da consunção, considerados os delitos de tráfico e dos artigos 33, § 1º, I; e 34 da Lei 11.343/2006; a inexistência do crime de associação para o tráfico; a ilegalidade quanto à incidência da agravante do art. 62, I, do CP; e a ocorrência de tráfico privilegiado. A Turma assinalou não haver nulidade quanto às transcrições de interceptações telefônicas, que teriam sido devidamente disponibilizadas, sem que a defesa, entretanto, houvesse solicitado a transcrição total ou parcial ao longo da instrução. Ademais, entendeu que, dadas as circunstâncias do caso concreto, seria possível a aplicação do princípio da consunção, que se consubstanciaria pela absorção dos delitos tipificados nos artigos 33, § 1º, I, e 34 da Lei 11.343/2006, pelo delito previsto no art. 33, "caput", do mesmo diploma legal. Ambos os preceitos buscariam proteger a saúde pública e tipificariam condutas que – no mesmo contexto fático, evidenciassem o intento de traficância do agente e a utilização dos aparelhos e insumos para essa mesma finalidade – poderiam ser consideradas meros atos preparatórios do delito de tráfico previsto no art. 33, "caput", da Lei 11.343/2006. Quanto às demais alegações, não haveria vícios aptos a redimensionar a pena-base fixada, bem assim estaria demonstrada a existência de associação para o tráfico. Além disso, a suposta ocorrência de tráfico privilegiado não poderia ser analisada, por demandar análise fático-probatória. Por fim, a questão relativa à incidência do art. 62, I, do CP, não teria sido aventada perante o STJ, e sua análise implicaria supressão de instância.
HC 109708/SP, rel. Min. Teori Zavascki, 23.6.2015. (HC-109708) (Inform. STF 791)

HC N. 124.022-SP
RELATOR: MIN. TEORI ZAVASCKI
Ementa: PENAL. TRÁFICO TRANSNACIONAL DE DROGAS. AFASTAMENTO DA CAUSA ESPECIAL DE REDUÇÃO DE PENA. FUNDAMENTAÇÃO INIDÔNEA. RESTABELECIMENTO DA SENTENÇA CONDENATÓRIA QUE CONCEDEU O BENEFÍCIO NA FRAÇÃO DE 1/3. PRECEDENTES.
1. A não aplicação da minorante prevista no § 4º do art. 33 da Lei 11.343/2006 pressupõe a demonstração pelo juízo sentenciante da existência de um conjunto probatório apto a afastar pelo menos um dos critérios, que são autônomos, descritos no preceito legal: (a) primariedade; (b) bons antecedentes; (c) não dedicação a atividades criminosas; e (d) não integração à organização criminosa. Nesse juízo, não se pode ignorar que a norma em questão tem a clara finalidade de apenar com menor grau de intensidade quem pratica de modo eventual as condutas descritas no art. 33, *caput* e § 1º, em contraponto ao agente que faz do crime o seu modo de vida, o qual, evidentemente, não goza do referido benefício (cf. justificativa ao Projeto de Lei 115/2002 apresentada à Comissão de Constituição e Justiça e de Redação).
2. No caso, o Tribunal de apelação afastou a referida minorante com base em argumentos genéricos e teóricos, desprovidos de qualquer elemento contido nos autos, senão no fato de a paciente ter sido condenada pela prática do crime de tráfico transnacional de drogas. Por outro lado, a sentença condenatória afirmou, de forma segura, a inexistência de prova apta a justificar a negativa da causa de diminuição. Precedentes.
3. Ordem parcialmente concedida. **(Inform. STF 781)**

DIREITO PROCESSUAL PENAL. HIPÓTESE DE INOCORRÊNCIA DE AÇÃO CONTROLADA.

A investigação policial que tem como única finalidade obter informações mais concretas acerca de conduta e de paradeiro de determinado traficante, sem pretensão de identificar outros suspeitos, não configura a ação controlada do art. 53, II, da Lei 11.343/2006, sendo dispensável a autorização judicial para a sua realização. Como se extrai do art. 53, II, da Lei 11.343/2006, a ação controlada tem como finalidade "[...] identificar e responsabilizar maior número de integrantes de operações de tráfico [...]". Nesse sentido, a doutrina afirma que a ação controlada consiste em retardar a intervenção policial com a meta de atingir o "peixe graúdo", sem que se dissemine a prisão dos meros carregadores de drogas ilícitas, atuando por ordem dos verdadeiros comandantes da operação, traficantes realmente perigosos. Assim, a investigação policial que almeja apenas obter informações mais concretas acerca de condutas e de paradeiro de determinado traficante, sem pretensão de identificar outros suspeitos, não configura ação controlada, sendo dispensável a autorização judicial para a sua realização. **RHC 60.251-SC, Rel. Min. Sebastião Reis Júnior, julgado em 17/9/2015, DJe 9/10/2015 (Inform. STJ 570).**

DIREITO PENAL. CONSUMAÇÃO DO CRIME DE TRÁFICO DE DROGAS NA MODALIDADE ADQUIRIR.

A conduta consistente em negociar por telefone a aquisição de droga e também disponibilizar o veículo que seria utilizado para o transporte do entorpecente configura o crime de tráfico de drogas em sua forma consumada – e não tentada –, ainda que a polícia, com base em indícios obtidos por interceptações telefônicas, tenha efetivado a apreensão do material entorpecente antes que o investigado efetivamente o recebesse. Inicialmente, registre-se que o tipo penal em análise é de ação múltipla ou conteúdo variado, pois apresenta várias formas de violação da mesma proibição, bastando, para a consumação do crime, a prática de uma das ações ali previstas. Nesse sentido, a Segunda Turma do STF (HC 71.853-RJ, DJ 19/5/1995) decidiu que a modalidade de tráfico "adquirir" completa-se no instante em que ocorre a avença entre comprador e vendedor. De igual forma, conforme entendimento do STJ, incide no tipo penal, na modalidade "adquirir", o agente que, embora sem receber a droga, concorda com o fornecedor quanto à coisa, não havendo necessidade, para a configuração do delito, de que se efetue a tradição da droga adquirida, pois que a compra e venda se realiza pelo consenso sobre a coisa e o preço (REsp 1.215-RJ, Sexta Turma, DJ 12/3/1990). Conclui-se, pois, que a negociação com aquisição da droga e colaboração para seu transporte constitui conduta típica, encontrando-se presente a materialidade do crime de tráfico de drogas. **HC 212.528-SC, Rel. Min. Nefi Cordeiro, julgado em 1º/9/2015, DJe 23/9/2015 (Inform. STJ 569).**

DIREITO PENAL. LIVRAMENTO CONDICIONAL NO CRIME DE ASSOCIAÇÃO PARA O TRÁFICO.

O condenado por associação para o tráfico (art. 35 da Lei 11.343/2006), caso não seja reincidente específico, deve cumprir 2/3 da pena para fazer

jus ao livramento condicional. Isso porque a própria Lei 11.343/2006, no parágrafo único do art. 44, prevê requisito objetivo específico para a concessão do livramento condicional ao delito de associação para o tráfico: "Os crimes previstos nos arts. 33, *caput* e § 1º, e 34 a 37 desta Lei são inafiançáveis e insuscetíveis de sursis, graça, indulto, anistia e liberdade provisória, vedada a conversão de suas penas em restritivas de direitos. Parágrafo único. Nos crimes previstos no caput deste artigo, dar-se-á o livramento condicional após o cumprimento de dois terços da pena, vedada sua concessão ao reincidente específico". Assim, em observância ao Princípio da Especialidade, aplica-se o disposto no art. 44, parágrafo único, da Lei 11.343/2006 em detrimento dos incisos I e II do art. 83 do CP. Ressalte-se que o lapso temporal de cumprimento de pena para obtenção do livramento condicional quanto ao delito do art. 35 da Lei 11.343/2006 independe da análise do caráter hediondo do crime. Precedentes citados: AgRg no REsp 1.484.138-MS, Sexta Turma, DJe de 15/6/2015; e HC 292.882-RJ, Sexta Turma, DJe de 18/8/2014. **HC 311.656-RJ, Rel. Min. Felix Fischer, julgado em 25/8/2015, DJe 2/9/2015 (Inform. STJ 568).**

DIREITO PROCESSUAL PENAL. UTILIZAÇÃO POR ÓRGÃO PÚBLICO DE BEM APREENDIDO.

É possível a aplicação analógica dos arts. 61 e 62 da Lei 11.343/2006 para admitir a utilização pelos órgãos públicos de aeronave apreendida no curso da persecução penal de crime não previsto na Lei de Drogas, sobretudo se presente o interesse público de evitar a deterioração do bem. Isso porque, em primeiro lugar, de acordo com o art. 3º do CPP, a lei processual penal admitirá interpretação extensiva e aplicação analógica, bem como o suplemento dos princípios gerais de direito. Assim, é possível, sobretudo porque permitido pelo próprio CPP, o uso da analogia, que consiste em processo de integração por meio do qual se aplica a uma determinada situação para a qual inexiste hipótese normativa própria um preceito que regula hipótese semelhante. Ressalte-se, ainda, que, para o uso da analogia, não importam a natureza da situação concreta e a natureza do diploma de onde se deve extrair a norma reguladora. Em segundo lugar, porque a exigência contida no art. 61 da Lei 11.343/2006, referente à existência de interesse público ou social, encontra-se cumprida no presente caso, qual seja, evitar a deterioração do bem apreendido. Por fim, em terceiro lugar, porque a preocupação em se prevenir que a demora nos processos judiciais venha a propiciar a degeneração do bem apreendido é atual, existindo, inclusive, no projeto do novo Código de Processo Penal (PL 8.045/2010), seção específica a tratar do tema, sob o título "Da utilização dos bens por órgãos públicos", o que demonstra a efetiva ocorrência de lacuna no Código atualmente em vigor, bem como a clara intenção de supri-la. Decisão monocrática citada: Inq 603, Min. Paulo Gallotti, DJ 14/11/2008. **REsp 1.420.960-MG, Rel. Min. Sebastião Reis Júnior, julgado em 24/2/2015, DJe 2/3/2015 (Inform. STJ 556).**

DIREITO PROCESSUAL PENAL. PROGRESSÃO DE REGIME DO REINCIDENTE CONDENADO PELO CRIME DE TRÁFICO DE DROGAS.

A progressão de regime para os condenados por tráfico de entorpecentes e drogas afins dar-se-á, se o sentenciado for reincidente, após o cumprimento de 3/5 da pena, ainda que a reincidência não seja específica em crime hediondo ou equiparado. O § 2º do art. 2º da Lei 8.072/1990 determina que a transferência de regime para os condenados por delito hediondo ou equiparado dar-se-á após o resgate de 2/5 da pena, se o sentenciado for primário, e 3/5, se reincidente. O STJ, interpretando especificamente esse dispositivo legal, firmou o entendimento de que o legislador não fez menção à necessidade de a reincidência – que impõe o cumprimento de prazo maior da pena – ser específica em crime hediondo ou equiparado para que incida o prazo de 3/5 para fins de progressão de regime. Em outras palavras, ao exigir que os condenados por delitos hediondos ou assemelhados, se reincidentes, cumpram lapso maior para serem progredidos de regime, a lei não diferenciou as modalidades de reincidência, de modo que deve ser exigido do apenado reincidente, em qualquer caso, independentemente da natureza do delitos antes cometido, o lapso de 3/5. Precedentes citados: HC 273.774-RS, Quinta Turma, DJe 10/10/2014; e HC 238.592-RJ, Sexta Turma, DJe 18/2/2014. **REsp 1.491.421-RS, Rel. Min. Jorge Mussi, julgado em 4/12/2014, DJe 15/12/2014 (Inform. STJ 554).**

SÚMULA STJ nº 512

A aplicação da causa de diminuição de pena prevista no art. 33, § 4º, da Lei n. 11.343/2006 não afasta a hediondez do crime de tráfico de drogas.

Súmula STJ nº 501

É cabível a aplicação retroativa da Lei n. 11.343/2006, desde que o resultado da incidência das suas disposições, na íntegra, seja mais favorável ao réu do que o advindo da aplicação da Lei n. 6.368/1976, sendo vedada a combinação de leis.

12. CRIMES CONTRA O MEIO AMBIENTE

AG. REG. NO ARE N. 923.296-SP

RELATOR: MIN. GILMAR MENDES

Agravo regimental no recurso extraordinário com agravo.

2. Penal e Processual Penal. Art. 48 da Lei 9605/1998 (impedir ou dificultar a regeneração natural de florestas e demais formas de vegetação). Denúncia.

3. Ausência de prequestionamento. Incidência dos enunciados 282 e 356 da Súmula do STF.

4. Alegação de violação ao artigo 93, inciso IX, da CF. Não ocorrência. Acórdão recorrido suficientemente motivado.

5. Prescrição. Pleito que demanda reexame do conjunto fático-probatório dos autos (Súmula 279/STF) e da interpretação da legislação infraconstitucional.

6. O crime previsto no art. 48 da Lei n. 9.605/1998 é de natureza permanente, de modo que o prazo prescricional inicia-se com a cessação da conduta delitiva. Precedentes.

7. Ausência de argumentos capazes de infirmar a decisão agravada.

8. Agravo regimental a que se nega provimento. **(Inform. STF 809)**

Crime ambiental e dano efetivo ao bem jurídico tutelado

A Segunda Turma iniciou julgamento de inquérito no qual se imputa a deputado federal a prática do crime previsto no art. 34, "caput", da Lei 9.605/1998 ("Pescar em período no qual a pesca seja proibida ou em lugares interditados por órgão competente: Pena – detenção de um ano a três anos ou multa, ou ambas as penas cumulativamente"). No caso, de acordo com o relatório de fiscalização, a autoridade ambiental abordara o deputado e outras duas pessoas em uma embarcação fundeada em área marítima pertencente à unidade de conservação federal de proteção integral. A Ministra Cármen Lúcia (relatora), de início, afastou a preliminar de inépcia da denúncia. Observou que essa peça processual descreveria de forma detalhada a ação empreendida, com menção ao dia, ao local e às circunstâncias do ato tido por criminoso, a possibilitar o pleno exercício da ampla defesa e do contraditório. Em seguida, rejeitou a denúncia, com fundamento no art. 395, III, do CPP, por falta de justa causa para o prosseguimento da ação penal. Ressaltou não existir, no caso concreto, o requisito da justa causa a propiciar o prosseguimento da ação penal, especialmente pela mínima ofensividade da conduta do agente, pela ausência de periculosidade social da ação, pelo reduzido grau de reprovabilidade do comportamento e pela inexpressividade da lesão jurídica provocada. Observou que, apesar de a conduta do denunciado amoldar-se à tipicidade formal e subjetiva, não haveria a tipicidade material, consistente na relevância penal da conduta e no resultado típico, em razão da insignificância da lesão produzida no bem jurídico tutelado. Ressaltou que a jurisprudência seria no sentido da plena aplicabilidade do princípio da insignificância aos crimes ambientais, tanto com relação aos de perigo concreto – em que haveria dano efetivo ao bem jurídico tutelado —, quanto aos de perigo abstrato, como no art. 34, "caput", da Lei 9.605/1998. No processo em exame, não se produzira prova material de qualquer dano efetivo ao meio ambiente. Ademais, mesmo diante de crime de perigo abstrato, não seria possível dispensar a verificação "in concreto" do perigo real ou mesmo potencial da conduta praticada pelo acusado com relação ao bem jurídico tutelado. Esse perigo real não se verificaria na espécie vertente. Portanto, seria imperioso assentar a atipicidade material da conduta, pela completa ausência de ofensividade ao bem jurídico tutelado pela norma penal. O acusado estaria em pequena embarcação quando teria sido surpreendido em contexto de pesca rústica, com vara de pescar, linha e anzol. Não estaria em barco grande,

munido de redes, arrasto nem com instrumentos de maior potencialidade lesiva ao meio ambiente. Em seguida, após os votos dos Ministros Teori Zavascki e Gilmar Mendes, que acompanharam a relatora, pediu vista o Ministro Dias Toffoli.
Inq 3788/DF, rel. Min. Cármen Lúcia, 23.6.2015. (Inq-3788) (Inform. STF 791)

DIREITO AMBIENTAL, PENAL E PROCESSUAL PENAL. PROVA DO CRIME DO ART. 54 DA LEI 9.605/1998.
É imprescindível a realização de perícia oficial para comprovar a prática do crime previsto no art. 54 da Lei 9.605/1998. O tipo penal do art. 54 da Lei 9.605/1998 ("Causar poluição de qualquer natureza em níveis tais que resultem ou possam resultar em danos à saúde humana, ou que provoquem a mortandade de animais ou a destruição significativa da flora") divide-se em duas modalidades: de perigo ("possa resultar em dano à saúde humana") e de dano ("resulte em dano à saúde humana" ou "provoque a mortandade de animais ou a destruição significativa da flora"). Mesmo na parte em que se tutela o crime de perigo, faz-se imprescindível a prova do risco de dano à saúde. Isso porque, para a caracterização do delito, não basta ficar caracterizada a ação de poluir; é necessário que a poluição seja capaz de causar danos à saúde humana (HC 54.536, Quinta Turma, DJ 1º/8/2006; e RHC 17.429, Quinta Turma, DJ 1º/8/2005), e não há como verificar se tal condição se encontra presente sem prova técnica. **REsp 1.417.279-SC, Rel. Min. Sebastião Reis Júnior, julgado em 22/9/2015, DJe 15/10/2015. (Inform. STJ 571)**

DIREITO PENAL E AMBIENTAL. CONFIGURAÇÃO DO CRIME DO ART. 48 DA LEI 9.605/1998.
A tipificação da conduta descrita no art. 48 da Lei 9.605/1998 prescinde de a área ser de preservação permanente. Isso porque o referido tipo penal descreve como conduta criminosa o simples fato de "impedir ou dificultar a regeneração natural de florestas e demais formas de vegetação". Precedente citado: REsp 849.423-SP, Quinta Turma, DJ 16/10/2006. **AgRg no REsp 1.498.059-RS, Rel. Min. Leopoldo de Arruda Raposo (Desembargador Convocado do TJ/PE), julgado em 17/9/2015, DJe 1º/10/2015 (Inform. STJ 570).**

DIREITO PENAL E PROCESSUAL PENAL. DESNECESSIDADE DE DUPLA IMPUTAÇÃO EM CRIMES AMBIENTAIS.
É possível a responsabilização penal da pessoa jurídica por delitos ambientais independentemente da responsabilização concomitante da pessoa física que agia em seu nome. Conforme orientação da Primeira Turma do STF, "O art. 225, § 3º, da Constituição Federal não condiciona a responsabilização penal da pessoa jurídica por crimes ambientais à simultânea persecução penal da pessoa física em tese responsável no âmbito da empresa. A norma constitucional não impõe a necessária dupla imputação" (RE 548.181, Primeira Turma, DJe 29/10/2014). Diante dessa interpretação, o STJ modificou sua anterior orientação, de modo a entender que é possível a responsabilização penal da pessoa jurídica por delitos ambientais independentemente da responsabilização concomitante da pessoa física que agia em seu nome. Precedentes citados: RHC 53.208-SP, Sexta Turma, DJe 1º/6/2015; HC 248.073-MT, Quinta Turma, DJe 10/4/2014; e RHC 40.317-SP, Quinta Turma, DJe 29/10/2013. **RMS 39.173-BA, Rel. Min. Reynaldo Soares da Fonseca, julgado em 6/8/2015, DJe 13/8/2015 (Inform. STJ 566).**

13. CRIMES CONTRA A ORDEM TRIBUTÁRIA, A ORDEM ECONÔMICA E CONTRA O SISTEMA FINANCEIRO NACIONAL

Sonegação fiscal e circunstâncias judiciais
A Segunda Turma denegou a ordem em "habeas corpus" impetrado em face de decisão que condenara o paciente à pena de 4 anos e 8 meses de reclusão pela prática do crime previsto no art. 1º, I, da Lei 8.137/1990 ("Art. 1º Constitui crime contra a ordem tributária suprimir ou reduzir tributo, ou contribuição social e qualquer acessório, mediante as seguintes condutas: I – omitir informação, ou prestar declaração falsa às autoridades fazendárias"). O impetrante alegava que as circunstâncias e as consequências do crime, no caso, constituiriam elementares do tipo penal de sonegação fiscal, não devendo ser valoradas para majorar a pena. A Turma afirmou que o ardil utilizado pelo paciente – omissão do seu nome do quadro societário da empresa —, valorado quando da fixação da pena-base, tivera como objetivo acobertar sua real condição de administrador da empresa investigada e, com isso, furtar-se de possível aplicação da lei penal. Esse fato não possuiria relação necessária com as declarações falsas apresentadas à Receita Federal, meio empregado para a prática do crime previsto no art. 1º, I, da Lei 8.137/1990. O ardil considerado, portanto, não seria aquele inerente ao tipo penal do crime contra a ordem tributária. Ademais, nos delitos de sonegação – como ocorreria em outras infrações penais que provocassem lesão ao erário – a extensão do dano causado poderia ser utilizada na primeira fase da dosimetria, como critério para exasperação da pena-base, sem que isso implicasse "bis in idem".
HC 128446/PE, rel. Min. Teori Zavascki, 15.9.2015. (HC-128446) (Inform. STF 799)

Crime tributário e prescrição – 2
Não há que se falar em aplicação retroativa "in malam partem" do Enunciado 24 da Súmula Vinculante ("Não se tipifica crime material contra a ordem tributária, previsto no art. 1º, incisos I a IV, da Lei nº 8.137/90, antes do lançamento definitivo do tributo") aos fatos ocorridos anteriormente à sua edição, uma vez que o aludido enunciado apenas consolidou interpretação reiterada do STF sobre a matéria. Com base nessa orientação, a Primeira Turma, em conclusão de julgamento, desproveu recurso ordinário em "habeas corpus" no qual se pleiteava o reconhecimento da prescrição da pretensão punitiva estatal em razão da alegada impossibilidade de incidência retroativa do referido enunciado. Na espécie, o recorrente fora denunciado pela suposta prática do crime previsto no art. 1º, I, II e III, da Lei 8.137/1990, em virtude de condutas que teriam sido perpetradas entre 1990 e 1992. Após o recebimento da denúncia em 18.9.2009, o ora recorrente fora condenado à pena de três anos e nove meses de reclusão, por sentença proferida em 2.5.2012 – v. Informativo 753. A Turma afirmou que o Enunciado 24 da Súmula Vinculante não teria inovado no ordenamento jurídico. Com o julgamento do HC 81.611/DF (DJU de 13.5.2005), o Plenário teria assentado sua jurisprudência no sentido de que "a consumação do crime tipificado no art. 1º da Lei 8.137/1990 somente se verifica com a constituição do crédito fiscal, começando a correr, a partir daí, a prescrição" (HC 85.051/MG, DJU de 1º.7.2005). Assim, a prescrição não estaria caracterizada, tendo em conta que os crimes imputados ao recorrente teriam como termo de constituição o momento em que finalizado o processo administrativo tributário, em 24.9.2003. (HC 85.051/MG, DJU de 1º.7.2005).
RHC 122774/RJ, rel. Min. Dias Toffoli, 19.5.2015. (RHC-122774) (Inform. STF 786)

DIREITO PENAL. DIFERENÇA ENTRE ESTELIONATO E CRIME CONTRA O SISTEMA FINANCEIRO NACIONAL.
Configura o crime contra o Sistema Financeiro do art. 6º da Lei 7.492/1986 – e não estelionato, do art. 171 do CP – a falsa promessa de compra de valores mobiliários feita por falsos representantes de investidores estrangeiros para induzir investidores internacionais a transferir antecipadamente valores que diziam ser devidos para a realização das operações. Não obstante a aparente semelhança com o delito de estelionato ("Art. 171. Obter, para si ou para outrem, vantagem ilícita, em prejuízo alheio, induzindo ou mantendo alguém em erro mediante artifício, ardil ou qualquer outro meio fraudulento"), entre eles há clara distinção. O delito do art. 6º da Lei 7.492/1986 ("Induzir ou manter em erro, sócio, investidor ou repartição pública competente, relativamente a operação ou situação financeira, sonegando-lhe informação ou prestando-a falsamente") constitui crime formal, e não material (não é necessária a ocorrência de resultado, eventual prejuízo econômico caracteriza mero exaurimento); não prevê o especial fim de agir do sujeito ativo ("para si ou para outrem"); não exige, como elemento obrigatório, o meio fraudulento (artifício, ardil, etc.), apenas a prestação de informação falsa ou omissão de informação verdadeira. Ademais, eventual conflito aparente de normas penais resolve-se pelo critério da especialidade

do delito contra o Sistema Financeiro (art. 6º da Lei 7.492/1986) em relação ao estelionato (art. 171 do CP). Por fim, a conduta em análise, configura dano ao Sistema Financeiro Nacional, pois abalada a confiança inerente às relações negociais no mercado mobiliário, induzindo em erro investidores que acreditaram na existência e na legitimidade de quem se apresentou como instituição financeira. **REsp 1.405.989-SP, Rel. originário Min. Sebastião Reis Júnior, Rel. para o acórdão Min. Nefi Cordeiro, julgado em 18/8/2015, DJe 23/9/2015 (Inform. STJ 569).**

DIREITO PENAL. SUJEITO ATIVO DE CRIME CONTRA O SISTEMA FINANCEIRO NACIONAL.

Podem ser sujeitos ativos do crime previsto no art. 6º da Lei 7.492/1986 pessoas naturais que se fizeram passar por membro ou representante de pessoa jurídica que não tinha autorização do Bacen para funcionar como instituição financeira. O art. 6º da Lei 7.492/1986 prevê como crime contra o Sistema Financeiro Nacional a conduta de induzir ou manter em erro sócio, investidor ou repartição pública competente, relativamente a operação ou situação financeira, sonegando-lhe informação ou prestando-a falsamente. Segundo entendimento doutrinário, o tipo penal em questão visa "resguardar a confiança inerente às relações jurídicas e negociais existentes entre os agentes em atuação no sistema financeiro – sócios das instituições financeiras, investidores e os órgãos públicos que atuam na fiscalização do mercado – e, secundariamente, protegê-los contra prejuízos potenciais, decorrentes da omissão ou prestação falsa de informações pertinentes a operações financeiras da instituição, ou acerca de sua situação financeira". O conceito de instituição financeira encontra-se definido no art. 1º da Lei 7.492/1986, segundo o qual "considera-se instituição financeira, para efeito desta lei, a pessoa jurídica de direito público ou privado, que tenha como atividade principal ou acessória, cumulativamente ou não, a captação, intermediação ou aplicação de recursos financeiros (Vetado) de terceiros, em moeda nacional ou estrangeira, ou a custódia, emissão, distribuição, negociação, intermediação ou administração de valores mobiliários". São abrangidos, por equiparação, "a pessoa jurídica que capte ou administre seguros, câmbio, consórcio, capitalização ou qualquer tipo de poupança, ou recursos de terceiros e a pessoa natural que exerça quaisquer das atividades referidas neste artigo, ainda que de forma eventual" (art. 1º, parágrafo único, I e II, da Lei 7.492/1986). Tutela-se, portanto, o exercício clandestino e desautorizado de atividades financeiras. Trata-se de crime comum, que não exige peculiar qualidade do sujeito ativo. **REsp 1.405.989-SP, Rel. originário Min. Sebastião Reis Júnior, Rel. para o acórdão Min. Nefi Cordeiro, julgado em 18/8/2015, DJe 23/9/2015 (Inform. STJ 569).**

Súmula Vinculante 24

Não se tipifica crime material contra a ordem tributária, previsto no art. 1º, incisos I a IV, da Lei no 8.137/90, antes do lançamento definitivo do tributo.

Súmula STF nº 609

É pública incondicionada a ação penal por crime de sonegação fiscal.

14. CRIMES DE TRÂNSITO

Crime de dirigir sem habilitação e lesão corporal culposa na direção de veículo

A Segunda Turma concedeu a ordem de "habeas corpus" para restabelecer a decisão de 1º grau que rejeitara a denúncia quanto ao crime de dirigir sem habilitação. No caso, o paciente teria sido denunciado pela suposta prática do delito em comento (CTB, art. 309), uma vez que, ao conduzir automóvel em via pública sem documento, colidira com outro automóvel, causando lesões em passageiros de seu veículo. O juízo entendera que o delito do art. 309 do CTB teria sido absorvido pela conduta de praticar lesão corporal culposa na direção de veículo automotor, tipificada no art. 303 do CTB, crime de ação pública condicionada à representação, que não fora formalizada no caso concreto, o que teria dado ensejo à extinção da punibilidade. Em seguida, a apelação interposta pelo Ministério Público fora provida para anular a sentença e determinar o prosseguimento do feito referente ao crime de dirigir sem habilitação, decisão que fora mantida pelo STJ. A Turma consignou que o crime de dirigir sem habilitação seria absorvido pelo delito de lesão corporal culposa em direta aplicação do princípio da consunção. Isso porque, de acordo com o CTB, já seria causa de aumento de pena para o crime de lesão corporal culposa na direção de veículo automotor o fato de o agente não possuir permissão para dirigir ou carteira de habilitação. Assim, em decorrência da vedação de "bis in idem", não se poderia admitir que o mesmo fato fosse atribuído ao paciente como crime autônomo e, simultaneamente, como causa especial de aumento de pena. Além disso, o crime do art. 303 do CTB, imputado ao paciente, seria de ação pública condicionada à representação, que, como se inferiria da própria nomenclatura, só poderia ser perseguido mediante a representação do ofendido. Diante da ausência de representação, seria imperativo reconhecer a extinção da punibilidade do crime de dirigir sem habilitação.

HC 128921/RJ, rel. Min. Gilmar Mendes, 25.8.2015. (HC-128921) (Inform. STF 796)

DIREITO PENAL. CARACTERIZAÇÃO DO CRIME DE ENTREGA DE DIREÇÃO DE VEÍCULO AUTOMOTOR A PESSOA NÃO HABILITADA. RECURSO REPETITIVO (ART. 543-C DO CPC E RES. 8/2008-STJ). TEMA 901.

É de perigo abstrato o crime previsto no art. 310 do Código de Trânsito Brasileiro. Assim, não é exigível, para o aperfeiçoamento do crime, a ocorrência de lesão ou de perigo de dano concreto na conduta de quem permite, confia ou entrega a direção de veículo automotor a pessoa não habilitada, com habilitação cassada ou com o direito de dirigir suspenso, ou ainda a quem, por seu estado de saúde, física ou mental, ou por embriaguez, não esteja em condições de conduzi-lo com segurança. Ao contrário do que estabelece o crime imediatamente anterior (art. 309), ou mesmo o posterior (art. 311), nos quais o tipo exige que a ação se dê "gerando perigo de dano", não há tal indicação na figura delitiva prevista no art. 310. Pode parecer uma incoerência que se exija a produção de perigo de dano para punir quem dirige veículo automotor, em via pública, sem a devida Permissão para Dirigir ou Habilitação (art. 309) e se dispense o risco concreto de dano para quem contribui para tal conduta, entregando o automóvel a quem sabe não habilitado ou, o que é pior, a quem notoriamente não se encontra em condições físicas ou psíquicas, pelas circunstâncias indicadas no tipo penal, de conduzir veículo automotor. Duas considerações, porém, enfraquecem essa aparente contradição. Em primeiro lugar, o legislador foi claro, com a redação dada aos arts. 309 e 311, em não exigir a geração concreta de risco na conduta positivada no art. 310. Poderia fazê-lo, mas preferiu contentar-se com a deliberada criação de um risco para um número indeterminado de pessoas por quem permite a outrem, nas situações indicadas, a condução de veículo automotor em via pública. Em segundo lugar, não há total identidade das situações previstas nos arts. 309 e 310. Naquela, cinge-se o tipo a punir quem dirige sem habilitação; nesta, pune-se quem permite, confia ou entrega a direção de veículo automotor tanto a pessoa não habilitada, com habilitação cassada ou com o direito de dirigir suspenso quanto a quem, por seu estado de saúde, física ou mental, ou por embriaguez, não esteja em condições de conduzi-lo com segurança. Trata-se, na verdade, de uma visão que deve repousar mais corretamente no incremento do risco ocasionado com a entrega da direção de veículo para pessoa não habilitada ou em quaisquer das outras hipóteses legais. Conforme entendimento doutrinário, em todas essas situações, a definição do risco permitido delimita, concretamente, o dever de cuidado para realizar a ação perigosa de dirigir veículo automotor em vias urbanas e rurais, explicando o atributo objetivo contido no dever de cuidado objetivo. A violação da norma constitui a criação de um risco não permitido, culminando, com o desvalor da ação, na lesão ao dever de cuidado objetivo. Por todo exposto, afigura-se razoável atribuir ao crime materializado no art. 310 a natureza de crime de perigo abstrato, ou, sob a ótica ex ante, de crime de perigo abstrato-concreto, em que, embora não baste a mera realização de uma conduta, não se exige, a seu turno, a criação de ameaça concreta a algum bem jurídico e muito menos lesão a ele. Basta a produção de um ambiente de perigo em potencial, em abstrato, de modo que a atividade descrita no tipo penal crie condições para afetar os interesses juridicamente relevantes, não condicionados, porém, à efetiva ameaça de um determinado bem jurídico. Embora seja legítimo aspirar a um Direito Penal de mínima intervenção, não pode a dogmática penal descurar de seu objetivo de proteger bens jurídicos de reconhecido relevo, assim entendidos, na dicção de Claus Roxin, como "interesses humanos necessitados de proteção penal", qual a segurança do tráfego viário. Não se pode, assim, esperar a concretização de danos ou exigir a demonstração de riscos concretos a terceiros para a punição de condutas que, a priori, representam potencial produção de danos a pessoas indeterminadas, que trafeguem ou caminhem no espaço público. O subsistema social do tráfego viário exige o respeito a regras de observância generalizada, sem o qual se enfraquece o princípio da confiança (aqui entendido, conforme o pensamento de Roxin, como princípio de orientação capaz de indicar os limites do cuidado objetivo esperado ou do risco permitido), indispensável para o bom funcionamento do trânsito e a segurança de todos. Não se exclui, por óbvio, a possibilidade de ocorrerem situações nas quais a total ausência de risco potencial à segurança viária afaste a incidência do direito penal, como se poderia concluir do exemplo de quem, desejando carregar uma caminhonete com areia, pede ao seu ajudante, não habilitado, que realize uma manobra de poucos metros, em área rural desabitada e sem movimento, para melhor posicionar a carroceria do automóvel. Faltaria tipicidade material a tal comportamento, absolutamente inidôneo para pôr em risco a segurança de terceiros. Portanto, na linha de entendimento de autorizada doutrina, o art. 310, mais do que tipificar uma conduta idônea a lesionar, estabelece um dever de garante ao possuidor do veículo automotor. Neste caso, estabelece-se um dever de não permitir, confiar ou entregar a direção de um automóvel a determinadas pessoas, indicadas no tipo penal, com ou sem habilitação, com problemas psíquicos ou físicos, ou embriagadas, ante o perigo geral que encerra a condução de um veículo nessas condições. Precedentes citados: RHC 48.817-MG, Quinta Turma, DJe 28/11/2014; e AgRg no RHC 41.922-MG, Quinta Turma, DJe 15/4/2014. **REsp 1.485.830-MG, Rel. Min. Sebastião Reis Júnior, Rel. para acórdão Min. Rogerio Schietti Cruz, Terceira Seção, julgado em 11/3/2015, DJe 29/5/2015 (Inform. STJ 563).**

DIREITO PENAL. CARACTERIZAÇÃO DO CRIME DE ENTREGA DE DIREÇÃO DE VEÍCULO AUTOMOTOR A PESSOA NÃO HABILITADA.

Para a configuração do crime consistente em "permitir, confiar ou entregar a direção de veículo automotor a pessoa não habilitada, com habilitação cassada ou com o direito de dirigir suspenso" (art. 310 do CTB), não é exigida a demonstração de perigo concreto de dano. Isso porque, no referido artigo, não há previsão, quanto ao resultado, de qualquer dano no mundo concreto, bastando a mera entrega do veículo a pessoa que se sabe inabilitada para a consumação do tipo penal. Trata-se, portanto, de crime de perigo abstrato. Precedentes citados do STJ: RHC 40.650-MG, Quinta Turma, DJe 14/10/2013; e RHC 39.966-MG, Quinta Turma, DJe 28/10/2013. Precedente citado do STF: HC 12.0495, Primeira Turma, DJe 15/5/2014. **REsp 1.468.099-MG, Rel. Min. Nefi Cordeiro, julgado em 19/3/2015, DJe 15/4/2015 (Inform. STJ 559).**

Súmula STF nº 720

O art. 309 do Código de Trânsito Brasileiro, que reclama decorra do fato perigo de dano, derrogou o art. 32 da Lei das contravenções penais no tocante à direção sem habilitação em vias terrestres.

15. ESTATUTO DO DESARMAMENTO E LEGISLAÇÃO CORRELATA

RHC N 128.281-SP

RELATOR: MIN. TEORI ZAVASCKI

Ementa: RECURSO ORDINÁRIO EM *HABEAS CORPUS*. POSSE DE ACESSÓRIO DE ARMA DE FOGO DE USO RESTRITO. ART. 16 DA LEI 10.826/2003. BUSCA E APREENSÃO. ILICITUDE DA PROVA. INOCORRÊNCIA. CRIME PERMANENTE. FLAGRANTE DELITO. CRIME DE MERA CONDUTA E DE PERIGO ABSTRATO. IRRELEVÂNCIA DA POTENCIALIDADE LESIVA DO ARTEFATO. DESCRIMINALIZAÇÃO TEMPORÁRIA PREVISTA NOS ARTIGOS 30 E 32 DO ESTATUTO DO DESARMAMENTO. PRORROGAÇÃO DO PRAZO CONFERIDO PELAS LEIS 11.706/2008 E 11.922/2009. ALEGAÇÃO DE ATIPICIDADE. NÃO OCORRÊNCIA.

1. Busca e apreensão autorizada judicialmente em propriedade rural, compreendida por seus vários imóveis. Inocorrência de ilicitude da prova por ofensa ao princípio da inviolabilidade do domicílio.
2. Ademais, havendo fundada suspeita, a busca domiciliar nos crimes permanentes se justifica em decorrência do flagrante delito. Inexistência de ingresso abusivo e constatação posterior de crime permanente.
3. A posse de arma de fogo de uso restrito, de seus acessórios ou de munições constitui crime de mera conduta e de perigo abstrato cujo objeto jurídico tutelado compreende a segurança coletiva e a incolumidade pública.
4. Presente laudo especificando o modelo do silenciador de uso restrito, desnecessária a realização de perícia a comprovar a potencialidade lesiva do acessório para configuração do delito.
5. A jurisprudência desta Corte é no sentido de que a descriminalização temporária prevista nos arts. 30 e 32 do Estatuto do Desarmamento, com a redação conferida pela Lei 11.706/2008, restringe-se ao delito de posse irregular de arma de fogo de uso permitido (art. 12) e não se aplica à conduta do art. 16 da Lei 10.826/2003.
6. Recurso ordinário a que se nega provimento. **(Inform. STF 796)**

DIREITO PENAL. GUARDA DE MUNIÇÃO DE ARMA DE USO RESTRITO POR CONSELHEIRO DE TRIBUNAL DE CONTAS.

O Conselheiro do Tribunal de Contas Estadual que mantém sob sua guarda munição de arma de uso restrito não comete o crime do art. 16 da Lei 10.826/2003 (Estatuto do Desarmamento). Sendo Conselheiro do Tribunal de Contas Estadual, o agente estaria equiparado, por simetria constitucional, a magistrado (arts. 73, § 3º, e 75 da CF). E, por força do art. 33, V, da LC 35/1979 (LOMAN), que não faz distinção entre armas de uso permitido e as de uso restrito, é atípica a conduta de posse e guarda de arma e munições de uso restrito quando se trata de magistrados. A redação do art. 16 do Estatuto do Desarmamento indica a necessidade de definição do que vem a ser arma de uso restrito, tratando-se de norma penal em branco. Essa definição é deixada pelos arts. 23 e 27 do Estatuto ao Poder Executivo (arts. 11 e 18 do Decreto 5.123/2004), que, por sua vez, remete a portaria do Comando do Exército a autorização para pessoas físicas ou jurídicas terem essa espécie de porte. Entretanto, é equivocado referir o art. 16 como norma penal em branco para permitir que algum preceito infralegal possa interferir em prerrogativa de magistrado inscrita em lei complementar. A regra regulamentadora não pode, a pretexto de integrar os elementos do tipo, estabelecer restrições a direitos previstos em outras leis, inclusive com o poder incriminador de quem explicitamente não está sob sua égide. As portarias do Comando do Exército não se aplicam a magistrados, pois invadiriam competência reservada à lei complementar (art. 93 da CF), tocando em assuntos relativos a direitos e prerrogativas da magistratura, limitando indevidamente o seu exercício. Assim, não pode uma lei ordinária sobre desarmamento delegar a um decreto federal e a uma portaria a restrição de direitos e prerrogativas da magistratura, especialmente para tornar a sua não observância um crime, violando o princípio da tipicidade estrita. Do mesmo modo, o STF considerou atípica a conduta de magistrado possuir arma de uso restrito (HC 102.422-SP, DJe de 24/9/2010). *Mutatis mutandis*, trata-se de caso que guarda várias semelhanças com o presente. Com efeito, o direito ao porte consta no art. 33, V, da LC 35/1979 (LOMAN). Há uma restrição específica nesse direito de que a arma seja destinada à defesa pessoal. E a melhor interpretação aqui é de que defesa pessoal está no *animus* do porte, e não no calibre da arma. Fora isso, as restrições infralegais são indevidas ou no mínimo discutíveis no âmbito da magistratura. **APn 657-PB, Rel. Min. João Otávio de Noronha, julgado em 21/10/2015, DJe 29/10/2015. (Inform. STJ 572)**

DIREITO PENAL. GUARDA DE ARMA DE FOGO DE USO PERMITIDO COM REGISTRO VENCIDO.

Manter sob guarda, no interior de sua residência, arma de fogo de uso permitido com registro vencido não configura o crime do art.

12 da Lei 10.826/2003 (Estatuto do Desarmamento). O art. 12 do Estatuto do Desarmamento afirma que é objetivamente típico possuir ou manter sob guarda arma de fogo de uso permitido, em desacordo com determinação legal ou regulamentar, no interior de residência. Entretanto, relativamente ao elemento subjetivo, não há dolo do agente que procede ao registro e, depois de expirado prazo, é apanhado com a arma nessa circunstância. Trata-se de uma irregularidade administrativa; do contrário, todos aqueles que porventura tiverem deixado expirar prazo semelhante terão necessariamente de responder pelo crime, o que é absolutamente desproporcional. Avulta aqui o caráter subsidiário e de *ultima ratio* do direito penal. Na hipótese, além de se afastar da teleologia do objeto jurídico protegido, a saber, a administração e, reflexamente, a segurança e a paz pública (crime de perigo abstrato), banaliza-se a criminalização de uma conduta em que o agente já fez o mais importante, que é apor seu nome em um registro de armamento, possibilitando o controle de sua circulação. Precedente citado: HC 294.078-SP, Quinta Turma, DJe 4/9/2014. **APn 686-AP, Rel. Min. João Otávio de Noronha, julgado em 21/10/2015, DJe 29/10/2015. (Inform. STJ 572)**

DIREITO PENAL. TIPICIDADE DA CONDUTA DE POSSE ILEGAL DE ARMA DE FOGO DE USO PERMITIDO COM REGISTRO VENCIDO. A conduta do agente de possuir, no interior de sua residência, armas de fogo e munições de uso permitido com os respectivos registros vencidos pode configurar o crime previsto no art. 12 do Lei 10.826/2003 (Estatuto do Desarmamento). De fato, o cidadão, para ser autorizado a adquirir arma de fogo de uso permitido, deverá preencher os requisitos previstos nos incisos I, II e III do art. 4° da Lei 10.826/2003, quais sejam: a) comprovação de idoneidade, com apresentação de certidões negativas de antecedentes criminais e de não estar respondendo a inquérito policial ou a processo criminal; b) apresentação de documentos comprobatórios de ocupação lícita e de residência certa; e c) capacidade técnica e aptidão psicológica para o manuseio do artefato. Ademais, mesmo que previamente autorizado a adquirir, somente poderá manter a posse de arma de fogo de uso permitido mediante certificado de registro federal, documento temporário, que deve ser renovado por meio da comprovação periódica dos mesmos requisitos mencionados. Nesse contexto, estabelece o art. 12 do Estatuto do Desarmamento ser proibido possuir ou manter sob sua guarda arma de fogo, acessório ou munição, de uso permitido, em desacordo com determinação legal ou regulamentar, no interior de sua residência ou dependência desta, ou, ainda, no seu local de trabalho, desde que seja o titular ou o responsável legal do estabelecimento ou empresa. Contudo, a temática referente à tipicidade na hipótese de registro expirado é controvertida nesta Corte. No julgamento do HC 294.078-SP, DJe 4/9/2014, a Quinta Turma decidiu que possuir arma de fogo com registro vencido não é crime, mas apenas infração administrativa. No entanto, a compreensão deve ser dada de modo diverso. Isso porque, ao editar a Lei 10.826/2003, o legislador se interessou, expressamente, pela incolumidade pública – complexo de condições necessárias para a segurança e integridade pessoal dos indivíduos – e valorou tal interesse em uma norma (na hipótese, não possuir, de forma irregular, arma de fogo, acessório ou munição de uso permitido), tutelada pelo tipo penal previsto no art. 12 do Estatuto do Desarmamento. Não há controvérsia, assim, sobre a tipicidade formal da conduta em análise. Porém não se pode concluir, no incipiente momento do oferecimento da denúncia, que possuir arma de fogo com certificado federal vencido não é materialmente típico, a ponto de afastar o alcance do art. 12 do Estatuto do Desarmamento. A conduta delineada, além de formalmente típica, é antinormativa. Nesse passo, há doutrina afirmando que o juízo de tipicidade não é um mero juízo de tipicidade legal, mas que exige um outro passo, que é a comprovação da tipicidade conglobante, consistente na averiguação da proibição através da indagação do alcance proibitivo da norma, não considerada isoladamente, e sim conglobada na ordem normativa. Posto isso, quando o proprietário de arma de fogo deixa de demonstrar que ainda detém, entre outros requisitos, aptidão psicológica e idoneidade moral para continuar a possuir o armamento, representa, em tese, um risco para a incolumidade pública, de modo que a lei penal não pode ser indiferente a essa situação. Assim, sem investigar as peculiaridades de cada caso, é temerário afirmar, de forma automática e categórica, que não é crime possuir arma de fogo com registro expirado, máxime ante a finalidade do Estatuto do Desarmamento e porque não existe previsão de penalidade administrativa para tal conduta, não podendo a questão ser resolvida na seara administrativa. A Administração, ao contrário dos particulares, nada pode fazer senão o que a lei determina. Assim, a subsistir o entendimento de que tal conduta é materialmente atípica, os agentes públicos nem sequer poderiam adentrar na residência do particular para reaver as armas de fogo com registro vencido ou compeli-lo, por exemplo, a pagar multa. Sob diversa angulação, não é possível a aplicação, à hipótese, do princípio da adequação social, vetor geral de hermenêutica, segundo o qual, dada a natureza subsidiária e fragmentária do direito penal, não se pode reputar como criminosa uma ação ou omissão aceita e tolerada pela sociedade, ainda que formalmente subsumida a um tipo legal incriminador. Sem embargo de opiniões contrárias, possuir diversas armas de fogo e munições, de uso permitido, com certificados vencidos não é uma conduta socialmente tolerável e adequada no plano ético. Já sob a ótica do princípio da lesividade, tem-se, aqui, que o perigo à incolumidade pública é idêntico àquele ocasionado pelo agente que possui arma de fogo ou somente munições sem certificado. Em função dos próprios objetivos da Lei do Desarmamento, o postulado da insignificância deve ser aferido caso a caso, de forma excepcional, para verificar a presença dos vetores já assinalados pelo STF, tais como a mínima ofensividade da conduta, nenhuma periculosidade social da ação, reduzidíssimo grau de reprovabilidade do comportamento e a inexpressividade da lesão jurídica provocada. O STJ, antes do referido precedente da Quinta Turma, já havia decidido, por meio de sua Corte Especial, que "Considera-se incurso no art. 12 da Lei n. 10.826/2003 aquele que possui arma de fogo de uso permitido com registro expirado, ou seja, em desacordo com determinação legal e regulamentar" (APn 686-AP, DJe 5/3/2014). Por todo o exposto, o precedente da Corte Especial deve orientar o entendimento do Superior Tribunal sobre a matéria, sem prejuízo de que o aplicador do direito, caso a caso, utilize vetores gerais de hermenêutica para restringir o teor literal do tipo penal que, em situações peculiares, pode alcançar condutas socialmente admissíveis ou penalmente insignificantes. **RHC 60.611-DF, Rel. Min. Rogério Schietti Cruz, julgado em 15/9/2015, DJe 5/10/2015 (Inform. STJ 570).**

DIREITO PENAL. ATIPICIDADE DA CONDUTA DE PORTE ILEGAL DE ARMA DE FOGO INEFICAZ.

Demonstrada por laudo pericial a total ineficácia da arma de fogo e das munições apreendidas, deve ser reconhecida a atipicidade da conduta do agente que detinha a posse do referido artefato e das aludidas munições de uso proibido, sem autorização e em desacordo com a determinação legal/regulamentar. Inicialmente, convém destacar que a Terceira Seção do STJ pacificou entendimento no sentido de que o tipo penal de posse ou porte ilegal de arma de fogo é delito de mera conduta ou de perigo abstrato, sendo irrelevante a demonstração de seu efetivo caráter ofensivo e, assim, desnecessária a realização de laudo pericial para atestar a potencialidade lesiva da arma de fogo ou da munição apreendida (EREsp 1.005.300-RS, DJe 19/12/2013). Contudo, se tiver sido realizado laudo técnico na arma de fogo e este tiver apontado a total ineficácia do artefato, descartando, por completo, a sua potencialidade lesiva e, ainda, consignado que as munições apreendidas estavam percutidas e deflagradas, a aplicação da jurisprudência supramencionada deve ser afastada. Isso porque, nos termos do que foi proferido no AgRg no HC 149.191-RS (Sexta Turma, DJe 17/5/2010), arma, para ser arma, há de ser eficaz; caso contrário, de arma não se cuida. Em outras palavras, uma arma desmuniciada em conjunto com munição torna-se apta a realizar disparos; entretanto, uma arma ineficaz, danificada, quebrada, em contato com munição, não poderá produzir disparos, não passando, portanto, de um mero pedaço de metal. Registre-se que a particularidade da ineficácia da arma (e das munições) não se confunde, à toda evidência, com o caso de arma sem munição. A par disso, verifica-se que, à luz do Direito Penal do fato e da culpa, iluminado pelo princípio da ofensividade, não há afetação do bem jurídico denominado incolumidade pública que, segundo a doutrina, compreende o complexo de bens e interesses relativos à vida, à integridade corpórea e à saúde de todos e de cada um dos indivíduos que compõem a sociedade. Nessa ordem de ideias, a Quinta Turma do STJ

(AgRg no AREsp 397.473-DF, DJe 25/08/2014), ao enfrentar situação fática similar – porte de arma de fogo periciada e totalmente ineficiente – asseverou que o objeto apreendido não se enquadrava no conceito técnico de arma de fogo, razão pela qual considerou descaracterizado o crime de porte ilegal de arma de fogo. De modo semelhante, embora pacífico que a incidência da causa de aumento de pena pelo uso de arma de fogo no delito de roubo dispensa a sua apreensão e perícia, as Turmas de Direito Penal do STJ consolidaram entendimento no sentido de que, caso atestada a ineficácia e inaptidão da arma, torna-se incabível a aplicação da majorante prevista no art. 157, § 2º, I, do CP. Desse modo, conclui-se que arma de fogo pressupõe artefato destinado e capaz de ferir ou matar, de maneira que deve ser reconhecida a atipicidade da conduta de possuir munições deflagradas e percutidas, bem como arma de fogo inapta a disparar, ante a ausência de potencialidade lesiva, tratando-se de crime impossível pela ineficácia absoluta do meio. **REsp 1.451.397-MG, Rel. Min. Maria Thereza de Assis Moura, julgado em 15/9/2015, DJe 1º/10/2015 (Inform. STJ 570).**

DIREITO PENAL. PORTE DE ARMA DE FOGO POR POLICIAL CIVIL APOSENTADO.

O porte de arma de fogo a que têm direito os policiais civis (arts. 6º da Lei 10.826/2003 e 33 do Decreto 5.123/2014) não se estende aos policiais aposentados. Isso porque, de acordo com o art. 33 do Decreto 5.123/2004, que regulamentou o art. 6º da Lei 10.826/2003, o porte de arma de fogo está condicionado ao efetivo exercício das funções institucionais por parte dos policiais, motivo pelo qual não se estende aos aposentados. Precedente citado: RMS 23.971-MT, Primeira Turma, DJe 16/4/2008. **HC 267.058-SP, Rel. Min. Jorge Mussi, julgado em 4/12/2014, DJe 15/12/2014 (Inform. STJ 554).**

SÚMULA STJ nº 513

A *abolitio criminis* temporária prevista na Lei n. 10.826/2003 aplica-se ao crime de posse de arma de fogo de uso permitido com numeração, marca ou qualquer outro sinal de identificação raspado, suprimido ou adulterado, praticado somente até 23/10/2005.

16. CRIMES RELATIVOS A LICITAÇÃO

"Habeas corpus" de ofício e recebimento de denúncia – 1

A Segunda Turma iniciou julgamento de questão de ordem suscitada em ação penal na qual apurada a prática dos crimes de fraude à licitação (Lei 8.666/1993, art. 90) e peculato (CP, art. 312). Na espécie, após o recebimento de denúncia por juízo de primeiro grau, a diplomação do acusado como deputado federal ensejara a remessa dos respectivos autos ao STF para prosseguimento do feito. O Ministro Dias Toffoli (relator), ao suscitar a questão de ordem, propôs que esta fosse resolvida no sentido da concessão de ordem de "habeas corpus", de ofício, em favor do acusado, para que se rejeitasse a denúncia, por falta de justa causa (CPP, art. 395, III). Afirmou que, nos termos do art. 230-A do Regimento Interno do STF, em havendo deslocamento de competência para o STF, a ação penal deveria prosseguir no estado em que se encontrasse, preservada a validade dos atos já praticados na instância anterior, em homenagem ao princípio "tempus regit actum". Contudo, o STF não poderia permitir que uma ação penal inviável prosseguisse, pelo só fato de recebê-la no estado em que se encontrasse, sob pena de manifesto constrangimento ilegal ao réu. Não bastasse isso, o prosseguimento do feito acarretaria a desnecessária prática de inúmeros atos de instrução, como a inquirição de testemunhas e a produção de perícias. Ademais, a justa causa para a ação penal consistiria na exigência de suporte probatório mínimo a indicar a legitimidade da imputação e se traduziria na existência, no inquérito policial ou nas peças de informação a instruir a denúncia, de elementos sérios e idôneos que demonstrassem a materialidade do crime e a existência de indícios razoáveis de autoria. No caso, o acusado, à época da concorrência supostamente fraudada, da assinatura do contrato e de seus aditivos, da sua execução, das medições de obra e dos pagamentos à empresa contratada – questões atinentes ao objeto da ação penal em comento —, não mais seria o chefe do Poder Executivo local, por haver renunciado ao seu mandato. Portanto, além de não subsistir relação de subordinação hierárquica com os responsáveis pela licitação, o acusado não mais deteria qualquer poder de mando sobre o curso do procedimento licitatório e a execução do contrato ora hostilizado. O simples fato de ser governador, à época em que determinada secretaria de Estado firmara o convênio objeto de apuração, não atrairia a sua responsabilidade penal pela fraude à licitação subsequente e pelo eventual desvio de verbas na execução do contrato, reiterado o que decidido na AP 477/RS (DJe de 29.5.2009). Assim, à míngua de elementos probatórios concretos, constituiria mera criação mental da acusação a pretensa relação de causalidade entre as doações eleitorais feitas ao réu e o seu suposto concurso para a fraude à licitação e ao desvio de recursos públicos. Em seguida, pediu vista dos autos o Ministro Teori Zavascki.

<u>AP 913 QO/AL, rel. Min. Dias Toffoli, 3.11.2015</u>. (AP-913)

"Habeas corpus" de ofício e recebimento de denúncia – 2

Ante a falta de justa causa (CPP, art. 395, III), a Segunda Turma, em conclusão de julgamento, resolveu questão de ordem para conceder, de ofício, ordem de "habeas corpus" e rejeitar denúncia pela suposta prática dos crimes de fraude à licitação (Lei 8.666/1993, art. 90) e peculato (CP, art. 312) – v. Informativo 806. Na espécie, após o recebimento de denúncia por juízo de primeiro grau, a diplomação do acusado como deputado federal ensejara a remessa dos respectivos autos ao STF para prosseguimento do feito. O Colegiado afirmou que, nos termos do art. 230-A do Regimento Interno do STF, em havendo deslocamento de competência para o STF, a ação penal deveria prosseguir no estado em que se encontrasse, preservada a validade dos atos já praticados na instância anterior, em homenagem ao princípio "tempus regit actum". Contudo, o STF não poderia permitir que uma ação penal inviável prosseguisse, pelo só fato de recebê-la no estado em que se encontrasse, sob pena de manifesto constrangimento ilegal ao réu. Não bastasse isso, o prosseguimento do feito acarretaria a desnecessária prática de inúmeros atos de instrução, como a inquirição de testemunhas e a produção de perícias. Ademais, a justa causa para a ação penal consistiria na exigência de suporte probatório mínimo a indicar a legitimidade da imputação e se traduziria na existência, no inquérito policial ou nas peças de informação a instruir a denúncia, de elementos sérios e idôneos que demonstrassem a materialidade do crime e a existência de indícios razoáveis de autoria. No caso, o acusado, à época da concorrência supostamente fraudada, da assinatura do contrato e de seus aditivos, da sua execução, das medições de obra e dos pagamentos à empresa contratada – questões atinentes ao objeto da ação penal em comento —, não mais seria o chefe do Poder Executivo local, por haver renunciado ao seu mandato. Portanto, além de não subsistir relação de subordinação hierárquica com os responsáveis pela licitação, o acusado não mais deteria qualquer poder de mando sobre o curso do procedimento licitatório e a execução do contrato ora hostilizado. O simples fato de ser governador, à época em que determinada secretaria de Estado firmara o convênio objeto de apuração, não atrairia a sua responsabilidade penal pela fraude à licitação subsequente e pelo eventual desvio de verbas na execução do contrato. Reiterou-se o que decidido na AP 477/RS (DJe de 29.5.2009). Assim, à míngua de elementos probatórios concretos, constituiria mera criação mental da acusação a pretensa relação de causalidade entre as doações eleitorais feitas ao réu e o seu suposto concurso para a fraude à licitação e ao desvio de recursos públicos.

<u>AP 913 QO/AL, rel. Min. Dias Toffoli, 17.11.2015</u>. (AP-913) (Inform. STF 808)

DIREITO PENAL. NÃO OBRIGATORIEDADE DE LICITAÇÃO POR PARTE DE CONDOMÍNIO EDILÍCIO EM QUE ENTE PÚBLICO SEJA PROPRIETÁRIO DE FRAÇÃO IDEAL.

O síndico de condomínio edilício formado por frações ideais pertencentes a entes públicos e particulares, ao conceder a sociedade empresária o direito de explorar serviço de estacionamento em área de uso comum do prédio sem procedimento licitatório, não comete o delito previsto no art. 90 da Lei 8.666/1993 ("Frustrar ou fraudar, mediante ajuste, combinação ou qualquer outro expediente, o caráter competitivo do procedimento licitatório, com o intuito de obter, para si ou para outrem, vantagem decorrente da adjudicação do objeto da licitação"). O condomínio edilício é ente despersonalizado regido pelo Direito Privado (arts. 1.331 e seguintes do Código Civil e Lei 4.591/1964 e alterações posteriores). Registre-se que os condomínios edilícios não figuram dentre aqueles entes obrigados a licitar mencionados no art. 37, XXI, da CF ou na Lei 8.666/1993. Com efeito, o só fato de entes públicos serem proprietários de frações ideais de um imóvel não determina que os atos do condomínio necessitem ser praticados à luz do Direito Público, mormente a contratação de bens e serviços, como a exploração de área comum (estacionamento). O Poder Público, quando participa de um condomínio edilício, por si só, não tem prevalência sobre os demais condôminos. Assim, não pode obrigá-los a seguir regras aplicáveis apenas à Administração Pública, sob pena de subverter a própria natureza do instituto, obstando os procedimentos rotineiros indispensáveis ao cumprimento das atividades de gestão do condomínio. Sendo assim, não há necessidade da discussão sequer sobre se há maioria de fração ideal do imóvel pelo o Poder Público. O STJ, em julgado relativo à extinção de condomínio em que uma das partes era o Poder Público, já se pronunciou pela aplicação do Direito Privado, não obstante o regime especial de alienação de bens públicos (REsp 655.787-MG, DJU de 5/9/2005). Dessa forma, desnecessário seguir a Lei 8.666/1993, por não se tratar de órgão público ou ente público obrigado a licitar ou, ainda, de relação de Direito Público, mas de Direito Privado, sendo atípica a conduta em análise. **REsp 1.413.804-MG, Rel. Min. Reynaldo Fonseca, julgado em 8/9/2015, DJe 16/9/2015 (Inform. STJ 569).**

17. VIOLÊNCIA DOMÉSTICA

Substituição de pena e lesão corporal praticada em ambiente doméstico

Não é possível a substituição de pena privativa de liberdade por restritiva de direitos ao condenado pela prática do crime de lesão corporal praticado em ambiente doméstico (CP, art. 129, § 9º, na redação dada pela Lei 11.340/2006). Esse o entendimento da Segunda Turma, que denegou a ordem em "habeas corpus" impetrado em face de decisão que denegara a substituição de pena a condenado, pela prática do delito em questão, a três meses de detenção em regime aberto. A Turma destacou que a substituição da pena privativa de liberdade por sanções restritivas de direitos encontrar-se-ia condicionada ao preenchimento dos requisitos objetivos e subjetivos elencados no art. 44 do CP ("Art. 44. As penas restritivas de direitos são autônomas e substituem as privativas de liberdade, quando: I – aplicada pena privativa de liberdade não superior a quatro anos e o crime não for cometido com violência ou grave ameaça à pessoa ou, qualquer que seja a pena aplicada, se o crime for culposo; II – o réu não for reincidente em crime doloso; III – a culpabilidade, os antecedentes, a conduta social e a personalidade do condenado, bem como os motivos e as circunstâncias indicarem que essa substituição seja suficiente"). Assim, a execução do crime mediante o emprego de violência seria circunstância impeditiva do benefício. Com advento da Lei 9.099/1995, acentuada parcela da doutrina passara a sustentar que a vedação abstrata prevista no art. 44 do CP, ao menos em relação aos crimes de menor potencial ofensivo, implicaria violação ao princípio da proporcionalidade, ou seja, não haveria razão para impedir a conversão da reprimenda a autores de delitos que poderiam, em tese, ser agraciados com a transação penal ou suspensão condicional do processo. Essa linha argumentativa, porém, não teria espaço em relação ao crime de lesão corporal praticado em ambiente doméstico, por duas razões: a) a pena máxima prevista para esse delito – três anos —, a impedir a transação penal (Lei 9.099/1995, art. 61); e b) a existência de comando proibitivo previsto no art. 41 da Lei Maria da Penha ("Aos crimes praticados com violência doméstica e familiar contra a mulher, independentemente da pena prevista, não se aplica a Lei nº 9.099, de 26 de setembro de 1995"). Portanto, o principal fundamento – aplicação da Lei 9.099/1995 – daqueles que militariam pelo abrandamento do art. 44 do CP deixaria de existir quando o cenário fosse de crime de lesão corporal no seio familiar. Ademais, não seria crível imaginar que a Lei Maria da Penha, que teria vindo justamente tutelar com maior rigor a integridade física das mulheres, tivesse autorizado a substituição da pena corporal, mitigando a regra geral do CP, que a proíbe. Nesse contexto, perderia sustento a alegação de que o art. 17 da Lei 11.340/2006 autorizaria a substituição de pena (Art. 17: "É vedada a aplicação, nos casos de violência doméstica e familiar contra a mulher, de penas de cesta básica ou outras de prestação pecuniária, bem como a substituição de pena que implique o pagamento isolado de multa").
HC 129446/MS, rel. Min. Teori Zavascki, 20.10.2015. (HC-129446) (Inform. STF 804)

Súmula STJ nº 536

A suspensão condicional do processo e a transação penal não se aplicam na hipótese de delitos sujeitos ao rito da Lei Maria da Penha.

18. OUTRAS INFRAÇÕES PENAIS PREVISTAS EM LEGISLAÇÃO EXTRAVAGANTE

REPERCUSSÃO GERAL EM ARE N. 901.623-SP
RELATOR: MIN. EDSON FACHIN
Ementa: CONSTITUCIONAL. PENAL. ART. 19 DA LEI DAS CONTRAVENÇÕES PENAIS. PORTE DE ARMA BRANCA. PRINCÍPIO DA LEGALIDADE PENAL. ANÁLISE SOBRE A OBSERVÂNCIA DO PRINCÍPIO DA TAXATIVIDADE DA CONDUTA DESCRITA. REPERCUSSÃO GERAL RECONHECIDA.
Questão relevante do ponto de vista social e jurídico. **(Inform. STF 810)**

Descumprimento de ordem judicial e ciência

Configura-se o crime de responsabilidade de prefeito, nos termos da segunda parte do inciso XIV do art. 1º do Decreto-Lei 201/1967 ("Art. 1º. São crimes de responsabilidade dos Prefeitos Municipais, sujeitos ao julgamento do Poder Judiciário, independentemente do pronunciamento da Câmara dos Vereadores: ... XIV – Negar execução à lei federal, estadual ou municipal, ou deixar de cumprir ordem judicial, sem dar o motivo da recusa ou da impossibilidade, por escrito, à autoridade competente"), a existência de inequívoca ciência da determinação judicial. A mera comunicação da ordem a terceiros não atende as exigências legais. Com base nessa orientação, e por não existir prova de ter o réu concorrido para a infração penal (CPP, art. 386, V), a Primeira Turma absolveu o réu. Na espécie, quando prefeito ao tempo dos fatos, fora acusado de descumprir ordem judicial sem dar o motivo da recusa ou da impossibilidade de fazê-lo, por escrito, à autoridade competente. A Turma apontou que a projeção desse entendimento se guiaria pelos mesmos parâmetros utilizados para aferição do dolo nos delitos em que o ato de desobedecer figurar como elementar do tipo, cuja previsão genérica é a do art. 330 do CP, sobre o qual doutrina e jurisprudência seriam unânimes em exigir a ciência inequívoca do agente quanto à ordem descumprida. Esclareceu que a decisão liminar, cujo descumprimento criminoso fora atribuído ao acusado, bem como aquela que ampliara os seus efeitos, não teriam sido endereçadas ao prefeito, mas aos seus procuradores judiciais. Por fim, ponderou que o fato de o Município não ser pequeno poderia implicar a possibilidade de que a gestão administrativa fosse desconcentrada e descentralizada para além do gabinete do prefeito. **AP 555/SC, rel. Min. Rosa Weber, 6.10.2015. (AP-555) (Inform. STF 802)**

AG. REG. NO RHC N. 118.621-ES
RELATOR: MIN. ROBERTO BARROSO
Ementa: Agravo regimental no recurso ordinário em *habeas corpus*. Formação de quadrilha, falsidade ideológica e lavagem de dinheiro. Interceptações telefônicas.
1. As instâncias precedentes afirmaram que a interceptação telefônica foi precedida de diligências preliminares que demonstraram a *"necessidade e indispensabilidade da medida"*. Para dissentir-se desse entendimento seria necessário o revolvimento de fatos e provas, inviável na via do *habeas corpus*.
2. *"O Supremo Tribunal Federal afasta a necessidade de transcrição integral dos diálogos gravados durante quebra de sigilo telefônico, rejeitando alegação de cerceamento de defesa pela não transcrição de partes da interceptação irrelevantes para o embasamento da denúncia"*

(Inq. 3693, Rel.ª Min.ª Cármen Lúcia). No mesmo sentido, o AI 685878-AgR, Rel. Min. Ricardo Lewandowski.
3. Agravo regimental a que se nega provimento. **(Inform. STF 797)**

Art. 1º, I, do Decreto-Lei 201/1967 e admissibilidade de participação
O crime do art. 1º, I, do Decreto-Lei 201/1967 ("Art. 1º São crimes de responsabilidade dos Prefeitos Municipal, sujeitos ao julgamento do Poder Judiciário, independentemente do pronunciamento da Câmara dos Vereadores: I – apropriar-se de bens ou rendas públicas, ou desviá-los em proveito próprio ou alheio"), é próprio, somente podendo ser praticado por prefeito, admitida, porém, a participação, nos termos do art. 29 do CP. Com base nesse entendimento, a Segunda Turma recebeu denúncia oferecida contra deputado federal pela suposta prática do referido crime. De inicio, rejeitou requerimento formulado no sentido de que o processo em comento fosse julgado em conjunto com AP 644/MT. Assinalou que a reunião de ações penais conexas seria a regra, salvo se o juiz reputasse conveniente a separação, por motivo relevante (CPP: "Art. 80. Será facultativa a separação dos processos quando as infrações tiverem sido praticadas em circunstâncias de tempo ou de lugar diferentes, ou, quando pelo excessivo número de acusados e para não lhes prolongar a prisão provisória, ou por outro motivo relevante, o juiz reputar conveniente a separação"). Ocorre que os feitos estariam em situação processual diversa. Em um deles, a instrução processual já estaria encerrada, enquanto no outro, a denúncia sequer teria sido apreciada. Assim, a reunião das ações seria inviável. No mérito, a Turma destacou que o denunciado, em comunhão de esforços com prefeito, seria acusado de desviar rendas públicas em proveito próprio e alheio. Sua conduta teria consistido em apresentar emenda parlamentar ao orçamento da União, autorizando o repasse de recursos para aquisição de ambulância. Realizada licitação na modalidade tomada de preços, o certame teria sido direcionado em favor de determinada empresa. Para a fase processual de análise de recebimento da denúncia, os elementos seriam suficientes para demonstrar não apenas o direcionamento da licitação, mas também o desvio dos recursos públicos, mediante a prática de sobrepreço. Ademais, haveria indicativos da existência de organização criminosa dedicada à canalização de recursos do orçamento para aquisição de ambulâncias, com posterior direcionamento de licitações. Outrossim, a apresentação de emenda parlamentar para financiar a compra, somada a depoimentos colhidos no sentido de que o denunciado teria contribuído para o direcionamento da licitação, seriam indícios suficientes de participação, para esta fase processual. **Inq 3634/DF, rel. Min. Gilmar Mendes, 2.6.2015. (Inq-3634) (Inform. STF 788)**

Desobediência eleitoral e absolvição sumária
Para configuração do crime de desobediência eleitoral, previsto no art. 347 do Código Eleitoral ("Recusar alguém cumprimento ou obediência a diligências, ordens ou instruções da Justiça Eleitoral ou opor embaraços à sua execução") é necessária a demonstração da ciência do agente em relação à ordem tida por descumprida, e que esta seja emitida de forma direta e individualizada. Com base nesse entendimento, a Segunda Turma resolveu questão de ordem suscitada pelo Ministro Teori Zavascki (relator) e absolveu sumariamente acusado da prática do referido delito, aplicado o quanto disposto no art. 397, III, do CPP ("Art. 397. Após o cumprimento do disposto no art. 396-A, e parágrafos, deste Código, o juiz deverá absolver sumariamente o acusado quando verificar: ... III – que o fato narrado evidentemente não constitui crime"). A Turma afirmou que a ordem supostamente descumprida na hipótese – a não realização de carreatas ou passeatas eleitorais em determinado local – não teria sido dirigida especificamente ao ora acusado, mas a todos os candidatos, partidos, coligações e cidadãos, mediante encaminhamento de ofício-circular pelo juiz eleitoral. Entretanto, para configuração do crime de desobediência eleitoral seria necessário que a ordem tida por descumprida fosse direta e individualizada ao agente, o que, como visto, não teria ocorrido, tendo em conta o caráter geral e abstrato da referida orientação da Justiça Eleitoral. Por outro lado, não haveria nos autos elementos mínimos e suficientes a indicar que o acusado tivesse ciência do ofício-circular elaborado pelo juiz eleitoral e que o teria deliberadamente descumprido. Nesse contexto, verificar-se-ia a ausência do elemento subjetivo do tipo, no caso, o dolo. **AP 904/RO, rel. Min. Teori Zavascki, 14.4.2015. (AP-904) (Inform. STF 781)**

DIREITO PENAL. IMPORTAÇÃO E TRANSPORTE ILEGAIS DE AGROTÓXICO.
A conduta consistente em transportar, no território nacional, em desacordo com as exigências estabelecidas na legislação pertinente, agrotóxicos importados por terceiro de forma clandestina não se adequa ao tipo de importação ilegal de substância tóxica (art. 56 da Lei 9.605/1998) caso o agente não tenha ajustado ou posteriormente aderido à importação ilegal antes da entrada do produto no país, ainda que o autor saiba da procedência estrangeira e ilegal do produto, subsumindo-se ao tipo de transporte ilegal de agrotóxicos (art. 15 da Lei 7.802/1989). De fato, o art. 56 da Lei 9.605/1998 dispõe: "Produzir, processar, embalar, importar, exportar, comercializar, fornecer, transportar, armazenar, guardar, ter em depósito ou usar produto ou substância tóxica, perigosa ou nociva à saúde humana ou ao meio ambiente, em desacordo com as exigências estabelecidas em leis ou nos seus regulamentos: Pena – reclusão, de um a quatro anos, e multa". Por sua vez, o art. 15 da Lei 7.802/1989 (Lei dos Agrotóxicos) prescreve: "Aquele que produzir, comercializar, transportar, aplicar, prestar serviço, der destinação a resíduos e embalagens vazias de agrotóxicos, seus componentes e afins, em descumprimento as exigências estabelecidas na legislação pertinente estará sujeito à pena de reclusão, de dois a quatro anos, além de multa". Ocorre que, não havendo elementos no sentido de que o agente, tendo recebido os produtos dentro do Brasil, sabendo da procedência estrangeira, tenha previamente ajustado ou posteriormente aderido à importação ilegal antes da consumação do crime, que, sendo formal instantâneo, ocorre com a simples entrada do produto no país, não se pode falar em participação na importação de substância tóxica (art. 56 da Lei 9.605/1998), mas tão somente em delito autônomo de transporte de agrotóxico (art. 15 da Lei 7.802/1989). Isso porque a participação na modalidade de coautoria sucessiva, em que o partícipe resolve aderir à conduta delituosa após o início da sua execução, exige, além do liame subjetivo comum a todo concurso de agentes, que a adesão do partícipe ocorra antes da consumação do delito, caso contrário restará configurado delito autônomo. Vale lembrar ilustrativamente que, assim como o receptador não responde por participação em contrabando pelo simples fato de conhecer a procedência estrangeira da mercadoria que recebe, o réu, no presente caso, também não responde pela importação do produto tóxico que transporta ilegalmente dentro do território nacional apenas por "achar que estaria levando mercadoria estrangeira". **REsp 1.449.266-PR, Rel. Min. Maria Thereza de Assis Moura, julgado em 6/8/2015, DJe 26/8/2015 (Inform. STJ 568).**

DIREITO PENAL. NÃO CONFIGURAÇÃO DO CRIME DO ART. 10 DA LEI 7.347/1985.
Não configura o crime do art. 10 da Lei 7.347/1985 o retardamento do envio de dados técnicos requisitados pelo MP para a propositura de ação civil pública quando, após o envio a destempo, o MP promova o arquivamento do inquérito civil sob o fundamento da licitude dos atos praticados pelo investigado. De acordo com o art. 10 da Lei 7.347/1985, "Constitui crime, punido com pena de reclusão de 1 (um) a 3 (três) anos, mais multa de 10 (dez) a 1.000 (mil) Obrigações Reajustáveis do Tesouro Nacional – ORTN, a recusa, o retardamento ou a omissão de dados técnicos indispensáveis à propositura da ação civil, quando requisitados pelo Ministério Público". Na hipótese em análise, não obstante tenha ocorrido o retardamento na remessa dos dados requeridos, observa-se que, após envio, o Parquet concluiu pela licitude dos atos investigados e arquivou o inquérito civil, caracterizando, assim, a prescindibilidade das informações. Nesse sentido, forçoso reconhecer a ausência da elementar "dados técnicos indispensáveis à propositura da ação civil" do art. 10 da Lei 7.347/1985, face à verificação da legalidade dos atos praticados pelo investigado. Precedente citado: APn 515-MT, Corte Especial, DJe de 5/2/2009. **HC 303.856-RJ, Rel. Min. Felix Fischer, julgado em 7/4/2015, DJe 22/4/2015 (Inform. STJ 560).**

DIREITO PENAL. PRESTAÇÃO DE SERVIÇO DE PROVEDOR DE ACESSO À INTERNET POR MEIO DE RADIOFREQUÊNCIA SEM AUTORIZAÇÃO DA ANATEL.

Ajusta-se à figura típica prevista no art. 183 da Lei 9.472/1997 ("Desenvolver clandestinamente atividades de telecomunicação") a conduta de prestar, sem autorização da ANATEL, serviço de provedor de acesso à internet a terceiros por meio de instalação e funcionamento de equipamentos de radiofrequência. Realmente, o fato de o art. 61, § 1°, da Lei 9.472/1997 disciplinar que serviço de valor adicionado "não constitui serviço de telecomunicações" não implica o reconhecimento, por si só, da atipicidade da conduta em análise. Isso porque, segundo a ANATEL, o provimento de acesso à Internet via radiofrequência engloba tanto um serviço de telecomunicações (Serviço de Comunicação Multimídia) quanto um serviço de valor adicionado (Serviço de Conexão à Internet). Precedentes citados: AgRg no AREsp 383.884-PB, Sexta Turma, DJe 23/10/2014; e AgRg no REsp 1.349.103-PB, Sexta Turma, DJe 2/9/2013. **AgRg no REsp 1.304.262-PB, Rel. Min. Jorge Mussi, julgado em 16/4/2015, DJe 28/4/2015 (Inform. STJ 560).**

DIREITO PENAL. NECESSIDADE DE PERÍCIA PARA DEMONSTRAR QUE A MERCADORIA ESTÁ IMPRÓPRIA PARA O CONSUMO EM CRIME CONTRA A RELAÇÃO DE CONSUMO.

Para caracterizar o delito previsto no art. 7°, IX, da Lei 8.137/1990 (crime contra relação de consumo), é imprescindível a realização de perícia a fim de atestar se as mercadorias apreendidas estão em condições impróprias para o consumo, não sendo suficiente, para a comprovação da materialidade delitiva, auto de infração informando a inexistência de registro do Serviço de Inspeção Estadual (SIE) nas mercadorias expostas à venda (art. 18, § 6°, II, do CDC, c/c decreto estadual que conceitua os requisitos da propriedade ao consumo de alimentos e bebidas para fins de comercialização). O art. 7°, IX, da Lei 8.137/1990 tipifica como crime contra as relações de consumo a conduta de "vender, ter em depósito para vender ou expor à venda ou, de qualquer forma, entregar matéria-prima ou mercadoria, em condições impróprias ao consumo". Da leitura do dispositivo legal em comento, percebe-se que se trata de delito que deixa vestígios materiais, sendo indispensável, portanto, a realização de perícia para a sua comprovação, nos termos do art. 158 do CPP ("Quando a infração deixar vestígios, será indispensável o exame de corpo de delito, direto ou indireto, não podendo supri-lo a confissão do acusado"). No mesmo sentido é a doutrina e a jurisprudência predominante do STJ (AgRg no AREsp 333.459-SC, Quinta Turma, DJe 4/11/2013; e AgRg no REsp 1.175.679-RS, Sexta Turma, DJe 28/3/2012), sendo, inclusive, idêntica a orientação do STF (HC 90.779, Primeira Turma, DJe 24/10/2008). Ademais, não se pode olvidar que o art. 18, § 6°, do CDC, que prevê hipóteses em que matérias-primas e mercadorias são consideradas impróprias ao consumo, também se remete a outros diplomas normativos, principalmente na parte final do seu inciso II, ao estabelecer que são impróprios ao consumo a matéria-prima ou mercadoria fabricados, distribuídos ou apresentados em desacordo com as normas regulamentares. Perceba-se que o exercício de subsunção do fato à norma penal, na hipótese, transcende a própria legislação federal que regulamenta a matéria, circunstância que, por si só, já torna impreciso os contornos da figura típica prevista no art. 7°, IX, da Lei 8.137/1990, em ofensa ao princípio da estrita legalidade que vige no ordenamento jurídico pátrio, nos termos do art. 5°, XXXIX, da CF e do art. 1° do CP. Além disso, não se pode dar relevância penal a decreto apto a produzir efeitos apenas no âmbito da referida unidade da federação, em flagrante ofensa à competência privativa da União para legislar sobre Direito Penal, prevista no art. 22, I, da CF. Desta forma, ainda que seja competência concorrente da União, dos Estados e do Distrito Federal a produção legislativa sobre consumo (art. 24, V, da CF), é certo que eventual pretensão penal condenatória somente pode estar fundamentada em legislação emanada da União. Portanto, uma persecução criminal condizente com os princípios e objetivos de um Estado Democrático de Direito deve ser acompanhada de comprovação idônea da materialidade delitiva, conforme preceitua o art. 158 do CPP, não sendo admissível a presunção de impropriedade ao consumo de produtos expostos à venda com base exclusivamente no conteúdo de normas locais. **RHC 49.752-SC, Rel. Min. Jorge Mussi, julgado em 14/4/2015, DJe 22/4/2015 (Inform. STJ 560).**

DIREITO PENAL. CONFIGURAÇÃO DO CRIME DE CAMBISMO.

Para a configuração do crime de cambismo (Vender ingressos de evento esportivo, por preço superior ao estampado no bilhete), previsto no art. 41-F da Lei 10.671/2003, não há necessidade de comprovação de que, no momento da oferta, não havia ingressos disponíveis na bilheteria. Trata-se de comportamento dotado de reprovabilidade penal, pela simples razão de envolver a exploração, artificiosa, de um bem finito: a quantidade de lugares nos estádios. Dessa maneira, abusando de certo privilégio decorrente de se chegar antes ao guichê, adquirem-se mais unidades, que são vendidas com ágio. É desinfluente a circunstância, eventual, de ainda existirem ingressos à venda nas bilheterias. A uma porque o tipo penal, expressamente, a tal não se refere. A duas porque, pela simples conduta enunciada no modelo incriminador, o bem jurídico já é afetado, porquanto se materializa exploração do preço, em mercado de bem finito, operado por um único fornecedor. Gera-se indevida especulação, promovendo a daninha quebra da isonomia, que seria assegurada pela exclusividade nas vendas. **RHC 47.835-RJ, Rel. Min. Maria Thereza de Assis Moura, julgado em 9/12/2014, DJe 19/12/2014 (Inform. STJ 554).**

Súmula STF n° 592

Nos crimes falimentares, aplicam-se as causas interruptivas da prescrição, previstas no código penal.

4. DIREITO PROCESSUAL PENAL

1. INQUÉRITO POLICIAL E OUTRAS FORMAS DE INVESTIGAÇÃO

Arquivamento de inquérito policial e coisa julgada

O arquivamento de inquérito policial em razão do reconhecimento de excludente de ilicitude não faz coisa julgada material. Esse o entendimento da Segunda Turma, que, em conclusão de julgamento e por maioria, denegou a ordem em "habeas corpus" em que se pleiteava o reconhecimento da coisa julgada material e a extinção de ação penal. No caso, em razão da suposta prática do delito de homicídio tentado (CP, art. 121, § 2°, IV, c/c art. 14, II), foram instaurados dois inquéritos – um civil e um militar – em face do ora paciente e de corréus. O inquérito policial militar fora arquivado em 21.10.1993, a pedido do Ministério Público, que entendera que os agentes teriam agido em estrito cumprimento de dever legal. Já no inquérito policial civil, o paciente fora denunciado em 23.12.1998 e, instruída a ação penal, condenado à pena de 10 anos de reclusão. O Colegiado, inicialmente, destacou que, à época em que proferida a decisão determinando o arquivamento do inquérito policial militar, a Justiça Castrense seria competente para processar e julgar o paciente pelo delito em questão, já que somente com o advento da Lei 9.299/1996 teria sido deslocado o julgamento dos crimes dolosos contra a vida de civis para o tribunal do júri. Por outro lado, consoante o Enunciado 524 da Súmula do STF, decisão proferida por juiz competente, em que tivesse sido determinado o arquivamento de inquérito a pedido do Ministério Público, em virtude de o fato apurado estar coberto por causa excludente de ilicitude, não obstaria o desarquivamento quando surgissem novas provas, reiterado o que decidido no HC 95.211/ES (DJe de 22.8.2011). A decisão da Justiça Militar, na hipótese em comento, não afastara o fato típico ocorrido, mas sim sua ilicitude, em razão do estrito cumprimento do dever legal, que o Ministério Público entendera provado a partir dos elementos de prova de que dispunha até então. Nesse diapasão, o eventual surgimento de novos elementos de convicção teria o condão de impulsionar a reabertura do inquérito na justiça comum, a teor do art. 18 do CPP ("Depois de ordenado o arquivamento do inquérito pela autoridade judiciária, por falta de base para a denúncia, a autoridade policial poderá proceder a novas pesquisas, se de outras provas tiver notícia"). Na espécie, a simples leitura das provas constantes dos autos apontaria uma nova versão para os fatos delituosos, em consequência do prosseguimento das investigações na justiça comum, não havendo impedimento legal para a propositura da nova ação penal contra o paciente naquela seara. Vencido o Ministro Teori Zavascki (relator), que entendia estar configurada a coisa julgada material. **HC 125101/SP, rel. orig. Min. Teori Zavascki, red. p/ o acórdão Min. Dias Toffoli, 25.8.2015. (HC-125101) (Inform. STF 796)**

Ministério Público e investigação criminal – 20

O Ministério Público dispõe de competência para promover, por autoridade própria, e por prazo razoável, investigações de natureza penal, desde que respeitados os direitos e garantias que assistem a qualquer indiciado ou a qualquer pessoa sob investigação do Estado, observadas, sempre, por seus agentes, as hipóteses de reserva constitucional de jurisdição e, também, as prerrogativas profissionais de que se acham investidos, em nosso País, os advogados (Lei 8.906/1994, art. 7º, notadamente os incisos I, II, III, XI, XIII, XIV e XIX), sem prejuízo da possibilidade – sempre presente no Estado democrático de Direito – do permanente controle jurisdicional dos atos, necessariamente documentados (Enunciado 14 da Súmula Vinculante), praticados pelos membros dessa Instituição. Com base nessa orientação, o Plenário, em conclusão de julgamento e por maioria, negou provimento a recurso extraordinário em que discutida a constitucionalidade da realização de procedimento investigatório criminal pelo Ministério Público. No caso, o acórdão impugnado dispusera que, na fase de recebimento da denúncia, prevaleceria a máxima "in dubio pro societate", oportunidade em que se possibilitaria ao titular da ação penal ampliar o conjunto probatório. Sustentava o recorrente que a investigação realizada pelo "parquet" ultrapassaria suas atribuições funcionais constitucionalmente previstas – v. Informativos 671, 672 e 693. O Tribunal asseverou que a questão em debate seria de grande importância, por envolver o exercício de poderes por parte do Ministério Público. A legitimidade do poder investigatório do órgão seria extraída da Constituição, a partir de cláusula que outorgaria o monopólio da ação penal pública e o controle externo sobre a atividade policial. O "parquet", porém, não poderia presidir o inquérito policial, por ser função precípua da autoridade policial. Ademais, a função investigatória do Ministério Público não se converteria em atividade ordinária, mas excepcional, a legitimar a sua atuação em casos de abuso de autoridade, prática de delito por policiais, crimes contra a Administração Pública, inércia dos organismos policiais, ou procrastinação indevida no desempenho de investigação penal, situações que, exemplificativamente, justificariam a intervenção subsidiária do órgão ministerial. Haveria, no entanto, a necessidade de fiscalização da legalidade dos atos investigatórios, de estabelecimento de exigências de caráter procedimental e de se respeitar direitos e garantias que assistiriam a qualquer pessoa sob investigação – inclusive em matéria de preservação da integridade de prerrogativas profissionais dos advogados, tudo sob o controle e a fiscalização do Poder Judiciário. Vencidos os Ministros Cezar Peluso (relator), Ricardo Lewandowski (Presidente) e Dias Toffoli, que davam provimento ao recurso extraordinário e reconheciam, em menor extensão, o poder de investigação do Ministério Público, em situações pontuais e excepcionais; e o Ministro Marco Aurélio, que dava provimento ao recurso, proclamando a ilegitimidade absoluta do Ministério Público para, por meios próprios, realizar investigações criminais.
RE 593727/MG, rel. orig. Min. Cezar Peluso, red. p/ o acórdão Min. Gilmar Mendes, 14.5.2015. (RE-593727) (Inform. STF 785)

Arquivamento de inquérito e requerimento do PGR

A Primeira Turma, em conclusão de julgamento e por maioria, negou provimento a agravo regimental em que se impugnava decisão monocrática que, com base no art. 21, XV, e, do RISTF, determinara o arquivamento de inquérito ["Art. 21. São atribuições do Relator: ... XV – determinar a instauração de inquérito a pedido do Procurador-Geral da República, da autoridade policial ou do ofendido, bem como o seu arquivamento, quando o requerer o Procurador-Geral da República, ou quando verificar: ... e) ausência de indícios mínimos de autoria ou materialidade"]. O agravante apontava a ilegitimidade da decisão impugnada, porquanto o arquivamento de inquérito deveria decorrer de requerimento do PGR ou, quando menos, após a sua oitiva. Destacava, também, a aplicabilidade, no caso, do precedente firmado quando do julgamento do Inq 2.913 AgR/MT (DJe de 21.6.2012) no qual se afirmara que o dispositivo do regimento interno utilizado como fundamento da decisão ora agravada ofenderia o art. 3º, I, da Lei 8.038/1990 ("Art. 3º – Compete ao relator: I – determinar o arquivamento do inquérito ou de peças informativas, quando o requerer o Ministério Público, ou submeter o requerimento à decisão competente do Tribunal"). A Turma asseverou que a questão relativa à legitimidade da determinação de arquivamento do inquérito estaria superada na hipótese em comento, dado que, com a interposição do agravo regimental, a matéria estaria sendo apreciada pelo Colegiado. Outrossim, não existiria justa causa para a instauração do inquérito. O Ministro Dias Toffoli (relator), embora também negasse provimento ao recurso, afirmara (na sessão de 30.9.2014) que eventual agravo regimental, interposto em face de decisão monocrática que tivesse determinado o arquivamento de inquérito, levaria a matéria à apreciação do Colegiado, o que não subverteria o quanto disposto no art. 3º, I, da Lei 8.038/1990. Ademais, não haveria, na espécie, elementos suficientes para o prosseguimento do inquérito. Vencido o Ministro Marco Aurélio, que dava provimento ao agravo. Afirmava que a Lei 8.038/1990 seria clara, não apresentando qualquer distinção no que junge a possibilidade de o relator arquivar o inquérito ao requerimento do Ministério Público. Ausente o requerimento, o inquérito deveria ir à Turma, em questão de ordem. Por outro lado, seria cabível investigação ante qualquer notícia de prática criminosa, devendo-se viabilizar a atuação do Ministério Público em defesa da sociedade.
Inq 3847 AgR/GO, rel. Min. Dias Toffoli, 7.4.2015. (Inq-3847) (Inform. STF 780)

DIREITO PROCESSUAL PENAL. ARQUIVAMENTO DO INQUÉRITO POLICIAL.

Na ação penal pública incondicionada, a vítima não tem direito líquido e certo de impedir o arquivamento do inquérito ou das peças de informação. Considerando que o processo penal rege-se pelo princípio da obrigatoriedade, a propositura da ação penal pública constitui um dever, e não uma faculdade, não sendo reservado ao Parquet um juízo discricionário sobre a conveniência e oportunidade de seu ajuizamento. Por outro lado, não verificando o Ministério Público material probatório convincente para corroborar a materialidade do delito ou a autoria delitiva ou entendendo pela atipicidade da conduta, pela existência de excludentes de ilicitude ou de culpabilidade, ou, ainda, pela extinção da punibilidade, pode requerer perante o Juiz o arquivamento do inquérito ou das peças de informação. O magistrado, concordando com o requerimento, deve determinar o arquivamento, que prevalecerá, salvo no caso de novas provas surgirem a viabilizar o prosseguimento das investigações pela autoridade policial (art. 18 do CPP). Se discordar, porém, deve o magistrado encaminhar o pedido de arquivamento, com o inquérito ou peças de informação, à consideração do Procurador-Geral de Justiça, o qual deverá: a) oferecer a denúncia, ou designar outro órgão ministerial para fazê-lo; ou b) insistir no arquivamento, estando, nessa última hipótese, obrigado o Juiz a atender. Poderá, ainda, o Procurador-Geral requerer novas diligências investigatórias. Há, portanto, um sistema de controle de legalidade muito técnico e rigoroso em relação ao arquivamento de inquérito policial, inerente ao próprio sistema acusatório. No exercício da atividade jurisdicional, o Juiz, considerando os elementos trazidos nos autos de inquérito ou nas peças de informações, tem o poder-dever de anuir ou discordar do pedido de arquivamento formulado pelo Ministério Público. Não há, porém, obrigação de, em qualquer hipótese, remeter os autos para nova apreciação do Procurador-Geral. Assim, se constatar pertinência nos fundamentos do pedido de arquivamento, o Juiz terá o poder-dever de promover o arquivamento, não cabendo contra essa decisão recurso. Ademais, no sistema processual penal vigente, a função jurisdicional não contempla a iniciativa acusatória, de maneira que, do mesmo modo que não poderá o Juiz autoprovocar a jurisdição, não poderá obrigar o Ministério Público, diante de sua independência funcional, a oferecer a denúncia ou a ter, em toda e qualquer hipótese, reexaminado o pedido de arquivamento pela instância superior, o respectivo Procurador-Geral. Ao Ministério Público cabe formar a opinio delicti e, se entender devido, oferecer a denúncia. Desse modo, uma vez verificada a inexistência de elementos mínimos que corroborem a autoria e a materialidade delitivas, pode o Parquet requerer o arquivamento do inquérito, e o Juiz, por consequência, avaliar se concorda ou não com a promoção ministerial. Uma vez anuindo, fica afastado o procedimento previsto no art. 28 do CPP, sem que, com isso, seja violado direito líquido e certo da possível vítima de crime de ver processado seu suposto ofensor (RMS 12.572-SP, Sexta Turma, DJ de 10/9/2007). Cumpre salientar, por oportuno, que, se a vítima ou qualquer outra pessoa trouxer novas informações que justifiquem a reabertura do inquérito, pode a autoridade policial proceder a novas investigações, nos termos do citado art. 18 do CPP. Nada obsta, ademais, que, surgindo novos elementos aptos a ensejar a persecução criminal, sejam tomadas as providências cabíveis pelo órgão ministerial, inclusive com a abertura de investigação e o oferecimento de denúncia. **MS 21.081-DF, Rel. Min. Raul Araújo, julgado em 17/6/2015, DJe 4/8/2015 (Inform. STJ 565).**

DIREITO PROCESSUAL PENAL. INAPLICABILIDADE DO ART. 28 DO CPP NOS PROCEDIMENTOS INVESTIGATIVOS QUE TRAMITEM ORIGINARIAMENTE NO STJ.

Se membro do MPF, atuando no STJ, requerer o arquivamento do inquérito policial ou de quaisquer peças de informação que tramitem originariamente perante esse Tribunal Superior, este, mesmo considerando improcedentes as razões invocadas, deverá determinar o arquivamento solicitado, sem a possibilidade de remessa para o Procurador-Geral da República, não se aplicando o art. 28 do CPP. Isso porque a jurisprudência do STJ é no sentido de que os membros do MPF atuam por delegação do Procurador-Geral da República na instância especial. Assim, em decorrência do sistema acusatório, nos casos em que o titular da ação penal se manifesta pelo arquivamento de inquérito policial ou de peças de informação, não há alternativa, senão acolher o pedido e determinar o arquivamento. Nesse passo, não há falar em aplicação do art. 28 do CPP nos procedimentos de competência originária do STJ. Precedentes citados: Rp 409-DF, Corte Especial, DJe 14/10/2011; AgRg na Sd 150-SP, Corte Especial, DJe 5/5/2008; e AgRg na NC 86-SP, Corte Especial, DJ 11/6/2001. **Inq 967-DF, Rel. Min. Humberto Martins, julgado em 18/3/2015, DJe 30/3/2015 (Inform. STJ 558).**

DIREITO PROCESSUAL PENAL. EFEITOS DO ARQUIVAMENTO DO INQUÉRITO POLICIAL PELO RECONHECIMENTO DE LEGÍTIMA DEFESA.

Promovido o arquivamento do inquérito policial pelo reconhecimento de legítima defesa, a coisa julgada material impede a rediscussão do caso penal em qualquer novo feito criminal, descabendo perquirir a existência de novas provas. Isso porque a decisão judicial que define o mérito do caso penal, mesmo no arquivamento do inquérito policial, gera efeitos de coisa julgada material. Ademais, a decisão judicial que examina o mérito e reconhece a atipia ou a excludente da ilicitude é prolatada somente em caso de convencimento com grau de certeza jurídica pelo magistrado. Assim, na dúvida se o fato deu-se em legítima defesa, a previsão legal de presença de suporte probatório de autoria e materialidade exigiria o desenvolvimento da persecução criminal. Ressalte-se que a permissão de desarquivamento do inquérito pelo surgimento de provas novas contida no art. 18 do CPP e na Súmula 524/STF somente tem incidência quando o fundamento do arquivamento for a insuficiência probatória – indícios de autoria e prova do crime. Pensar o contrário permitiria a reabertura de inquéritos por revaloração jurídica e afastaria a segurança jurídica das soluções judiciais de mérito, como no reconhecimento da extinção da punibilidade, da atipia ou de excludentes da ilicitude. Precedente citado do STJ: RHC 17.389-SE, Quinta Turma, DJe 7/4/2008. Precedente citado do STF: HC 80.560-GO, Primeira Turma, DJe 30/3/2001. **REsp 791.471-RJ, Rel. Min. Nefi Cordeiro, julgado em 25/11/2014, DJe 16/12/2014 (Inform. STJ 554).**

Súmula Vinculante 14

É direito do defensor, no interesse do representado, ter acesso amplo aos elementos de prova que, já documentados em procedimento investigatório realizado por órgão com competência de polícia judiciária, digam respeito ao exercício do direito de defesa.

Súmula STF nº 524

Arquivado o inquérito policial, por despacho do juiz, a requerimento do promotor de justiça, não pode a ação penal ser iniciada, sem novas provas.

Súmula STF nº 397

O poder de polícia da câmara dos deputados e do senado federal, em caso de crime cometido nas suas dependências, compreende, consoante o regimento, a prisão em flagrante do acusado e a realização do inquérito.

2. AÇÃO PENAL E AÇÃO CIVIL

Pet N. 5.647-DF

RELATOR: MIN. ROBERTO BARROSO

Ementa: Direito penal e processual penal. Queixa-crime. Injúria. Difamação. Súmula 714/STF. Declarações em Entrevista vinculada à atividade parlamentar. Deputado Federal. Imunidade Material. Atipicidade da Conduta. Rejeição.

1. É concorrente a legitimidade do ofendido, mediante queixa, e do Ministério Público, condicionada à representação do ofendido, para a ação penal por crime contra a honra de servidor público em razão do exercício de suas funções (Súmula 714/STF).
2. As manifestações do parlamentar possuem nexo de casualidade com a atividade legislativa.
3. A imunidade cível e penal do parlamentar federal tem por objetivo viabilizar o pleno exercício do mandato.
4. O excesso de linguagem pode configurar, em tese, quebra de decoro, a ensejar o controle político
5. Não incide, na hipótese, a tutela penal, configurando-se a atipicidade da conduta. Precedentes. Queixa-crime rejeitada. **(Inform. STF 809)**

HC N. 114.223-SP

RELATOR: MIN. TEORI ZAVASCKI

Ementa: PROCESSUAL PENAL. HOMICÍDIO CONSUMADO E TENTADO. TRANCAMENTO DA AÇÃO PENAL. ALEGAÇÃO DE INÉPCIA DA INICIAL ACUSATÓRIA. IMPUTAÇÃO ALTERNATIVA. FALTA DE DESCRIÇÃO DAS CIRCUNSTÂNCIAS DO ART. 14, II, DO CÓDIGO PENAL. INCOMPATIBILIDADE ENTRE DOLO EVENTUAL E TENTATIVA. INOCORRÊNCIA. *HABEAS CORPUS* DENEGADO.

1. A jurisprudência desta Corte firmou entendimento no sentido de que a extinção da ação penal, de forma prematura, pela via do *habeas corpus*, somente se dá em hipóteses excepcionais, nas quais seja patente (a) a atipicidade da conduta; (b) a ausência de indícios mínimos de autoria e materialidade delitivas; ou (c) a presença de alguma causa extintiva da punibilidade.
2. A inicial acusatória indica os elementos indiciários mínimos aptos a tornar plausível a acusação e, por consequência, suficientes para dar início à persecução penal, além de permitir ao paciente o pleno exercício do seu direito de defesa, nos termos do art. 41 do Código de Processo Penal.
3. Não se reputa alternativa a denúncia que descreve conduta certa e determinada, em imputação de tipo penal doloso, tanto o dolo direto quanto o eventual, porque cingidos naquela norma incriminadora.
4. Constatada a higidez da denúncia, não há como avançar nas questões que compõem típicas teses defensivas, sob pena de afronta ao modelo constitucional de competência. Caberá ao juízo natural da instrução criminal, com observância do princípio do contraditório, proceder ao exame do ora alegado e, porventura, conferir definição jurídica diversa para os fatos.
5. Ordem denegada. **(Inform. STF 807)**

REPERCUSSÃO GERAL EM ARE N. 859.251-DF

RELATOR: MIN. GILMAR MENDES

Recurso extraordinário com agravo. Repercussão geral. Constitucional. Penal e processual penal. 2. *Habeas corpus*. Intervenção de terceiros. Os querelantes têm legitimidade e interesse para intervir em ação de *habeas corpus* buscando o trancamento da ação penal privada e recorrer da decisão que concede a ordem. 3. A promoção do arquivamento do inquérito, posterior à propositura da ação penal privada, não afeta o andamento desta. 4. Os fatos, tal como admitidos na instância recorrida, são suficientes para análise da questão constitucional. Provimento do agravo de instrumento, para análise do recurso extraordinário. 5. Direito a mover ação penal privada subsidiária da pública. Art. 5º, LIX, da Constituição Federal. Direito da vítima e sua família à aplicação da lei penal, inclusive tomando as rédeas da ação criminal, se o Ministério Público não agir em tempo. Relevância jurídica. Repercussão geral reconhecida. 6. Inquérito policial relatado remetido ao Ministério Público. Ausência de movimentação externa ao *Parquet* por prazo superior ao legal (art. 46 do Código de Processo Penal). Surgimento do direito potestativo a propor ação penal privada. 7. Questão constitucional resolvida no sentido de que: (i) o ajuizamento da ação penal privada pode ocorrer após o decurso do prazo legal, sem que seja oferecida denúncia, ou promovido o arquivamento, ou requisitadas diligências externas ao Ministério Público. Diligências internas à instituição são irrelevantes; (ii) a conduta do Ministério Público posterior ao surgimento do direito de queixa não prejudica sua propositura. Assim, o oferecimento de denúncia, a promoção do arquivamento ou a requisição de diligências externas ao Ministério Público, posterior ao decurso do prazo legal para a propositura da ação penal, não afastam o direito de queixa. Nem mesmo a ciência da vítima ou da família quanto a tais diligências afasta esse direito, por não representar concordância com a falta de iniciativa da ação penal pública. 8. Reafirmação da jurisprudência do Supremo Tribunal Federal. 9. Recurso extraordinário provido, por maioria, para reformar o acórdão recorrido e denegar a ordem de *habeas corpus*, a fim de que a ação penal privada prossiga, em seus ulteriores termos. **(Inform. STF 786)**

DIREITO PROCESSUAL PENAL. LIMITE PARA APLICAÇÃO DO PRINCÍPIO DA INDIVISIBILIDADE DA AÇÃO PENAL PRIVADA.

A não inclusão de eventuais suspeitos na queixa-crime não configura, por si só, renúncia tácita ao direito de queixa. Com efeito, o direito de queixa é indivisível, é dizer, a queixa contra qualquer dos autores do crime obrigará ao processo de todos (art. 48 do CPP). Dessarte, o ofendido não pode limitar a este ou aquele autor da conduta tida como delituosa o exercício do jus accusationis, tanto que o art. 49 do CPP dispõe que a renúncia ao direito de queixa, em relação a um dos autores do crime, a todos se estenderá. Portanto, o princípio da indivisibilidade da ação penal privada torna obrigatória a formulação da queixa-crime em face de todos os autores, coautores e partícipes do injusto penal, sendo que a inobservância de tal princípio acarreta a renúncia ao direito de queixa, que de acordo com o art. 107, V, do CP, é causa de extinção da punibilidade. Contudo, para o reconhecimento da renúncia tácita ao direito de queixa, exige-se a demonstração de que a não inclusão de determinados autores ou partícipes na queixa-crime se deu de forma deliberada pelo querelante (HC 186.405-RJ, Quinta Turma, DJe de 11/12/2014). **RHC 55.142-MG, Rel. Min. Felix Fischer, julgado em 12/5/2015, DJe 21/5/2015 (Inform. STJ 562).**

DIREITO PROCESSUAL PENAL. INÉPCIA DE DENÚNCIA QUE IMPUTE A PRÁTICA DE CRIME CULPOSO.

É inepta a denúncia que imputa a prática de homicídio culposo na direção de veículo automotor (art. 302 da Lei 9.503/1997) sem descrever, de forma clara e precisa, a conduta negligente, imperita ou imprudente que teria gerado o resultado morte, sendo insuficiente a simples menção de que o suposto autor estava na direção do veículo no momento do acidente. Isso porque é ilegítima a persecução criminal quando, comparando-se o tipo penal apontado na denúncia com a conduta atribuída ao denunciado, não se verificar o preenchimento dos requisitos do art. 41 do CPP, necessários ao exercício do contraditório e da ampla defesa. De fato, não se pode olvidar que o homicídio culposo se perfaz com a ação imprudente, negligente ou imperita do agente, modalidades de culpa que devem ser descritas na inicial acusatória, sob pena de se punir a mera conduta de envolver-se em acidente de trânsito, algo irrelevante para o Direito Penal. A imputação, sem a observância dessas formalidades, representa a imposição de indevido ônus do processo ao suposto autor, ante a ausência da descrição de todos os elementos necessários à responsabilização penal decorrente da morte da vítima. Configura, ademais, responsabilização penal objetiva, derivada da mera morte de alguém, em razão de acidente causado na direção de veículo automotor. **HC 305.194-PB, Rel. Min. Rogerio Schietti Cruz, julgado em 11/11/2014, DJe 1º/12/2014 (Inform. STJ 553).**

DIREITO PROCESSUAL PENAL. NATUREZA DA AÇÃO PENAL EM CRIME CONTRA A LIBERDADE SEXUAL.

Procede-se mediante ação penal condicionada à representação no crime de estupro praticado contra vítima que, por estar desacordada em razão de ter sido anteriormente agredida, era incapaz de oferecer resistência apenas na ocasião da ocorrência dos atos libidinosos. De fato, segundo o art. 225 do CP, o crime de estupro, em qualquer de suas formas, é, em regra, de ação penal pública condicionada à representação, sendo, apenas em duas hipóteses, de ação penal pública incondicionada, quais sejam, vítima menor de 18 anos ou pessoa vulnerável. A própria doutrina reconhece a existência de certa confusão na previsão contida no art. 225, caput e parágrafo único, do CP, o qual, ao mesmo tempo em que prevê ser a ação penal pública condicionada à representação a regra tanto para os crimes contra a liberdade sexual quanto para os crimes sexuais contra vulnerável, parece dispor que a ação penal do crime de estupro de vulnerável é sempre incondicionada. A interpretação que deve ser dada ao referido dispositivo legal é a de que, em relação à vítima possuidora de incapacidade permanente de oferecer resistência à prática dos atos libidinosos, a ação penal seria sempre incondicionada. Mas, em se tratando de pessoa incapaz de oferecer resistência apenas na ocasião da ocorrência dos atos libidinosos – não sendo considerada pessoa vulnerável –, a ação penal permanece condicionada à representação da vítima, da qual não pode ser retirada a escolha de evitar o strepitus judicii. Com este entendimento, afasta-se a interpretação no sentido de que qualquer crime de estupro de vulnerável seria de ação penal pública incondicionada, preservando-se o sentido da redação do caput do art. 225 do CP. **HC 276.510-RJ, Rel. Min. Sebastião Reis Júnior, julgado em 11/11/2014, DJe 1º/12/2014 (Inform. STJ 553).**

Súmula STF nº 714

É concorrente a legitimidade do ofendido, mediante queixa, e do ministério público, condicionada à representação do ofendido, para a ação penal por crime contra a honra de servidor público em razão do exercício de suas funções.

Súmula STF nº 594

Os direitos de queixa e de representação podem ser exercidos, independentemente, pelo ofendido ou por seu representante legal.

Súmula nº 542

A ação penal relativa ao crime de lesão corporal resultante de violência doméstica contra a mulher é pública incondicionada.

3. JURISDIÇÃO E COMPETÊNCIA; CONEXÃO E CONTINÊNCIA

Crime de redução a condição análoga à de escravo e competência – 6

Compete à justiça federal processar e julgar o crime de redução à condição análoga à de escravo (CP, art. 149). Ao reafirmar essa orientação, o Plenário, por maioria, deu provimento a recurso extraordinário, afetado pela 2ª Turma, interposto contra acórdão que declarara a competência da justiça estadual – v. Informativos 556, 573 e 752. O Tribunal aduziu que o caso dos autos seria similar ao tratado no RE 398.041/PA (DJe de 19.12.2008), oportunidade em que se teria firmado a competência da justiça federal para processar e julgar ação penal referente ao crime do art. 149 do CP. Assinalou que o constituinte teria dado importância especial à valorização da pessoa humana e de seus direitos fundamentais, de maneira que a existência comprovada de trabalhadores submetidos à escravidão afrontaria não apenas os princípios constitucionais do art. 5º da CF, mas toda a sociedade, em seu aspecto moral e ético. Os crimes contra a organização do trabalho comportariam outras dimensões, para além de aspectos puramente orgânicos. Não se cuidaria apenas de velar pela preservação de um sistema institucional voltado à proteção coletiva dos direitos e deveres dos trabalhadores. A tutela da organização do trabalho deveria necessariamente englobar outro elemento: o homem, abarcados aspectos atinentes à sua liberdade, autodeterminação e dignidade. Assim, quaisquer condutas violadoras não somente do sistema voltado à proteção dos direitos e deveres dos trabalhadores, mas também do homem trabalhador, seriam enquadráveis na categoria dos crimes contra a organização do trabalho, se praticadas no contexto de relações de trabalho. A Constituição teria considerado o ser humano como um dos componentes axiológicos aptos a dar sentido a todo o arcabouço jurídico-constitucional pátrio. Ademais, teria atribuído à dignidade humana a condição de centro de gravidade de toda a ordem jurídica. O constituinte, neste sentido, teria outorgado aos princípios fundamentais a qualidade de normas embasadoras e informativas de toda a ordem constitucional, inclusive dos direitos fundamentais, que integrariam o núcleo essencial da Constituição.

RE 459510/MT, rel. orig. Min. Cezar Peluso, red. p/ o acórdão Min. Dias Toffoli, 26.11.2015. (RE-459510)

Crime de redução a condição análoga à de escravo e competência – 7

A Corte ponderou que, diante da opção constitucional pela tutela da dignidade intrínseca do homem, seria inadmissível pensar que o sistema de organização do trabalho pudesse ser concebido unicamente à luz de órgãos e instituições, excluído dessa relação o próprio ser humano. O art. 109, VI, da CF estabelece competir à justiça federal processar e julgar os crimes contra a organização do trabalho, sem explicitar quais delitos estariam nessa categoria. Assim, embora houvesse um capítulo destinado a esses crimes no Código Penal, inexistiria correspondência taxativa entre os delitos capitulados naquele diploma e os crimes indicados na Constituição, e caberia ao intérprete verificar em quais casos se estaria diante de delitos contra a organização do trabalho. Além disso, o bem jurídico protegido no tipo penal do art. 149 do CP seria a liberdade individual, compreendida sob o enfoque ético-social e da dignidade, no sentido de evitar que a pessoa humana fosse transformada em "res". A conduta criminosa contra a organização do trabalho atingiria interesse de ordem geral, que seria a manutenção dos princípios básicos sobre os quais estruturado o trabalho em todo o País. Concluiu que o tipo previsto no art. 149 do CP se caracterizaria como crime contra a organização do trabalho, e atrairia a competência da justiça federal. Afastou tese no sentido de que a extensão normativa do crime teria como resultado o processamento e a condenação de pessoas inocentes pelo simples fato de se valerem de trabalho prestado em condições ambientais adversas. Sob esse aspecto, um tipo aberto ou fechado deveria ser interpretado pela justiça considerada competente nos termos da Constituição. Dessa maneira, a má redação ou a contrariedade diante da disciplina penal de determinado tema não desautorizaria a escolha do constituinte. O Ministro Luiz Fux pontuou que a competência seria da justiça federal quando houvesse lesão à organização do trabalho, na hipótese de multiplicidade de vítimas, de modo que o delito alcançasse uma coletividade de trabalhadores. Na espécie, o delito vitimara 53 trabalhadores, número expressivo suficiente para caracterizar a ofensa à organização do trabalho. O Ministro Gilmar Mendes sublinhou que a competência da justiça federal seria inequívoca quando ocorresse lesão à organização do trabalho, como por exemplo, nas hipóteses de violação aos direitos humanos, como no caso de negativa a um grupo de empregados de sair do local. No mais, seria matéria da competência da justiça estadual. O Ministro Ricardo Lewandowski (Presidente) ressaltou que, em princípio, a competência poderia ser concorrente. Vencido o Ministro Cezar Peluso, que negava provimento ao recurso.

RE 459510/MT, rel. orig. Min. Cezar Peluso, red. p/ o acórdão Min. Dias Toffoli, 26.11.2015. (RE-459510) (Inform. STF 809)

Pedofilia e competência

Compete à Justiça Federal processar e julgar os crimes consistentes em disponibilizar ou adquirir material pornográfico envolvendo criança ou adolescente (ECA, artigos 241, 241-A e 241-B), quando praticados por meio da rede mundial de computadores. Com base nessa orientação, o Plenário, por maioria, negou provimento a recurso extraordinário em que se discutia a competência processual para julgamento de tais crimes. O Tribunal entendeu que a competência da Justiça Federal decorreria da incidência do art. 109, V, da CF ("Art. 109. Aos juízes federais compete processar e julgar: ... V – os crimes previstos em tratado ou convenção internacional, quando, iniciada a execução no País, o resultado tenha ou devesse ter ocorrido no estrangeiro, ou reciprocamente"). Ressaltou que, no tocante à matéria objeto do recurso extraordinário, o ECA seria produto de convenção internacional, subscrita pelo Brasil, para proteger as crianças da prática nefasta e abominável de exploração de imagem na internet. O art. 241-A do ECA, com a redação dada pela Lei 11.829/2008, prevê como tipo penal oferecer, trocar, disponibilizar, transmitir, distribuir, publicar ou divulgar por qualquer meio, inclusive por meio de sistema de informática ou telemático, fotografia, vídeo ou outro registro que contenha cena de sexo explícito ou pornográfica envolvendo criança ou adolescente. Esse tipo penal decorreria do art. 3º da Convenção sobre o Direito das Crianças da Assembleia Geral da ONU, texto que teria sido promulgado no Brasil pelo Decreto 5.007/2004. O art. 3º previra que os Estados-Partes assegurariam que atos e atividades fossem integramente cobertos por suas legislações criminal ou penal. Assim, ao considerar a amplitude do acesso ao sítio virtual, no qual as imagens ilícitas teriam sido divulgadas, estaria caracterizada a internacionalidade do dano produzido ou potencial. Vencidos os Ministros Marco Aurélio (relator) e Dias Toffoli, que davam provimento ao recurso e fixavam a competência da Justiça Estadual. Assentavam que o art. 109, V, da CF deveria ser interpretado de forma estrita, ante o risco de se empolgar indevidamente a competência federal. Pontuavam que não existiria tratado, endossado pelo Brasil, que previsse a conduta como criminosa. Realçavam que a citada Convenção gerara o comprometimento do Estado brasileiro de proteger as crianças contra todas as formas de exploração e abuso sexual, mas não tipificara a conduta. Além disso, aduziam que o delito teria sido praticado no Brasil, porquanto o material veio a ser inserido em computador localizado no País, não tendo sido evidenciado o envio ao exterior. A partir dessa publicação se procedera, possivelmente, a vários acessos. Ponderavam não ser possível partir para a capacidade intuitiva, de modo a extrair conclusões em descompasso com a realidade.

RE 628624/MG, rel. orig. Min. Marco Aurélio, red. p/ o acórdão Min. Edson Fachin, 28 e 29.10.2015. (RE-628624) (Inform. STF 805)

Crime cometido por prefeito e competência do TRE

A Segunda Turma resolveu questão de ordem para conceder "habeas corpus" de ofício e extinguir ação penal, por ausência de justa causa, nos termos do art. 395, III, do CPP. Na espécie, o Ministério Público Eleitoral denunciara o paciente, então prefeito, por supostamente ter oferecido emprego a eleitores em troca de voto, com intermédio de empresa contratada pela municipalidade. A Turma frisou que o rito instituído pela Lei 11.719/2008, que alterara o CPP, deveria ser aplicado ao 1º grau de jurisdição em matéria eleitoral. Observou que, recebida a denúncia em 1ª instância, antes de o réu ter sido diplomado como deputado federal, e apresentada a resposta à acusação, competiria ao STF, em face do deslocamento de competência, examinar, em questão de ordem, eventuais nulidades suscitadas e a possibilidade de absolvição sumária (CPP, art. 397), mesmo que o rito passasse a ser o da Lei 8.038/1990. Afirmou que, no caso de crime eleitoral imputado a prefeito, a competência para supervisionar as investigações seria do TRE, nos termos do Enunciado 702 da Súmula do STF. Dessa forma, não poderia o inquérito ter sido supervisionado por juízo eleitoral de 1º grau. Além disso, não poderia a autoridade policial direcionar as diligências para investigar e indiciar o prefeito. Assim, a usurpação da competência do TRE constituiria vício que contaminaria de nulidade a investigação realizada, em relação ao detentor de prerrogativa de foro, por violação do princípio do juiz natural (CF, art. 5º, LIII).

AP 933 QO/PB, rel. Min. Dias Toffoli, 6.10.2015. (AP-933) (Inform. STF 802)

Desmembramento e foro por prerrogativa de função

O Plenário negou provimento a agravo regimental em reclamação na qual se discutia alegada usurpação da competência do STF para o processamento de detentor de foro por prerrogativa de função. Na espécie, o STF, em 19.12.2014, nos autos da Pet 5.245/DF, acolhera requerimento de cisão processual, mantendo-se na Corte o trâmite de termos de depoimento em que figurassem detentores de prerrogativa de foro, com remessa dos demais aos juízos e tribunais com competência para processamento dos demais investigados. Assim, o reclamante fora mencionado especificamente em determinado termo de depoimento, no âmbito de acordo de colaboração premiada devidamente homologada, havendo a instauração de procedimento autônomo (Pet 5.278/DF), com o seguinte desmembramento dos autos, para que prosseguissem no juízo reclamado as investigações contra os demais investigados que não possuíssem prerrogativa de foro no STF. A Corte afirmou que, nesse contexto, com o desmembramento realizado e a remessa de cópia dos termos à origem, eventual encontro de novos indícios da participação de parlamentar em momento subsequente não invocaria, por si só, usurpação de competência, pois apurados por autoridade judiciária que, por decisão do STF, prosseguira na condução de procedimentos relativos aos mesmos fatos, todavia referentes a não detentores de prerrogativa de foro. Ademais, não mereceria prosperar a alegação de que teria havido investigação direta do reclamante por parte do juízo reclamado. A violação de competência implicaria a realização de medidas investigatórias dirigidas às autoridades sujeitas à prerrogativa de foro e não a simples declaração de réu colaborador, com menção sobre a participação de detentores de foro por prerrogativa de função durante audiência de instrução. Raciocínio inverso levaria à conclusão de que toda vez que despontasse elemento probatório novo veiculado aos fatos investigados, todos os processos e ações penais em andamento haveriam de retornar ao STF para novo exame, o que, além de desarrazoado, inviabilizaria, na prática, a persecução penal. Outrossim, em casos de desmembramento seria comum a existência, em juízos diversos, de elementos relacionados tanto ao detentor de prerrogativa de foro quanto aos demais envolvidos. Contudo, a existência dessa correspondência não caracterizaria usurpação de competência. Pelo contrário, a simples menção do nome do reclamante em depoimento de réu colaborador, durante a instrução, não caracterizaria ato de investigação, ainda mais quando houvesse prévio desmembramento, como no caso.

Rcl 21419 AgR/PR, rel. Min.Teori Zavascki, 7.10.2015. (Rcl-21419) (Inform. STF 802)

Conflito de atribuições: tribunal de justiça militar e ministério público

O Plenário, em julgamento conjunto e por maioria, negou provimento a agravos regimentais em ações cíveis originárias que tratavam de conflito de atribuições relativamente à apuração de crime cometido por membro de tribunal de justiça militar criado em âmbito estadual. Na espécie, órgão do Ministério Público no Estado do Rio Grande do Sul, ao suscitar o conflito em questão, entendera que o STJ seria o órgão competente para processar e julgar o referido magistrado, considerado o quanto disposto no art. 104, § 5°, da Constituição do Estado do Rio Grande do Sul ("Os Juízes do Tribunal Militar do Estado terão vencimento, vantagens, direitos, garantias, prerrogativas e impedimentos iguais aos dos Desembargadores do Tribunal de Justiça"), o que ensejaria a atribuição do MPU para atuar no feito. As decisões agravadas, ao acatar a argumentação do suscitante, assentaram a atribuição do PGR. A Corte, mantendo esse entendimento, destacou que a constitucionalidade do referido dispositivo da Constituição estadual ainda estaria pendente de análise na ADI 4.360/RS. O fenômeno da prescrição e a necessária maturação da questão constitucional proposta em sede de controle concentrado recomendariam que se resolvesse o presente conflito imediatamente, de acordo com as normas atualmente inseridas no ordenamento jurídico. As referidas normas se presumiriam constitucionais, não havendo prejuízo imediato para as partes no deslocamento das investigações para a Procuradoria-Geral da República. Os Ministros Teori Zavascki e Rosa Weber ressalvaram seu entendimento quanto ao conhecimento das ações. Vencido o Ministro Marco Aurélio, que provia os agravos para assentar a atribuição do Ministério Público estadual para atuar no caso em comento.

ACO 1664 AgR/RS, rel. Min. Ricardo Lewandowski, 7 e 8.10.2015. (ACO-1664)

ACO 1516 AgR/RS, rel. Min. Ricardo Lewandowski, 7 e 8.10.2015. (ACO-1516) (Inform. STF 802)

Competência: foro por prerrogativa de função, prevenção e prorrogação – 1

O Plenário resolveu três questões de ordem, apresentadas pelo Ministro Dias Toffoli (relator), em inquérito – afetado pela Segunda Turma – no qual se apura a suposta prática de ilícito penal com a participação de senadora. As questões de ordem consistiam em: a) redistribuição do feito, por alegada prevenção, ao Ministro Teori Zavascki, tendo em vista ser o relator de investigações já em andamento relacionadas a fraudes no âmbito de sociedade de economia mista, que teriam relação com o presente inquérito; b) cisão do inquérito, para que fosse remetido à justiça federal, onde as investigações prosseguiriam no tocante aos não detentores de foro por prerrogativa de função no STF, e aqui permaneceriam apenas no que se refere à senadora; e c) na hipótese de cisão do inquérito, encaminhamento do feito – no que diz respeito aos demais investigados – à Seção Judiciária do Estado de São Paulo. Com relação ao item "a", o Tribunal deliberou, por maioria, manter a decisão da Presidência da Corte que determinara a livre distribuição do inquérito. Vencidos, quanto a esse item, os Ministros Gilmar Mendes e Celso de Mello, que reconheciam a prevenção do Ministro Teori Zavascki. No que se refere ao item "b", o Colegiado resolveu a questão de ordem no sentido do desmembramento do feito, a fim de que a investigação prossiga, no STF, apenas quanto à senadora. A respeito do item "c", o Plenário, por decisão majoritária, assentou a competência da Seção Judiciária Federal do Estado de São Paulo para investigar os demais envolvidos, preservada a validade dos atos já praticados. Vencidos, no ponto, os Ministros Roberto Barroso, que não se manifestou quanto ao juízo competente, e os Ministros Gilmar Mendes e Celso de Mello, que determinavam a remessa do feito – a respeito dos outros investigados – à 13ª Vara Federal da Seção Judiciária do Estado do Paraná. Inicialmente, o Colegiado teceu considerações a respeito da colaboração premiada, que alegadamente serviria como subsídio para justificar a prevenção do feito. No ponto, afirmou que este seria mero meio de obtenção de prova, sendo possível que o agente colaborador trouxesse informações a respeito de crimes que não teriam relação alguma com aqueles que, primariamente, fossem objeto da investigação. Esses elementos informativos sobre outros crimes, sem conexão com a investigação primária, deveriam receber o mesmo tratamento conferido à descoberta fortuita ou o encontro fortuito de provas, como na busca e apreensão e na interceptação telefônica. De toda sorte, ainda que válidos os elementos de informação trazidos pelo colaborador, relativamente a crimes distintos do objeto da investigação matriz, o acordo de colaboração, como meio de obtenção de prova, não constituiria critério de determinação, de modificação ou de concentração da competência.

Inq 4130 QO/PR, rel. Min. Dias Toffoli, 23.9.2015. (Inq-4130)

Competência: foro por prerrogativa de função, prevenção e prorrogação – 2

O Colegiado explicou os critérios sucessivos de determinação da competência: a) competência originária de algum órgão de superposição, em virtude de foro por prerrogativa de função (STF ou STJ); b) competência de jurisdição; c) competência originária; d) competência de foro ou territorial; e) competência de juízo; e f) competência interna (juiz competente). Por sua vez, haveria hipóteses de modificação da competência, a saber, a prorrogação e o desaforamento. Pelo fenômeno da prorrogação, alarga-se a competência de um órgão jurisdicional, para receber uma causa que ordinariamente não se incluía nela. Nos casos de conexão e continência, opera-se a prorrogação da competência. Por fim, nas hipóteses de concentração da competência, exclui-se a competência de todos os órgãos judiciários teoricamente competentes para determinada causa, menos um, que dela ficará incumbido. Enquadra-se, na hipótese, a prevenção, ou seja, a concentração, em um órgão jurisdicional, da competência que abstratamente já pertencia a dois ou vários, inclusive a ele. A prevenção seria, portanto, distinta das causas de prorrogação da competência. Enquanto a prorrogação acrescenta causas à competência de um juiz, retirando-as de outro, a prevenção retira causas da competência de todos os demais juízes potencialmente competentes, para que permaneça competente só um deles. A prevenção, portanto, seria um critério de concentração da competência, razão pela qual, inicialmente, devem-se observar as regras ordinárias de determinação da competência. Nos termos do art. 70 do CPP, a competência será, de regra, determinada pelo lugar em que consumada a infração. Ocorre que, quando se trata de infrações conexas, praticadas em locais diversos, deve-se determinar o foro prevalente. Para tanto, é preciso que uma infração exerça força atrativa sobre as demais, prorrogando a competência do juízo de atração. A fim de se estabelecer o juízo prevalecente nesses casos, há de se observar o art. 78 do CPP. Segundo esse dispositivo, a prevenção constitui um critério meramente residual de aferição de competência.

Inq 4130 QO/PR, rel. Min. Dias Toffoli, 23.9.2015. (Inq-4130)

Competência: foro por prerrogativa de função, prevenção e prorrogação – 3

O Tribunal repisou que a competência para processar e julgar os crimes delatados pelo colaborador, não conexos com os fatos objeto da investigação matriz, dependerá do local em que consumados, da sua natureza e da condição das pessoas incriminadas (se detentoras de foro por prerrogativa de função). Nos casos de infrações conexas e de concurso de jurisdições da mesma categoria, o foro prevalente, em primeiro lugar, será o do lugar da infração a que cominada a pena mais grave. Sendo de igual gravidade as penas, prevalecerá a competência do lugar em que houver ocorrido o maior número de infrações. Por fim, apenas se não houver diferença quanto à gravidade dos crimes ou quanto ao número de infrações, firmar-se-á a competência pela prevenção. Assim, não haverá prorrogação da competência do juiz processante – alargando-a para conhecer de uma causa para a qual, isoladamente, não seria competente – se não estiverem presentes: a) uma das hipóteses de conexão ou de continência; e b) uma das hipóteses do art. 78, II, do CPP. Outrossim, ainda que o juízo processante, com base nos depoimentos do imputado colaborador e nas provas por ele apresentadas, tenha decretado prisões e ordenado a realização de busca e apreensão ou de interceptação telefônica, essa circunstância não gerará sua prevenção, com base no art. 83 do CPP, caso devam ser primariamente aplicadas as regras de competência atinentes ao local do crime ou de conexão e continência, uma vez que a prevenção é um critério subsidiário de aferição da competência. Assentadas essas premissas, a Corte verificou que, no caso concreto, os ilícitos em apuração nos procedimentos encaminhados pelo juízo da Seção Judiciária do Paraná se referem a repasses de valores por empresa prestadora de serviços de informática na gestão de empréstimos consignados de servidores federais, em decorrência de acordo celebrado no âmbito do Ministério do Planejamento, Orçamento e Gestão com a suposta intermediação de empresas de fachada. Não haveria, portanto, nenhuma dependência recíproca entre esses fatos e a apuração de fraudes e desvio de recursos no âmbito de sociedade de economia mista. Não se justificaria, na situação dos autos, a unidade de processo e julgamento. Ainda que os esquemas fraudulentos pudessem eventualmente ter um operador comum e destinação semelhante, seriam fatos ocorridos em âmbitos diversos, com matrizes distintas. O simples fato de a polícia judiciária ou o Ministério Público considerarem fases da mesma operação uma sequência de investigações sobre crimes diversos – ainda que sua gênese seja a obtenção de recursos escusos para a consecução de vantagens pessoais e financiamento de partidos políticos ou de candidaturas – não se sobrepõe às normas disciplinadoras da competência. O Plenário frisou não competir ao STF formular juízo de admissibilidade de denúncia formulada isoladamente contra imputado não detentor de prerrogativa de foro. Além disso, seria incongruente reconhecer a inexistência de prevenção do Ministro Teori Zavascki, ante a ausência de conexão entre os ilícitos penais nas distintas investigações e ordenar, ainda assim, o retorno dos autos desmembrados à origem. A mesma inexistência de conexão que motivaria o não reconhecimento da prevenção de relator estender-se-ia ao juízo de 1º grau. Na espécie, as supostas operações ilícitas de lavagem de dinheiro e de falsidade ideológica teriam relação com prestadores de serviço situados, predominantemente, em São Paulo/SP. Assim, estaria justificada a atração de todos os crimes para a seção judiciária daquele Estado-Membro, ressalvada a apuração de outras infrações conexas que, por força do art. 78 do CPP, justificassem conclusão diversa quanto ao foro competente.

Inq 4130 QO/PR, rel. Min. Dias Toffoli, 23.9.2015. (Inq-4130) (Inform. STF 800)

EMENTA: EMBARGOS DE DECLARAÇÃO. DENÚNCIA RECEBIDA CONTRA PARLAMENTAR FEDERAL. PERDA SUPERVENIENTE DA PRERROGATIVA DE FORO PERANTE O STF. COMPETÊNCIA DA SUPREMA CORTE PARA O JULGAMENTO DOS EMBARGOS DECLARATÓRIOS. CARÁTER INTEGRATIVO DA ESPÉCIE RECURSAL. ALEGAÇÃO DE NULIDADE E OMISSÃO NO ACÓRDÃO. INEXISTÊNCIA. EMBARGOS DE DECLARAÇÃO REJEITADOS.

1. Os embargos de declaração possuem função integrativa do julgado contra o qual se dirigem, razão pela qual competente para o seu julgamento o juízo que prolatou a decisão embargada. Cabe, em decorrência, a esta Suprema Corte o julgamento dos embargos de declaração interpostos contra o acórdão pelo qual recebida a denúncia oferecida pelo crime de injúria contra o ora embargante, detentor, à época do julgamento da prerrogativa de foro neste Supremo Tribunal Federal, supervenientemente perdida.

2. Competência da Turma, e não do Plenário, para recebimento da denúncia contra o ora embargante, Deputado Federal à época do julgamento, a teor do artigo 9º, I, *j*, do RISTF.

3. Ausente o vício de omissão no acórdão embargado, a justificar, juntamente com a ambiguidade, a obscuridade e a contradição, como condições de embargabilidade, o acolhimento de embargos declaratórios, nos termos do art. 619 do Código de Processo Penal e do art. 337 do RISTF.

4. Embargos de declaração rejeitados. **(Inform. STF 786)**

Ação penal e princípio da duração razoável do processo

A Primeira Turma, por maioria, concedeu "habeas corpus", de ofício, para extinguir ação penal, com resolução do mérito, e absolver o réu por atipicidade de conduta. O acusado, à época prefeito, fora denunciado por crime contra a Lei de Licitações (Lei 8.666/1993), e magistrado estadual recebera a inicial acusatória. Na sequência, o réu fora diplomado para o cargo de deputado federal e o juízo de origem declinara do processo para o STF. O Ministro Roberto Barroso (relator) destacou que, quando elaborara seu relatório e voto, no sentido da absolvição, o acusado ainda era titular de mandato, porém, não se reelegera e, por isso, não mais deteria o foro por prerrogativa de função no STF. Ademais, o próprio Ministério Público teria opinado no sentido da absolvição. Assim, sem negar a independência das esferas civil e penal, o Colegiado frisou que haveria pedido formulado em ação civil pública que fora julgado improcedente, além de uma decisão favorável ao paciente por parte do tribunal de contas estadual. Feitas essas considerações, a Turma concluiu estar caracterizada a atipicidade, nos termos do CPP ("Art. 386. O juiz absolverá o réu, mencionando a causa na parte dispositiva, desde que reconheça: ... III – não constituir o fato infração penal"). Por isso, deveria ser aplicado o princípio da duração razoável do processo, somado ao direito imanente do réu de se ver livre da acusação. Vencida a Ministra Rosa Weber, que declinava da competência para julgamento do feito pelo magistrado estadual. Aduzia que o STF não teria amparo constitucional para condenar ou absolver cidadão que não estivesse no gozo de prerrogativa de função. Apontava que apenas poderia conceder a ordem de ofício se tivesse havido alguma ilegalidade ou teratologia, o que não ocorrera.

AP 568/SP, rel. Min. Roberto Barroso, 14.4.2015. (AP-568) (Inform. STF 781)

Interceptação telefônica e autoridade competente – 2

Em conclusão de julgamento, a 1ª Turma negou provimento a agravo regimental e manteve decisão que negou sequência a recurso extraordinário por falta de prequestionamento. No caso, o juízo autorizara a quebra do sigilo telefônico do agravante, vereador à época dos fatos. Em seguida, o tribunal de origem declarara a incompetência dessa autoridade judicial com base em norma da Constituição do Estado do Rio de Janeiro que estabelece a competência do tribunal de justiça para processar e julgar ação contra vereador, mas legitimara as provas produzidas na fase investigatória – v. Informativo 640. O Colegiado, por maioria, rejeitou a proposta formulada pelo Ministro Dias Toffoli (relator) no sentido da concessão da ordem, de ofício. O Ministro Luiz Fux salientou que a nulidade não seria proclamada nas hipóteses em que fosse possível a ratificação de atos prolatados por juiz incompetente inclusive em desfavor do réu. O Ministro Marco Aurélio sublinhou que a Constituição (CF, art. 28, X) garantiria ao tribunal de justiça a competência para julgar os prefeitos. Entretanto, essa regra não poderia ser ampliada pelas Constituições estaduais para abarcar os vereadores. Pontuou, ademais, que à época em que determinada à interceptação telefônica, haveria decisão do Órgão Especial do Tribunal de Justiça do Estado do Rio de Janeiro no sentido da inconstitucionalidade dessa prerrogativa de foro. Vencido o proponente, que aduzia que a prova coligida seria nula, porquanto autorizada por magistrado sabidamente incompetente.

RE 632343 AgR/RJ, rel. Min. Dias Toffoli, 3.3.2015. (RE-632343) (Inform. STF 776)

Rcl N. 18.875-PR
RELATOR: MIN. TEORI ZAVASCKI
Ementa: RECLAMAÇÃO. ALEGAÇÃO DE USURPAÇÃO DE COMPETÊNCIA DO SUPREMO TRIBUNAL FEDERAL. QUESTÃO JÁ EXAMINADA. REMESSA DOS AUTOS AO JUÍZO DE ORIGEM. NÃO EVIDENCIADA A PRÁTICA DE ATOS SUPERVENIENTES VIOLADORES DA COMPETÊNCIA DESTA CORTE. IMPROCEDÊNCIA DO PEDIDO.
1. Relativamente à alegada usurpação de competência do Supremo Tribunal Federal, o tema já foi debatido no julgamento de questão de ordem nas Ações Penais 871-878, realizado no dia 10.6.2014, quando – a teor de verificação dos autos pelo Procurador-Geral da República, titular da ação penal perante o Supremo Tribunal Federal – foi reconhecida a validade dos atos até então praticados naquelas ações, e na ação a que responde o requerente inclusive, assim como a dos procedimentos investigatórios correlatos, ressalvado então apenas recorte indiciário que permaneceu no âmbito desta Corte.
2. Eventual encontro de indícios de envolvimento de autoridade detentora de foro privilegiado durante atos instrutórios subsequentes, por si só, não resulta em violação de competência desta Suprema Corte, já que apurados sob o crivo de autoridade judiciária que até então, por decisão da Corte, não viola competência de foro superior.
3. No caso, não houve demonstração de persecução, pelo juízo, da prática de atos violadores da competência do Supremo Tribunal Federal.
4. Reclamação julgada improcedente. **(Inform. STF 776)**

Inq N. 3.734-SP
RELATOR: MIN. ROBERTO BARROSO
Ementa: INQUÉRITO. DEPUTADO FEDERAL NÃO REELEITO. PRERROGATIVA DE FORO.
1. A Turma, por maioria de votos, já decidiu que a renúncia de parlamentar, após o final da instrução, não acarreta a perda de competência do Supremo Tribunal Federal. Precedente: AP 606-QO, Rel. Min. Luís Roberto Barroso (Sessão de 07.10.2014).
2. Todavia, na hipótese de não reeleição, não se afigura ser o caso de aplicação da mesma doutrina.
3. Declínio da competência para o juízo de primeiro grau. **(Inform. STF 776)**

DIREITO PROCESSUAL PENAL. COMPETÊNCIA PARA JULGAR CRIME PRATICADO EM BANCO POSTAL.
Compete à Justiça Estadual – e não à Justiça Federal – processar e julgar ação penal na qual se apurem infrações penais decorrentes da tentativa de abertura de conta corrente mediante a apresentação de documento falso em agência do Banco do Brasil (BB) localizada nas dependências de agência da Empresa Brasileira de Correios e Telégrafos (ECT) que funcione como Banco Postal. Realmente, de acordo com o art. 109, IV, da CF, compete à Justiça Federal processar e julgar "os crimes políticos e as infrações penais praticadas em detrimento de bens, serviços ou interesse da União ou de suas entidades autárquicas ou empresas públicas, excluídas as contravenções e ressalvada a competência da Justiça Militar e da Justiça Eleitoral". Apesar de a ECT ser empresa pública federal, ela presta serviços relativos ao Banco Postal, em todo território nacional, como correspondente bancário de instituições financeiras contratantes, às quais cabe a inteira responsabilidade pelos serviços prestados pela empresa contratada, em consonância com o disposto na Portaria 588/2000 do Ministério das Comunicações e, em especial, na forma da Resolução 3.954/2011 do Bacen, segundo a qual o "correspondente [a ECT] atua por conta e sob as diretrizes da instituição contratante [no caso, o BB], que assume inteira responsabilidade pelo atendimento prestado aos clientes e usuários por meio do contratado [...]". Ora, se cabe à instituição financeira contratante dos serviços (no caso, o BB) a responsabilidade pelos serviços bancários disponibilizados pela ECT a seus clientes e usuários, eventual lesão decorrente da abertura de conta corrente por meio da utilização de documento falso atingiria o patrimônio e os serviços da instituição financeira contratante, e não os da ECT. Tanto é assim que, caso a empreitada delituosa tivesse tido êxito, os prejuízos decorrentes da abertura de conta corrente na agência do Banco Postal seriam suportados pela instituição financeira contratante. Desse modo, não há lesão apta a justificar a competência da Justiça Federal para processar e julgar a ação penal. Nesse sentido, inclusive, a Sexta Turma do STJ já afirmou a competência da Justiça Estadual para processar e julgar ação penal relativa a suposta prática de roubo qualificado em caso no qual houve prejuízo decorrente da subtração, em Banco Postal, de numerário que pertencia integralmente ao Banco Bradesco (HC 96.684-BA, DJe 23/8/2010). **CC 129.804-PB, Rel. Min. Reynaldo Soares da Fonseca, julgado em 28/10/2015, DJe 6/11/2015. (Inform. STJ 572)**

DIREITO PROCESSUAL PENAL. COMPETÊNCIA PARA PROCESSAR E JULGAR TENTATIVA DE RESGATE DE PRECATÓRIO FEDERAL CREDITADO EM FAVOR DE PARTICULAR.
Compete à Justiça Estadual – e não à Justiça Federal – processar e julgar tentativa de estelionato (art. 171, caput, c/c o art. 14, II, do CP) consistente em tentar receber, mediante fraude, em agência do Banco do Brasil, valores relativos a precatório federal creditado em favor de particular. Dispõe a Constituição da República: "Art. 109. Aos juízes federais compete processar e julgar: (...) IV – os crimes políticos e as infrações penais praticadas em detrimento de bens, serviços ou interesse da União ou de suas entidades autárquicas ou empresas públicas, excluídas as contravenções e ressalvada a competência da Justiça Militar e da Justiça Eleitoral". Assim, embora na hipótese se tenha buscado resgatar precatório federal, se não há prejuízo em "detrimento de bens, serviços ou interesse da União ou de suas entidades autárquicas ou empresas públicas, excluídas as contravenções e ressalvada a competência da Justiça Militar e da Justiça Eleitoral" (art. 109, IV, da CF), a competência para processar e julgar a causa é da Justiça Estadual. O eventual prejuízo causado pelo delito praticado por quem visava resgatar precatório federal seria suportado pelo particular titular do crédito. Ademais, ainda que a conduta delituosa tivesse se consumado, e o dano fosse suportado pelo Banco do Brasil, seria mantida a competência da Justiça Estadual, a teor da Súmula 42 do STJ: "Compete à Justiça Comum Estadual processar e julgar as causas cíveis em que é parte sociedade de economia mista e os crimes praticados em seu detrimento". **CC 133.187-DF, Rel. Min. Ribeiro Dantas, julgado em 14/10/2015, DJe 22/10/2015. (Inform. STJ 571)**

DIREITO PROCESSUAL PENAL. UTILIZAÇÃO DE FORMULÁRIOS FALSOS DA RECEITA FEDERAL E COMPETÊNCIA.
O fato de os agentes, utilizando-se de formulários falsos da Receita Federal, terem se passado por Auditores desse órgão com intuito de obter vantagem financeira ilícita de particulares não atrai, por si só, a competência da Justiça Federal. Isso porque, em que pese tratar-se de uso de documento público, observa-se que a falsidade foi empregada, tão somente, em detrimento de particular. Assim sendo, se se pudesse cogitar de eventual prejuízo sofrido pela União, ele seria apenas reflexo, na medida em que o prejuízo direto está nitidamente limitado à esfera individual da vítima, uma vez que as condutas em análise não trazem prejuízo direto e efetivo a bens, serviços ou interesses da União, de suas entidades autárquicas ou empresas públicas (art. 109, IV, da CF). **CC 141.593-RJ, Rel. Min. Reynaldo Soares da Fonseca, julgado em 26/8/2015, DJe 4/9/2015 (Inform. STJ 568).**

DIREITO PROCESSUAL PENAL. ESTELIONATO E FORO COMPETENTE PARA PROCESSAR A PERSECUÇÃO PENAL.
Compete ao juízo do foro onde se encontra localizada a agência bancária por meio da qual o suposto estelionatário recebeu o proveito do crime – e não ao juízo do foro em que está situada a agência na qual a vítima possui conta bancária – processar a persecução penal instaurada para apurar crime de estelionato no qual a vítima teria sido induzida a depositar determinada quantia na conta pessoal do agente do delito. Com efeito, a competência é definida pelo lugar em que se consuma a infração, nos termos do art. 70 do CPP. Dessa forma, cuidando-se de crime de estelionato, tem-se que a consumação se dá no momento da obtenção da vantagem indevida, ou seja, no momento em que o valor é depositado na conta corrente do autor do delito, passando, portanto, à sua disponibilidade. Note-se que o prejuízo alheio, apesar de fazer parte do tipo penal, está relacionado à consequência do crime de estelionato e não propriamente à conduta. De fato, o núcleo do tipo

penal é obter vantagem ilícita, razão pela qual a consumação se dá no momento em que os valores entram na esfera de disponibilidade do autor do crime, o que somente ocorre quando o dinheiro ingressa efetivamente em sua conta corrente. No caso em apreço, tendo a vantagem indevida sido depositada em conta corrente de agência bancária situada em localidade diversa daquela onde a vítima possui conta bancária, tem-se que naquela houve a consumação do delito. **CC 139.800-MG, Rel. Min. Reynaldo Soares da Fonseca, julgado em 24/6/2015, DJe 1º/7/2015 (Inform. STJ 565).**

DIREITO PROCESSUAL PENAL. COMPETÊNCIA PARA PROCESSAR E JULGAR CRIME COMETIDO A BORDO DE NAVIO.

Compete à Justiça Federal processar e julgar o crime praticado a bordo de embarcação estrangeira privada de grande porte ancorada em porto brasileiro e em situação de potencial deslocamento internacional, ressalvada a competência da Justiça Militar. De fato, o art. 109, IX, da CF determina a competência da Justiça Federal para processar e julgar "os crimes cometidos a bordo de navios ou aeronaves, ressalvada a competência da Justiça Militar". Contudo, em razão da imprecisão do termo "navio", utilizado no referido dispositivo constitucional, a doutrina e a jurisprudência construíram o entendimento de que "navio" seria embarcação de grande porte – embarcação seria gênero, do qual navio uma de suas espécies – o que, evidentemente, excluiria a competência para processar e julgar crimes cometidos a bordo de outros tipos de embarcações, isto é, aqueles que não tivessem tamanho e autonomia consideráveis que pudessem ser deslocados para águas internacionais (CC 43.404-SP, Terceira Seção, DJe 2/3/2005; e CC 14.488-PA, Terceira Seção, DJ 11/12/1995). Além disso, restringindo-se ainda mais o alcance do termo "navio", a jurisprudência do STJ também tem exigido que a embarcação de grande porte se encontre em situação de deslocamento internacional ou em situação de potencial deslocamento (CC 116.011-SP, Terceira Seção, DJe 1º/12/2011). Nesse sentido, a par da dificuldade de se delimitar a ideia de "potencial deslocamento", cuja análise impõe seja feita de maneira casuística, revela-se ponto comum na interpretação dada pela jurisprudência desta Corte o fato de que a embarcação deva estar apta a realizar viagens internacionais. **CC 118.503-PR, Rel. Min. Rogerio Schietti Cruz, julgado em 22/4/2015, DJe 28/4/2015 (Inform. STJ 560).**

DIREITO PROCESSUAL PENAL. COMPETÊNCIA PARA APRECIAR PEDIDO DE QUEBRA DE SIGILO TELEFÔNICO EM APURAÇÃO DE CRIME DE USO DE ARTEFATO INCENDIÁRIO CONTRA EDIFÍCIO-SEDE DA JUSTIÇA MILITAR DA UNIÃO.

Compete à Justiça Federal – é não à Justiça Militar – decidir pedido de quebra de sigilo telefônico requerido no âmbito de inquérito policial instaurado para apurar a suposta prática de crime relacionado ao uso de artefato incendiário contra o edifício-sede da Justiça Militar da União, quando o delito ainda não possua autoria estabelecida e não tenha sido cometido contra servidor do Ministério Público Militar ou da Justiça Militar. Isso porque a CF estabelece que a Justiça Militar da União é órgão do Poder Judiciário da União. Desse modo, o edifício-sede da Justiça Militar da União não integra patrimônio militar nem está subordinado à administração castrense, circunstância que afasta a incidência da alínea "a" do inciso III do art. 9º do CPM. Além disso, o ilícito praticado não foi cometido contra servidor do Ministério Público Militar ou da Justiça Militar. Em verdade, o evento delituoso em análise – sem autoria estabelecida – atingiu apenas a edificação em si, sem dano contra pessoa, razão pela qual a hipótese em foco não se subsume à alínea "b" do inciso III do art. 9º do CPM. **CC 137.378-RS, Rel. Min. Sebastião Reis Júnior, julgado em 11/3/2015, DJe 14/4/2015 (Inform. STJ 559).**

DIREITO PROCESSUAL PENAL. HIPÓTESE DE COMPETÊNCIA DA JUSTIÇA FEDERAL PARA JULGAR CRIME DE LATROCÍNIO.

Compete à Justiça Federal processar e julgar crime de latrocínio no qual tenha havido troca de tiros com policiais rodoviários federais que, embora não estivessem em serviço de patrulhamento ostensivo, agiam para reprimir assalto a instituição bancária privada. O art. 109 da CF prevê que compete à Justiça Federal processar e julgar "os crimes políticos e as infrações penais praticadas em detrimento de bens, serviços ou interesse da União ou de suas entidades autárquicas ou empresas públicas, excluídas as contravenções e ressalvada a competência da Justiça Militar e da Justiça Eleitoral". Assim, se um servidor público federal é vítima de um delito em razão do exercício de suas funções, tem-se que o próprio serviço público é afetado, o que atrai a competência da Justiça Federal para processar e julgar o feito (Súmula 147 do STJ). No caso, observa-se que, embora os policiais rodoviários federais não estivessem em serviço de patrulhamento ostensivo, possuem, como agentes policiais, o dever legal de prender em flagrante quem estiver praticando crime, nos termos do art. 301 do CPP: "Qualquer do povo poderá e as autoridades policiais e seus agentes deverão prender quem quer que seja encontrado em flagrante delito". Assim, o certo é que era incumbência dos policiais rodoviários federais, naquele momento, reprimir a prática criminosa, motivo pelo qual não há dúvidas de que agiram no exercício de suas funções, o que revela a competência da Justiça Federal. Precedente citado: RHC 31.553-MT, Quinta Turma, DJe 26/8/2013. **HC 309.914-RS, Rel. Min. Jorge Mussi, julgado em 7/4/2015, DJe 15/4/2015 (Inform. STJ 559).**

No caso em que, após iniciada a ação penal perante determinado juízo, ocorra modificação da competência em razão da investidura do réu em cargo que atraia foro por prerrogativa de função, serão válidos os atos processuais – inclusive o recebimento da denúncia – realizados antes da causa superveniente de modificação da competência, sendo desnecessária, no âmbito do novo juízo, qualquer ratificação desses atos, que, caso ocorra, não precisará seguir as regras que deveriam ser observadas para a prática, em ação originária, de atos equivalentes aos atos ratificados. Realmente, reconhecida a incompetência, a posteriori, de determinado juízo, deve o processo ser encaminhado ao juízo competente, que pode aproveitar os atos já praticados. Nesse sentido, a jurisprudência do STF afirma que, nos casos de incompetência absoluta, é possível a ratificação tanto dos atos sem caráter decisório quanto dos atos decisórios (AgR no RE 464.894-PI, Segunda Turma, DJe 15/8/2008). Nesse contexto, verifica-se que a ratificação de atos processuais é procedimento intrinsecamente ligado à ideia de nulidade por incompetência relativa ou absoluta superveniente. Não se trata, contudo, do caso aqui analisado, em que, após iniciada a ação penal, ocorre modificação da competência em razão da investidura, pelo réu, no curso do processo, em cargo que atraia foro por prerrogativa de função. De fato, a competência, quando fixada a partir de regras do sistema, a priori, não se modifica, em obediência ao princípio do juiz natural. No entanto, uma das hipóteses em que se dá a modificação da competência, sem ofensa ao referido princípio, ocorre quando há alteração ratione personae, fruto do cargo ou da função que alguém venha a ocupar no curso do processo. Assim, iniciada a ação penal perante determinado juízo, com a superveniência de condição que atraia o foro especial por prerrogativa de função, deve o processo ser remetido, no estado em que se encontra, ao novo juízo competente. Nesse caso, devem ser mantidos íntegros todos os atos processuais até então praticados, sob pena de violação ao princípio tempus regit actum, uma vez que o juiz era competente antes da modificação. Desnecessária, portanto, qualquer ratificação, visto que os atos até então praticados são válidos. Ademais, ainda que, por mero preciosismo, ocorra a ratificação, ela não precisará seguir as regras que deveriam ser observadas para a prática, em ação originária, de atos equivalentes aos atos ratificados. Isso significa dizer que a ratificação do recebimento de denúncia ofertada em primeiro grau não precisaria ser apreciada pelo colegiado do Tribunal competente para o julgamento da ação originária, sendo possível ao relator realizar monocraticamente essa ratificação, conforme, aliás, já se manifestou o STF (RHC 120.356-DF, Primeira Turma, DJe de 30/10/2014). **HC 238.129-TO, Rel. originária Min. Maria Thereza de Assis Moura, Rel. para acórdão Min. Rogerio Schietti Cruz, julgado em 16/9/2014, DJe 25/2/2015 (Inform. STJ 556).**

DIREITO PENAL E PROCESSUAL PENAL. COMPETÊNCIA PARA PROCESSAR E JULGAR CRIME CARACTERIZADO PELA DESTRUIÇÃO DE TÍTULO DE ELEITOR.

Compete à Justiça Federal – e não à Justiça Eleitoral – processar e julgar o crime caracterizado pela destruição de título eleitoral de terceiro, quando não houver qualquer vinculação com pleitos eleito-

rais e o intuito for, tão somente, impedir a identificação pessoal. A simples existência, no Código Eleitoral, de descrição formal de conduta típica não se traduz, incontinenti, em crime eleitoral, sendo necessário, também, que se configure o conteúdo material do crime. Sob o aspecto material, deve a conduta atentar contra a liberdade de exercício dos direitos políticos, vulnerando a regularidade do processo eleitoral e a legitimidade da vontade popular. Ou seja, a par da existência do tipo penal eleitoral específico, faz-se necessária, para sua configuração, a existência de violação do bem jurídico que a norma visa tutelar, intrinsecamente ligado aos valores referentes à liberdade do exercício do voto, à regularidade do processo eleitoral e à preservação do modelo democrático. Dessa forma, a despeito da existência da descrição típica formal no Código Eleitoral (art. 339: "Destruir, suprimir ou ocultar urna contendo votos, ou documentos relativos à eleição"), não há como minimizar o conteúdo dos crimes eleitorais sob o aspecto material. **CC 127.101-RS, Rel. Min. Rogerio Schietti Cruz, julgado em 11/2/2015, DJe 20/2/2015 (Inform. STJ 555).**

DIREITO PROCESSUAL PENAL. COMPETÊNCIA PARA JULGAR CRIME ENVOLVENDO VERBA PUBLICA REPASSADA PELO BNDES A ESTADO-MEMBRO.

O fato de licitação estadual envolver recursos repassados ao Estado-Membro pelo Banco Nacional de Desenvolvimento Econômico e Social (BNDES) por meio de empréstimo bancário (mútuo feneratício) não atrai a competência da Justiça Federal para processar e julgar crimes relacionados a suposto superfaturamento na licitação. De fato, a competência da Justiça Federal para apuração de crimes decorre do art. 109, IV, da CF, que afirma, dentre outras coisas, que compete aos juízes federais processar e julgar "as infrações penais praticadas em detrimento de bens, serviços ou interesse da União ou de suas entidades autárquicas ou empresas públicas, excluídas as contravenções e ressalvada a competência da Justiça Militar e da Justiça Eleitoral". Entretanto, se houve superfaturamento na licitação estadual, o prejuízo recairá sobre o erário estadual – e não o federal –, uma vez que, não obstante a fraude, o contrato de mútuo feneratício entre o Estado-Membro e o BNDES permanecerá válido, fazendo com que a empresa pública federal receba de volta, em qualquer circunstância, o valor emprestado ao ente federativo. Dessa maneira, o fato em análise não atrai a competência da Justiça Federal, incidindo, na hipótese, mutatis mutandis, a ratio essendi da Súmula 209 do STJ, segundo a qual "compete à justiça estadual processar e julgar prefeito por desvio de verba transferida e incorporada ao patrimônio municipal". Precedente citado: HC 41.240-RJ, Quinta Turma, DJ 29/8/2005; e RHC 34.559-BA, Sexta Turma, DJe de 4/8/2014. **RHC 42.595-MT, Rel. Min. Felix Fischer, julgado em 16/12/2014, DJe 2/2/2015 (Inform. STJ 555).**

DIREITO PENAL E PROCESSUAL PENAL. COMPETÊNCIA PARA PROCESSAR E JULGAR CRIME CARACTERIZADO PELA DESTRUIÇÃO DE TÍTULO DE ELEITOR.

Compete à Justiça Federal – e não à Justiça Eleitoral – processar e julgar o crime caracterizado pela destruição de título eleitoral de terceiro, quando não houver qualquer vinculação com pleitos eleito-**rais e o intuito for, tão somente, impedir a identificação pessoal.** A simples existência, no Código Eleitoral, de descrição formal de conduta típica não se traduz, incontinenti, em crime eleitoral, sendo necessário, também, que se configure o conteúdo material do crime. Sob o aspecto material, deve a conduta atentar contra a liberdade de exercício dos direitos políticos, vulnerando a regularidade do processo eleitoral e a legitimidade da vontade popular. Ou seja, a par da existência do tipo penal eleitoral específico, faz-se necessária, para sua configuração, a existência de violação do bem jurídico que a norma visa tutelar, intrinsecamente ligado aos valores referentes à liberdade do exercício do voto, à regularidade do processo eleitoral e à preservação do modelo democrático. Dessa forma, a despeito da existência da descrição típica formal no Código Eleitoral (art. 339: "Destruir, suprimir ou ocultar urna contendo votos, ou documentos relativos à eleição"), não há como minimizar o conteúdo dos crimes eleitorais sob o aspecto material. **CC 127.101-RS, Rel. Min. Rogerio Schietti Cruz, julgado em 11/2/2015, DJe 20/2/2015 (Inform. STJ 555).**

DIREITO PENAL. COMPETÊNCIA PARA PROCESSAR E JULGAR CRIME PREVISTO NO ART. 297, § 4º, DO CP.

Compete à Justiça Federal – e não à Justiça Estadual – processar e julgar o crime caracterizado pela omissão de anotação de vínculo empregatício na CTPS (art. 297, § 4º, do CP). A Terceira Seção do STJ modificou o entendimento a respeito da matéria, posicionando-se no sentido de que, no delito tipificado no art. 297, § 4º, do CP – figura típica equiparada à falsificação de documento público –, o sujeito passivo é o Estado e, eventualmente, de forma secundária, o particular – terceiro prejudicado com a omissão das informações –, circunstância que atrai a competência da Justiça Federal, conforme o disposto no art. 109, IV, da CF (CC 127.706-RS, Terceira Seção, DJe 3/9/2014). Precedente citado: AgRg no CC 131.442-RS, Terceira Seção, DJe 19/12/2014. **CC 135.200-SP, Rel. originário Min. Nefi Cordeiro, Rel. para acórdão Min. Sebastião Reis Júnior, julgado em 22/10/2014, DJe 2/2/2015 (Inform. STJ 554).**

DIREITO PROCESSUAL PENAL. HIPÓTESE DE INCOMPETÊNCIA DA JUSTIÇA MILITAR.

Compete à Justiça Comum Estadual – e não à Justiça Militar Estadual – processar e julgar suposto crime de desacato praticado por policial militar de folga contra policial militar de serviço em local estranho à administração militar. Isso porque essa situação não se enquadra em nenhuma daquelas previstas no art. 9º, II, do CPM, que considera crimes militares, ainda que possuam igual definição na lei penal comum, quando praticados: "a) por militar em situação de atividade ou assemelhado, contra militar na mesma situação ou assemelhado; b) por militar em situação de atividade ou assemelhado, em lugar sujeito à administração militar, contra militar da reserva, ou reformado, ou assemelhado, ou civil; c) por militar em serviço ou atuando em razão da função, em comissão de natureza militar, ou em formatura, ainda que fora do lugar sujeito à administração militar contra militar da reserva, ou reformado, ou civil; d) por militar durante o período de manobras ou exercício, contra militar da reserva, ou reformado, ou assemelhado, ou civil; e) por militar em situação de atividade, ou assemelhado, contra o patrimônio sob a administração militar, ou a ordem administrativa militar". Precedentes citados: RHC 33.361-SP, Sexta Turma, DJe 16/5/2014; CC 115.597-MG, Terceira Seção, DJe 11/4/2012; e CC 114.205-SP, Terceira Seção, DJe 9/11/2011. **REsp 1.320.129-DF, Rel. Min. Rogerio Schietti Cruz, julgado em 20/11/2014, DJe 11/12/2014 (Inform. STJ 553).**

SÚMULA VINCULANTE 36

Compete à justiça federal comum processar e julgar civil denunciado pelos crimes de falsificação e de uso de documento falso quando se tratar de falsificação da caderneta de inscrição e registro (cir) ou de carteira de habilitação de amador (cha), ainda que expedidas pela Marinha do Brasil.

SÚMULA VINCULANTE 45

A competência constitucional do tribunal do júri prevalece sobre o foro por prerrogativa de função estabelecido exclusivamente pela Constituição Estadual.

Súmula STF N º 722

São da competência legislativa da União a definição dos crimes de responsabilidade e o estabelecimento das respectivas normas de processo e julgamento.

Súmula STF nº 721

A competência constitucional do tribunal do júri prevalece sobre o foro por prerrogativa de função estabelecido exclusivamente pela Constituição Estadual.

Súmula STF nº 704

Não viola as garantias do juiz natural, da ampla defesa e do devido processo legal a atração por continência ou conexão do processo do corréu ao foro por prerrogativa de função de um dos denunciados.

Súmula STF nº 703

A extinção do mandato do prefeito não impede a instauração de processo pela prática dos crimes previstos no art. 1º do Decreto-Lei 201/1967.

Súmula STF nº 702

A competência do tribunal de justiça para julgar prefeitos restringe-se aos crimes de competência da justiça comum estadual; nos demais casos, a competência originária caberá ao respectivo tribunal de segundo grau.

Súmula STF nº 611

Transitada em julgado a sentença condenatória, compete ao juízo das execuções a aplicação de Lei mais benigna.

Súmula STF nº 603

A competência para o processo e julgamento de latrocínio é do juiz singular e não do tribunal do júri.

Súmula STF nº 522

Salvo ocorrência de tráfico para o exterior, quando, então, a competência será da justiça federal, compete à justiça dos estados o processo e julgamento dos crimes relativos a entorpecentes.

Súmula STF nº 498

Compete à justiça dos estados, em ambas as instâncias, o processo e o julgamento dos crimes contra a economia popular.

Súmula STF nº 451

A competência especial por prerrogativa de função não se estende ao crime cometido após a cessação definitiva do exercício funcional.

Súmula STF nº 396

Para a ação penal por ofensa à honra, sendo admissível a exceção da verdade quanto ao desempenho de função pública, prevalece a competência especial por prerrogativa de função, ainda que já tenha cessado o exercício funcional do ofendido.

Súmula STJ nº 546

A competência para processar e julgar o crime de uso de documento falso é firmada em razão da entidade ou órgão ao qual foi apresentado o documento público, não importando a qualificação do órgão expedidor.

Súmula STJ nº 528

Compete ao juiz federal do local da apreensão da droga remetida do exterior pela via postal processar e julgar o crime de tráfico internacional.

Súmula STJ nº 244

Compete ao foro do local da recusa processar e julgar o crime de estelionato mediante cheque sem provisão de fundos.

Súmula STJ nº 200

O juízo federal competente para processar e julgar acusado de crime de uso de passaporte falso é o do lugar onde o delito se consumou.

Súmula STJ nº 192

Compete ao juízo das execuções penais do estado a execução das penas impostas a sentenciados pela justiça federal, militar ou eleitoral, quando recolhidos a estabelecimentos sujeitos à administração estadual.

Súmula STJ nº 172

Compete à justiça comum processar e julgar militar por crime de abuso de autoridade, ainda que praticado em serviço.

Súmula STJ nº 165

Compete à justiça federal processar e julgar crime de falso testemunho cometido no processo trabalhista.

Súmula STJ nº 151

A competência para o processo e julgamento por crime de contrabando ou descaminho define-se pela prevenção do juízo federal do lugar da apreensão dos bens.

Súmula STJ nº 147

Compete à justiça federal processar e julgar os crimes praticados contra funcionário público federal, quando relacionados com o exercício da função.

Súmula STJ nº 122

Compete à justiça federal o processo e julgamento unificado dos crimes conexos de competência federal e estadual, não se aplicando a regra do art. 78, II, "a", do Código de Processo Penal.

Súmula STJ nº 108

A aplicação de medidas socioeducativas ao adolescente, pela pratica de ato infracional, é da competência exclusiva do juiz.

Súmula STJ nº 107

Compete a justiça comum estadual processar e julgar crime de estelionato praticado mediante falsificação das guias de recolhimento das contribuições previdenciárias, quando não ocorrente lesão a autarquia federal.

Súmula STJ nº 104

Compete à justiça estadual o processo e julgamento dos crimes de falsificação e uso de documento falso relativo a estabelecimento particular de ensino.

Súmula STJ nº 90

Compete à justiça estadual militar processar e julgar o policial militar pela prática do crime militar, e a comum pela prática do crime comum simultâneo aquele.

Súmula STJ nº 78

Compete à justiça militar processar e julgar policial de corporação estadual, ainda que o delito tenha sido praticado em outra unidade federativa.

Súmula STJ nº 75

Compete à justiça comum estadual processar e julgar o policial militar por crime de promover ou facilitar a fuga de preso de estabelecimento penal.

Súmula STJ nº 62

Compete à justiça estadual processar e julgar o crime de falsa anotação na carteira de trabalho e previdência social, atribuído a empresa privada.

Súmula STJ nº 53

Compete à justiça comum estadual processar e julgar civil acusado de pratica de crime contra instituições militares estaduais.

Súmula STJ nº 48

Compete ao juízo do local da obtenção da vantagem ilícita processar e julgar crime de estelionato cometido mediante falsificação de cheque.

Súmula STJ nº 47

Compete à justiça militar processar e julgar crime cometido por militar contra civil, com emprego de arma pertencente à corporação, mesmo não estando em serviço.

Súmula STJ nº 42

Compete à justiça comum estadual processar e julgar as causas cíveis em que é parte sociedade de economia mista e os crimes praticados em seu detrimento.

Súmula STJ nº 38

Compete à justiça estadual comum, na vigência da constituição de 1988, o processo por contravenção penal, ainda que praticada em detrimento de bens, serviços ou interesse da União ou de suas entidades.

4. PROVA

Interceptações telefônicas: compartilhamento e autuação

A Primeira Turma indeferiu a ordem em "habeas corpus" no qual se pretendia a anulação de ação penal com argumento em prova ilícita. Na espécie, foram aproveitados dados alusivos a interceptação telefônica verificada em outra unidade da Federação e em outro processo-crime, porém autorizada judicialmente. A Turma entendeu que o fato de a escuta telefônica ter visado elucidar outra prática delituosa não impediria a sua utilização em persecução criminal diversa (compartilhamento). Além disso, não caracteriza ofensa ao art. 93, IX, da CF o ato em que adotados como razões de decidir os fundamentos lançados na manifestação do Ministério Público. Por fim, preenchidas as exigências previstas na Lei 9.296/96 (Lei de Interceptação Telefônica), descabe considerar ilícita a prova ante a suposta ausência de autuação. Tratar-se-ia de mera irregularidade, não violadora dos elementos essenciais à validade da medida cautelar.

HC 128102/SP, rel. Min. Marco Aurélio, 9.12.2015. (HC-128102) (Inform. STF 811)

AG. REG. NO RHC N. 126.853-SP
RELATOR: MIN. LUIZ FUX
Ementa: Constitucional e Processo Penal. Agravo regimental em RHC. crime de pornografia infantil (art. 241, caput, da Lei n. 8.069/90, com a redação dada pela Lei n. 10.764/03). Testemunha desconhecedora dos fatos e do réu. Indeferimento da oitiva. Decisão fundamentada (artigo 400, § 1º, do CPP): Testemunha habilitada em informática e/ou direito eletrônico. Oportunidade de juntada de documento pertinente a tais conhecimentos técnicos. Ausência de afronta à ampla defesa. Decisão monocrática que nega seguimento a pedido ou recurso em contrariedade com a jurisprudência do Tribunal (artigos 21, § 1º, e 192 do RISTF). Precedentes.

1. O princípio do livre convencimento racional, previsto no § 1º do art. 400 do CPP, faculta ao juiz o indeferimento das provas consideradas irrelevantes, impertinentes ou protelatórias. Precedentes: HC 106.734, Rel. Min. Ricardo Lewandowski, 1ª Turma, DJe de 04/05/20110; HC nº 106.734/PR, Primeira Turma, Relator o Ministro Ricardo Lewandowski, DJe 4/5/11; HC 108.961, Rel. Min. Dias Toffoli, 1ª Turma, DJe de 08/08/2012; AI nº 741.442/SP-AgR, Primeira Turma, Relator o Ministro Ricardo Lewandowski, DJe de 15/6/11; AI nº 794.090/SP-AgR, Segunda Turma, Relator o Ministro Gilmar Mendes, DJe de 10/2/11; e AI nº 617.818/SP-AgR, Primeira Turma, Relator o Ministro Dias Toffoli, DJe de 22/11/10 e RHC 115.133/DF, rel. Min. Luiz Fux.

2. *In casu,* o recorrente foi condenado a 2 anos e 11 meses de reclusão pela prática do crime de pornografia infantil (art. 241, *caput,* da Lei n. 8.069/90 com a redação dada pela Lei n. 10.764/03), sendo que a defesa arrolara três testemunhas, das quais duas figuraram como assistentes técnicos, restando apenas uma como testemunha na acepção do termo, tendo o magistrado indeferido sua oitiva, fundado em que *"versaria exclusivamente sobre matéria de informática e/ou direito eletrônico",* uma vez que não detinha conhecimento dos fatos e, por não conhecer o réu, não apresentaria informações relativas aos seus antecedentes, ressalvando, contudo, que o teor do seu relato, adstrito a conhecimentos técnicos em informática e/ou direito eletrônico, poderia ser documentado nos autos, à critério da defesa.

3. Deveras, tendo o magistrado indeferido fundamentadamente a oitiva, não cabe a esta Corte imiscuir-se em seu juízo de conveniência para aferir se a oitiva da testemunha era pertinente ou não ao interesse da defesa.

4. Os artigos 21, § 1º, e 192, do Regimento Interno do Supremo Tribunal Federal, preveem a atuação monocrática ao possibilitarem ao Relator negar seguimento a recurso ou pedido manifestamente contrário à jurisprudência do Tribunal ou a concessão de *habeas corpus* quando houver entendimento pacificado no sentido da tese exposta.

5. A *ratio essendi* desse entendimento, longe de constituir afronta ao princípio do colegiado, busca evitar o assoberbamento das Turmas e do Pleno com matérias pacificadas, cabendo ressaltar ainda a possibilidade de a parte interpor agravo regimental caso entenda que o *decisum* monocrático lhe causou prejuízo, prestigiando-se o princípio da ampla defesa (RTJ 181/1133-1134, Rel. Min. CARLOS VELLOSO – AI 159.892-AgR/SP, Rel. Min. CELSO DE MELLO, entre outros).

6. Agravo regimental no recurso ordinário em *habeas corpus* desprovido.
(Inform. STF 799)

Prova ilícita: desvinculação causal e condenação

A 2ª Turma denegou a ordem em "habeas corpus" em que alegada ausência de justa causa para a propositura de ação penal em desfavor do paciente, então denunciado, em concurso de agentes, pela suposta prática do crime do art. 168-A do CP e dos delitos previstos no art. 1º, I, II e parágrafo único, da Lei 8.137/1990. A defesa sustentava que a peça acusatória embasara-se em prova ilícita, constituída por elementos colhidos mediante quebra de sigilo bancário requisitado diretamente pela Receita Federal às instituições financeiras. A Turma consignou que o STJ, ao conceder parcialmente a ordem em "habeas corpus" lá apreciado, reconhecera a nulidade da prova colhida ilicitamente, mas deixara de trancar a ação penal, tendo em conta remanescerem outros elementos de prova, regularmente colhidos, que seriam suficientes para atestar a materialidade e autoria dos delitos. Ademais, tendo em conta essa decisão proferida pelo STJ, o juízo de 1º grau reanalisara a viabilidade da ação penal, a despeito das provas então consideradas nulas, e concluíra pela existência de justa causa amparada por outras provas. Na ocasião, não apenas as provas ilícitas foram retiradas dos autos, como os fatos a ela relacionados também foram desconsiderados. Posteriormente à impetração perante o STF, fora prolatada sentença condenatória, na qual nenhuma prova produzida ilegalmente fora utilizada para a condenação. O juízo natural da ação penal, com observância do contraditório, procedera ao exame do suporte probatório produzido, e afastara dele o que lhe poderia contaminar pela ilicitude declarada pelo STJ, para concluir pela existência de elementos probatórios idôneos para justificar a condenação. Apenas parte da apuração teria sido comprometida pelas provas obtidas a partir dos dados bancários encaminhados ilegalmente à Receita Federal. Evidenciada, pela instância ordinária, a ausência de nexo causal entre os elementos de prova efetivamente utilizados e os considerados ilícitos, não se poderia dizer que o suporte probatório ilegal contaminara todas as demais diligências.

HC 116931/RJ, rel. Min. Teori Zavascki, 3.3.2015. (HC-116931) (Inform. STF 776)

DIREITO PROCESSUAL PENAL. REQUISIÇÃO PELO MP DE INFORMAÇÕES BANCÁRIAS DE ENTE DA ADMINISTRAÇÃO PÚBLICA.

Não são nulas as provas obtidas por meio de requisição do Ministério Público de informações bancárias de titularidade de prefeitura municipal para fins de apurar supostos crimes praticados por agentes públicos contra a Administração Pública. É pacífico na doutrina pátria e na jurisprudência dos Tribunais Superiores que o sigilo bancário constitui espécie do direito à intimidade/privacidade, consagrado no art. 5º, X e XII, da CF. No entanto, as contas públicas, ante os princípios da publicidade e da moralidade (art. 37 da CF), não possuem, em regra, proteção do direito à intimidade/privacidade e, em consequência, não são protegidas pelo sigilo bancário. Na verdade, a intimidade e a vida privada de que trata a Lei Maior referem-se à pessoa humana, aos indivíduos que compõem a sociedade e às pessoas jurídicas de direito privado, inaplicáveis tais conceitos aos entes públicos. Ademais, entendeu o STF que as "Operações financeiras que envolvam recursos públicos não estão abrangidas pelo sigilo bancário a que alude a Lei Complementar nº 105/2001, visto que as operações dessa espécie estão submetidas aos princípios da administração pública insculpidos no art. 37 da Constituição Federal" (MS 33.340-DF, Primeira Turma, DJe de 3/8/2015). Decisão monocrática citada: STJ, RCD no HC 301.719-CE, DJe 13/3/2015. **HC 308.493-CE, Rel. Min. Reynaldo Soares da Fonseca, julgado em 20/10/2015, DJe 26/10/2015. (Inform. STJ 572)**

DIREITO PROCESSUAL PENAL. COMPROVAÇÃO DA MENORIDADE DE VÍTIMA DE CRIMES SEXUAIS.

Nos crimes sexuais contra vulnerável, a inexistência de registro de nascimento em cartório civil não é impedimento a que se faça a prova de que a vítima era menor de 14 anos à época dos fatos. De início, ressalte-se que a norma processual inscrita no art. 155, parágrafo único, do CPP estabelece que o juiz, no exercício do livre convencimento motivado, somente quanto ao estado das pessoas observará as restrições estabelecidas na lei civil. Ao enfrentar a questão, a Terceira Seção do STJ assentou a primazia da certidão de nascimento da vítima para tanto (EREsp 762.043-RJ, DJe 4/3/2009). Porém, o STJ tem considerado que a mera ausência da certidão de nascimento não impede a verificação etária, quando coligidos outros elementos hábeis à comprovação da qualidade de infante da vítima (HC 81.181-SP, Quinta Turma, DJe 21/6/2010 e AgRg no AREsp 114.864-DF, Sexta Turma, DJe 3/10/2013). **AgRg no AREsp 12.700-AC, voto vencedor Rel. Min. Walter de Almeida Guilherme (Desembargador convocado do TJ/SP), Rel. para acórdão Min. Gurgel de Faria, julgado em 10/3/2015, DJe 5/6/2015 (Inform. STJ 563).**

DIREITO PROCESSUAL PENAL. ENCONTRO FORTUITO DE PROVAS NO CUMPRIMENTO DE MANDANDO DE BUSCA E APREENSÃO EM ESCRITÓRIO DE ADVOCACIA.

É lícita a apreensão, em escritório de advocacia, de drogas e de arma de fogo, em tese pertencentes a advogado, na hipótese em que outro advogado tenha presenciado o cumprimento da diligência por solicitação dos policiais, ainda que o mandado de busca e apreensão tenha sido expedido para apreender arma de fogo supostamente pertencente a estagiário do escritório – e não ao advogado – e mesmo que no referido mandado não haja expressa indicação de representante da OAB local para o acompanhamento da diligência. De fato, o inciso II e o § 6º do art. 7º da Lei 8.906/1994 dispõem, respectivamente, que são direitos do advogado "a inviolabilidade de seu escritório ou local de trabalho, bem como de seus instrumentos de trabalho, de sua correspondência escrita, eletrônica, telefônica e telemática, desde que relativas ao exercício da advocacia" e que "Presentes indícios de autoria e materialidade da prática de crime por parte de advogado, a autoridade judiciária competente poderá decretar a quebra da inviolabilidade de que trata o inciso II do caput deste artigo, em decisão motivada, expedindo mandado de busca e apreensão, específico e pormenorizado, a ser cumprido na presença de representante da OAB, sendo, em qualquer hipótese, vedada a utilização dos documentos, das mídias e dos objetos pertencentes a clientes do advogado averiguado, bem como dos demais instrumentos de trabalho que contenham informações sobre clientes". A finalidade das normas acima transcritas é, claramente, salvaguardar o sigilo da profissão, respeitando-se as informações privilegiadas que os advogados recebem de seus clientes, em homenagem ao princípio da ampla defesa, previsto no art. 5º, LV, da CF. No caso em análise, os policiais estavam legitimamente autorizados a ingressar no escritório de advocacia por meio de mandado regularmente expedido, e a determinação de busca e apreensão se deu para o endereço profissional do investigado e não para uma sala ou mesa específica. Não obstante o mandado de busca e apreensão tenha sido expedido para apuração de crime praticado pelo estagiário do escritório, verificou-se, coincidentemente, no cumprimento da medida, a ocorrência flagrancial de dois outros crimes que possuem natureza permanente, ou seja, sua consumação se protrai no tempo. Contraria a razoabilidade exigir-se dos policiais envolvidos na diligência que fingissem não ter visto os crimes, para solicitar, a posteriori, um mandado específico de busca e apreensão para o escritório do advogado. Essa medida contrariaria o art. 301 do CPP: "Qualquer do povo poderá e as autoridades policiais e seus agentes deverão prender quem quer que seja encontrado em flagrante delito". Desse modo, não há excesso por parte dos policiais envolvidos na busca e apreensão, uma vez que a busca em todo o escritório era necessária, haja vista que a arma de fogo pertencente ao estagiário poderia estar escondida em qualquer lugar do escritório, o que justifica a busca em todo o ambiente, e não apenas nos locais, em princípio de exercício da função de estagiário. Ressalte-se que a localização de elementos que configuram outros crimes, praticados por pessoa que não figura como objeto do mandado de busca e apreensão, insere-se na hipótese nominada pela doutrina de "encontro fortuito de provas". Ademais, em que pese a não indicação expressa de representante da OAB local para o acompanhamento da diligência, foi solicitado, pelos policiais nela envolvidos, que um advogado estivesse presente e acompanhasse o cumprimento do mandado de busca e apreensão no escritório. Sendo assim, aplicando-se o princípio da instrumentalidade das formas, a finalidade da norma foi atingida, não havendo que se falar em nulidade, mas sim, se muito, em mera irregularidade. **RHC 39.412-SP, Rel. Min. Felix Fischer, julgado em 3/3/2015, DJe 17/3/2015 (Inform. STJ 557).**

DIREITO PROCESSUAL PENAL. DESNECESSIDADE DE PROVA PERICIAL PARA CONDENAÇÃO POR USO DE DOCUMENTO FALSO.

É possível a condenação por infração ao disposto no art. 304 do CP (uso de documento falso) com fundamento em documentos e testemunhos constantes do processo, acompanhada da confissão do acusado, sendo desnecessária a prova pericial para a comprovação da materialidade do crime, mormente se a defesa não requereu, no momento oportuno, a realização do referido exame. Precedentes citados: AgRg no AREsp 78.480-SP, Quinta Turma, DJe 1º/2/2013; HC 134.341-MS, Quinta Turma, DJe 19/12/2011; e HC 149.812-SP, Quinta Turma, DJe 21/11/2011. **HC 307.586-SE, Rel. Min. Walter de Almeida Guilherme (Desembargador convocado do TJ/SP), julgado em 25/11/2014, DJe 3/12/2014 (Inform. STJ 553).**

DIREITO PROCESSUAL PENAL. COMPARTILHAMENTO DE PROVAS EM RAZÃO DE ACORDO INTERNACIONAL DE COOPERAÇÃO.

Não há ilegalidade na utilização, em processo penal em curso no Brasil, de informações compartilhadas por força de acordo internacional de cooperação em matéria penal e oriundas de quebra de sigilo bancário determinada por autoridade estrangeira, com respaldo no ordenamento jurídico de seu país, para a apuração de outros fatos criminosos lá ocorridos, ainda que não haja prévia decisão da justiça brasileira autorizando a quebra do sigilo. Em matéria penal, deve-se adotar, em regra, o princípio da territorialidade, desenvolvendo-se na justiça pátria o processo e os respectivos incidentes, não se podendo olvidar, outrossim, de eventuais tratados ou outras normas internacionais a que o país tenha aderido, nos termos dos arts. 1º do CPP e 5º, caput, do CP. Tem-se, assim, que a competência internacional é regulada ou pelo direito internacional ou pelas regras internas de determinado país, tendo por fontes os costumes, os tratados normativos e outras regras de direito internacional. Dessa forma, se a juntada da documentação aos autos se deu por força de pedidos de cooperação judiciária internacional baseados no Acordo de Assistência Judiciária em Matéria Penal, tendo sido apresentada devidamente certificada, de modo a se comprovar a autenticidade e a regularidade na sua obtenção, não há que se falar em ilegalidade no compartilhamento das provas oriundas da quebra do sigilo bancário realizado em outro país. **HC 231.633-PR, Rel. Min. Jorge Mussi, julgado em 25/11/2014, DJe 3/12/2014 (Inform. STJ 553).**

5. SUJEITOS PROCESSUAIS

HC N. 112.121-SP

RELATOR: MIN. TEORI ZAVASCKI

Ementa: *HABEAS CORPUS*. PROCESSUAL PENAL. JULGAMENTO DE PROCESSO ADMINISTRATIVO E RECEBIMENTO DE DENÚNCIA PELO MESMO ORGÃO COLEGIADO DO TRIBUNAL DE JUSTIÇA LOCAL. IMPEDIMENTO DOS DESEMBARGADORES PARTICIPANTES DE AMBAS AS SESSÕES DO ÓRGÃO ESPECIAL. NÃO OCORRÊNCIA. ART. 252, III, DO CPP. IMPOSSIBILIDADE DE INTERPRETAÇÃO EXTENSIVA. ROL TAXATIVO.

1. Por expressa previsão constitucional (arts. 93, VIII, e 96, III, da CF), tanto o procedimento administrativo disciplinar quanto a ação penal nos quais envolvido magistrado de primeiro grau serão processados e julgados pelo respectivo Tribunal, não havendo falar em "*outra instância*" para fins de impedimento previsto no art. 252, III, do Código de Processo Penal. Precedentes.

2. Ordem denegada. **(Inform. STF 776)**

DIREITO PROCESSUAL PENAL. IMPOSSIBILIDADE DE SEGURADORA INTERVIR COMO ASSISTENTE DA ACUSAÇÃO EM PROCESSO QUE APURE HOMICÍDIO DO SEGURADO.

A seguradora não tem direito líquido e certo de figurar como assistente do Ministério Público em ação penal na qual o beneficiário do seguro de vida é acusado de ter praticado o homicídio do segurado. De acordo com o disposto no art. 268 do CPP, em todos os termos da ação pública, poderá intervir, como assistente do Ministério Público, o ofendido ou seu representante legal, ou, na falta, o cônjuge, ascendente, descendente ou irmão. Entretanto, na situação em análise, a seguradora não é vítima do homicídio. Isso porque, como o sujeito passivo do crime de homicídio é o ser humano e o bem jurídico protegido é a vida, o fato de existir eventual ofensa ao patrimônio da seguradora não a torna vítima desse crime. É bem verdade, todavia, que há certas hipóteses em que são legitimados a intervir como assistente de acusação pessoas ou entidades que não são, de fato, ofendidas pelo delito. Por exemplo, a Lei 7.492/1996 prevê, em seu art. 26, parágrafo único, que "será admitida a assistência da Comissão de Valores Mobiliários – CVM, quando o crime tiver sido praticado no âmbito de atividade sujeita à disciplina e à fiscalização dessa Autarquia, e do Banco Central do Brasil quando, fora daquela hipótese, houver sido cometido na órbita de atividade sujeita à sua disciplina e fiscalização". No mesmo sentido, o CDC, em seu art. 80, reza que "No processo penal atinente aos crimes previstos neste código, bem como a outros crimes e contravenções que envolvam relações de consumo, poderão intervir, como assistentes do Ministério Público, os legitimados indicados no art. 82, inciso III e IV, aos quais também é facultado propor ação penal subsidiária, se a denúncia não for oferecida no prazo legal". Nesses casos expressamente previstos em lei, a legitimidade para a intervenção como assistente do Ministério Público é ampliada. Na espécie em exame, entretanto, não existe regra que garanta esse direito à seguradora recorrente. Logo, não há falar em violação a direito líquido e certo a autorizar a concessão da ordem. **RMS 47.575-SP, Rel. Min. Maria Thereza de Assis Moura, julgado em 14/4/2015, DJe 23/4/2015 (Inform. STJ 560).**

DIREITO PROCESSUAL CIVIL E PROCESSUAL PENAL. LEGITIMIDADE DO MINISTÉRIO PÚBLICO ESTADUAL PARA ATUAR NO ÂMBITO DO STJ. O Ministério Público Estadual tem legitimidade para atuar diretamente como parte em recurso submetido a julgamento perante o STJ. O texto do § 1° do art. 47 da LC 75/1993 é expresso no sentido de que as funções do Ministério Público Federal perante os Tribunais Superiores da União somente podem ser exercidas por titular do cargo de Subprocurador-Geral da República. A par disso, deve-se perquirir quais as funções que um Subprocurador-Geral da República exerce perante o STJ. É evidente que o Ministério Público, tanto aquele organizado pela União quanto aquele estruturado pelos Estados, pode ser parte e custos legis, seja no âmbito cível ou criminal. Nesse passo, tendo a ação (cível ou penal) sido proposta pelo Ministério Público Estadual perante o primeiro grau de jurisdição, e tendo o processo sido alçado ao STJ por meio de recurso, é possível que esse se valha dos instrumentos recursais necessários na defesa de seus interesses constitucionais. Nessas circunstâncias, o Ministério Público Federal exerce apenas uma de suas funções, qual seja: a de custos legis. Isto é, sendo o recurso do Ministério Público Estadual, o Ministério Público Federal, à vista do ordenamento jurídico, pode opinar pelo provimento ou pelo desprovimento da irresignação. Assim, cindido em um processo o exercício das funções do Ministério Público (o Ministério Público Estadual sendo o autor da ação, e o Ministério Público Federal opinando acerca do recurso interposto nos respectivos autos), não há razão legal, nem qualquer outra ditada pelo interesse público, que autorize restringir a atuação do Ministério Público Estadual enquanto parte recursal, realizando sustentações orais, interpondo agravos regimentais contra decisões, etc. Caso contrário, seria permitido a qualquer outro autor ter o referido direito e retirar-se-ia do Ministério Público Estadual, por exemplo, o direito de perseguir a procedência de ações penais e de ações de improbidade administrativa imprescindíveis à ordem social. **EREsp 1.327.573-RJ, Rel. originário e voto vencedor Min. Ari Pargendler, Rel. para acórdão Min. Nancy Andrighi, julgado em 17/12/2014, DJe 27/2/2015 (Inform. STJ 556).**

DIREITO PROCESSUAL PENAL. DISPENSA DE JUNTADA DE PROCURAÇÃO COM PODERES ESPECIAIS PELA DEFENSORIA PÚBLICA. Quando a Defensoria Pública atuar como representante do assistente de acusação, é dispensável a juntada de procuração com poderes especiais. Isso porque o defensor público deve juntar procuração judicial somente nas hipóteses em que a lei exigir poderes especiais (arts. 44, XI, 89, XI, e 128, XI, da LC 80/1994). Ressalte-se que a Defensoria Pública tem por função institucional patrocinar tanto a ação penal privada quanto a subsidiária da pública, não havendo incompatibilidade com a função acusatória. Assim, nada impede que a referida instituição possa prestar assistência jurídica, atuando como assistente de acusação, nos termos dos arts. 268 e seguintes do CPP (HC 24.079-PB, Quinta Turma, DJ 29/9/2003). **HC 293.979-MG, Rel. Min. Gurgel de Faria, julgado em 5/2/2015, DJe 12/2/2015 (Inform. STJ 555).**

Súmula STF nº 210

O assistente do ministério público pode recorrer, inclusive extraordinariamente, na ação penal, nos casos dos arts. 584, § 1º, e 598 do Código de Processo Penal.

Súmula STF nº 208

O assistente do ministério público não pode recorrer, extraordinariamente, de decisão concessiva de "habeas corpus".

Súmula STJ nº 234

A participação de membro do Ministério Público na fase investigatória criminal não acarreta o seu impedimento ou suspeição para o oferecimento da denúncia.

6. CITAÇÃO, INTIMAÇÃO E PRAZOS

Denúncia e prazo em dobro para resposta à acusação

Em face da importância da fase pré-processual da denúncia, a Segunda Turma, por maioria, deu provimento, em parte, a agravo regimental em inquérito para deferir o prazo em dobro para que o denunciado apresente sua resposta. Na espécie, o requerente fizera dois pedidos: a) que tivesse acesso à integralidade da prova disponível à acusação, com a reabertura de prazo para a resposta preliminar; e b) que o prazo de 15 dias do art. 4º da Lei 8.038/1990 ("Art. 4º – Apresentada a denúncia ou a queixa ao Tribunal, far-se-á a notificação do acusado para oferecer resposta no prazo de quinze dias") fosse contado em dobro, por aplicação analógica do art. 191 do CPC ("Art. 191 – Quando os litisconsortes tiverem diferentes procuradores, ser-lhes-ão contados em dobro os prazos para contestar, para recorrer e, de modo geral, para falar nos autos"). Quanto ao termo "a quo" do prazo, a Turma denegou o pedido, porque toda a documentação que teria relação direta com a denúncia estaria disponível na secretaria do STF para que a defesa procedesse à devida resposta. Por outro lado, em nome do princípio da ampla defesa, deferiu a concessão do prazo em dobro. Destacou que o art. 4º da Lei 8.038/1990 permitiria, nessa fase processual, que o denunciado oferecesse resposta às imputações penais que contra ele tivessem sido deduzidas pelo Ministério Público. A amplitude material da defesa alcançaria não apenas preliminares ou questões formais, mas também o próprio mérito da imputação penal. Abarcaria, ainda, a possibilidade de o Tribunal, após o oferecimento da denúncia, exercer o controle de admissibilidade da acusação penal, ao acolher, receber ou rejeitar a denúncia e mesmo julgar improcedente o pedido e, em consequência, proferir juízo de absolvição penal, nos termos da Lei 8.038/1990 ("Art. 6º – A seguir, o relator pedirá dia para que o Tribunal delibere sobre o recebimento, a rejeição da denúncia ou da queixa, ou a improcedência da acusação, se a decisão não depender de outras provas"). Vencido o Ministro Teori Zavascki (relator), que negava provimento ao agravo regimental. Apontava tratar-se de um prazo em que a ação penal sequer fora instaurada e, por isso, não se poderia aferir a existência de litisconsórcio, justamente porque as partes na ação penal ainda não estariam definidas. Afirmava que esse tipo de manifestação não teria relação com as situações previstas no CPC que pudessem estabelecer uma analogia, como seria o caso dos recursos. **Inq 4112/DF, rel. orig. Min. Teori Zavascki, red. p/ o acórdão Min. Gilmar Mendes, 1º.9.2015. (Inq-4112) (Inform. STF 797)**

Litisconsórcio e prazo em dobro para a resposta à acusação

É cabível a aplicação analógica do art. 191 do CPC ("Quando os litisconsortes tiverem diferentes procuradores, ser-lhes-ão contados em dobro os prazos para contestar, para recorrer e, de modo geral, para falar nos autos"), ao prazo previsto no art. 4º da Lei 8.038/1990 ("Apresentada a denúncia ou a queixa ao Tribunal, far-se-á a notificação do acusado para oferecer resposta no prazo de quinze dias"). Com base nesse entendimento, o Plenário resolveu questão de ordem suscitada pelo Ministro Teori Zavascki (relator) e, em consequência, deferiu, por maioria, o pedido formulado por denunciado no sentido de que lhe fosse duplicado o prazo de oferecimento de resposta à acusação. A Corte reiterou, desse modo, o que decidido na AP 470 AgR-vigésimo segundo e vigésimo quinto/MG (DJe de 24.9.2013 e de 17.2.2014, respectivamente). Vencidos os Ministros Teori Zavascki, Edson Fachin, Roberto Barroso e Rosa Weber, que indeferiam o pleito por considerarem

incabível a aplicação analógica do art. 191 do CPC ao prazo previsto no art. 4º da Lei 8.038/1990.
Inq 3983/DF, rel. orig. Min. Teori Zavascki, red. p/ o acórdão Min. Luiz Fux, 3.9.2015. (Inq-3983) (Inform. STF 797)

Intimação da Defensoria Pública e princípio geral das nulidades
A Defensoria Pública, ao tomar ciência de que o processo será julgado em data determinada ou nas sessões subsequentes, não pode alegar cerceamento de defesa ou nulidade de julgamento quando a audiência ocorrer no dia seguinte ao que tiver sido intimada. Com base nessa orientação, a Primeira Turma, por maioria, denegou a ordem em "habeas corpus" no qual discutida suposta nulidade processual, pela não intimação do representante daquele órgão. Na espécie, apesar de a Defensoria Pública ter sido intimada para a sessão de julgamento da apelação, e ter-lhe sido deferida a sustentação oral, o recurso não fora julgado. Três meses depois, ela fora intimada de lista de 90 processos – entre os quais o recurso de apelação – no sentido de que haveria sessão de julgamento marcada para o dia seguinte. A Turma destacou a jurisprudência da Corte, segundo a qual, embora a sustentação oral não se qualifique como ato essencial da defesa, mostra-se indispensável intimação pessoal da Defensoria Pública. Entrementes, houvera ciência quanto à nova inclusão dos autos para julgamento em sessão do dia seguinte e a Defensoria Pública não requerera adiamento. Vencido o Ministro Marco Aurélio, que concedia a ordem. Entendia que deveria existir um interregno mínimo de 48 horas entre a intimação e o julgamento. Aduzia haver prejuízo para a parte, considerada a não atuação da Defensoria Pública, como o fato de se terem lançado vários processos em uma única assentada, a afrontar o devido processo legal.
HC 126081/RS, rel. Min. Rosa Weber, 25.8.2015. (HC-126081) (Inform. STF 796)

Defensoria Pública e intimação pessoal
A intimação da Defensoria Pública, a despeito da presença do defensor na audiência de leitura da sentença condenatória, se aperfeiçoa com sua intimação pessoal, mediante a remessa dos autos. Com base nessa orientação, a Segunda Turma concedeu a ordem em "habeas corpus" para determinar que a apelação alusiva ao paciente seja submetida a novo julgamento. Entendeu que a intimação pessoal, para todos os atos do processo e com a remessa dos autos, constitui prerrogativa da Defensoria Pública, conforme estabelecido no art. 370, § 4º, do CPP; art. 5º, § 5º, da Lei 1.060/1950; e art. 44, I, da LC 80/1994, bem como que sua não observância acarretaria nulidade processual.
HC 125270/DF, rel. Min. Teori Zavascki, 23.6.2015. (HC-125270) (Inform. STF 791)

AG. REG. NO RHC N. 123.091-DF
RELATOR: MIN. ROBERTO BARROSO
Ementa: Processo Penal. Agravo regimental no recurso ordinário em *habeas corpus*. Defensor cientificado da data de julgamento do HC no STJ. Dosimetria da Pena. Condenação transitada em julgado.
1. O Supremo Tribunal Federal firmou orientação no sentido de que é *"Imperiosa a intimação pessoal da Defesa da data do julgamento da impetração quando há pedido expresso para a realização de sustentação oral"* (RHC 120.031, Rel.ª Min.ª Rosa Weber).
2. Hipótese em que não é possível falar em cerceamento do direito de defesa, tendo em vista que a data do novo julgamento da impetração foi disponibilizada na página oficial do Superior Tribunal de Justiça na internet com mais de 48 (quarenta e oito) horas de antecedência.
3. A dosimetria da pena é questão relativa ao mérito da ação penal, estando necessariamente vinculada ao conjunto fático probatório, não sendo possível às instâncias extraordinárias a análise dos dados fáticos da causa para redimensionar a pena finalmente aplicada. Precedentes.
4. As peças que instruem o processo revelam que sobreveio o trânsito em julgado da condenação do paciente. De modo que não é possível falar em execução provisória da pena.
5. Agravo regimental desprovido. **(Inform. STF 786)**

DIREITO PROCESSUAL PENAL. TERMO INICIAL DO PRAZO PARA O MP RECORRER.
Quando o Ministério Público for intimado pessoalmente em cartório, dando ciência nos autos, o seu prazo recursal se iniciará nessa data, e não no dia da remessa dos autos ao seu departamento administrativo. Isso porque o prazo recursal para o MP inicia-se na data da sua intimação pessoal. Trata-se de entendimento extraído da leitura dos dispositivos legais que regem a matéria (arts. 798, § 5º, e 800, § 2º, do CPP), que visa garantir a igualdade de condições entre as partes no processo penal. Precedentes citados: AgRg nos EREsp 310.417-PB, Terceira Seção, DJe 27/3/2008; REsp 258.826-TO, Sexta Turma, DJe 7/12/2009; e AgRg no REsp 1.102.059-MA, Quinta Turma, DJe 13/10/2009. **EREsp 1.347.303-GO, Rel. Min. Gurgel de Faria, julgado em 10/12/2014, DJe 17/12/2014 (Inform. STJ 554).**

Súmula STF nº 710

No processo penal, contam-se os prazos da data da intimação, e não da juntada aos autos do mandado ou da carta precatória ou de ordem.

Súmula STF nº 366

Não é nula a citação por edital que indica o dispositivo da Lei penal, embora não transcreva a denúncia ou queixa, ou não resuma os fatos em que se baseia.

Súmula STF nº 351

É nula a citação por edital de réu preso na mesma unidade da federação em que o juiz exerce a sua jurisdição.

Súmula STJ nº 455

A decisão que determina a produção antecipada de provas com base no art. 366 do CPP deve ser concretamente fundamentada, não a justificando unicamente o mero decurso do tempo.

Súmula STJ nº 415

O período de suspensão do prazo prescricional é regulado pelo máximo da pena cominada.

7. PRISÃO, MEDIDAS CAUTELARES E LIBERDADE PROVISÓRIA

Advogado: inexistência de sala de Estado Maior e prisão domiciliar – 2
Em conclusão de julgamento, o Plenário assentou o prejuízo de pedido formulado em favor de advogada para que aguardasse em prisão domiciliar, na falta de sala de Estado Maior. No caso, ela se encontrava presa, por força de sentença condenatória recorrível, em penitenciária feminina em cela separada de outras detentas. A Presidência do Supremo deferira liminar e determinara a prisão domiciliar – v. Informativo 575. O Colegiado registrou que fora proferida sentença de extinção da punibilidade da interessada pelo cumprimento integral da pena, da qual não fora interposto recurso.
Rcl 8668/SP, rel. Min. Cármen Lúcia, 26.11.2015. (Rcl-8668) (Inform. STF 809)

Senador e prisão preventiva – 1
A Segunda Turma, em julgamento conjunto, por entender presentes situação de flagrância, bem como os requisitos do art. 312 do CPP, referendou decisão do Ministro Teori Zavascki (relator), que decretara prisão cautelar de senador. Referendou, também, as demais decisões prisionais proferidas em relação a assessor desse mesmo senador, advogado e banqueiro. O Colegiado determinou, ainda, que os autos fossem imediatamente remetidos ao Senado para que, pelo voto da maioria de seus membros, resolvesse sobre a prisão de seu integrante, nos termos do art. 53, § 2º, da Constituição ("Art. 53. Os Deputados e Senadores são invioláveis, civil e penalmente, por quaisquer de suas opiniões, palavras e votos. ... § 2º. Desde a expedição do diploma, os membros do Congresso Nacional não poderão ser presos, salvo em flagrante de crime inafiançável. Nesse caso, os autos serão remetidos dentro de vinte e quatro horas à Casa respectiva, para que, pelo voto da maioria de seus membros, resolva sobre a prisão."). Na espécie, o Procurador-Geral da República requerera medidas restritivas de liberdade em relação às pessoas mencionadas pelo fato de empreenderem esforços para dissuadir outrem de firmar acordo de colaboração premiada submetido à homologação do STF. As tratativas dos ora investigados

com o pretenso beneficiário do referido pacto compreendiam desde auxílio financeiro destinado à sua família, assim como promessa de intercessão política junto ao Poder Judiciário em favor de sua liberdade. Nas conversas gravadas, os interlocutores discutiram a possibilidade de o senador interceder politicamente junto a Ministros do STF para a concessão de "habeas corpus" que beneficiasse o pretenso colaborador na delação premiada. A Turma anuiu haver estado de flagrância na prática do crime do art. 2º, "caput" e § 1º, da Lei 12.850/2013 ("Art. 2º. Promover, constituir, financiar ou integrar, pessoalmente ou por interposta pessoa, organização criminosa: ... § 1º. Nas mesmas penas incorre quem impede ou, de qualquer forma, embaraça a investigação de infração penal que envolva organização criminosa"), porquanto os participantes atuariam com repartição de tarefas e unidade de desígnios.
AC 4036 Referendo-MC/DF, rel. Min. Teori Zavascki, 25.11.2015. (AC-4036)
AC 4039 Referendo-MC/DF, rel. Min. Teori Zavascki, 25.11.2015. (AC-4039)

Senador e prisão preventiva – 2

Para o Colegiado, a menção a interferências, a promessas políticas no sentido de obter decisões favoráveis por parte de Ministros do STF constituiria conduta obstrutiva de altíssima gravidade. O ostensivo desembaraço do congressista teria mostrado que a conduta em que incorrera não causara a ele desconforto nem exigira a superação de obstáculos morais. Isso sinalizaria, por sua vez, que o mencionado parlamentar não mediria esforços para embaraçar o desenvolvimento das investigações encartadas na denominada "Operação Lava Jato". Inclusive, ele teria deixado transparecer que exploraria o prestígio do cargo que ocupa para exercer influência sobre altas autoridades da República. Conforme conversas gravadas, as partes envolvidas e demais interlocutores teriam discutido, abertamente, meios e rotas de fuga do Brasil, por parte do candidato à delação premiada, caso o STF viesse a conceder-lhe "habeas corpus". Os Ministros aduziram que a participação de senador em planejamento de fuga de preso à disposição do STF constituiria situação, além de verdadeiramente vexaminosa, incrivelmente perigosa para a aplicação da lei penal, inclusive para outros investigados e réus na "Operação Lava Jato". Essa participação traduziria claro componente de incentivo ao curso de ação consistente na fuga: o respaldo de ninguém menos que o líder do governo no Senado para estratagema dessa estirpe funcionaria, potencialmente, como catalisador da tomada de decisão nesse sentido. A Turma enfatizou, ainda, que o fato de um dos ora investigados possuir cópia de minuta de anexo de acordo de colaboração premiada, a ser submetido à homologação, revelaria a existência de perigoso canal de vazamento, com fortes indícios de terem sido obtidos de forma ilícita, cuja amplitude ainda seria desconhecida, o que afrontaria a Lei 12.850/2013 ("Art. 7º. O pedido de homologação do acordo será sigilosamente distribuído, contendo apenas informações que não possam identificar o colaborador e o seu objeto"). Nesse contexto, o requerimento de prisão preventiva teria demonstrado de maneira robusta, com base no material indiciário colhido até o momento, a existência do ilícito – materialidade – e dos indícios suficientes de autoria. Indicaria ainda, a possível existência de graves crimes contra a Administração da Justiça, contra a Administração Pública, de organização criminosa e mesmo de lavagem de dinheiro, para a consecução dos quais teria havido supostamente importante participação dos requeridos. Embora o art. 5º, LVI, da Constituição desautorize o Estado a utilizar-se de provas obtidas por meios ilícitos, considerados aqueles que resultem de violação às normas de direito penal, a gravação de conversa feita por um dos interlocutores sem o conhecimento dos demais é considerada lícita, para os efeitos da aludida vedação constitucional, quando não esteja presente causa legal de sigilo ou de reserva da conversação.
AC 4036 Referendo-MC/DF, rel. Min. Teori Zavascki, 25.11.2015. (AC-4036)
AC 4039 Referendo-MC/DF, rel. Min. Teori Zavascki, 25.11.2015. (AC-4039)

Senador e prisão preventiva – 3

A Turma asseverou que a conduta por parte do filho do candidato à delação premiada no sentido de gravar reuniões com o senador e demais participantes não revelaria violação à normativa constitucional. Portanto, não macularia os elementos de provas colhidos até agora. As provas concretas e específicas presentes nos autos teriam demonstrado as tratativas das partes para que a lei penal não fosse aplicada. A representação apresentada teria a participação de senador que estaria atentando, em tese, com suas supostas condutas criminosas, diretamente contra a própria jurisdição do Supremo Tribunal Federal. No âmbito das prisões cautelares para os representantes do Senado, somente se admitiria a modalidade de prisão em flagrante decorrente de crime inafiançável em tese. Dos delitos apontados como praticados pelo senador consta, dentre eles, o de organização criminosa – crime permanente —, a contemplar não só a possibilidade de flagrante a qualquer tempo como até mesmo a chamada "ação controlada", nos termos da Lei 12.850/2013 ("Art. 8º. Consiste a ação controlada em retardar a intervenção policial ou administrativa relativa à ação praticada por organização criminosa ou a ela vinculada, desde que mantida sob observação e acompanhamento para que a medida legal se concretize no momento mais eficaz à formação de provas e obtenção de informações"). A hipótese presente é de inafiançabilidade, nos termos do CPP ["Art. 324. Não será, igualmente, concedida fiança: ... IV – quando presentes os motivos que autorizam a decretação da prisão preventiva (art. 312)"]. Segundo a Turma, a decisão ora referendada teria como um de seus principais fundamentos a garantia da instrução criminal, das investigações, aliado à higidez de eventuais ações penais vindouras, tendo em vista a concreta ocorrência e a possibilidade de interferência no depoimento de testemunhas e na produção de provas, circunstâncias que autorizariam a decretação da custódia cautelar, nos termos da jurisprudência da Corte. Assim, a necessidade de resguardar a ordem pública, seja pelos constantes atos praticados pelo grupo (cooptação de colaborador, tentativa de obtenção de decisões judiciais favoráveis, obtenção de documentos judiciais sigilosos), pela fundada suspeita de reiteração delitiva, pela atualidade dos delitos (reuniões ocorridas no corrente mês), ou ainda pela gravidade em concreto dos crimes, que atentariam diretamente contra os poderes constitucionalmente estabelecidos da República, não haveria outra medida cautelar suficiente para inibir a continuidade das práticas criminosas, que não a prisão preventiva.
AC 4036 Referendo-MC/DF, rel. Min. Teori Zavascki, 25.11.2015. (AC-4036)
AC 4039 Referendo-MC/DF, rel. Min. Teori Zavascki, 25.11.2015. (AC-4039) (Inform. STF 809)

HC N. 126.573-BA
RELATORA: MIN. ROSA WEBER
EMENTA: *HABEAS CORPUS*. DIREITO PROCESSUAL PENAL. SUBSTITUTIVO DE RECURSO CONSTITUCIONAL. INADEQUAÇÃO DA VIA ELEITA. HOMICÍDIOS QUALIFICADOS E ASSOCIAÇÃO CRIMINOSA. PRISÃO PREVENTIVA. GARANTIA DA ORDEM PÚBLICA. CONVENIÊNCIA DA INSTRUÇÃO CRIMINAL. FUNDAMENTAÇÃO IDÔNEA. EXCESSO DE PRAZO NA FORMAÇÃO DA CULPA NÃO CONFIGURADO. SUPRESSÃO DE INSTÂNCIA.

1. Contra acórdão exarado em recurso ordinário em *habeas corpus* remanesce a possibilidade de manejo do recurso extraordinário previsto no art. 102, III, da Constituição Federal. Diante da dicção constitucional, inadequada a utilização de novo *habeas corpus*, em caráter substitutivo.
2. Prisão preventiva decretada em razão do risco à ordem pública, da conveniência da instrução criminal, pois as circunstâncias concretas dos autos indicam a periculosidade do agente e a eventual ameaça às testemunhas. Precedentes.
3. A razoável duração do processo não pode ser considerada de maneira isolada e descontextualizada das peculiaridades do caso concreto.
4. *Habeas corpus* extinto sem resolução do mérito. **(Inform. STF 809)**

Inviolabilidade de domicílio e flagrante delito

A entrada forçada em domicílio sem mandado judicial só é lícita, mesmo em período noturno, quando amparada em fundadas razões, devidamente justificadas "a posteriori", que indiquem que dentro da casa ocorre situação de flagrante delito, sob pena de responsabilidade disciplinar, civil e penal do agente ou da autoridade, e de nulidade dos atos praticados. Essa a orientação do Plenário, que reconheceu a repercussão geral do tema e, por maioria, negou provimento a recurso extraordinário em que se discutia, à luz do art. 5º, XI, LV e LVI, da Constituição, a legalidade das provas obtidas mediante invasão de domicílio por autoridades policiais sem o devido mandado de busca e apreensão. O acórdão impugnado assentara o caráter permanente do delito de tráfico de drogas e mantivera condenação criminal fundada em busca domiciliar sem a apresentação de mandado de busca e apreensão. A Corte asseverou que o texto constitucional trata da inviolabilidade domiciliar e de suas exceções no art. 5º, XI ("a casa é asilo inviolável do indivíduo, ninguém nela podendo penetrar sem consentimento do morador, salvo em caso de flagrante delito ou desastre, ou para prestar socorro, ou, durante o dia, por determinação judicial"). Seriam estabelecidas, portanto, quatro exceções à inviolabilidade: a) flagrante delito; b) desastre; c) prestação de socorro; e d) determinação judicial. A interpretação adotada pelo STF seria no sentido de que, se dentro da casa estivesse ocorrendo um crime permanente, seria viável o ingresso forçado pelas forças policiais, independentemente de determinação judicial. Isso se daria porque, por definição, nos crimes permanentes, haveria um interregno entre a consumação e o exaurimento. Nesse interregno, o crime estaria em curso. Assim, se dentro do local protegido o crime permanente estivesse ocorrendo, o perpetrador estaria cometendo o delito. Caracterizada a situação de flagrante, seria viável o ingresso forçado no domicílio. Desse modo, por exemplo, no crime de tráfico de drogas (Lei 11.343/2006, art. 33), estando a droga depositada em uma determinada casa, o morador estaria em situação de flagrante delito, sendo passível de prisão em flagrante. Um policial, em razão disso, poderia ingressar na residência, sem autorização judicial, e realizar a prisão. Entretanto, seria necessário estabelecer uma interpretação que afirmasse a garantia da inviolabilidade da casa e, por outro lado, protegesse os agentes da segurança pública, oferecendo orientação mais segura sobre suas formas de atuação. Nessa medida, a entrada forçada em domicílio, sem uma justificativa conforme o direito, seria arbitrária. Por outro lado, não seria a constatação de situação de flagrância, posterior ao ingresso, que justificaria a medida. Ante o que consignado, seria necessário fortalecer o controle "a posteriori", exigindo dos policiais a demonstração de que a medida fora adotada mediante justa causa, ou seja, que haveria elementos para caracterizar a suspeita de que uma situação a autorizar o ingresso forçado em domicílio estaria presente. O modelo probatório, portanto, deveria ser o mesmo da busca e apreensão domiciliar – apresentação de "fundadas razões", na forma do art. 240, §1º, do CPP —, tratando-se de exigência modesta, compatível com a fase de obtenção de provas. Vencido o Ministro Marco Aurélio, que provia o recurso por entender que não estaria configurado, na espécie, o crime permanente.

RE 603616/RO, rel. Min. Gilmar Mendes, 4 e 5.11.2015. (RE-603616) (Inform. STF 806)

HC N. 127.444-SP

RELATORA: MIN. ROSA WEBER

EMENTA: ***HABEAS CORPUS***. PROCESSUAL PENAL. SUBSTITUTIVO DE RECURSO CONSTITUCIONAL. INADEQUAÇÃO DA VIA ELEITA. CRIME DE TRÁFICO DE DROGAS. SENTENÇA CONDENATÓRIA. REGIME DE CUMPRIMENTO DA PENA. SUBSTITUIÇÃO DA PENA PRIVATIVA DE LIBERDADE POR RESTRITIVA DE DIREITOS. SUPRESSÃO DE INSTÂNCIA. MANUTENÇÃO DA PRISÃO PREVENTIVA. GARANTIA DA ORDEM PÚBLICA. FUNDAMENTAÇÃO INIDÔNEA. CONCESSÃO DA ORDEM DE OFÍCIO.

1. **Contra a denegação de *habeas corpus* por Tribunal Superior prevê a Constituição Federal remédio jurídico expresso, o recurso ordinário. Diante da dicção do art. 102, II, *a*, da Constituição da República, a impetração de novo *habeas corpus* em caráter substitutivo escamoteia o instituto recursal próprio, em manifesta burla ao preceito constitucional.**

2. **Inviável o exame das teses defensivas não analisadas pelo Superior Tribunal de Justiça, sob pena de indevida supressão de instância.**

3. **O decreto de prisão cautelar há de se apoiar nas circunstâncias fáticas do caso concreto, evidenciando que a soltura, ou a manutenção em liberdade, do agente implicará risco à ordem pública, à ordem econômica, à instrução criminal ou à aplicação da lei penal (CPP, art. 312).**

4. **A motivação sem elementos concretos ou base empírica idônea a amparar o decreto prisional, esbarra na jurisprudência consolidada deste Supremo Tribunal Federal, que não lhe reconhece validade. Precedentes.**

5. **Ordem de *habeas corpus* concedida para assegurar o direito de o paciente recorrer em liberdade. (Inform. STF 806)**

AG. REG. NO HC N. 128.550-RS

RELATORA: MIN. ROSA WEBER

EMENTA: AGRAVO REGIMENTAL NO *HABEAS CORPUS*. SUBSTITUTIVO DE RECURSO ORDINÁRIO. INADEQUAÇÃO DA VIA ELEITA. TRÁFICO DE DROGAS. PRISÃO PREVENTIVA. GARANTIA DA ORDEM PÚBLICA. FUNDAMENTAÇÃO IDÔNEA.

1. Contra a denegação de *habeas corpus* por Tribunal Superior prevê a Constituição Federal remédio jurídico expresso, o recurso ordinário. Diante da dicção do art. 102, II, a, da Constituição da República, a impetração de novo *habeas corpus* em caráter substitutivo escamoteia o instituto recursal próprio, em manifesta burla ao preceito constitucional.

2. Se as circunstâncias concretas da prática do crime indicam a periculosidade do agente ou o risco de reiteração delitiva, está justificada a decretação ou a manutenção da prisão cautelar para resguardo da ordem pública, desde que igualmente presentes boas provas da materialidade e da autoria. Precedentes.

3. Agravo regimental conhecido e não provido. **(Inform. STF 804)**

Enunciado 11 da Súmula Vinculante do STF

O Plenário rejeitou proposta de cancelamento do Enunciado 11 da Súmula Vinculante ("Só é lícito o uso de algemas em casos de resistência e de fundado receio de fuga ou de perigo à integridade física própria ou alheia, por parte do preso ou de terceiros, justificada a excepcionalidade por escrito, sob pena de responsabilidade disciplinar, civil e penal do agente ou da autoridade e de nulidade da prisão ou do ato processual a que se refere, sem prejuízo da responsabilidade civil do Estado"). No caso, a proponente – Confederação Brasileira dos Trabalhadores Policiais Civis – Cobrapol – afirmava que a edição do enunciado em questão teria usurpado a função do Poder Legislativo. Ressaltava, ademais, o quanto disposto no art. 199 da Lei de Execução Penal ("O emprego de algemas será disciplinado por decreto federal"), apontando, então, que, se ainda não há decreto federal que regulamente a utilização de algemas, caberia aos interessados ajuizar mandado de injunção. A Corte asseverou que, para admitir-se a revisão ou o cancelamento de súmula vinculante, seria necessário demonstrar: a) a evidente superação da jurisprudência do STF no trato da matéria; b) a alteração legislativa quanto ao tema; ou, ainda, c) a modificação substantiva de contexto político, econômico ou social. A proponente, porém, não teria comprovado a existência dos aludidos pressupostos, assim como não teria se desincumbido do ônus de apresentar decisões reiteradas do STF que demonstrassem a desnecessidade de vigência do enunciado em questão, o que impossibilitaria o exame da presente proposta de cancelamento. Por fim, cumpriria destacar que o mero descontentamento ou eventual divergência quanto ao conteúdo de verbete vinculante não autorizariam a rediscussão da matéria.

PSV 13/DF, 24.9.2015. (PSV-13) (Inform. STF 800)

Tráfico de drogas e liberdade provisória

A Primeira Turma concedeu a ordem de "habeas corpus" para deferir o benefício da liberdade provisória do paciente com dispensa do pagamento de fiança e imediata expedição do competente alvará de soltura, ressalvada, se cabível, a imposição de medidas cautelares do art. 319 do CPP. Na espécie, o paciente fora preso em flagrante pela suposta prática do delito de tráfico de drogas (Lei 11.343/2006, art. 33) e fora beneficiado com a concessão da liberdade provisória mediante o pagamento de fiança. Ocorre que, em virtude do não recolhimento da fiança – e exclusivamente por essa razão – o paciente permaneceria preso. A Turma reputou ser injusto e desproporcional condicionar a expedição do respectivo alvará de soltura ao recolhimento da fiança. Ademais, enfatizou que não tendo o paciente condições financeiras de arcar com o valor da fiança, tendo em vista ser assistido pela Defensoria Pública, o que pressuporia sua hipossuficiência, nada justificaria a imposição da prisão cautelar.

HC 129474/PR, rel. Min. Rosa Weber, 22.9.2015. (HC-129474) (Inform. STF 800)

RHC N. 121.075-AL
RELATOR: MIN. LUIZ FUX
Ementa: Constitucional, Penal e Processual Penal. Recurso Ordinário em *Habeas corpus*. Homicídios triplamente qualificados – art. 121, § 2º, inc. I, IV e V (quatro vezes), c/c os arts. 29 e 69. Caso Ceci Cunha. Réu solto durante os treze anos de trâmite da ação penal. Prisão preventiva decretada na sentença. Possibilidade: Artigos 387, § 1º, e 492, I, *e*, do CPP. Garantia da ordem pública. Gravidade concreta dos crimes, periculosidade e propensão ao crime. Bases empíricas idôneas. Excesso de prazo da instrução criminal. Tema não suscitado no Tribunal *a quo*. Supressão de instância. Saúde debilitada. Dever de assistência médica do Estado. (Inform. STF 799)

TJ/SP: audiência de custódia e Provimento Conjunto 3/2015 – 1
O Plenário, por maioria, conheceu em parte da ação e, na parte conhecida, julgou improcedente pedido formulado em ação direta ajuizada em face do Provimento Conjunto 3/2015 da Presidência do Tribunal de Justiça e da Corregedoria-Geral de Justiça do Estado de São Paulo, que determina a apresentação de pessoa detida, até 24 horas após a sua prisão, ao juiz competente, para participar de audiência de custódia no âmbito daquele tribunal. A Corte afirmou que o art. 7º, item 5, da Convenção Americana de Direitos Humanos, ao dispor que "toda pessoa presa, detida ou retida deve ser conduzida, sem demora, à presença de um juiz", teria sustado os efeitos de toda a legislação ordinária conflitante com esse preceito convencional. Isso em decorrência do caráter supralegal que os tratados sobre direitos humanos possuiriam no ordenamento jurídico brasileiro, como ficara assentado pelo STF, no julgamento do RE 349.703/RS (DJe de 5.6.2009). Ademais, a apresentação do preso ao juiz no referido prazo estaria intimamente ligada à ideia da garantia fundamental de liberdade, qual seja, o "habeas corpus". A essência desse remédio constitucional, portanto, estaria justamente no contato direto do juiz com o preso, para que o julgador pudesse, assim, saber do próprio detido a razão pela qual fora preso e em que condições se encontra encarcerado. Não seria por acaso, destarte, que o CPP consagraria regra de pouco uso na prática forense, mas ainda assim fundamental, no seu art. 656, segundo o qual "recebida a petição de 'habeas corpus', o juiz, se julgar necessário, e estiver preso o paciente, mandará que este lhe seja imediatamente apresentado em dia e hora que designar". Então, não teria havido por parte da norma em comento nenhuma extrapolação daquilo que já constaria da referida convenção internacional – ordem supralegal —, e do próprio CPP, numa interpretação teleológica dos seus dispositivos.
ADI 5240/SP, rel. Min. Luiz Fux, 20.8.2015. (ADI-5240)

TJ/SP: audiência de custódia e Provimento Conjunto 3/2015 – 2
O Tribunal destacou que os artigos 1º, 3º, 5º, 6º e 7º do provimento conjunto sob análise apenas explicitariam disposições esparsas da Convenção Americana sobre Direitos do Homem e do CPP, permitindo, assim, a sua compreensão clara e sistemática, indispensável ao seu fiel cumprimento. Sendo assim, não se observando exorbitância das aludidas normas regulamentares em relação à lei, que seria seu fundamento de validade, não se abriria a possibilidade de controle da sua constitucionalidade. Entretanto, quanto aos artigos 2º, 4°, 8°, 9º, 10 e 11 do provimento hostilizado, estes veiculariam comandos de organização administrativa interna do TJSP, no exercício da prerrogativa outorgada pelo art. 96, I, a, da CF. Daí decorreria que, sendo normas a ostentar fundamento de validade situado diretamente na Constituição Federal, seria possível o seu controle pela via da ação direta. No ponto, observar-se-ia que os princípios da legalidade (CF, art. 5º, II) e da reserva de lei federal em matéria processual (CF, art. 22, I) teriam sido observados pelo ato normativo impugnado. O Provimento Conjunto 3/2015 não inovaria na ordem jurídica, mas apenas explicitaria conteúdo normativo já existente em diversas normas do CPP – recepcionado pela Constituição Federal de 1988 como lei federal de conteúdo processual – e da Convenção Americana sobre Direitos do Homem – reconhecida pela jurisprudência do STF como norma de "status" jurídico supralegal. Outrossim, inexistiria violação ao princípio da separação dos poderes (CF, art. 2º). De fato, não seria o ato normativo emanado do tribunal de justiça que criaria obrigações para os delegados de polícia, mas sim a citada convenção e o CPP, os quais, por força dos artigos 3º e 6º da Lei de Introdução às Normas do Direito Brasileiro, teriam efeito imediato e geral, ninguém se escusando de cumpri-los. Vencido o Ministro Marco Aurélio, que preliminarmente julgava extinta a ação, por entender que a norma impugnada não seria ato primário, e, no mérito, julgava procedente o pedido formulado, assentando que disciplinar tema processual seria da competência exclusiva da União.
ADI 5240/SP, rel. Min. Luiz Fux, 20.8.2015. (ADI-5240) (Inform. STF 795)

HC N. 126.118-PE
RED. P/ O ACÓRDÃO: MIN. LUIZ FUX
Ementa: Penal e Processo Penal. HC impetrado contra decisão que indeferiu liminar no bojo de idêntica ação constitucional. Estelionato, inserção de dados falsos em sistemas de informação, corrupção ativa e passiva, associação criminosa e lavagem de dinheiro. Prisão preventiva para garantia da ordem pública. Fundamentação idônea. Inexistência de teratologia no ato impugnado. Atuação *ex officio* do STF. Impossibilidade. Incidência da Súmula 691/STF.
1. A ausência de teratologia no ato impugnado faz incidir o óbice da Súmula 691/STF, *in verbis*: "Não compete ao Supremo Tribunal Federal conhecer de 'habeas corpus' impetrado contra decisão do relator que, em 'habeas corpus' requerido a tribunal superior, indefere a liminar".2. *In casu*, o paciente foi responsabilizado pela prática dos crimes de estelionato, inserção de dados falsos em sistemas de informação, corrupção ativa e passiva, associação criminosa e lavagem de dinheiro proveniente de fraudes contra o Instituto Nacional de Previdência Social – INSS, a evidenciar a necessidade de sua prisão preventiva a bem da ordem pública. 3. *Habeas corpus* não conhecido, com fundamento na Súmula 691/STF, restando revogada a liminar concedida. **(Inform. STF 791)**

HC N. 123.965-SP
RELATORA: MIN. ROSA WEBER
EMENTA: *HABEAS CORPUS*. DIREITO PROCESSUAL PENAL. CRIME DE HOMICÍDIO. ARTIGO 121, §§ 1º E 2º, DO CÓDIGO PENAL. MANUTENÇÃO DA PRISÃO PREVENTIVA. SENTENÇA DE PRONÚNCIA. EXTENSÃO A CORRÉU. ARTIGO 580 DO CÓDIGO DE PROCESSO PENAL.
1. Esta 1ª Turma do Supremo Tribunal Federal, por maioria de votos, concedeu de ofício ordem de *habeas corpus* em benefício de corréu (HC 101.981/SP, Rel. Min. Dias Toffoli, j. 17.8.2010, DJe 03.11.2010), porquanto a manutenção do decreto prisional foi motivada de forma genérica e abstrata, ao desamparo de base empírica idônea.
2. Inaplicável, todavia, o disposto no art. 580 do Código de Processo Penal – *"No concurso de agentes (Código Penal, art. 25), a decisão do recurso interposto por um dos réus, se fundado em motivos que não sejam de caráter exclusivamente pessoal, aproveitará outros"* -, porquanto não demonstrada a identidade de situação fática e jurídica entre o ora paciente e o corréu.
3. *Habeas corpus* extinto sem resolução de mérito. **(Inform. STF 791)**

HC N. 127.167-SP
RELATORA: MIN. ROSA WEBER
EMENTA: *HABEAS CORPUS*. PROCESSO PENAL. SÚMULA 691/STF. AFASTAMENTO. TRÁFICO DE ENTORPECENTES. PRISÃO PREVENTIVA. GARANTIA DA ORDEM PÚBLICA. FUNDAMENTAÇÃO INIDÔNEA. MOTIVAÇÃO GENÉRICA E ABSTRATA. CONCESSÃO DA ORDEM.
1. Em casos teratológicos e excepcionais, viável a superação do óbice da Súmula 691 desta Suprema Corte. Precedentes. **2.** Motivado o decreto prisional de forma genérica e abstrata, sem elementos concretos ou base empírica idônea a ampará-lo, esbarra na jurisprudência consolidada deste Supremo Tribunal Federal, que não lhe reconhece validade. Precedentes.
3. Substituição da prisão preventiva por medidas cautelares previstas no art. 319 do Código de Processo Penal, a serem fixadas pelo juízo de primeiro grau.
4. Ordem de *habeas corpus* concedida para substituir a prisão preventiva decretada contra o paciente por medidas cautelares ao feitio legal. **(Inform. STF 791)**

Gravidez e prisão preventiva
A Constituição assegura às presidiárias condições para que possam

permanecer com seus filhos durante o período da amamentação e enfatiza a proteção à maternidade e à infância. Com base nessa orientação, a Segunda Turma concedeu a ordem em "habeas corpus" para revogar a prisão preventiva decretada. Na espécie, a paciente fora presa em flagrante pela suposta prática do delito descrito no art. 33 da Lei 11.343/2006. Grávida de sete meses, ela fora recolhida a uma penitenciária desprovida de estrutura física para acolhimento de presas nessa condição. A Turma reputou que a prisão provisória decretada em desfavor da paciente não atendera aos requisitos do art. 312 do CPP, especialmente no que diz respeito à indicação de elementos concretos que, ao momento da decretação, fossem imediatamente incidentes a ponto de justificar a constrição. Asseverou, ainda, que não se poderia olvidar que a paciente estaria em estágio avançado de gravidez [CPP: "Art. 318. Poderá o juiz substituir a prisão preventiva pela domiciliar quando o agente for: ... IV – gestante a partir do 7º (sétimo) mês de gravidez ou sendo esta de alto risco"].

HC 128381/SP, rel. Min. Gilmar Mendes, 9.6.2015. (HC-128381) (Inform. STF 789)

AG. REG. NO HC N. 126.879-SP

RELATORA: MIN. ROSA WEBER

EMENTA: AGRAVO REGIMENTAL NO *HABEAS CORPUS*. SÚMULA 691/ STF. TRÁFICO DE DROGAS. ARTIGO 33, *CAPUT*, DA LEI 11.343/2006. PRISÃO PREVENTIVA. GARANTIA DA ORDEM PÚBLICA. DECISÃO FUNDAMENTADA.

1. Não se conhece de *habeas corpus* impetrado contra indeferimento de liminar por Relator em *habeas corpus* requerido a Tribunal Superior. Súmula 691. Óbice superável apenas em hipótese de teratologia.

2. Se as circunstâncias concretas da prática do crime indicam a periculosidade do agente ou risco de reiteração delitiva, está justificada a decretação ou a manutenção da prisão cautelar para resguardar a ordem pública, desde que igualmente presentes boas provas da materialidade e da autoria. Precedentes.

3. Consoante jurisprudência desta Suprema Corte, "*considerando que o réu permaneceu preso durante toda a instrução criminal, não se afigura plausível, ao contrário, se revela um contrassenso jurídico, sobrevindo sua condenação, colocá-lo em liberdade para aguardar o julgamento do apelo*" (HC 110.518/MG, Rel. Min. Ricardo Lewandowski, 2ª Turma, DJe de 20.3.2012).

4. Agravo regimental conhecido e não provido. **(Inform. STF 788)**

HC N. 127.045-CE

RELATORA: MIN. CÁRMEN LÚCIA

EMENTA: HABEAS CORPUS. *PROCESSUAL PENAL. FUNDAMENTAÇÃO IDÔNEA PARA A PRISÃO PREVENTIVA DO PACIENTE: PRECEDENTES. ALEGAÇÃO DE EXCESSO DE PRAZO PARA O JULGAMENTO DE APELAÇÃO DA DEFESA. INEXISTÊNCIA DE DESÍDIA NA TRAMITAÇÃO DO FEITO. ORDEM DENEGADA.*

1. Consideradas as circunstâncias do ato praticado e pelos fundamentos apresentados pelo juízo de origem, mantidos nas instâncias antecedentes, a constrição da liberdade do Paciente harmoniza-se com a jurisprudência deste Supremo Tribunal no sentido de a periculosidade do agente, evidenciada pelo *modus operandi* e pelo risco de reiteração delitiva, ser motivo idôneo para a custódia cautelar. Precedentes.

2. Inexistência de excesso de prazo para julgamento de recurso de apelação.

3. Ordem denegada. **(Inform. STF 788)**

AG. REG. NO HC 125.298-RJ

RELATORA: MIN. ROSA WEBER

EMENTA: AGRAVO REGIMENTAL NO HABEAS CORPUS. DIREITO PROCESSUAL PENAL. SUBSTITUTIVO DE RECURSO CONSTITUCIONAL. INADEQUAÇÃO DA VIA ELEITA. HOMICÍDIO QUALIFICADO. PRISÃO PREVENTIVA. GARANTIA DA ORDEM PÚBLICA. FUNDAMENTAÇÃO IDÔNEA.

1. Contra acórdão exarado em recurso ordinário em *habeas corpus* remanesce a possibilidade de manejo do recurso extraordinário previsto no art. 102, III, da Constituição Federal. Diante da dicção constitucional, inadequada a utilização de novo *habeas corpus*, em caráter substitutivo.

2. Se as circunstâncias concretas da prática do crime indicam, pelo *modus operandi*, a periculosidade do agente ou o risco de reiteração delitiva, está justificada a decretação ou a manutenção da prisão cautelar para resguardar a ordem pública, desde que igualmente presentes boas provas da materialidade e da autoria. Precedentes.

3. Agravo regimental conhecido e não provido. **(Inform. STF 787)**

AG. REG. NO RHC N. 126.967-SC

RELATOR: MIN. TEORI ZAVASCKI

Ementa: AGRAVO REGIMENTAL. RHC CONTRA ACÓRDÃO DO STJ PROFERIDO EM OUTRO RHC. INVIABILIDADE. REGRA DE COMPETÊNCIA PREVISTA NO ART. 102, II, "A", DA CONSTITUIÇÃO FEDERAL. PRISÃO PREVENTIVA. HOMICÍDIO QUALIFICADO. GARANTIA DA ORDEM PÚBLICA. PERICULOSIDADE DO AGENTE. CONVENIÊNCIA DA INSTRUÇÃO CRIMINAL.

1. Segundo o art. 102, II, "a", da CF, compete ao STF julgar, em recurso ordinário, o *habeas corpus* decidido em última instância pelos Tribunais Superiores, se denegatória a decisão. A decisão foi proferida não no âmbito de *habeas corpus* originário, mas de julgamento de recurso ordinário em *habeas corpus* interposto no Superior Tribunal de Justiça. Considerando as normas de distribuição de competências na Constituição Federal, de natureza estrita, o presente recurso ordinário é manifestamente incabível. Precedentes.

2. Ainda que superado esse óbice, não há constrangimento ilegal a ser sanado. Os fundamentos utilizados revelam-se idôneos para manter a segregação cautelar do paciente, na linha de precedentes desta Corte. É que a decisão está lastreada em circunstâncias concretas e relevantes (a) para resguardar a ordem pública, ante a periculosidade do agente, evidenciada pelas circunstâncias em que o delito fora praticado; e (b) por conveniência da instrução criminal, em razão do fundado receio de ameaça às testemunhas.

3. As circunstâncias concretas do caso não recomendam a aplicação das medidas cautelares diversas da prisão preventiva, previstas no art. 319 do Código de Processo Penal.

4. Agravo regimental a que se nega provimento. **(Inform. STF 785)**

HC N. 121.656-SP

RELATOR: MIN. MARCO AURÉLIO

EMENTA: PRISÃO PREVENTIVA – EXCEÇÃO –FUNDAMENTOS. A prisão preventiva há de guardar sintonia com o figurino legal, porque, revelando excepcionalidade, inverte a sequência natural das coisas, prendendo, para, depois, apurar.

PRISÃO PREVENTIVA – FUNDAMENTOS – IMPUTAÇÃO. A gravidade da imputação não respalda a prisão preventiva, sob pena de tornar-se, em certas situações, automática.

PRISÃO PREVENTIVA – ESTRANGEIRO. O fato de tratar-se de réu estrangeiro é neutro considerada a custódia preventiva.

PRISÃO PREVENTIVA – RESIDÊNCIA E OCUPAÇÃO LÍCITA. Descabe evocar, no ato alusivo à prisão preventiva, como respaldo, a falta de comprovação, por parte do réu, relativamente a residência ou ocupação lícita.

PRISÃO PREVENTIVA – EXCESSO DE PRAZO. Configurado o excesso de prazo na custódia preventiva, impõe-se a devolução do direito à liberdade de ir e vir ao acusado, presente o princípio constitucional da não culpabilidade: "ninguém será considerado culpado até o trânsito em julgado de sentença penal condenatória" – inciso LVII do artigo 5º da Carta Federal. **(Inform. STF 785)**

Prisão cautelar: requisitos e medidas alternativas – 1

A Segunda Turma, por maioria, concedeu parcialmente a ordem em "habeas corpus" para substituir a prisão preventiva imposta ao paciente pelas seguintes medidas cautelares: a) afastamento da direção e da administração das empresas envolvidas nas investigações, ficando proibido de ingressar em quaisquer de seus estabelecimentos, e suspensão do exercício profissional de atividade de natureza empresarial, financeira e econômica; b) recolhimento domiciliar integral até que demonstre ocupação lícita, quando terá direito ao recolhimento domiciliar apenas em período noturno e nos dias de folga; c) comparecimento quinzenal em juízo, para informar e justificar atividades, com proibição de mudar de

endereço sem autorização; d) obrigação de comparecimento a todos os atos do processo, sempre que intimado; e) proibição de manter contato com os demais investigados, por qualquer meio; f) proibição de deixar o país, devendo entregar passaporte em até 48 horas; e g) monitoração por meio de tornozeleira eletrônica. No caso, ele fora preso preventivamente e, em seguida, denunciado pela suposta prática dos crimes previstos no art. 2º, "caput" e § 4º, II, III, IV e V, c/c o art. 1º, § 1º, ambos da Lei 12.850/2013; bem assim no art. 333, parágrafo único, do CP e no art. 1º, c/c o § 2º, II, da Lei 9.613/1998. A defesa sustentava ausência de fundamento do decreto prisional e requeria expedição de alvará de soltura.
HC 127186/PR, rel. Min. Teori Zavascki, 28.4.2015. (HC-127186)

Prisão cautelar: requisitos e medidas alternativas – 2

A Turma asseverou que a prisão seria a medida acauteladora mais grave no processo penal, a desafiar o direito fundamental da presunção de inocência, razão pela qual somente deveria ser decretada quando absolutamente necessária. Ela somente se legitimaria em situações nas quais fosse o único meio eficiente para preservar os valores jurídicos que a lei penal visa a proteger, segundo o art. 312 do CPP. Fora dessas hipóteses excepcionais, representaria mera antecipação de pena, inadmissível pela jurisprudência da Corte. Ademais, a prisão preventiva pressuporia prova da existência do crime e indício suficiente de autoria. Todavia, por mais grave que fosse o delito apurado e por mais robusta que fosse a prova colhida, esses pressupostos não bastariam para justificar o encarceramento preventivo. A eles deveria vir agregado, necessariamente, pelo menos mais um dos seguintes fundamentos, indicativos da razão determinante da medida: a) garantia da ordem pública; b) garantia da ordem econômica; c) conveniência da instrução criminal; ou d) segurança da aplicação da lei penal. O Colegiado destacou que eventual decretação da prisão preventiva não deveria antecipar o juízo de culpa ou de inocência, sequer poderia servir de antecipação da reprimenda ou como gesto de impunidade. Esse juízo deveria ser feito apenas na sentença final. Haveria, ainda, outra premissa: em qualquer dessas situações, além da demonstração concreta e objetiva dos requisitos do art. 312 do CPP, seria indispensável evidência de que nenhuma das medidas alternativas do art. 319 do mesmo diploma seria apta para, no caso concreto, atender eficazmente aos mesmos fins (CPP, art. 282, § 6º).
HC 127186/PR, rel. Min. Teori Zavascki, 28.4.2015. (HC-127186)

Prisão cautelar: requisitos e medidas alternativas – 3

A Turma analisou que, no caso, quanto à materialidade delitiva e aos indícios suficientes de autoria, o decreto prisional fizera minuciosa análise do material probatório até então colhido, para concluir, com fundadas razões, pelo atendimento dos requisitos do art. 312 do CPP. Quanto aos fundamentos específicos, uma das razões invocadas seria a possibilidade de fuga do paciente e, consequentemente, de risco à aplicação da lei penal. No ponto, o decreto faria menção genérica a todos os investigados dirigentes de empresas com filiais e recursos econômicos mantidos no exterior, bem assim que fariam frequentes viagens internacionais, o que representaria risco de fuga. Não haveria a indicação de atos concretos e específicos atribuídos ao paciente que demonstrassem sua efetiva intenção de furtar-se à lei penal. O fato de ser dirigente de empresa com filial no exterior, por si só, não seria suficiente para a decretação da preventiva. A decisão estaria calcada na presunção de que o paciente, por poder fugir, o faria, fundamento também rechaçado pela jurisprudência do STF. Outro fundamento invocado seria a conveniência da instrução penal, pois teria ocorrido ameaça a testemunhas, juntada de documentação fraudulenta em juízo e cooptação de agentes públicos. A argumentação também teria caráter genérico, sem especificar a necessidade da medida em relação a cada acusado. Entretanto, as razões invocadas, a princípio, autorizariam a custódia cautelar, de acordo com orientação jurisprudencial. Sucede que o decreto prisional considerara as circunstâncias presentes à época em que editado. As referidas circunstâncias não persistiriam e não se revestiriam da gravidade de outrora. A instrução criminal estaria praticamente concluída, tendo sido colhida toda a prova acusatória, e restaria apenas a tomada de alguns depoimentos da defesa. Assim, no que se refere à garantia da instrução, a prisão preventiva exaurira sua finalidade.
HC 127186/PR, rel. Min. Teori Zavascki, 28.4.2015. (HC-127186)

Prisão cautelar: requisitos e medidas alternativas – 4

A Turma afastou, de igual modo, fundamento prisional referente à necessidade de resguardo da ordem pública, ante a gravidade dos crimes imputados, bem assim alusivo à necessidade de resguardar a confiança da sociedade nas instituições. A jurisprudência da Corte, no ponto, afirmaria que, por mais graves e reprováveis que fossem as condutas perpetradas, isso não seria suficiente para justificar a prisão processual. Da mesma maneira, não seria legítima a decretação da preventiva unicamente com o argumento da credibilidade das instituições públicas. Ainda que a sociedade estivesse, justificadamente, indignada com a notícia dos crimes em comento, a exigir resposta adequada do Estado, também deveria compreender que a credibilidade das instituições somente se fortaleceria na exata medida em que fosse capaz de manter o regime de estrito cumprimento da lei, seja na apuração e julgamento dos delitos, seja na preservação dos princípios constitucionais em jogo. Por fim, o Colegiado registrou que, se num primeiro momento a prisão cautelar se mostrava indispensável, com o decurso do tempo a medida extrema não teria mais essa qualidade, podendo ser eficazmente substituída por medidas alternativas. Além de a situação processual da causa não se assemelhar com a do momento da prisão, haveria de se considerar também outras circunstâncias: a) os fatos imputados teriam ocorrido entre 2006 e 2014; b) a segregação preventiva perduraria por aproximadamente seis meses; c) as empresas controladas pelo paciente estariam impedidas de contratar com a estatal investigada; e d) houvera o afastamento formal do paciente da direção dessas empresas, com o consequente afastamento do exercício de atividades empresariais. O quadro demonstraria que os riscos, tanto no tocante à conveniência da instrução criminal quanto no que se refere à garantia da ordem pública estariam consideravelmente reduzidos, se comparados aos indicados no decreto de prisão. Essa substancial alteração factual permitiria viabilizar a substituição do encarceramento por medidas cautelares diversas, suficientes para prevenir eventuais perigos residuais que pudessem remanescer (CPP, art. 282, § 6º). Além disso, se essa substituição fosse possível, seria um dever do magistrado (CPP, art. 319).
HC 127186/PR, rel. Min. Teori Zavascki, 28.4.2015. (HC-127186)

Prisão cautelar: requisitos e medidas alternativas – 5

A Turma enfatizou que teriam sido aplicadas medidas acauteladoras diversas da prisão para outros investigados com situação análoga à do paciente, com a eficácia pretendida. Embora o paciente não tivesse se disponibilizado à colaboração premiada, essa circunstância não seria relevante, mesmo porque a custódia processual não poderia servir de instrumento para obter colaboração por parte do preso. Vencidos os Ministros Cármen Lúcia e Celso de Mello, que denegavam a ordem. Entendiam cabível a prisão cautelar imposta, pois outras medidas não se mostrariam suficientes para garantir a instrução processual. Em passo seguinte, a Turma, por decisão majoritária, deliberou, com base no art. 580 do CPP, estender os efeitos dessa decisão – inclusive quanto às medidas cautelares impostas – a outros investigados contra os quais teria sido decretada prisão preventiva, também dirigentes de empresas envolvidas nos fatos sob exame. Analisou que os fundamentos utilizados para as respectivas prisões, quando não idênticos, seriam assemelhados aos do decreto exarado em desfavor do paciente. Assim, também seria cabível a substituição da prisão por outras medidas, como no caso do paciente (CPP, art. 282, § 6º). Não obstante, haveria outros investigados cuja situação não seria semelhante, de modo a não caber a extensão. Vencidos, no ponto, os Ministros Cármen Lúcia e Celso de Mello.
HC 127186/PR, rel. Min. Teori Zavascki, 28.4.2015. (HC-127186) (Inform. STF 783)

HC N. 119.984-SP

RELATOR: MIN. MARCO AURÉLIO

EMENTA: PRISÃO PREVENTIVA – CRIME HEDIONDO – AFASTAMENTO. Se a própria lei prevê que, em caso de sentença condenatória, o juiz decidirá fundamentadamente se o réu poderá apelar em liberdade, forçoso é concluir que o enquadramento do crime como hediondo não revela, por si só, base para a prisão.

PRISÃO PREVENTIVA – GRAVIDADE DA IMPUTAÇÃO. A gravidade da imputação, presente o princípio da não culpabilidade, não é capaz de levar à prisão preventiva.

PRISÃO PREVENTIVA – DISTRITO DA CULPA – ABANDONO. A interpretação sistemática do Código de Processo Penal conduz a afastar-se, como móvel para a preventiva, o fato de o acusado haver deixado o distrito da culpa.

PRISÃO PREVENTIVA – INSTRUÇÃO CRIMINAL – TESTEMUNHAS – INFLUÊNCIA. Mostra-se extravagante presumir que, solto, o acusado poderá influenciar testemunhas, exigindo-se, para chegar-se à custódia preventiva, ato concreto sob tal ângulo.

PRISÃO PREVENTIVA – TRIBUNAL DO JÚRI – PRESENÇA – Descabe prisão preventiva para assegurar a presença do acusado no Tribunal do Júri. **(Inform. STF 780)**

HC N. 84.548-SP

RED P/ O ACÓRDÃO: MIN. GILMAR MENDES

EMENTA: *Habeas Corpus*. 2. Questão de ordem. Renovação da sustentação oral. Alteração substancial da composição do Tribunal. A alteração da composição do Tribunal não autoriza a renovação da sustentação oral. Maioria. 3. Prisão preventiva. Garantia da ordem pública. Ausência de fundamentação concreta da necessidade da prisão. No entendimento da maioria, a comoção popular não é, por si só, suficiente para demonstrar a necessidade da prisão. 4. Poderes de investigação do Ministério Público. O Ministério Público pode realizar diligências investigatórias para complementar a prova produzida no inquérito policial. Maioria. 5. Rejeitada a questão de ordem por maioria. Ordem concedida, por maioria, apenas para cassar o decreto de prisão preventiva. **(Inform. STF 780)**

RHC N. 125.457-ES

RELATOR: MIN. GILMAR MENDES

Recurso ordinário em *habeas corpus*. 2. Homicídio qualificado pelo emprego de recurso que impossibilitou a defesa do ofendido. Prisão preventiva. Pronúncia. 3. Pedido de revogação da segregação cautelar por ausência de fundamentação. 4. Acusado foragido durante mais de 12 anos. Nítida intenção de furtar-se à aplicação da lei penal. A jurisprudência do STF consolidou-se no sentido de que *a fuga do réu do distrito da culpa justifica o decreto ou a manutenção da prisão (HC 106.816/PE, rel. min. Ellen Gracie, DJe 20.6.2011)*. 5. A gravidade *in concreto* do delito acrescida da fuga justificam a manutenção da custódia cautelar. 6. Primariedade, bons antecedentes, residência fixa e ocupação lícita, por si sós, não afastam a possibilidade da prisão preventiva. Precedentes. 7. Recurso ordinário em *habeas corpus* a que se nega provimento. **(Inform. STF 779)**

HC N. 125.783-BA

RELATORA: MIN. ROSA WEBER

EMENTA: *HABEAS CORPUS*. PROCESSO PENAL. SÚMULA 691/STF. AFASTAMENTO. TRÁFICO DE ENTORPECENTES. PRISÃO PREVENTIVA. GARANTIA DA ORDEM PÚBLICA, CONVENIÊNCIA DA INSTRUÇÃO CRIMINAL E APLICAÇÃO DA LEI PENAL. INCOMPATIBILIDADE COM REGIME INICIAL SEMIABERTO FIXADO NA SENTENÇA. FUNDAMENTAÇÃO INIDÔNEA. MOTIVAÇÃO GENÉRICA E ABSTRATA. CONCESSÃO DA ORDEM.

1. Em casos teratológicos e excepcionais, viável a superação do óbice da Súmula 691 desta Suprema Corte. Precedentes.

2. Fixado o regime inicial semiaberto para cumprimento da pena, incompatível a manutenção da prisão preventiva nas condições de regime mais gravoso. Precedentes.

3. Motivado o decreto prisional de forma genérica e abstrata, sem elementos concretos ou base empírica idônea a ampará-lo, esbarra na jurisprudência consolidada deste Supremo Tribunal Federal, que não lhe reconhece validade. Precedentes.

4. Substituição da prisão preventiva por medidas cautelares previstas no art. 319 do Código de Processo Penal, a serem fixadas pelo juízo de primeiro grau.

5. Ordem de *habeas corpus* concedida para substituir a prisão preventiva decretada contra a paciente por medidas cautelares ao feitio legal e determinar a observância do regime de cumprimento da pena fixado na sentença, caso iniciada a execução penal. **(Inform. STF 779)**

Reclamação e sala de Estado-Maior – 4

Em conclusão, o Plenário, em julgamento conjunto e por maioria, julgou improcedentes pedidos formulados em reclamações ajuizadas por advogados em que se alegava afronta à autoridade da decisão proferida nos autos da ADI 1.127/DF (DJe de 11.6.2010), em que reputado constitucional o art. 7º, V, do Estatuto da Ordem dos Advogados do Brasil – EOAB, na parte em que determina o recolhimento dos advogados, antes de sentença transitada em julgado, em sala de Estado-Maior e, na sua falta, em prisão domiciliar – v. Informativo 596. Em preliminar, a Corte rejeitou proposta de conversão do julgamento em diligência para verificar se os reclamantes ainda estariam presos provisoriamente. Segundo o proponente, se houvesse título condenatório transitado em julgado, não se poderia questionar a prisão provisória. Nesse ponto, o Colegiado destacou que, a despeito de a provocação ocorrer dentro de uma situação específica – tutela de direito subjetivo —, ao decidir o caso concreto a Corte também daria solução ao tema. Ressaltou, ainda, que a reclamação não seria instrumento processual a permitir instrução mais ampla. Vencidos os Ministros Marco Aurélio e Cármen Lúcia, que convertiam o julgamento em diligência. O Ministro Marco Aurélio, ademais, concedia "habeas corpus" de ofício. No mérito, a Corte explicou que, embora "sala de Estado-Maior", em seu sentido estrito, apenas existisse dentro de instalações militares, seria inegável que sua destinação única e a existência de apenas uma dessas salas em cada unidade de comando ou superior tornaria inexequível sua utilização para o encarceramento de integrante da classe dos advogados, sob pena de inviabilizar o funcionamento regular das Forças Armadas. Nos termos do art. 102, I, I, da CF; art. 156 do RISTF; e art. 13 da Lei 8.038/1990, a reclamação seria instrumento destinado: a) à preservação da esfera de competência do STF; b) à garantia da autoridade de suas decisões; e c) a infirmar decisões que desrespeitassem enunciado de Súmula Vinculante editado pela Corte. Nesse contexto, os casos sob julgamento seriam distintos, porquanto as decisões reclamadas não estariam assentadas em fundamento constitucional. O debate se circunscreveria às condições prisionais e se o local de cumprimento da prisão provisória se enquadraria no conceito de sala de Estado-Maior. Concluiu que em nenhum momento as decisões reclamadas teriam se amparado na inconstitucionalidade do art. 7º, V, do EOAB, hipótese em que se poderia cogitar do descumprimento do que fora decidido no julgamento da ADI 1.127/DF (DJe de 11.6.2010). Vencidos os Ministros Cármen Lúcia (relatora), que julgava procedente o pedido, e o Ministro Ayres Britto. Para a relatora, deveria ser assegurado o cumprimento da norma prevista no art. 7º, V, da Lei 8.906/1994, na forma como interpretada pelo Supremo, e os reclamantes deveriam ser transferidos para uma sala de Estado-Maior ou, na ausência dela, para a prisão domiciliar, até o trânsito em julgado da ação penal.

Rcl 5826/PR rel. orig. Min. Cármen Lúcia, red. p/ o acórdão Min. Dias Toffoli, 18.3.2015. (Rcl-5826)

Rcl 8853/GO, rel. orig. Min. Cármen Lúcia, red. p/ o acórdão Min. Dias Toffoli, 18.3.2015. (Rcl-8853) (Inform. STF 778)

Investigação criminal promovida pelo Ministério Público e aditamento da denúncia – 9

Propôs diretrizes para o procedimento investigativo conduzido diretamente pelo parquet, que deve: a) observar, no que couber, os preceitos que disciplinam o inquérito policial e os procedimentos administrativos sancionatórios; b) ser identificado, autuado, numerado, registrado, distribuído livremente e, salvo nas hipóteses do art. 5º, XXXIII e LX, da CF, público. A decisão pela manutenção do sigilo deve conter fundamentação; e c) ser controlado pelo Poder Judiciário e haver pertinência entre o sujeito investigado com a base territorial e com a natureza do fato investigado. Ademais, o ato de instauração deve: a) formalizar o ato investigativo, delimitados objeto e razões que o fundamentem; e b) ser comunicado imediata e formalmente ao Procurador-Chefe ou ao Procurador-Geral. Além dessas diretivas: a) devem ser juntados e formalizados todos os atos e fatos processuais, em ordem cronológica, principalmente diligências, provas coligidas, oitivas; b) deve ser assegurado o pleno conhecimento dos atos de investigação à parte e ao seu advogado, nos termos da Súmula Vinculante 14 ("É direito do defensor, no interesse do representado, ter acesso amplo aos elementos de prova que, já documentados em procedimento investigatório realizado por órgão com competência de polícia judiciária, digam respeito ao exercício do direito de defesa"); e c) deve haver prazo para conclusão do procedimento investigativo e controle judicial quanto ao arquivamento. Por último, enfatizou que a atuação do Ministério Público deve ser concorrente ou subsidiária e ocorrer quando não for possível ou recomendável a atuação da própria polícia. Após, pediu vista dos autos o Min. Ricardo Lewandowski.

HC 84548/SP, rel. Min. Marco Aurélio, 19.12.2012. (HC-84548)

Investigação criminal promovida pelo Ministério Público e aditamento da denúncia – 10

O Plenário, em conclusão de julgamento e por maioria, concedeu em parte a ordem em "habeas corpus" apenas para revogar o decreto de prisão preventiva e manteve, hígida, a denúncia contra o paciente. Na espécie, pretendeu-se o trancamento de ação penal movida contra acusado da suposta prática do crime de homicídio, e a invalidação da decisão que decretara sua prisão preventiva. Para a defesa, não haveria base legal para a prisão, bem como não seria admissível a investigação promovida pelo Ministério Público, que viera a servir de base ao aditamento à denúncia, a partir do qual o paciente fora envolvido na ação penal – v. Informativos 471, 671, 672 e 693. O Tribunal destacou que houvera o deferimento da medida acauteladora e consequente expedição de alvará de soltura e, por isso, desde 2004 o paciente responderia ao processo em liberdade. Frisou que os requisitos autorizadores descritos no art. 312 do CPP não teriam sido concretamente demonstrados pelo juízo de 1º grau. O magistrado teria se limitado a inferir a possível periculosidade do réu a partir da gravidade abstrata do delito, o qual teria, ademais, gerado intensa repercussão pública. Aduziu que, nos termos de remansosa jurisprudência do Tribunal, seria exigido que a prisão preventiva estivesse justificada em fatos concretos. Não seria aceitável invocar abstratamente a possível perturbação da ordem pública, de um lado, e tampouco a repercussão negativa na comunidade. Refutou, de outro lado, os argumentos da defesa quanto à insubsistência da denúncia porque teria sido baseada apenas em investigação por parte do Ministério Público. Asseverou que o Ministério Público não se fundara exclusivamente em investigações feitas por ele, "Parquet", mas com base em provas colhidas na investigação policial e também decorrentes de quebra de sigilo telefônico do paciente autorizadas judicialmente. Salientou que a peça acusatória, mesmo com o aditamento, poderia subsistir apenas com base nos elementos produzidos no inquérito policial. Nesse ponto, a Corte esclareceu que a matéria atinente à eventual possibilidade de investigação criminal pelo Ministério Público seria oportunamente trazida para análise do Colegiado. Por fim, apontou a existência de fato novo, consistente em decisão da 1ª Turma no HC 115.714/SP (DJe de 23.2.2015) em relação ao mesmo paciente. No referido julgamento, a Turma determinara que fosse anulado parcialmente o processo principal, a partir de interrogatório de corréus e, ainda, que o juízo "a quo" observasse o disposto no art. 188 do CPP. Vencidos, em parte, os Ministros Cezar Peluso, Cármen Lúcia e Ayres Britto, que denegavam a ordem, e o Ministro Marco Aurélio (relator), que a implementava em maior extensão.

HC 84548/SP, rel. orig. Min. Marco Aurélio, red. p/ o acórdão o Min. Gilmar Mendes, 4.3.2015. (HC-84548) (Inform. STF 776)

Prisão cautelar de corréu e isonomia – 2

Em conclusão de julgamento, a 1ª Turma concedeu "habeas corpus" para cassar a prisão preventiva decretada pelo tribunal de origem e restaurar a decisão do magistrado de primeiro grau que impusera medidas cautelares previstas no art. 319 do CPP. No caso, a impetração alegara constrangimento ilegal em face da ausência de fundamentação apta a justificar a necessidade da medida constritiva, bem como falta dos pressupostos contidos no art. 312 do CPP – v. Informativo 733. Inicialmente, a Turma superou o óbice do Enunciado 691 da Súmula do STF. Destacou que a 1ª Turma concedera a ordem e cassara o respectivo decreto prisional em outro "habeas corpus" impetrado por corréu. Em consequência, por se encontrar o paciente em situação idêntica à do corréu, seria necessária a aplicação do art. 580 do CPP ["No caso de concurso de agentes (Código Penal, art. 25), a decisão do recurso interposto por um dos réus, se fundado em motivos que não sejam de caráter exclusivamente pessoal, aproveitará aos outros"]. Ademais, o decreto prisional fora motivado de forma genérica e abstrata, sem justificativas concretas, amparadas em base empírica inidônea, quanto aos fundamentos da cautelar.

HC 119934/SP, rel. Min. Dias Toffoli, 3.2.2015. (HC-119934) (Inform. STF 773)

DIREITO PROCESSUAL PENAL. MANUTENÇÃO DA PRISÃO PREVENTIVA APÓS CONDENAÇÃO RECORRÍVEL A REGIME PRISIONAL SEMIABERTO.

A prisão preventiva pode ser mantida por ocasião da sentença condenatória recorrível que aplicou o regime semiaberto para o cumprimento da pena, desde que persistam os motivos que inicialmente a justificaram e que seu cumprimento se adeque ao modo de execução intermediário aplicado. De fato, não é razoável manter o réu constrito preventivamente durante o desenrolar da ação penal e, por fim, libertá-lo apenas porque foi agraciado com regime de execução diverso do fechado, permitindo-lhe que, solto, ou mediante algumas condições, aguarde o trânsito em julgado da condenação. Sufragar tal entendimento vai contra ao já sedimentado tanto no STF quanto no STJ, no sentido de que, quando presentes as hipóteses autorizadoras da prisão preventiva, "Não há sentido lógico permitir que o réu, preso preventivamente durante toda a instrução criminal, possa aguardar o julgamento da apelação em liberdade" (STF, HC 89.089-SP, Primeira Turma, DJ de 1º/6/2007). Por outro lado, tendo em vista a imposição do regime semiaberto na condenação, se faz necessário compatibilizar a manutenção da custódia cautelar com o aludido modo de execução, sob pena de estar-se impondo ao condenado modo mais gravoso tão somente pelo fato de ter optado pela interposição de recurso, em flagrante ofensa ao princípio da razoabilidade. Precedentes citados: RHC 39.060-RJ, Quinta Turma, DJe 10/3/2014; e HC 244.275-SP, Sexta Turma, DJe 18/3/2013. **RHC 53.828-ES, Rel. Min. Jorge Mussi, julgado em 14/4/2015, DJe 24/4/2015 (Inform. STJ 560).**

DIREITO PROCESSUAL PENAL. INCOMPATIBILIDADE ENTRE PRISÃO PREVENTIVA E REGIME ABERTO OU SEMIABERTO.

Caso o réu seja condenado a pena que deva ser cumprida em regime inicial diverso do fechado, não será admissível a decretação ou manutenção de prisão preventiva na sentença condenatória. Inicialmente, insta consignar que a prisão cautelar deve ser considerada exceção, já que, por meio desta medida, priva-se o réu de seu jus libertatis antes do pronunciamento condenatório definitivo, consubstanciado na sentença transitada em julgado. Nesse passo, a prisão preventiva, enquanto medida de natureza cautelar, não pode ser utilizada como instrumento de punição antecipada do réu (STF: HC 93.498-MS, Segunda Turma, DJe de 18/10/2012; STJ: AgRg no RHC 47.220-MG, Quinta Turma, DJe de 29/8/2014; e RHC 36.642-RJ, Sexta Turma, DJe de 29/8/2014). Dessa forma, estabelecido o regime aberto ou semiaberto como o inicial para o cumprimento de pena, a decretação da prisão preventiva inviabiliza o direito de recorrer em liberdade, na medida em que impõe a segregação cautelar ao recorrente, até o trânsito em julgado, sob o fundamento de estarem presentes os requisitos ensejadores da prisão preventiva insertos no art. 312 do CPP. Ao admitir essa possibilidade, chegar-se-ia ao absurdo de ser mais benéfico ao réu renunciar ao direito de recorrer e iniciar imediatamente o cumprimento da pena no regime estipulado do que exercer seu direito de impugnar a decisão perante o segundo grau. Nessa medida, a manutenção ou a imposição da prisão cautelar consistiria flagrante vulneração do princípio da proporcionalidade. Além disso, a prevalecer o referido entendimento, dar-se-á maior efetividade e relevância à medida de natureza precária (manutenção da segregação cautelar) em detrimento da sentença condenatória (título judicial que, por sua natureza, realiza o exame exauriente da quaestio). Por conseguinte, a individualização da pena cederá espaço, indevidamente, à providência de cunho nitidamente provisório e instrumental, subvertendo a natureza e finalidade do processo e de suas medidas cautelares. É bem verdade que a jurisprudência ora dominante no âmbito do STJ tem se orientado pela compatibilidade entre o regime diverso do fechado imposto na sentença e a negativa do apelo em liberdade, desde que adequadas as condições da prisão provisória às regras do regime imposto. Entretanto, esse posicionamento implica, na prática, o restabelecimento da orientação jurisprudencial antes prevalente na jurisprudência STF, que admitia a execução provisória da pena, atualmente rechaçada, ao entendimento de que ela vulnera o princípio da presunção de não culpabilidade inserto no art. 5º, LVII, da CF. Isso porque, se a sentença condenatória ainda não transitou em julgado, só se permite a segregação em decorrência da imposição de prisão cautelar, cuja principal característica, como já ressaltado, significa segregação total do réu. Em outras palavras, a prisão cautelar não admite temperamento para ajustar-se a regime imposto na sentença diverso do fechado. Imposto regime mais brando, significa que o Estado-Juiz, ao aplicar as normas ao caso concreto, concluiu pela possibilidade de o réu poder iniciar o desconto da reprimenda em circunstâncias que não se compatibilizam com a imposição/manutenção de prisão provisória. Caso seja necessário, poderá se valer, quando muito, de medidas alternativas diversas à prisão, previstas no art. 319 do CPP, inquestionavelmente mais adequadas à hipótese. Precedentes citados do STF: HC 118.257-PI, Segunda Turma, DJe 6/3/2014; HC 115.786-MG, Segunda Turma, DJe 20/8/2013; e HC 114.288-RS, Primeira Turma, DJe 7/6/2013. **RHC 52.407-RJ, Rel. Min. Felix Fischer, julgado em 10/12/2014, DJe 18/12/2014 (Inform. STJ 554).**

DIREITO PROCESSUAL PENAL. UTILIZAÇÃO DE ATOS INFRACIONAIS PARA JUSTIFICAR PRISÃO PREVENTIVA PARA A GARANTIA DA ORDEM PÚBLICA.

A anterior prática de atos infracionais, apesar de não poder ser considerada para fins de reincidência ou maus antecedentes, pode servir para justificar a manutenção da prisão preventiva como garantia da ordem pública. Precedentes citados: RHC 44.207-DF, Quinta Turma, DJe 23/5/2014; e RHC 43.350-MS, Sexta Turma, DJe 17/9/2014. **RHC 47.671-MS, Rel. Min. Gurgel de Faria, julgado em 18/12/2014, DJe 2/2/2015 (Inform. STJ 554).**

Súmula Vinculante 25

É ilícita a prisão civil de depositário infiel, qualquer que seja a modalidade do depósito.

Súmula Vinculante 11

Só é lícito o uso de algemas em casos de resistência e de fundado receio de fuga ou de perigo à integridade física própria ou alheia, por parte do preso ou de terceiros, justificada a excepcionalidade por escrito, sob pena de responsabilidade disciplinar, civil e penal do agente ou da autoridade e de nulidade da prisão ou do ato processual a que se refere, sem prejuízo da responsabilidade civil do Estado.

Súmula STF nº 697

A proibição de liberdade provisória nos processos por crimes hediondos não veda o relaxamento da prisão processual por excesso de prazo.

Súmula STJ nº 81

Não se concede fiança quando, em concurso material, a soma das penas mínimas cominadas for superior a dois anos de reclusão.

Súmula STJ nº 64

Não constitui constrangimento ilegal o excesso de prazo na instrução, provocado pela defesa.

Súmula STJ nº 52

Encerrada a instrução criminal, fica superada a alegação de constrangimento por excesso de prazo.

Súmula STJ nº 21

Pronunciado o réu, fica superada a alegação do constrangimento ilegal da prisão por excesso de prazo na instrução.

8. PROCESSO E PROCEDIMENTOS

DIREITO PROCESSUAL PENAL. DEFESA PRÉVIA COM PEDIDO DE INDICAÇÃO DE ROL DE TESTEMUNHAS A POSTERIORI. O magistrado pode, de forma motivada, deferir o pedido apresentado em resposta à acusação pela defensoria pública no sentido de lhe ser permitida a indicação do rol de testemunhas em momento posterior, tendo em vista que ainda não teria tido a oportunidade de contatar o réu. De fato, ultrapassado o prazo processual adequado, há preclusão do direito de se arrolar testemunha, em que pese ser possível a admissão da oitiva requerida a destempo como testemunha do juízo, nos termos do art. 209 do CPP, tendo em vista ser o magistrado o destinatário da prova. Na hipótese em foco, no momento da apresentação da defesa prévia, houve pedido de indicação de rol de testemunhas a posteriori. Assim, não há preclusão, pois não houve inércia da defesa, ficando ao prudente arbítrio do magistrado o deferimento do pedido formulado. Além disso, diante da impossibilidade do contato do defensor público com o acusado e da busca da verdade real, o deferimento do pedido não viola os princípios da paridade de armas e do contraditório. Vale anotar, a propósito, que não se trata, em casos tais, de testemunha do juízo de que cuida o artigo 209 do CPP porque não há produção de prova testemunhal de ofício, decorrendo de indicação da própria parte as testemunhas que, assim, não extrapolam o limite de oito previsto na lei. **REsp 1.443.533-RS, Rel. Min. Maria Thereza de Assis Moura, julgado em 23/6/2015, DJe 3/8/2015 (Inform. STJ 565).**

DIREITO PROCESSUAL PENAL. NECESSIDADE DE APRECIAÇÃO DAS TESES SUSCITADAS NA DEFESA PRELIMINAR.

Após a fase de apresentação de resposta à acusação, o magistrado, ao proferir decisão que determina o prosseguimento do processo, deverá ao menos aludir àquilo que fora trazido na defesa preliminar, não se eximindo também da incumbência de enfrentar questões processuais relevantes e urgentes. De fato, na fase do art. 397 do CPP, nada impede que o juiz faça consignar fundamentação de forma não exauriente, sob pena de decidir o mérito da causa. Contudo, o julgador deve ao menos aludir àquilo que fora trazido na defesa preliminar. Incumbe-lhe, ainda, enfrentar questões processuais relevantes e urgentes ao confirmar o aceite da exordial acusatória. Com efeito, a inauguração do processo penal, por representar significativo gravame ao status dignitatis, deve, sim, ser motivada. Dessa maneira, suprimida tão importante fase procedimental, preciosa conquista democrática do Processo Penal pátrio, de rigor é o reconhecimento da nulidade. **RHC 46.127-MG, Rel. Min. Maria Thereza de Assis Moura, julgado em 12/2/2015, DJe 25/2/2015 (Inform. STJ 556).**

Súmula STJ nº 330

É desnecessária a resposta preliminar de que trata o artigo 514 do Código de Processo Penal, na ação penal instruída por inquérito policial.

9. PROCESSO DOS CRIMES DA COMPETÊNCIA DO JÚRI

Pronúncia e envelopamento por excesso de linguagem

Constatado o excesso de linguagem na pronúncia tem-se a sua anulação ou a do acórdão que incorreu no mencionado vício; inadmissível o simples desentranhamento e envelopamento da respectiva peça processual. Com base nessa orientação, a Primeira Turma, por maioria, deu provimento a recurso ordinário em "habeas corpus" para anular o aresto por excesso de linguagem. Na espécie, o excesso de linguagem apto a influenciar os jurados mostrara-se incontroverso, reconhecido pelo STJ à unanimidade. A Turma asseverou que o abandono da linguagem comedida conduziria principalmente o leigo a entender o ato não como mero juízo de admissibilidade da acusação, mas como título condenatório. Assentada pelo STJ a insubsistência do acórdão confirmatório da pronúncia por excesso de linguagem, a única solução contemplada no ordenamento jurídico seria proclamar a sua nulidade absoluta, determinando-se a prolação de outra. O simples envelopamento da denúncia não se mostraria suficiente ante o disposto no CPP ("Art. 472 ... Parágrafo único. O jurado ... receberá cópias da pronúncia ou, se for o caso, das decisões posteriores que julgaram admissível a acusação e do relatório do processo"). Vencido o Ministro Roberto Barroso, que negava provimento ao recurso. Assentava ser satisfatória a solução do envelopamento porque os jurados não teriam acesso ao que nele contido, além de ser compatível com a razoável duração do processo. Precedentes citados: HC 123.311/PR (DJe de 14.4.2015); RHC 122.909/SE (DJe de 12.12.2014) e HC 103.037/PR (DJe de 31.5.2011).

RHC 127522/BA, rel. Min. Marco Aurélio, 18.8.2015. (RHC-127522) (Inform. STF 795)

HC N.126.516-RJ
RELATOR: MIN. LUIZ FUX
Ementa: Constitucional, Penal e Processo Penal. *Habeas Corpus*. Tribunal do Júri. Homicídio duplamente qualificado, lesão corporal agravada pela violência doméstica e posse ilegal de arma de fogo – artigos 121, § 2º, incisos I e IV, 129, § 9º, ambos do Código Penal, e 12 da Lei 10.826/03. Absolvição. Apelação da acusação provida sob o fundamento de contrariedade à prova dos autos. Existência de duas versões plausíveis. Afronta à soberania dos veredictos do Tribunal do Júri (art. 5º, inc. XXXVIII, alínea *c*, da Constituição Federal). Apelação fundada no art. 593, III, *d*, do CPP. Precedentes.

1. A soberania dos veredictos do tribunal do júri, prevista no art. 5º, inc. XXXVIII, alínea *c*, da Constituição Federal resta afrontada quando o acórdão da apelação interposta com fundamento no art. 593, inc. III, alínea *d*, do CPP acolhe a tese de contrariedade à prova dos autos, prestigiando uma das vertentes verossímeis, *in casu* a da acusação em detrimento da defensiva sufragada pelo conselho de sentença (HC 75.072, Segunda Turma, Rel. Min. Marco Aurélio, DJ de 27/06/1997; HC 83.691, Primeira Turma, Rel. Min. Joaquim Barbosa, DJ de 23/04/2004; HC 83.302, Primeira Turma, Rel. Min. Sepúlveda Pertence, DJ de 28/05/2004; HC 82.447, Segunda Turma, Rel. Min. Maurício Corrêa, DJ de 27/06/2003; HC 80.115, Segunda Turma, Rel. Min. Néri da Silveira, DJ de 23/05/2000).

2. Premissas fáticas:

(i) o paciente foi denunciado pela prática dos crimes tipificados nos artigos 121, § 2º, incisos I e IV, 129, § 9º, ambos do Código Penal, e 12 da Lei 10.826/03, porquanto, no dia 18/10/2007, teria efetuado disparos de arma de fogo contra determinada pessoa e provocado lesões corporais em sua companheira, motivado por suposto relacionamento amoroso das vítimas; e

(ii) o Conselho de Sentença do Tribunal do Júri da Comarca de Teresópolis/RJ acolheu a tese de negativa autoria, advindo apelo da acusação, fundado em contrariedade à prova dos autos (CPP, art. 593, III, d), que restou provido para submetê-lo a novo júri.

3. *In casu*, diversamente do que afirmado no voto condutor do acórdão da apelação, há, sim, duas vertentes probatórias sustentáveis, a da defesa, consistente em inquirições de duas testemunhas no sentido da ausência de autoria, e a da acusação, de igual modo sustentada por testemunhas cujas versões o Tribunal afirmou mais consistentes, em detrimento da negativa de autoria sufragada pelo Conselho de Sentença e respaldada, reiteradamente, pelo Ministério Público estadual, ao opinar no recurso da apelação e nos embargos de declaração decorrentes do acórdão nele proferido, e também pela manifestação do Ministério Público Federal nestes autos, *in verbis*: *"Há, portanto, além do depoimento do réu, outros elementos capazes de embasar o juízo absolutório firmado pelos jurados. De fato, não poderia o tribunal de origem deliberar sobre quais depoimentos seriam idôneos para formação do convencimento dos jurados. Isso porque cabe ao Conselho de Sentença, e apenas a ele, avaliar a consistência de cada elemento de convicção, examinar eventuais contradições, e, ao final, decidir. Se há lastro probatório, mínimo que seja, a sustentar a versão acolhida pelo júri, esta não pode ser afastada pela instância revisora, ao reavaliar a prova sob sua perspectiva"*.

4. Destarte, ressaindo nítida a existência de duas versões plausíveis do fato, não é dado ao Tribunal de Justiça proceder a exame técnico e exauriente das provas para, alfim, escolher a vertente probatória que melhor se ajusta a sua convicção, afastando a versão escolhida pelo conselho de sentença, que, como é cediço, julga *ex conscientia*.

5. A ausência de agravo regimental da decisão que negou seguimento ao recurso especial implica o não conhecimento do presente *writ*, uma vez não esgotada a jurisdição no Tribunal *a quo*, sendo certo ainda que se o referido regimental tivesse sido interposto, o acórdão dele decorrente seria impugnável, em tese, pela via do recurso extraordinário, a evidenciar, igualmente, o descabimento do *writ* substitutivo desse recurso, o que não impede a análise das razões da impetração na perspectiva da concessão de *habeas corpus* de ofício.

6. *Habeas corpus* não conhecido; ordem concedida, de ofício, em consonância com o parecer ministerial, para anular o acórdão proferido no recurso de apelação e, via de consequência, restabelecer a sentença absolutória. **(Inform. STF 790)**

EMENTA: JÚRI. EXISTÊNCIA *DE TESES ANTAGÔNICAS*. **OPÇÃO** DO CONSELHO DE SENTENÇA **POR UMA** DAS VERSÕES. **JURADOS QUE SE MANIFESTAM** *COM APOIO EM ELEMENTOS PROBATÓRIOS* **PRODUZIDOS** NOS AUTOS. **LEGITIMIDADE** *DESSA OPÇÃO*. **ABSOLVIÇÃO PENAL** DO RÉU. **REFORMA** DO VEREDICTO PELO TRIBUNAL DE JUSTIÇA, **QUE O CONSIDEROU** *MANIFESTAMENTE CONTRÁRIO* À PROVA DOS AUTOS (**CPP**, ART. 593, III, "**d**"). **OFENSA** AO POSTULADO CONSTITUCIONAL DA SOBERANIA DOS VEREDICTOS DO JÚRI (**CF**, ART. 5º, XXXVIII, "**c**"). **PRECEDENTES**. "*HABEAS CORPUS*" **DEFERIDO** *PARA RESTABELECER A DECISÃO ABSOLUTÓRIA* **PROFERIDA** PELO CONSELHO DE SENTENÇA.

– **O julgamento** efetuado pelo Conselho de Sentença **realiza-se** *sob a égide do sistema da íntima convicção* (**RTJ** 132/307), que, **além de dispensar** *qualquer* fundamentação, *acha-se constitucionalmente resguardado* **tanto** *pelo sigilo das votações* **quanto** *pela soberania dos veredictos* (**CF**, art. 5º, inciso XXXVIII, "**b**" **e** "**c**").

– **Embora ampla** *a liberdade de julgar* **reconhecida** aos jurados, estes **somente** podem decidir **com apoio** nos elementos probatórios **produzidos** nos autos, **a significar** que, *havendo duas ou mais teses ou versões*, **cada qual apoiada** *em elementos próprios de informação* **existentes** no processo, **torna-se lícito** ao Conselho de Sentença, **presente** esse contexto, **optar** *por qualquer delas*, **sem que se possa imputar** a essa decisão dos jurados **a ocorrência** *de contrariedade manifesta* à prova dos autos.

– A decisão do júri **somente** comportará reforma, *em sede recursal* (**CPP**, art. 593, III, "**d**"), **se não tiver suporte** *em base empírica* **produzida** nos autos, **pois**, se o veredicto do Conselho de Sentença **refletir** *a opção dos jurados* **por uma** das versões **constantes** do processo, **ainda** que ela *não pareça a mais acertada* ao Tribunal "*ad quem*", **mesmo assim** a instância superior *terá que a respeitar*. **Precedentes** do Supremo Tribunal Federal **e** dos Tribunais *em geral*. **HC 107.906/SP. RELATOR: Ministro Celso de Mello (Inform. STF 786)**

Tribunal do júri: leitura de peça em plenário e nulidade

A 2ª Turma negou provimento a recurso ordinário em "habeas corpus" no qual se pleiteava a anulação de julgamento realizado por tribunal do júri, em razão da leitura em plenário, pelo membro do Ministério Público, de trecho da decisão proferida em recurso em sentido estrito interposto pelo réu contra a decisão de pronúncia, o que, segundo alegado, ofenderia o art. 478, I, do CPP, na redação dada pela Lei 11.689/2008 ("Art. 478. Durante os debates as partes não poderão, sob pena de nulidade, fazer referências: I – à decisão de pronúncia, às decisões posteriores que julgaram admissível a acusação ou à determinação do uso de algemas como argumento de autoridade que beneficiem ou prejudiquem o acusado"). O Colegiado asseverou, inicialmente, que a norma em comento vedaria a referência à decisão de pronúncia "como argumento de autoridade", em benefício ou em desfavor do acusado. Por outro lado, a mesma lei que modificara a redação do referido dispositivo – Lei 11.689/2008 – estabelecera, no parágrafo único do art. 472, que cada jurado recebesse, imediatamente após prestar compromisso, cópia da pronúncia ou, se fosse o caso, das decisões posteriores que julgassem admissível a acusação. A distribuição de cópia da pronúncia seria explicável pelo fato de ser essa a peça que resumiria a causa a ser julgada pelos jurados. A redação original do CPP previa o oferecimento, pela acusação, do libelo acusatório, com a descrição do fato criminoso, como admitido na decisão de pronúncia (artigos 416 e 417). Assim, se a denúncia contivesse circunstância em relação à qual não fora admitida – uma qualificadora, por exemplo – o libelo narraria a acusação a ser submetida ao plenário já livre dessa circunstância. Na sistemática atual, no entanto, abolida essa peça intermediária, seria a própria decisão de pronúncia que resumiria a causa em julgamento. Isso explicaria porque a peça seria considerada de particular importância pela lei, a ponto de ser a única com previsão de entrega aos jurados. Além disso, muito embora recebessem apenas a cópia da decisão de pronúncia, os jurados teriam a prerrogativa de acessar a integralidade dos autos, mediante solicitação ao juiz presidente (CPP, art. 480, § 3º). Assim, ao menos em tese, poderiam tomar conhecimento de qualquer peça neles entranhada. Dada a incoerência entre as normas que vedam a leitura da pronúncia e outras peças e, ao mesmo tempo, determinam o fornecimento de cópia da pronúncia e autorizam os jurados a consultar qualquer peça dos autos – incoerência essa apontada pela doutrina – seria cabível a redução teleológica. Em suma, a lei não vedaria toda e qualquer referência à pronúncia, mas apenas a sua utilização como forma de persuadir o júri a concluir que, se o juiz pronunciara o réu, logo este seria culpado. No caso sob análise, porém, nada indicaria que a peça lida fora usada como argumento de autoridade. Aparentemente, estar-se-ia diante de pura e simples leitura da peça, e, portanto, não haveria nulidade a ser declarada. O Ministro Celso de Mello acrescentou que o art. 478 do CPP, na redação conferida pela Lei 11.689/2008, ensejaria grave restrição à liberdade de palavra do representante do Ministério Público, o que ocasionaria um desequilíbrio naquela relação paritária de armas que deveria haver entre as partes, notadamente no plenário do júri.

RHC 120598/MT, rel. Min. Gilmar Mendes, 24.3.2015. (RHC-120598) (Inform. STF 779)

Art. 478, I, do CPP e leitura de sentença prolatada em desfavor de corréu

A leitura, pelo Ministério Público, da sentença condenatória de corréu proferida em julgamento anterior não gera nulidade de sessão de julgamento pelo conselho de sentença. Com base nesse entendimento, a 1ª Turma negou provimento a recurso ordinário em "habeas corpus" em que discutida a nulidade da sentença condenatória proferida pelo tribunal do júri. Apontava o recorrente que o Ministério Público teria impingido aos jurados o argumento de autoridade, em afronta ao CPP ("Art. 478. Durante os debates as partes não poderão, sob pena de nulidade, fazer referências: I – à decisão de pronúncia, às decisões posteriores que julgaram admissível a acusação ou à determinação do uso de algemas como argumento de autoridade que beneficiem ou prejudiquem o acusado;"). A Turma observou que, embora o STJ não tivesse conhecido do "habeas corpus", analisara a questão de fundo e, por isso, não estaria caracterizada a supressão de instância. No mérito, asseverou que o art. 478, I, do CPP vedaria que, nos debates, as partes fizessem referência a decisões de pronúncia e às decisões posteriores que julgassem admissível a acusação como argumento de autoridade para prejudicar ou beneficiar o acusado. Apontou que a proibição legal não se estenderia a eventual sentença condenatória de corréu no mesmo processo. Destacou, ainda, a ausência de comprovação de que o documento, de fato, teria sido empregado como argumento de autoridade e do prejuízo insanável à defesa.

RHC 118006/SP, rel. Min. Dias Toffoli, 10.2.2015. (RHC-118006) (Inform. STF 774)

DIREITO PROCESSUAL PENAL. ORDEM DE FORMULAÇÃO DO QUESITO DA ABSOLVIÇÃO ENQUANTO TESE DEFENSIVA PRINCIPAL EM RELAÇÃO AO QUESITO DA DESCLASSIFICAÇÃO.

A tese absolutória de legitima defesa, quando constituir a tese principal defensiva, deve ser quesitada ao Conselho de Sentença antes da tese subsidiária de desclassificação em razão da ausência de animus necandi. De fato, o § 4º do art. 483 do CPP (com redação dada pela Lei 11.689/2008) permite a formulação do quesito sobre a desclassificação antes ou depois do quesito genérico da absolvição, ao estabelecer que, "Sustentada a desclassificação da infração para outra de competência do juiz singular, será formulado quesito a respeito, para ser respondido após o 2º (segundo) [questionamento acerca da autoria ou participação] ou 3º (terceiro) [indagação sobre se o acusado deve ser absolvido] quesito, conforme o caso". Essa opção do legislador – no sentido de conferir certa flexibilidade à ordem do aludido quesito da desclassificação – ocorreu tendo em vista eventuais dificuldades que poderiam surgir em alguns casos. No caso em análise, para afirmar se o quesito sobre a desclassificação deve ser formulado antes ou depois do quesito genérico da absolvição, faz-se necessária a ponderação de dois princípios jurídicos garantidos no art. 5º, XXXVIII, da CF: "a competência para o julgamento dos crimes dolosos contra a vida" e a "plenitude de defesa". Por um lado, por força da "competência para o julgamento dos crimes dolosos contra a vida", o Conselho de Sentença só pode proferir decisão absolutória se previamente reconhecer a existência de crime doloso contra a vida ou conexo. Nesse sentido, há entendimento doutrinário no sentido de que a desclassificação, em regra, deve ser questionada antes do quesito genérico relativo à absolvição, justamente porque visa firmar a competência do Tribunal do Júri para decidir o delito doloso contra a vida. Por outro lado, o princípio constitucional da ampla defesa no Tribunal do Júri tem uma nuance que amplifica o seu significado. A defesa, além de ampla deve ser plena, pode ser exercida mediante defesa técnica e, também, autodefesa, de modo a cercar o acusado de maiores garantias diante de um tribunal popular leigo que pode se amparar inclusive em convicção íntima, julgando sem a obrigação da fundamentação das decisões imposta ao magistrado togado. Nessa conjuntura, por força do princípio da "plenitude de defesa", o juiz-presidente pode formular quesito com base no interrogatório do acusado, como expressão do exercício pleno do direito de autodefesa. Do mesmo modo, se o juiz-presidente inferir tese alternativa do interrogatório, deve formular quesito a respeito, mesmo que antagônica em relação à tese sustentada pela defesa técnica, não podendo rejeitar as teses sob o fundamento de que são incompatíveis. Nestes casos – em que há teses alternativas -, eventual conflito deve ser solucionado pela regra da subsidiariedade. Dessa forma, em favor da "plenitude de defesa" no Tribunal do Júri, a tese principal deve preceder, em todos os aspectos, as eventuais teses subsidiárias sustentadas na defesa técnica ou na autodefesa. Sendo assim, considerando o fato de que há norma processual que permite a formulação do quesito sobre a desclassificação antes ou depois do quesito genérico da absolvição, estando a defesa assentada em tese principal absolutória (legítima defesa) e tese subsidiária desclassificatória (ausência de *animus necandi*), a tese principal deve ser questionada antes da tese subsidiária, sob pena de causar enorme prejuízo para a defesa e evidente violação ao princípio da amplitude da defesa. Acerca do tema, aliás, invoca-se entendimento doutrinário segundo o qual, seja diante de desclassificação própria ou de imprópria, "se a participação de menor importância for apenas uma tese subsidiária, tendo postulado a defesa, como tese principal, a legítima defesa, o quesito da desclassificação deverá ser formulado depois do terceiro quesito, sobre a inocência do acusado. Isso porque haveria grande prejuízo para a defesa, ficando praticamente prejudicada eventual tese principal de absolvição, se o quesito sobre a participação de menor importância fosse formulado antes do quesito sobre ser o acusado inocente". Além disso, acolhida a tese principal absolutória, inexiste nulidade decorrente da falta do quesito relativo à desclassificação quando proveniente de tese subsidiária, até porque a desclassificação própria – diferentemente da desclassificação imprópria – sequer demanda quesito específico, podendo ser inferida a partir da resposta aos demais quesitos (como ocorre, exemplificativamente, no caso de resposta positiva ao quesito da tentativa, que resulta na afirmação da existência de crime doloso contra a vida por incompatibilidade lógica entre a tentativa e a ausência de *animus necandi*). Além do mais, vale lembrar que o quesito relativo à absolvição é obrigatório, devendo ser formulado independente das teses defensivas sustentadas em Plenário, e sua falta é que induz à nulidade absoluta do julgamento (HC 137.710-GO, Sexta Turma, DJe 21/2/2011). Por isso, visando conferir maior eficácia ao princípio da plenitude da defesa, deve ser considerada a tese defensiva principal com primazia na aplicação da norma, mormente quando mais favorável ao réu, de modo que a tese de desclassificação, quando subsidiária, deve ser questionada somente após o quesito da absolvição, em caso de resposta negativa, sob pena de, acaso acolhida a tese subsidiária, faltar o quesito obrigatório relativo à tese principal e suprimir do Conselho de Sentença a autonomia do seu veredicto. **REsp 1.509.504-SP, Rel. Min. Maria Thereza de Assis Moura, julgado em 27/10/2015, DJe 13/11/2015. (Inform. STJ 573)**

DIREITO PROCESSUAL PENAL. DESCLASSIFICAÇÃO DE CRIME PELO CONSELHO DE SENTENÇA.

A desclassificação do crime doloso contra a vida para outro de competência do juiz singular promovida pelo Conselho de Sentença em plenário do Tribunal do Júri, mediante o reconhecimento da denominada cooperação dolosamente distinta (art. 29, § 2º, do CP), não pressupõe a elaboração de quesito acerca de qual infração menos grave o acusado quis participar. De fato, não se trata de quesito obrigatório. Afastada pelos jurados a intenção do réu de participar do delito doloso contra a vida, em razão da desclassificação promovida em plenário, o juiz natural da causa não é mais o Tribunal do Júri, não competindo ao Conselho de Sentença o julgamento do delito, e sim ao juiz presidente, nos termos do que preceitua o art. 492, § 1º, primeira parte, do CPP ("Se houver desclassificação da infração para outra, de competência do juiz singular, ao presidente do Tribunal do Júri caberá proferir sentença em seguida"). Nesse sentido, cabe destacar entendimento doutrinário segundo o qual, se for acolhida pelos jurados tese defensiva de participação de crime menos grave, "em tal hipótese, somente se pode admitir que o júri reconheceu sua competência em relação ao crime mais grave, praticado pelo co-autor. Especificamente em relação ao acusado que alegou a participação em crime menos grave, o júri está afirmando que ele não quis praticar um delito doloso contra a vida". Sobre o tema, aliás, já decidiu o STJ que, "havendo desclassificado da tentativa de homicídio qualificado para delito diverso dos referidos no art. 5º, XXXVIII, 'd' da CF ou no art. 74, § 1º do CPP, cessa a competência dos Jurados deslocando-a para o Juiz natural da causa, aquele que figurou na instrução do feito, qual seja, o Juiz Presidente do Tribunal do Júri, *ex vi* do art. 492, § 2º, do CPP" (HC 63.093-RJ, Quinta Turma, DJ 10/12/2007). **REsp 1.501.270-PR, Rel. Min. Maria Thereza de Assis Moura, julgado em 1º/10/2015, DJe 23/10/2015. (Inform. STJ 571)**

DIREITO PROCESSUAL PENAL. DIREITO A RECUSAS IMOTIVADAS DE JURADOS PREVISTO NO ART. 469, *CAPUT*, DO CPP.

Em procedimento relativo a processo da competência do Tribunal do Júri, o direito de a defesa recusar imotivadamente até 3 jurados (art. 468, *caput*, do CPP) é garantido em relação a cada um dos réus, ainda que as recusas tenham sido realizadas por um só defensor (art. 469 do CPP). De acordo com o art. 468, *caput*, do CPP, o direito a até três recusas imotivadas é da parte. Como cada réu é parte no processo, se houver mais de um réu, cada um deles terá direito à referida recusa. Dessa forma, se o direito de recusa é do réu – e não do defensor –, ao não se permitir o direito de recusa em relação a cada um dos réus, estar-se-ia não apenas desconsiderando o *caput* do art. 468 do CPP, mas, também, violando o direito constitucional da plenitude de defesa. **REsp 1.540.151-MT, Rel. Min. Sebastião Reis Júnior, julgado em 8/9/2015, DJe 29/9/2015 (Inform. STJ 570).**

DIREITO PROCESSUAL PENAL. ANULAÇÃO DA PRONÚNCIA POR EXCESSO DE LINGUAGEM.

Reconhecido excesso de linguagem na sentença de pronúncia ou no acórdão confirmatório, deve-se anular a decisão e os consecutivos atos processuais, determinando-se que outra seja prolatada, sendo inadequado impor-se apenas o desentranhamento e envelopamento. De início, cabe ressaltar que a jurisprudência do STJ era no sentido de que, havendo excesso de linguagem, o desentranhamento e envelopamento da sentença de pronúncia ou do acórdão confirmatório seria providência adequada e suficiente para cessar a ilegalidade, uma vez que, além de contemplar o princípio da economia processual, evita que o Conselho de Sentença sofra influência do excesso de linguagem empregado pelo prolator da decisão (HC 309.816-PE, Sexta Turma, DJe 11/3/2015; e REsp 1.401.083-SP, Quinta Turma, DJe 2/4/2014). Ocorre que ambas as Turmas do STF têm considerado inadequada a providência adotada pelo STJ, assentando que a solução apresentada pelo STJ não só configura constrangimento ilegal, mas também dupla afronta à soberania dos veredictos assegurada à instituição do Júri, tanto por ofensa ao CPP, conforme se extrai do art. 472, alterado pela Lei 11.689/2008, quanto por contrariedade ao art. 5º, XXXVIII, "c", da CF, uma vez que o acesso à decisão de pronúncia constitui garantia assegurada legal e constitucionalmente, de ordem pública e de natureza processual, cuja disciplina é de competência privativa da União (HC 103.037-PR, Primeira Turma, DJe 31/5/2011). Assim, concluiu o STF que a providência adequada é a anulação da sentença e os consecutivos atos processuais que ocorreram no processo principal. Logo, diante da evidência de que o STF já firmou posição consolidada sobre o tema, o mais coerente é acolher o entendimento lá pacificado, sob o risco de que, postergada tal providência, outros julgados do STJ venham a ser cassados, gerando efeitos maléficos na origem, sobretudo o atraso dos feitos relacionados ao Tribunal do Júri. Assim, reconhecida a existência de excesso de linguagem na sentença pronúncia ou no acórdão confirmatório, a anulação da decisão é providência jurídica adequada. **AgRg no REsp 1.442.002-AL, Rel. Min. Sebastião Reis Júnior, julgado em 28/4/2015, DJe 6/5/2015 (Inform. STJ 561).**

Súmula STF nº 712

É nula a decisão que determina o desaforamento de processo da competência do júri sem audiência da defesa.

Súmula STF nº 206

É nulo o julgamento ulterior pelo júri com a participação de jurado que funcionou em julgamento anterior do mesmo processo.

Súmula STF nº 162

É absoluta a nulidade do julgamento pelo júri, quando os quesitos da defesa não precedem aos das circunstâncias agravantes.

Súmula STF nº 156

É absoluta a nulidade do julgamento, pelo júri, por falta de quesito obrigatório.

10. JUIZADOS ESPECIAIS

Produção antecipada de prova e necessidade de fundamentação

É incabível a produção antecipada de prova testemunhal (CPP, art. 366) fundamentada na simples possibilidade de esquecimento dos fatos, sendo necessária a demonstração do risco de perecimento da prova a ser produzida (CPP, art. 225). Essa a orientação da Segunda Turma ao conceder ordem de "habeas corpus" para reconhecer a nulidade de prova testemunhal produzida antecipadamente. Tal prova apresentava como justificativa que "as testemunhas são basicamente policiais responsáveis pela prisão, cuja própria atividade contribui, por si só, para o esquecimento das circunstâncias que cercam a apuração da suposta autoria de cada infração penal". Em consequência, determinou-se o desentranhamento dos respectivos termos de depoimento dos autos. **HC 130038/DF, rel. Min. Dias Toffoli, 3.11.2015. (HC-130038) (Inform. STF 806)**

Transação penal e efeitos próprios de sentença penal condenatória – 4

As consequências jurídicas extrapenais, previstas no art. 91 do CP, são decorrentes de sentença penal condenatória. Isso não ocorre, portanto, quando há transação penal, cuja sentença tem natureza meramente homologatória, sem qualquer juízo sobre a responsabilidade criminal do aceitante. As consequências geradas pela transação penal são essencialmente aquelas estipuladas por modo consensual no respectivo instrumento de acordo. Com base nesse entendimento, o Plenário proveu recurso extraordinário em que se discutia a possibilidade de imposição de efeitos extrapenais acessórios de sentença penal condenatória à transação penal prevista na Lei 9.099/1995. No caso, procedimento penal fora instaurado em desfavor do ora recorrente para apurar a prática de contravenção tipificada no art. 58 do Decreto-Lei 3.668/1941 ("Explorar ou realizar a loteria denominada jogo do bicho, ou praticar qualquer ato relativo à sua realização ou exploração"). Por ocasião da lavratura do termo circunstanciado, a motocicleta de propriedade do investigado fora apreendida em virtude de suposto uso na execução do ilícito. Ocorre que o Ministério Público ofertara transação penal que, aceita pelo recorrente e integralmente cumprida, culminara em sentença extintiva da punibilidade, a qual, no entanto, impusera a perda do veículo anteriormente apreendido. O recorrente sustentava que somente a sentença condenatória seria capaz de produzir o confisco de bens como efeito automático. Além disso, alegava: a) ofensa ao direito de propriedade, porquanto não observado o devido processo legal; e b) afronta ao princípio da presunção de inocência, uma vez que teriam sido aplicados à transação os efeitos equivalentes ao ato de confissão – v. Informativo 748. O Tribunal afirmou que a Lei 9.099/1995 introduzira no sistema penal brasileiro o instituto da transação penal, que permitiria a dispensa da persecução penal pelo magistrado em crimes de menor potencial ofensivo, desde que o suspeito da prática do delito concordasse em se submeter, sem qualquer resistência, ao cumprimento de pena restritiva de direito ou multa que lhe tivesse sido oferecida pelo representante do Ministério Público em audiência (art. 76). Assim, a lei teria relativizado, de um lado, o princípio da obrigatoriedade da instauração da persecução penal em crimes de ação penal pública de menor ofensividade e, de outro, teria autorizado ao investigado dispor das garantias processuais penais que o ordenamento lhe conferisse.

Por sua vez, as consequências geradas pela transação penal seriam apenas as definidas no instrumento do acordo. Além delas, o único efeito acessório gerado pela homologação do ato estaria previsto no § 4º do art. 76 da Lei 9.099/1995 ("... registrada apenas para impedir novamente o mesmo benefício no prazo de cinco anos"). Os demais efeitos penais e civis decorrentes das condenações penais não seriam constituídos (art. 76, § 6º). Outrossim, a sanção imposta com o acolhimento da transação não decorreria de qualquer juízo estatal a respeito da culpabilidade do investigado, tratando-se de ato judicial homologatório. Além disso, o juiz, em caso de descumprimento dos termos do acordo, não poderia substituir a medida restritiva de direito consensualmente fixada por pena privativa de liberdade compulsoriamente aplicada.
RE 795567/PR, rel. Min. Teori Zavascki, 28.5.2015. (RE-795567)

Transação penal e efeitos próprios de sentença penal condenatória – 5

A Corte asseverou que as consequências jurídicas extrapenais previstas no art. 91 do CP, dentre as quais a do confisco de instrumentos do crime (art. 91, II, a) e de seu produto ou de bens adquiridos com o seu proveito (art. 91, II, b), só poderiam ocorrer como efeito acessório, reflexo ou indireto de uma condenação penal. Apesar de não possuírem natureza penal propriamente dita, não haveria dúvidas de que esses efeitos constituiriam drástica intervenção estatal no patrimônio dos acusados, razão pela qual sua imposição só poderia ser viabilizada mediante a observância do devido processo, que garantisse ao acusado a possibilidade de exercer seu direito de resistência por todos os meios colocados à sua disposição. Ou seja, as medidas acessórias previstas no art. 91 do CP, embora incidissem "ex lege", exigiriam juízo prévio a respeito da culpa do investigado, sob pena de transgressão ao devido processo legal. Assim, a aplicação da medida confiscatória sem processo revelar-se-ia antagônica não apenas à acepção formal da garantia do art. 5º, LIV, da CF, como também ao seu significado material, destinado a vedar as iniciativas estatais que incorressem, seja pelo excesso ou pela insuficiência, em resultado arbitrário. No caso, o excesso do decreto de confisco residiria no fato de que a aceitação da transação revertera em prejuízo daquele a quem deveria beneficiar (o investigado), pois produzira contra ele um efeito acessório – a perda da propriedade de uma motocicleta – que se revelara muito mais gravoso do que a própria prestação principal originalmente avençada (pagamento de cinco cestas de alimentos). Logo, o recorrente fora privado da titularidade de um bem sem que lhe tivesse sido oportunizado o exercício dos meios de defesa legalmente estabelecidos. O Ministro Luiz Fux também deu provimento ao recurso, determinando a devolução do bem apreendido, em razão da impossibilidade do confisco de bem pertencente a condenado cuja posse não fosse ilícita, sob pena de violação ao direito constitucional à propriedade (CF, art. 5º, "caput", XXII e LIV). Entendia, porém, ser constitucional a aplicação dos efeitos da condenação estabelecidos no art. 91, II, do CP, às sentenças homologatórias de transação penal, tendo em vista sua natureza condenatória.
RE 795567/PR, rel. Min. Teori Zavascki, 28.5.2015. (RE-795567) (Inform. STF 787)

SÚMULA VINCULANTE 35

A homologação da transação penal prevista no artigo 76 da Lei 9.099/1995 não faz coisa julgada material e, descumpridas suas cláusulas, retoma-se a situação anterior, possibilitando-se ao Ministério Público a continuidade da persecução penal mediante oferecimento de denúncia ou requisição de inquérito policial.

Súmula STF nº 723

Não se admite a suspensão condicional do processo por crime continuado, se a soma da pena mínima da infração mais grave com o aumento mínimo de um sexto for superior a um ano.

Súmula STF nº 696

Reunidos os pressupostos legais permissivos da suspensão condicional do processo, mas se recusando o promotor de justiça a propô-la, o juiz, dissentindo, remeterá a questão ao procurador-geral, aplicando-se por analogia o art. 28 do Código de Processo Penal.

Súmula STJ nº 536

A suspensão condicional do processo e a transação penal não se aplicam na hipótese de delitos sujeitos ao rito da Lei Maria da Penha.

Súmula STJ nº 337

É cabível a suspensão condicional do processo na desclassificação do crime e na procedência parcial da pretensão punitiva.

Súmula STJ nº 243

O benefício da suspensão do processo não é aplicável em relação às infrações penais cometidas em concurso material, concurso formal ou continuidade delitiva, quando a pena mínima cominada, seja pelo somatório, seja pela incidência da majorante, ultrapassar o limite de um (01) ano.

11. SENTENÇA, PRECLUSÃO E COISA JULGADA

DIREITO PROCESSUAL PENAL. HIPÓTESE DE RELATIVIZAÇÃO DA COISA JULGADA.

Constatado o trânsito em julgado de duas decisões condenando o agente pela prática de um único crime – a primeira proferida por juízo estadual absolutamente incompetente e a segunda proferida pelo juízo federal constitucionalmente competente –, a condenação anterior deve ser anulada caso se verifique que nela fora imposta pena maior do que a fixada posteriormente. Em primeiro lugar, faz-se necessário asseverar que o STJ já se pronunciou no sentido de que "A sentença proferida por juízo absolutamente incompetente impede o exame dos mesmos fatos ainda que pela justiça constitucionalmente competente, pois, ao contrário, estar-se-ia não só diante de vedado bis in idem como também na contramão da necessária segurança jurídica que a imutabilidade da coisa julgada visa garantir" (RHC 29.775-PI, Quinta Turma, DJe 25/6/2013). Com efeito, sopesando a garantia do juiz natural em face do princípio do ne bis in idem, deve preponderar este último como decorrência do princípio fundamental da dignidade da pessoa humana, princípio basilar do Estado Democrático de Direito, consoante explicita o inciso III do art. 1º da CF. Cabe ressaltar, a propósito, que esse entendimento foi consolidado para, dando efetividade ao princípio do favor rei, impedir o início ou a continuidade de outro processo que tenha por objetivo discutir os mesmos fatos que já foram objeto de decisão anterior. A situação em análise, entretanto, é peculiar. Existem duas condenações transitadas em julgado, sendo que a primeira foi proferida por juízo estadual absolutamente incompetente e a segunda pelo juízo constitucionalmente competente, tendo este estabelecido, inclusive, quantum de pena inferior ao definido anteriormente. Dessa forma, nessa hipótese, considerando a situação mais favorável ao réu, bem como a existência de trânsito em julgado perante a justiça competente para análise do feito, deve ser relativizada a coisa julgada, de modo a tornar possível a prevalência do princípio fundamental da dignidade da pessoa humana. **HC 297.482-CE, Rel. Min. Felix Fischer, julgado em 12/5/2015, DJe 21/5/2015 (Inform. STJ 562).**

DIREITO PROCESSUAL PENAL. MUTATIO LIBELLI E DESCLASSIFICAÇÃO DO TIPO PENAL DOLOSO PARA A FORMA CULPOSA DO CRIME.

Quando na denúncia não houver descrição sequer implícita de circunstância elementar da modalidade culposa do tipo penal, o magistrado, ao proferir a sentença, não pode desclassificar a conduta dolosa do agente – assim descrita na denúncia – para a forma culposa do crime, sem a observância do regramento previsto no art. 384, caput, do CPP. Com efeito, o dolo direto é a vontade livre e consciente de realizar a conduta descrita no tipo penal. A culpa, por sua vez, decorre da violação ao dever objetivo de cuidado, causadora de perigo concreto ao bem jurídico tutelado. A par disso, frise-se que, segundo a doutrina, "no momento de se determinar se a conduta do autor se ajusta ao tipo de injusto culposo é necessário indagar, sob a perspectiva ex ante, se no momento da ação ou da omissão era possível, para qualquer pessoa no lugar do autor, identificar o risco proibido e ajustar a conduta ao cuidado devido (cognoscibilidade ou conhecimento do risco proibido e previsibilidade da produção do resultado típico)". Nesse passo, a prova a ser produzida pela defesa, no decorrer da instrução criminal, para comprovar a ausência do elemento subjetivo do injusto culposo ou doloso, é diversa. Assim, não descrevendo a denúncia sequer implicitamente o tipo culposo, a desclassificação da conduta dolosa para a culposa, ainda que represente aparente benefício à defesa, em razão de imposição de pena mais branda, deve observar a regra inserta no art. 384, caput, do CPP. Isso porque, após o advento da Lei 11.719/2008, qualquer alteração do conteúdo da acusação depende da participação ativa do Ministério Público, não mais se limitando a situações de imposição de pena mais grave, como previa a redação original do dispositivo. Portanto, o fato imputado ao réu na inicial acusatória, em especial a forma de cometimento do delito, da qual se infere o elemento subjetivo, deve guardar correspondência com aquele reconhecido na sentença, a teor do princípio da correlação entre acusação e sentença, corolário dos princípios do contraditório, da ampla defesa e acusatório. **REsp 1.388.440-ES, Rel. Min. Nefi Cordeiro, julgado em 5/3/2015, DJe 17/3/2015 (Inform. STJ 557).**

DIREITO PROCESSUAL PENAL. RÉU DENUNCIADO POR DELITO NA FORMA CONSUMADA E POSTERIORMENTE CONDENADO NA FORMA TENTADA.

O réu denunciado por crime na forma consumada pode ser condenado em sua forma tentada, mesmo que não tenha havido aditamento à denúncia. Inicialmente, vale ressaltar que a tentativa não é uma figura autônoma, pois a vontade contrária ao direito existente na tentativa é igual à do delito consumado. Também segundo a doutrina, o delito pleno e a tentativa não são duas diferentes modalidades de delito, mas somente uma diferente manifestação de um único delito. Como o réu não se defende da capitulação da denúncia, mas do fato descrito na exordial acusatória, não há a nulidade por ofensa ao art. 384 do CPP, quando o magistrado limita-se a dar definição jurídica diversa (crime tentado) da que constou na denúncia (crime consumado), inclusive aplicando pena menos grave. **HC 297.551-MG, Rel. Min. Rogerio Schietti Cruz, julgado em 5/3/2015, DJe 12/3/2015 (Inform. STJ 557).**

DIREITO PENAL. APLICABILIDADE DO PRINCÍPIO DO *NE BIS IN IDEM*.

O agente que, numa primeira ação penal, tenha sido condenado pela prática de crime de roubo contra uma instituição bancária não poderá ser, numa segunda ação penal, condenado por crime de roubo supostamente cometido contra o gerente do banco no mesmo contexto fático considerado na primeira ação penal, ainda que a conduta referente a este suposto roubo contra o gerente não tenha sido sequer levada ao conhecimento do juízo da primeira ação penal, vindo à tona somente no segundo processo. De fato, conquanto o suposto roubo contra o gerente do banco não tenha sido sequer levado ao conhecimento do juízo da primeira ação penal, ele se encontra sob o âmbito de incidência do princípio *ne bis in idem*, na medida em que praticado no mesmo contexto fático da primeira ação. Além disso, do contrário ocorreria violação da garantia constitucional da coisa julgada. Sobre o tema, há entendimento doutrinário no sentido de que "Com o trânsito em julgado da sentença condenatória, o ato adquire a autoridade de coisa julgada, tornando-se imutável tanto no processo em que veio a ser proferida a decisão (coisa julgada formal) quanto em qualquer outro processo onde se pretenda discutir o mesmo fato criminoso objeto da decisão original (coisa julgada material). No direito brasileiro, a sentença condenatória evita se instaure novo processo contra o réu condenado, em razão do mesmo fato, quer para impingir ao sentenciado acusação mais gravosa, quer para aplicar-lhe pena mais elevada". Portanto, não há se falar, na hipótese em análise, em arquivamento implícito, inadmitido pela doutrina e pela jurisprudência, tendo em vista que não se cuida de fatos diversos, mas sim de um mesmo fato com desdobramentos diversos e apreciáveis ao tempo da instauração da primeira ação penal. Ademais, a doutrina sustenta que "a proibição (ne) de imposição de mais de uma (bis) consequência jurídico-repressiva pela prática dos mesmos fatos (idem) ocorre, ainda, quando o comportamento definido espaço-temporalmente imputado ao acusado não foi trazido por inteiro para apreciação do juízo. Isso porque o objeto do processo é informado pelo princípio da consunção, pelo qual tudo aquilo que poderia ter sido imputado ao acusado, em referência a dada situação histórica e não o foi, jamais poderá vir a sê-lo novamente. E também se orienta pelos princípios da unidade e da indivisibilidade, devendo o caso penal ser conhecido e julgado na sua totalidade – unitária e indivisivelmente – e, mesmo quando não o tenha sido, considerar-se-á irrepetivelmente decidido". Assim, em Direito Penal, "deve-se reconhecer a prevalência dos princípios do favor rei, *favor libertatis* e *ne bis in idem*, de modo a preservar a segurança jurídica que o ordenamento jurídico demanda" (HC 173.397-RS, Sexta Turma, DJe de 17/3/2011). **HC 285.589-MG, Rel. Min. Felix Fischer, julgado em 4/8/2015, DJe 17/9/2015 (Inform. STJ 569).**

DIREITO PROCESSUAL PENAL. EMENDATIO LIBELLI ANTES DA SENTENÇA.

O juiz pode, mesmo antes da sentença, proceder à correta adequação típica dos fatos narrados na denúncia para viabilizar, desde logo, o reconhecimento de direitos do réu caracterizados como temas de ordem pública decorrentes da reclassificação do crime. Com efeito, é válida a concessão de direito processual ou material urgente, em tema de ordem pública, mesmo quando o fundamento para isso seja decorrência de readequação típica dos fatos acusatórios, em qualquer fase do processo de conhecimento. De fato, o limite do caso penal são os fatos indicados na peça acusatória. Irrelevante é a adequação típica indicada pelo agente ministerial, que em nada limita a persecução ou as partes do processo – o juiz e mesmo o acusador podem compreender até a sentença que os fatos descritos caracterizam crimes outros. Daí porque não cabe ao juiz corrigir defeito de enquadramento típico da denúncia – na sentença simplesmente enquadrará os fatos ao direito, na forma do art. 383 do CPP, como simples exercício de jurisdição. É a emendatio libelli reservada para o momento da prolação da sentença, ocasião em que o magistrado, após encerrada a instrução e debates, decidirá o direito aos fatos acusatórios – sem qualquer limitação de enquadramento típico. Ocorre que matérias de ordem pública, de enfrentamento necessário em qualquer fase processual – como competência, trancamento da ação, sursis processual ou prescrição –, podem exigir como fundamento inicial o adequado enquadramento típico dos fatos acusatórios, como descritos (assim independendo da instrução). Não se trata de alteração do limite do caso penal pela mudança do tipo penal denunciado – irrelevante aos limites do caso penal – e sim de decidir se há direito material ou processual de ordem pública, como, por exemplo, a definição do direito à transação penal, porque os fatos denunciados configuram em verdade crime diverso, de pequeno potencial ofensivo. Trate-se de simples condição do exercício da jurisdição, aplicando o direito aos fatos narrados na denúncia para a solução de temas urgentes de conhecimento necessário. Cuida-se de manifestação em tudo favorável à defesa, pois permite incidir desde logo direitos do acusado. Impedir o exame judicial em qualquer fase do processo como meio de aplicar direitos materiais e processuais urgentes, de conhecimento obrigatório ao juiz, faz com que se tenha não somente a mora no reconhecimento desses direitos, como até pode torná-los prejudicados. Prejuízo pleno também pode ocorrer, como no direito à transação penal ou sursis processual se realizado o correto enquadramento típico na sentença, ou acórdão de apelação. Ou no enquadramento da supressão de valores mediante fraude bancária como estelionato ou furto, pois diferentes os locais da consumação e, como incompetência relativa, sem renovação dos atos no foro adequado. Assim, há direito do acusado a ver reconhecida a incompetência, a prescrição, o direito à transação, a inexistência de justa causa, e, se isso pode reconhecer o magistrado sem dilação probatória, pela mera aplicação do direito aos fatos denunciados, pode e deve essa decisão dar-se durante a ação penal, como temas de ordem pública, mesmo antes da sentença. Se a solução do direito ao caso penal dá-se em regra pela sentença – daí os arts. 383 e 384 do CPP – temas de ordem pública podem ser previamente solvidos. **HC 241.206-SP, Rel. Min. Nefi Cordeiro, julgado em 11/11/2014, DJe 11/12/2014 (Inform. STJ 553).**

Súmula STF nº 453

Não se aplicam à segunda instância o art. 384 e parágrafo único do Código de Processo Penal, que possibilitam dar nova definição jurídica ao fato delituoso, em virtude de circunstância elementar não contida, explícita ou implicitamente, na denúncia ou queixa.

12. NULIDADES

DIREITO PROCESSUAL PENAL. HIPÓTESE EM QUE A AUSÊNCIA DE INTIMAÇÃO PESSOAL DO DEFENSOR DATIVO NÃO GERA RECONHECIMENTO DE NULIDADE.

A intimação do defensor dativo apenas pela impressa oficial não implica reconhecimento de nulidade caso este tenha optado expressamente por esta modalidade de comunicação dos atos processuais, declinando da prerrogativa de ser intimado pessoalmente. Não se desconhece o entendimento pacífico do STJ no sentido de que, a teor do disposto no art. 370, § 4º, do CPP e do art. 5º, § 5º, da Lei 1.060/1950, a ausência de intimação pessoal da Defensoria Pública ou do defensor dativo sobre ato do processo gera, em regra, a sua nulidade (HC 302.868-SP, Sexta Turma, DJe 12/2/2015; e AgRg no REsp 1.292.521-GO, Quinta Turma, DJe 3/10/2014). Ocorre que a peculiaridade de o próprio defensor dativo ter optado por ser intimado pela imprensa oficial, declinando da prerrogativa de ser pessoalmente cientificado dos atos processuais, impede o reconhecimento dessa nulidade. Precedente citado: RHC 44.684-SP, Sexta Turma, DJe 11/2/2015. **HC 311.676-SP, Rel. Min. Jorge Mussi, julgado em 16/4/2015, DJe 29/4/2015 (Inform. STJ 560).**

DIREITO PROCESSUAL PENAL. LIMITES À FUNDAMENTAÇÃO PER RELATIONEM.

É nulo o acórdão que se limita a ratificar a sentença e a adotar o parecer ministerial, sem sequer transcrevê-los, deixando de afastar as teses defensivas ou de apresentar fundamento próprio. Isso porque, nessa hipótese, está caracterizada a nulidade absoluta do acórdão por falta de fundamentação. De fato, a jurisprudência tem admitido a chamada fundamentação per relationem, mas desde que o julgado faça referência concreta às peças que pretende encampar, transcrevendo delas partes que julgar interessantes para legitimar o raciocínio lógico que embasa a conclusão a que se quer chegar. Precedentes citados: HC 220.562-SP, Sexta Turma, DJe 25/2/2013; e HC 189.229-SP, Quinta Turma, DJe 17/12/2012. **HC 214.049-SP, Rel. originário Min. Nefi Cordeiro, Rel. para acórdão Min. Maria Thereza de Assis Moura, julgado em 5/2/2015, DJe 10/3/2015 (Inform. STJ 557).**

DIREITO PROCESSUAL PENAL. VALIDADE DO DEPOIMENTO SEM DANO NOS CRIMES SEXUAIS CONTRA CRIANÇA E ADOLESCENTE.

Não configura nulidade por cerceamento de defesa o fato de o defensor e o acusado de crime sexual praticado contra criança ou adolescente não estarem presentes na oitiva da vítima devido à utilização do método de inquirição denominado "depoimento sem dano", precluindo eventual possibilidade de arguição de vício diante da falta de alegação de prejuízo em momento oportuno e diante da aquiescência da defesa à realização do ato processual apenas com a presença do juiz, do assistente social e da servidora do Juízo. Em se tratando de crime sexual contra criança e adolescente, justifica-se a inquirição da vítima na modalidade do "depoimento sem dano", em respeito à sua condição especial de pessoa em desenvolvimento, procedimento aceito no STJ, inclusive antes da deflagração da persecução penal, mediante prova antecipada (HC 226.179-RS, Quinta Turma, DJe 16/10/2013). Ademais, o STJ tem entendido que a inércia da defesa, em situações semelhantes à presente, acarreta preclusão de eventual vício processual, mormente quando não demonstrado o prejuízo concreto ao réu, incidindo, na espécie, o art. 563 do CPP, que acolheu o princípio pas de nullité sans grief (HC 251.735-RS, Sexta Turma, DJe 14/4/2014). **RHC 45.589-MT, Rel. Min. Gurgel de Faria, julgado em 24/2/2015, DJe 3/3/2015 (Inform. STJ 556).**

DIREITO PROCESSUAL PENAL. DESCONSTITUIÇÃO DE ACÓRDÃO DE REVISÃO CRIMINAL QUE NÃO CORRESPONDE AO JULGAMENTO DO ÓRGÃO COLEGIADO.

O Tribunal pode, a qualquer momento e de ofício, desconstituir acórdão de revisão criminal que, de maneira fraudulenta, tenha absolvido o réu, quando, na verdade, o posicionamento que prevaleceu na sessão de julgamento foi pelo indeferimento do pleito revisional. O processo, em sua atual fase de desenvolvimento, é reforçado por valores éticos, com especial atenção ao papel desempenhado pelas partes, cabendo-lhes, além da participação para construção do provimento da causa, cooperar para a efetivação, a observância e o respeito à veracidade, à integralidade e à integridade do que se decidiu, conforme diretrizes do Estado Democrático de Direito. A publicação intencional de acórdão apócrifo – não autêntico; ideologicamente falso; que não retrata, em nenhum aspecto, o julgamento realizado – com o objetivo de beneficiar uma das partes não pode reclamar a proteção de nenhum instituto do sistema processual (coisa julgada, segurança jurídica, etc.), mesmo após o seu trânsito em julgado. Com efeito, ao sistema de invalidades processuais se aplicam todas as noções da teoria do direito acerca do plano de validade dos atos jurídicos de maneira geral. A validade do ato processual diz respeito à adequação do suporte fático que lhe subjaz e lhe serve de lastro. Nesse passo, não é possível estender ao ato ilícito os planos de validade e de eficácia destinados somente aos atos jurídicos lícitos, principalmente quando o suporte fático que lastreou o ato impugnado foi objeto de fraude, operada na publicação. Vale dizer, nenhum efeito de proteção do sistema processual pode ser esperado da publicação de um acórdão cujo conteúdo e resultado foram forjados. Sob esse viés, a atitude do Tribunal cingiu-se, apenas, a desconsiderar o ilícito, o que poderia, nessa ordem de ideias, ser feito em qualquer momento, mesmo sem provocação da parte interessada. Ademais, a manutenção dos efeitos da publicação ilícita refoge à própria finalidade da revisão criminal que, ao superar a intangibilidade da sentença transitada em julgado, cede espaço aos imperativos da justiça substancial. Nesse ponto, é bem verdade que a revisão criminal encontra limitações no direito brasileiro, e a principal delas diz respeito à modalidade de decisão que pode desconstituir. Desde que instituída a revisão criminal na Constituição de 1891, é tradição do processo penal brasileiro reconhecer – tomando o princípio do favor rei como referência – que somente as sentenças de condenação podem ser revistas. Entretanto, embora entre nós não se preveja, normativamente, a possibilidade de revisão do julgado favorável ao réu, a jurisprudência do STF autoriza a desconstituição da decisão terminativa de mérito em que se declarou extinta a punibilidade do acusado, em conformidade com os arts. 61 e 62 do CPP, tendo em vista a comprovação, posterior ao trânsito em julgado daquela decisão, de que o atestado de óbito motivador do decisum fora falsificado. Assim, o raciocínio a ser empregado na espécie há de ser o mesmo. Embora a hipótese em análise não reproduza o caso de certidão de óbito falsa, retrata a elaboração de acórdão falso, de conteúdo ideologicamente falsificado, sobre o qual se pretende emprestar os efeitos da coisa julgada, da segurança jurídica e da inércia da jurisdição, o que ressoa absolutamente incongruente com a própria natureza da revisão criminal que é a de fazer valer a verdade. Não se trata, portanto, de rejulgamento da revisão criminal, muito menos se está a admitir uma revisão criminal pro societate. Trata-se de simples decisão interlocutória por meio da qual o Poder Judiciário, dada a constatação de flagrante ilegalidade na proclamação do resultado de seu julgado, porquanto sedimentado em realidade fática inexistente e em correspondente documentação fraudada, corrige o ato e proclama o resultado verdadeiro (veredicto). Pensar de modo diverso ensejaria ofensa ao princípio do devido processo legal, aqui analisado sob o prisma dos deveres de lealdade, cooperação, probidade e confiança, que constituem pilares de sustentação do sistema jurídico-processual. O processo, sob a ótica de qualquer de seus escopos, não pode tolerar o abuso do direito ou qualquer outra forma de atuação que enseje a litigância de má-fé. Logo, condutas contrárias à verdade, fraudulentas ou procrastinatórias conspurcam o objetivo publicístico e social do processo, a merecer uma resposta inibitória exemplar do Poder Judiciário. Portanto, visto sob esse prisma, não há como se tolerar, como argumento de defesa, suposta inobservância à segurança jurídica quando a estabilidade da decisão que se pretende seja obedecida é assentada justamente em situação de fato e em comportamento processual que o ordenamento jurídico visa coibir. **REsp 1.324.760-SP, Rel. Min. Sebastião Reis Júnior, Rel. para acórdão Min. Rogerio Schietti Cruz, julgado em 16/12/2014, DJe 18/2/2015 (Inform. STJ 555).**

DIREITO PENAL E PROCESSUAL PENAL. RECEBIMENTO DE DENÚNCIA POR AUTORIDADE INCOMPETENTE E PRESCRIÇÃO.

Quando a autoridade que receber a denúncia for incompetente em razão de prerrogativa de foro do réu, o recebimento da peça acusatória

será ato absolutamente nulo e, portanto, não interromperá a prescrição. Precedente citado do STJ: REsp 819.168-PE, Quinta Turma, DJ 5/2/2007. Precedente citado do STF: HC 63.556-RS, Segunda Turma, DJ 9/5/1986. **APn 295-RR, Rel. Min. Jorge Mussi, julgado em 17/12/2014, DJe 12/2/2015 (Inform. STJ 555).**

Súmula STF nº 708

É nulo o julgamento da apelação se, após a manifestação nos autos da renúncia do único defensor, o réu não foi previamente intimado para constituir outro.

Súmula STF nº 707

Constitui nulidade a falta de intimação do denunciado para oferecer contrarrazões ao recurso interposto da rejeição da denúncia, não a suprindo a nomeação de defensor dativo.

Súmula STF nº 706

É relativa a nulidade decorrente da inobservância da competência penal por prevenção.

Súmula STF nº 523

No processo penal, a falta da defesa constitui nulidade absoluta, mas a sua deficiência só o anulará se houver prova de prejuízo para o réu.

Súmula STF nº 431

É nulo o julgamento de recurso criminal, na segunda instância, sem prévia intimação, ou publicação da pauta, salvo em "habeas corpus".

Súmula STF nº 352

Não é nulo o processo penal por falta de nomeação de curador ao réu menor que teve a assistência de defensor dativo.

Súmula STF nº 155

É relativa a nulidade do processo criminal por falta de intimação da expedição de precatória para inquirição de testemunha.

13. RECURSOS

AG. REG. NO ARE N. 793.712-SP

RELATOR: MIN. EDSON FACHIN

Ementa: AGRAVO REGIMENTAL NO RECURSO EXTRAORDINÁRIO COM AGRAVO. MATÉRIA CRIMINAL. INTEMPESTIVIDADE DO PRIMEIRO AGRAVO. INAPLICABILIDADE DO PRAZO DA LEI 12.322/2010. INCIDÊNCIA DA SÚMULA 699 DO SUPREMO TRIBUNAL FEDERAL. SEGUNDO AGRAVO. APLICAÇÃO DA SISTEMÁTICA DA REPERCUSSÃO GERAL NO TRIBUNAL DE ORIGEM. INTERPOSIÇÃO DO AGRAVO PREVISTO NO ART. 544 DO CPC. NÃO CABIMENTO.

1. É intempestivo o agravo, em matéria criminal, que não observa o prazo de interposição de 05 (cinco) dias estabelecido no art. 28 da Lei 8.038/1990.
2. O Supremo Tribunal Federal, por maioria, resolvendo questão de ordem suscitada no ARE 639.846-AgR, manteve o enunciado da Súmula 699 do STF, ao relevar que não se aplica, na espécie, a alteração trazida pela Lei 12.322/2010 ao art. 544, *caput*, do Código de Processo Civil.
3. Não cabe a esta Corte rever a aplicação da sistemática da repercussão geral no Juízo de origem, nos termos do que assentado no julgamento da Questão de Ordem no AI 760.358, Rel. Min. Gilmar Mendes.
3. Agravo regimental a que se nega provimento. **(Inform. STF 810)**

AG. REG. NO HC N. 130.276-DF

RELATOR: MIN. TEORI ZAVASCKI

EMENTA: PROCESSUAL PENAL. AGRAVO REGIMENTAL EM *HABEAS CORPUS* CONTRA DECISÃO DO STJ QUE APLICA A SISTEMÁTICA DA REPERCUSSÃO GERAL. AUSÊNCIA DE ILEGALIDADE.

1. Inexistente ilegalidade na decisão que não conheceu do agravo contra decisão que aplica a sistemática da repercussão geral para não admitir o extraordinário (art. 543-B, §§ 2º e 3º, do CPC). Isso porque o Plenário desta Corte firmou o entendimento de que não cabe recurso ou reclamação ao Supremo Tribunal Federal para rever decisão do Tribunal de origem que aplica a sistemática da repercussão geral, a menos que haja negativa motivada do juiz em se retratar para seguir a decisão da Suprema Corte. Precedentes.
2. Agravo regimental a que se nega provimento. **(Inform. STF 804)**

EMB. DECL. NOS EMB. DIV. NOS EMB. DECL. NO SEGUNDO AG. REG. NO AI N.621.124-RJ

RELATOR: MIN. ROBERTO BARROSO

EMENTA: DIREITO PENAL. EMBARGOS DE DECLARAÇÃO NOS EMBARGOS DE DIVERGÊNCIA NOS EMBARGOS DE DECLARAÇÃO NO SEGUNDO AGRAVO REGIMENTAL NO AGRAVO DE INSTRUMENTO. EMBARGOS DE DECLARAÇÃO RECEBIDOS COMO AGRAVO REGIMENTAL. RAZÕES RECURSAIS DISSOCIADAS DA FUNDAMENTAÇÃO DA DECISÃO RECORRIDA. PRESCRIÇÃO DA PRETENSÃO PUNITIVA ESTATAL. INOCORRÊNCIA.

1. A orientação jurisprudencial do Supremo Tribunal Federal é no sentido de que os embargos declaratórios opostos, com caráter infringente, objetivando a reforma da decisão do relator, devem ser conhecidos como agravo regimental (MI 823-ED-segundos, Rel. Min. Celso de Mello; Rcl 11.022-ED, Rel.ª Min.ª Cármen Lúcia; ARE 680.718-ED, Rel. Min. Luiz Fux).
2. As razões recursais não guardam pertinência com a fundamentação da decisão impugnada, que, portanto, permanece incólume.
3. Ademais, não é possível falar em extinção da punibilidade pela prescrição, uma vez que não transcorreu prazo superior a 12 anos entre os marcos interruptivos previstos nos incisos do art. 117 do Código Penal.
4. Embargos de declaração recebidos como agravo regimental a que se nega provimento, com determinação de baixa imediata dos autos à origem. **(Inform. STF 800)**

"Reformatio in pejus" e causa de diminuição de pena

A Primeira Turma, em conclusão de julgamento e por maioria, deu provimento a recurso ordinário em "habeas corpus" para determinar ao juízo de origem a aplicação da causa de diminuição de pena prevista no art. 33, § 4º, da Lei 11.343/2006, como entendesse de direito. No caso, o recorrente fora condenado à pena de cinco anos e dez meses de reclusão, no regime inicial fechado, pela prática do crime de tráfico de entorpecentes. Naquela oportunidade, o magistrado de primeiro grau ressaltara que, ante a reincidência, o réu não teria direito à causa de diminuição de pena prevista no art. 33, § 4º, da Lei 11.343/2006. Já em sede de apelação, o tribunal de justiça dera parcial provimento ao recurso defensivo, para, ao desconsiderar a reincidência, porquanto inexistente, redimensionar a pena para cinco anos de reclusão. Contudo, apesar de ter diminuído a pena aplicada, a Corte também afastara a minorante, mas com esteio em razão diversa, asseverando não ser possível a diminuição em razão da quantidade e do alto teor viciante da droga apreendida e pelas circunstâncias que teriam permeado o flagrante. Alegava o recorrente que o tribunal de origem teria promovido indevida inovação de fundamentação ao agregar motivos diversos daqueles invocados pelo juízo de piso para vedar a aplicação do privilégio legal, isso em recurso exclusivo da defesa, configurando-se, portanto, a "reformatio in pejus". Os Ministros Luiz Fux e Marco Aurélio, ao dar provimento ao recurso, entenderam configurada, na hipótese, a "reformatio in pejus", dado que o tribunal "a quo", apesar de afastar a reincidência, não dera o devido efeito a isso, fazendo a compensação com argumento próprio. Assim, a situação do recorrente fora piorada – apesar de a pena ter sido diminuída no julgamento da apelação —, porquanto tivesse sido feita a redução, ante a constatação da inexistência da reincidência, a pena seria ainda menor se não tivesse havido a compensação com outro argumento. O Ministro Roberto Barroso igualmente deu provimento ao recurso, porém por fundamento diverso. Ressaltou não haver "reformatio in pejus" quando o tribunal de 2º grau, ao apreciar recurso exclusivo da defesa, mantivesse ou reduzisse a pena aplicada em 1º grau, com justificativas distintas daquelas utilizadas na sentença recorrida. Na situação em comento, a conclusão da Corte de apelação acarretara uma redução de dez meses em relação à pena inicialmente imposta, resultando numa sanção de cinco anos de reclusão. Entretanto, a fundamentação utilizada quando daquele julgamento não seria idônea para impedir a incidência da minorante em questão. Seria certo que a primariedade técnica do réu não conduziria à automática concessão do benefício, mas deveria ser demonstrada concretamente a dedicação do sentenciado às atividades criminosas ou mesmo a sua integração a alguma organização criminosa. Nada disso teria sido feito pela decisão então exarada, que se limitara a afirmar que o réu cometera tráfico de substância com alto poder viciante e que havia sido preso em flagrante. A partir dessas informações, próprias do tipo do art. 33 da Lei 11.343/2006, não se poderia presumir que o réu fosse integrante de organização criminosa, devendo ser aplicada a causa de diminuição. Vencidos os Ministros Dias Toffoli (relator) e Rosa Weber, que entendiam não estar caracterizada na espécie, a "reformatio in pejus". **RHC 117756/DF, rel. Min. Dias Toffoli, red. p/ o acórdão Min. Luiz Fux, 22.9.2015. (RHC-117756) (Inform. STF 800)**

HC N. 125.614-SP

RELATORA: MIN. ROSA WEBER

EMENTA: ***HABEAS CORPUS*****. DIREITO PROCESSUAL PENAL. IMPETRAÇÃO CONTRA DECISÃO MONOCRÁTICA DO SUPERIOR TRIBUNAL DE JUSTIÇA. NÃO ESGOTAMENTO DE JURISDIÇÃO. HOMICÍDIO QUALIFICADO E TENTATIVA DE HOMICÍDIO QUALIFICADO. PRISÃO PREVENTIVA. EXCESSO DE PRAZO NA FORMAÇÃO DA CULPA. SUPRESSÃO DE INSTÂNCIA. SENTENÇA CONDENATÓRIA SUPERVENIENTE. SUBSTITUIÇÃO DO TÍTULO PRISIONAL. NOVO TÍTULO. PERDA DE OBJETO.**

1. Há óbice ao conhecimento de *habeas corpus* impetrado contra decisão monocrática, indeferitória de *writ*, do Superior Tribunal de Justiça, cuja jurisdição não se esgotou, ausente o manejo de agravo regimental. Precedentes.

2. Inviável o exame da tese defensiva não analisada pelo Superior Tribunal de Justiça, sob pena de indevida supressão de instância.

3. A sentença condenatória superveniente em que o Juízo aprecia e mantém a prisão cautelar anteriormente decretada implica a mudança do título da prisão e prejudica o conhecimento de *habeas corpus* impetrado contra a prisão antes do julgamento.

4. Não mais se cogita de excesso de prazo da prisão ante o julgamento de mérito da ação penal. Precedentes.

5. *Habeas corpus* extinto sem resolução do mérito. **(Inform. STF 799)**

EMB.DECL. NO AG. REG. NO RE N. 632.343-RJ

RELATOR: MIN. DIAS TOFFOLI

EMENTA: Embargos de declaração no agravo regimental no recurso extraordinário. Matéria criminal. Omissão no acórdão questionado não caracterizada. Caráter manifestamente protelatório do recurso. Pretensão de alcançar a prescrição da pretensão punitiva. Risco iminente da prescrição. Possibilidade de baixa imediata dos autos independentemente da publicação da decisão. Entendimento consolidado na jurisprudência da Corte. Precedentes. Rejeição dos embargos. Baixa imediata dos autos ao juízo de origem.

1. Nenhuma das hipóteses autorizadoras da oposição do recurso declaratório (RISTF, art. 337) está configurada no caso dos autos, já que o acórdão embargado abordou, de forma fundamentada, todos os pontos colocados em debate, nos limites necessários ao deslinde da controvérsia.

2. Intenção de se procrastinar a prestação jurisdicional da Corte e, assim, obstar a persecução penal, uma vez a prescrição da pretensão punitiva, pela pena em abstrato, se avizinha (29/8/15).

3. Hipótese absolutamente repelida pela jurisprudência do Supremo Tribunal Federal, a qual consigna que a utilização de recurso manifestamente protelatório autoriza o imediato cumprimento da decisão proferida pela Suprema Corte, independentemente da publicação do acórdão (RE nº 839.163/DF-QO, Tribunal Pleno, de **minha relatoria**, DJe de 9/2/15).

4. Embargos de declaração rejeitados.

5. Baixa imediata dos autos ao juízo de origem, independentemente da publicação do acórdão, tendo em vista o caráter manifestamente protelatório do recurso. **(Inform. STF 797)**

AG. REG. NO ARE N 855.715-SP

RELATOR: MIN. DIAS TOFFOLI

Ementa: PROCESSUAL PENAL. AGRAVO REGIMENTAL NO RECURSO EXTRAORDINÁRIO COM AGRAVO. AUSÊNCIA DE IMPUGNAÇÃO ESPECÍFICA AOS FUNDAMENTOS SUFICIENTES PARA MANTER A DECISÃO AGRAVADA. SÚMULA 284/STF.

1. Não comporta conhecimento o agravo interno que não impugna direta e especificamente os fundamentos indicados na decisão monocrática de Relator.

2. Agravo regimental não conhecido. **(Inform. STF 796)**

Recurso ordinário e devolução da matéria veiculada

A questão referente à suposta incompetência da justiça estadual para processar e julgar o feito não pode ser apreciada por essa Corte se a matéria não fora analisada pelo STJ, sob pena de supressão de instância. Com base nessa orientação, a Primeira Turma deu parcial provimento a agravo regimental e determinou que o STJ conheça e julgue, como entender de direito, se compete à Justiça estadual ou à Justiça federal julgar o agravante. Na espécie, o paciente (vereador) fora denunciado, na companhia de outros acusados, porque teriam se associado, em unidade de ações e desígnios, de forma estável e permanente, para o fim de praticar diversos crimes, notadamente os delitos de fraude à licitação, superfaturamento de compras e serviços pela prefeitura e pela câmara municipal. O STJ não conhecera da alegada incompetência absoluta da Justiça estadual, uma vez que a matéria não fora suscitada no tribunal de justiça local. A Turma asseverou que em recurso ordinário haveria devolução de toda e qualquer matéria ao órgão recursal (STJ), a exigir a análise da matéria por aquela Corte.

RHC 125477/RJ, rel. Min. Roberto Barroso, 9.6.2015. (RHC-125477) (Inform. STF 789)

EMB. DECL. NOS SEGUNDOS EMB. DECL. NO AG. REG. NO AI N. 760.304-SP

RELATOR: MIN. ROBERTO BARROSO

EMENTA: DIREITO PENAL. EMBARGOS DECLARATÓRIOS EM EMBARGOS DECLARATÓRIOS EM AGRAVO REGIMENTAL EM RECURSO EXTRAORDINÁRIO EM AGRAVO DE INSTRUMENTO. SUCESSIVIDADE DE EMBARGOS QUE BUSCAM A REDISCUSSÃO DA CAUSA. IMPOSSIBILIDADE. INEXISTÊNCIA DOS VÍCIOS RELACIONADOS NO ART. 619 DO CPP. REITERAÇÃO DE ALEGAÇÕES EXPENDIDAS. PRETENSÃO DE CARÁTER INFRINGENTE.

1. As questões trazidas nesses embargos declaratórios já foram analisadas no julgamento do agravo regimental. A via recursal adotada não se mostra adequada para a renovação de julgamento que se efetivou regularmente. 2. A jurisprudência do Supremo Tribunal Federal é firme no sentido de que os segundos embargos declaratórios só podem ser admitidos quando o vício a ser sanado tenha surgido pela primeira vez no julgamento dos anteriores. Precedentes. 3. Embargos de declaração não conhecidos. 4. No caso, a reiteração dos embargos declaratórios mal disfarça a natureza abusiva do recurso, o que autoriza a execução imediata da decisão, independentemente de sua publicação. Precedentes. **(Inform. STF 789)**

AG. REG. NO ARE N. 835.583-ES

RELATOR: MIN. DIAS TOFFOLI

EMENTA: **Agravo regimental em recursos extraordinários com agravos. Matéria criminal. Primeiro agravo. Intempestividade. Não observância do prazo de 5 (cinco) dias (art. 28 da Lei nº 8.038/90). Incidência da Súmula nº 699/STF, não obstante a superveniência da Lei nº 12.322/10. Precedentes. Segundo agravo. Ausência de impugnação de todos os fundamentos da decisão agravada. Precedentes. Regimental não provido.**

1. O primeiro agravo, interposto em face da decisão de inadmissibilidade de recurso extraordinário proferida pelo Tribunal de Justiça do Espírito Santo, é intempestivo, já que o agravante não observou o prazo de 5 (cinco) dias para sua interposição, conforme estabelece o art. 28 da Lei nº 8.038/90, o qual não foi revogado, em matéria penal, pela Lei nº 8.950/94, de âmbito normativo restrito ao Código de Processo Civil. Incidência na espécie do enunciado da Súmula nº 699/STF.

2. O Plenário da Corte, ao julgar o ARE nº 639.846/SP-AgR-QO, Relator para o acórdão o Ministro **Luiz Fux**, assentou, a teor das alterações promovidas pela Lei nº 12.322/10, a aplicabilidade do prazo de 5 (cinco)

dias (art. 28 da Lei nº 8.038/90) para a interposição de agravo contra decisão em que não se admite recurso extraordinário que verse sobre matéria penal ou processual penal.

3. O segundo agravo deixou de impugnar todos os fundamentos da decisão agravada, o que atrai a incidência da Súmula nº 287/STF.

4. Agravo regimental não provido. **(Inform. STF 789)**

AG. REG. NO ARE N. 871.677-PA

RELATOR: MIN. LUIZ FUX

Ementa: AGRAVO REGIMENTAL NO RECURSO EXTRAORDINÁRIO COM AGRAVO. PENAL E PROCESSUAL PENAL. CRIME DE ATENTADO VIOLENTO AO PUDOR. ARTIGO 214 DO CÓDIGO PENAL, NA SUA REDAÇÃO ANTERIOR À LEI Nº 12.015/09. COMPROVAÇÃO DE AUTORIA E MATERIALIDADE. INCURSIONAMENTO NO CONTEXTO FÁTICO-PROBATÓRIO DOS AUTOS. SÚMULA 279 DO STF.

1. A resolução da controvérsia atinente à autoria e materialidade criminais demanda a análise aprofundada do conjunto fático-probatório dos autos, o que atrai a incidência da Súmula 279 do STF, que dispõe: *"Para simples reexame de prova não cabe recurso extraordinário"*. Precedentes: ARE 804.388 AgR, Rel. Min. Gilmar Mendes, Segunda Turma, DJe de 13/5/2014, e ARE 752.851 AgR, Rel. Min. Luiz Fux, Primeira Turma, DJe de 18/3/2014.

2. *In casu*, o acórdão extraordinariamente recorrido assentou: *"APELAÇÃO PENAL. ATENTADO VIOLENTO AO PUDOR. CONTINUAÇÃO DELITIVA. ABSOLVIÇÃO POR INSUFICIÊNCIA DE PROVAS IMPOSSIBILIDADE – RELATOS DA VÍTIMA SEGURO QUANTO AOS FATOS – ADMISSÃO PARCIAL DO RÉU – FORÇA PROBATÓRIA DA PALAVRA DA OFENDIDA. REDUÇÃO DA PENA DE OFÍCIO. RECURSO CONHECIDO E IMPROVIDO. UNANIMIDADE."*

3. Agravo regimental **DESPROVIDO. (Inform. STF 786)**

Recurso exclusivo da defesa e "reformatio in pejus" – 1

A Segunda Turma iniciou julgamento de recurso ordinário em "habeas corpus" no qual se afirma a existência de "reformatio in pejus" em acórdão que, ao apreciar recurso exclusivo da defesa, mantivera a condenação do ora recorrente pela prática do crime de furto tentado (CP, art. 155 c/c art. 14, II), afastada a qualificadora da escalada (CP, art. 155, § 4º, II), porém acrescida da causa de aumento do repouso noturno (CP, art. 155, § 1º). O Ministro Dias Toffoli (relator) destacou inicialmente que o acusado se defenderia dos fatos e não das imputações trazidas na denúncia, e, no caso, estaria descrito na denúncia que o crime em comento teria ocorrido em período noturno. Ademais, a apelação devolveria ao tribunal toda a matéria. A "reformatio in pejus" somente ocorreria no momento em que houvesse o aumento da pena em recurso exclusivo da defesa, o que não teria ocorrido na espécie. O entendimento contrário levaria a que o tribunal de apelação fosse completamente tolhido no seu poder de analisar todo o contexto dos fatos e o enquadramento jurídico que sobre eles recaíssem, enquanto que o juiz de primeiro grau teria muito mais poder. Significaria, então, demitir qualquer Corte de apelação da análise do conjunto da obra colocada para a sua deliberação. O caso em análise, porém, iria além do posicionamento consignado. O juízo de primeiro grau apontara a escalada, e, portanto, estaria configurado o furto qualificado, em sua forma tentada. A teoria jurídica penal, entretanto, destacaria que a aplicação da causa de aumento de pena referente ao repouso noturno não seria possível na hipótese do furto qualificado. O tribunal, posteriormente, em sede de apelação exclusiva da defesa, ao retirar a qualificadora da escalada, concluíra pela existência de furto simples, e, só então, aplicara a referida causa de aumento, dado que desclassificada a conduta. Outrossim, a pena final teria sido menor do que a pena fixada em primeiro grau. Em seguida, pediu vista dos autos o Ministro Gilmar Mendes.

RHC 126763/MS, rel. Min. Dias Toffoli, 14.4.2015. (RHC-126763)

Recurso exclusivo da defesa e "reformatio in pejus" – 2

Ante o empate na votação, a Segunda Turma, em conclusão de julgamento, deu provimento a recurso ordinário em "habeas corpus" a fim de que seja refeita a dosimetria da pena em relação ao recorrente. Na espécie, afirmava-se a existência de "reformatio in pejus" em acórdão que, ao apreciar recurso exclusivo da defesa, mantivera a condenação do ora recorrente pela prática do crime de furto tentado (CP, art. 155 c/c art. 14, II), afastada a qualificadora da escalada (CP, art. 155, § 4º, II), porém acrescida da causa de aumento do repouso noturno (CP, art. 155, § 1º) – v. Informativo 781. Tratava-se de controvérsia relativa ao alcance da parte final do art. 617 do CPP ("O tribunal, câmara ou turma atenderá nas suas decisões ao disposto nos arts. 383, 386 e 387, no que for aplicável, não podendo, porém, ser agravada a pena, quando somente o réu houver apelado da sentença"), acerca do agravamento de pena quando somente o réu houvesse apelado da sentença. Prevaleceu a tese de que a melhor interpretação a ser dada à parte final do art. 617 do CPP seria a sistemática, a levar em conta que a norma estaria inserida em um conjunto organizado de ideias e, por isso, a vedação da "reformatio in pejus" não se restringiria à quantidade final de pena, porquanto não se trataria de mero cálculo aritmético, mas sim de efetiva valoração da conduta levada a efeito pelo sentenciado. Ao fixar a pena-base, o magistrado se ateria às vetoriais do art. 59 do CP. No caso, ao se comparar a pena final do recorrente (1 ano, 5 meses e 23 dias de reclusão) com aquela imposta em 1ª instância (2 anos, 7 meses e 15 dias de reclusão), o apelante parecia ter sido beneficiado pela decisão de 2ª instância. Observou-se que após o trânsito em julgado para o Ministério Público, o tribunal de apelação reconhecera a existência de uma circunstância qualificadora (delito praticado durante o repouso noturno), que em momento algum fora aventada. Contudo, ainda que presentes todos os requisitos fáticos para a aplicação dessa qualificadora, a ausência de recurso da acusação vedaria esse proceder, visto se tratar de elemento desfavorável à defesa. Assim, a decisão de 2ª instância aumentara a pena atribuída a cada vetorial negativa reconhecida e agregara à decisão uma qualificadora inexistente, a gerar prejuízo e constrangimento ilegal. Por outro lado, os Ministros Dias Toffoli (relator) e Teori Zavascki negavam provimento ao recurso. Admitiam a devolução, ao tribunal "ad quem", de todo o conjunto da matéria na sua requalificação dos fatos aos tipos penais. Concluíam que, por não ter havido agravamento, fosse da pena, fosse do regime de cumprimento dela, não estaria configurada a "reformatio in pejus".

RHC 126763/MS, rel. orig. Min. Dias Toffoli, red. p/ o acórdão Min. Gilmar Mendes, 1º.9.2015. (RHC-126763) (Inform. STF 797)

Revogação tácita de mandato e cerceamento de defesa

A constituição de novo mandatário para atuar em processo judicial, sem ressalva ou reserva de poderes, enseja a revogação tácita do mandato anteriormente concedido. Com base nesse entendimento, a Segunda Turma deu parcial provimento a recurso ordinário em "habeas corpus" no qual pleiteada a anulação do julgamento de apelação sem a prévia intimação do defensor posteriormente constituído. Na espécie, o ora recorrente outorgara, após a apresentação de razões de apelação, mandato a novo procurador. Por equívoco do tribunal de justiça, a nova procuração fora juntada aos autos apenas dois anos após sua apresentação, depois da oposição de embargos de declaração que visavam exatamente a declaração de nulidade da sessão de julgamento da apelação, porquanto a pauta de julgamento desta teria sido publicada em nome do causídico que não mais representava o recorrente. O Colegiado reiterou o que decido no julgamento da AP 470/MG (DJe de 22.4.2013), no sentido de que a não intimação de advogado constituído configuraria cerceamento de defesa. No entanto, ainda que não fosse o caso de revogação tácita de poderes, na hipótese em comento, o novo advogado constituído postulara sua habilitação nos autos, ocasião em que também teria requerido, expressamente, sua intimação de todos os atos judiciais, o que não teria ocorrido. Ademais, não haveria nos autos notícia de que o advogado anteriormente constituído tivesse atuado no processo após o peticionamento da nova procuração.

RHC 127258/PE, rel. Min. Teori Zavascki, 19.5.2015. (RHC 127258) (Inform. STF 786)

EMB. DECL. NO HC N. 95.443-SC

RELATOR: MIN. TEORI ZAVASCKI

Ementa: PROCESSUAL PENAL. EMBARGOS DE DECLARAÇÃO. CONTRADIÇÃO. ART. 619 DO CÓDIGO DE PROCESSO PENAL. INEXISTÊNCIA. EMBARGOS REJEITADOS.

1. A contradição que dá ensejo a embargos de declaração (art. 619 do CPP) é a que se estabelece no âmbito interno do julgado embargado, ou seja, a contradição do julgado consigo mesmo, como quando, por exemplo, o dispositivo não decorre logicamente da fundamentação.
2. Embargos de declaração rejeitados. (Inform. STF 779)

Recurso exclusivo da defesa: redução da pena e "reformatio in pejus"

Ante o empate na votação, a 2ª Turma concedeu a ordem em "habeas corpus" impetrado em favor de condenada pelo crime do art. 33, c/c o art. 40, I, da Lei 11.343/2006. No caso, a sentença de 1º grau impusera-lhe a pena de 7 anos e 9 meses de reclusão. Após apelação interposta pela defesa, dera-se parcial provimento ao recurso, para reduzir a reprimenda para 6 anos e 5 meses de reclusão. Alegava-se que a 2ª instância teria incorrido em "reformatio in pejus", pois, não obstante o total da pena tivesse sido reduzido, o tribunal fixara a pena-base em patamar superior ao estabelecido anteriormente. A Turma registrou que a quantidade da pena fixada não seria o único efeito a permear a condenação, e que o rearranjo da pena-base – levado a efeito quando do exame de recurso exclusivo da defesa – poderia provocar, por exemplo, o agravamento do regime inicial de reprimenda. Seria vedado ao tribunal agravar, qualitativa ou quantitativamente, a sanção imposta. O STF, no entanto, admitiria que, em hipóteses como essa, fosse dada nova definição jurídica ao fato delituoso, desde que não agravada a pena ou não piorada, de alguma forma, a situação do apelante. No caso, embora, ao final, o cálculo da pena tivesse resultado em número inferior, o tribunal reconhecera em desfavor da paciente circunstâncias não firmadas na sentença. Aparentemente sem prejuízo prático para a condenada, a decisão reconhecera vetoriais negativas outrora inexistentes, o que configuraria prejuízo e constrangimento ilegal. Assim, seria necessário realizar nova dosimetria, mantidos, quanto à pena-base, os termos definidos em 1º grau. Os Ministros Teori Zavascki (relator) e Cármen Lúcia indeferiam a ordem. Entendiam que, ainda que em recurso exclusivo da defesa, o efeito devolutivo da apelação permitiria a revisão de toda a matéria e, portanto, dos critérios de fixação da pena, respeitados os limites da acusação e da prova produzida. Se, ao final, a pena fosse reduzida, não haveria que se falar em "reformatio in pejus".
HC 103310/SP, rel. orig. Min. Teori Zavascki, red. p/ o acórdão Min. Gilmar Mendes, 3.3.2015. (HC-103310) (Inform. STF 776)

Recurso exclusivo da defesa e circunstância fática não reconhecida em primeiro grau

Não caracteriza "reformatio in pejus" a decisão de tribunal de justiça que, ao julgar recurso de apelação exclusivo da defesa, mantém a reprimenda aplicada pelo magistrado de primeiro grau, porém, com fundamentos diversos daqueles adotados na sentença. Esse o entendimento da 1ª Turma que, em conclusão de julgamento e por maioria, negou provimento a recurso ordinário em "habeas corpus" por ausência de constrangimento ilegal ou abuso de poder a ferir direito do recorrente. Na espécie, a defesa alegava que o tribunal "a quo" teria promovido indevida inovação de fundamentação ao agregar motivo – personalidade voltada para o crime – que não fora invocado pelo juízo de origem para exasperar a pena-base em dez meses. A Turma asseverou que o tribunal local apenas procedera à correta qualificação de elemento equivocadamente considerado pelo magistrado de primeira instância, na fixação da pena-base, como resultante da conduta social do agente, que deveria ter se inserido na avaliação de sua personalidade. Observou que o fato de o juízo de primeiro grau haver afirmado não existirem elementos que permitissem a avaliação negativa da personalidade do agente, e, ainda assim, analisá-los sob prisma diverso, não impediria que se reconhecesse o equívoco dessa mensuração. Dessa forma, ao proceder à correta classificação entre as circunstâncias judiciais do art. 59 do CP, não significaria suplementação da fundamentação adotada. Pontuou que, no caso, o que se haveria de definir seria a amplitude do efeito devolutivo próprio do recurso de apelação. Frisou que a apelação examinara o tema colocado pela defesa – dosimetria da pena – e, nesse ponto, o tribunal poderia concluir e reexaminar a matéria, conforme o fizera. Vencidos os Ministros Marco Aurélio e Luiz Fux, que davam provimento ao recurso. O Ministro Marco Aurélio aduzia que não se poderia utilizar de recurso da defesa para se corrigir o pronunciamento da primeira instância, ainda que a pena tivesse sido mantida no mesmo patamar. Destacava que, precluso o recurso para o Ministério Público, não poderia o Estado-acusador obter vantagem a partir do recurso da defesa.
RHC 119149/RS, rel. Min. Dias Toffoli, 10.2.2015. (RHC-119149) (Inform. STF 774)

DIREITO PENAL. EXCLUSÃO DE CIRCUNSTÂNCIA JUDICIAL E REFORMATIO IN PEJUS.

Caso o Tribunal, na análise de apelação exclusiva da defesa, afaste uma das circunstâncias judiciais (art. 59 do CP) valoradas de maneira negativa na sentença, a pena base imposta ao réu deverá, como consectário lógico, ser reduzida, e não mantida inalterada. A proibição da *reformatio in pejus*, derivação da regra mais ampla do *favor rei*, traduz-se na vedação a que, em recurso interposto exclusivamente pelo acusado, o Tribunal agrave a situação do recorrente, em relação à decisão impugnada, aceita pelo acusador. Proíbe-se, outrossim, a *reformatio in pejus indireta*, para impedir que, nos casos em que a decisão impugnada pelo acusado seja anulada pelo tribunal, a nova decisão venha a ser mais gravosa aos interesses da defesa. Sem embargo, não há impedimento a que, mantida a situação penal do réu, o tribunal a quem se devolveu o conhecimento da causa, por força de recurso (apelação ou recurso em sentido estrito) manejado tão somente pela defesa, possa emitir sua própria e mais apurada fundamentação sobre as questões jurídicas ampla e dialeticamente debatidas no juízo *a quo*, as quais foram objeto da sentença impugnada no recurso. A proibição de reforma para pior garante ao recorrente o direito de não ter sua situação agravada, direta ou indiretamente. Não obsta, entretanto, que o Tribunal, para dizer o direito – ao exercer, portanto, sua soberana função de *juris dictio* -, encontre motivação própria, respeitadas, obrigatoriamente, a imputação deduzida pelo órgão de acusação, a extensão cognitiva da sentença impugnada e os limites da condenação impostos no juízo de origem. Dessa forma, para o exame das fronteiras que delimitam a proibição de reforma para pior, deve ser analisado cada item do dispositivo da pena, e não apenas a quantidade total da reprimenda. Assim, havendo a exclusão de alguma circunstância judicial, não deve a pena ser mantida inalterada, pois, do contrário, estar-se-ia agravando o *quantum* atribuído anteriormente a cada uma das vetoriais. Ilustrativamente: "a pena fixada não é o único efeito que baliza a condenação, devendo ser consideradas outras circunstâncias para a verificação de existência de *reformatio in pejus*" (STF, HC 103.310, Segunda Turma, DJe 7/5/2015). **HC 251.417-MG, Rel. Min. Rogerio Schietti Cruz, julgado em 3/11/2015, DJe 19/11/2015. (Inform. STJ 573)**

DIREITO PROCESSUAL PENAL. ANULAÇÃO DA DECISÃO ABSOLUTÓRIA DO JÚRI EM RAZÃO DA CONTRARIEDADE COM AS PROVAS DOS AUTOS.

Ainda que a defesa alegue que a absolvição se deu por clemência do Júri, admite-se, mas desde que por uma única vez, o provimento de apelação fundamentada na alegação de que a decisão dos jurados contrariou manifestamente à prova dos autos (alínea "d" do inciso III do art. 593 do CPP). O CPP, em seu art. 593, § 3º, garante ao Tribunal de Apelação o exame, por única vez, de conformidade mínima da decisão dos jurados com a prova dos autos. Assim, não configura desrespeito ou afronta à soberania dos veredictos o acórdão que, apreciando recurso de apelação, conclui pela completa dissociação do resultado do julgamento pelo Júri com o conjunto probatório produzido durante a instrução processual, de maneira fundamentada. Dessa forma, embora seja possível até a absolvição por clemência, isso não pode se dar em um primeiro julgamento, sem possibilidade de reexame pelo tribunal, que pode considerar, sim, que a decisão é manifestamente contrária à prova dos autos e submeter ao réu em um segundo julgamento. **REsp 1.451.720-SP, Rel. originário Min. Sebastião Reis Júnior, Rel. para acórdão Min. Nefi Cordeiro, julgado em 28/4/2015, DJe 24/6/2015 (Inform. STJ 564).**

DIREITO PROCESSUAL CIVIL E PROCESSUAL PENAL. PRAZO PARA OPOSIÇÃO DE EMBARGOS DE DECLARAÇÃO CONTRA ACÓRDÃO QUE ANALISA ASTREINTES IMPOSTAS POR JUÍZO CRIMINAL.

É de 5 dias (art. 536 do CPC/1973) – e não de 2 dias (art. 619 do CPP) – o prazo para a oposição, por quem não seja parte na relação

processual penal, de embargos de declaração contra acórdão que julgou agravo de instrumento manejado em face de decisão, proferida por juízo criminal, que determinara, com base no art. 3º do CPP, o pagamento de multa diária prevista no CPC/1973 em razão de atraso no cumprimento de ordem judicial de fornecimento de informações decorrentes de quebra de sigilo no âmbito de inquérito policial. Diferentemente dos casos em que a matéria discutida tenha natureza induvidosamente penal – casos em que o prazo para a oposição de embargos declaratórios será de 2 dias (art. 619 do CPP), e não de 5 dias (art. 536 do CPC/1973) –, no caso em análise, várias circunstâncias indicam que o juízo criminal, ao aplicar multa cominatória ao terceiro responsável pelo fornecimento de dados decorrentes da quebra de sigilo determinada em inquérito policial, estabelece com este uma relação jurídica de natureza cível. Primeiro, porque o responsável pelo cumprimento da ordem judicial não é parte na relação processual penal, mas apenas terceiro interessado. Segundo, pois a decisão judicial foi tomada com apoio no CPC/1973, tanto assim que foi objeto de agravo de instrumento; usou, por analogia, o art. 3º do CPP, mas o fundamento da medida foi a questão das astreintes – ou seja, a cominação de multa diária por atraso no cumprimento de ordem judicial –, tema tipicamente cível. Terceiro, porquanto houve interposição de agravo de instrumento, meio de impugnação também previsto apenas na legislação processual civil. Ademais, essas circunstâncias suscitam, no mínimo, uma dúvida razoável quanto à natureza – cível ou criminal – da matéria objeto dos embargos. O que há, portanto, de solucionar a questão em discussão é a boa-fé processual da parte interessada, princípio que, aliás, está sendo ainda mais reforçado pelo Novo CPC, que o situa como norte na atuação de todos os sujeitos processuais em feitos cíveis, o que haverá de também incidir, conforme disposto no art. 3º do CPP, nos feitos criminais, mutatis mutandis. Ora, se o próprio CPP, como também o CPC/1973, permite a aceitação de um recurso por outro, como expressão do princípio da fungibilidade recursal – quando, por uma questão de interpretação, a parte interpõe um recurso por outro, ausente a má-fé –, deve-se considerar um ônus muito grande não permitir que a questão principal venha a ser analisada, por uma interpretação de que o prazo dos embargos de declaração opostos à decisão colegiada seria de dois dias e não de cinco, apenas porque a matéria teria surgido no bojo de um inquérito policial. **REsp 1.455.000-PR, Rel. originária Min. Maria Thereza de Assis Moura, Rel. para acórdão Min. Rogerio Schietti Cruz, julgado em 19/3/2015, DJe 9/4/2015 (Inform. STJ 559).**

DIREITO PROCESSUAL PENAL. REQUERIMENTO DE SUSTENTAÇÃO ORAL REALIZADO APÓS O HORÁRIO LIMITE DETERMINADO PELA PRESIDÊNCIA DO ÓRGÃO JULGADOR.

O advogado que teve deferido pedido de sustentação oral previamente formulado ao relator por meio de petição e que compareceu à sessão de julgamento antes de apreciada a apelação pelo colegiado não pode ser impedido de exercer o seu direito sob a justificativa de que, no dia da sessão de julgamento, não se inscreveu, antes do término do horário fixado pela Presidência do órgão julgador, para sustentação. A CF assegura, como alguns de seus princípios fundamentais, a observância do devido processo legal, da ampla defesa e do contraditório. Vistos, portanto, como um direito da parte, o contraditório e o respeito a todas as regras que subjazem ao devido processo legal se concretizam no exercício dos poderes processuais necessários para agir ou defender-se em juízo e para poder influir de modo positivo no convencimento judicial. São, desse modo, entendidos como o direito à observância das normas que evitam a lesão ao próprio direito da parte, tornando-se, portanto, uma garantia para o correto desenvolvimento do processo. Ademais, o art. 133 da CF também dispõe que o advogado é indispensável à administração da justiça, o que demonstra a importância da sua atuação no processo judicial. Sob essa perspectiva, a Lei 8.906/1994 estabelece, em seu art. 2º, § 2º, que "No processo judicial, o advogado contribui, na postulação de decisão favorável ao seu constituinte, ao convencimento do julgador, e seus atos constituem múnus público". Por ser o advogado um partícipe no processo de administração da justiça, é assegurado a esse profissional, dentre outras prerrogativas, a possibilidade de realizar sustentação oral. Cabe ressaltar que a sustentação oral permite ao advogado apresentar pessoalmente ao colegiado os argumentos indicados, por escrito, nas peças processuais e, ainda, buscar, com o poder da fala, melhor explicitar dados fáticos e jurídicos inerentes à causa sob julgamento. É importante ferramenta para chamar a atenção, durante a realização do próprio julgamento, de pontos relevantes a serem analisados pelo órgão julgador, oportunizando aos magistrados que não tiveram a possibilidade de manusear o processo, de terem conhecimento dos principais pontos a serem discutidos. A realização da sustentação oral proporciona, portanto, maior lisura ao julgamento, condizente com a finalidade precípua de todo e qualquer processo, qual seja, a busca da justiça. Considerando o viés do respeito ao devido processo legal, o CPP ainda estabelece, no parágrafo único do art. 610, que, "Anunciado o julgamento pelo presidente, e apregoadas as partes, com a presença destas ou à sua revelia, o relator fará a exposição do feito e, em seguida, o presidente concederá, pelo prazo de 10 (dez) minutos, a palavra aos advogados ou às partes que a solicitarem e ao procurador-geral, quando o requerer, por igual prazo". Dessa forma, não é possível cercear o direito do advogado de realizar a sustentação oral em um processo que ainda não tenha sido apreciado, apesar de ele estar presente no momento do julgamento, tão somente porque não se inscreveu, antes do horário fixado pela Presidência do órgão julgador, para a realização de pedido de sustentação oral. Ressalte-se, por fim, que não há ilegalidade alguma no fato de se estabelecerem regramentos para, em reforço às normas regimentais de cada tribunal, conferir maior racionalidade e eficiência no desenvolvimento das sessões; mas, havendo conflito entre direito da parte (e do advogado) de realizar sustentação oral já deferida e eventual restrição regulamentar, há de prevalecer aquele direito. **REsp 1.388.442-DF, Rel. Min. Rogerio Schietti Cruz, julgado em 18/12/2014, DJe 25/2/2015 (Inform. STJ 556).**

DIREITO PROCESSUAL PENAL. EFEITO DEVOLUTIVO DA APELAÇÃO E PROIBIÇÃO DA REFORMATIO IN PEJUS.

O Tribunal, na análise de apelação exclusiva da defesa, não está impedido de manter a sentença condenatória recorrida com base em fundamentação distinta da utilizada em primeira instância, desde que respeitados a imputação deduzida pelo órgão de acusação, a extensão cognitiva da sentença impugnada e os limites da pena imposta no juízo de origem. De fato, o princípio do ne reformatio in pejus tem por objetivo impedir que, em recurso exclusivo da defesa, o réu tenha agravada a sua situação, no que diz respeito à pena que lhe foi impingida no primeiro grau de jurisdição. Não se proíbe, entretanto, que, em impugnação contra sentença condenatória, possa o órgão de jurisdição superior, no exercício de sua competência funcional, agregar fundamentos à sentença recorrida, quer para aclarar-lhe a compreensão, quer para conferir-lhe melhor justificação. E nem seria razoável sustentar essa proibição. Nesse sentido grassam diversos julgados dos Tribunais Superiores, notadamente em tema de individualização da pena, nos quais, não raro, o Tribunal, em recurso exclusivo da defesa, de fundamentação livre e de efeito devolutivo amplo, encontra outros fundamentos em relação à sentença impugnada, não para prejudicar o recorrente, mas para manter-lhe a reprimenda imposta no juízo singular, sob mais qualificada motivação. A propósito, no HC 106.113-MT, consignou-se que, para se cogitar da reformatio in pejus, a decisão do Tribunal "teria que reconhecer, em desfavor do Paciente, circunstância fática não reconhecida em primeiro grau, de modo que o recurso da defesa causaria prejuízo ao Paciente (...)" (STF, Segunda Turma, DJe 1º/12/2012). No RHC 116.013-SP, por sua vez, decidiu-se que "O efeito devolutivo inerente ao recurso de apelação permite que, observados os limites horizontais da matéria questionada, o Tribunal aprecie em exaustivo nível de profundidade, a significar que, mantida a essência da causa de pedir e sem piorar a situação do recorrente, é legítima a manutenção da decisão recorrida ainda que por outros fundamentos" (STF, Segunda Turma, DJe 21/10/2012). No STJ, por ambas as Turmas que compõem a Terceira Seção, a questão tem sido enfrentada. É bem verdade que, na Sexta Turma, há julgados conferindo maior limitação à possibilidade de se agregar novos fundamentos à sentença (v.g., HC 223.524-SP, DJe 27/9/2013). Entretanto, há diversas decisões em sentido permissivo ao afastamento da incidência da ne reformatio in pejus, decidindo-se que essa proibição "não vincula o Tribunal aos critérios e fundamentos adotados pelo Juízo monocrático, mas apenas o impede de agravar a situação do réu" (HC 218.858-SP, DJe 26/3/2012). A seu turno, a Quinta Turma perfilha entendimento – mais pacificado no âmbito do referido órgão julgador – de que a proibição da reforma para pior não impede acréscimo de fundamentos (sopesadas as mesmas circunstâncias fáticas) pelo Tribunal ad quem, desde que mantida a pena imposta na instância original (v.g., HC 133.127-SP Quinta Turma, DJe 13/10/2009). Cabe ressaltar, por fim, que o tema em questão não é idêntico aos casos – que têm merecido o correto repúdio do STJ e do STF – nos quais, em ação de habeas corpus, o tribunal supre o vício formal da decisão do juízo singular para acrescentar fundamentos que, v.g., venham a demonstrar a necessidade concreta de uma prisão preventiva. Nessas situações, tem-se entendido que "os argumentos trazidos no julgamento do habeas corpus original pelo Tribunal a quo, tendentes a justificar a prisão provisória, não se prestam a suprir a deficiente fundamentação adotada em primeiro grau, sob pena de, em ação concebida para a tutela da liberdade humana, legitimar-se o vício do ato constritivo ao direito de locomoção do paciente" (RHC 45.748/MG, Sexta Turma, DJe 26/5/2014). Precedentes citados: HC 68.220-PR, Sexta Turma, DJe 9/3/2009; HC 276.006-SP, Sexta Turma, DJe de 8/9/2014; e AgRg no AREsp 62.070-MG, Quinta Turma, DJe 23/10/2013. **HC 302.488-SP, Rel. Min. Rogerio Schietti Cruz, julgado em 20/11/2014, DJe 11/12/2014 (Inform. STJ 553).**

Súmula STF nº 713

O efeito devolutivo da apelação contra decisões do júri é adstrito aos fundamentos da sua interposição.

Súmula STF nº 709

Salvo quando nula a decisão de primeiro grau, o acórdão que provê o recurso contra a rejeição da denúncia vale, desde logo, pelo recebimento dela.

Súmula STF nº 705

A renúncia do réu ao direito de apelação, manifestada sem a assistência do defensor, não impede o conhecimento da apelação por este interposta.

Súmula STF nº 700

É de cinco dias o prazo para interposição de agravo contra decisão do juiz da execução penal.

Súmula STF nº 699

O prazo para interposição de agravo, em processo penal, é de cinco dias, de acordo com a Lei 8038/1990, não se aplicando o disposto a respeito nas alterações da Lei 8950/1994 ao Código de Processo Civil.

Súmula STF nº 602

Nas causas criminais, o prazo de interposição de recurso extraordinário é de 10 (dez) dias.

Súmula STF nº 344

Sentença de primeira instância concessiva de "habeas corpus", em caso de crime praticado em detrimento de bens, serviços ou interesses da união, está sujeita a recurso "ex officio".

Súmula STF nº 160

É nula a decisão do tribunal que acolhe, contra o réu, nulidade não arguida no recurso da acusação, ressalvados os casos de recurso de ofício.

Súmula STJ nº 518

Para fins do art. 105, III, a, da Constituição Federal, não é cabível recurso especial fundado em alegada violação de enunciado de súmula.

Súmula STJ nº 347

O conhecimento de recurso de apelação do réu independe de sua prisão.

Súmula STJ nº 267

A interposição de recurso, sem efeito suspensivo, contra decisão condenatória não obsta a expedição de mandado de prisão.

Súmula STJ nº 9

A exigência da prisão provisória, para apelar, não ofende a garantia constitucional da presunção de inocência.

14. *HABEAS CORPUS*, MANDADO DE SEGURANÇA E REVISÃO CRIMINAL

"Habeas corpus" e cabimento

O "habeas corpus", cuja finalidade é a tutela da liberdade de locomoção, não é cabível para o reexame de pressupostos de admissibilidade de recursos. Com base nessa orientação, a Primeira Turma, por maioria, não conheceu da impetração. Na espécie, a paciente interpusera recurso especial cujo seguimento fora obstado por intempestividade. A petição fora apresentada por correspondência eletrônica, no prazo final para sua interposição e o original fora protocolizado no dia subsequente. A defesa manejara agravo em recurso especial, não conhecido ante a extemporaneidade. Na sequência, fora indeferido o "habeas corpus" impetrado perante o STJ para afastar o óbice à sequência do recurso especial. A Turma esclareceu que o "habeas corpus" seria substitutivo de recurso. Apontou não se depreender hipótese que justificasse a excepcionalidade da concessão da ordem de ofício ante o próprio não conhecimento do feito. Não haveria flagrante ilegalidade ou teratologia. Vencido o Ministro Marco Aurélio (relator), que deferia a ordem para que o recurso especial tivesse seguimento. Reputava que o tribunal local teria decidido em descompasso com os princípios da confiança e da lealdade processual, ao olvidar a própria Portaria-Conjunta 73/2006. Essa norma admite a interposição por correio eletrônico com exigência de apresentação do documento original em até cinco dias da data do término do prazo. Ressaltava, ainda, que referida portaria fora elaborada em conformidade com o disposto na Resolução 287/2004 do STF. Precedente citado: HC 122.867/SP (DJe de 3.9.2014).

HC 114293/MG, rel. orig. Min. Marco Aurélio, red. p/ o acórdão Min. Edson Fachin, 1º.12.2015. (HC-114293) (Inform. STF 810)

HC N. 100.978-SP

REDATOR P/ O ACÓRDÃO: MIN. EDSON FACHIN

Ementa: *HABEAS CORPUS* IMPETRADO EM FACE DE DECISÃO MONOCRÁTICA QUE INDEFERE LIMINAR EM TRIBUNAL SUPERIOR. SÚMULA 691/STF. NÃO CONHECIMENTO. PODERES DE INVESTIGAÇÃO DO MINISTÉRIO PÚBLICO. TEMA ASSENTADO EM REPERCUSSÃO GERAL. POSSIBILIDADE. NECESSIDADE DE OBSERVÂNCIA DAS CONDICIONANTES. INEXISTÊNCIA DE TERATOLOGIA OU ABUSO DE PODER.

1. A teor da Súmula 691/STF, não se conhece do *habeas corpus* impetrado contra decisão de relator que indefere liminar em *writ* originário, salvo em hipóteses excepcionais, em que o impetrante demonstre a existência de flagrante ilegalidade ou abuso de poder na decisão hostilizada.

2. *"O Ministério Público dispõe de competência para promover, por autoridade própria, e por prazo razoável, investigações de natureza penal, desde que respeitados os direitos e garantias que assistem a qualquer indiciado ou a qualquer pessoa sob investigação do Estado. (...) 'O Ministério Público dispõe de competência para promover, por autoridade própria, e por prazo razoável,' – eis aí a primeira condicionante, o prazo há de ser razoável – 'investigações de natureza penal,' – portanto, o julgamento abriu as portas para a investigação de natureza penal – 'desde que' – vem a segunda condicionante – "respeitados os direitos e garantias que assistem a qualquer indiciado ou a qualquer pessoa sob investigação do Estado, observadas, sempre, por seus agentes, – e vem a terceira condicionante – as hipóteses de reserva constitucional de jurisdição e, também, – vem a quarta – as prerrogativas profissionais de que se acham investidos, em nosso País, – fazendo referência expressa aos ilustres advogados – (...) sem prejuízo da possibilidade – sempre presente no Estado democrático de Direito – do permanente controle jurisdicional dos atos, – do Ministério Público, é a quinta condicionante – necessariamente documentados (Súmula Vinculante 14), praticados pelos membros dessa instituição. – é a sexta condicionante"* (RE 593.727, Redator para o Acordão Min. Gilmar Mendes, julgado em 14.05.2015).

3. *Writ* não conhecido. **(Inform. STF 809)**

AG. REG. NO HC N. 128.617-RN

RELATOR: MIN. ROBERTO BARROSO

Ementa: Processual Penal. *Habeas corpus* substitutivo de Recurso Ordinário. Condenação transitada em julgado. Crimes de roubo majorado e receptação. Alegações de inépcia da denúncia e cerceamento do direito de defesa.

1. A Primeira Turma do Supremo Tribunal Federal consolidou o entendimento no sentido da inadmissibilidade do uso da ação de *habeas corpus* em substituição ao recurso ordinário previsto na Constituição Federal (*v.g* HC 109.956, Rel. Min. Marco Aurélio; e HC 104.045, Rel.ª Min.ª Rosa Weber). Da mesma forma, o Supremo Tribunal Federal não admite a utilização do *habeas corpus* em substituição à ação de revisão criminal (*v.g,* RHC119.605-AgR, Rel. Min. Luís Roberto Barroso; HC 111.412-AgR, Rel. Min. Luiz Fux; RHC 114.890, Rel. Min. Dias Toffoli; HC 116.827-MC, Rel. Min. Teori Zavascki; RHC 116.204, Rel.ª Min.ª Cármen Lúcia; e RHC 115.983, Rel. Min. Ricardo Lewandowski).

2. A alegação de inépcia da denúncia não foi apreciada pela autoridade impetrada, o que impede o imediato exame da matéria, sob pena de indevida supressão de instância (*v.g* HC 116.350-AgR, Relª Minª Rosa Weber, e HC 114.166, Rel. Min. Ricardo Lewandowski). Não bastasse, a orientação jurisprudencial desta Corte é no sentido de que a *"A alegação de inépcia da denúncia está preclusa quando suscitada após a sentença penal condenatória"* (RHC 105.730, Rel. Min. Teori Zavascki). No mesmo sentido: RHC 120.473, Rel.ª Min.ª Rosa Weber; RHC 122.465-AgR, Rel. Min. Gilmar Mendes; RHC 120.751, Rel.ª Min.ª Rosa Weber; HC 111.363, Rel. Min. Luiz Fux; RHC 116.619, Rel. Min. Ricardo Lewandowski).

3. Quanto à alegação de cerceamento do direito de defesa, o acolhimento da pretensão defensiva quanto à análise do exaurimento, ou não, dos meios necessários para a localização do paciente demandaria o revolvimento do conjunto fático-probatório da causa, inviável na via processualmente restrita do *habeas corpus*, notadamente após o trânsito em julgado da condenação.

4. Agravo regimental desprovido. **(Inform. STF 797)**

AG. REG. NO HC N. 128.693-SP

RELATOR: MIN. ROBERTO BARROSO

Ementa: Penal. *Habeas corpus* contra ato de Ministro do Superior Tribunal de Justiça. Casa de prostituição. Condenação transitada em julgado. Dosimetria da pena. Regime inicial. Substituição da pena privativa de liberdade.

1. Inexistindo pronunciamento colegiado do Superior Tribunal de Justiça, não compete ao Supremo Tribunal Federal examinar a questão de direito implicada na impetração. Nesse sentido foram julgados os seguintes precedentes: HC 113.468, Rel. Min. Luiz Fux; HC 117.502, Relator para o acórdão o Min. Luís Roberto Barroso; HC 108.141-AgR, Rel. Min. Teori Zavascki; e o HC 122.166-AgR, Rel. Min. Ricardo Lewandowski.

2. O Supremo Tribunal Federal não admite a utilização do *habeas corpus* em substituição à ação de revisão criminal (*v.g,* RHC119.605-AgR, Rel. Min. Luís Roberto Barroso; HC 111.412-AgR, Rel. Min. Luiz Fux; RHC 114.890, Rel. Min. Dias Toffoli; HC 116.827-MC, Rel. Min. Teori Zavascki; RHC 116.204, Rel.ª Min.ª Cármen Lúcia; e RHC 115.983, Rel. Min. Ricardo Lewandowski).

3. A dosimetria da pena é questão relativa ao mérito da ação penal, estando necessariamente vinculada ao conjunto fático probatório, não sendo possível às instâncias extraordinárias a análise de dados fáticos da causa para redimensionar a pena finalmente aplicada. De modo que a discussão a respeito da dosimetria da pena se cinge ao controle da legalidade dos critérios utilizados, restringindo-se, portanto, ao exame da "*motivação [formalmente idônea] de mérito e à congruência lógico--jurídica entre os motivos declarados e a conclusão*" (HC 69.419, Rel. Min. Sepúlveda pertence).

4. A orientação jurisprudencial do Supremo Tribunal Federal é no sentido de que "*A imposição do regime de cumprimento mais severo do que a pena aplicada permitir exige motivação idônea*" (Súmula 719/STF).

5. As instâncias de origem, ao concluírem que a conversão da reprimenda não se mostra recomendável diante da presença de circunstâncias judiciais desfavoráveis, também não divergiram da jurisprudência deste Supremo Tribunal Federal (*vg.* RHC 122.132-AgR, Rel. Min. Gilmar Mendes; HC 117.719, Rel. Min. Teori Zavasacki; HC 119.811, Rel. Min. Teori Zavascki; ARE 774.815-AgR, Rel. Min. Gilmar Mendes; RHC 118.658, Rel. Min. Luiz Fux).

6. Agravo regimental desprovido. **(Inform. STF 797)**

Cabimento de HC em face de decisão de Ministro do STF e colaboração premiada – 1

O Plenário denegou a ordem em "habeas corpus" impetrado em face de decisão proferida por Ministro do STF, mediante a qual homologado termo de colaboração premiada. A defesa alegava que o paciente fora denunciado pela suposta prática dos crimes de organização criminosa, corrupção ativa, corrupção passiva, lavagem de dinheiro e uso de documento falso com base nas declarações oriundas do referido acordo. Sustentava, ainda, que o beneficiário do acordo não seria pessoa digna de confiança, e que o paciente, em razão de não ser parte no termo de colaboração, não poderia manejar recurso da aludida decisão, motivo pelo qual o "writ" seria o instrumento processual cabível. Além disso, argumentava que decisões monocráticas deveriam passar, necessariamente, pelo crivo do Colegiado, em obediência à organicidade das decisões judiciais. Preliminarmente, ante o empate na votação, o Tribunal conheceu do "habeas corpus". No ponto, aduziu que o "writ" teria fundamento no art. 102, I, d, da CF, segundo o qual cabe "habeas corpus" contra atos do próprio STF. O Ministro Gilmar Mendes destacou que obstar o uso do "writ" na hipótese significaria dificultar a garantia do art. 5º, XXXV, da CF, bem assim o próprio ideário de proteção do "habeas corpus". O Ministro Marco Aurélio invocou, ainda, os artigos 5º, LXVIII, e 102, I, i, da CF. Frisou que eventual manuseio de agravo regimental não teria eficácia suspensiva, bem assim que não seria aplicável o art. 5º, I, da Lei 12.016/2009, alusiva a mandado de segurança. Lembrou que o "habeas corpus" não encontraria óbice sequer na coisa julgada, e que o Enunciado 606 da Súmula do STF ("Não cabe habeas corpus originário para o Tribunal Pleno de decisão de Turma, ou do Plenário, proferida em 'habeas corpus' ou no respectivo recurso") não seria referente a ato de Ministro da Corte. O Ministro Celso de Mello sublinhou, ainda, o Enunciado 692 da Súmula do STF ("Não se conhece de 'habeas corpus' contra omissão de relator de extradição, se fundado em fato ou direito estrangeiro cuja prova não constava dos autos, nem foi ele provocado a respeito"). O Ministro Ricardo Lewandowski (Presidente) destacou que, uma vez cabível o recurso de agravo interno em face de decisão monocrática – portanto via de envergadura menor —, não se poderia falar em empecilho para o uso do remédio constitucional. Por sua vez, não conheciam do "habeas corpus" os Ministros Edson Fachin, Roberto Barroso, Rosa Weber, Luiz Fux e Cármen Lúcia. Entendiam incidir o Enunciado 606 da Súmula do STF. Além disso, o paciente não seria parte no acordo de colaboração premiada, cuja homologação seria o ato coator. Ademais, decisão de Ministro do STF desafiaria agravo regimental e, caso se tratasse de terceiro prejudicado, aplicar-se-ia o art. 499 do CPC. HC 127483/PR, rel. Min. Dias Toffoli, 26 e 27.8.2015. (HC-127483)

Cabimento de HC em face de decisão de Ministro do STF e colaboração premiada – 2

No mérito, o Plenário considerou que a colaboração premiada seria meio de obtenção de prova, destinado à aquisição de elementos dotados de capacidade probatória. Não constituiria meio de prova propriamente dito. Outrossim, o acordo de colaboração não se confundiria com os depoimentos prestados pelo agente colaborador. Estes seriam, efetivamente, meio de prova, que somente se mostraria hábil à formação do convencimento judicial se viesse a ser corroborado por outros meios idôneos de prova. Por essa razão, a Lei 12.850/2013 dispõe que nenhuma sentença condenatória será proferida com fundamento exclusivo nas declarações do agente colaborador. Assinalou que a colaboração premiada seria negócio jurídico processual, o qual, judicialmente homologado, confere ao colaborador o direito de: a) usufruir das medidas de proteção previstas na legislação específica; b) ter nome, qualificação, imagem e demais informações pessoais preservados; c) ser conduzido, em juízo, separadamente dos demais coautores e partícipes; e d) participar das audiências sem contato visual com outros acusados. Além disso, deverá ser feito por escrito e conter: a) o relato da colaboração e seus possíveis resultados; b) as condições da proposta do Ministério Público ou do delegado de polícia; c) a declaração de aceitação do colaborador e de seu defensor; e d) as assinaturas do representante do Ministério Público ou do delegado de polícia, do colaborador e de seu defensor. Por sua vez, esse acordo somente será válido se: a) a declaração de vontade do colaborador for resultante de um processo volitivo, querida com plena consciência da realidade, escolhida com liberdade e deliberada sem má-fé; e b) o seu objeto for lícito, possível, determinado ou determinável. Destacou que a "liberdade" de que se trata seria psíquica, e não de locomoção. Assim, não haveria óbice a que o colaborador estivesse custodiado, desde que presente a voluntariedade da colaboração. Ademais, no que se refere à eficácia do acordo, ela somente ocorreria se o ato fosse submetido à homologação judicial. Esta limitar-se-ia a se pronunciar sobre a regularidade, legalidade e voluntariedade do acordo. Não seria emitido qualquer juízo de valor a respeito das declarações eventualmente já prestadas pelo colaborador à autoridade policial ou ao Ministério Público, tampouco seria conferido o signo da idoneidade a depoimentos posteriores. Em outras palavras, homologar o acordo não implicaria dizer que o juiz admitira como verídicas ou idôneas as informações eventualmente já prestadas pelo colaborador e tendentes à identificação de coautores ou partícipes da organização criminosa e das infrações por ela praticadas ou à revelação da estrutura hierárquica e da divisão de tarefas da organização criminosa. Por fim, a aplicação da sanção premial prevista no acordo dependeria do efetivo cumprimento, pelo colaborador, das obrigações por ele assumidas, com a produção de um ou mais dos resultados legais (Lei 12.850/2013, art. 4º, I a V). Caso contrário, o acordo estaria inadimplido, e não se aplicaria a sanção premial respectiva.

HC 127483/PR, rel. Min. Dias Toffoli, 26 e 27.8.2015. (HC-127483)

Cabimento de HC em face de decisão de Ministro do STF e colaboração premiada – 3

O Colegiado assentou que eventual coautor ou partícipe dos crimes praticados pelo colaborador não poderia impugnar o acordo de colaboração. Afinal, se cuidaria de negócio jurídico processual personalíssimo. Ele não vincularia o delatado e não atingiria diretamente sua esfera jurídica. O acordo, por si só, não poderia atingir o delatado, mas sim as imputações constantes dos depoimentos do colaborador ou as medidas restritivas de direitos que viessem a ser adotadas com base nesses depoimentos e nas provas por eles indicadas ou apresentadas. Sublinhou, a respeito, que, nas demais legislações a tratar de colaboração premiada, o direito do imputado colaborador às sanções premiais independeria da existência de acordo judicialmente homologado. Nos termos da Lei 12.850/2013, após a homologação do acordo, os depoimentos do colaborador se sujeitariam ao regime jurídico instituído pela lei. Subsistiriam válidos os depoimentos anteriormente prestados pelo colaborador, que poderiam, oportunamente, ser confrontados e valorados pelas partes e pelo juízo. Outrossim, negar-se ao delatado o direito de impugnar o acordo de colaboração não implicaria desproteção aos seus interesses. Sucede que nenhuma sentença condenatória poderia ser proferida com fundamento apenas nas declarações do colaborador. Ademais, sempre seria assegurado ao delatado o direito ao contraditório. Ele poderia, inclusive, inquirir o colaborador em interrogatório ou em audiência especificamente designada para esse fim. Além disso, o Tribunal reputou que a personalidade do colaborador ou eventual descumprimento de anterior acordo de colaboração não invalidariam o acordo atual. Primeiramente, seria natural que o colaborador, em apuração de organização criminosa, apresentasse, em tese, personalidade desajustada ao convívio social, voltada à prática de crimes graves. Assim, se a colaboração processual estivesse subordinada à personalidade do agente, o instituto teria poucos efeitos. Na verdade, a personalidade constituiria vetor a ser considerado no estabelecimento das cláusulas do acordo de colaboração, notadamente a escolha da sanção premial, bem assim o momento da aplicação dessa sanção, pelo juiz. Além disso, eventual "confiança" do poder público no agente colaborador não seria elemento de validade do acordo. Esta não adviria da personalidade ou dos antecedentes da pessoa, mas da fidedignidade e utilidade das informações prestadas, o que seria aferido posteriormente. Assim, também seria irrelevante eventual descumprimento de acordo anterior pelo mesmo agente. Essa conduta não contaminaria a validade de acordos posteriores. O Plenário asseverou, ainda, que o acordo de colaboração poderia dispor sobre efeitos extrapenais de natureza patrimonial da condenação. Na espécie, ele cuidaria da liberação de imóveis do interesse do colaborador, supostamente produtos de crimes. Consignou que essas cláusulas não repercutiriam na esfera de interesses do paciente. Todavia, seria legítimo que o acordo dispusesse das medidas adequadas para que integrantes de organizações criminosas colaborassem para o desvendamento da estrutura organizacional. Como a colaboração exitosa teria o condão de afastar consequências penais da prática delituosa, também poderia mitigar efeitos de natureza extrapenal, a exemplo do confisco do produto do crime. A Corte registrou, ainda, que a sanção premial constituiria direito subjetivo do colaborador.

HC 127483/PR, rel. Min. Dias Toffoli, 26 e 27.8.2015. (HC-127483) (Inform. STF 796)

"Habeas corpus" e autorização para visitas

O "habeas corpus" não é meio processual adequado para o apenado obter autorização de visita de sua companheira no estabelecimento prisional. Com base nessa orientação, a Segunda Turma não conheceu de "writ" em que se alegava a ilegalidade da decisão do juízo das execuções criminais que não consentira na referida visita.

HC 127685/DF, rel. Min. Dias Toffoli, 30.6.2015. (HC-127685) (Inform. STF 792)

"Habeas corpus" e "reformatio in pejus"

A proibição da "reformatio in pejus", princípio imanente ao processo penal, aplica-se ao "habeas corpus", cujo manejo jamais poderá agravar a situação jurídica daquele a quem busca favorecer. Com base nessa orientação, a Segunda Turma concedeu a ordem em "habeas corpus" para cassar o acórdão do STJ que dera provimento a recurso especial, e julgar extinta a punibilidade pela prescrição da pretensão punitiva (CP, artigos 107, IV; 109, VI e 110, § 1º). Na espécie, a paciente fora denunciada pela suposta tentativa de furto de 26 barras de chocolate, e o juízo da vara criminal, ao aplicar o princípio da insignificância, a absolvera sumariamente (CPP, art. 397, III). Na sequência, o tribunal de justiça mantivera a absolvição por fundamento diverso (crime impossível) e, em recurso especial do Ministério Público, o STJ a condenara nos termos da denúncia e determinara o retorno dos autos ao tribunal local para fixar a dosimetria da pena, estabelecida em quatro meses de detenção. A Turma apontou a impossibilidade de se agravar a situação jurídica da paciente. Ademais, ao se anular a decisão do STJ que a condenara, a pena a ser concretamente fixada na origem não poderia mais ser agravada. Além disso, já ocorrera a prescrição.

HC 126869/RS, rel. Min. Dias Toffoli, 23.6.2015. (HC-126869) (Inform. STF 791)

SEG. JULG. EM HC N. 105.897-SP

RED. P/ O ACÓRDÃO: MIN. ROBERTO BARROSO

EMENTA: Habeas Corpus substitutivo de recurso ordinário. Homicídio culposo e lesão corporal culposa na direção de veículo. Alegações finais. Apelação. Cerceamento de defesa. Inocorrência. 1. A Primeira Turma do Supremo Tribunal Federal consolidou entendimento no sentido da inadmissibilidade da impetração de *habeas corpus* em substituição ao recurso ordinário constitucional. Precedentes. 2. Hipótese em que não se comprovou o alegado cerceamento do direito de defesa do paciente. 3. *Habeas corpus* extinto sem resolução do mérito por inadequação da via processual, cassada a liminar deferida. **(Inform. STF 786)**

AG. REG. NO HC N. 125.554-PR

RELATORA: MIN. ROSA WEBER

EMENTA: AGRAVO REGIMENTAL NO *HABEAS CORPUS*. IMPETRAÇÃO CONTRA ATO DE MINISTRO DO SUPREMO TRIBUNAL FEDERAL. NÃO CABIMENTO. JURISPRUDÊNCIA CONSOLIDADA. APLICAÇÃO ANALÓGICA DA SÚMULA 606/STF.

1. Manifesto o descabimento deste *habeas corpus*, enquanto se volta contra ato de Ministro desta Corte, à luz da jurisprudência firmada pelo Plenário deste Supremo Tribunal no sentido de que "*não cabe pedido de habeas corpus originário para o Tribunal Pleno, contra ato de Ministro ou órgão fracionário da Corte*" (HC 86.548/SP, Rel. Min. Cezar Peluso, maioria, DJe 19.12.2008).

2. Assentada, tal diretriz, na aplicação analógica do enunciado da Súmula 606/STF: "*Não cabe habeas corpus originário para o Tribunal Pleno de*

decisão de Turma, ou do Plenário, proferida em habeas corpus ou no respectivo recurso".
3. Agravo regimental conhecido e não provido. **(Inform. STF 779)**

EMENTA: "*HABEAS CORPUS*" E *RECURSO ESPECIAL*: **UTILIZAÇÃO SIMULTÂNEA. POSSIBILIDADE. ENTENDIMENTO DIVERSO** QUE, *SE ACOLHIDO*, **IMPLICARIA** *GRAVÍSSIMA RESTRIÇÃO* **A UM FUNDAMENTAL INSTRUMENTO** DE PROTEÇÃO À LIBERDADE DE LOCOMOÇÃO FÍSICA. **EVOLUÇÃO DA JURISPRUDÊNCIA** DO SUPREMO TRIBUNAL FEDERAL **EM TEMA** DE "*HABEAS CORPUS*": **UM REGISTRO HISTÓRICO** DE SEU ITINERÁRIO, **DESDE A FORMULAÇÃO** *DA DOUTRINA BRASILEIRA DO* "*HABEAS CORPUS*" (PEDRO LESSA, ENÉAS GALVÃO E RUI BARBOSA) **ATÉ A RESTAURAÇÃO** *DE SUA FUNÇÃO CLÁSSICA* **A PARTIR** DA REFORMA CONSTITUCIONAL DE 1926. **DECISÃO** DO E. SUPERIOR TRIBUNAL DE JUSTIÇA *QUE NEGOU SEGUIMENTO* À AÇÃO DE "*HABEAS CORPUS*" **AJUIZADA**, *CONCOMITANTEMENTE*, **COM A INTERPOSIÇÃO**, PELO PACIENTE, *DE RECURSO ESPECIAL*. **JULGAMENTO** *QUE SE ACHA EM DIRETO ANTAGONISMO* **COM A JURISPRUDÊNCIA** DO SUPREMO TRIBUNAL FEDERAL. **RECURSO ORDINÁRIO PROVIDO.**
– **A interposição** *de recurso especial* **e/ou** *de recurso extraordinário* **não impede** *a simultânea impetração*, **contra** *o mesmo acórdão*, do remédio constitucional do "*habeas corpus*". **Precedentes.** RHC 122.963/DF. RELATOR: Ministro Celso de Mello **(Inform. STF 778)**

Cabimento de "habeas corpus" e prequestionamento
É desnecessária a prévia discussão acerca de matéria objeto de "habeas corpus" impetrado originariamente no STJ, quando a coação ilegal ou o abuso de poder advierem de ato de TRF no exercício de sua competência penal originária. Com base nesse entendimento, a 1ª Turma deu provimento a recurso ordinário em "habeas corpus" para determinar o retorno dos autos ao STJ, para que conhecesse de impetração lá ajuizada e analisasse seu mérito. Na espécie, após o recebimento de denúncia em face do ora recorrente – detentor de foro por prerrogativa de função no âmbito de TRF —, a defesa impetrara "habeas corpus" no STJ, no qual se alegava, dentre outras, a nulidade de prova decorrente de interceptação telefônica. O STJ, todavia, não conhecera da impetração, porquanto substitutiva de recurso especial, e, além disso, não examinara a tese relativa à referida nulidade, em razão da ausência de prévio debate no tribunal de origem. A Turma ressaltou que a jurisprudência do STF seria no sentido de que, tratando-se de "habeas corpus" originário, como na hipótese em comento, não se exigiria que a matéria tivesse sido previamente discutida. Ademais, não caberia transportar para o exame do "habeas corpus" requisito próprio à recorribilidade extraordinária, qual seja, o debate e a decisão prévios do tema veiculado na petição inicial do "writ", que poderia, inclusive, ser subscrito por qualquer pessoa. **RHC 118622/ES, rel. Min. Roberto Barroso, 17.3.2015. (RHC-118622) (Inform. STF 778)**

DIREITO PROCESSUAL PENAL. UTILIZAÇÃO DA JUSTIFICAÇÃO CRIMINAL PARA NOVA OITIVA DA VÍTIMA.
A via adequada para nova tomada de declarações da vítima com vistas à possibilidade de sua retratação é o pedido de justificação (art. 861 do CPC), ainda que ela já tenha se retratado por escritura pública. A justificação é o único meio que se presta para concretizar essa nova prova a fim de instruir pedido de revisão criminal, pois não serve para a ação revisional prova produzida unilateralmente, como a juntada da declaração da vítima firmada em cartório no sentido de que o condenado não foi o autor do crime. Tal prova só é válida se, necessariamente, for produzida na justificação judicial com as cautelas legais (RvCr 177-DF, Terceira Seção, DJ 4/8/1997). Ademais, a retratação da vítima nada mais é do que uma prova substancialmente nova. Desse modo, não há razão para não garantir ao condenado, diante do princípio da verdade real, a possibilidade de, na ação revisional, confrontar essa retratação – se confirmada em juízo – com os demais elementos de convicção coligidos na instrução criminal. **RHC 58.442-SP, Rel. Min. Sebastião Reis Júnior, julgado em 25/8/2015, DJe 15/9/2015 (Inform. STJ 569).**

DIREITO PROCESSUAL PENAL. CABIMENTO DE HC PARA ANÁLISE DE AFASTAMENTO DE CARGO DE PREFEITO. É cabível impetração de *habeas corpus* para que seja analisada a legalidade de decisão que determina o afastamento de prefeito do cargo, quando a medida for imposta conjuntamente com a prisão. Precedente citado: AgRg no HC 316.286-SP, Primeira Turma, DJe de 14/4/2015. **HC 312.016-SC, Rel. Min. Felix Fischer, julgado em 16/4/2015, DJe 5/5/2015 (Inform. STJ 561).**

DIREITO PROCESSUAL PENAL. ANÁLISE DE HABEAS CORPUS A DESPEITO DE CONCESSÃO DE SURSIS.
A eventual aceitação de proposta de suspensão condicional do processo não prejudica a análise de habeas corpus no qual se pleiteia o trancamento de ação penal. Isso porque durante todo o período de prova o acusado fica submetido ao cumprimento das condições impostas, cuja inobservância enseja o restabelecimento do curso do processo. Precedentes citados: AgRg no RHC 24.689-RS, Quinta Turma, DJe 10/2/2012; e HC 210.122-SP, Sexta Turma, DJe 26/9/2011. **RHC 41.527-RJ, Rel. Min. Jorge Mussi, julgado em 3/3/2015, DJe 11/3/2015 (Inform. STJ 557).**

DIREITO PROCESSUAL PENAL. INTERVENÇÃO DE TERCEIROS EM HABEAS CORPUS.
Admite-se a intervenção do querelante em habeas corpus oriundo de ação penal privada. Embora a regra seja a impossibilidade de intervenção de terceiros em sede de habeas corpus, a jurisprudência do STJ e do STF tem flexibilizado esse entendimento quando se trata de ação penal privada, permitindo-se, por conseguinte, que o querelante participe do julgamento. Precedentes citados do STJ: HC 27.540-RJ, Sexta Turma, DJ 27/6/2005, REsp 33.527-AM, Sexta Turma, DJ 2/8/1993. Precedente citado do STF: Pet 423-SP AgR, Tribunal Pleno, DJ 13/3/1992. **RHC 41.527-RJ, Rel. Min. Jorge Mussi, julgado em 3/3/2015, DJe 11/3/2015 (Inform. STJ 557).**

Súmula STF nº 701

No mandado de segurança impetrado pelo ministério público contra decisão proferida em processo penal, é obrigatória a citação do réu como litisconsorte passivo.

Súmula STF nº 695

Não cabe "habeas corpus" quando já extinta a pena privativa de liberdade.

Súmula STF nº 693

Não cabe "habeas corpus" contra decisão condenatória a pena de multa, ou relativo a processo em curso por infração penal a que a pena pecuniária seja a única cominada.

Súmula STF nº 606

Não cabe "habeas corpus" originário para o tribunal pleno de decisão de turma, ou do plenário, proferida em "habeas corpus" ou no respectivo recurso.

Súmula STF nº 395

Não se conhece de recurso de "habeas corpus" cujo objeto seja resolver sobre o ônus das custas, por não estar mais em causa a liberdade de locomoção.

Súmula STF nº 393

Para requerer revisão criminal, o condenado não é obrigado a recolher-se à prisão.

15. EXECUÇÃO PENAL

Sistema carcerário: estado de coisas inconstitucional e violação a direito fundamental – 6
O Plenário concluiu o julgamento de medida cautelar em arguição de descumprimento de preceito fundamental em que discutida a configuração do chamado "estado de coisas inconstitucional" relativamente ao sistema penitenciário brasileiro. Nessa mesma ação também se debate a adoção de providências estruturais com objetivo de sanar as lesões a preceitos fundamentais sofridas pelos presos em decorrência de ações e omissões dos Poderes da União, dos Estados-Membros e do Distrito

Federal. No caso, alegava-se estar configurado o denominado, pela Corte Constitucional da Colômbia, "estado de coisas inconstitucional", diante da seguinte situação: violação generalizada e sistêmica de direitos fundamentais; inércia ou incapacidade reiterada e persistente das autoridades públicas em modificar a conjuntura; transgressões a exigir a atuação não apenas de um órgão, mas sim de uma pluralidade de autoridades. Postulava-se o deferimento de liminar para que fosse determinado aos juízes e tribunais: a) que lançassem, em casos de decretação ou manutenção de prisão provisória, a motivação expressa pela qual não se aplicam medidas cautelares alternativas à privação de liberdade, estabelecidas no art. 319 do CPP; b) que, observados os artigos 9.3 do Pacto dos Direitos Civis e Políticos e 7.5 da Convenção Interamericana de Direitos Humanos, realizassem, em até 90 dias, audiências de custódia, viabilizando o comparecimento do preso perante a autoridade judiciária no prazo máximo de 24 horas, contadas do momento da prisão; c) que considerassem, fundamentadamente, o quadro dramático do sistema penitenciário brasileiro no momento de implemento de cautelares penais, na aplicação da pena e durante o processo de execução penal; d) que estabelecessem, quando possível, penas alternativas à prisão, ante a circunstância de a reclusão ser sistematicamente cumprida em condições muito mais severas do que as admitidas pelo arcabouço normativo; e) que viessem a abrandar os requisitos temporais para a fruição de benefícios e direitos dos presos, como a progressão de regime, o livramento condicional e a suspensão condicional da pena, quando reveladas as condições de cumprimento da pena mais severas do que as previstas na ordem jurídica em razão do quadro do sistema carcerário, preservando-se, assim, a proporcionalidade da sanção; e f) que se abatesse da pena o tempo de prisão, se constatado que as condições de efetivo cumprimento são significativamente mais severas do que as previstas na ordem jurídica, de forma a compensar o ilícito estatal. Requeria-se, finalmente, que fosse determinado: g) ao CNJ que coordenasse mutirão carcerário a fim de revisar todos os processos de execução penal, em curso no País, que envolvessem a aplicação de pena privativa de liberdade, visando a adequá-los às medidas pleiteadas nas alíneas "e" e "f"; e h) à União que liberasse as verbas do Fundo Penitenciário Nacional – Funpen, abstendo-se de realizar novos contingenciamentos – v. Informativos 796 e 797.

ADPF 347 MC/DF, rel. Min. Marco Aurélio, 9.9.2015. (ADPF-347)

Sistema carcerário: estado de coisas inconstitucional e violação a direito fundamental – 7

O Colegiado deliberou, por decisão majoritária, deferir a medida cautelar em relação ao item "b". A Ministra Rosa Weber acompanhou essa orientação, com a ressalva de que fossem observados os prazos fixados pelo CNJ. Vencidos, em parte, os Ministros Roberto Barroso e Teori Zavascki, que delegavam ao CNJ a regulamentação sobre o prazo para se realizar as audiências de custódia. O Tribunal decidiu, também por maioria, deferir a cautelar no tocante à alínea "h". Vencidos, em parte, os Ministros Edson Fachin, Roberto Barroso e Rosa Weber, que fixavam o prazo de até 60 dias, a contar da publicação da decisão, para que a União procedesse à adequação para o cumprimento do que determinado. O Plenário, também por maioria, indeferiu a medida cautelar em relação às alíneas "a", "c" e "d". Vencidos os Ministros Marco Aurélio (relator), Luiz Fux, Cármen Lúcia e Ricardo Lewandowski (Presidente), que a deferiam nessa parte. De igual modo indeferiu, por decisão majoritária, a medida acauteladora em relação à alínea "e". Vencido o Ministro Gilmar Mendes. O Tribunal, ademais, rejeitou o pedido no tocante ao item "f". Por fim, no que se refere à alínea "g", o Plenário, por maioria, julgou o pleito prejudicado. Vencidos os Ministros Edson Fachin, Roberto Barroso, Gilmar Mendes e Celso de Mello, que deferiam a cautelar no ponto. Por fim, o Colegiado, por maioria, acolheu proposta formulada pelo Ministro Roberto Barroso, no sentido de que se determine à União e aos Estados-Membros, especificamente ao Estado de São Paulo, que encaminhem à Corte informações sobre a situação prisional. Vencidos, quanto à proposta, os Ministros relator, Luiz Fux, Cármen Lúcia e Presidente.

ADPF 347 MC/DF, rel. Min. Marco Aurélio, 9.9.2015. (ADPF-347)

Sistema carcerário: estado de coisas inconstitucional e violação a direito fundamental – 8

O Plenário anotou que no sistema prisional brasileiro ocorreria violação generalizada de direitos fundamentais dos presos no tocante à dignidade, higidez física e integridade psíquica. As penas privativas de liberdade aplicadas nos presídios converter-se-iam em penas cruéis e desumanas. Nesse contexto, diversos dispositivos constitucionais (artigos 1º, III, 5º, III, XLVII, e, XLVIII, XLIX, LXXIV, e 6º), normas internacionais reconhecedoras dos direitos dos presos (o Pacto Internacional dos Direitos Civis e Políticos, a Convenção contra a Tortura e outros Tratamentos e Penas Cruéis, Desumanos e Degradantes e a Convenção Americana de Direitos Humanos) e normas infraconstitucionais como a LEP e a LC 79/1994, que criara o Funpen, teriam sido transgredidas. Em relação ao Funpen, os recursos estariam sendo contingenciados pela União, o que impediria a formulação de novas políticas públicas ou a melhoria das existentes e contribuiria para o agravamento do quadro. Destacou que a forte violação dos direitos fundamentais dos presos repercutiria além das respectivas situações subjetivas e produziria mais violência contra a própria sociedade. Os cárceres brasileiros, além de não servirem à ressocialização dos presos, fomentariam o aumento da criminalidade, pois transformariam pequenos delinquentes em "monstros do crime". A prova da ineficiência do sistema como política de segurança pública estaria nas altas taxas de reincidência. E o reincidente passaria a cometer crimes ainda mais graves. Consignou que a situação seria assustadora: dentro dos presídios, violações sistemáticas de direitos humanos; fora deles, aumento da criminalidade e da insegurança social. Registrou que a responsabilidade por essa situação não poderia ser atribuída a um único e exclusivo poder, mas aos três – Legislativo, Executivo e Judiciário —, e não só os da União, como também os dos Estados-Membros e do Distrito Federal. Ponderou que haveria problemas tanto de formulação e implementação de políticas públicas, quanto de interpretação e aplicação da lei penal. Além disso, faltaria coordenação institucional. A ausência de medidas legislativas, administrativas e orçamentárias eficazes representaria falha estrutural a gerar tanto a ofensa reiterada dos direitos, quanto a perpetuação e o agravamento da situação. O Poder Judiciário também seria responsável, já que aproximadamente 41% dos presos estariam sob custódia provisória e pesquisas demonstrariam que, quando julgados, a maioria alcançaria a absolvição ou a condenação a penas alternativas. Ademais, a manutenção de elevado número de presos para além do tempo de pena fixado evidenciaria a inadequada assistência judiciária. A violação de direitos fundamentais alcançaria a transgressão à dignidade da pessoa humana e ao próprio mínimo existencial e justificaria a atuação mais assertiva do STF. Assim, caberia à Corte o papel de retirar os demais poderes da inércia, catalisar os debates e novas políticas públicas, coordenar as ações e monitorar os resultados. A intervenção judicial seria reclamada ante a incapacidade demonstrada pelas instituições legislativas e administrativas. Todavia, não se autorizaria o STF a substituir-se ao Legislativo e ao Executivo na consecução de tarefas próprias. O Tribunal deveria superar bloqueios políticos e institucionais sem afastar esses poderes dos processos de formulação e implementação das soluções necessárias. Deveria agir em diálogo com os outros poderes e com a sociedade. Não lhe incumbira, no entanto, definir o conteúdo próprio dessas políticas, os detalhes dos meios a serem empregados. Em vez de desprezar as capacidades institucionais dos outros poderes, deveria coordená-las, a fim de afastar o estado de inércia e deficiência estatal permanente. Não se trataria de substituição aos demais poderes, e sim de oferecimento de incentivos, parâmetros e objetivos indispensáveis à atuação de cada qual, deixando-lhes o estabelecimento das minúcias para se alcançar o equilíbrio entre respostas efetivas às violações de direitos e as limitações institucionais reveladas. O Tribunal, no que se refere às alíneas "a", "c" e "d", ponderou se tratar de pedidos que traduziriam mandamentos legais já impostos aos juízes. As medidas poderiam ser positivas como reforço ou incentivo, mas, no caso da alínea "a", por exemplo, a inserção desse capítulo nas decisões representaria medida genérica e não necessariamente capaz de permitir a análise do caso concreto. Como resultado, aumentaria o número de reclamações dirigidas ao STF. Seria mais recomendável atuar na formação do magistrado, para reduzir a cultura do encarceramento. No tocante à cautelar de ofício proposta pelo Ministro Roberto Barroso, o Colegiado frisou que o Estado de São Paulo, apesar de conter o maior número de presos atualmente, não teria fornecido informações a respeito da situação carcerária na unidade federada. De toda forma, seria imprescindível um panorama nacional sobre o assunto, para que a Corte tivesse elementos para construir uma solução para o problema. **ADPF 347 MC/DF, rel. Min. Marco Aurélio, 9.9.2015. (ADPF-347) (Inform. STF 798)**

Saída temporária e decisão judicial – 1

É legítima a decisão judicial que estabelece calendário anual de saídas temporárias para visita à família do preso. Esse o entendimento da Segunda Turma, que concedeu a ordem em "habeas corpus" para restabelecer ato do Juízo das Execuções Penais do Estado do Rio de Janeiro, que concedera autorização de saída temporária para visita periódica à família do paciente. Essa decisão, mantida em grau de recurso, fora, no entanto, reformada pelo STJ, que assentara o descabimento da concessão de saídas automatizadas, sendo necessária a manifestação motivada do juízo da execução, com intervenção do Ministério Público, em cada saída temporária, reiterado o que decidido anteriormente em recurso especial representativo da controvérsia. A Turma afirmou que a saída temporária sem vigilância direta seria benefício destinado aos sentenciados que cumprissem pena em regime semiaberto, na forma do art. 122 da Lei 7.210/1984, com intuito de reintegrá-los ao convívio social. Outrossim, conforme o art. 123 da Lei 7.210/1984, a autorização deveria ser concedida por ato motivado, ouvidas as partes e a administração carcerária. O STJ, ao interpretar esse dispositivo, teria entendido que, na medida em que a norma determina que a autorização deve ser concedida por ato motivado, cada saída autorizada deveria ser singularmente motivada, com base no histórico do sentenciado até então. Não haveria, contudo, essa necessidade, na medida em que um único ato judicial que analisasse o histórico do sentenciado e estabelecesse um calendário de saídas temporárias, com a expressa ressalva de que as autorizações poderiam ser revistas na hipótese de cometimento de falta pelo sentenciado, seria suficiente para fundamentar a saída mais próxima e as futuras. Se, por um lado, a decisão avaliaria a situação contemporânea, afirmando que a saída mais próxima seria recomendável, por outro, projetaria que, se não houvesse alteração fática, as saídas subsequentes também seriam recomendáveis. A expressa menção às hipóteses de revisão deixaria claro às partes que, se surgisse incidente, ele seria apreciado, podendo levar à revogação da autorização. Ademais, a decisão única também permitiria a participação suficiente do Ministério Público, que poderia falar sobre seu cabimento e, caso alterada a situação fática, pugnar por sua revisão.

HC 128763/RJ, rel. Min. Gilmar Mendes, 4.8.2015. (HC-128763)

Saída temporária e decisão judicial – 2

O Colegiado ressaltou que, de qualquer forma, poder-se-ia argumentar que a decisão do STJ não afetaria diretamente direito do sentenciado. De fato, se o juízo das execuções penais determinasse saídas temporárias em várias decisões sucessivas, ao invés de em única decisão, a situação do preso seria a mesma. No entanto, a realidade da execução penal demonstraria que esse tipo de decisão colocaria em risco o direito do sentenciado ao benefício. A força de trabalho das varas de execuções penais seria um recurso escasso, que precisaria ter sua eficiência maximizada. Na medida em que as decisões pudessem ser concentradas, sem perda substancial de qualidade, seria recomendável que assim se fizesse. Se a força de trabalho não fosse usada com eficiência, provavelmente os pedidos de autorização de saída só seriam apreciados após a data da saída pretendida. A rigor, esse direito seria negligenciado. No caso em comento, o juiz das execuções penais deferira autorizações de saída para visita periódica à família do paciente, fixando, desde logo, calendário com as saídas autorizadas: duas mensais, além de aniversário, páscoa, dia das mães e dos pais, natal e ano novo. O Estado do Rio de Janeiro concentraria suas execuções penais em uma única vara, na capital. Essa vara processaria todas as execuções penais, fossem de penas privativas de liberdade, restritivas de direito ou medidas de segurança, na capital e no interior do referido Estado-Membro. Relatório do mutirão carcerário promovido pelo CNJ no período de 26.10.2011 a 16.12.2011 teria apontado diversas dificuldades operacionais na serventia, ressaltando a demora no cumprimento dos atos de ofício e o sistêmico atraso na tramitação de expedientes para concessão de benefícios aos apenados. Assim, esse cenário de insuficiência deveria ser considerado para a análise da questão, presente, portanto, a ameaça concreta de lesão ao direito do paciente. **HC 128763/RJ, rel. Min. Gilmar Mendes, 4.8.2015. (HC-128763) (Inform. STF 793)**

Crime de tortura e regime inicial de cumprimento da pena

O condenado por crime de tortura iniciará o cumprimento da pena em regime fechado, nos termos do disposto no § 7º do art. 1º da Lei 9.455/1997 – Lei de Tortura. Com base nessa orientação, a Primeira Turma denegou pedido formulado em "habeas corpus", no qual se pretendia o reconhecimento de constrangimento ilegal consubstanciado na fixação, em sentença penal transitada em julgado, do cumprimento das penas impostas aos pacientes em regime inicialmente fechado. Alegavam os impetrantes a ocorrência de violação ao princípio da individualização da pena, uma vez que desrespeitados os artigos 33, § 3º, e 59 do CP. Apontavam a existência de similitude entre o disposto no artigo 1º, § 7º, da Lei de Tortura e o previsto no art. 2º, § 1º, da Lei de Crimes Hediondos, dispositivo legal que já teria sido declarado inconstitucional pelo STF no julgamento do HC 111.840/ES (DJe de 17.12.2013). Salientavam, por fim, afronta ao Enunciado 719 da Súmula do STF. O Ministro Marco Aurélio (relator) denegou a ordem. Considerou que, no caso, a dosimetria e o regime inicial de cumprimento das penas fixadas atenderiam aos ditames legais. Asseverou não caber articular com a Lei de Crimes Hediondos, pois a regência específica (Lei 9.455/1997) prevê expressamente que o condenado por crime de tortura iniciará o cumprimento da pena em regime fechado, o que não se confundiria com a imposição de regime de cumprimento da pena integralmente fechado. Assinalou que o legislador ordinário, em consonância com a CF/1988, teria feito uma opção válida, ao prever que, considerada a gravidade do crime de tortura, a execução da pena, ainda que fixada no mínimo legal, deveria ser cumprida inicialmente em regime fechado, sem prejuízo de posterior progressão. Os Ministros Roberto Barroso e Rosa Weber acompanharam o relator, com a ressalva de seus entendimentos pessoais no sentido do não conhecimento do "writ". O Ministro Luiz Fux, não obstante entender que o presente "habeas corpus" faria as vezes de revisão criminal, ante o trânsito em julgado da decisão impugnada, acompanhou o relator.

HC 123316/SE, rel. Min. Marco Aurélio, 9.6.2015. (HC-123316) (Inform. STF 789)

Inadimplemento de pena de multa e progressão de regime – 1

O inadimplemento deliberado da pena de multa cumulativamente aplicada ao sentenciado impede a progressão no regime prisional. Essa regra somente é excepcionada pela comprovação da absoluta impossibilidade econômica do apenado em pagar o valor, ainda que parceladamente. Essa a conclusão do Plenário que, por maioria, negou provimento a agravo regimental interposto em face de decisão monocrática que indeferira o pedido de progressão de regime prisional – tendo em vista o inadimplemento da multa imposta – de condenado, nos autos da AP 470/MG (DJe de 22.4.2013), à pena de seis anos e seis meses de reclusão, em regime inicial semiaberto, bem assim à sanção pecuniária de 330 dias-multa, pela prática de corrupção passiva e lavagem de dinheiro. Alegava-se que o prévio pagamento da pena de multa não seria requisito legal para a progressão de regime, porquanto inexistente prisão por dívida (CF, art. 5º, LXVII), bem assim que o art. 51 do CP proibiria a conversão da multa em detenção. De início, o Colegiado, por decisão majoritária, indeferiu pleito de sustentação oral formulado pela defesa. Sustentava-se, no ponto, que o agravo teria por fundamento o art. 197 da LEP e, por isso, estaria sujeito à mesma sistemática do recurso em sentido estrito. O Plenário reputou, na linha da jurisprudência do STF, e conforme deliberado ao longo do julgamento da AP 470/MG, que qualquer impugnação de decisão monocrática desafiaria agravo regimental (RISTF, art. 131, § 2º), inexistente, portanto, o direito de a defesa sustentar oralmente. Não caberia à Corte criar situação excepcional. Ademais, a situação dos autos não se assemelharia às hipóteses de cabimento de recurso em sentido estrito, pois o agravo não seria dirigido a outro tribunal, uma vez que o relator traria sua decisão para que fosse homologada pelo próprio Plenário do qual faz parte. Vencido o Ministro Marco Aurélio, que admitia a sustentação oral da defesa.

EP 12 ProgReg-AgR/DF, rel. Min. Roberto Barroso, 8.4.2015. (EP-12)

Inadimplemento de pena de multa e progressão de regime – 2

No mérito, o Plenário rememorou que o art. 51 do CP, em sua redação original, previa a possibilidade de conversão da multa em pena de detenção, quando o condenado, deliberadamente, deixasse de honrá-la. Posteriormente, a Lei 9.268/1996 dera nova redação ao dispositivo, para não mais admitir essa conversão, bem como para permitir a correção monetária e a cobrança da sanção como dívida ativa. A referida alteração legislativa não retirara da multa o seu caráter de pena, conforme disposição constitucional (CF, art. 5º, XLVI) e legal (CP, art. 32, III). Acrescentou que, em matéria de criminalidade econômica, a multa desempenharia papel proeminente. Mais até do que a pena de prisão, caberia à sanção pecuniária o papel retributivo e preventivo geral, para desestimular a conduta prevista penalmente. Por essa razão, deveria ser fixada com seriedade, proporcionalidade e, sobretudo, ser efetivamente paga. Assinalou que o art. 33 do CP e os artigos 110 e seguintes da LEP disciplinariam três regimes diversos de cumprimento de pena privativa de liberdade: fechado, semiaberto e aberto. Para cada uma dessas fases, haveria estabelecimentos penais próprios. De outro lado, o art. 112 da LEP disporia sobre os requisitos gerais para que o julgador autorizasse a progressão de regime. Como regra geral, condenados com bom comportamento poderiam progredir de um regime para outro após o cumprimento de um sexto da pena no regime anterior. Não obstante, a jurisprudência do STF demonstraria que a análise dos requisitos necessários para progressão não se restringiria ao art. 112 da LEP, pois outros elementos deveriam ser considerados pelo julgador para individualizar a pena.

EP 12 ProgReg-AgR/DF, rel. Min. Roberto Barroso, 8.4.2015. (EP-12)

Inadimplemento de pena de multa e progressão de regime – 3

O Colegiado sublinhou que, especialmente em matéria de crimes contra a Administração Pública, a parte verdadeiramente severa da pena haveria de ser a de natureza pecuniária, que teria o poder de funcionar como real fator de prevenção, capaz de inibir a prática de crimes a envolver apropriação de recursos públicos. Nessas condições, não seria possível a progressão de regime sem o pagamento da multa fixada na condenação. O condenado teria o dever jurídico – e não a faculdade – de pagar integralmente o valor. Essa seria uma modalidade autônoma de resposta penal expressamente prevista no art. 5º, XLVI, c, da CF, a exigir cumprimento espontâneo por parte do apenado, independentemente de execução judicial. A obrigatoriedade também adviria do art. 50 do CP. O não recolhimento da multa por condenado que tivesse condições econômicas de pagá-la, sem sacrifício dos recursos indispensáveis ao sustento próprio e de sua família, constituiria deliberado descumprimento de decisão judicial e deveria impedir a progressão de regime. Além disso, admitir-se o não pagamento da multa configuraria tratamento privilegiado em relação ao sentenciado que espontaneamente pagasse a sanção pecuniária. Ademais, a passagem para o regime aberto exigiria do sentenciado autodisciplina e senso de responsabilidade (LEP, art. 114, II), a pressupor o cumprimento das decisões judiciais aplicadas a ele. Essa interpretação seria reforçada pelo art. 36, § 2º, do CP e pelo art. 118, § 1º, da LEP, que estabelecem a regressão de regime para o condenado que não pagar, podendo, a multa cumulativamente imposta. Assim, o deliberado inadimplemento da multa sequer poderia ser comparado à vedada prisão por dívida (CF, art. 5º, LXVII), configurando apenas óbice à progressão no regime prisional. Ressalvou que a exceção admissível ao dever de pagar a multa seria a impossibilidade econômica absoluta de fazê-lo. Seria cabível a progressão se o sentenciado, veraz e comprovadamente, demonstrasse sua total insolvabilidade, a ponto de impossibilitar até mesmo o pagamento parcelado da quantia devida, como autorizado pelo art. 50 do CP. Ressaltou que o acórdão exequendo fixara o "quantum" da sanção pecuniária especialmente em função da situação econômica do réu (CP, art. 60), de modo que a relativização dessa resposta penal dependeria de prova robusta por parte do sentenciado. No caso, entretanto, não houvera mínima comprovação de insolvabilidade, incabível, portanto, a exceção admissível ao dever de pagar a multa. Vencido o Ministro Marco Aurélio, que provia o agravo para admitir a progressão de regime, independentemente do recolhimento da multa. Considerava que seria dever da Fazenda Pública executar a dívida, se necessário.

EP 12 ProgReg-AgR/DF, rel. Min. Roberto Barroso, 8.4.2015. (EP-12) (Inform. STF 780)

Prisão para extradição e adaptação ao regime semiaberto – 1

A 2ª Turma acolheu questão de ordem suscitada pelo Ministro Gilmar Mendes (relator) no sentido de deferir a adaptação de prisão para extradição às condições do regime semiaberto. No caso, o extraditando fora condenado no Brasil à pena unificada de 32 anos, um mês e 20 dias de reclusão, pelos crimes de homicídio, lavagem de dinheiro e uso de documento falso, já tendo sido cumpridos cerca de 11 anos e três meses de prisão. Deferida a extradição instrutória, fundada em acusações da prática de crimes patrimoniais não violentos, aguardar-se-ia cumprimento de pena privativa de liberdade imposta no Brasil para a sua execução. A Turma, de início, afastou a alegação de prescrição da pretensão punitiva. Ressaltou que haveria a suspensão da prescrição, por ambos os ordenamentos jurídicos. Salientou que, na hipótese de condenação no Brasil, o Estatuto do Estrangeiro (Lei 6.815/1980, art. 89) condicionaria a execução da extradição – entrega do extraditando ao Estado requerente – ao cumprimento da pena aqui imposta, ressalvada a faculdade de o Poder Executivo optar pela entrega imediata. Ponderou que, enquanto não efetivada a entrega, conviveriam dois títulos de prisão. Um, a sentença condenatória que embasaria a execução penal. Outro, a ordem de prisão para extradição. Na execução penal, o condenado poderia satisfazer os requisitos para cumprir a pena no regime semiaberto ou no aberto. No entanto, a prisão para extradição seria uma prisão processual que, via de regra, seria executada em regime semelhante ao fechado. Cumulando-se as duas ordens de prisão, prevaleceria a mais gravosa. Isso não decorreria de hierarquia entre a ordem do STF e a do juiz da execução, pois bastaria um título de prisão para aplicar o regime mais gravoso. Dessa forma, se persistisse a prisão para a extradição em todos seus efeitos, o extraditando cumpriria, em regime integralmente fechado, a pena em execução no Brasil. A execução da pena nesse regime reduziria sobremaneira o espaço da individualização da pena. Assim, seria necessário buscar critérios para, na medida do possível, compatibilizar a individualização da pena na execução penal com a extradição.

Ext 893 QO/República Federal da Alemanha, rel. Min. Gilmar Mendes, 10.3.2015. (Ext-893)

Prisão para extradição e adaptação ao regime semiaberto – 2

A Turma observou que o juízo da execução estaria limitado pelos termos do título e pelo comportamento superveniente do executado. Não poderia, dessa maneira, inserir o executado em regime mais gravoso do que o da condenação, ou indeferir a progressão de regime àquele que satisfizesse as condições objetivas e subjetivas. Por outro lado, o STF, na qualidade de juízo da extradição, teria condições de avaliar a prisão do ponto de vista de sua necessidade para assegurar a entrega do extraditando e, durante a execução da pena, garantir a ordem pública e a ordem econômica. Diante disso, a prisão para extradição não impediria o juízo da execução penal de deferir progressões de regime. Entretanto, essa providência seria ineficaz até que o STF deliberasse acerca das condições da prisão para extradição. Destarte, o STF teria a competência para alterar os termos da prisão para extradição e adaptá-la ao regime de execução da pena. Essa adaptação não seria automática, pois seria necessário observar as balizas do art. 312 do CPP. Além disso, levaria em conta a eventual necessidade da prisão para extradição em regime mais rigoroso do que o da execução penal. Na espécie, a manutenção da prisão para extradição em regime fechado seria desnecessária. O extraditando já cumprira mais de 11 anos de pena privativa de liberdade no Brasil e seu comportamento seria bom, conforme atestado pelo juiz da execução penal. Assim, a manutenção do extraditando em regime fechado não seria indispensável para a garantia da ordem pública. Além disso, nada impediria que o Poder Executivo optasse pela entrega do extraditando antes de esgotado o prazo máximo de prisão. Desse modo, na hipótese dos autos, a prisão para extradição deveria ser adaptada ao regime semiaberto. Com isso, o extraditando poderia gozar dos benefícios compatíveis com esse regime, como as saídas temporárias e o trabalho externo. Contudo, essa decisão não impediria o juízo da execução de prosseguir na fiscalização disciplinar do condenado e, se fosse o caso, regredir o regime prisional.

Ext 893 QO/República Federal da Alemanha, rel. Min. Gilmar Mendes, 10.3.2015. (Ext-893) (Inform. STF 777)

DIREITO PENAL. PERDA DOS DIAS EM RAZÃO DE COMETIMENTO DE FALTA GRAVE.

Reconhecida falta grave, a perda de até 1/3 do tempo remido (art. 127 da LEP) pode alcançar dias de trabalho anteriores à infração disciplinar e que ainda não tenham sido declarados pelo juízo da execução no cômputo da remição. A remição na execução da pena constitui benefício submetido à cláusula *rebus sic stantibus*. Assim, o condenado possui apenas a expectativa do direito de abater os dias trabalhados do restante da pena a cumprir, desde que não venha a ser punido com falta grave. Nesse sentido, quanto aos dias de trabalho a serem considerados na compensação, se, por um lado, é certo que a perda dos dias remidos não pode alcançar os dias trabalhados após o cometimento da falta grave, sob pena de criar uma espécie de conta-corrente contra o condenado, desestimulando o trabalho do preso, por outro lado, não se deve deixar de computar os dias trabalhados antes do cometimento da falta grave, ainda que não tenham sido declarados pelo juízo da execução, sob pena de subverter os fins da pena, culminando por premiar a indisciplina carcerária. Precedente citado: HC 286.791-RS, Quinta Turma, DJe 6/6/2014. **REsp 1.517.936-REsp,** Rel. Min. Maria Thereza de Assis Moura, **julgado em 1º/10/2015, DJe 23/10/2015. (Inform. STJ 571)**

DIREITO PENAL. CONCESSÃO DE TRABALHO EXTERNO EM EMPRESA FAMILIAR.

O fato de o irmão do apenado ser um dos sócios da empresa empregadora não constitui óbice à concessão do benefício do trabalho externo, ainda que se argumente sobre o risco de ineficácia da realização do trabalho externo devido à fragilidade na fiscalização. Com efeito, a execução criminal visa ao retorno do condenado ao convívio em sociedade, com o escopo de reeducá-lo e ressocializá-lo, sendo que o trabalho é essencial para esse processo. Nesse contexto, é importante considerar que os riscos de ineficácia da realização de trabalho externo em empresa familiar, sob o argumento de fragilidade na fiscalização, não podem ser óbice à concessão do referido benefício. Em primeiro lugar, porque é muito difícil para o apenado conseguir emprego. Impedir que o preso seja contratado por parente é medida que reduz ainda mais a possibilidade de vir a conseguir uma ocupação lícita e, em consequência, sua perspectiva de reinserção na sociedade. Em segundo lugar, porque o Estado deve envidar todos os esforços possíveis no sentido de ressocializar os transgressores do Direito Penal, a fim de evitar novas agressões aos bens jurídicos da coletividade. Ademais, o Estado possui a atribuição de fiscalizar o efetivo cumprimento do trabalho extramuros, estando autorizado a revogar a benesse nas hipóteses elencadas no parágrafo único do art. 37 da LEP. Além disso, não há qualquer vedação na LEP quanto à concessão de trabalho externo em empresa da família do sentenciado. **HC 310.515-RS, Rel. Min. Felix Fischer, julgado em 17/9/2015, DJe 25/9/2015 (Inform. STJ 569).**

DIREITO PENAL. RECUSA INJUSTIFICADA DO APENADO AO TRABALHO CONSTITUI FALTA GRAVE. Constitui falta grave na execução penal a recusa injustificada do condenado ao exercício de trabalho interno. O art. 31 da Lei 7.210/1984 (LEP) determina a obrigatoriedade do trabalho ao apenado condenado à pena privativa de liberdade, na medida de suas aptidões e capacidades, sendo sua execução, nos termos do art. 39, V, da referida Lei, um dever do apenado. O art. 50, VI, da LEP, por sua vez, classifica como falta grave a inobservância do dever de execução do trabalho. Ressalte-se, a propósito, que a pena de trabalho forçado, vedada no art. 5º, XLVIII, "c", da CF, não se confunde com o dever de trabalho imposto ao apenado, ante o disposto no art. 6º, 3, da Convenção Americana de Direitos Humanos (Pacto San José da Costa Rica), segundo o qual os trabalhos ou serviços normalmente exigidos de pessoa reclusa em cumprimento de sentença ou resolução formal expedida pela autoridade judiciária competente não constituem trabalhos forçados ou obrigatórios vedados pela Convenção. **HC 264.989-SP, Rel. Min. Ericson Maranho, julgado em 4/8/2015, DJe 19/8/2015 (Inform. STJ 567).**

DIREITO PENAL. REMIÇÃO DA PENA PELA LEITURA.

A atividade de leitura pode ser considerada para fins de remição de parte do tempo de execução da pena. O art. 126 da LEP (redação dada pela Lei 12.433/2011) estabelece que o "condenado que cumpre a pena em regime fechado ou semiaberto poderá remir, por trabalho ou por estudo, parte do tempo de execução da pena". De fato, a norma não prevê expressamente a leitura como forma de remição. No entanto, antes mesmo da alteração do art. 126 da LEP, que incluiu o estudo como forma de remir a pena, o STJ, em diversos julgados, já previa a possibilidade. Em certa oportunidade, salientou que a norma do art. 126 da LEP, ao possibilitar a abreviação da pena, tem por objetivo a ressocialização do condenado, sendo possível o uso da analogia in bonam partem, que admita o benefício em comento, em razão de atividades que não estejam expressas no texto legal (REsp 744.032-SP, Quinta Turma, DJe 5/6/2006). O estudo está estreitamente ligado à leitura e à produção de textos, atividades que exigem dos indivíduos a participação efetiva enquanto sujeitos ativos desse processo, levando-os à construção do conhecimento. A leitura em si tem função de propiciar a cultura e possui caráter ressocializador, até mesmo por contribuir na restauração da autoestima. Além disso, a leitura diminui consideravelmente a ociosidade dos presos e reduz a reincidência criminal. Sendo um dos objetivos da LEP, ao instituir a remição, incentivar o bom comportamento do sentenciado e sua readaptação ao convívio social, impõe-se a interpretação extensiva do mencionado dispositivo, o que revela, inclusive, a crença do Poder Judiciário na leitura como método factível para o alcance da harmônica reintegração à vida em sociedade. Além do mais, em 20/6/2012, a Justiça Federal e o Departamento Penitenciário Nacional do Ministério da Justiça (Depen) já haviam assinado a Portaria Conjunta 276, a qual disciplina o Projeto da Remição pela Leitura no Sistema Penitenciário Federal. E, em 26/11/2013, o CNJ – considerando diversas disposições normativas, inclusive os arts. 126 a 129 da LEP, com a redação dada pela Lei 12.433/2011, a Súmula 341 do STJ e a referida portaria conjunta – editou a Recomendação 44, tratando das atividades educacionais complementares para fins de remição da pena pelo estudo e estabelecendo critérios para a admissão pela leitura. **HC 312.486-SP, Rel. Min. Sebastião Reis Júnior, julgado em 9/6/2015, Dje 22/6/2015 (Inform. STJ 564).**

DIREITO PROCESSUAL PENAL. PROGRESSÃO DE REGIME DO REINCIDENTE CONDENADO POR CRIME HEDIONDO.

A progressão de regime para os condenados por crime hediondo dar-se-á, se o sentenciado for reincidente, após o cumprimento de 3/5 da pena, ainda que a reincidência não seja específica em crime hediondo ou equiparado. Isso porque, conforme o entendimento adotado pelo STJ, a Lei dos Crimes Hediondos não faz distinção entre a reincidência comum e a específica. Desse modo, havendo reincidência, ao condenado deverá ser aplicada a fração de 3/5 da pena cumprida para fins de progressão do regime. Precedentes citados: HC 173.992-MS, Quinta Turma, DJe 10/5/2012, HC 273.774-RS, Rel. Quinta Turma, DJe 10/10/2014, HC 310.649-RS, Sexta Turma, DJe 27/2/2015. **HC 301.481-SP, Rel. Min. Ericson Maranho (Desembargador convocado do TJ-SP), julgado em 2/6/2015, DJe 11/6/2015 (Inform. STJ 563).**

DIREITO PENAL. REMIÇÃO DE PENA EM RAZÃO DE ATIVIDADE LABORATIVA EXTRAMUROS. RECURSO REPETITIVO (ART. 543-C DO CPC E RES. 8/2008-STJ). TEMA 917.

É possível a remição de parte do tempo de execução da pena quando o condenado, em regime fechado ou semiaberto, desempenha atividade laborativa extramuros. Segundo o art. 126, caput, da Lei de Execução Penal (LEP), "O condenado que cumpre a pena em regime fechado ou semiaberto poderá remir, por trabalho ou por estudo, parte do tempo de execução da pena". Ainda, dispõe o § 6º do referido dispositivo legal que: "O condenado que cumpre pena em regime aberto ou semiaberto e o que usufrui liberdade condicional poderão remir, pela frequência a curso de ensino regular ou de educação profissional, parte do tempo de execução da pena ou do período de prova, observado o disposto no inciso I do § 1º deste artigo". Constata-se que os dispositivos supracitados não fizeram nenhuma distinção ou referência, para fins de remição de parte do tempo de execução da pena, quanto ao local em que deve ser desempenhada a atividade laborativa, de modo que se mostra indiferente o fato de o trabalho ser exercido dentro ou fora do ambiente carcerário. Na verdade, a lei exige apenas que o condenado esteja cumprindo a pena em regime fechado ou semiaberto (HC 206.313-RJ, Quinta Turma, DJe

11/12/2013). Ademais, se o condenado que cumpre pena em regime aberto ou semiaberto pode remir parte da reprimenda pela frequência a curso de ensino regular ou de educação profissional, não há razões para não considerar o trabalho extramuros de quem cumpre pena em regime semiaberto como fator de contagem do tempo para fins de remição. Além disso, insta salientar que o art. 36 da LEP somente prescreve a exigência de que o trabalho externo seja exercido, pelos presos em regime fechado, por meio de "serviço ou obras públicas realizadas por órgãos da Administração Direta ou Indireta, ou entidades privadas, desde que tomadas as cautelas contra a fuga e em favor da disciplina". Dessa forma, em homenagem, sobretudo, ao princípio da legalidade, não cabe restringir a futura concessão de remição da pena somente àqueles que prestam serviço nas dependências do estabelecimento prisional, tampouco deixar de recompensar o apenado que, cumprindo a pena no regime semiaberto, exerça atividade laborativa, ainda que extramuros. Na verdade, a LEP direciona-se a premiar o apenado que demonstra esforço em se ressocializar e que busca, na atividade laboral, um incentivo maior à reintegração social: "A execução penal tem por objetivo efetivar as disposições de sentença ou decisão criminal e proporcionar condições para a harmônica integração social do condenado e do internado" (art. 1º). A ausência de distinção pela lei, para fins de remição, quanto à espécie ou ao local em que o trabalho é realizado, espelha a própria função ressocializadora da pena, inserindo o condenado no mercado de trabalho e no próprio meio social, minimizando suas chances de recidiva delitiva. De mais a mais, ausentes, por deficiência estrutural ou funcional do Sistema Penitenciário, as condições que permitam a oferta de trabalho digno para todos os apenados aptos à atividade laborativa, não se há de impor ao condenado que exerce trabalho extramuros os ônus decorrentes dessa ineficiência. Cabe ressaltar que a supervisão direta do próprio trabalho deve ficar a cargo do patrão do apenado, cumprindo à administração carcerária a supervisão sobre a regularidade do trabalho. Por fim, se concedida ao apenado pelo Juízo das Execuções Criminais a possibilidade de realização de trabalho extramuros, mostrar-se-ia, no mínimo, contraditório o Estado-Juiz permitir a realização dessa atividade fora do estabelecimento prisional, com vistas à ressocialização do apenado, e, ao mesmo tempo, ilidir o benefício da remição. **REsp 1.381.315-RJ, Rel. Min. Rogerio Schietti Cruz, Terceira Seção, julgado em 13/5/2015, DJe 19/5/2015 (Inform. STJ 562).**

DIREITO PENAL. INFLUÊNCIA DA REINCIDÊNCIA NO CÁLCULO DE BENEFÍCIOS NO DECORRER DA EXECUÇÃO PENAL.

Na definição do requisito objetivo para a concessão de livramento condicional, a condição de reincidente em crime doloso deve incidir sobre a somatória das penas impostas ao condenado, ainda que a agravante da reincidência não tenha sido reconhecida pelo juízo sentenciante em algumas das condenações. Isso porque a reincidência é circunstância pessoal que interfere na execução como um todo, e não somente nas penas em que ela foi reconhecida. Precedentes citados: HC 95.505-RS, Quinta Turma, DJe 1º/2/2010; e EDcl no HC 267.328-MG, Quinta Turma, DJe de 6/6/2014. **HC 307.180-RS, Rel. Min. Felix Fischer, julgado em 16/4/2015, DJe 13/5/2015 (Inform. STJ 561).**

DIREITO PENAL. PERDA DOS DIAS REMIDOS EM RAZÃO DE COMETIMENTO DE FALTA GRAVE.

A prática de falta grave impõe a decretação da perda de até 1/3 dos dias remidos, devendo a expressão "poderá" contida no art. 127 da Lei 7.210/1984, com a redação que lhe foi conferida pela Lei 12.432/2011, ser interpretada como verdadeiro poder-dever do magistrado, ficando no juízo de discricionariedade do julgador apenas a fração da perda, que terá como limite máximo 1/3 dos dias remidos. Precedentes citados: AgRg no REsp 1.424.583-PR, Sexta Turma, DJe 18/6/2014; e REsp 1.417.326-RS, Sexta Turma, DJe 14/3/2014. **AgRg no REsp 1.430.097-PR, Rel. Min. Felix Fischer, julgado em 19/3/2015, DJe 6/4/2015 (Inform. STJ 559).**

DIREITO PENAL. REMIÇÃO DA PENA PELO ESTUDO EM DIAS NÃO ÚTEIS.

A remição da pena pelo estudo deve ocorrer independentemente de a atividade estudantil ser desenvolvida em dia não útil. O art. 126 da Lei 7.210/1984 dispõe que a contagem de tempo para remição da pena pelo estudo deve ocorrer à razão de 1 dia de pena para cada 12 horas de frequência escolar, não havendo qualquer ressalva sobre a consideração apenas dos dias úteis para realização da referida contagem, sendo, inclusive, expressamente mencionada a possibilidade de ensino a distância. **AgRg no REsp 1.487.218-DF, Rel. Min. Ericson Maranho (Desembargador convocado do TJ/SP), julgado em 5/2/2015, DJe 24/2/2015 (Inform. STJ 556).**

DIREITO PROCESSUAL PENAL. INEXISTÊNCIA DE CASA DE ALBERGADO E CUMPRIMENTO DA PENA EM LOCAL COMPATÍVEL.

A inexistência de casa de albergado na localidade da execução da pena não gera o reconhecimento de direito ao benefício da prisão domiciliar quando o paciente estiver cumprindo a reprimenda em local compatível com as regras do regime aberto. O STJ tem admitido, excepcionalmente, a concessão da prisão domiciliar quando não houver local adequado ao regime prisional imposto. Todavia, na hipótese em que o paciente, em face da inexistência de casa de albergado, esteja cumprindo pena em local compatível com as regras do regime aberto – tendo o juízo da execução providenciado a infraestrutura necessária, atento ao princípio da razoabilidade e da proporcionalidade –, não se vislumbra o necessário enquadramento nas hipóteses excepcionais de concessão do regime prisional domiciliar. **HC 299.315-RS, Rel. Min. Gurgel de Faria, julgado em 18/12/2014, DJe 2/2/2015 (Inform. STJ 554).**

Súmula Vinculante 26

Para efeito de progressão de regime no cumprimento de pena por crime hediondo, ou equiparado, o juízo da execução observará a inconstitucionalidade do art. 2º da Lei n. 8.072, de 25 de julho de 1990, sem prejuízo de avaliar se o condenado preenche, ou não, os requisitos objetivos e subjetivos do benefício, podendo determinar, para tal fim, de modo fundamentado, a realização de exame criminológico.

Súmula Vinculante 9

O disposto no artigo 127 da Lei nº 7.210/1984 (Lei de Execução Penal) foi recebido pela ordem constitucional vigente, e não se lhe aplica o limite temporal previsto no *caput* do artigo 58.

Súmula Vinculante 5

A falta de defesa técnica por advogado no processo administrativo disciplinar não ofende a Constituição.

Súmula STF nº 717

Não impede a progressão de regime de execução da pena, fixada em sentença não transitada em julgado, o fato de o réu se encontrar em prisão especial.

Súmula STF nº 716

Admite-se a progressão de regime de cumprimento da pena ou a aplicação imediata de regime menos severo nela determinada, antes do trânsito em julgado da sentença condenatória.

Súmula STF nº 715

A pena unificada para atender ao limite de trinta anos de cumprimento, determinado pelo art. 75 do Código Penal, não é considerada para a concessão de outros benefícios, como o livramento condicional ou regime mais favorável de execução.

Súmula STJ nº 535

A prática de falta grave não interrompe o prazo para fim de comutação de pena ou indulto.

Súmula STJ nº 534

A prática de falta grave interrompe a contagem do prazo para a progressão de regime de cumprimento de pena, o qual se reinicia a partir do cometimento dessa infração.

Súmula STJ nº 533

Para o reconhecimento da prática de falta disciplinar no âmbito da execução penal, é imprescindível a instauração de procedimento administrativo pelo diretor do estabelecimento prisional, assegurado o direito de defesa, a ser realizado por advogado constituído ou defensor público nomeado.

Súmula STJ nº 526

O reconhecimento de falta grave decorrente do cometimento de fato definido como crime doloso no cumprimento da pena prescinde do trânsito em julgado de sentença penal condenatória no processo penal instaurado para apuração do fato.

Súmula STJ nº 521

A legitimidade para a execução fiscal de multa pendente de pagamento imposta em sentença condenatória é exclusiva da Procuradoria da Fazenda Pública.

Súmula STJ nº 520

O benefício de saída temporária no âmbito da execução penal é ato jurisdicional insuscetível de delegação à autoridade administrativa do estabelecimento prisional.

Súmula STJ nº 491

É inadmissível a chamada progressão *per saltum* de regime prisional.

Súmula STJ nº 471

Os condenados por crimes hediondos ou assemelhados cometidos antes da vigência da Lei n. 11.464/2007 sujeitam-se ao disposto no art. 112 da Lei n. 7.210/1984 (Lei de Execução Penal) para a progressão de regime prisional.

Súmula STJ nº 441

A falta grave não interrompe o prazo para obtenção de livramento condicional.

Súmula STJ nº 439

Admite-se o exame criminológico pelas peculiaridades do caso, desde que em decisão motivada.

Súmula STJ nº 341

A frequência a curso de ensino formal é causa de remição de parte do tempo de execução de pena sob regime fechado ou semiaberto.

Súmula STJ nº 40

Para obtenção dos benefícios de saída temporária e trabalho externo, considera-se o tempo de cumprimento da pena no regime fechado.

16. LEGISLAÇÃO EXTRAVAGANTE

DIREITO PROCESSUAL PENAL. EXTRADIÇÃO SUPLETIVA. Caso seja oferecida denúncia pelo Ministério Público por fato anterior e não contido na solicitação de extradição da pessoa entregue, deve a ação penal correspondente ser suspensa até que seja julgado pedido de extradição supletiva, nos termos do art. 14 do Decreto 4.975/2004 (Acordo de Extradição entre Estados Partes do Mercosul). O art. 14 do referido diploma dispõe que: "1. Do Princípio da Especialidade. A pessoa entregue não será detida, julgada nem condenada, no território do Estado Parte requerente, por outros delitos cometidos previamente à data de solicitação da extradição, e não contidos nesta, salvo nos seguintes casos: a) quando a pessoa extraditada, podendo abandonar o território do Estado Parte ao qual foi entregue, nele permanecer voluntariamente por mais de 45 dias corridos após sua libertação definitiva ou a ele regressar depois de tê-lo abandonado; b) quando as autoridades competentes do Estado Parte requerido consentirem na extensão da extradição para fins de detenção, julgamento ou condenação da referida pessoa em função de qualquer outro delito. 2. Para tal efeito, o Estado Parte requerente deverá encaminhar ao Estado Parte requerido pedido formal de extensão da extradição, cabendo ao Estado Parte requerido decidir se a concede. O referido pedido deverá ser acompanhado dos documentos previstos no parágrafo 4 do Artigo 18 deste Acordo e de declaração judicial sobre os fatos que motivaram o pedido de extensão, prestada pelo extraditado com a devida assistência jurídica." O princípio da especialidade previsto no referido dispositivo se revela como uma proteção ao extraditando de não ser detido, processado ou condenado por delitos cometidos em datas anteriores à solicitação de extradição. Ademais, o pedido de extradição supletiva ou suplementar (art. 14, § 2º) não viola tal princípio, sendo juridicamente possível (STF, Ext 1.052 extensão – Reino dos Países Baixos, Tribunal Pelo, DJe 5/12/2008). Precedente do STF: Inq 731 QO/AG – Argélia, Tribunal Pleno, DJe de 20/10/1995). **RHC 45.569-MT, Rel. Min. Felix Fischer, julgado em 4/8/2015, DJe 12/8/2015 (Inform. STJ 566).**

Súmula STF nº 564

A ausência de fundamentação do despacho de recebimento de denúncia por crime falimentar enseja nulidade processual, salvo se já houver sentença condenatória.

Súmula STJ nº 342

No procedimento para aplicação de medida socioeducativa, é nula a desistência de outras provas em face da confissão do adolescente.

Súmula STJ nº 265

É necessária a oitiva do menor infrator antes de decretar-se a regressão da medida socioeducativa.

Súmula STJ nº 51

A punição do intermediador, no jogo do bicho, independe da identificação do "apostador" ou do "banqueiro".

5. DIREITO CONSTITUCIONAL

1. DIREITOS E DEVERES INDIVIDUAIS E COLETIVOS

REPERCUSSÃO GERAL EM RE N. 806.339-SE
RELATOR: MIN. MARCO AURÉLIO
LIBERDADE DE REUNIÃO – AUTORIDADE COMPETENTE – PRÉVIO AVISO – ARTIGO 5º, INCISO XVI, DA CONSTITUIÇÃO FEDERAL – ALCANCE – RECURSO EXTRAORDINÁRIO – REPERCUSSÃO GERAL CONFIGURADA. Possui repercussão geral a controvérsia alusiva ao alcance da exigência de prévio aviso à autoridade competente como pressuposto para o exercício do direito versado no artigo 5º, inciso XVI, da Carta de 1988. **(Inform. STF 810)**

REPERCUSSÃO GERAL EM RE N. 865.401-MG
RELATOR: MIN. DIAS TOFFOLI
EMENTA: Direito constitucional. Direito fundamental de acesso à informação de interesse coletivo ou geral. Recurso extraordinário que se funda na violação do art. 5º, inciso XXXIII, da Constituição Federal. Pedido de vereador, como parlamentar e cidadão, formulado diretamente ao chefe do Poder Executivo, solicitando informações e documentos sobre a gestão municipal. Pleito que foi indeferido. Invocação do direito fundamental de acesso à informação, do dever do poder público à transparência e dos princípios republicano e da publicidade. Tese da municipalidade fundada na ingerência indevida, na separação de poderes e na diferença entre prerrogativas da casa legislativa e dos parlamentares. Repercussão geral reconhecida. **(Inform. STF 802)**

REPERCUSSÃO GERAL EM RE N. 662.055-SP
RELATOR: MIN. ROBERTO BARROSO
Ementa: DIREITO CONSTITUCIONAL. RECURSO EXTRAORDINÁRIO. LIBERDADE DE EXPRESSÃO, DIREITOS DOS ANIMAIS E RELEVANTE PREJUÍZO COMERCIAL A EVENTO CULTURAL TRADICIONAL. RESTRIÇÕES A PUBLICAÇÕES E DANOS MORAIS. PRESENÇA DE REPERCUSSÃO GERAL.
1. A decisão recorrida impôs restrições a publicações em sítio eletrônico de entidade de proteção aos animais, que denunciava a crueldade da

utilização de animais em rodeios, condenando-a ao pagamento de danos morais e proibindo-a de contactar patrocinadores de um evento específico, tradicional e culturalmente importante.
2. Constitui questão constitucional da maior importância definir os limites da liberdade de expressão em contraposição a outros direitos de igual hierarquia jurídica, como os da inviolabilidade da honra e da imagem, bem como fixar parâmetros para identificar hipóteses em que a publicação deve ser proibida e/ou o declarante condenado ao pagamento de danos morais, ou ainda a outras consequências jurídicas.
3. Repercussão geral reconhecida. **(Inform. STF 797)**

EMENTA: DIREITO DE RESPOSTA. AUTONOMIA CONSTITUCIONAL (**CF**, ART. 5º, INCISO V). **CONSEQUENTE POSSIBILIDADE** DE SEU EXERCÍCIO *INDEPENDENTEMENTE* DE REGULAÇÃO LEGISLATIVA. **ESSENCIALIDADE** *DESSA PRERROGATIVA FUNDAMENTAL*, **ESPECIALMENTE** SE ANALISADA **NA PERSPECTIVA** DE UMA SOCIEDADE **QUE VALORIZA** O CONCEITO DE "*LIVRE MERCADO DE IDEIAS*" ("FREE MARKETPLACE OF IDEAS"). **O SENTIDO** DA EXISTÊNCIA DO "*MERCADO DE IDEIAS*": **UMA METÁFORA DA LIBERDADE? A QUESTÃO DO DIREITO DIFUSO** *À INFORMAÇÃO HONESTA, LEAL* **E** *VERDADEIRA*: **O MAGISTÉRIO DA DOUTRINA**. "*A PLURIFUNCIONALIDADE DO DIREITO DE RESPOSTA*" (VITAL MOREIRA, "**O DIREITO DE RESPOSTA NA COMUNICAÇÃO SOCIAL**") **OU** *AS DIVERSAS ABORDAGENS POSSÍVEIS* QUANTO À **DEFINIÇÃO** DA NATUREZA JURÍDICA DESSA PRERROGATIVA FUNDAMENTAL: (**a**) ***garantia*** *de defesa dos direitos de personalidade*, (**b**) ***direito individual*** *de expressão e de opinião*, (**c**) ***instrumento*** *de pluralismo informativo e de acesso de seu titular aos órgãos de comunicação social*, **inconfundível**, *no entanto*, com o direito de antena, (**d**) ***garantia*** *do "dever de verdade"* **e** (**e**) ***forma*** *de sanção ou de indenização em espécie*. **A FUNÇÃO INSTRUMENTAL** DO DIREITO DE RESPOSTA (*DIREITO-GARANTIA?*): (**1**) **NEUTRALIZAÇÃO DE EXCESSOS** DECORRENTES *DA PRÁTICA ABUSIVA* DA LIBERDADE DE INFORMAÇÃO **E** DE COMUNICAÇÃO JORNALÍSTICA; (**2**) **PROTEÇÃO DA AUTODETERMINAÇÃO** DAS PESSOAS EM GERAL; **E** (**3**) **PRESERVAÇÃO/RESTAURAÇÃO DA VERDADE PERTINENTE** AOS FATOS REPORTADOS PELOS MEIOS DE DIFUSÃO **E** DE COMUNICAÇÃO SOCIAL. **O DIREITO** *DE RESPOSTA/RETIFICAÇÃO* **COMO TÓPICO SENSÍVEL E DELICADO** DA AGENDA DO SISTEMA INTERAMERICANO: **A CONVENÇÃO AMERICANA** DE DIREITOS HUMANOS (**ARTIGO** 14) **E A OPINIÃO CONSULTIVA Nº 7/86** *DA CORTE INTERAMERICANA DE DIREITOS HUMANOS*. **A OPONIBILIDADE DO DIREITO DE RESPOSTA A PARTICULARES: A QUESTÃO** *DA EFICÁCIA HORIZONTAL DOS DIREITOS FUNDAMENTAIS*. **NECESSÁRIA SUBMISSÃO** *DAS RELAÇÕES PRIVADAS* **AO ESTATUTO JURÍDICO** *DOS DIREITOS* **E** *GARANTIAS CONSTITUCIONAIS*. **DOUTRINA**. **PRECEDENTES** DO SUPREMO TRIBUNAL FEDERAL. **LIBERDADE DE INFORMAÇÃO E DIREITOS DA PERSONALIDADE**: *ESPAÇO DE POTENCIAL CONFLITUOSIDADE*. **TENSÃO DIALÉTICA** *ENTRE POLOS CONSTITUCIONAIS CONTRASTANTES*. **SUPERAÇÃO** DESSE ANTAGONISMO **MEDIANTE** *PONDERAÇÃO CONCRETA* DOS VALORES EM COLISÃO. **RESPONSABILIZAÇÃO** *SEMPRE* "A POSTERIORI" **PELOS ABUSOS** COMETIDOS **NO EXERCÍCIO** DA LIBERDADE DE INFORMAÇÃO. **LIBERDADE DE EXPRESSÃO E DIREITO À INTEGRIDADE MORAL** (*HONRA, INTIMIDADE, PRIVACIDADE* **E** *IMAGEM*) **E AO RESPEITO À VERDADE**. **INCIDÊNCIA** DO ART. 220, **§ 1º**, DA CONSTITUIÇÃO DA REPÚBLICA. **CLÁUSULA QUE CONSAGRA HIPÓTESE** DE "*RESERVA LEGAL QUALIFICADA*". **O PAPEL DO DIREITO DE RESPOSTA** *EM UM CONTEXTO DE LIBERDADES EM CONFLITO*. **ACÓRDÃO QUE CONDENOU** O RECORRENTE, *COM FUNDAMENTO NA LEGISLAÇÃO PROCESSUAL CIVIL* (**E NÃO** *NA LEI DE IMPRENSA*), **A EXECUTAR** *OBRIGAÇÃO DE FAZER* **CONSISTENTE** *NA PUBLICAÇÃO DE SENTENÇA*, **SOB PENA** DE MULTA DIÁRIA ("ASTREINTE"). **DECISÃO RECORRIDA QUE SE AJUSTA** À JURISPRUDÊNCIA DO SUPREMO TRIBUNAL FEDERAL. **RECURSO EXTRAORDINÁRIO CONHECIDO E IMPROVIDO. RE 683.751/RS. RELATOR: Ministro Celso de Mello (Inform. STF 792)**

Biografias: autorização prévia e liberdade de expressão – 2

O Ministro Roberto Barroso ponderou que, embora os artigos 20 e 21 do CC produzissem legítima ponderação em favor dos direitos da personalidade e em desfavor da liberdade de expressão, esta deveria prevalecer, por algumas razões. Em primeiro lugar, o país teria histórico de graves episódios de censura, de modo que, para que não se repetissem, a liberdade de expressão deveria ser sempre reafirmada. Em segundo lugar, a liberdade de expressão não seria apenas um pressuposto democrático, mas também um pressuposto para o exercício dos outros direitos fundamentais. Por último, a liberdade de expressão seria essencial para o conhecimento histórico, o avanço social e a conservação da memória nacional. Como consequências de se estabelecer a prevalência da liberdade de expressão, haveria o ônus argumentativo de aquele que pretendesse cerceá-la demonstrar o seu direito. Além disso, quaisquer manifestações de cerceamento de liberdade de expressão deveriam sofrer forte suspeição e escrutínio rigoroso. Por fim, seria vedada a censura prévia ou a licença. Apontou que, se a informação sobre determinado fato tivesse sido obtida por meios ilícitos, isso poderia comprometer a possibilidade de vir a ser divulgada legitimamente. Ademais, a mentira dolosa, com o intuito de fazer mal a alguém, poderia também ser fundamento para considerar-se ilegítima a divulgação de um fato, e que essas transgressões seriam reparáveis por meio de indenização. De toda forma, qualquer intervenção jurisdicional haveria de processar-se sempre "a posteriori". Assinalou que a liberdade de expressão não necessariamente significaria a prevalência da verdade ou da justiça, mas seria um valor em si relevante para as democracias. A Ministra Rosa Weber salientou a possibilidade de existirem várias versões sobre um mesmo fato histórico, de modo que controlar biografias significaria tentar controlar a história. O Ministro Luiz Fux lembrou que apenas pessoas notórias seriam biografadas, e que, na medida do crescimento da notoriedade, diminuir-se-ia a reserva de privacidade. O Ministro Dias Toffoli sublinhou que o autor de biografia não estaria impedido de requerer autorização para que sua obra fosse publicada, no intuito de evitar eventual controle jurisdicional. Entretanto, essa seria uma mera faculdade. O Ministro Gilmar Mendes ressalvou que a indenização não seria o único meio capaz de reparar eventual dano sofrido, tendo em vista a possibilidade de, por exemplo, exigir-se a publicação de nova obra, com correção, a funcionar como exercício do direito de resposta. O Ministro Marco Aurélio considerou que escrever biografia mediante autorização prévia não seria biografar, mas criar publicidade. A pessoa com visibilidade social geraria interesse por parte do cidadão comum, e caberia a terceiro revelar o respectivo perfil. O Ministro Celso de Mello frisou o pluralismo de pensamento como um dos fundamentos estruturantes do Estado de Direito, e a garantia do dissenso seria condição essencial à formação de opinião pública livre, em face do caráter contramajoritário dos direitos fundamentais. O Ministro Ricardo Lewandowski (Presidente) apontou a existência das publicações em meio digital, o que facilitaria a disseminação de conteúdo apócrifo e com alcance mundial. Portanto, a problemática seria complexa, e haveria de existir meios para coibir abusos dessa natureza.
ADI 4815/DF, rel. Min. Cármen Lúcia, 10.6.2015. (ADI-4815) (Inform. STF 789)

REPERCUSSÃO GERAL EM ARE N. 790.813-SP
RED P/ O ACÓRDÃO: MIN. DIAS TOFFOLI
Direito constitucional. Convivência entre princípios. Limites. Recurso extraordinário em que se discute a existência de violação do princípio do sentimento religioso em face do princípio da liberdade de expressão artística e de imprensa. Publicação, em revista para público adulto, de ensaio fotográfico em que modelo posou portando símbolo cristão. Litígio que não extrapola os limites da situação concreta e específica. Plenário Virtual. Embora o Tribunal, por unanimidade, tenha reputado constitucional a questão, reconheceu, por maioria, a inexistência de sua repercussão geral. **(Inform. STF 777)**

REPERCUSSÃO GERAL EM RE N. 845.779-SC
RELATOR: MIN. ROBERTO BARROSO
Ementa: TRANSEXUAL. PROIBIÇÃO DE USO DE BANHEIRO FEMININO EM SHOPPING CENTER. ALEGADA VIOLAÇÃO À DIGNIDADE DA PESSOA HUMANA E A DIREITOS DA PERSONALIDADE. PRESENÇA DE REPERCUSSÃO GERAL. 1. O recurso busca discutir o enquadramento jurídico de fatos incontroversos: afastamento da Súmula 279/STF. Precedentes. 2. Constitui questão constitucional saber se uma pessoa pode

ou não ser tratada socialmente como se pertencesse a sexo diverso do qual se identifica e se apresenta publicamente, pois a identidade sexual está diretamente ligada à dignidade da pessoa humana e a direitos da personalidade 3. Repercussão geral configurada, por envolver discussão sobre o alcance de direitos fundamentais de minorias – uma das missões precípuas das Cortes Constitucionais contemporâneas –, bem como por não se tratar de caso isolado. **(Inform. STF 777)**

DIREITO CONSTITUCIONAL E PENAL. INCONSTITUCIONALIDADE DO PRECEITO SECUNDÁRIO DO ART. 273, § 1º-B, V, DO CP.

É inconstitucional o preceito secundário do art. 273, § 1º-B, V, do CP – "reclusão, de 10 (dez) a 15 (quinze) anos, e multa" –, devendo-se considerar, no cálculo da reprimenda, a pena prevista no caput do art. 33 da Lei 11.343/2006 (Lei de Drogas), com possibilidade de incidência da causa de diminuição de pena do respectivo § 4º. De fato, é viável a fiscalização judicial da constitucionalidade de preceito legislativo que implique intervenção estatal por meio do Direito Penal, examinando se o legislador considerou suficientemente os fatos e prognoses e se utilizou de sua margem de ação de forma adequada para a proteção suficiente dos bens jurídicos fundamentais. Nesse sentido, a Segunda Turma do STF (HC 104.410-RS, DJe 27/3/2012) expôs o entendimento de que os "mandatos constitucionais de criminalização [...] impõem ao legislador [...] o dever de observância do princípio da proporcionalidade como proibição de excesso e como proibição de proteção insuficiente. A idéia é a de que a intervenção estatal por meio do Direito Penal, como ultima ratio, deve ser sempre guiada pelo princípio da proporcionalidade [...] Abre-se, com isso, a possibilidade do controle da constitucionalidade da atividade legislativa em matéria penal". Sendo assim, em atenção ao princípio constitucional da proporcionalidade e razoabilidade das leis restritivas de direitos (CF, art. 5º, LIV), é imprescindível a atuação do Judiciário para corrigir o exagero e ajustar a pena de "reclusão, de 10 (dez) a 15 (quinze) anos, e multa" abstratamente cominada à conduta inscrita no art. 273, § 1º-B, V, do CP, referente ao crime de ter em depósito, para venda, produto destinado a fins terapêuticos ou medicinais de procedência ignorada. Isso porque, se esse delito for comparado, por exemplo, com o crime de tráfico ilícito de drogas (notoriamente mais grave e cujo bem jurídico também é a saúde pública), percebe-se a total falta de razoabilidade do preceito secundário do art. 273, § 1º-B, do CP, sobretudo após a edição da Lei 11.343/2006 (Lei de Drogas), que, apesar de ter aumentado a pena mínima de 3 para 5 anos, introduziu a possibilidade de redução da reprimenda, quando aplicável o § 4º do art. 33, de 1/6 a 2/3. Com isso, em inúmeros casos, o esporádico e pequeno traficante pode receber a exígua pena privativa de liberdade de 1 ano e 8 meses. E mais: é possível, ainda, sua substituição por restritiva de direitos. De mais a mais, constata-se que a pena mínima cominada ao crime ora em debate excede em mais de três vezes a pena máxima do homicídio culposo, corresponde a quase o dobro da pena mínima do homicídio doloso simples, é cinco vezes maior que a pena mínima da lesão corporal de natureza grave, enfim, é mais grave do que a do estupro, do estupro de vulnerável, da extorsão mediante sequestro, situação que gera gritante desproporcionalidade no sistema penal. Além disso, como se trata de crime de perigo abstrato, que independe da prova da ocorrência de efetivo risco para quem quer que seja, a dispensabilidade do dano concreto à saúde do pretenso usuário do produto evidencia ainda mais a falta de harmonia entre esse delito e a pena abstratamente cominada pela redação dada pela Lei 9.677/1998 (de 10 a 15 anos de reclusão). Ademais, apenas para seguir apontando a desproporcionalidade, deve-se ressaltar que a conduta de importar medicamento não registrado na ANVISA, considerada criminosa e hedionda pelo art. 273, § 1º-B, do CP, a que se comina pena altíssima, pode acarretar mera sanção administrativa de advertência, nos termos dos arts. 2º, 4º, 8º (IV) e 10 (IV), todos da Lei n. 6.437/1977, que define as infrações à legislação sanitária. A ausência de relevância penal da conduta, a desproporção da pena em ponderação com o dano ou perigo de dano à saúde pública decorrente da ação e a inexistência de consequência calamitosa do agir convergem para que se conclua pela falta de razoabilidade da pena prevista na lei, tendo em vista que a restrição da liberdade individual não pode ser excessiva, mas compatível e proporcional à ofensa causada pelo comportamento humano criminoso. Quanto à possibilidade de aplicação, para o crime em questão, da pena abstratamente prevista para o tráfico de drogas – "reclusão de 5 (cinco) a 15 (quinze) anos e pagamento de 500 (quinhentos) a 1.500 (mil e quinhentos) dias-multa" (art. 33 da Lei de drogas) –, a Sexta Turma do STJ (REsp 915.442-SC, DJe 1º/2/2011) dispôs que "A Lei 9.677/98, ao alterar a pena prevista para os delitos descritos no artigo 273 do Código Penal, mostrou-se excessivamente desproporcional, cabendo, portanto, ao Judiciário promover o ajuste principiológico da norma [...] Tratando-se de crime hediondo, de perigo abstrato, que tem como bem jurídico tutelado a saúde pública, mostra-se razoável a aplicação do preceito secundário do delito de tráfico de drogas ao crime de falsificação, corrupção, adulteração ou alteração de produto destinado a fins terapêuticos ou medicinais". **AI no HC 239.363-PR, Rel. Min. Sebastião Reis Júnior, julgado em 26/2/2015, DJe 10/4/2015 (Inform. STJ 559).**

REPERCUSSÃO GERAL EM ARE N. 833.248-RJ

RELATOR: MIN. DIAS TOFFOLI

EMENTA: DIREITO CONSTITUCIONAL. VEICULAÇÃO DE PROGRAMA TELEVISIVO QUE ABORDA CRIME OCORRIDO HÁ VÁRIAS DÉCADAS. AÇÃO INDENIZATÓRIA PROPOSTA POR FAMILIARES DA VÍTIMA. ALEGADOS DANOS MORAIS. DIREITO AO ESQUECIMENTO. DEBATE ACERCA DA HARMONIZAÇÃO DOS PRINCÍPIOS CONSTITUCIONAIS DA LIBERDADE DE EXPRESSÃO E DO DIREITO À INFORMAÇÃO COM AQUELES QUE PROTEGEM A DIGNIDADE DA PESSOA HUMANA E A INVIOLABILIDADE DA HONRA E DA INTIMIDADE. PRESENÇA DE REPERCUSSÃO GERAL. **(Inform. STF 775)**

Súmula vinculante STF 28

É inconstitucional a exigência de depósito prévio como requisito de admissibilidade de ação judicial na qual se pretenda discutir a exigibilidade de crédito tributário.

Súmula vinculante STF 26

Para efeito de progressão de regime no cumprimento de pena por crime hediondo, ou equiparado, o juízo da execução observará a inconstitucionalidade do art. 2º da Lei n. 8.072, de 25 de julho de 1990, sem prejuízo de avaliar se o condenado preenche, ou não, os requisitos objetivos e subjetivos do benefício, podendo determinar, para tal fim, de modo fundamentado, a realização de exame criminológico.

Súmula vinculante STF 25

É ilícita a prisão civil de depositário infiel, qualquer que seja a modalidade do depósito.

Súmula vinculante STF nº 21

É inconstitucional a exigência de depósito ou arrolamento prévios de dinheiro ou bens para admissibilidade de recurso administrativo.

Súmula vinculante STF nº 14

É direito do defensor, no interesse do representado, ter acesso amplo aos elementos de prova que, já documentados em procedimento investigatório realizado por órgão com competência de polícia judiciária, digam respeito ao exercício do direito de defesa.

Súmula vinculante STF nº 11

Só é lícito o uso de algemas em casos de resistência e de fundado receio de fuga ou de perigo à integridade física própria ou alheia, por parte do preso ou de terceiros, justificada a excepcionalidade por escrito, sob pena de responsabilidade disciplinar, civil e penal do agente ou da autoridade e de nulidade da prisão ou do ato processual a que se refere, sem prejuízo da responsabilidade civil do Estado.

Súmula vinculante STF nº 9

O disposto no artigo 127 da lei n. 7.210/1984 (lei de execução penal) foi recebido pela ordem constitucional vigente, e não se lhe aplica o limite temporal previsto no caput do artigo 58.

Súmula vinculante STF nº 5

A falta de defesa técnica por advogado no processo administrativo disciplinar não ofende a Constituição.

Súmula vinculante STF nº 1

Ofende a garantia constitucional do ato jurídico perfeito a decisão que, sem ponderar as circunstâncias do caso concreto, desconsidera a validez e a eficácia de acordo constante de termo de adesão instituído pela Lei Complementar 110/2001.

Súmula STF nº 721

A competência constitucional do Tribunal do Júri prevalece sobre o foro por prerrogativa de função estabelecido exclusivamente pela Constituição Estadual.

Súmula STF nº 704

Não viola as garantias do juiz natural, da ampla defesa e do devido processo legal a atração por continência ou conexão do processo do corréu ao foro por prerrogativa de função de um dos denunciados.

Súmula STF nº 695

Não cabe *habeas corpus* quando já extinta a pena privativa de liberdade.

Súmula STF nº 694

Não cabe *habeas corpus* contra a imposição da pena de exclusão de militar ou de perda de patente ou de função pública.

Súmula STF nº 693

Não cabe *habeas corpus* contra decisão condenatória a pena de multa, ou relativo a processo em curso por infração penal a que a pena pecuniária seja a única cominada.

Súmula STF nº 654

A garantia da irretroatividade da lei, prevista no art. 5º, XXXVI, da Constituição da República, não é invocável pela entidade estatal que a tenha editado.

Súmula STF nº 632

É constitucional lei que fixa o prazo de decadência para a impetração de mandado de segurança.

Súmula STF nº 630

A entidade de classe tem legitimação para o mandado de segurança ainda quando a pretensão veiculada interesse apenas a uma parte da respectiva categoria.

Súmula STF nº 629

A impetração de mandado de segurança coletivo por entidade de classe em favor dos associados independe da autorização destes.

Súmula STF nº 625

Controvérsia sobre matéria de direito não impede concessão de mandado de segurança.

Súmula STF nº 429

A existência de recurso administrativo com efeito suspensivo não impede o uso do mandado de segurança contra omissão da autoridade.

Súmula STF nº 365

Pessoa jurídica não tem legitimidade para propor ação popular.

Súmula STF nº 268

Não cabe mandado de segurança contra decisão judicial com trânsito em julgado.

Súmula STF nº 267

Não cabe mandado de segurança contra ato judicial passível de recurso ou correição.

Súmula STF nº 266

Não cabe mandado de segurança contra lei em tese.

Súmula STF nº 70

É inadmissível a interdição de estabelecimento como meio coercitivo para cobrança de tributo.

Súmula STJ nº 469

Aplica-se o Código de Defesa do Consumidor aos contratos de plano de saúde.

Súmula STJ nº 460

É incabível o mandado de segurança para convalidar a compensação tributária realizada pelo contribuinte.

Súmula STJ nº 434

O pagamento da multa por infração de trânsito não inibe a discussão judicial do débito.

Súmula STJ nº 419

Descabe a prisão civil do depositário judicial infiel.

Súmula STJ nº 333

Cabe mandado de segurança contra ato praticado em licitação promovida por sociedade de economia mista ou empresa pública.

Súmula STJ nº 227

A pessoa jurídica pode sofrer dano moral.

Súmula STJ nº 105

Na ação de mandado de segurança não se admite condenação em honorários advocatícios.

Súmula STJ nº 37

São cumuláveis as indenizações por dano material e dano moral oriundos do mesmo fato.

Súmula STJ nº 2

Não cabe o habeas data (CF, art. 5º, LXXII, letra a) se não houve recusa de informações por parte da autoridade administrativa.

2. DIREITOS SOCIAIS

AG. REG. NA Rcl N. 9.674-SP
RELATOR: MIN. TEORI ZAVASCKI
EMENTA: CONSTITUCIONAL. AGRAVO REGIMENTAL NA RECLAMAÇÃO. PISO SALARIAL. LEI 4950-A/1966. ENGENHEIROS. BASE DE CÁLCULO EM MÚLTIPLOS DE SALÁRIO-MÍNIMO. REAJUSTES POR OUTROS ÍNDICES. DESRESPEITO À SÚMULA VINCULANTE 4. NÃO CONFIGURAÇÃO.
AGRAVO REGIMENTAL A QUE SE NEGA PROVIMENTO. **(Inform. STF 804)**

REPERCUSSÃO GERAL EM RE N. 883.642-AL
RELATOR: MINISTRO PRESIDENTE
Ementa: RECURSO EXTRAORDINÁRIO. CONSTITUCIONAL. ART. 8º, III, DA LEI MAIOR. SINDICATO. LEGITIMIDADE. SUBSTITUTO PROCESSUAL. EXECUÇÃO DE SENTENÇA. DESNECESSIDADE DE AUTORIZAÇÃO. EXISTÊNCIA DE REPERCUSSÃO GERAL. REAFIRMAÇÃO DE JURISPRUDÊNCIA.
I – Repercussão geral reconhecida e reafirmada a jurisprudência do Supremo Tribunal Federal no sentido da ampla legitimidade extraordinária dos sindicatos para defender em juízo os direitos e interesses coletivos ou individuais dos integrantes da categoria que representam, inclusive nas liquidações e execuções de sentença, independentemente de autorização dos substituídos. **(Inform. STF 791)**

Súmula vinculante STF nº 6

Não viola a Constituição o estabelecimento de remuneração inferior ao salário mínimo para as praças prestadoras de serviço militar inicial.

Súmula vinculante STF nº 4

Salvo nos casos previstos na Constituição, o salário mínimo não pode ser usado como indexador de base de cálculo de vantagem de servidor público ou de empregado, nem ser substituído por decisão judicial.

Súmula STF nº 675

Os intervalos fixados para descanso e alimentação durante a jornada de seis horas não descaracterizam o sistema de turnos ininterruptos de revezamento para o efeito do art. 7º, XIV, da Constituição.

Súmula STF nº 666

A contribuição confederativa de que trata o art. 8º, IV, da Constituição, só é exigível dos filiados ao sindicato respectivo.

Súmula STJ nº 466

O titular da conta vinculada ao FGTS tem o direito de sacar o saldo respectivo quando declarado nulo seu contrato de trabalho por ausência de prévia aprovação em concurso público.

Súmula STJ nº 252

Os saldos das contas do FGTS, pela legislação infraconstitucional, são corrigidos em 42,72% (IPC) quanto às perdas de janeiro de 1989 e 44,80% (IPC) quanto às de abril de 1990, acolhidos pelo STJ os índices de 18,02% (LBC) quanto as perdas de junho de 1987, de 5,38% (BTN) para maio de 1990 e 7,00%(TR) para fevereiro de 1991, de acordo com o entendimento do STF (RE 226.855-7-RS).

Súmula STJ nº 201

Os honorários advocatícios não podem ser fixados em salários mínimos.

3. ORGANIZAÇÃO DO ESTADO EM GERAL E COMPETÊNCIA LEGISLATIVA

Lei orgânica da polícia civil e modelo federal – 3

Em conclusão de julgamento, o Plenário, por maioria, reformando medida cautelar (noticiada no Informativo 225), julgou improcedente pedido formulado em ação direta ajuizada em face do inciso X do parágrafo único do art. 118 da Constituição do Estado do Rio de Janeiro, que confere "status" de lei complementar à Lei Orgânica da Polícia Civil do Estado-Membro – v. Informativos 376 e 526. O Colegiado entendeu que, na espécie, se trataria de matéria para a qual a Constituição prevê a competência legislativa concorrente (CF, art. 24, XVI), salientando ser demasia recusar à Constituição estadual a faculdade para eleger determinados temas como exigentes de uma aprovação legislativa mais qualificada. Vencidos os Ministros Joaquim Barbosa (relator), Eros Grau, Gilmar Mendes, Ellen Gracie e Carlos Velloso, que julgavam procedente o pleito.

ADI 2314/RJ, rel. orig. Min. Joaquim Barbosa, red. p/ o acórdão Min. Marco Aurélio, 17.6.2015. (ADI-2314) (Inform. STF 790)

Norma processual e competência legislativa da União

A previsão em lei estadual de depósito prévio para interposição de recursos nos juizados especiais cíveis viola a competência legislativa privativa da União para tratar de direito processual (CF, art. 22, I). Com base nessa orientação, o Plenário julgou procedente pedido formulado em ação direta e declarou a inconstitucionalidade dos artigos 4º e 12 da Lei pernambucana 11.404/1996. Na espécie, o Estado-Membro estipulara, como pressuposto adicional de recorribilidade, a exigência de depósito recursal equivalente a 100% do valor da condenação para efeito de interposição do recurso inominado a que alude o art. 42, "caput", da Lei 9.099/1995. A Corte asseverou que, ao estabelecer disciplina peculiar ao preparo do recurso em questão, o Estado-Membro teria criado requisito de admissibilidade recursal inexistente na legislação nacional editada pela União, o que transgrediria, mediante usurpação, a competência normativa que fora outorgada, em caráter privativo, ao poder central (CF, art. 22, I). Precedente citado: ADI 4.161/AL (DJe de 14.11.2014).

ADI 2699/PE, rel. Min. Celso de Mello, 20.5.2015. (ADI-2699) (Inform. STF 786)

Telecomunicações: competência legislativa – 4

Em conclusão, o Plenário, por maioria, julgou procedente pedido formulado em ação direta para declarar a inconstitucionalidade da Lei 11.908/2001 do Estado de Santa Catarina. A norma fixa as condições de cobrança dos valores da assinatura básica residencial dos serviços de telefonia fixa – v. Informativos 378 e 610. O Colegiado reputou caracterizada ofensa aos artigos 21, XI; e 22, IV, da CF, tendo em vista que a competência para legislar sobre telecomunicações seria privativa da União. Vencido o Ministro Ayres Britto, que julgava o pedido improcedente.

ADI 2615/SC, rel. orig. Min. Eros Grau, red. p/ o acórdão Min. Gilmar Mendes, 11.3.2015. (ADI-2615) (Inform. STF 777)

Alteração de limites de municípios e plebiscito – 2

O Plenário retomou o julgamento de ação direta ajuizada em face das Leis 3.196/1999 e 2.497/1995, ambas do Estado do Rio de Janeiro. As referidas normas estabelecem os novos limites territoriais dos Municípios de Cantagalo e Macuco – v. Informativo 495. De início, não conheceu da ação quanto à Lei 2.497/1995. Observou que esse diploma teria sido elaborado antes do parâmetro constitucional estabelecido pela EC 15/1996, tido por violado. No que se refere ao primeiro diploma legal, julgou o pedido procedente. Entendeu ter havido violação ao § 4º do art. 18 da CF, em face da ausência de consulta prévia, mediante plebiscito, às populações dos municípios envolvidos (CF, art. 18, § 4º: "A criação, a incorporação, a fusão e o desmembramento de Municípios, far-se-ão por lei estadual, dentro do período determinado por Lei Complementar Federal, e dependerão de consulta prévia, mediante plebiscito, às populações dos Municípios envolvidos, após divulgação dos Estudos de Viabilidade Municipal, apresentados e publicados na forma da lei."). Em seguida, o Plenário, por maioria, deliberou modular os efeitos da declaração de inconstitucionalidade da Lei 3.196/1999, vencido o Ministro Marco Aurélio. Na sequência, após a proposta do Ministro Dias Toffoli, quanto ao alcance dessa modulação, no sentido de que a decisão tivesse eficácia no exercício fiscal subsequente ao término desse julgamento, no que foi acompanhado pelos Ministros Roberto Barroso, Teori Zavascki, Rosa Weber, Gilmar Mendes, Celso de Mello e Ricardo Lewandowski (Presidente), pediu vista o Ministro Luiz Fux.

ADI 2921/RJ, rel. Min. Ayres Britto, 5.3.2015. (ADI-2921) (Inform. STF 776)

Alteração de limites de municípios e plebiscito – 3

O Plenário retomou julgamento de ação direta ajuizada em face das Leis 2.497/1995 e 3.196/1999, ambas do Estado do Rio de Janeiro, que estabelecem os novos limites territoriais dos Municípios de Cantagalo e Macuco. Na sessão de 5.3.2015, a Corte julgara parcialmente procedente o pedido para declarar a inconstitucionalidade da Lei 3.196/1999, em razão da ofensa ao § 4º do art. 18 da CF, tendo em conta a ausência de consulta prévia, mediante plebiscito, às populações dos municípios envolvidos. Outrossim, não conhecera da ação quanto à Lei 2.497/1995, dado que esse diploma teria sido elaborado antes do parâmetro constitucional estabelecido pela EC 15/1996, tido por violado. Naquela assentada, a Corte iniciara discussão acerca de questão, suscitada pelo Ministro Dias Toffoli, relativamente à modulação de efeitos da decisão proferida – v. Informativos 495 e 776. Na presente sessão, o Ministro Luiz Fux, em voto-vista, afirmou não ser cabível, na espécie, a modulação de efeitos. Isso em razão da impossibilidade de repristinação da Lei 2.497/1995 para disciplinar os limites territoriais entre os Municípios de Cantagalo e Macuco, haja vista o trânsito em julgado de mandado de segurança, julgado pelo TJ/RJ, em que expressamente declarada a invalidade do aludido diploma legal. Em outras palavras, o julgamento da ADI não ensejaria alteração no cenário fático ou jurídico atual – o que ocorreria se ainda vigente a Lei 2.497/1995, a ser repristinada —, tornando desnecessária qualquer modulação de efeitos. Assim, os limites territoriais dos municípios já teriam sido assentados, como dito, em decisão transitada em julgado. O Ministro Dias Toffoli reajustou seu voto no sentido da não modulação dos efeitos da decisão. Em seguida, pediu vista dos autos o Ministro Gilmar Mendes.

ADI 2921/RJ, rel. Min. Ayres Britto, 20.5.2015. (ADI-2921) (Inform. STF 786)

Legislação sobre meio ambiente e competência municipal – 1

O município é competente para legislar sobre o meio ambiente, com a União e o Estado-membro, no limite do seu interesse local e desde que esse regramento seja harmônico com a disciplina estabelecida pelos demais entes federados (CF, art. 24, VI, c/c o art. 30, I e II). Esse o entendimento do Plenário, que, por maioria, deu provimento a recurso extraordinário para declarar a inconstitucionalidade da Lei 1.952/1995 do Município de Paulínia/SP. A referida norma, impugnada em sede de representação de inconstitucionalidade estadual, proíbe, sob qualquer forma, o emprego de fogo para fins de limpeza e preparo do solo no referido município, inclusive para o preparo do plantio e para a colheita de cana-de-açúcar e de outras culturas. Discutia-se a competência de município para legislar sobre meio ambiente e editar lei com conteúdo diverso do que disposto em legislação estadual. A Corte, inicialmente, superou questões preliminares suscitadas, relativas à alegada impossibilidade de conhecimento do recurso. No mérito, o Plenário destacou que a questão em análise, diante de seu caráter eclético e multidisciplinar, envolveria questões sociais, econômicas e políticas – possibilidade de crise social, geração de desemprego, contaminação do meio ambiente em razão do emprego de máquinas, impossibilidade de mecanização em determinados terrenos e existência de proposta federal de redução gradativa do uso da queima —, em conformidade com informações colhidas em audiência pública realizada sobre o tema. Ao se julgar a constitucionalidade do diploma legal municipal em questão, em um prisma socioeconômico, seria necessário, portanto, sopesar se o impacto positivo da proibição imediata da queima da cana na produtividade seria constitucionalmente mais relevante do que o pacto social em que o Estado brasileiro se comprometera a conferir ao seu povo o pleno emprego para o completo gozo da sua dignidade. Portanto, no caso, o STF, por estar diante de um conjunto fático composto pelo certo e previsível desemprego em massa, juntamente com a mera possibilidade de aumento de produtividade, deveria se investir no papel de guardião da Constituição, em defesa do interesse da minoria qualitativamente representada pela classe de trabalhadores canavieiros, que mereceriam proteção diante do chamado progresso tecnológico e a respectiva mecanização, ambos trazidos pela pretensão de proibição imediata da colheita da cana mediante uso de fogo. Com o dever de garantir a concretude dos direitos fundamentais, evidenciar-se-ia o caráter legitimador desse fundamento protecionista da classe trabalhadora, o que levaria ao viés representativo das camadas menos favorecidas, cujos interesses estariam em jogo. Portanto, mesmo que fosse mais benéfico, para não dizer inevitável, optar pela mecanização da colheita da cana, por conta da saúde do trabalhador e da população a viver nas proximidades da área de cultura, não se poderia deixar de lado o meio pelo qual se considerasse mais razoável para a obtenção desse objetivo: a proibição imediata da queima da cana ou a sua eliminação gradual. Por óbvio, afigurar-se-ia muito mais harmônico com a disciplina constitucional a eliminação planejada e gradual da queima da cana. Por outro lado, em relação à questão ambiental, constatar-se-ia que, se de uma parte a queima causaria prejuízos, de outra, a utilização de máquinas também geraria impacto negativo ao meio ambiente, como a emissão de gás metano decorrente da decomposição da cana, o que contribuiria para o efeito estufa, além do surgimento de ervas daninhas e o consequente uso de pesticidas e fungicidas.

RE 586224/SP, rel. Min. Luiz Fux, 5.3.2015. (RE-586224)

Legislação sobre meio ambiente e competência municipal – 2

O Plenário asseverou que, na espécie, não seria permitida uma interpretação na qual não se reconhecesse o interesse municipal em fazer com que sua população gozasse de um meio ambiente equilibrado. Mas, neste caso, tratar-se-ia de uma questão de identificação da preponderância desses interesses notadamente comuns. A partir desse impasse recorrer-se-ia ao texto constitucional para extrair a "mens legis" da distribuição de competência legislativa. Nesse sentido, o art. 24 da CF estabeleceria uma competência concorrente entre União e Estados-membros, a determinar a edição de norma de caráter genérico pela União e de caráter específico pelos Estados-membros. Sendo assim, o constituinte originário teria definido que o sistema formado pela combinação da legislação estadual com a edição de um diploma legal federal traduziria a disciplina de todos os interesses socialmente relevantes para os temas discriminados no citado dispositivo. Destarte, interessaria analisar a questão do ponto de vista sistêmico, visto que no âmbito das normas gerais federais, a orientação do legislador seguiria no mesmo sentido da disciplina estabelecida em nível estadual (Lei estadual paulista 11.241/2002). As normas federais paradigmáticas a tratar do assunto, expressamente, apontariam para a necessidade de se traçar um planejamento com o intuito de se extinguir gradativamente o uso do fogo como método despalhador e facilitador para o corte da cana (Lei 12.651/2012, art. 40, e Decreto 2.661/1998). Portanto, seria forçoso admitir que todo o sistema do meio ambiente, no tocante à situação dos autos, proporia determinada solução estrita, qual seja, planejar a diminuição gradual da queima da cana, enquanto que o diploma normativo atacado disciplinaria de maneira completamente diversa, na contramão da intenção que se extrairia do plano nacional. Seria, pois, cristalino que o tratamento dispensado pela legislação municipal iria de encontro ao sistema estruturado de maneira harmônica entre as esferas federal e estadual. Outrossim, não se poderia enquadrar a matéria como de interesse local, específico de um único município. O interesse seria abrangente, a atrair, portanto, para a disciplina do tema, a competência do Estado-membro, a apanhar outros municípios. Contudo, não haveria dúvida de que os municípios disporiam de competência para tratar da questão do meio ambiente. Esse seria um tema materialmente partilhado, seja no plano legislativo, seja no plano administrativo, entre as diversas entidades de direito público. Por fim, a solução trazida pela norma impugnada encontraria óbice na análise de sua proporcionalidade, porquanto já seria prevista pelo ordenamento solução menos gravosa, que equilibraria de maneira mais correta a relação custo-benefício. Desta feita, seria intransponível a conclusão pela sua inconstitucionalidade material. Vencida a Ministra Rosa Weber, que negava provimento ao recurso, considerado o que disposto no art. 23, VI, da CF ("Art. 23. É competência comum da União, dos Estados, do Distrito Federal e dos Municípios: VI – proteger o meio ambiente e combater a poluição em qualquer de suas formas").

RE 586224/SP, rel. Min. Luiz Fux, 5.3.2015. (RE-586224) (Inform. STF 776)

Competência concorrente para legislar sobre educação

Lei editada por Estado-membro, que disponha sobre número máximo de alunos em sala de aula na educação infantil, fundamental e média, não usurpa a competência da União para legislar sobre normas gerais de educação (CF, art. 24, IX, e § 3º). Com base nessa orientação, o Plenário julgou improcedente pedido formulado em ação direta de inconstitucionalidade ajuizada em face das alíneas a, b e c do inciso VII do art. 82 da LC 170/1998 do Estado de Santa Catarina. A Corte destacou a necessidade de rever sua postura "prima facie" em casos de litígios constitucionais em matéria de competência legislativa, de forma a prestigiar as iniciativas regionais e locais, a menos que ofendam norma expressa e inequívoca da Constituição. Pontuou que essa diretriz se ajustaria à noção de federalismo como sistema que visaria a promover o pluralismo nas formas de organização política. Asseverou que, em matéria de educação, a competência da União e dos Estados-membros seria concorrente. Aduziu que, com relação às normas gerais, os Estados-membros e o Distrito Federal possuiriam competência suplementar (CF, art. 24, § 2º) e a eles caberia suprir lacunas. Frisou a necessidade de não se ampliar a compreensão das denominadas normas gerais, sob pena de se afastar a autoridade normativa dos entes regionais e locais para tratar do tema. Enfatizou que o limite máximo de alunos em sala de aula seria questão específica relativa à educação e ao ensino e, sem dúvida, matéria de interesse de todos os entes da federação, por envolver circunstâncias peculiares de cada região. Ademais, a sistemática normativa estadual também seria compatível com a disciplina federal sobre o assunto, hoje fixada pela Lei 9.394/1996, que estabelece "as diretrizes e bases da educação nacional". Em seu art. 25, a lei federal deixaria nítido espaço para atuação estadual e distrital na determinação da proporção professor e aluno dos sistemas de ensino. Possibilitaria, assim, que o sistema estadual detalhasse de que maneira a proporção entre alunos e professores se verificaria no âmbito local. Sob o prisma formal, portanto, a Lei 9.394/1996 habilitaria a edição de comandos estaduais como os previstos nas alíneas a, b, e c do inciso VII do art. 82 da LC 170/1998 do Estado de Santa Catarina. Sob o ângulo material, a lei catarinense ainda apresentaria evidente diretriz de prudência ao criar uma proporção aluno-professor que se elevaria à medida que aumentasse a idade dos alunos.

ADI 4060/SC, rel. Min. Luiz Fux, 25.2.2015. (ADI-4060) (Inform. STF 775)

Súmula Vinculante STF 46

A definição dos crimes de responsabilidade e o estabelecimento das respectivas normas de processo e julgamento são da competência legislativa privativa da União.

Súmula Vinculante STF 39

Compete privativamente à União legislar sobre vencimentos dos membros das polícias civil e militar e do corpo de bombeiros militar do Distrito Federal.

Súmula Vinculante STF 38

É competente o Município para fixar o horário de funcionamento de estabelecimento comercial.

Súmula vinculante STF nº 2

É inconstitucional a lei ou ato normativo estadual ou distrital que disponha sobre sistemas de consórcios e sorteios, inclusive bingos e loterias.

Súmula STF nº 722

São da competência legislativa da união a definição dos crimes de responsabilidade e o estabelecimento das respectivas normas de processo e julgamento.

Súmula STF nº 647

Compete privativamente à União legislar sobre vencimentos dos membros das polícias civil e militar do Distrito Federal.

Súmula STF nº 646

Ofende o princípio da livre concorrência lei municipal que impede a instalação de estabelecimentos comerciais do mesmo ramo em determinada área.

Súmula STF nº 419

Os municípios têm competência para regular o horário do comércio local, desde que não infrinjam leis estaduais ou federais válidas.

Súmula STJ nº 19

A fixação do horário bancário, para atendimento ao público, é da competência da União.

4. ADMINISTRAÇÃO PÚBLICA

Remuneração de servidor público e vício formal

O Plenário, confirmando medida cautelar (noticiada no Informativo 603), julgou procedente pedido formulado em ação direta e assentou a inconstitucionalidade do art. 3º da Lei 15.215/2010 do Estado de Santa Catarina, que dispõe sobre a criação de gratificações para os servidores da Procuradoria-Geral do Estado, da Secretaria de Estado da Administração e do Instituto de Previdência do Estado de Santa Catarina. Na espécie, a norma impugnada, que trata de matéria de iniciativa do Chefe do Poder Executivo, fora acrescida por meio de emenda parlamentar em projeto de conversão de medida provisória. A Corte declarou a inconstitucionalidade formal do referido dispositivo legal por entender que a emenda parlamentar teria implicado o aumento da despesa pública originalmente prevista, bem como por não haver pertinência entre o dispositivo inserido pela emenda parlamentar e o objeto original da medida provisória submetida à conversão em lei.

ADI 4433/SC, rel. Min. Rosa Weber, 18.6.2015. (ADI-4433) (Inform. STF 790)

MI: aposentadoria especial e servidores do Poder Judiciário e do Ministério Público – 3

Por ocasião do julgamento do MI 833/DF, acima noticiado, o Tribunal apreciou, em conjunto, o MI 844/DF – v. Informativo 594 e 764. Na espécie, o substituto processual pleiteava o benefício da aposentadoria especial aos servidores inspetores e agentes de segurança judiciária, analistas e técnicos do Ministério Público da União com atribuições de segurança, e demais servidores com atribuições relacionadas a funções de segurança. O Plenário, por maioria, denegou a ordem, reiterada a fundamentação expendida no MI 833/DF, vencidos os Ministros Ricardo Lewandowski (relator e Presidente), Cármen Lúcia e Teori Zavascki.

MI 844/DF, rel. Min. Ricardo Lewandowski, red. p/ o acórdão Min. Roberto Barroso, 11.6.2015. (MI-844) (Inform. STF 789)

REFERENDO EM MED. CAUT. EM AC N. 3.562-MG

RELATORA: MIN. CÁRMEN LÚCIA

EMENTA: REFERENDO NA MEDIDA CAUTELAR NA AÇÃO CAUTELAR. ABSTENÇÃO DE INSCRIÇÃO DE ESTADO-MEMBRO NO CADPREV, NO CAUC E NO CADIN. SUSPENSÃO DOS REGISTROS DE INADIMPLÊNCIA. EMISSÃO DE CERTIFICADO DE REGULARIDADE PREVIDENCIÁRIA. MEDIDA LIMINAR PARCIALMENTE DEFERIDA. REFERENDO.

1. O Supremo Tribunal Federal tem reconhecido conflito federativo em situações nas quais a União, valendo-se de registros de pretensas inadimplências dos Estados no Sistema Integrado de Administração Financeira – SIAFI, impossibilita a emissão do Certificado de Regularidade Previdenciária, o repasse de verbas federais e a celebração de convênios. **2.** O registro da entidade federada, por alegada inadimplência, nesse cadastro federal pode sujeitá-la a efeitos gravosos, com desdobramentos para a transferência de recursos. **3.** Em cognição primária e precária, estão presentes o sinal do bom direito e o perigo da demora. **4.** Medida liminar referendada. **(Inform. STF 789)**

ADI e "softwares" abertos – 3

A preferência pelo "software" livre, longe de afrontar os princípios constitucionais da impessoalidade, da eficiência e da economicidade, promove e prestigia esses postulados, além de viabilizar a autonomia tecnológica do País. Com base nessa orientação, o Plenário reputou improcedente pedido formulado em ação direta ajuizada contra a Lei 11.871/2002 do Estado do Rio Grande do Sul, que estabelece regime de preferência abstrata em favor de "softwares" livres quando da aquisição de programas de computador pela Administração Pública gaúcha – v. Informativo 686 (medida cautelar noticiada no Informativo 343). De início, o Plenário distinguiu os "softwares" livres dos "softwares" proprietários. Enquanto os "softwares" proprietários (também conhecidos como fechados) apenas permitiriam a utilização pelo seu destinatário, os "softwares" livres (cognominados abertos) viabilizariam, além da utilização, a sua cópia, sua alteração e a sua redistribuição para a Administração. Esclareceu que um mesmo programa de computador poderia configurar-se como "software" livre ou proprietário, a depender da extensão dos direitos conferidos ao seu usuário no contrato de licenciamento. A distinção, portanto, diria respeito à formatação jurídica da licença, ou seja, à extensão dos poderes facultados ao licenciado pelo negócio jurídico que possibilitasse acesso ao programa de computador. Lembrou que a Lei 11.871/2002 criara regras de preferência para a aquisição de "softwares" livres por parte da Administração Pública direta, indireta, autárquica e fundacional daquela entidade federativa, assim como os órgãos autônomos e empresas sob o controle do Poder Público estadual. A preferência, no entanto, fora apenas relativa porque a própria Lei 11.871/2002, em seu artigo 3º, admitira a contratação de programas de computador com restrições proprietárias, nas seguintes hipóteses específicas: a) quando o "software" analisado atender a contento o objetivo licitado ou contratado; e b) quando a utilização de programa livre e/ou código fonte aberto causar incompatibilidade operacional com outros programas utilizados pela Administração. O Tribunal asseverou que a norma questionada não afrontaria o art. 61, II, b, da CF, na medida em que versa tema de licitação no âmbito da Administração Pública estadual, e não de matéria orçamentária, menos ainda de organização administrativa. Ademais, a iniciativa legislativa prevista no aludido dispositivo constitucional teria sido reservada ao Presidente da República apenas por se tratar de matéria adstrita aos Territórios.

ADI 3059/RS, rel. orig. Min. Ayres Britto, red. p/ o acórdão Min. Luiz Fux, 9.4.2015. (ADI-3059)

ADI e "softwares" abertos – 4

A Corte entendeu que tampouco haveria ofensa ao art. 22, XXVII, da CF, uma vez não haver contrariedade às normas gerais sobre licitações e contratações públicas em vigor. Frisou que a falta de previsão expressa no art. 24 da CF não representaria impedimento constitucional à atividade legiferante dos entes federativos sobre a matéria de licitações e contratos administrativos. Além disso, a Lei gaúcha 11.871/2002 apenas concretizaria o princípio da padronização já insculpido no art. 15, I, da Lei 8.666/1993 ("Art.15. As compras, sempre que possível, deverão: I – atender ao princípio da padronização, que imponha compatibilidade de especificações técnicas e de desempenho, observadas, quando for o caso, as condições de manutenção, assistência técnica e garantia oferecidas"). Assim, a norma questionada também não teria afrontado o devido processo legislativo por vício de iniciativa e o princípio da separação de Poderes. Segundo o Tribunal, em nenhum momento a regra legal teria excluído do universo de possíveis contratantes pelo Poder Público qualquer sujeito. O que a lei do Estado do Rio Grande do Sul fizera fora reconhecer que o contrato de licenciamento a ser celebrado pelo Poder Público deveria ter conteúdo amplo, a viabilizar não apenas a utilização do "software", mas também sua modificação e distribuição. Não haveria, na hipótese, qualquer restrição à competitividade. Ainda, não haveria afronta aos princípios da eficiência e da economicidade (CF, artigos 37, "caput" e 70, "caput) porque, ao optar por um "software" livre, a Administração Pública teria garantido sua: a) liberdade de execução, por poder executar o programa para qualquer propósito; b) liberdade de conhecimento, por poder estudar o funcionamento do programa e adaptá-lo livremente às suas necessidades; e c) liberdade de compartilhamento, porque uma única cópia do programa poderia ser utilizada por todos os funcionários de um mesmo órgão público ou por qualquer outro ente, fosse ele pessoa física ou jurídica, sem custos adicionais. Nesse cenário, existiriam razões suficientes para que o legislador, em nome do postulado constitucional da eficiência, determinasse que os contratos de licenciamento de "softwares" livres fossem preferencialmente adotados pela Administração Pública, em detrimento dos contratos de licenciamento proprietário.

ADI 3059/RS, rel. orig. Min. Ayres Britto, red. p/ o acórdão Min. Luiz Fux, 9.4.2015. (ADI-3059) (Inform. STF 780)

ADI N. 4.639-GO

RELATOR: MIN. TEORI ZAVASCKI

Ementa: PREVIDENCIÁRIO E CONSTITUCIONAL. LEI 15.150/05, DO ESTADO DE GOIÁS. CRIAÇÃO DE REGIME DE PREVIDÊNCIA ALTERNATIVO EM BENEFÍCIO DE CATEGORIAS DE AGENTES PÚBLICOS NÃO REMUNERADOS PELOS COFRES PÚBLICOS. INADMISSIBILIDADE. CONTRASTE COM OS MODELOS DE PREVIDÊNCIA PREVISTOS NOS ARTS. 40 (RPPS) E 201 (RGPS) DA CF.

1. A Lei estadual 15.150/05 estabeleceu regime previdenciário específico para três classes de agentes colaboradores do Estado de Goiás, a saber: (a) os delegatários de serviço notarial e registral, que tiveram seus direitos assegurados pelo art. 51 da Lei federal 8.935, de 18 de novembro de 1994; (b) os serventuários do foro judicial, admitidos antes da vigência da Lei federal 8.935, de 18 de novembro de 1994; e (c) os antigos segurados facultativos com contribuição em dobro, filiados ao regime próprio de previdência estadual antes da publicação da Lei 12.964, de 19 de novembro de 1996.

2. No julgamento da ADI 3106, Rel. Min. Eros Grau, DJe de 29/9/10, o Plenário invalidou norma que autorizava Estado-membro a criar sistema previdenciário especial para amparar agentes públicos não efetivos, por entender que, além de atentatória ao conteúdo do art. 40, § 13, da Constituição Federal, tal medida estaria além da competência legislativa garantida ao ente federativo pelo art. 24, XII, do texto constitucional.

3. Presente situação análoga, é irrecusável a conclusão de que, ao criar, no Estado de Goiás, um modelo de previdência extravagante – destinado a beneficiar agentes não remunerados pelos cofres públicos, cujo formato não é compatível com os fundamentos constitucionais do RPPS (art. 40), do RGPS (art. 201) e nem mesmo da previdência complementar (art. 202) – o poder legislativo local desviou-se do desenho institucional que deveria observar e, além disso, incorreu em episódio de usurpação de competência, atuando para além do que lhe cabia nos termos do art. 24, XII, da CF, o que resulta na invalidade de todo o conteúdo da Lei 15.150/05.

4. Ação direta de inconstitucionalidade julgada procedente, com modulação de efeitos, para declarar a inconstitucionalidade integral da Lei 15.150/2005, do Estado de Goiás, ressalvados os direitos dos agentes que, até a data da publicação da ata deste julgamento, já houvessem reunido os requisitos necessários para obter os correspondentes benefícios de aposentadoria ou pensão. **(Inform. STF 780)**

Súmula vinculante STF nº 20

A Gratificação de Desempenho de Atividade Técnico-Administrativa – GDATA, instituída pela Lei n. 10.404/2002, deve ser deferida aos inativos nos valores correspondentes a 37,5 (trinta e sete vírgula cinco) pontos no período de fevereiro a maio de 2002 e, nos termos do artigo 5º, parágrafo único, da Lei n. 10.404/2002, no período de junho de 2002 até a conclusão dos efeitos do último ciclo de avaliação a que se refere o artigo 1º da Medida Provisória no 198/2004, a partir da qual passa a ser de 60 (sessenta) pontos.

Súmula vinculante STF nº 16

Os artigos 7º, IV, e 39, § 3º (redação da EC 19/98), da Constituição, referem-se ao total da remuneração percebida pelo servidor público.

Súmula vinculante STF nº 15

O cálculo de gratificações e outras vantagens do servidor público não incide sobre o abono utilizado para se atingir o salário mínimo.

Súmula STF nº 726

Para efeito de aposentadoria especial de professores, não se computa o tempo de serviço prestado fora da sala de aula.

No julgamento da ADI 3772 (DJe 29.10.2009), o Supremo Tribunal Federal, em Sessão Plenária, por maioria, decidiu que as funções de direção, coordenação e assessoramento pedagógico integram a carreira do magistério, desde que exercidos, em estabelecimentos de ensino básico, por professores de carreira, excluídos os especialistas em educação, fazendo jus aqueles que as desempenham ao regime especial de aposentadoria estabelecido nos arts. 40, § 4º, e 201, § 1º, da Constituição Federal.

Súmula STF nº 686

Só por lei se pode sujeitar a exame psicotécnico a habilitação de candidato a cargo público.

Súmula STF nº 685

É inconstitucional toda modalidade de provimento que propicie ao servidor investir-se, sem prévia aprovação em concurso público destinado ao seu provimento, em cargo que não integra a carreira na qual anteriormente investido.

Súmula STF nº 684

É inconstitucional o veto não motivado à participação de candidato a concurso público.

Súmula STF nº 683

O limite de idade para a inscrição em concurso público só se legitima em face do art. 7º, XXX, da Constituição, quando possa ser justificado pela natureza das atribuições do cargo a ser preenchido.

Súmula STF nº 681

É inconstitucional a vinculação do reajuste de vencimentos de servidores estaduais ou municipais a índices federais de correção monetária.

Súmula STJ nº 467

Prescreve em cinco anos, contados do término do processo administrativo, a pretensão da Administração Pública de promover a execução da multa por infração ambiental.

Súmula STJ nº 378

Reconhecido o desvio de função, o servidor faz jus às diferenças salariais decorrentes.

Súmula STJ nº 377

O portador de visão monocular tem direito de concorrer, em concurso público, às vagas reservadas aos deficientes.

5. PODER LEGISLATIVO

5.1. Poder legislativo em geral

Parlamentar e imunidade

A imunidade parlamentar é uma proteção adicional ao direito fundamental de todas as pessoas à liberdade de expressão, previsto no art. 5º, IV e IX, da Constituição. Assim, mesmo quando desbordem e se enquadrem em tipos penais, as palavras dos congressistas, desde que guardem alguma pertinência com suas funções parlamentares, estarão cobertas pela imunidade material do art. 53, "caput", da Constituição ("Art. 53. Os Deputados e Senadores são invioláveis, civil e penalmente, por quaisquer de suas opiniões, palavras e votos"). Com base nessa orientação, a Primeira Turma, em julgamento conjunto e por maioria, rejeitou a queixa-crime oferecida em face de senador a quem fora imputado a prática dos delitos de calúnia, injúria e difamação. Na espécie, parlamentar teria postado na rede social "facebook" que ex-Presidente da República teria cometido crimes e, ainda, teria impetrado "habeas corpus" preventivo relativo a atos de corrupção ocorrido no âmbito da Petrobrás. De início, a Turma assentou o caráter reprovável e lamentável com o qual as críticas à suposta condutas de um ex-Presidente da República teriam sido feitas. Na sequência, ressaltou que a imunidade material conferida aos parlamentares não seria uma prerrogativa absoluta. Restringir-se-ia a opiniões e palavras externadas, dentro ou fora do recinto do Congresso Nacional, mas no exercício do mandato ou em razão dele. Prevaleceria, portanto, a compreensão de que a imunidade parlamentar não se estenderia para opiniões ou palavras que pudessem malferir a honra de alguém quando essa manifestação estivesse dissociada do exercício do mandato. Para o Colegiado, a Constituição teria garantido uma tolerância com o uso – que normalmente fosse considerado abusivo – do direito de expressar livremente suas opiniões, quando proveniente de parlamentar no exercício de seus respectivos mandatos. Essa condescendência se justificaria para assegurar um bem maior – a própria democracia. Entre um parlamentar acuado pelo eventual receio de um processo criminal e um parlamentar livre para expor as suspeitas que pairassem sobre outros homens públicos, mesmo que de forma que pudesse ser considerada abusiva e, portanto, criminosa, o caminho trilhado pela Constituição seria o de conferir liberdade ao congressista. Assim, a regra da imunidade deveria prevalecer nas situações limítrofes em que não fosse delineada a conexão entre a atividade parlamentar e as ofensas irrogadas a pretexto de exercê-la, mas que, igualmente, não se pudesse, de plano, dizer que exorbitassem do exercício do mandato.

Inq 4088/DF, rel. Min. Edson Fachin, 1º.12.2015. (Inq-4088)

Inq 4097/DF, rel. Min. Edson Fachin, 1º.12.2015. (Inq-4097) (Inform. STF 810)

Agravo regimental e interesse recursal

O Plenário, por maioria, não conheceu de agravo regimental interposto pelo Presidente da Câmara dos Deputados em face de decisão monocrática que indeferira pedido de medida liminar formulado em mandado de segurança em que se pleiteava a suspensão da análise isolada, pela Câmara dos Deputados, dos Projetos de Decreto Legislativo 384/1997, 1.376/2009, 40/2011 e 42/2011, mas que sinalizara ao Congresso Nacional que as votações futuras de contas presidenciais anuais deveriam ocorrer em sessão conjunta. A Corte afirmou que estaria configurada, na espécie, a falta de interesse recursal, na medida em que não haveria, na decisão monocrática objeto de impugnação, ato com conteúdo decisório desfavorável ao agravante. Naquela decisão, quando da apreciação do pedido de liminar, fora assentada a existência do "fumus boni iuris". Isso porque decorreria da Constituição que a competência para julgar as contas do Presidente da República seria das duas casas do Congresso Nacional e não de cada uma delas individualmente. Essa interpretação seria extraída do seguinte conjunto de argumentos constitucionais, então demonstrados: a) caráter exemplificativo do rol de hipóteses de sessões conjuntas (CF, art. 57, § 3º); b) natureza mista da comissão incumbida do parecer sobre as contas (CF, art. 161, § 1º); c) reserva da matéria ao regimento comum, que disciplina as sessões conjuntas (CF, art. 161, "caput" e § 2º), nas quais ambas as Casas se manifestam de maneira simultânea; d) previsão expressa, pois quando a Constituição desejara a atuação separada de uma das Casas em matéria de contas presidenciais assim o fizera (CF, art. 51, II); e e) simetria entre a forma de deliberação das leis orçamentárias e a de verificação do respectivo cumprimento. Portanto, fora destacada, naquele ato, a existência de plausibilidade do direito alegado. No entanto, constatado que, na ocasião, as contas presidenciais em questão já haviam sido julgadas, não se verificaria o "periculum in mora", devendo ser denegada a liminar. Assim, não teria sido praticado nenhum ato desfavorável à Câmara dos Deputados. Em última análise, o agravo em questão se insurgiria contra a fundamentação da decisão monocrática proferida, na parte do "fumus boni iuris". Vencido o Ministro Gilmar Mendes, que negava provimento ao agravo regimental por entender presente o interesse recursal.

MS 33729/DF, rel. Min. Roberto Barroso, 3.9.2015. (MS-33729) (Inform. STF 797)

EMENTA: **CPI/PETROBRAS**. **IMPUGNAÇÃO MANDAMENTAL** AO ATO QUE DETERMINOU BUSCA E APREENSÃO *DE DOCUMENTOS E COMPUTADORES* DOS IMPETRANTES. **NATUREZA** *DOS PODERES DE INVESTIGAÇÃO* DAS COMISSÕES PARLAMENTARES DE INQUÉRITO. **DELIMITAÇÃO CONSTITUCIONAL** DAS ATRIBUIÇÕES *DESSE ÓRGÃO DE INVESTIGAÇÃO LEGISLATIVA*. **ATOS** CUJA PRÁTICA *É PERMITIDA* A **QUALQUER** CPI. **PRECEDENTES**. **IMPOSSIBILIDADE JURÍDICA** *DE CPI* **PRATICAR** ATOS **SOBRE OS QUAIS** INCIDA *A CLÁUSULA CONSTITUCIONAL DA RESERVA DE JURISDIÇÃO*, **COMO** A BUSCA E APREENSÃO *DOMICILIAR*, *v.g.*. **DOUTRINA**. **PRECEDENTE**. **POSSIBILIDADE**, *CONTUDO*, **DE A CPI ORDENAR** *BUSCA E APREENSÃO* DE BENS, OBJETOS **E** COMPUTADORES, **DESDE QUE** ESSA DILIGÊNCIA **NÃO SE EFETIVE** *EM LOCAL INVIOLÁVEL*, *COMO OS ESPAÇOS DOMICILIARES*, **SOB PENA**, *EM TAL HIPÓTESE*, **DE INVALIDADE** DA DILIGÊNCIA **E DE INEFICÁCIA PROBATÓRIA** DOS ELEMENTOS INFORMATIVOS DELA RESULTANTES. **DELIBERAÇÃO** *DA CPI/PETROBRAS* QUE, **EMBORA NÃO ABRANGENTE** DO DOMICÍLIO DOS IMPETRANTES, **RESSENTIR-SE-IA DA FALTA** *DA NECESSÁRIA FUNDAMENTAÇÃO SUBSTANCIAL*. **AUSÊNCIA** DE INDICAÇÃO, *NA ESPÉCIE*, **DE CAUSA PROVÁVEL E DE FATOS CONCRETOS** QUE, *SE PRESENTES*, **AUTORIZARIAM** *A MEDIDA EXCEPCIONAL* DA BUSCA E APREENSÃO, **MESMO** *A DE CARÁTER NÃO DOMICILIAR*. **LEGITIMIDADE CONSTITUCIONAL** DO PODER DE CONTROLE, *PELO JUDICIÁRIO*, DOS ATOS **E** DELIBERAÇÕES **EMANADOS** DE COMISSÕES PARLAMENTARES DE INQUÉRITO, **NOS CASOS** EM QUE SE INVOQUE *SUPOSTO* ABUSO DE PODER **POR PARTE** DESSE ÓRGÃO DE INVESTIGAÇÃO LEGISLATIVA. **PRECEDENTES**. **MEDIDA CAUTELAR DEFERIDA**. MS 33.663 – MC/DF. RELATOR: Ministro Celso de Mello **(Inform. STF 791)**

Inq N. 3.817-DF

RELATOR: MIN. MARCO AURÉLIO

EMENTA: PARLAMENTAR – IMUNIDADE. A imunidade parlamentar, ante ideias veiculadas fora da tribuna da Casa Legislativa, pressupõe nexo de causalidade com o exercício do mandato.

QUEIXA – IMUNIDADE PARLAMENTAR – ARTIGO 53 DA CONSTITUIÇÃO FEDERAL – INCIDÊNCIA. As declarações do investigado, na qualidade de 2º Vice-Presidente da Comissão Permanente de Turismo e Desporto da Câmara dos Deputados, alusivas aos dirigentes do futebol brasileiro, fizeram-se ligadas ao exercício do mandato, estando cobertas pela imunidade parlamentar material. **(Inform. STF 785)**

Imunidade parlamentar de vereador e exercício do mandato

Nos limites da circunscrição do Município e havendo pertinência com o exercício do mandato, garante-se a imunidade prevista no art. 29, VIII, da CF aos vereadores ("Art. 29. O Município reger-se-á por lei orgânica, votada em dois turnos, com o interstício mínimo de dez dias, e aprovada por dois terços dos membros da Câmara Municipal, que a promulgará, atendidos os princípios estabelecidos nesta Constituição, na Constituição do respectivo Estado e os seguintes preceitos: ... VIII – inviolabilidade dos Vereadores por suas opiniões, palavras e votos no exercício do mandato e na circunscrição do Município"). Essa a conclusão do Plenário que, por maioria, proveu recurso extraordinário em que se discutia o alcance da imunidade material de vereador em discurso, supostamente ofensivo à honra, proferido da tribuna da Casa Legislativa municipal. O Colegiado reputou que, embora as manifestações fossem ofensivas, teriam sido proferidas durante a sessão da Câmara dos Vereadores – portanto na circunscrição do Município – e teriam como motivação questão de cunho político, tendo em conta a existência de representação contra o prefeito formulada junto ao Ministério Público – portanto no exercício do mandato. O Ministro Teori Zavascki enfatizou ser necessário presumir que a fala dos parlamentares, em circunstâncias como a do caso, teria relação com a atividade parlamentar. Do contrário, seria difícil preservar a imunidade constitucional. O Ministro Gilmar Mendes sublinhou que, se o vereador tivesse de atuar com bons modos e linguagem escorreita, não haveria necessidade de a Constituição garantir a imunidade parlamentar. O Ministro Celso de Mello destacou que se o vereador, não obstante amparado pela imunidade material, incidisse em abuso, seria passível de censura, mas da própria Casa Legislativa a que pertencesse. Vencido o Ministro Marco Aurélio (relator), que desprovia o recurso. Considerava que a inviolabilidade dos vereadores exigiria a correlação entre as manifestações e o desempenho do mandato, o que não teria havido na espécie.

RE 600063/SP, rel. orig. Min. Marco Aurélio, red. p/ o acórdão Min. Roberto Barroso, 25.2.2015. (RE-600063) (Inform. STF 775)

Súmula STF nº 245

A imunidade parlamentar não se estende ao corréu sem essa prerrogativa.

5.2. Processo Legislativo em geral e iniciativa legislativa

ADI N. 1.077-RS

RELATOR: MIN. GILMAR MENDES

Ação direta de inconstitucionalidade.

2. Governador do Estado do Rio Grande do Sul.

3. Lei estadual nº 10.114, de 16 de março de 1994.

4. Alegação de ofensa aos artigos 2º; 5º, *caput* e incisos XVII, XVIII e XX; e 61, § 1º, II, "e", da Constituição Federal.

5. Lei que dispõe sobre entidades municipais legitimadas a integrar órgão da administração pública estadual ou firmar convênios com o Estado-membro.

6. Usurpação da competência legislativa exclusiva do Chefe do Poder Executivo. Artigo 61, § 1º, inciso II, "e", da Constituição Federal. Precedentes. Inconstitucionalidade formal configurada.

7. Violação aos princípios da autonomia municipal e da isonomia. Artigos 30, inciso I; 34, inciso VII, "c"; e, art. 5º, *caput* da Constituição Federal. Inconstitucionalidade material configurada.

8. Ação julgada procedente. **(Inform. STF 809)**

Medida provisória: emenda parlamentar e "contrabando legislativo" – 1

É incompatível com a Constituição a apresentação de emendas sem relação de pertinência temática com medida provisória submetida a sua apreciação. Essa a conclusão do Plenário – com efeitos "ex nunc" e imediata cientificação do Poder Legislativo – que, por maioria, julgou improcedente pedido formulado em ação direta ajuizada em face do art. 76 da Lei 12.249/2010, inserido mediante emenda parlamentar em projeto de conversão de medida provisória em lei, a versar sobre objeto distinto daquele originalmente veiculado no texto apresentado à conversão. O dispositivo impugnado regula o exercício e a fiscalização da profissão contábil, ao passo que a Medida Provisória 472/2009, convertida na lei em comento, contemplava, originalmente, matérias educacionais, fiscais, tributárias e outras. O Colegiado assinalou que as regras formais do processo legislativo seriam construídas mediante escolhas fundamentais da comunidade nos momentos constituintes, de modo a canalizar os futuros julgamentos políticos e tomadas de decisão. Equacionou que a questão constitucional em foco diria respeito a dois aspectos relevantes: a) necessidade de lei específica para restringir o exercício de profissão; e b) possibilidade de, em processo legislativo de conversão de medida provisória em lei, ser apresentada emenda parlamentar com conteúdo temático distinto daquele objeto da medida provisória. No que se refere à suposta exigência de lei específica (CF, art. 5º, XIII), o texto constitucional seria claro ao estabelecer o direito fundamental ao livre exercício de qualquer trabalho, ofício ou profissão, trazendo a possibilidade de que lei estabeleça qualificações e exigências para o exercício desse direito fundamental. Assim, a liberdade profissional, em que pese seja direito individual de liberdade, impondo ao Estado um dever, em princípio, de abstenção, não fora outorgada sem limites. Não obstante, qualquer limitação legal somente poderia fixar exigências e limitações que guardassem nexo lógico com as funções e atividades a serem desempenhadas, sob pena de vício de inconstitucionalidade por violação ao princípio da igualdade. Destacou que essa restrição ao direito fundamental ao exercício de qualquer trabalho, ofício ou profissão consistiria em restrição legal qualificada. Nesse sentido, a Constituição não se limitaria a exigir que eventual restrição ao âmbito de proteção de determinado direito fosse apenas prevista em lei, mas também estabeleceria as condições especiais, os fins a serem perseguidos pela limitação. No caso, a reserva legal qualificada fora satisfeita pela Lei 12.249/2010, tendo em vista que a matéria de seu art. 76 tem por finalidade não a mera restrição ao direito fundamental de livre exercício da profissão de contador, mas a imposição de qualificações para que o exercício desse direito, no âmbito da profissão contábil, seja mais adequadamente realizado. A necessidade de lei formal para o estabelecimento de qualificações para o exercício profissional deveria, portanto, observar as regras de competência legislativa e não poderia impedir o exercício da profissão. Ao contrário, deveria antes servir para assegurar à sociedade que determinados profissionais, em especial os liberais, fossem efetiva e adequadamente qualificados para exercer uma específica atividade. No ponto, a Lei 12.249/2010 estabelece, em seu art. 76, a exigência de determinadas qualificações a serem cumpridas para o regular exercício da profissão de contador. Inova ao fixar essas exigências e ainda estabelece uma regra de transição àqueles que exerçam o ofício de técnicos em contabilidade. O Tribunal assentou que estariam cumpridos os requisitos formais e materiais impostos constitucionalmente. Destacou, por outro lado, que o processo legislativo de conversão de medida provisória, não obstante ser peculiar e de tramitação mais célere, consistiria em espécie constitucionalmente prevista, sem restrição quanto à matéria versada na lei impugnada. Assim, não implicaria inconstitucionalidade o simples fato de a lei haver resultado de projeto de conversão de medida provisória.

ADI 5127/DF, rel. orig. Min. Rosa Weber, red. p/ o acórdão Min. Edson Fachin, 15.10.2015. (ADI-5127)

Medida provisória: emenda parlamentar e "contrabando legislativo" – 2

O Plenário, no que concerne à possibilidade de, em processo legislativo de conversão de medida provisória em lei, ser apresentada emenda parlamentar com conteúdo temático distinto daquele objeto da medida provisória, consignou que esta seria espécie normativa primária, de caráter excepcional, sujeita a condição resolutiva e de competência exclusiva do Presidente da República (CF, artigos 59, V; e 62, § 3º). Como espécie normativa de competência exclusiva do Presidente da República e excepcional, não seria possível tratar de temas diversos daqueles fixados como relevantes e urgentes. Uma vez estabelecido o tema relevante e urgente, toda e qualquer emenda parlamentar em projeto de conversão de medida provisória em lei se limitaria e circunscreveria ao tema definido como urgente e relevante. Assim, seria possível emenda parlamentar ao projeto de conversão, desde que observada a devida pertinência lógico-temática. De outro lado, editada a medida provisória, competiria ao Legislativo realizar o seu controle. Esse controle seria político e jurídico, pois diria respeito à urgência e relevância exigidas constitucionalmente. O Colegiado frisou que o uso hipertrofiado da medida provisória, instrumento excepcional, deturparia o processo legislativo, gerando distorções ilegítimas. Nessa quadra, a prática das emendas parlamentares no processo de conversão de medida provisória em lei com conteúdo temático distinto apresentaria fortes complexidades democráticas. O Legislativo, no procedimento de conversão, poderia aprovar emendas aditivas, modificativas ou supressivas. Por outro lado, o fato de a Constituição não ter expressamente disposto no art. 62 a impossibilidade de se transbordar a temática da medida provisória não significaria que o exercício da faculdade de emendar pelo Congresso fosse incondicionado.

ADI 5127/DF, rel. orig. Min. Rosa Weber, red. p/ o acórdão Min. Edson Fachin, 15.10.2015. (ADI-5127)

Medida provisória: emenda parlamentar e "contrabando legislativo" – 3

O Tribunal reputou que, quando uma medida provisória, ao ser convertida em lei, passa a tratar de diversos temas inicialmente não previstos, o seu papel de regulação da vida comum estaria enfraquecido do ponto de vista da legitimidade democrática. Com essa prática, se geraria insegurança. Um processo legislativo democrático, público e transparente deveria primar por uma uniformidade temática que o tornasse sempre mais acessível, pelos outros poderes e pelo povo. Esse entendimento não significaria fortalecimento do Executivo, tendo em vista a importante função de controle do Legislativo no que diz respeito aos pressupostos autorizadores de medida provisória. Ademais, também não implicaria, necessariamente, o reconhecimento da inconstitucionalidade de todas as leis de conversão promulgadas até o presente julgamento, inclusive a lei objeto desta ação. Isso se daria por duas razões: em primeiro lugar, seria a primeira oportunidade de a Corte enfrentar o tema, e compreensão diversa subtrairia a possibilidade de diálogo entre os diversos ramos do Estado sobre a matéria. Em segundo lugar, essa prática alusiva à conversão de medidas provisórias estaria arraigada, a resultar em diversas normas produzidas de acordo com o procedimento. Assim, a decisão da Corte não poderia provocar insegurança jurídica, de modo que estariam preservadas as leis fruto de conversão de medida provisória, no que diz respeito à inconstitucionalidade formal. O Ministro Roberto Barroso acrescentou que o entendimento pela inconstitucionalidade das emendas parlamentares sem pertinência temática com a medida provisória decorreria de nova interpretação da Constituição quanto a esse costume, à luz do fato de que a prática seria reiterada há muito tempo. O Ministro Teori Zavascki frisou a LC 95/1998, a tratar da técnica de formulação das leis, segundo a qual a necessidade de pertinência temática estaria prevista. O Ministro Gilmar Mendes enfatizou a necessidade de se sinalizar ao Congresso Nacional que essa prática, muito embora mantidos os atos praticados até o momento, não poderia se repetir doravante. Vencidos os Ministros Rosa Weber (relatora), Marco Aurélio e Ricardo Lewandowski (Presidente), que julgavam o pedido procedente; e o Ministro Dias Toffoli, que julgava o pleito improcedente em maior extensão, por considerar que não caberia ao STF avaliar a pertinência temática entre a medida provisória e a emenda, o que seria de competência do Congresso Nacional.

ADI 5127/DF, rel. orig. Min. Rosa Weber, red. p/ o acórdão Min. Edson Fachin, 15.10.2015. (ADI-5127) (Inform. STF 803)

Constituição estadual e separação de poderes – 1

O Plenário, por maioria, julgou improcedente pedido formulado em ação direta e declarou a constitucionalidade do art. 77, XXIII, da Constituição do Estado do Rio de Janeiro ("XXIII – ressalvada a legislação federal aplicável, ao servidor público estadual é proibido substituir, sobre qualquer pretexto, trabalhadores de empresas privadas em greve"). O Colegiado asseverou, quanto à regularidade formal da norma, que o STF consolidara entendimento de que as regras básicas do processo legislativo presentes na CF/1988 incorporariam noções elementares do modelo de separação dos poderes, o que as torna de observância inafastável no âmbito local (CF, art. 25). As regras de iniciativa reservada, por demarcarem as competências privativas assinaladas a cada uma das instâncias políticas do País, estariam entre as disposições mais representativas da Federação, razão pela qual a jurisprudência da Corte assevera que à força normativa dessas regras corresponderia não apenas um encargo positivo a ser cumprido pelas assembleias legislativas, mas também uma eficácia negativa, que as impede de abordar temas de iniciativa de outras autoridades públicas. Em casos nos quais o STF rechaçara a existência de regras, em Constituição local, que deveriam constar de legislação ordinária, ficara consignado que esses conteúdos deveriam contar com a avaliação do Chefe do Executivo local, investido da conveniência e oportunidade de propor o debate a respeito de temas que estariam tipicamente submetidos à sua alçada política, como remuneração de cargos, regime jurídico de servidores, organização da administração local, entre outros. Permitir o tratamento dessa temática diretamente na Constituição estadual equivaleria, portanto, a esvaziar as competências do Chefe do Executivo.

ADI 232/RJ, rel. Min. Teori Zavascki, 5.8.2015. (ADI-232)

Constituição estadual e separação de poderes – 2

O Plenário afirmou que, contudo, isso não significaria que as assembleias constituintes estaduais seriam submetidas a uma completa interdição na disciplina das regras gerais de funcionamento da Administração local, devendo se ater à estrita reprodução do texto federal. Somente as normas de cunho substantivo deveriam ser necessariamente adotadas pelo Constituinte local. Assim, desde que: a) as linhas básicas que regem a relação entre os poderes federados (no que se incluem as regras de reserva de iniciativa) fossem respeitadas; e b) o parlamento local não suprimisse do governador a possibilidade de exercício de uma opção política legítima dentre aquelas contidas na sua faixa de competências típicas, a Constituição estadual poderia dispor de modo singular a respeito do funcionamento da Administração, sobretudo quando essa disciplina peculiar traduzisse a concretização de princípios também contemplados no texto federal. No caso, ressalvada a legislação federal aplicável, o texto impugnado proíbe que servidor público estadual seja designado para substituir, sob qualquer pretexto, trabalhadores de empresas privadas em greve. Embora o preceito esteja relacionado ao funcionamento da Administração local, ele não se sobrepusera ao campo de discricionariedade política que a Constituição Federal reserva, com exclusividade, à iniciativa do governador. Tampouco a regra dera à Administração local configuração definitiva em desacordo com o texto federal. A norma em exame não teria deficiência formal. Seu conteúdo, basicamente expletivo, veda a substituição de trabalhadores grevistas por servidores públicos, a coibir a institucionalização do desvio de função como prática a frustrar o direito de greve dos trabalhadores da iniciativa privada. A Constituição local apenas textualizara um comportamento administrativo já condenável pela ordem constitucional federal. Este texto contém hipóteses de excepcionalidade, em que envolvidas necessidades inadiáveis da comunidade (CF, art. 9º, § 1º) que poderiam justificar o deslocamento de servidores para o exercício temporário de funções alheias aos correspondentes cargos. Presentes situações emergenciais, a Constituição Federal relativiza até mesmo a exigência de concurso público (CF, art. 37, IX). A norma adversada contempla uma ressalva de emergencialidade, tanto que remete à legislação federal a respeito de greve. O preceito não retira do governador uma alternativa viável de aproveitamento dos servidores a ele submetidos para o benefício da Administração. O que se proíbe é que a substituição dos grevistas viesse a ser implementada para servir a pretextos outros que não o da própria emergencialidade. Vencidos os Ministros Marco Aurélio e Ricardo Lewandowski (Presidente), que julgavam procedente o pedido. Entendiam que o constituinte local antecipara-se ao disciplinar a matéria, de iniciativa do governador. O Ministro Marco Aurélio acrescia que a lei também padeceria de vício material, pois estaria indevidamente acrescida no texto constitucional local.

ADI 232/RJ, rel. Min. Teori Zavascki, 5.8.2015. (ADI-232) (Inform. STF 793)

Emenda parlamentar e pertinência temática

O Plenário julgou procedente pedido formulado em ação direta para declarar a inconstitucionalidade do art. 2º da LC 376/2007 do Estado de Santa Catarina. Na espécie, em projeto de iniciativa do governador do referido Estado-Membro (CF, art. 61, § 1º, II, a), a assembleia legislativa aprovara emenda aditiva sem pertinência com a proposição inicial do chefe do Poder Executivo. Assim, a referida emenda aditiva – formalizada no curso da tramitação de projeto de lei complementar que visava a criação de funções comissionadas no âmbito da Secretaria de Estado de Educação, Ciência e Tecnologia – impusera ao governador o reenquadramento de servidores do Instituto de Previdência estadual. A Corte afirmou que a ausência de pertinência temática de emenda da Casa Legislativa a projeto de lei de iniciativa exclusiva do Executivo levaria a concluir-se pela sua inconstitucionalidade formal. Ademais, aplicar-se-ia ao caso o teor do Enunciado 685 da Súmula do STF, no sentido de ser inconstitucional toda modalidade de provimento que propiciasse ao servidor investir-se, sem prévia aprovação em concurso público, em cargo que não integrasse a carreira na qual anteriormente investido.

ADI 3926/SC, rel. Min. Marco Aurélio, 5.8.2015. (ADI3926) (Inform. STF 793)

Processo legislativo: quórum qualificado e votação simbólica

É constitucional a LC 56/1987 – revogada pela LC 116/2003 —, que versava sobre ISS. Com base nesse entendimento, o Plenário proveu recurso extraordinário para reformar acórdão em que declarada a inconstitucionalidade formal do diploma. O Tribunal "a quo" assentara que o requisito de aprovação por maioria absoluta, no momento da votação na Câmara dos Deputados, não teria sido observado. De início, o Colegiado admitiu o recurso. No ponto, ainda que o julgamento do acórdão recorrido tivesse sido realizado por órgão fracionado, este proclamara a inconstitucionalidade formal da aludida lei complementar. A Constituição, em seu art. 102, III, b, não exigiria que a declaração de inconstitucionalidade, objeto do recurso extraordinário, fosse proferida por órgão específico. No mérito, o Colegiado aduziu que a LC 56/1987 teria sido aprovada por votação simbólica, na qual não se poderia aferir o número exato de votos alcançados. Esse método de votação estaria de acordo com o Regimento Interno da Câmara dos Deputados então em vigor, embora o art. 50 da Constituição pretérita estabelecesse que as leis complementares somente seriam aprovadas se obtivessem maioria absoluta dos votos dos membros das duas Casas do Congresso Nacional. Sucede que o citado regimento permitiria ao deputado que tivesse dúvida quanto ao resultado proclamado pedir verificação imediata. Assim, existente o instrumento de verificação, não seria possível dizer que fora desrespeitado o quórum qualificado apenas porque adotada a votação simbólica. No caso, não haveria notícia de ter sido utilizada essa prerrogativa, a revelar a inexistência de dúvida sobre a formação da maioria absoluta. Assim, não se poderia supor que teria sido ignorada a exigência do quórum qualificado, em franco desrespeito à Constituição. Esclareceu, por fim, que a alegação de inconstitucionalidade não teria por fundamento o chamado voto de liderança ou a participação somente dos líderes na votação.

RE 254559/SP, rel. Min. Marco Aurélio, 20.5.2015. (RE-254559) (Inform. STF 786)

Lei municipal e vício de iniciativa

Por vício de iniciativa, o Plenário deu provimento a recurso extraordinário para declarar a inconstitucionalidade dos incisos II, III, VIII, bem como dos §§ 1º e 2º do art. 55 da Lei Orgânica de Cambuí/MG, que concede benefícios a servidores públicos daquela municipalidade. Na espécie, a norma questionada decorrera de iniciativa de câmara legislativa municipal. A Corte asseverou que lei orgânica de município não poderia normatizar direitos de servidores, porquanto a prática afrontaria a iniciativa do chefe do Poder Executivo.

RE 590829/MG, rel. Min. Marco Aurélio, 5.3.2015. (RE-590829) (Inform. STF 776)

Medida provisória: Sistema Financeiro Nacional e requisitos do art. 62 da CF – 1

É constitucional o art. 5º da Medida Provisória 2.170-36/2001 ("Nas operações realizadas pelas instituições integrantes do Sistema Financeiro Nacional, é admissível a capitalização de juros com periodicidade inferior a um ano"). Essa a conclusão do Plenário que, por maioria, proveu recurso extraordinário em que discutida a constitucionalidade do dispositivo, tendo em conta suposta ofensa ao art. 62 da CF ("Em caso de relevância e urgência, o Presidente da República poderá adotar medidas provisórias, com força de lei, devendo submetê-las de imediato ao Congresso Nacional"). Preliminarmente, o Colegiado afastou alegação de prejudicialidade do recurso. Afirmou que o STJ, ao declarar a possibilidade de capitalização nos termos da referida norma, o fizera sob o ângulo estritamente legal, de modo que não estaria prejudicada a análise da regra sob o enfoque constitucional. No mérito, enfatizou que a medida provisória já teria aproximadamente 15 anos, e que a questão do prolongamento temporal dessas espécies normativas estaria resolvida pelo art. 2º da EC 32/2001 ("As medidas provisórias editadas em data anterior à da publicação desta emenda continuam em vigor até que medida provisória ulterior as revogue explicitamente ou até deliberação definitiva do Congresso Nacional"). Além disso, não estaria em discussão o teor da medida provisória, cuja higidez material estaria de acordo com a jurisprudência do STF, segundo a qual, nas operações do Sistema Financeiro Nacional, não se aplicariam as limitações da Lei da Usura.

RE 592377/RS, rel. orig. Min. Marco Aurélio, red. p/ o acórdão Min. Teori Zavascki, 4.2.2015. (RE-592377)

Medida provisória: Sistema Financeiro Nacional e requisitos do art. 62 da CF – 2

O Colegiado asseverou que os requisitos de relevância e urgência da matéria seriam passíveis de controle pelo STF, desde que houvesse demonstração cabal da sua inexistência. Assim, do ponto de vista da relevância, por se tratar de regulação das operações do Sistema Financeiro, não se poderia declarar que não houvesse o requisito. No que se refere à urgência, a norma fora editada em período consideravelmente anterior, cuja realidade financeira seria diferente da atual, e vigoraria até hoje, de modo que seria difícil afirmar com segurança que não haveria o requisito naquela oportunidade. Ademais, o cenário econômico contemporâneo, caracterizado pela integração da economia nacional ao mercado financeiro mundial, exigiria medidas céleres, destinadas à adequação do Sistema Financeiro Nacional aos padrões globais. Desse modo, se a Corte declarasse a inconstitucionalidade da norma, isso significaria atuar sobre um passado em que milhares de operações financeiras poderiam, em tese, ser atingidas. Por esse motivo, também, não se deveria fazê-lo. Vencido o Ministro Marco Aurélio (relator), que desprovia o recurso e declarava a inconstitucionalidade da norma. Considerava não atendido o teor do art. 62 da CF, e sublinhava que o art. 2º da EC 32/2001 não teria o poder de perpetuar norma editada para viger por período limitado.

RE 592377/RS, rel. orig. Min. Marco Aurélio, red. p/ o acórdão Min. Teori Zavascki, 4.2.2015. (RE-592377) (Inform. STF 773)

Súmula STF nº 651

A medida provisória não apreciada pelo congresso nacional podia, até a Emenda Constitucional n. 32/01, ser reeditada dentro do seu prazo de eficácia de trinta dias, mantidos os efeitos de lei desde a primeira edição.

6. PODER EXECUTIVO

Norma estadual e princípio da simetria

Por reputar inexistir ofensa ao princípio da simetria, o Plenário julgou improcedente pedido formulado em ação direta de inconstitucionalidade proposta contra a expressão "e ao Vice-Governador", constante do art. 65 da Constituição do Estado do Mato Grosso ("Aplicam-se ao Governador e ao Vice-Governador, no que couber, as proibições e impedimentos estabelecidos para os Deputados Estaduais"). A Corte assentou que a determinação de observância aos princípios constitucionais não significaria caber ao constituinte estadual apenas copiar as normas federais. A inexistência da vedação no plano federal não obstacularizaria o constituinte de o fazer com relação ao vice-governador. Asseverou que o estabelecimento de restrições a certas atividades ao vice-governador, visando a preservar a sua incolumidade política, seria matéria que o Estado-Membro poderia desenvolver no exercício da sua autonomia constitucional. Precedentes citados: ADI 4.298 MC/TO (DJe de 27.11.2009) e ADI 331/PB (DJe de 2.5.2014).

ADI 253/MT, rel. Min. Gilmar Mendes, 28.5.2015. (ADI-253) (Inform. STF 787)

EMENTA: MANDADO DE SEGURANÇA. **DENÚNCIA** *CONTRA A PRESIDENTE DA REPÚBLICA*. **PRINCÍPIO** *DA LIVRE DENUNCIABILIDADE POPULAR* (**Lei** nº 1.079/50, art. 14). **IMPUTAÇÃO** *DE CRIME DE RESPONSABILIDADE* À CHEFE DO PODER EXECUTIVO DA UNIÃO. **NEGATIVA DE SEGUIMENTO** POR PARTE DO PRESIDENTE DA CÂMARA DOS DEPUTADOS. **RECURSO** *DO CIDADÃO DENUNCIANTE* **AO PLENÁRIO** DESSA CASA LEGISLATIVA. **DELIBERAÇÃO** *QUE DEIXA DE ADMITIR* REFERIDA MANIFESTAÇÃO RECURSAL. **IMPUGNAÇÃO MANDAMENTAL** A ESSE ATO **EMANADO** *DO PRESIDENTE DA CÂMARA DOS DEPUTADOS*. **RECONHECIMENTO**, *NA ESPÉCIE*, **DA COMPETÊNCIA ORIGINÁRIA** DO SUPREMO TRIBUNAL FEDERAL **PARA O PROCESSO E O JULGAMENTO** DA CAUSA MANDAMENTAL. **PRECEDENTES**. **A QUESTÃO** *DO "JUDICIAL REVIEW"* **E O PRINCÍPIO** *DA SEPARAÇÃO DE PODERES*. **ATOS** *"INTERNA CORPORIS"* **E DISCUSSÕES** *DE NATUREZA REGIMENTAL*: **APRECIAÇÃO VEDADA** AO PODER JUDICIÁRIO, **POR TRATAR-SE** DE TEMA *QUE DEVE SER RESOLVIDO* NA ESFERA

DE ATUAÇÃO *DO PRÓPRIO* CONGRESSO NACIONAL **OU** DAS CASAS LEGISLATIVAS QUE O COMPÕEM. **PRECEDENTES. MANDADO DE SEGURANÇA** *NÃO CONHECIDO*. MS 33558/DF. RELATOR: Ministro Celso de Mello **(Inform. STF 783)**

Licença prévia para julgamento de governador em crime de responsabilidade e crime comum – 1

Por violar a competência privativa da União, o Estado-membro não pode dispor sobre crime de responsabilidade. No entanto, durante a fase inicial de tramitação de processo por crime de responsabilidade instaurado contra governador, a Constituição estadual deve obedecer à sistemática disposta na legislação federal. Assim, é constitucional norma prevista em Constituição estadual que preveja a necessidade de autorização prévia da Assembleia Legislativa para que sejam iniciadas ações por crimes comuns e de responsabilidade eventualmente dirigidas contra o governador de Estado. Com base nesse entendimento, o Plenário, em julgamento conjunto e por maioria, julgou parcialmente procedentes os pedidos formulados em ações diretas para declarar a inconstitucionalidade das expressões "processar e julgar o Governador ... nos crimes de responsabilidade" e "ou perante a própria Assembleia Legislativa, nos crimes de responsabilidade" previstas, respectivamente, nos artigos 54 e 89 da Constituição do Estado do Paraná. Declarou também a inconstitucionalidade do inciso XVI do art. 29, e da expressão "ou perante a Assembleia Legislativa, nos crimes de responsabilidade", contida no art. 67, ambos da Constituição do Estado de Rondônia, bem como a inconstitucionalidade do inciso XXI do art. 56, e da segunda parte do art. 93, ambos da Constituição do Estado do Espírito Santo. A Corte rememorou que a Constituição Estadual deveria seguir rigorosamente os termos da legislação federal sobre crimes de responsabilidade, por imposição das normas dos artigos 22, I, e 85, da CF, que reservariam a competência para dispor sobre matéria penal e processual penal à União. Ademais, não seria possível interpretar literalmente os dispositivos atacados de modo a concluir que o julgamento de mérito das imputações por crimes de responsabilidade dirigidas contra o governador de Estado teria sido atribuído ao discernimento da Assembleia Legislativa local, e não do Tribunal Especial previsto no art. 78, § 3º, da Lei 1.079/1950. Esse tipo de exegese ofenderia os artigos 22, I, e 85, da CF.

ADI 4791/PR, rel. Min. Teori Zavascki, 12.2.2015. (ADI-4791)
ADI 4800/RO, rel. Min. Cármen Lúcia, 12.2.2015. (ADI-4800)
ADI 4792/ES, rel. Min. Cármen Lúcia, 12.2.2015. (ADI-4792)

Licença prévia para julgamento de governador em crime de responsabilidade e crime comum – 2

Por outro lado, o Colegiado reconheceu a constitucionalidade das normas das Constituições estaduais que exigiriam a aprovação de dois terços dos membros da Assembleia Legislativa como requisito indispensável – a denominada licença prévia – para se admitir a acusação nas ações por crimes comuns e de responsabilidade, eventualmente dirigidas contra o governador do Estado. Consignou que o condicionamento da abertura de processo acusatório ao beneplácito da Assembleia Legislativa, antes de constituir uma regalia antirrepublicana deferida em favor da pessoa do governador, serviria à preservação da normalidade institucional das funções do Executivo e à salvaguarda da autonomia política do Estado-membro, que haveria de sancionar, pelo voto de seus representantes, medida de drásticas consequências para a vida pública local. Salientou que a exigência de licença para o processamento de governador não traria prejuízo para o exercício da jurisdição, porque, enquanto não autorizado o prosseguimento da ação punitiva, ficaria suspenso o transcurso do prazo prescricional contra a autoridade investigada cujo marco interruptivo contaria da data do despacho que solicitasse a anuência do Poder Legislativo para a instauração do processo, e não da data da efetiva manifestação. O controle político exercido pelas Assembleias Legislativas sobre a admissibilidade das acusações endereçadas contra governadores não conferiria aos parlamentos locais a autoridade para decidir sobre atos constritivos acessórios à investigação penal, entre eles as prisões cautelares. Todavia, a supressão da exigência de autorização das respectivas Casas parlamentares para a formalização de processos contra deputados e senadores (CF, art. 51, I), materializada pela EC 35/2001, não alterara o regime de responsabilização dos governadores de Estado. Isso encontraria justificativa no fato de que – diferentemente do que ocorreria com o afastamento de um governador de Estado, que tem valor crucial para a continuidade de programas de governo locais – a suspensão funcional de um parlamentar seria uma ocorrência absolutamente menos expressiva para o pleno funcionamento do Poder Legislativo.

ADI 4791/PR, rel. Min. Teori Zavascki, 12.2.2015. (ADI-4791)
ADI 4800/RO, rel. Min. Cármen Lúcia, 12.2.2015. (ADI-4800)
ADI 4792/ES, rel. Min. Cármen Lúcia, 12.2.2015. (ADI-4792)

Licença prévia para julgamento de governador em crime de responsabilidade e crime comum – 3

Vencido o Ministro Marco Aurélio, que julgava improcedente o pedido formulado em relação à atribuição da Assembleia quanto aos crimes de responsabilidade, e procedente para afastar a necessidade de licença para fins de persecução criminal contra governador nos crimes comuns. Pontuava que a Constituição estadual poderia reger a matéria pertinente a crime de responsabilidade. Afastava a possibilidade de se cogitar do Tribunal Especial, previsto no art. 78, § 3º, da Lei 1.079/1950, que seria tribunal de exceção, porque não fora criado em norma jurídica, mas estaria apenas previsto sem se ter, inclusive, indicação da composição. Esse Tribunal Especial seria incompatível com o inciso XXXVI do art. 5º da CF, que vedaria juízo ou tribunal de exceção. No que se refere aos crimes comuns, reputava que os artigos 51, I, e 86, da CF, deveriam ser interpretados restritivamente, especialmente porque o texto seria expresso ao tratar do Presidente da República, de modo que não se poderia estender a governador e muito menos a prefeito. Destacava que a competência do STJ para julgar governador de Estado não estaria condicionada a aprovação de licença prévia como se poderia observar do art. 105 da CF. Sublinhava, ademais, que, mantida essa licença, haveria transgressão à Constituição Federal e estaria colocado, em segundo plano, o primado do Judiciário, pois somente haveria persecução criminal por crime comum de governador se ele não tivesse bancada na Casa Legislativa.

ADI 4791/PR, rel. Min. Teori Zavascki, 12.2.2015. (ADI-4791)
ADI 4800/RO, rel. Min. Cármen Lúcia, 12.2.2015. (ADI-4800)
ADI 4792/ES, rel. Min. Cármen Lúcia, 12.2.2015. (ADI-4792) (Inform. STF 774)

7. PODER JUDICIÁRIO

7.1. Supremo Tribunal Federal

STF e competência em decisões negativas do CNMP

O Supremo Tribunal Federal não tem competência para processar e julgar ações decorrentes de decisões negativas do CNMP e do CNJ. Com base nessa orientação, a Primeira Turma, por maioria, não conheceu de mandado de segurança impetrado para fins de anular decisão do CNMP proferida em Reclamação para Preservação da Autonomia do Ministério Público – RPA, que mantivera avocação de inquérito civil público instaurado para investigar atos praticados no âmbito da administração superior de Ministério Público estadual. Na espécie, promotoras de justiça instauraram procedimento para apurar o encaminhamento, à Assembleia Legislativa, de projeto de lei que criara cargos em comissão e concedera aumento aos servidores comissionados do Ministério Público estadual, a afrontar o art. 37, II e V, da CF. Na sequência, o Colégio de Procuradores de Justiça reconheceu, em razão do disposto no § 1º do art. 8º da LC estadual 25/1998, a competência do decano para a condução do inquérito, ante a existência de investigação a respeito de possível prática de atos de improbidade por parte do Procurador-Geral de Justiça e dos demais membros da administração superior. Com base nessa decisão, o Procurador de Justiça decano avocou o inquérito civil público, que foi arquivado por ausência de ilegalidade, decisão homologada pelo CNMP estadual. Seguiu-se o ajuizamento de RPA em que pretendida a nulidade do ato de avocação, julgada improcedente. A Turma asseverou que não se trataria de negativa de acesso à jurisdição, mas as impetrantes não teriam acesso à jurisdição do STF. Reiterou o quanto decidido no MS 31453 AgR/DF (DJe de 10.2.2015), sentido de que o pronunciamento do CNJ – aqui, o CNMP, órgão similar – que consubstanciasse recusa de intervir em determinado procedimento, ou, então, que envolvesse mero reconhecimento de sua incompetência, não faz instaurar, para efeito de controle jurisdicional, a competência originária do STF. Vencido o Ministro Marco Aurélio, que deferia a ordem para restaurar a investigação interrompida na origem e cujo processo fora avocado pela administração superior de Ministério Público Estadual. Esclarecia que a situação concreta em que o Conselho não adentrasse a controvérsia seria distinta daquela em que apreciasse e referendasse o pronunciamento de origem. Aduzia que, por analogia, estaria configurado o disposto no art. 512 do CPC ("O julgamento proferido pelo tribunal substituirá a sentença ou a decisão recorrida no que tiver sido objeto de recurso"), a revelar que a decisão subsequente a confirmar ou a reformar a anterior, por ela seria substituída.

MS 33163/DF, rel. orig. Min. Marco Aurélio, red. p/ o acórdão Min. Roberto Barroso, 5.5.2015. (MS-33163) (Inform. STF 784)

EMENTA: **EXECUÇÃO JUDICIAL CONTRA ESTADO ESTRANGEIRO. COMPETÊNCIA ORIGINÁRIA** DO SUPREMO TRIBUNAL FEDERAL (**CF**, art. 102, I, "**e**"). **IMUNIDADE DE JURISDIÇÃO** (*imunidade à jurisdição cognitiva*) **E IMUNIDADE DE EXECUÇÃO** (*imunidade à jurisdição executiva*). *O "STATUS QUAESTIONIS"* **NA JURISPRUDÊNCIA** DO SUPREMO TRIBUNAL FEDERAL. **PRECEDENTES. DOUTRINA. PREVALÊNCIA** DO ENTENDIMENTO **NO SENTIDO** *DA IMPOSSIBILIDADE JURÍDICA* DE EXECUÇÃO JUDICIAL **CONTRA** ESTADOS ESTRANGEIROS, **EXCETO** *NA HIPÓTESE DE EXPRESSA RENÚNCIA*, **POR ELES**, A ESSA PRERROGATIVA DE ORDEM JURÍDICA. **POSIÇÃO PESSOAL DO RELATOR** (MINISTRO CELSO DE MELLO), **QUE ENTENDE VIÁVEL** A EXECUÇÃO **CONTRA** ESTADOS ESTRANGEIROS, **DESDE** QUE OS ATOS DE CONSTRIÇÃO JUDICIAL **RECAIAM** SOBRE BENS **QUE NÃO GUARDEM VINCULAÇÃO ESPECÍFICA** COM A ATIVIDADE DIPLOMÁTICA **E/OU** CONSULAR. **OBSERVÂNCIA**, *NO CASO*, **PELO RELATOR**, *DO PRINCÍPIO DA COLEGIALIDADE*. **JULGAMENTO DA CAUSA NOS TERMOS** *DA JURISPRUDÊNCIA PREDOMINANTE* **NO SUPREMO TRIBUNAL FEDERAL. PROCESSO DE EXECUÇÃO** *DECLARADO EXTINTO*, **SEM** RESOLUÇÃO DE MÉRITO. ACO 1.769/PE. RELATOR: Ministro Celso de Mello **(Inform. STF 779)**

Súmula STF nº 735

Não cabe recurso extraordinário contra acórdão que defere medida liminar.

Súmula STF nº 734

Não cabe reclamação quando já houver transitado em julgado o ato judicial que se alega tenha desrespeitado decisão do Supremo Tribunal Federal.

Súmula STF nº 733

Não cabe recurso extraordinário contra decisão proferida no processamento de precatórios.

Súmula STF nº 731

Para fim da competência originária do Supremo Tribunal Federal, é de interesse geral da magistratura a questão de saber se, em face da Lei Orgânica da Magistratura Nacional, os juízes têm direito à licença prêmio.

Súmula STF nº 691

Não compete ao Supremo Tribunal Federal conhecer de *habeas corpus* impetrado contra decisão do relator que, em *habeas corpus* requerido a Tribunal Superior, indefere a liminar.

Súmula STF nº 640

É cabível recurso extraordinário contra decisão proferida por juiz de primeiro grau nas causas de alçada, ou por Turma Recursal de Juizado Especial Cível e Criminal.

Súmula STF nº 624

Não compete ao Supremo Tribunal Federal conhecer originariamente de mandado de segurança contra atos de outros tribunais.

Súmula STF nº 72

No julgamento de questão constitucional, vinculada à decisão do Tribunal Superior Eleitoral, não estão impedidos os Ministros do Supremo Tribunal Federal que ali tenham funcionado no mesmo processo, ou no processo originário.

7.2. Tribunais e Juízes Estaduais

Art. 93, XI, da CF: Tribunal Pleno e Órgão Especial – 4

Compete aos tribunais de justiça definir as competências que serão delegadas ao Órgão Especial, desde que aprovadas pela maioria absoluta de seus membros. Esse o entendimento do Plenário que, em conclusão de julgamento, deferiu medida liminar em mandado de segurança para suspender a eficácia de decisão do CNJ. A decisão impugnada deferira, em parte, medida liminar em procedimento de controle administrativo – PCA para anular a expressão "a ser submetida à apreciação do Tribunal Pleno", contida no art. 1º e todo o art. 5º da Portaria 7.348/2006 do Presidente do TJSP, bem como para cassar todas as deliberações administrativas ou normativas do Tribunal Pleno que usurparam atribuições do Órgão Especial, em violação do Enunciado Administrativo 2 do CNJ e das Constituições Estadual e Federal. Entendera o voto condutor da decisão do CNJ que todas as atribuições administrativas e jurisdicionais que eram do Pleno, exceto a eletiva, passariam automaticamente para a competência do Órgão Especial, assim que este fosse criado. Na espécie, diante da extinção dos Tribunais de Alçada paulistas (EC 45/2004, art. 4º), o Presidente do TJSP convocara o Plenário para deliberar sobre as competências a delegar ao Órgão Especial, haja vista o disposto no novo inciso XI do art. 93 da CF. Isso resultara no requerimento de instauração do aludido PCA, ao CNJ, por integrantes do Órgão Especial, visando manter a supremacia jurisdicional e administrativa deste (CF, art. 93: "XI – nos tribunais com número superior a vinte e cinco julgadores, poderá ser constituído órgão especial, com o mínimo de onze e o máximo de vinte e cinco membros, para o exercício das atribuições administrativas e jurisdicionais delegadas da competência do tribunal pleno, provendo-se metade das vagas por antiguidade e a outra metade por eleição pelo tribunal pleno") – v. Informativo 460.

MS 26411 MC/DF, rel. orig. Min. Sepúlveda Pertence, red. p/ o acórdão Min. Teori Zavascki, 26.11.2015. (MS-26411)

Art. 93, XI, da CF: Tribunal Pleno e Órgão Especial – 5

O Colegiado reputou que a decisão do CNJ minimiza a inovação substancial do texto ditado pela EC 45/2004 para o inciso XI do art. 93 da CF. Seria de importância decisiva a menção, nele contida, ao exercício de atribuições delegadas da competência do Tribunal Pleno, inexistente nos textos anteriores concernentes à instituição do Órgão Especial – compulsória na EC 7/1977 à Constituição anterior, e facultada no texto original da atual. Afirmou que a Constituição não delega competências, mas as confere aos órgãos que ela própria constitui, e que, por isso, a delegação introduzida pela EC 45/2004 tem dois pressupostos sucessivos: primeiro, que o seu objeto seja da competência original do órgão delegante e, segundo, o ato deste que delega a outro o seu exercício. Assim, a Constituição nem institui, ela própria, o Órgão Especial nos grandes tribunais – diferentemente do que determinava a EC 7/1977 —, nem lhe concede todas as atribuições jurisdicionais e administrativas do Tribunal Pleno, mas apenas faculta a este que, por meio de delegação, transfira o exercício dessas atribuições ao Órgão Especial que resolva instituir. Diante disso, concluiu caber ao Tribunal Pleno constituir ou manter o Órgão Especial e delegar-lhe parcial ou totalmente suas atribuições com, pelo menos, uma única exceção, qual seja, o poder normativo de elaborar o regimento interno do tribunal e nele dispor sobre a competência e o funcionamento dos respectivos órgãos jurisdicionais e administrativos. O Ministro Teori Zavascki acrescentou que, incumbindo ao Plenário, de modo facultativo, a criação do Órgão Especial, competiria somente a ele definir as atribuições delegadas ao referido órgão, que, por expressa disciplina do art. 93, XI, da CF, exerce as atribuições administrativas e jurisdicionais da competência do Pleno que lhes sejam delegadas.

MS 26411 MC/DF, rel. orig. Min. Sepúlveda Pertence, red. p/ o acórdão Min. Teori Zavascki, 26.11.2015. (MS-26411) (Inform. STF 809)

7.3. Conselho Nacional de Justiça

CNJ: revisão disciplinar e prazo de instauração

A Segunda Turma concedeu a ordem em mandado de segurança para determinar o arquivamento de reclamação disciplinar em trâmite no CNJ. Na espécie, após a instauração da reclamação disciplinar em comento, esta fora sobrestada para que se aguardasse a conclusão de processo administrativo disciplinar que apurava os mesmos fatos no âmbito de tribunal de justiça local. No julgamento do referido processo administrativo disciplinar, o impetrante fora absolvido por ausência de provas. O CNJ, então, requerera ao tribunal de justiça o envio da íntegra dos autos, bem como do acórdão, para a análise de eventual revisão disciplinar, nos termos do art. 103-B, §4º, V, da CF ("Art. 103-B. ... § 4º Compete ao Conselho o controle da atuação administrativa e financeira do Poder Judiciário e do cumprimento dos deveres funcionais dos juízes, cabendo-lhe, além de outras atribuições que lhe forem conferidas pelo Estatuto da Magistratura: ... V – rever, de ofício ou mediante provocação, os processos disciplinares de juízes e membros de tribunais julgados há menos de um ano"). Sustentava a impetrante que teria ocorrido a decadência do prazo constitucional da revisão disciplinar. O Colegiado afirmou que, apesar de o CNJ ter instaurado processo disciplinar para apuração dos fatos antes de se ter o julgamento da questão pela corregedoria local, o feito encontrar-se-ia sobrestado, no aguardo de decisão por parte desta última. Uma vez que se dera o julgamento do processo disciplinar no tribunal de justiça, a pretensão de reapreciação dos fatos – se não estabelecida por meio de um processo apuratório concomitante ao instaurado na origem – adquiriria natureza revisional. Em razão disso, deveria ser retomada dentro do prazo constitucional estabelecido, ou seja, em 1 ano. Haveria, portanto, um específico efeito que o julgamento pelo órgão de origem implicaria à apreciação disciplinar do CNJ. Seria iniciada a sua pretensão revisional (art. 103-B, §4º, V), que tanto incidiria sobre a reapreciação propriamente dita dos fatos – por meio de processo instaurado especificamente para esse fim —, como também sobre a continuidade de apuração eventualmente em curso, que deveria ser retomada dentro do citado prazo. Admitir o contrário, ou seja, que o CNJ pudesse, a qualquer tempo, reavivar discussão travada em processo disciplinar já julgado – somente porque já instaurado processo apuratório antes daquele julgamento —, seria desconsiderar o prazo inserto no art. 103-B, § 4º, V, da CF. Seria, ainda, ignorar o poder disciplinar das instâncias locais, dotado, como o concretizado no âmbito do CNJ, de imperatividade, atributo que não poderia ser desconsiderado por meio de reapreciação tardia dos mesmos fatos. Em que pese o CNJ estar em posição hierárquica, no âmbito do Poder Judiciário, que lhe permitiria proferir a última decisão administrativa em questões disciplinares, esse fato não excluiria o poder censório do órgão local. Esse poder seria concorrente ao exercível pelo Conselho, dele diferindo apenas pela ausência de terminatividade, já que sujeito ao exercício do poder revisional pela Corregedoria Nacional, desde que exercitado no prazo de 1 ano. No caso dos autos, o CNJ fora cientificado da decisão proferida no procedimento disciplinar local em 7.8.2012, tendo, porém, adotado a primeira medida para revisão do julgado apenas em 23.12.2013, após, portanto, o decurso do lapso temporal constitucional.

MS 32724/DF, rel. Min. Dias Toffoli, 17.11.2015. (MS-32724) (Inform. STF 808)

CNJ: sindicância e delegação de competência

É regular a designação de juiz auxiliar, seja ele originário do Judiciário estadual ou federal, para a condução de sindicância, por delegação do CNJ, ainda que o investigado seja magistrado federal. Com base nesse entendimento, a Segunda Turma denegou mandado de segurança impetrado em face de ato do Corregedor-Nacional de Justiça, que instaurara sindicância para apurar violação, por parte de magistrado federal, à Lei Complementar 35/1979, delegando a prática de diligências a juiz estadual. Inicialmente, a Turma reiterou o que decidido na ADI 4.638 MC-Ref/DF (DJe de 30.10.2014), no sentido de que a competência constitucional do CNJ seria autônoma, não prosperando a tese da subsidiariedade de sua atuação. Outrossim, relativamente à alegada nulidade da designação de juiz estadual para cumprir diligência determinada pelo Corregedor-Nacional de Justiça, asseverou que a autoridade delegada atuaria em nome da Corregedoria, sendo irrelevante se o magistrado fosse oriundo da esfera estadual ou da esfera federal.

MS 28513/DF, rel. Min. Teori Zavascki, 15.9.2015. (MS-28513) (Inform. STF 799)

MS N. 28.932-DF

RELATORA: MIN. CÁRMEN LÚCIA

EMENTA: *MANDADO DE SEGURANÇA. CONSELHO NACIONAL DE JUSTIÇA. VOTO DIVULGADO DIFERENTE DO VOTO LIDO EM SESSÃO. FORMAÇÃO DA LISTA DE ANTIGUIDADE DA MAGISTRATURA PAULISTA. ALTERAÇÃO DE CRITÉRIOS. PROCURADOR-GERAL DA REPÚBLICA. DISTRIBUIÇÃO POR PREVENÇÃO. DESCABIMENTO: PRORROGAÇÃO DA COMPETÊNCIA (§ 1º DO ART. 69 DO REGIMENTO INTERNO DO SUPREMO TRIBUNAL FEDERAL). FALTA DE PEÇA ESSENCIAL PARA A COMPROVAÇÃO DO ALEGADO. PROVA PRÉ-CONSTITUÍDA. IMPOSSIBILIDADE DE DILAÇÃO PROBATÓRIA. PRECEDENTES. POSSIBILIDADE DE O ÓRGÃO JURISDICIONAL COMPETENTE ALTERAR DE OFÍCIO O RESULTADO DE JULGAMENTO NÃO PUBLICADO. PRECEDENTES. MANDADO DE SEGURANÇA DENEGADO.* **(Inform. STF 788)**

EMENTA: CONSELHO NACIONAL DE JUSTIÇA (CNJ). CORREGEDORA NACIONAL DE JUSTIÇA. ATO *QUE SUSPENDE A EFICÁCIA DE DECISÃO MONOCRÁTICA* **PROFERIDA** *NOS AUTOS DE AÇÃO CAUTELAR.* **INADMISSIBILIDADE. ATUAÇÃO** "*ULTRA VIRES*" DA SENHORA CORREGEDORA NACIONAL DE JUSTIÇA, **PORQUE EXCEDENTE** *DOS ESTRITOS LIMITES* **QUE CONFORMAM** O EXERCÍCIO *DAS ATRIBUIÇÕES MERAMENTE ADMINISTRATIVAS* **OUTORGADAS** PELA CONSTITUIÇÃO DA REPÚBLICA *AO CONSELHO NACIONAL DE JUSTIÇA* **E** *AOS ÓRGÃOS* **E** *AGENTES QUE O INTEGRAM.* **INCOMPETÊNCIA ABSOLUTA** DO CONSELHO NACIONAL DE JUSTIÇA, **NÃO OBSTANTE** *ÓRGÃO CONSTITUCIONAL DE CONTROLE INTERNO DO PODER JUDICIÁRIO,* **PARA INTERVIR** *EM PROCESSOS E EM DECISÕES DE NATUREZA JURISDICIONAL.* **IMPOSSIBILIDADE CONSTITUCIONAL** DE O CONSELHO NACIONAL DE JUSTIÇA (**QUE SE QUALIFICA** *COMO ÓRGÃO DE CARÁTER EMINENTEMENTE ADMINISTRATIVO*) FISCALIZAR, REEXAMINAR **E** SUSPENDER OS EFEITOS DECORRENTES *DE ATO DE CONTEÚDO JURISDICIONAL*. **PRECEDENTES** DO SUPREMO TRIBUNAL FEDERAL. **MAGISTÉRIO** DA DOUTRINA. **MEDIDA LIMINAR DEFERIDA**. MS 33.570-MC/DF. RELATOR: Min. Celso de Mello **(Inform. STF 788)**

8. CONTROLE DE CONSTITUCIONALIDADE

Juntada do incidente de inconstitucionalidade – 4

Em conclusão de julgamento e, por maioria, o Plenário deu provimento a agravo regimental em recurso extraordinário no sentido de dispensar a exigência de juntada do aresto que servira de base ao acórdão recorrido nas hipóteses em que já houver o pronunciamento do STF sobre a questão. Assim como ocorreu no caso concreto, a Corte entendeu que, se o parágrafo único do art. 481 do CPC ("Art. 481. Se a alegação for rejeitada, prosseguirá o julgamento; se for acolhida, será lavrado o acórdão, a fim de ser submetida a questão ao tribunal pleno. Parágrafo único. Os órgãos fracionários dos tribunais não submeterão ao plenário, ou ao órgão especial, a arguição de inconstitucionalidade, quando já houver pronunciamento destes ou do plenário do Supremo Tribunal Federal sobre a questão) permite que, nesses casos, o órgão fracionário não submeta ao plenário do STF o incidente de inconstitucionalidade, exigir-se a juntada do inteiro teor do acórdão proferido pelo Tribunal "a quo" no incidente de inconstitucionalidade para o conhecimento do recurso extraordinário resultaria em desmedida valoração do julgamento do órgão especial do Tribunal de origem sobre a decisão do STF. Na espécie, trata-se de agravo regimental interposto contra decisão de relator que, ante a ausência da juntada da arguição de inconstitucionalidade aos autos, negara seguimento a recurso extraordinário. Tal recurso fora manejado contra acórdão de tribunal regional federal que, fundado em precedente do Plenário daquela Corte, não integrado aos autos, reconhecera a inconstitucionalidade do art. 3º, I, da Lei 8.200/1991, declarado constitucional pelo STF nos autos do RE 201.465/MG (DJU de 17.10.2003) – v. Informativos 310, 346 e 583. A Corte destacou que, embora o órgão recorrido não tenha transcrito integralmente o acórdão

do tribunal regional que apreciara o incidente de inconstitucionalidade, sua ementa fora reproduzida. Apontou que estariam sumariadas as razões da decisão, suficientes para afastar qualquer dúvida a respeito do tema. Ademais, o acórdão recorrido conteria vasta e minuciosa fundamentação própria a respeito da matéria constitucional, condição suficiente para atestar a higidez do que nele contido e viabilizar o conhecimento do recurso extraordinário. Vencidos os Ministros Sepúlveda Pertence (relator), Cármen Lúcia, Eros Grau e Marco Aurélio, que negavam provimento ao recurso. Afastavam a incidência, na espécie, do parágrafo único do art. 481 do CPC.
RE 196752 AgR/MG, rel. orig. Min. Sepúlveda Pertence, red. p/ o acórdão Min. Gilmar Mendes, 5.11.2015. (RE-196752) (Inform. STF 806)

Efeitos da declaração de inconstitucionalidade e ação rescisória

A decisão do Supremo Tribunal Federal que declara a constitucionalidade ou a inconstitucionalidade de preceito normativo não produz a automática reforma ou rescisão das decisões anteriores que tenham adotado entendimento diferente. Para que haja essa reforma ou rescisão, será indispensável a interposição do recurso próprio ou, se for o caso, a propositura da ação rescisória própria, nos termos do art. 485, V, do CPC, observado o respectivo prazo decadencial (CPC, art. 495). Com base nessa orientação, o Plenário negou provimento a recurso extraordinário em que discutida a eficácia temporal de decisão transitada em julgado fundada em norma superveniente declarada inconstitucional pelo STF. À época do trânsito em julgado da sentença havia preceito normativo segundo o qual, nos casos relativos a eventuais diferenças nos saldos do FGTS, não caberiam honorários advocatícios. Dois anos mais tarde, o STF declarara a inconstitucionalidade da verba que vedava honorários. Por isso, o autor da ação voltara a requerer a fixação dos honorários. Examinava-se, assim, se a declaração de inconstitucionalidade posterior teria reflexos automáticos sobre a sentença anterior transitada em julgado. A Corte asseverou que não se poderia confundir a eficácia normativa de uma sentença que declara a inconstitucionalidade – que retira do plano jurídico a norma com efeito "ex tunc" – com a eficácia executiva, ou seja, o efeito vinculante dessa decisão. O efeito vinculante não nasceria da inconstitucionalidade, mas do julgado que assim a declarasse. Desse modo, o efeito vinculante seria "pro futuro", isto é, da decisão do Supremo para frente, não atingindo os atos passados, sobretudo a coisa julgada. Apontou que, quanto ao passado, seria indispensável a ação rescisória. Destacou que, em algumas hipóteses, ao declarar a inconstitucionalidade de norma, o STF modularia os efeitos para não atingir os processos julgados, em nome da segurança jurídica.
RE 730462/SP, rel. Min. Teori Zavascki, 28.5.2015. (RE-730462) (Inform. STF 787)

ADI e conversão de julgamento de medida cautelar em julgamento de mérito

O Plenário, ao resolver questão de ordem suscitada pelo Ministro Roberto Barroso (relator), converteu o julgamento de medida cautelar em ação direta de inconstitucionalidade em julgamento de mérito, a ser realizado futuramente. O relator explicitou que, por ocasião do exame conjunto de cautelares em duas ações diretas, o Ministro Joaquim Barbosa, então relator, proferira o mesmo voto em relação aos dois casos. Entretanto, a Ministra Ellen Gracie, em voto-vista, entendera que os pedidos formulados em ambas as ações não seriam idênticos, pois um deles seria mais amplo. Em razão disso, o Ministro Joaquim Barbosa indicara adiamento em relação à ação direta cujo objeto seria mais extenso – e sobre a qual incide a presente questão de ordem —, e o Plenário prosseguira apenas na apreciação relativa ao outro caso – v. Informativos 614 e 623. O relator afirmou que seria necessário definir se o voto proferido pelo Ministro Joaquim Barbosa, no tocante ao julgamento adiado, deveria ser computado ou não. O Colegiado entendeu que, tendo em vista se tratar de análise de medida cautelar, e em razão da relevância do tema, a cuidar de tributação de embalagens em atividade gráfica, seria mais salutar proceder diretamente ao mérito de ambas as ações diretas, superando-se a questão do cômputo do voto já proferido em cautelar.
ADI 4413 MC QO/DF, rel. Min. Roberto Barroso, 15.4.2015. (ADI-4413) (Inform. STF 781)

Art. 27 da Lei 9.868/99 e suspensão de julgamento – 3

O Plenário retomou julgamento de questão de ordem suscitada no sentido de se aguardar a presença de Ministro que não participara da sessão em que declarada a inconstitucionalidade do § 1º do art. 7º da Lei 10.254/1990 do Estado de Minas Gerais, para colher o seu voto relativamente à modulação de efeitos na referida decisão – v. Informativo 481. O Ministro Ricardo Lewandowski (Presidente), em voto-vista, acompanhado pela Ministra Cármen Lúcia, rejeitou a proposição. Considerou totalmente encerrado o julgamento da ADI 2.949/MG (v. Informativo 481) e, por conseguinte, preclusa, à luz do postulado do devido processo legal, a possibilidade de reabertura da deliberação sobre a modulação dos efeitos da declaração de inconstitucionalidade. Sublinhou que a modulação dos efeitos da declaração de inconstitucionalidade configuraria exceção à regra legal dos efeitos "ex tunc", de modo que não poderia dar interpretação extensiva ao dispositivo que o consagrasse. Ressaltou que o art. 27 da Lei 9.868/1999 seria claro no sentido de se exigir a maioria qualificada de dois terços dos membros do Tribunal, ou seja, oito votos, para superação dos efeitos "ex tunc". Contudo, em nenhuma circunstância esse diploma legal teria imposto, para a votação, a presença da totalidade dos membros da Corte. Pensar de modo diverso equivaleria a exigir sempre a presença de todos os integrantes da Casa nos julgamentos das ações diretas de inconstitucionalidade. Em outras palavras, estar-se-ia a criar regra procedimental em matéria da mais alta relevância que não encontraria respaldo no ordenamento jurídico. Pontuou, por fim, que o julgamento dessa ação direta se encerrara na sessão de 26.9.2007, com a regular proclamação do resultado final. Portanto, não seria possível cogitar-se de sua reabertura. Em seguida, pediu vista o Ministro Roberto Barroso.
ADI 2949 QO/MG, rel. Min. Joaquim Barbosa, 5.3.2015. (ADI-2949) (Inform. STF 776)

Art. 27 da Lei 9.868/1999 e suspensão de julgamento – 4

Em ação direta de inconstitucionalidade, com a proclamação do resultado final, se tem por concluído e encerrado o julgamento e, por isso, inviável a sua reabertura para fins de modulação. Com base nesse entendimento, o Plenário, por maioria, resolveu questão de ordem no sentido de afirmar que o exame da presente ação direta fora concluído e que não seria admissível reabrir discussão após o resultado ter sido proclamado. Na espécie, na data do julgamento estavam presentes dez Ministros da Corte, porém, não se teria obtido a maioria de dois terços (oito votos) para se modular os efeitos da decisão, nos termos do art. 27 da Lei 9.868/1999 ("Ao declarar a inconstitucionalidade de lei ou ato normativo, e tendo em vista razões de segurança jurídica ou de excepcional interesse social, poderá o Supremo Tribunal Federal, por maioria de dois terços de seus membros, restringir os efeitos daquela declaração ou decidir que ela só tenha eficácia a partir de seu trânsito em julgado ou de outro momento que venha a ser fixado") e o julgamento fora encerrado Na sessão subsequente, tendo em conta o comparecimento do Ministro ausente da sessão anterior, cogitou-se prosseguir no julgamento quanto à modulação – v. Informativos 481 e 776. A Corte destacou que a análise da ação direta de inconstitucionalidade seria realizada de maneira bifásica: a) primeiro se discutiria a questão da constitucionalidade da norma, do ponto de vista material; e, b) declarada a inconstitucionalidade, seria discutida a aplicabilidade da modulação dos efeitos temporários, nos termos do art. 27 da Lei 9.868/1999. Assim, se a proposta de modulação tivesse ocorrido na data do julgamento de mérito, seria possível admiti-la. Ressalvou que não teria havido erro material e, uma vez que a apreciação do feito fora concluída e proclamado o resultado, não se poderia reabrir o que decidido. Por conseguinte, estaria preclusa, à luz do postulado do devido processo legal, a possibilidade de nova deliberação. Vencidos os Ministros Gilmar Mendes, Menezes Direito e Teori Zavascki, que admitiam a retomada do julgamento quanto à modulação dos efeitos. Para o Ministro Teori Zavascki, teria havido "error in procedendo". Apontava que, em caso de modulação, se não fosse alcançado o quórum e houvesse magistrado para votar, o julgamento deveria ser adiado.
ADI 2949 QO/MG, rel. orig. Min. Joaquim Barbosa, red. p/ o acórdão Min. Marco Aurélio, 8.4.2015. (ADI-2949) **(Inform. STF 780)**

AG. REG. NA ADI N. 4.600-DF
RELATOR: MIN. LUIZ FUX
Ementa: AGRAVO REGIMENTAL NA AÇÃO DIRETA DE INCONSTITUCIONALIDADE. AÇÃO PROPOSTA PELA ASSOCIAÇÃO NACIONAL DOS MAGISTRADOS ESTADUAIS – ANAMAGES. ENTIDADE QUE REPRESENTA APENAS PARTE OU FRAÇÃO DA CATEGORIA PROFISSIONAL DOS MAGISTRADOS. ILEGITIMIDADE ATIVA AD *CAUSAM*. AÇÃO QUE NÃO MERECE SER CONHECIDA. PRECEDENTES. AGRAVO A QUE SE NEGA PROVIMENTO.

1. As associações que congregam mera fração ou parcela de categoria profissional por conta de cujo interesse vem a juízo não possuem legitimidade ativa para provocar a fiscalização abstrata de constitucionalidade. Precedentes: ADI 4.372, redator para o acórdão Min. Luis Fux, Pleno, DJe de 26/09/2014; ADPF 154-AgR, rel. Min. Cármen Lúcia, Pleno, DJe de 28/11/2014; ADI 3.6717-AgR, rel. Min. Cezar Peluso, Pleno, DJe de 1/7/2011.

2. *In casu*, à luz do estatuto social da agravante, resta claro que a entidade tem por finalidade representar os magistrados estaduais, defendendo seus interesses e prerrogativas. Nota-se, assim, que a entidade congrega apenas fração da categoria profissional dos magistrados, uma vez que não compreende, dentro de seu quadro, os Juízes Federais, por exemplo.

3. É firme o entendimento do Supremo Tribunal Federal no sentido da ilegitimidade ativa da ANAMAGES para a propositura de Ação Direta de Inconstitucionalidade, ou qualquer outra ação do controle concentrado de constitucionalidade.

4. Agravo regimental a que se nega provimento. **(Inform. STF 779)**

REFERENDO EM MED.CAUT. EM ADC N 27-DF
RELATOR: MIN. MARCO AURÉLIO

PROCESSO OBJETIVO – LIMINAR – APRECIAÇÃO – COLEGIADO. Cumpre ao Colegiado o exame de pedido de liminar, apenas cabendo a atuação individual do relator ante a impossibilidade de atuação, a tempo, do Órgão Maior.

AÇÃO DECLARATÓRIA DE CONSTITUCIONALIDADE – REFERENDO. Uma vez não atendidos os requisitos de relevância e urgência, incumbe indeferir o pleito de implemento de medida acauteladora. **(Inform. STF 777)**

Entidade de classe e legitimidade ativa

O Plenário, por maioria, não conheceu de ação direta proposta pela Federação Nacional de Entidades de Oficiais Militares – FENEME, pelo Clube dos Oficiais da Polícia Militar do Pará – COPMPA, pelo Clube dos Oficiais do Corpo de Bombeiros Militar do Pará – COCB, pela Associação dos Cabos e Soldados da Polícia Militar do Pará – ASSUBSAR e pelo Instituto de Defesa dos Servidores Públicos Civis e Militares do Estado do Pará – INDESPCMEPA, em razão da falta de legitimidade ativa "ad causam", reiterado o quanto decidido na ADI 4.473 AgR/PA (DJe de 1º.8.2012). No referido precedente, a Corte decidira que a FENEME não abrangeria a totalidade dos atuantes dos corpos militares estaduais, compostos de praças e oficiais. Ademais, aquela entidade não preencheria o requisito da ampla representatividade do conjunto de todas as pessoas às quais a norma atacada se aplicaria. No presente caso, a norma impugnada – LC 39/2002 do Estado do Pará – institui o regime de previdência dos servidores do Estado do Pará e dá outras providências. Vencido, em parte, o Ministro Marco Aurélio, que reconhecia a legitimidade ativa da FENEME. Afirmava que, no caso, tratar-se-ia de ação direta de inconstitucionalidade ajuizada por associação de classe de âmbito nacional, cuja legitimidade estaria prevista no art. 103 da CF.

ADI 4967/PA, rel. Min. Luiz Fux, 5.2.2015. (ADI-4967) (Inform. STF 773)

Súmula vinculante STF nº 10

Viola a cláusula de reserva de plenário (CF, artigo 97) a decisão de órgão fracionário de tribunal que, embora não declare expressamente a inconstitucionalidade de lei ou ato normativo do poder público, afasta sua incidência, no todo ou em parte.

Súmula STF nº 729

A decisão na ADC-4 não se aplica à antecipação de tutela em causa de Natureza previdenciária.

Súmula STF nº 649

É inconstitucional a criação, por constituição estadual, de órgão de controle administrativo do Poder Judiciário do qual participem representantes de outros poderes ou entidades.

Súmula STF nº 642

Não cabe ação direta de inconstitucionalidade de lei do distrito federal derivada da sua competência legislativa municipal.

9. MINISTÉRIO PÚBLICO

Procedimento de controle administrativo e notificação pessoal

Reveste-se de nulidade a decisão do Conselho Nacional do Ministério Público – CNMP que, em procedimento de controle administrativo (PCA) notifica o interessado por meio de edital publicado no Diário Oficial da União para restituir valores aos cofres públicos. Com base nessa orientação, a Segunda Turma concedeu a ordem em mandado de segurança impetrado por servidor para determinar a anulação do PCA a partir do momento em que deveria ter sido notificado pessoalmente, sem prejuízo da renovação dos procedimentos voltados à apuração das irregularidades a ele associadas nesse processo administrativo. Na espécie, no PCA considerara-se indevido o pagamento de gratificação de adicional de tempo de serviço sobre férias e licença-prêmio não gozadas, por caracterizar tempo de serviço ficto, além de não existir previsão legal. A Turma aduziu que referida comunicação fora feita com fundamento no art. 105 do Regimento Interno do Ministério Público ("O Relator determinará a oitiva da autoridade que praticou o ato impugnado e, por edital, dos eventuais beneficiários de seus efeitos, no prazo de quinze dias"), de conteúdo semelhante a uma disposição normativa que existia no CNJ e que o STF declarara inconstitucional. Os Ministros Dias Toffoli e Cármen Lúcia ressaltaram que decisões do CNJ contra determinações de caráter normativo geral não implicariam a necessidade de intimação pessoal de todos os atingidos, como no caso dos concursos públicos.

MS 26419/DF, rel. Min. Teori Zavascki, 27.10.2015. (MS-26419) (Inform. STF 805)

Controle de constitucionalidade e órgão administrativo – 2

O direito subjetivo do exercente da função de Promotor de Justiça de permanecer na comarca elevada de entrância não pode ser analisado sob o prisma da constitucionalidade da lei local que previu a ascensão, máxime se a questão restou judicializada no STF. Com base nessa orientação, a Primeira Turma concedeu a ordem em mandado de segurança impetrado por procurador-geral de justiça contra decisão do Conselho Nacional do Ministério Público – CNMP, que declarara a inconstitucionalidade de norma local e glosara a pretensão do impetrante de permanecer na comarca que fora elevada de entrância – v. Informativo 745. A Turma asseverou que o CNMP não ostentaria competência para efetuar controle de constitucionalidade de lei, haja vista se tratar de órgão de natureza administrativa, cuja atribuição se circunscreveria ao controle da legitimidade dos atos administrativos praticados por membros ou órgãos do Ministério Público federal e estadual (CF, art. 130-A, § 2º). Assim, o CNMP, ao declarar a inconstitucionalidade do art. 141, "in fine", da Lei Orgânica do Ministério Público de Santa Catarina ("O membro do Ministério Público terá garantida a sua permanência na comarca cuja entrância for elevada e, quando promovido, nela será efetivado, desde que formalize a opção no prazo de cinco dias") teria exorbitado de suas funções, que se limitariam ao controle de legitimidade dos atos administrativos praticados por membros do "parquet".

MS 27744/DF, rel. Min. Luiz Fux, 14.4.2015. (MS-27744)

Controle de constitucionalidade e órgão administrativo – 3

O Ministro Roberto Barroso acompanhou o Ministro Luiz Fux (relator) para conceder a ordem, porém, com fundamentação diversa. Aduziu que não houvera, na espécie, controle abstrato de constitucionalidade. A declaração de inconstitucionalidade da parte final do art. 141 da LC estadual 197/2000 fora feita "incidenter tantum" e desconstituíra, de forma específica, determinadas "promoções virtuais". Assinalou que o acórdão atacado não alcançara promoções pretéritas ou futuras, mas apenas aquelas havidas à época do Processo de Controle Administrativo

– PCA, por não terem as respectivas promotorias de justiça sido ofertadas aos demais membros do Ministério Público estadual. Dessa forma, o controle teria se realizado no caso concreto. Defendeu que quem tem a incumbência de aplicar a norma a uma situação concreta não poderia ser compelido a deixar de aplicar a Constituição e aplicar a norma que com ela considerasse incompatível. Concluiu ser razoável que os membros do Ministério Público, ao serem promovidos, pudessem permanecer nas promotorias que já ocupassem, sem que fossem obrigados a deixá-las apenas porque teriam sido pré-elevadas de entrância. Do contrário, além de acarretar gastos públicos com remoção e trânsito, a medida prejudicaria a continuidade da linha de atuação ministerial local e a manutenção das unidades familiares dos promotores.

MS 27744/DF, rel. Min. Luiz Fux, 14.4.2015. (MS-27744) (Inform. STF 781)

Súmula STJ nº 470

O Ministério Público não tem legitimidade para pleitear, em ação civil pública, a indenização decorrente do DPVAT em benefício do segurado.

Súmula STJ nº 226

O Ministério Público tem legitimidade para recorrer na ação de acidente do trabalho, ainda que o segurado esteja assistido por advogado.

Súmula STJ nº 99

O Ministério Público tem legitimidade para recorrer no processo em que oficiou como fiscal da lei, ainda que não haja recurso da parte.

10. ORDEM SOCIAL

REPERCUSSÃO GERAL EM RE N. 858.075-RJ

RELATOR: MIN. MARCO AURÉLIO

ORÇAMENTO – APLICAÇÃO DE RECURSOS MÍNIMOS NA ÁREA DA SAÚDE – CONTROLE JUDICIAL – SEPARAÇÃO DE PODERES – ALCANCE DOS ARTIGOS 2º, 160, PARÁGRAFO ÚNICO, INCISO II, E 198, § 2º E § 3º, DO CORPO PERMANENTE E 77, INCISO III, § 3º E § 4º, DO ATO DAS DISPOSIÇÕES TRANSITÓRIAS DA CARTA DE 1988 – RECURSO EXTRAORDINÁRIO – REPERCUSSÃO GERAL CONFIGURADA. Possui repercussão geral a controvérsia alusiva à possibilidade de o Poder Judiciário impor aos municípios e à União a aplicação de recursos mínimos na área da saúde, antes da edição da lei complementar referida no artigo 198, § 3º, da Constituição Federal, considerados os preceitos dos artigos 2º, 160, parágrafo único, inciso II, e 198, § 2º e § 3º, do corpo permanente e 77, inciso III, § 3º e § 4º, do Ato das Disposições Transitórias da Carta de 1988. **(Inform. STF 790)**

Publicidade de bebidas alcoólicas e omissão legislativa – 1

O Plenário, por maioria, conheceu de ação direta de inconstitucionalidade por omissão, e, no mérito, julgou improcedente pedido formulado em face de alegada omissão legislativa parcial do Congresso Nacional, tendo em vista ausência de regulamentação acerca da propaganda de bebidas de teor alcoólico inferior a 13 graus Gay Lussac (13º GL), em desacordo com o comando constitucional previsto no art. 220, § 4º, da CF ("§ 4º – A propaganda comercial de tabaco, bebidas alcoólicas, agrotóxicos, medicamentos e terapias estará sujeita a restrições legais, nos termos do inciso II do parágrafo anterior, e conterá, sempre que necessário, advertência sobre os malefícios decorrentes de seu uso"). O Tribunal, de início, asseverou que estaria assentada na jurisprudência do STF, com fundamento na interpretação dos princípios da harmonia e independência entre os Poderes, a impossibilidade de, em sede jurisdicional, criar-se norma geral e abstrata em substituição ao legislador, reiterado o quanto decidido na ADI 1.755/DF (DJU de 18.5.2001). No entanto, no caso em comento, o primeiro item a ser considerado deveria ser a real existência da alegada omissão inconstitucional em matéria de propaganda de bebidas alcoólicas. O legislador federal, no exercício da atribuição a ele conferida pelo poder constituinte originário, aprovara a Lei 9.294/1996, que dispõe sobre as restrições ao uso e à propaganda de produtos fumígeros, bebidas alcoólicas, medicamentos, terapias e defensivos agrícolas, nos termos do § 4° do art. 220 da CF. Da análise do trâmite do projeto que dera origem à referida lei constatar-se-ia que a matéria teria sido amplamente debatida durante sete anos nas casas do Congresso Nacional. A elaboração da lei em análise teria sido, inclusive, seguida de: a) aprovação do Decreto 2.018/1996, que a regulamenta; b) instituição da Política Nacional sobre o Álcool – que dispõe sobre as medidas para redução do uso indevido de álcool e respectiva associação com a violência e criminalidade —, aprovada pelo Decreto 6.117/2007; e c) regulamentação e fiscalização implementadas pelo Conselho Nacional de Autorregulamentação Publicitária – Conar. Não se demonstraria, pois, omissão inconstitucional na espécie.

ADO 22/DF, rel. Min. Cármen Lúcia, 22.4.2015. (ADO-22)

Publicidade de bebidas alcoólicas e omissão legislativa – 2

A Corte destacou que a análise dos dados constantes da norma vigente e mesmo do elemento histórico – o qual não seria o melhor critério de interpretação, mas fator demonstrativo da ação legislativa, a deitar por terra, no caso, a afirmativa de omissão do legislador —, comprovariam que a questão estaria afeita ao exercício de competência legítima e prioritária do Poder Legislativo. Ademais, a irresignação quanto ao critério fixado no parágrafo único do art. 1º da Lei 9.294/1996 – bebidas alcoólicas, para efeitos da lei, seriam as bebidas potáveis com teor alcoólico superior a 13º GL – não seria suficiente para evidenciar a alegada omissão inconstitucional, dado que, como dito, estaria demonstrado nos autos ter sido a matéria relativa à propaganda de bebidas alcoólicas objeto de amplos debates em ambas as Casas do Poder Legislativo. Ainda que se pudessem considerar relevantes as razões sociais motivadoras da ação direta em apreciação, o pedido não poderia prosperar. Isso porque, tão importante quanto a preservação da saúde daqueles que se excedem no uso de bebidas alcoólicas, e que poderiam consumi-las em níveis menores, seria a observância de princípios fundamentais do direito constitucional, como o da separação dos Poderes. Assim, para afirmar a omissão inconstitucional na espécie, o STF teria de analisar a conveniência política de normas legitimamente elaboradas pelos representantes eleitos pelo povo. Portanto, não se estaria diante de uma omissão, mas diante de uma opção, ou seja, o que teria havido seria uma opção do legislador na escolha das propagandas que seriam viáveis, ou não. Outrossim, a Lei 9.294/1996 não contraditaria a Lei 11.705/2008, pela qual instituída a chamada "Lei Seca", estabelecendo-se restrições ao uso de álcool por motoristas. No caso, estaria em discussão a questão da liberdade de expressão com relação à propaganda. Não se estaria a julgar teor alcoólico de bebida, e, sim, até que limite poderia ir sua publicidade. Vencido, em parte, o Ministro Marco Aurélio, que não conhecia da ação direta, dado que seu autor seria carecedor de ação.

ADO 22/DF, rel. Min. Cármen Lúcia, 22.4.2015. (ADO-22) (Inform. STF 782)

Súmula vinculante STF nº 12

A cobrança de taxa de matrícula nas universidades públicas viola o disposto no art. 206, IV, da Constituição Federal.

Súmula STF nº 732

É constitucional a cobrança da contribuição do salário-educação, seja sob a Carta de 1969, seja sob a Constituição Federal de 1988, e no regime da Lei 9424/1996.

Súmula STF nº 729

A decisão na ADC-4 não se aplica à antecipação de tutela em causa de Natureza previdenciária.

Súmula STF nº 650

Os incisos I e XI do art. 20 da Constituição Federal não alcançam terras de aldeamentos extintos, ainda que ocupadas por indígenas em passado remoto.

Súmula STJ nº 469

Aplica-se o Código de Defesa do Consumidor aos contratos de plano de saúde.

Súmula STJ nº 467

Prescreve em cinco anos, contados do término do processo administrativo, a pretensão da Administração Pública de promover a execução da multa por infração ambiental.

Súmula STJ nº 416

É devida a pensão por morte aos dependentes do segurado que, apesar de ter perdido essa qualidade, preencheu os requisitos legais para a obtenção de aposentadoria até a data do seu óbito.

11. DISPOSIÇÕES CONSTITUCIONAIS GERAIS

AG. REG. EM MS N. 29.583-DF
RELATOR: MIN. TEORI ZAVASCKI

EMENTA: CONSTITUCIONAL. SERVENTIA EXTRAJUDICIAL. PROVIMENTO SEM CONCURSO PÚBLICO. ILEGITIMIDADE. ART. 236, E PARÁGRAFOS, DA CONSTITUIÇÃO FEDERAL: NORMAS AUTOAPLICÁVEIS, COM EFEITOS IMEDIATOS, MESMO ANTES DA LEI 9.835/1994. INAPLICABILIDADE DO PRAZO DECADENCIAL DO ART. 54 DA LEI 9.784/1999. PRECEDENTES DO PLENÁRIO. AGRAVO NÃO PROVIDO.

1. A jurisprudência do STF é no sentido de que o art. 236, *caput*, e o seu § 3º da CF/88 são normas autoaplicáveis, que incidiram imediatamente desde a sua vigência, produzindo efeitos, portanto, mesmo antes do advento da Lei 8.935/1994. Assim, a partir de 5/10/1988, o concurso público é pressuposto inafastável para a delegação de serventias extrajudiciais, inclusive em se tratando de remoção, observado, relativamente a essa última hipótese, o disposto no art. 16 da referida lei, com a redação que lhe deu a Lei 10.506/2002. As normas estaduais editadas anteriormente, que admitem o ingresso na atividade notarial e de registro independentemente de prévio concurso público, são incompatíveis com o art. 236, § 3º, da Constituição, razão pela qual não foram por essa recepcionadas.

2. É igualmente firme a jurisprudência do STF no sentido de que a atividade notarial e de registro, sujeita a regime jurídico de caráter privado, é essencialmente distinta da exercida por servidores públicos, cujos cargos não se confundem.

3. O Plenário do STF, em reiterados julgamentos, assentou o entendimento de que o prazo decadencial de 5 (cinco) anos, de que trata o art. 54 da Lei 9.784/1999, não se aplica à revisão de atos de delegação de serventias extrajudiciais editados após a Constituição de 1988, sem o atendimento das exigências prescritas no seu art. 236.

4. É legítima, portanto, a decisão da autoridade impetrada que considerou irregular o provimento de serventia extrajudicial, sem concurso público, com ofensa ao art. 236, § 3º, da Constituição. Jurisprudência reafirmada no julgamento do MS 28.440 AgR, de minha relatoria, na Sessão do Plenário de 19/6/2013.

5. Agravo regimental a que se nega provimento. **(Inform. STF 788)**

Provimento de serventias extrajudiciais e desistência de mandado de segurança

Não é cabível a desistência de mandado de segurança, nas hipóteses em que se discute a exigibilidade de concurso público para delegação de serventias extrajudiciais, quando na espécie já houver sido proferida decisão de mérito, objeto de sucessivos recursos. Com base nessa orientação, a Segunda Turma, em julgamento conjunto, resolveu questão de ordem suscitada pelo Ministro Teori Zavascki (relator) e deliberou não homologar pedidos de desistência formulados em mandados de segurança que impugnavam atos proferidos pelo CNJ, nos quais foram considerados irregulares os provimentos – decorrentes de permuta, e, portanto, sem concurso público – de serventias extrajudiciais, em ofensa ao art. 236, § 3º, da CF. A Turma destacou que a jurisprudência do STF seria pacífica quanto à necessidade de realização de concurso público para o provimento das serventias extrajudiciais. No caso em apreciação na questão de ordem – desistências formuladas em mandados de segurança quando em apreciação agravos regimentais a impugnar decisões proferidas em sede de embargos de declaração interpostos em face de decisões monocráticas de mérito sobre a referida matéria —, o STF estaria a apreciar ações originárias, sendo, portanto, a última instância sobre o caso. Essas desistências não se dariam simplesmente porque se estaria de acordo com os atos do CNJ. Tudo levaria a crer que teriam como finalidade secundária levar essa matéria em ação ordinária perante a justiça comum, perpetuando a controvérsia. No mérito, superada a questão quanto à continuidade de apreciação dos mandados de segurança, a Turma negou provimento a agravos regimentais neles interpostos, reiterado o quanto decidido no MS 28.440 ED-AgR (DJe de 7.2.2014) e no MS 30.180 AgR (DJe de 21.11.2014).

MS 29093 ED-ED-AgR/DF, rel. Min. Teori Zavascki, 14.4.2015. (MS-29093)

MS 29129 ED-ED-AgR/DF, rel. Min. Teori Zavascki, 14.4.2015. (MS-29129)

MS 29189 ED-ED-AgR/DF, rel. Min. Teori Zavascki, 14.4.2015. (MS-29189)

MS 29128 ED-ED-AgR/DF, rel. Min. Teori Zavascki, 14.4.2015. (MS-29128)

MS 29130 ED-ED-AgR/DF, rel. Min. Teori Zavascki, 14.4.2015. (MS-29130)

MS 29186 ED-ED-AgR/DF, rel. Min. Teori Zavascki, 14.4.2015. (MS-29186)

MS 29101 ED-ED-AgR/DF, rel. Min. Teori Zavascki, 14.4.2015. (MS-29101)

MS 29146 ED-ED-AgR/DF, rel. Min. Teori Zavascki, 14.4.2015. (MS-29146) (Inform. STF 781)

6. DIREITO ADMINISTRATIVO

1. PRINCÍPIOS ADMINISTRATIVOS

AG. REG. NO ARE N. 880.159-SC
RELATOR: MIN. DIAS TOFFOLI

EMENTA: Agravo regimental no recurso extraordinário com agravo. Administrativo. Princípio da legalidade. Ofensa reflexa. Servidor público. Gratificação. Direito à percepção. Fatos e provas. Reexame. Impossibilidade. Valores recebidos de boa-fé. Restituição. Discussão. Ausência de repercussão geral. Precedentes.

1. A afronta aos princípios da legalidade, do devido processo legal, da ampla defesa, do contraditório, dos limites da coisa julgada ou da prestação jurisdicional, quando depende, para ser reconhecida como tal, da análise de normas infraconstitucionais, configura apenas ofensa indireta ou reflexa à Constituição Federal.

2. Não se presta o recurso extraordinário para o exame do conjunto fático-probatório da causa. Incidência da Súmula nº 279/STF.

3. O Supremo Tribunal Federal no exame do AI nº 841.473/RS, Relator o Ministro **Cezar Peluso**, assentou a ausência de repercussão geral do tema relativo à “restituição de valores pagos indevidamente pela Administração Pública à beneficiário de boa-fé” em razão da inexistência de questão constitucional a ser examinada.

4. Agravo regimental não provido. **(Inform. STF 797)**

Incorporação de quintos e princípio da legalidade – 1

Ofende o princípio da legalidade a decisão que concede a incorporação de quintos pelo exercício de função comissionada no período entre 8.4.1998 – edição da Lei 9.624/1998 – até 4.9.2001 – edição da Medida Provisória 2.225-45/2001 —, ante a carência de fundamento legal. Essa a conclusão do Plenário que, por maioria, deu provimento a recurso extraordinário em que discutida possibilidade da incorporação de quintos decorrente do exercício de funções comissionadas e/ou gratificadas no período. Preliminarmente, o Colegiado, por decisão majoritária, conheceu do recurso. Assentou que haveria jurisprudência da Corte no sentido de ser inadmissível o recurso extraordinário interposto contra decisão do STJ que, em recurso especial, se fundamentasse em matéria constitucional já apreciada e decidida na instância inferior e não impugnada diretamente no STF mediante recurso extraordinário. Assim, não interposto o recurso extraordinário contra a decisão de segunda instância dotada de duplo fundamento – legal e constitucional – ficaria preclusa a oportunidade processual de se questionar a matéria constitucional. Novo recurso extraordinário somente seria admissível para suscitar a questão constitucional surgida originariamente no recurso especial pelo STJ. Porém, o caso seria peculiar. O tema, por suscitar a interpretação da legislação aplicável à matéria, costumaria ser tratado como de índole estritamente infraconstitucional. No entanto, essa forma de abordar a questão representaria apenas um dos enfoques possíveis quanto à legalidade. Nada impediria que a controvérsia debatida nas instâncias inferiores, inclusive no STJ, fosse abordada por outra perspectiva no STF, porque a causa de pedir em recurso extraordinário seria aberta. A mesma questão debatida, devidamente prequestionada, poderia ser apreciada no Supremo, o qual poderia enfrentar o tema sob o enfoque constitucional. Nessa hipótese, seria cabível o recurso extraordinário, tendo em vista que, apreciada a questão novamente pelo STJ, apenas restaria a via recursal extraordinária para que o STF analisasse a controvérsia. No caso, a questão seria visivelmente constitucional. Não se cuidaria de mera discussão sobre ilegalidade, por ofensa ao direito ordinário. Constituiria, em verdade, afronta ao postulado fundamental da legalidade. O Tribunal aduziu que se, de um lado, a transferência para o STJ da atribuição para conhecer das questões relativas à observância do direito federal reduzira a competência do STF às controvérsias de índole constitucional, por outro, essa alteração dera ensejo ao Supremo para redimensionar o conceito de questão constitucional. Nesse sentido, o significado do princípio da legalidade, positivado no art. 5º, II, da CF, deveria ser efetivamente explicitado, para que dele se extraíssem relevantes consequências jurídicas. Esse postulado, entendido como o princípio da supremacia ou da preeminência da lei, ou como o princípio da reserva legal, conteria limites para os três Poderes constituídos. Dever-se-ia indagar, no ponto, se o tema versaria simples questão legal, insuscetível de apreciação na via extraordinária, ou se teria contornos constitucionais e mereceria ser examinado no STF. Ademais, dever-se-ia questionar se a decisão judicial adversada por suposta falta de fundamento legal poderia ser considerada contrária à Constituição, a suscitar questão constitucional. Nessa linha, seria necessário perquirir se a aplicação errônea do direito ordinário poderia dar ensejo a uma questão constitucional. Reputou que o princípio da reserva legal explicitaria as matérias que deveriam ser disciplinadas diretamente pela lei. Esse postulado afirmaria a inadmissibilidade de utilização de qualquer outra fonte de direito distinta da lei. Por outro lado, admitiria que apenas a lei pudesse estabelecer eventuais limitações ou restrições. Por seu turno, o princípio da supremacia ou da preeminência da lei submeteria a Administração e os tribunais ao regime da lei, a impor a exigência de aplicação da lei e a proibição de desrespeito ou de violação da lei.

RE 638115/CE, rel. Min. Gilmar Mendes, 18 e 19.3.2015. (RE-638115)

Incorporação de quintos e princípio da legalidade – 2

O Colegiado ponderou que uma decisão judicial que, sem fundamento legal, afetasse situação individual, revelar-se-ia contrária à ordem constitucional, pelo menos ao direito subsidiário da liberdade de ação. Se admitido, como expressamente estabelecido na Constituição, que os direitos fundamentais vinculariam todos os Poderes e que a decisão judicial deveria observar a Constituição e a lei, então a decisão judicial que se revelasse desprovida de base legal afrontaria ao menos o princípio da legalidade. Essa orientação poderia converter a Corte em autêntico tribunal de revisão, se fosse admitido que toda decisão contrária ao direito ordinário seria inconstitucional. Por isso, deveria ser formulado um critério a limitar a impugnação das decisões judiciais mediante recurso constitucional. A admissibilidade dependeria da demonstração de que, na interpretação e aplicação do direito, o juiz tivesse desconsiderado por completo ou essencialmente a influência dos direitos fundamentais, que a decisão fosse manifestamente arbitrária na aplicação do direito ordinário ou, ainda, que tivessem sido ultrapassados os limites da construção jurisprudencial. Assim, uma decisão que, por exemplo, ampliasse o sentido de um texto penal para abranger determinada conduta seria inconstitucional, por afronta ao princípio da legalidade. Seria, portanto, admitida uma aferição de constitucionalidade tanto mais intensa quanto maior fosse o grau de intervenção no âmbito de proteção dos direitos fundamentais. Em suma, seria possível aferir uma questão constitucional na violação da lei pela decisão ou ato dos Poderes constituídos. A decisão ou ato sem fundamento legal ou contrário ao direito ordinário violaria, portanto, o princípio da legalidade. O Ministro Teori Zavascki também conheceu do recurso, mas por outro fundamento. Afirmou que, em razão de o mesmo tema também chegar ao STF por meio de mandados de segurança, a Corte não fugiria do exame do mérito da questão. Não faria sentido distinguir uma decisão com repercussão geral de outra, sem essa qualidade, a conferir eficácias diferentes para decisões do Supremo. Todas elas, por sua própria natureza, teriam eficácia expansiva necessária e peso institucional semelhante. O Ministro Marco Aurélio acresceu que não se deveria exigir, para ter-se configurado o prequestionamento, a referência no acórdão recorrido a dispositivo da Constituição. Seria suficiente a adoção de entendimento sobre a norma constitucional. No caso, a decisão recorrida trataria claramente da existência de direito adquirido por parte dos servidores. Além disso, citou precedentes da Corte em recursos extraordinários nos quais discutida transgressão ao devido processo legal ou ao princípio da legalidade. Frisou que se estaria diante de situação concreta a reclamar manifestação do STF, para pacificar-se o tema. O Ministro Ricardo Lewandowski (Presidente) sublinhou que, na repercussão geral, o STF teria a discricionariedade de admitir certos casos, se eles se enquadrassem nos conceitos abertos de relevância política, econômica, social ou jurídica. Vencidos, quanto ao conhecimento, os Ministros Rosa Weber, Luiz Fux, Cármen Lúcia e Celso de Mello. Entendiam que o tema cuidaria de ofensa meramente reflexa à Constituição. Além disso, o acórdão recorrido seria calcado em matéria infraconstitucional.

RE 638115/CE, rel. Min. Gilmar Mendes, 18 e 19.3.2015. (RE-638115)

Incorporação de quintos e princípio da legalidade – 3

No mérito, o Plenário pontuou que a decisão judicial a determinar incorporação dos quintos careceria de fundamento legal e, assim, violaria o princípio da legalidade. A decisão recorrida baseara-se no entendimento segundo o qual a Medida Provisória 2.225-45/2001, em seu art. 3º, permitiria a incorporação dos quintos no período compreendido entre a edição da Lei 9.624/1998 e a edição da aludida medida provisória. O referido art. 3º transformara em Vantagem Pessoal Nominalmente Identificada – VPNI a incorporação das parcelas a que se referem os artigos 3º e 10 da Lei 8.911/1994 e o art. 3º da Lei 9.624/1998. Não se poderia considerar que houvera o restabelecimento ou a reinstituição da possibilidade de incorporação das parcelas de quintos ou décimos. A incorporação de parcelas remuneratórias remontaria à Lei 8.112/1990. Seu art. 62, § 2º, na redação original, concedera aos servidores públicos o direito à incorporação da gratificação por exercício de cargo de direção, chefia ou assessoramento à razão de um quinto por ano, até o limite de cinco quintos. A Lei 8.911/1994 disciplinara a referida incorporação. Por sua vez, a Medida Provisória 1.195/1995 alterara a redação dessas leis para instituir a mesma incorporação na proporção de um décimo, até o limite de dez décimos. A Medida Provisória 1.595-14/1997, convertida na Lei 9.527/1997, extinguira a incorporação de qualquer parcela remuneratória, com base na Lei 8.911/1994, e proibira futuras incorporações. As respectivas parcelas foram transformadas em VPNI. A Lei 9.527/1997 não teria sido revogada pela Lei 9.624/1998, pois esta seria apenas a conversão de uma cadeia distinta de medidas provisórias – reeditadas validamente – iniciada anteriormente à própria Lei 9.527/1997. Desde a edição da Medida Provisória 1.595-14/1997, portanto, seria indevida qualquer concessão de parcelas remuneratórias referentes a quintos ou décimos. Em suma, a concessão de quintos somente seria possível até 28.2.1995, nos termos do art. 3º, I, da Lei 9.624/1998, enquanto que, de 1º.3.1995 a 11.11.1997 – edição da Medida Provisória 1.595-14/1997 – a incorporação devida seria de décimos, nos termos do art. 3º, II e parágrafo único, da Lei 9.624/1998, sendo indevida qualquer concessão após 11.11.1997. Nesse quadro, a Medida Provisória 2.225/2001 não viera para extinguir definitivamente o direito à incorporação que teria sido revogado pela Lei 9.624/1998, mas somente para transformar em VPNI a incorporação das parcelas referidas nas Leis 8.911/1994 e 9.624/1998. Assim, o direito à incorporação de qualquer parcela remuneratória, fosse quintos ou décimos, já estaria extinto. O restabelecimento de dispositivos normativos anteriormente revogados, a permitir a incorporação de quintos ou décimos, somente seria possível por determinação expressa em lei. Em outros termos, a repristinação de normas dependeria de expressa determinação legal. Assim, se a Medida Provisória 2.225/2001 não repristinara expressamente as normas que previam a incorporação de quintos, não se poderia considerar como devida uma vantagem remuneratória pessoal não prevista no ordenamento. Em conclusão, não existiria norma a permitir o ressurgimento dos quintos ou décimos levada a efeito pela decisão recorrida. Vencidos os Ministros Luiz Fux, Cármen Lúcia e Celso de Mello, que desproviam o recurso. Assentavam que a incorporação de gratificação relativa ao exercício de função comissionada no período de 8.4.1998 a 5.9.2001, transformando as referidas parcelas em VPNI, teria sido autorizada pela Medida Provisória 2.225-45/2001, em razão de ter promovido a revogação dos artigos 3º e 10 da Lei 8.911/1994. Por fim, o Plenário, por decisão majoritária, modulou os efeitos da decisão para desobrigar a devolução dos valores recebidos de boa-fé pelos servidores até a data do julgamento, cessada a ultra-atividade das incorporações concedidas indevidamente. Vencido o Ministro Marco Aurélio, que não modulava os efeitos da decisão.

RE 638115/CE, rel. Min. Gilmar Mendes, 18 e 19.3.2015. (RE-638115) (Inform. STF 778)

Verba indenizatória e publicidade – 3

Em conclusão de julgamento, o Plenário concedeu a ordem em mandado de segurança impetrado por veículo da imprensa contra ato do Senado Federal, que indeferira pedido de acesso aos comprovantes apresentados pelos senadores para recebimento de verba indenizatória, no período de setembro a dezembro de 2008 – v. Informativo 770. De início, reconheceu a legitimidade ativa da impetrante, por considerar haver direito líquido e certo à obtenção desses elementos, com base no princípio da publicidade (CF, art. 37, "caput") e em outras disposições constitucionais correlatas, notadamente a liberdade de informação jornalística (CF, art. 220, § 1º). Ressaltou que as referidas verbas destinar-se-iam a indenizar despesas direta e exclusivamente relacionadas ao exercício da função parlamentar. Sua natureza pública estaria presente tanto na fonte pagadora – o Senado Federal – quanto na finalidade, vinculada ao exercício da representação popular. Nesse contexto, a regra geral seria a publicidade e decorreria de um conjunto de normas constitucionais, como o direito de acesso à informação por parte dos órgãos públicos (CF, art. 5º, XXXIII) – especialmente no tocante à documentação governamental (CF, art. 216, § 2º) —, o princípio da publicidade (CF, art. 37, "caput" e § 3º, II) e o princípio republicano (CF, art. 1º), do qual se originariam os deveres de transparência e prestação de contas, bem como a possibilidade de responsabilização ampla por eventuais irregularidades. Recordou que o art. 1º, parágrafo único, da CF enuncia que "todo o poder emana do povo". Assim, os órgãos estatais teriam o dever de esclarecer ao seu mandante, titular do poder político, como seriam usadas as verbas arrecadadas da sociedade para o exercício de suas atividades. A Constituição ressalvaria a regra da publicidade apenas em relação às informações cujo sigilo fosse imprescindível à segurança da sociedade e do Estado (CF, art. 5º, XXXIII, parte final) e às que fossem protegidas pela inviolabilidade conferida à intimidade, vida privada, honra e imagem das pessoas (CF, art. 5º, X, c/c art. 37, § 3º, II). Por se tratar de situações excepcionais, o ônus argumentativo de demonstrar a caracterização de uma dessas circunstâncias incumbiria a quem pretendesse afastar a regra geral da publicidade.

MS 28178/DF, rel. Min. Roberto Barroso, 4.3.2015. (MS-28178)

Verba indenizatória e publicidade – 4

O Plenário consignou que a autoridade impetrada teria justificado sua recusa nas duas exceções acima citadas. Refutou a assertiva de que a concessão da ordem poderia gerar um perigoso precedente, uma vez que permitiria igualmente o acesso a informações sobre verbas indenizatórias pagas no âmbito de outros órgãos estratégicos, como a ABIN, o Centro de Inteligência do Exército e da Marinha, a Comissão Nacional de Energia Nuclear do Ministério da Ciência e da Tecnologia, a Presidência da República e mesmo os tribunais superiores. Sublinhou que o caráter estratégico das atividades desenvolvidas por determinado órgão não tornaria automaticamente secretas todas as informações a ele referentes. No caso do Senado Federal, as atividades ordinárias de seus membros estariam muito longe de exigir um caráter predominantemente sigiloso. Em se tratando de órgão de representação popular por excelência, presumir-se-ia justamente o contrário. Nesse domínio, eventual necessidade de sigilo não poderia ser invocada de forma genérica, devendo ser concretamente justificada. Quanto à segunda exceção que justificaria a restrição à publicidade – informações relacionadas à intimidade, vida privada, honra e imagem das pessoas —, não seria pertinente que se invocasse a intimidade, de forma genérica, para restringir a transparência acerca do emprego de verbas públicas exclusivamente relacionadas ao exercício da função parlamentar. A hipótese nada teria a ver com uma devassa genérica na vida privada dos agentes políticos. Não se cuidaria da divulgação, pelo Poder Público, da forma como os senadores gastariam o subsídio recebido a título de remuneração ou mesmo sobre o emprego de outras rendas privadas auferidas a título diverso. Além disso, anotou que o custo das cópias solicitadas seria arcado pela impetrante.

MS 28178/DF, rel. Min. Roberto Barroso, 4.3.2015. (MS-28178) (Inform. STF 776)

Súmula STF nº 654

A garantia da irretroatividade da Lei, prevista no art. 5º, XXXVI, da Constituição da república, não é invocável pela entidade estatal que a tenha editado.

Súmula STF nº 473

A administração pode anular seus próprios atos, quando eivados de vícios que os tornam ilegais, porque deles não se originam direitos; ou revogá-los, por motivo de conveniência ou oportunidade, respeitados os direitos adquiridos, e ressalvada, em todos os casos, a apreciação judicial.

Súmula STF nº 346

A administração pública pode declarar a nulidade dos seus próprios atos.

2. PODERES ADMINISTRATIVOS

Guarda municipal e fiscalização de trânsito – 1

O Plenário iniciou julgamento de recurso extraordinário em que se discute a possibilidade de lei local designar a guarda municipal para atuar na fiscalização, no controle e na orientação do trânsito e do tráfego, em face dos limites funcionais dispostos no art. 144, § 8º, da CF ("§ 8º – Os Municípios poderão constituir guardas municipais destinadas à proteção de seus bens, serviços e instalações, conforme dispuser a lei"). O Ministro Marco Aurélio (relator) – no que acompanhado pelos Ministros Teori Zavascki, Rosa Weber e Ricardo Lewandowski (Presidente) – proveu parcialmente o recurso, para dar interpretação conforme à Constituição aos dispositivos municipais em debate, de maneira a restringir a atribuição da guarda municipal para exercer a fiscalização e o controle do trânsito aos casos em que existir conexão entre a atividade a ser desempenhada e a proteção de bens, serviços e equipamentos municipais, respeitados os limites das competências municipais versados na legislação federal. Reputou não subsistir o argumento de usurpação da competência da Polícia Militar, prevista no art. 144, § 5º, da CF, e de inobservância ao princípio federativo (CF, artigos 1º e 18). O fato de o constituinte ter atribuído a essa instituição o policiamento ostensivo e a preservação da ordem pública não impediria os entes municipais de fiscalizarem o cumprimento da legislação de trânsito ou de desempenharem outras funções estabelecidas na Lei 9.503/1997 – CTB (CF, art. 22, XI). Não haveria redução de autonomia do Estado-Membro, mas simples cooperação na atuação repressiva dos municípios no combate às infrações de trânsito. Os entes federativos deveriam se esforçar para, nos limites das competências de cada qual, assegurarem a efetividade das normas de trânsito. Nesse sentido, a União, no exercício da competência privativa para legislar sobre trânsito, editara o CTB, e incumbira expressamente os órgãos e entidades executivos de trânsito municipais de cumprirem e fazerem cumprir a legislação e as normas de trânsito, no âmbito das respectivas atribuições. Ademais, a EC 82/2014 acrescentara o § 10 ao art. 144 da CF, que determina competir, inclusive aos Municípios, a garantia da segurança viária e do direito à mobilidade urbana eficiente. Assim, estaria afastada

a alegação de competência privativa da Polícia Militar, órgão estadual, para a autuação e imposição de penalidades por descumprimento da legislação de trânsito. Na mesma linha, dispõe o art. 280, § 4º, do CTB, que é competente para lavrar o auto de infração servidor civil, estatutário ou celetista. Assim, não mereceria prosperar alegação no sentido de as guardas municipais não poderem aplicar multas por não integrarem o sistema previsto no art. 7º do CTB. Não existiria preceito, nesse diploma, a preconizar que os órgãos executivos municipais citados nos incisos III e IV do referido artigo tivessem somente atribuições relativas a trânsito. Sucede que a União, a pretexto de exercer a competência privativa na matéria, não poderia restringir a autonomia dos Municípios a ponto de dispor sobre atribuições de órgãos e estruturas do Executivo local. A capacidade de autoadministração integraria o núcleo essencial da autonomia municipal. Portanto, os entes municipais teriam competência para exercer a fiscalização, a orientação e o controle do trânsito, inclusive com a aplicação de sanções, respeitados os limites da legislação federal. Especificamente, no que se refere à competência da guarda municipal para atuar como órgão ou entidade executiva de trânsito nos municípios, o Relator invocou o art. 144, § 8º, da CF. A respeito, aduziu que o legislador não seria livre para definir as atribuições da guarda municipal. Nesse sentido, a regulamentação legal das funções desses servidores somente seria válida se mantivesse alguma relação com a proteção dos bens, serviços e instalações municipais. Ademais, considerada a regra do art. 22, XI, da CF, qualquer norma local a versar os deveres da guarda municipal deveria observar as regras do CTB. Em suma, a lei poderia conferir às guardas municipais a prerrogativa de promover autuações e aplicar multas de trânsito, desde que as atividades de repressão e prevenção a infrações fossem conexas à proteção dos bens, serviços e instalações municipais. Outrossim, o exercício da polícia de trânsito por guardas municipais deveria estar em harmonia com a legislação federal. A respeito, os artigos 280, § 4º, do CTB e os artigos 3º, III, e 5º, VI, da Lei 13.022/2014 autorizariam os guardas municipais a exercerem as atribuições de trânsito conferidas a eles, dentro dos limites legais. Por fim, propôs a seguinte tese, para efeito de repercussão geral: "É constitucional a lei local que confira à guarda municipal a atribuição de fiscalizar e controlar o trânsito, com a possibilidade de imposição de multas, desde que observada a finalidade constitucional da instituição de proteger bens, serviços e equipamentos públicos (CF, art. 144, § 8º) e limites da competência municipal em matéria de trânsito, estabelecidos pela legislação federal (CF, art. 22, XI)".
RE 658570/MG, rel. Min. Marco Aurélio, 13.5.2015. (RE-658570)

Guarda municipal e fiscalização de trânsito – 2

Por sua vez, o Ministro Roberto Barroso, acompanhado pelos Ministros Luiz Fux, Dias Toffoli e Celso de Mello, negou provimento ao recurso, para admitir a possibilidade de lei local designar a guarda municipal para atuar na fiscalização, no controle e na orientação do trânsito, sem a limitação imposta pelo Relator. Asseverou que poder de polícia não se confundiria com segurança pública. O exercício daquele não seria prerrogativa exclusiva das entidades policiais, a quem a Constituição outorgara, com exclusividade, no art. 144, apenas as funções de promoção da segurança pública. Ademais, a fiscalização do trânsito com aplicação das sanções administrativas legalmente previstas, embora pudesse se dar ostensivamente, constituiria mero exercício de poder de polícia. Não haveria, portanto, óbice ao seu exercício por entidades não policiais. O CTB, observando os parâmetros constitucionais, estabelecera a competência comum dos entes da Federação para o exercício da fiscalização de trânsito. Dentro de sua esfera de atuação, delimitada pelo CTB, os Municípios poderiam determinar que o poder de polícia que lhes compete fosse exercido pela guarda municipal. O art. 144, § 8º, da CF, não impediria que a guarda municipal exercesse funções adicionais à de proteção dos bens, serviços e instalações do município. Até mesmo instituições policiais poderiam cumular funções típicas de segurança pública com o exercício do poder de polícia. Enunciou, por fim, a seguinte tese, para efeito de repercussão geral: "É constitucional a atribuição às guardas municipais do exercício de poder de polícia de trânsito, inclusive para imposição de sanções administrativas legalmente previstas". Em seguida, o julgamento foi suspenso.
RE 658570/MG, rel. Min. Marco Aurélio, 13.5.2015. (RE-658570)

Guarda municipal e fiscalização de trânsito – 3

É constitucional a atribuição às guardas municipais do exercício de poder de polícia de trânsito, inclusive para imposição de sanções administrativas legalmente previstas. Com base nesse orientação, o Plenário, por maioria e em conclusão de julgamento, desproveu recurso extraordinário em que se discutia a possibilidade de lei local designar a guarda municipal para atuar na fiscalização, no controle e na orientação do trânsito e do tráfego, em face dos limites funcionais dispostos no art. 144, § 8º, da CF ("§ 8º – Os Municípios poderão constituir guardas municipais destinadas à proteção de seus bens, serviços e instalações, conforme dispuser a lei") – v. Informativo 785. A Corte destacou que o poder de polícia não se confundiria com a segurança pública. O exercício daquele não seria prerrogativa exclusiva das entidades policiais, a quem a Constituição outorgara, com exclusividade, no art. 144, apenas as funções de promoção da segurança pública. Ademais, a fiscalização do trânsito com aplicação das sanções administrativas legalmente previstas, embora pudesse se dar ostensivamente, constituiria mero exercício de poder de polícia. Não haveria, portanto, óbice ao seu exercício por entidades não policiais. O CTB, observando os parâmetros constitucionais, estabelecera a competência comum dos entes da Federação para o exercício da fiscalização de trânsito. Dentro de sua esfera de atuação, delimitada pelo CTB, os Municípios poderiam determinar que o poder de polícia que lhes compete fosse exercido pela guarda municipal. O art. 144, § 8º, da CF, não impediria que a guarda municipal exercesse funções adicionais à de proteção de bens, serviços e instalações do Município. Até mesmo instituições policiais poderiam cumular funções típicas de segurança pública com o exercício do poder de polícia. Vencidos os Ministros Marco Aurélio (relator), Teori Zavascki, Rosa Weber, Ricardo Lewandowski (Presidente) e Cármen Lúcia, que davam parcial provimento ao recurso. Entendiam ser constitucional a lei local que conferisse à guarda municipal a atribuição de fiscalizar e controlar o trânsito, inclusive com a possibilidade de imposição de multas, porém, desde que observada a finalidade constitucional da instituição de proteger bens, serviços e equipamentos públicos (CF, art. 144, § 8º) e os limites da competência municipal em matéria de trânsito, estabelecidos pela legislação federal (CF, art. 22, XI).
RE 658570/MG, rel. orig. Min. Marco Aurélio, red. p/ o acórdão Min. Roberto Barroso, 6.8.2015. (RE658570) (Inform. STF 793)

DIREITO ADMINISTRATIVO. INCOMPETÊNCIA DO INMETRO PARA FISCALIZAR BALANÇAS GRATUITAMENTE DISPONIBILIZADAS POR FARMÁCIAS. O Instituto Nacional de Metrologia, Normatização e Qualidade Industrial (INMETRO) não é competente para fiscalizar as balanças de pesagem corporal disponibilizadas gratuitamente aos clientes nas farmácias. Essas balanças, existentes em farmácias, não condicionam nem tampouco se revelam essenciais para o desenvolvimento da atividade-fim desse ramo comercial (venda de medicamentos). Por não se tratar de equipamento essencial ao funcionamento e às atividades econômicas das farmácias, essas balanças não se expõem à fiscalização periódica do INMETRO, conforme inteligência das Leis 5.966/1973 e 9.933/1999 e da Resolução 11/1988 do CONMETRO. Nesse contexto, a jurisprudência do STJ firmou-se no sentido de que a Taxa de Serviços Metrológicos, decorrente do poder de polícia do INMETRO em fiscalizar a regularidade das balanças (art. 11 da Lei 9.933/1999), visa a preservar precipuamente as relações de consumo, sendo imprescindível, portanto, verificar se o equipamento objeto de aferição fiscalizatória é essencial, ou não, à atividade mercantil desempenhada pela empresa junto à clientela (REsp 1.283.133-RS, Segunda Turma, DJe 9/3/2012; e REsp 1.455.890-SC, Segunda Turma, DJe 15/8/2014). Precedente citado: AgRg no REsp 1.465.186-PR, Segunda Turma, DJe 27/11/2014. **REsp 1.384.205-SC, Rel. Min. Sérgio Kukina, julgado em 5/3/2015, DJe 12/3/2015 (Inform. STJ 557).**

Súmula STF nº 646

Ofende o princípio da livre concorrência lei municipal que impede a instalação de estabelecimentos comerciais do mesmo ramo em determinada área.

Súmula STF nº 645

É competente o município para fixar o horário de funcionamento de estabelecimento comercial.

Súmula STF nº 419

Os municípios têm competência para regular o horário do comércio local, desde que não infrinjam Leis estaduais ou federais válidas.

SÚMULA STJ nº 510

A liberação de veículo retido apenas por transporte irregular de passageiros não está condicionada ao pagamento de multas e despesas.

Súmula STJ nº 127

É ilegal condicionar a renovação da licença de veículo ao pagamento de multa, da qual o infrator não foi notificado.

Súmula STJ nº 19

A fixação do horário bancário, para atendimento ao público, é da competência da União.

3. ATOS ADMINISTRATIVOS

Convalidação de atos e nulidade

Se determinada decisão do STF declara a nulidade processual a partir de certo "decisium" a repercutir, inclusive, nos atos subsequentes, o órgão reclamado não pode os declarar convalidados. Com base nessa orientação, a Primeira Turma julgou procedente pedido formulado em reclamação e determinou fosse afastada a custódia que decorrera da prática dos atos implementados de forma automática. No caso, ao apreciar "habeas corpus" do reclamante, a Primeira Turma anulara o que decidido por tribunal regional federal, uma vez demonstrada a impossibilidade de comparecimento do representante processual à sessão de apreciação de recurso em sentido estrito, com formal pedido de adiamento. Além disso, em embargos declaratórios, a Turma esclarecera que a nulidade alcançara todos os atos posteriores ao exame do referido recurso, inclusive os alusivos à custódia e ao julgamento popular. Ocorre que, ao reapreciá-lo, a turma especializada do mencionado tribunal restabelecera atos no processo-crime que teriam sido afastados pela Primeira Turma do STF no campo da automaticidade, a caracterizar ofensa ao que decidido no "habeas corpus" paradigma (HC 89.387/RJ, DJe de 8.6.2007). **Rcl 8823/RJ, rel. Min. Marco Aurélio, 20.10.2015. (Rcl-8823) (Inform. STF 804)**

REPERCUSSÃO GERAL EM RE N. 817.338-DF
RELATOR: MIN. DIAS TOFFOLI
EMENTA: Direito Constitucional e Administrativo. Segurança concedida para declarar a decadência de ato da Administração por meio do qual se anulou portaria anistiadora. Análise quanto à existência ou não de frontal violação do art. 8º do ADCT. Julgamento de tese sobre a possibilidade de um ato administrativo, caso evidenciada a violação direta do texto constitucional, ser anulado pela Administração Pública quando decorrido o prazo decadencial previsto na Lei nº 9.784/99. Matéria dotada de repercussão econômica e jurídica. Questões suscetíveis de repetição em inúmeros processos. Repercussão geral reconhecida. **(Inform. STF 802)**

AG. REG. EM MS N. 29.551-DF
RELATOR: MIN. TEORI ZAVASCKI
Ementa: CONSTITUCIONAL. SERVENTIA EXTRAJUDICIAL. PROVIMENTO, MEDIANTE REMOÇÃO, SEM CONCURSO PÚBLICO. ILEGITIMIDADE. ARTIGO 236 E PARÁGRAFOS DA CONSTITUIÇÃO FEDERAL: NORMAS AUTOAPLICÁVEIS, COM EFEITOS IMEDIATOS, MESMO ANTES DA LEI 9.835/1994. INAPLICABILIDADE DO PRAZO DECADENCIAL DO ARTIGO 54 DA LEI 9.784/1999. PRECEDENTES DO PLENÁRIO. AGRAVO NÃO PROVIDO.
1. A jurisprudência do STF é no sentido de que o art. 236, *caput*, e o seu § 3º da CF/88 são normas autoaplicáveis, que incidiram imediatamente desde a sua vigência, produzindo efeitos, portanto, mesmo antes do advento da Lei 8.935/1994. Assim, a partir de 5/10/1988, o concurso público é pressuposto inafastável para a delegação de serventias extrajudiciais, inclusive em se tratando de remoção, observado, relativamente a essa última hipótese, o disposto no art. 16 da referida lei, com a redação que lhe deu a Lei 10.506/2002. As normas estaduais editadas anteriormente, que admitem a remoção na atividade notarial e de registro independentemente de prévio concurso público, são incompatíveis com o art. 236, § 3º, da Constituição, razão pela qual não foram por essa recepcionadas.
2. É igualmente firme a jurisprudência do STF no sentido de que a atividade notarial e de registro, sujeita a regime jurídico de caráter privado, é essencialmente distinta da exercida por servidores públicos, cujos cargos não se confundem.
3. O Plenário do STF, em reiterados julgamentos, assentou o entendimento de que o prazo decadencial de 5 (cinco) anos, de que trata o art. 54 da Lei 9.784/1999, não se aplica à revisão de atos de delegação de serventias extrajudiciais editados após a Constituição de 1988, sem o atendimento das exigências prescritas no seu art. 236.
4. É de ser mantida, portanto, a decisão da autoridade impetrada que interferiu na atuação irregular do Tribunal submetido ao seu controle e considerou ilegítimo o provimento de serventia extrajudicial, sem concurso público, decorrente de remoção, com ofensa ao art. 236, § 3º, da Constituição. Jurisprudência reafirmada no julgamento do MS 28.440 AgR, de minha relatoria, na Sessão do Plenário de 19/6/2013.
5. Agravo regimental desprovido. **(Inform. STF 802)**

AG. REG. NO RE N. 555.421-AM
RELATOR: MIN. DIAS TOFFOLI
EMENTA: **Agravo regimental no recurso extraordinário. Efeitos de revogação de decreto do Poder Executivo. Discussão, no âmbito da Administração Pública, com observância dos princípios do contraditório e da ampla defesa. Necessidade.**
1. A revogação de decreto editado pelo Poder Executivo não implica automática repristinação de anterior legislação editada sobre o tema.
2. É necessário rediscutir-se a matéria, em sede administrativa, com a observância dos princípios do contraditório e da ampla defesa, até mesmo em respeito à decisão proferida pelo Supremo Tribunal Federal nos autos da SS nº 3.030/AM, a evitar, assim, grave lesão à ordem pública, considerada em termos de ordem jurídico-constitucional.
3. **Agravo regimental não provido. (Inform. STF 787)**

Súmula Vinculante STF 3

Nos processos perante o Tribunal de Contas da União asseguram-se o contraditório e a ampla defesa quando da decisão puder resultar anulação ou revogação de ato administrativo que beneficie o interessado, excetuada a apreciação da legalidade do ato de concessão inicial de aposentadoria, reforma e pensão.

Súmula STF nº 473

A administração pode anular seus próprios atos, quando eivados de vícios que os tornam ilegais, porque deles não se originam direitos; ou revogá-los, por motivo de conveniência ou oportunidade, respeitados os direitos adquiridos, e ressalvada, em todos os casos, a apreciação judicial.

Súmula STF nº 346

A administração pública pode declarar a nulidade dos seus próprios atos.

4. ESTRUTURA DA ADMINISTRAÇÃO E ENTIDADES PARAESTATAIS

Reclamação e sociedade de economia mista

A Primeira Turma, em conclusão de julgamento e por maioria, negou provimento a agravo regimental interposto de decisão que determinara a remessa dos autos de ação civil pública – que fora apreciada pela Justiça do Trabalho – à justiça comum. Na espécie, a decisão agravada acolhera o argumento de que teria havido afronta à decisão proferida na ADI 3395 MC/DF (DJU de 10.11.2006). Prevaleceu o voto do Ministro Luiz Fux (relator), que manteve o que decidido na decisão monocrática para assegurar o processamento dos litígios entre servidores temporários e a Administração Pública perante a justiça comum. A Ministra Rosa Weber, por sua vez, acompanhou o relator na conclusão, ao negar provimento ao agravo, porém, divergiu quanto à fundamentação. Assentou que no julgamento da ADI 3395 MC/DF, o Tribunal decidira não competir à Justiça do Trabalho a apreciação de litígios que envolvessem servidores estatutários ou vinculados de qualquer forma por relação jurídico-administrativa com pessoas jurídicas de direito público, da Administração direta e indireta. Apontou que a Prodesp seria sociedade de economia mista e fora questionada sobre a validade de seus contratos de trabalho sem o prévio concurso público. Dessa forma, seus trabalhadores, por força do ordenamento constitucional, não poderiam ser vinculados a relações estatutárias. Frisou que os ora agravantes seriam os reclamantes beneficiados pelo julgamento da reclamação que lhes dera razão e determinara a remessa dos autos à justiça comum. Aduziu que o único ponto discutido no presente recurso seria se, ante a declaração de incompetência absoluta da Justiça do Trabalho, haveria ou não necessidade de decretar nulidade de atos decisórios da Justiça do Trabalho. Por ser vedada a "reformatio in pejus", negava provimento ao agravo regimental. Vencido o Ministro Marco Aurélio, que provia o recurso. Assentava que, ao se ajuizar processo trabalhista, até mesmo para se declarar o autor carecedor dessa ação, competente seria a justiça do trabalho.

Rcl 6527 AgR/SP, rel. Min. Luiz Fux, 25.8.2015. (Rcl-6527) (Inform. STF 809)

Organizações sociais e contrato de gestão – 7

Em conclusão de julgamento, o Plenário, por maioria, acolheu, em parte, pedido formulado em ação direta de inconstitucionalidade para conferir interpretação conforme a Constituição à Lei 9.637/1998 – que dispõe sobre a qualificação como organizações sociais de pessoas jurídicas de direito privado, a criação do Programa Nacional de Publicização, a extinção dos órgãos e entidades que menciona, a absorção de suas atividades por organizações sociais, e dá outras providências – e ao inciso XXIV do art. 24 da Lei 8.666/1993 – com a redação dada pelo art. 1º da Lei 9.648/1998, que autoriza a celebração de contratos de prestação de serviços com organizações sociais, sem licitação —, para explicitar que: a) o procedimento de qualificação das organizações sociais deveria ser conduzido de forma pública, objetiva e impessoal, com observância dos princípios do "caput" do art. 37 da CF, e de acordo com parâmetros fixados em abstrato segundo o disposto no art. 20 da Lei 9.637/1998; b) a celebração do contrato de gestão fosse conduzida de forma pública, objetiva e impessoal, com observância dos princípios do "caput" do art. 37 da CF; c) as hipóteses de dispensa de licitação para contratações (Lei 8.666/1993, art. 24, XXIV) e outorga de permissão de uso de bem público (Lei 9.637/1998, art. 12, § 3º) deveriam ser conduzidas de forma pública, objetiva e impessoal, com observância dos princípios do "caput" do art. 37 da CF; d) a seleção de pessoal pelas organizações sociais seria conduzida de forma pública, objetiva e impessoal, com observância dos princípios do "caput" do art. 37 da CF, e nos termos do regulamento próprio a ser editado por cada entidade; e e) qualquer interpretação que restringisse o controle, pelo Ministério Público e pelo Tribunal de Contas da União, da aplicação de verbas públicas deveria ser afastada – v. Informativos 621 e 627 (medida cautelar noticiada nos Informativos 421, 454 e 474).

ADI 1923/DF, rel. orig. Min. Ayres Britto, red. p/ o acórdão Min. Luiz Fux, 15 e 16.4.2015. (ADI-1923)

Organizações sociais e contrato de gestão – 8

A Corte admitiu a possibilidade de contratos serem celebrados por organização social com terceiros, com recursos públicos, desde que fossem conduzidos de forma pública, objetiva e impessoal, com observância dos princípios do art. 37, "caput", da CF, e nos termos do regulamento próprio a ser editado por cada entidade. Destacou a necessidade de se averiguar o que é constitucionalmente imposto de forma invariável e o que é suscetível de escolha pela maioria política no que tange à intervenção do Estado nos domínios sociais. Aduziu que a Constituição permitiria interpretação, fundada no pluralismo político, a ensejar a prática de projetos políticos diferentes. Destacou serem os setores de cultura, desporto, lazer, ciência, tecnologia e meio ambiente atividades-deveres do Estado e também da sociedade. A Constituição conteria dispositivos em que seria facultada a livre iniciativa, inclusive pelo setor privado, nos serviços de saúde e educação. Os referidos setores seriam os chamados "serviços públicos sociais", de natureza não exclusiva e não privativos, em que a titularidade poderia ser compartilhada pelo Poder Público e pela iniciativa privada. Assim, o Plenário optou por dar interpretação conforme a alguns dispositivos porque, na essência, aduziriam ao que aconteceria com determinadas entidades extintas e seu patrimônio. Ponderou que, se fossem transformadas todas as organizações sociais em órgãos da Administração Pública e se fossem assumidos todos os seus empregados e serviços por elas prestados, o Estado não teria como arcar com essas despesas. Por outro lado, as organizações sociais exerceriam papel relevante, pela sua participação coadjuvante em serviços que não seriam exclusivos do Estado, e a Constituição admitiria essa coparticipação particular. Haveria, hoje, uma flexibilização das atividades que não seriam exclusivas do Estado, no que reconhecido como um novo modelo gerencial da Administração Pública. Dessa forma, o programa de publicização permitiria ao Estado compartilhar com a comunidade, as empresas e o terceiro setor a responsabilidade pela prestação de serviços públicos, como os de saúde e de educação. Reconheceu que a atuação da Corte não poderia traduzir forma de engessamento e de cristalização de um determinado modelo pré-concebido de Estado, a impedir que, nos limites constitucionalmente assegurados, as maiorias políticas prevalecentes no jogo democrático pluralista pudessem pôr em prática seus projetos de governo, de forma a moldar o perfil e o instrumental do Poder Público conforme a vontade coletiva. Os setores de saúde, educação, cultura, desporto e lazer, ciência e tecnologia e meio ambiente (CF, artigos 199, "caput"; 209, "caput"; 215; 217; 218 e 225, respectivamente) configurariam serviços públicos sociais, em relação aos quais a Constituição, ao mencionar que seriam "deveres do Estado e da Sociedade" e que seriam "livres à iniciativa privada", permitiria a atuação, por direito próprio, dos particulares, sem que para tanto fosse necessária a delegação pelo Poder Público, de forma que não incidiria o art. 175, "caput", da CF ("Art. 175. Incumbe ao Poder Público, na forma da lei, diretamente ou sob regime de concessão ou permissão, sempre através de licitação, a prestação de serviços públicos").

ADI 1923/DF, rel. orig. Min. Ayres Britto, red. p/ o acórdão Min. Luiz Fux, 15 e 16.4.2015. (ADI-1923)

Organizações sociais e contrato de gestão – 9

O Tribunal apontou que a atuação do Poder Público no domínio econômico e social poderia ser viabilizada por intervenção direta ou indireta, quando disponibilizasse utilidades materiais aos beneficiários, no primeiro caso, ou quando fizesse uso, no segundo caso, de seu instrumental jurídico para induzir que os particulares executassem atividades de interesses públicos por meio da regulação, com coercitividade, ou do fomento, pelo uso de incentivos e estímulos a comportamentos voluntários. Em qualquer das situações, o cumprimento efetivo dos deveres constitucionais de atuação estaria, invariavelmente, submetido ao que a doutrina contemporânea denomina de controle da Administração Pública sob o ângulo do resultado. O fomento público no domínio dos serviços sociais seria posto em prática pela cessão de recursos, bens e pessoal da Administração Pública para as entidades privadas, após a celebração de contrato de gestão, o que viabilizaria o direcionamento, pelo Poder Público, da atuação do particular em consonância com o interesse público, pela inserção de metas e de resultados a serem alcançados, sem que isso configurasse qualquer forma de renúncia aos deveres constitucionais de atuação. A extinção das entidades mencionadas nos artigos 18 a 22 da Lei 9.637/1998 não afrontaria a Constituição, dada a irrelevância do fator tempo na opção pelo modelo de fomento – se simultaneamente ou após a edição da lei em comento – porque essas atividades distintas poderiam optar por serem qualificadas como organizações sociais. O procedimento de qualificação de entidades, na sistemática da lei em questão, consistiria em etapa inicial e embrionária, pelo deferimento do título jurídico de "organização social", para que Poder Público e particular colaborassem na realização de um interesse comum, ausente a contraposição de interesses, com feição comutativa e com intuito lucrativo, que consistiria no núcleo conceitual da figura do contrato administrativo, o que tornaria inaplicável o dever constitucional de licitar (CF, art. 37, XXI). As dispensas de licitação instituídas no art. 24, XXIV, da Lei 8.666/1993 e no art. 12, § 3º, da Lei 9.637/1998 teriam

a finalidade hoje denominada função regulatória da licitação, a significar que esse procedimento passaria a ser visto como mecanismo de indução de determinadas práticas sociais benéficas, a fomentar a atuação de organizações sociais que já ostentassem, à época da contratação, o título de qualificação, e que por isso fossem reconhecidamente colaboradoras do Poder Público no desempenho dos deveres constitucionais no campo dos serviços sociais. O afastamento do certame licitatório não eximiria, porém, o administrador público da observância dos princípios constitucionais, de modo que a contratação direta deveria observar critérios objetivos e impessoais, com publicidade de forma a permitir o acesso a todos os interessados. As organizações sociais, por integrarem o terceiro setor, não fariam parte do conceito constitucional de Administração Pública, razão pela qual não se submeteriam, em suas contratações com terceiros, ao dever de licitar. Por receberem recursos públicos, bens públicos e servidores públicos, porém, seu regime jurídico teria de ser minimamente informado pela incidência do núcleo essencial dos princípios da Administração Pública (CF, art. 37, "caput"), dentre os quais se destacaria o princípio da impessoalidade, de modo que suas contratações deveriam observar o disposto em regulamento próprio (Lei 9.637/1998, art. 4º, VIII), que fixara regras objetivas e impessoais para o dispêndio de recursos públicos ("Art. 4º Para os fins de atendimento dos requisitos de qualificação, devem ser atribuições privativas do Conselho de Administração, dentre outras: ... VIII – aprovar por maioria, no mínimo, de dois terços de seus membros, o regulamento próprio contendo os procedimentos que deve adotar para a contratação de obras, serviços, compras e alienações e o plano de cargos, salários e benefícios dos empregados da entidade").
ADI 1923/DF, rel. orig. Min. Ayres Britto, red. p/ o acórdão Min. Luiz Fux, 15 e 16.4.2015. (ADI-1923)

Organizações sociais e contrato de gestão – 10

A Corte frisou que os empregados das organizações sociais não seriam servidores públicos, mas sim empregados privados, por isso sua remuneração não deveria ter base em lei (CF, art. 37, X), mas nos contratos de trabalho firmados consensualmente. Por identidade de razões, também não se aplicaria às organizações sociais a exigência de concurso público (CF, art. 37, II). A seleção de pessoal, da mesma maneira como a contratação de obras e serviços, deveria ser posta em prática através de um procedimento objetivo e impessoal. Inexistiria violação aos direitos dos servidores públicos cedidos às organizações sociais, na medida em que preservado o paradigma com o cargo de origem, desnecessária a previsão em lei para que verbas de natureza privada fossem pagas pelas organizações sociais. Os artigos 4º, "caput", e 10 da Lei 9.637/1998, ao disporem sobre a estruturação interna da organização social e o dever de representação dos responsáveis pela fiscalização, não mitigariam a atuação de ofício dos órgãos constitucionais. De igual forma, a previsão de percentual de representantes do Poder Público no conselho de administração das organizações sociais não afrontaria o art. 5º, XVII e XVIII, da CF, uma vez que dependente, para se concretizar, de adesão voluntária das entidades privadas às regras do marco legal do terceiro setor. Vencidos, em parte, o Ministro Ayres Britto (relator), que o julgava parcialmente procedente, e os Ministros Marco Aurélio e Rosa Weber, que julgavam procedente o pedido em maior extensão, para declarar a) a inconstitucionalidade dos artigos 1º; 2º, II; 4º, V, VII, VIII; 5º; 6º, "caput" e parágrafo único; 7º, II; 11 a 15; 17; 20 e 22 da Lei 9.637/1998; b) a inconstitucionalidade do art. 1º da Lei 9.648/98, na parte em que inserira o inciso XXIV ao art. 24 da Lei 8.666/1993; c) a inconstitucionalidade, sem redução de texto, dos artigos 4º, X, 9º e 10, "caput", da Lei 9.637/1998, de modo a afastar toda e qualquer interpretação no sentido de que os órgãos de controle interno e externo – em especial, o Ministério Público e o Tribunal de Contas – fossem impedidos de exercer a fiscalização da entidade de forma independente das instâncias de controle previstas no mencionado diploma.
ADI 1923/DF, rel. orig. Min. Ayres Britto, red. p/ o acórdão Min. Luiz Fux, 15 e 16.4.2015. (ADI-1923) (Inform. STF 781)

ADI e submissão de membros da Administração Pública ao Poder Legislativo – 2

Em conclusão de julgamento, o Plenário conheceu em parte de pedido formulado em ação direta, e, na parte conhecida, julgou-o procedente, para declarar a inconstitucionalidade dos incisos XXXI e XXXII do art. 33 da Constituição do Estado de Roraima, na redação dada pelas EC 23/2009 e EC 30/2012 – v. Informativo 777. De início, o Colegiado afirmou, no tocante ao art. 111, §§ 1º e 2º, do mesmo diploma, que o pleito não deveria ser conhecido, por ausência de fundamentação pelo requerente. De igual modo, o pedido também não deveria ser conhecido quanto ao inciso XVIII do art. 33, haja vista que o dispositivo, trazido em aditamento à inicial, teria sido impugnado, em sua redação original, em outra ação direta (ADI 2.167/RR, pendente de julgamento), mas não teria sido questionado na inicial da presente ação. Relativamente às demais normas, reputou sua inconstitucionalidade. O inciso XXXI dispõe sobre o afastamento e nulidade dos atos praticados por pessoas indicadas para certos cargos da alta Administração direta e indireta, caso seus nomes não sejam submetidos à Assembleia Legislativa estadual. Já o inciso XXXII obriga os titulares da Universidade Estadual de Roraima, da Companhia de Água e Esgoto, além de outros membros da Administração Pública a comparecer anualmente ao Poder Legislativo para prestar contas, sob pena de serem sumariamente destituídos do cargo. O Colegiado afirmou que esses incisos, por tratarem de regime jurídico de servidores públicos sem observância da iniciativa privativa do Chefe do Executivo, ofenderiam a Constituição, em seu art. 61, § 1º, c, mesmo porque os preceitos não adviriam da redação originária do texto estadual, mas sim de emendas à Constituição local, que deveriam observar as regras de iniciativa privativa. Do ponto de vista material, o inciso XXXI seria inválido em relação ao Procurador-Geral do Estado e aos presidentes de empresas públicas e sociedades de economia mista, mas não no que diz respeito a dirigentes de autarquias e fundações. No que se refere ao inciso XXXII, prescreveria modelo de fiscalização exacerbado e incompatível com o princípio da separação de Poderes. Reajustou seu voto o Ministro Ricardo Lewandowski (Presidente e relator).
ADI 4284/RR, rel. Min. Ricardo Lewandowski, 9.4.2015. (ADI-4284) (Inform. STF 780)

Súmula STF nº 25

A nomeação a termo não impede a livre demissão pelo presidente da república, de ocupante de cargo dirigente de autarquia.

Súmula STF nº 8

Diretor de sociedade de economia mista pode ser destituído no curso do mandato.

Súmula STJ nº 525

A Câmara de Vereadores não possui personalidade jurídica, apenas personalidade judiciária, somente podendo demandar em juízo para defender os seus direitos institucionais.

5. AGENTES PÚBLICOS

5.1. Regime Jurídico e espécies de vínculos

ADI: extinção de cargo de escrivão judiciário e competência dos Estados-Membros

O Plenário julgou improcedente pedido formulado em ação direta e declarou a constitucionalidade do art. 2º, §§ 1º, 2º, 3º, 4º e 5º, da Lei 7.971, do Estado do Espírito Santo, que extingue o cargo de escrivão judiciário e cria, em seu lugar, função de confiança para o exercício de atividades de direção, chefia e assessoramento, por servidor público ocupante de cargo efetivo. O Tribunal asseverou que os tribunais de justiça estaduais possuiriam competência para propor ao Poder Legislativo respectivo a criação e a extinção de cargos, nos termos do art. 96, II, b, da CF. Consignou que a extinção do cargo de escrivão judiciário não configuraria incursão indevida na esfera de competência da União para legislar sobre Direito Processual (CF, art. 22, I), mormente por se tratar de vínculo administrativo-funcional, inserido na autoadministração dos Estados-Membros (CF, art. 18). Ademais, a vacância do cargo público não se confundiria com a sua extinção; enquanto a primeira significaria a saída do servidor do cargo público ocupado, a última seria a eliminação de um núcleo de atribuições e responsabilidades na estrutura organizacional da Administração Pública. Além disso, a exigência de critérios e garantias especiais para a perda do cargo pelo servidor público estável,

que desenvolvesse atividades exclusivas de Estado (CF, art. 247), somente se aplicaria à vacância de cargo público e apenas nas estritas hipóteses do art. 41, § 1º, III, e do art. 169, § 7º, da CF, não constituindo, portanto, qualquer óbice à extinção de cargo público por lei. No caso, a lei estadual atacada extinguira o cargo de escrivão judiciário em sede estadual e criara, em seu lugar, função de confiança para o exercício de atividades de direção, chefia e assessoramento, por servidor público ocupante de cargo efetivo, em total consonância com o ordenamento constitucional, o que não configuraria transposição ou qualquer outra forma de provimento vedada pelo Enunciado 685 da Súmula do STF.
ADI 3711/ES, rel. Min. Luiz Fux, 5.8.2015. (ADI-3711) (Inform. STF 793)

AG. REG. NO ARE N. 808.607-RO
RELATORA: MIN. ROSA WEBER
EMENTA: DIREITO ADMINISTRATIVO E PROCESSUAL CIVIL. SERVIDOR PÚBLICO. VANTAGEM OBTIDA POR SENTENÇA TRABALHISTA. PASSAGEM PARA O REGIME JURÍDICO ÚNICO. EFEITOS DA SENTENÇA TRABALHISTA LIMITADOS AO ADVENTO DA LEI Nº 8.112/1990. DIREITO ADQUIRIDO. INEXISTÊNCIA. CONSONÂNCIA DA DECISÃO RECORRIDA COM A JURISPRUDÊNCIA CRISTALIZADA NO SUPREMO TRIBUNAL FEDERAL. NEGATIVA DE PRESTAÇÃO JURISDICIONAL. ARTIGO 93, IX, DA CONSTITUIÇÃO DA REPÚBLICA. NULIDADE. INOCORRÊNCIA. RAZÕES DE DECIDIR EXPLICITADAS PELO ÓRGÃO JURISDICIONAL. RECURSO EXTRAORDINÁRIO QUE NÃO MERECE TRÂNSITO. ACÓRDÃO RECORRIDO PUBLICADO EM 22.02.2011.
1. O entendimento adotado pela Corte de origem, nos moldes do assinalado na decisão agravada, não diverge da jurisprudência firmada no âmbito deste Supremo Tribunal Federal, no sentido de que diante da transposição do servidor público celetista para o regime estatutário, extinto em decorrência o contrato de trabalho, não há falar em direito adquirido a diferenças remuneratórias deferidas em decisão trabalhista.
2. Inexiste violação do artigo 93, IX, da Constituição Federal. A jurisprudência do Supremo Tribunal Federal é no sentido de que o referido dispositivo constitucional exige a explicitação, pelo órgão jurisdicional, das razões do seu convencimento, dispensando o exame detalhado de cada argumento suscitado pelas partes.
3. As razões do agravo regimental não se mostram aptas a infirmar os fundamentos que lastrearam a decisão agravada.
4. Agravo regimental conhecido e não provido. **(Inform. STF 790)**

ADI e norma antinepotismo – 2
Em conclusão de julgamento, o Plenário, por maioria, acolheu pedido formulado em ação direta para dar interpretação conforme à Constituição ao inciso VI do art. 32 da Constituição do Estado do Espírito Santo – que estabelece ser "vedado ao servidor público servir sob a direção imediata de cônjuge ou parente até segundo grau civil" – no sentido de o dispositivo ser válido somente quando incidisse sobre os cargos de provimento em comissão, função gratificada, cargos de direção e assessoramento – v. Informativo 443. O Colegiado entendeu que a vedação não poderia alcançar os servidores admitidos mediante prévia aprovação em concurso público, ocupantes de cargo de provimento efetivo, haja vista que isso poderia inibir o próprio provimento desses cargos, violando, dessa forma, o art. 37, I e II, da CF, que garante o livre acesso aos cargos, funções e empregos públicos aos aprovados em concurso público. Vencido o Ministro Marco Aurélio, que julgava improcedente o pedido.
ADI 524/ES, rel. orig. Min. Sepúlveda Pertence, red. p/ o acórdão Min. Ricardo Lewandowski, 20.5.2015. (ADI-524) (Inform. STF 786)

Progressão funcional de servidor público e iniciativa legislativa
O Plenário referendou medida cautelar concedida em ação direta de inconstitucionalidade, com o fim de suspender a eficácia do art. 1º da Lei 10.011/2013 do Estado de Mato Grosso. A norma impugnada, de iniciativa parlamentar, dispõe sobre critério de progressão funcional de servidores do referido Estado-membro, matéria cuja iniciativa seria reservada ao chefe do Poder Executivo (CF, art. 61, § 1º, II).
ADI 5091 Referendo-MC/MT, rel. Min. Dias Toffoli, 4.2.2015. (ADI-5091) (Inform. STF 773)

Regime jurídico de servidor público e vício de iniciativa
O Plenário julgou procedente pedido formulado em ação direta para declarar a inconstitucionalidade da Lei 6.841/1996 do Estado de Mato Grosso. A norma impugnada, de iniciativa parlamentar, dispõe sobre a indenização por morte e invalidez permanente dos servidores públicos militares do referido Estado-membro. Segundo alegado, a norma em comento ofenderia os artigos 2º; 61, § 1º, II, c e f; 63, II; e 84, III, todos da CF, a ensejar sua inconstitucionalidade formal, porquanto se trataria de matéria relativa a regime jurídico dos servidores militares, a implicar acréscimo de despesa pública. O Colegiado, de início, afastou a preliminar de decadência da ação direta, aplicável, no caso, o Verbete 360 da Súmula do STF ("Não há prazo de decadência para a representação de inconstitucionalidade prevista no art. 8º, parágrafo único, da Constituição Federal"). Também rejeitou argumento segundo o qual teria havido a convalidação do ato impugnado em razão da sanção do governador, haja vista o vício formal de iniciativa. Quanto ao mérito, a Corte destacou que a locução "regime jurídico" abrangeria, entre outras regras, aquelas relativas aos direitos e às vantagens de ordem pecuniária dos servidores públicos. Ademais, a lei teria criado indenização a ser paga pelo Executivo.
ADI 3920/MT, rel. Min. Marco Aurélio, 5.2.2015. (ADI-3920) (Inform. STF 773)

DIREITO ADMINISTRATIVO. INAPLICABILIDADE DO DIREITO A RECONDUÇÃO PREVISTO NO ART. 29, I, DA LEI 8.112/1990 A SERVIDOR PÚBLICO ESTADUAL.
Não é possível a aplicação, por analogia, do instituto da recondução previsto no art. 29, I, da Lei 8.112/1990 a servidor público estadual na hipótese em que o ordenamento jurídico do estado for omisso acerca desse direito. Isso porque a analogia das legislações estaduais e municipais com a Lei 8.112/1990 somente é possível se houver omissão no tocante a direito de cunho constitucional autoaplicável que seria necessário para suprir a omissão da legislação estadual, bem como que a situação não dê azo ao aumento de gastos. **RMS 46.438-MG, Rel. Min. Humberto Martins, julgado em 16/12/2014, DJe 19/12/2014 (Inform. STJ 553).**

Súmula Vinculante STF 13

A nomeação de cônjuge, companheiro ou parente em linha reta, colateral ou por afinidade, até o terceiro grau, inclusive, da autoridade nomeante ou de servidor da mesma pessoa jurídica investido em cargo de direção, chefia ou assessoramento, para o exercício de cargo em comissão ou de confiança ou, ainda, de função gratificada na administração pública direta e indireta em qualquer dos Poderes da União, dos Estados, do Distrito Federal e dos Municípios, compreendido o ajuste mediante designações recíprocas, viola a Constituição Federal.

Súmula STF nº 39

À falta de Lei, funcionário em disponibilidade não pode exigir, judicialmente, o seu aproveitamento, que fica subordinado ao critério de conveniência da administração.

Súmula STF nº 22

O estágio probatório não protege o funcionário contra a extinção do cargo.

Súmula STF nº 17

A nomeação de funcionário sem concurso pode ser desfeita antes da posse.

Súmula STF nº 16

Funcionário nomeado por concurso tem direito à posse.

Súmula STJ nº 218

Compete à Justiça dos Estados processar e julgar ação de servidor estadual decorrente de direitos e vantagens estatutárias no exercício de cargo em comissão.

Súmula STJ nº 137

Compete à justiça comum estadual processar e julgar ação de servidor público municipal, pleiteando direitos relativos ao vínculo estatutário.

5.2. Concurso Público

Concurso público: direito subjetivo à nomeação e surgimento de vagas – 1

O Plenário, por maioria, negou provimento a recurso extraordinário em que se discutia a existência de direito subjetivo à nomeação de candidatos aprovados fora do número de vagas previstas no edital de concurso público, no caso de surgimento de novas vagas durante o prazo de validade do certame. A Corte afirmou que, a partir de 1988, com a promulgação da Constituição da República, o concurso público de provas e títulos teria se consolidado como um primoroso instrumento democrático para a seleção republicana e impessoal para cargos e empregos públicos. Assim, teria sido estabelecido, constitucionalmente, o melhor mecanismo para a Administração assegurar, dentre outros, os princípios da isonomia e da impessoalidade na concorrência entre aqueles que almejassem servir ao Estado. Sua ideia decorreria da necessidade de se garantir que assumisse determinado cargo aquele indivíduo que, competindo em iguais condições com todos os candidatos (CF, art. 5º, "caput"), estivesse, em tese, melhor preparado. Vedar-se-ia, desse modo, a prática inaceitável de o Poder Público conceder privilégios a alguns ou de dispensar tratamento discriminatório e arbitrário a outros. Outrossim, a Administração, ao iniciar um processo seletivo, manifestaria uma evidente intenção e necessidade de preencher determinados cargos públicos, submetendo-se às determinações dos editais que publicasse, o que tornaria relevante o prévio planejamento na sua confecção, a fim de que houvesse uma perfeita adequação entre o quantitativo de pessoal necessário e o número de vagas a serem providas nos termos do instrumento convocatório. Por outro lado, o chamado "cadastro de excedentes" revelar-se-ia medida apropriada para possibilitar o aproveitamento célere e eficiente daqueles já aprovados, sem a necessidade de abertura de novo concurso, na medida em que o administrador público não poderia estimar, durante a validade do concurso, de forma precisa, quantos cargos ficariam vagos, e quantos seriam necessários para determinada repartição. Na linha da jurisprudência do STF, em relação aos candidatos aprovados dentro do número de vagas previstas em edital, a Administração poderia, dentro do prazo de validade do processo seletivo, escolher o momento em que se realizaria a nomeação, mas não poderia dispor sobre a própria nomeação. Essa última passaria a constituir um direito do concursando aprovado e, dessa forma, um dever imposto ao Poder Público. Apesar disso, não se poderia dizer o mesmo daqueles aprovados fora do número de vagas previstas em edital, ou seja, dentro do cadastro de reserva. Esses candidatos possuiriam mera expectativa de direito à nomeação, situação que, apenas excepcionalmente, se convolaria em direito subjetivo.

RE 837311/PI, rel. Min. Luiz Fux, 14.10.2015. (RE-837311)

Concurso público: direito subjetivo à nomeação e surgimento de vagas – 2

O plenário destacou que incumbiria à Administração, no âmbito de seu espaço de discricionariedade, avaliar, de forma racional e eficiente, a conveniência e oportunidade de novas convocações durante a validade do certame. Assim, o surgimento de novas vagas durante o prazo de validade de concurso não geraria, automaticamente, um direito à nomeação dos candidatos aprovados fora das vagas do edital, nem mesmo que novo concurso fosse aberto durante a validade do primeiro. O provimento dos cargos dependeria de análise discricionária da Administração Pública, moldada pelo crivo de conveniência e oportunidade. A despeito da vacância dos cargos e da publicação do novo edital durante a validade do concurso, poderiam surgir circunstâncias e legítimas razões de interesse público que justificassem a inocorrência da nomeação no curto prazo, de modo a obstaculizar eventual pretensão de reconhecimento do direito subjetivo à nomeação dos aprovados em colocação além do número de vagas. A referida discricionariedade, porém, seria aquela consentânea com o Direito Administrativo contemporâneo, ou seja, não seria livre e irrestrita, mas vinculada a certas premissas. Ou seja, deveria basear-se no dever de boa-fé da Administração Pública, além de pautar-se por um incondicional respeito aos direitos fundamentais e aos princípios da eficiência, da impessoalidade, da moralidade e da proteção da confiança, todos inerentes ao Estado de Direito. Em suma, se seria verdade que a nomeação dos candidatos aprovados em concurso público, além do número de vagas do edital, estaria sujeita à discricionariedade da Administração Pública, não menos verdadeiro seria que essa discricionariedade deveria ser exercida legitimamente. Desse modo, nenhum candidato, estivesse ele dentro ou fora do número de vagas do edital, poderia ficar refém de condutas que, deliberadamente, deixassem escoar, desnecessariamente e, por vezes, de modo reprovável, o prazo de validade do concurso para que fossem nomeados, apenas, os aprovados em novo concurso. Se a Administração decidisse preencher imediatamente determinadas vagas por meio do necessário concurso, e existissem candidatos aprovados em cadastro de reserva de concurso válido, o princípio da boa-fé vincularia a discricionariedade da Administração e lhe imporia o necessário preenchimento das vagas pelos aprovados no certame ainda em validade. Desse modo, quem fosse aprovado em concurso além das vagas previstas no edital não ostentaria um direito subjetivo de ser nomeado, mesmo que aberto novo edital durante a validade do certame (CF, art. 37, IV). Possuiria, ao revés, mera expectativa de direito que seria convolada em direito adquirido à nomeação, apenas, na excepcional circunstância de ficar demonstrado, de forma inequívoca, a necessidade de novas nomeações durante a validade do concurso. Uma coisa seria a vacância do cargo, outra a vacância acompanhada do manifesto comportamento da Administração destinado a prover os cargos durante a validade do concurso, e isso, contudo, não ficaria caracterizado pela mera publicação de novo edital de concurso.

RE 837311/PI, rel. Min. Luiz Fux, 14.10.2015. (RE-837311)

Concurso público: direito subjetivo à nomeação e surgimento de vagas – 3

O Plenário ressaltou que a aprovação em concurso público só originaria direito subjetivo à nomeação: a) quando ela ocorresse dentro do número de vagas previstas no edital; b) quando houvesse preterição na nomeação por inobservância da ordem de classificação no concurso; e c) quando surgissem novas vagas durante a validade do concurso e, excepcionalmente, a Administração Pública, mesmo após reconhecer, de forma inequívoca e demonstrada casuisticamente, a necessidade do provimento das vagas durante a validade do concurso, deixasse o referido prazo escoar para nomear candidatos de concurso superveniente, o que teria ocorrido na espécie. O Ministro Edson Fachin, ao também negar provimento ao recurso, considerou, no entanto, que a necessidade de observância da eficiência administrativa e do adequado manejo dos recursos públicos, ensejaria o dever de a administração convocar todos os candidatos aprovados em concursos públicos, até o preenchimento de todas as vagas, ressalvados motivos financeiros e razões de eficiência administrativa. A Ministra Rosa Weber apontou a necessidade de se observar o princípio da discricionariedade vinculada ao Direito, na medida em que, no caso em comento, quando aberto novo edital de concurso, já seriam conhecidos os classificados no certame anterior. Vencidos os Ministros Roberto Barroso, Teori Zavascki e Gilmar Mendes, que davam provimento ao recurso por entenderem inexistente o direito subjetivo à nomeação dos candidatos aprovados em concurso público fora do número de vagas previstas em edital, salvo em caso de preterição. Em seguida, o julgamento foi suspenso para posterior fixação de tese de repercussão geral.

RE 837311/PI, rel. Min. Luiz Fux, 14.10.2015. (RE-837311)

Concurso público: direito subjetivo à nomeação e surgimento de vagas – 4

O surgimento de novas vagas ou a abertura de novo concurso para o mesmo cargo, durante o prazo de validade do certame anterior, não gera automaticamente o direito à nomeação dos candidatos aprovados fora das vagas previstas no edital, ressalvadas as hipóteses de preterição arbitrária e imotivada por parte da administração, caracterizada por comportamento tácito ou expresso do Poder Público capaz de revelar a inequívoca necessidade de nomeação do aprovado durante o período de validade do certame, a ser demonstrada de forma cabal pelo candidato. Assim, o direito subjetivo à nomeação do candidato aprovado em concurso público exsurge nas seguintes hipóteses: a) quando a aprovação ocorrer dentro do número de vagas dentro do edital; b) quando houver preterição na nomeação por não observância da ordem de classificação; e c) quando surgirem novas vagas, ou for aberto novo concurso durante a validade do certame anterior, e ocorrer a preterição de candidatos de forma arbitrária e imotivada por parte da administração nos termos acima. Essa a tese que, por maioria, o

Plenário fixou para efeito de repercussão geral. Na espécie, discutia-se a existência de direito subjetivo à nomeação de candidatos aprovados fora do número de vagas previstas no edital de concurso público, no caso de surgimento de novas vagas durante o prazo de validade do certame. Em 14.10.2014, a Corte julgou o mérito do recurso, mas deliberara pela posterior fixação da tese de repercussão geral – v. Informativo 803. O Ministro Luiz Fux (relator) destacou que o enunciado fora resultado de consenso entre os Ministros do Tribunal, cujo texto fora submetido anteriormente à análise. Vencido o Ministro Marco Aurélio, que se manifestava contra o enunciado, porque conflitava com as premissas lançadas pela corrente vitoriosa no julgamento do recurso extraordinário. Aduzia que a preterição se caracterizava quando, na vigência do concurso, convocava-se novo certame, a revelar a necessidade de se arregimentar mão de obra.

RE 837311/PI, rel. Min. Luiz Fux, 9.12.2015. (RE-837311) (Inform. STF 811)

Decisão do STJ e reintegração de defensores não concursados

A Segunda Turma julgou procedente o pedido formulado em reclamação para cassar decisão do STJ, que reintegrava os interessados nos quadros da Defensoria Pública no Estado de Minas Gerais sem concurso público. Entendeu que a decisão reclamada contraria a autoridade da decisão proferida pelo STF no julgamento da ADI 3.819/MG (DJe de 23.8.2008). Nessa ação direta, a Corte assentara a inconstitucionalidade, com efeitos prospectivos, de leis estaduais que admitiram, na função de defensor público, servidores que não ingressaram na carreira mediante concurso. A Turma consignou o expresso pronunciamento do Plenário, durante os debates sobre a modulação de efeitos, acerca da impossibilidade de permanência dos servidores beneficiados pelas normas declaradas inconstitucionais. O prazo conferido para que a decisão paradigma produzisse seus efeitos apenas tinha o propósito de permitir ao Estado de Minas Gerais a adoção das medidas necessárias para solucionar eventual risco à continuidade dos serviços prestados pela defensoria pública.

Rcl 16950/MG, rel. Min. Cármen Lúcia, 1º.12.2015. (Rlc-16950) (Inform. STF 810)

Concurso público e nomeação precária – 2

O candidato que toma posse em concurso público por força de decisão judicial precária assume o risco de posterior reforma desse julgado que, em razão do efeito "ex tunc", inviabiliza a aplicação da teoria do fato consumado em tais hipóteses. Assim a Primeira Turma concluiu o julgamento, por maioria, ao negar provimento a recurso ordinário em mandado de segurança no qual se pretendia a incidência da teoria do fato consumado, bem como a anulação da portaria que tornara sem efeito nomeação para o cargo de auditor-fiscal do trabalho. Na espécie, a candidata participara de segunda etapa de concurso público, mediante deferimento de liminar, com sua consectária posse no cargo. Após mais de 15 anos, em julgamento de mérito, denegara-se a ordem e, por conseguinte, o Ministério do Trabalho editara ato em que tornada sem efeito respectiva nomeação – v. Informativo 688. De início, a Turma salientou que o STF reconhecera a existência de repercussão geral cuja tese abrangeria a circunstância contemplada no presente feito (RE 608.482/RN, DJe de 2.5.2012). Explicou que as particularidades da situação em apreço conduziriam para a não aplicação da teoria do fato consumado. A recorrente tivera sua participação na segunda etapa do concurso assegurada por decisão judicial que, ao final, fora reformada (denegada) e transitara em julgado, sem que ela ajuizasse ação rescisória. A pretensão da ora recorrente, portanto, já estaria fulminada na origem. É certo que sua nomeação somente fora implementada por força de decisão proferida nos autos de outro processo proposto pela impetrante (ação de obrigação de fazer), no qual obtivera, em última instância, decisão favorável. Todavia, essa segunda demanda guardaria nítida relação de dependência com aquela que transitara em julgado e lhe fora desfavorável. Portanto, seja pela aplicação do entendimento firmado em repercussão geral, seja pelas particularidades processuais que envolvem o caso concreto, a Turma entendeu não ser possível aplicar a teoria do fato consumado. Vencido o Ministro Luiz Fux (relator), que, com base no princípio da proteção da confiança legítima, dava provimento ao recurso ordinário, a fim de assegurar a permanência da recorrente no cargo.

RMS 31538/DF, rel. orig. Min. Luiz Fux, red. p/ o acórdão Min. Marco Aurélio, 17.11.2015. (RMS-31538) (Inform. STF 808)

Princípio do concurso público e provimento derivado – 1

O Plenário julgou procedente pedido formulado em ação direta para declarar a inconstitucionalidade da Lei amazonense 2.917/2004; bem assim das expressões "e de Comissário de Polícia", do inciso V, art. 5º; do parágrafo único do art. 10; da expressão e "Comissário de Polícia", constante do Anexo III; e da parte do Anexo IV que determina a transposição dos servidores do antigo cargo de Comissário de Polícia para o novo cargo de Comissário de Polícia de Classe Única (PC.COM-U), contidos na Lei amazonense 2.875/2004. No caso, os dois diplomas impugnados, ao promoverem a reestruturação do quadro de pessoas da polícia civil estadual, teriam engendrado uma espécie de ascensão funcional de servidores investidos no cargo de comissário de polícia, içando-os à carreira de delegado de polícia sem concurso público. Primeiramente, o Tribunal analisou as características do cargo de comissário de polícia, segundo a legislação estadual. Demonstrou que o cargo, inicialmente, requeria formação de nível médio, até sua extinção. Após seu ressurgimento, a investidura passara a ter os mesmos requisitos de qualificação exigidos para o cargo de delegado de polícia. Porém, o cargo distinguia-se do de delegado pelo fato de ter natureza isolada e por ter remuneração menor. Além disso, as atribuições do comissário não seriam definidas em lei. Com o advento da ora questionada Lei estadual 2.875/2004, fora instituído um novo formato para o cargo de comissário, em que a remuneração fora equiparada à dos delegados de polícia de 5ª classe. Além disso, fora instituído um grupo ocupacional denominado de "autoridade policial", composto por titulares dos cargos de delegado de polícia civil e de comissário de polícia civil, dos quais constituiriam competência privativa a presidência de inquérito policial, a lavratura de autos de prisão em flagrante e de termos circunstanciados de ocorrência. Posteriormente, a adversada Lei estadual 2.917/2004 determinara a transformação de 124 cargos de comissário de polícia existentes em cargos de delegado de polícia de 5ª classe. Em suma, o cargo de comissário, criado com natureza de cargo isolado, fora transformado no cargo inicial da carreira de delegado de polícia.

ADI 3415/AM, rel. Min. Teori Zavascki, 24.9.2015. (ADI-3415)

Princípio do concurso público e provimento derivado – 2

O Colegiado reputou que o art. 37, II, da CF preconizaria o concurso público como requisito inafastável de acesso aos cargos públicos, e que esse entendimento seria exaustivamente reiterado pela jurisprudência do STF. Haveria situações excepcionais em que a Corte admitiria a transfiguração de cargos públicos e o consequente aproveitamento dos seus antigos titulares na nova classificação funcional. De acordo com esses precedentes, a passagem de servidores de uma carreira em extinção para outra recém-criada poderia ser feita como forma de racionalização administrativa, desde que houvesse substancial correspondência entre as características dos dois cargos, sobretudo a respeito das atribuições incluídas nas esferas de competência de cada qual. Além disso, esses casos revelariam um processo de sincretismo funcional, cujo ponto final seria uma previsível fusão. Na hipótese em debate, porém, a reinserção do cargo de comissário no quadro funcional do Estado-Membro se dera de modo heterodoxo. O cargo teria competências indefinidas, com requisitos idênticos aos de delegado de polícia. Não haveria, além disso, clara distinção de ordem hierárquica entre os dois cargos. Embora a realidade de fato revelasse desvio de aproveitamento funcional dos comissários, haveria diferença de grau de responsabilidade entre cada um dos postos. Ademais, não haveria perspectiva de promoção quanto ao cargo de comissário, ao contrário do cargo de delegado. As distinções, portanto, não seriam meramente formais. Não haveria, de igual modo, um gradual processo de sincretismo entre os cargos. Portanto, houvera burla ao postulado do concurso público, mediante o favorecimento de agentes públicos alçados por via legislativa a cargo de maior responsabilidade do que aquele para o qual aprovados em concurso. Assim, tanto a transformação do cargo de comissário no de delegado quanto a equiparação das atribuições dos dois cargos – a quebrar a hierarquia antes existente e violar o art. 144, § 4º, da CF —, promovidas pelas leis em debate, seriam inconstitucionais. **ADI 3415/AM, rel. Min. Teori Zavascki, 24.9.2015. (ADI-3415) (Inform. STF 800)**

Concurso público: procurador da república e atividade jurídica

A referência a "três anos de atividade jurídica", contida no art. 129 da CF, não se limita à atividade privativa de bacharel em direito. Esse o entendimento da Primeira Turma, que concedeu a ordem em mandado de segurança impetrado por candidato ao cargo de procurador da república que pleiteava o reconhecimento da atividade exercida enquanto técnico judiciário e assistente I e IV na Justiça federal, ambas, segundo alegado, com a atuação em atividades finalísticas do Poder Judiciário, compatíveis com o cargo almejado.

MS 27601/DF, rel. Min. Marco Aurélio, 22.9.2015. (MS-27601) (Inform. STF 800)

REPERCUSSÃO GERAL EM RE N. 898.450-SP

RELATOR: MIN. LUIZ FUX

EMENTA: REPERCUSSÃO GERAL NO RECURSO EXTRAORDINÁRIO. ADMINISTRATIVO. CONCURSO PÚBLICO. EDITAL. REQUISITOS. IMPEDIMENTO DO PROVIMENTO DE CARGO, EMPREGO OU FUNÇÃO PÚBLICA DECORRENTE DA EXISTÊNCIA DE TATUAGEM NO CORPO DO CANDIDATO. AFERIÇÃO DA CONSTITUCIONALIDADE DA EXIGÊNCIA ESTATAL DE QUE A TATUAGEM ESTEJA DENTRO DE DETERMINADOS PARÂMETROS. ARTS. 5º, I E 37, I E II DA CRFB/88. REPERCUSSÃO GERAL RECONHECIDA. (Inform. STF 798)

CNJ: concurso público e Resolução 187/2014

A Resolução 187/2014 do CNJ, que disciplina a contagem de títulos em concursos públicos para outorga de serventias extrajudiciais, não se aplica a concursos já em andamento quando do início de sua vigência. Com base nesse entendimento, a Primeira Turma denegou mandado de segurança impetrado em face de ato do CNJ, que, em procedimento de controle administrativo, anulara edital de concurso público que adequara regras de certame já em curso às regras fixadas pela superveniente Resolução 187/2014. O Colegiado consignou que o CNJ, no exercício de suas atribuições, teria estabelecido normas voltadas a reger os concursos públicos realizados pelos tribunais de justiça para a outorga de delegações de serventias extrajudiciais, vindo a editar, com esse propósito, a Resolução 81/2009. O ato normativo disporia de maneira abrangente acerca dos processos seletivos, trazendo, em anexo, minuta de instrumento convocatório a ser utilizada pelos órgãos que os promovessem. A leitura dos dispositivos constantes na referida norma e das cláusulas presentes na minuta que a acompanha permitiria assentar inexistir vedação expressa à possibilidade de cumulação de certificados de pós-graduação para a obtenção de pontos na etapa de avaliação de títulos do certame. Essa orientação, entretanto, viera a ser revista com o advento da Resolução 187/2014, que alterara o teor da Resolução 81/2009, passando, então, a ser limitada a quantidade de títulos de pós-graduação passível de avaliação nessa fase do certame. Contudo, em atenção ao princípio da segurança jurídica, o CNJ deliberara modular os efeitos da mudança, a qual somente seria aplicável aos concursos públicos em que ainda não realizada alguma das etapas. Na espécie, o Edital 1/2013 do tribunal de justiça local, por meio do qual deflagrado o concurso público em apreço, fora publicado quando ainda vigente a mencionada Resolução 81/2009, na redação originária. O referido ato convocatório não apresentaria ressalvas quanto ao número máximo de certificados de pós-graduação a serem apresentados na fase pertinente. Desse modo, ao tempo em que fixadas as regras atinentes ao concurso público em tela e abertas inscrições aos possíveis interessados, não somente o ato convocatório se mostraria silente no tocante à restrição aos títulos de pós-graduação, como a visão do CNJ seria a de que a restrição do número de certificados apresentados na etapa de avaliação de títulos dependeria de emenda à Resolução 81/2009. A aplicação das modificações promovidas pela Resolução 187/2014 a concurso em andamento – intento do Edital 12/2014 do certame, anulado pelo CNJ – implicaria abalo à confiança depositada no tocante à observância da versão original do instrumento convocatório, ao qual o tribunal de justiça encontrar-se-ia vinculado. O aludido ato normativo, ainda que validamente destinado a afastar a indiscriminada apresentação de títulos pelos aspirantes a vagas em serventias extrajudiciais, não poderia suplantar a estabilidade de certame já iniciado, sob pena de abalar-se o necessário respeito à segurança jurídica.

MS 33094/ES, rel. Min. Marco Aurélio, 23.6.2015. (MS-33094) (Inform. STF 791)

Concurso público e limite de idade

O limite de idade, quando regularmente fixado em lei e no edital de determinado concurso público, há de ser comprovado no momento da inscrição no certame. Com base nessa orientação e, em face da peculiaridade do caso, a Primeira Turma negou provimento a agravo regimental em recurso extraordinário com agravo. Na espécie, candidato preenchia o requisito etário previsto no edital quando da inscrição para o certame. Ocorre que houvera atrasos no andamento do concurso, fazendo com que o candidato não mais preenchesse esse requisito. A Turma destacou a jurisprudência da Corte no sentido de que a regra quanto ao limite de idade, por ocasião da inscrição, se justificaria ante a impossibilidade de se antever a data em que seria realizada a fase final do concurso, caso fosse fixada como parâmetro para aferição do requisito etário. Os Ministros Marco Aurélio e Rosa Weber entenderam que a idade limite seria aquela da data da posse no cargo, porém, em razão do destaque dado pelo tribunal local quanto à demora e à desídia da Administração Pública para prosseguir no certame, acompanharam o relator.

ARE 840.592/CE, Min. Roberto Barroso, 23.6.2015. (ARE-840.592) (Inform. STF 791)

AG. REG. EM MS N. 28.264-DF

RELATOR: MIN. ROBERTO BARROSO

Ementa: DIREITO CONSTITUCIONAL. AGRAVO REGIMENTAL EM MANDADO DE SEGURANÇA. SERVENTIA EXTRAJUDICIAL. EFETIVAÇÃO DE SUBSTITUTO SEM CONCURSO PÚBLICO. VAGA SURGIDA APÓS A PROMULGAÇÃO DA CONSTITUIÇÃO DE 1988.

1. A aquisição do direito à efetivação, previsto no art. 208 da CF/69, subordinava-se à existência de vaga. Na hipótese, a vacância do cargo ocorreu na vigência da Constituição de 1988, que passou a exigir expressamente prévia aprovação em concurso público para o ingresso na atividade notarial e de registro. Jurisprudência pacífica do STF.

2. O Plenário desta Corte confirmou, recentemente, o entendimento de que o prazo decadencial quinquenal do art. 54 da Lei nº 9.784/1999 não se aplica à revisão de atos de delegação de serventia extrajudicial editados após a Constituição de 1988, sem a observância do requisito previsto no seu art. 236, § 3º (MS 26.860, Rel. Min. Luiz Fux).

3. Agravo regimental a que se nega provimento. **(Inform. STF 791)**

AG. REG. NA ACO N. 1.936-DF

RELATOR: MIN. LUIZ FUX

Ementa: AGRAVO REGIMENTAL NA AÇÃO CIVIL ORIGINÁRIA. PEDIDO DE REVISÃO DE DECISÃO DO MINISTÉRIO PÚBLICO QUE ANULOU QUESTÃO DE PROVA OBJETIVA DO CONCURSO PARA PROCURADOR DA REPÚBLICA. IMPOSSIBILIDADE JURÍDICA. AUTOTUTELA ADMINISTRATIVA (SÚMULA Nº 473 DO STF). INDEPENDÊNCIA E AUTONOMIA DO MINISTÉRIO PÚBLICO (ART. 127, § 2º, DA CRFB). CONSELHO NACIONAL DO MINISTÉRIO PÚBLICO COMO ÓRGÃO DO PARQUET. IMPOSSIBILIDADE DE INCURSÃO NO MÉRITO ADMINISTRATIVO RELATIVO AOS CRITÉRIOS UTILIZADOS PELO MINISTÉRIO PÚBLICO PARA ANULAR A QUESTÃO. ILEGITIMIDADE AD CAUSAM DA AUTORA PARA POSTULAR EM NOME DOS CANDIDATOS SUPOSTAMENTE PRETERIDOS. INEXISTÊNCIA DO INTERESSE DE AGIR. INCOMPETÊNCIA ORIGINÁRIA DO SUPREMO TRIBUNAL FEDERAL PARA CONHECER E JULGAR AÇÕES NÃO MANDAMENTAIS EM FACE DO CONSELHO NACIONAL DO MINISTÉRIO PÚBLICO. CONFUSÃO ENTRE OS POLOS ATIVO E PASSIVO DA DEMANDA. AGRAVO REGIMENTAL A QUE SE NEGA PROVIMENTO.

1. A jurisprudência do Supremo Tribunal Federal entende, em regra, como insindicável judicialmente a controvérsia atinente a critérios de correção de questões de concurso público, sob pena de o Poder Judiciário substituir-se à banca examinadora de concurso público.

2. O Ministério Público, embora não detenha personalidade jurídica

própria, é órgão vocacionado à preservação dos valores constitucionais, dotado de autonomia financeira, administrativa e institucional que lhe conferem a capacidade ativa para a tutela da sociedade e de seus próprios interesses em juízo, sendo descabida a atuação da União em defesa dessa instituição.

3. Inexiste interesse de agir quando não caracterizada a necessidade de controle jurisdicional do mérito administrativo.

4. Não atrai a competência originária do Supremo Tribunal Federal prevista no art. 102, I, *r*, da Constituição Federal a ação ordinária proposta em face do Conselho Superior do Ministério Público. Precedente: AO 1.814-QO, rel. Min. Marco Aurélio, Tribunal Pleno, DJe de 03/12/2014.

5. *In casu*, cuida-se de ação originariamente proposta pela União em face do Conselho Nacional do Ministério Público. A propositura de ação não mandamental em face do Conselho Nacional do Ministério Público tem o condão de situar no polo passivo a União, ente a quem se atribui o ato que se pretende combater, situação que caracteriza a confusão entre os polos ativo e passivo, atraindo a incidência do art. 267, IX, do CPC.

6. Agravo regimental a que se nega provimento. **(Inform. STF 787)**

AG. REG. NO ARE N. 859.441-PI

RELATOR: MIN. DIAS TOFFOLI

EMENTA: Agravo regimental no recurso extraordinário com agravo. Administrativo. Concurso público. Teste de aptidão física. Direito à segunda chamada. Inexistência, salvo previsão editalícia em sentido contrário. Validade das provas de segunda chamada realizadas até 15/5/13 assegurada (RE nº 630.733/DF). Precedentes.

1. O Plenário do Supremo Tribunal Federal, no exame do RE nº 630.733/DF, Relator o Ministro Gilmar Mendes, concluiu pela inexistência de direito de realização de segunda chamada de teste físico para os candidatos impossibilitados de realizá-lo ao tempo da convocação, salvo expressa previsão nesse sentido no instrumento convocatório do concurso público.

2. Na mesma ocasião, a Corte decidiu, por razões de segurança jurídica, pela manutenção da validade das provas realizadas em decorrência de determinações judiciais realizadas até o dia 15/5/13, data da sessão de julgamento do citado acórdão.

3. Agravo regimental não provido. **(Inform. STF 787)**

Serviço notarial e de registro: concurso público e princípio da isonomia – 2

Em conclusão de julgamento, o Plenário confirmou parcialmente medida cautelar (noticiada no Informativo 415) e assentou a procedência do pedido formulado em ação direta para, no tocante ao concurso de ingresso em serviço notarial e registral, declarar a inconstitucionalidade do inciso I e da expressão "e apresentação de temas em congressos relacionados com os serviços notariais e registrais", constante do inciso II, ambos do art. 17 da Lei 12.919/1998 do Estado de Minas Gerais, que dispõe sobre os concursos de ingresso e remoção nos serviços notariais e de registro do Estado-Membro ("Art. 17 – O candidato não eliminado nas provas de conhecimento poderá apresentar títulos, considerando-se como tais os seguintes: I- tempo de serviço prestado como titular, interino, substituto ou escrevente em serviço notarial ou de registro; II – trabalhos jurídicos publicados, de autoria única, e apresentação de temas em congressos relacionados com os serviços notariais e registrais"). Ademais, em relação ao concurso de remoção, fixou interpretação conforme à Constituição no sentido de que a consideração dos títulos referidos nos textos legais adversados deveria ter como marco inicial o ingresso no serviço notarial e de registro – v. Informativo 773. A Corte assinalou que a disciplina do assunto, na espécie, revelaria diferenciação arbitrária, bem assim que a inconstitucionalidade existente alcançaria não apenas concurso de ingresso, mas também de remoção. Sucede que o inciso II em comento, que trata de "apresentação de temas em congressos relacionados com os serviços notariais e registrais" privilegiaria não apenas os que exercessem atividade notarial e de registro, mas qualquer pessoa que tivesse apresentado temas nos referidos congressos. Quanto ao inciso I, não teria relevância prática, pois o art. 24 da mesma lei já determinaria que "ao concurso de remoção somente serão admitidos os titulares de serviços notariais e de registro que, por nomeação ou designação, exerçam a atividade por mais de dois anos, no Estado". Além disso, o art. 28 do diploma legal prescreveria que as disposições relativas ao concurso de ingresso seriam aplicáveis ao concurso de remoção apenas "no que couber". Não obstante, o Tribunal, ao julgar a ADI 3.522 ED/RS (DJU de 7.12.2006), fixara entendimento no sentido de que, em hipóteses como essa, seria necessário distinguir os concursos de ingresso e de remoção, de forma que, em relação aos de remoção só não poderia ser levado em conta o tempo de serviço notarial anterior ao ingresso nesse serviço. Assim, no caso de concurso de remoção, a consideração do tempo de serviço teria como marco inicial a assunção do cargo mediante concurso, sem que isso implicasse violação à isonomia. Por fim, o Colegiado deliberou, por maioria, modular os efeitos da decisão, para que a declaração de inconstitucionalidade só tivesse efeitos a partir da data da concessão da medida cautelar. Vencido, no ponto, o Ministro Marco Aurélio.

ADI 3580/MG, rel. Min. Gilmar Mendes, 20.5.2015. (ADI-3580) (Inform. STF 786)

Questões de concurso público e controle jurisdicional

Os critérios adotados por banca examinadora de concurso público não podem ser revistos pelo Poder Judiciário. Essa a conclusão do Plenário que, por maioria, proveu recurso extraordinário em que discutida a possibilidade de realização de controle jurisdicional sobre o ato administrativo que corrige questões de concurso público. No caso, candidatas de concurso para provimento de cargo do Executivo estadual pretendiam fosse declarada a nulidade de dez questões do certame, ao fundamento de que não teria havido resposta ao indeferimento de recursos administrativos. Ademais, defendiam que as questões impugnadas possuiriam mais de uma assertiva correta, uma vez que o gabarito divulgado contrariaria leis federais, conceitos oficiais, manuais técnicos e a própria doutrina recomendada pelo edital do concurso. O Colegiado afirmou ser antiga a jurisprudência do STF no sentido de não competir ao Poder Judiciário substituir a banca examinadora para reexaminar o conteúdo das questões e os critérios de correção utilizados, salvo ocorrência de ilegalidade e inconstitucionalidade. Nesse sentido, seria exigível apenas que a banca examinadora desse tratamento igual a todos os candidatos, ou seja, que aplicasse a eles, indistintamente, a mesma orientação. Na espécie, o acórdão recorrido divergira desse entendimento ao entrar no mérito do ato administrativo e substituir a banca examinadora para renovar a correção de questões de concurso público, a violar o princípio da separação de Poderes e a reserva de Administração. Desse modo, estaria em desacordo com orientação no sentido da admissibilidade de controle jurisdicional de concurso público quando não se cuidasse de aferir a correção dos critérios da banca examinadora, a formulação das questões ou a avaliação das respostas, mas apenas de verificar se as questões formuladas estariam no programa do certame, dado que o edital seria a lei do concurso. Vencido o Ministro Marco Aurélio, que, preliminarmente, não conhecia do recurso, por falta de prequestionamento e, no mérito, o desprovia, por entender que a banca examinadora entrara em contradição ao adotar certa linha doutrinária no edital, mas não o fazê-lo quanto à solução das questões impugnadas.

RE 632853/CE, rel. Min. Gilmar Mendes, 23.4.2015. (RE-632853) (Inform. STF 782)

Estatuto do Idoso e critérios de desempate em concurso público – 2

A Turma enfatizou que não se estaria a negar vigência ao Estatuto do Idoso, responsável por concretizar os direitos fundamentais da proteção do idoso na ordem jurídica brasileira, amparado nos princípios da cidadania e da dignidade da pessoa humana. Ocorre que, nesse certame em particular, a lei estadual, por ser norma especial a regular o concurso público de remoção para outorga de delegação notarial e de registro, deveria prevalecer sobre o Estatuto do Idoso no ponto em que tratasse de critérios de desempate. Não obstante, dentre os critérios previstos na lei estadual, o primeiro deles, a favorecer o candidato mais antigo na titularidade no serviço notarial ou de registro, não poderia ser utilizado para desempatar o certame, uma vez que fora considerado inconstitucional no julgamento da ADI 3.522/RS (DJe de 12.5.2006). Frisou que, no caso, teriam concorrido dois servidores/delegatários, já aprovados em concurso público, que realizaram concurso de remoção para titularizar outra serventia e, ao obterem a mesma pontuação, fora privilegiado, com base em escolha legislativa específica, aquele que possuiria o maior tempo de serviço. Desse modo, apenas se poderia adotar o critério de desempate que privilegiasse o mais idoso, como requeria o impetrante, se os candidatos tivessem também empatado quanto ao tempo de serviço público.

MS 33046/PR, rel. Min. Luiz Fux, 10.3.2015. (MS-33046) (Inform. STF 777)

Posse em cargo público por determinação judicial e dever de indenizar – 2

Na hipótese de posse em cargo público determinada por decisão judicial, o servidor não faz jus à indenização, sob fundamento de que deveria ter sido investido em momento anterior, salvo situação de arbitrariedade flagrante. Com base nesse entendimento, o Plenário, em conclusão de julgamento e por maioria, deu provimento a recurso extraordinário em que se discutia eventual direito, de candidatos nomeados e empossados em cargos públicos por força de decisão transitada em julgado, à indenização por danos materiais em decorrência da demora na nomeação determinada judicialmente. No caso, candidatos aprovados, dentro do número de vagas, na primeira fase de concurso público, somente participaram da segunda fase do certame em virtude de decisão judicial transitada em julgado, sendo ao final, aprovados, nomeados e empossados – v. Informativo 764. A Corte de origem assentara o direito de candidatos aprovados em concurso público a receberem indenização relativa ao período compreendido entre a data na qual deveriam ter assumido o cargo correspondente e a data da efetiva posse, considerado o interregno decorrente do trâmite processual. O Supremo destacou que, por se ressentir de disciplina legal mais exaustiva, a aplicação de concursos públicos suscitaria pródigo contencioso judicial. Nesse sentido, saber quando a nomeação de candidato aprovado deixasse de constituir opção administrativa e se transformasse em direito subjetivo seria controvérsia que, em especial, mereceria destaque na crônica jurisprudencial do tema. Para solucionar impasses da espécie, o STF teria produzido respostas a tomar como referência o contraponto mais agudo às expectativas dos concursandos – a preterição —, o que estaria consubstanciado no Enunciado 15 de sua Súmula ("Dentro do prazo de validade do concurso, o candidato aprovado tem o direito à nomeação, quando o cargo for preenchido sem observância da classificação"). Esse enunciado, produzido antes de 1988, inclusive teria sido assimilado pela ordem constitucional vigente por meio do art. 37, IV, da CF ("Durante o prazo improrrogável previsto no edital de convocação, aquele aprovado em concurso público de provas ou de provas e títulos será convocado com prioridade sobre os novos concursados para assumir cargo ou emprego, na carreira").

RE 724347/DF, rel. orig. Min. Marco Aurélio, red. p/ o acórdão Min. Roberto Barroso, 26.2.2015. (RE-724347)

Posse em cargo público por determinação judicial e dever de indenizar – 3

A Corte asseverou que o tônus normativo da noção constitucional de prioridade, que militaria em favor da contratação dos aprovados em concursos públicos, imporia uma série de deveres sucessivos à Administração, dentre os quais os de: a) convocar os aprovados dentro do número de vagas previsto em edital; b) motivar apropriadamente eventual não convocação; c) não preterir a ordem de classificação estabelecida após a correção das provas, salvo se por imposição de determinação judicial; e d) não empregar expedientes de contratação precários durante o prazo de validade de concursos para a mesma função. Ocorrendo o descumprimento de quaisquer desses deveres implícitos, os aprovados teriam uma pretensão legítima a ser exercida contra a Administração por meio de ação judicial. Ademais, se durante o processamento da demanda não ficassem provados fatos extintivos, impeditivos ou modificativos do direito de prioridade, seguir-se-ia a nomeação como desfecho natural. Contudo, apesar de estar consolidado esse entendimento na jurisprudência, a reversão judicial de eventuais violações ao art. 37, IV, da CF nem sempre se operaria com a celeridade esperada. Assim, como o provimento judicial de nomeação implicaria carga de onerosidade semelhante aos comandos de "liberação de recurso, inclusão em folha de pagamento, reclassificação, equiparação, concessão de aumento ou extensão de vantagens a servidor" – cuja execução estaria condicionada ao trânsito em julgado da decisão concessiva, nos termos do art. 2º-B da Lei 9.494/1997 —, também a nomeação em decorrência de decisão judicial ficaria submetida ao princípio de prudência judiciária que, em resguardo ao erário, limitaria a execução provisória das decisões judiciais. Desse modo, as nomeações somente seriam implementadas após o trânsito em julgado das decisões que as tivessem assegurado. Igualmente, o diferimento da eficácia dessas decisões em sede de concurso público provocaria ainda outro efeito secundário, qual seja, o atraso na nomeação dos postulantes, quando verificada a procedência do direito reclamado.

RE 724347/DF, rel. orig. Min. Marco Aurélio, red. p/ o acórdão Min. Roberto Barroso, 26.2.2015. (RE-724347)

Posse em cargo público por determinação judicial e dever de indenizar – 4

O Plenário pontuou que não se poderia deixar de reconhecer, em abstrato, a possibilidade de que determinadas condutas praticadas pelo Estado na aplicação de concursos públicos pudessem vir a ocasionar danos materiais passíveis de indenização. Isso se daria notadamente nos casos em que eventual preterição decorresse de inequívoca e manifesta ilegitimidade do comportamento da Administração, suscetível de identificação sem maiores digressões jurídicas. Dessa feita, o dever de reparação eventualmente surgido na condução de concursos públicos não poderia alcançar todas as hipóteses possíveis de judicialização. Fosse isso verdadeiro, a responsabilidade estatal assumiria elastério desproporcional, a tornar os procedimentos seletivos praticamente inadministráveis, já que a impugnação de qualquer aspecto poderia provocar, em tese, o adiamento do desfecho do certame e, consequentemente, das nomeações. Admitir essa premissa resultaria em considerar possível o nascimento do dever de reparação civil em decorrência de atrasos causados, por exemplo, pela impugnação de cláusulas editalícias de alcance genérico, bem como pelo questionamento de etapas intermediárias da avaliação, como a correção do gabarito de determinada questão de prova objetiva. A rigor, porém, nenhuma dessas situações deveria gerar dever estatal de reparação. Isso porque, embora algumas delas pudessem constituir demora qualificável na nomeação no cargo, em nenhuma delas estaria consolidada a situação de aprovação do candidato, pressuposto indispensável para a configuração da posição jurídica tida como prioritária pelo art. 37, IV, da CF. Não seria, portanto, a anulação judicial de qualquer ato administrativo praticado em concurso público que atrairia a incidência pura e simples do art. 37, § 6º, da CF. No caso, os recorridos não ostentariam condição jurídica e fática de postular o provimento das nomeações, porque, quando da impetração de mandados de segurança no juízo "a quo", ainda não estariam definitivamente aprovados no concurso em questão, composto por duas etapas, ambas de caráter eliminatório. Desse modo, se a controvérsia judicial então instaurada apresentara por objeto situação jurídica primitiva à nomeação, ou seja, se ao tempo da propositura das ações os recorridos tinham mera expectativa de investidura em cargo público, o art. 37, § 6º, da CF, não constituiria base normativa suficiente para adjudicar, em favor deles, reparação similar ao que seria pago pelo exercício do cargo. Assim, ainda que se pudesse conjecturar, em tese, sobre um direito secundário de reparação, derivado do descumprimento da positividade irredutível do art. 37, IV, da CF – o que, de resto, não poderia ser tido como manifesto e fora de qualquer dúvida jurídica —, não haveria fundamento concreto, no caso, para afirmar esse direito, porque os postulantes ainda não teriam sido efetivamente aprovados no concurso de que participavam. Por fim, o pagamento de remuneração a servidor público e o reconhecimento de efeitos funcionais pressuporia efetivo exercício do cargo, o que não ocorrera, sob pena de enriquecimento sem causa. Vencidos os Ministros Marco Aurélio (relator) e Luiz Fux, que desproviam o recurso por considerarem devida a indenização, em face da responsabilidade civil objetiva do Estado pelo ato ilegal de seus agentes (CF, art. 37, § 6º), além do que, não se trataria, no caso, de pretensão de receber vencimentos ou subsídios, e sim pagamento de quantia certa, em dinheiro, a título de indenização por danos materiais, a caracterizar típica obrigação do civilmente responsável.

RE 724347/DF, rel. orig. Min. Marco Aurélio, red. p/ o acórdão Min. Roberto Barroso, 26.2.2015. (RE-724347) (Inform. STF 775)

DIREITO ADMINISTRATIVO. DESISTÊNCIA DE CANDIDATO APROVADO EM CONCURSO PÚBLICO DENTRO DO NÚMERO DE VAGAS.

O candidato aprovado fora do número de vagas previstas no edital de concurso público tem direito subjetivo à nomeação quando

o candidato imediatamente anterior na ordem de classificação, aprovado dentro do número de vagas, for convocado e manifestar desistência. O posicionamento do STJ (RMS 33.875-MT, Primeira Turma, DJe 22/6/2015; e AgRg nos EDcl nos EDcl no Ag 1.398.319-ES, Segunda Turma, DJe 9/3/2012) induz à conclusão de que o candidato constante de cadastro de reserva, ou, naqueles concursos em que não se utiliza essa expressão, aprovado fora do número de vagas previsto no edital, só terá direito à nomeação nos casos de comprovada preterição, seja pela inobservância da ordem de classificação, seja por contratações irregulares. Contudo, deve-se acrescentar e destacar que a desistência de candidatos aprovados dentro do número de vagas previsto no edital do certame é hipótese diversa e resulta em direito do próximo classificado à convocação para a posse ou para a próxima fase do concurso, conforme o caso. É que, nessa hipótese, a necessidade e o interesse da Administração no preenchimento dos cargos ofertados estão estabelecidos no edital de abertura do concurso, e a convocação do candidato que, logo após, desiste, comprova a necessidade de convocação do próximo candidato na ordem de classificação. Precedentes do STF citados: ARE 866.016 AgR, Primeira Turma, DJe 29/10/2013; ARE 661.760 AgR, Primeira Turma, DJe 29/10/2013; RE 643.674 AgR, Segunda Turma, DJe 28/8/2013; ARE 675.202 AgR, Segunda Turma, DJe 22/8/2013. **AgRg no ROMS 48.266-TO, Rel. Min. Benedito Gonçalves, julgado em 18/8/2015, DJe 27/8/2015 (Inform. STJ 567).**

DIREITO ADMINISTRATIVO. DESISTÊNCIA DE CANDIDATO APROVADO EM CONCURSO PÚBLICO FORA DO NÚMERO DE VAGAS.

O candidato aprovado fora do número de vagas previstas no edital de concurso público tem direito subjetivo à nomeação quando o candidato imediatamente anterior na ordem de classificação, embora aprovado fora do número de vagas, for convocado para vaga surgida posteriormente e manifestar desistência. O posicionamento do STJ (RMS 33.875-MT, Primeira Turma, DJe 22/6/2015; e AgRg nos EDcl nos EDcl no Ag 1.398.319-ES, Segunda Turma, DJe 9/3/2012) induz à conclusão de que o candidato constante de cadastro de reserva, ou, naqueles concursos em que não se utiliza essa expressão, aprovado fora do número de vagas previsto no edital, só terá direito à nomeação nos casos de comprovada preterição, seja pela inobservância da ordem de classificação, seja por contratações irregulares. Contudo, deve-se acrescentar e destacar que a desistência de candidatos aprovados dentro do número de vagas previsto no edital do certame é hipótese diversa e resulta em direito do próximo classificado à convocação para a posse ou para a próxima fase do concurso, conforme o caso. É que, nessa hipótese, a necessidade e o interesse da Administração no preenchimento dos cargos ofertados estão estabelecidos no edital de abertura do concurso, e a convocação do candidato que, logo após, desiste, comprova a necessidade de convocação do próximo candidato na ordem de classificação. Embora exista diferença entre as situações fático-jurídicas daqueles que se encontram classificados imediatamente após o candidato desistente de vaga disponibilizada no edital do concurso e daqueles classificados imediatamente após o candidato desistente classificado fora das vagas ofertadas, deve-se reconhecer que o ato administrativo que convoca candidato para preencher outras vagas, oferecidas após o preenchimento daquelas previstas pelo edital, gera o mesmo efeito do ato de convocação dos candidatos aprovados dentro de número de vagas quando há desistência. É que, também nessa hipótese, a Administração, por meio de ato formal, manifesta necessidade e interesse no preenchimento da vaga. O ato administrativo que prevê novas vagas para o certame adita o edital inaugural, necessitando preencher os mesmos requisitos de validade e produzindo os mesmos efeitos jurídicos com relação aos candidatos. Assim, se o ato de convocação, perfeito, válido e eficaz, encontra motivação nas novas vagas ofertadas, não há fundamento para se diferenciar o entendimento aplicável às mencionadas categorias de candidatos, à luz dos princípios constitucionais da isonomia, da moralidade e da legalidade. **AgRg no RMS 41.031-PR, Rel. Min. Benedito Gonçalves, julgado em 18/8/2015, DJe 27/8/2015 (Inform. STJ 567).**

Súmula Vinculante STF 43

É inconstitucional toda modalidade de provimento que propicie ao servidor investir-se, sem prévia aprovação em concurso público destinado ao seu provimento, em cargo que não integra a carreira na qual anteriormente investido.

Súmula Vinculante STF 44

Só por lei se pode sujeitar a exame psicotécnico a habilitação de candidato a cargo público.

Súmula STJ nº 552

O portador de surdez unilateral não se qualifica como pessoa com deficiência para o fim de disputar as vagas reservadas em concursos públicos.

Súmula STF nº 686

Só por Lei se pode sujeitar a exame psicotécnico a habilitação de candidato a cargo público.

Súmula STF nº 685

É inconstitucional toda modalidade de provimento que propicie ao servidor investir-se, sem prévia aprovação em concurso público destinado ao seu provimento, em cargo que não integra a carreira na qual anteriormente investido.

Súmula STF nº 684

É inconstitucional o veto não motivado à participação de candidato a concurso público.

Súmula STF nº 683

O limite de idade para a inscrição em concurso público só se legitima em face do art. 7º, XXX, da Constituição, quando possa ser justificado pela natureza das atribuições do cargo a ser preenchido.

Súmula STF nº 15

Dentro do prazo de validade do concurso, o candidato aprovado tem o direito à nomeação, quando o cargo for preenchido sem observância da classificação.

Súmula STJ nº 466

O titular da conta vinculada ao FGTS tem o direito de sacar o saldo respectivo quando declarado nulo seu contrato de trabalho por ausência de prévia aprovação em concurso público.

Súmula STJ nº 377

O portador de visão monocular tem direito de concorrer, em concurso público, às vagas reservadas aos deficientes.

Súmula STJ nº 266

O diploma ou habilitação legal para o exercício do cargo deve ser exigido na posse e não na inscrição para o concurso público.

5.2.1. Contratação temporária de excepcional interesse público

Policiais temporários e princípio do concurso público – 5

Em conclusão de julgamento, o Plenário julgou procedente pedido formulado em ação direta para declarar a inconstitucionalidade da Lei 17.822/2012 do Estado de Goiás, que institui o Serviço de Interesse Militar Voluntário Estadual – SIMVE na Polícia Militar e no Corpo de Bombeiros Militar do Estado-Membro – v. Informativo 779. Quanto à inconstitucionalidade material da norma, o Colegiado assinalou que, anteriormente à edição da lei em comento, o governo estadual lançara concurso público de provas e títulos para provimento de cargos de policial militar, com a subsequente seleção de candidatos. A lei adversada, por sua vez – em vigor durante o prazo de validade do concurso —, a pretexto de ter fundamento de validade na Lei 4.735/1964 (Lei do Serviço Militar), instituíra uma classe de policiais temporários, cujos integrantes, após serem aprovados em seleção e em curso de formação, passariam a ocupar cargo de natureza policial militar. Esses temporários seriam remunerados por subsídio, sujeitos à legislação militar e às normas específicas da Polícia Militar e do Corpo de Bombeiros Militar estaduais. Intentara-

-se, assim, a realização de um corte de gastos relacionados com a segurança pública. Ao possibilitar que voluntários tivessem função de policiamento preventivo e repressivo, além de terem o direito de usar os uniformes, insígnias e emblemas utilizados pela corporação, com a designação "SV", recebendo subsídio, a lei objetivara criar policiais temporários, disfarçados sob a classificação de voluntários, para a execução de atividades militares, em detrimento da exigência constitucional de concurso público. O Colegiado sublinhou, ademais, que as Forças Armadas seriam instituições nacionais, regulares e permanentes (CF, art. 142), não admitida a existência de forças temporárias. Seus membros seriam chamados de "militares", termo também empregado constitucionalmente para designar policiais militares e bombeiros militares (CF, art. 42). Entretanto, não se poderia confundir os membros das Forças Armadas com os militares estaduais. A Constituição vedaria que os Estados-Membros possuíssem Exército, Marinha e Aeronáutica. Todavia, admitiria que eles constituíssem polícias militarizadas para segurança interna e manutenção da ordem no território (CF, art. 144, § 5º). Assim, os militares estaduais seriam destinados à função de segurança pública, integrariam a estrutura do Poder Executivo estadual e não seguiriam o mesmo regime constitucional alusivo às Forças Armadas. Essa diferença também diria respeito à forma de ingresso na carreira. Enquanto a admissão nas Forças Armadas dar-se-ia tanto pela via compulsória do recrutamento oficial quanto pela via voluntária de ingresso nos cursos de formação, os servidores militares estaduais seriam submetidos, sempre voluntariamente, a concurso público. Com o advento da EC 18/1998, houvera a distinção entre servidores públicos civis e militares e, em relação a estes, distinguiram-se os dos Estados e do Distrito Federal e os das Forças Armadas. Daí o art. 42 da CF determinar a aplicação, aos militares estaduais, do art. 142, §§ 2º e 3º, e remeter à lei estadual a disciplina das matérias do art. 142, § 3º, X, da CF. Portanto, o constituinte não optara por excluir a obrigatoriedade do concurso público para ingresso na Polícia Militar e no Corpo de Bombeiros Militar. O seu objetivo original, ao estabelecer o postulado do concurso público, seria traduzido na necessidade essencial de o Estado conferir efetividade ao princípio constitucional da igualdade. Seria vedada, desse modo, a prática inaceitável de concessão de privilégios arbitrários.

ADI 5163/GO, rel. Min. Luiz Fux, 8.4.2015. (ADI-5163)

Policiais temporários e princípio do concurso público – 6

O Colegiado assinalou que o concurso público seria uma forma de a Administração assegurar os princípios maiores da isonomia e da impessoalidade na concorrência dos candidatos aos cargos públicos. Todos os Poderes estariam jungidos à observância do preceito, inclusive o Executivo estadual ao contratar policiais militares. Além disso, o constituinte previra expressamente exceções quanto à obrigatoriedade de concurso público. Assim, estabelecera genericamente a possibilidade de nomeação para cargo em comissão declarado em lei de livre nomeação e exoneração (CF, art. 37, II) e previra a contratação por tempo determinado para atender a necessidade temporária de excepcional interesse público (CF, art. 37, IX). Haveria outras exceções, como, por exemplo os cargos eletivos. Em todas as hipóteses, a base constitucional seria taxativa, e entre elas não estariam os policiais militares. Ademais, sequer a lei impugnada configuraria o permissivo do art. 37, IX, da CF. Não estariam presentes os requisitos e limites para esse tipo de contratação. A necessidade temporária de excepcional interesse público não dependeria de mera escolha discriminatória da Administração. Ela exigiria o atendimento de um fim próximo e a demonstração da impossibilidade de consecução desse fim com os recursos humanos de que disporia a Administração. Na situação dos autos, a lei em debate permitira a contratação de 2.400 policiais temporários, embora houvesse cerca de 1.400 concursados aprovados em cadastro reserva aguardando convocação. Além disso, no caso dos contratados em caráter temporário, tratara-se de contratação para atividade previsível, permanente e ordinária. Assim, seria inconstitucional a lei que, a pretexto de satisfazer o art. 37, IX, da CF, não estabelecesse prazo determinado ou não especificasse a contingência fática que evidenciasse a situação emergencial.

ADI 5163/GO, rel. Min. Luiz Fux, 8.4.2015. (ADI-5163)

Policiais temporários e princípio do concurso público – 7

O Tribunal reputou que, no tocante à inconstitucionalidade formal, o diploma em questão violaria o art. 24 da CF, ao usurpar a competência da União para legislar sobre o tema. Aos Estado-Membros a Constituição permitiria o estabelecimento de regras ou disposições que permitissem a aplicação das diretrizes gerais e principiológicas impostas pela União. Nas hipóteses constitucionalmente previstas de competência legislativa concorrente entre União e Estados-membros, situação em que caberia à União estabelecer normas gerais e a estes normas suplementares, a única situação permissiva de exame de constitucionalidade em sede de fiscalização normativa abstrata seria aquela a configurar inconstitucionalidade direta, imediata e frontal. É o que ocorreria na espécie. A norma federal a cuidar do tema – Lei 10.029/2000 – fora editada para trazer os parâmetros de organização de serviço voluntário nas Polícias Militares e Corpos de Bombeiros Militares. Assim, a lei estadual deveria ser expungida no que divergisse ou inovasse em relação à lei federal. Esta, além de restringir o exercício do serviço militar voluntário a atividades administrativas e auxiliares, proibiria porte de arma de fogo e exercício de poder de polícia pelos voluntários, estabeleceria auxílio mensal de caráter indenizatório não superior a dois salários mínimos e impossibilitaria a caracterização de vínculo empregatício e de natureza previdenciária pela prestação dos serviços voluntários. O contraste com a norma estadual seria, portanto, radical e insanável. Por fim, o Colegiado não modulou os efeitos da declaração de inconstitucionalidade, uma vez não atingido o número de votos necessário para tanto.

ADI 5163/GO, rel. Min. Luiz Fux, 8.4.2015. (ADI-5163) (Inform. STF 780)

DIREITO ADMINISTRATIVO. CONTRATAÇÃO TEMPORÁRIA DE SERVIDOR PÚBLICO PARA ATIVIDADES DE CARÁTER PERMANENTE.

Ainda que para o exercício de atividades permanentes do órgão ou entidade, admite-se a contratação por tempo determinado para atender a necessidade temporária de excepcional interesse público (arts. 37, IX, da CF e 2º da Lei 8.745/1993) – qual seja, o crescente número de demandas e o elevado passivo de procedimentos administrativos parados junto ao órgão, que se encontra com o quadro de pessoal efetivo completo, enquanto pendente de análise no Congresso Nacional projeto de lei para a criação de vagas adicionais. O art. 37, IX, da CF dispõe que "a lei estabelecerá os casos de contratação por tempo determinado para atender a necessidade temporária de excepcional interesse público". Por sua vez, a Lei 8.745/1993, ao regulamentar o referido dispositivo, estabelece, em seu art. 2º, VI, "i", que "Considera-se necessidade temporária de excepcional interesse público: [...] atividades: [...] técnicas especializadas necessárias à implantação de órgãos ou entidades ou de novas atribuições definidas para organizações existentes ou as decorrentes de aumento transitório no volume de trabalho que não possam ser atendidas mediante a aplicação do art. 74 da Lei nº 8.112, de 11 de dezembro de 1990". Soma-se a isso o fato de que o STF já emitiu entendimento de que a CF autoriza contratações de servidores, sem concurso público, quer para o desempenho das atividades de caráter eventual, temporário ou excepcional, quer para o desempenho das atividades de caráter regular e permanente, desde que indispensáveis ao atendimento de necessidade temporária de excepcional interesse público. No caso ora em análise, observa-se o crescente número de demandas e o enorme passivo de procedimentos administrativos parados junto ao órgão, cujos atos de impulso não poderiam se dar, simplesmente, por meio de serviço extraordinário. Ademais, além de os temporários contratados estarem vinculados a uma demanda transitória e pontual, pautada no excesso do volume de trabalho em diversas áreas, é certo que a espera pela eventual realização do certame público poderá acarretar sérios prejuízos tanto ao erário como para a sociedade. Não restam dúvidas, portanto, que os fatos que justificam a contratação temporária (acúmulo do serviço) não está a violar a regra constitucional do concurso público, até mesmo porque se aguarda a tramitação no Congresso Nacional de projetos para criação de vagas adicionais. Precedentes citados do STF: ADI 3.247-MA, Tribunal Pleno, DJe 18/8/2014; ADI 3.386-DF, Tribunal Pleno, DJe 24/8/2011; e ADI 3.068-AM, Tribunal Pleno, DJ 24/2/2006. **MS 20.335-DF, Rel. Min. Benedito Gonçalves, julgado em 22/4/2015, DJe 29/4/2015 (Inform. STJ 560).**

5.3. Remuneração

AG. REG. NO ARE N. 825.531-CE

REDATOR P/ O ACÓRDÃO: MIN. DIAS TOFFOLI

EMENTA: Agravo regimental no recurso extraordinário com agravo. Constitucional e administrativo. Servidor público. Pretensão de manutenção de vantagem remuneratória adquirida no exercício de cargo de carreira diversa. Impossibilidade. Precedentes.

1. A pretensão do ora agravado era a manutenção de vantagem remuneratória adquirida no exercício de cargo público no Judiciário estadual e a transposição dessa vantagem funcional para o cargo atualmente exercido na Justiça Federal.

2. O Supremo Tribunal Federal no julgamento de mérito do recurso extraordinário nº 587.371/DF-RG, Relator o Ministro **Teori Zavascki**, DJe de 24/6/14, cuja repercussão geral havia sido reconhecida, assentou a impossibilidade de as vantagens remuneratórias adquiridas no exercício de determinado cargo público serem transportadas para outro cargo pertencente a carreira e regime jurídico distintos para o qual o agente público venha a ser nomeado posteriormente.

3. No referido julgamento, consignou o relator que "**as vantagens remuneratórias adquiridas no exercício de determinado cargo público não autoriza o seu titular, quando extinta a correspondente relação funcional, a transportá-las para o âmbito de outro cargo, pertencente a carreira e regime jurídico distintos, criando, assim, um direito de *tertium genus*, composto das vantagens de dois regimes diferentes**".

4. Agravo regimental provido para que se conheça do agravo e se dê provimento ao recurso extraordinário interposto pela União, julgando-se, por conseguinte, improcedente a ação proposta pelo ora agravado, com a ressalva de preservação dos valores eventualmente já recebidos, em respeito ao princípio da boa-fé. **(Inform. STF 810)**

Adicional por tempo de serviço: coisa julgada e art. 17 do ADCT – 2

Não há garantia à continuidade de recebimento de adicionais por tempo de serviço em percentual superior àquele previsto em legislação posterior sob o fundamento de direito adquirido. Com base nessa orientação, o Plenário, em conclusão de julgamento e por maioria, denegou a segurança no tocante a percepção dos referidos adicionais. No caso, os impetrantes pretendiam restabelecer, sob a alegação de ofensa à coisa julgada e ao direito adquirido, a percepção da parcela relativa ao adicional por tempo de serviço, suprimida de seus proventos pelo TCU com base no art. 17 do ADCT ("Os vencimentos, a remuneração, as vantagens e os adicionais, bem como os proventos de aposentadoria que estejam sendo percebidos em desacordo com a Constituição serão imediatamente reduzidos aos limites dela decorrentes, não se admitindo, neste caso, invocação de direito adquirido ou percepção de excesso a qualquer título") – v. Informativo 403. O Colegiado entendeu que, a partir da vigência da Lei 6.035/1974, seria incabível a pretensão dos impetrantes no sentido de manter a sistemática de aquisição de adicionais por tempo de serviço prevista na Lei 4.097/1962. Nesse ponto, a perpetuação do direito a adicionais, na forma estabelecida em lei revogada, implicaria, na situação dos autos, na possibilidade de aquisição de direitos com base em regras abstratas decorrentes de sistema remuneratório já não mais em vigor, em clara afronta ao princípio da legalidade. Quanto a esse tema, a jurisprudência da Corte teria se consolidado no sentido de não haver direito adquirido a regime jurídico. Ademais, no julgamento do RE 146.331 EDiv/SP, DJU de 20.4.2007, – no qual se discutiu a legitimidade da cumulação de adicionais sob o mesmo fundamento, o chamado "efeito cascata" ou "repique", com base em decisão judicial proferida antes do advento da Constituição de 1988 —, o Plenário decidiu que a coisa julgada não estaria a salvo da incidência do disposto no art. 17 do ADTC. Esse entendimento teria sido ratificado no exame do RE 600.658/PE (DJe 16.6.2011), com repercussão geral. Vencidos os Ministros Eros Grau (relator) e Ricardo Lewandowski (Presidente), que concediam a ordem. O relator entendia que o ato impugnado afrontaria o art. 5º, XXXVI, da CF, haja vista que o adicional em questão fora garantido aos impetrantes por sentença com trânsito em julgado. Para o Presidente, o art. 17 do ADCT vedava, na realidade, o denominado repique ou efeito cascata no cálculo de vantagens pessoais, uma sobre a outra. Apontava que na hipótese do adicional por tempo de serviço não haveria essa ocorrência.

MS 22423/RS, rel. orig. Min. Eros Grau, red. p/ o acórdão Min. Gilmar Mendes, 26.11.2015. (MS-22423) (Inform. STF 809)

REPERCUSSÃO GERAL EM RE N. 905.357-RR

REDATOR P/ O ACÓRDÃO: MIN. TEORI ZAVASCKI

Ementa: ADMINISTRATIVO E CONSTITUCIONAL. RECURSO EXTRAORDINÁRIO. ESTADO DE RORAIMA. SERVIDORES PÚBLICOS. REVISÃO GERAL ANUAL. ÍNDICE DE 5%. PREVISÃO NA LEI DE DIRETRIZES ORÇAMENTÁRIAS (LEI ESTADUAL 339/02). AUSÊNCIA DA DOTAÇÃO ORÇAMENTÁRIA CORRESPONDENTE NA LEI ORÇAMENTÁRIA DO RESPECTIVO ANO. EXISTÊNCIA OU NÃO DE DIREITO SUBJETIVO. REPERCUSSÃO GERAL CONFIGURADA.

1. Possui repercussão geral a controvérsia relativa à existência ou não de direito subjetivo a revisão geral da remuneração dos servidores públicos por índice previsto apenas na Lei de Diretrizes Orçamentárias, sem correspondente dotação orçamentária na Lei Orçamentária do respectivo ano.

2. Repercussão geral reconhecida. **(Inform. STF 809)**

Teto remuneratório: EC 41/2003 e vantagens pessoais – 1

Computam-se, para efeito de observância do teto remuneratório do art. 37, XI, da CF, também os valores percebidos anteriormente à vigência da EC 41/2003 a título de vantagens pessoais pelo servidor público, dispensada a restituição de valores eventualmente recebidos em excesso e de boa-fé até o dia 18.11.2015. Essa a conclusão do Plenário que, por maioria, proveu recurso extraordinário em que discutida possibilidade de servidor público aposentado continuar a receber as vantagens pessoais incorporadas antes da EC 41/2003, que dera nova redação ao art. 37, XI, da CF. O Colegiado rememorou o que decidido nos autos do RE 609.381/GO (DJe de 11.12.2014), oportunidade em que o Tribunal, em repercussão geral, reputara necessária a imediata adequação dos vencimentos pagos aos servidores públicos, desde a promulgação da EC 41/2003, ao teto nela previsto para cada esfera do funcionalismo. Entretanto, ainda remanesceria à Corte definir a respeito do cômputo das vantagens pessoais para fins de incidência do teto. A jurisprudência do STF revelaria o seguinte quadro: a) entendimento segundo o qual o art. 37, XI, da CF, na redação da EC 41/2003, de eficácia plena e aplicabilidade imediata, alcançaria as vantagens pessoais; b) expressivo número de julgados nos quais a garantia da irredutibilidade de vencimentos, modalidade qualificada de direito adquirido, impede que as vantagens percebidas antes da vigência da EC 41/2003 sejam por ela alcançadas; e c) existência de tese fixada em repercussão geral, no julgamento do RE supracitado, no sentido de que o teto estabelecido pela EC 41/2003 tem eficácia imediata e abrange todas as verbas de natureza remuneratória percebidas pelos servidores públicos da União, Estados-Membros, do Distrito Federal e dos Municípios, ainda que adquiridas de acordo com regime legal anterior. O art. 37, XI, da CF, na redação da EC 41/2003, é expresso ao incluir as vantagens pessoais ou de qualquer outra natureza para fins de limitação dos ganhos ao teto remuneratório do serviço público. Caberia perquirir, assim, se essa nova redação afrontaria as garantias do direito adquirido e da irredutibilidade de vencimentos. Nessa perspectiva, se o regime anterior assegurava a percepção dessas vantagens contra eventual abatimento imposto pelo teto, a supressão superveniente pela referida emenda careceria de validade no tocante às vantagens até então legalmente recebidas pelo servidor, integrantes de seu patrimônio jurídico.

RE 606358/SP, rel. Min. Rosa Weber, 18.11.2015. (RE-606358)

Teto remuneratório: EC 41/2003 e vantagens pessoais – 2

O Colegiado assinalou que a EC 41/20013 não violaria a cláusula do direito adquirido, porque o postulado da irredutibilidade de vencimentos, desde sua redação original, já indicava a precedência do disposto no art. 37, XI, da CF, ao delimitar-lhe o âmbito de incidência. A respeito, a EC 19/1998 tornara mais explícita a opção pelo teto remuneratório como verdadeiro limite de aplicação da garantia da irredutibilidade. Assim, essa garantia não poderia ser estendida aos valores excedentes do teto remuneratório, incluídas as vantagens pessoais. Em outras palavras, a Constituição assegura a irredutibilidade do subsídio e dos vencimentos

dos exercentes de cargos e empregos públicos que se inserem nos limites impostos pelo art. 37, XI, da CF. Ultrapassado o teto, cessa a garantia oferecida pelo art. 37, XV, da CF, que tem sua aplicabilidade vinculada ao montante correspondente. Acrescentou que a EC 41/2003 teria por objetivo afastar distorções remuneratórias históricas e promover o equilíbrio financeiro e atuarial das contas públicas, a consagrar mecanismo moralizador da folha de pagamentos da Administração Pública. Nesse sentido, reconhecer nas vantagens pessoais predicado apto a excepcioná-las do teto remuneratório iria contra o sentido expresso constitucionalmente. Estaria incluída, para efeito de observância do teto, qualquer verba remuneratória paga com recursos públicos. A Constituição não só autoriza como exige o cômputo, para efeito de incidência do teto, de adicionais por tempo de serviço, sexta parte, prêmio de produtividade e gratificações, ainda que qualificados como vantagens de natureza pessoal percebidas antes do advento da EC 41/2003. A limitação, ao teto, da despesa efetiva da Administração com a remuneração de uma única pessoa não se confundiria com a supressão do respectivo patrimônio jurídico, uma vez preservado o direito à percepção progressiva sempre que, majorado o teto, ainda não alcançada a integralidade da verba. A incorporação de vantagens permaneceria hígida, e apenas não oponível ao corte exigido pelo imperativo da adequação ao teto. Vencido o Ministro Marco Aurélio, que desprovia o recurso. Considerava haver pronunciamentos do STF no sentido de que, até a promulgação da EC 41/2003, de vigência prospectiva, as vantagens pessoais não poderem ser computadas para efeito do teto.
RE 606358/SP, rel. Min. Rosa Weber, 18.11.2015. **(RE-606358) (Inform. STF 808)**

QUARTO AG. REG. NO RE N. 285.302-SP
RELATOR: MIN. TEORI ZAVASCKI
EMENTA: ADMINISTRATIVO E CONSTITUCIONAL. AGRAVO REGIMENTAL NO RECURSO EXTRAORDINÁRIO. AÇÃO DIRETA DE INCONSTITUCIONALIDADE ESTADUAL. ART. 70 DA LEI 9.167/80, DO MUNICÍPIO DE SÃO PAULO, NA REDAÇÃO DADA PELA LEI MUNICIPAL 11.548/94. APLICAÇÃO, AOS SERVIDORES DO TRIBUNAL DE CONTAS MUNICIPAL, DA LEGISLAÇÃO ESTABELECIDA PARA O QUADRO FUNCIONAL DA CÂMARA MUNICIPAL, INCLUSIVE NO QUE TOCA AOS "VALORES E FORMAS DE CÁLCULO DAS VANTAGENS" E ÀS "ESCALAS DE VENCIMENTOS". ATRIBUIÇÃO DA REGULAMENTAÇÃO DA MATÉRIA À CORTE DE CONTAS, POR RESOLUÇÃO. INCONSTITUCIONALIDADE. OFENSA AOS ARTS. 2º, 37, X, 39, § 1º, 73 E 96, II, 'B', DA CONSTITUIÇÃO FEDERAL.
1. A isonomia a que se referia o art. 39, § 1º, da CF/88, na redação anterior à EC 19/98, era princípio dirigido ao legislador, a quem cabia concretizá-lo, considerando especificamente os cargos de atribuições iguais ou assemelhadas, por meio da observância recíproca das leis de fixação de vencimentos (ADI 1.776-MC, Rel. Min. SEPÚLVEDA PERTENCE, Tribunal Pleno, DJ de 26/5/2000; RMS 21.512, Rel. Min. MOREIRA ALVES, Primeira Turma, DJ de 19/2/1993).
2. Não obstante haja, no caso em exame, lei formal prevendo a aplicação da legislação referente aos servidores da Câmara Municipal ao quadro funcional do Tribunal de Contas, a referida norma não identificou os cargos de atribuições iguais ou assemelhados, limitando-se a conferir à Corte de Contas a competência para, por meio de resolução, aplicar a seus servidores a legislação pertinente ao quadro funcional da Câmara Municipal.
3. Ao regular a matéria de que trata o art. 70 da Lei 9.167/80, o Tribunal de Contas terminaria por dispor pormenorizadamente acerca "dos valores e formas de cálculo das vantagens e das escalas de vencimentos" aplicáveis a seus servidores, extrapolando, em muito, os limites do poder normativo inerente à função administrativa desempenhada pelo órgão e imiscuindo-se em atribuição do Poder Legislativo Municipal, em manifesta violação ao princípio da separação dos poderes, no qual encontra-se implícita a restrição de delegação legislativa (ADI 3.090-MC, Rel. Min. GILMAR MENDES, DJe de 26/10/2007), mormente de matéria cuja reserva de lei é prescrita pela própria Carta Magna.
4. A norma municipal impugnada usurpa a iniciativa legislativa privativa conferida pela Constituição Federal aos tribunais de contas para tratar da fixação da remuneração de seu quadro funcional, uma vez que, observada a legislação municipal, a esse órgão caberia apenas adequar aos seus servidores o disposto em resolução da Câmara Municipal.
5. Agravo regimental a que se nega provimento **(Inform. STF 804)**

REPERCUSSÃO GERAL EM RE N. 881.502-RS
RELATOR: MIN. TEORI ZAVASCKI
Ementa: PROCESSUAL CIVIL E ADMINISTRATIVO. RECURSO EXTRAORDINÁRIO. GRATIFICAÇÃO DE DESEMPENHO. DEMORA DO PODER PÚBLICO EM PROCEDER ÀS AVALIAÇÕES DOS SERVIDORES. INDENIZAÇÃO POR DANOS MATERIAIS. MATÉRIA INFRACONSTITUCIONAL. AUSÊNCIA DE REPERCUSSÃO GERAL.
1. Possui natureza infraconstitucional a controvérsia relativa à pretensão de indenização por danos materiais decorrentes da demora do Poder Público em proceder à avaliação dos servidores em atividade, para o fim de pagamento de gratificação de desempenho. **2.** É cabível a atribuição dos efeitos da declaração de ausência de repercussão geral quando não há matéria constitucional a ser apreciada ou quando eventual ofensa à Carta Magna ocorra de forma indireta ou reflexa (RE 584.608 RG, Min. ELLEN GRACIE, DJe de 13/3/2009). **3.** Ausência de repercussão geral da questão suscitada, nos termos do art. 543-A do CPC. **(Inform. STF 789)**

REPERCUSSÃO GERAL EM ARE N. 665.632-RN
RELATOR: MIN. TEORI ZAVASCKI
Ementa: ADMINISTRATIVO. RECURSO EXTRAORDINÁRIO COM AGRAVO. MILITARES DAS FORÇAS ARMADAS E DO DISTRITO FEDERAL (POLICIAIS E BOMBEIROS MILITARES). EQUIPARAÇÃO DE VENCIMENTOS. ILEGITIMIDADE. VEDAÇÃO DO ART. 37, XIII, DA CF/88. PRECEDENTES. REPERCUSSÃO GERAL CONFIGURADA. REAFIRMAÇÃO DA JURISPRUDÊNCIA SOBRE A MATÉRIA.1. É improcedente a demanda visando ao pagamento dos soldos dos integrantes das Forças Armadas no mesmo patamar da remuneração devida aos militares do Distrito Federal. Isto porque, a pretensão fundamenta-se no art. 24 do Decreto-Lei 667/69 que, reproduzindo vedação constante do art. 13, § 4º, da Constituição de 1967, na redação da EC 1/69, proíbe o pagamento de remuneração superior à fixada para os postos e graduações correspondentes no Exército ao pessoal das Polícias Militares e Corpo de Bombeiros Militares das Unidades da Federação.2. Salienta-se que o impedimento do art. 13, § 4º, da Constituição de 1967, na redação da EC 1/69, não foi mantido na Constituição de 1988, cujos arts. 42, § 1º, e 142, § 3º, X, limitam-se a conferir aos Estados a competência para fixar, mediante lei estadual específica, a remuneração dos militares integrantes dos quadros das suas Polícias Militares e Corpo de Bombeiros Militares. 3. Já os arts. 42, § 1º, e 142, § 3º, X, da Carta Magna não se aplicam ao Distrito Federal, cujas Polícias Civil e Militar e Corpo de Bombeiros Militar, por disposição do art. 21, XIV, da CF/88, são organizadas e mantidas pela União, a quem compete privativamente legislar sobre o vencimento dos integrantes de seus respectivos quadros. A propósito, há entendimento sumulado: "compete privativamente à União legislar sobre vencimentos dos membros das Polícias Civil e Militar do Distrito Federal" (Súmula 647/STF, cuja orientação foi recentemente adotada pela Súmula Vinculante 39).4. O art. 37, XIII, da CF/88 coíbe a vinculação ou equiparação de quaisquer espécies remuneratórias no âmbito do serviço público. Destarte, a pretensão dos recorrentes se afigura evidentemente incompatível com a Constituição Federal de 1988, uma vez que importa a equiparação de vencimentos entre os integrantes das Forças Armadas e os militares do Distrito Federal. Precedentes de ambas as Turmas em casos idênticos: ARE 652.202-AgR, Rel. Min. ROSA WEBER, Primeira Turma, DJe de 17/9/2014; ARE 651.415-AgR, Rel. Min. GILMAR MENDES, Segunda Turma, DJe de 25/4/2012.5. Agravo conhecido para negar provimento ao recurso extraordinário, com o reconhecimento da repercussão geral do tema e a reafirmação da jurisprudência sobre a matéria. **(Inform. STF 783)**

REPERCUSSÃO GERAL EM ARE N. 871.499-MA
RELATOR: MIN. TEORI ZAVASCKI
Ementa: PROCESSUAL CIVIL. RECURSO EXTRAORDINÁRIO COM AGRAVO. SERVIDORES PÚBLICOS. ESTADO DO MARANHÃO. REAJUSTE CONCEDIDO PELO ART. 4º DA LEI ESTADUAL 8.369/06. NATU-

REZA DE REVISÃO GERAL ANUAL. MATÉRIA INFRACONSTITUCIONAL. AUSÊNCIA DE REPERCUSSÃO GERAL. **(Inform. STF 782)**

1. A controvérsia relativa à natureza do reajuste concedido pelo art. 4º da Lei Estadual 8.369/06, se de revisão geral anual ou não, é de caráter infraconstitucional.

2. É cabível a atribuição dos efeitos da declaração de ausência de repercussão geral quando não há matéria constitucional a ser apreciada ou quando eventual ofensa à Carta Magna ocorra de forma indireta ou reflexa (RE 584.608 RG, Min. ELLEN GRACIE, DJe de 13/3/2009).

3. Ausência de repercussão geral da questão suscitada, nos termos do art. 543-A do CPC. **(Inform. STF 782)**

Subsídio vitalício a ex-governador – 3

Em conclusão de julgamento, o Plenário, por maioria, deferiu medida acauteladora em ação direta de inconstitucionalidade para suspender a eficácia do art. 305 da Constituição do Estado do Pará, o qual dispõe que "cessada a investidura no cargo de Governador, quem o tiver exercido em caráter permanente fará jus, a título de representação, a um subsídio mensal e vitalício igual à remuneração do cargo de Desembargador do Tribunal de Justiça do Estado" e, por arrastamento, de seu § 1º ("O pagamento de subsídio estabelecido neste artigo será suspenso durante o período em que o beneficiário estiver no exercício de mandato eletivo ou em cargo em comissão, salvo direito de opção") – v. informativo 616. Afastou, de início, a assertiva de que o subsídio em apreço teria natureza de representação. Embora assim mencionado na norma questionada, a representação teria causas jurídicas e funcionais inocorrentes para ex-detentor de cargo político, porquanto não haveria remissão a um gabinete responsável por custeios a serem aperfeiçoados com aquele pagamento e, tampouco, o recebimento de remuneração cuja parcela pudesse ser integrada por essa representação. Além disso, não se poderia cogitar de pensão previdenciária, porquanto, no serviço público, o benefício somente seria conferido ao dependente do agente público em razão de sua morte (CF, art. 40, § 7º). De igual modo, não haveria possibilidade de enquadramento do subsídio como pensão civil, haja vista que esta seria devida para o caso de lesão ou outra ofensa à saúde (CC, art. 949). Ademais, a remissão ao vencimento de desembargador para a fixação do subsídio em comento significaria a extensão dessa espécie remuneratória a quem não mais trabalharia no Estado. Não haveria parâmetro constitucional nacional para o benefício adversado, que configuraria inauguração de padrão normativo estadual em desconformidade com princípios constitucionais, notadamente os relativos à Administração Pública e às regras orçamentárias. Por fim, o Colegiado assentou a higidez do § 2º do artigo impugnado ao fundamento de ser regra autônoma ("O Presidente e os ex-Presidentes do Poder Legislativo, o Governador e os ex-Governadores do Estado, o Presidente e os ex-Presidentes do Tribunal de Justiça, em caso de acidente ou doença, terão custeadas pelo Estado as despesas com o tratamento médico e hospitalar"). Vencido o Ministro Dias Toffoli, que concedia a medida cautelar em parte para: a) atribuir interpretação conforme a Constituição à primeira parte do "caput" do art. 305 da Constituição estadual, que concede subsídio mensal e vitalício a ex-governadores, para que se entendesse por constitucional a pensão fixada nas hipóteses de comprovada insuficiência financeira do ex-mandatário, aferida a partir de critérios razoáveis a serem definidos na legislação ordinária; b) suspender a expressão "igual à remuneração do cargo de Desembargador do Tribunal de Justiça do Estado" contida no "caput" do art. 305 da Constituição estadual; e c) suspender a expressão "salvo direito de opção" contida no § 1º do mencionado art. 305, bem como conferir interpretação conforme a Constituição ao dispositivo, para explicitar que o pagamento da pensão seria suspenso durante o período em que o beneficiário estivesse no exercício de atividade remunerada a afastar o critério da insuficiência econômica.

<u>ADI 4552 MC/DF, rel. Min. Cármen Lúcia, 9.4.2015</u>. (ADI-4552) (Inform. STF 780)

AG. REG. NA SS N. 4.836-DF

RELATOR: MINISTRO PRESIDENTE

Ementa: AGRAVO REGIMENTAL NA SUSPENSÃO DE SEGURANÇA. TETO REMUNERATÓRIO. EMENDA CONSTITUCIONAL 41/2003. EFICÁCIA IMEDIATA DOS LIMITES NELA FIXADOS. EXCESSOS. GRAVE LESÃO À ORDEM E À ECONOMIA PÚBLICAS. DECISÃO AGRAVADA QUE DEFERIU A SUSPENSÃO DE SEGURANÇA. AGRAVO REGIMENTAL A QUE SE NEGA PROVIMENTO. I – A natureza excepcional da contracautela permite tão somente juízo mínimo de delibação sobre a matéria de fundo e análise do risco de grave lesão à ordem, à saúde, à segurança e à economia públicas. Controvérsia sobre matéria constitucional evidenciada e risco de lesão à ordem e à economia públicas comprovado. II – O Supremo Tribunal Federal pacificou o entendimento de que a percepção, por servidores públicos, de proventos ou remuneração acima do limite estabelecido no art. 37, XI, da Constituição da República enseja lesão à ordem pública. III – Observância do limite remuneratório dos servidores públicos estabelecido pelo art. 37, XI, da Constituição Federal, com redação dada pela Emenda Constitucional 41/2003. IV – Impõe-se a suspensão das decisões como forma de evitar o efeito multiplicador, que se consubstancia no aforamento, nos diversos tribunais, de processos visando ao mesmo escopo. Precedentes. V – Agravo regimental a que se nega provimento. **(Inform. STF 779)**

ADO N. 6-PR

RELATOR: MIN. RICARDO LEWANDOWSKI

Ementa: AÇÃO DIRETA DE INCONSTITUCIONALIDADE POR OMISSÃO. GOVERNADOR DO ESTADO DO PARANÁ. ALEGADA AUSÊNCIA DE INICIATIVA DO PROCESSO LEGISLATIVO QUANTO AOS ARTS. 39, § 4º, 128, § 5º, I, ***C***, 135 e 144, § 9º, DA CONSTITUIÇÃO, QUE DETERMINA A ADOÇÃO DO SUBSÍDIO COMO FORMA DE REMUNERAÇÃO PARA OS MEMBROS DO MINISTÉRIO PÚBLICO, PROCURADORES DO ESTADO, DEFENSORES PÚBLICOS, POLICIAIS E INTEGRANTES DOS CORPOS DE BOMBEIROS MILITARES. ILEGITIMIDADE QUANTO AO MINISTÉRIO PÚBLICO. PREJUDICIALIDADE RECONHECIDA NO TOCANTE AOS DEMAIS AGENTES. AÇÃO CONHECIDA EM PARTE E JULGADA PREJUDICADA NA PARTE CONHECIDA.I – A remuneração dos membros do Parquet deve ser fixada na forma do subsídio, porém, por iniciativa do Procurador-Geral de Justiça, pois a competência conferida ao Ministério Público para propor a criação e extinção dos seus cargos compreende a de fixar os respectivos vencimentos. II – O modelo remuneratório dos Defensores Públicos do Estado do Paraná foi alterado pela Lei Complementar estadual 136/2011, o que acarreta a perda superveniente de objeto da ação no ponto. III – Idêntica situação de prejuízo desta ação verifica-se quanto ao modelo de remuneração dos policiais civis, diante do advento da Lei estadual 17.170/2012, que instituiu o subsídio para a Polícia Civil e os Delegados do Estado do Paraná. IV – A Lei Complementar estadual 161/2013 alterou a remuneração da carreira de Procurador do Estado do Paraná para a forma de subsídio.V – Por seu turno, a Lei estadual 17.169/2012 dispôs sobre o subsídio da Polícia Militar e do Corpo de Bombeiros do Estado do Paraná.VI – Ação conhecida em parte e na parte conhecida julgada prejudicada. **(Inform. STF 778)**

AG. REG. EM MS N. 32.061-DF

RELATOR: MIN. LUIZ FUX

EMENTA: AGRAVO REGIMENTAL EM MANDADO DE SEGURANÇA. DIREITO ADMINISTRATIVO. ACÓRDÃO DO TCU QUE DETERMINOU A EXCLUSÃO DE VANTAGEM ECONÔMICA RECONHECIDA POR DECISÃO COM TRÂNSITO EM JULGADO (PLANO COLLOR, 84,32%). COMPETÊNCIA CONSTITUCIONAL ATRIBUÍDA À CORTE DE CONTAS. MODIFICAÇÃO DE FORMA DE CÁLCULO DA REMUNERAÇÃO. INOCORRÊNCIA DE OFENSA AOS PRINCÍPIOS CONSTITUCIONAIS DA COISA JULGADA, DO DIREITO ADQUIRIDO E DA IRREDUTIBILIDADE DE VENCIMENTOS. AGRAVO A QUE SE NEGA PROVIMENTO.

1. A garantia fundamental da coisa julgada (CRFB/88, art. 5º, XXXVI) não resta violada nas hipóteses em que ocorrerem modificações no contexto fático-jurídico em que produzida – como as inúmeras leis que fixam novos regimes jurídicos de remuneração.

2. As vantagens remuneratórias pagas aos servidores inserem-se no âmbito de uma relação jurídica continuativa, e, assim, a sentença referente a esta relação produz seus efeitos enquanto subsistir a situação fática e jurídica que lhe deu causa. A modificação da estrutura remuneratória

ou a criação de parcelas posteriormente à sentença são fatos novos, não abrangidos pelos eventuais provimentos judiciais anteriores.
3. É cediço que a alteração, por lei, da composição da remuneração do agente público assegura-lhe somente a irredutibilidade da soma total antes recebida, assim concebido: os vencimentos e proventos constitucionais e legais. Precedentes: RE 563.965/RN-RG, Rel. Min. Cármen Lúcia, Tribunal Pleno, DJe 20/3/2009; MS 24.784, Rel. Min. Carlos Velloso, Tribunal Pleno, DJe 25/6/2004.
4. Agravo regimental a que se nega provimento. **(Inform. STF 776)**

Professores de rede estadual e regime de subsídio

O Plenário conheceu em parte de ação direta ajuizada em face dos artigos 1º a 7º da LC 428/2007 do Estado do Espírito Santo e, na parte conhecida, julgou o pedido improcedente. Os dispositivos impugnados tratam da instituição do regime de subsídio para o pagamento dos professores da rede estadual de ensino. Além disso, estabelecem que os profissionais já integrantes do quadro possam optar pelo novo regime ou pelo anterior, de vencimentos e vantagens pessoais. Preliminarmente, o Colegiado, por maioria, reconheceu a legitimidade ativa da requerente, Confederação Nacional dos Trabalhadores em Educação – CNTE. No ponto, ressaltou haver precedente do STF a admitir a mesma entidade como legitimada em ação de controle concentrado, tendo em vista se tratar de confederação sindical, de âmbito nacional, conforme atestado pelo Ministério do Trabalho (ADI 1.969/DF, DJe de 31.8.2007). A CNTE contaria com expressiva representatividade e, além disso, haveria tendência histórica da Corte no sentido de flexibilizar os requisitos quanto à admissão de legitimados ativos. Outrossim, a entidade cumpriria o que exigido pelo art. 103, IX, da CF. Vencido, quanto à preliminar, o Ministro Teori Zavascki, que não reconhecia a legitimidade ativa da requerente. Entendia não bastar que a entidade sindical fosse denominada "Confederação", mas que seria necessário que atendesse aos requisitos do art. 535 da CLT ["As Confederações organizar-se-ão com o mínimo de 3 (três) federações e terão sede na Capital da República"]. Na espécie, a CNTE contaria com apenas uma federação. No mérito, o Plenário destacou que estariam cumulados dois pedidos: de declaração de inconstitucionalidade por ação e por omissão, esta no que se refere ao art. 3º da norma impugnada. Esse dispositivo trata dos valores dos subsídios e, segundo a requerente, deveria ser aplicado a todos os servidores da categoria ou, subsidiariamente, ser retirado do mundo jurídico. No ponto, o Colegiado afirmou haver precedente no sentido de reconhecer a relativa fungibilidade entre as ações diretas de inconstitucionalidade por ação e por omissão (ADI 875/DF, DJe de 30.4.2010). Além disso, o pedido, na espécie, seria alternativo, por isso juridicamente viável. Ademais, o Plenário considerou não haver violação a direito adquirido, porque os professores já em atividade teriam a opção quanto ao regime de pagamento. Tampouco haveria violação à irredutibilidade de vencimentos, porque essa opção poderia ser realizada a qualquer tempo, então o profissional poderia permanecer no regime antigo até o momento em que não mais fosse vantajoso. Além disso, não estaria violada a isonomia, pois a convivência dos dois regimes seria favorável aos professores, permitiria que escolhessem a situação que mais lhes aprouvesse. Não existiria discriminação ilegítima. Por outro lado, não seria possível cumular os dois regimes jurídicos, para somar o subsídio, de maior valor, às vantagens pessoais adquiridas anteriormente. Por fim, o Colegiado afastou a impugnação quanto ao art. 2º da norma adversada, uma vez não haver fundamentos, na inicial, quanto a esse dispositivo. O pedido, no ponto, seria genérico, razão pela qual a ação não deveria ser conhecida nesse aspecto.
ADI 4079/ES, rel. Min. Roberto Barroso, 25 e 26.2.2015. (ADI-4079) (Inform. STF 775)

Poder Judiciário: teto estadual e isonomia – 1

O Plenário, por maioria, julgou procedente pedido formulado em ação direta para declarar a inconstitucionalidade dos artigos 2º e 3º da Lei 11.905/2010 do Estado da Bahia ["Art. 2º A remuneração dos servidores públicos ocupantes de cargos, funções e empregos no âmbito do Poder Judiciário do Estado da Bahia, e os proventos, pensões e outras espécies remuneratórias, percebidos cumulativamente ou não, incluídas as vantagens pessoais ou de qualquer outra natureza, não poderão exceder o valor de R$ 22.000,00 (vinte e dois mil reais). Art. 3º O subsídio fixado no art. 1º e o valor estabelecido no art. 2º desta Lei somente poderão ser alterados por Lei específica, de iniciativa do Tribunal de Justiça do Estado da Bahia"]. O Colegiado frisou que a Constituição, ao tratar de teto e subteto de vencimentos, teria estabelecido certa sistemática. No que se refere ao subteto dos servidores, haveria duas possibilidades: a) de acordo com o art. 37, XI, da CF, haveria o teto geral, válido para a União, ou seja, o subsídio de Ministro do STF. Esse mesmo dispositivo estabeleceria o teto por entidade federativa, Municípios e Estados-membros, portanto. No âmbito dos Estados-membros, o art. 37, XI, preconizaria a possibilidade de subtetos por Poder. Desse modo, no âmbito do Executivo, seria o do governador; no âmbito do Legislativo, o de deputado; no âmbito do Judiciário, o de desembargador; e b) de acordo com o § 12 do art. 37 da CF, haveria, no âmbito dos Estados-membros, um teto único para os Poderes, representado pelo subsídio de desembargador. Portanto, ou o subteto seria fixado de acordo com o respectivo Poder, ou seria único. Isso significaria que, para os servidores do Judiciário, em qualquer caso, o teto seria o subsídio de desembargador. No caso concreto, a Constituição local optara pela sistemática do § 12, e a lei impugnada, por sua vez, fugiria desse parâmetro, bem assim estabeleceria um teto, o que somente poderia ser feito mediante emenda constitucional estadual. Além disso, o diploma quebraria a isonomia, porque fixaria um teto apenas para os servidores do Judiciário, a excluí-lo dos demais Poderes. O Ministro Luiz Fux acrescentou que o subteto fixado na lei teria sido implementado explicitamente para evitar que o reajuste do subsídio dos magistrados implicasse aumento exacerbado da remuneração dos demais servidores integrantes do mesmo Poder, o que evidenciaria a inconstitucionalidade.
<u>ADI 4900/DF, rel. orig. Min. Teori Zavascki, red. p/ o acórdão Min. Roberto Barroso, 11.2.2015</u>. (ADI-4900)

Poder Judiciário: teto estadual e isonomia – 2

Vencido o Ministro Teori Zavascki (relator), que julgava o pedido parcialmente procedente, para conferir interpretação conforme a Constituição ao art. 2º da Lei estadual 11.905/2010, de forma a excluir da sua incidência os magistrados vinculados ao tribunal de justiça local. Entendia que a criação de um subteto no âmbito do Poder Judiciário estadual teria sido pensada para satisfazer a necessidade de ajustar os gastos ao limite preconizado pela legislação de responsabilidade fiscal. A Constituição não possuiria restrição explícita à autonomia dos entes federados para o estabelecimento de tetos remuneratórios inferiores aos previstos no art. 37, XI, da CF. Além disso, considerava que a garantia da irredutibilidade de vencimentos não comprometeria o diploma adversado quanto à sua validade em abstrato, pois não haveria afronta a direito adquirido ou direito a reajustes posteriores a serem reconhecidos na ação. Somente sua aplicação em concreto poderia revelar eventuais inconstitucionalidades, que deveriam ser resolvidas por meio das vias processuais adequadas para o resguardo do direito subjetivo de possíveis afetados. Ademais, o subteto estabelecido deveria excluir os magistrados, em atendimento ao art. 93, V, da CF. Por fim, o Plenário não modulou os efeitos da decisão – proposta realizada pelo Ministro Roberto Barroso, para que a declaração de inconstitucionalidade só produzisse efeitos a partir da data do julgamento – tendo em vista que não houve oito votos nesse sentido.
ADI 4900/DF, rel. orig. Min. Teori Zavascki, red. p/ o acórdão Min. Roberto Barroso, 11.2.2015. (ADI-4900) (Inform. STF 774)

Revisão de remuneração de servidores públicos e iniciativa legislativa

É inconstitucional o dispositivo de Constituição estadual que disponha sobre a revisão concomitante e automática de valores incorporados à remuneração de servidores públicos em razão do exercício de função ou mandato quando reajustada a remuneração atinente à função ou ao cargo paradigma, matéria cuja iniciativa de projeto é reservada ao Governador. Com base nesse entendimento, o Plenário julgou procedente pedido formulado em ação direta para declarar a inconstitucionalidade do art. 89, § 6º, da Constituição do Estado do Rio de Janeiro ("O valor incorporado a qualquer título pelo servidor ativo ou inativo, como direito pessoal, pelo exercício de funções de confiança ou de mandato, será revisto na mesma proporção e na mesma data, sempre que se modificar a remuneração do cargo que lhe deu causa").
ADI 3848/RJ, rel. Min. Marco Aurélio, 11.2.2015. (ADI-3848) (Inform. STF 774)

REPERCUSSÃO GERAL EM RE N. 808.202-RS

RELATOR: MIN. DIAS TOFFOLI

EMENTA: DIREITO CONSTITUCIONAL. NOTÁRIOS E REGISTRADORES. LIMITE À REMUNERAÇÃO DOS SUBSTITUTOS OU INTERINOS DESIGNADOS PARA O EXERCÍCIO DE FUNÇÃO DELEGADA. SERVENTIAS EXTRAJUDICIAIS. TETO REMUNERATÓRIO. DISCUSSÃO QUANTO À INCIDÊNCIA OU NÃO NA HIPÓTESE DOS ARTS. 37, INCISOS II E XI, E 236, § 3º, DA CONSTITUIÇÃO FEDERAL. REPERCUSSÃO GERAL RECONHECIDA. **(Inform. STF 773)**

DIREITO ADMINISTRATIVO. FIXAÇÃO DE LIMITAÇÃO TEMPORAL PARA O RECEBIMENTO DE NOVA AJUDA DE CUSTO. RECURSO REPETITIVO (ART. 543-C DO CPC E RES. 8/2008-STJ). TEMA 538.

A fixação de limitação temporal para o recebimento da indenização prevista no art. 51, I, da Lei 8.112/1990, por meio de normas infralegais, não ofende o princípio da legalidade. De fato, o art. 51, I, da Lei 8.112/1990 estabelece que constitui indenização ao servidor a "ajuda de custo". Além disso, o art. 56 desse mesmo diploma legal determina, no seu *caput*, que "Será concedida ajuda de custo àquele que, não sendo servidor da União, for nomeado para cargo em comissão, com mudança de domicílio" e, no seu parágrafo único, prescreve: "No afastamento previsto no inciso I do art. 93, a ajuda de custo será paga pelo órgão cessionário, quando cabível". Realmente, há normas infralegais que impõem limite temporal para o recebimento de nova ajuda de custo. Nesse ponto, pode-se pensar que, se a Lei 8.112/1990 não estabeleceu limite temporal para a concessão da "ajuda de custo", o legislador administrativo não pode fazê-lo. Esse pensamento, todavia, não deve prevalecer. O art. 52 da Lei 8.112/1990 determina de forma expressa que os critérios para a concessão da ajuda de custo sejam regulamentados por norma infralegal: "Os valores das indenizações estabelecidas nos incisos I a III do art. 51, assim como as condições para a sua concessão, serão estabelecidos em regulamento". Nesse contexto, ao estabelecer o termo "condições" – que o vernáculo entende, entre outros sentidos, como antecedente necessário –, a Lei 8.112/1990 permitiu restrições/limitações que nada mais são que requisitos que qualificam o servidor para o recebimento da indenização. Aliás, a despeito das alterações legislativas ocorridas neste artigo, os valores e as condições para a concessão da ajuda de custo sempre foram fixados em regulamento, na medida em que a Lei atribuiu benefícios, mas nunca estabeleceu a possibilidade de abuso desses benefícios, sobretudo contra o patrimônio público. Ademais, não é imperativo que essa regulamentação seja feita por meio de norma hierárquica imediatamente inferior (decreto), consoante interpretação realizada a partir do art. 84, VI, da CF poderia sugerir. Isso porque, de acordo com o STF (RE 570.680-RS, Pleno, DJe 4/12/2009), a competência regulamentadora não é exclusiva do Presidente da República: "é compatível com a Carta Magna a norma infraconstitucional que atribui a órgão integrante do Poder Executivo da União a faculdade de estabelecer alíquotas do Imposto de Importação. Competência que não é privativa do Presidente da República". Além disso, mesmo que não fosse a expressa autorização legal para regulamentação da ajuda de custo, outras razões hermenêuticas e axiomáticas reforçam a legitimidade de resoluções que prescrevam a limitação temporal em análise, visto se tratar de medidas limitadoras que obedecem aos princípios da moralidade administrativa, da razoabilidade, da impessoalidade, da eficiência e da economicidade da gestão pública. Nesse sentido, ressalta-se que o *fator tempo* não pode ser desconsiderado por ocasião da fixação de limites para a concessão de ajuda de custo, ante fundamentos atrelados à *ratio* do benefício, aos impactos financeiros da presente decisão, à conveniência e oportunidade da concessão e ao histórico do tratamento da matéria. Além do mais, ir além e questionar os termos em que estabelecido o limite temporal exigiria a invasão do mérito dos atos administrativos que estabelecessem essa limitação, o que é permitido apenas em hipótese excepcional de flagrante ilegalidade (AgRg no Ag 1.298.842-RJ, Segunda Turma, DJe 29/6/2010; e AgRg nos EDcl no REsp 902.419-RS, Segunda Turma, DJe 15/2/2008). De mais a mais, o CNJ e o STF ratificam essas limitações. Nesse sentido, cabe ressaltar a afirmação realizada pelo CNJ ao analisar pedido de ajuda de custo de magistrado (Pedidos de Providência 2007.10000007809 e 2007.10000011825): "Observo ainda que os decretos regulamentadores da ajuda de custo, no plano federal, limitam a concessão da ajuda de custo a um ano, ou seja, o magistrado não pode receber em período inferior a um ano mais de uma ajuda de custo. Esta regra deve ser seguida nas concessões de ajuda de custo, sob pena de conversão dos magistrados em peregrinos, contrariando inclusive a própria natureza da ajuda de custo, com o que a ajuda de custo somente é devida em remoções que ocorrerem em prazo superior a um ano". Seguindo a mesma *ratio*, a Resolução 382/2008 do STF, que dispõe sobre a concessão de ajuda de custo no âmbito do Supremo Tribunal Federal, assevera, em seu art. 9º, *caput* e I, que "Não será concedida ajuda de custo ao Ministro ou ao servidor que [...] tiver recebido indenização dessa espécie no período correspondente aos doze meses imediatamente anteriores, ressalvada a hipótese de retorno de ofício, de que trata o § 6º do art. 3º". **REsp 1.257.665-CE, Rel. Min. Herman Benjamin, Primeira Seção, julgado em 8/10/2014, DJe 17/9/2015 (Inform. STJ 569).**

DIREITO ADMINISTRATIVO. LIMITE TEMPORAL PARA APLICAÇÃO DO REAJUSTE SALARIAL DE 3,17% CONCEDIDO A SERVIDORES PÚBLICOS DO MAGISTÉRIO SUPERIOR. RECURSO REPETITIVO (ART. 543-C DO CPC E RES. 8/2008-STJ). TEMA 804.

O pagamento do reajuste de 3,17% está limitado à data da reestruturação ou reorganização da carreira, nos termos do art. 10 da Medida Provisória 2.225-45/2001, não configurando tal marco o advento da Lei 9.678, de 3 de julho de 1998, que estabeleceu a Gratificação de Estímulo à Docência – GED, uma vez que esse normativo não reorganizou ou reestruturou a carreira dos servidores públicos do magistério superior lotados em instituições de ensino dos Ministérios da Educação e da Defesa. **REsp 1.371.750-PE, Rel. Min. Og Fernandes, Primeira Seção, julgado em 25/3/2015, DJe 10/4/2015 (Inform. STJ 559).**

DIREITO ADMINISTRATIVO. PERÍODO DE INCIDÊNCIA DO REAJUSTE DE 28,86% SOBRE A GRATIFICAÇÃO DE ESTÍMULO À FISCALIZAÇÃO E ARRECADAÇÃO. RECURSO REPETITIVO (ART. 543-C DO CPC E RES. 8/2008-STJ).

O reajuste de 28,86% sobre a Gratificação de Estímulo à Fiscalização e Arrecadação – GEFA incide, após a edição da MP 831/1995 até a edição da MP 1.915-1/1999, mais precisamente, no período de janeiro de 1995 a julho de 1999. A despeito de ser firme o entendimento do STJ no sentido de não incidir o reajuste de 28,86% sobre a GEFA, porque essa gratificação seria calculada com base no vencimento básico do respectivo servidor, sob pena de bis in idem, observa-se que esse entendimento não se aplica indistintamente durante todo o período em que vigorou a referida vantagem. Nessa linha intelectiva, analisando-se os reajustes concedidos pelas Leis 8.460/1992, 8.622/1993 e 8.627/1993, não há como se confundir o pagamento do reajuste de 28,86% sobre o vencimento básico do Auditor Fiscal (o que é compensável pelo reposicionamento) com o pagamento do mesmo reajuste sobre a GEFA, cuja base de cálculo é o padrão A-III multiplicado por oito, no período de janeiro de 1995 a julho de 1999. Assim, os reajustes concedidos pelas Leis 8.622/1993 e 8.627/1993 não justificam compensação, à luz do entendimento do STF no RMS 22.307-DF e da Súmula 672 do STF. Portanto, não restam dúvidas acerca da incidência do reajuste de 28,86% sobre GEFA a partir da edição da MP 831/1995, quando houve a modificação da base de cálculo da referida gratificação, uma vez que o aumento salarial concedido aos servidores pela Lei 8.627/1993, a despeito do reposicionamento em três padrões de vencimento (art. 3°, II), não é compensável com o reajuste de 28,86%, posto tratar-se de aumentos distintos, um decorrente de reposicionamento e o outro de revisão geral de vencimentos, conforme firmado pelo Pretório Excelso. Por fim, com a edição da MP 1.915, de 30/7/1999, houve reestruturação da carreira de Auditoria do Tesouro Nacional, alterando a nomenclatura para "Carreira Auditoria da Receita Federal", além de dispor, em seu art. 14, que "os integrantes da Carreira da Auditoria-Fiscal da Previdência Social e da Carreira Fiscalização do Trabalho não fazem jus à percepção da Gratificação de Estímulo à Fiscalização e Arrecadação – GEFA, criada pelo Decreto-Lei nº 2.371, de 18 de novembro de 1987", que foi substituída pela Gratificação de Desempenho de

Atividade Tributária – GDAT (art. 7º), calculada no percentual de até cinquenta por cento, incidente sobre o vencimento básico do servidor. **REsp 1.478.439-RS, Rel. Min. Mauro Campbell Marques, Primeira Seção, julgado em 25/3/2015, DJe 27/3/2015 (Inform. STJ 558).**

Súmula Vinculante STF 42

É inconstitucional a vinculação do reajuste de vencimentos de servidores estaduais ou municipais a índices federais de correção monetária.

Súmula Vinculante STF 51

O reajuste de 28,86%, concedido aos servidores militares pelas Leis 8622/1993 e 8627/1993, estende-se aos servidores civis do poder executivo, observadas as eventuais compensações decorrentes dos reajustes diferenciados concedidos pelos mesmos diplomas legais.

Súmula Vinculante STF 37

Não cabe ao Poder Judiciário, que não tem função legislativa, aumentar vencimentos de servidores públicos sob o fundamento de isonomia.

Súmula Vinculante STF 16

Os artigos 7º, IV, e 39, § 3º (redação da EC 19/98), da Constituição, referem-se ao total da remuneração percebida pelo servidor público.

Súmula Vinculante STF 15

O cálculo de gratificações e outras vantagens do servidor público não incide sobre o abono utilizado para se atingir o salário mínimo.

Súmula Vinculante STF 6

Não viola a Constituição o estabelecimento de remuneração inferior ao salário mínimo para as praças prestadoras de serviço militar inicial.

Súmula Vinculante STF 4

Salvo nos casos previstos na Constituição, o salário mínimo não pode ser usado como indexador de base de cálculo de vantagem de servidor público ou de empregado, nem ser substituído por decisão judicial.

Súmula STF nº 682

Não ofende a Constituição a correção monetária no pagamento com atraso dos vencimentos de servidores públicos.

Súmula STF nº 681

É inconstitucional a vinculação do reajuste de vencimentos de servidores estaduais ou municipais a índices federais de correção monetária.

Súmula STF nº 679

A fixação de vencimentos dos servidores públicos não pode ser objeto de convenção coletiva.

Súmula STJ nº 378

Reconhecido o desvio de função, o servidor faz jus às diferenças salariais decorrentes.

Súmula STF nº 339

Não cabe ao poder judiciário, que não tem função legislativa, aumentar vencimentos de servidores públicos sob fundamento de isonomia.

Súmula STF nº 43

Não contraria a Constituição Federal o art. 61 da Constituição de São Paulo, que equiparou os vencimentos do ministério público aos da magistratura.

Súmula STJ nº 552

O portador de surdez unilateral não se qualifica como pessoa com deficiência para o fim de disputar as vagas reservadas em concursos públicos.

5.4. Aposentadoria e Pensão

AG. REG. NO MI. N. 6.519-DF

RELATORA: MIN. CÁRMEN LÚCIA

EMENTA: AGRAVO REGIMENTAL NO MANDADO DE INJUNÇÃO. CONSTITUCIONAL E ADMINISTRATIVO. APOSENTADORIA ESPECIAL DE SERVIDOR PÚBLICO PORTADOR DE DEFICIÊNCIA: ART. 40, § 4º, INC. I, DA CONSTITUIÇÃO DA REPÚBLICA. A AUTORIDADE ADMINISTRATIVA RESPONSÁVEL PELO EXAME DO PEDIDO DE APOSENTADORIA É COMPETENTE PARA AFERIR, NA ESPÉCIE EM EXAME, O PREENCHIMENTO DE TODOS OS REQUISITOS PARA A APOSENTAÇÃO PREVISTOS NO ORDENAMENTO JURÍDICO VIGENTE. PRECEDENTES. AGRAVO REGIMENTAL AO QUAL SE NEGA PROVIMENTO.

REPERCUSSÃO GERAL EM RE N. 683.621-RS

RELATOR: MIN. MARCO AURÉLIO

APOSENTADORIA DE EX-COMBATENTE – CONVERSÃO – ARTIGO 53, INCISO V, DO ATO DAS DISPOSIÇÕES CONSTITUCIONAIS TRANSITÓRIAS – REQUISITO DO TEMPO DE SERVIÇO EFETIVO – ALCANCE – RECURSO EXTRAORDINÁRIO – REPERCUSSÃO GERAL CONFIGURADA. Possui repercussão geral a controvérsia acerca do alcance do inciso V do artigo 53 da Carta da República, considerada a expressão "serviço efetivo, em qualquer regime jurídico", a orientar a hipótese de conversão de aposentadoria especial de aeronauta, implementada por meio da contagem de tempo ficto, em aposentadoria de ex-combatente. **(Inform. STF 800)**

AG. REG. NO MI N. 6.326-DF

RELATOR: MIN. LUIZ FUX

EMENTA: AGRAVO REGIMENTAL NO MANDADO DE INJUNÇÃO. CONSTITUCIONAL E ADMINISTRATIVO. APOSENTADORIA ESPECIAL DE SERVIDOR PÚBLICO PORTADOR DE DEFICIÊNCIA. ORIENTAÇÃO JURISPRUDENCIAL CORRENTE NESTA CORTE PELA APLICABILIDADE DA LEI COMPLEMENTAR 142/2013 ATÉ QUE SOBREVENHAM AS LEIS COMPLEMENTARES QUE REGULAMENTEM O ART. 40, § 4º, DA CONSTITUIÇÃO. PRECEDENTES DO STF. PERMANÊNCIA DO DEVER DA AUTORIDADE ADMINISTRATIVA COMPETENTE PARA A CONCESSÃO DA APOSENTADORIA DE VERIFICAR O PREENCHIMENTO DOS REQUISITOS LEGAIS NO CASO CONCRETO. LIMITES OBJETIVOS DA DECISÃO EM MANDADO DE INJUNÇÃO. AGRAVO REGIMENTAL A QUE SE NEGA PROVIMENTO.

1. A aposentadoria especial de servidor público portador de deficiência é assegurada mediante a aplicação da Lei Complementar 142/2013, até que editada a lei complementar exigida pelo art. 40, § 4º, I, da Constituição Federal. Precedentes do STF.

2. A decisão concessiva da ordem no mandado de injunção deve limitar-se à determinação da norma regulamentadora de direito constitucional aplicável ao caso *sub judice*, sem, no entanto, abordar o efetivo preenchimento dos requisitos legais no caso concreto para a concessão da aposentadoria especial, a serem verificados pela autoridade administrativa competente.

3. *In casu*, a omissão legislativa diz respeito tão somente à adoção de critérios diferenciados para a concessão da aposentadoria especial. Nesse ponto, a decisão agravada colmatou integralmente a lacuna, ao determinar a incidência da sistemática prevista na Lei Complementar 142/2013.

4. Agravo regimental desprovido. **(Inform. STF 799)**

AG. REG. NA STA N. 729-SC

RELATOR: MINISTRO PRESIDENTE

Ementa: AGRAVO REGIMENTAL. SUSPENSÃO DE TUTELA ANTECIPADA. SERVIDOR PÚBLICO ESTADUAL. CASSAÇÃO DE APOSENTADORIA. CONSTITUCIONALIDADE. DECISÃO AGRAVADA QUE DEFERIU A SUSPENSÃO DE TUTELA ANTECIPADA. AGRAVO REGIMENTAL IMPROVIDO.

I – A natureza excepcional da contracautela permite tão somente juízo mínimo de delibação sobre a matéria de fundo e análise do risco de grave lesão à ordem, à saúde, à segurança e à economia públicas. Controvérsia sobre matéria constitucional evidenciada e risco de lesão à ordem e à economia públicas verificado.

II – O Plenário Supremo Tribunal Federal já se manifestou pela constitucionalidade da cassação da aposentadoria, inobstante o caráter contributivo de que se reveste o benefício previdenciário. Precedentes: MS 21.948/RJ, Rel. Min. Néri da Silveira, MS 23.299/SP, Rel. Min. Sepúlveda Pertence e MS 23.219-AgR/RS, Rel. Min. Eros Grau.

III – Impõe-se a suspensão das decisões como forma de evitar o efeito multiplicador, que se consubstancia no aforamento, nos diversos tribunais, de processos visando ao mesmo escopo. Precedentes.

IV – Agravo regimental a que se nega provimento. **(Inform. STF 791)**

AG. REG. NO MI N. 6.460-DF

RELATOR: MIN. ROBERTO BARROSO

Ementa: DIREITO ADMINISTRATIVO. AGRAVO REGIMENTAL EM MANDADO DE INJUNÇÃO COLETIVO. PROVENTOS DOS JUÍZES CLASSISTAS DE PRIMEIRA INSTÂNCIA. REAJUSTE. ART. 40, § 8º, DA CF/1988.

1. Os proventos dos juízes classistas de primeira instância que adquiriram direito à aposentadoria antes da Lei nº 9.528/1997 são reajustados na mesma época e no mesmo percentual concedido, em caráter geral, aos servidores públicos federais em atividade, por força da regra da paridade da Lei nº 6.903/1981 e do disposto na Lei nº 9.655/1998.

2. Não há, portanto, omissão quanto ao reajuste de tais proventos. No cenário atual, como a sorte do benefício está atrelada à revisão geral anual dos servidores públicos federais, aplica-se a jurisprudência desta Corte no sentido de que, com a edição das Leis nº 10.331/2001 e 10.697/2003, restou regulamentado o art. 37, X, da CF/1988.3. Agravo regimental a que se nega provimento. **(Inform. STF 791)**

Mandado de Injunção: aposentadoria especial de oficiais de justiça – 8

O Plenário, em conclusão de julgamento e por maioria, denegou a ordem em mandado de injunção coletivo impetrado contra alegada omissão quanto à regulamentação do art. 40, § 4º, da CF, para fins de aposentadoria especial de ocupantes do cargo de oficial de justiça avaliador federal. O sindicato impetrante requeria, ainda, a aplicação analógica da disciplina prevista na LC 51/1985, no que regulamenta a aposentadoria especial para servidor público policial – v. Informativos 594 e 764. A Corte afirmou que a eventual exposição a situações de risco – a que poderiam estar sujeitos os servidores ora substituídos – não garantiria direito subjetivo constitucional à aposentadoria especial. A percepção de gratificações ou adicionais de periculosidade, assim como o fato de poderem obter autorização para porte de arma de fogo de uso permitido (Lei 10.826/2003, art. 10, § 1º, I, c/c o art. 18, § 2º, I, da IN 23/2005-DG--DPF, e art. 68 da Lei 8.112/1990) não seriam suficientes para reconhecer o direito à aposentadoria especial, em razão da autonomia entre o vínculo funcional e o previdenciário. Os incisos do § 4º do art. 40 da CF utilizariam expressões abertas: "portadores de deficiência", "atividades de risco" e "condições especiais que prejudiquem a saúde ou a integridade física". Dessa forma, a Constituição teria reservado a concretização desses conceitos a leis complementares, com relativa liberdade de conformação, por parte do legislador, para traçar os contornos dessas definições. A lei poderia prever critérios para identificação da periculosidade em maior ou menor grau, nos limites da discricionariedade legislativa, mas o estado de omissão inconstitucional restringir-se-ia à indefinição das atividades inerentemente perigosas. Quanto às atribuições dos oficiais de justiça, previstas no art. 143 do CPC, eles poderiam estar sujeitos a situações de risco, notadamente quando no exercício de suas funções em áreas dominadas pela criminalidade, ou em locais marcados por conflitos fundiários. No entanto, esse risco seria contingente, e não inerente ao serviço, ou seja, o perigo na atividade seria eventual.

<u>MI 833/DF, rel. Min. Cármen Lúcia, red. p/ o acórdão Min. Roberto Barroso, 11.6.2015</u>. (MI-833)

Mandado de Injunção: aposentadoria especial de oficiais de justiça – 9

O Plenário asseverou que não se estaria a defender, entretanto, a impossibilidade jurídica de a lei prever critérios para aferição de situações concretas de risco no serviço público, para fins de concessão de aposentadoria especial. Seria uma questão de constatar que somente se enquadrariam no conceito de "atividade de risco" aquelas atividades perigosas por sua própria natureza. Portanto, somente em relação a essas atividades existiria um estado de omissão inconstitucional, salvo no caso das "estritamente policiais", já contempladas pela LC 51/1985. No tocante às demais, o reconhecimento do direito à aposentadoria especial dependeria da discricionariedade legislativa, respeitadas as disposições da Constituição. No que tange à alegada prerrogativa para portar arma de fogo, essa não projetaria, de forma automática, efeitos sobre o vínculo previdenciário, de modo a reduzir o tempo de contribuição necessário para aposentadoria. Os diferentes requisitos para usufruir de adicionais trabalhistas e para obter aposentadoria especial demonstrariam a autonomia entre esses institutos. O Congresso Nacional, ao cumprir o dever de legislar previsto no art. 40, § 4º, II, da CF, poderia prever critérios mais ou menos elásticos para identificação das "atividades de risco", mas não poderia deixar de contemplar as atividades inerentemente perigosas, sob pena de violação ao núcleo essencial do dispositivo. Assim, embora as atividades dos substituídos processualmente pudessem ser, em tese, previstas na lei a ser editada, a norma dependeria de escolha política, a ser exercida dentro do espaço próprio de deliberação majoritária, respeitadas as disposições constitucionais. Vencidos os Ministros Cármen Lúcia (relatora) e Ricardo Lewandowski (Presidente), que concediam em parte a ordem para integrar a norma constitucional e garantir a viabilidade do direito assegurado aos substituídos que estivessem no desempenho efetivo da função de oficial avaliador, aplicado o inciso I do art. 1º da LC 51/1985, no que coubesse, a partir da comprovação dos dados, em cada caso concreto, perante a autoridade administrativa competente, e o Ministro Teori Zavascki, que também concedia a ordem em parte, mas por outros fundamentos. Entendia que fugiria ao âmbito do mandado de injunção a análise específica do enquadramento ou não da atividade desempenhada pelos servidores em algumas das hipóteses abrangidas pelo regime geral da previdência social – RGPS. Por essa razão, a exigência de prova do trabalho habitual e permanente em condições especiais – a partir de 29.4.1995, com a modificação do art. 57, § 3º, da Lei 8.213/1991 pela Lei 9.032/1995 e as limitações efetuadas pelo já revogado Decreto 2.172/1997, a partir de 6.3.1997 – deveria ser apreciada no pleito de aposentadoria especial e não na via do mandado de injunção. Assim, determinava que a autoridade administrativa competente procedesse à análise do pedido de aposentadoria especial dos servidores públicos representados pela entidade impetrante, com a aplicação subsidiária das normas do RGPS, conforme o Enunciado 33 da Súmula Vinculante.

<u>MI 833/DF, rel. Min. Cármen Lúcia, red. p/ o acórdão Min. Roberto Barroso, 11.6.2015</u>. (MI-833) (Inform. STF 789)

Servidores não efetivos e regime de previdência: modulação de efeitos

O Plenário acolheu, em parte, embargos de declaração opostos de acórdão que decidira que a instituição de planos de saúde e planos odontológicos por parte do Estado de Minas Gerais estaria excluída da previsão constitucional dos benefícios de previdência e assistência social, porquanto a contribuição deveria ser voluntária. A Corte apontou que serviços teriam sido prestados e, se fosse declarada a inconstitucionalidade com eficácia "ex tunc", os planos teriam de devolver o dinheiro das prestações pagas e recebidas. Em razão desses fatos, o Plenário conferiu efeitos prospectivos à declaração de inconstitucionalidade proferida pelo STF no julgamento de mérito da presente ação direta. Fixou como marco temporal de início da sua vigência a data de conclusão daquele julgamento (14 de abril de 2010) e reconheceu a impossibilidade de repetição das contribuições recolhidas junto aos servidores públicos do Estado de Minas Gerais até a referida data.

<u>ADI 3106 ED/MG, rel. Min. Luiz Fux, 20.5.2015</u>. (ADI-3106) **(Inform. STF 786)**

EC 88/2015 e aposentadoria compulsória – 1

O Plenário, por maioria, deferiu pedido de medida cautelar em ação direta de inconstitucionalidade para: a) suspender a aplicação da expressão "nas condições do art. 52 da Constituição Federal" contida no art. 100 do ADCT, introduzido pela EC 88/2015, por vulnerar as condições materiais necessárias ao exercício imparcial e independente da função jurisdicional, ultrajando a separação dos Poderes, cláusula pétrea inscrita no art. 60, §

4º, III, da CF; b) fixar a interpretação, quanto à parte remanescente da EC 88/2015, de que o art. 100 do ADCT não pudesse ser estendido a outros agentes públicos até que fosse editada a lei complementar a que alude o art. 40, § 1º, II, da CF, a qual, quanto à magistratura, é a lei complementar de iniciativa do STF, nos termos do art. 93 da CF; c) suspender a tramitação de todos os processos que envolvessem a aplicação a magistrados do art. 40, § 1º, II, da CF e do art. 100 do ADCT, até o julgamento definitivo da ação direta em comento; e d) declarar sem efeito todo e qualquer pronunciamento judicial ou administrativo que afastasse, ampliasse ou reduzisse a literalidade do comando previsto no art. 100 do ADCT e, com base neste fundamento, assegurasse a qualquer outro agente público o exercício das funções relativas a cargo efetivo após ter completado 70 anos de idade. A norma impugnada – introduzida no ADCT pela EC 88/2015 – dispõe que, "até que entre em vigor a lei complementar de que trata o inciso II do § 1º do art. 40 da Constituição Federal, os Ministros do Supremo Tribunal Federal, dos Tribunais Superiores e do Tribunal de Contas da União aposentar-se-ão, compulsoriamente, aos 75 (setenta e cinco) anos de idade, nas condições do art. 52 da Constituição Federal". Alegava-se, na espécie, que a expressão "nas condições do art. 52 da Constituição Federal" incorreria em vício material por ofensa à garantia da vitaliciedade (CF, art. 93, "caput") e à separação dos Poderes (CF, art. 2º), exorbitando dos limites substantivos ao poder de reforma da Constituição (CF, art. 60, §4º, III e IV).
ADI 5316 MC/DF, rel. Min. Luiz Fux, 21.5.2015. (ADI-5316)

EC 88/2015 e aposentadoria compulsória – 2

A Corte, inicialmente, assentou a regularidade processual na cumulação de pedidos típicos de ADI e ADC em uma única demanda de controle concentrado, o que se daria na espécie, vencido o Ministro Marco Aurélio. Asseverou que a cumulação de ações seria não só compatível como também adequada à promoção dos fins a que destinado o processo objetivo de fiscalização abstrata de constitucionalidade, destinado à defesa, em tese, da harmonia do sistema constitucional, reiterado o que decidido na ADI 1.434 MC/SP (DJU de 22.11.1996). Além disso, a cumulação objetiva de demandas consubstanciaria categoria própria à teoria geral do processo. Como instrumento, o processo existiria para viabilizar finalidades materiais que lhes seriam externas. A cumulação objetiva apenas fortaleceria essa aptidão na medida em que permitiria o enfrentamento judicial coerente, célere e eficiente de questões minimamente relacionadas entre elas. Não seria legítimo que o processo de controle abstrato fosse diferente. Outrossim, rejeitar a possibilidade de cumulação de ações – além de carecer de fundamento expresso na Lei 9.868/1999 – apenas ensejaria a propositura de nova demanda com pedido e fundamentação idênticos, a ser distribuída por prevenção, como ocorreria em hipóteses de ajuizamento de ADI e ADC em face de um mesmo diploma. Ademais, os pedidos articulados na inicial não seriam incompatíveis jurídica ou logicamente, sendo provenientes de origem comum. Por outro lado, o requisito relativo à existência de controvérsia judicial relevante, necessário ao processamento e julgamento da ADC (Lei 9.868/1999, art. 14, III), seria qualitativo e não quantitativo, isto é, não diria respeito unicamente ao número de decisões judiciais num ou noutro sentido. Dois aspectos tornariam a controvérsia em comento juridicamente relevante. O primeiro diria respeito à estatura constitucional do diploma que estaria sendo invalidado nas instâncias inferiores – a EC 88/2015, que introduzira o art. 100 ao ADCT —, ou seja, uma emenda à Constituição, expressão mais elevada da vontade do parlamento brasileiro. Em segundo lugar, decisões similares poderiam vir a se proliferar pelos Estado-Membros, a configurar real ameaça à presunção de constitucionalidade da referida emenda constitucional.
ADI 5316 MC/DF, rel. Min. Luiz Fux, 21.5.2015. (ADI-5316)

EC 88/2015 e aposentadoria compulsória – 3

Com relação ao mérito, o Plenário asseverou que a EC 88/2015 alterara o corpo permanente da Constituição para possibilitar, na forma a ser definida por lei complementar, a aposentadoria compulsória de servidores públicos aos 75 anos (CF, art. 40, §1º, II). Até que viesse a lume a referida lei complementar, a emenda constitucional em questão estabeleceria regra transitória para alguns servidores públicos, permitindo que os ministros do STF, dos tribunais superiores e do TCU se aposentassem compulsoriamente apenas aos 75 anos de idade, nas condições do art. 52 da CF. Nessa senda, tornar-se-ia necessário delimitar o preciso sentido da expressão impugnada, qual seja, "nas condições do art. 52 da Constituição Federal". Em uma primeira leitura, a referência poderia parecer sem sentido, afinal a única previsão do art. 52 pertinente ao caso cuidaria do ingresso de cidadãos nos cargos de ministros de tribunais superiores e do TCU (CF, art. 52, III, a e b). Não haveria regras no art. 52 da CF que tratassem da aposentadoria de magistrados e membros do TCU. Daí ser curioso que o art. 100 do ADCT determinasse que a aposentadoria fosse processada com base em dispositivo que não trataria de aposentadoria. Essa perplexidade inicial, porém, seria dissipada tanto pela leitura sistemática da EC 88/2015 quanto pela análise dos debates legislativos que lhe deram origem. Assim, pelo ângulo sistemático, seria evidente que o art. 100 do ADCT cumpriria provisoriamente o papel da lei complementar indicada na nova redação do art. 40 da CF. Esse papel seria exatamente o de fixar as condições para aposentadoria aos 75 anos. Isso porque, pela redação atual do artigo 40, §1º, II, da CF, a aposentadoria do servidor público ocorreria, em regra, aos 70 anos, embora fosse possível a extensão desse limite para os 75 anos segundo critérios a serem fixados em lei complementar. O art. 100 do ADCT simplesmente teria esclarecido que, provisoriamente e quanto aos agentes públicos ali mencionados, as condições de permanência até os 75 anos seriam idênticas àquelas de ingresso. Mais especificamente, a condição seria a sabatina perante o Senado Federal. Essa interpretação seria confirmada pelo ângulo histórico, na análise de documentos que integraram o processo legislativo resultante na EC 88/2015. Não haveria dúvidas, portanto, de que a expressão "nas condições do art. 52 da Constituição Federal" fixaria, inequivocamente, nova sabatina perante o Senado Federal como requisito para a permanência no cargo, para além dos 70 anos, de ministros do STF, dos tribunais superiores e do TCU. Assim, a presente controvérsia jurídica diria respeito à validade material da condição imposta pelo constituinte derivado.
ADI 5316 MC/DF, rel. Min. Luiz Fux, 21.5.2015. (ADI-5316)

EC 88/2015 e aposentadoria compulsória – 4

A Corte ressaltou que o controle judicial de emendas constitucionais colocaria em evidência a tensão latente que existiria entre soberania popular e Estado de Direito. De um lado, seria certo que as cláusulas pétreas (CF, art. 60, §4º), ao consubstanciarem limites materiais ao poder de reforma da Constituição, consagrariam um núcleo mínimo de identidade constitucional, a afastar da esfera de atuação dos agentes políticos determinados valores considerados mais elevados. Por outro lado, as cláusulas pétreas não deveriam ser interpretadas como se incorporassem um sufocamento absoluto das tentativas de o próprio povo brasileiro redesenhar as instituições do Estado na busca do seu contínuo aperfeiçoamento. A sutileza que se colocaria perante o STF seria, portanto, a de encontrar o ponto ótimo de equilíbrio entre a deferência em relação às decisões do constituinte derivado e a salvaguarda dos princípios e valores mais fundamentais do Estado Democrático de Direito. Nesse quadro, o controle de constitucionalidade das emendas deveria ser reservado às hipóteses de inequívoca violação ao núcleo das cláusulas pétreas, o que ocorreria no caso em análise. A CF/1988 teria conferido algum grau de densidade semântica ao postulado da separação dos Poderes, a afirmar serem-lhe atributos próprios a independência e a harmonia (CF, art. 2º: "São Poderes da União, independentes e harmônicos entre si, o Legislativo, o Executivo e o Judiciário"). Na situação dos autos, interessaria, em particular, a independência entre os Poderes. Embora fosse saudável que houvesse, em certa medida, influências recíprocas entre os Poderes da República, mecanismos de "checks and balances" não poderiam jamais comprometer a independência funcional de cada braço da autoridade do Estado. A harmonia a que alude o art. 2º da CF não poderia significar cumplicidade entre os Poderes, particularmente em relação do Poder Judiciário, cuja independência seria pressuposto indispensável à imparcialidade necessária a qualquer ato de julgamento. Não seria o caso, porém, de, com isso, interditar toda e qualquer iniciativa do legislador em reformar as instituições existentes, inclusive o Poder Judiciário. Não se poderia jamais transigir, no entanto, com a imparcialidade da função jurisdicional, cuja mitigação vulneraria o núcleo essencial da separação dos Poderes (CF, art. 60, § 4º, III). Na espécie, portanto, haveria verossimilhança nas alegações de que a nova sabatina, introduzida pela EC 88/2015, degradaria ou estreitaria a imparcialidade jurisdicional. Seria tormentoso imaginar que o exercício da jurisdição

pudesse ser desempenhado com isenção quando o julgador, para permanecer no cargo, carecesse da confiança política do Poder Legislativo, cujos atos, seriam muitas vezes questionados perante aquele mesmo julgador. Por outro lado, estaria configurado o "periculum in mora". No âmbito do TCU e dos tribunais da cúpula do Poder Judiciário, haveria ao menos 20 ministros em vias de se aposentar compulsoriamente nos próximos três anos. Considerando que a sabatina seria designada para período anterior àquele em que o agente público completasse os setenta anos de idade, seria de se imaginar que o preceito impugnado produziria efeitos no curto lapso de tempo, o que caracterizaria o perigo na demora.
ADI 5316 MC/DF, rel. Min. Luiz Fux, 21.5.2015. (ADI-5316)

EC 88/2015 e aposentadoria compulsória – 5

O Plenário destacou que haveria uma segunda questão colocada na hipótese em exame, que se desdobraria em outras duas. De um lado, estaria em discussão o sentido da expressão "lei complementar" na nova redação do art. 40, §1º, II, da CF. No contexto específico da magistratura, restaria definir se a aludida lei complementar seria de caráter nacional ou de caráter estadual. No ponto, porém, e em relação à magistratura, não haveria dúvidas de que se trataria da lei complementar nacional, de iniciativa do STF, indicada no art. 93 da CF. De outro lado, seria debatida a validade, à luz da noção de unidade do Poder Judiciário, da regra transitória contida no artigo 100 do ADCT, que limitara a eficácia imediata da aposentadoria compulsória aos 75 anos apenas aos integrantes da cúpula do Poder Judiciário e do TCU. Nesse diapasão, constatar-se-ia que o princípio da igualdade não proibiria de modo absoluto as diferenciações de tratamento. Vedaria apenas distinções arbitrárias. Nesse sentido, a carreira da magistratura seria nacional. Independentemente da instância em que atuassem, os magistrados estariam submetidos a um mesmo regime jurídico, na medida em que integrantes de uma única carreira. Não obstante isso, seria constitucionalmente possível que houvesse distinções pontuais entre os cargos da magistratura, especialmente quanto às condições para o seu provimento e vacância. Assim, o ingresso no cargo de ministro de tribunal superior ou do TCU decorreria da aprovação em sabatina e seria exaurida em evidente processo político com notória peculiaridade. Igualmente, as funções desempenhadas pelos destinatários atingidos pelo art. 100 do ADCT seriam técnicas, mas de resplandecente repercussão política, social e econômica, o que legitimaria o estabelecimento de critérios distintos daqueles dispensados aos demais agentes públicos. Então, a referida distinção consubstanciaria fundamento razoável para a existência de regra de transição exclusiva para os magistrados do STF e tribunais superiores bem como para os membros do TCU sabatinados em relação à futura vacância do cargo oriunda da aposentadoria compulsória. O referido discrímen não alcançaria o cerne fundamental do regime jurídico da magistratura, mas apenas o momento a partir do qual haveria compulsoriedade da aposentadoria. Assim, a distinção de tratamento dispensada pelo art. 100 do ADCT seria legítima, materialmente constitucional e, por não ofensiva à isonomia, deveria ser observada pelos demais órgãos do Poder Judiciário, caracterizado, portanto, o "fumus boni juris". O "periculum in mora" também estaria configurado na medida em que haveria o elevado risco de que magistrados não integrantes da cúpula do Poder Judiciário e do TCU obtivessem decisões liminares favoráveis que afastassem a regra veiculada pelo art. 40 § 1º, II, da CF, introduzida pela EC 88/2015. O afastamento da referida exigência, mediante uma vulgarização indevida alicerçada em errônea aplicação do princípio da isonomia e da unicidade da magistratura, poderia comprometer a legítima vontade do parlamento, que apenas teria reconhecido a eficácia imediata da majoração da idade da aposentadoria compulsória para um grupo muito específico de agentes públicos. Vencidos, em parte, os Ministros Teori Zavascki e Marco Aurélio, que davam interpretação conforme à parte final do art. 100 do ADCT, introduzido pela EC 88/2015, para excluir enfoque que fosse conducente a concluir-se pela segunda sabatina, considerado o mesmo cargo em relação ao qual ocorrida a primeira sabatina. Vencido, ainda, o Ministro Marco Aurélio, que não conhecia do pedido com conteúdo de ação declaratória de constitucionalidade, por entender incabível a cumulação de ações procedida por meio de aditamento à inicial, e, superada a questão, indeferia a concessão de cautelar, porquanto esta medida seria prevista pela Constituição unicamente quanto à ação direta de inconstitucionalidade. Não caberia, assim, a suspensão de processos em curso nas diversas instâncias do Judiciário, que deveriam tramitar, considerado o devido processo legal. O exame de ameaça ou lesão a direito pelo Poder Judiciário configura cláusula pétrea que não poderia ser afastado sequer por lei.
ADI 5316 MC/DF, rel. Min. Luiz Fux, 21.5.2015. (ADI-5316) (Inform. STF 786)

EC 41/2003: pensão por óbito posterior à norma e direito à equiparação – 2

Os pensionistas de servidor falecido posteriormente à EC 41/2003 têm direito à paridade com servidores em atividade (EC 41/2003, art. 7º), caso se enquadrem na regra de transição prevista no art. 3º da EC 47/2005. Não têm, contudo, direito à integralidade (CF, art. 40, § 7º, I). Com base nesse entendimento, o Plenário, em conclusão de julgamento, deu parcial provimento a recurso extraordinário em que se discutia eventual direito de pensionistas ao recebimento de pensão por morte de ex-servidor, aposentado antes do advento da EC 41/2003, mas falecido após a sua promulgação, nos mesmos valores (critério da integralidade) dos proventos do servidor falecido, se vivo fosse – v. Informativo 772. O Tribunal asseverou que a EC 41/2003 teria posto fim à denominada "paridade", ou seja, à garantia constitucional que reajustava os proventos de aposentadoria e as pensões sempre que se corrigissem os vencimentos dos servidores da ativa. A regra estava prevista no art. 40, § 8º, da CF, incluído pela EC 20/1998. A nova redação dada pela EC 41/2003 prevê apenas "o reajustamento dos benefícios para preservar-lhes, em caráter permanente, o valor real". Dessa forma, se o falecimento do servidor tivesse ocorrido após a vigência da EC 41/2003, não teriam seus pensionistas direito à paridade. Isso porque, assim como a aposentadoria se regeria pela legislação vigente à época em que o servidor implementara as condições para sua obtenção, a pensão igualmente regular-se-ia pela lei vigente por ocasião do falecimento do segurado instituidor, em observância ao princípio "tempus regit actum". A EC 47/2005, entretanto, teria excepcionado essa regra. Nela teria ficado garantida a paridade às pensões derivadas de óbito de servidores aposentados na forma de seu art. 3º, ou seja, preservara o direito à paridade para aqueles que tivessem ingressado no serviço público até 16.12.1998 e que preenchessem os requisitos nela consignados. No caso, o servidor instituidor da pensão ingressara no serviço público e se aposentara anteriormente à EC 20/1998 e, além disso, atendera ao que disposto no citado art. 3º da EC 47/2005. No entanto, essa emenda constitucional somente teria estendido aos pensionistas o direito à paridade, e não o direito à integralidade. Portanto, na espécie, estaria configurado o direito dos recorridos à paridade, porém, não o direito à integralidade.
RE 603580/RJ, rel. Min. Ricardo Lewandowski, 20.5.2015. (RE-603580) (Inform. STF 786)

EC 20/1998 e acumulação de proventos civis e militares

O Plenário, por decisão majoritária, negou provimento a embargos de divergência opostos em face de decisão proferida pela Primeira Turma, na qual decidido que a acumulação de aposentadorias civil e militar é admissível se o reingresso no serviço público se der antes da publicação da EC 20/1998, ainda que a aposentadoria tenha ocorrido já sob a vigência da emenda. No caso, o embargado fora transferido para a reserva remunerada do Exército em 1980 e, naquele mesmo ano, fora transferido para a Secretaria de Assuntos Estratégicos da Presidência da República, para ser posteriormente lotado no Comando do Exército. Sua aposentadoria compulsória se dera no cargo civil de analista de informações, em 2004. O Colegiado constatou haver precedentes da Primeira Turma no mesmo sentido do acórdão embargado. Por outro lado, em sentido contrário, a Segunda Turma teria julgado a afirmar a impossibilidade de acumulação de proventos civis e militares quando a aposentadoria ocorresse sob a égide da EC 20/1998. Explicou que o § 10 do art. 37 da CF, inserido com a referida emenda, vedaria a percepção simultânea de proventos. No entanto, haveria ressalva quanto à situação dos inativos, servidores e militares, que, até a data da publicação da EC 20/1998, tivessem ingressado novamente no serviço público (EC 20/1998, art. 11). Com base nesse dispositivo, a jurisprudência da Corte assentara-se no sentido da possibilidade de acumulação de proventos civis e militares quando a reforma se dera sob a égide da CF/1967 e a aposentadoria ocorrera antes da vigência da EC 20/1998. Nesses casos, não se aplicaria a proibição do art. 11 da emenda, pois não se trataria de percepção de mais de uma aposentadoria pelo regime previdenciário do art. 40 da CF, mas sim da percepção de proventos civis e militares. Assim, seria irrelevante que a aposentadoria civil tivesse se dado na vigência da EC 20/1998, bastando que o reingresso no serviço público ocorresse antes do advento da alteração constitucional, de forma a ensejar a incidência da ressalva do art. 11 da emenda, cuja aplicação incidiria aos membros de poder e aos inativos, servidores e militares, que, até a publicação da emenda, tivessem ingressado novamente no serviço público. Assim, no caso em exame, seria plenamente possível a acumulação de proventos civis e militares, uma vez que a reforma do embargado ocorrera sob a égide da CF/1967, e seu reingresso no serviço público, antes da publicação da EC 20/1998. Vencido o Ministro Marco Aurélio, que provia os embargos. Entendia não ser relevante distinguir a época em que o recorrido alcançara o que percebido antes da reforma, mas perquirir se, sob a vigência da Constituição atual, ele teria direito a dupla aposentadoria.

AI 801096 AgR-EDv/DF, rel. Min. Teori Zavascki, 22.4.2015. (AI-801096) (Inform. STF 782)

AG. REG. NO ARE N. 833.985-MS

RELATOR: MIN. LUIZ FUX

Ementa: AGRAVO REGIMENTAL NO RECURSO EXTRAORDINÁRIO COM AGRAVO. ADMINISTRATIVO. PENSÃO POR MORTE. PRORROGAÇÃO DO BENEFÍCIO. LIMITE DE IDADE. MATÉRIA INFRACONSTITUCIONAL. NECESSIDADE DE ANÁLISE DA LEGISLAÇÃO INFRACONSTITUCIONAL LOCAL. INCIDÊNCIA DA SÚMULA Nº 280/STF. DECLARAÇÃO DE INCONSTITUCIONALIDADE DE TRATADO OU LEI FEDERAL. INEXISTÊNCIA. RECURSO EXTRAORDINÁRIO INTERPOSTO COM FUNDAMENTO NAS ALÍNEAS *C* E *D* DO PERMISSIVO CONSTITUCIONAL. INVIABILIDADE.

1. A pensão por morte, quando *sub judice* a controvérsia sobre a sua prorrogação em face do limite de idade, demanda a análise da legislação infraconstitucional aplicável à espécie. Precedentes: ARE 740.855-AgR, Rel. Min. Gilmar Mendes, Segunda Turma, DJe de 25/11/2013, e ARE 667.498-AgR, Rel. Min. Rosa Weber, Primeira Turma, DJe de 27/8/2013.

2. A violação reflexa e oblíqua da Constituição Federal decorrente da necessidade de análise de malferimento de dispositivo infraconstitucional local, torna inadmissível o recurso extraordinário, a teor do Enunciado da Súmula nº 280 do Supremo Tribunal Federal, *verbis*: "*Por ofensa a direito local não cabe recurso extraordinário*".

3. A admissibilidade do recurso extraordinário interposto com fulcro na alínea *b* do permissivo constitucional exige que o recorrente demonstre inequivocamente que o Tribunal *a quo* declarou a inconstitucionalidade de tratado ou de lei federal, o que não se verifica na espécie.

4. O Tribunal *a quo* não julgou válida lei ou ato de governo local contestado em face da Constituição, tampouco julgou válida lei local contestada em face de lei federal, o que afasta o cabimento de recurso extraordinário com base nas alíneas *c* e *d*, do art. 102, III, da CF.

5. *In casu*, o acórdão recorrido assentou: "*MANDADO DE SEGURANÇA – PENSÃO POR MORTE – INTERRUPÇÃO PELA MAIORIDADE CIVIL – BENEFICIÁRIO CURSANDO ENSINO SUPERIOR – PRELIMINARES DE ILEGITIMIDADE PASSIVA DO ESTADO E LITISCONSÓRCIO PASSIVO NECESSÁRIO DA AGEPREV AFASTADAS – PRELIMINARES DE IMPROPRIEDADE DA VIA ELEITA E CARÊNCIA DA AÇÃO AFASTADAS – POSSIBILIDADE DE PRORROGAÇÃO DO BENEFÍCIO ATÉ 24 ANOS – APLICAÇÃO ANALÓGICA DA LEI 9.250/95 – VIOLAÇÃO AOS PRINCÍPIOS CONSTITUCIONAIS DA DIGNIDADE DA PESSOA HUMANA E DO ACESSO À EDUCAÇÃO – VIOLAÇÃO A DIREITO LÍQUIDO E CERTO CARACTERIZADA – ORDEM CONCEDIDA.*"

6. Agravo regimental **DESPROVIDO. (Inform. STF 782)**

Policiais civis e militares do sexo feminino e aposentadoria – 1

O Plenário, por maioria, julgou improcedente pedido formulado em ação direta de inconstitucionalidade por omissão, ajuizada com o objetivo de ser declarada a mora legislativa do Estado de São Paulo na elaboração de lei complementar estadual sobre os critérios diferenciados para aposentadoria de policiais civis e militares do sexo feminino, nos termos do art. 40, §§ 1º e 4º, da CF. No tocante ao regime das policiais civis, o Colegiado mencionou a existência da LC estadual 1.062/2008, que dispõe sobre requisitos e critérios diferenciados para a concessão de aposentadoria voluntária aos policiais civis locais. Por outro lado, no plano federal, apontou haver a LC 144/2014, em alteração à LC 51/1985, que cuida da aposentadoria do funcionário policial, para regulamentar a aposentadoria da mulher servidora policial. A edição de lei complementar nacional, na atual configuração centralizadora da Federação, seria impositiva, pois a matéria exigiria regramento uniforme, de caráter geral, mediante edição de lei pela União, a fim de evitar criação de regras distintas pelos Estados-Membros para servidores em situações semelhantes. Assim, se a lei federal sobre a matéria regulamenta o tempo de contribuição para efeito de aposentadoria dos policiais de forma exaustiva, não poderia a lei estadual dispor de modo diverso, sob pena de afrontar as regras de repartição de competência firmadas pela Constituição. Quanto às servidoras policiais civis, o pleito aduzido no sentido de que se adotassem critérios diferenciados para aposentadoria de policiais do sexo feminino já teria sido atendido pela LC 144/2014, que possui abrangência nacional e incide, portanto, sobre servidores do Estado de São Paulo. Ademais, não haveria de se falar em perda superveniente de objeto, porque a LC 144/2014 fora editada em data anterior ao ajuizamento da presente ação, a evidenciar a inexistência de omissão inconstitucional. Sequer poderia se falar em inconstitucionalidade da referida lei complementar, objeto da ADI 5.129/DF, pendente de julgamento. A constitucionalidade da norma seria presumida até eventual julgamento pelo STF em sentido diverso.

ADO 28/SP, rel. Min. Cármen Lúcia, 16.4.2015. (ADO-28)

Policiais civis e militares do sexo feminino e aposentadoria – 2

O Plenário asseverou que, relativamente às policiais militares, o parâmetro de controle de inconstitucionalidade por omissão não se mostraria adequado. Com o advento das EC 18/1998 e EC 20/1998, os militares teriam sido excluídos do conceito de "servidores públicos" anteriormente concedido pela Constituição, para que não mais houvesse vínculo com os servidores civis. A organização e o regime jurídico dos militares, desde a forma de investidura até as formas de inatividade, diferiria fundamentalmente do regime dos servidores civis. A Polícia Militar e o Corpo de Bombeiros Militar seriam forças destinadas à execução dos serviços de segurança pública. Especificamente, as Polícias Militares estaduais seriam instituições de natureza perene, com a competência constitucional de polícias ostensivas. Seus membros integrariam carreira típica estadual (CF, art. 42). Assim, haveria a necessidade jurídica de um regime previdenciário próprio dos militares estaduais, a ser normatizado em lei estadual específica, diversa da lei que regulasse o regime próprio dos servidores públicos. Nesse sentido, conforme jurisprudência da Corte, a interpretação do § 1º do art. 42 da CF impor-se-ia no sentido da inaplicabilidade da regra de aposentadoria especial prevista no art. 40, § 4º, da CF em favor de policial militar estadual. Esse entendimento fora confirmado também em julgamentos de ações nas quais o STF analisara a possibilidade de cumulação de proventos decorrentes de aposentadoria na condição de servidor público civil com proventos oriundos de aposentadoria na carreira militar. Fosse de se reconhecer a identidade do regime previdenciário a que submetida essa aposentadoria, não poderia a Corte ter garantido o direito de acumulação pleiteado na origem, pela vedação expressa do art. 40, § 6º, da CF. Desse modo, existiriam duas espécies de regimes previdenciários próprios: um para servidores civis e outro para militares. Por isso, o art. 40, § 2º, da CF somente permite a existência de um regime próprio de previdência social para os servidores titulares de cargos efetivos, ressalvado o disposto no art. 142, § 3º, X, da CF. Portanto, não haveria omissão inconstitucional quanto ao art. 40, §§ 1º e 4º, da CF, porque essa norma constitucional seria inaplicável aos militares. Ademais, a aposentadoria dos policiais militares paulistas seria regulamentada pelo Decreto-Lei estadual 260/1970 e pela LC estadual 1.150/2011. Vencido o Ministro Marco Aurélio, que não conhecia do pedido formulado. Entendia que o STF não teria competência para julgar a ação, tendo em vista suposta omissão do governador e da assembleia legislativa estadual. Reputava que seria competente o Judiciário local. No mérito, julgava o pedido procedente.

ADO 28/SP, rel. Min. Cármen Lúcia, 16.4.2015. (ADO-28) (Inform. STF 781)

ADI N. 4.641-SC

RELATOR: MIN. TEORI ZAVASCKI

Ementa: PREVIDENCIÁRIO E CONSTITUCIONAL. LEI ESTADUAL QUE INCLUIU NO REGIME PRÓPRIO DE PREVIDÊNCIA SEGURADOS QUE NÃO SÃO SERVIDORES DE CARGOS EFETIVOS NA ADMINISTRAÇÃO PÚBLICA. ART. 40 DA CONSTITUIÇÃO FEDERAL. NECESSÁRIA VINCULAÇÃO AO REGIME GERAL DE PREVIDÊNCIA SOCIAL.

1. O art. 40 da Constituição de 1988, na redação hoje vigente após as Emendas Constitucionais 20/98 e 41/03, enquadra como segurados dos Regimes Próprios de Previdência Social apenas os servidores titulares de cargo efetivo na União, Estado, Distrito Federal ou Municípios, ou em suas respectivas autarquias e fundações públicas, qualidade que não aproveita aos titulares de serventias extrajudiciais.

2. O art. 95 da Lei Complementar 412/2008, do Estado de Santa Catarina, é materialmente inconstitucional, por incluir como segurados obrigatórios de seu RPPS os cartorários extrajudiciais (notários, registradores, oficiais maiores e escreventes juramentados) admitidos antes da vigência da Lei federal 8.935/94 que, até 15/12/98 (data da promulgação da EC 20/98), não satisfaziam os pressupostos para obter benefícios previdenciários.

3. Ação direta de inconstitucionalidade julgada procedente, com modulação de efeitos, para assegurar o direito adquirido dos segurados e dependentes que, até a data da publicação da ata do presente julgamento, já estivessem recebendo benefícios previdenciários juntos ao regime próprio paranaense ou já houvessem cumprido os requisitos necessários para obtê-los. **(Inform. STF 780)**

Notários e oficiais de registro e regime previdenciário

O Plenário julgou procedentes pedidos formulados em ações diretas para declarar a inconstitucionalidade da Lei 15.150/2005 do Estado de Goiás – que cria regime diferenciado de aposentadoria para determinadas categorias profissionais (participantes: do serviço notarial e registral, não remunerados pelos cofres públicos; da serventia do foro judicial, admitidos antes da vigência da Lei 8.935/1994 e facultativos com contribuição em dobro) – e da LC 412/2008 do Estado de Santa Catarina, que inclui os cartorários extrajudiciais entre os segurados obrigatórios do regime próprio de previdência social do Estado-membro. De início, no que se refere à lei goiana, o Colegiado explicou que ela fixara um regime específico para as três classes de agentes colaboradores do Estado de Goiás: a) os delegatários de serviço notarial, que tiveram seus direitos assegurados na Lei 8.935/1994; b) os serventuários do foro judicial, admitidos antes da vigência da Lei 8.935/1994; e c) os antigos segurados facultativos com contribuição em dobro, filiados ao regime próprio de previdência estadual antes da Lei 12.964/1996. O Colegiado assentou que a Lei estadual 15.150/2005 alterara o regime vigente desde 1986, e passara a regulamentar: a) as modalidades de aposentadoria; b) a fórmula de cômputo das contribuições, dos respectivos proventos e das pensões; c) as condições de desvinculação espontânea e automática do sistema; d) o cômputo do tempo de serviço e contribuição; e) a cobertura do sistema; f) as condições para a vinculação na qualidade de dependente; g) a autoridade responsável pela administração do sistema; e h) as condições de reajuste dos benefícios. A lei impugnada estruturara, em proveito de agentes que há muito teriam migrado para o regime geral, sistema previdenciário inédito, com condições de contribuição, elegibilidade e cobertura diversos daqueles previstos tanto no regime próprio estadual quanto no regime geral. Destacou, entretanto, que a lei impugnada não tratara de estender o regime próprio de previdência local aos destinatários por ela especificados, mas criara modelo alternativo. O legislador estadual, no pretenso exercício de sua competência concorrente (CF, art. 24, XII), dispusera sobre matéria previdenciária, no desiderato de regular situações jurídicas específicas, respeitantes a colaboradores sem vínculo efetivo com o Estado, de modo inteiramente distinto do regime próprio de previdência. O sistema instituído pela lei adversada não poderia ser classificado como um regime previdenciário complementar, pois, embora fosse de adesão facultativa, não seria destinado a complementar a renda obtida com outro vínculo previdenciário, mas funcionaria como regime exclusivo. Assim, a lei local desviara-se do desenho institucional, bem assim houvera usurpação de competência, o que resultaria na invalidade de todo o diploma. O Colegiado assinalou que estariam violados, em suma, os artigos 40, 201 e 202 da CF. Explicitou que a lei catarinense incorreria nas mesmas inconstitucionalidades, embora não tivesse sido criado novo regime. No caso, as mesmas categorias de profissionais teriam sido incorporadas no regime próprio de previdência estadual. Por fim, o Plenário, por maioria, modulou os efeitos da declaração de inconstitucionalidade, para preservar as situações dos segurados que, abrangidos pelas leis impugnadas, tivessem sido inseridos nos respectivos regimes previdenciários, bem assim efetuado o recolhimento das contribuições devidas e, cumpridos os requisitos legais, tivessem passado a receber os benefícios. Desse modo, deveriam ser ressalvadas dos efeitos da decisão as situações dos destinatários dessas leis que estivessem percebendo ou tivessem reunido as condições para obter os benefícios até a data da publicação da ata de julgamento. Vencido, quanto à modulação, o Ministro Marco Aurélio.

ADI 4639/GO e ADI 4641/SC, rel. Min. Teori Zavascki, 11.3.2015. (ADI-4639) (Inform. STF 777)

Contribuição previdenciária de inativos e pensionistas: isenção e patologias incapacitantes – 3

O Plenário, em conclusão de julgamento e por maioria, acolheu, em parte, pedido formulado em ação direta para estabelecer que o parágrafo único do art. 3º da Lei 8.633/2005 do Estado do Rio Grande do Norte ["Art. 3º. Os aposentados e os pensionistas de qualquer dos Poderes do Estado, do Ministério Público e do Tribunal de Contas do Estado, incluídas suas autarquias e fundações, e dos Militares Estaduais contribuirão para o regime próprio de previdência social, com 11 % (onze por cento) incidentes sobre o valor da parcela dos proventos de aposentadorias e pensões que supere o limite máximo estabelecido para os benefícios do regime geral de previdência social, fixado pela legislação federal. Parágrafo único. São isentos da contribuição de que trata o 'caput' deste artigo, os aposentados e pensionistas que sejam portadores de patologias incapacitantes, abrangidos pela isenção oferecida pela legislação do Imposto de Renda"] deve ser interpretado à luz do limite previsto no art. 40, § 21, da CF ("§ 21. A contribuição prevista no § 18 deste artigo incidirá apenas sobre as parcelas de proventos de aposentadoria e de pensão que superem o dobro do limite máximo estabelecido para os benefícios do regime geral de previdência social de que trata o art. 201 desta Constituição, quando o beneficiário, na forma da lei, for portador de doença incapacitante") – v. Informativo 646. O Colegiado destacou que a norma adversada seria extremamente simpática do ponto de vista da justiça social, a qual deveria valer para todos, sob pena de se ferir a isonomia. Ademais, ela alcançaria grande parte dos aposentados e pensionistas. Entretanto, o mencionado parágrafo único, ao conceder isenção total, seria mais amplo do que o § 21 do art. 40 da CF, que confere benefício limitado. Vencido, em parte, o Ministro Cezar Peluso (relator), que julgava o pedido parcialmente procedente para declarar a inconstitucionalidade do aludido parágrafo único, que criaria isenção não prevista constitucionalmente.

ADI 3477/RN, rel. orig. Min. Cezar Peluso, red. p/ o acórdão Min. Luiz Fux, 4.3.2015. (ADI-3477) (Inform. STF 776)

AG. REG. EM MS N. 25.678-DF

RELATOR: MIN. LUIZ FUX

EMENTA: AGRAVO REGIMENTAL EM MANDADO DE SEGURANÇA. DIREITO ADMINISTRATIVO. PROVENTOS. APOSENTADORIA. ACÓRDÃO DO TCU QUE DETERMINOU A EXCLUSÃO DE VANTAGEM ECONÔMICA RECONHECIDA POR DECISÃO COM TRÂNSITO EM JULGADO (URP, 26,05%). COMPETÊNCIA CONSTITUCIONAL ATRIBUÍDA À CORTE DE CONTAS. MODIFICAÇÃO DE FORMA DE CÁLCULO DA REMUNERAÇÃO. INEXISTÊNCIA DE OFENSA AOS PRINCÍPIOS CONSTITUCIONAIS DA COISA JULGADA, DO DIREITO ADQUIRIDO E DA IRREDUTIBILIDADE DE VENCIMENTOS. DECADÊNCIA. INOCORRÊNCIA. AMPLA DEFESA E CONTRADITÓRIO. AUSÊNCIA DE VIOLAÇÃO. AGRAVO A QUE SE NEGA PROVIMENTO.

1. A garantia fundamental da coisa julgada (CRFB/88, art. 5º, XXXVI) não resta violada nas hipóteses em que ocorrerem modificações no contexto fático-jurídico em que produzida – como as inúmeras leis que fixam novos regimes jurídicos de remuneração.

2. As vantagens remuneratórias pagas aos servidores inserem-se no âm-

bito de uma relação jurídica continuativa, e, assim, a sentença referente a esta relação produz seus efeitos enquanto subsistir a situação fática e jurídica que lhe deu causa. A modificação da estrutura remuneratória ou a criação de parcelas posteriormente à sentença são fatos novos, não abrangidos pelos eventuais provimentos judiciais anteriores.

3. É cediço que a alteração, por lei, da composição da remuneração do agente público assegura-lhe somente a irredutibilidade da soma total antes recebida, assim concebido: os vencimentos e proventos constitucionais e legais. Precedentes: RE 563.965/RN-RG, Rel. Min. Cármen Lúcia, Tribunal Pleno, DJe 20/3/2009; MS 24.784, Rel. Min. Carlos Velloso, Tribunal Pleno, DJe 25/6/2004.

4. A decadência prevista no art. 54 da Lei 9.784/99 não se consuma no período compreendido entre o ato administrativo concessivo de aposentadoria ou pensão e o posterior julgamento de sua legalidade e registro pelo Tribunal de Contas da União, que consubstancia o exercício da competência constitucional de controle externo (CRFB/88, art. 71, III) -, porquanto o respectivo ato de aposentação é juridicamente complexo, e se aperfeiçoa com o registro na Corte de Contas. Precedentes: MS 30916, Rel. Min. Cármen Lúcia, 1ª Turma, DJe 08.06.2012; MS 25525, Rel. Min. Marco Aurélio, Tribunal Pleno, DJe 19.03.2010; MS 25697, Rel. Min. Cármen Lúcia, Tribunal Pleno, DJe 12.03.2010.

5. O processo de registro de aposentadoria, desde que não tenha transcorrido período de tempo superior a cinco anos entre o início do processo no TCU e o indeferimento do registro, não impõe o contraditório.

6. As URPs – Unidades de Referência de Preço – foram previstas visando a repor o poder aquisitivo de salários e vencimentos até a data-base da categoria, quando verificado o acerto de contas; entendimento sumulado pelo egrégio Tribunal Superior do Trabalho, *verbis*: *"Súmula 322: Os reajustes salariais decorrentes dos chamados Gatilhos e URP's, previstos legalmente como antecipação, são devidos tão-somente até a data-base de cada categoria."*

7. Agravo regimental a que se nega provimento. **(Inform. STF 776)**

DIREITO ADMINISTRATIVO E PREVIDENCIÁRIO. PENSÃO ESPECIAL DE EX-COMBATENTE A NETO MENOR DE IDADE SOB SUA GUARDA.

Diante da morte de titular de pensão especial de ex-combatente, o seu neto menor de dezoito anos que estava sob sua guarda deve ser enquadrado como dependente (art. 5º da Lei 8.059/1990) para efeito de recebimento da pensão especial que recebia o guardião (art. 53, II, do ADCT), dispensando-se, inclusive, o exame de eventual dependência econômica entre eles. De fato, o art. 5° da Lei 8.059/1990 não atribui a condição de dependente ao neto menor de dezoito anos e que estava sob a guarda do falecido titular de pensão especial de ex-combatente. Todavia, essa omissão não tem o condão de afastar o direito daquele à pensão aqui analisada, diante do disposto no art. 33, § 3°, do ECA – norma específica, segundo a qual o vínculo da "guarda confere à criança ou adolescente a condição de dependente, para todos os fins e efeitos, inclusive previdenciários" -, bem como tendo em vista o Princípio da Prioridade Absoluta assegurada pela Constituição Federal (art. 227, *caput*, e § 3°, II) e a Doutrina da Proteção Integral da criança e do adolescente, estampada no art. 1° do ECA. Além disso, dispensa-se o exame de eventual dependência econômica, visto ser presumida por força da guarda do menor pelo instituidor do benefício. Precedente citado: REsp 1.339.645-MT, Primeira Turma, DJe 4/5/2015. **REsp 1.550.168-SE, Rel. Min. Mauro Campbell Marques, julgado em 15/10/2015, DJe 22/10/2015. (Inform. STJ 572)**

DIREITO ADMINISTRATIVO E PREVIDENCIÁRIO. PERCEPÇÃO DE PENSÃO MILITAR POR FILHO MENOR DE 24 ANOS.

O falecimento de militar após o advento da Lei 6.880/1980 e antes da vigência da Medida Provisória 2.215-10/2001 gera direito à percepção de pensão por morte a filho universitário menor de 24 anos e não remunerado. Em 1960, foi promulgada a Lei 3.765, que dispôs sobre as pensões militares, prevendo, em seu art. 7º, II, que "a pensão militar defere-se na seguinte ordem: [...] aos filhos de qualquer condição, exclusive os maiores do sexo masculino, que não sejam interditos ou inválidos". Posteriormente, foi editada a Lei 6.880/1980, que dispôs sobre o "Estatuto dos Militares". Em seu art. 50, § 2º, IV, estabeleceu que "são considerados dependentes do militar: [...] o filho estudante, menor de 24 (vinte e quatro) anos, desde que não receba remuneração". De fato, verifica-se uma aparente antinomia normativa surgida à época da promulgação da Lei 6.880/1980, ocasião em que ainda vigia a redação original da Lei 3.765/1960. Isso porque, em que pese a nova consideração da condição de dependente aos filhos estudantes, menores de 24 anos, desde que não recebessem remuneração, a Lei 3.765/1960 continuava a prever que não era devida a pensão por morte aos filhos do sexo masculino, após a maioridade. Possivelmente por conta disso, promulgou-se a Lei 8.216/1991, que, dentre outras disposições, promoveu mudança na Lei 3.765/1960, para prescrever que "a pensão militar é deferida em processo de habilitação na seguinte ordem de prioridade e condições: primeira ordem de prioridade – viúva ou viúvo; companheira ou companheiro; filhas solteiras e filhos menores de 21 anos ou, quando estudantes, menores de 24 anos". Contudo, por vício formal, o STF, na ADI 574-DF, julgada em 3/6/1993, declarou a inconstitucionalidade da redação dada pelo art. 29 da Lei 8.216/1991 ao art. 7º da Lei 3.765/1960. A incongruência normativa, que teria sido resolvida em 1991 (não fosse a declaração de inconstitucionalidade), somente foi dissipada, textualmente, em 2001, com a promulgação da Medida Provisória 2.215-10, que alterou o referido art. 7º, passando a dispor que "a pensão militar é deferida em processo de habilitação, tomando-se por base a declaração de beneficiários preenchida em vida pelo contribuinte, na ordem de prioridade e condições a seguir: [...] filhos ou enteados até vinte e um anos de idade ou até vinte e quatro anos de idade, se estudantes universitários ou, se inválidos, enquanto durar a invalidez". Posto isso, cabe esclarecer que a interpretação histórica e sistemática do tema e do ordenamento não permite aplicação do princípio da especialidade para, simplesmente, desconsiderar o que está disposto, desde 1980, no Estatuto dos Militares, o qual conferiu a condição de dependente aos filhos estudantes, menores de 24 anos, desde que não recebessem remuneração. Nesse mesmo sentido, não tem aplicação o princípio do *tempus regit actum* como fundamento para negar o direito à pensão quando o óbito ocorreu após a vigência da Lei 6.880/1980. Isso porque, desde a edição da mencionada Lei (e não só com a edição da Medida Provisória 2.215-10, de 31/8/2001), deve-se considerar o direito à pensão por morte dos filhos até 24 anos de idade, se estudantes universitários. A edição da Medida Provisória 2.215-10/2001 apenas buscou adequar, textualmente, o que por meio de uma interpretação sistemática se extraía do ordenamento: a condição de dependente dos filhos estudantes, menores de 24 anos, e, por consequência, seu direito à pensão por morte do genitor militar. Sendo assim, quando igualmente vigentes ambos os diplomas (Lei 3.765/1960 e Lei 6.880/1980) na data do óbito do instituidor da pensão, o filho estudante de até 24 anos, desde que não receba remuneração, será beneficiário da pensão por morte de militar. **EREsp 1.181.974-MG, Rel. Min. Og Fernandes, julgado em 16/9/2015, DJe 16/10/2015. (Inform. STJ 571)**

DIREITO ADMINISTRATIVO. PENSÃO ESPECIAL DE EX-COMBATENTE A CRIANÇA OU ADOLESCENTE SOB SUA GUARDA.

Na hipótese de morte do titular de pensão especial de ex-combatente, o menor de dezoito anos que estava sob sua guarda deve ser enquadrado como dependente (art. 5º da Lei 8.059/1990) para efeito de recebimento, na proporção que lhe couber, da pensão especial (art. 53, II, do ADCT) que recebia o seu guardião. Da leitura do art. 5º da Lei 8.059/1990, verifica-se que o legislador não incluiu o menor de dezoito anos sob guarda no rol dos beneficiários da pensão especial. Essa omissão, contudo, não tem o condão de afastar a pretensão do menor de dezoito anos de receber a aludida vantagem, uma vez que o art. 33, § 3º, da Lei 8.069/1990 (ECA) dispõe: "a guarda confere à criança ou adolescente a condição de dependente, para todos os fins e efeitos de direito, inclusive previdenciários". Nessa perspectiva, a ênfase dada para que essa condição especial do menor de dezoito anos envolva, inclusive, os benefícios previdenciários não pode conduzir a uma interpretação restritiva e contrária ao próprio espírito da norma, que cuidou de proporcionar uma proteção mais ampla aos direitos e interesses dos infantes. Além disso, o art. 227 da CF exige da família, da sociedade e do Estado a conjugação de esforços no sentido de prestar atendimento prioritário a todos os interesses de crianças e adolescentes. Assim, o ECA se encontra em absoluta sintonia com a diretriz hermenêutica demarcada no plano constitucional, não sendo admissível a exegese de que a pensão especial de ex-combatente, por não possuir natureza previdenciária, afastaria a aplicação da regra prevista no ECA. Nessa ordem de ideias, do cotejo entre a Lei 8.059/1990 (art. 5°) e o ECA, este diploma legal, mais benéfico, deve prevalecer, em razão do critério da especialidade. **REsp 1.339.645-MT, Rel. Min. Sérgio Kukina, julgado em 3/3/2015, DJe 4/5/2015 (Inform. STJ 561).**

DIREITO ADMINISTRATIVO. ACUMULAÇÃO DE APOSENTADORIA DE EMPREGO PÚBLICO COM REMUNERAÇÃO DE CARGO TEMPORÁRIO. É possível a cumulação de proventos de aposentadoria de emprego público com remuneração proveniente de exercício de cargo temporário. Preceitua o art. 118, § 3°, da Lei 8.112/1990 que se considera "acumulação proibida a percepção de vencimento de cargo ou emprego público efetivo com proventos da inatividade, salvo quando os cargos de que decorram essas remunerações forem acumuláveis na atividade". Com efeito, da simples leitura do comando normativo infere-se que a vedação nele contida diz respeito apenas à acumulação de proventos de aposentadoria com remuneração de cargo ou emprego público efetivo, categorias nas quais não se insere a função pública exercida por força de contratação temporária, preenchida via processo seletivo simplificado. Do mesmo modo, o art. 6° da Lei 8.745/1993 – diploma normativo que regulamenta o art. 37, IX, da CF – dispõe que "É proibida a contratação, nos termos desta Lei, de servidores da Administração direta ou indireta da União, dos Estados, do Distrito Federal e dos Municípios, bem como de empregados ou servidores de suas subsidiárias e controladas". Ademais, ainda que assim não fosse, a aposentadoria se deu pelo Regime Geral de Previdência Social – RGPS, não se lhe aplicando, portanto, o disposto no § 10 do art. 37 da CF, segundo o qual "É vedada a percepção simultânea de proventos de aposentadoria decorrentes do art. 40 ou dos arts. 42 e 142 com a remuneração de cargo, emprego ou função pública, ressalvados os cargos acumuláveis na forma desta Constituição, os cargos eletivos e os cargos em comissão declarados em lei de livre nomeação e exoneração", dispositivo constitucional ao qual não se pode atribuir interpretação extensiva em prejuízo do empregado público aposentado pelo RGPS, disciplinado pelo artigo 201 da CF. **REsp 1.298.503-DF, Rel. Min. Humberto Martins, julgado em 7/4/2015, DJe 13/4/2015 (Inform. STJ 559).**

DIREITO ADMINISTRATIVO E PREVIDENCIÁRIO. APOSENTADORIA DE SERVIDOR PÚBLICO COM DOENÇA NÃO PREVISTA NO ART. 186 DA LEI 8.112/1990. Serão proporcionais – e não integrais – os proventos de aposentadoria de servidor público federal diagnosticado com doença grave, contagiosa ou incurável não prevista no art. 186, § 1°, da Lei 8.112/1990 nem indicada em lei. A jurisprudência do STJ firmara-se no sentido de que o rol de doenças constantes do § 1° do art. 186 da Lei 8.112/1990 para fins de aposentadoria integral não seria taxativo, mas exemplificativo, tendo em vista a impossibilidade de a norma prever todas as doenças consideradas pela medicina como graves, contagiosas ou incuráveis. No entanto, o STF, reconhecendo a repercussão geral da matéria, entendeu que "pertence, portanto, ao domínio normativo ordinário a definição das doenças e moléstias que ensejam aposentadoria por invalidez com proventos integrais, cujo rol, segundo a jurisprudência assentada pelo STF, tem natureza taxativa" (RE 656.860-MT, Tribunal Pleno, DJe 18/9/2014). Nesse contexto, em atendimento ao art. 543-B, § 3°, do CPC, a aposentadoria de servidor público federal diagnosticado com moléstia não mencionada no § 1° do art. 186 da Lei 8.112/1990, não pode se dar com o pagamento de proventos integrais, mas sim proporcionais. **REsp 1.324.671-SP, Rel. Min. Humberto Martins, julgado em 3/3/2015, DJe 9/3/2015 (Inform. STJ 557).**

DIREITO ADMINISTRATIVO. PENSÃO POR MORTE DE SERVIDOR PÚBLICO FEDERAL.

Para fins de concessão da pensão por morte de servidor público federal, a designação do beneficiário nos assentos funcionais do servidor é prescindível se a vontade do instituidor em eleger o dependente como beneficiário da pensão houver sido comprovada por outros meios idôneos. Precedentes citados: AgRg no REsp 1.362.822-PE, Primeira Turma, DJe 17/4/2013; AgRg no REsp 1.295.320-RN, Segunda Turma, DJe 28/6/2012; e REsp 1.307.576-PE, Segunda Turma, DJe 25/4/2012. **REsp 1.486.261-SE, Rel. Min. Herman Benjamin, julgado em 20/11/2014, DJe 5/12/2014 (Inform. STJ 553).**

Súmula Vinculante STF 34

A Gratificação de Desempenho de Atividade de Seguridade Social e do Trabalho – GDASST, instituída pela Lei 10.483/2002, deve ser estendida aos inativos no valor correspondente a 60 (sessenta) pontos, desde o advento da Medida Provisória 198/2004, convertida na Lei 10.971/2004, quando tais inativos façam jus à paridade constitucional (EC 20/1998, 41/2003 e 47/2005).

Súmula Vinculante STF 33

Aplicam-se ao servidor público, no que couber, as regras do regime geral da previdência social sobre aposentadoria especial de que trata o artigo 40, § 4°, inciso III da Constituição Federal, até a edição de lei complementar específica.

Súmula Vinculante STF 20

A Gratificação de Desempenho de Atividade Técnico-Administrativa – GDATA, instituída pela Lei n. 10.404/2002, deve ser deferida aos inativos nos valores correspondentes a 37,5 (trinta e sete vírgula cinco) pontos no período de fevereiro a maio de 2002 e, nos termos do artigo 5°, parágrafo único, da Lei n° 10.404/2002, no período de junho de 2002 até a conclusão dos efeitos do último ciclo de avaliação a que se refere o artigo 1° da Medida Provisória no 198/2004, a partir da qual passa a ser de 60 (sessenta) pontos.

Súmula STF n° 680

O direito ao auxílio-alimentação não se estende aos servidores inativos.

Súmula STF n° 38

Reclassificação posterior à aposentadoria não aproveita ao servidor aposentado.

Súmula STF n° 36

Servidor vitalício está sujeito à aposentadoria compulsória, em razão da idade.

Súmula STF n° 10

O tempo de serviço militar conta-se para efeito de disponibilidade e aposentadoria do servidor público estadual.

5.5. Outros direitos dos agentes públicos

Administração Pública e princípio da intranscendência

O princípio da intranscendência subjetiva das sanções, consagrado pelo STF, inibe a aplicação de severas sanções às administrações por ato de gestão anterior à assunção dos deveres públicos. Com base nessa orientação e, com ressalva de fundamentação do Ministro Marco Aurélio, a Primeira Turma, em julgamento conjunto, negou provimento a agravos regimentais em ações cautelares ajuizadas com a finalidade de se determinar a suspensão da condição de inadimplente de Estado-Membro, bem como das limitações dela decorrentes, com relação a convênios com a União. Na espécie, em face de decisões que julgaram procedentes os pedidos a favor dos entes federativos, a fim de suspender as inscrições dos requerentes de todo e qualquer sistema de restrição ao crédito utilizado pela União, foram interpostos os presentes recursos. A Turma consignou que, em casos como os presentes, em que os fatos teriam decorrido de administrações anteriores e os novos gestores estivessem tomando providências para sanar as irregularidades verificadas, aplicar-se-ia o princípio da intranscendência subjetiva. O propósito seria neutralizar a ocorrência de risco que pudesse comprometer, de modo grave ou irreversível, a continuidade da execução de políticas públicas ou a prestação de serviços essenciais à coletividade. Nesse sentido, a tomada de contas especial seria medida de rigor com o ensejo de alcançar-se o reconhecimento definitivo de irregularidades, permitindo-se, só então, a inscrição dos entes nos cadastros de restrição aos créditos organizados e mantidos pela União. O Ministro Marco Aurélio asseverou que, por se tratar de governança, preponderaria o princípio contido no art. 37 da CF, ou seja, o da impessoalidade. Precedentes citados: ACO 1.848 AgR/

MA (DJe de 21.11.2014) e ACO 1.612 AgR/MS (DJe de 12.12.2014).
AC 2614/PE, rel. Min. Luiz Fux, 23.6.2015. (AC-2614)
AC 781/PI, rel. Min. Luiz Fux, 23.6.2015. (AC-2614)
AC 2946/PI, rel. Min. Luiz Fux, 23.6.2015. (AC-2614) (Inform. STF 791)

RELATOR: MIN. MARCO AURÉLIO

SERVIDOR TEMPORÁRIO – DIREITOS SOCIAIS – EXTENSÃO. De acordo com o entendimento do Supremo, o servidor contratado temporariamente tem jus aos direitos sociais previstos no artigo 7º da Constituição Federal. Precedentes: Recurso Extraordinário nº 287.905/SC, da relatoria da ministra Ellen Gracie, redator do acórdão ministro Joaquim Barbosa; Recurso Extraordinário nº 234.186/SP, da relatoria do ministro Sepúlveda Pertence. **(Inform. STF 790)**

RECURSO ORD. EM MS N. 32.552-DF
RELATOR: MIN. MARCO AURÉLIO

PENSÃO – UNIÃO ESTÁVEL – TÍTULO JUDICIAL. Uma vez constando de título judicial o reconhecimento da união estável, cumpre observar, no campo administrativo, as consequências que lhe são próprias, considerado o direito a pensão por morte do servidor público que a integrou. **(Inform. STF 790)**

ACO N. 555-DF
RELATOR: MIN. DIAS TOFFOLI

EMENTA: Ação civil originária. Distrito Federal. Servidora cedida para a União, com ônus para o órgão cessionário. Ausência de repasse dos valores referentes às remunerações e demais encargos sociais. Procedência da ação.

1. Previsão expressa no ato da Presidência da Câmara Legislativa do Distrito Federal de que a cessão da servidora distrital à União se deu com ônus para o órgão cessionário. Atuação do ente federativo pautada no art. 93, inciso I e parágrafo único, da Lei federal nº 8.112/90, cujas disposições se aplicam aos servidores do Distrito Federal, por força do art. 5º da Lei distrital nº 197/91. 2. Não é condizente com a Constituição da República a interpretação restritiva dada pela Administração Federal quanto à impossibilidade de custeio dos ônus remuneratórios da servidora cedida em face da ausência de norma federal que previsse tal responsabilidade até o advento da Medida Provisória nº 1.573-9/97. 3. Sendo a cessão de servidores parte do arco maior da cooperação federativa, caberia à União, como regra de isonomia, ressarcir os valores desembolsados pelo Distrito Federal com a servidora cedida. 4. Ação julgada procedente. **(Inform. STF 789)**

Cessão de servidor e ônus remuneratório

O Plenário julgou procedente pedido formulado em ação civil originária na qual se pleiteava a condenação da União ao ressarcimento dos valores dispendidos no pagamento da remuneração e demais encargos sociais decorrentes da cessão de servidora de órgão distrital para órgão da União. No caso, a cessão fora realizada com a condição de que o órgão cessionário assumisse todos os encargos decorrentes da cessão, mas a União deixara de proceder os repasses e pleiteara a devolução dos valores já pagos. Alegava-se que, em virtude do contido no art. 93, I e § 1º, da Lei 8.112/1990, o ônus remuneratório derivado de cessão de servidores públicos deveria ser suportado pelo órgão cessionário, uma vez que seria esse o beneficiário do trabalho desempenhado pelo agente. Ademais, afirmava que a própria União reconhecera ser dela o ônus financeiro pelos servidores por ela requisitados quando da edição da Medida Provisória 1.573-9/1997, que acrescentou o § 5º ao art. 93 da Lei 8.112/1990. O Plenário asseverou que o órgão cedente deixara claro ser encargo do órgão cessionário arcar com todos os proventos da servidora.
ACO 555/DF, rel. Min. Dias Toffoli, 23.4.2015. (ACO-555) (Inform. STF 782)

REPERCUSSÃO GERAL EM RE N. 778.889-PE
RELATOR: MIN. ROBERTO BARROSO

Ementa: PERÍODO DE LICENÇA-MATERNIDADE. SERVIDORAS PÚBLICAS. EQUIPARAÇÃO ENTRE GESTANTES E ADOTANTES. PRESENÇA DE REPERCUSSÃO GERAL. 1. Constitui questão constitucional saber se a lei pode ou não instituir prazos diferenciados para a licença-maternidade concedida às servidoras gestantes e às adotantes, especialmente à luz do art. 227, § 6º, da CF/88. 2. Repercussão geral reconhecida. **(Inform. STF 777)**

DIREITO ADMINISTRATIVO. POSSE DE MEMBRO DO MINISTÉRIO PÚBLICO NO CARGO DE DESEMBARGADOR FEDERAL E DIREITO À TRANSFERÊNCIA UNIVERSITÁRIA DE DEPENDENTE.

O filho de membro do Ministério Público do Trabalho tem, em razão da mudança de domicílio de seu pai para tomar posse no cargo de Desembargador Federal do Trabalho, direito a ser transferido para instituição de ensino superior congênere nos termos do art. 49 da Lei 9.394/1996, c/c art. 1º da Lei 9.536/1997. Com efeito, os arts. 49 da Lei 9.394/1996 e 1° da Lei 9.536/1997 preveem o direito de transferência *ex officio* para instituição de educação superior aos servidores civis ou militares, bem como a seus dependentes, quando a mudança de domicílio ocorrer no interesse da Administração. A hipótese aqui analisada é caso de transferência por interesse da Administração, tendo em vista que o interesse público decorre de dispositivo constitucional (art. 114, I, da CF). Frise-se não se tratar de provimento inicial. Isso porque o provimento originário é aquele que se faz por meio de nomeação e pressupõe a inexistência de nenhuma vinculação entre a situação funcional anterior e o preenchimento do cargo, o que não ocorre no caso em análise. Ademais, o parágrafo único do art. 1º da Lei 9.536/97 cita expressamente todos os casos em que é vedada a transferência *ex officio*. São eles: transferência para assumir cargo efetivo em razão de concurso público, cargo em comissão ou função de confiança. Como se vê, a transferência de membro do Ministério Público para assumir cargo de Desembargador Federal em decorrência do preenchimento do quinto constitucional não se encontra entre as hipóteses impeditivas. **REsp 1.536.723-RS, Rel. Min. Humberto Martins, julgado em 13/10/2015, DJe 20/10/2015. (Inform. STJ 571)**

DIREITO ADMINISTRATIVO. FÉRIAS GOZADAS EM PERÍODO COINCIDENTE COM O DA LICENÇA À GESTANTE.

A Lei 8.112/1990 não assegura à servidora pública o direito de usufruir, em momento posterior, os dias de férias já gozados em período coincidente com o da licença à gestante. Ressalta-se que a coincidência das férias com a licença-gestante – sem a possibilidade de gozo ulterior dos dias de férias em que essa coincidência se verificar – não importa violação do direito constitucional a férias. Isso porque, nesse período, há efetivo gozo de férias, ainda que ao mesmo tempo em que a servidora faz jus à licença-gestante, tendo em vista que a referida licença não é causa interruptiva das férias. Observe que o art. 80 da Lei 8.112/1990 assim dispõe: "As férias somente poderão ser interrompidas por motivo de calamidade pública, comoção interna, convocação para júri, serviço militar ou eleitoral, ou por necessidade do serviço declarada pela autoridade máxima do órgão ou entidade". Nesse contexto, vê-se que a palavra "somente" limita a consideração de hipóteses de interrupção de férias e não possibilita eventuais aplicações extensivas. Torna-se indevida, assim, qualquer ampliação do rol desse dispositivo. Nesse sentido, aliás, a Segunda Turma do STJ já decidiu pela impossibilidade de aplicação extensiva do art. 80, caput, da Lei 8.112/1990: "Discute-se nos autos a possibilidade de alteração das férias, em decorrência de licença médica, após iniciado o período de gozo [...] Nos termos da legislação de regência, as hipóteses de interrupção de férias são taxativamente previstas no artigo 80 da Lei n. 8.112/90, dentre as quais não se insere o acometimento de doença e a respectiva licença para tratamento médico" (AgRg no REsp 1.438.415-SE, Segunda Turma, DJe 13/5/2014). **AgRg no RMS 39.563-PE, Rel. Min. Mauro Campbell Marques, julgado em 6/8/2015, DJe 18/8/2015 (Inform. STJ 566).**

DIREITO ADMINISTRATIVO. INCONSTITUCIONALIDADE DO ART. 170 DA LEI 8.112/1990. Não deve constar dos assentamentos individuais de servidor público federal a informação de que houve a extinção da punibilidade de determinada infração administrativa pela prescrição. O art. 170 da Lei 8.112/1990 dispõe que, "Extinta a punibilidade pela prescrição, a autoridade julgadora determinará o registro do fato nos assentamentos individuais do servidor". Entretanto, o STF declarou incidentalmente a inconstitucionalidade do referido artigo no julgamento do MS 23.262-DF (Tribunal Pleno, DJe 29/10/2014). Nesse contexto, não se deve utilizar norma legal declarada inconstitucional pelo STF (mesmo em controle difuso, mas por meio de posição sufragada por sua composição Plenária) como fundamento para anotação de atos desabonadores nos assentamentos funcionais individuais de servidor, por se tratar de conduta que fere, em última análise, a própria CF. **MS 21.598-DF, Rel. Min. Og Fernandes, julgado em 10/6/2015, DJe 19/6/2015 (Inform. STJ 564).**

DIREITO ADMINISTRATIVO. AUXÍLIO-RECLUSÃO A SERVIDORES OCUPANTES DE CARGO EFETIVO.

Para concessão de auxílio-reclusão, não se aplica aos servidores públicos estatutários ocupantes de cargos efetivos a exigência de baixa renda prevista no art. 13 da EC 20/1998. Isso porque o referido dispositivo legal foi dirigido apenas aos servidores públicos vinculados ao Regime Geral da Previdência Social (RGPS). Ademais, por ocasião do julgamento do RE 486.413-SP, o STF examinou a questão do auxílio-reclusão sob a ótica de saber se, para sua concessão, a renda a ser considerada é a do próprio segurado preso ou aquela de seus dependentes. Naquela oportunidade, o STF assentou que "a Constituição circunscreve a concessão do auxílio-reclusão às pessoas que: (i) estejam presas; (ii) possuam dependentes; (iii) sejam seguradas da Previdência Social; e (iv) tenham baixa renda", tendo o voto vencedor expressamente registrado que "um dos escopos da referida Emenda Constitucional foi o de restringir o acesso ao auxílio-reclusão, utilizando, para tanto, a renda do segurado" (RE 486.413-SP, Tribunal Pleno, DJe 8/5/2009). Assim, conclui-se que o art. 13 da EC 20/1998 não afeta a situação jurídica dos servidores ocupantes de cargo público de provimento efetivo, mas apenas os servidores vinculados ao RGPS, isto é, empregados públicos, contratados temporariamente e exclusivamente titulares de cargos comissionados. Precedente citado: REsp 1.421.533-PB, Segunda Turma, DJe 25/9/2014. **AgRg no REsp 1.510.425-RJ, Rel. Min. Humberto Martins, julgado em 16/4/2015, DJe 22/4/2015 (Inform. STJ 560).**

5.6. Infração e processo disciplinar

AG. REG. NO RMS N. 31.515-DF

RELATOR: MIN. LUIZ FUX

Ementa: AGRAVO REGIMENTAL NO RECURSO ORDINÁRIO EM MANDADO DE SEGURANÇA. PROCESSO ADMINISTRATIVO DISCIPLINAR. APLICAÇÃO DE PENA DE DEMISSÃO A POLICIAL RODOVIÁRIO FEDERAL. ABSOLVIÇÃO DO DENUNCIADO NA ESFERA PENAL POR AUSÊNCIA DE PROVAS. FATOS NOVOS. DENÚNCIA DAS ÚNICAS TESTEMUNHAS PELO MINISTÉRIO PÚBLICO FEDERAL POR DENUNCIAÇÃO CALUNIOSA. CONDENAÇÃO E RETRATAÇÃO. ENQUADRAMENTO NA HIPÓTESE DE INEXISTÊNCIA DO FATO. IMPOSSIBILIDADE DE APLICAÇÃO DA PENA NA ESFERA ADMINISTRATIVA. INOCORRÊNCIA DE INVASÃO DO PODER JUDICIÁRIO NO MÉRITO ADMINISTRATIVO DO ATO. INEXISTÊNCIA DE FALTA RESIDUAL. INOCORRÊNCIA DE DECISÃO *EXTRA PETITA*. MERA INDICAÇÃO DA POSSIBILIDADE DE PLEITEAR INDENIZAÇÃO NAS INSTÂNCIAS ORDINÁRIAS. AGRAVO REGIMENTAL A QUE SE NEGA PROVIMENTO.

1. A absolvição penal e a comunicabilidade do resultado na instância administrativa é tema jurídico que prescinde de dilação probatória.

2. A absolvição penal baseada na inexistência do fato ou autoria afasta a responsabilidade administrativa, tendo em vista a comunicabilidade das instâncias.

3. *In casu:* a) O juízo criminal, quando da absolvição do agravado, não negou, expressamente, a existência do fato ou da sua autoria. Ocorre que a superveniência dos fatos novos conduzem à conclusão no sentido da inexistência do fato, porquanto houve a condenação de dois dos denunciantes, um por denunciação caluniosa e outro por falso testemunho, além da retratação das demais testemunhas. b) A Comissão Processante não sugeriu a aplicação de pena de demissão ao policial com fundamento no fato de ter permitido que o motorista buscasse a CNH conduzindo seu próprio veículo. Desse modo, não se verifica falta residual. Súmula 18 do STF. c) Inocorreu exame de conveniência, oportunidade e utilidade do ato primitivo pelo Poder Judiciário, mas, apenas, a apreciação quanto à sua legalidade.

4. A mera indicação da possibilidade de se pleitear indenização nas instâncias ordinárias, sem a existência desse requerimento no recurso ordinário, não configura decisão *extra petita*.

5. Agravo regimental a que se nega provimento. **(Inform. STF 811)**

RMS N. 32.202-DF

RELATOR: MIN. MARCO AURÉLIO

DEVIDO PROCESSO LEGAL – DEFESA – VIABILIZAÇÃO. Uma vez viabilizada a defesa, descabe agasalhar alegação de ofensa ao devido processo legal.

DEMISSÃO – FUNDAMENTOS. Surgindo fundamentado o ato de demissão, fica afastado o vício de forma.

SANÇÃO ADMINISTRATIVA – ATO DA COMISSÃO PROCESSANTE – INDEPENDÊNCIA. A autoridade julgadora não está vinculada à conclusão da comissão processante.

PRESCRIÇÃO – PROCESSO ADMINISTRATIVO – LEGISLAÇÃO PENAL. A influência da legislação penal faz-se consideradas balizas a englobarem a pena máxima prevista para o delito.

PROCESSO ADMINISTRATIVO – PROCESSO-CRIME – REPERCUSSÃO. A teor do disposto no artigo 935 do Código Civil, a repercussão do que decidido no processo-crime pressupõe pronunciamento, precluso na via da recorribilidade, afastando o fato ou a autoria. **(Inform. STF 810)**

AG. REG. NO ARE N. 894.463-SP

RELATOR: MIN. DIAS TOFFOLI

EMENTA: Agravo regimental no recurso extraordinário com agravo. Direito Administrativo. Servidor militar. Processo administrativo disciplinar. Prequestionamento. Ausência. Violação dos princípios do contraditório, da ampla defesa e da legalidade. Ofensa reflexa. Legislação infraconstitucional. Fatos e provas. Reexame. Impossibilidade. Artigo 125, §§ 4º e 5º da CF. Exclusão da Corporação. Comando-Geral da Polícia. Competência. Possibilidade. Julgamento colegiado. Composição. Precedentes.

1. Inadmissível o recurso extraordinário quando os dispositivos constitucionais que nele se alega violados não estão devidamente prequestionados. Incidência das Súmulas nºs 282 e 356/STF.

2. A afronta aos princípios da legalidade, do devido processo legal, da ampla defesa, do contraditório, dos limites da coisa julgada ou da prestação jurisdicional, quando depende, para ser reconhecida como tal, da análise de normas infraconstitucionais, configura apenas ofensa indireta ou reflexa à Constituição Federal.

3. Inadmissível, em recurso extraordinário, o reexame dos fatos e das provas e a análise da legislação infraconstitucional. Incidência das Súmulas nºs 636, 279 e 280 /STF.

4. O art. 125, § 4º, da Constituição Federal somente se aplica quando a perda da graduação for pena acessória de sanção criminal aplicada em processo penal, e não, como no caso dos autos, quando o comando-geral da polícia aplicar a pena de demissão após apuração de falta grave em processo administrativo disciplinar.

5. O art. 125, § 5º, da Constituição Federal contém exigência de que as demandas que tenham por objeto ato disciplinar cometido por militar sejam julgadas em primeiro grau por juiz de direito, não fazendo, entretanto, nenhuma menção acerca dos julgamentos colegiados de tais demandas.

6. Agravo regimental não provido. **(Inform. STF 804)**

AG. REG. NO ARE N. 903.291-BA

RELATORA: MIN. ROSA WEBER

EMENTA: DIREITO ADMINISTRATIVO E PROCESSUAL CIVIL. PROCESSO ADMINISTRATIVO DISCIPLINAR. AGENTE DE POLÍCIA. APLICAÇÃO DE PENA DE SUSPENSÃO. NULIDADE DO ATO ADMINISTRATIVO IMPUGNADO. FALHAS PROCEDIMENTAIS. ALEGAÇÃO DE OFENSA AO ART. 5º, XXXV, XXXVI, LIV E LV, DA CONSTITUIÇÃO DA REPÚBLICA. CONTRADITÓRIO E AMPLA DEFESA. DEVIDO PROCESSO LEGAL. INAFASTABILIDADE DA JURISDIÇÃO. DEBATE DE ÂMBITO INFRACONSTITUCIONAL. EVENTUAL VIOLAÇÃO REFLEXA DA CONSTITUIÇÃO DA REPÚBLICA NÃO VIABILIZA O MANEJO DE RECURSO EXTRAORDINÁ-

RIO. NEGATIVA DE PRESTAÇÃO JURISDICIONAL. ARTIGO 93, IX, DA CONSTITUIÇÃO DA REPÚBLICA. NULIDADE. INOCORRÊNCIA. RAZÕES DE DECIDIR EXPLICITADAS PELO ÓRGÃO JURISDICIONAL. ACÓRDÃO RECORRIDO PUBLICADO EM 18.3.2008.

1. Inexiste violação do artigo 93, IX, da Lei Maior. A jurisprudência do Supremo Tribunal Federal é no sentido de que o referido dispositivo constitucional exige a explicitação, pelo órgão jurisdicional, das razões do seu convencimento, dispensando o exame detalhado de cada argumento suscitado pelas partes.

2. O exame da alegada ofensa ao art. 5º, XXXV, XXXVI, LIV e LV, da Constituição Federal, observada a estreita moldura com que devolvida a matéria à apreciação desta Suprema Corte, dependeria de prévia análise da legislação infraconstitucional aplicada à espécie, o que refoge à competência jurisdicional extraordinária prevista no art. 102 da Magna Carta.

3. As razões do agravo regimental não se mostram aptas a infirmar os fundamentos que lastrearam a decisão agravada, mormente no que se refere à ausência de ofensa direta e literal a preceito da Constituição da República.

4. Agravo regimental conhecido e não provido. **(Inform. STF 802)**

AG. REG. NO ARE N. 678.980-RJ
RELATOR: MIN. ROBERTO BARROSO
EMENTA: DIREITO ADMINISTRATIVO. AGRAVO REGIMENTAL EM RECURSO EXTRAORDINÁRIO COM AGRAVO. SERVIDOR PÚBLICO. PROCESSO ADMINISTRATIVO DISCIPLINAR. GARANTIAS CONSTITUCIONAIS DO PROCESSO. TERMO *A QUO* DO PRAZO PRESCRICIONAL. MATÉRIA INFRACONSTICIONAL. LEI Nº 8.112/1990. SÚMULA 279/STF. PRECEDENTES.

1. A jurisprudência do Supremo Tribunal Federal afasta o cabimento de recurso extraordinário para o questionamento de alegadas violações à legislação infraconstitucional, sem que se discuta o seu sentido à luz da Constituição.

2. Decisão que está devidamente fundamentada, embora em sentido contrário aos interesses da parte agravante.

3. Para dissentir da solução conferida pelo Tribunal de origem, faz-se necessário nova apreciação da legislação infraconstitucional pertinente (Lei nº 8.112/1990), bem como dos fatos e do material probatório constantes dos atos, o que é vedado na instância recursal extraordinária (Súmula 279/STF). Precedentes.

4. Agravo regimental a que se nega provimento. **(Inform. STF 790)**

DIREITO ADMINISTRATIVO. EXECUÇÃO IMEDIATA DE PENALIDADE IMPOSTA EM PAD.

Não há ilegalidade na imediata execução de penalidade administrativa imposta em PAD a servidor público, ainda que a decisão não tenha transitado em julgado administrativamente. Primeiro, porque os atos administrativos gozam de auto-executoriedade, possibilitando que a Administração Pública realize, através de meios próprios, a execução dos seus efeitos materiais, independentemente de autorização judicial ou do trânsito em julgado da decisão administrativa. Segundo, pois os efeitos materiais de penalidade imposta ao servidor público independem do julgamento de recurso interposto na esfera administrativa, que, em regra, não possui efeito suspensivo (art. 109 da Lei 8.112/1990). Precedentes citados: MS 14.450-DF, Terceira Seção, DJe 19/12/2014; MS 14.425-DF, Terceira Seção, DJe 1/10/2014; e MS 10.759-DF, Terceira Seção, DJ 22/5/2006. **MS 19.488-DF, Rel. Min. Mauro Campbell Marques, julgado em 25/3/2015, DJe 31/3/2015 (Inform. STJ 559).**

Súmula Vinculante STF 5

A falta de defesa técnica por advogado no processo administrativo disciplinar não ofende a Constituição.

Súmula STF nº 56

Militar reformado não está sujeito à pena disciplinar.

Súmula STF nº 55

Militar da reserva está sujeito à pena disciplinar.

Súmula STF nº 21

Funcionário em estágio probatório não pode ser exonerado nem demitido sem inquérito ou sem as formalidades legais de apuração de sua capacidade.

Súmula STF nº 20

É necessário processo administrativo com ampla defesa, para demissão de funcionário admitido por concurso.

Súmula STF nº 19

É inadmissível segunda punição de servidor público, baseada no mesmo processo em que se fundou a primeira.

Súmula STF nº 18

Pela falta residual, não compreendida na absolvição pelo juízo criminal, é admissível a punição administrativa do servidor público.

Súmula STJ nº 343

É obrigatória a presença de advogado em todas as fases do processo administrativo disciplinar. (vide Súmula Vinculante STF n. 5)

6. RESPONSABILIDADE DO ESTADO

REPERCUSSÃO GERAL EM ARE N. 900.968-BH
RELATOR: MINISTRO PRESIDENTE
Ementa: RECURSO EXTRAORDINÁRIO COM AGRAVO. DIREITO ADMINISTRATIVO E DIREITO DO CONSUMIDOR. RESPONSABILIDADE CIVIL. EMPRESA PRESTADORA DE SERVIÇO PÚBLICO. SUSPENSÃO DO FORNECIMENTO DE ENERGIA ELÉTRICA. DANOS. INDENIZAÇÃO. MATÉRIA DE ÍNDOLE INFRACONSTITUCIONAL. OFENSA INDIRETA À CONSTITUIÇÃO. INEXISTÊNCIA DE REPERCUSSÃO GERAL.

I – A controvérsia relativa à ocorrência de dano indenizável em virtude da suspensão do fornecimento de energia elétrica por empresa prestadora de serviço público está restrita ao âmbito infraconstitucional.

II – O exame da questão constitucional não prescinde da prévia análise de normas infraconstitucionais, o que afasta a possibilidade de reconhecimento do requisito constitucional da repercussão geral.

III – Repercussão geral inexistente. **(Inform. STF 809)**

Responsabilidade civil do Estado e instituição de pensão especial para vítimas de crimes

O Plenário confirmou medida cautelar (noticiada no Informativo 16) e julgou procedente pedido formulado em ação direta para declarar a inconstitucionalidade da Lei 842/1994 do Distrito Federal, na redação dada pela Lei 913/1995, bem como do art. 2º da Lei 913/1995, também daquele ente federativo. As normas impugnadas, ao instituírem pensão especial a ser concedida pelo Governo do Distrito Federal em benefício dos cônjuges de pessoas vítimas de determinados crimes hediondos — independentemente de o autor do crime ser ou não agente do Estado —, ampliariam, de modo desmesurado, a responsabilidade prevista no art. 37, § 6º, da CF ("As pessoas jurídicas de direito público e as de direito privado prestadoras de serviços públicos responderão pelos danos que seus agentes, nessa qualidade, causarem a terceiros, assegurado o direito de regresso contra o responsável nos casos de dolo ou culpa"). **ADI 1358/DF, rel. Min. Gilmar Mendes, 4.2.2015. (ADI-1358) (Inform. STF 773)**

AG. REG. NO ARE N. 894.024-SE
RELATOR: MIN. DIAS TOFFOLI
EMENTA: **Agravo regimental no recurso extraordinário com agravo. Direito Civil. Princípios do contraditório e da ampla defesa. Ofensa reflexa. Dano moral. Pressupostos da responsabilidade civil demonstrados na origem. Fatos e provas. Reexame. Impossibilidade. Ausência de repercussão geral. Precedentes.**

1. A afronta aos princípios da legalidade, do devido processo legal, da ampla defesa e do contraditório, dos limites da coisa julgada e da prestação jurisdicional, quando depende, para ser reconhecida como tal, da análise de normas infraconstitucionais, configura apenas ofensa indireta ou reflexa à Constituição da República.

2. O Tribunal de origem concluiu, ante as circunstâncias fáticas pecu-

liares do caso concreto, que a conduta da agravante teria sido apta a causar dano à honra do agravado, ensejando assim sua condenação ao pagamento de indenização por danos morais.
3. A ponderação de interesses, **in casu**, não prescinde do reexame do conjunto fático-probatório da causa, o qual é inadmissível em recurso extraordinário. Incidência da Súmula nº 279/STF.
4. O Plenário da Corte, no exame do ARE nº 739.382/RJ, Relator o Ministro **Gilmar Mendes**, concluiu pela ausência de repercussão geral do tema relativo à configuração da responsabilidade civil por dano à imagem ou à honra, haja vista que o deslinde da questão não ultrapassa o interesse subjetivo das partes, tampouco prescinde do reexame de fatos e provas.
5. Agravo regimental não provido. **(Inform. STF 807)**

DIREITO ADMINISTRATIVO E DO CONSUMIDOR. DANO MORAL *IN RE IPSA* NO CASO DE EXTRAVIO DE CARTA REGISTRADA.

Se a Empresa Brasileira de Correios e Telégrafos (ECT) não comprovar a efetiva entrega de carta registrada postada por consumidor nem demonstrar causa excludente de responsabilidade, há de se reconhecer o direito a reparação por danos morais in re ipsa, desde que o consumidor comprove minimamente a celebração do contrato de entrega da carta registrada. Nesse caso, deve-se reconhecer a existência de dano moral in re ipsa, que exonera o consumidor do encargo de demonstrar o dano que, embora imaterial, é de notória existência. De fato, presume-se que ninguém remete uma carta, ainda mais registrada, sem que seja importante o seu devido e oportuno recebimento pelo destinatário, independentemente do seu conteúdo. Assim, simplesmente negar esse dano seria pactuar com a má prestação de serviço que estaria autorizada mediante a mera devolução do valor pago na confiança de que o serviço fosse satisfatoriamente executado. Além do mais, não se trata de aborrecimento sem maiores consequências, mas de ineficiência com graves consequências, porquanto o serviço contratado não executado frustrou a finalidade do recebimento oportuno. Ademais, a contratação de serviços postais oferecidos pelos Correios por meio de tarifa especial, para envio de carta registrada – que permite o posterior rastreamento pelo próprio órgão de postagem -, revela a existência de contrato de consumo, devendo a fornecedora responder objetivamente ao cliente por danos morais advindos da falha do serviço quando não comprovada a efetiva entrega. Além disso, é verdade que o STF, por ocasião do julgamento da ADPF 46-DF (Tribunal Pleno, DJe 26/2/2010), fixou como atividades típicas de Estado, objeto de monopólio, aquelas previstas no art. 9º da Lei 6.538/1978, entre as quais se encontra arrolada a expedição e a entrega de cartas e cartões-postais (inciso I). Aliás, como bem assentado pela doutrina, "sendo o princípio maior o da livre iniciativa (leia-se, também, livre concorrência), somente em hipóteses restritas e constitucionalmente previstas poderá o Estado atuar diretamente, como empresário, no domínio econômico. Essas exceções se resumem aos casos de: a) imperativo da segurança nacional (CF, art. 173, caput); b) relevante interesse coletivo (CF, art. 173, caput); c) monopólio outorgado pela União (e.g., CF, art. 177)". Portanto, o caso ora em análise revela o exercício de típico serviço público (art. 21, X, da CF), relevante ao interesse social, exercido por meio de monopólio ou privilégio conferido aos Correios (art. 9º da Lei 6.538/1978), a quem incumbe o "recebimento, transporte e entrega no território nacional, e a expedição, para o exterior, de carta e cartão-postal", o que acarreta sua responsabilidade objetiva (art. 37, § 6º, da CF e arts. 14 e 22 do CDC). **EREsp 1.097.266-PB, Rel. Min. Ricardo Villas Bôas Cueva, julgado em 10/12/2014, DJe 24/2/2015 (Inform. STJ 556).**

DIREITO ADMINISTRATIVO. RESPONSABILIDADE CIVIL DO ESTADO EM RAZÃO DA EXISTÊNCIA DE CADÁVER EM DECOMPOSIÇÃO EM RESERVATÓRIO DE ÁGUA.

O consumidor faz jus a reparação por danos morais caso comprovada a existência de cadáver em avançado estágio de decomposição no reservatório do qual a concessionária de serviço público extrai a água fornecida à população. De início, fica configurada a responsabilidade subjetiva por omissão da concessionária decorrente de falha do dever de efetiva vigilância do reservatório de água. Ainda que se alegue que foram observadas todas as medidas cabíveis para a manutenção da segurança do local, fato é que ele foi invadido, e o reservatório passível de violação quando nele foi deixado um cadáver humano. Ficou caracterizada, ademais, a falha na prestação do serviço, indenizável por dano moral, quando a concessionária não garantiu a qualidade da água distribuída à população, porquanto inegável que, se o corpo estava em decomposição, a água ficou por determinado período contaminada. Outrossim, é inegável, diante de tal fato, a ocorrência de afronta à dignidade da pessoa humana, consistente no asco, angústia, humilhação, impotência da pessoa que toma ciência que consumiu água contaminada por cadáver em avançado estágio de decomposição. Sentimentos que não podem ser confundidos com o mero dissabor cotidiano. Ainda que assim não fosse, há que se reconhecer a ocorrência de dano moral in re ipsa, o qual dispensa comprovação do prejuízo extrapatrimonial, sendo suficiente a prova da ocorrência de ato ilegal, uma vez que o resultado danoso é presumido. (AgRg no REsp 1.354.077-SP, Terceira Turma, DJe 22/9/2014 e AgRg no AREsp 163.472-RJ, Segunda Turma, DJe 2/8/2012). **REsp 1.492.710-MG, Rel. Min. Humberto Martins, julgado em 16/12/2014, DJe 19/12/2014 (Inform. STJ 553).**

7. BENS PÚBLICOS

Aquisição de imóvel funcional das Forças Armadas e servidor civil – 3

Em conclusão de julgamento, a Segunda Turma desproveu recurso ordinário em mandado de segurança no qual pretendida a aquisição de imóvel funcional das Forças Armadas por servidor civil, nos termos da Lei 8.025/1990 e do Decreto 99.664/1990. Na espécie, o STJ denegara o "writ" lá impetrado ao entendimento de que o ora recorrente não ocuparia de forma regular o bem colimado, na medida em que se aposentara antes da vigência das normas em questão. – v. Informativo 657. A Turma rememorou jurisprudência da Corte no sentido de que a condição de aposentado não retiraria do requerente o "status" de legítimo ocupante do imóvel se o ocupasse regularmente, no momento de sua aposentadoria, nele residindo até a promulgação da Lei 8.025/1990. De outro lado, reputou que o bem em litígio não poderia ser alienado. Isso porque administrado pelas Forças Armadas e destinado à ocupação por militares. Explicitou que a limitação de alheamento desses imóveis residenciais imporia a restrição sobre a coisa, e não sobre o militar. Assim, explicou que a permissão de compra por civil constituiria interpretação deturpada da legislação. Outrossim, salientou que o Decreto 99.664/1990 proibiria a venda do imóvel a qualquer pessoa, logo, o óbice não seria pessoal. Nesse contexto, asseverou que a circunstância de o bem ser administrado pelas Forças Armadas evidenciaria sua destinação precípua à ocupação por militar, de maneira que sua excepcional ocupação por civil não o desnaturaria ou desafetaria.

RMS 23111/DF, rel. Min. Gilmar Mendes, 17.11.2015. (RMS-23111) (Inform. STF 808)

Terras devolutas e transferência de domínio a particulares – 1

O Plenário iniciou o julgamento de ação cível originária em que se pretende a declaração de nulidade e o cancelamento do registro imobiliário de aquisição de terras devolutas arrecadadas pela União, objeto de transferência de domínio do Estado do Tocantins a particulares. O Ministro Dias Toffoli (relator) julgou o pedido procedente para declarar a nulidade de título definitivo emitido pelo Instituto de Terras do Estado do Tocantins – Itertins em favor dos réus, bem como para determinar o cancelamento da matrícula do imóvel, estendendo-se o vício aos negócios jurídicos subsequentes, assegurados aos réus adquirentes os direitos decorrentes da evicção, nos termos do art. 447 e seguintes do CC. Preliminarmente, assentou a legitimidade ativa da União na matéria. No mérito, assinalou que a jurisprudência da Corte seria firme no sentido de não subsistir o ato de transmissão de propriedade efetuado por Estado-membro, se o imóvel rural nunca tivesse pertencido ao ente federado. Após os votos dos Ministros Roberto Barroso, Teori Zavascki, Rosa Weber e Luiz Fux, nesse mesmo sentido, pediu vista dos autos o Ministro Marco Aurélio.

ACO 478/TO, rel. Min. Dias Toffoli, 26.3.2015. (ACO-478)

Terras devolutas e transferência de domínio a particulares – 2

Em conclusão de julgamento, o Plenário acolheu pedido formulado em ação cível originária para declarar a nulidade do Título Definitivo 1.449, emitido pelo Instituto de Terras do Estado do Tocantins – Itertins em

favor de réus que figuraram na presente ação, bem como determinar o cancelamento da matrícula R-1-M-368, efetuada pelo Registro de Imóveis do Município de Marianópolis do Tocantins. Estendeu o vício aos negócios jurídicos subsequentes, assegurados aos réus adquirentes os direitos decorrentes da evicção, nos termos do art. 447 e seguintes do CC, e fixados os honorários advocatícios em 20% do valor atualizado da causa, nos termos do art. 20, § 4º, do CPC, a ser rateado equitativamente pelos réus – v. Informativo 779. O Colegiado, preliminarmente, assentou a legitimidade ativa da União na matéria. No mérito, assinalou que a jurisprudência da Corte seria firme no sentido de não subsistir o ato de transmissão de propriedade efetuado por Estado-Membro, se o imóvel rural nunca tivesse pertencido ao ente federado. Vencido, em parte, o Ministro Marco Aurélio, que suscitava questão preliminar de incompetência do STF para apreciar a matéria, haja vista se tratar de controvérsia patrimonial, sem qualquer impacto político ou institucional entre os entes federados.
ACO 478/TO, rel. Min. Dias Toffoli, 5.8.2015. (ACO-478) (Inform. STF 793)

DIREITO ADMINISTRATIVO. LEVANTAMENTO DA ÁREA A SER DEMARCADA EM PROCEDIMENTO DE DEMARCAÇÃO DE TERRAS INDÍGENAS.
No procedimento administrativo de demarcação das terras indígenas, regulado pelo Decreto 1.775/1996, é imprescindível a realização da etapa de levantamento da área a ser demarcada, ainda que já tenham sido realizados trabalhos de identificação e delimitação da terra indígena de maneira avançada. Da análise do Decreto 1.775/1996, verifica-se que o procedimento de demarcação das terras indígenas passa por duas etapas obrigatórias: estudo técnico antropológico e levantamento da área demarcada. Nesse sentido, o art. 2º, § 1º, desse diploma legal estabelece a necessidade da realização de "estudos complementares de natureza etno-histórica, sociológica, jurídica, cartográfica, ambiental" e de "levantamento fundiário" para a delimitação das terras indígenas. O procedimento estabelecido pela lei não pode ser interpretado de maneira diferente, visto que a delimitação da área indígena será executada pela Administração Pública, por meio de um procedimento previamente delimitado em lei, o que leva ao órgão executor o dever de agir em estrita legalidade, não havendo, nessa atividade, espaço para locuções de conveniência e oportunidade. Assim, o levantamento da área demarcada não se mostra como um elemento secundário e dispensável, dada a incidência, aliás, do princípio da continuidade que, por sua vez, informa que devem ser resguardados aos índios o uso tradicional da área ocupada necessária à reprodução física e cultural da etnia. **REsp 1.551.033-PR, Rel. Min. Humberto Martins, julgado em 6/10/2015, DJe 16/10/2015. (Inform. STJ 571)**

DIREITO ADMINISTRATIVO E CONSTITUCIONAL. IMPOSSIBILIDADE DE REMARCAÇÃO AMPLIATIVA DE TERRA INDÍGENA.
A alegação de que a demarcação da terra indígena não observou os parâmetros estabelecidos pela CF/1988 não justifica a remarcação ampliativa de áreas originariamente demarcadas em período anterior à sua promulgação. O STF, no julgamento da Pet 3.388-RR (Caso Raposa Serra do Sol), ao estabelecer as denominadas "salvaguardas institucionais", estipulou que "é vedada a ampliação da terra indígena já demarcada" (salvaguarda XVII). Em que pese a ausência de eficácia vinculante formal desse julgado, observa-se que o STF entendeu que "os pressupostos erigidos naquela decisão para o reconhecimento da validade da demarcação realizada em Roraima decorreriam da Constituição da República, pelo que tais condicionantes ou diretrizes lá delineadas haveriam de ser consideradas em casos futuros, especialmente pela força jurídico-constitucional do precedente histórico, cujos fundamentos influenciam, direta ou indiretamente, na aplicação do direito pelos magistrados aos casos semelhantes" (RMS 29.542-DF, Segunda Turma, DJe 13/11/2014). Nesse mesmo julgado, o STF esclareceu que, "embora o Poder Público não se possa valer do instrumento administrativo da demarcação (art. 231 da Constituição da República) para ampliar área já afetada, salvo em caso de vício de ilegalidade do ato de demarcação e, ainda assim, respeitado o prazo decadencial, não está ele inibido de valer-se de outros instrumentos para fazer frente aos anseios e às necessidades das comunidades indígenas". Firmou, ainda, o entendimento de que "A mudança de enfoque atribuído à questão indígena a partir da promulgação da Constituição da República de 1988, que marcou a evolução de uma perspectiva integracionista para a de preservação cultural do grupamento étnico, não é fundamentação idônea para amparar a revisão administrativa dos limites da terra indígena já demarcada, em especial quando exaurido o prazo decadencial para revisão de seus atos". Estabeleceu, ademais, que "Os vetores sociais, políticos e econômicos então existentes conformaram-se para construir solução para a comunidade indígena que habitava a região, o que permitiu a demarcação daquele espaço como terra indígena. A estabilidade social e jurídica alcançada na região a partir desse ato não pode ser abalada com a pretendida remarcação ampliativa da área". Nesse amplo contexto, cabe ao STJ analisar as questões pertinentes às demarcações de terras indígenas com os olhos voltados para as diretrizes fixadas pelo STF, até mesmo em homenagem aos princípios da razoável duração do processo e da segurança jurídica. Desse modo, caso se constate que o procedimento de remarcação está fundamentado unicamente na circunstância de a demarcação originária não haver sido feita em consonância com o art. 231 da CF/1988, não há como deixar de reconhecer o desatendimento à salvaguarda XVII estabelecida pelo STF no julgamento da Pet 3.388-RR. **MS 21.572-AL, Rel. Min. Sérgio Kukina, julgado em 10/6/2015, DJe 18/6/2015 (Inform. STJ 564).**

Súmula STF nº 650

Os incisos I e XII do art. 20 da Constituição Federal não alcançam terras de aldeamentos extintos, ainda que ocupadas por indígenas em passado remoto.

Súmula STF nº 479

As margens dos rios navegáveis são de domínio público, insuscetíveis de expropriação e, por isso mesmo, excluídas de indenização.

Súmula STF nº 477

As concessões de terras devolutas situadas na faixa de fronteira, feitas pelos estados, autorizam, apenas, o uso, permanecendo o domínio com a união, ainda que se mantenha inerte ou tolerante, em relação aos possuidores.

Súmula STJ nº 496

Os registros de propriedade particular de imóveis situados em terrenos de marinha não são oponíveis à União.

Súmula STJ nº 103

Incluem-se entre os imóveis funcionais que podem ser vendidos os administrados pelas forças armadas e ocupados pelos servidores civis.

8. INTERVENÇÃO NA PROPRIEDADE

8.1. Desapropriação

DIREITO ADMINISTRATIVO. INDENIZAÇÃO PARA FINS DE DESAPROPRIAÇÃO QUANDO A ÁREA MEDIDA FOR MAIOR DO QUE A ESCRITURADA.
Se, em procedimento de desapropriação por interesse social, constatar-se que a área medida do bem é maior do que a escriturada no Registro de Imóveis, o expropriado receberá indenização correspondente à área registrada, ficando a diferença depositada em Juízo até que, posteriormente, se complemente o registro ou se defina a titularidade para o pagamento a quem de direito. A indenização devida deverá considerar a área efetivamente desapropriada, ainda que o tamanho real seja maior do que o constante da escritura, a fim de não se configurar enriquecimento sem causa em favor do ente expropriante. Precedentes citados: REsp 1.286.886-MT, Segunda Turma, DJe 22/5/2014; REsp 1.395.490-PE, Segunda Turma, DJe 28/2/2014; e REsp 1.321.842-PE, Segunda Turma, DJe 24/10/2013. **REsp 1.466.747-PE, Rel. Min. Humberto Martins, julgado em 24/2/2015, DJe 3/3/2015 (Inform. STJ 556).**

Súmula STF nº 652

Não contraria a Constituição o art. 15, § 1º, do Decreto-Lei 3365/1941 (Lei da Desapropriação por Utilidade Pública).

Súmula STF nº 618

Na desapropriação, direta ou indireta, a taxa dos juros compensatórios é de 12% (doze por cento) ao ano.

Súmula STF nº 617

A base de cálculo dos honorários de advogado em desapropriação é a diferença entre a oferta e a indenização, corrigidas ambas monetariamente.

Súmula STF nº 561

Em desapropriação, é devida a correção monetária até a data do efetivo pagamento da indenização, devendo proceder-se à atualização do cálculo, ainda que por mais de uma vez.

Súmula STF nº 476

Desapropriadas as ações de uma sociedade, o poder desapropriante, imitido na posse, pode exercer, desde logo, todos os direitos inerentes aos respectivos títulos.

Súmula STF nº 416

Pela demora no pagamento do preço da desapropriação não cabe indenização complementar além dos juros.

Súmula STF nº 378

Na indenização por desapropriação incluem-se honorários do advogado do expropriado.

Súmula STF nº 218

É competente o juízo da fazenda nacional da capital do estado, e não o da situação da coisa, para a desapropriação promovida por empresa de energia elétrica, se a união federal intervém como assistente.

Súmula STF nº 164

No processo de desapropriação, são devidos juros compensatórios desde a antecipada imissão de posse, ordenada pelo juiz, por motivo de urgência.

Súmula STF nº 157

É necessária prévia autorização do presidente da república para desapropriação, pelos estados, de empresa de energia elétrica.

Súmula STF nº 23

Verificados os pressupostos legais para o licenciamento da obra, não o impede a declaração de utilidade pública para desapropriação do imóvel, mas o valor da obra não se incluirá na indenização, quando a desapropriação for efetivada.

Súmula STJ nº 408

Nas ações de desapropriação, os juros compensatórios incidentes após a Medida Provisória n. 1.577, de 11/06/1997, devem ser fixados em 6% ao ano até 13/09/2001 e, a partir de então, em 12% ao ano, na forma da Súmula n. 618 do Supremo Tribunal Federal.

Súmula STJ nº 354

A invasão do imóvel é causa de suspensão do processo expropriatório para fins de reforma agrária.

Súmula STJ nº 141

Os honorários de advogado em desapropriação direta são calculados sobre a diferença entre a indenização e a oferta, corrigidas monetariamente.

Súmula STJ nº 131

Nas ações de desapropriação incluem-se no cálculo da verba advocatícia as parcelas relativas aos juros compensatórios e moratórios, devidamente corrigidas.

Súmula STJ nº 119

A ação de desapropriação indireta prescreve em vinte anos.

Súmula STJ nº 114

Os juros compensatórios, na desapropriação indireta, incidem a partir da ocupação, calculados sobre o valor da indenização, corrigido monetariamente.

Súmula STJ nº 113

Os juros compensatórios, na desapropriação direta, incidem a partir da imissão na posse, calculados sobre o valor da indenização, corrigido monetariamente.

Súmula STJ nº 70

Os juros moratórios, na desapropriação direta ou indireta, contam-se desde o trânsito em julgado da sentença.

Súmula STJ nº 69

Na desapropriação direta, os juros compensatórios são devidos desde a antecipada imissão na posse e, na desapropriação indireta, a partir da efetiva ocupação do imóvel.

Súmula STJ nº 67

Na desapropriação, cabe a atualização monetária, ainda que por mais de uma vez, independente do decurso de prazo superior a um ano entre o cálculo e o efetivo pagamento da indenização.

Súmula STJ nº 12

Em desapropriação, são cumuláveis juros compensatórios e moratórios.

9. TRÂNSITO

DIREITO ADMINISTRATIVO. RESPONSABILIDADE POR INFRAÇÃO RELACIONADA À CONDUÇÃO E À PROPRIEDADE E REGULARIDADE DE VEÍCULO.

Devem ser impostas tanto ao condutor quanto ao proprietário do veículo as penalidades de multa e de registro de pontos aplicadas em decorrência da infração de trânsito consistente em conduzir veículo que não esteja registrado e devidamente licenciado (art. 230, V, do CTB). De fato, nos termos do art. 230, V, do CTB, o verbo que designa a ação proibida é "conduzir", ou seja, a ação é imputada ao motorista. Manter veículo sem licenciamento, por si só, não configura infração de trânsito, a qual ocorre quando o veículo é posto em circulação. Todavia, ao proprietário caberá sempre a responsabilidade pela infração referente à prévia regularização e preenchimento das formalidades e condições exigidas para o trânsito do veículo (art. 257, § 1º, CTB). Dessa forma, fica caracterizada a responsabilidade solidária do proprietário e do condutor, pois caberia ao primeiro o dever de registrar e licenciar o veículo de sua propriedade, e, ao segundo, não conduzir veículo sem o devido licenciamento. **REsp 1.524.626-SP, Rel. Min. Humberto Martins, julgado em 5/5/2015, DJe 11/5/2015 (Inform. STJ 561).**

Súmula STJ nº 434

O pagamento da multa por infração de trânsito não inibe a discussão judicial do débito.

10. CONSELHOS PROFISSIONAIS

EMB. DECL. NO ARE N. 748.309-RN

RELATOR: MIN. TEORI ZAVASCKI

Ementa: PROCESSUAL CIVIL. EMBARGOS DE DECLARAÇÃO RECEBIDOS COMO AGRAVO REGIMENTAL. RECURSO EXTRAORDINÁRIO COM AGRAVO. CONSELHOS PROFISSIONAIS. CUSTAS PROCESSUAIS. ISENÇÃO. INEXISTÊNCIA. ART. 4º, PARÁGRAFO ÚNICO, DA LEI 9.289/1996.

1. Apesar de ostentarem a natureza de autarquia, os Conselhos Profissionais estão excluídos da isenção do pagamento de custas. É o que estabelece o parágrafo único do art. 4º da Lei 9.289/1996.

2. *Agravo regimental a que se nega provimento.* **(Inform. STF 789)**

AG. REG. NA Rcl N 18.384-SP

RELATOR: MIN. TEORI ZAVASCKI

Ementa: AGRAVO REGIMENTAL NA RECLAMAÇÃO. CONSTITUCIONAL E ADMINISTRATIVO. MULTA APLICADA PELO CONSELHO REGIONAL

DE FARMÁCIA. PRÉVIO RECOLHIMENTO PARA FINS DE RECURSO ADMINISTRATIVO. EXIGÊNCIA AFASTADA PELO ACÓRDÃO RECLAMADO. DETERMINAÇÃO DE JULGAMENTO DOS RECURSOS ADMINISTRATIVOS QUE NÃO FORAM CONHECIDOS PELA NÃO SATISFAÇÃO DE EXIGÊNCIA CONSIDERADA INDEVIDA. OFENSA À SÚMULA VINCULANTE 21. NÃO CONFIGURAÇÃO.
AGRAVO REGIMENTAL A QUE SE NEGA PROVIMENTO. **(Inform. STF 786)**

DIREITO ADMINISTRATIVO. TERMO INICIAL DA PRESCRIÇÃO DA PRETENSÃO PUNITIVA DE PROFISSIONAL LIBERAL POR INFRAÇÃO ÉTICO-PROFISSIONAL.

Conta-se do conhecimento do respectivo fato pelo conselho profissional o prazo de prescrição da sua pretensão de punir profissional liberal por infração ética sujeita a processo disciplinar. Preliminarmente, ressalte-se que não há que se confundir prescrição do direito de ação do prejudicado ou denunciante para acionar civilmente o profissional liberal com a prescrição do direito de o órgão fiscalizador de classe apreciar e julgar infrações éticas. O art. 1º da Lei 6.838/1980 dispõe que "a punibilidade de profissional liberal, por falta sujeita a processo disciplinar, através de órgão em que esteja inscrito, prescreve em 5 (cinco) anos, contados da data de verificação do fato respectivo". O mencionado artigo define a quem compete punir o profissional liberal por falta disciplinar, o prazo para extinção da punibilidade e a forma pela qual se dá a aferição do início da prescrição da pretensão punitiva. No que diz respeito ao termo inicial do prazo prescricional, evidencia-se que o comando inserto no art. 1º não estabelece ser a data do fato o parâmetro a ser considerado para a observância do início da prescrição, mas sim a data em que ocorreu a verificação do fato, supostamente, incompatível com a conduta ético-profissional. A exegese a ser dada sobre a quem considerar apto a verificar o fato deve levar em consideração a competência para o exercício do direito de investigar e punir a falta ético-profissional, ou seja, a norma tem por destinatário o conselho profissional no qual se encontra inscrito o profissional, razão por que o início do prazo prescricional se dá pela verificação do fato pelo órgão de classe. **REsp 1.263.157-PE, Rel. Min. Benedito Gonçalves, julgado em 5/3/2015, DJe 11/3/2015 (Inform. STJ 557).**

DIREITO ADMINISTRATIVO. COMPETÊNCIA PARA FISCALIZAR PRESENÇA DE FARMACÊUTICO EM DROGARIAS E FARMÁCIAS. RECURSO REPETITIVO (ART. 543-C DO CPC E RES. 8/2008-STJ).

Os Conselhos Regionais de Farmácia possuem competência para fiscalização e autuação das farmácias e drogarias, quanto ao cumprimento da exigência de manterem profissional legalmente habilitado (farmacêutico) durante todo o período de funcionamento dos respectivos estabelecimentos, sob pena de esses incorrerem em infração passível de multa, nos termos do art. 24 da Lei 3.820/1960, c/c o art. 15 da Lei 5.991/1973. A interpretação dos dispositivos legais atinentes à matéria em apreço (arts. 10, "c", e 24 da Lei 3.820/1960 e art. 15 da Lei 5.991/1973) conduz ao entendimento de que os Conselhos Regionais de Farmácia são competentes para promover a fiscalização das farmácias e drogarias em relação à permanência de profissionais legalmente habilitados durante o período integral de funcionamento das empresas farmacêuticas. Já a atuação da Vigilância Sanitária está circunscrita ao licenciamento do estabelecimento e à sua fiscalização no que tange ao cumprimento de padrões sanitários relativos ao comércio exercido, convivendo, portanto, com as atribuições a cargo dos Conselhos. É o que se depreende, claramente, do disposto no art. 21 da Lei 5.991/1973. Precedentes citados: EREsp 380.254-PR, Primeira Seção, DJ 8/8/2005; REsp 1.085.436-SP, Segunda Turma, DJe 3/2/2011; AgRg no REsp 975.172-SP, Primeira Turma, DJe 17/12/2008. **REsp 1.382.751-MG, Rel. Min. Og Fernandes, Primeira Seção, julgado em 12/11/2014, DJe 2/2/2015 (Inform. STJ 554).**

DIREITO ADMINISTRATIVO. DESNECESSIDADE DE INSCRIÇÃO DE DETERMINADOS PROFISSIONAIS NO CONSELHO REGIONAL DE EDUCAÇÃO FÍSICA.

Não é obrigatória a inscrição, nos Conselhos de Educação Física, dos professores e mestres de dança, ioga e artes marciais (karatê, judô, tae-kwon-do, kickboxing, jiu-jitsu, capoeira e outros) para o exercício de suas atividades profissionais. Isso porque o disposto nos arts. 2º e 3º da Lei 9.696/1998 estabelece quais são as competências do profissional de educação física e definem, expressa e restritivamente, quais serão aqueles obrigatoriamente inscritos nos Conselhos Regionais, quais sejam, os detentores de diploma em Educação Física e aqueles que, à época da edição da referida lei, exerciam atividades próprias dos profissionais de educação física. Assim, a Resolução 46/2002 do Conselho Federal de Educação Física (CONFEF), ao dispor que entre os profissionais de educação física estavam inseridos aqueles especializados em lutas, danças, ioga, entre outros, exigindo destes o registro no Conselho, extrapolou o previsto no normativo federal. Portanto, não pode a mencionada resolução modificar o rol de profissionais a serem inscritos no Conselho, violando expressa disposição legal. Precedente citado: REsp 1.012.692-RS, Primeira Turma, DJe 16/5/2011. **REsp 1.450.564-SE, Rel. Min. Og Fernandes, julgado em 16/12/2014, DJe 4/2/2015 (Inform. STJ 554).**

DIREITO ADMINISTRATIVO. NÃO OBRIGATORIEDADE DE CONTRATAÇÃO DE NUTRICIONISTAS E DE REGISTRO EM CONSELHOS DE NUTRIÇÃO.

Bares, restaurantes e similares não são obrigados a se registrarem em Conselhos de Nutrição nem a contratarem nutricionistas. Segundo entendimento do STJ, o critério determinante para a necessidade de registro em conselho de fiscalização do exercício profissional, bem como da necessidade de contratação de responsável técnico, é a atividade básica exercida pela empresa ou a natureza dos serviços por ela prestados. O serviço prestado por bares e restaurantes encontra-se associado ao comércio de alimentos e bebidas, além do oferecimento à população de verdadeiras opções de lazer e entretenimento, como apresentações musicais e de dança, transmissão televisiva, entre outros. Da interpretação da legislação que regula o tema (art. 10 da Lei 6.839/1980; art. 15, parágrafo único, da Lei 6.583/1978; art. 18 do Decreto 84.444/1980), não se pode aferir que a atividade básica que bares, restaurantes e similares desempenham esteja ligada à fabricação de alimentos destinados ao consumo humano. A atividade que tais estabelecimentos desempenham tampouco se aproxima do conceito de saúde versado na legislação trazida a lume, não se imiscuindo aí preocupação relativa à área de nutrição e dietética, mas sim conceitos voltados à arte culinária e à gastronomia, associados, não raras vezes, a outras formas de expressão cultural. Muito embora haja liberalidade na contratação de técnicos em nutrição em tais estabelecimentos, tal prática não pode ser entendida como exigência, principalmente porque não há previsão legal nesse sentido. De outro norte, é certo que a atividade desempenhada por bares e restaurantes já se encontra submetida ao controle e fiscalização do Estado, no exercício de seu poder de polícia, notadamente através da atuação da vigilância sanitária, responsável por tomar medidas preventivas em termos de saúde pública, atestando as boas condições de funcionamento dos estabelecimentos, inclusive no que concerne à higiene e preparação de gêneros alimentícios. Assim, o acompanhamento de profissional de nutrição, embora aconselhável, não se mostra estritamente obrigatório nesses casos. **REsp 1.330.279-BA, Rel. Min. Og Fernandes, julgado em 20/11/2014, DJe 10/12/2014 (Inform. STJ 553).**

Súmula STJ nº 413

O farmacêutico pode acumular a responsabilidade técnica por uma farmácia e uma drogaria ou por duas drogarias.

Súmula STJ nº 275

O auxiliar de farmácia não pode ser responsável técnico por farmácia ou drogaria.

Súmula STJ nº 120

O oficial de farmácia, inscrito no conselho regional de farmácia, pode ser responsável técnico por drogaria.

Súmula STJ nº 79

Os bancos comerciais não estão sujeitos a registro nos conselhos regionais de economia.

11. LICITAÇÃO

AG. REG. NO ARE N. 791.625-AP
RELATOR: MIN. GILMAR MENDES
Agravo regimental em recurso extraordinário com agravo. 2. Hipótese de dispensa de licitação. Convocação, pelo administrador, de diversas empresas para apresentar propostas de preços. Negociação individual com apenas uma das participantes. Contratação por valor superior àquele apresentado pela impetrante. Ofensa ao art. 24 da Lei 8.666/93. Matéria infraconstitucional. Fatos e provas. Súmula 279. 3. Competência da Justiça Federal. Art. 109, I, CF. Não configuração. Mera alegação de interesse da União não desloca julgamento para Justiça Federal. 4. Não viola o princípio da separação de poderes o exame da legalidade dos atos administrativos pelo Poder Judiciário. 5. Agravo regimental a que se nega provimento. **(Inform. STF 789)**

TCU e declaração de inidoneidade para licitar

O TCU tem competência para declarar a inidoneidade de empresa privada para participar de licitações promovidas pela Administração Pública. Com base nessa orientação, o Tribunal, por maioria, denegou mandado de segurança impetrado em face de decisão do TCU que declarara não poder aquela pessoa jurídica, por cinco anos, participar de licitações públicas. No caso, a Corte de Contas aplicara a referida penalidade porque a impetrante fraudara documentos que teriam permitido a sua habilitação em procedimentos licitatórios. A decisão fora fundamentada no art. 46 da Lei 8.443/1992 – Lei Orgânica do TCU ("Art. 46. Verificada a ocorrência de fraude comprovada à licitação, o Tribunal declarará a inidoneidade do licitante fraudador para participar, por até cinco anos, de licitação na Administração Pública Federal"). A Corte destacou que, no julgamento da Pet 3.606 AgR/DF (DJU de 27.10.2006), o Plenário do STF reconhecera a validade do art. 46 da Lei Orgânica do TCU e esclarecera que "o poder outorgado pelo legislador ao TCU, de declarar, verificada a ocorrência de fraude comprovada à licitação, a inidoneidade do licitante fraudador para participar, por até cinco anos, de licitação na Administração Pública Federal (art. 46 da L. 8.443/92), não se confunde com o dispositivo da Lei das Licitações (art. 87), que – dirigido apenas aos altos cargos do Poder Executivo dos entes federativos (§ 3º) – é restrito ao controle interno da Administração Pública e de aplicação mais abrangente". Lembrou que outras decisões foram proferidas no sentido de assentar a constitucionalidade das atribuições que são delegadas a certas entidades privadas (organizações sociais e entidades do "Sistema S") e que teriam como um dos fundamentos básicos a submissão dessas entidades ao Tribunal de Contas e, portanto, sujeitas às sanções correspondentes por ele aplicadas. Asseverou que a base normativa que legitima, a partir da Constituição, o exercício desse dever/poder de fiscalizar, de controlar e de reprimir eventuais fraudes ou ilicitudes no âmbito da Administração Pública residiria no art. 46 da Lei 8.443/1992. Ademais, o parágrafo único do art. 70 da CF ("Art. 70. ... Parágrafo único. Prestará contas qualquer pessoa física ou jurídica, pública ou privada, que utilize, arrecade, guarde, gerencie ou administre dinheiros, bens e valores públicos ou pelos quais a União responda, ou que, em nome desta, assuma obrigações de natureza pecuniária") submeteria essa competência material do TCU não apenas as pessoas de direito público, mas também as pessoas jurídicas de direito privado e até mesmo as pessoas naturais. Vencido o Ministro Marco Aurélio, que concedia a ordem. Assinalava que o § 3º do art. 71 da CF, ao estabelecer que as decisões do TCU de que resultasse imputação de débito ou multa terão eficácia de título executivo, conduziria, em interpretação sistemática e teleológica, à conclusão de que o pronunciamento diria respeito à Administração Pública. Nesse contexto, frisava que o art. 46 da Lei 8.443/1992 implicaria – a colocar em segundo plano a higidez – aditamento ao rol das práticas autorizadas pelo art. 71 da CF e à Lei 8.666/1993, a qual seria categórica ao preconizar o que incumbiria, de forma exclusiva, ao Ministro de Estado, ao Secretário Estadual ou Municipal aplicar sanção ["Art. 87. ... § 3º. A sanção estabelecida no inciso IV deste artigo é de competência exclusiva do Ministro de Estado, do Secretário Estadual ou Municipal, conforme o caso, facultada a defesa do interessado no respectivo processo, no prazo de 10 (dez) dias da abertura de vista, podendo a reabilitação ser requerida após 2 (dois) anos de sua aplicação"]. Assim, assentava a inconstitucionalidade do art. 46 da Lei 8.443/1992. **MS 30788/MG, rel. orig. Min. Marco Aurélio, red. p/ o acórdão Min. Roberto Barroso, 21.5.2015. (MS-30788) (Inform. STF 786)**

DIREITO ADMINISTRATIVO. TERMO INICIAL PARA EFEITO DE DETRAÇÃO DA PENALIDADE PREVISTA NO ART. 7º DA LEI 10.520/2002. O termo inicial para efeito de detração da penalidade prevista no art. 7º da Lei 10.520/2002 (impedimento de licitar e contratar com a União, bem como o descredenciamento do SICAF, pelo prazo de até 5 anos), aplicada por órgão federal, coincide com a data em que foi publicada a decisão administrativa no Diário Oficial da União – e não com a do registro no SICAF. De fato, há o direito de descontar (detração) o tempo de penalidade já cumprido da sanção definitiva aplicada administrativamente. A Lei 10.520/2002, entretanto, silencia quanto ao início do fluxo do prazo para a contagem da detração. O Decreto 5.450/2005, realmente, prevê, em seus arts. 3º, § 2º, 25, § 1º, e 28, parágrafo único, que o credenciamento do licitante condiciona-se ao registro atualizado no Sistema de Cadastramento Unificado de Fornecedores (SICAF). Contudo, a necessária publicidade surge em momento anterior, isto é, com a publicação da penalidade no veículo de imprensa oficial, no caso o DOU. Com efeito, se a União impõe uma penalidade por um órgão da sua própria estrutura, a presunção é a de que o próprio ente federado esteja ciente de que, a partir daquela publicação, foi aplicada uma sanção administrativa. Situação diversa dar-se-ia, por exemplo, se a reprimenda fosse imposta por um Estado ou Município, caso em que seria lógico consultar um banco de dados central que reunisse informações sobre a higidez de empresas participantes de certames licitatórios. Vale consignar que a própria Lei 8.666/1993, em seu art. 6º, XIII, estabelece, como linha de princípio, que os atos relativos aos procedimentos licitatórios federais serão divulgados no DOU. Por conseguinte, se a publicação se dá em órgão da imprensa oficial, nos termos do que prevê o art. 37, caput, da CF, seria contraditório e artificial se supor que, a partir dali, não haveria ciência do ente federal, e, consequentemente, não seria capaz de dar início ao cômputo da detração. Por outro lado, verifica-se que a conclusão de que o marco inicial da detração coincidiria com a inscrição no SICAF é extraída de leitura sistemática do decreto regulamentador. A Lei 10.520/2002, todavia, ato normativo primário, nada explicitou sobre essa questão, o que se traduz, se não em violação, em vulneração ao princípio da legalidade estrita. É válido consignar que o que ora se sustenta não censura a relevância e a importância do SICAF, nem com ele é inconciliável. Há de se reconhecer que ao órgão incumbe o registro, mas é razoável e consentâneo com as diretrizes do princípio da publicidade que o dies a quo tenha fluência a partir da data em que foi publicada a penalidade no DOU. **MS 20.784-DF, Rel. Min. Sérgio Kukina, Rel. para acórdão Min. Arnaldo Esteves Lima, julgado em 9/4/2015, DJe 7/5/2015 (Inform. STJ 561).**

12. CONTRATOS ADMINISTRATIVOS

AG. REG. NA Rcl N. 21.632-PE
RELATOR: MIN. LUIZ FUX
Ementa: Agravo Regimental na Reclamação. Responsabilidade Subsidiária. Artigo 71, § 1º, da Lei 8.666/93. Constitucionalidade. ADC 16. Administração Pública. Dever de fiscalização. Responsabilidade do Estado. Agravo regimental a que se nega provimento.

1. A Administração tem o dever de fiscalizar o fiel cumprimento do contrato pelas empresas prestadoras de serviço, também no que diz respeito às obrigações trabalhistas referentes aos empregados vinculados ao contrato celebrado, sob pena de atuar com culpa *in eligendo* ou *in vigilando*.

2. A aplicação do artigo 71, § 1º, da Lei n. 8.666/93, declarado constitucional pelo Supremo Tribunal Federal, no julgamento da ADC 16, não exime a entidade da Administração Pública do dever de observar os princípios constitucionais a ela referentes, entre os quais os da legalidade e da moralidade administrativa.

3. A decisão que reconhece a responsabilidade do ente público com fulcro no contexto fático-probatório carreado aos autos não pode ser alterada pelo manejo da reclamação constitucional. Precedentes: Rcl

11985-AgR, Rel. Min. CELSO DE MELLO, Tribunal Pleno, julgado em 21/02/2013, PROCESSO ELETRÔNICO DJe-050 DIVULG 14-03-2013 PUBLIC 15-03-2013.
4. Agravo regimental a que se nega provimento. **(Inform. STF 804)**

AG. REG. NA Rcl N. 19.998-SC

RELATOR: MIN. LUIZ FUX

Ementa: Agravo Regimental na Reclamação. Responsabilidade Subsidiária. Artigo 71, § 1º, da Lei 8.666/93. Constitucionalidade. ADC 16. Administração Pública. Dever de fiscalização. Responsabilidade da Empresa Pública. Agravo regimental a que se nega provimento. 1. A Administração tem o dever de fiscalizar o fiel cumprimento do contrato pelas empresas prestadoras de serviço, também no que diz respeito às obrigações trabalhistas referentes aos empregados vinculados ao contrato celebrado, sob pena de atuar com culpa *in eligendo* ou *in vigilando*. **2.** A aplicação do artigo 71, § 1º, da Lei n. 8.666/93, declarado constitucional pelo Supremo Tribunal Federal, no julgamento da ADC 16, não exime a entidade da Administração Pública do dever de observar os princípios constitucionais a ela referentes, entre os quais os da legalidade e da moralidade administrativa. **3.** A decisão que reconhece a responsabilidade do ente público com fulcro no contexto fático-probatório carreado aos autos não pode ser alterada pelo manejo da reclamação constitucional. Precedentes: Rcl 11985-AgR, Rel. Min. CELSO DE MELLO, Tribunal Pleno, julgado em 21/02/2013, PROCESSO ELETRÔNICO DJe-050 DIVULG 14-03-2013 PUBLIC 15-03-2013. **4.** Agravo regimental a que se nega provimento. **(Inform. STF 789)**

DIREITO ADMINISTRATIVO. IMPOSSIBILIDADE DE CONDENAÇÃO DE RESSARCIMENTO AO ERÁRIO FUNDADA EM LESÃO PRESUMIDA.

Ainda que procedente o pedido formulado em ação popular para declarar a nulidade de contrato administrativo e de seus posteriores aditamentos, não se admite reconhecer a existência de lesão presumida para condenar os réus a ressarcir ao erário se não houve comprovação de lesão aos cofres públicos, mormente quando o objeto do contrato já tenha sido executado e existam laudo pericial e parecer do Tribunal de Contas que concluam pela inocorrência de lesão ao erário. De fato, a ação popular consiste em um relevante instrumento processual de participação política do cidadão, destinado eminentemente à defesa do patrimônio público, bem como da moralidade administrativa, do meio ambiente e do patrimônio histórico e cultural. Nesse contexto, essa ação possui pedido imediato de natureza desconstitutivo-condenatória, porquanto objetiva, precipuamente, a insubsistência do ato ilegal e lesivo a qualquer um dos bens ou valores enumerados no inciso LXXIII do art. 5º da CF e a condenação dos responsáveis e dos beneficiários diretos ao ressarcimento ou às perdas e danos correspondentes. Tem-se, dessa forma, como imprescindível a comprovação do binômio ilegalidade-lesividade, como pressuposto elementar para a procedência da ação popular e de consequente condenação dos requeridos a ressarcimento ao erário em face dos prejuízos comprovadamente atestados ou nas perdas e danos correspondentes (arts. 11 e 14 da Lei 4.717/1965). Eventual violação à boa-fé e aos valores éticos esperados nas práticas administrativas não configura, por si só, elemento suficiente para ensejar a presunção de lesão ao patrimônio público, uma vez que a responsabilidade dos agentes em face de conduta praticada em detrimento do patrimônio público exige a comprovação e a quantificação do dano, nos termos do art. 14 da Lei 4.717/1965. Entendimento contrário implicaria evidente enriquecimento sem causa do ente público, que usufruiu dos serviços prestados em razão do contrato firmado durante o período de sua vigência. Precedente citado: REsp 802.378-SP, Primeira Turma, DJ 4/6/2007. **REsp 1.447.237-MG, Rel. Min. Napoleão Nunes Maia Filho, julgado em 16/12/2014, DJe 9/3/2015 (Inform. STJ 557).**

---

13. SERVIÇOS PÚBLICOS

DIREITO ADMINISTRATIVO. ILEGALIDADE DA COBRANÇA DE TARIFA DE ÁGUA REALIZADA POR ESTIMATIVA DE CONSUMO.

Na falta de hidrômetro ou defeito no seu funcionamento, a cobrança pelo fornecimento de água deve ser realizada pela tarifa mínima, sendo vedada a cobrança por estimativa. Isso porque a tarifa deve ser calculada com base no consumo efetivamente medido no hidrômetro, sendo a tarifa por estimativa de consumo ilegal por ensejar enriquecimento ilícito da concessionária. Ademais, tendo em vista que é da concessionária a obrigação pela instalação do hidrômetro, a cobrança no caso de inexistência do referido aparelho deve ser realizada pela tarifa mínima. **REsp 1.513.218-RJ, Rel. Min. Humberto Martins, julgado em 10/3/2015, DJe 13/3/2015 (Inform. STJ 557).**

DIREITO ADMINISTRATIVO. OBTENÇÃO DE RECEITA ALTERNATIVA EM CONTRATO DE CONCESSÃO DE RODOVIA.

Concessionária de rodovia pode cobrar de concessionária de energia elétrica pelo uso de faixa de domínio de rodovia para a instalação de postes e passagem de cabos aéreos efetivadas com o intuito de ampliar a rede de energia, na hipótese em que o contrato de concessão da rodovia preveja a possibilidade de obtenção de receita alternativa decorrente de atividades vinculadas à exploração de faixas marginais. O caput do art. 11 da Lei 8.987/1995 (Lei de Concessões e Permissões) prescreve que, "No atendimento às peculiaridades de cada serviço público, poderá o poder concedente prever, em favor da concessionária, no edital de licitação, a possibilidade de outras fontes provenientes de receitas alternativas, complementares, acessórias ou de projetos associados, com ou sem exclusividade, com vistas a favorecer a modicidade das tarifas, observado o disposto no art. 17 desta Lei". Ressalte-se que, como a minuta do contrato de concessão deve constar no edital – conforme dispõe o art. 18, XIV, da Lei 8.987/1995 -, o mencionado art. 11, ao citar "no edital", não inviabiliza que a possibilidade de aferição de outras receitas figure apenas no contrato, haja vista se tratar de parte integrante do edital. Sendo assim, desde que haja previsão no contrato de concessão da rodovia, permite-se a cobrança, a título de receita alternativa, pelo uso de faixa de domínio, ainda que a cobrança recaia sobre concessionária de serviços de distribuição de energia elétrica. Ademais, havendo previsão contratual, não há como prevalecer o teor do art. 2º do Decreto 84.398/1980 em detrimento do referido art. 11 da Lei 8.987/1995. Precedente citado: REsp 975.097-SP, Primeira Seção, DJe 14/5/2010. **EREsp 985.695-RJ, Rel. Min. Humberto Martins, julgado em 26/11/2014, DJe 12/12/2014 (Inform. STJ 554).**

Súmula Vinculante STF 19

A taxa cobrada exclusivamente em razão dos serviços públicos de coleta, remoção e tratamento ou destinação de lixo ou resíduos provenientes de imóveis, não viola o artigo 145, II, da Constituição Federal.

Súmula STJ nº 506

A Anatel não é parte legítima nas demandas entre a concessionária e o usuário de telefonia decorrentes de relação contratual.

Súmula STJ nº 407

É legítima a cobrança da tarifa de água fixada de acordo com as categorias de usuários e as faixas de consumo.

---

14. PRESCRIÇÃO

ECT e prescrição – 1

A Primeira Turma iniciou julgamento de controvérsia relativa à aplicação da prescrição quinquenal prevista no Decreto 20.910/1932 à Empresa Brasileira de Correios e Telégrafos – ECT. A Ministra Rosa Weber (relatora) manteve a decisão agravada, no que foi acompanhada pelo Ministro Roberto Barroso. Entendeu que o conceito de fazenda pública se estenderia à ECT, empresa pública federal prestadora de serviço público. Em divergência, os Ministros Marco Aurélio e Edson Fachin deram provimento ao agravo regimental para assegurar o trânsito do recurso extraordinário. Pontuaram que o Tribunal deveria examinar o tema a respeito da sujeição de empresas públicas ao regime de direito privado. Em seguida, a Turma suspendeu o exame do processo para aguardar o voto de desempate do Ministro Luiz Fux.
RE 790059 AgR-AgR/DF, rel. Min. Rosa Weber, 1º.9.2015. (RE-790059) (Inform. STF 797)

ECT e prescrição – 2

A Primeira Turma, em conclusão de julgamento e por maioria, proveu agravo regimental para determinar que o recurso extraordinário tenha sequência. Na espécie, debate-se a possibilidade, à luz do art. 173, § 1º, II, da CF, de equiparação da Empresa Brasileira de Correios e Telégrafos (ECT) com a Fazenda Pública – v. Informativo 797. A Turma destacou que a matéria deveria ser examinada em razão de várias prerrogativas de direito público já terem sido reconhecidas aos Correios. Vencidos a Ministra Rosa Weber (relatora) e o Ministro Roberto Barroso que mantinham a decisão agravada no sentido de que o conceito de fazenda pública se estenderia à ECT. Agravo regimental em agravo regimental em recurso extraordinário provido para assegurar o trânsito em julgado do recurso extraordinário em que se questiona a aplicação da prescrição quinquenal prevista no Decreto 20.910/1932 à referida empresa pública prestadora de serviço público.
RE 790059 AgR-AgR/DF, rel. orig. Min. Rosa Weber, red. p/ o acórdão Min. Marco Aurélio, 3.11.2015. (RE-790059) (Inform. STF 806)

Prescrição não tributária e Enunciado 8 da Súmula Vinculante – 3

Em conclusão de julgamento, a 1ª Turma, por maioria, deu provimento a agravo regimental em recurso extraordinário para afirmar que o Enunciado 8 da Súmula Vinculante do STF ("São inconstitucionais o parágrafo único do artigo 5º do Decreto-lei nº 1.569/1977 e os artigos 45 e 46 da Lei nº 8.212/1991, que tratam de prescrição e decadência de crédito tributário") não se aplica aos casos de prescrição de créditos não tributários. Na espécie, o acórdão recorrido entendera que a pretensão da União de executar crédito inscrito em dívida ativa, decorrente de multa administrativa imposta em razão de descumprimento da legislação trabalhista, por possuir natureza administrativa, sujeitar-se-ia à prescrição quinquenal de que trata o art. 1º do Decreto 20.910/1932, aplicável ao caso analogicamente. A União invocara em seu favor o parágrafo único do art. 5º do Decreto-lei 1.569/1977 ("Sem prejuízo da incidência da atualização monetária e dos juros de mora, bem como da exigência da prova de quitação para com a Fazenda Nacional, o Ministro da Fazenda poderá determinar a não inscrição como Dívida Ativa da União ou a sustação da cobrança judicial dos débitos de comprovada inexequibilidade e de reduzido valor"). O argumento, porém, fora afastado pelo tribunal "a quo", tendo em conta o referido enunciado sumular – v. informativos 767 e 770. A Turma, inicialmente, assentou que a matéria em análise possuiria envergadura constitucional, notadamente por envolver a interpretação do aludido enunciado e a sua eventual incidência sobre os créditos não tributários. Aduziu, então, que o texto do parágrafo único do art. 5º do Decreto-lei 1.569/1977 abrangeria duas diferentes normas: a) a aplicação do "caput" do art. 5º daquele diploma normativo, com a consequente suspensão da prescrição de créditos tributários; e b) a aplicação do "caput" do mesmo dispositivo, com a suspensão da prescrição de créditos não tributários. No entanto, segundo se depreenderia da análise dos precedentes que deram origem ao Enunciado 8 da Súmula Vinculante, somente a primeira norma teria sido submetida à apreciação da Corte e considerada inconstitucional por ofensa ao art. 18, § 1º, da CF/1969, que exigia lei complementar para tratar de normas gerais de direito tributário. Extrair-se-ia desses precedentes, portanto, o sentido de que o parágrafo único do art. 5º do Decreto-lei 1.569/1977 teria sido declarado inconstitucional apenas na parte em que se referisse à suspensão da prescrição dos créditos tributários, por se exigir, quanto ao tema, lei complementar. Teria permanecido, assim, com presunção de constitucionalidade a segunda norma do dispositivo, isto é, a suspensão da prescrição de créditos não tributários. Vencidos os Ministros Marco Aurélio (relator) e Rosa Weber, que negavam provimento ao agravo.
RE 816084 AgR/DF, rel. orig. Min. Marco Aurélio, red. p/ o acórdão Min. Dias Toffoli, 10.3.2015. (RE-816084) (Inform. STF 777)

DIREITO ADMINISTRATIVO. TERMO INICIAL DA PRESCRIÇÃO DE PRETENSÃO INDENIZATÓRIA DECORRENTE DE TORTURA E MORTE DE PRESO.

O termo inicial da prescrição de pretensão indenizatória decorrente de suposta tortura e morte de preso custodiado pelo Estado, nos casos em que não chegou a ser ajuizada ação penal para apurar os fatos, é a data do arquivamento do inquérito policial. Precedentes citados: REsp 618.934-SC, Primeira Turma, DJ 13/12/2004; REsp 591.419-RS, Primeira Turma, DJ 25/10/2004; e AgRg no Ag 972.675-BA, Segunda Turma, DJe 13/3/2009. **REsp 1.443.038-MS, Rel. Ministro Humberto Martins, julgado em 12/2/2015, DJe 19/2/2015 (Inform. STJ 556).**

Súmula STF nº 383

A prescrição em favor da fazenda pública recomeça a correr, por dois anos e meio, a partir do ato interruptivo, mas não fica reduzida aquém de cinco anos, embora o titular do direito a interrompa durante a primeira metade do prazo.

Súmula STJ nº 467

Prescreve em cinco anos, contados do término do processo administrativo, a pretensão da Administração Pública de promover a execução da multa por infração ambiental.

15. CONTROLE INTERNO E PELO TRIBUNAL DE CONTAS

Coisa julgada e TCU – 2

O Plenário, por maioria, denegou mandado de segurança impetrado contra ato do TCU que determinara a suspensão do pagamento da incorporação do reajuste de 26,05% e 26,06% – referentes aos vencimentos de fevereiro de 1989 e julho de 1987, respectivamente – aos proventos de servidora pública aposentada – v. Informativo 454. Na espécie, a impetrante teria requerido o pagamento do índice de 26,05% fixado para URP relativa ao mês de fevereiro de 1989 e consequente incorporação deste percentual a partir de março de 1989. O Tribunal reconheceu que a controvérsia em exame não se referiria ao alcance da coisa julgada, mas à eficácia temporal da sentença. Por essa razão, limitada a discussão à eficácia temporal da sentença, não haveria falar-se em imutabilidade da própria decisão. Ademais, sequer seria o caso de se cogitar em uma ação revisional, pois as modificações das razões de fato ou de direito, que serviriam de suporte para a sentença, operariam efeitos imediata e automaticamente, dispensando-se novo pronunciamento judicial. Frisou que, na situação dos autos, com a modificação da estrutura remuneratória da impetrante, a decisão que lhe favorecera deveria ter produzido efeitos somente durante a vigência do regime jurídico anterior. Com a mudança de regime, não seria possível manter o pagamento de vantagem econômica sem qualquer limitação temporal. Destacou que a alteração do regime jurídico garantiria à impetrante o direito à irredutibilidade dos vencimentos, mas não à manutenção no regime anterior. Assim, tendo a impetração suscitado ofensa à coisa julgada, não se poderia reconhecer direito líquido e certo, porque o ato atacado apenas interpretara o alcance da eficácia temporal da coisa julgada. Vencido o Ministro Eros Grau, que concedia a ordem. Em seguida, o Plenário, por maioria, assentou que as verbas recebidas até o momento do julgamento, ante o princípio da boa fé e da segurança jurídica, não teriam que ser devolvidas. Vencido, em parte, o Ministro Teori Zavascki, que resguardava os valores recebidos até a concessão da liminar proferida pelo relator em 2005.
MS 25430/DF, rel. orig. Eros Grau, red. p/ o acórdão Min. Edson Fachin, 26.11.2015. (MS-25430) (Inform. STF 809)

AG. REG. EM MS N. 27.052-DF
RELATOR: MIN. LUIZ FUX
Ementa: AGRAVO REGIMENTAL EM MANDADO DE SEGURANÇA. ACÓRDÃO DO TRIBUNAL DE CONTAS DA UNIÃO QUE JULGOU ILEGAL O ATO DE CONCESSÃO DE PENSÃO CIVIL. BENEFICIÁRIA. MENOR SOB GUARDA TEMPORÁRIA. JURISPRUDÊNCIA CONSOLIDADA. AGRAVO REGIMENTAL AO QUAL SE NEGA PROVIMENTO.

1. A Primeira Câmara do Tribunal de Contas da União considerou ilegal e negou registro à pensão civil instituída por servidora pública federal falecida e concedida em favor da impetrante, sua neta, nascida em 28/10/1996, ao argumento de que a genitora da impetrante é economicamente ativa, o que descaracterizava a dependência econômica da menor em relação à instituidora do benefício.

2. O recebimento de pensão temporária até completar 21 (vinte um) anos de idade (alínea *"b"*, do inciso II, do art. 217, da Lei nº 8.112/1990) é assegurado ao menor de idade que esteja sob a guarda do servidor

na data do seu óbito. Irrelevante o fato de a guarda ser provisória ou definitiva. (MS 25.823/DF, Redator para o acórdão Min. Ayres Britto, Plenário, DJe 28/08/2009).

3. O art. 205 do Regimento Interno desta Suprema Corte, na redação conferida pela Emenda Regimental nº 28/2009, expressamente autoriza o Relator a julgar monocraticamente o mandado de segurança, quando a matéria em debate for objeto de jurisprudência consolidada do Supremo Tribunal Federal.

4. *In casu*, a decisão do TCU teve por fundamento, apenas, a necessidade de comprovação da dependência econômica da ora impetrante. Dessa forma, anulada a decisão questionada e não existindo outra fundamentação para a negativa do registro, a Corte de Contas deve procedê-lo na forma legal.

5. **Agravo regimental a que se nega provimento. (Inform. STF 806)**

TCU: tomada de contas e nulidade

A Segunda Turma desproveu agravo regimental interposto de decisão que negara seguimento a mandado de segurança impetrado contra ato do TCU, o qual determinara a devolução de valores indevidamente recebidos pelo impetrante a título de auxílio moradia, além de impor multa. No caso, o agravante alegava que o acórdão do TCU e a decisão agravada teriam partido de premissa equivocada no que diz respeito ao recebimento do auxílio moradia, pois não haveria norma que vedasse o recebimento da vantagem por quem possuísse imóvel próprio no local de lotação. Sustentava, ainda, indevido aproveitamento, pelo ato impetrado, do processo administrativo disciplinar anulado pelo STJ, bem como o recebimento de citação por pessoa estranha, já que entregue carta registrada em endereço no qual não mais residiria. A Turma afirmou que ficara demonstrada a entrega de carta registrada no endereço que o próprio impetrante fizera constar no cadastro da Receita Federal do Brasil e na petição inicial do aludido mandado de segurança ajuizado no STJ. Portanto, não se poderia falar em nulidade na citação no processo de tomada de contas especial. Ademais, tendo em vista a independência das atribuições do TCU e da autoridade responsável pelo processo administrativo disciplinar, não haveria ilegalidade na condenação do impetrante a ressarcir o erário e pagar multa em decorrência de procedimento instaurado de forma independente, por conta de notícias publicadas na imprensa acerca de possíveis danos aos cofres públicos causados pelo impetrante.

MS 27427 AgR/DF, rel. Min. Teori Zavascki, 8.9.2015. (MS-27427) (Inform. STF 798)

SEGUNDO AG. REG. EM MS N. 33.399-DF
RELATOR: MIN. ROBERTO BARROSO

Ementa: DIREITO ADMINISTRATIVO. AGRAVO REGIMENTAL EM MANDADO DE SEGURANÇA. TCU. EXCLUSÃO DE VANTAGEM RECONHECIDA POR DECISÃO JUDICIAL COM TRÂNSITO EM JULGADO. PERDA DE EFICÁCIA DA SENTENÇA.

1. Afastamento da decadência do direito de o TCU rever o ato concessivo da aposentadoria, conforme jurisprudência deste Tribunal.

2. A Corte de Contas não desconsiderou a existência de decisão judicial com trânsito em julgado, mas apenas determinou que a parcela ali reconhecida fosse paga na forma de vantagem pessoal nominalmente identificada VPNI, a ser absorvida por reajustes e reestruturações posteriormente concedidos aos servidores públicos.

3. O Pleno da Corte, em repercussão geral, decidiu que "*a sentença que reconhece ao trabalhador ou servidor o direito a determinado percentual de acréscimo remuneratório deixa de ter eficácia a partir da superveniente incorporação definitiva do referido percentual nos seus ganhos*" (RE 596.663, Rel. p/ acórdão Min. Teori Zavascki).

4. Cessação de efeitos que se opera, em regra, automática e imediatamente com a alteração das premissas fáticas em que se baseou a sentença, sem a necessidade de ação rescisória ou revisional.

5. Agravo regimental a que se nega provimento. **(Inform. STF 788)**

TCU: sigilo bancário e BNDES – 1

A Primeira Turma, por maioria, denegou mandado de segurança impetrado em face de ato do TCU, que determinara ao Banco Nacional de Desenvolvimento Econômico e Social – BNDES e ao BNDES Participações S.A. – BNDESPAR o envio de documentos específicos alusivos a operações realizadas entre as referidas entidades financeiras e determinado grupo empresarial. Os bancos impetrantes sustentavam a impossibilidade de fornecimento das informações solicitadas pelo TCU, sob o fundamento de que isso comprometeria o sigilo bancário e empresarial daqueles que com eles contrataram e que desempenhariam atividades econômicas em regime concorrencial. O Colegiado, inicialmente, afirmou que o TCU ostentaria a condição de órgão independente na estrutura do Estado brasileiro, cujas principais funções se espraiariam pelos diversos incisos do art. 71 da CF. Seus membros possuiriam as mesmas prerrogativas que as asseguradas aos magistrados, tendo suas decisões a natureza jurídica de atos administrativos passíveis de controle jurisdicional. Tratar-se-ia de tribunal de índole técnica e política que deveria fiscalizar o correto emprego de recursos públicos. As Cortes de Contas implementariam autêntico controle de legitimidade, economicidade e de eficiência, porquanto deveriam aferir a compatibilidade dos atos praticados pelos entes controlados com a plenitude do ordenamento jurídico, em especial com a moralidade, eficiência, proporcionalidade. Assim, no atual contexto juspolítico brasileiro, em que teria ocorrido expressiva ampliação de suas atribuições, a Corte de Contas deveria ter competência para aferir se o administrador teria atuado de forma prudente, moralmente aceitável e de acordo com o que a sociedade dele esperasse. Ademais, o TCU, ao deixar de ser órgão do Parlamento para tornar-se da sociedade, representaria um dos principais instrumentos republicanos destinados à concretização da democracia e dos direitos fundamentais, na medida em que o controle do emprego de recursos públicos propiciaria, em larga escala, justiça e igualdade. Por outro lado, o sigilo empresarial seria fundamental para o livre exercício da atividade econômica. Tratar-se-ia de preocupação universal destinada a assegurar credibilidade e estabilidade ao sistema bancário e empresarial. A divulgação irresponsável de dados sigilosos de uma sociedade empresária poderia, por razões naturais, inviabilizar a exploração de uma atividade econômica ou expor, indevidamente, um grupo econômico, na medida em que os competidores passariam a ter acesso a informações privilegiadas que não deteriam numa situação normal. A proteção estatal ao sigilo bancário e empresarial deveria ser, nesse contexto, compreendida como corolário da preservação à intimidade assegurada pelo art. 5º, X, da CF. O que se discutiria, no caso, seria assentar a extensão dessa garantia à luz dos cânones pós-positivistas que regeriam a tutela do patrimônio público. Sem prejuízo da necessidade de tutela da privacidade e dos seus consectários – o sigilo bancário e empresarial —, as exigências do presente momento histórico compeliriam à adoção de uma política de governança corporativa responsável no âmbito dos grupos econômicos, o que impediria uma visão pueril de irresponsável ampliação do alcance da tutela ao sigilo bancário e empresarial.

MS 33340/DF, rel. Min. Luiz Fux, 26.5.2015. (MS-33340)

TCU: sigilo bancário e BNDES – 2

A Turma destacou que, no âmbito do Direito Público, a Administração, também, estaria pautada por princípios basilares estampados no art. 37 da CF, dentre eles o da publicidade, preceito que recomendaria a atuação transparente do agente público. Por se tratar de princípio, ele, também, comportaria exceções, todas fundadas no texto constitucional: a) o sigilo que fosse imprescindível à segurança da sociedade e do Estado (CF, art. 5º, XXXIII), e b) o sigilo que dissesse respeito à intimidade ou ao interesse social (CF, art. 5º, LX). Nesse contexto, seria tarefa simples aceitar que a necessidade de preservação do sigilo bancário e empresarial poderia estar contida nas exceções constitucionais, seja porque resultante da reserva de segurança da sociedade, ou por representar um desdobramento da preservação da intimidade ou do interesse social. Em decorrência dessa premissa, o que se vedaria ao TCU seria a quebra do sigilo bancário e fiscal, "tout court", consoante decisões proferidas no MS 22.801/DF (DJe de 14.3.2008) e no MS 22.934/DF (DJe 9.5.2012) no sentido de que a LC 105/2001, que dispõe sobre o sigilo das operações de instituições financeiras, não poderia ser manejada pelo TCU para que fosse determinada a quebra de sigilo bancário e empresarial. O caso em comento, entretanto, seria diferente dos referidos precedentes, porquanto a atuação do TCU teria amparo no art. 71 da CF e se destinaria, precipuamente, a controlar as operações financeiras realizadas pelo BNDES e pelo BNDESPAR. Cuidar-se-ia de regular hipótese de controle

legislativo financeiro de entidades federais por iniciativa do Parlamento, que o fizera por meio da Comissão de Fiscalização e Controle da Câmara dos Deputados. Nesse particular, o referido órgão determinara ao TCU que realizasse auditoria nas operações de crédito envolvendo as citadas instituições financeiras, com fundamento no art. 71, IV, da CF. Ademais, não se estaria diante de requisição para a obtenção de informações de terceiros, mas de informações das próprias instituições, que contrataram terceiros com o emprego de recursos de origem pública. A pretensão do TCU seria o mero repasse de informações no seio de um mesmo ente da federação, e isso não ostentaria a conotação de quebra de sigilo bancário. Essa diferença seria relevante para legitimar a atuação da Corte de Contas, sob pena de inviabilizar o pleno desempenho de sua missão constitucionalmente estabelecida. O BNDES atuaria como banco de fomento com características muito próprias, sendo um banco de fomento econômico e social, e não uma instituição financeira privada comum. Por mais que ele detivesse a natureza de pessoa de direito privado da Administração Indireta, também sofreria intensa influência do regime de Direito Público. Nessa senda, ressoaria imperioso destacar que o sigilo de informações necessárias para a preservação da intimidade seria relativizado quando se estivesse diante do interesse da sociedade de se conhecer o destino dos recursos públicos.
MS 33340/DF, rel. Min. Luiz Fux, 26.5.2015. (MS-33340)

TCU: sigilo bancário e BNDES – 3

O Colegiado ressaltou que a preservação, na espécie, do sigilo das operações realizadas pelo BNDES e BNDESPAR com terceiros, não apenas impediria a atuação constitucionalmente prevista para o TCU, como também representaria uma acanhada, insuficiente, e, por isso mesmo, desproporcional limitação ao direito fundamental de preservação da intimidade. Partindo-se da premissa de que nem mesmo os direitos fundamentais seriam absolutos, a identificação do seu núcleo duro e intransponível poderia ser feita por meio da teoria germânica da restrição das restrições, ou seja, a limitação a um direito fundamental, como o da preservação da intimidade, do sigilo bancário e empresarial, deveria inserir-se no âmbito do que fosse proporcional. Deveria haver, assim, uma limitação razoável do alcance do preceito que provocasse a restrição ao direito fundamental. Assim, quando um ato estatal limitasse a privacidade do cidadão por meio da publicidade de atos por ele realizados, haveria a necessidade de se verificar se essa contenção, resultante da divulgação do ato, se amoldaria ao que fosse proporcional. Essa ótica da publicidade em face da intimidade não poderia ir tão longe, de forma a esvaziar desproporcionalmente a tutela do dinheiro público. A insuficiente limitação ao direito à privacidade revelar-se-ia, por outro ângulo, lesiva aos interesses da sociedade de exigir do Estado brasileiro uma atuação transparente, incidindo em proteção deficiente. Nesse contexto, a teoria da restrição das restrições legitimaria a exigência do TCU dirigida ao BNDES para o fornecimento de dados sigilosos, na medida em que o sigilo bancário e empresarial comportaria proporcional limitação destinada a permitir o controle financeiro da Administração Publica por órgão constitucionalmente previsto e dotado de capacidade institucional para tanto.
MS 33340/DF, rel. Min. Luiz Fux, 26.5.2015. (MS-33340)

TCU: sigilo bancário e BNDES – 4

A Turma asseverou que a exigência de TCU de fornecimento dos documentos pelo BNDES satisfaria integralmente os subprincípios da proporcionalidade: necessidade, adequação e proporcionalidade em sentido estrito. Do ponto de vista da adequação, identificar-se-ia que os documentos em questão – saldo devedor de operações de crédito, dados sobre situação cadastral no BNDES, dados sobre a situação de adimplência, "rating" de crédito e a estratégia de "hedge", todos relativos ao grupo empresarial que contratara com a referida instituição financeira – seriam apropriados para viabilizar o controle financeiro do BNDES pelo TCU. Sem eles, tornar-se-ia impossível avaliar se os atos praticados pelo BNDES seriam válidos e aceitáveis para o nosso ordenamento jurídico. Quanto ao subprincípio da necessidade, verificar-se-ia que a medida do TCU seria a que menos geraria prejuízos para os destinatários do controle. Não se vislumbraria qualquer outra determinação estatal capaz de, simultaneamente, permitir o controle financeiro das operações efetuadas pelo BNDES e que pudesse originar menos prejuízos à própria instituição ou à sociedade. Sob o prisma da proporcionalidade em sentido estrito, os benefícios para a sociedade, advindos do fornecimento das informações necessárias para o controle do BNDES, seriam maiores que as desvantagens para aquele que entrevê o sigilo de sua sociedade empresarial passar às mãos de um órgão estatal controlador responsável e dotado de estatura constitucional. Outrossim, sob o ângulo consequencialista, seria preciso evitar um desastroso efeito sistêmico que uma decisão favorável aos impetrantes poderia provocar. A partir de eventual reconhecimento judicial de que os impetrantes não precisassem fornecer dados alusivos às suas operações, toda e qualquer empresa pública ou sociedade de economia mista passaria a se recusar a fornecer informações semelhantes, o que inviabilizaria o eficaz funcionamento da Corte de Contas. Igualmente, sob a perspectiva da livre iniciativa e da concorrência, nada haveria nos autos que comprovasse, de maneira incontroversa, que o fornecimento das informações requisitadas pelo TCU pudesse ensejar uma instabilidade financeira e um impacto desastroso no mercado e na competição entre os que explorassem atividade econômica. Vencido o Ministro Roberto Barroso, que concedia parcialmente a ordem para reconhecer que o BNDES não estaria obrigado a fornecer ao TCU informações pertinentes ao "rating" de crédito do grupo empresarial que fora parte nas operações financeiras em discussão na espécie, isso por considerar que se trataria de informação protegida pelo sigilo bancário. Além disso, a referida instituição financeira não estaria obrigada a fornecer àquele tribunal a estratégia de "hedge" do mesmo grupo, que seria protegida pelo sigilo empresarial. Ambas a informações, no entanto, poderiam ser obtidas por decisão judicial.
MS 33340/DF, rel. Min. Luiz Fux, 26.5.2015. (MS-33340) (Inform. STF 787)

TCU: anulação de acordo extrajudicial e tomada de contas especial

O TCU tem legitimidade para anular acordo extrajudicial firmado entre particulares e a Administração Pública, quando não homologado judicialmente. Com base nessa orientação, a Primeira Turma, por maioria, denegou mandado de segurança impetrado em face de ato do TCU, que, em procedimento de tomada de contas especial, declarara a ilegalidade de acordo extrajudicial firmado entre os ora impetrantes e o Poder Público, e determinara a devolução de valores recebidos e a aplicação de multa. A Turma, inicialmente, assentou a possibilidade de o TCU apurar a responsabilidade de administradores e particulares que tivessem firmado acordo extrajudicial tido como irregular, sendo permitida a aplicação de sanções. A celebração de transação entre as partes, na forma do art. 269, III, do CPC, não retiraria a competência jurisdicional para a análise da legalidade do ato, a fim de homologar o acordo celebrado. Na espécie, não haveria prova de homologação judicial do acordo firmado entre os impetrantes e a Administração Pública, tendo ocorrido somente a desistência de ação judicial na qual se discutia a responsabilidade do Poder Público por supostos prejuízos sofridos pelos impetrantes, discussão esta que dera ensejo à celebração do acordo extrajudicial em discussão. Assim, não haveria que se falar em julgamento do mérito da questão pelo Poder Judiciário, a afastar a atuação do TCU, que ocorreria em sede administrativa. Seria certo, ademais, que a jurisprudência do STF seria pacífica no sentido da independência entre as instâncias cível, penal e administrativa. Outrossim, haveria, na hipótese, uma incompatibilidade absoluta entre o valor pago pela Administração no bojo do acordo extrajudicial e o dano efetivo que estaria sendo discutido em juízo quando de sua celebração, desproporcionalidade esta cuja avaliação demandaria o revolvimento de matéria probatória, incabível em sede de mandado de segurança. Vencido o Ministro Marco Aurélio, que deferia a segurança por entender que, na espécie, não se teria situação jurídica em que o TCU, órgão administrativo, tivesse imposto sanção. No caso, aquele tribunal simplesmente teria determinado a particulares, que não eram administradores, a devolução de certo numerário recebido. Esse procedimento não seria possível, porquanto a atuação daquela Corte de Contas referir-se-ia aos administradores, como previsto na Constituição. Tendo o pronunciamento do TCU força de título executivo, por esta via, sem o envolvimento de servidor ou de administrador, obstaculizar-se-ia o que poderia ser um processo de conhecimento no Judiciário para discutir-se a controvérsia e o conflito de interesses. Não caberia, portanto, ao TCU, quer impor sanção a particular, quer determinar a este a devolução de numerário.
MS 24379/DF, rel. Min. Dias Toffoli, 7.4.2015. (MS-24379) (Inform. STF 780)

TCU: medida cautelar de indisponibilidade de bens e tomada de contas especial

A 2ª Turma denegou mandado de segurança impetrado em face de acórdão do TCU, que, em procedimento de tomada de contas especial, decretara a indisponibilidade de bens dos ora impetrantes. Estes apontavam a violação ao contraditório e à ampla defesa, ao direito de propriedade, bem como a nulidade da decisão impugnada, em razão da inexistência de fundamentação, da ausência de individualização das condutas supostamente irregulares e da falta de demonstração dos requisitos legais autorizadores da medida constritiva. O Colegiado asseverou que não haveria que se falar em ilegalidade ou abuso de poder em relação à atuação do TCU, que, ao determinar a indisponibilidade dos bens, teria agido em consonância com suas atribuições constitucionais, com as disposições legais e com a jurisprudência do STF. Com efeito, o ato impugnado estaria inserido no campo das atribuições constitucionais de controle externo exercido por aquela corte de contas (CF, art. 71). A jurisprudência do STF reconheceria assistir ao TCU um poder geral de cautela, que se consubstanciaria em prerrogativa institucional decorrente das próprias atribuições que a Constituição expressamente lhe outorgara para seu adequado funcionamento e alcance de suas finalidades. Seria possível, inclusive, ainda que de forma excepcional, a concessão, sem audiência da parte contrária, de medidas cautelares, por deliberação fundamentada daquela Corte, sempre que necessárias à neutralização imediata de situações de lesividade ao interesse público ou à garantia da utilidade prática de suas deliberações finais. Ademais, o TCU disporia de autorização legal expressa (Lei 8.443/1992, art. 44, § 2º) para decretação cautelar de indisponibilidade de bens, o que também encontraria previsão em seu regimento interno (artigos 273, 274 e 276). Destacou, outrossim, que o relatório da decisão atacada seria integrado por diversidade de elementos e análises decorrentes de aprofundados relatórios de fiscalização elaborados pela equipe de auditoria do TCU, o que afastaria a alegação de nulidade da decisão atacada no ponto em que supostamente ausente a individualização de condutas comissivas ou omissivas a ensejar possível responsabilização. Além disso, dever-se-ia ressaltar que, de fato, estariam presentes os requisitos legais para a decretação cautelar da medida de indisponibilidade de bens, na medida em que o ato impugnado teria acentuado a robustez dos elementos de convicção colhidos, a vislumbrar alta reprovabilidade das condutas identificadas e elevado prejuízo causado. A referida determinação de indisponibilidade guardaria pertinência com os requisitos legais para que se evitasse a ocorrência de danos ao erário ou a inviabilidade de ressarcimento (Lei 8.443/1992, art. 44, "caput"). Essa medida também se coadunaria com a exigência legal de promover a indisponibilidade de bens dos responsáveis para garantir o ressarcimento dos danos em apuração (Lei 8.443/1992, art. 44, § 2º). Por fim, a mera cogitação de que o valor dos bens eventualmente tornados indisponíveis por meio da medida constritiva fosse muito inferior ao valor supostamente devido a título de ressarcimento, como alegado, não seria justificativa apta a impedir a adoção da medida cautelar pelo TCU.

MS 33092/DF, rel. Min. Gilmar Mendes, 24.3.2015. (MS-33092) **(Inform. STF 779)**

MS: pagamento de quintos e autoridade competente

Em conclusão, o Plenário julgou prejudicado mandado de segurança preventivo em que servidores públicos do TCU discutiam o limite temporal, em razão de sucessivas edições de medidas provisórias e leis, para a incorporação de quintos/décimos. A Corte deliberou que o STF seria competente para processar e julgar atos do Presidente do TCU. Na espécie, houvera ato prévio à impetração, praticado pelo Secretário-Geral da Administração do TCU, que determinara o pagamento das parcelas de quintos/décimos referente ao período de 9.4.1998 a 4.9.2004. Dessa forma, o "writ" teria sido impetrado em relação a ato que não fora e não seria praticado por Presidente do TCU.

MS 25845/DF, rel. orig. Min. Joaquim Barbosa, red. p/ o acórdão Min. Gilmar Mendes, 18 e 19.3.2015. (MS-25845) (Inform. STF 778)

MS e reconhecimento de legalidade de incorporação de quintos e décimos pelo TCU – 2

Em conclusão, o Plenário, por maioria, conheceu de mandado de segurança e concedeu a ordem para assentar a ilegalidade da incorporação de quintos/décimos aos vencimentos de servidores federais, no período compreendido entre 9.4.1998 e 4.9.2001, com base no artigo 3º da MP 2.225/2001 – v. Informativo 590. A Corte asseverou que não se trataria de norma em tese e, por isso, não incidiria o Enunciado 266 da Súmula do STF ("Não cabe mandado de segurança contra lei em tese"). Apontou que seriam aplicados os mesmos fundamentos da decisão proferida no RE 638.115/CE (v. em Repercussão Geral). Vencidos os Ministros Eros Grau (relator), Cármen Lúcia e Rosa Weber, que não conheciam do "writ". Entendiam que a ausência de efeitos concretos no ato impugnado denunciaria a falta de interesse de agir da impetrante.

MS 25763/DF, rel. orig. Min. Eros Grau, red. p/ o acórdão Min. Gilmar Mendes, 18 e 19.3.2015. (MS-25763) (Inform. STF 778)

Súmula STF nº 653

No tribunal de contas estadual, composto por sete conselheiros, quatro devem ser escolhidos pela assembleia legislativa e três pelo chefe do poder executivo estadual, cabendo a este indicar um dentre auditores e outro dentre membros do ministério público, e um terceiro a sua livre escolha.

Súmula STF nº 347

O tribunal de contas, no exercício de suas atribuições, pode apreciar a constitucionalidade das Leis e dos atos do poder público.

Súmula STF nº 42

É legítima a equiparação de juízes do tribunal de contas, em direitos e garantias, aos membros do poder judiciário.

Súmula STF nº 7

Sem prejuízo de recurso para o congresso, não é exequível contrato administrativo a que o tribunal de contas houver negado registro.

Súmula STF nº 6

A revogação ou anulação, pelo poder executivo, de aposentadoria, ou qualquer outro ato aprovado pelo tribunal de contas, não produz efeitos antes de aprovada por aquele tribunal, ressalvada a competência revisora do judiciário.

16. CONTROLE JURISDICIONAL DE POLÍTICAS PÚBLICAS E DIREITOS SOCIAIS

AG. REG. NO AI N. 692.541-SP

RELATOR: MIN. ROBERTO BARROSO

EMENTA: DIREITO ADMINISTRATIVO E CONSTITUCIONAL. AGRAVO REGIMENTAL EM AGRAVO DE INSTRUMENTO. MEIO AMBIENTE. IMPLEMENTAÇÃO DE POLÍTICAS PÚBLICAS. POSSIBILIDADE. INEXISTÊNCIA DE VIOLAÇÃO AO PRINCÍPIO DA SEPARAÇÃO DOS PODERES.

1. O Supremo Tribunal Federal já assentou ser possível ao Judiciário, em situações excepcionais, determinar ao Poder Executivo a implementação de políticas públicas para garantir direitos constitucionalmente assegurados, sem que isso implique ofensa ao princípio da separação dos Poderes. Precedentes.
2. O acórdão do Tribunal de origem está devidamente fundamentado, embora em sentido contrário aos interesses da parte agravante.
3. Agravo regimental a que se nega provimento. **(Inform. STF 800)**

Obras emergenciais em presídios: reserva do possível e separação de poderes – 1

É lícito ao Poder Judiciário impor à Administração Pública obrigação de fazer, consistente na promoção de medidas ou na execução de obras emergenciais em estabelecimentos prisionais para dar efetividade ao postulado da dignidade da pessoa humana e assegurar aos detentos o respeito à sua integridade física e moral, nos termos do que preceitua o art. 5º, XLIX, da CF, não sendo oponível à decisão o argumento da reserva do possível nem o princípio da separação dos poderes. Essa a conclusão do Plenário, que proveu recurso extraordinário em que discutida a possibilidade de o Poder Judiciário determinar ao Poder Executivo estadual obrigação de fazer consistente na execução de obras em estabelecimentos prisionais, a

fim de garantir a observância dos direitos fundamentais dos presos. O Colegiado assentou tratar-se, na espécie, de estabelecimento prisional cujas condições estruturais seriam efetivamente atentatórias à integridade física e moral dos detentos. Pontuou que a pena deveria ter caráter de ressocialização, e que impor ao condenado condições sub-humanas atentaria contra esse objetivo. Entretanto, o panorama nacional indicaria que o sistema carcerário como um todo estaria em quadro de total falência, tendo em vista a grande precariedade das instalações, bem assim episódios recorrentes de sevícias, torturas, execuções sumárias, revoltas, superlotação, condições precárias de higiene, entre outros problemas crônicos. Esse evidente caos institucional comprometeria a efetividade do sistema como instrumento de reabilitação social. Além disso, a questão afetaria também estabelecimentos destinados à internação de menores. O quadro revelaria desrespeito total ao postulado da dignidade da pessoa humana, em que haveria um processo de "coisificação" de presos, a indicar retrocesso relativamente à lógica jurídica atual. A sujeição de presos a penas a ultrapassar mera privação de liberdade prevista na lei e na sentença seria um ato ilegal do Estado, e retiraria da sanção qualquer potencial de ressocialização. A temática envolveria a violação de normas constitucionais, infraconstitucionais e internacionais. Dessa forma, caberia ao Judiciário intervir para que o conteúdo do sistema constitucional fosse assegurado a qualquer jurisdicionado, de acordo com o postulado da inafastabilidade da jurisdição. Os juízes seriam assegurados do poder geral de cautela mediante o qual lhes seria permitido conceder medidas atípicas, sempre que se mostrassem necessárias para assegurar a efetividade do direito buscado. No caso, os direitos fundamentais em discussão não seriam normas meramente programáticas, sequer se trataria de hipótese em que o Judiciário estaria ingressando indevidamente em campo reservado à Administração. Não haveria falar em indevida implementação de políticas públicas na seara carcerária, à luz da separação dos poderes. Ressalvou que não seria dado ao Judiciário intervir, de ofício, em todas as situações em que direitos fundamentais fossem ameaçados. Outrossim, não caberia ao magistrado agir sem que fosse provocado, transmudando-se em administrador público. O juiz só poderia intervir nas situações em que se evidenciasse um "não fazer" comissivo ou omissivo por parte das autoridades estatais que colocasse em risco, de maneira grave e iminente, os direitos dos jurisdicionados.
RE 592581/RS, rel. Min. Ricardo Lewandowski, 13.8.2015. (RE-592581)

Obras emergenciais em presídios: reserva do possível e separação de poderes – 2

O Ministro Edson Fachin ponderou que a cláusula da reserva do possível somente seria oponível se objetivamente verificado o justo motivo que tivesse sido suscitado pelo poder público para não realizar o mandamento constitucional. Seria preciso ponderar que o magistrado não deveria substituir o gestor público, mas poderia compeli-lo a cumprir o programa constitucional vinculante, mormente quando se tratasse de preservar a dignidade da pessoa humana. O Ministro Roberto Barroso aduziu que a judicialização não substituiria a política, mas haveria exceções, como no caso, em que se trataria de proteger os direitos de uma minoria sem direitos políticos, sem capacidade de vocalizar as próprias pretensões. Além disso, se cuidaria de um problema historicamente crônico de omissão do Executivo, e se o Estado se arrogasse do poder de privar essas pessoas de liberdade, deveria exercer o dever de proteção dessas pessoas. O Ministro Luiz Fux reforçou a ideia de que a intervenção judicial seria legítima se relacionada a obras de caráter emergencial, para proteger a integridade física e psíquica do preso. A Ministra Cármen Lúcia lembrou que determinadas políticas, como de melhoria do sistema penitenciário, seriam impopulares com o eleitorado, mas isso não justificaria o descumprimento reiterado de um mandamento constitucional. Ademais, não caberia falar em falta de recursos, tendo em vista a criação do Fundo Penitenciário, para suprir essa demanda específica. O Ministro Gilmar Mendes salientou que a questão não envolveria apenas direitos humanos, mas segurança pública. Presídios com condições adequadas permitiriam melhor policiamento, melhor monitoramento e dificultariam o crescimento de organizações criminosas nesses locais. Frisou que a lei contemplaria hipótese de o juiz da execução poder interditar estabelecimento penal que funcionasse em condições inadequadas ou ilegais, bem assim que caberia às corregedorias e ao Ministério Público zelar pelo correto funcionamento desses estabelecimentos. O Ministro Celso de Mello afirmou que a hipótese seria de excesso de execução – em que o Estado imporia ao condenado pena mais gravosa do que a prevista em lei —, portanto de comportamento estatal ao arrepio da lei.
RE 592581/RS, rel. Min. Ricardo Lewandowski, 13.8.2015. (RE-592581) (Inform. STF 794)

REPERCUSSÃO GERAL EM RE N. 855.178-SE

RELATOR: MIN. LUIZ FUX

RECURSO EXTRAORDINÁRIO. CONSTITUCIONAL E ADMINISTRATIVO. DIREITO À SAÚDE. TRATAMENTO MÉDICO. RESPONSABILIDADE SOLIDÁRIA DOS ENTES FEDERADOS. REPERCUSSÃO GERAL RECONHECIDA. REAFIRMAÇÃO DE JURISPRUDÊNCIA.

O tratamento médico adequado aos necessitados se insere no rol dos deveres do Estado, porquanto responsabilidade solidária dos entes federados. O polo passivo pode ser composto por qualquer um deles, isoladamente, ou conjuntamente. **(Inform. STF 778)**

---

17. PROCESSO CIVIL EM GERAL APLICADO À FAZENDA PÚBLICA

Abono variável e competência do STF – 1

Compete ao STF para processar e julgar, originariamente, demanda ajuizada por magistrado estadual a respeito de pagamento de correção monetária sobre valores correspondentes a abono variável. Essa a conclusão da Segunda Turma que, por maioria, deu provimento a agravo regimental em recurso extraordinário em que debatida a definição da competência. Afirmou que o Plenário já se manifestara no sentido de ser o STF competente para processar e julgar as ações ajuizadas por magistrados federais referentes à correção monetária do abono variável prevista na Lei 10.474/2002. Assinalou que a ação de cobrança, no caso concreto, visaria ao pagamento da correção monetária incidente sobre o abono variável, vantagem instituída pela Lei 9.655/1998 correspondente à diferença entre a remuneração mensal de cada magistrado e o valor do subsídio que viesse a ser fixado na vigência da EC 19/1998. A Lei 9.655/1998, no entanto, não estabelecera o valor nominal dos subsídios devidos aos magistrados. Apenas escalonara os respectivos estipêndios com base no subsídio mensal dos Ministros do STF, que não teria sido fixado pela lei exigida nos termos do art. 48, XV, da CF. A aplicação do art. 6º da Lei Federal 9.655/98 dependeria, portanto, da edição da lei de fixação do subsídio dos Ministros do STF. Assim, com o fim de dar eficácia ao art. 6º da Lei Federal 9.655/1998, a Lei Federal 10.474/2002, ao tratar da remuneração da magistratura da União, determinara que até que fosse editada a lei prevista no art. 48, XV, da CF, o vencimento básico do Ministro do STF seria fixado em R$ 3.950,31. Embora as disposições acima se aplicassem apenas à magistratura da União, fora editada, no âmbito do Estado do Rio de Janeiro, a Lei fluminense 4.631/2005 que aplicara aos membros do Poder Judiciário estadual o disposto no art. 2º, "caput", e § 1º, da Lei Federal 10.474/2002.
RE 608847 AgR/RJ, rel. orig. Min. Cármen Lúcia, red. p/ o acórdão Min. Teori Zavascki, 1º.12.2015. (RE-608847)

Abono variável e competência do STF – 2

A Turma frisou que, embora as disposições normativas aplicáveis à magistratura da União e do Estado do Rio de Janeiro não fossem absolutamente idênticas, em ambas as situações, apenas os membros do Poder Judiciário que tivessem recebido o abono variável no período de 1º.1.1998 a 28.6.2002 teriam interesse na causa, de modo que, quanto a esse ponto, não haveria distinção entre o presente caso e aqueles apreciados pelo Plenário. Portanto, a limitação temporal do interesse da magistratura na matéria ocorreria tanto no âmbito federal quanto no estadual, de modo que não se poderia afastar a aplicação do art. 102, I, "n", da CF. Ademais, o fato de a controvérsia interessar apenas a magistrados estaduais também não seria suficiente para obstar a aplicação do entendimento firmado pelo Plenário em hipóteses relativas a magistrados federais. Isso porque, conquanto interpretação literal do art. 102, I, "n", da CF permitisse concluir pela necessidade de envolvimento de todos os membros da magistratura de forma direta ou indireta para a aplicação

da competência originária do STF, dever-se-ia ter em conta que essa disposição normativa constitucional não possuiria outro objetivo senão o de deslocar a competência para evitar-se, ainda que de forma geral, o julgamento da causa por interessados. Vencida a Ministra Cármen Lúcia (relatora) e vencido o Ministro Celso de Mello. Pontuou que a discussão sobre a incidência de correção monetária no sistema de pagamento do abono variável criado especificamente no Estado do Rio de Janeiro não se inseriria no rol de matérias aptas a atrair a competência originária do STF, prevista no art. 102, I, "n", da CF, cuja interpretação deveria ser restritiva. Não haveria, na espécie vertente, interesse direto ou indireto de toda a magistratura estadual autorizador do deslocamento da competência para o STF.
RE 608847 AgR/RJ, rel. orig. Min. Cármen Lúcia, red. p/ o acórdão Min. Teori Zavascki, 1º.12.2015. (RE-608847) (Inform. STF 810)

REPERCUSSÃO GERAL EM RE N. 922.144-MG
RELATOR: MIN. ROBERTO BARROSO
Ementa: DIREITO CONSTITUCIONAL E DIREITO ADMINISTRATIVO. DESAPROPRIAÇÃO. GARANTIA DE JUSTA E PRÉVIA INDENIZAÇÃO EM DINHEIRO. COMPATIBILIDADE COM O REGIME DE PRECATÓRIOS. PRESENÇA DE REPERCUSSÃO GERAL.
1. Constitui questão constitucional saber se e como a justa e prévia indenização em dinheiro assegurada pelo art. 5º, XXIV, da CRFB/1988 se compatibiliza com o regime de precatórios instituído no art. 100 da Carta.
2. Repercussão geral reconhecida. **(Inform. STF 808)**

Contratação de servidores temporários e competência – 2
A justiça comum é competente para processar e julgar causas em que se discuta a validade de vínculo jurídico-administrativo entre o poder público e servidores temporários. Esse o entendimento do Plenário que, em conclusão e por maioria, deu provimento a agravo regimental e julgou procedente pedido formulado em reclamação ajuizada com o objetivo de suspender ação civil pública proposta pelo Ministério Público do Trabalho perante vara trabalhista. No caso, o "parquet" pretendia a anulação de contratações e de credenciamentos de profissionais – ditos empregados públicos – sem a prévia aprovação em concurso público. Alegava-se afronta ao que decidido pelo STF na ADI 3.395 MC/DF (DJU de 10.11.2006), tendo em conta que o julgamento da lide competiria à justiça comum – v. Informativo 596. O Colegiado asseverou que a orientação firmada na decisão paradigma seria no sentido de competir à justiça comum o julgamento de litígios baseados em contratação temporária para o exercício de função pública, instituída por lei local em vigência antes ou depois da CF/1988. Isso não atrairia a competência da justiça trabalhista a alegação de desvirtuamento do vínculo. Assim, a existência de pedidos fundados na CLT ou no FGTS não descaracterizaria a competência da justiça comum. Por fim, o Tribunal deliberou anular os atos decisórios até então proferidos pela justiça laboral e determinar o envio dos autos da ação civil pública à justiça comum competente. Vencidos os Ministros Marco Aurélio (relator) e Rosa Weber, que negavam provimento ao agravo.
Rcl 4351 MC-AgR/PE, rel. orig. Min. Marco Aurélio, red. p/ o acórdão Min. Dias Toffoli, 11.11.2015. (Rcl-4351 MC-AgR) (Inform. STF 807)

AG. REG. NO ARE N. 910.280-DF
RELATOR: MIN. ROBERTO BARROSO
EMENTA: DIREITO CONSTITUCIONAL E DIREITO DO TRABALHO. AGRAVO REGIMENTAL EM RECURSO EXTRAORDINÁRIO COM AGRAVO. COMPETÊNCIA DA JUSTIÇA DO TRABALHO. CONTRATO DE TRABALHO ANTERIOR À CF/1988. INEXISTÊNCIA DE TRANSPOSIÇÃO AO REGIME JURÍDICO ÚNICO. ALEGAÇÃO DE NULIDADE DO CONTRATO DE TRABALHO. SÚMULA 284/STF. PRECEDENTES.
1. A controvérsia dos autos não é fundada em vínculo estatutário ou em contrato de trabalho temporário submetido a lei especial. Trata-se de contrato que fora celebrado antes do advento da Constituição Federal de 1988, em época na qual se admitia a vinculação à Administração Pública de servidores sob o regime da CLT. A competência, portanto, é da Justiça do Trabalho. Precedentes.
2. O Plenário Virtual do Supremo Tribunal Federal, ao apreciar o ARE 906.491-RG, sob a relatoria do Ministro Teori Zavascki, reconheceu a existência de repercussão geral da questão constitucional em análise e reafirmou a jurisprudência da Corte sobre a questão.
3. As razões do recurso extraordinário quanto à nulidade do vínculo com a Administração Pública não guardam pertinência com a fundamentação do acórdão recorrido. Nessas circunstâncias, incide a Súmula 284/STF.
4. Agravo regimental a que se nega provimento. **(Inform. STF 806)**

AG. REG. NO AI N. 698.106-SP
RELATOR: MIN. LUIZ FUX
Ementa: AGRAVO REGIMENTAL NO AGRAVO DE INSTRUMENTO. ADMINISTRATIVO. OBRA EM LOGRADOURO MUNICIPAL SEM AUTORIZAÇÃO. MULTA. ANÁLISE DE LEGISLAÇÃO INFRACONSTITUCIONAL LOCAL. INCURSIONAMENTO NO CONTEXTO FÁTICO-PROBATÓRIO DOS AUTOS. SÚMULAS Nº 279 E Nº 280 DO STF. PREQUESTIONAMENTO. ALEGAÇÃO TARDIA. INVIABILIDADE.
1. A multa decorrente do uso e ocupação do solo urbano sem autorização administrativa, nas hipóteses em que *sub judice* sua regularidade, encerra a análise de norma infraconstitucional local e o reexame do conjunto fático-probatório dos autos.
2. A violação reflexa e oblíqua da Constituição Federal decorrente da necessidade de análise de malferimento de dispositivo infraconstitucional local torna inadmissível o recurso extraordinário, a teor do Enunciado da Súmula nº 280 do Supremo Tribunal Federal, *verbis*: "*Por ofensa a direito local não cabe recurso extraordinário*".
3. O recurso extraordinário não se presta ao exame de questões que demandam revolvimento do contexto fático-probatório dos autos, adstringindo-se à análise da violação direta da ordem constitucional.
4. O prequestionamento da questão constitucional é requisito indispensável à admissão do recurso extraordinário. A Súmula nº 282 do STF dispõe, *verbis*: "*É inadmissível o recurso extraordinário, quando não ventilada, na decisão recorrida, a questão federal suscitada*".
5. A alegação tardia da matéria constitucional, só suscitada em sede de embargos de declaração, não supre o requisito do prequestionamento. Precedentes: ARE 693.333-AgR, Rel. Min. Cármen Lúcia, Primeira Turma, DJe de 19/9/2012, e AI 738.152-AgR, Rel. Min. Ricardo Lewandowski, Segunda Turma, DJe de 8/11/2012.
6. *In casu*, o acórdão recorrido assentou: *"Administrativo – Ação de nulidade de autuações e cautelar afim – Obras em logradouro público sem autorização administrativa – Instalação de rede de fibra ótica com vistas a serviço de telefonia – Autuações municipais válidas – Formalidades observadas – Exorbitância das multas, todavia – Poder regulamentar que não pode extrapolar a lei – Redução – Procedência parcial decretada, no lugar da improcedência – Processo cautelar extinto, em não persistindo o interesse processual – Recurso dos autos principais provido em parte, desacolhido o da cautelar, com alteração do dispositivo sentencial e rejeitada a preliminar."*
7. Agravo regimental **DESPROVIDO. (Inform. STF 787)**

REPERCUSSÃO GERAL EM RE N. 870.947-SE
RELATOR: MIN. LUIZ FUX
EMENTA: DIREITO CONSTITUCIONAL. REGIME DE ATUALIZAÇÃO MONETÁRIA E JUROS MORATÓRIOS INCIDENTE SOBRE CONDENAÇÕES JUDICIAIS DA FAZENDA PÚBLICA. ART. 1º-F DA LEI Nº 9.494/97 COM A REDAÇÃO DADA PELA LEI Nº 11.960/09. TEMA 810. REPERCUSSÃO GERAL RECONHECIDA. **(Inform. STF 783)**

AG. REG. NO ARE N. 853.884-DF
RELATORA: MIN. ROSA WEBER
EMENTA: DIREITO ADMINISTRATIVO E PROCESSUAL CIVIL. FORNECIMENTO DE ÁGUA E ESGOTO. REPETIÇÃO DE INDÉBITO. EXECUÇÃO. ALEGAÇÃO DE OFENSA AO ART. 5º, II, XXXV, LIV E LV, DA CONSTITUIÇÃO FEDERAL. LEGALIDADE. CONTRADITÓRIO E AMPLA DEFESA. DEVIDO PROCESSO LEGAL. INAFASTABILIDADE DA JURISDIÇÃO. DEBATE DE ÂMBITO INFRACONSTITUCIONAL. EVENTUAL VIOLAÇÃO REFLEXA DA CONSTITUIÇÃO DA REPÚBLICA NÃO VIABILIZA O MANEJO DE RECURSO EXTRAORDINÁRIO. NEGATIVA DE PRESTAÇÃO JURISDICIONAL. ARTIGO 93, IX, DA CONSTITUIÇÃO DA REPÚBLICA.

NULIDADE. INOCORRÊNCIA. RAZÕES DE DECIDIR EXPLICITADAS PELO ÓRGÃO JURISDICIONAL. COMPETÊNCIA LEGISLATIVA. ARTS. 21, XX, 22, VI, e 23, IX, DA MAGNA CARTA. SÚMULAS 282 E 356 DO SUPREMO TRIBUNAL FEDERAL. AUSÊNCIA DE PREQUESTIONAMENTO. ACÓRDÃO PROFERIDO PELO SUPERIOR TRIBUNAL DE JUSTIÇA. PRECLUSÃO DA QUESTÃO CONSTITUCIONAL SURGIDA NO *DECISUM* DO TRIBUNAL LOCAL. ACÓRDÃO RECORRIDO PUBLICADO EM 16.6.2014.

Inexiste violação do artigo 93, IX, da Lei Maior. O Supremo Tribunal Federal entende que o referido dispositivo constitucional exige que o órgão jurisdicional explicite as razões do seu convencimento, dispensando o exame detalhado de cada argumento suscitado pelas partes.

O exame da alegada ofensa ao art. 5º, II, XXXV, LIV e LV, da Constituição Federal, observada a estreita moldura com que devolvida a matéria à apreciação desta Suprema Corte, dependeria de prévia análise da legislação infraconstitucional aplicada à espécie, o que refoge à competência jurisdicional extraordinária, prevista no art. 102 da Magna Carta.

Cristalizada a jurisprudência desta Suprema Corte, a teor das Súmulas 282 e 356: *"Inadmissível o recurso extraordinário, quando não ventilada, na decisão recorrida, a questão federal suscitada"*, bem como que *"O ponto omisso da decisão, sobre o qual não foram opostos embargos declaratórios, não pode ser objeto de recurso extraordinário, por faltar o requisito do prequestionamento."*

O acórdão proferido pelo Superior Tribunal de Justiça, em sede de recurso especial, somente legitima o uso do apelo extremo se versar questão constitucional diversa daquela debatida na anterior instância – o que não se observa na presente hipótese. Precedentes.

As razões do agravo regimental não se mostram aptas a infirmar os fundamentos que lastrearam a decisão agravada, mormente no que se refere à ausência de ofensa direta e literal a preceito da Constituição da República.

Agravo regimental conhecido e não provido. **(Inform. STF 781)**

Mandado de segurança e prova pré-constituída

A Segunda Turma deu provimento a recurso ordinário em mandado de segurança que impugnava acórdão do STJ em que se pleiteava o pagamento da Gratificação de Desempenho de Atividade Técnica de Fiscalização Agropecuária – GDATFA aos inativos em paridade com o pessoal da ativa. Na espécie, aquele tribunal superior assentara a ausência de prova pré-constituída e, por não ser permitida a dilação probatória, julgara extinto o "writ" sem julgamento de mérito. A Turma esclareceu que a impetrante pretende obter, em favor de seus substituídos, a percepção de determinada vantagem remuneratória que teria natureza genérica, não inerente ao exercício do cargo. Para tanto, aduz que, com o advento da Lei 10.484/2002, os servidores ocupantes de cargos técnicos ativos do Poder Executivo teriam passado a perceber, a título de GDATFA, o equivalente a 100 pontos, enquanto os servidores inativos estariam limitados a 20 pontos. Segundo o Colegiado, a discussão se circunscreveria com a existência ou não do direito dos inativos à equiparação ao pessoal da ativa no que se refere ao pagamento da vantagem em questão, nos termos do voto condutor do acórdão recorrido. Nesse ponto, frisou não ser possível ao STF, desde logo, entrar no mérito, porque a jurisprudência da Corte seria no sentido de que não se aplicaria, em sede de recurso ordinário em mandado de segurança, o disposto no art. 515, § 3º, do CPC ["Art. 515. A apelação devolverá ao tribunal o conhecimento da matéria impugnada. (...) § 3º Nos casos de extinção do processo sem julgamento do mérito (art. 267), o tribunal pode julgar desde logo a lide, se a causa versar questão exclusivamente de direito e estiver em condições de imediato julgamento"]. No entanto, deu provimento ao recurso ordinário para afastar o fundamento do acórdão recorrido, de forma que os autos retornassem ao STJ para que prosseguisse no exame do mandado de segurança.

RMS 29914/DF, rel. Min. Teori Zavascki, 10.11.2015. (RMS-29914) (Inform. STF 807)

Súmula STJ nº 497

Os créditos das autarquias federais preferem aos créditos da Fazenda estadual desde que coexistam penhoras sobre o mesmo bem.

Súmula STJ nº 483

O INSS não está obrigado a efetuar depósito prévio do preparo por gozar das prerrogativas e privilégios da Fazenda Pública.

Súmula STJ nº 452

A extinção das ações de pequeno valor é faculdade da Administração Federal, vedada a atuação judicial de ofício.

18. OUTROS TEMAS DE DIREITO ADMINISTRATIVO

Anistia e regime celetista

A Primeira Turma negou provimento a recurso ordinário em mandado de segurança em que servidores anistiados pleiteavam o reingresso ao serviço público em regime estatutário. No caso, os recorrentes, anistiados pela Lei 8.878/1994, teriam questionado ato que determinara o retorno ao serviço público, em quadro especial em extinção do Ministério das Cidades, sob o regime celetista. A Turma afirmou que a possibilidade de transformação de empregos em cargos públicos não garantiria amparo automático à pretensão dos recorrentes. Ressaltou que a Lei 8.878/1994 dera tratamento especial aos casos de exoneração, demissão ou dispensa em virtude de o tomador dos serviços haver sido extinto, liquidado ou privatizado. O benefício previsto na citada lei ficara jungido à transferência, absorção ou execução da atividade do órgão extinto por outro da Administração Pública Federal. Enfatizou que o reingresso nos quadros do Poder Executivo não implicaria necessária submissão ao estatuto dos servidores públicos federais. Na situação concreta, a manutenção do regime celetista resultaria das características originais dos vínculos rompidos. Salientou que isso se dera em atenção às normas que regulamentaram a anistia, as quais teriam previsto a observância do cargo ou emprego anteriormente ocupado (Lei 8.878/1994, art. 2º e Decreto 6.077/2007). Ademais, descaberia atribuir natureza autárquica à extinta Empresa Brasileira de Transportes Urbanos – EBTU, simplesmente em razão das atividades por ela desempenhadas. A entidade teria sido expressamente qualificada como empresa pública, consoante previsão do art. 5º da Lei 6.291/1975, dotada, portanto, de personalidade jurídica de direito privado e, consequentemente, submetidas à CLT. O Ministro Edson Fachin consignou que a adoção do regime estatutário violaria, também, o princípio do concurso público.

RMS 30548/DF, rel. Min. Marco Aurélio, 15.9.2015. (RMS-30548) (Inform. STF 799)

AG. REG. NA AC N. 932-AP

RELATOR: MIN. LUIZ FUX

Ementa: AGRAVO REGIMENTAL NA AÇÃO CAUTELAR. CONSTITUCIONAL. ADMINISTRATIVO. FINANCEIRO. INSCRIÇÃO DE ESTADO-MEMBRO EM CADASTRO DE INADIMPLENTES. TOMADA DE CONTAS ESPECIAL. ATOS DECORRENTES DE GESTÕES ANTERIORES. APLICAÇÃO DO PRINCÍPIO DA INTRANSCENDÊNCIA SUBJETIVA DAS SANÇÕES. PRECEDENTES. INEXISTÊNCIA DE OFENSA AO PRINCÍPIO COLEGIADO. AGRAVO REGIMENTAL A QUE SE NEGA PROVIMENTO.

1. O princípio da intranscendência subjetiva das sanções, consagrado pela Corte Suprema, inibe a aplicação de severas sanções às administrações por ato de gestão anterior à assunção dos deveres Públicos. Precedentes: ACO 1.848-AgR, rel. Min. Celso Mello, Tribunal Pleno, DJe de 6/11/2014; ACO 1.612-AgR, rel. Min. Celso de Mello, Tribunal Pleno, DJe de 12/02/2015.

2. É que, em casos como o presente, o propósito é de neutralizar a ocorrência de risco que possa comprometer, de modo grave e/ou irreversível, a continuidade da execução de políticas públicas ou a prestação de serviços essenciais à coletividade.

3. A tomada de contas especial é medida de rigor com o ensejo de alcançar-se o reconhecimento definitivo de irregularidades, permitindo-se, só então, a inscrição do ente nos cadastros de restrição ao crédito organizados e mantidos pela União. Precedentes: ACO 1.848-AgR, rel. Min. Celso Mello, Tribunal Pleno, DJe de 6/11/2014; AC 2.032, Rel. Min. Celso de Mello, Tribunal Pleno, DJe de 20/03/2009.

4. Agravo regimental a que se nega provimento. **(Inform. STF 799)**

Serventia judicial e vaga ofertada em litígio
A Primeira Turma concedeu mandado de segurança para assegurar que serventias extrajudiciais cujas vacâncias estiverem sendo questionadas judicialmente tenham sua inclusão em edital de concurso, mas que não sejam providas até o trânsito em julgado das respectivas decisões. Na espécie, o CNJ determinara que as delegações em relação às quais existissem pendências judiciais, mas que tivessem sido reconhecidas previamente como vagas, seriam incluídas na lista geral de vacâncias. Entretanto, seria imperioso que houvesse advertência pública acerca da condição "sub judice" da delegação ofertada no concurso, de modo que o candidato faria a escolha por sua conta e risco, sem direito a qualquer reclamação posterior caso o resultado da ação judicial correspondente frustrasse sua escolha e seu exercício. A Turma consignou que o princípio da razoabilidade recomendaria que não se desse provimento a serventia cuja vacância estivesse sendo contestada judicialmente, antes do trânsito em julgado da respectiva decisão. Por conseguinte, a entrega da serventia ao aprovado no certame dependeria do encerramento da lide com o trânsito em julgado das decisões de todos os processos alusivos à referida serventia.
MS 31228/DF, rel. Min. Luiz Fux, 4.8.2015. (MS-31228) (Inform. STF 793)

Servidor público e divulgação de vencimentos
É legítima a publicação, inclusive em sítio eletrônico mantido pela Administração Pública, dos nomes de seus servidores e do valor dos correspondentes vencimentos e vantagens pecuniárias. Esse o entendimento do Plenário ao dar provimento a recurso extraordinário em que discutida a possibilidade de se indenizar, por danos morais, servidora pública que tivera seu nome publicado em sítio eletrônico do município, em que teriam sido divulgadas informações sobre a remuneração paga aos servidores públicos. A Corte destacou que o âmbito de proteção da privacidade do cidadão ficaria mitigado quando se tratasse de agente público. O servidor público não poderia pretender usufruir da mesma privacidade que o cidadão comum. Esse princípio básico da Administração – publicidade – visaria à eficiência. Precedente citado: SS 3902/SP (DJe de 3.10.2011).
ARE 652777/SP, rel. Min. Teori Zavascki, 23.4.2015. (ARE-652777) (Inform. STF 782)

Inscrição de ente público em cadastro federal de inadimplência e devido processo legal – 1
O Plenário julgou parcialmente procedente pedido formulado em ação cível originária para assentar a suspensão do registro lançado com o nome do autor – o Estado da Bahia – no Cadastro Único de Convênios – CAUC, até que lhe sejam disponibilizados os elementos indispensáveis à prestação de contas, e para determinar à ré – União – que se abstenha de, com base na mencionada restrição, obstar a contratação de empréstimos pelo Estado-membro. No caso, sustentava-se que a União teria feito a inscrição no CAUC e no Sistema Integrado de Administração Financeira – SIAFI, por haver ocorrido reprovação na prestação de contas alusiva a convênios, em que figuravam como partes a Secretaria Estadual de Educação e a União, todos relativos a verbas do Fundo Nacional de Desenvolvimento da Educação – FNDE. Alegava-se que, por motivo de força maior, o Estado-membro não tivera possibilidade de encaminhar a documentação necessária à manutenção dos convênios, e que, em virtude dessa pendência, a Secretaria de Educação fora inserida no CAUC, o que supostamente violaria o devido processo legal. Ademais, em razão disso, estariam paralisadas as operações de crédito necessárias à continuidade dos programas de educação estaduais. O Colegiado, preliminarmente, firmou a competência do STF para julgar a ação. Além da presença, em polos distintos, de Estado-membro e União, estaria em jogo a inscrição do ente local em cadastro federal de inadimplência, a impedir a contratação de operações de crédito, a celebração de convênios e o recebimento de transferências de recursos. A situação revelaria possível abalo ao pacto federativo, a ensejar a incidência do art. 102, I, f, da CF. Ademais, embora o FNDE possuísse personalidade jurídica própria, caberia à União, na qualidade de gestora, proceder à inscrição no CAUC e no SIAFI.
ACO 1995/BA, rel. Min. Marco Aurélio, 26.3.2015. (ACO-1995)

Inscrição de ente público em cadastro federal de inadimplência e devido processo legal – 2
No mérito, o Plenário entendeu configurada ofensa ao devido processo legal apenas quanto a um dos convênios em discussão. No tocante a esse convênio, teria sido demonstrada a ocorrência de incêndio que destruíra a documentação concernente à execução dos recursos advindos de convênios anteriores alusivos a programas educacionais. A inscrição nos cadastros federais de inadimplência teria sido lançada, ademais, sem que o autor tivesse pleno conhecimento dos elementos necessários à apresentação de defesa. No caso, com a notícia de reprovação de contas alusivas ao mencionado convênio ante a perda acidental da documentação, o órgão estadual solicitara ao FNDE o fornecimento de cópia da prestação de contas que fora destruída, pedido este que fora atendido em parte, pois não teriam sido fornecidos dados essenciais à reapresentação da prestação de contas. Assim, seria impróprio categorizar ao ente federado a condição de inadimplente no tocante ao citado convênio. A respeito, o Colegiado reafirmou entendimento no sentido de ser necessário observar o devido processo legal, o contraditório e a ampla defesa no tocante à inscrição de entes públicos nos cadastros federais de inadimplência. O Plenário reputou que os outros convênios em comento, por sua vez, não estariam atingidos por violação aos mencionados princípios, pois não estariam diretamente relacionados ao evento configurador de força maior.
ACO 1995/BA, rel. Min. Marco Aurélio, 26.3.2015. (ACO-1995) (Inform. STF 779)

Poder Executivo e quinto constitucional
A exigência de submissão do nome escolhido pelo governador à Casa Legislativa, para preenchimento de vaga destinada ao quinto constitucional, invade a atuação do Poder Executivo. Com base nessa orientação, o Plenário acolheu preliminar de conhecimento parcial da ação e julgou parcialmente procedente pedido formulado em ação direta de inconstitucionalidade ajuizada em face da EC estadual 25/2008, que dera "nova redação ao artigo 63 da Constituição do Estado de São Paulo – Capítulo IV – Do Poder Judiciário" (medida cautelar noticiada no Informativo 523). O Tribunal assentou a declaração de inconstitucionalidade da expressão "depois de aprovada a escolha pela maioria absoluta da Assembléia Legislativa", incluída no parágrafo único do art. 63 da Constituição do Estado de São Paulo. Esclareceu que, embora o autor tivesse buscado a declaração de inconstitucionalidade da integralidade da EC paulista 25/2008, restringira-se a discorrer sobre os motivos para a invalidade da expressão acrescentada à parte final do parágrafo único do artigo 63 da Constituição estadual. A Corte asseverou que o art. 94 da CF regula de maneira exaustiva o procedimento destinado à escolha dos membros dos tribunais de justiça oriundos do quinto constitucional. Precedente citado: ADI 202/BA (DJU de 7.3.1997).
ADI 4150/SP, rel. Min. Marco Aurélio, 25.2.2015. (ADI-4150) (Inform. STF 775)

Vinculação a salário mínimo e criação de órgão
O Plenário concedeu medida cautelar em ação direta de inconstitucionalidade para dar interpretação conforme a Constituição aos artigos 5º, c, 9º, e, 14 e 17 da Lei 1.598/2011 do Estado do Amapá, que institui o programa "Renda para Viver Melhor" no âmbito da Administração direta do Executivo estadual. A referida norma prevê o pagamento de metade do valor de um salário mínimo às famílias que se encontrem em situação de pobreza e extrema pobreza, consoante critérios de enquadramento nela definidos. A norma impugnada, de iniciativa parlamentar, também cria o "Conselho Gestor" do programa. A Corte, no tocante à interpretação conforme, assentou que as alusões ao salário mínimo deveriam ser entendidas como a revelarem o valor vigente na data da publicação da lei questionada, vedada qualquer vinculação futura por força do inciso IV do art. 7º da CF. Nesse ponto, a referência ao salário mínimo contida na norma de regência do benefício haveria de ser considerada como a fixar, na data da edição da lei, certo valor. A partir desse montante referencial, passaria a ser corrigido segundo fator diverso do mencionado salário. Asseverou ainda que, ao criar o Conselho Gestor, vinculado à Secretaria de Estado da Inclusão e Mobilização Social, a disciplinar-lhe as atribuições, a composição e o posicionamento na estrutura administrativa estadual,

teria afrontado, à primeira vista, a competência do Poder Executivo, a incorrer em inconstitucionalidade formal. **ADI 4726 MC/AP, rel. Min. Marco Aurélio, 11.2.2015. (Inform. STF 774)**

DIREITO ADMINISTRATIVO. COMPETÊNCIA PARA JULGAR RECURSO EM IMPUGNAÇÃO A REGISTRO DE LOTEAMENTO URBANO.

Compete à Corregedoria do Tribunal de Justiça ou ao Conselho Superior da Magistratura – e não a órgão jurisdicional de segunda instância do Tribunal de Justiça – julgar recurso intentado contra decisão de juízo que julga impugnação ao registo de loteamento urbano. De fato, o caráter eminentemente administrativo do pedido de registro de loteamento urbano, iniciado perante o Oficial de Registros Públicos, não se transmuda pelo fato de a impugnação intentada por terceiros ser decidida no âmbito do Judiciário, que, ao fazê-lo, não exerce, a toda evidência, atividade típica jurisdicional. De acordo com o § 1° do art. 236 da CF, incumbe ao Poder Judiciário, de modo atípico, exercer função correcional e regulatória sobre a atividade registral e notarial, a ser exercida, nos termos da Lei de Organização Judiciária e Regimento Interno de cada Estado, pelo Juiz Corregedor, Corregedorias dos Tribunais e Conselho Superior da Magistratura. É justamente no desempenho desta função correcional que o Estado-juiz exerce, dentre outras atividades (como a de direção e a de disciplina), o controle de legalidade dos atos registrais e notariais, de modo a sanear eventuais irregularidades constatadas ou suscitadas, o que se dará por meio de processo administrativo. A atuação do Judiciário, ao solver a impugnação ao registro de loteamento urbano apresentada por terceiros, não exara provimento destinado a pôr fim a um suposto conflito de interesses (hipótese em que se estaria diante do exercício da jurisdição propriamente dita), ou mesmo a possibilitar a consecução de determinado ato ou à produção válida dos efeitos jurídicos perseguidos (caso em que se estaria no âmbito da jurisdição voluntária). Como enfatizado, o Estado-juiz restringe-se a verificar a presença de requisitos exigidos em lei para a realização do registro, tão-somente. A própria lei de regência preconiza que, em havendo controvérsia de alta indagação, deve-se remeter o caso às vias ordinárias (art. 19, § 2°, Lei 6.766/1979), depreendendo-se, por consectário lógico, que o "juiz competente" referido na lei, ao solver a impugnação ao registro de loteamento, de modo algum exerce jurisdição, mas sim, atividade puramente administrativa de controle de legalidade do ato registral. Devidamente delimitada a natureza da atividade estatal desempenhada pelo Poder Judiciário ao julgar o incidente sob comento, a via recursal deve, igualmente, observar os comandos legais pertinentes ao correlato procedimento administrativo. Nessa linha de raciocínio, cabe recurso administrativo, e não apelação, da decisão que julga a impugnação ao registro de loteamento. Em se tratando de questão essencialmente administrativa, o conhecimento e julgamento do recurso administrativo acima referenciado integra, inarredavelmente, a competência das Corregedorias dos Tribunais ou do Conselho Superior da Magistratura (a depender do que dispõe o Regimento Interno e a Lei de Organização Judiciária do Estado), quando do desempenho, igualmente, da função fiscalizadora e correcional sobre as serventias e órgãos prestadores de serviços notariais e de registro. **REsp 1.370.524-DF, Rel. Min. Marco Buzzi, julgado em 28/4/2015, DJe 27/10/2015. (Inform. STJ 572)**

DIREITO ADMINISTRATIVO, CONSTITUCIONAL E PROCESSUAL CIVIL. PAGAMENTO DE PRECATÓRIO PREFERENCIAL.

A limitação de valor para o direito de preferência previsto no art. 100, § 2°, da CF aplica-se para cada precatório de natureza alimentar, e não para a totalidade dos precatórios alimentares de titularidade de um mesmo credor preferencial, ainda que apresentados no mesmo exercício financeiro e perante o mesmo devedor. De fato, o art. 100, § 2°, da CF (com a redação dada pela EC 62/2009) delimita dois requisitos para o pagamento preferencial nele previsto, quais sejam: a) ser o débito de natureza alimentícia; e b) ser o titular do crédito maior de 60 anos de idade ou portador de doença grave. Da leitura do dispositivo, denota-se, também, que o limitador quantitativo do pagamento com preferência seria o valor equivalente ao triplo do fixado para a Requisição de Pequeno Valor (RPV). Salientado isso, verifica-se que a redação da norma não estabelece expressamente que tal limitação deva ocorrer em relação ao total de precatórios de um mesmo credor preferencial, mas sim em relação a cada débito de natureza alimentícia de titularidade daqueles que atendam o requisito de natureza subjetiva. Desse modo, a norma constitucional não elencou a impossibilidade de o beneficiário participar na listagem de credor preferencial por mais de uma vez no mesmo exercício financeiro, perante um mesmo Ente Político, não podendo, portanto, o exegeta restringir essa possibilidade. Ressalte-se que, no exercício de interpretação de normas constitucionais, buscando a exegese daquilo que foi a intenção do constituinte quando da elaboração da redação do dispositivo, deve-se recorrer aos princípios insertos na Carta Magna, de modo a compatibilizar da melhor forma a prevalência dos valores e objetivos inerentes ao normativo. Nesse contexto, ainda que, de um lado, se alegue que o pagamento da preferência deve ser limitado, dentro do mesmo exercício orçamentário, por credor, para que se possa proporcionar o pagamento de débitos a um maior número de credores — atendendo o interesse patrimonial de mais particulares – deve-se, de outro lado, atentar para a natureza e a qualidade dos beneficiários do pagamento prioritário. De fato, o crédito de natureza alimentícia é indispensável para a subsistência do titular, tendo fundamento no princípio da dignidade da pessoa humana e visando à proteção de bens jurídicos da mais alta relevância, tais como a vida e a saúde. Ademais, a norma prevê requisitos em relação ao credor para que faça jus ao recebimento prioritário do valor do precatório, definindo que ele ocorra apenas aos idosos ou portadores de doenças consideradas graves em lei. Nesses casos, o princípio em voga tem ainda mais relevância. Com efeito, trata-se de particulares que demandam maiores cuidados e com expectativa de vida menor em relação ao restante da população. Dessa forma, mitigar essa prioridade feriria princípios e direitos fundamentais de grande relevância para o ordenamento jurídico pátrio, não se justificando a interpretação que visa restringir direito de particular além do que expressamente prevê a norma constitucional. **RMS 46.155-RO, Rel. Min. Napoleão Nunes Maia Filho, julgado em 22/9/2015, DJe 29/9/2015 (Inform. STJ 570).**

DIREITO ADMINISTRATIVO. BASE DE CÁLCULO DA COMPENSAÇÃO FINANCEIRA PARA A EXPLORAÇÃO DE RECURSOS MINERAIS.

O valor correspondente aos custos do acondicionamento em garrafas ou embalagem de água mineral em estado natural integra a base de cálculo da Compensação Financeira para a Exploração de Recursos Minerais (CFEM). Isso porque, nos termos do art. 6° da Lei 7.990/1989, a CFEM "será de até 3% (três por cento) sobre o valor do faturamento líquido resultante da venda do produto mineral", tendo por consideração o produto obtido não no momento da sua mineração, mas sim "após a última etapa do processo de beneficiamento adotado" (isto é, após o seu acondicionamento em garrafas ou embalagem, ainda em estado natural) "e antes de sua transformação industrial" (tendo em vista que esse simples acondicionamento não constitui "transformação industrial"). Conquanto o conceito de "processo de beneficiamento" esteja previsto no art. 14, III, do Decreto 1/1991, o legislador é omisso quanto ao significado da expressão "transformação industrial". Nesse contexto, ante o silêncio da legislação específica, torna-se importante esclarecer a influência, no caso em análise, do conceito de industrialização utilizado pela legislação do Imposto sobre Produtos Industrializados (IPI). O conceito de industrialização, conforme o art. 3° da Lei 4.502/1964, abrange tanto as operações de que resulte alteração da natureza do produto (industrialização em sentido estrito: a transformação industrial) quanto as operações que alteram o funcionamento, a utilização, o acabamento ou apresentação do produto (beneficiamento, montagem, acondicionamento ou recondicionamento). Para o IPI, portanto, é indiferente se tratar de transformação industrial, beneficiamento, montagem, acondicionamento, ou recondicionamento, pois tudo está dentro do fato gerador do tributo. Cabe ressaltar, ainda, que o IPI somente não incide sobre o acondicionamento ou a embalagem da água mineral em garrafas em razão da imunidade prevista no art. 155, § 3°, da CF, para as operações relativas a minerais. Contudo, havendo transformação industrial, abre-se a possibilidade de tributação pelo IPI. No caso da água mineral, a lei entendeu por espécie nova a sua transformação em água que "contenha como ingrediente principal inositol, glucoronolactona, taurina ou cafeína" (art. 14, parágrafo único, da Lei 13.097/2015). Assim, se a água mineral não for mais a natural, submete-se à tributação pelo

IPI. Diante disso, *mutatis mutandis*, o mesmo registro se faz quanto à expressão final contida no art. 6º da Lei 7.990/1989: "[...] antes de sua transformação industrial", de modo que o simples acondicionamento em garrafas ou embalagem da água mineral em seu estado natural não constitui "transformação industrial", mas sim etapa anterior que, para os efeitos da legislação da CFEM, é compreendida dentro do conceito amplo de beneficiamento. **REsp 1.275.910-RS, Rel. Min. Mauro Campbell Marques, julgado em 4/8/2015, DJe 12/8/2015 (Inform. STJ 566).**

DIREITO ADMINISTRATIVO. HIPÓTESE DE SUSPENSÃO DE EXECUÇÃO DE DECISÃO LIMINAR IMPEDITIVA DE DESCONTO SALARIAL DE SERVIDORES GREVISTAS.

Deve ser suspensa a execução da decisão liminar (art. 25, § 3º, da Lei 8.038/1990) proibitiva de desconto salarial dos dias de paralisação decorrentes de greve dos professores do Estado de São Paulo, movimento paredista que durava mais de 60 dias até a análise do pedido de suspensão de segurança, sem êxito nas tentativas de acordo e sem notícia de decisão judicial sobre as relações obrigacionais entre grevistas e o Estado, e que, além disso, já havia levado ao dispêndio de vultosos recursos na contratação de professores substitutos, como forma de impedir a iminente interrupção da prestação do serviço público educacional do Estado. Nessa situação, encontra-se configurada grave lesão à ordem e à economia pública do referido Estado. Com efeito, evidenciam-se danos aos cofres públicos decorrentes da possibilidade de dispêndio de vultosos valores com o pagamento dos dias parados, somados ao considerável montante gasto com a contratação de professores temporários em substituição aos servidores grevistas, de modo a evitar a iminente interrupção do já notoriamente precário ensino público, serviço cuja fundamentalidade é reconhecida pela CF. Na situação em análise, cabe ressaltar, a decisão autorizativa do corte não atenta contra o direito constitucional a greve. A propósito, o STF já concluiu que, "nos termos do art. 7º da Lei n. 7.783/1989, a deflagração da greve, em princípio, corresponde à suspensão do contrato de trabalho. Na suspensão do contrato de trabalho não há falar propriamente em prestação de serviços, nem tampouco no pagamento de salários. Como regra geral, portanto, os salários dos dias de paralisação não deverão ser pagos, salvo no caso em que a greve tenha sido provocada justamente por atraso no pagamento ou por outras situações excepcionais que justifiquem o afastamento da premissa da suspensão do contrato de trabalho." (STA 207-RS, DJ 8/4/2008). Trata-se, na verdade, da necessária ponderação que deve ser feita entre o regular exercício do direito de greve e o direito à prestação dos serviços públicos fundamentais. E o fato é que, na perspectiva do exame da grave lesão à ordem pública e econômica, vislumbra-se sério risco a justificar a concessão da medida de contracautela na hipótese que ora se analisa. O STJ, inclusive, já manifestou o entendimento de que "a deflagração do movimento grevista suspende, no setor público, o vínculo funcional e, por conseguinte, desobriga o Poder Público do pagamento referente aos dias não trabalhados" e de que a "existência de acordo, convenção coletiva, laudo arbitral ou decisão judicial regulando as relações obrigacionais decorrentes do movimento paredista pode prever a compensação dos dias de greve (ex vi do art. 7º, in fine, da Lei nº 7.783/89). Todavia, à míngua dessas tratativas, não há direito líquido e certo dos servidores sindicalizados a ser tutelado na via mandamental, já que, nesses casos, deve prevalecer o poder discricionário da Administração, a quem cabe definir pelo desconto, compensação ou outras maneiras de administrar o conflito, sem que isso implique qualquer ofensa aos princípios da proporcionalidade ou razoabilidade" (MS 17.405-DF, Corte Especial, DJe 9/5/2012). Ademais, no STJ já foi deferida suspensão de segurança em caso análogo, no qual ficou consignado que "no setor público, o Brasil tem enfrentado greves que se arrastam por meses. Algumas com algum sucesso, ao final. Outras sem consequência qualquer para os servidores. O público, porém, é sempre penalizado. A lei nº 7.783, de 1989, se aplica, no que couber, ao setor público. Salvo melhor juízo, a decisão administrativa que determina o desconto em folha de pagamento dos servidores grevistas é compatível com o regime da lei. A que limite estará sujeita a greve, se essa medida não for tomada? Como compensar faltas que se sucedem por meses?" (SS 2.606-DF, decisão monocrática, DJe 7/8/2012). E não é outra a situação aqui enfrentada: a manifestação grevista, até a análise do pedido de suspensão da segurança, durava mais de 60 dias e não lograram êxito as tentativas de conciliação realizada entre governantes e membros do movimento paredista. Ressalte-se, por oportuno, que qualquer argumentação que envolva a discussão sobre a legalidade ou ilegalidade da greve deve ser discutida na seara recursal própria. **AgRg na SS 2.784-SP, Rel. Min. Francisco Falcão, julgado em 3/6/2015, DJe 12/6/2015 (Inform. STJ 563).**

DIREITO ADMINISTRATIVO. INCOMPETÊNCIA DO PODER JUDICIÁRIO PARA AUTORIZAR O FUNCIONAMENTO DE RÁDIO EDUCATIVA.

O Poder Judiciário não tem competência para autorizar, ainda que a título precário, a prestação de serviço de radiodifusão com finalidade exclusivamente educativa. O art. 223 da CF atribui competência ao Poder Executivo para outorgar e renovar concessão, permissão e autorização, bem como fiscalizar o serviço de radiodifusão sonora e de sons e imagens. Em consonância com essa previsão constitucional, além de obedecidas as disposições do Decreto-Lei 236/1967 (que complementa e modifica o Código Brasileiro de Telecomunicações), as outorgas para a execução dos serviços de radiodifusão com finalidade exclusivamente educativa requerem procedimento administrativo seletivo divulgado pela publicação de avisos de habilitação no Diário Oficial da União, os quais informam a quantidade de municípios, as sedes das outorgas, bem como convidam os interessados a apresentarem propostas ao Ministério das Comunicações. Nesse contexto, a despeito de não caber ao STJ analisar os dizeres de portarias, cumpre salientar que, nos termos do art. 13 da Portaria MC 355/2012, à vista do parecer da Consultoria Jurídica, o Ministro de Estado das Comunicações poderá adjudicar e homologar o procedimento seletivo de radiodifusão educativa. Compete à ANATEL, em momento posterior, administrar o serviço. Exsurge, pois, a conclusão de que o funcionamento das rádios com finalidade educativa exige prévia autorização do Executivo, de modo que não cabe ao Judiciário adentrar a esfera de competência estrita àquele Poder, mostrando-se inviável a autorização judicial para funcionamento de rádios com finalidade educativa, mesmo que a título precário, por ser essa outorga ato administrativo complexo. **REsp 1.353.341-PE, Rel. Min. Humberto Martins, julgado em 12/5/2015, DJe 19/5/2015 (Inform. STJ 562).**

Súmula STF nº 674

A anistia prevista no art. 8º do ato das disposições constitucionais transitórias não alcança os militares expulsos com base em legislação disciplinar ordinária, ainda que em razão de atos praticados por motivação política.

7. DIREITO TRIBUTÁRIO

1. PRINCÍPIOS E DIREITOS DOS CONTRIBUINTES

IR: aumento de alíquota e irretroatividade

É inconstitucional a aplicação retroativa de lei que majora a alíquota incidente sobre o lucro proveniente de operações incentivadas ocorridas no passado, ainda que no mesmo ano-base, tendo em vista que o fato gerador se consolida no momento em que ocorre cada operação de exportação, à luz da extrafiscalidade da tributação na espécie. Com base nesse entendimento, o Plenário deu provimento a recurso extraordinário em que se discutia a possibilidade de aplicação de lei que majora alíquota do Imposto de Renda sobre fatos geradores ocorridos no mesmo ano de sua publicação, para pagamento do tributo com relação ao exercício seguinte. Declarou, assim, a inconstitucionalidade do art. 1º, I, da Lei 7.988/1989. A majoração de alíquota de 6% para 18%, a qual se refletiria na base de cálculo do Imposto de Renda pessoa jurídica, incidente sobre o lucro das operações incentivadas no ano-base de 1989, ofenderia os princípios da irretroatividade e da segurança jurídica.

RE 592396/SP, rel. Min. Edson Fachin, 3.12.2015. (RE-592396) (Inform. STF 810)

REPERCUSSÃO GERAL EM RE N. 736.090-SC

RELATOR: MIN. LUIZ FUX

Ementa: RECURSO EXTRAORDINÁRIO. TRIBUTÁRIO. MULTA FISCAL QUALIFICADA. SONEGAÇÃO, FRAUDE E CONLUIO. 150% SOBRE A TOTALIDADE OU DIFERENÇA DO IMPOSTO OU CONTRIBUIÇÃO NÃO PAGA, NÃO RECOLHIDA, NÃO DECLARADA OU DECLARADA DE FORMA INEXATA (ATUAL § 1º C/C O INCISO I DO CAPUT DO ARTIGO 44 DA LEI FEDERAL Nº 9.430/1996). VEDAÇÃO AO EFEITO CONFISCATÓRIO. MATÉRIA CONSTITUCIONAL. QUESTÃO RELEVANTE DOS PONTOS DE VISTA ECONÔMICO E JURÍDICO. TRANSCENDÊNCIA DE INTERESSES. REPERCUSSÃO GERAL RECONHECIDA. (Inform. STF 809)

REPERCUSSÃO GERAL EM ARE N. 914.045-MG

RELATOR: MIN. EDSON FACHIN

RECURSO EXTRAORDINÁRIO COM AGRAVO. REPERCUSSÃO GERAL. REAFIRMAÇÃO DE JURISPRUDÊNCIA. DIREITO TRIBUTÁRIO E DIREITO PROCESSUAL CIVIL. CLÁUSULA DA RESERVA DE PLENÁRIO. ART. 97 DA CONSTITUIÇÃO FEDERAL. JURISPRUDÊNCIA DO TRIBUNAL PLENO DO STF. RESTRIÇÕES IMPOSTAS PELO ESTADO. LIVRE EXERCÍCIO DA ATIVIDADE ECONÔMICA OU PROFISSIONAL. MEIO DE COBRANÇA INDIRETA DE TRIBUTOS.

1. A jurisprudência pacífica desta Corte, agora reafirmada em sede de repercussão geral, entende que é desnecessária a submissão de demanda judicial à regra da reserva de plenário na hipótese em que a decisão judicial estiver fundada em jurisprudência do Plenário do Supremo Tribunal Federal ou em Súmula deste Tribunal, nos termos dos arts. 97 da Constituição Federal, e 481, parágrafo único, do CPC.
2. O Supremo Tribunal Federal tem reiteradamente entendido que é inconstitucional restrição imposta pelo Estado ao livre exercício de atividade econômica ou profissional, quanto aquelas forem utilizadas como meio de cobrança indireta de tributos.
3. Agravo nos próprios autos conhecido para negar seguimento ao recurso extraordinário, reconhecida a inconstitucionalidade, incidental e com os efeitos da repercussão geral, do inciso III do §1º do artigo 219 da Lei 6.763/75 do Estado de Minas Gerais. **(Inform. STF 808)**

AG. REG. NO ARE N. 669.072-MG

RELATORA: MIN. ROSA WEBER

EMENTA: DIREITO CONSTITUCIONAL E TRIBUTÁRIO. COFINS E CSLL. COMPENSAÇÃO. REVOGAÇÃO MEDIANTE MEDIDA PROVISÓRIA. AUSÊNCIA DE HIERARQUIA ENTRE LEI COMPLEMENTAR E LEI ORDINÁRIA. CONSONÂNCIA DA DECISÃO RECORRIDA COM A JURISPRUDÊNCIA CRISTALIZADA NO SUPREMO TRIBUNAL FEDERAL. ALEGAÇÃO DE OFENSA AO ART. 5º, II, LIV E LV, DA CONSTITUIÇÃO DA REPÚBLICA. LEGALIDADE. CONTRADITÓRIO E AMPLA DEFESA. DEVIDO PROCESSO LEGAL. NATUREZA INFRACONSTITUCIONAL DA CONTROVÉRSIA. NEGATIVA DE PRESTAÇÃO JURISDICIONAL. ARTIGO 93, IX, DA CARTA MAGNA. NULIDADE. INOCORRÊNCIA. RAZÕES DE DECIDIR EXPLICITADAS PELO ÓRGÃO JURISDICIONAL. RECURSO EXTRAORDINÁRIO QUE NÃO MERECE TRÂNSITO. ACÓRDÃO RECORRIDO PUBLICADO EM 16.3.2011.

1. O entendimento adotado pela Corte de origem, nos moldes do assinalado na decisão agravada, não diverge da jurisprudência firmada no âmbito deste Supremo Tribunal Federal, no sentido da inexistência de reserva de lei complementar para dispor sobre isenção pertinente à Cofins, bem como ausente relação hierárquica entre lei complementar e lei ordinária (art. 59 da Constituição) porquanto, em matéria tributária, a reserva de lei complementar é definida em razão da matéria.
2. Obstada a análise da suposta afronta aos incisos II e LV do artigo 5º da Carta Magna, porquanto dependeria de prévia análise da legislação infraconstitucional aplicada à espécie, procedimento que refoge à competência jurisdicional extraordinária desta Corte Suprema, a teor do art. 102 da Magna Carta.
3. Inexiste violação do artigo 93, IX, da Constituição Federal. A jurisprudência do Supremo Tribunal Federal é no sentido de que o referido dispositivo constitucional exige a explicitação, pelo órgão jurisdicional, das razões do seu convencimento, dispensando o exame detalhado de cada argumento suscitado pelas partes.
4. As razões do agravo regimental não se mostram aptas a infirmar os fundamentos que lastrearam a decisão agravada.
5. Agravo regimental conhecido e não provido. **(Inform. STF 797)**

REPERCUSSÃO GERAL EM RE N. 851.108-SP

RELATOR: MIN. DIAS TOFFOLI

EMENTA: RECURSO EXTRAORDINÁRIO. REPERCUSSÃO GERAL. ITCMD. BENS LOCALIZADOS NO EXTERIOR. ARTIGO 155, § 1º, III, LETRAS A E B, DA CONSTITUIÇÃO FEDERAL. LEI COMPLEMENTAR. NORMAS GERAIS. COMPETÊNCIA PARA INSTITUIÇÃO.

É de se definir, nas hipóteses previstas no art. 155, § 1º, III, letras a e b, da Constituição, se, ante a omissão do legislador nacional em estabelecer as normas gerais pertinentes à competência para instituir imposto sobre transmissão causa mortis ou doação de quaisquer bens ou direitos (ITCMD), os Estados-membros podem fazer uso de sua competência legislativa plena com fulcro no art. 24, § 3º, da Constituição e no art. 34, § 3º, do ADCT. **(Inform. STF 795)**

ICMS: decreto regulamentar e ofensa ao princípio da legalidade tributária

Somente lei em sentido formal pode instituir o regime de recolhimento do ICMS por estimativa. Esse o entendimento do Plenário, que reconheceu a existência de repercussão geral do tema e deu provimento a recurso extraordinário para declarar a inconstitucionalidade dos Decretos 31.632/2002 e 35.219/2004, ambos do Estado do Rio de Janeiro, que dispõem sobre o pagamento do ICMS no âmbito do referido Estado-Membro. No caso, discutia-se a possibilidade de se disciplinar, mediante decreto, forma de recolhimento de tributo diferentemente do que prevista na LC 87/1996. A Corte afirmou que, apesar de o fato gerador do ICMS acontecer no momento da saída do estabelecimento, a circunstância de ser um imposto não-cumulativo (CF, art. 155, § 2º, I) impediria a cobrança após cada operação, salvo excepcionalmente, conforme estatuído na LC 87/1996. Por isso, o recolhimento deveria ocorrer ao término de certo lapso de tempo, cabendo à legislação estadual fixar o período de apuração do imposto (LC 87/1996: "Art. 24 – A legislação tributária estadual disporá sobre o período de apuração do imposto. As obrigações consideram-se vencidas na data em que termina o período de apuração e são liquidadas por compensação ou mediante pagamento em dinheiro como disposto neste artigo"). Findo o prazo designado pela lei estadual, ao contribuinte incumbiria recolher o tributo, já efetuado o encontro entre créditos e débitos. A citada lei complementar, entretanto, admitiria exceção à regra ("Art. 26. Em substituição ao regime de apuração mencionado nos arts. 24 e 25, a lei estadual poderá estabelecer: ... III – que, em função do porte ou da atividade do estabelecimento, o imposto seja pago em parcelas periódicas e calculado por estimativa, para um determinado período, assegurado ao sujeito passivo o direito de impugná-la e instaurar processo contraditório. ... § 1º Na hipótese do inciso III, ao fim do período, será feito o ajuste com base na escrituração regular do contribuinte, que pagará a diferença apurada, se positiva; caso contrário, a diferença será compensada com o pagamento referente ao período ou períodos imediatamente seguintes"). Portanto, a adoção do regime previsto no transcrito inciso III pressuporia a edição de lei estadual específica, por configurar excepcionalidade. Assim, não seria cabível, no caso, a alegação segundo a qual o art. 39 da Lei fluminense 2.657/1996 seria o fundamento dos decretos em questão ("Art. 39 – O imposto é pago na forma e no prazo fixados pelo Poder Executivo"). A criação de nova maneira de recolhimento do tributo – na espécie, com respaldo em estimativas do mês anterior – revelar-se-ia em descompasso com o poder regulamentar do qual investido o governador do Estado por força do mencionado dispositivo. A determinação de que fosse antecipado o imposto devido valendo-se de base de cálculo ficta, com posterior ajuste, como na hipótese em comento, olvidaria o poder atribuído pela lei para disciplinar "forma" e "prazo" de pagamento. A prova do excesso de poder regulamentar estaria no fato de que a LC 87/1996 exigiria a edição de lei estadual visando nova sistemática de apuração, diploma esse inexistente. O art. 150 da CF veda a exigência de tributo sem lei que o estabeleça. Se não houvesse informação quanto à ocorrência do fato gerador, mostrar-se-ia impossível reconhecer a existência da obrigação tributária, como almejado pelo Estado do Rio de Janeiro.

Os decretos impugnados modificariam o modo de apuração do ICMS e, assim, implicaram afronta ao princípio constitucional da legalidade estrita. Vencidos os Ministros Marco Aurélio (relator), Cármen Lúcia e Luiz Fux, apenas quanto ao reconhecimento da repercussão geral. **RE 632265/RJ, rel. Min. Marco Aurélio, 18.6.2015. (RE-632265) (Inform. STF 790)**

AG. REG. NO AI N. 810.740-MG
RELATOR: MIN. DIAS TOFFOLI
EMENTA: Agravo regimental no agravo de instrumento. Ausência de fundamentação. Inexistência. Prequestionamento. Ausência. Contribuição social. Majoração de alíquota. Medida Provisória nº 1.523/96. Lei nº 9.528/97. Cláusula de convalidação. Possibilidade. Anterioridade nonagesimal. Termo inicial. Primeira edição. Precedentes.
1. Não procede a alegada violação do art. 93, inciso IX, da Constituição Federal, haja vista que a jurisdição foi prestada, no caso, mediante decisões suficientemente motivadas, não obstante contrárias à pretensão da parte recorrente. 2. Não se admite o recurso extraordinário quando o dispositivo constitucional que nele se alega violado não está devidamente prequestionado. Incidência das Súmulas nºs 282 e 356/STF. 3. A Lei nº 9.528/97 convalidou os atos praticados com base na Medida Provisória nº 1.523/96, fazendo tal cláusula as vezes de decreto legislativo (AI nº 857.374/MG-AgR, Primeira Turma, Relator o Ministro **Marco Aurélio**, DJe de 18/12/13). 4. O termo inicial para o cômputo da anterioridade nonagesimal é a edição da primeira medida provisória que majora a contribuição social, no caso de reedições. Precedentes. 5. Agravo regimental não provido. **(Inform. STF 789)**

Súmula Vinculante STF 50

Norma legal que altera o prazo de recolhimento de obrigação tributária não se sujeita ao princípio da anterioridade.

Súmula Vinculante STF 28

É inconstitucional a exigência de depósito prévio como requisito de admissibilidade de ação judicial na qual se pretenda discutir a exigibilidade de crédito tributário.

Súmula Vinculante STF 21

É inconstitucional a exigência de depósito ou arrolamento prévios de dinheiro ou bens para admissibilidade de recurso administrativo.

Súmula STF nº 669

Norma legal que altera o prazo de recolhimento da obrigação tributária não se sujeita ao princípio da anterioridade.

Súmula STF nº 667

Viola a garantia constitucional de acesso à jurisdição a taxa judiciária calculada sem limite sobre o valor da causa.

Súmula STF nº 547

Não é lícito à autoridade proibir que o contribuinte em débito adquira estampilhas, despache mercadorias nas alfândegas e exerça suas atividades profissionais.

Súmula STF nº 323

É inadmissível a apreensão de mercadorias como meio coercitivo para pagamento de tributos.

Súmula STF nº 70

É inadmissível a interdição de estabelecimentos como meio coercitivo para cobrança de tributo.

Súmula STF nº 69

A Constituição Estadual não pode estabelecer limite para o aumento de tributos municipais.

Súmula STF nº 67

É inconstitucional a cobrança do tributo que houver sido criada ou aumentado no mesmo exercício financeiro.

Súmula STJ nº 373

É ilegítima a exigência de depósito prévio para admissibilidade de recurso administrativo.

Súmula TFR nº 206

O reajuste da base de cálculo de contribuições previdenciárias, instituído pelo art. 5º e parágrafos da Lei 6.332, de 1976, não está sujeito ao princípio da anterioridade.

2. IMUNIDADES

PSV: imunidade tributária e instituições de assistência social

O Plenário rejeitou proposta de edição de enunciado de súmula vinculante, resultante da conversão do Enunciado 730 da Súmula do STF, e com o seguinte teor: "A imunidade tributária conferida a instituições de assistência social sem fins lucrativos pelo art. 150, VI, c, da Constituição, somente alcança as entidades fechadas de previdência social privada se não houver contribuição dos beneficiários". Os Ministros Dias Toffoli, Marco Aurélio, Cármen Lúcia e Teori Zavascki, ao votar pela rejeição da proposta, consignaram que o art. 150, VI, c, da CF, não distinguiria as entidades de assistência social, ou seja, se apenas seriam beneficiárias da imunidade aquelas que não contassem com a contribuição dos beneficiários ou se todas as entidades. Ademais, o entendimento relativo à matéria não estaria pacificado a ponto de se tornar vinculante, preservado, no entanto, o Enunciado 730 da Súmula do STF. **PSV 109/DF, 9.4.2015. (PSV-109) (Inform. STF 780)**

REPERCUSSÃO GERAL EM RE N. 759.244-SP
RELATOR: MIN. ROBERTO BARROSO
Ementa: Possui repercussão geral a controvérsia a respeito da aplicação, ou não, da imunidade prevista no art. 149, § 2º, I, da Constituição às exportações indiretas, isto é, aquelas intermediadas por "trading companies". **(Inform. STF 773)**

Súmula Vinculante STF 52

Ainda quando alugado a terceiros, permanece imune ao IPTU o imóvel pertencente a qualquer das entidades referidas pelo art. 150, VI, "c", da Constituição Federal, desde que o valor dos aluguéis seja aplicado nas atividades para as quais tais entidades foram constituídas.

Súmula STF nº 730

A imunidade tributária conferida a instituições de assistência social sem fins lucrativos pelo art. 150, VI, *c*, da Constituição, somente alcança as entidades fechadas de previdência social privada se não houver contribuição dos beneficiários.

Súmula STF nº 724

Ainda quando alugado a terceiros, permanece imune ao IPTU o imóvel pertencente a qualquer das entidades referidas pelo art. 150, VI, *c*, da Constituição, desde que o valor dos aluguéis seja aplicado nas atividades essenciais de tais entidades.

Súmula STF nº 657

A imunidade prevista no art. 150, VI, d, da CF abrange os filmes e papéis fotográficos necessários à publicação de jornais e periódicos.

Súmula STF nº 591

A imunidade ou a isenção tributária do comprador não se estende ao produtor contribuinte do Imposto sobre Produtos Industrializados.

Súmula STF nº 336

A imunidade da autarquia financiadora, quanto ao contrato de financiamento, não se estende à compra e venda entre particulares, embora constantes os dois atos de um só instrumento.

Súmula STJ nº 352

A obtenção ou a renovação do Certificado de Entidade Beneficente de Assistência Social (Cebas) não exime a entidade do cumprimento dos requisitos legais supervenientes. *(Comentário: o certificado é exigido para o reconhecimento da imunidade)*

Súmula TFR nº 166

Os Municípios não estão sujeitos ao recolhimento do salário-educação.

3. SUSPENSÃO, EXTINÇÃO E EXCLUSÃO DO CRÉDITO

REPERCUSSÃO GERAL EM RE N. 878.313-SC

RELATOR: MIN. MARCO AURÉLIO

CONTRIBUIÇÃO SOCIAL – ARTIGO 1º DA LEI COMPLEMENTAR Nº 110/2001 – FINALIDADE EXAURIDA – ARTIGOS 149 E 154, INCISO I, DA CARTA DE 1988 – ARGUIÇÃO DE INCONSTITUCIONALIDADE SUPERVENIENTE – RECURSO EXTRAORDINÁRIO – REPERCUSSÃO GERAL CONFIGURADA. Possui repercussão geral a controvérsia relativa a saber se, constatado o exaurimento do objetivo – custeio dos expurgos inflacionários das contas vinculadas do Fundo de Garantia do Tempo de Serviço – em razão do qual foi instituída a contribuição social versada no artigo 1º da Lei Complementar nº 110, de 29 de junho de 2001, deve ser assentada a extinção do tributo ou admitida a perpetuação da cobrança ainda que o produto da arrecadação seja destinado a fim diverso do original. **(Inform. STF 800)**

REPERCUSSÃO GERAL EM RE N. 855.026-SP

RELATOR: MIN. TEORI ZAVASCKI

Ementa: TRIBUTÁRIO. RECURSO EXTRAORDINÁRIO. EMBARGOS À EXECUÇÃO. CAIXA ECONÔMICA FEDERAL. IMÓVEIS DO PROGRAMA DE ARRENDAMENTO RESIDENCIAL (PAR). ISENÇÃO DO PAGAMENTO DA TAXA DE COLETA DE LIXO. MATÉRIA INFRACONSTITUCIONAL. AUSÊNCIA DE REPERCUSSÃO GERAL.

1. A controvérsia relativa à isenção do pagamento da Taxa de Coleta de Lixo de imóveis do Programa de Arrendamento Residencial, fundada na interpretação da Lei Municipal 11.988/04, é de natureza infraconstitucional.

2. É cabível a atribuição dos efeitos da declaração de ausência de repercussão geral quando não há matéria constitucional a ser apreciada ou quando eventual ofensa à Carta Magna se dê de forma indireta ou reflexa (RE 584.608 RG, Min. ELLEN GRACIE, DJe de 13/3/2009).

3. Ausência de repercussão geral da questão suscitada, nos termos do art. 543-A do CPC. **(Inform. STF 776)**

DIREITO TRIBUTÁRIO. DESINFLUÊNCIA DA EMISSÃO DE DCG NO MARCO INICIAL DA PRESCRIÇÃO TRIBUTÁRIA.

A emissão de "Débito Confessado em GFIP – DCG" não altera o termo inicial da prescrição tributária. O "Débito Confessado em GFIP – DCG" é o documento no qual se registra o débito decorrente de divergência entre os valores recolhidos em documento de arrecadação previdenciária e os declarados em "Guia de Recolhimento do Fundo de Garantia do Tempo de Serviço e Informações à Previdência Social – GFIP", nos termos do art. 460, V, da Instrução Normativa 971/2009 da Secretaria da Receita Federal. Salientado isso, verifica-se que a jurisprudência deste Tribunal Superior firmou compreensão no sentido de que a "entrega de Declaração de Débitos e Créditos Tributários Federais – DCTF, de Guia de Informação e Apuração do ICMS – GIA, ou de outra declaração dessa natureza prevista em lei (dever instrumental adstrito aos tributos sujeitos a lançamento por homologação), é modo de constituição do crédito tributário, dispensando a Fazenda Pública de qualquer outra providência conducente à formalização do valor declarado" (AgRg no AgRg no REsp 1.143.085-SP, Primeira Turma, DJe 3/6/2015). Desse modo, conforme a jurisprudência do STJ, quando o crédito tributário for constituído por meio de GFIP, o prazo prescricional previsto no art. 174 do CTN para a propositura da execução judicial começará a correr da data do vencimento da obrigação tributária e, quando não houver pagamento, da data da entrega da declaração, se esta for posterior àquele (AgRg no AREsp 349.146-SP, Primeira Turma, DJe 14/11/2013). Assim, uma vez constituído o crédito por meio de declaração realizada pelo contribuinte, compete à autoridade tributária tão somente a realização de cobrança, não caracterizando a emissão do DCG Batch novo lançamento, e, consequentemente, marco de início de prazo prescricional. REsp 1.497.248-RS, Rel. Min. Og Fernandes, julgado em 6/8/2015, DJe 20/8/2015 (Inform. STJ 567).

DIREITO TRIBUTÁRIO. RECLAMAÇÃO ADMINISTRATIVA INCAPAZ DE SUSPENDER A EXIGIBILIDADE DO CRÉDITO TRIBUTÁRIO.

Não suspende a exigibilidade do crédito tributário a reclamação administrativa interposta perante o Conselho Administrativo de Recursos Fiscais (CARF) na qual se questione a legalidade do ato de exclusão do contribuinte de programa de parcelamento. Nessa situação, é inaplicável o art. 151, II, do CTN. De fato, o parcelamento fiscal, concedido na forma e condição estabelecidas em lei específica, é causa suspensiva da exigibilidade do crédito tributário, assim como as reclamações e recursos administrativos (art. 151, III e VI, do CTN). As reclamações e recursos previstos nesse dispositivo legal, entretanto, são aqueles que discutem o próprio lançamento tributário, ou seja, a exigibilidade do crédito tributário. No caso em análise, a reclamação administrativa apresentada apenas questiona a legalidade do ato de exclusão do parcelamento. Logo, não suspendem a exigibilidade do crédito. Ressalta-se que tal entendimento encontra respaldo na doutrina e no art. 5º, § 3º, da Resolução CG/REFIS 9/2001. **REsp 1.372.368-PR, Rel. Min. Humberto Martins, julgado em 5/5/2015, DJe 11/5/2015 (Inform. STJ 561).**

Súmula Vinculante STF 8

São inconstitucionais o parágrafo único do artigo 5º do decreto-lei nº 1.569/1977 e os artigos 45 e 46 da lei n. 8.212/1991, que tratam de prescrição e decadência de crédito tributário. *(Comentário: contribuições previdenciárias são tributos e a matéria – prescrição e decadência tributárias – é regulada por lei complementar, de modo que se aplicam os prazos quinquenais do CTN).*

Súmula STF nº 544

Isenções tributárias concedidas sob condição onerosa não podem ser livremente suprimidas.

Súmula STJ nº 409

Em execução fiscal, a prescrição ocorrida antes da propositura da ação pode ser decretada de ofício (art. 219, § 5º, do CPC).

Súmula STJ nº 250

É legítima a cobrança de multa fiscal de empresa em regime de concordata.

Súmula STJ nº 112

O depósito somente suspende a exigibilidade do crédito tributário se for integral e em dinheiro.

Súmula STJ nº 85

Nas relações jurídicas de trato sucessivo em que a Fazenda Pública figure como devedora, quando não tiver sido negado o próprio direito reclamado, a prescrição atinge apenas as prestações vencidas antes do quinquênio anterior à propositura da ação.

Súmula TFR nº 248

O prazo da prescrição interrompido pela confissão e parcelamento da dívida fiscal recomeça a fluir no dia em que o devedor deixar de cumprir o acordo celebrado.

Súmula TFR nº 219

Não havendo antecipação de pagamento, o direito de constituir o crédito previdenciário extingue-se decorridos 5 (cinco) anos do primeiro dia do exercício seguinte àquele em que ocorreu o fato gerador.

Súmula TFR nº 163

Nas relações jurídicas de trato sucessivo, em que a Fazenda Pública figure como devedora, somente prescrevem as prestações vencidas antes do quinquênio anterior à propositura da ação.

Súmula TFR nº 153

Constituído, no quinquênio, através de auto de infração ou notificação de lançamento, o crédito tributário, não há que se falar em decadência, fluindo, a partir daí, em princípio, o prazo prescricional, que, todavia, fica em suspenso, até que sejam decididos os recursos administrativos.

4. IMPOSTOS EM ESPÉCIE

4.1. Imposto de importação e imposto de exportação

DIREITO TRIBUTÁRIO. ISENÇÕES DE IPI E DE II A INSTITUIÇÕES CULTURAIS.

As entidades com finalidade eminentemente cultural fazem jus às isenções de Imposto de Importação (II) e de Imposto sobre Produtos Industrializados (IPI) previstas nos arts. 2º, I, "b", e 3º, I, da Lei 8.032/1990. Conquanto a Lei 8.032/1990 estabeleça isenções de II e de IPI para as "instituições de educação" (art. 2º, I, "b", da Lei 8.032/1990), as entidades com finalidade eminentemente cultural estão inseridas nessa expressão legal, visto que não se pode dissociar cultura de educação. Precedente citado: REsp 262.590-CE, Segunda Turma, DJ 6/5/2002. REsp 1.100.912-RJ, Rel. Min. Sérgio Kukina, julgado em 28/4/2015, DJe 14/5/2015 (Inform. STJ 561).

4.2. Imposto de Renda

AG. REG. NO RE N. 809.476-SP

RELATOR: MIN. MARCO AURÉLIO

IMPOSTO DE RENDA – PESSOA NATURAL – TABELA PROGRESSIVA – CORREÇÃO – ATUAÇÃO JUDICIAL –IMPOSSIBILIDADE – PRECEDENTE. Não cabe ao Poder Judiciário autorizar a correção monetária, ante a ausência de previsão legal nesse sentido, da tabela progressiva do Imposto de Renda devido por pessoas naturais. Precedente: Recurso Extraordinário nº 388.312/MG, Pleno de minha relatoria, acórdão redigido pela ministra Cármem Lúcia, Diário da Justiça de 11 de outubro de 2011. Ressalva da óptica pessoal. (Inform. STF 811)

REPERCUSSÃO GERAL EM RE N. 855.649-RS

RELATOR: MIN. MARCO AURÉLIO

IMPOSTO DE RENDA – DEPÓSITOS BANCÁRIOS – ORIGEM DOS RECURSOS NÃO COMPROVADA – OMISSÃO DE RENDIMENTOS CARACTERIZADA – INCIDÊNCIA – ARTIGO 42 DA LEI Nº 9.430, DE 1996 – ARTIGOS 145, § 1º, 146, INCISO III, ALÍNEA "A", E 153, INCISO III, DA CONSTITUIÇÃO FEDERAL – RECURSO EXTRAORDINÁRIO – REPERCUSSÃO GERAL CONFIGURADA. Possui repercussão geral a controvérsia acerca da constitucionalidade do artigo 42 da Lei nº 9.430, de 1996, a autorizar a constituição de créditos tributários do Imposto de Renda tendo por base, exclusivamente, valores de depósitos bancários cuja origem não seja comprovada pelo contribuinte no âmbito de procedimento fiscalizatório. **(Inform. STF 800)**

Plano Verão: IRPJ e correção monetária de balanço – 5

Em conclusão de julgamento, o Plenário proveu recurso extraordinário em que discutida a constitucionalidade dos artigos 29 e 30 da Lei 7.799/1989 ("Art. 29. A correção monetária de que trata esta Lei será efetuada a partir do balanço levantado em 31 de dezembro de 1988. Art. 30. Para efeito da conversão em número de BTN, os saldos das contas sujeitas à correção monetária, existentes em 31 de janeiro de 1989, serão atualizados monetariamente tomando-se por base o valor da OTN de NCz$ 6,92. § 1° Os saldos das contas sujeitas à correção monetária, atualizados na forma deste artigo, serão convertidos em número de BTN mediante a sua divisão pelo valor do BTN de NCz$ 1,00. § 2° Os valores acrescidos às contas sujeitas à correção monetária, a partir de 1° de fevereiro até 30 de junho de 1989, serão convertidos em número de BTN mediante a sua divisão pelo valor do BTN vigente no mês do acréscimo.") – v. Informativos 427 e 782. O Colegiado declarou a inconstitucionalidade do § 2º do art. 30 da Lei 7.799/1989, por entender caracterizada a ofensa aos princípios da anterioridade e da irretroatividade (CF, art. 150, III, a e b). Asseverou que se deixara de observar o direito introduzido pela Lei 7.730/1989 – que afastara a inflação e revogara o art. 185 da Lei 6.404/1976 e as normas de correção monetária de balanço previstas no Decreto-Lei 2.341/1987 —, porquanto a retroatividade implementada incidira sobre fatos surgidos em período em que inexistente a correção, implicando situação gravosa, ante o surgimento de renda a ser tributada. **RE 188083/PR, rel. Min. Marco Aurélio, 5.8.2015. (RE-188083) (Inform. STF 793)**

REPERCUSSÃO GERAL EM RE N. 855.091-RS

RELATOR: MIN. DIAS TOFFOLI

EMENTA: TRIBUTÁRIO. REPERCUSSÃO GERAL. RECURSO EXTRAORDINÁRIO. INCIDÊNCIA DO IMPOSTO DE RENDA PESSOA FÍSICA. JUROS DE MORA. ART. 3º, § 1º, DA LEI Nº 7.713/1988 E ART. 43, INCISO II, § 1º, DO CTN. ANTERIOR NEGATIVA DE REPERCUSSÃO. MODIFICAÇÃO DA POSIÇÃO EM FACE DA SUPERVENIENTE DECLARAÇÃO DE INCONSTITUCIONALIDADE DE LEI FEDERAL POR TRIBUNAL REGIONAL FEDERAL. **(Inform. STF 792)**

Teto constitucional e base de cálculo para incidência de imposto e contribuição – 1

Subtraído o montante que exceder o teto ou subteto previstos no art. 37, XI, da CF, tem-se o valor que serve como base de cálculo para a incidência do imposto de renda e da contribuição previdenciária ("XI – a remuneração e o subsídio dos ocupantes de cargos, funções e empregos públicos da administração direta, autárquica e fundacional, dos membros de qualquer dos Poderes da União, dos Estados, do Distrito Federal e dos Municípios, dos detentores de mandato eletivo e dos demais agentes políticos e os proventos, pensões ou outra espécie remuneratória, percebidos cumulativamente ou não, incluídas as vantagens pessoais ou de qualquer outra natureza, não poderão exceder o subsídio mensal, em espécie, dos Ministros do Supremo Tribunal Federal, aplicando-se como limite, nos Municípios, o subsídio do Prefeito, e nos Estados e no Distrito Federal, o subsídio mensal do Governador no âmbito do Poder Executivo, o subsídio dos Deputados Estaduais e Distritais no âmbito do Poder Legislativo e o subsídio dos Desembargadores do Tribunal de Justiça, limitado a noventa inteiros e vinte e cinco centésimos por cento do subsídio mensal, em espécie, dos Ministros do Supremo Tribunal Federal, no âmbito do Poder Judiciário, aplicável este limite aos membros do Ministério Público, aos Procuradores e aos Defensores Públicos"). Essa a conclusão do Plenário, que negou provimento a recurso extraordinário em que discutida a definição do montante remuneratório recebido por servidores públicos, para fins de incidência do teto constitucional. No caso, servidores públicos estaduais aposentados, vinculados aos quadros do Executivo local, pretendiam que seus proventos líquidos fossem limitados ao subsídio bruto do governador. O Colegiado registrou, preliminarmente, que a aplicação do redutor da remuneração ao teto remuneratório, conhecido como "abate-teto", previsto no art. 37, XI, da CF e alterado pela EC 41/2003, seria objeto de outros recursos extraordinários com repercussão geral reconhecida. No entanto, o caso em exame seria distinto dos demais, porque a matéria não seria relacionada à submissão de determinadas parcelas remuneratórias ao teto, mas à definição da base remuneratória para a aplicação do teto: se o total da remuneração ou se apenas o valor líquido, apurado depois das deduções previdenciárias e do imposto de renda. A respeito, reputou que a EC 19/1998 modificara o sistema remuneratório dos agentes públicos, com a criação do subsídio como forma de remunerar agentes políticos e certas categorias de agentes administrativos civis e militares. A expressão "espécies remuneratórias" compreenderia o subsídio, os vencimentos e a remuneração. A fixação de limites e tetos para a remuneração de agentes públicos seria um dos mecanismos usados para tolher abusos, na medida em que poucos servidores perceberiam vencimentos muito acima da média do funcionalismo, enquanto os demais seriam mal remunerados. Assim, qualquer tipo de remuneração dos servidores deveria sujeitar-se ao teto remuneratório, além de proventos e pensões, percebidos cumulativamente ou não, incluídas as vantagens pessoais ou de qualquer outra natureza.

RE 675978/SP, rel. Min. Cármen Lúcia, 15.4.2015. (RE-675978)

Teto constitucional e base de cálculo para incidência de imposto e contribuição – 2

O Tribunal enfatizou, no que se refere ao termo "remuneração", que a legislação lhe daria sentidos diversos, de caráter mais amplo ou mais restrito. Numa acepção mais extensiva, remuneração seria a designação genérica dada à totalidade de valores pecuniários recebidos pelo servidor, ativo ou inativo, como retribuição pelo exercício do respectivo cargo público. Em caráter mais restrito, remuneração seria o vencimento do cargo efetivo, acrescido das vantagens pecuniárias permanentes estabelecidas em lei. Dessa forma, definido que a remuneração constituiria

os valores recebidos como contraprestação pelos serviços prestados à Administração e que o subsídio seria a remuneração paga aos agentes políticos e aos membros de Poder em parcela única – ambos compreendendo o valor total previsto para o cargo —, de acordo com o art. 37, XI, da CF, o teto remuneratório deveria incidir sobre o montante integral pago ao servidor, ou seja, sobre sua remuneração bruta. Nos termos da redação constitucional, o redutor teria aplicação sobre a remuneração e o subsídio dos ocupantes de cargos, funções e empregos públicos da Administração direta, autárquica e fundacional. Essa conclusão seria reforçada, inclusive, pelo fato de que o parâmetro para a incidência do limite remuneratório – o subsídio dos Ministros do STF – seria verificado em sua totalidade, sem quaisquer descontos, e não seria razoável realizar a comparação para fins de redução com o valor líquido a ser recebido pelo servidor. Seria necessário, portanto, comparar valores da mesma ordem: valor bruto com valor bruto, para, em seguida, aplicar os descontos devidos. Se assim não fosse, dar-se-ia à norma do limite remuneratório exegese mais elástica do que se permite, uma vez que a imposição do teto remuneratório teria também entre seus propósitos hierarquizar o serviço público, de forma a evitar distorções como a do subordinado que percebesse mais do que seu superior máximo. Portanto, as deduções de imposto de renda e de contribuições previdenciárias deveriam incidir após a aplicação do "abate-teto". Além disso, aplicar o redutor remuneratório após as deduções devidas afrontaria o princípio da capacidade contributiva (CF, art. 145, § 1º). Por outro lado, o art. 43 do CTN dispõe que o imposto sobre a renda e proventos de qualquer natureza teria como fato gerador a aquisição da disponibilidade econômica ou jurídica de renda e de proventos de qualquer natureza. Nessa linha, imposto de renda somente poderia incidir quando ocorresse acréscimo patrimonial. Não se poderia considerar, para fins de incidência tributária, os montantes não percebidos em virtude da aplicação do teto constitucional. Essas verbas não adentrariam o patrimônio dos servidores e nem seriam por eles usufruídas, de modo que não se poderia cogitar da incidência de tributo sobre elas. Se fosse possível a ultimação dessas retenções em momento anterior à aplicação do "abate-teto", o Estado faria incidir tributos sobre base econômica não disponibilizada pelo sujeito passivo, em ofensa aos princípios da capacidade contributiva e da vedação da utilização do tributo com efeito de confisco. Nessa hipótese, ao final, o valor pago pelo servidor se daria sobre uma base econômica maior do que aquela efetivamente posta à sua disposição. Assim, o Estado enriqueceria ilicitamente e o contribuinte sofreria decréscimo patrimonial sem causa legítima. Ademais, a retenção do imposto de renda, bem como da contribuição previdenciária, somente poderia ocorrer após a aplicação do teto, de forma a incidir o redutor, portanto, sobre a remuneração bruta do servidor.
RE 675978/SP, rel. Min. Cármen Lúcia, 15.4.2015. (RE-675978)

Teto constitucional e base de cálculo para incidência de imposto e contribuição – 3

O Plenário acrescentou que a discussão sobre a exegese do art. 37, XI, da CF seria antiga no âmbito do STF, que reiteradamente afirmara a autoaplicação dos limites traçados pela EC 41/2003. A expressão "remuneração percebida" não deveria ser lida como o valor líquido da remuneração. Isso porque, em primeiro lugar, o art. 37, XI, da CF seria taxativo ao fixar que a remuneração e o subsídio de servidores públicos não poderiam exceder o subsídio mensal, em espécie, dos Ministros do STF. Em segundo lugar, porque o subsídio mensal pago aos Ministros do STF e adotado como teto máximo para todos os servidores públicos e agentes políticos corresponderia a um valor bruto fixado em lei, sobre o qual incidiria o imposto de renda e a contribuição previdenciária. Entendimento contrário implicaria afronta aos princípios da igualdade e da razoabilidade. Sucede que os próprios Ministros do STF pagariam imposto de renda e contribuição previdenciária sobre o valor integral de seus subsídios, no limite estipulado em lei como teto geral constitucional. Além disso, o princípio da razoabilidade seria afrontado pela desobediência aos fundamentos do sistema tributário, previdenciário e administrativo na definição e oneração da renda dos que seriam remunerados pelos cofres públicos. Essa limitação constitucional do valor pago a título de remuneração, proventos ou subsídio importaria também limitação ao poder de tributar do Estado, que não poderia exigir tributo sobre valor que não poderia pagar ao particular. Ademais, se o valor líquido das remunerações e subsídios de qualquer servidor pudesse atingir o valor bruto dos subsídios das autoridades, elas deixariam de ocupar os respectivos cargos. A observância das normas constitucionais atinentes aos tetos fixados no sistema remuneratório nacional decorreria da necessidade de o cidadão saber a quem paga e quanto paga a cada qual dos agentes estatais. Por sua vez, a remuneração que eventualmente superasse o teto ou o subteto constitucional não seria necessariamente ilegal, porque as parcelas que a compõem, em geral, estariam pautadas em atos normativos cuja presunção de constitucionalidade não se poria em questão. Por isso, o STF já admitira a possibilidade de recebimento automático de parcelas em decorrência de futura elevação do subsídio de Ministro do STF e dos demais agentes políticos do art. 37, XI, da CF.
RE 675978/SP, rel. Min. Cármen Lúcia, 15.4.2015. (RE-675978) (Inform. STF 781)

DIREITO TRIBUTÁRIO. INCIDÊNCIA DE IMPOSTO DE RENDA SOBRE O ADICIONAL DE 1/3 DE FÉRIAS GOZADAS. RECURSO REPETITIVO (ART. 543-C DO CPC E RES. 8/2008-STJ). TEMA 881.

Incide imposto de renda sobre o adicional de 1/3 (um terço) de férias gozadas. De fato, a jurisprudência do STJ, há algum tempo, é pacífica quanto à incidência do imposto de renda sobre o adicional de 1/3 das férias gozadas. Este é inclusive o entendimento que vem sendo replicado por ambas as Turmas que compõe a Seção de Direito Público. Ocorre que a controvérsia acerca da incidência ou não do imposto de renda sobre o terço constitucional das férias gozadas passou a ganhar mais relevo quando o STJ, para alinhar sua jurisprudência à do STF, passou a considerar que a referida parcela não pode ser tributada pela contribuição previdenciária sobre a folha de salários (Pet 7.296-PE, Primeira Seção, DJe 10/11/2009). Entretanto, as razões pelas quais o STF concluiu pela não sujeição do terço constitucional de férias às contribuições previdenciárias não são suficientes para que o STJ conclua pelo caráter indenizatório da parcela em debate e altere seu entendimento também acerca da sua sujeição ao imposto de renda. Com efeito, do voto condutor da Pet 7.296-PE, verifica-se que a sua motivação foi a de alinhar o STJ ao posicionamento do Pretório Excelso. Ocorre que o STF, essencialmente, afastou a incidência das contribuições previdenciárias sobre o terço constitucional das férias gozadas, não em razão do seu caráter indenizatório, mas sim em razão da não incorporação para fins de aposentadoria. Ou seja, o fundamento adotado pela Suprema Corte diz respeito ao caráter retributivo da contribuição previdenciária no cálculo do benefício, pressuposto esse que não condiciona a legitimidade de tributação pelo imposto de renda, a qual deve ser analisada à luz da ocorrência ou não do seu fato gerador, que é o acréscimo patrimonial. A par disso, frise-se que a referida conclusão da Corte Suprema referente à contribuição previdenciária não está sedimentada, pois pende de julgamento o RE 593.068-SC, submetido ao rito da repercussão geral. Dessa forma, o STF ainda não pacificou a controvérsia acerca da natureza indenizatória ou remuneratória do terço constitucional referente às férias gozadas, de sorte que é necessário o amplo debate a esse respeito, bem como acerca da ocorrência ou não de acréscimo patrimonial em decorrência de seu recebimento, a fim de que se delibere a respeito de sua submissão ou não à incidência do imposto de renda. Com efeito, o referido acréscimo à remuneração recebida pelo trabalhador no período referente às férias é um direito social previsto no inciso XVII do art. 7º da CF e tem por finalidade conferir ao trabalhador um aumento da sua remuneração durante período das férias, a fim de que possa desenvolver atividades diferentes das que exerce em seu cotidiano, no intuito de lhe garantir a oportunidade de ter momentos de lazer e prazer, tão necessários ao restabelecimento do equilíbrio físico e mental do trabalhador quanto o descanso. Assim, o recebimento de tal valor, assim como o das férias gozadas, decorre da normal fruição da relação jurídica existente entre o trabalhador e o empregador. Esse direito social tem a mesma natureza do salário, sendo oponível em face do empregador, que deve adimplir essa obrigação mediante retribuição pecuniária, *lato sensu*. Essa é a inteligência do art. 148 da CLT: "A remuneração das férias, ainda quando devida após a cessação do contrato de trabalho, terá natureza salarial, para os efeitos do art. 449". Dessa forma, o fato de a verba não constituir ganho habitual e de ser destinada, em tese, ao desenvolvimento de atividades que minimizem os efeitos "do desgaste natural sofrido pelo trabalhador" não a transforma em indenização, justamente porque constitui um reforço, um acréscimo na remuneração em um período específico e fundamental para o trabalhador, que são as férias, ao passo que a indenização visa à reposição do patrimônio (material ou imaterial) daquele que sofre lesão a algum direito. A par disso, o art. 16 da Lei 4.506/1964 dispõe que, para fins de imposto de renda, serão classificados como rendimentos do trabalho assalariado todas as espécies de remuneração por trabalho ou serviços prestados no exercício dos empregos, cargos ou funções, tais como: "I – Salários, ordenados, vencimentos, soldos, soldadas, vantagens [...]; II – Adicionais, extraordinários, suplementações, abonos, bonificações, gorjetas; III – Gratificações [...]", entre outros. Não há dúvida de que o adicional de férias está incluído nesse rol. Frise-se que a exclusão do adicional de férias do conceito de remuneração, para os efeitos da Lei 8.852/1994 (art. 1°, III, "j"), concernentes ao teto remuneratório, não infirma o caráter retributivo da verba, assim definido pelo *caput* do art. 1° dessa mesma lei. Destaca-se ainda que, por essa lei, "o décimo-terceiro salário" (também conhecido como adicional ou gratificação natalina) também está excluído do conceito de remuneração (art. 1°, III, "f"); todavia, inexistem dúvidas sobre o caráter retributivo e a tributação do imposto de renda sobre os valores recebidos a esse título. Nesse contexto, resta claro que o recebimento de adicional de férias configura aquisição de disponibilidade econômica que configura acréscimo patrimonial ao trabalhador, atraindo, assim, a incidência do imposto de renda, nos termos do art. 43 do CTN. Diferentemente seria se o trabalhador, não obstante já tivesse adquirido o direito às férias, não viesse a delas usufruir, o que transmudaria a natureza da verba para o viés indenizatório (reparação pelo não exercício regular do direito), intangível à tributação pelo imposto de renda, conforme assentado no julgamento do REsp 1.111.223-SP, Primeira Seção, DJe 4/5/2009, submetido ao rito do art. 543-C do CPC. Por fim, cumpre destacar que, ainda que se admita o caráter indenizatório da quantia recebida, tal caráter, por si só, não afasta a incidência do imposto de renda, sobretudo quando a indenização tem por escopo a recomposição do patrimônio lesado. Diante dessas ponderações, a conclusão acerca da natureza da verba em questão nos julgamentos da Pet 7.296-PE e do REsp 1.230.957-RS, por si só, não infirma a hipótese de incidência do imposto de renda, cujo fato gerador não está relacionado com a composição do salário de contribuição para fins previdenciários ou com a habitualidade de percepção dessa verba, mas sim com à existência, ou não, de acréscimo patrimonial, que, como visto, é patente quando do recebimento do adicional de férias gozadas. **REsp 1.459.779-MA, Rel. Min. Mauro Campbell Marques, Rel. para acórdão Min. Benedito Gonçalves, Primeira Seção, julgado em 22/04/2015, DJe 18/11/2015. (Inform. STJ 573)**

DIREITO TRIBUTÁRIO. CESSÃO DE CRÉDITO DE PRECATÓRIO E CÁLCULO DO IMPOSTO DE RENDA DEVIDO POR OCASIÃO DE SEU PAGAMENTO.

Se pessoa jurídica adquire por meio de cessão de direito precatório cujo beneficiário seja pessoa física, o cálculo do imposto de renda (IR) retido na fonte (art. 46 da Lei 8.541/1992) na ocasião do pagamento da carta precatória deverá ser realizado com base na alíquota que seria aplicável à pessoa física cedente, ainda que a alíquota aplicável a pessoa física seja maior do que a imposta a pessoa jurídica. Segundo o art. 43 do CTN, o fato gerador do imposto de renda, em seu critério material da hipótese de incidência, é a aquisição da disponibilidade econômica ou jurídica de renda ou de proventos de qualquer natureza. Importa esclarecer que "não se deve confundir disponibilidade econômica com disponibilidade financeira. Enquanto esta última (disponibilidade financeira) se refere à imediata 'utilidade' da renda, a segunda (disponibilidade econômica) está atrelada ao simples acréscimo patrimonial, independentemente da existência de recursos financeiros" (REsp 983.134-RS, Segunda Turma, DJe 17/4/2008). Por sua vez, o precatório é uma carta (precatória) expedida pelo juiz da execução ao Presidente do Tribunal respectivo a fim de que, por seu intermédio, seja enviado à pessoa jurídica de direito público obrigada o ofício de requisição de pagamento. Trata-se de um documento que veicula um direito de crédito líquido, certo e exigível proveniente de uma decisão judicial transitada em julgado. Sendo assim, o precatório veicula um direito cuja aquisição da disponibilidade econômica e jurídica já se operou com o trânsito em julgado da sentença a favor de um determinado beneficiário, motivo pelo qual esse credor original do precatório pode realizar a cessão total ou parcial do crédito, conforme o disposto no § 13 do art. 100 da CF. Desse modo, o momento em que nasce a obrigação tributária referente ao Imposto de Renda com a ocorrência do seu critério material da hipótese de incidência (disponibilidade econômica ou jurídica) é anterior ao pagamento do precatório (disponibilidade financeira) e essa obrigação já nasce com a sujeição passiva determinada pelo titular do direito que foi reconhecido em juízo (beneficiário), não podendo ser modificada pela cessão do crédito, por força do art. 123 do CTN ("Salvo disposições de lei em contrário, as convenções particulares, relativas à responsabilidade pelo pagamento de tributos, não podem ser opostas à Fazenda Pública, para modificar a definição legal do sujeito passivo das obrigações tributárias correspondentes"). Assim, o pagamento efetivo do precatório é apenas a disponibilidade financeira do valor correspondente, o que seria indiferente para efeito do Imposto de Renda não fosse o disposto no art. 46 da Lei 8.541/1992 (art. 718 do RIR/1999), que elenca esse segundo momento como sendo o momento do pagamento (retenção na fonte) do referido tributo ou o critério temporal da hipótese de incidência. Nesse contexto, o *caput* do aludido art. 46 determina que "O imposto sobre a renda incidente sobre os rendimentos pagos em cumprimento de decisão judicial será retido na fonte pela pessoa física ou jurídica obrigada ao pagamento, no momento em que, por qualquer forma, o rendimento se torne disponível para o beneficiário". Com efeito, o "beneficiário" a que alude o art. 46 da Lei 8.541/1992 (art. 718 do RIR/1999) é o credor originário do precatório, de modo que, para efeito da alíquota aplicável na retenção na fonte, não importa se houve cessão de direito anterior, e, igualmente, não interessa a condição pessoal do cessionário, até porque o credor originário (cedente) não pode ceder parte do crédito do qual não dispõe referente ao Imposto de Renda a ser retido na fonte. Dessa maneira, no momento em que o credor originário cede o crédito consubstanciado no precatório, está cedendo o direito ao recebimento do rendimento que lhe será pago nos termos e limites do art. 46 da Lei 8.541/1992, ou seja, o valor líquido em relação ao desconto referente ao Imposto de Renda. Em outras palavras, a natureza da obrigação tributária, pelos motivos já alinhavados, permite concluir que a totalidade do crédito compreende tão somente o valor do qual o beneficiário pode dispor, qual seja, aquele que lhe será entregue por ocasião do pagamento deduzida a importância retida na fonte a título de Imposto de Renda. Interpretação contrária implicaria a cessão de parte do crédito do qual o beneficiário não dispõe, ou seja, cessão da própria parcela do Imposto de Renda. Por fim, não é possível desconsiderar a relação jurídica original em que figura no polo ativo da execução o beneficiário primeiro do crédito objeto de sentença transitada em julgado (o cedente), sob pena de permitir situações absurdas como, por exemplo, a cessão do crédito a terceiro isento ou imune, para fins de não pagamento do tributo em questão, subvertendo-se a sistemática de arrecadação do Estado e, até mesmo, possibilitando eventuais fraudes, abuso das formas e elusões fiscais, que devem ser evitadas. RMS 42.409-RJ, Rel. Min. Mauro Campbell Marques, julgado em 6/10/2015, DJe 16/10/2015. (Inform. STJ 571)

DIREITO TRIBUTÁRIO. INCIDÊNCIA DE IR SOBRE LUCROS CESSANTES.

Os valores percebidos, em cumprimento de decisão judicial, a título de pensionamento por redução da capacidade laborativa decorrente de dano físico causado por terceiro são tributáveis pelo Imposto de Renda (IR). Para a materialização da hipótese de incidência do IR, requer-se, simplesmente, a existência de acréscimo patrimonial, consistente na aquisição de riqueza nova, independentemente da fonte ou procedência do ganho, exceto em situações de imunidade ou isenção. Tal afirmação encontra-se em sintonia com o princípio tributário intitulado *pecunia non olet*, que, de acordo com a doutrina, "significa que o 'dinheiro não tem cheiro'", razão pela qual "o tributo será cobrado de todos aqueles que apresentam capacidade contributiva (capacidade econômica)". Feitas essas considerações, sob a ótica do Código Civil, notadamente dos arts. 402 e 403, tem-se que indenização corresponde a perdas e danos, devendo englobar não apenas o que o indivíduo perdeu, como também o que deixou de lucrar, este último denominado "lucros cessantes". Nesse contexto, a natureza indenizatória dos lucros cessantes não os retira do âmbito de incidência do IR, pois o que interessa para a tributação por intermédio do referido tributo, como visto acima, é a obtenção de riqueza nova, ou seja, a ocorrência de acréscimo patrimonial. Assim, para fins de incidência do IR, o *nomen iuris* atribuído à verba é irrelevante. No caso dos valores percebidos a título de pensionamento por redução da capacidade laborativa decorrente de dano físico causado por terceiro, não obstante a verba ostente a natureza de lucros cessantes – o que a qualifica como verba indenizatória –, há acréscimo patrimonial apto a autorizar a incidência do IR com base no art. 43, II, do CTN. **REsp 1.464.786-RS, Rel. Min. Og Fernandes, julgado em 25/8/2015, DJe 9/9/2015 (Inform. STJ 568).**

DIREITO TRIBUTÁRIO. INCIDÊNCIA DE IRPJ E CSLL SOBRE OS VALORES DE REPETIÇÃO DO INDÉBITO TRIBUTÁRIO.

Incide IRPJ – apurado pelo regime de lucro real ou presumido – e CSLL sobre os valores referentes à restituição ou à compensação de indébito tributário se, em períodos anteriores, tiverem sido computados como despesas dedutíveis do lucro real e da base de cálculo da CSLL. De fato, o art. 53 da Lei 9.430/1996 dispõe que "Os valores recuperados, correspondentes a custos e despesas, inclusive com perdas no recebimento de créditos, deverão ser adicionados ao lucro presumido ou arbitrado para determinação do imposto de renda, salvo se o contribuinte comprovar não os ter deduzido em período anterior no qual tenha se submetido ao regime de tributação com base no lucro real ou que se refiram a período no qual tenha se submetido ao regime de tributação com base no lucro presumido ou arbitrado". Tendo em vista o referido dispositivo, o art. 1º do Ato Declaratório Interpretativo da Secretaria da Receita Federal 25/2003 assim disciplinou: "Os valores restituídos a título de tributo pago indevidamente serão tributados pelo Imposto sobre a Renda das Pessoas Jurídicas (IRPJ) e pela Contribuição Social sobre o Lucro Líquido (CSLL), se, em períodos anteriores, tiverem sido computados como despesas dedutíveis do lucro real e da base de cálculo da CSLL". A interpretação literal do art. 1º do ADI SRF 25/2003 poderia levar à conclusão de que os valores recuperados, correspondentes a despesas deduzidas anteriormente da receita do contribuinte, somente poderiam ser adicionados ao lucro presumido ou arbitrado, mas não ao lucro real. Todavia, como a regra de adições e exclusões, para a definição da base de cálculo do IRPJ, é típica do regime de apuração pelo lucro real, infere-se que o espírito do legislador foi tão somente positivar a possibilidade de adicionar, mesmo na sistemática do lucro presumido ou do lucro arbitrado, os valores ressarcidos ao contribuinte. Acrescente-se que a quantia eventualmente recuperada de despesas, tributárias ou não, que em dado exercício foram excluídas da base de cálculo do IRPJ e da CSLL, configura acréscimo patrimonial, de modo que o valor restituído deve ser adicionado à referida base no período de apuração em que ele se tornar disponível. Logo, independentemente da previsão contida no art. 53 da Lei 9.430/1996, que apenas explicita que o raciocínio é válido para os casos de tributação pelo lucro presumido ou arbitrado, é da própria hipótese de incidência do imposto de renda (arts. 43, II, e 44, do CTN) que decorre a exigência do tributo. O mesmo raciocínio se aplica ao fato de o art. 53 da Lei 9.430/1996 não constar do rol do art. 28 da mesma lei como passível de aplicação à apuração da base de cálculo e ao pagamento da CSLL, haja vista a existência de outras "normas da legislação vigente" que possibilitam a incidência da exação. Agregue-se, dentro da ótica de que para fins de incidência tributária a regra é que o acessório segue a sorte do principal, que a Primeira Seção do STJ pacificou entendimento, em acórdão submetido ao regime do art. 543-C do CPC, no sentido de que os "juros incidentes na repetição do indébito tributário, inobstante a constatação de se tratarem de juros moratórios, se encontram dentro da base de cálculo do IRPJ e da CSLL, dada a sua natureza de lucros cessantes, compondo o lucro operacional da empresa a teor art. 17, do Decreto-lei n. 1.598/77, em cuja redação se espelhou o art. 373, do Decreto n. 3.000/99 – RIR/99, assim como o art. 9º, §2º, do Decreto-Lei nº 1.381/74 e art. 161, IV do RIR/99, estes últimos explícitos quanto à tributação dos juros de mora em relação às empresas individuais" (REsp 1.138.695-SC, Primeira Seção, DJe 31/5/2013). Nesse contexto, firmada a orientação de que os juros incidentes na repetição do indébito tributário se incluem na base de cálculo do IRPJ e da CSLL, dessume-se que a verba principal não foge à tributação. REsp 1.385.860-CE, Rel. Min. Humberto Martins, julgado em 12/5/2015, DJe 19/5/2015 (Inform. STJ 562).

DIREITO TRIBUTÁRIO. ISENÇÃO DE IMPOSTO DE RENDA SOBRE PROVENTOS ORIUNDOS DE PREVIDÊNCIA PRIVADA COMPLEMENTAR.

São isentos do imposto de renda os proventos percebidos de fundo de previdência privada a título de complementação da aposentadoria por pessoa física acometida de uma das doenças arroladas no art. 6º, XIV, da Lei 7.713/1988. Isso porque a isenção do imposto de renda prevista no art. 6º, XIV, da Lei 7.713/1988 – da qual faz jus pessoa física portadora de doença grave arrolada nesse inciso que receba proventos de aposentadoria ou reforma – engloba benefício complementar pago por entidade de previdência privada. É preciso ressaltar que o regime da previdência privada é facultativo e baseia-se na constituição de reservas que garantam o benefício contratado, nos termos do art. 202 da CF e da exegese do art. 1º da LC 109/2001. Assim, o capital acumulado em plano de previdência privada representa patrimônio destinado à geração de aposentadoria – ainda que intitulada de complementar –, possuindo natureza previdenciária, mormente ante o fato de estar inserida na seção sobre Previdência Social da CF (EREsp 1.121.719-SP, Segunda Seção, DJe 4/4/2014), o que legitima a isenção sobre a parcela complementar. Além disso, o caráter previdenciário da aposentadoria privada encontra respaldo no próprio Regulamento do Imposto de Renda (Decreto 3.000/1999), que estabelece a isenção sobre os valores decorrentes da complementação de aposentadoria no § 6º do seu art. 39: "As isenções de que tratam os incisos XXXI e XXXIII também se aplicam à complementação de aposentadoria, reforma ou pensão". Ademais, conforme a doutrina, "os planos previdenciários privados têm por ponto principal permitir uma continuidade no padrão de vida da pessoa, numa fase madura da vida". Nesse sentido, a isenção concedida aos portadores de doença grave consubstancia benefício fiscal que visa abrandar o impacto da carga tributária sobre a renda necessária à sua subsistência e sobre os custos inerentes ao tratamento da doença, legitimando um "padrão de vida" o mais digno possível diante do estado de enfermidade. Precedente citado: REsp 1.204.516-PR, Segunda Turma, DJe 23/11/2010. REsp 1.507.320-RS, Rel. Min. Humberto Martins, julgado em 10/2/2015, DJe 20/2/2015 (Inform. STJ 556).

DIREITO TRIBUTÁRIO. CORREÇÃO MONETÁRIA DO VALOR DO IR INCIDENTE SOBRE VERBAS RECEBIDAS ACUMULADAMENTE EM AÇÃO TRABALHISTA. RECURSO REPETITIVO (ART. 543-C DO CPC E RES. 8/2008-STJ).

Até a data da retenção na fonte, a correção do IR apurado e em valores originais deve ser feita sobre a totalidade da verba acumulada e pelo mesmo fator de atualização monetária dos valores recebidos acumuladamente, sendo que, em ação trabalhista, o critério utilizado para tanto é o Fator de Atualização e Conversão dos Débitos Trabalhistas (FACDT). Essa sistemática não implica violação do art. 13 da Lei 9.065/1995, do art. 61, § 3º, da Lei 9.430/1996, dos arts. 8º, I, e 39, § 4º, da Lei 9.250/1995, uma vez que se refere à equalização das bases de cálculo do imposto de renda apuradas pelo regime de competência e pelo regime de caixa e não à mora, seja do contribuinte, seja do Fisco. Ressalte-se que a taxa SELIC, como índice único de correção monetária do indébito, incidirá somente após a data da retenção indevida. REsp 1.470.720-RS, Rel. Min. Mauro Campbell Marques, Primeira Seção, julgado em 10/12/2014, DJe 18/12/2014 (Inform. STJ 553).

Súmula STF nº 587

Incide Imposto de Renda sobre o pagamento de serviços técnicos contratados no exterior e prestados no Brasil.

Súmula STF nº 586

Incide o Imposto de Renda sobre os juros remetidos para o exterior, com base em contrato de mútuo.

Súmula STF nº 584

Ao Imposto de Renda calculado sobre os rendimentos do ano-base, aplica-se a lei vigente no exercício financeiro em que deve ser apresentada a declaração.

Súmula STJ nº 498

Não incide imposto de renda sobre a indenização por danos morais.

Súmula STJ nº 463

Incide imposto de renda sobre os valores percebidos a título de indenização por horas extraordinárias trabalhadas, ainda que decorrentes de acordo coletivo.

Súmula STJ nº 386

São isentas de imposto de renda as indenizações de férias proporcionais e o respectivo adicional.

Súmula STJ nº 215

A indenização recebida pela adesão ao programa de incentivo à demissão voluntária não está sujeita à incidência do imposto de renda.

Súmula STJ nº 136

O pagamento de licença-prêmio não gozada por necessidade do serviço não está sujeito ao Imposto de Renda.

Súmula STJ nº 125

O pagamento de férias não gozadas por necessidade de serviço não está sujeito à incidência do Imposto de Renda.

Súmula TFR nº 264

As cooperativas não estão sujeitas à tributação do Imposto de Renda por excesso de retirada de seus dirigentes.

Súmula TFR nº 182

É ilegítimo o lançamento do Imposto de Renda arbitrado com base apenas em extratos ou depósitos bancários.

Súmula TFR nº 130

No cálculo do Imposto de Renda, não se inclui o ágio cambial pago na aquisição da moeda estrangeira a ser remetida ao Exterior a título de juros devidos.

Súmula TFR nº 101

As multas fiscais não são dedutíveis como despesas operacionais, para fins do Imposto de Renda.

Súmula TFR nº 76

Em tema de Imposto de Renda, a desclassificação da escrita somente se legitima na ausência de elementos concretos que permitam a apuração do lucro real da empresa, não a justificando o simples atraso na escrita.

Súmula TFR nº 39

Não está sujeita ao Imposto de Renda a indenização recebida por pessoa jurídica em decorrência de desapropriação amigável ou judicial.

4.3. IPI

AG. REG. NO RE N. 881.908-CE
RELATOR: MIN. MARCO AURÉLIO
IMPOSTO SOBRE PRODUTOS INDUSTRIALIZADOS – FRETE – BASE DE CÁLCULO – INCLUSÃO – LEI ORDINÁRIA – INCONSTITUCIONALIDADE FORMAL. Viola o artigo 146, inciso III, alínea "a", da Carta Federal norma ordinária segundo a qual hão de ser incluídos, na base de cálculo do Imposto sobre Produtos Industrializados – IPI, valores em descompasso com o disposto na alínea "a" do inciso II do artigo 47 do Código Tributário Nacional. Precedente – Recurso Extraordinário nº 567.935/SC, de minha relatoria, Pleno, apreciado sob o ângulo da repercussão geral. **(Inform. STF 802)**

REPERCUSSÃO GERAL EM RE N. 398.365-RS
RELATOR: MIN. GILMAR MENDES
Recurso extraordinário. Repercussão geral. 2. Tributário. Aquisição de insumos isentos, não tributados ou sujeitos à alíquota zero. 3. Creditamento de IPI. Impossibilidade. 4. Os princípios da não cumulatividade e da seletividade, previstos no art. 153, § 3º, I e II, da Constituição Federal, não asseguram direito de crédito presumido de IPI para o contribuinte adquirente de insumos não tributados ou sujeitos à alíquota zero. Precedentes. 5. Recurso não provido. Reafirmação de jurisprudência. **(Inform. STF 800)**

DIREITO TRIBUTÁRIO. CREDITAMENTO DE IPI DOS PRODUTOS FINAIS IMPORTADOS E DESTINADOS À ZONA FRANCA DE MANAUS.
O art. 2º da Lei 9.716/1998 (com vigência a partir de 30/10/1998) garantiu a manutenção na escrita do contribuinte dos créditos de IPI provenientes da aquisição de produtos finais do exterior e posteriormente remetidos à Zona Franca de Manaus (ZFM). De fato, na importação de bem acabado, com posterior revenda ao mercado interno, o IPI incide tanto no desembaraço aduaneiro quanto na saída do produto do estabelecimento do importador, ou seja, quando da sua revenda. Nesses casos, o importador compensa o valor pago na saída do produto com o que pagou quando do despacho aduaneiro, diante do princípio da não-cumulatividade. De outro lado, quando o importador de bem acabado revende para a ZFM ou para outras regiões incentivadas, a saída não é tributada. Nesse caso – quando a saída não é tributada – a manutenção desse crédito na escrita fiscal necessita de autorização legal expressa por se tratar de benefício fiscal. Ocorre que existe uma autorização genérica de creditamento presente no art. 2º da Lei 9.716/1998 (com vigência a partir de 30/10/1998). A mesma autorização se encontra também de forma genérica disposta no art. 11 da Lei 9.779/1999 (com vigência a partir de 30/12/1998). Assim, independentemente de o art. 4º da Lei 8.387/1991 dispor que será mantido na escrita do contribuinte o crédito do IPI incidente sobre matérias-primas, produtos intermediários, material de embalagem e equipamentos adquiridos para emprego na industrialização de produtos que venham a ser remetidos para a ZFM, deve-se concluir que todos os dispositivos legais citados convivem harmoniosamente. Se o art. 4º da Lei 8.387/1991 garantiu desde 31/12/1991 a manutenção na escrita do contribuinte dos créditos provenientes da aquisição de insumos empregados na industrialização de produtos remetidos à ZFM, é bem verdade que essa possibilidade foi estendida para as outras saídas isentas ou tributadas à alíquota zero pelo art. 11 da Lei 9.779/1999 (com vigência a partir de 30/12/1998). Não houve aqui qualquer incompatibilidade. Aliás, é de se observar que o art. 226, V e VI, do RIPI/2010 (Decreto 7.212/2010) permite o creditamento dos estabelecimentos equiparados do imposto pago no desembaraço aduaneiro e que o art. 2º, da Lei 9.716/1998 não discrimina a origem do creditamento ou o destino do produto para efeito de sua aplicação. Sendo assim, o art. 2º da Lei 9.716/1998 se aplica tanto ao creditamento proveniente da aquisição de insumos (matérias-primas, produtos intermediários, material de embalagem) quanto ao creditamento proveniente da aquisição de produtos finais (acabados) via importação, indiferente que sejam destinados ou não para a Zona Franca de Manaus. REsp 1.464.935-PR, Rel. Min. Mauro Campbell Marques, julgado em 1º/10/2015, DJe 15/10/2015. (Inform. STJ 571)

DIREITO TRIBUTÁRIO. ISENÇÕES DE IPI E DE II A INSTITUIÇÕES CULTURAIS.
As entidades com finalidade eminentemente cultural fazem jus às isenções de Imposto de Importação (II) e de Imposto sobre Produtos Industrializados (IPI) previstas nos arts. 2º, I, "b", e 3º, I, da Lei 8.032/1990. Conquanto a Lei 8.032/1990 estabeleça isenções de II e de IPI para as "instituições de educação" (art. 2º, I, "b", da Lei 8.032/1990), as entidades com finalidade eminentemente cultural estão inseridas nessa expressão legal, visto que não se pode dissociar cultura de educação. Precedente citado: REsp 262.590-CE, Segunda Turma, DJ 6/5/2002. **REsp 1.100.912-RJ, Rel. Min. Sérgio Kukina, julgado em 28/4/2015, DJe 14/5/2015 (Inform. STJ 561).**

DIREITO TRIBUTÁRIO. AQUISIÇÃO DE VEÍCULO COM ISENÇÃO DE IPI POR PESSOA COM NECESSIDADES ESPECIAIS QUE TEVE O SEU VEÍCULO ROUBADO.

A isenção de IPI para aquisição de automóvel por pessoa com necessidades especiais (art. 1º, IV, da Lei 8.989/1995) poderá ser novamente concedida antes do término do prazo de 2 anos contado da aquisição (art. 2º) se o veículo vier a ser roubado durante esse período. De acordo com o art. 2º da Lei 8.989/1995, "a isenção do Imposto sobre Produtos Industrializados – IPI de que trata o art. 1º desta Lei somente poderá ser utilizada uma vez, salvo se o veículo tiver sido adquirido há mais de 2 (dois) anos". Esse dispositivo, entretanto, deve ser interpretado de maneira a satisfazer o caráter humanitário da política fiscal, primando pela inclusão das pessoas com necessidades especiais e não restringindo seu acesso. Com efeito, a orientação do STJ é que a Lei 8.989/1995 não pode ser interpretada em óbice à implementação de ação afirmativa para inclusão de pessoas com necessidades especiais (REsp 567.873-MG, Primeira Turma, DJ 25/2/2004). Assim, cabe, na situação em análise, afastar a limitação temporal do art. 2º. da Lei 8.989/1995, com base no princípio da dignidade da pessoa humana e em razão de motivo de força maior. REsp 1.390.345-RS, Rel. Min. Napoleão Nunes Maia Filho, julgado em 24/3/2015, DJe 7/4/2015 (Inform. STJ 559).

DIREITO TRIBUTÁRIO. IMPOSSIBILIDADE DE INCIDIR IPI NA IMPORTAÇÃO DE VEÍCULO PARA USO PRÓPRIO. RECURSO REPETITIVO (ART. 543-C DO CPC E RES. 8/2008-STJ).

Não incide IPI no desembaraço aduaneiro de veículo importado por consumidor para uso próprio. Isso porque o fato gerador da incidência do tributo é o exercício de atividade mercantil ou assemelhada, quadro no qual não se encaixa o consumidor final que importa o veículo para uso próprio e não para fins comerciais. Ademais, ainda que assim não fosse, a aplicação do princípio da não cumulatividade afasta a incidência do IPI. Com efeito, segundo o art. 49 do CTN, o valor pago na operação imediatamente anterior deve ser abatido do mesmo imposto em operação posterior. Ocorre que, no caso, por se tratar de importação feita por consumidor final, esse abatimento não poderia ser realizado. Precedentes citados do STJ: AgRg no AREsp 357.532-RS, Segunda Turma, DJe 18/9/2013; AgRg no AREsp 333.428-RS, Segunda Turma, DJe 22/8/2013; AgRg no REsp 1.369.578-SC, Primeira Turma, DJe 12/6/2013; e AgRg no AREsp 215.391-SC, Primeira Turma, DJe 21/6/2013. Precedentes citados do STF: RE 550.170-SP AgR, Primeira Turma, DJe 3/8/2011; e RE 255.090-RS AgR, Segunda Turma, DJe 7/10/2010. REsp 1.396.488-SC, Rel. Min. Humberto Martins, Primeira Seção, julgado em 25/2/2015, DJe 17/3/2015 (Inform. STJ 557).

DIREITO TRIBUTÁRIO. FATO GERADOR DO IPI NAS OPERAÇÕES DE COMERCIALIZAÇÃO, NO MERCADO INTERNO, DE PRODUTOS DE PROCEDÊNCIA ESTRANGEIRA.

Havendo incidência do IPI no desembaraço aduaneiro de produto de procedência estrangeira (art. 46, I, do CTN), não é possível nova cobrança do tributo na saída do produto do estabelecimento do importador (arts. 46, II, e 51, parágrafo único, do CTN), salvo se, entre o desembaraço aduaneiro e a saída do estabelecimento do importador, o produto tiver sido objeto de uma das formas de industrialização (art. 46, parágrafo único, do CTN). A norma do parágrafo único do art. 46 do CTN constitui a essência do fato gerador do IPI. A teor dela, o tributo não incide sobre o acréscimo embutido em cada um dos estágios da circulação de produtos industrializados. O IPI incide apenas sobre o montante que, na operação tributada, tenha resultado da industrialização, assim considerada qualquer operação que importe na alteração da natureza, funcionamento, utilização, acabamento ou apresentação do produto, ressalvadas as exceções legais. De outro modo, coincidiriam os fatos geradores do IPI e do ICMS. Consequentemente, os incisos I e II do caput do art. 46 do CTN são excludentes, salvo se, entre o desembaraço aduaneiro e a saída do estabelecimento do importador, o produto tiver sido objeto de uma das formas de industrialização. EREsp 1.411.749-PR, Rel. originário Min. Sérgio Kukina, Rel. para acórdão Min. Ari Pargendler, julgado em 11/6/2014, DJe 18/12/2014 (Inform. STJ 553).

Súmula STJ nº 495

A aquisição de bens integrantes do ativo permanente da empresa não gera direito a creditamento de IPI.

Súmula STJ nº 494

O benefício fiscal do ressarcimento do crédito presumido do IPI relativo às exportações incide mesmo quando as matérias-primas ou os insumos sejam adquiridos de pessoa física ou jurídica não contribuinte do PIS/PASEP.

Súmula STJ nº 411

É devida a correção monetária ao creditamento do IPI quando há oposição ao seu aproveitamento decorrente de resistência ilegítima do Fisco. *(Comentário: se não houve oposição do fisco, é inviável a correção monetária dos créditos do IPI e do ICMS, por conta de sua natureza escritural)*

Súmula TFR nº 161

Não se inclui na base de cálculo do PIS a parcela relativa ao IPI. *(Comentário: entendimento ultrapassado pelo STJ, que entende inviável a exclusão do IPI da base de cálculo do PIS/COFINS, exceto no caso de crédito presumido de IPI. Ademais, o STF entende que a matéria é mesmo da competência do STJ)*

Súmula TFR nº 106

A seguradora não tem direito à restituição do Imposto sobre Produtos Industrializados, no caso de sinistro ocorrido com mercadoria, após a sua saída do estabelecimento produtor.

Súmula TFR nº 81

Mármores e granitos afeiçoados ao emprego final, mediante processo de industrialização, estão sujeitos ao Imposto sobre Produtos Industrializados.

4.4. ICMS

4.4.1. ICMS: Incidência, conflitos de competência

AG. REG. NOS EMB. DECL. NO AG. REG. NO RE N. 705.264-SC
RELATOR: MIN. MARCO AURÉLIO

EMBARGOS DECLARATÓRIOS – INEXISTÊNCIA DE VÍCIO. Uma vez voltados os embargos declaratórios ao simples rejulgamento de certa matéria, inexistindo, na decisão formalizada, qualquer dos vícios que os respaldam – omissão, contradição e obscuridade –, cumpre desprovê-los.

ICMS – BENS – IMPORTAÇÃO – EMENDA CONSTITUCIONAL Nº 33, DE 2001 – PRINCÍPIO DA LEGALIDADE – PRECEDENTES. É constitucional a incidência do Imposto sobre a Circulação de Mercadorias e Serviços – ICMS em bens importados, prevista na Emenda Constitucional nº 33, de 2001, pressupondo a cobrança a edição de lei complementar e de lei estadual a versar a matéria. Precedentes: Recursos Extraordinários n. 474.267/RS e 439.796/PR, julgados no Pleno, relatados pelo ministro Joaquim Barbosa, acórdãos veiculados, respectivamente, no Diário de 20 e 17 de março de 2014. **(Inform. STF 802)**

REPERCUSSÃO GERAL EM ARE N. 782.749-RS
RELATOR: MIN. TEORI ZAVASCKI

Ementa: PROCESSUAL CIVIL. RECURSO EXTRAORDINÁRIO. IMPOSTO SOBRE OPERAÇÕES RELATIVAS À CIRCULAÇÃO DE MERCADORIAS E SOBRE PRESTAÇÕES DE SERVIÇOS DE TRANSPORTE INTERESTADUAL E INTERMUNICIPAL E DE COMUNICAÇÃO – ICMS. INCIDÊNCIA SOBRE A TARIFA DE "ASSINATURA BÁSICA MENSAL". REPERCUSSÃO GERAL CONFIGURADA.

1. Possui repercussão geral a questão relativa à incidência ou não do ICMS-comunicação (Constituição, art. 155, II) sobre a tarifa denominada "assinatura básica mensal", paga pelo consumidor às concessionárias de telefonia, de forma permanente e contínua, durante toda a vigência do contrato de prestação de serviços.

2. Repercussão geral reconhecida. **(Inform. STF 793)**

Súmula Vinculante STF 48

Na entrada de mercadoria importada do exterior, é legítima a cobrança do ICMS por ocasião do desembaraço aduaneiro.

Súmula STF nº 662

É legítima a incidência do ICMS na comercialização de exemplares de obras cinematográficas, gravados em fitas de videocassete.

Súmula STF nº 579

A cal virgem e a hidratada estão sujeitas ao Imposto de Circulação de Mercadorias.

Súmula STJ nº 163

O fornecimento de mercadorias com a simultânea prestação de serviços em bares, restaurantes e estabelecimentos similares constitui fato gerador do ICMS a incidir sobre o valor total da operação.

4.4.2. ICMS: Imunidades

AG. REG. NO AI N. 856.945-MS

RELATORA: MIN. ROSA WEBER

EMENTA: DIREITO TRIBUTÁRIO. ICMS. IMUNIDADE. PRETENSÃO DE ENQUADRAMENTO DE PRODUTO DESTINADO À EXPORTAÇÃO COMO SEMIELABORADO. LEI COMPLEMENTAR 65/1991. DEBATE DE ÂMBITO INFRACONSTITUCIONAL. EVENTUAL VIOLAÇÃO REFLEXA DA CONSTITUIÇÃO DA REPÚBLICA NÃO VIABILIZA O MANEJO DE RECURSO EXTRAORDINÁRIO. ACÓRDÃO RECORRIDO PUBLICADO EM 16.3.2010. As razões do agravo regimental não são aptas a infirmar os fundamentos que lastrearam a decisão agravada, mormente no que se refere ao âmbito infraconstitucional do debate, a inviabilizar o trânsito do recurso extraordinário.

4.4.3. Alíquotas e base de cálculo

DIREITO TRIBUTÁRIO. GARANTIA ESTENDIDA E BASE DE CÁLCULO DO ICMS. O valor pago pelo consumidor final ao comerciante a título de "seguro de garantia estendida" não integra a base de cálculo do ICMS incidente sobre a operação de compra e venda da mercadoria. Inicialmente, convém esclarecer que o "seguro de garantia estendida" é um contrato de adesão voluntária estabelecido entre o consumidor (segurado) e uma sociedade seguradora, sendo rotineiramente oferecido e comercializado pela empresa que vendeu a mercadoria, que intermedeia o negócio. Ressalte-se que essa modalidade de seguro foi inicialmente regulamentada pelo Conselho Nacional de Seguros Privados (CNSP) por meio das Resoluções 122/2005 e 296/2013. De acordo com tais regulamentos, essa espécie de seguro tem por escopo fornecer ao segurado/consumidor a extensão e/ou complementação de garantia original da mercadoria adquirida. Importa mencionar, ainda, que a Resolução CNSP 296/2013, em seu art. 13, esclarece expressamente que é "vedado condicionar a compra do bem à contratação do seguro de garantia estendida, assim como condicionar a concessão de desconto no seu preço à aquisição do seguro". De outro lado, a base de cálculo do ICMS, segundo a Lei Kandir (LC 87/1996), é o valor da operação pelo qual se deu a circulação da mercadoria. O imposto, portanto, não está limitado ao preço da mercadoria, abrangendo também o valor relativo às condições estabelecidas e assim exigidas do comprador como pressuposto para a própria realização do negócio. Essa é a inteligência do inciso II do § 1º do art. 13 da LC 87/1996, o qual dispõe que devem integrar a base de cálculo: (a) os seguros, juros e demais importâncias pagas, recebidas ou debitadas, bem como descontos concedidos sob condição; e (b) o frete, caso o transporte seja efetuado pelo próprio remetente ou por sua conta e ordem e seja cobrado em separado. Nessa linha intelectiva, destaque-se que a doutrina ensina que o ICMS deve ser cobrado sobre o prêmio de seguro relativo ao risco do transporte que é contratado e pago pelo vendedor (remetente) e exigido do comprador para a concretização do negócio, pois, nesse caso, tal quantia está compreendida no valor da operação. A par disso, e ponderando os elementos supramencionados, verifica-se que o "seguro de garantia estendida" não se subsume ao art. 13, § 1º, II, "a", da LC 87/1996, pelas razões seguintes. A uma, o pagamento do prêmio dessa modalidade de seguro não deve ser exigido do comprador como condição indispensável para a aquisição da mercadoria. Isso porque o seguro em questão é de adesão voluntária, podendo, ou não, ser contratado diretamente pelo consumidor final. Além disso, o seguro não é pago pelo vendedor para depois ser exigido do comprador, na composição do preço da operação, para o fechamento do negócio; essa, sim, hipótese de incidência do art. 13, § 1º, II, "a", da LC 87/1996. A duas, o seguro de garantia estendida, conforme dispõe o art. 1º da Resolução CNSP 122, de 3/5/2005 e o art. 1º da Resolução CNSP 296, de 25/10/2013, pode ser contratado pelo consumidor quando da aquisição do bem ou posteriormente, durante o prazo de garantia do fabricante, o que denota que esse negócio jurídico, embora relacionado, é autônomo e subsequente à operação de compra, sendo possível a sua contratação depois de já circulada a mercadoria (fato gerador do ICMS), configurando, portanto, nova relação jurídica e, por isso, não pode compor o valor da operação anterior já concretizada. A três, porque os valores pagos pelo consumidor ao comerciante devem ser repassados à companhia seguradora por força contratual da parceria, não configurando, portanto, receita do varejista na espécie. Assim, a garantia estendida é estabelecida entre o consumidor e a empresa seguradora, inexistindo relação jurídico-tributária entre o fisco e o comerciante que possa imputar ao último o dever de recolher tributo sobre receita pertencente a terceiro, sob pena de afronta ao princípio da capacidade contributiva. Entretanto, apenas, se o "seguro de garantia estendida" vier a ser indevidamente exigido pelo comerciante, como condição do negócio, a fim de reduzir, por meio de simulação, a base de cálculo do ICMS, poderá o fisco autuar essa conduta irregular do contribuinte com espeque no princípio da realidade (art. 116, I, do CTN). REsp 1.346.749-MG, Rel. Min. Benedito Gonçalves, julgado em 10/2/2015, DJe 4/3/2015 (Inform. STJ 556).

Súmula STF nº 572

No cálculo do Imposto sobre Circulação de Mercadorias devido na saída de mercadorias para o exterior, não se incluem fretes pagos a terceiros, seguros e despesas de embarque.

Súmula STJ nº 457

Os descontos incondicionais nas operações mercantis não se incluem na base de cálculo do ICMS.

Súmula STJ nº 431

É ilegal a cobrança de ICMS com base no valor da mercadoria submetido ao regime de pauta fiscal.

Súmula STJ nº 395

O ICMS incide sobre o valor da venda a prazo constante da nota fiscal.

Súmula STJ nº 391

O ICMS incide sobre o valor da tarifa de energia elétrica correspondente à demanda de potência efetivamente utilizada.

Súmula STJ nº 237

Nas operações com cartão de crédito, os encargos relativos ao financiamento não são considerados no cálculo do ICMS.

4.4.4. ICMS: Telecomunicações

DIREITO TRIBUTÁRIO. ICMS SOBRE SERVIÇOS DE TV POR ASSINATURA VIA SATÉLITE.

Caso o prestador de serviços de televisão por assinatura via satélite forneça pacote de canais por valor fixo mensal para assinantes localizados em outros estados federados, deve-se recolher o ICMS em parcelas iguais para as unidades da Federação em que estiverem localizados o prestador e o tomador. De fato, nos termos do art. 11, III, "c-1", da LC 87/1996 (com redação da LC 102/2000), regra geral, o local da operação ou da prestação, para os efeitos da cobrança do ICMS, é, tratando-se de prestação onerosa de serviço de comunicação, o do estabelecimento ou domicílio do tomador do serviço, quando prestado por meio de satélite. Todavia, o parágrafo 6º do referido artigo traz uma exceção para os casos de serviços não medidos e cujo preço seja cobrado por períodos definidos. Por serviço medido, entende-se que o usuário paga pelo serviço efetivamente utilizado, como por exemplo, os serviços de água, telefonia, luz etc. Nos serviços de televisão por assinatura, o pagamento não é variável pelo tempo de utilização. O assinante opta por um pacote de canais e por ele pagará um valor fixo mensalmente. Logo, entende-se que o serviço prestado pela empresa de televisão por assinatura não é medido e o preço será cobrado por períodos definidos, qual seja, mensal. Desse modo, aplica-se ao caso o disposto no art. 11, § 6º, da LC 87/1996, segundo o qual se deve recolher o ICMS em partes iguais para as unidades da Federação em que estiverem localizados o prestador e o tomador. **REsp 1.497.364-GO, Rel. Min. Humberto Martins, julgado em 3/9/2015, DJe 14/9/2015 (Inform. STJ 569).**

Súmula STJ nº 350

O ICMS não incide sobre o serviço de habilitação de telefone celular.

4.4.5. ICMS: Energia elétrica e combustíveis

ICMS: combustíveis e bitributação – 3

O Plenário retomou o julgamento de ação direta ajuizada em face dos §§ 10 e 11 da Cláusula Vigésima Primeira do Convênio ICMS 110/2007, com a redação conferida pelo Convênio ICMS 136/2008 ("§ 10. Os contribuintes que efetuarem operações interestaduais com os produtos resultantes da mistura de gasolina com AEAC ou da mistura de óleo diesel com B100, deverão efetuar o estorno do crédito do imposto correspondente ao volume de AEAC ou B100 contido na mistura. § 11. O estorno a que se refere o § 10 far-se-á pelo recolhimento do valor correspondente ao ICMS diferido ou suspenso que será apurado com base no valor unitário médio e na alíquota média ponderada das entradas de AEAC ou de B100 ocorridas no mês, observado o § 6º da cláusula vigésima quinta") – v. Informativo 634. A Corte, inicialmente, rejeitou questão preliminar suscitada, e assentou a legitimidade ativa da Confederação Nacional do Comércio – CNC para a propositura de ação direta de inconstitucionalidade. No mérito, o Colegiado, por maioria, julgou o pedido procedente para declarar a inconstitucionalidade dos preceitos referidos. Destacou que os dispositivos impugnados, ao terem estabelecido nova obrigação aos contribuintes que efetuassem operações interestaduais com os produtos resultantes da mistura de gasolina com álcool AEAC ou da mistura de óleo diesel com Biodiesel B100, a pretexto de criarem um estorno do crédito do ICMS, teriam violado o disposto nos artigos 145, § 1º, 150, I, e 155, § 2º, I, e § 5º, da CF. Isso porque, se quando da aquisição do álcool AEAC ou do Biodiesel B100, nem a refinaria e nem a distribuidora pagariam qualquer valor a título de ICMS – uma vez que o seu pagamento seria diferido —, não poderia haver o estorno de quantia não paga e não recebida pelo Estado. Levando-se em consideração a natureza jurídica do crédito de ICMS, a norma impugnada não poderia excluir, a título de estorno – decorrente da anulação de crédito tributário da operação anterior —, a obrigação de recolhimento de valor de ICMS diferido ou suspenso, como consta da redação do referido §11.

ADI 4171/DF, rel. Min. Ellen Gracie, 5.3.2015. (ADI-4171)

ICMS: combustíveis e bitributação – 4

A Corte asseverou que não se teria como aceitável a atribuição da responsabilidade às distribuidoras de combustíveis, no caso de operações interestaduais com gasolina "C" ou óleo diesel, pelo recolhimento do valor correspondente ao ICMS diferido ou suspenso, de modo a estornar o crédito do imposto correspondente ao volume de AEAC ou B100 contidos na mistura. Não se poderia exigir o recolhimento de quem não teria a obrigação legal relativamente a ele. Outrossim, não caberia exigir o estorno, na forma de pagamento, para compensar a anulação de crédito meramente contábil. Se o crédito de ICMS, porventura existente na operação anterior, seria meramente escritural, não haveria motivos de ordem prática e jurídica a justificar a obrigação de estorno na forma de pagamento do imposto. O estorno poderia dar-se na forma de compensação contábil, mas não na modalidade de pagamento de imposto. Por outro lado, na espécie, os Estados-membros e o Distrito Federal, sob a supervisão da União, teriam vulnerado o princípio da legalidade tributária, pois, por meio de convênio, teriam estipulado que o mesmo fato gerador se prestaria a servir de instrumento arrecadador para entes federados distintos, a gerar hipótese de bitributação não contemplada na Constituição. Esse fato causaria, portanto, evidente surpresa e prejuízo ao contribuinte, uma vez que agravaria sua situação tributária, em patente violação às limitações constitucionais do poder de tributar. Vencidos os Ministros Luiz Fux e Cármen Lúcia, que julgavam improcedente o pedido. Destacavam que o Convênio ICMS 110/2007 teria definido a refinaria de petróleo como a câmara de compensação do ICMS, a ser recolhido nas operações de circulação de combustíveis derivados do petróleo por um sistema de repasse de deduções. Caberia, então, à refinaria o recolhimento do tributo aos Estados-membros em que situado o destinatário da mercadoria em operações interestaduais. O ICMS seria, então, regido pela regra da tributação integral de destino. No que concerne aos biocombustíveis, porém, a lógica seria diferente. Embora o recolhimento do tributo, pela distribuidora, fosse feito em um único momento, não poderiam ser ignorados seus distintos papéis, de modo que o estorno não incorreria em violação à legalidade tributária, por não criar novo fato gerador, mas apenas impedir a utilização do crédito anterior na operação seguinte, em virtude da imunidade. Na sequência, o Plenário retomou a análise sobre proposta formulada, na sessão de 3.8.2011, pela Ministra Ellen Gracie (relatora). Esta propusera que os efeitos da decisão tivessem a eficácia diferida por seis meses após a publicação do acórdão, no que foi acompanhada, na presente assentada, pelos Ministros Ricardo Lewandowski (Presidente), Roberto Barroso, Teori Zavascki, Luiz Fux, Gilmar Mendes e Celso de Mello. Em divergência, o Ministro Marco Aurélio destacou que, com a modulação de efeitos da decisão de inconstitucionalidade, as distribuidoras estariam compelidas ao pagamento de tributo que não encontraria respaldo na Constituição, visto que, no caso, não se teria um verdadeiro estorno, mas a cobrança do próprio tributo. Em seguida, o julgamento foi suspenso para colher o voto da Ministra Cármen Lúcia quanto à modulação dos efeitos da declaração de inconstitucionalidade. O Ministro Marco Aurélio assentou o não cabimento da suspensão do julgamento, no tocante à conclusão sobre a modulação, para que fosse colhido voto de Ministro ausente.

ADI 4171/DF, rel. Min. Ellen Gracie, 5.3.2015. (ADI-4171)

ICMS: combustíveis e bitributação – 5

O Plenário, em conclusão de julgamento e por maioria, acolheu pedido formulado em ação direta para declarar a inconstitucionalidade dos §§ 10 e 11 da Cláusula Vigésima Primeira do Convênio ICMS 110/2007, com a redação conferida pelo Convênio ICMS 136/2008 ("§ 10. Os contribuintes que efetuarem operações interestaduais com os produtos resultantes da mistura de gasolina com AEAC ou da mistura de óleo diesel com B100, deverão efetuar o estorno do crédito do imposto correspondente ao volume de AEAC ou B100 contido na mistura. § 11. O estorno a que se refere o § 10 far-se-á pelo recolhimento do valor correspondente ao ICMS diferido ou suspenso que será apurado com base no valor unitário médio e na alíquota média ponderada das entradas de AEAC ou de B100 ocorridas no mês, observado o § 6º da cláusula vigésima quinta") – v. Informativos 634 e 776. O Colegiado destacou que os dispositivos impugnados, ao terem estabelecido nova obrigação aos contribuintes que efetuassem operações interestaduais com os produtos resultantes da mistura de gasolina com álcool AEAC ou da mistura de óleo diesel com Biodiesel B100, a pretexto de criarem um estorno do crédito do ICMS, teriam violado o disposto nos artigos 145, § 1º, 150, I, e 155, § 2º, I, e § 5º, da CF. Isso porque, se quando da aquisição do álcool AEAC ou do Biodiesel B100, nem a refinaria e nem a distribuidora pagariam qualquer valor a título de ICMS – uma vez que o seu pagamento seria diferido —, não poderia haver o estorno de quantia não paga e não recebida pelo Estado. Levando-se em consideração a natureza jurídica do crédito de ICMS, a norma impugnada não poderia excluir, a título de estorno – decorrente da anulação de crédito tributário da operação anterior —, a obrigação de recolhimento de valor de ICMS diferido ou suspenso, como consta da redação do referido §11.

ADI 4171/DF, rel. orig. Min. Ellen Gracie, red. p/ o acórdão Min. Ricardo Lewandowski, 20.5.2015. (ADI-4171)

ICMS: combustíveis e bitributação – 6

A Corte asseverou que não se teria como aceitável a atribuição da responsabilidade às distribuidoras de combustíveis, no caso de operações interestaduais com gasolina "C" ou óleo diesel, pelo recolhimento do valor correspondente ao ICMS diferido ou suspenso, de modo a estornar o crédito do imposto correspondente ao volume de AEAC ou B100 contidos na mistura. Não se poderia exigir o recolhimento de quem não teria a obrigação legal relativamente a ele. Outrossim, não caberia exigir o estorno, na forma de pagamento, para compensar a anulação de crédito meramente contábil. Se o crédito de ICMS, porventura existente na operação anterior, seria meramente escritural, não haveria motivos de ordem prática e jurídica a justificar a obrigação de estorno na forma de pagamento do imposto. O estorno poderia dar-se na forma de compensação contábil, mas não na modalidade de pagamento de imposto. Por outro lado, na espécie, os Estados-Membros e o Distrito Federal, sob a supervisão da União, teriam vulnerado o princípio da legalidade tributária, pois, por meio de convênio, teriam estipulado que o mesmo fato gerador se prestaria a servir de instrumento arrecadador para entes federados distintos, a gerar hipótese de bitributação não contemplada na Constituição. Esse fato causaria, portanto, evidente surpresa e prejuízo ao contribuinte, uma vez que agravaria sua situação tributária, em patente violação às limitações constitucionais do poder de tributar. Vencidos os Ministros Luiz Fux e Cármen Lúcia, que julgavam improcedente o pedido. Na sequência, o Plenário, por maioria, modulou os efeitos da declaração de inconstitucionalidade, para que tivesse a eficácia diferida por seis meses após a publicação do acórdão. Vencido, quanto à modulação, o Ministro Marco Aurélio.

ADI 4171/DF, rel. orig. Min. Ellen Gracie, red. p/ o acórdão Min. Ricardo Lewandowski, 20.5.2015. (ADI-4171) (Inform. STF 786)

AG. REG. NO ARE 825.283-MA
RELATOR: MIN. LUIZ FUX
Ementa: **AGRAVO REGIMENTAL NO RECURSO EXTRAORDINÁRIO COM AGRAVO. ICMS. REVENDA DE COMBUSTÍVEIS. SUBSTITUIÇÃO TRIBUTÁRIA. RAZÕES RECURSAIS QUE NÃO ATACAM TODOS OS FUNDAMENTOS DO ACÓRDÃO RECORRIDO. INCIDÊNCIA DA SÚMULA Nº 283 DO STF. REPERCUSSÃO GERAL NÃO EXAMINADA EM FACE DE OUTROS FUNDAMENTOS QUE OBSTAM A ADMISSÃO DO APELO EXTREMO.1.** *É inadmissível o recurso extraordinário, quando a decisão recorrida assenta em mais de um fundamento suficiente e o recurso não abrange todos eles.* (Súmula nº 283/STF). Precedente: RE 505.028-AgR, Rel. Min. Ricardo Lewandowski, Primeira Turma, DJe de 12/9/2008.**2.** Não afasta a incidência da Súmula nº 283 do STF a argumentação suscitada apenas em agravo regimental contra os fundamentos contidos no acórdão recorrido, que não foram atacados no recurso extraordinário.**3.** Inconstitucionalidade da base de cálculo, ilegitimidade passiva e ativa e bitributação indevida constituem fundamentos para, ainda que individualmente admitidos, afastar exigência de obrigação tributária. Inexistência de argumentação contra qualquer desses fundamentos impede a análise do recurso extraordinário com fundamento na Súmula nº 283 do STF.**4.** *In casu,* o acórdão recorrido extraordinariamente assentou: *"DIREITO TRIBUTÁRIO E PROCESSUAL CIVIL. RECURSOS DE APELAÇÃO. AÇÃO ANULATÓRIA DE DÉBITO FISCAL. AUTO DE INFRAÇÃO. ICMS. EMPRESA DISTRIBUIDORA DE COMBUSTÍVEIS. SUBSTITUIÇÃO TRIBUTÁRIA. RECOLHIMENTO ANTECIPADO DO IMPOSTO PELA REFINARIA. SENTENÇA QUE JULGOU IMPROCEDENTE O PEDIDO E CONDENOU A AUTORA AO PAGAMENTO DE CUSTAS E HONORÁRIOS. AFRONTA AO PRINCIPIO DA LEGALIDADE. FIXAÇÃO DE PREÇOS DIFERENCIADOS POR MEIO DE PORTARIA MINISTERIAL. REGIME DE PAUTA FISCAL. SÚMULA 431 DO STJ. MAJORAÇÃO DA BASE DE CÁLCULO PELOS AUTOS DE INFRAÇÃO. IMPOSSIBILIDADE. RECURSO CONHECIDO E PROVIDO. 1 – Alguns produtos, dentre eles os combustíveis, são comercializados sob a estrutura, que consiste em cobrar na ponta da cadeia os impostos incidentes em todas as etapas. Todos os impostos são cobrados na venda do combustível do produtor para o distribuidor, portanto, as vendas do posto para o consumidor final são isentas de impostos, uma vez que estes já foram cobrados antecipadamente por substituição tributaria. 2 – A Carta Magna, em seu art. 155, § 2º, inciso I, consagra como um dos princípios basilares do ICMS a não cumulatividade, que é operacionalizado pelo instituto da compensação, efetivada pelo abatimento dos créditos decorrentes de operações anteriores, com os débitos referentes à revenda, não necessitando que sejam provenientes da mesma mercadoria ou do mesmo serviço. 3 – A redução da base de cálculo do ICMS na revenda de combustíveis, de acordo com a interpretação dada ao tema pelo Supremo Tribunal Federal, equivale à isenção parcial do tributo. 4 – Sendo caso de isenção, esse princípio, assim como os demais insculpidos na Constituição determina que a desoneração no preço de revenda da mercadoria ou serviço deverá acarretar a proporcional anulação do crédito relativo às operações anteriores (artigo 155, II, 'b'), pois condiciona o aproveitamento do crédito anterior, desde que não seja a operação posterior isenta ou não-incidente do imposto. 5 – A base de cálculo do ICMS há de ser, em face de força do princípio da legalidade, o valor da operação de que decorrer na saída da mercadoria. 6 – Primeiro apelo conhecido e provido a fim de reformar a sentença de base e anular os Autos de Infração e Segundo Apelo negado provimento".***5.** Agravo regimental **DESPROVIDO. (Inform. STF 785)**

REPERCUSSÃO GERAL EM RE N. 748.543-RS
RELATOR: MIN. MARCO AURÉLIO
IMUNIDADE TRIBUTÁRIA – ARTIGO 155, § 2º, INCISO X, ALÍNEA "B", DA CONSTITUIÇÃO FEDERAL – ALCANCE – INTERMEDIÁRIA NA AQUISIÇÃO E ALIENAÇÃO DE ENERGIA ELÉTRICA – RECURSO EXTRAORDINÁRIO – REPERCUSSÃO GERAL VERIFICADA. Possui repercussão geral a controvérsia acerca do alcance da imunidade tributária, prevista no artigo 155, § 2º, inciso X, alínea "b", da Constituição Federal, à intermediária que adquire energia elétrica e a aliena a consumidores no mesmo estado. **(Inform. STF 773)**

4.4.6. ICMS: Outras matérias

REPERCUSSÃO GERAL EM RE N. 851.421-DF
RELATOR: MIN. MARCO AURÉLIO
IMPOSTO SOBRE A CIRCULAÇÃO DE MERCADORIAS E SERVIÇOS – GUERRA FISCAL – BENEFÍCIOS FISCAIS DECLARADOS INCONSTITUCIONAIS – CONVALIDAÇÃO SUPERVENIENTE MEDIANTE NOVA DESONERAÇÃO – RECURSO EXTRAORDINÁRIO – REPERCUSSÃO GERAL CONFIGURADA. Possui repercussão geral a controvérsia relativa à constitucionalidade da prática mediante a qual os estados e o Distrito Federal, respaldados em consenso alcançado no âmbito do Conselho Nacional de Política Fazendária – CONFAZ, perdoam dívidas tributárias surgidas em decorrência do gozo de benefícios fiscais assentados inconstitucionais pelo Supremo, porque implementados em meio à chamada guerra fiscal do ICMS. **(Inform. STF 797)**

ICMS: benefício tributário e guerra fiscal
O Plenário julgou parcialmente procedente pedido formulado em ação direta para declarar a inconstitucionalidade do art. 1º, II, e dos artigos 2º a 4º; 6º a 8º; e 11, todos da Lei 14.985/1996 do Estado do Paraná. O diploma impugnado trata da concessão de benefícios fiscais vinculados ao ICMS. O Colegiado asseverou que o entendimento do STF seria no sentido de que a concessão unilateral de benefícios fiscais relativos ao ICMS sem a prévia celebração de convênio intergovernamental, nos termos da LC 24/1975, afrontaria o art. 155, § 2º, XII, g, da CF. Primeiramente, no que se refere ao art. 1º, "caput", I e parágrafo único; bem assim ao art. 5º da lei impugnada, afirmou serem constitucionais. Esses dispositivos estabeleceriam apenas a suspensão do pagamento do ICMS incidente sobre a importação de matéria-prima ou de material intermediário, e transferiria o recolhimento do tributo do momento do desembaraço aduaneiro para o momento de saída dos produtos industrializados do estabelecimento. No ponto, a jurisprudência do STF permitiria diferir o recolhimento do valor devido a título de ICMS – se não implicasse redução ou dispensa do valor devido —, pois isso não significaria benefício fiscal e prescindiria da existência de convênio. Por outro lado, a lei deveria ser declarada inconstitucional quanto aos dispositivos que preveriam parcelamento do pagamento de ICMS em quatro anos sem juros e correção monetária; bem assim que confeririam créditos fictícios de ICMS de forma a reduzir artificialmente o valor do tributo. Haveria deferimento indevido de benefício fiscal. Ademais, seria também inconstitucional dispositivo que autorizaria o governador a conceder benefício fiscal por ato infralegal, inclusive por afronta à regra da reserva legal. Por fim, o Plenário, por maioria, deliberou modular os efeitos da declaração de inconstitucionalidade, para que tivesse eficácia a partir da data da sessão de julgamento. Ponderou que se trataria de benefícios tributários inconstitucionais, mas que se deveria convalidar os atos jurídicos já praticados, tendo em vista a segurança jurídica e

a pouca previsibilidade, no plano fático, quanto às consequências de eventual decretação de nulidade desses atos, existentes no mundo jurídico há anos. Entretanto, o STF não poderia permitir que novos atos inconstitucionais fossem praticados. Vencido, no ponto, o Ministro Marco Aurélio, que não modulava os efeitos da decisão.

ADI 4481/PR, rel. Min. Roberto Barroso, 11.3.2015. (ADI-4481) (Inform. STF 777)

Súmula STF nº 615

O princípio constitucional da anualidade (§ 29 do art. 153 da CF) não se aplica à revogação de isenção do ICM.

Súmula STF nº 574

Sem lei estadual que a estabeleça é ilegítima a cobrança do Imposto sobre Circulação de Mercadorias sobre o fornecimento de alimentação e bebidas em restaurante ou estabelecimento similar.

Súmula STF nº 569

É inconstitucional a discriminação de alíquotas do Imposto de Circulação de Mercadorias nas operações interestaduais, em razão de o destinatário ser, ou não, contribuinte. *(Comentário: entendimento ultrapassado pela atual redação constitucional)*

Súmula STJ nº 433

O produto semielaborado, para fins de incidência de ICMS, é aquele que preenche cumulativamente os três requisitos do art. 1º da Lei Complementar n. 65/1991.

Súmula STJ nº 129

O exportador adquire o direito de transferência de crédito do ICMS quando realiza a exportação do produto e não ao estocar a matéria-prima.

Súmula STJ nº 95

A redução da alíquota do Imposto sobre Produtos Industrializados não implica redução do ICMS.

Súmula STJ nº 94

A parcela relativa ao ICMS inclui-se na base de cálculo do FINSOCIAL.

Súmula STJ nº 68

A parcela relativa ao ICM inclui-se na base de cálculo do PIS. *(Comentário: a matéria vem sendo reexaminada pelo STF)*

Súmula TFR nº 258

Inclui-se na base de cálculo do PIS a parcela relativa ao ICM. *(Comentário: a matéria vem sendo reexaminada pelo STF)*

4.5. IPTU

IPTU e progressividade

Declarada inconstitucional a progressividade de alíquota tributária, é devido o tributo calculado pela alíquota mínima correspondente, de acordo com a destinação do imóvel. Essa a conclusão do Plenário que, por maioria, proveu recurso extraordinário em que discutida a possibilidade de cobrança do IPTU pela menor alíquota, entre 1995 e 1999, nos casos de declaração de inconstitucionalidade de sua progressividade, antes do advento da Emenda Constitucional 29/2000. O Colegiado destacou o Enunciado 668 da Súmula do STF ("É inconstitucional a lei municipal que tenha estabelecido, antes da Emenda Constitucional 29/2000, alíquotas progressivas para o IPTU, salvo se destinada a assegurar o cumprimento da função social da propriedade urbana"). Afirmou que a criação do imposto progressivo sobre a renda seria grande inovação em termos de tributo, tendo em vista seu papel central na redução da desigualdade. Segundo a jurisprudência da Corte, a progressividade deveria incidir sobre todas as espécies tributárias, à luz da capacidade contributiva do contribuinte. Nesse sentido, já se admitiria a progressividade de alíquota relativa ao ITCMD, imposto de caráter real e de competência tributária estadual, pois estaria em jogo a concretização constitucional da igualdade material tributária. No caso, cumpriria decidir somente se a inconstitucionalidade da progressividade de alíquotas inviabilizaria a cobrança do IPTU, durante o lapso temporal anterior à reforma constitucional em discussão. De acordo com a teoria da divisibilidade da lei, somente se deveria proferir a inconstitucionalidade das normas viciadas, não devendo estender o juízo de censura às outras partes da lei. Nesse sentido, a lei municipal só seria inconstitucional no tocante à progressividade das alíquotas, de modo que a solução mais adequada seria manter a exigibilidade do tributo com redução da gravosidade ao patrimônio do contribuinte ao nível mínimo, ou seja, adotando-se a alíquota mínima como mandamento da norma tributária. Ressaltou que o reconhecimento da inconstitucionalidade da progressividade do IPTU não afastaria a cobrança total do tributo. Esta deveria ser realizada pela forma menos gravosa prevista em lei. Portanto, mesmo que a progressividade das alíquotas tenha sido declarada inconstitucional por tribunal de justiça, a única solução possível a compatibilizar a competência tributária dos Municípios e a exação menos gravosa possível ao contribuinte seria assentar a exigibilidade de IPTU na alíquota mínima prevista legalmente, alusiva a período anterior à EC 29/2000. Tal desfecho não incorreria em inconstitucionalidade, pois o IPTU seria cobrado de forma proporcional. Vencido o Ministro Marco Aurélio, que não conhecia do recurso por reputar ausente o prequestionamento. No mérito, desprovia o extraordinário.

RE 602347/MG, rel. Min. Edson Fachin, 4.11.2015. (RE-602347) (Inform. STF 806)

DIREITO TRIBUTÁRIO. INCIDÊNCIA DE IPTU SOBRE IMÓVEL PARCIALMENTE SITUADO EM APP COM NOTA NON AEDIFICANDI.

O fato de parte de um imóvel urbano ter sido declarada como Área de Preservação Permanente (APP) e, além disso, sofrer restrição administrativa consistente na proibição de construir (nota non aedificandi) não impede a incidência de IPTU sobre toda a área do imóvel. Nos termos da jurisprudência do STJ, "A restrição à utilização da propriedade referente a área de preservação permanente em parte de imóvel urbano (loteamento) não afasta a incidência do Imposto Predial e Territorial Urbano, uma vez que o fato gerador da exação permanece íntegro, qual seja, a propriedade localizada na zona urbana do município. Cuida-se de um ônus a ser suportado, o que não gera o cerceamento total da disposição, utilização ou alienação da propriedade, como ocorre, por exemplo, nas desapropriações." (REsp 1.128.981-SP, Primeira Turma, DJe 25/3/2010). O fato de parte do imóvel ser considerada como área non aedificandi (área com restrições legais ou contratuais onde não é permitido construir) não afasta o referido entendimento, pois não há perda da propriedade, mas apenas restrições de uso, a fim de viabilizar que a propriedade atenda à sua verdadeira função social. Logo, se o fato gerador do IPTU, conforme o disposto no art. 32 do CTN, é a propriedade de imóvel urbano, a simples limitação administrativa de proibição para construir não impede a sua configuração. Ademais, não há lei que preveja isenção tributária para a situação analisada, conforme a exigência dos arts. 150, § 6º, da CF e 176 do CTN. (AgRg no REsp 1.469.057-AC, Segunda Turma, DJe 20/10/2014). REsp 1.482.184-RS, Rel. Min. Humberto Martins, julgado em 17/3/2015, DJe 24/3/2015 (Inform. STJ 558).

Súmula Vinculante STF 52

Ainda quando alugado a terceiros, permanece imune ao IPTU o imóvel pertencente a qualquer das entidades referidas pelo art. 150, VI, "c", da Constituição Federal, desde que o valor dos aluguéis seja aplicado nas atividades para as quais tais entidades foram constituídas.

Súmula STF nº 668

É inconstitucional a lei municipal que tenha estabelecido, antes da Emenda Constitucional 29/2000, alíquotas progressivas para o IPTU, salvo se destinada a assegurar o cumprimento da função social da propriedade urbana.

Súmula STF nº 589

É inconstitucional a fixação de adicional progressivo do Imposto Predial e Territorial Urbano em função do número de imóveis do contribuinte.

Súmula STF nº 583

Promitente-comprador de imóvel residencial transcrito em nome de autarquia é contribuinte do Imposto Predial e Territorial Urbano.

Súmula STF nº 539

É constitucional a lei do Município que reduz o Imposto Predial Urbano sobre imóvel ocupado pela residência do proprietário, que não possua outro.

Súmula STJ nº 399

Cabe à legislação municipal estabelecer o sujeito passivo do IPTU.

Súmula STJ nº 397

O contribuinte do IPTU é notificado do lançamento pelo envio do carnê ao seu endereço.

Súmula STJ nº 160

É defeso, ao Município, atualizar o IPTU, mediante decreto, em percentual superior ao índice oficial de correção monetária.

4.6. ISS

AG. REG. NO ARE N. 901.780-RJ
RELATORA: MIN. ROSA WEBER
EMENTA: DIREITO TRIBUTÁRIO. AFRETAMENTO DE EMBARCAÇÃO A CASCO NU. IMPOSTO SOBRE SERVIÇOS. NATUREZA DA ATIVIDADE. EVENTUAL OFENSA REFLEXA NÃO VIABILIZA O MANEJO DO RECURSO EXTRAORDINÁRIO. ART. 102 DA LEI MAIOR. ACÓRDÃO RECORRIDO PUBLICADO EM 19.5.2015.

1. A controvérsia acerca da natureza das atividades prestadas pela empresa, a teor do já asseverado na decisão guerreada, não alcança estatura constitucional. Não há falar em afronta aos preceitos constitucionais indicados nas razões recursais. Compreender de modo diverso exigiria a análise da legislação infraconstitucional encampada na decisão da Corte de origem, a tornar oblíqua e reflexa eventual ofensa, insuscetível, como tal, de viabilizar o conhecimento do recurso extraordinário. Desatendida a exigência do art. 102, III, "a", da Lei Maior, nos termos da remansosa jurisprudência desta Suprema Corte.
2. As razões do agravo regimental não se mostram aptas a infirmar os fundamentos que lastrearam a decisão agravada.
3. Agravo regimental conhecido e não provido. **(Inform. STF 809)**

REPERCUSSÃO GERAL EM RE N. 882.461-MG
RELATOR: MIN. LUIZ FUX
EMENTA: RECURSO EXTRAORDINÁRIO. TRIBUTÁRIO. ISSQN. INCIDÊNCIA. INDUSTRIALIZAÇÃO POR ENCOMENDA. SUBITEM 14.5 DA LISTA ANEXA À LEI COMPLEMENTAR Nº 116/2003. MULTA FISCAL MORATÓRIA. LIMITES. VEDAÇÃO AO EFEITO CONFISCATÓRIO. MATÉRIA CONSTITUCIONAL. QUESTÕES RELEVANTES DOS PONTOS DE VISTA ECONÔMICO E JURÍDICO. TRANSCENDÊNCIA DE INTERESSES. REPERCUSSÃO GERAL RECONHECIDA. **(Inform. STF 789)**

DIREITO TRIBUTÁRIO. INCIDÊNCIA DE ISS SOBRE MONTAGEM DE PNEUS.

Incide ISS – e não ICMS – sobre o serviço de montagem de pneus, ainda que a sociedade empresária também forneça os pneus utilizados na montagem. O art. 1º da LC 116/2003 estabelece, no seu *caput*, que o "Imposto Sobre Serviços de Qualquer Natureza, de competência dos Municípios e do Distrito Federal, tem como fato gerador a prestação de serviços constantes da lista anexa, ainda que esses não se constituam como atividade preponderante do prestador". Ademais, esse mesmo artigo, no seu § 2º, prevê que, "Ressalvadas as exceções expressas na lista anexa, os serviços nela mencionados não ficam sujeitos ao Imposto Sobre Operações Relativas à Circulação de Mercadorias e Prestações de Serviços de Transporte Interestadual e Intermunicipal e de Comunicação – ICMS, ainda que sua prestação envolva fornecimento de mercadorias". Diante disso, a Segunda Turma do STJ decidiu que, quando houver o desenvolvimento de operações mistas, deve ser verificada a atividade desenvolvida pela empresa, a fim de definir o imposto a ser recolhido, sendo que, "Se a atividade desenvolvida estiver sujeita à lista do ISSQN, o imposto a ser pago é o ISSNQ, inclusive sobre as mercadorias envolvidas, com a exclusão do ICMS sobre elas, a não ser que conste expressamente da lista a exceção" (EDcl no AgRg no AgRg no REsp 1.168.488-SP, DJe 21/6/2010). No mesmo sentido, a Primeira Turma do STJ (REsp 1.102.838-RS, DJe 17/12/2010), mencionando precedente da Primeira Seção (REsp 1.092.206-SP, DJe 23/3/2009), firmou o entendimento no sentido de que "(a) sobre operações 'puras' de circulação de mercadoria e sobre os serviços previstos no inciso II, do art. 155 da CF (transporte interestadual e internacional e de comunicações) incide ICMS; (b) sobre as operações 'puras' de prestação de serviços previstos na lista de que trata a LC 116/03 incide ISS; (c) e sobre operações mistas, incidirá o ISS sempre que o serviço agregado estiver compreendido na lista de que trata a LC 116/03 e incidirá ICMS sempre que o serviço agregado não estiver previsto na referida lista". Além disso, as Turmas que compõem a Primeira Seção do STJ (AgRg no AREsp 118.207-SP, Segunda Turma, DJe 23/9/2014; e REsp 1.183.210-RJ, Primeira Turma, DJe 20/2/2013) firmaram o entendimento segundo o qual a lista de serviços anexa à LC 116/2003, que estabelece quais serviços sofrem a incidência do ISS, comporta interpretação extensiva, para abarcar os serviços correlatos àqueles previstos expressamente, uma vez que, se assim não fosse, ter-se-ia, pela simples mudança de nomenclatura de um serviço, a incidência ou não do ISS. Dessa forma, realizando-se uma interpretação extensiva da legislação de regência, verifica-se que o serviço de montagem de pneus encontra-se inserido dentro do item 14.01 da lista anexa à LC 116/2003, por se enquadrar dentro do item "manutenção e conservação de [...] veículos". Nesse sentido, aliás, vale destacar que a Segunda Turma do STJ, no julgamento do REsp 33.880-SP (DJ 25/3/1996), sob a égide do Decreto-Lei 406/1968 – que, quanto ao ponto, possuía item com idêntica redação à atual ("manutenção e conservação de [...] veículos") – assentou que o serviço de montagem de pneus não estaria sujeito ao ICMS, mas sim ao ISS. REsp 1.307.824-SP, Rel. Min. Mauro Campbell Marques, julgado em 27/10/2015, DJe 9/11/2015. (Inform. STJ 573)

DIREITO TRIBUTÁRIO. COMPETÊNCIA PARA EXIGIR ISS INCIDENTE SOBRE A PRESTAÇÃO DE SERVIÇO DE ANÁLISE CLÍNICA.

É competente para cobrar o ISS incidente sobre a prestação de serviço de análise clínica (item 4.02 da lista anexa à LC 116/2003) o município no qual foi feita a contratação do serviço, a coleta do material biológico e a entrega do respectivo laudo, ainda que a análise do material coletado tenha sido realizada em unidade localizada em outro município, devendo-se incidir o imposto sobre a totalidade do preço pago pelo serviço. Dispõe o art. 4º da LC 116/2003 que: "Considera-se estabelecimento prestador o local onde o contribuinte desenvolva a atividade de prestar serviços, de modo permanente ou temporário, e que configure unidade econômica ou profissional, sendo irrelevantes para caracterizá-lo as denominações de sede, filial, agência, posto de atendimento, sucursal, escritório de representação ou contato ou quaisquer outras que venham a ser utilizadas". Diante disso, verifica-se, no caso em análise, que a empresa contribuinte, a despeito de manter seu laboratório em determinado município, estabeleceu unidade econômica e profissional em outra municipalidade com escopo de disponibilizar os seus serviços de análises clínicas para as pessoas dessa localidade. Esse tipo de estabelecimento constituiu unidade econômica porque é lá onde usualmente contrata-se o serviço, providencia-se o pagamento e encerra-se a avença, com a entrega do laudo técnico solicitado pelo consumidor. Também se caracteriza como unidade profissional, uma vez que nesse lugar dá-se a coleta do material biológico, o qual exige conhecimento técnico para a extração, o acondicionamento e o transporte até o laboratório. Por oportuno, deve-se anotar que o caso em análise é absolutamente diferente daquele decidido no Recurso Especial Repetitivo 1.060.210-SC (Primeira Seção, DJe 5/3/2013), em que se decidiu que "[a]pós a vigência da LC 116/2003 é que se pode afirmar que, existindo unidade econômica ou profissional do estabelecimento prestador no Município onde o serviço é perfectibilizado, ou seja, onde ocorrido o fato gerador tributário, ali deverá ser recolhido o tributo". Naqueles autos, que cuidavam do ISS incidente sobre o arrendamento mercantil (leasing), concluiu a Primeira Seção que o núcleo da operação, concernente à concessão do financiamento, era integralmente realizado, com a análise e aprovação do crédito, elaboração do contrato e liberação dos valores, pela empresa arrendadora em seu estabelecimento, normalmente localizado nos grandes centros do País. Depreende-se, assim, que, na hipótese do leasing, a empresa que comercializa o bem desejado não constitui unidade econômica ou profissional da empresa arrendadora, na medida em que, em tais casos, o consumidor somente se dirige à empresa vendedora (concessionária de veículos) para indicar à instituição financeira a res que deverá ser adquirida e disponibilizada. Em outras palavras, o consumidor e a empresa concessionária buscam, ainda que de forma não presencial, o auxílio de instituição financeira sediada noutra localidade para concretizar o negócio. Frise-se, ainda, que a faculdade assegurada à empresa contribuinte de eleger o município onde vai manter os seus laboratórios constitui uma conveniência empresarial e, como tal, não pode vincular a competência do ente tributante. Por fim, mostra-se igualmente importante para a solução da controvérsia o local onde é gerada a riqueza tributável. Na presente hipótese, verifica-se que a receita advinda do contrato de prestação de serviço de análises clínicas é obtida em face do estabelecimento da unidade econômica e profissional sediada no município em que realizada a coleta de material biológico. Nesse contexto, compete a essa municipalidade o direito à tributação sobre a riqueza que foi gerada em seu território, pois ali fora estabelecida a relação jurídico-tributária. De mais a mais, registre-se que não é possível decompor o serviço e o valor a ser tributado. Isso porque o ISS é devido ao primeiro município, em que se estabeleceu a relação jurídico-tributária, e incide sobre a totalidade do preço do serviço pago, não havendo falar em fracionamento, ante a impossibilidade técnica de se dividir ou decompor o fato imponível. A par disso, a remessa do material biológico entre unidades do mesmo contribuinte não constitui fato gerador do tributo, à míngua de relação jurídico-tributária com terceiros ou onerosidade. Em verdade, a hipótese em foco se assemelha, no que lhe for cabível, ao enunciado da Súmula 166 do STJ, verbis: "Não constitui fato gerador do ICMS o simples deslocamento de mercadoria de uma para outro estabelecimento do mesmo contribuinte". **REsp 1.439.753-PE, Rel. Min. Arnaldo Esteves Lima, Rel. para acórdão Min. Benedito Gonçalves, julgado em 6/11/2014, DJe 12/12/2014 (Inform. STJ 555).**

Súmula Vinculante STF 31

É inconstitucional a incidência do imposto sobre serviços de qualquer natureza – ISS sobre operações de locação de bens móveis.

Súmula STF nº 663

Os §§ 1º e 3º do art. 9º do DL 406/68 foram recebidos pela Constituição. *(Comentário: o STJ entende que a tributação fixa do ISS não foi afastada pela LC 116/2003)*

Súmula STF nº 588

O Imposto sobre Serviços não incide sobre os depósitos, as comissões e taxas de desconto, cobrados pelos estabelecimentos bancários.

Súmula STJ nº 524

No tocante à base de cálculo, o ISSQN incide apenas sobre a taxa de agenciamento quando o serviço prestado por sociedade empresária de trabalho temporário for de intermediação, devendo, entretanto, englobar também os valores dos salários e encargos sociais dos trabalhadores por ela contratados nas hipóteses de fornecimento de mão de obra.

Súmula STJ nº 424

É legítima a incidência de ISS sobre os serviços bancários congêneres da lista anexa ao DL n. 406/1968 e à LC n. 56/1987.

Súmula STJ nº 274

O ISS incide sobre o valor dos serviços de assistência médica, incluindo-se neles as refeições, os medicamentos e as diárias hospitalares.

Súmula STJ nº 167

O fornecimento de concreto, por empreiteira, para construção civil, preparado no trajeto até a obra em betoneiras acopladas a caminhões, é prestação de serviço, sujeitando-se apenas à incidência do ISS.

Súmula STJ nº 156

A prestação do serviço de composição gráfica, personalizada e sob encomenda, ainda que envolva fornecimento de mercadorias, está sujeita, apenas, ao ISS.

Súmula STJ nº 138

O ISS incide na operação de arrendamento mercantil de coisas móveis.

4.7. ITBI

AG. REG. NO ARE N. 807.255-RJ

RELATOR: MIN. EDSON FACHIN

AGRAVO REGIMENTAL EM RECURSO EXTRAORDINÁRIO COM AGRAVO. DIREITO TRIBUTÁRIO. DIREITO PROCESSUAL CIVIL. DEVIDO PROCESSO LEGAL. ITBI. FATO GERADOR. PROMESSA DE COMPRA E VENDA.

1. A jurisprudência do STF se consolidou no sentido de que suposta ofensa aos princípios do devido processo legal, da ampla defesa, do contraditório e dos limites da coisa julgada, quando a violação é debatida sob a ótica infraconstitucional, não apresenta repercussão geral. Precedente: RE-RG 748.371, de relatoria do Ministro Gilmar Mendes, DJe 1º.8.2013.
2. A transferência do domínio sobre o bem torna-se eficaz a partir do registro público, momento em que incide o Imposto Sobre Transferência de Bens Imóveis (ITBI), de acordo com a jurisprudência do Supremo Tribunal Federal. Logo, a promessa de compra e venda não representa fato gerador idôneo para propiciar o surgimento de obrigação tributária.
3. Agravo regimental a que se nega provimento. **(Inform. STF 806)**

AG. REG. NO ARE N. 813.943-RJ

RELATOR: MIN. DIAS TOFFOLI

EMENTA: Agravo regimental no recurso extraordinário com agravo. ITBI. Momento da ocorrência do fato gerador. Transferência da propriedade. Antecipação para o momento da promessa de compra e venda. Artigo 150, § 7º, da CF. Alcance. Ausência de debate ou decisão sobre seu alcance. Incidência das Súmulas 282 e 284/STF.

1. A Corte tem reiteradamente decidido que o fato gerador do ITBI somente ocorre com a transferência efetiva da propriedade imobiliária, mediante o registro no cartório competente.
2. O alcance das normas contidas no art. 150, § 7º, da Constituição não foi objeto de debate ou decisão prévios, tampouco o recorrente demonstrou em que medida a legislação do Município do Rio de Janeiro encontraria respaldo no referido dispositivo constitucional. Incidência das Súmulas nºs 282 e 284 da Corte.3. Agravo regimental não provido. **(Inform. STF 791)**

REPERCUSSÃO GERAL EM RE N. 796.376-SC

RELATOR: MIN. MARCO AURÉLIO

IMPOSTO DE TRANSMISSÃO – ITBI – IMÓVEIS INTEGRALIZADOS AO CAPITAL DA EMPRESA – ARTIGO 156, § 2º, INCISO I, DA CONSTITUIÇÃO FEDERAL – ALCANCE – LIMITAÇÃO OBSERVADA NA ORIGEM – RECURSO EXTRAORDINÁRIO – REPERCUSSÃO GERAL CONFIGURADA. Possui repercussão geral a controvérsia alusiva ao alcance da imunidade quanto ao Imposto de Transmissão nos casos de imóveis integralizados ao capital social da empresa, cujo valor de avaliação ultrapasse o da cota realizada, considerado o preceito do artigo 156, § 2º, inciso I, da Carta Federal. **(Inform. STF 778)**

Súmula STF nº 656

É inconstitucional a lei que estabelece alíquotas progressivas para o imposto de transmissão inter vivos de bens imóveis – ITBI com base no valor venal do imóvel.

Súmula STF nº 470

O Imposto de Transmissão *Inter Vivos* não incide sobre a construção, ou parte dela, realizada, inequivocamente, pelo promitente-comprador, mas sobre o valor do que tiver sido construído antes da promessa de venda.

Súmula STF nº 329

O Imposto de Transmissão *Inter Vivos* não incide sobre a transferência de ações de sociedade imobiliária.

Súmula STF nº 326

É legítima a incidência do Imposto de Transmissão *Inter Vivos* sobre a transferência do domínio útil.

Súmula STF nº 111

É legítima a incidência do Imposto de Transmissão *Inter Vivos* sobre a restituição, ao antigo proprietário, de imóvel que deixou de servir à finalidade da sua desapropriação.

Súmula STF nº 110

O Imposto de Transmissão *Inter Vivos* não incide sobre a construção, ou parte dela, realizada pelo adquirente, mas sobre o que tiver sido construído ao tempo da alienação do terreno.

Súmula STF nº 108

É legítima a incidência do Imposto de Transmissão *Inter Vivos* sobre o valor do imóvel ao tempo da alienação, e não da promessa, na conformidade da legislação local.

Súmula STF nº 82

São inconstitucionais o Imposto de Cessão e a taxa sobre inscrição de promessa de venda de imóvel, substitutos do Imposto de Transmissão, por incidirem sobre ato que não transfere o domínio.

Súmula STF nº 75

Sendo vendedora uma autarquia, a sua imunidade fiscal não compreende o Imposto de Transmissão *Inter Vivos*, que é encargo do comprador.

5. CONTRIBUIÇÕES EM ESPÉCIE

5.1. PIS, PASEP, COFINS E FINSOCIAL

REPERCUSSÃO GERAL EM RE N. 835.818-PA
RELATOR: MIN. MARCO AURÉLIO
COFINS – PIS – BASE DE CÁLCULO – CRÉDITO PRESUMIDO DE IMPOSTO SOBRE CIRCULAÇÃO DE MERCADORIAS E SERVIÇOS – ARTIGOS 150, § 6º, E 195, INCISO I, ALÍNEA "B", DA CARTA DA REPÚBLICA – RECURSO EXTRAORDINÁRIO – REPERCUSSÃO GERAL CONFIGURADA. Possui repercussão geral a controvérsia acerca da constitucionalidade da inclusão de créditos presumidos do Imposto sobre Circulação de Mercadorias e Serviços – ICMS nas bases de cálculo da Cofins e da contribuição ao PIS. **(Inform. STF 800)**

DIREITO TRIBUTÁRIO. AUMENTO DA ALÍQUOTA DA COFINS E SOCIEDADES CORRETORAS DE SEGUROS. RECURSO REPETITIVO (ART. 543-C DO CPC E RES. 8/2008-STJ). TEMA 728.
As "sociedades corretoras de seguros" estão fora do rol de entidades constantes do art. 22, § 1º, da Lei 8.212/1991. Assim, o aumento de 3% para 4% da alíquota da Cofins promovido pelo art. 18 da Lei 10.684/2003 não alcança as sociedades corretoras de seguros. Isso porque as "sociedades corretoras de seguros" não pertencem ao gênero "sociedades corretoras" contido no art. 22, § 1º, da Lei 8.212/1991, a que o art. 18 da Lei 10.684/2003 faz remissão. De início, topograficamente, de ver que o art. 22, § 1º, da Lei 8.212/1991 trata da sujeição passiva tributária em dois blocos distintos. Um bloco referente às entidades relacionadas ao Sistema Financeiro Nacional (bancos comerciais, bancos de investimentos, bancos de desenvolvimento, caixas econômicas, sociedades de crédito, financiamento e investimento, sociedades de crédito imobiliário, sociedades corretoras, distribuidoras de títulos e valores mobiliários, empresas de arrendamento mercantil, cooperativas de crédito) e outro bloco referente às entidades relacionadas ao Sistema Nacional de Seguros Privados (empresas de seguros privados e de capitalização, agentes autônomos de seguros privados e de crédito e entidades de previdência privada abertas e fechadas). Muito embora o art. 8º, "e", do Decreto-Lei 73/1966 preveja que "os corretores habilitados" fazem parte do Sistema Nacional de Seguros Privados, se essas "sociedades corretoras de seguros" não estão expressamente elencadas no segundo bloco, não há como a elas estender a sujeição passiva tributária por analogia às demais entidades que ali estão. A vedação está no art. 108, § 1º, do CTN. De ver que no primeiro bloco, sob o signo "sociedades corretoras", estão as "sociedades corretoras de valores mobiliários" (regidas pela Resolução Bacen 1.655/1989), que evidentemente não são as "sociedades corretoras de seguros" e coexistem ao lado das "sociedades distribuidoras de títulos e valores mobiliários" (regidas pela Resolução CMN 1.120/1986), também dentro do primeiro bloco. A relação do segundo bloco, então, restou incompleta, não abrangendo todas as entidades do Sistema Nacional de Seguros Privados. O equívoco cometido não pode ser corrigido pelo Poder Judiciário, já que ensejaria o uso de analogia vedada, pois não há que se falar em interpretação extensiva do termo "sociedades corretoras" contido no primeiro bloco. Com efeito, a expressão "sociedades corretoras" já tem significado próprio no âmbito do Sistema Financeiro Nacional. Outro ponto de relevo é que, para fins de cálculo da Cofins, as várias exclusões na apuração da receita tributável a que faz referência o art. 3º, § 6º, da Lei 9.718/1998 também estão separadas por blocos, sendo que a relação do primeiro bloco (Sistema Financeiro Nacional), donde constam as "sociedades corretoras", corresponde ao inciso I do § 6º do art. 3º da Lei 9.718/1998. De observar que, muito embora o inciso se refira genericamente a "sociedades corretoras", todas as alíneas se reportam a despesas e perdas específicas do setor financeiro, não guardando qualquer relação com a atividade das "sociedades corretoras de seguros", o que reafirma a conclusão de que o termo "sociedades corretoras" somente pode se referir às "sociedades corretoras de valores mobiliários" (regidas pela Resolução Bacen 1.655/1989), já que somente estas é que poderão se beneficiar das deduções elencadas. Já as exclusões na apuração da receita tributável para fins de cálculo da Cofins estabelecidas para o segundo bloco (Sistema Nacional de Seguros Privados) foram feitas em três incisos diferentes do mesmo § 6º do art. 3º da Lei 9.718/1998. Os incisos beneficiam as empresas de seguros privados e de capitalização e as entidades de previdência privada abertas e fechadas. Em nenhum dos incisos há menção a qualquer benesse concedida às "sociedades corretoras de seguros". Nem mesmo os valores que se permite deduzir guardam relação direta com suas atividades. Daí se conclui que não há essa menção justamente porque "sociedades corretoras de seguros" não constam do rol do art. 22, § 1º, da Lei 8.212/1991. Com efeito, se o aumento de um ponto percentual na alíquota da Cofins está relacionado à existência de dedutibilidades específicas para as entidades oneradas, fica evidente que as "sociedades corretoras de seguros", por não terem sido oneradas com o aumento da alíquota, também não foram agraciadas com qualquer dedutibilidade. Ou seja, estão totalmente fora do rol do art. 22, § 1º, da Lei 8.212/1991. Outrossim, observa-se que a própria Secretaria da Receita Federal do Brasil (SRFB) já reconheceu, no Parecer Normativo Cosit 1/1993, que as "sociedades corretoras de seguros" não estão contidas no primeiro bloco, ao registrar que as "sociedades corretoras de seguros" não estão alcançadas pela exigência de apuração do IRPJ pelo lucro real, quando deu interpretação ao art. 5º, III, da Lei 8.541/1992 (artigo que reproduz fielmente a primeira parte do § 1º do art. 22 da Lei 8.212/1991). Por fim, não sensibiliza o argumento de que as regras legais que disciplinam as contribuições destinadas à Seguridade Social devem ser interpretadas em harmonia com o princípio da solidariedade social (art. 195 da CF). Isso porque a presente interpretação não acarretará isenção da contribuição, mas, tão somente, a aplicação de alíquota diversa, que poderá ser menor (3% – Cofins cumulativa) ou maior (7,6% – Cofins não-cumulativa), conforme o caso (art. 10 da Lei 10.833/2003). **REsp 1.400.287-RS, Rel. Min. Mauro Campbell Marques, Primeira Seção, julgado em 22/4/2015, DJe 3/11/2015. (Inform. STJ 572)**

DIREITO TRIBUTÁRIO. INCIDÊNCIA DE PIS/PASEP-IMPORTAÇÃO E COFINS-IMPORTAÇÃO SOBRE A IMPORTAÇÃO DE ANIMAL SILVESTRE.

Há incidência de contribuição para o PIS/PASEP-Importação e de COFINS-Importação sobre a importação de animal silvestre, ainda que sua internalização no território nacional tenha ocorrido via contrato de permuta de animais. O art. 1º, *caput*, da Lei 10.865/2004 instituiu a Contribuição para os Programas de Integração Social e de Formação do Patrimônio do Servidor Público incidente na Importação de Produtos Estrangeiros ou Serviços (PIS/PASEP-Importação) e a Contribuição Social para o Financiamento da Seguridade Social devida pelo Importador de Bens Estrangeiros ou Serviços do Exterior (COFINS-Importação), com base nos arts. 149, § 2º, II, e 195, IV, da CF, observado o disposto no seu art. 195, § 6º. Da análise da referida Lei, verifica-se que o fato gerador de ambas as contribuições, nos termos do art. 3º, I, faz referência a "bens" e não a "produtos" ou "mercadorias". Logo, discutir se os animais objeto do contrato se enquadram nos conceitos de produto e mercadoria é irrelevante no plano infraconstitucional. Ademais, os artigos seguintes da mencionada Lei deixam clara a intenção do legislador em tributar os bens importados, não havendo restrição aos que estariam enquadrados nos conceitos de "produto" ou "mercadoria". Registre-se, *ad argumentandum tantum*, que até mesmo no plano constitucional é despicienda, na hipótese, a análise dos conceitos de "produto" e "mercadoria", tendo em vista que o art. 195, IV, quando trata do financiamento da seguridade social, determina que ela também ocorrerá mediante recursos provenientes de contribuições do importador de bens, não havendo referência, nesse dispositivo constitucional, aos referidos termos. Dessa forma, os animais silvestres objeto de contrato de permuta enquadram-se no conceito de bem definido no art. 82 do CC para fins de incidência do PIS/PASEP-Importação e da COFINS-Importação, pelo que a sua internalização no território nacional está sujeita às referidas contribuições. Ressalte-se que, ainda que no contrato de permuta o pagamento não se realize com moeda, mas sim com a entrega do bem que se pretende trocar, tal fato não retira a possibilidade de se atribuir valor financeiro, ou preço, à operação realizada, sobretudo porque o art. 533 do CC determina a aplicação à permuta das disposições referentes à compra e venda. **REsp 1.254.117-SC, Rel. Min. Mauro Campbell Marques, julgado em 18/8/2015, DJe 27/8/2015 (Inform. STJ 568).**

DIREITO TRIBUTÁRIO. ABRANGÊNCIA DO TERMO INSUMO PARA EFEITOS DA SISTEMÁTICA DE NÃO CUMULATIVIDADE DA CONTRIBUIÇÃO AO PIS/PASEP E DA COFINS.

Os materiais de limpeza/desinfecção e os serviços de dedetização usados no âmbito produtivo de contribuinte fabricante de gêneros alimentícios devem ser considerados como "insumos" para efeitos de creditamento na sistemática de não cumulatividade na cobrança da contribuição ao PIS/PASEP (Lei 10.637/2002) e da COFINS (Lei 10.833/2003). Isso porque há perfeito enquadramento dos referidos materiais e serviços na definição de "insumos" extraída do art. 3º, II, da Lei 10.637/2002 e do art. 3º, II, da Lei 10.833/2003. Na hipótese, a empresa é fabricante de gêneros alimentícios, sujeita, portanto, a rígidas normas de higiene e limpeza. No ramo a que pertence, as exigências de condições sanitárias das instalações, se não atendidas, implicam a própria impossibilidade da produção e substancial perda de qualidade do produto resultante. Ademais, o que se extrai de nuclear da definição de "insumos" para efeito dos referidos artigos é que: (i) o bem ou serviço tenha sido adquirido para ser utilizado na prestação do serviço ou na produção, ou para viabilizá-los (pertinência ao processo produtivo); (ii) a produção ou prestação do serviço dependa daquela aquisição (essencialidade ao processo produtivo); (iii) não se faz necessário o consumo do bem ou a prestação do serviço em contato direto com o produto (possibilidade de emprego indireto no processo produtivo). Assim, são "insumos", para efeitos das citadas normas, todos aqueles bens e serviços que viabilizam ou são pertinentes ao processo produtivo e à prestação de serviços, que neles possam ser direta ou indiretamente empregados e cuja subtração importa na impossibilidade mesma da prestação do serviço ou da produção, isto é, cuja subtração obsta a atividade da empresa, ou implica em substancial perda de qualidade do produto ou serviço daí resultantes. Por seu turno, conforme interpretação teleológica e sistemática do ordenamento jurídico em vigor, a conceituação de "insumos", para efeitos das Leis 10.637/2002 e Lei 10.833/2003, não se identifica com a conceituação adotada na legislação do Imposto sobre Produtos Industrializados (IPI), posto que excessivamente restritiva. Dessa forma, é de se reconhecer a ilegalidade das Instruções Normativas 247/2002 e 404/2004 da Secretaria da Receita Federal, por adotarem definição de insumos semelhante à da legislação do IPI. Do mesmo modo, "insumo" não corresponde exatamente aos conceitos de "Custos e Despesas Operacionais" utilizados na legislação do Imposto de Renda (IR), porque demasiadamente elastecidos. REsp 1.246.317-MG, Rel. Min. Mauro Campbell Marques, julgado em 16/6/2011, DJe 29/6/2015 (Inform. STJ 564).

DIREITO TRIBUTÁRIO. VALORES DO REINTEGRA E BASE DE CÁLCULO DA CONTRIBUIÇÃO AO PIS E DA COFINS.

Até o advento da Lei 12.844/2013, os valores ressarcidos no âmbito do Regime Especial de Reintegração de Valores Tributários para as Empresas Exportadoras (REINTEGRA) incorporavam a base de cálculo da contribuição ao PIS e da COFINS, sobretudo no caso de empresas tributadas pelo lucro real na sistemática da não cumulatividade do PIS e da COFINS instituída pelas Leis 10.637/2002 e 10.833/2003. A Lei 12.546/2011, que institui o REINTEGRA, tem como objetivo reintegrar valores referentes a custos tributários federais residuais existentes nas cadeias de produção de tais empresas. A propósito, extrai-se dos arts. 1º e 2º dessa lei, que esse benefício fiscal tem natureza de "reintegração de valores referentes a custos tributários". Dessa forma, seja por se tratar de recuperação ou devolução de custos, seja por se tratar de subvenção corrente para custeio ou operação, os valores do benefício fiscal criado pelo REINTEGRA integram a receita bruta operacional da empresa por expressa determinação do art. 44 da Lei 4.506/1964, de forma que, salvo autorizativo legal, tais valores integram a base de cálculo do PIS e da COFINS no regime da não cumulatividade previsto nas Leis 10.637/2002 e 10.833/2003. A propósito, conforme entendimento adotado pela Segunda Turma desta Corte nos autos dos EDcl no REsp 1.462.313-RS, DJe 19/12/2014 e do AgRg no REsp 1.518.688-RS, DJe 7/5/2015, os valores do REINTEGRA são passíveis de incidência do imposto de renda, até o advento da MP 651/2014, posteriormente convertida na Lei 13.043/2014, de forma que a conclusão lógica que se tem é a de que tais valores igualmente integram a base de cálculo do PIS e da COFINS, que é mais ampla e inclui, a priori, ressalvadas as deduções legais, os valores relativos ao IRPJ e à CSLL, sobretudo no caso de empresas tributadas pelo lucro real na sistemática da não cumulatividade do PIS e da COFINS instituída pelas Leis 10.637/2002 e 10.833/2003, cuja tributação se dá com base na receita bruta mensal da pessoa jurídica, a qual, por expressa disposição do art. 44 da Lei 4.506/1964, abrange as recuperações ou devoluções de custos, deduções ou provisões e as subvenções correntes, para custeio ou operação, recebidas de pessoas jurídicas de direito público ou privado, ou de pessoas naturais. Nos termos do art. 150, § 6º, da CF, qualquer subsídio ou isenção, redução de base de cálculo, concessão de crédito presumido, anistia ou remissão, relativos a impostos, taxas ou contribuições, só poderá ser concedido mediante lei específica que regule exclusivamente as matérias acima enumeradas ou o correspondente tributo ou contribuição. Nesse sentido, somente com o advento da Lei 12.844/2013, que incluiu o § 12 no art. 2º da Lei 12.546/2011, é que os valores ressarcidos no âmbito do REINTEGRA foram excluídos expressamente da base de cálculo do PIS e da COFINS. Por não se tratar de dispositivo de conteúdo meramente procedimental, mas sim de conteúdo material (exclusão da base de cálculo de tributo), sua aplicação somente alcança os fatos geradores futuros e aqueles cuja ocorrência não tenha sido completada (consoante o art. 105 do CTN), não havendo que se falar em aplicação retroativa. REsp 1.514.731-RS, Rel. Min. Mauro Campbell Marques, julgado em 26/5/2015, DJe 1º/6/2015 (Inform. STJ 563).

DIREITO TRIBUTÁRIO. INCIDÊNCIA DA COFINS SOBRE RECEITA PROVENIENTE DE LOCAÇÃO DE VAGAS EM ESTACIONAMENTO DE SHOPPING CENTER.

Compõe a base de cálculo da COFINS a receita proveniente da locação de vagas em estacionamento de shopping center ou de centros

comerciais de prestação de serviços ou de venda de produtos, mesmo que esses estejam constituídos na forma de condomínio e que não haja a intervenção de terceira pessoa jurídica empresária. Mesmo na forma de condomínio – destituído de personalidade jurídica – e sem a intervenção de terceira pessoa jurídica empresária, o shopping center ou o centro comercial de prestação de serviços ou venda de produtos é considerado unidade econômica autônoma para fins de tributação, nos termos do art. 126, III, do CTN. Assim, se o empreendimento gera renda por meio de locação de bens e/ou prestação de serviços – mesmo que em benefício de sua infraestrutura ou a favor dos condôminos – sem a intervenção de terceira pessoa jurídica empresária, os valores que recebe compõem a base de cálculo de contribuições sociais (no caso, a COFINS), porquanto referidos valores fazem parte de seu faturamento. A propósito, nos termos do art. 2º da LC 70/1991, a COFINS incide "sobre o faturamento mensal, assim considerado a receita bruta das vendas de mercadorias, de mercadorias e serviços e de serviço de qualquer natureza". Ademais, o STJ, em diversos casos, tem entendido pela legalidade da incidência da COFINS sobre receitas provenientes da administração e locação procedidas por shopping centers. Ora, se há incidência da contribuição sobre a administração e locação das lojas e salas comerciais (AgRg no Ag 1.213.712-PR, Segunda Turma, DJe 8/10/2010; e AgRg no REsp 1.164.449-PR, Segunda Turma, DJe 4/2/2011), não há falar em não incidência na locação de vagas de estacionamento, as quais, igualmente àquelas, são bens imóveis aptos à locação e obtenção de renda. Além disso, cumpre mencionar que a Primeira Seção do STJ, por ocasião do julgamento do REsp 1.141.065-SC (DJe 1º/2/2010), realizado sob a sistemática do art. 543-C do CPC, no qual decidiu pela incidência da COFINS nas receitas provenientes de locação de mão de obra, fez-se peculiar menção à semelhança do caso com os dos shopping centers. Portanto, nessa linha, e ressalvadas as devidas diferenças entre os casos, se o empreendimento aufere renda da locação de vagas de estacionamento e/ou outra espécie de prestação de serviços, essa renda deve compor a base de cálculo da COFINS. REsp 1.301.956-RJ, Rel. Min. Benedito Gonçalves, julgado em 10/2/2015, DJe 20/2/2015 (Inform. STJ 556).

DIREITO TRIBUTÁRIO. DESCONTO DE CRÉDITOS DO VALOR APURADO A TÍTULO DE CONTRIBUIÇÃO AO PIS E DA COFINS.

É cabível o aproveitamento, na verificação do crédito dedutível da base de cálculo da contribuição ao PIS e da COFINS, das despesas e custos inerentes à aquisição de combustíveis, lubrificantes e peças de reposição utilizados em veículos próprios dos quais faz uso a empresa para entregar as mercadorias que comercializa. Isso porque o creditamento pelos insumos previsto nos arts. 3º, II, da Lei 10.833/2003 e da Lei 10.637/2002 abrange os custos com peças, combustíveis e lubrificantes utilizados por empresa que, conjugada com a venda de mercadorias, exerce também a atividade de prestação de serviços de transporte da própria mercadoria que revende. De fato, o art. 3º, II, da Lei 10.833/2003 registra expressamente que a pessoa jurídica poderá descontar créditos calculados em relação aos bens e serviços utilizados como insumo na prestação de serviços e na produção ou fabricação de bens ou produtos destinados à venda, inclusive combustíveis e lubrificantes. Dessa forma, importante ressaltar que é o próprio dispositivo legal que dá, expressamente, à pessoa jurídica o direito ao creditamento pelos bens utilizados como insumo na prestação de serviços, incluindo no conceito desses bens os combustíveis e lubrificantes. Ademais, fato incontroverso é o de que o valor do transporte da mercadoria vendida está embutido no preço de venda (faturamento), como custo que é da empresa, ingressando assim na base de cálculo das contribuições ao PIS/COFINS (receita bruta). Com o custo do transporte e o correspondente aumento do preço de venda, há evidente agregação de valor, pressuposto da tributação e também da aplicação da não cumulatividade. Por certo, a vedação do creditamento em casos como o presente teria por únicos efeitos (a) forçar a empresa vendedora/transportadora a registrar em cláusula contratual que as despesas da tradição (frete) estariam a cargo do comprador, fornecendo a ele o serviço, ou (b) terceirizar a atividade de transporte de suas mercadorias para uma outra empresa que possivelmente seria criada dentro de um mesmo grupo econômico apenas para se fazer planejamento tributário, com renovados custos burocráticos (custos de conformidade à legislação tributária, empresarial e trabalhista para a criação de uma nova empresa). Em suma, caracterizada a prestação de serviços de transporte, ainda que associada à venda de mercadorias que comercializa, há de ser reconhecido o direito ao creditamento pelo valor pago na aquisição das peças, combustíveis e lubrificantes necessários a esse serviço, tendo em vista que são insumos para a prestação do serviço. REsp 1.235.979-RS, Rel. originário Min. Herman Benjamin, Rel. para acórdão Min. Mauro Campbell Marques, julgado em 16/12/2014, DJe 19/12/2014 (Inform. STJ 554).

Súmula STF nº 659

É legítima a cobrança da COFINS, do PIS e do FINSOCIAL sobre as operações relativas a energia elétrica, serviços de telecomunicações, derivados de petróleo, combustíveis e minerais do País.

SÚMULA STJ nº 508

A isenção da Cofins concedida pelo art. 6º, II, da LC n. 70/1991 às sociedades civis de prestação de serviços profissionais foi revogada pelo art. 56 da Lei n. 9.430/1996.

Súmula STJ nº 468

A base de cálculo do PIS, até a edição da MP n. 1.212/1995, era o faturamento ocorrido no sexto mês anterior ao do fato gerador.

Súmula STJ nº 423

A Contribuição para Financiamento da Seguridade Social – Cofins incide sobre as receitas provenientes das operações de locação de bens móveis.

Súmula STJ nº 276

As sociedades civis de prestação de serviços profissionais são isentas da Cofins, irrelevante o regime tributário adotado. *(a partir do entendimento do STF, o STJ cancelou esta súmula para reconhecer a inexistência de isenção)*

5.2. Contribuições ao Regime Geral de Previdência Social

AG. REG. NO RE N. 869.633-SC
RELATORA: MIN. ROSA WEBER

EMENTA: DIREITO ADMINISTRATIVO E TRIBUTÁRIO. CONTRIBUIÇÃO PREVIDENCIÁRIA. ADICIONAL DE RISCO DE VIDA. DISCUSSÃO ACERCA DA NATUREZA JURÍDICA DA VERBA. DEBATE DE ÂMBITO INFRACONSTITUCIONAL. ALEGAÇÃO DE OFENSA AO ART. 5º, II, XXXVI, LIV E LV, DA CONSTITUIÇÃO DA REPÚBLICA. LEGALIDADE. CONTRADITÓRIO E AMPLA DEFESA. DEVIDO PROCESSO LEGAL. EVENTUAL OFENSA REFLEXA NÃO VIABILIZA O MANEJO DO RECURSO EXTRAORDINÁRIO. ART. 102 DA LEI MAIOR. NEGATIVA DE PRESTAÇÃO JURISDICIONAL. ARTIGO 93, IX, DA CONSTITUIÇÃO FEDERAL. NULIDADE. INOCORRÊNCIA. RAZÕES DE DECIDIR EXPLICITADAS PELO ÓRGÃO JURISDICIONAL. ACÓRDÃO RECORRIDO PUBLICADO EM 02.6.2014.

1. A controvérsia, a teor do já asseverado na decisão guerreada, não alcança estatura constitucional. Não há falar em afronta aos arts. 150, I, 154, I, e 195, I, "a", da Constituição Federal. Compreender de modo diverso exigiria a análise da legislação infraconstitucional encampada na decisão da Corte de origem, a tornar oblíqua e reflexa eventual ofensa, insuscetível, como tal, de viabilizar o conhecimento do recurso extraordinário.

2. Inexiste violação do artigo 93, IX, da Lei Maior. A jurisprudência do Supremo Tribunal Federal é no sentido de que o referido dispositivo constitucional exige a explicitação, pelo órgão jurisdicional, das razões do seu convencimento, dispensando o exame detalhado de cada argumento suscitado pelas partes.

3. O exame da alegada ofensa ao art. 5º, II, XXXVI, LIV e LV, da Constituição Federal, observada a estreita moldura com que devolvida a matéria à apreciação desta Suprema Corte, dependeria de prévia análise da legislação infraconstitucional aplicada à espécie, o que refoge à competência jurisdicional extraordinária, prevista no art. 102 da Magna Carta.

4. As razões do agravo regimental não se mostram aptas a infirmar os fundamentos que lastrearam a decisão agravada.
5. Agravo regimental conhecido e não provido. **(Inform. STF 797)**

AG. REG. NO AI N. 744.010-MG
RELATOR: MIN. MARCO AURÉLIO
EMENTA: RECURSO EXTRAORDINÁRIO – REPERCUSSÃO GERAL ADMITIDA – PROCESSO VERSANDO A MATÉRIA – SOBRESTAMENTO – MANUTENÇÃO. O tema atinente à constitucionalidade da cobrança de contribuições sociais em face das atividades das cooperativas em geral, tendo em conta a distinção entre "ato cooperativo típico" e "ato cooperativo atípico", teve repercussão geral admitida pelo denominado Plenário Virtual no Recurso Extraordinário nº 672.215/CE, da relatoria do ministro Luís Roberto Barroso. A matéria de fundo, tanto no mencionado recurso como neste extraordinário, diz respeito à definição da incidência ou não desses tributos sobre as receitas decorrentes de tais atos. Impõe-se aguardar o julgamento do mérito do paradigma, considerados o regime da repercussão geral, presentes os processos múltiplos, e a possibilidade de revisão do entendimento. **(Inform. STF 787)**

DIREITO TRIBUTÁRIO E PREVIDENCIÁRIO. INCIDÊNCIA DE CONTRIBUIÇÃO PREVIDENCIÁRIA NO AUXÍLIO QUEBRA DE CAIXA.
Incide contribuição previdenciária sobre o auxílio quebra de caixa, consubstanciado em pagamento efetuado mês a mês ao empregado em razão da função que desempenha, que tenha sido pago por liberalidade do empregador, mesmo que não se verifiquem diferenças no caixa. O empregado, quando exerce função de operador de caixa, auxiliar de caixa, conferente, tesoureiro, cobrador ou qualquer outra função que possibilite o desconto na sua remuneração quando há diferença entre a quantia existente em caixa e a que efetivamente deveria existir, faz jus ao recebimento do auxílio quebra de caixa, desde que previsto em norma coletiva, já que não há previsão legal para o seu pagamento. Nesse contexto, esse auxílio consubstancia-se no pagamento efetuado mês a mês ao empregado como uma forma de compensar os riscos assumidos pela função exercida. Considerando que a Primeira Seção do STJ (EREsp 775.701-SP, DJ 1º/8/2006) assentou a natureza não-indenizatória das gratificações feitas por liberalidade do empregador, o auxílio quebra de caixa, consubstanciado no pagamento efetuado mês a mês ao empregado em razão da função que desempenha, que tenha sido pago por liberalidade do empregador tem nítida natureza salarial e, portanto, integra a remuneração, razão pela qual se tem como pertinente a incidência da contribuição previdenciária. Isso porque, nos termos do art. 28, I, da Lei 8.212/1991, o salário de contribuição tem como base de cálculo a remuneração considerada como os rendimentos pagos, devidos ou creditados a qualquer título, durante o mês, destinado a retribuir o trabalho. Precedente citado: EDcl no REsp 733.362-RJ, Segunda Turma, DJe 14/4/2008. REsp 1.434.082-RS, Rel. Min. Humberto Martins, julgado em 1º/10/2015, DJe 9/10/2015 (Inform. STJ 570).

DIREITO TRIBUTÁRIO E PREVIDENCIÁRIO. GRATIFICAÇÕES E PRÊMIOS E CONTRIBUIÇÃO PREVIDÊNCIÁRIA.
Não incide contribuição previdenciária sobre prêmios e gratificações de caráter eventual. A fim de verificar a sua inclusão ou não no salário-de-contribuição, uma das principais características a ser aferida sobre as gratificações e os prêmios é a habitualidade ou não de seu pagamento. Havendo pagamento com habitualidade, manifesto o caráter salarial, implicando ajuste tácito entre as partes, razão pela qual incide contribuição previdenciária. A propósito, o STF possui entendimento firmado pela Súmula 207 ("As gratificações habituais, inclusive a de natal, consideram-se tacitamente convencionadas, integrando o salário"). Tratando-se de prêmio ou gratificação eventual, fica afastada a incidência da contribuição, conforme o art. 28, § 9º, "e", 7, da Lei 8.212/1991. **REsp 1.275.695-ES, Rel. Min. Mauro Campbell Marques, julgado em 20/8/2015, DJe 31/8/2015 (Inform. STJ 568).**

DIREITO TRIBUTÁRIO E PREVIDENCIÁRIO. SALÁRIO-FAMÍLIA E CONTRIBUIÇÃO PREVIDENCIÁRIA.
Não incide contribuição previdenciária sobre salário-família. A doutrina aponta que a natureza jurídica do salário-família não é de salário, em que pese o nome, na medida em que não é pago como contraprestação de serviços prestados pelo empregado. Realizando-se uma interpretação sistemática da legislação de regência (art. 70 da Lei 8.213/1991 e art. 28, § 9º, "a", da Lei 8.212/1991), verifica-se que se trata de benefício de natureza previdenciária não incorporável ao cômputo dos rendimentos que integrarão a aposentadoria do trabalhador. REsp 1.275.695-ES, Rel. Min. Mauro Campbell Marques, julgado em 20/8/2015, DJe 31/8/2015 (Inform. STJ 568).

Súmula STF nº 732

É constitucional a cobrança da contribuição do salário-educação, seja sob a Carta de 1969, seja sob a Constituição Federal de 1988, e no regime da Lei 9.424/1996.

Súmula STJ nº 425

A retenção da contribuição para a seguridade social pelo tomador do serviço não se aplica às empresas optantes pelo Simples.

Súmula STJ nº 351

A alíquota de contribuição para o Seguro de Acidente do Trabalho (SAT) é aferida pelo grau de risco desenvolvido em cada empresa, individualizada pelo seu CNPJ, ou pelo grau de risco da atividade preponderante quando houver apenas um registro.

5.3. Outras contribuições

AG. REG. NO ARE N. 907.065-DF
RELATOR: MIN. EDSON FACHIN
AGRAVO REGIMENTAL EM RECURSO EXTRAORDINÁRIO COM AGRAVO. DIREITO TRIBUTÁRIO. CONTRIBUIÇÃO SINDICAL RURAL. MARCO INICIAL DA PRESCRIÇÃO. CONSOLIDAÇÃO DAS LEIS TRABALHISTAS. RESERVA DE LEI COMPLEMENTAR. CLÁUSULA DA RESERVA DE PLENÁRIO.
1. A jurisprudência do STF é firma no sentido de que a contribuição sindical rural foi recepcionada pela Constituição Federal de 1988, submetendo-se ao regime tributário, de modo que as disposições do CTN lhe são aplicáveis.
2. Por se tratar de espécie tributária prevista na Constituição Federal, é possível a instituição do tributo por meio de lei ordinária, a qual deve fixar o aspecto temporal da hipótese de incidência, à luz do princípio da legalidade. Assim, em nenhum momento se infere dos autos tratamento de matéria reservada à lei complementar.
3. O Plenário desta Corte já atestou que não há repercussão geral na matéria referente ao lançamento de contribuição sindical rural, com base no art. 605 da CLT. Precedente: AI-RG 743.833, de relatoria do Ministro Cezar Peluso, DJe 16.10.2009.
4. O afastamento, pelos órgãos judiciários *a quo*, de lei ou ato normativo do Poder Público sem expressa declaração de inconstitucionalidade constitui ofensa à cláusula de reserva de plenário, consistindo em *error in procedendo* no âmbito do acórdão recorrido, tal como previsto no art. 97 da Constituição Federal e na Súmula Vinculante 10 desta Suprema Corte. Precedente: RE-QO-RG 580.108, de relatoria da Ministra Ellen Gracie, DJe 19.12.2008.
5. Agravo regimental a que se nega provimento. **(Inform. STF 809)**

REPERCUSSÃO GERAL EM RE N. 816.830-SC
RELATOR: MIN. DIAS TOFFOLI
EMENTA: RECURSO EXTRAORDINÁRIO. TRIBUTÁRIO. CONTRIBUIÇÃO AO SENAR. SUBSTITUIÇÃO DA BASE DE CÁLCULO. FOLHA DE SALÁRIO. RECEITA BRUTA PROVENIENTE DA COMERCIALIZAÇÃO DA PRODUÇÃO. PRODUTOR RURAL PESSOA FÍSICA. SEGURADO ESPECIAL. EXISTÊNCIA DE REPERCUSSÃO GERAL. **(Inform. STF 789)**

DIREITO TRIBUTÁRIO. INCLUSÃO DO ICMS NA BASE DE CÁLCULO DA CONTRIBUIÇÃO SUBSTITUTIVA PREVISTA NA LEI 12.546/2011.
A parcela relativa ao ICMS, ressalvada a retenção decorrente do regime de substituição tributária (ICMS-ST) e demais deduções legais, inclui-se no conceito de receita bruta para fins de determinação da base de cálculo da contribuição substitutiva instituída pelos

arts. 7º e 8º da Lei 12.546/2011. De fato, a EC 42/2003 possibilitou a substituição gradual, total ou parcial, da contribuição incidente sobre a folha de salários (art. 195, I, "a", da CF) pela incidente sobre a receita ou o faturamento. Nesse sentido, a Lei 12.546/2011 instituiu a contribuição substitutiva incidente sobre a receita bruta das empresas abrangidas pela desoneração da folha. Quanto a isso, convém esclarecer que, pela sistemática da não-cumulatividade, o conceito de receita bruta é mais amplo, não se aplicando, ao caso, o precedente da Suprema Corte (RE 240.785-MG, Tribunal Pleno, DJe 15/12/2014) que tratou das contribuições ao PIS/Pasep e da COFINS regidas pela Lei 9.718/1998, sob a ótica da sistemática cumulativa. Nessa linha intelectiva, o STJ, por ocasião do julgamento do REsp 1.330.737-SP, Primeira Seção, julgado em 10/6/2015, submetido ao rito do art. 543-C do CPC, pacificou o entendimento de que é possível a inclusão na receita bruta de parcela relativa a tributos recolhidos a título próprio, refletindo a orientação sufragada nas Súmulas 191 e 258 do TFR e 68 e 94 do STJ. ***Mutatis mutandis***, deve ser aplicada a mesma lógica para as contribuições previdenciárias substitutivas em razão da identidade do fato gerador (receita bruta). Destaque-se, finalmente, que a retenção do ICMS que se faz a título de substituição tributária (ICMS-ST) não se insere no conceito de receita bruta, pois a própria legislação tributária reconhece que tais valores são meros ingressos na contabilidade da empresa (responsável tributário por substituição ou agente arrecadador) que será entregue ao Fisco. **REsp 1.528.604-SC, Rel. Min. Mauro Campbell Marques, julgado em 8/9/2015, DJe 17/9/2015 (Inform. STJ 569).**

DIREITO TRIBUTÁRIO. NÃO REVOGAÇÃO DE CONTRIBUIÇÃO SOCIAL SOBRE O FGTS.

A contribuição social prevista no art. 1º da LC 110/2001 – baseada no percentual sobre o saldo de FGTS em decorrência da despedida sem justa causa –, a ser suportada pelo empregador, não se encontra revogada, mesmo diante do cumprimento da finalidade para qual a contribuição foi instituída. Inicialmente, esclareça-se que a jurisprudência do STJ tem reconhecido a atualização do saldo de FGTS (REsp 1.111.201-PE, Primeira Seção, DJe 04/03/2010, julgado sob o rito do art. 543-C do CPC). De fato, a finalidade da norma era trazer novas receitas ao FGTS, visto a necessidade de promover complementação de atualização monetária a que fariam jus os trabalhadores, em decorrência dos expurgos inflacionários das contas vinculadas ao referido fundo que não foram devidamente implementadas pela Caixa Econômica Federal. Entretanto, não se pode inferir do normativo complementar que sua regência é temporária e que sua vigência extingue-se com o cumprimento da finalidade para a qual a contribuição foi instituída. Se assim o fosse, haveria expressa previsão, tal como ocorreu com outra contribuição social instituída pela própria LC 110/2001, que estabeleceu prazo de vigência de sessenta meses, a contar de sua exigibilidade (art. 2º, § 2º). Portanto, a contribuição instituída pelo art. 1º da LC 110/2001 ainda é exigível, mormente ante o fato de que sua extinção foi objeto do Projeto de Lei Complementar 200/2012, o qual foi vetado pela Presidência da República e mantido pelo Congresso Nacional em agosto de 2013. **REsp 1.487.505-RS, Rel. Min. Humberto Martins, julgado em 17/3/2015, DJe 24/3/2015 (Inform. STJ 558).**

DIREITO TRIBUTÁRIO. RESPONSABILIDADE POR DÉBITOS PREVIDENCIÁRIOS NÃO PAGOS POR INCORPORADORA IMOBILIÁRIA FALIDA.

Na hipótese de paralisação de edificação de condomínio residencial, em razão da falência da incorporadora imobiliária, e tendo a obra sido retomada posteriormente pelos adquirentes das unidades imobiliárias comercializadas – condôminos –, estes não podem ser responsabilizados pelo pagamento de contribuições previdenciárias referentes à etapa da edificação que se encontrava sob a responsabilidade exclusiva da incorporadora falida. Nos termos do art. 30, II, da Lei 8.212/1991, "exclui-se da responsabilidade solidária perante a Seguridade Social o adquirente de prédio ou unidade imobiliária que realizar a operação com empresa de comercialização ou incorporador de imóveis, ficando estes solidariamente responsáveis com o construtor". Vale dizer, o construtor é responsável pelas dívidas previdenciárias, mas não o é o adquirente de unidade imobiliária que realizar a operação com empresa de comercialização ou incorporador de imóveis. Nota-se que a lei protege a boa-fé dos adquirentes que comercializam com empresas construtoras, não só como mecanismo de justiça, mas também como instrumento de garantia, de forma que as relações contratuais na área da construção civil se desenvolvam em um sistema de segurança. No caso, até o momento em que a obra estava sob a responsabilidade da pessoa jurídica, é inegável que os condôminos encontravam-se na condição de adquirentes das unidades comercializadas pela construtora, e não como construtores, não sendo possível, portanto, imputar aos condôminos a responsabilidade tributária, já que estariam acobertados pela exceção prevista no inciso VII do art. 30 da Lei 8.212/1991. Precedente citado: REsp 961.246-SC, Primeira Turma, DJe 10/12/2009. REsp 1.485.379-SC, Rel. Min. Og Fernandes, julgado em 16/12/2014, DJe 4/2/2015 (Inform. STJ 554).

Súmula STJ nº 516

A contribuição de intervenção no domínio econômico para o Incra (Decreto-Lei n. 1.110/1970), devida por empregadores rurais e urbanos, não foi extinta pelas Leis ns. 7.787/1989, 8.212/1991 e 8.213/1991, não podendo ser compensada com a contribuição ao INSS.

Súmula STJ nº 499

As empresas prestadoras de serviços estão sujeitas às contribuições ao SESC e SENAC, salvo se integradas noutro serviço social.

6. TAXAS

REPERCUSSÃO GERAL EM RE N. 838.284-SC
RELATOR: MIN. DIAS TOFFOLI
EMENTA: RECURSO EXTRAORDINÁRIO. REPERCUSSÃO GERAL. TRIBUTÁRIO. TAXA PARA EMISSÃO DE ANOTAÇÃO DE RESPONSABILIDADE TÉCNICA. LEI Nº 6.994/82. PRINCÍPIO DA RESERVA LEGAL. FIXAÇÃO DE VALOR MÁXIMO.
Possui repercussão geral a matéria alusiva à validade da exigência da taxa para expedição da Anotação de Responsabilidade Técnica (ART), baseada na Lei nº 6.994/82 a qual estabeleceu limites máximos para a ART, até o valor de 5 MVR, considerada a exigência do art. 150, I, da Constituição. **(Inform. STF 802)**

SEGUNDO AG. REG. NO RE N. 828.965-RS
RELATORA: MIN. CÁRMEN LÚCIA
EMENTA: AGRAVO REGIMENTAL NO RECURSO EXTRAORDINÁRIO. TRIBUTÁRIO. ANOTAÇÃO DE RESPONSABILIDADE TÉCNICA – ART. NATUREZA JURÍDICA DE TAXA. OBSERVÂNCIA DO PRINCÍPIO DA LEGALIDADE TRIBUTÁRIA (ART. 150, INC. I, DA CONSTITUIÇÃO DA REPÚBLICA). LEIS NS. 6.496/1977 E 6.994/1982: COBRANÇA INDEVIDA. AGRAVO REGIMENTAL AO QUAL SE NEGA PROVIMENTO. **(Inform. STF 790)**

AG. REG. NO ARE N. 873.798-RS
RELATORA: MIN. ROSA WEBER
EMENTA: DIREITO TRIBUTÁRIO. TAXA DE SAÚDE SUPLEMENTAR. LEI Nº 9.961/2000. EVENTUAL OFENSA REFLEXA NÃO VIABILIZA O MANEJO DO RECURSO EXTRAORDINÁRIO. ART. 102 DA LEI MAIOR. ACÓRDÃO RECORRIDO PUBLICADO EM 10.7.2014.
A controvérsia, a teor do que já asseverado na decisão guerreada, não alcança estatura constitucional. Não há falar, nesse compasso, em afronta aos preceitos constitucionais indicados nas razões recursais, porquanto compreender de modo diverso exigiria análise da legislação infraconstitucional encampada na decisão prolatada pela Corte de origem, o que torna oblíqua e reflexa eventual ofensa, insuscetível, portanto, de viabilizar o conhecimento do recurso extraordinário. Desatendida a exigência do art. 102, III, "a", da Lei Maior, nos termos da remansosa jurisprudência desta Corte.
As razões do agravo regimental não se mostram aptas a infirmar os fundamentos que lastrearam a decisão agravada.
Agravo regimental conhecido e não provido. **(Inform. STF 785)**

DIREITO TRIBUTÁRIO. ILEGALIDADE DA DEFINIÇÃO DO VALOR DE TAXA RELACIONADA AO SICOBE.
É ilegal impor às pessoas jurídicas que importam ou industrializam refrigerante, cerveja, água e refresco, com base no Ato Declaratório do Executivo RFB 61/2008, o ressarcimento à Casa da Moeda do Brasil pela realização por esta dos procedimentos de integração, instalação e manutenção preventiva e corretiva de todos os equipamentos que compõem o Sistema de Controle de Produção de Bebidas (Sicobe). O art. 58-T da Lei 10.833/2003 (com redação dada pela Lei 11.827/2008) instituiu obrigação tributária acessória, haja vista que (a) "instalar equipamentos contadores de produção, que possibilitem, ainda, a identificação do tipo de produto, de embalagem e sua marca comercial" é dever de fazer estabelecido pela legislação tributária; (b) este dever não tem caráter patrimonial, pois seu objetivo não é o recolhimento de quantia em dinheiro; e (c) impõe-se como medida de fiscalização e no interesse da arrecadação do IPI e PIS/COFINS. A respeito da forma como seria custeado esse Sistema de Controle de Produção de Bebidas (Sicobe), o art. 58-T da Lei 10.833/2003 (com redação dada pela Lei 11.827/2008) indicou a aplicação dos arts. 27 a 30 da Lei 11.488/2007. Nos termos dos §§ 2º e 3º do art. 28 da Lei 11.488/2007, definiu-se que o estabelecimento industrial deve ressarcir (entregar dinheiro) a Casa da Moeda do Brasil por possibilitar o funcionamento do Sicobe. A partir do momento em que nasce o dever de pagar quantia ao Estado, de forma compulsória, tem vida a obrigação tributária principal. Assim, existem duas obrigações tributárias distintas circunscritas ao Sicobe: (a) o dever de implementá-lo, de natureza acessória; e (b) o dever de ressarcir a Casa da Moeda do Brasil, de natureza principal. No presente caso, a Lei impôs obrigação pecuniária compulsória, em moeda, fruto de ato lícito. Esta obrigação subsume-se perfeitamente ao que o art. 3º do CTN definiu como tributo. Assim, a despeito de ter sido intitulada de ressarcimento, a cobrança instituída pelo art. 58-T da Lei 10.833/2003, c/c o art. 28 da Lei 11.488/2007 é, em verdade, tributo, qualificando-se como taxa (art. 77 do CTN). Na espécie, os valores exigidos à guisa de ressarcimento originam-se do exercício de poderes fiscalizatórios por parte da Fazenda Nacional, para evitar que as empresas produtoras de bebidas incidam em evasão fiscal. Tais atos fiscalizatórios são ínsitos ao poder de polícia de que está investida a União Federal, cuja remuneração pode ser perpetrada por meio da taxa de polícia. Até aqui, mal algum há na conduta do Estado, pois lhe é amplamente permitido criar novas taxas por meio de lei. No entanto, o vício surge na forma como se estabeleceu a alíquota e a base de cálculo da referida taxa. É que o art. 97, IV, do CTN estatui que somente lei pode fixar alíquota e base de cálculo dos tributos. Todavia, a Lei 11.488/2007, em seu art. 28, § 4º, não previu o *quantum* que deveria ser repassado à Empresa Pública, apenas atribuiu à Secretaria da Receita Federal do Brasil a competência para fazê-lo. Em cumprimento, foi editado o Ato Declaratório do Executivo RFB 61/2008, que estabeleceu como devido o valor de R$ 0,03 (três centavos de real) por unidade de produto controlado pelo Sicobe. Desta forma, a cobrança do ressarcimento, com base no referido ato infralegal, viola o art. 97, IV, do CTN. Ademais, o Ato Declaratório do Executivo RFB 61/2008, quando definiu o valor cobrado a título de ressarcimento em número fixo por unidade de produto, não respeitou o contido no próprio dispositivo que lhe outorgou esta competência. O art. 28, § 4º, da Lei 11.488/2007 estabeleceu a premissa segundo a qual os valores do ressarcimento deveriam ser proporcionais à capacidade produtiva do estabelecimento industrial, mas a Secretaria da Receita Federal do Brasil, ao regulamentar o tema, sequer mencionou quanto seriam os gastos despendidos pela Casa da Moeda do Brasil para manejar o Sicobe, de modo que não se pode afirmar que a cobrança estabelecida sem qualquer parâmetro é proporcional às despesas de implementação e manutenção. Além disso, ainda que apresentada planilha de cálculo demonstrando a correspondência do valor cobrado com os reais custos, o requisito da proporcionalidade a que se refere a Lei 11.488/2007 não estaria preenchido: esta não exigiu que o valor fosse proporcional às expensas, mas à capacidade produtiva do estabelecimento. **REsp 1.448.096-PR, Rel. Min. Napoleão Nunes Maia Filho, julgado em 1º/10/2015, DJe 14/10/2015. (Inform. STJ 571)**

Súmula Vinculante STF 41

O serviço de iluminação pública não pode ser remunerado mediante taxa.

Súmula Vinculante STF 29

É constitucional a adoção, no cálculo do valor de taxa, de um ou mais elementos da base de cálculo própria de determinado imposto, desde que não haja integral identidade entre uma base e outra.

Súmula Vinculante STF 19

A taxa cobrada exclusivamente em razão dos serviços públicos de coleta, remoção e tratamento ou destinação de lixo ou resíduos provenientes de imóveis, não viola o artigo 145, II, da constituição federal.

Súmula STF nº 670

O serviço de iluminação pública não pode ser remunerado mediante taxa. *(Comentário: os Municípios e o DF podem cobrar a contribuição do art. 149-A da CF)*

Súmula STF nº 665

É constitucional a Taxa de Fiscalização dos Mercados de Títulos e Valores Mobiliários instituída pela Lei 7.940/1989.

Súmula STF nº 545

Preços de serviços públicos e taxas não se confundem, porque estas, diferentemente daqueles, são compulsórias e têm sua cobrança condicionada à prévia autorização orçamentária, em relação à lei que as instituiu.

Súmula STJ nº 412

A ação de repetição de indébito de tarifas de água e esgoto sujeita-se ao prazo prescricional estabelecido no Código Civil. *(Comentário: STJ adotou o entendimento de que tarifa de água e esgoto não tem natureza tributária, independentemente de ser cobrada por concessionária ou autarquia)*

7. EMPRÉSTIMOS COMPULSÓRIOS

AG. REG. NO ARE N. 861.275-RJ
RELATOR: MIN. LUIZ FUX
Ementa: **AGRAVO REGIMENTAL NO RECURSO EXTRAORDINÁRIO COM AGRAVO. TRIBUTÁRIO. EMPRÉSTIMO COMPULSÓRIO. ELETROBRÁS. LEI Nº 4.156/1962. PRESCRIÇÃO. DEFINIÇÃO DO PRAZO. OFENSA REFLEXA. AUSÊNCIA DE PREQUESTIONAMENTO. SÚMULAS Nº 282 E 356 DO STF. INOVAÇÃO RECURSAL. IMPOSSIBILIDADE. PRINCÍPIOS DA AMPLA DEFESA E DO CONTRADITÓRIO. MATÉRIA COM REPERCUSSÃO GERAL REJEITADA PELO PLENÁRIO DO STF NO ARE Nº 748.371. CONTROVÉRSIA DE ÍNDOLE INFRACONSTITUCIONAL.**

1. A definição do prazo prescricional para demandar em juízo a restituição dos valores tomados a título de empréstimo compulsório em favor da ELETROBRÁS, nos termos da Lei nº 4.156/1962, quando *sub judice* a controvérsia, não dá ensejo ao cabimento do recurso extraordinário, por situar-se no âmbito infraconstitucional.

2. O prequestionamento da questão constitucional é requisito indispensável à admissão do recurso extraordinário. As súmulas 282 e 356 do STF dispõem, respectivamente, *verbis*: "*É inadmissível o recurso extraordinário, quando não ventilada, na decisão recorrida, a questão federal suscitada*" e "*O ponto omisso da decisão, sobre o qual não foram opostos embargos declaratórios, não podem ser objeto de recurso extraordinário, por faltar o requisito do prequestionamento*".

3. A alegação tardia de matéria constitucional, só suscitada em sede de embargos de declaração, não supre o requisito do prequestionamento. Precedentes: ARE 693.333-AgR, Rel. Min. Cármen Lúcia, Primeira Turma, DJe de 19/9/2012; e AI 738.152-AgR, Rel. Min. Ricardo Lewandowski, Segunda Turma, DJe de 8/11/2012.

4. A inovação de argumentos em agravo regimental é incabível. Precedente: AI 518.051-AgR, Rel. Min. Ellen Gracie, Segunda Turma, DJ de 17/2/2006.

5. Os princípios da ampla defesa, do contraditório, do devido processo legal e os limites da coisa julgada, quando debatidos sob a ótica infraconstitucional, não revelam repercussão geral apta a tornar o apelo extremo admissível, consoante decidido pelo Plenário virtual do STF, na análise do ARE 748.371-RG.

6. *In casu*, o acórdão recorrido extraordinariamente assentou: *"TRIBUTÁRIO – EXECUÇÃO POR TÍTULO EXTRAJUDICIAL – DEBÊNTURES EMITIDAS PELA ELETROBRÁS EM RAZÃO DO EMPRÉSTIMO COMPULSÓRIO SOBRE O CONSUMO DE ENERGIA ELÉTRICA (LEI 4.156/62) – PRESCRIÇÃO – AUSÊNCIA DE CERTEZA, LIQUIDEZ E EXIGIBILIDADE DO TÍTULO – ALEGAÇÃO DE MATÉRIA DE ORDEM PÚBLICA".*

7. Agravo regimental **DESPROVIDO. (Inform. STF 785)**

8. AÇÕES TRIBUTÁRIAS, PRO-CESSUAL TRIBUTÁRIO

8.1. Execução Fiscal: citação, competência, penhora, fiança, depósito, substituição, reforço, levantamento

DIREITO PROCESSUAL CIVIL E TRIBUTÁRIO. NÃO INCIDÊNCIA DO PRAZO DO ART. 892 DO CPC EM EXECUÇÃO FISCAL.

O prazo de cinco dias previsto no art. 892 do CPC não é aplicável aos depósitos judiciais referentes a créditos tributários, de tal sorte que são exigíveis multa e juros caso o depósito não seja realizado dentro do prazo para o pagamento do tributo. Isso porque, ao se interpretar a norma processual conforme o princípio da legalidade tributária estrita, reconhece-se que o prazo para o depósito judicial previsto no art. 892 do CPC ("Tratando-se de prestações periódicas, uma vez consignada a primeira, pode o devedor continuar a consignar, no mesmo processo e sem mais formalidades, as que se forem vencendo, desde que os depósitos sejam efetuados até 5 (cinco) dias, contados da data do vencimento") não se aplica às consignatórias de crédito tributário, por incompatibilidade normativa. Nos termos do art. 113, § 1º, do CTN, "A obrigação principal surge com a ocorrência do fato gerador, tem por objeto o pagamento de tributo ou penalidade pecuniária e extingue-se juntamente com o crédito dela decorrente", sendo que, conforme estabelece o art. 140 do CTN, "As circunstâncias que modificam o crédito tributário, sua extensão ou seus efeitos, ou as garantias ou os privilégios a ele atribuídos, ou que excluem a exigibilidade do crédito tributário não afetam a obrigação tributária que lhe deu origem". Ademais, o crédito tributário só se extingue ou tem sua exigibilidade suspensa ou excluída nos casos previstos no CTN (art. 141); a suspensão da exigibilidade do crédito tributário se dá com o depósito do seu montante integral, o que não dispensa o cumprimento das obrigações assessórias (art. 151, II e parágrafo único); e a extinção do crédito tributário em razão do depósito judicial só se dá por ocasião de sua conversão em renda (art. 156, VI). Nessa linha, deve-se afirmar que a consignação em pagamento do montante do tributo discutido, que tem por fim a suspensão da exigibilidade do crédito tributário, a qual, ao final, pode implicar sua extinção, é aquela em que o crédito é depositado dentro do prazo de vencimento da obrigação, ou em que há o depósito do montante integral do débito (AgRg no Ag 1.239.917-SP, Segunda Turma, DJe 17/5/2010). Isso porque não se pode ignorar que o crédito tributário é exigível a partir do termo de vencimento. Inadimplido, por força de lei, é acrescido de juros, multa e correção monetária. Por isso que, por ocasião do depósito judicial da parcela respectiva, a parte deve depositar todo o montante devido: crédito principal, juros e multa. O depósito judicial, então, elide a mora do contribuinte ou responsável que ingressa em juízo para discutir a obrigação tributária tão somente quando realizado nos termos e condições próprias para o pagamento integral do crédito tributário; só assim a conversão do depósito em renda poderá implicar a extinção do crédito tributário. Não se pode permitir que o contribuinte ou responsável tributário, por estar em juízo, seja agraciado com mais cinco dias para adimplir o tributo, só porque ajuíza ação consignatória em pagamento. Caso admitida essa tese, diretamente, estar-se-ia criando distinção entre contribuintes/responsáveis, o que é vedado pelo art. 150, I, da CF, além de estar-se estabelecendo espécie de moratória tributária, de caráter geral, sem previsão legal. AgRg no REsp 1.365.761-RS, Rel. Min. Benedito Gonçalves, julgado em 9/6/2015, DJe 17/6/2015 (Inform. STJ 564).

DIREITO PROCESSUAL CIVIL E TRIBUTÁRIO. OFERECIMENTO DE SEGURO GARANTIA EM EXECUÇÃO FISCAL.

O inciso II do art. 9° da Lei 6.830/1980 (LEF), alterado pela Lei 13.043/2014, que faculta expressamente ao executado a possibilidade de oferecer fiança bancária ou seguro garantia nas execuções fiscais, possui aplicabilidade imediata aos processos em curso. Isso porque o referido dispositivo é de cunho processual. Ressalte-se que a jurisprudência do STJ, em atenção ao princípio da especialidade, era no sentido do não cabimento do seguro garantia judicial, uma vez que o art. 9° da LEF não contemplava essa modalidade como meio adequado à garantia da Execução Fiscal. No entanto, a Lei 13.043/2014 deu nova redação ao art. 9°, II, da LEF para facultar expressamente ao executado a possibilidade de "oferecer fiança bancária ou seguro garantia". **REsp 1.508.171-SP, Rel. Min. Herman Benjamin, julgado em 17/3/2015, DJe 6/4/2015 (Inform. STJ 559).**

SÚMULA STJ nº 515

A reunião de execuções fiscais contra o mesmo devedor constitui faculdade do Juiz.

Súmula STJ nº 452

A extinção das ações de pequeno valor é faculdade da Administração Federal, vedada a atuação judicial de ofício.

Súmula STJ nº 451

É legítima a penhora da sede do estabelecimento comercial.

Súmula STJ nº 429

A citação postal, quando autorizada por lei, exige o aviso de recebimento.

Súmula STJ nº 414

A citação por edital na execução fiscal é cabível quando frustradas as demais modalidades.

Súmula STJ nº 406

A Fazenda Pública pode recusar a substituição do bem penhorado por precatório.

Súmula STJ nº 400

O encargo de 20% previsto no DL n. 1.025/1969 é exigível na execução fiscal proposta contra a massa falida.

Súmula STJ nº 375

O reconhecimento da fraude à execução depende do registro da penhora do bem alienado ou da prova de má-fé do terceiro adquirente.

Súmula STJ nº 190

Na execução fiscal, processada perante a Justiça Estadual, cumpre à Fazenda Pública antecipar o numerário destinado ao custeio das despesas com o transporte dos oficiais de justiça.

Súmula STJ nº 189.

É desnecessária a intervenção do Ministério Público nas execuções fiscais.

Súmula STJ nº 128

Na execução fiscal haverá segundo leilão, se no primeiro não houver lanço superior à avaliação.

Súmula STJ nº 121

Na execução fiscal o devedor deverá ser intimado, pessoalmente, do dia e hora da realização do leilão.

Súmula STJ nº 58

Proposta a execução fiscal, a posterior mudança de domicílio do executado não desloca a competência já fixada.

Súmula TFR nº 224

O fato de não serem adjudicados bens que, levados a leilão, deixaram de ser arrematados, não acarreta a extinção do processo de execução.

Súmula TFR nº 210

Na execução fiscal, não sendo encontrado o devedor, nem bens arrestáveis, é cabível a citação editalícia.

Súmula TFR nº 209

Nas execuções fiscais da Fazenda Nacional é legítima a cobrança cumulativa de juros de mora e multa moratória.

Súmula TFR nº 190

A intimação pessoal da penhora ao executado torna dispensável a publicação de que trata o art. 12 da Lei das Execuções Fiscais.

Súmula TFR nº 189

Proposta a execução fiscal, a posterior mudança de domicílio do executado não desloca a competência já fixada.

Súmula TFR nº 99

A Fazenda Pública, nas execuções fiscais, não está sujeita a prévio depósito para custear despesas do avaliador.

Súmula TFR nº 44

Ajuizada a execução fiscal anteriormente à falência, com penhora realizada antes desta, não ficam os bens penhorados sujeitos à arrecadação no juízo falimentar; proposta a execução fiscal contra a massa falida, a penhora far-se-á no rosto dos autos do processo de quebra, citando-se o síndico.

8.2. Execução Fiscal: redirecionamento, responsabilidade

DIREITO TRIBUTÁRIO E PROCESSUAL CIVIL. REDIRECIONAMENTO DA EXECUÇÃO CONTRA SÓCIO-GERENTE.

É possível redirecionar a execução fiscal contra o sócio-gerente que exercia a gerência por ocasião da dissolução irregular da sociedade contribuinte, independentemente do momento da ocorrência do fato gerador ou da data do vencimento do tributo. De fato, existem precedentes do STJ no sentido de que, embora seja necessário demonstrar quem ocupava o posto de gerente no momento da dissolução, é preciso, antes, que aquele responsável pela dissolução tenha sido também, simultaneamente, o detentor da gerência na oportunidade do surgimento da obrigação tributária – com a materialização do fato gerador – ou do vencimento do respectivo tributo. Em outras palavras, seria necessário que o sócio-gerente estivesse no comando da sociedade quando da dissolução irregular ou do ato caracterizador de sua presunção e também fizesse parte do quadro societário à época dos fatos geradores ou do vencimento da obrigação tributária. No entanto, a solução dessa questão jurídica deve partir das premissas também já reconhecidas pelo STJ em diversos precedentes de que (i) o mero inadimplemento do débito fiscal não se enquadra na hipótese do art. 135, III, do CTN para fins de redirecionamento da execução ao sócio-gerente; (ii) a dissolução irregular da sociedade inclui-se no conceito de "infração à lei" previsto no art. 135, caput, do CTN; e (iii) a certificação, no sentido de que a sociedade deixou de funcionar no seu domicílio fiscal sem comunicação aos órgãos competentes, gera presunção de dissolução irregular apta a atrair a incidência do art. 135, III, do CTN para redirecionar a execução ao sócio-gerente. Com base nessas premissas, deve-se concluir que o pedido de redirecionamento da execução fiscal, quando fundado na dissolução irregular ou em ato que presuma sua ocorrência – encerramento das atividades empresariais no domicílio fiscal, sem comunicação aos órgãos competentes (Súmula 435/STJ) –, pressupõe a permanência do sócio na administração da sociedade no momento dessa dissolução ou do ato presumidor de sua ocorrência, uma vez que, nos termos do art. 135, caput, III, CTN, combinado com a orientação constante da Súmula 435/STJ, o que desencadeia a responsabilidade tributária é a infração de lei evidenciada na existência ou presunção de ocorrência de referido fato. Por essas razões, é irrelevante para a definição da responsabilidade por dissolução irregular (ou sua presunção) a data da ocorrência do fato gerador da obrigação tributária, bem como o momento em que vencido o prazo para pagamento do respectivo débito. Por fim, registre-se que a alteração social realizada em obediência à legislação civil e empresarial não merece reparo. Pondera-se, contudo, que se as instâncias ordinárias, na hipótese acima descrita, constatarem, à luz do contexto fático-probatório, que referida alteração ocorreu com o fim específico de lesar a Administração Tributária – o Fisco –, não resta dúvida de que essa conduta corresponderá à infração de lei, já que eivada de vícios por pretender afastar a aplicação da legislação tributária que disciplina a responsabilidade pelo débito nos termos do art. 135 do CTN. Tal circunstância admitirá, portanto, o redirecionamento da execução fiscal ao sócio-gerente, mesmo que não constante do quadro societário ou da respectiva gerência no momento da dissolução irregular ou da prática de ato apto a presumir a sua ocorrência, nos termos da Súmula 435/STJ. REsp 1.520.257-SP, Rel. Min. Og Fernandes, julgado em 16/6/2015, DJe 23/6/2015 (Inform. STJ 564).

Súmula STJ nº 435

Presume-se dissolvida irregularmente a empresa que deixar de funcionar no seu domicílio fiscal, sem comunicação aos órgãos competentes, legitimando o redirecionamento da execução fiscal para o sócio-gerente.

Súmula STJ nº 430

O inadimplemento da obrigação tributária pela sociedade não gera, por si só, a responsabilidade solidária do sócio-gerente.

Súmula STJ nº 251

A meação só responde pelo ato ilícito quando o credor, na execução fiscal, provar que o enriquecimento dele resultante aproveitou ao casal.

Súmula TFR nº 112

Em execução fiscal, a responsabilidade pessoal do sócio-gerente de sociedade por quotas, decorrente de violação da lei ou excesso de mandato, não atinge a meação de sua mulher.

8.3. Execução Fiscal: embargos e exceção de pré-executividade

DIREITO PROCESSUAL CIVIL E TRIBUTÁRIO. TERMO INICIAL DO PRAZO PARA O OFERECIMENTO DE EMBARGOS À EXECUÇÃO FISCAL QUANDO AFASTADA A NECESSIDADE DE GARANTIA PRÉVIA.

No caso em que a garantia à execução fiscal tenha sido totalmente dispensada de forma expressa pelo juízo competente – inexistindo, ainda que parcialmente, a prestação de qualquer garantia (penhora, fiança, depósito, seguro-garantia) –, o prazo para oferecer embargos à execução deverá ter início na data da intimação da decisão que dispensou a apresentação de garantia, não havendo a necessidade, na intimação dessa dispensa, de se informar expressamente o prazo para embargar. De fato, o STJ já reconheceu, em sede de recurso representativo da controvérsia (REsp 1.127.815-SP, Primeira Seção, DJe 14/12/2010), que a insuficiência patrimonial do devedor inequívoca e devidamente comprovada é justificativa plausível à apreciação dos embargos à execução sem que o executado proceda ao reforço da penhora. A toda evidência, pelas mesmas razões, essa compreensão abrange os casos em que a dispensa de apresentação de garantia é total. Acerca de situações nas quais houve garantia apresentada (penhora, fiança, depósito, seguro-garantia), ainda que parcial, a jurisprudência do STJ tem determinado qual seria o respectivo termo inicial do prazo para o oferecimento de embargos do devedor: intimação do depósito, da penhora, da aceitação do seguro-garantia etc. Nesse contexto, nota-se que a regra subjacente a todos estes casos é a de que o prazo para o oferecimento de embargos do devedor tem início na data da intimação do ato que caracteriza a informação aos atores processuais da existência da garantia – nascimento da aptidão para embargar, pois não se embarga o ato constritivo, mas a execução –, tendo em vista o disposto no caput do art. 16 da Lei 6.830/1980. Do mesmo modo, nos casos em que a dispensa de apresentação de garantia é total, o prazo para oferecer embargos à execução fiscal deverá ter início na data da intimação da decisão que dispensou a apresentação de garantia, já que é este o ato que caracteriza a informação aos atores processuais da desnecessidade da garantia e a aptidão para embargar. Trata-se, portanto, de aplicação por analogia do disposto no mesmo art. 16 da Lei 6.830/1980. Ademais, não faz qualquer sentido a aplicação

analógica do art. 738, do CPC – segundo o qual "Os embargos serão oferecidos no prazo de 15 (quinze) dias, contados da data da juntada aos autos do mandado de citação" –, posto que, na data da juntada aos autos do mandado de citação do feito executivo, o executado não tem conhecimento de que foi dispensada a garantia e de que já está apto a embargar. Além disso, não há necessidade, na intimação da dispensa de garantia, de se informar expressamente o prazo para embargar. Até porque não se pode olvidar que a garantia do juízo é dispensada justamente com o propósito de permitir ao executado oferecer embargos à execução. Desse modo, seria de todo incompreensível se, intimado da desnecessidade dessa garantia, não houvesse prazo a ser cumprido para embargar, criando uma condição perene à efetividade do feito executivo e contrariando a segurança jurídica. REsp 1.440.639-PE, Rel. Min. Mauro Campbell Marques, julgado em 2/6/2015, DJe 10/6/2015 (Inform. STJ 563).

Súmula STJ nº 394

É admissível, em embargos à execução, compensar os valores de imposto de renda retidos indevidamente na fonte com os valores restituídos apurados na declaração anual.

Súmula STJ nº 393

A exceção de pré-executividade é admissível na execução fiscal relativamente às matérias conhecíveis de ofício que não demandem dilação probatória.

Súmula STJ nº 153

A desistência da execução fiscal, após o oferecimento dos embargos, não exime o exequente dos encargos da sucumbência.

Súmula TFR nº 184

Em execução movida contra sociedade por quotas, o sócio-gerente, citado em nome próprio, não tem legitimidade para opor embargos de terceiro, visando livrar da constrição judicial seus bens particulares.

8.4. Execução Fiscal: outros temas

REPERCUSSÃO GERAL EM AI N. 837.409-SE

RED P/ O ACÓRDÃO: MIN. GILMAR MENDES

Agravo de instrumento. 2. Direito Tributário. IPTU. Execução fiscal. Competência tributária ativa. Controvérsia. Declaração de inconstitucionalidade de dispositivo que definia limites territoriais de município. 3. Requisitos contidos no art. 18, § 4º, da Constituição Federal. Mitigação. 4. Discussão quanto à correta aplicação do artigo 96 da CF/88. 5. Repercussão geral reconhecida. **(Inform. STF 778)**

DIREITO PROCESSUAL CIVIL E TRIBUTÁRIO. DISPENSABILIDADE DA INDICAÇÃO DO CPF E/OU RG DO DEVEDOR (PESSOA FÍSICA) NAS AÇÕES DE EXECUÇÃO FISCAL. RECURSO REPETITIVO (ART. 543-C DO CPC E RES. 8/2008 DO STJ).

Em ações de execução fiscal, descabe indeferir a petição inicial sob o argumento da falta de indicação do CPF e/ou RG da parte executada, visto tratar-se de requisito não previsto no art. 6º da Lei 6.830/1980 (LEF), cujo diploma, por sua especialidade, ostenta primazia sobre a legislação de cunho geral, como ocorre em relação à exigência contida no art. 15 da Lei 11.419/2006. A Lei 6.830/1980, ao elencar no art. 6º os requisitos da petição inicial, não previu o fornecimento do CPF da parte executada, providência, diga-se, também não contemplada no art. 282, II, do CPC. A previsão de que a petição inicial de qualquer ação judicial contenha o CPF ou o CNPJ do réu encontra suporte, unicamente, no art. 15 da Lei 11.419/2006, que disciplina a informatização dos processos judiciais, cuidando-se, nessa perspectiva, de norma de caráter geral. Portanto, não se pode cogitar do indeferimento da petição inicial com base em exigência não consignada na legislação específica (Lei 6.830/1980-LEF), tanto mais quando o nome e endereço da parte executada, trazidos com a inicial, possibilitem, em tese, a efetivação do ato citatório. A Primeira Seção do STJ concluiu, em sede de repetitivo, por afastar a exigência de que a exordial da execução se fizesse acompanhar, também, da planilha discriminativa de cálculos; isso porque "A petição inicial da execução fiscal apresenta seus requisitos essenciais próprios e especiais que não podem ser exacerbados a pretexto da aplicação do Código de Processo Civil, o qual, por conviver com a lex specialis, somente se aplica subsidiariamente" (REsp 1.138.202-ES, Primeira Seção, DJe 1º/2/2010). Em tal perspectiva, deve-se reconhecer que, por seu caráter geral, o art. 15 da Lei 11.419/2006, no que impõe à parte o dever de informar, ao distribuir a petição inicial de qualquer ação judicial, o CPF ou CNPJ de pessoas físicas e jurídicas, encerra comando que cede frente aos enxutos requisitos contidos na legislação de regência da execução fiscal (Lei 6.830/1980), notadamente em seu artigo 6º. Embora o questionado fornecimento do CPF ou CNPJ não chegue a revelar incompatibilidade maior com o procedimento fiscal em juízo, a falta de apresentação desses dados pelo fisco, por não se erigir em requisito expressamente reclamado na lei especial de regência, não poderá obstruir o curso da execução, sem prejuízo de que esses dados possam aportar ao feito em momento ulterior. REsp 1.450.819-AM, Rel. Min. Sérgio Kukina, Primeira Seção, julgado em 12/11/2014, DJe 12/12/2014 (Inform. STJ 553).

DIREITO PROCESSUAL CIVIL E TRIBUTÁRIO. DISPENSABILIDADE DA INDICAÇÃO DO CNPJ DO DEVEDOR (PESSOA JURÍDICA) NAS AÇÕES DE EXECUÇÃO FISCAL. RECURSO REPETITIVO (ART. 543-C DO CPC E RES. 8/2008 DO STJ).

Em ações de execução fiscal, descabe indeferir a petição inicial sob o argumento da falta de indicação do CNPJ da parte executada, visto tratar-se de requisito não previsto no art. 6º da Lei 6.830/1980 (LEF), cujo diploma, por sua especialidade, ostenta primazia sobre a legislação de cunho geral, como ocorre em relação à exigência contida no art. 15 da Lei 11.419/2006. A Lei 6.830/1980, ao elencar no art. 6º os requisitos da petição inicial, não previu o fornecimento do CNPJ da parte executada, providência, diga-se, também não contemplada no art. 282, II, do CPC. A previsão de que a petição inicial de qualquer ação judicial contenha o CPF ou o CNPJ do réu encontra suporte, unicamente, no art. 15 da Lei 11.419/2006, que disciplina a informatização dos processos judiciais, cuidando-se, nessa perspectiva, de norma de caráter geral. Portanto, não se pode cogitar do indeferimento da petição inicial com base em exigência não consignada na legislação específica (Lei 6.830/1980), tanto mais quando o nome e endereço da parte executada, trazidos com a inicial, possibilitem, em tese, a efetivação do ato citatório. A Primeira Seção do STJ concluiu, em sede de repetitivo, por afastar a exigência de que a exordial da execução se fizesse acompanhar, também, da planilha discriminativa de cálculos, isso porque "A petição inicial da execução fiscal apresenta seus requisitos essenciais próprios e especiais que não podem ser exacerbados a pretexto da aplicação do Código de Processo Civil, o qual, por conviver com a lex specialis, somente se aplica subsidiariamente" (REsp 1.138.202-ES, Primeira Seção, DJe 1º/2/2010). Em tal perspectiva, deve-se reconhecer que, por seu caráter geral, o art. 15 da Lei 11.419/2006, no que impõe à parte o dever de informar, ao distribuir a petição inicial de qualquer ação judicial, o CPF ou CNPJ de pessoas físicas e jurídicas, encerra comando que cede frente aos enxutos requisitos contidos na legislação de regência da execução fiscal (Lei 6.830/1980), notadamente em seu artigo 6º. Embora o questionado fornecimento do CPF ou CNPJ não chegue a revelar incompatibilidade maior com o procedimento fiscal em juízo, a falta de apresentação desses dados pelo fisco, por não se erigir em requisito expressamente reclamado na lei especial de regência, não poderá obstruir o curso da execução, sem prejuízo de que esses dados possam aportar ao feito em momento ulterior. REsp 1.455.091-AM, Rel. Min. Sérgio Kukina, Primeira Seção, julgado em 12/11/2014, DJe 2/2/2015 (Inform. STJ 553).

Súmula STJ nº 521

A legitimidade para a execução fiscal de multa pendente de pagamento imposta em sentença condenatória é exclusiva da Procuradoria da Fazenda Pública.

8.5. Repetição, compensação, anulatória, declaratória

AG. REG. NO ARE N. 903.790-RJ

RELATORA: MIN. ROSA WEBER

EMENTA: DIREITO PROCESSUAL CIVIL E TRIBUTÁRIO. PRESCRIÇÃO DA PRETENSÃO DE REPETIÇÃO DE INDÉBITO TRIBUTÁRIO. MATÉRIA COM REPERCUSSÃO GERAL RECONHECIDA E JULGADA. RE 566.621 (REL. MIN. ELLEN GRACIE). ACÓRDÃO RECORRIDO CONFORME O PRECEDENTE. PREVIDÊNCIA PRIVADA. IMPOSTO DE RENDA. RESGATE. REPETIÇÃO DE INDÉBITO. PRESCRIÇÃO. VERIFICAÇÃO. MATÉRIA INFRACONSTITUCIONAL. INCIDÊNCIA DE IMPOSTO DE RENDA SOBRE BENEFÍCIO DE PREVIDÊNCIA COMPLEMENTAR APÓS A LEI 9.250/95. EVENTUAL OFENSA REFLEXA NÃO VIABILIZA O MANEJO DO RECURSO EXTRAORDINÁRIO. ART. 102 DA LEI MAIOR. ACÓRDÃO RECORRIDO PUBLICADO EM 06.05.2015.

1. Ao exame do RE 566.621, Rel. Min. Ellen Gracie, esta Suprema Corte declarou a inconstitucionalidade do art. 4º, segunda parte, da LC 118/2005, considerando válida a aplicação do novo prazo prescricional de 5 anos tão somente às ações ajuizadas após o decurso da *vacatio legis* de 120 dias, ou seja, a partir de 9 de junho de 2005. O entendimento adotado pela Corte de origem não divergiu dessa orientação.

2. A controvérsia não alcança estatura constitucional. Não há falar em afronta aos preceitos constitucionais indicados nas razões recursais. Compreender de modo diverso exigiria a análise da legislação infraconstitucional encampada na decisão da Corte de origem, a tornar oblíqua e reflexa eventual ofensa, insuscetível, como tal, de viabilizar o conhecimento do recurso extraordinário. Desatendida a exigência do art. 102, III, "a", da Lei Maior, nos termos da remansosa jurisprudência desta Suprema Corte.

3. As razões do agravo regimental não se mostram aptas a infirmar os fundamentos que lastrearam a decisão agravada.

4. Agravo regimental conhecido e não provido. **(Inform. STF 799)**

Súmula STF nº 546

Cabe restituição do tributo pago indevidamente, quando reconhecido, por decisão, que o contribuinte *de jure* não recuperou do contribuinte *de facto* o *quantum* respectivo.

Súmula STF nº 383

A prescrição em favor da Fazenda Pública recomeça a correr, por 2 (dois) anos e meio, a partir do ato interruptivo, mas não fica reduzida aquém de 5 (cinco) anos, embora o titular do direito a interrompa durante a primeira metade do prazo.

Súmula STF nº 262

Não cabe medida possessória liminar para liberação alfandegária de automóveis.

Súmula STF nº 239

Decisão que declara indevida a cobrança do imposto em determinado exercício não faz coisa julgada em relação aos posteriores.

Súmula STF nº 150

Prescreve a execução no mesmo prazo de prescrição da ação.

Súmula STJ nº 523

A taxa de juros de mora incidente na repetição de indébito de tributos estaduais deve corresponder à utilizada para cobrança do tributo pago em atraso, sendo legítima a incidência da taxa Selic, em ambas as hipóteses, quando prevista na legislação local, vedada sua cumulação com quaisquer outros índices.

Súmula STJ nº 461

O contribuinte pode optar por receber, por meio de precatório ou por compensação, o indébito tributário certificado por sentença declaratória transitada em julgado.

Súmula STJ nº 447

Os Estados e o Distrito Federal são partes legítimas na ação de restituição de imposto de renda retido na fonte proposta por seus servidores.

Súmula STJ nº 232

A Fazenda Pública, quando parte no processo, fica sujeita à exigência do depósito prévio dos honorários do perito.

Súmula STJ nº 188

Os juros moratórios, na repetição de indébito tributário, são devidos a partir do trânsito em julgado da sentença.

Súmula STJ nº 162

Na repetição de indébito tributário, a correção monetária incide a partir do pagamento indevido.

Súmula STJ nº 106

Proposta a ação no prazo fixado para o seu exercício, a demora na citação, por motivos inerentes ao mecanismo da Justiça, não justifica o acolhimento da arguição de prescrição ou decadência.

Súmula TFR nº 247

Não constitui pressuposto da ação anulatória do débito fiscal o depósito de que cuida o art. 38 da Lei 6.830, de 1980.

Súmula TFR nº 213.

O exaurimento da via administrativa não é condição para a propositura de ação de natureza previdenciária.

Súmula TFR nº 47

Cancelado o débito fiscal, a correção monetária, relativa à restituição da importância depositada em garantia de instância, incide a partir da data da efetivação do depósito.

Súmula TFR nº 46

Nos casos de devolução do depósito efetuado em garantia de instância e de repetição do indébito tributário, a correção monetária é calculada desde a data do depósito ou do pagamento indevido e incide até o efetivo recebimento da importância reclamada.

9. PROGRAMAS DE PARCELAMENTO, REFIS, PAES

DIREITO TRIBUTÁRIO. PRESCRIÇÃO DA PRETENSÃO DE COBRANÇA DE CRÉDITOS TRIBUTÁRIOS DEVIDOS POR CONTRIBUINTE EXCLUÍDO DO REFIS. Não interrompe o prazo prescricional o fato de o contribuinte, após ser formalmente excluído do Programa de Recuperação Fiscal (Refis), continuar efetuando, por mera liberalidade, o pagamento mensal das parcelas do débito tributário. De fato, a Primeira e a Segunda Turmas do STJ têm entendimento no sentido de que o pedido de parcelamento no Refis – que não se confunde com a sua concessão –, por constituir reconhecimento inequívoco do débito, nos termos do art. 174, parágrafo único, IV, do CTN, interrompe o prazo prescricional, que recomeça a fluir a partir da data em que o devedor deixa de cumprir o acordo (AgRg no REsp 1.340.871-SC, Primeira Turma, julgado em 5/6/2014, DJe 13/6/2014; e AgRg no REsp 1.528.020-PR, Segunda Turma, julgado em 26/5/2015, DJe 2/6/2015). Além disso, de acordo com precedentes da Segunda Turma do STJ (EDcl no AgRg no REsp 1.338.513-RS, DJe 21/3/2013; e AgRg no REsp 1.534.509-RS, DJe 24/8/2013), o marco inicial para a cobrança é a data da exclusão do parcelamento, pois, conforme se extrai do disposto no art. 5º, § 1º, da Lei 9.964/2000, a exclusão da pessoa jurídica do Refis implicará exigibilidade imediata da totalidade do crédito confessado e ainda não pago. Sendo assim, se o devedor optou por ingressar no Refis, mas, por não cumprir as exigências legais para fazer jus ao parcelamento, ocorreu a sua exclusão formal do programa, surge, neste momento, a pretensão de cobrança dos valores devidos. Além do mais, o fato de o devedor ter continuado a realizar de forma voluntária e extemporânea o pagamento mensal das parcelas não tem o condão de configurar ato de reconhecimento do débito (confissão de dívida) – já que o crédito, na data da exclusão formal, já era exigível –, de modo que não há como falar na extensão da interrupção do prazo prescricional. REsp 1.493.115-SP, Rel. Min. Mauro Campbell Marques, julgado em 15/9/2015, DJe 25/9/2015 (Inform. STJ 570).

DIREITO TRIBUTÁRIO. TRANSFERÊNCIA DE DÉBITOS TRIBUTÁRIOS DE UM REGIME DE PARCELAMENTO PARA OUTRO.

É ilegal o art. 1º da Portaria Conjunta SRF/PGFN 900/2002, o qual veda a transferência dos débitos inscritos no REFIS (Lei 9.964/2000) para o programa de parcelamento previsto na Medida Provisória 38/2002. Embora a Lei 9.964/2000, que instituiu o REFIS, expressamente disponha que a opção pelo programa de parcelamento exclui qualquer outra forma de parcelamento de débitos relativos aos tributos federais com vencimento até 29/2/2000, não se impede a transferência dos débitos para novo programa de parcelamento mais vantajoso. Em verdade, o que o art. 3º, § 1º, da Lei 9.964/2000 proíbe é que o beneficiário obtenha, nas mesmas condições estabelecidas no REFIS, novo parcelamento da dívida consolidada. Tanto é que a jurisprudência pacífica do STJ permite a transferência dos débitos inscritos no REFIS para o PAES. Assinale-se que o parcelamento instituído pela MP 38/2002 concedeu aos seus optantes vantagens não concedidas àqueles do REFIS, tais como, exclusão de multas e juros moratórios até 31/1/1999. Desse modo, não se tratando de adesão a um novo parcelamento nas mesmas condições estabelecidas pelo REFIS, a vedação contida no art. 1º da Portaria Conjunta SRF/PGFN 900/2002 é ilegal, porquanto extrapola os limites de regulamentação, pois cria vedação não prevista na MP 38/2002 e na Lei 9.964/2000. **REsp 1.368.821-SP, Rel. Min. Humberto Martins, julgado em 19/5/2015, DJe 26/5/2015 (Inform. STJ 562).**

Súmula STJ nº 437

A suspensão da exigibilidade do crédito tributário superior a quinhentos mil reais para opção pelo Refis pressupõe a homologação expressa do comitê gestor e a constituição de garantia por meio do arrolamento de bens.

Súmula STJ nº 355

É válida a notificação do ato de exclusão do programa de recuperação fiscal do Refis pelo Diário Oficial ou pela Internet.

10. SISTEMAS SIMPLIFICADOS DE TRIBUTAÇÃO, SIMPLES

DIREITO TRIBUTÁRIO. EMPRESAS OPTANTES PELO SIMPLES E SUSPENSÃO DO IPI.

O benefício da suspensão do IPI na saída do produto do estabelecimento industrial (art. 29 da Lei 10.637/2002) não se estende às empresas optantes pelo SIMPLES. O tratamento diferenciado instituído às microempresas e às empresas de pequeno porte, simplificando o cumprimento de suas obrigações administrativas, tributárias e previdenciárias, estabelece o recolhimento de tributos de forma unificada e, em relação ao IPI, prescreve que ele incide cumulado com outros impostos, por alíquota fixa sobre a receita bruta. Essa sistemática de arrecadação já institui forma de benefício fiscal que determina pagamento único e que, consequentemente, exclui qualquer outra vantagem estabelecida às demais empresas, até porque, contrario sensu, a extensão do benefício quanto à suspensão do IPI da saída do estabelecimento industrial (art. 29 da Lei 10.637/2002) conduziria à concessão de dupla vantagem – uma, decorrente do recolhimento mitigado do IPI pela opção ao SIMPLES, e outra, pela sua total exclusão – sem expressa previsão legal. Precedentes citados: AgRg no Ag 1.171.321-SC, Primeira Turma, DJe 9/4/2010; e AgRg no REsp 986.560-PR, DJe 11/5/2009. **REsp 1.497.591-PE, Rel. Min. Humberto Martins, julgado em 9/12/2014, DJe 15/12/2014 (Inform. STJ 554).**

Súmula STJ nº 448

A opção pelo Simples de estabelecimentos dedicados às atividades de creche, pré-escola e ensino fundamental é admitida somente a partir de 24/10/2000, data de vigência da Lei n. 10.034/2000.

11. OUTRAS MATÉRIAS

Correção monetária, demonstrações financeiras, imposto de renda e Lei 8.200/1991 – 3

É constitucional o inc. I do art. 3º da Lei 8.200/1991, que dispõe sobre a correção monetária das demonstrações financeiras para efeitos fiscais e societários. Com base nessa orientação, o Tribunal, em preliminar e, por maioria, conheceu do recurso e, no mérito, deu-lhe provimento. Na espécie, tribunal regional federal entendera que a devolução parcelada da diferença verificada no ano de 1990 entre a variação do IPC e do BTNF, estabelecida pela mencionada norma, teria configurado empréstimo compulsório sem observância dos requisitos constitucionais – v. Informativos 369 e 434. O Tribunal adotou a jurisprudência por ele firmada no julgamento do RE 201.465/MG (DJU de 17.10.2003) no sentido de que referido dispositivo, posteriormente modificado pelo art. 11 da Lei 8.682/1993, não representaria ilegítima e disfarçada espécie de empréstimo, mas sim favor fiscal criado pelo legislador. Vencidos os Ministros Marco Aurélio (relator), Ricardo Lewandowski (Presidente), Ayres Britto e Rosa Weber, que a ele negavam provimento. Apontavam que a devolução parcelada da diferença verificada no ano de 1990 entre a variação do IPC e do BTNF configuraria empréstimo compulsório porque ausentes requisitos constitucionais.

RE 201512/MG, rel. orig. Min. Marco Aurélio, red. p/ o acórdão Min. Cármen Lúcia.5.11.2015. (RE-201512) (Inform. STF 806)

AG. REG. NO AI N 682.983-RS

RELATOR: MIN. ROBERTO BARROSO

EMENTA: AGRAVO REGIMENTAL NO AGRAVO DE INSTRUMENTO. PARCELAMENTO. EXTENSÃO ÀS EMPRESAS PRIVADAS. IMPOSSIBILIDADE. TAXA SELIC. DÉBITO TRIBUTÁRIO. POSSIBILIDADE. MULTA MORATÓRIA. CARÁTER CONFISCATÓRIO RECONHECIDO. REDUÇÃO PARA 20%.

1. O Supremo Tribunal Federal já assentou a ausência de repercussão geral da controvérsia relativa à violação aos princípios do contraditório, da ampla defesa, do devido processo legal e dos limites da coisa julgada, quando o julgamento da causa depender de prévia análise da adequada aplicação de normas infraconstitucionais (ARE 748.371-RG, Rel. Min. Gilmar Mendes).
2. Esta Corte já decidiu pela impossibilidade de extensão do parcelamento de débito previdenciário em 240 meses, previsto na Lei nº 8.620/1993, às empresas do setor privado, porquanto o Poder Judiciário não pode atuar como legislador positivo.
3. Nos termos do entendimento fixado nos autos do RE 582.461-RG, julgado sob relatoria do Ministro Gilmar Mendes, a utilização da Taxa Selic como índice de atualização de débitos tributários não contraria qualquer preceito constitucional.
4. A aplicação de multa moratória acima do patamar de 20% detém caráter confiscatório. Trata-se de montante que se coaduna com a ideia de que a impontualidade é uma falta menos grave, aproximando-se, inclusive, do valor que um dia já foi positivado na Constituição.
5. Agravo regimental a que se dá parcial provimento para determinar a redução da multa moratória para 20% (vinte por cento) sobre o valor do tributo. **(Inform. STF 796)**

DIREITO TRIBUTÁRIO. RETENÇÃO DE TRIBUTOS FEDERAIS NA FONTE QUANDO DO PAGAMENTO DE CONTRATO DE FRETAMENTO DE AERONAVE PELA ADMINISTRAÇÃO PÚBLICA FEDERAL.

É possível reter na fonte, na forma dos arts. 64 da Lei 9.430/1996 e 34 da Lei 10.833/2003, o IRPJ, a CSLL, a contribuição para o PIS/PASEP e a COFINS, quando do pagamento de contrato de fretamento de aeronave pela administração pública federal. Da análise do art. 133 da Lei 7.565/1986 (Código Brasileiro de Aeronáutica), verifica-se que o contrato de fretamento ocorre quando uma das partes, chamada fretador, obriga-se para com a outra, chamada afretador, mediante o pagamento do frete por este, a realizar uma ou mais viagens preestabelecidas ou durante certo período de tempo, reservando-se ao fretador o controle sobre a tripulação e a condução técnica da aeronave. O referido dispositivo legal ressalta a existência de reserva de controle técnico sobre o bem móvel objeto do contrato em questão, fato que remete o contrato a uma natureza mais próxima do conceito de prestação de serviços do que do conceito de mera locação de bem móvel. Sendo assim, não se deve aplicar os precedentes do STF no sentido de que os contratos de locação de bem móvel não se submetem à tributação a título de ISS por não serem prestação de serviços ou locação de serviços (Súmula Vinculante 31 do STF). É que o contrato em questão (fretamento de aeronave) possui em seu bojo indubitável prestação de serviços. Outrossim, também está embutida no contrato de fretamento a locação do bem móvel (aeronave), que constitui em si o fornecimento do bem, além da prestação de serviços efetivada pela tripulação, pelo que não há como a atividade escapar à hipótese de incidência descrita no art. 64 da Lei 9.430/1996 e no art. 34 da Lei 10.833/2003, que estabelecem a técnica de arrecadação de retenção na fonte quando da realização dos pagamentos efetuados por órgãos, autarquias e fundações, bem como empresas públicas, sociedades de economia mista e demais entidades de que a União detenha a maioria do capital social com direito a voto. Com efeito, devido à essa natureza híbrida do contrato de fretamento de aeronave, se as situações individualmente consideradas, relativamente ao fornecimento de bem, locação de bem móvel ou prestação de serviço já ensejariam a retenção dos tributos na fonte, tanto mais deve ensejar a retenção na fonte a hipótese em questão, que possui mais de uma situação ensejadora de sua incidência. Por fim, de registrar que, ainda que não houvesse a arrecadação pela técnica de antecipação mediante retenção na fonte, a empresa continuaria a se submeter à tributação pelo IRPJ, CSLL, PIS/PASEP e COFINS, posto que praticante dos respectivos fatos geradores, atrelados à aferição de lucro real, lucro líquido ajustado, e receita ou faturamento, respectivamente. **REsp 1.218.639-RJ, Rel. Min. Mauro Campbell Marques, julgado em 28/4/2015, DJe 7/5/2015 (Inform. STJ 561).**

DIREITO TRIBUTÁRIO. IMPOSSIBILIDADE DE EXIGÊNCIA CONCOMITANTE DA MULTA ISOLADA E DA MULTA DE OFÍCIO PREVISTAS NO ART. 44 DA LEI 9.430/1996.

Quando a situação jurídico-tributária se alinhar com ambas as hipóteses de incidência da multa do art. 44 da Lei 9.430/1996 – previstas no inciso I e no inciso II –, incidirá apenas a "multa de ofício" pela falta de recolhimento de tributo (inciso I). A multa do inciso I do art. 44 da Lei 9.430/1996 é aplicável nos casos de "totalidade ou diferença de imposto ou contribuição nos casos de falta de pagamento ou recolhimento, de falta de declaração e nos de declaração inexata". Por sua vez, a multa do inciso II do mesmo diploma, entretanto, é cobrada isoladamente sobre o valor do pagamento mensal: "a) na forma do art. 8º da Lei nº 7.713, de 22 de dezembro de 1988, que deixar de ser efetuado, ainda que não tenha sido apurado imposto a pagar na declaração de ajuste, no caso de pessoa física; e b) na forma do art. 2º desta Lei, que deixar de ser efetuado, ainda que tenha sido apurado prejuízo fiscal ou base de cálculo negativa para a contribuição social sobre o lucro líquido, no ano-calendário correspondente, no caso de pessoa jurídica". Sistematicamente, nota-se que a multa do inciso II do referido artigo somente poderá ser aplicada quando não possível a multa do inciso I. Destaca-se que o inadimplemento das antecipações mensais do imposto de renda, por exemplo, não implica, por si só, a ilação de que haverá tributo devido. Os recolhimentos mensais, ainda que configurem obrigações de pagar, não representam, no sentido técnico, o tributo em si. Este apenas será apurado ao final do ano-calendário, quando ocorrer o fato gerador. Assim, as hipóteses do inciso II, "a" e "b", em regra, não trazem novas hipóteses de cabimento de multa. A melhor exegese revela que não são multas distintas, mas apenas formas distintas de aplicação da multa do art. 44, em consequência de, nos casos ali descritos, não haver nada a ser cobrado a título de obrigação tributária principal. As chamadas "multas isoladas", portanto, apenas servem aos casos em que não possam ser as multas exigidas juntamente com o tributo devido (inciso I), na medida em que são elas apenas formas de exigência das multas descritas no caput. Esse entendimento é corolário da lógica do sistema normativo-tributário que pretende prevenir e sancionar o descumprimento de obrigações tributárias. De fato, a infração que se pretende repreender com a exigência isolada da multa é completamente abrangida por eventual infração que acarrete, ao final do ano-calendário, o recolhimento a menor dos tributos e que dê azo, assim, à cobrança da multa de forma conjunta. Ademais, em se tratando as multas tributárias de medidas sancionatórias, aplica-se a lógica do princípio penal da consunção, em que a infração mais grave abrange aquela menor que lhe é preparatória ou subjacente. O princípio da consunção (ou da absorção) é aplicável nos casos em que há uma sucessão de condutas típicas com existência de um nexo de dependência entre elas. Segundo esse preceito, a infração mais grave absorve aquelas de menor gravidade. Sob esse enfoque, não pode ser exigida concomitantemente a multa isolada e a multa de ofício por falta de recolhimento de tributo apurado ao final do exercício e também por falta de antecipação sob a forma estimada. Cobra-se apenas a multa de ofício pela falta de recolhimento de tributo. **REsp 1.496.354-PR, Rel. Min. Humberto Martins, julgado em 17/3/2015, DJe 24/3/2015 (Inform. STJ 558).**

DIREITO ADMINISTRATIVO E TRIBUTÁRIO. PENA DE PERDA DE VEÍCULO CONDUTOR DE MERCADORIA SUJEITA À PENA DE PERDIMENTO.

Dá ensejo à pena de perda do veículo a conduta dolosa do transportador que utiliza veículo próprio para conduzir ao território nacional mercadoria estrangeira sujeita à pena de perdimento, independentemente de o valor do veículo ser desproporcional ao valor das mercadorias apreendidas. De fato, o inciso V do art. 104 do Decreto-Lei 37/1966 dispõe que a pena de perda do veículo é aplicada "quando o veículo conduzir mercadoria sujeita à pena de perda, se pertencente ao responsável por infração punível com aquela sanção". Nessa mesma linha, o inciso V do art. 688 do Decreto 6.759/2009, por sua vez, dispõe que se aplica a pena de perdimento do veículo, por configurar dano ao Erário, "quando o veículo conduzir mercadoria sujeita a perdimento, se pertencente ao responsável por infração punível com essa penalidade". Nesse contexto, até mesmo em atenção ao que dispõe a Súmula Vinculante 10 do STF, não se mostra adequado que se afaste a norma legal em razão da simples comparação entre os valores das mercadorias e do veículo que as transporta, ao pretexto de observância do princípio da proporcionalidade, salvo se declarada sua inconstitucionalidade. Além disso, "na aplicação da lei, o juiz atenderá aos fins sociais a que ela se dirige e às exigências do bem comum" (art. 5º da LINDB). Nesse passo, não há dúvidas de que a legislação aduaneira, ao tratar da pena de perdimento de veículo, é severa em razão de uma finalidade nítida, como coibir a sonegação tributária, por meio do descaminho ou de contrabando. Nessa linha, deve-se entender, como acima assinalado, que a pena de perdimento do veículo (inciso V do art. 688 do Decreto 6.759/2009 e inciso V do art. 104 do Decreto-Lei 37/1966), refere-se à conduta dolosa do transportador na internalização de sua própria mercadoria em veículo de sua propriedade. REsp 1.498.870-PR, Rel. Min. Benedito Gonçalves, julgado em 12/2/2015, DJe 24/2/2015 (Inform. STJ 556).

Súmula STF nº 473

A administração pode anular seus próprios atos, quando eivados de vícios que os tronam ilegais, porque deles não se originam direitos; ou revogá-los, por motivo de conveniência e oportunidade, respeitados os direitos adquiridos, e ressalvada, em todos os casos, a apreciação judicial.

Súmula STF nº 400

Decisão que deu razoável interpretação à lei, ainda que não seja a melhor, não autoriza recurso extraordinário, pela letra *a* do art. 101, III, da Constituição Federal.

Súmula STJ nº 353

As disposições do Código Tributário Nacional não se aplicam às contribuições para o FGTS. *(Comentário: contribuições ao FGTS não têm natureza tributária)*

Súmula STF nº 346

A administração pública pode declarar a nulidade dos seus próprios atos.

Súmula STJ nº 345

São devidos honorários advocatícios pela Fazenda Pública nas execuções individuais de sentença proferida em ações coletivas, ainda que não embargadas.

Súmula STJ nº 317

É definitiva a execução de título extrajudicial, ainda que pendente apelação contra sentença que julgue improcedentes os embargos.

Súmula TFR nº 47

Cancelado o débito fiscal, a correção monetária, relativa à restituição da importância depositada em garantia de instância, incide a partir da data da efetivação do depósito.

Súmula TFR nº 46

Nos casos de devolução do depósito efetuado em garantia de instância e de repetição do indébito tributário, a correção monetária é calculada desde a data do depósito ou do pagamento indevido e incide até o efetivo recebimento da importância reclamada.

8. DIREITO EMPRESARIAL

1. SOCIEDADE ANÔNIMA

DIREITO EMPRESARIAL E PROCESSUAL CIVIL. LEGITIMIDADE ATIVA PARA AÇÃO SOCIAL.

Acionistas e companhia podem litigar em litisconsórcio facultativo ativo em ação de responsabilidade civil contra o administrador pelos prejuízos causados ao patrimônio da sociedade anônima (art. 159 da Lei 6.404/1976), quando não proposta a ação pela companhia no prazo de três meses após a deliberação da assembleia-geral (§ 3º). Da análise do art. 159 da Lei 6.404/1976, constata-se que a denominada ação social, assim compreendida como aquela voltada a reparar danos causados à própria sociedade anônima pela atuação ilícita de seus administradores, pode ser promovida: i) pela própria companhia (ação social ut universi), desde que devidamente autorizada por sua assembleia geral; e ii) por qualquer acionista, caso a demanda não seja intentada pela companhia nos três meses seguintes à deliberação assemblear, ou por acionistas que representem ao menos 5% (cinco por cento) do capital social, na hipótese em que a assembleia geral tenha deliberado por não acionar os administradores (em ambos os casos, tem-se a denominada ação social ut singuli). Na ação social ut singuli, o acionista que a promove o faz em nome próprio, na defesa dos direitos e interesses da companhia. Está-se, pois, diante de uma legitimação extraordinária. Aliás, o § 5º do artigo sob exame, de modo a explicitar tal circunstância, deixa claro que o resultado obtido com a demanda é deferido à sociedade, e não ao acionista promovente. Preceitua o dispositivo legal, ainda, que o acionista demandante será indenizado por todas as despesas que suportar com o processo, nos limites do resultado. Por consectário, caso o resultado da demanda seja negativo, o autor responde pessoalmente pelas despesas processuais. Além disso, o preceito legal ainda dispõe em seu § 7º sobre a possibilidade de qualquer acionista ou terceiro promover ação destinada a reparar prejuízo próprio (e não da sociedade anônima, ressalta-se), ocasionado por ato de administrador. É a denominada ação individual, que, ante a diversidade de objetos, não se confunde com a ação social acima discriminada. De outro lado, é de se constatar que, durante os três meses contados da deliberação da assembleia geral que autoriza a companhia a promover a ação contra o administrador, somente a própria sociedade, com exclusão de qualquer outro acionista, pode assim proceder. No curso de tal interregno, portanto, a lei confere legitimidade exclusiva à sociedade anônima para promover a ação social. Após o término do aludido termo, o regramento legal expressamente admite que qualquer acionista promova a ação social, caso a companhia não o tenha feito naquele período. Veja-se, portanto, que, em tal circunstância – após o término dos três meses contados da deliberação assemblear – possuem legitimidade ativa ad causam tanto a companhia, como qualquer acionista para promover a ação social. Está-se, pois, nesse caso, diante de legitimidade concorrente – que se dá tanto na seara ordinária, como na extraordinária –,a considerar que ambos, tanto a companhia, como qualquer acionista, estão, por lei, autorizados a discutir em juízo a presente situação jurídica (consistente na reparação de danos sofridos pela companhia por ato de administrador). Como é de sabença, na legitimidade concorrente simples ou isolada, qualquer dos legitimados pode atuar sozinho no feito. Naturalmente, em se tratando de legitimidade extraordinária, caso o titular do direito (a companhia) promova a ação isoladamente, o posterior ajuizamento de ação pelo substituto processual (qualquer acionista) consubstanciará, inequivocamente, caso de litispendência. Veja-se, que, nessa hipótese, a ação posterior deve ser extinta em virtude da existência de ação anterior idêntica, e não porque, ao substituto processual, falta legitimidade. De se destacar, ainda, que, efetivamente, não há qualquer óbice legal para a formação de um litisconsórcio ativo facultativo integrado por sujeitos de direito que, repisa-se, simultaneamente ostentam legitimidade (concorrente) para, em juízo, defender os interesses da companhia. Pode-se antever, como inarredável consequência de tal proceder, no máximo, que os autores da ação, caso não logrem êxito em seu intento, venham a arcar, cada qual, com as despesas processuais decorrentes da sucumbência em partes iguais. De todo modo, havendo expressa previsão legal a conferir legitimidade aos acionistas para ajuizarem ação social, após três meses da deliberação da assembleia, possível, inclusive, a formação de litisconsórcio facultativo ativo entre a companhia e aqueles. **REsp 1.515.710-RJ, Rel. Min. Marco Aurélio Bellizze, julgado em 12/5/2015, DJe 2/6/2015 (Inform. STJ 563).**

2. FALÊNCIA

2.1. Falência: pressupostos, requerimento, depósito elisivo

DIREITO EMPRESARIAL. INTERPRETAÇÃO DO ART. 94, III, F, DA LEI DE FALÊNCIAS.

A mudança de domicílio da sociedade em recuperação judicial, devidamente informada em juízo, ainda que sem comunicação aos credores e sem data estabelecida para a instalação do novo estabelecimento empresarial, não é causa, por si só, para a decretação de ofício da falência. Nos termos do art. 94, III, "f", da Lei 11.101/2005, decreta-se a falência do devedor que se ausenta sem deixar representante habilitado e com recursos suficientes para pagar os credores, abandona estabelecimento ou tenta ocultar-se de seu domicílio, do local de sua sede ou de seu principal estabelecimento. De fato, a fuga e a ocultação do devedor ou o abandono do estabelecimento empresarial, com o fim de furtar-se de suas obrigações, não podem ser condutas que obtenham a condescendência do Poder Judiciário. De outro lado, conforme a doutrina, a mudança do domicílio comercial desacompanhada de comunicação aos credores não é suficiente, por si só, para caracterização do abandono. Desse modo, embora a ocultação, ou a sua tentativa, pressuponha a ideia de que o comerciante, fatalmente, deixará de cumprir as suas obrigações, a mudança do domicílio comercial, mesmo que sem aviso aos credores, ainda não é motivo bastante para caracterização da fuga. Isso porque é necessário provar que a mudança foi furtiva e realizada com o objetivo de fraudá-los. É a má-fé, portanto, indubitavelmente, que norteia a decretação da falência ante a ocultação dolosa do devedor, ou seja, com o fim de descumprir suas obrigações empresariais. Aquela, contudo e como se sabe, há de ser provada, enquanto a boa-fé é presumida, magistério que se colhe de vetusto brocardo jurídico. Dessa forma, a simples alteração de endereço não é causa suficiente para o decreto de quebra, havendo que se perquirir se houve, de fato, abandono ou ocultação pelo devedor, o que deverá se dar sob o crivo do contraditório e da ampla defesa, de modo que a sociedade empresária em recuperação deverá ser intimada para, em se constatando que não mais exerce sua empresa em seu antigo endereço, informar ao juízo acerca do ocorrido e fazer prova de que não houve tentativa de furtar-se ao cumprimento de suas obrigações. **REsp 1.366.845-MG, Rel. Min. Maria Isabel Gallotti, julgado em 18/6/2015, DJe 25/6/2015 (Inform. STJ 564).**

Súmula STJ nº 361

A notificação do protesto, para requerimento de falência da empresa devedora, exige a identificação da pessoa que a recebeu.

Súmula STJ nº 248

Comprovada a prestação dos serviços, a duplicata não aceita, mas protestada, é título hábil para instruir pedido de falência.

Súmula STJ nº 29

No pagamento em juízo para elidir falência, são devidos correção monetária, juros e honorários de advogado.

2.2. Falência: créditos, habilitação, preferências, extraconcursais, restituição

DIREITO EMPRESARIAL. DECLARAÇÃO DE EXTINÇÃO DAS OBRIGAÇÕES DO FALIDO.

O reconhecimento da extinção das obrigações não tributárias do falido nos termos do art. 135 do Decreto-Lei 7.661/1945 (art. 158 da Lei 11.101/2005) não depende de prova da quitação de tributos. Inicialmente, destaca-se que, tanto no regramento anterior (Decreto-Lei 7.661/1945) quanto na atual Lei de Falências (Lei 11.101/2005), a questão é tratada da mesma forma. Nesse passo, se o art. 187 do CTN – mesmo com a redação anterior à LC 118/2005 – é taxativo ao dispor que a cobrança judicial do crédito tributário não é sujeita a concurso de credores ou habilitação em falência, e se o mesmo CTN não arrola a falência como uma das causas de suspensão da prescrição do crédito tributário (art. 151), não há mesmo como se deixar de inferir que o crédito fiscal não se sujeita aos efeitos da falência. Tem-se, então, que o pedido de extinção das obrigações do falido poderá ser deferido: a) com maior abrangência, quando satisfeitos os requisitos da Lei Falimentar e também os do art. 191 do CTN, mediante a "prova de quitação de todos os tributos"; ou b) em menor extensão, quando atendidos apenas os requisitos da Lei Falimentar, mas sem a prova de quitação de todos os tributos, caso em que as obrigações tributárias não serão alcançadas pelo deferimento do pedido de extinção. Assim, na segunda hipótese, como o Fisco continua com seu direito independente do juízo falimentar, a solução será a procedência do pedido de declaração de extinção das obrigações do falido consideradas na falência, desde que preenchidos os requisitos da Lei Falimentar, sem alcançar, porém, as obrigações tributárias, permanecendo a Fazenda Pública com a possibilidade de cobrança de eventual crédito fiscal. De fato, a declaração de extinção das obrigações do falido poderá referir-se somente às obrigações que foram habilitadas ou consideradas no processo falimentar, não tendo, por isso, o falido, a necessidade de apresentar a quitação dos créditos fiscais para conseguir o reconhecimento da extinção daquelas suas obrigações, em menor extensão. **REsp 834.932-MG, Rel. Min. Raul Araújo, julgado em 25/8/2015, DJe 29/10/2015. (Inform. STJ 572)**

DIREITO EMPRESARIAL. ABRANGÊNCIA DE EXPRESSÃO DOS ARTS. 67, CAPUT, E 84, V, DA LEI 11.101/2005.

Nos termos dos arts. 67, caput, e 84, V, da Lei 11.101/2005, em caso de decretação de falência, serão considerados extraconcursais os créditos decorrentes de obrigações contraídas pelo devedor entre a data em que se defere o processamento da recuperação judicial e a data da decretação da falência, inclusive aqueles relativos a despesas com fornecedores de bens ou serviços e contratos de mútuo. Isso porque a expressão "durante a recuperação judicial" gravada nos arts. 67, caput, e 84, V, da Lei 11.101/2005 abrange o período compreendido entre a data em que se defere o processamento da recuperação judicial e a decretação da falência. De fato, pode-se questionar se o termo inicial do benefício de que tratam os referidos artigos dá-se: (a) com o ajuizamento do pedido de recuperação (art. 51 da LF); (b) a partir da decisão que defere o seu processamento (art. 52 da LF); ou (c) da decisão que a concede (art. 58 da LF). É bem verdade que a redação do caput do art. 67 e do inciso V do art. 84 da LF não se reveste de clareza e precisão. Nesse contexto, é dever constitucional do STJ atribuir à lei federal sua mais adequada interpretação, para tanto se valendo dos recursos que orientam o processo hermenêutico, destacando-se, no caso presente, os métodos lógico e sistemático, não se olvidando que "na aplicação da lei, o juiz atenderá aos fins sociais a que ela se dirige e às exigências do bem comum", conforme determina o art. 5º da LINDB, que indica a fórmula teleológica. No campo da teleologia, há de se ter por indubitável que o intento da Lei de Falências é conferir primazia à recuperação da empresa, como orienta seu art. 47, segundo o qual "a recuperação judicial tem por objetivo viabilizar a superação da situação de crise econômico-financeira do devedor, a fim de permitir a manutenção da fonte produtora, do emprego dos trabalhadores e dos interesses dos credores, promovendo, assim, a preservação da empresa, sua função social e o estímulo à atividade econômica". Nessa conjuntura, é certo que a adoção do entendimento de que o termo inicial do benefício legal em análise seria (c) a decisão que concede a recuperação judicial (art. 58) reduziria as vulnerabilidades de outros credores nas hipóteses de ocorrência de fraudes, sendo autêntica a preocupação com o risco de, por força de uma interpretação mais abrangente da expressão utilizada no texto legal, esse instituto possa servir, eventualmente, à prática de ardis ou procedimentos inspirados por motivações menos nobres. Apesar disso, o direito positivo e, sobretudo, a própria Lei de Recuperação e Falências cuidam de proteger os credores das ilegalidades que venham a ser praticadas pela empresa recuperanda se no intento de lhes causar prejuízo. Não há dúvida de que, comprovado o escopo fraudulento, deverá o magistrado declarar a ineficácia do privilégio legal, sem prejuízo das demais sanções previstas na lei. Tanto é assim que, para os fins do art. 84, V, só serão qualificadas como extraconcursais as "obrigações resultantes de atos jurídicos válidos". Além disso, na decisão que defere o processamento do pedido de recuperação, o magistrado, de pronto, designa um administrador judicial, a quem compete, dentre outros deveres, "exigir dos credores, do devedor ou seus administradores quaisquer informações" (art. 22, I, "d"). Por conseguinte, desde a (b) decisão que defere o processamento da recuperação judicial (art. 52), cuidou o legislador de pôr a empresa recuperanda sob fiscalização, evidenciando a preocupação com sua manutenção e visando a evitar a utilização do instituto para a prática de ilegalidades. A disposição é sintomática e denota que esse momento processual guarda relevância, não se traduzindo simples despacho protocolar, mas efetiva avaliação, ainda que superficial, acerca das atuais condições da empresa e dos requisitos para o deferimento da recuperação. Afinal, o administrador judicial não é um adorno ou mero coadjuvante no processo, cabendo-lhe até mesmo requerer a falência do devedor no caso de descumprimento das obrigações assumidas no plano de recuperação (art. 22, II, "b"). O citado art. 52 apresenta, ainda, outras disposições que bem demonstram a profundidade da (b) decisão que defere seu processamento e a preocupação do legislador com o risco de fraude, merecendo destaque os incisos IV e V, que determinam, respectivamente, a obrigação de o devedor apresentar contas mensais enquanto perdurar a recuperação judicial, sob pena de destituição de seus administradores, bem como a intimação do Ministério Público, da Fazenda Pública Federal e de todos os estados e municípios em que tiver estabelecimento, para que possam resguardar seus interesses e exercer fiscalização sobre os atos do recuperando. Além do mais, o parágrafo único do art. 67 determina que os "créditos quirografários sujeitos à recuperação judicial pertencentes a fornecedores de bens ou serviços que continuarem a provê-los normalmente após o pedido de recuperação judicial terão privilégio geral de recebimento em caso de decretação de falência, no limite do valor dos bens ou serviços fornecidos durante o período da recuperação". De fato, a leitura desse dispositivo – em especial, do trecho "após o pedido de recuperação judicial" – induz-nos a concluir que benefício não valerá tão logo (a) seja ajuizado o pedido de recuperação (art. 51), senão em momento posterior, que tanto poderá ser tanto (b) a partir da decisão que defere o processamento da recuperação (art. 52) quanto (c) da decisão que a concede (art. 58). Todavia, o mencionado parágrafo único do art. 67 da LF contém uma sutil indicação de que a classificação dos créditos dos fornecedores como extraconcursais não poderia ser remetida somente para quando (c) concedida a recuperação. Com efeito, reza o referido dispositivo que o credor-fornecedor, titular de créditos quirografários vinculados à recuperação judicial (segundo o art. 49, sujeitam-se à recuperação os créditos existentes na data do pedido, ainda que não vencidos), que continuar a prover o devedor de bens e serviços após o pedido de recuperação judicial, terá seus créditos (os anteriores ao pedido, reitere-se) alçados à categoria dos que têm privilégio geral (art. 83, V), até o limite dos bens ou serviços fornecidos durante o período da recuperação. Ou seja, em prevalecendo a interpretação de que a regra do parágrafo do art. 67 só tem incidência para créditos constituídos após a (c) decisão que concede a recuperação (art. 58), o resultado prático seria de que os valores decorrentes de operações praticadas no lapso temporal que vai do pedido até a decisão concessória não gozariam do mesmo privilégio que aqueles relativos a operações anteriores, o que se mostra discrepante do objetivo da lei. Ora, os momentos que sucedem o requerimento de recuperação são os mais delicados para a empresa. Registre-se que, quando deferido o processamento, há a obrigação de se publicar edital noticiando o pedido (art. 52, § 1º), o que torna oficialmente públicas as dificuldades pelas quais passa a devedora, induzindo os credores à natural postura da autodefesa. Decerto que optarão pela solução de continuidade do fornecimento de bens e serviços, ante a relevante incerteza quanto à viabilidade da pessoa jurídica requerente. Nessas condições, devem ser recompensados os que acreditaram e contribuíram para a reabilitação, mesmo com o resultado infrutífero do esforço, em razão da decretação da falência. Ademais, quando (c) deferida a recuperação, os credores têm mais transparentes as condições da empresa, conhecendo de modo exato qual é o plano que visa a reerguê-la. Pode-se fiscalizá-lo com mais rigor. Antes disso, porém – e, em especial, desde o (b) deferimento até a (c) concessão –, verifica-se o momento de maior risco. Se não houver estímulo aos fornecedores, nada mais será provido à empresa, exacerbando o risco da falência. Sendo assim, forçoso concluir que os efeitos da recuperação judicial não se efetivam somente após o momento em que (c) formalmente concedida pelo juiz (art. 58). A par das consequências que são expressamente atribuídas à (b) decisão que defere o processamento (art. 52), outros dispositivos da lei indicam que a expressão "durante a recuperação judicial" não se limita aos momentos que sucedem a decisão concessiva. Nesse sentido, o art. 49 dispõe que "estão sujeitos à recuperação judicial todos os créditos existentes na data do pedido, ainda que não vencidos", inspirando-nos à conclusão de que os créditos posteriores a esse momento devem, efetivamente, receber tratamento diferenciado. Do mesmo modo, o art. 64 prevê que o devedor é mantido sob fiscalização do comitê de credores e do administrador judicial "durante o procedimento de recuperação judicial", fiscalização, aliás, que pode e deve ser exercida tão logo deferido o processamento da recuperação (art. 52, I e § 2º). Precedente citado: REsp 1.398.092-SC, Terceira Turma, DJe 19/5/2014. **REsp 1.399.853-SC, Rel. originária Min. Maria Isabel Gallotti, Rel. para acórdão Min. Antonio Carlos Ferreira, julgado em 10/2/2015, DJe 13/3/2015 (Inform. STJ 557).**

Súmula STF nº 565

A multa fiscal moratória constitui pena administrativa, não se incluindo no crédito habilitado em falência. *(Comentário: atualmente, o art. 83, VII, da Lei 11.101/2005 prevê as multas tributárias como créditos oponíveis à massa. Ademais, a habilitação do crédito tributário no processo de falência é uma prerrogativa do fisco – ver Informativo STJ 389 – REsp 1.103.405/MG)*

Súmula STF nº 495

A restituição em dinheiro da coisa vendida a crédito, entregue nos quinze dias anteriores ao pedido de falência ou de concordata, cabe, quando, ainda que consumida ou transformada, não faça o devedor prova de haver sido alienada a terceiro. (Comentário: lembre-se que a legislação atual não prevê concordata, mas apenas recuperação judicial ou extrajudicial)

Súmula STF nº 417

Pode ser objeto de restituição, na falência, dinheiro em poder do falido, recebido em nome de outrem, ou do qual, por Lei ou contrato, não tivesse ele a disponibilidade.

Súmula STF nº 192

Não se inclui no crédito habilitado em falência a multa fiscal com efeito de pena administrativa. *(Comentário: atualmente, o art. 83, VII, da Lei 11.101/2005 prevê as multas tributárias como créditos oponíveis à massa. Ademais, a habilitação do crédito tributário no processo de falência é uma prerrogativa do fisco – ver Informativo STJ 389 – REsp 1.103.405/MG)*

Súmula STJ nº 307

A restituição de adiantamento de contrato de câmbio, na falência, deve ser atendida antes de qualquer crédito.

Súmula STJ nº 219

Os créditos decorrentes de serviços prestados à massa falida, inclusive a remuneração do síndico, gozam dos privilégios próprios dos trabalhistas. *(Comentário: ver art. 84 da Lei 11.101/2005 – créditos extraconcursais)*

Súmula STJ nº 36

A correção monetária integra o valor da restituição, em caso de adiantamento de câmbio, requerida em concordata ou falência.

2.3. Falência: processo

DIREITO EMPRESARIAL. PRAZO DE REALIZAÇÃO DE PROTESTO PARA FINS FALIMENTARES.

O protesto tirado contra o emitente do cheque é obrigatório para o fim de comprovar a impontualidade injustificada do devedor no procedimento de falência (art. 94, I, da Lei 11.101/2005) e deve ser realizado em até seis meses contados do término do prazo de apresentação (prazo prescricional da ação cambial). Do ponto de vista cambial, a execução do cheque pode ser direcionada contra o emitente, os endossantes ou os respectivos avalistas (art. 47 da Lei 7.357/1985). Nesse contexto, a distinção entre a pretensão dirigida contra o emitente e aquela dirigida contra o endossante conduz a outra diferenciação, que deve ser estabelecida entre o protesto facultativo e o obrigatório. Dessa forma, no caso da pretensão dirigida contra o emitente, o protesto (ou a apresentação) do cheque é ato meramente facultativo do credor, que pode optar por executar diretamente o título, desde que o faça no prazo de prescrição de seis meses, contados da expiração do prazo de apresentação (art. 59 da Lei do Cheque e Súmula 600 do STF). Já na hipótese de pretensão dirigida contra o endossante, o protesto (ou apresentação) é obrigatório, sob pena de perda de eficácia executiva do título contra o coobrigado. Essa diferenciação entre o protesto cambial facultativo e o obrigatório foi analisada por este Tribunal Superior, quando do julgamento do REsp 1.297.797-MG (Terceira Turma, DJe 27/2/2015), ocasião em que se firmou, quanto ao prazo de realização de protesto, o seguinte: "A exigência de realização do protesto antes de expirado o prazo de apresentação do cheque é dirigida apenas ao protesto obrigatório à propositura da execução do título, nos termos dos arts. 47 e 48 da Lei n. 7.357/85". Salientado isso, tem-se que, do ponto de vista falimentar, o protesto é medida obrigatória para comprovar a impontualidade do devedor (art. 94, I, da Lei 11.101/2005). Sobre a distinção entre o protesto cambial e o protesto falimentar, parte da doutrina ensina que: "Conforme sua finalidade, o protesto extrajudicial se subdivide em: cambial e falimentar (também denominado de protesto especial). Aquele é o modo pelo qual o portador de um título de crédito comprova a sua apresentação ao devedor (por exemplo, para aceite ou pagamento). Constitui uma faculdade do credor, um ônus do qual ele deve desincumbir-se para assegurar seu direito de ação contra os coobrigados no título, como endossantes e avalistas, mas é dispensável para cobrar o crédito do devedor principal. Por outro lado, o protesto para fins falimentares é obrigatório e visa a comprovar a impontualidade injustificada do devedor empresário, tornando o título hábil a instruir o pedido de falência [...]. Cabe esclarecer, entretanto, que tal distinção é meramente acadêmica, uma vez que o protesto é único e comprova o mesmo fato: a apresentação formal de um título, independentemente da finalidade visada pelo credor (se pedido de falência ou garantia do direito de ação contra coobrigados)". À luz das distinções acima delineadas, verifica-se que um protesto cambial facultativo é obrigatório do ponto de vista falimentar, de modo que pode ser realizado, para este último fim, até a data de prescrição do cheque. **REsp 1.249.866-SC, Rel. Min. Paulo de Tarso Sanseverino, julgado em 6/10/2015, DJe 27/10/2015. (Inform. STJ 572)**

DIREITO EMPRESARIAL E PROCESSUAL CIVIL. CAPACIDADE PROCESSUAL DO FALIDO.

O falido tem capacidade para propor ação rescisória para desconstituir a sentença transitada em julgado que decretou a sua falência. Com a decretação da falência, o falido sofre uma capitis diminutio referente aos direitos patrimoniais envolvidos na falência, sendo afastado da administração dos seus bens. Sendo assim, num processo em que se discuta, por exemplo, a venda desses bens, o falido apenas poderia acompanhá-lo como assistente. Ele não poderia, portanto, tomar a iniciativa das ações com relação a bens da massa. Entretanto, no caso em que se pretenda rescindir decisão que decreta falência, a situação é diferente. Nesse caso, nem a massa nem os credores têm interesse na desconstituição da decretação de falência. Realmente, o falido é o único interessado. Por isso, se a legitimidade deste para propor a rescisão do decreto falimentar fosse retirada, ele ficaria eternamente falido, ainda que injustamente, ainda que contrariamente à ordem legal. Com efeito, a decisão que decreta a falência, conquanto acarrete ao falido uma capitis diminutio em relação aos seus bens, não o torna incapaz, de sorte que ele mantém a legitimidade para a propositura de ações pessoais. Ora, dizer que o falido não pode propor ação rescisória contra o decreto falencial é dar uma extensão que a lei não deu. Desse modo, ele tem todos os poderes processuais e todos os poderes como sujeito de direito para tentar reverter o referido decreto falimentar. **REsp 1.126.521-MT, Rel. originário Min. Ricardo Villas Bôas Cueva, Rel. para acórdão Min. João Otávio de Noronha, julgado em 17/3/2015, DJe 26/3/2015 (Inform. STJ 558).**

DIREITO EMPRESARIAL. ALIENAÇÃO EXTRAORDINÁRIA DE ATIVO DA FALIDA E DESNECESSIDADE DE PRÉVIA PUBLICAÇÃO DE EDITAL. Na hipótese de alienação extraordinária de ativo da falida (arts. 144 e 145 da Lei 11.101/2005), não é necessária a prévia publicação de edital em jornal de grande circulação prevista no § 1° do art. 142 da Lei 11.101/2005. A Lei de Falências, em seu art. 142, prevê três modalidades ordinárias de alienação do ativo, quais sejam: leilão, pregão e propostas fechadas. Além disso, os arts. 144 e 145 do referido diploma legal preveem a alienação extraordinária do ativo da pessoa jurídica mediante proposta aprovada ou homologada pelo juiz. Ciente disso, verifica-se que não é necessário que a alienação extraordinária do ativo seja precedida de publicação de edital em jornal de grande circulação, para que seja dada ampla publicidade à intenção de venda, como exige o art. 142, § 1°, da Lei de Falências. Isso porque o referido dispositivo legal diz respeito exclusivamente à alienação ordinária, por três motivos, a saber: primeiro, por uma razão topográfica, pois o enunciado normativo do art. 142 diz respeito à alienação ordinária, sendo que a alienação extraordinária somente passa a ser tratada no art. 144 da Lei de Falências; segundo, por uma razão ontológica, uma vez que a necessidade de edital prévio praticamente eliminaria a diferença entre a alienação ordinária e a extraordinária, haja vista que, depois de publicado o edital, pouco restaria ao juiz além de proclamar a melhor proposta ou fazer uma sessão de lances mediante pregão ou leilão; e terceiro, por uma razão teleológica, pois a exigência de edital comprometeria a celeridade do procedimento de alienação do ativo, podendo inviabilizar a continuidade da atividade empresária, que é um dos principais objetivos da Lei de Falências. Por fim, cabe lembrar que até mesmo na execução individual, em que o devedor merece maior proteção do que na execução concursal, já se admite a venda direta de ativo, inclusive por preço inferior ao da avaliação, sem necessidade de publicação de editais, à luz do que dispõe o art. 685-C do CPC. **REsp 1.356.809-GO, Rel. Min. Paulo De Tarso Sanseverino, julgado em 10/2/2015, DJe 18/2/2015 (Inform. STJ 555).**

Súmula STF n° 265

Na apuração de haveres não prevalece o balanço não aprovado pelo sócio falecido, excluído ou que se retirou.

Súmula STJ n° 88

São admissíveis embargos infringentes em processo falimentar.

Súmula STJ n° 25

Nas ações da lei de falências o prazo para a interposição de recurso conta-se da intimação da parte.

2.4. Falência: outros temas

DIREITO EMPRESARIAL E CIVIL. CÁLCULO DO VALOR DA GARANTIA DEVIDA PELO FGC.

Quando houver a liquidação extrajudicial de instituição financeira na qual estejam aplicadas reservas técnicas de entidade fechada de previdência privada, o Fundo Garantidor de Créditos (FGC), para fins de cálculo do valor da garantia dos investimentos realizados na instituição liquidanda, considerará como investidor garantido a entidade de previdência como um todo – e não cada um dos participantes desta, como se estes fossem vários investidores. A criação do FGC, entidade privada sem fins lucrativos, foi autorizada pelo Conselho Monetário Nacional mediante a Resolução 2.197/1995 com o fim de proteger titulares de créditos contra instituições financeiras associadas ao fundo, prestando aos pequenos investidores suporte financeiro por meio das contribuições que reúne dos integrantes do sistema. Como a doutrina denomina, o FGC integra uma rede de proteção bancária erigida pelo Bacen na década de 1990 para a garantia do equilíbrio do sistema, revelada a sua natureza como um seguro de depósitos. Destaque-se que, desde a sua ideação, estampou-se o intento do direcionamento da cobertura do FGC aos pequenos poupadores. Nessa medida, o mecanismo de suporte operado pelo FGC, em consonância com o seu regulamento, não alcança todo e qualquer fato a causar prejuízo a investidores, mas, apenas, a falência, a liquidação extrajudicial ou a declaração de insolvência de instituição financeira pelo Bacen. Em outras palavras, o FGC não é ativado em relação a toda e qualquer instituição financeira em que haja valores investidos, mas, tão somente, em função daquelas que participam do referido fundo. Igualmente, o FGC não está voltado a socorrer qualquer tipo ou valor de investimento, mas, somente, os expressamente discriminados e nos montantes referidos no seu regulamento (Resolução 2.211/1995 do Conselho Monetário Nacional e Lei 4.595/1964). Nessa ordem de ideias, o equilíbrio do sistema depende da observância estrita aos termos do regulamento do FGC, não se podendo expandir a garantia sem que a lei assim o permita. De outro lado, convém esclarecer que a entidade fechada privada de previdência complementar é constituída por um vasto patrimônio personificado voltado à consecução de fins previdenciários e é – ou tem à sua disposição – profissional da área de investimentos que leva à frente o sucesso do plano que instituíra. Aliás, a entidade de previdência privada é considerada como um investidor qualificado e institucional, alcançando os seus objetivos sociais, também, mediante significativos investimentos no mercado financeiro. Outro ponto que merece ser destacado é o de que há riscos quando se escolhe participar de fundo de previdência, uma vez que o contrato firmado é executado de forma continuada e é de longa duração. Contudo, os riscos assumidos pelos participantes são diferenciados daqueles assumidos por investidor profissional. Basta atentar para o fato de que: i) são limitados os valores das reservas técnicas que se propõem a serem investidos pela entidade de previdência; ii) a atividade de previdência complementar é amplamente fiscalizada; e iii) as entidades de previdência contam com suporte econômico e expertise. É conveniente elucidar também que os participantes da entidade de previdência privada complementar são poupadores que sequer têm ciência exata das espécies de riscos assumidos pela aludida entidade e não possuem qualquer participação na decisão sobre os investimentos que serão levados a efeito para a consecução dos fins previdenciários contratados, sendo informados, no máximo, com apoio em balanços periódicos, se o plano é deficitário ou superavitário. Nesse passo, quando do recolhimento das contribuições dos participantes e patrocinadores à entidade de previdência privada, esses valores passam a ser por esta titularizados e investidos em nome dos participantes do plano de previdência e em cotas de fundos de investimento. Isto é, cada um dos integrantes do plano de previdência não figura como investidor individual da instituição financeira em liquidação. Isso porque eles não atuam individualmente perante o mercado financeiro na tentativa de auferir rentabilidade de acordo com a volatilidade dos investimentos realizados. Em verdade, o investimento é levado a efeito por aqueles que mais detêm meios para identificar os riscos negociais do mercado financeiro, ou seja, as entidades de previdência privada complementar. Ciente dessas considerações, verifica-se que o regulamento do FGC, de forma expressa e clara, avaliza determinado valor por investidor/instituição. Desse modo, não se pode abrir oportunidades para que os altos riscos assumidos pelos investidores profissionais sejam absorvidos pelo fundo, combalindo, assim, o mecanismo de proteção erigido para incrementar a credibilidade do sistema bancário em favor de pequenos poupadores. Portanto, o regulamento do FGC não prevê a cobertura dos investimentos realizados por instituições coletivas em relação a cada um dos participantes, tendo a entidade de previdência privada, na verdade, como uma única investidora. Com isso, para fins de cobertura pelo FGC, não se pode considerar cada um dos integrantes da entidade de previdência como poupador/investidor, calculando-se o valor da garantia não em razão de cada participante, mas, tão somente, em função da entidade de previdência como sendo uma só investidora. **REsp 1.453.957-SP, Rel. Min. Paulo de Tarso Sanseverino, julgado em 2/6/2015, DJe 26/6/2015 (Inform. STJ 564).**

DIREITO PROCESSUAL CIVIL. HIPÓTESE DE NÃO INCIDÊNCIA DO ART. 18, "A", DA LEI 6.024/1974.

A suspensão das ações e execuções ajuizadas em desfavor de instituições financeiras sob regime de liquidação extrajudicial e o veto à propositura de novas demandas após o decreto de liquidação (art. 18, "a", da Lei 6.024/1974) não alcançam as ações de conhecimento voltadas à obtenção de provimento judicial relativo à certeza e liquidez do crédito. A liquidação extrajudicial é uma modalidade de execução concursal, e a regra prevista no art. 18, "a", da Lei 6.024/1974 tem por escopo preservar os interesses da massa, evitando o esvaziamento de seu acervo patrimonial, bem como assegurando que seja respeitada a ordem de preferência no recebimento do crédito. Por isso é que a interpretação do dispositivo não deve ser feita de forma literal, mas sim com temperamento, afastando-se sua incidência nas hipóteses em que o credor ainda busca obter uma declaração judicial a respeito do seu crédito e, consequentemente, a formação do título executivo, que, então, será passível de habilitação no processo de liquidação. Esse entendimento, aplicado às hipóteses de suspensão de ações de conhecimento ajuizadas antes do decreto de liquidação, igualmente tem incidência para afastar o óbice ao ajuizamento de ações a ele posteriores. O dispositivo legal em exame não pode ser interpretado de forma a impedir a parte interessada de buscar judicialmente a constituição do seu pretenso crédito, até porque o provimento judicial a ser obtido na ação de conhecimento não terá o condão de redundar em qualquer redução do acervo patrimonial da massa objeto de liquidação. Precedentes citados: REsp 1.105.707-RJ, Terceira Turma, DJe de 1º/10/2012; e AgRg no Ag 1.415.635-PR, Quarta Turma, DJe de 24/9/2012. **REsp 1.298.237-DF, Rel. Min. João Otávio de Noronha, julgado em 19/5/2015, DJe 25/5/2015 (Inform. STJ 562).**

Súmula STJ nº 305

É descabida a prisão civil do depositário quando, decretada a falência da empresa, sobrevém a arrecadação do bem pelo síndico.

3. RECUPERAÇÃO JUDICIAL E EXTRAJUDICIAL

DIREITO EMPRESARIAL. RETIFICAÇÃO DO QUADRO GERAL DE CREDORES APÓS HOMOLOGAÇÃO DO PLANO DE RECUPERAÇÃO JUDICIAL.

Ainda que o plano de recuperação judicial já tenha sido homologado, é possível a retificação do quadro geral de credores fundada em julgamento de impugnação. No âmbito da recuperação judicial, existem duas fases distintas e paralelas, quais sejam: (a) a verificação e a habilitação de créditos, previstas na Seção II da Lei 11.101/2005, arts. 7º ao 20; e (b) a fase de apresentação e deliberação do plano de recuperação judicial, com assento nas Seções III e IV, arts. 53 ao 69. Assim, uma vez deferido o processamento da recuperação judicial (art. 52), o juiz determina a expedição de edital com a relação nominal de credores e respectivos créditos e, a partir de então, a um só tempo, iniciam-se a fase de verificação e habilitação de créditos (art. 52, § 1º) e o prazo improrrogável de 60 dias para a apresentação do plano de recuperação judicial, sob pena de convolação em falência (art. 53). Por serem fases que ocorrem de maneira paralela, é possível que a aprovação do plano de recuperação judicial ocorra antes da pacificação dos créditos, ou seja, é possível que o plano de recuperação judicial seja aprovado antes do julgamento de impugnação de crédito e, consequentemente, antes da consolidação do quadro geral de credores. Dessa maneira, a existência do plano de recuperação judicial já homologado não pode ser um entrave à consolidação do quadro geral de credores. De fato, a retificação do quadro geral de credores após o julgamento da impugnação é consequência lógica e previsível, própria da fase de verificação e habilitação dos créditos. Salienta-se, inclusive, que esse julgamento é requisito indispensável para a consolidação do quadro geral de credores, sendo completamente desinfluente para a higidez do plano de recuperação judicial já aprovado o fato de o julgamento se concretizar após sua homologação. Com efeito, tal circunstância coaduna-se com a sistemática prevista na Lei de Recuperação Judicial, pois as questões passíveis de serem objeto de impugnação judicial contra a relação de credores, que são expressamente previstas no art. 8º, somente se consolidam (art. 18) após o julgamento da citada impugnação, de modo que se admite a retificação do quadro geral de credores no tocante à ausência, legitimidade, importância ou classificação de crédito, mesmo após a aprovação do plano de recuperação judicial. Ademais, interpretação em sentido contrário tornaria praticamente inócuas as impugnações judiciais contra a relação de credores, pois, no plano fático, muitas vezes não é possível harmonizar as demandas de uma empresa em recuperação judicial, cujo plano de reestruturação é, sem dúvida, a principal peça para a viabilização da atividade econômica, com a tramitação judicial do procedimento de verificação e habilitação de créditos. Além disso, o fator "tempo" ou a duração do processo não pode prejudicar o credor que, na forma da lei, busca a declaração do seu crédito. **REsp 1.371.427-RJ, Rel. Min. Ricardo Villas Bôas Cueva, julgado em 6/8/2015, DJe 24/8/2015 (Inform. STJ 567).**

DIREITO EMPRESARIAL. CRÉDITO DE HONORÁRIOS ADVOCATÍCIOS SUCUMBENCIAIS CONSTITUÍDO APÓS O PEDIDO DE RECUPERAÇÃO JUDICIAL.

Na hipótese em que crédito de honorários advocatícios sucumbenciais tenha sido constituído após o pedido de recuperação judicial, não haverá habilitação desse crédito no juízo universal da recuperação judicial – e, portanto, a execução desses honorários prosseguirá no juízo comum, não ficando suspensa –, mas o juízo universal da recuperação judicial deverá exercer o controle sobre os atos de constrição ou expropriação patrimonial do devedor. A jurisprudência do STJ sedimentou o entendimento de que os créditos posteriores ao pedido de recuperação judicial não estão sujeitos ao plano de recuperação judicial aprovado, independentemente da natureza do crédito (AgRg no AREsp 468.895-MG, Quarta Turma, DJe 14/11/2014; EDcl nos EDcl nos EDcl no AgRg no CC 105.345-DF, Segunda Seção, DJe 25/11/2011). Ademais, segundo o caput do art. 49 da Lei 11.101/2005, todos os créditos existentes até a data em que foi protocolizado o pedido estão sujeitos à recuperação judicial e aos seus efeitos. Por conseguinte, os créditos constituídos após o pedido de recuperação judicial ficarão excluídos dos efeitos da recuperação. Nesse passo, o juízo universal da recuperação é o competente para decidir acerca da forma de pagamento dos débitos da sociedade empresária que foram constituídos até o pedido de recuperação. Cumpre destacar que o objetivo do legislador, ao excluir as obrigações constituídas posteriormente ao pedido de recuperação, foi possibilitar ao devedor ter acesso a contratos comerciais, bancários e trabalhistas, a fim de viabilizar a recuperação da empresa. Entretanto, somente aqueles credores que, efetivamente, contribuíram com a empresa recuperanda nesse delicado momento – como é o caso dos contratantes e trabalhadores – devem ser tidos como os destinatários da norma. No caso, por exemplo, dos credores de honorários advocatícios de sucumbência – que tem o seu crédito constituído em razão de processos nos quais a empresa em recuperação ficou vencida –, não se trata de credores que contribuíram para o soerguimento da recuperanda no período posterior ao pedido da recuperação judicial. Muito pelo contrário, são créditos oriundos de trabalhos prestados em desfavor da empresa, os quais, muito embora de elevadíssima virtude, não se equiparam – ao menos para o propósito de soerguimento empresarial – a credores negociais ou trabalhistas. Observe-se que o crédito de honorários advocatícios de sucumbência constituídos após o pedido de recuperação não podem integrar o plano de recuperação, uma vez que este já fora aprovado em assembleia e também por violar a literalidade da Lei 11.001/2005. Mesmo assim, deve se fazer uso do mesmo raciocínio que guia o art. 49, § 3º, da Lei 11.101/2005, segundo o qual mesmo os credores cujos créditos não se sujeitam ao plano de recuperação não podem expropriar bens essenciais à atividade empresarial, na mesma linha do que entendia a jurisprudência quanto ao crédito fiscal, antes do advento da Lei 13.043/2014. Por consequência, embora esse crédito não se sujeite ao plano de recuperação – e, portanto, a execução prossiga –, o juízo universal deverá exercer o controle sobre atos constritivos de patrimônio, aquilatando a essencialidade do bem à atividade empresarial. **REsp 1.298.670-MS, Rel. Min. Luis Felipe Salomão, julgado em 21/5/2015, DJe 26/6/2015 (Inform. STJ 564).**

DIREITO EMPRESARIAL. DEFERIMENTO DO PROCESSAMENTO DE RECUPERAÇÃO JUDICIAL E CADASTROS DE RESTRIÇÃO AO CRÉDITO E TABELIONATOS DE PROTESTOS.

O deferimento do processamento de recuperação judicial, por si só, não enseja a suspensão ou o cancelamento da negativação do nome do devedor nos cadastros de restrição ao crédito e nos tabelionatos de protestos. O deferimento do processamento de recuperação judicial suspende o curso das ações e execuções propostas em face do devedor, nos termos do art. 6º, caput e § 4º, da Lei 11.101/2005. Contudo, isso não significa que ele atinge o direito creditório propriamente dito, o qual permanece materialmente indene. Este é o motivo pelo qual o mencionado deferimento não é capaz de ensejar a suspensão ou o cancelamento da negativação do nome do devedor nos cadastros de restrição ao crédito e tabelionatos de protestos. Nessa linha, o Enunciado 54 da I Jornada de Direito Comercial do CJF estabelece que: "O deferimento do processamento da recuperação judicial não enseja o cancelamento da negativação do nome do devedor nos órgãos de proteção ao crédito e nos tabelionatos de protestos". Ademais, destaca-se que essa também foi a conclusão acolhida pela Terceira Turma do STJ, que, apesar de não ter analisado a questão à luz da decisão de processamento (arts. 6° e 52), estabeleceu que somente após a concessão da recuperação judicial, com a homologação do plano e a novação dos créditos (arts. 58 e 59), é que pode haver a retirada do nome da recuperanda dos cadastros de inadimplentes (REsp 1.260.301-DF, DJe 21/8/2012). Por fim, ainda que se entendesse possível a retirada da negativação do nome do devedor nos cadastros de restrição ao crédito e tabelionatos de protestos, em razão da suspensão das ações e execuções, não se pode olvidar que a própria Lei 11.101/2005 traz hipóteses em que determinadas ações e execuções não irão ser suspensas (art. 52, III), tais como as execuções fiscais, o que, por si só, permitiria a mantença da inscrição no tocante aos referidos processos (REsp 1.269.703-MG, Quarta Turma, DJe 30/11/2012). **REsp 1.374.259-MT, Rel. Min. Luis Felipe Salomão, Quarta Turma, julgado em 2/6/2015, DJe 18/6/2015 (Inform. STJ 564).**

DIREITO EMPRESARIAL. EXTINÇÃO DAS EXECUÇÕES INDIVIDUAIS PROPOSTAS CONTRA DEVEDOR EM RECUPERAÇÃO JUDICIAL.

Após a aprovação do plano de recuperação judicial pela assembleia de credores e a posterior homologação pelo juízo competente, deverão ser extintas – e não apenas suspensas – as execuções individuais até então propostas contra a recuperanda nas quais se busca a cobrança de créditos constantes do plano. De fato, a recuperação judicial divide-se, essencialmente, em duas fases: (i) a primeira inicia-se com o deferimento de seu processamento (arts. 6º e 52 da Lei 11.101/2005); (ii) a segunda com a aprovação do plano pelos credores reunidos em assembleia, seguida da concessão da recuperação por sentença (arts. 57 e 58, caput) ou, excepcionalmente, pela concessão forçada da recuperação pelo juiz, nas hipóteses previstas nos incisos do § 1º do art. 58 – Cram Down. Na primeira fase, apresentado o pedido por empresário ou sociedade empresária que busca o soerguimento, estando em ordem a petição inicial – com a documentação exigida pelo art. 51 da Lei 11.101/2005 –, o juiz deferirá o processamento da recuperação judicial (art. 52), iniciando-se em seguida a fase de formação do quadro de credores, com apresentação e habilitação dos créditos. Portanto, uma vez deferido o processamento da recuperação, entre outras providências a serem adotadas pelo magistrado, determina-se a suspensão de todas as ações e execuções, nos termos dos arts. 6º e 52, III, da Lei 11.101/2005. Nesse momento, justifica-se apenas a suspensão das execuções individuais – e não a extinção –, essencialmente, por duas razões: (i) trata-se de um prazo de suspiro para que o devedor melhor reorganize suas contas e estabeleça estratégias, em conjunto com a coletividade de credores, acerca de como solverá seu passivo, sem a necessidade de se defender em inúmeros processos individuais que podem tramitar em foros distintos; (ii) nos termos do que dispõe o art. 6º, § 4º, da Lei 11.101/2005, esgotado o prazo de 180 (cento e oitenta) dias – com todo o abrandamento que lhe tem justificadamente conferido a jurisprudência –, restaura-se "o direito dos credores de iniciar ou continuar suas ações e execuções, independentemente de pronunciamento judicial". Em suma, a razão de ser da norma que determina a pausa momentânea das ações e execuções – stay period – na recuperação judicial é a de permitir que o devedor em crise consiga negociar, de forma conjunta, com todos os credores (plano de recuperação) e, ao mesmo tempo, preservar o patrimônio do empreendimento, o qual se verá liberto, por um lapso de tempo, de eventuais constrições de bens imprescindíveis à continuidade da atividade empresarial, impedindo o seu fatiamento, além de afastar o risco da falência. Todavia, coisa diversa ocorre na segunda fase, com a aprovação do plano e a posterior homologação (concessão) pelo juízo competente, em que não se aplicam os dispositivos legais referentes à suspensão das execuções individuais (arts. 6º, caput, e 52 da Lei 11.101/2005). Diferentemente da primeira fase, em que as ações são suspensas, a aprovação do plano opera novação dos créditos e a decisão homologatória constitui, ela própria, novo título executivo judicial, nos termos do que dispõe o art. 59, caput e § 1º, da Lei 11.101/2005. Nesse particular, cabe ressaltar que, muito embora seja sui generis a novação resultante da concessão da recuperação judicial, pois mantém as garantias prestadas por terceiros (REsp 1.333.349-SP, Segunda Seção, DJe 2/2/2015), as execuções individuais ajuizadas contra a própria devedora devem ser extintas, e não apenas suspensas. Isso porque, uma vez ocorrida a novação, com a constituição de título executivo judicial, caso haja inadimplemento da obrigação assumida por ocasião da aprovação do plano, não há mais possibilidade de as execuções antes suspensas retomarem o curso normal. Nesse caso, abrem-se três possibilidades: (i) se o inadimplemento ocorrer durante os 2 anos a que se refere o caput do art. 61 da Lei 11.101/2005, o juiz deve convolar a recuperação em falência; (ii) se o descumprimento ocorrer depois de escoado o prazo de 2 anos, qualquer credor poderá pedir a execução específica assumida no plano de recuperação; ou (iii) requerer a falência com base no art. 94 da Lei. Com efeito, não há possibilidade de a execução individual de crédito constante no plano de recuperação – antes suspensa – prosseguir no juízo comum, mesmo que haja inadimplemento posterior, porquanto, nessa hipótese, se executa a obrigação específica constante no novo título judicial ou a falência é decretada, caso em que o credor, igualmente, deverá habilitar seu crédito no juízo universal. Por fim, cabe ressaltar que, no caso de ser decretada a falência, "os credores terão reconstituídos seus direitos e garantias nas condições originalmente contratadas" (art. 61, § 2º), hipótese na qual, da mesma forma, as execuções individuais não têm curso no juízo comum, mas no universal. Precedentes citados: CC 88.661-SP, Segunda Seção, DJe 3/6/2008; EDcl no Ag 1.329.097-RS, Quarta Turma, DJe 03/02/2014; e AgRg no CC 125.697-SP, Segunda Seção, DJe 15/2/2013. **REsp 1.272.697-DF, Rel. Min. Luis Felipe Salomão, julgado em 2/6/2015, DJe 18/6/2015 (Inform. STJ 564).**

DIREITO EMPRESARIAL E PROCESSUAL CIVIL. INAPLICABILIDADE DO PRAZO EM DOBRO PARA RECORRER AOS CREDORES NA RECUPERAÇÃO JUDICIAL.

No processo de recuperação judicial, é inaplicável aos credores da sociedade recuperanda o prazo em dobro para recorrer previsto no art. 191 do CPC. Inicialmente, consigne-se que pode ser aplicada ao processo de recuperação judicial, mas apenas em relação ao litisconsórcio ativo, a norma prevista no art. 191 do CPC que dispõe que "quando os litisconsortes tiverem diferentes procuradores, ser-lhes-ão contados em dobro os prazos para contestar, para recorrer e, de modo geral, para falar nos autos". Todavia, não se pode olvidar que a recuperação judicial configura processo sui generis, em que o empresário atua como requerente, não havendo polo passivo. Assim, não se mostra possível o reconhecimento de litisconsórcio passivo em favor dos credores da sociedade recuperanda, uma vez que não há réus na recuperação judicial, mas credores interessados, que, embora participando do processo e atuando diretamente na aprovação do plano, não figuram como parte adversa – já que não há nem mesmo litígio propriamente dito. Com efeito, a sociedade recuperanda e os credores buscam, todos, um objetivo comum: a preservação da atividade econômica da empresa em dificuldades financeiras a fim de que os interesses de todos sejam satisfeitos. Dessa forma, é inaplicável o prazo em dobro para recorrer aos credores da sociedade recuperanda. Ressalte-se, por oportuno, que, conforme jurisprudência do STJ, o prazo em dobro para recorrer, previsto no art. 191 do CPC, não se aplica a terceiros interessados. **REsp 1.324.399-SP, Rel. Min. Paulo de Tarso Sanseverino, julgado em 3/3/2015, DJe 10/3/2015 (Inform. STJ 557).**

DIREITO EMPRESARIAL. RECUPERAÇÃO JUDICIAL DE DEVEDOR PRINCIPAL E TERCEIROS DEVEDORES SOLIDÁRIOS OU COOBRIGADOS EM GERAL. RECURSO REPETITIVO (ART. 543-C DO CPC E RES. 8/2008-STJ).

A recuperação judicial do devedor principal não impede o prosseguimento das execuções nem induz suspensão ou extinção de ações ajuizadas contra terceiros devedores solidários ou coobrigados em geral, por garantia cambial, real ou fidejussória, pois não se lhes aplicam a suspensão prevista nos arts. 6º, caput, e 52, III, ou a novação a que se refere o art. 59, caput, por força do que dispõe o art. 49, § 1º, todos da Lei 11.101/2005. De fato, a recuperação judicial divide-se, essencialmente, em duas fases: (a) a primeira inicia-se com o deferimento de seu processamento (arts. 6º, caput, e 52, III, da Lei 11.101/2005); e (b) a segunda, com a aprovação do plano pelos credores reunidos em assembleia, seguida da concessão da recuperação por sentença (arts. 57 e 58, caput) ou, excepcionalmente, pela concessão forçada da recuperação pelo juiz, nas hipóteses previstas nos incisos do § 1º do art. 58 (Cram Down). No que diz respeito à primeira fase (a), uma vez deferido o processamento da recuperação, entre outras providências a serem adotadas pelo magistrado, determina-se a suspensão de todas as ações e execuções. É o que prescreve o art. 6º, caput, da Lei 11.101/2005: "A decretação da falência ou o deferimento do processamento da recuperação judicial suspende o curso da prescrição e de todas as ações e execuções em face do devedor, inclusive aquelas dos credores particulares do sócio solidário". No mesmo sentido, o art. 52, III, do mesmo diploma legal: "Estando em termos a documentação exigida no art. 51 desta Lei, o juiz deferirá o processamento da recuperação judicial e, no mesmo ato: [...] III – ordenará a suspensão de todas as ações ou execuções contra o devedor, na forma do art. 6º desta Lei, permanecendo os respectivos autos no juízo onde se processam, ressalvadas as ações previstas nos §§ 1º, 2º e 7º do art. 6º desta Lei e as relativas a créditos excetuados na forma dos §§ 3º e 4º do art. 49 desta Lei [...]". A par disso, ressalte-se ainda que, em não raras vezes, o devedor solidário é, também, sócio da pessoa jurídica em recuperação. Contudo, os devedores solidários da obrigação – que tem como devedor principal a empresa recuperanda – não podem alegar em seu favor a parte final do caput do referido art. 6º como fundamento do pedido de suspensão das ações individuais ajuizadas contra eles, invocando, assim, a redação que determina a suspensão das ações não apenas contra o devedor principal, mas também "aquelas dos credores particulares do sócio solidário". Isso porque o caput do art. 6º da Lei 11.101/2005, no que concerne à suspensão das ações por ocasião do deferimento da recuperação, alcança os sócios solidários, figuras presentes naqueles tipos societários em que a responsabilidade pessoal dos consorciados não é subsidiária ou limitada às suas respectivas quotas/ações, como é o caso, por exemplo, da sociedade em nome coletivo (art. 1.039 do CC/2002) e da sociedade em comandita simples, no que concerne aos sócios comanditados (art. 1.045 do CC/2002). Diferentemente, é a situação dos devedores solidários ou coobrigados, haja vista que para eles a disciplina é exatamente inversa, prevendo o § 1º do art. 49, expressamente, a preservação de suas obrigações na eventualidade de ser deferida a recuperação judicial do devedor principal: "Os credores do devedor em recuperação judicial conservam seus direitos e privilégios contra os coobrigados, fiadores e obrigados de regresso". Portanto, não há falar em suspensão da execução direcionada a codevedores ou a devedores solidários pelo só fato de o devedor principal ser sociedade cuja recuperação foi deferida, pouco importando se o executado é também sócio da recuperanda ou não, uma vez não se tratar de sócio solidário. Nesse sentido, aliás, o Enunciado 43 da I Jornada de Direito Comercial realizada pelo CJF/STJ determina que a "suspensão das ações e execuções previstas no art. 6º da Lei n. 11.101/2005 não se estende aos coobrigados do devedor". Sob outro enfoque, no tocante à segunda fase (b), a aprovação do plano opera – diferentemente da primeira fase – novação dos créditos, e a decisão homologatória constitui, ela própria, novo título executivo judicial. É o que dispõe o art. 59, caput e § 1º, da Lei 11.101/2005: "O plano de recuperação judicial implica novação dos créditos anteriores ao pedido, e obriga o devedor e todos os credores a ele sujeitos, sem prejuízo das garantias, observado o disposto no § 1º do art. 50 desta Lei [...] § 1º A decisão judicial que conceder a recuperação judicial constituirá título executivo judicial, nos termos do art. 584, inciso III, do caput da Lei nº 5.869, de 11 de janeiro de 1973 – Código de Processo Civil". Antes de prosseguir, a respeito da novação comum, destaque-se que os arts. 364 e 365 do CC prescrevem, respectivamente, que "A novação extingue os acessórios e garantias da dívida, sempre que não houver estipulação em contrário. Não aproveitará, contudo, ao credor ressalvar o penhor, a hipoteca ou a anticrese, se os bens dados em garantia pertencerem a terceiro que não foi parte na novação" e que "Operada a novação entre o credor e um dos devedores solidários, somente sobre os bens do que contrair a nova obrigação subsistem as preferências e garantias do crédito novado. Os outros devedores solidários ficam por esse fato exonerados". A despeito disso, as execuções intentadas contra a empresa recuperanda e seus garantes não podem ser extintas nos termos dos referidos arts. 364 e 365 do CC. De igual sorte, as garantias concedidas não podem ser restabelecidas em caso de futura decretação de falência, apesar do disposto no art. 61, § 2º, da Lei 11.101/2005, segundo o qual "Decretada a falência, os credores terão reconstituídos seus direitos e garantias nas condições originalmente contratadas, deduzidos os valores eventualmente pagos e ressalvados os atos validamente praticados no âmbito da recuperação judicial". Tudo isso porque a novação prevista na lei civil é bem diversa daquela disciplinada na Lei 11.101/2005. Se a novação civil faz, como regra, extinguir as garantias da dívida, inclusive as reais prestadas por terceiros estranhos ao pacto (art. 364 do CC), a novação decorrente do plano de recuperação traz, como regra, ao reverso, a manutenção das garantias (art. 59, caput, da Lei 11.101/2005), as quais só serão suprimidas ou substituídas "mediante aprovação expressa do credor titular da respectiva garantia", por ocasião da alienação do bem gravado (art. 50, § 1º). Além disso, a novação específica da recuperação desfaz-se na hipótese de falência, quando então os "credores terão reconstituídos seus direitos e garantias nas condições originalmente contratadas" (art. 61, § 2º). Daí se conclui que o plano de recuperação judicial opera uma novação sui generis e sempre sujeita a condição resolutiva – que é o eventual descumprimento do que ficou acertado no plano –, circunstância que a diferencia, sobremaneira, daquela outra, comum, prevista na lei civil. Dessa forma, muito embora o plano de recuperação judicial opere novação das dívidas a ele submetidas, as garantias reais ou fidejussórias são preservadas, circunstância que possibilita ao credor exercer seus direitos contra terceiros garantidores e impõe a manutenção das ações e execuções aforadas em face de fiadores, avalistas ou coobrigados em geral. Importa ressaltar que não haveria lógica no sistema se a conservação dos direitos e privilégios dos credores contra coobrigados, fiadores e obrigados de regresso (art. 49, § 1º, da Lei 11.101/2005) dissesse respeito apenas ao interregno temporal que medeia o deferimento da recuperação e a aprovação do plano, cessando tais direitos após a concessão definitiva com a decisão judicial. Precedentes citados: REsp 1.326.888-RS, Quarta Turma, DJe 5/5/2014; REsp 1.269.703-MG, Quarta Turma, DJe 30/11/2012; AgRg no REsp 1.334.284-MT, Terceira Turma, DJe 15/9/2014; AgRg nos EDcl no REsp 1.280.036-SP, Terceira Turma, DJe 5/9/2013; e EAg 1.179.654-SP, Segunda Seção, DJe 13/4/2012. **REsp 1.333.349-SP, Rel. Min. Luis Felipe Salomão, Segunda Seção, julgado em 26/11/2014, DJe 2/2/2015 (Inform. STJ 554).**

Súmula STJ nº 480

O juízo da recuperação judicial não é competente para decidir sobre a constrição de bens não abrangidos pelo plano de recuperação da empresa.

Súmula STJ nº 264

É irrecorrível o ato judicial que apenas manda processar a concordata preventiva. (Comentário: lembre-se que a legislação atual não prevê concordata, mas apenas recuperação judicial ou extrajudicial)

Súmula STJ nº 250

É legítima a cobrança de multa fiscal de empresa em regime de concordata.

Súmula STJ nº 133

A restituição da importância adiantada, a conta de contrato de câmbio, independe de ter sido a antecipação efetuada nos quinze dias anteriores ao requerimento da concordata.

Súmula STJ nº 8

Aplica-se a correção monetária aos créditos habilitados em concordata preventiva, salvo durante o período compreendido entre as datas de vigência da lei 7.274, de 10-12-84, e do decreto-lei 2.283, de 27-02-86.

4. CONTRATOS EMPRESARIAIS

4.1. Alienação Fiduciária

Alienação fiduciária de veículos e registro em cartório – 1

É desnecessário o registro do contrato de alienação fiduciária de veículos em cartório. Com base nesse entendimento, o Plenário, em julgamento conjunto, proveu recurso extraordinário e julgou parcialmente procedente o pedido formulado na ADI 4.333/DF, para assentar que os §§ 1º e 2º do art. 6º da Lei 11.882/2008 ("Art. 6º. Em operação de arrendamento mercantil ou qualquer outra modalidade de crédito ou financiamento a anotação da alienação fiduciária de veículo automotor no certificado de registro a que se refere a Lei nº 9.503, de 23 de setembro de 1997, produz plenos efeitos probatórios contra terceiros, dispensado qualquer outro registro público. § 1º Consideram-se nulos quaisquer convênios celebrados entre entidades de títulos e registros públicos e as repartições de trânsito competentes para o licenciamento de veículos, bem como portarias e outros atos normativos por elas editados, que disponham de modo contrário ao disposto no caput deste artigo. § 2º O descumprimento do disposto neste artigo sujeita as entidades e as pessoas de que tratam, respectivamente, as Leis nos 6.015, de 31 de dezembro de 1973, e 8.935, de 18 de novembro de 1994, ao disposto no art. 56 e seguintes da Lei nº 8.078, de 11 de setembro de 1990, e às penalidades previstas no art. 32 da Lei nº 8.935, de 18 de novembro de 1994") não se aplicam aos convênios celebrados antes da publicação dessa norma. Além disso, declarou a constitucionalidade do art. 1.361, § 1º, segunda parte, do CC ("Art. 1.361. Considera-se fiduciária a propriedade resolúvel de coisa móvel infungível que o devedor, com escopo de garantia, transfere ao credor. § 1º Constitui-se a propriedade fiduciária com o registro do contrato, celebrado por instrumento público ou particular, que lhe serve de título, no Registro de Títulos e Documentos do domicílio do devedor, ou, em se tratando de veículos, na repartição competente para o licenciamento, fazendo-se a anotação no certificado de registro"), bem como a constitucionalidade do art. 14, § 7º, da Lei 11.795/2008 ["Art. 14. No contrato de participação em grupo de consórcio, por adesão, devem estar previstas, de forma clara, as garantias que serão exigidas do consorciado para utilizar o crédito. (...) § 7º A anotação da alienação fiduciária de veículo automotor ofertado em garantia ao grupo de consórcio no certificado de registro a que se refere o Código de Trânsito Brasileiro, Lei nº 9.503, de 23 de setembro de 1997, produz efeitos probatórios contra terceiros, dispensado qualquer outro registro público"]. Discutia-se a obrigatoriedade do registro, no cartório de títulos e documentos, do contrato de alienação fiduciária de veículos automotores, mesmo com a anotação no órgão de licenciamento. Ainda na mesma assentada, o Tribunal não conheceu do pleito formulado da ADI 4.227/DF, em razão de o autor não ter impugnado todo o bloco normativo pertinente à controvérsia.

Alienação fiduciária de veículos e registro em cartório – 2

A Corte afirmou que o Congresso Nacional editara quatro atos normativos (CTB, CC, Lei 11.795/2008 e Lei 11.882/2008) destinados a afastar a exigência de registro, em cartório, do contrato de alienação fiduciária em garantia de automóveis. Salientou que a exigência de registro do contrato de alienação fiduciária nas serventias extrajudiciais teria sido criada na década de 1960 pelo Decreto-Lei 911/1969. Portanto, nada impediria que o legislador, ante o implemento de política pública diferente, extinguisse a obrigatoriedade. Ademais, por mais analítica que fosse a Constituição, descaberia extrair dela a compulsoriedade de registro de um contrato específico em uma instituição determinada. Pontuou que os requisitos atinentes à formação, validade e eficácia de contratos privados consubstanciariam matéria evidentemente ligada à legislação federal e não ao texto constitucional. Ressaltou que, embora o exercício em caráter privado da atividade notarial e de registro estivesse previsto no art. 236 da CF, não haveria conceito constitucional fixo e estático de registro público. Ao reverso, no § 1º do mesmo dispositivo, estaria estabelecida a competência da lei ordinária para a regulação das atividades registrais. Consignou que, como no pacto a tradição seria ficta e a posse do bem continuaria com o devedor, uma política pública adequada recomendaria a criação de meios conducentes a alertar eventuais compradores sobre o real proprietário do bem, de modo a evitar fraudes, de um lado, e assegurar o direito de oposição da garantia contra todos, de outro. De acordo com o legislador, contudo, a exigência de registro em serventia extrajudicial acarretaria ônus e custos desnecessários ao consumidor, além de não conferir ao ato a publicidade adequada. Para o leigo, seria mais fácil, intuitivo e célere verificar a existência de gravame no próprio certificado de propriedade do veículo, em vez de peregrinar por diferentes cartórios de títulos e documentos ou ir ao cartório de distribuição, nos Estados-Membros que contassem com serviço integrado, em busca de informações.

Alienação fiduciária de veículos e registro em cartório – 3

O Plenário realçou que o parlamento não agira de maneira inconstitucional quando extinguira procedimento registral desprovido de utilidade maior. Além disso, o alcance que o requerente pretendera atribuir à expressão constitucional "registro público", retirando do legislador ordinário qualquer liberdade para delimitação da atividade, colocaria todos os cadastros de informações em banco de dados com acesso geral sujeitos à disciplina do art. 236 da CF, o que atingiria até mesmo a atividade realizada por outros entes privados, como os serviços de proteção ao crédito. Sublinhou que não haveria ofensa ao princípio da separação de Poderes, pois a atividade fiscalizatória desempenhada pelo Judiciário seria restrita aos serviços prestados pelos cartórios extrajudiciais, conforme versado em lei. Asseverou que a Lei 11.882/2008, ao simplificar o procedimento ligado à alienação fiduciária de veículo automotor, não causara ingerência da União nos órgãos de trânsito estaduais ou ofensa ao pacto federativo. Os dispositivos impugnados nessa norma visariam evitar a burla. A nulidade de eventuais convênios seria mera consequência lógica. Quanto à alegação de ofensa a ato jurídico perfeito e à segurança jurídica, em razão dos convênios celebrados entre os órgãos de trânsito estaduais e os titulares das serventias extrajudiciais, o Colegiado conferiu interpretação conforme à Constituição aos dispositivos em exame, de modo a permitir que os convênios já pactuados por ocasião da edição da lei tivessem vigência até o término do prazo estabelecido, vedada qualquer prorrogação. **RE 611639/RJ, rel. Min. Marco Aurélio, 21.10.2015. (RE-611639) ADI 4333/DF, rel. Min. Marco Aurélio, 21.10.2015. (ADI-4333) ADI 4227/DF, rel. Min. Marco Aurélio, 21.10.2015. (ADI-4227) (Inform. STF 804)**

Súmula Vinculante STF 25

É ilícita a prisão civil de depositário infiel, qualquer que seja a modalidade do depósito.

Súmula STJ nº 419

Descabe a prisão civil do depositário judicial infiel.

Súmula STJ nº 384

Cabe ação monitória para haver saldo remanescente oriundo de venda extrajudicial de bem alienado fiduciariamente em garantia.

Súmula STJ nº 284

A purga da mora, nos contratos de alienação fiduciária, só é permitida quando já pagos pelo menos 40% (quarenta por cento) do valor financiado.

Súmula STJ nº 245

A notificação destinada a comprovar a mora nas dívidas garantidas por alienação fiduciária dispensa a indicação do valor do débito.

Súmula STJ nº 92

A terceiro de boa-fé não e oponível a alienação fiduciária não anotada no certificado de registro do veículo automotor.

Súmula STJ nº 72

A comprovação da mora é imprescindível à busca e apreensão do bem alienado fiduciariamente.

Súmula STJ nº 28

O contrato de alienação fiduciária em garantia pode ter por objeto bem que já integrava o patrimônio do devedor.

4.2. Outros contratos empresariais

DIREITO EMPRESARIAL. FACTORING E DESNECESSIDADE DE NOTIFICAÇÃO DE EMITENTE DE TÍTULO DE CRÉDITO.

É desnecessária a notificação de emitente de cheque com cláusula "à ordem", para que o faturizador que tenha recebido a cártula por meio de endosso possa cobrar o crédito decorrente de operação de

factoring. Como é cediço, o interesse social visa proporcionar ampla circulação dos títulos de crédito, dando aos terceiros de boa-fé plena garantia e segurança na sua aquisição, constituindo a inoponibilidade das exceções fundadas em direito pessoal do devedor a mais importante afirmação do direito moderno em favor da segurança da circulação e negociabilidade dos títulos de crédito. Nesse passo, o art. 20 da Lei do Cheque estabelece que o endosso transmite todos os direitos resultantes do cheque, e o art. 22, *caput*, do mesmo diploma legal dispõe que o detentor de cheque "à ordem" é considerado portador legitimado, se provar seu direito por uma série ininterrupta de endossos, mesmo que o último seja em branco. Registre-se que abalizada doutrina civilista propugna não serem aplicáveis os arts. 288 e 290 do CC para obtenção, por meio tão somente do endosso de cheque "à ordem", dos mesmos efeitos de cessão de crédito. Com efeito, a menos que o emitente do cheque tenha aposto no título a cláusula "não à ordem" – hipótese em que o título somente se transfere pela forma de cessão de crédito -, o endosso tem efeito de cessão de crédito, não havendo cogitar de observância da forma necessária à cessão ordinária civil de crédito, isto é, a notificação prevista no art. 290 do CC, segundo o qual "A cessão do crédito não tem eficácia em relação ao devedor, senão quando a este notificada; mas por notificado se tem o devedor que, em escrito público ou particular, se declarou ciente da cessão feita". Por outro lado, o art. 905, *caput*, do CC estabelece que o possuidor de título ao portador tem direito à prestação nele indicada, mediante a sua simples apresentação ao devedor, e o parágrafo único estipula que a prestação é devida ainda que o título tenha entrado em circulação contra a vontade do emitente. De fato, não se pode perder de vista que é desnecessária a exigência, sem nenhum supedâneo legal, de que, com o endosso de cheque "à ordem", a *factoring* endossatária devesse se acautelar – mesmo adquirindo pelo meio próprio crédito de natureza autônoma (cambial) -, demonstrando ter feito notificação ao emitente. Assim, não é possível chancelar a restrição a direitos conferidos por lei ao fatorizador, em manifesta ofensa a diversas regras, institutos e princípios do direito cambiário – e, até mesmo, a direitos fundamentais consagrados pela Constituição Federal (art. 5º, II e XXII). **REsp 1.236.701-MG, Rel. Min. Luis Felipe Salomão, julgado em 5/11/2015, DJe 23/11/2015. (Inform. STJ 573)**

DIREITO EMPRESARIAL. PRAZO DE PRESCRIÇÃO DA PRETENSÃO DE COBRANÇA DE DEMURRAGE.

Prescreve em cinco anos a pretensão de cobrança de valores estabelecidos em contrato de transporte marítimo de cargas (unimodal) para as despesas de sobre-estadia de contêiner (demurrage). A distinção entre o que se denominou ser transporte multimodal e o transporte dito unimodal, pelo menos para fins de definição do prazo prescricional aplicável à eventual pretensão de cobrança de despesas de sobre-estadia de contêineres, não se fazia relevante até a entrada em vigor do novo Código Civil, já que, ainda que se admitisse a existência de demurrage no transporte multimodal, para ambos os casos o prazo previsto necessariamente seria ânuo. No caso do transporte unimodal, por força do estabelecido pelo Código Comercial, e, no do transporte multimodal, em virtude da específica regra do art. 22 da Lei 9.611/1998. Ocorre que o artigo do Código Comercial que estabelecia o prazo de prescrição de um ano para a hipótese (art. 449, 3) foi expressamente revogado pelo Código Civil de 2002 (art. 2.045). Já quanto ao não cumprimento das responsabilidades decorrentes do transporte multimodal, o prazo prescricional permanece sendo de um ano por expressa previsão no art. 22 da Lei 9.611/1998. Ademais, nenhuma relação com a hipótese guarda o art. 8º do Decreto-Lei 116/1967, haja vista dispor no sentido de que prescrevem "ao fim de um ano, contado da data do término da descarga do navio transportador", as ações decorrentes do eventual extravio da carga transportada, bem como da falta de conteúdo, diminuição, perdas e avarias ou danos a esta. Quanto à aplicação analógica do art. 22 da Lei 9.611/1998, esta é absolutamente incabível, pois não se coaduna com os princípios gerais que regem o Direito Civil brasileiro, além de constituir verdadeiro atentado à segurança jurídica. É justamente a diferença existente entre as atividades desempenhadas pelo transportador marítimo e aquelas legalmente exigidas do Operador de Transporte Multimodal que revela, por si só, a manifesta impossibilidade de se estender à pretensão de cobrança de despesas decorrentes da sobre-estadia de contêineres (pretensão do transportador unimodal contra o contratante do serviço) a regra que estabelece o prazo prescricional ânuo para as ações fundadas no não cumprimento das responsabilidades decorrentes do transporte multimodal (pretensões dos contratantes do serviço contra o Operador de Transporte Multimodal). Vale destacar que, no caso do transporte unimodal (marítimo), a responsabilidade do transportador é restrita ao percurso marítimo, que se inicia após o recebimento da carga a bordo do navio no porto de origem, cessando imediatamente após o içamento das cargas e o consequente desembarque no porto de destino. Ou seja, os demais serviços e atos correlatos, tais como desembaraço aduaneiro, transporte, desunitização dos contêineres etc., são de exclusiva responsabilidade do afretador, e, por tal motivo, a demora na conclusão desse procedimento pode resultar em demasiado atraso na devolução dos contêineres utilizados no transporte da carga ao transportador. Essa situação que não se verifica no transporte multimodal de cargas, visto que este compreende, consoante expressamente disposto no art. 3º da Lei 9.611/1998, "além do transporte em si, os serviços de coleta, unitização, desunitização, movimentação, armazenagem e entrega da carga ao destinatário, bem como a realização dos serviços correlatos que forem contratados entre a origem e o destino, inclusive os de consolidação e desconsolidação documental de cargas". Em outras palavras, em nenhum momento a unidade de carga deixa de estar sob a posse e o controle do operador de transporte multimodal, sendo descabido, portanto, falar, em tal caso, na existência de responsabilidade do contratante por suposta sobre-estadia de contêineres. Além da dessemelhança das situações em apreço, certo é que, em se tratando de regras jurídicas sobre prazos prescricionais, a interpretação analógica ou extensiva sequer é admitida pelo ordenamento jurídico. A própria inteligência do caput do art. 205 do Código Civil evidencia a impossibilidade de interpretação analógica ou extensiva de norma sobre prescrição, visto que estabelece o prazo prescricional decenal como regra geral a ser aplicada nas hipóteses em que prazo inferior não seja expressamente fixado por lei. Desse modo, diante da certeza de que o art. 22 da Lei 9.611/1998 não alcança as ações de cobrança de despesas de sobre-estadia decorrentes da execução de contrato de transporte de cargas unimodal e de que inexiste lei especial vigente que defina prazo prescricional específico para a referida pretensão, a matéria deve ser regida pelas disposições insertas no Código Civil. Não por outro motivo é que ambas as Turmas julgadoras integrantes da Segunda Seção do STJ já haviam reconhecido que, em se tratando de transporte unimodal de cargas, quando a taxa de sobre-estadia objeto da cobrança for oriunda de disposição contratual que estabeleça os dados e os critérios necessários ao cálculo dos valores devidos a título de ressarcimento pelos prejuízos causados em virtude do retorno tardio do contêiner, será quinquenal o prazo prescricional (art. 206, § 5º, I, do CC); caso contrário, ou seja, nas hipóteses em que inexistente prévia estipulação contratual, aplica-se a regra geral do art. 205 do CC, ocorrendo a prescrição em dez anos. Precedentes citados: REsp 1.192.847-SP, Terceira Turma, DJe 1º/8/2014; e REsp 1.355.173-SP, Quarta Turma, DJe 17/2/2014. **REsp 1.340.041-SP, Rel. Min. Ricardo Villas Bôas Cueva, julgado em 24/6/2015, DJe 4/9/2015 (Inform. STJ 568).**

DIREITO EMPRESARIAL. OPOSIÇÃO DE EXCEÇÕES PESSOAIS A EMPRESA DE FACTORING.

O sacado pode opor à faturizadora a qual pretende lhe cobrar duplicata recebida em operação de factoring exceções pessoais que seriam passíveis de contraposição ao sacador, ainda que o sacado tenha eventualmente aceitado o título de crédito. Na operação de factoring, em que há envolvimento mais profundo entre faturizada e faturizadora, não se opera um simples endosso, mas a negociação de um crédito cuja origem é – ou pelo menos deveria ser – objeto de análise pela faturizadora. Nesse contexto, a faturizadora não pode ser equiparada a um terceiro de boa-fé a quem o título pudesse ser transferido por endosso. De fato, na operação de factoring, há verdadeira cessão de crédito, e não mero endosso, ficando autorizada a discussão da causa debendi, na linha do que determina o art. 294 do CC, segundo o qual: "O devedor pode opor ao cessionário as exceções que lhe competirem, bem como as que, no momento em que veio a ter conhecimento da cessão, tinha contra o cedente". Provada a ausência de causa para a emissão das duplicatas, não há como a faturizadora exigir do sacado o pagamento respectivo. Cabe ressaltar, por oportuno, que a presunção favorável à existência de causa que resulta do aceite lançado nas duplicatas não se mostra absoluta e deve ceder quando apresentada exceção pessoal perante o credor originário ou seu faturizador. Precedente citado: REsp 612.423-DF, Terceira Turma, DJ 26/6/2006. **REsp 1.439.749-RS, Rel. Min. João Otávio de Noronha, julgado em 2/6/2015, DJe 15/6/2015 (Inform. STJ 564).**

Súmula STJ nº 469

Aplica-se o Código de Defesa do Consumidor aos contratos de plano de saúde.

Súmula STJ nº 465

Ressalvada a hipótese de efetivo agravamento do risco, a seguradora não se exime do dever de indenizar em razão da transferência do veículo sem a sua prévia comunicação.

Súmula STJ nº 402

O contrato de seguro por danos pessoais compreende os danos morais, salvo cláusula expressa de exclusão.

Súmula STJ nº 371

Nos contratos de participação financeira para a aquisição de linha telefônica, o Valor Patrimonial da Ação (VPA) é apurado com base no balancete do mês da integralização.

Súmula STJ nº 335

Nos contratos de locação, é válida a cláusula de renúncia à indenização das benfeitorias e ao direito de retenção.

Súmula STJ nº 326

Na ação de indenização por dano moral, a condenação em montante inferior ao postulado na inicial não implica sucumbência recíproca.

Súmula STJ nº 308

A hipoteca firmada entre a construtora e o agente financeiro, anterior ou posterior à celebração da promessa de compra e venda, não tem eficácia perante os adquirentes do imóvel.

Súmula STJ nº 294

Não é potestativa a cláusula contratual que prevê a comissão de permanência, calculada pela taxa média de mercado apurada pelo Banco Central do Brasil, limitada à taxa do contrato.

Súmula STJ nº 291

A ação de cobrança de parcelas de complementação de aposentadoria pela previdência privada prescreve em cinco anos.

Súmula STJ nº 290

Nos planos de previdência privada, não cabe ao beneficiário a devolução da contribuição efetuada pelo patrocinador.

Súmula STJ nº 289

A restituição das parcelas pagas a plano de previdência privada deve ser objeto de correção plena, por índice que recomponha a efetiva desvalorização da moeda.

Súmula STJ nº 239

O direito à adjudicação compulsória não se condiciona ao registro do compromisso de compra e venda no cartório de imóveis.

Súmula STJ nº 229

O pedido do pagamento de indenização à seguradora suspende o prazo de prescrição até que o segurado tenha ciência da decisão.

Súmula STJ nº 76

A falta de registro do compromisso de compra e venda de imóvel não dispensa a prévia interpelação para constituir em mora o devedor.

Súmula STJ nº 61

O seguro de vida cobre o suicídio não premeditado.

Súmula STJ nº 60

É nula a obrigação cambial assumida por procurador do mutuário vinculado ao mutuante, no exclusivo interesse deste.

5. TÍTULOS DE CRÉDITO

5.1. Aspectos gerais

DIREITO EMPRESARIAL. NÃO CANCELAMENTO DO PROTESTO PELA PRESCRIÇÃO DO TÍTULO CAMBIAL.

A prescrição da pretensão executória de título cambial não enseja o cancelamento automático de anterior protesto regularmente lavrado e registrado. Da leitura do art. 26 da Lei 9.492/1997, vê-se que o cancelamento do protesto advém, normalmente, do pagamento do título. Por qualquer outra razão, somente poderá o devedor obter o cancelamento mediante decisão judicial favorável, caso o juiz, examinando as razões apresentadas, considere relevantes as circunstâncias do caso concreto. Nada na lei permite inferir que o cancelamento do protesto possa ser exigido por fato objetivo outro que não o pagamento. Assim, a prescrição do título, objetivamente considerada, não tem como consequência automática o cancelamento do protesto. Note-se que, de acordo com o art. 1º da Lei 9.492/1997, o "Protesto é o ato formal e solene pelo qual se prova a inadimplência e o descumprimento de obrigação originada em títulos e outros documentos de dívida". Portanto, o protesto não se prende imediatamente à exequibilidade do título ou de outro documento de dívida, mas sim à inadimplência e ao descumprimento da obrigação representada nestes papéis. Ora, a inadimplência e o descumprimento não desaparecem com a mera prescrição do título executivo não quitado. Ao contrário, permanecem, em princípio. Então, não pode ser o protesto cancelado simplesmente em função da inaptidão do título prescrito para ser objeto de ação de execução. Precedentes citados: REsp 671.486-PE, Terceira Turma, DJ de 25/4/2005; e REsp 369.470-SP, Terceira Turma, DJe 23/11/2009. **REsp 813.381-SP, Rel. Min. Raul Araújo, julgado em 20/11/2014, DJe 20/5/2015 (Inform. STJ 562).**

Súmula STJ nº 476

O endossatário de título de crédito por endosso-mandato só responde por danos decorrentes de protesto indevido se extrapolar os poderes de mandatário.

Súmula STJ nº 475

Responde pelos danos decorrentes de protesto indevido o endossatário que recebe por endosso translativo título de crédito contendo vício formal extrínseco ou intrínseco, ficando ressalvado seu direito de regresso contra os endossantes e avalistas.

5.2. Cheque

DIREITO EMPRESARIAL E PROCESSUAL CIVIL. RESPONSABILIDADE POR AUSÊNCIA DE NOTIFICAÇÃO DE INSCRIÇÃO DE CORRENTISTA NO CCF. RECURSO REPETITIVO (ART. 543-C DO CPC E RES. 8/2008-STJ). TEMA 874.

O Banco do Brasil, na condição de gestor do Cadastro de Emitentes de Cheques sem Fundos (CCF), não tem a responsabilidade de notificar previamente o devedor acerca da sua inscrição no aludido cadastro, tampouco legitimidade passiva para as ações de reparação de danos diante da ausência de prévia comunicação. Inicialmente, destaca-se que a Segunda Seção do STJ, no julgamento do REsp 1.061.134-RS, fixou, para os efeitos do art. 543-C do CPC, a tese de que "os órgãos mantenedores de cadastros possuem legitimidade passiva para as ações que buscam a reparação dos danos morais e materiais decorrentes da inscrição, sem prévia notificação, do nome de devedor em seus cadastros restritivos, inclusive quando os dados utilizados para a negativação são oriundos do CCF do Banco Central ou de outros cadastros mantidos por entidades diversas". No entanto, o CCF tem natureza, finalidade e características específicas, que não se confundem com as de outros cadastros a que se refere imediatamente a lógica daquele julgado. Com efeito, o CCF tem natureza pública, visa à proteção do crédito em geral e à preservação da higidez do sistema financeiro nacional, servindo aos interesses da coletividade (art. 192 do CF), envolvendo relevante interesse de ordem pública, submetido a normas de cunho estatutário obrigatório, estabelecidas pelas autoridades monetárias, operando sob controle do Banco Central do Brasil (Bacen), sem prevalente intuito de obtenção de ganhos. Já os demais cadastros são de natureza privada, instituídos e mantidos no interesse de particulares, sociedades empresárias atuantes, sem vínculo sistêmico, no ramo comercial, submetidos a normas de índole meramente contratual, operados por entidades privadas, que os exploram com nítido intuito da obtenção de lucro. Segundo a Resolução 1.682/1990 do Bacen, a inclusão no CCF ocorre automaticamente quando o cheque é devolvido por: a) falta de provisão de fundos (motivo 12), na segunda apresentação; b) conta encerrada (motivo 13); e c) prática espúria (motivo 14). Conforme o art. 10 da referida Resolução e o item 14 da Circular 2.989/2000 do Bacen: "Nas devoluções pelos motivos

12 a 14, o banco sacado é responsável pela inclusão do emitente no Cadastro de Emitentes de Cheques sem Fundos (CCF)". A mesma Resolução dispõe que a instituição financeira, ao recusar o pagamento de cheque por motivo que enseje a inclusão de ocorrência no CCF, deve providenciar a referida inclusão no prazo de quinze dias, contados da data de devolução do cheque. Por sua vez, o correntista não fica prejudicado pela inscrição de seu nome no CCF, senão após previamente notificado, pois as ocorrências do CCF devem ser obrigatoriamente comunicadas pela instituição financeira sacada, por escrito, ao respectivo correntista emitente do cheque e, somente após, serão consolidadas pelo executante dos serviços de compensação de cheques e outros papéis e distribuídas, em meios magnéticos, às instituições bancárias, conforme o art. 16 e o art. 27, "a", da Resolução 1.682/1990 do Bacen, alterado pelo art. 1º da Circular 2.250 do Bacen. Assim, tratando-se de sistema financeiro, não pode o Banco do Brasil encarregar-se de desempenhar função estranha, notificação prévia de emitente de cheque sem provisão de fundos, dever que as normas de regência do sistema atribuem corretamente a outro componente do sistema, o próprio banco sacado, instituição financeira mais próxima do correntista, detentor do cadastro desse cliente e do próprio saldo da conta do correntista, como depositário. É, pois, de reconhecer-se a ilegitimidade do Banco do Brasil, na condição de gestor do CCF, para responder pela ausência de prévia notificação aos correntistas inscritos no CCF, pelo que descabe cogitar-se de sua responsabilização por danos materiais ou morais, exceto nas hipóteses em que também figure como banco sacado. Precedentes citados: REsp 1.425.756-RS, Terceira Turma, DJe de 16/6/2014; e AgRg no AREsp 230.981-RS, Quarta Turma, DJe de 17/9/2014. **REsp 1.354.590-RS, Rel. Min. Raul Araújo, Segunda Seção, julgado em 9/9/2015, DJe 15/9/2015 (Inform. STJ 568).**

DIREITO EMPRESARIAL. PROTESTO DE CHEQUE NÃO PRESCRITO. É legítimo o protesto de cheque efetuado contra o emitente depois do prazo de apresentação, desde que não escoado o prazo prescricional relativo à ação cambial de execução. De fato, o lapso prescricional para a execução de cheque é de 6 meses após o prazo de apresentação – que é de 30 dias, contados da emissão, se da mesma praça; ou de 60 dias, se de praça diversa, nos termos do art. 59 da Lei 7.357/1985. Por sua vez, o protesto é, em regra, facultativo, pois dele não necessita o credor para exigir em juízo a obrigação constante do título cambial. Nas circunstâncias, porém, em que o exercício do direito depende, por exigência legal, do protesto, será considerado necessário. Assim, a exigência de realização do protesto antes de expirado o prazo de apresentação prevista no art. 48 da Lei 7.357/1985 é dirigida apenas ao protesto necessário, isto é, contra os coobrigados, para o exercício do direito de regresso, e não em relação ao emitente do título. Portanto, nada impede o protesto facultativo do cheque, mesmo que apresentado depois do prazo mencionado no art. 48, c/c o art. 33, ambos da Lei 7.357/1985. Isso porque o protesto do título pode ser utilizado pelo credor com outras finalidades que não o ajuizamento da ação de execução do título executivo. Findo o prazo previsto no caput do art. 48 da Lei 7.357/1985, o credor tem a faculdade de cobrar seu crédito por outros meios, sendo legítima a realização do protesto. **REsp 1.297.797-MG, Rel. João Otávio de Noronha, julgado em 24/2/2015, DJe 27/2/2015 (Inform. STJ 556).**

Súmula STF nº 600

Cabe ação executiva contra o emitente e seus avalistas, ainda que não apresentado o cheque ao sacado no prazo legal, desde que não prescrita a ação cambiária.

Súmula STF nº 28

O estabelecimento bancário é responsável pelo pagamento de cheque falso, ressalvadas as hipóteses de culpa exclusiva ou concorrente do correntista.

Súmula STJ nº 388

A simples devolução indevida de cheque caracteriza dano moral.

Súmula STJ nº 370

Caracteriza dano moral a apresentação antecipada de cheque pré-datado.

Súmula STJ nº 299

É admissível a ação monitória fundada em cheque prescrito.

5.3. Cédula de crédito rural, Cédula de Produto Rural

DIREITO EMPRESARIAL. AVAL EM CÉDULAS DE CRÉDITO RURAL. Admite-se aval em cédulas de crédito rural. Isso porque a proibição contida no § 3º do art. 60 do Decreto-Lei 167/1967 não se refere ao caput (cédulas de crédito), mas apenas ao § 2º (nota promissória e duplicata rurais). Dispõe o art. 60 do DL 167/1967 que "Aplicam-se à cédula de crédito rural, à nota promissória rural e à duplicata rural, no que forem cabíveis, as normas de direito cambial, inclusive quanto a aval, dispensado porém o protesto para assegurar o direito de regresso contra endossantes e seus avalistas". O § 2º do referido artigo, por sua vez, impõe ser "nulo o aval dado em Nota Promissória Rural ou Duplicata Rural, salvo quando dado pelas pessoas físicas participantes da empresa emitente ou por outras pessoas jurídicas". Já o § 3º preceitua que "também são nulas quaisquer outras garantias, reais ou pessoais, salvo quando prestadas pelas pessoas físicas participantes da empresa emitente, por esta ou por outras pessoas jurídicas". Observe-se que a afirmação de que "também são nulas" outras garantias só pode complementar dispositivo no qual haja referência a outra nulidade, e o único dispositivo do citado artigo a fazer tal assertiva é o § 2º, no tocante à nulidade do aval. É dizer que a afirmação de que "também são nulas" outras garantias não pode mesmo dizer respeito ao caput, que não contém previsão alguma acerca de nulidade de garantias. Frise-se, ademais, que os arts. 11, 17 e 18 do Decreto-Lei 167/1967 fazem referência textual a garantias prestadas por terceiros em cédulas de crédito rural. De mais a mais, observa-se que as alterações promovidas pela Lei 6.754/1979 – que acrescentou ao art. 60 os parágrafos 1º a 4º –, pretenderam retirar a responsabilidade cambiária do produtor rural pelo endosso e aval nas notas promissórias rurais ou duplicatas rurais descontadas em instituição bancária, quando o principal devedor, a indústria agrícola, fraudulentamente ou não, deixava de honrar a dívida garantida pelas cártulas. A disciplina das cédulas de crédito rural, por sua vez, é absolutamente diferente. Mesmo porque se trata de títulos de crédito referentes a financiamentos tomados pelos produtores rurais com integrantes do sistema nacional de crédito rural ou cooperativas (nesse sentido, são os arts. 1º, caput e parágrafo único, 14, IV, 20, IV, 25, IV, e 77, parágrafo único, todos do Decreto-Lei 167/1967). Com efeito, as alterações trazidas pela Lei 6.754/1979, a toda evidência, não tiveram como destinatárias as Cédulas de Crédito, pois estas são títulos representativos de financiamento rural tomado pelo produtor ou cooperado para o incremento de suas próprias atividades. Ou seja, nelas o produtor figura mesmo como devedor, ao contrário da nota promissória rural e da duplicata rural, nas quais o devedor é o comprador do produto rural a prazo – no mais das vezes, a agroindústria de grande porte. Nessa linha de raciocínio, o aval prestado por terceiros nas cédulas de crédito rural constitui reforço de garantia do próprio produtor rural, sem o qual figuraria sozinho como responsável pelo financiamento perante o credor. A um só tempo, o crédito rural estaria sensivelmente dificultado – e certamente mais caro – ao pequeno produtor rural, e, além disso, tal circunstância vai de encontro ao próprio sistema do crédito rural, o qual tem como um dos principais objetivos "possibilitar o fortalecimento econômico dos produtores rurais, notadamente pequenos e médios" (Lei 4.829/1965, art. 3º, III). **REsp 1.315.702-MS, Rel. Min. Luis Felipe Salomão, julgado em 10/3/2015, DJe 13/4/2015 (Inform. STJ 559).**

Súmula STJ nº 298

O alongamento de dívida originada de crédito rural não constitui faculdade da instituição financeira, mas, direito do devedor nos termos da lei.

Súmula STJ nº 93

A legislação sobre cédulas de crédito rural, comercial e industrial admite o pacto de capitalização de juros.

Súmula STJ nº 16

A legislação ordinária sobre crédito rural não veda a incidência da correção monetária.

6. PROPRIEDADE INDUSTRIAL

6.1. Marca

DIREITO EMPRESARIAL. PRODUTOS DESTINADOS À COMERCIALIZAÇÃO NO EXTERIOR E CADUCIDADE DA MARCA.

O fato de produto elaborado e fabricado no Brasil ser destinado exclusivamente ao mercado externo não implica a caducidade do respectivo registro de marca por desuso. De acordo com a Lei de Propriedade Industrial, uma vez passados cinco anos da concessão do registro, se requerida a sua caducidade, deve o titular da marca demonstrar que, na data do requerimento, já iniciou seu uso no Brasil, ou que, ainda que interrompido o seu uso, a interrupção não ultrapassou mais de cinco anos consecutivos, ou que não tenha, nesse prazo, feito uso com modificação que implique alteração de seu caráter distintivo original, sem a apresentação de razões legítimas. Se o titular da marca registrada no Brasil industrializa, fabrica, elabora o produto em território nacional, claramente inicia e faz uso da marca no Brasil, merecendo toda proteção legal, pois aqui empreende, gerando produção, empregos e riqueza, sendo indiferente que a mercadoria aqui produzida seja destinada ao mercado interno ou exclusivamente ao externo. Produzir no País o produto com a marca aqui registrada atende suficientemente ao requisito legal de "uso da marca iniciado no Brasil". **REsp 1.236.218-RJ, Rel. Min. Raul Araújo, julgado em 5/2/2015, DJe 11/6/2015 (Inform. STJ 563).**

DIREITO EMPRESARIAL. CADUCIDADE DE MARCA POR USO ESPORÁDICO.

É possível que se reconheça a caducidade do registro da marca quando, em um período de cinco anos, o valor e o volume de vendas do produto relacionado à marca forem inexpressivos (na situação em análise, 70 pacotes de cigarros que geraram receita de R$ 614,75) em comparação com operações bilionárias realizadas pelo titular no mesmo período (produção de mais de 400 bilhões de cigarros). De acordo com a Lei de Propriedade Industrial, uma vez passados cinco anos da concessão do registro, se requerida a sua caducidade, deve o titular da marca demonstrar que, na data do requerimento, já iniciou seu uso no Brasil, ou que, ainda que interrompido o seu uso, a interrupção não ultrapassou mais de cinco anos consecutivos, ou que não tenha, nesse prazo, feito uso com modificação que implique alteração de seu caráter distintivo original, sem a apresentação de razões legítimas. Quanto ao uso efetivo da marca, a doutrina esclarece que "A Lei não define – e com razão – os atos que hão de constituir uso. O uso é noção intuitiva: usar é exercitar, por em funcionamento. Ao uso, que é uma atividade (= ação), contrapõe-se o desuso, que é, em essência, uma atitude neutra (= omissão). Ambos, uso e desuso, são fatos jurígenos, gerando consequências no campo do Direito. Usar, no sentido que o direito de propriedade industrial empresta a esse verbo, é projetar a marca para o mundo, para que ela, antes mera potencialidade, passe a exercer a função a que se destina. A Lei anterior, ao prever a extinção do registro como sanção para o desuso, empregava o termo uso efetivo. A Lei nova não repete o adjetivo, falando apenas de uso, sem qualquer qualificação. Muito embora o adjetivo 'efetivo' dê acento à realidade do uso, nem por isso nos parece autorizada a conclusão de que a sua ausência leve à aceitação de qualquer uso. É que, em função de sua categoria ôntica, as marcas só podem ser consideradas em uso quando 'ionizem' os bens ou serviços a que se destinem, carregando, simbolicamente, informações sobre eles e comunicando-as ao público. O fio condutor do exame de suficiência de uso é a atuação do titular no sentido de por a sua marca diante do público". Assim, no caso em análise, o uso esporádico da marca, com escassas negociações no mercado, é inexpressivo dentro da magnitude das operações bilionárias realizadas pela empresa, portanto, insuficiente para configurar e comprovar o uso efetivo da marca apto a afastar a caducidade por desuso. **REsp 1.236.218-RJ, Rel. Min. Raul Araújo, julgado em 5/2/2015, DJe 11/6/2015 (Inform. STJ 563).**

Súmula STJ nº 143

Prescreve em cinco anos a ação de perdas e danos pelo uso de marca comercial.

6.2. PATENTE E DESENHO INDUSTRIAL

DIREITO EMPRESARIAL. LEI APLICÁVEL NO CASO DE PEDIDO DE REGISTRO DE DESENHO INDUSTRIAL EM ANDAMENTO QUANDO DA VIGÊNCIA DA LEI DE PROPRIEDADE INDUSTRIAL. **Na hipótese em que o pedido de registro de desenho industrial tenha sido formulado quando vigente o revogado Código de Propriedade Industrial (Lei 5.772/1971) e a concessão do registro tenha ocorrido já na vigência da Lei de Propriedade Industrial (Lei 9.279/1996), a divulgação do objeto de registro ocorrida durante o "período de graça" (art. 96, § 3º, da Lei 9.279/1996) não afasta a caracterização do requisito da "novidade", ainda que não realizado previamente requerimento de garantia de prioridade (art. 7º da Lei 5.772/1971).** De acordo com o revogado Código de Propriedade Industrial, encontrar-se-ia o desenho industrial no "estado da técnica" quando tornado público antes do depósito, perdendo, assim, o requisito da "novidade", sem o qual o registro não poderia ser concedido (art. 6º). Excepcionalmente, seria autorizada a publicidade antes do depósito desde que previamente requerida a denominada "garantia de prioridade", destinada a permitir que a invenção, o modelo ou o desenho industrial fossem submetidos a entidades científicas ou apresentadas em exposições oficiais ou oficialmente reconhecidas (arts. 7º e 8º). A Lei 5.772/1971 foi revogada pela Lei 9.279, publicada no DOU de 15/5/1996, que passou a vigorar integralmente em 15/5/1997, na forma do art. 243. A nova lei modificou a definição do "estado da técnica" e, reflexamente, do requisito da "novidade", que permaneceu sendo exigido. A "garantia de prioridade", por sua vez, disciplinada nos arts. 7º e 8º do diploma anterior, foi substituída pelo denominado "período de graça" regido no § 3º do art. 96 da nova Lei, segundo o qual: "Não será considerado como incluído no estado da técnica o desenho industrial cuja divulgação tenha ocorrido durante os 180 (cento e oitenta) dias que precederem a data do depósito ou a da prioridade reivindicada, se promovida nas situações previstas nos incisos I a III do art. 12". Posto isso, surge a seguinte controvérsia: qual a legislação aplicável para definir "estado de técnica" e o requisito material da "novidade" na hipótese em que o pedido de registro do desenho industrial tenha sido formulado quando vigente a Lei 5.772/1971 e a concessão do registro tenha ocorrido já na vigência da Lei 9.279/1996? A propósito do tema, a nova Lei dispôs, em seu art. 229, que aos "pedidos em andamento serão aplicadas as disposições desta Lei, exceto quanto à patenteabilidade das substâncias, matérias ou produtos obtidos por meios ou processos químicos e as substâncias, matérias, misturas ou produtos alimentícios, químico-farmacêuticos e medicamentos de qualquer espécie, bem como os respectivos processos de obtenção ou modificação, que só serão privilegiáveis nas condições estabelecidas nos arts. 230 e 231" (redação original, posteriormente modificada pela Lei 10.196/2001). Desse modo, na situação em análise, incidirá a primeira parte desse dispositivo – que determina a aplicação da Lei 9.279/1996 aos pedidos em andamento –, já que o desenho industrial objeto de registro não se insere nas exceções discriminadas pelo artigo, relacionadas à patenteabilidade de produtos e processos químicos, farmacêuticos e alimentícios. Observe-se que, quando o legislador desejou fosse indeferido o pedido em andamento que não preenchesse os requisitos materiais da lei anterior, ele o fez expressamente (vide art. 229-A da Lei 9.279/1996), situação essa que não ocorre na hipótese em apreço, na qual se deve aplicar a nova Lei. Não se trata propriamente de fazer retroagir a lei aos casos consolidados, decididos pelo INPI, mas de reconhecer que cabe ao Poder Legislativo modificar os requisitos para a concessão de patentes de invenção e de modelo de utilidade e de registro de desenho industrial e de marca. Assim como a lei pode modificar, por exemplo, os requisitos para a usucapião antes da sua aquisição, as hipóteses de retomada de imóveis locados e as regras pertinentes à herança e aos limites de construção civil (leis de posturas), pode também alterar as hipóteses relativas à possibilidade de concessão de registro de propriedade industrial. Frise-se, de mais a mais, que o STF, analisando o art. 117 da Lei 5.772/1972 (dispositivo semelhante ao art. 229 da Lei 9.279/1996), considerou o art. 9º da Lei 5.772/1972 – que relacionou as invenções "não privilegiáveis" – aplicável aos pedidos em andamento quando este diploma entrou em vigor (RE 93.679-3/RJ, Plenário, DJ de 9/3/1984). Ora, assim como a lei nova pode restringir as hipóteses de privilégio, também pode ampliá-las mediante alteração dos requisitos materiais respectivos, aplicando-as aos pedidos em andamento. Ante o exposto, nos termos do art. 96 da Lei 9.279/1996, o desenho industrial, no caso em análise, não se encontra inserido no "estado da técnica", não estando descaracterizado, por esse motivo, o requisito material de "novidade". **REsp 1.050.659-RJ, Rel. Min. Antonio Carlos Ferreira, julgado em 24/2/2015, DJe 4/3/2015 (Inform. STJ 556).**

7. OUTROS TEMAS DE DIREITO EMPRESARIAL

Correção monetária, demonstrações financeiras, imposto de renda e Lei 8.200/1991 – 3

É constitucional o inc. I do art. 3º da Lei 8.200/1991, que dispõe sobre a correção monetária das demonstrações financeiras para efeitos fiscais e societários. Com base nessa orientação, o Tribunal, em preliminar e, por maioria, conheceu do recurso e, no mérito, deu-lhe provimento. Na espécie, tribunal regional federal entendera que a devolução parcelada da diferença verificada no ano de 1990 entre a variação do IPC e do BTNF, estabelecida pela mencionada norma, teria configurado empréstimo compulsório sem observância dos requisitos constitucionais – v. Informativos 369 e 434. O Tribunal adotou a jurisprudência por ele firmada no julgamento do RE 201.465/MG (DJU de 17.10.2003) no sentido de que referido dispositivo, posteriormente modificado pelo art. 11 da Lei 8.682/1993, não representaria ilegítima e disfarçada espécie de empréstimo, mas sim favor fiscal criado pelo legislador. Vencidos os Ministros Marco Aurélio (relator), Ricardo Lewandowski (Presidente), Ayres Britto e Rosa Weber, que a ele negavam provimento. Apontavam que a devolução parcelada da diferença verificada no ano de 1990 entre a variação do IPC e do BTNF configuraria empréstimo compulsório porque ausentes requisitos constitucionais.

RE 201512/MG, rel. orig. Min. Marco Aurélio, red. p/ o acórdão Min. Cármen Lúcia.5.11.2015. (RE-201512) (Inform. STF 806)

Plano Real: contrato de locação comercial – 2

O Plenário retomou julgamento conjunto de recursos extraordinários em que discutida a incidência da Medida Provisória 542/1994, instituidora do Plano Real, em relação aos contratos de aluguel de imóveis comerciais firmados anteriormente à sua edição, ante o questionamento sobre a constitucionalidade do art. 21 da Lei 9.069/1995 – v. Informativo 116. Na presente assentada, a Corte apreciou também o RE 211.304/RJ, o RE 222.140/SP e o RE 268.652/RJ, que abordam a referida controvérsia. O Ministro Marco Aurélio, ao prover os recursos, asseverou que a discussão, na espécie, se daria em torno da aplicação retroativa, a alcançar ato jurídico perfeito e acabado, da legislação alusiva ao Plano Real, a contrato formalizado, havendo cláusula importantíssima no ordenamento jurídico constitucional, qual seja, a alusiva à preservação da referida espécie de ato jurídico. Em seguida, pediu vista dos autos o Ministro Teori Zavascki.

Plano Real: contrato de locação comercial – 3

O Plenário, em conclusão de julgamento e por maioria, negou provimento a recursos extraordinários em que discutida a incidência da Medida Provisória 542/1994, instituidora do Plano Real, em relação aos contratos de aluguel de imóveis comerciais firmados anteriormente à sua edição, ante o questionamento sobre a constitucionalidade do art. 21 da Lei 9.069/1995, resultante da conversão da referida Medida Provisória – v. Informativos 116 e 781. Alegava-se que a aplicação dessas normas aos contratos em curso de execução comprometeria a garantia constitucional de preservação do direito adquirido e do ato jurídico perfeito. O Colegiado, inicialmente, destacou que o art. 21 da Lei 9.069/1995 seria um dos mais importantes conjuntos de preceitos normativos do Plano Real, um dos seus pilares essenciais, justamente o que fixaria os critérios para a transposição das obrigações monetárias, inclusive contratuais, do antigo para o novo sistema monetário. Seria, portanto, preceito de ordem pública, e seu conteúdo, por não ser suscetível de disposição por atos de vontade, teria natureza estatutária, a vincular de forma necessariamente semelhante todos os destinatários. Desde logo se deveria registrar que, pelo seu teor, não haveria dúvida de que a norma fora editada para ter aplicação sobre os contratos em curso. Aliás, seria justamente essa a sua finalidade específica. A questão posta, portanto, não seria apenas de direito intertemporal. Se a finalidade da norma fosse disciplinar o regime de correção monetária de contratos em curso, qualquer juízo que importasse a não aplicação a esses contratos suporia, necessariamente, a prévia declaração de sua inconstitucionalidade. O art. 5º, XXXVI, da CF ("A lei não prejudicará o direito adquirido, o ato jurídico perfeito e a coisa julgada") – norma de sobredireito editada com a finalidade de nortear a produção de outras normas – diria respeito não apenas ao poder de legislar sobre direito privado, mas também ao de editar normas de direito público. Todos os preceitos normativos infraconstitucionais, independente da matéria que versassem, deveriam estrita obediência à referida cláusula limitativa. Portanto, também as normas de direito econômico, como as que editassem planos econômicos, haveriam de preservar os direitos adquiridos e o ato jurídico perfeito. Ademais, não se poderia confundir aplicação imediata com aplicação retroativa da lei. A aplicação retroativa seria a que fizesse a norma incidir sobre suportes fáticos ocorridos no passado. Essa incidência seria ilegítima, salvo se dela não resultasse violação a direito adquirido, a ato jurídico perfeito ou a coisa julgada. Assim, não seria vedada a incidência retroativa de norma nova que, por exemplo, importasse situação de vantagem ao destinatário. Por outro lado, aplicação imediata seria a que se desse sobre fatos presentes, atuais, não sobre fatos passados. Em princípio, não haveria vedação alguma a essa incidência, respeitada, evidentemente, a cláusula constitucional antes referida.

Plano Real: contrato de locação comercial – 4

O Plenário acentuou que a jurisprudência do STF sempre teria resolvido a questão fazendo nítida distinção entre: a) situações jurídicas individuais, formadas por ato de vontade – especialmente os contratos —, cuja só celebração, quando legítima, já lhes outorgaria a condição de ato jurídico perfeito e, portanto, imune a modificações legislativas supervenientes; e b) situações jurídicas formadas segundo normas gerais e abstratas, de natureza cogente – denominadas situações institucionais ou estatutárias —, em cujo âmbito os direitos somente poderiam ser considerados adquiridos quando inteiramente formado o suporte fático previsto na lei como necessário à sua incidência. A orientação adotada pelo STF estaria perfeitamente ajustada aos critérios técnicos definidos na doutrina. Com efeito, a configuração do direito adquirido e do ato jurídico perfeito não ocorreria de maneira uniforme em todas as situações jurídicas. Em matéria de direito intertemporal, seria indispensável que se traçasse a essencial distinção entre direito adquirido fundado em ato de vontade – contrato – e direito adquirido fundado em preceito normativo, de cunho institucional, para cuja definição o papel da vontade individual seria absolutamente neutro. Aliás, mesmo nas situações de natureza contratual – nunca encontráveis em estado puro – a lei nova incidiria imediatamente sobre as cláusulas nele incorporadas por força de preceito normativo cogente, ou seja, aquelas cujo conteúdo fugisse ao domínio da vontade dos contratantes. Realmente, em casos de situações jurídicas oriundas de contratos, notadamente em se tratando de contratos de trato sucessivo e execução diferida, a incorporar cláusulas regradas por lei, seria pacífica a jurisprudência no sentido de que não haveria direito adquirido à manutenção de tais cláusulas. Disciplinadas em lei de forma abstrata e geral, elas seriam suscetíveis de alteração com eficácia imediata, inclusive em relação aos contratos em curso de execução. Assim, o caso em análise haveria de ser enfrentado e resolvido com base no pressuposto de que as normas que tratassem do regime monetário – inclusive as de correção monetária —, teriam natureza institucional e estatutária, insuscetíveis de disposição por ato de vontade, razão pela qual sua incidência seria imediata, a alcançar as situações jurídicas em curso de formação ou de execução. Seria, inclusive, irrelevante, para esse efeito de aplicação imediata, que a cláusula estatutária estivesse reproduzida em ato negocial, eis que essa não seria circunstância juridicamente apta a modificar a sua natureza.

Plano Real: contrato de locação comercial – 5

O Plenário destacou, por fim, que as normas sobre correção monetária editadas no âmbito de planos econômicos, como no caso, teriam, de modo geral, a importante e necessária função de manter o equilíbrio da equação financeira das obrigações pecuniárias legais e contratuais nascidas anteriormente. Essas obrigações, formadas em época de profunda crise inflacionária, sofreriam, com a edição desses planos, o impacto de uma nova realidade, que seria a estabilização – ou, pelo menos, a brusca desaceleração – dos preços, imposta por congelamento ou por outros mecanismos com função semelhante. Portanto, considerando que as normas em questão – constantes do art. 21 da Lei 9.069/1995 – editadas no âmbito da implantação de novo sistema monetário, chamado Plano Real, teriam natureza institucional ou estatutária, não haveria inconstitucionalidade em sua aplicação imediata – que não se confundiria com aplicação retroativa —, para disciplinar as cláusulas de correção monetária de contratos em curso. Vencidos – no RE 211.304/RJ, no RE 222.140/SP e no RE 268.652/RJ —, os Ministros Marco Aurélio (relator) e Ricardo Lewandowski (Presidente), e – no RE 212.609/SP e no RE 215.016/SP

—, os Ministros Carlos Velloso (relator) e Marco Aurélio, que davam provimento aos recursos, porquanto entendiam estar configurada a ofensa ao art. 5º, XXXVI, da CF. RE 212609/SP, rel. Min. Carlos Velloso, red. p/ o acórdão Min. Teori Zavascki, 29.4.2015. (RE-212609) RE 215016/SP, rel. Min. Carlos Velloso, red. p/ o acórdão Min. Teori Zavascki, 29.4.2015. (RE-215016) RE 211304/RJ, rel. Min. Marco Aurélio, red. p/ o acórdão Min. Teori Zavascki, 29.4.2015. (RE-211304) RE 222140/SP, rel. Min. Marco Aurélio, red. p/ o acórdão Min. Teori Zavascki, 29.4.2015. **(RE-222140) RE 268652/RJ, rel. Min. Marco Aurélio, red. p/ o acórdão Min. Teori Zavascki, 29.4.2015. (RE-268652) (Inform. STF 783)**

DIREITO EMPRESARIAL. FIXAÇÃO DE CLÁUSULA DE NÃO CONCORRÊNCIA.

Quando a relação estabelecida entre as partes for eminentemente comercial, a cláusula que estabeleça dever de abstenção de contratação com sociedade empresária concorrente pode irradiar efeitos após a extinção do contrato, desde que limitada espacial e temporalmente. Inicialmente, deve-se buscar, na hipótese em análise, a finalidade pretendida pelas partes ao firmarem a cláusula de não concorrência para, então, compreender-se sua adequação, ou não, à autonomia privada conformada pela funcionalização do direito privado, nos termos do art. 421 do CC. Com efeito, a restrição à concorrência no ambiente jurídico nacional, em que vige a livre iniciativa privada, é excepcional e decorre da convivência constitucionalmente imposta entre as liberdades de iniciativa e de concorrência. Saliente-se que essa mesma preocupação com os efeitos concorrenciais potencialmente negativos forneceu substrato doutrinário e ideológico a suportar a vedação de restabelecimento em casos de trespasse de estabelecimento. A referida vedação passou a integrar o ordenamento jurídico nacional por meio do art. 1.147 do CC, segundo o qual, "Não havendo autorização expressa, o alienante do estabelecimento não pode fazer concorrência ao adquirente, nos cinco anos subseqüentes à transferência". Diferentemente da hipótese em análise, a vedação ao restabelecimento nos casos de trespasse decorre de lei, o que afasta discussões acerca da proporcionalidade da medida. A par disso, tratando-se a concorrência de valor institucional a ser protegido por imposição constitucional, extrai-se a função social de cláusulas autorregulatórias privadas que se adequem a esta finalidade. Por óbvio, essa admissão deverá atender a certos limites, sob pena de se desviarem de sua função, passando a representar conduta abusiva de alguma das partes. Nesse contexto, deve também ser afastada a conclusão no sentido de que, resolvido o vínculo contratual, não teria qualquer eficácia a cláusula de não concorrência. Primeiramente, esse entendimento retira da cláusula toda sua funcionalidade, existente, como demonstrado, na medida em que protege o ambiente concorrencial de distorções indesejadas. Ademais, a exigência de conduta proba das partes, nos termos do art. 422 do CC, não está limitada ao lapso temporal de vigência do contrato principal em que inserida. Nesse diapasão, o enunciado 25 da I Jornada de Direito Civil do CJF, esclarece: "o art. 422 do Código Civil não inviabiliza a aplicação pelo julgador do princípio da boa-fé nas fases pré-contratual e pós-contratual". E, de fato, insere-se na conduta conformada pela boa-fé objetiva a vedação ao estabelecimento de concorrência entre empresas que voluntariamente se associam para ambas auferirem ganhos, bem como o prolongamento dessa exigência por prazo razoável, a fim de propiciar a desvinculação da clientela da representada do empreendimento do representante. Assim, devem ser consideradas válidas as cláusulas contratuais de não-concorrência, desde que limitadas espacial e temporalmente, porquanto adequadas à proteção da concorrência e dos efeitos danosos decorrentes de potencial desvio de clientela – valores jurídicos reconhecidos constitucionalmente. **REsp 1.203.109-MG, Rel. Min. Marco Aurélio Bellizze, julgado em 6/5/2015, DJe 11/5/2015 (Inform. STJ 561).**

DIREITO EMPRESARIAL. CRITÉRIOS PARA A APURAÇÃO DE HAVERES DO SÓCIO RETIRANTE DE SOCIEDADE POR QUOTAS DE RESPONSABILIDADE LIMITADA.

No caso de dissolução parcial de sociedade por quotas de responsabilidade limitada, prevalecerá, para a apuração dos haveres do sócio retirante, o critério previsto no contrato social se o sócio retirante concordar com o resultado obtido, mas, não concordando, aplicar-se-á o critério do balanço de determinação, podendo-se utilizar conjuntamente a metodologia do fluxo de caixa descontado para se aferir, inclusive, o patrimônio intangível da sociedade. No RE 89.464-SP (Segunda Turma, DJ 4/5/1979), acerca da apuração de haveres decorrente de dissolução parcial, a Suprema Corte desenvolveu o raciocínio de que se deveria conceber uma forma de liquidação que assegurasse, concomitantemente, a preservação do empreendimento e uma situação de igualdade entre os sócios. Em respeito a essa premissa, mesmo que o contrato social eleja critério para a apuração de haveres, esse somente prevalecerá caso haja a concordância das partes com o resultado alcançado. Em outras palavras, se o sócio retirante não concordar com o resultado obtido pela aplicação do critério de apuração de haveres previsto no contrato social, facultar-se-á a ele a adoção da via judicial, a fim de que seja determinada a melhor metodologia de liquidação. Nesse mesmo julgado (RE 89.464-SP), o STF decidiu que "deve ser assegurada ao sócio retirante situação de igualdade na apuração de haveres, fazendo-se esta com a maior amplitude possível, com a exata verificação, física e contábil, dos valores do ativo". Ademais, a doutrina, ao comentá-lo, observa que o voto condutor se baseou no fato de que a saída do dissidente "não poderia lhe acarretar resultado patrimonial pior do que se fosse promovida a dissolução total". O STJ, ao assumir o papel uniformizador da legislação infraconstitucional, ratificou esse entendimento, fixando que, "na dissolução de sociedade de responsabilidade limitada, a apuração de haveres [...] há de fazer-se como se dissolução total se tratasse", salientando que a medida "tem por escopo preservar o quantum devido ao sócio retirante [...], evitando-se o locupletamento indevido da sociedade ou sócios remanescentes em detrimento dos retirantes" (REsp 35.702-SP, Terceira Turma, DJ 13/12/1993). Entendimento que, aliás, prevaleceu em outros julgados do STJ (REsp 89.519-ES, Terceira Turma, DJ 4/8/1997; REsp 105.667-SC, Quarta Turma, DJ 6/11/2000; e REsp 197.303-SP, Quarta Turma, DJ 15/4/2002). Nesse contexto, a Terceira Turma do STJ, há tempos (REsp 24.554-SP, DJ 16/11/1992, e 35.702-SP, DJ 13/12/1993), já decidiu que o melhor critério de liquidação de haveres a ser utilizado seria o chamado balanço de determinação, que refletiria o valor patrimonial real da empresa. Melhor explicando, o valor patrimonial é obtido dividindo-se o patrimônio líquido da sociedade pelo número de quotas. O valor do patrimônio líquido, por sua vez, irá variar conforme o critério adotado para elaboração do balanço. Por isso, na dissolução parcial, deve-se utilizar um levantamento do balanço que confira ao patrimônio líquido – e, por conseguinte, ao valor patrimonial – um valor real. Esse balanço, de acordo com os referidos precedentes, seria justamente o balanço de determinação. O balanço de determinação utiliza um critério diferenciado de avaliação do ativo, que permite uma apuração fidedigna do patrimônio líquido, baseia-se no valor de mercado, correspondendo a uma simulação da realização de todos os bens do ativo e da satisfação do passivo social, com vistas a apurar qual seria o acervo líquido da sociedade se ela estivesse sendo totalmente dissolvida naquela data. Na dissolução parcial, a equiparação à dissolução total – para efeitos da apuração de haveres – constitui mera ficção legal, não se podendo olvidar que a sociedade irá, na prática, continuar em atividade, portanto, beneficiando-se de seus bens intangíveis, cujo valor, naquele momento (de apuração de haveres), deve estar espelhado também nas cotas do sócio dissidente, que até então contribuiu para que formação desse patrimônio intangível. Acrescente-se, por oportuno, que, embora a jurisprudência consolidada mencione que a apuração de haveres há de ser feita como se tratasse de dissolução total (que se realiza mediante balanço de liquidação, portanto com exclusão dos bens intangíveis), os próprios precedentes estabelecem a utilização do balanço determinado, em que o patrimônio intangível é levado em consideração. Essa aparente contradição se resolve pela mitigação da regra de equiparação da dissolução parcial à total, lembrando que ela constitui uma ficção legal – já que a sociedade se manterá em plena atividade –, bem como que os precedentes que lhe deram origem, desde os seus primórdios (ainda no âmbito do STF), basearam-se no fato de que "deve ser assegurada ao sócio retirante situação de igualdade na apuração de haveres, fazendo-se esta com a maior amplitude possível, com a exata verificação, física e contábil, dos valores do ativo" (RE 89.464-SP). E não se diga que esse temperamento estaria desvirtuando a regra, pois a exegese do comando jurisprudencial de igualdade entre os sócios e de ampla avaliação de todo o ativo evidencia ser impossível dar-lhe cumprimento sem incluir no cálculo dos haveres do dissidente o patrimônio intangível da empresa. Quanto à metodologia a ser usada para a precificação dos haveres do sócio retirante, tem-se que a metodologia do fluxo de caixa descontado que inclua, em seu cálculo, o patrimônio intangível da sociedade representa a que melhor revela a situação econômica e a capacidade de geração de riqueza de uma sociedade por quotas de responsabilidade limitada. Esse modelo avaliatório objetiva, em última análise, estabelecer o preço de mercado da sociedade, ou seja, o valor patrimonial real da empresa. Por isso, essa metodologia é rotineiramente utilizada em operações de aquisição, fusão e incorporação de participações societárias. Trata-se, entretanto, de um método subjetivo, inexistindo regra ou consenso sobre quais variáveis devem obrigatoriamente compor o cálculo. Seja como for, no cálculo do fluxo de caixa descontado, tem-se por praxe a inclusão do patrimônio intangível da sociedade, que corporifica uma expectativa futura de capacidade de geração de caixa ou de excesso de valor do negócio. Dessa forma, conclui-se que a utilização da metodologia do fluxo de caixa descontado vai ao encontro da jurisprudência do STJ, no sentido de que a apuração de haveres na dissolução parcial de sociedade limitada seja realizada mediante cálculo que aponte o valor patrimonial real da sociedade empresária. Nessa conjuntura, a própria orientação do STJ, de que a apuração de haveres se dê por balanço de determinação – que, repise-se, compreende os bens intangíveis da sociedade – sinaliza a possibilidade de utilização do fluxo de caixa descontado. Tanto é assim que, no julgamento do REsp 968.317-RS (DJe 11/5/2009), a Quarta Turma do STJ decidiu que "não configura ofensa ao art. 1.031 do CC/02 o acolhimento das conclusões do laudo pericial que, ao apurar o valor do fundo de comércio, utiliza-se de sistemática de cálculo consistente na projeção da rentabilidade futura trazida ao valor presente, de modo a aferir os efeitos provocados pela perda da parcela intangível do patrimônio (contas de clientes)". Não se ignora o fato de que, ao se desligar da sociedade, o dissidente perde a condição de sócio, não mais se sujeitando aos riscos do negócio, ou seja, deixando de participar de eventuais lucros ou prejuízos apurados. Todavia, também não se pode ignorar que a saída do dissidente ontologicamente não difere da alienação de sua participação societária. Também na dissolução parcial há alienação de quotas sociais. A única diferença é que a adquirente é a própria sociedade (ou os sócios remanescentes). Portanto, se, na alienação de participação societária, aceita-se de forma pacífica que o valor de mercado das quotas seja apurado mediante aplicação da metodologia do fluxo de caixa descontado, não se vislumbra motivo para que esse mesmo método não seja utilizado na apuração de haveres de sócio retirante. Afinal, não há como reembolsar de forma digna e justa o sócio dissidente sem incluir na apuração de haveres a mais valia da empresa no mercado. Ressalte-se, por fim, que o cálculo do fluxo de caixa descontado apresenta resultados futuros trazidos a valor presente, mediante aplicação de uma taxa de desconto que contempla o custo de oportunidade do capital empregado na remuneração das quotas sociais. Dessa forma, sofrendo a mais valia futura redução a um valor presente, com base em um fator de risco, não se pode falar a rigor em participação do sócio dissidente nos lucros futuros da empresa. **REsp 1.335.619-SP, Rel. originária e voto vencedor Min. Nancy Andrighi, Rel. para acórdão Min. João Otávio de Noronha, julgado em 3/3/2015, DJe 27/3/2015 (Inform. STJ 558).**

DIREITO CIVIL. DISSOLUÇÃO DE SOCIEDADE EM CONTA DE PARTICIPAÇÃO. Aplica-se subsidiariamente às sociedades em conta de participação o art. 1.034 do CC, o qual define de forma taxativa as hipóteses pelas quais se admite a dissolução judicial das sociedades. Apesar de despersonificadas e de os seus sócios possuírem graus de responsabilidade distintos, as sociedades em conta de participação decorrem da união de esforços, com compartilhamento de responsabilidades, comunhão de finalidade econômica e existência de um patrimônio especial garantidor das obrigações assumidas no exercício da empresa. Não há diferença ontológica entre as sociedades em conta de participação e os demais tipos societários personificados, distinguindo-se quanto aos efeitos jurídicos unicamente em razão da dispensa de formalidades legais para sua constituição. Sendo assim, admitindo-se a natureza societária dessa espécie empresarial, deve-se reconhecer a aplicação subsidiária do art. 1.034 do CC – o qual define de forma taxativa as hipóteses pelas quais se admite a dissolução judicial das sociedades – às sociedades em conta de participação, nos termos do art. 996 do CC, enquanto ato inicial que rompe o vínculo jurídico entre os sócios. Ora, as sociedades não personificadas, diversamente das universalidades despersonalizadas, decorrem de um vínculo jurídico negocial e, no mais das vezes, plurissubjetivo. São contratos relacionais multilaterais de longa duração, os quais podem ser rompidos pela vontade das partes, em consenso ou não, porquanto não se pode exigir a eternização do vínculo contratual. E é essa a finalidade do instituto jurídico denominado dissolução. Por fim, ressalte-se que, somente após esse ato inicial, que dissolve as amarras contratuais entre os sócios, inicia-se o procedimento de liquidação. E, nesta fase, sim, a ausência de personalidade jurídica terá clara relevância, impondo às sociedades em conta de participação um regime distinto dos demais tipos societários. Isso porque a especialização patrimonial das sociedades em conta de participação só tem efeitos entre os sócios, nos termos do § 1º do art. 994 do CC, de forma a existir, perante terceiros, verdadeira confusão patrimonial entre o sócio ostensivo e a sociedade. Assim, inexistindo possibilidade material de apuração de haveres, disciplinou o art. 996 do mesmo diploma legal que a liquidação dessas sociedades deveriam seguir o procedimento relativo às prestações de contas, solução que era adotada mesmo antes da vigência do novo Código Civil. Dessa forma, o procedimento especial de prestação de contas refere-se tão somente à forma de sua liquidação, momento posterior à dissolução do vínculo entre os sócios ostensivo e oculto. Contudo, essa disciplina da liquidação não afasta nem poderia atingir o ato inicial, antecedente lógico e necessário, qual seja, a extinção do vínculo contratual de natureza societária por meio da dissolução. **REsp 1.230.981-RJ, Rel. Min. Marco Aurélio Bellizze, julgado em 16/12/2014, DJe 5/2/2015 (Inform. STJ 554).**

DIREITO EMPRESARIAL. ABUSIVIDADE DA VIGÊNCIA POR PRAZO INDETERMINADO DE CLÁUSULA DE NÃO CONCORRÊNCIA.
É abusiva a vigência, por prazo indeterminado, da cláusula de "não restabelecimento" (art. 1.147 do CC), também denominada "cláusula de não concorrência". O art. 1.147 do CC estabelece que "não havendo autorização expressa, o alienante do estabelecimento não pode fazer concorrência ao adquirente, nos cinco anos subsequentes à transferência". Relativamente ao referido artigo, foi aprovado o Enunciado 490 do CJF, segundo o qual "A ampliação do prazo de 5 (cinco) anos de proibição de concorrência pelo alienante ao adquirente do estabelecimento, ainda que convencionada no exercício da autonomia da vontade, pode ser revista judicialmente, se abusiva". Posto isso, cabe registrar que se mostra abusiva a vigência por prazo indeterminado da cláusula de "não restabelecimento", pois o ordenamento jurídico pátrio, salvo expressas exceções, não se coaduna com a ausência de limitações temporais em cláusulas restritivas ou de vedação do exercício de direitos. Assim, deve-se afastar a limitação por tempo indeterminado, fixando-se o limite temporal de vigência por cinco anos contados da data do contrato, critério razoável adotado no art. 1.147 do CC/2002. **REsp 680.815-PR, Rel. Min. Raul Araújo, julgado em 20/3/2014, DJe 3/2/2015 (Inform. STJ 554).**

Súmula STF nº 646

Ofende o princípio da livre concorrência lei municipal que impede a instalação de estabelecimentos comerciais do mesmo ramo em determinada área.

Súmula STF nº 645

É competente o município para fixar o horário de funcionamento de estabelecimento comercial.

Súmula STJ nº 227

A pessoa jurídica pode sofrer dano moral.

Impressão e Acabamento:
EXPRESSÃO & ARTE
GRÁFICA
Fones: (11) 3951-5240 / 3951-5188
E-mail: atendimento@expressaoearte.com
www.editoraexpressaoearte.com.br